Dreher/Tröndle
Strafgesetzbuch

Beck'sche Kurz-Kommentare

Band 10

Strafgesetzbuch

und Nebengesetze

Erläutert von

Dr. Eduard Dreher

Ministerialdirigent a. D.
(23.–37. Auflage)

Fortgeführt von

Dr. Herbert Tröndle

Honorarprofessor an der Universität Freiburg (Breisgau)
Präsident des Landgerichts a. D.

46., neubearbeitete Auflage
des von Otto Schwarz begründeten Werkes

C. H. BECK'SCHE VERLAGSBUCHHANDLUNG
MÜNCHEN 1993

Die Deutsche Bibliothek – CIP-Einheitsaufnahme

Dreher, Eduard:
Strafgesetzbuch und Nebengesetze / erl. von Eduard Dreher.
Fortgef. von Herbert Tröndle. – 46., neubearb. Aufl. des von
Otto Schwarz begr. Werkes. – München: Beck, 1993
 (Beck'sche Kurz-Kommentare ; Bd. 10)
 ISBN 3 406 37163 9
NE: Tröndle, Herbert [Bearb.]; Schwarz, Otto [Begr.]; GT

ISBN 3 406 37163 9

Druck der C. H. Beck'schen Buchdruckerei Nördlingen
Gedruckt auf alterungsbeständigem (säurefreiem) Papier
gemäß der ANSI-Norm für Bibliotheken

Vorwort

Seit dem Erscheinen der Vorauflage sind über zwei Jahre verstrichen. Die Neuauflage des Kommentars war daher überfällig, wenn er seiner Aufgabe, die juristische Praxis über den aktuellen Stand von Rechtsprechung und Schrifttum zu unterrichten, gerecht werden will. Dieses vorrangige Ziel setzt dem Warten auf eventuelle weitere Gesetzesänderungen Grenzen.

Hinsichtlich des Bundesrechts ist die 46. Auflage auf den Gesetzesstand von Mitte Oktober 1992 gebracht. Sämtliche Gesetzesänderungen seit der Vorauflage sind eingearbeitet und kommentiert: So hat das Gesetz zur Änderung des Außenwirtschaftsgesetzes, des StGB und anderer Gesetze die Vorschriften über den Verfall (§§ 73, 73b) und das 26. Strafrechtsänderungsgesetz die Tatbestände des Menschenhandels (§§ 180a, 180b, 181) geändert. Besonders bedeutsame, aber auch problematische Änderungen und Neuerungen brachte das Gesetz zur Bekämpfung der organisierten Kriminalität durch die Einführung der Vermögensstrafe (§ 43a) und des Erweiterten Verfalls (§ 73d), ferner sind die hieraus sich ergebenden Folgeänderungen bei den Konkurrenzvorschriften (vgl. insbesondere 6ff. zu § 52, 3aff. zu § 53, 3 zu § 54, 9 zu § 55) und die neu eingeführten Tatbestände des schweren Bandendiebstahls (§ 244a), der gewerbsmäßigen Bandenhehlerei (§ 260a), der Geldwäsche (§ 261) und des gewerbs- und bandenmäßigen Glücksspiels (§ 284 III) zu erwähnen. Die durch das Schwangeren- und Familienhilfegesetz beschlossenen §§ 218 bis 219b gibt der Kommentar nur im Gesetzeswortlaut wieder (20 vor § 218). Von einer Kommentierung wurde abgesehen, da diese Vorschriften auf Grund des Urteils des Bundesverfassungsgerichts vom 4. 8. 1992 nicht in Kraft getreten sind, so daß die §§ 218 bis 219d des bisherigen Rechts im alten Bundesgebiet vorläufig weiter gelten und die bisherige Kommentierung insoweit Bedeutung behält. Der Verfassungsrechtsstreit war bei Redaktionsschluß noch im Gange. Daher wird nicht nur über den Gang der gesetzgeberischen Entwicklung (3f vor § 218), sondern auch über den wesentlichen Inhalt der Begründung der gegen diese Vorschriften gerichteten Normenkontrollanträge (21 vor § 218) sowie über das inzwischen hierzu ergangene Schrifttum berichtet (22 vor § 218). Art. 6 des Gesetzes zur Entlastung der Rechtspflege, das der Bundestag am 27. 11. 1992 beschlossen hat, sieht eine Ergänzung des § 78b vor, die voraussichtlich noch vor Erscheinen des Kommentars verkündet wird (1 zu § 78b).

Wie bisher weist die Kommentierung jeweils auch auf Gesetzesentwürfe hin, die sich noch im Gesetzgebungsverfahren befinden, so z. B. auf die noch nicht abgeschlossenen Beratungen zum Entwurf eines 2. Gesetzes zur Bekämpfung der Umweltkriminalität (10 vor § 324), eines Strafrechtsänderungsgesetzes zur Bekämpfung der Kinderpornographie (3a zu § 184), eines Gesetzes zur Änderung des Sexualstrafrechts (1 zu § 175) sowie eines Gesetzes zur Verjährung von SED-Unrechtstaten (55 vor § 3).

Die Neuauflage schreibt Rechtsprechung und Schrifttum durchgängig bis zum September 1992 fort, zum Teil auch darüber hinaus, soweit es der Fortgang der Druckarbeiten zuließ. Neben der Kommentierung der neuen Gesetze wurden wiederum umfangreiche Überarbeitungen und Ergänzungen des Erläuterungsteils erforderlich. So wurden in den Vorbemerkungen zu den §§ 3 bis 7 die Regeln des internationalen Strafrechts neu kommentiert und auf die Erläuterung der Strafanwendungsprobleme nach der Wiedervereinigung Deutschlands, die

Vorwort

in der Vorauflage – damals wenige Wochen vor Abschluß des Einigungsvertrages – mit heißer Nadel nur kursorisch behandelt werden konnten, besonderer Wert gelegt (Behandlung der sog. DDR-Alttaten, Unrechtskontinuität, Wahlfälschungen, Schußwaffengebrauch gegenüber „Republikflüchtlingen", Verjährungsfragen, Strafbarkeit des DDR-Geheimdienstes usw.; 28 ff. vor § 3, 1 a zu § 99). Ferner wurden die zum Teil uneinheitliche Rechtsprechung des BGH zum Leistungsverhalten von Alkoholtätern (9i ff. zu § 20), die Frage der „Mindestschuldmenge" bei BtM-Delikten (25b vor § 52) und die Rechtsprechung zur Unterbrechung der Vollstreckung nach der „Erstverbüßerregelung" (5 a, 5 b zu § 57) näher erläutert. Weiterhin setzt sich die Neukommentierung mit der – letztlich nur durch den Gesetzgeber lösbaren – Problematik auseinander, in die die strafgerichtliche Praxis durch das Urteil des Bundesverfassungsgerichts zur Frage der Aussetzung der Vollstreckung des Restes der lebenslangen Freiheitsstrafe (NStZ 1992, 484) gebracht wurde. Im Besonderen Teil bedurften auf Grund der neueren Rechtsprechung die Erläuterungen zum Verhältnis von Kunst und Pornographie (11 zu § 184), sowie Fragen der Weitergabe von Patientendaten an ärztliche Rechnungsstellen und an Praxisübernehmer (28 a zu § 203) der Überarbeitung. Auch setzt sich die Neuauflage in der Frage der Strafbarkeit von Sitzblockaden kritisch mit der jüngeren Rechtsprechung des Bundesverfassungsgerichts und mit neueren Gesetzesvorschlägen (2 b zu § 240) auseinander, ferner mit der Frage der Strafvereitelung durch Zahlung einer fremden Geldstrafe (9 zu § 258), der Strafbarkeit von Submissionsabsprachen (32 b zu § 263), der strafrechtlichen Verantwortlichkeit kommunaler Amtsträger für die Abwässerbeseitigung (5 a vor § 324) sowie mit der Frage der strafrechtlichen Beurteilung außenstehender Teilnehmer an Bestechungsdelikten (24 zu § 331).

Ausgewertet wurden insbesondere auch die 24. Auflage des Schönke-Schröder, ferner vom Systematischen Kommentar die 5. Auflage (bis zur 16. Lieferung, März 1992) des Allgemeinen Teils und die 4. Auflage (bis zur 29. Lieferung, Juni 1991) des Besonderen Teils, sowie die 19. Auflage des Lackner, ferner der Band 1 (§§ 1 bis 21) des StGB-Kommentars aus der Reihe der Alternativkommentare. Schließlich konnten dank des Entgegenkommens des Verlags und der Autoren bereits die ersten fünf Lieferungen der inzwischen neu erscheinenden 11. Auflage des Leipziger Kommentars berücksichtigt werden. Auch die seit der Vorauflage neu erschienenen Lehrwerke fanden Berücksichtigung: So die 8. Auflage des Teilbandes 1 des Strafrechtslehrbuchs von Maurach-Zipf, die Neuauflagen der Darstellungen von Wessels (22./16./15. Auflage), der Band I des Allgemeinen Teils von Roxin sowie die 2. Auflage des Allgemeinen Teils von Jakobs, die 3. Auflage des Grundkurses Strafrecht (Die einzelnen Delikte) von Otto und die 8. Auflage der Studienbücher von Krey zum Besonderen Teil. Schließlich wurden die inzwischen neu erschienenen Festschriften für Baumann, Krause, Rudolf Schmitt und Spendel ausgewertet.

Herr Regierungsdirektor a. D. Karl Lenzen, der sich seit über drei Jahrzehnten durch seine Mitarbeit um diesen Kommentar verdient gemacht hat, stand mir bei dieser Neuauflage wiederum zur Seite. Wie von jeher oblag ihm die für den praktischen Gebrauch des Werks so bedeutsame Betreuung von Titelei, Anhang und Sachverzeichnis. Aber auch bei der eigentlichen Kommentierungsarbeit wirkte er als stets bereiter Gehilfe und Gesprächspartner mit. Seine Umsicht und Erfahrung kamen mir besonders bei der Darstellung der gesetzgeberischen Entwicklung zustatten. Seiner Sachkenntnis und Aufmerksamkeit verdankt der Kommentar die zahlreichen Hinweise auf das Nebenrecht und auf das – inzwischen um fünf neue Bundesländer vermehrte – Landesrecht. Ich schulde ihm daher großen Dank.

Vorwort

Für das Lesen des Umbruchs danke ich Herrn Vorsitzenden Richter am Landgericht Dieter Haberstroh. Schließlich habe ich für zahlreiche Anregungen und wertvolle Hinweise aus dem Benutzerkreis zu danken, die meiner Kommentierungsarbeit besonders zustatten kommen.

Waldshut-Tiengen, Anfang Dezember 1992   Herbert Tröndle

Aus dem Vorwort zur 38. Auflage

Der Geist und die gestaltende Hand Eduard Drehers haben in den letzten eineinhalb Jahrzehnten diesem Kommentar das Gepräge gegeben und seinen Rang im strafrechtlichen Schrifttum begründet. Nachdem durch die Strafrechtsreformgesetze und zahlreiche andere Gesetzesänderungen der Allgemeine Teil und weitere Partien des Besonderen Teils umgestaltet worden sind, erstand in den letzten drei Auflagen – seit 1975 auch in gefälligerem Gewande – ein neues geschlossenes Erläuterungswerk, in das das Wissen und die Erfahrung des Autors aus einer fast zwanzigjährigen Tätigkeit in der Gesetzgebungsarbeit einflossen.

Mit dem Eintritt in sein achtes Lebensjahrzehnt hat Eduard Dreher innegehalten mit der Last des Kommentierens und nach der Art eines souveränen Geistes das bisher Geschaffene, nachdem die schwerste Arbeit getan war und die rechtspolitische Entwicklung dem Kommentator ruhigere Zeiten verhieß, in meine Hände gegeben.

Ein Werk fortführen zu dürfen, das nach Anlage und Inhalt keine Wünsche, die an einen Handkommentar gestellt werden können, offen läßt, ist eine dankbare, aber auch eine verpflichtende Aufgabe, der es nach dem Vorbild Eduard Drehers, dessen strafrechtliche Grundüberzeugungen ich teile, gerecht zu werden gilt. Vor allem liegt mir daran, der strafrechtlichen Praxis zu dienen, deren Probleme und Sorgen mir durch meine tägliche Arbeit in der Strafkammer vertraut sind. Es kommt mir darauf an, auf gedrängtem Raum neben dem Schrifttum vor allem die Rechtsprechung vollständig auszuwerten, damit der Benutzer stets über den neuesten Stand der höchstrichterlichen Judikatur unterrichtet ist. Auch auf die jüngeren Gesetzesmaterialien ist, soweit sie für die Rechtsanwendung bedeutsam sind, durchgängig hingewiesen.

Waldshut-Tiengen, im Juli 1978   Herbert Tröndle

Aus dem Vorwort zur 37. Auflage

Die neue Auflage weist noch eine Besonderheit auf. Es wird die letzte sein, die ich betreue. Ich fühle mich zwar noch leistungsfähig, meine aber, daß man die Arbeit an einem solchen Werk nicht erst aufgeben sollte, wenn die Schaffenskraft nachzulassen beginnt. Ich habe dem Strafrecht, dessen Entwicklung seit etwa einem Jahrzehnt ich mit Sorge beobachte, lange genug gedient; seit 1961 habe ich allein fünfzehn Auflagen dieses Buches besorgt. Es scheint mir an der Zeit, es in jüngere Hände zu geben. In dem Landgerichtspräsidenten von Waldshut, Dr. Herbert Tröndle, meine ich einen Nachfolger gefunden zu haben, der das Werk auf der von mir eingehaltenen Linie als ein theoretisch fundiertes Buch für die Praxis weiterführen wird. Ich selbst trenne mich nur mit einem Gefühl bewegter Dankbarkeit von dem Buch. Dankbarkeit gegenüber dem Verlag, der in mehr als fünfzehnjährigem vertrauensvollen Zusammenwirken meine Arbeit einsichtig und großzügig gefördert hat, gegenüber meinem Nachfolger, der mit einer dankbaren Arbeit auch eine nicht leichte Bürde übernimmt, vor allen aber gegenüber der großen Zahl meiner Leser und Benutzer, die mir über so lange Jahre hin ihr Vertrauen geschenkt haben. Mögen sie es auch meinem Nachfolger zuteil werden lassen.

Bonn, im Februar 1977   Eduard Dreher

Inhalt

	Seite
Alphabetisch geordnetes Verzeichnis der Nebengesetze	XIV
Abkürzungen	XV
Tabelle der Änderungen des StGB	
1. in zeitlicher Folge	LXIII
2. nach Paragraphen geordnet	LXXIV
Einleitung	1
Strafgesetzbuch (StGB)	5

Allgemeiner Teil

Erster Abschnitt. Das Strafgesetz

1. Titel. Geltungsbereich	§§ 1–10
2. Titel. Sprachgebrauch	§§ 11, 12

Zweiter Abschnitt. Die Tat

1. Titel. Grundlagen der Strafbarkeit	§§ 13–21
2. Titel. Versuch	§§ 22–24
3. Titel. Täterschaft und Teilnahme	§§ 25–31
4. Titel. Notwehr und Notstand	§§ 32–35
5. Titel. Straflosigkeit parlamentarischer Äußerungen und Berichte	§§ 36, 37

Dritter Abschnitt. Rechtsfolgen der Tat

1. Titel. Strafen	
– Freiheitsstrafe –	§§ 38, 39
– Geldstrafe –	§§ 40–43
– Vermögensstrafe –	§ 43a
– Nebenstrafe –	§ 44
– Nebenfolgen –	§§ 45–45b
2. Titel. Strafbemessung	§§ 46–51
3. Titel. Strafbemessung bei mehreren Gesetzesverletzungen	§§ 52–55
4. Titel. Strafaussetzung zur Bewährung	§§ 56–58
5. Titel. Verwarnung mit Strafvorbehalt. Absehen von Strafe	§§ 59–60
6. Titel. Maßregeln der Besserung und Sicherung	§§ 61, 62
– Freiheitsentziehende Maßregeln –	§§ 63–67g
– Führungsaufsicht –	§§ 68–68g
– Entziehung der Fahrerlaubnis –	§§ 69–69b
– Berufsverbot –	§§ 70–70b
– Gemeinsame Vorschriften –	§§ 71, 72

Inhalt

7. Titel. Verfall und Einziehung .... §§ 73–75
   – Gemeinsame Vorschriften .... §§ 76, 76a

Vierter Abschnitt. Strafantrag, Ermächtigung, Strafverlangen .... §§ 77–77e

Fünfter Abschnitt. Verjährung

1. Titel. Verfolgungsverjährung .... §§ 78–78c
2. Titel. Vollstreckungsverjährung .... §§ 79–79b

Besonderer Teil

Erster Abschnitt. Friedensverrat, Hochverrat und Gefährdung des demokratischen Rechtsstaates

1. Titel. Friedensverrat .... §§ 80, 80a
2. Titel. Hochverrat .... §§ 81–83a
3. Titel. Gefährdung des demokratischen Rechtsstaates .... §§ 84–91
4. Titel. Gemeinsame Vorschriften .... §§ 92–92b

Zweiter Abschnitt. Landesverrat und Gefährdung der äußeren Sicherheit .... §§ 93–101a

Dritter Abschnitt. Straftaten gegen ausländische Staaten .... §§ 102–104a

Vierter Abschnitt. Straftaten gegen Verfassungsorgane sowie bei Wahlen und Abstimmungen .... §§ 105–108d

Fünfter Abschnitt. Straftaten gegen die Landesverteidigung .... §§ 109–109k

Sechster Abschnitt. Widerstand gegen die Staatsgewalt .... §§ 111–121

Siebenter Abschnitt. Straftaten gegen die öffentliche Ordnung .... §§ 123–145d

Achter Abschnitt. Geld- und Wertzeichenfälschung .... §§ 146–152a

Neunter Abschnitt. Falsche uneidliche Aussage und Meineid .... §§ 153–163

Zehnter Abschnitt. Falsche Verdächtigung .... §§ 164, 165

Elfter Abschnitt. Straftaten, welche sich auf Religion und Weltanschauung beziehen .... §§ 166–168

Zwölfter Abschnitt. Straftaten gegen den Personenstand, die Ehe und die Familie .... §§ 169–173

Dreizehnter Abschnitt. Straftaten gegen die sexuelle Selbstbestimmung .... §§ 174–184a

Vierzehnter Abschnitt. Beleidigung .... §§ 185–200

Fünfzehnter Abschnitt. Verletzung des persönlichen Lebens- und Geheimbereichs .... §§ 201–205

Sechzehnter Abschnitt. Straftaten gegen das Leben .... §§ 211–222

Siebzehnter Abschnitt. Körperverletzung .... §§ 223–233

Inhalt

Achtzehnter Abschnitt. Straftaten gegen die persönliche Freiheit . §§ 234–241a

Neunzehnter Abschnitt. Diebstahl und Unterschlagung ..... §§ 242–248c

Zwanzigster Abschnitt. Raub und Erpressung............ §§ 249–256

Einundzwanzigster Abschnitt. Begünstigung und Hehlerei .... §§ 257–262

Zweiundzwanzigster Abschnitt. Betrug und Untreue .... §§ 263–266b

Dreiundzwanzigster Abschnitt. Urkundenfälschung......... §§ 267–282

Vierundzwanzigster Abschnitt. Konkursstraftaten .... §§ 283–283d

Fünfundzwanzigster Abschnitt. Strafbarer Eigennutz .... §§ 284–302a

Sechsundzwanzigster Abschnitt. Sachbeschädigung .... §§ 303–305a

Siebenundzwanzigster Abschnitt. Gemeingefährliche Straftaten.. §§ 306–323c

Achtundzwanzigster Abschnitt. Straftaten gegen die Umwelt ... §§ 324–330d

Neunundzwanzigster Abschnitt. Straftaten im Amt .... §§ 331–358

Anhang

1. Einführungsgesetz zum Strafgesetzbuch 1923
2. Gesetz über Personalausweise........................ 1927
3. Paßgesetz 1928
4. Betäubungsmittelgesetz 1932
5. *Arzneimittelgesetz*[1] 1940
6. *Heilpraktikergesetz*[1]............................... 1940
7. *Gesetz zur Bekämpfung der Geschlechtskrankheiten*[1] 1940
8. Gesetz über die Verbreitung jugendgefährdender Schriften 1940
9. Jugendschutzgesetz 1943
10. *Vereinsgesetz*[2] 1948
11. Versammlungsgesetz 1949
12. Ausländergesetz 1956
13. Gesetz gegen den unlauteren Wettbewerb 1962
14. Viertes Strafrechtsänderungsgesetz 1965
15. *Jugendgerichtsgesetz*[2] 1967
16. Wehrstrafgesetz 1968
17. Wirtschaftsstrafgesetz 1954 1978
18. *Gesetz über die freiwillige Kastration und andere Behandlungsmethoden*[1] 1981
19. Verpflichtungsgesetz 1981
20. Subventionsgesetz 1982
21. Gesetz über Ordnungswidrigkeiten 1984
22. Abgabenordnung 1991
23. Waffengesetz 1996
24. *Tierschutzgesetz*[1] 2005
25. Gesetz über Fernmeldeanlagen 2005
26. Embryonenschutzgesetz............................ 2007

Sachverzeichnis............................... 2011

---

[1] Das Gesetz, noch abgedruckt in der 43. Auflage, ist nur mit der Überschrift aufgenommen.
[2] Das Gesetz, noch abgedruckt in der 44. Auflage, ist nur mit der Überschrift aufgenommen.

Alphabetisch geordnetes Verzeichnis der Nebengesetze

	Anhang Nr.
Abgabenordnung	22
Aufzüge, Ges. über Versammlungen und	11
Ausländergesetz	12
Betäubungsmittelgesetz, Ges. über den Verkehr mit Betäubungsmitteln	4
Einführungsgesetz zum Strafgesetzbuch	1
Embryonenschutzgesetz	26
Fernmeldeanlagen, Ges. über	25
Jugendgefährdende Schriften, Ges. über die Verbreitung	8
Jugendschutzgesetz	9
Ordnungswidrigkeiten, Ges. über	21
Paßgesetz	3
Personalausweise, Ges. über	2
Schriften, Ges. über die Verbreitung jugendgefährdender	8
Strafrechtsänderungsgesetz, Viertes	14
Subventionsgesetz	20
Unlauterer Wettbewerb, Ges. gegen	13
Verpflichtungsgesetz	19
Versammlungsgesetz	11
Viertes Strafrechtsänderungsgesetz	14
Waffengesetz	23
Wehrstrafgesetz	16
Wettbewerb, Ges. gegen den unlauteren	13
Wirtschaftsstrafgesetz 1954	17

Abkürzungen

Zitate ohne Bezeichnung von Verfasser oder Gericht beziehen sich auf Entscheidungen des Bundesgerichtshofes
Entscheidungen der Oberlandesgerichte sind in der Regel durch Angabe des Ortes gekennzeichnet, an dem das Gericht seinen Sitz hat (zB Köln NJW **62,** 686)

aaO.	am angegebenen Ort
AbfBestV	Verordnung zur Bestimmung von Abfällen nach § 2 Abs. 2 des Abfallbeseitigungsgesetzes v. 3. 4. 1990 (BGBl. I 614; III 2129–15–4) – GewO-Slg. Nr. 28 d –
AbfG	Abfallgesetz v. 27. 8. 1986 (BGBl. I 1410, 1501; III 2129–15), letztes ÄndG v. 26. 6. 1992 (BGBl. I 1161) – Sartorius I Nr. 299; GewO-Slg. Nr. 28 –
AbfKlärV	Klärschlammverordnung v. 15. 4. 1992 (BGBl. I 912; III 2129–6–6) – GewO-Slg. Nr. 28 f –
AbgG	Gesetz über die Rechtsverhältnisse der Mitglieder des Deutschen Bundestages (Abgeordnetengesetz) v. 18. 2. 1977 (BGBl. I 297; III 1101–8), letztes ÄndG v. 20. 1. 1992 (BGBl. I 67) – Sartorius I Nr. 48 –
abl.	ablehnend
ABl.	Amtsblatt
Abs.	Absatz
abw.	abweichend
AbwasserVwV	Verwaltungsvorschriften über Mindestanforderungen an das Einleiten von Abwasser in Gewässer: 1. (AbwasserVwV) v. 9. 11. 1988 (GMBl. 602); 2. v. 10. 1. 1980 (GMBl. 111); 3. bis 15. v. 17. 3. 1981 (GMBl. 138 bis 150)
AcP	Archiv für die civilistische Praxis (zitiert nach Band und Seite)
AdoptionsG	Adoptionsgesetz v. 2. 7. 1976 (BGBl. I 1749; III 404–20)
AdVermiG	Adoptionsvermittlungsgesetz idF v. 27. 11. 1989 (BGBl. I 2016; III 404–21)
aE.	am Ende
AE	Alternativ-Entwurf eines Strafgesetzbuches, Allgemeiner Teil 2. Aufl. Tübingen 1969 Besonderer Teil – Politisches Strafrecht – Tübingen 1968 Besonderer Teil – Sexualdelikte, Straftaten gegen Ehe, Familie und Personenstand, Straftaten gegen den religiösen Frieden und die Totenruhe – Tübingen 1968 Besonderer Teil – Straftaten gegen die Person, 1. Halbband (Tübingen 1970), 2. Halbband (Tübingen 1971) Besonderer Teil – Straftaten gegen die Wirtschaft (Tübingen 1977)
AE-GLD	Entwurf eines Gesetzes gegen Ladendiebstahl, Recht und Staat, Heft 439 (Tübingen 1974)
AE (StH)	Alternativentwurf eines Gesetzes über Sterbehilfe (Stuttgart 1986)
AE-WGM	Alternativ-Entwurf Wiedergutmachung, 1992

Abkürzungen

aF.	alte Fassung
AFG	Arbeitsförderungsgesetz v. 25. 6. 1969 (BGBl. I 582; III 810–1), letztes ÄndG v. 27. 7. 1992 (BGBl. I 1398). Vgl. für die Beitrittsländer AFG v. 22. 6. 1990 (GBl. Nr. 36, 403), letztes ÄndG v. 25. 7. 1991 (BGBl. I 1606, 1701) – Aichberger Nr. 920; GewO-Slg. Nr. 365 –
AfP.	Archiv für Presserecht (zitiert nach Jahr und Seite)
AG	Amtsgericht
AgrarR	Agrarrecht (zitiert nach Jahr und Seite)
AHK.	Alliierte Hohe Kommission
Aichberger	Aichberger, Sozialgesetzbuch, Reichsversicherungsordnung (Loseblattausgabe; zitiert nach Gliederungsnummern)
AIDS.	Acquired Immune Deficiency Syndrom
AIFO	Aids-Forschung (zitiert nach Jahr und Seite)
AK	Kommentar zum Strafgesetzbuch. Reihe Alternativkommentare (Hrsg. R. Wassermann), Bd. 3 (§§ 80–145d) 1986; Bd. 1 (1990) §§ 1–21
AkaGrG.	Gesetz über die Führung akademischer Grade v. 7. 6. 1939 (RGBl. I 985; BGBl. III 2210–1), ÄndG v. 2. 3. 1974 (BGBl. I 469, 557)
AktG.	Aktiengesetz v. 6. 9. 1965 (BGBl. I 1089; III 4121–1), letztes ÄndG v. 30. 11. 1990 (BGBl. I 2570) – Schönfelder Nr. 51 –
AktProbl.	Aktuelle Probleme der Strafrechtspflege, hrsg. v. Udo Ebert (E. W. Hanack zum 60. Geburtstag), 1991
AkWiss	Akademie der Wissenschaften und der Literatur (zitiert nach Jahr und Seite)
allgM	allgemeine Meinung
aM	anderer Meinung
AMBl.	Amtsblatt des Bayerischen Staatsministeriums für Arbeit und Sozialordnung
AMG	Arzneimittelgesetz v. 24. 8. 1976 (BGBl. I 2445; III 2121–51–1–2), letztes ÄndG v. 11. 4. 1990 (BGBl. I 717)
Amtl. Begr.	Amtliche Begründung
AmtsschErl.	Erlaß über die Amtsschilder der Bundesbehörden v. 25. 9. 1951 (BGBl. I 927; III 1130–4)
Anästh. Intensivmed. . .	Anästhesiologie und Intensivmedizin (zitiert nach Jahr und Seite)
ÄndG	Änderungsgesetz
ÄndStGB/VersG	Gesetz zur Änderung des Strafgesetzbuches und des Versammlungsgesetzes v. 18. 7. 1985 (BGBl. I 1511)
ÄndVO	Änderungsverordnung
Anh.	Anhang
Anm.	Anmerkung
AnO	Anordnung
AnwBl.	Anwaltsblatt (zitiert nach Jahr und Seite)
AO	Abgabenordnung AO 1977 (Anh. 22; Kleinknecht/Meyer, Anh. C 1)
AöR	Archiv des öffentlichen Rechts (zitiert nach Jahr und Seite)
ApoAnwRStG.	Gesetz über die Rechtsstellung vorgeprüfter Apothekeranwärter v. 4. 12. 1973 (BGBl. I 1813; III 2124–11)
ArbGG	Arbeitsgerichtsgesetz idF v. 2. 7. 1979 (BGBl. I 853, 1036; III 320–1), letztes ÄndG v. 17. 12. 1990 (BGBl. I 2847) – Schönfelder Nr. 83 –

Abkürzungen

ArbuR	Arbeit und Recht (zitiert nach Jahr und Seite)
ArchKrim	Archiv für Kriminologie (zitiert nach Band und Seite)
ARSP	Archiv für Rechts- und Sozialphilosophie (zitiert nach Jahr und Seite)
Art.	Artikel
Arztrecht	Arztrecht, Zeitschrift für Rechts- und Vermögensfragen (zitiert nach Jahr und Seite)
Arzt und Krankenhaus	Arzt und Krankenhaus, Fachzeitschrift für das Krankenhauswesen (zitiert nach Jahr, Heft und Seite)
Arzt/Weber	Arzt/Weber, Strafrecht, Besonderer Teil LH 1: Delikte gegen die Person (3. Aufl. 1988); LH 2: Delikte gegen die Person (Randbereich), Schwerpunkt: Gefährdungsdelikte, 1983; LH 3: Vermögensdelikte (2. Aufl. 1986); LH 4: Wirtschaftsstraftaten, Vermögensdelikte (Randbereich), Fälschungsdelikte (2. Aufl. 1989); LH 5: Delikte gegen Staat, usw., 1982 (jeweils zitiert nach Randnummern)
aS	für die amtliche Sammlung (Entscheidungen des Bundesgerichtshofs in Strafsachen) bestimmte Entscheidung
AsylVfG	Asylverfahrensgesetz v. 26. 6. 1992 (BGBl. I 1126; III 26–7) – Sartorius I Nr. 567 –
AT	Allgemeiner Teil
AtG	Atomgesetz idF v. 15. 7. 1985 (BGBl. I 1565; III 751–1), letztes ÄndG v. 26. 8. 1992 (BGBl. I 1564) – Sartorius I Nr. 835; GewO-Slg. Nr. 33 –
Aufl.	Auflage
AÜG	Arbeitnehmerüberlassungsgesetz v. 14. 6. 1985 (BGBl. I 1068; III 810–31), letzte Änd. Anl. I Kap. VIII Sg. E II z. EV – Aichberger Nr. 921; GewO-Slg. Nr. 219 –
AuslG	Ausländergesetz (Anh. 12) – Sartorius I Nr. 565 –
AuslInvestmG	Gesetz über den Vertrieb ausländischer Investmentanteile und über die Besteuerung der Erträge aus ausländischen Investmentanteilen v. 28. 7. 1969 (BGBl. I 986; III 7612–1), letztes ÄndG v. 25. 2. 1992 (BGBl. I 287)
AuswSG	Auswandererschutzgesetz v. 26. 3. 1975 (BGBl. I 774; III 2182–3), ÄndG v. 14. 12. 1976 (BGBl. I 3341, 3367) – Erbs A 220 –
AV	Allgemeine Verfügung
AVwV	Allgemeine Verwaltungsvorschrift
AWG	Außenwirtschaftsgesetz v. 28. 4. 1961 (BGBl. I 481, 495, 1555; III 7400–1), letztes ÄndG v. 7. 7. 1992 (BGBl. I 1222) – Erbs A 217 –
AWG/StGB ua. ÄndG	Gesetz zur Änderung des Außenwirtschaftsgesetzes, des Strafgesetzbuches und anderer Gesetze v. 28. 2. 1992 (BGBl. I 372)
AWV	Außenwirtschaftsverordnung v. 18. 12. 1986 (BGBl. I 2671; III 7400–1–6), letztes ÄndG v. 28. 2. 1992 (BGBl. I 376) – Erbs A 217a –
AZO	Allgemeine Zollordnung idF v. 18. 5. 1970 (BGBl. I 560, 1221; 1977 I 287; 1982 I 667; 1984 I 107; III 613–1–1), letzte ÄndVO v. 25. 6. 1992 (BGBl. I 1192) – Erbs Z 155a –

Abkürzungen

BA	Blutalkohol, Wissenschaftliche Zeitschrift für die medizinische und juristische Praxis (zitiert nach Jahr und Seite)
BA-FS	Festschrift zum 25jährigen Bestehen des Bundes gegen Alkohol im Straßenverkehr e.V. – Landessektion Berlin –, Hrsg. D. Schultz/G. H. Schlecht, Berlin 1982
BAK	Blutalkoholkonzentration
BannMG	Bannmeilengesetz v. 6. 8. 1955 (BGBl. I 504; III 2180–5), ÄndG v. 28. 5. 1969 (BGBl. I 449) – Sartorius I Nr. 433 –
BAnz	Bundesanzeiger (ab 1983 zitiert nach Jahr und Seite)
BÄO	Bundesärzteordnung idF v. 16. 4. 1987 (BGBl. I 1218; III 2122–1), letztes ÄndG v. 23. 3. 1992 (BGBl. I 719)
BApothO	Bundes-Apothekerordnung idF v. 19. 7. 1989 (BGBl. I 1478, 1842; III 2121–1), letztes ÄndG v. 23. 3. 1992 (BGBl. I 719) – Erbs A 167 –
BArchG	Bundesarchivgesetz v. 6. 1. 1986 (BGBl. I 62; III 224–8), ÄndG v. 13. 3. 1992 (BGBl. I 506)
Bär/Hauser	Bär/Hauser, Unfallflucht, Loseblatt-Kommentar, 1991 (11. Erg.Lfg.)
BaufordG	Gesetz zur Sicherung der Bauforderungen v. 1. 6. 1909 (RGBl. 449; BGBl. III 213–2), letztes ÄndG v. 2. 3. 1974 (BGBl. I 469, 554), in Bayern aufgehoben durch Art. 109 I Nr. 4 BayBO, in Hessen geänd. durch Ges. v. 18. 3. 1970 (GVBl. I 245, 253)
BauGB	Baugesetzbuch idF v. 8. 12. 1986 (BGBl. I 2253; III 213–1), letztes ÄndG v. 14. 7. 1992 (BGBl. I 1257) – Sartorius I Nr. 300 –
BauO NW	Bauordnung für das Land Nordrhein-Westfalen idF v. 26. 6. 1984 (GVNW 419, 532; SGVNW 232), ÄndG v. 21. 6. 1988 (GVNW 319)
Baumann-FS	Festschrift für Jürgen Baumann, 1992
Baumann/Weber	Baumann/Weber, Strafrecht, Allgemeiner Teil (9. Aufl., 1985)
Bay	Bayern oder Bayerisches Oberstes Landesgericht; ohne Zusatz: Sammlung von Entscheidungen in Strafsachen (alte Folge zitiert nach Band und Seite, neue Folge nach Jahr und Seite)
BayArchG	Bayer. Architektengesetz idF v. 26. 2. 1982 (BGBl. 188)
BayBO	Bayerische Bauordnung idF v. 26. 11. 1990 (GVBl. 513)
BayBS	Bereinigte Sammlung des Bayerischen Landesrechts
BayDSG	Bayerisches Datenschutzgesetz v. 28. 4. 1978 (GVBl. 165), letzte Ändg. v. 24. 8. 1990 (GVBl. 323)
BayEUG	Bayerisches Gesetz über das Erziehungs- und Unterrichtswesen idF v. 29. 2. 1988 (GVBl. 61)
BayGnO	Bayerische Gnadenordnung v. 2. 7. 1974 (GVBl. 400)
BayHSchLG	Bayerisches Hochschulgesetz idF v. 8. 12. 1988 (GVBl. 399), letztes ÄndG v. 27. 12. 1991 (GVBl. 496)
BayLStVG	Bayerisches Landesstraf- und Verordnungsgesetz idF v. 13. 12. 1982 (GVBl. 1098; BayRS 2011–2–I), ÄndG v. 10. 6. 1992 (GVBl. 152)
BayPAG	Bayerisches Polizeiaufgabengesetz idF v. 14. 9. 1990 (GVBl. 397; BayRS 2012–1–1–I), letztes ÄndG v. 27. 12. 1991 (GVBl. 496)

Abkürzungen

BayPrG	Bayer. Gesetz über die Presse v. 3. 10. 1949 (GVBl. 243), letztes ÄndG v. 24. 7. 1974 (GVBl. 354)
BayRGSW	Gesetz über Regelungen im Sozialwesen (Bayern) v. 21. 9. 1979 (GVBl. 438), letztes ÄndG v. 10. 8. 1982 (GVBl. 514)
BayVAwSF	Anlagenverordnung (Bayern) v. 13. 2. 1984 (GVBl. 66)
BayVBl.	Bayerische Verwaltungsblätter (zitiert nach Jahr und Seite)
BayVerf	Verfassung des Freistaates Bayern v. 12. 12. 1946 (BayBS I 3), letztes ÄndG v. 19. 7. 1973 (GVBl. 389)
BayWaldG	Waldgesetz für Bayern idF v. 25. 8. 1982 (GVBl. 824), letztes ÄndG v. 23. 2. 1989 (GVBl. 25)
BB	Der Betriebs-Berater (zitiert nach Jahr und Seite)
BBahnG	Bundesbahngesetz v. 13. 12. 1951 (BGBl. I 955; III 931–1), letztes ÄndG v. 19. 12. 1990 (BGBl. I 2909)
BBankG	Gesetz über die Deutsche Bundesbank v. 26. 7. 1957 (BGBl. I 745; III 7620–1), letztes ÄndG v. 15. 7. 1992 (BGBl. I 1287) – Sartorius I Nr. 855 –
BBG	Bundesbeamtengesetz idF v. 27. 2. 1985 (BGBl. I 479; III 2030–2), letztes ÄndG v. 11. 6. 1992 (BGBl. I 1030) – Sartorius I Nr. 160 –
BBergG	Bundesberggesetz v. 13. 8. 1980 (BGBl. I 1310; III 750–15), letztes ÄndG v. 26. 8. 1992 (BGBl. I 1564) – GewO-Slg. Nr. 12 –
BBesG	Bundesbesoldungsgesetz idF v. 7. 7. 1992 (BGBl. I 1222) – Sartorius I Nr. 230 –
BBiG	Berufsbildungsgesetz v. 14. 8. 1969 (BGBl. I 1112; III 806–21), letztes ÄndG v. 27. 7. 1992 (BGBl. I 1398)
Bd.	Band
BDH	Bundesdisziplinarhof
BDO	Bundesdisziplinarordnung idF v. 20. 7. 1967 (BGBl. I 750, 984; III 2031–1), letzte Änd. Anl. I Kap. XVI Sg. C II 1 EV – Sartorius I Nr. 220 –
BDSG	Bundesdatenschutzgesetz v. 20. 12. 1990 (BGBl. I 2954; III 204–3) – Sartorius I Nr. 245; Aichberger Nr. 165 –
BeamtVG	Beamtenversorgungsgesetz idF v. 24. 10. 1990 (BGBl. I 2298; III 2030–25)
BeArbThG	Gesetz über den Beruf des Beschäftigungs- und Arbeitstherapeuten v. 25. 5. 1976 (BGBl. I 1246; III 2124–12), letzte Änd. Anl. I Kap. X Sg. D II 9 EV
Begr.	Begründung
Beil.	Beilage
Bek.	Bekanntmachung
Belling	Belling, Ist die Rechtfertigungsthese zu § 218a StGB haltbar?, 1987
Bengl-FS	Festschrift für Karl Bengl, München 1984
Ber.	Bericht (früher Schriftlicher Bericht) des federführenden Ausschusses des Deutschen Bundestages; zum 1. StrRG = BT-Drucks. V/4094; 2. StrRG = BT-Drucks. V/4095; 3. StrRG = BT-Drucks. VI/502; 4. StrRG (Ber. 1) = BT-Drucks. VI/3521, (Ber. 2) = BT-Drucks. 7/514; 5. StrRG = BT-Drucks. 7/1981 (neu), 7/1982, 7/1983, 7/1984 (neu)
BerAK	Bericht der Interministeriellen Arbeitsgruppe „Umwelthaftungs- und Umweltstrafrecht" – Arbeitskreis Umweltstrafrecht – v. 19. 12 1988 (maschinenschriftlich)

Abkürzungen

BerlinFG 1990 . . . . . . Berlinförderungsgesetz 1990 idF v. 2. 2. 1990 (BGBl. I 173; III 610–6–5), letztes ÄndG v. 25. 2. 1992 (BGBl. I 297)
BetrVG . . . . Betriebsverfassungsgesetz idF v. 23. 12. 1988 (BGBl. 1989 I 1; III 801–7), ÄndG v. 18. 12. 1989 (BGBl. I 2261) – GewO-Slg. Nr. 210 –
Beulke . . . . Beulke, Die Strafbarkeit des Verteidigers, 1989 (zitiert nach Randnummern)
BeurkG . . . . Beurkundungsgesetz v. 28. 8. 1969 (BGBl. I 1513; III 303–13), letztes ÄndG v. 17. 12. 1990 (BGBl. I 2847) – Schönfelder Nr. 23 –
BewG . . . . Bewertungsgesetz idF v. 1. 2. 1991 (BGBl. I 230; III 610–7), letztes ÄndG v. 25. 2. 1992 (BGBl. I 297)
BewH . . . . Bewährungshilfe (zitiert nach Jahr und Seite)
BezG . . . . Bezirksgericht
BezVtrPOL . . . . Vertrag v. 7. 12. 1970 zwischen der Bundesrepublik Deutschland und der Volksrepublik Polen über die Grundlage der Normalisierung ihrer gegenseitigen Beziehungen. Hierzu Ges. v. 23. 5. 1972 (BGBl. II 361); Bek. v. 12. 6. 1972 (BGBl. II 651)
BFH . . . . Bundesfinanzhof
BGA . . . . Bundesgesundheitsamt
bga-Berichte . . . . Schriftenreihe des Bundesgesundheitsamts (zitiert nach Jahr und Heft)
BGB . . . . Bürgerliches Gesetzbuch v. 18. 8. 1896 (RGBl. 195; BGBl. III 400–2), letztes ÄndG v. 25. 7. 1991 (BGBl. I 1606, 1702) – Schönfelder Nr. 20 –
BGBl. I, II, III . . . . . . Bundesgesetzblatt Teil I, Teil II, Teil III
BGE IV . . . . Entscheidungen des Schweizerischen Bundesgerichts, Amtliche Sammlung, IV. Teil (Strafrecht und Strafvollzug, zitiert nach Band und Seite)
BGH . . . . Entscheidungen des Bundesgerichtshofs in Strafsachen (zitiert nach Band und Seite); auch Bundesgerichtshof
BGH-FS . . . . 25 Jahre Bundesgerichtshof, München 1975
BGHR . . . . BGH-Rechtsprechung – Strafsachen, hrsg. von den Richtern des Bundesgerichtshofes (seit 1987), zitiert nach §, abgekürztem Stichwort und lfd. Nr.
BGHZ . . . . Entscheidungen des Bundesgerichtshofs in Zivilsachen (zitiert nach Band und Seite)
BGSG . . . . Gesetz über den Bundesgrenzschutz v. 18. 8. 1972 (BGBl. I 1834; III 13–4), letztes ÄndG v. 23. 1. 1992 (BGBl. I 178) – Sartorius I Nr. 90 –
BHelfer . . . . Bewährungshelfer
Bielefeld-FS . . . . Zwischenstation, Festschrift zum 10jährigen Bestehen der Universität Bielefeld, 1979
BImSchG . . . . Bundes-Immissionsschutzgesetz idF v. 14. 5. 1990 (BGBl. I 880; III 2129–8), letztes ÄndG v. 26. 8. 1992 (BGBl. I 1564) – Sartorius I Nr. 296; GewO-Slg. Nr. 30 –
BImSchV . . . . Verordnung zur Durchführung des Bundesimmissionsschutzgesetzes (BGBl. III 2129–8–1–1 bis 16)
1. BImSchV idF v. 15. 7. 1988 (BGBl. I 1059) – Sartorius I Nr. 296 b; GewO-Slg. Nr. 30 a –
2. BImSchV v. 10. 12. 1990 (BGBl. I 2694), ÄndVO v. 5. 6. 1991 (BGBl. I 1218) – GewO-Slg. Nr. 30 b –

Abkürzungen

	3. BImSchV v. 15. 1. 1975 (BGBl. I 264; III 2129–8–1–3), letzte ÄndVO v. 14. 12. 1987 (BGBl. I 2671) – GewO-Slg. Nr. 30 c –
	4. BImSchV v. 24. 7. 1985 (BGBl. I 1586), letzte ÄndVO v. 28. 8. 1991 (BGBl. I 1838, 2044) – GewO-Slg. Nr. 30 d –
	8. BImSchV idF v. 13. 7. 1992 (BGBl. I 1248, 1346; III 2129–8–8–2) – GewO-Slg. Nr. 30 h –
	9. BImSchV idF v. 29. 5. 1992 (BGBl. I 1001; III 2129–8–9)
	11. BImSchV v. 12. 12. 1991 (BGBl. I 2213; III 2129–8–11–2)
	12. BImSchV idF v. 20. 9. 1991 (BGBl. I 1891; III 2129–8–12) – GewO-Slg. Nr. 30 m –
	13. BImSchV v. 22. 6. 1983 (BGBl. I 719) – GewO-Slg. Nr. 30 n –
	14. BImSchV v. 9. 4. 1986 (BGBl. I 380)
	15. BImSchV v. 10. 11. 1986 (BGBl. I 1729), ÄndVO v. 23. 2. 1988 (BGBl. I 166)
	16. BImSchV v. 12. 6. 1990 (BGBl. I 1036; III 2129–8–1–16)
	17. BImSchV v. 23. 11. 1990 (BGBl. I 2545, 2832; III 2129–8–17)
	18. BImSchV v. 18. 7. 1991 (BGBl. I 1588; III 2129–8–18)
	19. BImSchV v. 17. 1. 1992 (BGBl. I 75; III 2129–8–19)
	21. BImSchV v. 7. 10. 1992 (BGBl. I 1730; III 2129–8–21)
BinSchPatentV	Binnenschifferpatentverordnung v. 7. 12. 1981 (BGBl. I 1333; III 9503–20), letzte ÄndVO v. 25. 9. 1990 (BGBl. I 2106)
BinSchStrO	Binnenschiffahrtsstraßenordnung, EinfVO v. 1. 5. 1985 (BGBl. I 734; III 9501–42), letzte ÄndVO v. 14. 4. 1992 (BGBl. I 911)
BinSchUO	Binnenschiffs-Untersuchungsordnung v. 17. 3. 1988 (BGBl. I 238; III 9502–19)
BJagdG	Bundesjagdgesetz idF v. 29. 9. 1976 (BGBl. I 2849; III 792–1), letzte Änd. Anl. I Kap. VI Sg. F II 1 EV – Schönfelder Nr. 28 –
BKGG	Bundeskindergeldgesetz idF v. 30. 1. 1990 (BGBl. I 149; III 85–1), letztes ÄndG v. 25. 2. 1992 (BGBl. I 297, 329) – Aichberger Nr. 900 –
BKA	Bundeskriminalamt und BKA (Hrsg.) „Was ist Gewalt?", 3 Bde. (I–III) 1986 bis 1989
Blau-FS	Festschrift für Günter Blau zum 70. Geburtstag (Berlin 1985)
Blei	Juristische Kurzlehrbücher, Blei, Strafrecht, AT: Bd. I, Allgemeiner Teil (18. Aufl., München 1983); BT: Bd. II, Besonderer Teil (12. Aufl. München 1983)
BliwaG	Blindenwarenvertriebsgesetz v. 9. 4. 1965 (BGBl. I 311; III 7120–2), letztes ÄndG v. 25. 7. 1984 (BGBl. I 1008) – GewO-Slg. Nr. 93 –
Bln	Berlin
BlnPrG	Berliner Pressegesetz v. 15. 6. 1965 (GVBl. 744), letztes ÄndG v. 16. 3. 1988 (GVBl. 473)
BlnSchulG	Schulgesetz für Berlin idF v. 20. 8. 1980 (GVBl. 2103; BRV 2230–1), letztes ÄndG v. 20. 6. 1991 (GVBl. 141)

Abkürzungen

BLV .... Bundeslaufbahnverordnung idF v. 8. 3. 1990 (BGBl. I 449, 863; III 2030–7–3)

BMinG .... Bundesministergesetz idF. v. 27. 7. 1971 (BGBl. I 1166; III 1103–1), letzte ÄndG v. 18. 12. 1989 (BGBl. I 2218) – Sartorius I Nr. 45 –

BMJ-FS .... Vom Reichsjustizamt zum Bundesministerium der Justiz. Festschrift zum 100jährigen Gründungstag des Reichsjustizamtes am 1. Januar 1877 (Köln 1977)

BNatSchG .... Gesetz über Naturschutz und Landschaftspflege (Bundesnaturschutzgesetz) idF v. 12. 3. 1987 (BGBl. I 889; III 791–1), ÄndG v. 12. 2. 1990 (BGBl. I 205) – Sartorius I Nr. 880 –

BNotO .... Bundesnotarordnung v. 24. 2. 1961 (BGBl. I 97; III 303–1), letztes ÄndG v. 29. 1. 1991 (BGBl. I 150) – Schönfelder Nr. 98a –. Vgl. für die wohl. DDR VO v. 20. 6. 1990 (GBl. I Nr. 37 S. 475), letztes ÄndG v. 24. 7. 1992 (BGBl. I 1386)

Bockelmann ...... Bockelmann, Strafrecht BT/1: Besonderer Teil/1. Vermögensdelikte, 2. Aufl. (1982); BT/2: Besonderer Teil/2. Delikte gegen die Person (1977); BT/3: Besonderer Teil/3, Ausgewählte Delikte gegen Rechtsgüter der Allgemeinheit (1980)

Bockelmann–FS ..... Festschrift für Paul Bockelmann zum 70. Geburtstag (München 1979)

Bockelmann/Volk ... Bockelmann/Volk, Strafrecht Allgemeiner Teil. 4. Aufl. (1987)

BOKraft .... VO über den Betrieb von Kraftfahrunternehmen im Personenverkehr v. 21. 6. 1975 (BGBl. I 1573; III 9240–1–2), letzte ÄndVO v. 30. 6. 1989 (BGBl. I 1273)

BOStrab .... VO über den Bau und Betrieb der Straßenbahnen (Straßenbahn-Bau- und Betriebsordnung) v. 11. 12. 1987 (BGBl. I 2648; III 9234–5)

BörsG .... Börsengesetz idF v. 27. 5. 1908 (RGBl. 215; BGBl. III 4110–1), letztes ÄndG v. 11. 7. 1989 (BGBl. I 1412) – Erbs B 155 –

BörsTermZulV ..... Börsentermingeschäfts-ZulassungsVO v. 10. 3. 1982 (BGBl. I 320; III 4115–29–6), letzte ÄndVO v. 10. 3. 1988 (BGBl. I 302)

BörsZulV .... Börsenzulassungs-Verordnung v. 15. 4. 1987 (BGBl. I 1234; III 4110–1–1)

Bottke .... Bottke, Strafrechtswissenschaftliche Methodik und Systematik bei der Lehre vom strafbefreienden und strafmildernden Täterverhalten, 1979

Bottke, Suizid ..... Bottke, Suizid und Strafrecht, Berlin 1982 (zitiert nach Nummern)

BPersVG .... Bundespersonalvertretungsgesetz v. 15. 3. 1974 (BGBl. I 693; III 2035–4), letztes ÄndG v. 28. 5. 1990 (BGBl. I 967) – Sartorius I Nr. 240 –

BPräs. .... Bundespräsident

BPräsFlaggAnO .... Anordnung des Bundespräsidenten über die Dienstflagge der Seestreitkräfte der Bundeswehr v. 25. 5. 1956 (BGBl. I 447; III 1130–5)

BPräsWahlG ...... Gesetz über die Wahl des Bundespräsidenten durch die Bundesversammlung v. 25. 4. 1959 (BGBl. 230; III 1100–1), ÄndG v. 24. 6. 1975 (BGBl. I 1593)

Abkürzungen

BranntwMonG	Branntweinmonopolgesetz v. 8. 4. 1922 (RGBl. I 405; BGBl. III 612–7), letztes ÄndG v. 25. 9. 1990 (BGBl. I 2106) – Erbs B 183 –
BRAO	Bundesrechtsanwaltsordnung v. 1. 8. 1959 (BGBl. I 565; III 303–8), letztes ÄndG v. 27. 2. 1992 (BGBl. I 369) – Schönfelder Nr. 98, Göhler OWiG Anh. A 9 –. Vgl. für die ehem. DDR RechtsanwaltsG v. 13. 9. 1990 (GBl. I Nr. 61 S. 1504), ÄndG v. 26. 6. 1992 (BGBl. I 1147)
BRat	Bundesrat, auch Plenarprotokoll (zitiert nach Sitzungs-Nr.)
BR-Drs.	Drucksache des Bundesrats (zitiert nach Nummer und Jahr)
BReg.	Bundesregierung
Brem.	Freie Hansestadt Bremen
BremArbnKG	Gesetz über die Arbeitnehmerkammern im Lande Bremen v. 3. 7. 1956 (GBl. 79; BS 70–c–1), letztes ÄndG v. 8. 7. 1986 (GBl. 139)
BremPrG	Pressegesetz (Bremen) v. 16. 3. 1965 (GBl. 63), letztes ÄndG v. 26. 6. 1981 (GBl. 553)
BremSchulG	Bremisches Schulgesetz idF v. 23. 7. 1990 (GBl. 223; BS 223–a–5)
BRep.	Bundesrepublik Deutschland
Bringewat	Bringewat, Die Bildung der Gesamtstrafe, Berlin 1987 (zitiert nach Randnummern)
BRRG	Beamtenrechtsrahmengesetz idF v. 27. 2. 1985 (BGBl. I 462; III 2030–1), letztes ÄndG v. 11. 6. 1992 (BGBl. I 1030) – Sartorius I Nr. 150 –
Brunner	Brunner, Jugendgerichtsgesetz, 9. Aufl. (Berlin 1991)
Bruns	Bruns, Das Recht der Strafzumessung, 2. Aufl. (Köln 1985)
Bruns StrZR	Bruns, Strafzumessungsrecht – Allgemeiner Teil, 2. Aufl. (Köln 1974)
Bruns-FS	Festschrift für Hans-Jürgen Bruns zum 70. Geburtstag (Köln 1978)
Bruns-GedS	Gedächtnisschrift für Rudolf Bruns, 1980
BSeuchG	Bundes-Seuchengesetz idF v. 18. 12. 1979 (BGBl. I 2262; 1980 I 151; III 2126–1), letztes ÄndG v. 12. 9. 1990 (BGBl. I 2002) – Sartorius I Nr. 293; Aichberger Nr. 980, 981 –
BSHG	Bundessozialhilfegesetz idF v. 10. 1. 1991 (BGBl. I 94, 808; III 2170–1), letztes ÄndG v. 27. 7. 1992 (BGBl. I 1398) – Sartorius I Nr. 410; Aichberger Nr. 960 –
BSozG	Bundessozialgericht
BStatG	Bundesstatistikgesetz v. 22. 1. 1987 (BGBl. I 462, 565; III 29–22), ÄndG v. 17. 12. 1990 (BGBl. I 2837) – Sartorius I Nr. 580 –
BStBl.	Bundessteuerblatt (zitiert nach Jahr und Seite)
BT	Besonderer Teil
BTag.	Deutscher Bundestag, auch Plenarprotokoll (zitiert nach Wahlperiode und Seite)
BTÄO	Bundes-Tierärzteverordnung idF v. 20. 11. 1981 (BGBl. I 1193; III 7830–1), letztes ÄndG v. 23. 3. 1992 (BGBl. I 719)
BT-Drs.	Drucksache des Deutschen Bundestags (zitiert nach Wahlperiode und Nummer)
BtG	Betreuungsgesetz v. 12. 9. 1990 (BGBl. I 1002; III 200–3)
BtMG	Gesetz über den Verkehr mit Betäubungsmitteln (Anh. 4)
BVerfG	Bundesverfassungsgericht

Abkürzungen

BVerfGE	Entscheidungen des Bundesverfassungsgerichts (zitiert nach Band und Seite)
BVerfGG	Gesetz über das Bundesverfassungsgericht idF v. 12. 12. 1985 (BGBl. I 2229; III 1104–1) – Sartorius I Nr. 40 –
BVerwG	Bundesverwaltungsgericht
BVerwGE	Entscheidungen des Bundesverwaltungsgerichts (zitiert nach Band und Seite)
II. BV	Zweite Berechnungsverordnung idF v. 12. 10. 1990 (BGBl. I 2178; III 2330–2–2) – Sartorius I Nr. 357 –
BVFG	Bundesvertriebenengesetz idF v. 3. 9. 1971 (BGBl. I 1565, 1807; III 240–1), letztes ÄndG v. 20. 12. 1991 (BGBl. I 2317) – Aichberger Nr. 858 –
BW	Baden-Württemberg
BWahlG	Bundeswahlgesetz idF v. 1. 9. 1975 (BGBl. I 2325; III 111–1), letztes ÄndG v. 8. 10. 1990 (BGBl. I 2141) – Sartorius Nr. 30 –
BWaldG	Bundeswaldgesetz v. 2. 5. 1975 (BGBl. I 1037; III 790–18), ÄndG v. 27. 7. 1984 (BGBl. I 1034) – Sartorius I Nr. 875 –
BWappenBek	Bekanntmachung betr. das Bundeswappen und den Bundesadler v. 20. 1. 1950 (BGBl. I 26; III 1130–1)
BWBestattG	Bestattungsgesetz (Baden-Württemberg) v. 21. 7. 1970 (GBl. 395, 458), letzte ÄndVO v. 19. 3. 1985 (GBl. 71, 73)
BWehr	Bundeswehr
BWFahnAnO	Anordnung über die Stiftung der Truppenfahnen für die Bundeswehr v. 18. 9. 1964 (BGBl. I 817; III 55–4)
BWLPrG	Landespressegesetz (Baden-Württemberg) v. 14. 1. 1964 (GBl. 11), letztes ÄndG v. 19. 11. 1991 (GBl. 681)
BWLRiG	Landesrichtergesetz (Baden-Württemberg) idF v. 19. 7. 1972 (GBl. 432), letztes ÄndG v. 19. 11. 1991 (GBl. 681)
BWLVwVfG	Verwaltungsverfahrensgesetz für das Land Baden-Württemberg v. 21. 6. 1977 (GBl. 277), letztes ÄndG v. 11. 2. 1992 (GBl. 91)
BWNatschG	Naturschutzgesetz (Baden-Württemberg) v. 21. 10. 1975 (GBl. 654), letztes ÄndG v. 19. 11. 1991 (GBl. 701)
BWöDG	Gesetz zur Regelung der Wiedergutmachung nationalsozialistischen Unrechts für Angehörige des Öffentlichen Dienstes idF v. 15. 12. 1965 (BGBl. I 2073; III 2037–1), letztes ÄndG v. 8. 6. 1989 (BGBl. I 1026)
BWO	Bundeswahlordnung idF v. 28. 8. 1985 (BGBl. I 1769; 1986 I 258; III 111–1–5), letzte ÄndVO v. 9. 10. 1990 (BGBl. I 2159)
BWPolG	Polizeigesetz des Landes Baden-Württemberg idF v. 13. 1. 1992 (GBl. 1)
BWSchG	Schulgesetz (Baden-Württemberg) idF v. 1. 8. 1983 (GBl. 397), letztes ÄndG v. 4. 6. 1991 (GBl. 299)
BWWG	Wassergesetz für Baden-Württemberg idF v. 26. 4. 1976 (GBl. 369), letztes ÄndG v. 24. 6. 1991 (GBl. 434)
BZRG	Gesetz über das Zentralregister und das Erziehungsregister (Bundeszentralregistergesetz) idF v. 21. 9. 1984 (BGBl. I 1229; 1985 I 195; III 312–7), letztes ÄndG v. 15. 7. 1992 (BGBl. I 1302). Vgl. Art. 8 Anh. I Kap. III Sg. C II Nr. 2 EV – Kleinknecht/Meyer Anh. F 1; Strafrecht Nr. 60; Schönfelder Nr. 92 –

Abkürzungen

v. Campenhausen GG	v. Mangoldt/Klein/v. Campenhausen. Das Bonner Grundgesetz, Kommentar, Band 14 (Art. 136 bis 146), 3. Aufl. 1991
Calliess/Müller-Dietz	Calliess/Müller-Dietz, Strafvollzugsgesetz, 4. Aufl. (München 1986)
Carstens-FS	Einigkeit und Recht und Freiheit. Festschrift für Karl Carstens, 1984
ChemG	Chemikaliengesetz idF v. 14. 3. 1990 (BGBl. I 521; III 8053–6), ÄndVO v. 5. 6. 1991 (BGBl. I 1218) – GewO-Slg. Nr. 272 –
ChLeb	Hubertus von Voss/Rüdiger von Voss/Hoffacker (Hrsg.), Chancen für das ungeborene Leben, Köln 1988
CR	Computer und Recht (zitiert nach Jahr und Seite)
Cramer	Cramer, Straßenverkehrsrecht, StVO; StGB (2. Aufl., München 1977)
DÄBl.	Deutsches Ärzteblatt (zitiert nach Jahr und Seite)
Dallinger-Lackner	Dallinger-Lackner, Jugendgerichtsgesetz (2. Aufl., München u. Berlin 1965. Zitiert nach Randnoten und §)
DAR	Deutsches Autorecht (zitiert nach Jahr und Seite)
DAR/G	Rechtsprechung des BGH bei Goydke in DAR
DAR/M	Rechtsprechung des BGH bei Martin in DAR
DAR/N	Rechtsprechung des BGH bei Nehm in DAR
DAR/R	Rechtsprechung des BayObLG bei Rüth in DAR
DAR/S	Rechtsprechung des BGH bei Spiegel in DAR
DB	Der Betrieb (zitiert nach Jahr und Seite)
DDT-G	Gesetz über den Verkehr mit DDT v. 7. 8. 1972 (BGBl. I 1385; III 2121-9), letztes ÄndG v. 15. 9. 1986 (BGBl. I 1505)
Delitala-GedS	Studi in memoria di Giacomo Delitala, 1984
DepotG	Gesetz über die Verwahrung und Anschaffung von Wertpapieren (Depotgesetz) v. 4. 2. 1937 (RGBl. I 171; BGBl. III 4130-1), letztes ÄndG v. 17. 7. 1985 (BGBl. I 1507) – Schönfelder Nr. 59 –
2. DEVO	Zweite Datenerfassungs-Verordnung v. 29. 5. 1980 (BGBl. I 593; III 826-27-1-4), letzte ÄndVO v. 10. 12. 1991 (BGBl. I 2188)
DfBest.	Durchführungsbestimmung
DfBest–SVG–DDR	Durchführungsbestimmung zum Gesetz über die Unterbrechung der Schwangerschaft v. 9. 3. 1972 (GBl-DDR II Nr. 12 S. 149)
DGMR	Deutsche Gesellschaft für Medizinrecht
DGVZ	Deutsche Gerichtsvollzieherzeitung (zitiert nach Jahr und Seite)
DiätassistentG	Gesetz über den Beruf des Diätassistenten v. 17. 7. 1973 (BGBl. I 853; III 2124–10), letztes ÄndG v. 31. 8. 1990 (BGBl. I 1080)
Die Justiz	Amtsblatt des Justizministeriums Baden-Württemberg (zitiert nach Jahr und Seite)
DJ	Deutsche Justiz (zitiert nach Jahr und Seite)
DJT	Deutscher Juristentag
DJZ	Deutsche Juristenzeitung (zitiert nach Jahr und Seite)
DMW	Deutsche Medizinische Wochenschrift (zitiert nach Jahr und Seite)

Abkürzungen

DonauSchPV.	Donauschiffahrtspolizeiverordnung nebst DonauSchPEV v. 18. 3. 1970 (BGBl. I 297; III 9501–20/21), letzte ÄndVO v. 19. 2. 1985 (BGBl. I 387)
DÖD	Der öffentliche Dienst (zitiert nach Jahr und Seite)
DÖV	Deutsche Öffentliche Verwaltung (zitiert nach Jahr und Seite)
DR	Deutsches Recht (Wochenausgabe)
Dreher-FS	Festschrift für Eduard Dreher zum 70. Geburtstag (Berlin 1977)
Dreher-Lackner-Schwalm	Dreher-Lackner-Schwalm, Wehrstrafgesetz (München 1958)
DRiB	Deutscher Richterbund
DRiG	Deutsches Richtergesetz idF v. 19. 4. 1972 (BGBl. I 713; III 301–1), letztes ÄndG v. 11. 6. 1992 (BGBl. I 1030) – Kleinknecht/Meyer Anh. A 4 – Schönfelder Nr. 97 –
DRiZ	Deutsche Richterzeitung (zitiert nach Jahr und Nummer)
DRpfl.	Deutsche Rechtspflege
DRW	Deutsches Recht, vereinigt mit Juristischer Wochenschrift (zitiert nach Jahr und Seite)
DRZ	Deutsche Rechtszeitschrift (zitiert nach Jahr und Seite)
DSiegelErl.	Erlaß über die Dienstsiegel v. 20. 1. 1950 (BGBl. 26; III 1130–2)
DStR	Deutsches Strafrecht (zitiert nach Band und Seite)
DStrZ	Deutsche Strafrechts-Zeitung
DtZ	Deutsch-Deutsche Rechts-Zeitschrift (zitiert nach Jahr und Seite)
Dünnebier-FS	Festschrift für Hanns Dünnebier zum 75. Geburtstag (Berlin 1982)
Dürig-FS	Das akzeptierte Grundgesetz. Festschrift für Günter Dürig zum 70. Geburtstag, 1990
DV	Datenverarbeitung
DVBl.	Deutsches Verwaltungsblatt
DVO.	Durchführungsverordnung
DWiR	Deutsche Zeitschrift für Wirtschaftsrecht (zitiert nach Jahr und Seite)
E	Entwurf
E Baumann	Entwurf eines Strafgesetzbuches – Allgemeiner Teil – Recht und Staat, Heft 274/275, Tübingen 1963
E 1962	Regierungsentwurf eines Strafgesetzbuches mit Begründung (BR-Drs. 200/62; BT-Drs. IV/650, inhaltsgleich mit Initiativentwurf o. Begr. BT-Drs. V/32)
EBAO	Einforderungs- und Beitreibungsanordnung v. 25. 11. 1974 (BAnz. Nr. 230), geändert durch AV v. 10. 7. 1979 (BAnz. Nr. 137) – Strafrecht Nr. 81 –
EBO	Eisenbahn-Bau- und Betriebsordnung v. 8. 5. 1967 (BGBl. II 1563; III 933–10); letztes ÄndG v. 23. 1. 1992 (BGBl. I 178) – Erbs E 98a –
Eb. Schmidt-FS	Festschrift für Eberhard Schmidt zum 70. Geburtstag (Göttingen 1961)
E EGStGB	Regierungsentwurf eines Einführungsgesetzes zum Strafgesetzbuch (BT-Drs. 7/550)

Abkürzungen

E EGOWiG	Regierungsentwurf eines Einführungsgesetzes zum Gesetz über Ordnungswidrigkeiten (BT-Drs. V/1319)
EESchG	Regierungsentwurf eines Embryonenschutzgesetzes (BT-Drs. 11/5460)
EG	Einführungsgesetz
EGBGB	Einführungsgesetz zum Bürgerlichen Gesetzbuch v. 18. 8. 1896 (RGBl. 604; BGBl. III 400–1), letztes ÄndG v. 14. 7. 1992 (BGBl. I 1257)
EGGVG	Einführungsgesetz zum Gerichtsverfassungsgesetz v. 27. 1. 1877 (RGBl. 77; BGBl. III 300–1), letztes ÄndG v. 17. 12. 1990 (BGBl. I 2847) – Schönfelder Nr. 95 a –
EGGVGÄndG	Gesetz zur Änderung des Einführungsgesetzes zum Gerichtsverfassungsgesetz v. 30. 9. 1977 (BGBl. I 1877; III 300–1–1), ÄndG v. 28. 3. 1980 (BGBl. I 373)
EGH	Entscheidungen der Ehrengerichtshöfe der Rechtsanwaltschaft des Bundesgebietes und des Landes Berlin
EGOWiG	Einführungsgesetz zum Gesetz über Ordnungswidrigkeiten v. 24. 5. 1968 (BGBl. I 530; III 454–2), letztes ÄndG v. 2. 3. 1974 (BGBl. I 469, 633)
EGStGBÄndG	Gesetz zur Änderung des Einführungsgesetzes zum Strafgesetzbuch v. 15. 8. 1974 (BGBl. I 1942)
EGStGB	Einführungsgesetz zum Strafgesetzbuch (Anh. 1)
EheG	Ehegesetz v. 20. 2. 1946 (KRG Nr. 16 ABlKR, 77, 294; BGBl. III 404–1), letztes ÄndG v. 12. 9. 1990 (BGBl. I 2002) – Schönfelder 43 –
1. EheRG	Erstes Gesetz zur Reform des Ehe- und Familienrechts v. 14. 6. 1976 (BGBl. I 1421; III 404–19–1)
EichG	Eichgesetz idF v. 23. 3. 1992 (BGBl. I 711; III 7141–6) – GewO-Slg. Nr. 138 –
EichO	Eichordnung v. 12. 8. 1988 (BGBl. I 1657; III 7141–6–12), ÄndVO v. 24. 9. 1992 (BGBl. I 1653)
Einl.	Einleitung
Eisenberg JGG	Eisenberg Jugendgerichtsgesetz, 4. Aufl., 1991
Eisenberg, Kriminologie	Eisenberg, Kriminologie, 3. Aufl., 1990 (zitiert nach § und Randnummer)
EGMR	Europäischer Gerichtshof für Menschenrechte
EKMR	Europäische Kommission für Menschenrechte
Engisch-FS	Festschrift für Karl Engisch (Frankfurt/M 1969)
Erbs	Erbs-Kohlhaas, Strafrechtliche Nebengesetze, Kommentar, Loseblattausgabe
Erl.	Erlaß
ESBO	Eisenbahn-Bau- und Betriebsordnung für Schmalspurbahnen v. 25. 2. 1972 (BGBl. I 269; III 933–11), ÄndVO v. 21. 11. 1983 (BGBl. I 1382) – Erbs E 98 b –
ESchG	Embryonenschutzgesetz v. 13. 12. 1990 (BGBl. I 2746; III 453–19)
Eser	Eser, Strafrecht (I, II 4. Aufl., 1986; III 2. Aufl. 1981; IV 4. Aufl. 1983), zitiert nach Fall und Randnummer
Eser/Burkhardt	Eser/Burkhardt, Strafrecht I, 4. Aufl., 1992 (zitiert nach Fall und Randnummern)
Eser DJT	Eser, Gutachten zum 53. Deutschen Juristentag Berlin 1980
Eser, Sanktionen	Eser, Die strafrechtlichen Sanktionen gegen das Eigentum, 1969

Abkürzungen

Eser/Cornils .... Eser/Cornils (Hrsg.), Neuere Tendenzen der Kriminalpolitik, Beiträge zu einem deutsch-skandinavischem Strafrechtskolloquium, 1987
Eser/Hirsch .... Eser/H. A. Hirsch, Sterilisation und Schwangerschaftsabbruch, 1980
ESO .... Eisenbahn-Signalordnung v. 7. 10. 1959 (BGBl. II 1021; III 933–6), letzte ÄndVO v. 7. 7. 1986 (BGBl. I 1012)
EssGespr. .... Essener Gespräche zum Thema Staat und Kirche (Hrsg. v. H. Marré u. J. Stüting), zitiert nach Band und Seite
EStG 1990 .... Einkommensteuergesetz 1990 idF v. 7. 9. 1990 (BGBl. I 1898; 1991 I 808; III 611–1), letztes ÄndG v. 25. 2. 1992 (BGBl. I 297)
ET .... Embryo-Transfer
EuADRÜbk .... Europäisches Übereinkommen v. 30. 9. 1957 über die internationale Beförderung gefährlicher Güter auf der Straße (ADR) – Anlagen A und B – idF v. 4. 11. 1977 (Anlageband zu BGBl. II Nr. 44), letzte ÄndVO v. 9. 8. 1990 (BGBl. II 838)
EuAlÜbk .... Europäisches Auslieferungsübereinkommen v. 13. 12. 1957. Hierzu: Gesetz v. 3. 11. 1964 (BGBl. II 1369), ÄndG v. 23. 12. 1982 (BGBl. I 2071, 2088), Bek. v. 8. 11. 1976 (BGBl. II 1778)
EuGRZ .... Europäische Grundrechte Zeitschrift (zitiert nach Jahr und Seite)
EURATOM/EAG ... Vertrag zur Gründung der Europäischen Atomgemeinschaft v. 25. 3. 1957; hierzu Ges. v. 27. 7. 1957, BGBl. II 753, 1014, 1678, und Bek. v. 27. 12. 1957, BGBl. II 1958, 1, ÄndG v. 18. 5. 1970 (BGBl. I 529, 558) – Sartorius II Nr. 200 –
EuRFVerhÜbk ..... Europ. Übereinkommen v. 22. 1. 1965 zur Verhütung von Rundfunksendungen, die von Sendestellen außerhalb der staatl. Hoheitsgebiete gesendet werden. Hierzu Ges. v. 26. 9. 1969 (BGBl. II 1939), Bek. v. 24. 4. 1970 (BGBl. II 258), ÄndG v. 2. 3. 1974 (BGBl. I 469)
EuRHiÜbkVtrNLD .. Vertrag v. 30. 8. 1979 über die Ergänzung des Europäischen Übereinkommens v. 20. 4. 1959 über die Rechtshilfe in Strafsachen und die Erleichterung seiner Anwendung (Ges. v. 21. 12. 1981 (BGBl. II 1158), ÄndG v. 23. 12. 1982 (BGBl. I 2071); Bek. v. 5. 1. 1983, BGBl. II 32)
EuTerrÜbk .... Europäisches Übereinkommen v. 27. 1. 1977 zur Bekämpfung des Terrorismus. Hierzu: Gesetz v. 28. 3. 1978 (BGBl. II 321), Bek. v. 8. 6. 1978 (BGBl. II 907)
EuWG .... Europawahlgesetz v. 16. 6. 1978 (BGBl. I 709; III 111–5), letztes ÄndG v. 22. 12. 1988 (BGBl. I 2615)
EV .... Einigungsvertrag v. 31. 8. 1990 iVm Zusatzvereinbarung v. 18. 9. 1990 (BGBl. II 1239) und Einigungsvertragsgesetz v. 23. 9. 1990 (BGBl. II 885, 889)
EVO .... Eisenbahn-Verkehrsordnung v. 8. 9. 1938 (RGBl. II 663; BGBl. III 934–1), letzte ÄndVO v. 30. 6. 1989 (BGBl. I 1273)
EWR .... Schriftenreihe zum Europäischen Weinrecht (zitiert nach Jahr und Seite)
EzSt .... Entscheidungssammlung zum Straf- und Ordnungswidrigkeitenrecht (zitiert nach § und laufender Nummer)

Abkürzungen

FAG	Gesetz über Fernmeldeanlagen (Anh. 25) – Sartorius I Nr. 925 –
FährenVO	Fährenverordnung v. 8. 3. 1967 (BGBl. II 1141; III 9501–16), letzte ÄndVO v. 14. 1. 1977 (BGBl. I 59)
FahrlG	Fahrlehrergesetz v. 25. 8. 1969 (BGBl. I 1336; III 9231–7), letztes ÄndG v. 8. 6. 1989 (BGBl. I 1026) – GewO-Slg. Nr. 465 –
FahrschAusbO	Fahrschüler-Ausbildungsordnung v. 31. 5. 1976 (BGBl. I 1366; III 9231–7-2), letzte ÄndVO v. 23. 7. 1990 (BGBl. I 1484)
Faller-FS.	Festschrift für Hans Joachim Faller, 1984
FamRZ	Ehe und Familie im privaten und öffentlichen Recht (zitiert nach Jahr und Seite)
FAufsicht	Führungsaufsicht
fF	frühere Fassung (vor dem 1. StrRG)
FFG	Filmförderungsgesetz idF v. 18. 11. 1986 (BGBl. I 2046; III 707–12)
FGG	Gesetz über Angelegenheiten der freiwilligen Gerichtsbarkeit v. 20. 5. 1898 (RGBl. 771; BGBl. III 315–1), letztes ÄndG v. 17. 12. 1990 (BGBl. I 2847) – Schönfelder Nr. 112–
FGO	Finanzgerichtsordnung v. 6. 10. 1965 (BGBl. I 1477; III 350–1), letztes ÄndG v. 17. 12. 1990 (BGBl. I 2847)
Fischerhof.	Fischerhof, Deutsches Atomgesetz und Strahlenschutzrecht, 2. Aufl. 1978
FlaggAnO	Anordnung über die deutschen Flaggen v. 7. 6. 1950 (BGBl. 205; III 1130–3)
FlaggAnOAusfErl . . .	Erlaß zur Ausführung der Anordnung über die deutschen Flaggen v. 14. 4. 1964 (BGBl. I 285; III 1130–3-1)
FlaggenrechtsG	Flaggenrechtsgesetz idF v. 4. 7. 1990 (BGBl. I 1342; III 9514–1)
FLF.	Finanzierung, Leasing, Factoring (zitiert nach Jahr und Seite)
FlHG.	Fleischhygienegesetz idF v. 24. 2. 1987 (BGBl. I 649; III 7832–1), letztes ÄndG v. 22. 1. 1991 (BGBl. I 118) – Sartorius I Nr. 281 –
FlurbG.	Flurbereinigungsgesetz idF v. 16. 3. 1976 (BGBl. I 546; III 7815–1), letztes ÄndG v. 12. 2. 1991 (BGBl. I 405) – Sartorius I Nr. 860 –
For	Forensia, Interdisziplinäre Zeitschrift für Psychiatrie, Kriminologie und Recht (zitiert nach Band und Seite)
FPflMed.	Fortpflanzungsmedizin und Humangenetik – Strafrechtliche Schranken?, hrsg. H. L. Günther u. R. Keller, Tübingen, 2. Aufl. 1991
Frank.	Frank, Kommentar zum StGB (18. Aufl., Tübingen 1931)
Franzen/Gast/Samson .	Franzen/Gast/Samson, Steuerstrafrecht, 3. Aufl. (München 1985)
FRG	Fremdrentengesetz idF v. 25. 2. 1960 (BGBl. I 93; III 824–2), letztes ÄndG v. 18. 12. 1989 (BGBl. I 2261; 1990 I 1337) – Aichberger Nr. 600 –
FrhEntzG	Gesetz über das gerichtliche Verfahren bei Freiheitsentziehungen v. 29. 6. 1956 (BGBl. I 599; III 316–1), letztes ÄndG v. 12. 9. 1990 (BGBl. I 2002) – Sartorius I Nr. 617 –
Frisch I.	Frisch, Vorsatz – Risiko, Köln 1983

Abkürzungen

Frisch II . . . . Frisch, Tatbestandsmäßiges Verhalten und Zurechnung des Erfolgs, Heidelberg 1988
FS . . . . Festschrift
Full/Möhl/Rüth . . . . . Full/Möhl/Rüth, Straßenverkehrsrecht, Kommentar, 1980; Nachtrag 1981
FuttermittelG . . . . . . Futtermittelgesetz v. 2. 7. 1975 (BGBl. I 1745; III 7825–1), ÄndG v. 12. 1. 1987 (BGBl. I 138)
FVG . . . . Gesetz über die Finanzverwaltung idF v. 30. 8. 1971 (BGBl. I 1426; III 600–1), letztes ÄndG v. 25. 8. 1992 (BGBl. I 1548)

G 10 . . . . Gesetz zu Artikel 10 Grundgesetz v. 13. 8. 1968 (BGBl. I 949; III 190–2), letztes ÄndG v. 27. 5. 1992 (BGBl. I 997) – Sartorius I Nr. 7; Strafrecht Nr. 31 –
G 33 (AHK) . . . . Gesetz der Alliierten Hohen Kommission Nr. 33 v. 2. 8. 1950 (ABl. der AHK S. 514)
G 53 (MRG) . . . . Gesetz der Militärregierung Nr. 53 v. 31. 5. 1947 (ABl. Mil-Reg Nr. 19 S. 527)
G 131 . . . . Gesetz zur Regelung der Rechtsverhältnisse der unter Artikel 131 des Grundgesetzes fallenden Personen idF v. 13. 10. 1965 (BGBl. I 1685; III 2036–1), letztes ÄndG v. 8. 6. 1989 (BGBl. I 1026)
GA . . . . Goltdammer's Archiv für Strafrecht (bis 1952 zitiert nach Band und Seite, ab 1953 zitiert nach Jahr und Seite)
Gagnér-FS . . . . Die Bedeutung der Wörter. Studien zur europäischen Rechtsgeschichte. Festschrift für Sten Gagnér zum 70. Geburtstag, München 1991
Gallas-Beiträge . . . . . Gallas, Beiträge zur Verbrechenslehre, 1968
Gallas-FS . . . . Festschrift für Wilhelm Gallas (Berlin, 1973)
GaststG . . . . Gaststättengesetz v. 5. 5. 1970 (BGBl. I 465, ber. 1298; III 7130–1), letztes ÄndG v. 16. 12. 1986 (BGBl. I 2441) – Sartorius I Nr. 810; GewO-Slg. Nr. 100 –
GBA . . . . Generalbundesanwalt beim Bundesgerichtshof
GBG . . . . Gesetz über die Beförderung gefährlicher Güter v. 6. 8. 1975 (BGBl. I 2121; III 9241–23), letztes ÄndG v. 25. 9. 1990 (BGBl. I 2106)
GBO . . . . Grundbuchordnung idF v. 5. 8. 1935 (RGBl. I 1073; BGBl. III 315–11), letztes ÄndG v. 14. 7. 1992 (BGBl. I 1257)
GebrMG . . . . Gebrauchsmustergesetz idF v. 28. 8. 1986 (BGBl. I 1455; III 421–1), ÄndG v. 7. 3. 1990 (BGBl. I 422); vgl. ErstrG v. 23. 4. 1992 (BGBl. I 938) – Schönfelder Nr. 71 –
GedS . . . . Gedächtnisschrift
Geiger-FS 1974 . . . . . Festschrift für Willi Geiger zum 65. Geburtstag, 1974
Geiger-FS 1989 . . . . . Verantwortlichkeit und Freiheit, Festschrift für Willi Geiger 80. Geburtstag, Tübingen 1989
Geilen AktStR . . . . . . Geilen, Aktienstrafrecht, Sonderausgabe aus Kölner Kommentar zum AktG, 1984
GenG . . . . Gesetz betr. die Erwerbs- und Wirtschaftsgenossenschaften v. 1. 5. 1889/20. 5. 1898 (RGBl. 810; BGBl. III 4125–1), letztes ÄndG v. 30. 11. 1990 (BGBl. I 2570) – Schönfelder Nr. 53 –
GenTG . . . . Gentechnikgesetz v. 20. 6. 1990 BGBl. 1080; III 2121–60–1–1),

Abkürzungen

GerätesicherheitsG	Gesetz über technische Arbeitsmittel v. 24. 6. 1968 (BGBl. I 717; III 8053–4), letztes ÄndG v. 26. 8. 1992 (BGBl. I 1564) – Sartorius I Nr. 803; GewO-Slg. Nr. 275 –
GerS	Der Gerichtssaal (zitiert nach Band und Seite)
Ges.	Gesetz
GeschmMG	Geschmacksmustergesetz v. 11. 1. 1876 (BGBl. 11; III 442–1), letztes ÄndG v. 7. 3. 1990 (BGBl. I 422)
GeschlKrG	Gesetz zur Bekämpfung der Geschlechtskrankheiten v. 23. 7. 1953 (BGBl. I 700; III 2126–4), letztes ÄndG v. 12. 9. 1990 (BGBl. I 2002)
GeschOBReg.	Geschäftsordnung der Bundesregierung v. 11. 5. 1951 (GMBl. 137), zuletzt geändert durch Bek. v. 12. 7. 1976 (GMBl. 354) – Sartorius I Nr. 38 –
GeschOBTag	Geschäftsordnung des Deutschen Bundestages idF v. 2. 7. 1980 (BGBl. I 1237; III 1101–1), letzte ÄndBek. v. 12. 11. 1990 (BGBl. I 2555) – Sartorius I Nr. 35 –
GeschOBRat	Geschäftsordnung des Bundesrates idF v. 10. 6. 1988 (BGBl. I 857; III 1102–1)
GewA	Gewerbearchiv für das Deutsche Reich (bis 1935)
Gewaltkommission	Schwind/Baumann u. a. (Hrsg.), Ursachen, Prävention und Kontrolle von Gewalt. Endgutachten der Unabhängigen Regierungskommission zur Verhinderung und Bekämpfung von Gewalt, Bochum 1989 (zitiert nach Seiten)
GewArch	Gewerbearchiv, Zeitschrift für Gewerbe- und Wirtschaftsverwaltungsrecht (zitiert nach Jahr und Seite)
GewO	Gewerbeordnung idF v. 1. 1. 1987 (BGBl. I 425; III 7100–1), letztes ÄndG v. 26. 8. 1992 (BGBl. I 1564) – GewO-Slg. Nr. 1; Sartorius I Nr. 800; Strafrecht Nr. 61 –
GewO-Slg.	Gewerbeordnung mit Durchführungsvorschriften sowie wichtigen Gesetzen und Verordnungen, Textausgabe (zitiert nach Gliederungsnummern)
GFlHG	Geflügelfleischhygienegesetz idF v. 15. 7. 1982 (BGBl. I 993; III 7832–5)
GG	Grundgesetz für die Bundesrepublik Deutschland v. 23. 5. 1949 (BGBl. 1; III 100–1), letztes ÄndG v. 14. 7. 1992 (BGBl. I 1254) – Sartorius I Nr. 1; Schönfelder Nr. 1 –
ggf	gegebenenfalls
GG Art. 29 Abs. 6	Gesetz über das Verfahren bei Volksentscheid, Volksbegehren und Volksbefragung nach Artikel 29 Abs. 6 des Grundgesetzes v. 30. 7. 1979 (BGBl. I 1317; III 101–10)
GGVBinSch	Gefahrgutverordnung-Binnenschiffahrt idF v. 30. 6. 1977 (BGBl. I 1119; III 9502–13–1), letzte ÄndVO v. 7. 4. 1992 (BGBl. I 860)
GGVE	Gefahrgutverordnung Eisenbahn idF v. 10. 6. 1991 (BGBl. I 1224; III 9241–23–10), ÄndVO v. 24. 7. 1991 (BGBl. I 1714)
GGVS	Gefahrgutverordnung Straße idF v. 13. 11. 1990 (BGBl. I 2453; III 9241–23–9), ÄndVO v. 24. 7. 1991 (BGBl. I 1714)
GGVSee	Gefahrgutverordnung See v. 24. 7. 1991 (BGBl. I 1714; III 9512–17)
Gieseke WHG	Gieseke/Wiedemann/Czychowski, Wasserhaushaltsgesetz, 4. Aufl., 1985 (zitiert nach §§ und Randnoten)
GjS	Gesetz über die Verbreitung jugendgefährdender Schriften (Anh. 8) – Sartorius I Nr. 405; GewO-Slg. Nr. 350 –

Abkürzungen

GmbH	Gesellschaft mit beschränkter Haftung
GmbHG	Gesetz betr. die Gesellschaften mit beschränkter Haftung idF v. 20. 5. 1898 (RGBl. 846; BGBl. III 4123–1), letztes ÄndG v. 12. 9. 1990 (BGBl. I 2002) – Schönfelder Nr. 52 –
GMBl	Gemeinsames Ministerialblatt
GnO	Gnadenordnung v. 6. 2. 1935 (DJ 203), letzte Änd. v. 16. 12. 1943 (DJ 585), in Bremen durch AV v. 11. 9. 1967 idF v. 22. 8. 1972 (unveröffentlicht)
GnONW	Gnadenordnung für das Land Nordrhein-Westfalen, AV v. 26. 11. 1975 (GV NW 1976, 16; SGVNW 321), letzte ÄndAV v. 9. 7. 1982 (GVNW 514)
Göbel Einwilligung . . .	Göbel, Die Einwilligung im Strafrecht als Ausprägung des Selbstbestimmungsrechts, 1992
Göhler	Göhler-Buddendiek-Lenzen, Lexikon des Nebenstrafrechts = Registerband zu Erbs-Kohlhaas, Strafrechtliche Nebengesetze (zitiert nach Rand-Nr. oder Stichwort)
Göhler OWiG	Göhler, Gesetz über Ordnungswidrigkeiten, 10. Aufl. (München 1992)
Göppinger	Göppinger, Kriminologie, 4. Aufl. 1980 (zitiert nach Seiten)
Göppinger-FestG	Strafrechtspraxis und Kriminologie. Eine kleine Festgabe für Hans Göppinger zum 70. Geburtstag, Bonn 1989
Göppinger-FS	Kriminalität. Persönlichkeit, Lebensgeschichte und Verhalten. Festschrift für Hans Göppinger zum 70. Geburtstag, Berlin; Heidelberg 1990
Gössel BT 1	Gössel, Strafrecht Besonderer Teil Band 1: Delikte gegen immaterielle Rechtsgüter des Individuums, 1987
Götz	Götz, Das Bundeszentralregister, Kommentar zum Bundeszentralregistergesetz (2. Aufl. Köln 1977)
GrSenBGH	Großer Senat beim Bundesgerichtshof in Strafsachen
GrStrK	Große Strafkammer
Grunau	Grunau, Strafvollzugsgesetz, 1977
GrundVtr	Grundlagenvertrag v. 21. 12. 1972 (BGBl. 1973 II 423). Hierzu Ges. v. 6. 6. 1973 (BGBl. II 421), Bek. v. 22. 6. 1973 (BGBl. II 559) – Sartorius II Nr. 500 –
GRUR	Gewerblicher Rechtsschutz und Urheberrecht (zitiert nach Jahr und Seite)
GS	Gesetzessammlung
GüKG	Güterkraftverkehrsgesetz idF v. 10. 3. 1983 (BGBl. I 256; 9241–1), letztes ÄndG v. 21. 2. 1992 (BGBl. I 287) – Sartorius I Nr. 952 –
Günther	Günther, Strafrechtswidrigkeit und Strafunrechtsausschluß, 1983
GVBl.	Gesetz- und Verordnungsblatt
GVG	Gerichtsverfassungsgesetz idF v. 9. 5. 1975 (BGBl. I 1077; III 300–2), letztes ÄndG v. 15. 7. 1992 (BGBl. I 1302) – Schönfelder Nr. 95; Strafrecht Nr. 42 –
GV NW	Gesetz- und Verordnungsblatt für das Land Nordrhein-Westfalen
GWB.	Gesetz gegen Wettbewerbsbeschränkungen idF v. 20. 2. 1990 (BGBl. I 235; III 703–1), ÄndG v. 17. 12. 1990 (BGBl. I 2847) – Schönfelder Nr. 74; Göhler OWiG Anh. A 14 –

Abkürzungen

Haft	Haft, Strafrecht Besonderer Teil, 3. Aufl., 1988
HalbleiterSchG	Halbleiterschutzgesetz v. 22. 10. 1987 (BGBl. I 2294; III 426–1), ÄndG v. 7. 3. 1990 (BGBl. I 422); vgl. ErstrG v. 23. 4. 1992 (BGBl. I 938)
HannRPfl.	Hannoversche Rechtspflege, Verordnungen und Mitteilungen für den OLG-Bezirk Celle
HansJVBl.	Hanseatisches Justizverwaltungsblatt
Hardwig, Grundprobleme	Hardwig, Grundprobleme der Allgemeinen Strafrechtslehre, 1984
HdbVerfR	Handbuch des Verfassungsrechts der Bundesrepublik Deutschland, hrsg. Benda/Maihofer/Vogel, Berlin 1983
HdwbKrim	Handwörterbuch der Kriminologie, 2. Aufl., hrsg. von Rudolf Sieverts und Hans Joachim Schneider, Bde. I bis V, Berlin 1966 bis 1991
HebG	Hebammengesetz v. 4. 6. 1985 (BGBl. I 902; III 2124–14), letztes ÄndG v. 23. 3. 1992 (BGBl. I 719) – GewO-Slg. Nr. 320 –
HeilprG	Gesetz über die berufsmäßige Ausübung der Heilkunde ohne Bestallung v. 17. 2. 1939 (RGBl. I 251; BGBl. III 2122-2), ÄndG v. 2. 3. 1974 (BGBl. I 469, 550) – GewO-Slg. Nr. 315 –
HeimArbG	Heimarbeitsgesetz v. 14. 3. 1951 (BGBl. I 191; III 804–1), letztes ÄndG v. 12. 9. 1990 (BGBl. I 2002) – GewO-Slg. Nr. 220 –
Heine	Heine, Tötung aus „niedrigen Beweggründen", Berlin 1988
Heinitz-FS	Festschrift für Ernst Heinitz zum 70. Geburtstag (Berlin 1972)
HeNatG	Hessisches Naturschutzgesetz v. 19. 9. 1980 (GVBl. I 309; II 881–17), letztes ÄndG v. 4. 4. 1990 (GVBl. I 86)
Henkel-FS	Festschrift für Heinrich Henkel (Berlin 1974)
Hentschel/Born	Hentschel/Born, Trunkenheit im Straßenverkehr, 5. Aufl. 1990 (zitiert nach Randnummern)
HessBrSHG	Hessische Brandschutzhilfeleistungsgesetz v. 5. 10. 1970 (GVBl. I 585; II 312–5), letztes ÄndG v. 10. 3. 1988 (GVBl. I 79)
HessForstG	Hessisches Forstgesetz idF v. 7. 1978 (GVBl. I 423; II 86–7), letztes ÄndG v. 29. 3. 1988 (GVBl. I 130)
HessPrG	Hessisches Gesetz über Freiheit und Recht der Presse idF v. 20. 11. 1958 (GVBl. 183, 189; II 74–2), letztes ÄndG v. 28. 8. 1986 (GVBl. I 253)
HessSchVG	Hessisches Schulverwaltungsgesetz idF v. 4. 4. 1978 (GVBl. I 231; II 72–11), letztes ÄndG v. 2. 4. 1992 (GVBl. I 121)
HESt	Höchstrichterliche Entscheidungen in Strafsachen (zitiert nach Band und Seite)
Heusinger-Ehreng	Ehrengabe für Bruno Heusinger (München 1968)
von der Heydte-FS	Festschrift für Friedrich August Freiherr von der Heydte zum 70. Geburtstag (Berlin 1977)
HGB	Handelsgesetzbuch v. 10. 5. 1897 (RGBl. 219; RGBl. III 4100–1), letztes ÄndG v. 17. 12. 1990 (BGBl. I 2847) – Schönfelder Nr. 50 –
HiHe	Himmelreich-Hentschel, Fahrverbot, Führerscheinentzug, 7. Aufl. 1992, 2 Bde., (zitiert nach Band und Randnoten)

Abkürzungen

v. Hippel	v. Hippel, Deutsches Strafrecht I und II
Hirsch	Hirsch, Ehre und Beleidigung, 1967
Hirsch-FS	Festschrift für E. Hirsch (Berlin 1968)
HIV	Human Immunodeficiency Virus
hL.	herrschende Lehre
hM	herrschende Meinung
Hmb	Freie und Hansestadt Hamburg
HmbSchulG	Hamburgisches Schulgesetz v. 17. 10. 1977 (GVBl. 297; BL 223–2), letztes ÄndG v. 26. 6. 1989 (GVBl. 123)
HmbVwVfg	Hamburgisches Verwaltungsverfahrensgesetz v. 9. 11. 1977 (GVBl. 333, 402; 2010–1), ÄndG v. 12. 3. 1984 (GVBl. 61)
HLKO	Haager Abkommen betr. die Gesetze und Gebräuche des Landkriegs v. 29. 7. 1899 (RGBl. 1901, 423, 482)
HochschulrahmenG	Hochschulrahmengesetz idF v. 9. 4. 1987 (BGBl. I 1170; III 2211–3), letztes ÄndG v. 15. 12. 1990 (BGBl. I 2806) – Sartorius I Nr. 500 –
HoheSeeÜbk	Übereinkommen über die Hohe See v. 29. 4. 1958. Dazu Ges. v. 21. 9. 1972 (BGBl. II 1089), letztes ÄndG v. 28. 3. 1980 (BGBl. I 373); Bek. v. 15. 5. 1975 (BGBl. II 843)
Honig-FS	Festschrift für Richard M. Honig zum 80. Geburtstag (Göttingen 1970)
Hoschützky/Kreft	Hoschützky/Kreft, Abfallbeseitigungsgesetz, Vorschriftensammlung, 3. Aufl. 1980
Hoyer	Hoyer, Die Eignungsdelikte, 1987
HRG	Handwörterbuch zur Rechtsgeschichte, hrsg. von Adalbert Erler und Ekkehard Kaufmann, I. Bd. 1971, II. Bd. 1978, III. Bd. 1984, IV. Bd. 25–32. Lfg. 1985–1990; V. Bd. Lfg. 33, 34, 1991, 1992
HRR	Höchstrichterliche Rechtsprechung (zitiert nach Jahr und Nummer)
hRspr	herrschende Rechtsprechung
Hruschka	Hruschka, Strafrecht nach logisch-analytischer Methode, 2. Aufl. 1988
Hübner-FS	Festschrift für Heinz Hübner, Berlin 1984
HuSt	Hochverrat und Staatsgefährdung, Urteile des BGH, hrsg. von Wagner (Karlsruhe 1957)
HWiStR	Krekeler/Tiedemann/Ulsenheimer/Weimann (Hrsg.) Handwörterbuch des Wirtschafts- und Steuerstrafrechts, Köln 1985, bis 4. ErgLfg. Nov. 1988 (zitiert nach Verfasser und Stichwort)
HwO	Handwerksordnung idF v. 28. 12. 1965 (BGBl. I 1966 I 1; III 7110–1), letztes ÄndG v. 28. 6. 1990 (BGBl. I 1221) – Sartorius I Nr. 815; Gew-Slg. Nr. 70 –
HypothekenbankG	Hypothekenbankgesetz idF v. 19. 12. 1990 (BGBl. I 2898; III 7628–1)
I-BTag	Innenausschuß des Deutschen Bundestages
idF	in der Fassung (Bekanntmachung der Neufassung auf Grund einer Ermächtigung)
idR	in der Regel
iErg	im Ergebnis
ieS	im engeren Sinne

Abkürzungen

IHKG	Gesetz zur vorläufigen Regelung des Rechts der Industrie- und Handelskammern v. 18. 12. 1956 (BGBl. I 920; III 701-1), letztes ÄndG v. 14. 12. 1976 (BGBl. I 3341)
IMG	Internationaler Militärgerichtshof
InfTechn	Sieber, Informationstechnologie und Strafrechtsreform, 1985
InstKonfl	Strafrecht und Gesellschaft. Schriftenreihe des Instituts für Konfliktforschung, hrsg. von W. de Boor, G. Pfeiffer und B. Schünemann (zitiert nach Heft und Seite)
IntGslÜbK	Internationales Übereinkommen v. 18. 12. 1979 gegen Geiselnahme (Ges. v. 15. 10. 1980, BGBl. II 1361; Bek. v. 23. 6. 1983, BGBl. II 461)
IntKfzV	VO über internationalen Kraftfahrzeugverkehr v. 12. 11. 1934 (RGBl. I 1137; BGBl. III 9232-4), letzte ÄndVO v. 2. 12. 1988 (BGBl. I 2199)
IntPatÜbkG	Gesetz v. 21. 6. 1976 (BGBl. II 649, 658) zum Straßburger Patentübereinkommen v. 27. 11. 1963
IPbürgR	Internationaler Pakt v. 19. 12. 1966 über bürgerliche und politische Rechte; Ges. v. 15. 11. 1973 (BGBl. II 1533; 1976 II 1068; 1979 II 1218; 1986 II 746)
IRG	Gesetz über die internationale Rechtshilfe in Strafsachen 23. 12. 1982 (BGBl. I 2071; III 319-87), ÄndG v. 30. 8. 1990 (BGBl. I 1853) – Strafrecht Nr. 47 –
iur	Informatik und Recht (zitiert nach Jahr und Seite)
iS	im Sinne
IVF	In-vitro-Fertilisation
iVm	in Verbindung mit
iwS	im weiteren Sinne
JA	Juristische Arbeitsblätter (zitiert nach Jahr u. Seite)
JagdzeitV	Verordnung über die Jagdzeiten v. 2. 4. 1977 (BGBl. I 531; III 792-1-3) – Schönfelder Nr. 28 –
Jagusch/Hentschel	Jagusch/Hentschel, Straßenverkehrsrecht, 31. Aufl. (München 1991)
Jakobs	Jakobs, Strafrecht. Allgemeiner Teil, 2. Aufl., 1991 (zitiert nach Abschnitt und Randnummer)
Janiszewski	Janiszewski, Verkehrsrecht, 3. Aufl. München 1989 (zitiert nach Randnummern)
Janker	Janker, Strafrechtliche Aspekte heimlicher AIDS-Tests, 1988
JArbSchG	Jugendarbeitsschutzgesetz v. 12. 4. 1976 (BGBl. I 965; III 8051-10), letztes ÄndG v. 24. 4. 1986 (BGBl. I 560) – GewO-Slg. Nr. 260 –
JArbSchSittV	Verordnung über das Verbot der Beschäftigung von Personen unter 18 Jahren mit sittlich gefährdenden Tätigkeiten v. 3. 4. 1964 (BGBl. I 262; III 8051-1-4), letzte ÄndVO v. 8. 10. 1986 (BGBl. I 1634) – GewO-Slg. Nr. 262 –
Jauch-FS	Wie würden Sie entscheiden? Festschrift für Gerd Jauch zum 65. Geburtstag
JBeitrO	Justizbeitreibungsordnung v. 11. 3. 1937 (RGBl. I 298; BGBl. III 365-1), letztes ÄndG v. 17. 12. 1990 (BGBl. I 2847) – Schönfelder Nr. 122 –
JBl.	Juristische Blätter (zitiert nach Jahr und Seite)

Abkürzungen

Jescheck	Jescheck, Lehrbuch des Strafrechts, Allgemeiner Teil, 4. Aufl. (Berlin 1988)
Jescheck Beitr	Jescheck, Strafrecht im Dienst der Gemeinschaft. Ausgewählte Beiträge zur Strafrechtsreform, Strafrechtsvergleichung, zum internationalen Strafrecht, hrsg. von Th. Vogler 1980
Jescheck-FS	Festschrift für Hans-Heinrich Jescheck zum 70. Geburtstag, 2 Bände (Berlin 1985)
Jessnitzer	Jessnitzer, Der gerichtliche Sachverständige, 9. Aufl. 1988 (zitiert nach Seiten)
JGG	Jugendgerichtsgesetz idF v. 11. 12. 1974 (BGBl. I 3427; III 451–1), letztes ÄndG v. 30. 8. 1990 (BGBl. I 1853). Das JGG gilt in der früheren DDR nach Maßgabe des Art. 8 Anh. I Kap. III Sg. C III 3 EV – Strafrecht Nr. 5 –
JK	Jura-Kartei, Beilage der Juristischen Ausbildung (zitiert nach den innerhalb der Paragraphen fortlaufenden Nummern)
JMBl.	Justizministerialblatt
JMBlNW	Justizministerialblatt für das Land Nordrhein-Westfalen
JÖSchG	Gesetz zum Schutze der Jugend in der Öffentlichkeit (Anh. 9) – GewO-Slg. Nr. 353 –
JÖSchNG	Gesetz zur Neuregelung des Jugendschutzes in der Öffentlichkeit v. 25. 2. 1985 (BGBl. I 425; III 2161-5)
JR	Juristische Rundschau (zitiert nach Jahr und Seite)
Jura	Juristische Ausbildung (zitiert nach Jahr und Seite)
JurA	Juristische Analysen (zitiert nach Jahr und Seite)
JuS	Juristische Schulung (zitiert nach Jahr und Seite)
JuS-L	JuS-Lernbogen (zitiert nach Jahr und Seite)
JVA	Justizvollzugsanstalt
JVL	Schriftenreihe der Juristen-Vereinigung Lebensrecht (zitiert nach Nr. und Seite)
JW	Juristische Wochenschrift (zitiert nach Jahr und Seite)
JZ	Juristenzeitung (zitiert nach Jahr und Seite)
JZ-GD	Juristenzeitung. Gesetzgebungsdienst (zitiert nach Jahr und Seite)
KAG	Kommanditgesellschaft auf Aktien
KAGG	Gesetz über Kapitalanlagegesellschaften idF v. 14. 1. 1970 (BGBl. I 127; III 4120–4), letztes ÄndG v. 25. 2. 1992 (BGBl. I 297)
Kaiser	Kaiser, Kriminologie, Lehrbuch, 2. Aufl. 1988 (zitiert nach § und Randnummern)
Kaiser Einf.	Kaiser Kriminologie, Einführung an die Grundlagen, 8. Aufl. 1989
Kaiser/Schöch	Kaiser/Schöch, Kriminologie, Jugendstrafrecht, Strafvollzug, Juristischer Studienkurs, 3. Aufl. 1987 (zitiert nach Fall und Randnote)
KastrG	Gesetz über die freiwillige Kastration und andere Behandlungsmethoden v. 15. 8. 1969 (BGBl. I 1143; III 453–16), letztes ÄndG v. 12. 9. 1990 (BGBl. I 2002)
Arm. Kaufmann-GedS	Gedächtnisschrift für Armin Kaufmann, Köln 1989
Arth. Kaufmann-FG	Jenseits des Funktionalismus. Arthur Kaufmann zum 65. Geburtstag, Hrsg. von L. Philipps und Heinrich Scholler, Heidelberg 1992

Abkürzungen

H. Kaufmann-GedS	Gedächtnisschrift für Hilde Kaufmann, Berlin 1986
KBer.	Bericht der „Kommission zur Auswertung der Erfahrungen mit dem reformierten § 218 des Strafgesetzbuches" nebst Stellungnahme der Bundesregierung (BT-Drs. 8/3630)
Keller u. a. ESchG	Keller/Günther/Kaiser, Kommentar zum Embryonenschutzgesetz, 1992
Kern-FS	Tübinger Festschrift für Eduard Kern, 1968
kF	künftige Fassung
KfSachvG	Kraftfahrsachverständigengesetz v. 22. 12. 1971 (BGBl. I 2086; III 9231–10), letztes ÄndG v. 8. 6. 1989 (BGBl. I 1026)
KG	Kammergericht
KGJ	Jahrbuch für Entscheidungen des Kammergerichts
Kienapfel	Kienapfel, Urkunden im Strafrecht, 1967 (= Urkunden I); Urkunden und andere Gewährschaftsträger, 1979 (= Urkunden II)
Kienapfel AT	Kienapfel, Allgemeiner Teil. Eine systematische Darstellung des österreichischen Strafrechts, 4. Aufl. 1991
Kienapfel Grundriß	Kienapfel, Grundriß des österreichischen Strafrechts, Besonderer Teil, I: Delikte gegen Persönlichkeitswerte 2. Aufl. 1984; II: Delikte gegen Vermögenswerte, 2. Aufl. 1988
Kitagawa-FS	Wege zum Japanischen Recht. Festschrift für Zentaro Kitagawa zum 60. Geburtstag, Berlin 1992
KK	Karlsruher Kommentar, Strafprozeßordnung, Gerichtsverfassungsgesetz, hrsg. v. Gerd Pfeiffer, 2. Aufl., 1987 (zusätzlich ist der Name des Bearbeiters angegeben)
Kleinknecht-FS	Strafverfahren im Rechtsstaat. Festschrift für Theodor Kleinknecht zum 75. Geburtstag, 1985
Kleinknecht/Meyer	Kleinknecht/Meyer, Strafprozeßordnung, fortgeführt von Lutz Meyer-Goßner, 40. Aufl. (München 1991)
Klug	Klug, Aktienstrafrecht, 1975
Klug-FS	Festschrift für Ulrich Klug zum 70. Geburtstag, 2. Bände, Köln 1983
KO	Konkursordnung idF v. 20. 5. 1898 (RGBl. 612; BGBl. III 311–4), letztes ÄndG v. 17. 12. 1990 (BGBl. I 2847) – Schönfelder Nr. 110 –
Kohlrausch-Lange	Kohlrausch-Lange, Strafgesetzbuch (43. Aufl., Berlin 1961)
KommG	Kommanditgesellschaft
KonsularG	Gesetz über die Konsularbeamten, ihre Aufgaben und Befugnisse v. 11. 9. 1974 (BGBl. I 2317; III 27–5) – Sartorius I Nr. 570 –
Körner	Körner, Betäubungsmittelgesetz (3. Aufl. 1990)
KostO	Kostenordnung idF v. 26. 7. 1957 (BGBl. I 861, 960; III 361–1), letztes ÄndG v. 17. 12. 1990 (BGBl. I 2847) – Schönfelder Nr. 119 –
KR	Kriminalistik (zitiert nach Jahr und Seite)
KraftStG 1979	Kraftfahrzeugsteuergesetz idF v. 1. 2. 1979 (BGBl. I 132; III 611–17), letztes ÄndG v. 25. 8. 1992 (BGBl. I 1548)
Krause	Recht und Kriminalität. Festschrift für Friedrich-Wilhelm Krause, 1990
Krey	Krey, Strafrecht, Besonderer Teil, Studienbuch, Bd. 1: BT ohne Vermögensdelikte, 8. Aufl. 1991; Bd. 2: Vermögensdelikte 8. Aufl. 1991 (zitiert nach Band und Randnoten)
Krey BKA	Krey/Neidhardt, Was ist Gewalt? Auseinandersetzungen mit

Abkürzungen

	dem Begriff, Bd. 1, Hrsg. BKA, 1986 (zitiert nach Randnummern)
KrG	Kreisgericht
KRG	Kontrollgesetz
KriegswaffG	Gesetz über die Kontrolle von Kriegswaffen idF v. 22. 11. 1990 (BGBl. I 2506; III 190–1), ÄndG v. 28. 2. 1992 (BGBl. I 376). Anlage (Kriegswaffenliste) ÄndVO v. 19. 4. 1991 (BGBl. I 913) – Sartorius I Nr. 823; GewO-Slg. Nr. 126 –
KrimGgwFr	Kriminologische Gegenwartsfragen (zitiert nach Band und Seite)
KrPflG	Krankenpflegegesetz v. 4. 6. 1985 (BGBl. I 902; III 2124–15), letztes ÄndG v. 23. 3. 1992 (BGBl. I 719) – GewO-Slg. Nr. 328 –
Krumme	Hürxthal/Krumme/Mayr/Salger/Steffen, Straßenverkehrsgesetz (Köln 1977)
KTS	Konkurs-, Treuhand- und Schiedsgerichtswesen (zitiert nach Jahr und Seite)
Küchenhoff-GedS	Recht und Rechtsbesinnung, Gedächtnisschrift für Günther Küchenhoff, Berlin 1987
KuG	Kirche und Gesellschaft. Hrsg. von der Katholischen Sozialwissenschaftlichen Zentralstelle Mönchengladbach (zitiert nach Heft-Nr. und Jahr)
KultgSchG	Gesetz zum Schutz des deutschen Kulturgutes gegen Abänderung v. 6. 8. 1955 (BGBl. I 501; III 224–2), letzte Änd. Anl. I Kap. II Sg. B II 4 EV
KunstUrhG	Gesetz betr. das Urheberrecht an Werken der bildenden Künste und der Fotografie v. 9. 1. 1907 (RGBl. 7; BGBl. III 440–3), letztes ÄndG v. 2. 3. 1974 (BGBl. I 469, 575) – Schönfelder Nr. 67 –
KVLG 1989	Zweites Gesetz über die Krankenversicherung der Landwirte (Artikel 8 des GRG) v. 20. 12. 1988 (BGBl. I 2477, 2557; III 8252–3), letztes ÄndG v. 27. 7. 1992 (BGBl. I 1398) – Aichberger Nr. 670 –
KWG	Gesetz über das Kreditwesen idF v. 11. 7. 1985 (BGBl. I 1472; III 7610–1), letztes ÄndG v. 30. 11. 1990 (BGBl. I 2570) – Sartorius I Nr. 856 –
L	Leitsatz
Lackner	Lackner, Strafgesetzbuch (19. Aufl., München 1991)
Lackner-FS	Festschrift für Karl Lackner zum 70. Geburtstag am 18. Februar 1987, Berlin 1987
LadSchlG	Gesetz über den Ladenschluß v. 28. 11. 1956 (BGBl. I 875; III 8050–20), letztes ÄndG v. 10. 7. 1989 (BGBl. I 1382) – Sartorius I Nr. 805; GewO-Slg. Nr. 250 –
LAG	Lastenausgleichsgesetz idF v. 1. 10. 1969 (BGBl. I 1909; III 621–1), letztes ÄndG v. 24. 7. 1992 (BGBl. I 1389)
Landmann-Rohmer GewO III	Landmann-Rohmer, Gewerbeordnung und ergänzende Vorschriften, Band III Umweltrecht, Kommentar, Loseblattausgabe (zitiert nach Gesetz und Randnoten)
Lange-FS	Festschrift für Richard Lange zum 70. Geburtstag am 29. 4. 1976 (Berlin 1976)

Abkürzungen

H. Lange-FS	Festschrift für Hermann Lange zum 70. Geburtstag, Kohlhammer 1992
Larenz-FS	Festschrift für Karl Larenz zum 80. Geburtstag (München 1983)
Laubenthal	Laubenthal, Lebenslange Freiheitsstrafe. Vollzug und Aussetzung des Strafrestes zur Bewährung, 1987
Laufs	Laufs, Arztrecht, 4. Aufl. 1988 (zitiert nach Randnummern)
Laufs FPflMedAR	Laufs, Fortpflanzungsmedizin und Arztrecht, 1992
LdR	Lexikon des Rechts
Leferenz-FS	Kriminologie, Psychiatrie, Strafrechtl. Festschrift für Heinz Leferenz zum 70. Geburtstag (Heidelberg 1983)
LFoGNW	Landesforstgesetz (Nordrhein-Westfalen) idF v. 24. 4. 1980 (GVNW 546; SGVNW 790), letztes ÄndG v. 29. 4. 1992 (GVNW 175)
LG	Landgericht
LGNW	Landschaftsgesetz (Nordrhein-Westfalen) idF v. 26. 6. 1980 (GVNW 734; SGVNW 791), letztes ÄndG v. 29. 4. 1992 (GVNW 175)
v. Liszt	v. Liszt, Lehrbuch des deutschen Strafrechts; I 26. und II 25. Aufl.; bearbeitet von Eberhard Schmidt
v. Liszt-Fleischmann	v. Liszt-Fleischmann, Völkerrecht, 12. Aufl.
LK	Strafgesetzbuch (Leipziger Kommentar), 10. Aufl., hrsg. v. Hans-Heinrich Jescheck, Wolfgang Ruß und Günther Willms, Berlin, 1978 bis 1988) (Das Erstzitat bei den einzelnen Vorschriften gibt den Bearbeiter an, zB LK–Ruß 3), 10. Aufl. (1. bis 47. Lieferung, August 1988), soweit nichts anderes vermerkt
LK[11]	Strafgesetzbuch (Leipziger Kommentar) Großkommentar, 11. Aufl. hrsg. von Burkhard Jähnke, Heinrich-Wilhelm Laufhütte und Walter Odersky, 1.–5. Lfg., 1992
LM	Entscheidungen des Bundesgerichtshofs im Nachschlagewerk des Bundesgerichtshofs von Lindenmaier-Möhring (zitiert nach Nr. und §; Zusatz nF = StGB idF v. 1975)
LMBG	Lebensmittel- und Bedarfsgegenständegesetz v. 15. 8. 1974 (BGBl. I 1945, 1975 I 2652; III 2125–40–1–2), letztes ÄndG v. 22. 1. 1991 (BGBl. I 121) – Sartorius I Nr. 280; GewO-Slg. Nr. 300 –
Locher-FS	Festschrift für Horst Locher zum 65. Geburtstag, 1991
LogopädG	Gesetz über den Beruf des Logopäden v. 7. 5. 1980 (BGBl. I 529; III 2124–13)
LR	Löwe-Rosenberg, Die Strafprozeßordnung und das Gerichtsverfassungsgesetz mit Nebengesetzen, Großkommentar, 24. Aufl., hrsg. von Peter Rieß (Berlin 1984–1991), bearbeitet von Dahs, Gollwitzer, Gössel, Hanack, Hilger, Lüderssen, Rieß, G. Schäfer, K. Schäfer, Wendisch (Berlin 1984–1992) (zusätzlich ist der Name des Bearbeiters angegeben)
LRE	Holthöfer-Nüse, Sammlung lebensmittelrechtlicher Entscheidungen (zitiert nach Band und Seite)
LRiG	Landesrichtergesetz
LüttgerVortr.	Lüttger, Vorträge und Abhandlungen, hrsg. von Th. Vogler, 1986

XXXIX

Abkürzungen

LuftBekÜbk .... Übereinkommen v. 16. 12. 1970 zur Bekämpfung der widerrechtlichen Inbesitznahme von Luftfahrzeugen (Ges. v. 6. 11. 1972, BGBl. II 1505; Bek. v. 8. 8. 1975, BGBl. II 1204)

LuftPersV .... Verordnung über Luftfahrtpersonal idF v. 13. 2. 1984 (BGBl. I 265; III 96–1–18), ÄndVO v. 30. 11. 1988 (BGBl. I 2193)

LuftStrAbk .... Abkommen v. 14. 9. 1963 über strafbare und bestimmte andere an Bord von Luftfahrzeugen begangene Handlungen (Ges. v. 4. 2. 1969, BGBl. II 121; Bek. v. 4. 5. 1970, BGBl. II 276)

LuftVG .... Luftverkehrsgesetz idF v. 14. 1. 1981 (BGBl. I 61; III 96–1), letztes ÄndG v. 23. 7. 1992 (BGBl. I 1370) – Schönfelder Nr. 34 –

LuftVO .... Luftverkehrs-Ordnung idF v. 14. 11. 1969 (BGBl. I 2117; III 96–1–2), letzte ÄndVO v. 21. 7. 1986 (BGBl. I 1097)

LuftVZO .... Luftverkehrs-Zulassungs-Ordnung idF v. 13. 3. 1979 (BGBl. I 308; III 96–1–8), letzte ÄndVO v. 15. 4. 1991 (BGBl. I 904)

LVerwG .... Landesverwaltungsgericht

LVO .... Landesverordnung

LWGNW .... Landeswassergesetz (Nordrhein-Westfalen) idF v. 9. 6. 1989 (GVNW 384; SGVNW 77), ÄndG v. 14. 1. 1992 (GVNW 39)

LZ .... Leipziger Zeitschrift (zitiert nach Jahr und Seite)

MädchHdlÜbk ..... Internationales Übereinkommen v. 4. 5. 1910 zur Bekämpfung des Mädchenhandels (RGBl. 1913, 31). Hierzu Bek. v. 17. 4. 1928 (RGBl. II 314), Ges. v. 8. 9. 1972 (BGBl. II 1074), Bek. v. 19. 10. 1972 (BGBl. II 1482) und v. 22. 10. 1973 (BGBl. II 1679)

Maihofer-FS ...... Rechtsstaat und Menschenwürde. Festschrift für Werner Maihofer zum 70. Geburtstag, Frankfurt/M. 1989

Marcic-GedS ...... Das Naturrechtsdenken heute und morgen. Gedächtnisschrift für René Marcic, Berlin 1983

MasseurG .... Gesetz über die Ausübung der Berufe des Masseurs, des Masseurs und medizinischen Bademeisters und des Krankengymnasten v. 21. 12. 1958 (BGBl. I 985; III 2124–7); letzte Änd. Anl. I Kap. X Sg. D II 13 EV

Mat. .... Materialien zur Strafrechtsreform, 15 Bände (Bonn 1954–1962)

Mattern-Raisch .... Mattern-Raisch, Atomgesetz, 1961

Maunz-Dürig ..... Loseblatt-Kommentar zum Grundgesetz von Maunz, Dürig, Herzog, Scholz, 6. Aufl., Lieferungen 1–27, München 1989 (Klammerzusatz weist auf den Verfasser hin), zitiert nach Artikel und Randnummer

Maurach-FS ...... Festschrift für Reinhart Maurach zum 70. Geburtstag (Karlsruhe 1972)

M-Gössel .... Maurach-Gössel-Zipf, Strafrecht Allgemeiner Teil, Teilband 2, III. Teil (7. Aufl., 1989)

M. Hirsch-FS ..... Die Freiheit des Anderen. Festschrift für Martin Hirsch, 1981

Abkürzungen

M-Maiwald.	Maurach/Schroeder/Maiwald, Strafrecht. Besonderer Teil. Teilband 1: Straftaten gegen Persönlichkeit und Vermögenswerte, 7. Aufl. 1988 (zitiert nach §§ und Randnummern)
M-Schroeder.	Maurach/Schroeder/Maiwald, Strafrecht, Besonderer Teil, Teilband 1: Straftaten gegen Persönlichkeits- und Vermögenswerte, 7. Aufl. 1988; Teilband 2: Straftaten gegen Gemeinschaftswerte, 7. Aufl. 1991 (zitiert nach §§ und Randnummern)
M-Zipf	Maurach/Zipf, Strafrecht, Allgemeiner Teil, Teilband 1 (8. Aufl., 1992); Maurach/Gössel/Zipf, Strafrecht Allgemeiner Teil, Teilband 2, IV. Teil (7. Aufl. 1989), zitiert nach §§ und Randnummern
Mayer	Hellmuth Mayer, Allgemeiner Teil 1967
Mayer-FS.	Beiträge zur gesamten Strafrechtswissenschaft; Festschrift für Hellmuth Mayer zum 70. Geburtstag am 1. Mai 1965 (Berlin 1966)
MBl. I. V.	Ministerialblatt für die innere Verwaltung
MDR	Monatsschrift für deutsches Recht (zitiert nach Jahr und Seite)
MDR/D.	Rechtsprechung des BGH bei Dallinger in MDR
MDR/H.	Rechtsprechung des BGH bei Holtz in MDR
MDR/S.	Rechtsprechung des BGH bei H. W. Schmidt in MDR
MedaillV	Verordnung über die Herstellung und den Vertrieb von Medaillen und Marken v. 13. 12. 1974 (BGBl. I 3520; III 690–1–2)
MedR	Medizinrecht (zitiert nach Jahr und Seite)
Mentzel	Mentzel, Konkursordnung, 8. Aufl. (München 1976)
Meyer DemonstrR . . .	K. Meyer, Das neue Demonstrations- und Versammlungsrecht, 2. Aufl. 1985
K. Meyer-GedS	Gedächtnisschrift für Karlheinz Meyer, Berlin 1990
Mezger-FS	Festschrift für Edmund Mezger zum 70. Geburtstag am 15. 10. 1953 (München u. Berlin 1954)
MHG	Gesetz zur Regelung der Miethöhe v. 18. 12. 1974 (BGBl. I 3603, 3604; III 402–12–5), letzte Änd. Anl. I Kap. XIV Abschn. II 7 EV
Michalke	Michalke, Umweltstrafsachen, 1991 (zitiert nach Randnummern)
Middendorff-FS	Festschrift für Wolf Middendorff zum 70. Geburtstag, Bielefeld 1986
MilRegABl.	Amtsblatt der Militärregierung Deutschland
MinöStG	Mineralölsteuergesetz idF v. 20. 12. 1988 (BGBl. I 2277; III 612–14), letztes ÄndG v. 25. 2. 1992 (BGBl. I 297, 333)
MiStra	Anordnung über Mitteilungen in Strafsachen. AV BMJ v. 15. 3. 1985 (BAnz. 3053) – Strafrecht Nr. 15 –
MMW	Münchener Medizinische Wochenschrift (zitiert nach Jahr und Seite)
MOG	Gesetz zur Durchführung der gemeinsamen Marktorganisationen idF v. 27. 8. 1986 (BGBl. I 1397; III 7847–11), ÄndG v. 29. 9. 1989 (BGBl. I 1742)
MoselSchPV	Moselschiffahrtspolizeiordnung v. 16. 3. 1984 (BGBl. I 473; III 9501–39/40); EinfVO v. 16. 3. 1984 (BGBl. I 473; III 9501–40), ÄndVO v. 13. 9. 1988 (BGBl. I 1745, 2074)
MRK.	Konvention v. 4. 11. 1950 zum Schutze der Menschenrechte und Grundfreiheiten. Hierzu Ges. v. 7. 8. 1952 (BGBl. II

Abkürzungen

	685, 953), Bek. v. 15. 12. 1953 (BGBl. 1954 II 14) – Kleinknecht/Meyer Anh. A 5; Strafrecht Nr. 35 –
MRRG	Melderechtsrahmengesetz v. 16. 8. 1980 (BGBl. I 1429; III 210–4), ÄndG v. 24. 2. 1983 (BGBl. 179) – Sartorius I Nr. 256 –
MRVfÜbk.	Europäisches Übereinkommen v. 6. 5. 1969 über die am Verfahren vor der Europäischen Kommission und dem Europäischen Gerichtshof für Menschenrechte teilnehmenden Personen (Ges. v. 22. 12. 1977, BGBl. II 1445; 1978 II 790)
MSchrKrim	Monatsschrift für Kriminologie und Strafrechtsreform (zitiert nach Jahr und Seite)
MSchrKrimPsych.	Monatsschrift für Kriminalpsychologie u. Strafrechtsreform (bis 1936; dann für Kriminalbiologie u. Strafrechtsreform)
MStaatlÜbk	Übereinkommen v. 6. 5. 1963 über die Verringerung der Mehrstaatigkeit. Hierzu Ges. v. 29. 9. 1969 (BGBl. II 1953, 1962), ÄndG v. 20. 12. 1974 (BGBl. II 3714) Bek. v. 5. 12. 1969 (BGBl. II 2232)
MStGB	Militärstrafgesetzbuch
MTA-G	Gesetz über technische Assistenten in der Medizin v. 8. 9. 1971 (BGBl. I 1515; III 2124–9), letzte Änd. Anl. I Kap. X Sg. D II 18 EV
Mühlhaus-Janiszewski	Mühlhaus-Janiszewski, Straßenverkehrs-O mit Erläuterungen, 12. Aufl. 1990
Müller-Dietz Einführung	Müller-Dietz/Kaiser/Kerner, Einführung und Fälle zum Strafvollzug (Heidelberg 1985)
Müller-Dietz, Grundfragen	Müller-Dietz, Grundfragen des strafrechtlichen Sanktionensystems, 1979
Müller-Freienfels-FS	Festschrift für Wolfram Müller-Freienfels, Baden-Baden 1986
Müller/Wabnitz	Müller/Wabnitz, Wirtschaftskriminalität, 1982
MuSchG	Mutterschutzgesetz idF v. 18. 4. 1968 (BGBl. I 315); III 8052-1), letztes ÄndG v. 3. 7. 1992 (BGBl. I 1191) – Aichberger Nr. 910; GewO-Slg. Nr. 265 –
v. Münch GG	v. Münch (Hrsg.) Grundgesetzkommentar, Band 1, 3. Aufl. 1985
MVSRG	Erstes Schulreformgesetz des Landes Mecklenburg-Vorpommern (SRG) v. 26. 4. 1991 (GVBl. 123; Gb. 231-1)
mwN	mit weiteren Nachweisen
Narr	Narr, Ärztliches Berufsrecht, 2. Aufl., 8. ErgLfg. Jan. 1987 (zitiert nach Randnummern)
Narr-FS	Arzt- und Kassenarztrecht im Wandel. Hrsg. H. Kamps/ A. Laufs. Festschrift für Helmut Narr zum 60. Geburtstag, 1988
NAtlFischfÜbkG	Gesetz zu dem Übereinkommen v. 1. 6. 1967 über das Verhalten beim Fischfang im Nordatlantik v. 19. 12. 1975 (BGBl. 1976 II 1, 1910); Bek. v. 29. 10. 1976 (BGBl. II 1910)
NATO-Truppenstatut	Abkommen zwischen den Parteien des Nordatlantikvertrages über die Rechtsstellung ihrer Truppen v. 19. 6. 1951

Abkürzungen

	(BGBl. 1961 II 1190); Zusatzabkommen vom 3. 8. 1959 (BGBl. 1961 II 1183, 1218) – Sartorius II Nr. 66b, 66c; Kleinknecht/Meyer Anh. D 3, 3a; Strafrecht Nr. 45, 45a –
NatSchG	Naturschutzgesetze der Länder
Naucke	Strafrecht, Eine Einführung (6. Aufl. 1991)
Nds.	Niedersachsen
Ndschr.	Niederschriften über die Sitzungen der Großen Strafrechtskommission (Band 1 Bonn 1956, Band 2 bis 6 Bonn 1958, Band 7 bis 11 Bonn 1959, Band 12 bis 14 Bonn 1960)
NdsFForstOG	Feld- und Forstordnungsgesetz (Niedersachsen) idF v. 30. 8. 1984 (GVBl. 215), letztes ÄndG v. 2. 7. 1990 (GVBl. 235, 249)
NdsIngG	Niedersächsisches Ingenieurgesetz v. 30. 3. 1971 (GVBl. 137), letztes ÄndG v. 15. 5. 1992 (GVBl. 150)
NdsRpfl.	Niedersächsische Rechtspflege (zietiert nach Jahr und Seite)
NdsNatSchG	Niedersächsisches Naturschutzgesetz idF v. 2. 7. 1990 (GVBl. 235)
NdsPrG	Niedersächsisches Pressegesetz v. 22. 3. 1965 (GVBl. 9), letztes ÄndG v. 22. 3. 1990 (GVBl. 101)
NdsSchulG	Niedersächsisches Schulgesetz idF v. 6. 11. 1980 (GVBl. 425), letztes ÄndG v. 22. 3. 1990 (GVBl. 101, 108)
NervA	Der Nervenarzt (zitiert nach Jahr und Seite)
NichtEhelKG	Gesetz über die rechtliche Stellung der nichtehelichen Kinder v. 19. 8. 1969 (BGBl. I 243; III 404–18), ÄndG v. 17. 7. 1970 (BGBl. I 1099) – Schönfelder Nr. 49 –
Niederländer-FS	Festschrift für Hubert Niederländer zum 70. Geburtstag, 1991
nF	neue Fassung
NJ	Neue Justiz (zitiert nach Jahr und Seite)
NJW	Neue Juristische Wochenschrift (zitiert nach Jahr und Seite)
NJW-CoR	Computerreport der Neuen Juristischen Wochenzeitschrift (zitiert nach Heft und Jahr)
NJW/H	Rechtsprechung des BGH und der Obergerichte bei Hentschel in NJW
NMV 1970	Neubaumietenverordnung 1970 idF v. 12. 10. 1990 (BGBl. I 2203; III 2330-14-1)
Noll	Noll, Gesetzgebungslehre, 1973
Noll-GedS	Gedächtnisschrift für Peter Noll (Zürich 1984)
NStE	Neue Entscheidungssammlung für Strafrecht, hrsg. von Rebmann/Dahs/Miebach (seit 1987), zitiert nach § und lfd. Nr., innerhalb des § nur mit lfd. Nr.
NStZ	Neue Zeitschrift für Strafrecht (zitiert nach Jahr und Seite)
NStZ/A	Rechtsprechung des BGH bei Achenbach in NStZ
NStZ/B	Rechtsprechung des BGH bei Böhm in NStZ
NStZ/D	Rechtsprechung des BGH bei Detter in NStZ
NStZ/J	Rechtsprechung des BGH bei Janiszewski in NStZ
NStZ/K	Rechtsprechung des BGH bei Körner in NStZ
NStZ/M	Rechtsprechung des BGH bei Mösl, ab 1992 bei Miebach in NStZ
NStZ/Mü	Rechtsprechung des BGH bei Müller in NStZ
NStZ/S	Rechtsprechung des BGH bei Schoreit in NStZ
NStZ/T	Rechtsprechung des BGH bei Theune in NStZ
NuR	Natur + Recht (zitiert nach Jahr und Seite)

Abkürzungen

NVwZ	Neue Zeitschrift für Verwaltungsrecht (zitiert nach Jahr und Seite)
NW	Nordrhein-Westfalen
NWPrG	Landespressegesetz Nordrhein-Westfalen v. 24. 5. 1966 (GVNW 340; SGVNW 2250), letztes ÄndG v. 3. 4. 1992 (GVNW 124)
NWWissHG	Gesetz über die wissenschaftlichen Hochschulen des Landes Nordrhein-Westfalen v. 20. 11. 1979 (GVNW 926; SGVNW 223), letztes ÄndG v. 3. 4. 1992 (GVNW 124)
NZV	Neue Zeitschrift für Verkehrsrecht (zitiert nach Jahr und Seite)
NZWehrr	Neue Zeitschrift für Wehrrecht (zitiert nach Jahr und Seite)
Oehler	Oehler, Internationales Strafrecht (2. Aufl. 1983; zitiert nach Randnummern)
Oehler-FS	Festschrift für Dietrich Oehler zum 70. Geburtstag, 1985
OGH	Oberster Gerichtshof für die britische Zone in Köln, auch Rechtsprechung des OGH in Strafsachen (zitiert nach Band und Seite)
ÖGW	Öffentliches Gesundheitswesen (zitiert nach Jahr und Seite)
OHG	Offene Handelsgesellschaft
ÖJZ	Österreichische Juristenzeitung (zitiert nach Jahr und Seite)
OLG	Oberlandesgericht
OLGSt	Entscheidungen der Oberlandesgerichte zum Straf- und Strafverfahrensrecht (zitiert nach § und Seite). Neuauflage (Entscheidungen seit 1982) innerhalb der §§ nur mit lfd. Nr. zitiert
Olshausen	Olshausen, Kommentar zum Strafgesetzbuch (11. Aufl., Berlin 1927)
OpferSchG	Erstes Gesetz zur Verbesserung der Stellung des Verletzten im Strafverfahren v. 18. 12. 1986 (BGBl. I 2496; III 312-2/1)
OrdenG	Gesetz über Titel, Orden und Ehrenzeichen v. 26. 7. 1957 (BGBl. I 844; III 1132-1), letzte Änd. Anl. I Kap. II Sg. A II 2 EV – Sartorius I Nr. 60 –
OrgK	Organisierte Kriminalität
OrgKG	Gesetz zur Bekämpfung des illegalen Rauschgifthandels und anderer Erscheinungsformen der Organisierten Kriminalität v. 15. 7. 1992 (BGBl. I 1302)
ÖRiZ	Österreichische Richterzeitung (zitiert nach Jahr und Seite)
öStGB	Bundesgesetz v. 23. 1. 1974 (BGBl. Nr. 60) über die mit gerichtlicher Strafe bedrohten Handlungen – (österreichisches) Strafgesetzbuch –
Otto	Harro Otto, Grundkurs Strafrecht. Allgemeine Strafrechtslehre 3. Aufl. 1988 (AT); Die einzelnen Delikte (BT), 3. Aufl. 1991
Otto, Zahlungsverkehr	Otto, Bargeldloser Zahlungsverkehr und Strafrecht, 1978
Otto, Bankentätigkeit	Otto, Bankentätigkeit und Strafrecht, 1983
Otto, Bekämpfung	Otto, Die strafrechtliche Bekämpfung unseriöser Geschäftstätigkeit, 1990

Abkürzungen

Otto DJT	Otto Gutachten D für den 56. Deutschen Juristentag, 1986 (zitiert nach Seiten)
OVG	Oberverwaltungsgericht
OWiG	Gesetz über Ordnungswidrigkeiten (Anh. 21; Kleinknecht/ Meyer, Anh. E 1; Schönfelder Nr. 94; GewO-Slg. Nr. 510)
Paeffgen	Paeffgen, Der Verrat in irriger Annahme eines illegalen Geheimnisses (§ 97b StGB) und die allgemeine Irrtumslehre (Berlin 1979)
PAngV	Preisangabenverordnung v. 14. 3. 1985 (BGBl. I 580; III 720–17–1)
Palandt	Palandt, Bürgerliches Gesetzbuch (51. Aufl., München 1992)
Pallin	Pallin, Die Strafzumessung in rechtlicher Sicht, Wien 1982 (zitiert nach Randnummern)
Pallin-FS	Strafrecht, Strafprozeßrecht und Kriminologie. Festschrift für Franz Pallin zum 80. Geburtstag, Wien 1989
Parl.B	Aus Politik und Zeitgeschichte. Beilage zur Wochenzeitung Das Parlament (zitiert nach Beilage-Nr. B)
ParlStG	Gesetz über die Rechtsverhältnisse der Parlamentarischen Staatssekretäre v. 24. 7. 1974 (BGBl. I 1538; III 1103-3), letztes ÄndG v. 18. 12. 1989 (BGBl. I 2218) – Sartorius I Nr. 47 –
ParteienG	Parteiengesetz idF v. 3. 3. 1989 (BGBl. I 327; III 112–1), ÄndG v. 8. 10. 1990 (BGBl. I 2141) – Sartorius I Nr. 58 –
PaßG	Paßgesetz (Anh. 3)
PatentanwaltsO	Patentanwaltsordnung v. 7. 9. 1966 (BGBl. I 557, III 424–5–1), letztes ÄndG v. 20. 12. 1991 (BGBl. I 2317)
PatentG	Patentgesetz idF v. 16. 12. 1980 (BGBl. 1981 I 1; III 420–1), letztes ÄndG v. 17. 12. 1990 (BGBl. I 2847); vgl. ErstrG v. 23. 4. 1992 (BGBl. I 938) – Schönfelder Nr. 70 –
PAuswG	Gesetz über Personalausweise (Anh. 2)
Peters-FG	Wahrheit und Gerechtigkeit im Strafverfahren. Festgabe für Karl Peters zum 80. Geburtstag, 1984
Peters-FS	Einheit und Vielfalt des Strafrechts. Festschrift für Karl Peters zum 70. Geburtstag (Tübingen 1974)
PfälzOLG-FS	175 Jahre pfälzisches Oberlandesgericht, Festschrift 1990
PfandlV	Verordnung über den Geschäftsbetrieb der gewerblichen Pfandleiher idF v. 1. 6. 1976 (BGBl. I 1334; III 7104–1), letzte ÄndVO v. 7. 11. 1990 (BGBl. I 2476) – GewO-Slg. Nr. 40 –
Pfeiffer-FS	Strafrecht, Unternehmensrecht, Anwaltsrecht. Festschrift für Gerd Pfeiffer, Köln 1988
PflSchG	Pflanzenschutzgesetz v. 15. 9. 1986 (BGBl. I 1505; III 7823–5), letztes ÄndG v. 28. 6. 1990 (BGBl. I 1221)
PflVG	Pflichtversicherungsgesetz idF v. 5. 4. 1965 (BGBl. I 213; III 925–1), letztes ÄndG v. 22. 3. 1988 (BGBl. I 358) – Strafrecht Nr. 25 –
PharmTechAssG	Gesetz über den Beruf des Pharmazeutisch-technischen Assistenten v. 18. 3. 1968 (BGBl. I 228; III 2124-8), letztes ÄndG v. 18. 2. 1986 (BGBl. I 265)
Piller-Herrmann	Justizverwaltungsvorschriften, Loseblatt-Textsammlung, begründet von Piller-Herrmann, 2. Aufl., Stand: Sept. 1982

Abkürzungen

Plen	Plenar
Pohlmann/Jabel	Pohlmann/Jabel, Strafvollstreckungsordnung, 6. Aufl. 1981
PolGNW	Polizeigesetz des Landes Nordrhein-Westfalen idF v. 24. 2. 1990 (GVNW 70, 580; SGVNW 205)
PolVO	Polizeiverordnung
PostG	Gesetz über das Postwesen idF v. 3. 7. 1989 (BGBl. I 1449; III 901–1) – Sartorius I Nr. 910 –
PostO	Postordnung v. 16. 5. 1963 (BGBl. I 341; III 901–1–1), letzte ÄndVO v. 22. 3. 1991 (BGBl. I 754)
PostVerfG	Postverfassungsgesetz v. 8. 6. 1989 (BGBl. I 1026; III 900–7), letztes ÄndG v. 24. 6. 1991 (BGBl. I 1314)
Pr	Preußen (oder preußisch)
PraxRMed	Praxis der Rechtsmedizin für Mediziner und Juristen, Hrsg. von B. Forster, 1986
Preisendanz	Preisendanz, Strafgesetzbuch, Lehrkommentar, 30. Aufl. (Berlin 1978)
PreisG	Übergangsgesetz über Preisbildung und Preisüberwachung v. 10. 4. 1948 (WiGBl. 27; BGBl. III 720–1), letztes ÄndG v. 18. 2. 1986 (BGBl. I 265)
Prot.	Protokolle des Sonderausschusses des Deutschen Bundestages für die Strafrechtreform, zitiert nach Wahlperiode (ab 7. Wp. in arabischen Zahlen) und Seite
PrPG	Gesetz zur Stärkung des Schutzes des geistigen Eigentums und zur Bekämpfung der Produktpiraterie v. 7. 3. 1990 (BGBl. I 422; III 423–1)
PStG	Personenstandsgesetz idF v. 8. 8. 1957 (BGBl. I 1125; III 211–1), letztes ÄndG v. 26. 6. 1990 (BGBl. I 1163, 1192) – Schönfelder Nr. 113, Sartorius I Nr. 260 –
PsychKG	Unterbringungsgesetz (9 vor § 61)
R	Rechtsprechung des Reichsgerichts in Strafsachen
RA-BTag	Rechtsausschuß des Deutschen Bundestages
RADG	Rechtsanwaltsdienstleistungsgesetz v. 16. 8. 1980 (BGBl. I 1453; III 303–16), letztes ÄndG v. 14. 3. 1990 (BGBl. I 479)
RBerG	Rechtsberatungsgesetz v. 13. 12. 1935 (RGBl. I 1478; BGBl. III 303–12), letztes ÄndG v. 13. 12. 1989 (BGBl. I 2135) – Schönfelder Nr. 99; GewO-Slg. Nr. 360 –
RdErl.	Runderlaß
RdJ	Recht der Jugend und des Bildungswesens (zitiert nach Jahr und Seite)
RdK	Recht des Kraftfahrers
RdSchr.	Rundschreiben
Rebmann-FS	Festschrift für Kurt Rebmann zum 65. Geburtstag, München 1989
Rebmann/Roth/Herrmann	Rebmann/Roth/Herrmann, Kommentar zum OWiG, 2. Aufl., 4. Lfg. 1992
RechnLegG	Gesetz über die Rechnungslegung von bestimmten Unternehmen und Konzernen v. 15. 8. 1969 (BGBl. I 1189, 1970 I 1113; III 4120–7), letztes ÄndG v. 30. 11. 1990 (BGBl. I 2570)
recht	recht, Informationen des Bundesministers der Justiz (zitiert nach Jahr und Seite)

Abkürzungen

Recht.	Das Recht (zitiert nach Jahr und Seite)
Rechtstheorie.	Rechtstheorie, Zeitschrift für Logik, Methodenlehre, Kybernetik und Soziologie des Rechts (zitiert nach Jahr und Seite)
RegBl.	Regierungsblatt
RegelsatzVO.	Regelsatzverordnung v. 20. 7. 1962 (BGBl. I 515; III 2170–1–3), letzte ÄndVO v. 7. 10. 1991 (BGBl. I 1971)
RegUnterhV	Regelunterhalt-Verordnung v. 27. 6. 1970 (BGBl. I 1010; III 404–18–1), letzte ÄndVO v. 19. 3. 1992 (BGBl. I 535) – Schönfelder Nr. 49a –
Reimers-FS	Aus dem Hamburger Rechtsleben. Walter Reimers zum 65. Geburtstag, Berlin 1979
Reis.	Reis, Das Lebensrecht des ungeborenen Kindes als Verfassungsproblem (Tübingen 1984)
RennwG.	Rennwett- und Lotteriegesetz v. 8. 4. 1922 (RGBl. I 393; BGBl. III 611–14), letztes ÄndG v. 16. 12. 1986 (BGBl. I 2441), in NW aufgehoben durch Art. 21 Nr. 23 RGB '87 NW v. 6. 10. 1987 (GVNW 342)
RFH	Reichsfinanzhof
RG	Entscheidungen des Reichsgerichts in Strafsachen (zitiert nach Band und Seite); auch Reichsgericht
RGBl. I, II	Reichsgesetzblatt Teil I, Teil II
RGZ	Entscheidungen des Reichsgerichts in Zivilsachen (zitiert nach Band und Seite)
RheinfährenO	Rheinfährenordnung v. 23. 9. 1963 (BGBl. II 1223; III 9501–11), letztes ÄndG v. 18. 12. 1986 (BGBl. I 265)
RheinSchA	Revidierte Rheinschiffahrtsakte (Mannheimer Akte) idF v. 11. 3. 1969 (BGBl. II 597; III 310–6)
RheinSchPV	Rheinschiffahrtspolizeiverordnung v. 16. 8. 1983 (BGBl. I 1145; III 9501–38), ÄndVO v. 16. 3. 1984 (BGBl. I 473) nebst EinfVO v. 16. 8. 1983 (BGBl. I 1145), letzte ÄndVO v. 13. 9. 1988 (BGBl. I 1745)
RhPf	Rheinland-Pfalz
RhPfBOÖbVJ	Berufsordnung der öffentlich bestellten Vermessungsingenieure (Rheinland-Pfalz) v. 20. 12. 1971 (GVBl. 1972, 26; BS 219–5), letztes ÄndG v. 27. 10. 1986 (GVBl. 282)
RhPfIngKammG	Ingenieurkammergesetz (Rheinland-Pfalz) v. 21. 12. 1978 (GVBl. 763; BS 714–1)
RhPfLPflG	Landespflegegesetz (Rheinland-Pfalz) idF v. 5. 2. 1979 (GVBl. 36; BS 791–1), letztes ÄndG v. 8. 4. 1991 (GVBl. 104)
RhPfPrG	Landespressegesetz (Rheinland-Pfalz) v. 14. 6. 1965 (GVBl. 107; BS 225–1), letztes ÄndG v. 7. 2. 1983 (GVBl. 17)
RhPfSchulG	Schulgesetz (Rheinland-Pfalz) v. 6. 11. 1974 (GVBl. 487; BS 223–1), letztes ÄndG v. 17. 3. 1992 (GVBl. 62)
RiAkad-FS	Justiz und Recht. Festschrift aus Anlaß des zehnjährigen Bestehens der Deutschen Richterakademie, 1983
RiBA.	Gemeinsamer Erlaß über die Feststellung von Alkohol im Blut bei Straftaten und Ordnungswidrigkeiten, von den Bundesländern 1977 vereinbart (Text und Fundstellen: Mühlhaus/Janiszewski, 40 zu § 316 StGB)
RichterwahlG	Richterwahlgesetz v. 25. 8. 1950 (BGBl. 368; III 301–2), letztes ÄndG v. 30. 7. 1968 (BGBl. I 873) – Sartorius I Nr. 610 –

Abkürzungen

Rieger ArztR	Rieger, Lexikon des Arztrechts, 1984 (zitiert nach Randnummern)
Rieß DJT	Rieß, Gutachten zum 55. Deutschen Juristentag Hamburg, 1984
RiStBV	Richtlinien für das Strafverfahren und das Bußgeldverfahren in der ab 1. 10. 1988 (bundeseinheitlich) geltenden Fassung, letzte ÄndBek. v. 8. 9. 1988 (BAnz. 4341, 4427) (Kleinknecht/Meyer, Anh. H 1; Strafrecht Nr. 44; zitiert nach Nummern)
RiVASt	Richtlinien für den Verkehr mit dem Ausland in strafechtlichen Angelegenheiten v. 18. 9. 1984 (Beilage BAnz. Nr. 47) (bundeseinheitlich) – Piller-Hermann Nr. 2 f –
RKG	Entscheidungen des Reichskriegsgerichts (zitiert nach Band und Seite)
RMed.	Rechtsmedizin. Lehrbuch für Mediziner und Juristen, Hrsg. von W. Schwerd, 4. Aufl., Köln 1986 (zitiert nach Seiten)
RMG	Entscheidungen des Reichsmilitärgerichts (zitiert nach Band und Seite)
Roos, Entkriminalisierungstendenzen	Roos, Entkriminalisierungstendenzen im Besonderen Teil des Strafrechts, 1981
RöV	Röntgenverordnung v. 8. 1. 1987 (BGBl. I 114; III 751–13), letzte ÄndVO v. 19. 12. 1990 (BGBl. I 2949)
ROW	Recht in Ost und West (zitiert nach Jahr und Seite)
Rowedder/Fuhrmann	Rowedder/Fuhrmann u. a. GmbHG, 2. Aufl. 1990
Roxin	Roxin, Strafrecht, Allgemeiner Teil, Band I 1992 (zitiert nach § und Randnummern)
Roxin TuT	Roxin, Täterschaft und Tatherrschaft, 4. Aufl. (Berlin 1984)
RPflBegrV	VO über die Begrenzung der Geschäfte des Rechtspflegers bei der Vollstreckung in Straf- und Bußgeldsachen v. 26. 6. 1970 (BGBl. I 992; III 302–2–1), letzte ÄndVO v. 16. 2. 1982 (BGBl. I 88)
Rpfleger	Der Deutsche Rechtspfleger (zitiert nach Jahr und Seite)
RpflG	Rechtspflegergesetz v. 5. 11. 1969 (BGBl. I 2065; III 302–2), letztes ÄndG v. 17. 12. 1990 (BGBl. I 2847) – Schönfelder Nr. 96 –
RPol-FS	Freiheit und Verantwortung im Rechtsstaat. Festgabe zum 10jährigen Jubiläum der Gesellschaft für Rechtspolitik, hrsg. B. Rüthers u. K. Stern, 1984
RProblAIDS	Schünemann/Pfeiffer (Hrsg.), Die Rechtsprobleme von AIDS, Baden-Baden 1988
Rspr.	Rechtsprechung
RuG	Recht und Gesellschaft, Zeitschrift für Rechtskunde (zitiert nach Jahr und Seite)
RundfunkG	Gesetz über die Errichtung von Rundfunkanstalten des Bundesrechts v. 29. 11. 1960 (BGBl. I 862; III 2251–1), letztes ÄndG v. 30. 4. 1990 (BGBl. I 823)
RuP	Recht und Politik, Vierteljahreszeitschrift für Rechts- und Verwaltungspolitik (zitiert nach Jahr und Seite)
RuStAG	Reichs- und Staatsangehörigkeitsgesetz v. 22. 7. 1913 (RGBl. 583; BGBl. III 102–1), letztes ÄndG v. 25. 7. 1986 (BGBl. I 1142) – Sartorius I Nr. 15 –
RVO	Reichsversicherungsordnung idF v. 15. 12. 1924 (RGBl. I

Abkürzungen

779; BGBl. III 820–1), letztes ÄndG v. 27. 7. 1992 (BGBl. I 1398) – Aichberger Nr. 11 –

Saage/Göppinger	Saage/Göppinger, Freiheitsentziehung und Unterbringung, 2. Aufl. (München 1975)
SaarlSchOG	Schulordnungsgesetz (Saarland) idF v. 22. 5. 1985 (ABl. 577), letztes ÄndG v. 22. 1. 1992 (ABl. 434)
SächsSchulG	Schulgesetz für den Freistaat Sachsen v. 3. 7. 1991 (GVBl. 213)
SächsPresseG	Sächsisches Gesetz über die Presse v. 3. 4. 1992 (GVBl. 125)
Sack	Sack, Umweltschutzstrafrecht, Erläuterung der Straf- und Bußgeldvorschriften, Loseblattausgabe, 3. Aufl., 13. Lfg. Jan. 1990 (zitiert nach § und Randnummer)
Samper-FS	Polizeilicher Eingriff und Grundrechte. Festschrift für Rudolf Samper zum 70. Geburtstag, 1982
Sarstedt-FS	Festschrift für Werner Sarstedt (Berlin 1981)
Sarstedt/Hamm	Sarstedt/Hamm, Die Revision in Strafsachen, 5. Aufl. 1983
Sartorius I	Sartorius Band I: Verfassungs- und Verwaltungsgesetze der Bundesrepublik (Loseblattausgabe; zitiert nach Gliederungsnummern)
Sartorius II	Sartorius Band II: Internationale Verträge – Europarecht (Loseblattausgabe; zitiert nach Gliederungsnummern)
Schäfer Praxis	Schäfer (Gerh.), Die Praxis des Strafverfahrens, 5. Aufl. 1992 (zitiert nach Randnummern)
Schäfer-StrZ	Schäfer (Gerh.), Praxis der Strafzumessung, 1990 (zitiert nach Randnummern)
Schäfer-FS	Festschrift für Karl Schäfer, 1980
Schaffstein-FS	Festschrift für Friedrich Schaffstein zum 70. Geburtstag (Göttingen 1975)
Schaffstein-Symp.	Wiedergutmachung und Strafrecht. Symposium aus Anlaß des 80. Geburtstages von Friedrich Schaffstein, hrsg. v. H. Schöch, 1985
Schätzler	Schätzler, Handbuch des Gnadenrechts, München 1976 (zitiert nach Gliederungsnummer)
ScheidemünzenG	Gesetz über die Ausprägung von Scheidemünzen v. 8. 7. 1950 (BGBl. I 323; III 690–1), letztes ÄndG v. 10. 12. 1986 (BGBl. I 2414)
Schewe-FS	Schütz/Kaatsch/Thomsen (Hrsg.), Medizinrecht-Psychopathologie – Rechtsmedizin. Festschrift für Günter Schewe, 1991
SchG	Schöffengericht
SchiffsbankG	Gesetz über Schiffspfandbriefbanken idF v. 8. 5. 1963 (BGBl. I 301; III 7628–2), letztes ÄndG v. 30. 11. 1990 (BGBl. I 2570)
SchlH	Schleswig-Holstein
SchlHA	Schleswig-Holsteinische Anzeigen (zitiert nach Jahr und Seite)
SchlHLPflegG	Landschaftspflegegesetz (Schleswig-Holstein) v. 19. 11. 1982 (GVOBl. 256), letztes ÄndG v. 7. 6. 1991 (GVOBl. 331, 350)
SchlHPrG	Landespressegesetz v. 19. 6. 1964 (GVOBl. 71, GSSchl.-H 2250–1), ÄndG v. 9. 12. 1974 (GVOBl. 453)

Abkürzungen

SchlHSchulG	Schleswig-Holsteinisches Schulgesetz idF v. 2. 8. 1990 (GVOBl. 451; GS Schl.-H II 223–9), ÄndG v. 12. 12. 1990 (GVOBl. 615)
Schlüchter	Schlüchter, Zweites Gesetz zur Bekämpfung der Wirtschaftskriminalität. Kommentar mit einer kriminologischen Einführung, 1987 (zitiert nach Seiten)
Schlüchter Irrtum	Schlüchter, Irrtum über normative Tatbestandsmerkmale im Strafrecht, Tübingen 1983
Schlüchter StBerat.	Schlüchter, Steuerberatung im strafrechtlichen Risiko?, 1986
Schmidhäuser	Schmidhäuser, Strafrecht Allgemeiner Teil, Lehrbuch 2. Aufl. (Tübingen 1975); Studienbuch (StudB) Allgemeiner Teil (AT) 2. Aufl. 1984 Besonderer Teil (BT), Grundriß, 2. Aufl. (Tübingen 1983)
Schmidt-Leichner-FS	Festschrift für Erich Schmidt-Leichner zum 65. Geburtstag (München 1977)
Schmidt-Salzer ProdHaft	Schmidt-Salzer, Produkthaftung, Bd. I; Strafrecht, 2. Aufl. 1988
R. Schmitt-FS	Festschrift für Rudolf Schmitt zum 70. Geburtstag (Tübingen 1992)
Schneider, Kriminologie	Hans Joachim Schneider, Kriminologie, Berlin 1987
Schöch DJT	Schöch, Gutachten C zum 59. Deutschen Juristentag Hannover 1992 (zitiert nach Seiten)
Schölz/Lingens	Schölz/Lingens, Wehrstrafgesetz, 3. Aufl. (München 1988)
Schönfelder	Schönfelder, Deutsche Gesetze, Textsammlung (Loseblattausgabe; zitiert nach Gliederungsnummer)
Schröder-GedS	Gedächtnisschrift für Horst Schröder (München 1978)
Schroeder Straftaten	F. C. Schroeder, Die Straftaten gegen das Strafrecht, Schriftenreihe der Jur. Studiengesellschaft Berlin, Heft 96, 1985
SchSch	Schönke-Schröder, Strafgesetzbuch 24. Aufl., München u. Berlin 1991, zitiert jeweils nach Randnummern; das Erstzitat bei den einzelnen Vorschriften gibt den Bearbeiter an (zB SchSch-Eser 5)
SchSV	Schiffssicherheitsverordnung v. 8. 12. 1986 (BGBl. I 2361; III 9512–16), letzte ÄndVO v. 12. 2. 1992 (BGBl. I 244)
Schubarth	Schubarth, Kommentar s. schweiz. Strafrecht 1. Bd. Art. 111–136 StGB, Bern 1982
Schultz	Hans Schultz, Einführung in den Allgemeinen Teil des Strafrechts, 3. Aufl. (Bern 1977)
Schultz-FestG	Lebendiges Strafrecht, Festgabe zum 65. Geburtstag von Hans Schultz (Bern 1977)
Schultz-GedS	Gedächtnisschrift für Dietrich Schultz, hrsg. von G. Jahr, 1987
Schünemann, Grundfragen	Schünemann (Hrsg), Grundfragen des modernen Strafrechtssystems (Berlin 1984)
SchutzbereichG	Schutzbereichgesetz v. 7. 12. 1956 (BGBl. I 899; III 54–2), letztes ÄndG v. 20. 12. 1976 (BGBl. I 3574) – Sartorius I Nr. 695 –
SchVGNW	Schulverwaltungsgesetz (Nordrhein-Westfalen) idF v. 18. 1. 1985 (GVNW 155; SGVNW 223)

Abkürzungen

SchweizJurTg-FS	Die schweizerische Rechtsordnung in ihren internationalen Bezügen, Festgabe zum Schweizerischen Juristentag 1988, Bern 1988
SchweizJZ	Schweizerische Juristenzeitung (zitiert nach Jahr und Seite)
SchweizStGB	Schweizerisches Strafgesetzbuch vom 21. 12. 1937
SchweizZSt.	Schweizerische Zeitschrift für Strafrecht (zitiert nach Jahr und Seite)
SchwerbG	Schwerbehindertengesetz idF v. 26. 8. 1986 (BGBl. I 1421, 1550; III 871–1), letztes ÄndG v. 21. 6. 1991 (BGBl. I 1310) – Erbs S 39; GewO-Slg. Nr. 280 –
SchwG.	Schwurgericht
Schwind/Böhm	Schwind/Böhm, Strafvollzugsgesetz, Großkommentar, 1983
Schwinge-FS	Persönlichkeit in der Demokratie, Festschrift für Erich Schwinge zum 70. Geburtstag (Köln-Bonn 1973)
SeefischereiG	Seefischereigesetz v. 12. 7. 1984 (BGBl. I 876; III 793–12), ÄndG v. 23. 5. 1989 (BGBl. I 938)
SeemannsG	Seemannsgesetz v. 26. 7. 1957 (BGBl. II 713; III 9513–1), letzte Änd. Anl. I Kap. VIII Sg. A II EV – Aichberger Nr. 970 –
SeeSchStrO	Seeschiffahrtsstraßen-Ordnung idF v. 15. 4. 1987 (BGBl. I 1266; III 9511–1), letzte ÄndVO v. 8. 4. 1991 (BGBl. I 880)
Sen.	Senat
Sendler-FS	Bürger – Richter – Staat. Festschrift für Horst Sendler, München 1991
SeuffArch.	Seufferts Archiv für Entscheidungen der obersten Gerichte
SFHG	Schwangeren- und Familienhilfegesetz v. 27. 7. 1992 (BGBl. I 1398; III 404–25); dazu Urt. BVerfG v. 4. 8. 1992 (BGBl. I 1585).
Sg.	Sachgebiet
SGB I.	Sozialgesetzbuch – Allgemeiner Teil – v. 11. 12. 1975 (BGBl. I 3015; III 860–1), letztes ÄndG v. 26. 6. 1990 (BGBl. I 1163) – Sartorius I Nr. 408; Aichberger Nr. 1 –
SGB IV	Sozialgesetzbuch – Gemeinsame Vorschriften für die Sozialversicherung – v. 23. 12. 1976 (BGBl. I 3845; III 860–4–1), letztes ÄndG v. 10. 8. 1992 (BGBl. I 1494) – Aichberger Nr. 4 –
SGB V	Sozialgesetzbuch – Fünftes Buch. Gesetzliche Krankenversicherung (Artikel 1 des GRG) v. 20. 12. 1988, BGBl. I 2477; III 860–5), letztes ÄndG v. 27. 7. 1992, BGBl. I 1398)
SGB VI	Sozialgesetzbuch – Sechstes Buch. Gesetzliche Rentenversicherung (Artikel 1 des RRG 1992 v. 18. 12. 1989, BGBl. I 2261; III 860–6–1), letztes ÄndG v. 20. 12. 1991 (BGBl. I 2317)
SGB VIII	Sozialgesetzbuch – Achtes Buch – Kinder- und Jugendhilfe (Art. 1 des KJHG) v. 26. 6. 1990 (BGBl. I 1163; III 860–8–1), ÄndG. v. 27. 7. 1992 (BGBl. I 1398)
SGB X.	Sozialgesetzbuch – Verwaltungsverfahren – v. 18. 8. 1980 (BGBl. I 1469; III 860–10–1/2), letztes ÄndG v. 20. 12. 1990 (BGBl. I 2954) – Sartorius I Nr. 409; Aichberger Nr. 10 –
SGB X/Kap. 3	Sozialgesetzbuch – Zusammenarbeit der Leistungsträger und ihre Beziehungen zu Dritten – v. 4. 11. 1982 (BGBl. I 1450; III 860–10–3), letztes ÄndG v. 18. 12. 1989 (BGBl. I 2261; 1990 I 1337) – Sartorius I Nr. 409 –

Abkürzungen

SGG .... Sozialgerichtsgesetz idF v. 23. 9. 1975 (BGBl. I 2535; III 330–1), letztes ÄndG v. 17. 12. 1990 (BGBl. I 2847) – Aichberger Nr. 850 –

SGV NW .... Sammlung des bereinigten Gesetz- und Verordnungsblattes für das Land Nordrhein-Westfalen

Sieber .... Sieber, Computerkriminalität und Strafrecht, 2. Aufl. 1980

Sieder/Zeidler WHG .. Sieder/Zeidler, Wasserhaushaltsgesetz, Loseblattausgabe

Simon-FS .... Ein Richter, ein Bürger, ein Christ, Festschrift für Helmut Simon, 1987

SJZ .... Süddeutsche Juristenzeitung

SK .... Rudolphi/Horn/Samson, Systematischer Kommentar zum Strafgesetzbuch, Bd. 1, Allgemeiner Teil, 5. Aufl. (16. Lfg. März 1992); Bd. 2, Besonderer Teil, 4. Aufl. (29. Lfg. Juni 1991) (Loseblattausgabe, das Erstzitat bei den einzelnen Vorschriften gibt den Bearbeiter an, zB SK-Horn 22).

SK-StPO .... Rudolphi/Frisch/Rogall/Schlüchter/Wolter, Systematischer Kommentar zur Strafprozeßordnung und zum Gerichtsverfassungsgesetz, 6. Lfg. (Juni 1992)

SklavenraubG ...... Gesetz betr. die Bestrafung des Sklavenraubes und des Sklavenhandels v. 28. 7. 1895 (RGBl. 425; BGBl. III 453–7), letztes ÄndG v. 2. 3. 1974 (BGBl. I 469, 557)

sLSK .... Horn, Systematischer Leitsatz-Kommentar zum Sanktionsrecht (Frankfurt; Loseblatt-Ausgabe); 22. Lfg. März 1992

sm .... Seemeilen

sog. .... sogenannt

SoldG .... Gesetz über die Rechtsstellung der Soldaten idF v. 19. 8. 1975 (BGBl. I 2273; III 51–1), letztes ÄndG v. 11. 6. 1992 (BGBl. I 1030) – Sartorius I Nr. 640 –

SortenSchG .... Sortenschutzgesetz v. 11. 12. 1985 (BGBl. I 2170; III 7822–7), letztes ÄndG v. 23. 7. 1992 (BGBl. I 1367)

Spendel-FS .... Festschrift für Günter Spendel zum 70. Geburtstag, 1992

SportBootFSV-See .. Sportbootführerscheinverordnung–See v. 20. 12. 1973 (BGBl. I 1988; III 9511–19), letzte ÄndVO v. 8. 8. 1989 (BGBl. I 1583)

SprAuG .... Sprecherausschußgesetz (Artikel 2 des Ges. v. 20. 12. 1988, BGBl. I 2312; III 801–11)

SprengG .... Gesetz über explosionsgefährliche Stoffe (Sprengstoffgesetz) idF v. 17. 4. 1986 (BGBl. I 577; III 7134–2), ÄndG v. 28. 6. 1990 (BGBl. I 1221) – Sartorius I Nr. 822; GewO-Slg. Nr. 127 –

SprengV .... Verordnungen zum Sprengstoffgesetz, 1. SprengV idF v. 31. 1. 1991 (BGBl. I 169; III 7134–2–1); 2. SprengV idF v. 5. 9. 1989 (BGBl. I 1620, 2458; III 7134–2–2); 3. SprengV v. 23. 6. 1978 (BGBl. I 783; III 7134–2–3); 5. SprengV v. 31. 10. 1984 (BGBl. I 1323; III 7134–2–5) – GewO-Slg. Nr. 128 bis 129c –

SprengVwV .... Allgemeine Verwaltungsvorschrift zum Sprengstoffgesetz v. 10. 3. 1987 (Beilage BAnz. Nr. 60a)

SSA .... Schwangerschaftsabbruch

SSA I .... Schwangerschaftsabbruch im internationalen Vergleich; Teil 1: Europa, hrsg. v. A. Eser und H.-G. Koch, Baden-Baden 1988

StA .... Staatsanwalt oder Staatsanwaltschaft

Abkürzungen

StÄG	Strafrechtsänderungsgesetz; Viertes (Anh. 14)
6. StÄG/DDR	6. Strafrechtsänderungsgesetz v. 29. 6. 1990 (GBl. I 526); zur Fortgeltung vgl. Art. 9 Anl. II Kap. III Sg. C I Nr. 2 EV
StAngRegV	Verordnung zur Regelung von Staatsangehörigkeitsfragen v. 20. 1. 1942 (RGBl. I 40; BGBl. III 102–4)
StAnzBW	Staatsanzeiger Baden-Württemberg
Starck GG	v. Mangoldt/Klein/Starck, Das Bonner Grundgesetz, Kommentar, Bd. 1 (Art. 1 bis 5) v. Chr. Starck, 3. Aufl. 1985
StARegG	Gesetz zur Regelung von Fragen der Staatsangehörigkeit: 1. StARegG v. 22. 2. 1955 (BGBl. I 65; III 102–5), ÄndG v. 29. 6. 1977 (BGBl. I 1101); 2. StARegG v. 17. 5. 1956 (BGBl. I 431; III 102–6)
Stenglein	Stengleins Kommentar zu den strafrechtlichen Nebengesetzen (5. Aufl. Berlin, I 1928, II 1931, Ergänzungsband 1933)
StBerG	Steuerberatungsgesetz idF v. 4. 11. 1975 (BGBl. I 2735; III 610–10), letztes ÄndG v. 25. 2. 1992 (BGBl. I 297)
Stimezo-Ber.	Ketting/van Praag, Schwangerschaftsabbruch – Gesetz und Praxis. International vergleichende Analyse der Organisation Stimezo Nederland, 1983
StrFrhG 1968	Gesetz über Straffreiheit v. 9. 7. 1968 (BGBl. I 773; III 450–12–1)
StrFrhG 1970	Gesetz über Straffreiheit v. 20. 5. 1970 (BGBl. I 509; III 450–12–2)
StGB	Strafgesetzbuch
StGB-DDR	Strafgesetzbuch der Deutschen Demokratischen Republik idF v. 14. 12. 1988 (GBl. 1989 I 33), letztes ÄndG v. 27. 7. 1992 (BGBl. I 1398) – *zur Fortgeltung und Änderung einzelner Vorschriften des StBG-DDR vgl. Art. 9 Anl. II Kap. III Sg. C I Nr. 1, II Nr. 1 EV* –
StGBuaÄndG	Gesetz zur Änderung des StGB, der StPO, des GVG, der BRAO und des StVollzG v. 18. 8. 1976 (BGBl. I 2181; III 312–11), ÄndG v. 28. 3. 1980 (BGBl. I 373)
StLex	Staatslexikon. Recht-Wirtschaft-Gesellschaft, 5. Bände, 7. Aufl. 1988–1989 (zitiert nach Band I bis V und Spalte)
Stock-FS	Studien zur Strafrechtswissenschaft. Festschrift für Ulrich Stock zum 70. Geburtstag am 8. Mai 1966. Würzburg 1966
StPÄG	Gesetz zur Änderung der Strafprozeßordnung und des Gerichtsverfassungsgesetzes v. 19. 12. 1964 (BGBl. I 1067)
StPO	Strafprozeßordnung idF v. 7. 4. 1987 (BGBl. I 1074, 1319; III 312–2), letztes ÄndG v. 27. 7. 1992 (BGBl. I 1398) – Schönfelder Nr. 90; Strafrecht Nr. 40 –
StPOÄndG 1978	Gesetz zur Änderung der Strafprozeßordnung v. 14. 4. 1978 (BGBl. I 497), ÄndG v. 28. 3. 1980 (BGBl. I 373)
str.	streitig
StrABTag	Sonderausschuß des Deutschen Bundestages für die Strafrechtsreform (4. bis 7. Wahlperiode)
StrafrAbh.	Strafrechtliche Abhandlungen, hrsg. von Bennecke, später von Beling, v. Lilienthal und Schoetensack
Strafrecht	Strafrecht, Textsammlung (zitiert nach Gliederungsnummer)

Abkürzungen

StraßenverkehrssichG	Erstes Gesetz zur Sicherung des Straßenverkehrs v. 19. 12. 1952 (BGBl. I 832)
	Zweites Gesetz zur Sicherung des Straßenverkehrs v. 26. 11. 1964 (BGBl. I 921)
Stratenwerth	G. Stratenwerth, Strafrecht, Allgemeiner Teil 1: Die Straftat, 3. Aufl. 1981 (zitiert nach Randnoten)
StrEG	Gesetz über die Entschädigung für Strafverfolgungsmaßnahmen v. 8. 3. 1971 (BGBl. I 157; III 313–4), letzte Änd. Anl. I Kap. III Sg. C II 4 EV – Kleinknecht/Meyer, Anh. A 6; Göhler OWiG Anh. A 4; Strafrecht Nr. 90 –
StREG	Strafrechtsreform-Ergänzungsgesetz v. 28. 8. 1975 (BGBl. I 2289)
Streng	Streng, Strafrechtliche Sanktionen, Grundlagen und Anwendung, 1991
StrlSchV	StrahlenschutzVO idF v. 30. 6. 1989 (BGBl. I 1321, 1926; III 751–1–1), letzte Änd. Anl. I Kap. XII Sg. B II 2 EV
StrRG	Gesetz zur Reform des Strafrechts
1. StrRG	Erstes Gesetz zur Reform des Strafrechts v. 25. 6. 1969 (BGBl. I 645), letztes ÄndG v. 28. 8. 1969 (BGBl. I 1509)
2. StrRG	Zweites Gesetz zur Reform des Strafrechts v. 4. 7. 1969 (BGBl. I 717), letztes ÄndG v. 20. 12. 1984 (BGBl. I 1654)
3. StrRG	Drittes Gesetz zur Reform des Strafrechts v. 20. 5. 1970 (BGBl. I 505), ÄndG v. 2. 3. 1974 (BGBl. I 469, 632)
4. StrRG	Viertes Gesetz zur Reform des Strafrechts v. 23. 11. 1973 (BGBl. I 1725), ÄndG v. 2. 3. 1974 (BGBl. I 469, 502)
5. StrRG	Fünftes Gesetz zur Reform des Strafrechts v. 18. 6. 1974 (BGBl. I 1297), letztes ÄndG v. 27. 7. 1992 (BGBl. I 1398). *Das 5. StrRG gilt nicht im Gebiet der früheren DDR, Art. 8 Anl. I Kap. III Sg. C I Nr. 1 EV*
stRspr.	ständige Rechtsprechung
StrVG	Strahlenschutzvorsorgegesetz v. 19. 12. 1986 (BGBl. I 2610; II 2129–16), letzte Änd. Anl. I Kap. XII Sg. B II 3 EV
Stutte-FS	Jugendpsychiatrie und Recht, Festschrift für Hermann Stutte zum 70. Geburtstag (Köln 1979)
StV	Strafverteidiger (zitiert nach Jahr und Seite)
StVÄG 1987	Strafverfahrensänderungsgesetz 1987 v. 27. 1. 1987 (BGBl. I 475)
StVG	Straßenverkehrsgesetz v. 19. 12. 1952 (BGBl. I 837; III 9231–1), letztes ÄndG v. 15. 12. 1990 (BGBl. I 2804) – Schönfelder Nr. 35; Strafrecht Nr. 20 –
StVK	Strafvollstreckungskammer
StVO	Straßenverkehrs-Ordnung v. 16. 11. 1970 (BGBl. I 1565, ber. 1971, 38; III 9233–1), letzte ÄndVO v. 19. 3. 1992 (BGBl. I 678) – Schönfelder Nr. 35a; Strafrecht Nr. 21 –
StVollstrO	Strafvollstreckungsordnung v. 15. 2. 1956 (BAnz. Nr. 42), zuletzt geändert durch AV v. 20. 6. 1991 (BAnz. 4260) – Strafrecht Nr. 80 –
StVollzÄndG	Gesetz zur Änderung des Strafvollzugsgesetzes v. 20. 12. 1984 (BGBl. I 1654; 1985 I 1266)
StVollzG	Gesetz über den Vollzug der Freiheitsstrafe und der freiheitsentziehenden Maßregeln der Besserung und Sicherung (Strafvollzugsgesetz) v. 16. 3. 1976 (BGBl. I 581, 2088; 1977 I 436; III 312–9–1), letztes ÄndG v. 17. 12. 1990 (BGBl. I

Abkürzungen

	2847). Das StVollzG ist im Gebiet der früheren DDR nach Maßgabe des Art. 8 Anl. I Kap. III Sg. C II Nr. 3, III Nr. 5 EV anzuwenden – (Kleinknecht/Meyer Anh. G 1; Strafrecht Nr. 70)
1. StVRG	Erstes Gesetz zur Reform des Strafverfahrensrechts v. 9. 12. 1974 (BGBl. I 3393, 3533; III 312–8–1)
1. StVRGErgG	Gesetz zur Ergänzung des ersten Gesetzes zur Reform des Strafverfahrensrechts v. 20. 12. 1974 (BGBl. I 3686)
StVZO	Straßenverkehrs-Zulassungs-Ordnung idF v. 28. 9. 1988 (BGBl. I 1793; III 9232–1), letzte ÄndO v. 24. 4. 1992 (BGBl. I 965) – Schönfelder Nr. 35b; Strafrecht Nr. 22 –
SubvG	Subventionsgesetz (Anh. 20)
SUG-DDR	Gesetz über die Unterbrechung der Schwangerschaft v. 9. 3. 1972 (GBl-DDR I Nr. 5 S. 89)
SV	Sicherungsverwahrung
SVKomm Schlußber.	Schlußbericht der Sachverständigenkommission zur Bekämpfung der Wirtschaftskriminalität (Hrsg. BMJ 1980)
TA Lärm	Technische Anleitung zum Schutz gegen Lärm v. 16. 7. 1968 (Beilage zum BAnz. Nr. 137; Landmann-Rohmer GewO III 3.1)
TA-Luft	Technische Anleitung zur Reinhaltung der Luft v. 27. 2. 1986 (GMBl. 95)
TerrorBG	Gesetz zur Bekämpfung des Terrorismus v. 19. 12. 1986 (BGBl. I 2566; 1 zu § 130a)
Tiedemann	Tiedemann, Wirtschaftsrecht und Wirtschaftskriminalität, 2 Bände 1976 (Hamburg 1976)
Tiedemann GmbHG	Tiedemann, Kommentar zum GmbH-Strafrecht. Erläuterung der §§ 82–85 GmbHG und ergänzender Vorschriften, 2. Aufl. 1988. Sonderausgabe aus Scholz, Kommentar zum GmbHG, 7. Aufl. 1988
TierKBG	Tierkörperbeseitigungsgesetz v. 2. 9. 1975 (BGBl. I 2313, 2610; III 7831–8)
TierSchG	Tierschutzgesetz idF v. 18. 8. 1986 (BGBl. I 1319; III 7833–3), letztes ÄndG v. 20. 8. 1990 (BGBl. I 1762) – Sartorius I Nr. 873 –
TierSG	Tierseuchengesetz idF v. 22. 2. 1991 (BGBl. I 482; III 7831–1) – Sartorius I Nr. 870 –
Timpe	Timpe, Strafmilderungen des Allgemeinen Teils des StGB und das Doppelverfügungsverbot, Berlin 1983
Tjong-GedS	Gedächtnisschrift für Zong Uk Tjong (Tokyo 1985)
TKabelVtrAG	Gesetz zur Ausführung des internationalen Vertrages zum Schutze der unterseeischen Telegraphenkabel (v. 14. 3. 1884) v. 21. 11. 1887 (RGBl. 1988, 169; BGBl. III 453–14), ÄndG v. 2. 3. 1974 (BGBl. I 469)
Trechsel	Trechsel, Schweizerisches Strafgesetzbuch, Kurzkommentar, 1989
Tröndle DJT	Tröndle, Referat, Thesen und Diskussionsbeiträge auf dem 56. Deutschen Juristentag 1986 (zitiert nach Seiten)
Tröndle-FS	Festschrift für Herbert Tröndle zum 70. Geburtstag, 1989
TSG	Transsexuellengesetz v. 10. 9. 1980 (BGBl. I 1654; III 211–6), letztes ÄndG v. 12. 9. 1990 (BGBl. I 2002)

Abkürzungen

u. a.	unter anderem
6. ÜberleitG	6. Überleitungsgesetz v. 25. 9. 1990 (BGBl. I 2106) iVm Bek. v. 3. 10. 1990 (BGBl. I 2153)
Übers.	Übersicht
Übk.	Übereinkommen
ÜblVtr.	Vertrag zur Regelung aus Krieg und Besatzung entstandener Fragen v. 26. 5. 1952 (BGBl. 1955 II 405) idF Protokoll v. 23. 10. 1954 (BGBl. 1955 II 215)
Ufita	Archiv für Urheber-, Film-, Funk- und Theaterrecht (zitiert nach Jahr und Seite)
UHaft	Untersuchungshaft
UhVorschG	Unterhaltsvorschußgesetz v. 23. 7. 1979 (BGBl. I 1184; III 2163–1), letztes ÄndG v. 28. 6. 1990 (BGBl. I 1221)
Ulsenheimer	Ulsenheimer, Arztstrafrecht in der Praxis, Heidelberg 1988 (zitiert nach Randnummern)
Umwelt	Umwelt (zitiert nach Jahr und Seite)
UniHD-FS	Richterliche Rechtsfortbildung, Erscheinungsformen, Auftrag und Grenzen. Festschrift der Juristischen Fakultät zur 600-Jahr-Feier der Ruprecht-Karl-Universität Heidelberg, 1986
UniKöln-FS	Festschrift der Rechtswissenschaftlichen Fakultät zur 600-Jahr-Feier der Universität zu Köln, 1989
UPR	Umwelt- und Planungsrecht (zitiert nach Jahr und Seite)
UrhG	Urheberrechtsgesetz v. 9. 9. 1965 (BGBl. I 1273; III 440–1), letztes ÄndG v. 7. 3. 1990 (BGBl. I 422)
UStG 1991	Umsatzsteuergesetz 1991 idF v. 8. 2. 1991 (BGBl. I 350; III 611-10–14), letztes ÄndG v. 25. 8. 1992 (BGBl. I 1548)
uU	unter Umständen
UVollzO	Untersuchungshaftvollzugsordnung idF v. 1. 1. 1977 – Strafrecht Nr. 71 –
UWG	Gesetz gegen den unlauteren Wettbewerb (Anh. 13; Schönfelder Nr. 73; GewO-Slg. Nr. 160)
UZwG	Gesetz über den unmittelbaren Zwang bei Ausübung öffentlicher Gewalt durch Vollzugsbeamte des Bundes v. 10. 3. 1961 (BGBl. I 165; III 201–5), letztes ÄndG v. 23. 7. 1992 (BGBl. I 1370) – Sartorius I Nr. 115 –
UZwGBw	Gesetz über die Anwendung unmittelbaren Zwanges und die Ausübung besonderer Befugnisse durch Soldaten der Bundeswehr und zivile Wachpersonen v. 12. 8. 1965 (BGBl. I 796; III 55–6), ÄndG v. 2. 3. 1974 (BGBl. I 469, 582) – Sartorius I Nr. 117 –
UZwVwVBMI	Allgemeine Verwaltungsvorschrift des BMI zum UZwG v. 18. 1. 1974 (GMBl. 55), Änd. v. 19. 12. 1975 (GMBl. 1976, 27)
V	Verordnung
Vb.	Vereinbarung
VDA	Vergleichende Darstellung des deutschen und ausländischen Strafrechts, Allgemeiner Teil, 1908
VDB	Vergleichende Darstellung des deutschen und ausländischen Strafrechts, Besonderer Teil, 1908
Venzlaff-FS	Forensische Psychiatrie heute. Ulrich Venzlaff zum 65. Geburtstag, hrsg. von Pohlmeier/Deutsch/Schreiber, 1986

Abkürzungen

Venzlaff-Hdb.	Psychiatrische Begutachtung. Ein praktisches Handbuch für Ärzte und Juristen, hrsg. von Ulrich Venzlaff, 1986
VerbrKrG	Verbraucherkreditgesetz v. 17. 12. 1990 (BGBl. I 2840; III 402–6)
VerbrVerbG	Gesetz zur Überwachung strafrechtlicher und anderer Verbringungsverbote v. 24. 5. 1961 (BGBl.. I 607; III 12–2), letztes ÄndG v. 27. 2. 1974 (BGBl. I 437, 444) – Strafrecht Nr. 32 –
VereinhG	Gesetz zur Wiederherstellung der Rechtseinheit ... v. 12. 9. 1950 (BGBl. 455)
VereinsG	Gesetz zur Regelung des öffentlichen Vereinsrechts v. 5. 8. 1964 (BGBl. I 593; III 2180–1), letztes ÄndG v. 17. 12. 1990 (BGBl. I 2809) – Sartorius I Nr. 425 –
VerglO	Vergleichsordnung v. 26. 2. 1935 (RGBl. I 321; BGBl. III 311–1), letztes ÄndG v. 17. 12. 1990 (BGBl. I 2847) – Schönfelder Nr. 109 –
5. VermBG	Fünftes Vermögensbildungsgesetz idF v. 19. 1. 1989 (BGBl. I 137; III 800–9), letztes ÄndG v. 13. 12. 1990 (BGBl. I 2749)
VerpackV	Verpackungsverordnung v. 12. 6. 1991 (BGBl. I 1234; III 2129–15–7)
VerpflG	Verpflichtungsgesetz (Anh. 19)
VersammlG	Gesetz über Versammlungen und Aufzüge (Anh. 11; Sartorius I Nr. 435)
VerschG	Verschollenheitsgesetz idF v. 15. 1. 1951 (BGBl. I 63; III 401–6), letztes ÄndG v. 5. 4. 1990 (BGBl. I 701) – Schönfelder Nr. 22 –
VersR	Versicherungsrecht Juristische Rundschau für die Individualversicherung (zitiert nach Jahr und Seite)
VG	Verwaltungsgericht
VGH	Verwaltungsgerichtshof
VGO	Vollzugsgeschäftsordnung in der ab 1. 5. 1977 (bundeseinheitlich) geltenden Fassung – Strafrecht Nr. 75 –
VGrS	Vereinigte Große Senate
VGT	Deutscher Verkehrsgerichtstag; ferner Veröffentlichungen der auf dem Verkehrsgerichtstag gehaltenen Referate und Entschließungen (zitiert nach Jahr und Seite)
VierMAbk	Viermächte-Abkommen über Berlin v. 3. 9. 1971 (Beilage BAnz. 1972 Nr. 174) – Sartorius II Nr. 900 –
VM	Verkehrsrechtliche Mitteilungen – VerkMitt – (zitiert nach Jahr und Seite)
VMBl.	Ministerialblatt des Bundesministers der Verteidigung (zitiert nach Jahr und Seite)
VO	Verordnung
VOBlBritZ	Verordnungsblatt für die britische Zone
Volckart MRVollz	Volckart, Maßregelvollzug, 3. Aufl. 1991
Vorl.VV-BHO	Vorläufige Verwaltungsvorschriften zur Bundeshaushaltsordnung; hier zu § 44 BHO; RdSchr. BMF v. 21. 5. 1973 (MinBlFin 190, 239); RdErl BMI v. 31. 7. 1973 (GMBl. 301, 342); Ergänzung: RdSchr. BMF v. 29. 6. 1977 (MinBlFin 209), RdErl. BMI v. 1. 8. 1977 (GMBl. 408)
VRS	Verkehrsrechtssammlung (zitiert nach Band und Seite)
VSeeStrO	Verordnung zu den Internationalen Regeln von 1972 zur

Abkürzungen

	Verhütung von Zusammenstößen auf See v. 13. 6. 1977 (BGBl. I 813; III 9511–20), letzte ÄndVO v. 8. 8. 1989 (BGBl. I 1583)
VStSen.	Vereinigte Strafsenate
VuVO	Versicherungsunterlagen-Verordnung v. 3. 3. 1960 (BGBl. I 137, III 8232–11), letztes ÄndG v. 28. 5. 1990 (BGBl. I 986)
VVDStRL	Veröffentlichungen der Vereinigung deutscher Staatsrechtslehrer (zitiert nach Heft und Seite)
VVG	Versicherungsvertragsgesetz v. 30. 5. 1908 (RGBl. 263; BGBl. III 7632–1), letztes ÄndG v. 17. 12. 1990 (BGBl. I 2864) – Schönfelder Nr. 62 –
VwGO	Verwaltungsgerichtsordnung idF v. 19. 3. 1991 (BGBl. I 686; III 340–1), ÄndG v. 26. 6. 1992 (BGBl. I 1126) – Sartorius I Nr. 600 –
VwKostG	Verwaltungskostengesetz v. 23. 6. 1970 (BGBl. I 821; III 202–4), ÄndG v. 14. 12. 1976 (BGBl. I 3341)
VwV	Allgemeine Verwaltungsvorschriften
VwVfG	Verwaltungsverfahrensgesetz v. 25. 5. 1976 (BGBl. I 1253; III 201–6), letztes ÄndG v. 12. 9. 1990 (BGBl. I 2002, 2017) – Sartorius I Nr. 100 –
VwVG	Verwaltungs-Vollstreckungsgesetz v. 27. 4. 1953 (BGBl. I 157; III 201–4), letztes ÄndG v. 14. 12. 1976 (BGBl. I 3341) – Sartorius I Nr. 112 –
WaffG	Waffengesetz (Anh. 23; Sartorius I Nr. 820; GewO-Slg. Nr. 120)
1. WaffV	Erste Verordnung zum Waffengesetz idF v. 10. 3. 1987 (BGBl. I 777; III 7133–3–2–4)
WaffVwV	Allgemeine Verwaltungsvorschrift zum Waffengesetz idF v. 29. 11. 1979 (Beilage zum BAnz. Nr. 40/79)
WaldG BW	Landeswaldgesetz für Baden-Württemberg idF v. 4. 4. 1985 (GBl. 105), ÄndVO v. 13. 2. 1989 (GBl. 101)
Waseda-FS	Festschrift zum 30jährigen Jubiläum des Instituts für Rechtsvergleichung der Waseda-Universität, Tokyo 1988
WasserskiVO	Verordnung über das Wasserskilaufen auf den Binnenschiffahrtsstraßen v. 17 1. 1990 (BGBl. I 107; III 9501–43)
Wassermann-FS	Festschrift für Rudolf Wassermann zum 60. Geburtstag, 1985
WaStrG	Bundeswasserstraßengesetz v. 2. 4. 1968 (BGBl. II 173; III 940–9), letztes ÄndG v. 13. 11. 1990 (BGBl. I 2524)
WBeauftrG	Gesetz zu Artikel 45b des Grundgesetzes idF v. 16. 6. 1982 (BGBl. I 677; III 50–2), letztes ÄndG v. 30. 3. 1990 (BGBl. I 599) – Sartorius I Nr. 635 –
WDO	Wehrdisziplinarordnung idF v. 4. 9. 1972 (BGBl. I 1665; III 52–2), letztes ÄndG v. 16. 1. 1991 (BGBl. I 47) – Sartorius I Nr. 655 –
WDS	Wehrdienstsenat beim Bundesverwaltungsgericht
v. Weber-FS	Festschrift für Hellmuth von Weber zum 70. Geburtstag (Bonn 1963)
WechselG	Wechselgesetz v. 21. 6. 1933 (RGBl. I 399; BGBl. III 4133–1), letztes ÄndG v. 17. 7. 1985 (BGBl. I 1507) – Schönfelder Nr. 54 –

Abkürzungen

WehrpflG	Wehrpflichtgesetz idF v. 13. 6. 1986 (BGBl. I 879; III 50-1), letztes ÄndG v. 20. 12. 1991 (BGBl. I 2317) – Sartorius I Nr. 620 –
WeinG	Weingesetz idF v. 27. 8. 1982 (BGBl. I 1196; III 2125–5), letztes ÄndG v. 30. 8. 1990 (BGBl. I 1863; 1991 I 682)
Weissauer-FS	Festschrift für Walter Weissauer, Heidelberg 1986
Welzel	Welzel, Das deutsche Strafrecht (11. Aufl., Berlin 1969)
Welzel-FS	Festschrift für Hans Welzel zum 70. Geburtstag (Berlin 1974)
Wessels	Wessels, Strafrecht, AT: Allgemeiner Teil (22. Aufl. 1992); BT: Besonderer Teil 1 (16. Aufl. 1992); Besonderer Teil 2 (15. Aufl. 1992)
Wetterich/Hamann	Wetterich/Hamann, Strafvollstreckung, 4. Aufl. (München 1989)
WEU	Westeuropäische Union
WGSVG	Gesetz zur Regelung der Wiedergutmachung nationalsozialistischen Unrechts in der Sozialversicherung idF v. 22. 12. 1970 (BGBl. I 1846; III 826–9), letztes ÄndG v. 18. 12. 1989 (BGBl. I 2261)
WHG	Wasserhaushaltsgesetz idF v. 23. 9. 1986 (BGBl. I 1529, 1654; III 753–1), letztes ÄndG v. 26. 8. 1992 (BGBl. I 1564) – Sartorius I Nr. 845 –
WienK	Wiener Kommentar zum (österreichischen) Strafgesetzbuch – Hrsg. von Egmont Foregger und Friedrich Nowakowski, 1. bis 39. u. 4a, 10a Liefergg. 1979/1992
WiGBl	Gesetzblatt des vereinigten Wirtschaftsgebietes
1. WiKG	Erstes Gesetz zur Bekämpfung der Wirtschaftskriminalität v. 29. 7. 1976 (BGBl. I 2034; III 453–18–1–1)
2. WiKG	Zweites Gesetz zur Bekämpfung der Wirtschaftskriminalität v. 15. 5. 1986 (BGBl. I 721) – vgl. 2 vor § 263 –
Winters AtR	Winters, Atom- und Strahlenschutzrecht, 1978 (zitiert nach Seiten)
WiStR	Müller-Gugenberger (Hrsg.), Wirtschaftsstrafrecht 2. Aufl. 1992 (zitiert nach Bearbeiter, §§ und Randnummern)
wistra	Zeitschrift für Wirtschaft, Steuer und Strafrecht (zitiert nach Jahr und Seite)
WirtschPrüfO	Wirtschaftsprüferordnung idF v. 5. 11. 1975 (BGBl. I 2803; III 702–1), letztes ÄndG v. 17. 12. 1990 (BGBl. I 2847)
WiStG 1954	Gesetz zur weiteren Vereinfachung des Wirtschaftsstrafrechts (Anh. 17; Schönfelder Nr. 88; Strafrecht Nr. 12)
Witter	H. Witter (Hrsg.), Der Sachverständige im Strafrecht, 1987
WM	Wertpapiermitteilungen (zitiert nach Jahr und Seite)
WoM	Wohnungswirtschaft und Mietrecht (zitiert nach Jahr und Seite)
II. WoBauG	Zweites Wohnungsbaugesetz idF v. 14. 8. 1990 (BGBl. I 1730; III 2330–2), letztes ÄndG v. 27. 7. 1992 (BGBl. I 1398) – Sartorius I Nr. 355 –
WoBindG	Wohnungsbindungsgesetz idF v. 22. 7. 1982 (BGBl. I 972; III 2330–14), letztes ÄndG v. 27. 7. 1992 (BGBl. I 1398) – Sartorius I Nr. 387 –
E. Wolf-FS	Recht und Rechtserkenntnis. Festschrift für Ernst Wolf zum 70. Geburtstag (Köln 1984)
WP	Wahlperiode eines Bundestages

Abkürzungen

WPostVtr	Weltpostvertrag v. 27. 7. 1984 (BGBl. 1986 II 201, 236). Dazu Ges. v. 28. 1. 1986 (BGBl. II 201; III 901–5–1), VO v. 28. 1. 1986 (BGBl. II 396)
WRMG	Wasch- und Reinigungsmittelgesetz idF v. 5. 3. 1987 (BGBl. I 875; III 753–8) – GewO-Slg. Nr. 29 –
WRP	Wettbewerb in Recht und Praxis (zitiert nach Jahr und Seite)
WRV	Verfassung des Deutschen Reiches v. 11. 8. 1919 (RGBl. 251; 1383)
WStG	Wehrstrafgesetz (Anh. 16; Strafrecht Nr. 10)
Würtenberger-FS	Kultur, Kriminalität, Strafrecht, Festschrift für Thomas Würtenberger zum 70. Geburtstag (Berlin 1977)
WZG	Warenzeichengesetz idF v. 2. 1. 1968 (BGBl. I 1, 29; III 423–1), letztes ÄndG v. 23. 4. 1992 (BGBl. I 938) – Schönfelder Nr. 72 –
ZahnHKG	Gesetz über die Ausübung der Zahnheilkunde idF v. 16. 4. 1987 (BGBl. I 1225; III 2123–1), letztes ÄndG v. 23. 3. 1992 (BGBl. I 719)
ZAkDR	Zeitschrift der Akademie für Deutsches Recht
zB.	zum Beispiel
ZBlJR	Zentralblatt für Jugendrecht und Jugendwohlfahrt (zitiert nach Jahr und Seite)
ZDG	Zivildienstgesetz idF v. 31. 7. 1986 (BGBl. I 1205; III 55–2), letztes ÄndG v. 11. 6. 1992 (BGBl. I 1030) – Sartorius I Nr. 625 –
ZfBR	Zeitschrift für deutsches und internationales Baurecht (zitiert nach Jahr und Seite)
ZfPol.	Zeitschrift für Politik (zitiert nach Jahr und Seite)
ZfStrVo	Zeitschrift für Strafvollzug und Straffälligenhilfe (zitiert nach Jahr und Seite)
ZfW	Zeitschrift für Wasserrecht (zitiert nach Jahr und Seite)
ZfWBankR	Zeitschrift für Wirtschaft und Bankrecht (zitiert nach Jahr und Seite)
ZGR	Zeitschrift für Unternehmens- und Gesellschaftsrecht (zitiert nach Jahr und Seite)
ZIP	Zeitschrift für Wirtschaftsrecht und Insolvenzpraxis (zitiert nach Jahr und Seite)
ZLR	Zeitschrift für Luftrecht und Weltraumfragen (zitiert nach Jahr und Seite)
ZLuftSiÜbk	Übereinkommen v. 23. 9. 1971 zur Bekämpfung widerrechtlicher Handlungen gegen die Sicherheit der Zivilluftfahrt (Ges. v. 8. 12. 1977, BGBl. II 1229; Bek. v. 6. 3. 1978, BGBl. II 314)
ZMR	Zeitschrift für Miet- und Raumrecht (zitiert nach Jahr und Seite)
ZollG	Zollgesetz idF v. 18. 5. 1970 (BGBl. I 529; III 613–1), letzte Änd. Anl. I Kap. IV Sg. B II 10 EV
ZollVwÜbkG	Gesetz zu den Übereinkommen v. 7. 9. 1967 über gegenseitige Unterstützung der Zollverwaltungen v. 14. 1. 1969 (BGBl. II 65, 80; 1970 II 987; 1973 II 412, 1247)
ZonenrandFG	Zonenrandförderungsgesetz v. 5. 8. 1971 (BGBl. I 1237; III 707–9), letztes ÄndG v. 24. 6. 1991 (BGBl. I 1322)
ZParl.	Zeitschrift für Parlamentsfragen (zitiert nach Jahr und Seite)

Abkürzungen

ZPO	Zivilprozeßordnung vom 30. 1. 1877, idF v. 12. 9. 1950 (BGBl. 455; III 310–4), letztes ÄndG v. 1. 4. 1992 (BGBl. I 745) – Schönfelder Nr. 100 –
ZRP	Zeitschrift für Rechtspolitik (zitiert nach Jahr und Seite)
ZStW	Zeitschrift für die gesamte Strafrechtswissenschaft (zitiert nach Band und Seite)
ZugabeVO	Zugabeverordnung v. 9. 3. 1932 (RGBl. I 121; BGBl. III 43–4–1), letztes ÄndG v. 22. 10. 1987 (BGBl. I 2294) – GewO-Slg. Nr. 165 –
zT.	zum Teil
zusf.	zusammenfassend
zust.	zustimmend
zutr.	zutreffend
ZVG	Gesetz über die Zwangsversteigerung und die Zwangsverwaltung v. 24. 3. 1897 (RGBl. 97; BGBl. III 310–14) idF der Bek. v. 20. 5. 1898 (RGBl. 369, 713), letztes ÄndG v. 17. 12. 1990 (BGBl. I 2847) – Schönfelder Nr. 108 –
ZVR	Zeitschrift für Verkehrsrecht (zitiert nach Jahr und Seite)
zw.	zweifelhaft
zZ.	zur Zeit

Tabelle der Änderungen des StGB[1]

1. in zeitlicher Folge

Laufende Nr.	Änderndes Gesetz	Datum	Reichsgesetzbl. (ab 1923 T. I) Seite	geänderte Paragraphen des StGB	Art d. Änderung
1.	Ges. betr. d. Abänderung von Bestimmungen des StGB und die Ergänzung desselben	26. 2.76	25	4, 55, 64, 70$^{2-3}$, 88, 95, 102, 103, 104, 113, 114, 117, 130a, 135, 140, 144, 145, 176, 177, 178, 183, 194, 200, 208, 223, 228, 232, 240, 241, 247, 263, 275^2, 292, 296, 303, 319, 321, 360$^{3.4.7.12}$ 361^6, 363, 366$^{3.8.9.10}$, 367$^{5.8.10}$, 369, 370	geänd.
				49a, 103a, 223a, 296a, 353a, 366a, 361^9	eingef.
2.	EG zur Konkursordnung	10. 2.77	390	281–283	aufgeh.
3.	Ges. betr. d. Wucher	24. 5.80	109	360^{12}	geänd.
				302a–d	eingef.
4.	Ges. betr. die unter Ausschluß der Öffentlichkeit stattfindenden Gerichtsverhandlungen – aufgehoben durch Art. 287 Nr. 30 EGStGB –	5. 4.88	133	184 II	eingef.
5.	Ges. betr. Änderung d. StGB	13. 5.91	107	317, 318, 360^4	geänd.
				276 II, 318a, 364 II, 367^{5}a	eingef.
6.	Ges. betr. d. Abänderung des § 69 StGB	26. 3.93	133	69	geänd.
7.	Ges. betr. Ergänzung der Bestimmung über den Wucher	19. 6.93	197	302a, d	geänd.
				302e und 367^{16}	eingef.
8.	Ges. gegen den Verrat militärischer Geheimnisse	3. 7.93	205	89, 90	geänd.
9.	Ges. betr. die Änderung d. Ges. über den Unterstützungswohnsitz und Ergänzung d. StGB	12. 3.94	259	361 II	geänd.
				361^{10}	eingef.
10.	EG z bürgerlichen Gesetzbuch	18. 8.96	604	34^6, 55, 65, 171 I, III, 195, 235, 237, 238,	geänd.
				145a	eingef.
11.	Ges. betr. die Abänderung des § 316 StGB	27.12.99	729	316 I	geänd.
12.	Ges. betr. Änderungen und Ergänzungen des StGB	25. 6.00	301	180, 181, 184, 362	geänd.
				181a, 184a u. b	eingef.
13.	Ges. betr. die Bestrafung der Majestätsbeleidigung	17. 2.08	25	95, 97, 99, 101	geänd.
14.	Maß- u. Gewichtsordnung	30. 5.08	349	369 I^3 u. II	aufgeh.
15.	Ges. betr. Änderung d. StGB	19. 6.12	395	114 II, 123, 136, 137 I, 235, 239 I, 288 I, 327, 328 I, 355, 369^1, 370^5	geänd.
				223a, 248a, 264a	eingef.
16.	Ges. gegen den Verrat militärischer Geheimnisse	3. 6.14	195	360 II	geänd.
				360^1	aufgeh.

[1] Eine nach den Paragraphen geordnete Aufstellung der Änderungen siehe unten Seite LXXIV.

Änderungen des StGB

Zeitliche Folge

Laufende Nr.	Änderndes Gesetz	Datum	Reichsgesetzbl. (ab 1923 T. I) Seite	geänderte Paragraphen des StGB	Art d. Änderung
17.	Ges. gegen das Glücksspiel	23.12.19	2145	284, 285, 360 II	geänd.
				284 a u. b, 285 a	eingef.
				306[14]	aufgeh.
18.	Jugendgerichtsgesetz	16. 2.23	135	55–57	aufgeh.
19.	Ges. zur Änderung des StGB	23. 5.23	296	107 a	eingef.
20.	VO über Vermögensstrafen u. Bußen, aufgehoben durch Art. 287 Nr. 26 EGStGB	6. 2.24	44	1 II, III, 27–29, 70 I, 78	geänd.
				27 a–c, 28 a u. b	eingef.
21.	Ges. über die Bestrafung des Zweikampfes	30. 4.26	201	210 a	eingef.
22.	Ges. zur Abänderung des StGB	18. 5.26	239	218	geänd.
				219, 220	aufgeh.
23.	Arbeitsgerichtsgesetz	23.12.26	507	334	geänd.
24.	Ges. zur Bekämpfung der Geschlechtskrankheiten	18. 2.27	61	361[6], 362 III Satz 2	geänd.
				180 I u. III, 184³a, 361⁶a	eingef.
25.	Gesetz über den Verkehr mit Lebensmitteln und Bedarfsgegenständen (Lebensmittelgesetz)	5. 7.27	134	367[V]	aufgeh.
26.	Gaststättengesetz	28. 4.30	146	365	aufgeh.
27.	VO des Reichspräsidenten zur Erhaltung des inneren Friedens	19.12.32	548	49 b, 134 a,	eingef.
				94	geänd.
28.	Ges. zur Abänderung strafrechtlicher Vorschriften	26. 5.33	295	4 II[1], 17 IV, 20, 87–90, 92 II, 164, 210 a, 266, 360[7.13], 361[6.6]a, 362 III	geänd.
				39 a, 92 a, b, 145 b, 219, 220, 223 b, 226 a, 263 IV, 361⁶b, c	eingef.
				223 a II	aufgeh.
29.	Gesetz zur Änderung des Verfahrens in bürgerl. Rechtsstreitigkeiten	27.10.33	780	153 Satz 2	eingef.
30.	Tierschutzgesetz	24.11.33	987	145 b, 360[13]	aufgeh.
31.	Gesetz gegen gefährliche Gewohnheitsverbrecher und über Maßregeln der Sicherung und Besserung	24.11.33	995	36, 51, 58, 60, 71, 72, 76, 181 a, 285 a I, 345 I, 346 I	geänd.
				2 a, 20 a, 42 a bis n, 67 V, 70 II, 122 a, b, 145 c, 245 a, 257 a, 330 a, b, 347 III	eingef.
				39 a, 362 II–IV	aufgeh.
32.	Ges. über Reichsverweisungen	23. 3.34	213	67⁵, 76, 257 a	geänd.
				39², 42 a⁷, 42 m, 285 a II, 361²	eingef.
33.	Ges. zur Änderung von Vorschriften des Strafrechts und des Strafverfahrens	24. 4.34	341	4, 16 III, 80–93, 102	aufgeh.
				90 a–i, 91 a, b, 92 a–f, 93 a	geänd.
				329	eingef.
34.	Gesetz zur Änderung des StGB	28. 6.35	839	2, 2 a, 117 I, 140–143, 175, 292–296, 310, 315, 316, 321, 360 I⁵, 368[6.10]	aufgeh.
				2 b, 421 IV, 132 a, 134 b, 140 a, b, 141 a, 143 a, 175 a, b, 265 a, 310 a, 330 c, 368[10] a	geänd.
				319, 320, 322, 323, 360 1[3.10], 368[11], 370⁴	eingef.
					aufgeh.

Zeitliche Folge — **Änderungen des StGB**

Laufende Nr.	Änderndes Gesetz	Datum	Reichsgesetzbl. (ab 1923 T. I) Seite	geänderte Paragraphen des StGB	Art d. Änderung
35.	Gesetz gegen erpresserischen Kindesraub	22. 6.36	493	239a	eingef.
36.	Ges. z. Änderung des StGB	2. 7.36	532	139, 143a 353b, c	geänd. eingef.
37.	Reichsapothekerordnung	18. 4.37	457	300	geänd.
38.	Ges. zur Änderung von Vorschriften des allgemeinen Strafverfahrens, des Wehrmachtstrafverfahrens und des StGB	16. 9.39	1841	89 III, 90 II	aufgeh.
39.	VO zur Ergänzung der Strafvorschriften zum Schutz der Wehrkraft des deutschen Volkes	25.11.39	2319	143a	aufgeh.
40.	VO zur Änderung der Strafvorschriften über fahrlässige Tötung, Körperverletzung und Flucht bei Verkehrsunfällen	2. 4.40	606	222, 230, 232 I 139a	geänd. eingef.
41.	VO über den Geltungsbereich des Strafrechts	6. 5.40	754	3–5 8, 37	geänd. aufgeh.
42.	Ges. zur Änderung des StGB	4. 9.41	549	211, 212, 309, 310a, 330a 143a, 281 214, 215, 363	geänd. eingef. aufgeh.
43.	VO zur Durchführung des Ges. zur Änderung d. StGB	24. 9.41	581	42f III–V, 42h I 42f VI	geänd. eingef.
44.	VO zur Erweiterung und Verschärfung des strafrechtlichen Schutzes gegen Amtsanmaßung	9. 4.42	174	132	geänd.
45.	Ges. zur Ergänzung der Vorschriften gegen Landesverrat	22.11.42	668	92f 92 IV	geänd. eingef.
46.	VO über die Änderung der Strafvorschrift gegen die Verletzung fremder Fischereirechte usw.	23. 1.43	67	293 II	geänd.
47.	VO zur Durchführung der VO zum Schutz von Ehe, Familie und Mutterschaft	18. 3.43	169	218, 219, 361 II 170a, b, c, d, 226b 361 I[10] 171, 172	geänd. eingef. aufgeh. vom 13. in 12. Abschn. umgest.
48.	VO zur Angleichung des Strafrechts des Altreichs und der Alpen- und Donau-Reichsgaue (Strafrechtsangleichungs-VO)	29. 5.43	339	49a, b, 50, 64, 66, 113, 117, 153, 156–160, 174, 189, 216, 240, 253, 259, 267, 274, 348 63, 254, 268–270, 339, 349 145d, 156a	geänd. aufgeh. eingef.
49.	DVO zur Strafrechtsangleichungs VO	29. 5.43	341	44, 48, 49, 253	geänd.
50.	VO über die Vereinfachung und Vereinheitlichung des Jugendstrafrechts (Jugendstrafrechts-VO)	6.11.43	635	139b	eingef.
51.	Zweite DVO zur Strafrechtsangleichungs VO	20. 1.44	41	153, 154, 159, 161 II, 163 I 156a	geänd. aufgeh.
52.	Ges. zur Änderung der Vorschriften gegen Landesverrat	20. 9.44	225	90b–f, 90i, 91, 91b, 92b 92	geänd. aufgeh.

Änderungen des StGB — Zeitliche Folge

Laufende Nr.	Änderndes Gesetz	Datum	Bundes-gesetzbl. I Seite	geänderte Paragraphen des StGB	Art d. Änderung
53.	Kontrollratsgesetz Nr. 11	30. 1.46	55*	2, 2b, 9, 10, 16 III, 42a^5, 42k, 80–94, 102, 103, 112, 134a, 134b, 140–143a, 189 III, 210a, 226b, 291, 353a, 370^3	aufgeh.
54.	Gesetz zum Schutz der persönlichen Freiheit	15. 7.51	448	234a, 241a 139 I	eingef. geänd.
55.	Strafrechtsänderungsgesetz (ÄndG v. 2. 3. 1974, BGBl. I 469, 632)	30. 8.51	739	80–101, 106a, 106b, 129a, 187a, 316a, 353a 4 III^2, 129, 317 135, 318, 318a	eingef. geänd. aufgeh.
56.	Gesetz über den Kapitalverkehr	15.12.52	801	145a	aufgeh.
57.	Gesetz zur Sicherung des Straßenverkehrs	19.12.52	832	90, 94, 315, 316 42a Nr. 7, 42m, 315a, 316a 316a wurde 316b	geänd. eingef.
58.	Zweites Strafrechtsänderungsgesetz	6. 3.53	42	141	eingef.
59.	Drittes Strafrechtsänderungsgesetz (ÄndG v. 25. 6. 1969, BGBl. I 645, 677, und v. 2. 3. 1974, BGBl. I 469, 632)	4. 8.53	735	1, 3 II, 4 III, 7, 11, 12, 17, 20, 21, 23, 24, 25, 26, 27 II, 28 III, 28b II, 29 VI, 32 I, 34, 42a I, 42f, 42h I, 44 II, 49a, 52 II, 67 I, 70 I, 74 III, 75 I u. II, 93, 104, 105, 106, 106a I, 107, 107a, 108, 109, 111 II, 117 II, 132, 132a, 139, 143, 147, 149, 159, 163 II, 166, 168, 170a II, 173 II, 176 I, 177 I, 179 I, 181a I, 197, 201, 202, 203, 205, 206, 211 I, 212 I, 216, 217 II, 218 III, 219, 228, 232 III, 236 I, 237 I, 239a, 240, 253, 263 IV, 266 II, 275, 276 II, 294, 300, 301 I, 314, 325, 326, 330c, 345 II, 352 I, 355, 356 I, 358, 359, 360$^{4.7}$, 361^{4,9} 364 II, 367$^{1.8}$ u. II, 368^7 2, 16 III, 24a, 56, 102, 103, 104a, 104b, 107b, 107c, 108a, 108b, 109a, 114 III, 138, 140, 173 V, 212 II, 248b, 248c, 260 II, 265a III, 266 III, 302d II 2a, 13, 27b II, 66 II, 103a, 113 IV, 117 IV, 103a, 138, 153 II, 156 II, 162, 195, 211 III, 338, 361 II, 367^{16}	geänd. eingef. aufgeh.

* Kontrollratsamtsbl.

Änderungen des StGB

Zeitliche Folge

Laufende Nr.	Änderndes Gesetz	Datum	Bundes-gesetzbl. I Seite	geänderte Paragraphen des StGB	Art d. Änderung
60.	Bekanntmachung der Neufassung	25. 8.53 bericht. 1954	1083 33	58 wurde 55, 139a wurde 142 und 139b wurde 143	redaktionelle Änderungen
61.	Gesetz über den Beitritt der Bundesrepublik Deutschland zu der Konvention vom 9. Dezember 1948 über die Verhütung und Bestrafung des Völkermordes	9. 8.54	II 729	220a	eingef.
62.	Viertes Strafrechtsänderungsgesetz	11. 6.57	597	4 III[1], 91 I, 94 I, 114 I, 360[2] 141 109–109i, 363 109 wurde 108c, 109a wurde 108d	geänd. aufgeh. eingef.
63.	Seemannsgesetz	26. 7.57	II 713	298	aufgeh.
64.	Fünftes Strafrechtsänderungsgesetz	24. 6.60	477	361 Nr. 6c	geänd.
65.	Sechstes Strafrechtsänderungsgesetz	30. 6.60	478	96a 130, 189	eingef. geänd.
66.	Entscheidung des Bundesverfassungsgerichts – 2 BvR 27/60	13. 4. 61	455	90a	geänd.
67.	Siebentes Strafrechtsänderungsgesetz	1. 6.64	337	94, 140, 311, 325 311a–311c	geänd. eingef.
68.	Gesetz zur Regelung des öffentlichen Vereinsrechts (Vereinsgesetz)	5. 8.64	593	90a, 128, 129 90b 129a	geänd. eingef. aufgeh.
69.	Zweites Gesetz zur Sicherung des Straßenverkehrs	26.11.64	921	1 II, III, 27 II Nr. 2, 42m, 70 I Nr. 5, 6, 94 I, 315, 315a, 316 37, 42n, 42o, 60 II, 315b–315d, 42n a. F. wurde 42p	geänd. eingef.
70.	Gesetz über die Werbung auf dem Gebiete des Heilwesens	11. 7.65	604	184 I Nr. 3a	geänd.
71.	Gesetz zum strafrechtlichen Schutz gegen den Mißbrauch von Tonaufnahme- und Abhörgeräten	22.12.67	1360	298, 353d	eingef.
72.	Einführungsgesetz zum Gesetz über Ordnungswidrigkeiten (EGOWiG), ÄndG v. 25. 6. 1969 (BGBl. I 645, 671) und v. 2. 3. 1974 (BGBl. I 469, 633)	24. 5. 68	503	27 II[2]; 50 III (II a. F.); 152, 184 I, 295; 296 III (III, IV a. F.); 296a II, 360 II, 367 II 40–41 c (40–41 a. F.); 42, 50 II, 50a, 132a IV, 184 III, 219 III, 245a III, 282; 285b (284b a. F.); 298 V (V a. F. jetzt VI); 325a (311c a. F.) 145, 311c, 366 Nr. 2–5, 9	geänd. eingef. aufgeh.
73.	Bundeswaffengesetz	14. 6.68	633	367 I Nr. 9	aufgeh.

LXVII

Änderungen des StGB

Zeitliche Folge

Laufende Nr.	Änderndes Gesetz	Datum	Bundes-gesetzbl. I Seite	geänderte Paragraphen des StGB	Art d. Änderung
74.	Achtes Strafrechtsänderungsgesetz, ÄndG v. 31. 3. 1969 (BGBl. I 269), v. 24. 3. 1971 (BGBl. I 265) und v. 2. 3. 1974 (BGBl. I 469, 632) –	25. 6.68	741	4 III Nr. 2, 104b I, 105, 106, 108, 129 II Nr. 3 V, VI, 138 I, 187a I, 353b, 353c, 80, 80a; 81–92b (80–86, 88–98 a. F.); 93–101a (99–101 a. F.); 46a (87 a. F.); 109k (109i II a. F.) 20, 109i II, 128	geänd. eingef. aufgeh.
75.	Erstes Gesetz zur Reform des Strafrechts (1. StrRG), – ÄndG v. 4. 8. 1969 (BGBl. I 1065) und v. 14. 8. 1969 (BGBl. I 1112, 1136)	25. 6.69	645	1, 14–19, 21, 23–26, 27b (27c a. F.), 28, 29, 31–33 (31–36 a. F.), 42a, 42c–42i, 42l, 42m, 44, 49a, 60, 67, 70, 73–77 (73–79 a. F.), 83a, 84 IV, V, 87 III, 90 II, 92a Nr. 1–3, 95 I, 96 II, 98 II, 101 Nr. 1–3, 104b I, 108c, 109i Nr. 2, 122a, 129 IV bis VI, 157, 158 I, 164 VI, Überschrift 11. Abschnitt BT, 166, 167, 175, 176 I Nr. 1, 181, 184 II (184 III a. F.), 216, 218, 219 III, 232 II, 233, 236–238, 240 I, 243, 244, 246, 248, 250 I, 256, 258 I, 262, 263, 266 II, 271, 272, 274 I Nr. 1, 281, 282, 285a, 311a I, 311b I, 313 II, 315 VI, 316a II, 317 III (317 IV a. F.), 325, 333 I, 334, 347 II (III a. F.), 358, 361 Eingangsworte, Nr. 9; sämtliche Strafdrohungen 49b, 80–370 13, 20 (19 I a. F.), 27c, 167a, 174 II, 181 II, 268 7, 20a, 22, 27b a. F., 34–36, 42d, 45, 78, 79, 95 IV, 119, 121 II, 143 III, 161, 164 III–V, 172, 175a (vgl. 175 n. F.), 175b, 179, 184 II, 201–210, 245, 245a, 246 II, 250 I Nr. 5, 261, 263 II, 264, 296, 316 III, 317 III, 333 II, 347 II, 362; Vorschriften über den Verlust der bürgerl. Ehrenrechte: 133 II, 150 I, 160 I, 168 I, 173 III, 180 I, 183 II, 248c I, 266 I, 289 II,	geänd. eingef.

LXVIII

Zeitliche Folge — **Änderungen des StGB**

Laufende Nr.	Änderndes Gesetz	Datum	Bundes-gesetzbl. I Seite	geänderte Paragraphen des StGB	Art d. Änderung
76.	Zweites Gesetz zur Reform des Strafrechts (2. StrRG), ÄndG v. 7. 4. 1970 (BGBl. I 313), v. 20. 5. 1970 (BGBl. I 505), v. 30. 7. 1973 (BGBl. I 909), v. 2. 3. 1974 (BGBl. I 469, 473), v. 22. 12. 1977 (BGBl. I 3104) und v. 20. 12. 1984 (BGBl. I 1654)	4. 7.69	717	302 II, 302a, 302b, 302d I, 304 II 1–79b (die Änderungsvorschriften z. BT sind durch Art. 19 III EGStGB aufgehoben)	aufgeh. eingef.
77.	Gesetz über das Postwesen (Post-G)	28. 7.69	1006	367 I Nr. 5a	aufgeh.
78.	Neuntes Strafrechtsänderungsgesetz	4. 8.69	1065	66, 67 I, 70 I	geänd.
79.	Gesetz über die freiwillige Kastration und andere Behandlungsmethoden	15. 8.69	1143	228	geänd.
80.	Sprengstoffgesetz	25. 8.69	1358	367 I Nr. 4 367 I Nr. 5, 367 I Nr. 8	aufgeh. geänd.
81.	Bekanntmachung der Neufassung	1. 9.69	1445		redaktionelle Änderung
82.	Zehntes Strafrechtsänderungsgesetz, ÄndG v. 23. 11. 1973 (BGBl. I 1725), aufgehoben durch Art. 287 Nr. 29 EGStGB	7. 4.70	313	361 Nr. 6c	geänd.
83.	Drittes Gesetz zur Reform des Strafrechts (3. StrRG), ÄndG v. 2. 3. 1974 (BGBl. I 469, 632)	20. 5.70	505	111, 113, 114, 125 125a 110, 115 bis 118	geänd. eingef. aufgeh.
84.	Gesetz über das Zentralregister und das Erziehungsregister (Bundeszentralregistergesetz – BZRG –)	18. 3.71	243	25a I Satz 3 26 III	aufgeh. geänd.
85.	Weingesetz	14. 7.71	893	368 Nr. 1	aufgeh.
86.	Gesetz zur Verbesserung des Mietrechts und zur Begrenzung des Mietanstiegs sowie zur Regelung von Ingenieur- und Architektenleistungen	4.11.71	1745	302f	eingef.
87.	Elftes Strafrechtsänderungsgesetz	16.12.71	1977	4, 316a 316c	geänd. eingef.
88.	Zwölftes Strafrechtsänderungsgesetz	16.12.71	1979	138, 239a 239b	geänd. eingef.
89.	Gesetz zur Änderung des Straßenverkehrsgesetzes	20. 7.73	870	37 I Satz 2	eingef.
90.	Viertes Gesetz zur Reform des Strafrechts (4. StrRG), ÄndG v. 2. 3. 1974 (BGBl. I 469, 502)	23.11.73	1725	4 III Nr. 4 u. 9; 41 I, III, IV; 80a, 86 II, 86a I; 90 I, 90a I, 90b I, 111 I, 138 I, 166 I, II, 186, 187 I, 187a I, 200 I, 219 III, 223b I, 235 II, 236, 237 68 IV, 131 169, 170b, 170d, 171, 173 bis 184c 131 a. F., 143, 170,	 geänd. eingef. neu gefaßt

Änderungen des StGB

Zeitliche Folge

Laufende Nr.	Änderndes Gesetz	Datum	Bundes-gesetzbl. I Seite	geänderte Paragraphen des StGB	Art d. Änderung
91.	Einführungsgesetz zum Strafgesetzbuch (EGStGB), ber. 1975 I 1916, 1976 I 507), ÄndG v. 18. 6. 1974 (BGBl. I 1297), v. 15. 8. 1974 (BGBl. I 1942), v. 29. 10. 1974 (BGBl. I 2879), v. 9. 12. 1974 (BGBl. I 3393), v. 20. 12. 1974 (BGBl. I 3693), v. 2. 7. 1975 (BGBl. I 1745, 1752), v. 16. 3. 1976 (BGBl. I 581), v. 22. 12. 1977 (BGBl. I 3104), v. 20. 12. 1984 (BGBl. I 1654), v. 13. 4. 1986 (BGBl. I 393) und v. 15. 7. 1992 (BGBl. I 1302)	2. 3.74	469	170a, 170c, 361 Nr. 6 bis 6c, 9	aufgeh.
				2 IV, VI, 4, 5, 6, 11 I, III, 12 III, 19, 40 II, 41, 44 I, 47 II, 48 I, 49 I, 50, 52 I, IV, 55 II, 56d III, 56f I, III, 56g I, 57 I, III, 61 Nr. 1, 63 I, 64 I, 65 II, III, 67 III, V, 67a, 67b, 67c I, 67d, 67e, 67g, 68 II, 68a, 68d, 68f, 69 II Nr. 3, 70, 70b IV, 71 I, 72 III, 73d II, 74 III, 74d IV, 77a I, III, 77b I, 77d I, 78 I, IV, 78a, 78c, 79 I, 79a Nr. 2, 80a, 81, 82, 83a I, 84 IV, V, 86 II, 86a I, III, 87, 89 III, 90, 90a I, 90b I, 92b, 94, 95, 96, 97, 97b II, 98 III, 101a, 102, 106a I, 107b, 108d I, 109 II, 109a I, 109e I, V, 109f I, 109g, 109k, 111, 113, 114, 123, 125 I, 129, 131 I, 138, 139 III, IV, 140 I, 142 I, 154, 156, 157, 158 I, 164, 166, 174b I, 184 I, 185, 186, 187, 190, 212 I, 213, 217, 219 II, 220a, 221, 223, 223a, 229, 230, 233, 234, 234a, 235 I, 236, 238, 239, 239a III, 240, 241, 241a, 242, 243, 246, 248b, 248c III, 249, 253, 263, 265, 265a, 266, 267, 271, 272 I, 273, 281 I, 282, 285b, 286 I, 288 II, 289, 294, 295, 296a, 297, 302a, 303, 304 I, 305 I, 306, 307, 308, 310a, 311, 312, 313 I, 315 VI, 315c I, 316a, 316b I, 317 I, 321, 324, 325a, 336, 352 I, 353 I, 353a I, 356 I, 357	
				91, 92a, 101, 106b I, 108c, 109h, 109i, 120, 121, 132a–134, 136, 145c, 145d, 146–152, 159, 165, 194, 200, 232, 247, 248a, 251, 256, 257–260, 275, 309, 311b, 311c, 316c IV, 325, 330, 330a, 330b,	geänd.

Zeitliche Folge — **Änderungen des StGB**

Laufende Nr.	Änderndes Gesetz	Datum	Bundes-gesetzbl. I Seite	geänderte Paragraphen des StGB	Art d. Änderung
92.	Fünftes Gesetz zur Reform des Strafrechts (5. StrRG), geänd. durch BVerfGE v. 25. 2. 1975 (BGBl. I 625) und das 15. StrÄndG (Nr. 99)	18. 6.74	1297	331–335a, 340, 343–345, 348, 353b, 354, 358	neugef.
				102 II, 103 II, 145, 145a, 181b, 201–205, 223a II, 224 II, 225 II, 226 II, 228, 239c, 243 II, 245, 262, 310b, 311a, 353d, 355	eingef.
				104b, 108b III, 109b, 109c, 109k II, 122–122b, 137, 187 II, 188, 189 II, III, 191, 196–198, 227 II, 231, 248, 264a, 276, 285, 285a, 298–302, 327, 328, 341, 342, 346, 347, 350, 351, 359 ff.	aufgeh.
				203 I Nr. 4a 218–219b, 220	eingef.
				5 Nr. 9, 219a I	aufgeh. geänd.
93.	Gesetz zur Änderung des Einführungsgesetzes zum Strafgesetzbuch	15. 8.74	1942	52 I, 203 II, 233, 238 II	geänd.
94.	Gesetz zur Ergänzung des Ersten Gesetzes zur Reform des Strafverfahrensrechts	20.12.74	3686	155	eingef.
95.	Bekanntmachung der Neufassung	2. 1.75	1	–	red. Änd.
96.	Entscheidung des Bundesverfassungsgerichts – 1 BvF 1/74	25. 2.75	625	218 ff.	geänd.
97.	Dreizehntes Strafrechtsänderungsgesetz	13. 6.75	1349	69 II Nr. 3	geänd.
				142	neugef.
98.	Vierzehntes Strafrechtsänderungsgesetz	22. 4.76	1056	88a, 130a,	eingef.
				86 III, 111 II, 126, 140, 145d, 241	geänd.
99.	Fünfzehntes Strafrechtsänderungsgesetz	18. 5. 76	1213	219a, 219d	eingef.
				203, 218–218b, 219, bish. 219a, 219b	geänd.
				bish. 218a	aufgeh.
100.	Gesetz über die Annahme als Kind und zur Änderung anderer Vorschriften	2. 7.76	1749	11 I Nr. 1, 77 II, 173, 174 I Nr. 3, 221 II	geänd.
101.	Erstes Gesetz zur Bekämpfung der Wirtschaftskriminalität (1. WiKG)	29. 7.76	2034	6, 265a, 264, 265b,	geänd.
				283–283d, 302a	eingef.
				302a–302e	aufgeh.
102.	Gesetz zur Änderung des StGB der StPO, des GVG, der BRAO und des StVollzG, ÄndG lfd. Nr. 107	18. 8.76	2181	129a	eingef.
				138, 139	geänd.
103.	Sozialgesetzbuch – Gemeinsame Vorschriften für die Sozialversicherung	23.12.76	3845	107b II	eingef.
				108d	geänd.
104.	Europawahlgesetz	16. 6.78	709	108d	geänd.
105.	Sechzehntes Strafrechtsänderungsgesetz (16. StrÄndG)	16. 7.79	1046	78	neugef.

Änderungen des StGB — Zeitliche Folge

Laufende Nr.	Änderndes Gesetz	Datum	Bundes-gesetzbl. I Seite	geänderte Paragraphen des StGB	Art d. Änderung
106.	Siebzehntes Strafrechtsänderungsgesetz (17. StrÄndG)	21.12.79	2324	97b II, 353b, 358 353c	geänd. aufgeh.
107.	Achtzehntes Strafrechtsänderungsgesetz – Gesetz zur Bekämpfung der Umweltkriminalität (18. StrÄndG)	28. 3.80	373	5, 69 II Nr. 4, 87 II Nr. 1, 126 I Nr. 6, 7, 129a I Nr. 3, 138 I Nr. 9, 304 I, bish. 326, 325a, 321–330c jetzt 318–323c 311d, 311e, 324–330d	geänd. eingef.
108.	Neunzehntes Strafrechtsänderungsgesetz (19. StrÄndG)	7. 8.81	808	88a, 130a	aufgeh.
109.	Zwanzigstes Strafrechtsänderungsgesetz (20. StrÄndG), ÄndG v. 20. 12. 1984 (BGBl. I 1654)	8.12.81	1329	57a 57, 56f II	eingef. geänd.
110.	Seefischereigesetz	12. 7.84	876	296a	aufgeh.
111.	Gesetz zur Verbesserung des Wahlrechts für Sozialversicherungswahlen	27. 7.84	1029	107b II	neugef.
112.	Gesetz zur Änderung des Strafvollzugsgesetzes (StVollzG)	20.12.84	1654	61, 66, 67 bis 67b, 67d bis 67g, 68e, 71 63 II, 65	geänd. aufgeh.
113.	Gesetz zur Neuregelung des Jugendschutzes in der Öffentlichkeit	25. 2.85	425	131, 184	geänd.
114.	Einundzwanzigstes Strafrechtsänderungsgesetz (21. StrÄndG)	13. 6.85	965	76a II, 78 I 86a, 194 I, II	geänd. neugef.
115.	Zweiundzwanzigstes Strafrechtsänderungsgesetz (22. StrÄndG)	18. 7.85	1510	303 III	neugef.
116.	Gesetz zur Änderung des Strafgesetzbuches und des Versammlungsgesetzes	18. 7.85	1511	125, 125a	geänd.
117.	Dreiundzwanzigstes Strafrechtsänderungsgesetz (23. StrÄndG)	13. 4.86	393	48 57 V, 57b, 67d V 51 II, 54 I, 56 II, 56f II 57 II, IV, 59 I Nr. 2, 59a III, 67 II, IV, V S. 1, 68 I 53, 54 II, 56d, 56f I, 56g II, 57 III, 57 V, 57a I, 59a, 66 III, 68 II, 129a VII, 181b, 218 II, 228, 239c, 245, 256, 262, 263 V, 321	aufgeh. eingef. neugef. geänd.
118.	Zweites Gesetz zur Bekämpfung der Wirtschaftskriminalität (2. WiKG)	15. 5.86	721	152a, 202a, 263a, 264a, 266a, 266b, 269, 270, 303a, 303b, 303c 6 Nr. 7, 14 II Nr. 2, 138 I Nr. 4, 202 III 78c I Nr. 6, S. 2, 205 II, 271 I, 273, 274 I, 348 I	eingef. neugef. geänd.
119.	Gesetz zur Änderung des Gesetzes über Ordnungswidrigkeiten, des Straßenverkehrsgesetzes und anderer Gesetze	7. 7.86	977	315c I Nr. 2 Buchst. f	geänd.

Änderungen des StGB

Zeitliche Folge

Laufende Nr.	Änderndes Gesetz	Datum	Bundes-gesetzbl. I Seite	geänderte Paragraphen des StGB	Art d. Ände-rung
120.	Abfallgesetz	27. 8.86	1410	327 II Nr. 2	geänd.
121.	Opferschutzgesetz	18.12.86	2496	46 II	geänd.
122.	Gesetz zur Bekämpfung des Terrorismus	19.12.86	2566	129a	neugef.
				130a, 305a	eingef.
				140	geänd.
123.	Vierundzwanzigstes Strafrechts-änderungsgesetz	13. 1.87	141	168 I	neugef.
124.	Strafverfahrensänderungsgesetz 1987 (StVÄG 1987)	27. 1.87	475	77b V	eingef.
125.	Bekanntmachung der Neufassung	10. 3.87	945	–	–
126.	Poststrukturgesetz	8. 6.89	1026	354 III	geänd.
127.	Gesetz zur Änderung des Strafgesetzbuches, der Strafprozeßordnung und des Versammlungsgesetzes und zur Einführung einer Kronzeugenregelung bei terroristischen Straftaten	9. 6.89	1059	125, 239a, 243	geänd.
				239b	neugef.
				316b III	eingef.
128.	Gesetz zu dem Übk. v. 26. 10. 1979 über den physischen Schutz von Kernmaterial	24. 4.90	II 326	126 I Nr. 7 (§ 311d I, II, IV, § 328: Anwendungserweiterung)	geänd.
129.	Gesetz zu dem Übk. v. 10. 3. 1988 zur Sicherheit der Seeschifffahrt u. a.	13. 6.90	II 493	6 Nr. 3	neugef.
				316c	geänd.
130.	Gesetz zur Neufassung des Kinder- und Jugendhilferechts (KJHG)	26. 6.90	1163	203 I Nr. 4	neugef.
131.	Fünfundzwanzigstes Strafrechts-änderungsgesetz	20. 8. 90	1764	201 II	neugef.
132.	Betreuungsgesetz (BtG)	12. 9. 90	2002	77 III S. 2	aufgeh.
				247	geänd.
133.	Einigungsvertrag	23. 9. 90	II 885	5 Nr. 8, 9, 66, 144, 175, 182, 218–219d, 236	partielle Geltungs-einschränkung
134.	Gesetz zur Änderung des Außenwirtschaftsgesetzes, des Strafgesetzbuches und anderer Gesetze	28. 2. 92	372	73	geänd.
				73b	neugef.
135.	Sechsundzwanzigstes Strafrechtsänderungsgesetz	14. 7. 92	1255	6 Nr. 4, 181b	geänd.
				138 I Nr. 5, 181	neugef.
				180a III bis V	aufgeh.
				180b	eingef.
136.	Gesetz zur Bekämpfung des illegalen Rauschgifthandels und anderer Erscheinungsformen der Organisierten Kriminalität (OrgKG)	15. 7. 92	1302	41 II, 43a, 73d, 150 I, 181c, 244 III, 244a, 260a, 261, 284 III, 285b I	eingef.
				52 IV, 53 III, IV, 54 II, S. 2, 55 II, 152a V, 260	neugef.
				73e, 74e III, 76, 150, 245, 262, 285b	geänd.

Änderungen des StGB

2. nach Paragraphen geordnet

StGB § ...	Nr. des ändernden Gesetzes[1]	StGB § ...	Nr. des ändernden Gesetzes[1]
1	76	67f	76, 112
2	76, 91	67g	76, 91, 112
3	76	68	76, 91, 117
4	76, 91	68a	76, 91
5	76, 91, 92, 107	68b, c	76
6	76, 91, 101, 118, 129, 135	68d	76, 91
7–10	76	68e	76, 112
11	76, 91, 100	68f	76, 91
12	76, 91	68g	76
13	76	69	76, 91, 97, 107
14	76, 118	69a, 69b	76
15–18	76	70	76, 91
19	76, 91	70a	76
20–39	76	70b	76, 91
40	76, 91	71	76, 91
41	76, 91, 136	72	76, 91
42, 43	76	73	76, 134
43a	136	73a	76
44	76, 91	73b	76, 134
45–45b	76	73c	76
46	76, 121	73d	136
47	76, 91	73e	76, 91
48	76, 91, 117	74	76, 91
49	76, 91	74a–74c	76
50	76, 91	74d	76, 91
51	76, 117	74e	76, 136
52	76, 91, 93, 136	76	76, 136
53, 54	76, 117, 136	76a	114
55	76, 91, 136	77	76, 100, 132
56	117	77a	76, 91
56–56c	76	77b	76, 91, 124
56d	76, 91, 117	77c	76
56e	76	77d	76, 91
56f	76, 91, 109, 117	77e	76
56g	76, 91, 117	78	76, 91, 105, 114
57	76, 91, 109, 117	78a	76, 91
57a	109, 117	78b	76
57b	117	78c	76, 91, 118
58	76	79	76, 91
59	76, 117	79a	76, 91
59a	76, 117	79b	76
59b, 59c	76	80	33, 53, 55, 74
60	76	80a	74, 90, 91
61	76, 91, 112	81	33, 53, 55, 74, 91
62	76	82	33, 53, 55, 74, 91
63	76, 91, 112	83	33, 53, 55, 74, 75
64	76, 91	83a	74, 91
65	76, 91, 112	84	33, 53, 55, 74, 75, 91
66	76, 91, 112, 117	85	33, 53, 55, 74
67	76, 91, 112, 117	86	33, 53, 55, 74, 90, 91, 98
67a	76, 91, 112	86a	74, 90, 91, 114
67b	76, 91, 112	87	28, 33, 53, 55, 74, 75, 91, 107
67c	76, 91	88	1, 28, 33, 53, 55, 74
67d	76, 91, 112, 117	88a	98, 108
67e	76, 91, 112	89	8, 28, 33, 38, 53, 55, 74, 91

[1] Die Zahlen in dieser Spalte verweisen auf die laufenden Nummern in Spalte 1 der chronologischen Tabelle der Änderungen, oben Seite LXIII.

Änderungen des StGB

nach §§ geordnet

StGB § ...	Nr. des ändernden Gesetzes[1]	StGB § ...	Nr. des ändernden Gesetzes[1]
90	8, 28, 33, 38, 53, 55, 57 74, 75, 90, 91	130 130a	65 98, 108, 122
90a	74, 90, 91	131	90, 91
90b	74, 90, 91	132	44, 59
91	74, 91	132a	34, 59, 91
92	74	133	75, 91
92a	74, 75, 91	134	91
92b	74, 91	136	15, 91
93	74	138	59, 74, 88, 90, 91, 102, 107, 118, 135
94	27, 53, 55, 57, 62, 67, 69, 74, 91	139	59, 91, 102
95	1, 13, 55, 74, 75, 91	140	59, 67, 91, 98, 122
96	55, 74, 75, 91	142	34, 53, 59, 91, 97
97	13, 55, 74, 91	144	1
97a	74	145	91
97b	74, 91	145a	10, 56, 91
98	55, 74, 75, 91	145c	31, 91
99	13, 55, 74	145d	48, 91, 98
100	55, 74	146	91
100a	74	147	91
101	13, 55, 74, 75, 91	148	91
101a	74, 91	149	91
102	1, 33, 53, 59, 91	150	91, 136
103	1, 53, 59, 91	151	91
103a	1, 59	152	91
104	1, 59	152a	118, 136
104a	59, 91	153	29, 48, 51, 59, 91
104b	59, 74, 75, 91	154	51, 91
105	59, 74	155	94
106	59, 74	156	48, 59, 91
106a	55, 59, 91	157	48, 75, 91
106b	55, 91	158	48, 75, 91
107	59	159	48, 51, 59, 91
107a	19, 59	160	48
107b	59, 91, 103, 111	163	51, 59
107c	59	164	28, 75, 91
108	59, 74	165	91
108a	59	166	59, 75, 90, 91
108b	59, 91	167	75
108c	62, 75, 91	167a	75
108d	62, 91, 103, 104	168	59, 123
109	62, 91	169	90
109a	62, 91	170b	90
109d	62	170d	90
109e	62, 91	171	90
109f	62, 91	173	59, 75, 90, 100
109g	62, 91	174	48, 75, 90
109h	62, 91	174a	90
109i	62, 75, 91	174b	90, 91
109k	74, 91	175	34, 75, 90
111	59, 83, 90, 91, 98	176	1, 59, 75, 90
113	1, 48, 59, 83, 91	177	1, 59, 90
114	83, 91	178	1, 90
120	91	179	90
121	91	180	12, 24, 75, 90
123	15, 91	180a	90, 135
125	83, 91, 116, 127	180b	135
125a	83, 116	181	12, 75, 90, 135
126	98, 107, 128	181a	12, 31, 59, 90
129	55, 68, 74, 75, 91	181b	91, 117, 135
129a	102, 107, 117, 122	181c	136

[1] Vgl. Anm. S. LXXIV.

Änderungen des StGB

nach §§ geordnet

StGB § ...	Nr. des ändernden Gesetzes[1]	StGB § ...	Nr. des ändernden Gesetzes[1]
182	90	244a	136
183	1, 75, 90	245	91, 117, 136
183a	90	246	75, 91
184	4, 12, 24, 70, 72, 75, 90, 91	247	1, 91, 132
184a	90	248a	91
184b	90	248b	59, 91
184c	90	248c	59, 75, 91
185	91	249	91
186	90, 91	250	75, 91
187	90, 91	251	91
187a	55, 74, 90, 91	253	48, 49, 59, 91
189	48, 53, 65, 91	256	75, 91, 117
190	91	257	91
194	1, 91, 114	258	75, 91
200	1, 90, 91	258a	91
201	91, 131	259	48, 91
202	91, 118	260	59, 91, 136
202a	118	260a	136
203	91, 92, 93, 99, 130	261	136
204	91	262	75, 91, 117, 136
205	91, 118	263	1, 28, 59, 75, 91, 117
211	42, 59	263a	118
212	42, 59, 91	264	101
213	91	264a	118
216	42, 48, 59, 75	265	91
217	59, 91	265a	34, 59, 91, 101
218	92, 96, 99, 117	265b	101
218a–		266	28, 59, 75, 91
219d	92, 96, 99	266a	118
220a	61, 91	266b	118
221	91, 100	267	48, 91
222	40	268	75
223	1, 91	269	118
223a	1, 15, 91	270	118
223b	28, 90, 95	271	75, 91, 118
224	91	272	75, 91
225	91	273	91, 118
226a	28	274	48, 75, 118
227	91	275	91
228	1, 59, 79, 91, 117	281	2, 42, 75, 91
229	91	282	2, 72, 75, 91
230	40, 91	283–	
232	1, 40, 59, 75, 91	283d	101
233	75, 91, 93	284	17, 136
234	91	284a	17
234a	54, 91	284b	17, 72
235	10, 15, 75, 90, 91	285b	72, 91, 136
236	59, 75, 90	286	91
237	10, 59, 75, 90	288	15, 91
238	10, 75, 91, 93	289	75, 91
239	15, 91	292	1, 34
239a	35, 59, 88, 91, 127	293	34, 46
239b	88, 127	294	34, 59, 91
239c	91, 117	295	34, 72, 91
240	1, 48, 59, 75, 91	296a	1, 72, 91, 110
241	1, 91, 98	297	91
241a	54, 91	302a	3, 7, 75, 91, 101
242	91	303	1, 91, 115, 118
243	75, 91, 127	303a	118
244	75, 136	303b	118

[1] Vgl. Anm. S. LXXIV.

Änderungen des StGB

nach §§ geordnet

StGB § ...	Nr. des ändernden Gesetzes[1]	StGB § ...	Nr. des ärndtn Gesetzes[1]
303c	118	323b	31, 91, 107
304	75, 91, 107	323c	34, 59, 107
305	91	324	107
305a	122	325	107
306	91	326	107
307	91	327	107, 120
308	91	328	107
309	42, 91	329	107
310	34	330	107
310a	34, 42	330a	107
310b	91	330b	107
311	67, 91	330c	107
311a	91	330d	107
311b	67, 75, 91	331	91
311c	67, 75, 91	332	91
311d	107	333	91
311e	107	334	91
313	75, 91	335	91
314	59	335a	91
315	69, 75, 91	336	91
315a	69	340	91
315b	69	343	91
315c	69, 91, 119	344	91
315d	69	345	31, 59, 91
316	11, 34, 57, 69	348	48, 91, 118
316a	55, 57, 75, 87, 91	352	59, 71
316b	57, 75, 91, 127	353	91
316c	87, 91, 129	353a	1, 53, 55, 91
317	5, 55, 75	353b	36, 74, 91, 106
318	1, 34, 91, 107	353d	91
319	91, 107	354	91, 126
320	59, 107	355	91
321	59, 67, 75, 91, 107, 117	356	59, 91
322	72, 91, 107	357	91
323	91, 107	358	59, 75, 91
323a	31, 42, 91, 107		

[1] Vgl. Anm. S. LXXIV.

Einleitung

1) Erstmals 1532 erhielt Deutschland ein **eigenes Strafgesetzbuch**. Es war die Peinliche Gerichtsordnung Karls V. (CCC), aus der das gemeinrechtliche Strafrecht der nächsten Jahrhunderte erwuchs. Politische Zersplitterung führte auch zur Aufspaltung des Strafrechts in zahlreiche Partikulargesetze, unter denen vor allem das Preußische Allgemeine Landrecht von 1794 und das Bayerische StGB von 1813, ein Werk Feuerbachs, herausragten. Erst am 15. 5. 1871 erhielt das Deutsche Reich wieder ein einheitliches Strafgesetzbuch; es war das des Norddeutschen Bundes vom 31. 5. 1870 und ging im wesentlichen auf das Preußische StGB von 1851 zurück, zu dem die Vorbereitungsarbeiten schon 1826 begonnen hatten (dazu und zum folgenden Eb. Schmidt, Einführung in die Geschichte der deutschen Strafrechtspflege, 3. Aufl. 1965; Schubert GA **82**, 191).

2) Unter dem Einfluß des naturwissenschaftlichen Denkens kam es in der 2. Hälfte des 19. Jahrhunderts zu **Forderungen nach Reform** (1882 Liszts Marburger Programmschrift „Der Zweckgedanke im Strafrecht"), und zwar auch im Ausland (Lombroso, Ferri und Garofalo in Italien; 1889 Gründung der Internationalen Kriminalistischen Vereinigung), die trotz des entbrennenden Streites zwischen der klassischen (Binding) und der modernen soziologischen Strafrechtsschule (v. Liszt) 1902 vom Reichsjustizamt aufgegriffen wurden. Es folgten 1905–09 die sechzehnbändige „Vergleichende Darstellung des deutschen und ausländischen Strafrechts", 1909 der Vorentwurf zu einem neuen StGB, 1911 ein Gegenentwurf von 4 Professoren, 1913 der sog. Kommissionsentwurf, der nach dem 1. Weltkrieg überarbeitet und 1919 herausgebracht wurde. 1922 erschien der modernste der damaligen Entwürfe, der des Reichsjustizministers Radbruch. 1925 folgte der erste amtliche Entwurf der Reichsregierung, der 1927 nach Beratung durch den Reichsrat dem Reichstag zugeleitet und dort unter dem Ausschußvorsitz von Wilhelm Kahl die Gestalt des Entwurfs 1930 erhielt. Keiner der Entwürfe wurde Gesetz, auch nicht der von 1936 (hierzu Werle NJW **88**, 2865). Zum Ganzen Horstkotte, BMJ-FS 327 ff.; LK-Jescheck Einl. 58 ff.

3) Gewisse **Teilerfolge** erzielten die Reformbemühungen durch das JGG 1923, die GeldstrafenVO von 1924 und 1933 durch die Einführung der Zweispurigkeit von Strafen und Maßregeln.

4) Die Novellierungen nach 1945 (vgl. dazu Tabelle der Änderungen des StGB Nr. 54 bis 74) dienten der Strafrechtsbereinigung sowie der Lösung drängender Probleme, waren aber auch schon Teilreformen, wie insbesondere die Novelle vom 22. 12. 1967 (1 zu § 201), das EGOWiG (1 zu § 74) und das 8. StÄG (1 vor § 80) zeigen.

5) Die große Strafrechtsreform selbst wurde von Bundesjustizminister Dehler und seinem Nachfolger Neumayer, dem ständigen Vorsitzenden der Großen Strafrechtskommission, 1954 erneut in Angriff genommen. Als erstes Ergebnis der Kommissionsberatungen erschien 1958 der Entwurf des Allgemeinen Teils eines Strafgesetzbuches mit Begründung (E 1958), dem 1960 der Gesamtentwurf mit Begründung folgte (E 1960). Er wurde zwar noch im BTag eingebracht, konnte dort aber nicht mehr beraten werden. In der 4. WP wurde der Entwurf 1962 (E 1962) eingebracht und einem Sonderausschuß des Bundestages überwiesen, der aber nicht mehr als wesentliche Materialien des AT beraten konnte. Im November 1965 wurde der E 1962 als Initiativgesetzentwurf einer Gruppe von Abgeordneten unverändert im Bundestag der 5. WP eingebracht und wiederum an einen Sonderausschuß überwiesen.

6 Neue Anregungen erhielten die Beratungen des Sonderausschusses durch den von zunächst 14 Strafrechtslehrern vorgelegten **Alternativ-Entwurf** zum Allgemeinen Teil eines neuen StGB (2. Aufl. 1969 = AE), der am 17. 11. 1967 durch die Fraktion der FDP im Bundestag eingebracht wurde (BT-Drs. V/2285); weitere Entwürfe zu einzelnen Teilen des BT folgten.

7 Das **1. StrRG** v. 25. 6. 1969 führte im AT an Stelle von Zuchthaus, Gefängnis, Einschließung und Haft eine einheitliche Freiheitsstrafe ein, schaffte Ehrenstrafen ab, schränkte die kurze Freiheitsstrafe ein und erweiterte die Möglichkeiten der Strafaussetzung zur Bewährung. Im BT hob es vor allem die damaligen §§ 172, 175, 175b, aber auch die §§ 121 II, 347 II, 164 V, 179, 201 bis 210 sowie die §§ 245a und 296 auf und gestaltete die Vorschriften der §§ 166ff., der §§ 235ff. und der §§ 243ff. um.

8 Das **2. StrRG** v. 4. 7. 1969 schuf einen neuen AT. Hervorzuheben sind daraus die Anhebung der Mindestdauer der Freiheitsstrafe auf 1 Monat, die Einführung der Verwarnung mit Strafvorbehalt sowie das Tagessatzsystem für die Geldstrafe, die Neugestaltung des Maßregelsystems sowie die Reform der dogmatischen Vorschriften. Im BT wurden vor allem die Übertretungen abgeschafft, welche zu einem geringen Teil zu Vergehen aufgewertet (zB §§ 184b, 248a), in ihrer Masse aber zu Ordnungswidrigkeiten umgewandelt wurden (Art. 13 EGStGB, §§ 116ff. OWiG). Umfangreichere Teilreformen des BT brachten unter der SPD/FDP-Regierung vor allem das **3. StrRG** (vor § 110), das den Komplex des sog. Demonstrationsstrafrechts neu regelte, das **4. StrRG** (vor § 174), das vor allem das Sexualstrafrecht neu gestaltet hat, und die umstrittene Reform der §§ 218ff. durch das **5. StrRG**/15. StÄG (3b vor § 218). Sie ist nach wie vor umstritten. Zu den Reformgesetzen traten noch eine Reihe von Novellen (s. Tabelle S. LXVII Nr. 77ff.).

9 Zu einem **vorläufigen Abschluß** der Reformarbeiten kam es ohne Gesamtreform des BT durch das umfangreiche **EGStGB**, das nicht nur das StGB und das Nebenstrafrecht an den neuen AT anpaßte, sondern auch im BT einige Materien reformierte (so Gefangenenbefreiung, Geheimnisschutz, Geldfälschung, Begünstigung und Strafvereitelung, Amtsdelikte, darunter vor allem die Bestechung). Seit der Neufassung des StGB von 1975 wurde insbesondere der BT durch weitere **zahlreiche StÄG** geändert. Das 13. StÄG (1 zu § 142) faßte den § 142 neu; das 14. StÄG (1 zu § 86) änderte die §§ 86, 111, 126, 140, 145d, 241 und fügte den durch das 19. StÄG (1 zu § 194) bereits wieder aufgehobenen §§ 88a und 130a ein. Das 1. WiKG (1 zu § 264) brachte die Einfügung der §§ 264, 265a, Zusammenfassung der Wuchervorschriften in einem neuen § 302a, der auch den durch Ges. v. 4. 11. 1971 geschaffenen § 302f gegen Mietwucher in sich aufnimmt, sowie die Rückführung des Konkursstrafrechts aus der KO in die neuen, reformierten §§ 283 bis 283 d. § 129 a wurde gegen die Bildung terroristischer Vereinigungen durch Art. 1 StGBuaÄndG (1 zu § 129 a) eingefügt. Einige Änderungen des StGB haben auch das AdoptionsG (9 zu § 11), das SGB IV (1 zu § 107 b), das EuWG (1, 2 zu § 108 d), das 16. StÄG (Aufhebung der Mordverjährung, 4 zu § 78) und das 17. StÄG (1 zu § 353 b) gebracht. Umfangreiche Änderungen sind durch das Gesetz zur Bekämpfung der Umweltkriminalität (18. StÄG; 1 vor § 324) eingetreten. Hinzuweisen ist auch auf die vollstreckungsrechtliche Sonderregelung für BtM-Abhängige im neuen BtMG (vgl. 10 vor § 56) und auf den neuen § 57 a, der durch das 20. StÄG (1 zu § 57 a) eingefügt wurde. § 296 a wurde durch § 12 des SeefischereiG aufgehoben. § 107 b (dort 1) wurde geringfügig geändert, § 65 idF des 2. StrRG/EGStGB noch vor seinem Inkrafttreten durch das StVollzÄndG (1 vor § 63) aufgehoben. Die §§ 131, 184 wurden durch das JÖSchNG (1 zu § 131) geändert. Das 21. StÄG („Auschwitz-Lüge") brachte Änderungen der §§ 76 a II, 78 I, 86 a und 194 I, II (1 zu § 194), im 22. StÄG (1 zu § 303) wurde das Antragserfordernis bei Sachbeschädigungen eingeschränkt und im ÄndGStGB/VersG (1 zu § 125) die Landfriedensbruchtatbestände erweitert. Einen vorsichtigen Ausbau der Strafaussetzung zur Bewährung brachte das 23. StÄG (9 vor § 56). Weitere Vorschriften zur Bekämpfung der Wirtschaftskriminalität führt das 2. WiKG (2 vor § 263) ein. § 315 c wurde durch das OWiGÄndG („Geisterfahrer"), § 327 durch das AbfallG und § 46 II durch das OpferschutzG (1 zu § 46) geändert. Durch das Ges. zur Bekämpfung des Terrorismus (1 zu § 130 a) wurden die §§ 130 a und 305 a eingefügt und § 129 a neu gefaßt. Das 24. StÄG (1 zu § 168) änderte § 140 und faßte 168 I neu. Das StVÄG 1987 (1 zu § 77 b) fügte § 77 b den neuen Absatz 5 an. Nach der **Neubekanntmachung** v. 10. 3. 1987 wurden § 354 III durch das PostStruktG (1 zu § 354), die §§ 125, 239 a, 239 b, 243 und § 316 b III durch das StÄG 1989 (3 a zu § 239 a), § 126 durch das Ges. v. 24. 4. 1990 (1 zu § 126) und § 6 Nr. 3 sowie § 316 c durch das Ges. v. 13. 6. 1990 (1 zu § 316 c), § 201 II durch das 25. StÄG (1 zu § 201), § 203 I Nr. 4 durch das KJHG (1 zu § 203) geändert. Das AWG/StGBuaÄndG (1 b zu § 73) änderte § 73 und faßte § 73 b neu. Das 26. StÄG (1 zu § 180 b) fügte unter Einbeziehung und Erweiterung des § 180 a III für V aF einen neuen § 180 b ein und faßte § 181 neu. Das OrgKG (§ 2 zu § 43 a) führte als zusätzliche Gewinnabschöpfungsmöglichkeiten die Vermögensstrafe (§ 43 a mit Folgeänderungen für § 41 S. 2, § 52 IV, § 53 III, IV, § 54 II S. 2, § 55 II) und den erweiterten Verfall (§ 73 d mit Folgeänderungen für §§ 73 e, 74 e III, § 76) für die Tatbestände des BT und des BtMG ein, die auf die §§ 43 a, 73 d verweisen (5 zu § 43 a, 6 zu § 73 d). Als neue Tatbestände wurden (mit Folgeänderungen für die §§ 262, 285 b) der schwere Bandendiebstahl (§ 244 a), die Bandenhehlerei (§ 260 I Nr. 2), die gewerbsmäßige Bandenhehlerei (§ 260 a), die Geldwäsche (§ 261) und das gewerbsmäßige und bandenmäßige Glücksspiel (§ 284 III) eingefügt. Nach dem Urteil des BVerfG v. 4. 8. 1992, BGBl. I 1585) tritt die Fristenregelung der §§ 218 bis 219 b (Art. 13 Nr. 1 des Schwangeren- und FamilienhilfeG vom 27. 7. 1992, BGBl. I 1398), die die §§ 218 bis 219 d ersetzen sollen, einstweilen nicht in Kraft (3 g vor § 218). Ob es in dieser WP zu weiteren Änderungen kommt, ist nicht abzusehen. Auf die dem BTag vorliegenden Entwürfe zur Änderung des StGB wird bei den betroffenen Vorschriften verwiesen. Die **Rechtsangleichung durch Kap. III EV** hat auch das Strafrecht (StGB, Nebenstraf- und Ordnungswidrigkeitenrecht) mit dem Wirksamwerden des Beitritts der ehem. DDR (Art. 1 EV: 3. 10. 1990) auf die neuen Länder erstreckt, soweit in Anl. I Kap. III C I, II EV nichts anderes bestimmt ist. Auf diese Ausnahme ist bei den einzelnen Vorschriften ebenso hingewiesen, wie auf das nach Art. 9 iVm Anl. II Kap. III C I, II EV fortgeltende Straf- und Ordnungswidrigkeitenrecht der ehem. DDR (vgl. 29 ff. vor § 3). Zur Überleitung des Bundesrechts nach **Berlin (West)** durch das 6. ÜberleitG vgl. 8 vor § 3, 2 vor § 80.

10 6) Als **Quellen für die ersten beiden Reformgesetze** sind außer dem E 1962 und dem AE vor allem von Bedeutung a) die Niederschriften über die Sitzungen der Großen Strafrechtskommission (zit. Ndschr.); b) die nicht veröffentlichten Protokolle über die Tagungen der Länderkommission für die Strafrechtsreform; c) die Protokolle über die Sitzungen des StrABTag 4., 5. WP (zit. Prot. IV und V); d) die Ausschußberichte zu den beiden StrRG (BT-Drs. V/4094 und 4095); e) die Protokolle über die 2. und 3. Beratung der Reformgesetze im Bundestag (BTag V/12703ff., 12748ff.; 12827ff.; f) die Protokolle über die Beratung der Reformgesetze im Unterausschuß des Rechtsausschusses des Bundesrates v. 9. 5. 1969 (R 42/69), im Plenum dieses Ausschusses v. 14. 5. 1969 (R 0055-Nr. R 44/69) sowie im Plenum des Bundesrates v. 30. 5. 1969 (339. Sitz.). Als Quellen **für das EGStGB** sind von Bedeutung dessen Entwurf (BT-Drs. 7/550), der 1. Antrag des StrABTag (BT-Drs. 7/1232), dessen 1. und 2. Bericht (BT-Drs. 7/1261, 7/2222) sowie dessen Sitzungsprotokolle (zit. Prot. 7/).

11 7) Die Kommentierung berücksichtigt den Text des StGB und das Bundesrecht nach dem **Gesetzesstand** von Mitte Oktober 1992.

12 8) **Schrifttum** zu den Reformgesetzen: *Baumann* DRiZ **70**, 2; *v. Bülow, Horstkotte, Möhrenschlager,* Bulletin BReg **74**, 1513; *Corves* JZ **70**, 156; *Dreher,* Berichte ZStW Bd. 66 (1954) ff.; *Hohler* NJW **69**, 1225; *Horstkotte* NJW **69**, 1601; JZ **70**, 122; 152 u. BMJ-FS 325ff.; *Horstkotte/Kaiser/Sarstedt,* Tendenzen in der Entwicklung des heutigen Strafrechts, 1973; *R. Krüger,* BA **69**, 298; *Franz Kunert* NJW **69**, 1229; **70**, 542; 734; *K. H. Kunert* MDR **69**, 705; NJW **70**, 537; *Lackner* JR **70**, 1; *Müller-Emmert* und *Friedrich* JZ **69**, 245; DRiZ **69**, 273; 319; Strafrecht und Strafrechtsreform, hrsg. *v. Madlener, Papenfuß, Schöne,* 1974; *Stree* JuS **73**, 461; *Sturm* NJW **69**, 1606; JZ **70**, 81 u. Dreher-FS 513ff.; *Roxin* JuS **73**, 197; 329; JA **80**, 221, 546; *Wulf* NJW **69**, 1611; JZ **70**, 160; *Zipf* JuS **73**, 137; 273 u. Luchterhand-Taschenbuch, Mißlingt die Strafrechtsreform?, 1969; *v. Hippel,* Reform der Strafrechtsreform, 1976; *Rogall* ZRP **82**, 124; *U. Weber* HdwbKrim. V 91; *H. J. Hirsch,* Bilanz der Strafrechtsreform, Kaufmann-GedS 133; *v. Winterfeld* NJW **87**, 2631; *rechtsvergleichend: Jescheck* LK[11] Einl. 130ff.; ferner ZStW **88**, 467; **90**, 777; Lange-FS 365; *Jescheck* Beitr. 161 ff.; *Jescheck* (hrsg.), Strafrechtsreform in der BRep. und in Italien, 1981; *Serini,* Dreher-FS 729; *Lüttger* (hrsg.) Strafrechtsreform und Rechtsvergleichung 1979; *Kaiser/Vogler* (hrsg.) Strafrecht und Strafrechtsvergleichung, 1975. Zum *EGStGB: Göhler* NJW **74**, 825; *Sturm* JZ **75**, 6; *Britsch, Dencker, Dornseifer, Schöne, Siegert, Zielinski,* JZ **73**, 351, 144, 267, 446, 308, 193. Weiteres Schrifttum im Text.

Strafgesetzbuch (StGB)

Vom 15. Mai 1871 (RGBl. 195) in der Fassung der Bekanntmachung vom 10. März 1987 (BGBl. I 945; III 450–2), zuletzt geändert durch das Ges. v. 15. 7. 1992 (BGBl. I 1302)

Vorbemerkungen

Das **Strafgesetzbuch** ist das Kerngesetz des Strafrechts, zu dem zahlreiche strafrechtliche Bestimmungen in anderen Gesetzen (*Nebenstrafrecht;* dazu Göhler, Einführung) treten. Das Gesetz ist unterteilt in einen Allgemeinen (§§ 1 bis 79b) und einen Besonderen Teil (§§ 80 bis 358); zur Problematik Fincke, Das Verhältnis des Allgemeinen zum Besonderen Teil des Strafrechts, 1975 [mit Bespr. Gössel JA **75**, 385 u. Ebert JZ **77**, 199]; Tiedemann, Baumann-FS 7. Der **Allgemeine Teil** enthält im 1. Abschnitt Bestimmungen über den Geltungsbereich des deutschen Strafrechts und als Kernstück den 3. Abschnitt, der bestimmt, welche Reaktionsmittel auf die Straftat zur Verfügung stehen, nämlich Strafen (2 vor § 38) und Maßnahmen (36 zu § 11). Insoweit enthält er das *kriminalpolitische* Programm des Strafrechts. Der 2. Abschnitt sowie der 4. und 5. enthalten allgemeine Vorschriften, welche die Anwendung des Besonderen Teils erweitern (Versuch, Teilnahme), einschränken (Irrtum, Rechtfertigungs-, Schuld- und Strafausschließungsgründe, Verjährung) oder ergänzen (Begehen durch Unterlassen, Handeln für einen anderen, Strafantrag). Damit nimmt das Gesetz, wenn auch in einer unwissenschaftlichen und lückenhaften, allein auf die praktische Anwendung zugeschnittenen Form, Stellung zu grundlegenden Fragen der Verbrechenslehre (Dogmatik), dh zur Lehre vom Wesen der Straftat. Der **Besondere Teil** enthält die abstrakte Beschreibung und Abgrenzung der einzelnen Verbrechen und Vergehen (5 ff. vor § 13) und die dafür vorgesehenen Strafdrohungen. Es geht dabei, wenn auch nicht ausschließlich (vgl. Welzel, Henkel-FS 11; str.), um den Schutz bestimmter Rechtsgüter (vgl. SK-Rudolphi 2ff; Otto ZStW **87**, 539; zur Gliederung und Einteilung des BT Dedes, Oehler-FS 265). Das Verhältnis des StGB zum **Landesrecht** wird in Ausführung der Art. 31, 70, 72, 74 Nr. 1 GG durch Art. 1 bis 4 EGStGB (Anh. 1) bestimmt. Die konkurrierende Gesetzgebung auf dem Gebiete des Strafrechts (Art. 74 Nr. 1 GG), das neben dem Kriminalstrafrecht auch die Bewehrung von Bußgeldtatbeständen umfaßt (BVerfGE **13**, 372; **27**, 18; **29**, 31, 141; Dreher NJW **52**, 1282; U. Weber, Tröndle-FS 348) wirkt sich, wenn eine der Voraussetzungen des Art. 72 Abs. 2 GG nachweislich (BVerfGE **42**, 20) gegeben ist, dahin aus, daß mit der bundeseinheitlichen Regelung inhaltlich übereinstimmendes Landesrecht unanwendbar ist (BVerfGE **37**, 191). Nach BVerfGE **23**, 113 kann der Bund, wenn er ein Verhalten für strafwürdig erachtet, im Bereich der im Strafrecht herkömmlich geregelten Materien Straftatbestände schaffen, ohne durch die grundsätzliche außerstrafrechtliche Gesetzgebungszuständigkeit der Länder (Art. 70, 72 GG; BVerfGE **42**,

20) eingeengt zu sein (zur Problematik der Schaffung unselbständiger Strafrechtsnormen vgl. aber Dreher NJW **52**, 1282; Lenzen JR **80**, 133). Die Sperrwirkung des Art. 72 I GG für die Landesgesetzgebung, die bei einer erschöpfenden Regelung des Bundes eintritt, sofern das Bundesrecht nicht einen Vorbehalt zugunsten des Landesrechts enthält (BVerfGE **47**, 285), erfaßt den Bereich bereits, wenn der Bund mit der erschöpfenden Regelung tatsächlich beginnt. Im Falle einer Kompetenzkonkurrenz (zB zwischen Pressewesen und Strafrecht) ist auf die wesensmäßige und historische Zugehörigkeit abzustellen (BVerfGE **48**, 367). Nach Art. 1 EGStGB (Anh. 1) gilt der AT grundsätzlich für das bestehende und künftige **Nebenstrafrecht** des Bundes und der Länder. Vorbehalte zugunsten des Landesrechts enthält Art. 2 EGStGB. Der Landesgesetzgeber darf bei Straftaten keine anderen als die in Art. 3 EGStGB zugelassenen Rechtsfolgen, Freiheitsstrafe also nur bis zu zwei Jahren (und wahlweise Geldstrafe im Höchstmaß nach § 40) sowie Einziehung vorsehen. Der BT läßt nach Art. 4 II EGStGB die Straf- und Bußgeldvorschriften des Landesrechts unberührt, soweit diese nicht eine im StGB abschließend geregelte Materie (BVerfGE **34**, 9) zum Gegenstand haben (U. Weber, Tröndle-FS 348). Die den Ländern ausdrücklich vorbehaltenen Vorschriften nennt Art. 4 III bis V EGStGB. Zum Ganzen vgl. LK^{11}-Jescheck, Einl. 9, 14 bis 19.

Allgemeiner Teil

Erster Abschnitt

Das Strafgesetz

Erster Titel. Geltungsbereich

Keine Strafe ohne Gesetz

1 Eine Tat kann nur bestraft werden, wenn die Strafbarkeit gesetzlich bestimmt war, bevor die Tat begangen wurde.

1 **1)** Die Vorschrift idF des 2. StRG, die wörtlich mit Art. 103 II GG übereinstimmt (vgl. dazu E 1962, 106; Prot. V/5, 17 ff., 2344, 2346, 3118), enthält ebenso wie § 2 I, der mit § 1 zusammen gesehen werden muß und nach ganz hM dem Art. 103 II GG immanent ist (Maunz-Dürig 108 zu Art. 103; BVerfGE **25**, 269), **Verfassungsrecht.** Der Verfassungssatz (zur historischen Entwicklung Schreiber, Gesetz und Richter, 1976; HRG III 1103; Krey, Keine Strafe ohne Gesetz, 1983; Krahl, Die Rechtsprechung des BVerfG und des BGH zum Bestimmtheitsgrundsatz [Art. 103 Abs. 2 GG], 1986) enthält mit dem **Gesetzlichkeitsprinzip** *nullum crimen sine lege* und *nulla poena sine lege* gleichzeitig ein rechtsstaatliches Prinzip (Berechenbarkeitsfunktion des Strafrechts; BVerfGE **37**, 201), die Voraussetzung des Schuldstrafrechts (BVerfGE **20**, 331; **25**, 269) und ein Grundrecht (vgl. BayVerfGHE **4**, 201). Der Satz, der Gesetzgeber und Richter bindet, erschöpft sich nicht im Verbot gewohnheitsrechtlicher (unten 9) oder rückwirkender (unten 11) Strafbegründung, sondern enthält ein für die

Geltungsbereich **§ 1**

Gesetzgebung wichtiges Bestimmtheitsgebot (2 bis 6), das für den gesetzlichen Tatbestand (5) wie für die Strafdrohung (6) gilt. Der Satz enthält zudem ein an die Rspr. gerichtetes Analogieverbot (10). Zugleich will der Satz sicherstellen, a) daß jedermann vorhersehen kann, welches Verhalten mit Strafe bedroht ist, und b) daß der *Gesetzgeber,* nicht die vollziehende oder die rechtsprechende Gewalt, über die Strafbarkeit eines Verhaltens entscheidet (BVerfGE **47**, 109, 120; **55**, 152; **71**, 108, 114; **73**, 206, 234; **75**, 342; **77**, 382).

2) Gesetzlich bestimmt sein muß die Strafbarkeit sein, dh durch formelles 2 Gesetz oder RechtsVO (BVerfGE **14**, 185; 251; 257, **22**, 25; Karlsruhe OLGSt. 13 zu § 2 aF), bei Freiheitsstrafen jedoch infolge von Art. 104 I GG auch durch förmliches Gesetz (BVerfGE **14**, 254). Auch Völkerstrafrecht kann, da es noch keine „allgemeinen Regeln des Völkerrechts" gibt und es nach Art. 25 GG keinen Verfassungsrang hat (Maunz-Dürig 23 ff. zu Art. 25), erst durch ein spezielles ZustimmungsG Bestandteil des Bundesrechts werden. Mit „Gesetz" meint § 1 die einzelne materiellrechtliche Strafvorschrift (auch des AT), nicht ein Gesetzeswerk im ganzen. Zur Bestimmtheit von Ermächtigungen BVerfGE **32**, 346.

3) Bestimmt sein muß die Strafbarkeit der Tat im *materiellrechtlichen* Sinn 3 (RG **68**, 172), dh

A. Die Strafbarkeit ieS: Die Tat muß mit krimineller Strafe bedroht 4 sein. Art. 103 II GG erfaßt auch strafrechtliche **Nebenfolgen** (zB §§ 45, 165, 200), § 2 I, **Disziplinarmaßnahmen** (Maunz-Dürig 116 ff. zu Art. 103; str.), und, wie sich aus §§ 3, 4 OWiG ergibt, auch **Geldbußen** nach dem OWiG; sowie nach § 2 V auch **Verfall, Einziehung** und **Unbrauchbarmachung;** *nicht* hingegen **Zwangsgeld** und **-haft** (vgl. Neustadt NJW **57**, 1155) und **Bewährungsauflagen,** die schon deshalb keinen Strafcharakter haben, weil sie nicht mit staatlichem Zwang durchgesetzt werden können (vgl. 3 zu § 56 b). Art. 103 II GG gilt, wie § 2 VI klarstellt, auch nicht für **Maßregeln der Besserung und Sicherung,** die nach dem zZ der Entscheidung geltenden Gesetz anzuordnen sind. Bei ihnen handelt es sich nicht um Strafen (1, 4 vor § 38); außerdem können Maßnahmen ähnlicher Art auch außerhalb des Strafverfahrens ohne Rückwirkungsverbot angeordnet werden (vgl. § 4 StVG). § 2 VI verstößt daher nicht gegen Art. 103 II (BGH **5**, 173; **16**, 56; **17**, 78; **24**, 103; MDR/D **75**, 722; hM; vgl. LK[11]-Gribbohm 56 zu § 2; aM zB Jung, Wassermann-FS 885; SK-Rudolphi 18 zu § 2; Naucke JuS **89**, 865; abwägend SchSch-Eser 42 jeweils zu § 2). Auch die §§ 3 ff. sind von Art. 103 II GG erfaßt (Oehler, Bockelmann-FS 771; Krey JR **80**, 45).

B. Der gesetzliche Tatbestand (vgl. 5ff. vor § 13) ist nur dann be- 5 stimmt, wenn die Voraussetzungen der Strafbarkeit so konkret umschrieben sind, daß der einzelne die Möglichkeit hat, sein Verhalten auf die Rechtslage einzurichten und sich Tragweite und Anwendungsbereich des Straftatbestandes erkennen oder durch Auslegung (BGH **11**, 377) ermitteln lassen (BVerfGE **14**, 174; 245; **25**, 269; **32**, 346; **47**, 120; **55**, 152; **71**, 114; **73**, 234; 23. 10. 1991, 1 BvR 850/88; BayVerfGHE **51**, 201; krit. Nickel, Die Problematik der unechten Unterlassungsdelikte usw., 1972). Dabei geht es um die die Strafbarkeit begründenden oder verschärfenden Elemente des Tatbestandes (vgl. unten 8 ff.). Für das **Blankettstrafgesetz,** dh für ein förmliches Gesetz, in dem (nur) die Strafbarkeitsvoraussetzungen sowie

§ 1

Art und Maß der Strafe bestimmt sind und vorgesehen ist, daß dieser Strafvorschrift durch Gesetz, RechtsVO oder Verwaltungsakt Gebote oder Verbote („ausfüllende Vorschriften") unterstellt werden können, gilt Art. 103 II GG ebenfalls (BVerfGE **14**, 245; **41**, 314; **78**, 374; BGH **6**, 40; **28**, 73). Blankettvorschrift und ausfüllendes Gebot oder Verbot ergeben die Vollvorschrift (Hamburg 12. 1. 1984, 2 Ss 232/83; Kunert NStZ **82**, 278; vgl. Jakobs 4/71; Lüderssen wistra **83**, 223; Puppe GA **90**, 162; Tiedemann HWiStR „Blankettstrafgesetz"); zu den verfassungsrechtlichen Schranken für BlankettstrafG vgl. Krey EWR **81**, 109; Thomashausen wistra **82**, 60; Lenzen JR **80**, 135; Schünemann, Lackner-FS 370; zur Verfassungsmäßigkeit des § 392 I AO aF iVm § 6 StAnpG (jetzt § 370 AO iVm § 42 AO) BVerfGE **37**, 208; NStZ **82**, 206 [m. Anm. Jobski wistra **82**, 110]; BGH **37**, 272. § 370 VII AO kann eine Geltung des § 370 I bis V AO auf Auslandstaten von Ausländern allenfalls insoweit begründen, als sich die Tat auf Eingangsabgaben bezieht, die dem ausländischen Staat zustehen (BGHR § 370 IV AO EingAbg 2). Art. 103 II G widerspräche es, wenn die Blankettvorschriften auf die jeweils in Kraft befindliche EWG-VO verweisen oder zB durch eine Ermächtigungsklausel ohne förmliches Gesetzgebungsverfahren die deklaratorische Anpassung des WeinG an das Gemeinschaftsrecht vorgenommen würde (Koblenz NStZ **89**, 188; Stuttgart NJW **92**, 657), denn die Voraussetzungen der Strafbarkeit und die Art der Strafe müssen schon auf Grund des Gesetzes, nicht erst auf Grund der hierauf gestützten RechtsVO vorhersehbar sein (BVerfGE **78**, 374). Das Bestimmtheitsgebot *darf* aber *nicht übersteigert werden,* da ohne allgemeine, normative und wertausfüllungsbedürftige Begriffe „der Gesetzgeber nicht in der Lage wäre, der Vielgestaltigkeit des Lebens Herr zu werden" (BVerfGE **11**, 237). Wegen der Allgemeinheit und Abstraktheit von Strafnormen ist es unvermeidlich (BVerfGE **71**, 115; **73**, 235), daß in Grenzfällen zw. sein kann, ob ein Verhalten noch tatbestandsmäßig ist. Jedenfalls *im Regelfall* (BVerfG aaO) muß für den Normadressaten das Risiko einer Bestrafung erkennbar sein. Die Verwendung von Generalklauseln oder unbestimmter, wertausfüllungsbedürftiger Begriffe ist daher unbedenklich, wenn sie zum überlieferten Bestand an Strafrechtsnormen gehören und sich durch den Normzusammenhang sowie der gefestigten Rspr. eine zuverlässige Grundlage für die Auslegung und Anwendung gewinnen läßt (BVerfGE **4**, 357; **26**, 41; **28**, 183; **48**, 56; **64**, 393; **71**, 115 [krit. Hanack NStZ **86**, 263]; **78**, 382; BVerfG NJW **90**, 37 [zu § 20 I Nr. 1 VereinsG]; NJW **92**, 35 [zu § 370 I Nr. 1 AO]; NJW **92**, 223 [§ 78 a]; BGH **11**, 377; **13**, 191; **18**, 362; **30**, 287 [m. Anm. Lampe JR **82**, 430]; **38**, 121 [zu § 263 a]; GA **72**, 83 [„verdorben" in § 4 LMBG]; 18. 2. 1987, 2 StR 159/86 [zu § 17 Nr. 2b TierSchG]; 12. 6. 1990, 5 StR 614/90 [zu § 47 AuslG]; Bay JR **71**, 470 mit zust. Anm. Nüse; Oldenburg NJW **72**, 696; LK[11] 45; Roxin § 5, 65; vgl. krit. aber auch Schroeder JZ **69**, 775; Hanack JZ **70**, 41); die Merkmale des Errichtens, des Änderns und des Betreibens einer Fernmeldeanlage in § 15 II a FAG genügen mangels einer sie konkretisierenden Rspr. dem Bestimmtheitsgrundsatz nicht (BVerfGE **78**, 387, hierzu Otto JK 8).

5a   **Schrifttum:** *Lemmel,* Unbestimmte Strafbarkeitsvoraussetzungen im Besonderen Teil des Strafrechts und der Grundsatz nullum crimen sine lege, 1970; *Haft* JuS **75**, 477; *Krahl,* Die Rechtsprechung des BVerfG und des BGH zum Be-

Geltungsbereich **§ 1**

stimmtheitsgrundsatz im Strafrecht (Art. 103 Abs. 2 GG), 1986 (hierzu *Müller-Dietz* GA **87**, 34). *Krey,* Keine Strafe ohne Gesetz, 1983, 118 ff. u. Blau-FS 123 ff.; *R. Schmitt,* Jescheck-FS 227; *Schmidhäuser,* Martens-GedS 231. Gegen strafgesetzliches Experimentieren vgl. *Marxen* GA **85**, 549.

C. Die Strafdrohung selbst, vgl. oben 4; BVerfGE **25**, 269; **45**, 363; **6** BVerfG 3. 6. 1992, 2 BvR 1041/88 u. 78/89 S. 32; Langer, Dünnebier-FS 433. Jedoch kann das Bestimmtheitsgebot auch hier nur nach den Erfordernissen sinnvoller Gesetzgebung verstanden werden. Absolute Strafdrohungen sind nicht gefordert; mehrere Strafarten können nebeneinander angedroht werden. Doch ist grundsätzlich ein bestimmter Strafrahmen zu fordern, der nicht uferlos sein darf (problematisch BGH **13**, 191). Geldstrafdrohungen in unbeschränkter Höhe sind abgeschafft (§ 40; Art. 12 EGStGB); krit. zum überzogenen (2 zu § 40) Rahmen des Tagessatzsystems SK 15. Unbedenklich iS des § 1 ist die Regelbeispieltechnik (vgl. 43 ff. zu § 46, BVerfGE **45**, 363; LK[11] 63; SchSch 23, 29).

4) Zur Zeit der Tat (§ 8) muß deren Strafbarkeit bestimmt sein, dh **7** schon zu der Zeit, zu der der Täter gehandelt hat oder im Falle des Unterlassungsdelikts hätte handeln müssen (RG **44**, 277), so daß hier (anders bei der Verjährung, § 78 a S. 2) der Eintritt des Erfolges außer Betracht bleibt (RG **57**, 196). Allerdings reicht es bei länger dauernden Handlungen, beim Dauerdelikt und bei der fortgesetzten Handlung aus, wenn die Strafbarkeit zZ des letzten Teilakts besteht (RG **43**, 357; **44**, 277; **62**, 3). In solchen Fällen wird aber nur der Teil der Handlung erfaßt, der nach Eintritt der Strafbarkeit liegt; auch kommt ein nicht vorwerfbarer Verbotsirrtum in Betracht. Für Teilnehmer kommt es auf die Zeit ihres Tatbeitrages an.

5) Drei Verbote, Strafbarkeit zu begründen oder zu verschärfen, erge- **8** ben sich aus den Bestimmtheitsgeboten (oben 2 bis 6):

A. Gewohnheitsrecht (es entsteht auf Grund dauernder und ständiger, **9** gleichmäßiger und allgemeiner und den Beteiligten als verbindliche Rechtsnorm anerkannter Übung, BVerfG 7. 2. 1984, 2 BvR 794/83) darf nicht zu Lasten des Täters angewendet werden (BVerfGE **71**, 115; **73**, 235 mwN); jedoch können gewohnheitsrechtliche oder durch Richterrecht übergesetzliche Rechtfertigungs- und Schuldausschließungsgründe entwickelt werden (BGH **11**, 245; Bay MDR **82**, 1041 m. Anm. Sack JR **83**, 123; 15 vor § 32), durch *desuetudo,* dh Nichtanwendung auf Grund gemeinsamer Rechtsüberzeugung, kann eine Strafvorschrift beseitigt werden (BGH **5**, 23; **8**, 381; OGHSt. **1**, 66); andrerseits können sich strafrechtlich relevante außerstrafrechtliche Rechtssätze gewohnheitsrechtlich bilden (BGH **2**, 153), und sich aus ständiger Auslegung auch Gewohnheitsrecht zuungunsten des Täters (zB actio libera in causa, Fortsetzungszusammenhang, Wahlfeststellung) entwickeln (R. Schmitt, Jescheck-FS 225), solange die gesetzliche Auslegungsgrundlage nicht weggefallen ist (hierzu Krey, Keine Strafe ohne Gesetz, 1983, 107, 123).

B. Das Analogieverbot (BVerfGE **14**, 185; **25**, 285; **26**, 42; **71**, 115; **73**, **10** 235) gilt für alle materiellrechtlichen Vorschriften (Maunz-Dürig 109 zu Art. 103 GG; Krey aaO 70 ff., 115 ff., 130 ff. u. ZStW **101**, 841; Roxin § 5, 40). Analogie ist die Anwendung eines Rechtssatzes auf einen von ihm nicht erfaßten Sachverhalt, der dem von ihm erfaßten rechtsähnlich ist, sowie das Entwickeln neuer Rechtssätze aus ähnlichen schon bestehenden

§ 1

(vgl. BGH **7**, 193; **8**, 70; NJW **51**, 809; Bay NJW **70**, 479; Fuhrmann, Tröndle-FS 145; K. Schmidt, Rebmann-FS 438). Art. 103 II GG bindet den Richter strikt an das geschriebene materielle Recht und hält ihn an, den Gesetzgeber beim Wort zu nehmen, dh das Gesetz auszuführen, soweit erforderlich fortzubilden, nie aber zu korrigieren (BVerfGE **71**, 115; **73**, 236) und verbietet damit die Anwendung einer Strafvorschrift über ihren eindeutigen, einer Auslegung nicht zugänglichen Wortlaut hinaus allein im Hinblick auf den Normzweck (BVerfGE **64**, 393). Im Wege der Analogie dürfen Tatbestände weder neu geschaffen noch bestehende ausgeweitet werden (auch nicht um Gesetzesumgehungen entgegenzuwirken, Stöckel ZRP **77**, 135 mwN; grundlegend Bruns GA **86**, 1) und dürfen Strafdrohungen weder neu geschaffen noch verschärft werden (BVerfGE **25**, 269; Hamburg NJW **72**, 1290; zum Ganzen Höpfel JBl. **79**, 505, 575). Das Analogieverbot gilt auch für Maßregeln (so sind §§ 67, 67a nicht analog anwendbar: Karlsruhe MDR **91**, 892) und Maßnahmen (§ 11 I Nr. 8: BGH **18**, 136; LK 35; SchSch 28). Hingegen ist **Analogie zugunsten** des Täters zulässig; so gelten die kürzeren Verjährungsvorschriften für Presseinhaltsdelikte (8 zu § 78) für Kartellordnungswidrigkeiten, die durch Verbreitung von Druckwerken begangen worden sind, entsprechend (BGH **28**, 55). Zur analogen Anwendung des AT bei Rechtfertigungs- sowie Strafmilderungs- und Strafausschließungsgründen SchSch 31; H.-J. Hirsch, Tjong-GedS 50; vgl. auch [zu § 31] 16 zu § 234a. Keine Analogie ist die **Auslegung** des Gesetzes, auch wenn sie zuungunsten des Täters die Grenzen eines Tatbestandes über den bloßen Wortlaut hinaus nach dem Gegenwartssinn des Gesetzes erweitert (Primat des Gesetzessinnes vor dem Gesetzeswortlaut, BVerfGE **57**, 262; NJW **82**, 1512; BGH **1**, 75; 158; 296; **2**, 365; **6**, 132; 396; **10**, 83, 159; Bay NJW **70**, 479). Der Wille des Gesetzgebers muß aber im Gesetz selbst einen hinreichend bestimmten Ausdruck gefunden haben. Der (noch) *mögliche* Wortsinn markiert die äußerste Grenze zulässiger Auslegung (BVerfGE **71**, 114; **73**, 235; BGH **4**, 148). Maßgebend für die Interpretation eines Gesetzes ist der in ihm zum Ausdruck kommende objektivierte Wille des Gesetzgebers (BVerfGE **79**, 106; BGH **29**, 198; MDR **83**, 590; Schwalm, Heinitz-FS 47), dh der Wortsinn wie er sich aus dem Gesetzeswortlaut und dem Sinnzusammenhang ergibt, in den die Norm hineingestellt ist. Der Wortsinn ist aus der Sicht der Allgemeinheit der Bürger zu bestimmen (BVerfGE **71**, 115 [m. Anm. Hanack NStZ **86**, 263]; **73**, 236; Krey ZStW **101**, 843). Geht der Gesetzgeber zB von einem allgemein anerkannten Begriff aus, so überschreitet es die Grenze der zulässigen Auslegung, wenn der Richter unter diesem Begriff völlig andere Verhaltensweisen einordnet (BGH **34**, 178 m. Anm. Lampe JR **87**, 384; Richter wistra **87**, 276). Verfassungsrechtliche Zweifel sind vorrangig auszuräumen. Dabei ist diejenige Auslegung zu wählen, die „die juristische Wirkungskraft der Grundrechtsnorm am stärksten entfaltet (BVerfGE **6**, 72; **32**, 71; **39**, 38). Der Entstehungsgeschichte (Loos, Wassermann-FS 123) kommt unterstützende Bedeutung nur insofern zu, als sie die Richtigkeit einer so ermittelten Auslegung bestätigt oder Zweifel behebt, die auf dem angegebenen Weg allein nicht ausgeräumt werden können (BVerfGE **11**, 129; **20**, 253; **59**, 128; **64**, 275; BGH **8**, 298; **11**, 53; NJW **75**, 1844; KG NJW **77**, 2225). Paragraphenüberschriften enthalten keine zusätzlichen Tatbestandsmerkmale (20. 2. 1980, 2 StR 748/79). Wenn Analogie und Auslegung auch grundsätzlich unterschieden werden können (krit. Sax, Das strafrechtliche Analogieverbot, 1953; gegen ihn Bindokat JZ **69**, 541), so sind die Grenzen doch fließend; während RG **72**, 349 noch glaubte, daß das gewaltlose Eingeben von Betäubungsmitteln nur im Wege der Analogie der Gewalt gleichgesetzt werden könne, hält BVerfGE **73**, 242 die Grenzen zulässiger Auslegung des Gewaltbegriffs nicht für überschritten. Zur Auslegung im einzelnen LK[11] 84 ff.; LK[11]-Jescheck Einl. 9; SchSch 37 ff.; SK 29 ff.

Weiteres Schrifttum: *Haft* JuS **75**, 477; *Arth. Kaufmann*, Analogie und „Natur der Sache", 2. Aufl., 1982, S. 38 ff., 61 ff.; zu den Verfassungsschranken des Richterrechts: *Krey* JZ **78**, 363, 428, 465 u. ZStW **101**, 844; *Lackner* UniHD-FS 39; *Leisner* DVBl. **86**, 705; *Ostendorf* GA **82**, 333; *R. Schmitt*, Jescheck-FS 233; *Schroth*, Theorie und Praxis subjektiver Auslegung im Strafrecht, 1983 (hierzu *Marxen* GA **87**, 42); *Tiedemann* HWiStR „Auslegung" (im Wirtschafts- und Steuerstrafrecht). **10b**

C. Das Rückwirkungsverbot, dh das Verbot, nach der Tat entstandenes **11** Recht auf sie anzuwenden, wenn das eine Verschlechterung der Rechtslage bedeuten würde, in der sich der Täter zur Tatzeit befand. **a)** Dabei geht es **11a** umfassend um das *Ob* und *Wie* der Strafbarkeit, so daß es sich nicht nur um die die Strafbarkeit begründenden und verschärfenden Rechtselemente handelt; vielmehr darf die Rechtslage zur Tatzeit auch nicht hinsichtlich solcher Elemente verschlechtert werden, die zugunsten des Täters vom gesetzlichen Bestimmtheitsgebot frei sind, nämlich der Rechtfertigungs- und Schuldausschließungsgründe (str.; vgl. LK-H. J. Hirsch 35 vor § 32; SchSch 4 zu § 2; SK 7; aM Schroeder ZRP **72**, 105; vgl. 1 zu § 226a), der Bedingungen der Strafbarkeit und der persönlichen Strafausschließungs- und Aufhebungsgründe (dazu 17 vor § 32; str.; zu eng in der Formulierung BVerfGE **25**, 269). Das Verbot gilt jedoch nicht, soweit es sich um für den Täter günstigeres Recht handelt. Dann gilt vielmehr § 2 III (dort 3, 4 ff.). **b)** Das Rückwir- **11b** kungsverbot gilt auch nicht für *verfahrensrechtliche Normen* (hM), also nicht für das *Strafantragsrecht,* so daß ein Antragsdelikt rückwirkend in ein Offizialdelikt umgewandelt werden kann (zw.; so RG **76**, 328; vgl. BGH **20**, 27; Hamm NJW **61**, 2030; LK[11] 7 zu § 2 mwN; SchSch 8 zu § 77; SK 10 vor § 77; aM Jescheck § 15 IV 4; Pieroth JuS **77**, 396). Nach früher fast allgM (trotz der gemischten Theorie; hierzu 4 vor § 78) auch nicht für die *Verjährungsvorschriften* (BGH **2**, 305; **4**, 384; vgl. R. Schmitt, Jescheck-FS 228).

Diese Frage wurde im Streit um die Verlängerung der Verjährungsfrist bei **natsoz. Mordtaten** im Zusammenhang mit dem 9. und dem 16. StÄG (4 zu § 78) äußerst kontrovers beurteilt. Hierzu im einzelnen 43. Aufl. Die rechtsstaatlichen Bedenken gegen die rückwirkende Änderung verstärkten sich erheblich dadurch, daß 1975 die prozessuale Einkleidung des § 67 I aF in § 78 I mit dem Bekenntnis zur gemischten Auffassung (Ndschr. **2**, 359) aufgegeben wurde; außerdem hat BVerfGE **25**, 269 1969 nur das BerechnG für vereinbar mit Art. 103 I GG erklärt. Die Rückwirkung ist aber auch mit dem Rechtsstaatsprinzip nach Art. 20 III, 28 I S. 1 GG unvereinbar unter dem Gesichtspunkt des Vertrauensschutzes (G. Schultz MDR **79**, 195), zumindest seit § 78 c III S. 2 gilt, während das BVerfG noch vom alten Rechtszustand ausging, der die absolute zeitliche Grenze des § 78 c III S. 2 noch nicht enthielt (vgl. Jescheck SchweizZSt. **83**, 3; Jakobs 4/9; R. Schmitt, Jescheck-FS 230). Zur Frage des Art. 6 I S. 1 MRK in diesem Zusammenhang, vgl. auch NStZ **82**, 291.

§ 1 AT Erster Abschnitt. Erster Titel

11 c c) Auf eine **ständige höchstrichterliche Auslegung** des Rechts, die noch nicht zum Gewohnheitsrecht geworden ist, bezieht sich das Rückwirkungsverbot *nicht* (vgl. 6a zu § 316; VRS **32**, 229; MDR/D **70**, 196; GA **71**, 37; Bay NJW **90**, 2833 [hierzu Ranft JuS **92**, 468]; Düsseldorf 3. 9. 1990, 5 Ss 154/90]; vgl. BVerfGE **11**, 238; **14**, 251; **18**, 240; NJW **90**, 3140 [hierzu Otto JK 2 zu § 2 III]; KG VRS **32**, 264; Karlsruhe NJW **67**, 2167; Frankfurt NJW **69**, 1635; Oldenburg OLGSt. 15 zu § 316; Bremen MDR **82**, 773; LK[11] 38ff. zu § 2 mwN; Jescheck § 15 IV 3; Bockelmann Ndschr. **3**, 289; Schmidhäuser 5/39, auch StudB AT 3/23, 47; Jagusch/Hentschel 14a zu § 316; Jakobs 4/80; Hentschel NJW **83**, 1649; Haffke BA **72**, 32; Salger NZV **90**, 4; DRiZ **90**, 16; Jescheck § 15 IV 3 Fn. 40; Roxin § 5, 59; Nowakowski WienK 63 zu § 1; aM aber irrig LG Düsseldorf NJW **73**, 1054; LG Krefeld NJW **83**, 2099 mit Recht abl. Hentschel NJW **84**, 350; ferner Weidemann DAR **84**, 310; aM, nicht überzeugend Allgaier DAR **90**, 50). Die in mancherlei Differenzierung vertretene Gegenmeinung im Schrifttum (Maunz-Dürig-Herzog 112 zu Art. 103 GG; Baumann § 12 I 2a; Hanack JZ **67**, 300; Groß GA **71**, 18; Schreiber ZStW **80**, 348; Naucke NJW **68**, 758, 2321; Müller-Dietz, Maurach-FS 41; Straßburg ZStW **82**, 948; Robbers JZ **88**, 481; Neumann ZStW **103**, 331; Krahl NJW **91**, 808; Hüting/Konzak NZV **91**, 255; Bernreuther MDR **89**, 829; wohl auch Polakiewicz EuGRZ **92**, 188; vgl. SK 6; SchSch 9 zu § 2; AK-Hassemer 50ff.; M-Zipf § 12, 8) ist für das geltende Recht nicht haltbar (Tröndle, Dreher-FS 117; ebenso Salger NZV **90**, 4), und könnte die Verfolgbarkeit natsoz. Gewalttaten in Frage stellen (Schünemann aaO 233). Zur Verfolgbarkeit von Funktionären des MfS der ehem. DDR BGH 4. 10. 1991, 4 BJs 42/89–4; Bay NStZ **92**, 282. Solange Gesetzgebung und Rechtsprechung funktionsgerecht begriffen werden (vgl. R. v. Hippel, Reform der Strafrechtsreform 1976, 30), läßt sich das Rückwirkungsverbot auch *de lege ferenda* nicht auf die Fälle der Rechtsprechungsänderung erstrecken, im einzelnen hierzu Tröndle aaO 127 („Scheinproblem der Strafrechtswissenschaft"); LK-Tröndle 24 zu § 2; iErg. ebenso SK 8; Krey, Keine Strafe ohne Gesetz, 1983, 113; hiergegen Naucke, Bockelmann-FS 699.

12 6) **Wahlfeststellung.**

Neueres **Schrifttum:** *Wolter*, Wahlfeststellung und in dubio pro reo, 1987 (Dokumentation der höchstrichterlichen Rspr. 1934–1986) [Bespr. *Gössel* GA **88**, 36; *Montenbruck* GA **88**, 531]; *Schmoller*, Alternative Tatsachenaufklärung im Strafrecht. Wahlfeststellungen, Stufenverhältnisse, „Freispruch 2. Klasse", Wien 1986, und die im Text Genannten.

Dieser für die Praxis wichtige Problemkreis war von 1935 (§ 2b idF d. Ges. v. 28. 6. 1935; vgl. auch § 267b fF StPO) bis 1946 gesetzlich geregelt (aufgehoben durch KRG Nr. 11 v. 30. 1. 1946), obwohl § 2b kein natsoz. Gedankengut enthielt (BT-Drs. I/3713). Es handelt sich um ein mit § 1 vereinbares gemischt sachlich-verfahrensrechtliches Institut (SchSch-Eser 69), bei dem der Schwerpunkt auf der prozessualen Seite liegt (Otto, Peters-FS 386; vgl. LK[11] 134ff.; BGH **32**, 150; hierzu Geppert JK 2).

13 A. **Voraussetzung** einer wahldeutigen Verurteilung ist nach stRspr. **a)** daß innerhalb des durch § 264 StPO gezogenen Rahmens (BGH **10**, 137; **32**, 150; GA **67**, 184; JZ **70**, 327; Celle MDR **87**, 76 [m. Anm. Kröpil NJW **88**, 1188]; aM Bay NJW **65**, 2211; abl. Koffka JR **65**, 430; Fuchs NJW **66**,

Geltungsbereich § 1

1110; Schröder NJW **85**, 780; hierzu LK-Tröndle 79 und JR **74**, 135; SchSch 102) der geschichtliche Anklagevorgang nach **Erschöpfung aller Beweismöglichkeiten** (BGH **12**, 388; **21**, 152; **25**, 182; NJW **54**, 932; MDR/D **67**, 548; GA **70**, 24; **84**, 373; Hamburg NJW **55**, 920; JR **62**, 229; für Bagatellfälle aM Zweibrücken NJW **66**, 1828) nicht so eindeutig aufzuklären ist, daß ein bestimmter Tatbestand festgestellt werden kann, wohl aber **eindeutig festzustellen** ist, daß der Angeklagte einen von mehreren möglichen Tatbeständen verwirklicht hat (BGH **12**, 386; NStZ **87**, 474; Hamm NJW **72**, 836) und andere als die wahlweise festgestellten Handlungen sicher ausgeschlossen sind (MDR/H **85**, 285). Das Verhältnis dieser mehreren möglichen das Tatgeschehen bildenden Verhaltensweisen zueinander ist dafür maßgebend, ob und aufgrund welcher Vorschrift zu verurteilen ist. Stehen die Verhaltensweisen in einem **Stufenverhältnis** iS eines Mehr oder Weniger, so ist (in dubio pro reo) nach dem leichteren Gesetz zu verurteilen (BGH **31**, 137 [hierzu Hruschka JR **83**, 177]; NStZ **92**, 278; Stuttgart NStZ **91**, 285 m. Anm. Stree, Otto JK 11; Mylonopoulos ZStW **99**, 708; Schleswig SchlHA **84**, 81). Weitere Voraussetzung ist also, **b)** daß nach dem **Grundsatz in dubio pro reo** nicht eine eindeutige Tatsachengrundlage geschaffen werden kann. Er besagt positiv, daß eine Verurteilung nur auf Grund eines zur vollen Überzeugung des Tatrichters festgestellten Sachverhalts zulässig ist, negativ, daß aus nur möglichen, ungewissen, im Zweifel gebliebenen Umständen nichts zu Lasten des Angeklagten hergeleitet werden darf (NStZ **87**, 474). Dieser Zweifelssatz ist nicht schon verletzt, wenn der Richter hätte zweifeln müssen, sondern nur, wenn er verurteilt, obwohl er zweifelte (BVerfG NJW **88**, 477). Die Rechtsnatur dieses Grundsatzes (vgl. Seibert DRZ **49**, 557; NJW **55**, 172; Frisch, Henkel-FS 273; Montenbruck, In dubio pro reo, 1985 [Bespr. Gössel ZStW **103**, 494]; Löffeler JA **87**, 77; Hamm NJW **51**, 286), den die Rspr. des BGH mit Rücksicht auf § 352 StPO als materiellen Rechtssatz auffaßt (MDR **55**, 652; ebenso Koblenz VRS **44**, 192), ist str. Die Rspr. wendet ihn grundsätzlich nur an, wenn der dem Täter günstigere Sachverhalt als ein rechtliches minus in dem sonst in Betracht kommenden ungünstigeren Sachverhalt bereits enthalten ist (GrSenBGH **9**, 397; **11**, 101; **15**, 66; Braunschweig NJW **57**, 1938). Dieses Stufenverhältnis (BGH aaO; Bay NJW **67**, 361) des minus-plus besteht vor allem im Verhältnis von Privilegierungs-, Regelund Qualifikationstatbeständen, zB zwischen einfachem und schwerem Raub, aber auch zwischen § 153 und § 154 (NJW **57**, 1886), zwischen § 182 und § 177 (BGH **22**, 154; zw.), § 178 und § 177 (BGH **11**, 100), zwischen § 246 und § 242 (Bieber WM Beil. 6/87, 21), auch zwischen Diebstahl und Nötigung einerseits und Raub andererseits. Aber nach MDR/H **82**, 103 auch bei der Alternativfeststellung von §§ 211, 251, 226 oder §§ 250, 226 im Verhältnis zu §§ 223a, 242, 222 oder von §§ 226, 211/23, 52 im Verhältnis zu §§ 223a, 211, 52 (BGH **35**, 307 hierzu Otto JK 6; vgl. ferner NJW **90**, 130 m. Anm. Wolter JR **90**, 471). Dasselbe gilt im Verhältnis von Versuch und Vollendung (BGH **36**, 268, hierzu Otto JK 9), ferner ist, falls die Tatumstände insoweit nicht aufgeklärt werden können, Tateinheit und nicht Tatmehrheit anzunehmen (NJW **87**, 1643; MDR/H **80**, 628; BGHR § 52 I, in dub. 1). Bei einer Reihe von Fallgruppen gerät die Rspr. infolge der eingeschränkten Anwendung des Grundsatzes *in dubio pro reo* in Schwierigkeiten und sieht sich zu Ausweichlösungen gedrängt. So wendet

14

ihn BGH **23**, 203 für das Verhältnis von Täterschaft und Beihilfe nur analog an (zust. Schröder JZ **70**, 422; abl. unter Übernahme der von Hruschka MDR **67**, 265, JZ **70**, 637 entwickelten Theorien Löhr JuS **76**, 715; für *unmittelbare* Anwendung aber 15. 4. 1988, 3 StR 109/88; RG **48**, 210; **71**, 364; Jakobs GA **71**, 264; für Wahlfeststellung MDR/D **53**, 21; für Auffangtatbestand Bay NJW **67**, 361; dazu Fuchs NJW **67**, 739; **70**, 1053). Hingegen hielt BGH **1**, 127 Wahlfeststellung zwischen Täterschaft und Anstiftung für möglich (so auch Düsseldorf NJW **76**, 579). Für das *Verhältnis von Vorsatz und Fahrlässigkeit,* das dogmatisch als aliud-Verhältnis anzusehen ist (19 zu § 15), wollte BGH **4**, 340 Wahlfeststellung zulassen, wogegen GrSenBGH **9**, 393 und ein Teil des Schrifttums (vgl. SchSch 92; Fuchs GA **64**, 73) Bedenken erhoben. BGH **17**, 210 geht daher den gleichen Weg wie BGH **9**, 393 und sieht die Fahrlässigkeitstatbestände als *Auffangtatbestände* auch für den Fall an, daß Vorsatz nicht nachgewiesen werden kann, unterstellt also dem Gesetz, daß die Fahrlässigkeitstatbestände auch die nicht nachweisbaren Fälle des Vorsatzes erfassen sollen (dazu Willms JZ **62**, 628; krit. Eike v. Hippel NJW **63**, 1533; Fuchs GA **64**, 65; Sax JZ **65**, 748; Jakobs GA **71**, 260; Wolter, Alternative und eindeutige Verurteilung auf mehrdeutiger Tatsachengrundlage im Strafrecht, 1972; Mylonopoulos ZStW **99**, 685; LK[11] 119; beachtlich SK-Rudolphi 20ff. Anh. § 55). Dasselbe nimmt BGH 6. 9. 1962, 1 StR 163/62 für das Verhältnis von Mord oder Totschlag zu § 226 an. Zum Verhältnis von Einzeltaten und fortgesetzter Handlung vgl. 28 vor § 52; Hamburg NJW **55**, 920 hält hier Wahlfeststellung für möglich. Die problematischen Fallgruppen lassen sich leichter lösen, wenn man den Grundsatz *in dubio pro reo* auf Fälle der Abstufung von schwer und weniger schwer erweitert; so mit Recht für Anstiftung und Beihilfe BGH **31**, 137 m. Anm. Dingeldey NStZ **83**, 166; Baumann JZ **83**, 116; hierzu Hruschka JR **83**, 177; Wolter JuS **83**, 769; vgl. Jescheck § 16 II; Nowakowski JBl. **58**, 380; SchSch 99 zu § 1; Schmidhäuser 10/115; Otto, Peters-FS 373; KK-Hürxthal 69 zu § 261 StPO; vgl. LK 65. Dann allerdings öffnet sich der Weg, den Grundsatz auch dann anzuwenden, wenn sich Straftaten gegenüberstehen, von denen die eine mit schwererer Strafe bedroht ist als die andere (Dreher MDR **70**, 369; abl. Wolter aaO 73; Löhr JuS **76**, 719).

15 **B. Die Rspr.** des RG war zunächst bei der Annahme einer Wahlfeststellung sehr zurückhaltend (RG **22**, 213; **53**, 232; **56**, 61), ließ sie aber in der Plenarentscheidung RG **68**, 257 zwischen Diebstahl und Hehlerei zu. Der BGH ist im wesentlichen auf die Linie des RG vor 1935 zurückgekehrt, während das Schrifttum zwischen weitestgehender Ablehnung (zB Heinitz JZ **52**, 100; JR **57**, 126; H. Mayer JW **34**, 294; Schorn DRiZ **64**, 45) und weitestgehender Befürwortung (zB Zeiler DRZ **14**, 521; 569; ZStW **42**, 665; **43**, 596; **64**, 156; **72**, 4; Nüse GA **53**, 33; **54**, 24; JR **54**, 352) schwankt (vgl. weiter Blei NJW **54**, 500; Grünhut MSchrkrimPsych. **34**, 327; v. Schack StrafrAbh. Heft 380; Schaffstein NJW **52**, 725; Wolter aaO; Endruweit, Die Wahlfeststellung usw., 1973; Tröndle JR **74**, 133; Schulz JuS **74**, 635; Röhmel JA **75**, 371; Küper, Lange-FS 65; Günther, Verurteilungen im Strafprozeß trotz subsumtionsrelevanter Tatsachenzweifel, 1976; JZ **76**, 665; Montenbruck, Wahlfeststellung und Wertturteils 1976; zusf Wolter JuS **83**, 363, 602, 769; **84**, 37; 530; 606 und aaO [oben 12]). Die u. a. von H. Mayer und M-Zipf (§ 10, 27; vgl. auch Endruweit aaO) geltend ge-

Geltungsbereich **§ 1**

machten verfassungsrechtlichen Bedenken erscheinen unbegründet. Die in Art. 103 II GG an den Gesetzgeber gerichtete Weisung, die Strafbarkeit gesetzlich zu bestimmen, hat mit der prozessualen Frage nichts zu tun, was mit einem Täter zu geschehen hat, von dem sich nur feststellen läßt, daß er entweder den einen oder den anderen von zwei dem Art. 103 GG entsprechenden Tatbeständen verwirklicht hat. In Betracht kommt nach der Rspr.:

a) Gleichartige Wahlfeststellung (sog. Tatsachenalternativität, LK[11] **16** 130 f.; auch LR-Gollwitzer 146 ff. zu § 261 StPO; zur tatrichterlichen Überzeugungsbildung JR **81**, 304 m. Anm. Peters). Hier hat der Täter zwar dasselbe Gesetz verletzt, aus dem allein verurteilt wird, offen bleibt aber, durch welche konkrete Handlung (Braunschweig MDR **51**, 181; BGH 14. 1. 1982, 4 StR 658/81), so bei zwei sich widersprechenden Aussagen, wenn offen bleibt, welche die falsche ist (BGH **2**, 351; MDR/D **51**, 464; NJW **57**, 1886; VRS **62** 274; 12. 2. 1981, 4 StR 714/80; Braunschweig NJW **52**, 38; vgl. Jakobs GA **71**, 265; Sax JZ **65**, 745); bei Mord, wenn nicht feststeht, welcher Schuß tödlich war; bei fahrlässiger Tötung, wenn nicht feststeht, ob der alkoholisierte Täter das Unfallfahrzeug selbst gelenkt oder dessen Führung einem Fahruntüchtigen überlassen hat (Karlsruhe NJW **80**, 1859; hierzu Hruschka JuS **82**, 317); bei gefährlicher Körperverletzung, wenn nicht feststeht, welcher von 2 Sexualkontakten zur HIV-Infektion (5 a zu § 223) geführt hatte (BGH **36**, 269 m. Anm. Otto JR **90**, 205 u. JK 9 sowie Rudolphi JZ **90**, 198); bei Mittäterschaft, wenn nicht festzustellen ist, wie sich die einzelnen Handlungsakte verteilen (OGHSt. **1**, 111); oder wenn nicht feststellbar ist, welche von möglichen Beihilfeformen vorlag (NJW **83**, 405; **85**, 2488); bei § 239 b, wenn nicht feststeht, ob eine Geiselnahme gegeben ist oder eine solche lediglich im Einvernehmen mit einer Geisel verabredet worden ist (NJW **92**, 702); bei § 323 a, wenn verschiedene Rauschtaten möglich sind (Oldenburg NJW **59**, 832). In diesem Bereich ist vor allem die Einhaltung der Grenzen des § 264 StPO zu beachten (vgl. oben 13); die mehreren Tatalternativen muß der Richter im einzelnen feststellen und *andere Möglichkeiten* müssen *sicher ausgeschlossen* sein (DAR **81**, 187); hierbei sind um so strengere Anforderungen zu stellen, je mehr Geschehensabläufe in Betracht kommen (NJW **83**, 405; 30. 3. 1983, 2 StR 679/82; NStZ **86**, 373; LR-Gollwitzer 180 zu § 261 StPO).

b) Ungleichartige Wahlfeststellung. Hier kommen zunächst die Fälle **17** verschiedenartiger Begehungsmöglichkeit des gleichen Delikts in Betracht, die schon im Gesetz als gleichwertig behandelt werden, so zB Wahlfeststellung zwischen den Begehungsformen des § 211 (BGH **22**, 13; 22. 1. 1986, 3 StR 474/85), zwischen fälschlichem Herstellen oder Gebrauchmachen in § 267 (Celle HESt. **1**, 3) und § 268, zwischen Anstiftung oder (Mit-)Täterschaft (BGH **1**, 127; Düsseldorf NJW **76**, 579), Allein- oder Mittäterschaft (BGH **11**, 18) oder Nebentäterschaft (Düsseldorf DAR **70**, 190), Alleintäterschaft und mittelbarer Täterschaft (RG JW **34**, 296), mittelbarer Täterschaft und Mittäterschaft. Stehen hingegen „verschiedene gesetzliche Tatbestände in Frage, die sich tatsächlich und rechtlich so unterscheiden, daß sie einander ausschließen und sittlich abweichend zu beurteilen sind" (RG **68**, 257), schließt die Rspr. Wahlfeststellung aus. Sie läßt sie bei verschiedenartigen Tatvorwürfen nur zu, wenn diese **rechtsethisch und psycholo- 17 a gisch vergleichbar** sind (GrSenBGH **9**, 392; NStZ **85**, 123, hierzu Geppert

JK 3; Wolter aaO [oben 12], 108 ff.; stRspr.; SchSch 105 ff.); dagegen mit Recht Hardwig, der auf den gleichen Kerngehalt der Delikte und Rechtsgutsverwandtschaft abstellt (Eb. Schmidt-FS 484 Anm. 28); ähnlich eine im Vordringen befindliche Meinung im Schrifttum, die auf die *Identität des Unrechtskerns* (oder ähnlich) abhebt (Deubner JuS **62**, 23; NJW **67**, 738; **69**, 147; Hruschka MDR **67**, 267; LK[11] 111 mwN; Jescheck § 16 III 3; Jakobs GA **71**, 270; Otto, Peters-FS 389; Löhr JuS **76**, 720; Günther JR **82**, 82; krit. Wolter aaO [oben 12], 102; in der Rspr. auch Bay MDR **77**, 860; m. Anm. Hruschka JR **78**, 26; vgl. auch Saarbrücken NJW **76**, 67); oder darauf, daß sich die wahldeutig festgestellten Straftaten in ihrem kriminellen Unrechtsgehalt nach Art und Umfang wesentlich gleichen (SK-Rudolphi 38 ff. Anh. zu § 55); Günther aaO [oben 15] 218 entwickelte eine Lehre von der graduellen Unwertverschiedenheit (hierzu Küper NJW **77**, 1332), während Montenbruck aaO [oben 15] 384 für eine Bestrafung aus einem gemeinsamen eingeschränkten Grundtatbestand eintritt, der disjunktiv aus zwei gesetzlichen Tatbeständen gebildet wird.

18 **aa) Zulässig** ist auf der Grundlage der **stRspr.** (umfassende Dokumentation bei Wolter aaO [oben 12], 174 ff.) Wahlfeststellung zwischen Diebstahl und Hehlerei (RG **68**, 257; BGH **1**, 203; **9**, 393; **12**, 386), und zwar auch bei Raubverdacht (zwischen dem im Raub enthaltenen Diebstahl und der Hehlerei, MDR/H **86**, 793, hierzu Otto JK 4), ferner in der Form der Wahlfeststellung zwischen 20 Diebstählen oder einer einzigen Hehlerei (MDR/D **75**, 367), ferner auch mit gewerbsmäßiger Hehlerei, wenn sich der Täter auch durch den etwaigen Diebstahl eine Einnahmequelle von gewisser Dauer verschaffen will (BGH **11**, 26), zwischen Diebstahl (auch § 243) und Begünstigung des Diebes (BGH **23**, 360; zust. Schröder JZ **71**, 141; krit. Hruschka NJW **71**, 1392; Wolter GA **74**, 167), Diebstahl und Unterschlagung (vgl. BGH **16**, 184; Bay NJW **58**, 560; Hamm OLGSt. 119 zu § 263, und zwar auch dann, wenn nur der innere Tatbestand offen bleibt, Köln GA **74**, 121), (Trick-)Diebstahl und Betrug (Hamm NJW **74**, 1957; str.; offen gelassen in NJW **74**, 804; wistra **89**, 60; anderseits BGH **20**, 104; aM Karlsruhe Die Justiz **73**, 57; jedoch mit Einschränkungen NJW **76**, 902; insoweit offen gelassen NStZ **85**, 123), Diebstahl und Pfandkehr (Düsseldorf NJW **89**, 116); Raub und räuberischer Erpressung (BGH **5**, 280; vgl. 10 zu § 249), Unterschlagung und Untreue (Braunschweig MDR **51**, 180; dahingestellt in GA **70**, 24), Betrug und Untreue (GA **70**, 24; Hamburg JR **56**, 28), Betrug und Hehlerei (NJW **74**, 804; offen gelassen NJW **89**, 1868), Betrug und Unterschlagung (Hamm MDR **74**, 682; Saarbrücken NJW **76**, 65; dazu krit. Günther JZ **76**, 665; vgl. ferner Hamm JMBlNW **55**, 236); falscher Verdächtigung und Aussagedelikt (BGH **32**, 149; **38**, 176; Bay **91**, 5; Braunschweig NJW **59**, 1144), falscher Verdächtigung und Meineid (Bay MDR **77**, 860; m. Anm. Hruschka JR **78**, 26); falscher Aussage und Meineid (NJW **57**, 1886; Bay NJW **65**, 2211); Meineid und falscher Versicherung an Eides Statt (Hamm GA **74**, 84; krit. Blei JA **74**, 321); Mord und Totschlag (vgl. 12. 10. 74, 2 StR 184/74); versuchter Mord und Körperverletzung mit Todesfolge (NStE Nr. 2 zu § 226); vollendetem § 218 und versuchtem § 212 einerseits und vollendetem § 218 und § 212 anderseits (BGH **10**, 294), § 283 und § 283c (GA **55**, 365 zu §§ 239, 241 aF KO), Steuerhinterziehung und Steuerhehlerei, wenn möglich ist, daß schon der Vormann des Täters die Steuer verkürzt hat (BGH **4**, 129; MDR/H **84**, 89;

Bay NJW **52**, 395); zwischen § 1 I Nr. 1d, § 3 und § 9 BtMG aF (Bay JR **74**, 208 m. Anm. Fuhrmann), den Fahrlässigkeitsdelikten des § 316 II und des § 21 I Nr. 2, II Nr. 1 StVG (Hamm NJW **82**, 192). Wahlfeststellung ist auch zwischen mehr als zwei Taten möglich, so zwischen Diebstahl, Hehlerei und Beihilfe zum Diebstahl mit anschließender Hehlerei (BGH **15**, 63); ebenso zwischen Diebstahl, Hehlerei und Unterschlagung (BGH **16**, 184; 10. 11. 1981, 5 StR 544/81); nicht aber zwischen Beihilfe zum Diebstahl mit anschließender Hehlerei und Hehlerei (GA **84**, 373). Kommen zwei Taten in Betracht, von denen eine mit weiteren in Tateinheit steht, die mit der zweiten Tat rechtsethisch und psychologisch nicht vergleichbar (17a) sind, so ist Wahlfeststellung möglich; die weiteren Taten scheiden aber aus der Beurteilung aus (BGH **15**, 266; GA **70**, 24).

bb) Unzulässig ist nach **stRspr**. Wahlfeststellung zwischen versuchtem **19** Schwangerschaftsabbruch und Betrug (MDR/D **58**, 739), §§ 94 bis 97 und § 100a (vgl. BGH **20**, 100; aM Fleck GA **66**, 334), § 211 und § 223 (GA **67**, 182); § 138 und dem nicht angezeigten Delikt (BGHR vor § 1, WF, Vglbark. fehl. 1; aM LK-Hanack 75 zu § 138); § 242 und § 145d (Köln NJW **82**, 347); schwerem Raub und Hehlerei (BGH **21**, 152; dazu Oellers MDR **67**, 506; Deubner NJW **67**, 738; Fuchs DRiZ **68**, 16) oder Unterschlagung (doch nimmt BGH **25**, 182 in beiden Fällen iErg. mit Recht Wahlfeststellung zwischen Diebstahl und dem anderen Delikt an; dazu krit. Hruschka JZ **73**, 1804; Tröndle JR **74**, 113; Wolter NJW **83**, 607; zust. Schulz JuS **74**, 635), §§ 249, 27 und § 258 (MDR/H **89**, 112); §§ 242, 25 und §§ 263, 27 (NStZ **85**, 123, zumindest bei unterschiedlicher Zielrichtung beider Taten, vgl. Geppert JK 3; offen gelassen wistra **89**, 60); §§ 242/27, 259 und § 259 (GA **84**, 373); § 263 und § 267 (Düsseldorf NJW **74**, 1833), §§ 263 und 332 (BGH **15**, 100); §§ 258, 22 und § 11 I Nr. 4 BtMG aF (BGH **30**, 77 m. Anm. Günther JR **82**, 81; NStZ/S **82**, 64); § 323a und der Rauschtat, BGH **1**, 275; 327; GrSenBGH **9**, 390, der das Problem anders zu lösen sucht, vgl. zu dieser Problematik aber 5 zu § 323a, krit. gegen diese Rspr. Seib BA **85**, 245; Tröndle, Jescheck-FS 673 mwN. Nicht in Betracht kommt nach hM Wahlfeststellung, wenn offen bleibt, ob der Täter eine fahrlässige Tat nach § 316 oder eine vorsätzliche Tat nach § 21 I StVG (aM AG St. Wendel DAR **80**, 54) oder eine Tat nach § 315c I Nr. 1a, III Nr. 1 oder eine fahrlässige Tat nach § 21 StVG begangen hat (jedoch soll nach Hamm NJW **82**, 193 in diesem Fall dann eine Wahlfeststellung zwischen § 316 II und § 21 StVG in Betracht kommen, hierzu Wolter JuS **83**, 774; krit. J. Schulz NJW **83**, 265) oder wenn nicht festgestellt werden kann, ob der erste, nur fahrlässige oder der zweite, vorsätzliche Schuß zum Tod geführt hat; hier sind zwei Handlungen nach dem Grundsatz *in dubio pro reo* zu beurteilen (vgl. oben 14); Ergebnis: versuchte Tötung, NJW **57**, 1643; str.; Entsprechendes gilt, wenn offen bleibt, ob der tödliche Stich mit Tötungs- oder Körperverletzungsvorsatz zugefügt worden ist (NJW **90**, 131 m. Anm. Wolter JR **90**, 471), oder welche von zwei Strangulierungshandlungen den Tod bewirkt hat; Ergebnis: versuchte Tötung und vorsätzliche Körperverletzung (MDR/H **79**, 279; hiergegen Wolter MDR **81**, 441 und zum Ganzen JuS **82**, 317; vgl. NStZ **84**, 214).

Keine Fälle der Wahlfeststellung sind die der **Postpendenzfeststellung** **19a** (zum Begriff Hruschka JZ **70**, 641 u. NJW **71**, 1392; LK[11] 121), in denen eine nur „einseitige" Sachverhaltsungewißheit in dem Sinne besteht, daß

§ 1 AT Erster Abschnitt. Erster Titel

von 2 rechtlich relevanten Sachverhalten der zeitlich frühere nur möglicherweise, der zeitlich spätere hingegen sicher gegeben ist. So ist zB nur wegen Hehlerei zu bestrafen, wer in Kenntnis der strafbaren Herkunft einen Beuteanteil aus einer räuberischen Erpressung, aus einem Betrug oder aus einem Diebstahl erlangt, aber ungewiß bleibt, ob er nicht sogar an der Vortat beteiligt war (BGH **35**, 89 [m. Anm. Wolter NStZ **88**, 456; Joerden JZ **88**, 847; Otto JK 5]; Küper, Probleme der Hehlerei bei ungewisser Vortatbeteiligung, 1989 [hierzu Maiwald ZStW **102**, 334; Gössel GA **90**, 318]; NJW **89**, 1867 [hierzu Geppert JK 7]; NStZ **89**, 574; NJW **90**, 2477 [hierzu Otto JK 10]; iErg. ebenso Wolter GA **74**, 161 u. JuS **83**, 603; Jescheck § 16 II 2; SK 24 ff. Anh. zu § 55). Einer eindeutigen Verurteilung nach § 259 steht in diesen Fällen auch der Umstand nicht entgegen, daß Mittäter im übrigen keine Hehler sein können (BGH **35**, 90; 26 zu § 259). Entgegen der früheren Rspr. (BGH **23**, 360; NJW **74**, 804; so noch LK 67 u. 44. Aufl.) kommt man auf diese Weise bereits über den Zweifelsgrundsatz (oben 14) zum zutr. Ergebnis (vgl. Otto, Peters-FS 392), ohne daß es auf die für Wahlfeststellungen erforderliche rechtsethische und psychologische Vergleichbarkeit (oben 17 a) ankommt. Küper (Lange-FS 74) und Eser (SchSch 96) differenzieren in diesem Zusammenhang jedoch weiter danach, ob das frühere, nur mögliche Verhalten für das spätere, feststehende Verhalten nur „konkurrenzrelevant" oder „tatbestandsrelevant" ist, also das Vorliegen eines Tatbestandes ausschlösse, und wenden im letzteren Fall die Grundsätze der Wahlfeststellung an. Zu den (umgekehrten) Fällen der *Präpendenzfeststellung* (von 2 rechtlich relevanten Sachverhalten steht der frühere fest und der spätere ist nur möglicherweise gegeben; vgl. Joerden JZ **88**, 852).

20   C. **Die Verurteilung** lautet in den Fällen wahldeutiger Tatsachengrundlage (zB Tatsachenalternativität [oben 16] zwischen vollendeter und versuchter gefährlicher Körperverletzung) nur auf das vollendete Delikt (BGH **36**, 269 m. Anm. Otto JZ **90**, 205 u. JK 9; ferner krit. Rudolphi JZ **90**, 199). Bei ungleichartiger Wahlfeststellung ist die Verurteilung wahlweise auszusprechen, und zwar aus Gründen der Rechtssicherheit in der Urteilsformel selbst (BGH **8**, 37; NJW **52**, 114; **54**, 931; 24. 2. 1977, 4 StR 690/76; Hamm SJZ **50**, 55; Celle JZ **51**, 465; Braunschweig NJW **57**, 1933; KK-Hürxthal 35, Kleinknecht/Meyer 31, beide zu § 260 StPO; Küper, Lange-FS 66). Nur das mildeste Gesetz wollen aufnehmen BGH **4**, 343; NJW **59**, 1140; Kassel NJW **48**, 696; Hamburg MDR **50**, 7; Neustadt NJW **53**, 1443; LK[11] 138 mwN, während BGH **1**, 302; **4**, 130 die Entscheidung in das Ermessen des Tatrichters stellen. **Die Strafe** ist aus dem nach der konkreten Lage des Falles mildesten Gesetz zu entnehmen (RG **69**, 373; **70**, 281) und an dem dann gegebenen Schuldumfang zu orientieren (BGH **15**, 266; 13. 11. 1985, 2 StR 451/85), wobei Nebenstrafen, Nebenfolgen und Maßregeln nur möglich sind, wenn beide Gesetze sie zulassen (RG **68**, 262); Strafzumessung ebenfalls nur nach dem mildesten Gesetz (MDR/D **57**, 397). Rechtskraft tritt für sämtliche wahlweise festgestellten Taten ein (vgl. Bay NJW **65**, 2211). Eine Amnestie für die eine Tat erfaßt auch die andere (vgl. RG **71**, 269).

Geltungsbereich § 2

Zeitliche Geltung

2 ⁱ Die Strafe und ihre Nebenfolgen bestimmen sich nach dem Gesetz, das zur Zeit der Tat gilt.

ⁱⁱ Wird die Strafdrohung während der Begehung der Tat geändert, so ist das Gesetz anzuwenden, das bei Beendigung der Tat gilt.

ⁱⁱⁱ Wird das Gesetz, das bei Beendigung der Tat gilt, vor der Entscheidung geändert, so ist das mildeste Gesetz anzuwenden.

ⁱᵛ Ein Gesetz, das nur für eine bestimmte Zeit gelten soll, ist auf Taten, die während seiner Geltung begangen sind, auch dann anzuwenden, wenn es außer Kraft getreten ist. Dies gilt nicht, soweit ein Gesetz etwas anderes bestimmt.

ᵛ Für Verfall, Einziehung und Unbrauchbarmachung gelten die Absätze 1 bis 4 entsprechend.

ᵛⁱ Über Maßregeln der Besserung und Sicherung ist, wenn gesetzlich nichts anderes bestimmt ist, nach dem Gesetz zu entscheiden, das zur Zeit der Entscheidung gilt.

Auf in der ehem. DDR vor dem 3. 10. 1990 begangene Taten findet § 2 nach Maßgabe des Art. 315 EGStGB Anwendung; vgl. 39ff. vor § 3.

1) **Die Vorschrift** (idF des 2. StrRG/EGStGB) ergänzt § 1 (E 1962, 106; Prot. V/67, 2344, 2619; Ber. BT-Drs. V/4095, 4; E EGStGB 206; vgl. auch § 4 III OWiG).

2) **Grundsätzlich** ist **nach I**, der Verfassungsrang hat, da er mit § 1 das **Rückwirkungsverbot** aufstellt, **das zZ der Tat** (2ff. zu § 8) **geltende Gesetz** (2 zu § 1) für die Strafbarkeit ieS (4 zu § 1) maßgeblich. **V** stellt klar, daß für **Verfall, Einziehung** und **Unbrauchbarmachung** dasselbe gilt wie für Strafen.

3) **Durch II** wird in Übereinstimmung mit § 4 II OWiG (vgl. dazu E 1962, 106; Prot. V/5, 17ff., 2344, 2346, 3118) für die fortdauernde oder fortgesetzte Tatbegehung ergänzend bestimmt, daß, wenn sich **während der Begehung der Tat** eine schon bestehende **Strafdrohung** mildert oder verschärft, zwecks einheitlicher Beurteilung des Geschehens die bei **Beendigung der Tat** (6 zu § 22) geltende Strafdrohung maßgeblich ist (BGH **34**, 276; 27. 12. 1980, 2 StR 624/80). Setzt die Strafbarkeit erst während der Tat ein, so ist das kein Fall von II; strafbar ist dann nur der von da ab begangene Handlungsteil (7 zu § 1). Die Vorschrift gilt auch für ehrengerichtliche Verfahren (BGH **28**, 336; **29**, 124).

4) Das **Rückwirkungsgebot des III** (Ausnahme: IV, vgl. unten 13) entspricht dem auf rückwirkende Strafverschärfungen beschränkten Schutzzweck des Art. 103 II GG und der §§ 1, 2 I.

A. Das mildeste Gesetz muß rückwirkend angewendet werden, wenn das Gesetz zwischen Beendigung der Tat (6 zu § 22) und Entscheidung (unten 12) *geändert* wird und zwar ohne Rücksicht darauf, welche gesetzgeberischen Motive (zB geläuterte Rechtsauffassung) zu der Milderung geführt haben (BGH **6**, 30; **20**, 181; aM Bay **54**, 3; **61**, 81). Eine Änderung iS von III liegt auch vor, wenn – wie bei der Einigung Deutschlands – das geltende Strafrecht eines Staates auf das Gebiet des beitretenden Staates erstreckt wird (BGH **38**, 2), wie das in Art. 8 EV vereinbart worden ist (Polakiewicz EuGRZ **92**, 177; LK[11]-Laufhütte 36 vor § 80). § 2 gilt für die vor dem Beitritt begangenen Taten mit den Maßgaben des Art. 315 EGStGB (hierzu im einzelnen unten 12 a ff. und 39 ff. vor § 3). Geändert ist ein Gesetz nicht, wenn der Tatvorwurf (GrSenBGH **26**, 167) im wesentlichen derselbe geblieben ist (RG **51**, 154) wie zB bei § 181 a aF und nF. Wechselt der Unrechtskern, so führt III dazu, daß wegen des früheren Delikts nicht mehr bestraft werden kann (unten 10), während § 1 Bestrafung wegen des neuen verbietet; das gilt auch beim Wechsel von verschiedenartigen Qualifikationsgründen wie zB bei § 250 aF und nF, so daß dann nur nach dem milderen § 249 bestraft werden kann (4. 2. 75, 1 StR 688/74; **aM** GrSenBGH **26**, 167; dazu abl. Tiedemann JZ **75**, 692; Peters-FS 193; Blei JA **76**, 27; vgl. auch Mazurek JZ **76**, 235; LK-Herdegen vor 1 zu § 250; SK-Rudolphi 10; zum Ganzen U. Sommer, Das „mildeste Gesetz" iS des § 2 III StGB, 1979 S. 143 ff.). Geändert iS des III ist ein Gesetz noch nicht, wenn sich nur die tatsächlichen Voraussetzungen für seine Anwendung ändern, mögen sie auch rechtlich erhebliche Bedeutung haben, so zB wenn durch ausfüllende Normen die Voraussetzungen für die Festsetzung einer Steuer verändert werden (Göhler OWiG 5 zu § 4).

6   **a)** Ist ein Gesetz das mildeste, das zwischen Tat und Aburteilung gegolten hat, so ist dieses **Zwischengesetz** anzuwenden.

7   **b) Nur materielles Recht** kommt in Betracht, mindestens wenn man mit der hM auch Art. 103 II GG nur auf materielles Recht bezieht (11 b zu § 1; Saarbrücken NJW **74**, 1010; vgl. zum ehrengerichtlichen Verfahren NJW **79**, 1895 L). Ein Wechsel im Verfahrensrecht bleibt danach unberücksichtigt, so der Wegfall des Antragserfordernisses (vgl. die Rspr. unter 11 zu § 1; aM RG **46**, 269). Wird das Antragserfordernis eingeführt, so gilt es allerdings als Verfahrensrecht mit dem Inkrafttreten, und zwar auch noch in der Revisionsinstanz (Hamm NJW **70**, 578; hM; vgl. LK[11]-Gribbohm 7). Dasselbe gilt für die Verschärfung der Verteidigerüberwachung (§ 148 II StPO, Hamburg JZ **77**, 143). Bei der *Verjährung* ist III nur zu beachten, wenn man wie hier (4 vor § 78) die gemischte oder die rein materiellrechtliche Theorie vertritt (ebenso GA **54**, 22). Verkürzung der Verjährungsfrist ist in jedem Fall zu beachten (BGH **21**, 367; vgl. aber die ausdrückliche Regelung in § 78 c V); auch gilt III stets dann, wenn die Verlängerung der Verjährungsfrist nur die Folge einer Veränderung der Strafdrohung ist (GA **54**, 22; MDR **54**, 335; Dreher NJW **62**, 2210; zur Verjährung von *DDR-Alttaten* vgl. aber 52 ff. vor § 3). Auch eine *Amnestie* ist als Strafaufhebungsgrund (17 vor § 32) zu beachten (Dreher JZ **71**, 31); ebenso auch als sachliches Recht § 51 BZRG (BGH **24**, 378; **25**, 85; Bay MDR **72**, 629). *Rechtsanwendungsrecht* (§§ 3 ff.) gehört zum materiellen Recht iS von III (BGH **20**, 25; **27**, 8; Düsseldorf NJW **79**, 61; Oehler, Bockelmann-FS 771; LK-Jescheck Einl. 6; SchSch-Eser 2 vor § 3). III gilt *entsprechend* in Fällen, in denen die Vorschriften über den Widerruf der Straf- oder Maßregelaussetzung geändert wurden (Hamm StV **87**, 69; Düsseldorf MDR **89**, 281).

8   **c) Der gesamte Rechtszustand** im Bereich des materiellen Rechts ist hinsichtlich des in Betracht kommenden Tatbestandes (6. 4. 1976, 1 StR 110/76) zur Ermittlung des mildesten Gesetzes heranzuziehen, so daß in den Fällen von Blankettgesetzen (5 zu § 1) auch die blankettausfüllenden Normen zu berücksichtigen sind (BGH **20**, 177; Bay **59**, 46; **61**, 150; **66**, 96;

Geltungsbereich § 2

KG JR **50**, 404; Düsseldorf NJW **91**, 711). Doch bleibt die Änderung einer bloßen Bezugsnorm (wie zB in § 164 die die rechtswidrige Tat begründende Norm oder die Ersetzung des Offenbarungseides durch die eidesstattliche Versicherung, 6 zu § 156) unberücksichtigt, wenn sie das Unrecht der Rechtsgutsverletzung unberührt läßt (MDR/H **78**, 280; K. Meyer JR **75**, 69; Wenner MDR **75**, 162 gegen Bay MDR **74**, 685; 5 zu § 164; vgl. LK 6).

d) Das Gesetz als Ganzes ist zu prüfen; dem Täter günstige Elemente aus 9 Gesetzen verschiedener Gültigkeit zu kombinieren, ist nicht zulässig (BGH **20**, 30; **24**, 94; NJW **65**, 1723; NStZ **83**, 80; Karlsruhe NJW **70**, 2072; Koblenz NJW **73**, 1759; LK 40; aM Schröder JR **66**, 68); es gilt der *Grundsatz strikter Alternativität* (BGH **37**, 322 m. Anm. Schroeder JR **91**, 335; BGHR § 2 III DDR-StGB 2; MDR/H **92**, 631; 17. 6. 1992, 2 StR 602/91; BezG Dresden 7. 2. 1992, 3 KLs 51 Js 530/91 S. 75; aM SchSch 34; AK-Hassemer 45), daher darf § 31 BtMG nF nicht mit den Strafdrohungen des BtMG aF kombiniert werden (14. 6. 1983, 1 StR 82/83; vgl. aber unten 10, ferner SchSch-Eser 30).

e) Das mildeste Gesetz ist unter Berücksichtigung von 6 bis 9 nicht 10 dasjenige, das bei abstraktem Vergleich der Gesetze milder erscheint, sondern dasjenige, das bei einem Gesamtvergleich (vgl. unten 12b) im **konkreten Einzelfall** nach dessen besonderen Umständen die dem Täter günstigste Beurteilung zuläßt (BGH **20**, 25; 75; NJW **53**, 1439; **55**, 1406; MDR **64**, 160; NStZ **83**, 80; 268; 416; wistra **88**, 354 [§ 266a im Vergleich zu §§ 529, 1428 RVO, § 225 AFG]; NStE Nr. 3; Bay MDR **72**, 884; stRspr.; NStZ/S **83**, 18; **84**, 62). Hierbei darf dieser konkrete Einzelfall bei der nach III gebotenen Subsumtion unter das neue Gesetz nicht – auch nicht in einzelnen Teilen des Tatgeschehens – verändert werden (BGH **34**, 284, hierzu Tiedemann NJW **87**, 1247). Im Falle der Vorverlegung der Tatvollendung, aber des Wegfalls der Versuchsbestrafung (zB § 142 nF) ist für die Frage der günstigeren Beurteilung das festgestellte Verhalten maßgebend (Bay MDR **76**, 330; hiergegen zu Unrecht Mohrbotter JZ **77**, 53; vgl. 23 zu § 142). Am mildesten ist danach ein Gesetz, nach dem die Tat straflos (BGH **20**, 119; Bay **53**, 264; NJW **61**, 688) oder nur noch eine Ordnungswidrigkeit ist (BGH **12**, 148; Bay **59**, 47; NJW **61**, 1317; Hamm NJW **53**, 274; Celle GA **53**, 184; Düsseldorf NJW **69**, 1221; Bay NJW **69**, 2296; **71**, 1816; Saarbrücken NJW **74**, 1009; aM Köln NJW **53**, 1156), der besonders schwere Fall weggefallen (Koblenz NStZ **83**, 82), oder wie bei § 31 Nr. 1 BtMG eine Strafmilderungsmöglichkeit geschaffen worden ist (20. 12. 1983, StR 939/83); jedoch liegt nach BVerfG NJW **90**, 1103 kein Verstoß gegen das Rückwirkungsverbot vor, wenn zwischen Begehung und Entscheidung die Tat *vorübergehend* nicht mit Strafe oder Geldbuße bedroht gewesen ist. Im übrigen entscheidet die Gesamtheit der Strafnachteile (RG **58**, 239). Dabei sind zunächst die Hauptstrafen zu vergleichen, wobei Geldstrafe stets milder ist als Freiheitsstrafe (MDR/D **75**, 541; Bay MDR **72**, 884; aM Jakobs 4/79), und es bei leichteren Taten für den Vergleich auf die Mindeststrafe ankommt (6. 11. 1984, 5 StR 709/84). Strafarrest ist milder als Freiheitsstrafe iS von § 38. Erst nach den Hauptstrafen sind Nebenstrafen und Nebenfolgen heranzuziehen; danach ist es möglich, daß bei Anwendung der milderen Vorschrift Einziehung zulässig ist, die nach der strengeren Vorschrift nicht möglich gewesen wäre (NJW **65**, 1723; aM Schröder JR **66**, 68; hierzu LK[11] 21). Die Maßregeln der Besserung und

Sicherung (RG **68**, 173) scheiden bei dem Vergleich aus. Bei gleichartigen Strafarten kommte es auf die Strafrahmen (BGH **20**, 121), bei gleichen Strafrahmen auf die Strafzumessung an (RG **61**, 324), und zwar auch auf die Voraussetzungen der §§ 56ff., 59ff. (NJW **54**, 39; Jagusch JZ **53**, 688). Kommt auch eine Prüfung nach § 52 in Betracht, so hat die nach § 52 den Vorrang (vgl. 4 zu § 52; RG **54**, 170). Wird *nach* Tatbegehung der Höchstbetrag der angedrohten Geldbuße für im ehrengerichtlichen Verfahren zu ahndende Pflichtverletzung angehoben, so verstößt die Verhängung einer höheren als bisher zulässigen Geldbuße nicht gegen das Rückwirkungsverbot, wenn sonst die schwere Maßnahme des Vertretungsverbots in Betracht käme (NStE Nr. 3).

11   f) Ist **kein Unterschied im Mildegrad** der in Betracht kommenden Gesetze festzustellen, so ist das zur Tatzeit geltende Gesetz anzuwenden (JR **53**, 109).

12   g) **Vor der Entscheidung** muß das Gesetz **geändert** sein. Die Änderung **muß** in jeder Lage des Verfahrens, auf Sachrüge (BGH **26**, 94 mit zust. Anm. Willms LM Nr. 1 zu § 354a StPO; aM Küper NJW **75**, 1329) auch vom Revisionsgericht (§ 354a StPO) berücksichtigt werden (BGH **5**, 208; **6**, 192; 258; **16**, 93; **18**, 18; **20**, 74; 77; 117); auch bei Teilrechtskraft, zB wenn nach Rechtskraft des Schuldspruchs die Strafbarkeit entfällt oder die Strafdrohung gemildert wird (BGH **20**, 116; Bay NJW **61**, 688; **71**, 392; Düsseldorf NJW **91**, 711; vgl. auch BGH **24**, 106) oder Vorschriften wie die §§ 56ff. in Kraft treten (NJW **54**, 40; Braunschweig NJW **53**, 1762) oder wenn nur noch über die Aussetzung der Strafe zu entscheiden ist.

12a   h) Für die *vor* dem 3. 10. 1990 **in der ehem. DDR (Beitrittsgebiet) begangenen Straftaten** (Alttaten, 39 vor § 3) kommt es, falls nicht schon nach Art. 315 IV EGStGB von jeher das Recht der BRep. anzuwenden war (39 vor § 3) darauf an, ob gegenüber dem nach I maßgebenden Tatzeitrecht des damals geltenden DDR-Strafrechts im bundesdeutschen Recht überhaupt eine Entsprechensnorm besteht (hierzu 47ff. vor § 3) und ob diese iS von III das **mildeste Gesetz** ist und daher nach Art. 315 I EGStGB anstelle des zur Tatzeit geltenden Gesetzes anzuwenden ist (42 vor § 3). Die **Rspr.** hat als **milder** angesehen **aa)** *aus dem bundesdeutschen Strafrecht:* § 223a gegenüber §§ 115, 44 I StGB-DDR [vorsätzlicher Körperverletzung im Rückfall] (BGH **37**, 320 m. Anm. Schroeder JR **91**, 335; hierzu auch Geppert Jura **91**, 613); § 213 gegenüber § 113 I Nr. 1 StGB-DDR [Totschlag] (17. 12. 1990, 5 StR 461/90); §§ 212 I, 22 oder §§ 212, 26 gegenüber §§ 112 I, III, 16 I, 62 I StGB-DDR [versuchter Mord] (21. 12. 1990, 5 StR 535/90; KG NJW **91**, 2655); § 211 *iVm* §§ 21, 49 I gegenüber § 112 I iVm § 16 II S. 3 StGB-DDR [Mord eines alkoholbedingt erheblich schuldverminderten Täters] (MDR/H **91**, 1020); § 222 gegenüber § 114 I StGB-DDR [fahrlässige Tötung] (BGH **38**, 67; vgl. unten 12b); § 266 II gegenüber § 162 I S. 1 StGB-DDR idF der 6. StÄG-DDR, denn unbeschadet derselben Strafdrohungen in beiden Vorschriften läßt § 266 I in casu eine mildere Beurteilung zu, weil diese Vorschrift – anders als § 162 I StGB-DDR – neben der Feststellung eines hohen Schadens eine Gesamtwürdigung (31 zu § 266) voraussetzt (wistra **91**, 214); § 30 I Nr. 4 BtMG gegenüber den §§ 7 III, 10 I a, III c SuchtmittelG-DDR im Hinblick auf § 31 Nr. 1 BtMG (BGH **38**, 3; krit. hierzu Luther NJ **91**, 396 Fn. 28). Bei Taten, die alkoholbedingt unter erheblich verminderter Schuldfähigkeit begangen wurden, sind im Hinblick auf die Strafmilderungsmöglichkeit nach §§ 21, 49 I, die nach § 16 II S. 3 StGB-DDR zwingend ausgeschlossen ist, idR die Strafdrohungen des StGB iS des III milder (MDR/H **90**, 1020; ferner

Geltungsbereich **§ 2**

LK[11]-Gribbohm 66). **bb)** *Aus dem bisherigen DDR-Strafrecht: § 113 I Nr. 1 i Vm § 40 StGB-DDR* [Totschlag] gegenüber § 212 iVm §§ 21, 49 I (BGH **38**, 20 m. Anm. Schroeder JR **91**, 469); *§ 117 StGB-DDR* [Körperverletzung mit Todesfolge] gegenüber § 226 (27. 6. 1992, 2 StR 602/91); *§ 126 StGB-DDR* [Raub] gegenüber § 250 I Nr. 2, § 25 *und §§ 180, 157 StGB-DDR idF des 6. StÄG-DDR* [Diebstahl persönlichen Eigentums] gegenüber § 243 I Nr. 1 (24. 7. 1991, 3 StR 40/91); *§§ 162, 164, 181, 44 StGB-DDR* [Schwere Fälle des Diebstahls und Betrugs] gegenüber §§ 243, 244, 263 (BGHR § 2 III DDR-StGB 5; vgl. ferner LK[11] 67).

cc) Das mildeste Gesetz (III) ist im konkreten Einzelfall (oben 10) durch **12b** **einen Gesamtvergleich** zu ermitteln (BGH **37**, 322 [m. Anm. Schroeder JR **91**, 335]; DtZ **91**, 447; MDR/H **92**, 631; LG Berlin JZ **92**, 691; LK[11]-Laufhütte 38 vor § 80). Hierbei kommt es nicht darauf an, welche Strafe von den Gerichten der DDR nach dem damaligen dortigen Recht verhängt worden wäre, vielmehr ist das Gesetz unter Beachtung des geltenden Verfassungsrechts und der Grundsätze rechtsstaatlichen Strafens auszulegen (BGH **38**, 22 m. Anm. Schroeder JR **91**, 467). Auch sind Tatbestände des DDR-Strafrechts mit niedrigeren Freiheitsstrafdrohungen als die entsprechenden Vorschriften des StGB dann nicht milder, wenn in casu nur Geldstrafen in Betracht kommen, deren angedrohtes Höchstmaß sich in beiden Rechten nicht unterscheidet (§ 40 I iVm Art. 315 II EGStGB; KrG Dresden MDR **91**, 639). Entsprechendes gilt, wenn der Tatbestand des DDR-Strafrechts zwar eine niedrigere Freiheitsstrafe androht, aber nur eine solche ohne Bewährung, während die Wahlandrohung des StGB trotz der höheren Freiheitsstrafdrohung auch den Ausspruch einer Geldstrafe zuläßt (BezG Dresden 7. 2. 1992, 3 KLs 51 Js 530/91 S. 75). Ferner ist das geltende Recht nicht schon aufgrund eines – auf die Einzelstrafe bezogenen – geringeren gesetzlichen Mindestmaßes günstiger, wenn es bei einer Vielzahl von Taten, für die eine Gesamtstrafe (§ 54) in Betracht käme, lediglich wegen des *Verschlechterungsverbots* (§ 358 II StPO) bei der verhängten „Hauptstrafe" (§ 64 StGB-DDR) zu verbleiben hat (30. 7. 1991, 1 StR 298/91; LK[11] 68). Andererseits ist, soweit es bei der Bestimmung des mildesten Gesetzes auf einen Vergleich der Strafrahmenobergrenzen ankommt, auch eine Begrenzung zu beachten, die sich aus dem Verschlechterungsverbot ergibt (BGH **38**, 66). Der Umstand, daß die Anwendung des mildesten Gesetzes (III) grundsätzlich nicht erlaubt, günstige Elemente der verschiedenen Gesetze zu kombinieren (oben 9), hindert nicht daran, die **Sonderregelung des JGG** iVm den Normen des StGB-DDR anzuwenden (NStZ **91**, 331; 19. 6. 1991, 3 StR 481/90; MDR **91**, 555; 17. 6. 1992, 2 StR 602/91; LK[11] 65). Bei dem Gesamtvergleich nach § 2 I, III hat allerdings die **Verjährungsfrage** außer Betracht zu bleiben (Krehl DtZ **92**, 14; Wasmuth NStZ **91**, 164; Geiger JR **92**, 397). Sie ist durch Art. 315 a EGStGB in dem Sinne gesondert geregelt, daß es bei einem Nichteintritt der Verfolgungs- und Vollstreckungsverjährung nach den bisherigen Vorschriften des DDR-Rechts auch dann verbleibt, wenn die Verjährung nach bundesdeutschem Recht schon eingetreten wäre (hierzu im einzelnen 52, 55 vor § 3).

dd) Hat sich eine DDR-Alttat (39 vor § 3) als **fortgesetzte Handlung** **12c** über den 3. 10. 1990 hinweg erstreckt, so ist das bundesdeutsche Strafrecht weder durch unmittelbare Anwendung des § 2 II (so Voraufl. 11e zu § 3), noch im Wege einer erweiternden Auslegung des Art. 315 EGStGB (so BezG Meiningen NStZ **91**, 491) auf die gesamte fortgesetzte Tat anwendbar. Denn aus dem nach § 2 III gebotenen Gesamtvergleich beider Rechtsordnungen (12b) ergibt sich, daß § 81 StGB-DDR (Zeitliche Geltung) keine dem § 2 II entsprechende Regelung enthält und jene Vorschrift daher das mildeste Gesetz ist (LK[11] 60 b).

§ 2 AT Erster Abschnitt. Erster Titel

13   B. Zeitgesetz nach IV.

Schrifttum (vorwiegend im Zusammenhang mit der Parteispendenproblematik, unten 13c): *Tiedemann*, Die gesetzliche Milderung im Steuerstrafrecht, 1985 (m. zahlr. Nachw.), Zeitliche Grenzen des Strafrechts, Peters-FS 193 u. HWiStR „Zeitgesetz"; *Flämig*, Steuerrecht als Dauerrecht, 1985; *de Boor/Pfeiffer/ Schünemann* (Hrsg.), Parteispendenproblematik, Band 11 der Schriftenreihe des Inst. f. Konfliktforschung, 1986 (zugleich mit umfassender Bibliographie S. 185 (zit. InstKonfl. 11); *Schreiber*, Arm. Kaufmann-GedS 819; ferner (auch in *steuerstrafrechtlicher* Hinsicht): *Franzheim* NStZ **82**, 137; *Kunert* NStZ **82**, 276; *Schäfer* wistra **83**, 167; (hierzu *Ulsenheimer* BB **84**, 227 und Erwiderung *Schäfer* BB **84**, 973); *Kohlmann, Mittelsteiner, Otto, Volk, Lüderssen, Samson, Göhler* wistra **83**, 207 ff.; *Kisker* JuS **83**, 447; *Schünemann* ZRP **84**, 137; *Jakob* DB **85**, Beil. Nr. 8; *Krieger* wistra **87**, 197; *Ulsenheimer* HWiStR „Parteispenden"; BT-Drs. 10/3794 (DRiZ **85**, 451); *zur Frage der Parteifinanzierung*: Bericht der Sachverständigenkommission BAnz. 1983; *Rittner*, Knur-FS 205; Lit. Nachw. bei *Brauns, Teske* wistra **83**, 248, **85**, 222; *v. Arnim* JA **85**, 121.

13a   Für das sog. Zeitgesetz macht **IV** eine **Ausnahme** vom **Rückwirkungsgebot**. Es muß auch nach seinem Außerkrafttreten auf die während seiner Dauer begangenen Taten angewendet werden, gleichgültig welche Rechtslage zZ der Entscheidung besteht. Doch sind Ausnahmen denkbar (vgl. BGH **20**, 182). Zeitgesetz **im engeren Sinne** ist ein Gesetz, dessen Außerkrafttreten kalendermäßig oder durch ein bestimmtes künftiges Ereignis festgelegt ist; im **weiteren Sinne** auch ein Gesetz, das erkennbar nur als vorübergehende Regelung für sich ändernde wirtschaftliche oder sonstige zeitbedingte Verhältnisse gedacht ist (E EGStGB 206; BGH **6**, 36; **20**, 183; NJW **52**, 72; OGHSt. **2**, 268; Bay MDR **63**, 1025; *Samson* wistra **83**, 238; vgl. Blei AT § 13 III; krit. *Tiedemann*, Peters-FS 198 und aaO [oben 13], 30 ff.; *Flämig* aaO 78, 125; *Rüping* NStZ **84**, 451). Ein Gesetz kann nachträglich (etwa durch Befristung) zum Zeitgesetz werden (Bay **61**, 149; str.) oder durch lange Dauer den Charakter des Zeitgesetzes verlieren (BGH **6**, 39). Als Zeitgesetze sind zB angesehen worden: Ergänzungen zu Preisstrafrechtsvorschriften (NJW **52**, 72); zeitlich begrenzte PolVOen (Bay NJW **62**, 825); das WohnraumbewirtschaftungsG (Hamm JMBlNRW **65**, 270); Erstattungsverordnung nach dem EWG-Recht (NStZ **90**, 36); *nicht jedoch* die Devisenstrafbestimmungen des G 53 (MRG) und des G 33 (AHK) (BGH **18**, 12; aM Bay **62**, 117); § 9 StVO idF von 1939 [Geschwindigkeitsbeschränkung] (BGH **6**, 30; Frankfurt NJW **54**, 208; Bremen NJW **53**, 1642; aM Oldenburg ebenda; § 25 VI AsylVfG (Düsseldorf NJW **91**, 711).

13b   **Blankettstrafvorschriften** (5 zu § 1) sind oft, jedoch nicht stets Zeitgesetze, so das MinöStG (BGH **20**, 177), im übrigen ist str., ob **Steuergesetze** Zeitgesetze iwS sind und daher *stets* nachwirken (*bejahend:* AG Köln NJW **85**, 1040; AG Bochum NJW **85**, 1969; AG Düsseldorf NJW **85**, 1971; Franzheim NStZ **82**, 138; 42. Aufl. 13; *differenzierend:* Kunert NStZ **82**, 277; H. Schäfer wistra **83**, 171; Rüping NStZ **84**, 451; Tiedemann aaO [oben 13] 39 ff.; Dannecker InstKonfl. **11**, 101; SchSch 37; Lackner R; vgl. auch Samson wistra **83**, 238). Diese

13c   bei den **verdeckten Parteispenden** aufgekommene Streitfrage ist letztlich ohne Bedeutung, da das Ges. zur Änderung des ParteienG v. 22. 12. 1983 (BGBl. I 1577) in seinem Art. 4 Nr. 5, Art. 5 Nr. 3 dem Grundsatz der Abschnittsbesteuerung folgend (vgl § 36 EStG) – insoweit verfassungsrechtlich unanfechtbar (BVerfGE **73**, 40, hierzu Tiedemann NJW **86**, 2475; vgl. aber v. Arnim JA **85**, 121; Ipsen InstKonfl. **11**, 19; ferner BVerfG NJW **92**, 35 [zu § 370 AO]) –

ausdrücklich bestimmt hat, daß die dort getroffene steuerrechtlich günstigere Regelung für Parteispenden „erstmals für den Veranlagungszeitraum 1984" anzuwenden ist (vgl auch § 52 EStG). Daraus folgt, daß sich das Gesetz *hinsichtlich der „Altfälle"* gar nicht geändert hat und nach wie vor für frühere Veranlagungszeiträume Geltung beansprucht (BGH **34**, 283; 13. 1. 1988, 3 StR 450/87 m. Anm. Hellmann NStZ **88**, 558; Gribbohm/Utech NStZ **90**, 210; LG Hamburg NJW **86**, 1885, zust. Streck/Rainer NStZ **86**, 420; Franzen/Gast/Samson 25 a zu § 369 AO und schon wistra **83**, 236; Göhler OWiG 10 zu § 4; Bergmann NJW **86**, 233 u. JuS **87**, 864; Engelhardt DRiZ **86**, 88; Jakobs 4/72; Ipsen, Schünemann InstKonfl. **11**, 19, 121; Bruns MDR **87**, 14; Lackner 3a aa; SK 8c). Für diese Fälle ist daher I einschlägig. Ein Sachverhalt, in dem die Streitfrage auftaucht, ob III oder IV anzuwenden ist, liegt gar nicht vor (zur nicht mehr aktuellen Gegenmeinung vgl. 44. Aufl.) Auch Einwände, die angesichts der bekanntgewordenen Parteispendenpraxis im Schrifttum (Nachw. 45. Aufl.) aus dem Gesichtspunkt des Vertrauensschutzes, des unvermeidbaren Verbotsirrtums oder der Verwirkung des Steueranspruchs erhoben worden sind, hat der BGH (**37**, 279ff., vgl. auch **34**, 280) iErg. nicht anerkannt.

C. Die neuere Gesetzgebung hat die Tendenz, die Problematik von III, IV durch ausdrückliche Übergangsvorschriften zu klären, vgl. zB § 116 JGG (dazu Bay **54**, 152), § 15 WiStG 1954 (dazu NJW **55**, 1406), Art. 86ff. 1. StrRG; Art. 298ff. EGStGB. Das ist nicht nur unbedenklich (NJW **52**, 73), sondern schafft Rechtsklarheit. **14**

5) Nach VI sind Maßregeln der Besserung und Sicherung (§§ 61ff.) abw. von § 1, § 2 I bis IV nach dem Gesetz anzuordnen, das zZ der Entscheidung (oben 12) gilt, ohne Rücksicht darauf, welches Recht vorher, insbesondere zur Tatzeit galt (6. 5. 1986, 1 StR 226/86). Diese umstrittene (vgl. Mat. oben 1), aber verfassungsrechtlich zulässige Regelung (4 zu § 1), steht jedoch unter einem ausdrücklichen Gesetzesvorbehalt, von dem Art. 303 (FAufsicht) und 305 EGStGB (Berufsverbot), Art. 316 I EGStGB idF Art. 4 Nr. 2 des 23. StÄG (9 vor § 56) sowie Art. 93 des 1. StrRG (Sicherungsverwahrung) iS des Grundsatzes von I Gebrauch machten. **15**

Vorbemerkung zu den §§ 3 bis 7 (Internationales Strafrecht)

Schrifttum: *Oehler,* Internationales Strafrecht, 2. Aufl. 1983 (Standardwerk), ZStW Beih. 1971, 48 (= Oehler II), Mezger-FS 83, Bockelmann-FS 771, Carstens-FS 435 u. HWiStR „Internationales Strafrecht"; *Cornils,* Die Fremdrechtsanwendung im Strafrecht, 1978; *Eser,* Jescheck-FS 1353; *Jescheck* Beitr. 521 u. Maurach-FS 579; *Knittel* Jura **89**, 581; *Krey* JR **80**, 45 u. **85**, 399; *Liebelt,* Zum deutschen internationalen Strafrecht usw. 1978; *Lüttger,* Jescheck-FS 121; *Martin* ZRP **92**, 19 (Grenzüberschreitende Umweltbeeinträchtigungen); *Nowakowski* JZ **71**, 633; *Schroeder* ZStW **61**, 57; NJW **68**, 283; JZ **68**, 241; GA **68**, 353 u. NJW **69**, 81; *H. Schultz,* v. Weber-FS 305, GA **66**, 193 u. Tröndle-FS 895; *Tiedemann,* Multinationale Unternehmen und Steuerdelinquenz, Waseda-FS 927; *Tröndle* JR **77**, 1; *Vogler,* Maurach-FS 595; *Wengler* JZ **77**, 257; *Wille,* Die Verfolgung strafbarer Handlungen an Bord von Schiffen und Luftfahrzeugen, 1974; *Woesner* ZRP **76**, 248; *Zieher,* Das sog. internationale Strafrecht nach der Reform, 1977. **1**

1) Die §§ 3 bis 7 regeln das sog. **internationale Strafrecht.** Der Sache nach handelt es sich aber um **innerstaatliches Strafanwendungsrecht**, das die Vorschriften über den *Geltungsbereich des deutschen Strafrechts* enthält, und angibt, wie weit ein Sachverhalt, der hinsichtlich des Tatorts, des Täters oder des Verletzten internationale Bezüge aufweist, der **innerstaatli- 2**

chen Strafgewalt** unterliegt (Jescheck § 18 I; LK-Tröndle 2). Die §§ 3 bis 7 sind keine Entsprechung des internationalen Privatrechts auf dem Gebiet des Strafrechts, sie enthalten lediglich einseitige Kollisionsnormen (Lackner 1), die den Anwendungsbereich des deutschen Strafrechts festlegen. Sie gehören dem materiellen Recht an (BGH **20**, 25; **27**, 8; 7 zu § 2), begründen aber ein Prozeßhindernis, wenn es an der Anwendbarkeit des deutschen Strafrechts fehlt (BGH **34**, 3 mwN), was zur Einstellung des Verfahrens und nicht zum Freispruch führt (SchSch-Eser 2; Lackner 19).

3   2) **Das deutsche Strafrecht** ist die Gesamtheit aller Normen der BRep. Deutschland (in den Grenzen des Art. 1 EV) und ihrer Länder, soweit sie Voraussetzungen und Rechtsfolgen rechtswidriger Taten (für Ordnungswidrigkeiten gilt § 5 OWiG) regeln. Es umfaßt auch blankettausfüllende Normen (Karlsruhe NStZ **85**, 317; 5 zu § 1), Rechtfertigungsgründe (vgl. Köln MDR **73**, 688), Schuld- und Strafausschließungsgründe (14, 17 vor § 32), Verfahrenshindernisse und ist auf Taten iS von 33 zu § 11 anzuwenden, wenn der Ort ihrer Begehung (§ 9) im Inland liegt (unten 8). Für die Frage des Geltungsbereichs des deutschen Strafrechts knüpft das Gesetz in
4 erster Linie an das **Territorialitätsprinzip** (Gebietsgrundsatz) an, das dessen Geltung auf die im Inland begangenen Taten beschränkt (§ 3). Der Gebietsgrundsatz bedarf im Interesse des Schutzes wichtiger Rechtsgüter in mehrfacher Hinsicht der Ergänzung (LK 3ff.): Das **Flaggenprinzip** (§ 4) erstreckt das deutsche Strafrecht auf Straftaten an Bord von deutschen Schiffen und Luftfahrzeugen. Besondere Bedeutung hat das **Schutzprinzip,** das den Selbstschutz des Staates und seiner Institutionen (**Staatsschutzprinzip,** Realprinzip; § 5 Nr. 1, 2, 3b, 4, 5a, 10, 12, 13) sowie der eigenen Staatsbürger (**passiver Personalitätsgrundsatz,** Individualschutzprinzip; § 5 Nr. 6–9, 14 § 7 II) bezweckt. Das **aktive Personalitätsprinzip** knüpft an die Staatsangehörigkeit des Täters an (Staatsangehörigkeitsgrundsatz). Von diesem Prinzip war das deutsche Strafrecht seit des GeltungsbereichsVO v. 6. 5. 1940 (RGBl. I 754) bis zum 1. 1. 1975 sowie das StGB-DDR beherrscht. Im geltenden Recht hat es nur noch vereinzelt und in eingeschränkter Form Bedeutung (vgl. § 5 Nr. 3a, 5b, 8, 9, 12, 13). Das **Weltrechtsprinzip** (Univesalprinzip) erstreckt des deutsche Strafrecht auf internationale, in allen Kulturstaaten anerkannte Rechtsgüter (§ 6). Diese Prinzipien werden ergänzt durch den **Grundsatz der stellvertretenden Strafrechtspflege,** (1 zu § 7), nach dem das deutsche Strafrecht hilfsweise eingreift, wenn die ausländische Strafjustiz aus tatsächlichen oder rechtlichen Gründen an der Durchsetzung ihres Strafanspruchs gehindert ist. Zu diesen herkömmlichen Grundsätzen ist in jüngerer Zeit das **Kompetenzverteilungsprinzip** getreten, nach dem bei konkurrierenden Strafrechten aus Zweckmäßigkeits- und Gerechtigkeitsgründen sowie zur Vermeidung von Doppelbestrafungen [zwischenstaatliche Vereinbarungen] die Kompetenz für die Aburteilung von Taten mit Auslandsbezug regeln (LK 15).

5   3) **Vorrangig** ist für die Anwendbarkeit des deutschen Strafrechts stets zu prüfen, ob der jeweilige Sachverhalt vom **Schutzbereich des deutschen Strafrechts** erfaßt wird (LK 23). Das ist nicht der Fall, wenn eine Handlung lediglich ein **ausländisches Rechtsgut** verletzt und die deutsche Strafnorm, deren Umschreibung der betreffenden Handlung entspricht, ausschließlich **inländische Rechtsgüter** schützt (BGH **8**, 355; **20**, 51; **21**, 280; **29**, 76;

Geltungsbereich **Vor § 3**

Hamm JZ **60**, 576; Hamburg NJW **64**, 936; dazu Schröder JR **64**, 335; Oehler 232 ff. u. Mezger-FS 98; ZStW Beih. 1971, 66; Nowaski JZ **71**, 634; M-Zipf § 11, 27; zum Ganzen Lüttger, Jescheck-FS 121). Eine ähnliche Problematik stellt sich auch in den Fällen, in denen nach Art. 315 I EGStGB das aufgehobene DDR-Strafrecht anzuwenden ist und die Frage auftaucht, ob der auf die BRep. übergegangene Strafanspruch der ehem. DDR eine Entsprechung hat und in diesem Sinne als nunmehr inländisches Rechtsgut der BRep. weiter verfolgt werden kann (hierzu im einzelnen unten 47 ff.). Auf Taten, die nicht in den eigenen Schutzbereich der Strafnorm eingreifen, ist das deutsche Strafrecht auch dann nicht anwendbar, wenn ein Anknüpfungspunkt iS der §§ 3 ff. gegeben ist. Zu den Tatbeständen, die **ausschließlich inländische Rechtsgüter** schützen, gehören die Staatsschutzdelikte *iwS* (*§§ 80–101 a, 105–106 d, 109–109 k*; vgl. jedoch Art. 7 4. StÄG, Anh. 14), *§ 113* (Lüttger aaO 156; KrG Dresden MDR **91**, 659), *§§ 129–140, 144, 331 ff.*; ferner die *§§ 123 ff.* (Köln NJW **82**, 2740; str.), *§ 136 II* (Krehl NJW **92**, 604), *§ 145 d* (20. 3. 1984, 1 StR 662/83; Gössel, Oehler-FS 106) und *§§ 153 ff.* (Düsseldorf NJW **82**, 1242 m. Anm. Bottke JR **83**, 76; vgl. jedoch NJW **82**, 1546 L; str.; LK 28 vor § 3; Lüttger aaO 159; Gössel aaO 108), *§ 170 b* (siehe dort 3), *§ 304* (zw., siehe dort 11), alle *Steuer- und Zollstraftatbestände* (Bay NJW **80**, 1057 hierzu Oehler JR **80**, 485; Gössel aaO 106); die Strafnormen des *UrhG* (Sternberg-Lieben NJW **85**, 2124) sowie Tatbestände mit *inländischer* verwaltungsrechtlicher Akzessorietät (4 vor § 324), zB mit Abhängigkeit von einer inländischen Genehmigung, Bewilligung oder Erlaubnis (zB *§§ 324 ff.*) und vwrechtlichen Pflichten (zB *§ 325*). Ausnahmen gelten nach Art. 2 Ges. v. 24. 4. 1990 (5 zu § 126) für *§ 311 d IV* und *§ 328 I*. Außerhalb des Schutzbereichs der Normen des deutschen Strafrechts liegen idR ausländische Rechtsgüter, die auch nach Tatortrecht nur im staatlichen (vwrechtlichen oder hoheitsrechtlichen) Interesse des ausländischen Staates geschützt werden (vgl. SchSch-Eser 16). **Ausländische Rechtsgüter** schützen hingegen die *§§ 102 bis 104 a,* **6** *184 I Nr. 9* (Lüttger aaO 126, 168); auch die *§§ 164* (Schlüchter, Oehler-FS 315), *132 a, 146 ff.* (Lüttger aaO 171, 173), *152, 267 ff.* (Bay aaO; bei *§ 271* nur mit Einschränkungen, vgl. Wiedenbrüg NJW **73**, 303; uU auch bei § 267, vgl. Sternberg-Lieben aaO 2125; Schroeder NJW **90**, 1406), ferner können völkerrechtliche oder supranationale Verträge ausländische Rechtsgüter den inländischen gleichstellen (vgl. zB *Art. 194 EURATOM/EAG; Art. 9 c Übk.* v. 20. 12. 1957; dazu Ges. v. 26. 5. 1959 [BGBl. II 585, 989]; dt.-franzos. Übk. v. 31. 3. 1958; dazu Ges v. 9. 3. 1959 [BGBl. II 189, 1076]; vgl. Möhrenschlager JZ **80**, 165 Anm. 38; Schlüchter aaO 312; eingehend LK 25 ff. mwN, auch SchSch 13 ff.); ferner Art. 37 I EWGVO Nr. 222/77, Übk. EWG-EFTA v. 20. 5. 1987 für ausländische Zollplomben (Krehl NJW **92**, 604). Geschützt sind ferner ausländische staatliche Rechtsgüter ausnahmsweise dann, wenn sie ihrer Art nach den Charakter von Individualrechtsgütern haben, zB der Hausfrieden von ausländischen Missionen und Konsulaten (Köln NJW **82**, 2740), Vermögensdelikte gegen ausländisches Staatseigentum, soweit es sich nicht um Steuern oder sonstige hoheitliche Abgaben handelt (Bay NJW **80**, 1057; vgl. LK 37). **Ver-** **7** **kehrsstraftaten** Deutscher im Ausland unterfallen, vorausgesetzt, daß § 7 (oder § 6 Nr. 9) eingreift, dem deutschen Strafrecht, soweit (auch) dem Individualschutz dienende Tatbestände (§§ 222, 230, 315 ff., 142) gegeben sind (BayVRS **26**, 101; Oehler JZ **68**, 194). Soweit es um eine die Fahrlässigkeit begründende Pflichtverletzung geht, ist das Tatortrecht maßgebend (Bay NJW **72**, 1722). Auch § 316 ist auf Auslandstaten anwendbar (Karlsruhe NJW **85**, 2905, hierzu Geppert JK 1 zu § 7; NStZ/J **85**, 403; SchSch 19), da in diesem Fall die abstrakte Gefährdung idR permanent gegenüber jedem Verkehrsteilnehmer in eine konkrete umzuschlagen droht. Andere im Ausland begangene Verstöße gegen Straßenverkehrsvorschriften und Ordnungswidrigkeiten (vgl. § 5 OWiG) können nach deutschem Recht nur auf Grund internationaler Übk. verfolgt werden (vgl. zB Art. 6 ReHiVtrYUG v. 23. 8. 1974, BGBl. II 1165; 1975, 228; EuRHiÜbkVtrNLD; Art. 6 EuRHiÜbkVtrCHEG v. 20. 8. 1975, BGBl. II 1169; 1976, 1818; Art. 6 EuRHiISRÜbkErgVertrG v. 29. 9. 1980, BGBl. II 1334; 1981, 94; III 319–79; EuAlÜbk.). Zum Ganzen LK 38 ff. mwN; Vogler VGT **86**, 63; Willkommen KR **87**, 466. BGH **21**, 277 ist im wesentlichen überholt (aM SchSch 20). Die Anwendbarkeit des deutschen Strafrechts ist, auch wenn es sich bei den §§ 3 ff. um materielles Recht handelt (BGH **20**, 24), Verfahrensvoraussetzung (BGH **34**, 3; Saarbrücken NJW **75**, 509; Köln 14. 7. 1982, 3 Ss 378/82).

8 4) **A.** Der Begriff des **Inlandes** knüpft im Strafrecht grundsätzlich an das wirkliche Funktionieren der Staatsgewalt an (BGH **30**, 4). Dieser *funktionelle Inlandsbegriff* wurde im Schrifttum entwickelt und inzwischen von der Rspr. (BGH **30**, 3; **32**, 297; Bay VRS **61**, 115 [m. Anm. Oehler JR **82**, 160]; Düsseldorf NJW **79**, 61 m. Anm. Krey JR **80**, 45) und der hM (LK 45 ff., SchSch 29; Lackner 4; AK-Lemke 26) übernommen. Der *völker- und staatsrechtliche Inlandsbegriff*, der früher für das Strafrecht als verbindlich angesehen wurde (BGH **5**, 364), war im Hinblick auf die Nachkriegsverhältnisse und die Teilung Deutschlands für das an den tatsächlichen Verhältnissen orientierte Strafrecht ungeeignet. Der Gesetzgeber hat daher zur Abgrenzung vom staatsrechtlichen Inlandsbegriff im Gesetz die Bezeichnung **„räumlicher Geltungsbereich dieses Gesetzes"** verwendet (§§ 5, 56g II, 66 III, 80a, 84 I, 85 I, 86 I, 86a I, 87 I, 88, 91, 100 I, 109f, 109g II, 131 I Nr. 4, § 184 I Nr. 4, 8, III Nr. 3, § 234a I), die das Gebiet der in der Präambel des GG genannten Länder, das Saarland und – mit gewissen inzwischen durch das 6. ÜberleitG aufgehobenen Gebietseinschränkungen (vgl. zB 2 vor § 80) – das Land Berlin umschrieben. Er hat ferner die Entscheidung, was strafrechtlich unter *„Inland"* zu verstehen ist, der Rspr. mit dem Ergebnis überlassen, daß mit dem Inkrafttreten des GrundVtr (BGH **30**, 3) das damalige Staatsgebiet der DDR nicht mehr in den Inlandsbegriff des § 3 einbezogen wurde und dieser seither mit der Bezeichnung „räumlicher Geltungsbereich dieses Gesetzes" deckungsgleich war (Tröndle JR **77**, 3). Mit dem Wirksamwerden des Beitritts der DDR zur BRep. (Art. 1 EV) ist der *räumliche Geltungsbereich dieses Gesetzes* um das Beitrittsgebiet erweitert worden, er ist zugleich *mit dem Inlandsbegriff* nunmehr *deckungsgleich*, der – staatsrechtlich und strafrechtlich übereinstimmend – die nunmehr in der Präambel des GG (idF des Art. 4 EV) genannten Länder umfaßt (Krehl DtZ **92**, 113).

9 **B.** Zum **Inland** gehören **a)** das dem Festland vorgelagerte nationale **Eigengewässer** (zB Seehäfen, Meeresbuchten) und das daran oder an das Festland anschließende **Küstenmeer** mindestens in der Dreimeilenzone

Geltungsbereich **Vor § 3**

(vgl. hierzu Oehler 403; Bödinger NZWehrr. **73**, 201; H. J. Martin NJW **75**, 722; Gündling NuR **82**, 45). Zur Erweiterung für die Nordsee vgl. Bek. v. 12. 11. 1984 (BGBl. I 1386; III 101–4–4), iVm Anlage IV SeeSchStrO. Die Begriffe Inland und Zollgebiet sind nicht identisch; auch das Küstenmeer gehört idR nicht zum Zollgebiet (§ 2 I, III Nr. 4, IV S. 1 und 3 ZollG; RG **59**, 170; **56**, 136).

Zu den Handlungen im Bereich des deutschen **Festlandsockels** (d. i. die an die deutschen Meeresküsten grenzende Unterwasserzone außerhalb des deutschen Küstenmeeres, die nicht Inland ist; vgl. 11 zu § 5) und zum Hoheitsrecht der BRep. vgl. die Proklamation der BReg. v. 29. 1. 1964 (BGBl. II 104) und Art. 6 HoheSeeÜbk., Art. 76 UNSeerechtsÜbk. v. 10. 12. 1982, BT-Drs. 10/1988 (danach gehört der Festlandsockel in einer Zone von maximal 350 sm den Küstenstaaten); von der BRep. nicht ratifiziert (BT-Drs. 10/197). Die Abgrenzung des Festlandsockels gegenüber dem anderer Staaten bleibt den Abgrenzungs-Übk. vorbehalten. Wegen ungelöster Interessenkonflikte besteht kein Völkergewohnheitsrecht (Wolfrum, Europa-Archiv **83**, 83). Für die Abgrenzung unter der Nordsee als Folge des Urteils des Intern. Gerichtshofes vom 20. 2. 1969 (BT-Drs. VI/3225, 32) vgl. die im ZustimmungsG v. 23. 8. 1972 (BGBl. II 881, 1616) genannten Übk. mit Dänemark, den Niederlanden und dem Vereinigten Königreich. 10

Der **Bodensee** ist nicht gemeinsames Kondominat der Uferstaaten, sondern hinsichtlich des Untersees bis zur Mittellinie räumlich getrennt; nur der Überlinger See gehört ganz zu Deutschland, da ihn auf drei Seiten badisches Land umschließt; die Grenze am Obersee ist str. (vgl. RG **57**, 368; RheinBodSeeSchÜbkG v. 1. 10. 1975 [BGBl. II 1405, 2275]; StGrenzVtrAUTG v. 20. 5. 1975 [BGBl. II 765, 1351]; ferner Strätz JuS **91**, 902). **Bei Flüssen als Grenze** entscheidet bei fehlenden Verträgen die Flußmitte; bei schiffbaren Strömen der sog. Talweg (Fahrbahn der abwärtsfahrenden Schiffe, RG **9**, 374). Bei Brücken reicht die Staatshoheit bis zur Brückenmitte (RG **9**, 378). Doch ist der Grenzverlauf fast überall vertraglich geregelt, und zwar unterschiedlich nach Flußmitte, Talweg oder Flußufer, so für den Rhein hinsichtlich der Grenze zu Frankreich durch Übk. v. 27. 10. 1956 (BGBl. II 1863; 1957 II 2), für die Grenzflüsse zu den Niederlanden mit Ausnahme von Rhein- und Emsmündung durch AusglVtrNLD v. 8. 4. 1960 (BGBl. 1963 II 458, 463, 1078; 1976 II 608, 1355), zu Luxemburg durch Übk. v. 19. 12. 1984 (vgl. BT-Drs. 11/477), zu Österreich durch die StGrenzVtrAUTG v. 20. 5. 1975 (oben 4b) und v. 20. 4. 1979 (BGBl. II 377, 898); ferner LK 53 mwN. Die sog. internationalen Ströme sind zwar in ihrer ganzen Breite für Schiffahrt und Handel freigegeben; in den übrigen Beziehungen haben die Uferstaaten aber ihre Staatshoheitsrechte über den Strom behalten (RG **9**, 376); für fremde Schiffe in deutschen Häfen solcher Ströme sind daher die deutschen Strafgesetze maßgebend, Bay **7**, 312. Zum Geltungsbereich gehören ferner der **Freihafen** von Hamburg, die sonstigen Zollfreigebiete iS von § 2 III ZollG, zB Helgoland (BGH **31**, 254 m. Anm. Hübner JR **84**, 82); sowie der Transitbereich eines Flughafens (BGH **31**, 377); **b)** der **Luftraum** über dem Festland, den Flüssen und den Meereszonen zu a ebenso der Erdsockel unterhalb der Wasserflächen sowie der Raum **untertage** (vor allem für das BBergG und SprengG wichtig). Zur Problematik des Weltraums vgl. Alex Meyer, Straftaten im Weltraum, 1966; Bueckling JZ **82**, 178; LK 57 vor § 3. Für 11 12 13 14

15 deutsche **Schiffe und Luftfahrzeuge** gilt das zu § 4 Gesagte. **c)** deutsche
16 **Zollabfertigungsstellen** (RG **57**, 61), und zwar ohne Beschränkung auf die
Geschäftsräume der Zollstelle (RG **66**, 195). Zur vorgeschobenen Grenzabfertigung nach den zweiseitigen Grenzabfertigungsübk. mit Belgien (BGH **31**, 217 m. Anm. Bick StV **83**, 331; Hübner JR **84**, 82), den Niederlanden, Österreich (Bay **81**, 73; NJW **83**, 529) und der Schweiz in Reisezügen
17 während der Fahrt (vgl. 17a zu § 22 und Oldenburg MDR **74**, 329). **d) Geschäfts- und Wohnräume ausländischer Diplomaten** gehören trotz deren Exterritorialität (§§ 18, 19 GVG) zum Inland (RG **69**, 55; Köln NJW **82**, 2740).

18   **C. Ausland** ist jedes nicht zum deutschen Inland gehörige Gebiet, also auch solches, das nicht unter einer Staatshoheit steht (vgl. dazu 8 zu § 7). Für das herkömmliche Landesrecht kann auch das Gebiet eines anderen deutschen Landes Ausland sein (RG **1**, 222); so für das Spielen in „ausländischen" Lotterien (1 zu § 286).

19   **5) Deutscher** ist, wer die deutsche Staatsangehörigkeit iS des Art. 116 I GG besitzt (hierzu im einzelnen 3ff. zu § 7). Hierzu gehören daher auch deutsche Volkszugehörige (BVerfGE **36**, 30; BGH **11**, 63), jedoch nicht mehr Einwohner von Gebieten jenseits der Oder-Neiße-Grenze seit die BRep. sie im BezVtrPOL als „westliche Staatsgrenze der Volksrepublik Polen" anerkannt hat. An den Begriff des Deutschen wird verschiedentlich bei der Umschreibung des Täters (§ 5 Nr. 3a, 5b, 8, 9, 12; § 7 II Nr. 1) oder des Verletzten (§ 5 Nr. 6, 8, § 7 I) angeknüpft, bei § 5 Nr. 8 müssen Täter und Opfer deutsch sein. Zum Begriff des **Ausländers** 5 zu § 7. Im
20 übrigen ist die **Staatsangehörigkeit** (Frowein HdbVerfR 49, 51) des Täters ist insoweit ohne Bedeutung, als auch Taten von Ausländern im Inland strafbar sind. Daran ändert sich dadurch nichts, daß gewisse Personen von der inländischen Gerichtsbarkeit ausgenommen sind, vor allem die Exterritorialen (vgl. 17 vor § 32); denn es handelt sich nur um ein Verfolgungshindernis deutschen Rechts *(Immunität)* die Tat selbst bleibt rechtswidrig und schuldhaft (LK 74), so daß an ihr Teilnahme und gegen sie Notwehr zulässig ist. Daher kann auch der Täter selbst, soweit es sich um die Exterritorialität handelt, bestraft werden, wenn der Befreiungsgrund später wegfällt (RG **52**, 167; aM SchSch 42, AK 39).

21   Zu den **Strafverfolgungsbeschränkungen** des internationalen Strafverfahrensrechts vgl. Kleinknecht-Meyer Einl. 208ff. Im übrigen ist eine staatsgebietübergreifende Strafverfolgungstätigkeit grundsätzlich nicht zulässig und die Bestrafung eines **Ausgelieferten** für eine Inlandstat nach dem **Grundsatz der Spezialität** davon abhängig, daß die Auslieferung für *diese* Tat bewilligt wurde (§ 11 IRG iVm Art. 14 EuAlÜbk; BGHR vor § 1 StPO VHind, Spez. 1; Vogler NJW **83**, 2118; zur „politischen Tat" iS § 6 I vgl. 10 zu § 7; zum Spezialitätsgrundsatz und Widerruf der Strafaussetzung, 3c zu § 56f; zur Spezialitätsbindung im Falle der Zustimmung des Verfolgten zur Auslieferung, BGH **31**, 51). Dieser Grundsatz schließt eine Verurteilung unter einem anderen rechtlichen Gesichtspunkt nicht aus, falls ihr derselbe Sachverhalt zugrundeliegt und auch unter der neuen Subsumtion die Auslieferung gestattet wäre (NStZ **85**, 318). Bei einer fortgesetzten Handlung dürfen auch Teilakte einbezogen werden, die vor dem im Auslieferungsverfahren genannten Zeitraum liegen (3. 6. 1988, 2 StR 184/

88). Auf einen anderen Sachverhalt darf die Untersuchung erstreckt werden, um den Angeklagten der Auslieferungstat zu überführen, jedoch darf sich dies in der Höhe der Strafe nicht zu seinem Nachteil auswirken (NJW **87**, 3089 m. Anm. Vogler StV **88**, 188). Ohne Bedeutung ist ferner, ob inländische oder ausländische Individualrechtsgüter (zB Leben, Ehre, Vermögen, Freiheit) verletzt sind. Jedoch begründet nach Düsseldorf JMBlNW **83**, 210 allein eine völkerrechtswidrige Festnahme auf fremdem Staatsgebiet noch kein Verfahrenshindernis.

Nach dem **NATO-Truppenstatut** und dem Zusatzabkommen (vgl. **22** Kleinknecht/Meyer Anh. A 10–10b) ist es allen Entsendestaaten erlaubt, innerhalb der BRep. die Strafgerichtsbarkeit auszuüben, die ihnen nach ihrem innerstaatlichen Recht über alle dem Militärrecht unterworfenen Personen übertragen ist. Die BRep. hat gleiche Rechte in bezug auf Einheiten der BWehr auf dem Gebiet der Vertragsstaaten. Die Verhängung von Todesurteilen durch Gerichte eines Entsendestaates verstößt nicht gegen das GG (aM Calliess NJW **88**, 849; gegen ihn zutr. Ballhausen NJW **88**, 2656); sie werden jedoch in der BRep. *nicht vollstreckt* (vgl. ferner 13. 6. 1978, 1 StR 108/78). Soweit die Gerichtsbarkeit der BRep. im Rahmen der konkurrierenden Strafgerichtsbarkeit (Art. VII Abs. 1 NATO-Truppenstatut) ein Vorrecht hat, auf das die BRep. vertraglich allgemein verzichtet hat (Art. VII Abs. 3c NATO-Truppenstatut iVm Art. 19 I, III Zusatzkommen), kann die deutsche StA die binnen 21 Tagen mögliche Rücknahme des Verzichts auch mündlich oder fernmündlich (BGH **30**, 378) erklären (LK 79 vor § 3). Einschränkungen der inländischen Gerichtsbarkeit gelten nicht mehr, wenn der Täter aus den Stationierungsstreitkräften ausgeschieden ist (BGH **28**, 99 m. Anm. Oehler JR **80**, 126; aM Jescheck § 18 I 3). Zur Frage eines Verfahrenshindernisses durch Einstellung des amerikanischen Militärgerichtsverfahrens Karlsruhe NStZ **86**, 369.

6) Das **interlokale Strafrecht** regelt innerstaatliche Kollisionen, dh *wel-* **23** *ches Recht anzuwenden ist, wenn innerhalb desselben Staates verschiedenes (partikuläres) Strafrecht gilt.* Voraussetzung ist, daß die verschiedenen Teilrechtsgebiete innerhalb des gesamten Staates anerkannt sind und eine Vereinheitlichung des Rechts in den Teilgebieten mindestens grundsätzlich möglich wäre. Interlokales Strafrecht spielt eine Rolle für altes Landesrecht, das nach Art. 125 GG (vgl. BGH **4**, 399) als Bundesrecht fortgilt, für unterschiedliches Landesrecht (vgl. hierzu Jedamzki, Das rundfunkrechtliche Sonderdelikt als Anwendungsfall interlokalrechtlicher Grundsätze, 1979) und neuerdings für nach Art. 9 EV als partielles Bundesrecht fortgeltendes Strafrecht der ehem. DDR (im einzelnen hierzu unten 28 ff.), wodurch die Probleme des interlokalen Strafrechts wieder aktuelle Bedeutung erlangt haben. Die *§§ 3 bis 7* gelten für das interlokale Strafrecht *nicht* – auch nicht entsprechend – *anzuwenden*. Es fehlte bisher an einer gesetzlichen Regelung, wenn man von ganz vereinzelten früheren gesetzlichen Regelungen absieht (vgl. LK 90 Fn. 22). Maßgebend ist für das interlokale Strafrecht von jeher nach der hM das **Recht des Tatorts** (vgl. § 9; so schon **24** Preuß. Obertribunal GA Bd. **16**, 141; RG **76**, 202; stRspr; BGH **4**, 399; **11**, 366; **27**, 7; NJW **52**, 1146; Wasmuth NStZ **91**, 161; Samson NJ **91**, 144; Günther ZStW **103**, 862). Straflosigkeit am Aburteilungsort steht, da alle Gerichte des Bundesgebiets *partielles Bundesrecht* zu beachten haben, nicht

entgegen (BGH **11**, 365); freilich ist, soweit es um *Landes*recht geht, die mildere lex fori maßgebend, Oehler 41; zw. Das Tatortrecht bestimmt auch, ob sich der Täter auf Rechtfertigungs- oder Entschuldigungsgründe berufen kann (NJW **91**, 2499; LK 98). Auf das uU strengere Wohnsitzrecht kommt es nach hM deswegen nicht an (Blei AT § 12 IV 2; vgl. SchSch 54; str.; aM Jescheck § 20 I 3), weil das Landesrecht nicht über seine Grenzen hinaus gilt und es an einer Landeszugehörigkeit, an die das Personalprinzip
25 anknüpfen könnte, fehlt (LK 91; M-Zipf § 11, 49). Kommen **mehrere Tatorte** in Betracht, weil sich das Tatgeschehen auf mehrere Rechtsgebiete erstreckt, sei es, daß die Tat bei Distanzdelikten (5 vor § 80) in einem Rechtsgebiet begangen und der Erfolg im anderen eingetreten ist, sei es, daß sie sonst, wie bei Fortsetzungstaten (25 vor § 52), mehraktigen Delikten (zB § 277) oder bei Dauer- oder Zustandsdelikten (41 vor § 52) nach § 9 im einen wie im anderen Rechtsgebiet begangen ist, so ist bei konkreter Betrachtungsweise das **strengste Gesetz** anzuwenden (RG **75**, 386; Bay **62**, 93; hM; LK 92, SchSch 53; Lackner 9 zu § 3), während Oehler 41 sowie Jedamzik [oben 21] 34 für Distanzdelikte im Presse- und Medienbereich im Anschluß an RG **75**, 107 das Recht des „Tatorts im engsten Sinne" und, soweit es sich um abweichendes Landesrecht handelt, das mildere Recht für
26 maßgebend halten (Oehler 41). Bei der **Verjährung** kommt es darauf an, ob man sie als bloßes Verfahrenshindernis ansieht; dann entscheidet allein das Recht des erkennenden Gerichts (so NJW **52**, 1146). Vertritt man wie hier eine mindestens gemischte Theorie (vgl. 4 vor § 78), so ist auch das Tatortrecht zu berücksichtigen, da es den Strafanspruch erlöschen läßt
27 (vgl. unten 53). Im Falle einer **Landesamnestie** ist bei Taten im Bereich des betreffenden Landes der staatliche Strafanspruch, selbst wenn man ihn nur als Strafanspruch des Landes auffaßt (offen gelassen in BVerfGE **2**, 224; BGH **3**, 134), mit Wirkung auch für die übrigen Länder erloschen; für Taten im Bereich anderer Länder wirkt die Landesamnestie nur für die Gerichte des amnestierenden Landes als Verfahrenshindernis, für die übrigen Länder ist sie ohne Wirkung. Nach hM (OGHSt. **2**, 253; Hamm MDR **49**, 700; KG JR **50**, 565; BVerfGE **1**, 346) wirkt die Landesamnestie nur für das betreffende Land (dagegen SchSch 60; Mattil GA **58**, 147). BGH **3**, 134 stellt nur prozessual darauf ab, in welchem Lande die Untersuchung zuerst eröffnet worden ist; ist es zufällig das amnestierende Land, so soll die Niederschlagung auch für die Gerichte der anderen Länder wirken (vgl. auch NJW **52**, 1146).

28 **7) Strafanwendungsprobleme nach der Wiedervereinigung Deutschlands.**

Schrifttum: *Breymann* NStZ **91**, 463; *Buchholz* NStZ **90**, 519; *Dähn* NStZ **90**, 469 (6. StÄG-DDR); *Engelhard* DtZ **90**, 129; *Eser* GA **91**, 241; *Geiger* JR **92**, 397; *Geppert* Jura **91**, 610; *Grünwald* StV **91**, 31 u. **92**, 331; *Heine* DtZ **91**, 423; *Helgerth/König* JR **91**, 177; *Höchst* JR **92**, 360 (Unrechtskontinuität); *v. Hoerschelmann* ZRP **91**, 351; *Hruschka* JZ **92**, 665; *Jakobs,* in Isensee (Hrsg.), Vergangenheitsbewältigung durch Recht, 1992, S. 38; *König* NStZ **91**, 566 u. **92**, 185; *Krehl* DtZ **92**, 13 u. 113; *Küpper* JuS **92**, 723; *Lemke/Hettinger* NStZ **92**, 21 u. StV **91**, 421; *Liebig* NStZ **91**, 327; *Lilie* NStZ **90**, 153; *Lüderssen* StV **91**, 482; *Luther* NJ **91**, 395; *Peter/Volk* JR **91**, 89; *Polakiewicz* EuGRZ **92**, 177; *Renzikowski* JR **91**, 270; *Riedel* DtZ **92**, 162; *Roggemann* JZ **90**, 363; *Samson* NJ **91**, 143, NJW **91**, 335 u. StV **92**, 141; *Sauter* DtZ **92**, 169; *Schneiders* MDR **90**, 1049; *Schroeder* JZ **92**,

990; *Schünemann,* in Lampe, Regierungskriminalität, 1993; *Strömer* NJ **90**, 541; *Teichler* NJ **90**, 291; *Vormbaum* StV **91**, 176; *Wasmuth* NStZ **91**, 160; vgl. ferner bei 1a zu § 99.

A. Mit dem Wirksamwerden des **Beitritts** der ehem. DDR zur BRep. **29** Deutschland (Art. 23 GG, Art. 1 I EV) **wurde des StGB** und das EGStGB – von in Art. 9 EV erwähnten Ausnahmen abgesehen – **auf das** bisherige Staatsgebiet der DDR (künftig: **Beitrittsgebiet**) als Bundesrecht erstreckt (Art. 8 EV). **a)** Hiervon wurden für eine Übergangszeit **ausgenommen** (EV Anl. I Kap. III C I 1 und III 1, 2): Das *5. StrRG, § 5 Nr. 8* [soweit dort § 175 genannt ist], *§ 5 Nr. 9,* die Vorschriften über die *Sicherungsverwahrungs* [§ 66], *§§ 144, 175, 182, 218 bis 219d* und aus dem *EGStGB,* da für die Überleitung des DDR-Strafrechts bedeutungslos, die Art. 14 bis 292, 298 bis 306, 312 bis 314, 317 bis 319 und 322 bis 326.

b) Nach Art. 9 II EV (also soweit mit dem GG unter Berücksichti- **30** gung des EV vereinbar) sind **im Beitrittsgebiet** die folgenden **Vorschriften des DDR-Strafrechts** als partikuläres Bundesrecht für eine Übergangszeit **in Geltung geblieben** (EV Anl. II Kap. III C I 1, 2, 4, 5 u. II), und zwar **aa)** im Hinblick auf die nicht übernommenen Vorschriften des bundesdeutschen StGB (oben 29) aus dem *StGB-DDR § 149* [sexueller Mißbrauch von Jugendlichen], die *§§ 153 bis 155* [unzulässige Schwangerschaftsunterbrechung], ferner die *§§ 1 II bis 4 I, § 5 des Ges. über die Unterbrechung der Schwangerschaft* [SUG-DDR] sowie die *§§ 1 bis 4 III S. 1, §§ 4 II bis 9 der Durchführungsbestimmung* zum eben genannten Gesetz [DfBest-SUG-DDR]; **bb)** Ohne eine Entsprechung im bundes- **31** deutschen StGB aus dem *StGB-DDR § 84* [Verjährungsausschluß für Menschlichkeitsverbrechen], *§ 191a* idF des EV [Verursachung einer Umweltgefahr durch Verunreinigung des Bodens] (hierzu Heine DtZ **91**, 424) und *§ 238* [Beeinträchtigung richterlicher Unabhängigkeit], der freilich erst durch das 6. StÄG-DDR v. 29. 6. 1990 eingefügt wurde und daher für vor dieser Zeit begangene Taten keine Bedeutung hat. **cc)** Weiter in Geltung geblieben sind die *§§ 8 bis 10 des 6. StÄG-DDR* [Verwirklichung früherer Strafentscheidungen und Beendigung von Strafverfahren bei Wegfall der strafrechtlichen Verantwortlichkeit], die Taten betreffen, die vor dem Inkrafttreten dieses Gesetzes (1. 7. 1990) begangen sind und dieses Gesetz aufgehobene oder wesentlich veränderte Straftatbestände gegen die Volkswirtschaft (§§ 165, 166 I Nr. 2, II, §§ 167 bis 171, 173 I Nr. 1, 3 II, III und § 214 StGB-DDR idF v. 31. 1. 1989) verwirklicht haben (SchSch 86; Teichler NJ **90**, 291; zum 6. StÄG-DDR Dähn NStZ **90**, 469). Zur Frage der „Vertrauensstellung" iS des § 165 StGB-DDR aF ehem. DDR-Politbüromitglieder: LG Berlin DtZ **92**, 254 (gegen LG Berlin LK[11]-Laufhütte 38 vor § 80 Fn. 7). Gegen *§ 10 S. 1 des 6. StÄG-DDR,* der die Fortsetzung *bereits eingeleiteter Strafverfahren* und die Verfolgung der angeführten durch das 6. StÄG-DDR aufgehobenen Tatbestände in Abweichung von § 2 III weiterhin erlaubt und die Verurteilung sowie den „Ausspruch und die Verwirklichung einer Vermögenseinziehung" nach dem durch daselbe Gesetz aufgehobenen § 57 StGB-DDR ermöglicht (Art. 315c S. 3 EGStGB), bestehen durchgreifende verfassungsrechtliche Bedenken (so zutr. LG Berlin

[Vorleg. Beschl.] DtZ **91**, 217; ferner Peter/Volk JR **91**, 89; Schneiders MDR **90**, 1053; Eser GA **91**, 259; Geppert Jura **91**, 614; Grünwald StV **91**, 32; Luther DtZ **91**, 434; zurückhaltender LK[11]-Gribbohm 63 zu § 2).

32 c) Für die fortgeltenden Straftatbestände des DDR-Strafrechts (oben 30, 31) treten nach **Art. 315c EGStGB** *Feiheitsstrafe und Geldstrafe* (§§ 38 ff.) an die Stelle der bisherigen zahlreichen Strafarten der §§ 30 ff. StGB-DDR. Die Geldstrafe darf nach Art und Höhe der Tagessätze das Höchstmaß der bisher angedrohten Geldstrafe nicht übersteigen und muß sich – abweichend von § 54 II S. 1 – im Rahmen des § 40 I (360 Tagessätze) halten.

33 d) Seit dem Wirksamwerden des Beitritts der ehem. DDR (oben 29) sind somit durch die Vereinbarungen des EV im vereinten Deutschland *zwei unterschiedliche Rechtsgebiete* entstanden: das der *bisherigen Länder der BRep.* (bisher im Gesetz als „räumlicher Geltungsbereich dieses Gesetzes" [oben 8] bezeichnet, wobei für *Berlin-West* noch gewisse Geltungsbeschränkungen galten; vgl. 8 zu § 80) und das *Beitrittsgebiet* [oben 29]. Das auf den jeweiligen Teilrechtsgebieten geltende unterschiedliche Recht ist *partikuläres Bundesrecht,* für dessen Anwendung, bis die angestrebte gesamtdeutsche Rechtsvereinheitlichung erreicht ist, nach allgM die **Grundsätze des interlokalen Strafrechts** (oben 23) gelten. Maßgebend ist wie seit alters her Gewohnheitsrecht (24). Der EV hätte, da das Strafanwendungsrecht materielles Recht ist (7 zu § 2, oben 2) die interlokalstrafrechtlichen Probleme, wie das in Art. 1a EGStGB idF eines Referentenentwurfs (zit. bei Helgerth/König JR **91**, 178 und Eser GA **91**, 250) auch beabsichtigt war, schon aus verfassungsrechtlichen Gründen (Lackner 7 zu § 3) klären müssen (Art. 104 GG). Dies unterblieb im Gefolge einer in den Vertragsverhandlungen auf bundesdeutscher Seite entstandenen Kontroverse über die Konsequenzen der geltenden Regelung des § 5 Nr. 9, die die eigentlichen Sachfragen des EV gar nicht berührte und nach dem Sinn dieser Vorschrift schon im Ansatz verfehlt war. Mit der Nichterstreckung des § 5 Nr. 9 auf das Beitrittsgebiet (oben 28) war, wie gar nicht erkannt wurde, dieser Streit nicht zu lösen (hierzu 45. Aufl. 9 zu § 5). Auch konnte das damit verfolgte Ziel auf diese Weise nicht erreicht werden (Helgerth/König JR **91**, 178), wohl aber wurde die ohnehin schwierige und umstrittene interlokalstrafrechtliche Problematik weiter verunklart (hierzu unter 34; Günther ZStW **103**, 865; Strömer NJ **90**, 541; Geppert Jura **91**, 612; Lackner 7 zu § 3).

34 e) Nach dem interlokalen Strafrecht ist auf Grund althergebrachter und anerkannter gewohnheitsrechtlicher Regeln bei gebietsverschiedenem Bundesrecht grundsätzlich das **Recht des Tatorts** (§ 9) maßgebend (oben 23) und nicht etwa das Recht des Aburteilungsorts (*lex fori*), denn partielles Bundesrecht ist für alle Gerichte des Bundesgebiets zu beachten. Dessen Anwendung kann nicht von der Belegenheit des zuständigen Gerichts abhängen (BGH **11**, 366; SK 57). **Art. 1a EGStGB** zieht für die Anwendbarkeit der nicht auf das im Beitrittsgebiet (oben 29) erstreckten Vorschriften über die **Sicherungsverwahrung** (§ 66) die Grundsätze des Tatort- und des Wohnsitzrechts in dem Sinne heran, daß entweder **nach Nr. 1** die die Verurteilung auslösende Tat (4 zu § 66) in der BRep. (in den Grenzen vor dem EV) begangen wurde, und zwar gleichgültig, ob Bundesbürger oder Einwohner der ehem. DDR Täter sind *(Tatortrecht),* oder daß **nach Nr. 2** der Täter, und zwar gleichgültig, ob er die Anlaßtat in der BRep. oder im Beitrittsgebiet begangen hatte, im bisherigen Gebiet der BRep. seine Lebensgrundlage hat (*Wohnsitzrecht* für Bundesbürger). Das bedeutet, daß *gegen einen Bundesbürger,* der im Inland – und sei es auch im Beitrittsgebiet –

Geltungsbereich **Vor § 3**

eine Anlaßtat (4 zu § 66) begangen hat, Sicherungsverwahrung verhängt werden kann, falls die übrigen Voraussetzungen des § 66 vorliegen, wobei nach Maßgabe des § 66 III S. 5 uU auch Vorverurteilungen von den Gerichten der ehem. DDR – erforderlichenfalls nach einer Korrektur nach den Grundsätzen des ordre public (unten 43) – zu berücksichtigen sind (12 zu § 66). In einem solchen Falle kann die Sicherungsverwahrung auch ein zuständiges, im Beitrittsgebiet belegenes Gericht verhängen. Dasselbe gilt auch, falls die übrigen Voraussetzungen des § 66 gegeben sind, gegenüber einem im Beitrittsgebiet domizilierten Bürger, der die Anlaßtat auf dem Gebiet der bisherigen BRep. begangen hat. Gegen einen Hangtäter (13 zu § 66), der im Beitrittsgebiet domiziliert ist, ist also die Sicherungsverwahrung nur im Falle einer im Beitrittsgebiet begangenen Anlaßtat nicht zulässig.

f) Falls in einem Teilgebiet Taten **unabhängig vom Recht des Tatorts** 35 (§§ 5, 6) unter Strafe gestellt sind, bedarf das Tatortprinzip einer Ergänzung. Denn eine Rechtsordnung, die (wie die BRep.) innerhalb eines Teilgebiets *für bestimmte Tatbestände,* die hochrangig eingeschätzte Rechtsgüter schützen, *weltweite* Geltung in Anspruch nimmt, kann im eigenen Land innerhalb ihrer interlokal abweichenden Teilrechtsordnung (dem Beitrittsgebiet) nicht zugleich ein Straffreiheitsreservat für dort nicht domizilierte Personen schaffen (Schneiders MDR **90**, 1050; Helgerth/König JR **91**, 189; Günther ZStW **103**, 865; Lackner 7 zu § 3). Dies schon gar nicht, wenn die weltweite Geltung an das **Wohnortprinzip** (iS der sog. Lebensgrundlage) anknüpft, wie das in § 5 Nr. 8, 9 der Fall ist. Die Herausnahme dieser – *internationalstrafrechtlichen* – Vorschriften aus dem auf das Beitrittsgebiet erstreckten Bundesrecht (die ohnehin im untrennbaren Zusammenhang mit den dort bezeichneten Tatbeständen des BT stehen) ändert an Fragen der – interlokalstrafrechtlichen – Rechtsanwendung zwischen beiden Teilrechtsgebieten nichts (Helgerth/König JR **91**, 178; insoweit noch aM Voraufl. 9 zu § 5). So bleibt zB nach § 175 strafbar, wer sich mit seinem Tatopfer zur Begehung tatbestandsmäßiger Handlungen in das Beitrittsgebiet begibt, auch wenn dort solche Taten nicht oder nur nach der milderen Vorschrift des dort in Geltung gebliebenen § 149 StGB-DDR (oben 29) strafbar sind. Entsprechendes gilt für eine Frau, die ihre Schwangerschaft im Beitrittsgebiet abbricht, ihre Lebensgrundlage aber im alten Bundesgebiet hat: Für sie bleiben die §§ 218 ff. maßgebend. Es kommt daher nicht einmal darauf an, ob die Tat nach der im Beitrittsgebiet in Geltung gebliebenen Fristenregelung der §§ 153 ff. StGB-DDR (oben 29) straffrei ist, was selbst nach der DDR-Regelung zu verneinen ist, denn das „Recht" auf Abtreibung behielt das SUG-DDR (oben 29) Frauen vor, die die Staatsbürgerschaft der DDR besaßen, beantragt oder dort ihren Wohnsitz hatten (aM Wasmuth NStZ **91**, 161, der diese Beschränkung für gegenstandslos hält, wiederum anders Samson NJ **91**, 146, der hieraus für abbrechende Ärzte ein beträchtliches Strafbarkeitsrisiko folgert; ähnlich Lackner 7 zu § 3). Soweit es nach einer fruchtlosen Debatte im Gesetzgebungsverfahren (oben 32) darum ging, für die Fälle des SSA das reine Tatortrecht einzuführen, war der Weg über die Nichterstreckung des § 5 Nr. 9 auf das Beitrittsgebiet unbehelflich. Den am Gesetzgebungsverfahren Beteiligten fehlte es insoweit ohnehin am eindeutigen Willen (überzeugend Helgerth/König JR **91**, 181), war er eher vorhanden, lagen ihm Fehlvorstellungen über die Rechtslage zugrunde, die als „Motivirrtümer" des Gesetzgebers bei der Rechtsanwendung unberücksichtigt zu bleiben haben (Helgerth/König aaO 182; Schneiders MDR **90**, 1050; vgl. BGH **1**, 76; **11**, 53; Jescheck § 17 IV 3 Fn. 20). Hinzu kommt, daß im EV von der Sache her für eine Regelung, die lediglich Bewohner des alten Bundes-

36 g) Kommen **mehrere Tatortrechte** in Betracht, so ist nach herkömmlichen interlokalstrafrechtlichen Grundsätzen, denen auch Art. 1a I EGStGB idF eines Referentenentwurfs (oben 32) folgte, das **strengste Gesetz** anzuwenden (RG **75**, 386; hM). Ein Täter aus dem Beitrittsgebiet, der einen 15jährigen Jungen bald in Magdeburg und bald in Celle fortgesetzt handelnd homosexuell iS des § 149 StGB-DDR mißbraucht hatte, ist ohne Rücksicht auf die lex fori (oben 33) wegen einer Fortsetzungstat nach § 175 zu bestrafen, da diese Vorschrift gegenüber § 149 StGB-DDR die schwerere Strafe androht. Ein Täter aus dem alten Bundesgebiet, der eine solche Tat lediglich im Beitrittsgebiet an einem dort wohnenden Tatopfer begeht, ist hingegen nur nach § 149 StGB-DDR zu verfolgen, da die den Anwendungsbereich des § 175 ausdehnende Vorschrift des § 5 Nr. 8 voraussetzt, daß auch das Tatopfer seine Lebensgrundlage im alten Bundesgebiet hat.

37 h) Im Bereich des **Verkehrsstrafrechts** sind die Verkehrsstraftatbestände nach Art. 8 EV unbeschränkt, also auch die §§ 315c, 316 im Beitrittsgebiet in Kraft geteten. Für Verkehrstaten *im alkoholisierten Zustand* ist jedoch zu beachten, daß die Ordnungwidrigkeit des § 24a StVG (BAK-Grenzwert von 0,8‰) im Beitrittsgebiet bis zum 31. 12. 1992 nicht anzuwenden ist (EV Anl. I Kap. XI B III 1a). Vielmehr gelten im Beitrittsgebiet § 7 II iVm § 47 I–III STVO-DDR [zit. bei Jagusch/Hentschel 23 zu § 24a StVG], die ein bußgeldbewehrtes Verbot enthalten, „bei Antritt oder während der Fahrt unter Einwirkung von Alkohol zu stehen", über den 31. 12. 1990 fort (EV Anl. II Kap.XI B III 4b). Insoweit gilt strenges Tatortprinzip (Geppert Jura **91**, 612). Es ist aber im Beitrittsgebiet erst ab einer BAK von 0,3‰ von einer für die Verkehrssicherheit relevanten *Einwirkung* von Alkohol iS des § 7 II StVO-DDR auszugehen (so zutr. Jagusch/Hentschel aaO).

38 i) Für **Auslandstaten** von Deutschen, für die im Inland unterschiedliches Strafrecht gilt, bestimmt **Art. 1b EGStGB**, daß jeweils diejenigen Vorschriften anzuwenden sind, die am Wohnsitz (iS der Lebensgrundlage) des Täters gelten. Für Bewohner des alten Bundesgebietes hat sich durch den Beitritt insoweit nichts geändert (Helgerth/König JR **91**, 178). Begehen Bewohner des Beitrittsgebiets Auslandstaten, so ist ihr meist günstigeres Wohnsitzrecht maßgebend: Beim sexuellen Mißbrauch von Jugendlichen ist § 149 StGB-DDR und im Falle eines Schwangerschaftsabbruchs sind die §§ 153 ff. StGB-DDR samt den ergänzenden Vorschriften der SUG-DDR und DfBest. jeweils unter der Voraussetzung anzuwenden, daß die Tat auch am ausländischen Tatort mit Strafe bedroht ist (§ 7), denn der frühere § 80 II StGB-DDR, der vom uneingeschränkten Personalitätsprinzip ausgegangen war, zählt nicht zu den nach Art. 9 EV fortgeltenden Vorschriften des DDR-Strafrechts (vgl. im einzelnen Helgerth/König JR **91**, 178).

39 B. Für die **vor dem Beitritt (3. 10. 1990)** in der ehem. DDR **begangenen Taten** (künftig: **Alttaten**) enthalten die durch EV Anl. I Kap. III C II 1b eingeführten **Art. 315 bis 315c EGStGB** die maßgebenden **Übergangsbestimmungen.** Für Alttaten ist, nachdem Art. 8 EV das Bundesstrafrecht in Kraft gesetzt und das DDR-Strafrecht – von wenigen Ausnahmen abgesehen – verdrängt hat, grundsätzlich das bundesdeutsche Strafrecht maßgebend. Nach Art. 315 I S. 1 EGStGB gelten die **Grundsätze des § 2,** also **das Gesetz zZ der Tat**

Geltungsbereich **Vor § 3**

(§ 2 I) mit dem Vorrang des mildesten Gesetzes (§ 2 III) und hinsichtlich der Bemessung der Strafen und Maßregeln weitere, in Art. 315 I–III EGStGB näher bezeichnete Maßgaben (hierzu unter 58).

a) Nach Art. 315 IV EGStGB gilt das jedoch für solche Altfälle nicht, für **40** die das Strafrecht der BRep. schon *vor* dem Beitritt gegolten hat. Es ist daher *vorab zu prüfen* und streng zu unterscheiden zwischen Alttaten, die nur dem zur Tatzeit in Geltung gewesenen DDR-Strafrecht unterfielen, und solchen, auf die bereits *vor* dem Beitritt das bundesdeutsche Strafrecht anzuwenden war (was auch für die Frage der Verjährung bedeutsam ist, unten 53), so daß sich durch den Beitritt der DDR insoweit nichts änderte (BGH **37**, 309) und die Frage nach dem günstigeren Gesetz deswegen nicht auftaucht (Lemke/Hettinger NStZ **92**, 23; SchSch 76), weil **Art. 315 IV EGStGB** nicht nur klarstellt, daß in diesen Fällen für Alttaten die bundesdeutschen Normen weitergelten, sondern eine weitere Strafbarkeit über Art. 315 I EGStGB iVm § 2 demgegenüber zurücktritt (Geiger JR **92**, 403). **aa)** So ist von vornherein nur bundesdeutsches Strafrecht maßgebend, wenn zB der Schußwaffengebrauch an der früheren DDR-Grenze (hierzu unten 52) deswegen auch eine Inlandstat ist, weil der tatbestandsmäßige Erfolg (Tod oder Körperverletzung) auf bundesdeutschem Gebiet eingetreten ist (vgl. Sauter DtZ **92**, 170; 3 zu § 9). Das gleiche gilt auch für Fälle, in denen schon bisher über die Strafanwendungsvorschriften der *§§ 4ff*. das bundesdeutsche Strafrecht anzuwenden war. Das ist zB in den problematischen Fällen der geheimdienstlichen Tätigkeit (*§ 5 Nr. 4 iVm § 99*) hauptamtlicher Mitarbeiter des MfS der ehem. DDR der Fall (BGH **37**, 305) unbeschadet der Tatsache, daß durch den Beitritt der DDR ein Zugriff auf die Täter erst möglich wurde und insoweit weitere Rechtsprobleme entstanden sind (hierzu im einzelnen 1a zu § 99). Ferner sind in diesem Zusammenhang die Fälle politischer Verdächtigung nach *§ 5 Nr. 6 iVm § 241a* (hierzu Renzikowski JR **92**, 271) oder solche Alttaten zu erwähnen, die als *Auslandstaten* zu beurteilen sind und sich *gegen einen Deutschen* iS des *§ 7 I* (dort 3ff.) richten. Vorausgesetzt ist hierbei stets, daß die Anwendbarkeit des bundesdeutschen Rechts *vor* dem Beitritt gegeben war und nicht erst *durch* den Beitritt etwa iS des § 7 II Nr. 2 2. Alt. begründet wurde (Krehl DtZ **92**, 114; Lackner 12 zu § 2, 4 zu § 7; insoweit aM Hruschka JZ **92**, 669). Das folgt daraus, daß Art. 315 I EGStGB gerade diese Fälle regelte und insoweit eine Sonderregelung schuf. Bei der Frage der Zuordnung der dem Art. 315 IV EGStGB unterfallenden, vor dem Beitritt begangenen Taten ist vom *funktionellen Inlandsbegriff* (oben 8) auszugehen. Für das Verhältnis der BRep. und der ehem. DDR waren spätestens seit dem Inkrafttreten des GrundVtr. (21. 4. 1973) die Grundsätze des internationalen Strafrechts maßgebend, wenn auch zT nur in entsprechender Anwendung (BGH **30**, 5; **32**, 297; **37**, 307; **38**, 30). Hiernach war jedenfalls ab diesem Zeitpunkt die DDR *wie* Ausland zu behandeln. Dementsprechend ist auch der Begriff des Deutschen nach der jeweiligen Situation vor dem Beitritt funktionell auszulegen. Hierbei kommt es darauf an, ob ein Deutscher als Täter oder als Opfer beteiligt ist (oben 19; SchSch 66ff.). **bb)** Die **bisherigen Streitfragen** in diesem Bereich *bestehen* **41** insoweit für die Frage, welche Alttaten nach Art. 315 VI EGStGB zu beurteilen sind, *fort*. Weitgehend anerkannt ist, daß *§ 7 I* die DDR-Bürger nicht schützte, solange sie im Staatsgebiet der ehem. DDR ihre Lebensgrundlage hatten, da dies seit dem Inkrafttreten des GrundVtr der Beschränkung des Geltungsanspruchs des § 3 auf das Bundesgebiet widersprochen hätte (BGH **32**, 297; SchSch 67). Eine Ausnahme machte freilich BGH **32**, 298 für den Strafschutz gegen Verschleppung und politische Verdächtigung nach § 5 Nr. 6, §§ 234a, 241a. Der BGH meint, daß im GrundVtr Staatsangehörigkeitsfragen außer Betracht geblieben seien und eine Zurücknahme des Strafschutzes der DDR-Bürger *als*

Tatopfer nicht beabsichtigt gewesen sei. Er rechtfertigt hieraus eine unterschiedliche Auslegung des Begriffs des Deutschen in § 7 I, wo zwar – entsprechend dem funktionellen Inlandsbegriff (oben 8) – in der ehem. DDR domizilierte Bürger *wie* Ausländer zu behandeln seien, dies aber bei der Anwendung der §§ 234a, 241a, um die vom Gesetzgeber beabsichtigte Schutzwirkung dieser Vorschriften nicht zu schmälern, nicht gelte. Nach anderer – zutr. – Meinung, konnte das Strafrecht der BRep. aber, solange DDR-Bürger ihre Bindungen zur ehem. DDR nicht gelöst hatten und nicht (zB durch Flucht) in den Schutzbereich des Art. 116 GG eingetreten sind (vgl. BVerfGE **36**, 30), diese vor dort oder im Ausland gegen sie begangene Taten nicht schützen (so iErg. BGH 3. 11. 1992, 5 StR 370/92 aS, S. 11; aM BGH **32**, 298; zum früheren Meinungsstand vgl. 44. Aufl. 6 zu § 5 und 3 zu § 7). Von der Beantwortung dieser Streitfrage hängt es nunmehr ab, ob für Alttaten nach §§ 234a, 241a gegen frühere DDR-Bewohner das bundesdeutsche Strafrecht bereits über Art. 315 IV EGStGB eingreift (zutr. hiergegen Grünwald StV **91**, 35; Renzikowski JR **92**, 273; SchSch 12a zu § 5; während Liebig NStZ **91**, 373 dies seit dem Beitritt auch für Alttaten bejahte).

42   **b)** Hinsichtlich der **übrigen Alttaten,** für die nach dem Vorstehenden nicht schon von jeher bundesdeutsches Strafrecht anzuwenden war, bestimmt **Art. 315 I EGStGB** durch den Verweis auf § 2, daß es zunächst auf das *Tatzeit-Recht* (also die durch den EV aufgehobenen DDR-Strafnormen) ankommt, *jedoch* die nunmehr auch im Beitrittsgebiet geltenden *bundesdeutschen Strafnormen* dann anzuwenden sind, falls sie iS des § 2 III (dort 5 ff.) das **„mildeste Gesetz"** enthalten. Hinter dieser einfach scheinenden Regelung, die eine staatsvertraglich beschlossene Ablösung des DDR-Strafrechts im ganzen durch das Strafrecht der BRep. – gleich einer Gesetzesänderung durch den nämlichen Staat – den Regeln des § 2 III unterwirft (vgl. BGH **38**, 2; LK[11]-Laufhütte 36 vor § 80), verbergen sich neben der Ermittlung des zur Tatzeit in Geltung gewesenen DDR-Strafrechts im allgemeinen (unten 43) noch weitere schwierige und weithin ungeklärte Probleme. Denn dem Normenvergleich, den das Rückwirkungsgebot des § 2 III zwischen den in casu in Betracht kommenden Tatbeständen des aufgehobenen und in Geltung befindlichen Rechts voraussetzt (hierzu im einzelnen 12a zu § 2), hat zum einen **die Klärung** der vorgreiflichen Problematik **vorauszugehen,** welche Strafanwendungsprinzipien für das Tatzeitrecht maßgebend sind (unten 45) und ob in concreto für das zur Tatzeit in Geltung gewesene und nach § 2 I anzuwendende DDR-Strafgesetz in dem für den Normenvergleich maßgebenden bundesdeutschen Strafrecht eine Entsprechensnorm besteht (sog. *Unrechtskontinuität*), damit der auf die BRep. übergegangene Strafanspruch weiter-

43   verfolgt werden kann. **aa)** Für die Fragen des **intertemporalen Strafrechts** kommt es bei der rechtlichen Beurteilung der DDR-Alttaten in erster Linie auf das Gesetz zZ der Tat (oben 39), also auf die im Tatzeitpunkt in der ehem. DDR in Geltung gewesene Gesetzesverfassung an. α) Im Hinblick auf das Ruhen der Verjährung (unten 53, 56) sind uU lang zurückliegende Alttaten noch verfolgbar. Für sie ist zu beachten, daß in der DDR zunächst das RStGB 1871 – wenn auch mit zahlreichen Änderungen – weitergalt, später idF des Strafrechtsergänzungsgesetzes-DDR 1957. Ab 1. 7. 1968 trat das **StGB-DDR v. 12. 1. 1968** (GBl. I 1) in Kraft, das mehrfach geändert wurde, und zwar vor der Wende zuletzt durch das 5. StÄG-DDR v. 14. 12. 1988 (GBl. I 335), in Kraft getreten am 1. 7. 1989. Eine Neufassung des StGB-DDR wurde am 31. 1. 1989 (GBl. I 33) bekannt gemacht. Mit dem 6. StÄG-DDR vom 29. 6. 1990 (GBl. I 526), das am 1. 7. 1990 in Kraft trat, wurde das DDR-Strafrecht im Hinblick auf die bevorstehende Vereinigung mit der BRep. rechtsstaatlichen Anforderungen angeglichen (vgl. Lilie NStZ **90**, 153; Dähn NStZ **90**, 469; Eser GA **91**, 248).

Geltungsbereich Vor § 3

β) Für das **innerdeutsche Strafanwendungsrecht** folgte die Rspr. in den 44
Nachkriegsjahren ursprünglich den Grundsätzen des **interlokalen Strafrechts** (oben 23) iS des Tatortrechts, es war also – mit der Korrektur des ordre public – das DDR-Strafrecht unmittelbar anzuwenden (BGH 7, 53; NJW 60, 395; GA 55, 178; LG Stuttgart NJW 64, 64). Man schloß aus Art. 16, 146 GG sowie aus dessen Präambel, daß sich die BRep. lediglich als **Teil** Deutschlands organisiert habe, vice versa ebenso die DDR, die – zu Deutschland zugehörig – nicht als Ausland angesehen wurde (BVerfGE 11, 158; 36, 17). Der Anwendung des interlokalen Strafrechts im Verhältnis zwischen BRep. und der DDR, wogegen, weil es von jeher an einer gemeinsamen Staatsgewalt fehlte, begründete Einwände erhoben wurden, war indessen **nach** dem Inkrafttreten des GrundVtr (21. 4. 1973) der Boden entzogen. Denn mit diesem Vertrag war zugleich eine „faktische Anerkennung besonderer Art" (BVerfGE 36, 23) zweier unabhängiger Staaten verbunden, „die gegensätzlichen politischen und gesellschaftlichen Systemen angehören" (Denkschrift zum GrundVtr, BR-Drs. 640/72). Das hatte zur Folge, daß für das Verhältnis beider deutschen Staaten die **Grundsätze des internationalen Strafrechts** maßgebend wurden, wenn auch nach der Rspr. des BGH zunächst nur in entsprechender (BGH 30, 5; 32, 294; hiergegen mit Recht Krey JR 85, 401), später – zutr. – in unmittelbarer Anwendung (BGH 37, 307; 38, 90). **Nach den DDR-Wahlen vom 18. 3. 1990** verstand sich dies schon daraus, daß gegenüber einem demokratisch regierten, unabhängigen Staat eine nur „entsprechende" Anwendung des internationalen Strafrechts nicht mehr möglich war. bb) Die weitere Frage, welche Strafanwendungsprinzipien 45
für das jeweilige Tatzeitrecht maßgebend sind, hat sich an den Vorgaben des Art. 315 EGStGB zu orientieren. Diese Vorschrift unterscheidet zwischen solchen Alttaten, für die das deutsche Bundesrecht schon *vor* dem Beitritt der DDR gegolten hat (IV), und den übrigen, für die sie Überleitungsvorschriften (I–III) enthält. Diese können nur an die Grundsätze anknüpfen, nach denen in der DDR begangene Alttaten nach bundesdeutschem Strafrecht beurteilt wurden. Das waren – jedenfalls seit dem Inkrafttreten des GrundVtr – die Regeln des **internationalen Strafrechts** (oben 44). Hiernach waren die DDR vor ihrem Beitritt *wie* Ausland (BGH 38, 90) und die damaligen DDR-Bürger, jedenfalls soweit sie nicht Tatopfer waren (oben 41), *wie* Ausländer (BGH 37, 307) zu behandeln. Das bedeutet, daß für die in der ehem. DDR begangene Alttaten eines Bundesbürgers oder „Neubürgers" (Art. 116 GG) § 7 II Nr. 1 (vgl. dort 2, 3) maßgebend sind, für solche eines Bewohners der ehem. DDR Art. 315 I EGStGB iVm § 2 (so BezG Dresden JR 92, 431 m. Anm. Höchst), soweit uU nicht schon die Voraussetzungen des § 7 I oder II gegeben sind (vgl. SchSch 18a zu § 7; Hruschka JZ 92, 669), die freilich durch den Beitritt selbst nicht geschaffen worden sind (vgl. LK[11]-Laufhütte 37 vor § 80; ferner oben 41). Diese sog. **„Auslandslösung"** entspricht der hM (zB Liebig NStZ 91, 372; Küpper/Wilms ZPR 92, 91; SchSch 76; Lackner 12 zu § 2). Von ihr geht weitgehend – wenn auch incidenter – die Rspr. aus (vgl. BGH 37, 308; ausdrücklich KrG Dresden MDR 91, 659). – Demgegenüber vertritt Samson (NJW 91, 335; NJ 91, 143; StV 91, 141; SK 46 ff.) die sog. **„Inlandslösung"**. Er geht – zunächst zutr. – davon 46
aus, daß mit dem Beitritt der DDR deren Strafansprüche auf die BRep. übergegangen sind, schließt hieraus aber, daß im Wege der Rechtsnachfolge nicht nur innerstaatliche Strafansprüche der neuen Bundesrepublik entstanden seien, sondern daß der Beitritt auf diese Weise die bisher als Auslandstaten zu beurteilenden DDR-Alttaten „verändert" habe und sie rechtlich nunmehr als *Inlandstaten* zu behandeln seien, was auch für die §§ 5, 6 gelte und die Anwendbarkeit des § 7 II ausschließe. Samsons Auffassung wird hinsichtlich der Rechtsnachfolgeposition der BRep. vom KG (NJW 91, 2653) und vom BezG Meiningen (NStZ

91, 491) zugestimmt (ebenso Riedel DtZ 92, 163; ähnlich Vormbaum StV 91, 179). Im übrigen wird die Inlandslösung überwiegend und mit Recht abgelehnt. Sie geht von einem Fehlschluß aus, weil Samson die zeitliche Dimension der Problematik unzulässigerweise durch die örtliche auswechselt (Schünemann aaO [oben 28]). Ferner berücksichtigt sie nicht hinreichend die nach Art. 315 EGStGB gebotene Differenzierung der Alttaten (oben 39). Sie ist daher weder mit dem Gesetzeswortlaut noch mit der Entstehungsgeschichte des EV in Einklang zu bringen (Lackner 12 zu § 2; SchSch 76; iErg. ebenso Liebig NStZ 91, 372; Eser GA 91, 257; Simma/Volk NJW 91, 874; Küpper/Wilms ZRP 92, 92; Polakiewicz EuGRZ 92, 178; Renzikowski JR 92, 272; Höchst JR 92, 360). Ebenso wenig verdient die Auffassung von Luther (NJ 91, 395) Zustimmung, wonach die Aufhebung des DDR-Rechts für die Bewertung der Alttaten keinen Einfluß haben und insoweit das DDR-Strafrecht weitergelten soll (*DDR-Lösung*). Luther läßt außer acht, daß Art. 315 EGStGB nicht nur die Rechtsfolgenseite der Deliktstatbestände betrifft, sondern daß durch Art. 8 EV des DDR-Strafrecht – von wenigen Ausnahmen abgesehen – aufgehoben worden ist und die Vertragsparteien des EV an der fortbestehenden Strafbarkeit von Alttaten nach dem bundesdeutschen StGB nichts geändert haben (BGH 37, 307; Renzikowski JR 92, 272; Schünemann aaO [oben 28]). **cc)** Jedem zur Ermittlung des mildesten Gesetzes iS des § 2 III anzustellenden Normenvergleich hat die Prüfung vorauszugehen, ob das Wesen des in dem früheren Gesetz umschriebenen Delikts in seinem Kern dem neuen Gesetz entspricht und von der Gesetzesänderung unberührt geblieben ist (**Kontinuität des Unrechtsbegriffs**). Die neue Vorschrift darf also gegenüber der alten kein anders geartetes Unrecht erfassen, damit eine Verurteilung aus dem neuen Gesetz nicht gegen das Bestimmtheitsgebot oder gegen das Rückwirkungsverbot verstößt (GrSenBGH 26, 172). Dieser allgemeine Rechtsgedanke, den die Rspr. für die Fälle der Änderung von einzelnen Gesetzen entwickelt hat, muß auch beachtet werden, wenn, wie im Falle der Wiedervereinigung Deutschlands, das gesamte Strafrecht des beitretenden Staates durch das des aufnehmendes Staates ersetzt worden ist. Die insoweit schon bei der Änderung jedes einzelnen Gesetzes bestehenden Probleme häufen sich indessen bei einer Gesetzesänderung en bloc und sind schwer übersehbar und weithin ungeklärt. Denn mit der umfassenden Gesetzesänderung im Beitrittsgebiet ist ein staatspolitischer Wandel und eine Systemveränderung einhergegangen, die sich beim Normenvergleich in jedem Einzelfall unterschiedlich auswirken kann. So fehlt es bei den *reinen Staatsschutzdelikten* unbeschadet der Übereinstimmung oder Vergleichbarkeit der äußeren Umschreibung der Tatbestände beider Rechte offensichtlich an jeglicher Unrechtskontinuität (Lüderssen StV 91, 484; Lackner 13 zu § 2; LK[11]-Laufhütte 41 vor § 80). Bei einander gegenüberstehenden **Tatbeständen** hingegen, die den **Schutz von Gemeinschaftsgütern** betreffen, bedarf es einer Prüfung, ob das jeweils geschützte Rechtsgut im Kern des Unrechts – unbeschadet etwa dessen systemtypischer Umschreibung – übereinstimmt und daher davon auszugehen ist, daß die BRep. den auf sie übergegangenen Strafanspruch hinsichtlich der Gemeinschaftsgüter des Beitrittsgebiets deswegen weiter zu verfolgen hat, weil sie im EV die Verantwortung für den gesamten Rechtsgüterschutz im Beitrittsgebiet übernommen hatte (Höchst JR 92, 362). Insoweit kommt es also nicht etwa nur – wie in den Fällen oben 5 – darauf an, ob der betreffende Tatbestand nach allgemeinen Grundsätzen nur inländische oder auch ausländische Rechtsgüter schützt, sondern inwieweit es – nach den Maßstäben des bundesdeutschen Strafrechts (vgl. Höchst JR 92, 362) – geboten ist, gegenüber DDR-Alttaten die *nunmehr* inländischen gesamtdeutschen Gemeinschaftsgüter des Beitrittsgebiets zu schützen (iErg. ähnlich Liebig NStZ 91, 374; Lackner 13 zu § 2; LK[11] 41 vor

Geltungsbereich **Vor § 3**

§ 80). Zu Unrecht hat daher das KrG Dresden (MDR **91**, 659) im Falle einer DDR-Alttat, in der ein Trunkenheitsfahrer Widerstand gegen einen Beamten der Volkspolizei geleistet hatte, **§ 113**, da er nur inländische Vollstreckungsbeamte schütze (oben 5), nicht als Entsprechensnorm für § 213 StGB-DDR idF des 6. StÄG-DDR angesehen. Das BezG Dresden (Beschl. v. 25. 1. 1992, Ss 3/91) hat hingegen in dieser Sache die Unrechtskontinuität bejaht. Mit Recht weist Höchst (aaO 365) im übrigen darauf hin, daß es auch Vollstreckungstätigkeiten ehem. DDR-Organe gebe (zB Straßenverkehrskontrollen, Pfändungen durch Gerichtsvollzieher), die nicht von vornherein zu mißbilligen gewesen seien (ähnlich Liebig NStZ **91**, 374; Lüderssen StV **91**, 484). Soweit dies in casu – etwa bedingt durch das Unrechtssystem – aber der Fall war, geht es nicht um die Frage der generellen Normkontinuität, sondern darum, ob im konkreten Fall die Strafbarkeit nicht schon mangels Rechtmäßigkeit des polizeilichen Vorgehens entfällt (ebenso Liebig aaO 375; insoweit auch Luther NJ **91**, 397). Vergleichbare Probleme können auch zB bei den Tatbeständen des *Vortäuschens einer Straftat* oder bei der *falschen Verdächtigung* auftauchen. Schwieriger und nur von Fall zu Fall zu beurteilen sind Altfälle, die **Rechtspflegedelikte** (zB Rechtsbeu- 49 gung, Eidesdelikte) zum Gegenstand haben. Fraglich ist schon, ob wegen der grundlegend unterschiedlichen Rechtssysteme eine bundesdeutsche Entsprechensnorm überhaupt zur Verfügung steht (verneinend Vormbaum StV **91**, 179; Heine DtZ **92**, 427; iErg. aM Lackner 13 zu § 2). Indessen sind, etwa bei „staatsneutralen" Zivilprozessen, Fälle denkbar, in denen die Weiterverfolgung des auf die BRep. übergegangenen Strafanspruchs geboten ist. Höchst (JR **92**, 362) weist mit Recht darauf hin, daß der Normenvergleich weniger auf die fundamentalen Differenzen der Rechtssysteme abzustellen hat, sondern mehr darauf, ob im konkreten Fall die Funktion der Unparteilichkeit der Rechtspflege und die Wahrheitspflicht vor Gericht im alten wie im neuen Recht Schutz verdient. Verfolgt werden können auch vorsätzliche *Steuerhinterziehungen*, da nach dem EV (Anl. II Kap. III C I 3) sogar die §§ 21, 23 der OWVO-DDR fortgelten, die Steuerordnungswidrigkeiten betreffen, die nicht durch die AO abgedeckt sind (Liebig NStZ **91**, 374). Vom Grundsätzlichen her sind insoweit weniger problematisch Alttaten gegen gemeinschaftsbezogene, aber staatsneutrale Rechtsgüter, wie die *Zulässigkeit und Sicherheit des Rechtsverkehrs* und des *Geldverkehrs*, oder solche gegen die *Umwelt* (hierzu ausführlich Heine DtZ **91**, 427) und die *Volksgesundheit*; so stimmen zB das BtMG und das SuchtmittelG-DDR in ihrer Zielrichtung überein (BGH **38**, 3). Ob **DDR-Wahlfälschungen** 50 (vgl. § 211 StGB-DDR [auch idF des 6. StÄG-DDR] und § 107a) weiterverfolgt werden können (bejahend und insoweit nur Strafzumessungsfragen erörternd: BezG Leipzig DtZ **91**, 31), ist im Schrifttum umstr. (ablehnend Liebig NStZ **91**, 375; Vormbaum StV **91**, 180; Samson StV **92**, 142; während Günther ZStW **103**, 858 – zu Unrecht – § 211 StGB-DDR als ein bis zur Auflösung der DDR befristetes Zeitgesetz iS des § 2 IV behandeln will; zutr. gegen ihn Samson aaO). Gegen eine Normkontinuität könnte geltend gemacht werden, daß der Wahlfälschungstatbestand – so wie er in der ehem. DDR gehandhabt wurde – auf seine Weise dem politischen System diente, dem (nicht freie) Wahlen eine Scheinlegitimation zu liefern hatten. Mit Recht hat aber das BezG Dresden (NStZ **92**, 438 m. Anm. Höchst JR **92**, 433 [*Fall Berghofer*]) den weiteren einheitlichen Schutzzweck beider Normen darin gesehen, die verfassungsmäßigen Rechte der Bürger auf Ausübung ihres Wahlrechts zu gewährleisten und zu schützen, die einen Anspruch darauf haben, daß sich ihr Wahlverhalten im Wahlergebnis widerspiegelt (ähnlich auch Höchst JR **92**, 363). Daß dieses Schutzgut in der ehem. DDR gerade von staatlichen Stellen systembedingt nicht genügend ernst genommen wurde, ändert an der Normkontinuität umso weniger, als der vom Min. d. Just.

d. DDR hrsg. Komm. z. StGB-DDR (5. Aufl. 1987, 1 zu § 211) als Schutzzweck der Norm die Zuverlässigkeit des Wahlergebnisses und die verfassungsmäßigen Bürgerrechte hervorgehoben hatte (ebenso Lorenz NStZ **92**, 422).

51 Keine Probleme können hinsichtlich der Altfälle auftauchen, die **"Straftaten gegen das sozialistische Eigentum"** betreffen, die im DDR-Strafrecht bis zum Inkrafttreten des 6. StÄG-DDR (oben 43) tatbestandlich gesondert geschützt waren (§§ 158 ff. StGB-DDR aF). Entsprechensnormen sind die jeweiligen Eigentums- und Vermögenstatbestände des StGB, die Individualeigentum und Gemeineigentum, das auch Art. 15 GG als rechtliche Kategorie anerkennt,
52 unterschiedlos schützen (Höchst aaO). In den Fällen des **Schußwaffengebrauchs gegenüber "Republikflüchtlingen"** im früheren Grenzgebiet zwischen der BRep. und der ehem. DDR bestehen, soweit das bundesdeutsche Strafrecht nicht schon nach Art. 315 IV EGStGB allein maßgebend ist (oben 40), hinsichtlich der Normkontinuität keine Probleme. Es ist aber zu prüfen, ob im Tatzeitpunkt **Rechtfertigungs- und Entschuldigungsgründe** des Tatortrechts bestehen und anzuerkennen sind. Soweit diese einer nach rechtsstaatlichen Grundsätzen ausgerichteten Rechts- und Sittenordnung nicht widersprechen (Oehler 393a), ist dies zu bejahen. Insoweit hatten auch Grenzorgane der ehem. DDR die bei Grenzabfertigungen *allgemein üblichen* Kontroll- und Eingriffsbefugnisse (Düsseldorf NJW **85**, 192), gegenüber denen eine Gegenwehr nicht zulässig und ein Waffeneinsatz ("Freischießen") durch Notwehr nicht gedeckt war (23. 3. 1982, 5 StR 96/82; zum *Fall Weinhold:* Hamm JZ **76**, 610; SchSch 77; Jakobs 5/30). Andererseits war nach den Vorschriften der ehem. DDR (§ 27 GrenzG-DDR) der Schußwaffengebrauch (hierzu im einzelnen BGH 3. 11. 1992, 5 StR 370/92 aS, S. 14 u. 31; Polakiewicz EuGRZ **92**, 178) nur gerechtfertigt, um unmittelbar bevorstehende Verbrechen zu verhindern. Der Tatbestand des ungesetzlichen Grenzübertritts (§ 213 StGB-DDR) war aber ein Vergehen und nur unter qualifizierten Merkmalen ein Verbrechen. Selbst nach den DDR-Normen war daher der Schußwaffengebrauch gegenüber unbewaffneten Republikflüchtlingen höchst zw. Im übrigen entspricht es seit jeher der hM – ebenso KG im *Fall Honecker* (NJW **91**, 2654; vgl. BVerfG DtZ **92**, 216) –, daß am Tatortrecht vorgesehene Straffreistellungen, die im krassen Widerspruch zu allgemein anerkannten rechtsstaatlichen Grundsätzen stehen, eine Bestrafung schwerster Rechtsgutverletzungen nach deutschem Recht nicht hindern können. Normen, die einen Schußwaffengebrauch erlauben, um auf diese Weise das im Rechtsstaatsprinzip wurzelnde Recht der DDR-Bürger auf Freizügigkeit, das ohnehin durch völkerrechtswidrige Befestigungsanlagen behindert war, total zu unterdrücken und hierdurch den Fortbestand des totalitären Herrschaftssystems zu sichern, verstoßen gegen fundamentale Grundsätze des Rechts und der Menschlichkeit (Kinkel JZ **92**, 487; 489; v. Hoerschelmann ZRP **91**, 351; insoweit zurückhaltender Polakiewicz EuGRZ **92**, 189). Auch ein *Befehl*, der *auf Menschen*, nur weil sie ihr Land verlassen wollten, *zu schießen* gebot oder dies erlaubte, war, da er elementare Menschenrechte und universal anerkannte Menschenrechtsgrundsätze mißachtet (Jescheck § 20 III 3b; SchSch 77; Lackner 2 zu § 7), *stets unbeachtlich* (iErg. wohl auch – auf Exzeßtäter beschränkt – Polakiewicz aaO 186). Abzulehnen ist die Gegenmeinung von Roggemann (ZRP **76**, 247, der die Rechtswidrigkeit des "Schießbefehls" verneint) sowie die von Grünwald (JZ **66**, 633), der damit fortfährt (StV **91**, 37; gegen ihn Eser GA **91**, 257 Fn. 77; Lüderssen StV **91**, 485 Fn. 14; nachdrücklich Küpper/Wilms ZRP **92**, 93 u. grundlegend Hruschka JZ **92**, 97), sachlich unangemessen und realitätsfremd Vergleiche zu § 11 UZwG zu ziehen (hierzu zutr. LG Berlin JZ **92**, 693). Die Nichtigkeit von Schießbefehlen oder Erlaubnisnormen, die dem gleichkommen (Jescheck aaO), folgt schon aus Art. 12 II IPbürgR, der es jeder-

Geltungsbereich **Vor § 3**

mann freistellt, sein Land zu verlassen (vgl. LG Berlin NStZ **92**, 494; auch Braunschweig GA **77**, 310). Grünwald (StV **91**, 37) bestreitet, daß diese internationale Norm universal anerkannten Grundsätzen folge und glaubt darauf hinweisen zu sollen, daß der Beitritt der ehem. DDR zum IPbürgR (GBl.-DDR 1975 II 1068) deren innerstaatliches Recht unberührt gelassen habe (hiergegen BGH aaO S. 24), weil die Ratifizierung durch den Staatsratsvorsitzenden keine Bestätigung durch die Volkskammer erfahren habe (die Vorlage an das Gesetzgebungsorgan mag angesichts der Anordnung vom 3. 5. 1974 an die Grenzsoldaten, von der Schußwaffe rücksichtslos Gebrauch zu machen, unterblieben sein: vgl. KG NJW **91**, 2654 und Hruschka JZ **92**, 668 Fn. 34; Schroeder JZ **92**, 991). Grünwald bringt seine aM vor, „um die Selbstgerechtigkeit in Frage zu stellen, mit der in der BRep. das Recht der DDR beurteilt und verurteilt wird". Indessen ist das wenig passend (vgl. hierzu BGH aaO S. 31 u. treffend Hruschka JZ **92**, 670). Oder soll das Wissen um nie ganz vermeidbare Mängel jeder rechtsstaatlichen Ordnung mehr Verständnis für ein Unrechtssystem (vgl. hierzu Kinkel JZ **92**, 486; Wassermann, Spendel-FS 632; Heitmann NJW **92**, 2181) mit seinen Scheinregelungen und seiner menschenverachtenden Praxis schaffen?

c) Für die Fragen der **Verfolgungs- und Vollstreckungsverjährung** von 53 DDR-Alttaten (oben 39) enthält **Art. 315a EGStGB** eine spezielle Regelung, die ihren vorrangig prozessualen Charakter (König NStZ **91**, 566; Rieder DtZ **92**, 163; Geiger JR **92**, 397) dadurch hervorhebt, daß sie – anders als die materiellrechtliche Regelung des Art. 315 EGStGB – nicht an das zZ der Tat geltende Recht anknüpft. Für die Verjährungsfrage bleibt insoweit das Meistbegünstigungsgebot des § 2 III (dort 5), aber auch das Rückwirkungsverbot (11 b zu § 1) außer Betracht. Nach Art. 315a **Satz 1** EGStGB ist maßgebend, ob *nach DDR-Recht* bis zum Wirksamwerden des Beitritts die Verjährung noch nicht eingetreten war. In diesem Fall gilt sie nach **Satz 2** am 3. 10. 1990 als unterbrochen (§ 78c), mit zur Folge hat, daß die Verjährung für nach dem DDR-Recht noch nicht verjährte und dort begangene Taten am 3. 10. 1990 von neuem beginnt (§ 78c III S. 1) und für diese Taten nunmehr die §§ 78 ff. maßgebend sind. Aus dieser Regelung folgt zum einen, daß es bei unverjährten DDR-Alttaten zu einer Verlängerung von Verjährungsfristen kommen kann (Schneiders MDR **90**, 1051), die freilich stets durch die absolute Verjährungsfrist (§ 78c III S. 2) ihre Grenze findet (König NStZ **91**, 567 u. **92**, 186; krit. hierzu Schneiders MDR **90**, 1051). Aus dieser Regelung kann zum anderen gefolgert werden, daß die nach DDR-Recht bei Wirksamwerden des Beitritts bereits verjährten Alttaten nach dem Beitritt auch dann, wenn sie nach § 78 ff. an sich noch nicht verjährt gewesen wären, nicht mehr verfolgbar sind (Breymann NStZ **91**, 463). Allerdings ist hierbei zu beachten, daß Art. 315a EGStGB eine Verjährungsunterbrechung mit der Wirkung des § 78c III S. 1 nur deswegen vorsieht, um nach dem DDR-Strafrecht unverjährte Alttaten nicht durch möglicherweise günstigere Verjährungsfristen des § 78 zu begünstigen. Art. 315a EGStGB, der keine umfassende Verjährungsregelung enthält, steht schon aus verfassungsrechtlichen Gründen (vgl. BVerfGE **1**, 426) nicht etwa der Prüfung der **Hemmung** des Ablaufs der Verjährung in den Fällen entgegen, in denen die Verfolgung von Straftaten aus Gründen unterblieb, die mit dem totalitären Unrechtssystem zusammenhängen (StA beim KG NStZ **92**, 236 Nr. 7; vgl. unten 56). – Unberührt von der Regelung des Art. 315a EGStGB bleiben auch die Altfälle (oben 40), für die das Strafrecht der BRep. und damit auch die §§ 78 ff. *vor* dem Beitritt gegolten hat (Art. 315 IV EGStGB; König aaO). Zu erwähnen ist noch § **84 StGB-DDR** [abgedr. 6 vor § 78], der die Verjährung für Verbrechen gegen den Frieden, die Menschlichkeit und die Menschenrechte und Kriegsverbrechen ausschließt. Diese Vorschrift ist nach EV Anl. II Kap. III C I Nr. 1 im Hinblick auf internationale Abkommen in Kraft geblieben, hat aber, weil er nur für Taten nach 1968 (oben 43) eingreifen könnte, praktisch keinen Anwendungsbereich (Geiger JR **92**, 399; weitergehend wohl König NStZ **92**, 187; vgl. SchSch 84; Lackner 13 zu § 78).

54 **aa)** Weitgehend **ungeklärt und umstr.** ist indessen die für die Verfolgung von DDR-Alttaten entscheidende Problematik des **Ruhens der Verjährung** (2 zu § 78b). Neben der grundsätzlichen Frage, ob und in welchem Umfang die Grundsätze Bedeutung erlangen, die insoweit bei der Verfolgung von NS-Gewalttaten entwickelt worden sind (vgl. BVerfGE **1**, 427; BGH **18**, 367; **23**, 137; 7 zu § 78b), spielen Fragen des intertemporalen Strafrechts (oben 43) sowie, je nachdem, ob das DDR-Strafrecht oder das bundesdeutsche Strafrecht maßgebend ist (oben 40), die unterschiedlichen Ruhensvoraussetzungen nach § 69 aF StGB, § 83 Nr. 2 StGB-DDR oder nach § 78b eine Rolle und ferner die weitere Frage, wie in den häufigen Fällen zu verfahren ist, wenn konkurrierende Strafansprüche der BRep. und der ehem. DDR ein unterschiedliches verjährungsrechtliches Schicksal haben (vgl. Sauter DtZ **92**, 171; Riedel DtZ **92**, 167).

55 Während das **BMJ** in seiner Stellungnahme vom 8. 8. 1991 („recht" Nr. 41/91) dafür eintritt, die Frage, ob und ggf. in welchem Umfange die Verjährung während des Unrechtsregimes der ehem. DDR geruht hat, der Entscheidung der Gerichte zu überlassen (ähnlich auch Lemke/Hettinger NStZ **92**, 23; vgl. aber Kinkel JZ **92**, 488), und der **SPD-Antrag** (BT-Drs. 12/2132) im Vertrauen auf die von der Rspr. (vgl. BVerfGE **1**, 418, 425) für die NS-Straftaten entwickelten Grundsätze davon ausgeht, daß die Verjährung von DDR-Alttaten bis zum 3. 10. 1990 geruht hat, einen ihre Nichtverfolgung politisch motiviert war, hält der **E** des Abg. Ullmann und der **Gruppe Bündnis 90/Die Grünen** (BT-Drs. 12/2332) eine gesetzliche Ruhensregelung für erforderlich, weil es falsch wäre, das DDR-Unrecht mit dem der NS-Zeit gleichzusetzen. Der **E-BRat** eines VerjährungsG (BT-Drs. 12/3080) sieht in Art. 1 in einem „Zweiten Berechnungs§" das Ruhen der Verjährung der unter der Herrschaft des SED-Unrechtsregimes begangenen Taten für den Fall vor, daß die Nichtverfolgung politisch motiviert war. Art. 2 stellt durch eine Ergänzung des **Art. 315a EGStGB** klar, daß Straftaten, die nach dem Strafrecht der DDR bis zum 3. 10. 1990 unverjährt waren, auch dann verfolgbar bleiben, wenn auf sie schon zuvor das StGB anwendbar war und danach Verjährung eingetreten ist. Auch im Schrifttum hält man, um eine unerträgliche Rechtsunsicherheit in der Praxis nicht andauern zu lassen, eine gesetzgeberische Klarstellung der Rechtslage für notwendig (Sauter DtZ **92**, 172; Riedel DtZ **92**, 169; Breymann NStZ **91**, 465). Der E-BRat enthält nach der Begr. keine konstitutiven Regelungen, sondern möchte nur die bestehende Rechtslage klären, erfaßt aber insoweit alle DDR-Alttaten, für die das bundesdeutsche Strafrecht von jeher gegolten hatte (Art. 315 IV EGStGB); vgl. auch Stellungnahme BReg. (BT-Drs. 12/ 3080, Anl. 2) zu Art. 2.

56 **bb)** Aber auch ohne gesetzliche Klärung ist mit der hM davon auszugehen, daß die Grundsätze, die die Rspr. über das **Ruhen der Verjährung bei NS-Gewalttaten** entwickelt hat (vgl. BVerfGE **1**, 427; BGH **23**, 137; im einzelnen 41. Aufl. 6 zu § 78b) auch für die Auslegung der in der ehem. DDR in Geltung gewesenen Ruhensvorschriften (§ 83 Nr. 2 StGB-DDR und § 69 I S. 1 StGB 1871/1957) maßgebend und anerkannt gewesen sind (Geiger JR **92**, 400). Diese Grundsätze sind **auf DDR-Alttaten übertragbar** (zweifelnd Breymann NStZ **91**, 465), mögen auch zwischen beiden Unrechtssystemen erhebliche Unterschiede aufweisbar sein (vgl. Kinkel JZ **92**, 487, 488; E. Klein ZPR **92**, 213; Heitmann NJW **92**, 2181). Hingegen ist die maßgebende Voraussetzung für das Ruhen der Verjährung, nämlich die Nichtverfolgung staatlich veranlaßter, ge-

Geltungsbereich **Vor § 3**

förderter oder geduldeter Straftaten auf Grund eines gesetzesgleich geachteten Willens der Staats- oder Parteiführung, bei beiden Regimen gleichermaßen gegeben (ebenso StA beim KG NStZ **92**, 235 Nr. 7; Lemke/Hettinger StV **91**, 422 u. NStZ **92**, 22; König NStZ **91**, 570; Krehl DtZ **92**, 15; Geiger JR **92**, 401; Wassermann, Spendel-FS 631; aM aber nicht überzeugend Grünwald StV **92**, 335). Umstr. ist allerdings, ob bei DDR-Alttaten ein Ruhen der Verjährung auch in Fällen in Betracht kommt, in denen das bundesdeutsche Strafrecht schon vor dem Wirksamwerden des Beitritts gegolten hat (Art. 315 IV EGStGB; oben 40). Zwar besteht Einigkeit, daß hinsichtlich des *bundesdeutschen* Strafanspruchs die Verjährung nach § 78 b I S. 1 (§ 69 aF) *nicht* geruht hat, denn es bestand in diesen Fällen eine Verfolgungskompetenz bundesdeutscher Strafverfolgungsbehörden, so daß ein *gesetzliches* Verfolgungshindernis iS des § 78 b I S. 1 nicht vorlag. Ein bloß tatsächliches Hindernis kann ein Ruhen aber *nicht* bewirken (Geiger JR **92**, 403; 3 zu § 78 b). Aus diesem Grunde haben Frankfurt (NStZ **91**, 585, insoweit zust. Lemke/Hettinger StV **91**, 426) im Fall einer politischen Verdächtigung und Braunschweig (NStZ **92**, 183) im Fall von Verschleppung, Freiheitsberaubung und Rechtsbeugung die Einstellung des Verfahrens wegen Eintritts der Verfolgungsverjährung gebilligt. In beiden Fällen wurde aber – zT unter Nichtberücksichtigung weiterer konkurrierender Tatbestände – außer acht gelassen, daß Art. 315 a Verjährungsfragen nicht umfassend und abschließend geregelt, insbesondere die Prüfung der Hemmung der Verjährung – etwa im Falle einer systembedingten Nichtverfolgung von DDR-Alttaten – nicht generell unterbunden hat (StA beim KG NStZ **92**, 236 Nr. 7; iErg. jedoch and. NStZ **92**, 235 Nr. 6). Es ist daher auch zu berücksichtigen (vgl. oben 53), daß **neben** dem – verjährten – **bundesdeutschen Strafanspruch** auch noch ein im Zeitpunkt des Beitritts noch unverjährter **DDR-Strafanspruch** bestand, der auf die BRep. übergegangen ist (KG NStZ **92**, 543; Riedel DtZ **92**, 164). Mit Recht weisen König (NStZ **91**, 569 u. **92**, 186) und Riedel (DtZ **92**, 167; aM Lemke/Hettinger NStZ **92**, 24; Grünwald StV **92**, 337; Küpper JuS **92**, 725) darauf hin, daß dieser Strafanspruch unbeschadet Art. 315 IV EGStGB verfolgbar bleibt (KG NStZ **92**, 543; vgl. Geiger JR **92**, 404), denn sowohl diese Vorschrift als auch Art. 315a S. 1 EGStGB wollen vermeiden, daß Straftäter allein durch den Beitritt ungerechtfertigt bevorzugt werden. Diese Auslegung entspricht dem Gebot materieller Gerechtigkeit, das Verfassungsrang hat, und ergibt sich aus einer dem Normzweck entsprechenden Auslegung des Art. 315 IV EGStGB, dessen Anwendbarkeit auf Fälle zu beschränken ist, in denen der bundesdeutsche Strafanspruch im Zeitpunkt des Beitritts noch nicht verjährt war (König aaO).

 d) Art. 315 b EGStGB enthält eine Übergangsregelung für den **Strafantrag**. Satz 1 bestimmt, daß für DDR-Alttaten, soweit sie Antragsdelikte sind, die §§ 77 bis 77 d mit der Maßgabe gelten, daß die Antragsfrist frühestens am 30. 12. 1990 endete (**Satz 5**). Nach **Satz 2** gilt auch ein nach dem Recht der DDR bestehendes Antragserfordernis weiter, nach **Satz 3** bleibt ferner ein vor dem 3. 10. 1990 gestellter Strafantrag wirksam. War das Strafantragsrecht nach dem bisherigen Recht der DDR bereits erloschen, so bleibt es nach **Satz 4** dabei. 57

 e) Nach **Art. 315 I EGStGB** werden die für DDR-Alttaten (oben 39) anzuwendenden Grundsätze des § 2 (oben 41 ff.) ferner dahin **modifiziert**, das **aa)** nach **Satz 1** das Gericht von **Strafe abzusehen** hat, wenn nach dem zur Tatzeit in Geltung gewesenen DDR-Strafrecht unter Einbeziehung einer Freiheitsstrafe noch eine Verurteilung auf Bewährung noch eine Geldstrafe verwirkt gewesen wäre. Hierunter fallen Vergehen, für die „eine Beratung und Entscheidung durch ein gesellschaftliches Organ der Rechtspflege" (§§ 23, 28, 29 StGB-DDR) in Betracht gekommen wäre (Schneiders MDR **90**, 1050), **bb)** nach **Satz 2** die Anordnung 58 der **Sicherungsverwahrung** (oben 34) und der **FAufsicht** ausgeschlossen ist und cc) entsprechend nach **Satz 3** FAufsicht auch nicht von Gesetzes wegen nach § 68 f eintritt, wenn wegen einer solchen (vorsätzlichen) Tat auf eine Strafe von mindestens 2 Jahren erkannt und sie vollständig vollstreckt worden ist. **dd) Art. 315 II EGStGB** bestimmt ferner, daß im Fall der Verhängung von **Geldstrafe** für DDR-Alttaten (oben 39) Einschränkungen insoweit gelten, als höchstens 360 Tagessätze verhängt werden dürfen und die Geldstrafe nach Zahl und Höhe des Tagessatzes insgesamt das Höchstmaß der bisher (in der ehem. DDR) angedrohten Strafe, das ist eine Geldstrafen*summe* von 100000 DM, bei „erheblicher Gewinnsucht" von 500000 DM (§ 36 II StGB-DDR) nicht übersteigen darf (vgl. auch oben 32). **ee) Nach Art. 315 III EGStGB** sind bei Verurteilung auf Bewährung (§ 33 StGB-DDR) sowie bei einer Verurteilung zu Freiheitsstrafe wegen einer DDR-Alttat (oben 39) die §§ 56 f, 57 anzuwenden, falls sich aus § 2 III nichts anderes ergibt. Dies bedeutet, daß im Falle der Strafrestaussetzung § 45 I StGB-DDR und im Fall des Widerrufs die §§ 35, 45 V, VI StGB-DDR anzuwenden sind, falls sie eine mildere Beurteilung zulassen (Lackner 11 zu § 2).

59 8) Art. 2 Nr. 1 EGStGB behält den Ländern vor, bei einzelnen landesrechtlichen Straftatbeständen den Geltungsbereich abweichend von den §§ 3 bis 7 zu bestimmen. Das kann vor allem im Zusammenhang mit Staatsverträgen praktisch werden (E EGStGB 198).

60 9) **Rechtsanwendungsrecht** enthalten die §§ 3 bis 10. Die dabei maßgebenden Umstände gehören nicht zum gesetzlichen Tatbestand (aM Jakobs 5/13), der Vorsatz des Täters braucht sich daher nach § 16 nicht auf diese Umstände zu beziehen; ein Irrtum über den Umfang der deutschen Gerichtsbarkeit ist daher unbeachtlich (BGH **27,** 34; Jescheck § 18 IV 2; Lackner 1 zu § 9; krit. Oehler 592; für Verbotsirrtum Düsseldorf NStZ **85,** 268). Ein vorsatzausschließender Irrtum über die räumlichen Auswirkungen der Tat oder ein Verbotsirrtum wegen mangelnden Unrechtsbewußtseins bleibt gleichwohl möglich (LK 9 zu § 9; SchSch 15 zu § 9). Die §§ 3 bis 7 sind gegenüber §§ 3 ff. aF milder (§ 2 III, Düsseldorf NJW **79,** 61; vgl. ferner Oehler, Bockelmann-FS 779).

Geltung für Inlandstaten

3 Das deutsche Strafrecht gilt für Taten, die im Inland begangen werden.

1 1) **Die Vorschrift** stellt das **Territorialitätsprinzip** (Gebietsgrundsatz) an die Spitze der Normen, die das sog. internationale Strafrecht regeln. Sie verdeutlicht damit, daß sich der Strafhoheitsanspruch grundsätzlich auf das *eigene Staatsgebiet* beschränkt und trägt mit der Anerkennung dieses Prinzips einer Entwicklung Rechnung, die sich international zunehmend durchsetzt. Die *Abkehr vom aktiven Personalitätsprinzip* (4 vor § 3), das in seiner uneingeschränkten Form autoritärem Staatsdenken entgegenkommt und in Deutschland zwischen 1940 und 1974 sowie auch in der ehem. DDR bis zum EV maßgebend war (4 vor § 3), hat zugleich den Sinn einer Selbstbeschränkung der souveränen Staaten im Interesse einer gerechten und zweckmäßigen *zwischenstaatlichen* Verteilung der Aufgaben auf dem Gebiet der Verbrechensbekämpfung (Jescheck Beitr. 525, 532; Eser, Jescheck-FS 1362). Der **Gebietsgrundsatz** bedeutet, daß das deutsche Strafrecht für Inlandstaten stets anzuwenden ist, gleichgültig, ob sie ein Deutscher oder ein Ausländer begangen hat. Die innerstaatliche Ordnung hat sich gegenüber jedermann durchzusetzen. Ganz oder zT *ausgenommen* von der Gerichtsbarkeit der BRep. sind gewisse Personenkreise, insbesondere *Exterritoriale* (vgl. hierzu 20 bis 22 vor § 3). Für die Rechtsanwendung ist die Kehrseite des Gebietsgrundsatzes bedeutsam: Für Taten, die nicht im Inland begangen sind, können die deutschen Strafnormen nur unter ganz bestimmten, in §§ 4 bis 7 bezeichneten Voraussetzungen angewendet werden. Der Gebietsgrundsatz bedarf nämlich insoweit einer Ergänzung, als er nicht allen schutzwürdigen Interessen des eigenen Staates und seiner Staatsbürger Rechnung zu tragen vermag und um der international gebotenen solidarischen Verbrechensbekämpfung willen auf international anerkannte Bereiche die Anwendung des deutschen Strafrechts auch unabhängig vom Recht des Tatorts gewährleistet bleiben muß.

2) Das **deutsche Strafrecht** ist die Gesamtheit aller Normen der BRep. und ihrer Länder (vgl. 3 vor § 3). **2**

3) Ob eine Tat **im Inland begangen** ist, bestimmt sich nach § 9 (vgl. Anm. dort). Die Vorschriften über den Tatort sind insbesondere in Fällen von Bedeutung, in denen die Grundsätze des interlokalen Strafrechts anzuwenden sind (23 vor § 3). **3**

4) Der strafrechtliche **Begriff des Inlands,** der im Gesetzestext – zufolge der früheren deutschen Teilung – auch als „räumlicher Geltungsbereich dieses Gesetzes" umschrieben wird, ist seit dem EV mit dem staatsrechtlichen deckungsgleich. Er umfaßt die nunmehr in der Präambel des GG (idF des Art. 4 EV) genannten Länder (vgl. hierzu im einzelnen 8 vor § 3). Für sog. *DDR-Alttaten* (39ff. vor § 3) kann während einer Übergangszeit auch noch der funktionelle Inlandsbegriff (8 vor § 3) Bedeutung behalten. Zur Frage des **zum Inland gehörenden Gebiets** vgl. 9 bis 18 vor § 3. **4**

Geltung für Taten auf deutschen Schiffen und Luftfahrzeugen

4 Das deutsche Strafrecht gilt, unabhängig vom Recht des Tatorts, für Taten, die auf einem Schiff oder Luftfahrzeug begangen werden, das berechtigt ist, die Bundesflagge oder das Staatszugehörigkeitszeichen der Bundesrepublik Deutschland zu führen.

Schrifttum: *Jescheck,* Die an Bord von Luftfahrzeugen begangenen Straftaten und ihre Folgen, ZStW 1957 Sonderheft S. 195; *Lenzen* JR **83**, 181; *Mankiewicz* GA **61**, 194; *Rudolf* NJW **54**, 219; *Schnorr v. Carolsfeld,* Straftaten in Flugzeugen, 1965; *Schwenk* ZLR **70**, 125; *v. Weber,* Rittler-FS 111; *Wille,* Die Verfolgung strafbarer Handlungen an Bord von Schiffen und Luftfahrzeugen, 1974; vgl. auch 1 vor § 3. **1**

Das **Flaggenprinzip** (eingeführt durch VO v. 6. 5. 1940), das § 4 (idF des EGStGB) verwirklicht, ist eng mit dem Territorialitätsprinzip (4 vor § 3) verwandt (LK-Tröndle, 5 vor § 3 mwN). Es berücksichtigt, daß jeder, der sich einem deutschen Schiff oder Luftfahrzeug anvertraut, überall deutschen Strafrechtsschutz beanspruchen kann, und besagt, daß für Taten, soweit sie überhaupt tatbestandsmäßig *auf* einem deutschen Schiff oder Luftfahrzeug begangen werden können (Schwenk ZLR **70**, 130), das Strafrecht der BRep. auch dann gilt, wenn sie sich im Ausland, etwa in fremden Häfen, befinden. Ob es sich um staatliche oder private Fahrzeuge handelt, **2** ist ohne Bedeutung. **Schiff** iS des § 4 sind die zur See- und Binnenschiffahrt bestimmten Wasserfahrzeuge jeder Art, die nach dem FlaggenrechtsG verpflichtet oder berechtigt sind, die Bundesflagge zu führen. Dazu zählen auch Tragflügelboote, Luftkissen- und Unterwasserfahrzeuge sowie nicht ständig verankertes schwimmendes Gerät deutscher Eigentümer nach §§ 1, 2, in der BRep. auf fremde Rechnung gebaute Schiffe nach § 10 und von einem deutschen Ausrüster gecharterte Schiffe nach § 11 FlaggenrechtsG (E EGStGB 207). Ein deutsches **Luftfahrzeug** (§ 1 II LuftVG) iS des § 4 ist jedes, das berechtigt ist, das Staatszugehörigkeitszeichen der BRep. zu führen; das können nur Fahrzeuge von deutschen Eigentümern sein (§§ 2 V, 3 LuftVG). Schiffe und Luftfahrzeuge sind weder unmittelbare noch fingierte Inlandsteile, sondern als Träger eigener Staatszugehörigkeit lediglich in einer Beziehung zur deutschen Rechtsordnung (Wille 22, 30). § 4 gilt in den Schranken des Völkerrechts (Lenzen JR **83**, 182). Ausländische Fahrzeuge im Inland sind grundsätzlich dem Strafrecht der BRep. unterworfen (LK 2, 5, 9); vgl. Art. 19 Nr. 5 HoheSeeÜbk, Art. 5 bis 10 LuftStrAbk, § 153c I Nr. 2 StPO; DRiZ **69**, 21; zu Weltraumfahrzeugen AK-Lemke 9. Zur Zuständigkeit der Schiffahrtsgerichte in Binnenschiffahrts- und Rheinschiffahrtssachen, vgl. Art. 99 EGStGB.

Auslandstaten gegen inländische Rechtsgüter

5 Das deutsche Strafrecht gilt, unabhängig vom Recht des Tatorts, für folgende Taten, die im Ausland begangen werden:
1. Vorbereitung eines Angriffskrieges (§ 80);
2. Hochverrat (§§ 81 bis 83);
3. Gefährdung des demokratischen Rechtsstaates
    a) in den Fällen der §§ 89, 90a Abs. 1 und des § 90b, wenn der Täter Deutscher ist und seine Lebensgrundlage im räumlichen Geltungsbereich dieses Gesetzes hat, und
    b) in den Fällen der §§ 90 und 90a Abs. 2;
4. Landesverrat und Gefährdung der äußeren Sicherheit (§§ 94 bis 100a);
5. Straftaten gegen die Landesverteidigung
    a) in den Fällen der §§ 109 und 109e bis 109g und
    b) in den Fällen der §§ 109a, 109d und 109h, wenn der Täter Deutscher ist und seine Lebensgrundlage im räumlichen Geltungsbereich dieses Gesetzes hat;
6. Verschleppung und politische Verdächtigung (§§ 234a, 241a), wenn die Tat sich gegen einen Deutschen richtet, der im Inland seinen Wohnsitz oder gewöhnlichen Aufenthalt hat;
7. Verletzung von Betriebs- oder Geschäftsgeheimnissen eines im räumlichen Geltungsbereich dieses Gesetzes liegenden Betriebs, eines Unternehmens, das dort seinen Sitz hat, oder eines Unternehmens mit Sitz im Ausland, das von einem Unternehmen mit Sitz im räumlichen Geltungsbereich dieses Gesetzes abhängig ist und mit diesem einen Konzern bildet;
8. Straftaten gegen die sexuelle Selbstbestimmung in den Fällen des § 174 Abs. 1 und 3 und der §§ 175 und 176 Abs. 1 bis 4 und 6, wenn der Täter und der, gegen den die Tat begangen wird, zur Zeit der Tat

Geltungsbereich §5

Deutsche sind und ihre Lebensgrundlage im räumlichen Geltungsbereich dieses Gesetzes haben;

9. Abbruch der Schwangerschaft (§ 218), wenn der Täter zur Zeit der Tat Deutscher ist und seine Lebensgrundlage im räumlichen Geltungsbereich dieses Gesetzes hat;
10. falsche uneidliche Aussage, Meineid und falsche Versicherung an Eides Statt (§§ 153 bis 156) in einem Verfahren, das im räumlichen Geltungsbereich dieses Gesetzes bei einem Gericht oder einer anderen deutschen Stelle anhängig ist, die zur Abnahme von Eiden oder eidesstattlichen Versicherungen zuständig ist;
11. Straftaten gegen die Umwelt in den Fällen der §§ 324, 326, 330 und 330a, wenn die Tat im Bereich des deutschen Festlandsockels begangen wird;
12. Taten, die ein deutscher Amtsträger oder für den öffentlichen Dienst besonders Verpflichteter während eines dienstlichen Aufenthalts oder in Beziehung auf den Dienst begeht;
13. Taten, die ein Ausländer als Amtsträger oder für den öffentlichen Dienst besonders Verpflichteter begeht;
14. Taten, die jemand gegen einen Amtsträger, einen für den öffentlichen Dienst besonders Verpflichteten oder einen Soldaten der Bundeswehr während der Ausübung ihres Dienstes oder in Beziehung auf ihren Dienst begeht.

Im Gebiet der ehem. DDR sind § 5 Nr. 8, soweit dort § 175 genannt ist, und § 5 Nr. 9 nicht anzuwenden (unten 9; 29, 33, 35 vor § 3, 17 vor § 218).

1) **Die Vorschrift** idF des EGStGB (vgl. dazu § 5 E 1962; Begr. 109; Ndschr. 4, 15ff., 121ff., 412ff., **10**, 323ff., 336; Ber. BT-Drs. V/4095, 4; Prot. V/6, 70, 2347, 2557, 2619, 2878, 3120, 3199; E EGStGB 207; AE § 5; zum Ganzen vgl. Zieher aaO und Cornils aaO [1 vor § 3]; Schnorr v. Carolsfeld, Bruns-FS 291, 296) iVm Art. 1 Nr. 1 des 18. StÄG (1 vor § 324) faßt die Fälle zusammen, in denen (wie auch in § 7 I) nach dem **Schutzprinzip** (auch Realprinzip; Ausnahme in Nr. 9) das Strafrecht der BRep. auch dann gilt, wenn die Tat im Ausland (7 zu § 3) begangen wird, und zwar ohne Rücksicht darauf, ob der Täter Inländer oder Ausländer (Ausnahmen in Nr. 3a, 5b, 8, 9, 12, 13) und ob die Tat nach dem Recht des Tatorts strafbar ist (BGH **30**, 3). Doch können außerstrafrechtliche ausländische Normen eine Rolle spielen (Nowakowski JZ **71**, 633). Das Regel-Ausnahme-Verhältnis der §§ 3, 5, 7 I (1 zu § 3) und der in § 3 verbürgte Respekt vor der Souveränität des ausländischen Staates verbieten es, das Schutzprinzip über das im Interesse des Schutzes inländischer Rechtsgüter unbedingt Erforderliche hinaus zu erstrecken. Nur dort, wo wegen der Besonderheit der Rechtsverletzung (zB bei Nr. 13) nicht mit ausländischer Strafrechtsanwendung gerechnet werden kann, greifen die §§ 5, 7 I. Dies folgt aus der ratio des Strafrechtsanwendungsrechts. Zum Vorbehalt für das Landesrecht vgl. 60 vor § 3.

Nach § 21 KriegswaffG gelten § 19 II Nr. 2, III Nr. 2, V, VI sowie § 20 KriegsWaffG unabhängig vom Recht des Tatorts auch für Taten, die außerhalb des Geltungsbereichs des KriegsWaffG begangen werden, wenn der Täter Deutscher und Inhaber eines Personaldokuments der BRep. oder verpflichtet ist, einen PAusweis zu besitzen, falls er eine Wohnung im Geltungsbereich der Normen hat.

§ 5 AT Erster Abschnitt. Erster Titel

1a 2) **Katalog der Taten** (§ 11 I Nr. 5), deren Begehung grundsätzlich auch dann dem Strafrecht der BRep. unterliegt, wenn es sich um strafbaren Versuch, Teilnahme oder versuchte Beteiligung (§ 30), nicht aber um Begünstigung oder Strafvereitelung handelt (vgl. aber unten 8, 9):
Nr. 1 Vorbereitung eines **Angriffskrieges** (§ 80; nicht auch § 80 a);
2 **Nr. 2 Hochverrat** (§§ 81 bis 83);
3 **Nr. 3 Gefährdung des demokratischen Rechtsstaats,** in den Fällen der §§ 90 und 90 a II ausnahmslos, in den Fällen der §§ 89, 90 a I und des § 90 b nur dann, wenn der Täter Deutscher (2 zu § 7) ist und seine **Lebensgrundlage** im räumlichen Geltungsbereich des Gesetzes (2 vor § 80) hat, dh mit der BRep. lebensmäßig so verbunden ist, daß ihm die Beachtung von Normen wie die in Nr. 3 a genannten Vorschriften auch außerhalb der BRep. zuzumuten ist. In aller Regel wird das der Fall sein, wenn der Täter seinen ausschließlichen Wohnsitz oder ständigen Aufenthalt in der BRep. hat; doch sind auch da Ausnahmen denkbar (Korrespondent auswärtiger Zeitungen; Prot. V/1922). Bei Doppelwohnsitz oder wechselndem Aufenthalt kommt es darauf an, wo der persönliche und wirtschaftliche Schwerpunkt liegt (Ber. BT-Drs V/2860, 23 f.); dann sind Staatsangehörigkeit, Herkunft, Wohnsitz der Familie, Beruf und ähnliche Gesichtspunkte insgesamt ausschlaggebend (LK-Tröndle 4; AK-Lemke 6; aM SK-Samson 8 ff.).
4 **Nr. 4 Landesverrat und Gefährdung der äußeren Sicherheit** (§§ 94 bis 100 a). Die Anwendung des § 94 auf Ausländer widerstreitet den allgemeinen Regeln des Völkerrechts (Art. 25 GG) nicht. Spionage in Friedenszeiten ist kein völkerrechtliches Unrecht. ob sie erlaubt, „legal" ist (so BGH **37**, 308), kann offen bleiben; jedenfalls ist es völkerrechtlich nicht untersagt, zufolge des Schutzprinzips (oben 1), auch von Ausländern im Ausland begangene Spionage innerstaatlich unter Strafe zu stellen (NJW **91**, 2499, hierzu Simma/Volk NJW **91**, 871 mwN; Bay NStZ **92**, 282; hierzu Schünemann aaO [28 vor § 3]), soweit sie sich aber gegen NATO-Vertragsstaaten (Art. 7 Nr. 4 des 4. StÄG) richtet, vgl. 21 zu § 93.
5 **Nr. 5 Straftaten gegen die Landesverteidigung,** in den Fällen der §§ 109, 109 e bis 109 g ausnahmslos, in den Fällen der §§ 109 a, 109 d und 109 h nur unter denselben Voraussetzungen wie bei Nr. 3 a (vgl. oben; ferner § 1 a WStG); zum Wegfall des Berlin-Vorbehalts durch das 6. ÜberleitG vgl. 8 vor § 3; 2 vor § 80;
6 **Nr. 6 Verschleppung und politische Verdächtigung** (§§ 234 a, 241 a), wenn die Tat sich (mindestens auch und insoweit) gegen einen Deutschen (19 vor § 3; 2 zu § 7) richtet, der im **Inland** seinen Wohnsitz (wenn auch nur Zweitwohnsitz) oder gewöhnlichen Aufenthalt hat. Unter Inland hatte die Rspr. (entgegen 8 vor § 3) stets *auch die ehem. DDR* verstanden (BGH **30**, 5; Düsseldorf NJW **79**, 62; **83**, 1277; vgl. G. Schultz MDR **85**, 14; krit. Grünwald StV **91**, 34), da der Schutzzweck der Norm gerade auch die dort wohnenden Deutschen *als Tatopfer* (hiergegen Renzikowski JR **92**, 271; vgl. Art. 116 GG) erfassen sollte (sehr str.; vgl. 41 vor § 3; zum früheren Meinungsstand 44. Aufl.).
7 **Nr. 7 Verletzung von Betriebs- oder Geschäftsgeheimnissen** (§§ 203, 204 und iVm § 20 a UWG die §§ 17, 18, 20 UWG; vgl. auch RG **31**, 90; **48**, 12) eines **a)** im räumlichen Geltungsbereich des Gesetzes (8 vor § 3; 2 vor § 80) örtlich liegenden Betriebs (die Terminologie in § 14 II deckt sich nicht mit der in Nr. 7; vgl. 8 zu § 14), **b)** Unternehmens, das seinen Sitz (§ 106

Geltungsbereich §5

HGB; § 5 AktG; §§ 3, 7, 10, 11 GmbHG) im Geltungsbereich hat; **c)** Unternehmens, das zwar seinen Sitz im Ausland hat, aber (Tochtergesellschaft) von einem Unternehmen mit Sitz im Geltungsbereich abhängig ist und mit ihm einen Konzern bildet. Danach wird nur das Tochterunternehmen geschützt, das so eng mit dem deutschen Mutterunternehmen verbunden ist, daß es mit diesem einen einheitlichen Konzern iS des Aktienrechts (§§ 18 I, 329 ff. AktG) bildet. Nicht erfaßt werden zB die Unternehmen eines sog. Gleichordnungskonzerns (§ 18 II AktG) oder sonstige Unternehmen, die sich in den Händen deutscher Anteilseigner befinden (Ber. 5).

Nr. 8 Sexualstraftaten nach den §§ 174 I, III, 175, 176 I bis IV, VI (zu 8 § 175 vgl. oben vor 1), wenn sowohl Täter (auch ein Mittäter, aber nicht nur ein Teilnehmer) als auch Opfer Deutsche mit der Lebensgrundlage in der BRep. (oben 3; vgl. ferner 36 vor § 3) sind. Nr. 8 soll verhindern, daß der Täter mit seinem Opfer in ein Land reist, wo er strafrechtlich besser gestellt ist (Ber. 5; LK 13 ff.; krit. SchSch 15; SK 17; zur Streichung des § 175 in Nr. 8 vgl. Antrag Hmb, BR-Drs. 312/90 u. RefE BMJ v. 21. 10. 1991; ferner BR-Drs. 728/92 [Beschluß]).

Nr. 9 Abbruch der Schwangerschaft (§ 218, soweit Strafbarkeit gege- 9 ben ist, nicht etwa die §§ 218 b bis 219 c) unter denselben Voraussetzungen wie bei Nr. 3 a. Das bedeutet, daß strafbar ist **a)** eine deutsche Schwangere aus der BRep., die im Ausland ihre Schwangerschaft selbst abbricht oder ohne Beratung durch einen Dritten abbrechen läßt, ohne daß Indikationen oder § 218 III S. 2 vorliegen; **b)** ein deutscher Arzt aus der BRep., der einen solchen Eingriff an einer Ausländerin im Ausland vornimmt; nicht jedoch ein Deutscher aus der BRep., der im Ausland einem ausländischen Arzt bei einem solchen Eingriff an einer Ausländerin hilft (LK 18; SchSch 17). Nr. 9 berücksichtigt, daß das Recht auf Leben in allen Rechtsstaaten strafrechtlichen Schutz gegenüber jedermann verdient, erst recht gegenüber Deutschen, die ihre Lebensgrundlage im räumlichen Geltungsbereich des StGB haben (oben 3). Aufgrund des an den Tatort anknüpfenden Gebietsgrundsatzes (4 vor § 3) wäre das Individualrechtsgut Leben aber allein gegen Inlandstaten geschützt. Daher erstreckt die den Personalgrundsatz folgende Nr. 9 den § 218, um dem Abtreibungstourismus und dem „Reichenprivileg" entgegenzuwirken (Ber. 5; krit. Zieher [1 vor § 3] 138) auch auf Auslandstaten Deutscher, die ihre Lebensgrundlage im Geltungsbereich des StGB haben. Dieses **Wohnsitzprinzip** galt seit dem 21. 6. 1973 auch für Taten nach § 218, die im „Rechts-Ausland" der ehem. **DDR** begangen wurden, erst recht nach dem 18. 3. 1990 (44 vor § 3). Das (durch die einstw. AO des BVerfG v. 4. 8. 1992 [3 g vor § 218] einstweilen suspendierte) SFHG sieht die Einführung der Nr. 9 im Beitrittsgebiet nicht vor. Nach Anl. I Kap. III C III 1 EV ist für die Zeit vom 3. 10. 1990 bis zum Inkrafttreten einer neuen Regelung (längstens bis zum 31. 12. 1992, Art. 31 IV EV) bestimmt, daß Nr. 9 in der ehem. DDR nicht anzuwenden ist. Dieses Ziel hat jedoch der EV nicht erreicht (vgl. hierzu 33, 35 vor § 3; hierzu Stern DtZ **90**, 291 mwN; auch Wilms ZRP **90**, 474); Schünemann ZRP **91**, 382, 387): Zum einen werden durch die Nichterstreckung der Nr. 9 die Rechtssätze des Fristenlösungsurteils (BVerfGE **39**, 1) unterlaufen und Art. 19 II GG verletzt. Verfassungsrechte dürfen auch nicht für einen bestimmten Fallbereich oder für eine bestimmte Zeit durchbrochen werden (vgl. Ehmke AöR **54/55**, 385; Reis, Offene Fragen zum Einigungsvertrag, bei Hoffacker u. a. [4 b vor § 218] 208 ff.). Die Nichterstreckung der Nr. 9 wird auch nicht durch den neueingefügten Art. 143 GG, der den Art. 79 I S. 1 GG ignoriert, geheilt; ferner wird durch diese Regelung Art. 3 GG verletzt. Denn es fehlt an einem vernünftigen, aus der Natur der Sache sich ergebenden oder sonstwie einleuchtenden Grund (vgl. BVerfGE **29**, 298; **39**, 326; **48**, 235), die in Aachen lebende, in Holland abtreibende Frau nach § 218 III anders zu behandeln als die Westberlinerin, die im „Rechts-Ausland" in der ehem. DDR abtreiben läßt (Strömer NJ **90**, 541; Günther ZStW **103**, 866). Nicht bedachte Folge ist, daß die Schwangere aus der BRep., die in der ehem. DDR Straffreiheit auch ohne Beratung erlangen kann (Umgehung des § 218 III S. 2), im Falle einer Beratung aber im Gebiet der früheren DDR nicht nach der 22-Wochenfrist des § 218 III S. 2, sondern nur nach der 12-Wochenfrist der DDR-Regelung Straffreiheit erlangt. Aber auch sonst bestehen durchgreifende Zweifel, ob den im EV (Anl. II Kap. II C I 4, 5) als fortgeltend bezeichneten Vorschriften des SUG-DDR (30 vor § 3) die beabsichtigte Wirkung zukommt (zweifelnd Wilms ZRP **90**, 474). Denn Art. 9 II EV begrenzt das in der Anl. II aufgeführte, in Kraft bleibende Recht insoweit, als es mit dem GG unter Berücksichtigung des EV, also des durch ihn in das GG eingefügten Art. 143 (Bedenken gegen ihn v. Campenhausen GG, 17 ff. zu Art. 143), vereinbar ist. Hieran fehlt es bei § 1 II bis IV SUG-DDR wegen der Schranke des Art. 79 III GG (hierzu Stern DtZ **90**, 290). Zu den nach dieser Vorschrift einzuhaltenden Grundsätzen gehört der in Art. 1 I GG niedergelegte Grundsatz der Unantastbarkeit der Menschenwürde und der in Art. 1 III GG niedergelegte Grundsatz der Bindung der Gesetzgebung an die Grundrechte (Reis aaO 213). Mit beiden Grundsätzen ist die Fristenregelung des § 1 II bis IV SUG-DDR nicht vereinbar (BVerfGE **39**, 36) und damit von der Fortgeltung ausgeschlossen. Die Verweisung in § 153 StGB-DDR [abgedr. bei 17a vor § 218] auf das SUG-DDR kann sich somit nur noch auf § 2 SUG-DDR beziehen, das eine stark eingeschränkte Indikationsregelung für die Zeit nach der 12. Schwangerschaftswoche enthält. Schließlich ist darauf hinzuweisen, daß nach § 1 DfBest.-SUG-DDR, der für die Übergangszeit ebenfalls fortgelten soll, *nur Frauen, die die Staatsbürgerschaft der DDR besitzen* oder beantragt haben, mit einem Staatsbürger der DDR verheiratet sind oder Staatenlose mit ständigem Wohnsitz in der DDR berechtigt sind, auf Grund des SUG-DDR einen SSA vornehmen zu lassen. Anderen Personen gewährt daher auch die Regelung der ehem. DDR kein „Recht" auf Abtreibung (Reis aaO 218; Günther ZStW **103**, 868; aM Vormbaum StV **91**, 181). Insoweit kann daher die Nichterstreckung der Nr. 9 des § 5 für andere als (bisherige) DDR-Staatsbürgerinnen ebensowenig etwas bewirken wie der EV, der – soweit verfassungsrechtlich überhaupt zulässig – nur DDR-Recht fortgelten lassen kann, wie es bisher bestand. Philipp (MDR **91**, 2) hält die ganze Regelung des SUG-DDR für obsolet, weil es keine „DDR-Staatsbürgerinnen" mehr gibt, Wasmuth (NStZ **91**, 161) hält sie, weil die DDR-Staatsbürgerschaft untergegangen ist, für gegenstandslos.

10 **Nr. 10 Falsche uneidliche Aussage, Meineid und falsche Versicherung an Eides Statt** (§§ 153 bis 156) bei Begehung im Ausland, so bei Aussage vor einem ausländischen oder zwischenstaatlichen Gericht (vgl. 9 zu § 6) oder einer anderen ausländischen Stelle (vgl. 1 zu § 153, 3 zu § 154) oder bei

Geltungsbereich § 5

eidesstattlicher Versicherung gegenüber deutschen Konsulatsbeamten (5 zu § 156), wenn das Verfahren im räumlichen Geltungsbereich (8 vor § 3; 2 vor § 80) bei Gericht oder einer anderen deutschen Stelle anhängig ist, die zur Abnahme von Eiden (3 zu § 154) oder eidesstattlichen Versicherungen (5 zu § 156) zuständig ist. § 163 wird nicht erfaßt;

Nr. 11 Straftaten gegen die Umwelt nach den §§ 324, 326, 330, 330a, 11 die im Bereich des deutschen Festlandsockels (10 vor § 3; d.i. auch die Wasser- und Luftsäule über ihm) begangen werden. Hierin liegt allerdings zugleich eine wichtige Einschränkung zu § 330d Nr. 1 (4 zu § 324). Jenseits dieses Bereichs, dh für Taten auf Hoher See (8 zu § 7) bleiben die von § 5 Nr. 11 unberührten §§ 4, 7 unter deren einschränkenden Voraussetzungen anwendbar (BT-Drs. 8/3633, 23; Rogall JZ-GD **80**, 106; Laufhütte/Möhrenschlager ZStW **92**, 927; Wegscheider DRiZ **83**, 56).

Nr. 12 Taten (jeglicher Art, nicht nur Amtsdelikte), die ein **deutscher** 12 **Amtsträger** (§ 11 I Nr. 2) oder für den öffentlichen Dienst **besonders Verpflichteter** (§ 11 I Nr. 4) im Ausland während eines dienstlichen Aufenthalts (auch ohne Beziehung auf den Dienst) oder während eines privaten Aufenthalts, aber in Beziehung auf den Dienst (zB §§ 331, 332), möglicherweise auch seinen früheren Dienst (§§ 203 II, 353b I; E EGStGB 207) begeht; dasselbe gilt nach § 1a II WStG für Soldaten der BWehr. Nr. 12 berücksichtigt somit neben den Gesichtspunkten des Schutzgrundsatzes auch solche des aktiven Personalitätsgrundsatzes (E 1962, 112).

Nr. 13 Taten, die ein **Ausländer als Amtsträger** (nach deutschem Recht; 13 § 11 I Nr. 2, zB ein Wahlkonsul) oder **für den öffentlichen Dienst** (der BRep.) **besonders Verpflichteter** begeht; „*als*" solcher, dh in seiner Eigenschaft muß er, wenn auch rechtswidrig, handeln. Bei Nr. 13 ist das Schutzprinzip (oben 1) maßgebend (E 1962, 112). Als Taten kommen daher nur (echte und unechte) Amtsdelikte in Betracht (str.; aM AK 21).

Nr. 14 Taten (jeder Art), die ein Ausländer oder Inländer **gegen** einen 14 **Amtsträger,** einen für den öffentlichen Dienst **besonders Verpflichteten** oder einen **Soldaten der BWehr** begeht, während sich der Verletzte im Ausland (so zB bei Abordnung in die NATO-Stäbe) in Ausübung seines Dienstes befindet, oder in Beziehung auf den Dienst des Verletzten begeht (vgl. oben Nr. 12). In diesem Fall braucht sich der Verletzte nicht im Ausland zu befinden.

Auslandstaten gegen international geschützte Rechtsgüter

6 Das deutsche Strafrecht gilt weiter, unabhängig vom Recht des Tatorts, für folgende Taten, die im Ausland begangen werden:
1. Völkermord (§ 220a);
2. Kernenergie-, Sprengstoff- und Strahlungsverbrechen in den Fällen der §§ 310b, 311 Abs. 1 bis 3, des § 311a Abs. 2 und des § 311b;
3. Angriffe auf den Luft- und Seeverkehr (§ 316c);
4. Menschenhandel (§ 180b) und schwerer Menschenhandel (§ 181);
5. unbefugter Vertrieb von Betäubungsmitteln;
6. Verbreitung pornographischer Schriften in den Fällen des § 184 Abs. 3;
7. Geld- und Wertpapierfälschung und deren Vorbereitung (§§ 146, 149, 151 und 152) sowie die Fälschung von Vordrucken für Euroschecks und Euroscheckkarten (§ 152a);

§ 6 AT Erster Abschnitt. Erster Titel

8. Subventionsbetrug (§ 264);

9. Taten, die auf Grund eines für die Bundesrepublik Deutschland verbindlichen zwischenstaatlichen Abkommens auch dann zu verfolgen sind, wenn sie im Ausland begangen werden.

1   **1) Die Vorschrift** idF des EGStGB (1 zu § 5), zu Nr. 7 iVm Art. 1 Nr. 1 des 2. WiKG (2 vor § 263), zu Nr. 3 idF Art. 2 Nr. 1 Ges. v. 13. 6. 1990 (BGBl. II 493; vgl. 1 zu § 316c), zu Nr. 4 iVm Art. 1 Nr. 1 des 26. StÄG (1 zu § 180b), zählt die Taten auf, die nach dem **Weltrechtsprinzip** (4 vor § 3; Jescheck Beitr. 536; Oehler, Carstens-FS 440) dem Strafrecht der BRep. ohne Rücksicht auf Tatort, Recht des Tatorts und Staatsangehörigkeit des Täters unterliegen. Dieses Prinzip gilt ohne Bindung an die einschränkenden Kriterien der stellvertretenden Strafrechtspflege (1 zu § 7; BGH **27**, 32; **34**, 336; BGHR § 6 Nr. 5 Vert. 2). 1 zu § 5 gilt entsprechend.

1a   **2)** Der Katalog zählt auf: **Nr. 1 Völkermord** (§ 220a; vgl. Ber. BT-Drs. V/4095, 6);

2   **Nr. 2** Kernenergie-, Sprengstoff- und **Strahlungsverbrechen** in den Fällen der §§ 310b, 311 I bis III, 311a II, 311b; vgl. für das *Atomwaffenverbot* §§ 17, 19, 21 KriegswaffG;

3   **Nr. 3 Angriff auf den Luft- und Seeverkehr** (§ 316c); tateinheitliches Zusammentreffen des § 316c mit einem Tötungsdelikt begründet für dieses Delikt nicht die Geltung des deutschen Strafrechts (NJW **91**, 3104);

4   **Nr. 4 Menschenhandel** (§ 1 180b) **und schwerer Menschenhandel** (§ 181);

5   **Nr. 5 Vertrieb von Betäubungsmitteln,** und zwar nach BtMG *und ausländischem Recht* **unbefugter.** Das ist jede Tätigkeit, durch die ein Betäubungsmittel (zu denen nach § 1 BtMG idF der Art. 2 Nr. 1 OrgKG [2 zu § 43a] auch psychotrope Stoffe und Zubereitungen [synthetische Drogen] zählen, die nicht Arzneimittel sind) *entgeltlich* in den Besitz eines anderen gebracht werden soll (§ 29 I Nr. 1, 5 bis 11 iVm II bis VI, § 30 BtMG, Anh. 4; StV **84**, 286; krit. Schrader NJW **86**, 2874). Daher fällt der unentgeltliche Erwerb von Betäubungsmitteln nicht darunter (Köln MDR **79**, 251; LG Krefeld StV **84**, 517); ebensowenig der (auch entgeltliche) Erwerb zum Eigenverbrauch (BGH **34**, 1 [m. Anm. Herzog StV **86**, 474]; StV **90**, 550 L; Düsseldorf NStZ **85**, 268 [wohl aber kann bei Deutschen § 7 II Nr. 1 eingreifen, NJW **86**, 1444]), das Herstellen, Gewinnen, Verarbeiten und Besitzen von BtM (vgl. Zieher 157 [1 vor § 3]; Knauth NJW **79**, 1084; offengelassen 18. 1. 1983, 3 StR 415/82; vgl. aber § 9 II S. 2). Völkerrecht steht der Anwendung des Weltrechtsprinzips nicht entgegen (BGH **27**, 30 [m. Anm. Oehler JR **77**, 426, Carstens-FS 444 u. UniKöln-FS 497 im Falle des Verkaufs von BtM durch einen Niederländer in den Niederlanden an Deutsche zum Weitervertrieb in der BRep.]; NJW **79**, 1259; Hamm NJW **78**, 2346; Wengler JZ **77**, 257; A. Mayer LM Nr. 1; Jescheck, Bockelmann-FS 144; aM Kunig JuS **78**, 594), und zwar nicht nur, wenn der ausländische Täter bei der Einreise in die BRep. oder dem Aufenthalt in der BRep. ergriffen wird, sondern auch dann nicht, wenn er nach internationaler Fahndung zur Strafverfolgung von einem anderen ausländischen Staat ausgeliefert worden ist und in seinem Heimatstaat nicht mehr verfolgt werden kann (BGH **34**, 337; MDR/S **87**, 969; hierzu AK-Lemke 8; krit. Rüter/ Vogler JR **88**, 136; auch Oehler, UniKöln-FS 493). § 30b BtMG idF des

Geltungsbereich § 6

Art. 2 Nr. 5 OrgKG (2 zu § 43a) erweitert den Anwendungsbereich des § 129 auf den Fall, daß eine Vereinigung, deren Zwecke oder deren Tätigkeit auf den unbefugten Vertrieb von BtM iS des § 6 Nr. 5 gerichtet sind, nicht oder nicht nur im Inland besteht. *Krimiologie:* Grapendahl/Schneider KR **92**, 109.

Nr. 6 Verbreitung pornographischer Schriften in den Fällen des § 184 III (sog. harte Pornographie); 6

Nr. 7 Geld- und Wertpapierfälschung und deren **Vorbereitung** (§§ 146, 149, 151, 152) sowie die Fälschung von Vordrucken von Euroschecks und Eurocheckkarten (§ 152a, vgl. Ber. BT-Drs. 10/5058, 25). Vgl. auch unten 9; 7

Nr. 8 (eingefügt durch Art. 1 Nr. 1 WiKG; 1 zu § 264) **Subventionsbetrug** nach § 264. Ausländische Subventionen werden jedoch (anders noch RegE 1. WiKG 22), nachdem das 1. WiKG von dem im RegE vorgeschlagenen formellen Subventionsbegriff zum materiellen übergegangen ist (6 zu § 264), nur insoweit erfaßt, als es sich um solche der Europäischen Gemeinschaften handelt (§ 264 VI). Befindet sich in solchen Fällen der Subventionsgeber (§ 264 I Nr. 1) in der BRep. ist die Tat nach § 9 ohnehin im Inland begangen (vgl. Müller-Emmert/Maier NJW **76**, 1660; AK 11). 8

Nr. 9 (Generalklausel) **Taten**, die **auf Grund eines** für die BRep. verbindlichen **zwischenstaatlichen** (auch mit zwischen- oder überstaatlichen Einrichtungen abgeschlossenen) **Abkommens** auch dann zu verfolgen sind, wenn sie im Ausland begangen werden (Art. 1 Nr. 1b 11. StÄG, 1 zu § 316a). Hier sind das Übk. zur Bekämpfung der Falschmünzerei v. 20. 4. 1929 (Bek. v. 10. 11. 1933; RGBl. II 913) sowie die vier Genfer Übk. v. 12. 8. 1949 (Ges. v. 21. 8. 1954, BGBl. II 781, 1133) zu nennen (vgl. Wilkitzki ZStW **99**, 475). Diese Verträge sind nicht geeignet, über Nr. 9 Tatbestände für das deutsche Strafrecht neu zu schaffen oder geltende zu erweitern. Sie haben lediglich die Wirkung, daß bestehende Strafvorschriften auf Taten im Ausland auch dann anzuwenden sind, wenn spezielle, das Abkommen ausfüllende Strafvorschriften noch fehlen oder nicht voll erfassen, was danach unter Strafe zu stellen ist. Völkerrechtliche Verträge begründen grundsätzlich nur Pflichten gegenüber den Vertragsparteien (vgl. R. Hauser, Tröndle-FS 777), überlassen jedoch dem einzelnen Vertragsstaat deren Umsetzung in das innerstaatliche Recht (BGH **34**, 259). Im übrigen findet Nr. 9 nur dann Anwendung, wenn das betreffende zwischenstaatliche Übk. obligatorisch das Weltrechtsprinzip iS einer Erweiterung des nationalen Anwendungsbereichs eindeutig festlegt, nicht aber dann, wenn lediglich die entsprechende Norm des deutschen Strafrechts in Ausfüllung des Übk. erlassen wurde. Jedes Übk. ist zu prüfen, ob es das Weltrechtsprinzip oder nur das Territorialitätsprinzip oder das Prinzip der stellvertretenden Strafrechtspflege begründet. Nur wo aufgrund des Übk. die Einführung des Weltrechtsprinzips verbindlich ist, greift Nr. 9 in dem Sinne ein, daß dann eine besondere Übertragung ins StGB durch die Generalklausel entbehrlich ist. Krit. zu Nr. 9 Oehler 889. Im Falle des Hager Übk. v. 16. 12. 1970 zur Bekämpfung der widerrechtlichen Besitznahme von Luftfahrzeugen (BGBl. II 1975, 1204) erstreckt Art. 4 I dieses Übk. die Verpflichtung zur Strafverfolgung auch auf jede sonstige Handlung gegen Fluggäste und Besatzungsmitglieder, aber nur für die Tat des § 316c selbst (NJW **91**, 3104). 9

§ 7

10 3) Fragen der **Strafzumessung** behandelt Schnorr v. Carolsfeld, Bruns-Festschr. 294.

Geltung für Auslandstaten in anderen Fällen

7 [I]Das deutsche Strafrecht gilt für Taten, die im Ausland gegen einen Deutschen begangen werden, wenn die Tat am Tatort mit Strafe bedroht ist oder der Tatort keiner Strafgewalt unterliegt.

[II]Für andere Taten, die im Ausland begangen werden, gilt das deutsche Strafrecht, wenn die Tat am Tatort mit Strafe bedroht ist oder der Tatort keiner Strafgewalt unterliegt und wenn der Täter

1. zur Zeit der Tat Deutscher war oder es nach der Tat geworden ist oder
2. zur Zeit der Tat Ausländer war, im Inland betroffen und, obwohl das Auslieferungsgesetz seine Auslieferung nach der Art der Tat zuließe, nicht ausgeliefert wird, weil ein Auslieferungsersuchen nicht gestellt oder abgelehnt wird oder die Auslieferung nicht ausführbar ist.

1 1) **Die Vorschrift** idF des 2. StrRG (1 zu § 5), der gegenüber die §§ 5, 6 vorgehen (Düsseldorf NJW **79**, 62; zw.), enthält in I einen weiteren Fall des Schutzprinzips (passives Personalitätsprinzip); II Nr. 1 (1. Alt.) folgt dem (eingeschränkten) aktiven Personalitätsprinzip (Düsseldorf NJW **79**, 63; Tröndle JR **77**, 2 mwN; Oehler JR **82**, 160; str.). Anders zB Lackner 1 u. SK-Samson 1, die II im Ganzen den Fällen der **stellvertretenden Strafrechtspflege** (vgl. 4 vor § 3; Jescheck Beitr. 537) zuordnen, was jedoch nur für II Nr. 1 *(2. Alt.)* und Nr. 2 berechtigt ist (richtig Krey JR **80**, 49; vgl. auch Vogler DAR **81**, 73; zum Ganzen Liebelt aaO [1 vor § 3] 114ff.).

2 2) **A. Deutscher** ist nach Art. 116 I GG, **a)** wer die deutsche Staatsangehörigkeit besitzt (§ 1 RuStAG). **aa) Erworben** wird sie durch Geburt, Legitimation, Annahme als Kind (§§ 3 bis 6 RuStAG), Einbürgerung (Art. 116 II GG, § 3 Nr. 5, §§ 8, 9, 10, 13, 15 II RuStAG, §§ 9, 11, 12 1. StARegG, § 1 I StaatlMindÜbkAG, Art. 2 StAngRegV v. 29. 6. 1977, BGBl. I 1101; III 102–10), Erklärung (Art. 3 RuStAÄndG v. 20. 12. 1974, BGBl. I 3714; III 102–9; Art. 12 § 4 AdoptionsG) oder Option (§§ 3, 4, 5, 6 II 2. StARegG). **bb) Verloren** geht die deutsche Staatsangehörigkeit durch Erwerb einer ausländischen Staatsangehörigkeit (§ 17 Nr. 2, § 25 I RuStAG; Art. 1 MStaatlÜbk), Entlassung (§ 17 Nr. 1, §§ 18ff. RuStAG), Verzicht (§ 17 Nr. 3, § 26 RuStAG), Annahme als Kind durch einen Ausländer (§ 17 Nr. 4, § 27 RuStAG) oder durch Ausschlagung (§§ 1, 3, 19, 21, 22 des 1. StARegG, §§ 7, 9 des 2. StARegG). Zur Problematik bei Kindern eines ausländischen Vaters und einer deutschen Mutter BVerfGE **37**, 217; AG Düsseldorf NJW **76**, 531, AG Sigmaringen NJW **76**, 1597;

3 **b)** wer als **Flüchtling oder Vertriebener deutscher Volkszugehörigkeit** (dazu § 6 BVFG) oder als Ehegatte oder Abkömmling im Gebiet des Deutschen Reiches nach dem Gebietsstand vom 31. 12. 1937 Aufnahme gefunden hat (hierzu Oehler, Bockelmann-FS 774). Die Rechtsstellung als Deutscher ohne deutsche Staatsangehörigkeit wird – in analoger Anwendung von §§ 3 bis 6 RuStAG – durch Geburt, Legitimation oder Annahme als Kind erworben; verloren geht sie durch Ablehnung der Einbürgerung oder Rückkehr in ein Vertreibungsgebiet (§§ 6 II, 7 II 1. StARegG), durch Erwerb einer ausländischen Staatsangehörigkeit, Verzicht oder Annahme als

Geltungsbereich § 7

Kind durch einen Ausländer (analog oben 2a bb). Nach Art. 116 I GG sind daher auch **Neubürger** und Flüchtlinge Deutsche (BGH **11**, 66; München JZ **51**, 146; siehe aber § 6 1. StARegG). Die **Saarländer** sind 3a Deutsche geblieben (Hamm NJW **51**, 372). Sehr zweifelhaft war die Staatsangehörigkeit der seiner Zeit in Deutschland Zwangseingegliederten (vgl. dazu BVerfGE **1**, 322; Freiburg JZ **52**, 481; ferner Makarov JZ **52**, 403, 483, 725 Anm. 1 und JZ **54**, 280). Frühere **Österreicher** in Deutsch- 3b land hörten mit dem 27. 4. 1945 auf, (Anschluß-)Deutsche zu sein (BVerfGE **4**, 322; BGH **9**, 53 und 175; BayJZ **52**, 723 [alle betr. österreichische Staatsangehörigkeit]; Oehler, Bockelmann-FS 778; Herrmann Jura **86**, 564; vgl. aber AK-Lemke 14; siehe dazu 2. StARegG). Die Frage, ob Bürger der ehem. **DDR** Deutsche *iS von* § 7 sind, wurde seit dem Inkrafttreten des GrundVtr sehr uneinheitlich beantwortet (bejahend zB Oehler 390 und JZ **84**, 948; Bath Jura **85**, 203; verneinend Wengler JR **81**, 208; Krey JR **80**, 48; **85**, 399), sie hat aber durch den Beitritt (44 vor § 3) Bedeutung nur noch für *Alttaten,* wobei für die Anwendbarkeit zwischen Täter- und Opferseite zu unterscheiden ist. So hatte sich BGH **32**, 297/ 298 (hierzu Oehler, Bath, Krey jew. aaO) auf den Standpunkt gestellt, daß I *grundsätzlich nicht* dem Schutz von DDR-Bürgern gegen in der DDR begangenen Taten dient (so BezG Dresden JR **92**, Heft 10 m. Anm. Höchst), jedoch Ausnahmen gelten lassen, soweit der Gesetzgeber in der BRep. *und* in der DDR domizilierte (vgl. BGH **30**, 6) Deutsche Strafschutz nach § 5 Nr. 6, §§ 234a, 241a gewährt (hierzu im einzelnen mwN 44. Aufl.; SchSch 66 ff. vor § 3).

c) Für die Frage, ob jemand Deutscher (oben 2, 3) ist, kommt es 4 grundsätzlich auf den Zeitpunkt der Tatbegehung an (RG **42**, 332; vgl. jedoch II Nr. 1).

B. **Ausländer** ist jeder, der nicht Deutscher iS des Art. 116 I GG ist 5 (dazu oben 2), also auch der Staatenlose (§ 1 II AuslG, Anh. 12). Jedoch gibt es bei der Aburteilung zurückliegender Taten in Übergangszeiten Fallkonstellationen, wo die Zuordnung des Täters weder unter den Begriff des Deutschen noch des Ausländers (Staatenlosen) paßt und daher § 7 nicht greift (hierzu im einzelnen Oehler, Bockelmann-FS 780). Durch den Erwerb einer fremden Staatsangehörigkeit ohne die deutsche Genehmigung geht die deutsche Staatsangehörigkeit meistens verloren, § 25 RuStAG (oben 2; hierzu Klein DVBl. **78**, 876). Ist jemand Inländer und Ausländer, so ist er iS der §§ 5, 7 Deutscher.

3) **Taten** im **Ausland** (17 vor § 3 u. unten 8) sind nach I dem Strafrecht 6 der BRep. unterworfen, wenn A. die Tat **gegen einen Deutschen** begangen wird, dh gegen einen bestimmten oder bestimmbaren einzelnen (BGH **18**, 283) Deutschen (auch eine juristische Person mit Sitz im Inland; LK 10; SchSch 6). Gegen ihn wird sie begangen, wenn er Verletzter oder einer der Verletzten iS von § 77 I (dort 2) ist oder (bei Versuch) werden sollte. So beim Schwangerschaftsabbruch auch mit Einwilligung der Schwangeren, da Rechtsgut der Embryo ist (iErg. ebenso BGH **18**, 285); aber auch bei §§ 180 bis 181a (dort jeweils 2; SchSch 6), da dort anders als im früheren Recht (dazu BGH aaO) die Verkuppelte und die Prostituierte auch die Geschützten sind. Taten *nach dem BtMG* richten sich idR nicht gegen einen Einzelnen, sondern gegen die Allgemeinheit (Oehler JR **77**,

425). Das deutsche Strafrecht gilt nicht, wenn ein Ausländer im Ausland BtM zum Eigenverbrauch verkauft (StV **92**, 66).

7 **B.** die Tat am **Tatort** (§ 9) zZ der Tat (§ 8) **mit Strafe bedroht ist,** wenn vielleicht auch unter einem anderen rechtlichen Gesichtspunkt (BGH **2**, 161); hierfür genügen auch Polizeiübertretungen (Karlsruhe Die Justiz **80**, 478); die Tatbestände brauchen sich nicht zu decken (RG **54**, 249; Arzt, SchweizJurTg-FS 422); Konkurrenzfragen des ausländischen Rechts sind ohne Bedeutung (RG **42**, 330); ebenso, ob die Verfolgung aus Opportunitätsgründen unterbleibt (Düsseldorf NStZ **85**, 268), ob dort Verfolgungshindernisse bestehen würden, zB Verjährung (BGH **2**, 161; GA **76**, 242; aM SchSch 17) oder Amnestie oder ob ein dort erforderlicher Strafantrag fehlt (NJW **54**, 1086); str. Hierfür reicht *nicht* aus, wenn das ausländische Recht keine kriminelle Strafe, sondern eine andere Sanktion wie zB Geldbuße iS unseres OWiG androht (BGH **27**, 6; BayVRS **61**, 116 m. Anm. Oehler JR **82**, 160; Schröder JZ **68**, 242; SchSch 8; SK 2; AK 5; Oehler 151a; Blei JA **77**, 135; Liebelt aaO [1 vor § 3] 242; Vogler DAR **82**, 74 u. VGT **86**, 61; aM M-Zipf § 11, 27 und vor dem IRG; Tröndle JR **77**, 1). Ob Rechtfertigungs- und Entschuldigungsgründe anzuerkennen sind (bejahend Arzt aaO 419), hängt von deren Natur ab (LK 5; AK 7; vgl. Nowakowski JZ **71**, 636). Straffreistellungen des Tatortrechts für politische Denunziationen sind nicht anzuerkennen (Düsseldorf NJW **79**, 63; **83**, 1278; vgl. auch 52 vor § 3). Vorfragen aus dem Zivilrecht (vgl. RG **27**, 135) oder öffentlichen Recht des ausländischen Rechts können eine Rolle spielen (Nowakowski aaO). Nicht mit Strafe bedroht iS von I ist eine Tat, wenn die Vorschrift der BRep. nur ein spezifisch inländisches Rechtsgut und die ausländische nur ein entsprechendes ausländisches Rechtsgut schützt (vgl. 5 ff. vor § 3).

8 **C.** oder (statt 7) der **Tatort** (§ 9) **keiner Strafgewalt unterliegt,** also nicht unter einer Staatshoheit steht wie zB die Antarktis (vgl. Oehler 420) oder ein anderes Polargebiet, die hohe See oder der Weltraum (LK 7); so daß uU (unten 10, 11) Seeverschmutzungen durch Schiffe unter fremder Flagge bestraft werden können.

9 **4) Taten im Ausland** unterliegen nach **II** weiter dann dem Strafrecht der BRep., **A. wenn die konkrete Tat am Tatort mit Strafe bedroht ist** (oben 7), der ausländische Staat sie also (nach dem Prinzip der identischen Norm und des identischen Strafanwendungsrechts) ebenfalls bestrafen könnte, oder **der Tatort keiner Strafgewalt unterliegt** (oben 8). Die Praktikabilität des II leidet darunter, daß dies ohne genaue Kenntnis des Tatortrechts kaum feststellbar ist. Außerdem ist für jeden Tatbestand zu prüfen, ob er auch eine nur ein ausländisches Rechtsgut verletzende Handlung erfaßt (5 ff. vor § 3); und **B.** wenn der Täter entweder nach **Nr. 1** *zur Zeit der Tat,* dh nach dem zur Tatzeit (§ 8) geltenden Staatsangehörigkeitsrecht, **Deutscher** iS von 2, 3 war oder nach der Tatbestandsverwirklichung (insoweit verfassungsrechtliche Bedenken AK 21) geworden ist. Entsprechend anwendbar ist II Nr. 1 auf Alttaten, wenn ein Bürger der ehem. DDR nach der Tatbegehung in die BRep. geflohen ist (KG JR **88**, 345). Sinn der Vorschrift, die nicht gegen Art. 103 II GG verstößt (BGH **20**, 22), ist, daß die deutsche Strafrechtspflege eingreifen soll, wenn der Täter als Deutscher nicht ausgeliefert werden darf (Art. 16 II S. 1 GG); oder **C.** wenn er **nach**

Geltungsbereich **§ 7**

Nr. 2 zZ der Tat **Ausländer** (oben 5) war, **im Inland betroffen** (dh seine 10 Anwesenheit dort festgestellt) wird und **a)** obwohl das AuslieferungsG, dh allein **das IRG** (E 1962, 113; BGH **18**, 286; **34**, 257 m. Anm. J. Meyer NStZ **87**, 415), **die Auslieferung** (vgl. Art. 16 II S. 1, Art. 73 Nr. 3 GG) des Täters an einen ausländischen Staat (die Auslieferung an eine supranationale Organisation ist vertraglicher Regelung überlassen) **nach Art der Tat zuließe**, dh, daß es sich nicht um nichtauslieferungsfähige Taten iS der §§ 3 bis 9 IRG (hierzu Wilkitzki GA **81**, 361; Vogler NJW **83**, 2116) handelt. Den Begriff der politischen Straftat iS § 6 I IRG zu definieren ist der Rspr. überantwortet worden (BT-Drs. 9/1338, 39; vgl. BGH **18**, 113; **28**, 110; **29**, 211; **30**, 199 [krit. hierzu Vogler GA **82**, 47; Oehler JR **82**, 522]; Düsseldorf NJW **84**, 2052; Karlsruhe Die Justiz **84**, 347; vor allem Köln DRiZ **78**, 372; BVerfGE **46**, 221). Zulässig ist die Auslieferung nach dem IRG nur, wenn der um sie ersuchende Staat die Tat theoretisch nach seinen eigenen Gesetzen (einschließlich seines Strafanwendungsrechts) bestrafen könnte (Oehler 828 ff.). Andere materielle oder formelle Hinderungsgründe sind allein für die Tatsache der Nichtauslieferung (unten 11) bedeutsam; **b) nicht ausgeliefert wird,** was feststehen muß (BGH **18**, 287), ggf durch 11 Rückfrage bei der für den Auslieferungsverkehr zuständigen deutschen Behörde zu erfragen ist. Jedenfalls darf kein ernstlicher Zweifel daran bestehen, daß ein Auslieferungsersuchen weder vom Staat des Tatorts (GA **76**, 243; 19. 4. 1985, 2 StR 126/85) noch vom Heimatstaat (NStZ **85**, 545) gestellt wird. Da die Auslieferung im Unterschied zur Abschiebung (§ 13 AuslG) nie von Amts wegen geschieht, sondern ein Ersuchen der zuständigen Stelle voraussetzt, kann die Tatsache der Nichtauslieferung nur darauf beruhen, daß ein Auslieferungsersuchen entweder nicht gestellt (zB weil kein Auslieferungsverkehr besteht, weil eine der gesetzlichen Zulässigkeitsbeschränkungen der §§ 3 bis 10, 72 IRG) oder die vertragliche Rechtslage entgegenstehen würde oder weil kein Verfolgungsinteresse des Heimatstaates besteht (GA **76**, 243; 25. 4. 1986, 2 StR 74/86; AG Mannheim NJW **69**, 997) oder daß es (im Auslieferungsverfahren, vgl. §§ 21 ff. IRG; BGH **2**, 48) abgelehnt worden ist, Bay GA **58**, 244; Karlsruhe Die Justiz **63**, 304 (zB weil die Auslieferung wesentlichen Grundsätzen der deutschen Rechtsordnung widerspräche, § 72 IRG) oder daß die Auslieferung aus tatsächlichen Gründen (zB wegen schwerer Erkrankung) voraussichtlich endgültig nicht ausführbar ist. Wenn Auslieferungsverkehr besteht, muß die Auslieferung erfolglos angeboten sein; BGH **18**, 283; es sei denn, daß nach Ablauf angemessener Zeit mit einem Auslieferungsbegehren ohnehin nicht mehr zu rechnen ist (GA **76**, 243; 18. 4. 1979, 2 StR 807/78) oder dem Auslieferungsersuchen nicht entsprochen worden wäre (NJW **91**, 3104); zur Strafzumessung in diesen Fällen Schnorr v. Carolsfeld, Bruns-FS 288.

Zeit der Tat

8 Eine Tat ist zu der Zeit begangen, zu welcher der Täter oder der Teilnehmer gehandelt hat oder im Falle des Unterlassens hätte handeln müssen. Wann der Erfolg eintritt, ist nicht maßgeblich.

1) Die Vorschrift, idF des 2. StrRG (vgl. § 7 E 1962; Begr. 113; Ndschr. **3**, 1 290, 295 f., 300, 418 ff.), regelt iS der sog. Tätigkeitstheorie die Frage, zu welcher Zeit eine Tat begangen ist. Von Bedeutung ist § 8 vor allem für die §§ 2,

§ 8

48 IV, 59 II, 65 IV, 66 III sowie für Amnestiegesetze. Für die Verjährung trifft § 78 a eine eigene abweichende Regelung.

2 2) **Zu der Zeit** ist **eine Tat,** dh die Verwirklichung des Tatbestandes, **begangen,** zu welcher

3 A. der **Täter** (Alleintäter, Mittäter) **gehandelt** hat, dh die sog. **Tathandlung** ausgeführt hat. Wann der Erfolg, nämlich der tatbestandsmäßige oder ein weiterer Erfolg eintritt, ist ohne Bedeutung. Es kommt also auf die Zeit an, zu der der Täter **tut,** was den Tatbestand verwirklicht (schlichte Tätigkeitsdelikte; 13 vor § 13) oder verwirklichen soll (Erfolgsdelikte, aaO), ohne Rücksicht darauf, was er erreicht. Beim Versuch ist es die Handlung, mit der der Täter zur Tatbestandsverwirklichung unmittelbar ansetzt (§ 22). Im Fall des **mittelbaren Täters** (3 zu § 25) ist es nicht nur die Handlung, mit der er seinen Tatmittler einsetzt, sondern auch dessen Handlung, die dem Täter als die seines Werkzeugs zuzurechnen ist. Das Handeln kann kurze Zeit dauern, aber auch einen längeren Zeitraum einnehmen, so bei den **fortgesetzten** (25 ff. vor § 52) und **Dauerdelikten** (41 vor § 52; Hruschka GA **68**, 193), zB bei § 239; § 315 c I Nr. 1a (BGH **22**, 71; MDR/D **67**, 12). Anders ist das bei den **Zustandsdelikten** (41 vor § 52; 7 zu § 223) bei denen eine Handlung einen rechtswidrigen Zustand schafft, ohne daß die Handlung selbst weiterläuft (so bei §§ 169, 171); hier zählt für § 8 allein die auslösende Tätigkeit. Beim **Vollrausch** (§ 323a) kommt es auf den Zeitpunkt des Sichberauschens an und nicht auf den der Rauschtat (LK-Tröndle 2; SchSch-Eser 3; **aM** Braunschweig NJW **66**, 1878).

4 B. in den Fällen **echter** (zB §§ 138, 323c) oder **unechter Unterlassungsdelikte** (§ 13) der Täter hätte handeln müssen, um die Tatbestandsverwirklichung zu verhindern, insbesondere die Abwendung eines Erfolges zu erreichen. Auch hier kann es sich um einen gewissen Zeitraum handeln. Er setzt mit dem die Handlungspflicht auslösenden Ereignis (zB bei § 138 mit dem glaubhaften Erfahren) und dem Zeitpunkt ein, von dem an der Täter handeln konnte, und endet mit dem Zeitpunkt, von dem an jedes Handeln aussichtslos wäre (§ 138 „Zeit, zu der ... der Erfolg noch abgewendet werden kann") oder für den Täter unmöglich wird (vgl. BGH **11**, 124).

5 C. ein **Teilnehmer,** also der Anstifer oder ein Gehilfe (§ 28 I) gehandelt hat (oben 3) oder bei Unterlassungsdelikten (oben 4; zum Problem der Teilnahme daran 19 zu § 13) hätte handeln müssen. Die Zeit, zu der ein Teilnehmer handelt bzw. zu handeln unterläßt, ergibt sich addiert mit der Zeit, zu der der Haupttäter handelt oder zu handeln unterläßt, die Zeit, zu der eine Tat mit mehreren Beteiligten begangen ist.

6 3) **Verfahrensrecht.** Will das Gericht eine andere als die in der Anklage angegebene Tatzeit annehmen, so bedarf es – entsprechend § 265 StPO – eines Hinweises auf die Veränderung des rechtlichen Gesichtspunktes (NJW **88**, 571).

Ort der Tat

9 [1]**Eine Tat ist an jedem Ort begangen, an dem der Täter gehandelt hat oder im Falle des Unterlassens hätte handeln müssen oder an dem der zum Tatbestand gehörende Erfolg eingetreten ist oder nach der Vorstellung des Täters eintreten sollte.**

Geltungsbereich § 9

II Die Teilnahme ist sowohl an dem Ort begangen, an dem die Tat begangen ist, als auch an jedem Ort, an dem der Teilnehmer gehandelt hat oder im Falle des Unterlassens hätte handeln müssen oder an dem nach seiner Vorstellung die Tat begangen werden sollte. Hat der Teilnehmer an einer Auslandstat im Inland gehandelt, so gilt für die Teilnahme das deutsche Strafrecht, auch wenn die Tat nach dem Recht des Tatorts nicht mit Strafe bedroht ist.

1) Die Vorschrift idF des 2. StrRG regelt in wörtlicher Übereinstimmung 1 mit § 8 E 1962 (Begr. 113; Ndschr. **4**, 11, 18, 20, 28 ff., 126 f., 418 ff.; abw. § 8 II AE) die Frage, wo eine Tat begangen ist, und zwar anders als in § 8 für Täter und Teilnehmer auf der Grundlage der Ubiquitätstheorie (Oehler 266 ff.) in der Weise getrennt, daß zwar das Verhalten des Täters dem Teilnehmer (II), nicht aber dessen Verhalten dem Täter (I) zugerechnet wird. Die Vorschrift ist vor allem für die §§ 3 bis 7 von Bedeutung.

2) Die Tat ist **an jedem Ort** begangen, an dem der Täter gehandelt hat (3 2 zu § 8) oder im Fall des Unterlassungsdelikts hätte handeln müssen (4 zu § 8); anders als bei § 8 auch der Ort, an dem der tatbestandsmäßige Erfolg eingetreten ist oder eintreten sollte. Begehungsort ist danach zunächst **A. der Tätigkeitsort.** Mehrere Tätigkeitsorte sind möglich, falls mehrere Tätigkeitsakte vorliegen (RG **50**, 221), so im Falle der einheitlichen Tat des Handeltreibens mit BtM (2b vor § 52, NStZ **86**, 415), den zweiaktigen Delikten, bei den Dauerdelikten (41 vor § 52) und bei der fortgesetzten Handlung (RG **49**, 425; 25 vor § 52); sie ist als Inlandstat (§ 3) anzusehen, wenn sie teils im Inland, teils im Ausland begangen wurde (MDR/H **92**, 631; SchSch 13). Zum Tatort bei der Einfuhr von BtM Düsseldorf MDR **88**, 515. Konkurrieren mehrere Tatortsrechte, so ist das nach konkreter Betrachtung strengste anzuwenden (NJW **75**, 1610; Bay **62**, 96). Vorbereitende Handlungen scheiden grundsätzlich aus; da aber die **Mittäterschaft** auch in der Beteiligung an bloßen Vorbereitungshandlungen bestehen kann (vgl. 7 zu § 25) und andererseits der Tatanteil jedes Mittäters auch ein solcher der anderen Mittäter ist (RG **11**, 20), ist ein Raubmord in Riga, der in Lüneburg von einem Mittäter nur vorbereitet wurde, im Inland begangen (RG **57**, 144); ebenso für den Fall des § 99 (NJW **91**, 2498; 4. 10. 1991, 4 BJs 42/89-4) oder des § 218 (13. 3. 1962, 1 StR 27/62). Eine Versuchshandlung im Inland genügt zur Strafbarkeit des **Versuchs** (BGH **34**, 106; NJW **75**, 1610 mit krit. Anm. Schroeder NJW **76**, 490; KG 6. 12. 1979, (3) Ss 109/79). Der Täter braucht bei der Ausführung nicht selbst tätig zu sein. Es ist ausreichend, daß er sich eines **Werkzeuges** zur Ausführung seiner Tat bedient, so der Post zur Beförderung des strafbaren Briefes (RG **10**, 422). Nur muß der betr. Ort bei vorsätzlichen Delikten dem Willen des Täters, mindestens in der Form des bedingten Vorsatzes, entsprechen (RG GA Bd. **56**, 88). Erstreckt sich die Bewegung des Werkzeugs über einen weiten Raum, so gelten grundsätzlich alle berührten Orte als Tatort (RG **10**, 420). Liegt auch nur einer im Inland, so ist auch dort die Tat ohne Rücksicht auf den Ort des Erfolges begangen (RG **41**, 35). Transitstraftaten (Postsendung strafbaren Inhalts von Bern nach Oslo) sind aber nur auch im Inland begangen, wenn der Transitvorgang als solcher strafbar ist (Sprengstoff-, BtM-Paket), nicht bei einem beleidigenden Brief (LK-Tröndle 10, 12; SchSch-Eser 6; str. aM Jescheck § 18 IV 1; Jakobs 5/23). Bei der mittelbaren Täterschaft ist sowohl der Tätigkeitsort des mittelbaren Täters als auch der Mittelsperson maßgebend (wistra **91**, 135).

3 B. Begehungsort ist zusätzlich weiter der **Erfolgsort.** Wer vom Ausland ins Inland schießt und den Gegner schwer verletzt, so daß er nachher stirbt, hat die Tat auch am Verwundungs- und Sterbeort verübt (RG **11**, 22; GA Bd. **56**, 88, betr. Verbreitung von Schriften vom Auslande her). Eine Ausnahme davon macht § 91. Als Erfolg ist nur der zum Tatbestand gehörende anzusehen (BGH **20**, 45; Bay NJW **57**, 1327; Endemann NJW **66**, 2381); ist die Tat also beendet, so können Handlungen nach Eintritt dieses Erfolges am Tatort nichts mehr ändern, so nicht die Weiterveräußerung der ansichgebrachten Sachen durch den Hehler (RG **1**, 281). Eine Untreuehandlung in Brasilien ist auch am Sitz der inländischen Mutterfirma begangen, wenn der Schaden der ausländischen (brasilianischen) Tochterfirma letztlich von der Mutterfirma zu tragen ist (so Koblenz wistra **84**, 79, mit Recht aber enger Frankfurt NJW **89**, 675). Auch bloße Bedingungen der Strafbarkeit wirken tatortbegründend (RG **43**, 85; LK 6 mwN; SchSch 7; str.; Stree JuS **65**, 473); das gilt auch bei den presse- und rundfunkrechtlichen Sonderdelikten (Jedamzik [29 vor § 3] 17). Da es sich um eine Rechtsanwendungsvorschrift handelt, kommt es nicht darauf an, ob der Täter weiß, daß der Erfolg im Inland eintritt (60 vor § 3); doch kann es vom Vorsatz abhängen, ob eine im Inland eingetretene Folge ein tatbestandsmäßiger Erfolg ist (Lüttger GA **65**, 348; Endemann NJW **66**, 2382). Begehungsort ist auch der Ort, an dem der Erfolg nach der Vorstellung des Täters eintreten sollte (aM LK 6), selbst wenn er tatsächlich woanders eintritt, so, wenn die Bombe vor Erreichen der deutschen Grenze explodiert (Begehungsort: Inland; Stuttgart NJW **74**, 914; offen gelassen 18. 12. 1990, 1 StR 598/90). Auch beim Versuch kann es einen tatbestandsmäßigen Erfolg geben (vgl. 5 zu § 18). Wichtig ist, daß bei *konkreten Gefährdungsdelikten* (13a vor § 13) der Eintritt der Gefahr als Erfolg iS von I anzusehen ist (Bay NJW **57**, 1327; Köln NJW **68**, 954), so daß als Begehungsort auch der Ort anzusehen ist, wo die Gefahr eintreten sollte. Bei den *abstrakten Gefährdungsdelikten* (13a vor § 13) ist eine konkret eingetretene Gefahr kein tatbestandsmäßiger Erfolg (LK 4; SchSch 6; vgl. Lüttger JZ **64**, 570). Bei Absichtsdelikten (6 zu § 15) ist die Verwirklichung der Absicht kein tatbestandsmäßiger Erfolg (SchSch 6; Lackner 2; Endemann NJW **66**, 2382; aM Stuttgart aaO), daher stellt bei Taten nach § 164 die Einleitung eines behördlichen Verfahrens keinen tatortbegründenden Erfolg dar (Bay NJW **92**, 1248). Zur Problematik im Fall sog. Piratensender vgl. EuRFVerhÜbk sowie Oehler, Das deutsche Strafrecht und die Piratensender, 1970 u. Hübner-FS 753; zu rundfunkrechtlichen Sonderdelikten Jedamzik, oben 29 vor § 3.

4 C. bei den **Unterlassungsdelikten** (12 vor § 13) sind Begehungsorte alle die, an denen sich der Täter während der Zeit seiner Handlungspflicht (4 zu § 8) aufhält und handeln kann (vgl. RG **9**, 353; KG GA Bd. **45**, 60; LG Frankfurt NJW **77**, 509), die Orte, an die er sich begeben müßte, um zu handeln, sowie die Orte, an denen der Erfolg eingetreten ist (zB das im Stich gelassene Kleinstkind verhungert ist) oder nach der Vorstellung des Unterlassenden eintreten sollte.

5 **3) Die Teilnahme** (Anstiftung, Beihilfe; nicht aber Begünstigung oder Strafvereitelung) ist sowohl **A.** an dem Ort begangen, an dem nach 2ff. **die**

Sprachgebrauch **§ 9**

Tat begangen ist (BGH **20**, 89; NJW **91**, 2498; Bay NStZ **92**, 282) oder nach der Vorstellung des Teilnehmers begangen werden sollte (Teilnahmehandlung im Ausland zu einer Tat im Inland ist also auch im Inland begangen; RG **67**, 139), als auch **B.** an dem der **Teilnehmer** selbst gehandelt hat (3 zu § 8; vgl. RG **43**, 85; ob das bei der Anstiftung auch der Ort ist, wo der Täter den Tatentschluß faßt, ist zw.) oder im Fall des Unterlassens hätte handeln müssen (4 f. zu § 8; oben 4). Hat der Teilnehmer an einer (nach I) Auslandstat im Inland gehandelt (oder hätte er dort handeln müssen), so gilt für ihn das Strafrecht der BRep., auch wenn die Tat nach dem Tatortsrecht nicht mit Strafe bedroht ist (so schon BGH **4**, 335; krit. zu der durch II herbeigeführten Ausdehnung der deutschen Gerichtsgewalt LK 15; SK 15 ff.); es gilt dann § 153c I Nr. 1 StPO (zum Ganzen Jung JZ **79**, 325).

Sondervorschriften für Jugendliche und Heranwachsende

10 Für Taten von Jugendlichen und Heranwachsenden gilt dieses Gesetz nur, soweit im Jugendgerichtsgesetz nichts anderes bestimmt ist.

Die Vorschrift, die das 2. StrRG (vgl. § 9 E 1962, Begr. 114) eingefügt hat, stellt wie schon § 2 JGG klar, daß das **JGG** als **eigenständiges Gesetz** mit seinen besonderen Vorschriften das StGB insoweit verdrängt (Bay NStZ **91**, 584). Das bedeutet: Dessen BT gilt auch für Jugendliche und Heranwachsende, soweit sich nicht zB aus dem niedrigen Alter anderes ergibt (zB bei § 175 oder bei Amtsdelikten; vgl. Dallinger-Lackner 5 zu § 2 JGG); die Bekanntgabe der Verurteilung (§§ 165, 200) darf nicht angeordnet werden (§ 6 I S. 2 JGG). Aus dem AT gelten der 1. und 2. Abschnitt, jedoch ist für die Frage der strafrechtlichen Verantwortlichkeit unter dem Gesichtspunkt der Altersreife des Jugendlichen allein § 3 JGG maßgebend; hingegen bleiben die §§ 20, 21, wenn die Schuldunfähigkeit oder die verminderte Schuldfähigkeit auf andere als entwicklungs- oder reifebedingte Umstände zurückzuführen ist, von Bedeutung (BGH **26**, 67 m. Anm. Brunner JR **76**, 116). Der 3. Abschnitt gilt grundsätzlich nicht; an seine Stelle tritt das Reaktionssystem des JGG; doch können die in § 61 Nr. 1, 2, 5, 6 genannten Maßregeln angeordnet werden (§ 7 JGG). Auch die §§ 73 bis 76a und der 4. und 5. Abschnitt (vgl. § 4 JGG) gelten.

Zweiter Titel. Sprachgebrauch

Personen- und Sachbegriffe

11 ¹ Im Sinne dieses Gesetzes ist
1. Angehöriger:
wer zu den folgenden Personen gehört:
  a) **Verwandte und Verschwägerte gerader Linie, der Ehegatte, der Verlobte, Geschwister, Ehegatten der Geschwister, Geschwister der Ehegatten,** und zwar auch dann, wenn die Beziehung durch eine nichteheliche Geburt vermittelt wird, wenn die Ehe, welche die Beziehung begründet hat, nicht mehr besteht oder wenn die Verwandtschaft oder Schwägerschaft erloschen ist,
  b) **Pflegeeltern und Pflegekinder;**

§ 11

AT Erster Abschnitt. Zweiter Titel

2. Amtsträger:
   wer nach deutschem Recht
   a) Beamter oder Richter ist,
   b) in einem sonstigen öffentlich-rechtlichen Amtsverhältnis steht oder
   c) sonst dazu bestellt ist, bei einer Behörde oder bei einer sonstigen Stelle oder in deren Auftrag Aufgaben der öffentlichen Verwaltung wahrzunehmen;
3. Richter:
   wer nach deutschem Recht Berufsrichter oder ehrenamtlicher Richter ist;
4. für den öffentlichen Dienst besonders Verpflichteter:
   wer, ohne Amtsträger zu sein,
   a) bei einer Behörde oder bei einer sonstigen Stelle, die Aufgaben der öffentlichen Verwaltung wahrnimmt, oder
   b) bei einem Verband oder sonstigen Zusammenschluß, Betrieb oder Unternehmen, die für eine Behörde oder für eine sonstige Stelle Aufgaben der öffentlichen Verwaltung ausführen,
   beschäftigt oder für sie tätig und auf die gewissenhafte Erfüllung seiner Obliegenheiten auf Grund eines Gesetzes förmlich verpflichtet ist;
5. rechtswidrige Tat:
   nur eine solche, die den Tatbestand eines Strafgesetzes verwirklicht;
6. Unternehmen einer Tat:
   deren Versuch und deren Vollendung;
7. Behörde:
   auch ein Gericht;
8. Maßnahme:
   jede Maßregel der Besserung und Sicherung, der Verfall, die Einziehung und die Unbrauchbarmachung;
9. Entgelt:
   jede in einem Vermögensvorteil bestehende Gegenleistung.

II Vorsätzlich im Sinne dieses Gesetzes ist eine Tat auch dann, wenn sie einen gesetzlichen Tatbestand verwirklicht, der hinsichtlich der Handlung Vorsatz voraussetzt, hinsichtlich einer dadurch verursachten besonderen Folge jedoch Fahrlässigkeit ausreichen läßt.

III Den Schriften stehen Ton- und Bildträger, Abbildungen und andere Darstellungen in denjenigen Vorschriften gleich, die auf diesen Absatz verweisen.

1   1) **Die Vorschrift**, eingefügt nach dem Vorbild der §§ 10, 11 E 1962 (Begr. 114) und des § 10 AE durch das 2. StrRG/EGStGB (Ber. BT-Drs. V/4095, 7 = Ber. I; Prot. V/7, 237, 541, 835, 857, 883, 942, 995, 2442, 3128, 3254, 3282; E EGStGB = RegE; Ber. BT-Drs. 7/1261, 4 = Ber. II; Prot. **7/159**; geändert durch Art. 6 Nr. 1 des AdoptionsG, unten 9), definiert zur Entlastung vor allem des BT eine Reihe häufig vorkommender **Personenbegriffe** (I Nr. 1 bis 4) und **Sachbegriffe** (I Nr. 5 bis 9, III) und klärt in II eine früher str. Frage nach der Rechtsnatur kombiniert vorsätzlich-fahrlässiger Delikte. Die Begriffsbestimmungen gelten für das gesamte Strafrecht des Bundes und der Länder (Art. 1 EGStGB), lassen aber sonstiges Recht, dem gegenüber sie ihrerseits selbständig sind, unberührt. Der **Katalog** in I definiert:

Sprachgebrauch **§ 11**

2) **Nr. 1 Angehörige** (vgl. Ndschr. 5, 124, 246, 248, 254, 256, **6**, 329). **2** Für diese, für die §§ 35, 77 II, 77b IV, 139 III, 157 I, 165 I, 194 I, 205 II, 213, 232 I, 247, 258 VI, 258a III, 259 II, 263 IV, 265a III, 266 III, 294 sowie für § 21 III GjS, § 36 DepotG bedeutsame Eigenschaft kommt es auf den Augenblick der Tathandlung an.

A. Für die unter Nr. 1a genannte Gruppe kommt es in Übereinstim- **3** mung mit dem BGB nicht darauf an, ob die Beziehung durch eine nichteheliche Geburt vermittelt wird (da die biologische Beziehung entscheidet, gilt auch die Vermutung des § 1591 II BGB nicht). Ferner ist ohne Bedeutung, ob die Ehe, welche die Beziehung begründet hat, noch besteht. Dabei scheidet eine Nichtehe aus, während eine formell gültige (RG **60**, 248), wenn auch materiell nichtige oder aufhebbare Ehe (§§ 16ff., 28ff. EheG) nicht nur vor der Nichtigerklärung oder Aufhebung (so schon RG **60**, 246; **61**, 199), sondern auch nachher die Beziehung nach Nr. 1a herstellt (so schon für § 52 I Nr. 3 StPO BGH **9**, 37), da die menschliche Nähe, welche auch die nichtige Ehe geschaffen hat, wie bei einer geschiedenen Ehe fortbestehen kann (offen gelassen in E 1962, 115). Doch gilt die Ausdehnung über die nicht mehr bestehende Ehe hinaus bei Ehegatten nur für die Fälle, in denen das Gesetz generell von Angehörigen spricht. Wo etwa der Begriff des Ehegatten für sich verwendet wird (§§ 77 II, 181a III), ist nur die bestehende Ehe gemeint (E 1962, 115).

Nr. 1a nennt **a) Verwandte** in gerader Linie (§ 1589 S. 1 BGB), also **4** nicht in der Seitenlinie, so daß Geschwisterkinder und die Geschwister der Eltern ausscheiden (RG JW **35**, 3467; E 1962, 115; Ber. I 7). **b) Verschwä-** **5** **gerte** gerader Linie (§§ 1590 I, 1589 S. 1 BGB), dh Schwiegereltern und Schwiegerkinder, Stiefvater und Stiefkinder, aus der Seitenlinie nur die Ehegatten der Geschwister und die Geschwister der Ehegatten, nicht hingegen die Ehegatten von Geschwistern untereinander; RG **15**, 78. Die Auflösung der vermittelnden Ehe durch Tod eines Ehegatten (BGH **7**, 385), Scheidung, Aufhebung oder Nichtigerklärung (RG **34**, 418; H. Mayer JZ **59**, 119) läßt das Verhältnis fortbestehen (vgl. auch § 1590 II BGB). **c) Ehegatten:** dabei gilt oben 3, so daß sich durch Scheidung, Aufhebung **6** und Nichtigkeitserklärung nichts an dem Angehörigenverhältnis ändert. **d) Verlobte**. Ein ernstgemeintes und nicht unsittliches Eheversprechen *bei-* **7** *der* Partner ist erforderlich (BGH **29**, 57; JZ **89**, 256), eine noch bestehende Ehe hindert das Zustandekommen des Verlöbnisses (StV **83**, 493; NJW **84**, 136; Bay NJW **83**, 831, hierzu Geilen JK 1; Straetz JR **84**, 127; Füllkrug StV **86**, 37); jedenfalls dann, wenn die Scheidung noch gar nicht betrieben wird (VRS **36**, 20; 27. 5. 1983, 3 StR 174/83; anders im Falle LG Duisburg NJW **50**, 714). Zivilrechtliche Gültigkeit des Verlöbnisses wird nicht verlangt; so nicht die Zustimmung des gesetzlichen Vertreters bei einigermaßen erwachsenen Personen (LM Nr. 25 zu § 222; RG **38**, 242). Einseitiges Aufgeben des Heiratswillens beseitigt das Verlöbnis auch trotz Nichtkenntnis des anderen Teils (RG **75**, 290; BGH **3**, 216; **29**, 57; JZ **89**, 256 [hierzu Otto JK 3], Koblenz NJW **58**, 2027; AK-Wassermann 7). Ebenso begründet das Heiratsversprechen des Heiratsschwindlers kein Verlöbnis (BGH **3**, 215). **e) Geschwister**, auch halbbürtige (Düsseldorf NJW **58**, 394); doch nicht **8** Kinder, die je ein Elternteil mit in die Ehe gebracht hat und die auch nicht untereinander verschwägert sind. **f)** Personen, die in **außerehelicher Le-** **8a** **bensgemeinschaft** zusammenleben, sind nicht Angehörige iS von Nr. 1

§ 11 AT Erster Abschnitt. Zweiter Titel

(anders § 72 II öStGB), wohl aber dem Täter „nahestehende Personen" (§ 35) und als „in häuslicher Gemeinschaft Lebende" nach § 247 privilegiert. Auch kommt für ehegleich Zusammenlebende eine (zugunsten wirkende) analoge Anwendung des Angehörigenbegriffs, zB bei § 213, in Betracht (LK-Tröndle 9; Strätz FamRZ **80**, 308; SK-Rudolphi 3; ähnlich SchSch-Eser 11; AK 8; aM Otto JK 2); nach Bay NJW **86**, 203 nicht jedoch bei § 157, krit. Krümpelmann/Heusel JR **87**, 41.

9 **B.** Für die Fälle der **Adoption** gilt nach dem AdoptionsG (dazu BT-Drs. 7/3061 (= RegE) 5087, 5125; Prot. **7/2631**; Lüderitz NJW **76**, 1865) folgendes: Ein adoptierter Minderjähriger erlangt mit der Annahme die Stellung eines ehelichen Kindes des Annehmenden und, wenn ein Ehepaar ihn annimmt oder ein Ehegatte das Kind des anderen, die Stellung eines ehelichen Kindes der Ehegatten (§ 1754 BGB). Der adoptierte Volljährige hingegen erhält zwar ebenfalls die Stellung eines ehelichen Kindes des Annehmenden, wird aber mit dessen Verwandten nicht verwandt, mit dessen Ehegatten nicht verschwägert und behält im übrigen seine bisherigen Verwandtschaftsverhältnisse (§ 1770 BGB). Nach diesen Vorschriften richtet sich zunächst auch die Angehörigeneigenschaft nach Nr. 1a. Nr. 1a wurde hingegen (nach dem RegE 61, um „dem Schutz und der Privilegierung des Kindes zu dienen", der Sache nach aber vor allem deshalb, weil sich Blutsverwandtschaft nicht mit einem juristischen Federstrich beseitigen läßt) folgendermaßen erweitert: Mit der Annahme des Minderjährigen erlischt an sich sein und seiner Abkömmlinge Verwandtschaftsverhältnis zu den bisherigen Verwandten (§ 1755 I BGB mit Einschränkungen in II); anders beim volljährigen Adoptierten (§ 1770 II BGB). Strafrechtlich hingegen führt die Erweiterung der Nr. 1a dahin, daß die bisherige Angehörigeneigenschaft auch dann bestehen bleibt, wenn Verwandtschaft oder Schwägerschaft durch Adoption bürgerlichrechtlich erloschen sind (AK 1). Das bedeutet zB, daß ein minderjähriger Adoptierter sowohl Angehöriger seines leiblichen Vaters als auch seines Adoptivvaters ist. Durch die nach §§ 1763 ff., 1771 BGB mögliche Aufhebung der Annahme erlöschen für die Zukunft die durch die Adoption begründeten Verwandtschaftsverhältnisse und die ursprünglichen leben wieder auf. Doch berührt das das Angehörigenverhältnis nach Nr. 1a wiederum nicht. Der ursprüngliche Adoptivvater bleibt also Angehöriger, auch wenn die Adoption aufgehoben ist (vgl. RegE aaO).

10 **C. Pflegeeltern und -kinder** (vgl. 15 zu § 77). Dabei handelt es sich um ein tatsächliches Verhältnis, das ähnlich dem natürlichen Eltern- und Kindesverhältnis auf die Dauer berechnet ist und eine sittliche Unterordnung schafft (RG **58**, 61; **70**, 324), und bei der Familienpflege nach § 1630 III BGB idR gegeben ist. Auch Stiefeltern können Pflegeeltern werden, RG **41**, 198.

11 **3) Nr. 2 Amtsträger** (vgl. § 10 Nr. 4 E 1962, Begr. 115). **A.** Mit der Einführung dieses Begriffs (vgl. §§ 331 ff., 5 Nr. 11 bis 13, §§ 77a, 97b II, 113, 114, 120 II, 121, 133 III, 164, 174b, 194 III, 201 III, 232 II, 258a, 264 II Nr. 2, 3; § 353b I; § 1 VerpflG; § 30 AO), dem nur rechtstechnische Bedeutung zukommt, hat der Gesetzgeber keine Ausweitung des § 336 (BGH **34**, 159) und keine Einschränkung der Rspr. zu § 359 aF bezweckt (unten 24; BGH **31**, 268 [m. Anm. Geerds JR **83**, 466; Dingeldey NStZ **84**, 503, so

Sprachgebrauch **§ 11**

daß Nr. 2 § 359 aF voll umfaßt; RegE 208; Prot. 7/159, 617; Maiwald JuS **77**, 353; Welp, Lackner-FS 761; vgl. auch Ber. II, 4]; **37**, 194). **Amtsträger ist,** wer **nach deutschem Recht** eine bestimmte Funktion hat. Maßgebend ist das innerhalb der BRep. geltende Bundes- und Landesrecht, so daß alle im Dienst des Bundes, der Länder, der Gemeinden, Gemeindeverbände und der Körperschaften, Anstalten und Stiftungen des öffentlichen Rechts (vgl. RG **60**, 299) tätigen Amtsträger erfaßt werden (RegE 210), aber nur sie, nicht auch solche der DDR vor dem Beitritt (KrG Dresden MDR **91**, 659 zu einem Fall des § 113), im Ausland oder in zwischenstaatlichen Organisationen wie den Europ. Gemeinschaften (AK 11).

Buchst. a nennt **Beamte** (im staatsrechtlichen Sinne) **oder Richter** **12** (unten 26ff.). Zur Übertragung hoheitlicher Befugnisse an Nicht-Beamte in Ausnahmefällen vgl. BVerfGE **9**, 268, 284 und Art. 34 IV GG. Beamter iS von a ist, wer sich freiwillig unter förmlicher Berufung in ein vom Staat begründetes öffentlich-rechtliches Gewaltverhältnis begibt, das für den Beamten eine Pflicht zu Diensten und Treue, für den Staat eine Schutz- und Unterhaltspflicht begründet (vgl. §§ 52 ff., 79 ff. BBG; BGH **2**, 120; **37**, 192; Welp, Lackner-FS 762).

aa) Die Art der Tätigkeit ist unerheblich, es kommt auf die Stellung **13** zum Staat, also auf das Innenverhältnis und die Anstellung als Beamter an. Deutsche Beamte können verpflichtet werden, den Anweisungen eines ausländischen Vorgesetzten Folge zu leisten, wenn der ausschließliche inländische Herrschaftsanspruch bestehen bleibt (vgl. BVerfGE **37**, 280; **58**, 28; **68**, 90), Ausländer können Amtsträger sein (13 zu § 5; vgl. aber oben 11). Die Tätigkeit kann in bloß mechanischen Diensten bestehen, nicht bloß in öffentlich-rechtlicher Ausübung der Staatshoheit (RG **51**, 66; Bay **14**, 166); zB in der Arbeit in staatlichen Gewerbebetrieben (RG **67**, 300); in einer kommunalen Sparkasse als beamtetes Vorstandsmitglied nach den Sparkassengesetzen einzelner Länder; in einer nicht rechtsfähigen Bundesanstalt wie im Fall der Fluglotsen (NJW **77**, 1876, zu Art. 34 GG, § 839 BGB), oder in einem privaten Betrieb, falls nicht dessen Aufgaben völlig außerhalb des Dienstkreises der Behörde liegen (BGH **12**, 89).

bb) Die Anstellung des Beamten regelt sich nach dem maßgebenden **14** Bundes- oder Landesstaatsrecht, und zwar nach Zuständigkeit der anstellenden Behörde (BGH **2**, 120) und nach der Form der Anstellung (vgl. RG **60**, 140). Beeidigung kann dafür wesentlich sein (vgl. RG **39**, 93). Ob der Beamte auf Lebenszeit, auf Widerruf oder auf Probe angestellt (§ 5 BBG) oder Wahlbeamter ist (zB Beigeordneter, BGH **35**, 132, hierzu Kuhlen NStZ **88**, 433), ist unerheblich (LK 18). Bei den (unmittelbaren und mittelbaren) Bundesbeamten wird das (staatsrechtliche) Beamtenverhältnis mit der Aushändigung einer Ernennungsurkunde begründet (§§ 6, 10, 2 II BBG). Liegt eine Nichternennung oder eine nichtige Ernennung vor (vgl. 10 aE zu § 45), so kommt Amtsträgereigenschaft nach unten 19 in Frage (vgl. RG **39**, 95). Die vorläufige Amtsenthebung beseitigt die Beamteneigenschaft nicht (RG **72**, 237). Der Beamte im Ruhestand ist nicht mehr Beamter im staatsrechtlichen Sinn (§ 35 BBG); anders der im einstweiligen Ruhestand. Doch erfassen einzelne Vorschriften (zB §§ 203, 353b I, 354 I, IV, 355) auch ehemalige Amtsträger.

§ 11

15 **cc) Auch ein Nebenamt** kann zum Beamten machen. Der Anspruch auf Gehalt oder Gebühren ist nicht wesentlich (RG **52**, 348). Doch muß ein öffentlich-rechtliches Gewaltverhältnis begründet sein.

16 **dd)** Die Unterscheidung des § 2 II BBG zwischen **unmittelbaren** (Beamte, die den Bund zum Dienstherrn haben) und **mittelbaren** Beamten (Dienstherr: eine bundesunmittelbare Körperschaft, Anstalt oder Stiftung des öffentlichen Rechts), ist nicht von allen Ländern in ihr Beamtenrecht übernommen worden. Die Beamten der **Bundesbahn** sind unmittelbare Bundesbeamte, §§ 19, 19a BBahnG. Dasselbe gilt für die Beamten der

17 Deutschen **Bundespost**, § 46 I PostVerfG. Hingegen sind die Beamten der Deutschen Bundesbank mittelbare Bundesbeamte, § 31 III Satz 1 BBankG. **Mittelbare Landesbeamte** sind nach dem jeweiligen Landesrecht Bestellte. Sie werden von öffentlich-rechtlichen Körperschaften angestellt, die als organische Teile des Staates, nämlich als selbständige Verwaltungsträger, unter dessen Kontrolle die Verwaltung staatlicher Aufgaben im ihnen gesetzlich bestimmten begrenzten Rahmen wahrnehmen, zB Stadt- und Landkreise, Gemeinden, Landschafts- und Bezirksverbände, dazu gehören nicht Kirchenbeamte (BGH **37**, 192; vgl. unten 23). Die unmittelbare Beamtenstellung (als Folge der Anstellung durch den Staat selbst) kann auch daraus entstehen, daß der Staat einer Privatperson die Auswahl des Mannes gestattet, der staatliche Aufgaben erfüllen soll und dafür die staatliche Autorität erhält, RG **62**, 337.

18 **Buchst. b** nennt **in einem sonstigen** (anderen als nach 12ff., 17) **öffentlich-rechtlichen Amtsverhältnis Stehende**, so die Notare, die (mit Ausnahme der württembergischen Bezirksnotare und der badischen Amtsnotare) keine Beamte im staatsrechtlichen Sinn sind, sondern nach § 1 BNotO Träger eines öffentlichen Amtes; ferner Minister der BReg. und der LandesReg. (vgl. § 1 BMinG), Parlamentarische Staatssekretäre (vgl. § 1 ParlStG) sowie der Wehrbeauftragte des BTages (§ 15 I WBeauftrG); anders als nach § 359 aF (BGH **12**, 110) auch Träger von Ehrenämtern wie die Beisitzer der Wahlausschüsse und -vorstände nach § 11 BWahlG, die nicht unter 19 fallen, da sie ihre Aufgaben nicht *bei* einer Stelle, sondern *als* Wahlorgan wahrnehmen (Lackner 5; LK 21 mwN; AK 14; Welp, Lackner-FS 762); nicht aber Abgeordnete, Rechtsanwälte, Verwaltungslehrlinge und -praktikanten (Ber. BT-Drs. 7/1261, 4) sowie Soldaten, die in einem Dienstverhältnis stehen und für die § 48 WStG eine Sonderregelung enthält (Möhrenschlager NZWehrr. **80**, 81).

19 **Buchst. c** nennt Personen, die **sonst** (außer in den Fällen von 12 bis 18) **dazu bestellt** sind, **bei** einer **Behörde** (unten 35), also auch bei einem Gericht **oder bei einer sonstigen Stelle** (Körperschaften oder rechtsfähige Anstalten des öffentlichen Rechts, zB Kreiskrankenhäuser, Karlsruhe NJW **83**, 352; *nicht* jedoch Kirchenbeamte, BGH **37**, 193; vgl. unten 23), Teilen einer Behörde, von Notariaten, Vereinigungen, Ausschüssen oder Beiräten, zB nach den §§ 32, 34, 35 SchwbG oder § 36 SparkassenG für NW **oder in deren Auftrag** (Sachverständige) **Aufgaben der öffentlichen Verwaltung wahrzunehmen** (Welp, Lackner-FS 764).

20 **aa)** Auf die **Art der Bestellung** (zB im Dienst einer privaten Gesellschaft oder aufgrund privatrechtlicher Anstellung) kommt es nicht an; sie muß aber durch die Behörde oder Stelle oder in ihrem Auftrag geschehen (vgl. BGH **2**, 120), kann jedoch auf eine Wahl zurückgehen (BGH **35**, 132;

Sprachgebrauch **§ 11**

Braunschweig MDR **50**, 629); sie bedarf keiner Form (selbst stillschweigend möglich, RG JW **35**, 2970; Hamm NJW **81**, 696; hiergegen Dingeldey NStZ **84**, 504), insbesondere nicht der Aushändigung einer Anstellungsurkunde, selbst wenn dies für die staatsrechtliche Ernennung zum Beamten wesentlich wäre (RG **43**, 363); sogar Vorbehalte verhindern nicht, daß der Angestellte Amtsträger wird (RG GA Bd. **40**, 337). Andererseits macht die bloße Erklärung der Anstellungsbehörde, jemand sei Amtsträger, ihn noch nicht dazu (RG **31**, 293). Daß der Erklärungsempfänger sich zu der Übertragung freiwillig bereit erklären muß, läßt sich dem Begriff „bestellen" nicht entnehmen (LK 23; aM MDR **52**, 693; BGH **25**, 204; offengelassen in BGH **5**, 100; vgl. aber BGH **10**, 297; **12**, 111).

bb) Der **Bestellte** muß nicht die beamtenrechtlichen Ernennungsvoraus- 21
setzungen erfüllen, zB nicht volljährig sein oder die Fähigkeit zur Bekleidung öffentlicher Ämter besitzen (vgl. § 45; RG **50**, 19).

cc) **Aufgaben** der **öffentlichen Verwaltung** (vgl. Art. 130 I GG; § 1 IV 22
VwKostG) muß der Bestellte **wahrzunehmen** haben. Dieser Begriff erfaßt als „öffentliche (staatliche bzw. kommunale) Aufgaben" solche, die ein Hoheitsträger zulässigerweise für sich in Anspruch nimmt (Ossenbühl JR **92**, 473 mwN), auch wenn sie in der Organisationsform des Privatrechts erfüllt wird. Als entscheidender, vwakzessorischer Verweisungsbegriff, der nach RegE 209 weit und iS der Rspr. zu § 359 aF auszulegen ist (unten 24), macht er deutlich, daß der Amtsträgerbegriff an den VwAufgaben, nicht an den Organisationsformen der Vw orientiert ist (Ossenbühl [JR **92**, 473]); er scheidet abgrenzend (LK 25, Lackner 6; aM SK-Samson 15 mwN) aus einerseits Gesetzgebung (und damit Parlamentarier; so schon BGH **5**, 105; aber auch Entscheidungen, die ihrer Natur nach nicht Verwaltungssondern Rechtssetzungsakte sind, wie die Gleichstellungsentscheidungen des Heimarbeitsausschusses, BVerfGE **34**, 307), Rechtsprechung (aber oben 12; erfaßt jedoch die Beurkundungstätigkeit der Notariate oder der Ortsgerichte in Hessen und Rheinland-Pfalz), grundsätzlich auch die Verwaltung von Kirchen und Religionsgesellschaften (vgl. aber unten 23), die Regierungstätigkeit als politische Staatsführung (vgl. aber oben 18) sowie die Tätigkeit der BWehr (insoweit gilt nur § 48 WStG), soweit sie nicht reine Verwaltungstätigkeit ist. Der Begriff umfaßt aber andererseits alle staatliche Tätigkeit zur Gestaltung der Angelegenheiten der Gemeinschaft und der einzelnen durch konkrete Maßnahmen und damit auch Aufgaben und Befugnisse, die außerhalb der Regelungen (der Art. 30, 83 ff. GG) für die normale Gesetzesausführung und der üblichen Verwaltungsorganisation stehen, zB die organisatorischen Hilfsorganisationen der Länder und Gemeinden beim Vollzug des Wahlrechts. Zu den hoheitlichen Aufgaben zählt nicht nur die Eingriffsverwaltung und die Leistungsverwaltung, sondern auch die fiskalische Verwaltung (vgl. Maunz-Dürig 2, 3 zu Art. 62; 15ff. zu Art. 83; RegE 208 f.; LK 25; aM SK-Samson 15; Welp, Lackner-FS 784). Betätigung der Staatsgewalt ist insbesondere auch die (zB innerhalb der Sozialversicherung, BGH **6**, 19) bedeutsame sog. **Daseinsvorsorge** (vgl. Ossenbühl DÖV **71**, 513 ff.), die bestimmt ist, „unmittelbar für die Daseinsvoraussetzungen der Allgemeinheit oder ihrer Glieder" zu sorgen (BGH **38**, 201), wobei str. ist, ob darüber hinaus auch der erwerbswirtschaftlich-fiskalische Bereich als VwAufgabe anzusehen ist (vgl. BGH **31**, 269 mwN). Hierzu gehört der Chefarzt eines Kreiskrankenhauses (Karls-

§ 11

ruhe NJW **83**, 352; Wagner JZ **87**, 596). Ferner ist die Tätigkeit der öffentlichen Sparkassen aus der Staatsgewalt abgeleitet, dient staatlichen Zwecken und ist öffentliche Verwaltung iS von c (BGH **31**, 269, 271 m. Anm. Geerds JR **83**, 466; Dingeldey NStZ **84**, 504; Wagner JZ **87**, 597). Das gilt auch für die Landesbanken (zB WestLB) als Sparkassenzentral-, Staats- und Kommunalbanken (BGH aaO; Hamm NJW **81**, 694 für den Vorsitzenden einer Landesbank, hierzu Otto ZStW Beih. 1982, 32; Arzt/Weber LH **5**, 437). Die Dienstverrichtung ist bei unterschiedlichen, organisatorisch und bilanzmäßig trennbaren Aufgaben für jede Aufgabe gesondert zu prüfen. Übergeordnete und gemeinschaftlich wahrgenommene Funktionen, die alle Bereiche umfassen, lassen eine unterschiedliche Bewertung nach einzelnen Funktionsbereichen nicht zu. Daher sind zB sämtliche Vorstandsmitglieder einer Landesbank wegen Verflechtungen der Geschäftsbereiche stets Amtsträger (BGH **31**, 274 m. Anm. Dingeldey NStZ **84**, 504). Die ausreichende Wohnungsversorgung ist auch dann eine VwAufgabe, wenn Bund, Länder oder Gemeinden ihr Ziel mit einer Vereinigung des Privatrechts (zB Kapitalgesellschaft) erreichen wollen (Ossenbühl JR **92**, 473; **aM** BGH **38**, 203). Untergeordnete und mechanische Hilfstätigkeiten wie Reinigung (NJW **53**, 1153), Schreibarbeiten (RG **31**, 293; zweifelnd Bay NJW **53**, 1074), Tätigkeit eines Chauffeurs scheiden aus; aber auch V-Leute der Polizei (NJW **80**, 846; aM Wagner JZ **87**, 595; hierzu Steinke KR **80**, 490). Erfaßt in ihrer Tätigkeit aber werden zB nach der insoweit noch beachtlichen Rspr. zu § 359 aF: ein Fernschreibangestellter der Landesgrenzpolizei (Bay **53**, 6); ein Fleischbeschauer (RG **73**, 169); desgl. der Angestellte einer Privateisenbahn, soweit er Organ der Bahnpolizei ist (RG **10**, 327, aber nur insoweit, RG DR **41**, 40), eine „Ordnungsgruppe" eines unter staatlichem Einfluß stehenden Bahnbetriebes), Hamburg NJW **84**, 624, abl. C. Schröder NJW **84**, 2510, hierzu Wagner JZ **87**, 595 (der Vermittler einer öffentlichen Arbeitsvermittlungsstelle (RG **68**, 326) der Verwalter staatlichen Vermögens, so bei der Beschaffung von Gegenständen für eine Klinik (RG **74**, 108, 253); der Sachbearbeiter von Vorschußgebühren der Postbeamten (BGH **2**, 119); der staatlich zur Erfüllung der Bankaufsicht gemäß § 46 I KWG Eingesetzte (BGH **9**, 203 zu § 32e des früheren KWG); der mit der Überwachung und Entwicklung von Pflasterarbeiten an öffentlichen Straßen beauftragte städtische Bedienstete (Frankfurt NJW **90**, 2074).

23   **dd) Kirchliche Amtsträger** und Amtsträger anderer Religionsgesellschaften des öffentlichen Rechts sind grundsätzlich aus dem Amtsträgerbegriff (I Nr. 2) ausgeschieden (BGH **37**, 195; BT-Drs. 7/550, 209). Zwar haben Kirchen formal den Status von Körperschaften des öffentlichen Rechts (Art. 140 GG iVm Art. 137 V WRV). Sie sind jedoch wegen der verfassungsrechtlich verankerten konfessionellen Neutralität des Staates mit anderen in den Staat organisch eingegliederten öffentlichrechtlichen Körperschaften nicht gleichgestellt: wegen ihres öffentlichrechtlichen Status sind sie zwar über die Religionsgesellschaften des Privatrechts herausgehoben, aber keiner besonderen Kirchenhoheit des Staates unterworfen (BVerfGE **18**, 386; **30**, 427; BGH **37**, 192). Nach *früherer* Rspr. konnten sie aber im einzelnen mit Aufgaben der öffentlichen Verwaltung betraut sein (RG **47**, 50); so, wenn die Erteilung von amtlichen Zeugnissen aus den Kirchenbüchern in Frage kommt (R **5**, 56); oder wenn sie nach dem betr. Landesrecht unter staatlicher Aufsicht mit dem Kassenwesen der Gemeinde

Sprachgebrauch **§ 11**

betraut sind (BGH **8**, 273), so die Rechner des bayer. Kirchenstiftvermögens (RG JW **35**, 1248); der Rendant der kath. Kirchengemeinde (RG JW **35**, 3391, auch in NW, BGH **8**, 273). Dieser Rspr. hat das heutige Verständnis des Verhältnisses von Staat und Kirche (Art. 140 GG) die Grundlage entzogen (Karlsruhe NJW **89**, 238; offen gelassen in BGH **37**, 196, wo klargestellt ist, daß Beamte der evangelischen Landeskirche in Baden-Württemberg, die Kirchenvermögen verwalten, keine Aufgaben der öffentlichen Verwaltung wahrnehmen, BGH, Karlsruhe aaO).

ee) § 359 aF und die Rspr. dazu, die durch Nr. 2 nicht eingeschränkt ist (oben 24 11; Prot. 7/160), jedoch wegen entgegenstehender örtlicher Vorschriften im Einzelfall unzutreffend oder überholt sein kann, hat neben dem Beamten im staatsrechtlichen Sinne zu Beamten erklärt, wer von einer nach öffentlichem Recht zuständigen Stelle mit seinem Einverständnis zu Dienstverrichtungen berufen ist, die aus der Staatsgewalt abgeleitet sind und staatlichen Zwecken dienen (BGH **38**, 201). Diese Tätigkeiten werden auch von Buchst. c (oben 19) erfaßt; denn unter Dienstverrichtungen war außer der Wahrnehmung hoheitlicher Aufgaben auch die Ausübung der staatlichen Daseinsvorsorge (oben 22) erfaßt. *Beispiele* (vgl. auch Übersicht LK 33ff.): **aa)** Postaushelfer (RG **51**, 65); Postfacharbeiter (Bremen NJW **50**, 198); Inhaber einer Posthilfsstelle (RG **65**, 85); Geschäftsführer eines öffentlichen Arbeitsnachweises (RG **62**, 188), oder einer Industrie- und Handelskammer früheren preußischen Rechts (BGH **11**, 345); Schiedsmänner im früheren Preußen; möglicherweise die Gemeindevorsteher als Jagdvorsteher (§ 9 II Satz 3 BJagdG, RG **46**, 3; anders für BW Stuttgart NJW **66**, 679); **bb)** Leiter einer Ortskrankenkasse (RG **74**, 269); ihren Kassierer (RG **76**, 105; Neustadt DRZ **50**, 552); Leiter einer Melde- und Zahlstelle der Ortskrankenkasse (BGH **6**, 17); ehrenamtliche Verwalter einer Bayer. Gemeindekasse (Bay **58**, 102; aM BGH **25**, 204); die vertraglichen Angestellten in der Arbeitslosenversicherung (RG **70**, 236), bei den Ersatzkrankenkassen (Hamm JZ **52**, 494); Sachbearbeiter der Berufsgenossenschaften (BGH **6**, 277), Geschäftsführer einer als eV gebildeten Arbeitsgemeinschaft von Sozialversicherungsträgern (21. 12. 1972, 4 StR 494/72); Angestellte des Bundesbahn-Sozialwerkes (19. 6. 1962, 5 StR 177/62); oder des Sozialabteilung eines Landkreises (GA **64**, 376). **cc)** Schaffner einer städtischen Straßenbahn (RG **75**, 355; Bay NJW **50**, 116; Frankfurt NJW **53**, 1075); Angestellte städtischer Verkehrs- oder Energiebetriebe (RG **66**, 383; **67**, 299) (dazu Jessen MDR **62**, 526; Wiedemann NJW **65**, 852); einen Baukontrolleur bei einem städtischen Bauordnungsamt (Hamm NJW **73**, 716); Sprecher einer öffentlich-rechtlichen Rundfunkgesellschaft; Angestellte eines Wohnungsamts (RG **57**, 366), evtl. auch beratende Mitglieder eines Wohnungsausschusses (BGH **8**, 21); Angestellte einer Kleinbahn, die von einer Gemeinde betrieben wird (BGH **12**, 89); den Forstsekretär eines staatlichen Forstamts, auch wenn er nur auf Privatdienstvertrag angestellt ist (NJW **52**, 191); Gemeinderäte, Ratsherren, Braunschweig MDR **50**, 629; Wolff/Bachof, Verwaltungsrecht II, 5. Aufl. 1987, 218; so auch für Ratsherren niedersächs. Gemeinden, die Mitglieder des Verwaltungsausschusses sind (Celle MDR **62**, 671); Rechnungsführer einer Realgemeinde (LG Göttingen NdsRpfl. **59**, 93); den Abrechnungskassierer der Berliner Kraft- und LichtAG (KG JR **61**, 228, abl. Anm. Hoferecht JR **61**, 509, auch BGH **38**, 201); evtl. Wäger einer Gemeinde (MDR/D **58**, 141). **dd) nicht** hingegen auf Dienstvertrag angestellte Gefängnisärzte (RG **33**, 29, jedoch nunmehr Amtsträger nach Nr. 2c, SchSch 31); Krankenwärter (R **6**, 711); einen Innungsobermeister (RG **72**, 289, der nach richtiger Auffassung Amtsträger nach Nr. 2b ist, vgl. oben 18); den Wahlvorsteher bei den hamburgischen Bürgerschaftswahlen (BGH **12**, 108).

§ 11 AT Erster Abschnitt. Zweiter Titel

25 **B. Der Vorsatz** bei Taten von Amtsträgern (oben 11) hat sich auf die Umstände zu erstrecken, aus denen die Eigenschaft als Amtsträger hervorgeht (BGH **8**, 321; stRspr.). Der Täter muß wissen, daß er in einem öffentlich-rechtlichen Amtsverhältnis steht oder Aufgaben der öffentlichen Verwaltung wahrnimmt. Richtige Einordnung ist nicht erforderlich. Insbesondere braucht der Täter nicht den Schluß zu ziehen, daß er Amtsträger ist (NJW **60**, 253, Frankfurt NJW **53**, 1075). Insoweit liegt ein Subsumtionsirrtum vor, vgl. Schlüchter 137; 11 zu § 16. Hält sich der Täter trotz Kenntnis des entgegenstehenden Sachverhalts irrtümlich für einen Amtsträger, so liegt ein bloßes Wahndelikt vor (Schleswig SchlHA **49**, 297).

26 **4) Nr. 3 Richter** (Nr. 2a; §§ 331 bis 334, 336; § 7 Nr. 1 AO) ist, wer nach deutschem Recht, dh nach Bundes- oder Landesrecht Berufsrichter
27 oder ehrenamtlicher Richter ist. **A. Berufsrichter** sind die in das Richteramt durch Aushändigung einer Ernennungsurkunde wirksam berufenen Personen, also die Richter in der ordentlichen Gerichtsbarkeit ebenso wie bei Arbeits-, Sozial-, Verwaltungs- und Disziplinargerichten; auch Richter auf Zeit (§ 11 DRiG), auf Probe (§§ 12, 19a III DRiG) und kraft Auftrags (§§ 14, 19a II DRiG); Rechtsreferendare in der Ausbildung sind keine Berufsrichter, sie können aber Amtsträger iS der Nr. 2c sein (vgl. § 10 GVG). Rechtsassessoren sind nur nach förmlicher „Berufung in das Richterverhältnis (auf Probe)" Berufsrichter (§ 17 II DRiG). **B. Ehrenamtliche** Rich-
28 ter (§§ 44, 45, 45 a DRiG) sind in der Strafgerichtsbarkeit die Schöffen, bei den Kammern für Handelssachen die Handelsrichter, im übrigen in der Zivil-, Verwaltungs-, Finanz-, Arbeits- und Sozialgerichtsbarkeit die „ehrenamtlichen Richter" (§ 45 a DRiG), ferner die Mitglieder der Ehrengerichte und die anwaltlichen Mitglieder des Ehrengerichtshofes für Rechtsanwälte nach §§ 92ff. BRAO; Gemeinderichter nur, soweit sie ehrenamtlich tätig sind. **C.** Nicht erfaßt sind die mit richterlichen Aufgaben betrauten Rechtspfleger, die aber Amtsträger sind, sowie die Schiedsrichter (§ 335a), die jedoch keine Amtsträger sind.

29 **5) Nr. 4. Für den öffentlichen Dienst besonders Verpflichteter** (dazu § 10 Nr. 7 E 1962; Begr. 117; Ndschr. **9**, 207, 389, 568; **10**, 284, 340, 354, 456, 480; § 10 I Nr. 4 AE; von Bedeutung zB für §§ 5 Nr. 11 bis 13, 77a, 97b II, 120 II, 133 III, 194 III, 201 III, 203 II, 204, 232 II, 331 bis 335, 353b I, 355 II Nr. 1 sowie § 30 AO) ist jemand, der zwar nicht Amtsträger ist, insbesondere nicht selbst Aufgaben der öffentlichen Verwaltung wahrnimmt (oben 22), aber entweder

30 **A. bei einer Behörde** (unten 35) oder bei einer sonstigen **Stelle,** die selbst **Aufgaben der öffentlichen Verwaltung** wahrnimmt (oben 19ff.), zB DRK-Suchdienste; nicht aber Personen im Kirchendienst (BGH **37**, 194; vgl. oben 23), auch zB einer Stelle der BWehrverwaltung, **beschäftigt,** dh *bei ihr* (zB als Schreibkraft, Bote, Auszubildender, Praktikant, Reinemachfrau, Zivildienstleistender, in der praktischen Studienzeit) oder für sie (zB als Gutachter oder Mitglied eines beratenden Ausschusses, zB nach § 8 GerätesicherheitsG) tätig ist (E EGStGB 210). *Nicht* erfaßt sind Angehörige von Handwerksbetrieben, die für eine Behörde arbeiten, oder Firmen, die Sachmittel an sie liefern (AK 24). Wer Amtsträger nach Nr. 2 ist, kann nicht unter Nr. 4 fallen, es sei denn, daß bei einer Abordnung Nr. 2c entfällt;

Sprachgebrauch **§ 11**

B. **bei einem Verband,** dh dem Zusammenschluß von natürlichen oder 31
juristischen Personen oder von Vereinigungen zur Förderung gemeinsamer
Interessen, **sonstigem Zusammenschluß** (zB Beiräten, Ausschüssen), einem **Betrieb** oder **Unternehmen** (8 zu § 14), die für eine Behörde (unten
35) oder sonstige Stelle (oben 19) **Aufgaben der öffentlichen Verwaltung**
(oben 22), zwar nicht selbstverantwortlich wahrnehmen, aber „gleichsam
als verlängerter Arm" (RegE 211) ausführen, beschäftigt oder für sie tätig
ist (oben 30). Es sind das zB Unternehmen, die zur technischen Durchführung praktischer Maßnahmen (datenverarbeitende Betriebe zur Erfassung
statistischer Unterlagen) herangezogen werden. Zu 30 und 31 muß hinzukommen, daß der Betreffende

C. **auf die gewissenhafte Erfüllung seiner Obliegenheiten auf Grund** 32
eines Gesetzes der BRep. (RegE 211), gemeint ist das VerpflG (Anh. 19),
förmlich verpflichtet ist. Hierbei ist die Verpflichtung „auf die gewissenhafte Erfüllung seiner Obliegenheiten" (§ 1 I S. 1 VerpflG) und der Hinweis auf die strafrechtlichen Folgen einer Pflichtverletzung (§ 1 II S. 2
VerpflG) wesentlicher Inhalt der förmlichen Verpflichtung (vgl. NJW **80,**
846; vgl. ferner Petri NStZ **91,** 471). Nicht hierher gehören die nach § 36
GewO öffentlich bestellten, aber freiberuflich und nicht für den öffentlichen Dienst tätigen Sachverständigen (RegE 211; LK 60; vgl. aber § 203 II
Nr. 5). Das Gericht muß die förmliche Verpflichtung *und* das Vorliegen
der Voraussetzungen unter 30, 31 feststellen (hierzu Zechlin BB **82,** 439,
dessen verfassungsrechtliche Bedenken gegen die Sollvorschrift des § 1 I
VerpflG unbegründet sind, weil nur solche Mitarbeiter zu verpflichten
sind, die bei ihrer Tätigkeit käuflich beeinflußt werden können oder denen
geschützte Geheimnisse zugänglich sind. § 17 UWG schützt andere
Rechtsgüter, reicht also nicht aus). Für den Vorsatz gilt 25 entsprechend;
doch wird bei förmlicher Verpflichtung im übrigen mindestens bedingter
Vorsatz vorliegen.

6) Nr. 5. Rechtswidrige Tat ist nur eine solche, die den Tatbestand eines 33
Strafgesetzes verwirklicht und damit auch das Vorliegen einer Handlung
im Rechtssinne (3 vor § 13) voraussetzt, so daß bloße Körperreflexe ausscheiden (Schleswig VRS **64,** 430). Der in seiner Anwendung auf das StGB
beschränkte Begriff ist nicht mit der verfassungsrechtlichen Rechtswidrigkeit identisch (Geiger, Tröndle-FS 651), gilt daher weder für sonstige öffentlichrechtliche noch für zivilrechtliche Handlungen, sondern nur für die
Verwirklichung eines strafgesetzlichen Unrechtstatbestandes (RegE 211;
unrichtig BAG NJW **89,** 2347, hiergegen Tröndle NJW **89,** 2990). Mittelbar wird jedoch auch zum Ausdruck gebracht, daß, wie zB die Gegenüberstellung von Straftat und rechtswidriger Tat in den §§ 25 und 26 zeigt, die
rechtswidrige Tat unabhängig von der Schuld des Täters, zB von § 20, ist;
vgl. auch LK 64 ff.; SchSch 41 ff.; desgl. kann bei Antragsdelikten der
Strafantrag fehlen (BGH **31,** 133 m. Anm. Blau JR **84,** 27). Der Begriff des
Tatbestandes wird hier iS von 9 vor § 13 gebraucht, so daß bei Vorsatzdelikten auch der Vorsatz ein dazu gehörendes Merkmal ist. Diese Konsequenz ziehen auch die §§ 26, 27 für Anstiftung und Beihilfe, die sich auf
eine rechtswidrige Tat beziehen (vgl. 10 vor § 25).

7) Nr. 6. Unternehmen einer Tat ist deren **Versuch** und **Vollendung** (so 34
bei den §§ 81, 82, 131 I Nr. 4, 184 I Nr. 4 8, 9, III Nr. 3, 310b, 311a, 316a,

§ 11 AT Erster Abschnitt. Zweiter Titel

316c I Nr. 2, 357) bis zur Beendigung (RG **58**, 226), jedoch nicht die Vorbereitungshandlung (BGH **5**, 281; 4ff., 8ff. zu § 22) mit dem Ergebnis, daß der Versuch der vollendeten Tat gleichsteht (BGH **5**, 281; Koblenz OLGSt. 9 zu § 122 aF) und die §§ 22ff., insbesondere § 24, ausscheiden (BGH **15**, 199; vgl. U. Weber ZStW Beih. 1987, 7). Das gilt auch für den untauglichen Versuch (RG **72**, 80; str.; vgl. Günther JZ **87**, 18). Tätige Reue ist nur nach besonderen Vorschriften wie §§ 83a, 311c, 316a II, 316c IV möglich (zusf. Hillenkamp, Schaffstein-Symp. 88). Diese Sonderregelungen bei anderen Unternehmensdelikten analog anzuwenden (dafür zB SchSch 51; für § 234a auch BGH **6**, 85), widerspricht dem Gesetz (LK 77; M-Gössel § 40, 82; hM; vgl. BGH **15**, 199). Innerhalb des Strafrahmens für das Unternehmen kann mildernd berücksichtigt werden, wenn dieses nur zum Versuch gediehen ist. Versuch des Unternehmens ist begrifflich ausgeschlossen. Für sog. *unechte Unternehmenstatbestände* (gegen diese Rechtsfigur Sowada GA **88**, 195) wie zB §§ 113 I, 292, 323c gilt Nr. 6 zwar nicht, doch kann auch § 24 nicht angewendet werden (BGH **14**, 217; LK 78ff.; SK-Rudolphi 30; str.; zweifelnd SchSch 52f.). Zum Ganzen Schröder, Kern-FS 457; Burkhardt JZ **71**, 352; U. Weber ZStW Beih. 1987, 12ff.; Hillenkamp aaO 92.

35 **8) Nr. 7 Behörde** ist auch ein **Gericht**, dh ein Organ der rechtsprechenden Gewalt in der BRep. wie zB der BGH (BGH **9**, 20); das Schöffengericht (RG **19**, 260), das Ehrengericht für Rechtsanwälte (RG **47**, 394); nicht jedoch ein Schiedsgericht. Im übrigen ist Behörde ein ständiges, von der Person des Inhabers unabhängiges, in das Gefüge der öffentlichen Verwaltung eingeordnetes Organ der Staatsgewalt mit der Aufgabe, unter öffentlicher Autorität nach eigener Entschließung für Staatszwecke tätig zu sein (BGHZ **25**, 186 [dazu krit. Haueisen, Martens NJW **64**, 852; 867]; MDR **64**, 69; BVerfGE **10**, 48; vgl. § 1 IV VwVfG). Kollegiale Besetzung ist nicht wesentlich; auch nicht die Ausübung von Hoheitsrechten. Kirchenbehörden kommen nicht in Betracht (RG **56**, 399), wohl aber Dienststellen der Gemeinden (RG **40**, 161; Frankfurt NJW **64**, 1682; LG Köln JZ **69**, 80); die Träger der Sozialversicherung (§ 29 SGB IV; RG **76**, 211; aM BGHZ **25**, 186); die Fakultäten oder Fachbereiche der Universitäten (RG **75**, 112); die Präsidenten der Rechtsanwaltskammern (RG **47**, 394; JW **36**, 1604); die Industrie- und Handelskammern (nach §§ 1, 3 Ges. v. 18. 12. 1956, BGBl. I 920; III 701–1), die Gerichtskasse (R **10**, 23), eine Vollzugsanstalt (GA Bd. **68**, 84), die Bundesdruckerei (vgl. RG **19**, 264); die staatliche Oberförsterei (RG **41**, 442); der (Ober-)Bürgermeister; der Stadtrat (R **4**, 135); die öffentlichen Sparkassen (BGH **19**, 21); die Verwaltung einer Stadtsparkasse (RG **39**, 391); Vorstände öffentlicher Sparkassen (RFH **4**, 265; zw.); Behördenvorstände der Deutschen Bundesbahn (BGH **34**, 333); die Straßenbaubehörde; wohl auch der Wehrbeauftragte des BTages (Art. 45b GG mit WBeauftrG, oben 18; zw.; vgl. Moritz NZWehr **76**, 41; LK 84); nicht aber die Beratungsstellen iS von § 218a oder indikationsfeststellende Ärzte iS von § 219, SchSch 60; wohl aber Gutachterstellen iS des § 5 KastrG.

36 **9) Nr. 8 Maßnahme** (vgl. §§ 52 IV, 55 II, 78, 79, 258 I, 258a I, 344, 345 III; ferner § 40 WStG; § 5 I Nr. 7, § 46 I Nr. 1g BZRG) jede **Maßregel der Besserung und Sicherung** (§ 61), der **Verfall** (§§ 73 bis 73d), die **Einziehung** (§§ 74ff.) und die **Unbrauchbarmachung** (§ 74d). Keine Maßnahmen iS Nr. 8 sind Anordnungen nach §§ 56b bis 56d und Maßnahmen

Sprachgebrauch §11

des Nebenrechts (Verbot der Tierhaltung, § 20 TierSchG [Bay **73**, 111];
Entziehung des Jagdscheins, § 41 BJagdG; Abführung des Mehrerlöses,
§§ 8 bis 10 WiStG, Anh. 17); ebensowenig der Jugendarrest und die Geldbuße; daher die ausdrückliche Nennung dieser Rechtsfolgen in § 345 III
S. 2, was bei §§ 258, 258a (entgegen § 447 VII E 1962) unterblieb, so daß
die Vereitelung solcher Rechtsfolgen straflos bleibt, LK 88.

10) Nr. 9 Entgelt (§§ 180 II, 184 I Nr. 7, §§ 203 V, 265 I, 265 b III Nr. 2) 37
jede in einem **Vermögensvorteil** (42 zu § 263) bestehende **Gegenleistung**
(vgl. 17 zu § 331). Ob Bereicherung angestrebt oder erreicht wird, ist
bedeutungslos (LK 92; SchSch 72).

11) Für Delikte, die aus einer **vorsätzlichen Tathandlung** (3 zu § 8) und 38
der **fahrlässigen oder leichtfertigen Verursachung eines Erfolges** kombiniert sind, klärt **II** für die praktische Anwendung des Gesetzes (vor allem
für die §§ 26, 27, 45b, 66, 74; aber auch für § 32 Nr. 1 GVG), daß diese
Taten (zB §§ 97 I, 109e V, 283 IV Nr. 2, 310b II, 311 IV, 315 IV, 315a III
Nr. 1, 315b IV, 315c III Nr. 1, 330 V, 353b I S. 2; außerdem alle Taten
des Großteils der erfolgsqualifizierten Delikte; vgl. 2, 6 zu § 18) als **vorsätzliche
Taten** anzusehen sind; dazu Lackner 24; LK 95 ff. Daß das Gesetz als besondere Folge auch den Eintritt einer konkreten Gefahr versteht, sollte nicht
zweifelhaft sein (StrABTag Prot. V/884; hM; 13a vor § 13; abw. BGH **26**,
176). Bei Vorsatztaten nach II sind danach auch Teilnahme (Stuttgart NJW
76, 1904; Gössel, Lange-FS 225; SK 35) und strafbarer Versuch (aM SK 36)
möglich, da die Tathandlung eine vorsätzliche ist und es für den Erfolg, für
den nach § 18 Fahrlässigkeit des Teilnehmers genügt, nur auf Kausalität
und Voraussehbarkeit ankommt (vgl. BGH **24**, 213; aM AK 34; vgl. 23 zu
§ 315; 19 zu § 315c).

12) III bezweckt eine gesetzestechnische Vereinfachung. Die Gleichstel- 39
lungsklausel macht die Aufzählung der genannten Gegenstände dort entbehrlich, wo auf III verwiesen ist. Nur dort sind Ton- und Bildträger,
Abbildungen und andere Darstellungen den Schriften (der Begriff steht als
pars pro toto) gleichgestellt. In den übrigen Fällen sind die genannten
Gegenstände tatbestandsbezogen auszulegen. Verwiesen auf III ist in den
§§ 74d, 80a, 86, 86a, 90, 90a, 90b, 103, 111, 131, 140, 165, 166, 184, 186,
187, 187a, 194, 200, 219b (zu diesen Schriftenverbreitungstatbeständen
Franke GA **84**, 452). **A. Schrift** ist eine Zusammenstellung von verkörper- 40
ten Zeichen, die durch Augen oder Tastsinn wahrnehmbar sind und unmittelbar Worte, mittelbar Gedanken darstellen (RG **47**, 224). Es ist bedeutungslos, ob es sich um Druckschriften, Ur- oder Abschriften oder um
Einzelstücke handelt, soweit sie nur zur Vervielfältigung oder anderweitigen Verbreitung bestimmt sind. Wer indessen nur in und für einen einzelnen Empfänger schreibt, stellt keine Schrift iS von III her (BGH **13**, 376;
25. 4. 1966, 3 StR 1/66, abw. wohl E 1962 Begr. 121; vgl. LK 102).
B. Tonträger sind Sachen, die technisch gespeichert bestimmte Tonfolgen 41
enthalten, die durch Hilfsmittel dem Ohr wahrnehmbar gemacht werden
können, zB Magnetbänder, -kassetten, und -platten, Schallplatten und
Walzen (vgl. RG **47**, 223; 404; Düsseldorf NJW **67**, 1142); **Bildträger** sind 42
Sachen, die technisch (zB elektronisch) gespeichert Informationen (Bilder
oder Bildfolgen, Graphiken, Texte) enthalten, die durch technische Einrichtungen dem Auge wahrnehmbar gemacht werden können. Erfaßt sind

§ 11
AT Erster Abschnitt. Zweiter Titel

Magnetbänder, -kassetten oder -platten, wie sie im Bildschirmtextverfahren verwendet werden, insbesondere auch die Kombination von Bild- und Tonträgern wie zB Videobänder, Bildplatten, auch pornographische Filme (Bay **79**, 45; LG Duisburg NStZ **87**, 367). Zur Frage, ob gewerbliche Unternehmen zur Vermietung von Ton- und Filmmaterial Leihbüchereien
43 iS von § 184 I Nr. 3 sind, dort 19. **C. Abbildungen** sind unmittelbar durch Gesichts- oder Tastsinn wahrnehmbare Wiedergaben der Außenwelt, vor
44 allem Fotos, Dias, idR auch Filme (RG **46**, 392). **D. Darstellung** als Oberbegriff zu 40 und 42 (vgl. RG **47**, 404) ist jedes körperliche Gebilde von gewisser Dauer, das, sinnlich wahrnehmbar, eine Vorstellung oder einen Gedanken ausdrückt, so abstrakte Bilder, Plastiken, Datenträger, Bildschirmtexte (Walther NStZ **90**, 523), aber auch Kennzeichen iS von § 86a (18. 10. 1972, 3 StR 5/71) vgl. aber den abw. Begriff in § 268 II (dort 3).

Verbrechen und Vergehen

12 ^I **Verbrechen sind rechtswidrige Taten, die im Mindestmaß mit Freiheitsstrafe von einem Jahr oder darüber bedroht sind.**

^{II} **Vergehen sind rechtswidrige Taten, die im Mindestmaß mit einer geringeren Freiheitsstrafe oder die mit Geldstrafe bedroht sind.**

^{III} **Schärfungen oder Milderungen, die nach den Vorschriften des Allgemeinen Teils oder für besonders schwere oder minder schwere Fälle vorgesehen sind, bleiben für die Einteilung außer Betracht.**

1   1) **Die Vorschrift** idF des 2. StrRG/EGStGB (vgl. E EGStGB 211) unterscheidet (abw. von der früheren *Trichotomie* der Straftaten) nur noch zwischen Verbrechen und Vergehen und stellt dafür von der Strafdrohung hergeleitete formale Kriterien auf. **Schrifttum:** *Lange* MDR **48**, 310; *Nüse* JR **49**, 5 und die später Genannten. Zum materiellen und kriminologischen Verbrechensbegriff vgl. LK 8f.; SchSch-Eser 20ff.; *Lampe,* R. Schmitt-FS 77 (zum materiellen Straftatbegriff).

2   2) **Die Zweiteilung** der Straftaten *(Dichotomie)* hat nicht nur technische Bedeutung, sondern drückt den grundsätzlichen Schweregrad der Tat nach Unrecht und Schuld aus (hierzu LK 6). Verbrechen und Vergehen erfahren eine von diesem Ausgangspunkt her abgestufte Bewertung und Behandlung im sachlichen Strafrecht (§§ 23, 30, 31, 45, 126 I Nr. 6, § 241), im Verfahrensrecht (§ 140 I Nr. 2, §§ 153, 153a, 154d, 407 StPO) und bei der sachlichen Zuständigkeit (§§ 24, 25, 74, 78 GVG). § 12 grenzt auch gemeinsam mit § 1 OWiG Straftaten von Ordnungswidrigkeiten ab (beachte § 21 OWiG).

3   3) **Die angedrohte Strafe** entscheidet über die Einordnung der Straftat. Änderungen des Regelstrafrahmens sind für die Bestimmung der Deliktsart nur dann von Bedeutung, wenn ein eigener Deliktstypus iS eines fest umschriebenen abgewandelten Straftatbestandes (unten 7) vorliegt, nicht hingegen in den in III bezeichneten Fällen (unten 8ff.). Das Gesetz folgt der in der Rspr. entwickelten (BGH **2**, 395) abstrakten Betrachtungsweise (LK 15f.). Unter rechtswidriger Tat (die hier auch als schuldhafte zu verstehen ist) ist damit nicht die konkrete des Einzelfalls, sondern der Tattypus zu verstehen.

Sprachgebrauch **§ 12**

A. Ist nur eine einzige Hauptstrafe angedroht (Nebenstrafen, Neben- 4
folgen spielen für die Einteilung keine Rolle, RG **52**, 344), so sind nach I
und II Handlungen **a) Verbrechen,** wenn der Regelstrafrahmen bei mindestens einem Jahr Freiheitsstrafe beginnt (zB §§ 82, 154, 177); **b) Vergehen,**
wenn die Tat mit einer geringeren Freiheitsstrafe oder wahlweise mit Geldstrafe bedroht ist (Geldstrafe allein darf nicht mehr angedroht werden,
Art. 3 II Nr. 1, Art. 13 EGStGB, Anh. 1). Unter Geldstrafe ist hier nur die
kriminelle Strafe, nicht aber die Geldbuße des OWiG oder Zwangs- und
Ordnungsgeld gemeint; unter **Freiheitsstrafe** iS von I und II ist der umfassende Begriff der freiheitsentziehenden Strafe (1 zu § 38) zu verstehen; in
den (für die Einordnung maßgeblichen) Strafdrohungen des WStG (Anh.
16), für die nach Art. 10 II die Art. 11 ff. EGStGB nicht gelten, ist, soweit
nicht Vorschriften des BT des StGB Anwendung finden (§ 48 WStG),
allein Freiheitsstrafe (§ 38) angedroht. Auf Geldstrafe und Strafarrest kann
nach den allgemeinen Vorschriften des WStG erkannt werden. Strafarrest
(Höchstmaß: 6 Monate, § 9, auch bei Gesamtstrafe, § 13 WStG) kommt als
Ersatzfreiheitsstrafe (§ 11 WStG) oder statt Freiheitsstrafe (§ 12 WStG) in
Betracht, wohl in aller Regel bei geringeren Straftaten von Soldaten, weil
Freiheitsstrafe (§ 38) unter 6 Monaten hier nur in Betracht kommt, wenn
sie nach § 47 unerläßlich, aber zur Wahrung der Disziplin nicht geboten ist.
Im **Urteilstenor** ist nach NJW **86**, 1116; NStE § 260 StPO Nr. 6 eine
Klassifizierung der Tat nach Verbrechen oder Vergehen nicht erforderlich.

B. Sind **mehrere Hauptstrafen** wahlweise angedroht, so entscheidet 5
nach dem Höchstmaßprinzip die schwerste abstrakt angedrohte Strafe
(BGH **4**, 227); es ist also nicht danach einzuordnen, welche Strafart im
konkreten Fall als angedroht anzusehen ist. Das Problem spielt nach Einführung der einheitlichen Freiheitsstrafe (§ 38) und dem Wegfall der Übertretungen praktisch keine Rolle mehr. Bedeutung gewinnen kann es allerdings in den Fällen des § 49 II, wenn man ihn nicht als Milderungsvorschrift nach III ansieht (unten 9). Das Höchstmaßprinzip gilt nur, wenn das
Gesetz die Wahl zwischen Hauptstrafen läßt, ohne anzudeuten, wann die
eine oder die andere gewählt werden soll, also grundsätzlich nicht in den
Fällen von 8 ff.

4) Die bedrohte rechtswidrige Tat ist das in einem bestimmten Tatbe- 6
stand (iS der Einordnungsfunktion, 9 vor § 13) beschriebene Verhalten
(§ 11 I Nr. 5), das damit unter die Strafdrohung für diesen Deliktstypus
fällt.

A. Ein eigener Deliktsstypus ist gegeben, wenn das Gesetz aus einem 7
bestimmten Grundtatbestand durch Hinzufügen weiterer Merkmale neue
Tatbestände mit selbständiger strengerer oder milderer Strafdrohung bildet; so **a)** bei **Qualifikationstatbeständen** (zB § 223 II, §§ 223a bis 226 zu
§ 223 I; § 239 II, III zu § 239 I; § 154 zu § 153; 27 zu § 154); so auch **b)** bei
Privilegierungstatbeständen (zB §§ 216, 217) oder **c)** bei **selbständigen
Tatbeständen,** die gegenüber dem allgemeinen Tatbestand (zB § 249 gegenüber § 242) eine in jeder Hinsicht abgeschlossene Regelung gefunden
haben. Auch in den übrigen Fällen, in denen der Typus durch subjektive
Tatbestandselemente (13 zu § 16) oder Täterbewertungsmerkmale (14 ff.
zu § 16) heraus gehoben (qualifiziert) wird, nämlich bei Gewerbs- oder
Gewohnheitsmäßigkeit (§§ 260, 292 III, 293 III; § 25 d II WZG; § 108 a I

77

§ 12 AT Erster Abschnitt. Zweiter Titel

UrhG; § 14 II GeschmMG; § 142 II PatentG; § 25 II GebrMG; § 10 II HalbleiterSchG; § 39 II SortenSchG, anders in den Fällen 47 zu § 46), vgl. BGH **4**, 226; oder durch eine besondere Absicht wie bei § 225, in allen diesen Fällen richtet sich die Einteilung nach der Strafdrohung für den eigenen Deliktstypus.

8 B. **Kein eigener Deliktstypus** ist nach III gegeben, wenn das Gesetz ohne bestimmte Beschreibung andersartigen Unrechts lediglich einen anderen Strafrahmen für gleichartiges Unrecht in Fällen geringerer oder schwererer Bewertung vorsieht. Das Gesetz nennt dafür folgende Fall-
9 gruppen: **a) Milderungen,** die der AT teils fakultativ, teils obligatorisch vorsieht, nämlich bei Begehen durch Unterlassen (§ 13 II), Verbotsirrtum (§ 17), verminderter Schuldfähigkeit (§ 21), Versuch (§ 23 II), Beihilfe (§ 27 II), Teilnahme, wenn dem Teilnehmer besondere persönliche Merkmale fehlen (§ 28 I) und bei Versuch der Beteiligung (§ 30 I) sowie entschuldigendem Notstand (§ 35). Hierher wird man auch die Fälle des § 49 II zu rechnen haben, der eine generelle Milderungsvorschrift des AT darstellte, auch wenn er sich auf spezielle Milderungsvorschriften des BT bezieht (dort 6; LK 20; SchSch 9). Eine Änderung des Deliktstypus tritt aber in diesen Fällen schon deshalb nicht ein, weil das Gericht die Strafe nur mildern darf, die für die Einordnung maßgebende schwerere Strafdrohung also wahlweise daneben besteht (oben 5); im Ergebnis so schon RG **59**, 23.
10 **b) Schärfungen und Milderungen** für die allein noch bestehenden (E EGStGB 211f.; Ber. BT-Drs. 7/1232, 13; 7/1261, 4; Horstkotte, Dreher-FS 267) **Wertgruppen** der *„minder schweren" Fälle,* die gegenüber den früheren mildernden Umständen keine Verschärfungen enthalten, BGH **26**, 97 m. Anm. Zipf JR **76**, 24; Schleswig SchlHA **77**, 177; vgl. Sturm JZ **75**, 6, 8; Horstkotte, Dreher-FS 265, 267 (zB §§ 81 II, 82 II, 83 I, 90 II, 100 II, 105 II, 152a II, 177 II, 178 II, 179 II, 181, 213, 217 II, 220a II, 223b II, 224 II, 225 II, 226 II, 234a II, 239 II, III, 249 II, 250 II, 265 II, 272, 303 II, 311 II,
11 311a I, 311b II, 315 III, 315b III, 316c I) und der **„besonders schweren Fälle"** (vgl. 41 ff. zu § 46; ferner BGH **29**, 368). Die Figuren sind verfassungsrechtlich unbedenklich (BVerfGE **45**, 363). Aus III ergibt sich, daß es für die Deliktseinteilung bedeutungslos ist, ob die besonders schweren Fälle „unbenannt", dh ohne Regelbeispiele (§§ 102 I, 106 III, 107 I, 108 I, 109e IV, 212 II, 223b II, 240 I, 253 I, 263 III, 266 II, 267 III, 268 V, 316a I) sind oder ob sie durch „Regelfälle" (§§ 94 II, 95 III, 98 I, 99 II, 100 II, 100a IV, 113 II, 121 III, 125a II, 176 III, 218 II, 235 II, 264 II, 283a, 283d III, 302a II, 310b III, 311 III, 311a III, 311e II, 330 IV) oder „zwingende Beispielsfälle" (§§ 129 IV, 241a, 292 II, 293 II) benannt und erläutert sind, und zwar im letzteren Fall auch dann, wenn ein zwingender Beispielsfall verwirklicht und der Richter an den höheren Strafrahmen gebunden ist (BGH **20**, 184; **32**, 294; NJW **67**, 1330). Entsprechend ändert auch das Vorliegen des minder schweren Falles der Provokation (§ 213) am Verbrechenscharakter des § 212 nichts (BGH **8**, 79). Die neueren Gesetze verwenden zunehmend die dem E 1962 entnommene Gesetzestechnik (vgl. Dreher Ndschr. **5**, 27), die dem Richter durch Regelbeispiele einen Hinweis auf den Grad des Unrechts und der Schuld und somit einen Anhalt für die Bewertung der Tat gibt (zur Regelwirkung vgl. 44ff. zu § 46). Durch die Verwendung der Wertgruppe wird kein eigener Tatbestand gebildet (jedoch muß der Täter

die Tatumstände kennen, die einen Regelfall begründen, 27. 5. 1980, 3 StR 197/80); die Wertgruppen stehen vielmehr zwischen Zumessungsregel und Qualifikation (so schon Lange, Mat. I, 69; M-Schroeder § 33, 69, u. a.; str.; für bloße Zumessungsregel BGH **23**, 254; NJW **70**, 2120 u. a.). Zur Gesamtproblematik der Regelbeispielstechnik vgl. Ndschr. **5**, 9 ff.; 27 ff.; **12**, 275 ff.; *Maiwald*, Gallas-FS 137 und NStZ **84**, 433; *Wahle*, Die Rechtsnatur der besonders schweren Fälle im Strafrecht, 1966; *Wessels*, Maurach-FS 295 u. Lackner-FS 423; *Montenbruck*, Strafrahmen und Strafzumessung, 1983, 97 ff. u. NStZ **87**, 311; *Arzt* JuS **72**, 385; 515; 576; *M-Zipf* § 62, 47 ff.; *SK-Samson* 3 ff.

Zweiter Abschnitt

Die Tat

Erster Titel. Grundlagen der Strafbarkeit

Vorbemerkungen

Schriftum: *Amelung*, Rechtsgüterschutz und Schutz der Gesellschaft, 1972 **1** und JR **82**, 617; *Androulakis*, Studien zur Problematik der unechten Unterlassungsdelikte, 1963, 52; *Arzt* JA **80**, 553, 647, 712; *Beling*, Lehre vom Verbrechen, 1906; *Bloy* ZStW **90**, 609 u. JuS **88**, L25, **89**, L1; *v. Bubnoff*, Die Entwicklung des strafrechtlichen Handlungsbegriffs usw. 1966; *Engisch*, Gallas-FS 163 u. Welzel-FS 343; *Gallas* ZStW **67**, 1; *H. J. Hirsch* ZStW **93**, 831; **94**, 239; *Hruschka*, Bockelmann-FS 433; *Jakobs* AT 6/6 ff.; *Jescheck* § 23 I und LK 22 ff., 83 ff.; *Arth. Kaufmann*, Mayer-FS 79 und JuS **67**, 145; *Kindhäuser* GA **89**, 493; *Kratzsch*, Verhaltenssteuerung und Organisation im Strafrecht, 1985 [Bespr. *Neumann* GA **87**, 278, hierzu *Kratzsch* GA **89**, 49]; *Lang-Hinrichsen* JR **54**, 88; *Maihofer*, Der Handlungsbegriff im Verbrechenssystem, 1953; Eb. Schmidt-FS 156 u. ZStW **86**, 625; *Maiwald* JuS **81**, 473; *Ordeig*, Arm. Kaufmann-GedS 159; *Otter*, Funktionen des Handlungsbegriffs im Verbrechensaufbau; 1973; *v. Overbeck* GerS **88**, 319; *Roxin* ZStW **74**, 411, 515 [Kritik der finalen Handlungslehre, hiergegen wiederum *Weidemann* GA **84**, 413], **78**, 214 u. Honig-FS 133; *Sax* JZ **75**, 137; *Schmidhäuser* JZ **86**, 106 (zur neueren Entwicklung der finalen Handlungslehre) u. Arm. Kaufmann-GedS 131 (Begehung, Handlung und Unterlassung); *Schöne* JZ **77**, 150; *E. A. Wolff*, Der Handlungsbegriff in der Lehre vom Verbrechen usw. 1966.

Die Straftat ist eine **tatbestandsmäßige, rechtswidrige und schuldhafte** **2** **Handlung** (krit. zB Maihofer, Henkel-FS 75; Rödig, Lange-FS 39). Die Handlung ist das wirkliche menschliche Verhalten. Der Tatbestand ist ein Denkschema, nämlich die Beschreibung menschlicher Handlungen in abstrakten Begriffen. Die konkrete Handlung ist tatbestandsmäßig, wenn sie dieser abstrakten Beschreibung entspricht. Mit dieser Entsprechung wird die Handlung zur Tat, der Handelnde zum Täter. Die Rechtswidrigkeit ist eine durch ein Bewertungsurteil über die Tat ihr zugeschriebene Eigenschaft: Die Tat widerspricht der Rechtsordnung. Die Schuld ist demgegenüber eine durch ein Bewertungsurteil über den Täter der Tat zugeschriebene Eigenschaft: Die Tat ist dem Täter zum Vorwurf zu machen. Von dieser Schuld als Qualität der Tat ist die Schuld im umfassenden Sinn des Verfah-

Vor § 13 AT Zweiter Abschnitt. Erster Titel

rensrechts (die „Schuldfrage" in § 263 StPO) zu unterscheiden. In diesem Sinn ist der Angeklagte schuldig, wenn er die ihm zur Last gelegte Straftat begangen hat. Der **prozessuale Tatbegriff** (5 b vor § 52; 9 a zu § 129; Wolter GA **86**, 143; Kröpil DRiZ **86**, 449; Neuhaus MDR **88**, 1012; **89**, 213; KK-Hürxthal 3 ff., Kleinknecht/Meyer 2, jeweils zu § 264 StPO) ist von den materiell-rechtlichen Begriffen der „Handlung" (§§ 52, 53) und der „Straftat" trotz enger Verbindungen begrifflich unabhängig (hierzu BVerfGE **56**, 29 ff.; BGH **32**, 216 [m. Anm. Jung JZ **84**, 535; Roxin JR **84**, 346; Marxen StV **85**, 473]; **35**, 16 [m. Anm. Otto JR **88**, 27 u. Karl NStZ **88**, 79]; NStZ **84**, 469; MDR **92**, 700; Bay NStZ **86**, 173 m. Anm. Brauns StV **86**, 534; Celle NJW **92**, 190).

3   I. Unter einer **Handlung** versteht das Gesetz jedes menschliche Verhalten (zur Problematik von Reflexreaktionen vgl. 20. 6. 1984, 2 StR 329/84; Hamburg JR **50**, 409; Frankfurt VRS **28**, 364; Hamm NJW **75**, 657; dazu krit. Blei JA **75**, 39; Schleswig VRS **64**, 429; ferner LK-Jescheck 33, 37 vor § 13; LK-Lange 3 zu §§ 20/21; Franzheim NJW **65**, 2001; DAR/S **68**, 283; Schewe, Reflexbewegung – Handlung – Vorsatz, 1972; Stratenwerth, Welzel-FS, 289; Krauss, Bruns-FS 15; Jäger MSchrKrim **78**, 297; Burkhardt aaO [1 zu § 15]; Baumann, Arm. Kaufmann-GedS 181; Roxin § 8, 10, 26, 42). Folgende Hauptformen sind dabei zu unterscheiden:
1. Das **aktive Tun,** dh das Eingreifen in die Außenwelt. Dabei sind zwei Unterformen zu unterscheiden:
   a) das *bewußte* und *gewollte* aktive Tun,
   b) das durch ein bewußtes aktives Tun unbewußte oder ungewollte *Verursachen* eines Erfolges in der Außenwelt.
2. Das **Unterlassen** eines aktiven Tuns. Dabei sind zwei Unterformen zu unterscheiden, nämlich
   a) das *bewußte* und
   b) das *unbewußte* Unterlassen.

Von diesen vier Formen des Handelns sind das bewußte aktive Tun und vielfach auch das bewußte Unterlassen auf ein angestrebtes Ergebnis gerichtet, also **final** (str.; aM Arm. Kaufmann, Die Dogmatik der Unterlassungsdelikte, Göttingen 1959, 66 ff.; während Gallas, Beiträge 53, von „quasi finalem" Handeln spricht). Im ersten Fall soll das Ergebnis durch bestimmte Handlungsmittel, im zweiten durch das Nichteingreifen in einen ablaufenden Kausalprozeß erreicht werden. Diese beiden Formen sind zugleich die Grundtypen der vorsätzlichen Tat. Bei ihr decken sich das angestrebte und das strafrechtlich mißbilligte Ergebnis. Das Verursachen eines Erfolges in der Außenwelt und das unbewußte Unterlassen sind Formen *nicht finalen* Handelns. Es sind die Grundtypen der fahrlässigen Tat. Bei der Form des unbewußten Verursachens ist charakteristisch, daß sich das angestrebte Ergebnis des bewußten aktiven Tuns und das strafrechtlich mißbilligte Ergebnis nicht decken. In gewissen Fällen der Handlungsform 1 b mißbilligt allerdings das Strafrecht sowohl das bewußt angestrebte Ergebnis wie das ungewollt verursachte. Es sind das Kombinationsformen von vorsätzlichen und fahrlässigen Taten wie in den Fällen der erfolgsqualifizierten Delikte (§ 18) und der fahrlässigen Herbeiführung einer Gefahr durch eine vorsätzliche Tat. Das unbewußte Unterlassen setzt kein mit ihm verknüpftes bewußtes Tun voraus.

Grundlagen der Strafbarkeit Vor § 13

Der **Handlungsbegriff** des StGB ist danach kein bloß naturwissenschaft- 4
licher; denn auch Unterlassen ist Handeln. Auch § 13 ändert daran nichts.
Denn dort ist lediglich normiert, wann in den Fällen von Erfolgsdelikten
(unten 13, 15 ff.) Unterlassen ebenso bestraft wird wie aktives Tun. Der
strafrechtliche Handlungsbegriff *ist* im wesentlichen ein *psychologischer,*
nämlich bei den Handlungsformen 1 a und 2. Im Fall des Unterlassens
greift er aber darüber hinaus. Das Unterlassen unterscheidet sich vom
bloßen Nichtstun dadurch, daß der Unterlassende nicht nur die Möglichkeit zum aktiven Tun hat (so Welzel), sondern daß er diese Möglichkeit
entweder erwägt wie im Falle des bewußten Unterlassens oder daß aktives
Tun von ihm erwartet wird (Mezger, Gallas; gegen sie Kaufmann aaO
50 ff.). Im Fall des Strafrechts ist die Erwartung stets eine Forderung der
Rechtsordnung, so daß erst sie das Nichtstun zum Unterlassen macht (vgl.
M-Gössel § 45 I; Sax JZ **75**, 139; Volk, Tröndle-FS 221; zur Frage der
Handlungsfähigkeit, Maiwald JuS **81**, 477). Insoweit ist der strafrechtliche
Handlungsbegriff nicht nur ein sozialer, bei dem es auf den objektiv erkennbaren Sinngehalt ankommt (Eb. Schmidt SJZ **50**, 286, JZ **56**, 192 u.
Engisch-FS 339), sondern ein *normativer,* der sich erst am Tatbestand orientieren kann. Nach der finalen Handlungslehre (Welzel) ist Handlung nur
die Verhaltensform 1 a.

II. Der gesetzliche Tatbestand ist die abstrakte Beschreibung strafrecht- 5
lich wesentlicher Handlungsweisen.
  1. Der Tatbestand hat verschiedene Bedeutung:
  a) Nach dem Auftrag des Art. 103 II GG bestimmt er, welches Handeln 6
im einzelnen strafbar ist. Er muß dieses Handeln so bestimmt umschreiben, daß grundsätzlich berechenbar ist, ob ein geplantes Handeln strafbar
ist (vgl. 5 zu § 1; LK[11]-Gribbohm 45 ff. zu § 1; Fuhrmann, Tröndle-FS
151). Aus dieser **Bestimmungsfunktion** des Tatbestandes ergibt sich zugleich der sog. fragmentarische Charakter des Strafrechts, das nur gewisse
Formen sozialethischen Unrechts zu Straftaten erklären kann.
  b) Damit verknüpft ist die **Garantiefunktion** des Tatbestandes. Er hat 7
sicherzustellen, daß eine Tat nur dann bestraft werden darf, wenn sie schon
zur Zeit ihrer Begehung mit Strafe bedroht war *(nullum crimen sine lege,*
vgl. 5, 11 zu § 1; Oldenburg NJW **71**, 632).
  c) Der Tatbestand hat weiter die Funktion, die Rechtswidrigkeit zu 8
indizieren (vgl. 24 ff.). Wer so handelt, wie der Tatbestand es beschreibt,
handelt idR rechtswidrig (RG **63**, 218). Insoweit enthält der Tatbestand
auch die grundsätzliche Verbots- oder Gebotsnorm (Du sollst so oder nicht
so handeln!) und damit die sog. Verbotsmaterie (Welzel), beim Straftatbestand gegenüber dem Bußgeldtatbestand darüber hinaus noch eine Wertung (Du bist bei Ungehorsam ein Krimineller!). Der Tatbestand in diesem
Sinne (so z. B. in §§ 13, 22) umfaßt die gesamte Handlungsbeschreibung
einschließlich des Wissens und Wollens des Handelnden (str.), nicht aber
die Rechtswidrigkeit. Die Indizierungsfunktion versagt bei den sog. offenen Tatbeständen, die ein an sich wertneutrales Handeln wie zB das Ausüben eines Amtes (§ 132) oder das Führen eines Titels (§ 132 a) beschreiben,
das erst, wenn es unbefugt geschieht, zum Unrecht wird. Ob es trotz
Gegebenseins aller Tatbestandsmerkmale einen Tatbestandsausschluß, so
zB wegen Haftungsbegrenzung durch den Schutzzweck der Norm gibt (so

u. a. Sax JZ **75**, 144; **76**, 9; 80, für den die Rechtsgutsverletzung Essentiale des Tatbestandes ist, mwN), ist sehr zw. (vgl. Blei JA **75**, 313. Zum Ganzen didaktisch Ebert/Kühl Jura **81**, 225).

9 **d)** Vor allem hat der Tatbestand die Funktion, konkretes Handeln strafrechtlich **einzuordnen.** Das Handeln wird mit der abstrakten Beschreibung des Tatbestandes in einem Subsumtionsprozeß verglichen, und es wird festgestellt, ob es einem Tatbestand entspricht und welchem. Auch insoweit ist der Tatbestand nicht nur die Beschreibung des äußeren Erscheinungsbildes der Tat (sog. äußerer Tatbestand), sondern umfaßt auch Vorstellung und Willen des Handelnden (sog. innerer Tatbestand). Denn sonst ließe sich nicht sagen, ob die Handlung zB dem Tatbestand des Mordes oder der fahrlässigen Tötung einzuordnen ist, ob sie den Versuch einer Straftat oder nur strafrechtlich bedeutungsloses Handeln darstellt oder eine „rechtswidrige Tat" iS der §§ 63, 64, 323 a (§ 11 I Nr. 3; 9 vor § 25) ist. Insoweit ist auch der Vorsatz ein zum Tatbestand gehörendes Merkmal (vgl. LK-Jescheck 40 mwN). Dasselbe gilt für die Bedingungen der Strafbarkeit. Denn wenn sie fehlen, fällt die Handlung aus dem Einordnungsschema des Tatbestandes heraus.

10 **e)** Eine engere Funktion hat der Tatbestand, soweit er diejenigen Merkmale beschreibt, auf die sich das Wissen und Wollen des Täters in den Fällen vorsätzlicher Taten und die ungewollte Verursachung in den Fällen fahrlässiger Taten zu beziehen hat. Für diese **Beziehungsfunktion** gehört der Vorsatz nicht zum Tatbestand. Vielmehr soll die Beschreibung des Tatbestandes hier gerade Antwort auf die Frage geben, auf welche Merkmale sich der Vorsatz zu erstrecken hat (vgl. dazu Sax JZ **76**, 13; 80; 429), der den gesetzlichen Tatbestand nur in diesem Sinne begreift. In § 16 ist der *gesetzliche Tatbestand* in diesem Sinne gemeint. Er ist der engste der verschiedenen Tatbestandsbegriffe. Insbesondere umschließt er nicht die Merkmale der Täterbeurteilung durch den Richter (14 ff. zu § 16), die Bedingungen der Strafbarkeit sowie das Fehlen persönlicher Strafausschließungs- oder Aufhebungsgründe (vgl. 17 vor § 32; 20 ff., 29 zu § 16) oder der Voraussetzungen der Strafverfolgungsverjährung.

11 Aus dem **Schrifttum** zum Tatbestandsbegriff und dessen Funktion vgl. LK 42; M-*Zipf* §§ 19 bis 21; *Beling,* Die Lehre vom Tatbestand, 1930, *Welzel* 52 ff., *Engisch,* Mezger-FS 127 ff., *Gallas* ZStW **67**, 1; *Lang-Hinrichsen* JR **52**, 307; *Dopslaff* GA **87**, 3; *H. J. Hirsch,* UniKöln-FS 400.

2. Nach der Art der beschriebenen Handlung unterscheidet man **verschiedene Formen von Straftaten.**

12 **a)** Einmal stellt man gegenüber **Begehungsdelikte,** dh solche, deren Tatbestand ein aktives Tun beschreibt, also etwa Diebstahl, Erpressung, Vergewaltigung u. a., und **Unterlassungsdelikte,** dh solche, deren Tatbestand das Unterlassen einer rechtlich gebotenen Handlung beschreibt, zB das Unterlassen einer Anzeige (§ 138) oder der Hilfeleistung bei Unglücksfällen (§ 323 c). Diese Straftaten bezeichnet man als **echte** Unterlassungsdelikte im Gegensatz zu den **unechten,** deren Tatbestand die Herbeiführung eines Erfolges beschreibt, der regelmäßig durch ein aktives Tun erreicht wird. Strafbar kann aber unter Umständen auch jemand sein, der den Eintritt des Erfolges nicht hindert, obwohl er dazu verpflichtet ist. Man spricht dann von einem unechten Unterlassungsdelikt (vgl. § 13). Die Un-

Grundlagen der Strafbarkeit **Vor § 13**

terscheidung zwischen Begehen und Unterlassen ist oft schwierig (unten 12a; BGH **6**, 59; Düsseldorf MedR **84**, 29); Handeln setzt als konstitutives Element ein auf einem Willensentschluß beruhendes Eingreifen in die Außenwelt durch das Auslösen einer Kausalkette voraus (Saarbrücken NJW **91**, 3045; krit. hierzu Kühne NJW **91**, 3020; Groß/Pfohl NStZ **92**, 119; Hoyer NStZ **92**, 387; Otto JK § 13, 17); im Einzelfall ist ein Unterlassen tatbestandsmäßig nur dann anzunehmen, wenn nicht bereits ein aktive Handlung von gleicher strafrechtlicher Relevanz gegeben ist (sehr str.); daher liegt eine aktive Hilfeleistung vor, wenn ein Kraftfahrer weiterfährt, obwohl in seinem Fahrzeug ein Verbrechen begangen wird (VRS **61**, 213).

Schrifttum (zur Abgrenzung von Tun und Unterlassen): LK-*Jescheck* 83 u. Tröndle-FS 795 (rechtsvergleichend); SchSch-*Stree* 158, beide vor § 13; *Engisch*, Gallas-FS 163 u. Dreher-FS 325; *Fünfsinn*, Der Aufbau des fahrlässigen Verletzungsdelikts durch Unterlassen im Strafrecht, 1985, 35; *Gössel* ZStW **96**, 323 u. M-Gössel § 45, 30; *Jakobs* 6/28; *Kienapfel* ÖJZ **76**, 281; *Otto/Brammsen* Jura **85**, 531; *Roxin* ZStW **74**, 411, NStZ **87**, 349 u. § 10, 122 ff.; *Samson*, Welzel-FS 579; *Seelmann* AK 27 zu § 13 u. JuS 33; *Spendel*, Eb. Schmidt-FS 183; *Stoffers*, Die Formel „Schwerpunkt der Vorwerfbarkeit" bei der Abgrenzung von Tun und Unterlassen? 1992 u. JA **92**, 138; 177; *Dedes* GA **77**, 230; *R. Zimmermann* NJW **77**, 2102; *Hruschka*, Bockelmann-FS 422; *Arzt* JA **80**, 554; *Volk*, Tröndle-FS 219; *Maiwald* JuS **89**, 186. 12a

b) Weiter stellt man gegenüber **Tätigkeitsdelikten,** deren Tatbestand ein schlichtes aktives Tun beschreibt, zu dem ein über dieses Tun hinausgehender Erfolg nicht hinzuzutreten braucht, wie das falsche Schwören, die Beteiligung am Glückspiel oder das Handeltreiben (BGH **30**, 360), und andererseits **Erfolgsdelikte** (unten 15), deren Tatbestand ein Tun beschreibt, das einen bestimmten Erfolg auslöst, der noch nicht in der Handlung selbst eingeschlossen ist, also zB Totschlag, Körperverletzung, Sachbeschädigung. Es sind vor allem Taten, mit denen der Täter einen mechanischen Kausalablauf herbeiführt. Eine besondere Gruppe des Erfolgsdelikts sind die **konkreten Gefährdungsdelikte** (Horn, Konkrete Gefährdungsdelikte, 1973; Arzt/Weber LH **2**, 56 ff.; U. Weber ZStW Beih. 1987, 21; Roxin § 11, 114), deren Tatbestand eine Handlung beschreibt, die eine Gefahr für Menschen oder Sachen auslöst (zB §§ 90b, 109e, 221, 311, 311a, 311e, 315, 315c, 330, 330a, 353b). In diesen Fällen sieht das Gesetz schon die Gefahr als einen Erfolg der Tat an (Gallas, Heinitz-FS 176; Küper NJW **76**, 543; Backmann MDR **76**, 969; hM; abw. BGH **26**, 180). Gehört der Eintritt eines Schadens zum Tatbestand, so spricht man demgegenüber von **Verletzungsdelikten** wie zB bei Mord und Sachbeschädigung. Keine Erfolgsdelikte sind die **abstrakten Gefährdungsdelikte** (zB §§ 84, 86a, 145, 145d, 153 ff., 176, 181a, 186, 219b, 219c, 264, 264a, 265b, 316, 316c, 319, 323a; Brehm, Zur Dogmatik des abstrakten Gefährdungsdelikts, 1973; JuS **76**, 22; Kindhäuser, Gefährdung als Straftat, 1989 [Bespr. Kuhlen GA **90**, 477]; Graul, Abstrakte Gefährdungsdelikte und Präsumtionen im Strafrecht, 1991; Arzt/Weber LH **2**, 46 ff.; Bohnert JuS **84**, 182; Horn/Hoyer JZ **87**, 966; Hoyer JA **90**, 183). Ihr Tatbestand verlangt nicht den Eintritt einer Gefahr, sondern beschreibt ein bloßes Tun, das aber deshalb bestraft wird, weil es leicht eine konkrete Gefahr auslösen kann. Die Gefährlichkeit ist hier also nicht Merkmal des Tatbestandes, sondern gesetzgeberischer Grund der Strafdrohung (BGH **26**, 121; Bay NJW **54**, 42), wobei Kombi- 13a nationen mit erfolgsqualifizierten Delikten vorkommen (zB § 307 Nr. 1). Ebenfalls keine Erfolgsdelikte sind die **potentiellen Gefährdungsdelikte** auch „abstrakt-konkrete" (Schröder) oder „besondere abstrakte" Gefährdungsdelikte (Horn SK 18 vor § 306) genannt, bei denen zwar eine generelle Gefährlichkeit von konkreter Tat (§§ 130, 160 I) oder Tatmitteln (§§ 223a, 229, 308, 311d) zum Tatbestand gehört, nicht aber der Eintritt einer konkreten Gefahr (dazu Schröder JZ **67**, 522; ZStW **81**, 18; Gallas, Heinitz-FS 171; SchSch-Cramer 3a vor § 306 und 9 vor § 324; M-Schroeder § 60, 12; Arzt/Weber LH **2**, 80 ff.; krit. Schroeder ZStW Beih. 1982, 5). Dem heutigen Schuldstrafrecht entspricht es, wenn der Gesetzgeber mehr und mehr an Stelle von Verletzungsdelikten Gefährdungsdelikte schafft, weil es häufig nicht vom Verschulden des Täters, sondern vom Zufall abhängt, ob seine Tat nur eine Gefahr auslöst oder aber zu einem Schaden führt (zur Problematik Ndschr. **8**, 417; Lackner, Das konkrete Gefährdungsdelikt im Verkehrsstrafrecht, 1967; Schünemann JA **75**, 792; Ostendorf JuS **82**, 426; U. Weber ZStW Beih. 1987, 32).

14 c) Zum Begriff der **eigenhändigen Delikte** vgl. unten 23, zum Begriff der **Sonderdelikte** 35, nicht zu verwechseln mit den **selbständigen Delikten** *(delicti sui generis)* 7 zu § 12.

15 3. **Die Erfolgsdelikte** werfen Probleme in doppelter Hinsicht auf: Einmal geht es um die kausale Verknüpfung zwischen Handlung und Erfolg, dh um die Frage der **Verursachung** (Kausalitätsproblem), die bei den Tätigkeitsdelikten (oben 13) keine Rolle spielt (Engisch, Kausalität als Merkmal der strafrechtlichen Tatbestände, 1931; Schlüchter JuS **76**, 312; 372; Krümpelmann, Jescheck-FS 316; Hardwig, Grundprobleme 32; Bloy JuS **88**, L41; Dencker, Arm. Kaufmann-GedS 441; Degener ZStW **103**, 363). Zum anderen stellt sich bei den Erfolgsdelikten die Frage, inwieweit dem, der den Erfolg durch aktives Tun herbeiführt, strafrechtlich derjenige gleichgestellt werden soll, der den Eintritt des Erfolges durch Untätigbleiben nicht verhindert (zu diesem Problem der *unechten Unterlassungsdelikte* vgl. oben 12, unten 20 und Erl. zu § 13).

16 A. Die **strafrechtliche Praxis** geht bei der Frage, ob eine Handlung Ursache eines Erfolges geworden ist, von jeher von der **Bedingungstheorie** aus (RG **44**, 244; BGH **1**, 332; **2**, 24; **7**, 114). *Sie besagt, daß eine Handlung dann Ursache eines Erfolges ist, wenn die Handlung nicht „hinweggedacht" werden kann, ohne daß der Erfolg entfiele.* Diese conditio-sine-qua-non-Formel (Kausalitätsformel) ist zwar Einwänden ausgesetzt (Arm. Kaufmann JZ **71**, 374; Schünemann JA **75**, 580; Puppe, Lackner-FS 199; Bloy JuS **88**, L42; Frisch II, 521; Otto Jura **92**, 92; Jescheck § 28 II; Roxin § 11, 5 ff.; Eser/Burkhardt **4**, A 17), denn sie setzt das Wissen und das Vorhandensein eines Kausalgesetzes *(generelle Kausalität,* Arm. Kaufmann JZ **71**, 572) gerade voraus, unter das der konkrete Sachverhalt zu subsumieren ist *(konkrete Kausalität;* SchSch-Lenckner 71; SK-Rudolphi 42 vor § 1). Gleichwohl ist aber diese Kausalitätsformel – weitgehend auch im Schrifttum (vgl. Jescheck § 28 II; LK 50; SchSch 73 ff.) – gebräuchlich. Sie wertet alle Bedingungen gleich (daher **Äquivalenztheorie**), greift aber insofern zu weit und wird als Zurechnungskriterium erst auf der Schuldebene begrenzt. Dem versuchte die überlieferte Lehre durch *abweichende Kausalitätstheorien* (16b) zu begegnen, während die neuere Lehre dem Ungenügen der Kausalitätsformel dadurch

Grundlagen der Strafbarkeit **Vor § 13**

begegnet, daß sie – in zahlreichen Spielarten – *Theorien der objektiven Zurechnung* (17) entwickelt hat. Freilich hat sich die herrschende Rspr. (18) auf dem Boden ihres normativ verstandenen Kausalitätsbegriffs („**rechtlicher Ursachenzusammenhang**", BGH 33, 61 [m. Anm. Puppe JZ 85, 293; Ebert JR 85, 356; R. Peters JR 92, 50]; MedR 88, 149, hierzu Krümpelmann JR 89, 353) auf solche objektiven Zurechnungskriterien bisher erst vereinzelt berufen.

Neueres **Schrifttum**: *Arzt* SchweizZSt **90**, 168; *Burgstaller*, Das Fahrlässigkeitsdelikt im Strafrecht, 1974; *Erb*, Rechtmäßiges Alternativverhalten und seine Auswirkungen auf die Erfolgszurechnung im Strafrecht, 1991; *Jakobs*, Welzel-FS 307, Lackner-FS 53 u. ZStW **89**, 1; *Kahrs*, Das Vermeidbarkeitsprinzip und die conditio-sine-qua-non-Formel im Strafrecht, 1972; *Arth. Kaufmann*, Eb. Schmidt-FS 200; *Lampe*, Arm. Kaufmann-GedS 189; *Maiwald*, Kausalität und Strafrecht, 1980; *Otto*, Maurach-FS 91 u. Jura **92**, 92; *Puppe* ZStW **92**, 863; **95**, 287; **99**, 595, JuS **82**, 660 u. SchweizZSt **90**, 141; *Roxin*, Honig-FS 132 u. Gallas-FS 241; *Schaffstein*, Honig-FS 169; *Spendel*, Die Kausalitätsformel der Bedingungstheorie für Handlungsdelikte, 1948; *Seebald* GA **69**, 193; *Samson*, Hypothetische Kausalverläufe, 1972; *Silva-Sanchez* GA **90**, 207; *Stratenwerth*, Gallas-FS 227; *Toepel*, Kausalität und Pflichtwidrigkeitszusammenhang beim fahrlässigen Erfolgsdelikt, 1992; *Ulsenheimer*, Das Verhältnis zwischen Pflichtwidrigkeit und Erfolg bei Fahrlässigkeitsdelikten, 1985; *Walder* SchweizZSt **77**, 113; *Wolter* ZStW **89**, 648 und Objektive und personale Zurechnung usw., 1981, und die im Text Genannten. 16a

B. Von den abweichenden Kausalitätstheorien ist die **Adäquanztheorie** (Schlüchter JuS **76**, 313; Bloy JuS **88**, L42; Otto Jura **92**, 93; SchSch 87) die bedeutendste. Nach ihr sind nur solche Folgen einer Tat verursacht, mit deren Eintritt *nach allgemeiner menschlicher Lebenserfahrung* vom Standpunkt des kundigen, nachträglich urteilenden Richters gerechnet werden konnte (objektiv-nachträgliche Prognose; LK-Jescheck 57). Sie ist im Zivilrecht, wo es auch Haftung ohne Schuld gibt, seit jeher (RGZ **50**, 222; BGHZ **7**, 204; NJW **72**, 904) herrschend, im Strafrecht wird sie nur noch vereinzelt vertreten (Bockelmann-Volk AT 13 V 4a; M-Zipf § 18, 30ff.; vgl. Burgstaller, Jescheck-FS 361) und hat, seit auch bei den erfolgsqualifizierten Delikten durch § 18 die strengere Haftung wenigstens Fahrlässigkeit voraussetzt, nur noch geringe Bedeutung. Zu erwähnen ist ferner die auf Mezger zurückgehende **Relevanztheorie**, die zwischen Erfolgsverursachung und Erfolgszurechnung unterscheidet und nur tatbestandsadäquate Bedingungen als haftungsbegründend anerkennt (SchSch 90; SK 54 vor § 1; Blei AT § 28 IV; Wessels AT § 6 I 5; Wolter GA **77**, 257; vgl. LK 58). Die von Engisch begründete **Lehre von der gesetzmäßigen Bedingung** fragt danach, ob sich an eine Handlung zeitlich nachfolgende Veränderungen in der Außenwelt angeschlossen haben, die mit der Handlung gesetzmäßig verbunden sind und sich als tatbestandsmäßigen Erfolg darstellen (Jescheck § 28 II 4 und LK 51; SchSch 75; SK 56 vor § 1; Schlüchter JA **84**, 674; Otto Jura **92**, 93; vgl. J. Schulz, Lackner-FS 39). 16b

C. Die neuere Lehre von der objektiven Zurechnung, der vor allem bei den fahrlässigen Erfolgsdelikten (14 zu § 15) Bedeutung zukommt, ist noch im Flusse (*Schrifttum:* Arm. Kaufmann, Jescheck-FS 251; Burgstaller, Jescheck-FS 357; Rudolphi, Wolter und Achenbach in Schünemann Grundsatzfragen 69, 103 und 135; Schünemann JA **75**, 578; Küper, Lackner-FS 247; Struensee GA **87**, 97; krit. H. J. Hirsch, UniKöln-FS 404; Frisch, Tatbestandsmäßiges Verhalten und Zurechnung des Erfolges, 1988 [zit. Frisch II; Bespr. Hettinger JZ **90**, 231; Wolter GA **91**, 531]; Jakobs, Arm. Kaufmann-GedS 271; M-Gössel § 43, 85; 17

85

Vor § 13 AT Zweiter Abschnitt. Erster Titel

Ramirez, Arm. Kaufmann-GedS 213; Roxin, Arm. Kaufmann-GedS 237; Otto Jura **92**, 90; Toepel [oben 16a] 136ff.; und die oben 16a Genannten). Es wurden aus verschiedenen Ansätzen eine Reihe normativer Zurechnungskriterien herausgearbeitet, die unbeschadet ihrer sachlichen Unterschiede zu ähnlichen Lösungen tendieren (SchSch 91; zusf. Ebert Jura **79**, 568). Grundsätzlich wird zwar von der Kausalität (16) als notwendiger Bedingung der Erfolgszurechnung ausgegangen, sie reicht indessen hierfür nicht aus. *Objektiv zurechenbar ist vielmehr ein durch menschliches Verhalten verursachter Erfolg nur dann, wenn dieses Verhalten eine rechtlich mißbilligte Gefahr geschaffen und gerade diese Gefahr sich im tatbestandsmäßigen Erfolg verwirklicht hat* (Jescheck § 28 IV; SK 57 vor § 1; M-Zipf § 18, 49; Arm. Kaufmann, Jescheck-FS 254). Die objektive Unvermeidbarkeit schließt daher schon auf der Tatbestandsebene die Zurechnung des Erfolges aus. Hieraus

17a folgt, daß es an der *Zurechenbarkeit* eines Verhaltens *fehlt,* **a)** wenn das *Kausalgeschehen* vom Täter *nicht* als „sein Werk" *beherrschbar* (vgl. LK 61) oder steuerbar (Hardwig Grundprobleme 37; krit. SchSch 92) gewesen ist. Ganz entfernte und atypische Kausalverläufe scheiden daher nach diesen Lehren als zurechenbare Erfolge ebenso aus (SchSch 93) wie der Fall, daß vorsätzlich ein Dritter oder das Opfer selbst in den Geschehensablauf eintritt, auch wenn die Ersturache fort-

17b wirkt (Ebert Jura **79**, 569); **b)** wenn der Täter durch die Tat das *Risiko* einer bereits anderweit in Gang gesetzten Kausalkette *verringert* (JZ **73**, 173; OLG Stuttgart JZ **79**, 575; Ranft ZStW **97**, 286; LK 60; SchSch 94; SK 58 vor § 1;

17c Arm. Kaufmann, Jescheck-FS 255); **c)** wenn der Erfolg zwar auf dem Verhalten des Täters beruht, dieses Verhalten aber entweder der Pflichtwidrigkeit ermangelt oder auch pflichtgemäßes Verhalten zum Erfolg geführt hätte *(Fehlen des Pflichtwidrigkeitszusammenhangs).* In diesen Fällen des *rechtmäßigen Alternativverhaltens* (Jescheck § 28 IV 5, § 55 II 2b) ist für den Pflichtwidrigkeitszusammenhang die Vermeidbarkeit des tatbestandsmäßigen Erfolges wesentlich (Eser II 21

17d A 17b; Küper, Lackner-FS 247). **d)** wenn die vom Täter geschaffene typische Gefahr sich nicht in dem eingetretenen Erfolg realisiert hat *(Fehlen des Risikozusammenhangs;* SK 63 vor § 1; Burgstaller, Jescheck-FS 362) oder der Erfolg zwar die Folge einer sorgfaltswidrigen Handlung ist, er aber *außerhalb des Schutzzwecks* dieser Norm liegt (**Schutzzweckzusammenhang,** Roxin, Gallas-FS 241; SchSch-Cramer 166, 175 zu § 15; SK 71 vor § 1; SK-Samson 28 zu Anh. § 16; Lackner 43 zu § 15; Schünemann JA **75**, 716; Frisch II, 80; Wolter GA **91**, 535; M-Gössel § 43, 92; vgl. Bay VRS **64**, 372; NZV **89**, 359 m. Anm. Deutscher u. R. Peters NZV **90**, 260 u. JR **92**, 51). Mit dem Schutzzweck der verletzten Norm werden neuerdings auch Einschränkungen der Erfolgszurechnung in den Fällen der *freiverantwortlichen Selbstschädigung und Selbstgefährdung* begründet (Kienapfel JZ **84**, 792; Otto Jura **84**, 539; Roxin NStZ **84**, 411; Wessels AT § 6 II 4; krit. Horn JR **84**, 513). Im Ergebnis wird dies auch von der Rspr. (unten 19)

17e anerkannt. **e)** Zunehmende Bedeutung gewinnt die von Roxin (ZStW **74**, 430; Honig-FS 138) begründete und auf der Grundlage des erlaubten Risikos (13 vor § 32) entwickelte **Risikoerhöhungstheorie,** wonach ein Erfolg auch dann zugerechnet wird, wenn die Sorgfaltspflicht eine gegenüber der normalen Gefahr erheblich gesteigerte Gefährdung des Schutzguts herbeiführt, das Risiko des Erfolgseintritts sich also gegenüber dem erlaubten Risiko deutlich erhöht hat (Jescheck § 55 II 2b aa; Roxin § 11, 72; SK 65 vor § 1; Lackner 44 zu § 15; AK 120 zu §§ 15, 16; Stratenwerth, Gallas-FS 227; Otto, Maurach-FS 91, NJW **80**, 417 u. Jura **92**, 97; Burgstaller, Das Fahrlässigkeitsdelikt, 139; Walder SchweizZSt **77**, 157 vgl. auch Schünemann JA **75**, 647 und StV **85**, 229; Jakobs 7/98ff.; Puppe ZStW **95**, 287 u. **99**, 604; Kratzsch, Oehler-FS 70 u. GA **89**, 64; Arzt/Weber LH **2**, 261; Kahlo GA **87**, 66; Bloy JuS **88**, L44; Toepel [oben 16a] 170ff.; die österreichische Praxis folgt dieser Theorie: OLG Wien ZVR **75**, 377).

Grundlagen der Strafbarkeit **Vor § 13**

Gegen diese Theorie, der die Rspr. nicht folgt (vgl. BGH **37**, 127), wird eingewendet, daß sie den Zweifelssatz (14 zu § 1) einschränke und Verletzungsdelikte contra legem als Gefährdungsdelikte begreife (Koblenz OLGSt 67 zu § 222, hierzu Geilen JK 1 zu § 222; LK-Schroeder 190 zu § 16; SchSch 173 zu § 15; SK 27 zu Anh. § 16; Bockelmann-Volk AT § 20 B I 4c; Wessels AT § 15 II 6; Ulsenheimer JZ **69**, 364 u. Weissauer-FS 165; Dencker JuS **80**, 212; Ebert Jura **79**, 572; Krümpelmann, Bockelmann-FS 443, Jescheck-FS 313 u. GA **84**, 491; Arth. Kaufmann, Jescheck-FS 273, 277; Schlüchter JA **84**, 676; Bindokat JuS **85**, 32; Gössel, Bengl-FS 34; H. J. Hirsch, UniKöln-FS 422; vgl. hierzu Ranft NJW **84**, 1425, ZStW **97**, 291 u. JZ **87**, 862; Küper, Lackner-FS 282; Kahlo GA **87**, 75; Frisch II, 543; zusf. zu den Kritikern Lampe ZStW **101**, 5; Krey ZStW **101**, 852). Eine Lockerung des Kausalzusammenhangs zwischen Aufsichtspflichtverletzung (§ 130 OWiG) und begangener Zuwiderhandlung befürworteten der E/ 2. WiKG, der 57. DJT und der BerAK (S. 77, 225); vgl. 12 zu § 14.

D. Die Rspr. behandelt Fragen der objektiven Zurechnung nach wie vor **18** als Kausalitätsprobleme und beantwortet sie auf dem Boden der Kausalitätsformel (16), die sie unbeschadet ihres Ungenügens selbständig begreift und für die sie auf normativen Wege „praxisgerechte" Einschränkungen sucht. Im Gewande der Kausalitätsdoktrin fließen neuerdings zT auch Erkenntnisse der objektiven Zurechnungslehren in höchstrichterliche Entscheidungen ein. Freilich kommt die Rspr. hierbei noch nicht allenthalben zu einheitlichen oder auch nur zu miteinander vereinbarenden Ergebnissen. Die Rechtspraxis steht daher bei den bedeutsamen Problemen der Kausalität und der objektiven Zurechnung in weiten Bereichen mangels gefestigter und leicht handhabbarer Rechtsgrundsätze auf unsicherem Boden. Grundsätzlich wird der wirkliche Kausalverlauf mit dem hypothetischen verglichen, der sich bei Fehlen der Handlung ergeben hätte (BGH **10**, 370) und Kausalität verneint, wenn der konkrete Erfolg auch ohne die Handlung eingetreten wäre. Stets ist der wirkliche Geschehensablauf in seiner Beziehung zum konkreten Erfolg maßgebend (MedR **88**, 150, hierzu Krümpelmann JR **89**, 353) und zwar selbst dann, wenn die Kausalkette ganz außergewöhnlich abläuft (RG **54**, 349 [*„Bluter-Fall"*]; GA **60**, 111; SchSch 76; SK 47 vor § 1). Andererseits bleiben andere, nicht wirksam gewordene, *hypothetische* Ersatzursachen, die zum gleichen Erfolg geführt hätten, außer Betracht (BGH **2**, 24; **24**, 34; VRS **24**, 124; **32**, 37; **35**, 116; KG JR **64**, 370; Stuttgart NJW **71**, 632; SchSch 81, 97; SK 43 vor § 1). Bei einer Pflichtwidrigkeit kommt es auf deren Zeitpunkt an (BGH **21**, 61, hierzu Krümpelmann, Jescheck-FS 332). Für die Kausalität genügt es, wenn die Handlung nur als *eine* Bedingung unter anderen für den Erfolg (mit-)ursächlich war (*alternative Kausalität,* BGH **2**, 24; Bay NJW **60**, 1964; Schlüchter JuS **76**, 520; SchSch 82; SK 51 vor § 1) oder dessen Eintreten nur *beschleunigt* oder verstärkt hat (RG **50**, 43; **70**, 258; NStZ **81**, 219; **85**, 86; StV **86**, 59, hierzu Geppert JK 8 zu § 13; vgl. 10 zu § 222) oder falls mehrere Beteiligte unabhängig voneinander den tatbestandsmäßigen Erfolg durch die Gesamtheit ihrer Beiträge herbeiführen (*kumulative Kausalität,* BGH **37**, 131; SchSch 83; Jescheck § 28 II 4; Otto Jura **92**, 96; vgl. Brammsen Jura **91**, 537; krit. Puppe JR **92**, 32). Bei psychischen Motivationen ist jede der mehreren Bedingungen Ursache, BGH **13**, 14; vgl. SchSch 75; weiter Kion JuS **67**, 501; Schlüchter JuS **76**, 521; zur besonderen Problematik bei der Beihilfe Class, Stock-FS 115; Hardwig Grundprobleme 35; ferner 23 ff. zu

Vor § 13
AT Zweiter Abschnitt. Erster Titel

§ 263). In den Fällen der *Produkthaftung* kann für den Ursachenzusammenhang zwischen Beschaffenheit eines Produkts und der Gesundheitsbeschädigung seiner Verbraucher offenbleiben, welche Substanz den Schaden verursacht hat, solange andere in Betracht kommende Schadensursachen auszuschließen sind (*„generelle Kausalität"*, BGH **37**, 111, hierzu Kuhlen NStZ **90**, 566; Samson StV **91**, 183; Brammsen Jura **91**, 535; Puppe JR **92**, 18a 31; Hirte JZ **92**, 257; M. Dreher ZGR **92**, 49). Keine **„Unterbrechung des Kausalzusammenhangs"** tritt ein, wenn zu der *weiter wirkenden* Bedingung das fahrlässige oder vorsätzliche Verhalten eines Dritten, und sei es auch des Verletzten selbst (BGH **4**, 22; MDR/D **56**, 526; **67**, 368; auch NStZ **83**, 72, jedoch ist diese Entscheidung durch die neuere Rspr., vgl. unten 19, überholt), mitverursachend hinzutritt, RG **61**, 318 [hierzu Roxin, Tröndle-FS 193]; BGH **4**, 362; **7**, 114; GA **60**, 112; NStZ **85**, 24; NJW **89**, 2480 hierzu Otto Jura **92**, 96 u. Küpper JuS **90**, 184]; NStE Nr. 12 zu § 222; and. insoweit, aber unrichtig NJW **66**, 1823 [iErg. zust. aber Otto, Maurach-FS 97; krit. dazu Hertel NJW **66**, 2418; Kion JuS **67**, 499; Schlüchter JuS **76**, 380; LK 54; LK-Jähnke 3 zu § 212]; Stuttgart OLGSt 27 zu § 230; VRS **59**, 254; NJW **82**, 295 [m. Anm. Ebert JR **82**, 421]; Schleswig SchlHA **76**, 165; LK 53; SchSch 77). Die von Frank (§ 1 III 2a) begründete Lehre vom 18b **Regreßverbot** (vgl. Roxin, Tröndle-FS 177; Frisch II 233; Weßlau ZStW **104**, 124), wonach alle vor einer Vorsatztat liegenden Bedingungen nicht als Ursachen angesehen werden dürfen, anerkennt die Rspr. nicht (RG **64**, 318; 373; Schlüchter JuS **76**, 379; Schaffstein, Lackner-FS 798; SchSch 77; SK 49 vor § 1; AK-Zielinski 104 zu §§ 16, 17). Indessen ist in diesem Zusammenhang zu beachten, daß die neuere Rspr. (BGH **32**, 262; NStZ **85**, 25) den durch die *eigenverantwortliche Selbstgefährdung* des Opfers (unten 19) eingetretenen Erfolg den *Mitbeteiligten nicht* zurechnet. In den Fällen der 18c **überholenden** („abgebrochenen") **Kausalität** (Schlüchter JuS **76**, 380; Otto Jura **92**, 95), in denen ein späteres Ereignis eine *neue* Ursachenreihe eröffnet und die alte nicht fortwirkt (das Opfer, dem bereits jemand Gift gegeben hat, stirbt, ehe das Gift wirken kann, an einem kurz danach erhaltenen Dolchstich), ist ein Ursachenzusammenhang nicht gegeben (BGH **4**, 362; SchSch 78; SK 50 vor § 1; vgl. Joerden JBl. **88**, 432; Brunner Jura **89**, 401).
18d Bei **Verkehrsunfällen** hat nach dem BGH die Prüfung der Ursächlichkeit mit dem *Eintritt der konkreten kritischen Verkehrslage* einzusetzen, die unmittelbar zum schädlichen Erfolg geführt hat (BGH **24**, 34; **33**, 64 [m. Anm. Puppe JZ **85**, 295]; VRS **20**, 131; **23**, 370; **24**, 126; **25**, 262; **54**, 437; M-Gössel § 43, 75; SchSch 168 zu § 15; Wessels AT § 15 II 9; Krümpelmann, Lackner-FS 294).

Durch diesen Grundsatz, den der BGH außerhalb des Verkehrsstrafrechts nicht anwendet, läßt er sich freilich in die absurde Notwendigkeit bringen, Sorgfaltsregeln für fahruntüchtige Fahrer und für den Benutzer verkehrsuntüchtiger Fahrzeuge aufzustellen (BGH **24**, 36; ebenso VRS **37**, 277; Celle VRS **36**, 276; Hamm BA **78**, 294; Koblenz DAR **74**, 25; VRS **71**, 282; Zweibrücken VRS **41**, 114; Köln VRS **64**, 258), die im Grunde „unterhalb des Rechts" loziert und insbesondere bei alkoholisierten Kraftfahrern (unbeschadet einer gewissen Plausibilität und entgegen BGH aaO 37) schwerlich handhabbar sind, da schließlich Sorgfaltspflichten nach Sachlage mit dem Grade der Enthemmung wachsen müßten. Die Kritik gegen BGH **24**, 36 (Knauber NJW **71**, 627; v. Lehmann NJW **71**, 1143; Möhl JR **71**, 249; Mühlhaus DAR **70**, 125; **72**, 169; Schlüchter

Grundlagen der Strafbarkeit **Vor § 13**

JuS 77, 108; JA 85, 676; Maiwald, Dreher-FS 437; Krümpelmann, Bockelmann-FS 461; Puppe JuS 82, 662 u. ZStW 99, 606; Bindokat JuS 85, 33; Horn/Hoyer JZ 87, 970; SchSch 175 zu § 15; Jakobs 7/86; Hentschel/Born 307; vgl. auch Stratenwerth, Jescheck-FS 288) ist daher begründet. In diesen Fällen ist vielmehr zu fragen, ob bei sonst gleichbleibenden Umständen der alkoholisierte Fahrer den Unfall in nüchternem Zustand hätte vermeiden können (Wessels AT § 15 II 9b; Eser I 7 A 13; vgl. Koblenz VRS 63, 361; 71, 282). Im übrigen kommt es nach übereinstimmender Meinung für die Kausalität im Rechtssinne nicht darauf an, ob der Fahrzeugführer irgendwann vor der konkreten kritischen Verkehrslage die erlaubte Geschwindigkeit überschritten hatte (BGH 33, 64; VRS 23, 370; Köln VRS 50, 201; SchSch 165 zu § 15; SK 28 zu Anh. § 16; Jescheck § 55 II 2b bb; NStZ/J 84, 254; unrichtig Karlsruhe NJW 58, 430). Welches Verkehrsverhalten des Fahrers in dieser kritischen Verkehrslage verkehrsgerecht gewesen wäre, ist im Hinblick gerade auf die Verkehrswidrigkeit zu beantworten, die als (unmittelbare) Unfallursache in Betracht kommt, während im übrigen vom tatsächlichen Geschehensablauf auszugehen ist. Hierbei ist nur der dem Täter vorgeworfene Tatumstand hinwegzudenken und durch das der Pflichtwidrigkeit korrespondierende verkehrsgerechte Verhalten zu ersetzen; darüber hinaus darf von der Verkehrssituation nichts weggelassen, ihr nichts hinzugedacht und an ihr nichts verändert werden (BGH 10, 370 [hierzu Schroeder JZ 89, 778]; 24, 34; 33, 64). Nach Eintritt der kritischen Verkehrslage ist für die Beurteilung des rechtlichen Ursachenzusammenhangs allein von Bedeutung, wie bei richtiger Fahrweise Vorgänge unter Berücksichtigung des Verhaltens der übrigen Verkehrsteilnehmer abgelaufen wäre. Hierbei besteht der *Normzweck* (17d) der allgemeinen Geschwindigkeitsbegrenzung (§ 3 III 2c StVO) auch darin, anderen Verkehrsteilnehmern einen gefahrlosen Begegnungs- und Kreuzungsverkehr zu ermöglichen; freilich soll nach BGH 33, 65 unerheblich sein, daß ein Ausbleiben des schädigenden Erfolges allein auf die Fortbewegung eines anderen Verkehrsteilnehmers zurückzuführen wäre (krit. hierzu Puppe JZ 85, 295; Ebert JR 85, 357; Streng NJW 85, 2810; Otto JK 2 zu § 230; vgl. auch Kratzsch, Oehler-FS 79 Fn. 55). Im übrigen wird ein „rechtlicher Kausalzusammenhang (16 aE) von der Rspr. nur angenommen, wenn der Erfolgseintritt gerade in der Sorgfaltspflichtverletzung seinen Grund hat (Karlsruhe JR 85, 480 [m. Anm. Kindhäuser]; Bay NZV 91, 79), für deren Beurteilung auch der Vertrauensgrundsatz (11 zu § 222) von Bedeutung ist (Wessels AT § 15 II 6). Der Sache nach geht es hierbei um den *Pflichtwidrigkeitszusammenhang* (17c). Eine Handlung ist in diesem Sinne nur ursächlich, wenn der Erfolg bei gehöriger Sorgfalt mit an Sicherheit grenzender Wahrscheinlichkeit vermieden worden wäre *(Vermeidbarkeitstheorie).* Dieser Grundsatz, dem die hM folgt, führt in BGH 11, 1 dazu, die Kausalität des verkehrswidrigen Täterverhaltens für den schädigenden Erfolg zu verneinen, wenn das fehlerhafte Verkehrsverhalten des Opfers auch ohne die Verkehrswidrigkeit des Täters zum gleichen Erfolg geführt hätte (vgl. auch Oldenburg VRS 66, 31; krit. Spendel JuS 64, 14; Bindokat JZ 77, 549; Ranft NJW 84, 1425; Lampe ZStW 101, 50). Demgegenüber steht nach BGH 30, 231 das *nachfolgende* pflichtwidrige Verhalten eines Dritten, das den Eintritt des vorangegangenen strafrechtlichen Erfolgs nicht beeinflußt hat, dem Kausalzusammenhang nicht entgegen (hierzu Anm. Puppe JuS 82, 660; Kühl JR 83, 32; ferner zum Ganzen Ulsenheimer 209ff. u. JZ 69, 364; Schlüchter JA 84, 673; Krümpelmann GA 84, 491 und Jescheck-FS 331; Kratzsch, Oehler-FS 79, Bindokat JuS 85, 33; Struensee GA 87, 104; VRS 74, 359; Maiwald JuS 89, 187; Lampe ZStW 101, 28; SchSch 98f., vor § 13 und 163 zu § 15; Wessels AT § 15 II 4, 6, 8; AK 108 zu §§ 15, 16; Arzt/Weber LH 2, 261; Behrendt, Jescheck-FS 303).

19   E. Einen „rechtlichen Ursachenzusammenhang" (16 aE) hält die neuere Rspr. hingegen in den Fällen der **Beteiligung an einer eigenverantwortlichen Selbstverletzung oder Selbstgefährdung** eines anderen *nicht* mehr für gegeben. Entgegen der früheren Rspr. (BGH **7**, 114; **17**, 359; NJW **81**, 2015; VRS **17**, 277; hierzu Dölling GA **84**, 71; Otto, Tröndle-FS 157) nimmt der BGH diese Fälle nunmehr überhaupt aus der Tatbestandsmäßigkeit heraus und verneint ein Körperverletzungs- oder Tötungsdelikt dann, wenn sich das mit der Gefährdung vom Opfer bewußt eingegangene Risiko realisiert (BGH **32**, 262 [m. zust. Anm. Roxin NStZ **84**, 410; Kienapfel JZ **84**, 751; Otto Jura **84**, 536 u. Spendel-FS 280; Dach NStZ **85**, 24; U. Weber, Spendel-FS 377]; **37**, 179; SchSch 101a; SK 79ff. vor § 1; grundlegend Frisch II, 1ff., 149 u. NStZ **92**, 1; 62; krit. Horn JR **84**, 511). Eine solche, die Tatbestandsmäßigkeit ausschließende freiverantwortlich gewollte und verwirklichte *Selbstgefährdung* liegt aber nur dann vor, wenn jemand selbstgefährdende Handlungen vornimmt oder sich in eine schon bestehende Gefahr wissentlich hineinbegibt. Streng zu unterscheiden hiervon ist die *einverständliche Fremdgefährdung,* wenn sich jemand der von einem *anderen* erst drohenden Gefahr in vollem Bewußtsein des Risikos aussetzt, und der andere gleich einem „Täter" allein die Tatherrschaft über das die Rechtsgutgefährdung herbeiführende Geschehen ausübt und das „Opfer" sich lediglich den Wirkungen der gefährlichen Täterhandlungen aussetzt, so daß sein Schicksal letztlich in den Händen des „Täters" liegt (Bay NJW **90**, 132 [zust. Solbach JA **90**, 32; Dölling JR **90**, 474; Hugger JuS **90**, 972]; LG Kempten NJW **89**, 2069; Dölling GA **84**, 78; M. K. Meyer Ausschluß 142; Roxin NStZ **84**, 411; Prittwitz NJW **88**, 2943; SchSch 156 zu § 15; SK 81a vor § 1; Lackner 12 vor § 211; AK-Seelmann 142 zu § 13; vgl. ferner 3 ff. vor § 32). Die Strafbarkeit eines Täters, der eine eigenverantwortlich gewollte und verwirklichte Selbstgefährdung einer anderen Person veranlaßt, ermöglicht oder fördert, beginnt indessen dann, wenn er kraft seines *überlegenen Sachwissens* das Risiko besser erfaßt als die sich selbstgefährdende Person (NStZ **85**, 25; **86**, 266, hierzu Otto, Tröndle-FS 174 u. JK 3 zu § 222; Frisch NStZ **92**, 64), zB der *HIV-Infizierte* (6 b zu § 223), der seine Sexualpartner über seine Infektiösität nicht informiert (BGH **36**, 15). Informiert er sie umfassend und geht das Verlangen nach dem Sexualakt gleichwohl vom Partner aus, so ist die Beteiligung an dessen eigenverantwortlicher Selbstgefährdung keine Tat iS des § 25 (Bay NJW **90**, 132 [hierzu Geppert JK 4 zu § 223a]; Otto, Tröndle-FS 166; vgl. auch 15b zu § 222). Nach NStZ **84**, 452 (m. Anm. Fünfsinn NJW **85**, 57) soll der an einer eigenverantwortlichen Selbstgefährdung Mitwirkende freilich dann als Garant (§ 13) haften, sobald der sich Selbstgefährdende bewußtlos geworden ist und das eingegangene Risiko sich verwirklicht hat (in BGH **32**, 266 noch offen gelassen; vgl. auch BGH **32**, 367 und 6 vor § 211). Hiergegen ist aber einzuwenden, daß das eigenverantwortliche Vorverhalten des sich Selbstgefährdenden zufolge des *Autonomieprinzips* (vgl. Kratzsch, Oehler-FS 74) außerhalb der Verantwortungsbereichs des Mitwirkenden liegt, daher auch keine Garantenstellung und damit – unbeschadet anderer Vorschriften (zB § 323c, BtMG) – keine strafrechtliche Haftung nach den §§ 211 ff., 223 begründen kann (so inzwischen wohl auch BGH NStZ **87**, 406; vgl. ferner Stree JuS **85**, 181; Wessels AT § 6 II 4; Roxin NStZ **84**, 512 u. Tröndle-FS 186; Schünemann NStZ **82**, 62; Kien-

Grundlagen der Strafbarkeit

Vor § 13

apfel JZ **84**, 752; Beulke/Mayer JuS **87**, 126; Wessels AT § 6 II 4). Das folgt auch den Grundsätzen der Zurechnungslehren des Pflichtwidrigkeits- und Schutzzweckszusammenhangs (oben 17c, 17d), denen der Sache nach BGH **32**, 262 folgt (vgl. Stree, Geppert aaO).

F. Bei **Unterlassungsdelikten** ist die Rspr. auf dem Boden der Kausali- 20 tätsformel (oben 16) von jeher von einem normativen Kausalitätsbegriff ausgegangen. Da in diesem Bereich dem Täter gerade vorgeworfen wird, daß er nicht durch Setzen einer hindernden Bedingung in eine laufende Kausalkette eingegriffen hat, kommt es deshalb auf eine **hypothetische Kausalität** (Schlüchter JuS **76**, 381) an. Der sozial-normative Handlungsbegriff (oben 4) stellt hier lediglich auf eine *Quasi-Kausalität* ab, um zwischen Unterlassen und Erfolg den erforderlichen Zusammenhang zu kennzeichnen: *Dem Täter wird die Nichthinderung des Erfolges dann zugerechnet, wenn die unterlassene Handlung nicht „hinzugedacht" werden kann, ohne daß der Erfolg entfiele* (RG **63**, 393; MDR/D **71**, 361 [dazu krit. Herzberg MDR **71**, 881]; NStZ **85**, 27; BGH **37**, 126; LK 15, 18 zu § 13; SchSch 61 zu § 13; SK 43 vor § 1; Wessels AT § 16 II 3). Eine Unterlassung ist dann für den Erfolg ursächlich, wenn die unterbliebene Handlung ihn verhindert hätte (BGH **6**, 2; NJW **79**, 1258; MDR/H **84**, 795; BGHR § 306 Nr. 2, Inbrands. 2). Dieses hypothetische Urteil kann nur die Feststellung einer an Sicherheit grenzenden Wahrscheinlichkeit sein (NStZ **81**, 218 m. Anm. Wolfslast [„hochgradige Wahrscheinlichkeit"]; NStE Nr. 7 zu § 222; Bremen DAR **64**, 273; SchSch 171 zu § 15; vgl. auch oben 17e u. 14 zu § 13). Indessen läßt es die Rspr. in Fällen der Beihilfe durch Unterlassen (7 zu § 27) genügen, daß die Tatvollendung durch das Einschreiten erschwert worden wäre (RG **73**, 54; NJW **53**, 1838; SchSch 16 zu § 27; hierzu Ranft ZStW **97**, 275, 281, 300).

Schrifttum zur Kausalität der Unterlassung: *Arm. Kaufmann,* Die Dogmatik 20a der Unterlassungsdelikte, 1959 S. 57 ff.; *Gallas* ZStW **67**, 8; *Bockelmann,* Eb. Schmidt-FS 449; *Engisch* JZ **62**, 190; *Spendel* JZ **73**, 137; *Schlüchter* JuS **76**, 794; *Fünfsinn,* Der Aufbau des fahrlässigen Verletzungsdelikts durch Unterlassen im Strafrecht, 1985 S. 35; *E. A. Wolff,* Kausalität von Tun und Unterlassen, 1965; *Hardwig* Grundprobleme S. 33; *Ranft* ZStW **97**, 268; krit. *Walder* SchweizZSt **77**, 152; *Kahlo* (Bewirken durch Unterlassen bei drittvermitteltem Rettungsgeschehen) GA **87**, 66.

4. Eine **Erweiterung** des BT bringen die Vorschriften des AT über 21 Versuch und Teilnahme.

a) Die Strafbarkeit des **Versuchs** bei allen Verbrechen und zahlreichen 22 Vergehen erweitert die Tatbestandsbeschreibung im BT dahin, daß nicht nur bestraft wird, wer das dort Beschriebene tut, sondern auch der, der es zu tun versucht. Zu diesem Begriff und der Abgrenzung zu der meist straflosen Vorbereitungshandlung vgl. 14 ff. zu § 22. Der Begriff des Unternehmens (zB §§ 81, 82) umfaßt Versuch und Vollendung (§ 11 I Nr. 6). Soweit der AT (§ 30) und der BT (zB §§ 81, 83, 87, 149, 152a I Nr. 2, §§ 234a III, 275, 311b, 311c) darüber hinaus auch **Vorbereitungshandlungen** zu gewissen Straftaten mit Strafe bedrohen, erfährt deren Tatbestand eine nochmalige Erweiterung.

b) Die Vorschriften über die **Teilnahme** (§§ 25–31) erweitern den BT 23 insoweit, als nicht nur derjenige bestraft wird, der tut, was im BT be-

Vor § 13 AT Zweiter Abschnitt. Erster Titel

schrieben wird, sondern auch derjenige, der selbst nur einen Beitrag zu einem derartigen Tun leistet (restriktiver Täterbegriff im Gegensatz zum extensiven, dem, weil jede Mitverursachung der Tatbestandsverwirklichung den Handelnden zum möglichen Täter macht, die subjektive Teilnahmetheorie verbunden ist; 1 ff. vor § 25). Insbesondere genügt es, wenn der Mittäter und der Gehilfe Beiträge leisten, die noch nicht einmal einen Teil der im Tatbestand beschriebenen Handlung darstellen (vgl. 3 zu § 25; 1 zu § 27). Anders ist das bei den sog. **eigenhändigen Delikten.** Hier ist Täter nur, wer die Tatbestandshandlung selbst voll verwirklicht (zB §§ 154/160, 173, 179, 182, 316, 323a). Der Bereich dieser Delikte ist umstritten (vgl. Roxin TuT 399 ff.; SchSch-Cramer 47 zu § 25; Schall JuS 79, 106; Haft JA 79, 651; Mewes Jura 90, 628; Auerbach, Die eigenhändigen Delikte usw. 1978, hierzu Maiwald ZStW 93, 871).

23a   5. Zur Frage des **Rechtsgutes** (ausführlich Graul [oben 13a] 41 ff.; Hohmann GA 92, 77) als ungeschriebenes **einschränkendes Tatbestandsmerkmal** Gössel, Oehler-FS 97.

24   III. **Rechtswidrig** ist die Tat, wenn sie der Rechtsordnung widerspricht. Diese Bewertung wird durch ein objektives Unwerturteil vollzogen, dessen Gegenstand die gesamte Tat ist. Die Rechtswidrigkeit der Tat ist ein allgemeines Verbrechensmerkmal (BGH **2**, 194). Ein Unterschied zwischen formeller und materieller Rechtswidrigkeit ist nicht anzuerkennen (vgl. LK 12 vor § 32).

25   1. Der Begriff der Rechtswidrigkeit ist für Zivil- und Strafrecht derselbe (anders neuerdings Günther 89; vgl. unten 27 aE). Was das Zivilrecht erlaubt, ist auch strafrechtlich nicht rechtswidrig. Strafrechtlich wirksame Rechtfertigungsgründe können sich aus den Normen des gesamten gesetzten (zB §§ 228, 904 BGB) und ungesetzten Rechtes (RG **63**, 218), aber auch aus dem Zusammenhang der Rechtssätze ergeben (RG **61**, 247). Doch braucht zivilrechtliches Unrecht wie die verbotene Eigenmacht nicht auch strafbar zu sein. Die Rechtswidrigkeit wird in erster Linie durch das Handlungsunrecht bestimmt, doch hat auch der Erfolgsunwert, der idR nicht fehlen darf, seine Bedeutung (str., vgl. Krauss ZStW **76**, 19; Stratenwerth SchweizZSt. **79**, 16; Zielinski, Handlungs- und Erfolgsunwert im Unrechtsbegriff, 1973; Otto ZStW **87**, 539).

26   2. Die Rechtswidrigkeit kann nicht nur nach dem **äußeren Tatbild,** dem sog. äußeren Tatbestand, festgestellt werden. Das ist seit „Entdeckung" der sog. **subjektiven Unrechtselemente** (vor allem durch Mezger, GerS **89**, 207), insbesondere bei den Absichtsdelikten (zB § 242), den Tendenzdelikten (zB „gewerbsmäßig oder gewohnheitsmäßig"; vgl. Jescheck § 30 II 2c) und den Ausdrucksdelikten (zB §§ 153 ff.) kaum mehr bestritten (vgl. Lampe, Das personale Unrecht, 1967; dazu krit. Hardwig JZ **69**, 459). Man wird aber mit der finalen Handlungslehre dahin weitergehen müssen, daß man das gesamte **innere Tatbild** bei der Prüfung der Rechtswidrigkeit heranzuziehen hat, was schon bei der Einordnung einer Handlung in den Tatbestand notwendig ist (vgl. oben 9). Ohne Feststellung des Vorsatzes bleibt insbesondere offen, ob eine Handlung ein rechtswidriger Versuch oder eine rechtlich gebilligte Handlung ist.

Grundlagen der Strafbarkeit **Vor § 13**

3. Wie oben dargelegt (8), wird die Rechtswidrigkeit durch die Verwirk- 27 lichung des Tatbestandes lediglich *indiziert*. Sie ist erst gegeben, wenn nicht nur der Tatbestand verwirklicht ist, sondern auch **Rechtfertigungsgründe** (vgl. 2 ff. vor § 32) **fehlen**. Eine sehr umstrittene Lehre sieht die Voraussetzungen von Rechtfertigungsgründen als **negative Tatbestandsmerkmale** an (zuerst von Merkel, später u. a. von Frank, Mezger vertreten, vgl. u. a. Arth. Kaufmann JZ **54**, 653; **56**, 353 für, Arm. Kaufmann JZ **55**, 37 gegen die Lehre), so daß dann vollständige Tatbestandsverwirklichung stets gleichzeitig Rechtswidrigkeit bedeutet (sog. zweiteiliger Verbrechensaufbau; so Mezger und Sauer; vgl. auch Gallas ZStW **67**, 16 ff.; Bockelmann-Volk AT § 10 II). Auf diesen Gesamttatbestand hätte sich dann auch der Vorsatz zu erstrecken. Die Lehre kann als überholt angesehen werden (vgl. 25 zu § 16; Dreher MDR **75**, 351). Die Rechtfertigungsgründe enthalten vielmehr einen Erlaubnistatbestand, dessen irrige Annahme die Strafe wegen vorsätzlicher Tat entfallen läßt (Dreher, Heinitz-FS 207; 23 ff. zu § 16; iErg. so auch BGH **3**, 105; 272; vgl. auch Börker JR **60**, 168; Herdegen, BGH-FS 206 ff.). Neuerdings unterscheidet Günther, Strafrechtswidrigkeit und Strafunrechtsausschluß, 1983, 235 ff.; 257 ff. (hierzu Hassemer NJW **84**, 352; Gössel GA **84**, 520; Roxin, Oehler-FS 181 u. JuS **88**, 430; W. Weber JZ **84**, 276; Rudolphi, Arm. Kaufmann-GedS 373; Schünemann GA **85**, 352 u. R. Schmitt-FS 127; Hellmann aaO [1 zu § 34], 91; H. J. Hirsch, UniKöln-FS 411 u. aaO (1a vor § 32] 35; hierzu wiederum Günther, H. Lange-FS 896) unter Anlehnung an den aus dem Verhältnismäßigkeitsgrundsatz entwickelten Strafwürdigkeitsgedanken zwischen echten und unechten Strafunrechtsausschlußgründen, wobei nur die letzteren für die Gesamtrechtsordnung die Rechtswidrigkeit auszuschließen vermögen, und erreicht auf diese Weise strafrechtsadäquate Lösungen u. a. in der str. Frage der Notrechte bei hoheitlichem Handeln und der Pflichtenkollision (6, 11 vor § 32; 24 zu § 34).

IV. Die Schuld als Voraussetzung der Strafbarkeit mit Verfassungsrang 28 (BVerfGE **9**, 169; **20**, 331; **23**, 132; **25**, 285; **41**, 125; **45**, 259; **50**, 133; BayVerfGH NJW **83**, 1600; BGH **10**, 259; krit. Schulz JA **82**, 532) wurde früher als **psychologischer** Begriff verstanden. Vorsatz und Fahrlässigkeit waren die beiden Formen dieser Schuld. Im Anschluß an die neuere Lehre (Frank, Goldschmidt, v. Dohna) hat sich in der Rspr. ein **normativer** Schuldbegriff durchgesetzt (vgl. LK 69; dazu krit. Achenbach, Historische und dogmatische Grundlagen der strafrechtssystematischen Schuldlehre, 1974 und in Schünemann, Grundfragen 137, 149; zum Diskussionsstand Roxin, Henkel-FS 171, Bockelmann-FS 279 u. ZStW **96**, 641; der selbst, wie auch Jakobs, Schuld und Prävention, 1976, eine an den Strafzwecken orientierte Schuldlehre entwickelt, die schon deshalb nicht zugestimmt werden kann, weil sie den Unterschied zwischen Strafe und Maßregel aufheben müßte; sehr instruktiv die krit. Stellungnahme von Burkhardt GA **76**, 321; ferner Conde GA **78**, 65; Seelmann Jura **80**, 505; Otto GA **81**, 484; Rudolphi InstKonfl. **7**, 1; Amelung JZ **82**, 621; Schreiber, Richterakademie-FS 75 u. Venzlaff-Hdb. 4; Krümpelmann ZStW **99**, 214; für einen „auf der unrechtlichen Tatgesinnung" beruhenden axiologischen Schuldbegriff: Schmidhäuser StudB AT 7/6 u. Jescheck-FS 485); zusf. zu den verschiedenen modernen Varianten eines *„sozialen Schuldbegriffs"* Lackner 23; zutr. krit. hierzu Maiwald, Lackner-FS 149; gegen die Preisgabe des

Vor § 13

Schuldgrundsatzes Arth. Kaufmann Jura **86**, 225; hierzu Roxin § 19, 43 u. Was bleibt von der Schuld im Strafrecht übrig? SchweizZSt **87**, 356; Schünemann in Hirsch/Weigend (Hrsg.), Strafrecht und Kriminalpolitik usw., 1990 S. 147 (Entwicklung der Schuldlehre). **Schuld ist Vorwerfbarkeit** (GrSenBGH **2**, 200); besser gesagt: *Das Belastetsein mit der Verantwortung* für eine rechtswidrige Tat (Entschließungsunwert; vgl. Gallas ZStW **67**, 45; ferner Otto ZStW **87**, 580). **Willensfreiheit** als Voraussetzung von Schuld ist nach dem grundlegenden Werk von Dreher (unten 28a) als Teil der von uns erlebten Wirklichkeit existent und bedarf keines Beweises, weil es für uns keine andere als die erlebte Wirklichkeit gibt (das ganze sehr str.), Dreher (Willensfreiheit 18 ff.) weist auch nach, daß das geltende StGB nur indeterministisch verstanden werden kann (str.; vgl. hierzu Griffel GA **89**, 194; Tiemeyer ZStW **100**, 546); Renzikowski NJW **90**, 2907; anders Roxin § 19, 35).

28a Schrifttum: *Danner*, Gibt es einen freien Willen?, 4. Aufl. 1977; *Dreher* ZStW **95**, 340, Die Willensfreiheit, 1987 u. Spendel-FS 13; *Foth* ARSP **76**, 249; *Griffel*, Der Mensch, Wesen ohne Verantwortung? 1975 u. GA **89**, 193; *Haddenbrock/Luthe/Witter/Grasnick* JR **91**, 225, 364; *H. J. Hirsch* aaO [1a vor § 32] 38; *Hruschka*, Reimers-FS 472; *Jakobs*, in: Henrich (Hrsg.), Aspekte der Freiheit, 1982 S. 69; LK-*Jescheck* 66; *Arth. Kaufmann* JZ **85**, 1070, Jura **86**, 226 u. Fundamenta Psychiatrica **88**, 146; *Krümpelmann* GA **83**, 347; *Lackner*, Kleinknecht-FS 248; LK-*Lange* 5, 8 zu §§ 20/21 u. Jescheck-FS 62; SchSch-*Lenckner* 108 ff.; *Maiwald*, Lackner-FS 189; *Müller-Dietz*, Grundfragen 10; *Neufelder* GA **74**, 289; *Oswald* GA **88**, 159; *Paehler* DRiZ **86**, 377, **88**, 257 (hierzu *Griffel* DRiZ **87**, 275); *Roxin* ZStW **96**, 651 (hierzu *Griffel* ZStW **98**, 28); *Schild* AK 50 ff.; *Schmidhäuser*, Jescheck-FS 489; *Schünemann* Grundfragen 160 u. GA **86**, 295; *Stratenwerth* SchweizZSt. **84**, 225; *Streng*, Schuld ohne Freiheit? ZStW **101**, 274 (hierzu *Griffel* MDR **91**, 109); *Tiemeyer* GA **86**, 203 [gegen ihn *Dreher*, Spendel-FS 14]; *Witter* MSchrKrim **83**, 256 u. Leferenz-FS 441; *Zippelius*, Fundamenta Psychiatrica **88**, 141.

Vorsatz oder Fahrlässigkeit können die Schuld allein nicht begründen; wohl aber bestimmen sie die Art der Schuld (BGH **9**, 377; sehr str.; vgl. M-Zipf § 30; Dreher, Heinitz-FS 224). Insoweit hat der Vorsatz nicht nur für Tatbestand und Rechtswidrigkeit, sondern auch für die Schuld Bedeutung. In dreifacher Hinsicht muß dem Täter ein Vorwurf gemacht werden können, wenn seine Schuld festgestellt werden soll. Ihm muß vorzuwerfen sein:

29 1. Entweder: *Du hast gewußt, was Du tatest* (= Vorsatz). Oder *Du hättest wissen müssen, was Du tatest* (= Fahrlässigkeit). Insoweit sind auch heute Vorsatz- und Fahrlässigkeitsschuld zu unterscheiden.

30 2. *Du hättest anders handeln können*. Normgemäßes Verhalten war dir auch zuzumuten (vgl. RG **66**, 398; Tiemeyer GA **86**, 204). Entfällt dieser Vorwurf, so entfällt stets der Vorwurf der Fahrlässigkeit (krit. Schünemann JA **75**, 790). Bei vorsätzlichen Begehungsdelikten erkennt das Gesetz allerdings einen allgemeinen Schuldausschließungsgrund der Nichtzumutbarkeit nicht an (vgl. Henkel, Mezger-FS 249; andererseits verfassungsrechtlich Wittig JZ **69**, 546; Lücke JR **75**, 55; gegen sie zutr. Achenbach JR **75**, 790), wohl aber im Rahmen des § 20 („unfähig, nach dieser Einsicht zu handeln") und des § 35. Allerdings gibt es Fälle, die zur Annahme eines übergesetzlichen Schuldausschließungsgrundes der Nichtzumutbarkeit drängen (vgl. Gallas, Mezger-FS 311; OGHSt. **1**, 321; **2**, 117; BGH NJW

53, 513). Für den Fall der unechten Unterlassungsdelikte vgl. 15f. zu § 13; für den der Fahrlässigkeit 16 zu § 15; siehe auch § 323c, wo str. ist, ob die Nichtzumutbarkeit bereits den Tatbestand ausschließt.

3. Entweder: **a)** *Du hast gewußt, daß Dein Handeln rechtswidrig war.* Oder: **31** **b)** *Du hättest wissen müssen, daß Dein Handeln rechtswidrig war.* Das Bewußtsein der Rechtswidrigkeit, mindestens aber die Möglichkeit, sich der Rechtswidrigkeit bei gehöriger Gewissensanspannung bewußt zu werden, ist Bestandteil der Schuld (GrSenBGH **2**, 194). Damit ist die Einsichtsfähigkeit iS des § 20 zum Schuldelement schlechthin erweitert worden. Während die sog. **Vorsatztheorie** (22 zu § 16) im Fall b grundsätzlich nur Fahrlässigkeit annimmt, hat sich der BGH der sog. Schuldtheorie angeschlossen, die in diesem Fall Vorsatz annimmt, wenn der Täter auch wußte, was er tat (vgl. Spendel, Tröndle-FS 89; näher 2ff. zu § 17). Auch im Fall der Fahrlässigkeit ist Merkmal der Schuld, daß der Täter die Rechtswidrigkeit seiner Tat hätte erkennen können (VRS **10**, 176; Hamm VRS **20**, 232; Oldenburg VRS **29**, 264; Karlsruhe NJW **67**, 2167; Naka JZ **61**, 210; LK-Schroeder 2 zu § 17; anders Arzt ZStW **91**, 858).

4. Von der Schuld selbst ist die **Schuldfähigkeit** des Täters zu unter- **32** scheiden (hM; abw. LK-H. J. Hirsch 177 vor § 32). Nicht schuldfähig ist das Kind bis zu vierzehn Jahren (§ 19). Es kann immer nur ohne Schuld handeln. Ob man auch beim Jugendlichen, der den Reifegrad des § 3 JGG noch nicht erreicht hat, von fehlender Schuldfähigkeit oder im Einzelfall ausgeschlossener Schuld zu sprechen hat, ist nicht unzweifelhaft. Hingegen ist bei der sog. Schuldunfähigkeit des § 20 stets nur Ausschluß der Schuld im Einzelfall anzunehmen. Denn die Störung braucht kein länger dauernder Zustand zu sein, und Einsichts- sowie Hemmungsfähigkeit beziehen sich immer nur auf eine bestimmte einzelne Tat (3 zu § 20).

C. Der Täter einer Tat kann idR jeder Mensch sein. Das Wort „wer", **33** mit dem die Vorschriften des BT meistens beginnen, meint jeden Menschen, und zwar insoweit auch Kinder und Jugendliche, als sie Taten der beschriebenen Art ohne Schuld begehen können. Ausnahmen von dem Grundsatz kommen jedoch in Betracht.

1. Ob nicht nur Menschen, sondern auch **juristische Personen** Straftaten **34** begehen können, ist sehr str. Nur der Mensch kann Schuld auf sich laden, nicht auch eine juristische Person (RG **44**, 147). Die ganze Frage ist infolge der modernen Wirtschaftsentwicklung heftig umstritten. Aus der Rspr. vgl. dazu BGH **5**, 28; JR **54**, 150; vgl. 1a zu § 14.

Stets wachsende Bedeutung gewann die *Geldbuße* gegen juristische Personen, nicht rechtsfähige Vereine oder Personenhandelsgesellschaften als Nebenfolge einer Straftat oder Ordnungswidrigkeit ihrer Organe oder Vertreter (§§ 30, 88 OWiG; § 444 StPO; ergänzende Regelungen in § 39 HypothekenbankG, § 59 KWG, § 40 SchiffsbankG).

Schrifttum: *Ackermann,* Die Strafbarkeit juristischer Personen im deutschen Recht und in ausl. Rechtsordnungen, 1984; *Busch,* Grundfragen der strafrechtlichen Verantwortlichkeit der Verbände, 1933; SchSch-*Cramer* 89 vor § 25; Gutachten und Referate zum *40. DJT* (1954); Göhler „Juristische Personen"; *Jescheck* ZStW **65**, 210; *Lang-Hinrichsen,* Mayer-FS 49; *Ndschr.* **1**, 295ff.; **4**, 321 bis 337, 401f.; *Rotberg* FS z. 100-jährigen Bestehen d. DJT II, 193.

2. In einer Reihe von Tatbeständen werden Täter mit besonderen Merk- **35** malen vorausgesetzt. In diesen Fällen spricht man von **Sonder-** bzw.

Vor § 13

Pflichtdelikten (*Langer*, Das Sonderverbrechen, 1972 u. E. Wolf-FS 356; *Stratenwerth*, Bruns-FS 63). Das sind zB die Straftaten der §§ 325, 327, 329, die nur von demjenigen begangen werden können, dem besondere umweltrechtliche Pflichten auferlegt sind, sowie die der §§ 331ff., die idR nur von Amtsträgern begangen werden können, oder die des WStG, deren Täter idR Soldaten sein müssen. Sonderdelikte sind zB auch die §§ 121, 142, 203, 217. Bei den Sonderdelikten müssen auch Mittäter und mittelbare Täter die besondere Tätereigenschaft haben (vgl. dazu 6 zu § 25). Die Frage, wann ein anderer, der für den Qualifizierten handelt (zB der Prokurist anstelle des Kommissionärs), strafrechtlich haftet, regelt § 14.

36 3. Gewisse Vorschriften beziehen sich nur auf Täter von besonderer Eigenart. Der Täter muß hier einen bestimmten **Tätertyp** verkörpern. Das war zB bei § 181a aF (Zuhälter) der Fall. Man spricht hier von einem **kriminologischen Tätertyp.** Die in der NS-Zeit aufgekommene, aber schon damals wieder zurückgedrängte Lehre vom **tatbestandlichen Tätertyp,** wonach zB § 242 nur den Typ des „Diebes", § 263 nur den des Betrügers treffe (dazu RG **74**, 202), ist heute überholt, hat aber Spuren im StGB hinterlassen (§ 211!).

Begehen durch Unterlassen

13 ^I Wer es unterläßt, einen Erfolg abzuwenden, der zum Tatbestand eines Strafgesetzes gehört, ist nach diesem Gesetz nur dann strafbar, wenn er rechtlich dafür einzustehen hat, daß der Erfolg nicht eintritt, und wenn das Unterlassen der Verwirklichung des gesetzlichen Tatbestandes durch ein Tun entspricht.

^{II} **Die Strafe kann nach § 49 Abs. 1 gemildert werden.**

1 **Materialien:** E 1962, Begr. 123; Ndschr. **2**, 267, 357, A. 148ff., **12**, 74, 85, 242, 418, 423, 436, 443, 445ff., 472ff.; AE 49; Ber. BT-Drs. V/4095, 8; Prot. V/ 1644, 1743, 1860ff., 3254ff.;

2 **Schrifttum:** *Androulakis,* Studien zur Problematik der unechten Unterlassungsdelikte, 1963; *Bärwinkel,* Zur Struktur der Garantieverhältnisse bei den unechten Unterlassungsdelikten, 1968; *Blei,* H. Mayer-FS 119; *Brammsen,* Die Entstehungsvoraussetzungen der Garantenpflichten, 1986 (hierzu *Behrendt* GA **87**, 473); *Donatsch* SchweizZSt. **89**, 345 (Pflicht zur Notwehr- und Notstandshilfe); *Fünfsinn,* Der Aufbau des fahrlässigen Verletzungsdelikts durch Unterlassen im Strafrecht, 1985; *Gössel* ZStW **96**, 321; *Hall,* Grünhut-FS 213; *Herzberg,* Die Unterlassung im Strafrecht und das Garantieprinzip, 1972; ferner MDR **71**, 881; **73**, 89; *Hruschka,* Bockelmann-FS 421; *Jescheck* ZStW **77**, 109 u. Tröndle-FS 797, 814 (rechtsvergl.); *Armin Kaufmann,* Die Dogmatik der Unterlassungsdelikte, 1959; *Lampe,* ZStW **79**, 476; *Landscheidt,* Zur Problematik der Garantenpflichten aus verantwortlicher Stellung in bestimmten Räumlichkeiten, 1985; *Lilie* JZ **91**, 541; *Maiwald* JuS **81**, 473; *Meyer-Bahlburg* GA **68**, 49; *Nitze,* Die Bedeutung der Entsprechensklausel beim Begehen durch Unterlassen (§ 13), 1989; *Otto* NJW **74**, 528; *Otto/Brammsen* Jura **85**, 532; *Pfleiderer,* Die Garantenstellung aus vorausgegangenem Tun, 1968; *Ranft* JZ **87**, 859; *Reus/Vogel* MDR **90**, 869; *Roxin,* Engisch-FS 380; ferner JuS **73**, 197; *Rudolphi,* Die Gleichstellungsproblematik der unechten Unterlassungsdelikte, 1966, JZ **77**, 150, NStZ **84**, 149 u. NStZ **91**, 361; *Sangenstedt,* Garantenstellung und Garantenpflicht von Amtsträgern, 1988; *Schünemann,* Grund und Grenzen der unechten Unterlassungsdelikte, 1971; GA **74**, 231 u. ZStW **96**, 287; *Schürmann,* Unterlassungsstrafbarkeit und Gesetzlich-

Grundlagen der Strafbarkeit § 13

keitsgrundsätze, 1986 (hierzu *Jakobs* GA **87**, 564); *Seebode,* Spendel-FS 317 (gesetzliche Bestimmtheit der unechten Unterlassungsdelikte); *Seelmann* GA **89**, 241; *Spendel,* Eb. Schmidt-FS 183 u. JZ **73**, 137; *Stree,* H. Mayer-FS 155; Klug-FS 395; *Struensee* JZ **77**, 217; *Timpe,* Strafmilderungen des Allgemeinen Teils des StGB und das Doppelverwertungsverbot, 1983 S. 152 ff. (hierzu krit. *Bruns,* Tröndle-FS 135 f.); *Tenckhoff,* Spendel-FS 347; *Traeger,* Das Problem der Unterlassungsdelikte im Straf- und Zivilrecht, 1913; *Welp,* Vorausgegangenes Tun als Grundlage einer Handlungsäquivalenz der Unterlassung, 1968; *Welzel* NJW **53**, 327; JZ **58**, 494; *Ranft,* Garantiepflichtwidriges Unterlassen, ZStW **94**, 815; *Yü-hsiu Hsü,* Garantenstellung des Betriebsinhabers zur Verhinderung strafbarer Handlungen einer Angestellten? 1986; ferner die im folgenden Text Genannten.

1) Die Vorschrift, durch das 2. StrRG neu eingefügt, bemüht sich, die 3 Problematik des **unechten Unterlassungsdelikts** (12 vor § 13) in einer Art. 103 II GG genügenden Weise nach dem Vorbild des § 13 E 1962 und des § 12 AE gesetzlich zu regeln, und zwar nur in allgemeiner Form, da einer Regelung bei den einzelnen Tatbeständen unüberwindliche Hindernisse im Wege stehen (Schwalm, Ndschr. **12**, 76; Meyer-Bahlburg MSchrKrim **65**, 252). Die dagegen erhobenen verfassungsrechtlichen Bedenken (zB H. Mayer, Mat. I, 259; Grünwald ZStW **70**, 418; Stratenwerth 975; Schöne, Unterlassene Erfolgsabwendungen und Strafgesetz, 1974; AK-Seelmann 2; anders hM; vgl. Arth. Kaufmann, Analogie und 'Natur der Sache', 2. Aufl. 1982, S. 53; Nickel, Die Problematik der unechten Unterlassungsdelikte usw., 1972; Schünemann ZStW **96**, 303; Seebode [oben 2] 329) sind unbegründet (Jescheck § 58 IV 3 u. LK 11 ff.). § 13 behandelt nur die allein praktisch wichtigen Unterlassungserfolgsdelikte (zum Unterlassen bei schlichten Tätigkeitsdelikten Steiner MDR **71**, 260); allerdings kann man unter „Erfolg" in I auch die Verwirklichung eines schlichten Begehungstatbestandes verstehen (Bay JR **79**, 289 m. Anm. Horn; Prot. V/1864; Bockelmann-Volk AT § 17 A; Jescheck, Tröndle-FS 796; Graul [13 a vor § 13] 20; Tenckhoff [oben 2] 359; aM LK 2, 15). *§ 13* gilt *nicht* für echte Unterlassungsdelikte (12 vor § 13), für besonders geregelte unechte Unterlassungsdelikte (zB § 223 b) und für Tatbestände, die durch Tun und Unterlassen (§§ 109, 217, 266, 336) begangen werden können (LK 8 ff., aM für § 266 BGH **36**, 227 m. Anm. Timpe JR **90**, 428; offengelassen NJW **82**, 2882). Zur uU schwierigen und im Schrifttum umstrittenen **Abgrenzung zwischen Tun und Unterlassen:** BGH **6**, 59; Jescheck § 58 II; Lackner 2; Sieber JZ **83**, 431; Volk, Tröndle-FS 222, und insoweit zur Anwendung des Zweifelsgrundsatzes, Montenbruck In dubio pro reo, 1985, 124; ferner 12 a vor § 13.

2) Das Unterlassungsdelikt (zur Handlungsstruktur und zur Kausalität 4 3 f., 12, 20 vor § 13) unterscheidet sich vom Begehungsdelikt dadurch, daß der Unterlassende untätig bleibt, sein Unterlassen nicht im engeren Sinne kausal ist (20 vor § 13) und daß der tatbestandsmäßige Erfolg durch Naturkräfte oder durch einen anderen herbeigeführt wird, dessen Handeln nicht der Tatbestandsbeschreibung entspricht. Daher kann derjenige, der den Erfolg nicht hindert, demjenigen, der ihn durch aktives Tun herbeiführt, nur gleichgestellt werden, wenn er:

A. rechtlich dafür einzustehen hat, daß der Erfolg nicht eintritt. Das 5 Gesetz geht somit von einer rechtlichen Handlungspflicht **(Garantenpflicht)** aus. Bloße tatsächliche Möglichkeiten oder die sittliche Pflicht zur Erfolgsverhinderung genügen für eine Unterlassungstäterschaft nicht (BGH **30**, 391). Die Handlungspflicht folgt aus einer dem Schutz des jeweiligen Rechtsguts dienenden **Garantenstellung.** Sie allein besagt noch nichts über die Strafbarkeit, sondern rückt den Garanten in die Position des Normadressaten (BGH **37**, 119 m. Anm. Puppe JR **92**, 30). Die Umstände, die die Garantenstellung begründen, sind ungeschriebene Tatbestandsmerkmale der unechten Unterlassungsdelikte (GrSenBGH **16**, 158).

5 a Eine Garantenstellung kann nach der **älteren Lehre,** der die Rspr. noch weitgehend folgt (unten 6 ff.), auf *Gesetz, Vertrag,* vorangegangenem gefährdendem Tun (*Ingerenz*) und auf *enger Lebensgemeinschaft* beruhen (BGH **2**, 153; **19**, 168). Diese überlieferte Einteilung der Garantenpositionen befriedigt aber in der Sache nicht, sie geht zum einen zu weit, zum anderen nicht weit genug und gibt, da sie nur auf den Entstehungsgrund abstellt, die sachlichen Kriterien einer strafrechtlich relevanten Garantenstellung
5 b nicht an (AK-Seelmann 33). Die **neuere Lehre** hebt daher auf materielle Kriterien ab und unterscheidet zwischen **a) Beschützergaranten,** denen *Obhutspflichten* für ein bestimmtes Rechtsgut obliegen, für dessen Bestand und Sicherheit sie zu sorgen haben, so die Schutzpflichten innerhalb *enger familienrechtlicher Beziehungen* und andere *Lebens- und Gefahrengemeinschaften*
5 c (vgl. unten 6, 10) sowie deren *freiwillige Übernahme* (vgl. 8, 9); **b) Überwachergaranten.** Ihnen obliegen zufolge ihrer Verantwortlichkeit für bestimmte Gefahrenquellen *Sicherungspflichten* gegenüber jedermann. Hierzu gehören die *Verkehrssicherungspflicht* (vgl. 12), die *Pflicht zur Beaufsichtigung Dritter* sowie die Garantenstellung aus pflichtwidrigem gefährdendem Vorverhalten (*Ingerenz,* vgl. unten 11). Diese Garantenstellungen können einander überschneiden. Auch sind die Grundprinzipien, auf denen sie beruhen, noch nicht abschließend geklärt und ihre Abgrenzung im einzelnen umstr. (hierzu Seebode [oben 2] 332; Otto/Brammsen Jura **85**, 530, 592, 646; Schünemann ZStW **96**, 288; Seelmann GA **89**, 243; Jescheck § 59 IV u. LK 19 ff.; SchSch-Stree 7 ff.; SK-Rudolphi 21 ff.; Lackner 12; Wessels AT § 16 II).

Die **Rspr.** unterscheidet nach wie vor meist nach folgenden Entstehungsgründen:

6 **a) Gesetz:** zB § 1353 BGB, wonach Ehegatten verpflichtet sind, Leibes- und Lebensgefahren voneinander abzuwenden (BGH **19**, 168); auch in Fällen der Selbsttötung (BGH **2**, 153; **7**, 269). In zerrütteter Ehe besteht hingegen auch bei Selbstmordgefahr des anderen keine Pflicht, die Hausgemeinschaft fortzusetzen (BGH **7**, 271); ebensowenig folgt aus der ehelichen Lebensgemeinschaft die Pflicht, Straftaten des andern zu verhindern oder ihn von Straftaten abzuhalten (Stuttgart NJW **86**, 1768, hierzu Ranft JZ **87**, 909; Otto JK 9; Lilie JZ **91**, 543; Jescheck § 59 IV 4 c und LK 43; SchSch 53; SK-Rudolphi 36 a, 50 u. NStZ **91**, 364; M-Zipf § 46, 69; Schmidhäuser 16/ 43; Bockelmann-Volk AT § 17 B I 6 d; Arzt JA **80**, 652; Otto/Brammsen Jura **85**, 538; vgl. Geilen FamRZ **61**, 147; offen gelassen BGH **19**, 297; Hamm MDR **70**, 162; **aM** noch BGH **6**, 323; MDR/D **73**, 369; Bremen NJW **57**, 73; Oldenburg DAR **57**, 301); beschränkt auf Straftaten innerhalb der ehelichen Wohnung (NJW **53**, 591; GA **67**, 115); verneinend jedoch früher schon nach tatsächlicher Trennung und eingeleiteter Scheidung (BGH **6**, 322). Eine solche Pflicht besteht jedoch, wenn der Ehegatte geistig behindert ist (FamRZ **61**, 115 zu § 823 BGB), uU auch, wenn ein besonders starkes persönliches Abhängigkeitsverhältnis besteht, nicht jedoch zwischen Eltern und erwachsenen Kindern (Lackner JR **69**, 29; Otto/

Grundlagen der Strafbarkeit § 13

Brammsen Jura 85, 599). Eine Garantenstellung begründet ferner (vgl. aber unten 16) die Pflicht aus §§ 1601, 1626 II, 1631 BGB, für Verwandte und Kinder zu sorgen und Gefährdungen anderer durch die Kinder auszuschließen (GrSenBGH 6, 57; BGH 7, 272; MDR/D 71, 361; 72, 385; Düsseldorf NJW 87, 201; SK 47ff.); die Pflicht von Eltern und Kindern, sich gegenseitig beizustehen (§ 1618a BGB); die Pflicht des Kindes im Haushalt gegenüber den Eltern (RG 69, 322); die Pflicht der Schwangeren als Beschützergarantin, für das Wohlergehen des Fötus zu sorgen (Hiersche MedR 91, 310), sie ist nach § 3 I HebG verpflichtet, bei der Geburt eine Hebamme zuzuziehen (vgl. GA 70, 86); die öffentlichrechtliche Streupflicht (Celle NJW 61, 1939); die Dienstpflichten der Beamten nach öffentlichem Recht (BGH 8, 186; SchSch 52; einschränkend SK 36, 54b; vgl. Rudolphi, Dünnebier-FS 577), zB die Ausführung und Überwachung der Einhaltung der Vorschriften des GaststG durch Leiter des Ordnungsamts (NJW 87, 199 m. Anm. Winkelbauer JZ 86, 1119; Rudolphi JR 87, 336; Otto JK 12; krit. Wagner JZ 87, 713; Ranft JZ 87, 914), auch die Nachwirkung der Treupflicht aus dem früheren Beamtenverhältnis (Köln JMBlNW 83, 185; vgl. zB § 5 UZwG); zur Überwachungspflicht wie zB der Wasserbehörden nach § 21 WHG (6b vor § 324); die Mitteilungspflichten von Verantwortlichen der therapeutischen Einrichtungen nach § 35 III BtMG im Falle des Abbruchs (nicht jedoch bei Nichtantritt) der Behandlung (Bay NStZ 90, 86 m. Anm. Kreuzer); zur Frage der *AIDS-Infektion* (6b zu § 223) eines Gefangenen und der Garantenhaftung des Anstaltsleiters Herzberg NJW 87, 1461; sie zwingt nicht dazu, im Strafvollzug AIDS-Infizierte vom Gemeinschaftsfernsehen auszuschließen oder wegen deren Teilnahme die Benutzung eigener Geräte zu gestatten (LG Krefeld NStZ 87, 140 L), auch hat – unbeschadet der staatlichen Fürsorgepflicht (§ 56 StVollzG) – kein Strafgefangener Anspruch darauf, in „AIDS-freien" Anstalten verwahrt zu werden (LG Bonn NStZ 87, 140 jew. m. Anm. Eberbach; vgl. auch Loschelder NJW 87, 1469), wohl aber ist es geboten, AIDS-Verdächtige aus Risikogruppen einem HIV-Zwangstest (§ 101 I StVollzG) zu unterwerfen (so auch Eberbach NStZ 87, 142; aM Schenke DVBl. 88, 170), sie in Einzelzellen unterzubringen und von der Bearbeitung und Verteilung von Speisen auszuschließen und ihre Beschäftigung als Anstaltsfriseur oder in Krankenanstalten einzustellen (Schlund AIFO 86, 568; 87, 406; vgl. hierzu Sauer u. a. AIFO 87, 502; vgl. auch Bottke RProblAIDS 207, 230ff.; aM M. Bruns MDR 87, 357). Daher ist entgegen Loschelder NJW 87, 1467 eine Zwangsuntersuchung Strafgefangener (§ 101 StVollzG) erlaubt und uU geboten (aM Koblenz StV 89, 163), um der Schutz- und Fürsorgepflicht gegenüber den übrigen Gefangenen gerecht zu werden. Hingegen können Eltern schulpflichtiger Kinder idR nicht verlangen, daß an AIDS erkrankte Mitschüler und Lehrer vom Unterricht ferngehalten werden, Loschelder aaO 1470; über die Voraussetzungen eines Schulausschlusses HIV-infizierter Schüler, Bender NJW 87, 2909. Keine Einschränkung der Pflichtenstellung nach §§ 36f. GmbH tritt dadurch ein, daß die Gesellschaft *mehrere Geschäftsführer* hat; auch eine Aufteilung der Geschäftsbereiche unter mehrere Geschäftsführer bleibt ohne Einfluß auf die Verantwortung jedes einzelnen für die Geschäftsführung insgesamt (vgl. § 37 II GmbHG). Vor allem gilt der Grundsatz der *Generalverantwortung* und der *Allzuständigkeit*, wenn aus besonderem Anlaß – etwa wegen Schadensfällen bei Serienpro-

§ 13 AT Zweiter Abschnitt. Erster Titel

dukten (*Produkthaftung*) – Warn- und Rückrufaktionen in Frage stehen (BGH **37**, 123 mwN m. Anm. Puppe JR **92**, 30; Schmidt-Salzer ProdHaft. 1. 160, 1.177; M. Dreher ZGR **92**, 56).

7 b) **Die tatsächliche Übernahme der Gewähr für das Rechtsgut** (LK 27).
8 Das ist möglich aa) auf vertraglicher Grundlage, die aber allein nicht ausschlaggebend ist (Celle NJW **61**, 1939; anders noch RG **64**, 273; BGH **5**, 190; vgl. auch MDR/H **83**, 985). Denn es ist bedeutungslos, ob der Vertrag zivilrechtlich gültig ist (vgl. RG **17**, 261; Bruns JR **84**, 137; Otto/Brammsen Jura **85**, 594), aber stets erforderlich, daß die vertraglichen Pflichten tatsächlich aufgenommen worden sind, so die Übernahme der ärztlichen Behandlung (BGH **7**, 212; NJW **61**, 2068; bloße Beratung genügt nicht: NJW **83**, 351, Geiger JZ **83**, 153; and. Lilie NStZ **83**, 314; hierzu Kreuzer JR **84**, 294) oder der Pflege von Kranken und Kindern (RG **10**, 100); die Tätigkeit des Bauunternehmers, uU auch eines mit der Bauaufsicht Beauftragten (BGH **19**, 286; Celle VRS **29**, 23); ein Dienstvertrag (§ 618 BGB); ein Versicherungsvertragsverhältnis (NJW **51**, 204); die Übernahme einer Bergführung oder eines Auftrags, ein Kind an eine bestimmte Stelle zu bringen (verkannt von Frankfurt JZ **73**, 604); bb) auch ohne Vertrag durch tatsächliche Gewährsübernahme (vgl. GA **63**, 16), so beim Bereitschaftsarzt gegenüber Kranken (BGH **7**, 211; NJW **79**, 1258; Düsseldorf NJW **91**, 2980 m. Anm. Meurer JR **92**, 38), der auch nach Ärzteberufsordnungen zum Tätigwerden verpflichtet sein kann (vgl. Martens NJW **70**, 494); nach KG JR **56**, 150 auch bei einem Verkehrspolizisten, der als Beifahrer auf dem Motorrad eines betrunkenen Fahrers Platz nimmt; vgl. auch MDR **75**, 328. Zur Gesamtproblematik Stree aaO (oben 2).

10 c) **Besonderes Vertrauensverhältnis** (zT schon Fälle nach 5 und 6; LK 25), so bei besonderen Vertrauensgemeinschaften wie der Familie und Hausgemeinschaft (BGH **2**, 153; **13**, 162; **19**, 167; Celle HannRpfl. **47**, 33; AK 136), Gemeinschaft von Bergsteigern, gemeinsamem Streifendienst im Felde (RG **69**, 323; Otto/Brammsen Jura **85**, 592), Arbeitskameradschaft (10. 7. 1962, 1 StR 194/62); auch das Verlöbnis bei tatsächlicher Lebensgemeinschaft (JR **55**, 104; NJW **60**, 1821; krit. Geilen FamRZ **61**, 147), bei besonderen Umständen auch ein Liebesverhältnis (vgl. JR **56**, 347), nach AG Duisburg MDR **71**, 1027; SK 51 auch ein eheähnliches Verhältnis zusammenwohnender Homosexueller (dazu krit. Doering MDR **72**, 664; Lilie [JZ **91**, 545] möchte mit beachtlichen Gründen auf die Figur der nahestehenden Person [7 zu § 35] abstellen), *nicht* aber eine bloße Wohngemeinschaft (NStZ **85**, 122; NJW **87**, 850; hierzu Ranft JZ **87**, 865, 909, Otto JK 13) oder Zechgemeinschaft (NJW **54**, 1047; **73**, 1706; Bay NJW **53**, 586; Oldenburg NJW **61**, 1938; Düsseldorf NJW **66**, 1175) mit anschließendem nächtlichem Spaziergang (NStZ **83**, 454) oder gemeinsamer BtM-Erwerb oder -konsum (Stuttgart NJW **81**, 182). Auch verpflichtet eine Wohn- und Lebensgemeinschaft nicht, den Wohngenossen durch Herbeirufen eines Arztes an der Selbsttötung zu hindern (NStZ **83**, 118, hierzu Eser NStZ **84**, 56; Ranft JZ **87**, 911); ferner muß bei einer engen häuslichen Gemeinschaft oder Leben in derselben Wohnung für die Annahme einer Garantenstellung die besondere Übernahme einer Schutzfunktion hinzukommen (NStZ **84**, 163; BGHR § 13 I, Gar. St. 3 [hierzu Otto JK 15]; vgl. Rudolphi NStZ **84**, 149); Geilen JK 6). Auch Verträge auf Treu und Glauben (BGH **6**, 198) können ein besonderes Vertrauensverhältnis schaffen; auch ein Versiche-

§ 13
Grundlagen der Strafbarkeit

rungs- (RG **70**, 227) oder Kreditverhältnis (RG **70**, 45; 155) kommt in Betracht, so daß dann Betrug durch Schweigen begangen werden kann. Nach Karlsruhe GA **71**, 281 ist ein Vorarbeiter nicht Garant dafür, daß ein anderer Arbeiter, mit dem er gemeinsam bei einem privaten Kunden seiner Firma arbeitet, dort nicht stiehlt (vgl. LK 41 f.). Der Fall Köln NJW **73**, 861 ist in Wirklichkeit ein Fall aktiver Beihilfe durch Rat.

d) Das tatsächliche Herbeiführen einer Gefahrenlage durch den, der **11** dann entgegen der objektiven Erwartung nichts tut, die Gefahr abzuwenden (sog. **Ingerenz**). In der Rspr. zuerst anerkannt in RG **24**, 339; grundlegend RG **64**, 276. Die Gefahr kann herbeigeführt werden durch Tun (BGH **4**, 22) oder Unterlassen (RG **68**, 104), verschuldet (BGH **3**, 203) oder schuldlos (BGH **2**, 283; **11**, 355; **37**, 119; MDR/D **72**, 384; Bay VRS **11**, 66; Stuttgart VRS **30**, 78; LG Berlin MDR **65**, 591), rechtswidrig (RG **24**, 339) oder wenigstens ethisch verwerflich (NJW **54**, 1047), unter gewissen Umständen auch rechtmäßig (BGH **19**, 152; 286; problematisch Bay NJW **63**, 1261; Ingerenz ablehnend NJW **87**, 850, hierzu Ranft JZ **87**, 865, Otto JK 13; Sonnen JA **87**, 334; sehr str.; aM LK 33; dazu Geilen JZ **65**, 472; Kühne NJW **75**, 673; Arzt JA **80**, 714; SK 40, 40a, 45; vgl. ferner BGH **3**, 205; Braunschweig GA **77**, 240). Eine bloße allgemeine Mitverursachung reicht zur Begründung einer Ingerenz nicht aus (NStE § 25 Nr. 10; Oldenburg NJW **61**, 1938), wohl aber eine vorausgegangene Mitwirkung an Mißhandlungen des Opfers durch einen anderen Tatbeteiligten (NJW **92**, 1247; m. Anm. Seelmann StV **92**, 417; Otto JK 18, 19). Jedoch können nach der umstrittenen Rspr. auch in den Fällen *eigenverantwortlicher Selbstgefährdung* des Opfers (zB bei gemeinsamem Drogenkonsum) Garantenpflichten in dem Zeitpunkt entstehen, in dem aus dem allgemeinen Risiko eine besondere Gefahrenlage erwächst (NStZ **84**, 452; **85**, 320; hierzu 19 vor § 13; 15a zu § 222). Nicht ausreichend ist idR die Verletzung des Angreifers in Notwehr (BGH **23**, 327 [Bringewat MDR **71**, 716; Maiwald JuS **81**, 483; LK-Spendel 332 zu § 32; abl. Herzberg JuS **71**, 74; Welp JZ **71**, 433]; str.). *Beispiele:* Ausheben einer Baugrube (Celle VRS **29**, 23); versehentliches Einsperren eines anderen (RG **24**, 339); Gefährdung durch Aufnahme eines bissigen Hundes (Bremen NJW **57**, 72); Liegenlassen eines schuldlos umgefahrenen Mastes (München JW **35**, 2984); Teilnahme an einem Mordplan ohne Warnen des Opfers (JR **54**, 271); Körperverletzung, die Lebensgefahr auslöst (OGHSt **1**, 357); Verbringen eines infolge Trunkenheit Schuldunfähigen in eine gefährliche Verkehrssituation (MDR **75**, 328); übermäßige Abgabe von Alkohol durch Gastwirt an Kraftfahrer, der fahruntüchtig wird, aber fahren will (BGH **4**, 20; Düsseldorf VM **60**, 17; enger NJW **66**, 1175; BGH **19**, 152 [dazu krit. Geilen JZ **65**, 469]; BGH **25**, 218; **26**, 35; aM M-Gössel § 46, 102; vgl. Arzt JA **80**, 715; auch 2 bis 4 zu § 221). Keine Garantenpflicht eines Diebes dafür, daß ein Komplize ein angezündetes Streichholz unachtsam (§ 309) wegwirft (Schleswig NStZ **82**, 117, hierzu Stree, Klug-FS 398; Geilen JK 2). Str. ist, ob der Kraftfahrer, der einen Passanten anfährt und verletzt liegen läßt, oder der Täter einer Körperverletzung Garantenstellung hat (so BGH **7**, 287 mit der Folge, daß Mord in Betracht kommen kann; BGH **11**, 355; **25**, 218; **34**, 84 [m. Anm. Rudolphi JR **87**, 161; Herzberg JZ **86**, 986; Otto JK 10]; VRS **13**, 120; MDR **82**, 103; NStZ **85**, 24 [hierzu Otto JK 7; Ranft JZ **87**, 864]; EzSt § 265 StPO Nr. 3; NStE § 212 Nr. 21; NJW **92**, 583) oder nur nach § 323 c haftet (so Welzel JZ

§ 13 AT Zweiter Abschnitt. Erster Titel

58, 494, sowie BGH **25**, 218, zust. Rudolphi JR **74**, 160, für den Fall, daß sich der Fahrer pflichtgemäß verhalten hat; vgl. auch Celle VRS **41**, 98; Frankfurt JZ **73**, 604). Wer aus Gefälligkeit das Auto eines Kraftfahrers führt, der infolge von Alkoholgenuß fahrunsicher ist, haftet nicht für spätere Schäden, wenn der Fahrer das Auto dann wieder übernehmen will und allein weiterfährt (Karlsruhe JZ **60**, 178 mit zust. Anm. Welzel; vgl. Bindokat NJW **60**, 2319). Zur gesamten Problematik bei Verkehrsdelikten betrunkener Kraftfahrer Bödecker DAR **69**, 281. Zur Pflicht einer Partei im Prozeß, Zeugen an einer falschen Aussage zu hindern, 24 zu § 154. Die moderne Dogmatik (Rudolphi, Pfleiderer, Lampe, Schünemann, Stree aaO, oben 2) neigt zur Einschränkung der Ingerenz; anders Herzberg; ausgewogen Otto aaO. Die Frage, ob schon die zivilrechtliche **Produkthaftung** auch die Grundlage strafrechtlicher Verantwortlichkeit bildet, ließ BGH **37**, 115 (*Lederspray-Fall*) offen, aber bejahte für Hersteller und Vertreiber solcher fehlerhaften Produkte, die zu Gesundheitsschäden der Verbraucher geführt haben, eine Garantenstellung aus vorangegangenem pflichtwidrigen Gefährdungsverhalten (hierzu Kuhlen NStZ **90**, 567; Schmidt-Salzer ProdHaft 1.319; SchSch-Cramer 223 zu § 15; Puppe JR **92**, 30; Hirte JZ **92**, 257; M. Dreher ZGR **92**, 47) und in casu aus § 30 Nr. 2 iVm § 5 I Nr. 7a, b LMBG (BGH **37**, 117). Hierbei setzt das objektive pflichtwidrige Vorverhalten nach BGH **37**, 118 nicht voraus, daß der Handelnde seine Sorgfaltspflicht verletzt, sich also fahrlässig verhalten hat (aM Kuhlen NStZ **90**, 568; Samson StV **91**, 184; Schünemann ZStW **96**, 295, 308; Jakobs 29/45). Es genügt die rechtliche Mißbilligung des Gefährdungserfolges, das pflichtwidrige Vorverhalten braucht nicht schuldhaft zu sein (SchSch 38 zu § 13; vgl. aber oben 5). Aus der Garantenstellung folgt die Verpflichtung zum *Rückruf* des gesundheitsgefährdenden Produkts, da wirtschaftliche Interessen des Produzenten gegenüber Gesundheitsschäden der Verbraucher grundsätzlich zurückzutreten haben (BGH **37**, 122; Schmidt-Salzer aaO 1.332; M. Dreher ZGR **92**, 54).

12   e) **Auch Sachherrschaft** kann zu einer Garantenstellung führen (vgl. U. Weber, Oehler-FS 86). Die Position des Hauseigentümers oder Wohnungsinhabers aber, wie inzwischen BGH **30**, 395 (m. Anm. Küpper JA **83**, 471; vgl. Schünemann ZStW **96**, 309; Reus/Vogel MDR **90**, 869; Landscheidt [oben 2]) klargestellt hat, nur dann, wenn besondere Umstände hinzutreten, die eine Rechtspflicht zum Handeln begründen, etwa der Haushaltungsvorstand gegenüber der Täterin einer Kindestötung (RG **72**, 373; OGH **1**, 87), der Ehemann einer Abtreiberin (NJW **53**, 591; GA **67**, 115), ferner das Betreiben einer Gaststätte (NJW **66**, 1763; Körner MDR **89**, 956; Molketin GewArch **89**, 257; aM GA **71**, 336: nur § 323c) oder die Aufnahme des Opfers in den Schutzbereich der Wohnung (BGH **27**, 10; krit. Naucke JR **77**, 290; SchSch 54), insbesondere dann, wenn sie durch ihre Lage oder Beschaffenheit eine besondere Gefahrenquelle darstellt, die der Inhaber zu sichern und zu überwachen hat (LK 44; SchSch 54; SK 37; M-Gössel § 46, 99; AK 133; vgl. ferner Hassemer JuS **77**, 266; Tenckhoff JuS **78**, 308; Arzt JA **80**, 653); so bei Duldung einer auf einem Gemeindegrundstück errichteten „wilden" Müllkippe durch den Ortsbürgermeister (Koblenz NStZ **87**, 281). Zur Frage der strafrechtlichen Haftung späterer Eigentümer für aus einer Altlast stammende Umweltgefahren (Franzheim ZfW **87**, 9). Keine Rechtspflicht besteht für den Eigentümer, beleidigende

Grundlagen der Strafbarkeit § 13

Aufschriften auf Hauswänden zu beseitigen (U. Weber, Oehler-FS 93), oder den Anbau von Cannabispflanzen im Hausgarten zu verhindern (Zweibrücken StV **86**, 484, hierzu Otto JK 11). Zu einer Garantenstellung führt ferner die Eigenschaft als Geschäftsherr (SK 35a), Inhaber oder leitender Angestellter im technischen Bereich eines gefährlichen Betriebes oder einer Anlage mit Eigenverantwortung zur Gefahrenabwehr (LK 36 ff.; Baustelle, Karlsruhe NJW **77**, 1930; Sportplatz, VRS **18**, 48; Sprungturm, Stuttgart VersR **61**, 1026; Förderanlage mit Seilbahn, Bay **71**, 230; vgl. Göhler, Dreher-FS 617), als bauleitender Architekt (Stuttgart OLGSt. Nr. 1), als Sportveranstalter, zB eines Autorennens (BGHZ NJW **75**, 533), als Besitzer (Hamburg NJW **64**, 2027; Karlsruhe NJW **65**, 1774) oder Halter eines Kraftfahrzeuges (vgl. LK 40; BGH **18**, 7; 355; VRS **14**, 197; **17**, 388; **20**, 282; **27**, 185; 371; Bay **62**, 278; JZ **59**, 639; Bay JR **75**, 289 [m. Anm. Horn und hierzu SK 30, 34a]; Hamm VRS **15**, 288; Stuttgart VRS **30**, 78; NJW **81**, 2369), gleichberechtigter weiterer Fahrzeugführer (Bay VRS **60**, 188) oder als Tierhalter (Bremen NJW **57**, 73; VRS **23**, 41; Celle NJW **70**, 202; Bay VRS **74**, 360 [Hundehalter]; Otto/Brammsen Jura **85**, 600). Wer in Gebäuden oder auf Grundstücken einen Verkehr eröffnet, hat grundsätzlich eine Verkehrssicherungspflicht (BGHZ **5**, 380; **14**, 85; **16**, 96; NJW **66**, 1456); das gilt auch für Skipisten (NJW **71**, 1093; **73**, 1379; Bay NJW **74**, 189, abl. Hepp NJW **73**, 2085; gegen ihn Hummel NJW **74**, 170), und Kinderspielplätze (Karlsruhe OLGSt. 29 zu § 222). Derartige Sachherrschaft begründet eine Pflicht zur Gefahrenabwehr. Wie die Sachherrschaft zivilrechtlich ausgeformt ist (Eigentümer, Besitzer, Halter), ist von sekundärer Bedeutung; in erster Linie kommt es auf Sachnähe an.

f) Keine Garantenstellung entsteht aus Handlungspflichten, die den 13 Tatbeständen echter Unterlassungsdelikte zugrunde liegen, insbesondere den §§ 138 und 323c (BGH **3**, 65; JR **56**, 347; NJW **83**, 351; aM Meyer-Bahlburg GA **66**, 203), § 283b I Nr. 1 (30. 9. 1980, 1 StR 407/80), oder aus der Überwachungsfunktion eines Umweltschutzbeauftragten (vgl. Stich GewA **76**, 145; Truxa ZfW **80**, 224; zum Ganzen Horn NJW **81**, 1).

B. Der Unterlassende muß die **Möglichkeit zur Verhinderung** des Er- 14 folgs haben (RG **77**, 127; BGH **4**, 22; **6**, 57; GA **68**, 337; Lampe ZStW **79**, 476). Die Handlung, die von ihm zu fordern war und zu der er die Möglichkeit hatte, müßte mit an Sicherheit grenzender Wahrscheinlichkeit den Erfolg verhindert haben (BGH **6**, 2; StV **84**, 247; NStE § 222 Nr. 7; AG Cham NStE § 230 Nr. 7; 20 vor § 13; bedenklich MDR/D **73**, 369); steht nur fest, daß die Handlung die Gefahr verringert hätte, so greift § 13 nicht ein; str. (aM Brammsen MDR **89**, 126; SK 16 vor § 13; hierzu Ranft ZStW **97**, 275).

C. Zumutbarkeit. Die Handlung, die den Erfolg verhindert hätte, muß 15 von dem Unterlassenden rechtlich zu fordern sein. Das ist nicht schon der Fall, wenn er Garant ist und die Möglichkeit hat, entsprechend zu handeln, sondern erst dann, wenn ihm diese Handlung auch zuzumuten ist (GA **63**, 16). Die **Unzumutbarkeit** der Handlung, für die es auf die Lage und die 16 Fähigkeiten des Garanten einerseits, andererseits auf Nähe und Schwere der Gefahr und die Bedeutung des Rechtsgutes ankommt (BGH **4**, 23; NStZ **84**, 164; vgl. Ranft JZ **87**, 908; Geilen JK 1 vor § 13; Otto/Brammsen Jura **85**, 540), wird hier von der Rspr. ausnahmsweise (vgl. 30 vor § 13) als

§ 13

allgemeiner Schuldausschließungsgrund anerkannt (BGH **2**, 204; GrSenBGH **6**, 57; JR **68**, 6; Köln NJW **73**, 861; str. vgl. Jescheck § 59 VII u. LK 91 vor § 13; Geilen FamRZ **64**, 388; LK 193 vor § 32; Karlsruhe MDR **75**, 771). Ein medizinischer Laie darf sich bei der Frage, ob Rettung noch möglich ist, nicht auf sein eigenes Urteilsvermögen verlassen (MDR/H **82**, 103). Nicht zumutbar ist eine Handlung, mit der der Garant eigene, billigenswerte Interessen in erheblichem Umfang gefährden würde (13. 4. 1976, 1 StR 45/76). Dabei entscheidet eine Abwägung zwischen dem drohenden Erfolg und den gefährdeten Interessen. So braucht der Ehemann nicht gegen gewisse Straftaten seiner Frau einzuschreiten, wenn ihm diese mit Anzeige wegen einer von ihm begangenen Straftat droht (aM RG **72**, 19). Außerehelich Zusammenlebenden ist nicht zuzumuten, daß sie bei Straftaten des Partners die Polizei rufen (18. 3. 1980, 1 StR 831/79; vgl. GrSenBGH **6**, 57), wohl aber idR einer Ehefrau, wenn der Ehemann mit ihren minderjährigen Töchtern fortgesetzt geschlechtlich verkehrt (NStZ **84**, 164; vgl. weiter GA **63**, 16; Bremen NJW **57**, 72). Problematisch der Fall des Vaters, der es bei einem Brande nicht wagte, seine kleinen Kinder aus dem Fenster in die aufgehaltenen Arme von Helfern zu werfen, so daß die Kinder verbrannten (MDR/D **71**, 361; **72**, 385, dazu krit. Herzberg MDR **71**, 881; NStZ **85**, 320 m. Anm. Roxin; Ulsenheimer JuS **72**, 252; Spendel JZ **73**, 137; Schlüchter JuS **76**, 793). Je nach den Umständen ist dem Garanten zuzumuten, sich der Gefahr der Strafverfolgung auszusetzen (BGH **11**, 356; NJW **64**, 731; Ulsenheimer GA **72**, 8, 26) oder ein wirtschaftliches Opfer auf sich zu nehmen (BGH **4**, 23). Der Sohn hat, wenn sein Vater durch andere Angehörige ermordet werden soll, notfalls Anzeige zu erstatten (NJW **64**, 731). Es entscheidet eine Interessenabwägung. Da es bei den unechten Unterlassungsdelikten an Kausalität und Tatbestandshandlung fehlt und es daher darauf ankommt, welche Handlung im Einzelfall vom Täter zu fordern ist, ist die Zumutbarkeit Bestandteil des Tatbestandes (Karlsruhe MDR **75**, 772) und nicht bloßes Schuldelement.

17 **D. Entsprechen** muß schließlich das Unterlassen der Verwirklichung des gesetzlichen Tatbestandes durch ein Tun, wenn das Unterlassen strafbar sein soll (nicht „gleichstehen", wie in § 13 E 1962, dazu Ndschr. **12**, 80, 91, 96, 99; Prot. V/1644ff., 1860ff., Ber. 8). Entsprechen ist dahin auszulegen, daß das Unterlassen im konkreten Fall trotz des Fehlens echter Kausalität und eines etwaigen Zurückbleibens im personalen Unrecht dem gesamten Unrechtsgehalt aktiver Tatbestandsverwirklichung so nahe kommen muß, daß es sich dem Unrechtstypus des Tatbestandes einfügt (vgl. auch Woesner NJW **75**, 201; Rudolphi ZStW **86**, 70; Schünemann ZStW **96**, 312). Das wird bei Tatbeständen schlichter Erfolgsverursachung (zB §§ 211, 223, 303) idR so sein (so wohl auch Blei AT § 87 II), anders aber bei Tatbeständen, die spezifische Begehungsweisen umschreiben (zB §§ 164, 180, 253; vgl. Karlsruhe MDR **75**, 771; Jescheck § 59 V 1 und LK 5; Roxin JuS **73**, 199; SchSch 4). Auch Zumutbarkeitserwägungen können dabei eine Rolle spielen (Karlsruhe aaO; abw. hM; vgl. LK 6; SK 18; Lackner 16; AK 66). Zur sehr str. Gleichstellungsproblematik weiter Androulakis, aaO [oben 2]; Baumann § 18 II 2, 3, Recht und Staat Heft 274/275, 42; Busch, v. Weber-FS 201; Herzberg aaO [oben 2] 60;

Grundlagen der Strafbarkeit § 13

Rudolphi, aaO [oben 2] 55 u. NStZ **91**, 365; Arzt JA **80**, 716; Fünfsinn aaO [oben 2], 144; Nitze aaO [oben 2]; Nowakowski WienK 13 zu § 2.

3) Der Tatbestand der unechten Unterlassungsdelikte liegt im Erfolg **18** und in den Umständen, welche die Handlungspflicht begründen, einschließlich der Umstände, aus denen sich die Zumutbarkeit ergibt, sowie in der Möglichkeit der Erfolgsverhinderung (MDR/D **71**, 361; Köln NJW **73**, 861). Auf diese Umstände hat sich der Vorsatz zu erstrecken (sehr str.; vgl. Grünwald, Mayer-FS 281; SK 22 vor § 13). Bei Vorsatztaten muß der Täter sich bewußt sein, daß er nicht eingreift; anders bei Fahrlässigkeitstaten (vgl. Bockelmann-Volk AT § 17 C II). Die sich aus den Umständen ergebende Handlungspflicht selbst gehört nicht zum Tatbestand; ein Irrtum hierüber ist Verbotsirrtum (GrSenBGH **16**, 155; GA **68**, 336; vgl. 12 zu § 16; im Falle von Pflichtenkollisionen, 11 vor § 32). Auch der **Versuch** eines unechten Unterlassungsdelikts kann strafbar sein (RG **61**, 361; sehr str.; vgl. LK-Jescheck 46 ff.; LK-Jähnke 35 zu § 211; Arm. Kaufmann, aaO 204 ff.; Grünwald JZ **59**, 48; GA **59**, 110; Maihofer GA **58**, 289; Rudolphi MDR **67**, 1; Roxin, Maurach-FS 221; AK 81 ff.).

4) Täter des unechten Unterlassungsdelikts ist nur der Garant. Es han- **19** delt sich daher um ein Sonderdelikt (LK 4; 35 vor § 13), so daß Nichtgaranten nur Teilnehmer sein können. Zum Problem der Teilnahme am Unterlassungsdelikt vgl. LK 50 ff.; Kielwein GA **55**, 225; Arm. Kaufmann aaO 186, der die Möglichkeit jeder Teilnahme leugnet; gegen ihn mit Recht Engisch JZ **62**, 190; Stree GA **63**, 1; Arzt JA **80**, 558; Sowada Jura **86**, 399; daß das Gesetz die Möglichkeit bejaht, zeigen §§ 8, 9 II (ebenso die Rspr. BGH **2**, 151; **4**, 21; MDR **60**, 939; VRS **18**, 421; 18. 3. 1980, 1 StR 831/79; vgl. auch SK 44 f.); zum Problem der Teilnahme durch Unterlassen ferner BGH **27**, 12 [m. krit; Anm. Naucke JR **77**, 291; Tenckhoff JuS **78**, 312]; 7 zu § 25, 7 zu § 27; 22 ff. zu § 154; LK 55 ff.; SchSch-Cramer 81 ff. vor § 25; SK 41 vor § 13; AK 87 ff.; zur Anstiftung einerseits Gallas JZ **60**, 687; Baumann JuS **63**, 130; D. Meyer MDR **75**, 286, 982; Arm. Kaufmann aaO 291; andererseits Spendel JuS **74**, 753; Schmidhäuser 17/9; LK-Roxin 31 zu § 26; zum *Begehen durch Unterlassen"* Gössel ZStW **96**, 328. Ob Täterschaft oder Beihilfe vorliegt, bestimmt sich nach der inneren Haltung des Täters zu Tat und Erfolg (StV **86**, 59 [m. Anm. Arzt StV **86**, 337; Geppert JK 8; Ranft JZ **87**, 917]; Bay VRS **60**, 189; Gössel aaO 333), und ist in *wertender* Betrachtung zu beurteilen (NJW **92**, 1247; hierzu Otto JK **18**, 19; vgl. 2 vor § 25).

5) Fakultative Strafmilderung sieht § 13 II für das unechte Unterlas- **20** sungsdelikt vor, da das Unterlassen der Erfolgsabwendung regelmäßig weniger schwer wiegt als die aktive Tatbestandsverwirklichung (Ber. 8; grundlegend hierzu Bruns, Tröndle-FS 125; Hettinger JZ **92**, 244). Doch gibt es Fälle, wo Milderung nicht am Platze ist; zB Mutter läßt ihr kleines Kind verdursten (vgl. Roxin JuS **73**, 200; LK 62). Maßgebend für die Wahl des milderen Strafrahmens dürfen allein unterlassungsbezogene Gesichtspunkte sein (LK 63; SK 66). Sonstige Strafzumessungsgesichtspunkte, die gleichermaßen für Unterlassungs- und Begehungsdelikte von Gewicht sind, dürfen erst nach der Strafrahmenwahl zur Strafzumessung herangezogen werden (2 c zu § 50; ferner SchSch 64). Es kommt auf eine wertende Gesamtbetrachtung an (NJW **82**, 393 [m. Anm. Bruns JR **82**, 465; krit.

Horn, Arm. Kaufmann-GedS 580; Timpe 161 ff., Frisch/Bergmann JZ **90**, 952]; StV **87**, 527 [hierzu Bruns aaO 127]; MDR/H **89**, 491; BGHR § 13 II StRVersch 1; 17. 3. 1992, 5 StR 652/91). Bei Beihilfe durch Unterlassen kommt eine doppelte Milderung (II, § 27 II S. 2) in Betracht (1. 4. 1981, 2 StR 791/80; LK 64; AK 147).

Handeln für einen anderen

14 [I] Handelt jemand
1. **als vertretungsberechtigtes Organ einer juristischen Person oder als Mitglied eines solchen Organs,**
2. **als vertretungsberechtigter Gesellschafter einer Personenhandelsgesellschaft oder**
3. **als gesetzlicher Vertreter eines anderen,**
so ist ein Gesetz, nach dem besondere persönliche Eigenschaften, Verhältnisse oder Umstände (besondere persönliche Merkmale) die Strafbarkeit begründen, auch auf den Vertreter anzuwenden, wenn diese Merkmale zwar nicht bei ihm, aber bei dem Vertretenen vorliegen.

[II] **Ist jemand von dem Inhaber eines Betriebs oder einem sonst dazu Befugten**
1. **beauftragt, den Betrieb ganz oder zum Teil zu leiten, oder**
2. **ausdrücklich beauftragt, in eigener Verantwortung Aufgaben wahrzunehmen, die dem Inhaber des Betriebs oblagen,**
und handelt er auf Grund dieses Auftrags, so ist ein Gesetz, nach dem besondere persönliche Merkmale die Strafbarkeit begründen, auch auf den Beauftragten anzuwenden, wenn diese Merkmale zwar nicht bei ihm, aber bei dem Inhaber des Betriebs vorliegen. Dem Betrieb im Sinne des Satzes 1 steht das Unternehmen gleich. Handelt jemand auf Grund eines entsprechenden Auftrags für eine Stelle, die Aufgaben der öffentlichen Verwaltung wahrnimmt, so ist Satz 1 sinngemäß anzuwenden.

[III] **Die Absätze 1 und 2 sind auch dann anzuwenden, wenn die Rechtshandlung, welche die Vertretungsbefugnis oder das Auftragsverhältnis begründen sollte, unwirksam ist.**

1 Schrifttum: *Achenbach* JuS **90**, 601; *Bieneck* WiStR § 64; *Blauth,* Handeln für einen anderen, 1968; *Bottke* wistra **91**, 53, 83; *Bruns* DJ **34**, 1589, StrafrAbh. Heft 295, 1931; JZ **54**, 14, **58**, 461, Heinitz-FS 324 u. GA **82**, 1; *Fuhrmann,* Tröndle-FS 139; *Goehler* ZStW, Beih. 1978, 100 ff.; *Gössel/Borchers* wistra **85**, 125 u. **87**, 86, 89; *Kratzsch* ZRG **85**, 506; *Labsch* wistra **85**, 1, 59; *Marxen* AK 14 u. JZ **88**, 286; *Ekk. Müller,* Die Stellung der juristischen Person im Ordnungswidrigkeitenrecht, Bd. 10 Schriftenreihe d. ges. WirtschStrafR; LK-*Roxin* 1 ff.; *Schmid* WiStR § 25, 20 ff.; *K. Schmidt,* Rebmann-FS 419; *R. Schmitt* JZ **67**, 698, **68**, 123; *Schünemann,* Unternehmenskriminalität und Strafrecht, 1980, 127 ff., Jura **80**, 354, 368 mwN, wistra **82**, 41, GA **86**, 334 u. HWiStR „Handeln für einen anderen"; *Tiedemann* NJW **86**, 1842; *U. Weber* ZStW **96**, 409; *Wiesener,* Die strafrechtliche Verantwortlichkeit von Stellvertretern und Organen, 1971; *Winkelbauer,* wistra **86**, 18; vgl. weiter § 14 E 1962, Ndschr. **4**, 312 ff.; 545 ff.; § 13 AE; BerAK S. 79, 225. Vgl. **zur Rspr.** vor der Neuregelung (§ 50 aF) einerseits RG **33**, 264; **44**, 125; **57**, 191; BGH **3**, 38; **11**, 102; andererseits RG **16**, 124; **38**, 201; **60**, 234; speziell zu § 266 RG **62**, 18; **74**, 4; BGH **12**, 207; **13**, 330; MDR **54**, 495.

Grundlagen der Strafbarkeit **§ 14**

1) Die Vorschrift idF des 2. StrRG, zu II Nr. 2 iVm Art. 1 Nr. 2 des 1a
2. WiKG (2 vor § 263), bewirkt eine allgemeine Strafausdehnung. § 14 hat
besondere Bedeutung für das Nebenstrafrecht; denn er dehnt bei **Sonder-**
bzw. **Pflichtdelikten** (35 vor § 13) den Anwendungsbereich derjenigen
Tatbestände, die sich an einen bestimmten Normadressaten richten, auf
Personen aus, die (zB aufgrund Aufgabendelegation) stellvertretend für
diesen handeln. Ohne § 14 könnte uU weder der Normadressat, bei dem
die besonderen persönlichen Merkmale vorliegen, bestraft werden, noch
sein Vertreter: ersterer nicht, weil er nicht selbst gehandelt hat, letzterer
nicht, weil er nicht Normadressat ist (hierzu Marxen JZ **88**, 287, der aus
verfassungsrechtlichen und aus kriminalpolitischen Gründen für eine re-
striktive Auslegung der Vorschrift eintritt). Die beiden Zurechnungstatbe-
stände des § 14 schließen diese Strafbarkeitslücke aber nur, wenn der Han-
delnde Vertretungsberechtigter der an sich qualifizierten, aber deliktsunfä-
higen juristischen Person oder Personenhandelsgesellschaft (34 vor § 13)
oder aber gesetzlicher Vertreter des qualifizierten andern ist (I), zum zwei-
ten, wenn der Handelnde beauftragt ist, den Betrieb ganz oder zT zu leiten
(Leitende Angestellte), oder als sog. *gewillkürter Vertreter* ausdrücklich be-
auftragt ist, dem Betriebsinhaber obliegende Aufgaben wahrzunehmen
(II). Die kasuistische Regelung des II ist auf erhebliche Kritik gestoßen
(vgl. Bruns GA **82**, 3, 34 mwN), die der E/2. WiKG zum Anlaß für eine
Neufassung nahm. Statt der beabsichtigten Ausdehnung des II (der E/
2. WiKG ging statt von einem formalen Betrauungsakt von der faktischen
Eigenverantwortlichkeit für die Aufgabenerfüllung aus; vgl. zu den weite-
ren Initiativen unten 12) trat aber nur eine Klarstellung zu II Nr. 2 in Kraft.
Im Nebenrecht finden sich nur noch besondere Regelungen in § 17 Flag-
genrechtsG und § 131 SeemannsG (vgl. für das Landesrecht Art. 153 EGO-
WiG). Juristische Personen des öffentlichen Rechts sind in den Normadres-
satenkreis des § 30 OWiG einbezogen (Göhler OWiG 2 zu § 30; Müller
[oben 1] 51 ff.; aM Wohlfarth NJW **80**, 2237).

2) Die besonderen persönlichen Merkmale iS des I und II (dazu 3 ff. zu 2
§ 28; LK 15 ff.; SchSch-Lenckner 8) müssen den Täter objektiv charakteri-
sieren (vgl. 35 vor § 13), auch wenn sich dies nicht unmittelbar aus dem
Tatbestand, sondern aus dem Sachzusammenhang ergibt. Sie dürfen eine
Vertreterhaftung nicht bereits ihrer Art nach ausschließen. Daher werden
Fälle der bloßen Strafschärfung oder Milderung sowie des Ausschlusses der
Strafbarkeit (§ 28 II; dort 12) ebensowenig von § 14 erfaßt wie die subjekti-
ven Merkmale (6 zu § 28) und höchstpersönliche, nicht auswechselbare
Merkmale, so daß zB der Vormund nicht nach § 170b strafrechtlich haftet
(AK-Marxen 27; aM LK 17; SchSch 11; Bruns GA **82**, 18), wenn sein
Mündel unterhaltspflichtig ist; vgl. Gallas ZStW **80**, 21; zur weiteren Dis-
kussion Langer, Lange-FS 254. Der unmittelbaren Anwendung des § 84 I
Nr. 2 GmbHG auf „faktische" Geschäftsführer steht § 14 nicht entgegen
(BGH **31**, 122; vgl. Bruns JR **84**, 133; GA **86**, 1230; krit. Kaligin BB **83**,
790; Kratzsch ZRG **85**, 509, 528; Löffeler wistra **89**, 121; ferner Tiedemann
GmbHG 13 zu § 84 u. NJW **86**, 1842). Auch der Zueignungswille nach
§ 246 ist kein persönliches Merkmal (Karlsruhe Die Justiz **75**, 314). In erster
Linie findet die Erweiterungsklausel des § 14 auf Tatbestände Anwendung,
bei denen es vom Schutzzweck her einerlei ist, ob die Aufgaben vom

Normadressaten selbst oder von seinem Vertreter wahrgenommen werden, zB wenn der Normadressat als Garant für den erwünschten Zustand einzutreten hat und die Vertretung erfahrungsgemäß üblich ist oder wenn der Vertreter auf Grund tatsächlicher Betrachtungsweise schon vom Tatbestand her als Normadressat mit einbezogen ist (vgl. 21 vor § 283; 12 zu § 284; Bay NJW **69**, 1495; MDR/H **80**, 453.

3 3) **A.** Nach I sind erfaßt Personen, die **handeln** als a) **vertretungsberechtigtes** Organ einer **juristischen Person** (2 zu § 75; LK 24; vgl. Winkelbauer wistra **86**, 19) oder Mitglied **eines solchen Organs;** b) **vertretungsberechtigter Gesellschafter einer Personenhandelsgesellschaft** (2 zu § 75); nicht erfaßt sind die Gesellschaft des bürgerlichen Rechts und der nicht rechtsfähige Verein, bei denen die besonderen persönlichen Merkmale grundsätzlich nicht bei der Vereinigung, sondern unmittelbar beim handelnden Gesellschafter oder Vorstand gegeben sind (LK 28; vgl. Tiedemann NJW **86**, 1844); in gewissen Ausnahmefällen kann II eingreifen (E EGOWiG 63); c) **gesetzlicher Vertreter** eines anderen, so Eltern und Vormünder (§§ 1626 ff., 1793 BGB), aber auch „Parteien kraft Amtes" wie Konkurs-, Vergleichs-, Nachlaßverwalter, Testamentsvollstrecker, Abwickler; nicht jedoch gewillkürte Vertreter, bei denen eventuell II in Betracht kommt. Mindestens hierher, wenn nicht schon unter 2, gehört auch der Geschäftsführer der GmbH bei einer GmbH und Co. KG (vgl. BGH **28**, 371; AK 49; Göhler OWiG 10 zu § 9 mwN).

4 **B. Handeln als Organ** usw., dh in seiner Eigenschaft als Vertreter, setzt die Vertreterhaftung voraus (3 zu § 75; BGH **30**, 128; Bruns GA **82**, 26; Tiedemann NJW **86**, 1844); umfaßt ist außer dem positiven Tun auch das **5** **Unterlassen** sowohl im Falle echter als auch unechter Unterlassungsdelikte (Bruns GA **82**, 24; vgl. 3 vor § 13). Das Handeln oder Unterlassen muß **im objektiven Zusammenhang** mit dem Aufgabenkreis des Vertretenen stehen (NJW **69**, 1494), also nicht allein eigenen Interessen dienen (BGH **30**, 127 mwN; aM Labsch wistra **85**, 4, der allein auf die tatsächlichen oder rechtlichen Wirkungsmöglichkeiten des Vertreters oder Beauftragten abstellt). Die interne Aufteilung der Geschäftsführung auf die verschiedenen Mitglieder zB des Vorstandes einer AG kann dabei sowohl für die konkrete Handlungspflicht als auch für die Zumutbarkeit des Handelns und Entschuldbarkeit eines Irrtums über diese Pflicht eine Rolle spielen; verletzt ein intern zum Handeln verpflichtetes Mitglied diese Pflicht und erkennt das ein intern nicht verpflichtetes Mitglied, so kann auch es strafrechtlich zum Handeln verpflichtet sein (LK 14). Handlungen, die wie Unterschlagung von Gesellschaftseigentum nicht für die Gesellschaft wirken, sondern zu ihren Lasten gehen, scheiden aus (NJW **69**, 1494; GA **71**, 36); und zwar selbst dann, wenn sämtliche Gesellschafter zugestimmt haben (11. 3. 1980, **6** 5 StR 731/79). **C. Innerhalb des StGB** spielt I vor allem eine Rolle, wenn in den Fällen der §§ 266, 325 der Verpflichtete, der §§ 284, 286 der Veranstalter (Bay NJW **79**, 2259), des § 288 der Schuldner ein anderer ist als derjenige, der nach I Nr. 1 bis 3 an seiner Stelle handelt (vgl. Bruns GA **82**, 3, 34). Hingegen scheiden Vorschriften wie § 170b aus (oben 2). Eine wesentlich größere Rolle spielt I im Nebenrecht (oben 1a).

7 **4) Nach II** sind erfaßt gewisse **Beauftragte in Betrieben** und **Unternehmen** sowie bei **Stellen der öffentlichen Verwaltung;** dabei werden auch

Grundlagen der Strafbarkeit § 14

gewillkürte Vertreter einbezogen. Die Ausdehnung der strafrechtlichen Verantwortung soll dem Grundgedanken einer arbeitsteiligen Wirtschaft Rechnung tragen. Denn die Aufteilung des Verantwortungsbereichs des eigentlichen Normadressaten und die Übertragung der ihm aufgetragenen Verantwortung auf andere sind vielfach unerläßlich (E/2. WiKG 14).

A. Betrieb ist hier iwS als die nicht nur vorübergehende Zusammenfassung mehrerer Personen unter Einsatz von Sachmitteln in gewissem räumlichen Zusammenhang unter einer Leitung zur Erreichung eines bestimmten, nicht stets wirtschaftlichen Zweckes zu verstehen, umfaßt also nicht nur Fabrik- und Handwerksbetriebe, sondern auch Geschäfte, Reparaturwerkstätten, Geldinstitute, Forschungseinrichtungen, Büros, Agenturen, die Kanzlei eines Anwalts und die Praxis eines Arztes. Auf die rechtliche Form kommt es nicht an, so daß juristische Personen ebenso erfaßt werden wie zB Einzelkaufleute. Ob der Begriff des Unternehmens, den II S. 2 dem des Betriebes gleichsetzt, daneben selbständige Bedeutung hat, ist nach der Begr. 65 zw. (vgl. LK 33f.); man könnte darunter einen Komplex von mehreren Betrieben verstehen; für elastische Auslegung mit Recht Göhler OWiG 43 zu § 9. Vgl. auch die abw. Terminologie in § 5 Nr. 7. Zur Problematik Raiser, Das Unternehmen als Organisation, 1969. 8

B. Beauftragt muß der Handelnde sein, entweder von dem **Inhaber** selbst oder einem sonst dazu **Befugten,** der seine Befugnis aus seiner Stellung (Prokurist), aus entsprechender Vollmacht des Inhabers oder aus gesetzlichen Vorschriften wie die über die gerichtliche Bestellung eines Abwicklers oder eines besonderen Vertreters durch die Mitgliederversammlung eines Vereins herleiten kann (Begr. 64). **a) Nach II Nr. 1** muß der (anders als bei Nr. 2 nicht notwendig „förmliche" oder „ausdrückliche") Auftrag (konkludente Beauftragung reicht aus, BGH(Z) MDR **90,** 41) zum Inhalt haben, den **Betrieb ganz oder zum Teil zu leiten,** so daß sowohl räumlich getrennte Betriebsteile als auch die Abteilung innerhalb des Betriebs gemeint ist (E/2. WiKG 15), und der technische oder der kaufmännische Leiter eines Gesamtbetriebes ebenso erfaßt werden wie gemeinschaftliche Leiter eines Betriebes oder der Gesamtleiter eines Zweigbetriebes (Begr. S. 64). Es kann zw. sein, ab wann eine Betriebseinheit als „Teil" eines Betriebes anzusehen ist (E/2. WiKG 15); daher kommt es auf den sachlichen Gehalt des Auftrags, nicht auf die Bezeichnung des Beauftragten an (LK 35; vgl. Marxen JZ **88,** 286). **b) Nach II Nr. 2** bezieht sich der Auftrag darauf, **in eigener Verantwortung Aufgaben wahrzunehmen,** die als solche dem **Inhaber des Betriebes obliegen.** Es müssen also **betriebsbezogene Aufgaben** sein, die primär der Inhaber in dieser seiner Stellung wahrzunehmen hat, so als Erzeuger und Verteiler von Waren (zB Verleger), als Arbeitgeber (zB Arbeitsschutz- und Arbeitszeitvorschriften; Versicherungs- und Geheimhaltungsvorschriften), als Verwalter von Vermögen, als Eigentümer bestimmter Einrichtungen (Maschinen, Autos), als Teilnehmer am Rechts- und Wirtschaftsverkehr (zB Buchführungs- oder Auskunftspflichten; vgl. Begr. 64; auch Schünemann aaO [oben 1], 145). 9 10 11

aa) ein ausdrücklicher Auftrag muß (anders als bei Nr. 1) vorliegen. Dieser kann auch auf einer gesetzlichen Vorschrift beruhen (zB §§ 30, 31 StrlSchV für Strahlenschutzverantwortliche und -beauftragte). Mit der Eingrenzung auf einen ausdrücklichen Auftrag wollte der Gesetzgeber von 1968 der 12

§ 14 AT Zweiter Abschnitt. Erster Titel

Gefahr einer unangemessenen Abwälzung der Verantwortung auf Hilfspersonen vorbeugen und klare Verhältnisse schaffen, da es sich nicht von selbst verstehe, daß mit der bloßen Wahrnehmung der Aufgaben auch die Pflichten des Vertretenen übernommen würden. Die Kritik an dieser Regelung verweist darauf, daß ein besonderer Auftrag sich häufig nicht nachweisen lasse (E/2. WiKG 15). Dem Vorschlag des E/2. WiKG, auf das Merkmal „ausdrücklich" in II Nr. 2 und dem parallelen § 9 II Nr. 2 OWiG zu verzichten, ist das 2. WiKG nicht gefolgt (Ber. 25; vgl. Göhler NStZ **83**, 64; U. Weber NStZ **86**, 482; Marxen JZ **88**, 289; Achenbach JuS **90**, 602); der Vorschlag wurde zwar durch den GesAntrag NW, BR-Drs. 217/87, BRat 577. Sitz., den 57. DJT 1988 und den BerAK (S. 79, 225; vgl. auch BTag 11/4893; recht **89**, 4) sowie den E-SPD (BT-Drs. 12/376) weiter verfolgt, im RegE/2. UKG (1a vor § 324) bisher aber nicht berücksichtigt, so daß stillschweigende Übertragung oder bloß tatsächliche Wahrnehmung der Aufgabe weiterhin nicht ausreicht (Stuttgart OLGSt. 1; Hamm NJW **69**, 2211); anderseits genügt es, wenn auch ohne Verwendung des Ausdrucks „Auftrag" dem Betreffenden schriftlich oder mündlich die Aufgabe eindeutig übertragen wird, wobei ihm eine klare Vorstellung von Art und Umfang dieser Aufgaben vermittelt werden muß; wieweit dabei in Einzelheiten zu gehen ist, ergibt sich aus den Umständen des Einzelfalles (vgl. Begr. 65). Auf eine entsprechende Namhaftmachung nach außen hin, insbesondere gegenüber Behörden, kommt es grundsätzlich nicht an (KG VRS **36**, 269). Die Eigenverantwortlichkeit umfaßt die Pflicht, sich über aufgabenrelevante Gebote und Verbote zu informieren (vgl. E/2. WiKG,

13 15). **bb)** Die Aufgabe muß dem Beauftragten zur Wahrnehmung **in eigener Verantwortung** übertragen sein; der Beauftragte muß im Rahmen der Entscheidungsbefugnisse des Vertretenen handeln, darf also nicht zu bloßer Mitverantwortung herangezogen sein, sondern muß in eigener, wenn auch vielleicht von oben überprüfter Befugnis (SK-Samson 5; AK 62) die Entscheidungen frei und verantwortlich treffen, die zu treffen eigentlich **dem Inhaber des Betriebes obliegt**, in dessen Verantwortungsbereich und aufgabenspezifischen Pflichtenkreis der Beauftragte einrückt (vgl. RA-BTag 10. WP Prot. 63, 33ff.). Die Auswechslung der Verantwortung setzt neben der erforderlichen Beauftragung die notwendigen Entscheidungsbefugnisse voraus. Diese müssen sich aber in den Grenzen des Sozialadäquaten halten, so daß zB einem Lehrling nicht inadäquate Funktionen übertragen werden dürfen, denen er nicht gewachsen sein kann (Begr. 65; vgl. StA Mannheim NJW **76**, 585; Schünemann aaO [oben 1] 146; aM LK 40; SchSch 37). Ein Fall der Nr. 2, nicht der Nr. 1, ist es auch, wenn jemand den Auftrag erhält, den Betrieb oder Teile des Betriebes ganz oder in

14 bestimmten Bereichen zu beaufsichtigen (Begr. 64). **c) Auf Grund seines Auftrages** muß der Beauftragte in den Fällen der Nr. 1 und 2 handeln. Damit ist wie bei I (oben 5) ein betriebsbezogenes Handeln im Bereich der ihm übertragenen Aufgaben aus seiner Vertreterstellung gemeint. **Handeln** umfaßt auch hier pflichtwidriges **Unterlassen**, so daß sowohl vorsätzliche wie fahrlässige echte und unechte Unterlassungsdelikte einbezogen sind (vgl. auch oben 4).

15 C. Nach II S. 3 gilt für einen Beauftragten, der **für eine Stelle, die Aufgaben der öffentlichen Verwaltung wahrnimmt**, handelt, S. 1 sinn-

Grundlagen der Strafbarkeit § 14

gemäß. Als solche Stellen sind nicht nur Behörden und Stellen der Verwaltung ieS, sondern auch zB Anstalten und Körperschaften des öffentlichen Rechts anzusehen. An die Stelle des Betriebsinhabers tritt in sinngemäßer Anwendung des S. 1 der Leiter der Stelle oder ein anderer zur Delegation von Pflichten befugter Angehöriger (Köln NJW **88**, 2121). II S. 3 will erreichen, daß die Angehörigen von Verwaltungsstellen gegenüber den in Betrieben Tätigen bei tatsächlich und rechtlich paralleler Lage nicht bevorzugt werden (Begr. S. 6; vgl. U. Weber aaO [6 vor § 324] 26). Daraus ist zu schließen, daß die sinngemäße Anwendung des S. 1 die Vorschrift auf solche Fälle beschränkt, in denen Verwaltungsstellen fiskalisch tätig werden oder als Arbeitgeber, als Eigentümer bestimmter Sachen oder als Teilnehmer am Rechts- und Wirtschaftsleben Verpflichtungen haben, die denen von Betriebsinhabern entsprechen (AK 65). Keinesfalls kann S. 3 dazu führen, daß Nichtamtsträger wegen eines echten Amtsdelikts strafbar werden; denn die Strafbarkeit ist hier an die unübertragbare Amtsträgereigenschaft selbst gebunden; ebenso LK 41.

D. Der Inhaber eines Betriebes oder Unternehmens, der Leiter einer 16 Verwaltungsstelle oder ein sonst zunächst Verantwortlicher wird durch die Aufgabenübertragung strafrechtlich **nicht entlastet,** soweit er selbst als Normadressat aktiv handelt (Celle GA **69**, 183) oder ihm sonst ein Schuldvorwurf zu machen ist (vgl. auch § 130 OWiG, Anh. 21; BerAK S. 77, 225; KG VRS **36**, 269; Düsseldorf NJW **70**, 1387; AK 70). Bei Unterlassungsdelikten kommt es auf die Umstände an. Oben 4, 5 gilt entsprechend.

E. Folge von II ist, daß der Beauftragte bei seinem Handeln und Unter- 17 lassen strafrechtlich so behandelt wird, als ob die strafbegründenden Tätermerkmale, die der Inhaber des Betriebes oder Unternehmens bzw. der Leiter der Verwaltungsstelle aufweist, auch bei ihm selbst gegeben wären. II findet innerhalb des StGB wenig Anwendung (vgl. aber 21 vor § 283, 5 zu § 288), in weiterem Umfang jedoch im Nebenstrafrecht (vgl. oben 1 a, 11). Wo Pflichtenkreise vertretungsweise wahrgenommen werden, der Tatbestand aber (wie zB bei § 266) den Vertreter unmittelbar erfaßt, regelt sich die strafrechtliche Verantwortlichkeit unabhängig von § 14 und trifft über die Grenzen der Vorschrift hinaus alle gewillkürten Vertreter (EzSt § 266 Nr. 3; LK 22). Vgl. auch § 32 IV Nr. 2a BZRG (Führungszeugnis).

5) Nach III hindert die **Unwirksamkeit** des Rechtsaktes, der die Vertre- 18 tungsbefugnis nach I oder das Auftragsverhältnis nach II begründen soll, die Anwendung von I und II nicht, wenn es zur Ausübung einer faktischen Vertreter- oder Beauftragtenstellung gekommen ist (vgl. 2 zu § 75). Das gilt zB für den **faktischen Geschäftsführer** einer GmbH (GA **71**, 36; MDR/H **80**, 453 unter Hinweis auf BGH **3**, 37; **21**, 103; vgl. Bruns GA **82**, 21; Marxen JZ **88**, 287; K. Schmidt, Rebmann-FS 419; Fuhrmann, Tröndle-FS 139 [hierzu Hettinger JZ **92**, 244]; Tiedemann JuS **89**, 695 u. GmbHG 32 zu § 84; Joerden wistra **90**, 1), soweit er die Geschicke der Gesellschaft allein bestimmt oder gegenüber dem eigentlichen Geschäftsführer eine dominierende Rolle einnimmt (Düsseldorf NJW **88**, 3167 [hierzu Otto JK 2]) und im Falle eines Unterlassungsdelikts den unrechtstypisierenden Bedeutungsgehalt des jeweiligen Tatbestandsmerkmals erfaßt (Bay **91**, 13; vgl. 11 zu § 16). Seine Vertretungsmacht ist iS des § 37 II GmbHG nach außen unbeschränkt und unbeschränkbar (MDR/H **90**, 296). Die Befugnis zur

§ 14
AT Zweiter Abschnitt. Erster Titel

Erteilung eines Auftrages nach II muß jedoch rechtswirksam bestanden haben (AK 64; aM LK 44).

19 **6) Die Irrtumsproblematik** ist wie bei anderen Fällen der Täterqualifikation zu beurteilen. Wer durch § 14 Täterqualität erhält, muß bei Vorsatzdelikten die Umstände kennen, die ihn zum Täter machen (vgl. 28 zu § 22; 25 zu § 11); irrt er lediglich über seine Verpflichtung, so ist das nur ein Verbots-(Gebots-)irrtum (21. 2. 1979, 2 StR 517/78; LK 45). Bei Fahrlässigkeitsdelikten muß ihm mindestens vorgeworfen werden können, daß er die Umstände nicht erkannt hat, die seine Täterqualifikation begründen.

Vorsätzliches und fahrlässiges Handeln

15 Strafbar ist nur vorsätzliches Handeln, wenn nicht das Gesetz fahrlässiges Handeln ausdrücklich mit Strafe bedroht.

1 **Schrifttum:** *Bresser,* Lange-FS 665; *Burkhardt,* Der Wille als konstruktives Prinzip der Strafrechtsdogmatik, in: Heckhausen u. a. (Hrsg.), Jenseits des Rubikon, 1987, S. 315; *Engisch,* Untersuchungen über Vorsatz und Fahrlässigkeit im Strafrecht, 1930; *Frisch,* Vorsatz und Risiko, 1983 [zit. Frisch I] (hierzu *Küper* GA **87**, 479) u. *Frisch, K.* Meyer-GedS 533 (Vorsatzbegriff, AIDS-Diskussion); *Jakobs,* Wollens- und Wissensfehler ZStW **101**, 516; *Janzarik,* Vorrechtliche Aspekte des Vorsatzes ZStW **104**, 65; *Hassemer,* Arm. Kaufmann-GedS 289; *Kindhäuser,* Der Vorsatz als Zurechnungskriterium, ZStW **96**, 1; *Köhler,* Die bewußte Fahrlässigkeit, 1982 (hierzu *Gössel* GA **84**, 480); *Krümpelmann,* Vorsatz und Motivation, in Kaiser/Vogler (Hrsg.) Strafrecht und Strafrechtsvergleichung, 1975 S. 53; *Lander,* Zur Psychologie der vorsätzlichen Handlungen, 1967; *Mylonopoulos* ZStW **99**, 685; *Platzgummer,* Die Bewußtseinsform des Vorsatzes, 1964; *Samson* JA **89**, 449; *Schewe,* Bewußtsein und Vorsatz, 1967 u. Lange-FS 687; *Schlüchter,* Irrtum über normative Tatbestandsmerkmale im Strafrecht, 1983; *Schmidhäuser,* Vorsatzbegriff und Begriffsjurisprudenz im Strafrecht, 1968, Mayer-FS 317 u. Oehler-FS 135; *Schroth* NStZ **90**, 324; *Spendel,* Begriff des Vorsatzes, Lackner-FS 167; *Zielinski* AK 6ff.

1a **1) Die Vorschrift,** in fast wörtlicher Übereinstimmung mit § 15 E 1962 (Begr. 128; Ndschr. **2**, 26, 60, 105) und § 16 I AE durch das 2. StrRG eingefügt (Ber. BT-Drs. V/4095, 8 = Ber.; Prot. V/1633, 1738, 1775), dient in erster Linie der Klarstellung (LK-Schroeder 1) und einer Entlastung der Tatbestandsbeschreibungen: Wo das Gesetz nichts anderes sagt (wie stets bei Verbrechen), muß der Täter vorsätzlich handeln. Weiter klärt § 15, daß eine Tathandlung (3 zu § 8) nur dann (allein oder mit sonstigen Umständen) einen strafrechtlichen Tatbestand verwirklichen kann, wenn der Täter entweder vorsätzlich oder fahrlässig handelt, und zwar auch bei strafbarer Vorbereitung, Versuch, Beteiligung und versuchter Beteiligung (E 1962, 128). Unberührt bleibt, daß es außerhalb der Tathandlung Umstände geben kann, auf die sich Vorsatz und Fahrlässigkeit nicht zu beziehen brauchen, die sog. objektiven Bedingungen der Strafbarkeit (32 zu § 16); auch auf die Verursachung eines nicht zum Tatbestand gehörenden Erfolges (dazu 16 zu § 46) bezieht § 15 sich nicht. Ob er auf Regelbeispiele besonders schwerer Fälle entsprechend anzuwenden ist (so wohl BGH **26**, 245), ist zw.; entscheidend ist die jeweilige Struktur des Beispiels. Offen läßt § 15 auch, ob Vorsatz und Fahrlässigkeit „Schuldform oder subjektive Tatbestands-(Unrechts-)elemente sind" (AE 55; E 1962 aaO). Nach der

Grundlagen der Strafbarkeit § 15

hier vertretenen Auffassung erfüllen sie sowohl die eine wie die andere Funktion (9, 28 ff. vor § 13; Dreher, Heinitz-FS 224 f.). Durch § 11 II sind die gemischt vorsätzlich-fahrlässigen bzw. vorsätzlich-leichtfertigen Delikte (38 zu § 11) den vorsätzlichen gleichgestellt. Was unter Vorsatz und Fahrlässigkeit zu verstehen ist, läßt das Gesetz offen (and. §§ 16 bis 18 E 1962 und §§ 17, 18 AE) und überläßt die Definition wie bisher Wissenschaft und Rspr. Die Frage wird trotz ihres engen Zusammenhanges mit den Irrtumsfragen der §§ 16, 17 im folgenden behandelt:

2) Der Vorsatz ist nach einer ungenauen Kurzformel Wissen und Wollen 2 der Tatbestandsverwirklichung (RG **70**, 258; § 17 I AE; krit. Schmidhäuser, Oehler-FS 156; Schumann JZ **89**, 430; Janzarik ZStW **104**, 65). Die Betonung nur einer dieser beiden Seiten (**Vorstellungstheorie** [vgl. RG **61**, 258], gegen **Willenstheorie** [vgl. RG **58**, 249]) ergibt, da es sich nur um verschiedene Elemente *desselben* komplexen psychologischen Sachverhalts handelt (Lackner 30), ein schiefes Bild.

A. Genauer ausgedrückt verlangt der Vorsatz a) die **Kenntnis** der ver- 3 gangenen und gegenwärtigen Tatbestandsmerkmale, die Voraussicht der künftigen sowie des Ganges der Tathandlung (der Tatmittel, des Taterfolges), und zwar nach der Rspr. als aktuelles Vorstellen bei der Tat, nicht nur als bloßes nicht ins Bewußtsein gekommenes Wissen (NJW **53**, 152), was zB bei Kenntnis des Schutzalters in §§ 175, 176, 182 zw. ist; man wird sich aber mit einem Parathaben unterhalb der aktuellen Bewußtseinsschwelle begnügen müssen, sog *„sachgedankliches Mitbewußtsein"* (Bay NJW **77**, 1974 [krit. Köhler GA **81**, 285]; vgl. Bockelmann-Volk AT § 14 III 4; LK 99 zu § 16; SchSch-Cramer 53; SK-Rudolphi 24 zu § 16; AK-Zielinski 23; Blei AT § 33 IV; Otto AT § 7 II 3; Warda Jura **79**, 4; Jakobs 8/12; Arth. Kaufmann, Parallelwertung in der Laiensphäre, 1982, 30; Schlüchter 27 u. ferner Frisch, Arm. Kaufmann-GedS 311; hierzu Roxin § 12, 110; Langer GA **90**, 455; Eser/Burkhardt **6**, A 9), es genügt jedoch nicht, daß sich ein bestimmter Gedanke „aufgedrängt" habe (3. 10. 1989, 5 StR 208/89); b) den 4 **Willen zur Tatbestandsverwirklichung** und c) die Vorstellung von der **Beherrschung der Tathandlung,** so daß Bauen auf Zufall oder bloßes Wünschen kein Vorsatz ist; anders, wenn der Täter eine abergläubische Herrschaftsvorstellung hat (dann untauglicher Versuch, bei dem nach § 23 III von Strafe abgesehen werden kann; vgl. 5 zu § 23). Die Feststellung des Vorsatzes setzt voraus, daß die Tat und der ihr zugrundeliegende Wille aufgeklärt ist (26. 2. 1981, 4 StR 713/80), *im maßgebenden* Zeitpunkt muß das Wissen und Wollen auf ein bestimmtes Ziel, den tatbestandsmäßigen Erfolg gerichtet sein (NStZ Nr. 10 zu § 306) und alle für den Erfolgseintritt wesentlichen Umstände erfassen (NStE § 212 Nr. 18). Auch muß die tatrichterliche Schlußfolgerung auf den Vorsatz plausibel sein, so daß ein Schuß aus der Hüfte auf einen 67 m entfernten Einbrecher keinen Schluß auf „gezieltes" Schießen rechtfertigt (10. 2. 1981, 1 StR 777/81). Den Vorsatz muß der Täter bei der Tatbestandsverwirklichung haben, so daß nachträglicher Vorsatz *(dolus subsequens)* bedeutungslos ist (NStZ **83**, 452 m. Anm. Hruschka JZ **83**, 864 u. Geilen JK 2; Wolter StV **86**, 316; Roxin § 12, 75; vgl. VRS **40**, 14).

B. Verschiedene Formen des Vorsatzes unterscheidet man je nach der 5 Art von Vorstellung und Wille, nämlich den unbedingten, **direkten Vor-**

satz (Samson JA **89**, 449) und den **bedingten Vorsatz** *(dolus eventualis)*, dessen Bezeichnung insofern schief ist, als der Täter seine Handlung auch hier unbedingt wollen muß (GA **63**, 147; Koblenz DAR **63**, 244; Spendel, Lackner-FS 169). Wenn sich aus dem Gesetz nichts anderes ergibt, reicht jede Form des Vorsatzes aus. Im Bereich des direkten Vorsatzes kommen folgende Formen in Betracht:

6 **C. Die Absicht** (herausgehobener Willensfaktor; *dolus directus 1. Grades*). Hier strebt der Täter die Tatbestandsverwirklichung an; sein Wille ist auf diesen Erfolg gerichtet (vgl. BGH **9**, 147; KG NJW **57**, 882); es kommt dem Täter auf den Erfolg an (BGH **18**, 151; vgl. §§ 16, 17 I E 1962; LK 76 ff. zu § 16; Jescheck § 29 III 1; Roxin § 12, 7). Daß dem Täter der Erfolg erwünscht oder wichtig ist (so BGH **16**, 1), reicht allein nicht aus. Kommt es ihm aber auf den Erfolg an, so handelt er auch absichtlich, wenn er die Tatbestandsverwirklichung nur für möglich hält (BGH **35**, 328; hierzu Geerds Jura **89**, 295; Begr. E 1962, 131; aM BGH **16**, 1; hiergegen Welzel NJW **62**, 20 mwN; Oehler NJW **66**, 1633). So kann die Absicht in §§ 242, 263 auch gegeben sein, wenn der Täter die Rechtswidrigkeit der Zueignung oder Bereicherung nur für möglich hält (RG **49**, 142 zu § 242; **55**, 261 zu § 263). Der angestrebte Erfolg braucht nicht das Endziel des Täters zu sein (BGH **4**, 109; **16**, 1; **18**, 151; Hamm GA **59**, 352); er kann bloßes Zwischenziel (= das, was der Täter anstrebt, weil es ihm auf seinem Wege weiterhilft), darf aber nicht bloße (wenn auch unvermeidbare) Nebenfolge sein (wie in dem Beispiel unten 7). In der Rspr. ist der Begriff der Absicht als Form des direkten Vorsatzes bisher nicht klar erkannt, weil sie häufig Motiv (vgl. zB § 211: „aus Mordlust") und Absicht verwechselt, woraus Unklarheiten entstehen (vgl. zB BGH **4**, 108; Celle, NJW **62**, 1581; Bokkelmann JZ **56**, 698). Zwar gibt es Fälle, in denen die Zielvorstellung zugleich Beweggrund ist; doch müssen beide begrifflich auseinandergehalten werden (vgl. auch Krümpelmann ZStW **87**, 888 und aaO [oben 1]; Warda Jura **79**, 75). Das StGB verwendet allerdings den Ausdruck „Absicht" nicht immer iS des Erfolgsstrebens, sondern zuweilen nur iS des schlichten Vorsatzes (vgl. NJW **69**, 1774). Zw. erscheint es, wenn die Rspr. in gewissen Vorschriften (zB § 274 I Nr. 1, RG **55**, 74; § 288, RG **59**, 315; § 239 KO fF, RG **66**, 88) unter Absicht den direkten Vorsatz auch in der Form des Wissens verstehen möchte. Die Wendung „um ... zu" (zB in §§ 229, 253) bedeutet dasselbe wie Absicht (BGH **4**, 108; vgl. E 1962, 131). Für die Strafzumessung sind die verschiedenen Vorsatzformen unerheblich (31 zu § 46).

7 **D. Das Wissen** (herausgehobener Wissensfaktor; *dolus directus 2. Grades*). Hier weiß der Täter oder sieht als sicher voraus, daß er den Tatbestand verwirklicht. Da er die Handlung will, will er auch, was er als deren sichere Folge ansieht. So wie es im Falle der Absicht gleichgültig ist, ob der Täter die Tatbestandsverwirklichung nur für möglich hält, ist es im Falle des Wissens, wo der Täter die Verwirklichung für sicher hält, gleichgültig, ob sie der Täter anstrebt. Schulbeispiel ist der Fall, daß ein Brandstifter, dem es auf den Brand und die Versicherungssumme ankommt, sicher ist, daß bei dem Brand ein Mensch getötet wird, eine bloße Nebenfolge, die er lieber vermieden hätte. Aber auch insoweit ist direkter Vorsatz gegeben (Samson JA **87**, 452). Das StGB verwendet seit dem EGStGB (E EGStGB

Grundlagen der Strafbarkeit § 15

192) den Ausdruck „wissentlich" und ähnliche Wendungen nur noch iS des direkten Vorsatzes (Sturm JZ **75**, 7). So verlangt die Wendung „wider besseres Wissen" (zB in §§ 164, 187, 278), daß der Täter nicht nur mit der Möglichkeit rechnet, daß seine Vorstellung falsch sei (RG **32**, 303; **55**, 205; vgl. LK 81 ff. zu § 16).

E. Beabsichtigter, aber ungewisser Erfolg mit sicherer Nebenfolge. 8
Die hM nimmt direkten Vorsatz auch hinsichtlich der Folgen an, die der Täter als sicher voraussieht, falls er den angestrebten, aber nicht für sicher gehaltenen Erfolg erreicht (vgl. RG **5**, 317; Welzel NJW **62**, 20; E 1962 Begr. 129 f.; Samson JA **87**, 453). Danach ist in dem Beispiel zu 7 direkter Tötungsvorsatz anzunehmen, wenn es dem Täter ungewiß ist, ob ihm die Brandstiftung gelingt. Es spielt praktisch keine Rolle, ob man diesen Fall schon zum bedingten Vorsatz zieht. NStE § 212 Nr. 9 hat direkten Tötungsvorsatz in einem Fall angenommen, in dem der Täter eine 84 cm lange, 940 g schwere Metallkeule wuchtig auf den Hinterkopf des Opfers „geschmettert" hatte (vgl. auch unten 11).

F. Bedingter Vorsatz kommt in Betracht, wenn der Täter die Tatbe- 9
standsverwirklichung weder anstrebt, noch für sicher hält. Er hält sie nur für möglich. In solchen Fällen kann nach hM auch bewußte Fahrlässigkeit (unten 13) in Betracht kommen. Nach **BGH** ist der *bewußt fahrlässig Handelnde* mit der als möglich erkannten Folge nicht einverstanden und vertraut deshalb auf ihren Nichteintritt, während der *bedingt vorsätzlich Handelnde* mit dem Eintreten des Erfolges im Sinne einverstanden ist, daß er ihn billigend in Kauf nimmt (GA **79**, 107; NStE § 212 Nr. 18). Da diese Schuldformen nahe beieinander liegen, ergeben sich *für den Tatrichter besondere Anforderungen* bei der Feststellung des inneren Tatbestandes (BGH **36**, 10; GA **79**, 108; VRS **59**, 183; **64**, 191; NStZ **83**, 407; **87**, 362 [m. zutr. krit. Anm. Puppe, vgl. aber auch Freund JR **88**, 116; Herzberg JZ **88**, 639]; ZfS **83**, 318; StV **85**, 100; DAR **87**, 190; JA **87**, 210; BGHR § 212 I, Vors. bed. 22; Meyer-Goßner NStZ **86**, 49; Geppert Jura **86**, 610; Herzberg JZ **88**, 638; Schumann JZ **89**, 428; Hillenkamp, Arm. Kaufmann-GedS 362, 369; Schroth NStZ **90**, 324; hierzu Frisch NStZ **91**, 24; Roxin § 12, 21). Im Schrifttum (unten 11 b) ist die Abgrenzung in dieser praktisch bedeutsamen Frage (M-Zipf § 22, 31) äußerst umstritten.

a) Die Rspr. folgt insoweit den **Einwilligungstheorien,** bei denen der 10
Willensfaktor entscheidet. Sie sind auch im Schrifttum herrschend, werden aber in zahlreichen Varianten vertreten (krit. Frisch I, 304 ff., 474, 488; Küpper ZStW **100**, 776). Die Rspr. ist nicht einheitlich. Von jeher haben RG und BGH gefordert, daß der Täter den Erfolg „billigen" oder „**billigend in Kauf nehmen**" müsse (BGH **7**, 363; **36**, 9). Dabei ist vorausgesetzt, daß der Täter den Erfolgseintritt „als möglich und nicht ganz fernliegend *erkennt*" (NStZ **81**, 23; 4. 4. 1985, 4 StR 115/85). Der Begriff des „Billigens im Rechtssinne" erfährt in der Rspr. einen über die Sprachbedeutung hinausgehenden Anwendungsbereich (Frisch I, 5 u. K. Meyer GedS 539): Der Täter billigt auch einen an sich unerwünschten Erfolg, wenn er sich mit ihm um eines erstrebten Zieles willen abfindet (BGH **7**, 369; [hierzu Schumann JZ **89**, 428]; **36**, 9; NJW **63**, 2237; MDR/H **80**, 812; krit. Langer GA **90**, 460; Puppe ZStW **103**, 7; Roxin § 12, 33), er die mögliche Folge hinzunehmen bereit ist (8. 5. 1973, 1 StR 656/72; vgl.

§ 15

unten 11 c) oder aus Bedenkenlosigkeit und Gleichgültigkeit (vgl. unten 11 d) die Folge in Kauf nimmt (so, aber zu weitgehend LM § 181 I Nr. 2 aF Nr. 5; mit Recht anders und eine innere Billigung voraussetzend MDR **52**, 16). Ein Beweisanzeichen dafür, daß es an einer billigenden Inkaufnahme fehlt, kann aber darin liegen, daß der Erfolg unerwünscht und nach Sachlage dessen Eintritt wenig wahrscheinlich war (26. 6. 1985, 3 StR 98/85), oder keinerlei persönliches Interesse an der erfolgverursachenden Unterlassung bestand (JA **87**, 210). Geboten ist eine Gesamtschau aller objektiver und subjektiver Tatumstände, BGH **36**, 10. Billigende Inkaufnahme in
11 diesem Sinne liegt zB bei **besonders gefährlichen Gewalthandlungen** nahe, wenn der Täter an seiner Handlungsweise festhält, ohne mangels entsprechender Vorkehrungen auf einen glücklichen Ausgang vertrauen zu können, und ihn einfach dem Zufall überläßt (NStZ **81**, 23 [hierzu Eser NStZ **84**, 50; Köhler JZ **81**, 35]; DAR **81**, 187; StV **85**, 100 [hierzu Otto JK 3]; NJW **92**, 583; vgl. 11 zu § 211. So nimmt den *Todeseintritt* in Kauf, wer zB einen 70jährigen aus 4,5 m Höhe aus dem Fenster stürzt (21. 10. 1981, 2 StR 264/81), wer ein Tatopfer liegen läßt, das infolge äußerer Gewalteinwirkung in ungebremstem Fall mit dem Hinterkopf auf den Straßenbelag aufschlägt, regungslos liegen bleibt und röchelt (EzSt § 265 StPO Nr. 3), wer eine halbe Stunde massiv mit Fäusten und einer Stahlrute auf das Opfer einschlägt (NStZ **88**, 360), ihm mit einer Flasche wuchtige Schläge auf den Kopf versetzt (NStE § 212 Nr. 27; 24. 4. 1991, 3 StR 493/90) oder wer in alkoholisiertem Zustand wahllos auf das Opfer in Richtung des Kopfes (MDR/H **80**, 812; BGHR § 212 I, Vors. bed. 3; BGHR § 6 DDR-StGB, Vors. bed. 1), der Brust (20. 10. 1982, 2 StR 515/82) oder des Bauches (16. 7. 1986, 2 StR 225/86) einsticht (13. 5. 1992, 3 StR 28/92) oder um das Tatopfer zu erschrecken, aus 12 m Entfernung mit einer Schrotladung auf einen Punkt zielt, der 1 bis 1,5 m vom Opfer entfernt lag (EzSt Nr. 3), mag er seinem Gegner auch nur eine „Belehrung" (29. 5. 1979, 1 StR 188/79), einen „Denkzettel" (StV **86**, 15) oder eine „Abreibung" (16. 12. 1980, 1 StR 572/80) erteilen wollen. Stets ist aber in diesen Fällen erforderlich, daß der Täter über Tatopfer und Tat eine konkrete Vorstellung hat (MDR/H **81**, 630; NJW **83**, 2267), den Taterfolg für möglich hält (4. 12. 1985, 1 StR 551/85) und ihn nach *seiner* Vorstellung erkannt und gebilligt hat (MDR/H **85**, 794), wie überhaupt bei Handlungen, die generell geeignet sind, tödliche Verletzungen herbeizuführen, insbesondere bei Affekttaten (MDR/H **77**, 458; **78**, 458; NStE § 212 Nr. 2; NStZ **88**, 175, hierzu Herzberg JZ **88**, 637, Schumann JZ **89**, 427) und bei alkoholischer Enthemmung eine *sorgfältige Prüfung* und Darlegung des Billigens des Erfolges unentbehrlich ist (MDR/H **77**, 105; GA **79**, 107; NStZ **82**, 506; NJW **83**, 2268; StV **83**, 444; **92**, 10; NStE § 212 Nr. 1; 24, 25; BGHR § 212 I Vors.bed. 11; stRspr.), denn das allgemeine Wissen des Täters, daß Würgeakte lebensgefährlich sind, genügt für den Nachweis des bedingten Tötungsvorsatzes nicht (7. 7. 1992, 5 StR 300/92). Auch kann bei einem gewalttätigen und stark alkoholisierten Täter nicht schon ohne weiteres auf Tötungsvorsatz geschlossen werden (MDR/H **83**, 794; NStZ **87**, 453; NStE § 212 Nr. 11; 10. 5. 1990, 4 StR 74/90), bei dem eine höhere Hemmschwelle besteht, als bei dem Gefährdungsvorsatz (NStE § 212 Nr. 17). Diese höhere Hemmschwelle besteht freilich bei Unterlassungstätern nicht (NJW **92**, 584), sondern nur bei gewalttätigen Tätern, die den Tötungserfolg zwar als möglich voraussehen, aber

§ 15

gleichwohl ernsthaft und nicht nur vage darauf vertrauen, er werde nicht eintreten (BGH **36**, 16; 267; NStZ **83**, 407; **84**, 19; **86**, 550; **87**, 424; **91**, 126; **92**, 384; StV **84**, 187; **86**, 198; **91**, 510; NJW **85**, 2428; NStE § 211 Nr. 8; BGHR § 212 I, Vors. bed. 1, 5, 27; NStE § 212 Nr. 5, 8, 10, 11, 13, 16, 19, 23; NZV **89**, 400 [m. Anm. Joerden JZ **90**, 298]; DAR/G **90**, 241; MDR/H **91**, 295; 5. 11. 1991, 1 StR 600/91; stRspr.). Ein Schluß auf bedingten Tötungsvorsatz ist nur dann rechtsfehlerfrei, wenn der Tatrichter in seine Erwägungen auch Umstände einbezogen hat, die ein solches Ergebnis in Frage stellen (NStZ **88**, 361, hierzu Otto JK 4); Tötungsvorsatz wird auch dann fehlen, wenn zB ein Kraftfahrer eine Polizeisperre durchbricht, um zu fliehen (12. 5. 1992, 4 StR 181/92), Jugendliche („nur") ein äußerst gefährliches Spiel treiben (NStZ **83**, 365). Zu beachten ist, daß auch eine sehr hohe Wahrscheinlichkeit für die erfolgsbilligende Einstellung des Täters die notwendig persönliche *Überzeugung des Tatrichters* nicht zu ersetzen vermag (30. 7. 1981, 4 StR 348/81), wie auch hier die tatrichterliche Wertung hinzunehmen ist, zB bei der Verneinung des bedingten Tötungsvorsatzes bei einer gefährlichen Auseinandersetzung zweier sich gegenseitig Angreifender (28. 8. 1990, 1 StR 392/90). Bedingter Vorsatz liegt ferner nahe, wenn ein *HIV-Infizierter* „ungeschützt" geschlechtlich verkehrt (BGH **36**, 267), jedoch ist auch in diesen Fällen eine umfassende Prüfung des voluntativen Vorsatzelements unerläßlich (BGH **36**, 11, 13 [hierzu Schroth NStZ **90**, 326 und Erwiderung Frisch NStZ **91**, 241, ferner K. Meyer-GedS 534; Roxin § 12, 71]; vgl. aber hierzu 6a zu § 223a).

Neben der Umschreibung „billigend in Kauf nehmen" verwendet die Rspr. gelegentlich und neuerdings gekoppelt die Formel, daß der Täter mit der Tatbestandsverwirklichung **„einverstanden"** sein müsse (oben 9; BGH **17**, 262; GA **79**, 107; 19. 1. 1988, 1 StR 649/87); aber auch NJW **68**, 661; Köln OLGSt. 13 zu § 223; auch BGH NJW **60**, 1822, wo auf das Einverstandensein aus der Gleichgültigkeit (unten 11 d) gegenüber dem Erfolg geschlossen wird. Der Begriff des „Einverstandenseins" gehört dem Willensbereich an und ist gegenüber dem des „Billigens", der ein Werturteil enthält, vorzuziehen. Man kann sehr wohl mit etwas einverstanden sein, was einem unerwünscht ist, aber man wird es schwerlich billigen (krit. hierzu Frisch I, 5). Aus diesen Gründen erfaßt er die Fälle des unerwünschten Erfolges (vgl. BGH **7**, 363; **36**, 11 und hierzu Engisch NJW **55**, 1688) sachgemäß, ohne den Sprachsinn zu überdehnen (vgl. Otto NJW **79**, 2415), wie das beim „billigend Inkaufnehmen" der Fall ist. Bedingter Vorsatz kommt ferner in Betracht, wenn der Täter zweifelt, ob er widerrechtlich eindringt (§ 123) RG **47**, 279, ob die Zeugin ihre unwahre Aussage wird beschwören müssen (§§ 154, 30), RG **53**, 221; ob das Kind schon 14 Jahre alt ist (§ 176), RG **21**, 420; vgl. auch NJW **53**, 152, oder die angebotene Ware nicht durch eine rechtswidrige Tat erlangt ist (§ 259), RG **55**, 205. In den 3 letzten Fällen muß der Täter mit seiner Handlung auch dann einverstanden sein, wenn der belastende Umstand gegeben ist. Für § 266 ließ der BGH sogar das Bewußtsein der möglichen Benachteiligung (einer Bank) genügen, auch wenn der Täter auf einen „guten Ausgang" der Sache vertraut (NJW **79**, 1512, hierzu Otto NJW **79**, 2415); wesentlich enger hingegen RG **77**, 229.

b) Das Schrifttum (zusf. Herzberg JuS **86**, 249; Geppert Jura **86**, 611, **87**, 669; Schumann JZ **89**, 431; Eser/Burkhardt **7**, A 3; vgl. hierzu BGH **36**, 10) **11b**

§ 15

verwendet im Rahmen der **Einwilligungstheorien** (oben 10) für die Umschreibung des voluntativen Tatelements „einverstanden sein" (M-Zipf § 22, 36), bloßes „in Kauf nehmen" (§ 17 II AE; SchSch 86), „ernst nehmen" (Stratenwerth ZStW **71**, 51; E. A. Wolff, Gallas-FS 197; Schroth JuS **92**, 4; vgl. auch Frisch I, 17, 484 ff., hierzu Roxin § 12, 49), „sich abfinden" (§ 16 E 1962, § 5 I öStGB), „billigen" (Baumann § 26 III 2 b) oder läßt das „Fehlen eines Vermeidewillens" (Arm. Kaufmann ZStW **70**, 64; hierzu Hillenkamp, Arm. Kaufmann-GedS 360; Schroth JuS **92**, 2) ausschlaggebend sein (vgl. Übersicht bei Jescheck ZStW **93**, 29 und Frisch, K. Meyer-GedS 539, der mit Recht darauf hinweist, daß die Divergenzen mehr auf die kurzformelartigen Theoriebezeichnungen als auf Unterschiede in der Sache zurückgehen). Überwiegend (vgl. LK 90 zu § 16) wird inzwischen für maßgebend gehalten, daß der Täter die Tatbestandsverwirklichung ernsthaft für möglich hält und sich mit ihr abfindet (Lackner 24; SK 43 zu § 16; Jescheck § 29 III 3; Blei AT § 32 IV; Wessels AT § 7 II 3; Eser StrafR I 3 A 33; Roxin JuS **64**, 61; abl. Frisch I, 17 ff., 476 f.; Herzberg JZ **88**, 636).

11 c Demgegenüber hebt die **Wahrscheinlichkeitstheorie** auf den Vorstellungsfaktor ab: Vorsatz ist dann gegeben, wenn der Täter die Rechtsgutverletzung für wahrscheinlich gehalten hat (H. Mayer AT 121) oder mit der Tatbestandsverwirklichung „rechnet" (Welzel 68 ff.). Die Wahrscheinlichkeitstheorie kommt Spielarten der Einwilligungstheorie (oben 10; LK 92 zu § 16) uU nahe, zB wenn Otto (NJW **79**, 2415) genügen läßt, daß sich der Täter von seinem Vorhaben nicht abhalten läßt, obwohl er die konkrete Gefahr der Tatbestandsverwirklichung erkennt, ähnlich Herzberg (JuS **86**, 249), dem es darauf ankommt, daß der Täter die ernst zu nehmende Gefahr erkannt hat (hierzu Puppe ZStW **103**,
11 d 18; Frisch K. Meyer-GedS 537; Roxin § 12, 42). Die **Gleichgültigkeitstheorie** läßt schon die bloße Inkaufnahme der Tatbestandsverwirklichung aus Gleichgültigkeit genügen (SchSch 84; Engisch NJW **55**, 1689; Schroth JuS **92**, 2; vgl. LK 93 zu § 16; abl. Frisch I, 475; Küpper ZStW **100**, 767), während die **Vereinigungstheorie** (LK-Schroeder 93) bedingten Vorsatz für gegeben hält, „wenn der Täter die Tatbestandsverwirklichung für möglich hält und billigt, für wahrscheinlich hält oder ihr völlig gleichgültig gegenüber steht". Nach der
11 e **Möglichkeitstheorie** ist bedingter Vorsatz bereits gegeben, wenn der Täter die reale Möglichkeit der Rechtsgutverletzung erkannt und dennoch gehandelt hat (vgl. NJW **53**, 152). Sie wird namentlich von Schmidhäuser (JuS **80**, 242; StudB 7/39, 101 und Oehler-FS 152; ähnlich Jakobs 8/21 ff.; Schünemann GA **85**, 361; Morkel NStZ **81**, 176; Herzberg JZ **88**, 476; Roß [unten 11 g] 114; abl. Küpper ZStW **100**, 759; Roxin § 12, 39) vertreten, der freilich von den Ergebnissen der hM weniger abweicht als es scheint, weil er an das Bewußtsein der *konkreten* Möglichkeit hohe Anforderungen stellt (aaO 245). Ähnlich neuerdings auch Frisch I, 15 f., 478, 502, der freilich die Lehre vom dolus eventualis bereits im Ansatz für verfehlt hält. Auch Schünemann (JR **89**, 93) weist darauf hin, daß die praktischen Unterschiede der rivalisierenden Theorien nicht so groß sind und sich in der Rspr. unbeschadet der Hervorhebung des Willensmoments (BGH **36**, 11) in Wahrheit eine Kombination von Wahrscheinlichkeits- und Gleichgültig-
11 f keitstheorie durchgesetzt hat. Besonders weit geht die **Entscheidungstheorie**, die darauf abstellt, daß der Täter „sich bewußt für ein Verhalten entscheidet, das mit einer in der Rechtsordnung geltenden Risikomaxime unverträglich ist" (Philipps ZStW **85**, 38).

11 g **Schrifttum:** *Frisch* NStZ **91**, 23 u. K. Meyer-GedS 533; *Germann* SchweizZSt. **61**, 345; *Haft* ZStW **88**, 365; *Herzberg* JZ **88**, 573, 635; *Hillenkamp*, Arm. Kaufmann-GedS 351; *Honig* GA **73**, 257; *Jescheck*, Wolf-FS 1962, 473 u. ZStW **93**, 29; *Arm. Kaufmann* ZStW **70**, 64; *Küpper* ZStW **100**, 758; *Otto* HWiStR „Dolus eventualis"; *Philipps* ZStW **85**, 27; *Prittwitz* JA **88**, 487; *Puppe*

Grundlagen der Strafbarkeit § 15

ZStW **103**, 1; *Roxin* JuS **64**, 53; *Schmidhäuser* GA **57**, 305, **58**, 161 u. JuS **80**, 241; *Schmoller* ÖJZ **82**, 259 (zum öStGB); *Schroth* NStZ **90**, 324 u. JuS **91**, 1; *H. Schults*, Spendel-FS 303 (bedingter Vorsatz und bedingter Handlungswille); *Wolff*, Gallas-FS 197. *Rechtsvergleichend: Ross*, Über den Vorsatz, 1979, 84 [hierzu *Morkel* NStZ **81**, 176]; *Weigend* ZStW **93**, 657 [hierzu *Bottke* JA **82**, 31].

G. Der (direkte und bedingte) **Gefährdungsvorsatz** bei den *konkreten* **11h**
Gefährdungsdelikten (13a vor § 13) bezieht sich nur auf den Eintritt der Gefahrenlage (3 zu § 34) als solcher, nicht etwa auf den Schadenseintritt (BGH **22**, 74). Er ist daher von dem – nur bedingten – *Verletzungs*vorsatz streng auseinanderzuhalten (BGH **26**, 182, 246; aM Schmidhäuser, Oehler-FS 153; Ostendorf JuS **82**, 431), obwohl beide Vorsatzformen uU auch einmal zusammentreffen können (Küpper ZStW **100**, 774). Denn nur der Verletzungsvorsatz schließt den Gefährdungsvorsatz notwendig ein, nicht umgekehrt (Arzt/Weber LH **2**, 98; SK-Horn 13 vor § 306): Wer eine Gefährdung sicher voraussieht oder in Kauf nimmt, kann gleichwohl eine Verletzung vermeiden wollen (vgl. VRS **50**, 95; **69**, 127; Lackner mwN; R. v. Hippel ZStW **75**, 448; iErg. Frisch I, 290 ff.; Herzberg JZ **88**, 642; ausführlich zum Ganzen Küpper ZStW **100**, 768, 781).

H. Alternativvorsatz *(dolus alternativus)* liegt vor, wenn der Täter eine **11i**
bestimmte Handlung will, ohne zu wissen, welche von zwei sich ausschließenden Tatbeständen er hierdurch verwirklicht, zB wenn er Wild entwendet in Unkenntnis darüber, ob es einem anderen gehört (§ 242) oder noch herrenlos ist (§ 292, RG **39**, 433). Nach hM ist, wenn einer der möglichen Erfolge eingetreten ist, falls kein Fall der Subsidiarität vorliegt, Tateinheit zwischen dem vollendeten und dem versuchten Delikt gegeben, falls der Versuch strafbar ist. Blieb der Erfolg aus, so kommt ggf Tateinheit zwischen den versuchten Delikten in Betracht (Jescheck § 29 IV 4; Roxin § 12, 78; SchSch 90 ff.; Lackner 29; vgl. ferner LK 106; Wessels AT § 7 II 4).

3) Fahrlässigkeit (in §§ 97, 109e V, 163, 222, 230, 232, 283 IV Nr. 1, V **12**
Nr. 1, §§ 283b II, 309, 310a II, 310b II, IV, 311 IV, V, 311d III, 311e IV, 314, 315 IV, V, 315a III, 315b IV, V, 315c III, 316 II, 317 III, 320, 323 III, 324 III, 325 III, 326 IV, 327 III, 328 III, 329 IV, 330 V, VI, 330a II, 353b I), ist gegeben, wenn der Täter einen Tatbestand rechtswidrig und vorwerfbar verwirklicht, ohne die Verwirklichung zu erkennen oder zu wollen (hierzu Gössel, Bruns-FS 43).

A. Es gibt fahrlässige Begehungs- und Unterlassungsdelikte, unter die- **13**
sen wieder echte (zB § 138 III) und unechte (vgl. 12 vor § 13; 1 zu § 13; Fünfsinn, Der Aufbau des fahrlässigen Verletzungsdelikts durch Unterlassen im Strafrecht, 1985). Nach der Wissensseite unterscheidet man **unbewußte** und **bewußte** Fahrlässigkeit (vgl. LK 117 ff. zu § 16). Unbewußt fahrlässig handelt, wer die Sorgfalt, zu der er nach den Umständen und nach seinen persönlichen Fähigkeiten und Kenntnissen verpflichtet und imstande ist, außer acht läßt und infolgedessen die Tatbestandsverwirklichung nicht voraussieht (zB BGH **10**, 369; Köln NJW **52**, 635; BayOLGSt. 1 zu § 309; ähnlich § 18 I E 1962; verkürzt § 18 AE; hierzu LK 122 zu § 16). Bei der bewußten Fahrlässigkeit erkennt der Täter die Möglichkeit der Tatbestandsverwirklichung, ist zwar nicht mit ihr einverstanden (oben 9), handelt aber entgegen seiner Einsicht pflichtwidrig (vgl. § 18 II E 1962).

§ 15 AT Zweiter Abschnitt. Erster Titel

14   B. **Die Elemente der Fahrlässigkeit** sind danach **Pflichtwidrigkeit** (16) und **Vorhersehbarkeit** (17) **der Tatbestandsverwirklichung** (BGH **10**, 369; **12**, 75, Koblenz OLGSt. 52 zu § 222). Als drittes kommt die **Erkennbarkeit der Rechtswidrigkeit** hinzu (vgl. hierzu LK-Schroeder 127 ff. zu § 16 u. JZ **89**, 777, der die *Erkennbarkeit der Möglichkeit der Tatbestandsverwirklichung* als wesentliches Merkmal fahrlässigen Handelns ansieht). Die drei Elemente stehen nicht isoliert nebeneinander, sondern hängen vielfach voneinander ab. Eine Sorgfaltspflicht kann erst aus der Voraussehbarkeit eines bestimmten Erfolges entstehen, die Voraussehbarkeit kann sich erst bei der Erfüllung bestimmter Pflichten ergeben, die Erkennbarkeit der Rechtswidrigkeit erst eine Folge der Voraussehbarkeit der Tatbestandsverwirklichung sein. Bei der **unbewußten** Fahrlässigkeit führt die Pflichtverletzung dazu, daß der Täter die Tatbestandsverwirklichung nicht voraussieht, also zu einem Erkenntnisfehler. Es gibt allerdings auch Fälle, in denen der Täter nur die Möglichkeit der Tatbestandsverwirklichung hätte erkennen können, dann aber verpflichtet gewesen wäre, nicht zu handeln. Bei der **bewußten** Fahrlässigkeit (dazu Stuttgart NJW **76**, 1852) kann die Pflichtverletzung dazu führen, daß der Täter, statt die Gewißheit der Tatbestandsverwirklichung zu erkennen, nur mit deren Möglichkeit rechnet oder daß er den Grad der Möglichkeit unterschätzt (Roxin § 24, 59). Schließlich kann er aber die Möglichkeit der Tatbestandsverwirklichung nach seinen Fähigkeiten richtig einschätzen; pflichtwidrig ist lediglich, daß er trotz dieser Erkenntnis das Risiko des Handelns auf sich nimmt. Zu Fragen der **Kausalität** und der **objektiven Zurechnung,** insbesondere auch im Verkehrsstrafrecht, vgl. 15 ff. vor § 13; ferner SchSch 159 ff.

15   C. **Die Rechtswidrigkeit** der fahrlässigen Handlung kann ebenso wie bei der Vorsatztat durch Rechtfertigungsgründe ausgeschlossen sein, wobei vor allem die Einwilligung (vgl. 4 zu § 226 a) und die soziale Adäquanz (12 vor § 32), uU auch die vorläufige Festnahme (§ 127 StPO; Stuttgart NJW **84**, 1694) eine Rolle spielen, aber auch zB Notwehr in Betracht kommt. Zu den Fällen, in denen der später Verletzte in die vorausgegangene Gefährdung einwilligt (zB Bergtouren; Motorradrennen) vgl. 19 vor § 13.

15 a   Schrifttum: *Bohnert,* Das Bestimmtheitserfordernis im Fahrlässigkeitstatbestand, ZStW **9**, 68; *Burgstaller,* Das Fahrlässigkeitsdelikt im Strafrecht, 1974; *Deutsch,* Fahrlässigkeit und erforderliche Sorgfalt, 1963; *Gössel,* Bengl-FS 23; *Herzberg* Jura **84**, 402; *Jakobs,* Studien zum fahrlässigen Erfolgsdelikt, 1972, 48, 64, 68 u. ZStW Beih. 1974, 20; *Kaminski,* Der objektive Maßstab im Tatbestand der Fahrlässigkeitsdelikte, 1992; *Otto,* Täterschaft und Teilnahme im Fahrlässigkeitsbereich, Spendel-FS 271; *Roeder,* Die Einhaltung des sozialadäquaten Risikos, 1969; *Schöne,* Fahrlässigkeit, Tatbestand und Strafgesetz, H. Kaufmann-GedS 649; *Schroeder* JZ **89**, 776; *Schünemann,* Schaffstein-FS 159; *Stratenwerth,* Jescheck-FS 285; *Struensee,* Der subjektive Tatbestand der fahrlässigen Delikts, JZ **87**, 53, 541 [hierzu *Herzberg* JZ **87**, 536].

16   D. **Die Pflichtwidrigkeit** kann verschiedene Grundlagen haben. Sorgfaltspflichten können sich aus einer Rechtsnorm, aus Vertrag, aus dem Beruf des Täters oder aus dessen vorausgegangenem Verhalten (dazu BGH **3**, 203) herleiten. Sie können sich aber schon aus dem allgemeinen Grundsatz ergeben, daß man fremde Rechtsgüter nicht verletzen soll (RG **19**, 53). Es kommt stets auf die konkrete Situation an. Daher beweist eine Zuwiderhandlung gegen Unfallverhütungsvorschriften (8 zu § 222) oder auch

Grundlagen der Strafbarkeit § 15

die geringfügige Überschreitung der höchstzulässigen Geschwindigkeit (Bay **76**, 127), auch wenn sie für die Sicherheit anderer getroffen sind, für sich allein noch keine Fahrlässigkeit (RG **59**, 341), sondern stellt nur ein Beweisanzeichen dafür dar (BGH **4**, 185; **12**, 77; vgl. auch VRS **10**, 285; **24**, 212; GA **66**, 374; Bay OLGSt. 1 zu § 309; Köln JR **71**, 163); wie umgekehrt die Einhaltung derartiger Vorschriften Pflichtwidrigkeit noch nicht ausschließt (BGH **4**, 185; Köln NJW **86**, 1948), allerdings wird es dann vielfach an der Voraussehbarkeit fehlen, MDR **51**, 274; vgl. LK 157 zu § 16; zum Verhältnis zwischen objektiver Sorgfaltspflicht und Sondernormen, Bohnert JR **82**, 6; krit. Dencker NStZ **83**, 398; zur anzuwendenden Sorgfalt bei Betreiberpflichten im Umweltrecht Franzheim JR **88**, 322. Die objektive Pflichtwidrigkeit eines Vorverhaltens setzt nach BGH **37**, 118 [*Lederspray-Fall*] nicht voraus, daß der Handelnde bereits damit seine Sorgfaltspflichten verletzt, sich also fahrlässig verhalten hat (vgl. 11 aE zu § 13). Eine Pflichtwidrigkeit liegt häufig schon darin, daß sich der Täter auf Handlungen einläßt, die Gefahren mit sich bringen, denen er nicht gewachsen ist, BGH **10**, 133. Das gilt vor allem bei der Übernahme und Durchführung von Heilbehandlungen (vgl. BGH **3**, 91; JR **86**, 248 [m. Anm. Ulsenheimer]; Düsseldorf NJW **91**, 2980 m. Anm. Meurer JR **92**, 38), aber auch im Straßenverkehr, vgl. VRS **5**, 477. Ein medizinischer Laie darf sich bei der Beurteilung von Überlebenschancen nicht auf sein Urteilsvermögen verlassen (MDR/H **82**, 103). Zu den Berufs- und Aufsichtspflichten, vor allem des Arztes vgl. LG Göttingen NStZ **85**, 411, hierzu Kusch NStZ **85**, 392, Schaffstein, Lackner-FS 797, Ulsenheimer 23 ff.; BGH **38**, 151 und des Kraftfahrers und zur Bedeutung des sog. Vertrauensgrundsatzes im Verkehr vgl. 12 ff. zu § 222; ferner LK 168 ff. zu § 16; SchSch 134 ff. Die Pflichtwidrigkeit entfällt, wenn dem Täter anderes Handeln nicht zugemutet werden kann (BGH **2**, 204; **4**, 23). Sie kann auch entfallen, wenn der Verletzte sich bewußt in die Gefahr begeben und der Täter seiner allgemeinen Sorgfaltspflicht genügt hat (BGH **6**, 234; **7**, 114; Karlsruhe NJW **67**, 2322). Der Pflichtenkreis einer Aufsichtsperson wird nicht dadurch erweitert, daß deren Anweisungen vorsätzlich nicht befolgt werden (5. 5. 1982, 2 StR 531/81).

E. Die Voraussehbarkeit der Tatbestandsverwirklichung spielt vor allem bei den fahrlässigen Erfolgsdelikten eine Rolle (dazu 15 zu § 222). Zur neueren Dogmatik Schünemann JA **75**, 581 und zu Zurechnungsproblemen beim fahrlässigen Erfolgsdelikt SchSch 160 ff. 17

F. Die Rechtswidrigkeit seines Handelns muß dem Täter erkennbar sein; dh er müßte, wenn er die Tatbestandsverwirklichung vorausgesehen hätte, auch haben erkennen können, daß er rechtswidrig handelte (vgl. 31 vor § 13; Arm. Kaufmann, Ztschr. f. Rechtsvergleichung **64**, 52; LK-Hirsch 180 vor § 32). 18

G. Das Verhältnis zum Vorsatz ergibt sich aus der Abgrenzung zwischen bedingtem Vorsatz und bewußter Fahrlässigkeit; oben 9 ff. Daraus ergibt sich auch, daß Vorsatz und Fahrlässigkeit einander ausschließen und selbständig festgestellt werden müssen (RG **71**, 195; LK 10; M-Gössel § 42, 35). Damit ist aber ein Stufenverhältnis nicht ausgeschlossen, wie es für die Anwendung des Grundsatzes *in dubio pro reo* Voraussetzung ist, so daß auch bei Verdacht auf Vorsatz Fahrlässigkeit angenommen werden kann (RG 19

§ 15 AT Zweiter Abschnitt. Erster Titel

41, 390; **59**, 83; Hamburg JR **50**, 409; aM der BGH; vgl. 14 zu § 1); zur Frage der fahrlässigen Beteiligung am Vorsatzdelikt eines anderen, Otto, Spendel-FS 272.

20 **H. Leichtfertigkeit** (§§ 97 II, 138 III, 176 IV, 177 III, 178 III, 218 II Nr. 2, §§ 239 a II, 239 b II, 251, 264 III, 283 IV Nr. 2, V Nr. 1, 2, §§ 310 b III, 311 III, 311 a III, 311 e III, 316 c II, 330 IV Nr. 2, § 345 II; § 30 I Nr. 3 BtMG) bedeutet einen erhöhten Grad von Fahrlässigkeit, der etwa der groben Fahrlässigkeit des bürgerlichen Rechts (Lohmeyer NJW **60**, 1798; Röhl JZ **74**, 521) entspricht (BGH **14**, 255; **33**, 67 [m. Anm. Roxin NStZ **85**, 320]; NJW **52**, 192; LM Nr. 4 zu § 164; MDR/D **56**, 396; **73**, 728; Bay **58**, 316; Koblenz OLGSt. 34 zu § 230; Hamm NStZ **83**, 459 [m. Anm. Müller-Dietz]; § 18 E 1962; Roxin § 24, 74), aber im Gegensatz dazu auf die persönlichen Fähigkeiten des Täters abstellt (29. 7. 1983, 3 StR 257/83; krit. zum Begriff Arzt, Schröder-GedS 121); auch Fälle unbewußter Fahrlässigkeit können darunter fallen (vgl. VRS **65**, 141). Die Definition, daß es sich um eine „an Vorsatz grenzende Fahrlässigkeit" handle (so 18. 11. 1960, 4 StR 131/60), ist schief. Leichtfertigkeit ist im wesentlichen Tatfrage (NStZ **88**, 277) und kommt in Betracht, wenn der Täter in grober Achtlosigkeit nicht erkennt, daß er den Tatbestand verwirklicht (er läßt unbeachtet, was jedem einleuchten muß, BGH **33**, 67; BGHZ **10**, 16; MDR **74**, 823; RGZ **163**, 106), wenn er sich in frivoler Rücksichtslosigkeit über die klar erkannte Möglichkeit der Tatbestandsverwirklichung hinweggesetzt oder wenn der Täter eine besonders ernst zu nehmende Pflicht verletzt (Nürnberg NStZ **86**, 556; vgl. BGH **20**, 323; abw. LK 212 zu § 16). **Schrifttum:** *Maurach,* Heinitz-FS 414; *Maiwald* GA **74**, 257; *E. Bokkelmann,* Grobe Fahrlässigkeit, 1973; *Weigend* ZStW **93**, 657; *Wegscheider* ZStW **98**, 624; *Otto* HWiStR „Leichtfertigkeit".

21 **J.** Rechtspolitisch bedenklich sind Bestrebungen, die **leichte Fahrlässigkeit**, mindestens im Straßenverkehr, aus dem Bereich der Strafbarkeit ausschließen wollen (so zB Bockelmann DAR **64**, 288; Arzt, Schröder-GedS 130 ff. m. Hinw. auf das amerik. Recht; Arzt/Weber LH **2**, 274; wohl auch Volk GA **76**, 161; dagegen Tröndle DRiZ **76**, 129; ihm folgend 14. VGT DRiZ **76**, 83; vgl. Roxin § 24, 85); zum gleichen Problem auf dem Bereich ärztlicher Behandlungsfehler Eser ZStW **97**, 45.

Irrtum über Tatumstände

16 ^I Wer bei Begehung der Tat einen Umstand nicht kennt, der zum gesetzlichen Tatbestand gehört, handelt nicht vorsätzlich. Die Strafbarkeit wegen fahrlässiger Begehung bleibt unberührt.

^II Wer bei Begehung der Tat irrig Umstände annimmt, welche den Tatbestand eines milderen Gesetzes verwirklichen würden, kann wegen vorsätzlicher Begehung nur nach dem milderen Gesetz bestraft werden.

1 **1) Die Vorschrift,** die § 59 aF entspricht, ist in wörtlicher Übereinstimmung mit § 19 E 1962 (Begr. 133; Ndschr. **2**, 6, 49, 106; **12**, 191, 440, 574; § 19 AE weicht in I ab) durch das 2. StrRG eingefügt (Ber. BT-Drs. V/4095, 8; Prot. V/1637, 1641, 1736, 1739, 1779). § 16 behandelt den sog. **Tatbestandsirrtum**, § 17 den Verbotsirrtum; der Irrtum über unrechtsausschließende Umstände (unten 20 ff.) ist als solcher ungeregelt geblieben, auch im Fall des § 34; der

Grundlagen der Strafbarkeit § 16

Irrtum über einen Schuldausschließungsgrund ist nur für den Fall des § 35 geregelt (Begr. zu der Zurückhaltung des Gesetzgebers Ber. 9; dazu krit. Dreher, Heinitz-FS 207; Roxin § 12, 84ff.; LK-Schroeder 4 vor § 15).

2) A. Kenntnis und Irrtum. Da der Mensch die Welt nur in seiner 2 Vorstellung erlebt und auch sein Wollen nur auf seinen Vorstellungen aufbauen kann, muß vor allem das Schuldstrafrecht auf die Kenntnis des Handelnden von den äußeren Umständen Rücksicht nehmen. Das gilt nicht nur im Bereich des Vorsatzes. Rechtsfolgen treten daher vielfach nur dann ein, wenn die Vorstellung des Handelnden mit den äußeren Umständen übereinstimmt, oder sind andere, wenn diese Übereinstimmung fehlt. Dieser Fall des Irrtums ist idR auch dann gegeben, wenn der Täter, ohne eine positive falsche Vorstellung zu haben, Umstände lediglich nicht kennt (Bay MDR 63, 334). Im Strafrecht gibt es zahlreiche Formen des Irrtums (Zusammenstellung bei Dreher, Heinitz-FS 208; Gössel, Über die Bedeutung des Irrtums im Strafrecht, 1. Bd. 1974; Krümpelmann, ZStW, Beih. 1978, S. 6ff.; instruktiv Warda Jura **79**, 1, 71, 113, 286; vgl. Haft JuS **80**, 430, 588; JA **81**, 281; Schlüchter 95ff.; Hettinger JuS **88**, L71; **89**, L17, 41; **90**, L 73; **91**, L 9, 25, 33, 49; Puppe GA **90**, 145; Kindhäuser GA **90**, 409). Darunter sind zwei sich stets wiederholende Formen strafrechtlich bedeutsamen Irrtums: 1. Der Handelnde kennt gegebene äußere Umstände, welche strafrechtlich bedeutsam sind, nicht = Irrtum; 2. Der Handelnde nimmt solche Umstände irrig als gegeben an = umgekehrter Irrtum. Dabei gilt als Grundregel: Wirkt sich der Irrtum zugunsten des Handelnden aus, so wirkt auch der umgekehrte Irrtum zu seinen Ungunsten; ist der Irrtum bedeutungslos, so ist es auch der umgekehrte Irrtum. Dabei handelt es sich aber nicht um einen zwingenden logischen Schluß (Spendel ZStW **69**, 443; Baumann NJW **62**, 16; dazu krit. Sax JZ **64**, 241); die Sachlage bedarf vielmehr bei den einzelnen Fallgruppen eigener Sinnanalyse; vgl. Maurach NJW **62**, 716; 767.

B. Die Umstände des gesetzlichen Tatbestandes (= Tatbestandsmerk- 3 **male;** vgl. 10 vor § 13; Schumann JZ **89**, 433) hat der **Vorsatz** zu umfassen; dh die Umstände der gesetzlichen Tatbestandsbeschreibung, die zur Indizierung des Tatunrechts beitragen und nicht allein Vorgänge in der Psyche des Täters sind, und zwar auch dann, wenn die Merkmale als sog. ungeschriebene von der Rspr. entwickelt worden sind (vgl. Germann, SchweizZSt. **61**, 398ff.). Dabei ist zu beachten, daß der Täter in seinem Bewußtsein nicht die abstrakten Tatbestandsmerkmale der generalisierenden Gesetzesbeschreibung reflektiert, sondern einen Wirklichkeitsvorgang mit konkreten Umständen, die der Gesetzesbeschreibung entsprechen, also einen *konkreten* Tatbestand („ich werde den X morgen, wenn er in seine Garage geht, durch einen Schuß in den Rücken töten"). Zum Tatbestand eines *Blankettgesetzes* vgl. 5 zu § 1, zum Verbotsirrtum vgl. 11 zu § 17; LK 14; SK-Rudolphi 19.

3) Tatbestandsmerkmale können sowohl Personen wie sinnlich wahr- 4 nehmbare Gegenstände oder Vorgänge (§ 109g: „militärischer Vorgang"; § 82 I Nr. 1 GmbHG: „Leistung der Einlage" Bay OLGSt Nr. 2), seelische Sachverhalte (§ 179 I Nr. 1; „wegen krankhafter seelischer Störung zum Widerstand unfähig") oder Vorgänge (§ 263: „Erregung eines Irrtums"), aber auch Sachverhalte und Vorgänge der Gedankenwelt (§ 130: „Menschenwürde"; § 111: „Aufforderung zu Straftaten"), namentlich des Rechts (zB das Bestehen eines Steueranspruchs, BGH **5**, 90; NJW **80**, 1006; wistra **86**, 174, 221 [hierzu Reiß wistra **87**, 161]; NStZ **91**, 89; Bay NJW **76**, 635; MDR **90**, 655 (Doppelbesteuerungsabkommen); KG NStZ **82**, 74; Bremen StV **85**, 283; krit. F. Meyer NStZ **86**, 443 u. **87**, 500; hierzu Thomas NStZ **87**, 260; Gribbohm/Utech NStZ **90**, 210), Pflicht nach § 807 ZPO (KG JR **85**, 162), aber auch des völkerrechtlichen Gewohnheitsrechts sein. Die Merkmale können auch negative sein (zB § 284: „ohne behördliche Erlaubnis"). Man unterscheidet weiter beschreibende (= deskriptive; zB Mensch, Gebäude) von normativen, dh von solchen Merkmalen, die nur mit Hilfe einer Wertung zu gewinnen sind (zB Beleidigung, sexuelle Handlung, Urkunde, „nicht geringe Menge" iS von § 30 I Nr. 4 BtMG: BGH **31**, 164; **32**, 162 m. Anm. Endriß StV **84**, 155), wobei allerdings auch die deskriptiven Merkmale durch Einstellung in das Gesetz eine normative Färbung gewinnen (Erik Wolf; vgl. Kunert, Die normativen Merkmale der strafrechtlichen Tatbestände, 1958; Darnstädt JuS **78**, 441; Haft JA **81**, 281; Schlüchter 44ff., 79ff.; Kindhäuser Jura **84**, 465; Dopslaff GA **87**, 1).

5   A. Str. ist dabei vor allem, inwieweit a) **Eigenschaften des Täters** selbst Tatbestandsmerkmal sind, zB die Eigenschaft des Arztes (§ 203), des Amtsträgers (dazu 11ff. zu § 11; 28 zu § 22), des Soldaten (dazu Schölz
6   19ff. zu § 1 WStG); b) **die Person des Verletzten** in der Vorstellung des Täters konkretisiert sein muß (sog. **error in objecto** oder **in persona**). A will den B töten, tötet aber versehentlich den C, den er für B hält (*Fall Rose-Rosahl*, PrObTr GA **7**, 332). Vorsatz ist gegeben, denn A hat den Menschen, den er vor sich sah und töten wollte, getötet (RG **18**, 338; **19**, 179; BGH **11**, 270; **37**, 218 [m. Anm. Puppe NStZ **91**, 124; Roxin JZ **91**, 680, Spendel-FS 289 u. § 12, 168; J. Müller MDR **91**, 830; Mitsch Jura **91**, 873; Streng JuS **91**, 910; Geppert Jura **92**, 168 u. JK 4 zu § 26; Weßlau ZStW **104**, 105; Schlehofer GA **92**, 307; Küpper JR **92**, 294]) und damit den konkreten Tatbestand verwirklicht (oben 3; vgl. auch 23 zu § 185). Entsprechend haften die Beteiligten. Anders liegt der Fall, wenn das vorgestellte Objekt (Mensch) und das verletzte (Statue) nicht gleichwertig sind; dann untauglicher Versuch. Anders liegt auch der Fall der sog. **aberratio ictus**, der der Sache nach ein Abweichen vom konkreten Tatbestand darstellt, A will den B töten, tötet aber durch versehentliches Vorbeischießen den C. Dies ist auch nach hM versuchter Mord (§ 211) in Tateinheit (§ 52) mit fahrlässiger Tötung (§ 222), RG **58**, 28; Neustadt NJW **64**, 311; Backmann JuS **71**, 113; Herzberg JA **81**, 369, 470; Silva-Sanchez ZStW **101**, 352; vgl. auch Spendel, Bockelmann-FS 255; aM Frank III 2c (vollendeter Mord an C!); Loewenheim JuS **66**, 310; Puppe GA **81**, 1 u. JZ **89**, 731 [gegen sie Hettinger GA **90**, 531]; Bottke JA **81**, 346; hierzu Prittwitz GA **83**, 118; Schreiber JuS **85**, 873; U. Janiszewski MDR **85**, 533; unentschieden BGH **9**, 242; vgl. Niese JZ **60**, 359; Hillenkamp, Die Bedeutung von Vorsatzkonkretisierungen bei abweichendem Kausalverlauf, 1972; Wolter in Schünemann Grundfragen 123; Warda, Blau-FS 159; Frisch II, 616; Hruschka JZ **91**, 488; Weßlau ZStW **104**, 111; Roxin § 12, 144; Eser/Burkhardt **9**, A 6). Nach BGH **34**, 55 (m. Anm. Kadel JR **87**, 117; Fahrenhorst NStZ **87**, 278) kann dem Täter in solchen Fällen, soweit die Wirkung des Angriffs auf das nicht in Aussicht genommene Opfer in Frage steht, der

Grundlagen der Strafbarkeit § 16

Vorwurf der vorsätzlichen Tatbestandserfüllung nur gemacht werden, falls er weiß, daß ein solcher Erfolg eintreten kann und er diese Möglichkeit billigend in Kauf nimmt (vgl. 9 ff. zu § 15). Vollendete Tötung ist allerdings anzunehmen, wenn zB ein Räuber einen von mehreren ihm entgegentretenden Polizisten erschießen will (gleichgültig welchen) und statt des einen, auf den er zielt, einen anderen trifft; dasselbe gilt für den Fall des Amokläufers; vgl. Backmann aaO 116 f; Hettinger GA **90**, 538, 553); c) **der 7 Kausalverlauf** vom Vorsatz umfaßt sein muß. Da sich der Kausalverlauf nie in allen Einzelheiten voraussehen läßt, ist Vorsatz schon gegeben, wenn der Kausalverlauf adäquat verläuft (vgl. 16 b vor § 13), während bei erheblichen Abweichungen der Vorstellung vom tatsächlichen Verlauf nur Versuch gegeben ist (BGH **1**, 279; **7**, 329; **38**, 34 [m. Anm. Graul JR **92**, 114; Otto JK 3]; MDR **53**, 722; GA **55**, 123; NJW **89**, 176; BGHR § 29 I 1 BtMG, Einf. 13; NStZ **92**, 333; OGH NJW **50**, 315; Tübingen NJW **50**, 759; Köln NJW **56**, 1848; Düsseldorf NJW **57**, 1153; hierzu Wolter ZStW **89**, 649; Prittwitz GA **83**, 110; Driendl GA **86**, 253; Frisch II, 455 ff.; LK-Jähnke 24 zu § 212; Roxin § 12, 135). Daher nur Versuch, wenn der bei dem Mordanschlag Schwerverletzte auf dem Wege zum Krankenhaus bei einem Autounfall umkommt. Anders hingegen, wenn schon eine als Versuch gedachte gefährliche Handlung den gewollten Erfolg in adäquater Weise erreicht, also zB der Mordschuß sich vorzeitig löst; der von der Brücke Geworfene nicht, wie erwartet, ertrinkt, sondern schon durch Aufprall am Brückenpfeiler getötet wird (vgl. DR **43**, 576); das Opfer schon an den vorbereitenden Schlägen stirbt, die nur zum betäuben sollten (DStrR **39**, 177; vgl. auch OGH NJW **49**, 910); Schüsse fehlgehen, der Tod aber durch einen durch sie herbeigeführten Treppensturz verursacht wurde (14. 1. 1981, 3 StR 459/80); der Förster, auf den der Wilderer anlegt, beim Ausweichen in den auch vom Wilderer gesehenen Abgrund stürzt (sonst zw.); bedenklich MDR/D **75**, 22, wonach § 223 gegeben sein soll, wenn sich das Opfer den geplanten Schlägen entzieht, aber durch die Angst Magenschmerzen bekommt (zust. Blei JA **75**, 101; krit. zum Ganzen Herzberg ZStW **85**, 888 und Oehler-FS 168; LK 35). Den umgekehrten Fall, daß der Täter den gewollten Erfolg schon erreicht zu haben glaubt, ihn aber tatsächlich erst durch eine spätere Handlung erreicht, bezeichnet man als **dolus generalis**, der als Rechtsbegriff im alten Sinne heute nicht mehr verwendbar ist (BGH **14**, 193; hierzu Wolter ZStW **89**, 652 u. GA **91**, 543; Roxin, Würtenberger-FS 109; LK 30; Prittwitz GA **83**, 115; Driendl GA **86**, 257; Frisch II, 620; Hettinger GA **90**, 550, Spendel-FS 237). A glaubt fälschlich, sein Opfer B sei schon tot; zur Verwischung seiner Tat wirft er ihn ins Wasser, wo der B ertrinkt. Hier nehmen viele an, es liege versuchter Mord in Tateinheit (§ 52) mit fahrlässiger Tötung vor (M-Zipf § 23, 35; Maiwald ZStW **78**, 30, Tatmehrheit). Vorzuziehen ist auch hier die herrschende Gegenmeinung, da der Gesamtablauf adäquat verläuft (so MDR **52**, 16; BGH **7**, 330; NStZ **92**, 278; OGHSt. **1**, 74; **2**, 285); und zwar ist im Falle eines bedingten Tötungsvorsatzes (BGH **14**, 193). Für die konkrete Tatbestandsvorstellung des Täters ist die Abweichung ohne Bedeutung. Daher hat der A auch getötet, wenn der Tod erst durch den nachfolgenden Gnadenschuß des B eintritt (MDR/D **56**, 526). Anders, wenn die zweite Bedingung, die den Tod erst herbeiführte, selbständig und unabhängig von der ersten Bedingung gesetzt ist (OGHSt. **2**, 285).

§ 16

8   B. a) **Der Irrtum** (oder die Unkenntnis) über ein in Wirklichkeit gegebenes Tatbestandsmerkmal, soweit er nicht nach 5ff. unbeachtlich ist, schließt den Vorsatz aus = **Tatbestandsirrtum** (I S. 1). Nach I S. 2 kann aber strafbare Fahrlässigkeit bleiben; das ist nach 3 zu § 15 selbständig zu beurteilen. Aus I S. 1 (E 1962, 133) ergibt sich weiter, daß dem Täter auch die Umstände nicht zuzurechnen sind, welche die Strafbarkeit erhöhen, die er aber nicht kennt. Das gilt nicht nur für qualifizierende Umstände im technischen Sinne, so daß hier nicht nur Fälle, wie zB des § 244, in Betracht kommen, sondern auch ein leichterer Tatbestand an die Stelle eines schwereren treten kann (zB § 249 anstelle von § 250 I Nr. 1, wenn der Täter nicht weiß, daß ein anderer Beteiligter eine Schußwaffe bei sich führt). Stellt sich andererseits der Täter irrig die Merkmale eines milderen Tatbestandes vor, entführt zB ein Mann eine Minderjährige unter 18 Jahren in der – vermeintlich einverständlichen – Absicht, sexuelle Handlungen zu begehen, kann er nicht nach § 235, sondern nur nach dem milderen § 236 (BGH **24**, 168) bestraft werden (**II**, Küper GA **68**, 321; NJW **72**, 646; Franke JuS **80**, 172). Handelt jemand umgekehrt in Unkenntnis privilegierender Umstände, so greift das mildere Gesetz nur ein, wenn diese sich auf Unrechtsmerkmale beziehen (Diebstahl einer für wertvoll gehaltenen geringwertigen Sache), nicht jedoch, wenn die Privilegierung auf geminderter Schuld (Mutter hält das nichtehelich empfangene Kind für ehelich, § 217) beruht (Jescheck § 29 V 5; Warda Jura **79**, 113; SK 28b). Nach dem Gesetzeswortlaut gilt das Gesagte, wenn es sich zwar nur für einen Umstand „der zum gesetzlichen *Tatbestand* gehört", in einer Analogie zugunsten des Täters aber auch dann, wenn es sich lediglich um das Merkmal eines *Regelbeispiels* für einen besonders schweren Fall oder wenn es sich um unbenannte minder schwere oder besonders schwere Fälle handelt (R. Schmitt, Tröndle-FS 315; Müller-Dietz JuS **89**, 284); so kann nicht nach § 113 II Nr. 2 bestraft werden, wer nicht hinsichtlich der schweren Folge mindestens bedingt vorsätzlich gehandelt hat (29 zu § 113), und über eine analoge Anwendung des II kommt § 213 zum Zuge, wenn der Täter irrtümlich eine Provokationslage annahm (hM; aM BGH **1**, 203). Zur Frage des Irrtums über Tatbestandsalternativen, Schroeder GA **79**, 321, und des Irrtums über Strafzumessungsgründe und über Auswirkungen der Tat, 23 zu § 46; Bruns StZR 396, 421ff.; Jescheck § 83 I 3; M-Zipf § 63 I B 2c; zum Ganzen Warda Jura **79**, 286.

9   b) **Der umgekehrte Irrtum**, dh die irrige Annahme eines in Wirklichkeit nicht gegebenen Tatbestandes, ist strafbarer untauglicher Versuch, falls der Versuch der Tat strafbar ist (BGH **4**, 254; vgl. auch BGH **1**, 17; 253; **14**, 345; **16**, 160; NJW **61**, 1682; vgl. Schlüchter JuS **85**, 527; Puppe, Lackner-FS 202).

10   c) Während die **moderne Rspr.** (grundlegend GrSenBGH **2**, 194) und Lehre zwischen dem **Tatbestandsirrtum** und dem Irrtum über das Verbotensein der Handlung = **Verbotsirrtum** (§ 17) unterscheidet, unterschied das RG zwischen Tatsachenirrtum und Rechtsirrtum, wobei es nur dem Tatsachenirrtum und dem außerstrafrechtlichen Rechtsirrtum, nicht hingegen dem strafrechtlichen vorsatzausschließende Wirkung zuerkannte (zB RG **42**, 27; **72**, 309; vgl. Puppe GA **90**, 154 [Tatirrtum, Rechtsirrtum, Subsumtionsirrtum]; Kindhäuser GA **90**, 407; Otto, K. Meyer-GedS 583). Zur Irrtumsproblematik bei *Blankettatbeständen* (5 zu § 1) vgl. 11 zu § 17.

Grundlagen der Strafbarkeit § 16

4) Die Tatbestandsmerkmale braucht der Täter nur nach ihrem *Begriff,* 11 nicht nach ihrer Bezeichnung im Gesetz zu kennen. Glaubt er irrig, ein Merkmal, das er seinem Wesen nach kennt, falle nicht unter die gesetzliche Begriffsbestimmung, so ist das ein bloßer **Subsumtionsirrtum,** der den Vorsatz nicht ausschließt (VRS **65**, 128), aber zu einem Verbotsirrtum (§ 17) führen kann (BGH **7**, 265; **9**, 347; **13**, 138; Stuttgart NJW **62**, 65; **73**, 1892; Saarbrücken NJW **75**, 660; Köln OLGSt. 2; Bremen StV **85**, 283; KG NJW **90**, 783). Ein Subsumtionsirrtum liegt zB vor, wenn ein Anwalt trotz Kenntnis aller maßgeblichen Umstände den Begriff „dieselbe Rechtssache" in § 356 irrig verneint (BGH **7**, 22; **9**, 347). Im Fall des umgekehrten Subsumtionsirrtums (der Anwalt glaubt rechtsirrig, es handle sich um dieselbe Rechtssache) ist ein bloßes Wahndelikt gegeben (BGH **8**, 263; **14**, 350; 5 zu § 356; str.; differenzierend Engisch, Heinitz-FS 185). Eine Ausnahme von dem Gesagten gilt jedoch, wenn es bei gewissen normativen Tatbestandsmerkmalen, die häufig als komplexe rechtliche Begriffe auftreten, zur Kenntnis des Sachverhalts und damit zum Vorsatz gehört, daß der Täter dieses Merkmal in seiner, in der gesetzlichen Bezeichnung zum Ausdruck kommenden sozialen Sinnbedeutung kennt und daher zwar vielleicht nicht rechtlich genau, aber in der Laiensphäre parallel (Mezger JZ **51**, 180) richtig wertet (BGH **3**, 248; **4**, 347; NJW **57**, 389; vgl. LK 41 ff.; Arth. Kaufmann, Die Parallelwertung in der Laiensphäre, 1982 u. Lackner-FS 190; Otto, K. Meyer-GedS 587; Eser/Burkhardt **16**, A 25; Schlüchter, Irrtum 44, 67 ff., hiergegen Kindhäuser GA **90**, 417). Ein Irrtum schließt hier den Vorsatz aus, ein umgekehrter Irrtum führt zum strafbaren untauglichen Versuch. Dies gilt zB für Begriffe wie „fremd" in § 242 (BGH **3**, 123; Celle 22. 2. 1985, 1 Ss 641/84) und „Beschlagnahme" in § 137 (BGH **2**, 197, zum Fall der „faktischen Mitgeschäftsführung" [18 zu § 14] Bay **91**, 14). Die Abgrenzung zwischen einem derartigen Tatbestandsirrtum und dem Subsumtionsirrtum ist schwierig (vgl. die problematischen Urteile BGH **14**, 345; Saarbrücken NJW **61**, 743 und 16 zu § 174). So hat der BGH den Begriff der „Urkunde" zunächst als normatives Tatbestandsmerkmal gewertet und bei umgekehrtem Irrtum untauglichen Versuch angenommen (BGH **7**, 53). Später hat er ein Wahndelikt angenommen (BGH **13**, 235, hierzu Herzberg JuS **80**, 471; Haft JA **81**, 282). Düsseldorf VM **60**, 18 sieht es als Subsumtionsirrtum an, wenn ein Fahrer seinen Leichenwagen irrig nicht für einen Lkw hält; ebenso beurteilt Hamburg VRS **25**, 107 den Irrtum über den Begriff des stehenden Gewerbes in § 14 GewO. Hingegen ist die Zuständigkeit in §§ 154, 156 ein normatives Tatbestandsmerkmal (BGH **3**, 253). Hinsichtlich des „empfindlichen Übels" in §§ 240, 253 ist nach 3. 6. 1964, 2 StR 431/63 sowohl Tatbestands- wie Verbotsirrtum möglich. Zur gesamten Problematik vgl. v. Weber GA **53**, 163; SchSch-Cramer 45 f. zu § 15; Baumann NJW **62**, 16; Maurach NJW **62**, 719; Foth JR **65**, 369; Traub JuS **67**, 113; D. Geerds Jura **90**, 422; insbesondere der des *„doppelten Irrtums",* Haft JuS **80**, 430, 588; Puppe GA **90**, 156; SchSch 11 zu § 17; SK 28 d.

5) Bei den unechten Unterlassungsdelikten hat der GrSen (BGH **16**, 12 155) eine alte Streitfrage (vgl. 43. Aufl.) dahin entschieden, daß nur die Umstände, welche die Rechtspflicht begründen (Garantenstellung), zum Tatbestand gehören, nicht hingegen die daraus erwachsende Rechtspflicht

§ 16
AT Zweiter Abschnitt. Erster Titel

(Garantenpflicht), so daß nur der Irrtum über jene den Vorsatz ausschließt, der Irrtum über diese aber Gebotsirrtum (BGH **19**, 295) bzw. Verbotsirrtum (§ 17) ist (dazu Fuhrmann GA **62**, 161; Arthur Kaufmann JZ **63**, 504; Herzberg JuS **80**, 474; ebenso Bay NJW **76**, 635; weiter BGH GA **68**, 336; skeptisch Herdegen, BGH-FS 199; Schlüchter JuS **85**, 529; anders für das Steuerrecht Bremen StV **85**, 284; vgl. unten 11 zu § 17). Auch die Umstände, aus denen sich die Zumutbarkeit des Handelns ergibt, gehören zum Tatbestand (vgl. 4 ff., 15 f. zu § 13). Auch bei den echten Unterlassungsdelikten ist die Rechtspflicht als solche kein Tatbestandsmerkmal (BGH **19**, 295; MDR/D **70**, 897 [zu § 138]; Heinitz JR **59**, 285; hier hat dasselbe zu gelten wie bei den unechten Unterlassungsdelikten; Backmann JuS **73**, 30).

13   **6) Subjektive Tatbestandselemente** sind dem Vorsatz parallele Merkmale der Täterpsyche, die nur deshalb nicht zum Vorsatz gehören, weil sie **a)** entweder keine Entsprechung in äußeren Merkmalen haben wie vor allem die Motivationen (zB § 33: aus Verwirrung usw.; § 235 II: Gewinnsucht; § 211: aus Mordlust, aus Habgier, niedrigen Beweggründen), die man heute teilweise zu den sog. Gesinnungsmerkmalen rechnet, bei denen es str. ist, ob sie Unrechts- oder Schuldelemente darstellen (vgl. Gallas ZStW **67**, 45; Schmidhäuser, Gesinnungsmerkmale im Strafrecht, 1958;
14 Sax JZ **76**, 14); oder **b)** ihre Entsprechung in äußeren Merkmalen erst nach der Vollendung des Tatbestandes finden, so vor allem bei den über den Tatbestand hinausreichenden Absichten, zB der Bereicherungsabsicht beim Betrug (Delikte mit sog. überschießender Innentendenz); aber auch bei der Gewerbsmäßigkeit. Sowohl bei a) wie b) muß das Merkmal in der Psyche des Täters gegeben sein; seine eigene Beurteilung kann höchstens zu einem Subsumtionsirrtum führen.

15   **7) Keine Tatbestandsmerkmale sind A. Täterbewertungsmerkmale,** dh Merkmale, die eine bestimmte Bewertung des Täters im Zusammenhang mit der Tat durch den Richter verlangen. Hierher gehören vor allem:
16   **a)** die **Schuldfähigkeit;** es nützt dem gesunden Täter nichts, wenn er sich für schizophren hält, und es schadet dem Kranken nichts, wenn er sich für geistig gesund hält.
17   **b)** die **Gewohnheitsmäßigkeit** (RG **59**, 142; BGH **15**, 377);
18   **c)** die Wertung des Täters als **Rädelsführers** oder **Hintermannes** (§§ 84; 85; 88; 129 a II);
19   **d) Gesinnungsbewertungsmerkmale** (Jescheck § 42 II 3; Roxin § 10, 78) wie zB „böswillig" (§ 90 a I Nr. 1); „grausam"; Niedrigkeit der Beweggründe (§ 211); „roh" (§ 223 b); „rücksichtslos" (§ 315 c I Nr. 2). Diese Merkmale werden vielfach als Gesinnungsmerkmale behandelt, vgl. oben 13. Die Frage, inwieweit hier beim Täter psychische Strebungen gegeben sein müssen und inwieweit er sich der Umstände bewußt sein muß, die das Bewertungsurteil tragen, ist unterschiedlich zu beantworten. Das Urteil selbst braucht er keinesfalls mit zu vollziehen (vgl. 12 zu § 211).

20   **B. Die Merkmale von Rechtfertigungsgründen.** Das Problem ist str. (Dreher, Heinitz-FS 207; Roxin JuS **73**, 202; Arth. Kaufmann, Lackner-FS 186; Otto, K. Meyer-GedS 591; vgl. LK 10 zu § 17).

21   **a)** Das **RG** unterschied auch hier zwischen Tatsachen- und außerstrafrechtlichem Rechtsirrtum einerseits und Strafrechtsirrtum andererseits, aber mit ebenfalls anfechtbarer Grenzziehung. So sollte der Irrtum über das Bestehen eines

Grundlagen der Strafbarkeit § 16

Rechtfertigungsgrundes, auch wenn dessen Regelung außerhalb des StGB in Betracht gekommen wäre, unbeachtlich (RG **61**, 258), der über die Grenzen eines an sich bestehenden, außerhalb des StGB geregelten aber beachtlich sein (RG **73**, 257).

b) Nach der **Vorsatztheorie** löst sich die Frage grundsätzlich dahin, daß 22
dem Täter, der irrig einen nicht bestehenden Rechtfertigungsgrund annimmt, die Grenzen eines anerkannten zu weit zieht oder irrig die Umstände eines anerkannten Rechtfertigungsgrundes annimmt, das Unrechtsbewußtsein und damit der Vorsatz fehlt (hierzu SchSch 19. Aufl. 101 zu § 15; D. Geerds Jura **90**, 428). Die Theorie geht irrig davon aus, daß dem Täter, der irrtümlich Umstände eines Rechtfertigungsgrundes annimmt, stets das Unrechtsbewußtsein fehle.

c) Nach der **Schuldtheorie** ist in den beiden ersten der oben 22 genann- 23
ten Fällen nur Verbotsirrtum gegeben. Der dritte Fall ist str. Hier stehen sich folgende Theorien gegenüber: **aa)** nach der **strengen Schuldtheorie** 24
der Finalisten (Welzel, v. Weber, Maurach; Arm. Kaufmann JZ **55**, 37; Hirsch, Die Lehre von den negativen Tatbestandsmerkmalen, 1960) ist stets Verbotsirrtum anzunehmen. Die Lehre verkennt, daß es sich um keinen Beurteilungs- sondern einen Sachverhaltsirrtum handelt (der Irrtum über Rechtfertigungsumstände braucht auch nicht stets einen Verbotsirrtum nach sich zu ziehen), scheut beim umgekehrten Irrtum (unten 28) ihre eigenen Konsequenzen und führt zu unannehmbaren Ergebnissen (Mord mit Milderung nach § 49, wenn im Kriege ein Soldat eigene Kameraden tötet, die er vorwerfbar für Feinde hielt); **bb)** die Lehre von den **negativen** 25
Tatbestandsmerkmalen (vor allem Lang-Hinrichsen JR **52**, 307; 356; JZ **52**, 362; Arth. Kaufmann JZ **54**, 653; ZStW **76**, 543; Roxin, Offene Tatbestände und Rechtspflichtmerkmale, 1959; LK-H. J. Hirsch 8 vor § 32; SK 10; andererseits 13; vgl. auch Minas v. Savigny, Negative Tatbestandsmerkmale 1972) sieht die Rechtfertigungsumstände als Merkmale eines Gesamttatbestandes mit dem Ergebnis, daß der Irrtum den Vorsatz ausschließt und nur Bestrafung wegen Fahrlässigkeit zuläßt, wenn der Irrtum vorwerfbar ist. Die Lehre verkennt die verschiedenartige Funktion von Tatbestand (Typisierung des Unrechts) und Rechtfertigungsgrund (Wegfall der Rechtswidrigkeit in einer Ausnahmesituation) entgegen dem Gesetz, das hier deutlich unterscheidet (§§ 32, 34, 226 a, 142 II Nr. 2, dort 42). Träfe die Lehre zu, so wären die anerkannten gewohnheitsrechtlichen Rechtfertigungsgründe (Züchtigungsrecht der Eltern; Tötung des Gegners im Verteidigungskrieg; bis zum EGStGB auch übergesetzlicher Notstand) grundgesetzwidrig (Art. 103 II GG). Die Lehre kann als widerlegt angesehen werden (vgl. LK-Schroeder 49; LK-Jescheck 44 vor § 13; Dreher, Heinitz-FS 217; Gallas, Bockelmann-FS 168; Paeffgen 78; krit. Schünemann GA **85**, 351). **cc)** zu den gleichen praktischen Ergebnissen führt die von der 26
Rspr. vor allem des **BGH** vertretene **eingeschränkte Schuldtheorie** (zu den einzelnen, überwiegend terminologischen Varianten Grünwald Noll-GedS 186), nach der ebenfalls grundsätzlich der Vorsatz entfällt und nur die Möglichkeit der Fahrlässigkeit bleibt (BGH **2**, 236; **3**, 12; 106; 124; 196; 354; **17**, 91; **31**, 287 [m. Anm. Geerds JR **83**, 466; Dingeldey NStZ **84**, 505], MDR/D **75**, 365; NStE Nr. 1; Hamburg MDR **75**, 331; Zweibrücken NZWehrr. **86**, 129; ebenso § 19 I AE; Roxin § 14, 54, 62; H. Hirsch aaO [1 a vor § 32] 33; Eser/Burkhardt **15**, A 27). Da der BGH anders als die Lehre zu 25 den Vorsatz als Tatvorsatz auffaßt, der nur die Tatumstände

§ 16 AT Zweiter Abschnitt. Erster Titel

umschließt (BGH **19**, 298), hängt die Lehre in der Luft; so auch Herdegen, BGH-FS 206. Sie wird auch nicht immer konsequent durchgeführt (zB BGH **3**, 110) und nähert sich bedenklich der alten Unterscheidung des RG, wenn sie zwischen dem Irrtum über Tatsachen (Tatirrtum: der Täter ist an sich rechtstreu, weiß aber nicht, was er tut) und Verbotsirrtum (der Täter weiß, was er tut, hält das aber irrig für erlaubt) unterscheidet (BGH **3**, 105; 27 194; 272; NJW **54**, 480; 27. 11. 1990, 1 StR 566/90). **dd)** Richtiger Ansicht nach handelt es sich um einen *Irrtum eigener Art* über den Erlaubnistatbestand des Rechtfertigungsgrundes, **Erlaubnistatbestandsirrtum,** auch *Irrtum über die sachlichen* – auch normativen Merkmale umfassenden – *Voraussetzungen eines Rechtfertigungsgrundes* (Lackner 9 zu § 17) oder *rechtsfolgenverweisende Schuldtheorie* (Jescheck § 41 III 2d) genannt. Hiernach bleibt der Vorsatz als Tatbestandsvorsatz unberührt, der Vorsatz als Schuldform (28 ff. vor § 13) wird aber ausgeschlossen (hiergegen Schmidhäuser NJW **75**, 1809 Anm. 13; JZ **79**, 366 u. Lackner-FS 84), so daß im Falle vorwerfbaren Irrtums nur Bestrafung wegen Fahrlässigkeit möglich ist; auf dieser Linie Begr. E 1962 zu § 20; Gallas ZStW **67**, 46 u. Bockelmann-FS 170; Börker JR **60**, 168; Dreher MDR **62**, 592; Krümpelmann GA **68**, 129; Klug, 25 zu § 399 AktG; Noll ZStW **77**, 8; Lackner 10 zu § 17; Jescheck § 41 III 2d; Roxin § 14, 77; Bockelmann-Volk AT § 16 C II 4d; Wessels AT § 11 III 1; Herdegen, BGH-FS 208; Paeffgen 150 u. Arm. Kaufmann-GedS 399; Herzberg JA **89**, 294 u. JuS **91**, L 68; Müller-Dietz JuS **89**, 280; D. Geerds Jura **90**, 424; Frisch aaO [1 zu § 17]247; vgl. auch Arth. Kaufmann, Lackner-FS 195; SK 10; krit. dagegen Otto AT § 15 II 5; SchSch-Cramer 35 vor § 25; AK 54; zusf. Graul JuS/L **92**, 49; Nowakowski ÖJZ **74**, 619 will hier bereits fehlenden Handlungsunwert annehmen. Die hier vertretene Lösung hat gegenüber den Lehren zu 25 und 26 den wesentlichen Vorteil, daß der Versuch der Tat und die Teilnahme des nicht irrenden Beteiligten strafbar bleiben, da der Täter mit Tatbestandsvorsatz handelt (ebenso Roxin, TuT 554; vgl. den Fall Köln NJW **62**, 686; krit. Grünwald Noll-GedS 195; Schünemann, R. Schmitt-FS 132). Daß in den Fällen, in denen der Irrtum auf der Verletzung einer Prüfungspflicht beruht, dann Schwierigkeiten entstehen, wenn Fahrlässigkeit nicht mit Strafe bedroht ist (18 zu § 34), ist ein Mangel des Gesetzes; hierzu Dreher, Heinitz-FS 207. Hält der Täter den Erlaubnistatbestand nur möglicherweise für gegeben und handelt er trotzdem, so kann er mangels Vorwerfbarkeit entschuldigt sein, wenn er durch sein Handeln eine schwerwiegende Gefahr abwenden will, unter Entscheidungszwang steht und die Möglichkeit der Gefahr nicht vorwerfbar angenommen hat; andernfalls kommt Strafmilderung in Betracht (Warda, Lange-FS 119; SK 13a).

28   **d) Beim umgekehrten Irrtum,** dh in den Fällen, in denen tatsächlich die objektiven Umstände eines Rechtfertigungsgrundes gegeben sind, der Täter sie aber nicht kennt oder positiv annimmt, daß sie fehlen, nimmt die strenge Schuldtheorie (statt des theoretisch gebotenen Wahndelikts) wegen Fehlens der subjektiven Rechtfertigungselemente vollendete Tat, die Lehre von den negativen Tatbestandsmerkmalen jedoch nur untauglichen Versuch an. Jedoch ist hier zu differenzieren (ebenso Baumann § 21 II a; Waider, Die Bedeutung von der Lehre von den subjektiven Rechtfertigungselementen usw., 1970, 108; vgl. Maurach NJW **62**, 771; Lenckner, Der rechtfertigende Notstand, 187 ff.; Paeffgen, Arm. Kaufmann-GedS 421).

Grundlagen der Strafbarkeit **§ 16**

In den meisten Fällen ist die Kenntnis der Umstände und das Handeln im Bewußtsein der Rechtfertigungslage ein subjektives Rechtfertigungselement, so daß der umgekehrte Irrtum dem Täter schadet und er wegen vollendeter Tat bestraft wird. Das gilt bei der Notwehr (vgl. 13ff. zu § 32); in den Fällen der §§ 228, 904 BGB; bei § 34 (so schon vor dem 2. StRG BGH **2**, 114); bei § 193 (vgl. dort 17); bei der Ausübung amtlicher Befugnisse oder des Züchtigungsrechtes (vgl. 10ff. zu § 223). Bei der Einwilligung kommt es darauf an, ob man wie hier (vgl. 3 vor § 32) die Auffassung vertritt, daß sie nur bei Kenntnis des Täters rechtfertigend wirkt. Dann ist bei fehlender Kenntnis wegen vollendeter Tat zu strafen (vgl. M-Zipf § 25, 34; Blei AT § 37 II 2). Bei umgekehrter Auffassung müßte Rechtfertigung angenommen werden, nicht etwa untauglicher Versuch, zumal dieser nur bei Tatbestandsirrtum in Frage kommt (vgl. Welzel 97; Foth JR **65**, 368). In den Fällen der Unverbindlichkeit eines Befehls bestimmt § 22 I S. 2 WStG ausdrücklich, daß dieser Umstand dem Täter auch zugutekommt, wenn er den Befehl irrig für verbindlich hält. Dasselbe gilt bei § 113 III S. 2. Auch der Rechtfertigungsgrund behördlicher Genehmigung dürfte ohne Kenntnis des Amtsträgers rechtfertigend wirken (5 zu § 311; vgl. aber den Sonderfall dort aE).

C. Die Merkmale von Schuldausschließungsgründen. Von Bedeutung **29** sind hier nur solche Schuldausschließungsgründe, deren Umstände der Täter irrig annehmen kann, so daß zB die Fälle des § 33 und des Verbotsirrtums ausscheiden, der selbst schon einen Irrtumssachverhalt darstellt. Auch die Schuldfähigkeit scheidet aus (vgl. oben 15). Der Irrtum über eine entschuldigende Notstandslage ist seit dem 2. StRG ausdrücklich in § 35 II geregelt (vgl. dort). In Betracht kommen noch § 5 I WStG und ähnliche Fälle des Nebenrechts (§ 7 II UZwG; § 30 III ZDG; vgl. LK 59). Zwar enthält § 5 I WStG insoweit eine eigene Irrtumsregelung, als der Untergebene die Natur der von ihm auf Befehl begangenen Handlung verkennt. Es fehlt aber eine Regelung für den Fall, daß der Untergebene irrtümlich einen Befehl annimmt, obwohl es daran fehlt, weil etwa der Befehlsgeber kein Vorgesetzter ist. In diesen Fällen wird man ebenso wie beim Irrtum über Rechtfertigungsmerkmale annehmen müssen, daß zwar Tatbestandsvorsatz gegeben ist, aber Bestrafung (nur wegen Fahrlässigkeitsschuld) lediglich bei vorwerfbarem Irrtum in Betracht kommt. Hält der Täter den Entschuldigungssachverhalt nur möglicherweise für gegeben, so gilt oben 27 aE. Beim umgekehrten Irrtum, dh dem Fall, daß die objektiven Voraussetzungen des § 5 I WStG gegeben sind, ohne daß der Täter sie kennt, fehlt es an der psychischen Drucksituation, die zur Entschuldigung führt. Der Täter ist daher wegen vollendeter Tat strafbar.

D. Die Rechtswidrigkeit der Tat. Die fehlende Einsicht, Unrecht zu **30** tun, ist ein Verbotsirrtum (§ 17).

E. Persönliche Strafausschließungs- und Aufhebungsgründe (dazu 17 **31** vor § 32). In diesen Fällen schadet und nützt dem Täter ein Irrtum grundsätzlich nichts. Allerdings kann ein solcher Irrtum die Quelle eines Verbotsirrtums sein. Dasselbe gilt für

F. Objektive Bedingungen der Strafbarkeit. Das sind Umstände, die **32** materielle Voraussetzungen des staatlichen Strafanspruchs sind, aber Unrecht und Schuld, die mit der Tathandlung voll gegeben sind, nicht mitbe-

§ 16 AT Zweiter Abschnitt. Erster Titel

gründen, sondern aus Gründen beschränkender Strafökonomie gegeben sein müssen; sie gehören daher nicht zum gesetzlichen Tatbestand und brauchen nicht vom Vorsatz umfaßt zu sein. Fehlt die Bedingung, so bleibt die Tat, und zwar auch für den Teilnehmer, straflos. Solche Bedingungen sind zB die Rauschtat im Fall des § 323 a (sehr str.; dort 9), die Konkurseröffnung usw. bei den Delikten nach § 283 ff. Problematisch ist die Frage bei § 186. Die Rechtsnatur der Bedingungen der Strafbarkeit ist noch weitgehend ungeklärt und str.; vgl. Roxin § 23, 21 ff.

Schrifttum: *Bemmann,* Zur Frage der objektiven Bedingungen der Strafbarkeit, 1957; *Bergmann* JuS **90**, L 17; *Carstens* MDR **74**, 983 (zivilrechtlich); *Haß* ZRP **70**, 196; LK-*Jescheck* 79 vor § 13; *Krause* Jura **80**, 449; *Rittler,* Frank-FS II, 1; *Sax* JZ **76**, 14; *Schmidhäuser* ZStW **71**, 545; *Schwalm* MDR **89**, 906; *Stratenwerth* ZStW **71**, 565; *Stree* JuS **65**, 465; *Tiedemann* ZRP **75**, 129.

33 **G. Die Strafbarkeit** einer Handlung. Wer Strafbares für rechtswidrig, aber nicht für strafbar hält, ist strafbar. Wer Strafloses tut und es für strafbar hält, begeht ein Wahndelikt und ist straflos (31 zu § 22).

Verbotsirrtum

17 Fehlt dem Täter bei Begehung der Tat die Einsicht, Unrecht zu tun, so handelt er ohne Schuld, wenn er diesen Irrtum nicht vermeiden konnte. Konnte der Täter den Irrtum vermeiden, so kann die Strafe nach § 49 Abs. 1 gemildert werden.

1 **Schrifttum:** *Arzt* ZStW **91**, 857; *Bindokat* JZ **53**, 748; NJW **62**, 185; *Frisch* 217 ff. in Eser/Perron, Rechtfertigung und Entschuldigung [1a vor § 32]; *Haft* JuS **80**, 430, 588 (zum „doppelten Irrtum"); *Horn,* Verbotsirrtum und Vorwerfbarkeit, 1969; *Jakobs* ZStW **101**, 533; *Jescheck* ZStW **93**, 32; *Arthur Kaufmann,* Das Unrechtsbewußtsein in der Schuldlehre des Strafrechts, 1949 u. Lackner-FS 186; *Kindhäuser* GA **90**, 407; *Maurach,* Eb. Schmidt-FS 301; *Mattil* ZStW **74**, 201; *Otto* Jura **90**, 645 u. K. Meyer-GedS 597; *Puppe,* Tatirrtum, Rechtsirrtum, Subsumtionsirrtum, GA **90**, 145; *Roxin,* Bockelmann-FS 289 (hierzu krit. *Dreher,* Die Willensfreiheit, 25, 53); *Rudolphi,* Unrechtsbewußtsein, Verbotsirrtum usw., 1969; Das virtuelle Unrechtsbewußtsein usw., 1982, InstKonfl. **7**, 1; *Schmidt-Klügmann,* Das Bewußtsein der Fremdexistenz als Voraussetzung für ein Unrechtsbewußtsein, 1975; *H. W. Schünemann* NJW **80**, 735; *Spendel,* Tröndle-FS 89; *Stratenwerth,* Arm. Kaufmann-GedS 485; *Tiedemann* HWiStR „Irrtum über Rechtsfragen".

1a **1) Die Vorschrift,** in Anlehnung an § 21 E 1962 (Begr. 135; Ndschr. **2**, 6, 49, 61, 106, 156, 159; **4**, 143, **12**, 186 ff., 441, 447) und § 20 AE durch das 2. StrRG (Ber. BT-Drs. V/4095, 9; Prot. V/1637, 1739, 1782 ff., 1860) eingefügt, behandelt das vorher nur durch die Rspr. (GrSenBGH **2**, 194) gelöste Problem des **Verbotsirrtums.** § 17, der auch in seinem S. 2 nicht gegen das GG verstößt (BVerfGE **41**, 121; krit. dazu Langer GA **76**, 193; Schmidhäuser JZ **79**, 362; Spendel, Tröndle-FS 89, und die Kontroverse mit Kramer/Trittel JZ **80**, 393), entspricht § 11 II OWiG; in § 5 WStG (vgl. auch § 7 II UZwG; § 30 III ZDG) hat der Verbotsirrtum eine Sonderregelung erhalten (LK-Schroeder 52 ff.). Einen Sonderfall des Verbotsirrtums behandelt auch § 20 (dort 5 sowie 3 zu § 21).

2 **2) Die Einsicht, Unrecht zu tun,** dh das verstehende Erkennen (vgl. §§ 20, 21) der Rechtswidrigkeit der Tat, nicht etwa „eine gefühlsmäßige Zustimmung zu dem Werturteil der Rechtsordnung" (Ber. 10), ist nach der

Grundlagen der Strafbarkeit **§ 17**

gesetzgeberischen Entscheidung in § 17 weder irrelevant (so früher das RG; zB 63, 218), noch ein Bestandteil des Vorsatzes, wie die sog. Vorsatztheorie (22 zu § 16; Schmidhäuser 10/59; NJW 75, 1811; JZ 79, 365, und Langer, GA 76, 193; 90, 456, versuchen den § 17 iS der Vorsatztheorie auszulegen, jedoch widerspricht dies Wortlaut, Sinn und Entstehung des Gesetzes) meinte (GrSenBGH 2, 194), sondern ein Element der Schuld, deren unvermeidbares Fehlen die Schuld ausschließt.

A. Zur **Unrechtseinsicht** reicht das Bewußtsein des sittlich Verwerflichen (BGH 2, 202; GA 69, 61) oder Sozialwidrigen nicht aus, anderseits genügt das Bewußtsein eines Verstoßes gegen die rechtliche Ordnung, ohne daß es der Kenntnis einer bestimmten, verletzten Norm bedarf (GrSenBGH 11, 266), maßgebend ist die Kenntnis, *Unrecht zu tun*, erforderlich ist nicht die Kenntnis von der Strafbarkeit des Vorgehens (wistra 86, 218; 4. 2. 1987, 2 StR 12/87); es genügt daher auch die Vorstellung, einen anderen in seinem strafbaren Tun zu unterstützen, also Beihilfe zu leisten (18. 1. 1984, 2 StR 360/83) oder eine Ordnungswidrigkeit zu begehen (Celle NJW **87**, 78; Düsseldorf NStE Nr. 3, aM AG Göttingen NJW **83**, 1210; LK 8; AK-Neumann 23). Unrecht ist danach etwa iS des „Unerlaubten" in § 51 aF zu verstehen (BGH **2**, 201; NJW **63**, 1931; Otto, K. Meyer-GedS 602; Roxin § 21, 13; bedenklich Celle JZ **67**, 503). Weiß der Täter, daß er ein Gesetz verletzt, so hat er das Unrechtsbewußtsein auch dann, wenn er die Verbindlichkeit der Norm für sich ablehnt (vgl. BGH **4**, 3); etwa weil er sich als Überzeugungstäter (19a zu § 46) bewußt gegen die Wert- und Rechtsordnung der Gemeinschaft auflehnt (vgl. MDR/D **73**, 901; Rudolphi, Welzel-FS 632; LK 7 u. SK 4), oder Spielschuldforderungen in Kenntnis der Nichtdurchsetzbarkeit als „Ehrenschulden" abnötigt (Karlsruhe 7. 8. 1980, 1 Ss 137/80); anders, wenn der Täter geltendes Recht für außer Kraft gesetzt (Frankfurt NJW **64**, 508) oder sonst für ungültig hält.

B. Auf die **spezifische Rechtsgutsverletzung** des in Betracht kommenden Tatbestandes, die dem Täter zur Last gelegt wird, muß sich die Unrechtseinsicht beziehen, kann also bei Tateinheit „teilbar" sein (so BGH **10**, 35; **15**, 377; **22**, 318; MDR/D **67**, 14; Stuttgart NJW **64**, 412; Rudolphi InstKonfl. **7**, 10; aM noch BGH **3**, 342). Nach BGH **15**, 377 soll es genügen, wenn der Täter als Unrecht erkennt, was vom Gesetz nur in qualifizierter Form mit Strafe bedroht ist; zw. (vgl. Baumann JZ **61**, 564; Bindokat NJW **62**, 185; Blei JA **70**, 599). Hält der Täter seine rechtswidrige Handlung aus einem rechtlich oder tatsächlich unzutreffenden Grunde für rechtswidrig, so hat er das Unrechtsbewußtsein (Bay NJW **63**, 310; aM Bindokat NJW **63**, 745; SK 10).

C. Rechnet der Täter bei der Tat mit der **Möglichkeit**, Unrecht zu tun, und nimmt er das billigend in Kauf, so hat er die Unrechtseinsicht (LM Nr. 6; BGH **4**, 4; Bay GA **56**, 127; Hamburg GA **67**, 285; SK 12, 22; zur Problematik Warda, Welzel-FS 499; Paeffgen JZ **78**, 745). Anderseits gilt der Grundsatz „im Zweifel für den Angeklagten" auch beim Verbotsirrtum (Bay NJW **54**, 811). Dieser ist freilich nicht unvermeidbar (vgl. unten 12), wenn das Fehlen der Unrechtseinsicht auf extremen, rechtsstaatlichen Vorstellungen kraß zuwiderlaufenden Anschauungen beruht (JZ **78**, 763).

3

4

5

§ 17

6 **3) Bei Begehung der Tat** (§ 8) muß dem Täter die **Unrechtseinsicht fehlen,** wobei es nicht darauf ankommt, daß der Täter positiv annimmt, kein Unrecht zu tun; es genügt, wenn ihm die Unrechtseinsicht fehlt (Ber. 9; Bay MDR **63**, 334). Welchen Grund das hat, ist gleichgültig. Das Fehlen kann auf eine sozialethische Fehleinschätzung (vgl. BGH **2**, 208), eine falsche Rechtsauffassung (bedenklich Saarbrücken VRS **35**, 112), zB hinsichtlich einer steuerrechtlichen Berichtigungs*pflicht,* die nicht die Garanten*stellung* betrifft (wistra **86**, 219, hierzu Reiß wistra **87**, 161), oder auf die Annahme der Wirksamkeit einer rechtlich unbeachtlichen Genehmigung (Hamm NJW **75**, 1042), auf die Unkenntnis von der Notwendigkeit einer Genehmigung (Bay GA **76**, 26), auf den Glauben an die bindende Wirkung auch eines verbrecherischen Befehls (BGH **22**, 223), aber insbesondere auch zurückgehen auf einen sonst unbeachtlichen Irrtum, zB einen Subsumtionsirrtum (11 zu § 16), einen Irrtum über eine Bedingung der Strafbarkeit (32 zu § 16; differenzierend AK 28), auf einen Irrtum über die Beweismöglichkeit im Fall des § 186 oder den Irrtum über die Notwendigkeit einer behördlichen Erlaubnis, zB im Fall des § 284. Wer zB über die Verbindlichkeit eines Befehls überhaupt nicht nachdenkt, kann eine solche auch nicht irrig annehmen (25. 10. 1983, 5 StR 736/82). Verbotsirrtum ist es, wenn der Täter irrig annimmt, durch einen Rechtsbehelf sei eine Maßnahme wie die Entziehung der Fahrerlaubnis noch nicht rechtswirksam geworden (Düsseldorf VM **76**, 26; vgl. auch Hamm DAR **57**, 25).

7 **A. Vermeidbar** ist ein Verbotsirrtum, wenn dem Täter sein Vorhaben unter Berücksichtigung seiner Fähigkeiten und Kenntnisse hätte Anlaß geben müssen, über dessen mögliche Rechtswidrigkeit nachzudenken oder sich zu erkundigen, und er auf diesem Wege zur Unrechtseinsicht gekommen wäre (28. 5. 1985, 1 StR 217/85; Bay NJW **89**, 1745 m. Anm. Rudolphi JR **89**, 387; Zaczyk JuS **90**, 889). Er irrt vermeidbar, wenn er sich nicht informiert (9) oder sich am Recht überhaupt desinteressiert zeigt, es sei denn, er habe für seine Unsorgfalt nicht einzustehen (im einzelnen Timpe GA **84**, 51, 69).

8 **a)** Die Rspr. hat dabei schon vor § 17 verlangt, daß der Täter sein **Gewissen anspanne** (GrSenBGH **2**, 194) und „alle seine Erkenntniskräfte und sittlichen Wertvorstellungen" einsetze, und zwar auf der Grundlage der Vorstellungen seiner Rechtsgemeinschaft (BGH **4**, 1, 5). Ob man mit der Rspr. annehmen soll, daß dabei höhere Anforderungen zu stellen seien als bei der Fahrlässigkeit (BGH **4**, 237; **21**, 20; VRS **14**, 31; Bay NJW **65**, 164; Düsseldorf VM **76**, 26), ist zw. (abl. Lackner 7; SK 30a; AK 58). Vorbildung, Lebensstellung und Erfahrung spielen eine Rolle (vgl. BGH **2**, 201; **3**, 108; **4**, 86; **9**, 347), aber auch das Gewicht der Tat (Bay **71**, 29; GA **73**, 317; NJW **89**, 1745 m. Anm. Rudolphi JZ **89**, 387; Zaczyk JuS **90**, 889; zusf. Otto Jura **90**, 648; Roxin § 21, 50). Ein Lehrer, der gegenüber einem behördlich ausgesprochenen Hausverbot an ein „Widerstandsrecht" glaubt, irrt vermeidbar (Hamburg JR **81**, 32 m. Anm. Oehler; hierzu Timpe GA **84**, 70), ebenso ein erfahrener Amtsrichter im Falle einer Fehlinterpretation eines Erlasses (LG Hechingen NJW **86**, 1824). In Fällen von § 21 kann es dem Täter unmöglich sein, zur Unrechtseinsicht zu kommen (30. 4. 1957, 5 StR 120/57). Bei Unterlassungsdelikten kann das für den Täter schwerer sein (BGH **16**, 160; vgl. auch NJW **64**, 1330). Zur Problematik bei aus fremden Kulturkreisen stammenden Ausländern AG Greven-

§ 17

broich NJW **83**, 529; Kraus, InstKonfl. **7** 49; zur Problematik bei Demonstrationen LG Köln JZ **69**, 80. Zu „Gewissenstaten" von Kriegsdienst- und Totalverweigerern vgl. 39a vor § 52; 19a zu § 46; 6a zu § 56; LK-H. J. Hirsch 209 ff. vor § 32; SchSch-Cramer 7. Das bisher Gesagte gilt vor allem für Taten, bei denen sich das sozialethische Unrecht durch Gewissensprüfung erkennen läßt.

b) Bleiben Zweifel oder handelt es sich um Delikte, die für einen bestimmten Berufskreis bedeutsam sind, so trifft den Täter eine **Erkundigungspflicht,** so bei Geschäftsleuten, die sich über die einschlägigen Vorschriften orientieren (BGH **4**, 242; **5** 289; **21**, 18; wistra **84**, 178 m. Anm. Otto StV **84**, 462; Bay **71**, 24; **81**, 198; GA **73**, 316; Schleswig SchlHA **78**, 181; vgl. auch Koblenz NJW **73**, 1759) oder bei der Industrie- und Handelskammer oder der Handwerkskammer Auskünfte einholen müssen (Zweibrücken StV **92**, 119), bei Rechtsanwälten, die sich von der Anwaltskammer beraten lassen müssen (BGH **18**, 197; vgl. aber auch **15**, 341; NJW **62**, 1832); zum Irrtum eines Rechtsanwalts über die Grenzen erlaubter Verteidigung Hamburg JZ **79**, 278, oder über die Pflicht zur Nachprüfung von Mandanteninformationen Karlsruhe Die Justiz **81**, 213. Verlangt werden kann je nach Lage des Falles, daß der Täter die Auskunft einer Behörde einholt (vgl. Düsseldorf JMBlNW **50**, 81; Bay NJW **65**, 1924; GA **66**, 182; Frankfurt VRS **28**, 423), sich von einem Rechtsanwalt (vgl. BGH **20**, 372; **21**, 21; Bay NJW **65**, 163; Köln NJW **73**, 437; Hamburg NJW **77**, 1831; Karlsruhe Die Justiz **81**, 214) oder sonstigen Juristen (vgl. BGH **5**, 118; **20**, 372; Hamburg NJW **67**, 213) beraten läßt oder sich um die einschlägige Rspr. kümmert (LK 33 ff.). Doch darf sich der Täter nicht immer auf erhaltene Auskünfte verlassen (vgl. die eben zit. Rspr. sowie 27. 8. 1974, 1 StR 110/74; Stuttgart NJW **77**, 1409; Die Justiz **77**, 241; Celle NJW **77**, 1645; Karlsruhe OLGSt. 103 zu § 184; Hamm NJW **82**, 661), es sei denn, sie wären vorbehaltlos und eindeutig von einem vertrauenswürdigen Rechtsberater erteilt worden (Bremen NStZ **81**, 265), das ist bei der Rechtsauskunft einer Assessorin nicht ohne weiteres der Fall (aM AG Frankfurt NJW **89**, 1746). Ist die Rspr. kontrovers, so kann das zu einer mindestens bedingten Unrechtseinheit (oben 5) führen; zur Problematik: Köln MDR **54**, 374; GA **60**, 318; Bremen NJW **60**, 163; Schleswig SchlHA **61**, 350; KG JR **64**, 70; Frankfurt NJW **64**, 508; Stuttgart NJW **67**, 122 (dazu Baldauf/Hagedorn NJW **67**, 744; D. Meyer JuS **79**, 253; H. W. Schünemann NJW **80**, 741; Kunz GA **83**, 457; klärend Timpe GA **84**, 66; SK 40; krit. AK 67). Wechselt eine für den Täter vorher günstige Rspr. zu seinen Ungunsten (vgl. 6 zu § 316), ohne daß er das wissen konnte, wird sein Verbotsirrtum unvermeidbar gewesen sein, ebenso wer sich auf eine – irrige – Rechtsauffassung in einem gegen ihn ergangenen Strafurteil verläßt (Düsseldorf VRS **73**, 370). Zum Fall, daß der Täter irrig eine höchstrichterliche Entscheidung auf sein Handeln bezieht Stuttgart NJW **73**, 1892 (dazu krit. Rudolphi JR **73**, 511); oder daß ein Rechtsrat zum Zwecke der Gesetzesumgehung eingeholt oder erteilt wird KG JR **77**, 379 m. zust. Anm. Rudolphi; unzutr. daher AG Göttingen NJW **83**, 1210, mit Recht hiergegen Oetker NJW **84**, 1602. In allen Fällen einer Erkundigungspflicht muß festgestellt werden, daß der Täter, wenn er sich erkundigt hätte, auch eine richtige Auskunft hätte bekommen können (VRS **14**, 31; **15**, 125; Hamm NJW **56**, 1651; Bay GA **59**, 278; NJW **89**, 1745 [m. Anm. Rudolphi JR **89**,

387; Zaczyk JuS 90, 889]; KG VRS 13, 148; Düsseldorf VM 76, 27; Celle NJW 77, 1645; Strauß NJW 69, 1418; SchSch-Cramer 18; SK 42; Blei AT § 58 IV 5; aM Bay NJW 60, 504; 65, 1926; BGH 21, 21; Köln NJW 74, 1831; zum Ganzen eingehend Wolter JuS 79, 482; Timpe GA 84, 51; Otto Jura 90, 650; AK 71 ff.). Der Täter darf bei rechtlich ungeklärter Situation eine Tat in Kenntnis ihrer sozialen Sinnbedeutung nicht begehen, wenn er nur hofft, das ihm bekannte Strafgesetz greife nicht (12. 6. 1985, 3 StR 82/85). Zur Problematik bei Zögern oder fehlendem Einschreiten (LG Darmstadt NStZ 84, 174) einer mit der Sache befaßten Behörde StA Mannheim NJW 76, 585; AG Lübeck MDR 89, 930. Nach Frankfurt AgrarR 85, 18 soll ein Verbotsirrtum vermeidbar sein, wenn dem Täter eine OLG-Entscheidung bekannt ist, die eine bestimmte Form einer Intensivhühnerhaltung nach § 17 Nr. 2b TierSchG für verboten hält, und zwar selbst dann, wenn die zuständigen Fachbehörden nicht dagegen einschreiten, zw. (ferner 6 vor § 324).

10 c) Bei **umgekehrtem Irrtum,** nämlich in dem Fall, daß der Täter sein rechtsmäßiges Handeln für rechtswidrig hält (er tötet zB in Notwehr, glaubt aber, daß Tötung auch in diesem Fall Unrecht sei), Düsseldorf MDR 85, 866, ist ein strafloses Wahndelikt gegeben.

11 d) Die **Unterscheidung** zwischen **Tatbestands- und Verbotsirrtum** ist, wie die Praxis gezeigt hat, nicht immer leicht (vgl. schon Lang-Hinrichsen JR 52, 184, 302, 356; ferner Baumann Welzel-FS 533; Schlüchter JuS 85, 373, 527, 617; Nierwetberg Jura 85, 238; Arth. Kaufmann, Lackner-FS 190; aus der Rspr. BGH 3, 357, 400; 4, 80, 105, 347; 5, 284, 301; 6, 193; 9, 358, dazu Welzel JZ 57, 129; aM Bay GA 56, 90; NJW 54, 480; Lange JZ 57, 233). Schwierigkeiten ergeben sich vor allem im Bereich der Fahrlässigkeitsdelikte (hierzu Arzt ZStW 91, 857; vgl. ferner LK 2; SK 19; Jescheck § 57 I 2) und im Nebenstrafrecht, so bei Blankettatbeständen (5 zu § 1; vgl. Warda, Die Abgrenzung von Tatbestands- und Verbotsirrtum usw., 1955; Lange, Welzel JZ 56, 73, 238, 519; Tiedemann ZStW 81, 869; Lüderssen wistra 83, 223; Puppe GA 90, 166; Kindhäuser GA 90, 420; SchSch 99 zu § 15; Lackner 22; zur Frage des Irrtums über die Steuerschuld, Franzen/Gast/Samson 195c zu § 370 AO; Schlüchter wistra 85, 43; 94; KG NStZ 82, 74; Bremen StV 85, 284; Reiß wistra 86, 194; 87, 161; F. Meyer NStZ 86, 443; Bilsdorfer NJW 89, 1591). Das Wort „unbefugt" kann in einzelnen Tatbeständen je nach dem Sinngehalt der Vorschrift dogmatisch die Bedeutung eines Tatbestandsausschlusses (4 zu § 132) haben oder nur den Hinweis auf in diesem Bereich häufige Rechtfertigungsgründe enthalten (27 zu § 203). Bezieht sich das Wort „rechtswidrig" in der Tatbestandsbeschreibung nicht auf die Handlung (wie zB in § 240; vgl. dazu BGH 2, 194), sondern auf ein einzelnes Merkmal, so bezeichnet es ebenfalls ein Tatbestandsmerkmal, auf das sich der Vorsatz erstrecken muß; so BGH 4, 105 zu § 253 („zu Unrecht zu bereichern"); 3, 160 zu § 263 („rechtswidriger Vermögensvorteil").

12 **4) Zum Ausschluß der Schuld,** nicht etwa zum Ausschluß des Vorsatzes (irrig Saarbrücken NJW 75, 660) führt die Unvermeidbarkeit des Verbotsirrtums. Bei **Vermeidbarkeit kann** die Strafe **nach § 49 I** gemildert werden (vgl. Frankfurt VRS 28, 425); das wird in sehr vielen Fällen angebracht sein, da auch das Fehlen einer vermeidbaren Unrechtseinsicht ein schuld-

Grundlagen der Strafbarkeit **§ 17**

mindernder Faktor ist; doch sind Fälle „nicht ganz selten, in denen ein solcher Irrtum ... nicht weniger schwer wiegt wie die vorhandene Verbotskenntnis" (Ber. 10; abw. § 20 AE; Warda ZStW 71, 252; SK 48; zum Ganzen Timpe 279ff.). Das Urteil muß erkennen lassen, daß das Gericht die Milderungsmöglichkeit geprüft hat (MDR/D 69, 359; Hamm VRS 10, 358). Daß Milderung bis unter das Mindestmaß der für fahrlässige Begehung angedrohten Strafe unzulässig sei (so Bay MDR 57, 434), läßt sich dem Gesetz nicht entnehmen; die Frage hat aber keine praktische Bedeutung.

Schwerere Strafe bei besonderen Tatfolgen

18 Knüpft das Gesetz an eine besondere Folge der Tat eine schwerere Strafe, so trifft sie den Täter oder den Teilnehmer nur, wenn ihm hinsichtlich dieser Folge wenigstens Fahrlässigkeit zur Last fällt.

1) Die Vorschrift idF des 2. StrRG stellt eine Fortentwicklung des § 56 idF **1** des 3. StÄG dar (vgl. § 22 E 1962; Begr. 136; Ndschr. 2, 234; 246, 252; § 16 III AE; Ber. BT-Drs. V/4095, 10; Prot. V/1033, 1736ff., 1775f., 3159). **Schrifttum:** *Degener* ZStW **103**, 357; *Diez-Ripollés* ZStW **96**, 157; *Dornseifer*, Arm. Kaufmann-GedS 429; *Geilen* Welzel-FS 655; *Hardwig* GA **65**, 97; *H. J. Hirsch* GA **72**, 65 u. Oehler-FS 111; *Hruschka* GA **67**, 42; *Lorenzen*, Zur Rechtsnatur und verfassungsrechtlichen Problematik der erfolgsqualifizierten Delikte, 1981 (hierzu *Küper* GA **84**, 187); *Oehler* GA **54**, 33; *Paeffgen* JZ **89**, 219 u. in AK; *Rengier*, Erfolgsqualifizierte Delikte und verwandte Erscheinungsformen, 1986; *Schneider* JZ **56**, 650; *Seebald* GA **64**, 161; *Wolter* JuS **81**, 168 sowie die im Text Genannten.

A. Um dem Schuldgrundsatz Rechnung zu tragen, bestimmt § 18, daß **2** bei den sog. **erfolgsqualifizierten Delikten,** die durch den Eintritt einer besonderen Folge gekennzeichnet sind, diese besondere Folge **verschuldet,** dh mindestens fahrlässig herbeigeführt worden sein muß. Ist sie vorsätzlich herbeigeführt, wird in aller Regel bereits eine andere Straftat gegeben sein, zB nicht mehr § 226, sondern Mord oder Totschlag, wenn hinsichtlich der Todesfolge wenigstens bedingter Vorsatz vorlag. Es gibt aber Fälle, in denen kein anderer Tatbestand in Frage kommt, wenn die besondere Folge vorsätzlich herbeigeführt wird, zB bei § 239 II oder bei § 224, wenn hinsichtlich der besonderen Folge nur bedingter Vorsatz vorliegt (vgl. RG 24, 369). § 18 gilt auch, wenn im Fall des § 323a die rechtswidrige Tat ein erfolgsqualifiziertes Delikt ist (12. 12. 1958, 5 StR 532/58). Als besondere Folge ist auch der Eintritt einer konkreten Gefahr anzusehen (vgl. 13 vor § 13; Gössel, Lange-FS 221; aM BGH **26**, 180; SK-Rudolphi 2), jedoch nicht, wenn sie nur als Regelbeispiel eines besonders schweren Falles genannt ist, dß es sich dann nicht um die in § 18 vorausgesetzte tatbestandliche Verknüpfung handelt (iErg. ebenso Gössel aaO 222; Backmann MDR **76**, 969; abw. LK-Schroeder 7; Küper NJW **76**, 543; vgl. auch Blei JA **76**, 311; Jakobs 9/30).

B. Bei **Beteiligung mehrerer** am vorsätzlichen Grunddelikt (beim fahr- **3** lässigen kommt nach §§ 26, 27 Teilnahme nicht in Betracht; E 1962, 136; Gössel aaO 223) ist für Täter und Teilnehmer nach § 29 gesondert zu prüfen, inwieweit sie Verschulden für den besonderen Erfolg und damit schwerere Strafe trifft (BGH **19**, 339; MDR/D **68**, 550; str.; dazu Cramer

JZ **65**, 30). Das gilt auch für Vorsatztaten iS von § 11 II (dort 38; SK 6); abw. Gössel aaO 225, der aber Teilnahme am Grunddelikt mit fahrlässiger Nebentäterschaft für möglich hält. Handelt der Hintermann hinsichtlich des besonderen Erfolges vorsätzlich, ist er mittelbarer Täter, wenn der Ausführende insoweit nicht vorsätzlich handelt (str.).

4   C. Wird der besondere Erfolg schon mit dem **Versuch des Grunddelikts** erreicht, ist wegen Versuchs des erfolgsqualifizierten Delikts zu strafen, wenn das Gesetz den Erfolg an die Handlung (RG **62**, 422 für § 251; **69**, 332 für § 177 III, § 178 III; ebenso 7. 11. 1957, 4 StR 308/57, vgl. NJW **55**, 1327), nicht aber, wenn es ihn mit dem Erfolg des Grunddelikts verknüpft (RG **40**, 321 für § 309; SchSch-Cramer 9); für § 307 aM BGH **7**, 39; vgl. auch NJW **60**, 683; Stree GA **60**, 289; Ulsenheimer GA **66**, 257; Hirsch GA **72**, 75; Wolter JuS **81**, 173; Kühl JuS **81**, 196; sowie für §§ 224, 226 RG **44**, 139; aM BGH **14**, 112; offen gelassen für § 221: NStZ **85**, 501 m. Anm. Ulsenheimer StV **86**, 202; vgl. Otto Jura **85**, 671 u. JK 2 zu § 221; Schmoller JBl. **84**, 654; Laubenthal JZ **87**, 1067; Paeffgen JZ **89**, 225. In diesen Fällen ist ein Rücktritt (§ 24) im Hinblick auf den Eintritt der schweren Folge grundsätzlich nicht mehr möglich; anders jedoch, wenn auch der qualifizierende nicht mehr möglich ist (Ulsenheimer, Bockelmann-FS 414; Wolter JuS **81**, 178; str.; aM SK 8a). Bei den erfolgsqualifizierten Delikten, bei denen der besondere Erfolg auch vorsätzlich herbeigeführt werden kann, ist Versuch möglich, wenn dieser Erfolg angestrebt, aber nicht erreicht wird (BGH **10**, 309; **21**, 194; GA **58**, 304; JZ **67**, 368 mit abl. Anm. Schröder).

5   2) **Der Umfang der Auswirkungen** des § 18 auf den BT ist heftig umstritten (hierzu Montenbruck, Strafrahmen und Strafzumessung 1983, 201 ff.). Nach richtiger Auffassung hat § 18 nicht nur für die §§ 221 III, 224, 226, 229 II, 239 II, III, 307 Nr. 1, §§ 309, 312, 314, 318 II, 319 und 340 II, sondern auch für die neugefaßten Vorschriften des BT Bedeutung, in denen die Zurechnungsgrenze abweichend von § 18 auf die Stufe der Leichtfertigkeit (20 zu § 15) angehoben ist, nämlich für die §§ 176 IV, 177 III, 178 III, 218 II Nr. 2, §§ 239a III, 239b II, 251, 310b III, 311 III, 311a III, 311e III, 316c II, 330 IV Nr. 2 (vgl. hierzu auch BGH **33**, 323; 8. 1. 1986, 2 StR 660/85). Auch in diesen Fällen ist weiterhin die vorsätzlich herbeigeführte Folge erfaßt (*Konkurrenzlösung;* SchSch 3), so daß Tateinheit zwischen § 211 und § 251 (BGH **9**, 135) möglich bleibt (6 zu § 251; so nunmehr – wenn auch in einem obiter dictum – BGH **35**, 258 [5. StS, m. zust. Anm. Laubenthal JR **88**, 335 u. Alwart NStZ **89**, 225; LK-Herdegen 12 ff. zu § 251]; 25. 2. 1992, 5 StR 48/92; ebenso inzwischen der *1. StS* NStZ **92**, 230 [m. Anm. Lagodny NStZ **92**, 490] u. im Vorl. Beschl. (§ 136 I GVG) v. 28. 4. 1992, 1 StR 593/91. Hiernach hält nur noch der

6   *4. StS* (nicht aber der 2. u. 3. StS) an der *abw. Auffassung (Exklusivitätslösung;* BGH **26**, 175 [4. StS]; NStZ **84**, 454 [3. StS]; 19. 10. 1987, 3 StR 333/87 [zu § 251]; MDR/D **76**, 15 [2. StS zu § 177 III]; ebenso Rudolphi JR **76**, 74; Hassemer JuS **75**, 815; Tenckhoff ZStW **88**, 919; Abels [1 vor § 52] 70), *fest,* die davon ausgeht, daß in den neueren Vorschriften *nur noch* die leichtfertige Todesverursachung tatbestandsmäßig sei. Dies widerspricht aber der Auffassung des StrABTag (BT-Drs. VI/2722, 2) und würde bei einigen Vorschriften unannehmbare Konsequenzen haben (so nunmehr auch Vorl.-

Grundlagen der Strafbarkeit **§ 18**

Beschl. 28. 4. 1992, 1 StR 593/91) und dazu führen, daß der spezifische zusätzliche Unrechtsgehalt der Tat nicht mehr erfaßt wäre (wie hier Herzberg JuS **76**, 43; Schünemann JA **80**, 396; Laubenthal JZ **87**, 1068; Paeffgen JZ **89**, 223 u. AK 80ff.). Da die vorsätzlich herbeigeführte Folge grundsätzlich schwerer wiegt, ist die Anwendung des Erst-recht-Schlusses zwingend, und zwar nicht nur für die Fälle, in denen die leichtfertig verursachte besondere Folge benanntes Regelbeispiel für die Strafrahmenverschiebung ist (§ 218 II Nr. 2, §§ 310b III, 311 III, 311a III, 311e III, 330 IV Nr. 2), sondern auch in den Fällen der §§ 176 IV, 177 III, 178 III, 239a II, 239b II, 251 und 316c II. Das beweist der *nach* BGH **26**, 175 reformierte § 126 (dort 5, ebenso Vorl.Beschl. aaO).

Das Mißverständnis beruht auf einem Redaktionsversehen des Gesetzgebers. Als sich abzeichnete, daß die Reform des BT nicht gleichzeitig mit der des AT abzuschließen war, hat der Gesetzgeber (Prot. V/3159, 3173) in Anlehnung an § 56 aF, aber abw. von § 22 E 1962 in § 18 das Wort „wenigstens" eingefügt. Dies geschah in der erklärten Absicht, auch die Fälle einzubeziehen, in denen der Täter die besondere Folge nicht fahrlässig, sondern vorsätzlich herbeiführt. Die Ergänzung gegenüber § 22 E 1962 war notwendig, weil der E 1962 (Begr. 136) für diese Fälle eine vom geltenden Recht abw. Regelung vorsah, so daß sicherzustellen war, daß § 18 wie § 56 aF alle Fälle der vorsätzlich herbeigeführten Folge, soweit diese nicht zu selbständigen, von § 18 unabhängigen Strafschärfungstatbeständen ausgestaltet sind, weiterhin erfaßt. Infolgedessen hat das Wort „leichtfertig" in den genannten Vorschriften wie „wenigstens leichtfertig" auszulegen, es hat zB in den §§ 177 III, 178 III, 251 eine andere Bedeutung als in §§ 205 II, 246 II E 1962, der den Fall der vorsätzlichen Herbeiführung der besonderen Folge jeweils in einer selbständigen (von § 22 E 1962 unabhängig) Regelung erfaßt, während das StGB diesen Fall über den (aus diesem Grunde gegenüber § 22 E 1962 erweiterten) § 18 erfaßt. Es hätte daher bei den Teilreformen des BT nahegelegen, jeweils durch das Wort „wenigstens" klarzustellen, daß lediglich die untere Schwelle des Schulderfordernisses angehoben wird, die reformierten Vorschriften also nicht *nur* auf leichtfertige Erfolgsverursachung zugeschnitten sind (so auch der Sprachgebrauch in § 74a Nr. 1, § 74f II Nr. 1, § 283 V Nr. 2). Trotz dieses Redaktionsversehens hat sich die Auslegung der alten wie der neuen Vorschriften des BT an dem einheitlich für das erfolgsqualifizierte Delikt maßgeblichen Grundsatz zu orientieren.

§ 18 gilt daher für die Tatbestände, in denen bei der vorsätzlich herbeigeführten Folge keine andere Straftat gegeben ist (insoweit irrig Wulf Prot. VI/1578); er gilt also nicht bei Delikten, bei denen ein besonderer Erfolg die Strafbarkeit überhaupt erst begründet (zB § 227, NJW **54**, 765; § 320, dort 2; § 323a, BGH **6**, 89). § 222 wird von den §§ 18/226 verdrängt, BGH **8**, 54; **14**, 113; ebenso von § 177 III, § 178 III (anders noch für § 178 aF, BGH **20**, 269). Doch verdrängt § 251 den § 226 (7 zu § 251), während bei bedingtem Vorsatz zwischen § 177 III Tateinheit mit §§ 211, 212 (10 zu § 177) und zwischen § 251 und §§ 211 (BGH **9**, 135; 6 zu § 251), 212, 225 möglich ist, Schröder NJW **56**, 1737.

Schuldunfähigkeit des Kindes

19 Schuldunfähig ist, wer bei Begehung der Tat noch nicht vierzehn Jahre alt ist.

139

§ 19

AT Zweiter Abschnitt. Erster Titel

1 1) **Die Vorschrift** idF des EGStGB, vgl. E 1962 (Begr. 137; vgl. auch § 9 AE), ersetzt den durch Art. 26 EGStGB gestrichenen § 1 III JGG. Die strafrechtliche Verantwortlichkeit der Jugendlichen beurteilt sich weiterhin nach § 3 JGG, die der Heranwachsenden nach den §§ 20, 21 StGB. **Schrifttum:** *Bohnert,* Strafmündigkeit und Normkenntnis, NStZ **88,** 249.

2 2) Als eine **unwiderlegbare Vermutung** (E 1962, 137) bestimmt § 19, daß der Täter, der bei Begehung der Tat noch nicht 14 Jahre alt ist (Berechnung nach § 187 II S. 2 BGB), **schuldunfähig** ist. § 19 weicht insoweit von § 20 ab, als es dort nur darauf ankommt, ob der Täter hinsichtlich einer konkreten Tat ohne Schuld handelt (3 zu § 20), während § 19 die Schuldunfähigkeit des Kindes als einen Dauerzustand ohne Ausnahme deklariert. Schuldfähige Teilnehmer an der Tat eines Kindes sind, wenn nicht mittelbare Täterschaft vorliegt, nach § 29 strafbar. Auf der anderen Seite wirkt sich die absolute Schuldunfähigkeit auch als **Prozeßhindernis** aus (Brunner 13 zu § 1; daher Einstellung des Verfahrens nach §§ 206a, 260 III StPO).

3 3) Für **Kinder,** die rechtswidrige Taten begehen (vgl. Leferenz, Die Kriminalität des Kindes 1957; Amelunxen, Kind und Kriminalität, 1963; Traulsen NJW **74,** 597; *de lege ferenda: Weinschenk* MSchrKrim. **84,** 15), kommen Maßnahmen des Vormundschaftsrichters nach dem JWG in Frage. Eine gewisse strafrechtliche Haftung der Erziehungspflichtigen für solche Kinder begründet § 170 d.

Schuldunfähigkeit wegen seelischer Störungen

20 Ohne Schuld handelt, wer bei Begehung der Tat wegen einer krankhaften seelischen Störung, wegen einer tiefgreifenden Bewußtseinsstörung oder wegen Schwachsinns oder einer schweren anderen seelischen Abartigkeit unfähig ist, das Unrecht der Tat einzusehen oder nach dieser Einsicht zu handeln.

1 **Schrifttum:** *P. A. Albrecht* GA **83,** 193; *Arbab-Zadeh* NJW **78,** 2326 (gegen ihn *Kreuzer, Kleiner* NJW **79,** 1241, 1243); *Bauer/Thoss* NJW **83,** 305; *Blau* in Blau/Kammeier (Hrsg.), Straftäter in der Psychiatrie, 1984, 6, Jura **82,** 393 u. MSchrKrim **89,** 71; *Bochnik/Gärtner/Richtberg* MedR **88,** 73; *Bockelmann* ZStW **75,** 372; *de Boor/Kohlmann,* Obsessionsdelikte 1980 u. InstKonfl. Bd. **6;** *de Boor,* Bewußtsein und Bewußtseinsstörungen, 1966, Antrieb und Hemmung bei Tötungsdelikten, InstKonfl. **9,** 1, Aversionsneurosen, Klug-FS 571; *Bresser* NJW **78,** 1188; For. **5** (1984), **9** (1988), 163; 45; *Bron* MedR **90,** 240 (Schuld und Freiheit); *Dreher,* Die Willensfreiheit, 1987; *Ehrhardt/Villinger,* Psychiatrie der Gegenwart Bd. III 1961; *Ehrhardt* bei Frey, Schuld, Verantwortung, Strafe, Zürich 1964, HdwbKrim. 2. Aufl. II 344 u. For. **5** (1984), 35; *Foerster* NJW **83,** 2049 u. DRiZ **91,** 197 (zur forensischen Psychiatrie); *Forster/Joachim,* PraxRMed 470 ff.; *Furger* SchweizZSt **88,** 385; *Göppinger* S. 237; Leferenz-FS 411; *Grebing* ZStW **88,** 165; *Gschwind* ZStW **88,** 66; *Haddenbrock* MSchrKrim. **55,** 183, **68,** 145, **86,** 96, **88,** 402, ZStW **75,** 460, NJW **67,** 285, JZ **69,** 121, 504 (dazu *Baumann* JZ **69,** 181, 505); DRiZ **74,** 37, NJW **79,** 1235, **81,** 1302, Sarstedt-FS 35 u. For. **6** (1985), 149; *Hülle* JZ **52,** 296; H. J. Hirsch, ZStW Beih. 1981 S. 1; *Jakobs* KrimGgwFr. **15,** 127 u. in Witter 280; *Kaiser* § 105, 10 ff.; *Kargl* NJW **75,** 558; *Armin Kaufmann,* Eb. Schmidt-FS 319; *Arth. Kaufmann* JZ **85,** 1065; *Krauß,* KrimGgwFr. **12,** 88 u. StV **85,** 512; *Kröber* „Spielsucht" und Schuldfähigkeit, For. **8** (1987), 113; *Krümpelmann,* Welzel-FS 327, ZStW **88,** 6; **99,** 191 u. GA **83,** 337; *Kurz* MDR **75,** 893; *Lackner,* Kleinknecht-FS 245; *R. Lange,* in: Die Zurechnungsfähigkeit bei Sittlichkeitstätern, 1963, Bockelmann-FS 261, Leferenz-

Grundlagen der Strafbarkeit § 20

FS 25, in: *Witter* aaO [unten] S. 257, UniKöln-FS 459 (Anthropologie und Recht) u. Göppinger-FS 103; *Langelüddeke-Bresser,* Gerichtliche Psychiatrie, 4. Aufl. 1976; *Leferenz* ZStW **88**, 40, **91**, 974; *Luthe* For. 4 (1984), 512; 161; SchweizZSt. **86**, 345 u.*Luthe,* Forensische Psychopathologie, 1988 [Bespr. *Grasnick* GA **90**, 427, hierzu ferner Kontroverse *Haddenbrock/Luthe/Witter* JR **91**, 225 und *Grasnick* JR **91**, 364], ferner Psychopathologie und Schuldfähigkeit, 1991; *Luthe/Rösler* ZStW **98**, 314; *Maisch/Schorsch* StV **83**, 32; **85**, 517, 522; *Mende,* Bockelmann-FS 311 u. PraxRMed. 502; *Mende/Bürke* For. **7** (1986), 143; Kontroverse *G. Meyer/Hübner* MSchrKrim **88**, 213, **89**, 236, 295 (Schuldfähigkeit und „Spielsucht; hierzu auch *Blau* MSchrKrim **89**, 74); *G. Meyer u.a.* StV **90**, 464 (pathol. Glücksspiel); *J. E. Meyer,* ZStW **88**, 46; *Mezger,* Probleme der strafrechtlichen Zurechnungsfähigkeit, 1949; Das Verstehen als Grundlage der Zurechnung, 1951; *Mitterauer* For. **6** (1985), 125 (hiergegen *Haddenbrock, Saß* 149, 153); *Neumann* ZStW **99**, 567; *Rasch* NJW **80**, 1309 (hierzu *Bossi* NJW **80**, 2747); NStZ **82**, 177; StV **84**, 264 u. **91**, 126; *Rasch/Volbert* MSchrKrim. **85**, 137; *Rauch* NJW **58**, 2089; Leferenz-FS 379; NStZ **84**, 497; *Renzikowski* NJW **90**, 2908; *Sarstedt,* Die Justiz **62**, 110; *Saß* For. **6** (1985), 33, 153; *Schewe,* ZStW Beih. 1981, S. 39 u. Venzlaff-FS 41; *R. Schmitt* ZStW **92**, 346; *Kurt Schneider,* Die Beurteilung der Zurechnungsfähigkeit, 3. Aufl. 1956; *Schreiber* NStZ **81**, 46, in: *Jescheck* (Hrsg.) Strafrechtsreform in der BRep. und in Italien, 1981 S. 80, Ri-Akad-FS 73, Wassermann-FS 1007; u. Venzlaff-Hdb. 10; *Schöch,* in: Kaiser/Schöch 6, 7ff.; *Schröder* GA **57**, 297; *Schwalm* MDR **69**, 537; JZ **70**, 493; *Schwarz/Wille* NJW **71**, 1061; *Seelig,* Mezger-FS 213; *Seibert* NJW **66**, 1847; *Streng,* Leferenz-FS 397; (hierzu *R. Lange* ZStW **97**, 130, Jescheck-FS 60) u. ZStW **101**, 300; *Tiemeyer* ZStW **100**, 553; *Thomae,* MSchrKrim **61**, 114; *Thoss* NJW **80**, 1910 (polemisch); *Venzlaff* ZStW **88**, 57; NStZ **83**, 199; *Undeutsch,* Hdwb. der Rechtsmedizin, 1974, I, 91; *v. Winterfeld* NJW **75**, 2229; *Witter* NJW **75**, 563, Lange-FS 723, MSchKrim **83**, 253, in: Lex. d. Psychiatrie (Hrsg. Christian Müller) S. 619, Unterschiedliche Perspektiven in der allgemeinen und in der forensischen Psychiatrie, 1990 u.: *Witter* (Hrsg.) Der psychiatrische Sachverständige im Strafrecht, 1987, 1ff., 175ff.; *G. Wolff* NStZ **83**, 537; *Wolfslast* JA **81**, 464; *Würtenberger* JZ **54**, 209; *Zabel* BA **86**, 262. Umfassende Lit-Angaben LK-*Lange*.

1) Die Vorschrift, die § 51 I aF entspricht (§ 51 II aF entspricht § 21), ist in Anlehnung an § 24 E 1962 (Begr. 137; Ndschr. **4**, 127, 140, 155, 175, 233, 462; **12**, 374, 447) und § 21 AE durch das 2. StRG (Ber. BT-Drs. V/4095, 10; Prot. IV, 635, 673, 736; Prot. V/8, 241, 449, 462, 477, 1736, 1782, 1790, 1860) neu gefaßt.

2) Schuldunfähigkeit iS des § 20 ist eine anomale psychische Verfassung (hierzu Bresser NJW **78**, 1188; Blau Jura **82**, 402), die normgemäßes Handeln eines zZ der Tat Volljährigen (für Strafunmündige gilt § 19, für Jugendliche § 3 JGG) ausschließt und den Täter entschuldigt. **A. Bei Begehung der Tat** (§ 8) muß der Täter schuldunfähig sein. Auch wenn es sich vielfach um psychische Dauerzustände handelt, stellt § 20 auf die Beziehung zu einer bestimmten rechtswidrigen Tat zZ der Tatbegehung ab (NStE § 21 Nr. 32, § 20 Nr. 24), so daß Schuldunfähigkeit nicht wie bei § 19 als ein genereller Ausschluß jeder Schuldmöglichkeit, sondern nur als ein **Schuldausschließungsgrund** für eine konkrete Tat zu verstehen ist (BGH **14**, 116; NJW **83**, 350; NStE Nr. 14 zu § 21; 6. 3. 1992, 2 StR 619/91; Streng ZStW **101**, 312). Daher kann bei demselben Menschen zur gleichen Zeit hinsichtlich verschiedener Taten § 20 anwendbar oder unanwendbar

3a

§ 20

sein (LK-Lange 50; Schewe JR **87**, 181), und zwar auch, wenn Tateinheit in Betracht kommt (BGH **14**, 116; StV **84**, 419, für den Fall des Sichberauschens iS des § 323a). Das gilt vor allem bei Taten, die im Unrechtsgehalt erheblich voneinander abweichen. Bei Tötungsdelikten zB wird das Hemmungsvermögen selten gänzlich fehlen (GA **55**, 271; unten 9).

4 3) **Methodisch** setzt § 20 für den Schuldausschluß (§ 21 für die Schuldminderung) eine Verbindung von Ursache und Wirkung voraus. Der Täter muß nach § 20 wegen eines der sog. biologischen Merkmale (sog. biologische Komponenten, unten 7 bis 16) und der Wirkung des biologischen Zustandes auf die Psyche unfähig sein (unten 17), entweder das Unrecht der Tat einzusehen (unten 5a) oder nach dieser Einsicht zu handeln (unten 6; sog. **biologisch-psychologische** [besser: psychologisch-normative; vgl. Blau Jura **82**, 402] **Methode**).

5 Zwischen den psychologischen Komponenten der **Unrechtseinsichtsfähigkeit** (intellektueller Faktor) und der **Steuerungsfähigkeit** (voluntativer Faktor) ist **genau zu unterscheiden** (MDR/H **87**, 93). Die Fähigkeit zur Unrechtseinsicht besagt noch nichts über das Wahrnehmungsvermögen, das Erkennen oder die Voraussehbarkeit eines Erfolges oder die Pflichtwidrigkeit unterlassener Nachprüfungen (15. 7. 1980, 5 StR 315/80). Zur Frage der *Willensfreiheit* (28 vor § 13) nimmt das Gesetz damit nicht Stellung (aM SK-Rudolphi 4a; zum Ganzen Lange, Bockelmann-FS 261; Dreher, Spendel-FS 15); es fordert auch nicht die Feststellung des Richters, daß der Täter anders hätte handeln können (str.; vgl. Dreher [oben 1] 18; Tiemeyer ZStW **100**, 559). Es kommt nur darauf an, ob der Täter in der Lage war, seine etwaige Unrechtseinsicht motivierend auf sein Handeln einwirken zu lassen. Fehlt auch nur eine der genannten Fähigkeiten, so ist § 20 zu bejahen (BGH 8. 7. 1960, 4 StR 247/60). Ist die erste gegeben, so kann doch die zweite fehlen; aus dem Gegebensein der ersten, insbesondere aus dem Fehlen von Intelligenzausfällen (RG **73**, 122) oder Erinnerungslükken (Schleswig DAR **73**, 20) darf nicht auf das der zweiten geschlossen werden (NJW **53**, 672; **64**, 2213; Köln NJW **65**, 1192; vgl. Hamm NJW **59**, 1979); umgekehrt darf nicht aus **planmäßigem Handeln** (vgl. auch 9 d) auf Steuerungs- und Hemmungsfähigkeit geschlossen werden (BGH **1**, 384; **34**, 26; **35**, 308; MDR **87**, 977; NJW **82**, 2009 [m. Anm. Blau JR **83**, 70]; **86**, 266; **88**, 779 [m. Anm. Blau JR **88**, 210]; **89**, 387; GA **55**, 269; **71**, 365; MDR/D **74**, 365; MDR/H **76**, 632; **82**, 100; **87**, 977; NStZ **90**, 302; **92**, 78; StV **88**, 548; **91**, 297; GA **84**, 125; DAR **85**, 187; **87**, 191; VRS **69**, 432; NStE Nr. 6, 7, 25, 28, 31 zu § 21; 7. 4. 1989, 2 StR 102/89; 13. 9. 1990, 4 StR 376/90; 6. 2. 1991, 5 StR 19/91; 11. 3. 1992, 2 StR 88/92; NStZ/J **82**, 503; Salger, Pfeiffer-FS 388; krit. hierzu Foth NJ **91**, 388), auch steht Trinkgewohnheit der erheblichen Verminderung des Hemmungsvermögens (§ 21) nicht entgegen (30. 4. 1982, 2 StR 142/82), ebenso wenig Erinnerungsfähigkeit (StV **91**, 297). Für die Beurteilung kann das Fehlen eines verständlichen Motivs bei einem sonst vernünftig handelnden Menschen eine Rolle spielen (6. 11. 1973, 1 StR 411/73), aber auch das Verhalten des Täters nach der Tat (Frankfurt VRS **28**, 262). Hinsichtlich der Einsichtsfähigkeit hat die Rspr. zum Verbotsirrtum der Regelung des § 20 den Boden entzogen (vgl. MDR **68**, 854; hM; aM Rudolphi, Unrechtsbewußtsein, Verbotsirrtum usw., 1969, 166ff.; gegen ihn Blei JA **70**, 666). **A.** In den

Grundlagen der Strafbarkeit **§ 20**

Fällen der **Unrechtseinsichtsunfähigkeit** ist die Schuld auch dann ausge- 5a
schlossen, wenn die Unfähigkeit nicht auf einer biologischen Komponente
(7 bis 16) beruht. Denn der Täter handelt dann auch stets in einem Verbots-
irrtum (Dreher GA **57**, 97; 24. 11. 1965, 2 StR 410/65; hM; abw. SK 16, 26
zu § 17), der ihm auch dann nicht vorzuwerfen ist, wenn er den zu seinem
Irrtum führenden Zustand verschuldet hat (zB Trunkenheit); doch kommt
dann *actio libera in causa* in Betracht, vgl. unten 18; 6 zu § 21. Praktisch
werden auch hier noch die unter 7 ff. bezeichneten Anomalien eine Rolle
spielen. Es kommt dann darauf an, ob der Täter trotzdem über ethische
Wertvorstellungen in einer Weise verfügte, daß er zur Unrechtseinsicht
(2 ff., 6 ff. zu § 17) nicht nur allgemein, sondern im konkreten Fall gelangen
konnte.

B. Steuerungsunfähigkeit (Witter MSchrKrim. **83**, 262; krit. Streng 255 6
u. Leferenz-FS 402). Sie ist nur zu prüfen, wenn der Täter die Rechtswid-
rigkeit der Tat entweder eingesehen hat oder einsehen konnte (NStE § 63
Nr. 16; Hamm VRS **43**, 347, dann aber stets, BGH StV **81**, 71). Deren
Schwelle ist bei Tötungsdelikten besonders hoch anzusetzen (21. 5. 1985, 5
StR 200/85; unten 9), sie kann aber bei Alkoholikern insbesondere im Falle
organischer Hirnschädigung oder Debilität für die Fälle des Sichberau-
schens (§ 323a), aber auch in den Fällen einer *Kumulation* alkoholischer
Beeinflußung und wahnhafter Ideen (18. 7. 1985, 2 StR 210/ 85) uU auch
bei tiefgreifender sexueller Abhängigkeit (NStZ **91**, 384), besonders nied-
rig sein (28. 6. 1985, 4 StR 286/84), so daß uU eine „schwere andere
seelische Abartigkeit" (unten 12) in Betracht kommt (StV **84**, 419). Bei
noch vorhandener Steuerungsfähigkeit gleicht die Mißachtung der Tö-
tungshemmung die in der Minderung der Steuerungsfähigkeit liegende
Schuldmilderung nicht aus (13. 3. 1985, 3 StR 8/85). Eine *überwertige* Idee
ist im allgemeinen eine geistige Beeinträchtigung, die unterhalb der foren-
sischen Erheblichkeitsschwelle bleibt, freilich ermöglicht die bloße defin-
itorische Verwendung des Begriffs noch keine Nachprüfbarkeit unter dem
Gesichtspunkt der §§ 20, 21 (25. 10. 1990, 4 StR 371/90).

4) Die **biologische Komponente** beschreibt § 20 mit den drei biologi- 7
schen Ausnahmelagen; analoge Anwendung auf andere Anomalien schei-
det aus (MDR **55**, 16; hM): **A. Krankhafte seelische Störung,** wobei der
Krankheitsbegriff zwar kein rein medizinischer ist (E 1962, 139; zum
psychiatrischen Krankheitsbegriff Witter, Lange-FS 723; Schreiber NStZ
81, 46 u. Venzlaff-Hdb. 14; Wolfslast JA **81**, 466; R. Lange, Leferenz-FS
27; Rasch StV **84**, 265; Lackner, Kleinknecht-FS 256; Blau MSchrKrim **89**,
73; Renzikowski NJW **90**, 2909; Streng 250; Roxin § 20, 8), aber nicht jede
hochgradige Abnormität seelischen Geschehens erfaßt (so noch zu § 51 aF
BGH **14**, 30), sondern seelische Abartigkeiten und abnorme Erlebnisreak-
tionen (unten 12 ff.) ebenso ausscheidet, wie etwa aus einer hochabnormen
Persönlichkeitsentwicklung herrührende Charaktereigenschaften (17. 11.
1981, 5 StR 498/81). Erfaßt sind

a) **Exogene Psychosen,** dh Störungen mit einer hirnorganischen Ursa- 8
che wie zB traumatische Psychosen (nach Hirnverletzungen; vgl. BGH
3. 7. 1964, 4 StR 195/64), Intoxikationspsychosen, Infektionspsychosen
(wie progressive Paralyse), hirnorganische Krampfleiden (genuine Epilep-
sie; 4. 4. 1986, 2 StR 70/86; vgl. Schipkowensky MschrKrim **63**, 241),

§ 20

chronische degenerative Erkrankungen des Zentralnervensystems wie Alzheimer-Krankheit (präsenile Demenz) oder die alzheimerartige senile Demenz (Hirnarteriosklerose; NJW **64**, 2213; GA **65**, 156; oder Hirnatrophie) oder der einfache Altersschwachsinn (NStZ **83**, 34); Hirnhautentzündung (Meningitis), Gehirnentzündung (Encephalitis, 9. 9. 1985, 3 StR 334/85), frühere Schädelverletzung und Zusammenwirken von Alkoholeinfluß (StV **8a** **89**, 15); **endogene Psychosen** aus dem Formenkreis der Schizophrenie *(Dementia praecox)* und des Manisch-Depressiven (Zyklothymie oder manisch-depressives Irresein, hierzu BGHR § 63, Zust. 11), bei denen die organische Bedingtheit allerdings nur postuliert wird. Auch Übergangserscheinungen zu den Psychosen wird man hierher zu rechnen haben (nach Witter, Lange-FS 733 seelische Abartigkeiten); zur schizotypen Persönlichkeitsstörung (nach dem amerikanischen Klassifikationssystem DSM III R oder der in Europa gebräuchlichen Bezeichnung ICD 9 Nr. 301/7) die als Verdachtsfall für prodromale oder residuale Zustände der Schizophrenie in das genetische Spektrum der Schizophrenie gehört (BGH **37**, 400 m. Anm. Grasnick JR **92**, 120; vgl. NStZ **90**, 380). In Betracht kommen reaktive Depressionen (17. 12. 1980, 3 StR 433/80), Fieberdelirien und Vergiftungserscheinungen; aber nicht schon auf leichte Enzephalopathie zurückgehende leichte Hirndefekte (NJW **83**, 350). Zu den Intoxikationspsychosen gehören insbesondere die zu § 51 aF meist als Bewußtseinsstörung behandelte Trunkenheit (unten 9) aber auch *Rauschzustände* Drogensuchtkranker in den Fällen unwiderstehlichen Drangs (Rauschhunger), Drogenbeschaffungsdelikte zu begehen (MDR/H **77**, 982; 8. 5. 1990, 5 StR 82/90; einschränkend 24. 7. 1979, 5 StR 339/79; vgl. 4 zu § 21, ferner SchSch 17), wo freilich solche Zustände als tiefgreifende Bewußtseinsstörungen (unten 10) angesehen werden. Zu den Fällen bewußtseinsbeeinträchtigenden Drogenkonsums Süchtiger ferner Arbab-Zadeh NJW **78**, 2327 (gegen ihn Kreuzer, Kleiner NJW **79**, 1241, 1243; Gerchow BA **79**, 97; Täschner NJW **84**, 638; Dölling GA **84**, 79).

9 b) **Intoxikationspsychosen** wie die **Trunkenheit.** Sie kann verschuldet und braucht keine „sinnlose" zu sein (BGH **1**, 386; Bay NJW **53**, 1523); bei sinnloser Trunkenheit kann bereits die Handlungsfähigkeit fehlen (9. 9. 1960, 4 StR 274/60). Bei der Trunkenheit geht es, da bei Rauschzuständen die Einsichtsfähigkeit idR weniger beeinträchtigt ist, in erster Linie um die *Frage der Steuerungsfähigkeit* (oben 5, 6; BGH **1**, 385; NStZ **83**, 19; **84**, 409). Bei der Frage, ob sie ganz ausgeschlossen ist, muß vor allem bei schwereren Straftaten ein strenger Maßstab angelegt werden (RG **67**, 150), insbesondere bei Tötungsdelikten (22. 11. 1979, 4 StR 513/79, BGHR § 21, BAK 9; StV **89**, 387; NStZ **90**, 231 [insbesondere bei Tötung eines Kindes]; NStE Nr. 28; 8. 10. 1991, 1 StR 482/91), denn auch erhebliche Alkoholmengen lösen idR die Hemmungen nicht, die normalerweise davon abhalten, schwerste Angriffe gegen Leib und Leben zu begehen (NStZ **81**, 299; MDR/H **74**, 544; StV **89**, 104; 23. 6. 1992, 5 StR 280/92; Schewe BA **76**, 87; Ranft For. **7** [1986], 65); das gilt auch für Anstifter (24. 11. 1988, 4 StR 534/88). Ob Trunkenheit die Schuldfähigkeit ausschließt (§ 20, vgl. Hamm MDR **59**, 143; Karlsruhe VRS **80**, 443) oder nur erheblich vermindert (§ 21), etwa in Fällen der Alkoholsucht (BGHR § 323a, StrZ 4) oder der Alkoholgewöhnung (17. 5. 1990, 4 StR 162/90) ist daher nicht allein nach den BAK-Werten, sondern auch nach den Umständen der konkreten Tat sowie nach der Persönlichkeit und dem Verhalten des Täter zu beurteilen.

Grundlagen der Strafbarkeit § 20

aa) Die **Rspr.** hat hierfür **Faustregeln** entwickelt, die an den BAK-Werten orientiert sind. So kommt idR *bei BAK-Werten ab 3‰ Schuldunfähigkeit und ab 2‰ verminderte Schuldfähigkeit (§ 21)* in Betracht. Dies schließt nicht aus, daß bei entsprechenden Ausfallerscheinungen die Voraussetzungen des § 20 oder des § 21 auch schon bei einer BAK *unter* den angegebenen Werten vorliegen können oder die Schuldfähigkeit bei Werten, die (zT erheblich) über 3‰ liegen – insbesondere bei schweren Straftaten mit höherer Hemmschwelle –, noch nicht ausgeschlossen zu sein braucht, wenn der Schuldunfähigkeit deutliche Beweisanzeichen entgegenstehen (vgl. NStE Nr. 12; NStZ **91**, 126; 11. 1. 1991, 2 StR 483/90; 8. 10. 1991, 1 StR 482/91; Schewe RMed. 225; Blau MSchrKrim. **86**, 350 u. JR **87**, 206; Gerchow BA **85**, 79, 93; For. 7 [1986], 163; Schreiber Venzlaff-Hdb. 18; Luthe/Rösler ZStW **98**, 318; Rengier/Forster BA **87**, 161; Salger, Pfeiffer-FS 383; DAR/S **89**, 243). Hingegen orientiert sich die neuere Rspr. in der Frage des Vorliegens der Voraussetzungen des § 21 zunehmend vornehmlich an BAK-Werten (VRS **71**, 178) und hält psychodiagnostische Kriterien (9d) idR nicht für geeignet, die Indizwirkung der (bei schwereren Straftaten um 10% erhöhten, vgl. Salger, Pfeiffer-FS 392; hiergegen Schewe JR **87**, 179, 182 u. BA **91**, 264) BAK-Werte zu entkräften (hierzu unten 9h).

9a

bb) Diese (nicht unbestrittenen, unten 9d, 9i) Grundsätze sind bei der nachfolgenden **Übersicht über die** nicht immer einheitliche **Rspr.** im Blick zu behalten: *Bei 3‰* und darüber ist § 20 *stets* zu prüfen (VRS **61**, 261; StV **87**, 385; 477; NStE Nr. 13, 60 zu § 21; GA **88**, 271; BGHR BAK 13; 25. 4. 1991, 5 StR 175/91; 28. 4. 1992, 1 StR 102/92; 23. 6. 1992, 5 StR 280/92; 22. 7. 1992, 3 StR 271/92; Düsseldorf BA **83**, 80; NJW **83**, 354 L; NStZ **83**, 221; Koblenz BA **85**, 488; VRS **70**, 15), idR auch gegeben (NJW **84**, 1631; BGHR BAK 8; StV **91**, 297; 29. 11. 1991, 3 StR 408/91; Hamm NJW **60**, 397; BA **81**, 58; KG VRS **20**, 50), jedoch nicht stets (GA **74**, 344; DAR **81**, 187; 189; NStZ **82**, 376; Koblenz DAR **74**, 245; Köln NJW **82**, 2613), nicht einmal bei 3,26‰ (5. 2. 1992, 2 StR 477/91; and. Zweibrücken NJW **83**, 1386). Denn der Faustregel (9a) liegt kein allgemeiner medizinischer Erfahrungssatz zugrunde (GA **74**, 344; MDR/H **77**, 106; NStZ **82**, 243; GA **84**, 125; NStE Nr. 13; LK-Spendel 127 zu § 323a), indessen muß bei BAK-Werten dieser Höhe § 21 angenommen werden (24. 1. 1984, 5 StR 993/83) oder ist jedenfalls bei 3‰ nicht auszuschließen (BGH **34**, 31; MDR/H **86**, 270; StV **90**, 107 m. Anm. Weider). Wird hingegen Schuldfähigkeit bei hohen BAK-Werten bejaht, bedarf dies eingehender Begründung (Koblenz VRS **59**, 414; Hamburg VRS **60**, 190; Bay DAR **84**, 241) und setzt die Anhörung eines Sachverständigen voraus (GA **88**, 271; Bay DAR **83**, 246; Koblenz BA **87**, 433; Düsseldorf NJW **89**, 1557). *Andererseits* kann unter besonderen Umständen § 20 auch schon *gegeben sein:* ganz ausnahmsweise bei 2‰ (MDR/H **74**, 544; Düsseldorf NJW **66**, 1175), bei 2,23‰ (Düsseldorf NJW **92**, 992), ferner bei 2,4 bis 2,5‰ (VRS **23**, 210; **50**, 358; Bay NJW **74**, 1432; DAR **81**, 243; Hamburg BA **68**, 217; Köln NJW **65**, 22; Zweibrücken BA **83**, 172; Koblenz VRS **60**, 45; **67**, 116; **74**, 274 [m. Anm. Seib BA **88**, 135]; BA **83**, 463, **87**, 433; NZV **88**, 69), bei 2,6‰ (NStZ **89**, 365), bei 2,7 bis 2,75‰ (VRS **66**, 134; Düsseldorf VRS **63**, 346), bei 2,8 bis 2,9‰ (NJW **69**, 1581; 18. 4. 1991, 1 StR 100/91; Düsseldorf VRS **75**, 339), was allerdings jeweils besonderer Begründung und Darlegung bedarf (BA **67**, 158; Koblenz DAR **73**, 137). *BAK-Werte ab 2‰* deuten zufolge eines medizinisch allgemein anerkannten Erfahrungssatzes auf eine erhebliche Verminderung der Steuerungsfähigkeit hin (BGH **37**, 235), so daß § 21 *stets zu prüfen* ist (NStZ **92**, 78; StV **91**, 18; **92**, 224;

9b

§ 20

31. 1. 1992, 2 StR 7/92; 29. 1. 1992, 3 StR 544/91; 11. 3. 1992, 2 StR 88/92), so bei 2,4‰ (BGH **36**, 288; Koblenz VRS **75**, 340); bei 2,5‰ (BGH **34**, 31; MDR/H **82**, 110; BGHR § 21 Aff. 3; Saarbrücken ZfS **83**, 27), bei 2,6‰ (NJW **88**, 779; **89**, 1043; MDR/H **88**, 816; BGHR § 21 BAK 25), bzw. 2,7‰ liegt § 21 nahe (NStZ **88**, 450; NStE § 21 Nr. 46; Schleswig VRS **59**, 113; NStZ/J **86**, 253); bei 2,72‰ ist § 21 anzunehmen (StV **89**, 14). § 21 kommt aber auch bei niedrigeren BAK-Werten in Betracht: BGHR § 21, AlkAusw. 1; Hamm VRS **71**, 102; Köln VRS **64**, 197 (zwischen 2 und 2,1‰); NStZ **84**, 408; MDR/H **86**, 622; VRS **72**, 276; EzSt Nr. 3 zu § 242; NStE Nr. 10 zu § 21; 28. 4. 1988, 4 StR 166/88 (zwischen 2,2 und 2,4‰); 20. 7. 1990, 2 StR 304/90 (etwa 2‰); Köln VRS **64**, 197; Düsseldorf VRS **77**, 120; Zweibrücken ZfS **90**, 33 (ab 2‰); Hamm VRS **41**, 102 (2,05‰); NJW **75**, 703; BA **79**, 319 (2,3‰); Koblenz VRS **37**, 32; **43**, 259; **46**, 432; **53**, 198; **54**, 429; **67**, 116; OLGSt. Nr. 1 zu § 21 (zwischen 2,1 und 2,48‰), und darf nicht formelhaft verneint werden (VM **86**, 65 L), jedoch hat der BGH verschiedentlich (VRS **25**, 115; **32**, 116; MDR/D **72**, 569; 19. 7. 1984, 1 StR 405/84) bei 2‰ die Verneinung des § 21 unbeanstandet gelassen, Hamburg (VRS **61**, 342) in einem Einzelfall sogar das Fehlen jeglicher Erörterungen darüber, ob § 21 gegeben ist. Bei Jugendlichen und Heranwachsenden kommt § 21 auch schon bei BAK-Werten unter 2,0‰ in Betracht (17. 3. 1992, 5 StR 652/91). In den Fällen einer vorsätzlichen *actio libera in causa* (unten 18) ist eine solche Prüfung stets entbehrlich, Koblenz VRS **53**, 198.

9c cc) Diese **BAK-Werte** dürfen jedoch **nicht schematisch angewendet** werden (VRS **17**, 187; **23**, 209; Köln VRS **32**, 433; Koblenz VRS **37**, 190; vgl. auch BGH **22**, 360 unten 9k). Daneben kommt der Prüfung aller äußeren und inneren Kennzeichen des Tatgeschehens (NStZ **87**, 321 m. Anm. Blau JR **88**, 210) und der Persönlichkeitsverfassung maßgebende Bedeutung zu (NStZ **82**, 376; **91**, 126; EzSt Nr. 3), so wenn schon bei Trinkbeginn ein „psychogener Ausnahmezustand" mit tiefgreifender Bewußtseinsstörung bestand (NStZ **89**, 473), bei hoher BAK ist eine individuelle Beurteilung nicht entbehrlich (BGHR BAK 9). Ob Trunkenheit die Schuldfähigkeit ausschließt oder erheblich vermindert, ist wegen der individuell sehr verschiedenen Alkoholtoleranz nur nach Würdigung aller Umstände des Einzelfalles zu beurteilen (2. 11. 1981, 3 StR 382/81). Neben der Alkoholmenge sind nach BGH VRS **23**, 210; NJW **69**, 1581; MDR/D **72**, 570; EzSt § 21 Nr. 6 (ferner Hamm NJW **75**, 703; Zweibrücken OLGSt. 10) insbesondere von Bedeutung: Persönlichkeitsstörungen, die den Grad anderer schwerer seelischer Abartigkeit (unten 12) erreichen (9. 1. 1991, 4 StR 120/91), die Alkoholverträglichkeit (insbesondere bei Jugendlichen: 7. 6. 1979, 4 StR 102/79), die allgemeine körperliche und seelische Verfassung zur Tatzeit, der Grad einer Ermüdung, die Zeit, die Menge und die Art der vorangegangenen Nahrungsaufnahme und die Trinkgeschwindigkeit (vgl. aber hierzu Salger, Pfeiffer-FS 389 ff. und unten 9 d), der ärztliche Blutentnahmebericht (NStZ **90**, 384); die affektive Spannung (StV **89**, 104), Zusammenwirken der Alkoholisierung mit jahrelanger durch Alkoholmißbrauch hervorgerufener Wesensänderung (BGHR EinsF 1), ferner zusätzlicher Drogenkonsum (Düsseldorf BA **83**, 270) oder die Einnahme von Alkohol *und* Medikamenten (StV **88**, 294; Celle NdsRpfl. **64**, 183; Köln VRS **65**, 22; **74**, 23; Karlsruhe VRS **80**, 441; vgl. LG Köln BA **85**, 473), die allerdings nicht stets gesteigerte Ausfallerscheinungen *(Alkohol-Medikament-Synergismus)* zur Folge zu haben braucht (Frankfurt DAR **66**, 106; Koblenz VRS **36**, 20; Celle BA **65**, 157); anders erst, wenn das Fehl-

Grundlagen der Strafbarkeit § 20

verhalten dem Trunkenheitsgrad nicht entspricht (MDR/D 72, 751). Schließlich können Erkrankungen und Traumen die Alkoholwirkung verstärken, zB Hirnverletzungen (NStZ 83, 19; MDR/H 86, 441), empfindliche Schläge auf den Kopf (13. 12. 1985, 3 StR 503/85; Zweibrücken VRS 81, 17), Magenresektion (Köln BA 77, 56). In den Fällen des (sehr seltenen) *pathologischen Rausches* (Langelüddeke-Bresser aaO [oben 1], 70; For. 5 [1984], 52; LK 121 zu § 323) ist § 20 stets gegeben (17. 10. 1972, 4 StR 409/72; LG Bad Kreuznach NStZ 92, 338 L).

dd) Dem Leistungsverhalten und anderen äußeren Symptomen, insbesondere sog. **psychodiagnostischen Kriterien,** kommt nach der Rspr. (vgl. hierzu unten 9i) für die Beurteilung der Schuldfähigkeit, insbesondere in der Frage der erheblichen Einschränkung des Hemmungsvermögens iS des § 21 nur beschränkte Bedeutung zu (vgl. VRS 23, 211; 71, 178). So weist der BGH immer wieder darauf hin, daß *planvolles oder situationsgerechtes Vorgehen* (vgl. schon oben 5), *nicht* schon ohne weiteres *§ 21 ausschließe* (BGH 35, 311; DAR 87, 191; NStZ 87, 453; 92, 78; NJW 88, 779; MDR/H 88, 816 [m. Anm. Weider StV 89, 12]; DRiZ 88, 340; NStE Nr. 7, 13, 15, 20, 23 zu § 21; BGHR § 21, AlkAusw. 1, BewSt 1, 5; StV 89, 14; 90, 545; JR 89, 336; 12. 7. 1991, 2 StR 605/90; 2. 6. 1992, 5 StR 178/92; 28. 4. 1992, 5 StR 171/92; im einzelnen Salger, Pfeiffer-FS 388). Dasselbe gilt insbesondere, wenn sich der Täter nach begangener Tat der Festnahme entziehen will (NStZ 84, 259; Zweibrücken BA 82, 93) oder er lediglich tat- oder unfallbedingt ernüchtert worden ist (NStZ 83, 19; 84, 109; 409; NJW 88, 779 [m. Anm. Blau JR 88, 210]; VRS 71, 25; 72, 276); daß der Täter noch zu Fuß nach Hause gehen konnte, steht nicht einmal unbedingt § 20 entgegen (Schleswig SchlHA 77, 177), auch nicht ein weitgehend intakt gebliebenes Erinnerungsvermögen (MDR/H 88, 816), oder die Fähigkeit, Vorgänge um sich herum wahrzunehmen, sie einzuordnen und zu würdigen (DAR 83, 192; MDR/H 84, 795). Eine Ausnahme macht BGH 21. 10. 1981, 2 StR 264/81 *(Fassadenkletterer-Fall)* bei voll erhalten gebliebener Feinmotorik im Falle einer besonders auffälligen körperlichen Geschicklichkeit. Insbesondere ist in solchen Fällen der eingeschränkte Beweiswert errechneter BAK-Werte zu beachten (unten 9m). Hingegen soll nach MDR/H 78, 458; StV 83, 430 die Beurteilung der Schuldfähigkeit auf äußere Symptome nur dann gestützt werden können, wenn weder BAK noch Trinkmenge festzustellen waren (EzSt § 21 Nr. 6).

ee) **Die Anknüpfungstatsachen** (Alkoholmenge, Körpergewicht, Resorptionsdefizit, stündlicher Abbau) für die festgestellten BAK-Werte hat der Tatrichter, um ihre revisionsgerichtliche Überprüfung zu ermöglichen (BGH 12, 314), näher **darzulegen** (NStE Nr. 7 zu § 21; DAR/S 89, 245; JR 89, 336; NStZ 89, 119; 13. 9. 1990, 4 StR 376/90; 6. 8. 1991, 1 StR 432/91), das gilt insbesondere (auch soweit er der Beurteilung des Sachverständigen folgt, BGH 7, 239) für die **Berechnungsgrundlagen** (BGH 34, 31; NStZ 86, 114; BGHR BAK 13 u. § 21 BAK 2; NStE § 21 Nr. 15; NStE Nr. 5; StV 92, 317; 18. 7. 1990, 2 StR 211/90; 11. 11. 1991, 2 StR 646/90; 25. 1. 1991, 5 StR 601/90; 22. 5. 1991, 3 StR 473/90; 13. 5. 1992, 5 StR 181/92; 28. 4. 1992, 5 StR 171/92; DAR/S 89, 246; Meyer-Goßner NStZ 88, 534).

Zu den *BAK-Nachweismethoden* vgl. zunächst 8a zu § 316. **Festzustellen ist die Tatzeit-BAK,** und zwar der für den Täter günstigste Wert (MDR/H 80, 453; Hamm NJW 77, 344; Köln VRS 65, 426 m. Anm. Gerchow BA

9d

9e

9f

§ 20 AT Zweiter Abschnitt. Erster Titel

83, 540). Für dessen Ermittlung muß das Ende der Resorptionsphase feststehen (BGH **25**, 249), was in schwierigeren Fällen die Zuziehung eines Sachverständigen erforderlich macht (Düsseldorf MDR **82**, 871; zum Ganzen Salger DRiZ **89**, 174). α) *Liegt* der BAK-Wert einer nach der Tat entnommenen *Blutprobe* vor, so geschieht die Feststellung der Tatzeit-BAK im Wege der **Rückrechnung** (Brettel PraxRMed 444); hierfür hat sich der Tatrichter, von Ausnahmefällen abgesehen, eines Sachverständigen (unten 23) zu bedienen (Koblenz NZV **88**, 69; VRS **74**, 274 m. Anm. Seib BA **88**, 135). Bei der *Prüfung der Schuldfähigkeit* ist zugunsten des Täters von einem *maximalen* Abbauwert auszugehen. Er errechnet sich nach der neueren Rspr. (BGH **35**, 314; **37**, 237; VRS **71**, 177; **72**, 276; StV **87**, 341; **91**, 18; BGHR § 21 BAK 25; NStE § 21 Nr. 7, 8, 23; 18. 7. 1990, 2 StR 211/90: 26. 6. 1991, 3 StR 143/91; 23. 6. 1992, 5 StR 280/92; 29. 1. 1992, 3 StR 544/91; NStZ/D **90**, 484; NJW/H **92**, 1083; Bay VRS **76**, 423; Köln ZfS **86**, 190; BA **87**, 225; 295; NStZ **89**, 24; Düsseldorf VRS **77**, 120; KG VRS **80**, 450; DAR/S **88**, 220) aus dem *stündlichen* Abbauwert 0,2‰ und einem (einmaligen) Sicherheitszuschlag von 0,2‰, wobei hier (anders im Falle des § 316, dort 8 d) auch die ersten beiden Stunden nach Trinkende in die Rückrechnung einzubeziehen sind (Bay NJW **74**, 1432) und zwar auch dann, wenn zwischen Blutentnahme und Tatzeit nur ein kurzer Zeitraum liegt (Bay BA

9 g **89**, 288). β) *Fehlt ein Blutprobe-BAK-Wert,* ist zunächst der Alkoholgehalt der insgesamt konsumierten Alkoholmenge festzustellen (vgl. hierzu die Tabellen bei Mühlhaus/Janiszewski 39 zu § 316 u. die Hinweise bei Salger DRiZ **89**, 175/176). Sodann ist unter Verwendung der sog. Widmark-Formel (vgl. Hentschel/Born 105) die BAK zu ermitteln und, falls es um die *Frage der Schuldfähigkeit* geht, zur Errechnung der Tatzeit-BAK als Abbauwert der (dem Täter günstigste) *minimale* Rückrechnungs-Wert von stündlich 0,1‰ seit Trinkbeginn, ein Resorptionsdefizit von 10% und den Reduktionsfaktor von 0,7 zugrunde zu legen (BGH **34**, 32; **37**, 238; VRS **71**, 177; 360; 363; **72**, 359; NStZ **88**, 404; **91**, 127; **92**, 32; StV **91**, 17; MDR/H **92**, 15; 9. 10. 1991, 2 StR 203/91; 23. 10. 1991, 3 StR 399/91; 25. 2. 1992, 5 StR 526/91; vgl. NStE Nr. 26; BGHR § 21 BAK 20; 9. 4. 1992, 1 StR 152/92). Bei Fehlen einer Blutprobe braucht der Tatrichter nicht anzugeben, von welchem höchstmöglichen BAK-Wert er ausgehe (NJW **86**, 1557; BGHR § 21, BAK 9; NStZ **92**, 32; 16. 7. 1991, 5 StR 194/91; Düsseldorf NJW **90**, 1492), zu prüfen hat er aber, ob die nichtwiderlegten Angaben eine solche Alkoholmenge ergeben, daß dem äußerlich geordneten und planmäßigen Verhalten des Angeklagten kein entscheidender Beweiswert für den Ausschluß des § 21 zukommt (oben 9 d, NStZ **88**, 450). γ) Ein *„individueller"* Abbauwert läßt sich ärztlich nachträglich nicht ermitteln (BGH **34**, 32; NStZ **86**, 114 Nr. 2; VRS **71**, 360; StV **91**, 297; 298; NStZ/J **91**, 576; BGHR § 21 BAK 24; Hentschel/Born 248), auch nicht aus 2 mit zeitlichem Abstand genommenen Blutproben (NJW **91**, 2356 m. Anm. Grüner JR **92**, 117), wohl aber, wenn eine entnommene Blutprobe und die festgestellte Trinkmenge sichere Rückschlüsse auf die Höhe des individuellen Abbauwertes zulassen (NStZ **85**, 452). Bei Berücksichtigung des Resorptionsdefizits, für das nur bei aus dem genossenen Alkohol *errechneten* BAK-Werten Raum ist (StV **88**, 340; NStZ/J **88**, 119), ist der dem Täter im Rahmen des § 21 günstigste Mindestwert von 10% zugrunde zu legen (BGH **36**, 288; VRS **71**, 178; **72**, 359; NStE § 21 Nr. 8, 30; DAR/S **89**,

Grundlagen der Strafbarkeit § 20

246), ausgeprägte Alkoholgewöhnung rechtfertigt es nicht, zu Lasten des Angeklagten höhere Werte anzunehmen (NStE § 21 Nr. 11). Zur Frage des im Rahmen der Widmark-Formel zu berücksichtigenden „Reduktionsfaktors" bei Personen hohen Körpergewichts (17. 4. 1985, 2 StR 27/85; vgl. ferner Köln BA **85**, 75; Mühlhaus/Janiszewski 8 zu § 316). Zur Überprüfung der *Trinkmengenangaben,* die wahr zu unterstellen sich nicht empfiehlt (25. 4. 1991, 5 StR 175/91), und die nicht unbesehen hinzunehmen sind (BGH **37**, 238; NStZ **91**, 126; **92**, 32; Bay VRS **82**, 182), kann es der Zweifelssatz gebieten, eine Kontrollberechnung mit dem Mindestmaß des Blutalkohols unter Zugrundelegung der bei 8f zu § 316 angegebenen Werte vorzunehmen und dabei zusätzlich vom höchstmöglichen Resorptionsdefizit von 30% ausgehen (NStE § 21 Nr. 13, 15 u. 51; 3. 5. 1990, 2 StR 164/90; Foth NJ **91**, 387, aber nicht bei einer Mindest-BAK von 1,33‰, Bay BA **92**, 160). Bei einer Kontrollberechnung darüber, ob die festgestellten Trinkmengen mit den Blutentnahmewerten vereinbar sind, darf auch ein Abbauwert von stündlich 0,15‰ zugrunde gelegt werden (NStZ **87**, 453). δ) Die Rückrechnungs- und Abbauwerte zu 9f gelten nur für die **9h** Prüfung der Schuldfähigkeit. Geht es um die *Fahrtüchtigkeit* (§§ 315c, 316), so errechnen sich die dem Täter günstigsten BAK-Werte jeweils entgegengesetzt (8d bis 8f zu § 316). Das kann in ein und demselben Fall (vgl. NStZ **86**, 114 Nr. 1; VRS **71**, 363; Hamm NJW **77**, 344) zu erheblich auseinanderliegenden BAK-Werten führen, so daß infolge der gegenläufigen Anwendung des Zweifelssatzes uU einem alkoholisierten Kraftfahrer § 21 zuzubilligen ist, ohne daß ihm Fahruntüchtigkeit (§ 316) nachgewiesen werden kann. Das gilt insbesondere, wenn eine Blutprobe fehlt und die jeweils günstigere Tatzeit-BAK aus der Trinkmenge über viele Stunden aus dem minimalen bzw. maximalen Abbauwert errechnet werden muß (vgl. hierzu Schewe BA-FS 176; Venzlaff-FS 46; Schwerd, Spendel-FS 586). Geht es um die Frage der Schuldfähigkeit, kann die Berücksichtigung eines – nicht erwiesenen – Nachtrunks (8e zu § 316) gegen den Zweifelssatz verstoßen (26. 6. 1992, 2 StR 250/92).

ff) Die **Bedeutung des Leistungsverhaltens des Täters** (sog. *psychopa-* **9i** *thologische Kriterien*) gegenüber dem errechneten maximalen BA-Wert wird in der **BGH-Rspr.** nicht einheitlich beantwortet. **α)** Auszugehen ist davon, daß bei BAKen von 2‰ und mehr zufolge eines allgemein anerkannten medizinischen Erfahrungssatzes *§ 21* in Betracht zu ziehen (BGH **35**, 312; **36**, 288; **37**, 235; oben 9b) und nach einhelliger Rspr. dann zu *bejahen* ist, wenn eine solche *BAK alleiniges Beurteilungskriterium* ist (BGH **37**, 239). Ferner besteht darüber Einigkeit, daß dann, wenn höhere BA-Werte (über 3‰) gegeben sind und die *Anwendung des § 20* in Betracht kommt, neben der Orientierungshilfe der BAK auch das Erscheinungsbild des Täters und sein Leistungsverhalten vor, während und nach der Tat zu berücksichtigen sind (GA **88**, 271; NStE Nr. 12; StV **89**, 387; NStZ **91**, 127; 8. 10. 1991, 1 StR 482/91; 5. 7. 1992, 2 StR 477/91; 25. 2. 1992, 1 StR 798/91); dasselbe gilt auch bei der Beurteilung von BA-Werten unter 2‰ (JR **88**, 209 m. Anm. Blau). **β)** *Nicht einheitlich* beurteilt die *BGH-Rspr.*, welche Bedeutung dem Leistungsverhalten des Täters bei *errechneten* maximalen BA-Werten zwischen 2 und 3‰ zukommt: *Der 4. StS* hält in diesem Bereich schematisierend den BA-Wert grundsätzlich für maßgebend, *der 1. StS* läßt bei langen Rückrechnungszeiten die *errechneten* maximalen BA-Werte ge-

§ 20

genüber anderen Beweisanzeichen zurücktreten. Obwohl v. Gerlach (BA **90**, 313) diese Meinungsdivergenz zwischen den Senaten leugnet und Goydke (DAR **90**, 244) sie abschwächt, bleibt auch nach BGH **37**, 241 (4. StS) ein für die Praxis bedeutsamer „interner Dissens" (Lackner 3 zu § 21) der BGH-Rspr. unverkennbar (SchSch 16a; hierzu auch Foth NJ **91**, 387;
9k NJW/H **92**, 1083). γ) Nach BGH **37**, 239 (4. StS) ist die unmittelbar festgestellte oder für einen Zeitraum bis zu 10 Stunden errechnete Tatzeit-BAK von 2‰ und mehr als *maßgeblicher Faktor* der Trunkenheit im Sinne einer Intoxikationspsychose für eine erhebliche Beeinträchtigung der Steuerungsfähigkeit unmittelbar bedeutsam (13. 9. 1990, 4 StR 376/90). Zwar könne diese auf einem Erfahrungssatz beruhende Folgerung im Rahmen einer Gesamtwürdigung erschüttert werden, aber nur bei „Vorliegen allgemein anerkannter widerstreitender Beurteilungskriterien", die – von seltenen Ausnahmefällen abgesehen (aaO 241) – der 4. StS freilich nur anzuerkennen bereit ist, wenn sich aus dem psychodiagnostischen Bereich aus zuverlässigen empirischen Tatsachen Erkenntnisse ergeben, auf die sich wissenschaftlich gesicherte Erfahrungssätze stützen lassen, woran es bisher fehlte. Daher können psychopathologische Kriterien nicht als Argumente gegen den sich aus der BAK ergebenden Erfahrungssatz herangezogen werden (aaO 244). Damit hält *der 4. StS im praktischen Ergebnis* an seiner bisherigen Auffassung fest (NStZ **84**, 506; VRS **71**, 178; hierzu im einzelnen Salger, Pfeiffer-FS 385, 391), die auch *der 2. StS* teilt (NJW **88**, 779 u. NStZ **87**, 321 [m. Anm. Blau JR **88**, 210]; NStE § 21 Nr. 23; BGHR § 21 BAK 11, 23; StV **89**, 14; hierzu ferner v. Gerlach AktProbl. 176), wonach das Leistungsverhalten des Täters im Bereich zwischen 2 und 3‰ vollstän-
91 dig zurücktritt und die BAK ausschlaggebende Bedeutung behält. δ) Gegenüber BGH **37**, 231 hat A. Mayer (NStZ **91**, 526) eingewandt, daß der 4. StS dadurch in die tatrichterliche Beweiswürdigung eingreife, daß er Erkenntnisse der allgemeinen Lebenserfahrung, die lediglich eine mehr oder weniger große Wahrscheinlichkeit begründen, die Bedeutung von Erfahrungssätzen iS des Revisionsrechts beilege. Auch Schewe (BA **91**, 265) legt aus gerichtsmedizinischer Sicht dar, daß ein statistischer Erfahrungssatz, wonach ein BA-Wert über 2‰ auf eine erhebliche Verminderung der Schuldfähigkeit hindeute, nicht begründbar sei und er allenfalls Beweislücken zugunsten des Angeklagten überbrücken, aber nicht helfen könne, Bewertungsfragen zu entscheiden. Aus diesem Grunde seien alle Kriterien der Schuldfähigkeitsbeurteilung „ganzheitsabhängig" zu entscheiden (aaO 267). In diesem Sinne hat schon bisher *der 1. StS* (BGH **35**, 313 [m. Anm. Blau BA **89**, 1]; **36**, 289 [m. Anm. Blau JR **90**, 294]; 4. 10. 1988, 1 StR 455/88; 15. 12. 1988, 1 StR 684/88) sich gegen die Vernachlässigung des Leistungsverhaltens des Täters und gegen eine vorrangige Indizwirkung des BA-Werts im Falle langer Rückrechnungszeiten ausgesprochen und damit der fast einhelligen Kritik des rechtsmedizinischen Schrifttums gegen die Rspr. des 4. StS Rechnung getragen (vgl. Schewe BA-FS 171, Venzlaff-FS 39 u. JR **87**, 180; Gerchow BA **85**, 176 u. **87**, 234; Krümpelmann ZStW **99**, 197; Blau JR **87**, 206; Rengier/Forster BA **87**, 161; Bresser For. **5**, [1984] 57; Luthe/Rösler ZStW **98**, 317; Miltner/G. Schmidt/Six BA **90**, 279; Heifer/Pluisch BA **90**, 436; aM lediglich Haddenbrock MschrKrim **88**, 404). Denn den *errechneten* maximalen BA-Werten, denen die dem Täter günstigsten Abbauwerte zugrundeliegen, könne

Grundlagen der Strafbarkeit **§ 20**

in diesen Fällen nicht eine maßgebende Indizwirkung, sondern angesichts der hohen Fehlerquote nur eine begrenzte Aussagekraft zukommen, insbesondere wenn die zu errechnenden Maximal- und Mindestwerte extrem auseinanderliegen und zB bei einem alkoholisierten Kraftfahrer weder die Schuldfähigkeit ausgeschlossen, noch die Fahruntüchtigkeit bewiesen werden kann (Foth NJ 91, 387; oben 9h). Andere Beweisanzeichen gewännen in solchen Fällen für die Beurteilung an Bedeutung (BGH 35, 315 m. Anm. Blau BA 89, 3; 4. 10. 1988, 1 StR 455/88). Soweit *der 4. StS* hiergegen Einwände aus dem **Zweifelssatz** erhoben hat (NJW 89, 1043 [m. krit. Anm. Blau JR 89, 337 u. MschrKrim 89, 75; hierzu v. Gerlach AktProbl. 166, 170, 180; ferner Salger DRiZ 89, 176 aE]; NStZ 89, 119), hat *der 1. StS* im einzelnen dargelegt (BGH 36, 289 m. Anm. Blau JR 90, 294), daß BGH 35, 308 nicht gegen den Zweifelssatz verstoße: Übereinstimmung bestehe darüber, daß einzelne Indizien nicht isoliert gewürdigt werden dürfen, sondern mit *allen* anderen Beweisanzeichen in eine Gesamtprüfung einzubringen sind (BGH 35, 316). Der Zweifelssatz gebiete zwar, stets von den günstigsten Abbauwerten auszugehen, also keine Wahrscheinlichkeitswerte zu verwenden und, falls keine sonstigen Beweisanzeichen gegeben sind, diese wie erwiesene Tatsachen zu behandeln (BGH 35, 316; 36, 291; 37, 239; NJW 89, 1043; 22. 5. 1991, 3 StR 473/90). Liegen aber [nach Auffassung des *1. StS*] neben den BA-Werten noch andere Beweisanzeichen (hierzu Heifer/Pluisch BA 90, 437) vor, so ist [nach Auffassung des 1. StS] eine Geamtwürdigung vorzunehmen, deren Ergebnis sein kann, daß namentlich bei errechneten BA-Werten diese an Bedeutung zurücktreten, was zu beurteilen tatrichterliche Aufgabe ist (BGH 36, 293 [1. StS]; A. Mayer NStZ 91, 526; vgl. hierzu auch Foth NJ 91, 387; iErg. **aM** BGH 37, 244; NStZ 91, 126 [4. StS]; NStZ 92, 32 [3. StS]; Bay VRS 82, 182 und wohl auch SchSch 16a). In der zwischen den Senaten noch auszuräumenden Meinungsdivergenz (vgl. Detter NStZ 91, 180) verdient die Auffassung des 1. StS den Vorzug: Sie vermeidet die sachlich nicht begründbare Beschränkung der Vorrangigkeit der Indizwirkung des BA-Werts auf dem Bereich des § 21 (Heifer/Pluisch BA 90, 439). Ferner wird einer zu häufigen Anwendung des § 21, die gesetzliche Strafrahmen unterläuft und insbesondere bei ernsteren Straftaten bedenklich ist (Lackner 3 zu § 21), ebenso entgegengewirkt, wie den aus den Faustregeln (oben 9a) sich ergebenden Fehlerquellen (Schewe, Venzlaff-FS 44; vgl. hierzu aber auch Salger, Pfeiffer-FS 392 und bedenklich Haddenbrock MSchrKrim 88, 406). 9m

B. Tiefgreifende Bewußtseinsstörung (vgl. Prot. IV/673 ff.; Ber. 10; Blau Jura 82, 401; Saß For. 4 [1983], 8) ist eine grundsätzlich nicht krankhafte Trübung oder Einengung des Bewußtseins (MDR/H 83, 447; Arbab-Zadeh NJW 74, 1401; Mende aaO [oben 1] 313 u. PraxRMed 503; Schreiber NStZ 81, 47 u. Venzlaff-Hdb. 18; P. A. Albrecht GA 83, 203; Rasch StV 84, 266; Salger, Tröndle-FS 206; Roxin § 20, 13), die im Verlust des Selbstbewußtseins iS des intellektuellen Wissens um das eigene Sein und über die Beziehungen zur Umwelt, aber auch in einer tiefgreifenden Störung des Gefühlslebens und Störung der Selbstbestimmung bestehen kann (BGH 11, 23). Sind im Urteil die Voraussetzungen einer tiefgreifenden Bewußtseinsstörung iS des § 20 ausreichend dargelegt, so ist die falsche Einordnung des psychischen Zustandes als schwere andere seelische Abar- 10

§ 20

tigkeit (unten 12) unschädlich (NStE Nr. 18; vgl. Salger aaO 202). Bei völliger Bewußtlosigkeit fehlt es schon an einer Handlung (RG **64**, 353; 22. 3. 1979, 4 StR 47/79).

10a **a)** Die Störung muß **tiefgreifend** sein, dh von einer solchen Intensität, daß „das seelische Gefüge des Betroffenen zeitweise zerstört (dann § 20) oder erschüttert (dann § 21) ist" (so Ber. 11). In Betracht kommen **Erschöpfungszustände** (NStZ **83**, 280; NJW **86**, 77), schwere **Übermüdung** (OGH SJZ **50**, 595), aber auch Schlaftrunkenheit (vgl. Payk MedR **88**, 125) und Hypnose; nach Glatzel (StV **83**, 339) auch der Zustand einer *Anomie*, wenn beim Täter in äußersten und unlösbaren Konfliktsituationen die internalisierten Ordnungsstrukturen zerbrochen sind (zw.). Die praktisch bedeutsamste Störung ist der hochgradige **Affekt** (BGH **11**, 25).

10b **Schrifttum:** *Bernsmann* NStZ **89**, 160; *Blau*, Tröndle-FS 111; *de Boor*, Bewußtsein und Bewußtseinsstörungen, 1966, 101; *Bresser* NJW **78**, 1190 u. **79**, 1922; *Diesinger*, Der Affekttäter, 1977; *Dippel*, Die Stellung des Sachverständigen im Strafprozeß, 1986; *Frisch* ZStW **101**, 538; *Geilen*, Maurach-FS 192; *Glatzel* StV **82**, 434; *Haddenbrock* NJW **79**, 1237; *Krümpelmann*, Affekt und Schuldfähigkeit, 1988 [Bespr. *Neumann* GA **90**, 571], GA **83**, 355 u. ZStW **99**, 193; *R. Lange*, Bockelmann-FS 271; *Mende*, Bockelmann-FS 315; *Otto* Jura **92**, 329; *Rasch* NJW **80**, 1309; *Rauch*, Leferenz-FS 387; *Rudolphi*, Henkel-FS 199 u. Inst-Konfl. **7**, 17; *Salger*, Tröndle-FS 204; *Saß* NervA **83**, 557; AK-*Schild* 143 ff.; *Schlüter* NJW **71**, 1071; *Schreiber*, Venzlaff-Hdb. 21; *Schroth*, Arth. Kaufmann-FG 109; *Undeutsch*, Hdwb. d. RMed 1974, 91; *Venzlaff*, Blau-FS 391; *v. Winterfeld* NJW **75**, 2231.

Der Affektzustand (zum Begriff und zu den Arten: Diesinger 33; Saß 557; Salger 204; Streng 264, jew. aaO) muß von einer Intensität sein, die in ihrer Auswirkung auf die Einsichts- und Steuerungsfähigkeit den krankhaften seelischen Störungen (§§ 20, 21) gleichwertig ist (MDR/H **83**, 447; NStZ **90**, 231; NStE Nr. 28), er ist allerdings nicht nur in „ganz seltenen, besonders gelagerten Ausnahmefällen" vor allem beim Hinzutreten krankhafter sog. „konstellativer Faktoren" (so aber noch E 1962, 139; vgl. v. Winterfeld NJW **75**, 2230) gegeben, wie dies mit dem Wort „tiefgreifend" (anstelle von „gleichertig" in § 24 E 1962) zum Ausdruck kommen sollte (Ber. 11), vielmehr geht die Praxis, weitgehend unter Zustimmung des Schrifttums, deutlich weiter. Ein *völliger Schuldausschluß* kann im Zusammenwirken mit alkoholischer Enthemmung (StV **89**, 104), im übrigen aber nur ganz ausnahmsweise (LK-Jähnke 27 zu § 212; vgl. Salger aaO 214) in Betracht kommen, etwa in Fällen eines „Affektsturms", auch wenn ihm keine geistigen oder seelischen Dauerschäden zugrunde liegen (BGH **11**, 23, hierzu Hülle LM § 51 II aF Nr. 14). Ein Schuldausschluß setzt voraus, daß der Kern der Persönlichkeit iS des Zerfalls der Ordnungsstrukturen des Denkablaufs und des Willensbildungsprozesses betroffen ist sowie besondere Umstände, idR auch Erinnerungslosigkeit des Täters gegeben sind (BGH **11**, 25; StV **89**, 104; Mende aaO [oben] 315; Venzlaff aaO 395), Erinnerungsvermögen belegt indessen noch nicht ohne weiteres die Schuldfähigkeit (MDR/D **53**, 596; **72**, 752); ob Erinnerungslücken affektbedingt sind oder ob von einem psychisch bedingten Verdrängungsmechanismus auszugehen ist, kann der Tatrichter nur mit sachverständiger Hilfe (unten 23) entscheiden (NStZ **87**, 503; MDR/H **89**, 681). Affektzustände, die lediglich zu einer erheblichen *Minderung der Schuldfähigkeit* (§ 21) füh-

Grundlagen der Strafbarkeit § 20

ren, anerkennt die Rspr. hingegen in weiterem Umfange, so zB, wenn der Affektzustand von sonstigen Ausfallerscheinungen nicht begleitet ist oder hinzutretende konstellative Faktoren (zB Alkohol, Erschöpfung, Ermüdung; Venzlaff aaO 401) keinen Krankheitswert haben (NStZ **84**, 259). Umstände, die *für oder gegen* einen affektiven Ausnahmezustand sprechen können, stellt StV **90**, 493 im einzelnen zusammen. In Fällen nichtpathologischer affektbedingter Bewußtseinsstörung, wozu uU auch sog. Kurzschlußhandlungen gehören können (NJW **54**, 2315; 17. 12. 1980, 3 StR 433/80), sind für die mit Hilfe eines Sachverständigen (unten 23) vorzunehmende Beurteilung des Grades eines Affekts Indizien maßgebend, die sich aus dem Täterverhalten vor, während (zB Affektentladung durch eine Vielzahl von Stichen: MDR/H **92**, 631) und nach der Tat (zB Erinnerungslücken, Symptome des Affektabbaus usw.) ergeben (StV **87**, 434; NStZ **88**, 268 m. Anm. Venzlaff u. Schlothauer StV **88**, 59; ferner Salger aaO 203). Anders als die ältere Rspr. (BGH **3**, 194; MDR **53**, 146; OGHSt. **3**, 19, 80), die nur in den Fällen des **unverschuldeten Affekts** Exkulpation oder Strafmilderung für möglich hielt (offen gelassen BGH **7**, 327; **8**, 125; **11**, 25), *stellt* nunmehr *BGH* **35**, *144* (m. Anm. Blau JR **88**, 514, Frisch NStZ **89**, 263 u. grundlegend ZStW **101**, 538) *klar,* daß es in diesem Zusammenhang nicht etwa auf jedes Fehlverhalten ankomme, vielmehr habe die Verschuldensprüfung sich auf die *Genese* des unmittelbar tatauslösenden (MDR/H **76**, 633) Affekts zu beschränken: Hat der Täter die ihm möglichen Vorkehrungen zur Vermeidung des Affekts nicht getroffen und war ihm der Affekt begangene Tat für ihn vorhersehbar, so scheidet idR eine Exkulpation oder Strafmilderung iS der §§ 20, 21 aus (NStZ **91**, 182; iErg. ebenso Geilen, Maurach-FS 192; Rudolphi, Henkel-FS 206; Krümpelmann GA **83**, 355; Venzlaff, Blau-FS 393, 396; Jescheck § 40 III 2 b; vgl. Schroth aaO [oben 10b] 112). Das ist aber dann nicht der Fall, wenn erst eine *Häufung* von Umständen, denen der Täter bisher jeweils allein gegenübergestanden hatte, zu einem Affekt geführt haben (StV **91**, 18). Die Schuld liegt dann darin, daß der Täter den Affekt nicht vermieden hat (MDR/H **77**, 458; **87**, 444; NStZ **84**, 311; Krümpelmann ZStW **99**, 217; aM M-Zipf § 36, 38 mwN; Bockelmann/Volk AT § 16 IV 2; Stratenwerth 536, die hierin, da § 20 auf das Bestehen des Zustandes *zZ der Tat* abstellt, eine „unzulässige Schuldvermutung" sehen; vgl. hierzu SK 12; Jescheck § 40 III 2 b; ferner zum sog. protrahierten Affekt de Boor aaO [oben 10b] 101). Ein geistig gesunder Mensch ist zur Selbstzügelung verpflichtet (BGH **35**, 145), er darf sich auch nicht depressiven Verstimmungen, die erkennbar zu gefahrenträchtigen Entladungen führen, hingeben (MDR/H **77**, 459; 18. 7. 1978, 5 StR 734/77).

Zur Problematik, falls ein Täter *während* seiner Tat in einen schuldausschließenden Affekt gerät, Wolter, Leferenz-FS 545. Ein hochgradiger Affekt kann auch in den Fällen des *extensiven Notwehrexzesses* (27 zu § 32) in Betracht kommen (vgl. EzSt § 32 Nr. 6). Bernsmann (NStZ **89**, 160) versucht aus Art, Ausgestaltung und Entwicklung der Täter-Opfer-Beziehung die maßgebenden Kriterien für die sachgemäße Behandlung der Fälle des „normalpsychologischen" Affekts zu gewinnen.

C. Schwachsinn ist eine angeborene Intelligenzschwäche ohne nachweisbare Ursache und damit eine seelische Abartigkeit (vgl. NJW **67**, 299; Wolfslast JA **81**, 467; Folgen einer intrauterinen, geburtstraumatischen oder frühkindlichen Hirnschädigung oder eines hirnorganischen Krank- **11**

§ 20

AT Zweiter Abschnitt. Erster Titel

heitsprozesses der Verblödung, vor allem in der Involution oder im Senium, fallen unter 8). Für § 20 kommen dabei nur die schweren Formen des Schwachsinns (Imbezillität; Idiotie) in Betracht (vgl. Schreiber, Venzlaff-Hdb. 21; Roxin § 20, 21); sonst kann § 21 gegeben sein. Mit Schwachsinn verbunden sein können auch die **Taubstummheit** (RG **57**, 239), die § 20 nicht mehr nennt, weil sie kein isoliertes und ein verschiedenartiges Phänomen ist (vgl. Klinghammer MSchrKrim **59**, 68), bei Taubblindheit und Stummblindheit kommt es auf den Einzelfall an (vgl. E 1962, 140).

12   **D. Schwere andere seelische Abartigkeit.** Die Aufnahme dieser Gruppe in § 20 (krit. Ehrhardt, Bürger-Prinz-FS 278; Rasch NJW **80**, 1314; NStZ **82**, 177; StV **84**, 266 u. **91**, 126; Rasch/Volbert MSchrKrim. **85**, 137; Blau Jura **82**, 401; P. A. Albrecht GA **83**, 209; H. J. Hirsch, H. Kaufmann-GedS 145; Bochnik/Gärtner MedR **86**, 58; Mende PraxRMed 504) war sehr str. (vgl. Ber. 10; Prot IV/636, 644, 655, 673; V/449, 477, 484); wobei aber Klarheit darüber bestand, daß § 20 nur in sehr seltenen Ausnahmefällen zur Anwendung kommt (MDR/H **79**, 105; NStZ **91**, 32; hierzu instruktiv Bresser NJW **78**, 1190; **79**, 1922; gegen ihn Haddenbrock NJW **79**, 1237; R. Schmitt ZStW **92**, 346; ferner Göppinger, Leferenz-FS 415 u. Angewandte Kriminologie und Strafrecht, 1986 S. 29ff.; Lackner, Kleinknecht-FS 259; zur Frage der quantitativen Erfassung der „Schwere" Foerster NStZ **88**, 444 u. MSchrKrim **91**, 49; Schünemann aaO [28 vor § 13] 167; Streng 253; Roxin § 20, 23); nicht schon bei einem depressiven Persönlichkeitsbild (19. 8. 1981, 3 StR 226/81), oder bloßem Charaktermangel (NStE § 63 Nr. 28 zum „Korsakow-Syndrom"), auch nicht eine *„pathologische Spielsucht"* (NStZ **89**, 113 m. Anm. Kröber JR **89**, 380; BGHR § 21, seel. Abart. 7, 8, 17; ferner Kröber, G. Meyer aaO [oben 1]; Rasch StV **91**, 129). Die Gruppe erfaßt solche Veränderungen der Persönlichkeit, die, – insoweit den Bewußtseinsstörungen vergleichbar (MDR **85**, 950) – nicht pathologisch bedingt sind, also keine krankhaften seelischen Störungen darstellen (BGH **34**, 24; **35**, 79; NJW **89**, 918; StV **89**, 105; **90**, 302; NStE Nr. 64 zu § 21; NStZ **90**, 538; **91**, 330; **92**, 380; StV **91**, 155; **92**, 316; 22. 11. 1990, 4 StR 117/90; Salger, Tröndle-FS 202); sie betrifft seelische Fehlanlagen und Fehlentwicklungen (soweit nicht schon A oder C, oben 7ff., 11, MDR/H **84**, 979), die in der Gewichtung ihres Schweregrades an einer krankhaften seelischen Störung zu messen sind (26. 6. 1990, 1 StR 281/90), auch eine *tiefgreifende* sexuelle Abhängigkeit (NStZ **91**, 384) oder *schizotype Persönlichkeitsstörungen (DSM III R,* oben 8a) können darunter fallen, sofern sie Symptome aufweisen, die in ihrer Gesamtheit das Leben des Täters vergleichbar schwer und mit ähnlichen – auch sozialen – Folgen stören, belasten oder einengen wie krankhafte seelische Störungen (BGH **37**, 401 m. Anm. Grasnick JR **92**, 120). Hierbei muß die Persönlichkeit in einer Ganzheitsbetrachtung erfaßt werden, wobei Entwicklung und Charakterbild des Täters, sowie die Tat in ihren konkreten Zusammenhängen untrennbar miteinander verbunden sind (StV **88**, 384). Am wichtigsten sind dabei

13   a) die **Psychopathien,** dh angeborene, wenn auch veränderbare Persönlichkeitsvarianten, welche die soziale Anpassungsfähigkeit beeinträchtigen (E 1962, 141); der Begriff ist sehr str. und seine Bestimmung im Fluß (vgl. LK 34ff.; Kallwass, Der Psychopath, 1969; Schreiber, Venzlaff-Hdb. 22). In Betracht kommen nur die extremen Fälle (Ber. 10 legt eine Zahl von

Grundlagen der Strafbarkeit § 20

etwa 2% der abgeurteilten Psychopathen zu Grunde), in denen sich Psychopathien im Erscheinungsbild den Psychosen nähern und Krankheitswert haben (vgl. Hamm NJW **77**, 1499; krit. Bauer/Thoß NJW **83**, 309; ferner die Kontroverse G. Wolff/Rauch NStZ **83**, 537/84, 497; Rasch StV **91**, 127); also nicht schon bei einer psychopathischen Veranlagung (9. 8. 1978, 2 StR 345/78), einem „dominierenden, abgrundtiefen Haßgefühl" (10. 4. 1981, 3 StR 103/81), oder einer „ausgeprägten Geltungssucht als Folge tiefgreifender Minderwertigkeitskomplexe" (17. 5. 1977, 5 StR 232/77). Zur Schuldfähigkeit von **Querulanten** vgl. Düsseldorf GA **83**, 473; Nedopil For. **5** (1985), 185; Ehrhardt, Göppinger-FS 409.

b) die nicht angeborenen, wenn auch vielleicht durch Anlage begünstig- **14** ten **Neurosen**, dh abnorme Erlebnisreaktionen oder Störungen der Erlebnisverarbeitung (E 1962, 141; Merkel, Bochnik/Gärtner MedR **86**, 53; Rasch StV **91**, 128; zu *„Aversionsneurosen"*, de Boor, Klug-FS 571, zum *Borderline-Syndrom* MDR/H **89**, 1050), die strafrechtlich keine besondere Rolle spielen (LK 45; vgl. aber Schreiber, Venzlaff-Hdb. 26);

c) **Triebstörungen,** so eine geschlechtliche Triebhaftigkeit von solcher **15** Stärke (zB sexualpathologische Triebabweichung iS eines „großen" sexuellen Sadismus mit nekrophilen Tendenzen, NStE § 211 Nr. 12), Hypersexualität (BGHR § 21 seel. Ab. 21; vgl. ferner 18. 12. 1990, 4 StR 532/90 [in BGH **37**, 263 nicht abgedruckt]), daß ihr der Träger selbst bei Aufbietung aller ihm eigenen Willenskräfte nicht ausreichend zu widerstehen vermag oder sie ihn in seiner gesamten inneren Grundlage und damit im Wesen seiner Persönlichkeit so verändert, daß er zur Bekämpfung seiner Triebe nicht die erforderlichen Hemmungen aufbringt, selbst wenn der abnorme Trieb nur von durchschnittlicher Stärke ist (MDR/H **89**, 492; JR **90**, 119 m. Anm. Blau); vgl. zur anlagebedingten, nicht korrigierbaren **Homosexualität** BGH **14**, 30; **19**, 204; MDR **55**, 368; GA **62**, 1779; MDR/D **69**, 901; NJW **82**, 2009 [m. Anm. Blau JR **83**, 70]; JR **90**, 119 (m. Anm. Blau); Schreiber, Venzlaff-Hdb. 27. Doch hat das Problem praktische Bedeutung nur für den Jugendschutz (vgl. hierzu Tröndle ZRP **92**, 297 mwN u. 1 zu § 175). In Betracht kommt auch der Exhibitionismus (vgl. 9 zu § 183; zurückhaltend 19. 2. 1963, 5 StR 610/62; andererseits Bay OLGSt. 11 zu § 51 aF). Eine anomale Chromosomenkonstellation XYY allein begründet keine Zweifel an der Schuldfähigkeit (MDR/D **71**, 185; 15. 10. 1974, 1 StR 296/74; Ehrhardt, HdwbKrim. II, 350; Witter, Lange-FS 731).

d) bei **Reifestörungen** kommt es darauf an, ob sie *Krankheitswert* haben **16** (18. 12. 1979, 5 StR 702/79; vgl. in der Beeck/Wuttke NJW **73**, 2245). Zum Verhältnis von § 3 JGG zu den §§ 20, 21, vgl. H. Kaufmann/Pirsch JZ **69**, 358; Blau Jura **82**, 358. Moral insanity ist ein psychiatrisch überholter Begriff. Zur *Kleptomanie* und Schuldfähigkeit Kröber NervA **88**, 610; LK 54; zu den *Monomanen* vgl. LK 53; Glatzel StV **82**, 41; zu den „Parasozialen", in der Beek KR **81**, 324; zur Problematik sog. Primitivreaktionen Bresser/Fotakis ZStW **79**, 449.

5) **Folge** eines der Zustände nach 7 bis 16 muß sein, daß der Täter **17** unfähig ist, nach seiner mindestens möglichen Unrechtseinsicht zu handeln, VRS **23**, 209. Beruht die Steuerungsunfähigkeit auf einem anderen Grunde, so scheidet § 20 aus, MDR **55**, 16. Es kommt darauf an, ob der Täter fähig ist, eine mögliche Unrechtseinsicht als Motivationsfaktor wir-

§ 20 AT Zweiter Abschnitt. Erster Titel

ken zu lassen. Das ist zu verneinen, wenn die psychische Anomalie den Motivationsapparat entsprechend gestört hat, vgl. BGH **18**, 94. Nach der Rspr. entscheidet, ob der Täter Anreize und Hemmungen gegeneinander abzuwägen und danach seinen Entschluß zu bilden fähig war (RG **67**, 150; StV **91**, 155) oder ob der Täter selbst bei Aufbietung aller Widerstandskräfte seinen Willen nicht durch vernünftige Erwägungen bestimmen konnte (BGH **14**, 32), Indizien (aber nicht mehr, 20. 10. 1961, 4 StR 362/61; vgl. jedoch MDR/D **68**, 200) für die Steuerungsfähigkeit sind, ob der Täter planmäßig handelte, Entdeckung der Tat zu vermeiden suchte oder imstande war, eine geplante Tat aufzuschieben.

18 6) Unanwendbar sind die §§ 20, 21 (ebenso § 323a) in den Fällen der „vorverlegten Verantwortlichkeit", der **actio libera in causa (alic)**. Liegen ihre Voraussetzungen vor, so kommt es auf nähere Feststellungen zur Frage der Beeinträchtigung der Schuldfähigkeit nicht an (Bay VRS **64**, 190; Koblenz NZV **89**, 240; KG VRS **80**, 450; SchSch 39; SK 29).

Schrifttum: *Hentschel/Born* 222 ff.; *Hettinger,* Die „actio libera in causa"-Strafbarkeit wegen Begehungstat trotz Schuldunfähigkeit? 1988 [hierzu *Hruschka* JZ **89**, 312, *Meurer* NJW **90**, 240, u. *Bloy* GA **90**, 77] u. GA **89**, 1; *H. J. Hirsch* ZStW Beih. 1981, 9; *Horn* GA **69**, 289; *Hruschka* JuS **68**, 554 u. JZ **89**, 310; *Krause,* Mayer-FS 305 u. Jura **80**, 169; *Küper;* Leferenz-FS 573; *Landgraf,* Die „verschuldete" verminderte Schuldfähigkeit, 1988 [Bespr. *Neumann* GA **90**, 433]; *Maurach* JuS **61**, 373; *Neumann,* Zurechnung und „Vorverschulden", 1985 S. 24 ff. [hierzu *Müller-Dietz* GA **87**, 458]; *Otto* Jura **86**, 426; *Paeffgen* ZStW **97**, 513; *Puppe* JuS **80**, 346, *Roxin,* § 20, 55 u. Lackner-FS 307; *Schmidhäuser,* Die actio libera in causa: ein symptomatisches Problem der deutschen Strafrechtswissenschaft, 1992; *Schünemann* aaO [28 vor § 13] 169; *Spendel* LK § 323a, 21 bis 46 [hierzu und zu *Hettinger* und *Hruschka* aaO; *Herzberg,* Spendel-FS 203]; *Streng* ZStW **101**, 308; *Zabel* BA **86**, 273.

19 Die alic ist dadurch gekennzeichnet, daß der Täter zur Tatzeit schuldunfähig ist, gleichwohl aber strafrechtlich haftet, weil er vorab in verantwortlichem Zustand das Tatgeschehen in Gang gesetzt hat. Diese Rechtsfigur hat die Rspr. „mit sicherem Instinkt" (LK-Spendel 37 zu § 323a) stets anerkannt, auch das überwiegende Schrifttum tut dies im Grundsatz (abl. Horn aaO), indessen blieb die dogmatische Konstruktion umstritten (Puppe, Küper, Otto, Roxin, Schmidhäuser, jew. aaO).

20 a) **Vorsätzliche alic** ist (relativ selten, BGH **17**, 263) gegeben, wenn der Täter eine rechtswidrige Tat (33 zu § 11) zwar im Zustand der Schuldunfähigkeit begeht oder einen strafrechtlich relevanten Erfolg im Zustand der Handlungsunfähigkeit auslöst (Erdrücken des Kindes im Schlaf), der erheblich verminderte (§ 21; Düsseldorf NJW **62**, 684) oder voll schuldfähige Täter diesen Zustand aber *vorher* (mindestens bedingt) vorsätzlich herbeigeführt hat und weiß oder damit rechnet (Bay DAR **81**, 246; **84**, 241) und einverstanden ist, daß er damit einen konkreten strafrechtlichen Erfolg in dem erwarteten Zustand verursacht (BGH **2**, 17; **10**, 251; **17**, 259; 335; **21**, 381; **34**, 33; NJW **55**, 1037; **62**, 1578; **77**, 590; VM **61**, 48; MDR/D **67**, 724; **91**, 1020; hierzu Otto JK 1). Der Vorsatz muß sich also sowohl auf die Begehung der tatbestandsmäßigen Handlung selbst als auch auf die Herbeiführung des Defektzustandes beziehen (BGH **23**, 358; Bay VRS **64**, 190; Hamm NJW **72**, 2232; Schleswig NStE Nr. 1; MDR **89**, 762; Oehler JZ **70**,

Grundlagen der Strafbarkeit § 20

380; Otto Jura **86**, 431; Roxin aaO 321; Jescheck § 40 VI 2; LK-Spendel 38 zu § 323a; Eser/Burkhardt **17**, A 14; aM Maurach JuS **61**, 376; Cramer JZ **68**, 273).

b) Eine große Bedeutung spielt in der Praxis die (dogmatisch unproblematischere, Roxin aaO 312; Schmidhäuser [oben 18] 51) **fahrlässige alic.** 21 Sie ist gegeben, wenn der Täter den Zustand der Schuldunfähigkeit vorsätzlich oder fahrlässig herbeigeführt und fahrlässig dabei nicht bedacht hat, er werde in diesem Zustand eine bestimmte Tat begehen, oder darauf vertraut hat, es werde nicht zu einer solchen Tat kommen (BGH **17**, 263; VRS **6**, 428; **21**, 45; DRiZ **75**, 184; Bay JZ **67**, 502; NJW **69**, 1583; VRS **60**, 370; **61**, 339; VM **87**, 75; NZV **89**, 318; BGHR § 21 Vorversch. 1; Köln NJW **60**, 1264; **67**, 307; Hamm NJW **56**, 274; VM **67**, 21; Celle NJW **68**, 1938; Düsseldorf VRS **30**, 354; Oldenburg DAR **63**, 304; Koblenz MDR **72**, 622; VRS **74**, 31; NZV **88**, 73; Zweibrücken VRS **81**, 284; NStZ/J **87**, 546; **88**, 264). Das Wesentliche der *alic* liegt darin, daß als Beginn der Tat bereits eine an sich tatbestandsneutrale Handlung angesehen wird, weil der Täter vorsätzlich oder fahrlässig die Kausalkette in Lauf setzt und das Geschehen (anders als bei einer Vorbereitungshandlung) später nicht mehr in der Hand hat (dazu Cramer JZ **71**, 766; krit. Hruschka aaO [oben 18]; Otto Jura **86**, 429; Horn aaO [oben 18], der die Figur der *alic* für überflüssig oder unzulässig hält; ähnlich Puppe JuS **80**, 350; Paeffgen ZStW **97**, 516; Hettinger GA **89**, 13; vgl. hierzu Küper, Leferenz-FS 591). Der Täter muß sich dann aber in schuldfähigem Zustand eine in ihren Grundzügen bestimmte Tat (NJW **77**, 590; Schleswig NStZ **86**, 511; LK 39 zu § 323a) vorgestellt haben, der dann die Ausführung im wesentlichen entspricht (zum Fall eines *error in persona* BGH **21**, 381 m. Anm. Schröder JR **68**, 304; Cramer JZ **68**, 273; Eser I 17 A 27; Otto Jura **86**, 432; aM Wessels AT § 10 III 4), bzw. hätte er sich im Falle der fahrlässigen *alic* vorstellen müssen, was er später tat (NStE Nr. 28; Celle VRS **40**, 16; Karlsruhe VRS **53**, 462). Jedoch kann hinsichtlich einer Tat nach § 142 von einer Vorstellung bei einem alkoholisierten Fahrer nicht ohne weiteres ausgegangen werden (VRS **69**, 436). Der **Versuch** beginnt bei vorsätzlicher *alic* mit dem Eintritt der Schuldunfähigkeit (str.; vgl. Roxin, Maurach-FS 220, 230; Puppe JuS **80**, 348; Otto Jura **86**, 428; LK 32 zu § 323a; Herzberg, Spendel-FS 209). Häufigste Fälle sind die verschuldeter Trunkenheit (vgl. 8 zu § 323a), auch in Verbindung mit Einnahme von Medikamenten (Hamm NJW **74**, 614; Schleswig SchlHA **83**, 81), aber auch verschuldetes Einschlafen spielt eine Rolle (RG **60**, 30). Infolge einer *alic* kann auch § 21, auf dessen Voraussetzungen es dann nicht ankommt (Koblenz OLGSt. 39 zu § 56; VRS **54**, 120), ausgeschlossen sein (VRS **21**, 263; MDR/D **67**, 725; Bay NJW **69**, 1584; Hamm NJW **56**, 274); bei fahrlässiger *alic* kann das für eine Vorsatztat anders sein (Hamm DAR **72**, 133). Führt die Tathandlung nicht zum Erfolg, so kann Versuch gegeben sein; str. Zur schuldhaften Herbeiführung einer sonst die Rechtswidrigkeit ausschließenden Lage und zum Problem des Unterlassungsdelikts in der Form der *alic* vgl. Maurach JuS **61**, 373; dazu Bertel JZ **65**, 53. Zum Rücktritt des alic-Täters Herzberg, Spendel-FS 208. Nicht hierher gehört der Fall, daß während der Tatausführung oder nach beendetem Versuch nicht voraussehbare Schuldunfähigkeit eintritt (BGH **7**, 329; **23**, 133; GA **56**, 25; 18. 6. 1985, 5 StR 233/85; Oehler GA **56**, 1; JZ **70**, 380; H. Mayer JZ **56**, 109; Krause Jura **80**, 174; Geilen JuS

§ 20 AT Zweiter Abschnitt. Erster Titel

72, 74; Maurach-FS 194; Herzberg, Oehler-FS 171). Tritt die Unfähigkeit hingegen schon vorher, insbesondere während der Vorbereitung ein, so kommt *alic* in Betracht (BGH **23**, 356). Ist der Täter für mehrere im Rauschzustand begangene Taten zT nach § 323a und zT nach den Grundsätzen der *alic* verantwortlich, so liegt Tateinheit vor (BGH **17**, 333; Bay DAR **81**, 247; 17 zu § 323a).

22 **7) Verfahrensrecht.** Das Gesetz geht davon aus, daß ein normaler Mensch schuldfähig ist, wenn es an *jeglichen* Anhaltspunkten für eine Beeinträchtigung der Schuldfähigkeit fehlt. Geben tatsächliche Umstände zu **Zweifeln** an der (vollen) Schuldfähigkeit Anlaß, so begründet die Nichterörterung im Urteil (auch wenn sie vom Prozeßverhalten des Täters gedeckt ist: 28. 9. 1977, 3 StR 264/77) idR einen sachlichrechtlichen Fehler (NJW **64**, 2213; Köln MDR **75**, 858; **80**, 246). Für die Prüfung der Voraussetzun-
23 gen der §§ 20, 21 ist idR ein **Sachverständiger** beizuziehen, es sei denn, daß es an tatsächlichen Grundlagen für das zu erstattende Gutachten überhaupt fehlt und er daher ein völlig untaugliches Beweismittel (§ 244 III S. 2 StPO) ist (BGH **14**, 342; MDR/H **77**, 108; 15. 7. 1980, 5 StR 352/80). Es ist unzulässig, zur Frage der Schuldfähigkeit auf Ausführungen eines anderen Urteils zu verweisen (7. 3. 1979, 2 StR 798/78). Die *Zuziehung eines Sachverständigen* ist vor allem *erforderlich,* falls allein auf Grund *Trinkmengenangaben* (oben 9g) verminderte Schuldfähigkeit in Betracht kommt (25. 6. 1991, 1 StR 262/91), bei *BAK von über 3‰* (Koblenz VRS **79**, 13), bei *Hirnverletzten* (NJW **52**, 633; **69**, 1578; 7. 10. 1980, 1 StR 276/80; MDR/H **91**, 700; vgl. Glatzel StV **90**, 132) und schwer Kopfverletzten (StV **81**, 73; **88**, 52; MDR/H **90**, 95; BGHR Sachv. 2, 3; 19. 6. 1991, 5 StR 244/91; NStZ/M **84**, 494), bei denen daher auf die eigenen Angaben nicht vertraut werden darf (MDR/H **86**, 441) oder die als Kinder oder Jugendliche eine Gehirnhautentzündung hatten (7. 1. 1982, 4 StR 680/81) oder nicht allein wegen pubertätsbedingter Störungen psychiatrisch untersucht worden sind (StV **82**, 54; vgl. MDR/H **77**, 281; **81**, 982; v. Winterfeld NJW **51**, 781; RiStBV 53), bei manifest *Homosexuellen* (Köln NJW **66**, 1184), bei Triebanomalien (StV **84**, 507; NJW **89**, 2959; Zweibrücken StV **86**, 436) und ungewöhnlicher Tatausführung (NStZ **89**, 190) oder falls eine schwere andere seelische Abartigkeit wegen tiefgreifender sexueller Abhängigkeit in Betracht kommt (NStZ **91**, 384), ferner bei *echten Psychosen* (vgl. Ehrhardt HdwbKrim. II 357; LK 65; SK 24; Zweibrücken NJW **67**, 1520), wenn sie zB mit Wahnphänomen einhergehen (StV **90**, 8), bei einem hirnorganischen Psychosyndrom (9. 8. 1985, 5 StR 331/85), bei Wiederholung völlig grundloser schwerer Übergriffe (4. 8. 1982, 2 StR 146/82), schwer verständlicher Straftaten im heranwachsenden Alter (Köln NJW **82**, 2132L), bei mehreren Selbstmordversuchen Heranwachsender (27. 5. 1986, 4 StR 204/86), bei *Analphabeten* (Köln OLGSt. 13) oder geistig Zurückgebliebenen (NJW **67**, 299), uU aber auch bei Ersttaten im vorgerückten Alter und bei altersbedingtem Hirnabbauprozeß (NJW **64**, 2213; VRS **34**, 274; NStZ **83**, 34; MDR/H **89**, 305; Köln GA **65**, 156); ferner bei langjährigen *Alkoholikern* (EzSt § 323a Nr. 1), bei Zusammenwirken von Alkohol und blutgerinnungshindernden Medikamenten (Karlsruhe VRS **80**, 442), bei starker *Medikamentensucht* (Koblenz OLGSt. 18), aber *nicht* schon ohne weiteres bei bloßer Drogenabhängigkeit ohne sonstige Auffälligkeiten (MDR/H **77**,

Grundlagen der Strafbarkeit **§ 20**

106; aM Köln MDR **76**, 684; OLGSt. 11; vgl. Glatzel StV **84**, 62; Düsseldorf StV **84**, 236), wohl aber *beim Zusammentreffen* von Gehirnerschütterungen oder Anfallsleiden (zB Epilepsie) und Alkoholeinnahme (MDR/H **91**, 294; Bay NJW **68**, 2300; Köln VRS **68**, 352) oder Medikamenteneinnahme (9. 8. 1985, 2 StR 331/85). Auf einen Sachverständigen kann nur verzichtet werden, wenn das **Gericht** ausnahmsweise, etwa in einfacheren 24 Fällen der Feststellung und Bewertung der BAK (Koblenz VRS **67**, 116) oder sonst bei Vorliegen von besonderem richterlichen Erfahrungswissen auf bestimmten Teilbereichen (BGH **12**, 20; KG VRS **67**, 258) über die erforderliche **besondere Sachkunde** verfügt (StV **81**, 605; **86**, 45, 138; Düsseldorf StV **84**, 236), was idR näher darzulegen ist (StV **88**, 52; 28. 8. 1990, 1 StR 40/90; Düsseldorf VRS **75**, 339), insbesondere in den Fällen der Beurteilung des Hemmungsvermögens (StV **81**, 605). Die **Auswahl des** 25 **Sachverständigen** (§ 73 StPO) steht grundsätzlich im pflichtgemäßen Ermessen des Richters (BGH **34**, 355; NStE Nr. 64 zu § 21). Daher kommt die Bestellung eines „Auswahlgutachters", dem lediglich die Bestimmung der speziellen Fachrichtung des zu hörenden Sachverständigen obliegen soll, nicht in Betracht (Koblenz VRS **36**, 17). Bei *krankhaften* Zuständen kommt ein *Psychiater,* und zwar bei Hirnverletzten idR ein Hirnfacharzt (RiStBV 63; MDR/H **77**, 281; StV **84**, 142) und bei altersbedingt eingeschränkter Einsichtsfähigkeit ein gerontologisch erfahrener Psychiater (MDR/H **89**, 305; NStZ **91**, 81) in Frage. Ob bei *nichtkrankhaften* Zuständen statt eines Psychiaters auch ein *Psychologe* (StV **84**, 495), ein Psychoanalytiker (DAR **78**, 157), ein Psychosomatiker (13. 11. 1979, 1 StR 526/79) oder ob mehrere Sachverständige (vgl. Salger, Tröndle-FS 203, 211) zuzuziehen sind, ist dem Ermessen des Tatrichters überlassen (NJW **59**, 2315; NStZ **88**, 86 m. Anm. K. Meyer; zusf. zur Auswahlproblematik Rasch NStZ **92**, 257). Ein Psychologe verfügt bei affektbedingten, nichtkrankhaften Zuständen nicht über Forschungsmittel (§ 244 IV S. 2 StPO), die denen des Psychiaters überlegen sind (DAR **80**, 205; K. Meyer aaO). Psychologische Kenntnisse gehören im übrigen auch zum Rüstzeug des Psychiaters (NStE Nr. 64 zu § 21), ebenso die Erscheinung der „Wochenbettpsychose" (26. 6. 1990, 1 StR 281/90), während in Fällen, in denen auch krankhafte Zustände in Betracht kommen können, ein Psychiater unentbehrlich ist (BGH **12**, 10; JR **70**, 151 m. Anm. K. Peters).

Schrifttum (zum Meinungsstreit der Psychowissenschaften in der Begutachtungsfrage): *Bauer/Thoß* NJW **83**, 305; *Bochnik* u. a. MedR **88**, 73; *Dubs* SchweizZSt **89**, 337 (Stellung und Aufgabe des Psychiaters); *Foerster* NJW **83**, 2049; *Glatzel,* Forensische Psychiatrie, 1985; *Kury/Böttger/Mertens/Pelster* MSchrKrim **91**, 369 (Rolle des Sachverständigen bei der Schuldfähigkeitsbeurteilung); *R. Lange* NJW 1980, 2733 (krit. zu projektiven Persönlichkeitstests); *Maisch* StV **85**, 517; NStZ **92**, 257; *Maisch/Schorsch* StV **83**, 32; *Probst* in: Strafr. Probl. d. Gegenwart (hrsg. BMJ-Wien 1989) S. 101; *Rasch* MSchrKrim. **82**, 257 u. Forensische Psychiatrie, 1985; *Rauch* NStZ **84**, 497 u. Leferenz-FS 385; *Saß* For. **6** (1985), 33; *Sigusch* MSchrKrim. **81**, 229; *Schorsch/Pfäfflin* MSchrKrim. **81**, 234; *Schreiber* RiAkad-FS 82; *Täschner* MSchrKrim. **80**, 108 u. **83**, 389; *Undeutsch,* Lange-FS 715; *Venzlaff,* Blau-FS 391; *Wacker* DRiZ **79**, 272; *Witter* MSchrKrim. **83**, 253; *G. Wolff* NStZ **83**, 537; *St. Wolff* StV **92**, 292.

Bei der **Bestellung** eines Sachverständigen (vgl. hierzu Tröndle JZ **69**, 26 374) ist ggf durch ein *Verständigungsgespräch* (Salger, Tröndle-FS 210) si-

§ 20

cherzustellen, daß er Gewähr dafür bietet, daß sein methodisches Vorgehen den forensischen Anforderungen für die Untersuchung und Begutachtung gerecht wird (vgl. hierzu auch Göppinger, Tröndle-FS 480), er also nicht einer Schule angehört, die die gesetzliche Regelung negiert (Salger aaO 202); ein bestellter Sachverständiger ist in einem solchen Falle durch einen anderen zu ersetzen (JR **90**, 119 m. krit. Anm. Blau). Der Sachverständige hat dem Gericht keine rechtlichen Schlußfolgerungen, sondern lediglich Tatsachen mitzuteilen (7. 2. 1980, 4 StR 680/79; Bresser NJW **78**, 1188; einschränkend Haddenbrock NJW **79**, 1235; Foerster NJW **83**, 2052; ferner Witter KrimGgwFr 1976, 120 u. MSchrKrim **83**, 264; Schreiber NStZ **81**, 51, RiAkad-FS 82, Wassermann-FS 1007 u. Venzlaff-Hdb 40, 151; J. E. Meyer MSchrKrim **81**, 224; Haddenbrock, Sarstedt-FS 36; P. A. Albrecht GA **83**, 203; Middendorff BA **84**, 161; Arth. Kaufmann JZ **85**, 1070; Bochnik u. a. aaO; Streng 275), allerdings nicht nur hinsichtlich der biologischen, sondern auch hinsichtlich der psychologischen Fragen (18. 10. 1960, 5 StR 386/60; LK 57; str.). Die Feststellung des Tatmotivs ist jedoch Aufgabe des Tatrichters (13. 11. 1979, 1 StR 576/79). Ob eine Psychopathie Krankheitswert hat, ist keine Rechtsfrage (**aM** NJW **58**, 2133). Schließt sich der Tatrichter dem Sachverständigen an, muß er sich *in eigener Verantwortung* hiermit *auseinandersetzen* (10. 7. 1979, 5 StR 298/79) *oder die wesentlichen tatsächlichen Grundlagen,* an die die Schlußfolgerungen des Gutachtens anknüpfen, auf eine für das Revisionsgericht nachprüfbare Weise (StV **87**, 434; 10. 10. 1991, 1 StR 569/91) im Urteil *mitteilen* (BGH **12**, 311; StV **81**, 606; MDR/H **89**, 1050; stRspr.; Koblenz VRS **55**, 283; OLGSt. 20 zu § 21; Köln NJW **82**, 2613; Düsseldorf **83**, 368; **89**, 365), ggf eine gegenteilige Ansicht begründen (MDR/H **80**, 104; StV **83**, 13L; NStE § 244 StPO Nr. 35). Anders kann es sich in einfachen Fragen, zB bei Blutgruppen- oder bei BA-Bestimmungen verhalten, soweit der BA-Gehalt nicht aufgrund Trinkmengenangaben (oben 9g) ermittelt wird (EzSt § 261 StPO Nr. 11; vgl. LR-Gollwitzer 95 zu § 261 StPO). Stets liegt die Entscheidung, in wieweit Unrechtseinsichtsunfähigkeit oder Steuerungsunfähigkeit anzunehmen sind, allein beim Richter (BGH **7**, 238; **8**, 118; **12**, 311; EzSt § 244 StPO Nr. 17; 6. 9. 1991, 4 StR 408/91; Jescheck § 40 III 4; LK 107 ff.; SK 23), er darf aber die vom Sachverständigen festgestellten Tatsachen nicht beiseite schieben (26. 6. 1962, 1 StR 174/62). Er hat aber auch zu überprüfen, ob sie eine zuverlässige Beurteilung der Schuldfrage ermöglichen; zur revisionsgerichtlichen Überprüfung haben die Urteilsgründe umfassend darzulegen, welche konkreten Symptome eines psychisch abnormen Zustandes festgestellt wurden und Grundlage der daraus gezogenen Folgerungen waren (6. 10. 1989, 2 StR 460/89). Folgt er dem Sachverständigen aufgrund abweichender Tatsachengrundlage nicht, so hat er ihm Gelegenheit zu geben, die abweichenden Anknüpfungstatsachen des Gerichts in seine Beurteilung einzubeziehen (StV **86**, 139). Von einem wissenschaftlich begründeten Gutachten darf der Richter idR ohne Hinzuziehung

27 eines **weiteren Gutachtens** nicht abweichen (MDR/H **77**, 637; **78**, 459). Im Falle *widersprechender Gutachten* braucht aber das Gericht einen weiteren Sachverständigen dann nicht zuzuziehen, wenn es in der Lage ist, mit ausreichenden Gründen den Gedankengang des abweichenden Gutachtens zu widerlegen (MDR/H **77**, 810; DAR **78**, 157; 7. 12. 1979, 2 StR 549/79; einengend: 7. 2. 1980, 4 StR 680/79). Der *Inhalt des Gutachtens* braucht in

Grundlagen der Strafbarkeit **§ 20**

den Urteilsgründen nur wiedergegeben zu werden, wenn das Gericht im Widerspruch zum Gutachten entscheidet oder wenn es sich dessen Ergebnis ohne Angabe eigener Erwägungen anschließt (25. 2. 1990, 4 StR 658/89). Ein weiterer Sachverständiger braucht, wenn die Ausnahmegründe des § 244 IV S. 2 StPO nicht vorliegen und das Gericht vom bisherigen Gutachten überzeugt ist (NStZ **86**, 115), auch dann nicht gehört werden, wenn die Möglichkeit besteht, daß der weitere Sachverständige zu einem anderen Ergebnis kommen werde (10. 5. 1979, 4 StR 116/79 vgl. auch 8. 3. 1983, 5 StR 36/83); insoweit kann sich der Tatrichter auch auf eigene Sachkunde berufen, die er durch ein in der Hauptverhandlung bereits erstattetes Gutachten erworben hat (EzSt § 244 StPO Nr. 11), wohl aber ist ein weiterer Sachverständiger zuzuziehen, wenn der Sachverständige vom Ergebnis von Gutachten aus früheren Verfahren grundlegend abweicht (MDR/H **78**, 109; DAR **78**, 158; 30. 4. 1980, 2 StR 193/80; vgl. Zweibrücken, Köln NJW **67**, 1520, 1521). Ganz ausnahmsweise, zB im Falle einer außergewöhnlichen Triebanomalie, kann das Gericht nach § 244 II StPO gehalten sein, einen weiteren Sachverständigen zuzuziehen (BGH **23**, 176). **Bleiben** dennoch nicht behebbare **Zweifel**, so ist, auch bei § 21, *zugunsten des Täters* zu entscheiden (BGH **3**, 173; **8**, 124; MDR/H **83**, 620; BGHR BewSt. 1). Allerdings kommt es hier nur auf tatsächliche Zweifel an, die sich auf die Art und den Grad des psychischen Ausnahmezustandes beziehen und nicht auf Zweifel in der rechtlichen Wertung (Lackner 23; vgl. auch Schöch MSchrKrim **83**, 338). Ist nach dem *Zweifelsgrundsatz* von einem bestimmten Sachverhalt auszugehen, so steht das, der BGH muß immer wieder darauf hinweisen (StV **84**, 69, 464L; NStZ Nr. 21 u. § 213 Nr. 17; 15. 10. 1991, 1 StR 548/91), sicheren Feststellungen absolut gleich (Salger Pfeiffer-FS 393). Werden im Strafverfahren die Voraussetzungen des § 20 festgestellt, so ist der Angeklagte auch dann ausdrücklich freizusprechen, wenn im übrigen seine Unterbringung (§§ 63, 64; § 126 a StPO) angeordnet wird (14. 3. 1979, 2 StR 89/79; vgl. ferner § 11 BZRG).

28

Verminderte Schuldfähigkeit

21 Ist die Fähigkeit des Täters, das Unrecht der Tat einzusehen oder nach dieser Einsicht zu handeln, aus einem der in § 20 bezeichneten Gründe bei Begehung der Tat erheblich vermindert, so kann die Strafe nach § 49 Abs. 1 gemildert werden.

1) **Die Vorschrift,** die § 51 II aF entspricht, ist in Anlehnung an § 25 E 1962 (Begr. 141; Ndschr. **4**, 137, 166, 178, 233, 466, 468, 474, 478, 487; **12**, 374; vgl. aber 12 ff. zu § 20) durch das 2. StrRG (1 zu § 20) neu gefaßt. **Schrifttum:** 1, 10 b, 18 zu § 20; *Rautenberg,* Verminderte Schuldfähigkeit, 1984; *Landgraf,* Die „verschuldete verminderte Schuldfähigkeit, 1988 [Bespr. *Terhorst* JR **91**, 173]; *Foth* DRiZ **90**, 417 u. NJ **91**, 389 (Strafzumessung bei Alkoholtaten); vgl. ferner *Schöch, Maisch* MSchrKrim. **83**, 333, 343; *Weinschenk* For. **7** (1986), 55, **9** (1988), 115; gegen ihn *Haddenbrock* u. *Rautenberg* For. **8** (1987), 157, **9** (1988), 111; *Blau* MSchrKrim. **86**, 348; *Schreiber,* Venzlaff-Hdb. 32; *rechtsvergleichend* zum österr. Recht: *Zipf* KrimGgwFr Bd. **15**, 157; *statistisch: Schreiber* NStZ **81**, 49; *Göppinger,* Leferenz-FS 413, Tröndle-FS 483 u. Angewandte Kriminologie und Strafrecht, 1986 S. 29 ff., AK-*Schild* 21.

1

§ 21

2) Einen Schuldminderungsgrund (vgl. BGH **7**, 30) iVm einer Strafbemessungsregel enthält § 21 für den Fall, daß der Täter seelische Störungen iS von § 20 bei Begehung der Tat (§ 8) aufweist, § 20 aber selbst ausscheidet. Es ist dann im Wege einer Ganzheitsbetrachtung (NStE Nr. 21) zu prüfen, ob wenigstens § 21 gegeben ist (vgl. dazu zunächst 3 bis 16 zu § 20; ferner Hamm NJW **77**, 1499; Bresser NJW **78**, 1189; **79**, 1922; Haddenbrock NJW **79**, 1236; Göppinger, Leferenz-FS 416; LK 76).

3 A. Hinsichtlich der **Unrechtseinsichtsfähigkeit** ist die Anwendung des § 21 (vgl. 5 zu § 20) durch den Verbotsirrtum (3 ff. zu § 17) eingeschränkt worden. Denn § 21 scheidet aus, wenn der Täter trotz erheblich verminderter Einsichtsfähigkeit das Unerlaubte erkennt (BGH **21**, 27; **34**, 25; MDR/H **78**, 984; **79**, 105; NStZ **85**, 309; **89**, 430; **91**, 32; NJW **91**, 762; BA **86**, 456; NStE Nr. 18, 60, 65; NStE § 20 Nr. 27; 14. 2. 1992, 2 StR 154/91; Dreher GA **57**, 99; Schröder GA **57**, 297; JZ **66**, 451; Schreiber, Venzlaff-Hdb. 35; Roxin § 20, 35; LK 78); erkennt er es aber vorwerfbar nicht, so kann die Strafe nach den Regeln des Verbotsirrtums auch gemildert werden, wenn die Einsichtsfähigkeit nur unerheblich gemindert war (hM; aM SK-Rudolphi 4). Kann ihm kein Vorwurf gemacht werden, liegt ein Fall von § 20 (NStZ **89**, 430) sowie ein Fall des entschuldigenden Verbotsirrtums vor (MDR **68**, 854; Dreher JR **66**, 350). Aus der Tatsache der nur verminderten Einsichtsfähigkeit allein darf dabei nicht auf die Vorwerfbarkeit des Verbotsirrtums geschlossen werden (GA **68**, 279; **69**, 279). Beide Alternativen von § 21 können nicht gleichzeitig angewendet werden (BGH **21**, 28; GA **68**, 279; MDR/D **75**, 365; NStZ **82**, 201; **86**, 264; **89**, 430; **90**, 333; BA **86**, 456; NStE Nr. 3; NStE § 20 Nr. 27; § 212 Nr. 24; 24. 7. 1991, 3 StR 253/91; 28. 4. 1992, 4 StR 167/92; stRspr.); die zweite Alternative setzt die Bejahung der ersten nicht voraus (aM Hamm VRS **43**, 347); die Angabe, ob die Einsichtsfähigkeit oder die Hemmungsfähigkeit beeinträchtigt war, ist unerläßlich (5. 5. 1987, 5 StR 200/87).

4 B. Die Steuerungsfähigkeit (3, 6 zu § 20) ist erheblich vermindert, wenn das Hemmungsvermögen des Täters so herabgesetzt ist, daß er den Tatanreizen erheblich weniger Widerstand leisten kann als der Durchschnittsmensch (2. 5. 1979, 2 StR 99/79). Daß er Widerstand leisten sollte, reicht zur Verneinung von § 21 nicht aus (aM 16. 5. 1972, 5 StR 221/72). Die Erheblichkeit (BGH **8**, 124) ist Rechtsfrage (12. 7. 1960, 5 StR 239/60; LK 90), daher hat der Tatrichter, der zB von einer schweren anderen seelischen Abartigkeit (12 zu § 20) ausgeht, aber eine nur unerhebliche Beeinträchtigung der Steuerungsfähigkeit annehmen will, dies näher zu begründen (StV **91**, 511). Im übrigen besteht kein Erfahrungssatz, daß etwa die Schuld durch eine erhebliche Verminderung „lediglich" des Hemmungsvermögens weniger stark gemindert werde als durch die auf erheblicher Herabsetzung der Einsichtsfähigkeit beruhende fehlende Unrechtseinsicht (NStZ **85**, 358; NStE Nr. 47). Ursache der Verminderung muß eine der in 7 ff. zu § 20 bezeichneten Anomalien sein (OGHSt. **2**, 148). Praktisch spielen hier die Psychopathien (MDR/D **53**, 146; 18. 9. 1962, 5 StR 341/62; Nürnberg HESt. **2**, 199; Hamm NJW **77**, 1499), Oligophrenie (Köln VRS **67**, 21), die geschlechtlichen Triebstörungen (29. 9. 1962, 4 StR 285/62) und affektive Einengung (StV **87**, 341) eine größere Rolle als bei § 20, sie können insbesondere bei Hinzukommen alkoholischer Beeinflussung die Annahme des

Grundlagen der Strafbarkeit § 21

§ 21 rechtfertigen, es kommt auf eine **Gesamtbetrachtung** an (StV **87**, 341; **89**, 14; NStZ **92**, 380). § 21 kommt auch bei § 217 bei langwieriger, schmerzhafter Geburt in Betracht (29. 10. 1981, 1 StR 676/81), oder bei leichter Reizbarkeit aufgrund schweren Leberleidens (StV **82**, 113). Auch leichte paralytische oder schizophrene Defekte, beginnende arteriosklerotische Demenz (NStZ **83**, 34), Zusammenwirken von alkoholischer Enthemmung und altersbedingter Rückbildung der geistigen Kräfte (StV **89**, 102), auch Altersabbau ohne Intelligenzausfälle (NStE Nr. 45), leichtere Formen von Hirnverletzungen oder Epilepsie, Neurosen (StV **89**, 105), Debilität, hysterische Persönlichkeitsstruktur, gepaart mit enorm gesteigertem Geltungsbedürfnis und egozentrischer Selbstbezogenheit (21. 11. 1985, 4 StR 482/85) kommen in Betracht, insbesondere beim Zusammenwirken solcher Auffälligkeiten (9. 4. 1991, 4 StR 120/91), aber auch Zustände nach *langjährigem* Medikamentenmißbrauch (NStE Nr. 50) oder Rauschmittel- oder Alkoholmißbrauch (MDR/H **78**, 109; **89**, 109; NStE § 31 BtMG Nr. 3; StV **91**, 156; MDR/S **85**, 2; Köln NStZ **81**, 437; Hamm MDR **59**, 143; NJW **73**, 1424, hierzu Täschner NJW **84**, 638); jedoch begründet Drogenabhängigkeit für sich allein den § 21 (der im übrigen stets zu prüfen ist; StV **81**, 177; **88**, 198; 17. 6. 1992, 2 StR 229/92), *nicht* (NJW **81**, 1221; JR **87**, 206 [m. Anm. Blau u. Kamischke StV **88**, 199]; NStZ **89**, 17; 13. 2. 1991, 3 StR 423/90; Celle NStZ **87**, 407), oder nur ausnahmsweise (StV **89**, 103), anders bei Beschaffungstaten unter starken Entzugserscheinungen oder unter Angst vor solchen (14. 8. 1990, 5 StR 332/90), Tatbegehung unter akutem Rausch (NJW **89**, 2336; NStZ **90**, 385; 13. 9. 1990, 4 StR 253/90) oder bei täglichem Konsum harter Drogen (3. 12. 1981, 4 StR 615/81; vgl. LG Münster StV **84**, 426), bei Beschaffungshandlungen in der Entzugsphase (aaO; 20. 2. 1985, 2 StR 473/84), oder bei sonstigen Auffälligkeiten, was stets die Zuziehung eines erfahrenen Sachverständigen erfordert (Köln MDR **81**, 598, OLGSt. 36; OLGSt Nr. 3), insbesondere in Fällen zunehmenden Gebrauchs von Schlafmitteln, was auf die Dauer zu einer Wirkungsumkehr, nämlich anstelle einer einschläfernden zu einer anregenden Wirkung, führen kann (MDR/H **89**, 109). Bloße Charaktermängel und kriminelle Veranlagung scheiden aus (BGH **14**, 30; NJW **58**, 2123; **66**, 1871; Bay OLGSt 11; dazu krit. LK-Lange 46; bedenklich Frankfurt GA **71**, 316). Zur Trunkenheit vgl. 9 zu § 20; Fahruntüchtigkeit begründet § 21 noch nicht (VRS **5**, 355; MDR/D **56**, 526). Ein nach dem Zweifelsgrundsatz anzunehmender Sachverhalt steht sicheren Feststellungen absolut gleich (28 zu § 20).

3) Die Strafzumessungsregel ermächtigt den Richter („kann"), falls der 5 Schuldminderungsgrund gegeben ist, die Strafe nach § 49 I zu mildern (unten 7); lediglich im Falle einer *nicht* erheblichen Schuldminderung ist eine Milderung *innerhalb* des Regelstrafrahmens möglich oder auch, falls die Vorschrift einen minder schweren Fall (42 zu § 46) kennt, ein solcher zu bejahen (2 zu § 50), daß der Tatrichter die Milderungsmöglichkeiten gesehen hat, muß er erkennen lassen (Köln DAR **87**, 158) und seine Entscheidung näher begründen (StV **81**, 72; BA **87**, 70; JZ **89**, 860). Einer erheblichen Schuldminderung darf nicht deswegen geringeres Gewicht beigemessen werden, weil sie lediglich auf Grund des Zweifelssatzes unterstellt (28 zu § 20) wurde (MDR/H **86**, 622; BGHR StrafRVersch. 17; 14. 8. 1990, 5 StR 340/90; 28. 8. 1990, 1 StR 423/90).

§ 21 AT Zweiter Abschnitt. Erster Titel

6 A. Im Falle von § 21 ist die **Schuld grundsätzlich gemindert** (BGH 7, 30; Karlsruhe MDR 72, 881; dazu krit. LK 80ff.); vor allem, wenn die Einsichtsfähigkeit fehlt (GA 71, 365); anders, wenn die Minderung nach einer Gesamtwürdigung (NJW 81, 1221; dazu krit. Horn, Arm. Kaufmann-GedS 573) durch schulderhöhende Umstände, etwa durch geplante, aber nicht verwirklichte Elemente einer weiteren Begehungsform (25. 9. 1987, 4 StR 413/87) oder durch verschuldete Herbeiführung des Ausnahmezustands ausgeglichen wird, zB bei selbstverschuldeter Trunkenheit (StV **91**, 254; vgl. § 7 WStG) für den hierbei verschuldeten Verkehrsunfall, nicht jedoch für die nachfolgende Unfallflucht (VRS **69**, 120; NStZ/J **85**, 257; vgl. VRS **5**, 283; **16**, 186; MDR **51**, 657; **60**, 938; MDR/D **72**, 16; 196; MDR/H **76**, 633; OGHSt. **2**, 103; 327; Bay **53**, 283; BVerfGE **50**, 11; Hamm VRS **59**, 416; Lange, Bockelmann-FS 274). Eine Strafmilderung kann abgelehnt werden, wenn der Täter die für ihn besonders ungünstige Wirkung des Alkoholgenusses kannte (MDR/H **72**, 16; 24. 9. 1991, 1 StR 480/91) nach MDR/H **72**, 570; StV **85**, 102L; NJW **86**, 793 m. Anm. Bruns JR **86**, 337 (vgl. NStZ/T **86**, 154; **87**, 162; **88**, 173; Salger, Pfeiffer-FS 25; Schreiber, Venzlaff-Hdb. 37), jedoch nur, wenn er wußte (eine länger zurückliegende Trunkenheitsfahrt genügt hierfür nicht, 17. 1. 1986, 2 StR 730/85), daß er dann zu Straftaten neige (BGH **34**, 33; StV **86**, 14; 19L; MDR/H **85**, 979; NStZ **86**, 114; BA **87**, 70; StV **87**, 19 L; NStE Nr. 24; 36 u. § 177 Nr. 6; Koblenz NZV **88**, 149; NStZ/T **87**, 164; NStZ/D **91**, 476, **92**, 170), und mit einer Tatbegehung rechnen konnte (26. 6. 1990, 1 StR 262/90, vgl. auch MDR **85**, 947), indessen wird in solchen Fällen eine fahrlässige *actio libera in causa* gegeben sein (21 zu § 20); jedoch ist Alkoholgenuß bei *Alkoholkranken* nicht schulderhöhend und rechtfertigt die Versagung einer Strafmilderung nach § 21 nicht (StV **85**, 102; NStE Nr. 59). Strafmilderung scheidet auch bei absoluten Strafdrohungen (§ 211) bei Vorliegen besonders erschwerender Gründe aus, wenn diese die mit § 21 verbundene Schuldminderung auszugleichen vermögen (NStE Nr. 22; BGHSt StRVersch. 7, 8, 12; StV **90**, 157) und die für Taten verschiedener Schwere gedachte absolute Strafe noch angemessen erscheint (BVerfGE **50**, 5; BGH **7**, 32; NStZ **85**, 357; OGHSt **2**, 98; aM SK 6), so zB, wenn die schulderhöhende besondere Verwerflichkeit des Tatverhaltens (13. 11. 1979, 1 StR 526/79) die Schuldminderung iS des § 21 zurücktreten läßt, was nicht der Fall ist, wenn das an sich gravierende Tatverhalten gerade durch § 21 bedingt war (BGH **16**, 364; MDR/H **87**, 444; 27. 8. 1991, 5 StR 336/91; vgl. 22 aE zu § 46), jedoch sind an die Ablehnung einer Strafrahmenmilderung nach §§ 21, 49 I hohe Anforderungen zu stellen, wenn allein die Wahl zwischen lebenslanger und zeitiger Freiheitsstrafe besteht (6. 9. 1991, 4 StR 408/91). Auch kann bei vermindert schuldfähigen Drogen- oder Alkoholkranken die Fortsetzung von suchtbedingten Taten nicht schulderhöhend gewertet werden (NStZ **87**, 322; NStE Nr. 4 zu § 213; Köln NStZ **81**, 63; **82**, 250; NJW **86**, 2328; MDR **81**, 335, zw.; beachtliche Kritik bei Terhorst MDR **82**, 368), wie auch sonst ein Umstand, der zur Schuldminderung iS des § 21 geführt hat, nicht als strafschärfend herangezogen werden darf (GA **86**, 36; NJW **88**, 1153; 2621; NStE § 46 Nr. 41 u. § 212 Nr. 13; MDR/H **90**, 676; vgl. 22 zu § 46), was nicht ausschließt, daß der Tatrichter gleichwohl vom Angeklagten verschuldete Umstände, die wesentliche Ursache für die Tatbegehung waren (NStZ **87**, 550; NStE

Nr. 38) oder die Handlungsintensität (NStZ **88**, 310; MDR/H **88**, 626), straferhöhend berücksichtigen kann. In allen übrigen Fällen ist nach hM die Strafe zu mildern, wobei der BGH andere Strafzwecke mit Hilfe der Spielraumtheorie berücksichtigt (BGH **7**, 28; MDR/D **68**, 372; 10 zu § 46; vgl. auch Spendel NJW **56**, 775; sehr weitgehend zuungunsten des Täters 24. 7. 1973, 1 StR 140/73). Das „kann" in § 21 zeigt aber, daß der Richter, auch wenn die schuldangemessene Strafe den milderen Strafrahmen fordern würde, ihn aus Gründen der Spezialprävention, zB bei Drogensüchtigen (vgl. Arbab- Zadeh NJW **78**, 2328; gegen ihn Kreuzer NJW **79**, 1241), nicht zu wählen braucht (Koblenz OLGSt. 7; vgl. MDR/S **89**, 1037); in den Fällen des § 316 ist bei „Trinken in Fahrbereitschaft" von einer Strafmilderung nach § 21 idR abzusehen (Hamm BA **80**, 294; aM Stuttgart VRS **65**, 354); jedoch ist hier ebensowenig wie bei anderen Taten bestimmter Art § 21 von vornherein auszuschließen (NJW **53**, 1760; VRS **31**, 264; Schleswig SchlHA **80**, 169; Köln BA **87**, 225; Karlsruhe VRS **81**, 19; zur Problematik SK 5; Wolfslast JA **81**, 470; eingehend Bruns 203ff.), auch nicht bei Vermögens- und Steuerstraftaten (StV **89**, 199). Die Höchststrafe wird allerdings nur selten in Betracht kommen (RG **69**, 317). Milderung darf auch nicht deshalb abgelehnt werden, weil der Täter schon früher ähnliche Taten begangen hat, ohne daß § 21 gegeben war (BGH StV **81**, 401; Schoreit NStZ **82**, 64), oder sich der drogenkranke Täter nach der Entlassung nicht sofort um einen Therapieplatz bemüht hat (Celle StV **83**, 203). Bei der Frage der Milderung ist nur auf die durch § 21 eingetretene Schuldminderung, nicht auch auf andere Milderungsgründe abzustellen (Schweling MDR **71**, 971). Auch im Falle der Anwendung von *Jugendstrafrecht* ist § 21 unbeschadet von § 18 I S. 3 JGG zu berücksichtigen (MDR/H **82**, 972; NStZ **84**, 75). Persönlichkeitsmängel, die nicht zur Anwendung des § 21 führen, sind im Rahmen der Strafzumessung zu berücksichtigen (BGH **35**, 355; NStE Nr. 56).

B. Nach den **Grundsätzen des § 49 I** ist zu mildern. Die Strafmilderung 7 steht nicht im Belieben des Tatrichters. Sie darf nur versagt werden, wenn das den § 21 begründende geringere Schuldmaß durch andere, näher darzulegende Umstände aufgewogen wird (NStE Nr. 66). Wird danach gemildert, so darf bei der Zumessung innerhalb des milderen Rahmens der bloße Umstand der verminderten Schuldfähigkeit als solcher wegen des Verbots der Doppelverwertung von Strafzumessungstatsachen nicht nochmals berücksichtigt werden (BGH **26**, 311; Bay VRS **67**, 219; vgl. im übrigen 38 a zu § 46). Sieht die Strafvorschrift eine Strafmilderung wegen eines minder schweren Falles (42 zu § 46) vor, so ist zu bedenken, daß allein schon die Bejahung des § 21 zur Annahme eines minder schweren Falles führen kann (MDR/H **83**, 619; **92**, 631; StV **84**, 285; NStZ **84**, 262; **86**, 117; **90**, 385; GA **87**, 227; NStE § 24 Nr. 5 u. § 213 Nr. 1; StV BGHR StrRVersch 10; BGHR § 176 I, msF 1; § 250 II, StRahmW 1; NStZ/D **90**, 484; **91**, 179; 272), der Umstand, daß die erheblich verminderte Schuldfähigkeit durch Alkohol selbst verschuldet ist, steht dem nicht entgegen (17. 9. 1985, 2 StR 486/85). Obgleich damit zwei zulässige Strafrahmen vorliegen können (zB der nach §§ 212, 21, 49 I neben dem nach § 213) ist *zunächst* die Frage des minder schweren Falles zu prüfen (Danckert StV **83**, 476; NStZ/M **84**, 162; 492), es sei denn, § 21 scheidet nach Sachlage aus (19. 3. 1986, 2 StR 35/86;

§ 22 AT Zweiter Abschnitt. Zweiter Titel

krit. zur Lösung der Strafrahmenkonkurrenz, Horn, Arm. Kaufmann-GedS 573; vgl. ferner 2, 3 zu § 50). Die Gesamtwürdigung der schulderhöhenden und schuldmindernden Umstände ist anhand der Umstände des Einzelfalles vorzunehmen und nicht etwa unter Heranziehung theoretischer Erörterungen und Vergleiche mit „denkbaren" Fällen (24. 9. 1990, 4 StR 369/90). Zur Anwendung des § 21 im Disziplinarrecht für Rechtsanwälte 18. 10. 1982, AnwSt(R) 10/82.

8 **C.** Aus dem Urteil muß sich ergeben, daß die **Milderungsmöglichkeit** geprüft ist (BGH **16**, 363; NStE Nr. 34), ggf sind die Gründe hierfür mitzuteilen (15. 1. 1991, 4 StR 556/90), ferner ist der angewendete Strafrahmen anzugeben (NStZ **85**, 119; 16. 5. 1989, 1 StR 185/89; Koblenz OLGSt. Nr. 1; Köln VRS **72**, 369; vgl. 2 zu § 50; Schleswig SchlHA **82**, 96; NStZ/M **82**, 135; NStZ/T **89**, 174; NStZ/D **89**, 467; **90**, 175; NStZ/J **91**, 268). Zur Frage der Quantifizierung der Milderung Schöch MSchrKrim. **83**, 334. Je stärker sich der gemilderte Strafrahmen vom nichtgemilderten unterscheidet (zB bei lebenslanger und zeitiger Freiheitsstrafe), umso höher sind die Anforderungen an die Ablehnung einer Strafmilderung (25. 10. 1989, 2 StR 350/89). Im Falle alkoholbedingt verminderter Steuerungsfähigkeit (zusf. hierzu Foth DRiZ **90**, 417 u. NJ **91**, 389) ist bei Versagen der Strafmilderung (die bei Verkehrsdelikten naheliegt, vgl. NJW **83**, 1744; Hamm BA **84**, 538; Koblenz NZV **88**, 149; VRS **76**, 425, aber nicht regelmäßig ausgeschlossen werden darf, Karlsruhe NStE Nr. 57), darzulegen, daß der Täter mit vergleichbaren Straftaten rechnen mußte (MDR/H **77**, 982; StV **86**, 248; **88**, 18 L; Koblenz BA **89**, 290). Die Hilfserwägung, auch unter Annahme des abgelehnten § 21 sei Milderung abzulehnen, ist unzulässig (BGH **7**, 359; 10. 10. 1983, 4 StR 554/83; aM Hamm NJW **57**, 434). Die Entscheidung über § 21 gehört zur Straffrage (23. 6. 1981, 5 StR 266/81) und kann mit dieser, aber auch isoliert angefochten werden (RG **69**, 112; Köln MDR **56**, 53). Bei einer Strafmaßberufung hat das Berufungsgericht in eigener Verantwortung zu prüfen, ob die vom Erstrichter bejahten Voraussetzungen des § 21 vorliegen (Hamm VRS **54**, 28; Schleswig OLGSt. 40; Köln NStZ **89**, 24). Eine Wiederaufnahme zu dem Zweck, eine Strafmilderung nach § 21 herbeizuführen, ist unzulässig, § 363 II StPO. Will das Gericht die Voraussetzungen des § 21 verneinen, bedarf es keines Hinweises nach § 265 StPO, wenn die Anklage von verminderter Schuldfähigkeit ausgegangen ist (NJW **88**, 501).

9 **4) Irrtum** des Täters über Voraussetzungen des § 21 nützt und schadet ihm nichts (15 zu § 16).

10 **5) Unterbringung** nach §§ 63, 64; vgl. auch §§ 80a, 81, 126a StPO.

Zweiter Titel. Versuch

Begriffsbestimmung

22 Eine Straftat versucht, wer nach seiner Vorstellung von der Tat zur Verwirklichung des Tatbestandes unmittelbar ansetzt.

1 **Schrifttum:** *Adams/Shavell* GA **90**, 337; *Arzt* JZ **69**, 54; *Berz* Jura **84**, 511; *Bockelmann* JZ **54**, 468; **55**, 193; *Fiedler,* Vorhaben und Versuch im Strafrecht,

1967; *Foth* JR **65**, 366; *Furtner* JR **66**, 169; *Heinitz* JR **56**, 248; *Herzberg,* Oehler-FS 163; *Jakobs,* Arm. Kaufmann-GedS 271 (Zurechnungsproblematik); *Kratzsch,* Verhaltenssteuerung und Organisation im Strafrecht, 1985 u. JA **83**, 420, 578; *Lampe* NJW **58**, 332; *Less* GA **56**, 33; *J. Meyer* ZStW **87**, 598; *Roxin,* Heinitz-FS 251, JuS **73**, 329, **81**, 1, Schröder-GedS 145 u. JuS **79**, 1; *Sonnen/ Hansen-Siedler* JA **88**, 17; *Spendel* ZStW **69**, 44, NJW **60**, 1702, **65**, 1881 u. Stock-FS 89; *Struensee,* Arm. Kaufmann-GedS 523 u. ZStW **102**, 20; *Treplin* ZStW **76**, 441; *Vehling,* Die Abgrenzung von Vorbereitung und Versuch, 1991; *Vogler* ZStW **98**, 331; *Walder,* Leferenz-FS 537; *Wolter,* Leferenz-FS 545; *Zaczyk,* Das Unrecht der versuchten Tat, 1989.

1) Die Vorschrift, die § 43 aF entspricht, ist im Anschluß an § 26 II E 1962 **1a** (Begr. 144; Ndschr. **2**, 171, 187, 224) und § 24 AE durch das 2. StrRG (Ber. BT-Drs. V/4095; Prot. V/1651, 1735, 1742, 1745 ff., 2907) eingefügt worden.

2) Versuch ist die begonnene, aber nicht vollendete Tat, genauer die **2** zwischen Vorbereitung (3) und Vollendung (4) einer vorsätzlichen Straftat liegende Handlung, die zwar den subjektiven Tatbestand vollständig, den objektiven aber nur teilweise verwirklicht (10) oder dazu wenigstens unmittelbar ansetzt (11), NStZ **85**, 501 m. Anm. Ulsenheimer StV **86**, 202. Wie der Ausdruck „nach seiner Vorstellung" zeigt, kann nur eine **vorsätzliche Tat** (auch iS von § 11 II) vorsätzlich versucht werden; einen fahrlässigen Versuch gibt es nicht (vgl. Bay NJW **55**, 395; Hamm NJW **54**, 1780; LK-Vogler 16 vor § 22). Bedingter Vorsatz genügt (BGH **22**, 332), falls er auch zur Vollendung ausreichen würde (RG **70**, 203; LK 4). Will der Täter von vornherein nicht den vollen Tatbestand verwirklichen, sondern nur das Versuchsstadium (als *agent provocateur;* 8 zu § 26), so versucht er die Tat nicht (vgl. BGH **4**, 199; Kassel HESt. **1**, 234). Seine Handlung selbst muß der Täter aber auch im Fall des bedingten Vorsatzes unbedingt wollen, so daß kein Versuch gegeben ist, wenn der Täter beim Ziehen des Revolvers noch nicht zum Schießen entschlossen ist (BGH **12**, 306; **21**, 17; 268; **22**, 82; GA **63**, 148; MDR/D **63**, 19; Braunschweig NJW **49**, 477; str.), es kommt darauf an, was der Täter sich beim Abfeuern der Waffe vorgestellt hat (2. 3. 1983, 2 StR 752/82; vgl. Arzt aaO [oben 1], der den Strafbarkeitsbereich zu weit ausdehnt; Roxin, Schröder-GedS 151, 158 u. JuS **79**, 2).

3) Vorbereitung ist die *vor* dem Versuchsstadium liegende Tätigkeit, die **3** zwar auf die Tatbestandsverwirklichung hinzielt, aber noch nicht dazu unmittelbar ansetzt. Sie ist nur in den im Gesetz ausdrücklich genannten Fällen strafbar (§§ 80, 83, 87, 149, 152a I Nr. 2, §§ 234a III, 275, 311b) und ist dann zur selbständigen Tat erhoben, bei der es weder Vorbereitung noch Versuch, sondern nur Vollendung gibt, str., vgl. LK 88 ff. vor § 22. Im übrigen ist die Vorbereitung straflos, so zB das Ausforschen von Gelegenheit (Oldenburg StV **83**, 506, hierzu Geilen JK 10), Beschaffen und Bereitstellen von Werkzeug (RG **64**, 131), Heranbringen an den Tatort (RG **54**, 254), Sicherung gegen spätere Entdeckung (vgl. unten 14 bis 16; LK 4 vor § 22; Vehling [oben 1] 75 ff.).

4) Vollendung der Tat und damit die Beendigung des Versuchsstadiums **4** ist erreicht, wenn sämtliche Tatbestandsmerkmale erfüllt sind, gleichgültig, welche Handlungen noch nach der Tatbestandsverwirklichung vorgenommen werden. Die Frage der Vollendung läßt sich nicht losgelöst von den einzelnen Tatbeständen beantworten (vgl. zB BGH **24**, 178; NJW **73**,

§ 22
AT Zweiter Abschnitt. Zweiter Titel

5 814; LK 21 vor § 22). **A. Die bloße Handlung** als solche genügt vielfach, so zB beim Handeltreiben (§ 29 I Nr. 1 BtMG) jede eigennützige, auf Umsatz gerichtete Tätigkeit, auch eine nur gelegentliche, einmalige oder lediglich vermittelnde Tätigkeit (BGH **30**, 360; 24. 11. 1982, 3 StR 382/82). Oft wird der Eintritt eines bestimmten **Erfolges** (15 vor § 13; vgl. zB 32 zu § 240), so auch einer bestimmten **Gefahr** verlangt (13a vor § 13). In manchen Fällen begnügt sich das Gesetz mit der bloßen Absicht, auch ohne
6 deren Verwirklichung zu fordern (vgl. zB § 253). **B. Von der Vollendung** (Tatbestandsverwirklichung) ist **die** tatsächliche **Beendigung** des gesamten Handlungsgeschehens, mit dem das Tatunrecht den Abschluß findet, zu **unterscheiden** (BGH **4**, 133; **8**, 391; **20**, 196; VRS **13**, 350).

Schrifttum: *Bitzilekis* ZStW **99**, 723; *Furtner* MDR **65**, 431; JR **66**, 169; *Gössel* ZStW **85**, 644; *Hau*, Die Beendigung der Straftat und ihre rechtlichen Wirkungen, 1974; *Herzberg*, Täterschaft und Teilnahme (TuT) 1977, 71; *Hruschka* GA **68**, 193, JZ **69**, 607, GA **71**, 82 u. JZ **83**, 217; *Isenbeck* NJW **65**, 2326; *Jescheck*, Welzel-FS 683; *Kühl*, Die Beendigung des vorsätzlichen Begehungsdelikts, 1974, JZ **78**, 549 u. JuS **82**, 110; *Küper* JZ **81**, 251 u. **86**, 868; *Otto*, Lackner-FS 715; *Rudolphi*, Jescheck-FS 559; *Schünemann* JA **80**, 394; *Seier* StV **84**, 374; *Stratenwerth* JZ **61**, 95; *Warda* JuS **64**, 87; vgl. auch LK 23 ff. vor § 22.

Die *Beendigung* hat zB Bedeutung für die sukzessive Mittäterschaft (9 zu § 25), die Möglichkeit der Beihilfe (4 zu § 27 und 11 zu § 257) und den Beginn der Verjährung (2 zu § 78a; RG **71**, 64). Für Aussagedelikte vgl. 11, 17 zu § 154; zu Versuch und Vollendung im *Nebenstrafrecht*, insbesondere im Abgaben- und BtM-Recht vgl. unten 17. Bleiben Zweifel, ob eine Tat vollendet oder versucht ist, so ist zugunsten des Täters Versuch anzuneh-
7 men (RG **41**, 352; vgl. 14 zu § 1). **C. Trotz Zurückbleibens der Handlung** hinter dem vom Täter erstrebten Ziel ist die Tat vollendet, wenn das Erreichte den gesetzlichen Tatbestand erfüllt; so beim von sexueller Erregung getriebenen Betasten des bekleideten statt des erstrebten nackten Geschlechtsteils (§ 176 I; OGH NJW **50**, 710; vgl. auch 16 zu § 174); desgl. beim Entwenden einer geringeren Menge als der gewünschten; beim auftragsgemäßen Befördern eines Briefes bei § 99 I Nr. 1 (BGH **31**, 320; Stree NStZ **83**, 551). **D. Bei den Unternehmensdelikten** (§ 11 I Nr. 6; dort 34) umschließt die Tat sowohl Versuch wie Vollendung, aber auch die Beendigung (vgl. LK 93 ff. vor § 22).

8 **5) Die Abgrenzung** zwischen **Vorbereitung** und **Versuch** nimmt das Gesetz abw. von der *formell-objektiven Methode*, welche die Verwirklichung mindestens eines der Tatbestandsmerkmale fordert (so RG **69**, 329; anders BGH **4**, 334; **22**, 80; vgl. LK 39 ff. vor § 22) und abw. von einer *rein subjektiven Methode*, wonach nur die Vorstellung des Täters entscheidet (so zB BGH **1**, 116; **6**, 302; vgl. LK 46 ff. vor § 22), nach einer **subjektiv-objektiv gemischten Methode** (*Eindruckstheorie* Roxin JuS **79**, 1) vor (zusf Kühl JuS **80**, 120, 507; Walder SchweizZSt. **82**, 225 u. Leferenz-FS 537; Kratzsch aaO [oben 1], 428 ff. u. JA **83**, 424; Sonnen/Hansen-Siedler JA **88**, 17; LK 51 ff. vor § 22; M-Gössel § 40, 45).

9 **A. Subjektiver Faktor** ist, daß der Täter **nach seiner Vorstellung von der Tat zur Tatbestandsverwirklichung unmittelbar ansetzt.** Auszugehen ist von seinem konkreten Tatvorsatz (3 zu § 16), der vom ausgeklügelten Plan bis zur spontanen Affektschließung (Ber. 11) reichen kann und

Versuch **§ 22**

noch nicht in allen Einzelheiten konkretisiert zu sein braucht (vgl. RG 51, 311; **70**, 201; 258); ist die Vorstellung nicht auf einen bestimmten Tatbestand konkretisiert (Täter wirft Stein nach einem Verfolger, ohne sich Tötung oder Körperverletzung vorzustellen, LK 6), so ist vom leichtesten Tatbestand auszugehen; versuchte Tötung könnte nur angenommen werden, wenn bedingter Tötungsvorsatz feststellbar wäre (abw. LK aaO). Nach dem konkreten Tatvorsatz (BGH **26**, 202; NStZ **92**, 278; Saarbrükken NStE Nr. 3) entscheidet sich objektiv, ob eine Handlung noch Vorbereitung oder schon Versuch ist (Täter stellt vergiftete Speise in den Kühlschrank, um sie später dem Opfer vorzusetzen = Vorbereitung; soll das Opfer selbst darauf stoßen und essen = Versuch; vgl. RG JW **36**, 513; aM Gössel JR **76**, 251; weiter differenzierend SK 19; vgl. auch Blei JA **76**, 595).

B. Objektiver Faktor ist, daß der Täter entweder a) bereits **ein Tatbe-** 10 **standsmerkmal verwirklicht,** der Täter also zB im Fall des § 263 täuscht, ohne daß es schon zum Vermögensschaden kommt (GA **56**, 355; 14. 8. 1985, 3 StR 258/85), stets ist aber Voraussetzung, daß der Täter *alle* Tatbestandsmerkmale verwirklichen will (Karlsruhe NJW **82**, 59; Burkhardt JuS **83**, 426; Berz Jura **84**, 512). Die Anwendung des § 22 auf „tatbestandsähnliche" Regelbeispiele ist strafverschärfende Analogie (unten 21), weil § 22 sich nur auf Handlungen bezieht, die darauf gerichtet sind, die Tatbestandsmerkmale eines Grundtatbestandes, nicht Voraussetzungen einer Strafzumessungsregel zu erfüllen. Der Tatbestandsbegriff des § 22 schließt benannte Strafzumessungsumstände nicht ein (iErg. aM BGH **33**, 374 und im Anschluß hieran wohl auch Küper JZ **86**, 523; hierzu im einzelnen 48 ff. zu § 46); oder

b) dazu mindestens **unmittelbar ansetzt.** Diese Formel erfaßt in Einen- 11 gung der zT ausgeuferten Rspr. des RG und des BGH (unten 16) Handlungen des Täters, die nach dem Tatvorsatz der Verwirklichung eines Tatbestandsmerkmals unmittelbar vorgelagert sind (E 1962, 144) und die im Falle ungestörten Fortgangs ohne Zwischenakte in die Tatbestandshandlung *unmittelbar einmünden* (BGH **26**, 203 [m. krit. Anm. Gössel JR **76**, 250; Otto NJW **76**, 578; D. Meyer JuS **77**, 22; abl. SK 15]; **30**, 364; **31**, 12; 182; **36**, 250 [hierzu Otto JK 14 u. 15]; **37**, 297 [m. Anm. Kienapfel JR **92**, 122; hierzu im einzelnen Küper JZ **92**, 338]; GA **80**, 24 [hierzu Borchert JA **80**, 254; Kühl JuS **80**, 654, 811; **83**, 180]; MDR/H **80**, 272; NJW **80**, 1759; NStZ **81**, 99; **83**, 364; **87**, 20; MDR/H **80**, 272; **89**, 1050; NJW **91**, 1963; stRspr.; Karlsruhe NJW **82**, 59; Hamm NJW **89**, 3233). Diese Voraussetzung kann gegeben sein, bevor der Täter eine der Beschreibung des gesetzlichen Tatbestandes entsprechende Handlung vorgenommen hat, aber uU gleichwohl fehlen, wenn er hierdurch noch nicht zur die Strafbarkeit begründenden Rechtsverletzung angesetzt hat (BGH **30**, 364; **31**, 182; hierzu Maaß JuS **84**, 28), es müssen Gefährdungshandlungen vorliegen, die nach seiner Vorstellung in ungestörtem Fortgang unmittelbar zur Tatbestandserfüllung führen oder in unmittelbar räumlichem und zeitlichem Zusammenhang stehen (NStZ **89**, 473). Es sind das Handlungen, mit denen der Täter subjektiv die Schwelle zum „jetzt geht es los" überschreitet *und* objektiv oder subjektiv das geschützte Rechtsgut in eine konkrete nahe Gefahr bringt (BGH **28**, 163; NStZ **89**, 473), da es auf den Täterplan ankommt, ist es ohne Belang, ob die Gefährdung tatsächlich eintritt (BGH

169

§ 22

26, 203; ebenso SchSch-Eser 42; Roxin JuS **79**, 6; Blei JA **76**, 313; aM SK **15**; Gössel JR **76**, 249 u. M-Gössel § 40, 47; Otto NJW **76**, 579; JA **80**, 643). Diese Schwelle zum Versuch ist noch nicht überschritten, wenn es noch an einem letzten „Willensruck" fehlt (StV **87**, 529; LK 13). Zum Ganzen LK 34 ff.; Roxin JuS **79**, 1; Kühl JuS **80**, 508; Kratzsch JA **83**, 421, 584 (ausführlich); Lackner 3; Bockelmann-Volk AT § 27 III; M-Gössel § 40, 45 ff.; J. Meyer ZStW **87**, 605; Otto JA **80**, 649; Berz Jura **84**, 513; Struensee, Arm. Kaufmann-GedS 530; hierzu Vehling [oben 1] 54.

12 C) **Versuch wird bejaht:** Beim Eindringen, um zu stehlen (RG **70**, 203), nach Stehlenswertem zu suchen (Hamm MDR **76**, 155 m. Anm. Hillenkamp MDR **77**, 242) oder um zu töten (NStZ **87**, 20), Betreten der Bank durch bewaffnete Bankräuber (NStZ **83**, 364, hierzu Geilen JK 9), Sichniederlassen auf der Zufahrt zum Zwecke einer Sitzblockade (4 a, 10 zu § 240; Schleswig SchlHA **87**, 101), Beschmieren einer Scheibe, um sie lautlos einzudrücken (RG **54**, 35), Anhalten des Güterzuges (OGHSt. **2**, 162) oder Aufspringen auf das Trittbrett des fahrenden Wagens, um daraus zu stehlen (RG **54**, 327), oder wenn der Taschendieb die Hände in Hüfthöhe zwischen die sich im Omnibus drängenden Fahrgäste schiebt (MDR/D **58**, 12), wenn ein Trickdieb im Juwelierladen sich Schmuckstücke vorlegen läßt (6. 10. 1977, 4 StR 404/77; aM Kühl JuS **80**, 813) oder ein Hehler mit dem Dieb über den Preis der Beute verhandelt (MDR/D **71**, 546); wenn der Täter den Wachhund entfernen, um zu stehlen (RG **53**, 218; SK 17; Bockelmann-Volk AT § 27 III 2 c; Roxin JuS **79**, 6; aM LK 50), an den Vorderrädern eines Autos rütteln, um in Diebstahlsabsicht festzustellen, ob eine Lenkradsperre am Wegfahren hindert (BGH **22**, 80; LK 47; SK 16; Bockelmann-Volk aaO; Berz Jura **84**, 518); Beginn mit den Vorspiegelungen, die den Gegner unmittelbar zur Vermögensverfügung bestimmen sollen (RG **70**, 158); der Eingang einer betrügerischen Schadensmeldung bei der Versicherung (Bay NJW **88**, 1401, hierzu Puppe JuS **89**, 362); Aufladen von Säcken mit Mindergewicht zur sofortigen Ablieferung beim Käufer (Köln NJW **52**, 1066), Absenden von Briefen mit oberflächenpräparierten Postwertzeichen (§ 148; Koblenz NJW **83**, 1625 m. Anm. Lampe JR **84**, 164; krit. Küper NJW **84**, 777; Puppe JZ **86**, 995); Einsetzen des Nötigungsmit-
13 tels (zB empfindliches Übel) bei § 240 (Koblenz VRS **68**, 209); Versuch ist ferner Anlegen des Gewehrs auf einen andern; selbst bei ungespanntem Hahn (RG **59**, 386), aber auch schon Herausziehen des geladenen Revolvers, der am Taschenfutter hängen bleibt (RG **68**, 336), Betäubung, um den Bewußtlosen zu töten (RG **59**, 157), Vergiftung des zugedachten Tees (RG **59**, 1; vgl. aber oben 9), Ausgießen von Benzin, um es sofort anzustecken (OGH DRZ **50**, 235), möglicherweise Einsetzen des Gebärmutterspiegels (Bay **53**, 154; zw.) oder wenn der Täter bewaffnet dicht an ein haltendes Auto heranfährt, dessen Insassen beraubt werden sollen, wenn er bewaffnet in Raubabsicht in eine Bank eindringt, während dessen der Komplize im Fluchtauto startbereit mit laufendem Motor wartet (GA **80**, 25), wenn er in derselben Absicht einen Nagel in den Reifen eines Geldtransportfahrzeugs einschlägt, NJW **80**, 1759, oder ein Mann hinter einer Frau herrennt, um sie vom Fahrrad zu ziehen und zu vergewaltigen (vgl. auch BGH **1**, 115; MDR/D **52**, 16; 272; **66**, 196, anderseits **73**, 900), wenn die Täter maskiert und bewaffnet an einer Tankstelle läuten, um den Tank-

Versuch **§ 22**

wart zu berauben (BGH **26**, 201; Roxin JuS **79**, 6; Berz Jura **84**, 519; krit. Otto NJW **76**, 249; Gössel JR **76**, 249; SK 15; NStZ **84**, 506), oder mit gefälschten Ausweispapieren auf einen Grenzübergang zufährt (KG JR **81**, 37); entgegen 19. 1. 1962, 4 StR 452/61 auch, wenn jemand betrügerisch angebliche Blindenware an Firmen anbietet, zu denen er keine Geschäftsbeziehungen hat (aM LK 132); zum Versuchsbeginn bei § 176 dort 18, bei § 263 dort 44.

b) Vorbereitung ist anzunehmen (vgl. Kasuistik bei LK 132): Beim 14 Annähern mit Einbruchswerkzeugen an das aufzubrechende Gebäude (9. 2. 1982, 5 StR 792/81; RG **54**, 43; Köln MDR **75**, 948), beim Vorfahren vor 15 dem Haus, in dem eingebrochen werden soll (14. 12. 1965, 1 StR 467/65), ob Klingeln an der Tür des Opfers ausreicht, ist Tatfrage; verneinend für Eingangstüre eines Miethauses StV **84**, 420 (abl. KG GA **71**, 54; vgl. aber MDR/D **66**, 892; anderseits **71**, 362); Beschaffen von KFZ-Nachschlüsseln in Diebstahlsabsicht (BGH **28**, 162). Zureden zur Prostitution (BGH **6**, 98), das Ansinnen eines HIV-Infizierten an eine Dirne, mit ihr den ungeschützten Geschlechtsverkehr auszuüben (Bay NJW **90**, 781), bloß wörtliches Angebot der Lieferung von Falschgeld (NStZ **86**, 548), Erwerb falscher Fahrscheine zwecks späterer Täuschung (RG **64**, 131); bloßes Beisichtragen eines gefälschten Führerscheins (Kühl JuS **80**, 813; aM D. Meyer MDR **77**, 445); bloße Vertrauenserschleichung oder Ausstellenlassen von Postsparbüchern unter fremdem Namen, um einen späteren Betrug vorzubereiten (Karlsruhe NJW **82**, 59; wistra **84**, 142). Förderung des Tatplans einer Geiselnahme (NJW **92**, 702), Vorfahren der Bankräuber bis zum Bankeingang, MDR/H **78**, 985; NStZ **89**, 473, vgl. aber § 30 II!); Fahren zum Ort, wo Falschgeld übergeben werden soll (7. 5. 1985, 2 StR 60/85); Warten am Ort, wo BtM gekauft werden sollen (Celle MDR **86**, 421); Vorfühlen, ob Bereitschaft zu einer Begünstigung besteht (3. 10. 1979, 3 StR 264/79); Beiseiteschaffen versicherter Sachen, um sie als gestohlen zu melden (NJW **52**, 430); zur Frage des Versuchsbeginns beim Vortäuschen eines Versicherungsfalls gegenüber einem Scheckkartenversicherer (NStE § 263 Nr. 23). **Entgegen der Rspr.** zu § 43 aF: Die Beseitigung von Giebel- und Dielenbrettern (GA Bd. **44**, 143), um zu stehlen; Dingen eines Gehilfen für einen Betrug (RG **77**, 173; aM LK 132); Vermischen noch nicht zubereiteter Pilze mit einem Giftpilz (RG JW **36**, 513; aM LK 132); Eingeben unrichtiger Belege in die Buchhaltung zur Vorbereitung einer Tat nach § 370 III Nr. 4 AO, MDR **83**, 422); Herausholen einer Winde aus einem Versteck, um ein Fenstergitter auseinanderzubiegen (BGH **2**, 380; zw. aM Roxin JuS **79**, 5); Lauern auf das Opfer am Tatort (NJW **52**, 514 [mit abl. Anm. Mezger]; NJW **54**, 567; **62**, 645; anderseits MDR/D **73**, 728); doch sind hier Fälle denkbar, in denen die Gefahr für das Opfer schon so konkret und nahe ist, daß Versuch anzunehmen ist (25. 7. 1978, 1 StR 276/78; Blei JA **76**, 103; Kühl JuS **80**, 654; vgl. hierzu MDR/H **89**, 1050); Verabreden eines späteren Zusammentreffens mit einem Kind, um es später zu mißbrauchen (BGH **6**, 302; abw. Oldenburg MDR **63**, 155; Celle NJW **72**, 1823; Bockelmann JZ **55**, 193; Rudolphi JuS **73**, 20; Roxin JuS **73**, 329; Vehling [oben 1] 145; LK 132); oder gemeinsamer Kinobesuch, der der Tat vorausgehen soll (GA **66**, 146); anders aber, wenn das Kind zu diesem Zweck bereits in den Wald gelockt wurde (vgl. RG **52**, 184).

§ 22　AT Zweiter Abschnitt. Zweiter Titel

17　**6) Besondere Fallgruppen: A. Nebenstrafrecht a) Im Steuerstrafrecht** ist das bloße Verstreichenlassen der Fristen zur Abgabe von Steuererklärungen noch kein Versuch nach § 370 AO (30. 9. 1980, 5 StR 394/80). Zum Versuch einer solchen Tat bei der „Verdieselung" von Heizöl vgl. Karlsruhe JR **73**, 425, zust. Tiedemann JR **73**, 413. Zusf. zur Abgrenzung von Vorbereitungshandlung und Versuch bei Hinterziehung von Veranlagungssteuern Meine GA **78**, 321. *Vollendet* ist in diesen Fällen die Tat nach § 370 AO in dem Zeitpunkt, in dem nach dem Gang der Veranlagungsarbeit die Veranlagung des Täters beendet gewesen wäre (BGH **30**, 123; **36**, 111; **37**, 344; Bay wistra **90**, 159; GA **80**, 219; Gribbohm/Utech NStZ **90**, 210; zur Abgrenzung von Versuch und Vollendung bei Nichtabgabe einer Erklärung für Veranlagungssteuer Düsseldorf wistra **87**, 354, bei Ergehen eines Schätzungssteuerbescheids Ferschl wistra **90**, 177, hierzu krit. Dörn wistra **91**, 10. *Fehlgeschlagen* ist der Versuch der Steuerhinterziehung nicht schon mit dem Erlaß eines dem Täter ungünstigen Steuerbescheids sondern erst mit dessen Bestandskraft (BGH **36**, 116; **38**, 39). Vollendung tritt bei Abgabe einer Steuererklärung erst mit der Bekanntgabe des Festsetzungsbescheids ein, falls eine unrichtige Umsatzsteuervoranmeldung zur Steuerherabsetzung oder -vergütung führen soll, erst mit der Zustimmung der Finanzbehörde nach § 168 S. 2 AO (wistra **88**, 355). Bei Fälligkeitssteuern ist die Tat nach § 370 AO grundsätzlich mit der Abgabe unzutreffender Voranmeldungen oder mit der Unterlassung fristgemäßer Voranmeldungen getätigter Umsätze vollendet (12. 5. 1989, 3 StR 24/89). Für die *Tatbeendigung* (oben 6) kommt es auf die Festsetzung im Steuerbescheid und dessen Bekanntmachung an, bei Fälligkeitssteuern (zB Lohnsteuer) hingegen auf die Fälligkeit (15. 12. 1982, 3 StR 421/82), werden in einer Jahressteuererklärung Falschangaben der monatlichen Umsatzerklärung wiederholt, dann ist die Tat mit dem Eingang der Jahressteuererklärung beim Finanzamt beendet (NJW **89**, 2140). Zum Fall der Nettolohnabrede BGH **34**, 168; NJW **92**, 2240; 2. 6. 1992, 5 StR 194/92. Steuerhinterziehung kann noch im Beitreibungsverfahren begangen werden (NJW **76**, 525; 2. 2.

17a　1981, 3 StR 510/80). **b)** Bei **Ein- und Ausfuhr- und Zollvergehen** beginnt der Versuch frühestens mit Handlungen, die in ungestörtem Fortgang unmittelbar zur Tatbestandserfüllung führen sollen oder die im unmittelbar räumlichen und zeitlichen Zusammenhang stehen, das geschützte Rechtsgut also schon unmittelbar gefährden (BGHR § 29 I 1 BtMG, Einf. 12), also mit dem Beginn des Abtransports des Schmuggelguts von einem grenznahen Ort (NStZ **83**, 462, 511 m. Anm. Winkler) zur Grenze (NJW **85**, 1035; vgl. auch MDR/D **75**, 21 jeweils zum BtMG; NStZ/S **84**, 59). Daher fehlt es zB am Versuch einer BtM-Einfuhr, wenn Schmuggler nicht zugleich zur Grenze fahren, sondern erst noch übernachten (NStZ **83**, 224; 511; NJW **90**, 2072). Demgegenüber sah es BGH **20**, 150 bereits als versuchtes Ausfuhrvergehen (AWG) an, wenn der Täter die Ware (Munition) auf ein Fahrzeug lädt, um sie demnächst illegal über die Grenze zu bringen (hierzu Tiedemann ZRP **70**, 258; J. Meyer ZStW **87**, 610). Zu weit ging Bay JR **78**, 38 (m. abl. Anm. Hübner), wonach versuchte Eingangsabgabenhinterziehung schon darin liegen soll, daß ein LKW-Fahrer bei der Ausreise mehr Treibstoff angibt, als er mitführt (ebenso Köln VRS **56**, 455; abl. Kühl JuS **80**, 653; Kratzsch JA **83**, 578; Berz Jura **84**, 516; LK 123, 132; SchSch 44; SK 14). Ein Einfuhrversuch beginnt im Flugzeug oder in der

Versuch **§ 22**

Eisenbahn, insbesondere bei einer Zollkontrolle vor der Hoheitsgrenze früher als in einem Kraftfahrzeug oder bei einem Fußgänger, wo die Versuchsschwelle erst unmittelbar vor der Grenzkontrolle beginnt (BGH **36**, 250; 22. 7. 1992, 2 StR 297/92). *Vollendet* sind hingegen Einfuhr- und Hinterziehungsdelikte (spätestens) beim illegalen Grenzübertritt (BGH **24**, 178; NJW **73**, 814), beim legalen spätestens dann, wenn der Täter die Frage des Zollbeamten nach Bannware wahrheitswidrig verneint (BGH **25**, 139; **31**, 164; Bay NJW **83**, 1439 m. Anm. Jakobs JR **83**, 421) oder Bannware in das Gebiet der BRep. verbringt (BGH **31**, 254; **34**, 181; NStZ **86**, 274; NStE § 29 BtMG Nr. 17; StV **92**, 376 m. krit. Anm. Zaczyk); das ist stets der Fall, wenn er BtM über die Hoheitsgrenze auf deutsches Gebiet bringt (auf eine Gestellungspflicht nach § 372 AO kommt es nicht an: BGH **34**, 180; 6. 3. 1992, 3 StR 398/91), wenn er mit BtM, die sich in seinem Körper befinden, ins Inland einreist (17. 7. 1985, 2 StR 221/85), im Falle der Einfuhr im Post- oder Schienenwege ferner dann, wenn die Sendung die Grenze des Hoheitsgebiets der BRep. überschritten hat (MDR/H **83**, 622 m. Anm. Hübner JR **84**, 82; vgl. LG Berlin StV **83**, 288), und zwar selbst dann, wenn wegen Entdeckung dem Täter der Zugriff auf die Bannware verwehrt war (MDR **86**, 420, hierzu Körner MDR **86**, 719; **88**, 300); *beendet* hingegen, wenn die Bannware ihrem Bestimmungsort zugeführt (MDR/H **80**, 455), in Sicherheit gebracht und damit zur Ruhe gekommen ist (NJW **90**, 654). Die Einfuhr von BtM (§ 30 I Nr. 4 BtMG) ist bei einer *vorgeschobenen Grenzabfertigung* auf der Eisenbahnstrecke uU schon vollendet, wenn der Täter die Frage des Zollbeamten nach dem Zollgut verneint (BGH **31**, 216 m. Anm. Bick StV **83**, 331; Hübner JR **84**, 82; Körner StV **83**, 473), bei **Flugreisen** *beginnt* der Versuch der unerlaubten *Einfuhr* (hierzu BGH **34**, 181) im Falle alsbaldigen Abflugs mit dem Einchecken des Reisegepäcks (NJW **90**, 2072), der Tatbestand ist auch im Falle einer Zwischenlandung im Inland während eines Zwischenaufenthalts idR gegeben, da der Reisende das Gepäck im allgemeinen auf Verlangen ohne weiteres erhalten kann, uU ist ein Versuch gegeben (11. 1. 1984, 2 StR 630/83). Im Fall der *Durchfuhr*, d. i. der durch Beförderung oder Umschlag bedingte Zwischenaufenthalt, stehen Waren dann iS des (vollendeten) § 29 I Nr. 5 BtMG „tatsächlich zur Verfügung", wenn der Reisende das Gepäck ohne Schwierigkeiten erhalten kann (vgl. BGH **27**, 382); das ist bei Umladungen idR der Fall, jedoch liegt Versuch vor, wenn der Zwischenaufenthalt zu kurz war, das Gepäck in zollamtlicher Kontrolle blieb (8. 10. 1985, 1 StR 485/85), der Täter aber mit der Möglichkeit einer Aushändigung des Gepäcks rechnete (BGH **31**, 376; MDR/H **84**, 90; StV **83**, 369; 505; **84**, 25; 265; **85**, 14; **86**, 157; **87**, 105; NStZ **84**, 171; 365; **86**, 171; 273; NStE § 29 BtMG Nr. 7; stRspr.; MDR/S **82**, 882; **84**, 7; 970; **86**, 970; **87**, 970; **89**, 414; **90**, 1077; NStZ/S **84**, 58; **85**, 57; **86**, 54; **87**, 60; **88**, 348; **90**, 329; auch LG Frankfurt StV **88**, 533, das Versuch annimmt, gleichgültig ob es sich um einen Transittransport handelt, oder das BtM in der BRep. verbleiben sollte; zum Ganzen Prittwitz NStZ **83**, 350; Körner StV **83**, 471 und zusf. MDR **86**, 717), jedoch stellt NStZ **86**, 273 klar, daß es allein Sache des Tatrichters ist festzustellen, ob der Transitreisende überhaupt die Möglichkeit hatte, sein Flugreisegepäck am Ort der Zwischenlandung zu erhalten.

c) Eine strafbare Vermittlungstätigkeit (§ 22a I Nr. 7 KriegswaffG) ist **17b** nicht vollendet, wenn der durch die Tat herbeizuführende Kaufvertrag

§ 22 AT Zweiter Abschnitt. Zweiter Titel

nicht zustande kommt (NStZ 83, 172 [m. Anm. Holthusen, ferner Nadler NStZ 83, 510], 14. 4. 1987, 1 StR 75/87; Lohberger NStZ 90, 61). Ein Versuch liegt aber vor, wenn Handlungen zum Abschluß eines Vertrags über den Erwerb oder das Überlassen von Kriegswaffen führen sollen, also wenn im eigenen oder im fremden Namen bindende Angebote von Lieferfirmen an ernsthafte Interessenten übermittelt werden, an einem Versuch fehlt es aber, wenn es nur um Sondierungen geht, ob auf der Gegenseite Vertragsbereitschaft besteht (NJW **88**, 3109; BGHR § 1 KWKG, Vers.; Bay NStZ **90**, 85; hierzu Lohberger NStZ **91**, 46). Für die Vollendung des *Handeltreibens mit BtM* (2 b vor § 52) genügt schon eine auf Abschluß eines Kaufvertrages gerichtete Tätigkeit (BGH **30**, 361; **31**, 147; BGHR § 29 I 1 BtMG, Hdtr. 18), und zwar selbst dann, wenn die Beschaffung und Übereignung des BtM sich als unmöglich erweist (BGH **29**, 241), oder sich zerschlagen hat (NJW **86**, 2896; 20. 8. 1991, 1 StR 273/91). Der Versuch des Handeltreibens mit BtM-Imitaten ist straflos (§ 29 VI iVm I, II BtMG, 20. 8. 1991, 1 StR 321/91 [in BGH **38**, 58 nicht abgedruckt]). Zur Grenze zwischen Vorbereitungshandlung und Versuch des *unerlaubten Erwerbs von BtM* beim Abschluß eines Verpflichtungsgeschäfts auf Lieferung von BtM: Bay NStZ **84**, 320; Celle NJW **86**, 78, bei der Kuriertätigkeit: NJW **87**, 720. Bei der Abgabe von BtM fallen Vollendung und Beendigung stets zusammen (BGH **33**, 69 m. Anm. Roxin NStZ **85**, 320). Versuchtes Handeltreiben (§ 29 I Nr. 1 BtMG) kann in der Geldhingabe liegen, wenn ein enges mittäterschaftliches Verhältnis zum BtM-Geschäft besteht (1. 8. 1990, 2 StR 147/90).

18   B. Bei **Mittäterschaft** (§ 25 II) kommt es für das Unmittelbar-Ansetzen auf die „Gesamthandlung" an; es genügt, wenn *einer* der Mittäter die Grenze zwischen Vorbereitungshandlung und Versuch überschritten hat (BGH **11**, 271; **36**, 249; MDR/H **77**, 807; **86**, 974; hM; Vogler ZStW **98**, 341; LK 88ff.; Roxin JuS **79**, 13; Kühl JuS **80**, 652; **83**, 180; Otto JA **80**, 646; Steinke, KR **79**, 125; Küper, Versuchsbeginn und Mittäterschaft, 1978 [hierzu Maiwald ZStW **93**, 879] u. JZ **79**, 776; Stoffers MDR **89**, 213; M-Gössel § 49, 95ff.); also wenn eine zum Gesamtplan gehörende Einzelhandlung unmittelbar in die Tatbestandsverwirklichung einmündet (NStZ **81**, 99 [hierzu Geilen JK 5]; differenzierend Rudolphi, Bockelmann-FS 385 u. SK 19a; Valdágua ZStW **98**, 839; Kratzsch JA **83**, 587). Bei **mittelbarer Täterschaft** (3 zu § 25) ist die Einwirkung des mittelbaren Täters auf sein Werkzeug zwar häufig nur vorbereitende Handlung (RG **45**, 282); so auch, wenn die Tat direkten Vorsatz verlangt (Blei JA **75**, 168); nicht aber, wenn der mittelbare Täter nach seiner Vorstellung die erforderliche Einwirkung auf den Tatmittler abgeschlossen, er ihn aus seinem Einwirkungsbereich entlassen, das Tatgeschehen also „aus der Hand gegeben" hat, und daher das zu verletzende Rechtsgut bereits zu diesem Zeitpunkt unmittelbar *gefährdet* ist (BGH **4**, 271; **30**, 365; hierzu grundlegend Küper JZ **83**, 361; Kadel GA **83**, 299; Geilen JK 7; Kühl JuS **83**, 180; Sippel NJW **83**, 2226; JA **84**, 480 [gegen ihn Teubner JA **84**, 144]; v. Spiegel NJW **84**, 110; ferner Kontroverse Herzberg/Gronimus JuS **85**, 1; **86**, 246; 931; Vogler ZStW **98**, 340 u. LK 104; Küpper GA **86**, 447; M-Gössel § 48, 112). Das ist insbesondere der Fall, wenn der Tatmittler die ihm angesonnene Handlung sogleich erbringen soll (NStZ **86**, 547). Ob das Werkzeug gut- oder bösgläubig ist,

Versuch § 22

ist nur von indizieller Bedeutung (J. Meyer ZStW **87**, 608 gegen hM). Die gesamte Frage ist in der Theorie noch str. (vgl. Bockelmann JZ **54**, 473; Baumann JuS **63**, 93; Herzberg MDR **73**, 95; JZ **85**, 1 u. Oehler-FS 166; LK 97 ff.; SK 20; Roxin, Maurach-FS 218; 227 u. JuS **79**, 11; Kratzsch JA **83**, 586; Schilling, Der Verbrechensversuch des Mittäters und mittelbaren Täters, 1975). Zur Frage der *versuchten Teilnahme* und der Teilnahme am Versuch vgl. LK 96 ff. vor § 22.

C. Abschluß der Tathandlung bedeutet nach Roxin (Maurach-FS 213; JuS **73**, 329; vgl. auch Herzberg MDR **73**, 89) in Ausnahmefällen noch keinen Versuch, nämlich dann nicht, wenn der Täter die Handlungswirkung noch abwenden kann und das Tatobjekt noch nicht unmittelbar gefährdet ist: Frau schüttet Gift in die Whiskyflasche, aus der ihr verreister Mann nach Rückkehr trinken soll. In Wirklichkeit entscheidet hier der Tatplan (vgl. oben 9): Behält sich die Frau vor, die Flasche vor Rückkehr ihres Mannes wegzunehmen, so fehlt es schon an unbedingtem Handlungswillen (oben 2); will sie ihm das Glas damit füllen, ist nur eine Vorbereitungshandlung gegeben; Versuch hingegen, wenn sie entschlossen ist, nichts mehr zu ändern, und erwartet, daß ihr Mann selbst trinkt (ebenso J. Meyer aaO 609; weitergehend Blei JA **75**, 168). 19

D. Bei erfolgsqualifizierten Delikten ist Versuch in den unter 5 zu § 18 genannten Fällen möglich (LK 70 ff. vor § 22; vgl. BGH **36**, 6; auch 38 zu § 11). 20

E. Zur Beurteilung von Versuchshandlungen bei **Regelbeispielen** für besonders schwere Fälle 48 ff. zu § 46. 21

F. Bei **den unechten Unterlassungserfolgsdelikten** ist Versuch gegeben, sobald die Rechtspflicht zum Handeln einsetzt (§ 8), der Erfolg aber ausbleibt (hM; OGHSt. **1**, 359; Maihofer GA **58**, 289; Grünwald JZ **59**, 46; Schröder JuS **62**, 86; Roxin JuS **79**, 10; Vehling [oben 1] 157; krit. Herzberg MDR **73**, 89; LK 118 ff.; vgl. auch 18 zu § 13). Entsprechendes gilt für **echte** Unterlassungserfolgsdelikte (§ 357 I). Hingegen ist bei unechten und echten (§§ 138, 264 I Nr. 2, 265 b I Nr. 2, 323 c) **Unterlassungstätigkeitsdelikten** Versuch praktisch nicht denkbar (Schaffstein, Dreher-FS 149, 158), da das Unterlassen mit dem Einsetzen der Handlungspflicht bereits Vollendung darstellt, strafbarer Versuch aber nicht angenommen werden kann, wenn der Täter im Zeitraum erfolgreicher Handlungsmöglichkeit doch noch seine Pflicht erfüllt (vgl. LK 60 ff. vor § 22). 22

7) Der untaugliche Versuch ist, wie § 23 III beweist, strafbar (vgl. schon BGH **3**, 248; **4**, 199; MDR/D **73**, 900; Jescheck § 50 I; Kühl JuS **81**, 193; Struensee ZStW **102**, 33; LK 133 ff.; SchSch 60 ff.). **A.** Im Gegensatz zum tauglichen Versuch, der zwar nicht zur Verwirklichung aller Tatbestandsmerkmale führt, nach der Sachlage aber nicht von vornherein scheitern muß, ist ein Versuch untauglich, wenn er von vornherein nicht gelingen kann, weil Tatbestandsmerkmale, die der Täter irrig für gegeben hielt (BGH **6**, 251), fehlen. 23

B. Die Strafwürdigkeit des untauglichen Versuchs ist in der für die Rechtsgemeinschaft unerträglichen Auflehnung gegen die Rechtsordnung zu sehen (BGH **11**, 324; **30**, 366; NJW **58**, 837; Karlsruhe NJW **68**, 560); vgl. Otto ZStW **87**, 568; J. Meyer ZStW **87**, 604; aM Sax JZ **76**, 432). 24

Wenn es auch am Erfolgsunwert fehlt, ist der Unwert der Handlung, die auf die Rechtsverletzung gerichtet war, doch gegeben. Diese **subjektive Theorie** liefert für die Praxis auch klare, brauchbare Ergebnisse.

25 Die **objektive Theorie** nahm Versuch nur an, wenn die Vollendung wegen Ausbleibens des Erfolges mißlingt; nicht auch im Falle, daß der Täter fälschlich gewisse Tatbestandsmerkmale als gegeben erachtet (sog. Mangel am Tatbestand). Die Theorie, die in ihrer ursprünglichen Form zwischen absoluter und relativer Untauglichkeit unterscheiden mußte, wird heute nur noch vereinzelt vertreten (so von Spendel NJW 65, 1881, Stock-FS 89 u. JuS 69, 315; Dicke JuS 68, 157; 69, 314).

26 **C. Der Irrtum** kann sich beziehen auf a) die **Tauglichkeit des Objekts**, zB Tötungsversuch an einer Leiche (RG 1, 451); Täuschungsversuch des Täters, dem die Forderung tatsächlich zusteht (RG 49, 20); Versuch einer Tat nach § 176 an Personen über 14 Jahre (RG 39, 316); Beischlaf mit der vermeintlich eigenen Tochter, die ein anderer gezeugt hat (RG 47, 189); Flucht des zweiten Mittäters mit der Beute eines „Raubes", den der erste nur vorgespiegelt hat (MDR 52, 16), Nichtabgabe einer Einkommensteuererklärung, zu der sich der Täter irrigerweise für verpflichtet hält (KG wistra 82, 196, zw.; hierzu krit. Burkhardt wistra 82, 178; LK 139).

27 b) die **Tauglichkeit des Mittels**, zB Anwendung eines untauglichen Abtreibungsmittels (RG 68, 13); Vergiftungsversuch mit einer unzureichenden Dosis (RG 24, 382); Betrugsversuch mit irrig für falsch gehaltenen Behauptungen (RG 50, 35; LK 138).

28 c) die **Tauglichkeit des Subjekts.** Hält sich ein Nichtamtsträger für einen Amtsträger, so kann er kein echtes Amtsdelikt begehen, weil das Gesetz als Täter dieses Sonderdelikts nur einen Amtsträger mit Strafe bedroht (RG 8, 199; Schleswig SchlHA 49, 297); wohl aber liegt untauglicher Versuch vor, wenn der Täter Voraussetzungen annimmt, bei deren Gegebensein er Amtsträger wäre (BGH 8, 323; Schleswig SchlHA 49, 297; LK 153 ff.; SK 26 ff.; Jescheck § 50 III; ferner Bruns, Der untaugliche Täter im Strafrecht, Karlsruhe 1955; GA 79, 161; anderseits Stöger, Versuch des untauglichen Täters, Berlin 1961; Foth JR 65, 371; Stratenwerth, Bruns-FS 59; Schlüchter 164 ff. und JuS 85, 529; Arm. Kaufmann, Klug-FS 286; Schünemann GA 86, 317).

29 **D.** Bei der **Strafzumessung** kann zugunsten des Täters berücksichtigt werden, daß der Versuch ein untauglicher war; LM Nr. 10 zu § 49a aF. Das gilt vor allem für den aus grobem Unverstand (6 zu § 23).

30 8) Zum **abergläubischen** (irrealen) **Versuch** (vgl. 5 zu § 23).

31 9) Auch das **Wahndelikt** ist kein untauglicher Versuch, daher straflos. Dabei nimmt der Täter nicht irrig das Gegebensein fehlender Tatbestandsmerkmale an, sondern hält irrig eine im Sachverhalt richtig erkannte Handlung für strafbar, so zB den Beischlaf mit seiner Nichte (vgl. RG 66, 126); die pflichtwidrige, von den Vertragsparteien gewünschte Beurkundung einer von ihnen tatsächlich abgegebenen, aber dem wahren Willen nicht entsprechende Erklärung (NStZ 86, 550 m. Anm. Schumann JZ 87, 525; vgl. auch 33 zu § 16; Maurach NJW 62, 716; Foth JR 65, 366; Blei JA 77, 582; Kühl JuS 81, 193: vgl. LK 143 ff.; SK 30 ff.; hierzu grundlegend und zusf Herzberg JuS 80, 469 und Burkhardt JZ 81, 681; wistra 82, 178; Nierwetberg Jura 85, 241; Schlüchter wistra 85, 94; Reiß wistra 86, 193 [am

Beispiel des Steuerstrafrechts]; Schünemann GA **86**, 312; Jakobs, Arm. Kaufmann-GedS 275; Struensee ZStW **102**, 41; Kindhäuser GA **90**, 419; SchSch 78 ff. SK 32 ff.; Franzen/Gast/Samson 196 zu § 370 AO).

Strafbarkeit des Versuchs

23 ⁱ Der Versuch eines Verbrechens ist stets strafbar, der Versuch eines Vergehens nur dann, wenn das Gesetz es ausdrücklich bestimmt.

ⁱⁱ Der Versuch kann milder bestraft werden als die vollendete Tat (§ 49 Abs. 1).

ⁱⁱⁱ Hat der Täter aus grobem Unverstand verkannt, daß der Versuch nach der Art des Gegenstandes, an dem, oder des Mittels, mit dem die Tat begangen werden sollte, überhaupt nicht zur Vollendung führen konnte, so kann das Gericht von Strafe absehen oder die Strafe nach seinem Ermessen mildern (§ 49 Abs. 2).

1) Die Vorschrift wurde in enger Anlehnung an § 27 E 1962 (Begr. 145; **1** Ndschr. **2**, 173, 177, 184, 188, 190, 193 ff., 225; **4**, 364) durch das 2. StRG (Ber. BT-Drs. V/4095; Prot. V/1635, 1735, 1742, 1747 ff.) eingefügt.

2) Bei Verbrechen (§ 12 I) ist der Versuch (außer in den Fällen des § 83 I **2** [dort 3] und des § 311 b [dort 9]) stets strafbar, bei vorsätzlichen Vergehen (§ 12 II) nur, wenn das Gesetz es ausdrücklich bestimmt. Der Täter braucht nicht zu wissen, daß seine Tat ein Verbrechen oder Vergehen ist; doch kommt es ihm zugute, wenn sein Vorsatz nur Tatumstände umfaßt, die seine Tat zum Vergehen machen würden (RG **46**, 265; LK-Vogler 4; § 16 I; zu beachten auch § 16 II).

3) Milder als die vollendete Tat **kann** (dazu Ber. 11; Timpe 91 ff.; Dege- **3** ner ZStW 103/397) der Versuch **nach II** bestraft werden, der eine Milderung iS § 49 I (vgl. dort 2), dh die Wahl eines niedrigeren Strafrahmens zuläßt, so daß zu entscheiden ist, ob dieser Rahmen angewendet werden soll (BGH **1**, 117; **16**, 351; **17**, 266). Die Wahl des niedrigeren Strafrahmens ist nach den allgemeinen Strafzumessungsregeln zu treffen (7 ff. zu § 46), und zwar auf Grund einer **Gesamtschau der Tatumstände** (dazu krit. Horn, Arm. Kaufmann-GedS 580; Frisch/Bergmann JZ **90**, 949) und der Persönlichkeit des Täters (hM; BGH **35**, 355; JZ **88**, 367). Sehr umstr. ist allerdings die Frage, ob in die Gesamtwürdigung *alle* schuldrelevanten Umstände einzubeziehen sind (so stRspr., zB BGH **16**, 351; MDR/H **81**, 979; StV **84**, 246; **86**, 378; GA **84**, 374; krit. Frisch, Spendel-FS 387) oder ob nur eine eingeschränkte Gesamtschau erlaubt ist, die nur darauf abstellt, ob sie Tatsachenbasis für die Antwort auf die Frage sein kann, warum es beim Versuch geblieben ist (so Dreher JZ **57**, 155; SchSch-Eser 7; SK 3; Bruns 143 ff.), so daß andere Umstände wie etwa Vorstrafen des Täters (Hamm NJW **58**, 561) dabei nicht zu berücksichtigen sind. Einmütigkeit herrscht allerdings darüber, daß bei der Gesamtschau den **wesentlich versuchsbezogenen Umständen** besonderes Gewicht zukommt (BGH **36**, 18; 30. 7. 1991, 1 StR 426/91), so die Gefährlichkeit des Versuchs, zB tateinheitliches Zusammentreffen mit einer folgenschweren fahrlässigen Körperverletzung (NJW **89**, 3230; MDR/H **91**, 703), aufgewandte kriminelle Energie (BGH **36**, 18; StV **85**, 411; **86**, 379; JZ **88**, 367; NStZ/D **90**, 176), dh Kriterien für die Einstufung von Handlungs- und Erfolgsunwert (vgl. Bruns 170; Hamm NJW **58**, 561, 1694; hierzu Frisch aaO 393). Wenn auch der Satz, beim beendeten Versuch bestehe idR kein Anlaß zur Milderung nach II, in dieser Allgemeinheit nicht gilt (StV **91**, 105), so wird gleichwohl beim beendeten Versuch meist kein, beim unbeendeten Versuch dagegen idR Anlaß zur Milderung bestehen. Bei beiden Versuchsfiguren kann freilich die Nähe des Erfolges groß oder gering, ev. nur durch Zufall ausgeblieben sein (vgl. Ber. 11; MDR **62**, 748; GA **65**, 204; MDR/D **70**, 380; **73**, 900), doch darf die Milderung beim unbeendeten Versuch nicht mit der Begründung abgelehnt werden, es sei kein Verdienst des Täters, daß der Erfolg ausgeblieben ist (MDR/D **72**, 569; **73**, 191; 18. 12. 1979, 5 StR 678/79; bei Verdienst käme § 24 in Frage!), oder weil die Vollendung entgegen dem Willen des Täters ohne sein Verdienst ausgeblieben ist (NJW **62**, 356; StV **85**, 411; NStE § 178 Nr. 3; LK 16). Bei versuchten Tötungsdelikten kann II zu versagen sein, wenn das Leben des Verletzten nur durch sofortige Notoperation gerettet werden konnte (BGHR § 23 II StRVersch 9). Der Beitritt als Streithelfer kann im Falle eines versuchten Prozeßbetrugs nur dann einer Strafmilderung nach II entgegenstehen, wenn der Zweck der Intervention ausschließlich darin besteht, den falschen Tatsachenvortrag betrügerisch zu unterstützen (BGHR § 23 II, StRVersch. 3). Soll gemildert werden, so ist die Strafe grundsätzlich unmittelbar aus dem sich nach § 49 I ergebenden Strafrahmen zu entnehmen (BGH **1**, 115; MDR **51**, 403; LK 7, 21). Bei der Bestimmung der Strafe innerhalb dieses Rahmens scheidet der Umstand aus, daß nur Versuch vorliegt (BGH **16**, 351; anders BGH **17**, 266 und hM); hingegen sind jetzt alle sonstigen Milderungs- oder Schärfungsgründe zu berücksichtigen (Dreher JZ **57**, 155). Die Milderung setzt nicht voraus, daß auf eine Strafe erkannt wird, die unter der für die vollendete Tat angedrohten erhöhten Mindeststrafe liegt (JR **56**, 500 m. Anm. Gallas; LK 23; aM Börker JR **56**, 477; gegen ihn Dreher JZ **56**, 682). Bei der Zumessung (auch wenn nicht gemildert wird) von einer hypothetischen Vollendungsstrafe auszugehen, ist sehr problematisch und nur vertretbar, wenn zu übersehen ist, wie die vollendete Tat sich abgespielt hätte (vgl. BGH **1**, 116; MDR **51**, 403; OGHSt. **1**, 194; Bay NJW **51**, 284). Bei Unternehmensdelikten (34 zu § 11) gilt § 23 II nicht (LK 26). Das Urteil muß im übrigen erkennen lassen, daß die Frage der Milderung geprüft worden ist (MDR/H **81**, 979; 22. 3. 1989, 3 StR 57/88; Bay wistra **90**, 112), der Hinweis, daß berücksichtigt worden sei, daß es beim Versuch geblieben ist, genügt nicht (StV **82**, 114). Die Anordnung von Maßnahmen (§ 11 Nr. 8) wird durch II nicht berührt.

4   **4) Nach III** besteht in Fällen des untauglichen Versuchs eine Strafabsehens- und -milderungsmöglichkeit, die entsprechend (jedoch dort obligatorisch) für den Versuch der Beteiligung gilt (§ 30 I S. 3). Ausdrücklich erwähnt III nur die Fälle der Untauglichkeit des Tatobjekts oder des Tatmittels (26, 27 zu § 22), was jedoch die Anwendbarkeit auf den Fall des strafbar untauglichen Subjekts (28 zu § 22) nicht ausschließt. Der Gesetzgeber hat hier in Erwartung der Einbeziehung durch die Rspr. auf eine gesetzliche Erwähnung verzichtet (Ber. 11). III ist somit zB analog anzuwenden, wenn jemand ein offensichtliches Scherzschreiben für eine Beamtenernennungsurkunde gehalten hat (Gössel aaO 236; LK 32).

Versuch § 23

A. Unanwendbar ist III auf den **abergläubischen** (irrealen) **Versuch,** bei 5
dem der Täter zB durch Zauberei und sonstige übernatürliche Mittel einen
strafrechtlich relevanten Erfolg erreichen möchte (str.; vgl. Schneider GA **55,**
265; Gössel GA **71,** 225; J. Meyer ZStW **87,** 618; Roxin JuS **73,** 331 mwN;
Timpe 109 ff.; Herzberg Jura **90,** 19; Jakobs, Arm. Kaufmann-GedS 279; Struensee ZStW **102,** 36; LK 30; SK-Rudolphi 35 zu § 22; M-Gössel § 40, 142), zB
durch Totbeten, Teufelsbeschwören, Anwenden von „Sympathiemitteln" (RG
33, 321). Hier wird es vielfach schon am Vorsatz fehlen, wenn der Täter den
Erfolg nur erhofft (vgl. Jescheck § 50 I 6); vor allem wird dabei der vom Strafrecht erfaßte Sozialbereich überschritten (RG **33,** 323).

B. Voraussetzung des III **ist,** daß der Versuch **überhaupt nicht** zur Vollen- 6
dung kommen konnte. Die Sorge um ein Wiederaufleben des Streits um die
Abgrenzung von tauglichem und untauglichem Versuch (Gössel aaO; Roxin
aaO 330; ähnlich Bockelmann-Volk AT § 27 III 3 c), ist praktisch unbegründet.
Denn als zusätzliche Voraussetzung fordert III, daß der Täter die Vollendungsmöglichkeit des Versuchs **aus grobem Unverstand verkannt** hat; die beiden
Merkmale müssen zusammengesehen werden (ähnlich Lackner 6, LK 33;
SchSch 15 ff.; SK 7). Ein solcher Unverstand liegt bei einem Täter vor, der dem
Versuch einer „völlig abwegigen Vorstellung von gemeinhin bekannten Ursachen" (E 1962, 145) eine Verwirklichungsaussicht einräumt. Das ist zB dann der
Fall, wenn jemand meint, mit Senfbädern und Seifenwasser einen Schwangerschaftsabbruch zu erreichen (SchweizBGE **70,** IV 50; vgl. auch RG **1,** 439) oder
mit einem Luftgewehr ein hoch fliegendes Flugzeug abschießen zu können;
nicht aber, wenn er die Reichweite einer Schußwaffe statt auf 100 m auf 1200 m
schätzt (Ber. 12; LK 35).

C. Das Gericht kann a) (es soll diese Möglichkeit in erster Linie erwägen, 7
Ber. 12) **von Strafe absehen.** Das bedeutet, daß der Täter zwar schuldig gesprochen wird und ihm die Verfahrenskosten auferlegt werden (§ 465 I S. 2
StPO; BGH **4,** 176), daß aber das Gericht auf Strafe verzichtet, und zwar durch
ausdrückliche Erklärung in der Urteilsformel (Ablehnung in den Gründen, RG
58, 59; LK 37). Der Zustimmung der StA bedarf es nicht. Jedoch kann die StA
mit Zustimmung des Gerichts von Anklageerhebungen absehen (§ 153 b I
StPO) und das Gericht kann nach erhobener Anklage bis zum Beginn der
Hauptverhandlung das Verfahren mit Zustimmung der StA und des Angeschuldigten einstellen (§ 153b II StPO); in diesen Fällen trägt die Staatskasse die
Kosten. Vgl. weiter Dallinger JZ **51,** 623; v. Weber MDR **56,** 705; Wagner GA
72, 33. Die Revision kann auf die Ablehnung des Absehens beschränkt werden,
wenn sie von der Schuldfrage losgelöst werden kann (vgl. BGH **10,** 320); **b)** die
Strafe nach **Ermessen** des Gerichts nach § 49 II mildern.

Rücktritt

24 ¹ Wegen Versuchs wird nicht bestraft, wer freiwillig die weitere
Ausführung der Tat aufgibt oder deren Vollendung verhindert.
Wird die Tat ohne Zutun des Zurücktretenden nicht vollendet, so wird
er straflos, wenn er sich freiwillig und ernsthaft bemüht, die Vollendung
zu verhindern.

II Sind an der Tat mehrere beteiligt, so wird wegen Versuchs nicht
bestraft, wer freiwillig die Vollendung verhindert. Jedoch genügt zu
seiner Straflosigkeit sein freiwilliges und ernsthaftes Bemühen, die Vollendung der Tat zu verhindern, wenn sie ohne sein Zutun nicht vollendet
oder unabhängig von seinem früheren Tatbeitrag begangen wird.

§ 24

AT Zweiter Abschnitt. Zweiter Titel

1 1) **Die Vorschrift** wurde in Anlehnung an § 28 E 1962 (Begr. 145; Ndschr. 2, 171, 173, 177, 184, 190, 193, 198 ff., 226; **9**, 303) durch das 2. StrRG eingefügt. I regelt den Rücktritt für den Fall des Alleintäters, II für den Fall mehrerer Tatbeteiligter. § 371 AO, der von rein fiskalischen Erwägungen ausgeht (BGH **35**, 37) verdrängt beim beendeten Versuch einer Tat nach § 370 AO den § 24 nicht (BGH **37**, 345). Die Vorschrift des § 243 StPO-DDR, wonach in Rücktrittsfällen die Schuld festzustellen und nur von Maßnahmen der strafrechtlichen Verantwortlichkeit abzusehen ist, ist nicht mehr geltendes Recht (BGH **37**, 321). **Schrifttum:** *Arzt* GA **64**, 1; *Bauer* wistra **92**, 201; *Bergmann* ZStW **100**, 329; *Bloy* JuS **87**, 528; *Bockelmann* NJW **55**, 1417; *Bottke,* Strafrechtswissenschaftliche Methodik usw. 1979; *Fahrenhorst* Jura **87**, 291; *Geilen* JuS **72**, 73; JZ **72**, 335; *Gores,* Der Rücktritt des Tatbeteiligten, 1982; *Gössel* GA **84**, 578; *Günther,* Arm. Kaufmann-GedS 541; *Gutmann,* Die Freiwilligkeit beim Rücktritt vom Versuch und bei der tätigen Reue, 1963; *Haft* JA **79**, 306; *Heinitz* JR **56**, 248; *Herzberg,* Blau-FS 97, H. Kaufmann-GedS 710, Lackner-FS 327, NJW **86**, 2466, **88**, 1559, **89**, 862, **91**, 1633, NStZ **89**, 49, JZ **89**, 114, **90**, 172, JuS **90**, 273 u. NStZ **90**, 311; *Hillenkamp,* Schaffstein-Symp. 81; *R. v. Hippel,* Untersuchungen über den Rücktritt vom Versuch, 1966; *Hruschka* JZ **69**, 495; *Jakobs* ZStW **104**, 82; *Kienapfel,* Pallin-FS 205; *Krauß* JuS **81**, 883; *Kühl* JuS **81**, 193; *Lampe* JuS **89**, 610; *Lenckner,* Gallas-FS 281; *Otto* GA **67**, 144 u. JA **80**, 707; *Römer* MDR **89**, 945; *Roxin,* Heinitz-FS 267 u. JuS **73**, 332; *Rudolphi* NStZ **89**, 508; *Schröder* MDR **49**, 714, **56**, 321 u. JuS **62**, 81; *v. Scheurl,* Rücktritt vom Versuch und Tatbeteiligung mehrerer, 1972; *Streng* JZ **90**, 212; *Traub* NJW **56**, 1183; *Burkhardt,* Der „Rücktritt" als Rechtsfolgebestimmung, 1974; *Ulsenheimer,* Grundfragen des Rücktritts vom Versuch in Theorie und Praxis, 1976 u. Bockelmann-FS 405; *Vogler* ZStW **98**, 331; *M. Walter,* Der Rücktritt vom Versuch als Ausdruck des Bewährungsgedankens im zurechnenden Strafrecht, 1980 (hierzu *Küper* GA **82**, 228); *Jescheck* ZStW **99**, 111 (rechtsvergl. Ber.).

3 2) Als **persönlicher Strafaufhebungsgrund** (17 vor § 32; LK-Vogler 22; unten 18) kommt der Rücktritt nur demjenigen zugute, der sich freiwillig und ernsthaft bemüht, die begonnene Tat nicht zur Vollendung kommen zu lassen. In der Rspr. wurde früher die Theorie von der „goldenen Brücke" (RG seit **6**, 341), später die von der geringeren kriminellen Intensität (BGH **9**, 52; **14**, 80) vertreten (vgl. auch LK 6ff.; SchSch-Eser 2ff.; M-Gössel § 41, 6ff.; Krauß JuS **81**, 887; sowie SK-Rudolphi 4, wo die verwandte sog. *Strafzwecktheorie* vertreten wird) vgl. ferner Herzberg, Lackner-FS 349 u. NStZ **89**, 49 *(Schulderfüllungstheorie);* hierzu Bauer wistra **92**, 203.

4 3) Nach I S. 1 ist **zwischen unbeendetem** (Aufgeben der weiteren Ausführung) und **beendetem Versuch** (Verhinderung der Vollendung) **zu unterscheiden,** was im Hinblick auf die für die Straffreiheit zu erbringende „Rücktrittsleistung" (unten 5, 7) von praktisch großer Bedeutung ist (krit. Ulsenheimer aaO 217; Krauß JuS **81**, 885; Herzberg NJW **86**, 2471). *Beendet* ist der Versuch, wenn der Täter glaubt, alles zur Verwirklichung des Tatbestandes Erforderliche getan zu haben (BGH **14**, 79; StV **82**, 70), auch dann, wenn er nur mit bedingtem Vorsatz gehandelt hat (BGH **22**, 332); *unbeendet,* wenn er glaubt, zur Verwirklichung des Tatbestandes noch weiterer Handlungen zu bedürfen. Für die Abgrenzung ist maßgebend die
4a **Vorstellung des Täters** *nach Abschluß der letzten Ausführungshandlung* (BGH **31**, 175 [m. Anm. Küper JZ **83**, 264; Rudolphi NStZ **83**, 361; Kienapfel JR **84**, 72; Puppe NStZ **84**, 488; H.-W. Mayer MDR **84**, 187 u. NJW **88**, 2589;

Meyer-Goßner NStZ 86, 50; Fahrenhorst Jura 87, 292; Otto JK 10]; LK 67ff.), das ist der sog. **"Rücktrittshorizont"** (BGH 33, 298 [hierzu Puppe NStZ 86, 15; Roxin JR 86, 424; Weidemann GA 86, 409; Herzberg NJW 86, 2466]; NJW 86, 1001 [m. Anm. Roxin JR 86, 424; Otto JK 11; Otto/Ströber Jura 87, 374]; NStZ 86, 265; MDR/H 88, 99 [hierzu Otto JK 13]; 91, 482; NStE Nr. 5, 7, 17, 19, 23; 34, § 212 Nr. 24; EzSt. § 146 Nr. 3; 22. 11. 1991, 2 StR 451/91; 21. 7. 1992, 1 StR 391/92; DAR/G 90, 246). Hierzu bedarf es der Feststellungen (23. 8. 1988, 4 StR 366/88). Beendet ist ein Versuch daher erst dann, wenn der Täter nach der letzten Ausführungshandlung die tatsächlichen Umstände, die den Erfolgseintritt nahe legen, erkennt oder den Erfolgseintritt in Verkennung der tatsächlichen Ungeeignetheit der Handlung für möglich hält (BGH 33, 299; MDR/H 87, 92; 88, 99; NStE Nr. 12, 14; StV 88, 201; 92, 10; 62; NStZ 92, 434; 536; BGHR § 24 I S. 1, Vers., bed. 2; 14. 3. 1991, 4 StR 69/92; 28. 1. 1992, 5 StR 9/92); nicht aber, wenn der Täter irrtümlich den Erfolgseintritt für möglich hält und nach alsbaldiger Erkenntnis dieses Irrtums von weiteren Ausführungshandlungen Abstand nimmt (BGH 36, 226, zw.; m. krit. Anm. Ranft JZ 89, 1128; Otto Jura 92, 429). Dieser „Rücktrittshorizont" ist nunmehr maßgebend *unabhängig von einem fest umrissenen Tatplan,* der als Abgrenzungskriterium keine Rolle mehr spielt (BGH 35, 92 [m. Anm. Rengier JZ 88, 931; Herzberg NJW 88, 1559]; 35, 349; NStZ 89, 317 [hierzu Otto JK 16]; StV 88, 201 [hierzu Seier JuS 89, 102 u. Dörrenbächer JuS 90, 160]; BGHR § 24 I S. 1, Vers. unb. 12, 14 u. 18; NStE Nr. 25; krit. Herzberg NJW 86, 2471; zusf. Otto Jura 92, 424), und zwar auch in Fällen, in denen der Täter dem Opfer mit *bedingtem* Vorsatz nur einen Stich versetzt hat oder versetzen wollte, also nur ein bestimmtes Ziel erreichen wollte (JZ 89, 681; NJW 90, 263 [überholt NJW 84, 1693 u. StV 86, 15, aber insoweit wiederum offen gelassen, NJW 90, 522, hierzu Puppe NStZ 90, 433; Otto JK 18 u. Jura 92, 430 und im einzelnen Streng JZ 90, 212, hierzu wiederum Herzberg NStZ 90, 312, ferner Schall JuS 90, 623]): Weder steht die vollständige Durchführung des Tatplanes einem unbeendeten Versuch (vgl. hierzu insbesondere NStZ 89, 317, Otto JK 15), noch die nur teilweise Verwirklichung des Plans einem beendeten Versuch entgegen. Maßgebend ist allein, ob durch die vorgenommene Handlung für den Täter erkennbar eine unmittelbare Gefährdung des Opfers eingetreten ist oder nicht. Im ersteren Fall muß der Täter, will er die Tat nicht vollenden, seine Rechtstreue unter Beweis stellen und sich Straffreiheit verdienen, Aktivitäten zur Verhinderung des Erfolges entfalten, im letzteren Fall reicht es aus, wenn er mit seinem Tun innehält (BGH 35, 93 m. Anm. Rengier JZ 88, 931). Wurde jedoch das *außertatbestandliche Handlungsziel erreicht,* ohne daß der in Kauf genommene Erfolg eingetreten ist, ist ein strafbefreiender Rücktritt nicht mehr möglich (NJW 90, 522 [m. Anm. Puppe NStZ 90, 433; Otto JK 18]; NStZ 92, 536), weil in einem solchen Fall die Fortsetzung tatbestandsmäßigen Handelns auf einem neuen, anders motivierten Tatentschluß beruhen würde und hierin kein Rücktritt von der davor abgeschlossenen Tat läge (NJW 91, 1189 m. Anm. Rudolphi JZ 91, 525 u. krit. Herzberg JR 91, 159). Der BGH folgte der im Schrifttum überwiegend vertretenen und iErg. rücktrittsfreundlichen **Gesamtbetrachtungslehre** (auch *„Einheitstheorie"* genannt, Roxin JR 86, 425; zust. Kienapfel JR 84, 72; Puppe NStZ 86, 14; Rengier JZ 86, 964; Streng JZ 90, 214; Wessels AT § 14 IV 3), die

4 b

§ 24

freilich hinsichtlich der Kriterien, von denen sie ausgeht (Einheitlichkeit des Tatgeschehens), noch nicht hinreichend geklärt ist (BGH 34, 56) und auch nicht in jeder Hinsicht zu befriedigen vermag (vgl. Herzberg, Blau-FS 97, NJW 86, 2466, 88, 1563, 89, 197 u. 91, 1635; SchSch 18; Bergmann ZStW 100, 344). Die Gesamtbetrachtung schränkt die Fälle ein, in denen wegen Fehlschlagens des Versuchs (unten 7 a) ein strafbefreiender Rücktritt nicht in Betracht kommt (BGH 34, 55; 35, 94). So ist ein Versuch (noch) unbeendet und nicht fehlgeschlagen, solange der Täter nach dem Scheitern des ersten Tatmittels die Tat ohne zeitliche Zäsur ggf mit anderen, uU ganz andersartigen (zB BGH 34, 53; NStZ 86, 264, insoweit zutr. abl. Ranft Jura 87, 532) einsatzbereiten Mitteln noch vollenden kann, hierauf aber verzichtet (BGH 34, 56 [m. Anm. Kadel JR 87, 117; Rengier JZ 86, 964; hierzu Fahrenhorst NStZ 87, 278; Ranft aaO 527]; 35, 94; NStE Nr. 17). Das gilt nach NJW 90, 263 (hierzu Herzberg JuS 90, 273) sogar in den Fällen des *bedingten Vorsatzes* (zw.), wo es dem 1. StS (unter Aufgabe von NJW 84, 1693 u. StV 86, 15) darum ging, Einwänden Rechnung zu tragen, die insoweit gegen die Gesamtbetrachtungslehre erhoben worden waren, als sie den gefährlicheren, mit direktem Vorsatz handelnden Täter (unbeendeter Versuch) günstiger stellte als einen mit bedingtem Vorsatz handelnden, dessen Versuch bereits nach Erreichen des primären Handlungsziels beendet ist (zum früheren Meinungsstreit: Ranft Jura 87, 533; Küper JZ 83, 267; Herzberg, Blau-FS 116 u. NJW 88, 1564), sofern nicht dem mit Eventualdolus Handelnden nach dem Zweifelsgrundsatz (unten 6 c) direkter Vorsatz und damit ein unbeendeter Versuch zugute zu halten war (NJW 84, 1683; NStE Nr. 8; Ulsenheimer JZ 84, 852; Weidemann NJW 84, 2805; Fahrenhorst NStZ 87, 279; SchSch 18). Stets ist in diesen Fällen für einen unbeendeten Versuch vorausgesetzt, daß die vorausgegangenen, erfolglos gebliebenen Teilakte mit den neuen, auf die der Täter verzichtet hat, einen *einheitlichen Lebensvorgang* bilden (BGH 21, 322; 34, 57; krit. Küper JZ 79, 799; Grünwald, Welzel-FS 714; Fahrenhorst Jura 87, 294; Ranft Jura 87, 529; LK 63). In diesen Fällen sowie im Falle eines *fortgesetzten* Versuchs (vgl. BGH 21, 322) sollen für das Vorliegen eines unbeendeten Versuchs die Vorstellungen und Möglichkeiten des Täters in dem Zeitpunkt maßgebend sein, in dem er das Scheitern des ersten oder der nachfolgenden Teilakte erkannt und die Fortsetzung der Tat auf anderem Wege für realisierbar gehalten hat (BGH 34, 58 m. Anm. Rengier JZ 86, 964; hierzu Fahrenhorst Jura 87, 294). Um Straffreiheit zu verdienen, muß der Täter seinen Verbrechensentschluß aber *im ganzen* aufgeben, einen *Teilrücktritt* von einem Qualifikationsmerkmal zum Grunddelikt gibt es nicht (so NStZ 84, 216 m. abl. Anm. Zaczyk, ebenso Streng JZ 84, 655), noch weniger kann jemand nach dem Scheitern eines ersten Teilakts strafbefreiend von seinem *Tötungs*vorsatz dadurch zurücktreten, daß er andere Mittel einsetzt und nur noch mit *Körperverletzungs*vorsatz weiterhandelt (**aM** aber und nicht überzeugend BGH 34, 58 m. zutr. abl. Anm. Kadel JR 87, 119).

4c Gegen die weitgehende und schwer abgrenzbare Ausdehnung strafbefreiender Rücktrittsmöglichkeiten durch die Gesamtbetrachtungslehre wenden sich mit unterschiedlichen, aber zT gewichtigen Argumenten (SchSch 18: „Schwer nachvollziehbare Begünstigung des eher weiterstrebenden Täters") die Anhänger der **Einzelakttheorie** (Baumann/Weber § 33 II; Geilen JZ 72, 337; Jakobs 26/15 u. ZStW 104, 89, 99; Burkhardt 90, Ulsenheimer 131, jew. aaO [oben 2];

Versuch § 24

Bergmann ZStW **100**, 351; modifizierend: Herzberg, Blau-FS 97 u. NJW **86**, 2470, **88**, 1559, **89**, 197; hiergegen H.-W. Mayer NJW **88**, 2589; zusf. Otto Jura **92**, 426), nach der jeder Ausführungsakt, den der Täter nach dem Tatplan für erfolgsgeeignet hielt, gesondert zu beurteilen und im Falle eines Scheiterns als fehlgeschlagener Versuch zu behandeln ist. Auch im Zustand der Schuldunfähigkeit kann der Täter zurücktreten, BGH **23**, 356 (hierzu Wolter, Leferenz-FS 558). Zur Problematik beim Versuch des unechten Unterlassungsdelikts vgl. Lönnies NJW **62**, 1950; SchSch 27, oder bei erfolgsqualifizierten Delikten 4 zu § 18. Bei Unternehmensdelikten (34 zu § 11) und solchen, bei denen ein Versuch zur selbständigen Tat erhoben ist (zB § 113; dort 18 ff.; § 257), ist § 24 unanwendbar.

4) Beim unbeendeten Versuch liegt **A. der Rücktritt des Alleintäters (I)** 5 darin, daß er „**die weitere Ausführung der Tat aufgibt**", dh die begonnene Tathandlung abbricht. Dazu genügt idR die bloße Untätigkeit (4. 6. 1992, 4 StR 191/92). Entscheidend ist dabei der vom Rücktrittswillen des Täters getragene tatsächliche Geschehensablauf (MDR/D **68**, 894). Nur bei Unterlassungsdelikten ist ein Handeln des Täters nötig (LK 73, 142; SchSch 27 H.; Maihofer GA **58**, 289); sowohl bei den echten (Nachholen der Anzeige nach § 138) als auch bei den unechten Unterlassungsdelikten (12 vor § 13). Rücktritt ist es zB, wenn der Täter von der Wegnahme der Sachen absieht, die er stehlen wollte (RG **55**, 66); wenn er die Fortsetzung der noch nicht ganz vollendeten Handlung aufgibt (RG **57**, 279); beim Absehen vom Schwangerschaftsabbruch wegen fortgeschrittener Schwangerschaft (MDR/D **53**, 19); desgl. wegen bloßer Verletzung der Gebärmutter ohne Durchstoßung der Fruchtblase (MDR/D **53**, 722); wegen des Rücktritts bei falscher Zeugenaussage vgl. 8 zu § 153, 27 zu § 154. Die Gründe des Aufgebens der weiteren Ausführung muß der Tatrichter feststellen (20. 9. 1983, 4 StR 590/83; 29. 9. 1983, 1 StR 626/83). Dagegen ist das Unterlassen der Fortsetzung des vollendeten Verbrechens kein Rücktritt (RG **58**, 278); desgl. nicht die Abstandsnahme von der Erneuerung eines fehlgeschlagenen Verbrechens (NJW **51**, 410); oder von der Fortsetzung eines schon beendigten Versuchs (zB nach § 218, RG **39**, 220). Es reicht auch nicht aus, wenn der Täter nur für den Augenblick von der Tat absteht (BGH **7**, 297) oder nur eine bestimmte Art der Ausführung, nicht aber diese selbst aufgibt (NJW **57**, 190); es ist erforderlich, daß er die Tat iS des betreffenden gesetzlich umschriebenen Tatbestandes im ganzen und endgültig aufgibt (BGH **33**, 145 m. Anm. Streng NStZ **85**, 359; Herzberg, Kaufmann-GedS 709; vgl. auch Bloy JuS **86**, 986; NJW **90**, 522, hierzu Herzberg JuS **90**, 273; Puppe NStZ **90**, 433). Es genügt also nicht, wenn er bei einer fortgesetzten Tat nur die Durchführung einer Einzelhandlung abbricht, um seinen Entschluß in anderer Weise fortzusetzen (NStE Nr. 11; Günther, Arm. Kaufmann-GedS 543; LK 41).

B. Freiwillig gibt der Täter die weitere Ausführung der Tat auf, wenn 6 er, obwohl er ihr ursprüngliches Ziel noch für erreichbar hält, die Tatvollendung aus **autonomen** (selbstgesetzten) **Motiven** nicht mehr erreichen will (BGH **7**, 299; NJW **84**, 2169). Er denkt: *Ich will nicht zum Ziele kommen, selbst wenn ich es könnte* (LK 88 ff.; Jescheck § 51 III 2). Entscheidend ist also, ob der Täter *Herr seiner Entschlüsse* blieb und die Ausführung seines Verbrechensplans noch für möglich hielt (22. 7. 1992, 2 StR 325/92), also weder durch eine äußere Zwangslage daran gehindert (MDR/H **82**, 969;

§ 24

86, 271; 8. 1. 1992, 2 StR 577/91; LK 95), noch durch einen seelischen Druck (zB Schock, BGH **9,** 53) unfähig wurde, die Tat zu vollbringen (BGH **7,** 296; **35,** 186; MDR/H **89,** 857; **91,** 482; StV **92,** 225; NStZ **92,** 536; BGHR § 24 I S. 1, Vers. unb. 18; NStE Nr. 25; Hamburg MDR **71,** 414). Freiwillig handelt er auch, wenn er auf eine von seinem ursprünglichen Plan abweichende mögliche Durchführung verzichtet, etwa von sich aus Polizei und Hilfe herbeiholt (StV **81,** 397; 1. 12. 1989, 3 StR 384/89), mag auch der Anstoß zum Umdenken von außen kommen (BGH **7,** 299; StV **82,** 259; NStE Nr. 7) oder sich lediglich sein Affekt abgeschwächt haben (MDR/D **75,** 541; NStZ **88,** 70). Die Vorstellungen des Täters über den weiteren Ablauf der Tat sind insoweit aufzuklären (BGH **20,** 280; StV **92,** 10). Kennt er einen Umstand nicht, der der Tatausführung im Wege steht, so ändert dies an der Freiwilligkeit nichts (RG **68,** 83). Auf die
6 a sittliche Unbedenklichkeit des **Rücktrittmotivs** kommt es nicht an (BGH **7,** 299; **9,** 50; NJW **80,** 602 krit. Bottke JR **80,** 441; Walter GA **81,** 406; LK 90; SchSch 56). Gleichermaßen genügen bloße Vernunft, Mitleid mit dem sich wehrenden Opfer (17. 2. 1981, 5 StR 24/81), seelische Erschütterung beim Tatanblick (BGH **21,** 217; MDR/D **52,** 531), Furcht vor Bestrafung (MDR **51,** 369 L; Hamburg NJW **53,** 956; LK 102) oder Scham (BGH **9,** 53; Düsseldorf NJW **83,** 767), soweit nicht hinzutretende Gründe eine Strafbefreiung ausschließen (unten 6 b; vgl. BGH **9,** 53). Die objektive Sachlage ist nur insoweit von Bedeutung, als sie Rückschlüsse auf die innere Einstellung des Täters gestattet (StV **88,** 527). Der Täter braucht nach der umstr. Rspr. des BGH nicht einmal die Durchführung seines gesamten Vorhabens aufzugeben, es genügt, wenn er in bezug auf die *einzelne* Tat die Durchführung seines hierauf gerichteten Entschlusses im ganzen und endgültig aufgibt (BGH **33,** 144, hierzu krit. Streng NStZ **85,** 359; vgl. LK 79), mag dies auch nur geschehen, um eine andere Straftat begehen zu können (BGH **35,** 187 m. Anm. Jakobs JZ **88,** 519; Lackner NStZ **88,** 405; gegen die *psychologisierende Betrachtungsweise* iErg. mit Recht abl. Bloy JR **89,** 70; Lampe JuS **89,** 610; Grasnick JZ **89,** 821; Herzberg NJW **88,** 1567; SchSch 43; vgl. unten 6 d). In Fällen eines *Vergewaltigungsversuchs* kommt freiwilliger Rücktritt in Betracht, wenn das Opfer dem Täter entkommen ist und er von der ihm möglichen weiteren Verfolgung absieht (MDR/H **89,** 857; Zweibrücken JR **91,** 214 m. Anm. Otto), uU auch wenn er, durch das laute Schreien des Opfers, das niemand hören kann, erschreckt, von einer Gewaltanwendung Abstand nimmt (MDR/H **79,** 279; **91,** 482), aber auch dann, wenn er dies tut, weil das Opfer eine (spätere) freiwillige Hingabe verspricht (BGH **7,** 299; GA **68,** 279; BGHR § 24 I S. 1 Freiw. 1 u. vgl. auch 9; and. noch RG **75,** 395) oder weil es menstruiert (BGHR § 24 I S. 1 Freiw. 5) oder gerade eine Unterleibsoperation hinter sich hat (13. 1. 1976, 5 StR 667/75); jedoch kommt es in den beiden letzten Fällen auf die Gesamtmotivation des Täters (BGH **20,** 280 m. krit. Anm. Lackner JR **66,** 106), insbesondere darauf an, ob nicht auch andere Gründe, etwa ein durch Zeitablauf vermindertes sexuelles Verlangen, für sein weiteres Verhalten mitbestimmend waren (NStE Nr. 13). Scheitert der Täter mit dem zuerst verwendeten Mittel, auf das es ihm nicht gerade ankam, setzt er die Planausführung mit einem anderen Mittel fort und tritt dann freiwillig zurück, so ergreift der Rücktritt auch den ersten Tatabschnitt (vgl. BGH **10,** 131). Freiwilliger Rücktritt vom Beiseiteschaffen (§ 283 I Nr. 1) kann darin liegen, daß Ge-

bühren nicht bezahlt und auf diese Weise Grundbucheintragung und dingliche Rechtsänderung verhindert werden (RG 61, 109). Auch ein im Rausch Befindlicher (§ 323a) oder sonst Schuldunfähiger kann, wenn er nicht rauschbedingt handlungsunfähig ist (MDR/D 71, 362), sondern mit natürlichem Vorsatz handelt, „freiwillig" zurücktreten, obwohl er zu einer „freien" Willensentschließung nicht in der Lage ist (BGH 23, 359, hierzu Wolter, Leferenz-FS 558; M-Gössel § 41, 122).

C. Unfreiwillig ist der Rücktritt grundsätzlich dann, wenn der Täter 6 b sich sagt: *„Ich kann nicht, selbst wenn ich wollte"* (Frank II). Freilich bezieht diese Formel sachwidrig auch den hier nicht in Betracht kommenden fehlgeschlagenen Versuch (unten 7a) mit ein (SchSch 46). Gemeint sind hier nur **heteronome** (von einem Willen unabhängige Motive), die dem Täter das Aufgeben der Tat aufzwingen, weil er das Tatrisiko angesichts der zutage getretenen Umstände nicht mehr für vertretbar hält (NStZ **92**, 536), nicht in Kauf nehmen will oder aus inneren Hemmungen zur Tatvollendung nicht mehr in der Lage ist (vgl. BGH **9**, 51; LK 94ff.; SchSch 47ff.; Jescheck § 51 III 2; Lackner 17; Wessels AT § 14 IV 4; Streng JZ **90**, 215). **Beispiele:** Der Dieb findet nur einen ganz geringen Betrag, dessen Wegnahme er verschmäht, vor (BGH **4**, 59) oder nicht die bestimmten Sachen, auf die er aus ist (BGH **13**, 156), ebenso im Falle einer Entdeckungsgefahr infolge Hellerwerdens der Straßenbeleuchtung (MDR/D **54**, 334; LK 104); der Täter nimmt von einer *Vergewaltigung* wegen der Gegenwehr Abstand, weil er stärkere Gewalt nicht anwenden will (MDR/D **73**, 554; 22. 2. 1983, 4 StR 38/83) oder weil er das Vergewaltigungsopfer erkennt (BGH **9**, 52); weil er, und zwar allein wegen der Entdeckungsgefahr, die alsbaldige Strafverfolgung befürchtet; ferner Abstandnahme im Hinblick auf das erhöhte Risiko (BGH **9**, 52; JR **52**, 414; NStZ **84**, 116); **Entdeckung** der Tat, jedoch ist die Freiwilligkeit hier nicht notwendig ausgeschlossen (MDR/D **75**, 724; StV **82**, 219; LK 109), wohl aber dann, wenn unvermutet ein Dritter erscheint (9. 2. 1978, 4 StR 651/77), oder auch dann, wenn ein Einbrecher sich von vornherein am Tatort bemerkbar macht, um das Vorhaben abbrechen zu können, wenn Bewohner anwesend sind (4. 12. 1981, 2 StR 604/81); der Täter steht unter *Schockeinwirkung* oder Panik (GA **77**, 75) oder läßt sonst durch ihn unwiderstehlich zwingende *innere* Hemmungen von der Tat ab (BGH **7**, 298; **9**, 50; MDR/D **58**, 12; MDR/H **86**, 271); ein Arzt setzt eine Abtreibung nicht fort, nachdem er die Gebärmutterwand durchstoßen und die Schwangere in Lebensgefahr gebracht hatte (MDR **53**, 722), der Täter eines Mitnahmesuizids könnte die Tat nur durch eine vom Tatplan abweichende gravierende Begehungsweise fortführen (LG Arnsberg NJW **79**, 1420; Jakobs 26/39; krit. Geilen JK 1; Borchert/ Hellmann Jura **82**, 662; aM M-Gössel § 41, 116). Kommen **mehrere Rück-** 6 c **trittsgründe** in Betracht, so läßt sich die Unfreiwilligkeit des Rücktritts auch auf eine *mehrdeutige Tatsachengrundlage* stützen (MDR/D **66**, 892; **69**, 352), bleibt jedoch offen, ob der Täter an der weiteren Tatausführung durch Umstände gehindert war, die von seinem Willen unabhängig waren, so ist *in dubio pro reo* Freiwilligkeit anzunehmen (MDR/D **69**, 532; MDR/H **82**, 969; **86**, 271; StV **92**, 11; LK 97).

D. Im **Schrifttum** versuchen **normative Lehren** (vgl. M-Gössel § 41, 6 d 37ff.) – abweichend von der psychologisierenden Betrachtungsweise der Rspr.

(oben 6) – in der Auslegung und im Verständnis des Begriffs Freiwilligkeit dem Grundgedanken der Rücktrittsprivilegierung besser Rechnung zu tragen. So heben die einen in der Frage der Freiwilligkeit darauf ab, ob nach der „Verbrechermoral" der Rücktritt unvernünftig ist (Roxin ZStW **77**, 96, **80**, 708 u. Heinitz-FS 251; SK 25), andere, ob er nach der Strafzwecktheorie (oben 3) eine Rückkehr zu rechtstreuem Verhalten bedeutet (JR **80**, 441, JA **81**, 63 u. **82**, 30) oder ob der Täter durch den Rücktritt in die Bahnen des Rechts zurückkehrt (Ulsenheimer aaO [oben 2] 1976 S. 314; Borchert/Hellmann Jura **82**, 662), wiederum andere stellen darauf ab, ob der Täter den Eindruck persönlicher Gefährlichkeit nachträglich widerlegt (Krauß JuS **81**, 888) oder die Erschütterung des Normvertrauens der Allgemeinheit wieder rückgängig macht (Schünemann GA **86**, 323) oder ob er zur Normbefolgung hinreichend bereit ist (Walter aaO [oben 2] 59). Diese Lehren kommen zu unterschiedlichen und kontroversen Ergebnissen. Gleichwohl ist vom Ansatz her einem normativen Verständnis des Freiwilligkeitserfordernisses der Vorzug zu geben (SK 25). Der BGH (**35**, 187) geht zwar selbst davon aus, daß die normative Auslegung dem Grundgedanken der Rücktrittsregelung mehr Rechnung trage, meint aber im Anschluß an Lackner (18; ebenso M-Gössel § 41, 108; Otto AT § 15 II 2b bb), daß der Begriff der Freiwilligkeit im Hinblick auf die verfassungsrechtliche Wortlautschranke eine rein normative Deutung nicht zulasse und zu einer Abgrenzung nach psychologischen Kriterien zwinge. Indessen kann nicht davon ausgegangen werden, daß der Gesetzgeber durch den Gebrauch des Wortes „freiwillig" den Grundgedanken seiner eigenen Rücktrittsregelung hätte vernachlässigen wollen (ähnlich Lampe JuS **89**, 612), vielmehr ist der unscharfe Begriff „freiwillig" in § 24 gerade im Sinne des Grundgedankens der Rücktrittsregelung einer normativen Deutung zugänglich und bedürftig (Lampe aaO 614; Bloy JR **89**, 71; Grasnick JZ **89**, 827; LK 85; SchSch 43; Jakobs 26/34 Fn. 62). Er zwingt – entgegen BGH **35**, 184 – nicht zu einer weiteren (vgl. oben 4b) „rücktrittsfreundlichen" Gesetzesauslegung in Fällen, für die der Grundgedanke der Rücktrittsregelung überhaupt nicht paßt und das Aufgeben der Tatausführung nur mit dem Ziele geschieht, eine andere, uU schwerere Straftat zu begehen (vgl. auch SchSch 56; Streng NStZ **85**, 359).

7   **5) Beim beendeten Versuch,** also nach abgeschlossener Tathandlung, muß der **Alleintäter (I) A.** in erster Linie **a) die Vollendung der Tat** (zB das Eintreffen des beleidigenden Briefes), vor allem deren Erfolg **durch eigene Tätigkeit** (*tätige* Reue; MDR **51**, 117) **verhindern** wollen und verhindern; seine Handlungen müssen auf Vereitelung der Tatvollendung abzielen und dazu (objektiv oder wenigstens aus seiner Sicht) ausreichen (BGH **31**, 49), zB durch Aufklären des Getäuschten (RG **15**, 45); das bloße Absehen von der noch möglichen Tatvollendung reicht nicht aus (NStZ **86**, 312), auch nicht das bloße Gewährenlassen des Opfers bei den Maßnahmen der Eigenrettung (NJW **90**, 3219). Es genügt aber, wenn er Dritte hinzuzieht, die für ihn oder mit ihm den Erfolg verhindern (vgl. NJW **73**, 632; EzSt Nr. 4; NStE Nr. 28; Rudolphi NStZ **89**, 514); es sei denn, daß er das nur zum Schein tut (vgl. RG **68**, 381). Die Verhinderung muß gelingen (vgl. BGH **11**, 324); daß sich der Täter die Verhinderung nur vornimmt, reicht nicht aus (NJW **73**, 632); andererseits ist, falls sie gelingt, ohne Belang, ob er noch mehr hätte tun können (StV **81**, 397; LK 123). Notwendig ist, daß er, wenn auch verhältnismäßig spät (NStZ **81**, 388; StV **83**, 413), eine neue Kausalreihe in Gang setzt, die für die Nichtvollendung der Tat, wenn auch nur neben anderen Umständen **mitursächlich** ist (VRS **61**,

Versuch § 24

262; DAR **82**, 195; 19. 10. 1982, 1 StR 546/82 [Leistung erster Hilfe, Herbeirufen eines Notarztes]; BGH **33**, 301 [hierzu Puppe NStZ **86**, 14; Roxin JR **86**, 424; Weidemann GA **86**, 409; Otto JK 10; vgl. Meyer-Goßner NStZ **86**, 50; Herzberg NJW **89**, 865, 868; Rudolphi NStZ **89**, 513]; NJW **85**, 813 [Bloy JuS **87**, 529]; BGHR § 24 I S. 1, Vers., beend. 1. BGH **31**, 49 [vgl. hierzu Puppe NStZ **84**, 488; Bloy JuS **87**, 529; Herzberg NStZ **89**, 49 u. NJW **89**, 864; Jakobs ZStW **104**, 89]) verlangt, daß der Täter die ergriffene Verhinderungsmöglichkeit voll ausschöpft, er muß das bestmögliche hierfür veranlassen (MDR/H **92**, 16), dem Zufall darf er dabei nicht Raum geben (NJW **86**, 1002). Verschleierungshandlungen schließen nicht schon Bemühungen zur Rettung des Opfers aus, es sei denn, sie bezwecken allein die Tatverdeckung und hätten Rettungsmaßnahmen nur versehentlich mitbewirkt (NJW **86**, 1002), auch nicht, nachdem er zunächst das zur Rettung des Opfers Erforderliche getan hat, seine weitere (erforderliche) Mitwirkung dann aber verweigert (NJW **89**, 2068; krit. hierzu Rudolphi NStZ **89**, 508, Herzberg JR **89**, 449, sowie NStZ **90**, 273, Otto JK 17). Soweit Karlsruhe NJW **78**, 331 meint, ausnahmsweise könne auch bloße Passivität die Vollendung verhindern, wird, worauf Küper (NJW **78**, 956) und Schroeder (JuS **78**, 824) hinweisen, der Begriff des beendeten Versuchs verkannt (LK 111). Nach MDR/H **92**, 16 hindert die Tatsache, daß der Täter den Erfolg schon für eingetreten hielt, einen strafbefreienden Rücktritt nicht (anders noch MDR/D **56**, 394; NJW **69**, 1073; **73**, 632; GA **71**, 51). Die Problematik des **fehlgeschlagenen Versuchs** (hierzu Roxin JuS **81**, **7a** 1; Borchert/Hellmann Jura **82**, 661; Herzberg aaO [oben 2] 97; Rengier JZ **86**, 966; Langer GA **90**, 456; Otto Jura **92**, 423; Bauer wistra **92**, 201; Feltes GA **92**, 397; Vogler ZStW **98**, 334 u. LK 23ff.; SchSch 7ff., 21; SK 8ff.; auch oben 4b, 4c; ferner Gössel ZStW **87**, 3 u. Ranft Jura **87**, 529, die diese Rechtsfigur als entbehrlich ansehen) hat der BGH noch nicht abschließend geklärt und sie in BGH **33**, 297 im einzelnen offen gelassen. Nicht fehlgeschlagen ist der Versuch, wenn der Täter – etwa weil er nicht auf einen bestimmten Geschehensablauf fixiert war (NJW **90**, 263, hierzu Schall JuS **90**, 623; Otto Jura **92**, 430) – die Tat noch vollenden kann (BGH **35**, 94; NStZ **86**, 265; StV **89**, 246, hierzu Otto JK 14), wohl aber dann, wenn dem Täter, wie er weiß, tatsächlich unmöglich ist, im unmittelbaren Fortgang des Geschehens den Erfolg auf die vorgesehene Weise noch herbeizuführen und sei es auch nur mangels der benötigten Mittel (BGH **34**, 56 [m. Anm. Kadel JR **87**, 117 u. ÖJZ **87**, 271; Rengier JZ **86**, 964; Fahrenhorst NStZ **87**, 278]; NStZ **89**, 19; MDR **89**, 1114; 25. 6. 1992, 1 StR 325/92). Der Versuch ist fehlgeschlagen, wenn die Tat nur noch mit zeitlicher Verzögerung nach dem Ingangsetzen einer neuen Kausalkette hätte vollendet werden können (BGH **34**, 57; EzSt Nr. 3 zu § 146; 26. 5. 1992, 1 StR 228/92) oder wenn die planentsprechende Tatausführung nicht möglich ist (NStZ **92**, 536), anders, wenn der Täter weiß, daß er ohne zeitliche Zäsur ein neues bereitstehendes Mittel einsetzen kann (BGH **34**, 57; NStZ **86**, 265 [hierzu Fahrenhorst Jura **87**, 294]; StV **87**, 529; NStE Nr. 5; 19. 6. 1991, 3 StR 481/90). Auf eine kurze irrige Fehlvorstellung des Täters läßt sich ein fehlgeschlagener Versuch nicht stützen (BGH **36**, 226 m. Anm. Ranft JZ **89**, 1128).

b) freiwillig (oben 6ff.) muß der Täter dabei handeln. Auf den formalen 8 Gesichtspunkt des Entdecktseins der Tathandlung stellt das Gesetz entge-

gen § 46 Nr. 2 aF zwar nicht mehr ausdrücklich ab, doch bleibt die **Entdeckung** (oben 6b) insoweit für die Freiwilligkeit des Rücktritts ein bedeutsamer Faktor (StV **82,** 219; LK 125), als der Täter dann nicht freiwillig handelt,
9 wenn **aa)** ihn die Furcht vor Maßnahmen motiviert, die er von dem **Verletzten,** der die Tathandlung miterlebt oder später entdeckt hat, erwartet (vgl.
10 MDR/D **75,** 365; LK 130; SchSch 52); **bb)** ein **Dritter** die Tathandlung, wenn vielleicht auch nicht in ihrer konkreten strafrechtlichen Bedeutung (vgl. NJW **69,** 1074; GA **71,** 52) und vielleicht auch noch nicht den Täter (vgl. RG **3,** 93) entdeckt hat und den Täter die Furcht vor Maßnahmen dieses Dritten motiviert (vgl. dazu Knapp JuS **76,** 802). Das ist vor allem der Fall, wenn er die Anzeige eines unbeteiligten Dritten befürchtet (vgl. JR **52,** 414; NJW **69,** 1073; MDR/D **69,** 532). Von Tatbeteiligten, Eingeweihten, Gesinnungsgenossen oder näherstehenden Personen (vgl. RG **66,** 62; Hamm NJW **63,** 1541; MDR/D **72,** 751) sowie von Dritten, die der Täter zur Verhinderung der Tatvollendung geholt hat (oben 7; vgl. RG **15,** 46; BGH **21,** 216), wird er idR keine Maßnahmen zu befürchten haben, so daß die Entdeckung durch sie an der Freiwilligkeit des Rücktritts dann nichts ändert (vgl. StV **82,** 219), doch kann das im Einzelfall anders sein, zB wenn ein anderer den Dritten zu Hilfe geholt hat und erst dessen Erscheinen den Täter aktiviert
11 (vgl. MDR/D **69,** 532); **cc)** die **Furcht vor alsbaldiger Entdeckung** ihn motiviert (zu § 46 aF sehr str.; vgl. RG **63,** 158; BGH **21,** 216; GA **71,** 52);
12 **dd)** er **irrig annimmt,** die Tat sei entdeckt, und er entsprechende Maßnah-
13 men befürchtet (zu § 46 aF sehr str.; vgl. RG **38,** 404; **63,** 158). **ee) Freiwillig** hingegen handelt der Täter, der von der eingetretenen Entdeckung seiner Tathandlung nichts weiß und die Vollendung im übrigen freiwillig verhindert (vgl. MDR/D **75,** 724; StV **83,** 413). Im übrigen spielt es auch hier keine Rolle, ob die Motive, aus denen der Täter zurücktritt, ethisch billigenswert sind (BGH **7,** 296).

14 B. **Nach I S. 2** wird der Täter straflos, wenn er sich **freiwillig** (6, 8) und **ernsthaft,** dh nicht nur zum Schein (vgl. BGH **33,** 301) **bemüht,** alles zu tun, was nach seiner Vorstellung erforderlich ist, und die ihm bekannten Möglichkeiten ausschöpft, MDR/H **80,** 453; **92,** 16; StV **92,** 63), wobei hohe Anforderungen zu stellen sind (BGH **33,** 302 [hierzu Roxin JR **86,** 424; Otto JK 10]; MDR/H **78,** 279, 985; StV **82,** 467; LK 136), **um die** ihm noch möglich erscheinende (MDR/H **79,** 988; StV **83,** 413) **Tatvollendung zu verhindern,** auch wenn er noch mehr hätte tun können (NStE § 306 Nr. 10). Es genügt, daß er seine Maßnahmen, sofern er sich nicht mit an sich unzureichenden begnügt (BGH **31,** 49, hierzu Puppe NStZ **84,** 488; Herzberg NJW **89,** 864; 868; Römer MDR **89,** 946), dafür geeignet hält; ob sie es wären, ist ohne Bedeutung. Denn weitere Voraussetzung ist, daß **die Tat ohne Zutun des Zurücktretenden,** dh unabhängig von seinen Bemühungen, nicht vollendet wird. Aus welchen Gründen das geschieht und ob mit oder ohne Wissen des Täters ist ohne Bedeutung. In Betracht kommt, daß, ohne daß der Täter davon weiß, **a)** der Versuch ohne das Eingreifen Dritter fehlgeschlagen ist (der beleidigende Brief hat den Adressaten nicht erreicht); **b)** Dritte die Tathandlung entdeckt und die Vollendung verhindert haben; **c)** der Versuch untauglich war (23 ff. zu § 22) und von vornherein nicht zur Vollendung führen konnte (so schon zu § 46 aF BGH **11,** 324; MDR **69,** 494; StV **82,** 219; hierzu Römer MDR **89,** 946; vgl. oben 4).

Versuch § 24

6) Nach II S. 1 kann es bei **mehreren Tatbeteiligten** (§ 28 II; Vogler 15 ZStW **98**, 344 u. LK 152 ff.; Jakobs ZStW **104**, 94; SchSch 73 ff.) zur Strafaufhebung kommen, wenn der Tatbeteiligte die Rücktrittsvoraussetzungen für sich persönlich erfüllt. Der Rücktritt des Täters befreit also nicht gleichzeitig auch den Anstifter oder Gehilfen (vgl. RG **56**, 209). Doch reicht es aus, wenn ein Beteiligter mit dem die Tatvollendung verhindernden Rücktritt eines anderen einverstanden ist (BGHR § 24 II Verh. 2; 19. 6. 1991, 3 StR 481/90; LK 158, 170).

A. Nach II S. 2 muß sich der Beteiligte **freiwillig** und **ernsthaft bemühen** 16 (oben 14; Schleswig SchlHA **76**, 165), die **Tatvollendung** (auch durch Verhinderung der weiteren Durchführung der begonnenen Tathandlung) zu **verhindern.** Gelingt ihm das (vgl. NJW **56**, 30), zB dadurch, daß er das Opfer warnt (RG **38**, 223), die anderen zum Verzicht überredet (vgl. RG **70**, 295), durch Zuruf von der Tat abhält (19. 4. 1978, 2 StR 680/77) oder das Einbruchswerkzeug zurücknimmt (vgl. RG **55**, 105), so ist der Rücktritt vollzogen. Doch genügt sein bloßes Bemühen mit von ihm für geeignet gehaltenen Mitteln (vgl. GA **65**, 283; Bay JR **71**, 270; ferner Lenckner, Gallas-FS 299; Blei AT § 69 IV 2), zB das Herbeirufen eines Krankenwagens (22. 9. 1981, 5 StR 545/81), wenn es ohne sein Zutun nicht zur Vollendung der Tat kam, sei es aus den oben 14 genannten Gründen oder weil ein anderer Tatbeteiligter ihm zuvorkam. Sein bloßes Bemühen genügt aber selbst dann, wenn die Tat zwar begangen wird, sein eigener Tatbeitrag aber nicht kausal für den Erfolg war (so schon RG **59**, 412; Bay **32**, 90); sei es, daß er selbst die Ursächlichkeit durch seinen Rücktritt beseitigt hat (RG **47**, 362) oder nicht beseitigen konnte, weil sie zur Rücktrittszeit schon aus einem anderen, von seinem Willen unabhängigen Grunde entfallen war (so zu § 46 aF RG **55**, 105 [für Mittäter, Anstifter und Gehilfen]; NJW **51**, 410; GA **66**, 209; NZWehrr. **68**, 112 [für Mittäterschaft]); 8. 10. 1969, 2 StR 317/69 [für Beihilfe]). Nicht hingegen genügt es, wenn der Beteiligte Mitbeteiligte umzustimmen sucht und seinen Tatbeitrag nicht leistet (BGH **28**, 348; Otto JA **80**, 709; Backmann JuS **81**, 336), wenn er nach Tatbeginn flieht (12. 12. 1984, 3 StR 374/84), sich lediglich passiv verhält (25. 9. 1985, 3 StR 209/85) oder **lediglich seinen Tatbeitrag rückgängig macht,** dh dessen Kausalität beseitigt, es sei denn, daß allein schon das passive Verhalten geeignet und nach der Vorstellung des Zurücktretenden ausreichend ist, die Tatbegehung der übrigen zu verhindern (NJW **84**, 2169 [hierzu Kühl JZ **84**, 292; Küper JR **84**, 265]; BGH **32**, 134, jew. zu § 31). Die hinzunehmende kriminalpolitische Entscheidung (Jescheck § 51 IV 3; LK 167, SchSch 101; M-Gössel § 50, 94 ff.; krit. Stratenwerth 907; v. Scheurl aaO [oben 2]; Roxin JuS **73**, 333; Grünwald, Welzel-FS 701; Lenckner, Gallas-FS 281; J. Meyer ZStW **87**, 619; Walter JR **76**, 100, der das Gesetz beiseiteschiebt; gegen ihn Blei JA **76**, 311; hierzu aber Herzberg NJW **91**, 1640) beruht darauf, daß jemand, der in ein kriminelles Unternehmen aktiv verstrickt ist (vgl. E 1962, 146; Ber. 12), sich nicht schon dadurch Straffreiheit verdient, wenn er sich und seinen Beitrag zurückzieht und passiv mitansieht, wie die anderen weitermachen, zumal er idR nicht zu übersehen vermag, inwieweit sein Beitrag psychisch nachwirkt und zumal ihn selbst bei schwersten Verbrechen nach hM keine Anzeigepflicht nach § 138 trifft (dort 7). Allerdings ist dabei zu differenzieren. Der Anstifter kann die

Kausalität seines Beitrages grundsätzlich nur durch Verhinderung der Tatvollendung beseitigen (so lagen auch die Fälle RG **56**, 210; **70**, 295; krit. Haft JA **79**, 312; vgl. auch LK 190; Vogler ZStW **98**, 351). Der Beitrag des Mittäters braucht für die Tatvollendung nicht kausal zu sein (7 zu § 25); auch für ihn gilt die Regel in II S. 2 voll. In beiden Fällen ist der Beteiligte daher, wenn er nicht straffrei zurücktritt, wegen Beteiligung an der vollendeten Tat strafbar. Anders ist das beim Gehilfen, dessen Beitrag nach der hier vertretenen Auffassung (2 ff. zu § 27) für die Tatbestandsverwirklichung kausal sein muß; beseitigt er daher die Kausalität seines Beitrags, ohne sich um die Verhinderung der Tatvollendung zu bemühen, so kann er nur wegen Beihilfe zum Versuch bestraft werden, wenn sein Beitrag wenigstens für den Versuch kausal war; sonst ist er straflos. Nimmt der untätig bleibende Beteiligte irrig an, daß auch die anderen Beteiligten zurücktreten, so ist dieser Irrtum unbeachtlich (RG **55**, 106; BGH **28**, 348; LK 167). Nach NJW **56**, 30 tritt Straflosigkeit für den Teilnehmer nicht ein, der zwar zunächst zurücktritt, aber die spätere Ausführung des Tatplans durch andere Teilnehmer bewußt fördert.

17 **B. Bei nur versuchter Teilnahme** gilt § 31. Bei **mittelbarer Täterschaft** hilft § 24 dem zurücktretenden Werkzeug; seinem Auftraggeber aber nur, wenn es den Rücktritt bewußt für diesen und mit dessen Willen ausführt (RG **56**, 211; Vogler ZStW **98**, 346 u. LK 145 ff.).

18 **7) Der Rücktritt** hebt als **persönlicher Strafaufhebungsgrund** (hM; für Entschuldigungsgrund SK 6; Ulsenheimer, Bockelmann-FS 416; Roxin, Heinitz-FS 273; E. v. Hippel, Untersuchungen über den Rücktritt vom Versuch, 1966; Lang-Hinrichsen, Engisch-FS 366; Bloy, Die dogmatische Bedeutung der Strafausschließungsgründe usw. 1976, 166) die Strafbarkeit nur für den Zurücktretenden selbst und nicht für andere Tatbeteiligte auf (vgl. RG **56**, 209; **59**, 413), es sei denn, daß diese selbst mit zurückgetreten sind (oben 15 ff.). Eine Tat, von der strafbefreiend zurückgetreten worden ist, rechtfertigt auch keine Maßregel (DRiZ **83**, 183). Enthält der Versuch in Tateinheit ein anderes vollendetes Delikt (sog. qualifizierter Versuch), so wird dieses durch den Rücktritt nicht berührt; so bei versuchtem Mord durch vollendete Giftbeibringung (§ 229; LK 196). Dasselbe gilt für die **Gesetzeskonkurrenz** (RG **68**, 207). Denn der Versuch, der das andere Delikt konsumierte, ist durch den Rücktritt weggefallen, so daß jetzt das konkurrierende Gesetz gilt. Daher kann bei Rücktritt von der Vergewaltigung eine gewaltsam vorgenommene sexuelle Handlung übrigbleiben (BGH **1**, 156; **7**, 300; **17**, 2; BGHR § 24 I S. 1, Freiw. 8; vgl. auch BGH **33**, 144), ebenso auch beim Rücktritt vom Tötungsdelikt eine Körperverletzung (BGH **16**, 124; **21**, 267; StV **81**, 397; vgl. 15 f. zu § 211); beim Rücktritt vom Meineid (zB mitten in der Eidesleistung) ein Vergehen gegen § 153; dann hilft evtl. § 158 (GrSenBGH **8**, 301). Hingegen lebt nach einem Rücktritt vom Versuch die Strafbarkeit nach § 30 nicht mehr auf (BGH **14**, 378; NStZ **83**, 366; LK 199; SchSch 110; Lackner 4 zu § 21). Auch darf nach einem strafbefreienden Rücktritt von einer schwereren Straftat der hierauf gerichtete Vorsatz nicht zur Strafzumessung für das übrig gebliebene Delikt herangezogen werden (MDR **65**, 839 m. abl. Anm. Dreher; MDR/D **66**, 726; MDR/H **80**, 813; StV **90**, 303; LK 203; SchSch 114). Freiwilliges Abstandnehmen ist nicht unterschiedlich zu behandeln, je nach dem, ob die geplante Schädigung einen weiteren Straftatbestand erfüllt oder nur im Rahmen des bereits verletzten Gesetzes den Umfang des Schadens vergrößern würde (NStZ **89**, 114). Es ist auch zu berücksichtigen, wenn ein strafbefreiender Rücktritt zwar ausscheidet, der Täter sich aber um die Rettung des Opfers bemüht hatte (9. 5. 1984, 2 StR 90/84).

8) Bei vollendetem Delikt wirkt der Rücktritt nur ausnahmsweise strafbefreiend (vgl. §§ 83a, 163 II, 310, 311c, 316a II, 316c IV; desgl. nach § 371 AO [Anh. 22]; BGH **9**, 165; **12**, 102; vgl. auch NStZ **83**, 415; SchSch 116ff.; U. Weber ZStW Beih. 1987, 9). Im übrigen kann das Mißlingen eines Rücktrittsversuchs nur strafmildernd wirken (MDR/H **86**, 271, zur Problematik Muñoz-Conde GA **73**, 33). Auch die irrige Annahme des Diebes, das Zurückbringen der Diebesbeute mache ihn straffrei, ist für die Schuldfrage unbeachtlich (Hamm JZ **52**, 758; Sonnen/Hansen-Siedler JA **88**, 23).

19

Dritter Titel. Täterschaft und Teilnahme

Vorbemerkungen

Schrifttum: *Bottke,* Täterschaft und Gestaltungsherrschaft, 1992; *Herzberg* GA **71**, 1, ZStW **99**, 49 u. Täterschaft und Teilnahme, 1977 (TuT); *Hünerfeld* ZStW **99**, 228; *Kienapfel,* Der Einheitstäter im Strafrecht, 1971, Erscheinungsformen der Einheitstäterschaft, 1971, JuS **74**, 1, ÖJZ **79**, 90 u. NJW **83**, 2236; *Lüderssen,* Zum Strafgrund der Teilnahme, 1967; *Maiwald,* Bockelmann-FS 343; *M. K. Meyer,* Ausschluß der Autonomie durch Irrtum, 1984 u. GA **79**, 252; *Otto,* Lange-FS 201, JuS **82**, 557 u. Jura **87**, 246; *Roxin,* Täterschaft und Tatherrschaft 5. Aufl. 1990 [TuT]; u. LK-*Roxin* 9ff. und dort Übersicht bei 8ff. vor § 26; *Sax* ZStW **90**, 927; *Seier* JA **80**, 342; 382 (Einheitstäter im Strafrecht und OWiG); *Schilling,* Verbrechensversuch des Mittäters und des mittelbaren Täters, 1975; *Schmidhäuser* 10/56ff.; *Schmoller* ÖJZ **83**, 337; *Schöneborn* ZStW **87**, 902; *Schünemann* GA **86**, 327; *Schumann,* Zum Einheitstätersystem des § 14 OWiG, 1979.

1

1) Neben der **Täterschaft** (§ 25) in den Formen der unmittelbaren (2 zu § 25) und mittelbaren Täterschaft (3 zu § 25), der Allein-(§ 25 I) und Mittäterschaft (5 zu § 25) umfaßt die **Teilnahme** (4) Beteiligung an fremder vorsätzlicher Tat in den Formen der Anstiftung (4; § 26) und Beihilfe (5, § 27). Das Verhältnis der Beteiligten zueinander und zu der Tat, vor allem die Abgrenzung zwischen Mittäter und Gehilfen (unten 2) sowie die zwischen Anstifter und sog. mittelbarem Täter (3 zu § 25) richtet sich somit nach den §§ 25ff. Dabei spielt eine Rolle, ob man davon ausgeht, daß der Strafgrund der Teilnahme im Fördern des tatbestandlichen Unrechts (so mit Recht die hM; vgl. BGH **9**, 379) oder darin liegt, daß der Teilnehmer den Täter mit in Schuld und Strafe führt (so die ältere Schuldteilnahmetheorie) und ferner, ob nach dem Gesetz jeder **Täter** ist, der zur Tatbestandsverwirklichung beiträgt, so daß die §§ 26, 27 Einschränkungen zu diesem extensiven Täterbegriff enthalten (nicht denkbar bei Sonderdelikten und eigenhändigen Delikten), oder ob man meint, daß das Gesetz nur den als Täter ansieht, der den Tatbestand selbst verwirklicht, so daß die §§ 26, 27 Ausweitungen gegenüber diesem restriktiven Täterbegriff bedeuten. Dieser Auffassung ist zu folgen. Die Teilnehmer begehen dadurch Unrecht, daß sie das Unrecht der Haupttat (der Täter kann ohne Schuld handeln) in bestimmter Weise fördern.

1a

Die **formal objektive Theorie** sieht nur den als Täter an, der selbst den Tatbestand verwirklicht. Nach der vor allem vom RG vertretenen **subjektiven**

1b

Vor § 25 AT Zweiter Abschnitt. Dritter Titel

Theorie entscheidet – im Ausgangspunkt deshalb, weil alle Erfolgsbedingungen gleichwertig sind (vgl. RG **9**, 75) – nicht der äußere Tatbeitrag, sondern die innere Einstellung des Beteiligten. Demgegenüber hat sich im Schrifttum eine **materiell objektive Theorie** durchgesetzt, die als Täter den Beteiligten ansieht, der allein oder mit anderen die **Tatherrschaft** hat (Bockelmann, Gallas, Jescheck, Maurach, Welzel). Roxin stellt darauf ab, daß Täter die Zentralgestalt des tatbestandsmäßigen Geschehens sei, dh regelmäßig der Herr der Tat, bei den *Pflichtdelikten* (zB §§ 203, 266, 336, 343; vgl. LK-Roxin 29) und den *eigenhändigen Delikten* jeder Handelnde mit Sonderstellung ohne Rücksicht auf Tatherrschaft und Tatbeitrag vgl. SchSch-Cramer 65). Bemühungen, die Unterscheidung von Täter, Anstifter und Gehilfen wegen ihrer Kompliziertheit aufzugeben und zum Begriff des „*Einheitstäters*" überzugehen, haben sich im Strafrecht bisher nicht durchsetzen können (Ndschr. **2**, 88 ff.; LK 3 ff.), wohl aber im OWiG (§ 14; hierzu Bloy, R. Schmitt-FS 33).

2   **A. Die Entwicklung in Rspr. und Schrifttum.** Wer von mehreren Beteiligten **Mittäter** oder **Gehilfe** ist, bestimmte das **RG** danach, ob der Beteiligte die Tat „als eigene wolle" (sog. *animus*-Formel; vgl. zB RG **37**, 58). In letzter Konsequenz bedeutet das, daß nicht nur Täter sein kann, wer selbst keinerlei Tatbestandsmerkmal verwirklicht (RG **66**, 240), sondern auch Gehilfe, wer sämtliche Tatbestandsmerkmale allein verwirklicht (RG **74**, 84: *Badewannenfall*). Der **BGH** ist dem RG zunächst gefolgt (BGH **2**, 170; **4**, 21, 42; **6**, 228, 248; **11**, 271) und hat auch den ausnahmsweise als Gehilfen angesehen, der den äußeren Tatbestand voll verwirklicht, wenn er seinen Willen dem eines anderen vollständig unterordnet, zB infolge eines militärischen Befehls (NJW **51**, 120; BGH **6**, 120; MDR/D **51**, 273). Später ist der BGH dazu übergegangen, Elemente der Tatherrschaftstheorie zu übernehmen, zunächst in subjektiver Hinsicht. Der Täter müsse den Willen zur Tatherrschaft haben (29. 5. 1953, 1 StR 196/53) und müsse sich als mitverantwortlich für das Gelingen der Tat betrachten (29. 4. 1954, 3 StR 757/53). Schließlich hat der BGH, vor allem in Entscheidungen des 5. Sen., zwar die *animus*-Formel aufrechterhalten, sie aber mit objektiven Elementen ausgefüllt und gefordert, daß der Täter das Ob der Tat und deren Durchführung mit beherrsche (BGH **8**, 396; MDR **54**, 529; JR **55**, 305). Umfang der Tatbeteiligung, enges Verhältnis zur Tat und Interesse am Taterfolg spielen dabei eine Rolle (BGH **2**, 151; **16**, 12). Das Urteil eines unbefangenen Beobachters ist zu beachten (20. 12. 1955, 5 StR 344/55). In BGH **16**, 12 wird die Tatherrschaft allerdings nur als Anhaltspunkt für Mittäterschaft gewertet, der auch fehlen könnte (vgl. auch Hamm GA **73**, 184) Nach VRS **23**, 207; GA **63**, 187 sollte wieder Gehilfe sein können, wer den Tatbestand selbst voll verwirklicht. In BGH **18**, 87 (*Fall Staschynskij*) hatte der *3. StS* diesen Standpunkt mit eingehender Begründung aufrechterhalten, die der BGH auch wieder bei nat. soz. Gewaltverbrechen verwendete (vgl. zB 22. 1. 1963, 1 StR 457/62; 10. 12. 1963, 5 StR 432/63; 5. 7. 1977, 5 StR 771/76, zur früheren Praxis: Winters ZRP **69**, 272; grundsätzlich: Hanack, Zur Problematik der gerechten Bestrafung nat. soz. Gewaltverbrecher, 1967) und ferner Beihilfe auch bei einem Unterlassungstäter bejaht, dem es möglich und zumutbar war, die Tat zu verhindern (14. 6. 1978, 3 StR 72/78). Der *4. StS* hatte sich ebenfalls angeschlossen (21. 4. 1967, 4 StR 37/67). Der *2. StS rückte den Begriff der Tatherrschaft stärker in den Vordergrund* (BGH **19**, 135; anderseits aber MDR/D **73**, 729;

vgl. auch 5. StS in NJW **66**, 1763; **68**, 1339; NStZ **82**, 27). Nunmehr folgt die **stRspr.** *aller StrSen.,* wenn auch unter Anführung der *Maßstäbe der Tatherrschaftslehre,* der Sache nach im wesentlichen der *subjektiven Theorie,* wonach die Frage der (Mit-)Täterschaft auf Grund aller von der Vorstellung der Beteiligten umfaßten Umstände in **wertender** Betrachtung zu beurteilen ist (BGH **28**, 349; GA **74**, 370; **77**, 306; MDR/H **80**, 455; NStZ **81**, 394; **85**, 165; **87**, 364; **88**, 507; StV **82**, 17; **85**, 14; BGHR § 25 II, Tatb. 1; 6. 11. 1990, 1 StR 726/89; hierzu Roxin StV **86**, 385; Küpper GA **86**, 440; Krey ZStW **101**, 848, 867; zusf. Geerds Jura **90**, 175). Wesentliche Anhaltspunkte für diese Wertung können das eigene Interesse am Taterfolg, der Umfang der Tatbeteiligung und die Tatherrschaft oder wenigstens der Wille zur Tatherrschaft sein (BGH **37**, 291 [m. Anm. Roxin JR **91**, 206; hierzu ferner Puppe NStZ **91**, 571; Herzberg JZ **91**, 856; Erb JuS **92**, 197]; GA **84**, 287; NStZ **84**, 413; **88**, 406; NJW **87**, 2881; wistra **88**, 106; MDR/H **88**, 452; StV **89**, 481; **90**, 109; NStE Nr. 5; BGHR § 29 I 1 BtMG, Hdtr 12, Einf. 10; 28. 11. 1990, 3 StR 395/90; 22. 3. 1991, 3 StR 34/91; 2. 7. 1991, 1 StR 353/91; 31. 3. 1992, 4 StR 112/92; Düsseldorf VRS **81**, 434). Ein die Tatbestandsverwirklichung fördernder Beitrag kann genügen, so wenn die Tat ohne ihn zwar nicht unmöglich, aber wesentlich erschwert worden wäre (NStZ **91**, 91), der Tatbeitrag kann auch in einer Verabredung liegen, die während des gesamten Geschehens fortwirkt (NJW **92**, 919), jedoch reicht eine „ganz untergeordnete" Tätigkeit idR nicht aus (30. 1. 1986, 2 StR 574/85). Auch Tatherrschaft ist nur einer der Anhaltspunkte, aus denen auf Mittäterschaft geschlossen werden kann (29. 2. 1984, 2 StR 799/83). Für Mittäterschaft genügt nicht, daß der Beteiligte die durch andere verwirklichten Tatumstände kennt, sie billigt und durch eigenes Einschreiten verhindern könnte (BGH **36**, 367: Presseinhaltsdelikt; 21. 6. 1990, 4 StR 265/90: zu § 98 BVFG). § 25 I stellt freilich klar, daß derjenige, der selbst sämtliche Tatbestandsmerkmale verwirklicht, stets Täter ist (NStZ **87**, 224; 19. 2. 1992, 2 StR 568/91; Stuttgart NJW **78**, 716; LK 38 ff. zu § 25; Roxin JuS **73**, 335; SchSch 77 und Bockelmann-FS 392; Langer, Dünnebier-FS 423; Stoffers MDR **89**, 209), auch wenn er an der Tat kein Interesse hat (11. 9. 1990, 1 StR 390/90). Täter des Handeltreibens (§ 29 I Nr. 1 BtMG) kann nur sein, wer eigennützig handelt (BGH **34**, 126; 29. 1. 1992, 5 StR 670/91; 28. 4. 1992, 4 StR 69/92; MDR/S **86**, 971; **87**, 971; **89**, 415). Grundsätzlich ist auch der Täter, der unter dem Einfluß eines anderen nur in dessen Interesse handelt, zB bei der eigennützigen Förderung fremder Geschäfte beim Handeltreiben mit BtM (BGH **29**, 240; NJW **79**, 1259; krit. hierzu Liemersdorf/Miebach MDR **79**, 981 [einschränkend 15. 4. 1980, 5 StR 183/80]; Körner NStZ **81**, 17); zB durch Kurierdienste (NStZ **83**, 124; NJW **85**, 1035 m. Anm. Roxin StV **85**, 278), insbesondere, wenn sie durch Verschlucken von Heroin-Päckchen geleistet werden (BGHR § 29 BtMG, StrZ 7), nicht jedoch beim Handeln aus Furcht (MDR/D **73**, 17), oder wenn ein Beteiligter möglicherweise nur im Bestreben gehandelt hat, einem inhaftierten Verwandten zu helfen (20. 9. 1985, 2 StR 433/85 zw.). Wer nur seine Mitwirkung bei der Teilung der Beute aus künftigem Diebstahl zusagt (BGH **8**, 390) oder kein wirtschaftliches Interesse an der Tat hatte, ist nicht Täter (StV **83**, 461). Für Mittäterschaft genügt aber die vor Tatbeendigung erfolgte Mitwirkung bei Abtransport und Sicherung der Beute (15. 4. 1981, 2 StR 645/80). Täter der Einfuhr ist ferner der Kraftfahrer des Tatfahrzeugs (24. 9. 1991, 1 StR 330/91). Bleibt in Fällen festgestellter Tatbeteiligung zweifelhaft, ob der Tatbeitrag dem eines Täters oder eines Gehilfen entspricht, so ist nur wegen Beihilfe zu verurteilen (BGHR § 25 II, Tatint. 4; 29. 3. 1990, 1 StR 103/90), der Mittäter muß auf Grund eines gemeinsamen Tatentschlusses und Tatplans handeln (27. 4. 1989, 1 StR 632/88 [in BGH **36**, 175 nicht mitabgedruckt]; LK 119; Lackner 10 jew. zu § 25.

Schrifttum: *Baumann* NJW **62**, 74; **69**, 1279; JuS **63**, 85; *Dreher* NJW **70**, 217; *Geerds* Jura **90**, 173; *Hardwig* JZ **65**, 667 u. JZ **66**, 293; *Hünerfeld* ZStW **99**, 232; *Kalthoener* NJW **56**, 1662; *Korn* NJW **65**, 1206; *Otto* Juar **87**, 248; *Roxin* GA **63**, 193; *Sax* JZ **63**, 329; *Schünemann* GA **86**, 330; *Stoffers* MDR **89**, 208.

3   **B.** Von der unmittelbaren Täterschaft ist die **mittelbare Täterschaft**, von der Alleintäterschaft die **Mittäterschaft** zu unterscheiden. Dazu näher 3 ff. zu § 25.

4   **2) Die Teilnahmeformen: A. Anstifter** ist, wer, ohne mittelbarer Täter zu sein, zur Tat dadurch beiträgt, daß er den fremden Tatentschluß vorsätzlich herbeiführt, vgl. § 26.

5   **B. Gehilfe** ist, wer den fremden, vorsätzlichen Tatentschluß (bedingt) vorsätzlich unterstützt; eine genauere Vorstellung über die beabsichtigte Tat braucht er nicht zu haben. Vgl. dazu § 27.

6   **C. Notwendige Teilnahme** liegt vor, wenn die Tatbestandsverwirklichung die Mitwirkung mehrerer begrifflich voraussetzt (LK 27 vor § 26), wobei Rollengleichheit (zB bei § 121) oder unterschiedliche Begehungsweise (zB §§ 174, 180 I; § 29 I Nr. 6 b BtMG) vorliegen kann.

6a **Schrifttum:** *R. Lange,* Notwendige Teilnahme, 1940; *Börker* JR **56**, 286; *Bohnert,* K. Meyer-GedS 519; Kontroverse *Gössel/Borchers* wistra **85**, 125; **87**, 86, 89; *Sowada,* Die „notwendige Teilnahme" als funktionales Privilegierungsmodell im Strafrecht, 1992; *Wolter* JuS **82**, 343; *Zöller,* Die notwendige Teilnahme, 1970.

7   **Straflos** sind **a)** die im Tatbestand nicht mit Strafe bedrohten Beteiligten, zB der bei 283 c begünstigte Gläubiger, soweit sie nicht über die notwendige Teilnahme hinaus tätig werden (RG **65**, 416; Bay OLGSt. 5 zu § 40 c aF); der Empfänger beim Verabreichen von BtM nach § 29 I Nr. 6 b
8   (KG JR **91**, 170; ferner RG **61**, 31; **b)** die durch die Vorschrift geschützten Opfer (vgl. 1a zu § 174; 25 zu § 180), soweit sie nicht gleichzeitig einen anderen Tatbestand erfüllen (zB § 183a; vgl. BGH **10**, 386; **15**, 377).

9   **D. Eine Haupttat** setzt die Teilnahme voraus (sog. **Akzessorietät der Teilnahme**). Hierfür genügt eine tatbestandsmäßige und rechtswidrige Tat (§ 11 I Nr. 5; vgl. BGH **1**, 131; 370). **a)** Unerheblich ist die **Schuld**(fähigkeit) des Täters und das Vorliegen eines Entschuldigungsgrundes (sog. **limitierte Akzessorietät;** 2, 3 zu § 29). Wird der Täter aus § 323a bestraft, so ist der Gehilfe wegen Beihilfe zu der vom Täter im Rausch begangenen rechtswidrigen Tat strafbar (AG Nienburg NdsRpfl. **62**, 283). Ferner ist zB jemand wegen Beihilfe zum Betrug zu bestrafen, wenn sich die Haupttat, die objektiv Erpressung ist, für ihn als Betrug darstellt (BGH **11**, 66). In derselben Richtung liegt es, wenn in Fällen, in denen besondere persönliche Merkmale (§ 28 I) die Strafbarkeit begründen oder über Strafrahmen oder

Ausschluß der Strafbarkeit entscheiden, Täter und Teilnehmer nach § 28 I, II verschieden behandelt werden.

b) Vorsätzlich (§ 15) muß die Haupttat begangen werden. Das ist durch das 2. StrRG gesetzlich klargestellt (§§ 30, 31 E 1962, Begr. 148), war aber seit BGH **9**, 370; **37**, 217 (abw. **4**, 355; **5**, 47) anerkannt, im Schrifttum allerdings sehr str. (krit. zB Schmidhäuser 14/68, 94; Roxin LK 18 ff. u. JuS **73**, 335; Schöneborn ZStW **87**, 913). Maßgebend dafür ist, daß „Sinngehalt und Unwert der Ausführungshandlung erst durch den Vorsatz hervortritt" (E 1962, 148), daß andernfalls Anstiftung und mittelbare Täterschaft nicht mehr abgrenzbar wären und daß eine Tatherrschaft des Täters nur möglich ist, wenn er selbst vorsätzlich handelt (E 1962, 148). Gewisse Strafbarkeitslücken müssen in Kauf genommen werden (3 zu § 29). Es gibt daher keine Teilnahme an fahrlässiger Tat (Hamm OLGSt. 26 zu § 315c; vgl. weiter VRS **18**, 421; RG **51**, 41; str.). Als Teilnahme ist es allerdings strafbar, wenn der Teilnehmer irrig annimmt, der Täter handle vorsätzlich (sehr str.; **aM** BGH **9**, 382; KG NJW **77**, 819; Otto JuS **82**, 560; auf die Klärung im hier vertretenen Sinne, die § 32 E 1962 bringen wollte, hat das 2. StrRG verzichtet, Ber. 13; nunmehr im hier vertretenen Sinn Baumann/Weber § 37 I 2a; Lackner 9; Schöneborn ZStW **87**, 911; aM LK 98 zu § 25; Bockelmann, Gallas-FS 261; Roxin JuS **73**, 335; Herzberg JuS **74**, 575 u. ZStW **99**, 64; Krey ZStW **101**, 851; Jescheck § 61 VII 3; SchSch 33; SK-Samson 27 vor § 26; Blei AT § 72 II 4; Walder, Spendel-FS 363). Fahrlässige Teilnahme ist als solche nicht strafbar (BGH **9**, 375; Karlsruhe NJW **67**, 2322), kann es aber als fahrlässige Tatbegehung sein (zur Problematik Spendel JuS **74**, 749; Blei JA **75**, 99). Nimmt der Haupttäter irrig einen Erlaubnistatbestand an, so handelt er vorsätzlich (27 zu § 16; aM SchSch 35 vor § 25; SK 29 vor § 26).

E. Selbständige Teilnahme. Teilnahme, auch ohne Versuch einer Haupttat, ist strafbar im Rahmen des § 30 (vgl. auch §§ 111, 159, 160) sowie als Teilnahme an einer Vereinigung (§ 129). Natürliche Teilnahmehandlungen können vom Gesetz zu selbständigen Straftaten erhoben werden, wenn die natürliche „Tat" straflos ist (zB in §§ 120, 354, 357). In diesem Sinne kann auch natürliche „Beihilfe" zum Selbstmord, falls Pflicht zur Verhinderung bestand, immer nur eine selbständige Tat (zB §§ 212, 222) sein; vgl. 4 ff. vor 211.

F. Bei verschiedenartiger Beteiligung an derselben Tat geht die leichtere Form regelmäßig in der schwereren auf (19 vor § 52; RG **70**, 296; wistra **90**, 100), also Beihilfe in Anstiftung (BGH **4**, 244), Anstiftung und Beihilfe in Täterschaft (RG **44**, 211). Beihilfe zur Beihilfe, Anstiftung zur Beihilfe und Beihilfe zur Anstiftung sind Beihilfe zur Haupttat (RG **59**, 396; dazu krit. Martin DRiZ **55**, 290). Anstiftung zu § 153 zehrt jedoch Beihilfe zu § 154 nicht auf (19. 2. 1958, 2 StR 32/58). Auch kann Mittäterschaft an § 242 in Beihilfe zu § 244 I Nr. 3 aufgehen (BGH **8**, 210; **33**, 54, m. Anm. Jakobs JR **85**, 342). Der Täter des Handeltreibens (§ 29 I Nr. 1 BtMG) kann hinsichtlich desselben Tatobjekts idR nicht zugleich Gehilfe eines anderen (Mittäters) sein (vgl. BGH **30**, 30; 27. 2. 1991, 2 StR 479/90). Wer zum Diebstahl anstiftet, um an der Beute teilzuhaben, ist nicht nur wegen Anstiftung, sondern auch wegen Hehlerei strafbar (GrSen BGH **7**, 134; vgl. Schwalm MDR **55**, 36; Meister MDR **55**, 715). Dasselbe gilt für die

Vor § 25 AT Zweiter Abschnitt. Dritter Titel

Beihilfe, BGH **13**, 403. Der Teilnehmer an einer Straftat, die für das Opfer ein Unglücksfall iS des § 323 c ist, kann nicht aus § 323 c bestraft werden (BGH **3**, 65).

13 **G. Mitwirkung nach Beendigung der Tat** stellt keine Teilnahme dar, kann aber Begünstigung oder Hehlerei sein (vgl. 4 zu § 27).

14 **H.** Im **Urteilstenor** braucht nicht kenntlich gemacht zu werden, ob und wieviele Taten gemeinschaftlich begangen worden sind, sondern nur in den Urteilsgründen (MDR/H **77**, 108; 19. 3. 1985, 5 StR 210/84).

Täterschaft

25 [I] **Als Täter wird bestraft, wer die Straftat selbst oder durch einen anderen begeht.**

[II] **Begehen mehrere die Straftat gemeinschaftlich, so wird jeder als Täter bestraft (Mittäter).**

1 **1) Die Vorschrift** idF des § 29 E 1962 (Begr. 149; Ndschr. **2**, 67, 84, 88, 91, 108, 115, 123, 216, 240; **12**, 138, 267) und des 2. StrRG (Ber. 12; Prot. V/1647, 1736, 1742, 1821, 1826) enthält die Begriffsbestimmung des Alleintäters und des Mittäters.

2 **2) Täter (I)** ist, wer **A.** die Straftat, dh die tatbestandsmäßige und rechtswidrige, außerdem aber verschuldete Tat **selbst begeht.** Unmittelbare Täterschaft liegt somit vor, wenn der Täter allein sämtliche Tatbestandsmerkmale (3 zu § 16) in seiner Person verwirklicht. Damit wird zugleich klargestellt, daß, wer solches tut, „stets Täter ist und nicht etwa wegen fehlenden Täterwillens Teilnehmer sein kann" (E 1962, 149). Damit ist die subjektive Teilnahmetheorie des RG und des BGH mindestens insoweit abgelehnt (2 vor § 25; LK-Roxin 39 u. JuS **73**, 335; Herzberg JuS **74**, 238 u. ZStW **99**, 49; aM LK-Jähnke 6 zu § 212; Lackner 1; offen gelassen NStZ **87**, 225, hierzu Otto JK 2). Entscheidungen wie BGH **18**, 87, GA **74**, 370 (2 vor § 25) sind mit dem Gesetz nicht mehr vereinbar;

3 **B.** die Straftat **durch einen anderen** begeht (sog. **mittelbare Täterschaft**), die näher zu umschreiben das Gesetz entgegen § 28 II E 1962 wegen der Vielgestaltigkeit ihrer Formen und des str. Problems des Täters hinter dem Täter (unten i) verzichtet hat (E 1962, 149). Das Wesen der mittelbaren Täterschaft liegt darin, daß der Täter nicht selbst die Tatbestandsmerkmale (oder jedenfalls nicht alle) verwirklicht, sondern sich dazu eines „Werkzeugs", des sog. Tatmittlers, bedient, der selbst weder Täter noch Mittäter ist. Das kommt in Betracht (ausführlich hierzu LK 44 ff.; Jescheck § 62; M. K. Meyer, Ausschluß 8; Otto Jura **87**, 254; Hünerfeld ZStW **99**, 234), wenn der Tatmittler **a)** schuldunfähig ist (LK 84 ff.), **b)** wegen Irrtums straflos bleibt oder entschuldigt ist (BGH **3**, 4; RG **31**, 82) oder in einem nur vermeidbaren Verbotsirrtum handelt und beim Hintermann eine vom Tätewillen getragene objektive Tatherrschaft gegeben ist (BGH **35**, 353 [*Katzenkönig-Fall,* Schaffstein NStZ **89**, 153 u. Küper JZ **89**, 617; Herzberg Jura **90**, 16 u. Schumann NStZ **90**, 32; Roßmüller/Rohr Jura **90**, 582]; Otto Jura **87**, 255; Wessels AT § 13 III 3; Roxin, Lange-FS 178; LK 66 ff.); **c)** sich im Notstand (§ 35) befindet (LK 51; vgl. RG **64**, 30); **d)** fahrlässig handelt; **e)** zwar vorsätzlich, aber rechtmäßig (BGH **3**, 6; **10**, 307), zB infolge eines bindenden Befehls oder im Fall eines Polizeibeamten, der

Täterschaft und Teilnahme § 25

infolge einer Täuschung durch den mittelbaren Täter einen Unschuldigen festnimmt; **f)** zwar vorsätzlich, aber ohne die vom Gesetz, zB in § 242, geforderte Absicht (absichtsloses doloses Werkzeug; vgl. RG 64, 425; str.; aM M-Gössel § 48, 67; LK 46, 95; Spendel, Lange-FS 156); **g)** zwar vorsätzlich, aber ohne die besonderen persönlichen Merkmale, welche die Strafbarkeit begründen und die nur beim mittelbaren Täter gegeben sind, zB wenn ein Urkundsbeamter eine falsche Beurkundung durch einen Außenstehenden vornehmen läßt (RG **28**, 109; LK 91; dazu krit. Spendel, Lange-FS 153); **h)** vom mittelbaren Täter gezwungen wird, sich selbst zu verletzen (NJW **83**, 462) oder zu töten (5 vor § 211; LK 52, 87); **i)** mit schuldhaftem Tätervorsatz handelt, ohne daß der mittelbare Täter davon weiß. Weiß er es, wird regelmäßig Mittäterschaft vorliegen (sehr str.; vgl. Herzberg JuS **74**, 374); zur Problematik bei Befehlen innerhalb von organisatorischen Machtapparaten LK 88 ff., Roxin GA **63**, 193; Schroeder, Der Täter hinter dem Täter, 1965; Korn NJW **65**, 1206. Diese Rechtsfigur (zuerst bei Kohlrausch-Lange, 39. Aufl. I B 1 vor § 47) ist sehr umstr. und wird vielfach abgelehnt (so von Jescheck § 64 III 5; Bockelmann-Volk AT § 24; Spendel, Lange-FS 147), ist aber für gewisse Fallgruppen anzuerkennen (Roxin, Lange-FS 173). Auf der anderen Seite kommt außerhalb einer besonderen Problematik nach oben 2 der Fall nicht mehr in Betracht, daß der Tatmittler vorsätzlich und verschuldet alle Tatbestandsmerkmale verwirklicht, aber nur als Gehilfe des mittelbaren Täters betrachtet wird (so aber BGH **2**, 170; **8**, 73; **18**, 87). Mittelbare Täterschaft ist unmöglich bei sog. *eigenhändigen Delikten* (23 vor § 13), zB bei Meineid (RG **61**, 201; daher § 160!), oder bei *Sonderdelikten,* zB echten Amtsverbrechen oder echten militärischen Straftaten, wenn dem Veranlasser die Sondereigenschaft fehlt (vgl. BGH **4**, 359). Denn in derartigen Fällen fehlt ihm die Tätervoraussetzung und er kann nur bloßer Anstifter sein, was auch bei echten Amtsdelikten möglich ist (RG **50**, 141). Zur Frage der mittelbaren Täterschaft bei *Steuerdelikten,* K. H. Maier MDR **86**, 358.

C. Den **Begriff des Täters** verwendet das Gesetz zur Entlastung seiner 4 Formulierungen an zahlreichen Stellen in einem weiteren Sinne als in I; es meint dann alle Beteiligten (§ 28 II), aber auch denjenigen, der die Tat nur strafbar versucht oder vorbereitet (zB in §§ 33, 35, 40, 41, 46, 47, 59, 60, 63, 66, 70, 78b). **Beteiligte** sind Täter und Teilnehmer (§ 28 II), **Teilnehmer** Anstifter und Gehilfen (§ 28 I).

3) Mittäter (II) ist, wer **gemeinschaftlich** mit einem anderen, dh also auch 5 vorsätzlich, dieselbe **Straftat begeht** (oben 2), sein Tatbeitrag muß ein Teil der Tätigkeit aller und dementsprechend das Handeln der anderen eine Ergänzung seines Tatbeitrags darstellen (NStZ **90**, 130; StV **92**, 376; Bay 15. 11. 1991, 3 St 1/91). Es ist ein gemeinschaftliches Mitwirken an *derselben Handlung* erforderlich (NJW **58**, 349), was nicht ausschließt, daß hierbei die Mittäter verschiedene Tatbestände verwirklichen, zB der eine einen Mord, der andere einen Totschlag an demselben Menschen (BGH **36**, 233 m. Anm. Timpe JZ **90**, 97, Beulke NStZ **90**, 278 u. Küpper JuS **91**, 639; SchSch 87; Jescheck § 63 I 2). Bei fahrlässigen Delikten scheidet Mittäterschaft aus (VRS **18**, 146; 421; str.; vgl. Bindokat JZ **79**, 434; Otto Jura **90**, 47). Hingegen sind Anstiftung und Beihilfe in Mittäterschaft möglich (RG **13**, 121). Zur Abgrenzung von der Beihilfe vgl. 2 vor § 25; zur Abgrenzung zur kriminellen Vereinigung, 3 zu § 129.

§ 25 AT Zweiter Abschnitt. Dritter Titel

6 **A. Täterschaftlich handelt** der Mittäter, der einen eigenen Tatbeitrag derart in eine gemeinschaftliche Tat einfügt, daß sein Beitrag als Teil der Tätigkeit eines andern und umgekehrt dessen Tun als Ergänzung seines eigenen Tatanteils erscheint (BGH **6**, 249; **8**, 396; **37**, 291; NJW **85**, 1035; StV **85**, 107; **92**, 160; wistra **92**, 182; BGHR § 25 II THerrSch 3, 4, Mitt. 2; 21. 8. 1991, 2 StR 333/91; 8. 1. 1992, 3 StR 391/91; Düsseldorf StV **92**, 15). Es bedarf keiner ausdrücklichen Absprache, eine konkludente genügt (BGH **37**, 292 [m. Anm. Roxin JR **91**, 206 u. krit. Puppe NStZ **91**, 571; Herzberg JZ **91**, 856; Geppert JK 5]; NStE Nr. 4). Ein Mittäter darf nicht bloß fremdes Tun fördern; er muß seinen Beitrag als Teil der Tätigkeit des andern und die des andern als Ergänzung seines Tatanteils wollen (NStZ **82**, 243; NStZ **90**, 130; NStZ/S **90**, 329). Es genügt ein wesentlicher Tatbeitrag, ohne den die Tat zwar nicht unmöglich, aber wesentlich erschwert worden wäre (NStZ **91**, 91; vgl. 1. 7. 1992, 2 StR 123/92). Wer also nicht Alleintäter sein kann, kann auch nicht Mittäter, sondern nur Anstifter oder Gehilfe sein (BGH **2**, 320; **14**, 123). Jedoch kann Täter nach § 264 auch ein im Subventionsverfahren eingeschalteter Amtsträger sein (BGH **32**, 205), Mittäterin eines Betrugs zum Nachteil gesetzlicher Kassen und Ersatzkassen auch die Ehefrau eines Arztes, deren Tatbeteiligung sich in vorbereitenden Handlungen erschöpft (NStZ **92**, 436). Mittäter der **Sonderdelikte** (35 vor § 13), vor allem der echten Amtsdelikte und der militärischen Straftaten nach dem WStG, kann nur ein Amtsträger oder Soldat sein. Der Außenstehende, der gemeinschaftlich zB mit einem Postbediensteten Pakete stiehlt, begeht Diebstahl in Mittäterschaft und Beihilfe zu § 354 (BGH **1**, 182; vgl. LK 29 f.; Cramer, Bockelmann-FS 395). Mittäter eines *Steuerdelikts* kann, da er weder Steuerschuldner noch Steuerpflichtiger zu sein braucht, auch ein Steuerbeamter sein (BGH **24**, 326), da § 370 AO kein Sonderdelikt ist (NStZ **86**, 463; wistra **90**, 147, 150; Düsseldorf wistra **88**, 119; MDR/S **88**, 898; Bilsdorfer NJW **89**, 1590; Gribbohm/Utech NStZ **90**, 211). Mittäter nach § 370 AO kann auch sein, wer als Dritter zugunsten des Steuerpflichtigen handelt (BGH **38**, 41; NStE Nr. 11), *durch Unterlassen* aber nur, wer zur Aufklärung steuerlich erheblicher Tatsachen verpflichtet ist (MDR/H **87**, 447; Bay **91**, 12). Auch **eigenhändige Delikte** (23 vor § 13, LK 31 ff.) können nur in Alleintäterschaft begangen werden. Dies gilt zB für den Meineid (RG **61**, 199), und für §§ 173, 179 (KG NJW **77**, 817; Schall JuS **79**, 106), nicht jedoch für § 177 (vgl. dort 6).

7 **B. Die Verteilung der Tatbeiträge** ist ohne Bedeutung und kann daher, wenn die Mittäter insoweit einverständlich handeln, offen bleiben (8. 4. 1987, 3 StR 91/87). Maßgebend ist der gemeinsame Wille (vgl. OGHSt. **3**, 4), sowie die gemeinsame Herrschaft über die Tat (vgl. 2 vor § 25; Gössel, Jescheck-FS 553; Stoffers MDR **89**, 210; krit. Herzberg JuS **74**, 720); dazu tritt irgendeine Förderung (MDR/D **75**, 366; Koblenz OLGSt. 1 zu § 27) der als gemeinsam gewollten Tat (10. 5. 1990, 4 StR 680/89), sei es auch nur durch Rat (BGH **16**, 12), durch bewußtes Bestärken im Tatwillen (BGH **16**, 14), durch eine vorbereitende Handlung (BGH **2**, 344; **14**, 123; Hamburg VRS **31**, 362) oder Teilnahme an einer Vorbereitungshandlung (BGH **11**, 271; **14**, 128; **37**, 292 [m. Anm. Roxin JR **91**, 206; hierzu Puppe NStZ **91**, 571; Herzberg JZ **91**, 856; Erb JuS **92**, 196; Geppert JK 5]; NJW **61**, 1542; **85**, 1035; vgl. MDR/S **85**, 971), durch nur psychische und verbale

§ 25

Unterstützung (GA **84**, 287; Köln OLGSt. 1), insbesondere bei einem Organisator, ortsabwesenden Befehlsausgeber oder geistigen Anführer eines Landfriedensbruchs, wenn ihm die Gewalttätigkeiten als eigene Tat zuzurechnen sind (BGH **32**, 178; 6 zu § 125; Küpper GA **86**, 445), da jeder für den anderen handelt (NJW **51**, 410; MDR/D **67**, 548; hM); zB bei provozierten Verkehrsunfällen (Fleischer NJW **76**, 879; aM Roxin LK 127ff.; Herzberg JuS **74**, 722; **75**, 35; SK-Samson 47; Rudolphi, Bockelmann-FS 384). So kann zB Mittäter einer Körperverletzung sein, wer die Verletzung nicht mit eigener Hand ausführt, aufgrund eines gemeinschaftlichen Tatentschlusses aber mit dem Willen zur Tatherrschaft zum Verletzungserfolg beiträgt (19. 1. 1984, 4 StR 742/83), oder einer Brandstiftung, wer besonderes Interesse an der Brandlegung hat (MDR/H **88**, 1003). Mittäter der Einfuhr von BtM kann sein, wer sie über die Grenze schafft (NStE § 30 BtMG Nr. 16), des Handeltreibens mit BtM (2b vor § 52), wer Kokain guter Qualität „streckt" (12. 3. 1985, 5 StR 109/85); einer Zollhinterziehung, wer selbst nicht gestellungspflichtig ist und bei ordnungsgemäßer Verzollung nicht Zollschuldner wäre (BGH **31**, 347). Allerdings brauchen die Täter der Einfuhr die BtM nicht selbst über die Grenze zu bringen. Das bloße Veranlassen der Einfuhr genügt jedoch nicht, erforderlich ist in wertender Betrachtung (2 vor § 25) ein täterschaftliches Handeln (NJW **87**, 2881; StV **88**, 205, 530; 15. 5. 1991, 2 StR 514/90), unter diesen Umständen kann aber auch Mittäter sein, wer seinen Tatbeitrag im Stadium der Vorbereitung leistet (BGH **36**, 250; BGHR § 29 I 1 BtMG, Einf. 12). Kausal für die Tatvollendung braucht der Tatbeitrag nicht zu sein. Doch muß er noch vor Beendigung der Ausführungshandlung geleistet sein (RG **58**, 94; 14. 7. 1967, 4 StR 138/67; aM Rudolphi, Bockelmann-FS 376). Die bloße Kenntnis des Vorhabens (oder das bloße eigene Wollen der Tat) oder seine nachträgliche Billigung genügt nicht (MDR **53**, 272; 10. 4. 1979, 4 StR 81/79); desgl. nicht die bloße Verabredung (RG **56**, 329). An Mittäterschaft kann es auch fehlen, wenn die Täter bei einem Teil der Tatbestandsverwirklichung zusammenwirken, bei der weiteren Ausführung aber völlig selbständig handeln (BGH **24**, 286; LK 120), oder der eine Tatbeteiligte am Tatbeitrag des andern nicht interessiert ist, StV **84**, 287. Doch kann die bloße Anwesenheit bei der Tat, um dem ausführenden Mittäter mehr Sicherheit zu geben, oder die bloß psychische Beeinflussung genügen (BGH **11**, 271; **16**, 14; MDR **53**, 271; StV **86**, 384 [m. krit. Anm. Roxin; Otto JK 3]; vgl. JZ **83**, 462 [m. Anm. Rudolphi StV **82**, 518]; vgl. aber RG **71**, 25; BGH **24**, 286); andererseits ist die Anwesenheit nicht erforderlich, doch müssen die Mittäter über Art und Umfang der geplanten Tat im wesentlichen unterrichtet sein (31. 8. 1982, 5 StR 327/82), Einzelheiten brauchen sie nicht zu kennen (BGH **16**, 12). Auch brauchen sich die Mittäter nicht der Person nach zu kennen (RG **58**, 279; 22. 7. 1977, 2 ARs 241/77; Hamm GA **73**, 184); doch müssen alle das Tun aller als gemeinschaftliches Tun wollen (BGH **8**, 393; vgl. aber Köln MDR **79**, 158). Hieran wird es bei **Unterlassungen** mehrerer meist fehlen, da jeder nur die ihm allein obliegende Handlung unterläßt (RG **47**, 93). Doch ist Mittäterschaft durch *einverständliches* Unterlassen mehrerer oder durch Handeln des einen und Unterlassen des anderen denkbar (RG **66**, 74; BGH **2**, 150; **4**, 20; **13**, 166; NJW **66**, 1763; LK 154; Jescheck § 63 IV 2 u. LK 58 zu § 13; str.); so zB, wenn mehrere Garanten eine ihnen gemeinsam obliegende Pflicht im – möglicherweise

7a

sukzessiven (unten 9) – Einvernehmen nicht erfüllen (BGH **37**, 129, hierzu krit. Samson StV **91**, 184; Brammsen Jura **91**, 536; Puppe JR **92**, 32; M. Dreher ZGR **92**, 43). Auch kann der Vater Mittäter sein, der die Straftat seines minderjährigen Sohnes nicht hindert. Ausdrückliche Verabredung ist zur Mittäterschaft nicht nötig (OGH NJW **50**, 443); es genügt, wenn ein neu Hinzutretender einen für die Tatbestandsverwirklichung förderlichen Tatbeitrag leistet (22. 7. 1977, 2 ARs 241/77). Mittäter kann auch jemand sein, der unter dem Einfluß (BGH **8**, 393) oder Druck eines anderen mittut (MDR/D **66**, 197, beachte aber oben 3 [c]).

8   **C. Gemeinsames Wollen der Tat** ist Grundlage der Mittäterschaft. **a)** Daher haftet jeder, soweit sein Wille reicht, für den Gesamterfolg (RG **14**, 30; Düsseldorf NJW **87**, 268, hierzu Otto JK 4), da jeder mittelbarer und zugleich unmittelbarer Täter ist. Jedem Mittäter der Einfuhr von BtM ist daher unter dem Gesichtspunkt des § 30 I Nr. 4 BtMG die gesamte Rauschgiftmenge zuzurechnen (23. 7. 1991, 1 StR 287/91). Es ist gleichgültig, daß beim Betrug an Vermögensvorteilen der eine den eigenen, der andere den des anderen erstrebt (RG **59**, 107). Doch kann bei Delikten, die eine bestimmte Absicht des Täters voraussetzen wie zB bei § 242, nur derjenige Täter sein, der selbst diese Absicht hat (NJW **87**, 44, hierzu Geppert JK 1 zu § 25 I), oder beim Handeltreiben nur der, der eigennützig handelt (BGH **34**, 126), wenn auch durch Förderung fremder Umsatzgeschäfte (12. 9. 1991, 4 StR 418/91). Bei Taten gemeinsamer Planung braucht der Mittäter nicht in jedem Fall in alle Einzelheiten eingeweiht zu sein (GA **68**, 18). Bei stark unter Alkoholeinfluß stehenden Tatbeteiligten kann es am gemeinsamen Tatentschluß fehlen (NStE Nr. 6). Verfasser und Schriftleiter werden meist Mittäter sein, Verleger und Drucker aber nur
8a ihre Gehilfen (RG **65**, 70; hierzu Küper JZ **81**, 569). **b)** Für einen über das gemeinsame Wollen hinausgehenden sog. **Exzeß** eines Mittäters hat nur dieser einzustehen (BGH **36**, 234; MDR/H **85**, 446; LK 121); es sei denn, daß dem anderen die Handlungsweise seines Tatgenossen gleichgültig ist (vgl. MDR/D **55**, 143). Ist der Ausführungswille nur für einen Teil der Gesamthandlung gemeinsam, so tritt auch nur insoweit die Mittäterhaftung ein; so, wenn der eine die Körperverletzung nur als solche, der andere sie aber, um zu töten, will (RG **44**, 321); ebenso, wenn der eine eine einfache, der andere eine gefährliche Körperverletzung will (§§ 223, 223a) oder nur der eine die Absicht nach § 225 hat; problematisch der Fall MDR/D **66**, 197. Bei den erfolgsqualifizierten Straftaten bedarf es der Übereinstimmung der Mittäter nur für die Verwirklichung des Grundtatbestandes, bei Raub mit Todesfolge also für die Gewaltanwendung (MDR/D **51**, 274); wobei eine erhebliche Abweichung nach der Art der Gewalt nicht zur Mithaftung führt (NJW **73**, 377; 5 zu § 251). Inwieweit die Beteiligten für den schweren Erfolg haften, ist für jeden selbständig nach § 18 zu prüfen. Wenn ein Mittäter seine Tätigkeit in der irrigen Meinung abbricht, daß sie zum Erfolg geführt habe, während erst ein zweiter den Erfolg herbeiführt, soll nach BGH **9**, 186 auch für den ersten vollendete Mittäterschaft vorliegen (zw.; vgl. Dreher MDR **56**, 498). Vereinbaren Tatbeteiligte, auf etwaige Verfolger zu schießen, und schießt einer irrtümlich auf einen anderen Beteiligten, den er für einen Verfolger hält, so ist auch der andere Mittäter des versuchten Mordes (BGH **11**, 268; zw., aM Spendel JuS **69**, 314; Herz-

berg JuS **74**, 721; Rudolphi, Bockelmann-FS 380; Roxin JA **79**, 519; Seelmann JuS **80**, 572; Langer, Dünnebier-FS 426; hierzu und dem BGH zustimmend Küper, Versuchsbeginn und Mittäterschaft, 1978, 40). Eine gemeinschaftlich begangene vorsätzliche Tötung eines Menschen kann beim einen Mittäter Mord, beim anderen Totschlag sein (BGH **36**, 233 m. Anm. Timpe JZ **90**, 87; Beulke NStZ **90**, 278; Geppert JK 18 zu § 211, Küpper JuS **91**, 639). Nur für den Betroffenen wirken persönliche Strafschärfungs- bzw. Strafmilderungsgründe; desgl. persönliche Strafausschließungs- und Strafaufhebungsgründe, vgl. § 28 II. Über den Rücktritt beim Versuch vgl. 15 ff. zu § 24.

D. Sukzessive Mittäterschaft ist gegeben, wenn der eine mit der Tat **9** beginnt und sich *vor deren Beendigung* ein Mittäter iS von 7 (also in Kenntnis und Billigung des bisher Geschehenen, MDR/H **81**, 265; 25. 2. 1986, 1 StR 669/85; krit. Küper JZ **81**, 568; Gössel, Jescheck-FS 557 u. M-Gössel § 49, 64 ff.) durch Förderung der Tat anschließt (BGH **2**, 345; VRS **32**, 355; GA **69**, 214; **86**, 229, hierzu Otto JK 1 zu § 223 a; 11. 1. 1991, 2 StR 483/90), *nicht* jedoch, wenn das Tun des später Eintretenden auf den weiteren Ablauf des Geschehens ohne Einfluß bleibt (MDR/D **75**, 366; NStZ **84**, 548; **85**, 215 L; GA **85**, 233; Meyer-Goßner NStZ **86**, 51). Im übrigen ist dem Hinzutretenden bei einer natürlich-einheitlichen Tat die Gesamttat zuzurechnen, auch in den Fällen der (zunächst verborgen gebliebenen) Schuldunfähigkeit eines der gemeinsam Handelnden (3. 7. 1991, 3 StR 69/91) oder im Fall schon vorher verwirklichter Erschwerungsgründe (zB § 243 Nr. 2), soweit sie ihm bekannt sind (entsprechend der Teilnahme, BGH **2**, 344; **6**, 251; GA **66**, 210; Furtner JR **60**, 367; aM LK 136; Herzberg JuS **75**, 36; **76**, 43; Roxin JA **79**, 525; Seelmann JuS **80**, 573; SK 48; krit. zum Ganzen Rudolphi, Bockelmann-FS 377; Gössel, Jescheck-FS 537; Otto Jura **87**, 253; Küpper GA **86**, 448; Krey ZStW **101**, 848). Es kommt daher insoweit auf die Kenntniserlangung des später Hinzutretenden an (18. 9. 1981, 2 StR 326/81), bloße einseitige Kenntnisnahme und Billigung genügen freilich nicht, sondern es ist ein *nachträglich* erzieltes *gegenseitiges* Einverständnis, wofür auch schlüssige Handlungen genügen, über die Ausweitung des ursprünglichen Tatplans notwendig (MDR/D **71**, 545; NStZ **85**, 70 [hierzu Otto JK 2]; MDR/H **87**, 281); bei einer fortgesetzten Handlung kommt es auf die Art des Beitrages und den Vorsatz des Hinzutretenden an (vgl. RG **34**, 47). Zur Frage, wann eine Beihilfe in eine sukzessive Täterschaft übergeht 18. 2. 1986, 1 StR 640/85. *Keine* sukzessive Mittäterschaft ist gegeben, wenn jemand zwischen der Vollendung und Beendigung eines Betrugs in das Gesamtgeschehen eintrat und dabei nur eine untergeordnete Rolle spielte (BGHR § 25 II, Mitt. 5), oder wenn ein *nach* der Tat Hinzugekommener die durch sie geschaffene Lage in Kenntnis der Vortat zu neuer Tat ausnützt (BGH **2**, 344; MDR/D **69**, 533 [Gössel aaO 556]; GA **77**, 144; MDR/H **82**, 446), selbst wenn ihm der frühere Täter dabei hilft (Frankfurt NJW **69**, 1915); nach Köln JR **80**, 422 (m. abl. Anm. Beulke), wenn zur Tatzeit ein gemeinsamer Tatentschluß nicht mehr oder noch nicht bestand. Wer dem Dieb erst nach Tatbeendigung behilflich ist und einen Beuteanteil erhält (StV **83**, 501), ist nicht Mittäter, sondern Hehler.

E. Vorsatz ist Voraussetzung der Mittäterschaft, kann aber bei dem **10** einen bedingt, bei dem anderen unbedingt sein (RG **59**, 246). Keine Mittäterschaft ist es, falls der eine Täter vorsätzlich und, wie er weiß, der andere fahrlässig handelt (RG GA Bd. **43**, 34). Ist der eine „Mittäter" geisteskrank, ohne daß es der andere weiß, so handelt dieser nach § 20 gleich einem Mittäter (RG **63**, 101).

11 4) Sog. **Nebentäterschaft** (Mehrtäterschaft) ist gegeben, wenn mehrere, ohne in bewußtem und gewolltem Zusammenhang zu handeln, durch die Gesamtheit ihrer Handlungen eine Tat vollenden (MDR/D **57**, 926); so, wenn sie einem anderen, ohne gemeinschaftlich zu handeln, gleichzeitig eine unmittelbare tödliche Verletzung beibringen; hier hat jeder selbständig einen Mord begangen, nicht sämtliche in Mittäterschaft (RG **55**, 79). Der Sache nach handelt es sich also um mehrere Alleintäter. Insofern hat die Rechtsfigur der Nebentäterschaft keinen dogmatischen Eigenwert (Fincke GA **75**, 161; LK 161; M-Gössel § 49, 80). Der BGH anerkennt auch einen Fall der nebentäterschaftlich begangenen *fahrlässigen* Tötung (NStZ **92**, 234). Vgl. auch die eigenartige Form der Nebentäterschaft in § 302a I S. 2 (dort 27). Zur Mittäterschaft und mittelbaren Täterschaft im Fahrlässigkeitsbereich Otto, Spendel-FS 281.

12 5) **Verfahrensrecht.** Wird jemand als Mittäter angeklagt, so ist, wenn Alleintäterschaft in Betracht kommt, ein **Hinweis nach § 265 StPO** erforderlich (MDR/H **84**, 444; NStZ **84**, 329; wistra **92**, 149), ebenso umgekehrt (StV **84**, 368); auch deckt der Hinweis auf die Möglichkeit einer Beihilfe eines als Alleintäter Angeklagten den Schuldspruch wegen Mittäterschaft nicht ab (NJW **85**, 2488), dies gilt auch im Falle wahlweiser Verurteilung (aaO; 16 zu § 1). Schließlich ist auch ein Hinweis erforderlich, wenn nur beim Mittäter allein eine Verurteilung wegen eines qualifizierten Tatbestandes in Betracht kommt (NStZ **86**, 85 m. Anm. Berz).

Anstiftung

26 Als Anstifter wird gleich einem Täter bestraft, wer vorsätzlich einen anderen zu dessen vorsätzlich begangener rechtswidriger Tat bestimmt hat.

1 1) **Die Vorschrift** ist in wörtlicher Übereinstimmung mit § 30 E 1962 (Begr. 150; Ndschr. **2**, 67ff., 108, 115, 217; **12**, 139) durch das 2. StrRG (Ber. BT-Drs. V/4095, 12; Prot. V/1648, 1736f., 1826ff.) eingefügt. **Schrifttum:** vgl. vor § 25, unten 8a; *Less* ZStW **69**, 43; *Puppe* GA **84**, 101; *J. Schulz* JuS **86**, 933.

2 2) **Anstiftung** ist die vorsätzliche Bestimmung eines andern zur Begehung einer vorsätzlichen rechtswidrigen Tat. Der Anstifter veranlaßt den anderen zu einer Tat, über die er nicht selbst, sondern der andere die Tatherrschaft haben soll (vgl. 2 vor § 25). Er regt also eine fremde Tat an, deren Täter er nicht sein will (RG **63**, 375). Bestimmt der „Anstiftende" einen Schuldunfähigen zur Tat, ohne die Krankheit zu kennen, so liegt wegen § 29 und der Fassung „rechtswidrige Tat" (9 vor § 25) Anstiftung vor; ebenso, wenn sich der Anregende eines gutgläubigen Mittelsmannes bedient, den er für bösgläubig hält (10 vor § 25; vgl. auch unten 3 aE).

3 A. **Bestimmen** des Täters zur Tat heißt, in ihm den Entschluß zur Tat durch irgendeine (unten 4) dafür ursächliche (oder mitursächliche, 28. 6. 1983, 1 StR 294/83) Anstiftungshandlung hervorzurufen (BGH **9**, 379; Köln MDR **62**, 591). Dies ist auch möglich, falls der Täter nur ganz allge-

Täterschaft und Teilnahme § 26

mein zu derartigen Taten bereit ist (RG 37, 172; MDR/D 57, 395; 3. 10. 1979, 2 StR 431/79) oder wenn er sich schon mit dem Gedanken an die Tat trägt, aber noch schwankt oder Hemmungen hat, eine begonnene fortgesetzte Tat weiterzuführen (MDR/D 70, 730); Mitursächlichkeit des Bestimmens genügt (28. 6. 1983, 1 StR 294/83; Weßlau ZStW 104, 119), nur darf der Täter noch nicht zu der konkreten Tat fest entschlossen sein (sog. *alias* oder *omni modo facturus*; NStE Nr. 4; Otto JuS 82, 561; zum Ganzen Puppe GA 84, 101). Dann ist strafloser oder nach § 30 strafbarer Anstiftungsversuch oder Beihilfe gegeben, nicht Anstiftung (MDR/D 72, 569). War der Täter schon zum Grunddelikt (zB Raub) entschlossen, so kann er doch noch zur qualifizierten Tat (schwerer Raub) angestiftet werden (BGH 19, 339); denn die beiden Taten sind nicht identisch (Stree, Heinitz-FS 277; Bemmann, Gallas-FS 273; Hühnerfeld ZStW 99, 249; sehr str.; differenzierend LK-Roxin 6; aM zB SchSch-Cramer 6 und JZ 65, 30; Grünwald JuS 65, 313; SK-Samson 4; Jescheck § 64 III 2c). Eine einzige Anstiftungshandlung kann sich auch auf mehrere, in den Einzelheiten noch nicht feststehende Taten beziehen (StV 83, 457). Die Anstiftung braucht sich weder in geistiger Kommunikation mit dem Anzustiftenden zu vollziehen (str.; aM LK 12 mwN; Jescheck § 64 III 1; Rogall GA 79, 12; Otto JuS 82, 560) noch auf einen bestimmten Täter zu beziehen; es genügt, wenn sie sich an die eine oder andere unbestimmte Person aus einem individuell bestimmten Personenkreis richtet und zum Taterfolg hinleitet (15. 3. 1978, 2 StR 699/77; KG NJW 91, 2654; Hamm JMBlNW 63, 212; hierzu Rogall GA 79, 13). § 111 greift nur ein, wenn die Tat, zu der aufgefordert wird, nicht hinreichend konkretisiert ist (unten 6; Dreher, Gallas-FS 307; Möhrenschlager Prot. 7/2240). Anstiftung durch Unterlassen ist nur ausnahmsweise möglich (str.; Otto JuS 82, 560; Lackner 3). Wer zur Anstiftung anstiftet (sog. *Kettenanstiftung*), braucht auch nach hM den Haupttäter nicht zu kennen (BGH 6, 359; KG NJW 91, 2654) dies gilt auch für den Anstifter in Mittäterschaft (RG 71, 23). Denkbar ist auch Beihilfe zur Anstiftung (MDR 53, 400); desgl., daß mehrere unabhängig voneinander den Täter zur Tat bestimmen; dann ist jeder Alleinanstifter in Nebentäterschaft (RG 55, 80; Hamburg HESt. 2, 317). Bei der Kettenanstiftung kann eines der Glieder gutgläubig (Werkzeug der Vordermänner) sein (BGH 8, 137; LK 36; dazu krit. Gallas JR 56, 226; D. Meyer JuS 73, 755).

B. Welcher Mittel sich der Anstiftende bedient, um den anderen zu 4 bestimmen, ist gleichgültig (3. 10. 1978, 1 StR 197/78; E 1962, 150; LK 11). In Betracht kommen zB Überredung (RG 53, 190); Ratserteilung (R 3, 93); Anregung (RG 36, 405; MDR/D 57, 395); konkludente Aufforderung (28. 6. 1983, 1 StR 294/83); ja sogar Frage (GA 80, 183); und scheinbare Abmahnung. § 48 aF nannte ausdrücklich folgende Mittel, die auch jetzt noch von praktischer Bedeutung sind: **a) Drohung** (15, 16 zu § 240), auch die mit einem Unterlassen (18 zu § 240). Nimmt sie die Form des § 35 an, so ist der Drohende mittelbarer Täter (3 c zu § 25). **b) Mißbrauch des Ansehens oder der Gewalt,** dh eines rechtlichen oder faktischen Gewaltverhältnisses (vgl. § 34 WStG). **c) Herbeiführung oder Förderung eines Irrtums.** Das braucht keiner im Beweggrund zu sein; doch würde ein Irrtum über ein Tatbestandsmerkmal den Vorsatz ausschließen; dann könnte der Veranlassende nur mittelbarer Täter sein (vgl. 3 vor § 25). Zur Anstiftung durch Unterlassen Bloy JA **87**, 490; LK 13.

5 **C. Vorsätzlich** muß der Anstifter den Täter zur Tat bestimmen; fahrlässige Anstiftung ist als solche nicht strafbar (RG **73**, 5; **60**, 2; Bay **12**, 418). Der Anstifter muß wissen, daß und wozu er bestimmt; bedingter Vorsatz genügt hierbei (GA **80**, 184; LK 15).

6 **a)** Auf eine **bestimmte Haupttat** muß sich der Anstiftervorsatz beziehen. Es genügt nicht, den Täter zu irgendwelchen unbestimmten nur der Gattung oder dem Tatbestand nach umschriebenen Handlungen zu veranlassen (BGH **34**, 65; vgl. Weßlau ZStW **104**, 128). Der Anstifter muß hierbei eine, wenn auch nicht in allen Einzelheiten, aber doch in den wesentlichen Merkmalen und Grundzügen konkretisierte Haupttat vor Augen haben iS eines umrißhaften Tatbildes (BGH **37**, 218 [m. Anm. Puppe JStZ **91**, 124; Roxin JZ **91**, 680 u. Spendel-FS 289; J. Müller MDR **91**, 830; hierzu Streng JuS **91**, 910; Geppert Jura **92**, 163 u. JK 4; Schlehofer GA **92**, 307; Küpper JR **92**, 294]) in dem freilich auch einzelne individualisierende Merkmale fehlen können (BGH **34**, 66, weniger streng Roxin JZ **86**, 908, auch LK 9 mwN, gegen ihn, aber weiter differenzierend Herzberg JuS **87**, 617; vgl. auch Geppert JK 3). Nicht unbedingt notwendig ist, daß der, gegen den sich die Haupttat richten soll, bekannt ist (KG NJW **91**, 2654; RG **34**, 327; vgl. auch Bay NJW **54**, 1257; 7 zu § 30).

7 **b) Alle Umstände muß der Anstifter kennen,** welche die Tat des Täters zu einer rechtswidrigen machen. Der Anstifter muß den anderen zur Verwirklichung der äußeren und inneren Tatbestandsmerkmale der Tat, einschließlich der zu dieser etwa erforderlichen besonderen Absicht bestimmen wollen; er selbst braucht die Absicht des Täters nicht zu teilen (RG **56**, 172). Stiftet er zu einem Sonderdelikt an, so muß er wissen, daß der Täter die besondere Qualifikation hat; der Anstifter kann Außenstehender sein (BGH **5**, 75).

8 **c) Die Tat in ihrer Vollendung** muß der Anstifter wollen; wer die Tat nur bis zum Versuch gedeihen lassen will, so der **agent provocateur** (Lockspitzel), begeht *keine* Anstiftung (BGH GA **75**, 333; MDR/D **76**, 13; LK 17 f. mwN; SchSch 16; Küper GA **74**, 321; Franzheim NJW **79**, 2016; Otto JuS **82**, 561; Bruns NStZ **83**, 53; Seelmann ZStW **95**, 795; Stratenwerth 890; differenzierend: Herzberg GA **71**, 12; JuS **83**, 737; Maaß Jura **81**, 514; Vogler ZStW **98**, 342; Jescheck § 64 III 2 b). Fallen Vollendung und Beendigung der Tat auseinander, eine Unterscheidung, die allerdings bei abstrakten Gefährdungsdelikten (zB Handeltreiben mit BtM) problematisch ist, so ist der *agent provocateur* nach hM auch straflos, wenn er durch rechtzeitiges Eingreifen die Beendigung oder den Eintritt einer Rechtsgutverletzung verhindern will (Suhr JA **85**, 629; Füllkrug KR **84**, 593; U. Sommer JR **86**, 485; LK 19; SchSch 16; Lackner 4; krit. Seier/Schlehofer JuS **83**, 52; Lüderssen StV **85**, 178 u. Jura **85**, 119; Schünemann GA **86**, 219).

8 a Zur Bekämpfung des modernen organisierten Verbrechertums (vgl. H. Schäfer KR **85**, 582) ist der Einsatz anonymer Gewährsleute, **(sog. V-Leute, undercover agents,** zum Begriff: BGH **32**, 121; Rebmann NJW **85**, 1; Geißer GA **85**, 247) unumgänglich (BVerfGE **57**, 284; NJW **87**, 1874; GrSenBGH **32**, 122; 346 [1. StS]; NStZ **84**, 555 [4. StS]; LG Heilbronn NJW **85**, 874), und auch im Ausland anerkannt (vgl. DRiB KR **85**, 585), jedoch dürfen sie nur gegenüber Personen eingesetzt werden, gegen die bereits ein entsprechender Verdacht iS

Täterschaft und Teilnahme **§ 26**

des § 160 I StPO besteht (wistra **90**, 64; *rechtsvergleichend:* J. Meyer, Jescheck-FS 1311; vgl. auch Hammes KR **84**, 177). Hingegen sind die Rechtsfolgen eines Einsatzes solcher Lockspitzel im Schrifttum höchst umstritten und in der Rspr. noch nicht hinreichend geklärt.

Schrifttum: *Backes,* Klug-FS 447; *Brenner* KR **84**, 600; *Bruns,* Neue Wege zur Lösung des strafprozessualen V-Mann-Problems, 1982, u. zusf. NStZ **83**, 49, ferner StV **84**, 388; *Creutz* ZPR **88**, 415; *Dencker,* Dünnebier-FS 447; *Fezer* JuS **87**, 358 (Anfechtung einer Sperrerklärung); *Fischer/Maul* NStZ **92**, 7: *Füllkrug* KR **84**, 122, 592 u. **87**, 5; *Geppert* Jura **92**, 244 [beweisrechtliche Fragen]; *Gribbohm* NJW **81**, 305; *Herzog* NStZ **85**, 153; *R. Keller* [1 zu 34] 160ff.; *Körner* StV **82**, 382 u. KR **84**, 338; *Krüger* NJW **82**, 855; *Lüderssen* (Hrsg.) V-Leute. Die Falle im Rechtsstaat, 1985 (hierzu *Beckmann* StV **86**, 179); *J. Meyer* ZStW **95**, 834, 993 (DiskBer.); *Miebach* ZRP **84**, 81; *Ostendorf/Meyer-Seitz* StV **85**, 71; *Puppe* NStZ **86**, 404; *Rebmann* NStZ **82**, 317; *Reichert-Hammer/Renzikowski* JA-ÜBl. **90**, 153; *Roduner* KR **87**, 620 (Schweiz); *Rogall* JZ **87**, 847; *H. Schäfer* JR **84**, 397 u. KR **85**, 582; *H. W. Schmidt* MDR **81**, 305; *Schmidtmann* KR **84**, 595; *Schoreit* NStZ **82**, 66, **84**, 62, **85**, 61, **88**, 351 u. MDR **83**, 617; *Steinke* KR **84**, 285; *Wehner* KR **86**, 383; *Wieczorek* KR **85**, 288.

Die entscheidenden Rechtsfragen hat der *2. StS* in einem Vorlagebeschluß (NJW **86**, 75) formuliert (der GrSenBGH hat die Vorlagevoraussetzungen nach § 137 GVG als nicht erfüllt angesehen: BGH **33**, 356; vgl. Schünemann StV **85**, 424) und sich – dem *1. StS* und Foth (NJW **84**, 221, gegen ihn Taschke StV **84**, 178) folgend (BGH **32**, 345) – nunmehr auf den Standpunkt gestellt, daß in den Fällen einer **Tatprovokation** durch polizeiliche V-Leute – entsprechend dem Grad der Schuldminderung – **ein Strafmilderungsgrund,** uU auch ein Verfahren nach §§ 153, 153a StPO oder, etwa bei Verbrechen, eine Reaktion nach § 59 iVm § 47 II in Betracht kommt (BGH **32**, 355; NJW **86**, 75; ähnlich bereits AG Osterholz-Scharmbeck StV **83**, 247), ja sogar die Berücksichtigung schuldunabhängiger Umstände bei der Strafrahmenbestimmung und der Strafzumessung ieS dann zugunsten einer solchen Person für erlaubt und geboten gehalten, die nicht ohnehin tatbereit war und von einem Lockspitzel den Tatanstoß erhielt (NJW **86**, 1764 [hierzu Puppe NStZ **86**, 404]; MDR/H **88**, 626; StV **88**, 295; NStZ **92**, 488). Mit dem Schuldgrundsatz (§ 46) ist eine solche *„Unterschreitung der sonst schuldangemessenen Strafe"* nicht zu vereinbaren, sie läßt sich (entgegen BGH aaO) auch nicht mit der Rspr. vergleichen (35 zu § 46), nach der eine überlange Verfahrensdauer bei der Strafzumessung zu berücksichtigen ist (zurückhaltender 25. 2. 1986, 1 StR 599/85). *Beide StSen.* haben aber selbst in den Fällen, in denen die Einwirkung durch den V-Mann die Grenzen des rechtlich Zulässigen überschritten hat, die Möglichkeit der *Verwirkung* des staatlichen Strafanspruchs (so aber *4. StS:* NStZ **81**, 70; AG Heidenheim NJW **81**, 1628; insoweit krit. Seelmann ZStW **95**, 823) verworfen. In concreto hatte der BGH eine Verwirkung ohnehin nie bejaht (NJW **80**, 1761; **81**, 1626; NStZ **81**, 70; **83**, 80; **85**, 361; 555; StV **81**, 276; **82**, 221; vgl. hierzu auch BVerfG NJW **85**, 1767 m. Anm. Schünemann StV **85**, 178). Entgegen der früheren Rspr. (*1. StS:* NJW **80**, 1761; StV **81**, 163; *2. StS:* NJW **81**, 1626 [hierzu Berz JuS **82**, 416; Mache, Sieg StV **81**, 600, 636]; MDR/H **82**, 449; NStZ **82**, 126; 156; **84**, 78 [hierzu LG Frankfurt StV **84**, 415]; 520; offen gelassen NJW **85**, 362) hat der BGH ein Beweisverbot oder ein auf den Provozierten beschränktes Strafverfolgungsverbot iS eines von Amts wegen zu beachtenden *Verfahrenshindernisses* (offen gelassen *4. StS:* NStZ **84**, 555; so aber KG NJW **82**, 838; Düsseldorf StV **83**, 451; LG Berlin StV **84**, 459; Strafgericht Basel-Stadt JZ **86**, 100; Lüderssen, Peters-FS 349 u. Jura **85**, 122; ferner Bruns, Dencker, Franzheim, J. Meyer 853, Sieg, Taschke jew. aaO, Roxin StVerfR § 21 III 4; Schlüchter 388.2; vgl. Schumann

JZ **86**, 66) ebenso *abgelehnt* wie einen *Strafausschließungsgrund* (so *5. StS:* 20. 12. 1983, 5 StR 634/83; Seelmann ZStW **95**, 833); vgl. zum „freischaffenden" V-Mann NStZ **88**, 559. Gegenüber diesen Lösungsversuchen ist der vom *1. und 2. StS* beschrittene Weg (BGH **32**, 355; NJW **86**, 75) praktikabler und ermöglicht es, auf gerechte und angemessene Weise Art und Umfang der Tatprovokation zu berücksichtigen (zust. K. Meyer NStZ **85**, 134; aM Bruns StV **84**, 388; Schünemann StV **85**, 426; Herzog NStZ **85**, 157). *Prozessual* ist zu beachten, daß die kommissarische Vernehmung solcher V- Leute gegen den Willen des Verteidigers in dessen Abwesenheit unzulässig ist (GrSenBGH **32**, 115 m. Anm. Frenzel NStZ **84**, 39; Grünwald StV **84**, 56; Herdegen NStZ **84**, 97, 200; Bruns MDR **84**, 177; Fezer JZ **84**, 433; Miebach ZRP **84**, 81; Tiedemann/Sieber NJW **84**, 753; Lüderssen Jura **85**, 124; vgl. auch Günther NStZ **84**, 33; Fischer/Maul NStZ **92**, 12 und *rechtsvergleichend:* J. Meyer, Jescheck-FS 1323, 1329).

9   **D. Die Haupttat** muß vom Angestifteten begangen sein, und zwar vorsätzlich (RG **60**, 2; 10 vor § 25; Ber. 12) und infolge der Anstiftung; allerdings braucht die Anstiftung nicht die alleinige Ursache für den Tatentschluß zu sein (MDR/D **70**, 730); die bloße Aufforderung zu einem Delikt ist nur ausnahmsweise strafbar, vgl. §§ 30, 111. Als Delikt genügt die mit Strafe bedrohte Vorbereitung eines Delikts. Anstiftung zur Anstiftung und Anstiftung zur Beihilfe sind Anstiftung bzw. Beihilfe zur Haupttat (BGH **6**, 361). Auch Anstiftung zur Begünstigung des Anstifters ist denkbar (RG **63**, 375; 10 zu § 257).

10   a) **Akzessorisch ist die Anstiftung** im Verhältnis zur Haupttat; diese muß wirklich (Ausnahmen § 30), braucht aber nicht schuldhaft begangen zu sein (vgl. § 29), damit die Anstiftung strafbar ist; und dies auch nur im Rahmen der Haupttat. Weitere Lockerung der Akzessorietät in § 28. Versuchte Anstiftung (im Gegensatz zur Anstiftung zum Versuch, vgl. 8) ist nicht strafbar, Ausnahme in § 30; über den alias facturus vgl. oben 3. Der Angestiftete braucht nicht das Bewußtsein zu haben, daß er auf Grund einer Anstiftung handelt (SchSch 8).

11   b) **Eine rechtswidrige Tat** muß die Folge der Anstiftung sein, dh die rechtswidrige Verwirklichung eines Tatbestandes. Die Rechtswidrigkeit fehlt zB bei § 193 (hilft dieser hingegen dem Täter nicht, so hilft er auch nicht dem Anstifter, RG **64**, 24). Dagegen beseitigen Schuldunfähigkeit des Täters (§ 29), sowie persönliche Strafausschließungs- und Strafaufhebungsgründe für den Täter die Strafbarkeit der Anstiftung nicht. Es kommt auch die Strafermäßigung für den Täter nach § 157 dem Anstifter nicht zugute (RG JW **25**, 145); desgl. nicht der Rücktritt des Täters vom Versuch (vgl. 15 ff. zu § 24).

12   c) **Auch zu eigenhändigen Straftaten** ist Anstiftung möglich; desgl. zu Sonderstraftaten, die nur der Angestiftete begehen kann (so eigentliche Amtsdelikte), nicht der Anstifter als Selbsttäter (RG **63**, 318) oder Mittäter. Vgl. unten 19 und 3 vor § 25; LK 30.

13   d) **Anstiftung mehrerer Personen** durch dieselbe Handlung zu selbständigen Delikten (zB zur Leistung je eines Meineids) ist tateinheitlich begangene Anstiftung zu diesen Delikten (RG **70**, 26; LK 32). Anstiftungen zu Einzelakten einer für den Haupttäter fortgesetzten Tat sind als Einzeltaten möglich (11. 2. 1954, 3 StR 422/53; RG **56**, 328; aM LK 3), möglich auch Anstiftung im Fortsetzungszusammenhang (24. 9. 1957, 1 StR 532/56; RG **70**, 26), allerdings nicht, wenn es sich um Meineide mehrerer Personen

Täterschaft und Teilnahme

handelt (RG **70**, 335; vgl. auch BGH **8**, 313; str.). Mehrere können in „Mittäterschaft" anstiften (RG **71**, 23; LK 33) oder dabei in einem Verhältnis wie Täter zu Gehilfen stehen (MDR/D **53**, 400).

3) Nur soweit er sie angestiftet hat, haftet der Anstifter für die Tat. Bei Abweichungen zwischen Anstiftung und Tat gilt folgendes:

A. Unerhebliche Abweichungen sind ohne Bedeutung; so bezüglich Zeit oder Ort der Tat; ebenso, wenn der angestiftete Zeuge sein ganzes Wissen ableugnet, nicht bloß die Kenntnis der bestimmten Tatsache (LM Nr. 37 zu § 154). Auch der Fall des *error in objecto* gehört bei Gleichwertigkeit der Objekte hierher, falls also A den B ermorden sollte und wollte, wegen einer Verwechslung aber den C ermordet (*Fall Rose-Rosahl*, RG **70**, 296; BGH **37**, 218 [m. Anm. Puppe NStZ **91**, 124; Roxin **91**, 680 u. Spendel-FS 289; J. Müller MDR **91**, 830; Streng JuS **91**, 910; Geppert Jura **92**, 163 u. JK **92**, 40; Weßlau ZStW **104**, 107; Schlehofer GA **92**, 307; Küpper JR **92**, 294]; ferner SchSch 20; M-Gössel § 51, 54; Loewenheim JuS **66**, 314; Backmann JuS **71**, 119; 6 zu § 16; sehr str., aber hM, aM jedoch LK 26 mwN; Lackner 6; Jescheck § 64 III 4; Otto JuS **82**, 562).

B. Bei erheblichen Abweichungen ist zu unterscheiden: **a) Für ein ganz anderes Delikt** als das angestiftete haftet der Anstifter überhaupt nicht; so, wenn der Täter das Opfer ermordet, statt es zu bestehlen (3. 2. 1984, 2 StR 761/83); anders, wenn der Anstifter die andere Tat bedingt mitgewollt hat. **b)** Beim sog. **Exzeß** geht der Täter vorsätzlich über den Rahmen hinaus, den sich der Anstifter vorgestellt hat (RG **60**, 2). Hier haftet der Anstifter nur für den Teil der Tat, der seinem Willen entsprach; nicht für den überschießenden Teil (vgl. MDR/H **90**, 293). Bei den **erfolgsqualifizierten Delikten** genügt es hingegen, wenn der Anstifter hinsichtlich des von ihm nicht gewollten schwereren Erfolges fahrlässig handelt (§ 18). Fügt der zu gefährlicher Körperverletzung Angestiftete dem Opfer vorsätzlich eine tödliche Verletzung zu, haftet der Anstifter nach § 226 (BGH **2**, 223; NJW **87**, 77, hierzu Geppert JK 1 zu § 251), falls ihm hinsichtlich des Ausganges Fahrlässigkeit zur Last fällt (§ 18). Wer aus niedrigem Beweggrund zur Tötung anstiftet, ist nach BGH **1**, 368; NJW **53**, 1440 nur wegen Totschlags zu bestrafen, wenn der Haupttäter ohne niedrigen Beweggrund handelt (zw.; vgl. 3ff. zu § 28; 14 zu § 211). Begeht der zu einem schweren Raub Angestiftete nur einen einfachen Raub, ist der Anstifter wegen versuchter Anstiftung zum schweren Raub in Tateinheit mit Anstiftung zu einfachem Raub zu bestrafen (ebenso, wenn der zum Meineid Angestiftete nur uneidlich falsch aussagt; BGH **9**, 131). Gedieh die Tat, zu der angestiftet worden ist, nur bis zum Versuch, so ist nur wegen Anstiftung zur versuchten Tat zu bestrafen (RG **38**, 250).

4) Die Strafe des Anstifters ist nach dem Strafrahmen für die Haupttat festzusetzen. Auch kann die Bemessung der Strafe für Anstifter und Täter verschieden sein, und zwar möglicherweise für den Anstifter strenger, aber auch milder, LK 40. Von einer Milderungsmöglichkeit nach § 49 I hat das 2. StrRG mit Recht abgesehen (Ber. 13). Die Fälle zu 16 und § 28 sind zu beachten.

A. Mehrfache Beteiligung an der Tat in verschiedenen Teilnahmeformen führt doch nur zur einmaligen Bestrafung wegen der schwersten Beteiligungsform; so, wenn der Anstifter zum Mittäter wird (nur als solcher; München NJW **50**, 879), RG **72**, 77; desgl. bei Anstiftung und Beihilfe (nur Anstiftung!), RG **62**, 74.

19 **B. Bei Amtsdelikten** gilt folgendes: Auch gegen einen Nichtamtsträger ist im Falle eines echten Amtsdelikts die Strafe aus der Vorschrift zu entnehmen, die für den Täter gilt (RG **65**, 105), doch unter Milderung nach § 28 I. Auch kann gegen ihn auf Amtsunfähigkeit nach § 358, aber nicht auf Verlust des bekleideten Amtes erkannt werden (RG **58**, 65). Andererseits geht die Sondervorschrift des § 357 dem § 26 vor (RG **68**, 92).

Beihilfe

27 ⁱ **Als Gehilfe wird bestraft, wer vorsätzlich einem anderen zu dessen vorsätzlich begangener rechtswidriger Tat Hilfe geleistet hat.**
ⁱⁱ **Die Strafe für den Gehilfen richtet sich nach der Strafdrohung für den Täter. Sie ist nach § 49 Abs. 1 zu mildern.**

1 **1) Die Vorschrift** ist in wörtlicher Übereinstimmung mit § 31 E 1962 (Begr. 151; Ndschr. **2**, 67 ff., 108, 110, 115, 217; **12**, 139) durch das 2. StRG (Ber. BT-Drs. V/4095, 13; Prot. V/1648, 1736 ff., 1742, 1829) eingefügt. Vgl. vor § 25.

2 **2) Beihilfe ist** die dem Täter vorsätzlich geleistete, für die Begehung einer rechtswidrigen Tat kausale Hilfe. Von der Allein- und der Mittäterschaft unterscheidet sie sich dadurch, daß der Gehilfe die Tat eines anderen unterstützt (zB als Transportgehilfe bei der Einfuhr von BtM, BGHR § 30 I 1 BtMG, Einf. 7), über die dieser (nicht der Gehilfe!) die Tatherrschaft hat (Rudolphi, Jescheck-FS 574; vgl. 2 vor § 25). Verwirklicht jemand sämtliche Tatbestandsmerkmale selbst, so kann er nicht Gehilfe, sondern nur Täter sein (2 vor § 25; 2 zu § 25). Der Gehilfe muß das Zustandekommen der Haupttat wollen, zu deren *Förderung* er tätig wird (RG **16**, 25); also auch den Erfolg der Haupttat (MDR/D **73**, 554; NStZ **83**, 462; **85**, 318 [hierzu Otto JK 4]; 18. 1. 1991, 2 StR 559/90), wenn auch ohne eigenes Tatinteresse (8. 7. 1992), 2 StR 260/92), doch braucht die Beihilfe nicht zur Ausführung der Tat selbst geleistet zu werden; es genügt schon die Hilfe bei einer vorbereitenden Handlung (BGH **14**, 123; **16**, 12; **28**, 348; 15. 12. 1982, 2 StR 459/82 [für die Mitwirkung bei einem tatvorbereitenden „Testlauf"]; NJW **85**, 1035; Bay NJW **89**, 2143; LK-Roxin 21), oder zu einer Zeit, zu der der Täter noch nicht zur Tat entschlossen ist (BGH **2**, 146). An dem Willen, die Tat zu unterstützen, fehlt es (entsprechend dem *agent provocateur*, vgl. 8 zu § 26), wenn der „Gehilfe" annimmt, daß sein Mittel untauglich ist, so daß die Haupttat lediglich zum Versuch gedeihen kann (MDR/H **81**, 808), wenn die Ware in die Hände der Polizei gespielt werden sollte (NStZ **88**, 559), oder wenn er es untätig bei einem bestehenden Zustand beläßt, nachdem er von der Haupttat Kenntnis erlangt hatte (1. 12. 1983, 4 StR 672/83). Anders, wenn der Gehilfe die Vollendung will und es nur zum Versuch kommt. Die Beihilfe braucht nicht *conditio sine qua non* für den Erfolg der Haupttat zu sein (RG **13**, 265); doch muß sie die Tatbestandsverwirklichung fördern (FamRZ **75**, 488), dh bei Tätigkeitsdelikten die Tathandlung erleichtern (so BGH 20. 9. 1977, 1 StR 361/77; vgl. SK-Samson 10), bei Erfolgsdelikten zur Erreichung des Erfolges beitragen (verstärkende Kausalität; vgl. Claß, Stock-FS 115; Spendel, Dreher-FS 179;

Täterschaft und Teilnahme § 27

Otto JuS **82**, 563). Auch braucht der Täter von der Hilfeleistung keine Kenntnis erlangt zu haben (StV **81**, 72). Wird die Tat, auch in ihrem Versuchsstadium, unabhängig von der Hilfe begangen, so ist nur straflose versuchte Behilfe gegeben (Lackner 2a; Spendel, Dreher-FS 186), so wenn der Täter das ihm von dem Helfer gegebene Tatwerkzeug nicht benutzt (RG **38**, 156; hM). Die Formel des RG, daß es genüge, wenn die Handlung des Täters, nicht aber auch der Taterfolg gefördert werde (RG **75**, 113) hat zwar der BGH in stRspr. übernommen (VRS **8**, 194; MDR/D **72**, 16; **75**, 542; StV **81**, 72; VRS **61**, 214; ebenso OGHSt. **1**, 321; **2**, 23; Stuttgart NJW **50**, 118; Freiburg JZ **51**, 85; Hamburg JR **53**, 27; Bay **59**, 138; vgl. aber BGH **14**, 280; **20**, 89; **23**, 308; NJW **69**, 2056). Sie ist jedoch widerspruchsvoll (vgl. Stratenwerth 899) und entspricht nicht dem Gesetz (Dreher MDR **72**, 553, gegen ihn BGH 23. 2. 1972, 3 StR 151/71). Schaffsteins Theorie vom erhöhten Risiko (Honig-FS 169) befriedigt weder praktisch noch theoretisch (krit. auch Lackner 2; Baumann § 37 II 2 b).

Schrifttum: *Blei* JA **72**, 571; *Lesch,* Das Problem der sukzessiven Beihilfe, 2a 1992; *Letzgus,* Vorstufen der Beteiligung, 1972, 71 ff.; *Samson,* Hypothetische Kausalverläufe im Strafrecht, 1972 u. Peters-FS 121; *v. Scheurl,* Rücktritt vom Versuch und Tatbeteiligung mehrerer, 1972, 90 ff.; *J. Schulz* JuS **86**, 933 (Anstiftung und Beihilfe); *Vogler,* Heinitz-FS 295.

A. Die Haupttat muß begangen werden, mindestens in Versuchsform 3 (RG **60**, 24); denn die Beihilfe ist akzessorisch. Daher ist Begehungsort für die Beihilfe auch der Ort der Haupttat (§ 9 II; RG **74**, 60). **a) Nach Beendigung der Haupttat** (6 zu § 22), ist Beihilfe ausgeschlossen und nur Begünstigung möglich (NJW **85**, 814 [hierzu Laubenthal Jura **85**, 630; Küper JuS **86**, 868]; **89**, 2140; StV **85**, 705; JZ **89**, 759; Rudolphi, Jescheck-FS 572). Möglich ist Beihilfe aber noch nach Vollendung, jedoch vor Beendigung der Straftat (*sukzessive Beihilfe*, BGH **3**, 44; **6**, 251; **19**, 325; **30**, 30; NStE Nr. 1; OGHSt. **2**, 50; 209; **3**, 3; Karlsruhe GA **71**, 281; Stratenwerth JZ **61**, 97; SK 9 vor § 22; Lesch [oben 2a]), bei Absichtsdelikten wie § 263 also noch bis zur Verwirklichung der Absicht (29. 11. 1977, 1 StR 582/77; vgl. weiter Hamm JZ **61**, 95; Bilda MDR **65**, 541; Isenbeck NJW **65**, 2327; Furtner JR **66**, 169); ferner auch bei einer (für den Haupttäter) mitbestraften Nachtat (RG **67**, 76; 344). Zum Ganzen Kühl, Die Beendigung des vorsätzlichen Begehungsdelikts, 1974. Greift der Gehilfe erst in einem vorgerückten Stadium der Haupttat ein, so werden ihm die schon verwirklichten Merkmale zugerechnet, soweit er sie kennt (BGH **2**, 348; aM SK-Rudolphi 18 und Jescheck-FS 560). Hinsichtlich des Verhältnisses von Beihilfe und Begünstigung vgl. 10 f. zu § 257. **b) für einen Exzeß** des Haupttäters gelten dieselben Grundsätze wie beim Anstifter (vgl. 16 zu § 26). Weiß der Gehilfe nicht, daß der Täter nicht nur betrügen, sondern durch Täuschung erpressen will, so begeht der Gehilfe nur Beihilfe zum Betrug (BGH **11**, 66; vgl. 9 vor § 25).

B. Selbständiges Delikt, also unabhängig von der Haupttat ist die Beihilfe in einigen Fällen, so nach §§ 120, 219 c, ferner das Bereitstellen von 6 Geldmitteln nach § 29 I Nr. 4 BtMG (MDR **92**, 501).

C. Welcher Mittel sich der Gehilfe bedient, ist gleichgültig. § 49 aF 7 nannte Rat oder Tat. Diese Unterscheidung zwischen *psychischer* und *physischer* Beihilfe ist für die Kausalität der Beihilfe (oben 2) und den Rücktritt

§ 27

des Gehilfen vom Versuch (§ 24 II) von Bedeutung. **Psychische Beihilfe** (zum Ganzen Meyer-Arndt wistra **89**, 281) zB: Erteilung einer Auskunft durch einen Rechtsanwalt in dem Bewußtsein, dadurch eine strafbare Handlung zu fördern (VRS **59**, 186; vgl. aber Stuttgart NJW **87**, 2883, hierzu Otto JK 5), oder die Beteiligung eines solchen, um bei dubiosen Geschäften arglose Geschäftspartner in Sicherheit zu wiegen (24. 7. 1979, 1 StR 161/79); Kurierfahrt bei der Einfuhr von BtM (NJW **85**, 1035 [m. Anm. Roxin StV **85**, 278]; MDR/S **85**, 971), die Bestärkung im schon vorhandenen Entschluß (RG **73**, 53; Stuttgart NJW **50**, 118; Roxin, Schröder-GedS 160; vgl. Mallison, Rechtsauskunft als strafbare Teilnahme, 1979; hierzu Maiwald ZStW **93**, 885; Otto JuS **82**, 564; vgl. ferner zum Fall einer Beteiligung an einer Ordnungswidrigkeit durch unrichtigen Rechtsrat, Düsseldorf JR **84**, 257 m. Anm. Hruschka aaO); bei § 264 die Bestätigung vordatierter Bestellungen (NJW **82**, 2454), ebenso bei § 370 AO äußerlich neutrale Handlungen durch enge Zusammenarbeit im Betrieb des Täters (23. 1. 1985, 3 StR 515/84), die Mitwirkung beim Umsatz eines Unternehmens, das ausschließlich auf Gewinn durch Steuerhinterziehung abzielt (MDR/H **88**, 818; hierzu Meyer-Arndt wistra **89**, 281, 285), die Beseitigung letzter Hemmungen (16. 6. 1954, 4 StR 721/53); Sticheleien (2. 2. 1971, 1 StR 472/70). Beihilfe zu § 21 StVG liegt vor, wenn sich jemand von einer Person ohne Fahrerlaubnis fahren läßt (Bay NJW **82**, 1891); für eine solche zu § 15 FAG genügt, daß Material in irgend einer Form zur Unterstützung des Betriebs eines ungenehmigten Senders zur Verfügung gestellt wird (NJW **84**, 1366; Karlsruhe NStZ **85**, 78). Für psychische Beihilfe kann bloßes Dabeistehen genügen (MDR/D **67**, 173; BGHZ NJW **75**, 51; MDR/H **85**, 284; NStE § 25 Nr. 10; vgl. LK 24), ebenso Anwesenheit bei der Tatausführung nach gemeinsam entwickeltem Tatplan (NStE Nr. 3), nicht jedoch, wenn es sich auf ein bloßes **Unterlassen** beschränkt (MDR/H **82**, 808 [Ranft JZ **87**, 861]; **84**, 980; vgl. StV **82**, 516; NStE **84**, 549; hierzu krit. Rudolphi StV **82**, 518; Geppert JK 3; Werle, Lackner-FS 493; Ranft JZ **87**, 859; zur Frage der Abgrenzung zwischen Tun und Unterlassen, Sieber JZ **83**, 431), es sei denn, es bestehe eine Garantenpflicht (Meyer-Arndt wistra **89**, 281; 5 ff. zu § 13); vgl. hierzu für die Fälle des Nichtabhaltens vom Diebstahl oder einer anderen Straftat: RG **53**, 292, MDR/D **51**, 144; Karlsruhe GA **71**, 281; Mordbeihilfe durch Unterlassen: MDR/H **57**, 266; StV **82**, 218, hierzu Stree Klug-FS 395; für die Beihilfe zu § 180a I des zuständigen Beamten des Ordnungsamtes durch Nichtüberwachung: NJW **87**, 199 m. Anm. Winkelbauer JZ **86**, 1119; Rudolphi JR **87**, 336; Wagner JZ **87**, 713; sehr str.; vgl. LK 142 ff. zu § 25 und 26, 35 zu § 27; SchSch-Cramer 85 ff. vor § 25 und 15 f. zu § 27; Jescheck § 64 IV 5 und LK 57 zu § 13; Langrock JuS **71**, 532; Ranft ZStW **94**, 822; Otto JuS **82**, 565; auch Hillenkamp, Wassermann-FS 865. Praktisch vor allem bei der Nichtverhinderung eines Aussagedelikts (vgl. 24 zu § 154). Keine Tatförderung des unerlaubten Besitzes von BtM (§ 29 I Nr. 3 BtMG) durch Führung eines Kfz. über wenige km (NStZ **85**, 318; vgl. NStZ/S **86**, 55). Zur Frage des Unterlassens einer Taterschwerung 20 vor § 13.

8 3) Vorsätzlich handeln muß der Gehilfe; er muß die Handlung des Täters fördern (BGH **3**, 65) und damit zur Tatbestandsverwirklichung beitragen wollen (RG **60**, 24); dabei muß er die wesentlichen Merkmale

(Unrechts- und Angriffsrichtung: 8. 5. 1990, 3 StR 448/89) der Haupttat erkennen (BGH **11**, 66; NStE Nr. 9 zu § 177); von deren Einzelheiten braucht er aber keine bestimmte Vorstellung zu haben (MDR/D **55**, 154; GA **67**, 115; NJW **82**, 2454; Bay NJW **91**, 2582 m. Anm. Wolf JR **92**, 428). Der bedingte Vorsatz ist nicht schon deswegen ausgeschlossen, weil sich der Gehilfe von der Haupttat bewußt distanziert hat (20. 10. 1981, 1 StR 404/81), es genügt, wenn er den als möglich erkannten Eintritt des Erfolges der Haupttat, etwa aus Solidarität mit dem Haupttäter, in Kauf nimmt (MDR/H **89**, 305, hierzu Otto JK 6); andererseits ist ein Gehilfenvorsatz in Frage zu stellen, wenn die betreffende Handlung zum Gelingen der Tat erkennbar wenig beizutragen vermochte (BGHR § 27 I, Hilfel. 5). Hält er sein Tun für ungeeignet, die Tat zu fördern, so fehlt der Vorsatz (vgl. MDR/D **54**, 335; NStZ **85**, 318). Zur Frage des Beihilfevorsatzes eines beurkundenden Notars im Falle der Überfinanzierung wistra **90**, 20. Die fahrlässige Beihilfe ist als solche nicht strafbar (BGH **1**, 283). Ein besonderes Interesse an der Tat braucht der Gehilfe nicht zu haben (RG **32**, 355). Es ist sogar gleichgültig, wenn er das Unternehmen an sich mißbilligt (DAR **81**, 226; MDR/H **85**, 284; Karlsruhe GA **71**, 281). In solchen Fällen kann die innere Distanz zur Tat lediglich strafmildernd berücksichtigt werden (MDR/H **90**, 293). Sein Vorsatz kann auch bedingt sein (BGH **2**, 281; MDR/D **57**, 266; GA **81**, 133; LK 29).

A. Bestimmt sein müssen Täter und Tat, deren Unterstützung der Ge- 9 hilfe anstrebt, mindestens in gewissen Umrissen (vgl. BGH **11**, 66; MDR/ D **55**, 143; 24. 8. 1983, 3 StR 176/83; Köln JMBlNW **59**, 138). Vgl. im übrigen 5 ff. zu § 26; desgl. wegen Begehens einer ganz anderen Tat (RG **65**, 348) und wegen des Exzesses (RG **11**, 118; 14 ff. zu § 26).

B. Die unterstützte Tat muß eine **rechtswidrige** (RG **61**, 250; 33 zu 10 § 11) und **vorsätzliche** (10 zu § 25) sein. **a)** Die Tat kann ein **Sonderdelikt** (35 vor § 13) sein, selbst wenn der Gehilfe ein Außenstehender ist (RG **50**, 141; Bay GA **61**, 317; LK 34); hingegen grundsätzlich keine Begünstigung, wenn der Gehilfe selbst begünstigt wird (10 zu § 257). Der Gehilfe des Gehilfen leistet Beihilfe zur Tat selbst (RG **23**, 306); desgl. tut dies der Gehilfe zur Anstiftung (RG **59**, 396; Hamburg JR **59**, 27). Zu einer Tat kann durch mehrere Handlungen Beihilfe geleistet werden, aber auch durch eine einzige Handlung Beihilfe zu mehreren Taten (MDR/D **57**, 266; StV **84**, 329 L; vgl. LK 36 ff.). Beihilfe zum Teilakt einer Fortsetzungstat ist nur hinsichtlich dieses Aktes strafbar (RG **56**, 328). **b) Versuchte Beihilfe** ist seit dem 3. StÄG nicht mehr strafbar (vgl. § 30).

C. Rechtswidrig muß die Beihilfe sein. Glaubt der Gehilfe irrig, in 11 Ausübung eines Rechts zu handeln, so ist ein Verbotsirrtum gegeben (RG **56**, 28 betrifft den Fall eines *agent provocateur*). Das Vorhandensein einer bürgerlich-rechtlichen Pflicht zu einer Handlung macht diese trotzdem nicht rechtmäßig, falls die Erfüllung der Pflicht erkennbar der Begehung einer strafbaren Handlung dient (RG **56**, 170). Über den Rücktritt vom Versuch vgl. 15 ff. zu § 24.

4) Die Strafe des Gehilfen ist **nach II** dem Strafrahmen für die Haupttat 12 zu entnehmen, jedoch nach S. 2 gemäß § 49 I zu mildern. Die Urteilsgründe müssen (wenn auch nur in ihrem Zusammenhang, 17. 1. 1979, 3 StR 402/78) ergeben, daß der Tatrichter dies gesehen hat. Doppelte Milderung

§ 27

kommt in Betracht, wenn zB § 21 oder § 23 II hinzutritt; nicht aber, wenn wegen der Beihilfe ein minder schwerer Fall angenommen wird (§ 50), wenn Beihilfe zu Beihilfe gegeben ist, weil sie mittelbare Beihilfe zur Haupttat darstellt oder wenn das Fehlen eines besonderen persönlichen Merkmals (§ 28 I) zur Verurteilung bloß wegen Beihilfe führt (BGH **26**, 54; 7. 10. 1980, 5 StR 179/80). Innerhalb des nach § 49 I angewendeten Strafrahmens darf der Umstand, daß nur Beihilfe gegeben ist, nicht nochmals mildernd berücksichtigt werden. Der Gehilfe kann bestraft werden, selbst wenn der Haupttäter noch nicht bestraft ist; ja, selbst wenn dieser seiner Person nach noch gar nicht genau festgestellt ist (Hamburg JR **53**, 27); er kann innerhalb des milderen Strafrahmens je nach seiner Schuld uU sogar schwerer bestraft werden als der Haupttäter (LK 47), jedoch müssen beim Täter festgestellte zum objektiven Tatgeschehen gehörende Umstände auch dem Gehilfen zugute gehalten werden (StV **83**, 326L). Fördert der Gehilfe durch ein und dasselbe Tun mehrere rechtlich selbständige Taten des Haupttäters oder mehrerer Haupttäter, so ist nur eine Beihilfe im Rechtssinne gegeben (6. 5. 1992, 2 StR 135/92; SchSch 36). Zur Rspr.-Lösung der Strafrahmenkonkurrenz krit. Horn, Arm. Kaufmann-GedS 588, 592. Zur Urteilsformel 51 vor § 52. Zur Verjährung der Beihilfe vgl. § 78 IV. Von den Nebenstrafen und Nebenfolgen können alle für die Tat selbst angedrohten auch gegen den Gehilfen verhängt werden.

Besondere persönliche Merkmale

28 **I Fehlen besondere persönliche Merkmale (§ 14 Abs. 1), welche die Strafbarkeit des Täters begründen, beim Teilnehmer (Anstifter oder Gehilfe), so ist dessen Strafe nach § 49 Abs. 1 zu mildern.**

II Bestimmt das Gesetz, daß besondere persönliche Merkmale die Strafe schärfen, mildern oder ausschließen, so gilt das nur für den Beteiligten (Täter oder Teilnehmer), bei dem sie vorliegen.

1 1) **Die Vorschrift,** in Übereinstimmung mit § 33 E 1962 (Begr. 152; Ndschr. 2, 72ff., 87ff., 93, 110, 116, 120f., 124f., 219; **12**, 141f., 423) durch das 2. StrRG eingefügt (Ber. BT-Drs. V/4095, 13; Prot. V/1094f., 1649, 1742, 2907), entspricht sachlich § 50 II, III aF. § 50 I aF ist in § 29 zur selbständigen Vorschrift erhoben, § 50 II aF war durch das EGOWiG eingefügt (1 zu § 74; LK-Roxin 1), der damalige II war unter Textanpassung III aF geworden. Die Abtrennung von § 50 aF wird von E 1962, 153 damit begründet, daß § 28 Fragen des Tatbestandes, § 29 hingegen Fragen der Schuld regele (ebenso M-Gössel § 53, 81). Doch ist die dogmatische Lage komplexer (so handelt es sich zB bei § 217, der unter § 28 II fällt, unten 10, um gemindete Schuld; 1 zu § 217), so daß §§ 28, 29 grundsätzlich zusammengesehen werden müssen (krit. H. J. Hirsch, H. Kaufmann-GedS 143 u. Tröndle-FS 35; vgl. auch Schünemann GA **86**, 836; Grünwald, Arm. Kaufmann-GedS 555; Herzberg GA **91**, 145); Schwerdtfeger, Besondere persönliche Unrechtsmerkmale, 1992; Küper ZStW **104**, 559.

2 2) Gegenüber dem Prinzip der strengen **Akzessorietät** der Teilnahme (9 vor § 25) bringen die §§ 28, 29 wesentliche **Ausnahmen.** Sie beruhen auf folgendem Grundsatz: Wenn unter mehreren Beteiligten einer ohne Schuld handelt oder ihm ein täterbezogener Strafausschließungsgrund zur Seite steht oder wenn bei ihm Unrecht oder Schuld durch Umstände personaler

§ 28

Täterschaft und Teilnahme

Natur gesteigert oder vermindert sind, so soll sich das grundsätzlich günstig oder ungünstig nur für ihn auswirken, nicht auch für die übrigen Beteiligten, bei denen solche Umstände fehlen. I behandelt die strafbegründenden, II die strafschärfenden, -mildernden oder -ausschließenden Umstände, doch überschneiden und durchdringen sich I und II ebenso wie die §§ 28, 29. § 29 und § 28 I sowie § 29 und § 28 II können im gleichen konkreten Fall zur Anwendung kommen.

3) An **besondere persönliche Merkmale,** die beim Täter (I) oder bei einem der Beteiligten (II) gegeben sind, knüpfen I und II Abweichungen vom Grundsatz der Akzessorietät. Unter solchen Merkmalen, die in erster Linie solche des Unrechts sind, aber auch solche der Schuld sein können, sich aber als „besondere" von den auch für einen nicht herausgehobenen Täter vorausgesetzten persönlichen Merkmalen (wie zB dem Vorsatz) zu unterscheiden haben, versteht das Gesetz (§ 14 I, wenn auch in Anpassung an die jeweilige Vorschrift, vgl. LK 20ff., 35ff.; SchSch-Cramer 7; krit. Langer, E. Wolf-FS 335) **besondere persönliche A. Eigenschaften,** dh körperliche, physische oder rechtliche Wesensmerkmale eines Menschen (BGH **6,** 262) wie zB Schwangerschaft (§ 218 I), Alter (§ 173 III) und Geschlecht (§ 175), Schwachsinn (§ 20); zugleich Fall von § 29; **B. Verhältnisse,** dh Beziehungen des Menschen zur Mitwelt (BGH **6,** 262), so zu anderen Menschen, zum Staat, zu Sachen, zB Verwandschaftsverhältnis (§§ 173, 221 II, 247; 7. 11. 1990, 3 StR 339/90; Herzberg GA **91,** 184), Ehegatteneigenschaft (§§ 171, 181a III), nichteheliche Mutterschaft (§ 217), Stellung als Amtsträger, Richter (§§ 331ff.), Arzt, Rechtsanwalt usw. (§ 203), Soldat (WStG), Erzieher (§§ 174, 174a, 180 III), Gefangener (§ 121; aM Lackner 2 zu § 121), Besitzer einer ihm anvertrauten Sache (§ 246 I 2. Alt.; Herzberg GA **91,** 174); Treueverhältnis (§ 266; MDR/H **91,** 484); oder **C. Umstände,** zB Gewerbsmäßigkeit (43 vor § 52; vgl. §§ 180a, 181 I Nr. 3, §§ 181a II, 260 I Nr. 1, §§ 260a, 261 IV) oder Gewohnheitsmäßigkeit (44 vor § 52; vgl. §§ 284 II, 292 III, 293 III; 13. 5. 1980, 1 StR 169/80); die Einfügung des Begriffs der Umstände schon in § 50 aF durch das EGOWiG (Begr. 61) zeigt, daß das Gesetz sich der schon im Vordringen gewesenen Lehre angeschlossen hat, wonach nicht nur Merkmale von gewisser Dauer zu berücksichtigen sind (so noch RG **56,** 26), sondern auch vorübergehende täterbezogene Umstände (E 1962, 152; vgl. Welzel JZ **52,** 72), zB die Notstandslage in § 35; darunter auch Gesinnungsmerkmale, soweit sie den Täter charakterisieren (vgl. BGH **8,** 72; **17,** 215). Die Grenze ist allerdings schwer zu ziehen. Daß der *Vorsatz,* auch wenn er ein subjektives Merkmal ist, kein besonderes iS von I darstellt und daher ein Merkmal der Tat ist, kann nicht bezweifelt werden (vgl. Karlsruhe Die Justiz **75,** 314; abw. allerdings Herzberg JuS **75,** 792). Dasselbe muß auch für die qualifizierten Formen des Vorsatzes, nämlich Wissentlichkeit (§§ 109e II, 109g, 144, 167a ua) und Absicht gelten, so für die Absicht in § 94 aF (BGH **17,** 215), § 235 III aF (21. 11. 1958, 5 StR 501/58), §§ 242, 263, 267, aber auch § 220a (sehr str.). Man wird daher auch die „*Gewinnsucht"* in § 235 II (BGH **17,** 217) sowie in §§ 283a Nr. 1, 283d III Nr. 1 ebenso als tatbezogene Merkmale anzusehen haben wie „seines Vermögensvorteils wegen" in § 181a I Nr. 2 oder „aus Eigennutz" in § 180 aF. Die *„niedrigen Beweggründe"* in § 211 II hat BGH **17,** 215 unter Bezugnahme auf das insoweit nicht eindeutige BGH **1**, 368 (vgl. auch **2**, 255) ebenfalls für tatbezogen erklärt (ebenso KG JR **69**, 63; **am** hingegen BGH **22**, 375; NJW **74**, 1005; StV **84**, 69; Blei JA **69**, 3; Jakobs NJW **69**, 489; Koffka JR **69**, 41; Schröder JZ **69**, 132; 418; vgl. LK 21; abwegig Kirn ZRP **69**, 124; vgl. auch Baumann NJW **69**, 1279; Maurach JuS **69**, 254; Samson ZRP **69**, 27; Körting NJW **69**, 1392; Gehrling JZ **69**, 416; Jährig, Die persönlichen Umstände des § 50 StGB, 1974; Herzberg JuS **75**, 647; zum Ganzen krit. Küper JZ **91**, 913; vgl. 14 zu § 211). Mit Martin (NJW **69**, 1157) wird man hier zu differenzieren und dort Tatbezogenheit anzunehmen haben, wo der niedrige Beweggrund in einer Absicht besteht, die außerhalb des Tatbestandes auf Verwirklichung in der Außenwelt zielt (überschießende Innentendenz; vgl. Dreher JR **70**, 146; Jakobs aaO; Blei AT § 76 III), so bei der Absicht, eine Volksgruppe zu zerstören, anders zB bei Rachsucht. Danach wird auch *„aus Habgier"* (§ 211 II) als tatbezogen anzusehen sein (NJW **82**, 2738; NStZ **89**, 19, hierzu Geppert JK 17 zu § 211), während *„böswillig"* (zB § 223b I), „gewissenlos" (zB § 170d aF) sowie *„rücksichtslos"* (§ 315c I Nr. 2) täterbezogene Merkmale sind. Die Stellung des Garanten beim unechten Unterlassungsdelikt wird man als besonderes persönliches Merkmal anzusehen haben (LK 40; Vogler, Lange-FS 279; aM Geppert ZStW **82**, 40; vgl. auch LK-Jescheck 52 zu § 13; SchSch 19; Sowada Jura **86**, 400; Herzberg GA **91**, 162). Zur Problematik beim Bandendiebstahl und -schmuggel vgl. unten 9; ferner das Treueverhältnis in § 266 (BGH **26**, 54; MDR/H **88**, 628). Unter Absage an das Begriffspaar „täter-" oder „tatbezogen" (so schon Gallas, Beiträge zur Verbrechenslehre, 158), arbeitet Herzberg (ZStW **88**, 68; JuS **83**, 737; gegen ihn SK-Samson 18a; zustimmend jedoch Steinke MDR **77**, 365) mit dem Gegensatzpaar „wertbezogen" und „wertneutral", während Langer (Lange-FS 241 u. E. Wolf-FS 335) als besondere Merkmale iS der §§ 14, 28 diejenigen ansieht, die das relative (dh über das absolute hinausgehende) Unrechtselement eines Sonderdelikts vertatbestandlichen. Zum Ganzen LK 23ff. und (krit.) Schünemann Jura **80**, 356, 568; Bruns GA **82**, 14, 34.

7   **4) In I** ist die **Strafmilderung** zwingend vorgeschrieben, wenn **besondere persönliche Merkmale** (oben 3ff.) **fehlen, die die Strafbarkeit des Täters begründen,** so die Eigenschaft als Amtsträger bei den echten Amtsdelikten (BGH **5**, 81), die Gewerbsmäßigkeit in den Fällen der §§ 180a, 181a II; die Ehegatteneigenschaft in § 171; die persönlichen Eigenschaften in § 173; die persönlichen Verhältnisse in §§ 174, 174a, 180 III, 223b; die Berufsqualifikation in §§ 203, 278; die Eigenschaft als Soldat bei den echten Soldatendelikten (vgl. zu den dort auftretenden, durch I gemilderten Schwierigkeiten im einzelnen Schölz 42 zu § 1 WStG). Die Strafe des Teilnehmers, bei dem diese Merkmale fehlen, ist wegen des geringeren Maßes des personalen Unrechts und der Schuld zwar der für den Täter geltenden Vorschrift (Tatbestandsverschiebung ist nicht möglich), jedoch dem sich aus § 49 I ergebenden milderen Strafrahmen zu entnehmen. I ist also eine **Strafbemessungsregel** (krit. Langer, E. Wolf-FS 357) für den nicht qualifizierten **Teilnehmer.** Ob bei speziellen Schuldmerkmalen (Jescheck § 42 II 3) der Teilnehmer, bei dem sie fehlen, nach § 29 straflos ausgeht (so zB Jescheck § 61 VII 4d; Herzberg JuS **75**, 580), ist zw.; vgl. hierzu LK 7ff. Zur Frage **doppelter Milderung,** wenn zB I und § 27 II S. 2 zusammentreffen, vgl. § 50 mit Anm.

Täterschaft und Teilnahme § 28

5) II bewirkt für Täter oder Teilnehmer eine **Tatbestandsverschiebung** 8
(vgl. LK 44ff.; SchSch 28; Schäfer StrZ 404ff.; aM SK-Rudolphi 5 vor
§ 331), wenn besondere persönliche Merkmale die Strafe nicht begründen,
sondern

A. schärfen. Das ist der Fall bei der nicht strafbegründenden Gewerbs- 9
oder Gewohnheitsmäßigkeit in § 243 I Nr. 3, §§ 260 (RG **25**, 268), 292 III
(RG **61**, 268), 293 III, 302a II Nr. 2; § 29 III Nr. 1, § 30 I Nr. 2 BtMG;
§ 373 I AO (wistra **87**, 31); vgl. auch BGH **6**, 261; bei den unechten Amts-
delikten (BGH **1**, 389; NJW **55**, 720); bei der Gefangeneneigenschaft in
§ 121; beim persönlichen Verhältnis nach §§ 221 II, 223 II sowie beim An-
vertrautsein der Sache in § 246 I (6. 8. 1991, 4 StR 274/91). Beim Banden-
diebstahl ist die Eigenschaft als Bandenmitglied nach § 244 I Nr. 3 ebenso
ein persönliches Merkmal (13 zu § 244) wie im Fall des Bandenschmuggels
nach § 373 II Nr. 3 AO, Anh. 22 (vgl. GrSenBGH **12**, 226; Vogler, Lange-
FS 278) und des § 30 I Nr. 1 BtMG (StV **92**, 379 L). Zur Problematik bei
Mord und Totschlag vgl. oben 3 sowie 14 zu § 211;

B. mildern. Das ist der Fall bei der nichtehelichen Mutterschaft in § 217 10
(BGH **1**, 240; 372; vgl. aber auch NJW **55**, 720; str.); sowie bei §§ 21, 35.
Das Vorliegen von 9 oder 10 ist in der Urteilsformel nicht zum Ausdruck
zu bringen (NStZ **82**, 30);

C. ausschließen. Sie wirken zB in den Fällen der §§ 36, 173 III, 258 VI 11
ebenso wie die Strafaufhebungsgründe (17 vor § 32) nur für den Beteilig-
ten, bei dem sie vorliegen. Für Schuldausschließungsgründe folgt das Er-
gebnis aus § 29.

6) Im Ergebnis wird die Strafe nur bei dem Beteiligten, der die besonde- 12
ren persönlichen Merkmale aufweist, der strengeren bzw. milderen Straf-
drohung entnommen, so daß zB der Amtsträger nach § 133 III, der nicht
beamtete Anstifter nach § 133 I, die nichteheliche Mutter nach § 217, deren
Gehilfe aber nach § 211 oder § 212 bestraft wird. Wird allein wegen Fehlens
der besonderen persönlichen Merkmale Beihilfe angenommen, so kommt
dem Gehilfen die Milderung nach § 28 I und § 27 II nur einmal zugute
(BGH **26**, 54; wistra **88**, 303). Eine doppelte Milderung kommt jedoch in
Betracht, wenn die Beihilfemilderung eine selbständige sachliche Grundla-
ge hat (StV **83**, 330L). Bei der Tatbestandsverschiebung, die II bewirkt,
kommt es nicht darauf an, daß die in Betracht kommenden Tatbestände im
Verhältnis echter Qualifikation oder Privilegierung zueinander stehen; es
können auch eigenständige Sondertatbestände sein (BGH **1**, 240; **17**, 217;
aM wohl BGH **1**, 372; **5**, 81); II könnte daher auch bei den §§ 211, 212
angewendet werden, wenn sie Sondertatbestände wären (vgl. 14 zu § 211).
Auch bei erfolgsqualifizierten Delikten ist II anzuwenden (BGH **19**, 341;
str.). Wird in einem **Mischtatbestand** durch ein besonderes persönliches
Merkmal eine Ordnungswidrigkeit zu einer Straftat qualifiziert, zB bei den
Wiederholungstaten durch das Merkmal „beharrlich" (vgl. hierzu Bande-
mer BA **89**, 257; ferner § 15a II S. 1 Nr. 2 AÜG, § 227a II S. 1 Nr. 2 AFG,
§ 58 V S. 2 JArbSchG, § 12 IV Nr. 2 JÖSchG, § 92 I Nr. 4 AuslG; vgl.
auch § 184a und § 2 II WiStG), so ist nach § 14 IV OWiG die Qualifizie-
rung nur für den Beteiligten maßgebend, bei dem das Merkmal vorliegt.
Das Prinzip des II gilt also bei Straftaten und Ordnungswidrigkeiten im
Verhältnis zueinander, vgl. Göhler 19 zu § 14 OWiG; Lackner 12).

§ 28
AT Zweiter Abschnitt. Dritter Titel

13 7) Auch für die **Strafzumessung** ist, wie sich aus 5 und 7 ergibt, § 28 von Bedeutung (SchSch 9). Das zeigt vor allem I, der die Berücksichtigung auch geringerer Schuld innerhalb desselben Tatbestandes verlangt. Bei der Zumessung kann auch strafschärfend von Bedeutung sein, daß sich der Nichtqualifizierte gerade an der Tat eines Qualifizierten beteiligt (RG JW **38**, 1583; LK 59; SchSch 30; aM Gössel, Tröndle-FS 366), strafmildernd hingegen uU, daß der Haupttäter ohne Schuld handelt (Fall der Nothilfe bei entschuldigendem Notstand; vgl. 9 zu § 35).

14 8) Nicht nur für vollendete **Teilnahme** ieS, sondern auch für **erfolglose** Teilnahme (§ 30; BGH **6**, 310) ist § 28 anzuwenden.

Selbständige Strafbarkeit des Beteiligten

29 Jeder Beteiligte wird ohne Rücksicht auf die Schuld des anderen nach seiner Schuld bestraft.

1 1) **Die Vorschrift** idF des § 34 E 1962 (Begr. 153; Ndschr. **5**, 74, 89, 97, 121 ff., 219) und des 2. StrRG (Ber. BT- Drs. V/4095, 13; Prot. V/1649, 1742, 1830), stellt einen „Mittelpunkt der Teilnahme- und Schuldlehre" dar (E 1962, 153). Zum Verhältnis zu § 28 vgl. dort 1.

2 2) § 29 normiert das Prinzip der **limitierten Akzessorietät** (9 vor § 25; 2 zu § 28).

3 A. **Schuldausschließungsgründe** wirken nur für den Beteiligten (§ 28 II), bei dem sie vorliegen, so daß insbesondere der Teilnehmer auch strafbar bleibt, wenn der **Täter** zwar den Tatbestand rechtswidrig verwirklicht (nicht mit dem Gesetz vereinbar Lüderssen, Zum Strafgrund der Teilnahme, 1967; 25, 119, 169), aber **ohne Schuld** handelt (vgl. 9 ff. vor § 25), dh also vor allem, wenn er wegen Schuldunfähigkeit, wegen Notstandes, Notwehrexzesses (SK-Samson 4; aM M-Gössel § 53, 114; Rudolphi ZStW **78**, 90) oder nicht vorwerfbaren Verbotsirrtums entschuldigt ist. Weiß der Veranlasser, daß der Ausführende geisteskrank ist, so ist jener regelmäßig mittelbarer Täter. Das 2. StrRG entschied, daß beim Haupttäter Vorsatz gegeben sein muß (§§ 26, 27 I, 10 vor § 25), der nicht nur ein Element der Schuld, sondern auch des Tatbestandes ist (9 vor § 13). Aus dieser Entscheidung ergeben sich allerdings Schwierigkeiten bei den Sonderdelikten (35 vor § 13, 6 zu § 25). Beispiel: Ein Zivilist stiftet einen Soldaten dazu an, einen Vorgesetzten mit einer Ohrfeige zu bedrohen. Dieser tut das auch, verkennt aber, daß der andere Soldat sein Vorgesetzter ist. Hier kann der Soldat nicht nach § 23 WStG (Anh. 16) bestraft werden, weil er nicht vorsätzlich handelt, der Zivilist nicht als mittelbarer Täter, weil er nicht Soldat ist. (Der Fall des von BGH **9**, 375 aufgegebenen Urteils BGH **4**, 355 hätte durch den Tatrichter ohne Schwierigkeiten gelöst werden können: Geheimnisbruch durch anfragenden Arzt. Zum Fall Köln NJW **62**, 686 vgl. 27 zu § 16; problematisch auch Stuttgart JZ **59**, 579; dazu Dahm MDR **59**, 508; Lange JZ **59**, 560). Die Schwierigkeiten bei den Sonderdelikten werden gemildert, wenn man der hier vertretenen Auffassung folgt, daß als Teilnehmer auch strafbar ist, wer irrig annimmt, der Haupttäter handle vorsätzlich; vgl. 10 vor § 25. Im Beispielsfall würde der Zivilist dann wegen Anstiftung bestraft werden, wenn er angenommen hat, der Angestiftete habe in dem anderen Soldaten einen Vorgesetzten erkannt.

Täterschaft und Teilnahme **§ 29**

B. Schuldminderungsgründe wirken nur für den Beteiligten, bei dem 4
sie gegeben sind; das gilt zB für § 21.

3) Jeder Beteiligte ist Normadressat des § 29, auch wenn keine Teilnah- 5
me ieS, sondern eine mit der Teilnahme verwandte Handlung vorliegt (zB
notwendige Teilnahme, Mitwirken nach Beendigung der Tat, 4 zu § 27),
auch wenn die Bezugstat eine rechtswidrige Tat iS 33 zu § 11 ist, bei der die
Schuld fehlen kann (so in §§ 111, 257, 259, 357, vgl. 9 vor § 25). Wo das
wie bei § 138 nicht ausdrücklich gesagt ist, ergibt sich das aus dem Prinzip
des § 29 (5 zu § 138).

4) Für die Strafzumessung läßt sich § 29 dahin fruchtbar machen, daß er 6
auch innerhalb desselben Strafrahmens Differenzierungen nach dem Maße
nicht nur des personalen Unrechts, sondern auch der Schuld der einzelnen
Beteiligten fordert (vgl. LK-Roxin 9; MDR/H **78**, 623).

Versuch der Beteiligung

30 ¹ **Wer einen anderen zu bestimmen versucht, ein Verbrechen zu begehen oder zu ihm anzustiften, wird nach den Vorschriften über den Versuch des Verbrechens bestraft. Jedoch ist die Strafe nach § 49 Abs. 1 zu mildern. § 23 Abs. 3 gilt entsprechend.**

II **Ebenso wird bestraft, wer sich bereit erklärt, wer das Erbieten eines anderen annimmt oder wer mit einem anderen verabredet, ein Verbrechen zu begehen oder zu ihm anzustiften.**

Schrifttum: *Blei* NJW **58**, 30; *Börker* JR **56**, 286; *Busch* NJW **59**, 1119 u. 1
Maurach-FS 245; *Dreher* GA **54**, 11; *Jakobs* ZStW **91**, 751; *Kühl* JuS **79**, 874;
Letzgus, Vorstufen der Beteiligung, 1972; *Maurach* JZ **61**, 137; *Meister* MDR **56**,
16; *Roxin* JA **79**, 169; *Schnarr* NStZ **90**, 257; *Schröder* JuS **67**, 289; *Vormbaum* GA
86, 343 (Versuchte Beteiligung an der Falschaussage).

1) Die Vorschrift, die als § 49a (sog. Duchesne-Paragraph) mit Ges. v. 2
26. 2. 1876 (RGBl. 25) eingefügt wurde und damals noch eigene Strafdrohungen
enthielt (vgl. §§ 196 ff. E 1927 und 1930), wurde durch die VO v. 29. 5. 1943
(RGBl. I 339), deren Fassung nicht typisch natsoz. war (BGH **1**, 59), sowie
durch das 3. StÄG (vgl. Begr. BT-Drs. Nr. 3713, 31) wesentlich umgestaltet.
Ihre geltende Fassung hat sie in weitgehender Übereinstimmung mit § 35 I, II
E 1962 (Begr. 153; Ndschr. **2**, 76, 96, 101, 116, 118ff., 124, 205, 218, 226, 260,
353; **4**, 293, 301, 366), aber unter Verzicht auf dessen III (unten 6) und abw. von
§ 32 AE durch das 2. StrRG (Ber. BT-Drs. V/4095, 13; Prot. V/1649, 1736,
1742, 1830ff., 2115ff.) erhalten (dazu krit. Roxin JuS **73**, 333). In § 30 werden
mit Strafe bedroht Vorbereitungshandlungen zu einem geplanten Verbrechen,
deren Gefährlichkeit durch das mindestens angestrebte Zusammenspiel mehrerer gekennzeichnet ist (Ber. 13; vgl. BGH **1**, 305; **10**, 388). Vor allem um die
Strafdrohung der des vorbereiteten Verbrechens anzupassen, wird die Tat mindestens im Falle von I systematisch als erfolglose Teilnahme an der vorgestellten
Haupttat behandelt (BGH **4**, 19; **15**, 198). Dabei ist die Akzessorietät (unten 5)
auf ein gedankliches Minimum reduziert. Rechtsgut ist das durch die vorgestellte Tat bedrohte (str.). § 30 ist daher keine selbständige Strafvorschrift (MDR/D
69, 722; 11. 6. 1991, 1 StR 269/91, hierzu Otto JK 2 [wichtig für die Urteilstenor!]; Schnarr NStZ **90**, 257, Katalogtaten).

2) Ein Verbrechen (§ 12 I) muß die künftige Tat sein (BGH **12**, 306), 3
soweit § 30 nicht, wie in § 159; § 53 IV ZDG; §§ 16 IV, 19 IV, 44 VI

WStG, ausdrücklich auf Vergehen für entsprechend anwendbar erklärt ist. Bei geplanter Auslandstat entscheidet, wenn für die Tat nach §§ 4 bis 7 deutsches Recht gilt, dieses Recht auch für die Einordnung (vgl. § 9 II; RG 37, 46).

4   **A. Die erklärte Vorstellung des Vorbereitenden** ist für die Beurteilung als Verbrechen maßgebend (BGH 6, 308; NJW 51, 666; Bay NJW 55, 1120; OGH NJW 50, 654); ist die geplante Tat eine vorsätzliche Tötung, so kommt es darauf an, ob sie als Mord oder als Totschlag zu qualifizieren ist und ob sich der Täter des § 30 täter- oder tatbezogene Mordmerkmale (14 zu § 211) vorstellte (NJW 82, 2738; MDR/H 86, 794); gleichgültig ist, ob die Tatbestandsmerkmale, die er sich vorstellt, in Wirklichkeit gegeben sind oder eintreten können (BGH 4, 254; NJW 51, 666; 60, 1067; GA 63, 126; LM Nr. 29; Hamm NJW 56, 481); gleichgültig ist auch, ob der Vorbereitende die Tat rechtlich richtig einordnet (RG 60, 90). Im Fall der Verabredung müssen mindestens zwei Beteiligte die erforderliche Vorstellung haben.

5   **B. Auch als schuldhafte Tat,** dh nicht nur als rechtswidrige und tatbestandsmäßige Handlung muß sich das in Aussicht genommene Delikt dem Vorbereitenden darstellen (E 1962, 153). Weiß der erfolglose Anstifter, daß der erfolglos Angestiftete schuldunfähig ist, so kommt Versuch der geplanten Tat in mittelbarer Täterschaft in Frage; vgl. 18 zu § 22. Weiß er es nicht, so ist § 30 gegeben, da es auf die Vorstellung des Vorbereitenden ankommt.

6   **C. Auch für den vorgestellten Täter** muß die Tat Verbrechen sein; es genügt nicht, daß sie es für den Vorbereitenden wäre (BGH 6, 308 [Amtsträgereigenschaft]; sehr str.; Letzgus aaO [oben 1] 205; aM, aber differenzierend SchSch-Cramer 3ff. mwN; Schröder JuS 67, 292; Lackner 2; SK-Samson 11; Vogler/Kadel JuS 76, 249; Roxin JA 79, 173 und LK 39 ff. Hat der Vorbereitende die strafschärfende Eigenschaft nicht, so wird er allerdings nach § 28 II nur nach der milderen Vorschrift in Verbindung mit § 30 bestraft, BGH 6, 310; 8, 294; vgl. unten 18). Doch reicht es nicht aus, wenn die vorgestellte Tat nur aus Gründen gesteigerter Schuld oder der Täterwürdigung ein Verbrechen wäre (Dreher GA 54, 16; Prot. V/1832, 1835; Jescheck § 65 I 4).

7   **D. Konkretisiert** in der Vorstellung des Vorbereitenden und nach seinen Erklärungen gegenüber den Beteiligten muß die geplante Tat sein. Wie weit sie konkretisiert sein muß, hängt wesentlich vor der Art der Tat ab (vgl. BGH 15, 276). Die Art der Ausführung braucht noch nicht in allen Einzelheiten bestimmt zu sein (vgl. RG 69, 165). Bei Eigentumsdelikten braucht die Person des Verletzten noch nicht festzustehen (MDR 60, 595; Köln NJW 51, 621; 54, 1259; Bay NJW 54, 1257; zu eng Hamburg MDR 48, 368). Es kann auch wahlweise Feststellung des geplanten Verbrechens in Betracht kommen (Bay 54, 41; NJW 54, 1258). Bei der versuchten Anstiftung muß die Tat so konkretisiert sein, daß der andere sie begehen könnte, wenn er wollte (BGH 18, 160; Hamm MDR 92, 601 [hierzu Bloy JR 92, Heft 1?]; LK-Roxin 24). Die Ausführung der geplanten Tat kann noch vom Eintritt einer Bedingung abhängig sein (BGH 12, 306; KG GA 71, 55; vgl. aber BGH 18, 160); möglich ist auch, daß mehrere Begehungsmöglichkeiten ins Auge gefaßt werden (BGH 12, 308; MDR/D 73, 554; Bay NJW 54, 1258).

§ 30

Täterschaft und Teilnahme

E. Auch die Anstiftung zum vorgestellten Verbrechen kann nach I wie **8** II Gegenstand der Vorbereitungshandlung sein (sog. **Kettenanstiftung;** vgl. § 34 I WStG, BGH 7, 234; ferner Bay NJW 56, 1000). Im Gegenschluß ergibt sich, daß die versuchte Anstiftung zu erfolgloser Beihilfe ebensowenig erfaßt wird (BGH 7, 234; vgl. aber Busch, Maurach-FS 247) wie eine Vorbereitung nach II, die sich nur auf die Beihilfe zu einem Verbrechen bezieht. Daß die **erfolglose Beihilfe** selbst nicht erfaßt wird wie auch nicht mehr das Eintreten in eine ernsthafte Verhandlung über die Begehung eines Verbrechens, ergibt die Beschreibung der Begehungsformen in I und II.

3) In I wird die **versuchte Anstiftung** behandelt, denn „zu bestimmen **9** versucht" bedeutet dasselbe wie versuchte Anstiftung. Es bedarf anders als vor 1943 keiner bestimmten Aufforderung mehr (NJW 51, 666); wie bei der Anstiftung reicht jede Form der Willensbeeinflussung aus (4 zu § 26), so daß auch scheinbares Abraten genügen kann. Doch braucht in der Aufforderung, die Aussage mit einer falschen Begründung zu verweigern, noch keine versuchte Anstiftung zum Meineid zu liegen (Bay NJW 55, 1120). Der erfolglos Anstiftende braucht sich mit einem Anstiftungsversuch nicht an einen bestimmten anderen zu wenden (vgl. 3 zu § 26). Der erfolglose Anstifter muß wollen, daß seine Anstiftungsäußerung den anderen erreicht, ob sie ihn erreicht, ist aber gleichgültig (BGH 8, 261; SchSch 19; Roxin JA 79, 171 und LK 13; aM Schröder JuS 67, 290; SK 14; wie hier M-Gössel § 53, 16; Blei AT § 81 II 1); es ist auch gleichgültig, ob der andere eine ihm zugegangene Anstiftungserklärung, die er verstehen soll, wirklich versteht (RG 47, 230). Der erfolglose Anstifter muß ernstlich wollen, daß der andere die Tat begeht (RG 57, 171; Bay NJW 70, 770; LK 18; SchSch 28; offen gelassen in BGH 18, 160); es genügt nicht, daß der andere den Anstiftungsversuch ernstnehmen soll; ob dieser an die Ernstlichkeit glaubt, ist gleichgültig (R 9, 743). Die versuchte Anstiftung kann erfolglos sein, weil der andere den Bestimmungsversuch nicht versteht (RG 47, 230), keinen Tatentschluß faßt (aM Letzgus aaO [oben 1] 135) oder seinen Entschluß nicht ausführt oder schon vor dem Anstiftungsversuch fest zur Tat entschlossen war (vgl. RG 72, 375).

4) Von II werden **sonstige Vorbereitungshandlungen** erfaßt: **A.** Das **10** **Sichbereiterklären**, dh die Erklärung eines Schuldfähigen, ein bestimmtes Verbrechen begehen zu wollen, wobei die Begehungsformen des Sicherbietens (vgl. Bay 53, 155) und der Annahme einer Aufforderung in früheren Fassungen einbegriffen sind. Die Erklärung muß ernstgemeint sein (BGH 6, 347; MDR/D 54, 335) und dem Adressaten zugehen (aM LK 83; SchSch 23; hM; differenzierend Jescheck § 65 III 3; Schröder JuS 67, 291). Der Erklärende muß die Annahme eines Anerbietens wollen oder mit der Erklärung eine Aufforderung annehmen.

B. Die Annahme des Anerbietens eines vielleicht nicht schuldfähigen **11** anderen (oben 5) zur Tatbegehung, selbst wenn das Anerbieten nicht ernstgemeint ist (BGH 10, 388; Otto ZStW 87, 569; LK 91 f. mwN; vgl. auch Blei NJW 58, 30; Jakobs 27/9). Der Anbietende muß Kenntnis von der Annahme bekommen (aM SchSch 24). Nicht erforderlich ist, daß der Anbietende die Tat von der Voraussetzung der Annahme abhängig macht; str. Vielfach liegt versuchte Anstiftung vor (vgl. LK 88); im übrigen handelt es sich um die erfolglose psychische Beihilfe.

§ 30

12 C. **Die Verabredung,** dh die vom ernstlichen Willen getragene (29. 7. 1980, 1 StR 326/80), aber vielleicht auch nur stillschweigende Einigung von mindestens zwei Personen (RG **55**, 87), an der Verwirklichung eines bestimmten Verbrechens (oben 5) mitzuwirken (RG **59**, 376), allerdings nicht nur als Gehilfe (NStZ **82**, 244; NStE Nr. 1), so daß Verabredung idR vorbereitete Mittäterschaft ist (NStZ **88**, 406; Hamm NJW **59**, 1237; aber auch unten 14). Es genügt, wenn die Tat für einen der Verabredeten ein Verbrechen darstellt, für den anderen gilt dann § 28 II (str.; vgl. oben 6). Die Ausführung der Tat kann einem Dritten überlassen werden (RG **59**, 376). Bloße Vorbesprechungen und -planungen sind noch keine Verabredung (BGH **12**, 309). Andere Begehungsformen des § 30 können in der Verabredung aufgehen (vgl. unten 15). Partner kann auch ein Schuldunfähiger sein (LK 63; oben 5). Mindestens zwei Beteiligte müssen die Ausführung der Tat ernstlich wollen (RG **58**, 393; KG GA **71**, 54); ein geheimer Vorbehalt, die Tat „nicht ernsthaft" zu wollen, begründet keine Straflosigkeit (MDR/H **87**, 798; vgl. auch BGH NJW **56**, 30 und zur alternativen Verabredung LK 68); will nur einer die Tat ernstlich, so kommen Sichbereiterklären oder Annahme eines Anerbietens in Frage (13. 6. 1961, 1 StR 201/61; hierzu LK 61). Eine Verabredung ist auch anzunehmen, wenn Mittäter BtM einführen wollen (§ 30 I Nr. 4 BtMG) und zu diesem Zweck auf dem Wege zur Grenze sind, die Versuchsschwelle aber noch nicht überschritten haben (17 a zu § 22, BGH **36**, 250). Verabredung zu mehreren Verbrechen ist nur eine einzige Tat.

13 D. **Vorbereitung und Versuch** der Begehungsformen nach II sind nicht strafbar (RG **58**, 394). Jedoch kann im Versuch der Verabredung eine strafbare versuchte Anstiftung oder ein strafbares Sichbereiterklären liegen (4. 5. 1956, 2 StR 148/56).

14 E. **Anstiftung** zu den Tatformen des II ist möglich, nach NStZ **82**, 244 jedoch **nicht Beihilfe** (ebenso LK-Roxin 47 ff. u. JA **79**, 174; SchSch 34; SK 25 f.). Da die Zusage zu einer Verbrechensbeihilfe keine strafbare Verabredung iS von 12 ist, kann auch eine Beihilfe zu einer Verbrechensverabredung nicht strafbar sein (BGH **14**, 156; aM Dreher NJW **60**, 1163; Busch, Maurach-FS 245).

5) Konkurrenzverhältnisse.

15 A. **Die einzelnen Begehungsformen** des § 30 können zueinander in Tatmehrheit, aber auch in Gesetzeskonkurrenz stehen (LK 51 ff.); so können versuchte Anstiftung, aber auch Sichbereiterklären und Annahme eines Anerbietens in der Verabredung aufgehen (13. 6. 1961, 1 StR 201/61). Umgekehrt kann die Verabredung zur Anstiftung in der versuchten Anstiftung aufgehen, wenn es nur zu dieser kommt (Bay NJW **56**, 1000). Tateinheit ist ebenfalls möglich, zB, wenn sich jemand zunächst zum Mord an dem Opfer bereit erklärt, dann aber nur dessen Beraubung verabredet (BGH aaO; SchSch 43; Schröder JuS **67**, 295; vgl. LK 77). Zwischen den verschiedenen Begehungsformen ist Wahlfeststellung möglich.

16 B. **Zur vorbereiteten Haupttat** besteht grundsätzlich ein Subsidiaritätsverhältnis, so daß § 30 zurücktritt, sobald auch nur ein Versuch der Haupttat begangen wird (BGH **14**, 378; NJW **56**, 31; NStZ **83**, 364; 11. 6. 1991, 1 StR 269/91, hierzu Otto JK 2), auch dann, wenn an der Ausführung andere

§ 30

als die vorher erfolglos Angestifteten teilnehmen (BGH **8**, 38) oder wenn bei Mittäterschaft an einer Fortsetzungstat die Anstiftung zu einem Teilakt erfolglos geblieben war (BGH **6**, 85; vgl. auch MDR/D **68**, 727). Anders dürfte das allerdings sein, wenn jemand das Anerbieten eines anderen annimmt, dann aber zu der im Versuch steckenbleibenden Tat bloße Beihilfe leistet (aM SchSch 38). § 30 tritt auch zurück, wenn statt der vorbereiteten leichteren eine diese mitumfassende schwerere Tat verübt wird, wobei allerdings § 29 zu beachten ist; hingegen besteht, wenn die ausgeführte Tat an Schwere hinter der vorbereiteten zurückbleibt, Tateinheit zwischen § 30 und der ausgeführten Tat (BGH **9**, 131; Vogler, Bockelmann-FS 725; Roxin JA **79**, 174 und LK 53; Abels [1 vor § 52] 56 ff., hM; aM Schneider NJW **56**, 1364). Kommt die vorbereitete Tat nur zum Versuch, von dem der Täter nach § 24 zurücktritt, so lebt die Strafbarkeit aus § 30 nicht wieder auf (BGH **14**, 378; NStZ **83**, 364; M-Gössel § 53, 44; SchSch 40; Roxin JA **79**, 175; Küper JZ **79**, 783); anders jedoch, wenn die versuchte Tat gegenüber der geplanten weniger schwer wiegt (Vogler, Bockelmann-FS 728; Lackner 7 zu § 31; str.; offen gelassen in BGH **14**, 381).

C. Anderen Vorschriften gegenüber, die Vorbereitungshandlungen mit Strafe bedrohen, tritt § 30 ebenfalls zurück. Solche Vorschriften sind §§ 80, 83 (vgl. Köln NJW **54**, 1259; str. aM LK 58); §§ 149, 275, 357 (RG **68**, 90); §§ 28, 34 WStG; § 20 UWG. Hingegen geht § 30/§ 234 dem § 234a III (BGH **6**, 85) vor; ebenso § 30/§ 94 den §§ 98, 99; so auch für § 49a/100 aF gegenüber § 100e aF (BGH **6**, 346); 385; seit BGH **15**, 256 nahm der BGH hier Tateinheit an. Diese ist möglich zwischen § 30 und Bedrohung (BGH **1**, 305). § 30 II ist, sofern sich die Verabredung auf eine Katalogtat (§ 100a StPO) bezieht, selbst Katalogtat, BGH **32**, 15. 17

6) Die Strafe ist die für den Versuch des vorbereiteten Verbrechens. Doch kommt ggf die Strafdrohung für minder schwere Fälle in Betracht (BGH **32**, 136), zB wenn im Falle einer Verabredung diese sich noch in einem unausgereiften Stadium befand (NStZ **86**, 453; 7. 8. 1987, 1 StR 337/87). Da allein schon der vertypte Milderungsgrund des § 30 Anlaß für die Annahme eines minder schweren Falles sein kann, ist zunächst zu prüfen, ob unabhängig vom Vorbereitungsstadium der Tat wegen vorhandener unbenannter Milderungsgründe ein minder schwerer Fall zu bejahen ist (NStE Nr. 3; NStZ **89**, 571; **90**, 96; MDR/H **90**, 486). Ferner ist hier abw. von § 23 II die Milderung nach § 49 I vorgeschrieben. Da damit der Umstand, daß es nur um Vorbereitungshandlungen geht, bereits im Strafrahmen berücksichtigt ist, darf dieser Umstand als solcher nicht nochmals strafmildernd berücksichtigt werden. § 23 III gilt entsprechend, dh das Gericht kann von Strafe absehen oder nach § 49 II mildern, wenn bei einem Versuch der vorgestellten Tat die Voraussetzungen von § 23 III gegeben wären (dort 6). § 28 II ist zu beachten, so daß zB der Nichtamtsträger, der einen Amtsträger zu einer Tat nach § 345 erfolglos anstiftet, nur nach §§ 239, 30 bestraft wird (vgl. zu §§ 347, 121 aF BGH **6**, 310; oben 6). Bei einer Verurteilung nach II ist in der *Urteilsformel* das Verbrechen, das verabredet wurde, zu bezeichnen (MDR/H **86**, 271; NStZ **87**, 72; BGHR § 260 IV S. 1 StPO, Tatbez. 4; 17. 9. 1990, 1 StR 439/90). 18

§ 31

Rücktritt vom Versuch der Beteiligung

31 ᴵ Nach § 30 wird nicht bestraft, wer freiwillig

1. den Versuch aufgibt, einen anderen zu einem Verbrechen zu bestimmen, und eine etwa bestehende Gefahr, daß der andere die Tat begeht, abwendet,
2. nachdem er sich zu einem Verbrechen bereit erklärt hatte, sein Vorhaben aufgibt oder,
3. nachdem er ein Verbrechen verabredet oder das Erbieten eines anderen zu einem Verbrechen angenommen hatte, die Tat verhindert.

ᴵᴵ Unterbleibt die Tat ohne Zutun des Zurücktretenden oder wird sie unabhängig von seinem früheren Verhalten begangen, so genügt zu seiner Straflosigkeit sein freiwilliges und ernsthaftes Bemühen, die Tat zu verhindern.

1 1) **Die Vorschrift** (2 zu § 30) ist durch das 2. StRG (vgl. § 36 E 1962; § 49a III, IV fF) für die Fälle eingefügt worden, auf die § 24 wegen Fehlens einer strafbaren Haupttat unanwendbar ist. **Schrifttum:** *Bottke*, Rücktritt vom Versuch der Beteiligung nach § 31 StGB, 1980; *Herzberg* JZ **89**, 114.

2 2) **Der Rücktritt** nach § 31 ist ein auf Handlungen beschränkter persönlicher Strafaufhebungsgrund, läßt also Strafbarkeit, etwa nach § 138, unberührt. Auf andere Handlungen als die in § 30 beschriebenen ist § 31 nicht **3** anzuwenden (BGH **15**, 198). **A.** Nach I ist **Grundvoraussetzung,** daß der Vorbereitende das Verbrechen (oder die Vergehen des § 159) endgültig (nicht etwa nur „für diesmal", NJW **56**, 30; aM Bottke aaO [oben 1] 30) verhindert oder wenigstens um Verhinderung bemüht war, und zwar **freiwillig** iS des § 24 (vgl. dort 6; NJW **84**, 2169, hierzu Kühl JZ **84**, 292; Küper JR **84**, 265), was nicht gegeben ist, wenn ein vom Willen des Täters unabhängiger Umstand den Plan unmöglich macht (BGH **12**, 306; Tübingen DRZ **49**, 43). **Drei Beteiligungsformen** regelt I, für die sämtlich vorausgesetzt ist, daß die vorbereitete Tat nicht begangen ist und auch keine Beteiligung am Versuch vorliegt, sonst gilt § 24 (dort 7ff.). Ist die Tat bis zum strafbaren Versuch ausgeführt worden, so scheidet I selbst dann aus, wenn der Versuch nicht auf dem Beitrag des Vorbereitenden beruht (vgl. NStZ **87**, 118).

4 Nr. 1 regelt die **versuchte Anstiftung.** Hier genügt es, daß der Täter sein Vorhaben endgültig aufgibt und passiv bleibt, wenn sein Anstiftungsversuch noch ohne Wirkung geblieben ist und eine Gefahr der Tatbegehung nicht besteht (vgl. LK-Roxin 5ff.). Ist allerdings der Anstiftungsversuch von vornherein gescheitert (der andere hat sofort abgelehnt, auf das Ansinnen einzugehen), so ist Rücktritt ausgeschlossen. Besteht die Gefahr der Tatbegehung (der andere hat zB den Tatentschluß gefaßt), so muß der Täter sie auch dann, wenn er sie nicht mit verursacht hat (aM SK-Samson 8; Bottke aaO [oben 1] 54), abwenden, zB den anderen von seinem Entschluß wieder abbringen, und zwar auch dann, wenn der Täter die Gefahr irrig nicht erkennt (hM; aM SchSch-Cramer 5; SK 11). Untätigbleiben kann genügen, wenn in diesem Zeitpunkt gerade nur Handeln zur Tat geführt hätte (BGH **32**, 134, hierzu Kühl JZ **84**, 292; Geppert JK 1; vgl. BGH 16. 5. 1973, 2 StR 269/72).

Nr. 2 regelt den Fall des **Sichbereiterklärens.** Hier genügt ebenfalls, daß 5
der Täter sein aus seiner Sicht noch fortführbares Vorhaben in einer nach
außen erkennbaren Weise (E 1962, 155; vgl. 19. 1. 1956, StE 38/55; abw.
hM; LK 17; SchSch 8; Jakobs 27/17) endgültig aufgibt und sich passiv
verhält. Eine besondere Erklärung an den, demgegenüber er sich bereiter-
klärt hatte, reicht aus, wird aber nicht gefordert, da der ursprüngliche
Adressat nicht mehr auffindbar sein kann (vgl. 20. 3. 1962, 1 StR 71/ 62).

Nr. 3, die den Fall der **Verabredung** und der **Annahme** des **Erbietens** 6
eines anderen regelt, fordert, daß der Täter die Tat verhindert (16 zu § 24),
was uU auch bei Nichterbringen des zugesagten Tatbeitrags geschehen
kann, falls der Komplize die Tat nicht allein durchführen kann (18. 4. 1990,
2 StR 84/90). Ist die Tat in Abwesenheit des Angeklagten dennoch zum
Versuch gediehen, so scheidet Nr. 3 selbst dann aus, wenn die Tatbege-
hung nicht auf der früheren Verabredung beruht; jedoch ist II 2. Alt. zu
prüfen (NStZ **87,** 118). Auch kann bewußte Passivität (oben 4 aE) genü-
gen.

B. Nach II steht dem Rücktrittverhalten 3 bis 6 gleich das **freiwillige** (6 7
bis 8 zu § 24) **und ernsthafte Bemühen** (14 zu § 24), die Tat zu verhindern.
Der Zurücktretende muß alles tun, was in seinen Kräften steht (GA **65,**
283; Bay JR **61,** 269); nach den Umständen kann auch ein passives Verhal-
ten dafür genügen (GA **74,** 243; dazu Blei JA **74,** 675), also alles ihm
Mögliche (NJW **84,** 2169, hierzu Kühl JZ **84,** 92; Küper JR **84,** 265). Das
gilt auch bei Taten, die sich als von vornherein undurchführbar erweisen
(18. 2. 1966, 5 StR 514/ 65). Dabei muß nach der **1. Alt.** des II die Tat ohne
Zutun des Zurücktretenden unterblieben sein, dh unabhängig von seinem
Bemühen **keine Haupttat** begangen sein. Die **2. Alt.** setzt voraus, daß **die
Tat unabhängig von dem früheren Verhalten** des Vorbereitenden **began-
gen** worden ist, zB weil einer der Komplizen von vornherein entschlossen
war, die Tat auch ohne den verabredeten Beitrag auszuführen (NStZ **87,**
118).

3) Kommt der **Rücktritt nicht zustande,** so kann der Täter, wenn die 8
vorbereitete Tat nur bis zum Versuch gediehen, noch nach § 24 zurücktre-
ten. Doch bleibt dann Strafbarkeit nach § 30 (dort 10).

Vierter Titel. Notwehr und Notstand

Vorbemerkungen

1) Der Titel behandelt nur je zwei Rechtfertigungsgründe (§§ 32, 34) 1
und Schuldausschließungsgründe (§§ 33, 35). Er ist damit nicht vollstän-
dig. Daher wird hier ein Überblick über weitere Rechtfertigungsgründe
(3 ff.) und Schuldausschließungsgründe (14 ff.) gegeben, der am Ende auch
noch sonstige Gründe erläutert, die der Bestrafung einer tatbestandsmäßi-
gen Handlung entgegenstehen können.

Neueres **Schrifttum:** *Eser/Fletscher* (Hrsg.) Rechtfertigung und Entschuldi-
gung. Rechtsvergleichende Perspektiven, 2 Bde. 1987/88 [hierzu *Kühl* JZ **89,**
683]; *Eser/Perron,* Rechtfertigung und Entschuldigung, Dt.-it.-port.-span.
Strafrechtskolloquim 1960; *Fincke* 29 in: Eser/Kaiser, 3.Dt.-sowj. Koll. über

Strafrecht und Kriminologie, 1987; *H.J. Hirsch* 37 ff. in: Eser/Perron aaO; *v. d. Linde,* Rechtfertigung und Entschuldigung im Strafrecht? 1988 [Bespr. *Perron* GA **89**, 486]; *Perron* ZStW **99**, 902 (Spanien); *Roxin* JuS **88**, 425; *Schroeder* 5 in Eser/Kaiser aaO.

2 2) **Rechtfertigungsgründe** (Unrechtsausschließungsgründe), die dem Gesamtbereich der Rechtsordnung zu entnehmen sind (BGH **11**, 244) und die Grenze zwischen Recht und Unrecht ziehen (Roxin JuS **88**, 426; vgl. auch Rudolphi, Arm. Kaufmann-GedS 371), nehmen der Tatbestandsverwirklichung die Rechtswidrigkeit und rechtfertigen damit auch den Teilnehmer; Notwehr gegen gerechtfertigte Handlungen ist nicht zulässig (Bay NJW **90**, 2331; vgl. 27 vor § 13). Eine **rechtsbereichsbeschränkte Rechtswidrigkeit** kann sich aus dem Regelungszweck und dem Anwendungsbereich einer Norm ergeben (vgl. dazu Günther 60, 64 u. Spendel-FS 191; Kirchhof, Unterschiedliche Rechtswidrigkeiten in einer einheitlichen Rechtsordnung, 1978), jedoch ist die Freiheit des Gesetzgebers, bestimmte Handlungen für „erlaubt", „nicht rechtswidrig" oder „rechtmäßig" zu erklären, durch fundamentale Rechtsgrundsätze mit vorstaatlicher Wurzel (zB dem Verbot der Tötung nicht angreifender Unschuldiger), wie sie insbesondere von der Verfassung anerkannt werden, sowie dadurch begrenzt, daß die einfachrechtlichen Rechtmäßigkeitserklärungen innerhalb der Gesamtrechtsordnung widerspruchsfrei sein müssen (vgl. Geiger, Tröndle-FS 651; zur Kritik am Kammerbeschluß des 1. Sen/BVerfG NJW **90**, 241 m. Anm. Otto NStZ **90**, 178 u. Kluth JR **90**, 104). Ob Rechtfertigungsgründe gegeben sind, bestimmt sich nach dem Tatortrecht (NJW **91**, 2499; 11a zu § 3). Zur Irrtumsproblematik 20 ff. zu § 16; zur Konkurrenz mehrerer Rechtfertigungsgründe 23 zu § 34; Warda, Maurach-FS 143; LK-Hirsch 46 vor § 32; zur Analogie bei Rechtfertigungsgründen SchSch 31 zu § 1; H.J. Hirsch, Tjong-GedS 50. Führt der Täter die Rechtfertigungslage absichtlich herbei, um die Tat straflos begehen zu können, entfällt die rechtfertigende Wirkung (vgl. 23 f. zu § 32). Von Bedeutung sind außer den §§ 32, 34 folgende Fälle:

3 **A. Die Einwilligung** des Verletzten.

Schrifttum: *Arzt,* Willensmängel bei der Einwilligung, 1971; *Bergmann* JuS **89**, L 65; *Geerds* GA **54**, 262; *Geppert* ZStW **83**, 947; *Göbel,* Die Einwilligung im Strafrecht als Ausprägung des Selbstbestimmungsrechts, 1992 [zit. Göbel Einwilligung]; *Günther* 347 ff. u. Spendel-FS 195; *Hartung* NJW **54**, 122; LK-*H.J. Hirsch* 92 ff.; *Honig,* Die Einwilligung des Verletzten, 1919; *Jakobs* 7/104 ff.; *Kühne* JZ **79**, 241; *Lenckner* in Eser/Hirsch 173; *Maiwald* 165 ff. in Eser/Perron [oben 1a]; *M.-K. Meyer,* Ausschluß der Autonomie durch Irrtum, 1984; *Noll,* Übergesetzliche Rechtfertigungsgründe, im besonderen die Einwilligung des Verletzten, 1955 u. ZStW **68**, 181; *Roxin* § 13, 2ff. u. Noll-GedS 275 (durch Täuschung herbeigeführte Einwilligung); *Schlehofer,* Einwilligung und Einverständnis, 1985 (Bespr. *Otto* GA **87**, 265 u. *Amelung* ZStW **103**, 476; *Eb. Schmidt* JZ **54**, 369.

3a Die Einwilligung (als Einverständnis) schließt schon den **Tatbestand** aus, wo dieser die Überwindung des Willens eines anderen voraussetzt, zB bei §§ 123, 177, 178, 236, 237, 240, 248b. Kennt der Täter die Einwilligung nicht, kommt untauglicher Versuch in Betracht (BGH **4**, 199; vgl. 17, 22 zu § 242; zum Ganzen Göbel Einwilligung 66 ff.; Roxin § 13, 12;

Maiwald aaO 167; Eser/Burkhardt **13**, A 4). Als **Rechtfertigungsgrund** 3b wirkt die Einwilligung in Fällen, in denen die Rechtsordnung sie als Rechtsschutzverzicht des Betroffenen (BGH **4**, 90; **17**, 360; Hamburg NJW **69**, 336) anerkennt, sowohl bei vorsätzlichen wie fahrlässigen Taten (MDR **59**, 856; Bay NJW **68**, 665; Celle MDR **69**, 69; Frankfurt MDR **70**, 694). Das setzt voraus (vgl. Dölling GA **84**, 83), daß der Betroffene **a)** über das Rechtsgut *verfügen darf* (NJW **92**, 251; Düsseldorf NJW **62**, 1263) wie zB bei den Vermögensdelikten (vgl. RG **44**, 41) und bei § 203 (vgl. dort 28, Bay NJW **57**, 1246; Göbel Einwilligung 21); **b)** *einwilligungsfähig,* dh im Fall von Vermögensdelikten auch geschäftsfähig (RGZ **168**, 206; str.; vgl. BGHZ **29**, 33; SchSch-Lenckner 39; anders hM), im übrigen aber fähig ist, *Bedeutung und Folgen* der Rechtshandlung zu erkennen und nach dieser Einsicht zu handeln (BGH **4**, 90; **5**, 362; **8**, 358; **12**, 382; **23**, 1); hieran fehlt es bei Trunkenheit, (Schleswig SchlHA **78**, 185 Nr. 41), bei Willensmängeln vgl. 9e zu § 223; ferner Roxin § 13, 66; **c)** Bedeutung und Folgen im wesentlichen auch erkennt, BGH **4**, 90; Celle NJW **64**, 736 (vgl. zur Problematik der ärztlichen Aufklärungspflicht 9 zu § 223; 2 zu § 226a), so daß eine durch Täuschung erlangte Einwilligung unwirksam ist (vgl. Stuttgart NJW **62**, 62; Roxin, Noll-GedS 277); **d)** *frei* in seiner Entschließung ist (BGH **4**, 113; Bay **51**, 181); die Einwilligung also nicht auf Drohung, Täuschung oder Zwang beruht (Hamm NJW **87**, 1035; Bergmann JuS **89**, L 67); zur Frage der Einwilligung des Unfreien, Amelung ZStW **95**, 1 u. JuS **86**, 333; zum Ganzen Göbel Einwilligung 75 ff.; **e)** der Täter *nicht über* den Rahmen der *Einwilligung hinausgeht* (BGH **4**, 92; 14. 12. 1978, 4 StR 582/78). Ob die Einwilligung sittenwidrig ist, ist (auch bei § 226a) ohne Bedeutung (BGH **4**, 91); doch darf die Rechtsordnung den Eingriff trotz der Einwilligung nicht mißbilligen, wie das bei § 216 der Fall ist (BGH **7**, 112) und bei § 226a der Fall sein kann (vgl. Dölling GA **84**, 90). Zur Problematik bei einer an sich nicht rechtfertigenden Einwilligung in riskante Unternehmen RG **57**, 172; Karlsruhe NJW **67**, 2321; Arzt/Weber LH **1**, 283; Dölling GA **84**, 80; U. Weber, Baumann-FS 50. Rechtfertigend wirkt die Einwilligung schließlich nur, wenn sie vor der Tat (BGH **7**, 295; **17**, 360) mindestens konkludent zum Ausdruck gebracht und nicht widerrufen (RG **25**, 382) wird (Erklärungstheorie; str.) und der Täter auf Grund der Einwilligung handelt (subj. Rechtfertigungselement). Zu den Irrtumsfragen vgl. Kühne JZ **79**, 242; ferner 20 ff. zu § 16; M. K. Meyer Ausschluß 163 ff. und hierzu Küper JZ **86**, 225; LK 111; zur Problematik bei der Beleidigung 14 zu § 185; beim Schwangerschaftsabbruch 11 ff. vor § 218. Kritisch gegenüber der Differenzierung in Tatbestands- und Rechtswidrigkeitsausschluß zB Zipf, Einwilligung und Risikoübernahme im Strafrecht, 1970; Kientzy, Der Mangel am Straftatbestand infolge Einwilligung des Rechtsgutsträgers, 1970; Roxin ZStW **85**, 100 u. JuS **88**, 426. Diese Theorien setzen sich über § 226a hinweg (wie hier die hM; vgl. LK 96; SchSch 33 f.; M-Zipf § 17, 39 ff).

B. Die mutmaßliche Einwilligung (ähnlich der Geschäftsführung ohne 4 Auftrag; Roxin, Welzel-FS 447; besonderes Institut zwischen Einwilligung und rechtfertigendem Notstand; vgl. Hruschka, Dreher-FS 202; Günther 351 ff.; Roxin § 18, 3; Bernsmann NZV **89**, 55; Eberbach AIDS IX-2.2.2; LK 129 ff.) ist ein eigenständiger Rechtfertigungsgrund, kein Unterfall des

Vor § 32 AT Zweiter Abschnitt. Vierter Titel

§ 34 (BGH **35**, 249 [m. Anm. Geppert/Giesen JZ **88**, 1025, 1031]; E. Fuchs StV **88**, 526; Hoyer StV **89**, 245; Müller-Dietz JuS **89**, 280; Otto, K. Meyer-GedS 595), wenn die Handlung im Interesse des Betroffenen vorgenommen wird und dieser vermutlich einwilligen würde, aber nicht rechtzeitig einwilligen kann (RG **61**, 256; Frankfurt MDR **70**, 695; Hamburg NJW **60**, 1482; Köln NJW **68**, 2348; BGHZ **29**, 46; 185). Hingegen ist die berechtigte *Geschäftsführung ohne Auftrag* (§ 679 BGB), da sie nur den internen Schadens- und Aufwendungsausgleich regelt, nicht als strafrechtlicher Rechtfertigungsgrund anzuerkennen (Jescheck § 34 VII 2; SchSch 57; Str.; aM Schroth JuS **92**, 476 mwN); zB beim Eindringen in die Nachbarwohnung, um einen Wasserrohrbruch zu beheben; vor allem bei medizinisch indizierten Behandlungen an Bewußtlosen, vgl. 9a zu § 223). Hingegen ist die berechtigte *Geschäftsführung ohne Auftrag* (§ 679 BGB), da sie nur den internen Schadens- und Aufwendungsausgleich regelt, nicht als strafrechtlicher Rechtfertigungsgrund anzuerkennen (Jescheck § 34 VII 2; SchSch 57; str.; aM Schroth JuS **92**, 476 mwN).

4a C. Zum **Züchtigungsrecht**, vgl. 10ff. zu § 223.

5 D. **Die behördliche Erlaubnis,** die im öffentlichen Bereich der Einwilligung im privaten entspricht. Das Rechtsgut muß zur Verfügung der öffentlichen Gewalt stehen; außerdem muß die Behörde im Einzelfall zur Erteilung der Erlaubnis zuständig sein (RG **73**, 67); zu überholten Genehmigungen StA Mannheim NJW **76**, 586. Die Erlaubnis schließt schon den Tatbestand aus, wenn dessen Unrechtsmaterie erst bei ihrem Fehlen gegeben ist (zB bei § 284 vgl. Winkelbauer NStZ **88**, 201; LK 160; SchSch 61ff.), während die Erlaubnis rechtfertigt, wenn die Behörde durch die Erteilung auf den sonst gegebenen Rechtsschutz verzichtet. Das kommt zB bei §§ 98, 99 in Betracht (7 zu § 98; vgl. Jescheck § 34 III 4), kann aber auch im Falle der Ausstellung von Ausweisen (§§ 271, 348) für verdeckt ermittelnde Polizeibeamte, deren Identität getarnt ist, in Betracht kommen (Rebmann NJW **85**, 5).

6 E. a) **Dienstrechte** der Beamten und Soldaten können sowohl vorsätzliche wie fahrlässige Taten (RG **72**, 310; LG Bielefeld MDR **70**, 74; aM Frankfurt NJW **50**, 119) rechtfertigen, so bei Vollstreckungshandlungen des Gerichtsvollziehers (§ 758 ZPO) oder bei Durchsuchung, Beschlagnahme, Festnahme (§§ 102ff., § 127 II StPO; §§ 16, 17 WDO; §§ 10ff. BGSG; § 71 ZollG; vgl. auch § 106 SeemannsG) und sonstigen Akten von Vollzugsbeamten und Soldaten (vgl. RG **59**, 404), wobei das Waffengebrauchsrecht auch im Zusammenhang mit § 127 StPO (vgl. RG **72**, 306) eine besondere Rolle spielt. Regelung für die BWehr in UZwGBw für Waffen-, insbesondere *Schußwaffengebrauch,* Personenüberprüfung, vorläufige Festnahme (BVerwG NJW **74**, 807), Durchsuchung, Fesselung (Jess-Mann, UZwGBw, 1966; Reindl-Roth, Die Anwendung unmittelbaren Zwanges in der BWehr, 1974; LK 142ff.; LK-Jähnke 14f zu § 212). Zum innerdienstlichen Waffengebrauch Eb. Schmidt NZ Wehrr **68**, 161; Klinkhardt JZ **69**, 700. Regelung für Vollzugsbeamte des Bundes in UZwG (Grommek/Hergesell, Der unmittelbare Zwang, 1970/74) für Fesselung, Gebrauch von Schußwaffen, Wasserwerfern und Explosionsmitteln; dazu UZwVwVB-MI und UZwVwVBMF iVm § 12 VwVG und § 331 AO; sowie landesrechtliche Vorschriften (Übersicht: Göhler 834 IV; zB §§ 35ff. PolGNW,

Art. 39ff. BayPAG); zum Schußwaffengebrauchsrecht auch Blei JZ **55**, 625; Hirsch ZRP **71**, 206; Krey ZRP **71**, 224; Krüger, Polizeilicher Schußwaffengebrauch, 1971; KR **75**, 385, 441; Bay VerfGH DÖV **68**, 283; Karlsruhe NJW **74**, 806; gegenüber Strafgefangenen LG Bielefeld MDR **70**, 74; LG Ulm NStZ **91**, 83 m. zutr. Anm. Arzt; Rollhaus MDR **70**, 4; gegenüber einem aus der UHaft geflohenen Jugendlichen, BGH **26**, 99 mit zu weitgehender Kritik bei Trifterer MDR **76**, 355; gegenüber Grenzgängern BGH **35**, 381 (m. instruktiver Anm. Dölling JR **90**, 170; ferner Waechtler StV **90**, 23; Seebode StV **91**, 83). Unmittelbarer Zwang durch Bedienstete der Justizvollzugsanstalten, vor allem gegenüber Gefangenen, ist in den §§ 94ff., 178, der Schußwaffengebrauch in §§ 99, 100 StVollzG geregelt (vgl. Müller-Dietz NJW **76**, 919). Diese hoheitlichen Befugnisse gehen unabhängig von § 32 (der unberührt bleibt, NJW **58**, 1405; Bay MDR **91**, 367 m. zust. Anm. Schmidhäuser JZ **91**, 937; Otto JK 16 zu § 32 u. abl. Spendel JR **91**, 250; krit. Rogall Jura **92**, 551; Hamburg JR **73**, 69; W. Lange MDR **74**, 357; **77**, 10; Kinnen MDR **74**, 631; Schaffstein, Schröder-GedS 105; Gössel JuS **79**, 164; Wimmer GA **83**, 153; ausführlich SchSch 42b, 42c zu § 32; Schwabe JZ **74**, 634; NJW **77**, 1903 u. Die Notrechtsvorbehalte des Polizeirechts, 1979; Walder SchweizZSt. **79**, 133; Merten, Rechtsstaat und Gewaltmonopol 1973, 66; Seebode, Klug-FS 359, StV **91**, 81 u. Krause-FS 390; aM zB Seelmann ZStW **89**, 36; Haas, Notwehr und Nothilfe 1978, 319ff.; Klinkhardt VerwArch. **64**, 264; **65**, 60, Kunz ZStW **95**, 973; Jakobs 12/42; hiergegen jedoch nachdrücklich Bockelmann, Dreher-FS 240; LK 151; LK 12 zu § 212; Roxin § 15, 93) über diesen hinaus (RG **67**, 339); anderseits rechtfertigt § 32 uU auch den *gezielten Rettungsschuß* eines Polizisten als Nothilfe (als hoheitliche Befugnis umstritten, allerdings nach Art. 2 II a MRK erlaubt).

Schrifttum: *Amelung* JuS **86**, 331; *Bernsmann,* Blau-FS 27; *Gössel* JuS **79**, 164; LK-*H.-J. Hirsch* 18f. zu § 34; LK-*Jähnke* 13 zu § 212; *Jakobs* 12/42; *Klose* ZStW **89**, 96; *Krey/Meyer* ZRP **73**, 4; *Krolzig* KR **88**, 559; *Krüger* NJW **73**, 1; *R. Lange* JZ **76**, 546; *Lisken* DRiZ **89**, 401; *Mertins* GA **80**, 57; *Pielow* Jura **91**, 482; *Riegel* ZRP **78**, 74; *Rupprecht* JZ **73**, 263 u. Geiger-FS 781; *Seebode* StV **91**, 80; LK[11]-*Spendel* 263ff., 276ff. zu § 32 mwN; *Sundermann* NJW **88**, 3192; *J. Schmidt* NJW **73**, 449; *Schünemann* GA **85**, 365; *Steinke* KR **89**, 305; *Stümper/Gerhards* DRiZ **89**, 432; *Thewes,* Rettungs- oder Todesschuß? 1988 (hierzu *Lisken* ZRP **89**, 392); *Volmer* KR **89**, 14; *Weßlau/Kutscha* ZRP **90**, 169; *v. Winterfeld* NJW **72**, 1881 und *Zuck* MDR **88**, 920.

Der mit Verfassungsrang ausgestattete **Grundsatz der Verhältnismäßigkeit** grenzt die Dienstrechte allenthalben ein (BVerfGE **19**, 348; BGH **35**, 386 [m. Anm. Dölling JR **90**, 170]; Bremen NJW **64**, 735; Schaffstein, Schröder-GedS 112; vgl. aber auch Karlsruhe MDR **74**, 597). Ob hoheitliches Handeln schon als solches einen Rechtfertigungsgrund darstellen kann (so RG **50**, 404), ist zw. Aus Auslieferungsverträgen erwachsen nur den Kontraktstaaten Rechte und Pflichten, nach folgenloser Abschiebung in die BRep. unterliegt deren Strafgewalt keinen Beschränkungen (10. 3. 1980, 3 StR 55/80). Zum völkerrechtlichen Rechtfertigungsgrund bei Handlungen im Verteidigungsfall Schwenck, Lange-FS 97; ferner LK 16ff. zu § 212; SchSch 91.

b) Das Festnahmerecht des Privatmannes nach § 127 I StPO, der anstelle eines Staatsorgans gegenüber einem auf frischer Tat betroffenen oder

Vor § 32 AT Zweiter Abschnitt. Vierter Titel

verfolgten fluchtverdächtigen Täter (nicht auch zur Verhütung bevorstehender Taten, VRS **40**, 104) handelt, ist als Parallelrecht zu dem der staatlichen Organe (§ 127 II StPO), auch gegenüber Kindern und sonst Schuldunfähigen gegeben (RG **19**, 103; str.) und erlaubt Gewaltanwendung (RG **34**, 446; Karlsruhe MDR **74**, 597), möglicherweise Fesselung (RG **17**, 128), Wegnahme von Sachen (Saarbrücken NJW **50**, 1191; Koblenz NJW **63**, 1991), Versperren des Weges (KG VM **72**, 54); nicht aber über die Notwendigkeiten der Festnahme hinausgehende Mißhandlungen (BGH 11. 1. 1983, 1 StR 742/82) sowie schwere Körperverletzung oder Tötung (RG **69**, 311). Bei einem bekannten Täter sind die Voraussetzungen des § 127 StPO nur dann gegeben, wenn nach den Umständen die Annahme gerechtfertigt ist, er werde sich dem Strafverfahren durch Flucht entziehen (MDR **70**, 197; 11. 6. 1991, 1 StR 242/91). Rechtfertigung tritt auch ein, wenn die Voraussetzungen des § 127 I StPO nach dem Sachverhalt, wie er sich dem Festnehmenden darstellt, für ihn evident sind, selbst wenn sie objektiv fehlen, so daß auch dann Notwehr gegen die Festnahme nicht zulässig ist (ausführlich hierzu Bay JR **87**, 344 m. Bespr. Schlüchter JR **87**, 309; auch Otto JK 10 zu § 32; ähnlich hM im prozessualen Schrifttum; Fincke GA **71**, 41; JuS **73**, 87; Arzt, Kleinknecht- FS 1; aM Celle NJW **71**, 154; Hamburg NJW **72**, 1290; Hamm NJW **72**, 1826; Wiedenbrüg JuS **73**, 418; Otto AT § 8 V 5a; ZStW **87**, 578; LK 155ff.; SchSch 82; Blei JA **76**, 383; offen gelassen in GA **74**, 177; zum Ganzen Borchert JA **82**, 338).

8 F. **Handeln auf Befehl** ist Rechtfertigungsgrund, wenn die befohlene Handlung rechtmäßig ist. Ist sie das nicht, der Befehl aber dennoch verbindlich, so ist er ein Schuldausschließungsgrund (vgl. unten 16). Für Soldaten gelten § 11 SoldG, § 5 I WStG. Danach ist der Soldat gerechtfertigt, der eine ihm befohlene Ordnungswidrigkeit begeht, ohne das zu erkennen (vgl. Dreher-Lackner-Schwalm 16ff., etwas abw. Schölz 18b, jeweils zu § 2 WStG; str.); für **Vollzugsbeamte** des Bundes gilt § 7 UZwG, für sonstige **Bundesbeamte** §§ 55, 56 BBG; für **Seeleute** §§ 109 II, 115, 124 I Nr. 2 SeemannsG. Zur Frage der Gegenvorstellung im System von Befehl und Gehorsam, Schwenck, Dreher-FS 495ff.

9 G. **Notrechte** rechtfertigen im Gegensatz zu der nur die Schuld ausschließenden Notstandslage des § 35. Zu den Notrechten gehören außer der Notwehr (§ 32, dem § 227 BGB entpricht) und dem rechtfertigenden Notstand (§ 34) der *bürgerlichrechtliche* Notstand des § 228 BGB, ergänzt durch § 904 BGB sowie die Selbsthilfe nach §§ 229ff. BGB sowie die weitergehende Selbsthilfe nach den §§ 561, 859 BGB (9. 8. 1979, 4 StR 148/79; Bay NJW **91**, 934 [m. Anm. Schroeder JZ **91**, 682; Otto JK 2]; Schleswig NStZ **87**, 75; krit. hierzu Hellmann NStZ **87**, 455), 106 II SeemannsG, § 26 BJagdG ferner:

10 **a)** das politische **Widerstandsrecht** ist von § 34 abgedeckt und in Art. 20 IV GG dahin umschrieben, daß gegen jeden, der es unternimmt, die verfassungsmäßige Ordnung (vgl. 6f. zu § 81) zu beseitigen, alle Deutschen das Recht zum Widerstand haben, wenn andere Abhilfe nicht möglich ist (zur Entstehung Böckenförde JZ **70**, 168; vgl. weiter Scheidle, Das Widerstandsrecht, 1969; Schneider, Widerstand im Rechtsstaat, 1969; Doehring, Der Staat **69**, 429). Der Widerstand muß also das letzte verbleibende Mittel zur Erhaltung der verfassungsmäßigen Ordnung sein (vgl. BVerfGE **5**,

376, 379; BGH NJW **53**, 1639; **66**, 310; Köln NJW **70**, 1323; Bertram GA **67**, 1; LK 85 ff). Für den Irrtum über den Rechtfertigungsgrund gilt grundsätzlich 20 ff. zu § 16. Doch wird man, wenn der Täter den Sachverhalt, der andere Hilfe möglich macht, kennt und lediglich falsch beurteilt, nur einen zu einem Erlaubnisirrtum führenden Subsumtionsirrtum anzunehmen haben, der den Vorsatz nicht ausschließt, aber Strafmilderung ermöglicht. Man könnte allerdings in der Klausel „wenn andere Hilfe nicht möglich ist" auch nur eine objektive Bedingung der Rechtfertigung sehen (dagegen LK 91).

Der sog. **zivile Ungehorsam** kann sich nicht auf Art. 20 IV GG stützen; er ist nur erlaubt, soweit er sich auf einen der anerkannten Rechtfertigungsgründe stützen kann (Lackner 27). Nach dem Selbstverständnis seiner Befürworter schließt er „per definitionem Illegalität mit dem Risiko entsprechender Sanktionen" ein, insoweit erschiene die Geltendmachung eines Rechtfertigungsgrundes „widersinnig" (so BVerfGE **73**, 206, 252; vgl. auch BayJZ **86**, 406; Roxin § 16, 49). Mit den Grundprinzipien des demokratischen Rechtsstaates ist ziviler Ungehorsam schlechterdings unvereinbar (so SchSch 41a zu § 34), denn der so Handelnde kündigt dem Rechtsstaat im Konfliktfalle, also gerade dann, wenn er sich zu bewähren hat, auf und folgt anarchischem Denken (vgl. auch 2a, 25 zu § 240). Neueres **Schrifttum**: *Bergmann* Jura **85**, 464; *Burmeister* in: Jung u. a. (Hrsg.), Entwicklungen in Recht und Gesellschaft, 1990 S. 39; *Doehring*, Carstens-FS 534; *Engelhard* recht Nr. 4, 26/1984; *Fleisch*, Ziviler Ungehorsam oder Gibt es ein Recht auf Widerstand im schweizerischen Rechtsstaat? 1989; *Frankenberg* JZ **84**, 266; *Glotz* (Hrsg.) Ziviler Ungehorsam im Rechtsstaat, 1983 (hierzu *Adomeit* ZRP **85**, 282); *Hassemer*, Wassermann FS 325; *M. Herdegen* GA **86**, 98; *Karpen* JZ **84**, 249 u. Jura **86**, 417; *Isensee*, Mehrheitswille und Minderheit usw., KuG Nr. 142 [1987]; *Klein* in Rüthers/Stern (Hrsg.), Freiheit und Verantwortung im Verfassungsstaat, 1984; *Krey* BT 1, 382 Fn. 123; *Kriele* in Böhme (Hrsg.) Ziviler Ungehorsam? 1984; *Kröger* JuS **84**, 174 u. ZRP **85**, 125; *Laker*, Ziviler Ungehorsam, 1986; *Offenloch* JZ **88**, 17; *Prittwitz* JA **87**, 17; *Rupp*, Carstens-FS 775; *R. Scholz* NJW **83**, 708; *Starck*, Carstens-FS 881; *Wassermann* JZ **84**, 263 u. in Randelzhofer/Süß, Konsens und Konflikt, 1986; weit. Nachw. BVerfGE **73**, 233.

b) der dem rechtfertigenden Notstand ebenfalls verwandte Rechtfertigungsgrund der **Pflichtenkollision** ist gegeben, wenn den Handelnden mehrere sich ausschließende *rechtliche* Pflichten treffen und er die nach seiner konkreten Lage objektiv *höherwertige* zum Nachteil der geringerwertigen erfüllt (RG **60**, 246; **61**, 254; **64**, 91; BGH **2**, 242; Bay DAR **58**, 106; Stuttgart MDR **56**, 245); zB Verletzung der Schweigepflicht des Arztes nach § 203, um andere vor Ansteckung zu warnen (RG **38**, 62; 29 zu § 203; vgl. weiter BGH **1**, 366; LM Nr. 2); Verletzung der zivilrechtlichen Pflicht zur Herausgabe einer Abtreibungsspritze, um eine Tat nach § 218 zu verhindern (RG **56**, 168); das Wenden auf Autobahnen nach vorausgegangener „Geisterfahrt" (Hruschka JZ **84**, 242). Bei der Kollision von *gleichwertigen* Pflichten kommt Rechtfertigung in Betracht, wenn der Täter einer Pflicht zum Unterlassen nachkommt und eine Handlungspflicht verletzt (Schmidhäuser 11/32; Küper JuS **71**, 475; vgl. auch Otto, Pflichtenkollision und Rechtswidrigkeitsurteil, 3. Aufl. 1978, 76, 117; Küper, Grund- und Grenzfragen der rechtfertigenden Pflichtenkollision im Strafrecht, 1979, JuS **81**, 785 u. **87**, 88, hierzu Ebert JR **82**, 125; ferner Mangakis ZStW **84**, 447; LK 71 ff.; Jescheck § 33 V 1b, § 47; Arthur Kaufmann, Maurach-FS 327;

Vor § 32

AT Zweiter Abschnitt. Vierter Titel

Hruschka, Dreher-FS 192 und Larenz-FS 257; Günther 332ff.; Roxin § 16, 100 u. Oehler-FS 181; Lenckner GA **85**, 304); sonst kommt nur Schuldausschluß (15) in Frage (str.; abw. die hM; vgl. LK-Jähnke 70 zu § 218a; SchSch 73; SK-Rudolphi 29a vor § 13). Zur Anwendung des Rechtfertigungsgrundes der Pflichtenkollision im Falle der vitalen Indikation vgl. 9c, 9j vor § 218. Nicht sachgerecht ist die Zuordnung dieser Fälle zum zw. Begriff des **„rechtsfreien Raums"** (LK 16; Roxin § 14, 25; H. J. Hirsch aaO oben 1a 40; ferner 9 vor § 218, so aber Dingeldey Jura **79**, 478), da der ganz untätig Bleibende nicht von vornherein aus der Strafbarkeit ausgenommen werden darf. Irrt der Handelnde über Umstände, welche die Pflicht begründen würden, so ist ein Tatbestandsirrtum gegeben, Verbotsirrtum hingegen, wenn er über den Wert der Pflichten irrt (str.).

12 c) **Die Sozialadäquanz** wurde ursprünglich von Welzel als Rechtfertigungsgrund für die Fälle entwickelt, in denen sich eine tatbestandsmäßige Handlung im Rahmen der geschichtlich gewordenen Sozialordnung hält: zB bei den üblichen Gefährdungshandlungen im Bereich der Technik und des Verkehrs. Mit Recht nimmt die hM **Tatbestandsausschluß** an (vgl. Schaffstein ZStW **72**, 369; Lange JZ **53**, 13; ZStW **73**, 89; Klug, Eb. Schmidt-FS 249; H. J. Hirsch ZStW **74**, 78, LK 26ff. u. UniKöln-FS 421; Jescheck § 25 IV; SchSch 107a; Arzt/Weber LH **2**, 263; Roxin, Klug-FS 303; Sax JZ **75**, 143; Ebert/Kühl Jura **81**, 226; Peters, Welzel-FS 415; Küpper GA **87**, 388; Roeder, Die Einhaltung des sozialadäquaten Risikos, 1969, der einen bloßen Schuldausschließungsgrund annimmt). Die Rspr. hat den Gedanken zT übernommen (BArbGer NJW **55**, 1373; München NJW **66**, 2406; NStZ **85**, 550), hält sich aber zurück (vgl. BGH **19**, 154; MDR/D **75**, 723; Bay NJW **62**, 1878). BGH **23**, 228 läßt offen, ob es sich um Ausschluß des Tatbestandes oder der Rechtswidrigkeit handelt. Ähnlich verhält es sich mit dem Geringfügigkeitsprinzip, das Ostendorf GA **82**, 344 als einen Unterfall der teleologischen Auslegung ansieht (vgl. Lackner 29). Mit dem

13 Gedanken der sozialen Adäquanz verwandt ist der des **erlaubten Risikos** (vgl. BGH **7**, 114; BGHZ **24**, 21; Köln NJW **56**, 1848; Karlsruhe NJW **86**, 1359 [m. krit. Anm. Seier JA **86**, 50; 220] M-Zipf § 28, 23; M-Gössel § 44, 11 u. Bengl-FS 38; Jakobs, Bruns-FS u. AT 7/35ff.; Maiwald, Jescheck-FS 405; Roxin, Tröndle-FS 186; LK-Schroeder 159 zu § 16; Herzberg JuS **91**, L 68; Roxin § 11, 55; abl. LK-H. J. Hirsch 30ff.; SchSch 107b; Hillenkamp NStZ **81**, 164; Dölling ZStW **96**, 51; Schaffstein, Lackner-FS 801; nach Tatbestands- und Rechtswidrigkeitsausschluß differenzierend Preuss, Untersuchungen zum erlaubten Risiko im Strafrecht, 1974). Ein Fall erlaubten Risikos kann uU bei der Fabrikation von Massenerzeugnissen (*Produkthaftung* vgl. 18 vor § 13, 11 zu § 13), sofern sie generell einwandfrei sind, im Falle sog. „Ausreißer" in Betracht kommen (BGH **37**, 180). *Nicht* jedoch wenn ein *HIV-Infizierter* ohne Schutzmittel Sexualverkehr ausübt (BGH **36**, 16; hierzu Herzberg JR **86**, 7; Bottke RProblAIDS 182, 194; Prittwitz JA **88**, 436; Eberbach AIFO IX-2.3.5 S. 1, 4 mwN; Pfeffer [6a zu § 223]). *Entgegen* M. Bruns (NJW **87**, 694), Herzberg (NJW **87**, 1462), Prittwitz (JA **88**, 437) u. Nestler-Tremel (bei EzSt § 223a Nr. 4 S. 31) liegt aber auch *nicht* etwa der „geschützte" Geschlechtsverkehr eines HIV-Infizierten mit einem unaufgeklärten Partner im Bereich des *erlaubten* Risikos (so zutr. Rengier Jura **89**, 231; ebenso Wokalek/Köster MedR **89**, 288; H.-W. Mayer JuS **90**, 786), denn die bloße Beachtung allgemeiner (wenn auch unzulängli-

cher) gesundheitspolitischer „safer-sex-Empfehlungen" erlaubt noch nicht, durch Täuschung oder Verschweigen dem Partner das „Restrisiko" aufzubürden. Kommt es in einem solchen Fall zur Infektion, so kommt eine Strafbarkeit des Virusträgers nach § 230 oder § 222 (dort 8) in Betracht.

3) Schuldausschließungsgründe *(Entschuldigungsgründe)* lassen Tatbestandsmäßigkeit und Rechtswidrigkeit der Tat unberührt und schließen lediglich die Schuld des Täters, nicht auch des Teilnehmers aus (§ 29). Sie haben es nicht mit dem Gesollten, sondern mit der Frage zu tun, ob ein fehlerhaftes Verhalten wegen der besonderen Umstände des Falles zu bestrafen ist oder nicht (Roxin JuS 88, 426); Notwehr gegen lediglich entschuldigte Handlungen ist zulässig. Zu Schuld und Schuldfähigkeit vgl. 28 ff. vor § 13. Schuldausschließungsgründe sind die Schuldunfähigkeit (§§ 19, 20); die nicht rechtfertigenden Notlagen, nämlich Notstand (§ 35; str.), Notwehrexzeß (§ 33; str.); der entschuldigende Verbotsirrtum (2 ff. zu § 17). Ferner kommen in Betracht: 14

a) Die schuldausschließende Pflichtenkollision *(übergesetzlicher entschuldigender Notstand)*, die gegeben ist, wenn der Täter, um ein bedrohtes Rechtsgut zu retten, ein anderes rechtlich gleichwertiges aufopfern muß. Dann ist Rechtfertigung ausgeschlossen (oben 11; vgl. 8, 9 ff. zu § 34), es kann aber ein übergesetzlicher, den Anwendungsbereich des § 35 überschreitender entschuldigender Notstand (Lackner 15 zu § 35) in Betracht kommen (vgl. BGH **35**, 350: *Katzenkönig-Fall* [hierzu Küper JZ **89**, 625; Herzberg Jura **90**, 16, Schumann NStZ **90**, 32; Roßmüller/Rohrer Jura **90**, 582]; aM Blei AT § 63 II). Die Verletzung muß das einzige, unabweisbar erforderliche Mittel zur Hilfe sein (Hamm NJW **76**, 721, dazu Blei JA **76**, 393). Zu den *„Euthanasie"-Fällen* der Nachkriegszeit, in denen Ärzte Geisteskranke dem Tode preisgegeben hatten, um andere retten zu können, vgl. NJW **53**, 513; **61**, 276; BGH **6**, 58; OGHSt. **1**, 321; **2**, 117; Hamm aaO; LG Köln NJW **52**, 358; vgl. hierzu auch 9i vor § 218 und LK 200ff.; ferner Roxin § 22, 138, 146, 152. Zur Problematik, wenn der Arzt nur einen Patienten sachgemäß behandeln kann, einen anderen aber sterben lassen muß (Fehlen einer weiteren Herz-Lungen-Maschine u. dgl.), vgl. *Bockelmann*, Strafrecht des Arztes, 1968, 115; *Geilen* FamRZ **68**, 122; *Krey* JuS **71**, 248; *Küper* JuS **71**, 474; **81**, 786 u. **87**, 89; *Roxin* Engisch-FS 400 u. JuS **88**, 426; *Samson* Welzel-FS 579; *Sax* JZ **75**, 137; 149; 438; *Helgerth* JR **76**, 47; *Zippelius* JuS **83**, 662; LK 205; aus med. Sicht: *Kuhlendahl*, Bockelmann-FS 465. 15

Weiteres Schrifttum: *Achenbach* JR **75**, 492; *Gallas*, Mezger-FS 311 mwN; *Roxin*, Henkel-FS 194; *Rödig*, Lange-FS 59 Anm. 44; *Spendel*, Engisch-FS 509. 15a

b) Der rechtswidrige Befehl (hierzu LK 165; LK[11]-Spendel 74 ff. zu § 32; Roxin § 17, 15), der den Untergebenen bindet, zB den Soldaten, wenn ihm die Begehung einer Ordnungswidrigkeit befohlen wird und er die Rechtswidrigkeit erkennt (§ 11 II S. 1 SoldG; str.); aM SchSch 88a, 121 ff.; vgl. im einzelnen Schölz 18b zu § 2 WStG und Dreher-FS 485); ferner der Befehl, der die Ausführung eines Verbrechens oder Vergehens verlangt, wenn der Soldat dies nicht erkennt und es nach den ihm bekannten Umständen auch nicht offensichtlich ist (§ 5 WStG; für das frühere Recht vgl. § 47 MStGB; BGH **5**, 239; RG **10**, 294; **19**, 33; **56**, 418; Frankfurt HESt. **1**, 67; Freiburg JZ **51**, 85). Eine ähnliche Lage ergibt sich für den 16

Beamten aus § 56 II BBG, ferner bei § 7 II UZwG, dem entsprechenden Landesrecht (zB Art. 41 BayPAG) und § 30 ZDG. Inwieweit gegen Handlungen, die auf Grund eines rechtswidrigen, aber verbindlichen Befehls ausgeführt werden, Notwehr zulässig ist, ist str. und zw. (hierzu im einzelnen LK[11] 84ff., 95 zu § 32; vgl. ferner RG **58**, 195; aber auch **72**, 311; Schölz aaO 18b, 20; Stratenwerth, Verantwortung und Gehorsam, 1958, 187ff.; Jescheck in Bundeswehr und Recht **65**, 63; Schirmer, Befehl und Gehorsam, 1965; Bringewat NZWehrr. **71**, 126; Peterson NZWehrr. **79**, 24; Amelung JuS **86**, 337; Küper JuS **87**, 91).

17 **4) Persönliche Strafausschließungs- und Strafaufhebungsgründe** (Bloy, Die dogmatische Bedeutung der Strafausschließungs- und Strafaufhebungsgründe, 1976; Roxin JuS **88**, 432) sind in der Person des Täters liegende Umstände, die zu dessen persönlicher Straflosigkeit führen, obwohl Tatbestandsmäßigkeit, Rechtswidrigkeit und Schuld gegeben sind (zB § 36; vgl. LK 213ff.); sie kommen Teilnehmern, bei denen solche Umstände fehlen, nicht zugute (§ 28 II; RG **56**, 209); Notwehr gegen den Täter ist zulässig. Sind die Umstände schon zZ der Tat gegeben, so handelt es sich um Strafausschließungsgründe, so in den Fällen der §§ 173 III, 258 VI. Die **Exterritorialität** (vgl. §§ 18 bis 20 GVG iVm dem im RdSchr. BMI v. 14. 3. 1975, GMBl. 337, 518, 629; 1978, 354 genannten Wiener Übk. u. a. Rechtsvorschriften; auszugsweise abgdr. in Kleinknecht/Meyer 11 zu § 18 GVG) gehört nicht hierher, da sie nur von der deutschen Gerichtsbarkeit befreit (vgl. Nr. 193ff. RiStBV). Dagegen ist die Befreiung der in Art. 1 I MRVfÜbk genannten Personen von der Gerichtsbarkeit in bezug auf mündliche oder schriftliche Erklärungen, die sie gegenüber der MRK oder dem Europ. Gerichtshof abgeben, sowie in bezug auf hierfür übermittelte Urkunden oder andere Beweismittel (Art. 2 I MRVfÜbk.), ein Sonderfall der Indemnität. Zur Immunität eines Sonderbotschafters BGH **32**, 275 (m. Anm. Oehler JR **85**, 79: *Fall Tabatabei,* vgl. ferner Düsseldorf NJW **86**, 2204 m. Anm. Jakobs NStZ **87**, 88). Die Befreiung ist gewissermaßen ein auflösend bedingter persönlicher Strafausschließungsgrund, da der Schutz nach Beendigung des Verfahrens fortdauert, aber unter dem Vorbehalt der nach Art. 5 II MRVfÜbk. möglichen Aufhebung steht. Die geringe Schuld nach § 153 StPO hier einzuordnen (so zB Naukke, Maurach-FS 203), erscheint bedenklich, da § 153 StPO doch als prozessuales Institut aufgefaßt werden sollte. Treten die Umstände erst nach der Tat ein, so handelt es sich um Strafaufhebungsgründe, so vor allem beim Rücktritt, §§ 24, 31, 98 II, 139 III, IV, 310, 311c III; 330b; ferner bei Erlaß der Strafe nach § 56g, im Gnadenwege oder durch Amnestie, die sowohl als Strafaufhebungsgrund wie als Prozeßhindernis wirkt (BGH **3**, 136; **4**, 289; NJW **72**, 262; BVerfGE **2** 221; str.; für bloßes Prozeßhindernis OVG Münster NJW **53**, 1240). Im Fall der Amnestie soll nach der Rspr. der Grundsatz *in dubio pro reo* nicht gelten (BGH JZ **51**, 655; vgl. aber NJW **58**, 392; Hamm NJW **55**, 75; 644); während das Schrifttum mit Recht überwiegend den entgegengesetzten Standpunkt vertritt (vgl. Stree, In dubio pro reo, 1962 68ff.; SchSch 134 vor § 32). Zur Irrtumsproblematik 31 zu § 16.

18 **5) Objektive Bedingungen der Strafbarkeit,** nämlich Umstände, die zwar keine Tatbestandsmerkmale, aber materiell-rechtliche Voraussetzungen der Bestrafung sind (im einzelnen 32 zu § 16).

Notwehr und Notstand § 32

6) Prozeßhindernisse lassen Straftat und staatlichen Strafanspruch unberührt, hindern aber die Durchführung eines Strafverfahrens; Kleinknecht/Meyer Einl. 141 ff. Der Täter ist daher nicht wie in den Fällen 2 bis 18 freizusprechen, vielmehr ist das Verfahren einzustellen, vgl. § 260 III StPO. Prozeßhindernisse sind zB die Exterritorialität (vgl. oben 17), die Immunität der Abgeordneten und das Fehlen deutscher Gerichtsbarkeit nach dem Truppenvertrag, aber auch die Verjährung, die allerdings nach der hier vertretenen gemischten Theorie (1 zu § 78) zugleich ein persönlicher Strafaufhebungsgrund ist. Das Spiegelbild der Prozeßhindernisse sind die ihnen der Sache nach gleichstehenden (str.) **Prozeßvoraussetzungen**, deren Fehlen ebenfalls ein Verfahren hindert, so Strafantrag, Ermächtigung, Strafverlangen u. ä. (1 zu § 77e). Zur grundsätzlichen Problematik Hilde Kaufmann, Strafanspruch, Strafklagerecht 1968. 19

Notwehr

32 ⁱ Wer eine Tat begeht, die durch Notwehr geboten ist, handelt nicht rechtswidrig.

ⁱⁱ Notwehr ist die Verteidigung, die erforderlich ist, um einen gegenwärtigen rechtswidrigen Angriff von sich oder einem anderen abzuwenden.

1) Schrifttum: *Arzt*, Schaffstein-FS 77; *Baumann* NJW **61**, 1745; MDR **62**, 349 u. **65**, 346; *Bertel* ZStW **84**, 1; *Bockelmann*, Engisch-FS 456, Dreher-FS 236 u. Honig-FS 19; *Born*, Die Rechtfertigung der Abwehr vorgetäuschter Angriffe, 1984; *Courakis*, Zur sozialethischen Begründung der Notwehr, 1978; *Frister* GA **88**, 291; *Gribbohm* SchlHA **64**, 155; *Gutmann* NJW **62**, 286; *Haas*, Notwehr und Nothilfe, 1978; *Himmelreich* GA **66**, 129, NJW **66**, 733, MDR **67**, 361 u. Notwehr und unbewußte Fahrlässigkeit, 1971; *Hirsch*, Dreher-FS 211; *Hoyer* JuS **88**, 89; *Klose* ZStW **89**, 61; *Kratzsch*, Grenzen der Strafbarkeit im Notwehrrecht, 1968, GA **71**, 65 u. JuS **75**, 435; *Krause*, Bruns-FS 71 u. GA **79**, 329; *Krey* JZ **79**, 702 (auch dogmengeschichtlich); *Kühl* Jura **90**, 244; **91**, 57, 175; *Lagodny* GA **91**, 300; *Lenckner* GA **61**, 299; *Ludwig*, „Gegenwärtiger Angriff", „drohende" und „gegenwärtige Gefahr" im Notwehr- und Notstandsrecht, 1991; *Marxen*, Die „sozialethischen" Grenzen der Notwehr, 1979; *Montenbruck*, Thesen zur Notwehr, 1983; *Otto*, Würtenberger-FS 129; *Pitsounis* in: Lüderssen a. a., Modernes Strafrecht und ultima-ratio-Prinzip, 1990 S. 227 ff.; *Puppe* JZ **89**, 728; *Seelmann* ZStW **89**, 36; *Roxin* ZStW **75**, 541, **93**, 68, NJW **72**, 1821 u. Schaffstein-FS 105; *Rudolphi* JuS **69**, 461 u. Arm. Kaufmann-GedS 386; *Sax* JZ **59**, 385; *Schaffstein* MDR **52**, 132; *Schmidhäuser*, Honig-FS 185 u. GA **91**, 97; *R. Schmidt* NJW **60**, 1706; *Schröder* JR **62**, 187; *Schroeder*, Maurach-FS 127; *Schünemann* GA **85**, 367; *Seebode*, Krause-FS 375; *Spendel*, Bockelmann-FS 245, DRiZ **78**, 327 u. Oehler-FS 197; *Stree* JuS **73**, 461; *H. Wagner*, Individualistische und überindividualistische Notwehrbegründung, 1984 [hierzu *Schmidthäuser* GA **91**, 104]. *Rechtsvergleichend: Herrmann* ZStW **93**, 615 (amerik. Recht); *Ou-Chan Choi*, Notwehr- und „Gesellschaftliche Sitten", 1988 (korean. Recht). 1

1a) Die Vorschrift ist in Anlehnung an § 37 E 1962 (Begr. 156; Ndschr. **2**, 126, 220, 231), in der Sache aber übereinstimmend mit § 53 I, II aF an dessen Stelle durch das 2. StRG eingefügt worden (Ber. BT-Drs. V/4095, 14; Prot. V/ 1641, 1736, 1740, 1805 ff.; zust. Stree aaO). 1a

2) Die **Notwehr** hat eine übergesetzliche und vorstaatliche Wurzel (LK¹¹-Spendel 15 ff.; Krey JZ **79**, 713; Wacke Jura **91**, 166), sie ist **nach I** 2

§ 32

AT Zweiter Abschnitt. Vierter Titel

("nicht rechtswidrig") ein Rechtfertigungsgrund (vgl. auch § 15 OWiG; § 227 BGB; 9ff. vor § 32), der auf dem Grundsatz beruht, daß das Recht dem Unrecht nicht zu weichen braucht (RG **55**, 85); die Verteidigung gilt daher nicht nur dem angegriffenen Rechtsgut, sondern zugleich der Bewährung der Rechtsordnung (BGH **24**, 356; MDR **72**, 791; LK[11] 13; SchSch-Lenckner 1, 1a; Krause GA **79**, 331; Roxin ZStW **93**, 70; Frister GA **88**, 295; Schmidhäuser GA **91**, 113). Zu eng ist es, wenn Schmidhäuser (aaO) Notwehr nur gegenüber einem gegen die empirische Geltung der Rechtsordnung gerichteten Angriff zulassen will (hiergegen Hirsch aaO 219). Zum Verhältnis zwischen Notwehr und Schutz durch den Staat instruktiv Arzt aaO.

3 3) Nach II setzt die Notwehr eine **Notwehrlage** voraus, dh es muß objektiv zur Tatzeit (RG **64**, 102; 26. 2. 1980, 4 StR 23/80; Stuttgart NJW **92**, 851) gegeben sein:

4 A. **Ein Angriff,** dh eine unmittelbar bevorstehende oder noch nicht abgeschlossene Verletzung eines Rechtsgutes; gleichgültig, ob der Angreifer sie will (OGHSt. **1**, 274); auch fahrlässige oder schuldlose Handlungen können ebenso wie Bewegungen eines Bewußtlosen ein Angriff sein (LK 24ff.; Roxin, Jescheck-FS 459; hM; abw. Jakobs 12/16; Hoyer JuS **88**, 1). Auch passives Verhalten kann es sein, etwa in den Fällen von Unterlassungsdelikten (LK 46; Seier JuS **86**, 218; Lagodny GA **91**, 300, 305), zB wenn der Gefangene nach Strafverbüßung nicht freigelassen wird (vgl. Bay NJW **63**, 824; OGHSt. **3**, 66; 123; Hamm GA **61**, 181; Hellmann GA 0 [1 zu § 34], 119; str.; LK 35). Bloße Zudringlichkeiten oder Belästigungen sind kein Angriff (18. 2. 1981, 2 StR 386/80), ebensowenig ein untauglicher Versuch (LK[11] 29).

5 B. **Angreifer** kann nur ein **Mensch** sein, da ein Tier nicht rechtswidrig handeln kann; ihm gegenüber kommen nur §§ 34, 35 sowie § 228 BGB in Betracht (RG **36**, 236; OHGSt. **1**, 274; M-Zipf § 26, 8; aM LK[11] 38ff.). Doch ist es ein Angriff, wenn ein Mensch ein Tier auf einen anderen hetzt.

6 C. **Ein Rechtsgut** muß angegriffen sein, gleichgültig welches, so zB Leben, Leib, Freiheit (OGHSt. **1**, 275), Ehre (BGH **14**, 361; Hamm NJW **51**, 228; LK[11] 177 mwN; unten 7a und 16e), Leibesfrucht (LK[11] 170; Belling 125), Recht am eigenen Bild (Hamburg NJW **72**, 1290 mit Anm. Schroeder JR **73**, 70; Karlsruhe GA **82**, 234; Haberstroh JR **83**, 315), Verlöbnis (RG **48**, 215; Roxin § 15, 32), Recht auf die Intimsphäre (Erdsiek NJW **62**, 2242 gegen Bay NJW **62**, 1782; vgl. LK[11] 184; Amelung GA **82**, 387, zur Notwehrfähigkeit der Interessen eines Erpreßten), Fortbewegungsfreiheit (20. 12. 1978, 4 StR 635/78), insbesondere die Freiheit, sich ohne verkehrsfremde Beeinträchtigung im Straßenverkehr zu bewegen (Schleswig NJW **84**, 1470; Bay 14. 8. 1992, 2 St RR 128/92). Hausrecht (MDR/H **79**, 986; OGHSt. **1**, 275; GA **56**, 49; Köln OLGSt. 1), Eigentum oder Besitz (RG **60**, 278; Hellmann aaO [1 zu § 34], 136), auch das Jagdrecht (RG **55**, 167); sogar die Anstaltsordnung einer JVA (17. 10. 1978, 1 StR 408/78, zw.); aber nicht die Rechtsordnung als solche (LK[11] 197; SchSch 8). Zum Notwehrrecht gegen Ehebruch Köln NJW **75**, 2344; LK[11] 183. Das Rechtsgut kann dem Notwehrübenden oder einem Dritten zustehen ("oder einem anderen"). Dieser Dritte kann auch eine juristische Person oder uU der Staat sein (RG 63, 220; LK[11] 154; aM SK-Samson 9). Diese Nothilfe zugunsten eines Dritten bezeichnet man als **Nothilfe** (hierzu LK[11] 12, 145 ff.). Was für den Rechtsgutträger selbst gilt, gilt auch für den Nothilfe Übenden (MDR/H 79, 985). Sie ist nicht geboten, soweit der Dritte über das Rechtsgut verfügen darf, den Angriff nicht abwehren (BGH 5, 248; Bay 54, 113) oder sich selbst verteidigen will (LK[11] 146). Der Nothelfer darf seine Hilfe nicht aufdrängen (differenzierend Seier NJW 87, 2480), er kann aber uU im stillschweigenden Einvernehmen mit dem Angegriffenen handeln (StV 87, 59). Ist der Angegriffene der Staat oder handelt es sich um dessen Güter (Störung der öffentlichen Ordnung), so ist in aller Regel davon auszugehen, daß er sich selbst verteidigen will (iErg. ähnlich BGH 5, 247; BGHZ NJW 75, 1161; Bay JW 32, 3775; Düsseldorf NJW 61, 1783; Stuttgart NJW 66, 748; vgl. auch MDR/D 73, 900; LK[11] 154; Blei AT § 43 II; Geilen Jura 81, 311; Roxin § 15, 39; str.). Seelmann ZStW 89, 60 will die Nothilfe zu Unrecht dem Verhältnismäßigkeitsgrundsatz unterwerfen (zutr. gegen ihn Roxin ZStW 93, 72; Seier NJW 87, 2478); vielmehr kann einem Angegriffenen auch von einer Mehrzahl oder Vielzahl von Mitbürgern Nothilfe geleistet werden. Zur Frage der Nothilfe durch private Objektsicherungsdienste Schwabe ZRP 78, 165; Kunz ZStW 95, 973; durch Polizeibeamte SchSch 7, 42c; Klose ZStW 89, 68; Amelung JuS 86, 331; Donatsch SchweizZSt 89, 345; ferner 6 vor § 32; zur Frage der Nothilfe gegen provozierte Angriffe Mitsch GA 86, 533; zur Frage des Handelns in rechtfertigendem Notstand durch Staatsorgane 24 zu § 34. Zur Problematik der Beanstandung von **beleidigenden Gefangenenbriefen** im Wege der Nothilfe vgl. Celle NJW 68, 1342; 73, 1659; Hamburg JR 74, 120 mit Anm. Peters; Pawlik NJW 67, 168; Kleinknecht JZ 61, 265; Kreuzer NJW 73, 1261; Rupprecht NJW 72, 1345; bedenklich Frankfurt DRiZ 77, 341; hiergegen LG Marburg DRiZ 78, 55; ferner Engel DRiZ 78, 24. BVerfGE 35, 311 behandelt die Frage nicht; hingegen hat BVerfGE 42, 234 das Anhalten im Fall von UGefangenen für unzulässig erklärt (anders noch Bay MDR 76, 1037; hierzu Bockelmann, Dreher-FS 237; ferner Schwabe NJW 77, 1903, 1906; Gössel JuS 79, 166), ebenso BVerfGE 57, 170 im Fall des Schriftverkehrs zwischen erwachsenen Kindern und ihren Eltern (zutr. hiergegen Minderheitsvotum Wand/Niebler BVerfGE 57, 204). Mit Recht hält auch Wimmer (GA 83, 145) mit gewissen Einschränkungen das Anhalten grob beleidigender Gefangenenbriefe nach § 32 für gerechtfertigt; vgl. LK[11] 178; SchSch 42c. Bei Strafgefangenen ermöglicht § 31 I Nr. 1, 4 StVollzG das Anhalten solcher Briefe.

7

7a

D. Gegenwärtig muß der Angriff nach den zZ der Tat gegebenen Verhältnissen (RG 64, 102) sein, dh es entscheidet nicht erst die Vornahme der Verletzungshandlung, sondern bereits der Zeitpunkt der durch den bevorstehenden Angriff geschaffenen bedrohlichen Lage (NJW 73, 255; NStZ 83, 506; BGHR § 32 II Ang. 5; LK[11]; NStE Nr. 5; LK[11] 112 ff.). **a)** Ist ein Angriff erst künftig oder nicht sicher zu erwarten, so ist Notwehr noch nicht möglich (RG 64, 101); anders, wenn der Angriff *unmittelbar bevorsteht*, zB der Gegner den Arm zum Schlag erhebt, nach der Waffe greift (NJW 73, 255; 16. 1. 1990, 5 StR 1/90; Geilen Jura 81, 206; Roxin, Tjong-GedS 137; Ludwig [oben 1] 97; Roxin § 15, 20; LK[11] 119); oder sein Gewehr in Anschlag bringt (24. 3. 1965, 2 StR 60/65). Ob das auch gilt, wenn ein

8

9

§ 32
AT Zweiter Abschnitt. Vierter Titel

Wilderer ohne Beute mit der Waffe flüchtet, ist Tatfrage (vgl. RG **53**, 132; **61**, 216; **67**, 340). Der Wille, ein Rechtsgut zu verletzen, muß nach außen bereits betätigt sein (Bay NJW **85**, 2600, zutr. krit. Otto JK 8; Anm. Bottke JR **86**, 292; Kratzsch StV **87**, 224). Das Bedrohen mit einer Pistole unter der Aufforderung wegzugehen, ist kein Angriff (16. 2. 1983, 2 StR 762/82). Zum Problem des Legens von Fußangeln und Selbstschüssen, die wirksam werden sollen, wenn ein Angriff gegenwärtig wird (vgl. RG **36**, 230; Braunschweig MDR **47**, 205; LK[11] 114). Zum Problem der „*notwehrähnlichen Lage*" Suppert, Studien zur Notwehr usw. 1973, 356; Hillenkamp, Tatvorsatz und Opferverhalten 1981, 116; SchSch 17; Jakobs 12/27; Günther 324f.; abl. LK[11] 127; Roxin, Jescheck-FS 478 und Oehler-FS 190, insbesondere bei heimlichen Tonbandaufnahmen BGHZ **27**, 289; Celle NJW **65**, 1678; Düsseldorf NJW **66**, 214; Frankfurt NJW **67**, 1047; LK[11] 132; Amelung GA **82**, 381; Otto, Kleinknecht-FS 337; Eisenberg/Müller JuS **90**, 122. Auch das unbefugte Herstellen von Bildaufnahmen ist im Falle zu erwartenden alsbaldigen Mißbrauchs (vgl. § 22 KunstUrhG) ein gegen-
10 wärtiger Angriff (Karlsruhe GA **82**, 226; aM Haberstroh JR **83**, 314). **b)** In der Ausführung begriffen ist ein Angriff, solange er *dauert*, sich insbesondere der Angriffserfolg vergrößert (Saarbrücken OLGSt. § 223a, 1), so daß auch gegen den mit der Beute flüchtenden Dieb oder Wilderer Notwehr möglich ist (RG **63**, 221; 15. 5. 1979, 1 StR 749/78) und beim Dauerdelikt (anders beim Zustandsdelikt) der Angriff erst mit dessen Beendigung aufhört; vgl. RG **29**, 40; LK[11] 115). Der erpresserische Angriff ist gegenwärtig (Amelung GA **82**, 386; Otto, Kleinknecht-FS 334 mwN). Bei fortgesetzter Tat kommt es auf die Fallgestaltung an (vgl. RG **60**, 318). Der Angriff dauert auch solange, wie eine Wiederholung *unmittelbar* zu befürchten ist (HRR **39**, Nr. 715; NStE Nr. 15; Saarbrücken OLGSt. § 223a, 1; LK[11] 123; vgl. auch MDR/D **74**, 722; NJW **79**, 2053; 4 zu § 34).

11 **E. Rechtswidrig** sein muß der Angriff, dh der Angreifer darf zu seinem Handeln nicht befugt sein (LK[11] 55; M-Zipf § 26, 14; Roxin § 15, 14; wichtig bei §§ 113, 193 und solchen rechtswidrigen Befehlen, die der Untergebene nach § 11 SoldG zu befolgen hat); sehr str.; hierzu LK[11] 65ff.; Ludwig [oben 1] 103; RG **21**, 171; **27**, 44 und ein Teil des Schrifttums (vgl. Otto AT § 8 II 1 b) stellen darauf ab, ob der Angegriffene zur Duldung verpflichtet ist; Hirsch aaO [oben 1] 224 verlangt „wenigstens sorgfaltswidriges Verhalten" des Angreifers; zum Ganzen Haas aaO [oben 1] 223ff., Otto aaO [oben 1] 141. Notwehr ist danach zulässig, wenn der Angreifer rechtswidrig, aber unverschuldet (Geisteskranker, RG **27**, 44; Wessels AT § 8 V 1, Kind; Betrunkener, München NJW **66**, 1165; vgl. Krause, Bruns-FS 85 u. Kaufmann-GedS 679; in verbotener Eigenmacht, RGZ **67**, 389) handelt, oder ihm ein persönlicher Strafausschließungsgrund zur Seite steht. Notwehr gegen Notwehr ist hingegen nicht zulässig (RG **54**, 198; **67**, 337), ebenso nicht gegen Notstandsakte nach § 34 sowie nach §§ 228, 904 BGB (RG **23**, 116), gegen die Ausübung eines Selbsthilferechts nach § 229, 230 I BGB (Bay NJW **91**, 935 [m. Anm. Schroeder JZ 91, 682 u. Laubenthal JR **91**, 518; Joerden JuS **92**, 23; hierzu Krauß **92**, 624]; Düsseldorf NJW **91**, 2716, hierzu Scheffler Jura **92**, 352) oder gegen vorläufige Festnahme nach § 127 StPO (7 vor § 32; RG **57**, 80; Bay OLGSt. Nr. 2 zu § 127 StPO) oder gegen sonstige rechtmäßige Diensthandlungen, zB

§ 32

Notwehr und Notstand

§ 812a StPO (Bay MDR **91**, 367 m. zust. Anm. Schmidhäuser JZ **91**, 937 u. abl. Spendel JR **91**, 250 u. JuS **92**, 551), wohl aber gegen Notwehrexzeß (unten 27; 2f. zu § 33; RG **66**, 288) und Putativnotwehr (unten 27); nicht zulässig gegen eine nach § 163 StPO gerechtfertigte (NJW **75**, 2075; JZ **78**, 762; zust. Blei JA **76**, 31; krit. W. Schmidt, Paeffgen JZ **76**, 32, **78**, 738) oder eine iS des § 113 (dort 10ff.) rechtmäßige Amtsausübung (RG **41**, 214; Braunschweig MDR **51**, 629), wohl aber gegen unrechtmäßige (RG **61**, 299). Fehlt es an der Rechtswidrigkeit des Angriffs, so kann eine Rechtfertigung unter Notstandsgesichtspunkten in Betracht kommen (NJW **89**, 2481 m. Anm. Eue JZ **90**, 765, Otto JK 13 u. Küper JuS **90**, 184). Zur Problematik eines rechtswidrigen Angriffs durch Terrorurteile in Gewaltregimen und sonstigen Fehlurteilen LK¹¹ 104ff. Der von dem Notwehr Übenden zu seiner Verteidigung angegriffene Angreifer kann möglicherweise seinerseits nach § 35 entschuldigt sein; str.

4) Die Handlung muß **Verteidigung** und **erforderlich** (16ff.) sowie **12** (nach I) **geboten** sein. Die beiden Begriffe sind entgegen der üblichen Zusammenziehung zu unterscheiden (Ber. 14; ebenso Baumann-Weber § 21 II 1a; Gribbohm; Himmelreich aaO [oben 1]; Lange JZ **76**, 548; Krey JZ **79**, 714; Roxin ZStW **93**, 79; AG Bensberg NJW **66**, 733; Schroth NJW **84**, 2563; Schünemann GA **85**, 369 u. Grundfragen 10; vgl. auch Stree aaO; Lackner 13; M-Zipf § 26, 79; aM Lenckner GA **68**, 673; LK¹¹ 256; Jescheck § 32 III 2; Blei AT § 39 II 3; Hruschka 136, 363; Bockelmann, Schmidhäuser, Honig-FS aaO u. GA **91**, 133; Kratzsch GA **71**, 65; Bertel aaO; Krause aaO 78; Marxen aaO 33; Courakis aaO 97 [jew. oben 1]; krit. auch SchSch 44). Kratzsch JuS **75**, 439 will Beschränkungen des Notwehrrechts (unten 17ff.) aus der Rechtspflicht zu sozialer Rücksichtnahme herleiten (ähnlich Schünemann aaO).

A. Verteidigung, dh Abwehr des Angriffs muß die Handlung sein, die **13** bloße **Schutzwehr** (MDR/D **58**, 12) sein, aber auch im Gegenangriff, sog. **Trutzwehr,** bestehen kann (MDR/D **58**, 13; Bay NJW **63**, 824; LK¹¹ 137). **a)** Der Angegriffene muß mit **Verteidigungswillen** handeln (hM; aM **14** Spendel, Nowakowski, Himmelreich, jew. aaO [oben 1]; LK¹¹ 138ff.), also der Rechtsverletzung entgegentreten wollen (BGH **2**, 114; **5**, 245; 30. 10. 1986, 4 StR 505/86; Schmidhäuser GA **91**, 131), daß er neben diesem *subjektiven Rechtfertigungselement* noch andere Ziele verfolgt, ist ohne Bedeutung, wenn sie das der Verteidigung nicht ganz nebensächlich werden lassen (BGH **3**, 198; VRS **40**, 104; MDR/D **72**, 16. Das gilt selbst dann, wenn neben der Angriffsabwehr Haß, Wut oder Streben nach Vergeltung eine Rolle spielen, MDR/H **79**, 634; GA **80**, 67; NStZ **83**, 117; NStE Nr. 23; hierzu Roxin § 14, 95; § 15, 109; LK¹¹ 144; vgl. auch Rudolphi, Maurach-FS 57). Weder Tötungsvorsatz noch Notwehrexzeß schließen Verteidigungswillen aus (MDR/H **78**, 279; 11. 7. 1990, 3 StR 161/90). Das rechtmäßige Brechen des Widerstandes (§ 113) ist idR von einem Notwehrwillen getragen (Bay MDR **91**, 367 m. Anm. Spendel JR **91**, 250 u. Schmidhäuser JZ **91**, 937; hierzu Rogall JuS **92**, 551). Der Verteidiger muß den Angriff für rechtswidrig halten (KG GA **75**, 213; aM Blei JA **75**, 586). Verletzt der Angegriffene, ohne die Notwehrlage zu erkennen, den Angreifer, so ist er wegen vollendeter Tat (ebenso Gallas, Bockelmann-FS 177), nicht nur wegen Versuchs strafbar (str.; aM KG GA **75**, 213; Wessels

§ 32

AT § 8 I 2; vgl. LK-Vogler 140 zu § 22). Handelt der Angegriffene mit Verteidigungswillen, so kann auch eine Handlung gedeckt sein, mit der er fahrlässig über die geplante hinausgeht (MDR/D **58**, 13; Hamm NJW **62**, 1169; aM Frankfurt NJW **50**, 119). Wollen die Beteiligten nur raufen, so scheidet § 32 aus (MDR/D **54**, 335; **75**, 541; Frankfurt NJW **50**, 120; Hamm JMBlNW **64**, 128; Saarbrücken VRS **42**, 419; Stuttgart NJW **92**, 851). Wer bei einverständlicher Prügelei den Kürzeren zieht, darf daher nicht zum Messer greifen (MDR/H **78**, 109; NJW **90**, 2263 [hierzu Otto JK 14]; LG Köln MDR **90**, 1033). Auch der Nothelfer (oben 6) muß Verteidigungswillen haben (Schroeder JZ **74**, 115). Zum provozierten Angriff vgl. unten 23 ff.

14a Neueres **Schrifttum** zum subjektiven Rechtfertigungselement bei der Notwehr: *Alwart* GA **83**, 435; *Frisch,* Lackner-FS 113; *Geilen* Jura **81**, 308; *Herzberg* JA **86**, 190 u. 541; *Loos,* Oehler-FS 227; *Prittwitz* GA **80**, 381 u. Jura **84**, 74; *Schünemann* GA **85**, 371; *Spendel,* Oehler-FS 197; *Triffterer,* Oehler-FS 227.

15 b) **Gegen den Angreifer** muß sich die Handlung richten. Eingriffe in Rechtsgüter unbeteiligter Dritter werden durch § 32 grundsätzlich nicht gerechtfertigt, können aber nach § 34 oder nach § 904 BGB gerechtfertigt oder nach § 35 entschuldigt sein (BGH **5**, 245; Celle NJW **69**, 1775; Widmaier JuS **70**, 611; LK[11] 204 ff.). Doch machen RG **21**, 171 und **58**, 29 mit Recht gewisse Ausnahmen, vor allem wenn der Angreifer fremde Gegenstände zum Angriff benutzt (ebenso Baumann § 21 II 1 b; aM SK 18). Auch fahrlässige Verletzung des Angegriffenen durch den ihm willkommenen Nothelfer kann gerechtfertigt sein (offen gelassen von Frankfurt MDR **70**, 694). Es kommt auch strafbare Fahrlässigkeit in Betracht (RG GA Bd. **69**, 441).

16 B. **Erforderlich** zur Abwendung des Angriffs muß die Verteidigung
16a sein. Sie muß a) nach der **objektiven Sachlage,** nicht nur nach der Vorstellung des Angegriffenen (BGH **3**, 196; 20. 7. 1983, 2 StR 43/83; str., zum Ganzen Bockelmann, Dreher-FS 247; Geilen Jura **81**, 314; Roxin § 15, 41),
16b b) nach den Verhältnissen **im Augenblick des Angriffs**, also vom zeitlichen Standpunkt des Angegriffenen aus (NJW **69**, 802; 8. 11. 1983, 5 StR
16c 635/83; Frankfurt VRS **20**, 425); c) **nach den gesamten Umständen,** unter denen sich Angriff und Abwehr abspielen, geeignet sein (RG **55**, 167; hierzu im einzelnen Warda Jura **90**, 344, 393), den Angriff sofort (BGH **27**, 337; Bay NStZ **88**, 409) zu beenden oder doch abzuschwächen und die gegenwärtige Gefahr der bevorstehenden oder weiter drohenden Rechtsgutsverletzung endgültig (NJW **80**, 2263) abzuwenden oder zu verringern. Stärke und Gefährlichkeit des Angriffs (Kampf auf Leben und Tod), insbesondere die vom Angreifer eingesetzten Mittel und dessen Bewaffnung (23. 10. 1984, 1 StR 570/84), Fähigkeiten (Kampfsportler, der auch bewaffnete Gegner auszuschalten vermag, 20. 7. 1983, 2 StR 43/83) und Gemütsverfassung (Zorn, Wut) sowie auf der Seite des Angegriffenen dessen Verteidigungsmöglichkeiten, kurzum die „**Kampflage**" (NStZ **83**, 117; **87**, 172; **88**, 270 [m. Anm. Hohmann/Matt JR **89**, 161]; NStE Nr. 8, 9; NJW **89**, 3027; **91**, 504 [m Anm. Rudolphi JR **91**, 210; Otto JK 15]; StV 90, 543; 29. 5. 1991, 3 StR 148/91; 26. 11. 1991, 4 StR 544/91), bestimmen Art und Maß der Abwehr (MDR **55**, 649; NStZ **87**, 322; Hamm Rpfleger **61**, 293;
16d vgl. Bernsmann ZStW **104**, 397). d) Der Angegriffene darf sich des **Ab-**

Notwehr und Notstand § 32

wehrmittels bedienen, das er zur Hand hat (9. 12. 1980, 5 StR 569/80; LK[11] 224). Das Zurückstechen mit der Angriffswaffe des Gegners ist iS des II erforderlich (15. 2. 1983, 5 StR 859/82). Auch darf sich eine schwangere Ehefrau eines widerrechtlichen erheblichen Angriffs ihres Ehemannes mit dem angedrohten Einsatz eines Messers selbst im Falle der Gefahr tödlichen Ausgangs erwehren (NJW **84**, 986, mit Recht zust. Spendel JZ **84**, 507; vgl. auch Loos JuS **85**, 859 [hierzu Kammergruber JuS **86**, 248]; Schroth NJW **84**, 2562; Geilen JK 7; weniger überzeugend Montenbruck JR **85**, 115). Im übrigen braucht die der angegriffenen Person drohende Schädigung nicht etwa den Folgen des Notwehrakts „annähernd gleichwertig" zu sein (3. 6. 1980, 5 StR 287/80; LK[11] 228). Schützt staatliche Hilfe das bedrohte Rechtsgut mit milderen Mitteln wirksamer (Seebode, Krause-FS 385), oder stehen (nachweisbar! 5. 11. 1980, 2 StR 428/80; 15. 4. 1981, 2 StR 658/80) in der konkreten Situation mehrere, aber ebenso wirksame Mittel der Gegenwehr oder verschiedene Einsatzmöglichkeiten eines Mittels zur Verfügung, so hat der Angegriffene, wenn ihm Zeit zur Auswahl oder zur Einschätzung der Gefährlichkeit bleibt (vgl. NJW **80**, 2263), die **mildere Handlungsalternative** zu wählen, also die für den Angreifer und etwaige Dritte am wenigsten gefährliche (BGH **3**, 218; GA **56**, 49; MDR/D **58**, 13; **73**, 900; **74**, 722; MDR/H **77**, 281; **80**, 453; NStE Nr. 6, 22; NJW **91**, 504 [m. Anm. Rudolphi JR **91**, 210; Bernsmann ZStW **104**, 300; hierzu Otto JK 15; Braunschweig NJW **53**, 997; KG VRS **19**, 116; Saarbrücken OLGSt. § 223a, 1; LK[11] 239) zB Schuß auf die Beine statt in die Brust (NStZ **87**, 172). Er darf sich für ihm aufgezwungene Auseinandersetzungen rüsten und braucht dabei nicht jedes Risiko für den Angreifer zu vermeiden (so NJW **80**, 2263, zust. LK[11] 225, 289; ferner LK[11] 47, 61 zu § 33), was im konkreten Fall rechtspolitisch bedenklich ist, da der BGH auch bei einem Streit zwischen 18jährigen Schülern in einer beaufsichtigten Unterrichtspause zur Abwehr den Griff zum mit Vorbedacht mitgeführten Messer zuläßt und den Gesichtspunkt der *Abwehrprovokation* (unten 24; hierzu Arzt JR **80**, 212; Geilen JK 4: „Es wird eine Gewaltspirale in Bewegung gesetzt"; Günther 344; Bernsmann ZStW **104**, 295; vgl. auch unten 23) vernachlässigt (zust. aber wohl Roxin ZStW **93**, 102; SchSch 53, 61b). Er kann also grundsätzlich, wenn er damit Intensität und Gefährlichkeit des Angriffs nicht unnötig überbietet (BGH **24**, 358; **27**, 337), ein Mittel wählen, das, auch bei Abschätzung der beiderseitigen Körperkräfte sicheren Erfolg verspricht (BGH **3**, 196; **24**, 358; **27**, 337; GA **56**, 49; **65**, 148; **68**, 182; **69**, 23; NStZ **83**, 117; **89**, 474; NJW **89**, 3027; MDR/H **89**, 492; StV **90**, 543; BGHZ NJW **76**, 41; Braunschweig NJW **53**, 997; Stuttgart DAR **59**, 325; Saarbrücken OLGSt. § 223a, 1; Warda Jura **90**, 307). Auch braucht er sich nicht auf einen ungewissen Kampf oder auf schwächliche Abwehrversuche (MDR/He **55**, 650; MDR/H **77**, 281; 21. 8. 1979, 1 StR 382/79; Hamm Rpfleger **61**, 293) einzulassen. Er kann sich uU auch mit einem (dem Angreifer entrissenen: 17. 12. 1990, 5 StR 461/90) Messer (NStZ **81**, 138; 14. 12. 1982, 1 StR 723/82), sogar ohne Rücksicht auf das Kräfteverhältnis (15. 4. 1980, 1 StR 130/80, zw.; mit Recht jedoch anders 13. 3. 1980, 4 StR 24/80; im Fall einer Prügelei (NJW **90**, 2263 hierzu Otto JK 14), einem Revolver (NStZ **82**, 285; StV **86**, 15, [hierzu Otto JK 9]; NJW **86**, 2717; Warda Jura **90**, 393) oder einer anderen Waffe (18. 12. 1979, 1 StR 752/79) wehren und braucht für ungewollte Auswirkungen des erforderlichen,

§ 32

aber gefahrenträchtigen Abwehrmittels nicht einzustehen (BGH 27, 314 m. Anm. Willms LM Nr. 4; Bay NStZ 88, 409, hierzu Otto JK 11; krit. Hassemer JuS 80, 412), eine Schädigung eigener Rechtsgüter nicht in Kauf zu nehmen (GA 56, 50). So darf ein Kfz-Fahrer, der rechtswidrig verfolgt und blockiert wird, auf einen ihm den Weg versperrenden Motorradfahrer ungeachtet des Risikos für diesen zufahren (Karlsruhe NJW 86, 1358 m. krit. Anm. Seier JA 86, 50; vgl. auch den Fall 8. 4. 1986, 4 StR 132/86). Im übrigen ist dem Angegriffenen verbales Abwiegeln, das ihn feige oder lächerlich erscheinen läßt, sowie eine schmähliche Flucht und sonstiges Ausweichen unter Gefährdung eigener oder fremder berechtigter Interessen idR nicht zuzumuten, ebensowenig das Zuziehen hilfsbereiter Dritter (nach NJW 80, 2263 nicht einmal bei einem Pausenstreit von 18jährigen Schülern auf dem Schulhof; zutr. abl. Arzt aaO) oder der Polizei; doch kommt es auf die Umstände des Einzelfalls an (BGH 5, 248; MDR/D 58, 13; NJW 62, 308; GA 65, 148; vgl. 20. 7. 1977, 2 StR 141/77; Düsseldorf NJW 61, 1782; Bay NJW 63, 824). Mit Recht betont SchSch 40, NJW 62, 308 berücksichtige nicht hinreichend, daß die Notwehr auch der Bewährung der Rechtsordnung dient. Anderseits darf der Täter mit der Abwehr nicht so lange warten, bis ihn nur noch die Tötung des Angreifers retten kann (16. 5. 1974, 4 StR 126/74). Der Einsatz einer Schußwaffe ist nicht etwa deswegen eine widerrechtliche Abwehrhandlung, weil der rechtswidrig Angegriffene sie unerlaubt führt (NJW 86, 2717; 91, 504 [m. Anm. Rudolphi JR 91, 210]; StV 90, 543; 91, 63), er darf sie aber nur im äußersten Notfalle einsetzen (31. 10. 1978, 1 StR 407/78). Wählt der Angegriffene eine schwächere als die ihm zustehende Verteidigung und verursacht er dabei fahrlässig einen Erfolg, den er auch vorsätzlich hätte herbeiführen dürfen, so ist er durch § 32 gedeckt (BGH 25, 229; 20. 6. 1984, 2 StR 329/

16d 84; Hamm NJW 62, 1169; krit. Schwabe NJW 74, 670). **e)** Ob die **Androhung des Waffengebrauchs** ausreicht (Schreckschuß, RG 12, 197), hängt von der Kampflage, insbesondere davon ab, ob dem Angreifer die Bewaffnung des Verteidigers nicht bekannt ist (BGH 26, 258; NJW 80, 2263; NStZ 87, 172; 7. 2. 1991, 4 StR 544/91). Gegenüber ehrverletzenden Worten wird tätliche Abwehr häufig nicht erforderlich sein (BGH 3, 217; MDR/D 75, 194; Hamm JMBlNW 61, 141; Bay OLGSt. 9; Frankfurt VRS 40, 424; Koblenz OLGSt. 27). Änliches gilt gegenüber vorsätzlichen oder fahrlässigen Behinderungen im Verkehr (ähnlich Stuttgart NJW 66, 745 mit abl. Anm. Bockelmann; abl. auch Möhl JR 66, 229; Hamburg NJW 68, 1671; vgl. hingegen NJW 62, 308; GA 65, 147; Bay NJW 53, 1723; 63, 824; Baumann NJW 61, 1745). Mechanisch wirkende Abwehrvorrichtungen müssen einer möglicherweise geringen Angriffsintensität Rechnung tragen (Braunschweig MDR 47, 205, Kunz GA 84, 539; aM mit zT beachtlicher Argumentation LK[11] 249 ff.). Zum Problem der Notwehr gegen Erpressung vgl. Celle NJW 65, 1677; Haug MDR 64, 548; NJW 65, 2392; Arzt, Baumann MDR 65, 344, 346; Amelung GA 82, 346; zum Problem der heimlichen Tonbandaufnahmen als Abwehr gegen Ehrangriffe BGH 14,

17 361; Düsseldorf NJW 66, 214, oben 9. **f) Verhältnismäßigkeit** braucht danach nur zwischen Angriff und Abwehr gegeben zu sein, nicht aber zwischen dem Rang des angegriffenen Rechtsgutes und dessen Gefährdung einerseits und dem Rang des durch die Verteidigung bedrohten Rechtsgutes und dessen Gefährdung anderseits (NJW 69, 802; GA 68, 182; 69, 23;

VRS **30**, 281; StV **82**, 219; Braunschweig NJW **53**, 997; KG VRS **19**, 115; Hamm Rpfleger **61**, 293; LK[11] 229, 320; Kratzsch, Oehler-FS 81; Hoyer JuS **88**, 92, hierzu Ziegler JuS **88**, 671; Frister GA **88**, 294; vgl. aber Lenckner, Der rechtfertigende Notstand, 1965, 127 ff.; Schroeder, Maurach-FS 138). Doch kann in Ausnahmefällen die Verteidigung nicht geboten sein (unten 18 ff.).

C. Geboten sein muß die Verteidigungshandlung (oben 12); sie ist es **18** idR, wenn die Verteidigung erforderlich ist, jedoch nicht, wenn von dem Angegriffenen ein anderes Verhalten zu fordern oder ihm zuzumuten ist, insbesondere wenn die Verteidigung ein Rechtsmißbrauch wäre (Ber. 14; vgl. Bockelmann, Dreher-FS 248; Otto, Würtenberger-FS 136; Krey JZ **79**, 712; Geilen Jura **81**, 370; Frister GA **88**, 313; Roxin § 15, 51). Danach kann der Angegriffene verpflichtet sein, sich nicht zu verteidigen oder aber in einer schwächeren, für ihn risikobelasteteren Weise, als es nach II erforderlich wäre; vgl. NJW **62**, 308; Bay OLGSt. 9. Die Problematik entsteht vor allem bei der Trutzwehr. Dabei sind folgende Fallgruppen in Betracht zu ziehen:

a) Gegenüber **Kindern, Geisteskranken** oder sonst ohne Schuld Han- **19** delnden (Betrunkene) kann es geboten sein, auf Abwehr zu verzichten oder sich ohne ernstliche Gefährdung des Angreifers zu verteidigen, RG **72**, 58; BGH **5**, 245; GA **65**, 148; Bay OLGSt. Nr. 2 zu § 127 StPO; Frankfurt VRS **40**, 424; Marxen aaO 61; Roxin ZStW **93**, 81; Kühl Jura **90**, 251; and. LK[11] 309; Hruschka 141; das gilt zB für Lehrer oder Krankenwärter; vgl. RG **27**, 44; Himmelreich MDR **67**, 362. Nach Bay NJW **91**, 2031 kann unter besonderen Umständen bei verbalen ehrverletzenden Angriffen eines Kindes aber auch eine tätliche Abwehr durch eine leichte Ohrfeige in Betracht kommen (hierzu Mitsch JuS **92**, 289; Vormbaum JR **92**, 163). Ebenso kann es bei rechtswidrigen Angriffen des **Ehegatten** oder eines nahen Verwandten geboten sein, sich ohne ernstliche Gefährdung des Angreifers zu verteidigen (vgl. GA **69**, 117; NJW **69**, 802 [krit. Deubner NJW **69**, 1184]; **75**, 62 [dazu Geilen JR **76**, 314; Jura **81**, 374 und Marxen aaO [oben 1] 38, die mit Recht differenzieren und auf das Garantenverhältnis abstellen]; krit. und ausführlich Engels GA **82**, 109; Kühl Jura **90**, 252; Roxin § 15, 82; anders Blei JA **76**, 667; Roxin ZStW **93**, 101; Frister GA **88**, 308; LK[11] 310). Vgl. aber den Fall eines Angriffs auf eine schwangere Frau NJW **84**, 987 (hierzu Spendel JZ **84**, 507; Schroth NJW **84**, 2562; Montenbruck JR **85**, 115, oben 16 d).

b) Bei **unerträglichem Mißverhältnis** zwischen dem angegriffenen **20** Rechtsgut und der durch die Verteidigung herbeigeführten Verletzung oder Gefährdung wird idR die Verteidigungshandlung Rechtsmißbrauch und daher nicht geboten sein; zB Revolverschüsse zum Schutz von Biergläsern (RG **23**, 116); Selbstschußanlage zur Abwehr von Pfirsichdiebstählen (Braunschweig MDR **47**, 205); Schüsse auf mit geringer Beute fliehende Diebe (MDR/H **79**, 985 aM Schmidhäuser AT 9/91, LK[11] 246; hiergegen Roxin ZStW **93**, 96). Der Täter kann aber uU entschuldigt sein, wenn er von einem Sachverhalt ausging, der zur Festnahme berechtigt hätte (EzSt Nr. 9), *nicht* ohne weiteres aber bei Schüssen auf einen mit der Beute fliehenden Autoknacker (aM LG München I NJW **88**, 1860 m. zutr. krit. Anm. F. C. Schroeder JZ **88**, 567; Beulke Jura **88**, 641; Mitsch NStZ **89**,

26; Puppe JZ **89**, 728; Bernsmann ZStW **104**, 293; 310; vgl. BGH NJW **56**, 920; **62**, 309 [hiergegen Krause, Bruns-FS 85; GA **79**, 336]; GA **56**, 50; **68**, 183; VRS **30**, 281; **56**, 190 [Abschütteln eines sich am Kfz. Festhaltenden durch schnelles Los- und Zickzackfahren]; Stuttgart DRZ **49**, 42 [kein eigentlicher Notwehrfall]; DAR **59**, 325; Bay NJW **54**, 1378; **63**, 824; Saarbrücken VRS **17**, 27; Hamm NJW **72**, 1826; **77**, 592 hierzu Schumann JuS **79**, 559 mwN u. Krause, Kaufmann-GedS 683 [lebensgefährliche Notwehr gegenüber offensichtlich irrendem Angreifer]; Koblenz OLGSt. 5; aM RG **55**, 82; vgl. Eser/Burkhardt **10**, A 32). Zum Recht auf Selbstverteidigung gegenüber kompromittierenden Enthüllungen Amelung GA **82**, 401; Otto, Kleinknecht-FS 334 mwN. Ein unerträgliches Mißverhältnis ist in den Fällen bloßer Unfugabwehr gegeben (Arzt aaO 82, 86; Otto aaO 133; Krey JZ **79**, 714; Courakis aaO 113; Frister GA **88**, 313; Kühl Jura **90**, 249; Roxin § 15, 73; einschränkend LK[11] 320). Keine Notwehreinschränkung jedoch, wenn der Angreifer mit Gewalt in eine fremde Wohnung eindringt (StV **82**, 29); nach NStZ **81**, 23 anders aber bei der Abwehr eines nicht rechtmäßig handelnden Polizeibeamten (vgl. SchSch 86 vor § 32).

21 c) **Art. 2 IIa MRK,** der eine Tötung nur zur Verteidigung eines Menschen (nicht zur Rettung von Sachwerten) zuläßt, begrenzt nur das Notwehr- und Nothilferecht des Staates, denn **das Notwehrrecht,** die Rechte der Staatsbürger untereinander, betrifft die Konvention nicht, Ndschr. **2**, 231; Blei AT § 39 II 3; M-Zipf § 26, 28; Welzel 86; Jescheck § 32 V; Schmidhäuser 9/88; Krey JZ **79**, 708; Jakobs 12/40; offen gelassen in Ber. 14; aM Baumann/Weber § 21 II 1a; SK 29f.; v. Weber ZStW **65**, 340; Echterhölter JZ **56**, 143; Woesner NJW **61**, 1384; Marxen aaO [oben 1] 61; Frister GA **85**, 583; **88**, 314; Trechsel ZStW **101**, 820; Bernsmann ZStW **104**, 307; vgl. auch Krüger NJW **70**, 1483; Geilen Jura **81**, 378). Bockelmann (Engisch-FS 456) und Roxin (ZStW **93**, 99 u. LK 259) sind der Meinung, daß § 32 durch die Konvention überhaupt nicht berührt wird. Zu Schranken, die Art. 2 II GG dem § 32 ziehen soll, Schwabe NJW **74**, 670; gegen ihn Kratzsch NJW **74**, 1546.

22 d) **Nothilfe** ist nicht geboten, wenn der Rechtsgutsträger die Verteidigung durch den Helfer nicht will, oben 6, 7.

23 e) Bei **Verursachung der Notwehrlage** durch den Angegriffenen ist zu unterscheiden: **aa)** Führt der Angegriffene die Lage herbei, um unter dem Deckmantel der Notwehr den Angreifer zu verletzen **(Absichtsprovokation),** so hat er dem Angriff auszuweichen; kann er das nicht, haftet er aus seinem provozierenden Verhalten (MDR/D **54**, 335; NJW **83**, 2267 [m. Anm. Lenckner JR **84**, 206 u. Berz JuS **84**, 340]; NStE Nr. 21; Braunschweig NdsRpfl. **53**, 166; LK 62 vor § 32; SchSch 54; Hruschka 572; str.; vgl. noch Baumann, Bertel, Himmelreich, Lenckner; Schöneborn NStZ **81**, 201; krit. Roxin § 15, 59, NJW **72**, 1821; ZStW **93**, 92; abl. Bockelmann, Honig-FS 19; Hassemer, Bockelmann-FS 225; Mitsch GA **86**, 533;
24 Frister GA **88**, 309; LK[11] 282ff.). **bb)** Hat der Angegriffene die Notwehrlage sonst rechtswidrig und **vorwerfbar** herbeigeführt, so hat er auszuweichen; ist das unmöglich, so ist mindestens weniger gefährliche oder zurückhaltendere (28. 11. 1978, 1 StR 553/78) Verteidigung zumutbar (BGH **24**, 356 [mit zust. Anm. Roxin NJW **72**, 1821]; NStZ **88**, 269 [m. Anm. Hohmann/Matt JR **89**, 161]; **89**, 474; [m. Anm. Beulke JR **90**, 380; hierzu Bernsmann ZStW **104**, 300]; **92**, 327; 11. 6. 1991, 1 StR 242/91; aM Marxen aaO 57; vgl. auch Schröder JuS **73**, 157; Lenckner JZ **73**, 253; MDR/D

§ 32 Notwehr und Notstand

75, 366; Hamm NJW **65**, 1928; Rudolphi JuS **69**, 464). Ob darüber hinaus Haftung aus *actio illicita in causa* (eine Rechtsfigur, die der BGH übrigens nicht anerkennt: NJW **83**, 2267) eintritt, ist Frage der Einzelumstände, insbesondere auch eines zeitlichen und räumlichen Zusammenhangs mit einer vorausgegangenen Provokation (BGH **26**, 143 [mit krit. Anm. Kratzsch NJW **75**, 1933; Kühl Jura **91**, 63]; NStZ **88**, 450 [m. Anm. Sauren]; NStZ **89**, 114, (hierzu Otto JK 12). Das Notwehrrecht ist nur dann eingeschränkt, wenn der eigenen Verteidigung des Notwehrers das eigene Unrecht zeitlich noch unmittelbar anhaftet (15. 4. 1980, 1 StR 130/80; ähnlich NStZ **81**, 138). Schwierigkeiten machen vor allem die mehraktigen Vorgänge, bei denen Angriff und Verteidigung wechseln. Aus der Judikatur vgl. vor allem RG **71**, 135; MDR/D **58**, 12; JZ **75**, 449 [dazu Blei JA **75**, 586]; Kiel HESt. **2**, 206; Braunschweig NdsRpfl. **53**, 166; Bay NJW **54**, 1477; Neustadt NJW **61**, 2076; Hamm JMBlNW **61**, 141; OLGSt. 15; Stuttgart NJW **92**, 851). Bei Prüfung der Vorwerfbarkeit muß beachtet werden, daß das Notwehrrecht nicht aufgeweicht werden darf. Auch dauert die Pflicht zur Zurückhaltung zeitlich nicht unbegrenzt, wenn der Angriff immer wieder erneuert wird (NJW **76**, 634). Daß sich der später Angegriffene bewußt oder voraussehbar (5. 7. 1978, 2 StR 201/78) in eine mögliche Notwehrlage begibt oder sich in Erwartung einer solchen zur möglicherweise exzessiven Verteidigung (*„Abwehrprovokation"*, Arzt JR **80**, 212) ein Messer oder eine sonstige Waffe zusteckt (NJW **80**, 2263; **83**, 2267; 20. 7. 1983, 2 StR 43/83; 20. 7. 1983, 3 StR 288/83), begründet nach der Rspr. des BGH noch keinen Vorwurf (MDR/H **89**, 492; Kühl Jura **91**, 179, 182), er braucht sich nicht auf eine mildere Form der Abwehr zu beschränken, wenn diese ohne Wirkung bleibt (14. 6. 1977, 4 StR 113/77). Zu weit geht NJW **62**, 308 (dazu krit. Schröder JR **62**, 187; Baumann MDR **62**, 349; Gutmann aaO; Schöneborn NStZ **81**, 201; Roxin ZStW **93**, 74; SchSch 40; SK 5 zu § 33; zw. auch Hamm NJW **65**, 1928 [dazu krit. Rudolphi JuS **69**, 461]; Köln OLGSt. 1); Otto (Würtenberger-FS 145) verneint in diesen Fällen eine Notwehrlage und will nach den Grundsätzen des § 34 verfahren. **cc)** Bei **schuldloser** Herbeiführung der Notwehrlage 25 schmälert sich das Gebotensein ebensowenig wie bei einem sozialethisch nicht zu mißbilligenden Vorverhalten (BGH **27**, 338 [m. Anm. Kienapfel JR **79**, 72] NStE Nr. 21; Roxin ZStW **93**, 89; SK 25 a). Der gesamte Fragenkomplex ist sehr str. und im Fluß, vgl. vor allem die unter 23 und 24 Genannten.

5) Zum sog. intensiven **Notwehrexzeß** vgl. 2 zu § 33; bei ihm über- 26 schreitet der Notwehrer das Maß, beim extensiven Notwehrexzess (unten 27) die zeitlichen Grenzen der Notwehr (Jescheck § 45 I 1; vgl. auch LK[11] 2, 9, 10 zu § 33, der entgegen der hM den intensiven und den nachzeitig-extensiven Notwehrexzeß unter § 33 fallen läßt, nicht aber die Fälle der Präventivnotwehr).

6) Putativnotwehr ist gegeben, wenn der Täter irrig die Voraussetzun- 27 gen der Notwehr annimmt, also entweder irrig meint, daß er angegriffen sei oder angegriffen werde (RG **62**, 76; Hamburg JR **64**, 265; sog. **extensiver Notwehrexzeß**), daß seine Verteidigung erforderlich oder geboten sei (BGH **3**, 196; NJW **68**, 1885; GA **69**, 24; MDR/H **80**, 453; NStZ **83**, 500; **87**, 172 – ohne daß die Voraussetzungen von § 33 vorliegen –; dazu näher

Roxin § 22, 87 u. Schaffstein-FS 105; LK[11] 335 ff.; Timpe JuS 85, 120; Sauren Jura 89, 572, und zur vorgetäuschten Notwehrlage Otto Jura 88, 330 u. im einzelnen Born, Die Rechtfertigung der Abwehr vorgetäuschter Angriffe, 1984), daß der Angriff rechtswidrig sei (Karlsruhe NJW 73, 380) oder daß er ihm nicht ausweichen könne (Neustadt NJW 61, 2076). In diesen Fällen ist ein Erlaubnistatbestandsirrtum gegeben (18. 9. 1991, 2 StR 288/91 [in BGH 38, 66 nicht abgedruckt]; differenzierend LK[11] 342), der Bestrafung wegen Vorsatzes ausschließt (Karlsruhe GA 82, 226), aber Haftung für Fahrlässigkeit eintreten läßt, soweit sie strafbar ist (27 zu § 16; iErg. ebenso BGH 2, 194; 3, 195; NJW 68, 1885; StV 87, 99 L; NStZ 88, 270 [m. Anm. Hohmann/Matt JR 89, 161]; Müller-Christmann JuS 89, 720; Neustadt aaO). Erst wenn es am Nachweis einer vermeintlichen Notwehrlage fehlt, kann bezüglich der Annahme einer echten Notwehrlage Raum für den Zweifelsgrundsatz sein (NStZ 83, 453). Eine Fahrlässigkeitshaftung kann auch in Betracht kommen, wenn der Verteidiger einen Angriff bei richtiger Kenntnis des Sachverhalts irrig für rechtswidrig hält (SchSch 65; str.; aM Bay NJW 65, 1924), das Vorsatz nur ausschließen will, wenn der Täter irrig einen Sachverhalt annimmt, der, wenn er gegeben wäre, den Angriff rechtswidrig machte (vgl. auch Celle NdsRpfl. 66, 251). Auf die tatsächlichen Voraussetzungen der Notwehr kann der Vorsatzstrafe ausschließende Irrtum nicht beschränkt werden (aM Hamburg NJW 66, 1978). Verbotsirrtum ist nur gegeben, wenn der Täter irrig die Grenzen der Notwehr zu weit zieht (11. 1. 1983, 1 StR 742/82), zB glaubt, daß er ein nicht erforderliches Verteidigungsmittel benützen (21. 8. 1979, 1 StR 382/79) oder sich auch noch gegen einen bereits abgeschlossenen Angriff zur Wehr setzen (vgl. BGH 2, 194, 3, 105) dürfe. Tut er das, so ist, wenn der Angreifer dadurch getötet wird – vollendeter oder versuchter – Totschlag gegeben und einer vollendeten Tat stünde (20. 7. 1983, 2 StR 43/83) nicht entgegen, wenn schon der erste Schuß „tödlich" war, die unerlaubte Fortsetzung der Handlung des Notwehrers das Leben des Angreifers – und sei es auch nur um eine kurze Zeitspanne (vgl. NStZ 81, 219) – verkürzt hat (LK-Jähnke 3 zu § 212). Vorsätzliche Körperverletzung als Folge einer Notwehrüberschreitung setzt das Bewußtsein voraus, daß die Überschreitung nicht erforderlich war. Hat der Täter hierüber geirrt, kommt fahrlässige Körperverletzung in Betracht (22. 11. 1983, 5 StR 835/83). Der in Putativnotwehr Handelnde darf zur Verteidigung nicht mehr tun, als wenn er in wirklicher Notwehr wäre (NJW 68, 1885; 89, 3027; GA 75, 305; MDR/H 78, 985; NStZ 87, 322; LG München I NJW 88, 860 m. Anm. F. C. Schroeder JZ 88, 567; Beulke Jura 88, 641; Mitsch NStZ 89, 26; Puppe JZ 89, 728). Bei einem (extensiven) Exzeß ist § 33 (dort 2 f.) grundsätzlich nicht anzuwenden (NJW 62, 308; 68, 1885; Frankfurt GA 70, 286; Jescheck § 45 II 4; Lackner 2 zu § 33; aM SchSch 7 zu § 33; Blei AT § 62; Timpe JuS 85, 121). Doch ist, wenn der Täter unvermeidbar irrig einen Angriff annimmt, § 33 analog anzuwenden, wenn er bei wirklicher Notwehrlage gegeben wäre (Rudolphi JuS 69, 464; ähnlich SchSch 8 zu § 33; vgl. ferner Timpe aaO 122).

§ 33

Überschreitung der Notwehr

33 Überschreitet der Täter die Grenzen der Notwehr aus Verwirrung, Furcht oder Schrecken, so wird er nicht bestraft.

1) Die Vorschrift ist in sachlicher Übereinstimmung mit § 53 III aF an dessen Stelle durch das 2. StrRG eingefügt worden (vgl. 1, 2 zu § 32). **Schrifttum:** *Roxin*, Schaffstein-FS 105; *Sauren* Jura **88**, 567; *Müller-Christmann* JuS **89**, 728.

2) A. Der intensive Notwehrexzeß ist gegeben, wenn der Angegriffene in einer **objektiv** gegebenen (also noch nicht endgültig beseitigten, NStZ **87**, 20) Verteidigungslage (BGH **28**. 11. 1978, 1 StR 553/78; 20. 7. 1983, 2 StR 43/83; LK[11]-Spendel 2 ff.; Roxin § 22, 84; Müller-Christmann aaO [oben 1] 718) über die nach § 32 II **erforderliche** Abwehr hinausgeht (NStE Nr. 2; Bay JR **52**, 113). Entsprechendes gilt, wenn der Täter in Fällen, in denen er nur schwächere Verteidigung üben darf (18 ff. zu § 32), über die **gebotene** Abwehr hinausgeht. In beiden Fällen haftet der Täter, soweit er vorsätzlich oder fahrlässig handelt und Fahrlässigkeit strafbar ist, entsprechend (RG **58**, 30). Verkennt der Täter fahrlässig, daß er zu weit geht, so kommt nur Bestrafung wegen Fahrlässigkeit in Betracht (vgl. NStZ **83**, 453; LK[11] 19). Im zweiten Fall kann zugleich Putativnotwehr gegeben sein (27 zu § 32; LK[11] 24). Überschreitet der Täter die Notwehr dadurch, daß er dem Opfer mehr Stiche zufügt als erforderlich, liegt bei Ungewißheit über die tödlichen Stiche der objektive Tatbestand des versuchten Totschlags vor (NStZ **83**, 117).

B. Die Überschreitung der Notwehrgrenzen muß auf **Verwirrung, Furcht oder Schrecken** beruhen, dh auf asthenischen Affekten, die zwar häufig die Folgen eines überraschenden Angriffs sind (vgl. NJW **63**, 308; Saarbrücken OLGSt. § 223 a, 1; LK[11] 58 ff.; Roxin § 22, 80), aber durchaus nicht immer (BGH **3**, 197; 21. 8. 1979, 1 StR 383/79); sog. sthenische Affekte wie Wut, Zorn oder Kampfeseifer kommen nicht in Betracht (NJW **69**, 802), ihr Hinzutreten hindert aber die Anwendung von § 33 nicht, wenn die dort genannten Affekte in einem Motivbündel dominieren (vgl. BGH **3**, 198; GA **69**, 23; 18. 3. 1981, 2 StR 686/80; hierzu ferner LK[11] 68). Trifft § 33 zu, so handelt der Täter zwar rechtswidrig, so daß gegen das Übermaß der Verteidigung Notwehr zulässig ist (RG **66**, 289), ist aber nicht strafbar, auch dann nicht, wenn er sich des Überschreitens *bewußt* ist, aber von seinem Affekt hingerissen wird (NStZ **87**, 20 [hierzu *Otto* Jura **87**, 604; LK[11] 8]; **89**, 475 [m. Anm. *Beulke* JR **90**, 380; *Otto* JK 9]; NStE § 32 Nr. 15; Bay JR **52**, 113; Oldenburg NdsRpfl **51**, 212; hM; vgl. LK[11] 52 ff.; Roxin, Schaffstein-FS 107; Timpe JuS **85**, 117; Sauren Jura **88**, 570; Müller-Christmann JuS **89**, 719; aM SchSch-Lenckner 6); selbst wenn die Überschreitung unverhältnismäßig ist (aM SK-Samson 5 a; Roxin § 22, 79). Ob die in § 33 umschriebenen Affekte vorliegen, hat der Tatrichter bei geistig gesunden Erwachsenen idR in eigener Sachkunde zu entscheiden (28. 11. 1978, 1 StR 553/78). Nicht jedes Angstgefühl ist Furcht iS des § 33 (vgl. LK[11] 60), vielmehr muß gerade dadurch die Fähigkeit, das Geschehen richtig zu verarbeiten, erheblich reduziert sein (20. 5. 1980, 5 StR 275/80), insoweit gilt allerdings der Zweifelssatz (23. 9. 1981, 3 StR 266/81). § 33 ist nach hM (LK[11] 35 ff.; zusf Timpe JuS **85**, 118) und Rspr. (BGH **3**, 198; E 1962, 158; offen gelassen von Bay Rpfleger **61**, 295) ein **Schuldausschlie-**

§ 33

ßungsgrund (so daß strafbare Teilnahme nach § 29 möglich ist), nicht nur ein persönlicher Strafausschließungsgrund oder eine bloße Beweisregel. Dem Täter wird nicht zum Vorwurf gemacht, wenn er, rechtswidrig angegriffen, in asthenische Affekte gerät und dabei das gebotene Maß überschreitet (Rudolphi aaO; Sauren Jura **88**, 569; Müller-Christmann JuS **89**, 717; hierzu LK[11] 36; SK 1 a). § 33 ist auch bei unprovozierter, aber vorwerfbarer Herbeiführung der Notwehrlage anwendbar (Roxin § 22, 93; aM NJW **62**, 308; dazu Schröder JR **62**, 187; differenzierend Hamm NJW **65**, 1928 dazu Rudolphi aaO; Müller-Christmann aaO 720; SchSch 9; SK 5). In solchen Fällen wird § 33 allerdings vielfach ausscheiden, weil der Täter mit dem Angriff rechnet und deshalb nicht in Verwirrung usw. gerät (NJW **62**, 308; 15. 9. 1964, 1 StR 288/64; Hamm aaO). Allerdings ist auch bei einem erwarteten Angriff § 33 nicht schlechthin ausgeschlossen, BGH **3**, 194. § 33 entschuldigt nicht nur die Tötungs-(Körperverletzungs)Handlung, sondern auch den Verstoß gegen das WaffG hinsichtlich der Benutzung der Verteidigungswaffe (NStZ **81**, 299). Eine analoge Anwendung des § 33 auf andere Rechtfertigungsgründe ist nicht möglich (SchSch-Lenckner 52 zu § 34; aM SK 1a).

Rechtfertigender Notstand

34 Wer in einer gegenwärtigen, nicht anders abwendbaren Gefahr für Leben, Leib, Freiheit, Ehre, Eigentum oder ein anderes Rechtsgut eine Tat begeht, um die Gefahr von sich oder einem anderen abzuwenden, handelt nicht rechtswidrig, wenn bei Abwägung der widerstreitenden Interessen, namentlich der betroffenen Rechtsgüter und des Grades der ihnen drohenden Gefahren, das geschützte Interesse das beeinträchtigte wesentlich überwiegt. Dies gilt jedoch nur, soweit die Tat ein angemessenes Mittel ist, die Gefahr abzuwenden.

1 **Schrifttum:** *Bergmann* JuS **89**, 109; *Delonge*, Die Interessenabwägung nach § 34 und ihr Verhältnis zu den übrigen strafrechtlichen Rechtfertigungsgründen, 1988; *Evers* JR **60**, 369; *Gallas*, Mezger-FS 311 u. ZStW **80**, 24; *Gössel* JuS **79**, 162; *Grebing* GA **79**, 81; *Günther*, Strafrechtswidrigkeit und Strafunrechtsausschluß, 1983; *Haas*, Notwehr und Nothilfe, 1978, 205 ff.; *Heinitz*, Eb. Schmidt-FS 266; *Hellmann*, Die Anwendbarkeit der zivilrechtlichen Rechtfertigungsgründe im Strafrecht, 1987; *Hruschka* JuS **79**, 385; *Joerden* GA **91**, 411 (zu § 34 S. 2); *Rainer Keller*, Rechtliche Grenzen der Provokation von Straftaten, 1989, 277 ff.; *Küper*, Der „verschuldete" rechtfertigende Notstand, 1983 [zit. Küper I] (hierzu *Gropp* GA **84**, 485) u. Darf sich der Staat erpressen lassen? 1986 [zit. Küper II] (hierzu *K. Meyer* NJW **87**, 425 u. *Welp* GA **87**, 515), ferner JuS **71**, 474, **81**, 785, JZ **80**, 755 u. JuS **87**, 81; *Lampe* NJW **68**, 88; *Lenckner*, Der rechtfertigende Notstand, 1965, GA **85**, 295, Lackner-FS 95 u. HWiStR „Notstand, rechtfertigender"; *Neumann* JA **88**, 329; *Rudolphi*, Arm. Kaufmann-GedS 385; *Schaffstein*, Bruns-FS 89; *Schröder*, Eb. Schmidt-FS 290; *Seelmann*, Das Verhältnis von § 34 zu anderen Rechtfertigungsgründen, 1978 (hierzu *K. H. Peters* GA **81**, 445); *Stree* JuS **73**, 463; *Welzel* JZ **55**, 142; LK-*H. J. Hirsch* 93 und unten 24. *Rechtshistorisch: Küper* HRG III 1063.

1a **1) Die Vorschrift,** die in wörtlicher Übereinstimmung mit § 39 I E 1962 (Begr. 158; Ndschr. **2**, 13, 36, 38, 141 ff., 168, 221; **12** 152 ff.. 160 ff., 173 ff., 182, 187, 191, 268 ff.) und dem vorausgegangenen § 16 (§ 12 aF) OWiG durch

§ 34

Notwehr und Notstand

das 2. StrRG (Ber. BT-Drs. V/4095, 15; Prot. V 1638 ff., 1736, 1739 ff., 1792 ff., 2110, 2907, 3159) eingefügt ist, enthält eine gesetzliche Ausprägung des Gedankens des rechtfertigenden Notstands, wie er bis dahin von der (zum Gewohnheitsrecht gewordenen) Rspr. entwickelt worden ist. § 34 läßt andere Notrechte unberührt und erweitert sie als solche nicht (unten 23, 24), sondern formuliert für diesen Rechtfertigungsgrund, der übergesetzlichen Ursprungs ist (vgl. BGH 27, 262), die maßgebenden allgemeineren Wertungsrichtlinien (ähnlich Günther 308; vgl. LK 1 ff.). Umgekehrt schließt eine spezielle Eingriffsnorm den Rückgriff auf § 34 nicht grundsätzlich aus (so zB beim Schwangerschaftsabbruch durch einen Nichtarzt, vgl. 4 zu § 218a, und bei Transplantationen, BT-Drs. 8/2681, 8; Jakobs 11/17; 4 zu § 168). Zum Verhältnis zu anderen Notrechten unten 23.

2) Ein Rechtfertigungsgrund ist der Notstand des § 34 („nicht rechtswidrig"), wenn bei der Verwirklichung eines strafrechtlichen Tatbestandes folgende **Voraussetzungen** gegeben sind: 2

A. Eine **Gefahr** für ein beliebiges (Frankfurt NJW **75**, 272) schutzbedürftiges **Rechtsgut** (die in S. 1 genannten sind nur Beispiele; vgl. weiter 6 f. zu § 32; LK 22 ff.); auch Rechtsgüter der Allgemeinheit sind erfaßt (vgl. RG **62**, 46) wie die Aufrechterhaltung der Produktion (vgl. MDR/D **75**, 723; Düsseldorf NJW **70**, 674; VRS **30**, 39; Koblenz NJW **63**, 1991) und die Erhaltung der Arbeitsplätze (Hamm NJW **52**, 838; Bay NJW **53**, 1603; StA Mannheim NJW **76**, 585), die Bekämpfung des BtM-Handels (NStZ **88**, 559), sowie die verfassungsmäßige Ordnung, §§ 81 ff., der demokratische Rechtsstaat, §§ 84 ff., die äußere Sicherheit der BRep., §§ 93 ff. (Bergmann JuS **89**, 110; vgl. unten 24). Die Gefahr kann dem Handelnden oder einem beliebigen anderen oder beliebig vielen anderen, dh auch der Allgemeinheit, drohen. Eine Pflicht zum Handeln braucht der Handelnde nicht zu haben (vgl. Düsseldorf NJW **70**, 674). **Gefahr** ist ein durch eine beliebige Ursache eingetretener ungewöhnlicher Zustand, in welchem nach den konkreten Umständen der Eintritt eines Schadens wahrscheinlich ist (RG **66**, 100; 225). **Wahrscheinlich** ist der Eintritt, wenn die Möglichkeit nahe liegt oder begründete Besorgnis besteht (RG **10**, 176). Innerhalb vernünftiger Lebenserfahrungen muß mit dem Schadenseintritt zu rechnen sein (RG **68**, 433; vgl. Schaffstein aaO 89, 101). Eine bloße Möglichkeit (VRS **26**, 347) oder gar ferne Möglichkeit genügt nicht (BGH **19**, 371; VM **76**, 25); anderseits ist es zu eng, wenn BGH **8**, 31; **11**, 164; **13**, 70; Düsseldorf OLGSt. 30; Celle VRS **36**, 279 fordern, daß der Eintritt des Schadens wahrscheinlicher sein müsse als dessen Ausbleiben (wie hier LK[9]-Baldus 16 zu § 52 aF). BGH **18**, 271 schwächt diese Rspr. mit Recht wieder ab. Auch BGH **22**, 341 stellt nur darauf ab, ob der Eintritt eines Schadens ernstlich zu befürchten ist (vgl. ferner BGH **26**, 179 sowie das instruktive Urteil Frankfurt NJW **75**, 840; dazu Blei JA **75**, 381; Seier JuS **86**, 218); so daß es dem Zufall überlassen ist, ob der Schaden eintritt (VRS **40**, 422; **45**, 38; Mayr, BGH-FS 275; Arzt/Weber LH **2**, 70 ff.). Ob die Wahrscheinlichkeit bestand, ist vom Standpunkt eines nachträglichen Beobachters, dem die im kritischen Augenblick wesentlichen Umstände bekannt sind, objektiv zu beurteilen (objektiv-nachträgliche Prognose; str. vgl. Braunschweig VRS **21**, 364; Stuttgart OLGSt 51 zu § 315c; R. v. Hippel, Gefahrenurteil und Prognoseentscheidungen in der Strafrechtspraxis, 1972; Horn, Konkrete Gefährdungsdelikte, 1973; Schünemann JA **75**, 793; Schaffstein aaO 3 [oben 1] 103). Wer von vornherein sichere Vorsorge trifft, daß eine Gefahren lage nicht zum Schaden führen kann, verursacht in Wirklichkeit keine Gefahr (vgl. BGH **6**, 348). Eine abstrakte Gefahr gibt es nicht, sondern nur eine konkrete, wohl aber gibt es abstrakte Gefährdungsdelikte (13 vor § 13).

4   **a) Gegenwärtig** muß die Gefahr sein. Das ist sie, wenn bei natürlicher Weiterentwicklung der Dinge der Eintritt eines Schadens sicher oder doch höchstwahrscheinlich ist, falls nicht alsbald Abwehrmaßnahmen ergriffen werden, oder wenn der ungewöhnliche Zustand nach menschlicher Erfahrung und natürlicher Weiterentwicklung der gegebenen Sachlage jederzeit in einen Schaden umschlagen kann (BGH **5**, 373, NJW **79**, 2053; **89**, 176; 1289; LK 26 ff.; Ludwig [1 zu § 32] 119, 155), aber auch dann, wenn der Schaden zwar nicht unmittelbar, sondern erst am nächsten Tag (LM Nr. 5 zu § 255) bevorsteht, aber nur durch sofortiges Handeln abgewendet werden kann (so NJW **51**, 769; MDR/H **82**, 447). Diese Frage liegt auf tatsächlichem Gebiet (JZ **83**, 462; NJW **89**, 1289). Gegenwärtig ist, etwa bei Baufälligkeit eines Hauses (RG **59**, 69), auch eine *Dauergefahr;* die Abwehr einer solchen braucht sich nicht darauf zu beschränken, den sofortigen Schadenseintritt zu verhindern, die Gefahr also hinauszuschieben; die Gefahr ist also nicht in einem gegenwärtigen und einen zukünftigen Teil zu zerlegen (BGH **5**, 375; NJW **79**, 2053 m. Anm. H. J. Hirsch JR **80**, 116; Hruschka NJW **80**, 21; Roxin § 16, 18 u. JA **90**, 99; krit. Schroeder JuS **80**, 339; Bottke JA **80**, 513). Dauergefahr kann auch von einem Menschen ausgehen, auch wenn er im Augenblick nicht angreift (vgl. RG **60**, 320; OGHSt. 1, 369; BGH **13**, 197; NJW **66**, 1824; **79**, 2053; Schaffstein, Stutte-FS 261; D. Geerds Jura **92**, 322; Spendel, R. Schmitt-FS 212; LK 37), nicht aber, wenn die Gefahr erst für die fernere Zukunft angedroht wird (MDR/H **82**, 447).

5   **b) Nicht anders abwendbar** als durch die betreffende Tat muß die Gefahr sein (NJW **79**, 2053; BGH **5**, 311; **18**, 311; NJW **72**, 834; OGHSt **2**, 228; **3**, 11; Köln NJW **49**, 431); es darf kein weniger einschneidendes Abwendungsmittel, was der Täter gewissenhaft zu prüfen hat (BGHR § 35 II S. 1, Gef., abw. 1), zur Verfügung stehen (BGH **2**, 245; **3**, 9; **18**, 311; NJW **51**, 770; **52**, 111; **66**, 312; GA **56**, 383; Stuttgart MDR **56**, 245 Bay JR **56**, 307; GA **73**, 208; Celle NJW **57**, 34; Hamm VRS **36**, 27; Lenckner, Lackner-FS 95; Roxin § 16, 19 u. JA **90**, 100; LK 50 ff.). Das ist der Fall, wenn der Handelnde die Gefahr durch eine tatbestandslose Handlung (hier auch anders als bei § 32 durch die Flucht), Hilfe anderer, eine bloße Ordnungswidrigkeit (dann möglicherweise § 16 OWiG), die tatbestandsmäßige Verletzung eines geringerwertigen Rechtsguts oder eine geringere Verletzung desselben Rechtsguts erfolgreich abwenden kann. Über das zur Abwendung Notwendige darf der Handelnde nicht hinausgehen (vgl. Bay NJW **53**, 1602). Äußerstenfalls kann uU auch Schußwaffengebrauch erlaubt sein (vgl. NJW **79**, 2053 m. Anm. H. J. Hirsch JR **80**, 117; krit. Hruschka NJW **80**, 23; Schroeder JuS **80**, 340; Roxin, Jescheck-FS 482 u. Oehler-FS 190). Stehen mehrere gleichwertige Mittel zur Verfügung, so ist gleichgültig, welches der Handelnde wählte; bietet ein weniger einschneidendes nur ganz geringe Erfolgschancen, so kann ein einschneidenderes gewählt werden, das sicheren Erfolg verspricht (zB Wenden auf der Autobahn statt Zurückgehens zu Fuß, um einen verkehrsgefährlichen Zustand zu beseitigen, Köln DAR **56**, 131; Lenckner, Lackner-FS 99).

§ 34
Notwehr und Notstand

c) Unverschuldet braucht die **Gefahr** an sich nicht zu sein; auch der **6**
Handelnde kann sie verschuldet haben (vgl. RG **61**, 255; Düsseldorf VRS
30, 446; E 1962, 161; Roxin § 16, 50) und deswegen nach einem Fahrlässigkeitstatbestand haften (Bay JR **79**, 124 m. krit. Anm. Hruschka, Dencker
JuS **79**, 779, zu § 16 OWiG); § 34 greift nicht ein, wenn der Handelnde die
Gefahr provoziert hat, um dann das andere Rechtsgut verletzen zu können
(vgl. 18f. zu § 32; M-Zipf § 27, 47; vgl. außerdem unten 15).

B. Eine Interessenkollision sowie eine Kollision von Rechtsgütern setzt **7**
§ 34 voraus, da der Handelnde durch seine Tat ein Rechtsgut verletzt, aber
die Gefahr von einem anderen abwenden will (aM SchSch-Lenckner 4).
Doch kann die Kollision auch dasselbe Rechtsgut betreffen, LK 59 (riskante
Operation).

a) Die **Interessenabwägung** muß zum Ergebnis führen, daß **das ge- 8
schützte Interesse**, dh das, zu dessen Gunsten er handelt, das beeinträchtigte **wesentlich überwiegt** (Küper GA **83**, 289; Roxin § 16, 76; vgl. auch
Montenbruck, In dubio pro reo 1985, 126). Erforderlich ist dazu eine *Gesamtwürdigung* aller Umstände und widerstreitenden Interessen, sie muß ein
Übergewicht des vom Täter verfolgten Interesses ergeben. Dabei ist die
konkrete Situation zu berücksichtigen. So überwiegt zB das Interesse an der
Erhaltung eines in Brand geratenen Gebäudes wesentlich das Interesse Herumstehender, nicht durch gespritztes Wasser naß zu werden (vgl. auch
BGH **13**, 197). Der Rang der Rechtsgüter ist also bei der Interessenabwägung nicht *allein*entscheidend. Denn bei der **Abwägung der widerstreiten- 9
den Interessen** sind sämtliche für die Bewertung bedeutsamen Umstände
zu würdigen (grundlegend Lenckner GA **85**, 295; LK 53ff.; vgl. Blei JA **75**,
522; Roxin JuS **76**, 511 einerseits; Geilen JZ **75**, 383 andererseits). Das
Abwägungsergebnis ist vom *Gericht* zu ermitteln. Als bedeutsame Umstände nennt § 34 namentlich: **a)** die **betroffenen Rechtsgüter**, und zwar **10**
sowohl die unmittelbar wie die mittelbar betroffenen (vgl. GA **55**, 178),
nämlich deren verschiedenen Wert. Auch in einer „pluralistischen Gesellschaft" geben die objektivrechtlichen Wertentscheidungen der Verfassung,
die für alle Bereiche der Rechtsordnung gelten, und die Reihenfolge der in
§ 34 genannten Rechtsgüter (Leben usw.) wichtige Hinweise auf die Wertordnung, während dies für den Grad des strafrechtlichen Schutzes, wie er
seinen Ausdruck in den Strafdrohungen findet, nur sehr bedingt zutrifft
(vgl. BVerfGE **39**, 1, 59; 9d vor § 218; skeptisch auch SchSch 43). Aus
ihnen ergibt sich aber, daß Rechtsgüter der Allgemeinheit (vgl. §§ 80f.,
81ff., 94ff.) vor solchen des einzelnen rangieren können. Doch ist hier die
ultima ratio besonders streng zu prüfen (vgl. NJW **66**, 312). Das Lebensrecht ist keiner saldierenden Betrachtung zugänglich, da es nur individuelle, keine kollektiven Menschenrechte gibt. *Steht Leben gegen Leben* (iS von 2
vor § 211), so scheidet daher, auch wenn bei Aufopferung eines Menschen
mehrere andere gerettet werden können, das Überwiegen des einen Interesses aus (vgl. OGHSt. **1**, 321; **2**, 117; BGH **35**, 350; NJW **53**, 513; Hamm
JZ **74**, 612; Roxin § 16, 29; ganz hM); hier kommt, wenn auch § 35 ausscheidet, nur übergesetzlicher Schuldausschluß in Frage (vgl. Küper II 108
u. JuS **81**, 785; Zippelius JuS **83**, 662; 15 vor § 32; zur Perforation unten 21;
zu den Indikationen des § 218a vgl. unten 20 und 8 vor § 218; 1 zu § 218a).
Daß der Täter zum Schutz des bedrohten Rechtsguts verpflichtet ist, be-

gründet dessen Höherwertigkeit noch nicht (Düsseldorf VRS **30**, 40; NJW
11 **70**, 674); **b)** Auch **der Grad der drohenden Gefahren** (LK 60) ist abzuwägen, und zwar sowohl für das geschützte Rechtsgut als auch für das beeinträchtigte. Was war für jenes zu erwarten, wenn die abwendende Tat ausblieb oder abgeschwächt wurde, was für dieses, als die Tat ausgeführt wurde? Dabei ist sowohl das Ausmaß der Gefahr zu prüfen (durch die Tat wird zB nur die Gefahr eines geringfügigen Schadens von dem geschützen hochwertigen Rechtsgut abgewendet, das beeinträchtigte geringerwertige aber vernichtet) als auch ihre Nähe (war ein Aufschieben der Gefahrabwendung noch möglich?) und vor allem der Grad der Wahrscheinlichkeit des Schadenseintritts. Bei nur ganz geringer Wahrscheinlichkeit darf ein anderes Rechtsgut nur vernichtet werden, wenn sein Eigenwert gering ist (vgl. Prot. V/1797). In diesem Zusammenhang ist auch die Chance der Gefahrabwendung zu prüfen (vgl. Hamm VRS **20**, 232), vor allem bei riskanten Rettungshandlungen (Tierwärter schießt auf einen Tiger, der einen Menschen anzufallen droht, kann aber leicht diesen selbst oder einen anderen Menschen treffen). Drohen rechtsgutsmäßig gleichartige Verluste, zB Vermögensverluste, so kann es gerechtfertigt sein, den quantitativ größeren Verlust abzuwenden (BGH **12**, 299; NJW **76**, 681 m. Anm. Kienapfel JR **77**, 27; M-Zipf § 27, 24; Roxin § 16, 38; krit. Bockelmann JZ **59**, 498; gegen ihn zutreffend Küper JZ **76**, 515). Wirtschaftsbestimmungen und Verkehrsvorschriften müssen, soweit es um formale Verstöße oder nur abstrakte Gefährlichkeit geht, hinter konkret bedrohten Individualinteressen zurücktreten; anders zB, wenn bei der Fahrt eines Arztes zu einem Schwerkranken mit überhöhter Geschwindigkeit Gefährung und Verletzung von Menschen wahrscheinlich sind (Stuttgart Die Justiz **63**, 38; vgl. auch unten 22), auch darf ein Bankier nicht gegen Devisenbestimmungen verstoßen, wenn Vermögenswerte seiner Kunden gefährdet sind (GA **56**, 382).

12 C. **Ein angemessenes Mittel zur Gefahrabwendung,** und zwar ein geeignetes, wenn auch nicht das einzige, muß die Tat, auch wenn das geschützte Interesse wesentlich überwiegt, nach S. 2 iS der schon früher vertretenen **Zwecktheorie** (v. Liszt, Dohna, Eb. Schmidt) außerdem sein, so daß § 34 Güterabwägungs- und Zwecktheorie miteinander verknüpft (NJW **76**, 680). Dabei handelt es sich nicht um eine Leerformel (krit. Gallas ZStW **80**, 26; M-Zipf § 27, 38; Stree JuS **73**, 464; LK 79; SchSch 46f.; Krey ZRP **75**, 98 mwN; Küper JZ **80**, 755; Roxin § 16, 83), sondern um einen *zweiten Wertungsakt* des Gesetzes (Jescheck § 33 IV 3d; Bockelmann-Volk AT § 15 II 7d; Wessels AT § 8 IV 3. Grebing GA **79**, 93; Hruschka JuS **79**, 390; Joerden GA **91**, 411; enger SK-Samson 22; der theoretische Streit ist praktisch bedeutungslos), der ein praktisch wichtiges Korrektiv vor allem für folgende Fallgruppen bildet:

13 a) Dem Täter ist **zuzumuten, die Gefahr hinzunehmen.** Diese Lage, die nach § 35 ausdrücklich selbst die Entschuldigung ausschließen kann, schließt erst recht die Rechtfertigung aus (and. LK 70; Bernsmann, Blau-
14 FS 36), wenn der Täter **aa)** in seiner Stellung zB als Soldat, Feuerwehrmann, Polizist, Seenothelfer u. dgl. verpflichtet ist, bestimmte Gefahren zu
15 bestehen (E 1962, 159 vgl. Küper JZ **80**, 755); **bb)** die Notstandssituation vorwerfbar selbst verursacht hat und die Gesamtabwägung unter Berück-

§ 34

sichtigung dieses Umstandes die Tat als unangemessenes Mittel erscheinen läßt (vgl. Hamm VM **70**, 86); ein Anwalt zB versucht, seine finanzielle Notlage durch Veruntreuung von Mandantengeldern zu retten (NJW **76**, 680; Küper JZ **76**, 518; Kienapfel JR **77**, 27). **b)** Der Täter greift in **unan- 16 tastbare Freiheitsrechte** des Betroffenen ein, zB durch zwangsweise Blutentnahme zur Rettung des Lebens eines Schwerverletzten (E 1962, 160 nach einem Beispiel von Gallas, Ndschr. **12**, 164; Lenckner GA **85**, 297; LK 68; hM; differenzierend Baumann/Weber § 22 II 1b; Wessels AT § 8 IV 4; Hruschka 149; vgl. auch Prot. V/1799; aM Roxin, Jescheck- FS 471). **c)** Schließlich kann die Beeinträchtigung individueller Rechtsgüter im überwiegenden **Interesse** der **Allgemeinheit** oder des **Staates** unangemes- **17** sen sein (vgl. Celle HESt **1**, 139; Horstkotte Prot. V/1796; hierzu Zippelius JuS **83**, 662; vgl. auch oben 10).

4) Subjektiv fordert § 34, daß der Täter handelt, **um die Gefahr von 18 sich oder einem** bedrohten **anderen** (sog. **Nothilfe**) **abzuwenden** (LK 45 ff.); es muß ihm also, auch wenn andere Motive eine Rolle spielen können (vgl. die parallele Lage bei § 32 dort 14), darauf ankommen, die Gefahr abzuwenden (NJW **79**, 2622), möglicherweise auch durch eine Handlung, die zu einer dann gerechtfertigten Fahrlässigkeitstat führt (vgl. Düsseldorf VM **67**, 38). Fehlt dieses subjektive Rechtfertigungselement, so entfällt die Rechtfertigungswirkung des § 34 auch dann, wenn dessen Voraussetzungen objektiv vorliegen; der Täter ist daher nicht nur wegen Versuchs, sondern wegen vollendeter Tat strafbar (BGH **2**, 114; Schmidhäuser 9/17; Gallas, Bockelmann-FS 178; str., aM SchSch 48 mwN; Jescheck § 31 IV 2; Stree JuS **73**, 464). Nimmt der Täter umgekehrt irrig eine Gefahrenlage an, die nur durch die Tat beseitigt werden konnte, oder Umstände, bei deren Gegebenheit das geschützte Interesse wesentlich überwiegen würde, so ist er in einem Erlaubnistatbestandsirrtum, der Bestrafung wegen Vorsatzes ausschließt (27 zu § 16; Düsseldorf VRS **30**, 444; VM **67**, 38; Bay DAR **82**, 248; vgl. auch Hamm VRS **41**, 143 **43**, 289). Ist die Gefahrenlage gegeben und hat der Täter sie beseitigen wollen, so kommt es nicht darauf an, ob er ihr Vorhandensein geprüft hatte; die Verletzung einer Prüfungspflicht kann daher auch dann, wenn der Täter eine Gefahrenlage infolgedessen irrig annimmt, mangels einer Interessenprüfungsvorschrift iS von § 39 II E 1962 nur zu einer Bestrafung wegen Fahrlässigkeit führen, soweit diese strafbar ist (Celle NJW **77**, 1644; R. Lange JZ **53**, 14; Welzel JZ **55**, 142; Rudolphi, Schröder-GedS 73; Bottke JA **80**, 94; M-Zipf § 27, 46; LK 77, 90; SchSch 49; Göhler 13 zu § 16 OWiG; **aM** BGH **2**, 114; **3**, 7; **14**, 2; JZ **51**, 696; Hamm VRS **36**, 27; Celle NJW **69**, 1775; Blei AT § 44 V). Irrt der Täter bei richtiger Sachverhaltskenntnis über das wesentliche Überwiegen des geschützen Interesses, so ist das nur ein Bewertungsirrtum, der zu einem Verbotsirrtum führen kann (BGH **35**, 350 [hierzu Küper JZ **89**, 621; Schaffstein NStZ **89**, 153], Herzberg Jura **90**, 16 u. Schumann NStZ **90**, 32; Roßmüller/Rohrer Jura **90**, 582; vgl. Hamm VRS **41**, 143; wohl auch MDR/D **75**, 723; hierzu D. Geerds Jura **90**, 426).

5) Ergebnis der Voraussetzungen des § 34 ist, daß die gefahrabwenden- **19** de Tat, „nicht rechtswidrig", dh gerechtfertigt ist; Notwehr ist daher gegen sie nach § 32 II nicht erlaubt. Doch kann die Abwehr nach § 35 entschuldigt sein.

§ 34 AT Zweiter Abschnitt. Vierter Titel

20   6) Zur Rechtfertigungsproblematik in den Fällen des **Schwangerschaftsabbruchs,** insbesondere zur Rechtsnatur der Indikationen des § 218a vgl. 8ff. vor § 218, zur problematischen Entscheidung RG **61,** 241, 9d vor § 218.

21   **A.** Umstritten ist auch die Frage der **Perforation,** dh der Tötung eines Kindes in der Geburt, um das Leben der Mutter zu retten oder sie vor schweren Gesundheitsschäden zu bewahren (Ber. BT-Drs. 7/1981 [neu], 13; anders § 157 II E 1962; § 219a RegE 5. StrRG). Da Rechtfertigung nach § 34 nicht in Betracht kommt (oben 9ff.; RegE 5. StrRG 23; aM LK-Jähnke 10 zu § 212; Jescheck § 33 IV 3c; Lenckner GA **85,** 297; Roxin, Jescheck-FS 475; Lackner 9) und § 35 praktisch ausscheidet, weil die Mutter für den Arzt meist keine nahestehende Person ist, so kommt Rechtfertigung nur nach den Grundsätzen der Pflichtenkollision (9j vor § 218) in Betracht (hiergegen Belling 118 Fn. 134); soweit das Leben des nasciturus lediglich gegen Gesundheitsbeschädigung der Frau steht, Schuldausschluß nach den Grundsätzen der Güterabwägung (9b vor § 218; vgl. ferner 11, 15 vor § 32: für einen übergesetzlichen Entschuldigungsgrund: SchSch-Eser 34, SK 15, beide vor § 218; SK-Horn 24 zu § 212; zum Ganzen Heimberger, Frank-FS I 397; Jakobs 13/22).

22   **B. In folgenden Fällen** hat die Praxis § **34 bejaht** (weitere Kasuistik LK 42ff.): bei zeitweiliger Einschließung eines Geisteskranken in familiärer Selbsthilfe (BGH **13,** 197); bei Organtransplantation (LG Bonn JZ **71,** 56, 4 zu § 168); bei Abschuß von Wild zur Abwehr von Wildschaden (Bay NJW **53,** 1563); bei Meineid (GA **55,** 178); Urkundenfälschung als einzigem Mittel gegen Willkürmaßnahmen in der ehem. DDR (25. 6. 1953, 5 StR 699/52), bei Taten zur Fluchthilfe (vgl. Schroeder JZ **74,** 113); oder zur illegalen Einreise, um in der BRep. Asyl zu erhalten (AGe Frankfurt/M-Höchst, Münden StV **88,** 396); bei Diebstahl, Hehlerei (RG **77,** 115); Untreue (BGH **12,** 304); Hausfriedensbruch (München NJW **72,** 2275; str.; aM Otto NJW **73,** 668; Grebing GA **79,** 99; vgl. Franzheim NJW **79,** 2017); bei Verstößen gegen Wirtschaftsbestimmungen, wobei aber dem Täter idR zuzumuten ist, die allgemeine Notlage hinzunehmen (vgl. OGHSt. **1,** 348; Bay NJW **53,** 1602; Kiel NJW **47/48,** 231; Köln NJW **53,** 1844; Celle HESt. **1,** 139; MDR **52,** 311; NJW **57,** 34; Hamm NJW **52,** 838); bei Zolldelikten, (RG **62,** 35); im Baurecht (Bay OLGSt. 10 zu § 367 I Nr. 15 aF); sowie im Straßenverkehrsrecht (Bay JR **65,** 65; Stuttgart MDR **56,** 245; Düsseldorf NJW **61,** 1784; VRS **30,** 39; 444; Frankfurt DAR **63,** 244; Schleswig OLGSt. 7 zu § 54 aF); zB bei einem dringenden Krankentransport unter Überschreitung der Höchstgeschwindigkeit (Schleswig VRS **30,** 462); bei Trunkenheitsfahrt, um Verunglückten ins Krankenhaus (Hamm NJW **58,** 271; VRS **20,** 232; aber nicht bei leichteren Verletzungen: Koblenz NJW **88,** 2317) oder einen Tanklöschzug zum Einsatz zu bringen (Celle VRS **63,** 450), oder bei Trunkenheitsfahrt eines Arztes zu einem Patienten, der sofortige Hilfe braucht (Düsseldorf VM **67,** 38; anderseits Koblenz MDR **72,** 885); bei der Entnahme einer Blutprobe aus dem Körper eines Toten (§ 168) zur Feststellung einer die Hinterbliebenenrente ausschließenden Trunkenheit (Frankfurt NJW **75,** 271 str.; vgl. NJW **77,** 859; Grebing GA **79,** 95); bei einer ärztlichen Information von Angehörigen, Partnern oder ggf. einer Blutspendezentrale über die AIDS-Infektion (6b zu § 223) eines

uneinsichtigen Kranken (Eberbach JR **86**, 233, NStZ **87**, 142, NJW **87**, 1472 u. AIFO **87**, 289; Schlund AIFO **86**, 451, **87**, 404; Laufs/Laufs NJW **87**, 2265; Laufs/Narr MedR **86**, 282; Bender NJW **87**, 2910; Ulsenheimer 375; H. Herzog MedR **88**, 291; vgl. auch Gutachten NRW-Min. f. Arb. AIFO **88**, 412; Eberbach AIDS IX-2.2.2 S. 10; aM Schenke DVBl. **88**, 171; grundsätzlich auch M. Bruns MDR **87**, 357 u. StV **87**, 506, der die Risiken unterschätzt, unrealistisch einengend auch Simitis AIFO **86**, 213; zur Frage eines „heimlichen AIDS-Tests" im *Dritt*interesse Janker 85 ff. u. NJW **87**, 2902); bei Wegnahme des Zündschlüssels zur Verhinderung einer Trunkenheitsfahrt (Koblenz NJW **63**, 1991); bei Autofahrt ohne Fahrerlaubnis zum Vertreiben von Dieben [nicht aber hinsichtlich der Rückfahrt!] (Düsseldorf, VM **76**, 27); bei Verstoß gegen Auflagen für Schwertransporte zur Sicherung des Arbeitsplatzes (Oldenburg NJW **78**, 1868, zw.); eine umweltbelastende Schutzmaßnahme, die eine bestehende Gewässerverunreinigung, die gänzlich zu beseitigen nicht möglich ist, erheblich verringert (LG Bremen NStZ **82**, 164; zw.; krit. Möhrenschlager aaO; SK 3 b; ferner Horn UPR **83**, 366; U. Weber [6 vor § 324], 30), oder im Falle eines Interessenwiderstreits im Zusammenhang mit der Gewässerunterhaltungspflicht (GenStA Celle NJW **88**, 2395). Eingriffe in das Fernmeldegeheimnis bei anonymen Störanrufen (Saarbrücken NStZ **91**, 386 m. krit. Anm. Krehl; vgl. ferner zur Frage des Abhörens zum Zwecke der Abwehr krimineller Telefonanrufe Klug, Sarstedt-FS 101; zum Staatsschutzrecht, vgl. 7 zu § 98). **Nicht** hingegen bei rentabilitätsbedingten Verstößen gegen höchstzulässige Lenkzeiten (Stuttgart VRS **54**, 288); bei der Trunkenheitsfahrt eines führerscheinlosen Leichtverletzten zur Ambulanz (Köln BA **78**, 219; Koblenz NJW **88**, 2317, krit. Mitsch JuS **89**, 964). Überschreitung der Höchstgeschwindigkeit zur Rettung eines Tieres (Düsseldorf NJW **90**, 2264), bei Wehrdienstverweigerung aus Gewissensgründen (BayJZ **76**, 531); bei Fluchthilfe aus politisch bedingten beruflichen Schwierigkeiten (NJW **79**, 2622), auch nicht ohne weiteres das Telefonabhören (§ 201) zur Beweismittelerlangung für das Scheidungsverfahren (Stuttgart MDR **77**, 683; str.); wohl aber das Gebrauchen eines unter Verletzung des § 201 hergestellten Tonbandes zur Begründung einer Richterablehnung (Frankfurt NJW **79**, 1172; zw.; vgl. ferner Otto, Kleinknecht-FS 331; zum Einsatz von *V-Leuten* im Verhältnis zu § 34 Dencker, Dünnebier-FS 457; Seelmann ZStW **95**, 809; Rebmann NJW **85**, 3; Suhr JA **85**, 632; R. Keller [oben 1], 306ff.; vgl. 8 zu § 26); zu den Fällen der *Pflichtenkollision* bei Bruch ärztlicher Schweigepflicht 29 zu § 203; zur abgenötigten Rechtsbeugung U. Weber Jura **84**, 369.

7) Konkurrenzen (vgl. zunächst oben 1 a und ausführlich Seelmann, oben 23 1; hierzu krit. K. H. Peters GA **81**, 445; ferner zum durch Menschen ausgelösten Defensivnotstand und zum Verhältnis zu § 228 BGB Roxin § 14, 44 u. Jescheck-FS 457). Ist § 34 gegeben, so scheidet § 35 aus. Umgekehrt tritt § 34 zurück, soweit andere spezielle Rechtfertigungsgründe des Strafrechts (vor allem § 32, aber auch § 193 sowie die unter 2 bis 13 vor § 32 genannten) oder des Zivilrechts (vor allem §§ 228, 904 BGB, aber auch §§ 229, 561, 859 BGB, 800ff. HGB) eingreifen. Soweit sie es nicht tun, ist § 34 voll anwendbar und wird durch die speziellen Vorschriften nicht eingeengt (SchSch 6; aM hinsichtlich § 904 BGB Warda, Maurach-FS 161; vgl. K. H. Peters GA **81**, 450), und hinsichtlich der §§ 218ff. LK-Jähnke 45 zu § 218.

§ 34

24 **8) Der staatliche Rückgriff auf § 34** („staatliches Notstandsrecht") ist (obgleich § 34 ein allgemeiner Rechtsgedanke zugrunde liegt, oben 1a) wegen der Anforderungen des staatlichen Gesetzesvorbehalts für die Eingriffsverwaltung *nur in außerordentlicher, unvorhersehbarer Lage* bei tatsächlicher Gefahr für höchste Rechtsgüter zulässig (BGH **27**, 260 [*Kontaktsperre-Fall,* der allerdings keine strafbaren Handlungen, sondern die Verletzung von Verfahrensvorschriften betrifft]; vgl. auch BGH **34**, 51, hierzu Wolfslast NStZ **87**, 105; Bottke Jura **87**, 363; Wagner JZ **87**, 707; Roxin § 16, 88; offengelassen Frankfurt NJW **77**, 2177; str.; aber hM). Freilich geschah dies verschiedentlich zu unbedacht, so daß hiergegen erhobene Einwände (Geilen JZ **75**, 382; Grebing GA **79**, 83) ernstzunehmen sind. Unrichtig ist hingegen, im Bereich hoheitlichen Handelns von vornherein nur speziell normierte Eingriffsrechte (vgl. hierzu R. v. Hippel/Weiß JR **92**, 316) anzuerkennen und § 34 als *strafrechtlichen* Rechtfertigungsgrund völlig, dh auch in Ausnahmesituationen auszuschließen (iErg. wie hier Krey/Meyer ZRP **73**, 2; Schwabe JZ **74**, 639; NJW **77**, 1902 u. Die Notrechtsvorbehalte des Polizeirechts 1979 S. 59; Lackner 14; Blei JA **75**, 445; M-Zipf § 27, 33; R. Lange NJW **78**, 784; Röhmel JA **78**, 308; Schaffstein, Schröder-GedS 114; Gössel JuS **79**, 164 u. GA **80**, 154; Rebmann NJW **85**, 5; Suhr JA **85**, 632; SchSch 7; Lackner 3; Otto AT § 8 VI 5; Franzheim NJW **79**, 2017; Bottke JA **80**, 95; Schreiber in: Jescheck (hrsg.), Strafrechtsreform in der BRep. und in Italien 1981 S. 79; vgl. ferner Evers ZRP **70**, 149 u. NJW **87**, 156; Schröder JA **75**, 347; Klein VVDStRL 37, 90; Denninger VVDStRL 37, 43; **aM** Amelung/Schall JuS **75**, 571; Amelung NJW **77**, 833; **78**, 623; Sydow JuS **78**, 222; Kirchhof NJW **78**, 969; Böckenförde NJW **78**, 1881 u. Martin-Hirsch-FS 263; de Lazzer/Rohlf JZ **77**, 207; Schünemann GA **85**, 365; LK-H.-J. Hirsch 6 ff.; SK 5a; Jakobs 13/42; R. Keller [oben 1], 358). Innerhalb der Gegenmeinung aufschlußreich und beachtlich die Kontroverse Lübbe-Wolff/Böckenförde ZParl. **80**, 110, 591; ferner Lisken NJW **82**, 1484; klärend aus staatsrechtlicher Sicht, Stern, in: Verfassungsschutz und Rechtsstaat, hrsg. BMI, 1981 S. 183 u. Staatsrecht für die BRep. Deutschland Bd. II § 52). Denn § 34 hat die Funktion eines zwar außerordentlichen, aber für die gesamte (einheitliche!) Rechtsordnung gültigen strafrechtlichen Erlaubnistatbestandes. Auch darf die unübersehbare Anzahl denkbarer Güterkollisionen nicht verkannt werden und der Anteil derer, die sich der exakten legislatorischen Beschreibung entziehen, sei es, daß es sich um einmalige Rechtsgüterkonflikte oder um unvorhersehbare Konfliktsituationen, etwa in Katastrophenfällen, handelt. Staatlichen Organen sind aufgrund ihrer Schutzaufgabe (Art. 2 II S. 1 iVm Art. 1 I S. 2 GG) und des daraus folgenden Gebots zum Handeln uU, etwa gegenüber terroristischen Erpressungen, außerordentliche Befugnisse eingeräumt (vgl. BVerfGE **46**, 160; hierzu Isensee, Das Grundrecht auf Sicherheit, 1983, 28; Küper II 40), die über das normierte Recht und den eigentlichen Regelungsgehalt des § 34 hinausgehen, weil sie sogar einen – dem § 34 fremden – Beurteilungsspielraum lassen (vgl. Küper II 101). Wo staatliche Organe gegenüber einer erpresserischen Geiselnahme nachgeben, ist § 34 ohnehin nicht einschlägig (aM Krey ZRP **75**, 97; recht **76**, 74; Grebing GA **79**, 105; LK 20; SK-Rudolphi 15 vor § 331; hierzu Küper II 36 ff.), da der Staat keine zusätzliche Ermächtigung für einen Eingriff beansprucht, sondern einen solchen Eingriff, obwohl gesetzlich vorgeschrieben (vgl.

BVerfGE **46**, 223, hierzu Küper II 42), unterläßt (Rieß, Dünnebier-FS 155). Auch fehlt es in solchen Fällen an einer „übergesetzlichen" Rechtfertigung: der Staat übt kein Recht, wenn er sich nur der Gewalt beugt; tut er es aus humanitärer Rücksicht, so gibt er insoweit auf, Garant der Rechtsordnung zu sein (vgl. R. Lange NJW **78**, 784; ferner Günther 336; Isensee aaO 43; vgl. auch Roxin, Oehler-FS 189 Fn. 23). Aber auch sonst bleibt bei hoheitlichem Handeln für § 34 nur in sehr engen Grenzen in dem Sinne Raum, daß er einem Amtsträger nie eine Ermächtigungsnorm zur Verfügung stellt, wohl aber uU *vollzogenes* Handeln eines **Amtsträgers** nach strafrechtlichen Grundsätzen (oben 1a) zu rechtfertigen vermag (Stern aaO 184; ähnlich Günther 47, 308, 367f., 372 [gegen ihn H. J. Hirsch, UniKöln-FS 413], der freilich von einem eigenen Strafrechtswidrigkeitsbegriff ausgeht [27 aE vor § 13]; ähnlich Horn UPR **83**, 366 für das Umweltrecht im Widerstreit von verwaltungsrechtlichen Verboten und strafrechtlichen Erlaubnisgründen (vgl. auch R. Keller [oben 1] 368). **Keine Auffangnorm** ist 24a § 34, *soweit speziellere Normen* einplanbare Interessenkonflikte und bestimmte Eingriffsrechte nach Art und Umfang *abschließend regeln,* zB in §§ 81aff., 94, 100a, 100b, 112f., 127 StPO, im UZwG (BGH **31**, 307; **34**, 52, hierzu Bottke Jura **87**, 363; vgl. auch BGH **31**, 301; NJW **91**, 2651; Gössel JZ **84**, 361; Amelung JR **84**, 256; ferner Roxin JuS **76**, 509; Schwabe NJW **77**, 1907; Borchert JA **82**, 345; Seelmann ZStW **95**, 811; Küper II 79, 83ff.; aM München NJW **72**, 2275 m. abl. Anm. Otto NJW **73**, 668; Gössel JuS **79**, 165). Ob es sich um einen für den konkreten Fall exakt durchnormierten Bereich (Roxin JuS **76**, 510) handelt, kann uU zw. sein, etwa im Falle der Entnahme von Leichenblut zum Beweis im Sozialversicherungsrecht (für eine Rechtfertigung nach § 34: Frankfurt NJW **75**, 271; vgl. jedoch auch **77**, 859; Roxin JuS **76**, 510; SchSch 7; dagegen Grebing GA **79**, 95). Aber selbst wenn eine spezielle Regelung getroffen wurde, ist nicht stets eine „abschließende" Regelung anzunehmen, die einen Rückgriff auf § 34 verbietet. Für die Anwendbarkeit des § 34 wird es wie bei nichthoheitlichem Handeln darauf ankommen, ob der Gesetzgeber den speziell geregelten Bereich abschließend regeln wollte und der Natur der Sache nach auch abschließend regeln konnte, ob er den konkreten Fall in seine Typisierung so (dh mit einschränkender Wirkung für § 34) regeln wollte und konnte. Hiernach können auch bei geregelten prozessualen Eingriffsbefugnissen, wenn eine unmittelbare Gefahr für Leib oder Leben droht, im Interesse der Funktionsfähigkeit des Staates Lücken vorübergehend in Kauf genommen und somit der Eingriffsnorm widersprechende Abwehrmaßnahmen nach § 34 gerechtfertigt sein (so iErg. auch Jescheck § 33 IV 3d; Grebing GA **79**, 106; dies insbesondere bei Formvorschriften). Hiernach bestimmt sich, wann Abhörfälle gerechtfertigt sein können (vgl. Füllkrug KR **84**, 178), insbesondere war aus diesem Grunde die Verhängung einer § 148 I StPO widersprechenden *Kontaktsperre* zwischen Verteidiger und inhaftierten terroristischen Gewalttätern (§ 129a) im Falle BGH **27**, 260 rechtmäßig, inzwischen ausdrücklich geregelt in den §§ 31ff. EG GVG, die mit dem GG vereinbar sind (BVerfGE **49**, 24; BT-Drs. 8/3565, 4, 8; LR-Schäfer 11 vor § 31 EGGVG; vgl. zu § 34a EGGVG Krekeler NJW **86**, 417); vgl. ferner BVerfGE **46**, 1; BGH **27**, 277; Vogel NJW **78**, 1223; Stern in: Verfassungsschutz und Rechtsstaat, S. 183. Hiergegen erhobene Einwände (siehe oben) ignorieren die Schutzaufgabe des Staates nach Art. 2 II

S. 1 iVm Art. 1 I S. 2 GG (vgl. hierzu Isensee, Das Grundrecht auf Sicherheit 1983, 33). Soweit H. J. Hirsch (LK 17 u. Kaufmann-GedS 146; ähnlich SK-Rudolphi 13 vor § 331; Böckenförde NJW **78**, 1881) meint, daß sich die Rechtmäßigkeit außerordentlicher Eingriffe in außergewöhnlichen Situationen „ausschließlich aus besonderen für die Ausübung hoheitlicher Gewalt geltenden übergeordneten Prinzipien des Verfassungsrechts ergeben" müsse, wird verkannt, daß etwa in verheerenden Katastrophenfällen oder im Falle unmittelbarer schwerster Gefährdung von Menschen durch terroristische Akte, eine wirksame Gefahrenabwehr *allein* davon abhängen kann, daß *sofort* gehandelt wird. Dem in Rechtsnot geratenen Staat das Notrecht zu versagen, hieße den Rechtsstaat nicht verteidigen, sondern preisgeben (so Bockelmann/Volk AT § 15 B II 7e). Als noch nicht abschließend geregelt und einer Gesamtanpassung des Strafprozeß- und Polizeirechts vorbehalten ist der Bereich der heimlichen und automatisierten Informationseingriffe zur vorbeugenden Verbrechensbekämpfung anzusehen (vgl. dazu Wolter GA **88**, 49, 129).

Entschuldigender Notstand

35 **I Wer in einer gegenwärtigen, nicht anders abwendbaren Gefahr für Leben, Leib oder Freiheit eine rechtswidrige Tat begeht, um die Gefahr von sich, einem Angehörigen oder einer anderen ihm nahestehenden Person abzuwenden, handelt ohne Schuld. Dies gilt nicht, soweit dem Täter nach den Umständen, namentlich weil er die Gefahr selbst verursacht hat oder weil er in einem besonderen Rechtsverhältnis stand, zugemutet werden konnte, die Gefahr hinzunehmen; jedoch kann die Strafe nach § 49 Abs. 1 gemildert werden, wenn der Täter nicht mit Rücksicht auf ein besonderes Rechtsverhältnis die Gefahr hinzunehmen hatte.**

II Nimmt der Täter bei Begehung der Tat irrig Umstände an, welche ihn nach Absatz 1 entschuldigen würden, so wird er nur dann bestraft, wenn er den Irrtum vermeiden konnte. Die Strafe ist nach § 49 Abs. 1 zu mildern.

1 1) **Die Vorschrift,** in Anlehnung an § 40 E 1962 (Begr. 161; Ndschr. 2 141 ff., 221; **12** 152 ff., 160 ff., 181 ff., 190 ff., 273) durch das 2. StrRG eingefügt (Ber. BT-Drs. V/4095, 16; Prot. V/1639, 1736, 1739, 1839 ff., 2111 ff., 2128), regelt den **entschuldigenden Notstand,** also einen Entschuldigungsgrund (14 ff. vor § 32; unten 9), und scheidet daher (auch in den Fällen des § 52 aF; str.; vgl. Stree JuS **73**, 468) aus, sobald § 34 erfüllt ist (dort 23; E 1962, 161). Aus dem **Schrifttum** (vgl. zunächst 1 zu § 34): *Bernsmann,* Blau-FS 23; *Goldschmidt,* Der Notstand, ein Schuldproblem, 1913; *Henkel,* Mezger-FS 249; *Küper* JZ **83**, 88 u. JuS **87**, 82; *Lugert,* Zu den erhöht Gefahrtragungspflichtigen im differenzierten Notstand, 1991; *M. K. Meyer* Ausschluß 155; *Neumann* JA **88**, 329; *Oehler* JR **51**, 489; *Peters* JR **50**, 742; *Schaffstein,* Stutte-FS 253; *Timpe* JuS **84**, 859 u. **85**, 35, 117; *Welzel* ZStW **63**, 47; *Wittig* JZ **69**, 546.

  2) **Nach I S. 1** sind **Voraussetzungen:**

2 **A. Eine gegenwärtige, nicht anders abwendbare Gefahr** (3 bis 5 zu § 34; vgl. 25. 3. 1986, 2 StR 115/86; Lenckner, Lackner-FS 106; Ludwig [1 zu § 23] 172; Roxin § 22, 15) muß abw. von § 34, wo jedes Rechtsgut erfaßt wird, für eines der folgenden Rechtsgüter bestehen:

a) Leben; dh Gefahr des Todes, wobei auch das *ungeborene* Leben erfaßt ist (SchSch-Lenckner 5; SK-Rudolphi 4; aM LK-H. J. Hirsch 12; Lackner 3; Roxin § 22, 24 u. JA **90**, 101);

b) Leib; die Zusammenstellung mit „Leben" ergibt, daß nicht jede drohende einfache Körperverletzung genügt, sondern nur eine schwerere (RG **66**, 400; DAR **81**, 226; LK 13, 16; Gülzow Jura **83**, 103); für die Abgrenzung kommt es auf die Gesamtumstände an (Prot. V/1843). Drohende schwere Erkrankung kann genügen (RG JW **33**, 700).

c) Freiheit; dh die körperliche Fortbewegungsfreiheit, wie sie durch § 239 geschützt wird (vgl. Prot. V/1851); nicht aber die häusliche Willensbetätigungsfreiheit (H. J. Hirsch JR **80**, 115 u. LK 14; Hruschka NJW **80**, 23; hierzu abw. Schroeder JuS **80**, 341; aM NJW **79**, 2053), wohl aber die sexuelle Selbstbestimmungsfreiheit (Roxin § 22, 28 u. JA **90**, 101). Dabei (vgl. Jescheck Ndschr. **12**, 160) ist unten 10 ff. streng zu prüfen. Eine Gefahr für andere Rechtsgüter als die in 3 bis 5 genannten scheidet aus, zB für das Eigentum, RG **60**, 319; auch wirtschaftliche Not als solche reicht nicht aus (Celle MDR **57**, 54), vor allem wenn sie eine allgemeine ist (Neustadt NJW **51**, 852); auch nicht das „Recht auf ein gewissenskonformes Leben" (Frankfurt StV **89**, 107, abw. von LG Frankfurt NStE Nr. 1).

B. Die Ursache der Gefahr ist, soweit nicht unten 11 eingreift, ohne Bedeutung (vgl. RG **60**, 318). Sie kann auf ein Naturereignis (Brandkatastrophe, Schiffsuntergang; vgl. RG **72**, 246) oder behördliche Maßnahmen (vgl. RG **41**, 214; Bay GA **73**, 208) zurückgehen, aber auch die Folge der Drohung eines anderen *(Nötigungsnotstand)*, möglicherweise eines Schuldunfähigen, sein (LK 25; vgl. Neumann JA **88**, 330; Göbel Einwilligung 105).

C. Die **Gefahr** muß bestehen **für a)** den **Täter selbst; b)** einen seiner **Angehörigen** (2 ff. zu § 11), wobei unwiderlegbar vermutet wird, daß der Täter auch in einem solchen Fall unter einer besonderen psychischen Drucksituation steht; **c)** eine dem Täter tatsächlich **nahestehende Person,** dh einen Menschen, der dem Täter so verbunden ist, daß er eine Gefahr für jenen auch für sich selbst als Drucksituation empfinden kann (abw. Prot. V/1844); zB Verwandte, die nicht Angehörige sind, so Onkel oder Neffen; den Lebensgefährten; *nahe* Freunde (Koblenz NJW **88**, 2317, hierzu krit. Mitsch JuS **89**, 964); Hausgenossen; langjährige Bedienstete u. dgl. (Roxin JA **90**, 102; LK 35).

D. Um die Gefahr abzuwenden, muß der Täter handeln; es muß ihm also, auch wenn andere Motive mitspielen können (18 zu § 34), darauf ankommen, die Gefahr zu beseitigen (vgl. BGH **3**, 271; **35**, 350, hierzu Küper JZ **89**, 626; Schaffstein NStZ **89**, 153; Herzberg Jura **90**, 16, Schumann NStZ **90**, 32; Roßmüller/Rohrer Jura **90**, 582; OGH NJW **50**, 236). § 35 unterstellt, wenn 2 ff. und 7 gegeben sind, der Täter stehe, ohne daß das vom Gericht nachzuprüfen wäre, unter einem solchen psychischen Überdruck, daß ihm normgemäßes Verhalten nicht zuzumuten ist (so auch Jakobs 20/10; vgl. Timpe JuS **84**, 860). Das ist der tragende Gesichtspunkt für die Entschuldigung, der auch für die Irrtumsregelung in II ausschlaggebend ist. Fehlt es an dem subjektiven Entschuldigungselement, so entfällt die Entschuldigung auch dann, wenn 2 ff. und 7 objektiv gegeben sind, so daß der Täter wegen vollendeter Tat strafbar ist (Roxin § 22, 32 u. JA **90**, 102; aM Jakobs 20/11).

9 **E. Ergebnis** ist, daß die Tat (wenn nicht Rechtfertigungsgründe wie §§ 32, 34 eingreifen) zwar rechtswidrig bleibt, der Täter aber „ohne Schuld" handelt. § 35 normiert also einen **Schuldausschließungsgrund**. Er kann in seltenen Ausnahmefällen auch eingreifen, wenn der Täter unter besonders starker Einwirkung eines V-Mannes (8a zu § 26) gehandelt hat (NJW **86**, 75). Es spielt dabei grundsätzlich keine Rolle, welcher Art die gefahrabwendende Tat ist und ob das geschützte Interesse das beeinträchtigte überwiegt (BGH **2**, 243). Auch Unterlassungsdelikte wie §§ 138 und 323c kommen in Betracht. Doch gelten allgemein die Ausnahmen unten 10 ff. Auch ist gegen die abwendende Tat, da sie rechtswidrig bleibt, Notwehr zulässig. Der Teilnehmer bleibt, soweit er nicht selbst als Nothelfer entschuldigt ist, strafbar (LK 71; Neumann JA **88**, 332; Roxin § 22, 66 u. JA **90**, 143; aM SK-Rudolphi 21 u. ZStW **78**, 76). Zum Zusammentreffen von § 35 mit § 3 JGG und §§ 20, 21, Schaffstein, Stutte-FS 263.

10 3) Nach I S. 2 gilt eine **wesentliche Ausnahme** für den Fall, daß **dem Täter** trotz einer unterstellten psychischen Drucksituation nach den Umständen, dh sowohl den persönlichen des Täters oder des sonst Gefährdeten und des etwa Verletzten, nach ihren gegenseitigen Beziehungen, nach dem Verhältnis der in Betracht kommenden Rechtsgüter und Interessen, nach dem Ausmaß der Gefahr (11 zu § 34) für das geschützte und das beeinträchtigte Rechtsgut (E 1962, 161) **zugemutet werden konnte, die Gefahr,** und damit einen etwaigen Schaden, **hinzunehmen** (zusf Timpe JuS **84**, 864). Bei der Frage, ob die Gefahr auf zumutbare Weise abwendbar war, ist bei Aufgriffen auf das Leben als höchstes Rechtsgut ein strenger Maßstab anzulegen (NStZ **92**, 487). Um deutlich zu machen, daß es dabei um Sonderfälle geht und es nicht Sache des Richters sein darf, Heroismus vom Durchschnittsmenschen zu fordern (Ber. 16; Prot. V/1846), und um Anhaltspunkte für die Bewertung der Zumutbarkeitsfrage zu geben, nennt das Gesetz zwei mögliche, aber nicht zwingende (Lackner 7; Blei JA **75**, 307; LK 48; SchSch 24; str.) Ausnahmen.

11 A. Das **1. Beispiel** nennt den Fall, daß der **Täter die Gefahr,** und damit die Abwehrsituation (vgl. RG **72**, 249; Blei JA **75**, 311), **verursacht** hat. Damit sind nicht nur Fälle gemeint, in denen der Täter die Gefahrenlage provoziert (vgl. 23 ff. zu § 32; Bay MDR **55**, 247) oder sonst vorwerfbar herbeigeführt hat (vgl. Hamm JZ **76**, 612); es reicht an sich das bloße Verursachen, aber immer nur dann, wenn daraus die Folgerung der Zumutbarkeit der Gefahr zu ziehen ist (Blei JA **75**, 310; LK 51; SchSch 26; M-Zipf § 34, 5; zusf Timpe JuS **85**, 36); Roxin § 22, 44 u. JA **90**, 138) A überredet zB den jungen B zu einer gefährlichen Bergtour; als dieser unterwegs einen Schwächeanfall erleidet und ein Gewitter aufzieht, läßt A den B im Stich, um sein Leben zu retten. Nicht nach I S. 2 ausgenommen ist der Fall, daß der Angehörige oder die dem Täter nahestehende Person die Gefahr verursacht hat, die der Täter beseitigen will (Köln NJW **53**, 116; SchSch 26; str.; vgl. Lackner 8). Hat er *selbst* die Gefahr für den Angehörigen verursacht, wird ihm vielfach nicht zuzumuten sein, die dem Angehörigen drohende Gefahr hinzunehmen, so zB wird der pflichtwidrig handelnde Vater nicht seinen nicht gefahrentragungspflichtigen Sohn ertrinken lassen (Jescheck § 44 III 2a; SK 17; Lackner 10; Roxin JA **90**, 140; aM LK 65).

Notwehr und Notstand § 35

B. Das 2. **Beispiel** nennt den Fall, daß der **Täter in einem besonderen** 12
Rechtsverhältnis steht und ihm deshalb die Hinnahme der Gefahr zugemutet werden kann. Ein solches Rechtsverhältnis (bloß moralische Pflichten scheiden aus) besteht zB für Soldaten (vgl. § 6 WStG), Seeleute (§ 29 II bis IV SeemannsG), Polizisten, Feuerwehrmänner, Wetterleute im Bergbau, Bergführer und Inhaber ähnlicher Funktionen (vgl. RG 72, 249; Freiburg DRZ **49**, 424; LK 58; zusf. Bernsmann, Blau-FS 46), zB ein im Rahmen der Terrorismusbekämpfung eingesetzter Informant des Verfassungsschutzes (Oldenburg NJW **88**, 3217), soweit es sich um die damit verbundenen typischen Gefahren handelt (NJW **64**, 730). Diese typische Gefahr wird sich in aller Regel nur auf eine dem Täter selbst drohende beziehen; ist der Angehörige in Gefahr und steht der Täter in dem besonderen Verhältnis, so ist das ohne Bedeutung; steht der Angehörige in dem Verhältnis und ist ihm deshalb die Hinnahme der Gefahr zuzumuten, so gilt das auch für den Täter (eingehend SchSch 27f.; Timpe JuS **85**, 38; Roxin JA **90**, 138). Trotz des besonderen Verhältnisses gibt es auch hier, wenn auch selten, Fälle der Unzumutbarkeit. So kann zB Soldaten (Schölz 6 zu § 6 WStG; M-Zipf § 34, 10) und auch Angehörigen der anderen oben genannten Berufe nicht zugemutet werden, in den sicheren Tod zu gehen.

C. Außerhalb der **Beispielsfälle** kommt Zumutbarkeit in Betracht:
a) gegenüber rechtmäßigen **behördlichen Maßnahmen** (11ff. zu § 113); 13
zB gegenüber einer Verhaftung (vgl. RG **54**, 338; LM Nr. 8 zu § 52 aF; Timpe JuS **85**, 36); anders kann das bei Zuständen sein, die vom Gesetz und der anordnenden Behörde nicht gewollt waren (RG **41**, 215; BGH 17. 4. 1962, 5 StR 40/62); oder gegenüber Willkürmaßnahmen totalitärer Regime (vgl. 234a; Kiel SJZ **47**, 323; BGH ROW **58**, 33).
b) wenn eine **geringfügige Gefahr** für Leib oder Freiheit durch eine 14
unverhältnismäßig schwere Tat abgewendet werden soll (Prot. V/1846; Henkel, Mezger-FS 249; RG **66**, 399; LK 62); doch kommt es auf die konkrete Lage des Falles an (vgl. BGH **2**, 243; NJW **64**, 730; 25. 10. 1984, 4 StR 578/84). Das gilt vor allem für den Meineid im Notstand (bejaht im Fall RG **66**, 98; vgl. ferner dort 222, 397; BGH **5**, 371), wobei schon die Frage der Gegenwärtigkeit der Gefahr (vgl. aaO; RG **36**, 334; JW **32**, 3068; HRR **36**, 708; **39**, 1553) und der Abwendung auf andere Weise (vgl. RG **66**, 227) problematisch ist und § 35 ausscheidet, wenn der Täter ein Zeugnisverweigerungsrecht hat und die Gefahr nur bei wahrheitsgemäßer Aussage droht (27. 11. 1969, 3 StR 206/69).

D. Eine **Kann-Milderung** nach § 49 I (dort 4) sieht I S. 1 (mit Ausnahme 15
für die Fälle oben 12) unter den Voraussetzungen des I S. 1 für den Fall vor, daß dem Täter nicht zuzumuten war, die Gefahr hinzunehmen; bei der Entscheidung sind alle konkreten Umstände (oben 10) nochmals zu werten (auch SK 18a). Vor allem bei nicht verschuldeter Verursachung der Gefahr wird Milderung am Platze sein. Doch kommt es in den Fällen oben 12 dabei auf die konkreten Umstände an, so daß Strafmilderung innerhalb des Regelstrafrahmens angebracht sein kann (Ber. 16; LK 68; SchSch 41; Timpe 275ff.; Roxin JA **90**, 141).

4) Abs. II regelt den **Irrtum** des Täters über Umstände, die ihn nach I 16
entschuldigen würden. Es ist kein Tatbestandsirrtum nach § 16, da der Täter den Tatbestand vorsätzlich verwirklicht (vgl. NJW **52**, 113), sondern

§ 36

ein Irrtum eigener Art (SchSch 44), der zum **Schuldausschluß** führt (oben 9; Spendel, R. Schmitt-FS 213), wenn er unvermeidbar war, und zur **obligatorischen** (insoweit anders als in § 17) **Milderung** nach § 49 I bei Vermeidbarkeit des Irrtums (unten 18; 7 ff. zu § 17). II berücksichtigt die Vergleichbarkeit einer irrig angenommenen Notstandslage mit der wirklichen (I) aus psychologischer Sicht (Ber. II, 16; oben 7 f.; RG **64**, 227; vgl. LK 72; Spendel aaO). II greift nicht ein, wenn der Täter das Vorliegen von Umständen nach I S. 2 nur für möglich hält, aber auch mit deren Fehlen rechnet (SK 19 a; LK 74; zusf. Roxin JA **90**, 141).

17   A. **Nur solche Umstände** begründen den Putativnotstand des II, die den Täter, lägen sie vor, nach I entschuldigen würden, dh der Täter muß entweder irrig eine Notstandslage nach I S. 1 annehmen (1 bis 9) oder irrtümlich Umstände iS von I S. 2 (oben 10 bis 14) nicht erkennen. Bewertungs- und Subsumtionsirrtümer scheiden aus und können nur zu einem Verbotsirrtum führen; ebenso ein Irrtum über den Umfang des Schuldausschließungsgrundes.

18   B. Bei **vermeidbarem Irrtum** (7 ff. zu § 17 gilt sinngemäß) ist der Täter wegen vorsätzlicher Tat (es sei denn, es handle sich um ein Fahrlässigkeitsdelikt; 18 zu § 34) zu bestrafen; doch schreibt II S. 2 vor, daß die Strafe nach § 49 I zu mildern ist.

Fünfter Titel. Straflosigkeit parlamentarischer Äußerungen und Berichte

Parlamentarische Äußerungen

36 Mitglieder des Bundestages, der Bundesversammlung oder eines Gesetzgebungsorgans eines Landes dürfen zu keiner Zeit wegen ihrer Abstimmung oder wegen einer Äußerung, die sie in der Körperschaft oder in einem ihrer Ausschüsse getan haben, außerhalb der Körperschaft zur Verantwortung gezogen werden. Dies gilt nicht für verleumderische Beleidigungen.

1   1) **Die Indemnität,** auf die sich § 36 idF des 2. StrRG bezieht, stellt strafrechtlich im Gegensatz zur **Immunität,** die ein auf die Zeit des Mandats begrenztes Prozeßhindernis bedeutet (Art. 46 II GG; Landesverfassungen; § 152 a StPO; vgl. auch RdschrBMI v. 10. 1. 1983 [GMBl. 37] und RiStBV 191, 192; vgl. 25. 10. 1991, 3 StE 7/91-2), sich aber auch auf sog. „mitgebrachte Verfahren" erstreckt (16. 7. 1985, 5 StR 674/85), einen über diese Zeit fortdauernden, unverzichtbaren persönlichen Strafausschließungsgrund hinsichtlich bestimmter Äußerungsdelikte dar (Ber. BT-Drs. V/4095, 17). Einen über Äußerungsdelikte noch hinausgehenden eigentümlichen Sonderfall einer „auflösend bedingten" Indemnität stellt Art. 2 I MRVfÜbk. Teilnahme am Delikt durch einen nicht Privilegierten ist daher strafbar (LK-Tröndle 2), Notwehr gegen die Tat erlaubt, ihre Berücksichtigung im Rahmen des § 193 (R **4**, 183) sowie Kompensation gegenüber derartigen Taten nach §§ 199, 233 möglich (hM). **Schrifttum:** *Münzel* NJW **61**, 125; *Rinck* JZ **61**, 248.

2   2) Auf Mitglieder des **Bundestages,** der **Bundesversammlung** und der **Gesetzgebungsorgane** eines **Landes,** also auch des Landes Berlin, bezieht sich § 36. Gesetzgebungsorgane eines Landes sind die Landtage und die Bürgerschaf-

Straflosigkeit § 36

ten der freien Städte sowie der Bayerische Senat (Art. 38 ff. Bay Verf.), nicht hingegen zB die Provinziallandtage, Kreistage, Stadt- oder Gemeinderäte. Das Landesrecht entscheidet. Für die Landtagsabgeordneten gelten entgegen der Entstehungsgeschichte, wonach durch § 36 die Indemnitätsvorschriften der Landesverfassungen, die teilweise weitergehen als § 36 (zB überwiegend verleumderische Beleidigungen nicht ausschließen), verdrängt werden sollten (BT-Drs. 3713, 20; BTag 1/1300; BT-Drs. IV/650, 692, 703 und BT-Drs. V/4095, 17), diese Vorschriften neben § 36 fort (München JuS **75**, 326; LG Koblenz NJW **61**, 125; v. Mangoldt-Klein II 1 zu Art. 46; Baumann/Weber § 6 I 2 b; SK-Samson 2; aM M-Zipf § 11, 42; Rinck aaO). Denn diese Vorschriften stellen ebenso wie Art. 46 I GG trotz ihrer starken Komponente schon nach ihrer komplexen Wirkung (Verbot auch disziplinarrechtlicher, ehrengerichtlicher, polizeilicher und zivilrechtlicher hoheitlicher Zugriffe, vgl. Karlsruhe NJW **56**, 1840) Verfassungsrecht dar, zu dessen Änderung dem Bund die Kompetenz fehlt. Daraus folgt: Begeht der Abgeordnete die Tat innerhalb seines Landes, so gilt auch bei Strafverfolgung außerhalb (nach den Regeln des interlokalen Strafrechts, vgl. 23 vor § 3) die etwa weitergehende Verfassungsnorm seines Landes; begeht er jedoch die Tat außerhalb (Distanzdelikt oder bei einer Besichtigungsfahrt) und wird sie auch außerhalb verfolgt, so greift allein § 36 ein, der ausschließlich strafrechtliche Bedeutung hat (E 1962, 162; StGH Bremen MDR **68**, 24; Ber. zum 2. StrRG 17; LK 12; str.; aM Rinck aaO; D. Jung JuS **83**, 384).

3) Nur die **Mitglieder** des Gesetzgebungsorgans des Landes der BRep. **3** (NJW **54**, 1252) im eigentlichen Sinn schützt § 36, nicht auch Beamte oder Angestellte des Organs. Minister, die zugleich Abgeordnete sind, sind nicht geschützt, wenn sie in ihrer Eigenschaft als Minister in den Gremien sprechen, da sie dann nicht der autonomen Ordnungsgewalt der Körperschaft unterliegen (str.; vgl. LK 4; Maunz-Dürig 22, 23 zu Art. 43, 8 zu Art. 46; Graul NJW **91**, 1717). Ob BT-Abgeordnete auch geschützt sind, wenn sie als Mitglieder des Vermittlungsausschusses tätig werden, läßt sich wegen der Sonderstellung des Ausschusses bezweifeln (bejahend LK 10; verneinend SchSch-Lenckner 4). Gleiches gilt für den Richterwahlausschuß (Art. 95 II GG, § 62 GeschO-BTag, § 5 RichterwahlG) und für den Gemeinsamen Ausschuß nach Art. 53 a GG (vgl. StrABTag BT-Drs. V/ 4095, 17).

4) Äußerungen jeder Art (mündlich, schriftlich, durch Gebärden, jedoch **4** nicht bloße Tätlichkeiten) schützt § 36, wenn sie im Plenum der Körperschaft oder in einem ihrer Ausschüsse, dh in einem in ihr gebildeten selbständigen Gremium, zB auch im Präsidium, einem Untersuchungsausschuß, der Parlamentarischen Kontrollkommission (Ges. v. 11. 4. 1978, BGBl. I 453; III 12–3) oder in einer Fraktion und deren Arbeitskreisen (LK 7 ff.; hM) getan werden und in Beziehung zur Tätigkeit des Organs stehen, wobei die Äußerung nach außerhalb der bestimmungsmäßigen Tagungsräume, zB bei einer Besichtigungsfahrt, fallen kann. Die besonders genannte **Abstimmung** ist eine Form der Äußerung. Nicht geschützt sind verleumderische Beleidigungen (§§ 187, 187 a II, 90 III, 103; Dreher JZ **53**, 423) und Äußerungen außerhalb der Gremien, zB im Parteivorstand oder bei Wahlversammlungen. Ob eine Verleumdung gegeben ist, entscheidet nicht die Körperschaft, sondern das Gericht.

§ 37

AT Zweiter Abschnitt. Fünfter Titel

Parlamentarische Berichte

37 Wahrheitsgetreue Berichte über die öffentlichen Sitzungen der in § 36 bezeichneten Körperschaften oder ihrer Ausschüsse bleiben von jeder Verantwortlichkeit frei.

1 **1) Die Privilegierung der Parlamentsberichte** durch § 37 idF des 2. StrRG stellt strafrechtlich eine Erlaubnis für bestimmte Berichte und damit einen Rechtfertigungsgrund für jeden an der Berichterstattung Beteiligten dar, so daß Notwehr ausscheidet und auch Strafbarkeit des Berichtsinhalts iS des § 74 d I entfällt (Braunschweig NJW **53**, 516; LK- Tröndle 2 mwN; hM; aM SchSch-Lenckner 1; Lackner 1; Baumann § 6 I 2b, Strafausschließungsgrund). Für Irrtumsfälle gilt 20 ff. zu § 16.

2 **2)** Nur auf Berichte über Sitzungen **der in § 36 bezeichneten Körperschaften** und ihrer Ausschüsse (2, 4 zu § 36) bezieht sich § 37 (vgl. NJW **54**, 1252; Braunschweig NJW **53**, 516). Für das Verhältnis zu den entsprechenden Verfassungsvorschriften der Länder gilt 2 zu § 36, doch ergeben sich Differenzen hier nur im Falle Art. 22 II BayVerf., der Wiedergaben von Ehrenverletzungen von der Privilegierung ausnimmt.

3 **3) Berichte** (schriftliche, mündliche, durch Hör- oder Bildfunk übermittelte) sind privilegiert, wenn sie den Verlauf öffentlicher Sitzungen der Gremien (also nicht zB von Wahlversammlungen (2. 12. 1954, 3 StR 922/52), und zwar grundsätzlich ohne Meinungsäußerungen des Berichterstatters, in einem Gesamtbericht (uU auch in Fortsetzungen) mindestens zu einem Punkt der Tagesordnung, wenn auch nicht wörtlich und lückenlos, so doch objektiv und umfassend richtig schildern, wobei auch persönliche Bemerkungen, Zwischenrufe und Tätlichkeiten mitgeteilt werden können, der Bericht sich aber nicht auf Einzelvorgänge in der Sitzung, zB einzelne Reden, beschränken darf (RG **18**, 207; Dreher JZ **53**, 423; LK 5 f.). Die Privilegierung bezieht sich nur auf die inhaltliche Wiedergabe des Sitzungsverlaufs, nicht auch auf ein damit verbundenes Presseordnungsdelikt (RG **28**, 49; str.).

Dritter Abschnitt

Rechtsfolgen der Tat

Vorbemerkungen

1) Das System der Rechtsfolgen, dh der staatlichen Reaktionen auf eine 1
Straftat oder rechtswidrige Tat (§ 11 I Nr. 5; 9 vor § 25), ist **zweispurig** (1 vor
§ 61, dualistisches System): Voraussetzungen und Zumessungsgrundlage (§ 46 I
S. 1) der Strafe ist die Schuld des Täters, während die in die Zukunft gerichteten
vorbeugenden Maßnahmen (§ 11 I Nr. 8), vor allem die Maßregeln der Besserung und Sicherung (§§ 61 ff.), dem Schutzzweck des Strafrechts dienen und
daher auch ohne Schuld des Täters oder wenigstens unabhängig vom Maß der
Schuld angeordnet werden können (1 vor § 61).

Schrifttum: *Horn,* Die strafrechtlichen Sanktionen, 1975; *R. Schmitt,* Würtenberger-FS 277; *Müller-Dietz,* Grundfragen 67 u. NStZ **83**, 148; zur Entwicklung der Strafzumessung von 1882 bis 1979: *Heinz* MSchrKrim. **81**, 148 u.
Jescheck-FS 961; *Jescheck,* Klug-FS 257; *Müller-Christmann* JuS **90**, 801; ferner
über Sanktionen ohne Freiheitsentzug: *Dölling* ZStW **104**, 259, *Horn* JZ **92**, 828;
Schöch, Gutachten DJT 1992 S. 97 und *Weigend* GA **92**, 345; *Terdenge,* Strafsanktionen in Gesetzgebung und Gerichtspraxis, 1983; *Dolde/Rössner,* Freiheitsstrafe
als Freizeitstrafe, ZStW **99**, 424; *Kaiser* Einf. § 73; *Eisenberg* HdbKrim. V 15
(jeweils auch *kriminalstatistisch*). Vgl. zur **Überprüfung des Sanktionensystems** 55. DJT Bd. II S. L 192, IV 3 a; Beschluß BTag zu Drs. 5/86 Nr. 2; Entwurf SPD BT-Drs. 10/3636 Art. 2 Nr. 2; Bericht BReg. BT-Drs. 10/5828.
Rechtsvergleichung: Standardwerk: *Jescheck,* Die Freiheitsstrafe und ihre Surrogate im deutschen und ausländischen Recht 1983/84, 3 Bde. insb. S. 1939 ff.
(zit. Jescheck, FreihStr.).

2) Strafen sind die Geldstrafe, Vermögensstrafe und Freiheitsstrafe (vor 2
§ 40, 1, 1a zu § 38), die sog. **Hauptstrafen,** die als solche auch kombiniert
werden können (§§ 41, 43 a, 53 II S. 2). Für ihre alternative Wahl gilt die Regel
des § 47. Zu den Hauptstrafen können zusätzlich als **Nebenstrafen** treten das
Fahrverbot (§ 44), der Verlust von Fähigkeiten und Rechten (§ 45 II, V) sowie in
gewissen Fällen die generell zu den Maßnahmen gehörende Einziehung (2 zu
§ 74). **Nebenfolgen** sind der automatisch an eine Hauptstrafe geknüpfte Verlust der Amtsfähigkeit, der Wählbarkeit und der Stimmrechts (§ 45 I) sowie die
Bekanntmachung der Verurteilung nach den §§ 165, 200. **Modifiziert** wird das
Strafensystem durch folgende Reaktionsmöglichkeiten (vgl. Naucke Jura **79**,
426):

a) Absehen von der öffentlichen Klage unter Erteilung von Auflagen 3
(§ 153 a StPO; hierzu Schrifttum und stat. Angaben 13 zu § 248 a), die keine
Strafen sind (Dreher, Welzel-FS 938; str.); **b) Schuldspruch,** der das sozialethische Unwertsurteil ausspricht, aber **Absehen von Strafe** (so nach der Generalvorschrift des § 60, sonst nach zahlreichen Einzelvorschriften; vgl. 7 zu § 23).
Die mitunter vorgeschlagene (schlichte) „Verwarnung mit Auflagen" wurde
gesetzgeberisch abgelehnt (BReg. BT-Drs. 10/5828,5); **c) Schuldspruch mit
Verwarnung** unter Vorbehalt der Verurteilung zu einer bereits bestimmten
Strafe nach einer Bewährungszeit, was nur bei Geldstrafe bis zu 180 Tagessätzen
möglich ist und mit Auflagen verbunden werden kann (§§ 59 ff.), die ebenfalls
keine Strafen sind (3 zu § 56 b); **d) Aussetzung der Vollstreckung einer zei-**

Vor § 38 AT Dritter Abschnitt. Erster Titel

tigen **Freiheitsstrafe** zur Bewährung unter Erteilung von Auflagen und/oder Weisungen (§§ 56 ff.); **e) Aussetzung der Vollstreckung des Restes einer** zeitigen oder lebenslangen **Freiheitsstrafe** zur Bewährung unter Erteilung von Auflagen und/oder Weisungen (§§ 57, 57a); **f) Verzicht** auf die Vollstreckung der Geld- oder Ersatzfreiheitsstrafe (§§ 459d, 459f StPO).

4   3) **Maßnahmen** sind nach § 11 I Nr. 8 **A. Maßregeln der Besserung und Sicherung,** die teils freiheitsentziehende (§ 61 Nr. 1 bis 3), teils solche ohne Freiheitsentziehung (§ 61 Nr. 4 bis 6) sind, miteinander kombiniert (§ 72) und größtenteils auch zur Bewährung ausgesetzt werden können (§§ 67b, 67c, 67d II, 70a) und dann mit der Führungsaufsicht verbunden werden (§ 68 II). Teils sind sie an gleichzeitige Verurteilung zu Strafe gebunden (§§ 66, 68 I), idR können sie aber auch ohne solche Verurteilung gegenüber Tätern ohne Schuld angeordnet (§§ 63, 64, 69, 70; vgl. auch § 71), jedoch auch mit Strafen kombiniert
5 werden (§§ 63, 64, 69, 70). **B. Verfall** (§§ 73 ff.; 1 zu § 73) und **Einziehung** (§§ 74 ff.), die nicht nur Nebenstrafe (oben 2), sondern auch reine Sicherungsmaßnahme sein kann (2 zu § 74), sowie **Unbrauchbarmachung** (§ 74 d). Sie können mit Strafen und Maßregeln kombiniert, aber auch isoliert angeordnet werden (§ 76a). Zu den Maßnahmen des Nebenstrafrechts vgl. 36 zu § 11.

6   4) **Das Wehrstrafrecht** kennt als weitere Hauptstrafe den Strafarrest (§ 9 WStG), der in Ausnahmefällen mit Freiheitsstrafe ieS kombiniert werden kann (§ 13 II S. 2, III WStG); das WStG schränkt den Anwendungsbereich der Geldstrafe ein (§ 10 WStG) und hat eigene Vorschriften über die Strafaussetzung zur Bewährung bei Freiheitsstrafe und Strafarrest (§§ 14, 14a WStG).

7   5) **Das Jugendstrafrecht** hat **A.** insoweit ein **besonderes Rechtsfolgensystem,** als es Erziehungsmaßregeln (§§ 9 ff. JGG) und Zuchtmittel (§§ 13 ff. JGG), als freiheitsentziehende Sanktion die Jugendstrafe (§§ 17 ff. JGG), auch von unbestimmter Dauer (§ 19 JGG), und die Möglichkeit der Aussetzung zur Bewährung nicht nur der verhängten Strafe (§§ 21 ff. JGG), sondern auch bereits ihrer Verhängung selbst (§ 27 ff. JGG) kennt. Die Jugendstrafe ist gegenüber der Freiheitsstrafe des § 38 die mildere Strafe; sie durch eine gleich hohe Freiheitsstrafe zu ersetzen, verstößt gegen das Schlechterstellungsverbot, BGH **29**, 269. Zur Anwendung des Jugendrechts auf **Heranwachsende** (§ 1 II JGG) und Milderung des allgemeinen Strafrechts für sie vgl. §§ 105, 106 JGG; 8b zu § 46; **B.** ein **eingeschränktes Maßregelsystem** (nach § 7 JGG nur die in § 61 Nr. 1, 2, 4 und 5 StGB genannten Maßregeln) und kennt die **Nebenfolgen** des StGB (oben 2) **nicht** (§ 6 JGG). Auf das Rechtsmittel eines zur Tatzeit Heranwachsenden, der nach dem Erwachsenenstrafrecht der DDR verurteilt wurde, ist der Rechtsfolgenausspruch zur Prüfung, ob die Anwendung des Jugendstrafrechts in Betracht kommt, aufzuheben (25. 1. 1991, 2 StR 614/90).

8   6) **Landesrechtliche Vorschriften** dürfen nur die in Art. 3 EGStGB zugelassenen Rechtsfolgen vorsehen. Zur Anpassung der Strafdrohungen in den fortgeltenden **Straftatbeständen des StGB-DDR** vgl. 30 vor § 3 und Art. 315 II, IV, 315c EGStGB.

9   7) Zu den **Sanktionen außerhalb des Kriminalrechts** vgl. LK-Tröndle 62 bis 76; Kürzinger in Jescheck, FreihStr. 1775 ff. Zu Versuchen einer Bewältigung der Kriminalität außerhalb förmlicher Justizverfahren **(Diversion)** Blau Jura **87**, 25 mwN; zu „Alternativen zum Strafrecht" M. Walter UniKöln-FS 557; Naucke JuS **89**, 866; Heinz ZRP **90**, 7 (Jugendstrafverfahren); Ludwig, Diversion: Strafe im neuen Gewand, 1989 (hierzu Müller-Dietz GA **90**, 274 u. Miehe ZStW **103**, 469; Schöch u. Dölling in Jehle [2 zu § 46] 253, 323); siehe hierzu §§ 45, 47 JGG idF d. 1. JGGÄndG v. 30. 8. 1990 (BGBl. I 1853), Böttcher/Weber NStZ **90**, 561; Deichsel MSchrKrim **91**, 224; Dölling HdwbKrim V 275.

Strafen § 38

Erster Titel. Strafen

Freiheitsstrafe

Dauer der Freiheitsstrafe

38 ᴵ **Die Freiheitsstrafe ist zeitig, wenn das Gesetz nicht lebenslange Freiheitsstrafe androht.**

ᴵᴵ **Das Höchstmaß der zeitigen Freiheitsstrafe ist fünfzehn Jahre, ihr Mindestmaß ein Monat.**

1) Die Vorschrift idF des 2. StRG bringt wesentliche Reformziele der bei- 1 den StrRG zum Ausdruck, nämlich einmal die Verschmelzung früherer vier Strafarten (Zuchthaus, Gefängnis, Einschließung und Haft) zur **Freiheitsstrafe** (Ber. BT-Drs. V/4094, 8); zum anderen als Kompromiß-Ergebnis des langjährigen Kampfes gegen die kurze Freiheitsstrafe (Ber. BT-Drs. V/4095, 17 gegen § 36 I S. 1 AE, der die Mindeststrafe auf 6 Monate heraufsetzen wollte) die Heraufsetzung des Mindestmaßes der Freiheitsstrafe auf 1 Monat (vgl. Tiedemann ZStW **86**, 335f.; Zipf JuS **74**, 138; Horstkotte ZStW Beih. 1974, 46; BMJ-FS 349 ff.; Kürzinger in Jescheck, FreihStr. S. 1800). Weigend (JZ **86**, 260) weist nach, daß der „Kreuzzug gegen die kurze Freiheitsstrafe der rationalen Begründung entbehre" und tritt – mit gewissen Vorbehalten – für deren Beibehaltung und für eine vorsichtige Lockerung des § 47 ein.

Den Begriff der Freiheitsstrafe verwendet das StGB nicht stets ieS des 1a § 38. Neben der Freiheitsstrafe sind im Jugendstrafrecht die Jugendstrafe und im Bereich des WStG der Strafarrest erhalten geblieben. Folglich ist zwischen Freiheitsstrafe iS jeder freiheitsentziehenden Strafe, dh unter Einschluß von Jugendstrafe und Strafarrest, und der Freiheitsstrafe ieS des § 38 zu unterscheiden. An manchen Stellen kommt auch Freiheitsstrafe iS des § 38 und Strafarrest, aber nicht Jugendstrafe in Betracht (so in §§ 12 II, 53, 54 III) oder nur Freiheitsstrafe iS des § 38 und Jugendstrafe, nicht aber Strafarrest (so in §§ 60, 66 I Nr. 1, § 67b I S. 2, §§ 67c I, 67d, 68f., 79 III, V). Der Unterschied ist leider nicht in den gesetzlichen Bezeichnungen zum Ausdruck gekommen, so daß jeweils nach dem Sinngehalt der Vorschrift festgestellt werden muß, welcher Begriff gemeint ist; iwS ist er zB gebraucht in §§ 12, 39, 44, 51, 57 I Nr. 1, §§ 60, 66 I Nr. 1, 2, §§ 67, 67c, 68, 70a III, 78, 79; ieS in den §§ 43, 45, 47, 49 II, 66 I (am Anfang), II. Rechtsnachteile, die nach einzelnen verfahrensrechtlichen Gesetzen für Ordnungsverstöße angedroht sind und keine kriminellen Strafen darstellen (zB Ordnungshaft in §§ 51, 70 StPO, §§ 380, 390, 619 III, 653 II, 890 ZPO, vgl. auch §§ 177, 178, 182 GVG) sind ebenso erhalten geblieben wie die Zwangs- und Beugemaßnahmen (zB Zwangshaft in § 888 ZPO, §§ 9ff. VwVG, § 85 I ArbGG); Art. 3 ff., insbesondere Art. 7 des 1. StrRG beziehen sich nur auf kriminelle Strafen.

2) Die Dauer der Freiheitsstrafe ist entweder **A. lebenslang,** so als abso- 2 lute Strafe in § 211 (Mord) und § 220a I Nr. 1, mit der Möglichkeit einer milderen Strafe auch in den §§ 80, 81 I, 94 II, 97a, 100 II, 212 II, 220a Nr. 2 bis 5, 229 II, 239a II, 251, 252, 255, 307, 310b III, 311a III, 312, 316a, 316 II, 319. Nach Abschaffung der *Todesstrafe* (Meurer HRG V 264) durch Art. 102 GG (vgl. auch Bek. v. 29. 9. 1989, BGBl. II 814) ist die lebenslan-

265

§ 38

ge Freiheitsstrafe, bei Anwendung des allgemeinen Strafrechts ev. auch für altersmäßig gereifte Heranwachsende (§ 106 I JGG; vgl. 8b zu § 46) die schwerste Strafe (*stat. Angaben* Kürzinger in Jescheck FreihStr. S. 1811, 1896; Schwind, Wassermann-FS 1034; Laubenthal 69). Sie ist für Mord **verfassungsgemäß** (BVerfGE **45**, 187, hierzu Schmidhäuser JR **78**, 265; Griffel DRiZ **78**, 65; Beckmann GA **79**, 441; BVerfGE **62**, 471; **64**, 270; vgl. auch BGH NJW **76**, 1755 L; Vogel DRiZ **76**, 354; Dreher, Lange-FS 327; aM LG Verden NJW **76**, 980; Beckmann DRiZ **77**, 108; weit. Nachw. Schrifttumsübersicht LK 4; Jescheck/Triffterer [Hrsg.], Ist die lebenslange Freiheitsstrafe verfassungswidrig? 1978). Im Hinblick auf den modernen Behandlungsvollzug nach dem StVollzG gilt dies selbst dann, wenn sie ausnahmsweise voll vollzogen wird (vgl. BVerfG NJW **78**, 2591; BVerfGE **54**, 14). Die Menschenwürde ist dadurch nicht verletzt; „denn der staatlichen Gemeinschaft ist es nicht verwehrt, sich gegen einen gemeingefährlichen Straftäter durch Freiheitsentzug zu sichern." Wohl aber erhob BVerfGE **45**, 187 u. a. die Forderung, die Merkmale der Heimtücke und der Verdeckungsabsicht einengend auszulegen, was GrSenBGH **30**, 105 unterließ und statt dessen auf bedenkliche Weise (2a, 17 zu § 211) auf die allgemeine Strafzumessungsvorschrift des § 49 auswich. Auch bei Versuch, Beihilfe und verminderter Schuldfähigkeit ist lebenslange Freiheitsstrafe jedenfalls dann möglich, wenn sie wegen beträchtlicher schulderhöhender Umstände der Tat verhältnismäßig ist (BVerfGE **50**, 5), nicht jedoch in den Fällen des 28 I. Vor Anwendung der lebenslangen Freiheitsstrafe auf Heranwachsende ist § 106 I JGG zu prüfen (BGH **31**, 190 m. Anm. Eisenberg JZ **83**, 509). Ist die Freiheitsstrafe nicht ausdrücklich als lebenslang

3 angedroht (**I**), so ist sie **B. zeitig. II** bestimmt ihr **Höchstmaß mit 15 Jahren** (abw. § 44 II E 1962 und GesE d. Fraktion CDU/CSU, BT- Drs. 8/322; 8/1945 S. 14; vgl. aber BTag 8/14055), das auch im Falle einer **Gesamtstrafe** nicht überschritten werden darf; auch mit der Verhängung einer **Vermögensstrafe** nach § 43a ist keine Strafrahmenerweiterung verbunden, so daß eine Vermögensstrafe bei Ausschöpfung des Höchstmaßes von 15 Jahren zusätzlich nicht verhängt werden darf (BT-Drs. 11/5461, 6; J. Meyer ZRP **90**, 87; Lemke StV **90**, 89; vgl. § 54 II S. 2 idF des OrgKG, 1 zu § 43a). Eine höhere Vollzugsdauer kann sich aber ergeben, wenn im Rahmen des § 41 neben der Freiheitsstrafe auf Geldstrafe erkannt ist, deren Ersatzfreiheitsstrafe zu vollstrecken ist, oder wenn aus mehreren Urteilen zu vollstrecken ist, ohne daß § 55 gegeben ist (Hamm NJW **71**, 1373; SchSch-Stree 8 zu § 53; Lackner 16 zu § 55). Das Mindestmaß von 1 Monat darf zwar über- aber nicht, auch nicht nach **Landesrecht** unterschritten werden (Art. 3 II Nr. 2 EGStGB). Nennt die einzelne Strafdrohung kein Maß, so gilt das des § 38. *Stat. Angaben:* Kürzinger in Jescheck FreihStr. S. 1818. Das Landesrecht darf auch kein niedrigeres Höchstmaß als 6 Monate und kein höheres als 2 Jahre androhen, Art. 3 EGStGB. Die Maßeinheiten, in denen zeitige Freiheitsstrafe zu verhängen ist, bestimmt § 39.

4 **3) Für den Vollzug der Freiheitsstrafe** gilt das StVollzG; dazu Müller-Dietz NJW **76**, 913 und Kommentare von Calliess/Müller-Dietz und von Grunau; Kürzinger in Jescheck FreihStr. S. 1851 und die Schrifttumsübersicht bei LK 2. Das Gesetz regelt auch den Vollzug des Strafarrests in Justizvollzugsanstalten (§§ 167 ff.), nicht aber den der Jugendstrafe.

Strafen § 39

Bemessung der Freiheitsstrafe

39 Freiheitsstrafe unter einem Jahr wird nach vollen Wochen und Monaten, Freiheitsstrafe von längerer Dauer nach vollen Monaten und Jahren bemessen.

1) Die Vorschrift idF des 2. StrRG regelt, nach welchen zeitlichen Maßeinheiten das erkennende Gericht die zeitige Freiheitsstrafe zuzumessen hat. § 39, der das richterliche Ermessen nach § 46 einengt, **unterscheidet** dabei zwischen Strafen von **1 Jahr und mehr,** die nach vollen Monaten und Jahren, und Strafen **unter 1 Jahr,** die nach vollen Wochen (die auch, sobald 1 Monat überschritten wird, isoliert verhängt werden dürfen, so zB 6 Wochen, Bay NJW **76,** 1951; dazu krit. Blei JA **76,** 801) und Monaten zu bemessen sind.

2) Einzelstrafen: A. Unzulässig sind zB Strafen von 1 Jahr und 2 Wochen oder 1 Jahr und 3 Tagen (wegen der Unbestimmbarkeit der gerechten Strafe; Ber. BT-Drs. V/4094, 8; 9 ff. zu § 46).

B. Auf Bruchteile von Zeiteinheiten wie ein halbes Jahr oder einen halben Monat darf nicht erkannt werden (RG **46,** 304; Düsseldorf NStE § 56 Nr. 15), wobei aber Umdeutung einer falschen Bezeichnung wie „ein Vierteljahr" in 3 Monate möglich ist, RG GA Bd. **51,** 355; werden unzulässigerweise zB 3⅕ Jahre festgesetzt, so darf das Revisionsgericht die Strafe auf das zulässig nächstniedere Maß herabsetzen (3 Jahre, 1 Monat), EzSt Nr. 1. Doch zwingt die Regelung in §§ 49, 50 zu differenzierten Höchstmaßen, die von dem Grundsatz nach § 39 abweichen (5 zu § 49; vgl. jedoch LK-Tröndle 6);

C. Das Mindestmaß von 1 Monat darf grundsätzlich nicht unterschritten werden. **Ausnahmen** gelten nach § 43 S. 3 für die **Ersatzfreiheitsstrafen** (1 Tag), jedoch beträgt das Mindestmaß der Freiheitsstrafe im Fall der Uneinbringlichkeit einer Vermögensstrafe nach § 43 a III S. 2 einen Monat. Eine Restgeldstrafe von 1,50 DM darf also selbst dann nicht in eine Ersatzfreiheitsstrafe umgewandelt werden, wenn der niedrigste Tagessatz festgesetzt war (2 DM, § 40 II S. 3). Wegen eines Teilbetrages, der keinem vollen Tag Freiheitsstrafe entspricht, darf keine Vollstreckung der Ersatzfreiheitsstrafe angeordnet werden (§ 459 e III StPO). Auch die Strafmilderung muß an dem gesetzlichen Mindestmaß haltmachen (§ 49). Wenn neben einer Freiheitsstrafe von 1 Jahr eine Geldstrafe nach § 41 (ohne Bildung einer Gesamtstrafe nach § 53 II) verhängt wird, bei der die Ersatzfreiheitsstrafe weniger als 1 Monat beträgt, so ist das, auch wenn sie zu vollstrecken ist, keine Ausnahme von der Regel des § 39; es handelt sich um zwei Strafen.

D. Die Anrechnung von UHaft und sonstiger Freiheitsentziehung nach § 51 ist keine Bemessung iS des § 39, so daß die noch zu verbüßende Strafe zB 1 Jahr, 3 Monate und 2 Tage betragen kann.

3) Gesamtstrafen werden (abw. von § 39) nach § 54 I S. 1, II S. 1 wie folgt gebildet: **A.** Bei Gesamtstrafen **unter 1 Jahr** kommt eine Bemessung nach Wochen zum Zuge, wenn zB aus Einzelstrafen von je 1 Monat eine Gesamtstrafe zu bilden ist. **B.** Bei Gesamtstrafen von **1 Jahr und mehr** muß zwar bei 2 Einzelstrafen von 1 Jahr die niedrigstmögliche Strafe 1 Jahr und 1 Monat betragen (vgl. NJW **57,** 1643), doch dann die Gesamtstrafe zB dann auf 1 Jahr und 1 Woche lauten, wenn die Einzelstrafen 1 Jahr und 1 Monat (oder 1 Jahr und Geldstrafe von 20 Tagessätzen) betragen, 3. 5. 1980, 1 StR 121/80; BGH **16**, 167; Hamm NJW **79**, 118; Bringewat 167. Kann eine Strafe, weil sie bereits vollstreckt ist, nicht mehr zu einer Gesamtstrafe herangezogen werden, so kann der erforderliche Härteausgleich zu einer Strafe nach Jahren, Monaten und Wochen führen, NJW **89**, 236 m. krit. Anm. Bringewat JR **89**, 248.

Geldstrafe

Vorbemerkung

1 1) **Das System der Geldstrafe,** die infolge von § 47 (§ 14 aF) die Freiheitsstrafe immer mehr verdrängt (1968: Geldstrafen 63%, seit 1975 bis 1989 auf 82,7% angestiegen; vgl. LK 28 ff. mwN; Heinz MSchrKrim **81**, 168), das aber erfolgreich nur sein kann, wenn sie sinnvoll und so wirksam verhängt wird, daß sie die Strafziele ebenso erreicht wie die Freiheitsstrafe, wurde durch das 2. StRG auf das aus Skandinavien stammende (Erfahrungen und Schrifttum bei Thornstedt ZStW **86**, 595; in Schweden und Dänemark inzwischen aber Abschaffung erwogen, vgl. Tröndle, ÖJZ **75**, 599; Grebing ZStW **88**, 1049; Jescheck, Bockelmann-FS 151) **Tagessatzsystem** umgestellt. Das System war schon in den §§ 51 ff. E 1962 (Begr. 169; Ndschr. **1**, 155, 173, 211, 375; **4**, 243 ff., 250 ff., 352) und im Anschluß an §§ 35 ff. E Baumann 1962 (Laufzeitgeldstrafe) in §§ 49 ff. AE vorgesehen (Ber. BT-Drs. V/4095, 20 = Ber. I; Prot. V/9, 259 ff., 561, 579, 639, 844, 2035, 2048, 2171 ff., 2194, 2619); es hat die geltende Fassung durch das EGStGB erhalten (Ber. BT-Drs. 7/1261, 4 = Ber. II; Prot. 7/632, 644, 645). Zur Entwicklung in der **Praxis:** BT-Drs. 7/1089, 8/4130; 10/5828,3, Schöch in Jehle [2 zu § 46] 263 u. DJT C, 26, 83; Weigand GA **92**, 351; Horn JZ **92**, 828.

2 2) **Das Prinzip** des Tagessatzsystems besteht, wie sich aus § 40 II S. 1 ergibt, darin, daß unter Beachtung der allgemeinen Regeln für den Strafzumessungsakt (7 zu § 46) **a)** im **1. Zumessungsakt** unter Heranziehung sämtlicher Strafzumessungstatsachen mit Ausnahme der finanziellen Belastungsfähigkeit des Täters (BGH **26**, 325) die Zahl der Tagessätze (4 zu § 40) und **b)** im **2. Akt** auf der Grundlage der finanziellen Belastbarkeit des Täters (§ 40 II) die Höhe des einzelnen Tagessatzes bestimmt wird *(Grundsatz der Opfergleichheit),* woraus sich durch Multiplikation mit der Zahl der Tagessätze die zu entrichtende Geldsumme ergibt (5 ff. zu § 40). **c)** Erst in einem **3. Akt** wird geprüft, ob und welche Zahlungserleichterungen (§ 42) bewilligt werden. Diese 3 Akte sind grundsätzlich auseinanderzuhalten. Es geht insbesondere nicht an, vorweg die Summe der Strafe festzulegen und sie hinterher in Tagessätze zu zerlegen. Freilich stehen diese Akte nicht isoliert nebeneinander (str.; aM wohl Koblenz NJW **76**, 1276): So sind zB bei einem Notdiebstahl oder einem Meineid aus wirtschaftlicher Bedrängnis die wirtschaftlichen Verhältnisse des Täters, die grundsätzlich in den 2. Akt gehören, auch schon beim ersten zu berücksichtigen (4 zu § 40) und bei einer hohen Anzahl von Tagessätzen kann es sich aufdrängen, die Höhe des Tagessatzes zu senken (BGH **26**, 331; str.; vgl. 24 zu § 40), um die Strafe innerhalb der Belastbarkeitsgrenze des Täters zu halten. Das System wird noch durch die §§ 459 ff. StPO ergänzt, wonach das Gericht in gewissen Fällen auf Vollstreckung der Geldstrafe (§ 459 d StPO) oder den Ersatzfreiheitsstrafe (§ 459 f StPO) verzichten kann.

Strafen   Vor § 40

3) Die Vorteile des Systems liegen darin, daß **A.** die Bewertung der Tat 3
aus der Zahl der Tagessätze (auch im Zentralregister, § 5 III BZRG) ohne
Rücksicht auf Reichtum oder Armut des Täters hervorgeht; **B.** der Richter
gezwungen wird, die Höhe des Tagessatzes nach der finanziellen Lei-
stungsfähigkeit des Täters rational und gerechter als nach dem alten Geld-
summensystem zu bestimmen (§ 40 II, III); **C.** sich das Problem der Ersatz-
freiheitsstrafe mühelos löst (§ 43); **D.** die Zahl der Ersatzfreiheitsstrafen,
die verbüßt werden, durch die individualisierte Zumessung iVm § 42 und
§§ 459c ff. StPO sinkt; **E.** die Vollstreckungsverjährung sich nicht unge-
recht nach der Höhe der Geldstrafe (§ 70 I Nr. 5, 6 aF), sondern gerecht
nach der Zahl der Tagessätze richtet (§ 79 III Nr. 4, 5); **F.** die Funktion der
Abschöpfung des Verbrechensgewinns kaum noch eignet (J. Meyer ZRP **90**,
86) und auch § 41 für eine Vermögensabschöpfung nur eingeschränkt taug-
lich ist (vgl. 4 zu § 41), hat das OrgKG (1 zu § 43a) mit der **Vermögens-
strafe** nach § 43a eine verfassungsrechtlich bedenkliche konfiskatorische
Geldstrafe eingeführt (vgl. zur Kritik 3 zu § 43a); **G.** bei Bildung einer
Gesamtstrafe aus Freiheitsstrafe und Geldstrafe ein leichter Berechnungs-
maßstab für die Geldstrafe gewonnen ist (§ 54 III); ebenso bei § 47 II S. 2.
Die **Nachteile**, die jedem Geldstrafensystem anhaften, sind zB daß die
Geldstrafe einerseits abwälzbar ist, anderseits auch Unbeteiligte trifft, die
wirtschaftlich vom Täter abhängen, Labile gereizt werden können, sich das
Geld für die Strafe illegal zu verschaffen, Habenichtse entweder zu gut oder
zu schlecht behandelt werden müssen und die Inhaber von Vermögen viel-
fach besser gestellt werden als die vom laufenden Einkommen Lebenden.
Die Schwierigkeiten bei der Ermittlung eines gerechten Tagessatzes (vgl.
5 ff. zu § 40) bestanden latent bei der Geldstrafe alter Art auch; daß sie jetzt
ernst genommen werden, ist ein Gewinn, der allerdings nicht durch un-
praktikable Methoden aufs Spiel gesetzt werden darf (14 zu § 40; vgl. LK-
Tröndle 61 zu § 40; Hillenkamp, Lackner-FS 456), der freilich mit der
Kehrseite erkauft wird, daß er in den gesetzlich nicht geklärten Fällen der
Gesamtstrafenbildung bei unterschiedlicher Tagessatzhöhe (8 ff. zu § 55)
schwer lösbare Probleme schafft. Keinesfalls darf der Richter das System
dadurch zerstören, daß er sich zunächst eine bestimmte Geldstrafe als Er-
gebnis vorstellt und diese dann in eine bestimmte Zahl von Tagessätzen
aufteilt. Er sollte aber, auch wenn die Ersatzfreiheitsstrafe als solche ge-
recht sein soll, auch nicht von einer gedachten Ersatzfreiheitsstrafe ausge-
hen (Ber. I 22; LK 10 ff. zu § 40; Jescheck, Würtenberger-FS 269; **aM** BGH
27, 72; Horn NJW **74**, 625; Jura **80**, 113; SK 4 zu § 40; Frank JA **76**, 238;
SchSch-Stree 4 zu § 40), wie es überhaupt bedenklich erscheint, die Tages-
satzgeldstrafe und die Freiheitsstrafe „zeitquantitativ" ineinszusetzen, so
Horn aaO; Kadel [unten 5], 19; hiergegen Tröndle MDR **76**, 260; LK 10 ff.
zu § 40; Grebing SchweizZSt. **81**, 53; Bruns 75.

4) Die Verwarnung mit Strafvorbehalt, die bei Geldstrafe bis zu 4
180 Tagessätzen nach §§ 59 ff. möglich ist, ergänzt das Geldstrafensystem.

Vor § 40 AT Dritter Abschnitt. Erster Titel

5 **5) Schrifttum:** *Baumann* JZ 63, 773 u. ZRP 74, 78; *Bems*, Die Geldstrafe nach dem Tagessatzsystem und das Verbot der reformatio in peius, Diss. 1980; *Horstkotte* JZ 70, 125 u. VGT 1976, 77; *Lackner* JZ 63, 617; *Lorenz* DRiZ 63, 21; *Nowakowski* ÖJZ 72, 200; *Eb. Schmidt* MDR 63, 630; *Schramm* DRiZ 62, 54; *Seib* DAR 75, 104 u. NJW 76, 2202; *Serini* ÖJZ 72, 323; *Tröndle*, BA 66, 457, 71, 73, MDR 72, 461, ZStW 86, 545 u. ÖJZ 75, 589; *Zipf*, Die Geldstrafe, 1966, MDR 65, 632, ZStW 77, 526, 86, 513, JuS 74, 139 u. JBl. 77, 304; *Horn* JZ 74, 287, 76, 585 u. JR 77, 95; *Klussmann*, NJW 74, 1275; *Vogler* JZ 73, 747 u. JR 78, 353; *Eb. Kaiser* NJW 76, 608; *D. Meyer* MDR 75, 188, 76, 274, 714, 77, 17, 79, 899, 80, 16, 81, 275 u. DAR 81, 33; *Frank* MDR 76, 626, 79, 99 u. NJW 76, 2329; *Grebing* ZStW 88, 1049, JZ 76, 745, JR 81, 1 (hierzu *Dencker* NStZ 82, 152) u. SchweizZSt. 81, 45; *Driendl* ZStW 88, 1137; *Regel* MDR 77, 446; *Roos* NJW 76, 1483; *Schall* JuS 77, 307; *Vogt* NJW 81, 899; *Heinz* ZStW 94, 639; *Hillenkamp*, Lackner-FS 455; *U. Frank*, Die Höhe des Tagessatzes im neuen Geldstrafensystem, 1978; *R. E. Schaeffer*, Die Bemessung der Tagessatzhöhe unter Berücksichtigung der Hausfrauenproblematik, 1978; *v. Spiegel*, Drittwirkung der Geldstrafe, 1979; *Albrecht*, Strafzumessung und Vollstreckung bei Geldstrafen unter Berücksichtigung des Tagessatzsystems, 1980 (hierzu *Middendorff* BA 81, 331) und MSchKrim. 81, 265; *Kadel*, Die Bedeutung des Verschlechterungsverbots für Geldstrafenerkenntnisse nach dem Tagessatzsystem, 1984; *Krehl*, Die Ermittlung der Tatsachengrundlage zur Bemessung der Tagessatzhöhe bei der Geldstrafe, 1985 (hierzu *K. Meyer* GA 87, 460); *Tanzer* wistra 84, 159 (Behandlung von Geldstrafen ... im Ertragssteuerrecht); *Geppert/Bath* Jura 85, 497; *Terdenge* [1 vor § 38], 84 (auch *kriminalstatistisch*), *Brandis*, Geldstrafe und Nettoeinkommen, 1987 (Bespr. *Krehl* GA 88, 335), sowie die oben unter 1 bis 3 und die in 11 zu § 316 Genannten; *B.-D. Meier* ZRP 91, 68 (Geldstrafe für Wiedergutmachung); *Schmidt-Hieber* NJW 92, 2001; *Dölling* ZStW 104, 271; *Schöch* DJT C 83. Rechtsvergleichendes Standardwerk: *Jescheck/Grebing*, Die Geldstrafe im deutschen und ausländischen Recht, 1978 mit 16 Landesberichten; ferner *Driendl*, Die Reform der Geldstrafe in Österreich, 1978; zur österr. Praxis *Brustbauer* JR 78, 100; *Wach* ÖJZ 79, 482; *Burgstaller* ZStW 94, 727; *Pallin*, Wassermann-FS 961 [Vorschlag einer „kombinierten Geld-Freiheitsstrafe"]; *Albrecht* in *Jescheck/Kaiser* (hrsg.), Die Vergleichung als Methode der Strafrechtswissenschaft und Kriminologie, Intern. Kolloquium 1978, 1980 S. 235; *Jescheck*, Lackner-FS 908 (zum Tagesbußensystem im Vorentwurf des schweiz. StGB).

6 **6) Die Vermögensstrafe** nach § 43a, die das OrgKG (1 zu § 43a) als neue Hauptstrafe einführte, ist mit dem Tagessatzsystem unvereinbar. Sie erklärt § 41 für unanwendbar (§ 41 S. 2). In ihrem Gewand tritt uns eine „Verfallsanordnung für verdächtiges Vermögen" entgegen (Arzt NStZ 90, 6). Zur Kritik vgl. 3 zu § 43a.

7 **7) Auf in der ehem. DDR** vor dem 3. 10. 1990 begangene Taten finden die §§ 40 bis 43 nach Maßgabe des Art. 315 II EGStGB Anwendung. Zur Anpassung der Strafdrohungen im fortgeltenden DDR-Recht vgl. Art. 315c EGStGB u. 32, 58 vor § 3.

Verhängung in Tagessätzen

40 ¹ Die Geldstrafe wird in Tagessätzen verhängt. Sie beträgt mindestens fünf und, wenn das Gesetz nichts anderes bestimmt, höchstens dreihundertsechzig volle Tagessätze.

Strafen **§ 40**

II Die Höhe eines Tagessatzes bestimmt das Gericht unter Berücksichtigung der persönlichen und wirtschaftlichen Verhältnisse des Täters. Dabei geht es in der Regel von dem Nettoeinkommen aus, das der Täter durchschnittlich an einem Tag hat oder haben könnte. Ein Tagessatz wird auf mindestens zwei und höchstens zehntausend Deutsche Mark festgesetzt.

III Die Einkünfte des Täters, sein Vermögen und andere Grundlagen für die Bemessung eines Tagessatzes können geschätzt werden.

IV In der Entscheidung werden Zahl und Höhe der Tagessätze angegeben.

1) **Zur Vorschrift** (Entstehung, Materialien, Schrifttum) vgl. Vorbem.; 1 zur Einführung einer *Vermögensstrafe* vgl. § 43 a)

2) **In I S. 1 und II S. 1** sind die **Grundlinien des Tagessatzsystems** gezeichnet, während in I S. 2 und II S. 3 der **Rahmen der Tagessätze** nach Zahl und Höhe bestimmt ist. Danach sind für eine Straftat mindestens 5 Tagessätze zu verhängen, auch in den Fällen von § 49, und es dürfen (auch in Vorschriften des Landesrechts, Art. 3 I Nr. 1 EGStGB) höchstens 360 (volle) Tagessätze verhängt werden. Bruchteile von Tagessätzen sind unzulässig (Köln MDR **76**, 597). Im Falle der Gesamtstrafe dürfen 720 Tagessätze verhängt werden (§ 54 II). Die Höhe des einzelnen Tagessatzes muß mindestens 2 DM und darf höchstens 10000 DM betragen (zur Kritik LK 23 ff. vor § 40 mwN; Tröndle ÖJZ **75**, 596; Jescheck, Lange-FS 379; Grebing ZStW **88**, 1086). Dieser Höchstsatz (§ 51 II E 1962 sah 500 DM, § 40 idF des 2. StrRG 1000 DM vor) ist erst in der Sitzung des StrABTag v. 25. 9. 1973 (Prot. 7/648) beschlossen worden, und zwar mit Rücksicht auf Steuer- und andere Wirtschaftsdelikte sowie auf Bezieher ungewöhnlich hoher Einkommen (unten 25; vgl. hierzu LK 23 vor § 40; auch SK-Rudolphi 16 zu § 1). Das bedeutet im Ergebnis, daß die Geldstrafe mindestens 10 DM (5 mal 2 DM) betragen muß, die Höchstgrenze aber bei 3 600 000 (bzw. 7 200 000) DM liegt.

3) **Geldstrafe allein** ist nach Art. 2 § 2 des 2. StrRG und Art. 12 3 EGStGB nicht mehr angedroht. **Neben Freiheitsstrafe** darf Geldstrafe nur nach § 41 verhängt werden (2 zu § 41). Neben Freiheitsstrafe **mit einem besonderen** (dh über dem gesetzlichen) **Mindestmaß** wird Geldstrafe nicht angedroht (Art. 2 § 2 des 2. StrRG/Art. 12 EGStGB); in diesem Bereich der Schwerkriminalität kann Geldstrafe nur nach § 41 oder nach § 47 II verhängt werden. Im Bereich der unteren und mittleren Kriminalität, dh immer dann, wenn kein erhöhtes Mindestmaß der Freiheitsstrafe angedroht ist, ist ausnahmslos die Freiheitsstrafe neben der Geldstrafe angedroht (Art. 12 EGStGB, der konstitutiv wirkt; gesetzgeberische Fehlleistung daher § 39 III iVm VI GenTG). Zwar ist stets die schwerste Strafe zuerst genannt; ob auf sie oder auf Geldstrafe zu erkennen ist, richtet sich aber allein nach den für die Strafzumessung geltenden Gesichtspunkten (7, 8 a zu § 46), nicht nach der Reihenfolge der Strafarten (BT-Drs. 7/550, 193). Das führt zB bei der Verwirklichung einer Freiheitsstrafe von 6 Monaten nach dem Qualifikationstatbestand des § 330 I dazu, daß hier Geldstrafe, die bei der Verwirklichung des Grundtatbestandes des § 324 noch bis zur Höhe von 360 Tagessätzen verhängt werden könnte, nur noch in

§ 40

den Fällen des § 41 verhängt werden darf. Bei kurzen Freiheitsstrafen unter 6 Monaten ist außerdem der Vorrang der Geldstrafe nach § 47 I zu beachten (2 zu § 47; vgl. Grünwald, Schaffstein-FS 219 ff.; LK 45 vor § 40). Keinesfalls darf deshalb auf Freiheitsstrafe erkannt werden, weil der Täter eine Geldstrafe nicht zahlen könnte (GA **68**, 84; Düsseldorf MDR **70**, 1025; Hamm MDR **75**, 329); das ist ein Problem des § 42 und der §§ 459 c ff. StPO. Ablehnung von Geldstrafe, weil bei der Wohlhabenheit des Täters der Strafrahmen der Geldstrafe nicht ausreicht, ist ebenfalls rechtsfehlerhaft (MDR/H **78**, 986; so schon BGH **3**, 263; Bay MDR **57**, 565; Düsseldorf NJW **65**, 1614), kommt aber, solange die Tagessatzrahmen (oben 2) ausgenutzt werden, praktisch nicht mehr in Betracht.

4   **4) Die Zahl der Tagessätze** bestimmt das Gericht im *1. Zumessungsakt* (2 a vor § 40) nach allen für die Strafzumessung geltenden Gesichtspunkten (NStZ **89**, 178) mit Ausnahme der finanziellen Belastbarkeit des Täters (NJW **76**, 634). § 46 gilt also mit der Maßgabe, daß die dort in II genannten wirtschaftlichen Verhältnisse grundsätzlich unberücksichtigt bleiben und die persönlichen insoweit, wie sie sich auf die finanzielle Belastbarkeit auswirken (unten 7). Freilich gilt das nur, soweit die persönlichen und wirtschaftlichen Verhältnisse als solche nicht schon für das Maß des Unrechts und der Schuld unmittelbare Bedeutung gewinnen (Beispiele 2 vor § 40; hM; LK 5; SchSch-Stree 4). Bei der Bemessung der Anzahl der Tagessätze ist nicht von hypothetisch vorgestellten Freiheitsstrafen auszugehen (hierzu 3 aE vor § 40), sondern allein von der Überlegung, wieviel Tagessätze erforderlich sind, um im Rahmen einer schuldgerechten Strafe die bestmögliche Wirkung zu erzielen (LK 13). Zur Begründungsanforderung, wenn die Tagessatzanzahl der Zahl der Tage der verbüßten UHaft entspricht, Hamburg JR **82**, 161 m. Anm. v. Spiegel. Strafzumessungsempfehlungen von VGTen oder Straftaxen, die sich aufgrund der Antragspraxis der StAen gebildet haben (hierzu LK 14; zu Steuervergehen Meine MSchKrim **80**, 129) sind zwar im konkreten Fall ohne jegliche Verbindlichkeit und können – kritiklos angewendet – sogar den Bestand des Urteils gefährden (Bruns 293). Als Vororientierung in der Hand eines selbständig urteilenden Richters können sie jedoch einer einheitlichen Rechtsanwendung förderlich sein. Allein die Teilnahme an einem Nachschulungskurs (10 a zu § 69) rechtfertigt noch keine Ermäßigung der Tagessatzanzahl; die abw. Auffassung der AGe Homburg (DAR **81**, 230), Westerstede (ZfS **88**, 92) und LG Essen (ZfS **82**, 63) führt zu unvertretbaren Strafzumessungsunterschieden.

5   **5) Für die Bestimmung der Höhe des Tagessatzes,** die für das Funktionieren des Systems von ausschlaggebender Bedeutung und auch bei einer Gesamtfreiheitsstrafe aus Freiheits- und selbständiger Geldstrafe unverzichtbar ist (3 zu § 53), geben II und III die maßgeblichen Richtlinien. Dieser *2. Zumessungsakt* (2 vor § 40) soll sicherstellen, daß für die gleiche Tat dem Wohlhabenden ein in gleicher Weise spürbarer Verlust wie dem Minderbemittelten zugefügt wird (BGH **28**, 363; **Grundsatz der Opfergleichheit;** hierzu Brandis [5 vor § 40], 152 ff.). Geldstrafe im Rechtssinne ist nicht schon die Tagessatzanzahl, sondern erst das Produkt aus Anzahl und Höhe des Tagessatzes, die Geldstrafenendsumme (BGH **27**, 363; **28**, 363). Sie allein ist das vollstreckungsfähige und für den Verurteilten fühlbare Strafübel (LK 75 a; Naucke NJW **78**, 407; ausführlich Vogt NJW **81**, 902;

Strafen § 40

vgl. auch SK 13). Die sich auf das „System" berufenden Gegenmeinungen (Vogler, Grebing, Kadel, Bems aaO) setzen in Wahrheit einen unselbständigen Teil, nämlich die Tagessatzanzahl, fürs Ganze und verfehlen daher sachgerechte Ergebnisse (vgl. 8 b, 8 d zu § 55).

A. Bei dem komplexen Entscheidungsvorgang (Horstkotte Prot. 7/635) 6 des 2. Strafzumessungsakts sind die **wirtschaftlichen Verhältnisse**, dh die wirtschaftliche Leistungsfähigkeit des Täters zZ des Urteils (BGHR § 40 II S. 1, Eink. 2) nach dem **Nettoeinkommensprinzip** (II S. 2) zu beurteilen. Es trat erst spät (Prot. 7/640) an die Stelle des auf die zumutbare Einbuße abstellenden sog. Einbußeprinzips (§ 40 II idF des 2. StrRG; Ber. I 20; § 51 II E 1962; hierfür de lege ferenda Kadel [5 vor § 40], 107) und sollte verhindern, daß sich durch die Umstellung auf das Tagessatzsystem das Geldstrafenniveau senkt (Prot. 7/632 ff.; Ber. II 4; krit. Horn JZ **74**, 287; zu den weiteren Prinzipien der Lohnpfändungsgrenze nach § 49 II AE und des Eigenaufwands vgl. Tröndle ZStW **86**, 574 ff.). Das Nettoeinkommen ist nicht nur Ausgangspunkt oder „bloßer Einstieg" (NStZ **89**, 178; so aber SchSch 8 aE), sondern Grundlage für die Festsetzung der Tagessatzhöhe (LK 21; aM Horn JZ **74**, 289, der auch noch in SK 6 vom Einbußeprinzip her argumentiert; gegen ihn Tröndle JR **75**, 472); vgl. ferner unten 25.

a) Das Nettoeinkommen ist hier ein rein **strafrechtlicher** und *nicht* steu- 7 errechtlicher (krit. Tipke JuS **85**, 351; vgl. hierzu auch Brandis [5 vor § 40], 11 f.) **Begriff**, der nach wirtschaftlicher Betrachtungsweise auszulegen ist (Hamm MDR **83**, 1043). Er umfaßt **alle Einkünfte aus selbständiger und nichtselbständiger Arbeit**, aus Kapitalvermögen, Gewerbebetrieben, Land- und Forstwirtschaft, Vermietung, Verpachtung, Renten, Versorgungsleistungen und Unterhaltsbezügen. Steuerfreibeträge und Lohnpfändungsfreigrenzen mindern das Nettoeinkommen ebensowenig wie steuerrechtliche „Abschreibungen", die keiner realen Einkommensminderung entsprechen (Frank JR **78**, 31; Bay NJW **77**, 2089). Außer Betracht bleiben ferner Lohnpfändungen, sonstige Verbindlichkeiten wie Schuldzinsen, Abzahlungsraten. Da alles zum Nettoeinkommen einzubeziehen ist, was dem Täter an Einkünften zufließt (und zwar auch dann, wenn er sie im Betrieb „stehen läßt" oder „rentierlich" anlegt, MDR/H **80**, 104) und wirtschaftlich gesehen seine Leistungsfähigkeit und seinen Lebenszuschnitt bestimmt (hM; Frank MDR **76**, 626; NJW **76**, 2332), fallen darunter auch Naturalbezüge (stRspr. und hM; Horstkotte Prot. 7/635 folgend), zB freie Kost und Wohnung (Hamm NJW **76**, 1221; Köln NJW **77**, 307; VRS **53**, 179), der wirtschaftliche Wert des „billig" arbeitenden künftigen Hoferben (Köln MDR **79**, 691), ferner der „Mietwert" des selbstgenutzten Eigenheims (Bay NJW **77**, 2089; DAR **84**, 238; Frank aaO), aber auch alle sonstigen „unbaren Vorteile", die zB Selbständigen aus ihrem Geschäftsunternehmen zufließen (Sachentnahmen, private Nutzung eines Geschäftswagens usw.; vgl. hierzu Celle NJW **84**, 185 m. Anm. Stree JR **83**, 204; Hamm MDR **83**, 1043; ferner LK 35; Tröndle JR **77**, 252; krit. Brandis [5 vor § 40], 158; jedoch sind solche Gebrauchsvorteile näher darzulegen, Bay VRS **60**, 103), ebenso Kindergeld, das der Täter bezieht (Düsseldorf NJW **77**, 260; LK 22, D. Meyer MDR **81**, 277; aM SchSch 9, 14; Frank MDR **76**, 627) oder beziehen könnte (Celle JR **77**, 246 m. Anm. Tröndle), da ihm andererseits auch der gesamte angemessene Unterhalt, den er leistet (unten 16), gutgebracht wird (freilich muß das Kindergeld außer Ansatz bleiben, falls nach unten 17 verfahren wird!); jedoch ist zu berücksichtigen, daß die nach § 11 BSHG für unterhaltsberechtigte Angehörige gewährte Hilfe diesen selbständig zusteht (Düsseldorf NStZ **87**, 556). Schenkungen, Erbschaften und Lottogewinne sind wie Vermögen (unten 22) zu behandeln. Desgl. der Gegenwert von Grundstücksveräußerungen, mag er auch ratenweise bezahlt werden, in diesen Fällen sind idR nur die Zinsanteile Einkommen (Hamm JR **78**, 165; Grebing JR **78**, 144). Auch nach pachtweiser Firmenübergabe an Angehörige ist grundsätzlich maßgebend, was dem Übergeber aus der Firma noch zufließt (14. 10. 1980, 1 StR 437/80). Vom Nettoeinkommen *abzuziehen* sind *hingegen* die laufenden Steuern (jedoch nur für den Zeitraum ihrer Fälligkeit, Hamm aaO, krit. hiergegen Grebing aaO), bei Unselbständigen die Sozialversicherungsbeiträge, bei Selbständigen die Betriebsausgaben, 26. 2. 1987, 1 StR 615/86 (wozu Geldstrafen, Bußgelder und Parteispenden [BGH **34**, 285; **37**, 278] *nicht* gehören, § 4 V S. 1 Nr. 8, § 12 Nr. 4 EStG), die Verluste, die Werbungskosten, insbesondere bei Selbständigen und Unselbständigen die Aufwendungen für die Fahrt zum Arbeitsplatz (Celle NStE Nr. 12), ferner Kranken- und Altersversicherungen sowie Versicherungsleistungen, die der Sozialversicherung der Unselbständigen vergleichbar sind (Bay DAR **79**, 235; **82**, 248; **84**, 238; allgM; Horstkotte aaO folgend). Treffen zB Einkünfte aus Gewerbe mit Verlusten aus Vermietung zusammen, so sind beide zu saldieren: Nur der Überschuß ist Einkommen (Bay NJW **77**, 2088 m. Anm. Frank JR **78**, 31).

8 **b) Bei verschiedenen Tätergruppen**, bei denen sich das Nettoeinkommen nicht aus dem Lohn- oder Gehaltszettel ergibt, ist str., was zum Nettoeinkommen zählt. Grundsätzlich ist maßgebend, was der Täter im Rahmen seines Lebenszuschnitts an Einkünften jeglicher Art (auch Unter-
9 halts- und Sachbezüge) hat oder haben könnte (unten 14). **aa)** Bei **nichtberufstätigen Hausfrauen** (hierzu R.-E. Schaeffer, 5 vor § 40) kommt es auf ihre Teilhabe am Familieneinkommen (tatsächlich gewährter Naturalunterhalt unter Einschluß des Taschengeldes) an (Köln JMBlNW **83**, 126; auch Stree JR **83**, 206), auf ein potentielles Einkommen nur unter den Voraussetzungen von unten 14. Den Entschluß einer nichterwerbstätigen Ehefrau, eine Hausfrauenehe zu führen, hat das Strafgericht zu respektieren, so Köln NJW **79**, 277 (die abw. Meinung von Baumann JZ **79**, 441; NStZ **85**, 393 widerlegt D. Meyer MDR **79**, 899; **81**, 279; **86**, 103 m. zutr. Gründen; vgl. hierzu auch BVerfGE **58**, 364; vgl. LK 37). Nicht sachgemäß wäre es, das Nettoeinkommen danach zu bestimmen, was der Ehemann für eine Wirtschafterin oder Haushälterin aufwenden müßte (Hamm MDR **76**, 596), was der Hausfrau als Taschengeld (§ 1360a I BGB; so Horstkotte, VGT **75**, 87) oder im Falle der Scheidung oder des Getrenntlebens zustünde (so Grebing ZStW **88**, 1081; JZ **76**, 748; D. Meyer MDR **75**, 191; Schall JuS **77**, 313; zum Ganzen LK 27f.). Verfehlt ist es, das Nettoeinkommen der „Nur- Hausfrau" aus der Hälfte des Gesamtbetrages der beiden Eheleuten für den Lebensunterhalt zur Verfügung stehenden Mittel zu entnehmen (LK 29, Tröndle JR **77**, 250; D. Meyer NJW **76**, 1111; Frank JR **77**, 72; Grebing JZ **76**, 748; Horn JZ **76**, 585; JR **77**, 96; vgl. BGH **27**, 228 m. Anm. Zipf JR **78**, 164; Düsseldorf MDR **84**, 959; vgl. auch Geppert/ Bath Jura **85**, 499). Bei *berufstätigen* Ehefrauen kann uU auch das wesentlich höhere Einkommen des Ehemanns mitberücksichtigt werden (Bay DAR

Strafen **§ 40**

83, 247). **bb)** Auch bei **Studenten** (Praktikanten, Lehrlingen, Schülern, Internatsinsassen u. ä., L-Übers. sLSK 7) ist der Lebenszuschnitt (Hamm MDR **77**, 596 L) zugrunde zu legen: Maßgebend ist daher, was sie an regelmäßigen Bezügen (Monatswechsel, Versorgungsleistungen, BAFöG, Wohngeld unter Abzug des reinen Studienaufwandes, der zu den Werbungskosten gehört, oben 7 a E) erhalten (Köln NJW **76**, 636); auch Sachbezüge, allerdings nur nachgewiesene (Frankfurt NJW **76**, 636) gehören dazu, ferner tatsächliche Einkünfte aus Nebentätigkeiten in der semesterfreien Zeit. Soweit *BAFöG-Leistungen* in Form eines zinslosen Darlehens gewährt werden, ist zu berücksichtigen, daß lediglich der Zinsgewinn zugrunde zu legen ist, hierzu Nierwetberg JR **85**, 316. Ob mögliche Einkünfte dieser Art als potentielles Einkommen (unten 14) in Betracht kommen, hat der Tatrichter zu entscheiden, er hat zB die in einem Zweitstudium liegende Lebensentscheidung des Täters zu respektieren (Köln VRS **61**, 344). Er darf hierbei Studierende nicht privilegieren: Einen Rechtssatz, wonach ihr Ausbildungsinteresse oder gar ihr Erholungsbedürfnis schlechthin der Anforderung vorgehe, nach vorhandenen Möglichkeiten und Kräften für begangenes Unrecht einzustehen, gibt es nicht (so BGH **27**, 214 m. Anm. Zipf JR **78**, 163; LK 31 mwN; D. Meyer MDR **81**, 379; iErg. aM Frankfurt, Köln NJW **76**, 635; Hamm MDR **77**, 596 L, Celle NdsRpfl. **77**, 108; SchSch 11; Grebing JZ **76**, 748). Steht der Student vor dem Examen, so ist dies zu berücksichtigen, es kann dann Stundung (§ 42) in Betracht kommen. **cc)** Bei **Soldaten** (Wehrpflichtigen, Zivildienstpflichtigen) ist der Wehrsold (Sold) samt dem Geldwert der Sachbezüge oder Naturalleistungen (Verpflegung, Unterkunft, Dienstbekleidung; hierzu die Richtsätze des Erl. d. BMVert. v. 31. 1. 1991, VMBl. 88; Schäfer StrZ 68) maßgebend (vgl. auch unten 12); bei Zeitsoldaten die Besoldungsbezüge. **dd)** Bei **Ordensgeistlichen** sind nur die Zuwendungen zu berücksichtigen, die sie von ihrem Orden erhalten (Frankfurt NJW **88**, 2634). **ee)** Bei den übrigen **einkommensschwachen Personen** (Sozialhilfeempfänger, Rentner) kommt es auf die Unterstützungs- und Fürsorgeleistungen (Köln NJW **77**, 307; Bay DAR **78**, 206) samt etwaigen Sachbezügen an; so auch bei Arbeitslosen, nicht jedoch bei vorübergehender Arbeitslosigkeit (Hamburg NJW **75**, 2030) und nicht bei Arbeitsscheuen (MDR/D **75**, 541) oder solchen, die eine zumutbare Arbeit ausgeschlagen hatten (Koblenz NJW **76**, 1275). Für sie gilt unten 14. Die Festsetzung der Tagessatzhöhe bedarf bei Einkommensschwachen besonderer Sorgfalt (vgl. Düsseldorf NStZ **87**, 556). Nahe am Existenzminimum Lebende sind durch Auswirkungen der am Nettoeinkommensprinzip ausgerichteten Geldstrafe, auch wenn nach § 42 verfahren wird, länger betroffen als Normalverdienende. Dem kann der Tatrichter (vgl. oben 6) dadurch Rechnung tragen, daß er einen unter dem Dreißigstel der Monatsnettozahl liegenden Betrag als Tagessatz festsetzt (so Köln NJW **76**, 636; bedenklich jedoch Hamm NJW **80**, 1534 m. zutr. Anm. D. Meyer NJW **80**, 2480; vgl. auch unten 24; BGH **26**, 331); freilich kann nur ganz ausnahmsweise (etwa bei Heiminsassen, Strafgefangenen oder Asylbewerbern, vgl. Bay NJW **86**, 2842; Köln OLGSt. 35; AG Lübeck NStZ **89**, 75; AG Landau StV **87**, 298, das aber zu Unrecht die Sachbezüge außer acht läßt) der (viel zu niedrige und dem Nettoeinkommensprinzip im Grunde zuwiderlaufende, vgl. LK 24 vor § 40) Mindestsatz von 2 DM in Betracht kommen (zu weitgehend Köln NJW **77**, 307 m.

Anm. D. Meyer NJW 77, 724), da der Regelsatz der Sozialhilfe (Regelsatz-VO) über mtl. 300 DM liegt und sich mit dem Mindestsatz von 2 DM Ernst und Bedeutung einer Kriminalstrafe schwerlich deutlich machen lassen (LK 34; Hamburg, NJW 78, 551 [zust. Anm. Naucke NJW 78, 1171]; MDR 81, 953; JR 82, 161 [m. Anm. v. Spiegel]; vgl LG Freiburg StV 91, 521; irrig LG Bremen StV 86, 304 L; krit. Vogler JR 78, 356).

13 c) Bei der Ermittlung des **durchschnittlichen** Nettoeinkommens sind vom Tag der Entscheidung (vgl. BGH 26, 328; 28, 362) an die zurückliegenden Einkünfte für denjenigen Zeitraum festzustellen, der das Durchschnittseinkommen erkennbar macht, und hieraus, falls künftig keine Änderung zu erwarten ist, das Tageseinkommen zu errechnen (Lackner 8; Frank MDR 76, 628; Roos NJW 76, 1483). Es bestimmt sich nicht nach der Zahl der Arbeitstage, sondern aller in den Zeitraum fallenden Tage (MDR/H 79, 454). Von festen Zeiträumen (etwa 3 Monate vor und 3 Monate nach der Entscheidung) auszugehen, empfiehlt sich nicht, da zB bei Saisonarbeitern, Schriftstellern, Künstlern usw. der das Durchschnittseinkommen bestimmende Zeitraum außerordentlich verschieden sein kann. Vorübergehende wirtschaftliche Engpässe, selbst eine mehrmonatige Arbeitslosigkeit (so Hamburg NJW 75, 2030; Schleswig SchlHA 77, 177), bleiben idR außer Betracht. Mit Sicherheit zu erwartende Einkommensänderungen sind zu berücksichtigen (Hamm JR 78, 166; Grebing JR 78, 146; vgl. BGH 26, 328), zB bei bevorstehender Zurruhesetzung, Ausscheiden aus dem Wehrdienst (Frank MDR 76, 629; D. Meyer MDR 77, 19), Abschluß der Berufsausbildung (Celle NdsRpfl. 77, 108).

14 d) **Nach II S. 2** kommt es nicht nur auf das tatsächliche, sondern auch auf das in zumutbarer Weise erzielbare, **potentielle Einkommen** an. Es darf dem Täter nicht zugute kommen, wenn er seine Arbeitskraft brachliegen läßt oder seine Leistungsfähigkeit herabsetzt (Bay NStZ **88**, 499). Das potentielle Einkommen ist dann heranzuziehen, wenn das Einwirkungsziel der Geldstrafe, ginge man vom tatsächlichen Einkommen aus, nicht erreicht würde (Frank MDR 76, 627). II S. 2 ist auf Strafgefangene nicht anwendbar (Zweibrücken GA 79, 72), auch nicht auf Ordensgeistliche, deren Lebensentscheidung zu respektieren ist (Frankfurt NJW 88, 2624). Maßgebend ist nämlich nicht, was der Täter abstrakt, sondern was er nach seiner konkreten Lebenssituation in zumutbarer Weise (vgl. aber BGH 27, 214; Bay DAR 78, 206; 84, 238; Köln OLGSt. 37; NJW 79, 277 m. Anm. . Baumann JZ 79, 411) mehr verdienen könnte (Köln NJW 77, 307; vgl. auch Hamm NJW 78, 231; Celle NdsRpfl. 77, 108, wo freilich angenommen wird, daß nur die pflichtwidrig unterlassenen Erwerbsmöglichkeiten zu berücksichtigen seien; vgl. auch Köln VRS 61, 344). Hierbei kommt es auf die wirkliche Lage auf dem Arbeitsmarkt an. Wer nach Sachlage gehalten ist, potentielle Erwerbsquellen zu nutzen, muß im Zweifel jede ihm mögliche Arbeit annehmen (zum Ganzen LK 37 f.).

15 B. Die „Regel-Richtlinie" des II (hierzu auch unten 25) schließt die Möglichkeit und die Pflicht ein, zur besseren Anpassung der Strafe auf die **persönlichen Verhältnisse** des Täters und seine Belastbarkeit (vgl. 2 vor § 40), nicht aber etwa aufgrund eines „freimütigen Geständnisses" (10. 2. 1981, 1 StR 515/80), von dem nach 7 bis 14 ermittelten Nettoeinkommen nach unten oder oben abzuweichen (Ber. II, 5; Schleswig MDR 76, 243).

Strafen § 40

Die Gründe hierfür hat der Tatrichter besonders darzulegen, NStZ **89**, 178; Bay MDR **75**, 1038; DAR **83**, 247.

a) So sind **alle Unterhaltsverpflichtungen** des Täters angemessen zu 16 berücksichtigen (Celle NJW **75**, 1038; JR **77**, 382 [m. Anm. Tröndle]; Bay NJW **77**, 2088; D. Meyer MDR **81**, 277; LK 41; hM), da es dem Prinzip der Opfergleichheit (oben 5) und dem Gleichheitsgrundsatz widerspräche, Ledige und Familienväter in der Frage der finanziellen Belastbarkeit gleichzubehandeln (Tröndle JR **75**, 472). Andererseits ist es auch nicht gerechtfertigt, bei Ledigen, die keine Unterhaltpflichten haben, den Tagessatz zu erhöhen (ay DAR **78**, 207) In welcher Weise Unterhaltspflichten zu berücksichtigen sind, ist letztlich Sache des Tatrichters. Revisionsgerichte dürfen den Ermessensraum, den das Gesetz bewußt dem Tatrichter gelassen hat (Ber. II 5; Prot. 7/636), nicht durch starre Regeln eingrenzen (BGH **27**, 215, 230 m. Anm. Zipf JR **78**, 164; Bay DAR **78**, 207; Celle NJW **75**, 1038; JR **77**, 382; Oldenburg OLGSt. 9; Braunschweig VRS **53**, 263; Düsseldorf VRS **68**, 451). Nur der Tatrichter kann in der Vielfalt problematischerer Fälle, zB bei Minderbemittelten mit hohen Unterhaltsverpflichtungen, im Falle zunehmender Bedrückung bei hoher Tagessatzanzahl (unten 24), ausmitteln, was um des Ernstes der Kriminalstrafe willen geboten, aber auch wo beim Täter die Belastbarkeitsgrenze erreicht ist (vgl. LK 43). Er allein kann auch nur feststellen, ob die Ehefrau des Täters eigenes Einkommen hat (Koblenz VRS **54**, 49) und ob und in welchem Umfange der Täter Unterhaltsleistungen erbringt, denn nur die tatsächlich erbrachten (Frankfurt NStE Nr. 9) und nicht die vom Gericht für angemessen erachteten Beträge verdienen Berücksichtigung (Bay NStZ **88**, 499 m. Anm. Terhorst u. Krehl NStZ **89**, 464; Hamm NJW **76**, 2221; **78**, 230; Tröndle JR **77**, 385). Das Revisionsgericht überprüft aber, ob die persönlichen und wirtschaftlichen Verhältnisse ausreichend festgestellt und rechtsfehlerfrei berücksichtigt sind. Bei ihrer Würdigung muß es hingegen die Wertung des Tatrichters „bis zur Grenze des Vertretbaren hinnehmen" (BGH **27**, 215, 230). Die tatrichterliche **Praxis** verfährt bei der Berücksichtigung der Unterhaltspflichten von der Methode her **nicht einheitlich:** Die einen gehen, Seib (DAR **75**, 107) folgend, **aa)** von den um das Kindergeld verminderten Sätzen der RegUnterhV aus: ab 1. 1. 1989 bis zum 30. 6. 1992 mtl. 17 251 DM, ab 1. 7. 1992 mtl. 291 DM; 7. bis 12. Lebensjahr ab 1. 1. 1989 bis 30. 6. 1992 304 DM, ab 1. 7. 1992 mtl. 353 DM, 13. bis 18. Lebensjahr 360 DM; ab 1. 7. 1992 mtl. 418 DM; nach dem BKGG sind dann abzuziehen 50 DM für das erste, 130 DM für das zweite, 220 DM für das 3. und für die folgenden Kinder je 240 DM. Diese Methode (hierfür Hamm, NJW **76**, 722; Frankfurt NJW **76**, 2220; JR **77**, 250 m. abl. Anm. Tröndle; Grebing JZ **76**, 747; Eb. Kaiser NJW **76**, 610; Jescheck, Würtenberger-FS 270) liefert, wenn auch auf verhältnismäßig diffizilem Wege (abl. daher D. Meyer NJW **76**, 1110) einheitliche Ergebnisse; sie verfehlt aber dann im Ansatz das Richtige, wenn der Täter an Unterhalt mehr schuldet (§ 1610 BGB) und leistet, als der Regelbedarf (§ 1615f I S. 2 BGB) ausmacht, wie zB im richtig entschiedenen Fall Schleswig SchlHA **78**, 181 Nr. 6. Man will durch diese Methode eine „unangemessene Bevorzugung" von Beziehern höherer Einkommen vermeiden (so Hamm NJW **76**, 723; Grebing JZ **76**, 747). In Wahrheit werden die, die über den Regelbedarf Unterhalt zu leisten haben, ohne Rechtsgrund schlechter behandelt (Tröndle JR **77**, 249; LK

§ 40 AT Dritter Abschnitt. Erster Titel

18 44). Dies läßt sich vermeiden, wenn man sich **bb)** in Anlehnung an skandinavische Vorbilder (Thornstedt ZStW **86**, 599) an handlicheren, wenn auch gröberen Faustregeln orientiert: $\frac{1}{5}$ des Nettoeinkommens des Täters für die nichtverdienende Ehefrau und etwa $\frac{1}{10}$ je Kind (LG Waldshut-Tiengen, Die Justiz **76**, 517; Tröndle JR **75**, 473; **77**, 249; ÖJZ **75**, 592; Schäfer StrZ 65; vgl. auch Geppert/Bath **85**, 499), wobei der Zehntelsatz je nach dem wirklichen Aufwand bei einem Einzelkind oder in der Ausbildung stehenden Kindern (bis zu $\frac{1}{8}$) erhöht, bei 4 bis 6 Kindern (bis zu $\frac{1}{12}$) und bei einer großen Anzahl von Kindern entsprechend (bis zu $\frac{1}{16}$) gesenkt werden kann (LK 46). AG Ettenheim (MDR **90**, 650) glaubt für die nichtverdienende Ehefrau von einem Abzug von 3/7 des Nettoeinkommens ausgehen zu können. Stets ist aber der angemessene (§ 1610 I BGB) Unterhalt die Grenze. Hierfür geben die in der Praxis entwickelten Tabellen (vgl. MDR **88**, 905; NJW **92**, 1216, 1367; 1489; 1807; 1941; MDR **92**, 445, 742) Anhalts-
19 punkte. Der Tatrichter darf allerdings **nicht blindem Schematismus** folgen, denn er kann zu sachwidrigen Ergebnissen führen, nicht nur zufolge der Rigorosität des Nettoeinkommensprinzips, sondern auch im Hinblick auf die beiderseits verfehlten gesetzlichen Rahmen für die Tagessatzhöhe (II S. 2; hierzu LK 23ff. vor § 40; Grebing SchweizZSt. **81**, 52): Das Mindestmaß von 2 DM ist innerhalb des Nettoeinkommensprinzips selbst unstimmig (oben 12 aE); des realitätsfern übersetzten Höchstmaßes von 10000 DM, das die Leistungsfähigkeit der Geldstrafe ohnehin überfordert, bedurfte es, solange die §§ 73ff. beachtet werden, auch bei Wohlhabenden nicht. Der Gesetzgeber hat verkannt, daß Geld nicht nur ein relativer, sondern ein absoluter Wert ist (der Reiche kann sich für 100 DM dasselbe kaufen wie der Arme; vgl. Begr. E 1962, 170; Naucke NJW **78**, 408, hierzu mwN und weiteren Beispielen LK 23 vor § 40).
20 **b) Andere Verbindlichkeiten** nehmen nur in besonderen Fällen auf die Tagessatzhöhe Einfluß. In erster Linie kommen Zahlungserleichterungen (§ 42) in Betracht. Dem Täter ist regelmäßig auch zuzumuten, seinen Schuldentilgungsplan umzustellen, um die Kriminalstrafe zahlen zu können. Karlsruhe MDR **77**, 65. Unberücksichtigt bleiben Schulden aus aufwendigem Lebensstil, idR auch die Verplanung der Mittel für Lebensbedarf oder spekulative Vermögensbildung (vgl. Karlsruhe aaO, Braunschweig VRS **53**, 263; Hamm JR **78**, 166; Köln VRS **64**, 115; Eb. Kaiser NJW **76**, 609). Berücksichtigt werden können aber nach tatrichterlichem Ermessen (Braunschweig aaO) zu einem Teil auch Verbindlichkeiten aus einer angemessenen und vorausschauenden Lebensplanung (Familienheim, Wohnungseinrichtung, Ausbildungs- und Aussteuerversicherung, Altersversorgung, vgl. Bay DAR **84**, 238; Kosten für eine berufliche Fortbildung oder Zusatzausbildung, insoweit einschränkend Karlsruhe NStZ **88**, 500 und hierzu krit. Krehl NStZ **89**, 465) unter Abzug von Vermögensgewinn und Gebrauchsvorteilen (ähnlich SchSch 14a; vgl. Celle JR **77**, 384 m. Anm. Tröndle, ebenso LK 49 gegen die Bedenken von Grebing ZStW **88**, 1077; JR **78**, 145; Frank JA **76**, 243; krit. ferner SK 7). Das gilt jedenfalls dann, wenn solche Verbindlichkeiten den Lebenszuschnitt fühlbar beeinträchtigen und zur Vermeidung unbilliger Härten berücksichtigt werden müssen (10. 2. 1981, 1 StR 515/80). Nach Bay DAR **84**, 238 sind Kreditzinsen zu berücksichtigen, nicht aber die Tilgungsleistungen. Schulden, die unmittelbare Tatfolge sind (Schadensersatzpflichten, Verfahrens- und An-

Strafen § 40

waltskosten), nehmen auf die Tagessatzhöhe jedoch keinen Einfluß (D. Meyer MDR **76**, 278; aM Schleswig MDR **76**, 243), uU, soweit sie die Strafwirkung ergänzen, aber auf die Tagessatzanzahl (Bruns StZR 496; LK 50); zur Frage der Steuerschulden, Hamm JR **78**, 166; Grebing JR **78**, 146.

c) Außergewöhnliche Belastungen (zB Haushaltshilfe für Behinderte, 21 für die Betreuung von Kindern eines Witwers, zusätzliche Aufwendungen eines Invaliden usw.) sind stets zu berücksichtigen (Ber. II, 5; Bay JR **76**, 161; LK 51; SchSch 15; Schall JuS **77**, 310).

d) Ob und in welchem Umfang **Vermögen** zur Erhöhung des Tagessat- 22 zes führen kann, hat die Rspr. noch nicht abschließend geklärt. Die Praxis übt zu Recht Zurückhaltung (vgl. aber Celle NStZ **83**, 315 m. Anm. Schöch), ebenso das Schrifttum (vgl. LK 52; SchSch 12; Lackner 12; D. Meyer MDR **75**, 189 und grundlegend 80, 16; Tröndle ÖJZ **75**, 592; Jescheck § 73 III 2d u. Würtenberger-FS 272; Grebing JR **78**, 144; Frank MDR **79**, 99; Wach ÖJZ **79**, 482; SK 11), da § 40 keinen Enteignungscharakter hat (Hamm MDR **83**, 1043; Zipf JuS **74**, 139). Das Gesetz **(III)** läßt zwar erkennen, daß das Vermögen nicht außer Betracht zu bleiben hat, aber auch (II S. 2), daß Regelbewertungsgrundlage für die Geldstrafe das Nettoeinkommen ist. Sie hat im Gegensatz zu § 43a keinen konfiskatorischen Charakter (Hamm MDR **83**, 1043; Zipf JuS **74**, 139). Es ist vom Ermittlungsaufwand her auch gar nicht möglich, jedenfalls aber unverhältnismäßig und für den einzelnen unzumutbar, stets, zB in Verkehrsstrafsachen, die Vermögensverhältnisse restlos aufzuklären (hierzu LK 52). Man ist sich daher weitgehend einig, daß kleinere und mittlere Vermögen, aber auch Eigenheim, Familienschmuck, private Sammlungen unberücksichtigt zu bleiben haben, ebenso Grund- und Betriebsvermögen und sonst illiquide Sachwerte (SchSch 13), leicht veräußerliche Vermögenswerte aber auch dann, wenn sie zB der Alterssicherung freiberuflich Tätiger dienen (LK aaO). Insbesondere scheiden Vermögenswerte aus, die bei Erlaß des Urteils nicht mehr vorhanden sind (NStE Nr. 10) oder die gerade die Quelle des zu berücksichtigenden Nettoeinkommens darstellen (Bay NJW **87**, 2029 m. Anm. Zipf JR **87**, 380, der mit Recht darauf hinweist, daß sich dies aber nur auf [zB landwirtschaftliche] Betriebsvermögen beziehe, nicht etwa auf Kapitalvermögen; ähnlich Krehl NStZ **88**, 62). Indessen ist nicht zu verkennen, daß der Vermögende gegenüber Belastungen einer Geldstrafe weniger empfindlich ist und dadurch eine Bevorzugung erfahren könnte. Es kann uU bei sehr günstiger Vermögenslage, bei schuldenfreiem Eigenheim jedoch nur bei besonderer Ausgestaltung, vom Nettoeinkommen nach oben abgewichen werden (zw.), bei belasteten Grundstücken ist aber nur der Überschuß des Grundstückswerts über die Verbindlichkeiten zu berücksichtigen (so Bay DAR **78**, 207. Wird Vermögen im größeren Umfange nicht zur Erzielung von Erträgen (vgl. oben 7), sondern zu spekulativen Wertsteigerungen angelegt, so sind auch potentielle Vermögenserträgnisse zu berücksichtigen (Celle NStZ **83**, 315 m. Anm. Schöch, der anregt, den Kapitalwert des Vermögens ähnlich wie bei der Bemessung der Vermögenssteuer zu berechnen, jedoch wird der Strafrichter dabei zu berücksichtigen haben, ob das Vermögen Erträge abwirft; vgl. SK 11). Nach seinem Lebenszuschnitt ist zu beurteilen, wer etwa bei geringerem Einkommen vom Stamme seines Vermögens lebt oder leben kann (Lackner 15). Dann kommen Zahlungserleichterungen (§ 42) nicht in Betracht;

279

§ 40 AT Dritter Abschnitt. Erster Titel

23 (D. Meyer MDR 80, 19), insbesondere wird es bei einem Vermögenden idR nicht angezeigt sein, bei höherer Tagessatzanzahl die Tagessatzhöhe zu senken (vgl. DAR 81, 191; unten 24). **e)** Die Gewährung von Ratenzahlungen (§ 42) rechtfertigt eine Anhebung der Tagessatzhöhe nicht (LK 54; SchSch 16; Horn NJW 74, 627; Tröndle ÖJZ 75, 595); ebensowenig der Umstand, daß vermutlich ein anderer für die Strafe aufkommt (§ 258 II!). In einem solchen Falle ist zu fragen, ob mit der Geldstrafe überhaupt Strafwirkung zu erzielen ist (vgl. LK 39, 58 vor § 40). Schließlich bleibt insoweit außer Betracht, ob der Täter durch die Tat Vermögensvorteile erlangt hat. Sie werden unter den Voraussetzungen der §§ 73 ff. abgeschöpft (NJW 76, 634; vgl. ferner § 43 a).

24 **f)** Eine **hohe Tagessatzanzahl** (mehr als 90 Tagessätze) *kann* um einer zunehmenden Bedrückung des Täters und einer progressiven Steigerung seines Strafleidens entgegenzuwirken, zu einer **Senkung der Höhe des Tagessatzes** Anlaß geben (so schon Ber. II, 5; Horstkotte Prot. 7/636 ebenso BGH **26**, 331; **34**, 93; DAR **81**, 191; 10. 2. 1981, 1 StR 515/80: bei 90 Tagessätzen jedoch nur ganz ausnahmsweise; Hamburg NJW **78**, 551; Bay DAR **81**, 243; Düsseldorf NStZ **87**, 556; LG Waldshut-Tiengen MDR **77**, 420; ferner LK 57; SchSch 8, 15 a; SK 14; Lackner 13; Jescheck, Würtenberger-FS 268; Schall JuS **77**, 308; Naucke NJW **78**, 1171; Frommel NJW **78**, 862; Kaiser/Schöch 10, 13; Bruns 77; Schäfer StrZ 66; Streng 52; Schöch DJT C **26**, 123; für österr. Praxis Pallin 118; abl. Brustbauer JR **78**, 101; unentschieden gelassen Koblenz NJW **76**, 1276; vgl. auch Schleswig NStZ **83**, 317, wonach eine Abweichung vom einkommenentsprechenden Tagessatz mit der Begründung zulässig ist, eine Entsozialisierung des Täters zu vermeiden oder eine Abschreckungswirkung zu erzielen). Die hiergegen im wesentlichen aus systematischer Sicht erhobenen Einwendungen (D. Meyer NJW **76**, 2219; MDR **78**, 446; 896; **81**, 276; Frank NJW **76**, 2331; Grebing JZ **76**, 751; JZ **80**, 543; Vogler JR **78**, 355) übersehen, daß auch bei Ratengewährung (§ 42) eine nach II S. 2 bemessene Geldstrafe, die das Nettoeinkommen mehrerer Monate voll abschöpft, bei Vermögenslosen und erst recht bei Einkommensschwachen (vgl. Köln NJW **77**, 307) die Belastbarkeitsgrenze überschreiten kann, was bei Vermögenden weniger zutrifft. Eine Senkung der Höhe des Tagessatzes (je nach Anzahl zwischen 10 bis 30%) ist in diesen Fällen auch nach § 46 I S. 2 gegeben. Erst die flexible Anwendung des Systems (so Ber. II 5; hiergegen Horn JR **77**, 96) sichert ihm den vom Gesetz vorgesehenen Anwendungsbereich (LK 57 f.; Tröndle ÖJZ **75**, 595) und verhindert ein Ausweichen auf die Freiheitsstrafe. Hingegen träfe es das System im Kern, wollte man in diesen Fällen allein, weil der Täter wirtschaftlich nicht in dieser Höhe belastbar ist, an der Tagessatzanzahl manipulieren und ihr die unrecht- und schuldindizierende Funktion nehmen, aM D. Meyer NJW **76**, 2219; MDR **78**, 446; Zipf JBl. **77**, 305; Vogler JR **78**, 356. Auch wäre dann eine getrennte Anfechtung der Tagessatzhöhe (unten 28) nicht mehr möglich.

25 **g) Abs. II** bezweckt **keine starre Bindung des Tatrichters** (BGH **27**, 215, 230 m. Anm. Zipf JR **78**, 163). Er hat unbeschadet phasengerechten Vorgehens (2 vor § 40) im Auge zu behalten, ob das Ergebnis den Grundsätzen der Strafzumessung (§ 46) entspricht (hierzu LK 58) und hierbei die besonderen Umständen des Einzelfalls nach pflichtgemäßem Ermessen zu berücksichtigen (DAR **80**, 200; Koblenz OLGSt. Nr. 3) und darzulegen.

Die Revisionsgerichte können daher die Tatrichter nicht auf eine bestimmte Berechnungsmethode (hierzu oben 17, 18) verpflichten (BGH aaO; Braunschweig VRS **53**, 263; Hamm NJW **78**, 231). Sie haben vielmehr die Wertung des Tatrichters „bis zur Grenze des Vertretbaren hinzunehmen" (BGH **27**, 230), wohl aber können sie beanstanden, daß der Tatrichter selbst glaubte, trotz konkreter Bemessungsgrundlagen an feste Regeln gebunden zu sein (Schleswig SchlHA **81**, 169 L); sie können ferner eingreifen, wenn beim Verfahren nach 17 wirklich geleistete oder angemessene Unterhaltszahlungen unberücksichtigt geblieben (Koblenz VRS **66**, 346) oder im Verfahren nach 18 bei Wohlhabenden zufolge des Zehntelsatzes weit mehr berücksichtigt worden ist als für den angemessenen Unterhalt erforderlich ist oder wenn – den verfehlten Entscheidungen Hamm NJW **76**, 722; Frankfurt NJW **76**, 2220 u. JR **77**, 249 folgend – bei Ehegatten nur die Hälfte des Nettoeinkommens zugrunde gelegt wurde (hiergegen mit Recht Düsseldorf NJW **77**, 260; Celle JR **77**, 382; Schleswig SchlHA **78**, 181; vgl. auch BGH **27**, 231; Oldenburg DAR **75**, 275; Horn JZ **76**, 586; Grebing ZStW **88**, 1075; Schall JuS **77**, 311; Rebmann DAR **78**, 304; D. Meyer MDR **81**, 278; LK 48 mwN).

C. Die richtige Festsetzung der Tagessatzhöhe setzt voraus, daß die **Be-** **26** **messungsgrundlagen** zutreffend ermittelt werden. Das obliegt schon den Ermittlungsbehörden, insbesondere der Polizei (vgl. 14 RiStBV). Maßgebend für die Berechnung der Einkommenshöhe ist die wirtschaftliche Betrachtungsweise, bei der auf die steuerrechtliche Einkommensermittlung zurückgegriffen werden kann, soweit die steuerrechtlichen Vorschriften darauf abzielen, die Einkommenshöhe nach wirtschaftlichen Gesichtspunkten zu ermitteln (Bay NJW **77**, 2089; Hamm MDR **83**, 1043). Für das Ausmaß der Ermittlungen kommt es auf die Bedeutung des Falles und die Zahl der zu erwartenden Tagessätze an (ähnlich schon NJW **52**, 32). Ist sie hoch, etwa ab 60 Tagessätzen, sind eingehendere Nachforschungen vonnöten. Durch das sog. Bankgeheimnis (Kleinknecht/Meyer 3 zu § 53 StPO; Prost NJW **76**, 214; Ehlers BB **78**, 1513; Krekeler HWiStR „Bankgeheimnis", „Postscheckgeheimnis") sind sie nicht beschränkt, wohl aber durch das Steuergeheimnis (1 zu § 355), von dessen Dispensierung der Gesetzgeber entgegen § 49 III S. 2 AE freilich mit Recht absah (vgl. LK 67 mwN; Streng 53; Kohlmann, Spendel-FS 262; aM zB Göhler NJW **74**, 829; Grebing ZStW **88**, 1103; Schöch ZStW **90**, 171; Köpp DRiZ **84**, 314; Brandis [5 vor § 40], 190). Zur Frage der Zulässigkeit einer Zuziehung der Steuerakten in Strafverfahren Wieczorek wistra **87**, 173. In den Massefällen üblicher Durchschnittseinkommen ist eine gewisse Schematisierung in Richtung auf Regeltagessätze erlaubt und sachgemäß. Von großer praktischer Bedeutung ist die **Schätzungsbefugnis (III).** Sie greift stets ein, wenn der Täter von vornherein keine (vgl. § 136 I S. 2 StPO), unzureichende oder unzutreffende Angaben über seine finanziellen Verhältnisse macht (Bay DAR **78**, 206), nicht jedoch dann, wenn sie (ohne weiteres) feststellbar sind (Bay DAR **86**, 243). Eine volle Ausschöpfung der Beweismittel ist, wenn der Ermittlungsaufwand im Verhältnis zur Bedeutung der Sache unverhältnismäßig wäre, nicht erforderlich (die abw. Meinung Ber. I, 21 hat sich nicht durchgesetzt), Bremen OLGSt. 1 zu § 40 Abs. 3; Nierwetberg JR **85**, 318; Kohlmann, Spendel-FS 258; 244 II StPO ist insoweit eingeschränkt (E

§ 40 AT Dritter Abschnitt. Erster Titel

1962 Begr. 171; Grebing ZStW **88**, 1098; vgl. auch Entschließung VGT 1975, DRiZ **75**, 148; Hillenkamp, Lackner-FS 468; einschränkend Kaiser/Schöch 10, 66 ff.), nicht jedoch § 244 III–VI StPO im Falle von Beweisanträgen (LK 63; aM Schäfer StrZ 79). Schätzungen sind zu begründen, NJW **76**, 635, bloße Mutmaßungen genügen hierfür nicht (Koblenz NJW **76**, 1275; hierzu näher Celle NJW **84**, 185 m. Anm. Stree JR **83**, 205), in Steuerstrafsachen auch nicht die ungeprüfte Übernahme einer finanzbehördlichen (§ 162 AO) Schätzung (GA **78**, 278), es bedarf konkreter Schätzungsgrundlagen (13. 12. 1977, 1 StR 626/77; Bay VRS **60**, 104; Hamm NJW **78**, 230; JR **78**, 166; Köln VRS **53**, 180; Frankfurt VM **77**, 30; Bremen OLGSt. 1 zu § 40 Abs. 3; Koblenz VRS **65**, 357; NStE Nr. 13; SchlHA **84**, 82; vgl. auch 6 zu § 73b); sie sind im wesentlichen in der Hauptverhandlung (rechtliches Gehör!) zu erörtern, sie müssen erwiesen (LK 63; krit. Grebing JR **78**, 143) und festgestellt sein, um die Nachprüfung dem Revisionsgericht zu ermöglichen (Bay DAR **79**, 235; **83**, 246; Frankfurt StV **84**, 157), das freilich die tatrichterliche Wertung bis zur Grenze des Vertretbaren hinzunehmen hat (Bremen OLGSt. 4 zu § 40 Abs. 3; sehr weitgehend Celle NJW **84**, 185 m. Anm. Stree JR **83**, 203; oben 25). Der *Zweifelsgrundsatz* gilt für die Schätzungsgrundlagen; für die Schätzung als solche aber naturgemäß nicht (Tröndle JR **77**, 251 u. LK 62; Grebing JZ **80**, 544; vgl. NStZ **89**, 361). Es ist nicht der dem Täter günstigste *Schätz*wert maßgebend, sondern der der Wirklichkeit am nächsten kommende. Unzulässig wäre es, den Täter durch bewußtes Überschätzen mittelbar zur Offenlegung seiner wirtschaftlichen Verhältnisse zu zwingen (Celle NJW **84**, 185; LK 62; SchSch 20). Freilich scheint die Praxis eher dazu zu neigen, die Angaben des Angeklagten ungeprüft hinzunehmen (vgl. zB 22. 4. 1986, 1 StR 128/86). Die wenigen obergerichtlichen Entscheidungen zu III belegen es [krit. Krehl [5 vor § 40], 186 ff.; hierzu K. Meyer GA **87**, 460). III ist für die Bemessung eines Ordnungsgeldes entsprechend anzuwenden (NJW **89**, 535).

27 6) **Nach IV** müssen in der **Entscheidungsformel** Zahl und Höhe der Tagessätze angegeben werden (§ 260 IV S. 3 StPO; vgl. § 5 III BZRG; ferner 3 zu § 53). Angebracht ist es auch (§ 260 IV S. 5 StPO), zur Klarstellung für den Angeklagten spätestens im Rahmen des Ausspruchs über etwaige Zahlungserleichterungen (§ 42) auch die Geldstrafenendsumme im Tenor anzugeben (LK 68; Naucke NJW **78**, 407; aM SK 16; Zipf JuS **74**, 139; Brustbauer JR **78**, 100 für die österr. Praxis); nicht jedoch die Ersatzfreiheitsstrafe (aM SK 16), sie ergibt sich aus dem Gesetz (§ 43 S. 2; Bremen NJW **75**, 1524).

28 7) **Verfahrensrechtliches. a)** Die Entscheidung über die **Höhe des Tagessatzes** ist, soweit im Urteil die maßgebenden Gesichtspunkte für die Entscheidung über Anzahl und Höhe auseinandergehalten sind (BGH **27**, 73; **34**, 92; NStZ **89**, 178), **getrennt anfechtbar**, da es sich bei den Entscheidungen über Anzahl und Höhe der Tagessätze um 2 grundsätzlich getrennte Entscheidungen handelt (BGH **27**, 70 [m. krit. Anm. Grünwald JR **78**, 71]; 11. 10. 1979, 4 StR 425/79; Bay JR **76**, 161; Köln NJW **77**, 307; Koblenz VRS **54**, 48; hM; LK 76 mwN; aM Hamburg MDR **76**, 156). Dem steht auch oben 24 nicht entgegen, da in jenen Fällen die Zahl der Tagessätze gerade feststeht. Dementsprechend bedingt die Aufhebung des Ausspruches über die Tagessatzhöhe nicht auch die Aufhebung der Fahrerlaubnisentziehung (Bay VRS **60**, 104). Die Tagessatzanzahl kann allerdings nicht isoliert angefochten werden (LK 77; SchSch 23; Lackner 19; Grünwald aaO; aM wohl Koblenz NJW **76**, 1275; ferner Schall JuS **77**, 308; Grebing ZStW **88**, 1106; JR **81**, 3; Vogler JR **78**, 357; offengelassen, in den Fällen, in denen § 47 II S. 2 unbeachtet blieb, Bay **79**, 130, 131), da sich der 2. Strafzumessungsakt nicht vor dem ersten festschreiben läßt (Horn JR **77**, 97).

b) Das **Verschlechterungsverbot** (§§ 331 I, 358 II StPO) steht auch im Falle der Verbesserung der wirtschaftlichen Verhältnisse des Beschwerdeführers einer Erhöhung der Geldstrafenendsumme (D. Meyer MDR **78**, 896; NJW **79**, 148; irrig Schröter NJW **78**, 1302; Bems aaO 307 [5 vor § 40]) und (wegen § 43) auch der der Tagessatz*anzahl* selbst dann entgegen (Bay JR **75**, 538; Köln VRS **60**, 46; vgl. auch Welp JR **86**, 124), wenn das neben der Geldstrafe angeordnete Fahrverbot weggefallen ist (Bay MDR **76**, 602); jedoch bleibt eine Anhebung der Tagessatz*höhe* möglich, sofern die Endsumme durch Herabsetzung der Tagessatzanzahl nicht überschritten wird (Celle NJW **76**, 121; Bay NJW **80**, 849; LK 79; SchSch 23; Lackner 19; Horn JR **77**, 79; Grünwald JR **78**, 71; D. Meyer DAR **81**, 33; aM Kadel GA **79**, 463 und aaO [5 vor § 40], 64; Grebing JR **81**, 1; hiergegen zutr. Dencker NStZ **82**, 153). Bei einer zu hoch festgesetzten Tagessatzhöhe darf es nicht deswegen bleiben, weil der Berufungsrichter eine Freiheitsstrafe für verwirkt hält, sie auszusprechen sich aber durch § 331 I StPO gehindert sieht (Braunschweig VRS **53**, 262). Zu Fragen nachträglicher Gesamtgeldstrafe bei unterschiedlicher (8 ff. zu § 55) und nachträglicher Festsetzung der Tagessatzhöhe (VRS **60**, 192; Bay NStZ **85**, 502; LG Hildesheim NStZ **91**, 136 und 3 zu § 53). Eine Möglichkeit der nachträglichen Änderung der vom erkennenden Gericht festgesetzten Tagessatzhöhe wird gesetzgeberisch nicht erwogen (BReg. BT-Drs. 10/5828,4).

8) Zur **Vollstreckung** der Geldstrafe 7 zu § 43. 29

Geldstrafe neben Freiheitsstrafe

41 Hat der Täter sich durch die Tat bereichert oder zu bereichern versucht, so kann neben einer Freiheitsstrafe eine sonst nicht oder nur wahlweise angedrohte Geldstrafe verhängt werden, wenn dies auch unter Berücksichtigung der persönlichen und wirtschaftlichen Verhältnisse des Täters angebracht ist. Dies gilt nicht, wenn das Gericht nach § 43a eine Vermögensstrafe verhängt.

1) **Die Vorschrift,** die § 27a aF ersetzt, geht in S. 1 auf § 52 E 1962 zurück 1 (Begr. 172; Ndschr. **12**, 285). Die Fassung des 2. StrRG (Ber. BT-Drs. V/4095, 21, 58; Prot. V/9, 1302, 2037, 2178, 2908) ist durch das EGStGB (E EGStGB 212; Ber. BT-Drs. 7/1261, 6 = Ber. II; Prot. **7/160**) nochmals geändert worden (krit. Zipf ZStW **77**, 541; JuS **74**, 140; R. Schmitt, Noll-GedS 297; Bruns JR **86**, 72). S. 2 wurde durch Art. 1 Nr. 1 OrgKG (1 zu § 43a) angefügt.

2) **Satz 1** hat als Kann-Vorschrift wegen des durch die Kumulation aus- 2 gelösten Spannungsverhältnisses zu § 46 I S. 2 einen gewissen **Ausnahmecharakter** (BGH **26**, 325; 24. 6. 1980, 5 StR 161/80; Lackner 1; Bruns 66), auch weil die zusätzlich zur Freiheitsstrafe verhängte Geldstrafe die Wiedereingliederung des Täters idR erschwert und weil Vermögensvorteile, deren Verfall angeordnet wird, bei der Bewertung des Vermögens außer Ansatz bleiben müssen. Das ist in § 43a S. 2 ausdrücklich angeordnet, gilt aber allgemein, weil die Verfallserklärung das Vermögen mindert. Die Bedeutung des S. 1 liegt darin, daß es seit dem EGStGB Strafvorschriften, die neben Freiheitsstrafe Geldstrafe vorschreiben oder zulassen, auch im Nebenstrafrecht und dem Strafrecht der Länder nicht mehr gibt (Art.

§ 41

AT Dritter Abschnitt. Erster Titel

12 III, Art. 1, Art. 290 III EGStGB; Anh. 1). § 41 erhöht die Flexibilität des Richters bei der Auswahl der Strafart (BGH **32**, 67; vgl. Eberbach NStZ **87**, 487).

3 [a] **3) Voraussetzungen** der kumulativen Geldstrafe sind, daß **A.** der Täter **a) sich** (nicht auch einen anderen) durch die Tat (gleichgültig welcher Art) **bereichert** (14 zu § 253), dh sich vorsätzlich (wie das Wort „sich" vor „durch" ergibt; E EGStGB 212) einen Vermögensvorteil verschafft (42 zu § 263), der auch ein mittelbarer sein kann (BGH **32**, 61, 64 m. Anm. Horn JR **84**, 211) und kein rechtswidriger zu sein braucht, oder **b) sich zu bereichern** versucht; zB durch Steuerhinterziehung (NJW **76**, 526). Gewinnsucht (10 zu § 235) braucht noch nicht gegeben zu sein. Bedingter Vorsatz reicht jedoch aus (aM Hamm NJW **75**, 1370, das zu Unrecht eine Parallele zu dem abw. formulierten § 253 I zieht; wie Hamm aber auch Düsseldorf GA **76**, 117; Blei JA **75**, 587; SK-Horn 8; Jakobs 4/14). Hat der Täter ohne Vorsatz einen Vermögensvorteil erlangt, kommt nur Verfall in Betracht (§ 73). Vorsätzliche Bereicherung ist allerdings auch bei einer Fahrlässigkeitstat möglich (zB bei § 323 IV; vgl. LK-Tröndle 4).

4 **B.** die kumulative Geldstrafe auch unter Berücksichtigung der **persönlichen** und **wirtschaftlichen** Verhältnisse des Täters nach Strafzumessungsgrundsätzen **angebracht** ist. Darin liegt ein zusätzliches Erfordernis (Ber. II, 6), da es dabei um das Ob der Geldstrafe und nicht wie bei § 40 II S. 1 (und § 46 II) um ihre Höhe geht. Da die Bemessung der Freiheitsstrafe von der Geldstrafe nach § 41 beeinflußt wird (wistra **85**, 148; vgl. unten 4a) ist auf alle sonstigen Strafzumessungsgesichtspunkte Bedacht zu nehmen (17. 4. 1980, 4 StR 22/80). Nicht angebracht ist eine kumulative Geldstrafe zB, wenn der Täter weder Vermögen noch Einkommen hat (BGH **26**, 328; MDR/H **86**, 97) und ohne Erwerbsaussichten ist (wistra **85**, 148); wenn sie wegen ihrer zu dem Freiheitsentzug hinzutretenden Wirkungen die Resozialisierung des Täters gefährden könnte, aber auch schon dann, wenn Unrecht und Schuld bereits durch die Freiheitsstrafe hinreichend ausgeglichen sind und es nicht sinnvoll erscheint, die Freiheitsstrafe wegen der kumulativen Geldstrafe besonders milde ausfallen zu lassen. Angebracht sein kann sie, wenn es nach der Art von Delikt und Täter sinnvoll erscheint, ihn nicht nur an der Freiheit, sondern auch am Vermögen zu strafen (vgl. BGH **32**, 66 m. Anm. Horn JR **84**, 211; Bringewat 125); so vor allem bei begüterten Tätern der Weißen-Kragen-Kriminalität, soweit die Voraussetzungen des § 43a nicht erfüllt sind. Aber auch dann, wenn die Freiheitsstrafe zur Bewährung ausgesetzt wird, es aber angezeigt ist, den Täter statt mit einer nicht vollstreckbaren Geldauflage auch mit einer sofort vollstreckbaren Strafe zu treffen. Im pflichtgemäßen Ermessen steht die Verhängung einer Geldstrafe nach § 41; ausdrücklich zu begründen ist freilich die Nichtverhängung nur, wenn angesichts höherer Gewinne aus den Straftaten die Anwendung des § 41 naheliegt (MDR/H **91**, 294). Auf die Resozialisierung des Verurteilten ist Bedacht zu nehmen (Köln OLGSt. 1).

4a § 41 enthält **keinen Strafschärfungsgrund** (LK 11; SchSch 8; SK 2, 3; aM Lackner 4; Schmidhäuser AT 20/36; M-Zipf § 59, 31; Grebing JZ **76**, 750; Schoreit MDR **90**, 1) und erlaubt *keine Zusatzstrafe*, sondern ermöglicht lediglich innerhalb der schuldangemessenen Strafe eine täter- und tatangemessenere Strafartreaktion (LK 11). Insoweit nimmt eine nach § 41 erkann-

Strafen **§ 41**

te Geldstrafe auf die Höhe der Freiheitsstrafe Einfluß. Denn die limitierende Funktion des Schuldmaßes (9ff. zu § 46) wird durch § 41 nicht außer Kraft gesetzt. Die Freiheitsstrafe und die *daneben* verhängte Tagessatzgeldstrafe müssen sich im Rahmen der Tatschuld halten (BGH 32, 67; Schäfer StrZ 159), dh daß die an sich verwirkte Freiheitsstrafe plus Geldstrafe in der Summe schuldangemessen sein müssen. In allen Fällen von § 41 ermöglicht es § 459d I Nr. 1 StPO (hierzu Volckart NStZ 82, 498) dem Gericht (Zuständigkeit nach § 462a StPO), wenn die Freiheitsstrafe vollstreckt worden ist, im Verfahren nach § 462 StPO anzuordnen, daß die Vollstreckung der kumulativen Geldstrafe ganz oder zT unterbleibt, wenn die Vollstreckung die Wiedereingliederung des Verurteilten erschweren könnte. Dies gilt auch, wenn die Freiheitsstrafe zur Bewährung ausgesetzt worden ist. Die problematische Vorschrift (Prot. 7/665), die Ausnahmecharakter hat, deren Anwendung freilich einer Anordnung nach § 459e StPO nicht entgegensteht (Koblenz MDR 78, 248), führt zu einer Korrektur der Auffassung des erkennenden Gerichts und kann nur anwendbar sein, wenn sich die Beurteilungsgrundlage nachträglich ändert (so wohl auch E EGStGB 310).

4) Für die Zumessung der Geldstrafe gelten § 40 sowie die in § 46 festgelegten allgemeinen Strafzumessungsregeln. Eine bevorstehende Vollstreckung der Freiheitsstrafe gehört zu den persönlichen Verhältnissen iS von § 40 II S. 1, die Verfahrenskosten möglicherweise zu den wirtschaftlichen (vgl. AG Cuxhaven MDR **71**, 780; van Els MDR **72**, 577). Auf die zusätzliche Verurteilung zur Geldstrafe allein, die mit der gleichzeitigen Freiheitsstrafe eine einheitliche Reaktion auf die Tat darstellt (oben 4), darf ein Rechtsmittel nicht beschränkt werden (LK 11; aM Köln OLGSt. 2). 5

5) Satz 2 schließt die Verhängung der kumulativen Geldstrafe nach S. 1 für den Fall aus, daß das Gericht **nach § 43a eine Vermögensstrafe** verhängt hat. Damit wollte das OrgKG (1 zu § 43a) das Verhältnis der neueingeführten Sanktion der Vermögensstrafe zu § 41 klären. Von der Vermögensstrafe unterscheidet sich die kumulative Geldstrafe dadurch, daß diese nach den Höchstgrenzen und den Grundsätzen des § 40, dh in 3 Zumessungsakten (2 vor § 40) unter Berücksichtigung der persönlichen und wirtschaftlichen Verhältnisse des Täters verhängt wird, während die Vermögensstrafe nach ihrer Zielsetzung eine verfassungsrechtlich bedenkliche konfiskatorische Geldstrafe ist. Vgl. zur Kritik an § 43a dort 3, 6. 6

Zahlungserleichterungen

42 Ist dem Verurteilten nach seinen persönlichen oder wirtschaftlichen Verhältnissen nicht zuzumuten, die Geldstrafe sofort zu zahlen, so bewilligt ihm das Gericht eine Zahlungsfrist oder gestattet ihm, die Strafe in bestimmten Teilbeträgen zu zahlen. Das Gericht kann dabei anordnen, daß die Vergünstigung, die Geldstrafe in bestimmten Teilbeträgen zu zahlen, entfällt, wenn der Verurteilte einen Teilbetrag nicht rechtzeitig zahlt.

1) Die Vorschrift ist in Anlehnung an § 54 E 1962 (Begr. 173; Ndschr. **1**, 377; **4**, 244, 356) durch das 2. StrRG eingefügt (Ber. BT-Drs. V/4095, 22; Prot. V, 9, 2179). Sie ist im Zusammenhang mit den §§ 459ff. StPO zu sehen. 1

2 2) In einem **3. Strafzumessungsakt** (2 vor § 40) hat der Richter von Amts wegen (idR aber nur, wenn die Geldstrafe ein Monatseinkommen überschreitet, Schleswig NJW **80**, 1535 m. Anm. Zipf JR **80**, 425) und nicht nur auf Antrag zu prüfen, ob **Zahlungserleichterungen** in Betracht kommen. § 42 ist zwingender Natur (17. 8. 1984, 3 StR 283/84), was häufig übersehen wird. Die Vorschrift hat an Bedeutung gewonnen, weil das Nettoeinkommensprinzip (6 zu § 40) oft nur durch Gewährung von Zahlungserleichterungen zu praktizieren ist. Nur hierdurch lassen sich erheblichere Geldstrafen auf den jeweiligen Täter anpassen. Für die Prüfung des § 42 ist erst Raum, wenn die ersten beiden Strafzumessungsakte abgeschlossen sind und die Geldstrafe nach Zahl und Höhe feststeht. Zahlungserleichterungen nach § 42 dürfen in keinem Fall auf die vorangegangenen Strafzumessungsakte, etwa in Form einer Erhöhung der Geldstrafe (hierzu 23 zu § 40) Einfluß nehmen.

3 3) Aus § 42 ergibt sich zunächst mittelbar, daß jede Geldstrafe mit ihrer Rechtskraft grundsätzlich **sofort fällig** ist. Das Gesetz hat damit dem Gedanken der Laufzeitgeldstrafe (§§ 49 ff. AE) eine Absage erteilt, mögen auch ähnliche Wirkungen eintreten, wenn nach § 42 zu verfahren ist. **a)** Zahlungserleichterungen kommen nicht in Betracht, wenn der Täter Rücklagen hat oder die Strafe sonst aus seinen Mitteln alsbald entrichten kann, ferner wenn er die BRep. verlassen will oder hier keinen Wohnsitz hat (LK 5; SchSch-Stree 4) oder wenn nicht zu erwarten ist, daß er die Strafe in angemessener Frist zahlt oder zahlen kann (BGH **13**, 356). Einem entlassenen Strafgefangenen, der sich eine neue Existenz aufbauen muß, ist jedoch eine noch ausstehende Geldstrafe idR zu stunden (Bremen NJW **62**, 217). **b)** Ob dem Angeklagten die sofortige Zahlung der Geldstrafe **zuzumuten** ist, hängt von seinen persönlichen und/oder wirtschaftlichen Verhältnissen ab (25 f. zu § 46). Umstände, die bereits bei 6 ff. zu § 40 berücksichtigt wurden, können hier abermals verwertet werden. Ratenzahlungen dürfen Geldstrafen in ihrem Wesen nicht verändern (BGH **13**, 357), sie müssen als ernstes Übel fühlbar bleiben, aber noch erschwinglich sein (Tröndle ZStW **86**, 555) und sollten nach Möglichkeit im wesentlichen aus den dem Verurteilten persönlich zustehenden Mitteln bei äußerster Sparsamkeit aufgebracht werden können. Die allgemeine Nichtschuldvermutung (Art. 6 MRK) verbietet es idR, Ratenzahlungen nur deswegen zu versagen, weil sich der Angeklagte auf die Geldzahlung hätte einrichten können, anders nur, wenn eine höhere Geldstrafe (zB bei einer Trunkenheitsfahrt) sicher zu erwarten war (Schleswig SchlHA **80**, 169). Für den Ratenbewilligungszeitraum sieht das Gesetz keine Grenze vor, er sollte aber idR zwei Jahre nicht übersteigen (LK 6, 7). Ob dem Täter zuzumuten ist, zur Zahlung der Geldstrafe oder der Raten Vermögen anzugreifen (22 zu § 40) oder Kredit aufzunehmen (vgl. Hamburg VM **71**, 58), hängt ebenso vom Einzelfall ab wie die Frage, ob Schuldverbindlichkeiten (20 zu § 40) bei der Festsetzung von Raten zu berücksichtigen sind. Im allgemeinen sind Ratenzahlungen allen zu gewähren, die die Strafe nicht aus ihrem laufenden Einkommen oder aus liquiden Rücklagen bezahlen können (LK 7); ferner kann auf Schulden, soweit sie bereits im 2. Strafzumessungsakt zu berücksichtigen waren, und auf außergewöhnliche Belastungen (21 zu § 40) auch bei der Festsetzung der Raten Bedacht genommen werden, jedoch darf die

Zahlung der Geldstrafe gegenüber anderen Schuldverbindlichkeiten nicht hintangestellt werden (Hamm GA **75**, 57; 20 zu § 40).

4) Die Bewilligung von Zahlungserleichterungen ist eine echte **Strafzumessungsentscheidung** (LG Flensburg Rpfleger **83**, 327), die der Richter treffen muß, wenn die Voraussetzungen des § 42 vorliegen. Wie er die Fristen und Raten festsetzt, ist tatrichterliche Aufgabe. Er ist hierbei freier gestellt als etwa bei der Bestimmung der Tagessatzhöhe. Der Revisionsrichter hat in diesen Fällen die tatrichterliche Wertung „bis zur Grenze des Vertretbaren" hinzunehmen (vgl. BGH **27**, 215, 230) und darf sie nur auf Rechtsfehler überprüfen. Er kann grundsätzlich auch nicht selbst nach § 42 entscheiden, sondern muß zurückverweisen (Bremen NJW **54**, 522; SchSch 8; SK-Horn 5; aM JR **79**, 73; MDR/H **80**, 453; Karlsruhe MDR **79**, 515; D. Meyer MDR **76**, 716; Schäfer StrZ 623).

5) Zahlungserleichterungen sind in der **Urteilsformel** im einzelnen zu bestimmen und festzulegen (BGHR ZahlErl. 1; Schleswig SchlHA **77**, 178). Auflagen, wonach Ratenzahlungen zunächst auf die Verfahrenskosten zu verrechnen sind (hiergegen schon Bay NJW **56**, 1166), widersprechen § 459 b StPO. Hingegen empfiehlt es sich (Kann-Vorschrift des S. 2), eine **Verfallsklausel** auszusprechen. Sie bewirkt die Fälligkeit der gesamten Reststrafe, falls der Verurteilte in Zahlungsrückstand gerät. In einem solchen Falle braucht die Vergünstigung nicht aufgehoben, sondern lediglich deren Entfallen in den Akten vermerkt zu werden (§ 459a III S. 1 StPO). Ohne Verfallsklausel ist eine besondere Entscheidung nach § 459a II StPO erforderlich, die dann freilich keine besonderen Ermittlungen voraussetzt (Hamm GA **75**, 57), vor der dem Verurteilten aber rechtliches Gehör zu gewähren ist (§ 33 III StPO). Das Eingreifen einer Verfallsklausel steht weiteren Zahlungserleichterungen durch die Vollstreckungsbehörde (6 zu § 43) nicht entgegen. Sie (und nicht die StVK) ist im übrigen nach Rechtskraft des Urteils auch für die Bewilligung einer Vergünstigung nach § 42 (§ 459a I StPO) ebenso zuständig (Koblenz Rpfleger **78**, 148) wie für deren nachträgliche Änderung oder Aufhebung (§ 459a II, III StPO), gleichgültig, ob die Vergünstigung richterlich angeordnet war oder nicht (gegen diese Regelung krit. LK 12). Die **Vollstreckung** einer Geld- oder Ersatzfreiheitsstrafe darf erst nach rechtskräftigem Widerruf einer dem Verurteilten eingeräumten Ratenzahlung oder sonstigen Vergünstigung eingeleitet oder fortgesetzt werden. Die Ratenzahlungsbewilligung, während der die Vollstreckungsverjährung ruht (§ 79a Nr. 2c), wird infolge Nichtzahlung der Raten nicht gegenstandslos (Hamburg MDR **75**, 330). Zum **Verschlechterungsverbot** bei Entscheidungen nach § 42 Schleswig NJW **80**, 1536 m. Anm. Zipf JR **80**, 425; Kadel [5 vor § 40], 70.

6) § 42 gilt nicht nur für Geldstrafen, sondern auch für den **Verfall** (§ 73c II) sowie den erweiterten Verfall (§ 73d IV iVm § 73c II) und für die **Einziehung des Wertersatzes** (§ 74c IV). Eine entsprechende Vorschrift enthält § 18 OWiG. Für die Verfahrenskosten, die Vollstreckung der Nebenfolgen, die zu einer Geldzahlung verpflichten (Abführung des Mehrerlöses § 8 WiStG, Anh. 17), sind nur die Vollstreckungsbehörden zuständig (§§ 459a IV, 459g II StPO), § 42 gilt insoweit nicht. Weitere Vorschriften des Vollstreckungsrechts bleiben unberührt. So können die Vollstreckungsbehörden auch bei den Geldstrafen **Strafaufschub** nach § 456 StPO gewähren (Schleswig SchlHA **76**, 13). Das

Landesrecht kann keine den § 42 ändernden Bestimmungen treffen (Art. 1, 2 EGStGB; Anh. 1), wohl aber Gnadenerweise gewähren (§ 452 StPO; §§ 34ff. GnO, §§ 2, 5 V, 30 Bay GnO, §§ 1, 2, 27 GnO NW).

Ersatzfreiheitsstrafe

43 An die Stelle einer uneinbringlichen Geldstrafe tritt Freiheitsstrafe. Einem Tagessatz entspricht ein Tag Freiheitsstrafe. Das Mindestmaß der Ersatzfreiheitsstrafe ist ein Tag.

1 **1) Die Vorschrift,** die im Anschluß an § 55 I E 1962 (Begr. 173) durch das 2. StrRG eingefügt ist (Ber. BT-Drs. V/4095, 22; Prot. V/9, 603, 874, 1302, 2014, 2037, 2175, 2197, 3254, 3255), ersetzt gemeinsam mit den §§ 459ff. StPO (E EGStGB 310; Ber. BT-Drs. 7/1261, 32 = Ber. II; Prot. 7/664; die vom StrABTag zunächst in der Tendenz befürworteten Bestimmungen über die Aussetzung der Anordnung der Vollstreckung von Ersatzfreiheitsstrafen, Prot. V/2180f., 2191, sind in die StPO nicht aufgenommen worden) die §§ 28a, 29, 30 aF. Die Vorschrift bezieht sich nur auf die Geldstrafe nach § 40; nicht auf die Vermögensstrafe (§ 43a III), auf Ordnungsgeld (zB § 511 StPO) oder Wertersatz (§§ 73a, 74c). *Statistik:* Albrecht MSchrKrim. **81**, 265; 1989: 30141 Zugänge wegen Ersatzfreiheitsstrafen = 5,98% der Geldstrafen; Kürzinger in Jescheck, FreihStr. S. 1808; hierzu krit. Hennig ZRP **90**, 99.

2 **2) Die Freiheitsstrafe** tritt **an die Stelle** einer uneinbringlichen Geldstrafe (BGH **27**, 93). In diesem Sinne ist sie das **Rückgrat der Geldstrafe** (Tröndle MDR **72**, 466; Tiedemann JZ **80**, 492; Reiß ZRP **88**, 143; aM Grebing JR
3 **81**, 4; Köhler GA **87**, 161; Gerken/Henningsen ZRP **87**, 386). **A.** Die **Ersatzfreiheitsstrafe** ist **echte Strafe** (BGH **20**, 16; Bay JZ **75**, 538; Zweibrücken NJW **76**, 155; Koblenz MDR **77**, 423) und – anders als die Erzwingungshaft (vgl. § 96 OWiG) – kein Beugemittel, um die Zahlung durchzusetzen. Daher ist auch § 57 anwendbar (dort 2; str.). Ist sie vollzogen, kommt eine Beitreibung der Geldstrafe auch dann nicht mehr in Betracht,
4 wenn der Verurteilte Vermögen erwarb (RG **45**, 333). **B. Einem Tagessatz entspricht ein Tag Freiheitsstrafe** (S. 2). Durch diese einfache und klare Regelung braucht die Ersatzfreiheitsstrafe im Urteil nicht ausgesprochen zu werden (E EGStGB 311; Bremen NJW **75**, 1525; hM; aM SK-Horn 3), auch nicht wegen Art. 104 II S. 1 GG, da der Richter durch die Festsetzung der Tagessätze zugleich die Vollstreckung der gesetzlich vorgesehenen Ersatzfreiheitsstrafe im Falle der Uneinbringlichkeit für zulässig erklärt hat (Bremen aaO). Gegen diesen gesetzlichen Umrechnungsmaßstab 1:1 bestehen allerdings schuldstrafrechtlich durchgreifende Bedenken. Die an sich nicht komparable Ersatzfreiheitsstrafe enthält gegenüber der Geldstrafe immer ein Mehr an Übelseinwirkung. Entspricht eine nach Tagessätzen verhängte (primäre) Geldstrafe dem Unrecht der Tat und der Schuld des Täters, so kann die (sekundäre) Ersatzfreiheitsstrafe, wenn sich ihr Maß im Verhältnis 1:1 bestimmt, nicht auch schuldangemessen sein (im einzelnen LK 4, 5; ferner Tröndle ZStW **86**, 574; ÖJZ **75**, 598; JR **76**, 163; ähnlich Jescheck, Würtenberger-FS 269f.; Grebing ZStW **88**, 1111; Seib DAR **75**, 106; Zipf JuS **74**, 141; Bruns JR **86**, 73). Da dem Schuldgrundsatz Verfassungsrang eingeräumt wird (BVerfGE **20**, 331; **45**, 259), sind solche Bedenken gegen S. 2 noch gewichtiger. Sie werden allerdings von Hamm (JMBlNW **83**, 29) und Horn (SK 3; JR **77**, 100; ZStW **89**, 564; ebenso

SchSch-Stree 4 zu § 40; Vogler JR **78**, 355) nicht geteilt, während sie den Regierungsvertretern im StrABTag Anlaß gaben, für einen Umrechnungsschlüssel 2:1 einzutreten (vgl. Horstkotte, Dreher, Sturm, Prot. V/2174ff., 2190), wie ihn § 19 III S. 2 öStGB eingeführt hat.

C. Das **Mindestmaß** der Ersatzfreiheitsstrafe nach § 43 ist ein Tag (S. 3). **5**
§ 38 II gilt also hier nicht. Selbst wenn der Verurteilte von der Mindestzahl von 5 Tagessätzen 4 gezahlt hat, bleibt ein Tag Ersatzfreiheitsstrafe zu vollstrecken (Ber. 22). Wegen eines Teilbetrages, der keinem vollen Tag Ersatzfreiheitsstrafe entspricht, ist jedoch die Vollstreckung der Ersatzfreiheitsstrafe nicht zulässig (§ 459e III StPO). Geschuldet bleibt aber ein solcher Teilbetrag (§ 50 II S. 2 StVollstrO), dessen Beitreibung bis zum Eintritt der Vollstreckungsverjährung zu versuchen ist. Das **Höchstmaß** der Ersatzfreiheitsstrafe folgt aus S. 2 iVm § 40 I S. 2, § 54 II S. 2.

3) Vollstreckungsvoraussetzung ist, daß die Geldstrafe uneinbringlich **6** ist. Der Verurteilte kann also nicht wählen, ob er freiwillig zahlen oder die Ersatzstrafe verbüßen will. Zahlt er nicht, so ist mit Ausnahme der Fälle des § 459c II StPO zunächst die Vollstreckung **der Geldstrafe** zu versuchen. Um den kriminalpolitisch unerwünschten Vollzug der Ersatzfreiheitsstrafe zu vermeiden, muß der Vollstreckungsversuch ernsthaft, uU wiederholt unternommen werden. Das Überbrückungsgeld nach § 51 StVollzG wird in diesem Zusammenhang nur ausnahmsweise in Anspruch genommen werden dürfen.
A. Die Vollstreckung richtet sich, soweit sie nicht schon durch Anrechnung der **7** Untersuchungshaft erledigt ist (§ 51 II S. 1) nach §§ 459ff. StPO, § 48 StVollstrO und nach der JBeitrO. Vollstreckungsbehörde ist die StA (§ 451 StPO), zuständig der Rechtspfleger (§ 31 II, VI RpflG iVm § 1 Nr. 1 RPflBegrV; vgl. Kölsch NJW **76**, 408). Der Verurteilte hat nach Fälligkeit (Rechtskraft), falls nicht erkennbar ist, daß er sich der Zahlung entziehen will (vgl. § 459c I StPO), zunächst eine Schonfrist von 2 Wochen, nach deren Ablauf die Strafe nach § 6 JBeitrO, §§ 8ff. EBAO beigetrieben wird, sofern ihm nicht Zahlungserleichterungen oder ausnahmsweise Strafaufschub (6 zu § 42) gewährt werden oder die Vollstreckung nach § 459c II StPO als voraussichtlich erfolglos unterbleibt, weil der Verurteilte zB die Erklärung nach § 807 ZPO abgegeben hat oder sich im Vergleichs- oder Konkursverfahren befindet (§ 29 Nr. 3 VerglO, § 63 Nr. 3 KO). In diesem Fall ist der Weg für die Vollstreckung der Ersatzfreiheitsstrafe (§ 459e StPO) frei (unten 9), nicht jedoch wenn eine Anordnung nach § 459d I (hierzu 4 zu § 41) getroffen worden ist (vgl. hierzu Zweibrücken NStZ **85**, 575). Die Vollstreckung in den Nachlaß ist nicht statthaft (§ 459c III StPO).
B. Art. 293 EGStGB idF des 23. StÄG und Art. 6 OrgKG (2 zu § 43a; 9 vor **8** § 56; Anh. 1; Reiß RPfleger **85**, 133) **ermächtigt** die LandesReg., durch RechtsVO Regelungen zu treffen, wonach die Vollstreckungsbehörde dem Verurteilten gestatten kann, die Vollstreckung einer Ersatzfreiheitsstrafe nach § 43 (nicht der nach § 43a III) durch **freie Arbeit** abzuwenden. Soweit der Verurteilte die (unentgeltliche; vgl. Schädler ZRP **83**, 5, 8) freie Arbeit geleistet hat, ist die Ersatzfreiheitsstrafe erledigt, so daß eine Vollstreckung der Geldstrafe nach S. 1 nicht mehr in Betracht kommt. Entspricht die (tatsächlich geleistete) Arbeit nur einem Teil der Ersatzfreiheitsstrafe, so bleibt deren Rest ebenso wie der ihm zugrundeliegende Teil der Geldstrafe vollstreckbar, BT-Drs. 10/2720, 18. Die LandesReg. kann die Ermächtigung durch RechtsVO auf die LJustizVerw. übertragen (vgl. zB für RhPf VO v. 1. 12. 1987, GVBl. 374; für Thüringen VO vom 9. 4. 1992, GVBl. 135). Art. 293 EGStGB stehen schwer überwindbare Schwierigkeiten in der Praxis gegenüber (Ber. 22f.; LK 10, 11; gering geachtet

von Weber, Schröder-GedS 178; Roxin JA **80**, 550; Rolinski, Albrecht MSchrKrim **81**, 52; 271). Dennoch haben die Länder **TilgungsVOen** erlassen: vgl. zB Baden-Württemberg VO v. 2. 7. 1986 (GBl. 291); Berlin, VO v. 6. 12. 1985 (GVBl. 2416); Bremen: VO v. 11. 1. 1982 (GBl. 9), hierzu Krieg u. a. MSchrKrim. **84**, 25; Hamburg: VO v. 18. 12. 1984 (GVBl. 263); Hessen: VO v. 20. 8. 1981 (GVBl. I 298; II 24–24), letzte ÄndVO v. 1. 8. 1983 (GVBl. I 131); Nordrhein-Westfalen: VO v. 6. 7. 1984 (GV NW 469; SGV NW 301); Niedersachsen: VO v. 12. 7. 1989 (GVBl. 293); Rheinland-Pfalz: LVO vom 6. 6. 1988 (GVBl. 110); Saarland: VO v. 21. 7. 1986 (ABl. 632); Schleswig-Holstein: VO v. 20. 3. 1986 (GVBl. 80; GS Schl.-H. II 312-0-2-1). Eine bundeseinheitliche

8a Regelung ist nicht beabsichtigt, BReg. BT-Drs. 10/5828,5. **Schrifttum:** *Schädler* ZRP **83**, 5; **85**, 186 (vorwiegend über Verhältnisse in Hessen), hierzu *Bollinger* ZRP **85**, 286; ferner *Krumm* AnwBl. **84**, 74; für Bayern DRiZ **83**, 200; *Pfohl,* Gemeinnützige Arbeit als strafrechtliche Sanktion, 1983; *Heinz,* Jescheck-FS 963; *Schall* NStZ **85**, 104 (auch zum systemgerechten Umrechnungsmaßstab); Zwischenbilanz und Perspektiven: *Kerner/Kästner* (Hrsg.), Gemeinnützige Arbeit in der Strafrechtspflege, 1986; zur neueren Entwicklung auch *Blau,* Kaufmann-GedS 189; *Jung* JuS **86**, 745; *Mrozynski* JR **87**, 275 (auch in sozialrechtlicher Hinsicht); *Albrecht/Schädler* ZRP **88**, 278; *Jehle/Feuerhelm/Block,* Gemeinnützige Arbeit statt Ersatzfreiheitsstrafe, 1990; *Feuerhelm,* Gemeinnützige Arbeit als Alternative in der Geldstrafenvollstreckung, 1991; *Schöch u. Feuerhelm* in Jehle [2 zu § 46] 267, 333 u. DJT C 25; *Dölling* ZStW **104**, 281; *Horn* JZ **92**, 829; *Schöch* DJT C 28; *Weigend* GA **92**, 358. Grunds. abl. *Köhler* GA **87**, 156, 186; *Gerken/Henningsen* ZRP **87**, 386; MSchrKrim **89**, 222; hiergegen Reiß ZRP **88**, 143. Zu den Vorschlägen der Verurteilung zu „gemeinnütziger Arbeit" als selbständiger Strafsanktion DRiZ **89**, 393; ferner Horn ZRP **90**, 81 [hierzu *Sagel-Grande* ZRP **91**, 440]. *Rechtsvergleichung: Jescheck,* Lackner-FS 915 (zur gemeinnützigen Arbeit im Vorentwurf des schweiz. StGB). Zum Community Service Order in England, *Huber* JZ **80**, 638; ferner *Fuchs,* Der Community Service als Alternative zur Freiheitsstrafe 1985; *Albrecht/Schädler* (Hrsg.) Community Service/Gemeinnützige Arbeit/Dienstverlening/Travail d'Intérêt General, 1986.

9 **C. Die Vollstreckungsbehörde** (oben 7, und zwar der StA, nicht der Rechtspfleger, § 1 Nr. 1 RPflBegrV; hiergegen de lege ferenda, aber bedenklich Reiß Rpfleger **79**, 189) ordnet, **soweit die Geldstrafe** nach 6 bis 8 uneinbringlich ist, nachdem dem Verurteilten rechtliches Gehör gewährt worden ist (Celle NdsRpfl. **77**, 128; aM Pohlmann Rpfleger **79**, 249), die **Vollstreckung der Ersatzfreiheitsstrafe** an. Sie erledigt sich jedoch, wenn der Verurteilte die (weitere) Vollstreckung der Ersatzfreiheitsstrafe durch (Teil-)Zahlung abwendet (§ 459e IV StPO). Zu vollstrecken ist immer nur die Ersatzfreiheitsstrafe, die dem uneinbringlichen Teil der Geldstrafe entspricht. Denn auch nach Anordnung der Vollstreckung der Ersatzfreiheitsstrafe handelt es sich der Sache nach um die Vollstreckung einer Geldstrafe

10 (Schleswig SchlHA **76**, 13). **D. Ausnahmsweise** kann das Gericht (§§ 462a II, 462 StPO) auf Antrag des Verurteilten oder auf Anregung der Vollstreckungsbehörde (§ 49 II StVollstrO) nach Anhörung des Verurteilten (§ 462 II StPO) anordnen, daß die **Vollstreckung** der Ersatzfreiheitsstrafe **unterbleibt,** wenn sie für den Verurteilten eine **unbillige Härte** wäre (§ 459f StPO). Angesichts dieser besonderen Regelung darf die Vollstreckungsbehörde hinsichtlich der Vollstreckung der Ersatzfreiheitsstrafe keinen Aufschub nach § 456 StPO anordnen (Schleswig SchlHA **76**, 13), vielmehr entscheidet nach § 459f StPO das Gericht des 1. Rechtszuges

Strafen **§ 43**

(§ 462a II StPO) oder, falls der Verurteilte bereits einsitzt, die für den Vollstreckungsort zuständige (BGH **30**, 224) StVK (§ 462a Abs. 1 StPO; Hamburg JR **76**, 519 m. abl. Anm. Peters). § 459f StPO will dem Gericht eine solche Anordnung auch ermöglichen, nachdem der Verurteilte einen Teilbetrag der Geldstrafe bezahlt hat. Eine unbillige Härte ist nur gegeben, wenn die Vollstreckung der Ersatzfreiheitsstrafe eine außerhalb des Strafzwecks liegende zusätzliche Härte bedeuten würde. Die Vorschrift ist nach hM (BGH **27**, 94; LK 14 mwN) eng auszulegen. Die Vollstreckung der Ersatzfreiheitsstrafe ist die regelmäßige Folge der Uneinbringlichkeit der Geldstrafe. Sie trifft auch den unverschuldet Zahlungsunfähigen (BGH **27**, 93; Düsseldorf MDR **83**, 341; GA **84**, 514; LG Frankfurt StV **83**, 292; LG Flensburg Rpfleger **83**, 327. Dölling NStZ **81**, 89; Schädler ZRP **83**, 7; KK-Chlosta 3 zu § 459f StPO; aM Köhler GA **87**, 161; v. Selle NStZ **90**, 118), insbesondere den geldstrafenimmunen Verurteilten; denn völlige Mittellosigkeit darf nicht zum Freibrief werden. § 459f StPO greift demnach nur ein, wenn es dem Verurteilten auch bei äußerster Anstrengung (zusätzlicher Nebenverdienst, eiserne Sparsamkeit) nicht möglich ist, ratenweise Mittel für die Strafe aufzubringen, und zu erwarten ist, daß allein die Verhängung der Geldstrafe Strafwirkung erzielt hat. Es kommt auf eine Gesamtwürdigung der Umstände an. Soweit die Vollstreckung aber eine unbillige Härte ist, muß das Gericht eine Anordnung nach § 459f StPO treffen (E EGStGB 311). Diese Anordnung bewirkt einen widerruflichen Aufschub der Vollstreckung der Ersatzfreiheitsstrafe (23. 2. 1966, 2 StR 39/66 für § 29 IV aF) und erlangt eine beschränkte materielle Rechtskraft; Anträge mit derselben Tatsachengrundlage können nicht wiederholt werden (Bay NJW **55**, 1644). Sie ist eine richterliche Entscheidung innerhalb des Vollstreckungsverfahrens und kein Gnadenakt (LG Kassel NJW **54**, 325). Sie läßt das Bestehen der Ersatzfreiheitsstrafe unberührt. Bessern sich vor Eintritt der Vollstreckungsverjährung die Verhältnisse des Verurteilten, so kann das Gericht seine Anordnung widerrufen. Die Vollstreckungsbehörde kann auch ohne Widerruf die Beitreibung der Geldstrafe erneut versuchen (§ 49 II S. 2 StVollstrO). Celle NdsRpfl. **78**, 291 hält die Vollstreckung einer Restgeldstrafe, wenn ihr innerer Zusammenhang mit der Straftat entfallen ist (zB 18 Jahre nach der Verurteilung), für unzulässig.

Vermögensstrafe

Verhängung der Vermögensstrafe

43 a [I] **Verweist das Gesetz auf diese Vorschrift, so kann das Gericht neben einer lebenslangen oder einer zeitigen Freiheitsstrafe von mehr als zwei Jahren auf Zahlung eines Geldbetrages erkennen, dessen Höhe durch den Wert des Vermögens des Täters begrenzt ist (Vermögensstrafe). Vermögensvorteile, deren Verfall angeordnet wird, bleiben bei der Bewertung des Vermögens außer Ansatz. Der Wert des Vermögens kann geschätzt werden.**

[II] **§ 42 gilt entsprechend.**

[III] **Das Gericht bestimmt eine Freiheitsstrafe, die im Fall der Uneinbringlichkeit an die Stelle der Vermögensstrafe tritt (Ersatzfreiheits-**

§ 43a

strafe). **Das Höchstmaß der Ersatzfreiheitsstrafe ist zwei Jahre, ihr Mindestmaß ein Monat.**

1 1) **Schrifttum:** *Arzt* NStZ **90**, 1, 5; *Caesar* ZRP **91**, 241; *Dessecker,* Gewinnabschöpfung im Strafrecht und in der Strafrechtspraxis, 1991; *Dölling* ZStW **104**, 274; *Dt.Anwaltsverein* AnwBl. **90**, 247; *Dt. Richterbund* (DRiB) DRiZ **90**, 106; *Eser,* Die strafrechtlichen Sanktionen gegen das Eigentum, 1969; *Frister,* Schuldprinzip, Verbot der Verdachtsstrafe und Unschuldsvermutung als materielle Grundprinzipien des Strafrechts, 1988; *Güntert,* Die Gewinnabschöpfung als strafrechtliche Sanktion, 1988; *Kaiser* Tröndle-FS 685; *Köhler/Beck* JZ **91**, 797; *Krey/Dierlamm* JR **92**, 353; *Lemke* StV **90**, 87; *J. Meyer* ZRP **90**, 85; *Möhrenschlager* wistra **92**, 283; *Ostendorf* JZ **91**, 69; *Pieth* StV **90**, 558; *Schoreit* MDR **90**, 1 u. StV **91**, 535; *Weber* in Neumann/Nipperdey/Scheuner, Die Grundrechte II 365; *Weßlau* StV **91**, 226. Eine Übersicht über die prozessualen Ermittlungsmöglichkeiten nach dem OrgKG gibt *Krey/Haubrich* JR **92**, 309. Weiteres Schrifttum 1 zu § 73.

2 2) **Die Vorschrift** wurde als Untertitel **Vermögensstrafe** durch Art. 1 Nr. 2 OrgKG vom 15. 7. 1992 (BGBl. I 1302; Inkrafttreten: 22. 9. 1992) eingefügt. **§ 43a** geht auf eine Initiative der BReg. (E eines StÄG-Vermögensstrafe-) zurück. **Materialien zu § 43a:** BRat: Drs. 418/89, 418/1/89, 418/1/89 (neu), 418/89 (Beschluß), R-BRat Prot. Nr. R 58, 62/89; I-BRat Prot. Nr. 64/89; PlenProt. 604; BTag: **RegE** BT-Drs. 11/5461; R-BTag Prot. Nr. 75 (Hearing); vgl. BT-Drs. 11/5738, 11/4936 (neu), 11/5525; SPD-E BT-Drs. 11/5313; PlenProt. BTag 11/14175. **Materialien zum OrgKG:** Die Intensivierung der Bekämpfung der OrgK forderte BW in einem Entschließungsantrag (BR-Drs. 100/89; vgl. dazu BRat PlenProt. 598; Prot. R-BRat Nr. R 19, 22/89, I-BRat Nr. 20/89, G-BRat Nr. 13, 17/89), um sodann kurz nach dem Gesetzesantrag Bayerns (E eines Ges. zur Bekämpfung des illegalen Rauschgifthandels, BR-Drs. 74/90), den E eines Ersten Ges. zur Bekämpfung der OrgK einzubringen (BR-Drs. 83/90). Dieser griff die Vorschläge des RegE zu § 43a (BT-Drs. 11/5461) und seinen Folgeänderungen (§§ 41 S. 2, 52 IV, 53 III, IV, § 54 II S. 2, 55 II) sowie die Vorschläge der BReg. zum erweiterten Verfall (BR-Drs. 16/90) auf, erstreckte sie aber über den Bereich der BtM-Kriminalität hinaus auf weitere Bereiche der OrgK. Die E Bay und BW wurden sodann zusammengefaßt (Prot. UAR-BRat Nr. R 33/90 Anl. 1) und gegenüber dem RegE zu § 43a und § 73d wesentlich ergänzt. Eine Zusammenfassung (mit weiteren Vorschlägen der Länder, Drs. 56 u. 57/90) zu einem ersten gemeinsamen E-OrgKG enthalten die Prot. R-BRat Nr. 41/90 (Anl. 5) und 49/90 (S. 40). Der E-OrgKG (Drs. 74/90) wurde nach den Ausschußberatungen (Prot. R-BRat Nr. 43/90; I-BRat Nr. 51/90; G-BRat Nr. 31/90) und Empfehlungen der Ausschüsse (Drs. 74/1/90) in der 612. Sitzung des BRats idF der Drs. 74/90 (Beschluß) zusammen mit der Entschließung (Drs. 299/90) noch in der 11. WP eingebracht und nach Stellungnahme der BReg. (BT-Drs. 11/7663 Anl. 2) in der 231. Sitzung (BTag 11/18372) in 1. Lesung beraten. Nach erneuter Einbringung durch die Länder BW und Bay (Drs. 919/90) in der 12. WP und den Ausschußberatungen (Prot. R-BRat Nr. 29 u. 34/91; J-BRat Nr. 27, 29 u. 30/91; G-BRat Nr. 18/91) wurde der E-OrgKG idF des Beschlusses der 11. WP (Drs. 74/90-Beschluß), jedoch nach Maßgabe der Änderungsempfehlungen (Drs. 219/91, 219/1 bis 7/91) vom BRat in 629. Sitzung idF der Drs. 219/91 (Beschluß) eingebracht. Der **E-BRat** (BT-Drs. 12/989) wurde vom R-BTag in der 31., 33., 34., 36., 39., 40. und 42. Sitzung (Hearing Prot. Nr. 31) beraten und auf Grund der Beschlußempfehlung und des Berichts des R-BTag (BT-Drs. 12/2720) in 2. und 3. Lesung (BTag 12/95 idF der Drs. 388/92) zusammen mit einer Entschließung (zu Drs. 388/92)

Strafen § 43a

beschlossen. Der E-SPD (BT-Drs. 12/731), der in § 44a eine Abschöpfung des Taterlöses als Nebenstrafe vorsah, wurde ebenso wie der Entschließungsantrag der SPD (BT-Drs. 12/1367) für erledigt erklärt. Der BRat hat dem E-OrgKG nach den Ausschußberatungen (Prot. R Nr. 52/92, I Nr. 27/92) auf Grund der Ausschußempfehlungen (Drs. 388/1/92) idF der Drs. 388/92 (Beschluß) zugestimmt. Verkündung: OrgKG v. 15. 7. 1992 (BGBl. I 1302). Inkrafttreten: 22. 9. 1992.

3) Die Gewinnabschöpfung aus einer Straftat ist in ihrer *Ausgleichs*funktion 3 (vgl. 1c zu § 73) ein unumstrittenes Gerechtigkeitspostulat und dient zugleich der Verbrechensvorbeugung (dazu grundlegend Eser [1] 120; vgl. auch Krey JR **92**, 356; Weßlau StV **91**, 227 mwN). Diskutiert wurden die Möglichkeiten der Verbesserung der Gewinnabschöpfung inbesondere wegen der Zunahme der OrgK (J. Meyer ZRP **90**, 86) und weil sich das Problem durch den in das Tagessatzsystem eingebundenen § 41 und durch § 57 V sowie über die bisherige Ausgestaltung der §§ 73ff. trotz ihres weitgehend obligatorischen Charakters (16 zu § 73) nicht befriedigend lösen ließ. Die Ineffektivität des Gewinnabschöpfungsrechts (Kaiser [1] 694) wurde allgemein in den zu hoch erscheinenden Beweisanforderungen gesehen. Zumal die Anordnung des Verfalls war nur über den Nachweis zu erreichen, daß die Vermögensvorteile aus der abgeurteilten Tat stammen (2 zu § 73), so daß eine bloße Vermutung über die deliktische Herkunft nicht ausreichte. Der Nachweis der deliktischen Herkunft des Vermögens und darüber, wem das Vermögen wirtschaftlich in Wahrheit zusteht, war schwer zu führen. Offensichtlich hat den Gesetzgeber in dem Bemühen, die Verfallsvorschriften effizienter zu gestalten und die Ermittlungsdefizite auszuräumen, die Geduld verlassen, so daß er schon vor den notwendigen und beabsichtigten Reformen der Verfallsvorschriften und der Einführung einer Strafe gegen Geldwäsche (§ 261) eine von der Geldstrafe und von § 41 unabhängige Hauptstrafe vorschlug, die im Wortlaut im Gesetzgebungsverfahren unangetastet blieb (vgl. Arzt NStZ **90**, 5). Mit der **Vermögensstrafe** [VStrafe] will der Gesetzgeber die sich aus der Unschuldsvermutung ergebenden Zugriffshinderungen beiseite schieben. Dazu gibt er auf verfassungsrechtlich bedenkliche Weise dem Gericht die Möglichkeit, das verdächtig erscheinende Vermögen zu konfiszieren, ohne den Beweis über dessen deliktische Herkunft führen zu müssen, also ohne Rücksicht darauf, ob zwischen dem Vermögen und der abzuurteilenden Tat ein Zusammenhang nachweisbar ist. Dadurch wird die Vermögensstrafe ihrer Zielsetzung nach eine *konfiskatorische Geldstrafe* (J. Meyer ZRP **90**, 87; Dessecker [1] 352; RA-BTag Prot. 11/75 S. 102), die Arzt (NStZ **90**, 6) als „Verfallsanordnung für verdächtiges Vermögen" im Gewande einer Hauptstrafe und Eser (Prot. R-BTag Nr. 31 S. 118, 199) als eine Art Familienvermögenskonfiskation qualifiziert, weil sie Familienangehörige, ja sogar Unbeteiligte in Mitleidenschaft ziehen kann. Kreuzer spricht von einer „gesetzgeberischen Schlitzohrigkeit" (Prot. R-BTag Nr. 31 Anh. S. 54), mit der im Grunde die Einziehung mit Beweislastumkehr umgangen werden soll. Dem OrgKG geht es danach um mehr als um ausgleichende Gerechtigkeit, nämlich unverhohlen auch um die Effektivität der Abschöpfungsmethode, gleichgültig, ob das Vermögen legal oder illegal erlangt ist, ohne daß also das Herkunftsdelikt nachgewiesen werden muß. Obwohl dem Gesetzgeber die verfassungsrechtlichen Bedenken gegen den **Schuldgrundsatz** (Eser Prot. R-BTag Nr. 31 S. 117, Anh. S. 33, 34) und einen so weitgehenden **Eingriff in das Grundrecht auf Eigentum** (Art. 14 GG; Eser aaO; Krey JR **92**, 356; Dessecker [1] 351) bekannt waren, suchte man die Lösung des Problems nicht allein in der Einführung des Bruttoprinzips beim Verfall (3a zu § 73) und in Beweiserleichterungen beim erweiterten Verfall (vgl. § 73d), sondern in einer radikalen Verbesserung der Vermö-

§ 43 a

gensabschöpfungsmöglichkeiten durch eine neue Sanktion, obgleich die Ansatzpunkte zur Bekämpfung der OrgK eher in der Überprüfung der wirtschaftlichen Konditionen als im strafrechtlichen Bereich zu suchen sind. Die massiven Bedenken gegen diese besonders eingriffsintensive Sanktion, die unter Verletzung des Schuldprinzips zum totalen Vermögensverlust führen soll, also „Erdrosselungswirkung" iS der Rspr. des BVerfG haben kann (hierzu Krey JR **92**, 356 mwN), und der Praxis zudem Abgrenzungsprobleme zu den §§ 73 ff. bereitet, wurden von der Wissenschaft rechtzeitig erhoben (Weßlau StV **91**, 228 mwN; vgl. Hearing RA-BTag v. 15. 3. 1990, Prot. 11/75) und in der Sachverständigenanhörung des RA-BTag v. 22. 1. 1992 erneut vorgetragen (vgl. Eser, Tröndle, Kreuzer u. a., Prot. 12/31 S. 115, 199, 135 und Anh. S. 32, 294, 51, 118, 135, 151), jedoch weder in der Entwurfsbegründung noch im Gesetzgebungsverfahren hinreichend gewürdigt und im Ber. (BT-Drs. 12/2720, 59) unverhüllt mit dem Hinweis abgetan, Polizei und StA hielten die Sanktion für notwendig, um die außerordentlichen Profite abzuschöpfen. Die vom UAR-BRat (Prot. Nr. R 58/89 S. 14) gegebene Begründung, der E (BR-Drs. 418/89) werde dem Schuldgrundsatz dadurch gerecht, daß er die Vermögensstrafe auf besonders gravierende Fälle beschränkt, in denen das Maß der Schuld einen Freiheitsentzug rechtfertige, der sich aus der Dauer der Freiheitsstrafe und dem Höchstmaß der Ersatzfreiheitsstrafe (§ 43a III) zusammensetzt, spricht die wesentlichen Bedenken gar nicht an. Da die Sanktion nur durch den Wert des Tätervermögens begrenzt ist, während sie durch die Schwere von Unrecht und Schuld begrenzt sein sollte (Krey JR **92**, 357), geht auch die allgemeine Begründung, die Regelung verletze den **Verhältnismäßigkeitsgrundsatz** nicht, weil die Schwere des Grundrechtseingriffs (Art. 14 GG) zu den sie rechtfertigenden Gründen (gemeint ist die Notwendigkeit einer angemessenen Strafverfolgung der OrgK, die letztlich den Staat selbst gefährden könne, Ber. BT-Drs. 12/2720, 59) in einem angemessenen Verhältnis stehe, an den geäußerten Bedenken vorbei (Prot. UAR Nr. 41/90 S. 26). Denn es ist hM, daß sich die totale Vermögenskonfiskation als Folge einer mit der Vermögensherkunft nicht zusammenhängenden Straftat verfassungsrechtlich nicht legitimieren läßt. Der **Herkunftsnachweis**, dh der konkrete Zusammenhang zwischen der abzuurteilenden Tat und der Vermögensherkunft, muß gegeben sein und zwar so, daß der illegale Erwerb nachgewiesen ist (Eser [1] 148 mwN). Nach § 43a aber verwirkt der Täter den Eigentumsschutz auf Grund bloßer Herkunftsvermutung auch für Vermögen, das nicht auf strafbare Weise erlangt ist und nicht im Zusammenhang mit der konkreten Tat steht, ohne daß also nachgewiesen wäre, daß die Verwirkung des Schutzanspruchs auf einem Mißbrauch beruht (Weber [1] 366). Die abzuurteilende Tat wird somit als Anlaß für den umfassenden Zugriff auf das Vermögen benutzt (Weßlau StV **91**, 230). Die **Unschuldsvermutung** (Art. 6 II MRK) verbietet aber die Verhängung von Strafe ohne Schuldnachweis (BVerfGE **19**, 347; **35**, 320). Eine Strafe kann auch nicht durch das überwiegende Interesse an der Gefahrenabwehr gerechtfertigt werden, wenn der Schuldnachweis für die konkrete Tatschuld an der Gefahrenherbeiführung nicht gelingt (Frister [1] 29 ff., 92 f). § 43a geht also, da er den Zugriff auch auf rechtmäßig erworbenes und versteuertes Vermögen ermöglicht, über die Ausgleichsfunktion hinaus und ist eine Verdachtsstrafe mit dem Charakter einer Sicherungsmaßnahme, gestützt auf die Annahme rechtswidriger Herkunft des Vermögens (so für den erweiterten Verfall ebenso Weßlau StV **91**, 232). Zudem mißachtet § 43a das **Bestimmtheitsgebot** (Art. 103 II GG), da eine absolute Begrenzung nach oben und unten fehlt. Denn der Wert des Vermögens ist keine bestimmte Strafdrohungsgrenze (vgl. krit. DRiB u. Eser Prot. RA-BTag Nr. 31, 135, 199; Krey JR **92**, 357). Vor allem aber fehlt es für die **Umrechnung** der an sich verwirkten Freiheitsstrafe in eine Vermögensstrafe und umgekehrt für die in III vorgesehene Umrechnung der Vermögensstrafe in eine Ersatzfreiheitsstrafe an jeglichen Maßstäben. Die im Ber. (62) gegebene Begründung, dieses Defizit habe auch § 27b aF gehabt, zeigt nur, daß man, da der Zweck die Mittel heiligen soll, selbst Lehren der Strafrechtsreform über Bord zu werfen bereit ist, ohne sie widerlegen zu können. § 43a kann nur als Symbol für eine unbedingt gewollte, leicht handhabbare Gewinnabschöpfung gewertet werden, die so aber kaum zu realisieren sein dürfte. Ohne eine Beseitigung der von der polizeilichen Praxis beklagten Ermittlungsdefizite durch bessere Informationsgewinnung (vgl. hierzu Pitschas KR **91**, 774, 777) und eine Überwindung der „Schizophrenien beim Datenschutz" (Sendler NJW **89**, 1763), die allein erst das Eindringen in die OrgK ermöglicht, dürften die gesetzgeberischen Maßnahmen des OrgKG kaum greifen. Denn das formelle Recht muß mit dem materiellen Schritt halten („Die Nürnberger hängen keinen, sie hätten ihn denn"). Eine symbolische Rechtspolitik ist keine. Schon gar nicht schreckt sie den Täterkreis der OrgK. Rechtlich bedenkliche und geschichtlich hochbelastete Normen (J. Meyer ZRP **90**, 87 mwN; Köhler/Beck JZ **91**, 799) dienen allein den Strafverteidigern; in der Hand des Richters sind sie stumpfe Waffen (Weiß RA-BTag Prot. 11/75 S. 23; Tröndle RA-BTag Prot. 31 Anl. S. 296). Das Gericht wird den Anwendungsbereich der „besonders eingriffsintensiven" Kannvorschrift nicht nur nach dem Willen des Gesetzgebers „auf gravierende Fälle zu beschränken" haben (BT-Drs. 12/989, 22), sondern ggf. auch die verfassungsrechtlichen Bedenken gegen den Rückfall in vorrechtsstaatliche Zeiten (Eser RA-BTag 12/91 Anh. S. 33) über Art. 100 GG klären lassen müssen. Das Spannungsverhältnis zwischen effektiver und rechtsstaatlicher Strafverfolgung wird sich nur durch die Verbesserung der Ermittlungsmöglichkeiten der Polizei in ihrem derzeit chancenlosen Kampf mit der Mafia mindern lassen (vgl. hierzu Forschauer Prot. RA-BTag 11/75 S. 30, 58; Lenhard, Lindlau KR **91**, 506, 691; Tröndle R-BTag Prot. 31 Anh. S. 296 gegen Schoreit StV **91**, 535; Ostendorf JZ **91**, 62 und Eisenberg/Ohder JZ **90**, 574), nicht durch den Rückgriff auf eine zum politischen Mißbrauch einladende Sanktion (J. Meyer ZRP **90**, 87 mwN). Jedenfalls stehen die rechtsstaatlichen Bedenken gegenüber den Forderungen nach Lockerung des extremen Datenschutzes und nach Verbesserung der Informationsgewinnung, die trotz jahrelanger Erörterung rechtlich nicht sicherzustellen waren (BT-Beschluß zu Drs. 388/92), in einem auffälligen Gegensatz zur scheinbaren verfassungsrechtlichen Unbedenklichkeit gegenüber der Erweiterung der strafrechtlichen Sanktionen gegen das Eigentum. Allein schon die in BT-Beschluß (zu Drs. 388/92) eingestandenen Defizite bzgl. der rechtlichen Möglichkeiten zum Einsatz technischer Mittel in Wohnungen und an Treffpunkten der Bandenmitglieder zur Aufklärung und Verfolgung der OrgK lassen die Behauptung der BMinisterin der Justiz (BTag 12/7829 B), das vorliegende OrgKG sei ein fairer Kompromiß zwischen dem Gebot effizienter Verbrechensbekämpfung und der Wahrung unverzichtbarer Freiheitsrechte als rhetorische Floskel erscheinen. Denn diese Defizite schränken die notwendige Informationsgewinnung erheblich ein. Wer aber die Arbeitsmöglichkeiten der Polizei bei gegebener und zunehmender Überlegenheit und Rücksichtslosigkeit der Banden einschränkt, stärkt die „Freiheitsrechte" der Mafiosi auf Kosten des Schutzes und der Sicherheit der Bürger.

4) Der Anwendungsbereich des § 43a ist – unabhängig von den (oben 3) **4** aufgezeigten verfassungsrechtlichen Schranken, die zu achten Pflicht jedes Richters ist – in vielfacher Weise eingeschränkt, und zwar zunächst durch die Ausgestaltung als **Kann-Vorschrift**, so daß die Strafe nur nach pflichtgemäßem Ermessen des Richters verhängt werden darf, sodann durch die

§ 43a AT Dritter Abschnitt. Erster Titel

Voraussetzung, daß in anderen Vorschriften auf § 43a verwiesen wird (Verweisungserfordernis nach I S. 1, unten 5), im wesentlichen aber durch den Schuldgrundsatz (oben 3, unten 6); denn die Kumulation von Freiheits- und Vermögensstrafe muß tatschuldangemessen bleiben; sodann durch das untere Maß der neben der VStrafe verhängten Freiheitsstrafe (unten 7), schließlich durch die Konkurrenz zu den §§ 73ff. (unten 9). Insoweit verwundert der Optimismus des Gesetzgebers, § 43a ließe einen wesentlichen Beitrag zur Eindämmung der OrgK erwarten (E-BRat, 22).

5   A. **Verweisungen auf § 43a**, die seine Anwendung für den Fall ermöglichen sollen, daß der **Täter als Mitglied einer Bande handelt, die sich zur fortgesetzten Begehung der Tat verbunden hat**, enthalten **§ 150** für die Geldfälschung [§ 146], die Wertzeichenfälschung nach § 148 I, die Vorbereitung einer Geldfälschung nach § 149 I und § 152a; **§ 181c** für den Menschenhandel [§ 181] und die dirigierende Zuhälterei [§ 182a I Nr. 2]; **§ 244 III** für den Bandendiebstahl [§ 244 I Nr. 3]; **§ 244a III** für den schweren Bandendiebstahl; **§ 260 III** für die Bandenhehlerei [§ 260 I Nr. 2]; **§ 260a III** für die gewerbsmäßige Bandenhehlerei; **§ 261 VII S. 3** für die Geldwäsche; **§ 285b I** für die Beteiligung eines Bandenmitglieds am unerlaubten Glücksspiel [§ 284 III Nr. 2]; ferner **§ 30c BtMG** (mit Einschränkungen nach § 30c I S. 2 BtMG) für die Fälle des § 29 I Nr. 1, 4 bis 6 und 10, der §§ 29a bis 30a BtMG (Anh. 4). Damit greift das OrgKG über den Bereich des illegalen BtM-Handels hinaus, für den die VStrafe ursprünglich gedacht war (oben 2), und erfaßt damit nicht stets vergleichbare Fälle der OrgK innerhalb des BT.

6   B. **Tatschuldangemessen** muß die VStrafe sein, weil „der unser Strafrecht beherrschende – und Verfassungsrang besitzende – Schuldgrundsatz zur Konsequenz hat, daß bei einer Kumulation verschiedener Strafen deren sich aus der Kumulation ergebende Schwere schuldangemessen sein muß" (Begr. RegE BT-Drs. 11/5461 S. 5). Diese *limitierende Funktion des Schuldmaßes* (9ff. zu § 46) hat, da § 46 I S. 1 nicht von § 43a ausgeschlossen wurde, wie bei § 41 (dort 4) zur Folge, daß § 43a *keinen Strafschärfungsgrund* und **keine Strafrahmenerweiterung** (RegE S. 6) enthält, sondern lediglich *innerhalb* der schuldangemessenen Strafe eine der OrgK angemessenere Strafartreaktion ermöglicht. Die an sich verwirkte Freiheitsstrafe ist also einerseits so zu kürzen, daß sie zusammen mit der VStrafe schuldangemessen bleibt, andererseits soll die Höhe der VStrafe nur durch den Wert des Tätervermögens begrenzt sein. § 43a gibt sich einerseits als Schuldstrafe andererseits der Zielsetzung nach als Abschöpfungsinstrument aus (Kreuzer Prot. R-BTag 31 Anh. S. 54). Wie der Richter diesen Spagat schuldangemessen realisieren soll, läßt das OrgKG offen. Denn *es fehlt ein Schlüssel für die Umrechnung* des zu gewährenden Freiheitsstrafenrabatts in eine Vermögensstrafe (Arzt NStZ **90**, 5f.; J. Meyer ZRP **90**, 88; Eser, Tröndle Prot. R-BTag 31 Anh. S. 34, 302). Da § 41 ausdrücklich für unanwendbar erklärt wird (§ 41 S. 2), ist es nicht möglich, den Freiheitsstrafenrabatt nach dem Tagessatzsystem zu berechnen, das hier gerade ausgeschlossen bleiben soll (Begr. E-BRat S. 22), weil die VStrafe dann auch nichts anderes wäre als eine kumulative Geldstrafe nach § 41. Offensichtlich soll der Freiheitsstrafenrabatt höchstens 2 Jahre betragen und mit dem Höchstmaß der Ersatzfreiheitsstrafe (unten 12) identisch sein (J. Meyer ZRP **90**, 88). Dann

aber ist dem Richter keine schuldangemessene Berücksichtigung der gewinnabschöpfenden Auswirkungen einer nur „durch den Wert des Vermögens des Täters begrenzten" Höhe der VStrafe möglich. Ein Spagat zwischen der Intention des Gesetzgebers, das Vermögen des Täters möglichst vollständig zu erfassen, und dem Postulat, die Strafe nach der Schuld des Täters zuzumessen, ist bei verfassungskonformer Auslegung nicht möglich; denn entweder hält der Richter das Schuldmaß ein oder er verletzt das Schuldprinzip durch einen Zugriff auf das zufällig vorhandene oder geschätzte Vermögen in seiner nach oben unbegrenzten Höhe ohne Rücksicht auf das Maß der Schuld (J. Meyer ZRP **90**, 88; Eser Prot. R-BTag 31 S. 117, Anh. S. 33; Tröndle dort S. 301; Krey JR **92**, 357).

C. Nur neben einer lebenslangen oder zeitigen Freiheitsstrafe von mehr als 2 Jahren darf die VStrafe verhängt werden. Die Begr. (E-BRat BT-Drs. 12/989, 22) führt dazu aus: „Um den Anwendungsbereich der besonders eingriffsintensiven Vermögensstrafe auf gravierende Fälle zu beschränken, soll sie nur verhängt werden können, wenn der Täter auch unter Berücksichtigung der gewinnabschöpfenden Auswirkungen dieser Geldstrafe eine Freiheitsstrafe von mehr als 2 Jahren verwirkt hat". Zu den Schwierigkeiten, die tatschuldangemessene Balance zwischen einer sinnvollen Freiheitsstrafe und dem verfassungsmäßig verantwortbaren Eingriff in das Vermögen zu finden, vgl. oben 3, 6. Die Zahl der Friktionen zwischen der Zielsetzung und der Realisierungsmöglichkeit kennzeichnet die Qualität des Gesetzes. Alle oben 5 genannten Straftaten als „gravierende Fälle" zu bezeichnen, wenn eine Freiheitsstrafe von mehr als 2 Jahren verhängt wird und Zufallsvermögen vorhanden ist, erscheint bedenklich (krit. Kreuzer Prot. R-BTag 31 Anh. S. 55), zumal Unbeteiligte in Mitleidenschaft gezogen und Kinder für die von ihrem Vater begangenen Taten bestraft werden können (J. Meyer ZRP **90**, 87). 7

D. Nach I Satz 3 kann der Wert des Vermögens **geschätzt** werden. Wenn aber für die Bestimmung der Höhe einer Sanktion Schätzungen zugelassen werden, sabotiert man damit eine durch das Schuldprinzip verfassungsrechtlich zwingend vorgeschriebene gerechte Strafzumessung durch Abstimmung von Strafe und Schuld (Eser Prot. R-BTag 31 Anh. S. 34 mwN), zumal schon der Verzicht auf den Nachweis eines Zusammenhangs von Tat und Vermögenserwerb (oben 3) zu einer **nicht begründbaren Gleichbehandlung** legal und illegal erworbenen Vermögens, auch von vermögenden und unvermögenden Tätern führt, nicht nur wegen des fehlenden Umrechnungsschlüssels (oben 6), sondern wegen des Zufalls, der bei der Auswirkung der Gewinnabschöpfung auf die Freiheitsstrafe eine nicht unbeträchtliche Rolle spielt, so zB für den Zeitpunkt des Zugriffs: Wird auf den Geldbetrag schon beim Kaufwilligen oder erst nach dem Deal beim Verkäufer zugegriffen. Wenn solche Faktoren für die gerechte Strafe, dh für den Freiheitsstrafenrabatt (oben 6) ausschlaggebend sind (weitere Beispiele Tröndle Prot. R-BTag Anh. 302), läßt sich nicht von Strafzumessung sprechen. Die Funktion der Gewinnabschöpfung, gerechter Ausgleich zu sein, scheitert daran, daß der reiche Täter sich durch sein Vermögen im Gegensatz zum armen von der Verbüßung eines Teils der Strafe befreien kann (Kreuzer Prot. R- 8

BTag Nr. 31 Anh. 118). Wäre der Freiheitsverlust dagegen sinnvoller, weil er den Reichen härter trifft, so ist die VStrafe vollends fehl am Platz.

9 **E. Der Wert des Vermögens** begrenzt die Höhe der VStrafe. Der Begriff **Vermögen** umfaßt regelmäßig die Gesamtheit der Aktiva einschließlich aller Rechte, die auf Geld gehen oder einen geldwerten Inhalt haben, nicht aber die dem Betroffenen obliegenden Schulden, da diese das Aktivvermögen belasten. Das Vermögen unterscheidet sich vom Zufallsbesitz, auf den § 43a möglicherweise abstellen will. Gegen eine dahingehende Auslegung spricht aber, daß in **Abs. I Satz 2** nur **Vermögensvorteile** für die Bewertung des Vermögens für erheblich erklärt werden. Als Vermögensvorteil ist aber nur der dem Täter nach Abzug der durch die Tat veranlaßten Kosten verbleibende Taterlös anzusehen (NJW **89**, 3165 mwN). Somit ist der Begriff „Vermögensvorteil" kein Ausdruck des Bruttoprinzips, sondern des Nettoprinzips. Es mag eine Folge der Ungeduld des Gesetzgebers sein (oben 3), daß er die zunächst zeitunterschiedlich eingebrachten Gewinnabschöpfungsinstrumente des § 43a einerseits und der §§ 73 und 73d andererseits nicht harmonisiert hat. Jedenfalls umfaßt Satz 2 (der das Verhältnis von § 43a zu den Gewinnabschöpfungsmöglichkeiten der §§ 73ff. in dem Sinne klarstellen soll, daß sie, wenn ihre Voraussetzungen vorliegen, § 43a vorgehen) lediglich Vermögens*vorteile*. Muß nach den weitgehend obligatorischen Vorschriften der §§ 73ff. der Verfall der Vermögensvorteile angeordnet werden, so haben diese bei der Bewertung des Vermögens, die der VStrafe zugrunde gelegt wird, unberücksichtigt zu bleiben. Der aus § 73 verbannte Begriff „Vermögensvorteil" (3a zu § 73) blieb, obwohl eine Harmonisierung (Kreuzer Prot. R-BTag Nr. 31 Anh. 119) der Vorschriften angeregt wurde, in § 43a als Terminus für das Nettoprinzip erhalten, woraus sich eine Friktion zwischen dem gewollten Bruttoprinzip des § 73 (dort 3a) und Satz 2 ergibt. Läßt sich nachweisen, daß Vermögenswerte des Täters aus konkreten Straftaten herrühren (§ 73) oder rechtfertigen Umstände die Annahme einer solchen Herkunft (§ 73d), so gehen diese Gewinnabschöpfungsmöglichkeiten der Gewinnabschöpfung nach § 43a ohnehin vor (Begr. E-BRat BT-Drs. 12/989 S. 22). Daß § 43a seinem Wortlaut nach darüber hinaus sogar auf die Fälle anzuwenden ist, in denen über die zwingend für verfallen zu erklärenden Vermögensteile deliktischer Herkunft hinaus Vermögen vorhanden ist, bei dem nicht einmal die Vermutung deliktischer Herkunft gegeben ist (vgl. oben 3), daß also allein die Begehung einer Straftat des Katalogs oben 5 ausreichend ist, macht die Radikalität der gesetzgeberischen Zielsetzung deutlich.

10 **5)** § **41** bleibt für den Fall, daß eine VStrafe verhängt wird, unanwendbar (§ 41 S. 2; dort 6). Die Abkehr vom Tagessatzsystem entspricht der Zielsetzung, vom Schuldprinzip abzuweichen (Tröndle Prot. R-BTag 31 Anh. S. 303).

11 **6) Nach II** gilt § **42** entsprechend. Damit ist unter den engen Voraussetzungen die Möglichkeit gegeben, Zahlungserleichterungen zu gewähren (2ff. zu § 42).

12 **7) Nach III Satz 1** bestimmt das Gericht zugleich mit der Verhängung der VStrafe für den Fall ihrer Uneinbringlichkeit eine **Ersatzfreiheitsstrafe**. Anders als bei § 43, der für den **Umrechnungsmaßstab** in § 43 S. 2 eine so klare Regelung trifft, daß die Ersatzfreiheitsstrafe im Urteil nicht ausge-

Strafen § 43a

sprochen zu werden braucht, verhält es sich bei § 43a. Dessen **III Satz 2** bestimmt keinen Maßstab für die Umrechnung (oben 6), sondern bestimmt nur, daß **das Höchstmaß** der Ersatzfreiheitsstrafe des § 43a **zwei Jahre,** ihr **Mindestmaß 1 Monat** beträgt. Von Kriterien für die Bestimmung der Höhe der Ersatzfreiheitsstrafe wie überhaupt für die Strafzumessung hat der RegE (S. 6) „nach eingehender Prüfung" Abstand genommen, „da sich alle hier in Betracht kommenden Fallgestaltungen auch auf dem Wege über Regelbeispiele nur schwer erfassen lassen" und darauf vertraut, daß die Gerichte in der Lage sind, sich selbst darüber Rechenschaft abzulegen, welchen Stellenwert sie der VStrafe bei einer Verurteilung zu Freiheitsstrafe zumessen. Wäre ein so weitgehender Spielraum tatsächlich vorhanden, so müßte das zwar wegen des Bestimmtheitsgebots (oben 3) bedenklich erscheinen. Noch bedenklicher aber ist, daß durch eine solche Begründung darüber getäuscht wird, daß der Rahmen für eine schuldangemessene Strafe (oben 6) in Wahrheit durch III S. 2 sehr eng gezogen wird, wenn man mit der allgM davon ausgeht, daß die Ersatzfreiheitsstrafe des § 43a mit ihrer durch III S. 2 limitierten Möglichkeit, die Höhe der Freiheitsstrafe schuldangemessen zu senken, zu keinem tatschuldangemessenen Ergebnis führen kann, weil Ersatzfreiheitsstrafe und Rabatt identisch sind (Arzt NStZ **90**, 6; J. Meyer ZRP **90**, 88). **Art. 293 EGStGB** (Anh. 1; 8 zu § 43) ist unanwendbar (Umkehrschluß aus der Ergänzung des Art. 293 EGStGB durch Art. 6 OrgKG).

8) Die Konkurrenzprobleme regeln **§ 52 IV** (7 zu § 52), **§ 53 III** (3a bis 3d zu § 53), **§ 53 IV** (4 zu § 53), **§ 54 II S. 2** (4 zu § 54) und **§ 55 II** (9 zu § 55). Zur Gesamtvermögensstrafe vgl. 3a zu § 53, zum Zusammentreffen einer neben Freiheitsstrafe verwirkten Vermögensstrafe mit Geldstrafe vgl. 3b zu § 53, zum Zusammentreffen der zeitigen Freiheitsstrafe von 15 Jahren mit einer Vermögensstrafe vgl. 3c zu § 53; zur Verhängung einer Vermögensstrafe neben einer gleichzeitigen lebenslangen Freiheitsstrafe vgl. 3c zu § 53. **13**

9) Verfahrensrecht: Das prozessuale Instrumentarium zur Durchsetzung der VStrafe im Ermittlungsverfahren zur Sicherung der Vollstreckung geben die §§ 111o und 111p StPO mit der Möglichkeit, die spätere Verhängung und Durchsetzung im Wege einer Arrestanordnung (§ 111o StPO, auf der Grundlage des RegE eingefügt) und Vermögensbeschlagnahme sowie Unterstellung unter einen Vermögensverwalter (§ 111p StPO, auf der Grundlage der Stellungnahme des BRats BT-Drs. 11/5461 Anl. 2 eingefügt) zu erreichen (sollte das BVerfG die Vermögensstrafe aus den oben 3, 6 dargelegten Gründen für nichtig erklären, woran die SPD-Fraktion keinen Zweifel ließ [Ber. 76], so wären auch die prozessualen Maßnahmen unwirksam). Daneben besteht die von § 43a abgekoppelte Möglichkeit der Beschlagnahme nach § 443 StPO idF des Art. 3 Nr. 15 OrgKG, der allerdings einen Haftbefehl oder Klageerhebung voraussetzt. Durch § 459i StPO wird die VStrafe vollstreckungsrechtlich weitgehend der Geldstrafe gleichgesetzt, insbesondere findet § 459 StPO ebenso Anwendung wie für die Gewährung von Zahlungserleichterungen § 459a StPO und für die Verrechnung von Teilbeträgen nach § 459b StPO. Schließlich gelangen auch die §§ 459c, 459e, 459f und 459h StPO sinngemäß zur Anwendung. **14**

§ 44

Nebenstrafe

Fahrverbot

44 ^I Wird jemand wegen einer Straftat, die er bei oder im Zusammenhang mit dem Führen eines Kraftfahrzeugs oder unter Verletzung der Pflichten eines Kraftfahrzeugführers begangen hat, zu einer Freiheitsstrafe oder einer Geldstrafe verurteilt, so kann ihm das Gericht für die Dauer von einem Monat bis zu drei Monaten verbieten, im Straßenverkehr Kraftfahrzeuge jeder oder einer bestimmten Art zu führen. Ein Fahrverbot ist in der Regel anzuordnen, wenn in den Fällen einer Verurteilung nach § 315c Abs. 1 Nr. 1 Buchstabe a, Abs. 3 oder § 316 die Entziehung der Fahrerlaubnis nach § 69 unterbleibt.

^{II} Darf der Täter nach den für den internationalen Kraftfahrzeugverkehr geltenden Vorschriften im Inland Kraftfahrzeuge führen, ohne daß ihm von einer deutschen Behörde ein Führerschein erteilt worden ist, so ist das Fahrverbot nur zulässig, wenn die Tat gegen Verkehrsvorschriften verstößt.

^{III} Das Fahrverbot wird mit der Rechtskraft des Urteils wirksam. Für seine Dauer wird ein von einer deutschen Behörde erteilter Führerschein amtlich verwahrt. In ausländischen Fahrausweisen wird das Fahrverbot vermerkt.

^{IV} Ist ein Führerschein amtlich zu verwahren oder das Fahrverbot in einem ausländischen Fahrausweis zu vermerken, so wird die Verbotsfrist erst von dem Tage an gerechnet, an dem dies geschieht. In die Verbotsfrist wird die Zeit nicht eingerechnet, in welcher der Täter auf behördliche Anordnung in einer Anstalt verwahrt worden ist.

1   1) **Zum Fahrverbot** (Fassung 2. StrRG/EGStGB) vgl. RegE BT-Drs. IV/651, dazu BT-Drs. IV/2161, 7/1261. **Schrifttum:** *Hartung* NJW **65**, 86; *Lackner* JZ **65**, 92, 120; *Warda* MDR **65**, 1; GA **65**, 65; *Wollentin/Breckerfeld* NJW **66**, 632; *Cramer* NJW **68**, 1764; *Bode* DAR **70**, 57; *Molketin* MDR **82**, 896; *Herlan/Schmidt-Leichner*, Entziehung der Fahrerlaubnis und Fahrverbot durch Strafrichter und Verwaltungsbehörden, 1972; *Himmelreich-Hentschel*, Fahrverbot, Führerscheinentzug, 6. Aufl. 1990 (= Hi-He); *Kerner* For. **7** (1987), 75; *Baumann* For. 8 (1987), 19; *Jescheck*, Lackner-FS 912 (zum Fahrverbot im Vorentwurf des schweiz; StGB); *Preisendanz* LdR „Fahrverbot"; *Hentschel* DAR **48**, 156; *Kulemeier*, Fahrverbot und Entzug der Fahrerlaubnis, 1991; *Nettesheim* DtZ **91**, 363 (Fahrverbot bei DDR-Führerscheinen). Zum Antrag auf erweiterte Anwendung und zur flexibleren Ausgestaltung des § 44 vgl. BT-Drs. 8/3072; BTag 8/Prot. 14515 und die bei 1a zu § 69 de lege ferenda Genannten. Detaillierte *statistische* Angaben über Fahrverbote 1975 bis 1988 bei *Barth* BA **90**, 80. Auch das **StVG** sieht ein kurzfristiges Fahrverbot als Maßnahme und Pflichtenmahnung im Ordnungswidrigkeitenbereich vor, wenn der Betroffene entweder wegen Führens eines Kraftfahrzeuges im alkoholisierten Zustand nach § 24a StVG zur Veratwortung gezogen (§ 25 I S. 2 StVG) oder gegen ihn wegen einer Ordnungswidrigkeit nach § 24 StVG, die er unter grober oder beharrlicher Verletzung der Pflichten eines Kraftfahrzeugführes begangen hat, eine Geldbuße festgesetzt wird (vgl. BVerfGE **27**, 36, 42; BGH **38**, 128, hierzu *Grohmann* MDR **91**, 1026; *Janiszewski* DAR **92**, 90; *Hentschel* JR **92**, 139; NJW/H **92**, 1084; *Fredrich* BA **92**, 216).

Strafen § 44

2) Nebenstrafe neben Freiheitsstrafe oder Geldstrafe ist das Fahrverbot. 2 Ihm gegenüber ist die Ersatzfreiheitsstrafe (§ 43) die schwerere Strafe, während gegenüber der Geldstrafe das Fahrverbot meist als die härtere Sanktion betrachtet wird (Bay JR **81**, 41). **A.** Das Fahrverbot ist vorwiegend spezialpräventiv als **Warnungs- und Besinnungsstrafe** für nachlässige oder leichtsinnige Kraftfahrer gedacht (BVerfGE **27**, 36; Koblenz NJW **69**, 282; Celle NJW **69**, 1187, zu sehr betont NJW **68**, 1101), muß aber als Strafe zusammen mit der Hauptstrafe die Schuld des Täters zur Grundlage haben (Köln MDR **71**, 415) und ist nach allgemeinen Regeln zuzumessen (Frankfurt VM **76**, 27), sie kommt daher für sehr lang zurückliegende Taten nicht in Betracht (Düsseldorf VRS **68**, 262), aber nicht schon bei einer 1½ Jahre zurückliegenden Tat (Koblenz NVZ **88**, 74). Zur Berücksichtigung der Verteidigung der Rechtsordnung vgl. Braunschweig VRS **31**, 105; andererseits Bay MDR **67**, 510. Daß die Pflichtverletzung als solche einiges Gewicht haben muß (so hM; vgl. Hamburg VRS **29**, 179; Celle NJW **68**, 1101; Koblenz NJW **69**, 282; Hamm NJW **71**, 1190; Saarbrücken VRS **37**, 310; Warda GA **65**, 76; NStZ/J **86**, 254, Hi-He 279), ist nicht Voraussetzung; bei Mehrfachtätern kann auch eine an sich unbedeutende Tat die Strafe rechtfertigen; Hamm NJW **71**, 1190 verkennt, daß sich BVerfGE **27**, 37 nicht auf § 44 bezieht (vgl. Hi-He I 280). BGH **24**, 348 betont demgegenüber, daß § 44 jedenfalls bei einem Vergehen nicht voraussetzt, daß der Täter sich besonders verantwortungslos verhalten oder Verkehrsvorschriften wiederholt und hartnäckig verletzt hat. Zwischen Haupt- und Nebenstrafen besteht eine Wechselwirkung, beide zusammen dürfen die Tatschuld nicht überschreiten (BGH **29**, 61, vgl. Bay MDR **78**, 422; JR **81**, 41; bedenklich AG Bad Homburg NJW **84**, 2840, zutr. hiergegen NJW/He **85**, 1320 u. Hentschel BA **86**, 5; vgl. auch Krehl DAR **86**, 33). Nach Bremen [DAR **88**, 389] und Köln [NZV **92**, 159] darf Fahrverbot nur verhängt werden, wenn der mit dieser Nebenstrafe verfolgte spezialpräventive Erfolg mit der Hauptstrafe allein nicht erreicht werden kann. Es ist auch zu prüfen, wie hart das Verbot den Täter trifft (Berufs- oder Gelegenheitsfahrer; Stuttgart Die Justiz **67**, 174; Celle VRS **62**, 39). Bei Jugendlichen ist Fahrverbot nicht neben dem Schuldspruch nach § 27 JGG (Warda GA **65**, 68; LK-Schäfer 6; Hi-He I 272; aM Schöch JR **78**, 75), wohl aber neben Erziehungsmaßregeln und Zuchtmitteln möglich (§§ 2, 6, 8 III, 76 JGG). Mehrere Fahrverbote, die im Fall von § 55 nicht in Betracht kommen (dort 8; Widmaier NJW **71**, 1158), sind nacheinander zu vollstrecken (LG Flensburg NJW **65**, 2309; LG Münster NJW **80**, 2481 L). Bei Gesamtstrafe gelten § 52 IV, § 55 II. **Neben Entziehung der Fahrerlaubnis** ist das Fahrverbot gesetzlich nicht ausgeschlossen, kommt aber nur in Betracht, wenn von der Sperre nach § 69a II bestimmte Arten von Kraftfahrzeugen ausgenommen werden, für die aber zunächst ein Fahrverbot verhängt werden soll (Düsseldorf VM **72**, 23), oder wenn Fahren mit fahrerlaubnisfreien Fahrzeugen in Betracht kommt (Düsseldorf VM **70**, 68; LG Bonn DAR **78**, 195; Hentschel DAR **88**, 157). IdR wird § 44 durch § 69 ausgeschlossen (Karlsruhe VRS **34**, 192; **59**, 111), so daß dessen Voraussetzungen stets zuerst zu prüfen sind (Celle NJW **68**, 1102). Bei altersbedingten Eignungsmängeln ist § 44 nicht am Platz, (LG München DAR **76**, 22). Es liegt nicht im Ermessen des Richters, ob er § 69 oder § 44 anwendet (Braunschweig NdsRPfl. **69**, 214). **B. In der Regel** ist nach I S. 2 ein 3

§ 44

Fahrverbot anzuordnen, wenn der Täter nach § 315c I Nr. 1a allein oder iVm III oder nach § 316 (nicht jedoch stets in den übrigen Fällen des § 69 II, Bay VRS **58**, 362; Zweibrücken StV **89**, 250) verurteilt wird, Entziehung der Fahrerlaubnis nach § 69 aber unterbleibt. Das gilt auch, wenn sie deshalb unterbleibt, weil der Zweck der Entziehung bereits durch eine vorläufige Entziehung erreicht erscheint (BGH **29**, 58; Frankfurt VM **76**, 27; aM noch Bay NJW **77**, 445; Hentschel DAR **78**, 102; LG Frankfurt StV **81**, 628). Diese als Konsequenz aus § 25 I S. 2 StVG getroffene Regelung (BT-Drs. 7/133, 7) engt den Strafzumessungsspielraum des Richters in ungewöhnlicher Weise ein. Nur wenn ganz besondere Umstände vorliegen, die einen Verzicht auf die Anordnung rechtfertigen, darf von ihr abgesehen werden (aaO 6; Frankfurt VM **77**, 32; Köln VRS **81**, 21). 12 zu § 69 gilt entsprechend. Im Urteil bedarf der Verzicht besonderer Begründung (weniger eng Frankfurt VRS **55**, 42); aber auch die Anordnung in den Fällen des § 142 bei geringerem Schweregehalt (Köln VRS **59**, 104).

4   **3) Voraussetzungen sind, A.** daß der Täter eine **Straftat**, also nicht nur rechtswidrige Tat (9 ff. vor § 25) oder bloße Ordnungswidrigkeit begangen hat, und zwar entweder

5   **a) beim eigenen Führen eines** beliebigen **Kraftfahrzeuges**, auch eines solchen, für das es keines Führerscheins bedarf (wie bei den in §§ 4 I, 4a I StVZO genannten Fahrzeugen, VM **72**, 25; Oldenburg NJW **68**, 199; Düsseldorf VM **70**, 68; vgl. Grohmann BA **88**, 147). Vgl. Zum Begriff des Führens 3 zu § 315c; er ist enger als der der Teilnahme am Verkehr (vgl. MDR/H **78**, 986; Bay JR **65**, 65). Zur Problematik der Beteiligung mehrerer bei der Führung vgl. Schleswig DAR **56**, 132; KG VM **57**, 26. In Betracht kommen hier vor allem Verkehrsdelikte.

6   **b) im Zusammenhang mit dem eigenen** (Hi-He I 23; str.; **aM** BGH **10**, 333 mit abl. Anm. Hartung JZ **58**, 131; VRS **37**, 350; MDR/H **78**, 986) **Führen** eines Kraftfahrzeuges in einem konkreten Falle, wenn es tatbezogen zur Vorbereitung oder Durchführung der Tat benutzt wird (VRS **36**, 265), so bei Abtransport der Diebesbeute (VM **67**, 1; Köln VM **71**, 76, was nach 23. 7. 1976, 2 StR 735/75 auch für am Transport nicht beteiligte Tatbeteiligte gelten soll); Durchführung von BtM-Geschäften unter Benutzung eines Kraftfahrzeugs (VRS **81**, 369); Entführung (20. 1. 1970, 1 StR 589/69); zB von Geiseln; Vergewaltigung im Kraftwagen (BGH **6**, 183; **7**, 165; VM **67**, 1); Widerstand gegen die Staatsgewalt bei Blutentnahme (Hamm VRS **8**, 46); Auseinandersetzung mit anderen Verkehrsteilnehmern (Bay NJW **59**, 2126; Köln NJW **63**, 2379); Mitfahrenlassen eines betrunkenen Beifahrers auf dem Motorrad (Hamm JMBlNW **62**, 285); auch bei § 323a in Verbindung zB mit § 315c I Nr. 1a oder § 316 (vgl. v. Weber, Stock-FS 61); uU auch bei einer falschen Diebstahlsanzeige (§ 145d) zur Vertuschung eines verursachten Unfalls (Hamm VRS **57**, 184); nach Hamm 12. 1. 1979, 4 Ws 368/78 selbst dann, wenn ein Kraftfahrer Ansprüche aus einem fingierten Unfall vorgibt; *nicht* hingegen bei Betätigung als Exhibitionist vom Kraftwagen aus (2. 12. 1964, 2 StR 432/64); oder nach beendeter Hehlerei bei Fahrten zur Verwertung des Gehehlten (Stuttgart NJW **73**, 2213); auch nicht im bloßen Zusammenhang mit dem möglichen Führen eines Kraftfahrzeugs, so wenn der Täter sich einen gefälschten Führerschein verschafft, ohne aber zu fahren (vgl. Celle MDR **67**,

1026; Köln MDR **72**, 621; aM Cramer MDR **72**, 558), wenn er durch Ausnutzung des Besitzes von Kraftwagen oder Führerschein Betrügereien begeht (hM im Schrifttum; aM BGH **5**, 179; **10**, 333; **17**, 218; VRS **30**, 275; Köln VM **71**, 76; Düsseldorf VRS **82**, 342), oder wenn jemand im Anschluß an einen Verkehrsunfall einen Betrug gegenüber dem Fahrzeugversicherer begeht (Bay VRS **69**, 281). Von dieser weitergehenden Rspr. ist der BGH insoweit abgerückt, als er in BGH **22**, 328; DRiZ **81**, 338 (zust. NStZ/J **81**, 470) Zusammenhang verneint, wenn der Täter den Entschluß zur Vergewaltigung erst nach Beendigung der Fahrt gefaßt hat und auch nicht im Wagen entflohen ist. Bloße Ausnutzung der durch eine vorausgegangene Fahrt entstandenen Lage reicht also nicht aus (BGH **22**, 328).

c) **unter Verletzung der Kraftfahrzeugführerpflichten,** wobei der Täter das Fahrzeug nicht selbst zu lenken (der Fahrerlaubnisinhaber läßt seine führerscheinlose Ehefrau oder einen angetrunkenen Mitfahrer lenken, Celle VM **56**, 72; KG VM **57**, 52; Hamm VRS **12**, 272; Schleswig SchlHA **62**, 148; Koblenz NJW **88**, 152), ja nicht selbst mitzufahren braucht; so wenn der Halter des Fahrzeugs es einem Fahrer ohne Fahrerlaubnis überläßt (§ 21 StVG; BGH **15**, 316; Jagusch-Hentschel 8 zu § 69; aM bei bloßem Verstoß gegen Halterpflichten LG Köln NZV **90**, 445); nicht aber schon durch Vorzeigen eines gefälschten Führerscheins (vgl. Celle MDR **67**, 1026); oder eine falsche Anzeige wegen angeblichen Diebstahls des eigenen Unfallfahrzeuges (Bremen VRS **49**, 102; vgl. aber Hamm VRS **57**, 184). 7

B. Verurteilung wegen dieser Straftat zu einer freiheitsentziehenden Strafe, auch wenn sie zur Bewährung ausgesetzt wird, oder zu Geldstrafe. Verwarnung nach § 59 genügt nicht (dort 2). Bei mehreren Taten ist, auch wenn Gesamtstrafe nicht gebildet wird, auf das Fahrverbot einheitlich zu erkennen (Bay **66**, 64; **76**, 60). 8

4) **Verboten** wird, ohne daß die Fahrerlaubnis verloren geht, das Führen 9

A. von **Kraftfahrzeugen** (§ 4 StVZO, nicht § 248b IV) entweder jeder Art, auch solcher, für die es eines Führerscheines nicht bedarf (Hamm VRS **34**, 367; Oldenburg VM **69**, 5), oder von bestimmten Arten, für die § 5 I Satz 2 StVZO eine Beschränkung der Fahrerlaubnis vorsieht (zB Verbot für Klassen 1 bis 3, aber nicht für 4 und 5, aber auch weiter differenziert nach dem Verwendungszweck, Saarbrücken NJW **70**, 1052), oder der Bauart (Stuttgart VM **75**, 81; Düsseldorf DAR **84**, 122; Mollenkott DAR **82**, 219); nicht jedoch Einschränkungen oder Auflagen, wie sie nach § 15b Ia StVZO möglich sind, also nicht Taxis oder Mietwagen (Stuttgart aaO), oder gar auf ein einzelnes bestimmtes Fahrzeug (vgl. Hamm NJW **75**, 1983; aM unter Verstoß gegen Wortlaut und Entstehungsgeschichte LG Göttingen NJW **67**, 2320); 10

B. im **Straßenverkehr,** dh auf Wegen und Plätzen, die dem öffentlichen Verkehr dienen (vgl. 2 zu § 315b); zum Fahrverbot **a)** für Sportboote auf Seeschiffahrtsstraßen vgl. § 8a SportBootFSV-See; **b)** in der Binnenschiffahrt vgl. § 27 BinSchPatentV, 11

C. auf die **Dauer** von mindestens 1 Monat und höchstens 3 Monaten. Das Verbot wird mit Rechtskraft der Entscheidung wirksam (**III Satz 1**). Mit diesem Tage beginnt auch die Frist, wenn der Verurteilte keine Fahrerlaubnis hat oder wenn sich der Führerschein auf Grund von § 94 oder 12

§ 111a StPO bereits in amtlichem Gewahrsam befindet. Ist der Führerschein erst zu verwahren **(III Satz 2),** so beginnt die Frist mit dem 1. Tage der Verwahrung **(IV Satz 1;** vgl. Koch DAR **66,** 343; Hentschel DAR **88,** 156). Auf die Frist wird nach § 51 V die Zeit einer vorläufigen Entziehung der Fahrerlaubnis nach § 111a StPO oder einer Maßnahme nach § 94 StPO idR ganz oder zT angerechnet (vgl. 19 zu § 51). Wird ein nach §§ 94, 111a StPO in amtlichem Gewahrsam befindlicher Führerschein bei noch nicht rechtskräftiger Verurteilung nach § 44 auf Grund von § 111a V Satz 2 weiter einbehalten, so ist die Anrechnung der von da an laufenden Zeit zwingend (§ 450 III StPO). Nicht in die Frist eingerechnet wird die Zeit, in der der Verurteilte auf Anordnung einer deutschen Behörde in einer Anstalt verwahrt wird (11a zu § 66), insbesondere die neben dem Fahrverbot verhängte Freiheitsstrafe verbüßt, auch nicht soweit er während dieser Zeit Freigang oder Urlaub gehabt hatte (Stuttgart NStZ **83,** 430; Frankfurt NJW **84,** 812L). Diese Ausnahme gilt auch in den Fällen des § 450 III StPO (Warda GA **65,** 90). Ein Aufschub der Vollstreckung nach § 456 StPO ist nicht möglich (AG Mainz MDR **67,** 683; and. SchSch 20 [analog § 456c StPO]; hierzu Mürbe DAR **83,** 45). Solange das Fahrverbot besteht, ruht die Fahrerlaubnis (§ 7 FahrlG) und die Anerkennung als Sachverständiger oder Prüfer für den Kfz.-Verkehr (§ 7 KfSachvG).

13   **5) Die Durchführung** des Fahrverbots (Fristberechnung, Belehrung und Sicherung der rechtzeitigen Rückgabe) obliegt der Vollstreckungsbehörde (§ 463b I StPO, § 25 II S. 2 StVG; § 59a StVollstrO; Bay **79,** 63; Pohlmann Rpfleger **65,** 73; Grohmann DAR **88,** 46). Sie wird dadurch gesichert, daß **a)** der Führerschein amtlich zu verwahren ist **(III Satz 2).** Befindet er sich noch nicht im behördlichen Gewahrsam, so ist der Verurteilte zur Herausgabe aufzufordern und, falls noch nicht belehrt (§§ 268c, 409 StPO), über den Beginn des Fahrverbots zu belehren. Notfalls ist der Führerschein zu beschlagnahmen oder nach § 463b III StPO zu verfahren (hierzu Seib DAR **82,** 283). **b)** die Verbotsfrist erst zu laufen beginnt, wenn der Führerschein in behördlichen Gewahrsam kommt; **c)** Zuwiderhandlungen gegen das Verbot nach § 21 StVG mit Strafe und Einziehung des Kraftfahrzeugs bedroht sind. Bei führerscheinfreien Fahrzeugen wirkt nur die Sicherung zu c), so daß das Fahrverbot hier infolge erschwerter Kontrolle problematisch sein kann. Ist das Fahrverbot auf bestimmte Arten von Kraftfahrzeugen beschränkt, so erhält der Verurteilte für die Verbotsdauer einen Ersatzführerschein für die übrigen. Nach Ablauf der Verbotsfrist erhält der Verurteilte in allen Fällen seinen Führerschein zurück, und zwar, falls er nicht die Selbstabholung erklärt hat, rechtzeitig durch Einschreiben mit Rückschein.

14   **6) Bei ausländischen Fahrberechtigungen** gelten Sondervorschriften (vgl. Bay NJW **79,** 1788; Hentschel, K. Meyer-GedS 789). In Betracht kommen Besitzer eines internationalen Führerscheins oder einer ausländischen Fahrerlaubnis (§ 4 IntKfzV) oder Personen mit ständigem Aufenthalt im Ausland, die in ihrem Land einer Fahrerlaubnis schlechthin nicht oder für ihr Fahrzeug (zB Moped) nicht bedürfen (im einzelnen Hentschel NJW **75,** 1350); das sind idR Ausländer, können aber auch Deutsche sein, falls ihr ständiger Wohnsitz (Karlsruhe NJW **72,** 1633) oder der tatsächliche Schwerpunkt ihrer Lebensverhältnisse im Ausland liegt (Düsseldorf VM

79, 85; JR **84**, 82 m. Anm. Hentschel u. aaO 799; vgl. MDR/H **83**, 280). Nach **II bis IV** gilt abweichend:

A. Die Tat muß nicht nur die Voraussetzungen unter 4 bis 7 erfüllen, sondern auch (insoweit enger als Art. 42 StVÜbk v. 8. 11. 1968 Ges. v. 21. 9. 1977, BGBl. II 809, 986) gegen **Verkehrsvorschriften** (dh über den Verkehr auf öffentlichen Straßen: §§ 21, 22 StVG, §§ 142, 315b bis 316 sowie § 323a StGB iVm den vorstehenden Bestimmungen; auch Bußgeldvorschriften, die nach § 21 OWiG zurückzutreten haben, kommen insoweit in Betracht; Hentschel aaO 812) **verstoßen (II).** Der Verstoß braucht jedoch nicht Gegenstand des Schuldspruchs zu sein (BGH **7**, 307).

B. An die Stelle der Verwahrung des Führerscheins tritt ein Vermerk im Fahrausweis **(III Satz 3),** der zu diesem Zweck beschlagnahmt werden kann (§ 463b StPO); vom Tage des Vermerks an läuft die Verbotsfrist **(IV Satz 1).**

7) Zum Verfahren vgl. noch §§ 232 I S. 1, 233 I S. 1, 268c, 407 II, 409 I, 450, 463b StPO; § 76 Satz 1 JGG; § 13 I Nr. 2e, § 13a II Nr. 2c StVZO. Zum Wechsel zwischen Fahrverbot und Entziehung der Fahrerlaubnis in der Rechtsmittelinstanz vgl. Stuttgart und Frankfurt NJW **68**, 1792; 1793; **70**, 1334; Karlsruhe VRS **34**, 192; Cramer NJW **68**, 1764. Kein Hinweis nach § 265 StPO, wenn § 44 statt § 69 angewendet wird (Celle VRS **54**, 268); anders jedoch, wenn der Angeklagte durch ein Fahrverbot völlig überrascht würde (Bay JZ **78**, 576; vgl. auch Hamm GA **81**, 174 L). Eine Beschränkung des Rechtsmittels auf das Fahrverbot ist wegen der Wechselwirkung zwischen Haupt- und Nebenstrafe und der deshalb erforderlichen ganzheitlichen Betrachtung des Rechtsfolgenausspruches idR (aber nicht notwendig, Hamm VRS **49**, 275) unzulässig (Frankfurt VRS **55**, 182; Oldenburg VRS **42**, 193; Celle VRS **62**, 38; Koblenz BA **84**, 92; SK 17; Cramer 61b; aM Koblenz NJW **71**, 1472 mit abl. Anm. Händel), jedoch könnte eine Beschränkung des Rechtsmittels zulässig sein, wenn damit lediglich ein Fahrverbot nach § 44 I S. 2 erreicht werden soll. Wird ein Fahrverbot neben einer vorbehaltenen Strafe (§ 59) ausgesprochen, so kann es, wenn dessen Voraussetzungen, nicht aber die einer Verwarnung mit Strafvorbehalt vorlagen, auf die Revision des Angeklagten bestehen bleiben (Bay NStZ **82**, 258 m. krit. Anm. Meyer-Goßner, Geppert JK 1). *Keine reformatio in peius,* wenn von einer schwerer wiegenden Hauptstrafe (Freiheitsstrafe, auch wenn sie zur Bewährung ausgesetzt ist) auf eine leichtere (Geldstrafe) übergegangen und neben dieser erstmals ein Fahrverbot angeordnet wird, sofern dessen Dauer und die Zahl der Tagessätze zusammen die Höhe der früheren Hauptstrafe nicht übersteigen (Bay MDR **78**, 422; Schleswig NStZ **84**, 90), auch nicht, wenn bei Wegfall des Fahrverbots ausnahmsweise der einzelne Tagessatz (nicht die Tagessatzanzahl!) deshalb erhöht wird, weil das weggefallene Fahrverbot bei seiner Bemessung ins Gewicht gefallen ist (Bay MDR **76**, 601; NJW **80**, 849 [krit. Grebing JR **81**, 3; D. Meyer DAR **81**, 33]; ähnlich Köln MDR **71**, 415; 860; Hamm NJW **71**, 1190); entsprechendes gilt, wenn nach Wegfall des Fahrverbots die Geldbuße angemessen erhöht wird (BGH **24**, 14 m. abl. Anm. Peters JR **71**, 251). Auch steht das Verschlechterungsverbot der Verhängung eines Fahrverbots nicht entgegen, wenn dieses eine Freiheitsstrafe gleicher oder längerer Dauer ersetzen soll (Bay MDR **78**, 423; Kulemeier [oben 1] 89); wohl aber wenn der Erstrichter irrtümlich eine isolierte Sperrfrist verhängt und das Berufungsgericht diesen Ausspruch durch ein Fahrverbot ersetzt (Frankfurt VRS **64**, 12). Setzt sich die Entscheidung nicht mit der Frage auseinander, ob dem Täter die Eignung zum Führen von Kfz. fehlt, so kann die Verwaltungsbehörde die Fahrerlaubnis ent-

§ 44
AT Dritter Abschnitt. Erster Titel

ziehen (OVG Lüneburg NJW **71**, 956). Liegen neben § 44 wegen einer anderen mit abgeurteilten Tat die Voraussetzungen des Fahrverbots nach § 25 StVG vor, so sind zwei Fahrverbote anzuordnen, die nacheinander laufen (str.; aM Hi-He I 286; Full-Möhl-Rüth 13). Nach Rechtskraft ist eine Beschränkung des Fahrverbots auf bestimmte Fahrzeugarten nicht möglich (LG Aschaffenburg DAR **78**, 278).

Nebenfolgen
Verlust der Amtsfähigkeit, der Wählbarkeit und des Stimmrechts

45 ^{I} Wer wegen eines Verbrechens zu Freiheitsstrafe von mindestens einem Jahr verurteilt wird, verliert für die Dauer von fünf Jahren die Fähigkeit, öffentliche Ämter zu bekleiden und Rechte aus öffentlichen Wahlen zu erlangen.

^{II} Das Gericht kann dem Verurteilten für die Dauer von zwei bis zu fünf Jahren die in Absatz 1 bezeichneten Fähigkeiten aberkennen, soweit das Gesetz es besonders vorsieht.

^{III} Mit dem Verlust der Fähigkeit, öffentliche Ämter zu bekleiden, verliert der Verurteilte zugleich die entsprechenden Rechtsstellungen und Rechte, die er innehat.

^{IV} Mit dem Verlust der Fähigkeit, Rechte aus öffentlichen Wahlen zu erlangen, verliert der Verurteilte zugleich die entsprechenden Rechtsstellungen und Rechte, die er innehat, soweit das Gesetz nichts anderes bestimmt.

^{V} Das Gericht kann dem Verurteilten für die Dauer von zwei bis zu fünf Jahren das Recht, in öffentlichen Angelegenheiten zu wählen oder zu stimmen, aberkennen, soweit das Gesetz es besonders vorsieht.

1 **1) Die Vorschriften** der §§ 45 bis 45b idF des 2. StrRG sind iVm parallelen Vorschriften im Nebenrecht zu sehen (zusf. und abl. Nelles JZ **91**, 17).

2 **2) Folgende Statusfolgen** kennt § 45, die ggf (unten 6, 7) miteinander gekoppelt sein können, **A.** den **Amtsverlust**, dh den Verlust der Fähigkeit, öffentliche Ämter zu bekleiden, verbunden mit dem Verlust der entsprechenden Rechtsstellungen und Rechte (hierzu Jekewitz GA **77**, 168). Öffentliche Ämter sind Einrichtungen mit öffentlichrechtlich abgegrenzten Zuständigkeiten zur Wahrnehmung von Verrichtungen, die sich aus der Staatsgewalt ableiten und staatlichen Zwecken dienen (RG **62**, 26; VGH Stuttgart NJW **50**, 837), insbesondere die Ämter der staatlichen Verwaltung und der Justiz; weiter solche der Gemeinden (Ratsherren; vgl. 24 zu § 11; Wolff-Bachof dort aaO), von Körperschaften des öffentlichen Rechts (OVG Münster DÖV **54**, 439) sowie von öffentlichen Anstalten, so der Universität, der Sozialversicherung (RG **41**, 129); aber *nicht* die Ämter der vom Staat getrennten Kirchen (Art. 137 III WeimVerf. iVm Art. 140 GG), obwohl sie nach Art. 137 IV Körperschaften des öffentlichen Rechts sein können; denn es sind die kirchlichen nicht staatliche Zwecke (RG **47**, 51). Es kommen nur Ämter der BRep. in Frage, also nicht ausländische oder solche der DDR. Auch der nicht mehr genannte Notar (vgl. § 49 BNotO) und die ehrenamtlichen Richter (§ 1 DRiG) bekleiden wegen ihrer hoheitlichen Aufgaben ein öffentliches Amt (vgl E 1962, 167 und § 32 Nr. 1, 2, §§ 52, 113 GVG, §§ 35, 117 JGG, §§ 21, 24, 34 VwGO, §§ 18, 21 FGO, §§ 17, 22, 35, 47 SGG, §§ 21, 27, 37, 43 ArbGG, § 101 StBerG, §§ 10, 76 WirtschPrüfO). Für Rechtsanwälte gelten §§ 7 Nr. 2, 14 Nr. 3 BRAO (vgl. ferner §§ 14 I, 21 I Patentan-

Strafen **§ 45**

waltsO; §§ 7 II, 14 I StBerG; §§ 10 I, 20 WirtschPrüfO; § 28 V RundfunkG; § 10 I WehrpflG; § 38 I SoldG; § 9 I ZDG). Alle genannten Vorschriften enthalten, entsprechende Sperrwirkungen; **B.** den **Verlust des passiven Wahlrechts,** 3 dh der Fähigkeit, Rechte aus öffentlichen Wahlen zu erlangen, grundsätzlich verbunden mit dem Verlust der entsprechenden Rechtsstellungen und Rechte (hierzu Jekewitz GA 81, 433). Eine Ausnahme macht § 47 BWahlG, wonach über den Verlust der Mitgliedschaft im BTag als Folge des Verlustes der Wählbarkeit durch Beschluß des Ältestenrates entschieden wird. Öffentliche Wahlen sind inländische in öffentlichen Angelegenheiten **(V)**, dh solche, die nicht ausschließlich einzelne natürliche oder juristische Personen und deren Privatinteressen, sondern die Gesamtheit des Gemeinwesens oder das öffentliche Wohl betreffen (vgl. RG 64, 303); also vor allem Wahlen zu den Gesetzgebungsorganen (2 zu 36), zu den Provinziallandtagen, Kreistagen, Stadt- und Gemeinderäten, aber auch zu den Organen der Sozialversicherung (RG 41, 121), zu Organen berufsständischer Organisationen, die Körperschaften des öffentlichen Rechts sind, zB der Industrie- und Handelskammer; nicht aber aus den Gründen wie zu 2 Wahlen zu kirchlichen Organen (LK-Tröndle 27). Vgl. weiter die Spezialregelungen in § 15 III BWahlG; § 14 I BPersVG; § 97 HwO; § 8 I BetrVG; § 51 VI SGB IV; § 3 II Nr. 3 SprAuG. Eine mittelbare Folge ist weiter, daß Mitglied 4 einer Partei nicht sein kann, wer infolge Richterspruch die Wählbarkeit oder das Wahlrecht verloren hat (§ 10 I ParteienG). Während die zahlreichen unter 2 und 3 genannten Gesetze an Amtsverlust oder Verlust der Wählbarkeit **automatisch** weitere Folgen knüpfen, gibt es auch Bereiche, in denen an Straftaten Statusfolgen nur nach **individueller Prüfung** geknüpft werden, vor allem im Bereich der Heilberufe (vgl. zB § 3, 5 BÄO; §§ 3, 4 ZahnHKG; §§ 4, 6 BTÄO); **C.** den **Verlust des aktiven Wahlrechts,** dh des Rechts, in öffentlichen Angele- 5 genheiten (oben 3) zu wählen oder zu stimmen (vgl. zB Art. 29 GG; hierzu Jekewitz GA 77, 163, 171). Daran knüpfen sich weitere Folgen (vgl. § 13 Nr. 1 BWahlG; § 96 II HwO; § 50 II Nr. 3 SGB IV; § 13 I BPersVG).

3) A. In zwei Formen kann der Verlust eintreten: **a)** nach I **automatisch** 6 (jedoch nur Verlust der Amtsfähigkeit und des passiven Wahlrechts); hier tritt die Nebenfolge durch die Verurteilung gesetzlich ein, wenn der Täter wegen eines Verbrechens, und zwar auch wegen Versuchs, Teilnahme (vgl. RG 60, 126) oder strafbarer Vorbereitung (§ 30), zu Freiheitsstrafe iS von § 38 von mindestens 1 Jahr verurteilt wird (I). Anrechnung von UHaft ist dabei ohne Bedeutung. Bei Gesamtstrafe kommt es darauf an, daß eine Einzelstrafe wegen eines Verbrechens diese Höhe erreicht (**aM** NStZ 81, 342). Der Verlust dauert (dazu § 45a) vorbehaltlich § 45b fünf Jahre; **b)** nach II, V durch richterlich 7 bestimmte **Aberkennung,** die trotz ihrer gesetzlichen Bezeichnung als Nebenfolge ihrer Art nach Nebenstrafe ist (vgl. hierzu Nelles JR 91, 18) und die vom Gericht nach pflichtgemäßem Ermessen, einzeln oder insgesamt, auf die von ihm zu bestimmende Dauer von 2 bis zu 5 Jahren verhängt wird. Es liegt im Ermessen des Gerichts, in den Fällen des V, bei denen es sich jedoch idR um Straftaten gegen Grundwerte des Staates handelt, eine sich im Einzelfall aus § 45a II (dort 3) gegebene Härte zu vermeiden oder bei der Bemessung der Dauer der Aberkennung auszugleichen. Sie ist nur nach Bundes-, nicht nach Landesrecht (Art. 3 EGStGB; Lenzen JR 80, 135) und nur zulässig, soweit das Gesetz sie besonders vorsieht, so bezüglich II in §§ 92a, 101, 102 II, 108c (nur Wählbarkeit), 109i, 129a VI, 264 V, 358 (nur Amtsverlust); § 375 I AO; bezüglich V nur in §§ 92a, 101, 102 II, 108c, 109i. Sie kommt in den genannten Fällen immer nur neben einer Mindeststrafe (6 Monate bzw. 1 Jahr) in Betracht, auch gegen Ausländer (vgl NJW 52, 234). Die **Höchstfrist von 5 Jahren** gilt auch 8 bei Gesamtstrafe (vgl. RG 68, 176); nach vollen Jahren sollte die Dauer bemes-

9 sen werden; § 45 zwingt aber nicht dazu (vgl. aber § 45b I Nr. 1). **B.** Ist die Statusfolge Nebenstrafe, so hat das Gericht Verhängung und Dauer nach den **Grundsätzen der Strafzumessung** (§ 46; MDR/D **56**, 9; aM SK-Horn 12) zu bestimmen und auch zu begründen (§ 267 III S. 1 StPO; RG HRR **37**, 602). Dabei spielt der Gesichtspunkt eine Rolle, inwieweit öffentliche Funktionen und Rechte Tätern anvertraut werden können, die sich gegen das Gemeinwesen oder in dessen Dienst vergangen haben. Der Richter hat dabei andererseits im Auge zu behalten, welche weiteren Folgen sich nach anderen Gesetzen an seinen Ausspruch knüpfen (oben 2ff.). **10 C.** Der Verlust der **Rechtsstellungen und Rechte** nach **III** und **IV** ist im Gegensatz zu dem nur auf Zeit möglichen und der Rehabilitierung nach § 45b zugänglichen Verlust von Fähigkeiten ein **endgültiger**. Rehabilitation nach § 45b gibt es hier nicht. Die Berufung in das Beamtenverhältnis ist unzulässig, da die Fähigkeit, öffentliche Ämter zu bekleiden, neben § 7 BBG allgemeine Eignungsvoraussetzung ist. Ein ernannter Beamter scheidet aus dem Beamtenverhältnis aus (schon bei Verurteilung wegen eines vorsätzlichen Vergehens zu Freiheitsstrafe von mindestens 1 Jahr; § 24 BRRG, § 48 BBG) und verliert Amtsbezeichnung und Titel sowie Anspruch auf Gehalt und Ruhegeld (vgl. NJW **52**, 1094). Doch sind Gnadenerweise möglich (§ 50 BBG). Wird ein Amtsunfähiger versehentlich eingestellt, so ist seine Ernennung zwar nichtig (§ 11 II Nr. 3 BBG) mit der Folge, daß ein Beamtenverhältnis von Anfang nicht entstanden ist (zur Gültigkeit der Amtshandlungen bei nichtiger Ernennung vgl. § 14 BBG, § 18 DRiG); strafrechtlich ist der Ernannte jedoch bis zum Verbot nach § 13 I BBG Amtsträger iS des § 11 I Nr. 2c, weil er dazu bestellt war, Aufgaben der öffentlichen Verwaltung wahrzunehmen, und es nicht darauf ankommt, ob die Bestellung wirksam oder nichtig war. Solange die Statusrechte nach §§ 45ff. nicht verloren sind, werden sie auch nicht durch die **UHaft** oder **Strafhaft** (vgl. § 73 StVollzG) beeinträchtigt, jedoch stehen der Inanspruchnahme des passiven Wahlrechts während der Haft unbeschadet des § 2 S. 1 StVollzG tatsächlich Hindernisse entgegen (vgl. Jekewitz GA **81**, 442). Registerrechtlich bedeutsam §§ 37 I, 47 II S. 2 BZRG.

11 4) Gegenüber **Jugendlichen** ist § 45 nicht anzuwenden (§ 6 JGG). Wird auf Taten Heranwachsender das allgemeine Strafrecht angewendet, so kann der Richter anordnen, daß der Verlust nach I nicht eintritt (§ 106 II JGG).

Eintritt und Berechnung des Verlustes

45 a ^I **Der Verlust der Fähigkeiten, Rechtsstellungen und Rechte wird mit der Rechtskraft des Urteils wirksam.**

^{II} **Die Dauer des Verlustes einer Fähigkeit oder eines Rechts wird von dem Tage an gerechnet, an dem die Freiheitsstrafe verbüßt, verjährt oder erlassen ist. Ist neben der Freiheitsstrafe eine freiheitsentziehende Maßregel der Besserung und Sicherung angeordnet worden, so wird die Frist erst von dem Tage an gerechnet, an dem auch die Maßregel erledigt ist.**

^{III} **War die Vollstreckung der Strafe, des Strafrestes oder der Maßregel zur Bewährung oder im Gnadenweg ausgesetzt, so wird in die Frist die Bewährungszeit eingerechnet, wenn nach deren Ablauf die Strafe oder der Strafrest erlassen wird oder die Maßregel erledigt ist.**

1 1) **Die Vorschrift** (vgl. 1 zu § 45) unterscheidet zwischen dem Zeitpunkt, zu dem der Statusverlust nach § 45 wirksam wird, und dem Zeitpunkt, von dem an die Dauer des Verlustes gerechnet wird.

Wiederverleihung von Fähigkeiten und Rechten **§ 45 a**

2) Wirksam wird der Verlust mit der Rechtskraft des Urteils **(I)**. Wird das die Amtsfähigkeit oder die Wählbarkeit aberkennende Urteil im Wiederaufnahmeverfahren aufgehoben, so werden dadurch die schon eingetretenen Dauerwirkungen des § 45 III, IV nicht rückgängig gemacht (RG **57**, 312; RGZ **101**, 256); zur Frage der Wiedereinstellung und der Bezüge im Fall des Amtsverlustes vgl. § 51 BBG.

3) Die Dauer des Verlustes wird dagegen von dem Tage an gerechnet, an dem die Freiheitsstrafe verbüßt, verjährt oder erlassen ist **(II S. 1)**. Ob der Betreffende sich dann in Freiheit oder sich noch in anderer Sache in Haft befindet, ist gleichgültig (RG JW **37**, 2643; aM SK-Horn 6). Daß Strafgefangenen seit dem BWahlG von 1956 grundsätzlich das aktive Wahlrecht zusteht, hat der Gesetzgeber, wie im Umkehrschluß aus III folgt, übersehen, was in den Fällen des § 45 V (dort 8) zu Härten führen kann, aber nicht muß. Es kommt danach die Zeit bis zur Verbüßung usw. zu der nach § 45 bestimmten Frist hinzu (RG **67**, 95; zur Berechnung im einzelnen Diether/Hamann Rpfleger **81**, 218; krit. Jekewitz GA **77**, 161, 170).

A. Die **Hauptfreiheitsstrafe** ist dabei maßgebend (RG **68**, 181), nicht auch eine etwaige Ersatzfreiheitsstrafe nach § 43 (LK-Tröndle 4). Bei einer **Gesamtstrafe** ist deren Verbüßung usw. entscheidend (§ 55; RG **36**, 88; **68**, 176); bei nachträglicher Gesamtstrafenbildung gilt § 55 II. Wird eine Maßregel nach § 67 I vor einer Freiheitsstrafe vollzogen, so wird die Frist erst von dem Tage an gerechnet, an dem sowohl die Strafe als auch die Maßregel erledigt ist.

B. Berechnet wird die Frist mit Beginn des Tages, welcher dem Erledigungstage folgt; wegen des (in das Register einzutragenden, § 12 I Nr. 7 BZRG) Endes vgl. §§ 187 II, 188 II, III BGB. Der Erlaß der Hauptstrafe braucht nicht den Erlaß der Nebenstrafe zu umfassen; maßgebend ist hier der Entlassungstag, nicht das Datum der Begnadigung (LK 4). *Ausnahmsweise* läuft die Frist schon ab Rechtskraft des Urteils in den Fällen des § 51, falls die ganze Freiheitsstrafe durch Anrechnung getilgt wird. **Bei freiheitsentziehenden Maßregeln der Besserung und Sicherung,** die neben Freiheitsstrafe angeordnet sind, läuft die Frist nach **II S. 2** erst vom Tage der Erledigung der Maßregel und der Strafe (durch Verbüßung, Verjährung, Erlaß oder Erledigung nach §§ 67 c II, 67 d III, 67 f, 67 g V).

4) Bei Aussetzung der Strafe (§ 56), des Strafrestes (§§ 57, 57a) oder einer freiheitsentziehenden Maßregel der Besserung und Sicherung (§§ 67b, 67d II) wird in die Frist nach II die Zeit der Aussetzung nachträglich eingerechnet, wenn nach dem Ablauf der Bewährungszeit die Strafe oder der Strafrest nach §§ 56g, 57 III, 57a III S. 2 erlassen wird oder die Maßregel erledigt ist. Das ist der Fall, wenn das Gericht die Aussetzung der Unterbringung nicht widerruft und die Führungsaufsicht beendet ist (§ 67g V; dort 6).

Wiederverleihung von Fähigkeiten und Rechten

45 b ^I **Das Gericht kann nach § 45 Abs. 1 und 2 verlorene Fähigkeiten und nach § 45 Abs. 5 verlorene Rechte wiederverleihen, wenn**

1. **der Verlust die Hälfte der Zeit, für die er dauern sollte, wirksam war und**

2. **zu erwarten ist, daß der Verurteilte künftig keine vorsätzlichen Straftaten mehr begehen wird.**

^{II} **In die Fristen wird die Zeit nicht eingerechnet, in welcher der Verurteilte auf behördliche Anordnung in einer Anstalt verwahrt worden ist.**

§ 45 b
AT Dritter Abschnitt. Zweiter Titel

1 1) **Die Vorschrift** (vgl. 1 zu § 45) ermöglicht es dem Gericht, nach § 45 I, II verlorene Fähigkeiten und das nach § 45 V verlorene aktive Wahlrecht (nicht jedoch die nach § 45 III, IV endgültig verlorenen Rechtsstellungen und Rechte; 10 zu § 45) dem Verurteilten vorzeitig wiederzuverleihen.

2 2) **Voraussetzungen** sind A. **formell**, daß der Verlust die **Hälfte der Zeit**, für die er nach § 45 dauern sollte, wirksam (§ 45a I) war. Das bedeutet, daß seit Rechtskraft des Urteils in den Fällen des § 45 I mindestens 2 Jahre und 6 Monate verstrichen sein müssen, in den Fällen des § 45 II, V hingegen die Hälfte der im Urteil bezeichneten Dauer. Bei nachträglicher Gesamtstrafe kommt es, wenn nur der mit der früheren Entscheidung eingetretene Verlust aufrechterhalten wird (§ 55 II), auf den Zeitpunkt der Rechtskraft dieser Entscheidung an. Die Berechnungsdauer nach § 45a II, III spielt keine Rolle, da die Wirksamkeit des Verlustes durch die dort angegebenen Umstände nicht berührt wird. Wohl aber wird in die Halbzeitfrist die Zeit nicht eingerechnet, in welcher der Verurteilte auf behördliche Anordnung in einer Anstalt verwahrt worden ist (11a zu § 66;)

3 B. **materiell** die **Erwartung,** daß der Verurteilte künftig keine **vorsätzlichen** Straftaten mehr begehen wird. Die rein spezialpräventiv gemeinte Prognose ist nach denselben Gesichtspunkten zu stellen wie in den Fällen von § 56 (dort 3 ff.), wobei das Verhalten des Verurteilten seit dem Urteil eine entscheidende Rolle spielt, die Möglichkeit künftiger Fahrlässigkeitstaten ohne Bedeutung ist.

4 3) **Nach pflichtgemäßem Ermessen** hat das Gericht, wenn die Voraussetzungen nach 2, 3 erfüllt sind, zu entscheiden („kann"), inwieweit es den Verurteilten rehabilitiert. Dabei sind Tat und Täter unter Beachtung von Sinn und Ziel gerade auch der Nebenfolge oder Nebenstrafe zu würdigen. Eine Rolle spielt dabei, ob der Verurteilte von den wiederverliehenen Fähigkeiten nach § 45 I, II auch Gebrauch machen wird und ob es verantwortet werden kann, ihm Funktionen dieser Art anzuvertrauen. Hat der Verurteilte Amtsfähigkeiten und Wählbarkeit verloren, so kann die Rehabilitation auf eine dieser Fähigkeiten beschränkt werden.

5 4) **Verfahrensrecht.** Die (registerpflichtige, § 12 I Nr. 7 BZRG) Entscheidung trifft das Gericht ohne mündliche Verhandlung durch Beschluß (§ 462 I StPO). Eines Antrages bedarf es nicht, doch sind die StA und der Verurteilte vor der Entscheidung zu hören (§ 462 II StPO). Der Anstoß kann auch von dritter Seite kommen. Antragsberechtigt und Beschwerderecht (§ 462 III StPO) sind aber nur die Verfahrensbeteiligten, also nicht die Ehefrau. Ein Gnadengesuch ist kein Antrag, kann aber zu einer Entscheidung nach § 45b Anlaß geben. Ein Antrag kann nach Ablehnung ohne zeitliche Beschränkung wiederholt werden, da eine Vorschrift wie § 57 V fehlt.

Zweiter Titel. Strafbemessung

Grundsätze der Strafzumessung

46
^{I} **Die Schuld des Täters ist Grundlage für die Zumessung der Strafe. Die Wirkungen, die von der Strafe für das künftige Leben des Täters in der Gesellschaft zu erwarten sind, sind zu berücksichtigen.**

^{II} **Bei der Zumessung wägt das Gericht die Umstände, die für und gegen den Täter sprechen, gegeneinander ab. Dabei kommen namentlich in Betracht:**
die Beweggründe und die Ziele des Täters,
die Gesinnung, die aus der Tat spricht, und der bei der Tat aufgewendete Wille,

Strafbemessung § 46

das Maß der Pflichtwidrigkeit,

die Art der Ausführung und die verschuldeten Auswirkungen der Tat,

das Vorleben des Täters, seine persönlichen und wirtschaftlichen Verhältnisse sowie

sein Verhalten nach der Tat, besonders sein Bemühen, den Schaden wiedergutzumachen, sowie das Bemühen des Täter, einen Ausgleich mit dem Verletzten zu erreichen.

III Umstände, die schon Merkmale des gesetzlichen Tatbestandes sind, dürfen nicht berücksichtigt werden.

1) **Die Vorschrift** idF des 2. StrRG wurde in II 2 durch Art. 3 *Opferschutz G v. 18. 12. 1986* (BGBl. I 2496 geändert). *Materialien:* SPD-E BT-Drs. 10/3636; BTag 10/12921; RA-BTag 68; BR-Drs. 51/86; RegE BT-Drs. 10/5305; RA-BTag 80; BTag 10/16434; RA-BTag 85, 88, 92, 93; JFFG-BTag 83; Ber. BT-Drs. 10/6124; 10/6334, 6346; BTag 10/18907; BR-Drs. 508/86; RA-BRat 574; BRat 571. Sitz. (hierzu *Weigend* NJW **87**, 1170; *Rieß/Hilger* NStZ **87**, 145; *Böttcher* JR **87**, 133; *Störzer*, Göppinger-FestG 286; *Selig* StV **88**, 498; *M. Kaiser*, Die Stellung des Verletzten im Strafverfahren, 1991; *Zätzsch* ZRP **92**, 167). 1

Schrifttum: *Bruns*, Strafzumessungsrecht, 2. Aufl. 1974, (Standardwerk, zit. Bruns StrZR); Das Recht der Strafzumessung. Eine Systematische Darstellung für die Praxis, 2. Aufl. 1985 (zit. Bruns [hierzu Bespr. *Frisch* ZStW **99**, 349, 751 u. die Entgegnung von *Bruns*, Neues Strafzumessungsrecht?, 1988 – zit. Bruns NStrZR]); ferner *Bruns* NJW **56**, 241, Mayer-FS 353, Engisch-FS 708, Welzel-FS 739, Dreher-FS 251 u. NJW **79**, 289; *P. Albrecht* SchweizZSt **91**, 45; *Arloth* GA **88**, 403; *Baumann*, Kaufmann-GedS 513; *Beckmann* GA **81**, 353; *Bergmann*, Die Milderung der Strafe nach § 49 II StGB, 1988; *Bock* ZStW **102**, 504 (Kriminologie und Spezialprävention) u. **103**, 636 (Positive Generalprävention); *Calliess* NJW **89**, 1338; *Dreher*, Über die gerechte Strafe, 1947, JZ **67**, 41, **68**, 209, Bruns-FS 141 u. Bockelmann-FS 58; *Bottke*, Strafrechtswissenschaftliche Methodik usw. 1979, 661 ff. (zit. Bottke); *Drost*, Das Ermessen des Strafrichters, 1930; *Engisch*, Peters-FS 15; *Frisch*, Revisionsrechtliche Probleme der Strafzumessung, 1971 u. GA **89**, 338; *Frisch/Bergmann* JZ **90**, 944 (Entscheidung über den Strafrahmen); *Frister*, Schuldprinzip, Verbot der Verdachtsstrafe und Unschuldsvermutung usw. 1988 (Bespr. *Gössel* GA **90**, 369); *Gössel*, Tröndle-FS 360; *Grasnick*, Über Schuld, Strafe und Sprache – Systematische Studien zu den Grundlagen der Punktstrafen- und Spielraumtheorie, 1987 [Bespr. *Arth. Kaufmann* NJW **88**, 2785; *Schapp* JZ **88**, 652; *Müller-Dietz* GA **88**, 514 u. *Tröndle* JR **91**, 127]; *Günther* JZ **89**, 1025 u. Göppinger-FS 453; *Haag*, Rationale Strafzumessung, 1970; *Hangart* JR **65**, 129; *Hassemer*, Radbruch-GedS 281, ZStW **80**, 64 u. JuS **87**, 257; *Heinitz* ZStW **63**, 57; *Heinz* in Jehle [unten] 89 (Strafzumessungsforschung); *Henkel*, Die „richtige" Strafe, 1969; *Hertz*, Das Verhalten des Täters nach der Tat, 1973; *Horn*, Schaffstein-FS 241 u. Bruns-FS 165; *Jakobs*, Schuld und Prävention, 1976 und AT 1983, 1/17, 27; *Jehle* (Hrsg.) Individualprävention und Strafzumessung 1992; *Arth. Kaufmann*, Wassermann-FS 889 u. Arm. Kaufmann-GedS 425; *Kindhäuser* GA **89**, 493; *Koffka* JR **55**, 322; *Lackner*, Gallas-FS 117, Über neue Entwicklungen in der Strafzumessungslehre usw. 1978 (zit. Entwicklungen); *Lampe*, Noll-GedS 231; *v. Linstow*, Berechenbares Strafmaß, 1974; *Lüderssen* JA **91**, 222 (Krise des Resozialisierungsgedankens); *Luzón*, Generalprävention usw. GA **84**, 393; *Maiwald*, Moderne Entwicklungen der Auffassung vom Zweck der Strafe, in: Rechtswissenschaft und Rechtsentwicklung 1980 S. 291; *Meine*, Die Strafzumessung bei der Steuerhinterziehung, 1990 u. 2

§ 46

MSchrKrim. **82**, 342, **85**, 238; *Montenbruck*, Strafrahmen und Strafzumessung, 1983, u. Abwägung und Umwertung. Zur Bemessung der Strafe für eine Tat und für mehrere Taten, 1989; *Müller-Dietz*, Strafzwecke und Vollzugsziel, 1973; MDR **74**, 1, Strafe und Staat, 1973, Jescheck-FS 813 u. Spendel-FS 413; *Neumann*, Spendel-FS 435; *Nowakowski* in Strafrechtliche Probleme der Gegenwart, 1974, 167; *Oswald* GA **88**, 147; *Peters, Sarstedt, Schröder* in Verh. d. 41. DJT; *C. Pfeiffer* DRiZ **90**, 441 (Empir. Forschung); *Puppe*, Spendel-FS 451; *Roxin* JuS **66**, 377, Festg. Schultz 463, Bruns-FS 183, Bockelmann-FS 304, JA **80**, 224, ZStW **96**, 641, Schaffstein-Symp. 37 (Wiedergutmachung im System der Strafzwecke) u. Gagner-FS 341; *H. Schäfer* HWiStR „Strafzumessung"; *L. Schmidt*, Die Strafzumessung in rechtsvergl. Darstellung, 1961; *Schöch*, Schaffstein-FS 255 u. Jescheck-FS 1081; *Schöneborn* GA **75**, 272; *Schreiber* NStZ **81**, 338 u. ZStW **94**, 279; *Schünemann* Grundfragen 153 u. in Eser/Cornils 209; *Schwind*, Wassermann-FS 1021; *Seebald* GA **74**, 193, DRiZ **74**, 287 u. **75**, 4; *Seelmann* JZ **89**, 670; *Seibert* MDR **52**, 457, **59**, 258 u. **66**, 805; *Spendel*, Zur Lehre vom Strafmaß, 1954 (2. Standardwerk); NJW **56**, 775; **64**, 1758; ZStW **83**, 203; *Stratenwerth*, Tatschuld und Strafzumessung, 1972; *Stree*, Deliktsfolgen und Grundgesetz, 1960; *Streng*, Strafzumessung und relative Gerechtigkeit, 1984 [hierzu *Bruns* JZ **85**, 63 u. *Albrecht* GA **87**, 465), UniHD-FS 501 (Fortentwicklung des Strafzumessungsrechts durch die Gerichte), NStZ **89**, 393 (vergleichende Strafzumessung) u. Strafrechtliche Sanktionen, Grundlagen und Anwendung, 1991 [zit. Streng]; *Terdenge*, Strafsanktionen in Gesetzgebung und Gerichtspraxis, 1983; *Terhorst* JR **89**, 184; *Timpe*, Strafmilderungen des AT des StGB und das Doppelverwertungsverbot, 1983; *Walter*, die Bestimmung der Tatschuld usw., Kaufmann-GedS 493; *Warda*, Dogmatische Grundlagen des richterlichen Ermessens im Strafrecht, 1962; *v. Weber*, Die richterliche Strafzumessung, 1956; *E. A. Wolff* ZStW **97**, 786; *Würtenberger*, Husserl-FS 1968, 177; *Zipf*, Die Strafmaßrevision, 1969, Die Strafzumessung, 1977, Bruns-FS 205 u. ÖJZ **79**, 177; sowie die im Text und in 11 zu § 12 Genannten. *Rechtsvergleichend:* Bruns/Burgstaller/Dubs/Stile/Weigend m. Disk. Ber. aus der Tag. f. RVergl. 1981, ZStW **92**, 109 ff.; *Albrecht* ZStW **102**, 596; *Pallin*, Die Strafzumessung in rechtlicher Sicht, 1982; *Weigend* UniKöln-FS 579 (USA).

3   **2) Sinn und Zweck der Strafe** zu definieren, ist im 1. und 2. StrRG bewußt vermieden worden (BTag, 230. Sitz.; Prot. V 1270f.; BT-Drs. V/4094, 4; anders § 2 AE; gegen die Kritik von Stratenwerth aaO überzeugend Lackner, Gallas-FS 117; ferner Naucke HRG „Straftheorie"; Jescheck § 82 III; Roxin § 3 I). Doch läßt das Gesetz Rückschlüsse zu, wenn es als maßgebliche Gesichtspunkte der Strafzumessung die Schuld des Täters (I S. 1), die **Einwirkung** auf ihn (I S. 2; § 47 I) und die Verteidigung der Rechtsordnung (§§ 47 I; 56 III) nennt. Auch für das BVerfG „besteht kein Grund, sich mit den verschiedenen Straftheorien auseinanderzusetzen" (BVerfGE **45**, 253). Die heute in der Rspr. vorherrschende sog. **Vereinigungstheorie** (Roxin § 3, 32) versucht, die verschiedenen (unterschiedlich gewichtigen) Strafzwecke in ein ausgewogenes Verhältnis zu bringen (BVerfGE aaO). Dabei ist oberstes Ziel der angedrohten, aber auch der verhängten Strafe, der Begehung von Straftaten entgegenzuwirken (**allgemeine Generalprävention;** BVerfGE **45**, 254). Die im Hinblick auf die Gemeinschaftsgebundenheit in der Form des Rechts geschaffene Ordnung, insbesondere die Rechtsgüter der Allgemeinheit und des Einzelnen, sollen damit geschützt werden (**Verteidigung der Rechtsordnung,** unten 6). Positiver Aspekt der Generalprävention ist die Erhaltung und Stärkung des

Strafbemessung **§ 46**

Vertrauens in die Bestands- und Durchsetzungskraft der Rechtsordnung (BGH **24**, 46, 66; GA **76**, 114). Das Recht ist gegen begangenes Unrecht durchzusetzen, um die Unverbrüchlichkeit der Rechtsordnung vor der Rechtsgemeinschaft zu erweisen und so die Rechtstreue der Bevölkerung zu stärken (BVerfGE **45**, 256). Das Unwerturteil, das dadurch zum Ausdruck kommt, daß der Täter die im Gesetz angedrohte Strafe erhält, soll den Täter und zugleich solche, die in Gefahr sind, **ähnliche** Taten (MDR **56**, 180) zu begehen (**spezielle Generalprävention,** BVerfGE **45**, 255; BGH **24**, 44; unten 6), vor weiteren Taten abschrecken. Die **Resozialisierung,** als Strafzweck verfassungsrechtlich anerkannt (BVerfGE **33**, 7; **35**, 235; Triffterer StLex IV, 886), soll Fähigkeit und Willen zu verantwortlicher Lebensführung vermitteln und helfen, etwaige soziale Anpassungsschwierigkeiten, die mit der Tat zusammenhängen, zu überwinden (**negative** und **positive Spezialprävention;** § 67a; BVerfGE **35**, 202, vgl. hierzu Bericht BReg. BT-Drs. 10/5828, 2; Roxin § 3, 11). Die verhängte Strafe soll auch die Schuld des Täters ausgleichen (**Schuldausgleich,** krit. Roxin ZStW **95**, 644; vgl. 28 vor § 13) und ihm ermöglichen, das Strafübel auf sich zu nehmen und zu verarbeiten (**Sühne;** str.; vgl. BVerfGE **45**, 259; BGH **1**, 70; **2**, 88; **7**, 28; MDR **54**, 693; Bruns 89). **Vergeltung** für begangenes 3a Unrecht (obgleich als möglicher Aspekt der Strafe vom BVerfG mehrfach anerkannt, BVerfGE **28**, 278; **32**, 109; **45**, 254; **64**, 271, in die Erörterung zum 1. und 2. StrRG jedoch nicht mehr einbezogen) kann Selbstzweck der Strafe nicht sein (zum Vergeltunsprinzip Ebert in: Krummacher (Hrsg.), Geisteswissenschaften wozu? 1988 S. 35 ff.). Der Gedanke der Sicherung der Allgemeinheit vor dem gefährlichen Täter ist zwar nicht stets von der Strafe fernzuhalten, soll aber im zweispurigen System des StGB (1 ff. vor § 61) in erster Linie durch die Maßregeln der Besserung und Sicherung verwirklicht werden, die eine Schuld des Täters nicht voraussetzen. Daß § 2 StVollzG (vgl. StVollzÄndG-E, BT-Drs. 11/3694; BTag 11/9304) ne- 3b ben der Resozialisierung (dazu auch BVerfGE **35**, 235; **40**, 276) nur noch den Schutz der Allgemeinheit vor weiteren Straftaten als Vollzugsaufgaben nennt, bedeutet nicht, daß weitere Strafzwecke bei den Vollzugsentscheidungen (zB Urlaubsgewährung) unberücksichtigt bleiben (Karlsruhe JR **78**, 213; BVerfGE **64**, 300; zust. Arloth GA **88**, 403; Böhm aaO [1 zu § 57] 38; Stuttgart NStZ **87**, 430 [m. Anm. Schüler-Springorum u. Funck aaO]; Bamberg NStZ **89**, 389 m. Anm. Müller-Dietz StV **90**, 29; vgl. Dreher, Bruns-FS 148; Wolter GA **80**, 83). § 2 StVollzG läßt zB Platz für die „Vollzugsaufgabe", die Rechtsordnung zu verteidigen und ermöglicht auch eine „sinnhafte Verknüpfung" anderer Strafzwecke mit dem Vollzugsziel des § 2 StVollzG (BVerfGE aaO; abw. Meinung Mahrenholz aaO; ferner Müller- Dietz JR **84**, 353; Bemmann StV **88**, 549 [gegen ihn Bamberg aaO]; Schüler-Springorum StV **89**, 262). Der Verhältnismäßigkeitsgrundsatz kann nicht, wie zB Ellscheid/Hassemer (Civitas **70**, 27) wollen, das Schuldprinzip ersetzen, da er ohne einen materialen Bezugspunkt wie die Schuld rein formal bleibt (Arth. Kaufmann, Lange-FS 27, Wassermann-FS 890 u. Jura **86**, 228; Roxin JA **80**, 548; hierzu auch Seelmann Jura **80**, 509; Schulz JA **82**, 536; Streng 14).

A. Die Schuld des Täters ist in **I S. 1** nicht als Vorwerfbarkeit iS der 4 Voraussetzung jeder Straftat zu verstehen (28 ff. vor § 13), sondern als das

Maß des Vorwurfs, der dem Täter für seine Tat zu machen ist (ähnlich in § 29; zur Unterscheidung von Strafbegründungs- und Strafmaßschuld Achenbach [28 vor § 13], 215 ff.; vgl. Gössel, Tröndle-FS 362). Grundlagen der Strafzumessung sind in erster Linie die Schwere der Tat und ihre Bedeutung für die verletzte Rechtsordnung sowie der Grad der persönlichen Schuld des Täters (BGH **20**, 266; NJW **87**, 2686). Schuld und Prävention können bei der Strafzumessung gegenläufige Wirkungen haben. Entscheidend ist, daß der Vorrang der Schuld bei der Strafzumessung gewahrt bleibt und nicht aus präventiven Gründen eine nicht mehr schuldangemessene Strafe verhängt wird (6. 3. 1991, 2 StR 632/90). Umstände, die zur **Lebensführung** und zum allgemeinen Charakter gehören, dürfen nur straferschwerend verwertet werden, wenn sie mit der Tatausführung in Zusammenhang stehen (BGH **5**, 132; NJW **54**, 1416; **88**, 1154; MDR/D **70**, 14; NStZ **84**, 259; StV **82**, 419; 567; **83**, 332; **85**, 102; BGHR § 46 II, Vorl. 3; NStE Nr. 34; NStZ/T **86**, 494). Das Maß der Schuld hängt in erster Linie von der Schwere des personalen Handlungsunrechts (5. 7. 1977, 5 StR 771/76; Saarbrücken OLGSt. 10 zu § 13 aF) ab, soweit die Schuld ihr entspricht (BGH **10**, 38). Daher dürfen Umstände, die auf die (unverschuldete) seelische Verfassung des Täters zurückgehen, nicht straferschwerend berücksichtigt werden (NStZ **82**, 116). Der Wert des verletzten Rechtsgutes ist kein selbständiger Faktor für die Strafhöhe neben der Schuld (so RG **58**, 109; BGH **3**, 179; MDR **54**, 693; BVerfGE **25**, 286; **27**, 29), sondern nur insoweit bedeutsam, als er in den Schuldvorwurf eingeschlossen werden kann (unten 23). Der hohe Wert eines gestohlenen Brillantenkolliers, das der Täter für eine billige Glasimitation halten durfte, ist kein Straferschwerungsgrund (vgl. MDR/D **69**, 533), ebensowenig ein besonders häßlicher objektiver Tatverlauf (6. 8. 1982, 2 StR 398/82) oder die Tatsache, daß der Täter noch die objektiven Merkmale eines anderen Straftatbestandes verwirklicht hat, es sei denn, daß gerade hierdurch die abgeurteilte Straftat in Ausmaß und Bedeutung gekennzeichnet wird (NStE Nr. 58). Zum Handlungsunrecht treten personale Faktoren vor und nach der Tathandlung (unten 24 ff.). Insoweit ist der Begriff der Tatschuld (§§ 2 II, 59 AE), der im übrigen kaum zu präzisieren ist (Beckmann GA **79**, 454; **81**, 353), zu eng. Gegenstand des Schuldvorwurfs ist vielmehr das gesamte tatrelevante Täterverhalten (unten 16). I S. 1 spricht daher auch von der Schuld des Täters. Zur Problematik der Schuldstrafe bei Jugendlichen BGH **15**, 226; StV **82**, 335; MDR/H **90**, 489. Auf sie kommt es angesichts des *Gebots der individuellen Würdigung von Täter und Tat* (2. 8. 1984, 4 StR 409/84) in erster Linie an und nicht etwa darauf, wie *andere Mitbeteiligte* in anderen (MDR/H **79**, 986; NStZ **91**, 581) oder im selben Verfahren (29. 10. 1981, 4 StR 541/81; vgl. unten 17 a) bestraft worden sind. Bei gemeinschaftlich Handelnden sollen die gegen Mittäter verhängten Strafen „in einem gerechten Verhältnis zueinander" stehen (StV **81**, 122; BGHR § 46 III Mitt. 1), doch ist es dabei uU geboten, je nach Art und Maß der Beteiligung, zu unterscheiden (StV **87**, 436; **91**, 557; vgl. LK-G. Hirsch 28; Terhorst JR **88**, 273); daß ein Mittäter der aktivere Teil war, kann nicht ohne weiteres straferhöhend gewertet werden (NStE § 250 Nr. 20).

5 **B. Die Wirkung auf den Täter** meint nicht nur die gezielte Einwirkung auf ihn (so in § 47 I), die Verurteilung und sinnvoller Strafvollzug auf ihn

Strafbemessung § 46

erreichen sollen, sondern in der weiteren Formulierung von I S. 2 sämtliche „Wirkungen, die von der Strafe für das künftige Leben des Täters in der Gesellschaft zu erwarten sind" (hierzu zusf. Müller-Dietz, Spendel-FS 420). Dazu gehören die Wechselwirkung der aufeinander abzustimmenden Haupt- und Nebenstrafen (BGH **29**, 61; MDR **84**, 241; StV **84**, 453), sowie der Strafen und auszusprechenden Maßregeln (NStE § 66 Nr. 11; BGHR § 66 I Gef. 2; 9. 1. 1990, 1 StR 655/89) zB die Auswirkungen der Einziehung nach § 74 II Nr. 1 (NStZ **83**, 408; StV **86**, 58; **87**, 345; wistra **87**, 176; NStE Nr. 31; BGHR § 46 I, SchAusgl. 16; vgl. 2 zu § 74 b), insbesondere im Falle eines neuwertigen PKW (8. 5. 1985, 2 StR 251/85; nicht jedoch bei offensichtlicher Geringwertigkeit der eingezogenen Sache, StV **88**, 201 L), die zusätzliche Belastung einer Geldstrafe nach § 41 (NJW **85**, 1719 m. Anm. Bruns JR **86**, 72), Umkehr der für den Regelfall vorgesehenen Reihenfolge der Vollstreckung (§ 67 II, dort 3; 10. 5. 1985, 2 StR 220/85), die Nebenwirkungen der Verurteilung, zB der Verlust der Beamtenstellung, und zwar schon bei der Strafrahmenwahl (BGH **35**, 148 [m. krit. Anm. Bruns JZ **88**, 467; Streng NStZ **88**, 485; G. Schäfer, Tröndle-FS 395; Terhorst JR **89**, 184]; JZ **89**, 652; NStE Nr. 35; MDR/H **91**, 294; NStZ **92**, 230; 5. 2. 1991, 5 StR 6/91; vgl. auch unten 25 b), Verlust der Approbation als Apotheker (22. 1. 1990, 5 StR 542/90), Ausschließung aus der Rechtsanwaltschaft (StV **91**, 207), Untersagung der Berufsausübung als Steuerberater (wistra **91**, 300), Verlust des Arbeitsplatzes (wistra **89**, 306), Verzicht auf Zulassung als RA nach vorläufigem Berufsverbot (wistra **90**, 98), hohe Unterhaltsverpflichtungen (Hamm VRS **67**, 425), Höhe des zu zahlenden Schmerzensgeldes (StV **89**, 249 L), oder drohender Widerruf einer ausgesetzten Freiheitsstrafe (Bay StV **87**, 437 L); ferner nur noch kurze Lebenserwartung (StV **87**, 101), im Falle einer AIDS-Erkrankung (NStE Nr. 38; Köln StV **88**, 67 L; LG Krefeld StV **89**, 439 L), die wirtschaftliche Existenzvernichtung (26. 2. 1980, 1 StR 847/79), aber auch sonstige Folgen eines längeren Strafvollzuges (StV **83**, 456; **91**, 19; Frankfurt NJW **71**, 1815), aber nur, soweit sie den Täter betreffen (wistra **87**, 60), allerdings stets unter dem Aspekt, inwieweit sie dafür von Bedeutung sind, ob es dem Täter künftig gelingen kann, ein Leben ohne Straftaten zu führen (Koblenz OLGSt. 9). Die Strafe darf nicht zur Entsozialisierung des Täters führen (StV **91**, 513). Es ist aber *erst* die Höhe der schuldangemessenen *Strafe* zu finden und *dann* erst über die *Aussetzung* zu entscheiden (1 a zu § 56). Zu den Wechselbeziehungen zwischen Urteil und Strafvollzug vgl. Blau MSchrKrim **77**, 329 ff. Der Gedanke der **Spezialprävention**, der nicht zum alleinigen Strafziel gemacht werden (Bockelmann, Lange-FS 1) und der gegenüber sozial eingegliederten und strafempfänglichen Tätern nicht ohne weiteres strafschärfend herangezogen werden darf (StV **81**, 343), wird hier in erweitertem Sinne verstanden. Darin liegt ein bedeutsamer Schwerpunkt des kriminalpolitischen Programms der Reformgesetze (vgl. BGH **24**, 40 [hierzu G. Schäfer in Jehle [oben 2] 83 ff.]; LK 13 ff.]; aM SK-Horn 33 ff., Schaffstein-FS 241 u. Bruns-FS 165, der entgegen dem Gesetz andere Gesichtspunkte als die Schuldangemessenheit aus der eigentlichen Strafzumessung entfernt sehen möchte [sog. **Stellenwerttheorie**] und hierdurch im Ergebnis das Gewicht spezialpräventiver Gesichtspunkte bei der Strafzumessung verkürzt, vgl. hierzu NJW **85**, 1719 m. Anm. Bruns JR **86**, 72 u. Dreher-FS 261; Dreher, Bruns-FS 147; wie Horn auch Schöch, Schaff-

§ 46
AT Dritter Abschnitt. Zweiter Titel

stein-FS 255; Kaiser-Schöch 10, 38 ff.; vgl. auch schon Henkel aaO 22; hiergegen jedoch LK 18 vor § 46; Jescheck § 82 III 3; Roxin, FestG Schultz 478 u. Bruns-FS 184, 199; Schreiber NStZ **81**, 339; ZStW **94**, 288; zum Ganzen Bruns 83; Lackner, Entwicklungen [oben 2] 16 ff.; Wolter GA **80**, 97; Zipf ÖJZ **79**, 200; Streng 185 u. UniHD-FS 508; Günther JZ **89**, 1027).

6 C. **Die Verteidigung der Rechtsordnung,** in die der Gedanke der Generalprävention miteingeschlossen ist (unten 6 a), nennt § 46 zwar nicht; doch ergibt sich aus § 47 I, § 56 III und § 59 I Nr. 3, daß sie ein wesentlicher Leitgesichtspunkt der Strafzumessung ist (ebenso MDR/D **75**, 196; Zipf, Bruns-FS 205) und bei der Bestimmung der Höhe der Strafe im Rahmen der Schuld zu Lasten des Täters berücksichtigt werden kann (BGH **34**, 151; NJW **90**, 195). Die Verwendung des Begriffs „Grundlage" in I S. 1 und die Formulierung von I S. 2 zeigen auch neben der Entstehungsgeschichte (Prot. V/2791), daß I die Leitgesichtspunkte der Strafzumessung nicht erschöpfend aufzählt. Unter Verteidigung der Rechtsordnung ist zu verstehen, daß die Strafe auch die Aufgabe hat, die durch die Tat verletzte Ordnung des Rechts gegenüber dem Täter durchzusetzen und künftigen Verletzungen durch ihn und andere vorzubeugen. Vor allem geht es um den Schutz der Rechtsgüter, den Verhängung und Vollzug der Strafe mit zu übernehmen haben; außerdem aber auch um die Durchsetzung der Strafrechtsordnung selbst: Die Androhung der Strafe darf nicht auf dem Papier stehen bleiben, wenn sie nicht ihre Wirkung verlieren soll. Schließlich kommt noch ein subjektives Element hinzu: Das Vertrauen der Bevölkerung, im Schutze der Rechtsordnung als einer Friedensordnung zu leben, darf nicht erschüttert und damit auch die Rechtstreue der Bevölkerung selbst nicht gefährdet werden (BGH **6**, 127; Düsseldorf NJW **70**, 767; Oldenburg NJW **70**, 820; Bay NJW **70**, 767; MDR **72**, 339; Dreher JR **70**, 228; Müller-Dietz, Jescheck-FS 813 u. Dölling ZStW **102**, 8: *„Integrationsprävention"*). Im Begriff der Verteidigung der Rechtsordnung (Maiwald
6a GA **83**, 49; auch Müller-Dietz aaO) wird danach der Gedanke der **Generalprävention** in einem erweiterten Sinn verstanden, vgl. BGH **34**, 151; Stuttgart Die Justiz **69**, 328; SchSch-Stree 20 vor § 38; Mösl DRiZ **79**, 167; aM Horstkotte (NJW **69**, 1601; JZ **70**, 124, 127), der darin nur einen Teilaspekt der Generalprävention sehen und Zipf (Bruns-FS 217), der insoweit nur einen Ausschnitt aus der Generalprävention annehmen will; zu eng auch Kunert MDR **69**, 709; NJW **70**, 539; vgl. allerdings BTag, Prot. V/12764 f.; ferner Bay NJW **70**, 1382; Stuttgart, Köln NJW **70**, 258; Köln VRS **39**, 27; Stuttgart Die Justiz **70**, 237; NJW **71**, 630; KG JR **70**, 227; Celle NJW **70**, 872; Hamm NJW **70**, 1384; 1615; Koblenz MDR **70**, 693; OLGSt. 167; Lackner JR **70**, 8; Sturm JZ **70**, 85; Koch NJW **70**, 842; Jescheck § 79 I 4 b; Blei JA **70**, 400; 461; negativ i. Erg. die Untersuchung von Naucke u. a., „Verteidigung der Rechtsordnung", 1971; Haffke Inst-Konfl. **9**, 62; ferner Arth. Kaufmann, Strafrecht zwischen Gestern und Morgen, 1983, 63; vgl. demgegenüber Maiwald GA **83**, 72. In seiner Grundsatzentscheidung BGH **24**, 40 folgt der BGH weitgehend der oben gegebenen Begriffsbestimmung, legt aber den Akzent stärker auf die Erhaltung der Rechtstreue der Bevölkerung; ebenso BGH **24**, 63 (krit. hierzu Schröder JZ **71**, 241; vgl. auch Müller-Dietz, Jescheck-FS 817; Eser/Burkhardt **1**, A 62); Frankfurt NJW **71**, 1813; Bay MDR **72**, 340; vgl. Celle JR

Strafbemessung **§ 46**

80, 256; 8, 10 zu § 56. Auch bei Fahrlässigkeitstaten kann der Gesichtspunkt der Verteidigung der Rechtsordnung von Bedeutung sein (Hamm NJW **70**, 870; Dreher JR **70**, 228). Generalpräventive Erwägungen (für die im Jugendstrafrecht kein Raum ist, unten 8 a, idR ebenso wenig bei vermindert schuldfähigen Tätern, StV **91**, 557 L), sind nur innerhalb des Bereichs der schuldangemessenen Strafe (10 zu § 46) und nur mit der Einschränkung zulässig, daß bereits eine gemeinschaftsgefährliche Zunahme solcher und ähnlicher Straftaten, wie sie zur Aburteilung anstehen (NStE Nr. 62; Bay StV **88**, 530; **89**, 155 L; BezG Meiningen NStZ **91**, 583; Düsseldorf StV **92**, 232; Köln StV **92**, 233), festgestellt wurde (wistra **82**, 225; StV **83**, 195; 326 L; NStZ **84**, 409; **86**, 358; GA **86**, 509; NStE Nr. 49; NJW **89**, 1939; BGHR § 46 I, GenPr 3; 13. 11. 1990, 4 StR 497/90; 19. 10. 1990, 3 StR 327/90; hierzu zutr. krit. Foth NStZ **90**, 220), die die konkrete Gefahr der Nachahmung begründen (Bay NJW **88**, 3165; StV **88**, 435), und daß im übrigen nur Umstände, die außerhalb der im gesetzlichen (erhöhten: StV **84**, 71) Strafrahmen bereits berücksichtigten **allgemeinen Abschreckung** liegen (BGH **20**, 267; MDR/H **76**, 812; StV **83**, 14; NStZ/B **82**, 414; **83**, 448; **84**, 445; **85**, 447), innerhalb des Spielraums für die schuldangemessene Strafe (SK 12; unten 10) berücksichtigt werden dürfen (BGH **28**, 326; **34**, 151; **36**, 20; StV **81**, 130, 235; **90**, 109; BGHR § 29 BtMG, StrZ 7; BGHR § 46 I, GenPr. 5; stRspr.); keinesfalls darf der Sicherungszweck die schuldangemessene Strafe überschreiten (BGH **20**, 264; 21. 3. 1990, 4 StR 129/90); bei der Berücksichtigung generalpräventiver Überlegungen ist stets unumgänglich, auch das Bedürfnis nach einer auf Resozialisierung oder Vermeidung der Entsozialisierung ausgerichteten Bestrafung des Täters dem Interesse der Allgemeinheit gegenüberzustellen und sorgfältig abzuwägen (NJW **90**, 195); zur Anerkennung der Generalprävention als eines Schärfungsgrundes durch den BGH, vgl. weiter BGH **6**, 127; **17**, 324; **28**, 326; NJW **66**, 1276; MDR **56**, 180; **69**, 187 m. Anm. Koffka; MDR/D **71**, 720; GA **74**, 78; MDR/H **76**, 812, StV **82**, 522; andererseits MDR **73**, 190, vgl. auch Hamm MDR **72**, 254. Der Gedanke der Generalprävention tritt *neuerdings* (Ostendorf ZRP **75**, 281; Bruns 90, NStrZR 27 und JR **79**, 356; Beckmann GA **79**, 457; Seelmann JuS **79**, 691; Roxin § 3, 24; Schöch DJT C 38; LK 21) wieder stärker hervor, insbesondere im Bereich des Staatsschutzes (BGH **28**, 318; 13. 6. 1979, 3 StR 127/79; vgl. 15. 11. 1979, 3 StR 323/79; MDR/S **81**, 89); bei Banküberfällen (4. 4. 1984, 2 StR 824/83), bei betrügerischen Manipulationen gegenüber Kraftfahrzeughaftpflichtversicherungen (Bay NJW **88**, 3165), und bei der Bekämpfung der Wirtschaftskriminalität (MDR/H **76**, 812; Tiedemann JZ **75**, 185; Weigend JZ **86**, 265), bei organisierten *Schutzgelderpressungen* (NStZ **92**, 275), der BtM-Kriminalität (5. 6. 1985, 2 StR 190/85 [jedoch ist die o. g. Beschränkung zu beachten, StV **82**, 166; 167; MDR/S **85**, 2]; NStZ **82**, 112 [m. krit. Anm. Wolfslast; hierzu R. Lange ZStW **95**, 612]; **83**, 501; ferner NStZ/M **82**, 149) und im Umweltstrafrecht (Leibinger ZStW Beih. 1978, 71; Rogall JZ-GD **80**, 102; BerAK 32), in *Parteispendenprozessen* (NJW **87**, 1279); aber auch bei Fahrlässigkeitsdelikten (MDR/H **80**, 815; vgl. auch Eser DJT D 67). Er erlebt aber auch eine Renaissance in der Wissenschaft (zB Hassemer/Lüderssen/Naucke, Hauptprobleme der Generalprävention, 1979; Achenbach in Schünemann Grundfragen 142; Schöch, Jescheck-FS 1082; Schwind, Wassermann-FS 1022; Dölling ZStW **102**, 1; vgl. Arth. Kaufmann, Wassermann-FS 892; E. A. Wolff ZStW **97**, 787; Günther JZ **89**, 1027; Bock ZStW **103**, 636).

7   **3) Der Strafzumessungsakt** läuft nach einem *5-Phasen-Schema* (Bruns 6, 243, 246, NStrZR 25 u. JZ **88**, 1053; krit. Frisch GA **89**, 374) ab: 1. Ausrichtung an den anerkannten Strafzwecken (oben 3); 2. *Ermittlung* der schuld- und präventionsrelevanten Fakten (Strafzumessungstatsachen, 15 ff.), 3. Festlegung ihrer strafschärfenden oder -mildernden Wirkung (*Bewertungsrichtung,* unten 17; vgl. auch 24. 6. 1986, 1 StR 548/86), 4. *Abwägung* der relevanten Umstände gegeneinander (unten 36) und 5. die Bestimmung der konkreten Strafe unter Umsetzung der gewonnenen Anhaltspunkte. Dem Tatrichter ist also nicht freigestellt, welchen Umständen iS des § 46 er im konkreten Fall Bedeutung zuerkennt und welche er unberücksichtigt läßt (NJW **87**, 2686). Günther unterteilt den Strafzumessungsakt in 8 Stufen (vgl. JZ **89**, 1026); wiederum anders Schäfer StrZ 167 ff. (3 Schritte); SK-Horn 6 ff. vor § 46 (nach der Strafhöhe). Die Zumessung, von der I S. 1 und §§ 47, 49 II sprechen, ist die Bestimmung der konkreten Strafe im Einzelfall, die auf einer **Ganzheitsbetrachtung** von Tatgeschehen und Täterpersönlichkeit beruht (BGH **16**, 353; **24**, 268; NJW **76**, 1326; 2220; NStZ **81**, 389; hierzu unten 25, 26, 36, 53 und LK 1 b; sowie krit. Horn, Arm. Kaufmann-GedS 573; Firsch/Bergmann JZ **90**, 949). Es ist hierbei zunächst der Strafrahmen zu bestimmen. Enthält die Vorschrift außer dem Normalstrafrahmen einen Sonderstrafrahmen für besonders schwere oder minder schwere Fälle, so ist grundsätzlich zunächst die Frage zu entscheiden, von welchem Strafrahmen ausgegangen werden soll (NStZ **83**, 407), hierbei ist bei der Prüfung, ob ein minder schwerer Fall gegeben ist, auch das Vorliegen eines vertypten Milderungsgrundes zu berücksichtigen (26. 7. 1989, 2 StR 325/89), erst danach ist die *Strafzumessung ieS* vorzunehmen (StV **84**, 64; unten 41). Wichtig ist vor allem auch die Wahl zwischen Freiheitsstrafe und Geldstrafe, für die § 47 im Bereich der kurzen Freiheitsstrafe eine teilweise von § 46 abweichende Regelung bringt (6 zu § 47). Zur *Zumessung iwS* gehören das Absehen von Strafe nach § 60 und in sonstigen Fällen (7 zu § 23); die Strafaussetzung zur Bewährung; die Anrechnung der UHaft (§ 51) sowie die Verfahrenseinstellung bei geringer Schuld (§§ 153, 153a StPO). Auch in diesen Fällen sind, soweit nicht Sonderregelungen wie in §§ 56, 57, 57a, 51 eingreifen, die Grundsätze der §§ 46, 47 heranzuziehen (BVerfGE **64**, 274); jedoch dürfen bei der Festsetzung der Strafhöhe Gesichtspunkte der Strafzumessung nicht mit solchen der Strafaussetzung vermengt werden, 1a zu § 56. Hingegen gelten für die Zumessung von Maßnahmen, so für die Einziehung in gewissen Fällen (vgl. unten 53; ferner 2 zu § 74, 3 zu § 74 b) und die Unbrauchbarmachung (14 zu § 74 d), vor allem aber für die Maßregeln der Besserung und Sicherung eigene Grundsätze (1 vor § 61; 5 zu § 69a). Das zweispurige System von Strafen und Maßnahmen (1 ff. vor § 61) fordert grundsätzlich, daß die Zumessung der Strafe sowie die Anordnung einer Maßregel und deren Dauer voneinander unabhängig bleiben. Das gilt auch für das Jugendstrafrecht (StV **88**, 308). Grundsätzlich darf die Schuldstrafe nicht wegen der Anordnung einer Maßregel unterschritten (NJW **71**, 61) oder wegen des Verzichtes auf eine Maßregel überschritten werden. Gleichwohl ist Strafzumessung und Unterbringungsanordnung nach Möglichkeit zu einer

Strafbemessung § 46

sinnvollen Wirkungseinheit zu verbinden und aufeinander abzustimmen (9. 11. 1984, 2 StR 257/84, in BGH 33, 66 nicht mitabgedruckt); das gilt insbesondere, wenn der Tatrichter den Vorwegvollzug der Strafe (ganz oder zT) anordnet (§ 67 II) und sich hierdurch die Gesamtzeit der Freiheitsentziehung verlängert (NStZ **85**, 92; vgl. auch 3a zu § 67). Gegenseitige Beeinflussung ist insoweit möglich, wie die Strafe Funktionen der Sicherung (oben 3ff.) oder der Spezialprävention mit übernimmt (vgl. hierzu NJW **80**, 1056; 18. 11. 1980, 1 StR 554/80; vgl. Frisch ZStW **99**, 373). Daher kann auch eine Maßregel Strafe in gewissen Fällen (§ 44 I S. 2) und gewissem Umfang überflüssig machen.

A. Die gesetzliche Strafdrohung, insbesondere der Strafrahmen (unten **8** 14), gibt eine generelle Vorbewertung des für den einzelnen Tatbestand typischen Handlungsunrechts durch den Gesetzgeber, an die der Richter gebunden ist und an der er sich zu orientieren hat (BGH **3**, 263; BVerfGE **27**, 29). Er hat, soweit ihn nicht eine absolute Strafdrohung zu einer bestimmten Strafe zwingt (nur in §§ 211, 220a Nr. 1), die gesetzliche Vorbewertung in der Bewertung der Einzeltat zu konkretisieren. Bei der Festlegung des angemessenen Strafrahmens ist entscheidend, in welchem Maße durch die Tat der Schutzzweck des Gesetzes beeinträchtigt worden ist (StV **89**, 432). Eine Strafe innerhalb des Rahmens kann auch den Verhältnismäßigkeitsgrundsatz nicht verletzen; die Gegenmeinung (Furtner NJW **68**, 2228) verkennt, daß der Richter an die Stelle der Bewertung des Tattypus durch das Gesetz nicht seine eigene Bewertung setzen darf (BGH **24**, 173; vgl. auch Bay MDR **74**, 1041), daher kann auch der Hinweis des Tatrichters, die Mindeststrafe sei „verhältnismäßig hoch", das Urteil gefährden (NStZ **84**, 117; NStZ/M **84**, 159). Auch ist die Meinung eines Gerichts, die anzuwendende Vorschrift sei rechtspolitisch überholt, kein Strafzumessungsgrund (Koblenz OLGSt. 3 zu § 181 aF; bedenklich LG Hamburg NJW **51**, 852; LG Frankenthal NJW **68**, 1685; Seebald GA **74**, 198; dazu Eilsberger NJW **68**, 2256; LK 31 vor § 46). Der Richter darf innerhalb des Strafrahmens auf die **Höchststrafe** nur bei denkbar schwerster Schuld erkennen (vgl. StV **84**, 152; Bay VRS **59**, 187; Mösl DRiZ **79**, 166) und auf die **Mindeststrafe** nur, wenn die Schuld an der unteren Grenze der praktisch vorkommenden Durchschnittsfälle liegt (unten 14 aE; Hamm OLGSt. 43 zu § 11 aF BtMG; vgl. Stuttgart Die Justiz **72**, 207), was nach BGH (NStZ **84**, 358 m. Anm. Zipf; NStZ/M **84**, 160; 493); nicht ausschließt, daß uU auch bei Vorliegen mehrerer Erschwerungsgründe auf die Mindeststrafe erkannt werden kann (zw.; großzügig auch 18. 1. 1983, 5 StR 827/82); zB wenn sich die zur Wahl stehenden Strafrahmen überschneiden (NStZ **84**, 410); aber nur, wenn die strafmildernden Umstände gegenüber den strafschärfenden deutlich überwiegen (NStZ **84**, 117; **88**, 497; BGHR § 46 I, BeurtRahm. 7; 21. 5. 1992, 4 StR 154/92); ferner kann das Mindestmaß des Normalstrafrahmens gewählt werden, wenn die Tat zwar nicht als minder schwerer Fall zu werten ist, sie aber einem solchen nahe kommt (17. 5. 1983, 5 StR 207/83); unterschreiten darf er die Mindeststrafe nur, wenn das Gesetz ihm dazu eine Handhabe gibt (zB §§ 23 III, 49 II, BGH **21**, 141; NJW **71**, 61; MDR/D **73**, 16; 6. 10. 1983, 4 StR 464/83). Hält der Richter an sich eine Geldstrafe für angemessen, so darf er nicht deshalb auf Freiheitsstrafe erkennen, weil er den Rahmen der Geld-

8a strafe für zu niedrig hält (3 zu § 40). Auch wenn **Jugendstrafrecht** anzuwenden ist, haben die Strafrahmen des allgemeinen Strafrechts, unbeschadet des § 18 I S. 3 JGG, insoweit ihre Bedeutung, als die dort zum Ausdruck gekommene Bewertung des Tatunrechts mitzuberücksichtigen ist (NJW **72**, 693; MDR/H **77**, 107; StV **82**, 28, 104; 338; **87**, 306 L; MDR/H **82**, 625; NStE § 18 JGG Nr. 1; BGHR § 18 I S. 3 JGG, msF 3; NStZ **82**, 466; **89**, 120; MDR/H **82**, 972; StV **84**, 254; DAR **85**, 191; GA **86**, 177; 17. 3. 1992, 5 StR 652/91; NStZ/B **82**, 414; **83**, 448; **84**, 446; **85**, 447; **87**, 442; **88**, 490; **90**, 529; **91**, 522; Krauth, Lackner-FS 1066). Der Richter hat dabei eingehend zu begründen, wenn die Jugendstrafe die nach allgemeinem Strafrecht zulässige Strafe erreicht oder überschreitet (EzSt § 18 JGG Nr. 2). Er hat in erster Linie darauf abzustellen, welche Strafhöhe aus erzieherischen Gründen angemessen ist (NJW **82**, 393 [m. Anm. Bruns JR **82**, 465]; StV **81**, 406; NStZ **82**, 332); was in den Urteilsgründen in überprüfbarer Weise zum Ausdruck gebracht werden muß (StV **82**, 473; **88**, 307; 25. 2. 1992, 5 StR 526/91; MDR/H **92**, 631). Bei besonders schwerem Unrecht folgt aber aus § 18 II JGG nicht, daß der Erziehungsgedanke allein maßgebend zu sein hätte (MDR **82**, 339 [m. Anm. Brunner JR **82**, 432 und Bruns StV **82**, 392]; StV **82**, 474; GA **82**, 416; NStE § 18 JGG Nr. 2); allerdings darf er nicht „deutlich zurücktreten" (StV **82**, 79); aus Erziehungsgründen darf indessen die Schuldstrafe nicht überschritten werden (MDR/H **90**, 89); auch ist für generalpräventive Erwägungen im Jugendstrafrecht kein Raum (BGH **15**, 226; MDR/H **81**, 454; StV **81**, 241; **82**, 335;
8b **90**, 505; MDR **82**, 339; Bruns 119). Den **Heranwachsenden** darf man bei der Entscheidung nach § 106 JGG nicht auf § 57a verweisen (BGH **31**, 193 m. Anm. Brunner NStZ **83**, 219; Eisenberg JZ **83**, 509), vielmehr hat im Vordergrund zu stehen, ob eine spätere Wiedereingliederung des Täters erwartet werden kann (StV **88**, 307; **89**, 307). Im übrigen hat der Richter bei der Anwendung des allgemeinen Strafrechts die **Wahl zwischen mehreren** vom Gesetz zur Verfügung gestellten **Strafarten** unter Berücksichtigung von § 47 (vgl. dort 6; Schäfer StrZ 485 ff.) nach den im folgenden entwickelten Gesichtspunkten zu treffen; die Reihenfolge der Androhung im Gesetz ist ohne Bedeutung (Hamm wistra **89**, 234; Sturm JZ **75**, 7). Zur Problematik übergesetzlicher Schuldminderungsgründe vgl. 17a zu § 211.

9 **B. Das Schuldmaßprinzip** des I S. 1 gibt zwar für den Fall, daß Leitgesichtspunkte für die Strafzumessung (oben 3) zu verschiedenen Ergebnissen führen (**Antinomie der Strafzwecke;** vgl. Frisch ZStW **99**, 364; Bruns NStrZR 30), das Rangverhältnis der Gesichtspunkte nicht im einzelnen an, stellt aber dafür einen entscheidenden Grundsatz auf: Die **Schuld des Täters** ist **Grundlage** für die Strafzumessung (ähnlich § 32 öStGB; vgl. Cramer JurA **70**, 138 ff.; Schwalm JZ **70**, 487; Roxin, Bruns-FS 183; Zipf ÖJZ **79**, 177; Müller-Dietz Grundfragen 7; Streng UniHD-FS 502; Frisch ZStW **99**, 361; SK 31). Das bedeutet, daß die Strafe zwar nicht allein nach der Schuld zu bemessen ist, wohl aber, daß die Schuld der Faktor ist, dem bei der Zumessung das größte Gewicht zukommt (1. 9. 1982, 2 StR 381/82), die anderen Leitgesichtspunkte dürfen nur insoweit mitbestimmend wirken, als sie die Strafe nicht von ihrer eigentlichen Grundlage lösen (22. 12. 1981, 2 StR 668/81; Hamm NJW **77**, 2987; unten 12). Die Handhabung dieses Grundsatzes hängt von der im Gesetz bewußt offen gelassenen (Ber.

Strafbemessung **§ 46**

BT-Drs. V/4094, 5; Prot. V/2795) Frage ab, ob es für jede Tat nur eine einzige von vornherein feststehende schuldangemessene Strafe gibt oder nicht. **a) Die Spielraumtheorie,** welche die Rspr. vertritt (BGH **7**, 28; 89; **10**, 263; **20**, 266; **29**, 320; VRS **11**, 52; **28**, 359; wistra **88**, 345; Bay VM **67**, 89; **68**, 209; Hamburg NJW **55**, 1939; **63**, 2387; Hamm NJW **72**, 1150; LK 21 vor § 46; Schaffstein, Gallas-FS 99; Spendel NJW **56**, 775; v. Weber, Die richterliche Strafzumessung 1956, 12; Lackner 24; Blei AT § 112 III; Roxin, FestG Schultz 466; Bockelmann-FS 306; Mösl DRiZ **79**, 165; Beckmann GA **81**, 354; Theune StV **85**, 163; Grasnick [oben 2]; vgl. Bruns 105 ff. u. NStrZR 34; Bader JZ **55**, 526; Jescheck § 82 III 3; Schneidewin JZ **55**, 505; krit. Schünemann Grundfragen 188, GA **86**, 309 u. in Eser/Cornils 210; Streng 183 u. UniHD-FS 505; E. A. Wolff ZStW **97**, 830; Frisch ZStW **99**, 361; Neumann, Spendel-FS 436) beruht auf dem Gedanken, daß sich aus dem Schuldmaß zwar keine feste Strafgröße für eine konkrete Tat, wohl aber ein gegenüber dem gesetzlichen Strafrahmen *konkreter Schuldrahmen* finden lasse; innerhalb dieses Rahmens sei in richterlicher Wertung die schuldangemessene (BGH **20**, 266) Strafe für die konkrete Tat unter Berücksichtigung der anerkannten Strafzwecke zuzumessen (BGH **7**, 32; **20**, 266; NJW **65**, 2016; **71**, 61; VRS **28**, 359; zusf Theune StV **85**, 162, 205). Die *verschiedenen Präventionszwecke* können nur innerhalb des Spielraums zur Geltung gebracht werden, dann aber die Bestimmung der konkreten Strafe derart beeinflussen, daß zB aus Gründen der Generalprävention (oben 6a) das höchste Grenzmaß gewählt werden darf (BGH **7**, 32; krit. Dreher JZ **67**, 41; **68**, 211 u. Bruns-FS 157).

b) Die **Theorie der Punktstrafe** als der einzigen *schuldangemessenen* Strafe **11** für die konkrete Tat (so zB Bruns StZR 1. Aufl. 280; Engisch-FS 708; vgl. auch NJW **79**, 289; Eb. Schmidt SJZ **46**, 209; Arth. Kaufmann, Das Schuldprinzip, 1961, 65; Schneidewin JZ **55**, 507; Frisch aaO 175 ff.; NJW **73**, 1345) ist mit BGH **27**, 3 (m. Anm. Bruns JR **77**, 165) abzulehnen, denn es handelt sich dabei um eine bloße Fiktion (Günther JZ **89**, 1025; Einzelheiten bei Dreher, Bruns-FS 154; vgl. hierzu Grasnick GA **86**, 133). **c)** Die insbesondere von Dreher vertrete- **12** ne Theorie der Strafzumessung als eines **sozialen Gestaltungsaktes** geht davon aus, daß der Richter innerhalb des Strafrahmens die nach seiner Überzeugung von den Wertmaßstäben der Rechtsordnung schuldangemessene Strafe zu bestimmen hat (ebenso Jescheck § 82 III 3; Henkel aaO; Engisch, Peters-FS 28; abl. Schaffstein aaO; vermittelnd Bruns NJW **79**, 289). Während sich für die Spielraumtheorie das Problem der Berücksichtigung der weiteren Leitgesichtspunkte zwanglos löst, stellt sich für die Theorien unter 11 und 12 insoweit die Frage nach der Zulässigkeit der Abweichung von der schuldangemessenen Strafe. Da die Schuld nach I S. 1 nur die *Grundlage der Zumessung* ist, ist eine Abweichung aus Gründen der Einwirkung auf den Täter sowohl nach oben (zB § 21; Ber. 5; Horstkotte JZ **70**, 122; sehr str.; **abw. hM:** LK 14 vor § 46; Jescheck § 82 III 3; M-Zipf § 7, 27; wohl auch BVerfGE **45**, 260; **50**, 12) als auch nach unten so weit als zulässig anzusehen, als die Strafe ihrer Bestimmung entsprechend *gerechter Schuldausgleich* bleibt (BGH **24**, 133; **29**, 321; JR **77**, 159 m. Anm. Bruns; 2. 9. 1981, 2 StR 239/81; vgl. auch 1. 9. 1982, 2 StR 381/82; E 1962, 97; Ber. 5; Nowakowski aaO [oben 2], 189; vgl. LK 12; Streng 191). Insoweit läßt auch eine gewisse Überschreitung aus Gründen der Verteidigung der Rechtsordnung nicht nur I S. 1 (anders StrABTag Ber. 5; Prot. V/2793), sondern auch § 47 zu (Freiheitsstrafe statt Geldstrafe; vgl. dort 6; krit. SK 21); bei einer solchen Überschreitung ist zwar große Vorsicht geboten; eine verfassungsrechtliche Unzuläs-

sigkeit aus Art. 1 I S. 1 GG herzuleiten, wie Badura JZ **64**, 337 und andere Autoren wollen (vgl. Bruns StrZR 307), ist jedoch nicht möglich (SchSch 14 vor § 38). Ebenso erscheint ein gewisses Unterschreiten, wenn etwa die Verteidigung der Rechtsordnung keine höhere Strafe fordert, ausnahmsweise möglich. Ein Unterschreiten in weiterem Umfang ist nach I S. 1 nicht möglich (aM Horstkotte JZ **70**, 124; Lackner, Entwicklungen [oben 2] 25; differenzierend Roxin, FestG Schultz 476 u. Bockelmann-FS 307; Günther JZ **89**, 1029; LK 16 vor § 46), und führt, wie der Fall BGH **29**, 319 (hierzu Bruns JR **81**, 336 u. NStrZR 36) zeigt, zu unhaltbaren Ergebnissen (krit. Theune StV **85**, 162; vgl.
13 aber SK 22). **d)** Die **Auffassung des AE**, daß das durch die Tatschuld bestimmte Maß nur insoweit auszuschöpfen ist, wie es die Wiedereingliederung des Täters in die Rechtsgemeinschaft oder der Schutz der Rechtsgüter erfordert (§ 17 II), bleibt unklar, weil der AE zur Spielraumtheorie nicht Stellung nimmt, und ist mit I S. 1 nicht zu vereinbaren, da die Schuldstrafe dann nur noch zum obersten Grenzmaß abgewertet würde, von dem nach unten ohne Begrenzung aus anderen Gründen abgewichen werden dürfte.

14   **e) Der Strafrahmen** (Bruns 45 ff.), der für die Spielraumtheorie die Bedeutung hat, die Anhaltspunkte für den engeren Rahmen zahlreicher schuldangemessener Strafen zu liefern, bedeutet für die Theorien unter 11 und 12 nicht zwei bloße Grenzpunkte, innerhalb deren der Richter die Strafe nach seinem Ermessen wählen könnte, sondern eine kontinuierliche Schwereskala (Bruns 49; krit. Streng 187, UniHD-FS 511 u. NStZ **89**, 396), in die der Richter die konkrete Tat einzuordnen hat (BGH **27**, 4 m. Anm. Bruns JR **77**, 165; Stuttgart MDR **61**, 343 mit Anm. Dreher; Dreher, Bruns-FS 142, 149; Montenbruck, Strafrahmen und Strafzumessung 1983, 30 ff., 48 ff., 113 ff.; Frisch/Bergmann JZ **90**, 947, 950; Grasnick JZ **92**, 262; LK 119). **Das rechnerische Mittel** des Strafrahmens bezeichnet nur den **denkbaren Durchschnittsfall;** es darf also nicht schematisch dem **Regelfall** gleichgesetzt werden, da dieser erfahrungsgemäß wegen des relativ geringeren Schweregrades meist unter dem Durchschnittswert der praktisch vorkommenden Fälle liegt (BGH **27**, 4; NStZ **83**, 217; **84**, 20; MDR/H **84**, 276; Bruns JR **77**, 165, JZ **88**, 1055, 1057 u. NStrZR 68; Mösl DRiZ **79**, 166; NStZ **84**, 160; Theune StV **85**, 209; Horn StV **86**, 169; Schäfer StrZ 463 ff.; krit. Zipf JR **76**, 514; Bergmann aaO [oben 2], 31; Terhorst JR **88**, 274; Neumann, Spendel-FS 444; SK 87 ff. vgl. auch Lampe, Noll- GedS 238; auch Frank NJW **77**, 686; Frisch GA **89**, 352; vgl. auch oben 8). Bei Strafrahmenverschiebungen gilt dies jedoch nicht für Ausnahmestrafrahmen (BGH **34**, 360, hierzu Bruns JZ **88**, 1055 u. GA **88**, 340).

15   **4) Die Strafzumessungstatsachen** (Wimmer, Bruns) bilden die faktischen Grundlagen für den nach den Leitgesichtspunkten orientierten Be-
16 wertungsakt der Zumessung; dazu gibt **II S. 2** wesentliche Hinweise. **A.** Bei der *Auswahl des Tatsachenmaterials* folgt das Gesetz nicht den engen Lehren, wonach Unrecht und Schuld mit Beendigung der Tat feststehen (Arth. Kaufmann, Das Schuldprinzip 1961, 259) oder nur das den Tatbestandskern begleitende Vor- und Nachhandeln des Täters Zumessungsgrundlage ist (Spendel, Zur Lehre vom Strafmaß, 231). Auch die Indiztheorie (BGH **1**, 106; MDR **54**, 693; NJW **62**, 1829; Hamm VRS **32**, 259; KG DAR **57**, 102; Oldenburg NJW **68**, 1293; Baumann NJW **62**, 1793; Bruns 220), die nur solche Fakten berücksichtigen will, die Rückschlüsse auf die Einstellung des Täters zZ der Tat zulassen, ist noch zu eng, da zB

Strafbemessung § 46

das Bemühen des Täters, den Schaden wiedergutzumachen oder das Fortbestehen einer verbotenen Partei zu verhindern (§ 84 V), auch dann nach dem Gesetz zu berücksichtigen sind, wenn sie auf einen Sinneswandel des Täters nach der Tat zurückgehen. Von einer Gesamttat auszugehen (Lang-Hinrichsen, Engisch-FS 353), die auch die tätige Reue zur Tat rechnen muß, aber die Vorstrafen kaum berücksichtigen kann, verbietet sich schon deshalb, weil II S. 2 unter Tat („nach der Tat") nur die Tatbestandsverwirklichung versteht (29. 5. 1981, 2 StR 199/81). Sind mehrere Tatbestandsalternativen (zB bei § 223a) gegeben, so ist das für die Strafzumessung von Bedeutung (aM offenbar MDR/H **92**, 17). Daß im übrigen die Tatbestandsverwirklichung allein nicht schon Grundlage der Strafzumessung sein kann, ergibt sich daraus, daß der Tatbestand nur die Funktion hat, diejenigen Merkmale zu beschreiben, welche die Strafbarkeit begründen (E 1962, 180f.). So folgt daraus, daß § 266 keine persönliche Bereicherung voraussetzt, noch nicht, daß eine solche stets ein Strafschärfungsgrund sein müsse. Liegt also im Normalfall des § 266 eine Bereicherung vor, so darf deren Fehlen zugute gehalten werden (wistra **87**, 27 mwN zur Orientierung der Strafzumessung am *regelmäßigen Erscheinungsbild* des Delikts). Es kommt also neben der Tat auch auf andere Tatsachen an, die für Tat- und Täterbeurteilung von Bedeutung sind (NStZ **81**, 99). Der Pauschaleinwand der „Schwere der Schuld" genügt nicht (NStE Nr. 52). Für die Strafzumessung müssen das gesamte Bild des Täters und sein gesamtes Verhalten herangezogen werden, soweit es wegen seiner engen Beziehung zur Tat Rückschlüsse auf Unrechtsgehalt und innere Einstellung des Täters gewährt (BGH **5**, 132; **17**, 143; MDR/D **55**, 146; MDR/H **83**, 984; **89**, 857, weiter noch Maihofer, Henkel-FS 83) oder sonst als tatrelevant anzusehen ist (vgl. SchSch 9). Rechtlich erlaubtes Verhalten kann nicht strafschärfend wirken (7. 11. 1979, 2 StR 581/79). **B. Ambivalent** sind die in II S. 2 **17** genannten Umstände, auch wenn sie nicht sämtlich in jedem Fall von Bedeutung sind und sich im Einzelfall überschneiden können, allerdings mit Ausnahme der strafschärfend wirkenden verschuldeten Auswirkungen der Tat und den strafmildernd wirkenden Bemühungen um Schadenswiedergutmachung. Ob sie strafschärfend oder -mildernd wirken, und zwar sowohl unter dem Gesichtspunkt der Schuld wie der sonstigen Leitgesichtspunkte, hängt von der Gestaltung dieser Umstände im konkreten Fall ab. Trunkenheit am Steuer kann zB für die fahrlässige Tötung erschwerend, für die Unfallflucht mildernd wirken (VRS **5**, 279). „Das Gesetz geht auch nicht davon aus, daß Umstände, die von außen an den Täter herantreten, regelmäßig entlastend, innere Umstände wie Gesinnung und Wille des Täters hingegen regelmäßig belastend wirken" (E 1962, 181; gegen M. E. Mayer: „Das Motiv entlastet, der Charakter belastet"; Bruns 254). Bei **mehreren Tatbeteiligten** sind die Zumessungstatsachen idR für jeden ver- **17a** schieden, jeder ist in individueller Würdigung (4 aE) nach dem Maß der eigenen Schuld abzuurteilen, so daß ein Gehilfe eine höhere Strafe erhalten kann als der Täter (NJW **84**, 2541 m. Anm. Otto JR **85**, 29; VRS **69**, 120); auf Unterschiede in der Strafzumessung läßt sich die Revision nicht stützen (20. 2. 1981, 2 StR 644/80; DAR **81**, 191). Daraus ergibt sich, daß Mittäter bei gleicher Tatbeteiligung verschieden schwer oder bei verschiedener gleich bestraft werden können (NJW **51**, 532; VM **61**, 63; BGH **12**, 148; 335; JR **74**, 340; 7. 1. 1992, 5 StR 614/91; Bay NJW **51**, 574; **68**, 2175;

§ 46

Hamburg NJW **54**, 1737; Hamm NJW **57**, 392; vgl. auch BVerfGE **1**, 345; Dreher NJW **51**, 574; Terhorst **88**, 172; G. Schäfer, Tröndle-FS 397; Bruns GA **88**, 347; vgl. hierzu Theune StV **85**, 207). Eine Zusammenerörterung der für alle Tatbeteiligten geltenden Strafzumessungsgründe ist möglich (NStZ **83**, 20). Bestehen wegen unterschiedlicher Einlassungen zweier (oder mehrerer) Beteiligter über die jeweilige Tatbeteiligung Unklarheiten, so darf nicht ein „Mittelweg" beschritten werden, der beide Beteiligte gleich stark belastet (NStE Nr. 16), denn bei der Feststellung der Zumessungs*tatsachen* gilt der Satz **in dubio pro reo** (BGH **1**, 51; **10**, 354; MDR/D **58**, 14; StV **83**, 456; **84**, 464 L; **86**, 5; **87**, 20; Stuttgart Die Justiz **60**, 213; NStZ/T **86**, 493; LK 122). Zu deren Aufklärung kann die Gerichtshilfe herangezogen werden (RiStBV 15). Bloße Vermutungen dürfen sich nicht zum Nachteil des Angeklagten auswirken (21. 5. 1980, 3 StR 136/80).

18 5) **Abs. II S. 2** enthält eine **Gruppe von Umständen** (M-Zipf § 63, 152 ff.), die **namentlich in Betracht** kommt, also nicht vollständig ist (LK 32), und zwar zunächst: **A. Psychische Faktoren** der Tat, nämlich **a)** die **Beweggründe** und die **Tatziele** (vgl. 6 zu § 15; LK 66f.; Bruns 211), also die seelischen Wurzeln der Tat. Dabei sind zu unterscheiden Anlagetat, Milieutat, Charaktertat (in der Tat sich ausdrückende Lebensführungsschuld; vgl. Mezger ZStW **57**, 689), die sämtlich auf eine ungünstige Dauerdisposition des Täters zurückgehen, auf der andern Seite die durch eine vorübergehende Lage hervorgerufene Situationstat und die Augenblickstat, bei der der Täter nur einer plötzlichen Versuchung unterliegt (Dreher, Über die gerechte Strafe, 49), etwa im Falle einer Tatveranlassung durch einen V-Mann (StV **82**, 221; **83**, 20; **89**, 15 L; NStE Nr. 51; vgl. auch StV **85**, 146; NJW **86**, 75). In den letzten Fällen wird die Schuld idR, wenn auch nicht immer, niedriger sein als in den Fällen von Dispositionstaten. Eine Rolle spielt ferner, inwieweit der Täter Hemmungen zu überwinden hatte (NJW **61**, 1591; 18. 3. 1980, 5 StR 62/80), inwieweit er unter Motivdruck stand, etwa unter erpresserischen Drohungen (MDR **58**, 14), in einer – wenn auch selbstverschuldeten – Konfliktlage (14. 11. 1979, 3 StR 323/79), auf Befehl (vgl. § 5 WStG) oder aus Not handelte, wobei das Handeln zur Verdeckung einer Straftat keineswegs immer mildernd zu wirken braucht (vgl. einerseits § 157, anderseits § 211). *Schärfend* wirken negativ zu bewertende Motive oder Zielsetzungen, wie sie das Gesetz sonst verschiedentlich nennt (beachte aber III!), zB Gewinnsucht, grober Eigennutz (auch in der Form des Strebens nach beruflichem Erfolg, GA **79**, 59), Habgier, gewinnsüchtige und unsittliche Zwecke, Absicht, einem anderen Nachteile zuzufügen, und egoistische Beweggründe überhaupt (NJW **66**, 788; MDR/D **74**, 544); nicht hingegen bloße Abenteuerlust (15. 6. 1981, 3 StR 194/81), oder die bloße Vorsatzform (MDR/H **84**, 980; vgl. aber BGHR § 212 I, StrZ 1); *mildernd* hingegen positiv zu bewertende oder verständliche Motive (Rücksicht auf Dritte, NJW **60**, 1870; StV **82**, 522, zB Meineid, um die Ehre einer Frau zu retten); notstandsähnliche Lage, zB Trunkenheitsfahrt, um verunglückten Bekannten zu helfen (Bay DAR **78**, 207); ungünstige wirtschaftliche Verhältnisse, mag der notwendigste Lebensunterhalt auch ohne die Straftat gesichert gewesen sein (StV **88**, 249; 29. 4. 1992, 2 StR

19 177/92). **b) Die Gesinnung**, die aus der Tat spricht, dh also nicht die allgemeine Gesinnung des Täters (vgl. NJW **54**, 1416; **79**, 1835: nachlässige

Strafbemessung **§ 46**

Praxisführung eines Rechtsanwalts; LK 68), sondern nur die Einzeltatgesinnung (vgl. 7. 11. 1979, 2 StR 530/79; 9. 4. 1980, 2 StR 806/79); gemeint sind Merkmale, wie sie das Gesetz verschiedentlich nennt, zB roh, böswillig, gewissenlos, grausam, rücksichtslos (vgl. Schmidhäuser, Gesinnungsmerkmale im Strafrecht, 1958; BGH **5**, 131; 238; NJW **51**, 770; MDR **54**, 151; 29. 10. 1980, 3 StR 323/80: niederträchtige Gesinnung im Falle sexuellen Ausnützens heroinsüchtiger Mädchen). Jedoch darf zB Gefühllosigkeit dann nicht angelastet werden, wenn sie gerade in der geistig seelischen Abnormität des Täters ihre Ursache hat (BGH **16**, 364; MDR/H **82**, 171; StV **82**, 522; **84**, 202; NStZ **84**, 548; **86**, 115; **91**, 581; NStE Nr. 74), gleichwohl bleibt auch bei verminderter Schuldfähigkeit in gewissem Umfang auch für die Berücksichtigung der Handlungsintensität Raum (NStZ **87**, 453; BGHR § 21, StrZ 5; 12. 12. 1990, 3 StR 400/90; 6. 3. 1991, 2 StR 333/90; vgl. unten 22). Zu der schwierigen Problematik des politischen oder religiösen **Überzeugungstäters** vgl. BGH **2**, 208; **8**, 162; 261; BVerfGE **19**, 135; **23**, 127; 191 (krit. Roxin § 22, 100 u. Maihofer-FS 399); Bay **70**, 122; MDR **66**, 693; JZ **76**, 530 (m. Anm. R. v. Hippel JR **77**, 119); Bremen NJW **63**, 1932; Köln NJW **65**, 1449; **67**, 2169; **70**, 67; Hamm JZ **65**, 488 (mit Anm. Peters); NJW **80**, 2425 (m. Anm. Crummenerl StV **81**, 76); Bay MDR **66**, 693; NJW **80**, 2425 (Strafbarkeit Zeugen Jehovas nach § 53 ZDG); Saarbrücken NJW **69**, 1782 (zw.); LK 69; SK 114; Bruns 216; Lang-Hinrichsen JZ **66**, 153; Heinitz ZStW **78**, 615; Noll ZStW **78**, 638; Bockelmann, Welzel-FS 550; Peters, Mayer-FS 257; Struensee JZ **84**, 645; M. Herdegen GA **86**, 97; Jakobs 20/20ff.; Rudolphi, Welzel-FS 605 und InstKonfl. **7**, 8; Gödan, Die Rechtsfigur des Überzeugungstäters, 1975; Bopp, Der Gewissenstäter und das Grundrecht der Gewissensfreiheit, 1974; Schünemann InstKonfl. **4**, 78 u. GA **86**, 305; Ebert, Der Überzeugungstäter in der neueren Rechtsentwicklung, 1975, der sich wie schon Peters und Rudolphi beim Täter aus Gewissensnot – zu weitgehend – für Schuldausschluß wegen Unzumutbarkeit einsetzt und für den Täter aus sozialethisch achtbarer Überzeugung Strafmilderung fordert (hierzu Roxin aaO 408); inwieweit sie am Platze ist, läßt sich nicht generell entscheiden (vgl. hierzu LG Aachen StV **86**, 344). Äußerungen eines *Kriegsdienst-* oder *„Totalverweigerers"* (hierzu im übrigen 39a vor § 52) zur Frage des Zivildienstes (vgl. Art. 5 GG) dürfen ihm nicht straferschwerend angelastet werden (Düsseldorf StV **86**, 342. Zum Ganzen Lit. Ber. Peters ZStW **89**, 103). **c)** Der **bei der** (vorsätzlichen) **Tat aufgewendete Wille**, (LK 71ff.), dh die kriminelle Intensität, deren Stärke, die sich in sorgfältiger Planung zeigen kann (MDR/D **69**, 535; **74**, 544), auch wenn die Tat noch nicht unmittelbar vor der Vollendung stand (17. 7. 1991, 2 StR 144/91); Hartnäckigkeit, mit der der Täter sein Ziel verfolgt (VRS **22**, 37); die Beschaffenheit des in einer Verabredung (§ 30) enthaltenen Bedrohungspotentials (BGHR § 30 I S. 2, StrZ 1), nicht aber schon die Tatsache, daß die Tat überhaupt begangen worden und nicht von ihr Abstand genommen worden ist (BGHR § 46 II, WertFehl 14), wohl aber Wiederholung eines Einbruchs an gleicher Stelle (MDR/D **73**, 554); Häufung von Straftaten (BGH **21**, 271; EzSt § 211 Nr. 23; BGHR § 46 I, BeurtRahm. 7), langer Tatzeitraum (StV **91**, 107), tägliches Vornehmen von Verschleierungshandlungen iS von § 370 AO über viele Jahre hinweg (5. 11. 1980, 2 StR 424/80); Unbeeindrucktbleiben von Vorstrafen regelmäßig schärfend, deren

19a

20

Schwäche (Delikte Haltloser aus passiver Schwäche) regelmäßig mildernd wirkt (E 1962, 181); dies gilt auch für mitgerissene Mitläufer in den Fällen von Massendelikten (vgl. OGHSt. **2**, 72; 305; **3**, 28; 119) oder die Verwendung einer nur scheinbar gefährlichen Waffe beim Raub (StV **83**, 279; BGHR § 250 II, StrRahmW 3), die Bejahung erheblicher *krimineller Energie* (die zB bei einem auf einen Gesamterfolg gerichteten Gesamtvorsatz gegeben sein kann; 25 vor § 52; krit. zu diesem Begriff: Walter GA **85**, 197) und die Annahme von § 21 enthält keinen Widerspruch (3. 2. 1981, 1 StR 739/ 80); insbesondere wenn der Täter in einer psychischen Ausnahmesituation war (NJW **85**, 870 m. Anm. Timpe JR **86**, 76; NStE § 213 Nr. 1). Schulderhöhend wirkt jedoch nicht das möglicherweise furchtbedingte Aushalten von Schmerzen während des Geburtsvorgangs (1. 9. 1982, 2 StR 127/82), ebensowenig die Inkaufnahme eines Scheiterns eines Straftatvorhabens, sie ist uU Milderungsgrund (MDR/H **81**, 981).

21 B. **Objektive Faktoren** der Tat bilden die 2. Gruppe, nämlich **a)** das **Maß** der **Pflichtwidrigkeit,** das in erster Linie bei Fahrlässigkeiten (E 1962, 181; VRS **18**, 201; Köln VRS **58**, 26) von Bedeutung ist (wichtig dabei die vorsätzliche Pflichtverletzung bei bewußter Fahrlässigkeit; vgl. aber Karlsruhe VRS **35**, 365), aber auch bei solchen Vorsatzdelikten, bei denen der Täter gegen besondere Rechtspflichten verstößt (zB Untreue; Geheimnisbruch; vgl. auch § 94 II Nr. 1). Mängel der Dienstaufsicht bilden bei der Bemessung der wegen Bestechlichkeit und wegen Verletzung von Dienstgeheimnis zu verhängenden Strafen keinen Milderungsgrund (NJW **89**, 1938 m. Anm. Molketin wistra **90**, 356). Zum Genuß von Alkohol vor der
22 Tat MDR/D **73**, 899. **b)** die **Art der Ausführung,** darunter ist alles zu verstehen, was die Tat im übrigen begleitet, oder sie sonst prägt (BGH **37**, 154 m. Anm. Grasnick JZ **91**, 933), dh die Tatmodalitäten von Ort (zB Vergewaltigung in einer Kirche, MDR/D **73**, 16), besonders belastender Oralverkehr (21. 6. 1991, 3 StR 192/91), Zeit (Nacht), Dauer (fortgesetzte Tat, Dauerdelikt), Mitteln (Waffen, gefährliche Werkzeuge einerseits, untaugliche Mittel anderseits; vgl. LK 34ff.; nur zur Verteidigung mitgeführte Waffen können sich aber nicht strafschärfend auswirken, StV **84**, 21; vgl. 24 zu § 32), Verwirklichung zweier Straftatbestände (Vergewaltigung der Schwester: 24. 7. 1990, 5 StR 218/90); uU eine BAK, auch wenn die Voraussetzungen des § 21 nicht gegeben sind (JR **92**, 13 f.); Durchführung (mit Gewalt, hinterhältig, gemeinsam mit anderen [vgl. aber unten 37], bandenmäßig, Mißbrauch einer Gefahrenlage); idR wiederholte Begehung (14. 1. 1992, 5 StR 605/91); sorgfältige Planung (MDR/D **69**, 535); Verschleierungshandlungen (4. 11. 1981, 2 StR 381/ 81), auch zB der Umstand, daß die verwendete Schußwaffe unerlaubt erworben war, auch wenn der Täter deshalb nicht verurteilt wird (aM NJW **72**, 2004; LK 36; vgl. auch MDR/D **70**, 199) oder daß der Täter die Waffe nicht nur bei sich geführt (§ 250 I Nr. 1), sondern mit ihr gedroht (29. 3. 1983, 5 StR 710/82) oder scharf geladen hatte (23. 5. 1978, 5 StR 235/78); hingegen braucht nicht strafschärfend zu wirken, daß der Täter eine Ausführung wählt, die leichter zum Erfolg führt (MDR/D **73**, 728); Merkmale des gesetzlichen Tatbestandes (§ 46 III) rechtfertigen noch nicht die Annahme einer über die Tatbegehung als solche hinausgehenden kriminellen Intensität (StV **86**, 58). Auch ist zu beachten, daß die Art des Vorgehens, etwa brutale Begehensweise,

Strafbemessung **§ 46**

durch eine erhebliche Verminderung der Schuldfähigkeit beeinflußt sein kann (BGH **16**, 364; NStZ **82**, 200; **87**, 321; **87**, 321; **89**, 18, 319; **91**, 81; MDR/H **86**, 96; NStE Nr. 40 und § 21 Nr. 12; BGHR § 21, StrZ 14; § 46 II, NachtVerh. 18; 27. 8. 1991, 5 StR 336/91; 23. 7. 1991, 1 StR 419/91; vgl. 6 zu § 21). Auch ist ein motivatorischer und zeitlicher Zusammenhang mit vorausgegangenen fehlgeschlagenen, aber rechtlich selbständigen Versuchstaten zu berücksichtigen (BGHR § 46 II WertF 22). **c)** die **Auswir-** 23 **kungen** der Tat, dh die unmittelbaren oder mittelbaren Folgen der Tatbestandsverwirklichung aber nur, soweit sie **verschuldet** sind, dh vom Täter mindestens vorausgesehen werden konnten und ihm vorzuwerfen sind (BGH **37**, 180 [m. Anm. Rudolphi JZ **91**, 572; Beulke/Schröder NStZ **91**, 393; Hohmann MDR **91**, 117; Nestler-Tremel StV **92**, 273; NStZ **85**, 453 m. Anm. Berz NStZ **86**, 86; StV **87**, 100; **91**, 64; NStE Nr. 22, 55; BGHR § 244 II StPO, Tatf. 1; 24. 7. 1990, 5 StR 218/90; 3. 6. 1992, 3 StR 154/92; M-Zipf § 63, 36; Bruns 163 u. NStrZR 50; Frisch ZStW **99**, 751; grundlegend Puppe, Spendel-FS 451), und soweit es sich um regelmäßige Tatfolgen handelt (unten 37). Das Gesetz erteilt damit der früheren Rspr. (GrSenBGH **10**, 259) eine Absage, die strafschärfend auch die Folgen verwerten wollte, die aus einer vom Täter verschuldeten Gefahrenlage erwachsen, aber in ihrer besonderen Gestaltung nicht von ihm erkannt werden konnten; die verschuldete Gefahrenlage kann allerdings strafschärfend herangezogen werden (E 1962, 182; LK 58), nicht jedoch eine wahlweise Feststellung, falls eine entsprechende wahlweise Verurteilung ausgeschlossen wäre (wistra **83**, 254). Als zu berücksichtigende Auswirkungen kommen in Betracht Tod, Körperverletzung, Gefährdung (evtl. zahlreicher Opfer, vgl. NJW **53**, 36; VRS **12**, 207; **14**, 285; **21**, 359; **22**, 274; **23**, 231), Treiben zum Selbstmord (§ 260 I Nr. 5 E 1962), psychische Schäden oder Gefährdungen zB bei Sexualdelikten (GA **58**, 213; NJW **67**, 61; 17. 5. 1989, 2 StR 16/89) oder kriminellem Journalismus (NStZ **83**, 20), ideelle (RG **69**, 241) oder materielle Schäden, vor allem, wenn sie den Verletzten in wirtschaftliche Not bringen (§ 302a II Nr. 1); bei *Verstößen gegen das BtMG* der **23a** (fahrlässig verursachte) Drogentod eines eigenverantwortlich tätig gewordenen (vgl. 19 vor § 13, 15a, 15b zu § 222) BtM-Abnehmers (1. 7. 1992, 2 StR 191/92), ferner der Heroinanteil bei Drogengemischen (MDR/H **81**, 336; StV **82**, 207; 347; **84**, 286; NStZ **83**, 322; 370; **84**, 221; 365; **85**, 221; 273; 9. 7. 1991, 1 StR 352/91; 10. 7. 1991, 2 StR 207/91; Bay 20. 9. 1990, RReg. 4 St 113/90), oder die Qualität des Haschisch (BGH **33**, 10; StV **83**, 241; **84**, 26; NJW **90**, 846; BGHR § 29 I 1 BtMG, Erw. 1; 8. 1. 1992, 5 StR 628/91; 29. 1. 1992, 5 StR 5/92; zum „THC-Gehalt" vgl. 25b vor § 52), daneben aber auch die Rauschgiftmenge (NJW **92**, 380; 14. 10. 1991, 3 StR 306/91), hingegen sind bei Kokain Angaben über den Reinheitsgehalt nicht erforderlich (StV **83**, 460; **84**, 515; vgl. aber 18. 3. 1992, 3 StR 40/92; grundlegend zu Kokainhydrochlorid [mindestens 5 gr]: BGH **33**, 133; 9. 1. 1992, 1 StR 744/91), ebensowenig bei größeren Mengen Heroins der üblichen Qualität des illegalen Rauschgifthandels (BGH **32**, 164 [m. Anm. Endriß StV **84**, 155; NStZ/K **84**, 222]; **33**, 10; vgl. ferner BGHR § 30 I 4 BtMG, ngM 1; NStZ/S **84**, 59; **85**, 57; **86**, 57; **88**, 351; NStZ/D **90**, 174; 483; **91**, 475; MDR/S **84**, 9; 971; NStZ **90**, 395), für das Maß der Schuld ist nicht allein die Höhe des Gewinns, sondern die Menge des Rauschgifts maßgebend (StV **90**, 456; 11. 6. 1991, 5 StR 178/91); ferner ist es von erheblicher Bedeutung, um das Wievielfache die nicht geringe Menge des BtM überschritten ist (23. 11. 1988, 3 StR 393/88), bei BtM-Imitaten ist auch festzustellen, um welche Stoffe und Zubereitungen es sich handelt (Frankfurt StV **91**, 110 m. Anm. Körner); der Mindestwirkstoffgehalt ist uU unter Beachtung des Zweifelssatzes zu schätzen (BGHR § 29 III 4 BtMG, Menge 5; auch ist von Bedeutung, wenn das Rauschgift sichergestellt werden konnte (9. 7. 1991, 1 StR 368/91). Bei *Steuerdelikten* ist die Höhe der Steuerverkürzung von Bedeutung (§ 370 AO, MDR/H **80**, 445); und zwar für jede Steuerart und jeden Steuerabschnitt (BGH **37**, 343; NStZ **84**, 221; wistra **84**, 181; 182; **90**, 151; BGHR § 370 I AO, BerDarst. 2; 18. 12. 1991, 5 StR 599/91; Düsseldorf JMBlNW **84**, 92); sie muß daher richtig berechnet werden (NStZ **84**, 220; Stuttgart Die Justiz **84**, 311); dabei sind zugunsten des Täters die Vorsteuern zu berücksichtigen, die er in den (unterlassenen) Umsatzsteuererklärungen hätte geltend machen können (MDR/H **85**, 981; wistra **85**, 225; Bay wistra **90**, 112; vgl. auch BGHR § 370 IV S. 3 AO, Bil. 1) und bei einer Steuerverkürzung „auf Zeit" der Verspätungsschaden (26. 9. 1978, 1 StR 293/78; Bay wistra **90**, 162, krit. hierzu Dörn wistra **91**, 10), sowie die abzusetzenden Betriebsausgaben und Werbungskosten (NStE § 370 AO Nr. 20; vgl. hierzu Blumers wistra **87**, 1), ferner die sich ertragssteuerrechtlich auf den Schuldumfang nicht auswirkenden Schwarzlohnzahlungen und nicht belegten Schmiergelder (12. 9. 1990, 3 StR 188/90). Auch im Steuerstrafverfahren ist die Schätzung der Besteuerungsgrundlagen nach § 162 AO zulässig. Über die Schätzungsmethode hat der Tatrichter selbst zu entscheiden. Sie muß in sich schlüssig und für das Revisionsgericht nachvollziehbar mitgeteilt werden (4. 2. 1992, 5 StR 655/91). Bei *verdeckten Parteispenden* (13c zu § 2) darf weder außer acht gelassen werden, daß der Spender durch die Steuerverkürzung in der Sache selbst nicht bereichert ist (sondern es ihm im wesentlichen darum ging, einen erheblichen Teil des Spendenbetrags durch Steuerabzug wieder zurückzuerhalten), noch kann der Verkürzungsbetrag selbst absolut gesetzt werden, vielmehr darf die Relation zur Steuerleistung im ganzen nicht außer Betracht bleiben (Ulsenheimer NJW **85**, 1935; H. Vogel NJW **85**, 2991; unzureichend berücksichtigt in BGH NJW **87**, 1279; vgl. Felix MDR **85**, 457; aM aber irrig AG Köln NJW **85**, 1040; Schünemann InstKonfl. **11**, 58). Die ggf mit Hilfe eines Sachverständigen zu ermittelnde (4. 9. 1979, 5 StR 491/79) Höhe einer Vermögensgefährdung darf nicht zum vollen Betrag als Vermögensschaden behandelt werden (21. 11. 1978, 1 StR 360/78). Zum Schadensbegriff bei Subventionserschleichung JZ **75**, 183 mit Anm. Tiedemann. Für die Bestimmung des Schuld*umfangs* bei jahrelangen betrügerischen Abrechnungen genügen Wahrscheinlichkeitsfeststellungen zu 99,5% im Wege von *„Hochrechnungen"* (BGH **36**, 327 m. Anm. Salditt StV **90**, 151). Auch fahrlässig herbeigeführte außertatbestandliche eines Vorsatzdelikts können herangezogen werden (LK 56; str.; enger als hier infolge zu weitgehender dogmatischer Analogien Frisch GA **72**, 321; vgl. auch Karlsruhe Die Justiz **72**, 287; SchSch 27; SK 103 ff.). Andererseits kann strafmildernd wirken, daß durch die selbstverbrauchte und sichergestellte BtM-Menge andere Personen nicht geschädigt wurden (6. 8. 1985, 4 StR 420/85), ebenso das Ausbleiben möglicher Schadensfolgen (Köln NJW **58**, 2079). Zu den Folgen, die den Täter selbst treffen (vgl. StV **81**, 124 und 2 zu § 60; ferner Ebert JZ **83**, 635;

Strafbemessung **§ 46**

zur Problematik des „kleineren Übels" bei NSG-Taten, Spendel, Bruns-FS 254).

C. Faktoren außerhalb der Tat sind a) das **Vorleben des Täters**, wobei 24 Vorstrafen oder deren Fehlen die Hauptrolle spielen; so darf bisheriger Straflosigkeit nicht jede Bedeutung abgesprochen werden (30. 4. 1982, 2 StR 209/82), sie ist nach NStZ **82**, 376 auch nicht „als selbstverständlich vorauszusetzen", sondern regelmäßig strafmildernd zu berücksichtigen (StV **83**, 237; **84**, 71; NStZ **88**, 70; hierzu Frisch GA **89**, 358), insbesondere wenn dahinter eine tadellose oder verdienstvolle Lebensführung (4. 3. 1981, 2 StR 677/80) und Berufsausbildung steht, etwa bei einem Beamten (BGH **8**, 188; GA **56**, 154; MDR/D **69**, 194; Hamburg VRS **21**, 436) oder Soldaten (dem kann aber erhöhte Verantwortlichkeit gegenüberstehen; unten 25 b); mildernd auch langjähriges und unfallfreies Fahren (KG VRS **8**, 43; vgl. auch LK 84; Frisch ZStW **99**, 770). Feststellungen zum Vorleben und zu den persönlichen Verhältnissen (25) sind daher erforderlich (NStZ/M **82**, 150; **83**, 161; 30. 10. 1990, 1 StR 488/90; 20. 11. 1990, 2 StR 440/90), gerade auch dann, wenn sich der Angeklagte zu seinen persönlichen Verhältnissen nicht äußert (StV **84**, 192, **92**, 463; NStZ/M **84**, 160; NStZ **91**, 231). Folgt beim Täter ein wenig entwickeltes Wertesystem aus Erziehungsmängeln, so kann die erzieherische Wirkung des Freiheitsentzuges eine höhere Strafe begründen (6. 3. 1991, 2 StR 632/90). Auch verjährte Taten dürfen strafschärfend berücksichtigt werden (BGHR § 46 II Vorl. 11; 13. 9. 1991, 3 StR 341/91), ebenso Taten vor der Strafmündigkeit (14. 12. 1972, 4 StR 542/72); das gilt auch für nicht strafbares, aber anstößiges früheres Verhalten (BGH **1**, 51; NJW **51**, 769; vgl. aber MDR/D **61**, 895); doch ist die **Art der Lebensführung** nur von Bedeutung, soweit sie in 24a Beziehung zur Tat steht (BGH **5**, 132; MDR/D **72**, 196; **89**, 857; 9. 3. 1990, 2 StR 577/89), und Rückschlüsse auf eine höhere Tatschuld zuläßt (NStE Nr. 50; BGHR § 46 II, Vorl. 9, 10 u. 12; StV **91**, 107; vgl. NStZ/D **89**, 468; **90**, 221; **91**, 177), und Umstände der Lebensführung ihrerseits einen Schuldvorwurf begründen (17. 10. 1979, 4 StR 549/78). Ein schlechter Ruf als solcher ist kein Strafzumessungsgrund (MDR/D **73**, 190). **Vorstrafen** wirken auch nach Aufhebung der allgemeinen Rückfallvorschrift des § 48 durch das 23. StÄG (9 vor § 56) strafschärfend (NStE Nr. 13), wenn sie einschlägig (Maurach JZ **72**, 130) sind oder erkennen lassen, daß der Täter sich über derartige Warnungen hinwegsetzt (BGH **24**, 198; JR **72**, 470 [mit zust. Anm. Koffka]; MDR/D **54**, 18; 2. 5. 1984, 2 StR 136/84; Hamm NJW **59**, 305; Stuttgart MDR **61**, 343; Celle NJW **62**, 2073; Hamburg NJW **63**, 217; KG VRS **30**, 200; aM, aber iErg. unzutr. Geiter ZRP **88**, 376; mit Recht differenzierend SK 124 ff.; Janssen ZRP **91**, 52; vgl. Horstkotte in Jehle [oben 2] 169) oder wenn sich daraus eine erhöhte Schuld des Täters und die gesteigerte Notwendigkeit ergibt, auf ihn einzuwirken (NStZ **92**, 327). Hierbei darf nicht schematisch verfahren werden (Bremen NJW **54**, 1899; Köln VRS **23**, 25). Auslandsverurteilungen dürfen uU mitberücksichtigt werden (Bay MDR **79**, 72). Wenn keine schuldhafte Mißachtung der Warnfunktion vorliegt, so erfordert § 46 ein flexibles und kritisches Vorgehen, insbesondere bei Persönlichkeitsdefekten; zum kriminalpolitischen Ansatz für eine deliktspezifische Lösung des Rückfallproblems vgl. Zipf, Tröndle-FS 446; hierzu Hettinger JZ **92**, 245. So braucht eine Strafe nicht erheblich höher zu sein als die wegen einer einschlägigen Vortat verhängte (EzSt § 352 StPO Nr. 2). Der Tatrichter hat die Vorstrafen zu erörtern (StV **84**, 151; **92**, 120 L; MDR/H **90**, 97) und im einzelnen darzutun, warum bestimmte Vorstrafen im konkreten Fall strafenschwerend wirken (vgl. MDR/D **76**, 13; Bay MDR **76**, 598, Koblenz VRS **54**, 192; **71**, 46; OLGSt. Nr. 2; Frankfurt StV **89**, 155, Düsseldorf 25. 9. 1991, 5 Ss 361/91). Die negative Bewertung weit zurückliegender Strafen bedarf der Rechtfertigung (wistra **88**, 64; StV **92**, 225), sie können ohne Bedeutung sein, vor allem wenn die neue Tat eine Fahrlässigkeit ist (BGH **5**, 130; MDR **63**, 331; Bremen NJW **57**, 355; KG VRS **30**, 200; Bruns 224). Andererseits können strafschärfend auch wirken ein Bewährungsbruch selbst im Falle einer Augenblickstat (3. 2. 1981, 1 StR 739/80); eine Tat, der ein Verfolgungshindernis entgegensteht (MDR/D **57**, 654; BGHR § 46 II Vorl. 19; 21. 2. 1992, 2 StR 620/91 mwN), eine verjährte (Bay HESt. **3**, 66; BGH 9. 2. 1960, 5 StR 580/59) oder eine amnestierte Tat (NJW **51**, 769; Hamm VRS **7**, 360) oder eine solche, hinsichtlich der der Strafmakel durch Richterspruch beseitigt (§ 100 JGG) ist (MDR/H **82**, 972), nach der fragwürdigen und umstrittenen (zutr. Kritik bei Granderath ZRP **85**, 319; vgl.

24 b LK 81) Regelung der §§ 51, 65, 66 BZRG jedoch *nicht* **getilgte oder tilgungsreife** Vorstrafen (BGH **24**, 378; StV **81**, 67; **85**, 323; BGHR § 46 I BZRG, TilgFr. 1; NJW **90**, 2264 [auch nicht als Beweisindiz]; NStZ **91**, 591 m. Anm. Kalf; 5. 3. 1992, 1 StR 56/92; Bay MDR **72**, 443; 629; StV **92**, 120 L), oder nach § 63 BZRG nach Vollendung des 24. Lebensjahres im Erziehungsregister zu entfernende Eintragungen (StV **82**, 567; 29. 5. 1991, 3 StR 164/91; NStZ/M **83**, 494). Auch hindert § 51 I BZRG an der strafschärfenden Erwägung, daß der Vollzug der getilgten Strafe nicht ausgereicht hat, um von weiteren Straftaten abzuhalten (NStZ **83**, 19; StV **90**, 348). Bei der Berechnung der Tilgungsfrist kommt es nicht auf den Tatzeitpunkt, sondern auf den Tag des ersten Urteils an (§§ 47, 36 BZRG; 29. 4. 1982, 4 StR 184/82). § 51 BZRG stellt sachliches Recht dar (BGH **25**, 85), das die Verwertung selbst der Taten ausschließt, die nach § 52 I BZRG nur für die Beurteilung des Geisteszustandes oder nach § 52 II BZRG für die Erteilung oder Entziehung der Fahrerlaubnis berücksichtigt werden dürfen (Karlsruhe VRS **55**, 284). Bei Vorverurteilungen wegen einer nicht einzutragenden Übertretung ist § 51 BZRG nicht anwendbar (Oldenburg OLGSt. 1; Bay MDR **73**, 518; Dreher JZ **72**, 620; aM Götz, 5 zu § 4; Schwarz NJW **74**, 210); das gilt auch für nichteintragungsfähige Bußgeldentscheidungen (Bay NJW **73**, 1095; 1762; Götz GA **73**, 199; aM Ganselmayer NJW **73**, 1761). Nach Bay VRS **70**, 438 darf eine noch nicht im Verkehrsstrafregister getilgte oder zu tilgende frühere verwaltungsbehördliche Entziehung der Fahrerlaubnis auch dann strafschärfend berücksichtigt werden, wenn die ihr zugrunde liegenden Ahndungen inzwischen einem Verwertungsverbot unterliegen. Strafschärfend kann auch voll eine in das Register zu übernehmende Vorstrafe verwertet werden, wenn ihre Höhe durch frühere, nicht mehr verwertbare Vorstrafen mit bestimmt war (Hamm NJW **74**, 1717). Der BGH hält auch trotz § 51 BZRG mit Recht daran fest, daß strafschärfend verwertet werden darf, wenn der Täter durch

24 c ein früheres Verfahren, das mit **Freispruch** endete (2. 5. 1973, 3 StR 54/73) oder nach §§ 153, 153a StPO **eingestellt** wurde (BGH **25**, 64; Meyer JR **73**, 292), gewarnt ist (NJW **87**, 2244; aM Köln NJW **73**, 378); allerdings müs-

Strafbemessung **§ 46**

sen Grundlagen, Umstände und Auswirkungen von Strafverfolgung und Strafverbüßung soweit geklärt sein, daß der Rückschluß auf die Warnfunktion ohne weiteres möglich ist (StV **91**, 64 L). Jedoch steht § 51 I BZRG der Verwertung einer nach § 12 II BZRG entfernten Eintragung einer Verwarnung (§ 59 b II) entgegen (BGH **28**, 340). Bedenklich ist es hingegen, ein früheres Verfahren zu berücksichtigen, das nach § 20 eingestellt wurde (8. 10. 1969, 3 StR 133/69). Hingegen zwingt Art. 6 MRK nicht zu der Unterstellung, daß der Sachverhalt einer strafbaren Handlung sich nicht zugetragen habe, bevor er rechtskräftig festgestellt ist (BGH **34**, 211 m. Anm. Gollwitzer JR **88**, 341; Frister Jura **88**, 356). Eine unschuldig erlittene UHaft oder Strafhaft darf nicht strafschärfend wirken (MDR/H **79**, 635). Zur Berücksichtigung **früherer** oder noch schwebender **Verfahren** vgl. MDR/D **54**, 151; **57**, 654; **67**, 898; **69**, 535; **75**, 195; VRS **19**, 31; Köln NJW **60**, 449; OLGSt. 17; Stuttgart NJW **61**, 1491 mit Anm. Seibert; Hamm NJW **65**, 924; Karlsruhe NJW **73**, 291; zusf zur prozessualen Seite Bruns NStZ **81**, 86; Haberstroh NStZ **84**, 291. Für schwebende Verfahren bejahen MDR/D **73**, 16; Schleswig SchlHA **76**, 165, Berücksichtigungsmöglichkeit auch noch nach Inkrafttreten des § 51 BZRG. Hingegen dürfen Taten, deretwegen das Verfahren **nach § 154 II StPO** eingestellt worden ist oder die nach § 154 a II StPO, § 37 BtMG aus der Verfolgung **ausgeschieden** sind, nicht strafschärfend berücksichtigt werden (BGH **30**, 147; MDR/H **77**, 982; **80**, 813; GA **80**, 311 m. Anm. Rieß; StV **81**, 236; NStZ **83**, 20 [m. Anm. Bruns StV **83**, 15]; hierzu Sarstedt/Hamm 427; aM Terhorst MDR **79**, 17; SchSch 33), es sei denn, daß der ausgeschiedene Tatkomplex ordnungsgemäß festgestellt (NStZ **91**, 182; 9. 4. 1991, 4 StR 138/91) und der Angeklagte auf dessen strafschärfende Berücksichtigung ausdrücklich hingewiesen wurde (BGH **30**, 148; 198; **31**, 302 [m. Anm. Terhorst JR **84**, 170]; NStZ **81**, 100; **82**, 326; **84**, 20, StV **81**, 236; **86**, 529; **87**, 133, 134 [m. Anm. Rieß]; BGHR § 154 II StPO, HinwPfl. 1; Bruns NStZ **81**, 84), oder es sich um einen nach § 154 I StPO von der StA ausgeschiedenen Tatteil handelt (BGH **30**, 165 m. Anm. Bruns StV **82**, 18 und Terhorst JR **82**, 247; hiergegen im Hinblick auf Art. 6 II MRK Vogler, Kleinknecht-FS 429; zum Ganzen Appl, Die strafschärfende Verwertung von nach §§ 154, 154 a StPO eingestellten Nebendelikten und ausgeschiedenen Tatteilen bei der Strafzumessung, 1987). 24 d

b) die **persönlichen Verhältnisse** des Täters (NStZ **81**, 299; StV **83**, 22; BGHR § 46 I SchAusgl. 28 u. § 267 III S. 1 StPO StrZ 8–10; 11. 3. 1992, 5 StR 79/92), wobei Alter (Hamm VRS **33**, 343; 344; BGH StV **90**, 303 L; **91**, 206), Geschlecht (Hamm JR **65**, 234), Schwangerschaft (Köln OLGSt. 24), Intelligenz (aber vielleicht nicht bei Affekttat, MDR/D **75**, 367), ungünstige Familienverhältnisse (19. 4. 1981, 2 StR 197/81), Unreife (NStZ **82**, 113) und *Gesundheitszustand* (MDR **53**, 147; **54**, 18; VRS **15**, 36; StV **87**, 101, 345; NStE Nr. 53; Neustadt GA **60**, 285; Bay VRS **15**, 41), *AIDS-Erkrankung* (NStE Nr. 38; NJW **91**, 763; NStZ **91**, 527; LG Nürnberg-Fürth StV **89**, 483; hierzu Dencker StV **92**, 126; Meurer [6 a zu § 223] 125), Blasenkrebs (StV **91**, 207), geringe Lebenserwartung (StV **90**, 260; NStZ/D **90**, 222), Sehschwäche (StV **87**, 530 L), sowohl für den Schuldgrad als vor allem auch für die Strafempfänglichkeit und -empfindlichkeit des Täters (dazu Henkel, Heinrich-Lange-FS 179; G. Schäfer, Tröndle-FS 398; abl. SK 121), etwa eine Haftpsychose (StV **84**, 151) eine Rolle spielen können 25

(BGH **7**, 31; MDR/D **73**, 369); so auch *Drogenabhängigkeit* (MDR/H **80**, 813; StV **81**, 401; stRspr.; Köln GA **73**, 188; vgl. 8 zu § 20; 4 zu § 21); jedoch ist bei (idR anfänglich) fehlender Therapiebereitschaft nicht schematisch vorzugehen. Eine Strafschärfung (Arbab-Zadeh NJW **78**, 2329) ist ebensowenig zwingend wie eine Milderung (Kreuzer NJW **79**, 1241). Der therapeutisch verwertbare Leidensdruck ist ein zu berücksichtigender Faktor (vgl. oben 5, 24 und 27a; 3 zu § 67). Intelligenz und spezielle Kenntnisse dürfen als persönliche Umstände nur dann strafschärfend berücksichtigt werden, wenn sich eine innere Beziehung zur Straftat erkennen läßt (NStE Nr. 71). *Charaktereigenschaften* einer psychisch erheblich gestörten Persönlichkeit (zB extreme Labilität, Lethargie, Gefühlskälte, soziale Verantwortungslosigkeit) können auch, wenn sie keinen Krankheitswert iS der §§ 20,

25a 21 haben, strafmildernd wirken (StV **86**, 198 L; NStZ **92**, 381). Die **Ausländereigenschaft** als solche darf eine Strafschärfung nicht begründen (Art. 3 III GG!, NJW **72**, 2191; MDR/D **73**, 369; DAR **81**, 190; StV **81**, 123; **87**, 20 L; **91**, 105; 557; NStZ/M **81**, 133; **82**, 150; NStZ/D **91**, 275; SK 119; Bruns 201), auch nicht mit der Begründung, daß der Ausländer das „gewährte Gastrecht mißbraucht" (13. 11. 1991, 3 StR 384/91) oder das ihm entgegengebrachte Vorurteilslosigkeit ausnutzt (MDR/H **76**, 896, zw.); uU kann sogar eine besondere Strafempfindlichkeit gegeben sein (StV **92**, 106); andererseits darf aber berücksichtigt werden, daß zB ausländische Rauschgifthändler ihre Tätigkeit ins risikoärmere Inland verlagern (MDR/D **75**, 195; NStZ **82**, 112 m. krit. Anm. Wolfslast, sowie Köhler und Hilger JZ **82**, 772, hiergegen zutr. R. Lange ZStW **95**, 609), oder wenn Täter besondere, aus der Ausländereigenschaft folgende Vorteile mißbrauchen (DAR **78**, 149). Dem Ausländer darf bei längerem Inlandsaufenthalt vorgehalten werden, daß er sich mit den inländischen Rechtsvorstellungen nicht vertraut gemacht hat (Bay NJW **64**, 364; MDR/D **73**, 728; zum Ganzen Schnorr v. Carolsfeld, Bruns-FS 286; LK 86; Krauß InstKonfl. **7**, 47; Theune StV **85**, 206; vgl. die Kontroverse Grundmann NJW **85**, 1253/ Nestler-Tremel NJW **86**, 1408; StV **86**, 83; abschließend und klärend Grundmann NJW **87**, 2129). Von erheblicher Bedeutung ist auch das Milieu; Sozialisationsschäden können mildernd wirken (Schöneborn GA **75**, 272). Doch wirkt es nicht strafmildernd, wenn der Täter der Unsitte von Materialdiebstählen am Arbeitsplatz folgt (NJW **64**, 261), oder wenn die Unterlassung der Tat nur zu bloßer Verstimmung oder Entfremdung im persönlichen oder Berufsleben geführt hätte (5. 8. 1980, 1 StR 383/80). Nur

25b vom Fall her zu entscheiden ist, inwieweit die **berufliche oder soziale Stellung,** vor allem die herausgehobene, die Strafzumessung beeinflussen kann; strafschärfend wird sie nur wirken können, wenn gerade sie für das verletzte Rechtsgut erhöhte Pflichten begründet (vgl. NJW **61**, 1591; MDR/D **66**, 22; 26; VRS **15**, 412; Braunschweig NJW **60**, 1073; Köln NJW **61**, 1593 [krit. Anm. Arndt]; NZWehrr. **65**, 89; MDR **67**, 514; Hamm NJW **56**, 1849; **57**, 1003; 1449; Frankfurt NJW **72**, 1524 [krit. Anm. Hanack NJW **73**, 2228]; Hamburg BA **77**, 428; Schleswig SchlHA **79**, 201; LK 62ff.; SK 118, 138; Bruns 193; Terhorst JR **89**, 187; Müller-Dietz, Spendel-FS 424); oder wenn zwischen Berufspflichten und Straftat eine innere Beziehung besteht (*verneinend:* MDR/H **78**, 985; NJW **87**, 2686; NStZ **88**, 175; 15. 5. 1990, 5 StR 594/89 [Polizeibeamter]; MDR/H **82**, 280; DAR **81**, 243; [RA]; NStZ **81**, 258 [amerik. Soldat in der BRep.], 24. 8. 1982, 5 StR

452/82 [Posthauptsekretär]; Hamm VRS **68**, 444 [Müllwagenfahrer]; aber dann auch nicht nur einseitig zu Lasten des Täters, VRS **56**, 191; zu der uneinheitlichen Rspr. krit. v. Gerkan MDR **63**, 269). Zu berücksichtigen ist, daß ein Beamter oder ein Zeitsoldat (BGH **32**, 79) bei einer Freiheitsstrafe von einem Jahr seine Beamtenstellung automatisch verliert (MDR/H **79**, 634; **80**, 272; NStZ **85**, 215; **81**, 342; **82**, 507; wistra **83**, 145; **87**, 329; NStE Nr. 5, 21; Köln MDR **84**, 162; NStZ/M **82**, 150; **83**, 162; 494; **84**, 161; NStZ/T **87**, 494; **88**, 305; NStZ/D **89**, 469; **90**, 221; **91**, 275; 477; **92**, 171; Terhorst JR **89**, 184; G. Schäfer, Tröndle-FS 395; krit. zu dieser Rspr. Streng NStZ **88**, 485; Bruns 253), als älterer Beamter möglicherweise Schwierigkeiten haben wird, eine neue berufliche Position aufzubauen (NStZ **92**, 230), als Ruhestandsbeamter seine Versorgungsbezüge (§ 59 BeamtVG) verliert (StV **85**, 454; **87**, 243 L; NStE Nr. 5 zu § 177); oder im ehrengerichtlichen Verfahren mit der Ausschließung aus der Anwaltschaft rechnen muß (MDR/H **86**, 794; NStZ **87**, 550), gleichgültig, ob die Strafe ausgesetzt wird oder nicht (OVG NW DÖD **80**, 255). Diese beamtenrechtlichen Folgen sind nicht erst bei der Strafzumessung, sondern schon bei der Strafrahmenwahl zu berücksichtigen (BGH **35**, 148; NStZ **92**, 230, oben 5). Indessen ist der Gedanke einer strafmildernden Berücksichtigung des Verlusts der Beamtenstellung nicht auf den Fall anzuwenden, daß eine Täterin den Beamten vorsätzlich tötet, aus dessen Rechtsverhältnis mit dem Staat sie eigene Versorgungsansprüche herleitet und diese durch die Tat verliert (§ 61 I Nr. 4 BeamtVG, MDR/H **89**, 491). Ob bei einem Straßenverkehrsdelikt mangelnde Fahrkenntnisse straferschwerend wirken (so VRS **34**, 272) oder bei der Verletzung von Fußgängerpflichten die Tatsache, daß der Fußgänger auch Kraftfahrer ist (so KG DAR **67**, 335), ist zw. Daß der Täter einen Beruf ausübt, in dem er früher Straftaten begangen hat, wirkt nicht strafschärfend (Bay NJW **64**, 1580, dazu krit. Bruns NJW **65**, 25).

c) die **wirtschaftlichen Verhältnisse,** die einmal eine Rolle für Motiv 26 und Zielsetzung spielen können (oben 18), hier aber als Verhältnisse zur Zeit der Verurteilung gemeint (MDR/D **57**, 140) und damit für die Strafempfänglichkeit (Düsseldorf NJW **65**, 1614), vor allem für die Bemessung der Geldstrafe von Bedeutung sind (NJW **69**, 1725). Doch haben sie nach dem Tagessatzsystem Bedeutung nur für die Höhe des einzelnen Tagessatzes, nicht auch für die Zahl der Tagessätze (dazu im einzelnen 2, 3 vor § 40; 5 ff. zu § 40).

d) das **Verhalten** des Täters **nach der Tat** (vgl. oben 16; Bottke 622; 27 Hertz aaO [oben 2]; Frisch ZStW **99**, 776; Bruns 239 u. NStrZR 18, 59; LK 93 ff.). **aa)** Hier nennt II S. 2 beispielhaft das **Bemühen** (hierzu 17. 3. 1981, 1 StR 814/80), den **Schaden wiedergutzumachen,** uU auch Schadensbeseitigung oder -minderung durch Dritte (Schleswig SchlHA **80**, 170; LK 98; SK 143; Bruns 239; Frehsee HdwbKrim V 391; AE-WGM; Schöch DJT C 63; Weigend GA **92**, 365; vgl. aber unten 29) oder durch andere Umstände, die ohne sein Zutun eingetreten sind (15. 5. 1985, 2 StR 65/85). Darüber hinaus gehören hierher das Bemühen des Täters, einen **Ausgleich mit dem Verletzten** zu erreichen. Das OpferschutzG (oben 1) will durch die ausdrückliche Erwähnung dieser Strafzumessungstatsache den besonderen Stellenwert des Ausgleichsgedankens und der auf Ausgleich gerichteten Initiative des Täters verdeutlichen. Wie die Wiedergutmachung des materiellen Schadens soll auch der Versuch, dem Verletzten auf andere Weise Genugtuung zu leisten, berücksichtigt werden (Ber. BT-Drs. 10/5828, 7; 10/6124, 17; hierzu Weigend NJW 87, 1176; vgl. auch Roxin, Schaffstein-Symp. 37; Dünkel ZStW 99, 84; Kondziela MSchrKrim 89, 177; Seelmann JZ 89, 670; H.J. Hirsch, Arm. Kaufmann-GedS 710 u. ZStW 102, 534; Trenczek ZRP 92, 130; Schöch u. Rössner in Jehle [oben 2] 277, 309; Dölling JZ 92, 493 u. ZStW 104, 282; SK 100ff., uU auch zum Nachteil des Täters bei unterbliebenem Täter-Opfer-Ausgleich, Hamburg NStZ 89, 226 m. Anm. Hillenkamp StV 89, 532, Weigend JR 90, 29 u. Grasnick JZ 90, 704). In Betracht kommen zudem alle Formen tätiger Reue, soweit sie nicht zur Straflosigkeit oder Strafrahmenverschiebung führen, aber auch Bitte um Verzeihung, Widerruf einer Beleidigung, Genugtuung für den Verletzten (Bay NJW 68, 1898; Köln NJW 70, 259), Rückgabe des Diebesguts (3. 2. 1983, 1 StR 697/82). Eine Selbstanzeige wirkt, wenn sie nicht zur Straffreiheit führt (§ 371 III AO), strafmildernd (30. 1. 1979, 4 StR 820/78). Zum Fehlen von Reue und Wiedergutmachungsbereitschaft unten 29. Leistet der Täter nach der Tat dem Opfer Hilfe oder kümmert er sich um die Hinterbliebenen seines Opfers, so kann das strafmildernd wirken, nicht hingegen in jedem Fall schärfend, wenn er das unterläßt (MDR/D 71, 721;

27a MDR/H 79, 806; Schleswig SchlHA 76, 165). **Therapiebereitschaft** bei Drogenabhängigkeit kann strafmildernd wirken (hierzu unten 35c), ebenso freiwillige Kastration nach einem Sexualdelikt (BGH 19, 201; vgl. auch Frankfurt GA 65, 152), während das Unterlassen eines solchen Eingriffes nicht strafschärfend verwertet werden darf (MDR/D 67, 897); nicht schon ohne weiteres kann allein die Teilnahme an einer Nachschulung (10a zu § 69; 15a zu § 69a) zu einer Strafmilderung führen (aM AG Homburg DAR 81, 230, aber zurückhaltender und ausführlicher in der Begründung BA 84, 187 m. Anm. Zabel; AG Helmstedt ZfS 88, 92; zu weitgehend

28 ferner Bode BA 84, 32). **bb)** Auch **nachträgliches Verhalten** kann **strafschärfend** wirken, wenn es entsprechende Schlüsse auf den Unrechtsgehalt *der Tat* oder die Einstellung des Täters zu ihr zuläßt (NJW 71, 1758; MDR 54, 693; DAR 81, 191; NStZ 85, 545; StV 88, 340, 5. 3. 1991, 5 StR 68/91; 11. 3. 1992, 3 StR 44/92; Saarbrücken NJW 75, 1040; NStZ/D 90, 221; Köln VM 85, 8); das ist bei einfacher, wenn auch „kaltblütiger" (StV 90, 17; 260) *Spurenbeseitigung* (MDR/H 77, 982; StV 82, 20; NStZ 85, 21; NStE Nr. 44; 9. 3. 1990, 2 StR 577/89), Verminderung des Entdeckungsrisikos (StV 91, 107), Flucht vor Strafverfolgung (MDR/H 87, 622; StV 89, 59 L), hartnäckigem Leugnen (BGH 24. 11. 1978, 2 StR 616/78) oder aufsäßigem Verhalten in der UHaft (Köln StV 84, 76) *nicht* der Fall, wohl aber in den Fällen der mitbestraften Nachtat (48ff. vor § 52), der Verhinderung einer Schadenswiedergutmachung (MDR/D 66, 559), so durch Verheimlichen der Beute (GA 75, 84; 25. 10. 1977, 1 StR 420/77), des sinnlosen Verprassens der Beute (aM MDR/D 73, 899; LK 94), im Falle der Vertauschung einer Blutprobe (Frankfurt NJW 72, 1524) oder des Nachtrunks nach einem Alkoholverkehrsdelikt (11c zu § 316). Neue Straftaten können die Tatschuld nicht beeinflussen (Saarbrücken NJW 75, 1040 mit Anm. Zipf JR 75, 470), wohl aber eine „Indizfunktion" für die abzuurteilende Tat geben (GA 86, 371) oder für die Gefährlichkeit oder die Unbelehrbarkeit des Täters Rückschlüsse liefern (MDR/D 57, 528; Karlsruhe NJW 73, 1943; Schleswig MDR 76, 1036; Koblenz OLGSt. 8; Zweibrücken GA 79, 112;

Strafbemessung

§ 46

NStZ/T **86**, 158; **87**, 165; 495). **cc)** Von praktischer Bedeutung ist das **Verhalten des Täters in seinem Prozeß,** vor allem Geständnis und Leugnen, die beide nicht schematisch behandelt, sondern auf ihre Gründe hin untersucht werden müssen (krit. Bruns 230; SK 133; Bottke 669). Zugunsten des Angeklagten kann auch berücksichtigt werden, daß er den objektiven Sachverhalt einräumt, wenn auch die Tat selbst nicht gestanden hat (21. 2. 1989, 1 StR 786/88). Ein leugnender Angeklagter kann weder **Reue** zeigen (DAR **81**, 191; 21. 2. 1986, 2 StR 733/85; wistra **88**, 303; BGHR § 56 II GesWü. unz. 6; einschränkend 6. 2. 1985, 2 StR 742/82) oder Schuldeinsicht oder Mitgefühl mit den Geschädigten, auch nicht in einer erneuten Hauptverhandlung nach rechtskräftigem Schuldspruch (StV **89**, 199), noch sich zum Schadensersatz bereiterklären oder sich um **Schadenswiedergutmachung** oder um einen Ausgleich mit dem Verletzten (oben 27a) bemühen, ohne seine Verteidigungsposition aufzugeben (StV **81**, 122; **83**, 501; NStZ **81**, 343; **82**, 418; wistra **87**, 98; 251; NStE Nr. 32; 13. 2. 1992, 4 StR 638/91; NStZ/D **90**, 222; Koblenz VRS **64**, 259; MDR/S **79**, 885; NStZ/M **81**, 134; **83**, 493 mwN; BT-Drs. 10/6124, 17); strafschärfend kann fehlende Reue nur wirken, wenn sie auf rechtsfeindliche Gesinnung hinweist (BGH **1**, 106; ausführlich NStZ **81**, 257; JR **83**, 78; StV **82**, 523; NStZ **83**, 453; NStZ/D **89**, 468; stRspr.; Köln VM **85**, 8). Dasselbe gilt, wenn der Täter besondere Maßnahmen ergriffen hatte, um sich die Beute auch für den Fall der Überführung zu sichern (GA **75**, 84; NStZ **81**, 343) oder die Wiedergutmachung zu verhindern, obwohl sie ihm nach seinen wirtschaftlichen Verhältnissen leichtgefallen wäre (Köln StV **89**, 534). Gibt ein Angeklagter den äußeren Tathergang im wesentlichen zu, beruft er sich aber auf Rechtfertigungs- (zB Notwehr, StV **82**, 223; 30. 5. 1984, 2 StR 211/84) oder Entschuldigungsgründe (30. 6. 1982, 2 StR 226/82) oder verhält er sich sonst einsichtslos (StV **81**, 122; **82**, 418; Köln MDR **81**, 69; 954; VRS **60**, 377; Schleswig SchlHA **82**, 98), so kann darin idR kein straferschwerender Starrsinn gefunden werden (BGH **3**, 199; weniger streng 14. 1. 1986, 3 StR 707/85), noch weniger im Falle des Eintretens für eine „Liberalisierung" des BtM-Strafrechts (StV **81**, 235), auch nicht, wenn er sonst auf seiner rechtsirrigen Meinung beharrt, soweit sich hieraus nicht Rechtsfeindschaft und die Gefahr künftiger Rechtsbrüche ergeben (BGH **32**, 182; 30. 7. 1985, 1 StR 340/85). Daß der Täter die **Aussage verweigert,** wenn auch nur zu einzelnen Punkten, geht nicht zu seinen Lasten (BGH **32**, 144 [m. Anm. Pelchen JR **85**, 74; vgl. Kühl JuS **86**, 118]; MDR/D **73**, 370; 14. 1. 1992, 5 StR 656/91); auch darf nicht zu Lasten des Angeklagten gehen, daß er sich „nicht zu einem vollen Geständnis durchgerungen" hat (StV **92**, 13) oder nicht durch ein Geständnis dem Tatopfer die Zeugenaussage vor Gericht erspart hat (StV **87**, 108). Andererseits ist es auch kein zulässiger Strafmilderungsgrund, wenn der leugnende Angeklagte insoweit eine „gewisse Einsicht" zeigt, als er nur hilfsweise einen Antrag zur Vernehmung eines ausländischen Zeugen für den Fall der Versagung einer Bewährungsstrafe stellt (so aber LG Berlin StV **89**, 108, mit Recht hiergegen Nestler-Tremel aaO). Keinesfalls kann anfängliches **Leugnen** einer Tat etwas für die Täterschaft einer anderen hergeben (1. 10. 1980, 2 StR 519/80). Selbst hartnäckiges Leugnen kann nur ganz ausnahmsweise zum Nachteil des Angeklagten berücksichtigt werden, wenn daraus ungünstige Schlüsse auf dessen Persönlichkeit, vor allem auf dessen Einstellung zur Tat zu ziehen sind (BGH

29

29a

29b

29c

1, 105, 342; MDR/D **53**, 272; **71**, 545; JR **55**, 392; NJW **53**, 192; **55**, 193, 1158; **61**, 85; **65**, 85; GA **61**, 172; VRS **24**, 34; StV **81**, 620; **89**, 388; NStZ **83**, 118; **85**, 545; **87**, 171; NStZ/M **83**, 493; Bay JZ **76**, 532; KG; Frankfurt OLGSt. 5, 7 zu § 267 III StPO; Düsseldorf VRS **34**, 294; Köln MDR **80**, 510; Bruns 235). Dasselbe gilt für Ausflüchte (Bay MDR **65**, 318; OLGSt. 9 zu § 267 StPO), Uneinsichtigkeit (MDR/D **66**, 894; BGHR § 46 II, Nachtatverh. 5; StV **87**, 6; stRspr.; KG VRS **18**, 59; JR **66**, 355; Koblenz OLGSt. 11; Schleswig SchlHA **78**, 181; Frankfurt StV **83**, 283 L) oder ungerechtfertigte Angriffe gegen Zeugen in der Verhandlung (MDR **80**, 241; StV **85**, 147; BGHR § 46 II, VertVerh. 1). Ähnliches gilt, wenn der bestreitende Angeklagte in der Hauptverhandlung nicht angibt, wo das veruntreute Geld hingekommen ist (13. 5. 1980, 1 StR 11/80), oder Vorstrafen zunächst ableugnet (VRS **28**, 420). Eine zur Strafschärfung berechtigende rechtsfeindliche Einstellung kann uU darin gesehen werden, daß der Angeklagte Zeugen einschüchtert, zur Falschaussage bestimmt, Dritte unberechtigt belastet (NStZ **91**, 182) oder das Prozeßergebnis unzulässig zu beeinflussen sucht (MDR **80**, 240); *nicht* jedoch zulässiges **Verteidigungsverhalten** (StV **90**, 404; **91**, 255; 12. 6. 1992, 1 StR 341/92), wenn er die Glaubwürdigkeit des Tatopfers als Zeugin bezweifelt (StV **86**, 430), eine mitleidlose Gesinnung zum Ausdruck bringt (17. 6. 1992, 1 StR 338/92) oder lediglich eine Falschaussage eines anderen nicht verhindert (29. 5. 1981, 2 StR 191/81; Bay DAR **84**, 238), fälschlicherweise behauptet, für die Tatzeit ein Alibi zu haben (28. 1. 1992, 5 StR 491/91) oder seinen Tatbeitrag (zwangsläufig auf Kosten Mitbeteiligter) herunterspielt (StV **90**, 404).

29d Ein **Geständnis** ist bedeutungslos, wenn es nur aus prozeßtaktischen Gründen abgelegt wird (NStE Nr. 70; vgl. auch NJW **54**, 1416), oder Leugnen ganz aussichtslos wäre (27. 11. 1962, 5 StR 533/62; StV **91**, 108), auch kommt ihm weniger Bedeutung zu, wenn es sich nicht auf Angaben über den Verbleib der Beute erstreckt (MDR/H **91**, 105). Zur Berücksichtigung eines Geständnisses im übrigen Schmidt-Hieber, Wassermann-FS 995; Bruns 233; zur Bedeutung des Schuldgefühls bei der Strafzumessung, Müller-Dietz, Tjong-GedS 126; Jerouschek ZStW **102**, 793. Zur Frage der Strafmilderung bei **Kronzeugen** (12a zu § 129a) Bay NJW **91**, 2579.

30 6) **Unvollständig** ist die Aufzählung bedeutsamer Zumessungstatsachen in II S. 2 (MDR/D **71**, 721; Streng 180). Der Richter hat an Hand des konkreten Falles zu prüfen, welche Umstände sonst eine Rolle zu spielen haben, bloße Verfahrensverstöße bilden aber nicht schon ohne weiteres einen Strafzumessungsgrund (NStZ **89**, 526, vgl. aber unten 35, 35e). In

31 Betracht kommen zB aber: **A. Unrechts-** oder **Schuldabstufungen** (Kern, ZStW **64**, 255), soweit nicht ohnehin eine Strafrahmenverschiebung wie bei § 21 eintritt, vor allem in den Fällen, die nahe an einen Rechtfertigungsgrund (Notwehr, rechtfertigender Notstand) oder Schuldausschließungsgrund (Notstand) grenzen oder wenn der Täter nach beendetem Versuch nicht mehr für die sichere Herbeiführung des Erfolges tätig wurde und ihn nicht mehr billigte (BGH **31**, 176 m. Anm. Küper JZ **83**, 264). Schuldabstufungen zwischen den verschiedenen Vorsatzformen anerkennt der BGH nicht, sie besagen nichts über das Ausmaß der Tatschuld (NJW **81**, 2204 [m. Anm. Bruns JR **81**, 512]; NStZ **82**, 116; MDR/H **84**, 276; 980; StV **86**, 140 L; **90**, 304; BGHR vor § 1 msF/GesWürd. 8; Düsseldorf MDR **90**, 564;

Strafbemessung **§ 46**

NStZ/M **84**, 162; Theune StV **85**, 206; mit Recht krit. zu dieser Rspr. Foth JR **85**, 398), auch kommt es für die Strafzumessung nicht darauf an, ob eine erhebliche Verminderung der Schuldfähigkeit erwiesen oder nur nicht auszuschließen ist (3. 10. 1984, 3 StR 177/84); **B. Zusammentreffen** mehrerer **32** Straftaten in Gesetzeseinheit, Tateinheit (21. 8. 1979, 1 StR 405/79) oder -mehrheit (vgl. dazu 6 zu § 54), Fälle des *Härteausgleichs,* zB in einem Verfahren wegen Raubs, wenn der Täter zuvor wegen Ansichbringens des geraubten Gegenstands rechtskräftig nach § 259 verurteilt worden ist (BGH **35**, 66), bei nicht mehr gesamtstrafenfähigen Strafen 7 zu § 55. Zur Frage der strafschärfenden Berücksichtigung der Vorbereitung einer Vorsatztat im Zusammenhang mit einem Fahrlässigkeitsdelikt (Bay NStZ **82**, 288 m. Anm. Bruns). **C.** Die **Persönlichkeit des Opfers** (vgl. Bay NJW **54**, **33** 1211), die schärfend (Betrug an mitteloser alter Frau; Körperverletzung an einem Schwerkriegsbeschädigten; vgl. Karlsruhe Die Justiz **72**, 287; Vertrauensbruch gegenüber hilfloser Ausländerin, MDR/D **73**, 554) oder mildernd (Vergewaltigung einer Dirne, die sich zunächst bereit zeigt; vgl. aber MDR/D **71**, 895) ins Gewicht fallen kann; vgl. hierzu das Opferverhalten im Falle StV **86**, 149 und die Anm. Hillenkamp aaO; ferner NStE Nr. 24; auch bei Reizung oder Verführung durch das Opfer; vgl. auch RG **50**, 41; zum Ganzen Hillenkamp, Vorsatztat und Opferverhalten, 1981, 211 ff. Bei Tötungsdelikten spielt das Alter des Opfers keine Rolle (15. 2. 1984, 2 StR 347/83; Bay NJW **74**, 250), es sei denn in Ausnahmefällen (Schroeder NJW **74**, 250) oder im Rahmen seiner gesamten sozialen Stellung (Frankfurt JR **80**, 76 m. Anm. Bruns; zum Ganzen Ebert JZ **83**, 640). Hat der Täter zufolge einer Persönlichkeitsstörung eine ambivalente Beziehung zum Tatopfer, so kann das uU schuldmindernd wirken (NStE Nr. 77); **D. Mitver-** **34** **schulden** anderer ganz allgemein (MDR/H **79**, 986; Bruns 139 u. NStZR 52), vor allem bei Verkehrsstraftaten (BGH **3**, 220; VRS **16**, 131; **19**, 108; **21**, 359; **24**, 368; **29**, 277; Hamm VRS **24**, 231; **60**, 32; Bay VRS **55**, 269 [Nichtanlegen eines Gurts]; Martin DAR **60**, 69; Maiwald JuS **89**, 110); aber auch Verfahrensverstöße bei der Vernehmung oder Vereidigung (27 zu § 154; LK 42); insbesondere auch die Mitwirkung eines agent provocateur (StV **88**, 60, 295; BGHR § 46 I V-Mann 1; 8 zu § 26). Auch bloße Mitverursachung, etwa durch schuldunfähige Kinder, kommt in Betracht (VRS **17**, 421; **18**, 123; 209; Hamm VRS **25**, 446). Auch eine nicht rechtfertigende Einwilligung kann sich als Mitverschulden auswirken (vgl. MDR/ D **69**, 194; Geppert ZStW **83**, 1000). Auch ein übles Verhalten des Opfers nach der Tat kann eine Rolle spielen (vgl. Karlsruhe MDR **73**, 240). Zum Ganzen: Hillenkamp, Vorsatztat und Opferverhalten, 1981; Ebert JZ **83**, 639; Frisch ZStW **99**, 758; **E.** Die mit einer langen **Verfahrensdauer** ver- **35** bundenen nachteiligen Einwirkungen auf den Angeklagten, und davon unabhängig (StV **90**, 17) eine Art. 6 MRK verletzende Verfahrensverzögerung (hierzu Ulsamer, Faller-FS 373), die den Verurteilten psychisch belastet hat (BGH **24**, 239; GA **77**, 275; StV **82**, 267; NStZ **82**, 291; **83**, 135; 167; **84**, 18; **87**, 232; **92**, 78 [m. Anm. Scheffler]; MDR/H **84**, 89; NJW **86**, 76; 333; **90**, 56; wistra **89**, 22; **92**, 66; **92**, 257; 11. 6. 1991, 1 StR 267/91; 7. 7. 1992, 5 StR 284/92; NStZ/D **90**, 221; **91**, 477; **92**, 171; vgl. BVerfG NJW **84**, 967; NStZ/M **83**, 494; **84**, 161; Schroth NJW **90**, 30; SK 146), oder durch Zurückverweisungen entstandenen Verfahrensverzögerungen, denen im Arbeitsleben stehende und sozialintegrierte Angeklagte ausgesetzt waren (StV **85**, 322); längerer Zeitablauf seit der Tat (NStZ **86**, 217; StV **88**, 295; Karlsruhe GA **73**, 185; Düsseldorf wistra **88**, 120; zB in NSG-Sachen NStZ **89**, 239). Eine überlange Verfahrensdauer, die der Angeklagte nicht zu vertreten hat, ist trotz rechtsfehlerfreier Urteile 1. und 2. Instanz von Amts wegen zu berücksichtigen (Bay wistra **89**, 318) und kann, da das *Beschleunigungsgebot* nicht nur dem Angeklagten, sondern auch dem öffentlichen Interesse dient (BGH **35**, 139; NStZ **92**, 229) in extremen Fällen zu einem Verfahrenshindernis führen (grds. abl. NStZ **89**, 284; 4. 6. 1991, 5 StR 192/91), uU auch eine Verfahrenseinstellung nach § 153 StPO gebieten (BGH **35**, 149; NJW **90**, 1000) oder eine solche nach § 154 StPO nahelegen (BVerfG NStZ **84**, 128; Hillenkamp NJW **89**, 2842, 2845; abl. jedoch 6. 5. 1986, 5 StR 92/86) oder nach LG Köln (NStE Nr. 7 zu § 249) zur Annahme eines minder schweren Falles führen; es ist bei der Strafrahmenwahl und der Strafzumessung auch mildernd zu berücksichtigen, daß die Verfahrensverzögerung (7 Jahre) allein darauf zurückzuführen ist, daß das Gericht auf Bitten des Angeklagten die Entscheidung des Verfassungsgerichts über seine Verfassungsbeschwerde abgewartet hat (NStZ **92**, 229; Streng 181). Im übrigen kann die Strafzumessung von *verfahrensrechtlichen Vorgängen* nur beeinflußt werden, wenn diese Vorgänge mit der Tat selbst zusammenhängen oder strafähnliche Auswirkungen haben oder wenn es geboten ist, Verletzungen der MRK durch Strafmilderung auszugleichen (NStZ **89**, 526; 26. 5. 1992, 1 StR 131/92). *Schrifttum: Scheffler,* Die überlange Dauer von Strafverfahren, 1991 u. JZ **92**, 131 (zum *Schmücker-Urteil* d. LG Berlin JZ

35a **92**, 159 u. StV **91**, 371). **F.** Auch eine „**Vorverurteilung**" durch die Medien gefährdet ein unbefangenes Judizieren und ist Übelszufügung, die zu berücksichtigen ist (NJW **90**, 195; NStZ/D **90**, 222; Hassemer NJW **85**, 1928; Hillenkamp NJW **89**, 2844, 2849; Roxin NStZ **91**, 153). **G.** Zu Besonderheiten bei Taten mit **Auslandsbeziehungen** Schnorr v. Carolsfeld, Bruns-FS 271. Eine harte Auslieferungshaft in ausländischen Gefängnissen ist bei der Strafzumessung zusätzlich zu berücksichtigen (30. 11. 1982, 5 StR 760/82), ebenso eine Doppelbestrafung oder Mehrfachverfolgung im Ausland

35b (NStZ **83**, 408), auch wenn sie erst droht (StV **92**, 156). **H.** Eine gesetzliche **Kann-Milderung** enthält § 31 BtMG für Fälle einer erweiterten tätigen Reue (BGH **33**, 80 [m. Anm. Körner MDR **85**, 687]; NJW **89**, 1043; NStZ **83**, 323; 416; **84**, 28; 319; 414; **86**, 227; **88**, 505 [m. Anm. Körner]; StV **84**, 75; 287; **85**, 14; **86**, 63; 435; 436; **88**, 388; **89**, 392; **90**, 551; **91**, 66; 262; vgl. MDR/H **84**, 91; **88**, 629; MDR **85**, 244; BGHR § 31, 1 BtMG, Aufd. 5; 10; Tat 1; NStZ **92**, 389 (Mittäter); 21. 5. 1992, 1 StR 255/92; Düsseldorf StV **83**, 27; 153; **84**, 204; Hamm NStZ **84**, 80; Köln StV **84**, 206; NJW **86**, 2896; NStZ/S **84**, 61; **85**, 60; **86**, 57; **88**, 353; **89**, 316; **90**, 375; **92**, 325; Körner StV **84**, 217; JR **85**, 427; MDR/S **84**, 7; 972; **85**, 970; **86**, 970; **87**, 970; **89**, 1035; **90**, 1078; **91**, 1113; Weider NStZ **84**, 391; **85**, 481; NStZ/T **88**, 306; vgl. auch Hillenkamp, Schaffstein-Symp. 81); die Milderung nach § 31 BtMG kann darin bestehen, daß die Strafe § 29 I BtMG entnommen wird, obwohl des Regelbeispiel des § 29 III Nr. 4 BtMG vorliegt (MDR/H **89**, 113), auch wenn die Voraussetzungen des § 31 BtMG nicht vorliegen, kann die Aufklärungsbereitschaft des Täters bei der Strafzumessung berücksichtigt werden (StV **87**, 487; **90**, 455 L, NStZ **89**, 580 m. Anm. Weider). § 31 BtMG ist auch nach Widerruf belastender Angaben anwendbar, wenn der Aufklä-

35c rungserfolg erhalten bleibt (MDR/H **90**, 678). **I. In den agent-provoca-**

Strafbemessung **§ 46**

teur-Fällen (8 zu § 26; StV **83**, 148; NStZ **85**, 415; **89**, 526; NStE Nr. 26; wistra **90**, 64; Seelmann ZStW **95**, 819; KG NJW **82**, 838), ist je nach Sachlage, insbesondere wenn sich der V-Mann der Mittel einer strafbaren Handlung bedient hat (StV **91**, 460), zumal auch § 31 BtMG idR nicht eingreifen kann, zu berücksichtigen, daß der im staatlichen Auftrag Provozierte dem öffentlichen Interesse durch die Verbrechensaufklärung und -bekämpfung dienstbar gemacht wurde (NJW **86**, 75; StV **87**, 435 [m. Anm. Endriß NStZ **88**, 551]; NStZ/D **90**, 221; 20. 7. 1990, 2 StR 178/90), es ist ferner die Art und Intensität der Einwirkung auf den Provozierten durch den V-Mann zu berücksichtigen, insbesondere ob er unabhängig vom V-Mann tatentschlossen war (vgl. NStZ **92**, 276) oder bereits Tatverdacht gegen ihn bestand (NStZ **92**, 192), stets muß sich aber der Tatrichter auch in diesen Fällen bei der Beurteilung der Tatschuld an den Schuldgrundsatz halten und darf bei der Strafrahmenbestimmung und der Strafzumessung ieS die „sonst schuldangemessene Strafe" nicht unterschreiten (aM BGH NStZ **86**, 162; zurückhaltender jedoch 25. 2. 1986, 1 StR 599/85; vgl. Hillenkamp NJW **89**, 2844, 2848; SK 147). **K.** In den Fällen des **Vorwegvollzugs der Strafe** (§ 67 **35d** II, dort 3) ist zu berücksichtigen, daß sich hierdurch die Gesamtzeit der Freiheitsentziehung verlängert (NStZ **85**, 91; NJW **86**, 143; oben 7). **L.** Auch **35e** **richterliche Verstöße gegen Belehrungspflichten** können strafmildernd wirken (27 zu § 154; NStZ **89**, 596; MDR/S **89**, 1036), auch die nicht eingehaltene „Zusage" der StA, eine bestimmte Straftat nicht zu verfolgen (NJW **90**, 1925), *nicht* jedoch ein (angebliches) „Mitverschulden der Justiz", wenn ein schnell rückfälliger Vorbestrafter die vorausgegangene – juristisch fragwürdige – Strafaussetzung zur Bewährung falsch deutet (BGHR § 46 II, WertFehl. 13; NStZ/D **90**, 222). **M.** Für die Beseitigung **unvertretbarer** **35f** **Härten** bei **in der** ehem. **DDR rechtskräftig verhängten Strafen** sind im EV eine Sonderregelung (Anl. I Kap. III Sg. A Abschn. III Nr. 14a) und besondere Vorschriften über die Kassation (Vereinbarung vom 18. 9. 1990 [BGBl. II 1239] Art. 4 Nr. 2) vorgesehen (BGH **38**, 91; 18 aE zu § 51). Auch ist bei Verurteilungen durch Gerichte der DDR vor Herbst 1989 damit zu rechnen, daß sie sich auf Taten beziehen, die nicht mehr mit Strafe bedroht sind und dies im BZR nach § 64a BZRG idF des EV nicht ohne weiteres ersichtlich ist (BGH **38**, 73; 1. 10. 1991, 5 StR 431/91; 1. 10. 1991, 5 StR 439/91; 6. 11. 1991, 5 StR 324/91; 6. 3. 1992, 2 StR 551/91; 13. 5. 1992, 5 StR 184/92). Das ist insbesondere zu beachten, wenn nicht auszuschließen ist, daß die Strafen der DDR-Gerichte – vor allem bei jungen Tätern – unangemessen hoch waren und eine schädliche Wirkung auf die Entwicklung des Täters gehabt haben (BGH aaO). Jedoch bedeutet das nicht, daß solche Verurteilungen bei der Strafzumessung nicht berücksichtigt werden dürften, es ist nur deren besondere Herkunft zu beachten (25. 2. 1992, 1 StR 798/91), sowie ein besonders harter Vollzug (NStZ **92**, 327). Auch ist bei Straftaten nach § 99, soweit sie von hauptamtlichen Mitarbeitern der Geheimdienste der ehem. DDR begangen worden sind, bei der Strafzumessung zu berücksichtigen, daß die Täter eine zur Tatzeit legitime, vom damaligen Staat erlaubte, sogar verlangte Tätigkeit ausgeübt haben (NJW **91**, 932, insoweit zust. Simma/Volk NJW **91**, 873).

7) Abzuwägen hat das Gericht die Strafzumessungstatsachen. Dieser **36** 4. Phase des Strafzumessungsaktes (oben 7) muß nicht nur die Ermittlung

§ 46

der schuld- und präventionsrelevanten Fakten, sondern auch ihre **positive oder negative Bewertung** vorausgehen, dh die Festlegung, ob sie mildernd oder schärfend zu werten sind. Erst **nach der** (in *isolierter* Betrachtung der heterogenen Umstände vorgenommenen) **Bestimmung der Bewertungsrichtung** aller relevanten Umstände können diese gegeneinander **abgewogen** werden. Die vorbewerteten, dh in die Kategorien der schärfenden oder mildernden Umstände aufgeteilten Strafzumessungstatsachen sind also nicht verfrüht in einer nicht nachprüfbaren „Gesamtbetrachtung", sondern erst nach Festlegung der schärfenden oder mildernden Wirkung in ihrer Bedeutung und ihrem Gewicht gegeneinander abzuwägen (BGH **4**, 9; **8**, 189; NJW **60**, 1869; **64**, 261; GA **79**, 59; StV **81**, 169; **84**, 22; **88**, 249; wistra **83**, 145; NStE Nr. 24; Koblenz VRS **56**, 339); Frisch (GA **89**, 346) fordert, um eine Bewertung „schärfend" oder „mildernd" vornehmen zu können, hierfür einen exakten Bezugspunkt und geht als „Einstiegstelle vom Topos des „Regeltatbildes" aus (aaO 361). Derselbe Umstand darf nicht zugleich mildernd und schärfend berücksichtigt werden (MDR/H **78**, 459; StV **87**, 62). Fiktive Erwägungen über hypothetisch erdachte Umstände bleiben schon bei der Feststellung der Bewertungsrichtung außer Betracht, weil die Strafe nicht an einem hypothetischen Sachverhalt zugemessen werden darf (GrSenBGH **34**, 350 m. Anm. Bruns NStZ **87**, 451 u. JR **87**, 89 mwN; Grasnick JZ **88**, 157; Günther, Göppinger-FS 459; Schäfer StrZ 469). Unberücksichtigt bei der Abwägung bleiben auch zumessungsrelevante Umstände (so zB Unehelichkeit des getöteten Kindes, NStZ **81**, 60), die nicht die Bewertungsschwelle zur Strafmilderung (-schärfung) überschritten haben. Das Ergebnis der Vorbewertung hängt bei ambivalenten Zumessungsfaktoren von den Umständen des Einzelfalles ab (GrSenBGH **34**, 349; krit. Frisch GA **89**, 340); denn die Bewertung muß Aufschluß darüber geben, weshalb es sich bei *dieser* konkreten Tat und gerade bei *dieser* Täterpersönlichkeit um einen belastend oder entlastend wirkenden Umstand handelt. Der früher in stRspr. praktizierte Rechtssatz

36a (Nachw. 43. Aufl.), daß **das bloße Fehlen eines Strafmilderungsgrundes** bei der Festlegung der Bewertungsrichtung nicht schärfend und umgekehrt das bloße Fehlen eines Schärfungsgrundes nicht mildernd bewertet werden dürfe, hat keine Anerkennung als ausnahmslos geltender Rechtssatz gefunden (GrSenBGH aaO). So entscheidet sich zB die Frage, ob die wirtschaftlichen Verhältnisse zumessungserheblich und strafschärfend zu bewerten sind, nach den Verhältnissen des Einzelfalles (GrSenBGH **34**, 350 [m. Anm. Bruns NStZ **87**, 451]; 13. 2. 1992, 4 StR 638/91). Dabei kann der Richter nicht von einem „Normalfall" ausgehen (GrSenBGH aaO; aM Theune StV **85**, 162, 168, 205; hierzu krit. Grasnick JZ **88**, 158; Frisch GA **89**, 366; Weigend UniKöln-FS 581; Streng NStZ **89**, 393). Daraus folgt, daß a) ein Umstand, der weder entlastet noch belastet, für die Abwägung keine Rolle spielt, b) umgekehrt alles, was in die Abwägung als Zumessungsfaktor eingeht, vorher entweder als strafmildernd oder strafschärfend festgelegt sein muß, c) *allein* deshalb, weil sich zB in die Waagschale der Milderungsgründe kein ihr Gewicht erhöhender Umstand legen läßt, noch kein gegen den Täter sprechender Umstand vorliegt, der in die Waagschale der Strafschärfungsgründe zu legen wäre. Für die Bestimmung der Bewertungsrichtung ist dieser Umstand unbrauchbar. Unzulässig ist daher eine stereotype oder floskelhafte Verwendung

Strafbemessung **§ 46**

des Rechtssatzes, weil in der Aussage, daß ein bestimmter Umstand nicht gegeben ist, mehr als die Feststellung des bloßen Fehlens nicht zum Ausdruck kommt. Hat zB das Nichtvorliegen einer finanziellen Notlage keine Relevanz für die Tat, so wäre eine strafschärfende Berücksichtigung rechtsfehlerhaft (20. 4. 1989, 2 StR 143/89; Frisch GA **89**, 368; vgl. auch StV **91**, 64 L). Charakterisiert der Umstand der fehlenden Geldnot aber gerade diese Tat als besonders verwerflich, so eignet er sich durchaus zur Strafschärfung, so zB bei einem Vermögensdelikt iwS, wenn der Umstand zeigt, daß aus Motiven heraus gehandelt wurde, für die in Anbetracht der wirtschaftlichen Verhältnisse kein Verständnis aufgebracht werden kann (vgl. NStZ **87**, 550; Grasnick JZ **88**, 157; Frisch aaO). Es können unter den verschiedenen Umständen Wechselwirkungen entstehen und andere Umstände, zB Bedürfnisse Dritter, die auf den Täter angewiesen sind, bedeutsam werden (GrSenBGH **34**, 352). Tatrichter werden darauf zu achten haben, ob die in negativer Form umschriebenen Verhältnisse oder Zustände einen realen Bezug zu dem Lebenssachverhalt haben, wie er sich tatsächlich abgespielt hat (ausführlich hierzu Bruns JR **87**, 89 u. NStZ **87**, 451; NStZ/T **88**, 172; vgl. auch Frisch ZStW **99**, 792; Günther JZ **89**, 1028). **Strafen nach Taxe** dürfen nicht verhängt werden (DAR **63**, 187; Bay DAR **79**, 236; Hamburg NJW **63**, 2387; Hamm MDR **64**, 254; Köln NJW **66**, 895; Scherer DAR **80**, 108). Das muß im Urteil deutlich werden (vgl. Dreher, Über die gerechte Strafe, 143). Vor allem aber soll die Abwägung zum entscheidenden Akt der Strafzumessung, die gerechte Einordnung in den Strafrahmen führen (vgl. BGH **3**, 119). Empfehlungen von Institutionen wie etwa des VGT, bei bestimmten Taten mit mittlerer Schuld bestimmte Strafe zu verhängen, können nur als Vergleichsmaterial von Interesse sein (dazu 4 zu § 40; krit. Jagusch NJW **70**, 401; 1865; gegen ihn Händel, Middendorff, Seib, Tröndle, BA **70**, 206; 284; **71**, 18; 26; 73; Seebald GA **74**, 197; Bruns 293; krit. zu Richtsätzen der Finanzverwaltungen Blumers wistra **87**, 5). Die unterschiedliche **Strafpraxis anderer Gerichte** allein gibt zu einer Anpassung nicht ohne weiteres Anlaß, es kommt in diesem Zusammenhang nicht auf die Rechtsgleichheit, sondern auf die „Rechtsrichtigkeit" an (BGH **28**, 324; ferner MDR **79**, 886; 11. 8. 1981, 1 StR 357/81; Bruns JR **79**, 355; vgl. oben 4 aE).

8) Das in III aufgestellte **Verbot der Doppelverwertung von Strafzu-** 37 **messungstatsachen** (BGH **37**, 154 m. Anm. Grasnick JZ **91**, 933; Bruns 132; Hettinger, Das Doppelverwertungsverbot bei strafrahmenbildenden Umständen, 1982; Timpe 32 ff.; sLSK 18; Theune StV **85**, 205; NStZ **87**, 163; NStZ/D **91**, 477; **92**, 171) bedeutet **a)** daß die **Merkmale des Tatbestandes** (sowie die *regelmäßigen Tatfolgen,* StV **87**, 146), die schon bei der Bestimmung des gesetzlichen Strafrahmens als maßgeblich verwertet worden sind und sich somit bereits in der konkreten Strafe auswirken (vgl. aber 38 a), nicht nochmals bei der Strafzumessung berücksichtigt werden dürfen. **Beispiele:** Bei § 125 nicht schon die aufrührerischen Reden und die sie begleitenden und dem Täter zurechenbaren Umtände, sondern nur darüber hinausgehende Belastungsfaktoren (22. 1. 1992, 3 StR 440/91); bei § **142** das Sich-entziehen-wollen der BAK-Feststellung (Düsseldorf VRS **69**, 282) oder das Vorrang-einräumen des persönlichen Interesses gegenüber dem des Geschädigten (Bay DAR **84**, 238); bei § **146** das Eigengewicht der sich

36 b

gegen die Sicherheit und Funktionsfähigkeit des Geldverkehrs richtenden Tat (BGHR § 46 III Geldfälsch. 1; StV **88**, 341 L); bei §§ **153 ff.** das Angewiesensein des Gerichts auf wahre Aussagen (BGH **8**, 309; MDR **53**, 148; NJW **62**, 1307; Düsseldorf NJW **85**, 276), die bedenkenlose Falschaussage (NStE Nr. 45); bei §§ **173, 174** der Vertrauensmißbrauch (MDR/D **71**, 362), das Freihalten von Kindern vor sexuellen Übergriffen (StV **91**, 207 L), das bedenkenlose Hinwegsetzen über das sexuelle Selbstbetimmungsrecht des Tatopfers (19. 10. 1990, 3 StR 327/90), Sexualstraftaten gegenüber der Schwester (24. 7. 1990, 5 StR 218/90) oder das Verhältnis von Lehrer und Schüler (aM MDR/D **67**, 13), sowie das Nicht-Errichten einer Hemmschwelle gegen sexuelle Kontakte zwischen Verwandten (NStE Nr. 49); bei § **176** das Hinterlassen von Spuren in der Entwicklung des mißbrauchten Mädchens (StV **87**, 146); bei §§ **177, 178** die „rabiate und brutale" Vorgehensweise beim Geschlechtsverkehr (BGHR § 46 III Vergewalt. 3), das gewaltsame und grobe Vorgehen gegen eine hilflose Frau (StV **87**, 195), das Nicht-Verhindern gewaltsamer Vornahme von sexuellen Handlungen (NStE Nr. 49), das Verbringen des Opfers in eine demütigende Lage (6. 8. 1978, 4 StR 262/78); jedoch kann der ungeschützte gewaltsame Geschlechtsverkehr bis zum Samenerguß strafschärfend berücksichtigt werden (BGH **37**, 157 m. Anm. Neumann/Weßlau StV **91**, 256; Grasnick JZ **91**, 933; die abw. Meinung NStZ **85**, 215 ist aufgegeben), indessen hängt dies im Einzelfall davon ab, ob dem Täter aus der Art der Tatausführung ein erhöhter Schuldvorwurf unter dem Gesichtspunkt der Gefahr unerwünschter Zeugung oder einer HIV-Infektion gemacht werden kann (BGHR § 177 II StrZ); hieran kann es fehlen, wenn der Täter aufgrund der engen Vertrautheit mit dem Opfer davon ausgegangen ist, daß es selbst Vorkehrungen gegen eine unerwünschte Schwangerschaft getroffen hat und der Geschlechtsverkehr im vorausgegangenen Liebesverhältnis ungeschützt vollzogen worden ist (2. 10. 1991, 3 StR 382/91); bei § **181a** die „sittlich negative Ausprägung" der Tat (NJW **87**, 2686); bei § **211** die niedrigen Beweggründe, die Habgier (23. 6. 1982, 2 StR 329/82), die Heimtücke (BGHR § 21, StRahmV 18), der direkte Vorsatz beim Mord (NStZ **84**, 116; BGHR § 46 III TötVors. 3, was die Berücksichtigung der Umstände des Einzelfalls aber nicht ausschließt: MDR/H **92**, 633) oder beim Verdeckungsmord das bedenkenlose Auslöschen des Lebens, um sich einer geringen Strafe zu entziehen (BGHR § 46 II, WertFehl. 10); bei § **212** die hohe Risikobereitschaft (20. 3. 1981, 3 StR 82/81), der Einsatz einer Schußwaffe (MDR/D **72**, 923; 16. 9. 1980, 2 StR 496/80), eines Messers (15. 4. 1983, 2 StR 55/83) oder massiver Gewalt (StV **84**, 152; NStZ **84**, 357; **89**, 318) oder der Hinweis, daß das Opfer „nicht mehr leben sollte" (31. 10. 1978, 5 StR 586/78), das gewaltsame Vorgehen (12. 9. 1980, 2 StR 500/80) oder der „große Vernichtungswille" (4. 11. 1980, 5 StR 549/80; NStE Nr. 41), die „besonders intensive" Tötungshandlung, wenn nicht mehr Gewalt angewendet wurde als für den Tötungsakt erforderlich war (StV **88**, 202), die Gefühlskälte eines Täters, der seine innere Einstellung nicht offenbart hatte (7. 2. 1986, 2 StR 748/85), das Überschreiten der Hemmschwelle (NStE Nr. 16), das Dem-Schicksal-überlassen des Opfers im Bewußtsein lebensgefährlicher Verletzungsfolgen (NStE Nr. 8); bei § **217** der vorausgegangene außereheliche Verkehr (GA **73**, 26); bei § **222** der Tod eines Menschen (Hamm VRS **60**, 32); bei § **223 b** die rohe Mißhandlung (25. 4. 1984, 3 StR

Strafbemessung **§ 46**

129/84); bei § 224 die Sterilisierung als eine die körperliche Unversehrtheit und die seelische Verfassung einer Frau zutiefst berührende Maßnahme (29. 6. 1977, 2 StR 196/87); bei § 225 die Gefährlichkeit der Tat (4. 7. 1979, 3 StR 195/79) oder deren Schwere (2. 12. 1980, 1 StR 610/80); bei § 226 die das Leben gefährdende Behandlung (StV **81**, 179); bei § 249 die Gewaltanwendung (1. 8. 1990, 2 StR 239/90), das Mittun um des materiellen Vorteils willen (27. 5. 1981, 3 StR 141/81), die niedrige Gesinnung (MDR/D **71**, 15); bei § 250 die gefahrdrohende Wirkung, die Gefährlichkeit der Waffe (10. 5. 1991, 2 StR 157/91) oder das Mitsichführen der Waffe (StV **82**, 71 [hierzu Hettinger JZ **82**, 851]; 417 L) oder der Einsatz einer Scheinwaffe bei I Nr. 2 (StV **86**, 342 L; 12. 2. 1986, 2 StR 27/86), tatbestandstypische Wirkungen auf das Tatopfer („Versetzen in Todesangst": 12. 3. 1990, 5 StR 51/91; 3. 7. 1991, 5 StR 272/91). Bei § 253 die egoistischen Beweggründe und das hemmungslose Vorgehen (MDR/D **76**, 14; wistra **82**, 65), profihafte kaltblütige Tatausführung (StV **91**, 107 zw.); bei § 260 der Hinweis auf Absatzmöglichkeiten (StV **82**, 567; 23. 5. 1984, 2 StR 276/84), die Tatsache, daß der gewerbsmäßige Hehler den Dieb zu weiteren Straftaten ermuntert (NJW **67**, 2416); bei § 266 das Handeln gegen das wirtschaftliche Interesse des Opfers (1. 3. 1978, 3 StR 35/78) oder den Schadenseintritt als solchen (MDR/D **72**, 923); bei § 283 (I Nr. 2) das Anschaffen eines Luxuswagens trotz wirtschaftlicher Schwierigkeiten (21. 6. 1978, 2 StR 165/78) und (bei I Nr. 7b) die fehlende Bilanz (Stuttgart NStZ **87**, 461); bei § 306 die Gefahr für die Allgemeinheit (StV **82**, 221); bei § 316 das „unnötige" Fahren im alkoholisierten Zustand (MDR/H **78**, 985); bei § 323a das vorsätzliche Herbeiführen eines Rauschzustandes (BGHR § 46 III, Vollr. 1) oder die hohe BAK (MDR/D **75**, 541; Bay DAR **81**, 243; **84**, 238), die vom Rausch ausgehende Gefährlichkeit (NStZ/M **84**, 495; Bruns, Lackner-FS 447); bei § 356 das Interesse der Öffentlichkeit an einer sauberen Rechtspflege (29. 3. 1966, 1 StR 549/65); bei § 370 AO das mangelnde soziale Bewußtsein (11. 5. 1982, 5 StR 181/82); bei §§ 95, 96 **AMG** die besondere Gefährlichkeit bei unerlaubter Abgabe verschreibungspflichtiger Arzneien (NStZ **82**, 113, 463); bei §§ 29, 30 **BtMG** die gewinnsüchtigen Motive oder das Sichbereichern am Unglück anderer (MDR/H **77**, 808; GA **79**, 27; NStZ **82**, 205; StV **81**, 72, 123; **82**, 417; **85**, 102; Koblenz StV **83**, 507 L; jedoch *verbietet III nicht* die Berücksichtigung des durch die Tat verursachten Drogentods eines BtM-Abnehmers: NStZ **92**, 489), das Handeltreiben als solches (15. 3. 1984, 1 StR 81/84; vgl. NStZ/S **82**, 65; **89**, 315), das eigennützige Handeln (29. 7. 1986, 1 StR 353/86; grundsätzlich hierzu NJW **80**, 1344; weit. Nachw. MDR/S **74**, 884; **80**, 971; **82**, 884; NStZ/K **81**, 18; NStZ/M **83**, 164; **84**, 495; NStZ/Mü **85**, 161; NStZ/T **86**, 496); bei Taten nach dem **WaffG** die Gefährlichkeit der Waffe (StV **91**, 558); bei **Versuchstaten** das Zu-Ende-führen-wollen der Tat (NStZ **83**, 364), das Nichtzurücktreten vom Versuch (NStZ **83**, 217), das Schaffen notwendiger Voraussetzungen für die Tat (es sei denn, daß gerade hierdurch weiteres Unrecht begangen wird, 19. 10. 1983, 2 StR 519/83), ferner die strafschärfende Berücksichtigung, daß die Einsichtsfähigkeit des Täters voll erhalten geblieben ist (StV **91**, 557 L). Im Falle des **Handelns mit anderen** darf dem Gehilfen wegen § 27 II die Gehilfeneigenschaft nicht zugute gehalten werden, wohl aber darf einem (Mit-)Täter angelastet werden, daß er sich noch eines Gehilfen bediente; Mittäterschaft (§ 25 II) ist per se kein

Strafschärfungsgrund (vgl. MDR/H 82, 101; BGHR § 46 III Beih. 2), wohl aber kann eine strafzumessungsrechtlich zu berücksichtigende Erschwerung gerade im Zusammenwirken liegen. **Als Zumessungsgesichtspunkte, die nicht zum Tatbestand gehören, kommen hingegen nach II „namentlich in Betracht":** Bei § 142 die Schadenshöhe (Bay DAR 83, 248); bei § 223a die erhebliche Beeinträchtigung des Opfers und dessen langer Krankenhausaufenthalt (30. 5. 1984, 2 StR 211/84), das die Modalität der Tatausführung kennzeichnende Würgen (NStZ 88, 310), die Hartnäckigkeit des Vorgehens (NStE Nr. 40), die Folgen der Tat auf die menschliche Umgebung des Opfers (28. 8. 1984, 1 StR 427/84); bei § 242 unrichtige Angaben über den Verbleib der Beute (MDR/D 66, 560); bei §§ 315c, 316 das Ausmaß der verursachten Gefährdung (Koblenz VRS 55, 281) einer Trunkenheitsfahrt (23. 12. 1987, 4 StR 581/87); bei § 323a Umfang und Ausmaß der Rauschtat sowie deren Erfolg (MDR/H 82, 811); ferner die über das zur Erfüllung des Tatbestandes erforderliche hinausgehende besonders rücksichtslose Gesinnung (12. 11. 1980, 3 StR 385/80), das Vorgehen mit krimineller Energie und Raffinesse (22. 4. 1975, 5 StR 402/74); bei §§ 29, 30 BtMG die besondere Profitgier bei übersetzten Preisen (MDR/H 77, 281), aber nicht schon bei fehlender Drogenabhängigkeit (StV 81, 123 zw.; aM BGHR 46 III Hdtr. 2), die große Menge (23. 1. 1985, 1 StR 722/84), die besondere Gefährlichkeit der Droge (Heroin: MDR/H 79, 986; 27. 12. 1980, 2 StR 540/80), die akute Gefährdung zahlreicher Menschen (NStZ/D 89, 468; 91, 274 mwN), die Dauer des Handeltreibens und der Unrechtsgehalt einer im Handeltreiben aufgehenden BtM-Einfuhr (NJW 80, 1345 mwN). Das Doppelverwertungsverbot bedeutet **b) über den Wortlaut von III hinaus,** daß Umstände, die bei **besonders schweren Fällen** ein Regelbeispiel (StV 83, 14) begründen, nicht zur Strafschärfung herangezogen werden dürfen, zB die Schaffung von Schmuggelverstecken bei § 11 IV Nr. 6b BtMG aF (dazu 20. 3. 1980, 2 StR 859/79; Theune StV 85, 168), daß ferner der eine **Milderung des Strafrahmens** nach § 49 I bewirkende Anlaß, nicht nochmals strafmildernd berücksichtigt werden darf (2 zu § 50), daß aber die mit dem Milderungsgrund zusammenhängenden Umstände bei der Zumessung innerhalb des milderen Rahmens zu berücksichtigen sind (BGH 16, 351); insbesondere muß der Tatrichter auf Modalitäten dieser Umstände wie zB, daß der Versuch fern der Vollendung oder die Minderung der Schuldfähigkeit verschuldet war, zurückkommen und *wesentliche Differenzierungen* der mit dem Milderungsgrund verbundenen Umstände bei der Festsetzung der Strafe innerhalb des gemilderten Rahmens berücksichtigen (BGH 26, 311 [m. Anm. Zipf JR 77, 158]; StV 82, 522; 83, 60; 84, 151; 91, 346; NStZ 84, 548; NJW 87, 2688; weitergehend Horstkotte, Dreher-FS 281; krit. zum Ganzen Horn, Arm. Kaufmann-GedS 582; vgl. SchSch 49). Hingegen liegt *keine unzulässige Doppelbestrafung* vor, wenn strafschärfend berücksichtigt wird, daß sich die Tat gegen zwei Personen richtete und zweimal gegen ein Strafgesetz vestoßen wurde (28. 4. 1992, 1 StR 148/92) oder eine gleichzeitig abgeurteilte Tat bei der Bemessung der Einzelstrafe für eine andere Tat mitberücksichtigt wird (Tötung eines Menschen als Mittel, um ein anderes Tötungsverbrechen begehen zu können: NJW 82, 2265 m. Anm. Bruns JR 83, 29), auch nicht, wenn der Tatrichter bei der Bemessung *die Höhe* des durch die Tat verursachten Schadens berücksichtigt, den er zur Begründung für die Annahme

Strafbemessung § 46

eines besonders schweren Falles herangezogen hatte (NJW **84**, 2541); **c)** daß die Tatsachen, die im Falle des § 53 bei der Bemessung der Einzelstrafen verwertet worden sind, nicht nochmals die Bildung der **Gesamtstrafe** beeinflussen dürfen (str.; vgl. 6 zu § 54; im einzelnen vgl. Dreher JZ **57**, 155; **68**, 209; Bruns, Mayer-FS 353; LK 102ff.; Stratenwerth, Festg. zu schweiz. Juristentag 1963, 260; SK 154ff.; M-Zipf § 63, 60); **d)** daß ein Umstand, der die **Rechtswidrigkeit** oder die **Schuld** mitbegründet, nicht strafschärfend verwertet werden darf (vgl. 27. 11. 1974, 2 StR 539/74); **e)** für die Bemessung der **Jugendstrafe** (vgl. auch oben 8a) nach § 18 I S. 3 JGG hingegen, daß auch Umstände, die schon Merkmale des gesetzlichen Tatbestandes sind, berücksichtigt werden dürfen (MDR/H **80**, 814), so etwa, daß es sich beim Mord um eine Tat von besonderer Verwerflichkeit handelt (9. 12. 1980, 1 StR 620/80). 39 40

9) Für die **Strafrahmenverschiebung** in den Fällen der nur allgemein bezeichneten **Wertgruppen,** bei denen sich die Natur der Straftat nicht ändert (8ff. zu § 12), handelt es sich um gesetzliche Strafbemessungsregeln (vgl. RG **68**, 391; aM GA **69**, 161), für welche die Grundsätze von I und II mit den folgenden Maßgaben mindestens entsprechend gelten. Aus § 18 I S. 3 JGG folgt: (21. 10. 1980, 1 StR 451/80), daß es im **Jugendstrafrecht** (oben 8a) einer besonderen Prüfung, ob ein minder schwerer oder ein besonders schwerer Fall vorliegt, gar nicht bedarf; das ist zw., da es bei der Bemessung einer Jugendstrafe nicht ohne jede Bedeutung ist, ob die Tat iS der gesetzlichen Bewertung als minder schwerer Fall einzustufen wäre (MDR/H **82**, 625). Im übrigen kommt es bei der Strafrahmenverschiebung darauf an, ob nach tatrichterlicher Beurteilung (NStZ **82**, 465) das gesamte Tatbild (einschließlich aller subjektiven Momente und der Täterpersönlichkeit) vom Durchschnitt der erfahrungsgemäß gewöhnlich vorkommenden Fälle in einem Maße abweicht, daß die Anwendung des Ausnahmestrafrahmens geboten erscheint (vgl. BGH **2**, 182; **5**, 130; **8**, 189; NJW **52**, 234; **53**, 1481; **60**, 1869; **64**, 261; **66**, 894; GA **63**, 207; **86**, 450; NStZ **81**, 391; StV **89**, 433; NStE Nr. 27; 31. 10. 1990, 3 StR 352/90; Koblenz VRS **65**, 25), der freilich nicht etwa nur in „Ausnahmefällen" Anwendung findet (BGHR vor § 1, msF, GesWü. 6). Eine nur formelhafte Begründung genügt jedoch für die Anwendung des Ausnahmestrafrahmens nicht (15. 7. 1983, 2 StR 287/83). Es ist vielmehr im Rahmen einer **Gesamtwürdigung** (BGH **23**, 257; StV **83**, 19; **85**, 369; NStZ **83**, 370; **84**, 118; NStE § 177 Nr. 3, 11; BGHR § 30 II BtMG, GesWü. 3; 12. 7. 1989, 3 StR 190/89; Bay NJW **86**, 203; Dreher ZStW **77**, 220; Corves JZ **70**, 157; krit. Baumann Prot. VI 191; Blei, Heinitz-FS 419; Maiwald, Gallas-FS 137; Montenbruck NStZ **87**, 313; Bruns GA **88**, 341) zunächst die Frage zu entscheiden, von welchem Strafrahmen der Tatrichter im Einzelfall ausgeht, erst dann ist innerhalb des so festgelegten Strafrahmens die Strafzumessung ieS vorzunehmen (NStZ **83**, 407; Danckert StV **83**, 476). **A.** Bei den **minder schweren Fällen** (11 zu § 12), die ein beträchtliches Überwiegen der mildernden Faktoren voraussetzen (Zipf JZ **76**, 24; Eser JZ **81**, 821), sind *alle* Gesichtspunkte heranzuziehen (BGH **26**, 98; 21. 5. 1990, 3 StR 128/90), insbesondere auch die für das Schuldmaß besonders bedeutsame innere Tatseite (StV **81**, 179; 16. 1. 1986, 1 StR 641/85), aber auch die wesentlichen (6. 10. 1982, 2 StR 465/82) mildernden (BGHR § 29 III BtMG StrRahmW 2) oder die er- 41 42

§ 46

schwerenden Umstände (2. 3. 1982, 1 StR 866/81) und innerhalb einer **Gesamtwürdigung** (oben 41; StV **81**, 541; **82**, 421; **84**, 284; NStZ **84**, 413; GA **86**, 120; BGHR, § 30 II BtMG, WertF. 1; BGHR § 177 II, StRahmW 5; 1. 7. 1992, 5 StR 286/92; LG Osnabrück StV **84**, 380; NStZ/T **86**, 155, 495; **88**, 305; NStZ/D **89**, 466; **90**, 328; 483; **91**, 178; 475; **92**, 169; NStZ/S **91**, 376) und nicht etwa nur nach der Schadenshöhe (4. 7. 1978, 1 StR 223/78) zu erörtern (22. 11. 1979, 4 StR 524/79; stRspr.; Koblenz VRS **57**, 22; vgl. E EGStGB 212; Ber. BT- Drs. 7/1261, 4; Sturm JZ **75**, 8), die für die Wertung von Tat und Täter in Betracht kommen, gleichgültig, ob sie der Tat innewohnen, sie begleiten, ihr vorausgehen oder folgen (BGH **4**, 9; **26**, 97; DAR **81**, 190; MDR/H **83**, 91; VRS **72**, 277; BGHR vor § 1, msF, GesWü. f. 1; StV **87**, 101, 345; **89**, 250 L; 31. 10. 1990, 3 StR 352/90; 23. 5. 1991, 5 StR 207/91; NStZ/M **84**, 161; 494; NStZ/Mü **85**, 158; zusf Eser JZ **81**, 822; Montenbruck, Strafrahmen und Strafzumessung 1983, 107 ff. u. NStZ **87**, 313; krit. Timpe 64 ff.; Maiwald NStZ **84**, 435; G. Schäfer, Tröndle-FS 403; vgl. zur Reihenfolge der Prüfung 2, 2b zu § 50). Die hiernach gebotene Abwägung der erschwerenden Umstände und der Milderungsgründe ist grundsätzlich Sache des Tatrichters, die vom Revisionsgericht nur beschränkt nachprüfbar ist (BGH **29**, 320; BGHR vor § 1 msF, GesWürd. ff. 1; 12. 12. 1991, 4 StR 545/91; vgl. unten 53b); ob ein minder schwerer Fall vorliegt, muß dann erörtert werden, wenn die Feststellungen hierzu drängen, nicht jedoch, wenn die Annahme eines minder schweren Falles fernliegt (15. 1. 1991, 1 StR 654/90) oder gar abwegig erscheint (NStZ **91**, 529). Zu Lasten des Täters darf auch berücksichtigt werden, daß die Schuld in Bezug auf die Einzeltat durch eine Mehrheit von Taten erhöht worden ist (BGHR vor § 1 msF, GesWü. unv. 10) oder daß das Tatunrecht besonders schwer wiegt, zB wenn bei fortgesetzter Gewaltanwendung das Opfer zugleich vergewaltigt und gefährlich verletzt worden ist (NStZ **89**, 72), oder daß der Täter in Kenntnis der aggressionsfördernden Wirkung des Alkohols gehandelt hat, jedoch ist auch in einem solchen Fall die Annahme eines minder schweren Falles nicht ausgeschlossen (28. 1. 1992, 5 StR 558/91). Es liegt ein Rechtsfehler vor, wenn der Tatrichter bei der Verneinung eines minder schweren Falles nicht in Betracht zieht, daß der Angeklagte nicht vorbestraft ist (NStZ **83**, 119); umgekehrt hat er das Vorliegen erheblicher Vorstrafen in die Prüfung, ob ein minder schwerer Fall zu bejahen ist, einzubeziehen (MDR/H **90**, 97). Erfaßt ein Verbrechenstatbestand Fälle von sehr unterschiedlicher Schwere (§ 30 I Nr. 4 BtMG), so ist das Vorliegen eines minder schweren Falles besonders sorgfältig zu prüfen (BGH **31**, 169; **33**, 9; StV **83**, 202; 461; **84**, 286; BGHR § 46 II Wert.Fehler 3; § 250 II, Gef. 1; Düsseldorf StV **83**, 335; 508; Körner StV **83**, 474; MDR/S **82**, 882; **84**, 6; **91**, 1111, 1113), insbesondere, wenn eingeführte BtM überwiegend zum Eigenverbrauch und nicht zum Handeltreiben bestimmt waren (StV **86**, 20 L; 8. 10. 1991, 4 StR 440/91). Es ist nicht möglich, einen minder schweren Fall der Einfuhr zu bejahen und einen besonders schweren Fall des Besitzes von BtM anzunehmen (§§ 30 II, 29 III Nr. 4 BtMG, StV **84**, 471 L; vgl. StV **86**, 483 L; NStZ/S **88**, 352; **89**, 315; **90**, 375). Strafschärfende und mildernde Umstände dürfen nicht isoliert berachtet, sondern müssen in ihrem Zusammenhang in einer Gesamtbetrachtung gesehen werden (29. 10. 1990, 5 StR 436/90; 25. 4. 1991, 4 StR 186/91). Es gibt keinen Rechtsgrund, wonach das Überschreiten der einge-

Strafbemessung § 46

führten BtM-Menge um das Vierfache des Grenzwerts der „nicht geringen Menge" einen minderschweren Fall iS § 30 II BtMG ausschließt (StV **92**, 272 L). Ob ein minder schwerer Fall vorliegt, ist für Haupttäter und Gehilfen gesondert zu beurteilen, unten 49. Auch eine alkoholbedingt verminderte Schuldfähigkeit kann allein einen minder schweren Fall begründen (MDR/H **80**, 104; DAR **81**, 190; **83**, 200; StV **81**, 336 L; 22. 1. 1986, 2 StR 718/86), ebenso die Einfuhr von BtM zum eigenen Verbrauch (§ 30 II BtMG, StV **84**, 157; 20. 7. 1984, 2 StR 381/84; 7 zu § 21), oder das Vorliegen der Voraussetzungen des § 31 BtMG (oben 35 b, 4. 10. 1988, 4 StR 430/88). Einen minder schweren Fall kann man aber nicht mit einem Tatumstand ablehnen, der überhaupt erst das Vorliegen des Tatbestandes begründet (11. 12. 1979, 5 StR 703/79; oben 37). Zur Frage des Tatmotivs als Begründung für einen minder schweren Fall Karlsruhe Die Justiz **83**, 125. Zum Verstoß gegen das **Verbot der Doppelverwertung** von Milderungsgründen vgl. 2 zu § 50. Es gilt aber nur für das Zusammentreffen von minder schweren Fällen mit § 49, nicht beim Zusammentreffen mehrerer Milderungsgründe nach § 49 (NStZ **88**, 128; 3 zu § 50). Bei tateinheitlichem Zusammentreffen kommt es auf den minder schweren Fall des Tatbestandes an, der die schwerste Strafe androht (21. 5. 1981, 4 StR 149/81). Unter den Voraussetzungen des § 47 II kann für minder schwere Fälle Geldstrafe auch in Betracht kommen, wenn diese nicht neben Freiheitsstrafe angedroht ist.

B. Bei **besonders schweren Fällen** (11 zu § 12) kommt es nur auf die **43** Umstände an, die der Tat selbst innewohnen oder doch wenigstens in Zusammenhang mit ihr stehen, gleichgültig, ob es sich um objektive, subjektive oder die Persönlichkeit des Täters betreffende Umstände handelt. Jedoch scheidet das Verhalten des Täters vor oder nach der Tat, soweit diese Voraussetzungen dafür nicht gelten, aus. Der Fall ist dann besonders schwer, wenn er innerhalb einer **Gesamtwürdigung** (oben 41) sich bei Abwägung aller Zumessungstatsachen nach dem Gewicht von Unrecht und Schuld vom Durchschnitt der praktisch vorkommenden Fälle so weit abhebt, daß die Anwendung des Ausnahmestrafrahmens geboten ist (BGH **28**, 319; NStZ **81**, 391; **83**, 407; StV **88**, 249), dem steht das Vorliegen eines einzelnen Milderungsgrundes nicht entgegen (NJW **82**, 2265 m. Anm. Bruns JR **83**, 29). Der Tatrichter hat die Tat nach seinem auf Rechtsfehler nachprüfbaren und daher im einzelnen zu begründenden (14. 8. 1981, 2 StR 396/81; 19. 6. 1987, 2 StR 159/87) Ermessen innerhalb des angegebenen Rahmens unter Heranziehung aller Umstände, die schon bei der Wertung als besonders schwerer Fall berücksichtigt worden sind, unmittelbar zuzuordnen. § 21 ist erst bei der zweiten Wertung zu berücksichtigen. Dessen Vorliegen kann allein oder zusammen mit anderen Umständen dazu führen, daß ein besonders schwerer Fall zu verneinen ist (NJW **86**, 1700; wistra **87**, 257; 12. 10. 1989, 1 StR 516/89; Bay **90**, 100). Soweit es sich um **a) unbenannte** besonders schwere Fälle (11 zu § 12) **43a** handelt, ist bei der Gesamtwürdigung (oben 41) zu beachten, daß bei Vermögensdelikten die Höhe des angerichteten Schadens von erheblicher Bedeutung, aber nicht allein ausschlaggebend ist (17. 12. 1980, 2 StR 624/80), ferner kann es in diesem Zusammenhang etwa auf gewerbs- oder bandenmäßige Begehung, auf den Mißbrauch der Amtsgewalt (38 zu § 240) oder

§ 46 AT Dritter Abschnitt. Zweiter Titel

auf die Amtsträgereigenschaft des Täters und bei Taten gegen Leib oder Leben auf die brutale Begehungsweise (3 zu § 212) ankommen; es müssen aber auch Besonderheiten der Persönlichkeit des Täters in die Gesamtwertung einbezogen werden (JZ **88**, 472; wistra **89**, 306); **b)** bei den **benannten** besonders schweren Fällen gibt das Gesetz selbst durch die **Regelbeispiele** (11 zu § 12) für die Gesamtwürdigung (oben 41) nähere Anhaltspunkte. Ist das Beispiel gegeben, so besteht eine gesetzliche Vermutung dafür, daß der Fall insgesamt als besonders schwerer anzusehen ist; doch kann die indizielle Bedeutung des Regelbeispiels durch andere Strafzumessungsfaktoren, die die Regelwirkung entkräften, kompensiert werden (NJW **87**, 2450; StV **89**, 432; BGHR § 176 III, StRahmW 5; vgl. Maiwald NStZ **84**, 438; Wessels, Lackner-FS 428). Falls Unrecht oder Schuld sich vom Regelfall abheben, muß der Tatrichter erkennen lassen, ob er im Rahmen einer Gesamtwürdigung (oben 41; EzSt § 244 StPO Nr. 12) die Angemessenheit des erhöhten Strafrahmens überprüft hat (NStZ **82**, 425; **83**, 461; **84**, 27; 7. 8. 1985, 2 StR 365/85; ferner StV **81**, 72; 278 [m. Anm. Michalke; bedenkl. AG Nordhorn StV **81**, 280 m. Anm. H. Wagner]; **85**, 148; NStZ **88**, 367); bei § 29 III Nr. 4 BtMG kommt es auch auf die Wirkstoffkonzentration an (vgl. hierzu im einzelnen oben 23 a und 25 a vor § 52); nicht jedoch bei § 29 III Nr. 1 BtMG, weil schon die gewerbsmäßige Begehung straferhöhend wirkt (BGHR § 29 III 1 BtMG, SchUmf. 1), liegen die Voraussetzungen des § 21 oder andere gewichtige Milderungsgründe vor, so kann ein besonders schwerer Fall zu verneinen sein (BGHR § 29 III BtMG, StRahmW, 4 u. 7), diese Frage ist besonders zu erörtern (1. 8. 1990, 3 StR 266/90; 1. 4. 1992, 5 StR 615/91; 29. 4. 1992, 3 StR 141/92; 24. 4. 1992, 5 StR 115/92; 1. 7. 1992, 5 StR 287/92). Andererseits kann ein Fall auch besonders schwer sein, wenn er nicht unter ein Regelbeispiel paßt (BGH **29**, 321). Schließlich ist zu beachten, daß die Bejahung eines minder schweren Falles eines schwereren Delikts (§ 30 II BtMG) nicht schon ohne weiteres der eines besonders schweren Falles eines leichteren Delikts (§ 29 III BtMG) entgegensteht (BGH **31**, 170; MDR/S **84**, 7). Im einzelnen haben die Beispiele folgende Bedeutung: Sie entfalten: **a) die Regelwirkung.** Stellt der Richter fest, daß ein Beispielsfall gegeben ist, so hat er zu prüfen, ob die indizielle Bedeutung des Regelbeispiels durch andere Strafzumessungsfaktoren kompensiert ist (NStE § 176 Nr. 5; StV **89**, 432; wistra **91**, 106), ob im Tun des Täters oder in seiner Person etwa außergewöhnliche Umstände vorhanden sind, die Unrecht und Schuld, oder wenigstens dies allein bei einer Gesamtwertung deutlich zum Regelfall absetzen (20. 5. 1980, 1 StR 168/80; vgl. BGH **20**, 125), dh von dem Durchschnitt der praktisch vorkommenden Fälle des Beispiels, so wenn § 21 vorliegt (NStZ **83**, 268), der Täter „fast einem Heranwachsenden gleichzustellen ist" (StV **82**, 221), es sich um einen Konsumentendealer handelt (StV **82**, 225; **83**, 21), er durch einen V-Mann in die Tat verstrickt worden ist (StV **83**, 20; **85**, 323; NJW **85**, 75; NStZ/S **83**, 18; **88**, 352; **90**, 375; **91**, 376), die Tat an der Grenze der Beihilfe liegt (8. 6. 1988, 2 StR 256/88), oder die Voraussetzungen des § 31 BtMG gegeben sind (15. 2. 1988, 3 StR 41/89), so hat der Richter unter Darlegung dieser Besonderheiten (StV **83**, 20; **84**, 27; 24. 1. 1986, 3 StR 2/86; Bay JZ **73**, 384; großzügiger jedoch 15. 9. 1987, 5 StR 273/87) einen besonders schweren Fall abzulehnen. Fehlen die Besonderheiten, so kann sich das Urteil mit einem kurzen Hinweis darauf begnügen. Die Regelwirkung

Strafbemessung **§ 46**

zwingt den Richter dazu, sorgfältig festzustellen, ob ein Beispielsfall gegeben ist. Ist allerdings die Feststellung eines Beispielsfalls schwierig und nimmt der Richter aus anderen Gründen ohnehin einen besonders schweren Fall an (vgl. NJW 90, 1489), so kann er auf weitere Klärung verzichten; ebenso, wenn ein besonders schwerer Fall auch dann nicht vorläge, wenn das Regelbeispiel gegeben wäre; **b)** eine **Analogiewirkung,** und zwar **aa)** 45 eine **engere.** Ist der Fall einem Beispielsfall ähnlich, weist er insbesondere eine parallele Struktur auf und weicht nur in gewissen Merkmalen, die nicht zu einer deutlichen Verringerung von Unrecht und Schuld führen, von dem Beispiel ab, so ist ebenfalls idR ein besonders schwerer Fall anzunehmen. So kann zB, wenn unechte Belege zeitgerecht zur Erreichung eines Vorsteuerabzugs eingereicht werden, dieser Fall als dem des § 370 III Nr. 4 AO (StV **89,** 305; BGHR § 370 III 4 AO, Bel. 10), und wenn aus einem für Feierlichkeiten einer Weltanschauungsvereinigung (vgl. § 167) bestimmten Raum eine diesen Feierlichkeiten gewidmete Sachen gestohlen wird, dieser Fall als dem des § 243 I Nr. 4 ähnlich gewertet werden (Prot. V/2471; aM Arzt JuS **72,** 516). Vgl. auch 26 zu § 113; 7 zu § 125a; 10 zu § 235; 34 zu § 264; 37 ff. zu § 243. Insoweit spielen die feinen Differenzierungen, welche die Rspr. zu § 243 aF entwickelt hatte, keine Rolle mehr; zur Frage, wann beim besitzlosen Handeltreibenden mit BtM ein besonders schwerer Fall (§ 29 III S. 1 BtMG) angenommen werden kann (StV **82,** 116); **bb)** eine **weitere:** Ist der Fall keinem Regelbeispiel im Sachverhalt 45a ähnlich, entspricht aber das Gewicht von Unrecht und Schuld dem eines Regelbeispiels, so ist ein besonders schwerer Fall anzunehmen. Entsprechendes gilt bei „unbenannten" besonders schweren Fällen (oben 43a; 11 zu § 12; ferner 55 zu § 263, 31 zu § 266), wenn aufgrund der Höhe des Schadens (EzSt § 154a StPO Nr. 3) oder des Umfangs der Tat (BGH **29,** 321 [m. Anm. Bruns JR **81,** 336]; vgl. Köln NStZ **91,** 585) oder der Verschleierungsmaßnahmen die Anwendung des Regelstrafrahmens ungeeignet erscheint (MDR/D **75,** 197, 368; **76,** 16; NStZ **81,** 391). Legen die Umstände des Falles die Annahme eines besonders schweren Falles nahe, so hat der Richter eine zusammenfassende Abwägung aller wesentlichen tat- und täterbezogenen Umstände vorzunehmen (vgl. GA **78,** 242; StV **82,** 347; BGH **28,** 320 [zu § 99 II] hierzu Bruns JR **79,** 354). **c)** eine **Gegenschluß-** 46 **wirkung.** Ist der Fall einem Beispielsfall ähnlich, ist aber anstelle eines besonderen Merkmals, das Unrecht und Schuld erhöht, nur ein dahinter zurückbleibendes Merkmal gegeben, so ist der Fall idR kein besonders schwerer. So ist zB wenn der Täter mit dem richtigen Schlüssel eindringt oder wenn er aus einem offenen Behältnis stiehlt oder aus einer Kirche eine Sache, die nicht dem Gottesdienst oder der Verehrung dient, § 243 nicht gegeben, es sei denn, daß besondere, Unrecht und Schuld über den Durchschnittsfall hinaus erhöhende Umstände hinzutreten, die bei einer Gesamtwürdigung den Fall doch als besonders schwer erscheinen lassen. Das wird bei § 243 (vgl. dort 37) vor allem bei einem höheren Wert der Beute anzunehmen sein (vgl. auch BGH **28,** 322); **d)** beharrliche (vgl. 5 zu § 184a) 47 **Wiederholungstaten** können nach der Aufhebung der allgemeinen Rückfallvorschrift durch das 23. StÄG (9 vor § 56), insbesondere bei Hinzutreten besonderer Umstände, einen besonders schweren Fall begründen. Denn mit der Aufhebung des § 48 ist zugleich die in dessen I enthaltene verbindliche gesetzliche Wertung des Schuldgehalts von Rückfalltaten ent-

§ 46

fallen. Bei erheblicheren Straftaten wirkte sich § 48 I S. 1 aF ohnehin nicht aus (BT-Drs. 10/4391, 15). Auch **Gewohnheitsmäßigkeit**, die das Gesetz nicht nennt und die selten ohne Gewerbsmäßigkeit auftreten wird (aber zB bei dem Büchermarder aus Sammelleidenschaft), kann zur Annahme eines besonders schweren Falles führen (Corves JZ 70, 158; vgl. aber Prot. V/2461). Hingegen ist das bei wiederholter Tatbegehung (außer im Falle des § 243 I Nr. 3) nur bei besonderen Umständen möglich (E 1962, 404; zweifelnd LK 28; aM Arzt JuS 72, 576; Maiwald, Gallas-FS 158). **Gewerbsmäßigkeit** als Regelbeispielsfall nennt § 243 I Nr. 3 (dort 26), § 302a II Nr. 2; § 29 III Nr. 1 BtMG (StV 83, 282; BGHR § 29 III 1 BtMG, gew. 2). Gewerbsmäßiges Handeltreiben kann auch gegeben sein, wenn der Täter BtM, die er in einem Vorgang erworben hat, in mehreren Teilmengen zu veräußern beabsichtigt (NJW 92, 381). Zur Auslegung dieses Begriffs in § 15 II AÜG, MDR 81, 685; vgl. aber auch 16a zu § 218; 55 zu § 263. Zur Frage der **Doppelverwertung** von Strafzumessungstatsachen, oben 38a.

48   e) Einen **„Versuch" des besonders schweren Falles** gibt es begrifflich nicht (Dreher MDR 74, 57; LK-Vogler 103 vor § 22; Wessels BT-2 § 3 I 2 u. Lackner-FS 426, 431; Krey BT 2, 110; Otto JZ 85, 24; Laubenthal JZ 87, 1069; hM). Denn die Strafbarkeit des Versuchs (§ 22) knüpft an Merkmale des Tatbestandes an; Merkmale der Regelbeispiele (oben 43b) sind dagegen keine Qualifikationsmerkmale, sondern ihrer Rechtsnatur nach bloße Strafzumessungsregeln (8ff. zu § 12; oben 41; hM; aM, aber unzutr. Calliess JZ 75, 118). Wohl aber kann umgekehrt bei einer nach § 23 I strafbar *versuchten* Tat die Anwendung des Ausnahmestrafrahmens für einen *besonders schweren Fall* geboten sein (Bay NJW 80, 2207). Freilich wird das nur in den verhältnismäßig seltenen Fällen fast einhellig bejaht (aM nur Arzt StV 85, 104), in denen die versuchte Tat sich als *„unbenannter"* besonders schwerer Fall darstellt, dh nach dem Gewicht von Unrecht und Schuld einem Regelbeispiel entspricht (Wessels, Lackner-FS 426; Küper JZ 86, 525), so daß der Regelstrafrahmen unangemessen niedrig wäre. Das ist letztlich Tatfrage und bedarf eingehender Darlegung (Bay NJW 80, 2207; Düsseldorf NJW 83, 2713; vgl. „erweiterte Analogiewirkung", oben 45a). Äußerst umstr. ist hingegen, wann in den Fällen einer versuchten Tat die *Regelwirkung* (oben 44) eintritt (unten 48c) und ob im Falle der Annahme eines besonders schweren Falles auch die Strafmilderung des § 23 II anwendbar ist (unten 48f). Die Streitfragen haben darin ihre Ursache, daß der Gesetzgeber dem besonders schweren Fall strukturell wohl eine Zwitterstellung (Dreher MDR 74, 57; Fabry NJW 86, 16) zwischen den Tatbestandsmerkmalen und bloßen Strafzumessungsregeln beimessen wollte (Corves JZ 70, 157), dabei aber nicht die – auch verfassungsrechtlichen (Art. 103 II GG) – Rückwirkungen auf die Versuchsstrafbarkeit bedacht hat (Küper JZ 86, 524 Fn. 35; Sternberg-Lieben Jura 86, 185).

48a   Die Rspr. ist uneinheitlich und von einer Klärung weit entfernt. So hebt der **BGH** zum einen zutr. hervor, daß die gesetzlichen Strafbemessungsregeln (§ 243) „nur die Frage des Strafmaßes" betreffen (**23**, 257), sieht aber andererseits zwischen solchen „allgemeinen Strafzumessungsgründen" und „selbständigen Qualifikationstatbeständen" (§ 250) „keinen tiefgreifenden Wesensunterschied"; der BGH reduziert ihn auf „eine formale Frage der Gesetzestechnik" (**26**, 173 [GrSen]; **29**, 368; krit. Otto JZ 85, 24) und hält es für naheliegend, die Regelbeispiele, weil sie einen erhöhten Unrechts- und

Strafbemessung **§ 46**

Schuldgehalt typisieren, wie Tatbestandsmerkmale zu behandeln (**33**, 374). Nach dieser Einebnung signifikanter Unterschiede zwischen „Grundsätzen des Strafzumessungsrechts" (aaO) und Qualifikationstatbeständen setzt der BGH im Interesse einer „einfachen und einheitlichen" Anwendung der Regelfälle des § 243 für die Annahme des Regelbeispiels „Einbrechen" in § 243 I Nr. 1 nicht voraus, daß der begonnene Einbruch gelungen sei. Abweichend von der bisher herrschenden Rspr. (29. 10. 1980, 3 StR 335/80 [in BGH **29**, 390 nicht mitabgedruckt]; Bay NJW **80**, 2207 m. Anm. Zipf JR **81**, 121; Düsseldorf NJW **83**, 2712 u. MDR **85**, 160; Stuttgart NStZ **81**, 222; ihr folgend SchSch-Eser 44 zu § 243; Jescheck § 49 III 2; Kadel JR **85**, 186; Lieben NStZ **84**, 540; Seelmann JuS **85**, 486; Sternberg-Lieben Jura **86**, 183) setzt der BGH also für den Eintritt der *Regelwirkung* nicht voraus, daß neben dem Grundtatbestand auch das Regelbeispiel *verwirklicht* wurde (so schon NStZ **84**, 262; **85**, 218; zust. ferner G. Schäfer JR **86**, 522; Fabry NJW **86**, 119; M-Schroeder § 33, 107; Zipf JR **81**, 119; Geilen JK 1 zu § 243; SK-Horn 79; iErg. auch Laubenthal JZ **87**, 1069); dem geringeren Maß an Unrecht und Schuld könne durch die fakultative Strafmilderung des § 23 II (hierzu unten 48 f) ausreichend Rechnung getragen werden (BGH **33**, 377).

Die Einwände des Schrifttums **gegen** diese **Rspr. des BGH** (LK-Ruß 36 zu **48 b**
§ 243; Lackner 15; M-Gössel § 40, 125 ff. u. Tröndle-FS 358, 365; Krey BT/2, 125, 125 a; Wessels BT-2 § 3 I 2; Otto Jura **89**, 101; R. Schmitt, Tröndle-FS 314; vgl. Geppert JK 2 zu § 243) sind begründet. Denn auch die Umbewertung (Küper JZ **86**, 526) der Rechtsnatur der Regelbeispiele (43 b) zu Tatbestandsmerkmalen überzeugt nicht. Sie verbietet sich schon aus verfassungsrechtlichen Gründen (Art. 103 II GG; 10 zu § 1). Für einen strafbaren Versuch kann es somit nicht genügen, daß der Täter allein zur Verwirklichung von Merkmalen bloßer Erschwerungsgründe (also zB im Falle des § 243 zum Einbrechen) „unmittelbar ansetzt" (Arzt/Weber LH **3**, 219; Fabry NJW **86**, 18; R. Schmitt, Tröndle-FS 315). Das genügt wie bei tatbestandlich umschriebenen Qualifikationsmerkmalen nur, wenn sich die Verwirklichung des erschwerenden Umstandes *auch in bezug auf den Grundtatbestand* als unmittelbares Ansetzen darstellt (BGH **31**, 182; Lackner 10 zu § 22; LK-Vogler 85 zu § 22; Wessels BT-2 § 3 I 2 u. Lackner-FS 427), das Ansetzen zu der im Regelbeispiel umschriebenen Handlung also unmittelbar auch in die tatbestandsmäßige Handlung einmündet (11 zu § 22), wie das etwa beim Erbrechen eines Behältnisses (§ 243 I Nr. 2) der Fall sein kann. Hingegen fehlt es am unmittelbaren Ansetzen zur Wegnahme, wenn der Täter zB über eine Mauer in ein Hofgebäude einsteigt, um nach Stehlenswertem Ausschau zu halten (aM Hamm MDR **76**, 155 m. krit. Anm. Hillenkamp MDR **77**, 242 u. Tröndle JR **74**, 223 im Anschluß an E 1962 Begr. 144, 403).

Beim Zusammentreffen von Versuchshandlungen mit Merkmalen be- **48 c**
sonders schwerer Fälle ist (insbesondere für die Indizwirkung, oben 44) **zu unterscheiden** (hierzu auch SK-Horn 75 ff.; v. Löbbecke MDR **73**, 374; Wessels, Lackner-FS 428; Laubenthal JZ **87**, 1069), ob **a)** *sowohl das Grunddelikt als auch die Verwirklichung des Regelbeispiels im Versuch steckengeblieben* sind (Kioskeinbrecher wird beim Aufstemmen der Rolladen gestört). In diesen Fällen ist (entgegen BGH **33**, 370; Fabry NJW **86**, 18; M-Schroeder § 33, 107) nur nach §§ 242 II, 22 zu bestrafen (SchSch 44 zu § 243). Denn die Indizwirkung ist von der *vollständigen* Verwirklichung des Regelbeispielsfalls abhängig. Ließe man hier teilweise Verwirklichung oder das bloße Ansetzen genügen, so würde die gesetzliche Vermutung für den

erhöhten Unrechtsgehalt und die Angemessenheit des erhöhten Strafrahmens unterlaufen und durch subjektive, vom Vorstellungsbild des Täters abhängige Anhaltspunkte ersetzt (Wessels BT-2 § 3 I 3 d u. Lackner-FS 434). So *kann* zB das nur bis zu einem „Versuch" gediehene Regelbeispiel des § 176 III Nr. 1 als Versuch der Verwirklichung des Grundtatbestandes *außerhalb* der Indizwirkung uU sogar über die „weitere Analogiewirkung" (oben 45 a) im Rahmen der Gesamtwürdigung (41) zur Annahme eines besonders schweren Falles führen (48), *nicht aber idR* Indizwirkung beanspruchen. BGH 33, 370 steht auch (vgl. Bay NJW 80, 2207) entgegen (so auch LK 36 zu § 243), daß der nur *versuchte* Einbruch (§ 243 I Nr. 1) der Indizwirkung unterfiele, der vollendete Diebstahl bei Nichtverwirklichung des Regelbeispiels hingegen mit geringerer Strafe bedroht wäre. Dem höheren Schuldgehalt des lediglich versuchten Einbruchs kann durch Absehen von der Milderungsmöglichkeit (§ 23 II) im Rahmen des Regelstrafrahmens Rechnung getragen werden (3 zu § 23). **b)** Das *Grunddelikt vollendet und nur die Verwirklichung des Regelbeispiels im Versuch steckengeblieben* ist (Einbrecher stiehlt in einem – unerwartet – unverschlossen gebliebenen Haus). Hier ist, da es einen „Versuch des besonders schweren Falles" nicht gibt (oben 48), wegen vollendeten Diebstahls aus dem Regelstrafrahmen des § 242 zu verurteilen. Der BGH, der hier erst recht (so auch Fabry NJW **86**, 20; Küper JZ **86**, 525; anders aber M-Schroeder § 33, 107) die Voraussetzungen eines Regelbeispiels bejahen müßte, ließ den Fall in BGH **33**, 336 unentschieden. **c)** Das *Regelbeispiel wurde voll verwirklicht, das Grunddelikt blieb nur versucht* (nach dem Einbruch wird der Täter bei der Wegnahme überrascht). Hier ist nach allgM von der Regelwirkung auszugehen (NStZ **84**, 262; **85**, 217 m. krit. Anm. Arzt StV **85**, 104; Bay NJW **80**, 2207; Düsseldorf NJW **83**, 2712 u. MDR **85**, 160; Stuttgart NStZ **81**, 223; LK-Ruß 36 zu § 243 mwN; Fabry NJW **86**, 118; Sternberg-Lieben Jura **86**, 186; Laubenthal JZ **87**, 1069), jedoch ist besonders zu prüfen, ob der geringere Unrechtsgehalt der versuchten Tat die Regelwirkung nicht entkräftet (oben 43 b; vgl. ferner Dreher MDR **74**, 58).

48 f **d)** Soweit der mit Strafe bedrohte **Versuch** einer Tat ausnahmsweise als besonders schwerer Fall dem Ausnahmestrafrahmen unterliegt, kommt eine **fakultative Strafmilderung** nach § 23 II nicht in Betracht (Dreher MDR **74**, 57 gegen Köln MDR **73**, 779; **aM** jedoch **BGH 33**, 377 und die **hM;** LK-Laufhütte 75 zu § 176; SK-Horn 75, 77; SchSch-Eser 46, SK-Samson 38, beide zu § 243; Lackner 15; Maiwald NStZ **84**, 437; Sternberg-Lieben Jura **86**, 187), die das Wesen der besonders schweren Fälle in zweierlei Hinsicht verkennt: Zum einen behandelt sie die Regelbeispiele, um § 23 II anwenden zu können, wie tatbestandlich umschriebene Qualifikationsmerkmale, zum anderen mißachtet sie die Strafbemessungsregeln für besonders schwere Fälle: Bejaht nämlich der Richter das Vorliegen eines besonders schweren Falles, so hält er im konkreten Fall eine Strafe aus dem Sonderstrafrahmen für tat- und schuldangemessen; bei der dafür vorausgesetzten Gesamtwürdigung (oben 43) hat er aber bereits mitberücksichtigt, daß die Tat im Versuch steckengeblieben ist. Eine abermalige Berücksichtigung des Versuchs nach § 23 II, dh seine Anwendung auf den Sonderstrafrahmen der besonders schweren Fälle käme nicht nur einer verbotenen Doppelverwertung (vgl. § 46 III) gleich, sondern bewiese, daß in casu das Ergebnis der Gesamtwürdigung verfehlt und zu Unrecht ein besonders

Strafbemessung § 46

schwerer Fall angenommen worden ist (ähnlich und in der Sache von der hM widerlegt: Dreher MDR **74**, 57). Ebenfalls aus diesen Gründen unzulässig ist die „entsprechende" Anwendung des § 23 II (so Zipf, Dreher-FS 393; gegen ihn Dreher, Bruns-FS 152; vgl. auch Arzt/Weber LH **3**, 216).

f) Auch für die **Teilnahme** (Anstiftung, Beihilfe) gilt, daß die Vorschriften für besonders schwere Fälle (11 zu § 12) keine Tatbestände aufstellen. Ob die Teilnahme an einer Tat einen besonders schweren Fall darstellt, ist an Hand der Regelbeispiele in einer eigenen **Gesamtwürdigung** das Gewicht der Beihilfehandlung festzustellen (StV **83**, 283 L), wenn auch die Schwere der Haupttat mitzuberücksichtigen ist (23. 9. 1988, 2 StR 409/88). Es muß also *die Teilnahmehandlung als solche* als besonders schwerer oder minder schwerer Fall zu werten sein (NStZ **81**, 394; **83**, 217; **92**, 373; MDR/H **82**, 101; StV **81**, 123; 549; 603; **82**, 206; **84**, 254; **85**, 411; **87**, 296; NJW **83**, 54; **91**, 2499; NStE § 27 Nr. 1, § 250 Nr. 5; BGHR § 29 III 4 BtMG, Geh. 2; 20. 12. 1990, 1 StR 650/90; 12. 9. 1990, 3 StR 270/90; 24. 7. 1990, 3 StR 244/91; 30. 10. 1991, 3 StR 368/91; 21. 1. 1992, 1 StR 598/91; 1. 4. 1992, 5 StR 97/92; 24. 4. 1992, 2 StR 174/92; 16. 6. 1992, 4 StR 230/92; BGHR 53 I S. 1, 3a WaffG, Führen 1; stRspr.; MDR/S **85**, 2; NStZ/Mü **85**, 159; NStZ/T **86**, 156, 495; NStZ/D **89**, 466; **91**, 476; NStZ/S **91**, 376; Bruns GA **88**, 348; LK 49; ähnlich iErg. SchSch 44d vor § 38). Beim **Mittäter** gilt das ebenfalls. Bei sukzessiver Mittäterschaft und Beihilfe wirkt ein Regelbeispiel auch gegen denjenigen, der dessen vorherige Verwirklichung durch einen anderen Beteiligten kennt und an der Vollendung mitwirkt. Läßt ein mittelbarer Täter ein Regelbeispiel zB durch ein gutgläubiges Werkzeug verwirklichen, so tritt die Regelwirkung auch gegen ihn ein. § 28 II kann auch bei gewerbsmäßiger Tatbegehung (§ 243 I Nr. 3, § 302a II Nr. 2) keine unmittelbare Anwendung finden (vgl. Maiwald NStZ **84**, 438; Bruns GA **88**, 348, 352); das Regelbeispiel wirkt aber gegen den Teilnehmer nur, wenn er selbst gewerbsmäßig handelt. § 29 III Nr. 4 BtMG ist nur auf denjenigen Beteiligten anwendbar, der selbst die „nicht geringe Menge" besitzt (25. 5. 1981, 3 StR 160/81), wofür eine ganz geringe Hilfeleistung beim Transport nicht genügt (BGH **26**, 117; 25. 2. 1983, 3 StR 345/82). Ist die Teilnahme ein besonders schwerer Fall, so bleibt es beim verschärften Strafrahmen des § 243 bzw. des § 302a II; Milderung nach § 23 II findet auch gegenüber dem Gehilfen nicht statt (aM M-Schroeder § 33, 108).

g) Konkurrenzen. Da jede der in 11 zu § 12 genannten Vorschriften für besonders schwere Fälle gegenüber dem Grundtatbestand, auf dem sie aufbaut, nur einen besonders schweren Fall und keinen selbständigen Tatbestand darstellt, kann es keine Tateinheit zwischen beiden Vorschriften geben. Fortsetzungszusammenhang ist hingegen möglich, auch wenn nur ein Teilakt der Handlung die Voraussetzung des besonders schweren Falles erfüllt; dabei kann es sich um einen bloßen Versuch handeln (17. 8. 1972, 4 StR 328/72); andererseits kann auch erst das Zusammentreffen aller Teilakte einen besonders schweren Fall ergeben. Die gesamte Tat stellt dann einen solchen Fall dar. Tateinheit scheidet auch aus, wenn mehrere Regelbeispiele einer Vorschrift verwirklicht sind; doch tritt die Regelwirkung (oben 44) dann in verstärktem Maße ein. **h) Wahlfeststellung** innerhalb eines Regelbeispiels oder zwischen mehreren Regelbeispielsfällen ist zulässig (18 zu § 1; Lackner 20; SchSch-Eser 88a zu § 1).

49

50

51

§ 46 AT Dritter Abschnitt. Zweiter Titel

52   i) Die Bejahung eines besonders schweren Falles gehört nach BGH **23**, 256; **27**, 289; NJW **88**, 779; 13. 12. 1990, 4 StR 516/90; 16. 3. 1992, 4 StR 87/92; Granderath MDR **84**, 988, nicht in den **Urteilstenor** (vgl. auch Jasper MDR **86**, 198), ebensowenig die Kennzeichnung der Tat als fortgesetzte Handlung (25. 3. 1986, 2 StR 119/86); wohl aber ist der besonders schwere Fall in der Liste der angewendeten Vorschriften (§ 260 V StPO) zu bezeichnen (Kleinknecht-Meyer 46 zu § 260 StPO; Meyer-Goßner NStZ **88**, 529).

53   10) **Verfahrensrechtlich** bedeutsam ist, daß aus den Urteilsgründen Bedeutung und Gewicht der vom Tatrichter angeführten Strafzumessungstatsachen für die Bewertung des Unrechts- und Schuldgehalt der zu beurteilenden Tat klar und nachvollziehbar erkennbar ist. Hierbei haben moralisierende Erwägungen, da nichtssagend und überflüssig, zu unterbleiben (NJW **87**, 2686). Aus den Urteilsgründen, die als Einheit und im Gesamtzusammenhang gesehen und beurteilt werden müssen (NStE § 267 StPO Nr. 8), muß sich ergeben, daß der Tatrichter die im konkreten Fall in Betracht kommenden Zumessungstatsachen festgestellt, zutreffend abgewogen und umfassend gewürdigt hat und damit zu einer der Vorbewertung durch den Strafrahmen entsprechenden Strafe gekommen ist (vgl. BGH **8**, 210; GA **74**, 78; KG VRS **34**, 433; Zweibrücken OLGSt. 17 zu § 267 StPO). Hierbei brauchen nur die bestimmenden (§ 267 III S. 1 StPO) Zumessungserwägungen dargelegt zu werden (BGH **24**, 268; MDR **84**, 241; NStZ **90**, 334), eine erschöpfende Darstellung aller im Katalog (II S. 2) genannten Umstände ist weder erforderlich noch möglich (NJW **76**, 2220; **79**, 2621; StV **81**, 122; wistra **82**, 226; JZ **89**, 652; stRspr.; MDR/S **79**, 884; NStZ/T **89**, 173 mwN; zum Ganzen Schäfer StrZ 560 ff.); deren Nichtberücksichtigung begründet die Revision nur, wenn die Nachprüfung nach dem Sachverhalt nahe lag (MDR/D **70**, 899; 7. 7. 1982, 4 StR 222/83; Saarbrücken OLGSt. 10 zu § 13 aF; Hamburg NJW **72**, 265); es liegt dann nicht nur ein prozessualer (§§ 244 II, 267 III StPO), sondern auch ein materiellrechtlicher Verstoß vor (aM MDR/D **71**, 721). Soweit die *Einziehung* eine Nebenstrafe ist (§ 74 II Nr. 1), ist sie Teil der Strafzumessung, nähere Darlegungen über den Wert des eingezogenen Gegenstandes sind idR erforderlich (NStZ **85**, 362; MDR/S **85**, 973, vgl. oben 5). **Unzulässig** ist auch eine einseitige Prüfung der Schuld ohne Berücksichtigung der für sie bedeutsamen Tatschwere (BGH **3**, 179), bei fehlender Erörterung der persönlichen und wirtschaftlichen Verhältnisse des Täters (NJW **76**, 2220 [m. Anm. Bruns JR **77**, 162]; MDR/H **79**, 105; StV **81**, 169; NStZ **81**, 299; 389; **82**, 433 L; **85**, 309; 10. 9. 1991, 5 StR 373/91; Bay **86**, 43) oder der für sein künftiges Leben zu erwartenden Wirkungen der Strafe (Frankfurt VRS **44**, 184; Koblenz OLGSt. 8) oder bei Gebrauch inhaltsleerer Formeln wie der, daß das Gericht eine bestimmte Strafe für „notwendig und ausreichend" halte (24. 2. 1955, 3 StR 597/54; Frankfurt VRS **37**, 60), es sämtliche für und gegen den Angeklagten sprechenden Umstände abschließend abgewogen habe (NStZ **84**, 214) oder „die erhebliche Bedeutung der Tat für die durch sie verletzte Rechtsordnung" strafschärfend wertet (7. 10. 1970, 2 StR 363/70). Weicht die Strafhöhe in den Urteilsgründen von der des Urteilsausspruchs ab, so ist dieser entscheidend (5. 10.

53a   1983, 2 StR 835/83). **Unzulässig** sind auch **Eventualbegründungen** etwa derart, daß das Gericht dieselbe Strafe auch bei abweichender Sachverhaltsfeststellung oder Rechtslage verhängt hätte (BGH **7**, 359; Schleswig SchlHA **78**, 182 Nr. 13). Unzulässig sind ferner **Bezugnahmen oder Verweisungen** auf Feststellungen früherer Urteile, die im Rechtsmittelverfahren aufgehoben worden sind (BGH **24**, 275; NJW **77**, 1247; MDR/H **78**, 460; VRS **75**, 202; NStZ Nr. 39; 3. 6. 1991, 4 StR 220/91; 24. 9. 1991, 1 StR 382/91; stRspr.; Köln MDR **79**, 865; Stuttgart OLGSt. 45 zu § 267 StPO), und zwar auch solche zu den persönlichen Verhältnissen des Angeklagten (DAR **81**, 191; 10. 3. 1992, 1 StR 111/92); nicht

Strafbemessung § 46

jedoch solche, die eine Teilaufhebung unberührt ließ (29. 11. 1978, 2 StR 398/ 78). Auch ist die Bezugnahme auf Anlagen in den Urteilsgründen uU zulässig (MDR/H 87, 625). Eine rechtlich fehlerhafte Bezugnahme schadet nicht, wenn das neue Urteil – wenn auch nur in den Strafzumessungsgründen – selbst zureichende Feststellungen getroffen hat (17. 5. 1990, 1 StR 191/90). An *doppelrelevante Feststellungen*, die sich auf den (rechtskräftigen) Schuldspruch und den Strafausspruch beziehen, ist der Tatrichter nach Zurückverweisung gebunden, seine neuen Feststellungen dürfen dem nicht widersprechen (BGH 24, 275; 29, 366; 30, 226; 30. 10. 1990, 5 StR 467/90), er ist aber gehalten zu prüfen, ob im Falle der Annahme eines besonders schweren Falles die bindenden Feststellungen diese Annahme rechtfertigen (Schleswig SchlHA 82, 96; Braunschweig StV 84, 77), und ggf zur Straffrage eigene Feststellungen zu treffen (zum Ganzen grundlegend BGH 30, 342; 24. 6. 1982, 4 StR 163/82). Hinsichtlich der **Revisibilität des Strafmaßes** als solchem hatte die Rspr. früher größere Zurückhaltung gezeigt (vgl. BGH 1, 177; 5, 58; 6, 300; 7, 86; 8, 180; 15, 375; 17, 36; JR 56, 426; NJW 79, 2621; 1. 4. 1981, 2 StR 72/81) als heute (vgl. Horstkotte in Jehle [oben 2] 154). Auch legt der BGH, wie die verhältnismäßig große Anzahl von Aufhebungen im Strafausspruch belegt, zunehmend einen strengen Maßstab an eine rechtsfehlerfreie Begründung des Strafmaßes an (vgl. Gribbohm NJW 80, 1440; NStZ/M 81, 131; Rieß NStZ 82, 53); so wird beanstandet, wenn der Tatrichter rechtlich anerkannte Strafzwecke außer Betracht läßt (BGH 29, 320; 34, 349 [GrSen]) oder wenn sich die Strafe nach oben oder unten von ihrer Bestimmung löst, gerechter Schuldausgleich zu sein (NJW 90, 846; wistra 90, 98; 9. 8. 1988, 1 StR 298/88; BGHR § 46 I, BeurtR 7; 11. 10. 1989, 4 StR 525/89; 7. 11. 1989, 1 StR 517/89; NStZ 90, 334; StV 90, 494; 27. 2. 1992, 4 StR 53/92; wistra 92, 254 [betrügerische kassenärztliche Abrechnung]; 19. 5. 1992, 1 StR 209/92; Bay NStE Nr. 43; Düsseldorf NStZ 88, 326; wistra 89, 155; NStE Nr. 37; vgl. auch oben 12). Eine gleich hohe Strafe nach Aufhebung und Zurückverweisung trotz niedrigerem Strafrahmen hat der Tatrichter eingehend zu begründen (NJW 83, 84 [m. Anm. Terhorst JR 83, 376]; StV 89, 341; 91, 19; 6. 3. 1991, 2 StR 632/90; NStZ/M 82, 453; NStZ/D 89, 469), das gilt insbesondere, wenn der Berufungsrichter dieselbe Strafe wie der Erstrichter verhängt, im Gegensatz zu ihm aber nur nach § 323a schuldig gesprochen hat (Düsseldorf NJW 89, 2408) oder sich sonst die Strafzumessungsfaktoren geändert haben (Karlsruhe StV 89, 347). Im übrigen wird sich hinsichtlich der Bemessung der Strafhöhe ein Rechtsverstoß nur bei einem groben Fehlgriff feststellen lassen (MDR/D 74, 721; DAR 82, 201); zB, wenn sich die Strafe etwa in der Mitte des gesetzlichen Strafrahmens hält, die Urteilsgründe aber nur Milderungsgründe anführen (StV 88, 202 L) oder bei besonders scharfen (MDR 54, 496; MDR/D 67, 898; StV 83, 102; wistra 84, 27; StV 86, 57; BGHR § 46 I, Strafh. 2; MDR 92, 399 m. krit. Anm. Schäfer; 11. 2. 1992, 5 StR 607/91; StV 92, 271; MDR/S 90, 1079; Schleswig StV 92, 380; Karlsruhe Die Justiz 81, 321) oder unvertretbar milden Strafen (BGH 29, 321 [m. Anm. Bruns JR 81, 336]; NJW 77, 1247 [m. Anm. Bruns JR 77, 160]; 14. 2. 1989, 1 StR 778/88; Bay NStZ 88, 408 m. Anm. Meine NStZ 89, 353), etwa bei Tätern nach § 129a (MDR/H 78, 110); oder bei beträchtlicher Steuerhinterziehung (wistra 84, 67). Eine Abweichung von vergleichbaren Strafbemessungen muß an den Besonderheiten des Falles verständlich gemacht werden (MDR/H 77, 106; 15. 1. 1980, 1 StR 730/79; Hamm NJW 77, 2087); insbesondere die Verhängung der Höchststrafe (MDR/H 78, 623; NStZ 83, 268; StV 84, 152), der Höchstgesamtstrafe (15. 2. 1984, 2 StR 347/83); oder einer der zulässigen Höchststrafe sich annähernden Strafe (DAR 86, 194; StV 87, 530; 92, 271; weitergehend Bruns, Engisch-FS 708; Henkel-FS 287; Mösl DRiZ 79, 166; NStZ 81, 132; 82, 148; 84, 493; NStZ/Mü 85, 159; Theune

53 b

§ 46
AT Dritter Abschnitt. Zweiter Titel

StV 85, 207; 87, 498; NStZ 88, 307; NStZ/D 89, 468; 91, 273; DAR/G 90, 249; krit. LK 2, 126; ält. Nachw. 40. Aufl.). Einer *Mathematisierung*, die nur zu einer metrisierenden Pseudoexaktheit führt (zu derartigen Versuchen von Haag, v. Linstow und Seebald [oben 2] krit. Dreher NZWehrr. 71, 119 und InstKonfl. 3, 43; Händel NJW 75, 664; M-Zipf § 63, 192; Hassemer ZStW 90, 65; Lackner [oben 2] Entwicklungen 34; Bruns NJW 79, 289 u. JZ 88, 1054; Schreiber NStZ 81, 340; LK 127; vor allem v. Hippel, Lange-FS 284; Bericht Demuth JZ 78, 324) entzieht sich die Zumessung. Aus ähnlichen Gründen sind auch von einem *computergesteuerten Strafzumessungsinformationssystem* (so Streng UniHDFS 522) keine gerechteren Ergebnisse zu erwarten (Bruns JZ 85, 67 u. NStrZR 66). Während der Richter nach der Spielraumtheorie (10) verpflichtet wäre, Ober- und Untergrenze des Spielraums in der Begründung zu nennen und anzuführen, welchen Einfluß die anderen Leitgesichtspunkte bei der Wahl der endgültigen Strafe gehabt haben, verpflichtet die hier vertretene Theorie (12) den Richter nur dazu, die Leitgesichtspunkte aufzuführen, die ihn bei der Zumessung bestimmt haben. In Zweifelsfällen hat das Revisionsgericht die Wertung des Tatrichters zu respektieren (BGH 29, 320; NJW 77, 639; NStZ 82, 465; 88, 452; BGHR vor § 1, msF, GesWürd. ff. 1; BGHR § 46 I, Beurt. Rahm. 1; 12. 6. 1990, 1 StR 206/90; 26. 5. 1992, 1 StR 796/91; Schleswig BA 81, 370; Karlsruhe Die Justiz 81, 321; Bruns 311 u. NStrZR 13). Zum Problem der Zumessungsbegründung bei der Gesamtstrafe vgl. 6 zu § 54. Auf die Strafzumessung kann ein Rechtsmittel beschränkt werden, wenn sie sich vom Schuldausspruch trennen läßt (BGH 10, 100; Celle VRS 38, 261; Stuttgart VRS 37, 121; Düsseldorf DAR 70, 191; vgl. aber auch Bay MDR 69, 242; KG NJW 76, 813; Koblenz VRS 48, 16; Hamm VRS 45, 297). Das gilt auch, wenn das gesetzliche Strafmaß während des Verfahrens geändert wird (BGH 20, 116; VRS 42, 353; Bay NJW 71, 393; Hamm GA 75, 25). Bei wirksamer Beschränkung der Berufung auf den Strafausspruch darf das Berufungsgericht Entscheidungsteile nur in dem begehrten Umfange nachprüfen (BGH 24, 188), wenn Schuld- und Straffrage trennbar sind, was dann auch zur Bindung an die der Schuldausspruch zugrunde liegenden Feststellungen führt, wenn sie doppelrelevante Tatsachen betreffen und sie der Beschwerdeführer eindeutig nicht angreift. Sind die Feststellungen für den Schuldspruch nicht tragend, so fehlt die Bindung. Die Feststellungen zu § 243 I Nr. 1, 2 oder 4 tragen jedoch idR auch den Schuldspruch (BGH 29, 359; zT noch abw. Schleswig NJW 79, 2057; krit. Grünwald JR 80, 303; SchlHA 80, 21 einerseits und Bay MDR 80, 780 L; Frankfurt NJW 80, 654 L andererseits), maßgebend ist die besondere Lage des Einzelfalles (BGH aaO). Unter den Voraussetzungen des § 354 I StPO kann das Revisionsgericht durchentscheiden und in Übereinstimmung mit dem Antrag der StA auf die gesetzlich niedrigste Strafe erkennen (vgl. den Fall BGH NStZ 89, 239). Nach NStZ 92, 297 (m. Anm. Scheffler) kann das Revisionsgericht in entsprechender Anwendung des § 354 I StPO unter bestimmten Voraussetzungen auch auf die gesetzlich zulässige Höchststrafe erkennen.

Kurze Freiheitsstrafe nur in Ausnahmefällen

47 [1] Eine Freiheitsstrafe unter sechs Monaten verhängt das Gericht nur, wenn besondere Umstände, die in der Tat oder der Persönlichkeit des Täters liegen, die Verhängung einer Freiheitsstrafe zur Einwirkung auf den Täter oder zur Verteidigung der Rechtsordnung unerläßlich machen.

Strafbemessung **§ 47**

II Droht das Gesetz keine Geldstrafe an und kommt eine Freiheitsstrafe von sechs Monaten oder darüber nicht in Betracht, so verhängt das Gericht eine Geldstrafe, wenn nicht die Verhängung einer Freiheitsstrafe nach Absatz 1 unerläßlich ist. Droht das Gesetz ein erhöhtes Mindestmaß der Freiheitsstrafe an, so bestimmt sich das Mindestmaß der Geldstrafe in den Fällen des Satzes 1 nach dem Mindestmaß der angedrohten Freiheitsstrafe; dabei entsprechen dreißig Tagessätze einem Monat Freiheitsstrafe.

1) Die Vorschrift idF des 2. StrRG/EGStGB (E EGStGB 212), die verfassungsmäßig ist (BVerfGE **28**, 386), soll gemeinsam mit § 56 II, III eines der wesentlichsten kriminalpolitischen Reformanliegen der StRGe verwirklichen, nämlich die weitestgehende Zurückdrängung kurzer Freiheitsstrafen (Ber. BT-Drs. V/4094, 5; zur Entwicklung in der Praxis BT-Drs. 8/4130; 10/5828, 4), die idR als verfehlt angesehen werden (1 zu § 38; BGH **22**, 199; JR **56**, 426; hierzu Weigend JZ **86**, 260), weil der Täter aus seinen sozialen Verflechtungen gerissen wird, nicht wirksam beeinflußt werden kann und krimineller Ansteckung ausgesetzt ist. Daher soll eine Freiheitsstrafe unter 6 Monaten nur als **ultima ratio** verhängt und bei günstiger Täterprognose stets zur Bewährung ausgesetzt werden. Ganz auf die kurze Freiheitsstrafe zu verzichten, hat sich der Gesetzgeber nicht entschließen können, „weil andere strafrechtliche Reaktionsmittel mit entsprechender Wirkung nicht zur Verfügung stehen", insbesondere die Geldstrafe keinen ausreichenden Ersatz darstellt (vgl. Zipf, Die Geldstrafe, 1966; Jescheck/Grebing, Die Geldstrafe im deutschen und ausländischen Recht, 1978) und auch im Ausland auf die kurze Freiheitsstrafe nicht verzichtet wird (Ber. 6). In Schweden (hierzu Cornils JR **81**, 309), Belgien und den USA sind überdies Bestrebungen im Gange, auch den Vollzug kurzer Freiheitsstrafen sinnvoll zu gestalten. Zum Ganzen Horstkotte NJW **69**, 1601; JZ **70**, 126; Lackner JR **70**, 3; Lenckner JurA **71**, 319; Tiedemann GA **74**, 12; M-Zipf § 64, 1; Payer, § 14 StGB idF des 1. StrRG, 1971; gegen dessen Kritik Tröndle MDR **72**, 461. I enthält eine Wahlregel für die Fälle wahlweiser Androhung von Freiheitsstrafe und Geldstrafe. Für die übrigen Fälle eröffnet II eine Zusatzmöglichkeit der Verhängung von Geldstrafe und erweitert insoweit generell die Strafdrohungen der einzelnen Tatbestände. Im Bereich des ZDG (§ 56) und des WStG (§§ 10, 12) ist entgegen dem früheren Recht § 47 nicht mehr ausgeschlossen, dessen Anwendung ist lediglich insoweit eingeschränkt (mit dem GG vereinbar: BVerfGE **34**, 261), als die Wahrung der Disziplin die Verhängung einer Freiheitsstrafe erfordert (E EGStGB 335, 403). Es wäre jedoch rechtsfehlerhaft, Geldstrafe in diesen Fällen grundsätzlich auszuschließen (Hamm NJW **80**, 2425; bedenklich weitgehend aber LG Lübeck StV **84**, 158; vgl. hierzu Peschke NZWehrr **87**, 159). Für die Jugendstrafe scheidet die Vorschrift aus, weil deren Mindestmaß 6 Monate beträgt (§ 18 I JGG). § 47 gilt in allen Fällen, in denen eine Freiheitsstrafe unter 6 Monaten in Betracht kommt, also auch bei Verbrechen, wenn infolge von Strafrahmenverschiebung (§§ 49, 50) Freiheitsstrafe unter 6 Monaten möglich ist oder wenn solche Freiheitsstrafen gehäuft zu verhängen sind (11. 11. 1982, 1 StR 628/82). Kommt das Gericht auf Grund der Zumessungserwägung nach § 46 zu dem Ergebnis, daß eine Freiheitsstrafe von 6 Monaten oder mehr zu verhängen ist, so ist § 47 ohne Bedeutung. Der Richter darf aber nicht deshalb, weil er eine Freiheitsstrafe für erforderlich hält, eine von mehr als 6 Monaten verhängen (nicht unbedenklich Braunschweig MDR **70**, 435). Kommt eine Freiheitsstrafe unter 6 Monaten in Betracht, so greifen I und II ein.

2) Die Wahlregel in I bestimmt, daß in diesen Fällen, wenn nach der gesetzlichen Strafdrohung Geldstrafe zulässig ist, Freiheitsstrafe nur ver-

hängt werden darf, wenn **A. besondere Umstände** gegeben sind **a) in der Tat**, dh im Gesamtbild der Tatbestandsverwirklichung, wobei nicht nur die Art des verletzten Rechtsguts, die Schwere dieser Verletzung sowie sonstige objektive Tatfaktoren wie Art der Ausführung, Maß der Pflichtwidrigkeit und verschuldete Tatfolgen (21 ff. zu § 46) eine Rolle spielen, sondern auch die psychischen Tatfaktoren (18 ff. zu § 46), selbst wenn sie
3 zugleich die Täterpersönlichkeit beleuchten; oder **b)** in der **Persönlichkeit** des Täters im weitesten Sinne, in seinem Sosein, wobei seine persönlichen Verhältnisse (25 zu § 46) ebenso eine Rolle spielen wie sein Vorleben (24 zu § 46). Es müssen in den Fällen zu 2 (a) besondere Umstände der Tatbestandsverwirklichung sein, so daß also nicht Tatbestände bestimmter Art (wie etwa § 316) als besondere Umstände angesehen werden können (Düsseldorf NJW **70**, 676; StV **91**, 264; Hamm NJW **70**, 1384; Frankfurt NJW **71**, 667). Die Umstände müssen die Tat, wenn auch nicht in ihrer gesamten Schwere, so doch mindestens in einer bestimmten Beziehung aus dem Durchschnitt der praktisch vorkommenden Taten dieser Art herausheben, Düsseldorf; Hamm; Frankfurt jew. aaO. In den Fällen von 3 müssen in der Person des Täters Umstände vorliegen, die ihn von den durchschnittlichen Tätern solcher Taten unterscheiden (für den Fall starker persönlicher Abhängigkeit vom Mitangeklagten: NJW **91**, 1315; für den Fall eigenmächtiger Abwesenheit iS des § 15 WStG: Bay NStE Nr. 4; für den Fall des kriminellen Journalismus, 20. 8. 1982, 2 StR 278/82). Frankfurt NJW **70**,
4 956 will im Anschluß an Lackner auf den Durchschnittsbürger abstellen. **B.** die Verhängung unerläßlich ist entweder **a) zur Einwirkung auf den Täter**, dh aus spezialpräventiven Gründen (3 zu § 46; Stuttgart OLGSt. 9 zu § 27 b aF; Frankfurt NJW **72**, 1524) Freiheitsstrafe unerläßlich ist (zB im Falle Köln VRS **70**, 275). Dieser zuerst zu prüfende Gesichtspunkt (Düsseldorf VM **71**, 56; StV **86**, 64), der allein mit günstigen Vermögensverhältnissen des Täters nicht begründet werden darf (MDR/H **78**, 986), setzt, wie sich aus dem Zusammenspiel mit § 56 I, III ergibt, nicht voraus, daß auch der Vollzug und dessen Einwirkung auf den Täter geboten sein müssen (BGH **24**, 164; Lackner 1; Horstkotte JZ **70**, 127; LK-G. Hirsch 12; str.; vgl. auch SK- Horn 10 ff.). Es genügt, daß das gewichtigere Unwerturteil, das im bloßen Strafausspruch liegt, unerläßlich ist oder daß die Einwirkung während einer Bewährungszeit, vor allem durch einen Bewährungshelfer (Kunert MDR **69**, 708) oder aber der Strafvollzug für den Fall der Nichtbe-
5 währung unerläßlich ist; **b)** oder **zur Verteidigung der Rechtsordnung** (6 zu § 46) die Freiheitsstrafe unerläßlich ist; hier kommt es darauf an, welche Bedeutung die Tat und Taten dieser Art als Verletzung der Rechtsordnung vor allem für den Rechtsgüterschutz haben (vgl. Celle MDR **71**, 773), inwieweit Wiederholungs- und Ansteckungsgefahr bestehen (13. 6. 1979, 3 StR 127/79; Hamm VRS **39**, 479; Koblenz OLGSt. 21; bedenklich VRS **40**, 345) und wie die Allgemeinheit auf eine etwaige Geldstrafe reagiert. Aus der Schutzrichtung eines bestimmten Tatbestandes wie zB des Meineids darf aber nicht geschlossen werden, daß stets eine Freiheitsstrafe unerläßlich sei (29. 4. 1971, 4 StR 102/71; Köln, OLGSt. 39 zu § 185: Beleidigung eines Gerichtsvorsitzenden; NJW **81**, 411: im Falle einer Tat eines Polizeibeamten nach § 340; Stuttgart Die Justiz **81**, 133: Rückfalltat nach § 316). Andererseits bedarf die Verhängung einer Geldstrafe bei leichtfertiger Verursachung eines außerordentlich schweren Verkehrsunfalls besonderer Be-

Strafbemessung **§ 47**

gründung (Koblenz VRS **63**, 45); dies gilt nach Bay (DAR **78**, 207 dort 2a) ebenso, wenn für eine Tat nach § 316 trotz kurz zurückliegender einschlägiger Vorstrafe auf Geldstrafe erkannt wird (zw.). Im übrigen gelten bei wiederholter Rückfälligkeit geringere Anforderungen für die Begründungspflicht, es sei denn, die Alkoholdelikte des Angeklagten hätten eine abnehmende Tendenz (Köln GA **80**, 267). § 47 ist im Zusammenhang mit § 56 I, III zu sehen, wonach Freiheitsstrafen unter 6 Monaten zur Bewährung auszusetzen sind, wenn die Sozialprognose günstig ist. Es muß also selbst dann ausgesetzt werden, wenn die Verteidigung der Rechtsordnung eine Freiheitsstrafe unerläßlich macht (7 zu § 56). c) Die **Schwere der** 6 **Schuld,** die für die Gesichtspunkte unter 4 und 5 als Beurteilungsgrundlage eine mittelbare Rolle spielen kann (vgl. Köln DAR **71**, 300; Bay MDR **72**, 340), ist als solche nicht geeignet, eine Freiheitsstrafe unerläßlich zu machen; der Gesichtspunkt ist bewußt weggelassen worden (Prot. V/2135, 2139; MDR/D **70**, 380; vgl. Köln NJW **70**, 258; Düsseldorf VRS **39**, 328; vgl. auch Schleswig SchlHA **76**, 166). Das bedeutet im Ergebnis, daß § 46 I S. 1 im Bereich der kurzen Freiheitsstrafe ausgeschaltet ist, soweit es um die Wahl der Geldstrafe geht, und daß andererseits in solchen Fällen, in denen nach der Schuldschwere Geldstrafe angemessen gewesen wäre, Freiheitsstrafe aus den Gründen unter 4 und 5 zu verhängen ist. Geht man nicht von der Spielraumtheorie aus, so liegt darin die Erlaubnis des Gesetzes, das schuldangemessene Maß zu überschreiten (Dreher, Bruns-FS 147; vgl. 12 zu § 46; Bockelmann-Volk AT § 29 II 1 b; aM LK 4). C. **Die Unerläßlich-** 7 **keit** setzt nicht voraus, daß die besonderen Umstände entweder in der Tat *oder* der Persönlichkeit des Täters liegen. Es reicht aus, wenn Umstände in Tat *und* Persönlichkeit insgesamt die Verhängung erfordern (Frankfurt VRS **42**, 188). Nicht ausgeschlossen ist auch, daß sich die Unerläßlichkeit erst ergibt, wenn die beiden Ziele gemeinsam berücksichtigt werden. Mit dem einschränkenden Ausdruck „unerläßlich", der strenger auszulegen ist als „geboten" (Hamm MDR **86**, 72; Düsseldorf 25. 9. 1991, 5 Ss 361/91), meint das Gesetz, daß die Freiheitsstrafe als ausgesprochene Ausnahme nur dann verhängt werden darf, wenn nicht auf sie verzichtet werden kann (vgl. Schleswig SchlHA **70**, 62; Hamm MDR **70**, 693; 779; Bay DAR **81**, 243; LG Köln ZfS **82**, 29; Düsseldorf StV **86**, 64; **91**, 264; bedenklich SK 15 ff.). Keineswegs kann hierfür das Vorliegen eines besonders schweren Falles (StV **86**, 198 L) oder einer anderen Tatqualifikation genügen, auch nicht schon der Umstand, daß der Täter bereits 25 Einzelfreiheitsstrafen verwirkt hat (NStE Nr. 2) oder daß der Täter zwar 4 mal einschlägig vorbestraft ist, die abzuurteilende Tat aber von Anlaß und Motivation her Ausnahmecharakter hat (Bay VRS **82**, 339). Denn die Prüfung nach § 47 hat *für jede einzelne Tat* stattzufinden (BGH **24**, 165), und zwar auch bei gleichzeitiger Verurteilung zu einer höheren Freiheitsstrafe (BGHR § 47 I, Umst. 4; 16. 1. 1992, 4 StR 509/91), hierbei sind uU auch etwaige Nebenstrafen, Maßregeln aber nur dann zu berücksichtigen, wenn sie die Einwirkung auf den Täter durch Freiheitsstrafe überflüssig machen (vgl. Lenckner JurA **71**, 332; Eickhoff NJW **71**, 272). Das kann der Fall sein, wenn sich der Täter inzwischen längere Zeit straffrei gehalten hat (20. 1. 1981, 1 StR 690/80) oder wenn neben der Geldstrafe ein Fahrverbot verhängt wird (Bay **77**, 53). Nun gilt zwar allgemein, daß eine Freiheitsstrafe statt einer Geldstrafe auch in einem 6 Monate übersteigenden Maß schon nach dem Prinzip des geringeren Übels nur verhängt werden darf, wenn sie erforderlich ist. Hinsichtlich der kurzen Freiheitsstrafe besteht aber, abgesehen davon, daß im Bereich von mehr als 6 Monaten auch die Schuld allein eine Freiheitsstrafe rechtfertigen kann, die besondere Lage darin, daß derartige Strafen grundsätzlich unerwünscht sind. Unerläßlich bedeutet daher, daß die Freiheitsstrafe auch trotz dieser grundsätzlichen Bedenken unverzichtbar (wobei Köln OLGSt. 13, 15 bei im übrigen hinreichender Begründung die Verwendung des Wortes „unerläßlich" nicht für geboten hält) sein muß. Dabei kann es allerdings nicht darauf ankommen, ob diese Bedenken im konkreten Fall gerechtfertigt sind. Sonst würde der sozial eingeordnete, einer Ansteckungsgefahr nicht ausgesetzte Täter leichter eine Freiheitsstrafe erhalten als der labile und anfällige Täter (aM Cramer JurA **70**, 202; Lenckner aaO 340). Zu prüfen ist auch, wie die Verhängung einer hohen Geldstrafe auf den Täter wirken würde (Hamburg VM **71**, 57; Köln StV **84**, 378). Einer kurzfristigen Freiheitsstrafe bedarf es zur Einwirkung auf den Täter dann nicht, wenn eine positive Veränderung in den persönlichen Verhältnissen die Erwartung begründet, daß er keine weiteren Straftaten mehr begeht (Zweibrücken StV **92**, 323). In Zweifelsfällen ist Geldstrafe zu verhängen (vgl. Celle NJW **70**, 872); das kann auch bei mehreren einschlägigen Vorstrafen (geringfügige Ladendiebstähle, länger zurückliegende Trunkenheitsfahrt) der Fall sein (Schleswig NJW **82**, 116; LG Köln ZfS **82**, 158), ist aber dann näher zu begründen (Koblenz OLGSt. 55 zu § 185 StGB). Ob der Täter sie bezahlen kann, spielt an sich keine Rolle (3 zu § 40); ebensowenig, ob er sich das nötige Geld durch Kredit beschaffen wird (Frankfurt NJW **71**, 669). Doch können Straftat und Mittellosigkeit zeigen, daß ein gestörtes Sozialverhalten vorliegt, das weitere Straftaten befürchten läßt (Horstkotte aaO). Dann kann Freiheitsstrafe unerläßlich sein (Bay NStZ **89**, 75 [m. Anm. Köhler JZ **89**, 697]; OLGSt Nr. 2; Düsseldorf MDR **70**, 1025; NStZ **86**, 512 mit krit. Anm. Horn JR **87**, 294 für den Fall eines Diebstahls geringwertiger Sachen eines vielfachen Rückfalltäters). Das ist näher darzulegen (Köln OLGSt. 11). Bei einem Ersttäter ist eine kurzfristige Freiheitsstrafe idR nicht unerläßlich (Hamm wistra **89**, 234). Der Umstand allein, daß eine Freiheitsstrafe nach § 56 I, III ausgesetzt werden müßte (7 zu § 56), kann anderseits die Wahl der Geldstrafe nicht rechtfertigen (vgl. Saarbrücken VRS **27**, 261; Kunert MDR **69**, 708 f.).

8 **3) Das Gebot (II),** in den Fällen, in denen Geldstrafe wahlweise nicht angedroht ist und Freiheitsstrafe von 6 Monaten und mehr nicht in Betracht kommt, Geldstrafe zu verhängen, wenn Freiheitsstrafe nicht unerläßlich ist, steht unter den für I geltenden Voraussetzungen. Wie dort verhängt das Gericht unmittelbar die Geldstrafe nach den Grundsätzen der §§ 40, 46, ohne erst eine bestimmte Freiheitsstrafe bestimmen zu müssen, an deren Stelle die Geldstrafe tritt (BGH **24**, 230; vgl. Horn NStZ **90**, 271, der aber verkennt, daß Art. 12 EGStGB nur eine bloße Überleitungsnorm und keine Ermächtigungsnorm für einen Strafartenwechsel enthält). Es genügt die Feststellung, daß eine Freiheitsstrafe von 6 Monaten oder mehr ausscheidet. II ist auch in den Fällen anzuwenden, in denen Geldstrafe deshalb zunächst ausscheidet, weil das Gericht einen minder schweren Fall verneint (zB bei §§ 272, 340 I). Deshalb braucht Freiheitsstrafe nicht unerläßlich zu sein. Für die Fälle, in denen das Gesetz primär nicht nur keine

Strafbemessung **§ 47**

Geldstrafe androht, sondern auch das Mindestmaß der angedrohten Freiheitsstrafe über dem gesetzlichen von 1 Monat liegt, bestimmt II S. 2, daß sich die Mindestzahl der Tagessätze einer nach II S. 1 verhängten Geldstrafe unter Anwendung des Grundsatzes ein Monat Freiheitsstrafe = 30 Tagessätze nach dem Mindestmaß der angedrohten Freiheitsstrafe richtet. In Betracht kommen die Fälle, in denen das angedrohte Mindestmaß 3 Monate (zB §§ 80a, 90 I, 90b, 103, 106 I, 109 I, 109h, 121 I, 130, 153, 223b, 330) beträgt, darunter auch die oben erwähnten Fälle, in denen dieses erhöhte Maß nur deshalb eingreift, weil das Gericht einen minder schweren Fall ablehnt (Köln MDR **70**, 694). Übersieht der Tatrichter II S. 2, so kann das Revisionsgericht auf Revision und Antrag der StA auf die nach II S. 2 niedrigste Tagessatzanzahl entsprechend § 354 I StPO erkennen (Bay **79**, 131). Bei einem Mindestmaß von 6 Monaten und mehr ist § 47 II unanwendbar. Doch wird man II S. 2 auch auf Fälle anzuwenden haben, in denen sich erst nach §§ 49, 50 ein erhöhtes Mindestmaß unter 6 Monaten ergibt (vgl. SK 9 zu § 49). In allen diesen Fällen will II S. 2, da nicht an eine hypothetische Freiheitsstrafe angeknüpft werden kann, verhindern, daß eine Geldstrafe verhängt wird, die nicht dem erhöhten Mindestmaß der Freiheitsstrafe angemessen ist (Saarbrücken OLGSt. 1).

4) In der **Praxis** werden es idR besondere Tatumstände sein, die Freiheitsstrafe zur Verteidigung der Rechtsordnung unerläßlich machen, und besondere Tätermerkmale, die denen das zur Einwirkung auf den Täter der Fall ist. Doch braucht das nicht so zu sein. Zur ersten Gruppe können zB Fälle gehören, in denen Passanten auf der Straße grundlos niedergeschlagen werden (Rocker) oder Fälle nach § 130; zur zweiten Gruppe Fälle, in denen die Umstände zeigen, daß eine Geldstrafe den Täter in keiner Weise beeindrucken würde (Braunschweig GA **70**, 87), zB bei Verstößen gegen § 29 I Nr. 1 BtMG (Anh. 4; krit. Kreuzer StV **82**, 442) oder gewissen Wirtschaftsdelikten (Horstkotte aaO), Vergehen nach § 170b (vgl. jedoch Köln OLGSt. 3). Insbesondere beharrliche (5 zu § 184a) Wiederholungstaten können die Unerläßlichkeit begründen. Daher ist es abwegig, sie deshalb abzulehnen, weil zahlreiche Freiheitsstrafen den Täter bisher nicht beeindruckt haben (vgl. Hamm NJW **69**, 1222; Bay NJW **70**, 871; aM Frisch, Prognoseentscheidungen im Strafrecht, 1983, 131). Gerade Vorstrafen können Freiheitsstrafe zur Einwirkung auf den Täter unerläßlich machen (Koblenz OLGSt. 5; Hamm OLGSt. 11); doch genügen summarische Hinweise im Urteil nicht (Celle DAR **70**, 188; Düsseldorf VRS **39**, 328; Zweibrücken OLGSt. 9; vgl. auch Hamm VRS **41**, 410). Eine fortgesetzte Tat mit zahlreichen Einzelfällen an sich kleinerer Art kann Freiheitsstrafe unter verschiedenen Gesichtspunkten unerläßlich machen (vgl. MDR/D **70**, 196). Wiederholte Begehung eines Delikts nach § 316 kann sowohl unter Tat- wie unter Tätergesichtspunkten und sowohl zur Einwirkung auf den Täter wie zur Verteidigung der Rechtsordnung zu Freiheitsstrafe führen (vgl. Köln NJW **70**, 258; Oldenburg MDR **70**, 435; Frankfurt NJW **70**, 956; **71**, 666; Hamm MDR **71**, 66; VRS **39**, 479; **40**, 100; Koblenz VRS **40**, 9; BA **77**, 435; OLGSt. 2, 6; Schleswig SchlHA **78**, 182; anderseits Karlsruhe VM **70**, 56; Hamm MDR **70**, 693; DAR **72**, 244; Karlsruhe DAR **71**, 188; AG Landstuhl MDR **75**, 1039; vgl. auch DAR **70**, 190 [zu § 315c I Nr. 1]; Köln MDR **70**, 1026; 11 zu § 316, jedoch nicht ohne weiteres bei

9

§ 47

jünger zurückliegender Vorverurteilung Bay DAR **78**, 207), so wird bei Zivildienstverweigerern aus religiösen Gründen (Zeugen Jehovas) die Verhängung einer Geldstrafe nach II nicht von vornherein ausgeschlossen sein (Zweibrücken StV **89**, 397; Bay NJW **92**, 191). Bei Trunkenheitsfahrten mit schweren Folgen kann auch bei unbescholtenen Ersttätern eine Freiheitsstrafe unerläßlich sein (Bay MDR **72**, 339; KG VRS **44**, 94). Eine nicht einschlägige Vorstrafe wird eine Freiheitsstrafe kaum unerläßlich machen (Hamm MDR **70**, 779; LK 22). Von Bedeutung werden auch Fälle sein, in denen nur wegen einer Strafrahmenverschiebung nach unten (9 zu § 12; sowie § 49 II) Freiheitsstrafe von weniger als 6 Monaten in Betracht kommt, dann aber aus den Gründen von I unerläßlich ist.

10 5) In den Fällen einer möglichen **Gesamtstrafe** ist § 47 für jede einzelne Tat zu prüfen (BGH **24**, 164; MDR **69**, 1022; NJW **71**, 1415; VRS **39**, 95; 1. 9. 1989, 2 StR 387/89; Frankfurt NJW **71**, 666; Hamm GA **70**, 117). Doch wird dabei die Tatsache der Begehung mehrerer Taten ebenso wie Vorstrafen oder Vortaten als besonderer Täterumstand angesehen werden können (MDR/D **70**, 196; Hamburg MDR **70**, 437). Bei Zusammentreffen mit Einzelstrafen von mehr als 1 Jahr und mehr als 6 Monaten kann die Verteidigung der Rechtsordnung auch im übrigen Freiheitsstrafen unerläßlich machen, ohne daß dies besonderer Begründung bedarf (Köln NStZ **83**, 264; vgl. MDR/D **70**, 380), jedoch genügt der Hinweis auf die Vielzahl von Einzelfällen noch nicht zur Begründung der Voraussetzungen des § 47 (StV **82**, 366 L). Je nach Ergebnis kommen dann eine Gesamtstrafe, eine Gesamtfreiheitsstrafe oder aber Freiheitsstrafe und Geldstrafe (§ 53 II S. 2) in Betracht.

11 6) Im **Urteil** muß § 47 erörtert werden (vom Berufungsgericht selbst dann, wenn es einen Tatbestand mit Mindeststrafe von 6 Monaten annimmt, aber wegen § 331 StPO darunter bleiben muß, Köln MDR **74**, 774); wird Freiheitsstrafe verhängt, was im pflichtgemäßen Ermessen des Richters steht (20. 8. 1982, 2 StR 278/82), so müssen die Gründe die Umstände angeben, die zu der Ablehnung von Geldstrafe geführt haben (§ 267 III S. 2 StPO; 20. 6. 1989, 1 StR 281/89; Braunschweig GA **70**, 87; Stuttgart Die Justiz **70**, 93; Schleswig StV **82**, 367). Liegt nach dem Fall Freiheitsstrafe nahe, so bedarf die Geldstrafe der Begründung (Stuttgart NJW **71**, 2181).

48 Aufgehoben durch Art. 1 Nr. 1 des 23. StÄG (9 vor § 56; vgl. RegE BT-Drs. 10/2720, Ber. BT-Drs. 10/4391).

Besondere gesetzliche Milderungsgründe

49 ^I **Ist eine Milderung nach dieser Vorschrift vorgeschrieben oder zugelassen, so gilt für die Milderung folgendes:**
1. **An die Stelle von lebenslanger Freiheitsstrafe tritt Freiheitsstrafe nicht unter drei Jahren.**
2. **Bei zeitiger Freiheitsstrafe darf höchstens auf drei Viertel des angedrohten Höchstmaßes erkannt werden. Bei Geldstrafe gilt dasselbe für die Höchstzahl der Tagessätze.**
3. **Das erhöhte Mindestmaß einer Freiheitsstrafe ermäßigt sich**
   im Falle eines Mindestmaßes von zehn oder fünf Jahren auf zwei Jahre,
   im Falle eines Mindestmaßes von drei oder zwei Jahren auf sechs Monate,

Strafbemessung **§ 49**

**im Falle eines Mindestmaßes von einem Jahr auf drei Monate,
im übrigen auf das gesetzliche Mindestmaß.**

II Darf das Gericht nach einem Gesetz, das auf diese Vorschrift verweist, die Strafe nach seinem Ermessen mildern, so kann es bis zum gesetzlichen Mindestmaß der angedrohten Strafe herabgehen oder statt auf Freiheitsstrafe auf Geldstrafe erkennen.

1) **Die Vorschrift** ist im Anschluß an § 64 E 1962 (Begr. 186) und § 61 AE **1**
durch das 2. StrRG (Ber. BT-Drs. V/4095, 23; Prot. V/389, 881, 1302, 1351, 2245, 2609, 2908, 3159, 3203) eingefügt und durch Art. 18 Nr. 13 EGStGB (E EGStGB 313) angepaßt worden. **Schrifttum:** *Bergmann*, Die Milderung der Strafe nach § 49 II StGB, 1988 [hierzu *Lemke* GA **89**, 239]; *Horn* NStZ **90**, 270.

2) **Strafrahmenverschiebung.** § 49 macht deutlich, daß das Gesetz, **2**
wenn es von Mildern der Strafe spricht, nicht etwa die Milderung einer nach dem Regelstrafrahmen gedachten konkreten Strafe oder gar eine Strafe meint, die unter dem Mindestmaß des Regelstrafrahmens liegt (StV **81**, 401), sondern die vorgeschriebene oder zugelassene Wahl eines niedrigeren Strafrahmens, aus dem ggf. zunächst die Strafart (Horn NStZ **90**, 270) und dann unmittelbar die Strafe zuzumessen ist. Der Tatrichter muß erkennen lassen, von welchem Strafrahmen er ausgegangen ist (StV **84**, 205; Schleswig NStZ **86**, 511; auch im Falle des § 31 Nr. 1 BtMG, NStZ **85**, 30). Ob eine Milderung des Strafrahmens vorzunehmen oder zu versagen ist, hat er unter Berücksichtigung aller Umstände nach pflichtgemäßem Ermessen zu entscheiden (BVerfGE **50**, 9; BGH NJW **86**, 793 m. Anm. Bruns JR **86**, 338). Abzulehnen ist die Auffassung, wonach der Richter innerhalb eines Gesamtrahmens zu wählen habe, der aus den zur Wahl stehenden Einzelrahmen gebildet wird, vielmehr ist zunächst aufgrund einer Gesamtwürdigung (42 zu § 46) der Strafrahmen, ggf der zur Wahl stehende (MDR/H **79**, 279; 29. 11. 1985, 3 StR 456/85) oder der Ausnahmestrafrahmen zu finden (so auch Bottke 658; aM M-Zipf § 62, 37; SK-Horn 57 zu § 46; Timpe 82ff.; Frisch/Bergmann JZ **90**, 949; Frisch, Spendel-FS 383). Wird der niedrigere Strafrahmen angewandt, so ergibt sich aus dem Prinzip, daß der Strafrahmen eine kontinuierliche Schwereskala möglicher Tatbestandsverwirklichungen darstellt (14 zu § 46), zwingend, daß die Strafe für die Tat (da sie in eine niedrigere Skala rückt) niedriger ausfallen muß als bei Anwendung des Regelrahmens (ebenso 27. 1. 1976, 1 StR 739/75). Bei § 49 geht es danach um eine Strafrahmenverschiebung nach unten, die aber nur in Betracht kommt, wenn sie eine einzelne Vorschrift unter Bezugnahme auf § 49 I oder II *zuläßt* oder auch in den Fällen von I *vorschreibt*. § 49 ist eine strikte Norm, sie ist, da sie sonst ihren gesetzgeberischen Sinn verlöre, einer Analogie nicht fähig (Bruns JR **81**, 360). Darüber hat sich der GrSenBGH **30**, 105 (sich zu Unrecht auf BVerfGE **45**, 187 berufend) hinweggesetzt und „außergewöhnliche Umstände" im Falle des Mordmerkmals der Heimtücke gesetzlichen Milderungsgründen des § 49 contra legem gleichgestellt. Dieser Auslegung, die das gesetzliche Strafrahmensystem aus den Angeln hebt (vgl. Bruns aaO), ist zu widersprechen (2c, 6b, 17 zu § 211).

3) **Milderung nach I** ist entweder **A. vorgeschrieben,** so in den Fällen **3**
der §§ 27 II, 28 I, 30 I, 35 II, 111 II; oder **B. zugelassen,** so in den Fällen der **4**

§ 49

§§ 13 II, 17, 21, 23 II, 35 I, 239a III; §§ 5 II, 28 I, 34 I WStG; §§ 115 VI, 116 III SeemannsG. Hier ist es eine pflichtgemäße Entscheidung des Gerichts, ob der Gesichtspunkt, der das Gesetz zur Eröffnung der Möglichkeit nach I veranlaßt (so zB bei § 13 II das Unterlassen statt des aktiven Tuns, bei § 23 die Tatsache, daß die Tat nur Versuch blieb, usw.) im Einzelfall in einer Weise konkretisiert ist, daß die Abweichung vom Regelstrafrahmen am Platze ist (vgl. E 1962, 187; str.); hieran kann es zB bei der absoluten Strafdrohung des § 211 fehlen, wenn die verminderte Schuldfähigkeit (§ 21) durch erschwerende Umstände aufgewogen wird (MDR/H **77**, 460; NStZ **85**, 357; StV **90**, 157); unter solchen Umständen ist die lebenslange Strafe nicht verfassungswidrig (BVerfGE **50**, 5), bei einem gerade erst 21 Jahre alt gewordenen Täter kann sie aber unangemessen sein (MDR/H **81**, 981).

5 C. **Nach I Nr. 1 bis 3** bestimmt sich im Fall der **Milderung** der niedrigere Strafrahmen dahin, daß sowohl Höchst- wie Mindestmaß gesenkt werden und ein ganz neuer Strafrahmen entsteht. Mit der angedrohten Strafe, um deren Milderung es geht, ist nicht nur der Regelstrafrahmen für das Delikt (ggf für dessen Privilegierungs- oder Qualifikationstatbestand), sondern auch der Rahmen für besonders schwere oder minder schwere Fälle desselben Delikts gemeint (41 ff. zu § 46 mwN; auch 2, 3 zu § 50; LK-G. Hirsch 6). Der Rahmen der Gesamtstrafe nach § 54 wird nicht betroffen. Im einzelnen ist zu Nr. 1 bis 3 nur folgendes hervorzuheben: **a)** Ist lebenslange Freiheitsstrafe (Nr. 1) neben zeitiger Freiheitsstrafe angedroht (zB in §§ 239a II, 251), so hat der Richter zunächst zu prüfen (MDR/H **79**, 279), ob er den Rahmen der zeitigen Freiheitsstrafe zu wählen hat, und ggf diesen zu mildern (anders LK 7). Doch sind auch Fälle denkbar, in denen er die lebenslange Freiheitsstrafe wählt und nach Nr. 1 verfährt. **b)** Bei der Berechnung nach Nr. 2 S. 1, für die § 39 nicht gilt, sollte der Monat zu 30 Tagen gerechnet werden, so daß sich zB ein Höchstmaß von 6 Monaten (§§ 106a I, 107b, 160, 184a, 284a) auf 4 Monate 15 Tage senkt (vgl. auch 3 zu § 39). Bei **mehrfacher Milderung** (3 zu § 50) können sich sehr differenzierte Höchstmaße errechnen (vgl. NJW **75**, 743), die zugunsten des Täters abgerundet werden sollten. **c)** Sinkt in den Fällen der Nr. 3 das Mindestmaß unter 6 Monate, so ist zunächst zu prüfen, ob nicht, vor allem nach § 47 II, Geldstrafe zu verhängen ist (Ber. 24; vgl. Horn NStZ **90**, 270 und 2 zu § 47); deren Mindestmaß richtet sich dann nach dem nach § 49 gemilderten Mindestmaß iVm § 47 II S. 2 (unklar Ber. 24).

6 **4) Nach II** kommt **Milderung** in Betracht, wenn ein Gesetz, das auf II verweist, dem Tatrichter die Möglichkeit gibt, die Strafe nach seinem Ermessen zu mildern (§§ 23 III, 83a I, 84 IV, V, 90 II, 98 II, 113 IV, 129 VI, 129a IV, V, 157, 158 I, 233, § 261 X, 311c I, II, 315 VI, 316a II, 316c IV, 330b I; vgl. Bergmann [oben 4] 54 ff.). Sieht er davon ab, so hat er die Gründe hierfür anzugeben (BGHR § 49 II, Erm. 1). II kommt vor allem in Betracht in den Fällen tätiger Reue (7 zu § 24), ferner *in den Fällen des § 31 BtMG* (Anh. 4), wenn nach der *Überzeugung* des Tatrichters (BGHR § 31 I BtMG, Aufd. 1) der Täter die Beteiligung anderer zutreffend geschildert hat (BGH **31**, 166; **33**, 82; StV **84**, 287; **87**, 345 [m. Anm. Körner NStZ **88**, 506]; BGHR § 29 III BtMG, StRahmW 6; BGHR § 30 II BtMG, StRahmW

Strafbemessung § 49

2; Bay **90**, 101), auch wenn er in der Hauptverhandlung von seinem Schweigerecht Gebrauch macht (BGHR § 31 Nr. 1 BtMG, Aufd. 6) seinen eigenen Tatbeitrag herunterzuspielen versucht (2. 10. 1990, 1 StR 487/90), oder wenn die tatbeteiligte andere Person bis zum Ende der Hauptverhandlung nicht festgenommen werden kann (NStZ **89**, 77; BGHR § 31, 1 BtMG, Aufd. 11); selbst wenn er seine belastenden Angaben widerruft, sofern dadurch der Aufklärungserfolg nicht in Frage gestellt wird (27. 3. 1990, 1 StR 43/90), jedoch mußte der Täter durch freiwillige Offenbarung seines Wissens wesentlich dazu beigetragen haben (BGHR § 31 Nr. 1 BtMG, Mild. 3, freiw. 2, Aufd. 17), daß die Tat über seinen eigenen Tatbeitrag hinaus aufgedeckt werden *konnte.* Hierfür kann genügen, daß der Täter durch seine Aussage hinsichtlich schon bekannter Erkenntnisse den Strafverfolgungsorganen die Überzeugung vermittelt, daß sie auch zutreffen (13. 9. 1990, 4 StR 253/90), andererseits belohnt § 31 BtMG nur die Aufdeckung selbst, nicht schon das Aufdeckungsbemühen (NStZ **89**, 580 m. Anm. Weider; zur Problematik Schröder, Mayer-FS 377; Dreher, Bruns-FS 143; Frisch JR **86**, 89). Der Aufklärungserfolg für die anderen Taten darf im Vergleich zu der dem Angeklagten angelasteten Tat nicht ohne Gewicht sein (13. 9. 1990, 4 StR 253/90). § 31 BtMG ist auch anwendbar, wenn ein geständiger Mittäter oder Gehilfe an Einzelakten eines fortgesetzten BtM-Delikts durch Offenbarung seines Wissens dazu beiträgt, daß andere Einzelakte der Straftat, an denen er nicht beteiligt war, aufgeklärt werden können (20. 2. 1991, 2 StR 608/90). II ermächtigt das Gericht **a)** die Strafe statt dem Regelstrafrahmen einem Rahmen zu entnehmen, dessen Höchstmaß unverändert bleibt, dessen erhöhtes Mindestmaß aber auf das gesetzliche (§ 38 II; § 40 I) gesenkt wird; ist ohnehin das gesetzliche Mindestmaß angedroht, ist II insoweit ohne Bedeutung. Im Urteil ist darzulegen, von welchem Strafrahmen das Gericht ausgegangen ist (oben 2; StV **84**, 205; 22. 3. 1989, 3 StR 57/89), und ob es ggf. was zunächst zu prüfen ist (NStZ/M **82**, 454), von einem minder schweren Fall ausgegangen ist (18. 1. 1979, 4 StR 707/78; Schleswig SchlHA **82**, 98); wählt es den milderen Strafrahmen, so darf es das nur aus den Gründen tun, die sich aus den einzelnen Vorschriften ergeben (vgl. oben 4; 3 zu § 23; aM Schäfer StrZ 419); **b)** statt auf Freiheitsstrafe auf Geldstrafe zu erkennen, wenn diese nicht ohnehin angedroht ist. Das ist in den Fällen von Bedeutung, in denen eine Freiheitsstrafe von 6 Monaten und mehr in Betracht kommt. Kommt eine niedrigere in Betracht, so greift bereits § 47 ein, der dann dem II vorgeht (LK 14). Konkurriert ideell eine Tat mit dem Delikt, für das die Vergünstigung vorgesehen ist, so bleibt die Strafbarkeit jener Tat erhalten; dessen Mindeststrafe darf auch nicht unterschritten werden (vgl. Celle JZ **59**, 541; anderseits LG Göttingen NdsRpfl. **51**, 40). Bei Straftaten von Soldaten und Zivildienstleistenden sind § 10 WStG, § 56 ZDG zu beachten (oben 1 zu § 47). Für das JGG ist nach dessen eigenem Strafsystem II unanwendbar (vgl. aber 52 aE zu § 46).

Zusammentreffen von Milderungsgründen

50 Ein Umstand, der allein oder mit anderen Umständen die Annahme eines minder schweren Falles begründet und der zugleich ein besonderer gesetzlicher Milderungsgrund nach § 49 ist, darf nur einmal berücksichtigt werden.

§ 50

AT Dritter Abschnitt. Zweiter Titel

1   1) **Die Vorschrift**, die wörtlich dem § 65 E 1962 (Begr. 187; Ndschr. 4, 266, 394) sowie § 62 AE entspricht, aber im früheren Recht kein Vorbild hat, ist durch das 2. StrRG eingefügt (Ber. BT-Drs. V/4095, 24; Prot. V/390, 882, 1351, 2245, 2611) und durch das EGStGB (E EGStGB 213) angepaßt worden.

2   2) § 50 enthält a) **ein Verbot der Doppelverwertung** von Milderungsgründen, aber nur für den Fall, daß ein minder schwerer Fall (41 zu § 46) mit einem *gesetzlich vertypten* Milderungsgrund (zB §§ 13 II, 21, 23 III, 27 II, 28 I, 30 I, 35 I, II) nach § 49 zusammentrifft (BGH **27**, 299; NJW **80**, 950; NStZ **85**, 261; 6. 1. 1989, 5 StR 578/88; vgl. Horstkotte, Dreher-FS 278; Bruns JR **80**, 228; R. Schmitt JZ **83**, 400), denn wenn ein gesetzlich vertypter Milderungsgrund einen milderen Strafrahmen begründet, so ist er für eine weitere Strafrahmenverschiebung iS des § 50 „verbraucht" (NStZ **87**, 504; and. Eser, Middendorff-FS 79). Da die Annahme eines minder schweren Falles oder auch die Verneinung eines besonders schweren Falles ganz oder zT auch mit einem Milderungsgrund nach § 49 (etwa mit § 21) begründet werden kann (E 1962, 187), würde ohne das Verbot des § 50 insoweit eine Doppelverwertung von Strafzumessungstatsachen (37 ff. zu § 46) ermöglicht. Daher darf *derselbe Umstand*, der die Annahme eines minder schweren Falles oder die Verneinung eines besonders schweren Falles (vgl. 27. 2. 1986, 1 StR 31/86) begründet und somit zu einem milderen Straf*rahmen* führt, nicht auch noch zu **Strafrahmenermäßigungen** nach § 49 herangezogen werden. Das bedeutet, daß der Richter, der nach der gebotenen Gesamtwürdigung (41 zu § 46) einen minder schweren Fall zB mit § 21 oder einem anderen vertypten Strafmilderungsgrund begründet hat, nicht denselben Umstand innerhalb des Rahmens für den minder schweren Fall (vgl. 5 zu § 49) zu einer abermaligen Strafrahmenermäßigung verwenden darf. Soweit der Richter grundsätzlich (eine Ausnahme gilt bei den benannten Fällen der Provokation des § 213, dort 2, 8) zwischen zwei zulässigen Strafrahmen zu wählen hat, müssen die Strafzumessungserwägungen in der richtigen **Reihenfolge** (unten 2b) getroffen werden: Der Richter hat bei einer Straftat *erst zu prüfen*, ob das Gesetz einen minder schweren Fall vorsieht und ob ein solcher gegeben ist, wobei zu bedenken ist, daß schon das Vorliegen eines vertypten Milderungsgrundes, so die Bejahung des § 21 (dort 7; 17. 5. 1990, 4 StR 162/90), die Fälle des § 23 II (dort 3; NJW **89**, 3230; 24. 7. 1990, 1 StR 341/90; 8. 4. 1992, 2 StR 138/92), des § 27 (dort 12; StV **92**, 372; 373; 8. 7. 1992, 2 StR 260/92) oder des § 30 I S. 2 (dort 18; 17. 9. 1990, 1 StR 439/90) zur Annahme eines minder schweren Falles führen können (Bruns GA **88**, 344). *Erst dann* ist zu entscheiden, ob der so gefundene Strafrahmen ohne Verletzung des § 50 nochmals gemildert werden kann (BGH **33**, 93; MDR/H **80**, 104; NStZ **84**, 357; **85**, 367; 453; 546; 547; **87**, 72; **92**, 433; StV **87**, 245; GA **86**, 120; NStE § 177 Nr. 3, § 21 Nr. 12 u. § 250 Nr. 3; EzSt § 32 JGG Nr. 1; BGHR Mehrf. Mild. 2; stRspr.; NStZ/M **82**, 454; **83**, 161; **84**, 159; 492; Theune StV **85**, 168; NStZ **86**, 155, 495; **89**, 215; Meyer-Goßner NStZ **88**, 534; ebenso SK 8). Ist also eine Milderung nach § 49 vorgeschrieben oder zugelassen, so muß er prüfen, ob er statt des im § 49 bestimmten Rahmens den des minder schweren Falles zu wählen hat, zB statt des Rahmens nach §§ 212, 21, 49 I den nach § 213 oder statt des Rahmens nach §§ 226 I, 49 den nach § 226 II (MDR/H **78**, 987; 20. 9. 1983, 5 StR 620/83; zum Ganzen eingehend Horstkotte aaO 273; SK-Horn 3 ff.; aM SchSch-Stree 3). Die sog. **Wahlmöglichkeit** (hierzu Timpe JR 86, 77) bedeutet nicht, daß der Richter frei wählen kann (BGHR Mehrf. Mild. 2; Schäfer StrZ 384 ff.; aM MDR/H 78, 987; insoweit zutr. Frisch JR 86, 91; SK 5); vielmehr hat er sich im Rahmen der gebotenen Gesamtwürdigung (42 zu § 46) pflichtgemäß zu entscheiden, weshalb er den milderen Strafrahmen des minder schweren Falles nicht für angemessen hält (NStZ 82, 200; 84, 118; 13. 8. 1986, 3 StR 360/86); uU, zB bei § 224 II, kann der Strafrahmen des § 49 für den Angeklagten günstiger sein (9. 7. 1981, 4 StR 222/81); auf der anderen Seite kann zB bei § 177 selbst bei einer doppelten Milderung des Regelstrafrahmens dessen Höchstmaß immer noch über dem des minder schweren Falles (§ 177 II) liegen (3. 12. 1982, 3 StR 448/82). Die **Urteilsgründe** müssen erkennen lassen, daß er sich der unterschiedlichen Auswirkungen für den Verurteilten bewußt war (BGH **27**, 229; StV **88**, 385; stRspr.; großzügiger BGHR § 176 III StRahmW 4). **aa)** § **50 verbietet nicht,** die zusätzliche Milderung nach § 49, wenn *andere Umstände,* die, ohne gesetzlich vertypt (oben 2) zu sein, eine selbständige sachliche Grundlage haben (MDR/H **80**, 454; Langer E. Wolf-FS 338), die Annahme eines minder schweren Falles ausreichend begründen (StV **81**, 68; Karlsruhe Die Justiz **83**, 125; NStZ/Mü **85**, 159). Bei der *vorzunehmenden Gesamtwürdigung* (42 zu § 46) ist daher *zunächst* auf die *nicht vertypten* Milderungsgründe abzustellen (MDR/H **85**, 793). Begründen sie schon allein einen minder schweren Fall, so sind sie iS des § 50 nicht verbraucht und ein *vertypter* Milderungsgrund kann dann eine *weitere* Strafrahmenmilderung nach § 49 rechtfertigen (NJW **80**, 950; **83**, 350; MDR/H **77**, 107; **79**, 635; 987; **80**, 453; **85**, 282; StV **81**, 124; **87**, 530; BGHR § 21 BAK 25; 28. 1. 1992, 4 StR 656/91; LK 2; Bruns JR **80**, 227). Allerdings bedarf es zB besonderer Darlegung, wenn eine erheblich verminderte Schuld, die bereits für die Bejahung des minder schweren Falles mitbestimmend war, darüber hinaus eine (weitere) Strafrahmenverschiebung nach §§ 49, 21 rechtfertigen soll (BGHR § 177 II, StRahmW 5). *Begründen* hingegen allgemeine *(nicht vertypte) Milderungsgründe* einen *minder schweren Fall nicht,* so sind ggf. vertypte Milderungsgründe bei der Prüfung heranzuziehen, ob ein minder schwerer Fall vorliegt (StV **90**, 348 L u. BGHR vor § 1 msF StRahmW 7); bejahendenfalls entfaltet § 50 seine Sperrwirkung (MDR/H **85**, 793; StV **92**, 371; zum Ganzen Schäfer StrZ 449 ff.) Soweit der Richter nach dem oben und in 8 zu § 213 Gesagten bei seiner Gesamtwürdigung zwischen 2 Strafrahmen entscheiden kann, hat er zu erwägen, ob das Schwergewicht der Milderung bei dem Grund nach § 49 oder den übrigen Umständen liegt. Im Zweifel wird er sich für den dem Täter günstigeren Strafrahmen zu entscheiden haben (so auch Horstkotte aaO 277; LK 9; vgl. hierzu BGH **33**, 92 und Frisch JR **83**, 93), also zB bei versuchtem schweren Raub für den minder schweren Fall (1 bis 5 Jahre) statt für die Milderung nach § 49 I (2 Jahre bis 11 Jahre, 3 Monate; vgl. MDR/H **76**, 813; StV **82**, 70). Kommt § 49 II in Betracht, so ist, wenn Milderung nach dieser Vorschrift angebracht ist, ohnehin ohne Bedeutung, ob ein minder schwerer Fall anzunehmen ist, da § 49 II die weitestgehende Milderung ermöglicht (vgl. zB § 83 a I gegen §§ 81 II, 82 II; ferner Schleswig SchlHA **78**, 182 Nr. 16; vgl. hierzu Frisch JR **83**, 93); **bb)** § **50 verbietet lediglich** die nochmalige Herabsetzung des Straf*rahmens,* hingegen müssen die Umstände, die für die Annahme eines minder schweren Falles maßgebend waren, innerhalb der Strafzumessung

§ 50

ieS nochmals – wenn auch mit geringerem Gewicht – berücksichtigt werden (BGHR StHBem 1–4; 4. 2. 1992, 1 StR 757/91; 24. 6. 1992, 2 StR 283/92). § 50 erlaubt also bei der Gesamtbewertung aller Umstände, insoweit auf die für die Findung des Sonderstrafrahmens maßgebenden Gesichtspunkte (zB §§ 21, 22, 27) zurückzukommen, als der Tatrichter diese Umstände ihrerseits *wertend* (vgl. 38 a zu § 46) nicht allein als solche mitberücksichtigt (BGH **16**, 351; **26**, 311; StV **83**, 60; **85**, 54; **86**, 340 L; **90**, 204; NStZ **85**, 164; **86**, 115; MDR/H **85**, 445; NJW **87**, 2688; **89**, 3230; NStE Nr. 2; 30. 1. 1991, 2 StR 321/90; ferner NStE § 46 Nr. 30; GA **89**, 569; SchSch 49 zu § 46). Jedoch ist es nicht etwa geboten, eine Alkoholisierung des Täters, die bereits nach §§ 21, 49 I zur Umwandlung der sonst zwingend zu verhängenden lebenslangen Freiheitsstrafe in eine zeitige Freiheitsstrafe geführt hat, noch einmal zum Anlaß für eine weitere Strafmilderung zu nehmen (14. 7. 1992, 1 StR 302/92);

3 **b) eine Erlaubnis der Mehrfachverwertung** (Ber. 24) hinsichtlich des Zusammentreffens *mehrerer* Milderungsgründe nach § 49 (Bruns JR **80**, 226; vgl. BGH **27**, 299; 30. 11. 1983, 3 StR 445/83; LK 11; SK 9). Das ergibt ein Gegenschluß aus § 50. Doch ist auch hier trotz der Formel „Ein Umstand, der allein" Doppelverwertung der Natur der Sache nach (37 zu § 46; Dreher JZ **57**, 155) dann verboten, wenn es *derselbe* Umstand ist, der nach verschiedenen Vorschriften Milderung vorschreibt oder zuläßt (zB nach §§ 27 II, 28 I; BGH **26**, 54; NJW **86**, 950; NStZ **81**, 299; zust. Bruns JR **75**, 510; **80**, 227; ferner R. Schmitt JZ **83**, 400; Langer, E. Wolf-FS 337; vgl. jedoch MDR/H **79**, 105; zweifelnd Blei JA **75**, 447; aM LK-Roxin 60 zu § 28; Horstkotte Dreher-FS 281). Deshalb darf auch, wenn wegen verminderter Einsichtsfähigkeit nach § 21 gemildert wird, nicht nochmals nach § 17 gemildert werden (vgl. SK 10 ff.). Die gesamte wegen der damit möglicherweise verbundenen weitgehenden Aufweichung der Strafrahmen nicht unproblematische Regelung (E 1962, 187; Dreher JZ **57**, 156) erlaubt dem Gericht, je nach Lage des Falles, nicht nur zwei-, sondern auch dreimal zu mildern (SchSch 6). Bei Beihilfe zum versuchten Mord durch einen vermindert schuldfähigen Täter kann sich die in § 211 angedrohte lebenslange Freiheitsstrafe dann bis auf einen Rahmen zwischen einem Monat und 8 Jahren 5 Monaten Freiheitsstrafe senken, so daß über § 47 II auch Geldstrafe in Betracht käme. Auch § 60 wird durch § 50 nicht eingeschränkt (BGH **27**, 301). Keine Doppelmilderung bei Beihilfe zu Beihilfe, weil es sich dabei um Beihilfe zur Haupttat handelt (RG **23**, 300; 12 vor § 25).

Anrechnung

51 ^I **Hat der Verurteilte aus Anlaß einer Tat, die Gegenstand des Verfahrens ist oder gewesen ist, Untersuchungshaft oder eine andere Freiheitsentziehung erlitten, so wird sie auf zeitige Freiheitsstrafe und auf Geldstrafe angerechnet. Das Gericht kann jedoch anordnen, daß die Anrechnung ganz oder zum Teil unterbleibt, wenn sie im Hinblick auf das Verhalten des Verurteilten nach der Tat nicht gerechtfertigt ist.**

^{II} **Wird eine rechtskräftig verhängte Strafe in einem späteren Verfahren durch eine andere Strafe ersetzt, so wird auf diese die frühere Strafe angerechnet, soweit sie vollstreckt oder durch Anrechnung erledigt ist.**

Strafbemessung **§ 51**

III Ist der Verurteilte wegen derselben Tat im Ausland bestraft worden, so wird auf die neue Strafe die ausländische angerechnet, soweit sie vollstreckt ist. Für eine andere im Ausland erlittene Freiheitsentziehung gilt Absatz 1 entsprechend.

IV Bei der Anrechnung von Geldstrafe oder auf Geldstrafe entspricht ein Tag Freiheitsentziehung einem Tagessatz. Wird eine ausländische Strafe oder Freiheitsentziehung angerechnet, so bestimmt das Gericht den Maßstab nach seinem Ermessen.

V Für die Anrechnung der Dauer einer vorläufigen Entziehung der Fahrerlaubnis (§ 111a der Strafprozeßordnung) auf das Fahrverbot nach § 44 gilt Absatz 1 entsprechend. In diesem Sinne steht der vorläufigen Entziehung der Fahrerlaubnis die Verwahrung, Sicherstellung oder Beschlagnahme des Führerscheins (§ 94 der Strafprozeßordnung) gleich.

Schrifttum: *Ackermann* NJW 50, 367; *Dencker* MDR 71, 627; *Dreher* MDR 1 70, 965; *Löffler* MDR 78, 726; *Schmidt* SchHA 64, 131; *Eb. Schmidt* MDR 68, 537; *Seibert* DRiZ 55, 288; *Würtenberger* JZ 52, 545; rechtsvergleichend *Jescheck/Krümpelmann,* Die UHaft im deutschen, ausländischen und internationalen Recht, 1971, mit Landesbericht BRep. *G. Schmidt.*

1) Die Vorschrift idF des 2. StrRG, II idF des 23. StÄG (9 vor § 56), 2 behandelt **vier** verschiedene **Gruppen von Anrechnungen,** nämlich **A.** einer mit der Tat zusammenhängenden Freiheitsentziehung, die nicht Strafe ist, auf die im gleichen Verfahren erkannte Strafe (I, III S. 2); **B.** einer bereits vollstreckten oder durch Anrechnung erledigten Strafe auf eine in einem neuen Verfahren erkannte Strafe (II, III S. 1); **C.** einer Geldstrafe auf Freiheitsstrafe und von Freiheitsentziehungen auf Geldstrafe (IV); **D.** einer vorläufigen, das Führen von Kraftfahrzeugen verhindernden Maßnahme auf ein im gleichen Verfahren erkanntes Fahrverbot (V). Für das Jugendstrafrecht gilt nur V; im übrigen enthalten §§ 52, 52a JGG eine Sonderregelung (BGH 37, 76 [m. Anm. *Walter/Pieplow* NStZ 91, 332]; München NJW 71, 2275). Die Möglichkeit der Anrechnung von Leistungen, die der Verurteilte zur Erfüllung gewisser Auflagen erbracht hat, auf eine zunächst zur Bewährung ausgesetzte Strafe eröffnen §§ 56f III, 58 II S. 2; ferner können Maßregelvollzug (§ 67 IV) und Suchtbehandlungszeiten (§ 36 I, III BtMG) unter bestimmten Voraussetzungen über II hinaus auf die Strafe angerechnet werden. Zur Rechtsnatur der Anrechnung *Dreher* MDR 70, 967; *Dencker* aaO; LK-*Tröndle* 13. Einen Aufopferungsanspruch, den die Anrechnung befriedigen könnte, hat der schuldige UHäftling nicht (NJW 73, 1322).

2) Nach I anrechnungsfähig sind **UHaft** iS der §§ 112 ff. StPO und § 72 3 JGG **oder eine andere** gerichtliche oder behördliche **Freiheitsentziehung,** zB die Anstaltsuntersuchung nach § 81 StPO (vgl. BGH 4, 325) oder die einstweilige Unterbringung nach § 126a StPO, Unterbringung nach Landesgesetzen (9 vor § 61; MDR/D 71, 363), Ordnungshaft nach § 178 III GVG; die Polizeihaft, soweit sie nicht unabhängig von der Strafverfolgung verhängt wird (Hamm JMBlNW 57, 56), insbesondere nach § 127 StPO (RG 69, 327; DR 39, 362); die Zeit einer zwangsweisen Vorführung (LG Osnabrück NJW 73, 2256; abl. *Waldschmidt* NJW 79, 1921); Unterbringung nach §§ 71 II, 72 III, 73 JGG; Auslieferungshaft, die nach Art. 16 IV S. 1 EuAlÜbk nie länger als 40 Tage dauern darf (BGH 28, 33; 33, 320, GA 56, 120; Köln MDR 82, 70), Durchlieferungshaft (GA 68, 336), Abschiebehaft (Hamm NJW 77, 1019, zw.; aM Koblenz GA 81, 575; jedenfalls aber

§ 51

nicht nach Rechtskraft des Urteils, unten 6). Auch der Disziplinararrest nach der WDO ist eine anzurechnende andere Freiheitsentziehung (str.) und nach BVerfGE **21**, 388 voll auf eine erkannte (wenn vielleicht auch zur Bewährung ausgesetzte, Stauf NZWehr **74**, 20) Freiheitsstrafe anzurechnen (vgl. auch BayOLGSt. 23 zu § 60 aF; Pohlmann Rpfleger **68**, 324; 379). Disziplinararrest ist ferner auch auf eine Geldstrafe anzurechnen (Frankfurt NJW **71**, 852 und LG Zweibrücken NZWehrr **76**, 104; aM Hennings NZWehrr **72**, 81; zur Anrechnung einer Freiheitsstrafe auf Disziplinararrest § 8 S. 2 WDO; Stauf NZWehrr **79**, 100; Lingens NZWehrr **73**, 19; Wickermeier NZWehrr **74**, 121; **75**, 8; zur Anrechnung einer Disziplinargeldbuße auf Strafarrest Frankfurt NZWehrr **73**, 194, und auf eine Geldstrafe, Hamm NJW **78**, 1063; Oldenburg NZWehrr **82**, 157; zum Ganzen LK 21). Beim Gewahrsamsvollzug nach Art. 22 III Zusatzabkommen zum NATO-Truppenstatut (Koblenz NJW **74**, 2193, aM Frankfurt NJW **73**, 2218; vgl. Kontroverse Marenbach/Dunn NJW **78**, 2434; **79**, 1747) ist stets
4 zu ermitteln, ob er untersuchungshaftgleich vollzogen war. **Nicht anrechenbar** sind Ausgangsbeschränkungen („restriction", Zweibrücken NJW **75**, 509; BGH 13. 6. 1978, 1 StR 108/78; LK 16) oder der Arrest gegen einen Gefangenen (§ 103 I Nr. 9 StVollzG, Hamm NJW **72**, 593).

5 **A. Aus Anlaß der Tat, die Gegenstand des Verfahrens ist oder gewesen ist,** muß die Freiheitsentziehung erlitten sein. Es kommt also nur darauf an, daß die Tat mindestens einer der Anlässe der Freiheitsentziehung war und daß das zum Abschluß kommende Verfahren sich während irgendeiner Phase auch auf die Tat bezogen hat (BGH **4**, 326). Dieses Prinzip der **Verfahrensidentität** gilt, wie III S. 2 zeigt, durch das ausländische Verfahren, das sich auf die Tat bezog, als gewahrt. Im übrigen genügt für die Verfahrensidentität die Verbindung zweier Verfahren während weniger Tage (Frankfurt MDR **88**, 794), die Erledigung im selben Verfahren, auch schon vor dem Urteil (zB Einstellung durch die StA), vor allem aber Aburteilung (RG **71**, 140), selbst bei Freispruch oder Einstellung hinsichtlich der Tat, die zur UHaft führte (RG **3**, 264; SchSch-Stree 10) und auch dann, wenn das Verfahren zZ der Haftanordnung die abgestrafte Tat noch nicht betraf (RG **71**, 143; Karlsruhe OLGSt. 1), das Verfahren wegen der Tat, die zur UHaft führte, in der Hauptverhandlung abgetrennt wurde (GA **66**, 210); mag auch während der Verbindung UHaft nicht bestanden haben (LK 33; aM Celle NJW **67**, 405). Mit Recht hält die neuere Rspr. eine Anrechnung auch für geboten, wenn die UHaft schon beendet war, bevor die abgestrafte Tat begangen wurde (BGH **28**, 29 [m. zust. Anm. Tröndle JR **79**, 73]; 19. 5. 1981, 1 StR 165/81; Schleswig NJW **78**, 115; MDR **80**, 70; LK 31 f.). Zur Frage der Anrechnung, wenn mehrere Haftbefehle erlassen waren, aber nur einer vollzogen wurde (vgl. RG DR **39**, 362; Koblenz OLGSt. 7, zum Fall des gleichzeitigen Vollzuges mehrerer Haftbefehle Schleswig Rpfleger **66**, 109 mit krit. Anm. Pohlmann). Im Falle nachträglicher **Gesamtstrafenbildung** ist die im 2. Verfahren erlittene UHaft auf die Gesamtstrafe auch dann in voller Höhe anzurechnen, wenn sie die Einzelstrafen übersteigt, die in der 2. Sache verhängt wurden (BGH **23**, 297; Koffka JR **71**, 336). Auch die in einem nach § 154 II StPO eingestellten Verfahren erlittene UHaft ist auf eine in anderer Sache erkannte Gesamtfreiheitsstrafe, wenn über beide Verfahren einheitlich hätte entschieden

Strafbemessung **§ 51**

werden können, anzurechnen (Frankfurt MDR **81**, 69; Nürnberg NStZ **90**, 406; Maatz MDR **84**, 712; **aM** Hamm NStZ **81**, 480; Stuttgart NJW **82**, 2083; Oldenburg MDR **84**, 772; Celle NStZ **85**, 168 m. krit. Anm. Maatz; Düsseldorf NJW **86**, 269 [m. krit. Anm. Puppe StV **86**, 394]; StV **91**, 266 [m. krit. Anm. Maatz]; KG NStE Nr. 13; LG München NStZ **88**, 554). Desgl. ist auch eine ausländische UHaft auf eine Gesamtstrafe dann voll anzurechnen, wenn die Strafe wegen der Tat, die zu der UHaft geführt hat, geringer ist als diese (Hamm NJW **72**, 2192).

B. Die erlittene Freiheitsentziehung wird angerechnet. **a)** Gemeint ist 6 die tatsächlich vollzogene (BGH **22**, 306; also nicht eine bloß notierte Überhaft, RG JW **39**, 31) Freiheitsentziehung **vor der Rechtskraft** des Urteils (Frankfurt NJW **80**, 537; Düsseldorf MDR **90**, 172), UHaft jedoch nur bis zu dem Zeitpunkt, von dem an sie nach § 450 I StPO zwingend angerechnet wird. Diese lex specialis verdrängt den § 51 (Dreher aaO; LK 24; aM SK-Horn 6; Dencker aaO; Baumgärtner MDR **70**, 190, die verkennen, daß § 450 I StPO im Gegensatz zu § 51 I S. 2 keine Ausnahme zuläßt). Daß im übrigen § 51 gilt, ergibt der uneingeschränkte Text von I, in dem die Worte in § 60 aF „bei Fällung des Urteils" weggefallen sind (Dreher aaO, ebenso Celle NJW **70**, 768; LK 25; Groß NJW **70**, 127; aM Pohlmann Rpfleger **69**, 379; vgl. auch Krüger/Diether Rpfleger **70**, 58). Damit ist klargestellt, daß, wenn es nicht zu einer Rechtsmittelentscheidung kommt, zB infolge von Rücknahme des Rechtsmittels, auch die Zeit vom erstinstanzlichen Urteil bis zur Rücknahme erfaßt wird (Frankfurt; München NJW **70**, 1140 f.; **71**, 2275; Stuttgart MDR **70**, 522; LK 25); und zwar auch dann, wenn das Gericht die Anrechnung abgelehnt hat (Dreher aaO; LK 45; aM SchSch 2; Dencker aaO 629); weiter, daß Anrechnung im Revisionsurteil oder im Beschluß nach § 349 II StPO der Regelung in I unmittelbar unterliegt. **b) Nicht mehr** als die erlittene Freiheitsentziehung kann 7 zur Anrechnung kommen (NStZ **83**, 524; NStZ/M **83**, 494). Wird auf Freiheitsstrafe angerechnet, so ist der Maßstab 1:1, so daß es nicht möglich ist, eine Strafe von 4 Monaten durch eine UHaft von 3 Monaten für verbüßt zu erklären oder eine Strafe von 3 Monaten durch UHaft von 4 Monaten (unten 20). Wird auf Geldstrafe angerechnet, so entspricht ein Tag Freiheitsentziehung einem Tagessatz (**IV S. 1;** § 43). Dasselbe gilt bei der Anrechnung von Geldstrafe, was zwar nicht bei I, wohl aber bei II möglich ist (unten 13 ff.). Die weniger als 24 Stunden dauernde Freiheitsentziehung ist auch dann als *ein* Tagessatz auf eine Geldstrafe anzurechnen, wenn sie sich über 2 Kalendertage erstreckte (Stuttgart NStZ **84**, 381). Für die Anrechnung von UHaft durch Jugendarrest vgl. Hamburg NStZ **83**, 78 m. Anm. Walter NStZ **83**, 367.

C. Nur auf die erkannte zeitige (also nicht auf lebenslange) **Freiheits-** 8 **strafe** iwS, also auch auf einen nach § 67 II vorweg zu vollstreckenden Strafteil (NJW **91**, 2431 [m. Anm. Funck JR **92**, 476]; aM Schleswig NStZ **90**, 407 m. Anm. Volckart StV **90**, 458; LG Hagen StV **91**, 218; Voraufl.), sowie auf Strafarrest nach dem WStG (für Jugendstrafe und Jugendarrest gelten §§ 52, 52a JGG, hierzu Hamburg JR **83**, 170 m. Anm. Eisenberg; zur Anrechnung auf die lebenslange Freiheitsstrafe vgl. § 57a II) **und auf** 9 **Geldstrafe** (BGH **10**, 237; MDR **52**, 16) wird angerechnet, nicht auf die Ersatzfreiheitsstrafe als solche (BGH **10**, 237). Bei einer (anzurechnenden)

§ 51 AT Dritter Abschnitt. Zweiter Titel

zusammenhängenden Haftzeit von weniger als 24 Stunden, die sich über 2 Kalendertage erstreckt, ist ein Tagessatz anzurechnen (Stuttgart NStZ **84**, 381). Auch wenn daneben (§ 41) auf Freiheitsstrafe erkannt ist, kann das Gericht auf die Geldstrafe anrechnen (6. 9. 1966, 1 StR 396/66). *Nicht* anre-
10 chenbar ist die Freiheitsentziehung auf **Nebenstrafen und Nebenfolgen**, daher nicht auf Verlust der Amtsfähigkeit, Einziehung oder Unbrauchbarmachung. Für das Fahrverbot gilt die Sonderregelung in V. Auch auf den Wertsatz nach § 74 c kann nicht angerechnet werden (anders noch für die frühere Wertersatzstrafe BGH **5**, 163); ebensowenig auf den Verfall (Ber. BT-Drs. V/4095, 41 – Prot. V/1026 ff.) oder den Verfall des Wertersatzes
11 nach § 73 a; LK 37; ebensowenig auf **Maßregeln** der Besserung und Sicherung; auch nicht einstweilige Unterbringung nach § 126 a StPO auf eine Unterbringung nach § 67 d (30. 6. 1956, 4 StR 207/56; SK 11).

12 **D. Die Anrechnung** ist in I S. 1 gesetzlich vorgeschrieben und daher **von Amts wegen** zu berücksichtigen. **Nach I S. 2** kann das Gericht jedoch **anordnen,** daß die Anrechnung ganz oder zT **unterbleibt** (dh, sie darf nur versagt werden), wenn sie **im Hinblick auf das Verhalten des Verurteilten** nach der Tat nicht gerechtfertigt ist. Damit ist nicht etwa ein Verhalten gemeint, das Unrecht und Schuld erhöht oder vermindert (Ber. 25), sondern nur ein Verhalten im Verfahren, das die Anrechnung ungerechtfertigt macht. Nach Ber. 25 und Prot. V 391 ff. wird man darunter idR böswillige Verschleppung des Verfahrens zu verstehen haben (LG Freiburg StV **82**, 338; M-Zipf, § 64, 34), etwa durch bewußte Benennung untauglicher Beweismittel (vgl. MDR/D **69**, 722), wobei allerdings keine Rolle spielen kann, ob der Täter damit die Anrechnung anstrebt. MDR/H **79**, 454 läßt schon absichtliche Verschleppung und Absetzung ins Ausland genügen (15. 11. 1979, 3 StR 323/79), jedoch nicht hinsichtlich der hierdurch veranlaßten Auslieferungshaft. *Nicht* ausreichen Handlungen, die selbst Haftgründe darstellen (Düsseldorf NJW **69**, 439) wie Fluchtvorbereitungen oder -versuche (LK 48; aM MDR/D **70**, 730 sowie BGH **23**, 307, das einen Versagungsgrund aber nur insoweit annimmt, wie Verfahrensverschleppung herbeigeführt worden ist, ebenso StV **86**, 293 L; ähnlich auch Schröder JR **71**, 29; SchSch 18); sowie Verdunkelungshandlungen (31. 1. 1973, 3 StR 27/72); Nichtbefolgen von mit der Außervollzugsetzung verbundenen Auflagen (MDR/H **79**, 455), unlauteres Einwirken auf Zeugen (MDR/H **78**, 459); fehlende Schuldeinsicht; Einlegung von Rechtsmitteln, auch wenn damit eine Verlängerung des Verfahrens erreicht werden soll (Dreher MDR **70**, 965; 21. 2. 1980, 4 StR 52/80). Kein Ablehnungsgrund ist auch, daß der Verurteilte vorbestraft ist (NJW **56**, 879), daß er nichts zur Aufklärung beigetragen (MDR/D **53**, 272), daß er die UHaft durch seine Tat verschuldet habe (MDR/D **54**, 16), daß er unbegründete Beweisanträge stellte (StV **89**, 152) oder die UHaft nur kurz dauerte (Braunschweig Nds Rpfl. **51**, 89), daß das Rechtsmittel des Verurteilten aussichtslos gewesen sei (Hamm MDR **63**, 333; Köln NJW **65**, 2309), daß das neue Urteil nicht günstiger ausfalle (NJW **54**, 847) oder daß er die UHaft durch eine unbegründete Haftbeschwerde verlängert habe (MDR **54**, 150). Keine Rolle können auch Gesichtspunkte spielen wie Dauer, Umstände und Wirkungen des UHaftvollzuges, insbesondere die Frage, inwieweit die UHaft den Strafzweck schon erreicht hat (vgl. dazu NJW **56**, 1164; MDR/D **67**, 547;

Strafbemessung **§ 51**

Horstkotte JZ 70, 128) und ob es für die Resozialisierung des Täters günstiger wäre, wenn er die erkannte Strafe noch voll verbüßte. Daraus ergibt sich jedoch anderseits, daß die Strafe ohne Rücksicht auf die Anrechnung zugemessen werden muß (BGH 7, 214; NJW 56, 1164; LK 14). Nach I S. 2 kann das Gericht, auch wenn die Anrechnung danach nicht gerechtfertigt ist, dennoch anrechnen (Ber. 25); wie eine solche Entscheidung begründet werden kann, ist nicht ersichtlich. Eine Nichtanrechnung nach § 52a I S. 2 JGG kommt nur in Betracht, wenn im Falle der Anrechnung aus zeitlichen Gründen eine ausreichende erzieherische Wirkung nicht mehr gewährleistet ist (BGH 37, 77 m. Anm. Walter/Pieplow NStZ 92, 332).

3) Die Anrechnung nach II betrifft die Fälle, in denen eine rechtskräftig **13** verhängte Strafe (auch eine Geldstrafe) **in einem späteren Verfahren** durch eine andere Strafe ersetzt wird. Das ist zB der Fall **bei nachträglicher Gesamtstrafenbildung,** wenn eine zT vollstreckte Strafe einbezogen wird (§ 55 I S. 1; § 460 StPO), wenn eine rechtskräftige Entscheidung nach § 31 oder § 66 JGG einbezogen wird, wenn zufolge der Wiederaufnahme nach § 373 a StPO eine bereits erledigte Strafe aus einem Strafbefehl wegfällt (Bay NJW 76, 2139); wenn mit dem Strafvollzug begonnen, hernach aber Wiedereinsetzung wegen Versäumung der Rechtsmittelfrist gewährt worden ist (BGH 18, 36); aber auch im Wiederaufnahmeverfahren, wenn wegen derselben Tat eine andere Strafe gebildet wird (E 1962, 188); in entsprechender Anwendung des II aber erst recht dann, wenn der Angeklagte freigesprochen wird, er aber in anderer Sache eine Strafe zu verbüßen hat, hinsichtlich deren eine Gesamtstrafe im Falle einer abermaligen Verurteilung im Wiederaufnahmeverfahren zu bilden gewesen wäre (Frankfurt GA 80, 262). **A.** Es handelt sich dabei nur um **Anrechnung von Strafe,** auch **14** Geldstrafe (einschließlich von Nebenstrafen) **auf Strafe,** nicht aber von UHaft, die auf die früher verhängte Strafe angerechnet worden ist, auch nicht von Maßnahmen auf Strafe, erst recht nicht von Maßregeln auf Maßregeln; denn im Maßregelrecht kann es keine echte Anrechnung geben (vgl. 9 zu § 69 a; LK 59; SK 17; aM SchSch 25). Hingegen hat Bay JR 87, 511 (m. zust. Anm. Berz, hierzu ferner Maatz StV 88, 84; Mürbe JR 88, 1) im Wege einer *analogen* Anwendung von I iVm II auf ein wegen einer Ordnungswidrigkeit verhängtes Fahrverbot Fahrerlaubnisentziehung angerechnet, die zuvor in einem zunächst rechtskräftig gewordenen Strafbefehl angeordnet wurde, der aber wegen Wiedereinsetzung in den vorigen Stand gegen die Versäumung der Einspruchsfrist später weggefallen war. **B.** Nur **soweit** die frühere Strafe **vollstreckt** ist, wird sie zugunsten des **15** Verurteilten berücksichtigt. Diesem Fall sind jedoch durch das 23. StÄG (9 vor § 56) diejenigen Fälle gleichgestellt worden, in denen die frühere Strafe **durch Anrechnung erledigt** ist, zB durch Anrechnung **a)** von Freiheitsentziehungen (insb. UHaft) nach I, **b)** der Zeit des Maßregelvollzuges auf die Strafe nach § 67 IV oder **c)** der Zeit des Aufenthalts in einer Einrichtung zur Behandlung Drogenabhängiger nach § 36 I, III BtMG (Anh. 4).

4) Die Anrechnung nach III. Angerechnet nach Satz 1 wird (zwingend) **16** eine **im Ausland** gegen den Verurteilten **verhängte und vollstreckte Strafe** wegen derselben (möglicherweise im Inland begangenen) Tat, **nach Satz 2** eine im **Ausland** erlittene **Freiheitsentziehung,** die nicht zu einer strafgerichtlichen Verurteilung geführt hat oder im ausländischen Urteil nicht

373

§ 51 AT Dritter Abschnitt. Zweiter Titel

angerechnet worden ist; denn bei Anrechnung ist sie als vollstreckte Strafe iS von III S. 1 zu behandeln (E 1962, Begr. 188 f.; unten 16). In Betracht kommen vor allem ausländische UHaft, Auslieferungshaft (15. 11. 1979, 3 StR 323/79) oder Polizeihaft und bezahlte Geldbuße (Schweiz). III enthält einen allgemeinen Rechtsgedanken, der auch im Bußgeldverfahren gilt (Karlsruhe NStZ **87**, 371). Die Anrechnung darf nicht schon deswegen unterbleiben, weil der Verurteilte sich während eines Hafturlaubs ins Ausland abgesetzt hat (Karlsruhe MDR **84**, 165; vgl. hierzu aber Koblenz GA

16a **86**, 181 L). **a)** Die Vorschrift beruht darauf, daß einerseits ausländische Urteile im Inland nach § 48 IRG grundsätzlich nur entweder aufgrund völkerrechtlicher Vereinbarung (vgl. das am 21. 3. 1983 gezeichnete aber noch nicht in Kraft getretene Übk. des Europarats über die Überstellung von Verurteilten und Art. 40 I RheinSchA) oder zum Härteausgleich (bei ausländischen Urteilen gegen Deutsche mit Einwilligung der Betroffenen, § 48 Nr. 2, § 49 II IRG) vollstreckt werden und daß anderseits der Grundsatz des Art. 103 III GG *(ne bis in idem)* auf die Verurteilungen durch **denselben** Staat beschränkt ist, daher bei ausländischen Verurteilungen wegen desselben Lebenssachverhalts nicht gilt (BVerfG **12**, 66; BayVerfG GA **63**, 250; BGH **6**, 177; **24**, 54; NJW **69**, 1542; GA **77**, 111; NStE EuAlÜbk Art. 14 Nr. 1), und zwar selbst dann nicht, wenn für die im Ausland abgeurteilte Tat das Weltrechtsprinzip gilt (Frankfurt NJW **79**, 1111; aM Oehler 906; vgl. auch Rüter, Tröndle-FS 861). Eine dem ne-bis-in-idem-Satz entsprechende allgemeine Regel des Völkerrechts ist nicht Bestandteil des Bundesrechts (BVerfG 31. 3. 1987, BGBl. I 1338). Jedoch können völkerrechtliche Verträge die Verfolgung und Vollstreckung im Falle der Übernahme durch den Vertragsstaat ausschließen (vgl. zB Art. XI Abs. 4 EuRHiÜbkVtrNLD). Im übrigen kann auf Anklage auch nach § 153c I Nr. 3 StPO verzichtet werden (vgl. BGH **34**, 340). Geschieht dies nicht, so schreibt III S. 1 aber die Anrechnung vor, wenn es sich um **dieselbe Tat** (iS des geschichtlichen Vorgangs, § 264 StPO; NJW **53**, 1522; Bay NJW **51**, 370; oder auch als fortgesetzte Tat, BGH **29**, 64) handelt und die Strafe **vollstreckt** worden ist (Hamm NJW **72**, 2192), sei es auch nur dadurch, daß im Ausland verbüßte UHaft angerechnet (oben 16; BGH **6**, 179; Bay NJW **63**, 2238; aM SK 21), oder dort die Geldstrafe durch einen anderen bezahlt worden ist (LK 73, aM Bay NJW **51**, 371). Eine ausländische Haft ist unabhängig von einer Tatidentität iS des § 264 StPO immer dann anzurechnen, wenn der Angeklagte sie aus Anlaß einer Tat erlitten hat, die Gegenstand des inländischen Verfahrens ist oder gewesen ist (I S. 1; BGH **35**, 178) und sei es auch nur dadurch, daß die StA von einer Verfolgung nach § 153c I Nr. 1 StPO absieht (NJW **90**, 1428). Die Tat kann im Ausland rechtlich abweichend beurteilt sein, zB ein anderes Rechtsgut verletzen oder eine bloße Ordnungswidrigkeit sein (Bay NJW **72**, 1631), darf aber nicht nur im umgekehrten Sinn strafbar sein (KG NJW **57**, 1935; **89**,

16b 1374). **b)** Für die Gebiete der früheren **DDR** gelten Besonderheiten nur noch für die Abwicklung laufender Verfahren, da das RHG aufgehoben ist (vgl. BGH **38**, 90).

16c **c)** Zur **Sperrwirkung** einer **besatzungsgerichtlichen Verurteilung** vgl. 44. Aufl. und LK 68.

17 Den **Maßstab der Anrechnung** bestimmt **IV S. 1** dahin, daß 1 Tag UHaft oder andere Freiheitsentziehung (oben 3) einem Tag Freiheitsstrafe

Strafbemessung **§ 51**

gleichsteht. Wird auf Geldstrafe angerechnet, so entspricht 1 Tag Freiheitsentziehung einem Tagessatz (§ 43). Dasselbe gilt in den Fällen von II bei der Anrechnung von Geldstrafe (oben 13). **Nach IV S. 2** wird der Anrechnungsmaßstab, wenn eine **ausländische** Freiheitsentziehung angerechnet wird, vom Gericht nach seinem Ermessen bestimmt. Das Gericht muß diese Ermessensausübung (MDR/H **82**, 101; StV **82**, 419 L; 11. 8. 1988, 4 StR 229/88) auch erkennen lassen (NStZ **82**, 326; **83**, 455; wistra **84**, 66; 31. 10. 1984, 1 StR 576/84; 9. 7. 1985, 5 StR 410/85), da die ausländischen Strafarten und die Haftbedingungen im Ausland (wistra **87**, 60) den deutschen vielfach nicht vergleichbar sind (**Beispiele aus der Rspr.**: *Frankreich:* LG Essen StV **91**, 170; *Italien:* 30. 1. 1986, 1 StR 662/85; Frankfurt NStZ **88**, 20; *Jugoslawien:* MDR/H **80**, 454; *Libanon:* LG Landau NStZ **81**, 64; *Niederlande:* NStZ **86**, 312; *Paraguay:* wistra **84**, 21; *Spanien:* StV **82**, 468 L; NStZ **85**, 21; 497; NStE Nr. 2; LG Stuttgart NStZ **86**, 362; LG Zweibrücken NStZ **88**, 71; LG Bremen StV **92**, 326; *Südafrik. Union:* 11. 8. 1988, 4 StR 229/88; *Türkei:* 2. 8. 1984, 4 StR 409/84; 20. 3. 1985, 2 StR 87/85). Das gilt auch für Anrechnung von Geldstrafe oder auf Geldstrafe, und zwar selbst dann, wenn sie, wie etwa in Österreich, auch nach dem Tagessatzprinzip verhängt wurde (LK 73; M-Zipf § 64, 39). Für in der Schweiz erlittene Freiheitsentziehung kommt nur der Umrechnungsmaßstab 1:1 in Betracht (MDR/H **86**, 271; 20. 11. 1990, 1 StR 548/90; 27. 5. 1992, 2 StR 209/92). Das Gericht bestimmt auch, welche Strafe auf welche angerechnet wird, wenn es selbst auf verschiedenartige Strafen erkannt hat (Bay NJW **72**, 1631). Zur Anrechnung einer im Ausland bezahlten Geldstrafe auf eine in Deutschland ausgesprochene Freiheitsstrafe BGH **30**, 283. **§ 450a StPO** regelt die Anrechnung einer im Ausland erlittenen Freiheitsentziehung, die der Verurteilte in einem Auslieferungsverfahren zum Zweck der Strafvollstreckung (oder zugleich der Strafverfolgung) erlitten hat; sein III enthält eine dem I S. 2 entsprechende Bestimmung (vgl. Hamburg MDR **79**, 603); die Strafzeitberechnung ist dem Vollstreckungsverfahren vorbehalten (11. 8. 1988, 4 StR 229/88). Die Vorschrift (insbesondere IV S. 2) findet auf eine im Ausland erkannte Freiheitsstrafe, deren Vollstreckung im Inland übernommen worden ist, keine Anwendung (Düsseldorf GA **91**, 271). Nicht anwendbar – auch nicht entsprechend – ist IV S. 2 auf eine in der ehem. DDR erlittene UHaft, besondere Härten sind in diesen Fällen bei der Strafzumessung zu berücksichtigen (BGH **38**, 89 [m. Anm. Terhorst JR **92**, 341]; ebenso KG 26. 6. 1992, 5 Ws 175/92; LK[11]-Laufhütte 38 vor § 80).

5) Nach V wird auf das Fahrverbot angerechnet, jedoch nur auf das nach § 44 als Nebenstrafe verhängte, eine das Führen von Kraftfahrzeugen verhindernde vorläufige Maßnahme, und zwar die Dauer der Verwahrung, Sicherstellung oder Beschlagnahme des Führerscheins (V S. 2; § 94 StPO) oder die Dauer einer vorläufigen Fahrerlaubnisentziehung (V S. 1; § 111a StPO), beginnend mit dem Zeitpunkt der Zustellung des Beschlusses, auch wenn der Führerschein nicht abgegeben wurde (LG Frankenthal DAR **79**, 341, hierzu Maatz StV **88**, 85). Die Verbotsfrist selbst kürzer zu bemessen, weil schon die vorläufige Maßnahme bestand, ist unzulässig, da das Fahrverbot Strafe ist (aM Warda GA **65**, 79ff.). Dabei gelten die unter 5 entwickelten Grundsätze, wonach die vorläufige Maßnahme nicht wegen der abgeurteilten Tat getroffen zu sein braucht, wenn nur die Aburteilung im gleichen Verfahren erfolgt (LK 77; aM Warda GA **65**, 82; gegen ihn Maatz aaO). Hat die vorläufige Maßnahme zur Entziehung der Fahrerlaubnis und nicht zum Fahrverbot geführt, so gilt nicht II, sondern § 69a IV bis VI (Karl DAR **87**, 283), dasselbe gilt bei ausländischem Führerschein für die Fälle des § 69b I S. 2 (LG Köln MDR **81**, 954; zust. Hentschel MDR **82**, 107). Soweit ein Fahrverbot ausgesprochen ist, gilt es im Umfange der Dauer einer vorläufigen Fahrerlaubnisentziehung als vollstreckt (BGH **29**, 62), ohne daß es eines besonderen Ausspruches bedürfte (unten 20). Ausnahmsweise kann die Mindestverbotsfrist von einem Monat (§ 44 I) faktisch unterschritten werden. Die Anrechnung kann nur aus den Gründen von I S. 2 abgelehnt werden, zB dann, wenn der Verurteilte während der Dauer der Maßnahme verbotswidrig gefahren ist (Prot. V/395) oder andere nach der Tat liegende Verhaltensweisen die Nichtanrechnung rechtfertigen (Frankfurt VRS **55**, 183); doch zieht § 450 III StPO eine Schranke; LK 78. Für einen Verzicht auf V S. 1 der VGT 1986 (Grohmann BA **86**, 120; Kürschner ZRP **86**, 309).

20 **6) Eines ausdrücklichen richterlichen Ausspruchs** bedarf es **A.** idR nicht bei der gesetzlich vorgeschriebenen Anrechnung nach I S. 1 (vgl. jedoch unten 21, Ber. 24; BGH **24**, 30; **27**, 288; MDR/D **70**, 12; NJW **72**, 730; Bay NJW **72**, 1632; München NJW **71**, 2275; SchSch 16; LK 39). § 51 richtet sich insoweit unmittelbar an die Vollstreckungsbehörden. Ein Richterspruch kann eine längere Freiheitsstrafe durch eine kürzere UHaft auch nicht für verbüßt erklären (BGH **21**, 154; **27**, 288; MDR/D **52**, 658; **74**, 544; NStZ **83**, 524; KG JR **56**, 310; aM LG Frankfurt NJW **57**, 1001; LG Kiel NJW **62**, 647). Vielmehr ist der überschießende Teil zu verbüßen, falls nicht Aussetzung nach §§ 56, 57, 57a bewilligt ist. Eine Anrechnung wirkt ferner nicht, wenn sich der Täter gar nicht in UHaft oder in einstweiliger Unterbringung nach § 81 StPO, sondern in anderer Sache in Strafhaft befand (Düsseldorf JMBlNW **64**, 212; Rpfleger **65**, 44). Die Anrechnung gilt als Verbüßung der Strafe, auch iS der §§ 57, 57a, 66 (vgl. dort), nicht aber als vorweggenommene Strafhaft (RG **29**, 75), so daß diese erst mit dem Strafantritt beginnt. Auch Tagesteile gelten bei der Anrechnung als
21 voller Tag (München Rpfleger **81**, 317; krit. Jabel Rpfleger **82**, 34); **B.** wohl aber **bei einer Anordnung** nach I S. 2 (oben 12). Sie ist zu begründen (vgl. JZ **52**, 754; Köln NJW **53**, 796); dasselbe gilt wegen der revisionsgerichtlichen Überprüfung uU auch, wenn einem Antrag auf Nichtanrechnung nicht entsprochen worden ist (wistra **90**, 350). Einer Begründung bedarf ferner eine Anordnung nach V S. 1, sowie dann, wenn der Anrechnungsmodus oder -maßstab klarzustellen ist (zB in den Fällen des IV S. 2) oder wenn zu klären ist, auf welche von mehreren Strafen, etwa in den Fällen der §§ 41, 53 II S. 2, anzurechnen ist (BGH **24**, 30; MDR/D **70**, 196; NStZ **85**, 497; NJW **90**, 1428; Bay NJW **72**, 1632; Baumgärtner MDR **70**, 190), wenn auf ein wegen Ordnungswidrigkeit verhängtes Fahrverbot die in derselben Sache auf Grund eines (zunächst rechtskräftig gewordenen) Strafbefehls entzogene Fahrerlaubnis anzurechnen ist (Bay VRS **72**, 278), wenn die Zeit der Behandlung eines Drogenabhängigen nach § 36 III BtMG nur zT auf die Strafe angerechnet wurde (oben 15) oder sich in den Fällen anderer Freiheitsentziehungen (oben 3) eine Hervorhebung im Ur-

teilsspruch empfiehlt, damit die Vollstreckungsbehörde die Anrechnung nicht versehentlich unterläßt (LK 40 ff.). Etwaige Zweifel in der Frage der Anrechnung sind vom zuständigen Gericht (§ 462 a StPO) nach § 458 StPO zu klären. Soweit eine richterliche Entscheidung über die Anrechnung geboten oder möglich ist, kann sie auch noch im Berufungsverfahren ergehen. Revisionsgerichten sind Entscheidungen über die Anrechnung, von den Fällen des § 354 I StPO abgesehen, idR versagt. Insbesondere können sie nicht selbst eine Anordnung nach I S. 2 treffen (NJW **72**, 730), da es sich insoweit um eine tatrichterliche Entscheidung handelt (LK 81). Hat der Tatrichter zu Unrecht eine Anordnung nach I S. 2 getroffen, kann das Revisionsgericht bei klarem Sachverhalt über die Anrechnung der UHaft unmittelbar selbst entscheiden (17. 1. 1978, 5 StR 801/77); ebenso wenn der Jugendrichter die UHaftanrechnung nicht auf das Mindestmaß einer unbestimmten Jugendstrafe erstreckt hat (Bay **77**, 181 m. Anm. Brunner JR **78**, 258), jedoch kann eine unterbliebene Anrechnung im Ausland erlittener UHaft nicht im Wege einer Urteilsergänzung nachgeholt werden (Oldenburg NJW **82**, 2741).

Dritter Titel

Strafbemessung bei mehreren Gesetzesverletzungen

Vorbemerkungen

Übersicht

1) Einheit oder Mehrheit von Handlungen	1
A. Einheitliche Handlung	2–9
B. Mehrheit von Handlungen	10–15
C. Ordnungswidrigkeiten	16
2) Gesetzeskonkurrenz	17
A. Spezialität, Subsidiarität, Konsumtion	18–20
B. Rechtsfolgen	21–24
3) Fortgesetzte Handlung	25
A. Voraussetzungen	25 a–31
B. Rechtsfolgen	32–40
4) Das Dauerdelikt	41
5) Das Kollektivdelikt (Sammelstraftat)	42–47
6) Vortat und Nachtat	48–50
7) Urteilsformel	51

Schrifttum: *Abels*, Die „Klarstellungsfunktion" der Idealkonkurrenz, 1991; **1** *Blei* JA **72**, 711, **73**, 95; *Geerds*, Zur Lehre von der Konkurrenz im Strafrecht, 1961; *Hartung* SJZ **50**, 326; *Honig*, Studien zur juristischen und natürlichen Handlungseinheit, 1925 u. Straflose Vor- und Nachtat, 1927; *Jescheck* ZStW **67**, 529; *Klug* ZStW **68**, 399; *Kraß* JuS **91**, 821; *Maiwald*, Die natürliche Handlungseinheit, 1964; *Mitsch* MDR **88**, 1005; *Montenbruck* JZ **88**, 332; *Puppe* GA **82**, 143; *Rebmann*, Bengl-FS 99; *R. Schmitt* ZStW **75**, 43; 179; *Schmoller*, Bedeutung und Grenzen des fortgesetzten Delikts, 1988; *Struensee*, Die Konkurrenz bei Unterlassungsdelikten, 1971; *Timpe* JA **91**, 12; *Vogler*, Bockelmann-FS 715; *Warda* JuS

Vor § 52
AT Dritter Abschnitt. Dritter Titel

64, 81 u. Oehler-FS 241; *Zipf* JuS **74**, 137, 145. *Didaktisch: Geppert* Jura **82**, 358, 418; *Tiedemann* JuS **87**, L 17. *De lege ferenda* zur Frage einer Einheitsstrafenregelung Bericht BReg. BT-Drs. 10/5828,3; *Schoreit*, Rebmann-FS 443.

1a 1) Ob strafrechtlich zu würdigendes Verhalten **eine einzige oder mehrere Handlungen** iS des sachlichen Strafrechts darstellt (das auch ein Unterlassen umfaßt) oder ob **eine Handlung den Tatbestand mehrerer Gesetze** verwirklicht, ist vor allem für den Schuldspruch, die Strafe, die Rechtsmittel und die Wiederaufnahme von Bedeutung. Es handelt sich dabei um Fragen der sog. **Konkurrenz.**

2 A. **Eine einheitliche Handlung** liegt vor, wenn sich Tun und Lassen des Täters, soweit es den Tatbestand eines Delikts verwirklicht, iS der **natürlichen Betrachtung** als Handlungseinheit darstellt. Dieser Begriff der sog. **„natürlichen Handlungseinheit"** (abl. Kindhäuser JuS **85**, 105) ist, wie der BGH im Anschluß an RG **58**, 116 formuliert, „durch einen solchen *unmittelbaren* räumlichen und zeitlichen (MDR/H **81**, 452; 9. 5. 1989, 1 StR 156/89) Zusammenhang zwischen mehreren menschlichen, strafrechtlich erheblichen Verhaltensweisen gekennzeichnet, daß sich das gesamte Tätigwerden an sich (objektiv) auch für einen Dritten als ein einheitlich zusammengefaßtes Tun bei natürlicher Betrachtungsweise erkennbar macht" (BGH **4**, 219; **10**, 231; **16**, 397; **26**, 284; GA **65**, 373; **66**, 208; **70**, 84; StV **86**, 293 [hierzu Wolter StV **86**, 315]; NJW **90**, 2896; NStE § 52 Nr. 38; 30. 1. 1991, 2 StR 321/90; Geppert Jura **82**, 362); zB im Falle der kontinuierlichen Lieferung von Material beim Landesverrat (BGH **24**, 77; Bay 15. 11. 1991, RReg. 3 St 1/91), bei der Abgabe mehrerer Schüsse aus einer Schnellfeuerwaffe (GA **66**, 208; NJW **85**, 1565 [m. krit. Anm. Maiwald JR **85**, 513; Otto JK 5 zu § 52]; BGHR vor § 1, nat. HE, Entschl., einh. 1), aber auch aus einem Kleinkalibergewehr (3. 11. 1977, 1 StR 570/77; vgl. unten 2c),
2a bei der Flucht vor der Polizei im Auto (sog. **Polizeiflucht,** BGH **22**, 76; NJW **90**, 2551; stRspr.; Meyer-Goßner NStZ **86**, 52; krit. Warda, Oehler-FS 248; Seier NZV **90**, 132; vgl. 5c zu § 315b); anders bei Flucht zu Fuß (MDR/D **74**, 13); bei Diebstahl und Hehlerei zum „Umfrisieren" des Fahrzeugs (MDR/D **81**, 452); bei der gewaltsamen Wegnahme der Schlüssel für eine Räumlichkeit, um dort befindliches Geld wegzunehmen (27. 11. 1985, 2 StR 639/85); beim Fortsetzen einer Trunkenheitsfahrt nach vorübergehender Fahrtunterbrechung (BGHR § 52 I, Hdlg. dies. 9) oder nach Erkennen der Fahruntauglichkeit (Bay MDR **80**, 867). Ein größerer zeitlicher Abstand zwischen den einzelnen Akten steht der natürlichen Handlungs-
2b einheit nicht unbedingt entgegen (StV **87**, 389). Der Begriff des **Handeltreibens mit BtM** faßt, sofern Täterschaft und nicht Teilnahme in Frage steht (4. 10. 1989, 2 StR 261/89), die Teilakte des Erwerbs, des Besitzes und der Abgabe (9. 4. 1991, 5 StR 112/91) sowie der Einfuhr (diese nur soweit geringe Menge, BGH **31**, 165; 20. 3. 1984, 1 StR 52/84) als *Bewertungseinheit* zusammen (BGH **28**, 308; **30**, 31; 12. 10. 1990, 1 StR 539/90; 6. 3. 1992, 2 StR 69/92; NStZ/S **82**, 63; **83**, 15). Man versteht darunter jede *eigennützige* auf BtM-Umsatz gerichtete Tätigkeit (BGH **25**, 290; **28**, 308; **29**, 280; **30**, 361; **35**, 58; StV **84**, 248; **89**, 201; **92**, 232; 420; NJW **91**, 305; NStZ **84**, 413; MDR/H **92**, 18; MDR/S **80**, 969; **81**, 882; **84**, 8; 969; **86**, 969; **87**, 969; **89**, 413; 1033; **91**, 1111; NStZ/K **81**, 16; NStZ/S **86**, 54; **87**, 61; **88**, 349; **89**, 312; **90**, 330; **91**, 326; **92**, 323; NStE § 52 Nr. 36; 28. 2. 1992, 2 StR

501/91; 26. 3. 1992, 4 StR 98/92; 4. 6. 1992, 4 StR 170/92); auch die eigennützige Förderung fremder Verkäufe (StV **89**, 202 L; 12. 9. 1991, 4 StR 418/91), selbst Vorverhandlungen beim Absatz oder eine einmalige vermittelnde Tätigkeit (14. 7. 1981, 5 StR 272/81) oder die Vereinbarung über den Modus der Bezahlung des übergebenen Rauschgifts (BGHR § 29 I 3 BtMG, Konk. 4) fallen darunter (22. 1. 1981, 1 StR 728/ 80; krit. hierzu LK-Vogler 125 zu § 22), ebenso der Transport von Geld, wenn das zugrundeliegende Rauschgiftgeschäft noch nicht beendet ist (MDR **92**, 501); ein Verkaufserfolg ist nicht vorausgesetzt (18. 4. 1989, 5 StR 127/89); Handeltreiben ist kein Erfolgsdelikt (BGHR § 29 I 1 BtMG, Hdtr. 19; NJW **92**, 381); indessen genügt die Eigennützigkeit allein beim (mittäterschaftlichen) Erwerb zum Eigenverbrauch nicht (NJW **86**, 521), auch nicht ohne weiteres die bloße Finanzierung fremden Handeltreibens durch Darlehenshingabe (StV **86**, 300 L); fehlt es an der Eigennützigkeit, so verbleibt es beim Auffangtatbestand des bloßen *Besitzes* von BtM (BGH **25**, 292; 385; NStZ **81**, 263; 352; BGHR § 29 I 3 BtMG, Konk. 3; KG NJW **82**, 858), der im übrigen in den Tatbeständen der unerlaubten Einfuhr und des Erwerbs aufgeht, StV **81**, 401 (Entsprechendes gilt *nicht* im *Waffenrecht,* weil der Waffenbesitz eine eigenständige Bedeutung hat – Waffenbesitzkarte! –, NStZ **84**, 171; gleichzeitiger Besitz *mehrerer* Schußwaffen ist aber nur *ein* Vergehen der Ausübung der tatsächlichen Gewalt über sie, StV **87**, 21 L; 17. 9. 1991, 1 StR 493/90; Meyer-Goßner NStZ **86**, 52). Die Einfuhr von BtM in *nicht* geringer Menge (§ 30 I Nr. 4 BtMG) steht, da insoweit ein Verbrechen (§ 12 I) vorliegt, mit dem Handeltreiben in Tateinheit (BGH **31**, 165; MDR/S **84**, 6; **86**, 421; **90**, 1076; NStZ **84**, 171/ **85**, 319; NStZ/S **84**, 59; **85**, 57). Dasselbe gilt für eine etwa mitbegangene Steuerhehlerei (BGH **30**, 237). Handeltreiben umfaßt nicht den Erwerb zum eigenen Verbrauch (20. 9. 1983, 4 StR 486/83); zwischen beidem besteht Tateinheit (6. 9. 1983, 5 StR 508/83). Auch das Stehlen von BtM ist, wenn es in Veräußerungsabsicht geschieht, Handeltreiben (BGH **30**, 361; MDR/S **82**, 882; vgl. ferner NStZ/S **83**, 15; **84**, 59). Die Weitergabe von BtM zum Selbstkostenpreis ist nicht Abgabe, sondern Veräußerung iS des § 29 I Nr. 1 BtMG (BGH **37**, 148), unerlaubte Veräußerung ist die durch ein entgeltliches Rechtsgeschäft qualifizierte Form der unerlaubten Abgabe, daher ist das Regelbeispiel des § 29 III Nr. 4 BtMG auch in den Fällen der unerlaubten Abgabe von BtM erfüllt (BGH **37**, 151 m. Anm. Schoreit-Bartner NStZ **91**, 90). Für die natürliche Handlungseinheit kommt es darauf an, wie die Lebensauffassung den äußeren Tatbild beurteilt (RG **68**, 216; Stuttgart NJW **64**, 1913; OLGSt. 28 zu § 142; zu weitgehend LG Aachen JZ **71**, 507; dazu krit. Bruns, Heinitz-FS 317; vgl. Bringewat 18), so daß Einheitlichkeit des Täterentschlusses zwar bedeutungsvoll, aber nicht begrifflich notwendig erscheint (Täter gibt zB nach Fehlgehen zweier Schüsse und nach Ladehemmung beim dritten die Tat zunächst auf, schießt aber das Opfer aus dem ursprünglichen Tötungsantrieb heraus nieder, als es einige Augenblicke später an anderer Stelle wieder auftauchte (so 21. 4. 1977, 4 StR 72/77; zw.); oder Täter begeht während einer einheitlichen Drohung mit dem Messer unterschiedliche sexuelle Handlungen an einer Person (4. 6. 1985, 2 StR 287/85) oder setzt sexuelle Handlungen, nachdem er gestört worden und mit dem PKW an einen andern Ort gefahren ist, dort fort (10. 5. 1979, 4 StR 154/79). Die Rspr. hat hier geschwankt. Während

Vor § 52　　　　　　　　　　　　　　　　　　AT Dritter Abschnitt. Dritter Titel

BGH **1**, 168; Frankfurt HESt. **2**, 306 einen einheitlichen Entschluß fordern, sehen BGH **4**, 219; 26. 9. 1974, 4 StR 390/74 davon ab. In BGH **10**, 129 stellt der BGH hingegen auf die Einheitlichkeit des Entschlusses ab und kommt damit zu schwierigen Unterscheidungen (vgl. auch VRS **28**, 359; **60**, 102; MDR/D **69**, 722; **73**, 17; 21. 6. 1978, 3 StR 207/78), während er in NJW **84**, 1568 (hierzu Kindhäuser JuS **85**, 100) darauf abstellt, daß die Handlungen durch ein gemeinsames subjektives Element miteinander verbunden sind (MDR/H **86**, 622). Zur Frage der Gleichartigkeit der Betätigungsakte vgl. Bremen JR **53**, 388 gegen RG **76**, 144 sowie BGH **4**, 219; GA **70**, 84. Die natürliche Handlungseinheit wird nicht dadurch in Frage
2c gestellt, daß mehrere **höchstpersönliche Rechtsgüter** verletzt werden (BGH **1**, 20; 18. 1. 1983, 1 StR 757/82); insbesondere, wenn 2 Personen in engem zeitlichen und räumlichen Zusammenhang durch zahlreiche Hiebe und Stiche verletzt werden (StV **90**, 544), bei gleichen Drohmitteln zu sexuellen Handlungen an 2 Personen (BGHR § 52 I, RGüter, höchstp. 1); oder bei mehreren Schüssen in eine Personenmenge (NJW **85**, 1565, m. krit. Anm. Maiwald JR **85**, 513; Otto JK 5 zu § 52), anders jedoch, wenn der Täter seine Opfer nacheinander angreift (BGH **16**, 397; StV **81**, 397; NStZ **87**, 20; 7. 1. 1992, 4 StR 623/91), oder wenn die Mehrheit von Tathandlungen nicht auf einer einzigen Entschließung beruht (NJW **77**, 2321 [hierzu krit. Maiwald NJW **78**, 300]; NStZ **84**, 215; 311; **85**, 217; vgl. 18. 9. 1984, 4 StR 535/84; vgl. LK-Vogler 10f.; LK-Jähnke 36 zu § 212; Bringewat 15). Die natürliche Handlungseinheit ist auch bei fahrlässigen Taten denkbar (Hamm VRS **25**, 257); ebenso bei Unterlassungsdelikten (vgl. BGH **18**, 379; LK 13ff. zu § 52). Zur Problematik vgl. weiter Schroeder Jura **80**, 240; Maiwald aaO; Blei JA **72**, 711; sowie LK 13f.; SchSch-Stree 28, wo, wie auch bei Jescheck § 66 I 3, M-Gössel § 54, 38 und SK-Samson 21, der weite Begriff der Rspr. abgelehnt wird. Für die natsoz. Gewaltverbrechen lehnt der BGH idR natürliche Handlungseinheit bei unterscheidbaren Tatkomplexen ab (BGH **1**, 221; NJW **69**, 2056; anders im Fall JZ **67**, 643; vgl. anderseits Bauer JZ **67**, 625). Anders möglicherweise bei einem auf systematischen Betrug angelegten Geschäftsunternehmen (NJW **76**, 1512).

3　　**a) Zur Tateinheit** (Idealkonkurrenz, rechtliches Zusammentreffen, vgl. § 52) kommt es, wenn die tatbestandlichen, mehrere Strafgesetze oder dasselbe Strafgesetz mehrfach verletzenden Ausführungshandlungen in einem für sämtliche Tatbestandsverwirklichungen notwendigen Teil zumindest teilweise identisch sind (BGH **22**, 208, **27**, 67; **33**, 164; NJW **89**, 2141; MDR/H **92**, 17). Tateinheit wird weder allein dadurch begründet, daß der Täter ein einheitliches Ziel verfolgt (BGH **14**, 109), noch dadurch, daß die Handlungen demselben Beweggrund entspringen (BGH **7**, 151), noch dadurch, daß der Täter den Entschluß zur Begehung mehrerer Taten gleichzeitig gefaßt hat (BGHR vor § 1 fH/GesVors. 43). Tateinheit setzt ein Zusammentreffen mehrerer objektiver Tatbestandsverwirklichungen in einem Handlungsakt voraus, ein Zusammentreffen (nur) in subjektiven Tatbestandsteilen ist weder ausreichend noch erforderlich (15. 1. 1992, 3 StR 522/91). Tateinheit ist noch über den Zeitpunkt der Tatvollendung hinaus bis zur Tatbeendigung möglich (BGH **26**, 28; StV **83**, 104 [hierzu Geppert JK 2 zu § 52]; Bay NJW **83**, 406; 22. 11. 1990, 4 StR 456/90), zB wenn eine Widerstandsleistung (§ 113) der Sicherung der Verbrechensbeute (§ 255) dienen soll (MDR/H **88**, 453). Für dieses teilidentische Zusammentreffen bedarf es keines Gesamtvorsatzes, jedoch muß ein einheitliches zusammengehöriges Verhalten des Täters erkennbar sein, was nicht stets einen nahen zeitlichen Zusammenhang voraussetzt (8. 7. 1981, 3 StR 457/80). Daher können vorsätzliche mit fahrlässigen Vergehen rechtlich zusammentreffen (RG **49**, 272); ebenso Tätigkeits- und unechte Unterlassungsdelikte (RG **76**, 140; Bringewat 64; aM LK 12 zu § 52; SchSch 19 zu § 52); nicht aber echte Unterlassungsdelikte (BGH **6**, 230; Stuttgart NStZ **82**, 514; andererseits aber RG **75**, 359; BGH GA **56**, 120). Trotz Mehrheit der Erfolge kann Handlungseinheit vorliegen; so beim Schuß des Mörders durch die Fensterscheibe, bei der Tötung mehrerer durch eine Brandlegung (17. 4. 1985, 2 StR 615/84), beim gleichzeitigen Einwerfen mehrerer Erpresserbriefe in einen Briefkasten (10. 3. 1982, 2 StR 66/82). Gleichzeitigkeit bedeutet an sich noch nicht Handlungseinheit, falls nämlich statt der natürlichen Handlungsidentität verschiedene Willensbetätigungen mit besonderem ursächlichen Verlauf vorliegen (BGH **3**, 295; Hamburg NJW **62**, 755); so liegen zwei selbständige Handlungen vor, wenn jemand mit jeder Hand auf je eine andere Person einen Schuß abgibt (RG **32**, 139); dagegen Tateinheit bei Tötung zweier Personen durch einen Schuß (BGH **1**, 22; 16. 12. 1976, 4 StR 619/76) oder wenn der Täter in Sekundenschnelle zunächt auf A dann auf B schießt (4. 6. 1991, 5 StR 122/91, insoweit nicht aS), hingegen liegt nach Bay NJW **84**, 68 nicht gleichartige Tateinheit, sondern eine einzige Straftat vor, wenn der Täter durch eine Handlung mehrere Personen gefährdet. Sexuelle Handlungen an mehreren Kindern werden noch nicht durch deren gleichzeitige Anwesenheit zur Tateinheit verbunden (29. 11. 1978, 2 StR 486/78), wohl aber dann, wenn die Taten, etwa bei zweiaktigen Delikten (NStZ **85**, 546), durch eine *einzige* Ausführungs- (BGH **6**, 81; MDR/H **92**, 631) oder Nötigungshandlung (7. 11. 1990, 3 StR 339/90) oder Gewaltanwendung (11. 10. 1983, 4 StR 430/83) begangen werden (MDR/H **80**, 272; 19. 2. 1988, 4 StR 37/88). Geht ein versuchter und ein vollendeter Diebstahl auf dieselbe Anstiftungshandlung zurück, so liegt insoweit Tateinheit vor (15. 1. 1991, 1 StR 698/90). Eine Tat liegt ferner vor, wenn durch eine Fahrt mehrere noch nicht 21Jährige der Prostitutionsausübung (§ 180a IV) zugeführt werden (27. 1. 1980, 5 StR 449/80), oder wenn mehrere Minderjährige gemeinsam in unbekleidetem Zustand beim Austausch von Zärtlichkeiten gefilmt werden (16. 8. 1984, 1 StR 406/84). Im übrigen schafft aber die Einheitlichkeit des Zieles noch nicht eine Handlungseinheit (RG **60**, 241), wenn mehrere Ausführungshandlungen mit besonderem Begehungsvorsatz in Betracht kommen. Auch nicht das Ausnutzen derselben Gelegenheit zur 2. Tat, falls auf Grund eines neuen Entschlusses gehandelt wird (OGH NJW **50**, 710; vgl. aber unten 26). Auch wenn beim Versuch einer gegen mehrere Personen gerichteten Tat Tateinheit angenommen werden müßte, wenn der Täter den Opfern gleichzeitig auflauert, kann bei der Vollendung Tatmehrheit gegeben sein, wenn der Täter die Opfer nacheinander angreift (BGH **16**, 397; LK 14 zu § 52; aM SK 12 zu § 52). Tateinheit setzt eine notwendige (Teil-)Identität voraus, so daß allein die Gleichzeitigkeit von Geschehensabläufen, die Verfolgung eines Endzweckes (22. 12. 1983, 3 StR 394/83), eine Mittel-Zweck-Verknüpfung oder eine Grund-Folge-Beziehung nicht ausreicht (NJW **84**, 2170; vgl. BGH **27**, 67). So kann *eine* Vorbereitungshandlung

Vor § 52

allein noch keine Tateinheit zwischen mehreren Betrugshandlungen schaffen (NStZ **85**, 70). Unerlaubte Ausübung der tatsächlichen Gewalt über Waffen (§§ 52a I, 53 I, III WaffG) steht mit unerlaubter Einfuhr, unerlaubtem Erwerb und unerlaubtem Führen in Tateinheit (NStZ **84**, 171; NStE Nr. 7; 22. 9. 1988, 2 StR 487/88).

4 **b) Mehrere Delikte** werden im Falle der Tateinheit durch die eine Handlung begangen, da ja mehrere Strafgesetze verletzt werden, RG **62**, 87; sog. Mehrheitstheorie (aM die sog. Einheitstheorie LK 6 mwN: es liege nur ein Verbrechen vor, das mehrfach „bewertet" werde, hierzu Abels [oben 1] 12). Das 2. StrRG hatte in § 52 I das Wort „Straftat" im Anschluß an § 67 I E 1962 verwendet; an dessen Stelle hat § 1 Nr. 1 EGStGBÄndG wieder das Wort „Handlung" gesetzt (dazu Achenbach MDR **75**, 19).

5 **c) Durch ein drittes Delikt** kann das einigende Band ebenfalls begründet werden, sog. **Klammerwirkung** (zu deren Problematik Puppe GA **82**, 156; Geppert Jura **82**, 370; Abels [oben 1] 15; zusf. Bringewat 70 ff., ferner unten 34), die durch Verklammerung eine Tateinheit schafft zwischen zwei an sich selbständigen Delikten, wenn mit dem 3. Delikt jedes beider Delikte ideell konkurriert (RG **68**, 216), so, wenn eine Tat nach § 267 das Verbindungsglied bildet zwischen einer Tat nach § 348 und einer solchen nach § 263 für deren Verhältnis zueinander (RG **60**, 243), oder eine Tat nach § 239 III für solche nach § 212 und § 177 (BGH **28**, 20), eine Tat nach § 237 für solche nach § 177 und § 316 (NStZ **84**, 262; 408; VRS **65**, 134, hierzu Geppert JK 3; Wolter StV **86**, 318); nicht jedoch bei zwei Vergewaltigungen (NStE Nr. 12); ein Prozeßbetrug für Taten nach §§ 156, 28 und §§ 154 (28, 27. 11. 1984, 1 StR 635/84); eine Tat nach § 266 für solche nach §§ 263, 332 (MDR/H **85**, 627), Errichten und Betreiben von Fernmeldeanlagen (§ 15 FAG [Anh. 25]) für Taten nach §§ 203, 240, 22 (22. 11. 1991, 5 StR 225/91), Führen einer halbautomatischen Selbstladewaffe (§ 53 I Nr. 3a, b WaffG) für Taten nach §§ 223a, 240 (NStZ **89**, 20; BGHR § 52 II, KlWi. 6) und fortgesetztes bandenmäßiges Handeltreiben mit BtM (§ 30 I Nr. 1 BtMG), ferner Einfuhrdelikte nach § 30 I Nr. 4 BtMG (StV **86**, 342), indem je ein Teil des dritten Delikts zur Herstellung des Tatbestandes aller drei Delikte dient. Damit ist Tateinheit zwischen allen dreien gegeben. Dieser Wirkung steht nicht entgegen, daß ein klammereinbezogenes Delikt (§ 237) mangels Strafantrag nicht verfolgt werden kann (JR **83**, 210 [m. Anm. R. Keller]; NStE Nr. 14 zu § 52), oder das verbindende Delikt nach §§ 154, 154a StPO ausgeschieden wurde (NStZ **89**, 20; NStE § 52 Nr. 36). Zur Problematik vgl. R. Schmitt ZStW **75**, 43, 179; Wahle GA **68**, 97; Werle JR **79**, 99; NJW **80**, 2672; Mitsch MDR **88**, 1011; Lackner 4, LK 27,

5a sLSK 4a, alle zu § 52. **aa)** Die Rspr. schließt jedoch aus den unten 34, 41 dargelegten Gründen eine Verklammerung mit mehreren selbständigen Handlungen zur Tateinheit dann aus, wenn letztere ein schwereres Gesetz verletzen als die fortgesetzte Tat, sei es, daß diese fehlende „Wertgleichheit" sich aus der Abstufung der Delikte nach ihrem Unrechtsgehalt (Verbrechen/Vergehen) oder aus unterschiedlich hohen Strafrahmen ergibt. Ebensowenig tritt die Klammerwirkung ein, wenn einem Teilakt die Wertgleichheit mit den übrigen Handlungsteilen fehlt (BGH **18**, 26). Ein fortgesetztes **Vergehen** kann die Verklammerung zwischen mehreren selbständigen **Verbrechen** nicht herstellen; so nicht Fahren ohne Fahrerlaubnis zwischen drei an sich selbständigen Verbrechen nach § 316a (NStZ **84**, 135;

Strafbemessung bei mehreren Gesetzesverletzungen **Vor § 52**

DAR **85**, 189), zwischen § 263 und § 255 (4. 10. 1988, 1 StR 329/88), zwischen § 249 und § 142 (DRiZ **87**, 227), ebensowenig das Dauerdelikt des § 129a zwischen Verbrechen nach §§ 249 und 30 II (MDR/H **82**, 969) oder zwischen Verbrechen nach §§ 211, 22 und § 311 (10. 4. 1992, 3 StR 550/91), auch nicht das Dauerdelikt des § 99 zwischen mehreren Verbrechen nach § 239 II (KG NJW **89**, 1374), die Tat nach § 21 I Nr. 1 StVG mehrere Diebstahlstaten (NStE Nr. 19 zu § 52), der Besitz gegenüber dem Handeltreiben mit BtM (NStZ **82**, 512); ferner das Ausüben tatsächlicher Gewalt (§ 53 I Nr. 3a.a WaffG) gegenüber zweier Taten nach §§ 255, 27 (7. 12. 1984, 2 StR 741/84) oder nach § 250 (9. 4. 1991, 1 StR 135/91) oder gegenüber verschiedenartigen Verstößen gegen das WaffG (16. 5. 1991, 4 StR 183/91); ferner das Führen einer Schußwaffe (§ 53 III Nr. 1b WaffG) gegenüber Taten nach §§ 212, 22 und 223a (NStE § 24 Nr. 25). Andernfalls würden die drei Verbrechen nur mit *einer* Strafe belegt (§ 52!), während sie ohne das Hinzukommen des fortgesetzten Vergehens (also bei geringerer Schuld) mit der höheren Gesamtstrafe nach § 53 geahndet würden (BGH **1**, 70; **18**, 69; NJW **52**, 795; NStZ **82**, 512; Bay NJW **57**, 1485; Bremen JZ **51**, 20; SchSch 17 zu § 52). **bb)** BGH **2**, 246 verneint aus **5b** demselben Grunde auch die Möglichkeit, mehrere Morde durch einen Raub zur Tateinheit zu verbinden, da Mord das schwerste vorsätzliche Verbrechen sei. Auch verbindet § 239 Taten nach § 223a und § 255 nicht zu einer Tat (21. 10. 1981, 2 StR 327/81). Trotz dieser Selbständigkeit iS des materiellen Rechts (§ 53) kann iS des Prozeßrechts (§ 264 StPO) eine einzige Tat vorliegen (BGH **6**, 97; **23**, 145; **32**, 219 [m. Anm. Jung JZ **84**, 535; Roxin JR **84**, 344; Marxen StV **85**, 473]; **35**, 61, 81 [hierzu Gillmeister NStZ **89**, 1; Bauer wistra **90**, 218]; BGH **35**, 323; StV **81**, 606; MDR **92**, 700; Bay NJW **57**, 1485; JZ **91**, 1096 [hierzu Schlüchter JZ **91**, 1059]; Köln NJW **90**, 588; BVerfGE **45**, 434; **56**, 28, 36); allerdings soll der Grundsatz, daß eine einheitliche Handlung nach § 52 stets eine Tat iS des § 264 StPO ist (VRS **60**, 293; NStZ **84**, 135; **85**, 70; 1. 8. 1991, 4 StR 234/91), bei § 129 nicht gelten (dort 9a). **cc)** Die neuere Rspr. erweitert die Verklammerungs- **5c** wirkung auch auf Fälle, in denen *eine* der zu verklammernden Taten schwerer wiegt, als das verklammernde Delikt (13. 6. 1991, 4 StR 231/91), weil in solchen Fällen die Klammerwirkung nicht zum Ausschluß der Tatmehrheit *„zwischen* den *gewichtigeren* Delikten" führt: so hat BGH **31**, 31 [aM noch **3**, 165] angenommen, daß die Straftat des Ausübens tatsächlicher Gewalt (§ 53 III Nr. 1a WaffG) eine Tat nach § 212 mit dem unerlaubten Waffenerwerb (§ 53 III Nr. 1b WaffG) zur Tateinheit verklammert, aber auch § 255 mit dem Führen einer Schußwaffe und anderen Verstößen gegen das WaffG (NStE § 52 Nr. 20), ferner verbindet das Führen einer Schußwaffe nicht nur Totschlag und Nötigung (StV **83**, 148), sondern auch versuchten Totschlag, §§ 223a, 22 und § 230 zur Tateinheit (BGHR § 52 II, KlWi. 6). Vgl. ferner unten 34.

d) Durch dieselbe Handlung werden bei der Tateinheit mehrere Straf- **6** gesetze verletzt. Folgende Fälle gehören hierher (Geppert Jura **82**, 368): Es hat die einheitliche Handlung **aa) einen einzigen** Erfolg, der in mehrfacher rechtlicher Hinsicht zu würdigen ist; so erzwungener Beischlaf mit der Schwester; es liegen in Tateinheit Blutschande (§ 173) und Vergewaltigung (§ 177) vor; **bb) mehrere ungleichartige Erfolge;** so Ermordung durch Schuß ins Fenster, wobei noch eine dritte Person verletzt wird: Tateinheit

Vor § 52
AT Dritter Abschnitt. Dritter Titel

von Mord (§ 211), Körperverletzung (§ 223) und Sachbeschädigung (§ 303); ferner sog. Polizeiflucht (oben 2a), aber auch im Fall des gleichzeitigen Besitzes verschiedenartiger Waffen nach § 52a I Nr. 1 und § 53 I Nr. 3a.a WaffG (NStZ **84**, 171; 23. 7. 1991, 1 StR 191/91), die Einfuhr von BtM in *nicht* geringer Menge und Handeltreiben (BGH **31**, 166); cc) **mehrere gleichartige Erfolge:** so, falls ein Schuß zwei Personen tötet (§ 211); falls beleidigende Schriften durch eine Hilfskraft verschickt werden (Hamburg NJW **53**, 1684); mehrere Menschen durch eine einzige Täuschungshandlung betrogen (MDR/D **70**, 382) oder durch dieselbe Drohung erpreßt (7. 9. 1982, 2 StR 495/82), durch dieselbe Irrtumserregung mehrere Vermögensverfügungen bewirkt werden (2. 4. 1987, 4 StR 81/87) oder Mitkommanditisten in ihrem Vermögen durch Nichtabführung und Verschleierung der Provision geschädigt werden (wistra **86**, 67). Es wird hier durch eine Handlung dasselbe Strafgesetz mehrmals verletzt; sog. gleichartige Idealkonkurrenz (§ 52 I); BGH **1**, 20; Bringewat 31. Sie kommt auch bei Verletzung verschiedener höchstpersönlicher Rechtsgüter in Betracht (BGH **1**, 21); immer vorausgesetzt, daß die Tat auf einer einzigen Entschließung beruht (NJW **77**, 2321, hierzu krit. Maiwald NJW **78**, 300; wistra **86**, 262). Entsprechendes muß gelten, wenn eine einzige Unterlassung zu mehreren gleichartigen Erfolgen führt (BGH **37**, 134), wenn durch eine einzige Handlung Waffen geführt und BtM eingeführt werden (NStZ **82**, 512) oder wenn während einer einzigen länger dauernden Gewaltanwendung oder Drohung eine Frau mehrfach vergewaltigt wird (MDR/H **81**, 99; 13. 2. 1986, 4 StR 26/86). Bei *Hinterziehung verschiedenartiger Steuern* liegt Tateinheit nur dann vor, wenn sie durch einheitliche oder gleichzeitig abgegebene Steuererklärungen bewirkt worden sind (BGH **33**, 163 m. Anm. Hamm NStZ **86**, 68; krit. Kniffka wistra **86**, 89; 18. 12. 1991, 5 StR 599/91) oder im Falle von Unterlassungen zu bewirken gewesen wäre (MDR/H **79**, 987; NJW **85**, 1719 [m. Anm. Puppe JR **85**, 245]; wistra **86**, 65); ebenfalls wenn (gleichartige) Steuererklärungen für mehrere Jahre zeitlich nahe zusammenfallen (MDR/H **81**, 100 zu § 370 AO; vgl. auch NJW **80**, 2591; wistra **82**, 145; 18. 7. 1984, 2 StR 237/84); sonst liegt Tatmehrheit vor (MDR/H **79**, 279; hierzu Meine BB **78**, 1309; Behrendt ZStW **94**, 912; Bilsdorfer NJW **89**, 1591; Gribbohm/Utech NStZ **90**, 212; Bay GA **73**, 112); auch Gleichzeitigkeit des Handelns und Unterlassens verbindet verschiedene Steuerhinterziehungen für sich allein noch nicht zur Tateinheit (NStZ **83**, 29), auch Steuerhinterziehung (Lohnsteuerverkürzung) und Beitragsvorenthaltung (§ 266a) stehen in Tatmehrheit (Bay StV **86**, 533 m. Anm. Brauns).

7 e) **Bei mehreren Beteiligten** ist für jeden nach der Art seines Tatbeitrags selbständig zu ermitteln, ob Handlungseinheit oder -mehrheit gegeben ist (MDR/H **80**, 272); denn auch bei Mehrheit der Haupttaten ist eine einheitliche Teilnahme (Anstiftung oder Beihilfe) an ihnen möglich (BGHR **8** § 52 I, Hdlg. dies. 10; NStE § 52 Nr. 25). So liegt bei **Anstiftung** zu 25 verschiedenen Diebstählen nur eine einzige Tat vor (BGH **1**, 21; NJW **51**, 666; MDR/D **57**, 266; StV **83**, 457; Hamburg NJW **53**, 1684; vgl. 13 zu § 26; LK 38). Denn die Tat des Teilnehmers ist nur dessen Tatbeitrag, nicht aber die Haupttat (RG **70**, 349). Erst recht kann nur *eine* Anstiftungstat vorliegen bei nachträglichen, von den Haupttaten unabhängigen Strafvereitelungen (RG **57**, 353). Entsprechendes gilt für die Mittäterschaft (MDR/

D **68**, 551; **76**, 14; Bay **51**, 183). **In einer Schrift** geäußerte mehrfache 9
Gedanken strafbarer Art können auch trotz der Einheitlichkeit der Äußerungen (nämlich in *einer* Schrift) Gegenstand einer Mehrheit von Handlungen sein (RG **33**, 46); so, falls mehrere Personen in einer einzigen Schrift beleidigt (RG **21**, 276) oder falsch angeschuldigt werden (GA **62**, 24), es sei denn, daß die strafbaren Äußerungen in einem einheitlichen Zusammenhang stehen (RG **66**, 4; oben 6 aE). Letztlich kommt es hierbei auf den materiellen Zusammenhang an (M-Gössel § 54, 43; Blei AT § 92 II 2; vgl. LK 8, 10 zu § 52; übereinstimmende Beleidigung sämtlicher Mitglieder der Strafkammer in einem Brief = eine Handlung; Beleidigung erst der Geistlichkeit und dann der Großgrundbesitzer in einer Broschüre, aber an verschiedenen Stellen, Fall RG **33**, 46 = mehrere Handlungen). Jedenfalls stehen ein Pressepolizeidelikt und ein Pressedelikt in derselben Schrift in Tateinheit (RG **63**, 340; vgl. 25 zu § 185).

B. Tatmehrheit (Realkonkurrenz, vgl. § 53) liegt vor, wenn der Täter 10
durch mehrere selbständige strafbare Handlungen (Unterlassungen), also durch eine Handlungsmehrheit entweder dasselbe Gesetz mehrmals *(gleichartige Tatmehrheit)* oder mehrere verschiedene Gesetze *(ungleichartige Tatmehrheit)* verletzt. Die Konkurrenz kommt hier nur prozessual dadurch zustande, daß die mehreren Handlungen **gleichzeitig abgeurteilt** werden.

a) Kein Teil der Willensbetätigungen darf zugleich zur Herstellung des 11
Tatbestandes beider Delikte mitwirken; sonst liegt nicht Tatmehrheit vor, sondern Tateinheit (BGH **18**, 33; Koblenz NZWehrr **75**, 227); ein derartiges Bindeglied kann auch bei gleichzeitigen Handlungen fehlen (vgl. 3); so bei Hausfriedensbruch und Sexualstraftaten (RG **32**, 140), oder Nötigung (RG **54**, 289).

b) Bloßes Fortdauern der einen Handlung, als die andere schon abge- 12
schlossen war (RG **25**, 149), so daß die Erfolge zu verschiedenen Zeiten eintreten, schafft nicht allein schon Tatmehrheit, vgl. zum Fall, daß nach einem Raub dieselbe Gewaltanwendung einer nachfolgenden Vergewaltigung als Nötigungsmittel dient (11 zu § 249). Daß die eine Handlung gelegentlich einer andern begangen ist, schließt aber die Tatmehrheit nicht aus; so bei Beleidigung eines Polizisten gelegentlich einer Widerstandsleistung (RG **10**, 53); bei einer Sexualstraftat gelegentlich einer Trunkenheitsfahrt (Koblenz NJW **78**, 716; vgl. aber VRS **60**, 292; MDR/D **73**, 556) oder nach einer Körperverletzung (18. 1. 1983, 1 StR 757/82); desgl. nicht, daß die eine Tat die andere vorbereitet, so der Diebstahl des Gewehrs im Verhältnis zum künftigen Mord (JZ **69**, 32; Blei AT § 93 III).

c) Mehrfache Beteiligung an derselben Handlung ist idR rechtlich nur 13
eine Teilnahmehandlung; maßgebend ist die schwerste Beteiligungsform (vgl. 12 vor § 25; aber auch unten 37).

d) Bei der wahlweisen Feststellung zwischen zwei Taten, soweit zuläs- 14
sig (vgl. 12 ff. zu § 1), liegt nur eine strafbare Handlung vor; es ist nur zweifelhaft, welche von mehreren.

e) Einheit oder Mehrheit von Handlungen hat der Tatrichter eindeutig 15
festzustellen; bei offenem Beweisergebnis ist von Tateinheit auszugehen (MDR/H **80**, 628; GA **83**, 565), es gilt der Grundsatz *in dubio pro reo* (NStE § 52 Nr. 5 u. 36; MDR/H **91**, 105; **92**, 632; StV **92**, 66 L; NJW **92**, 703; 23. 8. 1990, 5 StR 335/90; 6. 9. 1991, 4 StR 408/91; 25. 6. 1992, 4 StR 227/

92; 6. 3. 1992, 2 StR 69/92; 14 zu § 1). Es genügt nicht die Bemerkung, es wäre auf dieselbe Strafe erkannt worden, falls ein anderes rechtliches Verhältnis (zB Tateinheit statt Tatmehrheit) vorliege (RG **71**, 104).

16 C. **Auch für Ordnungswidrigkeiten** nach dem OWiG gelten die allgemeinen Grundsätze des Strafrechts über Tateinheit und Tatmehrheit entsprechend, §§ 19, 20 OWiG. Über das Zusammentreffen von Straftaten und Ordnungswidrigkeiten vgl. Göhler OWiG zu § 21.

17 2) Bei der **Gesetzeseinheit** (Gesetzeskonkurrenz, krit. dazu Vogler, Bockelmann-FS 715 u. LK 102; Seier Jura **83**, 225; vgl. Montenbruck, Strafrahmen und Strafzumessung 1983, 162 ff.; Tiedemann JuS **87**, L 19; Abels [oben 1] 17 ff.; Bringewat 80 ff.) verletzt die Handlung dem Wortlaut nach mehrere Gesetze, doch läßt sich die **unechte Konkurrenz** aus dem Verhältnis der Gesetze zueinander schließen, wenn der Unrechtsgehalt durch einen der scheinbar anwendbaren Straftatbestände erschöpfend erfaßt wird (BGH **25**, 375; NJW **63**, 1413). Maßgebend für die Beurteilung sind die Rechtsgüter, gegen die sich der Angriff des Täters richtet, und die Tatbestände, die das Gesetz zu ihrem Schutze aufstellt (BGH **11**, 17; **28**, 15). Die Verletzung des durch den einen Straftatbestand geschützten Rechtsgutes muß eine – wenn nicht notwendige, so doch regelmäßige – Erscheinungsform der Verwirklichung des anderen Tatbestandes sein (BGH **9**, 30; **11**, 17; **25**, 373; **31**, 380; Bay NJW **57**, 720). **A. Erscheinungsformen** der Gesetzeseinheit:

18 a) **Die Spezialität** läßt ein Gesetz, das einen schon von einem anderen Gesetz allgemeiner erfaßten Sachverhalt durch Hinzutreten weiterer Merkmale besonders regelt, dem allgemeinen Gesetz vorgehen (RG **60**, 122; Bay **88**, 60), so § 357 gegenüber § 26 (RG **68**, 92; vgl. LK 108 ff.; Geppert Jura **82**, 422).

19 b) **Die Subsidiarität** läßt solche Gesetze zurücktreten, die nur hilfsweise gelten sollen, falls nicht schon andere Gesetze die Strafbarkeit aussprechen. Die **materielle Subsidiarität** kann sich ergeben, wenn das geschützte Rechtsgut und die Angriffsrichtung (nicht aber die Angriffsform) dieselben sind oder ein leichteres Delikt im Tatbestand eines schwereren enthalten ist (so § 123 in § 243 Nr. 1, vgl. dort 46; RG **60**, 122). So ist wegen Versuchs (§ 22) nur zu bestrafen, falls es nicht zum vollendeten Delikt kommt (NJW **57**, 1288). Ein Gefährdungsdelikt neben dem Verletzungsdelikt kommt als besondere Straftat nur dann nicht mehr in Betracht, wenn das geschützte Rechtsgut bei beiden dasselbe ist und die Gefährdung nicht über die Verletzung hinausgeht (BGH **8**, 244). §§ 315b, 315c treten daher nicht etwa hinter § 222 zurück (LK 121). Der hilfsweise Charakter einer Vorschrift kann im Gesetz durch die sog. Subsidiaritätsklausel gekennzeichnet sein **(formelle Subsidiarität),** und zwar allgemein (nämlich gegenüber Vorschriften mit schwererer Strafdrohung, zB §§ 107b, 109e V, 109f, 125 I, 145d, 248b, 265a) oder speziell (nur gegenüber bestimmten ausdrücklich genannten, zB § 109g II, § 145 II, §§ 145d, 183a, 202 I, 218b I, 219 I, 219a I, 316, oder allgemein umschriebenen Vorschriften, zB § 372 II AO, Anh. 22, gegenüber § 29 I Nr. 1 BtMG, Anh. 4). In den ersteren Fällen gilt die Klausel idR gegenüber allen in Betracht kommenden Tatbeständen (str.); doch können Zweck und Schutzbereich der Vorschriften zu einem anderen Ergebnis führen (BGH **6**, 298).

Strafbemessung bei mehreren Gesetzesverletzungen **Vor § 52**

c) Die Konsumtion ist gegeben, falls das eine (das konsumierende) Ge- 20
setz, ohne daß der Fall der Spezialität zu 18 vorliegt, **seinem Wesen und
Sinn nach** ein anderes, seinem Wortlaut nach ebenfalls anwendbares Gesetz so umfaßt, daß dieses Gesetz in dem ersten aufgeht (hierzu LK
131 ff.). So konsumiert Meineid die in demselben Rechtszug gemachte
uneidliche Falschaussage (BGH **8**, 301); Körperverletzung mit Todesfolge
die fahrlässige Tötung (BGH **8**, 54); Schwangerschaftsabbruch gegen den
Willen der Schwangeren die vorsätzliche Körperverletzung (vgl. BGH **10**,
312, str.); der Einbruchsdiebstahl die Sachbeschädigung (RG **40**, 430). Ein
Fall der Spezialität (zu 18) liegt hier nicht vor, da ein Einbruchsdiebstahl
auch ohne Sachbeschädigung begangen werden kann; die eine Straftat
muß aber die **regelmäßige** Erscheinungsform der anderen sein (RG **60**,
122; Bay NJW **56**, 153). Konsumtion tritt auch ein, wenn verschiedenartige Tatbestände von Delikten vom Gesetz zu einem anderen Delikt verschmolzen werden; so Nötigung (§ 240) und Diebstahl (§ 242) zu dem sie
konsumierenden Raube (§ 249, 1ff. zu § 249). Der BGH (14. 12. 1978, 4
StR 582/78) hat sogar den §§ 255, 250 I Nr. 2 gegenüber einem versuchten Diebstahl konsumierende Wirkung beigemessen, wenn das Diebesverhalten in ein erpresserisches überging (zw.; vgl. auch LK 136; Geppert
Jura **82**, 425).

B. Die rechtliche Folge der Gesetzeskonkurrenz ist, daß im Gegensatz 21
zu der ähnlichen Idealkonkurrenz hier das eine Strafgesetz das andere verdrängt, so daß dieses **nicht unmittelbar zur Anwendung kommt.** So tritt
der Grundtatbestand zurück hinter die Fälle der Strafschärfung oder Milderung (§ 249 hinter § 250; § 211 hinter § 217). Treffen mehrere derartige
Änderungsgründe zu, so entscheidet der schärfste bzw. mildeste Grund;
Idealkonkurrenz greift nicht Platz.

a) Bestraft wird bei der Gesetzeskonkurrenz nur nach dem maßgeben- 22
den Gesetz, so daß das zurücktretende auch im Urteilsspruch gar nicht
erwähnt wird.

b) Das zurücktretende Gesetz ist aber nicht bedeutungslos. Seine Ver- 23
letzung darf bei der Strafzumessung als erschwerend berücksichtigt werden (BGH **1**, 155; **6**, 27; **19**, 189; NStE § 52 Nr. 40; Hamm NJW **73**,
1891). Vor allem aber darf auch die **Mindeststrafe** des ebenfalls verletzten,
wenn auch an sich zurücktretenden Gesetzes, nicht unterschritten werden,
es sei denn, daß das anzuwendende Gesetz eine mildere lex specialis ist (so
treffend BGH **1**, 156; **10**, 312); zB bei Gesetzeskonkurrenz zwischen versuchter Vergewaltigung in einem minder schweren Fall (§ 177 II; Mindeststrafe trotz § 50 möglicherweise 1 Monat) und vollendeter sexueller
Nötigung (§ 178) nicht die dort in II angedrohte Mindestfreiheitsstrafe
von 3 Monaten. Sonst betrüge beim Rücktritt (§ 24) von der versuchten
Vergewaltigung die Mindeststrafe 3 Monate (§ 178 II), ohne den mildernden Rücktritt aber nur 1 Monat (oben; vgl. BGH **1**, 156). Nach dem weichenden Gesetz sind auch Nebenstrafen und Nebenfolgen zu verhängen
(27. 3. 1952, 4 StR 1002/51), Maßregeln der Besserung und Sicherung
(BGH **7**, 312), sowie die Einziehung anzuordnen (BGH **8**, 46). Das Ergebnis entspricht also praktisch der Regelung bei der Tateinheit und läßt
die Unterschiede zu ihr weitestgehend entfallen (§ 52 II S. 2, IV; vgl. hierzu Puppe GA **82**, 161). Hingegen gibt es eine strenge Bindung iS von

BGH 1, 152 im Hinblick auf die **Höchststrafe** eines verdrängten oder außer Betracht gebliebenen Gesetzes nicht (BGH **30**, 167 m. Anm. Bruns JR **82**, 166).

24 c) **Bei Nichtanwendbarkeit des verdrängenden Gesetzes** kann das verdrängte wieder zur Anwendung kommen (zur Problematik Geerds aaO 167 ff.; Dreher JZ **71**, 32; SchSch 134 ff.; NJW **72**, 262). Dabei ist zu unterscheiden: **aa)** Ist die an sich verdrängende Vorschrift nicht verletzt, weil es etwa an der Rechtswidrigkeit (zB infolge von § 226a; vgl. Schleswig SchlHA **59**, 155), an der Schuld (vgl. RG **47**, 389) oder an der Versuchsstrafbarkeit fehlt (BGH **30**, 236), so liegt nur scheinbare Konkurrenz vor; das andere Gesetz ist anzuwenden, wenn nicht das verdrängende eine Sperrwirkung ausübt (so kann ein nach § 237 strafloser Versuch nicht nach § 240 III strafbar sein; vgl. auch Celle NJW **53**, 37). **bb)** Ist die verdrängende Norm verletzt, kann sie aber aus materiellrechtlichen Gründen nicht angewendet werden, vor allem wenn Strafausschließungs- oder -aufhebungsgründe vorliegen, so ist grundsätzlich die verdrängte Norm anzuwenden (BGH **1**, 155); so § 145d, wenn § 257 wegen Selbstbegünstigung ausscheidet (vgl. Bay **55**, 127); das gilt insbesondere bei Rücktritt (3 zu § 24); möglicherweise auch bei Amnestie (NJW **72**, 262; Köln NJW **71**, 628; aM Bay JZ **71**, 31 mit krit. Anm. Dreher). **cc)** Steht dem verdrängenden Gesetz ein Verfahrenshindernis entgegen, so ist bei Verjährung (nach der zu 4 vor § 78 vertretenen Auffassung schon ein Fall von bb) aus einem verdrängten subsidiären Gesetz zu strafen (RG **39**, 353; Bay **55**, 126; ebenso beim Verfahrenshindernis der Auslieferungsbeschränkung, BGH **19**, 190; fehlt es am Strafantrag, so kann nach dem Sinn des Gesetzes grundsätzlich nicht aus dem verdrängten gestraft werden, BGH **19**, 320; LK 115.

25 3) **Die fortgesetzte Handlung** (vgl. LK 44 ff.; Geppert Jura **82**, 363; Bringewat 36 ff.; sLSK 2) ist von der Rspr. aus praktischen Gründen und „Gerechtigkeitserwägungen" (BGH **36**, 115; krit. Rebmann, Bengl-FS 105; Rüping GA **85**, 440; Meyer-Goßner NStZ **86**, 103; Jung, Schultz-GedS 183 u. JuS **89**, 289; Jähnke GA **89**, 376; Schmoller ÖRiZ **89**, 207, 230; Timpe JA **91**, 12) entwickelte, in § 112a I Nr. 2 StPO gesetzlich anerkannte (Jähnke aaO 379; aM Ostendorf DRiZ **83**, 426; Schumann StV **92**, 395 Fn. 16) rechtliche Handlungseinheit, bei der mehrere natürliche Handlungen oder natürliche Handlungseinheiten (oben 2 ff.; BGH **19**, 323) zu *einer* Tat im Rechtssinn zusammengefaßt werden. Eine Rechtfertigungsbasis sieht Kratzsch (JR **90**, 180) in der dem Gesetzeswillen entsprechenden Interpretation der fortgesetzten Tat als Sonderform des Vorsatzdelikts. Einem rechtsfehlerfrei festgestellten Gesamtvorsatz (unten 26) haftet idR eine wesentlich höhere kriminelle Energie an (NStZ **92**, 389), die sich fast zwangsläufig bei der Strafzumessung zum Nachteil des Angeklagten auswirken muß (13. 2. 1991, 5 StR 423/90). Insbesondere bei Vermögensdelikten (zB Diebereien) in zahlreichen Einzelfällen bringt die Annahme einer einzigen (fortgesetzten) Handlung Erleichterungen (GrSenRG **70**, 244; BGH **3**, 168; **36**, 109), allerdings auch erhebliche **Gefahren** für eine gerechte Rechtspflege (Jagusch NJW **72**, 454), zT zwar zugunsten des Angeklagten, weil die Annahme von Fortsetzungszusammenhang den Richter trotz größerer krimineller Intensität eines Fortsetzungstäters uU zur Verhängung einer niedrigeren Strafe verführt und die rechtskräftige Verurteilung wegen einer

Fortsetzungstat die Verfolgung aller, selbst schwerwiegender Einzelakte dieser Fortsetzungstat verbraucht, die nicht Gegenstand des Verfahrens gewesen sind, und zwar gleichgültig, ob sie schon bekannt waren oder nicht (BGH **15**, 270; **33**, 123). Umgekehrt kann aber eine weite Erstrekkung des Fortsetzungszusammenhangs auch zur Folge haben, daß der Angeklagte wegen Einzelakten einer Fortsetzungstat noch bestraft wird, obwohl sie als selbständige Handlungen wegen Verjährung nicht mehr verfolgbar wären (BGH **36**, 110; NStZ **91**, 291). Mit Recht anerkennt die Rspr. daher einen Fortsetzungszusammenhang nur unter strengen rechtlichen Voraussetzungen: Eine fortgesetzte Handlung liegt vor, wenn der Täter denselben Grundtatbestand (25 a) durch Verletzung gleichartiger Rechtsgüter (29) in gleichartiger Begehungsweise (30) sowie engem räumlichen und zeitlichem Zusammenhang (26 a) aufgrund eines Gesamtvorsatzes (26) durch mehrfache Handlungen verwirklicht (BGH **36**, 110 [m. Anm. Jung StV **90**, 72 u. Schlüchter NStZ **90**, 180]; wistra **90**, 148; NJW **91**, 3226; 12. 12. 1990, 3 StR 470/89; 4. 6. 1992, 4 StR 170/92). Jeder Teilakt muß dabei einen Kausalbeitrag zur Verwirklichung der Gesamttat leisten (Kratzsch JR **90**, 178). Die einschränkende Wirkung dieser rechtlichen Voraussetzungen wird freilich dadurch zT wieder aufgehoben, daß die Rspr. – insoweit gegenläufig – Fortsetzungszusammenhang nicht nur bei Taten gegen verschiedene Geschädigte (unten 26 a), sondern auch die nachträgliche Bildung eines Gesamtvorsatzes und dessen spätere, uU mehrmalige Erweiterung (unten 26 b) anerkennt (BGH aaO). **A. Voraussetzungen: a) Derselbe Grundtatbestand** muß verwirklicht sein (was eine spätere Erweiterung auf besonders schwere Fälle nicht ausschließt, 25. 1. 1983, 4 StR 714/82), wobei sämtliche (erwiesenen: 16. 3. 1984, 2 StR 719/83) Einzelhandlungen jeweils alle objektiven und subjektiven Deliktsvoraussetzungen erfüllen müssen (MDR/H **81**, 629; LK 48), so bei monatelanger Blutschande (vgl. aber unten 26), bei einem mehrfachen Meineid des Zeugen in einem Verfahren über dieselbe Frage (BGH **8**, 314), und zwar auch dann, wenn bei mehrfachen Aussagen nicht alle beschworen wurden (4. 3. 1980, 1 StR 15/80). Charakteristisch ist die sukzessive Annäherung an den Gesamterfolg (zB fortgesetzte Versuche, falsche Erklärungen in verschiedenen Stadien des Verfahrens, etappenweiser Abtransport, Kratzsch JR **90**, 181). Wird ein verbotenes Verhalten im Wege der Gesetzesänderung von einer Ordnungswidrigkeit zur Straftat aufgestuft, so liegt hinsichtlich des vor und nach der Gesetzesänderung begangenen Tuns keine einheitliche Straftat vor, sondern – rechtlich selbständig – eine Ordnungswidrigkeit und eine Straftat (MDR/H **87**, 280). **b)** Ausreichende **Feststellungen zum Schuldumfang** sind (schon wegen möglicher Rechtsnachteile, unten 38) *unverzichtbar* (StV **81**, 126). Hierzu gehört die Feststellung des durch die Taten verursachten Mindestschuldumfangs (StV **81**, 542; BGHR § 29 I 1 SchUmf. 1), so die Angabe des Wirkstoffgehalts des BtM (StV **84**, 155), zB der Mindestqualität eines Heroingemischs (StV **82**, 225). Für das Vorliegen einer *„nicht geringen Menge"* *(§ 29 III Nr. 2, § 30 I Nr. 4 BtMG)* kommt es bei Fortsetzungstaten auf die Gesamtmenge an (NStZ **83**, 369; Bay **87**, 6). Der (zumindest bedingte) Vorsatz muß sich auf den Wirkstoffgehalt des BtM beziehen (Bay 20. 9. 1990, RReg. 4 St 113/90). Die „nicht geringe Menge" beginnt für *Heroingemische* bei 1,5 g Heroinhydrochlorid (BGH **32**, 163 m. Anm. Endriß StV **84**, 155, Körner NStZ **84**, 222; StV **84**, 286;

25 a

25 b

Vor § 52 AT Dritter Abschnitt. Dritter Titel

Bay **87**, 6), für *Morphinzubereitungen* bei 4,5 g Morphinhydrochlorid (BGH **35**, 179 m. Anm. Rübsamen/Steinke NStZ **88**, 463), für *LSD-Zubereitungen* bei einem Wirktoffgehalt von 6 mg (BGH **35**, 43 m. Anm. Winkler NStZ **88**, 29, vgl. ferner LG Freiburg StV **87**, 109), für *Kokain* bei 5 g Kokainhydrochlorid (MDR **85**, 515), für *Amphetamin-Zubereitungen* bei 10 g Amphetamin-Base (BGH **33**, 169 m. Anm. Eberth NStZ **86**, 33; auf die Menge des Amphetaminsulfats ist nicht abzustellen: 10. 8. 1990, 2 StR 352/90) und für *Cannabisprodukte* (Marihuana, Haschisch, Haschischoel) bei 7,5 g Tetrahydrocannabinol = THC (hierzu grundlegend BGH **33**, 10), wobei das bei thermischer Belastung zusätzlich entstehende psychoaktive THC einzubeziehen ist (BGH **34**, 373 m. Anm. Endriß/Logemann StV **87**, 535; hierzu Megges u. a., Zschockelt MDR **86**, 457; NStE § 29 BtMG Nr. 21; 25. 2. 1988, 1 StR 59/88). Ein Erfahrungssatz, der Anteil des THC im Cannabis-Harz betrage 10%, besteht nicht (Frankfurt NJW **86**, 2386). *Rspr. Übers.* hierzu MDR/S **84**, 9; 971; **86**, 970; **87**, 970; **89**, 414; 1034; **90**, 1079; NStZ/S **85**, 58; **86**, 56; **87**, 62; **88**, 350; **89**, 314; **90**, 331; **91**, 327. Im übrigen hält es der BGH bei Fortsetzungstaten, die aus einer großen Anzahl von Einzelakten bestehen, nicht für erforderlich, jeden einzelnen Teilakt nach Ort, Zeit (Beginn und Ende der Tat) und etwaigen Tatmodalitäten festzulegen. Der zeitliche und sachliche Umfang der Fortsetzungstat muß aber deutlich werden (NStZ **84**, 565), insbesondere wenn es auf das Schutzalter ankommen kann (14. 5. 1986, 3 StR 125/86; 5. 3. 1992, 1 StR 716/91). IdR muß der Tatrichter mitteilen, von welcher festgestellten *Mindestzahl* der Teilakte er im einzelnen ausgegangen ist (StV **81**, 542; **84**, 243; NStZ **82**, 128; **83**, 326; NStE § 52 Nr. 28, § 263 Nr. 36; 17. 5. 1990, 1 StR 254/90; 26. 7. 1990, 5 StR 292/90; 30. 10. 1990, 1 StR 585/90; 4. 4. 1991, 1 StR 77/91; 18. 4. 1990, 4 StR 181/90; 19. 11. 1991, 3 StR 469/91; DAR/S **85**, 185; Köln VRS **61**, 348; Karlsruhe Die Justiz **82**, 409; Bringewat 50). Dies ist nur entbehrlich, wenn sich aus dem Urteil der *Mindestumfang* ohne solche Zahlenangaben entnehmen läßt oder wenn die Tatzeit auf Grund genauer Angaben über Beginn und Ende unmißverständlich eingegrenzt ist (wistra **90**, 21; 7. 11. 1990, 3 StR 339/90; 7. 4. 1992, 4 StR 120/92). Das ist zB bei einem Täter der Fall, der den Vorsatz faßt, seine in seinem Hause, wenn auch an den jeweils verschiedenen Wohnorten (24. 3. 1992, 1 StR 594/91) lebende (Stief-)Tochter solange und so oft er mag und solange es geht, sexuell zu mißbrauchen (BGHR für § 1 fH/GesVors. 38: 481 Fälle in 6 Jahren!). Zweifel am Umfang der Rechtskraft dürfen nicht auftreten (GA **59**, 371; NStZ **85**, 310 L; MDR/H **85**, 91), auch muß ausgeschlossen sein, daß eine genauere Feststellung der Einzelakte das Strafmaß beeinflußt hätte (7. 4. 1992, 4 StR 120/91). Die *fehlende Einzelfeststellung* darf also nicht zu Lasten des Täters gehen (JR **54**, 268; GA **59**, 372; MDR/D **71**, 895; MDR/H **78**, 803; StV **82**, 20 L; wistra **92**, 141). Bei *mehreren Verletzten* gelten strengere Anforderungen an die Einzelfeststellungen (BGH **1**, 222; 6. 3. 1992, 1 StR 50/92; vgl. auch unten 26 c). Wechselnde Tatbeteiligung ist bei den jeweiligen Einzelakten mit hinreichender Bestimmtheit anzugeben (BGHR § 263 I SchUmf. 1). Für den Schuldumfang ist auch von Bedeutung, wenn lediglich ein Teil der Einzelakte den Tabestand mit höherer Strafdrohung erfüllt (NStZ **86**, 408). Die Angabe einer nur möglichen Höchstzahl der Einzelakte empfiehlt sich nicht (MDR/D **71**, 545). Schuldfeststellungen im Wege bloßer *„Hochrechnung"* sind, weil sie zu einer Ver-

Strafbemessung bei mehreren Gesetzesverletzungen **Vor § 52**

dachtsstrafe führen, unzulässig (MDR/H **78**, 803; BGH **36**, 323 m. Anm. Salditt NStZ **90**, 151; M-Gössel § 54, 68); erlaubt sind indessen Hochrechnungen, soweit sie die Überprüfung von Geständnissen oder sonst zur Absicherung anderweitig gewonnener Beweisergebnisse dienen (BGH aaO). Der Schuldumfang einer fortgesetzten Tat betrifft idR den Schuldspruch, nicht nur den Strafausspruch (NStE Nr. 28). **c)** Es muß ein **Ge-** 26 **samtvorsatz** gegeben sein. Er muß so beschaffen sein, daß er sämtliche Teile der geplanten Handlungsreihe in den wesentlichen Grundzügen ihrer künftigen Gestaltung umfaßt. Er muß den späteren Ablauf der einzelnen Akte zwar nicht in allen Einzelheiten, aber mindestens insoweit vorwegbegreifen, als das zu verletzende Rechtsgut und sein Träger sowie Ort, Zeit und ungefähre Art der Tatausführung in Betracht kommen (BGH **1**, 315; **12**, 155; **15**, 271; **16**, 128; **19**, 323; **26**, 7; **35**, 324; **36**, 110; **38**, 167; NJW **83**, 2827; **91**, 3226; StV **81**, 124; **82**, 222; **83**, 237; **84**, 71; **91**, 261 L; wistra **83**, 70; **86**, 105; **87**, 21; **89**, 58; **90**, 301; 307; **91**, 21; 63; 340; MDR/H **85**, 283; NStZ **86**, 408; **87**, 436; 551; **88**, 25; **91**, 137; 291; NStE § 52 Nr. 12, 16, 37; BGHR vor § 1 fH GesVors. 8–26; 36; 19. 5. 1992, 1 StR 173/92; stRspr.). Die Rspr. ist bei der Annahme des Gesamtvorsatzes zurückhaltend (unten 28, 31). Er bedarf idR näherer Begründung (5. 12. 1985, 4 StR 526/85). Zu den Grundelementen näher Kratzsch JR **90**, 179. **aa)** Spätestens **vor Been-** 26a **digung der letzten** von ihm ursprünglich geplanten **Einzelhandlung** (vgl. 6 zu § 78a) der Handlungsreihe (BGH **19**, 323; **23**, 35; StV **81**, 125; dazu Schröder JR **65**, 106; MDR/D **66**, 198) muß der Gesamtvorsatz **gefaßt** sein (StV **83**, 104; MDR/H **84**, 796; BGHR vor § 1, fH, GesVors. erw 1). Das ist zB bei der Scheck-(Wechsel-)reiterei der Fall, da jede Vorlage von Reitschecks sich als Teilverwirklichung eines gegen mehrere Banken gerichteten Gesamtplans darstellt (1. 4. 1980, 5 StR 658/79; vgl. auch StV **84**, 242). Dasselbe gilt für die sukzessive Unterbringung eines gefälschten Wertpapierpakets (22. 8. 1980, 1 StR 804/79), gestohlener Euroschecks (23. 1. 1984, 2 StR 119/84), beim Entwenden eines Gegenstandes, um damit einen bestimmten weiteren Diebstahl zu begehen (29 zu § 242); oder im Falle einer umfassenden betrügerischen „Werbekampagne" (24. 6. 1987, 2 StR 261/87). IdR zu verneinen ist der Gesamtvorsatz bei einer längeren **Unterbrechung der Tatreihe** (BGHR vor § 1, fH, GesVors. 3: 4 Monate; BGH **35**, 322; 28. 11. 1990, 3 StR 170/90 in **37**, 245 nicht abgedruckt), zB bei längerer Strafverbüßung (Koblenz OLGSt. 4 zu § 52), durch UHaft (MDR/D **66**, 558), durch eine Durchsuchungs- und eine Beschlagnahmeaktion (NStZ **87**, 464), jedoch nicht stets (StV **84**, 367; wistra **89**, 303); ev. durch teilweise Entdeckung (AG Landstuhl MDR **75**, 681), auch bei sexuellen Handlungen gegenüber demselben Opfer über längere Zeit läßt sich ein Gesamtvorsatz idR nicht bejahen (GA **72**, 125; BGHR vor § 1, fH, GesVors. 15); zB bei einem einschneidenden Eingriff von außen (BGHR vor § 1, fH, GesVors. 14), jedoch im Fall NStZ **86**, 409 in 70 Einzelakten nach § 174 bejaht. Ein Gesamtvorsatz läßt sich erst für die einer gewissen Anfangszeit der Gewöhnung und Einübung nachfolgenden, nunmehr Routinecharakter tragenden Taten rechtfertigen (BGH **2**, 167; MDR/H **78**, 804; 15. 2. 1990, 4 StR 655/89; bedeutsam für das Verjährungsproblem, unten 28, ferner 21 zu § 176; NStE Nr. 5 zu § 177). Im übrigen reicht der in unbestimmter Absicht gefaßte **allgemeine Entschluß,** bei sich bietender Gelegenheit oder bei bestimmten regelmäßig wiederkehrenden Terminen

Vor § 52 AT Dritter Abschnitt. Dritter Titel

eine Reihe nach Ort und Zeit nicht vorausbestimmter gleichartiger Straftaten, zB betrügerische Handlungen (BGH **37**, 47; NJW **91**, 3225, 3227; NStZ **92**, 381; 436; 23. 5. 1991, 5 StR 9/91; 1. 8. 1991, 4 StR 234/91; 17. 9. 1991, 5 StR 362/91; 11. 2. 1992, 1 StR 50/92) zu begehen oder zur „Erziehung" körperliche Züchtigungen vorzunehmen (NStZ **85**, 215 L), als Vorsatz zur Begründung einer fortgesetzten Handlung *nicht* aus (BGH **36**, 110; **38**, 166; NJW **83**, 2827; **89**, 3232 [m. Anm. Geerds JR **90**, 296]; MDR **52**, 310; GA **60**, 375; DRiZ **73**, 24; MDR/D **72**, 752; **75**, 367; MDR/H **79**, 636; **90**, 1065; StV **81**, 126; **91**, 261 L; wistra **89**, 96; **90**, 146, 147; **91**, 21; NStZ **91**, 291; 13. 9. 1990, 4 StR 253/90; 22. 11. 1991, 4 StR 460/90; 13. 12. 1990, 4 StR 516/90; wistra **92**, 296 [betrügerische kassenärztliche Abrechnungen]; 1. 7. 1992, 3 StR 238/92; stRspr.; OGHSt. **1**, 346; Frankfurt NJW **48**, 392; Köln GA **75**, 123; Düsseldorf VRS **74**, 181; Jähnke GA **89**, 383), auch wenn die möglicherweise betroffenen Rechtsgüter von vornherein bestimmt sind (wistra **91**, 180), ebensowenig ein „bedingtes Vorhaben" (6. 5. 1981, 2 StR 148/81); der Tatentschluß muß *konkrete* Vorstellungen über den Gesamtumfang der zu verübenden Taten umfassen (wistra **90**, 189; 351; StV **90**, 348 L; 28. 4. 1992, 1 StR 188/92; zu Verstößen gegen das BtMG vgl. aber unten 26 c). Die einzelnen Abschnitte des gesamten Tatablaufs müssen vielmehr willensmäßig so miteinander verzahnt und zu einer Wirkungseinheit (Gesamthandlung) verknüpft werden, daß als Folge dieser Verknüpfung der Gesamterfolg eintritt (Kratzsch JR **90**, 179). Aus einem zeitlichen Zusammentreffen mehrerer Straftaten allein kann ein Gesamtvorsatz nicht gefolgt werden (NStE § 52 Nr. 10). Zur fortgesetzten Mittäterschaft und

26 b Beihilfe vgl. unten 37. **bb) Ein (erweiterter) Gesamtvorsatz** wird dadurch nicht ausgeschlossen, daß das Ende der geplanten Tätigkeit noch nicht feststeht (BGH **12**, 148; **19**, 323; **23**, 33; **26**, 4; **30**, 209; **33**, 5 [m. Anm. Endriß StV **84**, 468]; NJW **84**, 376; **91**, 3225; GA **87**, 225; NStE § 52 Nr. 15; wistra **90**, 190; NStZ **91**, 291; BGHR § 370 I AO, GesV 6; Meyer-Goßner NStZ **86**, 104; Bringewat 45), und der Täter besonders günstige Gelegenheiten abzuwarten pflegte und insoweit bei den Einzelakten besondere Tatentschlüsse faßte (26. 11. 1976, 2 StR 688/76). Der Gesamtvorsatz kann auch fortbestehen, wenn der Täter an sich von seinem Fehlverhalten loskommen will (StV **83**, 414), so stehen Gewissensbedenken bei den einzelnen Sexualkontakten nach 25. 9. 1990, 5 StR 399/90 einem fortdauernden Gesamtvorsatz nicht unbedingt entgegen (vgl. NStZ/M **92**, 174). Hat der Täter einen Gesamtvorsatz gefaßt, so kann er ihn noch bis zur Beendigung des letzten Teilaktes (vgl. 3 zu § 78 a) auf weitere Akte ausdehnen (BGH **19**, 323; **21**, 322; **23**, 33; MDR/D **66**, 198; 87, 13; StV **82**, 468; **83**, 414; **84**, 242 [m. Anm. Schlothauer]; NStZ **85**, 407 L; **91**, 182; wistra **87**, 104; 13. 12. 1990, 4 StR 516/90; Köln GA **75**, 123; dazu Bringewat JuS **70**, 329; LK 63 f.); jedoch muß zu diesem Zeitpunkt das nächste Objekt hinreichend bekannt sein (BGHR vor § 1, fH, Ausw. nacht. 2 u. 3; NStE § 52 Nr. 21); es sind insoweit an den erweiterten Gesamtvorsatz keine geringeren Anforderungen zu stellen als an den von vornherein bestehenden (StV **86**, 425), jedoch beruhen weitere Handlungen nicht allein deswegen auf einer Erweiterung des ursprünglichen Gesamtvorsatzes, weil sie begangen worden sind, ehe alle Taten der früher geplanten fortgesetzten Tat beendet sind (NStZ **85**, 21 L; 20. 3. 1986, 4 StR 60/86), für eine Lockerung bei Serienstraftaten Fleischer NJW **79**, 250; Bringewat 43 ff. SchSch 53 und Honig

Strafbemessung bei mehreren Gesetzesverletzungen **Vor § 52**

(Schröder-GedS 167) sehen in der Entwicklung der Rspr. eine Annäherung an das Prinzip des Fortsetzungsvorsatzes (unten 27). Jähnke (GA **89**, 386) lehnt daher eine solche „Erweiterung" des Gesamtvorsatzes mit gewichtigen Gründen überhaupt ab (ebenso LG Wuppertal wistra **91**, 311). Inzwischen hält der *3. StS* des BGH, ohne im übrigen die Rechtsfigur des Fortsetzungszusammenhangs in Frage zu stellen (BGH **36**, 113 [vgl. dazu Kratzsch JR **90**, 178 u. Jung StV **90**, 72]; wistra **90**, 227), die Grundsätze über den erweiterten Gesamtvorsatz (BGH **19**, 323; **23**, 33) dann nicht für anwendbar, wenn sich der Täter bei der Hinterziehung von Einkommensteuern der Gesellschafter einer **Abschreibungsgesellschaft** (zur Hinterziehung von Umsatz- und Gewerbesteuer: wistra **89**, 267; NJW **91**, 3227) vor vollständigem Eintritt der zunächst gewollten Steuerverkürzung entschließt, die für ein bestimmtes Kalenderjahr geplante Tat für ein weiteres Kalenderjahr fortzusetzen (BGH **36**, 114; vgl. NJW **91**, 1308; ferner Bay wistra **91**, 313). Der Senat läßt sich bei dieser Einschränkung von Gerechtigkeitserwägungen leiten, die im Hinblick auf die Besonderheiten des Jahresbesteuerungsverfahrens gerade in diesem Bereich geboten sind, um eine Erstreckung von Taten als rechtliche Handlungseinheit über viele Jahre oder gar Jahrzehnte hinweg zu vermeiden (BGH **36**, 112 m. Anm. Schlüchter NStZ **90**, 180). Noch überzeugender wäre es indessen, sich auf die fehlende kausale Verknüpfung der einzelnen Steuerhinterziehungen zu berufen. Denn die erhobenen Einwände gegen die nachträgliche Erweiterung oder Bildung des Gesamtvorsatzes lassen sich (so Kratzsch JR **90**, 182) ausräumen, wenn man die Begrenzung nach *objektiven* Kriterien vornimmt; insbesondere müsse erkennbar sein, daß die modifizierte Tat auf den *fortwirkenden Kausalbeiträgen* (vgl. 25 aE, 26a aE) der vorausgehenden Tatabschnitte aufbaut. Ein gewisses Maß an situationsbedingter Anpassung ist einer langfristig angelegten Tat andererseits immanent. **cc) Beispiele aus der Rspr:** Bei *BtM*-Taten wie fortgesetztem Rauschmittelhandel brauch noch nicht festzustehen, von welchem bestimmten Händler gekauft oder an welche einzelnen Kunden verkauft werden soll (6. 7. 1983, 2 StR 104/83); es genügt, daß beim Handeltreiben mit BtM (aber nicht schon bei anderen Straftatbeständen: NStZ **92**, 381, 389) ein *eingespieltes Einfuhr- und Verkaufssystem* besteht (BGH **33**, 123; **35**, 321; MDR/H **79**, 106; **83**, 622; StV **81**, 126; **83**, 19; **85**, 416; **87**, 436; **92**, 162; NStZ **90**, 239; BGHR § 29 III 1 BtMG, FZush. 1, 2; § 29 I 1 BtMG FZush. 5; 13. 9. 1990, 4 StR 253/90; 13. 6. 1990, 4 StR 253/90; 23. 8. 1990, 4 StR 362/90; 23. 1. 1991, 3 StR 415/90; 14. 1. 1992, 5 StR 671/91; 11. 2. 1992, 1 StR 50/92; MDR/S **80**, 969; **81**, 881; **89**, 1033; **91**, 1112; NStZ/S **83**, 16; **84**, 60; **86**, 55; 6. 12. 1989, 2 StR 330/89 zutr. krit. Jähnke GA **89**, 385), auch nicht, daß der Täter letztlich zur Finanzierung seines eigenen BtM-Konsums tätig wurde (6. 11. 1991, 3 StR 406/91) oder ein Kleinschmuggler immer wieder zum Eigenkonsum und dessen Finanzierung geringe Mengen BtM einschwärzt (1. 4. 1992, 3 StR 74/91). Überhaupt werden bei Vergehen gegen das BtMG an den Gesamtvorsatz keine allzustrengen Voraussetzungen gestellt (29. 10. 1980, 3 StR 323/80); das gilt insbesondere für Mitglieder einer kriminellen Vereinigung (StV **81**, 626). Ein Gesamtvorsatz kann allerdings nur in Richtung gleichartiger Taten ausgedehnt werden, also nicht vom Erwerb von BtM zum Eigenverbrauch über das Handeltreiben mit BtM (NStZ **85**, 319; vgl. aber StV **84**, 516; **88**, 254). Auch genügt der vor Jahren gefaßte Ent-

26 c

schluß, solange wie möglich BtM zum Eigenverbrauch zu verwenden, nicht (20. 7. 1982, 1 StR 340/82), auch nicht, daß der Täter letztlich zur Finanzierung seines eigenen BtM-Konsums tätig wurde (6. 11. 1991, 3 StR 406/91) oder ein Kleinschmuggler immer wieder zum Eigenkonsum und dessen Finanzierung geringe Mengen BtM einschwärzt (1. 4. 1992, 3 StR 74/92). Der Entschluß, fortgesetzt BtM zu erwerben, wird nicht dadurch aufgegeben, daß der Täter sich zusätzlich entschließt, dies auch zum Handeltreiben zu tun, doch führt der neue Entschluß zum fortgesetzten Handeltreiben zur Tateinheit mit dem fortgesetzten Erwerb (StV **86**, 435 L; MDR/S **86**, 971). Ob sich der Besitz auf eine „nicht geringe Menge" von BtM (§ 29 III Nr. 4 BtMG) bezieht, ist im Falle der Abgabe an Dritte durch Addition festzustellen, dies gilt jedoch nicht im Falle eines sukzessiven Besitzes oder Erwerbs zum Eigenverbrauch (MDR **82**, 426; vgl. NStZ/S **82**, 65). Unentgeltliche Abgabe von BtM ist aber kein Teilakt des Handeltreibens (oben 2b, 28. 11. 1979, 2 StR 716/79). Ein Gesamtvorsatz kann durch den Entschluß des Täters, sein *sexuelles Verlangen* fortan bei einem bestimmten Opfer zu befriedigen, begründet werden (BGHR § 177 I, Gew. 6), bei einem Exhibitionisten (§ 183) dadurch, daß der Entschluß nach Gelegenheit, Personen und Örtlichkeit konkretisiert ist (RG **75**, 209). Gesamtvorsatz ist zB anzunehmen, wenn der Täter zunächst ein Werkzeug, ein Auto oder einen Schlüssel *stiehlt*, um damit einen schon geplanten weiteren Diebstahl (nicht aber einen Raub, MDR/D **73**, 554) durchzuführen (MDR/D **57**, 526; **67**, 12; **68**, 727; MDR/H **78**, 623; **90**, 488; GA **68**, 337; NStE § 52 Nr. 39), oder wenn er einen *Meineid* in der Vorstellung leistet, in demselben Rechtszug die Aussage zu wiederholen (BGH **8**, 314;

26d 4. 3. 1980, 1 StR 15/80). Bei **Steuerhinterziehungen (§ 370 AO)** genügen pauschale Summenangaben nicht, erforderlich ist die Angabe der nach Steuerart und -abschnitt einzeln berechneten Steuerverkürzungen. Schätzungen des FinA (§ 162 AO) darf der Tatrichter seinem Urteil zugrundelegen, wenn er von ihrer Richtigkeit überzeugt ist (wistra **86**, 65; **89**, 267; Köln wistra **88**, 374; MDR/S **88**, 899; **90**, 384; MDR/H **88**, 454). Zur Ausdehnung des Gesamtvorsatzes auf Steuerhinterziehungen in einem neu eröffneten Betrieb NStE § 52 Nr. 11. Zur Erweiterung des Gesamtvorsatzes (26b) bei Umsatzsteuerhinterziehung NJW **91**, 1316. Bei Einkommensteuerhinterziehung *über Jahre hinweg* sind für einen Gesamtvorsatz sorgfältige Feststellungen zur inneren Tatseite erforderlich (BGHR § 370 I AO, GesVors. 2; NStZ **91**, 137; ferner 24. 7. 1991, 3 StR 246/91), die tatsächliche Ausdehnung eines fortbestehenden Tatwillens auf einen weiteren Besteuerungsabschnitt schafft noch keine rechtliche Tateinheit. Erforderlich für einen Gesamtvorsatz ist, daß die Steuerhinterziehung durch eine ausreichend konkretisierte Grundentscheidung „institutionalisiert" wurde (NJW **91**, 3227). Ein erweiterter Gesamtvorsatz liegt nicht vor, wenn die zunächst gewollte Steuerverkürzung für ein weiteres Jahr fortgesetzt oder wenn die eigene Einkommensteuer aus verschiedenen Veranlagungszeiträumen verkürzt wird (BGH **36**, 114 [krit. Kratzsch JR **90**, 180, der sich mit überzeugenden Gründen dagegen wendet, die Entscheidung als „Sonderregelung" für Steuerhinterziehungen aufzufassen und für eine deliktsgerechte zeitliche Begrenzung des Fortsetzungszusammenhangs nach objektiven Kriterien eintritt]; vgl. oben 26a aE, 26b aE; NJW **89**, 2141; **91**, 1308; oben 26b; vgl. Jähnke GA **89**, 384 u. Jung StV **90**, 72). Soweit im Regelbei-

Strafbemessung bei mehreren Gesetzesverletzungen **Vor § 52**

spiel (43 zu § 46) des § 370 III Nr. 4 AO vorausgesetzt ist, daß der Täter unter Verwendung nachgemachter oder verfälschter Belege (also zur Tatbegehung, BGH **31**, 225) „fortgesetzt" Steuern verkürzt, bedeutet das nicht, daß eine fortgesetzte Steuerhinterziehung im technischen Sinne (oben 25 ff.) vorliegen muß, vielmehr will das Merkmal „fortgesetzt" in § 370 III Nr. 4 AO lediglich die mehrfach (MDR/H **80**, 107) wiederholte Begehungsweise erfassen, ohne daß es darauf ankommt, ob das strafbare Verhalten rechtlich als mehrere selbständige Taten oder – zufolge eines festgestellten Gesamtvorsatzes – als eine einzige fortgesetzte Tat zu qualifizieren ist (BGH **35**, 376 m. krit. Anm. Jung StV **89**, 530). Auch kann eine andauernde **Unterlassung**, falls mit einheitlichem Vorsatz begangen, ein im Fortsetzungszusammenhang stehendes Zuwiderhandeln bilden (Köln VRS **26**, 384). Ebenso ist bedingter Gesamtvorsatz möglich (MDR/D **57**, 526). Das Bewußtsein, mit den geplanten Einzelhandlungen Unrecht zu tun, erfordert der Gesamtvorsatz nicht (Bay NJW **63**, 725), Hemmungen des Täters, die nicht zur Aufgabe des Gesamtvorsatzes führen, stehen der Annahme einer Fortsetzungstat nicht entgegen (RG JW **33**, 2281). **Kein Gesamtvorsatz** liegt vor, wenn zum Wegschaffen der Beute ohne entsprechende Vorausplanung mehrere Wagen nacheinander gestohlen werden (MDR/D **68**, 16), oder wenn erst nach Tatbeendigung ein neuer Entschluß gefaßt wird (JZ **84**, 55; 7. 5. 1985, 2 StR 48/85), oder wenn sich die Taten gegen andere Personen richten, sie sich in der Art der Ausführung unterscheiden und in keinem engen Zusammenhang stehen (19. 12. 1984, 2 StR 474/84). Auch können Bestellungen unterschiedlicher Waren bei verschiedenen Lieferanten für sich keinen Gesamtvorsatz schaffen, auch nicht die bloße Vielzahl neuer Bestellungen bevor die vorangegangenen abgewickelt waren (NJW **89**, 3232), notwendig ist vielmehr ein unmittelbarer sachlicher Zusammenhang zwischen den jeweiligen Feststellungen in der Weise, daß sich die nachfolgenden Bestellungen als Fortsetzung der vorangegangenen, noch nicht vollendeten Tat darstellen (BGH aaO). Wegen fehlenden Gesamtvorsatzes gibt es ein fahrlässiges fortgesetztes Vergehen nicht (BGH **5**, 376; **22**, 71; JR **52**, 445; Hamm MDR **52**, 122; LK 70 ff.; aM OGH NJW **49**, 473; SchSch 55), sondern nur eine einheitliche Fahrlässigkeitstat (RG **59**, 53), die eine Dauerstraftat sein kann (RG **62**, 214); auch keinen Fortsetzungszusammenhang zwischen vorsätzlichen und fahrlässigen Taten (JR **52**, 445; Bay **70**, 52); wohl aber innerhalb einer Vorsatz-Fahrlässigkeits-Kombination (38 zu § 11; LK 73).

26e

dd) In der Wissenschaft wird diese Rspr. vielfach bekämpft und an Stelle des Gesamtvorsatzes ein bloßer **Fortsetzungsvorsatz** gefordert, wonach es genügt, wenn der Täter ohne vorausgegangenen umfassenden Entschluß sich immer wieder von neuem entschließt, die begonnene Handlungsweise fortzusetzen (vgl. SchSch 52; SK 44; Honig, Schröder-GedS 171; Geppert Jura **82**, 365; Jung JuS **89**, 291). Demgegenüber hält der BGH an der alten Rspr. uneingeschränkt fest (BGH **1**, 315; NJW **53**, 1112). 27

ee) Festgestellt worden sein (Prüfung stets geboten; *in dubio pro reo* gilt *insoweit* nicht, wistra **91**, 181; unten 31) muß der Gesamtvorsatz (BGH **12**, 118; **23**, 35; MDR **55**, 16; StV **81**, 126; **84**, 26; Braunschweig NJW **54**, 973), unterstellt werden darf er nicht (BGH **35**, 322; wistra **90**, 301 [hierzu Otto JK 6]; 16. 10. 1990, 4 StR 414/90; 6. 3. 1992, 5 StR 69/92), denn die Annah- 28 me einer fortgesetzten Tat kann den Täter auch beschweren, zB in der Verjährungsfrage (StV **81**, 517; BGHR vor § 1, fH, GesVors. 15; 30. 6. 1992, 1 StR 136/92); soweit der Tatzeitpunkt nicht feststellbar ist, gilt für die Verjährungsfrage der Zweifelsgrundsatz (BGH **18**, 274; 14. 12. 1983, 2 StR 718/83), ebenso für die Feststellung von Tatsachen, die Rückschlüsse auf einen Gesamtvorsatz zulassen (GA **87**, 180; NStZ § 52 Nr. 21; StV **90**, 544; vgl. Düsseldorf VRS **80**, 16; wohl weitergehend BezG Meiningen NStZ **91**, 491), wenn bei einzelnen Teilakten § 21 vorliegt (MDR/H **81**, 452), wenn nur einzelne Teilakte die Voraussetzungen eines besonders schweren Falles begründen (6. 9. 1983, 1 StR 480/83) oder § 29 III BtMG nur wegen der Gesamtmenge bejaht wurde (StV **83**, 109; **91**, 19). Andernfalls ist von Einzeltaten auszugehen (MDR/D **55**, 16, 144; **56**, 9; MDR/H **80**, 984; NStZ § 52 Nr. 10; str.; aM Bringewat JuS **70**, 331; LK 75; SchSch 63; SK 46; vgl. auch Ostendorf DRiZ **83**, 426; Montenbruck, In dubio pro reo, 1985, 108 ff.; Löffeler JA **87**, 80), es sei denn, daß gleichartige Tateinheit in Betracht kommt. Hier muß geprüft werden, was dem Täter günstiger ist (29. 9. 1959, 5 StR 353/59).

29   **d) Gleichartigkeit des Rechtsguts,** gegen das sich der Angriff durch die fortgesetzte Handlung richtet, muß ferner bestehen (RG **59**, 98; Bringewat 37 ff.). Sie wird bei Verletzung von Sachen und sonstigen Vermögen nicht dadurch ausgeschlossen, daß sie verschiedenen Eigentümern gehören; so (fortgesetzter) Diebstahl an den Pelzen eines Damenkränzchens. Doch sind bei Untreue gegenüber mehreren Verletzten wegen des Treueverhältnisses zu ihnen besondere Anforderungen an den Fortsetzungszusammenhang zu stellen (20. 9. 1960, 5 StR 276/60; vgl. auch 4 zu § 283b), hingegen ist Fortsetzungszusammenhang zwischen Einkommenssteuer- und Körperschaftssteuerhinterziehung (Bay wistra **82**, 198) und zwischen Umsatz- und Lohnsteuer (wistra **88**, 109) möglich, er bedarf aber, wenn er sich auf viele Jahre erstreckt, sorgfältiger Feststellungen (wistra **88**, 193; einschränkend Hamburg wistra **89**, 70 m. Anm. Kawlath; vgl. auch oben 6). **Bei höchstpersönlichen Gütern** (Leben, auch ungeborenes, Körper, Freiheit, Ehre, sexuelle Selbstbestimmung und sonstige Entschließungsfreiheit) *verschiedener* Personen ist eine fortgesetzte Handlung ausgeschlossen (BGH **26**, 26; hM), so bei Körperverletzung (RG **66**, 222); Mord (BGH **2**, 246); Sexualstraftaten (BGHR § 176 I, Hdlg. 1); Schwangerschaftsabbruch (MDR/D **66**, 727); Bestechung (StV **86**, 528); Erpressung (BGH **5**, 261; NStZ **86**, 166; Bay NJW **65**, 2166); Aussageerpressung (NJW **53**, 1034); Nötigung (Schleswig SchlHA **79**, 203); Verdächtigung (26. 11. 1980, 3 StR 393/80), Freiheitsberaubung, politische Verdächtigung (KG NJW **89**, 1379; LK 55 mwN). Statt dessen ist Tatmehrheit (RG **53**, 275), oder ausnahmsweise auch Tateinheit gegeben. Die persönliche Natur des angegriffenen Rechtsgutes verbietet es, bei Angriffen gegen verschiedene Personen in *verschiedenen* Handlungen nur eine Tat anzunehmen (GrSenRG **70**, 243). Treffen mehrere fortgesetzte Handlungen (mehrere sexuelle Handlungen mit verschiedenen Kindern) in *einem* Einzelakt zusammen, der mit allen Kindern begangen wird, so stehen sie durch diesen Einzelakt miteinander in Tateinheit (1. 7. 1992, 3 StR 238/92), obwohl an sich eine sexuelle Handlung mit mehreren Kindern nur in Tatmehrheit begehbar ist, da es sich um höchstpersönliche Rechtsgüter handelt (BGH **6**, 81; 31. 5. 1979, 4 StR 183/79; vgl. auch Bay **73**, 219). Ein fortgesetztes Vergehen gegen § 9

GeschlKrG (RG **73**, 18; LK 56) oder gegen § 5 HeilpraktikerG (13. 9. 1977, 1 StR 389/77) kann jedoch bei der Behandlung mehrerer oder vieler Personen gegeben sein, da diese Gesetze in erster Linie nicht den einzelnen schützen sollen, sondern die Allgemeinheit (vgl. auch wistra **89**, 97). Ähnliches gilt bei verbotener Beschäftigung mehrerer Kinder (Bay GA **75**, 54).

e) Gleichartige Begehungsform desselben Grundtatbestands, also Verletzung desselben Verbots bei den einzelnen Handlungsakten (BGH **8**, 35; StV **86**, 529; Bay NJW **51**, 493). Daher gibt es zwischen Diebstahl (§ 242) und Unterschlagung (§ 246) keinen Fortsetzungszusammenhang (RG **58**, 229); ebensowenig zwischen Diebstahl und Raub (NJW **68**, 1292), oder räuberischer Erpressung und räuberischem Diebstahl (MDR/D **74**, 13); § 248b und Diebstahl (MDR/D **55**, 528); Täterschaft und Beihilfe (BGH **23**, 203; MDR/D **66**, 558; MDR/H **81**, 629; wistra **90**, 147); Steuerhinterziehung und Beitragsvorenthaltung (§ 266a, Bay StV **86**, 533 m. Anm. Brauns); idR auch nicht zwischen Steuerhinterziehung und Steuerhehlerei (BGH **8**, 34), wohl aber für den Fall der Steuerhinterziehung zwischen Tun und Unterlassen (BGH **30**, 210; SK 39a; Bringewat 40). Der gleichartigen Begehungsweise steht also nicht entgegen, daß die Steuerverkürzungen teils auf unrichtige und unvollständige Angaben, teils auf der Nichtabgabe von Umsatzsteuervoranmeldungen beruhen (BGHR § 370 I AO, GesV 6), auch ist Gleichartigkeit gewahrt, wenn §§ 242 (243) und § 244 (MDR/D **67**, 13), einfache und räuberische Erpressung (NJW **57**, 1288), Raub oder räuberische Erpressung (NJW **67**, 60; MDR/D **68**, 727); oder § 185 oder § 186 (RG **55**, 130); Körperverletzung oder gefährliche Körperverletzung (RG **57**, 81); Meineid oder falsche uneidliche Aussage (BGH **8**, 301), Taten nach § 326 auf verschiedenen Ablagerungsplätzen (wistra **91**, 340), in Frage kommen oder wenn bei § 332 unterschiedliche Geschenke von verschiedenen Unternehmern gewährt werden (18. 5. 1984, 2 StR 867/83); desgl. bei Einzelhandlungen, die zT von Amts wegen, zT auf Antrag verfolgbar sind (RG **71**, 287; vgl. LK 50ff. mwN); *nicht* jedoch, wenn im Zusammenhang mit einer Fortsetzungstat einzelne Handlungen im Vollrausch begangen sind (Karlsruhe VRS **67**, 118; Hein NStZ **82**, 235; Janiszewski NStZ **84**, 404).

f) Im Zweifelsfalle sind mehrere selbständige Handlungen anzunehmen (BGH **23**, 35; **35**, 324; NStZ **83**, 311 L; NJW **84**, 376; NStE § 52 Nr. 10; wistra **90**, 265; ferner Bamberg HESt. **1**, 258; Hamm NJW **53**, 1724; Braunschweig NJW **54**, 973; Jähnke GA **89**, 391).

B. Eine Tat im materiellrechtlichen *und* prozeßrechtlichen Sinn (BGH **33**, 124) ist die fortgesetzte Handlung, so daß zwischen ihr und tateinheitlich zusammentreffenden Delikten idR kein Unterschied besteht. *Konsequenzen:* Für den Wert des Gutes ist der Gesamtwert entscheidend (BGH **33**, 125); maßgebend ist die Höchststrafe der Einzeltat (RG **46**, 19; Celle NJW **57**, 113); Verurteilung wegen „teils versuchten, teils vollendeten Delikts" ist ausgeschlossen (23. 10. 1979, 1 StR 156/79 stRspr.); es ist zB nur wegen fortgesetzten Diebstahls zu verurteilen (MDR/D **75**, 542); Freispruch wegen einzelner Tatteile der fortgesetzten Handlung ist ausgeschlossen (Hamm HESt. **1**, 187); anders jedoch, wenn wegen fortgesetzter Tat verurteilt wird, aber (mehrere) selbständige Taten angeklagt waren und der Täter nicht wegen aller überführt werden konnte (25. 7. 1980,

2 StR 356/80) oder wenn ein Verhalten, das keine Straftat ist, in Abweichung von der zugelassenen Anklage vom Gericht in eine Fortsetzungstat einbezogen worden ist (15. 5. 1991, 2 StR 514/90). Die fortgesetzte Handlung ist auch stets **eine Tat iS des § 264 StPO** (BGH **15**, 272; **29**, 64; vgl. hierzu Maatz MDR **86**, 285). Für keinen der Teilakte darf ein Verfahrenshindernis bestehen (BGH **17**, 157), mindestens einer muß vor dem Eröffnungsbeschluß begangen worden sein, um weitere zwischen Eröffnungsbeschluß und Urteilsverkündung begangene Einzelakte (im Wege der Umgestaltung der Strafklage) in den Schuldspruch einbeziehen zu können (BGH **27**, 116; Geppert Jura **83**, 366), was das Gericht nach § 265 StPO verdeutlichen muß (NStZ **85**, 325; vgl. auch 6 zu § 22; 2 zu 78a). Durch die Annahme von Fortsetzungszusammenhang zwischen einem nicht angeklagten Einzelakt und der dem Angeklagten vorgeworfenen, aber nicht erwiesenen Tat kann eine einheitliche Tat iS des § 264 StPO nicht geschaffen werden (BGHR § 264 I StPO, Tatid. 19).

33 a) **Fällt ein Teil** der Handlungsakte unter einen schwereren Tatbestand, so gilt die Erschwerung für die ganze Handlung, so daß zB ein an sich für die leichteren Teile (Körperverletzung!) erforderlicher Strafantrag entfällt (RG **57**, 81). Ebenso ist nur wegen Meineids zu bestrafen, wenn der Zeuge erst uneidlich falsch aussagt und später falsch schwört (27 zu § 154).

34 b) Das ideelle Konkurrieren verschiedener Einzelakte mit nicht zu der Fortsetzungsreihe gehörenden Delikten begründet, sofern diese nicht schwerer wiegen, Tateinheit (BGH **33**, 125, **Klammerwirkung**). Das gilt auch, wenn mehrere fortgesetzte Handlungen auch nur in einem Teilakten zusammentreffen, der auf einer Willensbetätigung beruht, zB bei teilweise Zusammenfallen von Erwerb von BtM zum Handeltreiben und Erwerb zum Eigenverbrauch (StV **81**, 278), und zwar auch dann, wenn sich die Taten gegen höchstpersönliche Rechtsgüter richten (BGH **6**, 81; krit. Hellmer NJW **63**, 116; BGHR vor § 1, fH, Handl.R., mehr. 1; GesVerw. 6). Es gilt aber nicht, wenn eine von mehreren selbständigen Handlungen schwerer ist als die fortgesetzte (BGH **1**, 67; **2**, 246; **18**, 26, 69; **29**, 291; **36**, 153 [m. Anm. Neuhaus StV **90**, 342]; NJW **63**, 57, 213; **70**, 255; VRS **9**, 353; MDR/D **73**, 556 [dazu Schöneborn NJW **74**, 734]; DRiZ **87**, 227; vgl. auch LK-Laufhütte 21 vor 174); zB beim Besitz im Verhältnis zum Handeltreiben und zur Abgabe von BtM (19. 8. 1982, 1 StR 87/82), auch verbindet § 145c nicht mehrere Betrugsfälle (1. 8. 1991, 4 StR 234/91). Hingegen kann das Vergehen des § 29 III Nr. 4 BtMG Fälle des Verbrechens nach § 30 II BtMG verbinden (BGH **33**, 6 [m. Anm. Endriß StV **84**, 468; Otto JK 4 zu § 52]; vgl. Meyer-Goßner NStZ **86**, 51; auch Krauth, Kleinknecht-FS 222; Warda, Oehler-FS 255); ebenso das Vergehen des § 53 I Nr. 3 a b WaffG Taten nach § 250 I Nr. 1, § 121 III Nr. 1, §§ 240, 22, 113, 223a (NStE § 52 Nr. 26), das fortgesetzte Fahren ohne Fahrerlaubnis das fortgesetzte Gebrauchen einer Urkunde (NStE § 52 Nr. 27). Entgegen BGH **3**, 168 scheidet aber der Teilakt eines Vergehens gegen § 148a GewO, der mit Hehlerei in Tateinheit steht, aus dem Fortsetzungszusammenhang nicht aus (BGH **6**, 92; hierzu BGH **31**, 30; 9. 5. 1984, 2 StR 218/84); hingegen kann der Erwerb einer Schußwaffe gegenüber dem Führen der Waffe *aufgrund eines neuen Willensentschlusses* eine rechtlich selbständige Handlung sein, und zwar erst recht, wenn dieser sich auf die Begehung eines Verbrechens mit der Waffe bezieht (BGH **36**, 154; [m. Anm. Mitsch JR **90**, 162];

Strafbemessung bei mehreren Gesetzesverletzungen **Vor § 52**

Hamm JR **86**, 203 [m. Anm. Puppe, Grünwald StV **86**, 243; Kröpil DRiZ **86**, 448]; Zweibrücken NJW **86**, 2842, hierzu Mitsch MDR **88**, 1005; vgl. oben 5, 5c; Bringewat 72f.).

c) Tritt während der Handlungsfortsetzung eine **Gesetzesänderung** ein, 35 so gilt, falls die Tatbestände dieselben geblieben, für die ganze Tat nur das letzte Gesetz (§ 2 II; EzSt § 154a StPO Nr. 3 für den Fall des Inkrafttretens einer Strafdrohung für besonders schwere Fälle während der Dauer der Unterlassungstat); LK 49.

d) Kommt es auf den Wert eines Gutes an (§ 248a), so ist der **Gesamt-** 36 **wert** maßgebend (LK 81); aber nur der Wert des schon entwendeten, auch wenn die Entwendungsabsicht weiter ging (RG **63**, 273). Beim Besitz von Betäubungsmitteln (§ 29 III Nr. 4 BtMG) kommt es jedoch nur auf die Menge an, die der Täter gleichzeitig besessen hat (MDR/S **78**, 6).

e) **Mittäterschaft** an der ganzen Fortsetzungstat liegt nur vor, wenn der 37 Gesamtvorsatz und der erforderliche Tatbeitrag für alle Einzelhandlungen festgestellt wird (RG **67**, 392). Die **Teilnahme** kann sich auf einen Teil der Einzelakte beschränken (RG **62**, 248), desgl. die Begünstigung (RG **57**, 81). Auch kann jemand an einem Teil der Einzelakte Mittäter, Anstifter oder Gehilfe, an anderen Begünstiger sein; und seine einzelnen Betätigungen können je nach dem Vorsatz sachlich (§ 53) zusammentreffen oder eine fortgesetzte Handlung bilden (RG **70**, 349); wie überhaupt das Zusammentreffen mehrerer Tatbeiträge bei jedem Beteiligten nach der Art seines Beitrages selbständig zu werten ist (MDR/H **80**, 272; 26. 9. 1989, 1 StR 299/89 zu § 27; 11. 10. 1984, 1 StR 585/84 zu § 28; Bay **49/51**, 183). Das gilt auch für mehrere selbständige Beihilfe- oder Anstiftungshandlungen an einer fortgesetzten Haupttat (MDR/D **57**, 266; MDR/H **78**, 803; wistra **89**, 58; LK 87) oder eine fortgesetzte Anstiftung oder Beihilfe zu selbständigen Haupttaten (15. 7. 1980, 5 StR 283/80); soweit jemand aber als Mittäter an der Haupttat beteiligt ist, sind diese Einzelakte auszuscheiden (RG **56**, 327). Denn Fortsetzungszusammenhang zwischen Beihilfe- und Täterhandlung ist grundsätzlich ausgeschlossen (MDR/H **81**, 629). Möglich ist aber teils Mittäterschaft, teils Alleintäterschaft bei den Einzelakten (NStZ **84**, 414; Bringewat 40).

f) **Beschwert sein** kann der Angeklagte durch die Annahme des Gesamt- 38 vorsatzes, weil ihm eine so wesentlich erhöhte kriminelle Energie anhaftet, daß diese fast zwangsläufig zur Begründung eines besonders schweren Falles führt (BGH **36**, 321), aber auch weil die fortgesetzte Handlung nur **eine Tat iS des § 66** ist (BGH **1**, 313. 9. 10. 1981, 2 StR 337/81; GA **74**, 307; DRiZ **72**, 246; Karlsruhe MDR **75**, 595; vgl. 4, 5 zu § 66 und oben 28. LK 84). Löst das Urteil den Fortsetzungszusammenhang durch Verurteilung wegen einzelner selbständiger Taten auf, so ist wegen der nicht erwiesenen freizusprechen (NStE § 52 Nr. 22).

g) **Die Rechtskraft** erfaßt nach stRspr. grundsätzlich alle vor der Ver- 39 kündung des Schuldspruchs im letzten tatrichterlichen Urteil (bzw. vor Erlaß des Strafbefehls, BGH **6**, 122) begangenen Einzelakte einer Fortsetzungstat, gleichgültig, ob sie das Gericht kannte und wie es sie beurteilt hat (BGH **6**, 95; **15**, 268; GA **58**, 367). Für den **Strafklageverbrauch** (Art. 103 III GG) stellt der BGH (**33**, 122; EzSt § 264 StPO Nr. 14) darauf ab, ob Gegenstand des früheren Verfahrens *ein* Einzelakt oder *mehrere* der fortgesetzten Handlung waren – seien sie auch irrigerweise als selbständige Taten abgeurteilt. Wurden *mehrere* Einzelakte abgeurteilt, so ist die Strafklage verbraucht; dagegen hindert eine Verurteilung wegen *eines* als eine selbständige Tat angesehenen Einzelakts nicht die gesonderte spätere Verfolgung anderer Einzelakte (NJW 85, 1172 mwN; 20. 5. 1992, 2 StR 143/92). Für Handlungen, die *nach* dem Urteil begangen wurden, tritt wegen der Zäsurwirkung des Urteils kein Strafklageverbrauch ein; sie können nicht in den Fortsetzungszusammenhang der Tat des früheren Urteils einbezogen werden (RG 66, 48; Frankfurt NZWehr 74, 237; Düsseldorf StV 84, 426). In diesen Fällen ist die Strafklage nur hinsichtlich der vor der endgültigen Entscheidung zur Schuldfrage verübten Taten verbraucht (BGH 9, 327; MDR/H 80, 272); das gilt auch in den Fällen der Teilrechtskraft (GA 86, 229; LK 98). Nach BVerfGE 23, 191 kann aber der einheitliche und fort-

39a wirkende neuere Entschluß zur **Zivildienstverweigerung** uU dieselbe Tat iS des Art. 103 III GG darstellen (krit. Struensee JZ 84, 645; auch Bringewat MDR 85, 94), wenn ihm eine fortdauernde und ernsthafte, an den Kategorien von Gut und Böse orientierte Entscheidung zugrundeliegt *(Fall Zeugen Jehovas),* die sich nicht lediglich gegen die konkrete Ausgestaltung des Dienstes und die dahinterstehende politische und gesetzgeberische Zielsetzung richtet (Düsseldorf NJW 85, 2429 m. Anm. Nestler-Tremel NStZ 86, 80; Friedeck StV 86, 9). Die für Zeugen Jehovas aufgestellten Grundsätze sind daher Maßstab. Sie gelten auch nur für rechtskräftig anerkannte (BVerfGE 28, 243, 264; 32, 40) Kriegsdienstverweigerer. Militärischer Ungehorsam, Fahnenflucht und Dienstflucht von *Totalverweigerern* (vgl. Hoyer NZWehr 85, 187) sind keine Gewissenstaten (Bay JZ 70, 609; Celle JZ 70, 610 [m. Anm. Evers]; NJW 85, 2428 [m. Anm. Struensee JZ 85, 955]; Nürnberg NStZ 83, 33 L; vgl. auch 6a zu § 56). Die Verbindlichkeit der Rechtsordnung steht nicht unter dem Vorbehalt jeder Gewissensentscheidung (Frankfurt StV 89, 108; M. Herdegen GA 86, 101). Für Zivildienstverweigerer gelten schon wegen §§ 14a, 15a ZDG strengere Maßstäbe (Bay StV 83, 369 [m. Anm. Werner]; Nürnberg NStZ 83, 33 L; LG Duisburg NJW 85, 814; aM AG Lüneburg StV 85, 64, hierzu Nestler-Tremel StV 85, 343). Der Umfang der Kognitionspflicht und der Verbrauch der Strafklage decken sich nicht stets und nicht notwendig (BVerfGE 56, 36; krit. Grünwald StV 81, 328).

40 **h) Bei Verjährung** und **Amnestie** müssen sämtliche Teilakte wie der letzte behandelt werden (BGH 1, 91; 24. 3. 1992, 1 StR 161/91; vgl. BVerfG NJW 92, 223; LK 78f.; aM LG Hanau MDR 80, 72). Die Verjährung beginnt also erst mit der Beendigung des letzten Teilakts (BGH 24, 221; 36, 109 [vgl. dazu Kratzsch JR 90, 177, der die vom BGH befürchtete Aushöhlung des § 78a für vermeidbar hält; vgl. oben 26b aE]; NJW 85, 1719 [krit. Rüping GA 85, 405]; vgl. 6 zu § 78a). Zur Frage der Beurteilung von Teilakten, die zwischen der ersten und letzten Tatsachenverhandlung liegen (vgl. BGH 9, 324 [Einbeziehung unter Befreiung vom Verbot der Schlechterstellung hinsichtlich dieser Teilakte], RG 66, 45 einerseits, RG 49, 353; Bay NJW 55, 999 andererseits). Bei einer fortgesetzten Steuerhinterziehung kann der Steuerpflichtige durch *Selbstanzeige* auch für einzelne Teile der fortgesetzten Tat Straffreiheit erlangen (NStZ 87, 465).

41 **4) Ein Dauerdelikt** liegt vor, falls nicht nur die Begründung eines Zustandes, sondern auch dessen Fortdauernlassen den verbrecherischen Tat-

Strafbemessung bei mehreren Gesetzesverletzungen   Vor § 52

bestand ununterbrochen (auf die Dauer) weiter verwirklicht (MDR/H 87, 93; Bay GA 75, 55; krit. Hruschka GA 68, 193; vgl. Bringewat 26); so bei fortdauernder Einsperrung (§ 239; BGH 36, 257; NStE § 177 Nr. 16); bei Trunkenheit im Verkehr (§ 316, NJW 83, 1744); bei Zuhälterei (§ 181 a, MDR/H 83, 620), bei Einrichtung eines Gewerbebetriebes ohne gewerbepolizeiliche Erlaubnis (wistra 92, 185), bei unerlaubtem Besitz von BtM (24. 3. 1981, 1 StR 100/81); der Besitz und die tatsächliche Gewalt über Waffen (§ 53 I Nr. 3a.a WaffG, BGH 36, 152 [m. Anm. Mitsch JR 90, 162 u. Neuhaus StV 90, 342]; hierzu Schlüchter JZ 91, 1059; vgl. NStZ 92, 276); hier dauert die Strafbarkeit in der Aufrechterhaltung des rechtswidrigen Zustandes fort, so daß noch Teilnahme an ihm möglich ist; wegen der Verjährung vgl. 7 zu § 78 a. Rechtskräftige Aburteilung beendet eine Dauerstraftat (31. 7. 1980, 4 StR 340/80; einschränkend BVerfGE 23, 203), im übrigen in den Fällen des § 99 aber nur bei erkennbar endgültigem Abbruch der Beziehungen (BGH 28, 173; NStZ 84, 310 m. Anm. H. Wagner StV 84, 189). Die Verurteilung wegen eines Dauerdelikts schließt eine erneute Verfolgung auch dann aus, wenn sich die Tat später als umfangreicher herausstellt (20. 5. 1981, 2 StR 784/80). Tateinheit zwischen einer Dauerstraftat und einem anderen Delikt ist gegeben, wenn sich die Ausführungshandlungen der beiden Taten mindestens zT decken (BGH 18, 29; 70; VRS 30, 283; Oske MDR 65, 532); dh das andere Delikt muß einen tatbestandserheblichen Tatbeitrag zum Dauerdelikt darstellen (14. 7. 1981, 1 StR 385/81; LK 23); zB bei Diebstahl einer Waffe und dem Dauerdelikt des illegalen Waffenbesitzes (Hamm 23. 5. 1978, 5 Ss 581/78); zur *Klammerwirkung* in diesen Fällen vgl. oben 5; ferner 9b zu § 129. Auch **eine fahrlässige** Dauerstraftat ist denkbar (RG 59, 287; LK 17). Beihilfe kann auch nur zu einem Teil der Dauerhaupttat geleistet werden; die Verjährung läuft dann vom Abschluß dieses Teiles der Haupttat (RG 65, 362); gleichzeitig ist aber auch Begünstigung möglich (RG 58, 13). Dagegen sind die sog. **Zustandsdelikte** beendet mit der Herbeiführung des rechtswidrigen Zustandes, so die Körperverletzung (18. 1. 1983, 1 StR 757/82; vgl. 7 zu § 223), die Doppelehe (§ 171); die Fortsetzung des Zustandes ist hier für das Delikt ohne Bedeutung; daher ist späterhin nur Strafvereitelung möglich, nicht Beihilfe (LK 25).

5) Das RG sah zunächst in der sog. **Sammelstraftat** (Kollektivdelikt; **42** vgl. Eb. Schmidt JZ 52, 136), die aus Einzelhandlungen gewerbsmäßiger (strafbegründend in § 180a, str., § 181 a II; strafschärfend in §§ 260, 292, 293), gewohnheitsmäßiger (§ 292 III, § 293 III) oder geschäftsmäßiger Begehung (§ 144) besteht, ebenfalls eine rechtliche Handlungseinheit, vor allem unter dem Gesichtspunkt, daß hier ein „Betrieb" bestraft werde (RG 61, 148). Mit RG 72, 164 ging das RG dazu über, jede derartige Einzelhandlung als **selbständige Straftat** anzusehen (vgl. Hartung SJZ 50, 333). Der BGH und die hM im Schrifttum sind gefolgt (BGH 1, 41; 18, 376; NJW 53, 955; vgl. auch BGH 26, 286; ferner LK 26). Von Bedeutung dafür ist, daß die oben (insbesondere 39) für die fortgesetzte Handlung aufgeführten Nachteile vermieden werden. **Gewerbsmäßig** handelt, wer sich **43** aus wiederholter Tatbegehung (und sei es auch nur innerhalb des Gesamtvorsatzes einer Fortsetzungstat, BGH 26, 8) eine nicht nur vorübergehende Einnahmequelle von einigem Umfang (MDR/D 75, 725; EzSt § 260 Nr. 1)

Vor § 52 AT Dritter Abschnitt. Dritter Titel

verschaffen möchte, ohne daß er daraus ein „kriminelles Gewerbe" zu machen braucht (BGH **1**, 383); unter diesen Voraussetzungen kann schon eine einmalige Gesetzesverletzung ausreichen (JR **82**, 260 [m. Anm. Franzheim]; 18. 3. 1982, 4 StR 636/81); jedoch setzt BGH **29**, 189 ein Gewinnstreben mit einer gewissen Intensität, sei es bezüglich der Zugewinnähe oder der Nachhaltigkeit des Tätigwerdens voraus; zB bei spezialisierten Fahrrad-, Taschen-, Hotel- oder Kleintierdieben, vgl. auch Stratenwerth, Festgabe Schultz 88. Es braucht sich auch nicht um die Haupteinnahmequelle des Täters zu handeln (GA **55**, 212). Es genügt, daß zB der Süchtige das Betäubungsmittel (§ 30 I Nr. 1, 2 BtMG, StV **83**, 282), oder der Dieb das Stehlgut für sich verwendet (23. 3. 1977, 3 StR 70/77), und sei es auch nur als Sammler (Büchermarder; vgl. MDR/H **76**, 633); im Fall des Erwerbs zum bloßen Eigenverbrauch scheidet nach 19. 1. 1990, 4 StR 668/89 gewerbsmäßiges Handeln aus. Gewerbsmäßig handeln auch Unternehmen, die aus der Anwerbung und Weitervermittlung selbst Gewinne ziehen wollen, etwa Agenturen, die call-girl-Ringe mit Kräften versorgen, auch wenn nur mittelbare Vorteile erstrebt werden (EzSt § 181 Nr. 1 u.

44 § 271 Nr. 1). **Gewohnheitsmäßig** (RG **59**, 142) handelt, wer einen durch Übung erworbenen, ihm aber vielleicht unbewußten Hang (BGH **15**, 379;

45 EzSt § 260 Nr. 1) zu wiederholter Tatbegehung besitzt. **Geschäftsmäßig** handelt, wer die Wiederholung gleichartiger Taten zum Gegenstand seiner Beschäftigung machen möchte (RG **72**, 315; Köln MDR **61**, 437), und zwar auch ohne Erwerbsabsicht. In allen Fällen (mit Ausnahme der Ge-

46 wohnheitsmäßigkeit, die mindestens zwei Taten voraussetzt, BGH GA **71**, 209) genügt eine einzige Tat, aus der sich die besondere Ausdehnungstendenz ergibt (RG **12**, 388; Bay **80**, 58). Daraus folgt, daß jede Einzeltat aus sich heraus zu beurteilen ist und eine Verschmelzung zu einer rechtlichen Handlungseinheit nur eintritt, wenn darüber hinaus die Voraussetzungen der fortgesetzten Handlung erfüllt sind, die auch hier möglich ist (RG **58**, 19; Bay MDR **56**, 119).

47 **Der Begriff des Massenverbrechens,** wie er vom OGH vereinzelt bei Anstaltstötungen angenommen wurde, ist dem deutschen Recht wegen seiner Unbestimmtheit fremd (BGH **1**, 221; NJW **51**, 666; **53**, 112; LK 28; anders Schneidewin NJW **52**, 683; vgl. auch Hamburg NJW **53**, 1684; Bauer JZ **67**, 625).

48 **6) Vortat und Nachtat** (hierzu Geppert Jura **82**, 428). Auch im Bereich der Tatmehrheit gibt es Fälle, in denen ein Gesetz, dessen Verletzung mit der Haupttat in wesensmäßiger Verbindung steht, von vornherein zurücktritt. Man spricht dabei aber trotz gewisser Übereinstimmungen nicht von

49 Gesetzeseinheit, sondern von **mitbestrafter** (strafloser) **Vortat** (LK 135), wenn sie das notwendige oder regelmäßige Mittel zur Begehung der Haupttat ist (RG **24**, 272 (zB bei Versuchshandlungen gegenüber der Vollendung, BGH **10**, 232; 12. 9. 1985, 4 StR 415/85; § 123 im Verhältnis zu § 243, RG **53**, 279; § 274 I Nr. 1 gegenüber § 276, RG **59**, 325; versuchtem Raub gegenüber vollendeter räuberischer Erpressung, NJW **67**, 60; Unterschlagung des Fahrzeugschlüssels gegenüber dem nachfolgenden Fahrzeugdiebstahl, Hamm MDR **79**, 421; vgl. auch Bay MDR **74**, 334), oder

50 **Nachtat** (26 zu § 242; LK 137); so zB wenn durch die neue Tat die durch die Vortat erlangten Vorteile lediglich verwertet oder gesichert werden sollen, bei dem Beiseiteschaffen von Urkunden nach Amtsunterschlagung (RG

Strafbemessung bei mehreren Gesetzesverletzungen **Vor § 52**

59, 175), bei der Vernichtung gestohlener Urkunden (LM Nr. 5 vor § 73 aF) oder bei der Beseitigung von Motor- und Fahrgestellnummern am gestohlenen Kraftfahrzeug (NJW **55**, 876); *nicht* jedoch bei Abgabe einer (falschen) Jahresumsatzsteuererklärung gegenüber der durch die Einreichung der unrichtigen Umsatzsteuervoranmeldung begangenen Steuerhinterziehung (NStZ **82**, 335). Ob auch die Zerstörung des Sachwerts bei nicht verbrauchbaren Sachen mitbestrafte Nachtat ist (hM), ist zw. (Dreher MDR **64**, 168; vgl. auch Krauss GA **65**, 173). Die Nachtat kann aber bei der Strafzumessung berücksichtigt werden (RG **62**, 63; Spendel NJW **64**, 1763); an ihr ist strafbare Teilnahme möglich (13. 12. 1956, 4 StR 398/56); sie kann Vordelikt für Begünstigung und Hehlerei sein (NJW **69**, 1260). Die Straflosigkeit der Nachtat entfällt, wenn die Vortat nicht nachweisbar (MDR **55**, 269; GA **71**, 84; Hamm JMBlNW **55**, 236; Hamm OLGSt. 121 zu § 263; Küper, Lange-FS 75) oder nicht verfolgbar ist (str.), zB wegen Amnestie (Nürnberg MDR **51**, 53), fehlenden Strafantrags oder Verjährung (NJW **68**, 2115; Braunschweig NdsRpfl. **60**, 90; aufgegeben in NJW **63**, 1936; dagegen Kohlmann JZ **64**, 492) oder weil die Vortat nach § 154a StPO ausgeschieden worden ist (GA **71**, 83); möglicherweise auch dann, wenn die Vortat wegen unzulässiger Wahlfeststellung nicht bestraft werden kann (Wolter GA **74**, 161; LK 145). Die Nachtat ist strafbar, wenn der angerichtete Schaden erweitert (BGH **6**, 67) oder ein neues Rechtsgut verletzt wird (BGH **5**, 297; NStZ **87**, 23), so bei Betrug durch Verkauf einer gestohlenen Sache (RG **49**, 16; Düsseldorf OLGSt. 63 zu § 263); Urkundenfälschung (BGH **3**, 289); Betrug (RG **57**, 652) oder Wertzeichenweiterverwendung nach Diebstahl (BGH **3**, 289); Betrug nach einer Untreue, die dem Täter keinen Vorteil bringt (NJW **55**, 508); aber auch, soweit zur Sicherung eines Vermögensdelikts ein Freiheitsdelikt wie § 240 begangen wird (21. 11. 1972, 3 StR 270/72; Schröder SJZ **50**, 98; MDR **50**, 400; vgl. auch 26 zu § 242). Der Bereich der mitbestraften Nachtat ist durch die sehr str. Entscheidung GrSenBGH **14**, 38 stark eingeengt worden, wonach es bei einem, einem Zueignungsdelikt nachfolgenden Delikt dieser Art bereits an der Tatbestandsmäßigkeit fehlt (11 zu § 246). Dahin gehören die Fälle von Unterschlagung nach Diebstahl, Betrug (RG **62**, 61) oder Untreue (BGH **8**, 260) sowie das Abheben der Einlage von einem gestohlenen Sparkassenbuch (RG **49**, 407). Über das Verhältnis von Teilnahme an Diebstahl und Hehlerei vgl. 12 vor § 25 und 26 zu § 259. Paulusch, Strafbare Nachtaten und tatbestandslose Nachhandlungen, 1971, ist mit beachtlichen Gründen der Auffassung, daß die Figur der mitbestraften Nachtat überflüssig sei, weil es sich entweder um strafbare Nachtaten oder tatbestandslose Nachhandlungen handle; vgl. ferner Vogler, Bockelmann-FS 732.

7) Die Urteilsformel muß, falls der Verurteilung mehrere Tatbestände **51** zugrunde liegen, diese im einzelnen bezeichnen und (zB bei Verstößen gegen das BtMG: 11. 8. 1981, 5 StR 371/81) eindeutig erkennen lassen, in welchem Verhältnis diese zueinander stehen (13. 4. 1978, 4 StR 138/78). Bei einheitlichen Beihilfehandlungen ist die Anzahl der Taten, zu denen Beihilfe geleistet wurde, anzugeben (NJW **81**, 1434); jedoch braucht im Tenor eine Fortsetzungstat nicht als solche gekennzeichnet zu werden (3. 12. 1981, 4 StR 564/81). Hinsichtlich nicht erwiesener, selbständig angeklagter Taten ist auch dann ausdrücklich (teil-)freizusprechen, falls sie im

Falle des Nachweises mit anderen tateinheitlich zusammengetroffen wären (16. 4. 1982, 2 StR 187/82).

52 8) Wird von zwei rechtlich selbständigen Handlungen die eine infolge Teilaufhebung der anderen **teilrechtskräftig** und stellt sich nach der Zurückverweisung eine tateinheitliche Gesetzesverletzung heraus, so darf nach BGH **28**, 119 der neue Tatrichter sich mit den teilrechtskräftigen Feststellungen nicht in Widerspruch setzen und muß daher eine neue Einzelstrafe und eine neue Gesamtstrafe bilden (krit. hierzu Grünwald JR **79**, 300). Eine Änderung des Konkurrenzverhältnisses von Tatmehrheit in Tateinheit muß den Unrechts- und dem Schuldgehalt der Tat, so wie er in einer früheren Gesamtstrafe zum Ausdruck kommt, nicht berühren (15. 1. 1992, 3 StR 522/91 mwN).

Tateinheit

§ 52 ^{I} **Verletzt dieselbe Handlung mehrere Strafgesetze oder dasselbe Strafgesetz mehrmals, so wird nur auf eine Strafe erkannt.**

^{II} **Sind mehrere Strafgesetze verletzt, so wird die Strafe nach dem Gesetz bestimmt, das die schwerste Strafe androht. Sie darf nicht milder sein, als die anderen anwendbaren Gesetze es zulassen.**

^{III} **Geldstrafe kann das Gericht unter den Voraussetzungen des § 41 neben Freiheitsstrafe gesondert verhängen.**

^{IV} **Läßt eines der anwendbaren Gesetze die Vermögensstrafe zu, so kann das Gericht auf sie neben einer lebenslangen oder einer zeitigen Freiheitsstrafe von mehr als zwei Jahren gesondert erkennen. Im übrigen muß oder kann auf Nebenstrafen, Nebenfolgen und Maßnahmen (§ 11 Abs. 1 Nr. 8) erkannt werden, wenn eines der anwendbaren Gesetze sie vorschreibt oder zuläßt.**

1 1) **Die Vorschrift** (idF des 2. StrRG/EGStGB iVm EGStGBÄndG; vgl. dazu BT-Drs. 7/2222; IV idF Art. 1 Nr. 3 OrgKG, 1, 2 zu § 43a) regelt die Behandlung der **ungleichartigen Tateinheit** (Verletzung verschiedener Gesetze) und der **gleichartigen Tateinheit** (mehrmalige Verletzung desselben Gesetzes; 3, 6 vor § 52; grundlegend zum Ganzen Puppe GA **82**, 143; krit. gegen sie SK-Samson 16a vor § 52; ferner Schmidhäuser, Dünnebier-FS 419) bei Verbrechen und Vergehen sowohl bei Freiheitsstrafe wie bei Geldstrafe, aber auch bei Strafarrest. Im Jugendstrafrecht gilt hingegen das Prinzip der einheitlichen Strafe (§§ 31, 32 JGG). Tateinheit ist anzunehmen, wenn sie sich nach den Feststellungen nicht ausschließen läßt und dem Täter günstiger ist (MDR/D **72**, 923; 21. 4. 1982, 2 StR 657/81; Oldenburg OLGSt. 27).

2 2) Das sog. **Absorptionsprinzip**, das I aufstellt (RG **5**, 420), wird durch II S. 2, III, IV iS eines **Kombinationsprinzips** erweitert (LK- Vogler 40; SchSch-Stree 34). Es besagt, daß bei ungleichartiger Tateinheit (nicht auch bei Gesetzeskonkurrenz; 17ff. vor § 52) auch nur zu einer einzigen Strafe (I) verurteilt wird, die sich aus einer kombinierten Strafdrohung ergibt, die nach unten durch die höchste der Mindeststrafen (5. 2. 1992, 2 StR 449/91) und nach oben durch die höchste der Höchststrafen der verletzten Strafgesetze (II) begrenzt ist. **Zusätzlich** zur Freiheitsstrafe können nach III die Geldstrafe (unten 6), nach IV S. 1 die Vermögensstrafe (7) und nach IV S. 2 Nebenstrafen, Nebenfolgen und Maßnahmen (8) verhängt

Strafbemessung bei mehreren Gesetzesverletzungen § 52

werden, wenn die Voraussetzungen der III, IV vorliegen. Bei gleichartiger Tateinheit gibt es insoweit keine Probleme, weil nur ein einziges Gesetz angewendet wird. Ungleichartige Tateinheit ist nur gegeben, wenn die verschiedenen verletzten Gesetze auch anwendbar sind. Soweit Gesetze nicht anwendbar sind, weil insoweit ein Strafausschließungs- oder Aufhebungsgrund eingreift (zB Rücktritt nach § 24; RG 58, 207; Nürnberg NJW 50, 835) oder ein Verfahrenshindernis vorliegt (fehlender Strafantrag, Verjährung, Amnestie; BGH 7, 305; 17, 157), scheiden sie von vornherein aus (LK 47). Der Versuch von Polizeibeamten, eine Verurteilung „um jeden Preis" herbeizuführen, begründet kein Verfahrenshindernis (BGH 33, 283). **A. Nach I** wird die Strafe unter den anwendbaren Gesetzen nach dem bestimmt, das die **schwerste Strafe androht;** dabei ist ohne Bedeutung, ob 3 die eine Verletzung im Verbrechen, die andere nur ein Vergehen darstellt (MDR/D **70,** 560). Im Gegensatz zu § 12, wo es um die abstrakte Einteilung der Deliktsarten geht, kommt es hier, wo es um die Findung der gerechten Strafe im Einzelfall geht, nach **spezialisierender** und nicht abstrakter Betrachtungsweise (8 ff. zu § 12) auf einen Vergleich der im **konkreten** Fall anwendbaren Strafrahmen an, nämlich auf die, die nach allgemeinen (§ 12 III) oder speziellen Milderungen (zB § 157, RG JW **38,** 947) oder Schärfungen am Platze sind (RG **75,** 19), so also der Rahmen nach § 49, wenn das Gericht zur Milderung verpflichtet ist oder sie für angebracht hält (BGH **6,** 375); der für einen besonders schweren Fall nur dann, wenn ein solcher Fall anzunehmen ist (RG **58,** 241). Auf dieser Grundlage droht dasjenige Gesetz die schwerste Strafe an, das **a)** bei **ungleichartigen** Strafen die der Art nach schwerste Hauptstrafe androht; dabei ist die Reihenfolge Freiheitsstrafe iS von § 38, Strafarrest (BGH **12,** 244). Geldstrafe und Vermögensstrafe werden allein nicht angedroht. Bei wahlweiser Androhung mehrerer Strafarten entscheidet die schwerste; **b)** bei **gleichartigen** Strafen die schwerste Strafe Höchstmaß androht, auch wenn im eine geringeres Mindestmaß vorsieht (RG **39,** 155; JW **36,** 2236). Dabei ist zunächst auf die Hauptstrafen abzustellen (RG **46,** 268). Führt das zu keinem Ergebnis, so sind Nebenstrafen und deren Schwere zu berücksichtigen; bleibt auch dies ergebnislos, so kommt es auf die Höhe der Mindeststrafen an (RG **54,** 30). Ergeben sich völlig gleiche Strafdrohungen, so hat das Gericht die Wahl. **B.** Ist danach das Gesetz festgestellt, nach dem die **Strafe bestimmt** 4 **wird (II S. 1),** so ist auch das Höchstmaß des anzuwendenden Strafrahmens festgestellt. Dessen Mindestmaß ist hingegen das höchste Mindestmaß der anwendbaren Gesetze (**II S. 2**; vgl. RG **75,** 22; OGHSt. **1,** 245; Düsseldorf HESt. **1,** 264). In diesem Rahmen ist die Strafe nach allgemeinen Grundsätzen (§§ 46, 47) zuzumessen; dabei *kann* aber die Verletzung der anderen Gesetze schärfend verwertet werden (VRS **32,** 437; **37,** 365; NStZ **89,** 72; 2. 6. 1992, 5 StR 178/92; Hamburg JR **51,** 86; Köln MDR **56,** 374); dem steht selbst das Verschlechterungsverbot nicht entgegen, falls durch eine Schuldspruchänderung Tateinheit an die Stelle von Tatmehrheit tritt (MDR/H **80,** 988; **82,** 101); eine gesetzliche Verpflichtung hierzu besteht nicht (NStZ **87,** 71). Eine Schärfung kommt bei gleichartiger Tateinheit und bei ungleichartiger dann in Betracht, wenn die Handlung verschiedene Rechtsgüter verletzt und das tateinheitlich begangene Delikt selbständiges Unrecht verkörpert (MDR/H **91,** 104), nicht aber dann, wenn die Tateinheit mehr gesetzestechnischer Natur ist (E 1962, 192). **C.** Aus II S. 2 ergibt 5

§ 52

sich schließlich, daß auf eine leichtere Strafart, als sie das mildeste anwendbare Gesetz zuläßt, nicht erkannt werden darf (BGH 1, 155; GA 67, 21).

6 3) Nach III kann das Gericht unabhängig davon, nach welchem Gesetz die Strafe bestimmt wird, zusätzlich neben der Freiheitsstrafe eine **Geldstrafe** verhängen, jedoch nur unter den Voraussetzungen des § 41.

7 4) Nach IV S. 1 kann das Gericht, wenn eines der anwendbaren (dh der in 5 zu § 43a aufgeführten) Gesetze die **Vermögensstrafe** zuläßt, auf sie neben einer lebenslangen oder einer zeitigen Freiheitsstrafe von mehr als 2 Jahren gesondert erkennen. Dabei kommt es nicht darauf an, ob § 43 a in dem Gesetz, das die schwerste Strafe androht (II S. 1) oder in dem nach II S. 1 weichenden Gesetz für anwendbar erklärt ist. Wer zB ein in § 30c BtMG aufgeführtes Drogendelikt in Tateinheit mit Mord begeht, kann zusätzlich zur Vermögensstrafe nach § 43a verurteilt werden, obgleich § 211 sie nicht androht.

8 5) Nach IV S. 2 kann oder muß unabhängig davon, nach welchem Gesetz die Hauptstrafe bestimmt wird, auf folgende Rechtsfolgen erkannt werden: **A**: auf **Nebenstrafen**, zB das Fahrverbot oder das Verbot der Jagdausübung (§ 41a BJagdG), **B.** auf **Nebenfolgen** (so schon GrSenRG 73, 148; OGHSt. 1, 244; Hamburg HESt. 1, 30; Köln NJW 48, 149), zB nach § 45, §§ 165, 200 (RG 73, 24) sowie Abführung des Mehrerlöses nach §§ 8ff. WiStG, und **C.** auf **Maßnahmen** (§ 11 I Nr. 8), nämlich **Maßregeln** der **Besserung** und **Sicherung, Einziehung** (gleichgültig ob sie strafenden oder sichernden Charakter hat), **Unbrauchbarmachung** (§ 74d I S. 2) und **Verfall** (§§ 73ff.), wenn ein anwendbares Gesetz sie vorschreibt oder zuläßt. Bei Zusammentreffen von Straftaten und Ordnungswidrigkeiten kann, obwohl nur das Strafgesetz angewendet wird, auf deren Nebenfolgen wie etwa Fahrverbot (§ 25 StVG), Einziehung oder Abführung des Mehrerlöses erkannt werden (§ 21 I OWiG).

Tatmehrheit

53 ^I Hat jemand mehrere Straftaten begangen, die gleichzeitig abgeurteilt werden, und dadurch mehrere Freiheitsstrafen oder mehrere Geldstrafen verwirkt, so wird auf eine Gesamtstrafe erkannt.

^{II} Trifft Freiheitsstrafe mit Geldstrafe zusammen, so wird auf eine Gesamtstrafe erkannt. Jedoch kann das Gericht auf Geldstrafe auch gesondert erkennen; soll in diesen Fällen wegen mehrerer Straftaten Geldstrafe verhängt werden, so wird insoweit auf eine Gesamtgeldstrafe erkannt.

^{III} Hat der Täter nach dem Gesetz, nach welchem § 43a Anwendung findet, oder im Fall des § 52 Abs. 4 als Einzelstrafe eine lebenslange oder eine zeitige Freiheitsstrafe von mehr als zwei Jahren verwirkt, so kann das Gericht neben der nach Absatz 1 oder 2 zu bildenden Gesamtstrafe gesondert eine Vermögensstrafe verhängen; soll in diesen Fällen wegen mehrerer Straftaten Vermögensstrafe verhängt werden, so wird insoweit auf eine Gesamtvermögensstrafe erkannt. § 43a Abs. 3 gilt entsprechend.

^{IV} § 52 Abs. 3 und 4 Satz 2 gilt sinngemäß.

Strafbemessung bei mehreren Gesetzesverletzungen **§ 53**

Die **Vorschrift** idF des 2. StrRG (Ndschr. **2**, 283, 307, 358, Anh. 163; Prot. **1** V/892, 904, 925, 2216, 2223; § 64 AE; E 1962, 189), geändert (Streichung der Worte „zeitige" in I und II) durch das 23. StÄG (9 vor § 56) und durch Art. 1 Nr. 4 OrgKG (1, 2 zu § 43a: Neufassung der III und IV), hält bei Tatmehrheit am **Gesamtstrafenprinzip** fest, vor allem deshalb, weil es bei Einführung des **Einheitsstrafensystems** (hierfür vor allem aus prozeßökonomischen Gründen Rebmann, Bengl-FS) unvermeidbar wäre, die Strafrahmen zu erweitern, um auch zeitlich auseinanderliegende Taten gegen verschiedene Rechtsgüter, dh derzeitige Fälle der Realkonkurrenz, schuldangemessen ahnden zu können. Es bestehen aber Bedenken gegen eine solche schematische Strafrahmenerweiterung im Hinblick auf die Fälle der Tateinheit (4 zu § 52). Außerdem bestehen Feststellungsschwierigkeiten, wenn an eine Strafe in bestimmter Höhe wegen einer vorsätzlichen Tat (zB §§ 45, 66) oder wegen bestimmter Einzeltaten (§ 48 BBG, § 53 SoldG) Rechtsfolgen geknüpft werden. Trotz der anerkannten gesetzestechnischen Schwierigkeiten will der BRat (BT-Drs. 10/2720, 20; 10/5828,3) geprüft wissen, ob das System der §§ 52ff. nicht zugunsten der Einheitsstrafenregelung des JGG aufzugeben ist. Die Landesjustizverwaltungen sprachen sich jedoch mit großer Mehrheit gegen eine derzeitige Änderung des Systems aus. Weitere Schrifttumsnachweise vor § 52.

1) Tatmehrheit (Realkonkurrenz; vgl. 10ff. vor § 52) ist gegeben, **wenn 1a jemand mehrere** selbständige **Straftaten begangen** hat, sei es durch mehrere Verletzungen desselben Gesetzes *(gleichartige TM),* sei es durch Verletzungen verschiedener Gesetze *(ungleichartige TM).* Die Bildung der Gesamtstrafe nach § 53 hängt weiter davon ab, daß die Taten *gleichzeitig abgeurteilt werden,* dh Gegenstand desselben Verfahrens sind (möglicherweise auch durch Verbindung eines erstinstanzlichen und Berufungsverfahrens nach § 4 I StPO, *nicht* jedoch in den Fällen der Verhandlungsverbindung nach § 237 StPO, BGH **36**, 348; **37**, 42 [m. Anm. Bringewat JR **91**, 74]; 15. 1. 1991, 1 StR 709/90; NStZ/D **90**, 578). Um Zufälligkeiten auszuschalten, sehen aber § 55 sowie § 460 StPO eine nachträgliche Gesamtstrafenbildung vor. Scheidet diese aus, so gilt das bei 32 zu § 46 Gesagte. Bei fortgesetzter Tat müssen alle Einzelakte vor dem letzten tatrichterlichen Urteil begangen sein (Hamm DAR **69**, 162).

2) Nach I ist die **Gesamtstrafe zwingend** zu bilden, wenn a) mehrere **2 Freiheitsstrafen** verwirkt sind; dahin gehört auch der Strafarrest mit der Maßgabe, daß bei einer 6 Monate übersteigenden Gesamtstrafe an seiner Stelle auf Freiheitsstrafe iS von § 38 zu erkennen ist (§ 13 WStG; Köln NJW **66**, 165). Wenn eine der Einzelstrafen eine lebenslange Freiheitsstrafe ist, wird nach § 54 I S. 1 als Gesamtstrafe auf lebenslange Freiheitsstrafe erkannt. Im Jugendstrafrecht gibt es keine Gesamtstrafenbildung; es gilt das Prinzip der einheitlichen Strafe (§ 31 JGG); anders wenn das allgemeine Strafrecht angewendet wird, weil das Schwergewicht nicht bei den Taten liegt, die nach Jugendstrafrecht zu beurteilen wären (§ 32 JGG; hierzu Miehe, Stutte-FS 249). Die Einbeziehung früherer nicht verbüßter Jugendstrafen ist selbst dann geboten, wenn es hierdurch bei dem ohnehin verwirkten Höchstmaß von 10 Jahren Jugendstrafe verbleibt (21. 10. 1980, 5 StR 586/80). Aus Freiheitsstrafe iS von § 38 und Jugendstrafe darf keine Gesamtstrafe gebildet werden (BGH **10**, 100; **14**, 290; **29**, 67 [m. Anm. Brunner JR **80**, 262]; **36**, 295 [m. Anm. Brunner JR **90**, 524]; MDR/H **79**, 106, 281; Schleswig NStZ **87**, 225 m. krit. Anm. Knüllig-Dingeldey; Bringewat

§ 53

110). § 31 II JGG unterscheidet sich grundlegend von § 53 und macht eine völlig neue, selbständige Rechtsfolgenbemessung erforderlich (BGH **25**, 356; 5. 7. 1990, 1 StR 320/90). Eine Ersatzfreiheitsstrafe kann nicht zur Gesamtstrafenbildung herangezogen werden (Bay OLGSt. 10; LK-Vogler 18; Bringewat 130; aM SchSch-Stree 27; SK-Samson 15). Auch im Fall von § 54 III wird die Gesamtstrafe nicht aus der Ersatzfreiheitsstrafe gebildet; **b)** mehrere **Geldstrafen** verwirkt sind, nämlich als alleinige Hauptstrafen. Wird Geldstrafe im Rahmen des § 41 neben Freiheitsstrafe verwirkt, so gilt unten 4. Geldbußen nach dem OWiG kommen nicht in Betracht (Köln NJW **79**, 379; LG Verden NJW **75**, 127; Bringewat 113).

3   **3) Nach II S. 1** *kann* eine **Gesamtfreiheitsstrafe**, nicht Gesamtgeldstrafe (§ 54 I S. 2), gebildet werden, wenn Freiheitsstrafe und selbständige Geldstrafe wegen einer selbständigen Tat nebeneinander verwirkt sind, was die *Festsetzung der Tagessatzhöhe* der Geldstrafe *nicht entbehrlich* macht (BGH **30**, 93; **34**, 90; MDR/H **78**, 985; JR **79**, 386 [m. Anm. K. Meyer]; VRS **60**, 192; NStE § 54 Nr. 5; 13. 2. 1992, 4 StR 549/91; Bay NStZ **85**, 502; krit. zu dieser Regelung R. Schmitt, Noll-GedS 297). Unterbleibt die Festsetzung der Tagessatzhöhe, so kann, ohne daß das Verschlechterungsverbot daran hindert (BGH **30**, 97), das Revisionsgericht (falls es nicht ausnahmsweise die Tagessatzhöhe auf den gesetzlichen Mindestbetrag festsetzen will, 6. 4. 1982, 4 StR 4/82; 4. 5. 1982, 1 StR 135/82) die Sache an die Vorinstanz (18. 11. 1985, 2 StR 558/85; Hamm 2. StS MDR **79**, 518) lediglich zur Nachholung dieses Ausspruchs zurückverweisen (BGH **34**, 90), einer Aufhebung des Ausspruchs über die Gesamtstrafe oder über die Tagessatzanzahl bedarf es idR nicht (BGH **34**, 93). Aus Gründen der Prozeßwirtschaftlichkeit ist nicht an den Erstrichter, sondern an das Berufungsgericht zurückzuverweisen (K. Meyer JR **79**, 389; aM Hamm [4. StS] MDR **78**, 420; Gössel JR **79**, 75). Der neue Tatrichter darf, wenn er die Festsetzung der Tagessatzhöhe nachholt nach der letzten tatrichterlichen Entscheidung eingetretene Einkommensverbesserungen nicht zum Nachteil des Angeklagten berücksichtigen (BGH **30**, 97 [m. Anm. D. Meyer JR **82**, 72]; VRS **60**, 192; Karlsruhe Die Justiz **82**, 233). Dem Richter ist in **II** ein Ermessen eingeräumt, das er nach Strafzumessungsgesichtspunkten auszuüben hat (Cramer JurA **70**, 209; Bringewat 118). *Das Gesetz* sieht aber die Gesamtstrafenbildung als die Regel an (MDR/D **73**, 17; GA **87**, 80; Bay MDR **82**, 770; aM LK 16; Lackner 4), so daß der Tatrichter stets erkennen lassen muß, daß er sich seines Ermessens bewußt war (20. 12. 1985, 2 StR 395/85; Koblenz OLGSt. Nr. 1), er darf es wertend berücksichtigen, wenn das Nebeneinander von Freiheits- und Geldstrafe eine „unbillige Härte" darstellen würde (JR **89**, 426 m. Anm. Bringewat). Er muß seine Entscheidung insbesondere dann begründen, falls die Gesamtstrafe als das schwerere Strafübel erscheint (MDR/H **85**, 793; StV **86**, 58; **91**, 105 L; **92**, 225 L; wistra **86**, 256; BGHR § 53 II Einbez.nacht. 2; GA **89**, 133; 14. 11. 1991, 1 StR 662/91; 26. 5. 1992, 5 StR 203/92; stRspr.; Schleswig SchlHA **76**, 166; Koblenz GA **78**, 188; OLGSt. 10 zu § 55); so zB wenn die Einbeziehung der Geldstrafe zu einer Gesamtfreiheitsstrafe führt, die den Verlust der Beamtenrechte zwingend vorschreibt (NJW **89**, 2900; NStZ/D **90**, 223), oder es im Rahmen einer schuldangemessenen Ahndung der Taten nicht möglich wäre, die Vollstreckung der Gesamtfreiheitsstrafe zur Bewährung

Strafbemessung bei mehreren Gesetzesverletzungen **§ 53**

auszusetzen (NJW **90**, 2897; 9. 4. 1991, 4 StR 103/91; 4. 2. 1992, 1 StR 659/91). Die Erwägung, daß der Verurteilte ohnehin „sitzen" müsse oder nicht zahlen könne, darf dabei keine Rolle spielen (Bringewat 121). Anderseits liefert hier, wo es ohnehin um eine Gesamtfreiheitsstrafe (§ 54 I S. 2) geht, der Rechtsgedanke des § 47, der die kurze Freiheitsstrafe einschränken möchte, kein Argument (Bringewat 116; vgl. Stuttgart NJW **70**, 820; aM SchSch 18 ff.). Für Gesamtstrafe kann sprechen, daß aus spezialpräventiven Gründen eine längere Freiheitsstrafe am Platze ist; dagegen, daß das Schwergewicht bei der Geldstrafe liegt (Sturm JZ **70**, 84), ohnehin eine zusätzliche Geldstrafe nach IV verhängt wird (20. 8. 1970, 4 StR 312/70) oder es wirksamer sein kann, den Verurteilten sowohl an der Freiheit wie am Vermögen zu strafen (6. 6. 1972, 1 StR 116/72); daß die Freiheitsstrafe zur Bewährung ausgesetzt wird (vgl. LG Flensburg MDR **85**, 160) und es angemessen erscheint, den Verurteilten auch mit einer sofort zu vollstreckenden Strafe zu treffen; daß die Freiheitsstrafe als solche bei Anrechnung der UHaft verbüßt oder daß bei Gesamtfreiheitsstrafe Aussetzung nicht möglich wäre (vgl. Bender NJW **71**, 791); nicht hingegen ungünstige wirtschaftliche Verhältnisse des Täters (Hamburg MDR **71**, 1022). Entscheidet sich das Gericht gegen Gesamtstrafe, so wird auf die Geldstrafe gesondert erkannt; handelt es sich jedoch um mehrere Geldstrafen, so muß aus ihnen neben der Freiheitsstrafe eine **Gesamtgeldstrafe** gebildet werden (**II S. 2**), auch wenn eine Geldstrafe für eine selbständige Tat betroffen ist (BGH **25**, 383; zust. Küper NJW **75**, 548). Zur Frage der Schlechterstellung (§ 358 II StPO) in derartigen Fällen Bay MDR **71**, 860; **72**, 884; **75**, 161; Hamm MDR **72**, 162; Hamburg MDR **82**, 776; 21. 5. 1975, 3 StR 71/75; LG Frankenthal StV **92**, 234. Danach ist es verboten, eine Gesamtfreiheitsstrafe zu bilden, wenn der Vorderrichter auf Freiheits- und Geldstrafe gesondert erkannt hatte. Wird eine Geldstrafe nicht einbezogen, so hat der Verurteilte die daraus sich ergebenden sachlich-, vollstreckungs- und registerrechtlichen Folgen auf sich zu nehmen (KG JR **86**, 119).

4) Nach III S. 1 kann das Gericht eine **Vermögensstrafe** (vgl. zu § 43 a) **3 a** neben der nach I oder II zu bildenden **Gesamtstrafe** nur verhängen, wenn der Täter nach dem Gesetz, das § 43 a für anwendbar erklärt (vgl. zu den in Betracht kommenden Vorschriften 5 zu § 43 a), **als Einzelstrafe** eine lebenslange oder eine zeitige Freiheitsstrafe von mehr als 2 Jahren verwirkt hat. Die nach III S. 1 für die Tatmehrheit aufgestellte Regel weicht insoweit von der in § 52 IV S. 1 für die Tateinheit aufgestellten Regel ab, als es nach dieser nicht darauf ankommt, ob § 43 a in dem Gesetz, das die schwerste Strafe androht oder in dem nach § 52 II S. 1 weichenden Gesetz (2 zu § 52) für anwendbar erklärt ist (7 zu § 52), während nach III S. 1 das Gesetz, das § 43 a für anwendbar erklärt, dasselbe sein muß, nach dem der Täter als Einzelstrafe Freiheitsstrafe von mehr als 2 Jahren verwirkt hat. *Beide* Voraussetzungen (Anwendbarkeit des § 43 a und Mindestmaß der an sich verwirkten Freiheitsstrafe) müssen also für die Einzelstrafe, nicht nur für die Gesamtstrafe vorliegen. Das gilt auch, wenn **wegen mehrerer Straftaten** Vermögensstrafe verhängt und aus den Einzelvermögensstrafen **auf eine Gesamtvermögensstrafe** zu erkennen ist (III letzter Halbsatz). Das Gericht ist jedoch – unabhängig von den grundsätzlichen Bedenken gegen die Vermögensstrafe (3, 6 zu § 43 a) – idR gehindert, erneut als Einzelstrafe eine

Vermögensstrafe zu verhängen, weil Vermögen, das § 43 a I S. 1 voraussetzt, wegen der Verpflichtung zur Zahlung der früher verhängten Vermögensstrafe kaum einmal erneut vorhanden sein dürfte. Die früher erkannte Vermögensstrafe entfällt auch nicht bei nachträglicher Gesamtstrafenbildung; vielmehr ist sie nach § 55 II in der früheren Höhe aufrechtzuerhalten (9 zu § 55), ohne Rücksicht auf eine Verschlechterung der wirtschaftlichen Verhältnisse. Diese Radikalität gegenüber der Geldstrafe und ihrer Behandlung bei der nachträglichen Gesamtstrafenbildung (8 a zu § 55) kann vom Tatrichter wohl nur durch Verinnerlichung der Tatsache gemindert werden, daß § 43 a eine Kann-Vorschrift ist. Der RegE (BT-Drs. 11/5461, 7) begründet die unterschiedliche Behandlung von Tateinheit und Tatmehrheit bezüglich der gesonderten Verhängung der Vermögensstrafe damit, daß bei Tateinheit keine Einzelstrafen ausgebracht werden, daß aber dennoch die Verletzung des anderen anwendbaren, nach § 52 II S. 1 aber weichenden Gesetzes (2 zu § 52), bei der Strafzumessung schärfend berücksichtigt werden kann (4 zu § 52), und daß die verletzenden Ausführungshandlungen bei der Tateinheit anders als bei der Tatmehrheit nicht selbständig zu bewerten sind, weil sie zumindest teilidentisch zusammentreffen (3 vor § 52). Zu dieser Begründung stehen aber die Worte **„oder im Fall des § 52 Abs. 4 als Einzelstrafe"** im Widerspruch, weil der RegE ja gerade die *unterschiedliche* Behandlung von Tateinheit (§ 52 IV) und Tatmehrheit (III S. 1) damit begründet, daß im Falle des § 52 nicht auf eine *Einzelstrafe*, sondern „nur auf eine Strafe erkannt" wird (§ 52 I). Auch schließt **Abs. IV** der nur „§ 52 Abs. 3 und 4 *Satz 2*" für anwendbar erklärt, die Anwendung des IV *Satz 1* ausdrücklich aus (unten 4). III S. 1 ist daher auf die Fälle von Tatmehrheit zu beschränken.

3 b   5) Für das **Zusammentreffen** einer neben einer Freiheitsstrafe verwirkten **Vermögensstrafe mit Geldstrafe** trifft das OrgKG (1, 2 zu § 43 a) keine Regelung, weil die Geldstrafe ohnehin bei der Feststellung des die Obergrenze der VStrafe bildenden Wertes des Tätervermögens (§ 43 a I) als Verbindlichkeit (Passiva) in Abzug zu bringen wäre, vor allem aber weil die Geldstrafe neben Freiheitsstrafe (§ 41 S. 1) nach § 41 S. 2 nicht verhängt werden darf, wenn das Gericht nach § 43 a eine VStrafe verhängt (6 zu § 41). Gleichwohl erklärt **Abs. IV,** daß § 52 III, der die gesonderte Verhängung der Geldstrafe unter den Voraussetzungen des § 41 neben Freiheitsstrafe ermöglicht, **sinngemäß** gilt (unten 4). Die Begr. des RegE (BR-Drs. 418/89 S. 16 f.) sieht keinen Anlaß, die Verhängung einer Geldstrafe neben der Vermögensstrafe generell – dh auch für die Fälle der nachträglichen Bildung einer Gesamtstrafe nach § 55 – auszuschließen, weil sich der *zusätzliche* (nach § 53 II sich ergebende) Freiheitsentzug uU für den Verurteilten *trotz der Regelung* des § 54 II S. 1 (dort 3, 4) als eine gegenüber der Geldstrafe schwerere Sanktion auswirken könne. Daher solle auch beim Zusammentreffen von Freiheitsstrafen, Vermögensstrafen und Geldstrafen „die flexible Regelung des § 53 Abs. 2 erhalten bleiben". Damit würde auch vermieden, daß insoweit eine rechtskräftige Entscheidung nachträglich zum Nachteil des Verurteilten abgeändert werde. Die ratio einer Kumulierung von lebenslanger Freiheitsstrafe mit einer VStrafe, deren Höhe allein durch den Wert des Vermögens begrenzt werden soll (vgl. 3 zu § 43 a und § 54 II S. 2) und einer Geldstrafe zu einer Gesamtfreiheitsstrafe nach

§ 53 II S. 1 (3 zu § 53), die insgesamt die Summe der Einzelstrafen (§ 54 II S. 1) nicht erreichen darf, dennoch schuldangemessen zu sein hat, verstehe wer will. Da der Gesetzgeber in § 43a **keine Erweiterung des Strafrah-** 3c **mens** sieht (BT-Drs. 11/5461 S. 6; 6 zu § 43a), wenn die VStrafe neben einer zeitigen Freiheitsstrafe verhängt wird, ist die ratio um so schwerer nachvollziehbar. Die Gesamtstrafe darf bei zeitiger Freiheitsstrafe 15 Jahre auch dann nicht überschreiten, wenn bei Tatmehrheit mehrere Freiheitsstrafen von jeweils 15 Jahren verwirkt sind (§ 54 II S. 2). Für die Geldstrafe beträgt das Höchstmaß des § 54 II S. 2 siebenhundertzwanzig Tagessätze. Daher läßt es sich mit den Intentionen des § 54 II S. 2 nicht in Einklang bringen, nach § 53 II eine Gesamtstrafe zu bilden, die das Höchstmaß des § 54 II S. 2 übersteigen würde. So **verbietet sich die Kumulierung einer Freiheitsstrafe von 15 Jahren mit einer Vermögensstrafe,** die im Falle ihrer Uneinbringlichkeit zu einem weiteren Freiheitsentzug (bis zu 2 Jahren) führen würde. Das Gericht hat sich auch vor einer Ungleichbehandlung vermögender und vermögensloser Täter (8 zu § 43a) zu hüten. „Dort, wo das Gesetz das Höchstmaß der zeitigen Freiheitsstrafe androht, braucht der vermögenslose Täter allenfalls mit einem 15jährigen Freiheitsentzug zu rechnen, während der vermögende Täter mit einem zusätzlichen Strafübel zu rechnen hat, ohne daß der unterschiedlichen Behandlung auch ein unterschiedlicher Unrechtsgehalt der Tat zugrunde läge" (RegE S. 7). Auch das spricht gegen die Annahme einer Strafrahmenerweiterung. Das gilt entsprechend für die Verhängung einer Vermögensstrafe neben einer **gleichzeitig verhängten lebenslangen Freiheitsstrafe,** wenn der Unrechtsgehalt die Verhängung dieser Strafe soeben noch erlaubt. Hat der Täter dagegen besonders schwere Schuld (vgl. § 57a I Nr. 2) auf sich geladen, die auch die zusätzliche VStrafe rechtfertigt, so wird die Kumulierung bei der Aussetzungsentscheidung nach § 57a (dort 7) zu berücksichtigen sein.

Nach III S. 2 gilt die Regelung über die **Ersatzfreiheitsstrafe** (§ 43a III; 3d vgl. dort 12) für die Gesamtstrafenbildung nach III S. 1 entsprechend.

4) Nach IV kann das Gericht, da **§ 52 III sinngemäß gilt,** *im Rahmen des* 4 *§ 41* eine Geldstrafe gesondert verhängen. Zur Kritik an dieser Regelung vgl. oben 3b, 3c und 6 zu § 52. Es ist davon auszugehen, daß der Gesetzgeber den bisherigen § 53 III, von einer redaktionellen Änderung abgesehen, nicht ändern wollte, so daß es beim bisherigen Rechtszustand verbleibt, nach dem § 52 III nur für die Geldstrafe, nicht für die VStrafe gilt, die somit als zusätzliche Rechtsfolge ausgeschlossen ist. Dies folgt schon aus der nachfolgenden Verweisung auf § 52 IV *S. 2,* aus der zu schließen ist, daß die Regel des § 52 IV *S. 1* unanwendbar ist. Danach gilt § 53 I, II zunächst nur für selbständige Geldstrafen bei Taten, für die nicht außerdem Freiheitsstrafe verwirkt ist. Eine nach § 41 neben einer Freiheitsstrafe zusätzlich verwirkte Geldstrafe sollte nicht in eine Gesamtfreiheitsstrafe einbezogen werden (vgl. 4 zu § 41; LK 17; Küper NJW **75,** 548). IV ermöglicht auch, daß auch neben einer Gesamtfreiheitsstrafe im Rahmen des § 41 zusätzliche Geldstrafe verhängt werden kann (vgl. 6 zu § 52). Sind danach mehrere zusätzliche Geldstrafen verwirkt, so ist nach dem Prinzip von II S. 2, 2. Halbsatz eine Gesamtgeldstrafe aus ihnen zu bilden (5. 5. 1970, 2 StR 163/70). Auf **Nebenstrafen, Nebenfolgen und Maßnahmen,** für die nach 5 IV die Regeln des § 52 IV Satz 2 auf die Gesamtstrafe sinngemäße Anwen-

§ 53

dung finden (dort 8; Bringewat 134 ff.), muß oder kann erkannt werden, wenn eines der in Betracht kommenden Gesetze sie vorschreibt oder zuläßt. Sind sie nach keinem verletzten Gesetz möglich, sind sie es auch nicht neben der Gesamtstrafe (vgl. GA **58**, 367). Sie sind selbständig neben der Gesamtstrafe auszusprechen (OGH NJW **50**, 655); und zwar nur einmal, wenn sie neben mehreren Einzelstrafen in Betracht kommen (Bringewat 144; vgl. RG **74**, 4: entsprechende Konsequenzen für die Fristen, zB nach § 67 d I). Neben lebenslanger Freiheitsstrafe als Gesamtstrafe muß oder kann auf Sicherungsverwahrung erkannt werden, wenn unabhängig von der mit lebenslanger Freiheitsstrafe geahndeten Tat wegen einer weiteren Straftat eine in die Gesamtstrafe einbezogene zeitige Freiheitsstrafe verwirkt ist, hinsichtlich derer die formellen und materiellen Voraussetzungen des § 66 I oder II gegeben sind (BGH **34**, 144). Zur Problematik beim Fahrverbot Warda GA **65**, 84; zur Entziehung der Fahrerlaubnis Hamm NJW **64**, 1285; Zweibrücken NJW **68**, 310; zur Eintragung in das Verkehrszentralregister § 13 III StVZO. Wird die Gesamtstrafe aufgehoben, so entfallen die angeordneten Nebenstrafen usw., soweit sie nicht neben einer bestehengebliebenen Einzelstrafe vorgeschrieben sind (BGH **14**, 381; vgl. aber auch RG **74**, 5); zur Problematik der Schlechterstellung des Verurteilten in solchen Fällen Oske MDR **65**, 13.

6   **5) Verfahrensrecht.** Kein Verstoß gegen § 24 II GVG liegt vor, wenn das SchöffG (oder die GrStK als Berufungsgericht) in einem Urteil 2 jeweils nicht mehr als 3 Jahre betragende, unter sich nicht gesamtstrafenfähige Gesamtstrafen verhängt, selbst wenn deren Summe 3 Jahre übersteigt (BGH **34**, 161, hierzu Fezer JR **88**, 89). Im Rahmen der nachträglichen Gesamtstrafenbildung (§ 55) ist aber der Strafbann des § 24 II GVG zu beachten (25. 8. 1988, 1 StR 11/88; vgl. 7 zu § 55).

Bildung der Gesamtstrafe

54 ¹ **Ist eine der Einzelstrafen eine lebenslange Freiheitsstrafe, so wird als Gesamtstrafe auf lebenslange Freiheitsstrafe erkannt. In allen übrigen Fällen wird die Gesamtstrafe durch Erhöhung der verwirkten höchsten Strafe, bei Strafen verschiedener Art durch Erhöhung der ihrer Art nach schwersten Strafe gebildet. Dabei werden die Person des Täters und die einzelnen Straftaten zusammenfassend gewürdigt.**

II Die Gesamtstrafe darf die Summe der Einzelstrafen nicht erreichen. Sie darf bei zeitigen Freiheitsstrafen fünfzehn Jahre, bei Vermögensstrafen den Wert des Vermögens des Täters und bei Geldstrafe siebenhundertzwanzig Tagessätze nicht übersteigen; § 43a Abs. 1 Satz 3 gilt entsprechend.

III Ist eine Gesamtstrafe aus Freiheits- und Geldstrafe zu bilden, so entspricht bei der Bestimmung der Summe der Einzelstrafen ein Tagessatz einem Tag Freiheitsstrafe.

1   Die **Vorschrift** idF des 2. StrRG, mit der Neufassung des II S. 2 zuletzt geändert durch Art. 1 Nr. 5 OrgKG (1, 2 zu § 43a), wurde durch Art. 1 Nr. 4 des 23. StÄG (9 vor § 56) auch auf die (gesamtstrafenfähige) lebenslange Freiheitsstrafe erstreckt. Dabei ist der Gesetzgeber allerdings nicht dem Vorschlag Lackners (Leferenz-FS 625) für eine Strafzumessungslösung gefolgt, nach der

Strafbemessung bei mehreren Gesetzesverletzungen **§ 54**

bereits das erkennende Gericht die schulderhöhenden Umstände weiterer Taten bei der Gesamtstrafenbildung feststellen und dadurch umsetzen sollte, daß es eine Mindestverbüßungszeit (§ 57a I Nr. 1) festsetzt, die der erhöhten Schuld entspricht. Die vollstreckungsrechtliche „Minimallösung" (Groß StV **85**, 84) des § 54 I S. 1 iVm § 57b überwindet daher die eigentlichen Schwierigkeiten, die das unvollkommene 20. StÄG (1 zu § 57a) der Praxis überbürdete (vgl. 11 zu § 57a), nicht annähernd. Denn mit der Schuldfeststellung, die auch bei gleichzeitiger Aburteilung mehrerer Taten ein Akt der Strafzumessung ist, ist die StVK überfordert. Der schulderhöhende Umstand, daß der Täter mehrere Straftaten begangen hat, kann sich aber wegen I S. 1 bei der Strafzumessung nicht auswirken, sondern erst bei der Entscheidung über die Reststrafenaussetzung (§ 57b iVm § 57a I S. 1 Nr. 2). Zur Rechtslage nach der Entscheidung BVerfG NStZ **92**, 484 und zur Kritik 1, 11, 11a zu § 57a.

1) Wie die Gesamtstrafe zu bilden ist, schreibt § 54 vor. Dabei beginnt **I** **1a** **S. 1** in Umkehrung des Regel-Ausnahmeverhältnisses (BRat BT-Drs. 10/ 2720, 20) mit dem Ausnahmefall der **lebenslangen Freiheitsstrafe.** Beim Zusammentreffen mehrerer lebenslanger oder lebenslanger und zeitiger Freiheitsstrafe ist, wenn die Einzelstrafen gesamtstrafenfähig sind, dh, wenn die Voraussetzungen des § 53 vorliegen, **„als Gesamtstrafe"** auf lebenslange Freiheitsstrafe zu erkennen. Da diese ohnehin die schwerste Strafe ist, verbietet I S. 1 damit, die erhöhte Schuld, die beim Zusammentreffen mehrerer Taten idR gegeben ist (2 zu § 57b), bei der Strafzumessung zu berücksichtigen (krit. dazu oben 1 und 11b zu § 57a). Der zusätzliche Unrechtsgehalt kann erst bei der Aussetzung des Strafrestes nach § 57b berücksichtigt werden. § 54 idF des 23. StÄG ist gegenüber der aF das mildere Gesetz (§ 2 III, 3. 6. 1986, 2 StR 273/86). **In allen übrigen Fällen** wird die Gesamtstrafe nach **I S. 2** folgendermaßen gebildet: **A.** Zunächst **1b** wird für jede Tat die für sie verwirkte Strafe innerhalb des dafür in Betracht kommenden Strafrahmens (RG **25**, 308) unter Berücksichtigung von Schärfungs- und Milderungsgründen (zB §§ 21, 23 II; vgl. NJW **66**, 509; Bringewat 150) zugemessen (MDR/D **58**, 739; **73**, 554). Fehlt auch nur eine Einzelstrafe, so ist die Gesamtstrafe aufzuheben (BGH **4**, 346; 5. 12. 1980, 2 StR 685/80). Bei der Vermögensstrafe muß das Gericht zugleich die Ersatzfreiheitsstrafe bestimmen (1 Monat bis zu 2 Jahren; krit. dazu 6, 12 zu § 43a). Bei Geldstrafen braucht die Ersatzfreiheitsstrafe nicht bestimmt zu werden (§ 43; 27 zu § 40), wohl aber die Tagessatzhöhe (3 zu § 53), bei Anwendung von JugStrafR nach § 105 JGG beachte § 31 JGG (21. 3. 1978, 4 StR 32/78)! **B.** Dann wird festgestellt, welches die ihrer Art nach schwer- **2** ste der zugemessenen Einzelstrafen ist (3 zu § 52); das ist eine freiheitsentziehende Strafe auch dann, wenn sie niedriger ist als die Ersatzfreiheitsstrafe nach § 43a III oder die Ersatzfreiheitsstrafe für eine außerdem verhängte Geldstrafe (sie ist nach III nur für die Summe der Einzelstrafen maßgebend; LK-Vogler 3). Bei Strafen gleicher Art ist die dem Maß nach schwerste festzustellen. Die schwerste Strafe, die **Einsatzstrafe** heißt (ungenau, Geppert Jura **82**, 419), **wird** dann **erhöht (Asperationsprinzip:** also nicht Verminderung der Summe der Einzelstrafen, DAR **67**, 95; vgl. NStE Nr. 4), aber nach oben in mehrfacher Weise begrenzt; dh daß die Gesamtstrafe innerhalb eines Rahmens zu finden ist, dessen Mindestmaß durch die nach I S. 2 geringstmöglich erhöhte (oben 1b) Einsatzstrafe bestimmt ist (Bringewat 165). Die Erhöhung der Einsatzstrafe muß idR niedriger ausfallen,

§ 54

wenn zwischen den einzelnen Taten ein enger, zeitlicher, sachlicher und situativer Zusammenhang besteht (NStZ **88**, 126; **91**, 527; StV **92**, 226; BGHR § 54 I, Bemess. 2; 12. 11. 1991, 5 StR 337/91; NStZ/T **86**, 158).

3 Ausnahmen können sich aus § 358 II StPO ergeben (BGH **8**, 205; Bay NJW **71**, 1193). Für das **Höchstmaß** gilt nach II folgendes: **C. a)** Es muß um mindestens eine Strafeinheit (§§ 39, 40; vgl. RG **30**, 141) unter der **Summe der Einzelstrafen** bleiben (vgl. 6 zu § 39); die Summe wird, wenn nur gleichartige Strafen verwirkt sind, durch einfache Addition gebildet. Das gilt auch, wenn Freiheitsstrafe nach § 38 und Strafarrest zusammentreffen. Treffen freiheitsentziehende Strafe und Geldstrafe zusammen, so berechnet sich die Summe der Einzelstrafen nach III, dh 1 Tagessatz entspricht 1 Tag Freiheitsstrafe. Dagegen fehlt jeglicher Umrechnungsmaßstab für eine neben einer Freiheitsstrafe verhängte Vermögensstrafe (6 zu § 43a). Aus dieser Schwierigkeit befreit den Tatrichter nicht die Möglichkeit der Schätzung des Tätervermögens (8, 9 zu § 43a) durch die entsprechende Anwen-

4 dung des § 43a I S. 3. **b)** Übersteigt die Summe bei zeitigen Freiheitsstrafen **15 Jahre** (ggf. unter Einbeziehung von nach III in Freiheitsstrafe umgerechneter Geldstrafe), so bildet diese Grenze das Höchstmaß, selbst wenn bereits eine Einzelstrafe 15 Jahre beträgt (MDR/D **71**, 545). Daher verbietet es sich, neben der höchsten zeitigen Freiheitsstrafe zusätzlich eine **Vermögensstrafe** zu verhängen, weil diese im Falle der Uneinbringlichkeit zu einem weiteren Freiheitsentzug (bis zu 2 Jahren) führen würde (3c zu § 53). Die zur Abgrenzung von der lebenslangen Freiheitsstrafe gesetzlich gezogene Obergrenze für zeitige Freiheitsstrafen darf nicht durch eine Kumulation mit der Vermögensstrafe umgangen werden (RegE BT-Drs. 11/5461, 6). Zu den Bedenken gegen die Vermögensstrafe vgl. 3, 6 zu § 43a. II S. 2 begrenzt ihre Höhe durch den Wert des Vermögens des Täters, und zwar auch für den Fall, daß ausnahmsweise nach § 53 III S. 1 (dort 3a) eine Gesamtvermögensstrafe verhängt wurde. Was insofern zu den Schwierigkeiten, eine tatschuldangemessene Strafe zu finden, in 6 zu § 43a ausgeführt wurde, gilt ebenso für die Findung einer Einzelstrafe als auch für die Bildung der Gesamtstrafe aus mehreren Einzelstrafen. Für die Gesamtgeldstrafe sieht II, gleichgültig, ob es sich um eine selbständige Gesamtgeldstrafe nach § 53 I oder eine zusätzliche nach § 53 II S. 2, 2. Halbsatz handelt, als absolutes Höchstmaß 720 Tagessätze vor. Das entspricht dem Doppelten des allgemeinen Höchstmaßes der Geldstrafe (§ 40 I; dort 2). Auf die Höhe des einzelnen Tagessatzes (5 ff. zu § 40) wirkt sich die Gesamtstrafenbildung grundsätzlich nicht aus (vgl. jedoch 24 zu § 40). Die Gesamtstrafe muß sowohl die Zahl der Tagessätze als auch das Produkt aus Zahl und Höhe der Tagessätze der Einsatzstrafe übersteigen (Hamburg MDR **76**, 419); darf aber nicht die Gesamtsumme erreichen, die sich aus der Addition von Zahl und Höhe der Tagessätze bei allen Einzelstrafen ergibt (II S. 1; vgl. auch 7a zu § 55; ferner Roos NJW **76**, 1484).

5 **2)** Die **Einzelstrafen** sind, auch wenn im Tenor des Urteils nur die Gesamtstrafe genannt (RG **74**, 387) und auch nur diese allein vollstreckt wird (§ 449 StPO; RG **77**, 152; vgl. BGH **30**, 234), rechtlich bedeutsam. Für die lebenslange Freiheitsstrafe folgt das aus § 57b; im übrigen aus § 53 III, § 52 III, IV S. 2 (4f. zu § 53; 6, 8 zu § 52) und daraus, daß, wenn eine Einzelstrafe vom Rechtsmittelgericht aufgehoben wird, die übrigen

Strafbemessung bei mehreren Gesetzesverletzungen § 54

bestehen bleiben (BGH 1, 253; 4, 346), es sei denn, daß zu Unrecht Tateinheit statt Tatmehrheit angenommen wurde (NJW 63, 1260) oder ihre Höhe durch die weggefallene Strafe beeinflußt ist (vgl. auch die besonders liegenden Fälle BGH 28, 119 [oben 52 vor § 52], Frankfurt NJW 65, 773 und Saarbrücken MDR 70, 65). § 358 II StPO ist verletzt, wenn nach Rückverweisung auf alleiniges Rechtsmittel des Verurteilten auf höhere Einzelstrafen erkannt wird (BGH 1, 252; 29. 7. 1982, 4 StR 385/82; vgl. 16. 9. 1986, 4 StR 479/86). Das muß jedoch auch gelten, wenn nach Wegfall einer Einzelstrafe auf dieselbe Gesamtstrafe erkannt wird (aM BGH 7, 86; NJW 53, 1360; Hamm MDR 74, 597); denn jede Einzelstrafe muß sich bei Bemessung der Gesamtstrafe auswirken. Wenn auch bei einem Teil der Einzelstrafen Rechtskraft eintreten kann (BGH 1, 253), so ist doch deren Vollstreckung vor Rechtskräftigwerden der Gesamtstrafe unzulässig (RG 74, 387; Frankfurt NJW 56, 1290; aM Bremen NJW 55, 1243; Celle NJW 58, 153; vgl. auch MDR/D 56, 528; Oldenburg NJW 60, 62), weil ihre Verbüßung eine spätere Gesamtstrafenbildung nachteilig beeinflussen könnte (SchSch-Stree 24). Auch kann erst der rechtskräftige Ausspruch der Gesamtstrafe die Strafvollstreckungsverjährung in Lauf setzen (11 zu § 78b, 3 zu § 79). Es ist auch möglich, daß bei Bildung einer neuen Gesamtstrafe nach Zurückverweisung eine Geldstrafe nicht mehr in die Gesamtstrafe einbezogen wird (§ 53 II S. 2). Rechtlich bedeutsam ist die Einzelstrafe auch in den Fällen des § 13 III S. 1 StVZO. Hat das Gericht 1. Instanz verabsäumt, Einzelstrafen festzusetzen, so kann das Berufungsgericht das nachholen (Frankfurt NJW 73, 1057; str.; LK 2), das Revisionsgericht hat aufzuheben und zurückzuverweisen (27. 9. 1983, 4 StR 564/83). Hat der Tatrichter Tatmehrheit statt Tateinheit angenommen und auf eine Gesamtfreiheitsstrafe erkannt, so braucht der Revisionsrichter, falls eine andere Strafe auch bei Annahme von Tateinheit nicht zu erwarten gewesen wäre, nicht zurückzuverweisen, sondern kann unter Änderung des Schuldspruchs auch auf eine Freiheitsstrafe derselben Höhe erkennen (MDR/H 78, 110; zw.; krit. Bringewat 186).

3) Nach I S. 3 werden, abgesehen von den Fällen des I S. 1, in denen eine zusammenfassende Würdigung der einzelnen Straftaten erst im Rahmen des § 57b erfolgt (oben 1a, 2 zu § 57b), durch einen besonderen Strafzumessungsakt **die Person des Täters und die einzelnen Straftaten zusammenfassend gewürdigt** (krit. zur „Gesamtwürdigung" Horn, Arm. Kaufmann-GedS 573). Damit ist klargestellt, daß es nicht nur darum geht, die durch Verlängerung der Strafzeit gesteigerte Strafempfindlichkeit auszugleichen (RG 25, 217), sondern auch das Verhältnis der einzelnen Straftaten zueinander, ihren Zusammenhang, ihre größere oder geringere Selbständigkeit, namentlich die Verhältnisse des Verurteilten und sein gesamtes in den Straftaten hervortretendes Verschulden sowie eine etwaige Verletzung des Beschleunigungsgebots (NStZ 87, 233) zu berücksichtigen (E 1962, 194). Bei der Gesamtstrafenbildung kann die Erhöhung der Einsatzstrafe niedriger ausfallen, wenn zwischen den einzelnen Taten ein enger zeitlicher, sachlicher und situativer Zusammenhang besteht (BGHR § 54 I Bem. 4; 15. 8. 1990, 3 StR 143/90). Das Gericht hat dabei die für die Gesamtstrafe bestimmenden Zumessungsgründe ohne Doppelverwertung der Strafzumessungstatsachen zu finden und deshalb zunächst die Einzelstrafe für jede

§ 54

Tat ohne Rücksicht auf die übrigen Taten zuzumessen. Nur so führt nicht jeder Wegfall einer Einzelstrafe in der Rechtsmittelinstanz zur Aufhebung aller Einzelstrafen. Gründe, die den Unrechtsgehalt der Einzeltat mildern (zB § 21), sind nicht erst bei der Gesamtstrafe, sondern der Einzelstrafenbestimmung zu berücksichtigen (NJW **66**, 509; vgl. im einzelnen Dreher JZ **57**, 156; Schweling GA **55**, 289; Schorn JR **64**, 45; Bruns 274; Bringewat 153; Montenbruck JZ **88**, 334; LK 7, 10; SchSch 15; Koblenz OLGSt. 1; Bremen HESt. **2**, 233; Saarbrücken NJW **75**, 1041; ebenso BGH **24**, 268). Allerdings wird man mit Rücksicht auf § 47 (vgl. dort 10) im Bereich von Einzelstrafen unter 6 Monaten, um zu vermeiden, daß **Serientäter** kleinerer Diebstähle und Betrügereien vielfach nur eine Gesamtgeldstrafe erhalten könnten, zulassen müssen, daß bei der Frage, ob eine Freiheitsstrafe unerläßlich ist, die übrigen Taten mit berücksichtigt werden (BGH **24**, 268; EzSt § 211 Nr. 23; vgl. die Diskussionen im StrABTag Prot. V 931; 2224; LK 5, SchSch 10, beide zu § 53; vgl. auch LK-G. Hirsch 108 zu § 46; Hamburg MDR **70**, 437; Saarbrücken NJW **75**, 1041; anders Cramer JurA **70**, 208; SK 6 zu § 47); doch wird das dann im Urteil gesagt werden müssen. Indessen braucht die wiederholte Verwirklichung einer gleichartigen Straftat (zB „Telefonterror" zur sexuellen Befriedigung) gegen immer neue Opfer nicht Ausdruck einer sich steigernden rechtsfeindlichen Einstellung zu sein, die Hemmschwelle kann vielmehr in solchen Fällen von Tat zu Tat niedriger geworden sein (BGHR Bemess. 2, 4). I S. 2 verlangt, daß das Gericht die bestimmenden Zumessungsgründe für die Gesamtstrafe ebenso angibt wie bei einer Einzelstrafe (BGH **24**, 268; NJW **53**, 1360; NStE Nr. 2; 23. 2. 1989, 4 StR 8/89; Koblenz OLGSt. 4; Bruns 242; Mösl NStZ **82**, 454); jedoch sind hierbei Bezugnahmen auf die Strafzumessungserwägungen zu den Einzelstrafen in einfacheren Fällen zulässig (NStZ **87**, 183; BGHR Bemess. 1), eine eingehendere Begründung ist insbesondere erforderlich, wenn die Gesamtstrafe der oberen (StV **83**, 237) oder der unteren Grenze des Zulässigen nahekommt (BGH **24**, 271; 7. 3. 1978, 1 StR 766/77; Hamm MDR **77**, 947 L [1 Jahr Gesamtfreiheitsstrafe bei 14 Einzelstrafen von zusammen 52 Monaten!]; zu geringe Anforderungen stellt BGH **8**, 210 (zutr. Kritik Bringewat 179f.). Es ist zB fehlerhaft, bei der Bildung der Gesamtstrafe trotz Vorliegens wesentlicher Milderungsgründe die Einsatzstrafe bis an die Obergrenze des Strafrahmens zu erhöhen (8. 11. 1978, 2 StR 590/78). Bei der Anwendung des I S. 2 ist auf der anderen Seite darauf zu achten, daß das Asperationsprinzip nicht zur Belohnung von Serientätern führt (BGH **24**, 268 mit zust. Anm. Jagusch NJW **72**, 454); in diesen Fällen ist eine völlige Trennung der für die Einzel- und Gesamtstrafenfestsetzung maßgeblichen Gesichtspunkte nicht möglich (BGH aaO; Hamm NJW **77**, 2088).

Nachträgliche Bildung der Gesamtstrafe

55 [I] **Die §§ 53 und 54 sind auch anzuwenden, wenn ein rechtskräftig Verurteilter, bevor die gegen ihn erkannte Strafe vollstreckt, verjährt oder erlassen ist, wegen einer anderen Straftat verurteilt wird, die er vor der früheren Verurteilung begangen hat. Als frühere Verurteilung gilt das Urteil in dem früheren Verfahren, in dem die zugrundeliegenden tatsächlichen Feststellungen letztmals geprüft werden konnten.**

§ 55
Strafbemessung bei mehreren Gesetzesverletzungen

II **Vermögensstrafen, Nebenstrafen, Nebenfolgen und Maßnahmen (§ 11 Abs. 1 Nr. 8), auf die in der früheren Entscheidung erkannt war, sind aufrechtzuerhalten, soweit sie nicht durch die neue Entscheidung gegenstandslos werden. Dies gilt auch, wenn die Höhe der Vermögensstrafe, auf die in der früheren Entscheidung erkannt war, den Wert des Vermögens des Täters zum Zeitpunkt der neuen Entscheidung übersteigt.**

1) **Der Grundgedanke** des § 55 I idF des 2. StrRG und des § 55 II idF des Art. 1 Nr. 6 OrgKG (1, 2 zu § 43 a) ist es, die durch eine getrennte Aburteilung entstandenen Vor- und Nachteile auszugleichen, so daß Taten, die bei gemeinsamer Aburteilung nach §§ 53, 54 behandelt worden wären, auch bei getrennter Aburteilung durch Einbeziehung in das letzte Urteil noch nachträglich so zu behandeln sind, der Täter also im Ergebnis weder besser noch schlechter gestellt ist (BGH **7**, 180; **8**, 203; **15**, 66; **17**, 173; **32**, 193; **33**, 131; **35**, 211; NJW **91**, 1763 [m. Anm. Bringewat JR **91**, 514]; 24. 9. 1990, 4 StR 340/90; 9. 1. 1992, 1 StR 777/91). Hierbei kommt es allein auf die materiellrechtliche Regelung (§ 55 iVm §§ 53, 54) und nicht auf die verfahrensrechtliche Situation an (BGH **32**, 193). Im Unterschied zu § 31 II JGG, wo frühere Urteile einbezogen werden, sind nach § 55 rechtskräftige Strafen einzubeziehen (24. 9. 1991, 1 StR 489/91).

2) **Nach I S. 1** ist **Voraussetzung eine 1. Verurteilung** (durch Urteil oder eine diesem gleichstehende Entscheidung, zB durch Strafbefehl, bei dem es auf seinen Erlaß [Unterzeichnung], nicht auf die [nichtrichterliche] Zustellung ankommt, BGH **33**, 231; 23. 11. 1988, 2 StR 612/88; Remmele NJW **74**, 486; 1855; Bringewat 206; Lackner 2; aM Bay bei Remmele aaO; Schleswig SchlHA **82**, 99; Sieg NJW **75**, 530; LK-Vogler 3; SchSch-Stree 10; vgl. auch § 59 c II) zu Freiheits-, Vermögens- oder Geldstrafe, die weder vollstreckt, verjährt noch erlassen ist, und dazu eine **vor dem 1. Urteil** (auf dessen Appell- oder Warnfunktion es nicht ankommt, 24. 11. 1988, 1 StR 566/88; Koblenz OLGSt. 3) **begangene 2. Tat**, die jetzt abgeurteilt werden soll. Sind in den verschiedenen Verfahren nicht lediglich Freiheitsstrafen verhängt worden, treffen vielmehr Freiheits- und Geldstrafen zusammen, so bedarf es nach § 53 II einer besonderen Entschließung darüber, ob eine Gesamtfreiheitsstrafe zu bilden oder ob von der Einbeziehung der Geldstrafe abzusehen ist (BGH **35**, 211). Die Vermögensstrafe nach § 43 a (krit. dazu dort 3, 6) und die Gesamtvermögensstrafe nach § 53 III, die stets gesondert verhängt wird, sind nach II aufrechtzuerhalten (unten 9). Getrennt verhängte **Jugend- und Freiheitsstrafe**, deren Zusammenziehung der Gesetzgeber des JGG abgelehnt hat (Dallinger-Lackner 1 zu § 32 JGG), dürfen weder in analoger Anwendung des § 32 JGG zur Einheitsjugendstrafe, noch nach § 55 zur Gesamtstrafe zusammengezogen werden (BGH **36**, 270 [m. Anm. Böhm/Büsch-Schmitz NStZ **91**, 131; Bringewat JuS **91**, 24]; **36**, 294; NStZ **87**, 24; BGHR § 32 JGG Aburt. getr. 2; hiergegen Schoreit NStZ **89**, 461; ZRP **90**, 175). Ebensowenig können im Ausland verhängte Strafen zur Gesamtstrafenbildung herangezogen werden (Düsseldorf GA 91, 271). Härten können entweder bei der Strafzumessung (BGH **14**, 290; MDR/H **79**, 106), und zwar sowohl bei der Festsetzung einer einzigen Einzelstrafe (für eine einzige Straftat) als auch bei der Gesamtstrafenbildung nach § 53 I bei mehreren Erwachsenentaten ausgeglichen werden (BGH aaO).

§ 55

AT Dritter Abschnitt. Dritter Titel

2a **A. Das 1. Urteil** muß das eines deutschen Gerichtes (LM Nr. 1; 4. 12. 1979, 5 StR 571/79) und **rechtskräftig** sein, bevor das 2. Urteil rechtskräftig wird (NJW **66**, 114). Das wird durch die Worte „rechtskräftig Verurteilter" in **I S. 1** klargestellt. Fehlende Rechtskraft des 1. Urteils zZ des noch nicht rechtskräftigen 2. Urteils hindert also nicht (Frankfurt NJW **56**, 1609). Die Entscheidung über eine etwaige Aussetzung der 1. Strafe zur Bewährung braucht noch nicht rechtskräftig zu sein (NJW **56**, 1567). I ist auch anwendbar, wenn die letzte tatrichterliche Entscheidung zur Straffrage nach den nunmehr abzuurteilenden Taten liegt (23. 1. 1985, 2 StR 816/84). Wurde ein Urteil im Wiederaufnahmeverfahren aufrechterhalten, so ist das Urteil des Wiederaufnahmeverfahrens und nicht das ursprüngliche Urteil frühere Verurteilung iS des § 55 (Bay **81**, 175 m. Anm. Stree JR **82**, 336; SchSch 11).

3 **B.** Die in der früheren Verurteilung erkannte **Strafe** (nicht etwa die Unterbringungsanordnung, Pohlmann Rpfleger **70**, 233) darf vor der neuerlichen Verurteilung **nicht vollstreckt, verjährt oder erlassen** sein, was der Richter ausdrücklich in den Urteilsgründen festzustellen hat (NStE Nr. 10; Frankfurt NStE Nr. 11). **Maßgebender Zeitpunkt** ist **nach I S. 2** das letzte tatrichterliche Sachurteil, dh der Zeitpunkt, in dem der Tatrichter die Schuld- und Straffrage der neuen Tat entscheidet (BGH **12**, 94; Lackner 3; Bringewat 246; aM SchSch 25, 26; allerdings sprechen beachtliche Gründe dafür, Gesamtstrafenbildung, die im 1. tatrichterlichen Urteil übersehen wurde, noch im letzten tatrichterlichen Urteil auch dann zuzulassen, wenn die 1. Strafe zwischen den Urteilen vollstreckt wurde, Schrader MDR **74**, 718; gegen ihn Bringewat 247). Anwendbar ist § 55 danach bei Vorbehalt einer Geldstrafe (§ 59c II), Aussetzung der 1. Strafe zur Bewährung (BGH **7**, 180) oder im Gnadenwege (BGH **9**, 384; NJW **55**, 1485). Es schadet auch nichts, wenn 1. Strafe zwischen 1. tatrichterlichem Urteil und Revisionsurteil vollstreckt ist, dieses Urteil aber nur zur Bildung der Gesamtstrafe zurückverweist (BGH **4**, 366; **15**, 71; NJW **53**, 389; **82**, 2081; NStZ **83**, 261; NStE Nr. 13; Stuttgart OLGSt. 5; MDR **83**, 337; Hamburg NJW **76**, 682; Hamm JMBlNW **82**, 104; abw. Schleswig MDR **81**, 866; Bringewat 248; vgl. LK 18 ff.). *Nicht* in eine Gesamtstrafe einbezogen werden darf eine Strafe, die bereits in eine andere, noch nicht rechtskräftige Gesamtstrafe einbezogen ist (BGH **20**, 292); ferner auch nicht eine Strafe, die nach § 60 II Nr. 2 BZRG nicht in das Zentralregister zu übernehmen ist (Celle NJW **73**, 338); ebensowenig eine solche, die eine Tat betrifft, die der Täter *vor* seiner Auslieferung begangen hatte und die ihr nicht zugrunde lag (18. 4. 1980, 2 StR 95/80); hingegen steht es nach MDR **82**, 1031 der Anwendung des § 55 nicht entgegen, wenn das frühere (rechtskräftige) Urteil gegen einen Auslieferungsvertrag verstößt. Bei der Gesamtstrafenbildung ist von der frühesten noch nicht erledigten Verurteilung auszugehen (Koblenz VRS **50**, 188). Gesamtstrafenfähig sind alle Strafen (die Vermögensstrafe jedoch nur im Rahmen des § 53 III), die für Taten verhängt wurden, die vor Erlaß des frühesten Urteils begangen worden sind (4. 2. 1986, 4 StR 721/85). Zum **Härteausgleich** bei Unanwendbarkeit des § 55 wegen voller Vollstreckung, zB bei Erledigung zwischen dem 2. tatrichterlichen Urteil und dem abschließenden Revisionsurteil (vgl. unten 7 und 32 zu § 46). Kommt sowohl die Einbeziehung der Strafe in eine nachträglich zu bildende, nicht aussetzungsfähige Gesamtfreiheitsstrafe in Betracht wie auch der Erlaß einer zur Bewährung ausgesetzten Freiheitsstrafe wegen Ablauf der Bewährungszeit, so hängt es unter Beachtung des Verhältnismäßigkeitsgrundsatzes (vgl. BVerfG NJW **91**, 558; hierzu Thietz-Bartram wistra **90**, 259) von den Umständen des Einzelfalls ab, welchem Verfahren der Vorrang zukommt (NJW **91**, 2847).

C. Die neue **Tat** muß **vor der früheren** (tatrichterlichen) **Verurteilung** 4 begangen (I S. 2), und zwar nicht nur vollendet, sondern **beendet** sein (MDR/H **88**, 101; 13. 11. 1990, 1 StR 415/90; Hamm NJW **54**, 324; **57**, 1937; hM; aM Bringewat 219), das gilt nicht nur für den Haupttäter, sondern auch für den Teilnehmer (Stuttgart MDR **92**, 177). In dubio ist zugunsten des Täters Beendigung anzunehmen (Oldenburg GA **60**, 28). Bei **fortgesetzter Tat** muß der letzte Teilakt vor der früheren Verurteilung liegen, sonst ist die Fortsetzungstat insgesamt nach der früheren Verurteilung begangen und daher nicht einbeziehbar (StV **81**, 621; NJW **91**, 2848; BGHR § 55 I Beg. 2; aM SchSch 12; hierzu im einzelnen Bringewat JZ **79**, 556). **Dauerstraftaten** (41 vor § 52) sind erst mit der Wiederaufhebung des rechtswidrigen Zustandes beendet (6 zu § 22). Für die Gesamtstrafenfähigkeit kommt es nicht auf den Eintritt der Strafbarkeitsbedingung, sondern auf den Zeitpunkt des schuldhaften Tuns oder Unterlassens, dh auf die Tatbegehung an (Bay wistra **83**, 162). Der Tatrichter muß daher die jeweiligen Tatzeiten stets angeben (4. 2. 1986, 4 StR 721/85). Das letzte tatrichterliche Urteil (oben 3) kann ein Berufungsurteil sein, wenn die dem angefochtenen Urteil zugrundeliegenden tatsächlichen Feststellungen geprüft werden konnten **(I S. 2)**, das Berufungsurteil also nicht nur die Berufung als unzulässig verwirft (RG **33**, 231) oder nach § 329 I StPO vorgeht (MDR **62**, 492; anders wenn das fehlerhaft geschieht, LG Krefeld MDR **71**, 1026), sondern eine Sachentscheidung enthält (BGH **2**, 230; **4**, 366; 31. 10. 1990, 2 StR 231/90), dazu genügt eine Entscheidung über die Aussetzung zur Bewährung (Hamm GA **59**, 183; BGH **15**, 66; 2. 4. 1985, 4 StR 116/85); den Vorbehalt einer Geldstrafe; ebenso eine die Gesamtstrafenbildung nachholende Entscheidung (aaO 71; Celle NJW **73**, 2214); jedoch nicht ein Beschluß nach § 460 StPO (Karlsruhe GA **74**, 347; LK 5, 7); auch nicht die Nachholung einer Entscheidung nach § 42 (Celle NdsRpfl. **79**, 207). Ob die neue Tat im ersten Verfahren nur deshalb nicht erledigt werden konnte, weil es an einer Prozeßvoraussetzung fehlte (Strafantrag), ist ohne Bedeutung (RG **7**, 298).

D. Die Grundsätze des § 55 (oben 1) gelten auch, wenn in der früheren 5 Verurteilung (oben 4) bereits nach den §§ 53 bis 55 auf **Gesamtstrafe** oder nach § 53 III auf Gesamtvermögensstrafe erkannt war. Die Besonderheit des § 55 gegenüber den §§ 53, 54 liegt aber darin, daß die frühere unerledigte Verurteilung wegen des von ihr ausgehenden Appells, sie sich zur Warnung dienen zu lassen, eine für die Gesamtstrafenfähigkeit bedeutsame **Zäsurwirkung** entfaltet. Die mit der frühesten unerledigten Verurteilung eingetretene Zäsur hat nämlich zur Folge, daß für die *danach* begangen Taten auf eine selbständige Einzel- oder Gesamtstrafe zu erkennen ist (hM; BGH **9**, 383; **32**, 193; **33**, 367; BGHR vor § 1 fH/GesVors. 36; BGHR § 55 I Begeh. 2; 24. 9. 1990, 4 StR 340/90). Die Zäsur tritt uU mehrfach ein, so wenn Taten abzuurteilen sind, die teils vor, teils nach einer (oder mehrerer, unten 5a) Vorverurteilung begangen werden. *Jeweils* ist bei

§ 55

der Prüfung der Gesamtstrafenfähigkeit von der frühesten unerledigten Vorverurteilung auszugehen, so daß durch das 1. Urteil eine 1. Zäsur und eine Zusammenfassungsmöglichkeit nur für davor begangene Taten gegeben ist. Die 2. Vorverurteilung bildet die 2. Zäsur und die Möglichkeit zur Zusammenfassung zu einer Gesamtstrafe nur für Einzelstrafen wegen Taten, die vor dieser Verurteilung, aber *nach* der vorausgegangenen Vorverurteilung begangen worden sind (BGH **35**, 243). Das kann zu mehreren selbständigen (nicht aber zu einer Zusammenfassung von) Gesamtstrafen führen, aber auch zur **Auflösung** bereits rechtskräftiger Gesamtstrafen (BGH **9**, 8; Bay NJW **55**, 1488). Zu prüfen ist daher zunächst, ob für *alle* Einzelstrafen (die von der nachträglichen Anwendung der §§ 53, 54 unberührt bleiben und daher auch nicht wegfallen können, BGH **12**, 99) die Einbeziehungsvoraussetzungen 1 bis 4 vorliegen. Wenn nicht, so kommt es, da eine Gesamtstrafe immer nur aus Einzelstrafen gebildet werden kann (RG **4**, 56), zur Auflösung der Gesamtstrafe, zB wenn die nach § 55 zu beurteilenden Taten vor der 1. Verurteilung begangen sind (BGH **8**, 203; **9**, 5; **35**, 245; vgl. auch Zweibrücken NJW **68**, 310; Hamm MDR **76**, 162). In den Urteilsgründen sind die einbezogenen Einzelstrafen (und nicht nur die Gesamtstrafe) anzugeben, damit das Revisionsgericht prüfen kann, ob § 54 I richtig angewendet ist (MDR/H **79**, 280). Die neue Gesamtstrafe braucht nicht höher zu sein als die alte (NJW **73**, 63; Köln JMBlNW **64**, 107), darf sie aber auch nicht um mehr als die Summe der neu einzubeziehenden Einzelstrafen überschreiten (NJW **57**, 32; BGH **8**, 203; **15**, 166; Stuttgart Die Justiz **65**, 119; NJW **68**, 1731; Bay NJW **71**, 1193; Hamm VRS **42**, 99; MDR **76**, 162; vgl. Bringewat 273 u. MDR **87**, 793 mwN), denn die §§ 331, 358 II S. 1 StPO dürfen für § 55 nur im unerläßlichen Umfang außer Anwendung bleiben (Hamm NJW **64**, 1285; LG Hamburg MDR **65**, 760). Ist die *3. Tat zwischen der 1. und 2. Verurteilung* begangen, so gilt folgendes: Hatte das 2. Urteil bereits eine Gesamtstrafe gebildet, so ist eine erneute im 3. Urteil nicht möglich (GA **56**, 50); hat der Tatrichter aus den Strafen des 1. und 2. Urteils keine Gesamtstrafe gebildet, so ist sie aus den Strafen der beiden letzten Urteile zu bilden (MDR/H **80**, 454; 3. 1. 1984, 5 StR 956/83; vgl. 19. 6. 1981, 4 StR 299/81); liegt die abzuurteilende Tat zwischen 2 rechtskräftigen Vorverurteilungen, aus denen nach § 460 StPO eine Gesamtstrafe zu bilden ist, kommt eine Gesamtstrafe für die abzuurteilende Tat und der Strafe aus der letzten Vorverurteilung nicht in Betracht (BGH **32**, 193; 24. 2. 1988, 3 StR 8/88). An der Einbeziehung der Strafe aus dem 1. Urteil und einer gerechten Behandlung des Verurteilten hindert hier der Wortlaut des § 55 I („vor der früheren Verurteilung begangen"). Diese Zäsurwirkung der 1. unerledigten Vorverurteilung gilt auch für eine solche, in der nach § 53 II S. 2 gesondert auf Geldstrafe erkannt wurde (BGH **32**, 194; 16. 4. 1991, 5 StR 156/91; NStZ/D **91**, 478; Karl MDR **88**, 365). **Nach I S. 2** gilt **als frühere Verurteilung** das Urteil im vorhergehenden Verfahren, in dem die zugrundeliegenden tatsächlichen Feststellungen, und sei es auch nur zur Straffrage (BGH **15**, 71), letztmals geprüft werden konnten (19. 8. 1980, 1 StR 423/80; Saarbrücken NStZ **89**, 120; oben 3). Sind zwei Entscheidungen ergangen, bei denen Bildung von Gesamtstrafe ausscheidet, so kann eine dritte Verurteilung wegen einer vor den beiden ersten Entscheidungen begangenen Tat nicht dazu führen, daß nun eine einzige Gesamtstrafe aus allen Verurteilungen zu bilden ist (Zwei-

Strafbemessung bei mehreren Gesetzesverletzungen **§ 55**

brücken NJW **68**, 310; LG Hamburg NJW **73**, 1382; LK 15; Mecker NJW **67**, 1382 gegen LG Frankenthal NJW **67**, 794). Sind von mehreren abzuurteilenden Taten einige vor, einige nach einem ersten, noch nicht erledigten Gesamtstrafenurteil begangen, so ist unter Auflösung der Gesamtstrafe aus deren Einzelstrafen und den Strafen für die vorher begangenen Taten eine neue Gesamtstrafe, sowie eine weitere aus den Strafen für die nachher begangenen Taten zu bilden (1. 2. 1984, 4 StR 1/84; LG Hamburg MDR **65**, 760; vgl. auch Celle NJW **66**, 560). Dies gilt auch, wenn eine der in das ursprüngliche Gesamtstrafenurteil einbezogenen Taten vor den neu abzuurteilenden Taten begangen worden ist, deren Begehung vor dem ursprünglichen Gesamtstrafenurteil liegt (eingehend hierzu Bringewat JZ **79**, 558). Liegt die abzuurteilende Tat **vor mehreren Vorverurteilungen,** so 5a tritt, *falls* die Strafen hieraus *nicht* schon *vollstreckt* (Schleswig SchlHA **80**, 170, 188) *oder erledigt* (BGH **32**, 193; NJW **82**, 2081; wistra **89**, 62; NStE Nr. 15; 3. 7. 1990, 1 StR 287/90; NStZ/M **82**, 455; SchSch 16, 19) sind, eine Zäsurwirkung in dem Sinne ein, daß zunächst eine Gesamtstrafe mit der Strafe aus der frühesten Vorverurteilung zu bilden ist, mit der eine Gesamtstrafenbildung nach § 55 möglich ist (MDR/H **79**, 987; StV **81**, 621).

Der *3. StS* des BGH hält an seiner (in einem obiter dictum, BGH **33**, 369, vertretenen) Meinung, auch *erledigten* Vorverurteilungen käme diese Zäsurwirkung zu, nicht mehr fest (NStZ **88**, 552), nachdem er bei den übrigen Senaten keine Zustimmung gefunden hatte (NJW **88**, 1801; GA **89**, 133; NStE Nr. 7 u. 10).

Für die späteren Taten sind dann je nach Sachlage **weitere selbständige** Einzel- oder Gesamtstrafen zu bilden (BGH **9**, 384; 28. 8. 1984, 4 StR 503/84; Hamm MDR **76**, 162 L; Schleswig SchlHA **81**, 89; LK 12). Hierbei hat der Tatrichter, da nach § 55 für die Gesamtstrafenbildung die sachliche und nicht die verfahrensrechtliche Lage den Ausschlag gibt (BGH **32**, 193; **35**, 245) ggf auch in rechtskräftige frühere Gesamtstrafen einzugreifen. Denn **die Rechtskraft** ist, wenn erst nach Bildung einer Gesamtstrafe bekannt wird, daß die dabei berücksichtigten Taten vor einem früheren Urteil begangen worden sind, **kein Hindernis,** die Einzelstrafen zur Bildung einer neuen Gesamtstrafe anders zusammenzufassen (Bay NJW **55**, 1488; **71**, 1193). Das gilt auch, wenn nicht alle in der früheren Gesamtstrafe zusammengefaßten Einzelstrafen in eine neue Gesamtstrafe einzubeziehen sind, sondern sie vielmehr zu verschiedenen Gesamtstrafen (wobei die Aussetzung zur Bewährung für jede gesondert zu prüfen ist, Bay **62**, 124), zusammengeführt werden (Bay NJW **55**, 1849; Zweibrücken NJW **73**, 2116) oder als Einzelstrafe bestehen bleiben sollen (BGH **9**, 8; **35**, 245); und zwar selbst dann, wenn die frühere rechtskräftige Gesamtstrafe fehlerhaft zustande gekommen ist (BGH **35**, 245 [m. krit. Anm. Stree JR **88**, 517]; NJW **91**, 1763 [m. Anm. Bringewat JR **91**, 514]; 5. 12. 1990, 3 StR 407/90; LG Ulm NStZ **84**, 361 m. Anm. Sick; Bringewat 235ff.; anders noch LG Koblenz NStZ **81**, 392; Schleswig SchlHA **87**, 102), wonach gegenüber einer rechtskräftig fehlerhaften Gesamtstrafenbildung nur ein Härteausgleich (unten 7, 7a) möglich sein soll. Ein früher bereits gewährter Härteausgleich (32 zu § 46) steht einer gebotenen Gesamtstrafenbildung nicht entgegen (Hamm MDR **82**, 595). Der Einbeziehung von Einzelgeldstrafen in eine neue Gesamtfrei-

§ 55

heitsstrafe steht das Fehlen der Bestimmung der Tagessatzhöhe nicht entgegen (Karlsruhe Die Justiz **82**, 374).

6 E. **Kein Fall des § 55, sondern** ein Fall des § 460 StPO (zuständig das Gericht des 1. Rechtszuges, das die höchste Einzelstrafe verhängt hat, BGH **11**, 293; NJW **76**, 1512; wobei es bei Geldstrafen auf die Tagessatz*anzahl,* nicht auf die Tagessatzhöhe ankommt, MDR **86**, 69) ist gegeben, wenn bei mehreren rechtskräftigen Strafen die Bildung einer Gesamtstrafe unterblieben ist. Bei einer Entscheidung nach § 460 StPO kommt es auch bei Einzelgeldstrafen mit unterschiedlicher Tagessatzhöhe (unten 8ff.) auf den Zeitpunkt der tatrichterlichen Verurteilung an (LG Freiburg NStZ **91**, 135, hierzu Horn NStZ **91**, 117). Sind sie sämtlich verbüßt, kommt nachträgliche Gesamtstrafenbildung nicht mehr in Betracht (NJW **53**, 1880. Vgl. auch unten 12).

7 3) **Zwingend vorgeschrieben** für das Gericht ist das Verfahren nach § 55, falls dessen Voraussetzungen vorliegen (NJW **75**, 126; 21. 7. 1987, 1 StR 317/87; Bringewat 210). Das gilt nur dann nicht, wenn Freiheitsstrafe und Geldstrafe zusammentreffen; dann kann es nach § 53 II auf gesonderte Geldstrafe erkennen (3 zu § 53; abw. Bender NJW **71**, 791; gegen ihn Gollner NJW **71**, 1247). Im übrigen muß nach §§ 53ff. verfahren, also uU eine neue Gesamtstrafe gebildet werden, auf welche die etwa schon verbüßte Strafzeit anzurechnen ist (RG **46**, 179). Macht das Gericht bei Ausspruch einer Freiheitsstrafe hinsichtlich mehrerer früherer Geldstrafen nicht von § 53 II S. 1 Gebrauch, so hat es nach § 53 II S. 2 auf eine Gesamtgeldstrafe zu erkennen (3 zu § 53; BGH **25**, 383; zust. Küper NJW **75**, 547). Die Strafzumessung muß auch im Fall von § 55 begründet werden (NJW **53**, 1360; zu wenig streng BGH **8**, 205; strenger Bremen NJW **56**, 1329; vgl. auch Bay NJW **55**, 1488; Braunschweig NJW **54**, 569), hierbei sind neben der Anzahl und der Höhe der einbezogenen Einzelstrafen (5. 8. 1987, 336/87) auch deren Strafzumessungsgründe anzugeben. Bezugnahmen auf dessen Gründe sind unzulässig (NStZ **87**, 183; wesentlich großzügiger jedoch 23. 7. 1986, 4 StR 234/87). Unbeschadet der umstrittenen Frage, ob für

7a § 55 ein generelles **Verschlechterungsverbot** gilt (vgl. Gollwitzer JR **83**, 165), darf, wenn der Angeklagte durch einen rechtskräftigen oder einen nur von ihm angefochtenen Strafausspruch einen über das in §§ 53, 55 vorgesehene Maß hinausgehenden Vorteil erlangt hat, dieser durch die Gesamtstrafe nicht mehr beeinträchtigt werden (BGH **8**, 203, MDR/H **77**, 109; 22. 6. 1987, 4 StR 239/87; Hamm GA **76**, 58). Führt die Anfechtung dazu, daß eine in 1. Instanz gebildete Gesamtstrafe aufgelöst werden muß, so darf die Summe der Strafen nicht höher sein als die frühere Gesamtstrafe (BGH **12**, 95; **15**, 164). Zur Geltung des Verschlechterungsverbots bei erstmaliger Gesamtstrafenbildung im Berufungsrechtszug Düsseldorf wistra **92**, 33. Ist eine Einzelstrafe bereits vollstreckt, verjährt oder erlassen und daher nach I S. 1 (oben 3) nicht mehr in die Gesamtstrafe einzubeziehen, so verlangt das Prinzip des § 55 (oben 1) den Ausgleich der sich durch die getrennte Aburteilung ergebenden Nachteile. Solche können auch in einem Fall, in dem die Gesamtstrafenbildung aus einer Geld- und einer Freiheitsstrafe unterblieb, dann entstanden sein, wenn anstelle der Geldstrafe die Ersatzfreiheitsstrafe vollstreckt worden ist (NStZ **90**, 436). Der

7b BGH läßt offen, wie der **Härteausgleich** vorzunehmen ist (ob zB zunächst

Strafbemessung bei mehreren Gesetzesverletzungen § 55

eine „fiktive Gesamtstrafe gebildet wird, die sich dann um die vollstreckte Strafe mindert, oder ob der Nachteil unmittelbar bei der Festsetzung der neuen Strafe berücksichtigt wird, BGH 33, 131), er muß jedoch angemessen sein (BGH 31, 103) und erkennbar vorgenommen werden (BGH 12, 94; 14, 290; 31, 103; 33, 131; GA 79, 189; MDR/H 79, 106; 83, 448; StV 81, 235; 84, 72; NJW 89, 236 [m. Anm. Bringewat JR 89, 248]; stRspr.; Schleswig NStZ 81, 438 L; SchlHA 82, 97; Frankfurt StV 82, 116; NStE Nr. 11; Stuttgart Die Justiz 82, 336 L; vgl. Bringewat 251 u. NStZ 87, 385; Meyer-Goßner NStZ 88, 535; sLSK 3 zu § 46). Der Ausgleich ist selbst dann vorzunehmen, wenn hierfür die gesetzliche Mindeststrafe unterschritten werden muß (BGH 31, 104 [m. Anm. Loos NStZ 83, 260 und abl. Vogt JR 83, 250]; MDR/H 80, 454; Bringewat 257); andererseits muß im Rahmen der neuen Strafzumessung auch die Höchstgrenze des § 54 II S. 2 beachtet werden (BGH 33, 131; Lackner 3), die auch im Falle getrennter Bestrafung nicht gegenstandslos ist (4 zu § 54). Ein Härteausgleich entfällt jedoch, wenn nach Vollstreckung der Strafe aus einer früheren Verurteilung deswegen keine Benachteiligung des Angeklagten eintritt, weil in concreto entweder die vollstreckte Geldstrafe nicht mehr in eine Gesamtfreiheitsstrafe einbezogen werden kann oder die vollstreckte Freiheitsstrafe eine Zäsurwirkung wegfallen ließ (Köln VRS 79, 428). Der Verstoß gegen die zwingende Vorschrift des § 55 stellt einen Revisionsgrund dar (GrSenBGH 12, 1; StV 83, 60 L; Koblenz OLGSt. 12 zu § 337 StPO; Schleswig SchlHA 80, 170; abl. Fitzner NJW 66, 1206), es sei denn, daß die Entscheidung weitere, trotz zureichender Terminvorbereitung unvorhergesehene (16. 11. 1978, 4 StR 506/78), mit erheblichem Zeitaufwand verbundene Ermittlungen nötig machte (NStZ 83, 261; Köln MDR 83, 423; Hamburg JR 55, 308; Hamm NJW 70, 1200; Bay DAR 78, 207; Düsseldorf VRS 68, 366; NStZ/M 82, 454), die Einbeziehung einer Einzelstrafe in Betracht kommt, die bereits zur Gesamtstrafenbildung in einem anderen, noch nicht rechtskräftigen Urteil verwendet wurde (vgl. BGH 9, 192; 20, 293) oder noch nicht sicher ist, ob ein Urteil heranzuziehen ist, wenn es zwar rechtskräftig ist, gegen die Versäumung der Rechtsmittelfrist aber ein Wiedereinsetzungsantrag läuft (BGH 23, 98; MDR 55, 527; BGHR § 55 I 1, AnwPfl. 2; Küper MDR 70, 885). Dann kann die Entscheidung dem Verfahren nach § 460 StPO überlassen werden. Das Problem ist im ersten Fall ein prozessuales, in den beiden anderen ein materiellrechtliches (vgl. Küper NJW 70, 1559; LK 36f.). Das Verfahren nach § 460 StPO scheidet aus, falls der Tatrichter § 55, wenn auch rechtsirrig, abgelehnt hat (BGH 35, 214; Hamburg 27. 2. 1992, 2 Ws 24/92; vgl. unten 12). § 55 gilt auch im **tatrichterli-** 7c **chen Berufungsverfahren;** hat jedoch der Erstrichter abgelehnt, eine Gesamtfreiheitsstrafe zu bilden, dann muß es bei alleiniger Berufung des Angeklagten wegen des Verschlechterungsverbots (§ 331 I StPO) dabei sein Bewenden haben (BGH 35, 212; MDR/H 77, 109; 6. 12. 1989, 3 StR 310/89). Hat hingegen der Erstrichter über die Gesamtstrafenbildung, etwa weil ihm die frühere Verurteilung gar nicht bekannt war, keine Entscheidung getroffen, so muß das Berufungsgericht, um dem § 55 gerecht zu werden, die Gesamtstrafenbildung nachholen, BGH 35, 212 [m. Anm. Böttcher JR 89, 205]; Hamm MDR 77, 861; NStZ 87, 557; Bay JR 80, 378 [abl. Maiwald aaO]; Düsseldorf VRS 81, 368). Hierin liegt – hierauf weist BGH 35, 212 [entgegen Karlsruhe MDR 83, 137, krit. hierzu Ruß aaO u.

§ 55

Gollwitzer JR 83, 163] mit Recht hin – kein Verstoß gegen § 331 I StPO, denn die Gesamtstrafenbildung enthält in diesem Fall keine Abänderung der vorausgegangenen Rechtsfolgeentscheidungen, sondern einen im Berufungsurteil erstmals vorzunehmenden gesetzlich gebotenen richterlichen Gestaltungsakt (zutr. Bringewat JuS **89**, 527; Lackner 10). Nach § 460 StPO ist zu verfahren, wenn bei der Gesamtstrafenbildung der Strafbann überschritten und ein Überwechseln vom Berufungsverfahren in ein erstinstanzliches Verfahren notwendig wäre (BGH **34**, 206 [m. Anm. Wendisch JR **87**, 516]; 27. 6. 1989, 4 StR 236/89). Unterblieb rechtsirrig eine Gesamtstrafenbildung, so hat das Revisionsgericht den gesamten Strafausspruch auch dann aufzuheben, wenn im Zeitpunkt der neuen Verhandlung die nicht einbezogene Strafe verbüßt sein wird (BGHR § 55 I S. 1 Erl. 1; 13. 11. 1991, 2 StR 463/91).

8   **A.** Ist eine Gesamtgeldstrafe aus **Einzelstrafen mit unterschiedlicher Tagessatzhöhe** zu bilden, so muß die Einsatzstrafe (2 zu § 54; unten 8c) nicht nur in der Anzahl der Tagessätze, sondern auch in der Endsumme überschritten werden (§ 54 I S. 2; BGH **27**, 359; Bay MDR **77**, 244; Karlsruhe Die Justiz **78**, 144; LK-Tröndle 72 ff. zu § 40; SchSch 37; Lackner 10; Vogt NJW **81**, 899; hM; vgl. sLSK 3 zu § 46), anderseits darf die Summe der Einzelstrafen nicht erreicht werden (§ 54 II S. 1). Hierdurch treten idR Spannungen zwischen § 54 I, II und § 40 II zutage, die nur dadurch lösbar sind, daß im Falle der Verschlechterung der finanziellen Verhältnisse (unten 8a) § 54 I dem § 40 II vorgeht (Vorrang der Rechtskraft) und nach allgM im Falle der Verbesserung (unten 8b) das Verbot der Schlechterstellung (vgl. § 54 II) beachtet wird. Der Richter hat dann nach dergestalt eingeschränktem Ermessensspielraum aber – soweit noch möglich – unter weitestgehender Berücksichtigung der wirtschaftlichen Verhältnisse (BGH **28**, 364; so von jeher LK 72 ff. zu § 40; Lackner 10) für die Gesamtstrafe einen **einheitlichen Tagessatz** festzusetzen (Bringewat 296 u. NStZ **88**, 73
8a   [zu einer fehlerhaften Entscheidung des LG Koblenz]). **a)** Soll zB im Falle der *Verschlechterung* der wirtschaftlichen Verhältnisse in eine Geldstrafe von 30 Tagessätzen zu je 20 DM eine solche von 50 Tagessätzen zu je 30 DM einbezogen werden und die Anzahl der Tagessätze auf 70 festgesetzt werden, so ist der Tagessatz der Gesamtstrafe auf 22 DM festzusetzen (BGH **27**, 361; vgl. hierzu LG Konstanz MDR **91**, 171 m. Anm. Tulatz). Zur Verschlechterung der wirtschaftlichen Verhältnisse gegenüber einer früheren Verurtei-
8b   lung zu Vermögensstrafe s. unten 9. **b)** Soll zB im Falle der *Verbesserung* der wirtschaftlichen Verhältnisse in eine Geldstrafe von 20 Tagessätzen zu je 45 DM eine frühere von 10 Tagessätzen zu je 15 DM einbezogen und die Anzahl der Tagessätze auf 25 festgesetzt werden, so darf der Endbetrag der Gesamtstrafe 1050 DM nicht erreichen (§ 54 II S. 1), der Tagessatz darf somit nicht über 41 DM (25mal 41 DM = 1025 DM) liegen (so BGH **28**, 364; iErg. ebenso Bay MDR **78**, 1043; Lackner 13). Eine abw. Meinung wollte in diesen Fällen, Regel MDR **77**, 466 folgend, die Gesamtgeldstrafe dergestalt *aufspalten,* daß in Höhe der Tagessatzanzahl der (rechtskräftigen) einzubeziehenden Strafe der frühere Tagessatz maßgebend ist und für die restlichen Tagessätze der Gesamtstrafe die Tagessatzhöhe der anderen (zuletzt verhängten oder noch zu verhängenden) Einzelgeldstrafe (so in den Fällen 8a Bay MDR **77**, 244; Karlsruhe Die Justiz **78**, 144; Hamburg MDR

Strafbemessung bei mehreren Gesetzesverletzungen **§ 55**

78, 505; SchSch 37a; Vogler JR **78**, 358; Bems aaO 114 [5 vor § 40]; und in den Fällen 8b Oldenburg MDR **78**, 70). Mit Recht weist BGH **28**, 364 – auch für diese Fälle – darauf hin, daß nur die Festsetzung eines *einheitlichen* Tagessatzes den Zielen des Geldstrafensystems *und* den Grundsätzen der Gesamtstrafenbildung gerecht werde (ähnlich Lackner 11). Die Bemessungsregel des § 40 II S. 1 darf nämlich keine stärkere Einschränkung erfahren, als § 54 I, II gebietet, es muß ihr aber in diesem Rahmen weitestgehend Geltung verschafft werden (ähnlich Bay MDR **78**, 1044; Zweibrükken OLGSt. 17 zu § 40 Abs. 2; zum Ganzen Vogt NJW **81**, 899; vgl. auch Bringewat 295, 299). Der Hinweis der Gegenmeinung (zB Karlsruhe aaO; Vogler aaO) auf das „System" und die „Berechnungsgrundsätze des § 40 II" ist um so weniger gewichtig, als eine Aufspaltung dem Gesetz nicht zu entnehmen ist, sie sich zu Lasten des weniger leistungsfähigen Täters und zugunsten des bessergestellten auswirkt und damit den *Sinn* des Systems verfehlt. Bei zusammenzuführenden Einzelstrafen, die in Tagessatzanzahl und Tagessatzhöhe wechselseitig differieren (zB 20 Tagessätze zu je 5 DM und 5 Tagessätze zu je 100 DM) kann, falls man die Einzelstrafe mit der höchsten Tagessatzanzahl als Einsatzstrafe ansieht (hierzu 8c), das Aufspalten der Tagessatzhöhe (von 22 Tagessätzen 20 zu je 5 DM und 2 zu je 100 DM) sogar dazu führen, daß die Endsumme der Gesamtstrafe (300 DM) hinter der einer Einzelstrafe (500 DM) zurückbleibt, eine Folge, die Vogler (JR **78**, 360) mit nicht überzeugenden Gründen selbst dann billigt, wenn im Falle des § 460 StPO mehrere rechtskräftige Einzelstrafen auf eine Gesamtstrafe zurückgeführt werden müssen. Freilich ist ein solches Ergebnis eine Folge der unzutreffenden Auffassung, daß c) die Einzelstrafe mit der höchsten Tagessatzanzahl als **Einsatzstrafe** (2 zu § 54) angesehen wird (so BGH **27**, 362; LK 28; Bringewat 292), während es für Fragen der Einsatzstrafe und der Rechtskraft in Wahrheit nicht (allein) auf Strukturelemente der Geldstrafe ankommen kann, sondern (auch) auf den Endbetrag, der das Strafübel kennzeichnet, das den Täter bei der Vollstreckung trifft (Vogt NJW **81**, 902; aM Kadel GA **79**, 463 und aaO [5 vor § 40], 85; vgl. 5 zu § 40; auch Hamm MDR **78**, 420). d) Nach BGH **28**, 365 verbleibt es bei einem einheitlichen Tagessatz selbst dann, wenn der Täter **Teilbeträge** der einzubeziehenden Strafe bereits **bezahlt** hat (insoweit anders, aber überholt BGH **27**, 366; Bay MDR **78**, 1043; LG Hildesheim NStZ **91**, 136). Sind im Falle 8b 9 Tagessätze zu je 15 DM geleistet, so sind diese Leistungen voll auf die Gesamtstrafe anzurechnen, so daß von den 25 Tagessätzen nur noch 16 Tagessätze zu je 41 DM (656 DM) zu erbringen sind. Zählt man die früher bezahlten 9 mal 15 DM (135 DM) hinzu, so bleibt der Gesamtbetrag der Zahlungen von 791 DM sogar unter der verwirkten Einsatzstrafe von 900 DM (20 mal 45 DM), was in diesem Fall aber sachgerecht erscheint, weil dem Verurteilten der Betrag der neuen Gesamtstrafe gutzubringen ist, der anteilsmäßig der Strafbedrückung im Zahlungszeitpunkt entspricht (BGH aaO; LG Konstanz MDR **91**, 172 m. Anm. Tulatz; ebenso Bringewat 301; hierzu auch Fabian/Pohlmann Rpfleger **80**, 374; ähnlich Zweibrücken OLGSt. 18 zu § 40 Abs. 2; insoweit anders Lackner 8; vgl. auch SchSch 37a; LG Landshut Rpfleger **82**, 389).

8c

8d

B. Vermögensstrafen, Nebenstrafen, Nebenfolgen und Maßnahmen **9**
(§ 11 I Nr. 8), auf die in einer früheren Entscheidung rechtskräftig erkannt

§ 55

war, **sind** nach **II** als fortgeltende Bestandteile der früheren Entscheidung grundsätzlich **aufrechtzuerhalten,** jedoch nur, wenn es zu einer Gesamtstrafenbildung kommt (Bringewat 302; aM SchSch 53), und zwar durch ausdrückliche Erklärung im Tenor des Urteils (NJW **79**, 2113), **soweit** sie **nicht** durch die neue Entscheidung **gegenstandslos** werden. Das ist der Fall, wenn entweder a) ihre Voraussetzungen nicht mehr gegeben sind (so wenn die Sperrfrist sich infolge Zeitablaufs erledigt hat und daher nicht mehr neben der Gesamtstrafe aufrecht erhalten werden kann, DAR **78**, 152; **85**, 192; Hi-He 144 zu § 69a; vgl. LK 44; Lackner 17) oder b) sie infolge anderer Rechtsfolgen überflüssig wird, sie also in der Gesamtstrafenentscheidung ihrer Wirkung nach ohnehin enthalten sind (R. Schmitt ZStW **75**, 191; Bringewat 308). Die Neufassung des II stellt hier die **Vermögensstrafe** den Nebenstrafen gleich, obwohl es sich um eine Hauptstrafe handelt (zu den grundsätzlichen Bedenken gegen ihre Verhängung vgl. 3, 6 zu § 43a). II soll sicherstellen, daß bei nachträglicher Bildung der Gesamtstrafe die Vermögensstrafe, auf die in einer früheren Entscheidung erkannt worden war, ebensowenig entfällt wie Nebenstrafen, Nebenfolgen oder Maßnahmen. Dies soll **nach II S. 2** auch dann gelten, wenn die Höhe der früheren Vermögensstrafe den **Wert des Vermögens des Täters zum Zeitpunkt der neuen Entscheidung übesteigt.** Damit soll das Gericht in einem solchen Fall gehindert werden, in der neuen Entscheidung erneut auf Vermögensstrafe als weitere Einzelstrafe zu erkennen. Die vom RegE (BT-Drs. 11/5461, 8) gegebene Begründung ist januskopfig: Wegen der Verpflichtung zur Zahlung der früher verhängten und den derzeitigen Wert des Tätervermögens sogar übersteigenden Vermögensstrafe fehle es an der Grundvoraussetzung des § 43a I S. 1, daß Vermögen überhaupt vorhanden ist. Diesem Überflüssigkeitsargument steht aber die gesetzgeberische Absicht gegenüber, die frühere Vermögensstrafe nachträglich nicht mehr auf Grund der Verschlechterung der wirtschaftlichen Verhältnisse der Möglichkeit auszusetzen, daß sie unterschritten wird (vgl. auch 3a zu § 53). Das Gericht sollte sich wegen dieser Fritkion mit der Geldstrafe seines richterlichen Ermessens (Kann-Vorschrift des § 43a) bewußt sein. II unterstreicht wie § 53 III iVm § 52 IV, daß Einzelstrafen ihre Eigenbedeutung als unabhängige, der Rechtskraft fähige Entscheidungen (NJW **85**, 2838 mwN) durch die Gesamtstrafenbildung nicht verlieren. Gegenstandslos wird die Rechtsfolge nur, wenn das Gericht anläßlich der noch nicht abgeurteilten Tat eine **andere** (die frühere Rechtsfolge überflüssig machende) Rechtsfolge verhängen mußte (vgl. Bringewat 305), wie zB, wenn im 1. Urteil auf zweijährige Amtsunfähigkeit nach § 45 II erkannt war und in die Gesamtstrafe jetzt eine Freiheitsstrafe von 1 Jahr wegen eines Verbrechens einbezogen wird, die automatische Amtsunfähigkeit für die Dauer von 5 Jahren zur Folge hat (§ 45 I; vgl. E 1962, 194); oder wenn die Entziehung der Fahrerlaubnis an die Stelle des Fahrverbots tritt; idR auch, wenn die Unterbringung nach § 63 oder § 66 an die Stelle der nach § 64 tritt, Lackner 18. Eine Sicherungsverwahrung für eine Einzeltat ist dagegen auch dann aufrechtzuerhalten, wenn als Gesamtstrafe auf lebenslange Freiheitsstrafe erkannt wird (§ 54 I S. 1; vgl. 4 zu § 66). Wegfallen muß auch eine Anordnung nach § 64, wenn diese bereits vollzogen, die Strafe selbst aber noch nicht vollstreckt ist. Für Rechtsfolgen, auf die nicht in der früheren Entscheidung erkannt war, die aber neben einer neu einzubeziehenden Strafe in

Betracht kommen, gilt § 52 IV, § 53 III (5 zu § 53). Ist dagegen die Rechtsfolge, die aufgrund der hinzukommenden Straftat anzuordnen wäre, **dieselbe** wie die des früheren Urteils, zB wieder Sicherungsverwahrung, so ist sie aufrechtzuerhalten. Das gilt auch für die Unterbringung nach § 64; denn der Grundgedanke des § 55 (oben 1), der auch für II gilt, hat „Vorrang" vor § 67 f. (BGH **30**, 306; Lackner 3 zu § 67 f; Pohlmann Rpfleger **70**, 233; BT-Drs. V/4094). Die Bindung des Gesamtstrafenrichters an die rechtskräftige frühere Verurteilung ist bei Maßregeln schon wegen der jederzeitigen Prüfung und Aussetzungsmöglichkeit nach § 67 d II sinnvoll. Wenig anders ist die Rechtslage, wenn das Gericht die Dauer der Frist zu bemessen hat (wie zB bei §§ 44, 69 bis 70 a). Sind zB auch bei der neu abzuurteilenden Tat die Voraussetzungen des § 69 a gegeben, ist neben der Gesamtstrafe eine **einheitliche**, mit der Rechtskraft des früheren Urteils beginnende Sperrfrist zu bestimmen, deren Höchstdauer im Falle des § 69 a I S. 1 5 Jahre nicht überschreiten darf (BGH **24**, 205; Frankfurt VRS **55**, 195; Stuttgart VRS **71**, 276; Düsseldorf NZV **91**, 317; SK 10 zu § 69 a; Köln VRS **61**, 349; Bringewat 313, 316). Dabei hat der Gesamtstrafenrichter die Sperrfrist in einer Gesamtschau der Einzeltaten iS von oben 1 aus der Sicht eines (fiktiven) ersten Tatrichters, jedoch unter Berücksichtigung auch der Umstände, die dem (tatsächlich) erstentscheidenden Gericht bisher verborgen waren (zB zwischenzeitlich bessernder Einfluß) zu bestimmen, wobei die Mindestfrist nicht kürzer bemessen werden darf als der im Augenblick der neuen Entscheidung noch nicht verstrichene Rest der früheren Sperre, Pohlmann aaO 286. Das folgt aus der Bindung des Gesamtstrafenrichters an die Rechtskraft der früheren Entscheidung, die aufrechtzuerhalten ist, wenn die neue Tat nicht Anlaß für eine andere Rechtsfolge bietet, die nach ihrer Wirkung die früher angeordnete mitumfassen kann (NJW **79**, 2113; NStZ **92**, 231). Hinsichtlich der Höchstfrist sind lediglich die Grenzen des § 69 a I und die Grundsätze des § 55 (oben 1) zu beachten, dh daß der bisherige Fristenlauf der Maßregel berücksichtigt wird (Karlsruhe, VRS **57**, 111; Frankfurt VRS **55**, 196; Schleswig SchlHA **81**, 90; Hentschel Rpfleger **77**, 282), was jedoch nicht dazu führen darf, daß die neue Sperre zusammen mit der seit Rechtskraft des früheren Urteils ablaufenden Sperrfrist in den Fällen des § 69 a I S. 1 5 Jahre übersteigt (BGH **24**, 207; Schleswig SchlHA **76**, 166; **79**, 202; Bringewat 318; aM Geppert MDR **72**, 286; Hentschel aaO; Hi-He 149; vgl. 10 ff. zu § 69 a). Der Beginn der Sperrfrist ist im Urteilstenor anzugeben (Stuttgart VRS **71**, 277). Nach Bay VRS **71**, 179 jedoch keine einheitliche Sperrfrist sondern die Aufrechterhaltung der früheren und die Festsetzung einer selbständigen neuen Sperrfrist dann geboten, wenn diese allein durch eine weitere Straftat, für die eine selbständige Einzelstrafe zu erkennen ist, gerechtfertigt ist. Im übrigen hat der neue Richter nur nachzuprüfen, ob der Vorderrichter die Nebenstrafen usw. nach dem Gesetz verhängen durfte, nicht aber, ob er sein Ermessen dabei richtig ausgeübt hat (NJW **79**, 2113; LK 41). Bleibt die Maßnahme nur wegen der früher abgeurteilten Tat bestehen, so kommt der bisherige Fristenlauf dem Verurteilten weiter zugute.

C. War **Strafaussetzung** nach den §§ 56 bis 57 a für eine in der früheren Entscheidung verhängte Freiheitsstrafe gewährt, so gilt § 58. 9a

10 4) **A. Im Tenor des neuen Urteils** ist die neue Gesamtstrafe auszusprechen und hinzuzufügen, daß die alte Gesamtstrafe (nicht die Einzelstrafen, da sie ja in der neuen Gesamtstrafe wiederkehren, BGH **12**, 99) in Wegfall kommt (RG **2**, 200). „Der Angeklagte wird wegen eines Vergehens des Diebstahls zu einer Gesamtfreiheitsstrafe von einem Jahr und 3 Monaten verurteilt. In diese Gesamtstrafe ist die Freiheitsstrafe aus dem Urteil des AG Hameln vom ... einbezogen." Es ist also nicht das Urteil, sondern die darin ausgesprochene Strafe einzubeziehen (MDR/H **79**, 280; 19. 12. 1991, 1 StR 749/91; Bringewat 270f.). Zur Frage der Anrechnung von **UHaft** auf die Gesamtstrafe vgl. 5 zu § 51. Eine nach § 53 II S. 2 gesondert bestehen gebliebene Geldstrafe ist im Urteil nicht zu
11 erwähnen (25. 8. 1988, 4 StR 367/88). **B.** Ist die in der früheren Entscheidung erkannte Strafe **zum Teil schon vollstreckt**, so müssen die verbüßte Zeit bzw. die gezahlten Beträge angerechnet werden (RG GA Bd. **47**, 296), das gilt auch, falls die Geldstrafe in Unkenntnis des erkennenden Gerichts schon ganz bezahlt war (Hamm 1. 12. 1983, 7 Ws 360/83). Doch ist das nicht Sache des Gerichts, sondern der Strafvollstreckungsbehörde (BGH **21**, 186; LK 21), zumal dem Gericht nicht zugemutet werden kann, bei einer Gesamtgeldstrafe den Stand früherer Zahlungen festzustellen. Ist eine Geldstrafe rechtskräftig in eine Gesamtfreiheitsstrafe einbezogen worden, so kann sie nicht mehr bezahlt werden (LG Kaiserslautern Rpfleger **72**, 373 mit Anm. Pohlmann). Zur Problematik des
12 § 460 StPO in den Fällen, in denen bereits eine Einzelstrafe verbüßt, durch Amnestie, im Gnadenwege oder nach § 56g I S. 1 erlassen ist (BGH **7**, 184; **35**, 213; Bay **57**, 185; Hamburg HRR **35** Nr. 827; KG JR **76**, 202; vgl. auch Karlsruhe NStZ **87**, 186). Zum Härteausgleich, falls an sich gesamtstrafenfähige Strafen bereits verbüßt sind, vgl. oben 7b. *Unzulässig* ist die Bildung einer Gesamtstrafe nach § 460 StPO, wenn der Tatrichter bei der letzten Verurteilung § 55 geprüft und abgelehnt hat (BGH **35**, 214; Koblenz MDR **75**, 73; OLGSt. 15 zu § 460 StPO). Absehen von der Vollstreckung ist in den Fällen des § 459d I Nr. 2 StPO möglich.
13 Zur **Verjährung** vgl. 11 zu § 78b; 3 zu § 79; zur registerrechtlichen Behandlung vgl. § 23 BZRG.
14 **5. Verfahrensrecht.** Vgl. 6 zu § 53.

Vierter Titel. Strafaussetzung zur Bewährung

Vorbemerkungen

1 1) Das Rechtsinstitut der **Strafaussetzung** und der **Aussetzung des Strafrestes zur Bewährung** ist als Kernstück moderner Kriminalpolitik durch das 3. StÄG eingeführt und durch das 1. StrRG sowie das 23. StÄG erweitert worden, um einerseits die Vollstreckung fragwürdiger kurzer Freiheitsstrafen zu verringern und den Verurteilten in einer Art von ambulantem Strafvollzug zu einem Leben ohne Straftaten zu verhelfen, andererseits in den Fällen der Strafvollstreckung dem Verurteilten den Rückweg in die Freiheit zu erleichtern und ihm die Chance zu geben, sich Erlaß des Strafrestes zu verdienen. **Schrifttum:** *Kürzinger* in Jescheck FreihStr. S. 1867, 1896 (m. stat. Angaben); *M. Walter* HdbKrim. V 151; *Jescheck*, Lackner-FS 917 (Strafaussetzung im Vorentwurf des schweizStGB); Dölling ZStW **104**, 276.

2) Zur **Verschonung des Verurteilten** von Strafvollstreckung gibt es mehrere Möglichkeiten:

Strafaussetzung zur Bewährung **Vor § 56**

A. Die bedingte Verurteilung: Der Täter wird zwar zu Strafe verurteilt, 2
die Verurteilung entfällt jedoch nachträglich wieder, wenn der Verurteilte sich
gut führt (so der *sursis* im belgischen und französischen Recht).

B. Verwarnung des Täters unter **Vorbehalt** einer bereits bestimmten Stra- 3
fe. Diese Möglichkeit hat das 2. StrRG in den §§ 59 ff. für gewisse Geldstrafen
zusätzlich zum Institut der Strafaussetzung zur Bewährung eröffnet.

C. Aussetzung des Strafausspruchs (*Probation* im angelsächsischen Rechts- 4
kreis): Es ergeht lediglich der Schuldspruch, während die Verhängung der Strafe
unter der Bedingung künftigen Wohlverhaltens ausgesetzt wird. Erst bei Nichtbewährung wird die Strafe nachträglich zugemessen. Diesen Weg geht zusätzlich auch das JGG in den §§ 27 bis 30.

D. Die **Strafaussetzung zur Bewährung** in der Form der §§ 56 bis 58, bei 5
der es zu einer unbedingten Verurteilung zu Strafe kommt und lediglich deren
Vollstreckung mit der Wirkung ausgesetzt wird, daß die Strafe nach guter Führung erlassen wird.

E. Die **Aussetzung des Strafrestes** (bedingte Entlassung), die entweder wie 6
nach § 57 I Nr. 3 und § 57 a I Nr. 3 nur mit Einwilligung des Verurteilten möglich ist, aber auch in der Form vorkommt, daß die Aussetzung eines kleineren
Restes von etwa einem Fünftel der Strafe auch gegen den Willen des Verurteilten
obligatorisch ist, um ihn in jedem Falle noch in der Freiheit führen zu können
(so zB in Schweden). § 68 f löst das Problem durch obligatorische Führungsaufsicht in gewissen Fällen.

3) Das 1. StrRG hat das Institut, das sich bewährt hat (Ber. BT-Drs. V/ 7
4094, 9, 11; 10/5828, 3) erheblich erweitert, die Anwendung auf Verbrechen
und Strafen bis zu 1 Jahr, in Ausnahmefällen bis zu 2 Jahren erstreckt. Aussetzung bei Strafen unter 6 Monaten in den Fällen guter Sozialprognose vorgeschrieben, die formellen Versagungsgründe beseitigt und die Unterscheidung
zwischen Auflagen und Anerbieten in den Fällen, wo es nur um Genugtuung für
das begangene Unrecht geht (§ 56 b), und Weisungen in den Fällen, in denen der
Täter Lebenshilfe braucht (§ 56 c), eingeführt.

Hingegen ist es entgegen zunächst gefaßten Beschlüssen des StrABTag (Prot.
V/903 f.) dabei geblieben, daß **Geldstrafe** nicht zur Bewährung ausgesetzt werden kann (Ber. 10; Schöch DJT C 84; Weigend GA **92**, 355; hiergegen zu Unrecht Weber, Schröder-GedS 177; vgl. hierzu ferner 2 zu § 56). Hier kommen,
wenn es sich um höhere Geldstrafen handelt, Zahlungserleichterungen (§ 42)
und § 459 f StPO in Frage.

4) Das 2. StrRG stimmt in seinen §§ 56 bis 57 mit den §§ 23 bis 26 idF des 8
1. StrRG und in § 58 mit § 77 aF überein.

5) Das 23. StÄG v. 13. 4. 1986 (BGBl. I 393) erweiterte den Anwendungsbe- 9
reich der §§ 56 ff., insbesondere den des § 57 nochmals, allerdings behutsamer
als dies der Antrag des Landes NW (BR-Drs. 533/82) vorhatte. Außerdem
führte das 23. StÄG die dem 20. StÄG fehlende Regelung für das Zusammentreffen mehrerer lebenslanger Freiheitsstrafen oder lebenslanger und zeitiger
Freiheitsstrafe ein, allerdings in zu kritisierender Weise (1 zu § 54). Weitere
Einzelheiten des Ges. bei den geänderten Vorschriften. Dem BRat war zwar an
der Einzelberatung des Antrags NW gelegen (539. Sitz.), seine Einbringung
lehnte er aber ab (541. Sitz.). Darauf wurde der Antrag unverändert von der
SPD in den BTag eingebracht (BT-Drs. 10/1116; 1. Berat. 88. Sitz.) und zusammen mit dem **RegE** (BR-Drs. 370/84; BRat 541. Sitz.; BT- Drs. 10/2720; 1.
Berat. 120. Sitz.) an die Ausschüsse Nr. 6, 8 und 13 überwiesen. Der federführende RA-BTag (**Ber.** BT-Drs. 10/4391; Ber. des 8. Ausschusses BT-Drs. 10/

Vor § 56

AT Dritter Abschnitt. Vierter Titel

4473) schlug die Ablehnung des SPD-Antrags vor. Dem folgte der BTag in der 2. und 3. Beratung (181. Sitz.), lehnte auch die Änderungsanträge SPD (BT-Drs. 10/4432) und Die Grünen (BT-Drs. 10/4431) ab und nahm die Ausschußfassung an. Der BRat (Drs. 5/86; zu Drs. 5/86) rief in der 560. Sitz. den Vermittlungsausschuß (VA) an (BT-Drs. 10/5000). Der BTag folgte der Beschlußempfehlung des VA (BT-Drs. 10/5061) und beschloß das 23. StÄG in der 201. Sitzung. Der BRat (Drs. 107/86) stimmte dem Ges. in der 562. Sitz. zu. Vgl. Bericht der BReg. BT-Drs. 10/5828, 3. **Schrifttum:** *Groß* StV **85**, 81; *Maatz* MDR **85**, 797; *Greger* JR **86**, 353; *v. Bülow* BewH **86**, 264; *Dertinger* BewH **86**, 270; *Jung* JuS **86**, 741; *Dölling* NJW **87**, 1041.

10 6) Eine **vollstreckungsrechtliche Sonderregelung für BtM-Abhängige** enthalten die §§ 35 ff. BtMG (Anh. 4). **Materialien zur 8. Wahlp. a)** E CDU/CSU = BT-Drs. 8/3291; b) RegE = BT-Drs. 8/3551 (dazu BR-Drs. 546/79, 546/1/79, 546/2/79, 546/4/79, BRat 481. Sitz., BR-Drs. 546/79 – Beschluß –). Zu a) und b): BTag 8/15937, Ausschuß-Drs. 8/155, 8/155/1, 8/165; Ausschuß-Prot. des 4. (102. Sitz.), 6. (96. bis 98. Sitz.) und 13. Ausschusses (77., 78., 81. Sitz.); BT-Drs. 8/4267, 8/4269, 8/4283, BTag 8/18379; BRat 491. Sitz., Drs. 387/80, zu Drs. 387/80 Prot. des Rechts- (488. Sitz.), Innen- (480. Sitz.) und JFG-Ausschusses (175. Sitz.; Drs. 387/1 – 6/80, 387/80 – Beschluß –; BT-Drs. 8/4407; **9. Wahlp.:** E SPD/FDP = BT-Drs. 9/27; BTag 9/302; Prot. des 13. (2., 9. Sitz.), 6. (5., 6., 13. Sitz.) Ausschusses; BT-Drs. 9/443, 9/500 (neu), BTag 9/2010; BRat 501. Sitz.; Drs. 248/81, 248/2/81, Ausschußprot. des Rechts- (498. Sitz.), JFG- (185. Sitz.) und Finanzausschusses (482. Sitz.); Drs. 248/81 – Beschluß –. **Schrifttum:** *Adams* NStZ **81**, 241; *Körner* ZRP **80**, 57; NJW **82**, 673; *Kreuzer* ZRP **75**, 206; ZStW **86**, 379; MSchrKrim **74**, 214; *Coignerai-Weber/Hege* MSchrKrim **81**, 133; *Slotty* ZRP **81**, 60; NStZ **81**, 327; *Katholnigg* NStZ **81**, 417; *Kindermann* MSchrKrim **79**, 218; *Tröndle* MDR **82**, 1; *Hamann* Rpfleger **82**, 92; *Kappel/Scheerer* StV **82**, 182; *Pelchen* in Erbs B 64 zu § 35 ff.; *Adams/Eberth* NStZ **83**, 193; *Kühne* MSchrKrim. **84**, 379; besonders instruktiv: *H. Schäfer* BA **82**, 497; *R. Lange* ZStW **95**, 606; *Egg* (Hrsg.) Drogentherapie und Strafe, Wiesbaden 1988; *Kreuzer* NJW **89**, 1509; *Egg/Kurze,* Drogentherapie in staatlich anerkannten Einrichtungen. Ergebnisse einer Umfage, Kriminologische Zentralstelle, Wiesbaden 1989; *zur Kriminalstatistik:* Polizeiliche Drogenbekämpfung, hrsg. BKA 1981, BKA-Schriftenreihe Bd. 49; *v. Ebner,* Bekämpfung des Drogenmißbrauchs in Gaststätten, GewArch. **82**, 105. Erfahrungsbericht der BReg. BT-Drs. 10/843; *Frommel* StV **85**, 391. *Statistisches* zur Praxis nach § 35 ff. BtMG: *Spies/Winkler* StV **86**, 262.

10a A. Die als **„Vollstreckungslösung"** unter dem irreführenden Schlagwort „Therapie statt Strafe" erst während der Ausschußberatungen (77. Sitz. des 13. Ausschusses, 96. Sitz. des 6. Ausschusses) eingefügten §§ 35 ff. BtMG ließen die eigentlichen Sachprobleme ungelöst. Sie bestehen weiterhin in der mangelnden Motivation der Probanden, dem immer noch leichten Zugang zu Drogen und der fehlenden Bereitschaft vieler „Selbsthilfeeinrichtungen" zur Zusammenarbeit mit der Justiz. So hat sich das Verhältnis der Aussetzungsentscheidungen (§ 56) zu den Zurückstellungen nach § 35 BtMG zu ungunsten letzterer verändert. Den ständig gestiegenen betäubungsmittelrechtlichen Verurteilungen zu Freiheitsstrafe (1990: 10 203) stehen bei 63% Aussetzungsentscheidungen nur 7% Zurückstellungen gegenüber. Die Sonderregelung hat das rechtliche Instrumentarium der Behandlung Drogenabhängiger also nur um eine schmale Spur vermehrt (vgl. Tröndle MDR **82**, 1 ff.; R. Lange ZStW **95**, 607, 626; optimistischer Hamann Rpfleger **82**, 95; krit. Kühne MSchrKrim. **84**, 385). **Zuständig** für Entscheidungen nach §§ 35 ff. BtMG ist die **Vollstreckungsbe-**

Strafaussetzung zur Bewährung **Vor § 56**

hörde, deren Entscheidungen nicht nach § 458 StPO, sondern nach §§ 23 ff. EGGVG überprüfbar sind (Hamm NStZ **82**, 485; **83**, 45; StV **86**, 66; Frankfurt MDR **83**, 156; München NStZ **83**, 236; Zweibrücken JR **83**, 168 m. Anm. Katholnigg; StV **84**, 124; Karlsruhe StV **86**, 257; Adams/Eberth NStZ **83**, 196 krit. Reisinger NStZ **90**, 57).

B. Die **§§ 56 ff.** **und § 67 b haben** gegenüber den §§ 35, 36 BtMG den **11** **Vorrang** und bleiben von dieser Sonderregelung unberührt (Zweibrücken MDR **83**, 150; Oldenburg StV **91**, 420; Slotty NStZ **81**, 327; Tröndle MDR **82**, 2; Körner NJW **82**, 677; Kreuzer NJW **89**, 1510; Pelchen in Erbs B 64 1 zu § 35; SchSch-Stree 2 zu § 56 und 2 a zu § 57; SK 38 zu § 56; BT-Drs. 10/3540, 3, 5; vgl. Frommel StV **85**, 391). Das folgt schon daraus, daß eine Regelung, die erst im Vollstreckungsverfahren Platz greift, nicht auf das Erkenntnisverfahren Einfluß nehmen kann (14. 5. 1992, 4 StR 178/92; 15. 7. 1992, 2 StR 266/92; vgl. EzSt § 30 BtMG Nr. 14). Würde das erkennende Gericht von einer Aussetzung nach § 56 oder § 67 b im Hinblick auf die gesetzlichen Möglichkeiten des § 35 BtMG absehen, so läge hierin ein sachlichrechtlicher Fehler (ebenso SchSch 2 zu § 56). Bereits der Tatrichter hat zu prüfen, ob durch Straf- und Maßregelaussetzung, Unterstellen unter einen BHelfer (dessen Fehlen ein großer Mangel des § 35 BtMG ist, BT-Drs. 10/843, 31) und Weisungen nach § 56 c III eine Therapie möglich und erfolgversprechend ist. Hier gewinnt der erweiterte Anwendungsbereich des § 56 II (9, 9 h zu § 56) praktische Bedeutung. Falls der Täter selbst seine (tatverursachende) Abhängigkeit oder Drogenbeeinflussung in der Hauptverhandlung *verheimlicht* und damit eine Entscheidung über eine gebotene therapeutische Maßnahme verhindert hat, um sich später die §§ 35 ff. BtMG mißbräuchlich zunutze zu machen, wird das Gericht die erforderliche Zustimmung nach § 35 I BtMG versagen (unanfechtbar: Zweibrücken JR **83**, 168 m. Anm. Katholnigg, Adams/Eberth NStZ **83**, 196; Hamm NStZ **90**, 407; aM LG München StV **86**, 258), wie auch sonst angesichts der vorausgegangenen Ablehnung einer Aussetzung nach § 56 oder § 67 b eine Zustimmung zur Vollstreckungszurückstellung nach § 35 I BtMG idR nur in Betracht kommen wird, wenn der nahtlose Übergang in die Therapie oder deren unmittelbare Fortsetzung zZ der Entscheidung über die Aussetzungsfrage noch nicht gewährleistet war oder wenn sich erst nach einer Teilvollstreckung unterhalb der zeitlichen Schranken des § 57 bestimmte Therapieaussichten abzeichnen (vgl. auch Körner NJW **82**, 677). Ein „Therapietourismus" ohne eine gewisse Probezeit im Maßregelvollzug ist wegen der hohen Abbruchquote in Einrichtungen freier Träger zu unterbinden.

C. Da das BtMG den Bestand an Therapieplätzen nicht erhöht und auch **12** zur **Verbesserung** des **Behandlungskonzepts unter Haftbedingungen** nichts beiträgt (hierzu im einzelnen Tröndle MDR **82**, 3 f.), hat die Praxis keinen Anlaß, von der flexibleren Bewährungslösung auf die „bürokratische" (BT-Drs. 10/843, 26) Vollstreckungslösung überzugehen. Die Praxis sollte an ihrer bisherigen, therapiefreundlichen Auslegung der §§ 56 ff. und § 67 b (9 h zu § 56; Tröndle aaO; ebenso Adams/Eberth NStZ **83**, 193) festhalten. Gesundheitsressorts und Trägerverbände haben die Tendenz mancher Gerichte, die Therapiezuweisung im Rahmen der Straf- oder Maßregelaussetzung zugunsten der vollstreckungsrechtlichen Lösung zurücktreten zu lassen, als Hauptmangel der §§ 35 ff. BtMG bezeichnet (BT-Drs. 10/853, 26, 31, 32). Die Rspr. zur Prognoseformel des § 56 (dort zu 3, 5) und des § 67 b berücksichtigt, daß die drohende Vollstreckung für die Einwilligung in eine Behandlung motivierend wirken kann, Rückfälle zum Charakteristischen *jeder* Form der Drogensucht gehören und im Rahmen einer abgesicherten Langzeitbehandlung zu einer realistischeren Selbsteinschätzung und zu der Erkenntnis der Notwendigkeit einer Behandlung führen (vgl. auch Karlsruhe Die Justiz **83**, 129). **Zwischen BtM-Abhängigen und anderen Süchtigen** in der strafrechtlichen Reaktion **zu unterscheiden,** ist nicht begründbar, sachlich aber auch nicht möglich, da der monotoxikomane Konsument harter Drogen die Ausnahme ist. Zur Bedeutung des kombinierten Cannabis- und Alkoholmißbrauchs Daldrug/Reudenbach/Kimm BA **87**, 144. Die Therapienotwendigkeit folgt auch weniger aus der Illegalität der Droge als aus dem Persönlichkeitsdefizit. Zudem wird Alkohol nicht selten als Einstiegsdroge bevorzugt. Ferner ist der Alkoholismus – auch bei Jugendlichen – nicht weniger verbreitet als der BtM-Konsum (H. J. Hirsch aaO [2 zu § 20] S. 2, 33; Göppinger S. 223, 229). Seine Bekämpfung darf gegenüber der der BtM-Kriminalität nicht zurücktreten. Aus diesem Grunde ist der *vorrangige* Einsatz der strafrechtlichen Reaktionsmittel der §§ 56 ff., 64 nach wie vor gegenüber *allen* Rauschmittelabhängigen geboten (im einzelnen Tröndle MDR **82**, 5; vgl. hierzu auch BTag 10/26, 1787 B).

13   **D.** Im übrigen sind die **Voraussetzungen des § 35 BtMG** (Anh. 4; hierzu Katholnigg NStZ **81**, 417; **84**, 496; NJW **87**, 1456; **90**, 2296; Hamann Rpfleger **82**, 93; krit. BT-Drs. 10/843, 32) die folgenden: **a)** BtM-Abhängigkeit **zur Zeit der Tat.** Sie muß im Urteil oder sonst festgestellt sein (KG StV **88**, 213). Das ist uU schwierig, da sich bei Dealern oft nicht ohne weiteres ermitteln läßt, ob die Tat aus Gewinnstreben oder infolge Drogenabhängigkeit begangen wurde und ähnlich wie beim Hang (3 zu § 64) eine den Täter beherrschende Abhängigkeit festgestellt sein muß. **b)** Der Täter muß zu einer primären **Freiheitsstrafe von nicht mehr als zwei Jahren** verurteilt sein. Ersatzfreiheitsstrafe genügt also nicht, auch nicht eine selbständig angeordnete Maßregel nach § 64, Maatz MDR **88**, 10. Die Voraussetzungen gelten nach § 35 III BtMG entsprechend (krit. Gallandi ZRP **88**, 197, gegen ihn Katholnigg ZRP **88**, 361) bei einer Gesamtfreiheitsstrafe oder bei einem entsprechenden Strafrest (für dessen zeitliche Bestimmung es auf das Ende der zulässigen Vollstreckung, nicht aber auf das tatsächliche Vollzugsende unter Berücksichtigung etwaiger Vergünstigungen ankommt, BGH **34**, 319; Winkler NStZ **85**, 178; irrig Koblenz NStZ **85**, 177 m. Anm. Gallandi), jedoch muß in beiden Fällen die BtM-Abhängigkeit für den ihrer Bedeutung nach (also nicht zahlenmäßig) überwiegenden Teil der abgeurteilten Straftaten maßgebend gewesen sein. Nicht jede einbezogene Straftat muß also aufgrund der Abhängigkeit begangen sein. Bei nichtgesamtstrafenfähigen mehreren Freiheitsstrafen ist die Zurückstellung ihrer Vollstreckung nicht allein deswegen ausgeschlossen, weil aus ihnen insgesamt noch Freiheitsstrafe von mehr als 2 Jahren nicht vollstreckt ist (BGH **33**, 94 [m. Anm. Katholnigg NStZ **85**, 127; Slotty JR **85**, 437]; Karlsruhe NStZ **82**, 484 [m. abl. Anm. Körner JR **83**, 433]; Saarbrücken StV **83**, 468).

Strafaussetzung zur Bewährung §55

E. Die Behandlung in einer der Rehabilitation dienenden Einrichtung 14
muß bereits aufgenommen oder deren Beginn gewährleistet sein. Die Auflage, daß der Proband darin erheblichen Beschränkungen in der freien Gestaltung seiner Lebensführung unterliegt, ist seit dem 16. 9. 1992 (BtMÄndG v. 9. 9. 1992, BGBl. I 1593) entfallen. Die Behandlung kann durchgeführt werden in einer staatlich anerkannten Einrichtung, die dazu dient, die Abhängigkeit zu beheben oder einer erneuten Abhängigkeit entgegenzuwirken (§ 35 I S. 2 BtMG), aber auch in einer sonstigen Einrichtung zur Behandlung seiner Abhängigkeit.

F. Die Anrechnung auf die Strafe ist zwingend in den Fällen zu 14, und 15
zwar ist hier nach § 36 I BtMG die **Aufenthaltszeit** anzurechnen, bis infolge der Anrechnung zwei Drittel der Strafe erledigt sind, nicht aber darüber hinaus (Düsseldorf MDR **87**, 609). Nach § 36 I S. 3 BtMG ist der Strafrest über § 57 hinaus bei Behandlungserfolg und günstiger Zukunftserwartung zur Bewährung auszusetzen. Eine Mindestdauer der Vollstreckung ist nicht vorgesehen (Düsseldorf JR **90**, 349 m. Anm. Katholnigg). Daß entsprechend § 67 V S. 1 mindestens die Hälfte der Strafe verbüßt sein muß, fordern LG Nürnberg-Fürth NStZ **84**, 175 (m. krit. Anm. Kreuzer/Oberrhein NStZ **84**, 557). Die Gegenmeinung von Stuttgart NStZ **86**, 187; Maatz MDR **88**, 11 mwN (m. krit. Anm. Katholnigg NStZ **86**, 188; Düsseldorf StV **90**, 214) kann sich zwar darauf stützen, daß § 36 BtMG eine Mindestzeit der Erledigung nicht vorsieht, was der Gesetzgeber des 23. StÄG (oben 9) hätte berücksichtigen müssen. Doch wird man aus § 67 IV schließen müssen, daß die Zurückstellung nach § 36 BtMG erst zu einem Zeitpunkt ausgesprochen werden darf, der sicherstellt, daß bei einer erfolgreichen Therapie deren Ende mit der Erledigung der Hälfte der Strafe zusammenfällt. Das gebietet schon der Gleichbehandlung mit den Fällen der Maßregelaussetzung (ebenso Katholnigg NStZ **86**, 188; aM Düsseldorf MDR **90**, 65 mit krit. Anm. Katholnigg JR **90**, 350, insbesondere zum Problem der Zurückstellungsobergrenze beim Zusammentreffen mehrerer Freiheitsstrafen). Die Strafe wird also nicht wie nach § 56g erlassen. In den Fällen, in denen die Behandlung in einer sonstigen (nicht staatlich anerkannten) Einrichtung durchgeführt wurde, kann die **Behandlungszeit** unter der Voraussetzung des § 36 III BtMG ganz oder zT auf die Strafe angerechnet werden (vgl. Hamburg StV **89**, 259 m. Anm. E. Müller; LG München NStZ **85**, 273; Zweibrücken StV **91**, 30; Maatz MDR **85**, 11; K. Werner StV **89**, 505; Th. Fischer StV **91**, 237). Entscheidend für die staatliche Anerkennung oder deren Aberkennung wird sein, ob die behandelnden Personen oder Einrichtungen die **Meldepflicht** im Falle des Abbruchs der Behandlung (§ 35 III BtMG) stets unverzüglich erfüllen. Die §§ 35 ff. BtMG sind Sondervorschriften gegenüber den §§ 449 StPO, §§ 88 ff. JGG, BGH **32**, 59. Zum **Urteilstenor** vgl. § 260 V S. 2 StPO; zum **Widerruf** vgl. § 35 V, VII BtMG; Adams/Eberth NStZ **83**, 197, Pelchen in Erbs B 64 5 zu § 35, zum **Haft- oder Unterbringungsbefehl** vgl. § 35 VII BtMG. Zur **Überleitung der Vollstreckung** in eine Strafaussetzung zur Bewährung vgl. § 36 I S. 3, II bis V BtMG. Zur Zuständigkeit vgl. § 36 V BtMG. Registerrechtliche Behandlung vgl. § 3 Nr. 5, 6, § 17 BZRG. Für entsprechende Anwendung des § 454 StPO (mündliche Anhörung) Düsseldorf JR **90**, 349.

Strafaussetzung

56 ¹ Bei der Verurteilung zu Freiheitsstrafe von nicht mehr als einem Jahr setzt das Gericht die Vollstreckung der Strafe zur Bewährung aus, wenn zu erwarten ist, daß der Verurteilte sich schon die Verurtei-

§ 56

lung zur Warnung dienen lassen und künftig auch ohne die Einwirkung des Strafvollzugs keine Straftaten mehr begehen wird. Dabei sind namentlich die Persönlichkeit des Verurteilten, sein Vorleben, die Umstände seiner Tat, sein Verhalten nach der Tat, seine Lebensverhältnisse und die Wirkungen zu berücksichtigen, die von der Aussetzung für ihn zu erwarten sind.

II Das Gericht kann unter den Voraussetzungen des Absatzes 1 auch die Vollstreckung einer höheren Freiheitsstrafe, die zwei Jahre nicht übersteigt, zur Bewährung aussetzen, wenn nach der Gesamtwürdigung von Tat und Persönlichkeit des Verurteilten besondere Umstände vorliegen.

III Bei der Verurteilung zu Freiheitsstrafe von mindestens sechs Monaten wird die Vollstreckung nicht ausgesetzt, wenn die Verteidigung der Rechtsordnung sie gebietet.

IV Die Strafaussetzung kann nicht auf einen Teil der Strafe beschränkt werden. Sie wird durch eine Anrechnung von Untersuchungshaft oder einer anderen Freiheitsentziehung nicht ausgeschlossen.

1   **Die Vorschrift** idF des 1./2. StrRG (7, 8 vor § 56) wurde durch Art. 1 Nr. 5 des 23. StÄG (9 vor § 56) – entgegen den weitergehenden Vorschlägen des E des Landes NW (BR-Drs. 533/82) und des wortgleichen E der SPD (BT-Drs. 10/1116) lediglich in II geringfügig geändert (unten 9). Vgl. dazu RegE BT-Drs. 10/2720, 10; RA-BTag 59. Sitz. S. 12; 62. Sitz. S. 7; Ber. BT-Drs. 10/4391, 16; Groß StV **85**, 81; Greger JR **86**, 353; Bericht BReg. BT-Drs. 10/5828, 3; Dölling NJW **87**, 1042. *Statistik:* 1989 beendete BewAufsichten nach I: 13 136 (davon mit Straferlaß 7727), nach II: 1952 (Straferlasse 1138).

1a   **1) Die Rechtsnatur des Instituts** ist ungeklärt. Sicher handelt es sich nicht um Gnade (NJW **54**, 39), vielmehr materiell um ein kriminalpolitisches Reaktionsmittel eigener Art (BGH **24**, 40; **31**, 26), das je nachdem, ob damit Resozialisierung angestrebt wird (§ 56c) oder nicht, die Natur einer bessernden Maßregel (Eb. Schmidt ZStW **64**, 7) oder strafähnlichen Charakter hat (vgl. 1ff. zu 56b). Der rechtlichen Ausgestaltung nach handelt es sich aber, auch wenn die §§ 56ff. das sachliche Strafrecht iS der §§ 1, 2 gemildert haben (NJW **54**, 39; aM Hellmer JZ **56**, 714), nicht um eine Maßregel oder Strafe eigener Art (so Jagusch JZ **53**, 688). Die §§ 56 ff. haben vielmehr das System der Freiheitsstrafen unberührt gelassen (BGH **7**, 184). Formell geht es nur um die Aussetzung der Vollstreckung (JZ **56**, 101; BGH **24**, 40; Sturm JZ **70**, 84; LK-Ruß 2). Zur gesamten Problematik vgl. Dreher ZStW **65**, 481; Maassen MDR **54**, 2; Bruns GA **56**, 193; Preiser NJW **56**, 1009, 1221; Armin Kaufmann JZ **58**, 297; Baumann GA **58**, 193; Hanack JZ **66**, 43; Geerds JZ **69**, 342; Dünkel ZStW **95**, 1046; Schöch DJT C 15, 20. Die jetzt herrschende Auffassung des BGH hat folgende Konsequenzen: **a)** *Die Strafe ist zunächst und unabhängig von der Frage der Aussetzung zuzumessen,* dh, daß Zumessungs- und Aussetzungsgesichtspunkte nicht vermengt werden dürfen (BGH **29**, 321 [m. Anm. Bruns JR **81**, 336]; **32**, 65 [m. Anm. Horn JR **84**, 211]; NStZ **84**, 117; NJW **54**, 39; wistra **89**, 306; StV **90**, 18 L; **85**, 1719; NStZ **88**, 309; 21. 5. 1992, 4 StR 145/92; Frankfurt NJW **56**, 113; Celle VM **67**, 37; vgl. aber 4ff. zu § 47). **b)** Die *nachträgliche Gesamtstrafenbildung* wird nicht gehindert (BGH **7**, 180; § 58 II). **c)** Es besteht die Möglichkeit der *Teilrechtskraft* des Schuld- und Strafausspruchs (BGH **8**, 182); das Rechtsmittel kann grundsätzlich auf die Entscheidung über die Aussetzung beschränkt werden (vgl. unten 10). **d)** Es ergeben sich Auswirkungen für die schwierige Frage der **reformatio in peius** (im einzelnen vgl. dazu Bruns und Kaufmann aaO und unten 3ff.).

Strafaussetzung zur Bewährung § 56

2) Anwendungsbereich: Die §§ 56 bis 58 (vgl. 4, 7, 8 vor § 56) gelten 2
für die **Freiheitsstrafe** iS von § 38 (für die Jugendstrafe §§ 20 bis 26 JGG;
für den Strafarrest modifiziert § 14a WStG die §§ 56 bis 58), gleichgültig,
ob sie wegen eines Verbrechens oder Vergehens verhängt wird. **Geldstrafe**, und damit auch **Ersatzfreiheitsstrafe**, können *nicht* ausgesetzt werden
(Koblenz GA **77**, 224; 7 vor § 56; LK-Tröndle 57 vor § 40 mwN; Streng
54; Weigend GA **92**, 356; vgl. jedoch 2 zu § 57, §§ 59 ff. sowie 459 c II,
459 d, 459 f StPO; zu den Reformüberlegungen vgl. § 35 E 1922; § 35 E
1925; § 40 E 1927; § 40 E 1930; Ndschr. **1**, 311, 366, 367, 382; **3**, 140; **6**, 73;
Ber. StrABTag IV/15 f.; E 1962, 167; Prot. IV/437, 456, 458; V/624,
638 ff., 641, 651, 772, 799, 892, 904, 2018, 2042, 2045 f., 2145, 2152, 2191,
2195, 2197; BT-Drs. V/4049, 10; Rieß DJT I C 46, 49, 142 ff.). § 58a idF
Art. 1 Nr. 2 des GesE der SPD [BT-Drs. 10/3636; BTag 10/12921; RABTag 85, 88, 92, 93]) wurde mehrheitlich abgelehnt [BT-Drs. 10/6124, 11;
BTag 10/18907]; ferner BT-Drs. 10/5828, 4. Für eine Teilaussetzungsmöglichkeit von Geldstrafe und Freiheitsstrafe: Zipf, Jescheck-FS 977). Für
freiheitsentziehende **Maßregeln** gelten die §§ 67b, 67g, 68g, für die Aussetzung des Berufsverbots die §§ 70a, 70b. Daß eine Strafe neben der
Maßregel verhängt wird, hindert deren Aussetzung an sich nicht (Stuttgart
NJW **54**, 611), insbesondere nicht in den Fällen des § 69 (dort 5), wird aber
vielfach der günstigen Sozialprognose im Wege stehen (KG GA **51**, 148).
Auf einen Teil der Strafe darf die Aussetzung zur Vermeidung kurzer
Freiheitsstrafen nicht beschränkt werden **(IV S. 1;** gegen diese Regelung de
lege ferenda: Zipf aaO 987); faßt das Gericht von vornherein Aussetzung
des Strafrestes ins Auge, so ist Ablehnung der Aussetzung der ganzen
Strafe eingehend zu begründen (NJW **55**, 996). Hingegen wird die Aussetzung durch **Anrechnung von UHaft** oder sonstiger **Freiheitsentziehung**
nach § 51 (vgl. dort 3) nicht ausgeschlossen **(IV S. 2;** LK 6); dies kann
jedoch nicht gelten, wenn die Strafe voll verbüßt ist (27. 3. 1987, 2 StR
701/86; StV **92**, 157 L) oder für voll verbüßt erklärt wird (NJW **61**, 1220;
BGH **31**, 28; Stree NStZ **82**, 327; LK 7; aM SchSch-Stree 13). Auf eine
kumulative Geldstrafe (§ 41) darf nicht allein deswegen erkannt werden,
um eine gebotene 2 Jahre übersteigende Freiheitsstrafe herabzusetzen und
aussetzen zu können (BGH **32**, 65; NJW **85**, 1719 m. Anm. Bruns JR **86**,
73). Eine Ablehnung der Strafaussetzung aus Gründen der **Generalprävention** (6a zu § 46) ist nur dann gerechtfertigt, wenn eine gemeinschaftsgefährliche Zunahme solcher oder ähnlicher Straftaten, wie sie zur Aburteilung stehen, festgestellt worden ist, NStE § 46 Nr. 62. Die vollstreckungsrechtliche **Sonderregelung für BtM-Abhängige** läßt die §§ 56 ff., 57, die 2a
vorrangig zu prüfen sind (Tröndle MDR **82**, 2), unberührt (10 ff. vor § 56;
zur Frage der Umwandlung der Zurückstellung in Strafaussetzung zur
Bewährung Adams/Eberth NStZ **83**, 198). Für die **3 Gruppen** von Verurteilungen (unten 7 ff.) gelten verschiedene Voraussetzungen. Strafen von
mehr als 2 Jahren dürfen nicht ausgesetzt werden. Für die Höhe, auch
innerhalb der Gruppen, ist das Maß der erkannten Strafe maßgebend, nicht
etwa ein nach Anrechnung von UHaft usw. (§ 51) bleibender Rest (BGH
5, 377). Bei Gesamtstrafe kommt es auf deren Höhe an (§ 58 I); das Problem der nachträglichen Gesamtstrafenbildung unter Einbeziehung einer
vorher ausgesetzten Einzelstrafe regelt § 58 II. Nebeneinander verhängte
Strafen dürfen nicht zusammengerechnet werden (BGH **33**, 96). Daß der

§ 56

Täter *Ausländer* ist (25 a zu § 46), der seinen Wohnsitz im Ausland hat (BGH **6**, 138), schließt die Aussetzung nicht aus. Die Möglichkeit, ausländische Entscheidungen über die Strafaussetzung im Inland zu vollstrecken (§ 57 IRG), wird erst Bedeutung erlangen, wenn die BRep. das Europäische Übk. über die Überwachung bedingt entlassener Personen v. 30. 11. 1964 ratifiziert und im ZustimmungsG die förmlichen Einzelheiten der Überwachung geregelt hat. Formelle Voraussetzungen kennt das neue Recht nicht mehr.

3 **3) Die Voraussetzungen** der Aussetzung der Vollstreckung sind in I bis III je nach der Höhe der erkannten Strafe (unten 7 ff.) geregelt. Einheitlich wird jedoch für jeden Fall eine günstige Sozialprognose verlangt, daher kann eine Strafaussetzung nicht schon deswegen gewährt werden, weil diese Rechtswohltat einem Mitangeklagten gewährt worden ist (NStE Nr. 19). **Schrifttum:** *Bock* NStZ **90**, 457; *Fenn,* Kriminalprognose bei jungen Straffälligen, 1981; *Frisch,* Prognoseentscheidungen im Strafrecht, 1983, 44 ff., 133 ff.; *Geisler,* H. Kaufmann-GedS 253; *Göppinger,* Kriminologie 338 mwN; *Müller-Dietz,* K. Meyer-GedS 753; *Spieß* MSchrKrim **81**, 303; *Streng* 226 ff. [Prognosemethoden]; *Tenckhoff* DRiZ **82**, 95 und die im Text Genannten.

4 **A. Die günstige Sozialprognose** ist ausschließlich spezialpräventiv zu stellen (Köln VRS **70**, 276; BT-Drs. V/4094, 11). Sie läßt sich freilich nicht auf die Erwägung stützen, daß eine Strafverbüßung nicht zur Besserung des Täters beitragen werde, BGH § 56 II, Aussetz. fehlerh. 1. Die Schwere der Schuld wie auch die Umstände der Tat sind nur insoweit von Bedeutung, wie sie Rückschlüsse auf das künftige Verhalten zulassen. Die Notwendigkeit der Verteidigung der Rechtsordnung wie überhaupt generalpräventive Gesichtspunkte scheiden bei der Prognose selbst aus. Von den Wirkungen der Aussetzung spricht I daher nur in bezug auf den Täter selbst, nicht auf andere. Die Prognose ist ggf. unter Heranziehung der Gerichtshilfe (§ 160 III StPO; *Rahn* NJW **73**, 1357; *Sonntag* NJW **76**, 1436; Kleinknecht-Meyer 23 zu § 160 StPO; *Stöckel, Bruns*-FS 303; *Hörster* JZ **82**, 92; hierzu *Dencker* NStZ **83**, 400; *Schöch, Leferenz*-FS 132) oder eines Sachverständigen (Celle JR **85**, 32 m. Anm. *Meyer*) zu treffen und bedarf kriminologischer Erfahrungen. Zu den wissenschaftlichen Erkenntnissen, insbesondere zur klinischen und statistischen Prognose (vgl. SchSch 15 a).

5 **a) Die Erwartensklausel** des I S. 1 verlangt eine *begründete* Erwartung (VRS **25**, 426; 10. 3. 1992, 5 StR 22/92; Köln MDR **72**, 437; abgeschwächt SK-Horn 11; hiergegen LK 10; *Greger* JR **88**, 74), daß der Verurteilte **sich schon die Verurteilung zur Warnung dienen lassen** wird, sei es auch erst mit Hilfe der Auflagen (§ 56 b) oder Weisungen (§§ 56 c, 56 d) – womit sich der Tatrichter auseinanderzusetzen hat (StV **87**, 63) –, **und künftig,** also nicht nur während der Dauer der Bewährungszeit (BGHR § 56 I SozPr. 22; Bay VRS **62**, 37; Molketin BA **82**, 443), **auch ohne die Einwirkung des Strafvollzugs keine Straftaten mehr begehen wird.** Es wird also keine sichere oder unbedingte Gewähr, sondern lediglich eine durch Tatsachen begründete Wahrscheinlichkeit straffreier Führung verlangt (BGH **7**, 6; VRS **25**, 426; NStE Nr. 2; NStZ **88**, 452; BGHR § 56 I, Soz. Pr. 13; StV **91**, 514; NStZ/D **91**, 478; **92**, 172; Hamburg NJW **64**, 876; Hamm VRS **32**, 23; Köln MDR **70**, 1026; Düsseldorf VRS **77**, 215; Stuttgart OLGSt

Strafaussetzung zur Bewährung **§ 56**

Nr. 10), auch nicht – wie vor dem 1. StrRG – ein „gesetzmäßiges und geordnetes Leben", nicht einmal die sichere Erwartung, daß es auch zu keinen Bagatelldelikten kommen wird. Daß ein Kraftfahrer die häufigen Warnungen in der Öffentlichkeit mißachtet habe, rechtfertigt die Ablehnung allein noch nicht (Hamm JMBlNW **60**, 191), noch weniger die Tatsache, daß er den Führerschein erst kurze Zeit besitzt und sich noch nicht bewähren konnte (Hamm OLGSt. 93). Die Begehung von Straftaten während der Bewährungszeit braucht die Erwartung, wie § 56 f zeigt, nicht unbedingt zu beseitigen. Für die Prognose kommt es nach Hamm NStZ **84**, 457 (m. Anm. Bringewat, auch MDR **85**, 93) nicht auf die Verfolgbarkeit, sondern auf die materiellrechtlichen Strafbarkeitsvoraussetzungen an (vgl. auch unten 6 d). Daß die Begehung weiterer Straftaten nicht wahrscheinlich ist, muß zur Überzeugung des Richters feststehen, *in dubio pro reo* gilt für die Überzeugungsbildung des Richters nicht (22. 11. 1991, 2 StR 225/91; Bay **88**, 34; Koblenz VRS **74**, 272), wohl aber für die ihr zugrunde liegenden Tatsachen (vgl. 22. 9. 1971, 3 StR 165/71; Oldenburg OLGSt. 137 zu § 23 aF; Koblenz VRS **51**, 430; NJW **78**, 2044; OLGSt. 47, 57; Karlsruhe VRS **55**, 341; LK 14; SchSch 16; Schöch MSchrKrim. **83**, 338; offen gelassen in 11. 5. 1971, 1 StR 94/71; iErg. ebenso SK 12 und 9 zu § 61; vgl. auch Terhorst MDR **78**, 973; Dünkel ZStW **95**, 1048; ferner Frisch aaO [oben 4], 50 u. StV **88**, 360; Montenbruck aaO [14 zu § 1], 97, 100, Löffeler JA **87**, 81; Streng 66; NStZ/T **89**, 217); andernfalls muß die Aussetzung abgelehnt werden, für die Bejahung einer günstigen Prognose genügt es also nicht, daß sie sich nur nicht ausschließen läßt (22. 11. 1991, 2 StR 225/91), andererseits steht eine einzige einschlägige Vorstrafe einer günstigen Prognose nicht von vornherein entgegen (StV **92**, 417), wohl aber mangelnde Einsicht in die Notwendigkeit eigener Heroinabstinenz trotz in nächster Nähe erlebten Drogentods zweier Bekannten (1. 7. 1992, 2 StR 191/92). Die Umstände, auf die eine Verneinung einer günstigen Sozialprognose gestützt werden soll, müssen rechtsfehlerfrei festgestellt werden. Nach 22. 7. 1992, 2 StR 293/92 hat der Angeklagte insoweit weder eine Darlegungslast noch tritt der Zweifelssatz insoweit außer Kraft. Die Verneinung einer günstigen Sozialprognose bedarf aber bei familiären und beruflichen Bindungen des Täters, wenn die Vorstrafen niedrig und die ihnen zugrundeliegenden Taten erheblich zurückliegen, näherer Darlegungen (StV **86**, 293; 25. 4. 1991, 4 StR 156/91).

b) Die Gesamtwürdigung (krit. dazu Horn, Arm. Kaufmann-GedS **6** 573), die **I** S. 2 vom Richter verlangt, muß eine vom Revisionsgericht stets nachprüfbare erschöpfende (6. 5. 1988, 2 StR 159/88; Düsseldorf NStE Nr. 7 [m. Anm. Greger JR **88**, 74]; 21. 12. 1987, 5 Ss 411/87) Würdigung sein. Auch solche Umstände können dabei herangezogen werden, die schon früher für die Strafzumessung bedeutsam waren. Bei mehreren Strafen bedarf es einheitlicher Prognose (BGH **11**, 343), was nicht ausschließt, daß nur eine von mehreren Strafen ausgesetzt wird (Bay NJW **66**, 2370). In den Fällen einer Maßregelaussetzung (§ 67 b I S. 1, dort 2) wird nach NStZ **88**, 452 auch eine Aussetzung nach § 56 I in Betracht kommen, denn eine sichere Gewähr für ein künftig straffreies Leben ist nicht zu verlangen (oben 5). Die Prognose muß sich **namentlich** beziehen auf **aa) die Persönlichkeit des Verurteilten** iwS, dh in seinem Sosein, seinem Charakter (Köln NJW **63**, 63). Ob dem Täter die negativen Faktoren seiner Prognose **6a**

§ 56

vorzuwerfen sind, ist ohne Bedeutung. Die Prognose kann auch auf Eigenschaften gestützt werden, die auf krankhafter Grundlage oder Persönlichkeitsdefiziten beruhen (BGH **10**, 287). An vermindert Schuldfähige sind hinsichtlich der guten Führung keine geringeren Anforderungen zu stellen. Umstände, die zur Aussetzung der Unterbringung Anlaß geben, können auch eine hinreichende Wahrscheinlichkeit straffreier Lebensführung iS des § 56 I begründen (NStE Nr. 22). Auch bei einem **politischen Überzeugungstäter** kommt Aussetzung in Betracht (BGH **6**, 192), selbst wenn keine Änderung seiner Überzeugung, aufgrund gewichtiger Tatsachen aber auch keine Wiederholung seiner Tat zu erwarten ist (BGH **7**, 9; Oldenburg MDR **66**, 943; Hamm NJW **69**, 890), selbst wenn sich der Täter bei politisch motivierten Taten (§§ 111, 129a, 140) in seinem Verteidigungsvorbringen richtigen Verhaltens berühmt, nach den Umständen aber nach Rechtskraft des Urteils bessere Einsicht erwartet werden kann (23. 4. 1980, 3 StR 434/78; vgl. aber LG Göttingen NJW **79**, 174). Bei „*Totalverweigerern*" (39a vor § 52), die ihre Einstellung zum *Zivildienst* nicht ändern, aber *im übrigen* Wohlverhalten erwarten lassen, darf im Hinblick auf die Rspr. des BVerfG (E **78**, 393; 3c zu § 56f) die wegen der unumstößlichen Gewissensentscheidung höchstwahrscheinlich zu erwartende erneute Weigerung bei der Prognose nicht nachteilig verwertet werden (Oldenburg NJW **89**, 1231; Bremen StV **89**, 396; LG Köln NJW **89**, 1173; zT aM Hamm NStZ **84**, 456; hierzu Bringewat MDR **85**, 93; M. Herdegen GA **86**, 101). Daß der Rückfall beim **BtM-Abhängigen** vorprogrammiert ist, hat die Praxis bisher nicht gehindert, bei echter Therapiebereitschaft die Hilfen der §§ 56ff. einzusetzen (NJW **91**, 3289; StV **92**, 63; 14. 5. 1992, 4 StR 178/92; Tröndle MDR **82**, 4; 12 vor § 56; Schäfer StrZ 115; vgl. AG Krefeld StV **83**, 250); so ist bei Süchtigen Drogenfreiheit nicht Voraussetzung einer Strafaussetzung, sondern die Erwartung künftiger straffreier Führung ggf. mit Hilfe einer Methadon-Therapie (Bay StV **92**, 16). Jedoch liegt ein häufiger Fehler der Praxis darin, einen BtM-Abhängigen, der zZ der Entscheidung noch nicht in Therapie ist, auf freien Fuß zu setzen. Geht der Richter davon aus, daß sich die Aussicht auf ein künftiges Wohlverhalten erst nach mehrfacher Rückfälligkeit eröffnet, so sind besondere Feststellungen zur Wirkung bisheriger Strafen erforderlich (Koblenz VRS **62**, 184; vgl. auch 6f.). Auch bedarf es besonderer Begründung, wenn der Tatrichter die günstige Prognose *allein* auf eine Therapie oder auf Therapiewilligkeit stützen zu können glaubt (EzSt Nr. 4; Bay DAR **84**, 239). Gerade bei *Drogenabhängigen* eröffnet sich oft erst nach längerer Strafverbüßung (Bay JR **74**, 519 m. insoweit zust. Anm. Zipf) oder nach mehreren Straftaten die Aussicht auf künftiges Wohlverhalten (vgl. Stuttgart OLGSt. 143); zB wenn eine freiwillige Entziehungskur einen Sinneswandel erkennen läßt (Bay DAR **78**, 207; Karlsruhe NStE § 56f Nr. 23), erneute Straffälligkeit steht bei einem Therapiewilligen einer Strafaussetzung nicht entgegen, wenn die rasche Rückfälligkeit die Folge hochgradiger Sucht war

6b (Bay StV **92**, 16); **bb) sein Vorleben** (24 zu § 46), insbesondere seine **Vorstrafen** (Koblenz VRS **40**, 96; **51**, 429; **53**, 338; **67**, 30; OLGSt. 23, 47, 57; Saarbrücken NJW **75**, 2215). Sind die Vorstrafen einschlägige oder gewichtige und liegen sie noch nicht weit zurück (Stuttgart DAR **71**, 271), so wird es besonderer Feststellungen bedürfen, um doch zu einer positiven Prognose zu kommen (vgl. 22. 5. 1979, 1 StR 192/79; Bay DAR **79**, 236; KG VRS

38, 330; **41**, 254; Hamm JMBlNW **72**, 213; Karlsruhe VRS **50**, 98; Koblenz VRS **60**, 33, 36; **71**, 48; 448; **74**, 271; BA **81**, 50; **82**, 475; OLGSt. Nr. 8; NZV **88**, 231; Köln BA **81**, 470; OLGSt. 65; Bay NStE Nr. 34; LK 16), so zB bei der 3. vorsätzlichen Tat nach § 316 (Stuttgart VRS **39**, 420), wo eine positive Prognose nur unter ganz besonderen Umständen möglich ist (Hamm BA **77**, 430; vgl. Frankfurt NJW **77**, 2175). Das gilt vor allem, wenn der Täter nach Verwarnung mit Strafvorbehalt oder bei einer ihm gewährten richterlichen oder gnadenweisen Aussetzung einer Strafe oder eines Strafrestes versagt hat (vgl. VRS **17**, 183; Koblenz MDR **71**, 235; VRS **53**, 30; **55**, 50; **56**, 145; BA **77**, 352; **80**, 388; Karlsruhe VRS **28**, 331; Köln MDR **70**, 1026; NZWehrr **75**, 32; anderseits Koblenz OLGSt. 17). Auch sollte nicht ausgesetzt werden, wenn der Täter vorbestraft, bewährungsbrüchig und zugleich uneinsichtig ist (4. 7. 1978, 1 StR 223/78) oder wenn Widerruf der vorausgegangenen Aussetzung zu erwarten ist; denn die Prognose kann nur einheitlich ausfallen (vgl. Köln MDR **72**, 256; 437; Saarbrücken NJW **75**, 2215). Eine Rolle spielt ferner, inwieweit der Täter früher Strafe verbüßt hat (vgl. § 66 I Nr. 2). Es steht nicht im Ermessen des Gerichts, ihm „noch einmal eine Chance geben zu wollen", auch reicht eine möglicherweise geminderte Bereitschaft des Angeklagten zu Straftaten für eine Strafaussetzung nicht aus (Düsseldorf NStE Nr. 15). Auf der anderen Seite darf einem Bewährungsbrüchigen nicht von vornherein Strafaussetzung versagt werden (NStZ **83**, 454; Koblenz VRS **70**, 146; Hamm VRS **67**, 425), bei der Gesamtwürdigung (StV **91**, 157 L) ist vielmehr zu berücksichtigen, wie eine etwaige Strafverbüßung in anderer Sache zwischen Begehung und Aburteilung der Tat gewirkt hat (Bay DAR **82**, 248), insbesondere wenn die Bewährungsstrafe lange zurückliegt und sie erlassen wurde (NStE Nr. 12) und wenn der Täter inzwischen sozial eingeordnet lebt (StV **91**, 346). In der Heranziehung von Vorstrafen ist der Richter frei; so kommen auch Jugendstrafe und Strafarrest in Betracht, nicht jedoch getilgte oder tilgungsreife Vorstrafen (§ 51 I BZRG; 21. 7. 1972, 2 StR 302/72). *Ausländische Urteile* und Urteile von Besatzungsgerichten sollten nur herangezogen werden, wenn sie eine einwandfreie Beurteilungsgrundlage abgeben (vgl. Bay DAR **78**, 330). Bei *in der ehem. DDR* rechtskräftig *verhängten Strafen* ist nicht auszuschließen, daß sie unangemessen hoch waren (BGH **38**, 73), das bedeutet jedoch nicht, daß solche Vorstrafen bei der Entscheidung über eine Aussetzung zur Bewährung nicht berücksichtigt werden dürften, wohl aber ist deren besondere Herkunft zu beachten (25. 2. 1992, 1 StR 798/91). Geht es um eine Vorsatztat, so sind frühere Fahrlässigkeitstaten nur mit Vorsicht zu verwerten (vgl. NJW **67**, 579). Wie eine frühere Verurteilung zu bewerten ist, wenn das damalige Verhalten nicht mehr strafbar ist, ist Frage des einzelnen Falles. Auch ein anderes gegen den Täter schwebendes Strafverfahren kann eine Rolle spielen (24. 2. 1955, 3 StR 609/54; vgl. 24c zu § 46; Hamm NJW **65**, 924; Stuttgart NJW **61**, 1491).

cc) die Umstände seiner Tat, vor allem ihre psychischen Wurzeln, dh die Beweggründe und Tatziele (18 zu § 46), die Gesinnung (19 zu § 46) und der bei der Tat aufgewendete Wille (20 zu § 46). Zur Problematik des politischen oder religiösen Überzeugungstäters vgl. 19a zu 46 und oben 6a; **6c**

dd) sein Verhalten nach der Tat und in bezug auf sie (27 zu § 46); zB der Eintritt in einen Enthaltsamkeitsverein oder die Aufnahme freiwilliger Be- **6d**

handlung (vgl. NStE Nr. 13), günstige Veränderung der Lebensverhältnisse, Wandlung der Persönlichkeit unter dem Eindruck eines tragischen Geschehens (StV **92**, 13 L). Von einer Gesinnungsänderung des Täters schlechthin darf die Aussetzung aber nicht abhängig gemacht werden (BGH **7**, 6). Bedeutsam sein können Reue, Wiedergutmachung oder wenigstens der Wille dazu, straffreies Verhalten nach der Tat, auch wenn sich der Täter längere Zeit verborgen gehalten hat (StV **88**, 385), uU auch Teilnahme an einem Nachschulungskurs (§§ 2a, 2b StVG; LG Hannover ZfS **88**, 92; vgl. aber 10a, 10b, 19 zu § 69) oder Aufklärungshilfe nach § 31 BtMG (Bay StV **92**, 16). Andererseits sind Leugnen (StV **91**, 514 L; Hamm NJW **61**, 60), Einsichtslosigkeit oder ungünstiger Eindruck in der Hauptverhandlung (VRS **26**, 22; Köln MDR **67**, 417) oder fehlende Wiedergutmachung (BGH **5**, 238) zwar für sich allein noch kein Ablehnungsgrund (StV **89**, 149), aber doch Faktoren für die Gesamtprognose, wenn sich hieraus Rechtsfeindschaft oder die Gefahr künftiger Rechtsbrüche ergibt (BGHR § 56 III Vert. 12); hierfür nicht aussagekräftig ist aber das Verteidigungsverhalten (NStE Nr. 10) oder ein Nachtatverhalten, das dem Zweck diente, den Taterfolg zu erhalten und sich der Bestrafung zu entziehen

6 e (NStZ **87**, 406); **ee) seine Lebensverhältnisse**, zB Familie, Beruf, soziale Einordnung (25 zu § 46), insbesondere auch Veränderungen durch behördliche Maßnahmen (BGH **8**, 182; Köln OLGSt. 19; Koblenz BA **84**, 453); auch Heilungsaussichten. Die Behauptung einer günstigen Sozialprognose ist eine dem Sachverständigenbeweis zugängliche Wahrscheinlichkeitsbe-

6 f hauptung (Celle JR **85**, 32 m. Anm. Meyer); **ff) die Wirkungen, die von der Aussetzung für den Verurteilten zu erwarten sind** (vgl. 3. 11. 1977, 1 StR 417/77), zB einerseits die Erhaltung des Arbeitsplatzes (Hamm VRS **67**, 423) und die Einordnung in die Familie, veränderte Lebenssituation nach einer Ehescheidung (StV **91**, 261), andererseits die Gefahr, daß die Verurteilung nicht als Warnung genommen wird. In Betracht kommen aber auch solche positiven Wirkungen, die erst der Rechtsfolgenausspruch erwarten läßt (NJW **78**, 599), wie die Anordnung eines Berufsverbots (6. 5. 1980, 4 StR 175/80). Immer ist aber vorausgesetzt, daß sich der Täter in Freiheit bewähren kann, eine unbefristete Freiheitsentziehung in anderer Sache (Sicherungsverwahrung) schließt eine günstige Prognose aus (Hamburg MDR **76**, 773; JR **77**, 515 m. Anm. Grunau). Erhebliches Fehlverhalten in der Vergangenheit schließt eine günstige Prognose nicht ohne weiteres aus (4. 12. 1985, 2 StR 554/85), sie bedarf aber im Falle eines Rückfalls oder Bewährungsbruchs besonders eingehender Begründung (Bay DAR **83**, 247; **84**, 239; **85**, 239; Koblenz OLGSt. Nr. 2; Köln OLGSt. Nr. 3, 5, 6); andererseits bedarf es auch im Falle ungünstiger Prognose der Darstellung der sie begründenden Tatsachen (3. 8. 1984, 1 StR 418/84). Die Voraussetzungen der FAufsicht nach § 68 I stehen einer positiven Sozialprognose im allgemeinen entgegen (vgl. jedoch § 68g, 5 zu § 68).

7 **B.** Bei **Freiheitsstrafen unter 6 Monaten** hat die günstige Prognose (4 ff.) die Aussetzung **zwingend** zur Folge **(I iVm III**, **92**, 3, 101) Diese Regelung soll iVm § 47 den Vollzug kurzer Freiheitsstrafen weiter eindämmen (1 zu § 47). § 14 I WStG schränkt den § 56 ein (vgl. auch § 14a WStG), aber auch in diesen Fällen sind die Grundgedanken des 1. und 2. StrRG zu beachten (Frankfurt NZWehr **77**, 112; vgl. hierzu LG Ko-

Strafaussetzung zur Bewährung § 56

blenz StV **83**, 245). Ist die kurze Freiheitsstrafe nach § 47 zur Einwirkung auf den Täter unerläßlich, weil der Täter auch künftig Straftaten erwarten läßt, so ist auch Strafaussetzung abzulehnen (aM LK 23). Das gilt auch dann, wenn nach Auffassung des Gerichts nur nach Strafvollzug erwartet werden kann, daß der Täter sich straffrei führen wird. In den übrigen Fällen muß das Gericht schon bei der Verhängung davon ausgehen, daß die bloße Verurteilung zur Einwirkung auf den Täter unerläßlich ist; dann ist aber bei günstiger Sozialprognose auszusetzen, auch wenn sie sich auf die voraussichtliche Wirkung von Weisungen oder Auflagen stützt (NJW **71**, 1415 mit zust. Anm. Koffka JR **72**, 382). Entsprechendes gilt – und darin liegt ein gewisser Widerspruch in der Sache, den das Gesetz zur Bekämpfung der kurzen Freiheitsstrafe in Kauf nimmt (vgl. aber hierzu SK 20), wenn eine kurze Freiheitsstrafe deshalb verhängt wird, weil sie zur Verteidigung der Rechtsordnung unerläßlich ist; trotzdem muß sie zur Bewährung ausgesetzt werden, wenn dem Täter eine günstige Sozialprognose zu stellen ist.

C. Bei **Freiheitsstrafen von 6 Monaten bis zu 1 Jahr (I)** muß die Vollstreckung ausgesetzt werden, wenn die **Verteidigung der Rechtsordnung** sie nicht gebietet **(III)**. Ist die Vollstreckung jedoch geboten, **muß** die **Aussetzung versagt werden** (29. 7. 1983, 3 StR 267/83). Dies ist nur dann der Fall, wenn eine Aussetzung der Vollstreckung im Hinblick auf schwerwiegende Besonderheiten des Einzelfalls für das allgemeine Rechtsempfinden schlechthin unverständlich erscheinen müßte und das Vertrauen der Bevölkerung in die Unverbrüchlichkeit des Rechts und den Schutz der Rechtsordnung vor kriminellen Angriffen erschüttern könnte (BGH **24**, 46, 66; BGHR § 29 BtMG, Bew. 1; Dreher JR **70**, 228; LK 31), und nach Sachlage eine solche Erörterung naheliegt (NStZ **87**, 21). Zur Begründungspflicht im Urteil vgl. unten 10. Die Schwere der Schuld ist nicht als Kriterium, sondern nur als Beurteilungsgrundlage und damit mittelbar insoweit von Bedeutung (BGH **24**, 40), wie sie die Notwendigkeit mitbegründen kann, auf die Tat nicht mit bloßer Aussetzung der Strafe zu reagieren (BGH **6**, 127; Bay VM **60**, 51). Der Gedanke der Generalprävention iS der Abschreckung von Tätern, die in Versuchung sein könnten, ähnliche Taten zu begehen, spielt zwar eine Rolle (BGH **34**, 151, hierzu Schall JR **87**, 397), reicht aber als solcher allein nicht aus (vgl. NJW **55**, 996; Bremen NJW **62**, 928). *Spezialprävention scheidet aus* (StV **89**, 150). Umstände in der Person des Verletzten, insbesondere sein Bedürfnis nach Genugtuung (vgl. JZ **54**, 450; Bay NJW **57**, 1644; Köln NJW **66**, 896), können mittelbar eine Rolle spielen (SchSch 43; **aM** BGH **24**, 40; 16. 8. 1978, 2 StR 326/78; LK 30). Eine *allseitige Würdigung von Tat und Täter* (NStZ **91**, 485; vgl. BGH **11**, 396; **24**, 40; MDR **57**, 369; NJW **65**, 406; ferner Düsseldorf VM **67**, 36; Köln MDR **67**, 514; ausführlich zum Ganzen Horn JR **78**, 514; Maiwald GA **83**, 49; Molketin NZV **90**, 290), bei § 323a auch der Rauschtat (Frankfurt VRS **28**, 352), ist *nochmals* erforderlich (Stuttgart NJW **70**, 258), aber hier nur unter dem Gesichtspunkt, ob es gerade wegen dieser Tat oder dieses Täters zur Durchsetzung der Rechtsordnung geboten ist, die Strafe auch zu vollstrecken, oder ob es ausreicht, sich mit Strafaussetzung und Auflagen zur Genugtuung für das begangene Unrecht zu begnügen (vgl. BGH **6**, 302; 21. 2. 1989, 1 StR 789/88). Hierbei kann es freilich weder

8

8a

§ 56 AT Dritter Abschnitt. Vierter Titel

darauf ankommen, ob die Geschädigten oder Hinterbliebenen Wert auf eine Vollstreckung der Strafe legen, noch darauf, ob bestimmte über den Fall unterrichtete Einzelpersonen Verständnis für eine Aussetzung hätten (Bay NJW **78**, 1337 m. Anm. Horn JR **78**, 514). Es kommt auf das Rechtsempfinden der über die Besonderheiten des Einzelfalls aufgeklärten Bevölkerung an und nicht auf die Bewertung der örtlichen Presse (wistra **87**, 257; NStE Nr. 9). Die Sozialprognose darf hierbei nicht offengelassen werden (Köln VRS **53**, 264), wie auch sonst die Gesichtspunkte geprüft werden müssen, die auch bei der Strafzumessung zu beachten sind (15 bis 36 zu § 46); so auch der Umstand, ob die Tat während des Laufs einer Bewährungsfrist begangen ist (25. 11. 1970, 3 StR 262/70). Allerdings dürfen Gesichtspunkte, die für die Bildung des gesetzlichen Strafrahmens maßgebend waren, als solche für III nicht verwertet werden (BGH **24**, 40; NJW **58**, 110; VRS **24**, 118; Hamm VRS **32**, 260; NJW **73**, 1891; vgl. 37 ff. zu § 46); auch kann sich uU aus dem Urteilszusammenhang ergeben, daß III nicht Platz greift (Köln MDR **85**, 248). Die Grundsatzentscheidung BGH
8b **24**, 40 nennt als **mögliche Gründe für die Versagung** der Aussetzung besondere Tatfolgen, erhebliche verbrecherische Intensität (20 zu § 46; vgl. Frankfurt NJW **71**, 1813; **77**, 2176; Koblenz MDR **74**, 768; Bay DAR **81**, 244; zum Ganzen Maiwald GA **83**, 90), hartnäckiges rechtsmißachtendes Verhalten (NStZ **85**, 165), ungewöhnliche Gleichgültigkeit gegenüber den Sicherheitsbelangen der Allgemeinheit (zB der bei Spiegel DAR **86**, 187 mitgeteilte Fall) oder dreistes Spekulieren auf die Aussetzung, rasche Wiederholungstaten, Rückfall in der Bewährungsfrist, einschlägige Vorstrafen. Solche Gründe sind näher darzulegen (BGHR § 56 III Vert. 12). Hingegen spielen umgekehrt eine etwaige *Mitschuld* des Verletzten (VRS **30**, 272; Karlsruhe NJW **74**, 283 L; Bay DAR **78**, 207, dort 4b), etwa durch Nichtanlegen des Sicherheitsgurts (LG Koblenz MDR **87**, 602), und subjektive Momente auf der Täterseite eine Rolle, so sein höheres Alter (Hamm VRS **33**, 344), etwaige Verletzungen oder Schäden, die er bei der Tat erlitten hat (vgl. Braunschweig NJW **64**, 2263; Köln NJW **66**, 896; Celle VM **68**, 93; OLGSt. 117; Hamm OLGSt. 29 zu § 316), ein reumütiges Geständnis (vgl. Karlsruhe JR **61**, 431), der Umstand, daß er wegen derselben Tat bereits Disziplinararrest verbüßt hat (Bay OLGSt. 115), die Tat sehr lange zurück liegt (GA **79**, 314; Bay VRS **69**, 283 m. Anm. Middendorff BA **85**, 413), daß sich bei einem Vorbestraften inzwischen die persönlichen Verhältnisse stabilisiert haben (LG Frankfurt StV **84**, 120; vgl. unten 9f.). Bei erheblicheren Taten von Strafgefangenen ist hingegen, soweit Freiheitsstrafen von mehr als 6 Monaten in Betracht kommen, die Vollstreckung nach III geboten (Hamburg JR **77**, 515 m. Anm. Grunau); das gilt insbesondere im Fall des Mißbrauchs von Hafturlaub zu neuen Straftaten (Hamburg NStZ **84**, 140); uU auch bei vorsätzlicher Wachverfehlung (§ 44 I WStG, LG Bad Kreuznach NZWehrr. **85**, 126). Ferner ist auch der Gesichtspunkt einer den Rechtsfrieden bedrohenden Häufung von Straftaten von Bedeutung (BGH **6**, 127; **11**, 396; NStZ **85**, 165; Hamm VRS **29**, 178) oder einer erheblichen Gefahr, die von der Tat ausging (3. 11. 1977, 1 StR 607/77), sowie der Gefahr eines Nachahmungseffekts (Hamm NJW **73**, 1892; Schleswig SchlHA **79**, 202), nicht hingegen die Frage, ob das Urteil vielleicht weitgehend unbekannt bleiben wird (Bay NJW **67**, 300). Bei gewissen Taten kann die Verteidigung der Rechtsordnung die

Strafaussetzung zur Bewährung **§ 56**

Vollstreckung der Strafe eher gebieten als bei anderen (Hamm NJW **74**, 1884). – Beispiele: Sexualstraftaten (BGH **6**, 300), Kindesmißhandlung (Koblenz GA **75**, 121), Verkauf von Heroin (7. 5. 1980, 2 StR 137/80), Handeltreiben mit großen Mengen von BtM (6. 10. 1983, 4 StR 464/83), vorsätzliche Eidesverletzungen (7. 6. 1956, 3 StR 62/56), brutale gefährliche Körperverletzung gegenüber einem wahrheitsgemäß aussagenden Zeugen (LG Koblenz NStZ **91**, 283 m. Anm. Molketin), Delikte nach §§ 315 ff., Volksverhetzung (NStZ **85**, 166; Frankfurt MDR **66**, 862), Beteiligung an skrupellosen NS-Morden (NJW **72**, 832 mit krit. Anm. Naukke; gegen ihn Amelung NJW **72**, 1286; ferner D. Meyer MDR **72**, 1012; vgl. hierzu jedoch auch 6. 11. 1979, 5 StR 273/79), Werbung für eine terroristische Vereinigung (GA **76**, 114; NJW **78**, 174), Wirtschaftsdelikte (vgl. JZ **75**, 183 mit Anm. Tiedemann), Steuerhinterziehungen in Millionenhöhe (GA **79**, 60; wistra **84**, 29), aber auch in Höhe von 350 000 DM über 9 Jahre hinweg (5. 11. 1980, 2 StR 424/80; anders jedoch NStZ **85**, 459), Beteiligung eines RA an erheblichen Vermögensstraftaten unter Ausnützung seiner Stellung (NStZ **88**, 126), Herbeiführung eines hohen Schadens und harter Konsequenzen für das Tatopfer durch einen Anlageberater (NJW **91**, 2575), gleichartiger Rückfall eines bewährungsbrüchigen, wegen eines Rechtspflegedelikts vorbestraften RA (Bay NJW **88**, 3027), oder sonstige Taten, die einen Vertrauensschaden für öffentliche Einrichtungen anrichten (NJW **60**, 491; 18. 12. 1980, 4 StR 509/80). *Keinesfalls* aber darf die Möglichkeit der Aussetzung *für bestimmte Deliktsgruppen* ausgeschlossen werden (BGH **6**, 126; 299; **22**, 196; **24**, 40; GA **55**, 209; EzSt Nr. 9; StV **89**, 59; 150; Köln MDR **66**, 602; Frankfurt NJW **70**, 958); *auch nicht* bei Fahnenflucht (LG Koblenz NZWehrr. **83**, 234; LG Hildesheim NStE Nr. 24), bei Meuterei (StV **83**, 245; vgl. §§ 27, 14 I WStG); bei Wirtschaftsdelikten (8. 7. 1980, 1 StR 314/80), bei Geldfälschung (wistra **82**, 146), oder bei trunkenheitsbedingten fahrlässigen Tötungen (NJW **90**, 193; Hamm DAR **90**, 309; Stuttgart NZV **91**, 81; vgl. DAR/G **90**, 250); es kommt vielmehr bei *Trunkenheitsverkehrsdelikten* vor allem auf den Anlaß der Fahrt, die BAK, die Fahrtstrecke, die verschuldeten Auswirkungen und einschlägige Vorstrafen an (vgl. VRS **38**, 333; Bay VRS **39**, 22; Stuttgart, Köln NJW **70**, 258; KG VRS **38**, 176; Oldenburg NJW **70**, 820; Hamm NJW **70**, 1614; VRS **54**, 30; Schleswig SchlHA **71**, 94; Stuttgart NZV **91**, 81; Koch NJW **70**, 842; DAR **71**, 263). Ein tödlicher Unfall als Folge steht einer Aussetzung nicht unbedingt entgegen (Bay NJW **71**, 107). Nach BGH **24**, 63 liegt aber bei Trunkenheitsfahrten mit schweren Unfallfolgen die Befürchtung einer Beeinträchtigung der Rechtstreue der Bevölkerung nahe; auch ein besonders günstiges Persönlichkeitsbild des Täters kann dann die Aussetzung schwerlich begründen (NStZ **91**, 331; ebenso Düsseldorf VRS **41**, 22; Oldenburg OLGSt. 159 zu § 23 aF; Koblenz VRS **49**, 174; **52**, 21, 179; **54**, 358; **59**, 33; **65**, 28; BA **78**, 62; NZV **88**, 70; Karlsruhe Die Justiz **78**, 145; VRS **57**, 189; zusf. Molketin NZV **90**, 289); und zwar auch dann nicht, wenn ein erheblich Vorbestrafter von seinem früheren Verhalten abgerückt ist (Bay VRS **59**, 188) oder wenn seit der Tat mehr als zwei Jahre vergangen sind (Koblenz VRS **59**, 339, krit. Molketin BA **82**, 181; bedenklich Zweibrücken OLGSt. 180 zu § 23 aF; AG Alzey DAR **78**, 166); anders, wenn der Fall nahe an § 60 heranreicht (Köln VRS **44**, 264; AG Köln BA **82**, 192; AG Worms ZfS **92**, 101). Auch bei Ersttätern kann die Verteidi-

§ 56 AT Dritter Abschnitt. Vierter Titel

gung der Rechtsordnung die Vollstreckung gebieten (Koblenz DAR **71**, 106; VRS **52**, 21).

9 D. **Die Ausnahmevorschrift des II** ermöglicht dem Gericht, **besondere Umstände** (2, 3 zu § 47; unten 9c ff.) zu berücksichtigen (BGH **29**, 324; NStZ **81**, 61). Das 23. StÄG (oben 1; 9 vor § 56) schrieb lediglich die – nun überholte – Rspr. des BGH fest (BT-Drs. 10/4391, 16; Greger JR **86**, 353), nach der sich tat- und täterbezogene (mildernde) Umstände idR nicht scharf auseinanderhalten lassen (vgl. BGH **29**, 380). Die Umstände müssen jetzt **in der Tat oder der Persönlichkeit des Verurteilten** vorliegen. Ob die Klarstellung iVm der nunmehr ausdrücklich geforderten Gesamtwürdigung (unten 9b) die Handhabung des II erleichtert, erscheint fraglich. Denn § 56 erfordert nunmehr **bei Freiheitsstrafen von mehr als einem Jahr bis zu 2 Jahren** insgesamt drei Gesamtwürdigungen: die nach I S. 2 (6 ff.), die nach III (8 a), der für II erhöhte Bedeutung hat, und die nach II.

9a a) Das Gericht kann **unter den Voraussetzungen des I**, dh bei günstiger Sozialprognose (4 ff.), über die *zunächst* zu entscheiden ist (20. 6. 1989, 1 StR 281/89), und wenn der Ausschlußgrund des III (der jedoch erst zu prüfen ist, wenn das Vorliegen der Voraussetzungen des II bejaht werden kann, NStZ **81**, 426; StV **91**, 20) nicht vorliegt (vgl. 8 ff.), auch die Vollstreckung einer höheren Freiheitsstrafe, die 2 Jahre nicht übersteigt, zur

9b Bewährung aussetzen, **wenn b)** aufgrund auch einer Gesamtschau des Täterverhaltens (vgl. unten 9l) **nach der Gesamtwürdigung** (dazu krit. Horn, Arm. Kaufmann-GedS 579) **von Tat und Persönlichkeit des Verurteilten** (4. 4. 1986, 2 StR 136/86; wie weitgehend bei NStZ **89**, 527), die in einer für das Revisionsgericht jederzeit nachprüfbaren Weise vorzunehmen ist (BGH **29**, 324; NStZ **82**, 416; BGHR § 56 II, Aussetz. fehlerh. 1; 4. 2. 1992, 1 StR 10/92; Köln MDR **86**, 161) und die oben zu 6 ff. angegebenen Faktoren umfassen muß, für die daher eine formelhafte Begründung nicht ausreicht (4. 2. 1992, 5 StR 516/91). Es ist fehlerhaft, wenn bei der Gesamtwürdigung nach II unberücksichtigt bleibt, daß der Angeklagte nicht vorbestraft war (6. 5. 1992, 3 StR 149/92) und in angespannten wirtschaftlichen Verhältnissen lebte (NStE Nr. 23) und das ernsthafte Bemühen, Drogenabhängigkeit zu überwinden, unberücksichtigt bleibt (StV **92**, 13), auch darf bei der Gesamtwürdigung das Vorliegen zahlreicher Milderungsgründe gegenüber dem äußeren Tatbild nicht zu sehr zurücktreten (15. 4. 1992,

9c 5 StR 131/92); **c) besondere Umstände vorliegen**; vgl. dazu zunächst 2, 3 zu § 47. **aa)** Gemeint sind **nach gefestigter Rspr**. Milderungsgründe von besonderem Gewicht, die eine Strafaussetzung trotz des erheblichen Unrechts- und Schuldgehalts, der sich in der Strafhöhe widerspiegelt, als nicht unangebracht und als den vom Strafrecht geschützten Interessen nicht zuwiderlaufend erscheinen lassen (so BGH **29**, 371; NStZ **81**, 62; 389; 434; **82**, 114; 286 jeweils mwN; GA **82**, 39; StV **82**, 419; **83**, 18; **84**, 376; wistra **85**, 20; BGHR § 56 II, Umst., bes. 1; GesWü. 4; NStE Nr. 21, 25; 10. 7. 1992, 3 StR 217/92; vgl. NJW **76**, 1413). Zu diesen nach II zu berücksichtigenden Umständen können auch Umstände gehören, die schon für die Prognose nach I zu berücksichtigen waren (15. 4. 1992, 5 StR 80/92 u. 5 StR 152/92), ferner auch (nicht allein bei der konkreten Strafzumessung zu berücksichtigende, vgl. 25 b zu § 46) Milderungsgründe (NStZ **87**, 173), uU auch die Dauer der erlittenen UHaft (StV **90**, 303 L; **92**, 156), eine positive Ände-

Strafaussetzung zur Bewährung **§ 56**

rung und Stabilisierung der Lebensverhältnisse (StV **91**, 20; **92**, 156), Aufklärungshilfe nach § 31 BtMG (17. 7. 1991, 2 StR 77/91) oder ein umfassendes Geständnis eines nichtvorbestraften Täters (StV **92**, 63). Daran, daß Umstände vorliegen müssen, die dem Fall den „*Stempel des Außergewöhnlichen*" aufdrücken (so NJW **77**, 639), hat der *BGH nicht festgehalten* (auch nicht bei § 21 II JGG; wistra **86**, 219), worauf er in stRspr. immer wieder hinweist (zB NStZ **84**, 361 mwN; **86**, 27; VRS **69**, 121; wistra **87**, 65; NJW **90**, 2897; NStE Nr. 18; 28. 9. 1990, 2 StR 412/90; 16. 1. 1992, 4 StR 509/91; NStZ/D **90**, 223; Köln NJW **86**, 2328; NStZ/M **84**, 495; NStZ/Mü **85**, 160; NStZ/T **86**, 497; zusf Schlothauer StV **83**, 209). Jedoch genügt für II nicht, daß das Verhalten von Behörden die Tat erleichtert hat (wistra **83**, 187). Besondere Umstände müssen um so gewichtiger sein, je näher die Freiheitsstrafe an der 2-Jahresgrenze liegt (wistra **85**, 148; NStE Nr. 3; BGHR § 56 II, Aussetz. fehlerh. 2; NStZ **87**, 21; wistra **88**, 107; Hamm DAR **90**, 309), jedoch ist hierbei insbesondere in den Fällen des § 51 I S. 1 zu bedenken, daß nach § 57 II Nr. 1 schon nach Verbüßung der Hälfte der verhängten Strafe die Vollstreckung des Strafrestes ausgesetzt werden kann (NStZ **87**, 21; NStE Nr. 33). Zweifelhaft erscheint es, ob es, wie die bisherige Rspr. meinte, für II unerhebliche, lediglich „allgemeine und durchschnittliche Milderungsgründe" sind, wenn der Täter durch schwierige finanzielle und gesundheitliche Verhältnisse zur Tat veranlaßt worden ist (so 20. 12. 1978, 2 StR 622/78), wenn er durch Verurteilung seine Beamtenstellung verliert (23. 3. 1971, 1 StR 697/70) oder wenn er seßhaft wird, Arbeit aufnimmt und seine Unterhaltspflichten erfüllt (so 29. 11. 1978, 2StR 398/78). Im übrigen darf II weder auf bestimmte Taten (GA **72**, 208) noch auf einmaliges Versagen beschränkt werden (NJW **76**, 1413); jedoch kann das Fortsetzen deliktischen Verhaltens nach der Entdeckung dem II entgegenstehen (GA **78**, 78). Die eigentlichen Tatfolgen, zB die Folgen einer Strafvollstreckung, Fahrerlaubnisentziehung (VRS **44**, 266) scheiden als Umstände nach II aus (18. 2. 1976, 3 StR 474/75). Lediglich einfache, allgemeine, gewöhnliche oder **durchschnittliche Milderungsgründe** (unten 9k) **9d** können eine **Aussetzung nach II nicht** rechtfertigen (NJW **77**, 639; 17. 4. 1980, 4 StR 22/80; Hamm JMBlNW **83**, 54). Jedoch hebt der BGH in stRspr. (wistra **82**, 228; **87**, 252; **90**, 190; **91**, 21; NStZ **83**, 118; **84**, 360; 361; **91**, 581; NJW **83**, 1624; StV **82**, 570; **83**, 503; **84**, 376; 86, 198 L; **89**, 298 L; **92**, 13; DAR **87**, 200; NStE Nr. 11; BGHR § 56 II, Umst. bes. 6, 7; 25. 4. 1991, 4 StR 156/91; 20. 2. 1991, 2 StR 10/91; 28. 2. 1991, 4 StR 583/90; 16. 1. 1992, 4 StR 509/91; 4. 2. 1992, 5 StR 516/91; 17. 3. 1992, 1 StR 78/92; NStZ/D **90**, 579; ebenso Düsseldorf StV **83**, 510; VRS **75**, 203) hervor, daß auch ein **Zusammentreffen** (Addition) *durchschnittlicher Milderungsgründe* die Bedeutung besonderer Umstände iS von II erhalten kann; **bb**) so- **9e** wohl **die Tat** (2 zu § 47, 16 zu § 46) **als auch** (BGH **24**, 3; 1. 9. 1982, 2 StR 381/82) **die Persönlichkeit des Verurteilten** (3 zu § 47) können die Umstände (vgl. 18 ff., 21 ff. zu § 46) betreffen (irrig Greger JR **86**, 353); für die Feststellung gilt *in dubio pro reo* (MDR **73**, 900). Als Umstände in der Tat können auch Umstände in der Person berücksichtigt werden, wenn diese den Charakter der Tat mitgeprägt haben (StV **81**, 120), ebenso die Vorgeschichte und die Folgen der Tat (StV **83**, 195); zB Verletzungen des Täters mit Dauerschäden (Bay VRS **65**, 279). Es können auch Umstände berücksichtigt werden, die bereits bei der Straffestsetzung, sei es bei der Findung des Strafrahmens oder der Festsetzung der konkreten Strafhöhe, berücksichtigt worden sind (NStZ **85**, 261; MDR/H **86**, 975); zur Frage der Addition mehrerer durchschnittlicher Milderungsgründe vgl. unten 9l.

9f cc) **Auch nach der Tat** eingetretene Umstände können für ihre Bewertung, dh für die Frage nach der angemessenen strafrechtlichen Reaktion und damit auch für die Beurteilung der Strafaussetzungswürdigkeit von Bedeutung sein (BGH **29**, 372; MDR **81**, 153; 11. 8. 1983, 4 StR 344/83; Lackner 19 mwN); so zB wenn lange zurückliegende Taten abgeurteilt werden (BGH **29**, 372; StV **84**, 375; **85**, 411; 26. 3. 1985, 1 StR 122/85), wenn Angeklagte durch Zurückverweisungen ohne ihr Verschulden einer weiteren Hauptverhandlung ausgesetzt waren (StV **85**, 322), wenn der nicht vorbestrafte Angeklagte sich im anhängigen Verfahren längere Zeit in UHaft befunden hatte (StV **90**, 454 L; 496), wenn der Täter sich iS des § 31 Nr. 1 BtMG offenbart hat (NStZ **83**, 218; StV **83**, 283; MDR/S **84**, 12; 3. 11. 1982, 3 StR 358/82), wenn trotz schwerer Tatfolgen den Täter geringes Verschulden trifft, er zur Sachaufklärung beigetragen und die Schadenwiedergutmachung ermöglicht hat (StV **83**, 106). Insbesondere können nach der Tat eingetretene persönlichkeitsbezogene Umstände für II erheblich sein (so schon DRiZ **74**, 62; MDR/D **74**, 365; 25. 4. 1986, 2 StR 149/86; aber auch NStZ **81**, 61); zB nach Verkehrsunfall, Kastration (vgl. 9. 6. 1971, 4 StR 196/71), einer Hirnverletzung (MDR **77**, 510), bei nur noch geringer Lebenserwartung (DAR **81**, 192), beim Verlust einer nahestehenden Person (Hamm NStZ **81**, 352), bei schweren familiären und wirtschaftlichen Schwierigkeiten (Zweibrücken MDR **73**, 514), bei Stabilisie-
9g rung der Lebensverhältnisse (NStZ **87**, 21; 28. 4. 1992, 5 StR 151/92). **dd)** Ob bei einer **Gesamtstrafe** (§ 58 I) besondere Umstände vorliegen, ist nach
9h den unten 9l dargelegten Grundsätzen zu entscheiden. **d)** Der **größere Anwendungsbereich**, den II durch die vom 23. StÄG bestätigte Rspr. erhalten hat, ist nicht nur auf die neuen Auslegungsgrundsätze zur Umständeformel (oben 9) und zur Gesamtwürdigung (oben 9b), sondern zusätzlich auf die
9i Betonung des **weiten tatrichterlichen Bewertungsspielraums** durch den BGH zurückzuführen (hierzu Ventzke StV **88**, 367). Die Entscheidung nach II obliegt dem pflichtgemäßen Ermessen des Tatrichters (BGH **6**, 300; **24**, 5), die das *Revisionsgericht* nur auf Rechtsfehler überprüfen und *im Zweifel „bis zur Grenze des Vertretbaren"* zu respektieren hat (NJW **77**, 639; **78**, 599; GA **78**, 81; **79**, 314; 339; **82**, 40; MDR/H **79**, 987; DRiZ **79**, 188; NStZ **81**, 62; 343; 389; **83**, 118; StV **81**, 69 [m. Anm. Schlothauer]; 120; 121; 337; **91**, 360; DAR **81**, 192; **83**, 503; wistra **82**, 146; **83**, 146; BGHR § 29 BtMG, Bew. 1; Düsseldorf NStE Nr. 17; VRS **77**, 214; Köln VRS **70**, 276; besonders weitgehend: MDR/H **81**, 452; Bremen VRS **62**, 267; LG Flensburg StV **84**, 517; vgl. NStZ/T **87**, 165). Zu weit geht es freilich, wenn der Tatrichter bei einer aus 21 Teilakten bestehenden und sich auf drei Jahre hinziehenden Fortsetzungstat eine Konfliktstat annimmt (Karlsruhe Die Justiz **83**, 127). Dem tatrichterlichen Ermessen ist somit „bei der Annahme besonderer Umstände ein weites Feld überlassen", so daß „vielfach sowohl die Aussetzung der Strafe als auch ihre Versagung vertretbar" ist (so BGH NStZ **81**, 62; 434; wistra **87**, 211; BGHR § 56 I, GesWü. 4; 2. 8. 1990, 1 StR 358/90; Hamm NStZ **81**, 352; Celle StV **83**, 110). Dies läuft auf eine stärkere Betonung des Resozialisierungsgedankens hinaus. Auch wenn man diese Tendenz begrüßt, darf man die Gefahren, die sie für

Strafaussetzung zur Bewährung **§ 56**

eine einheitliche Rechtsanwendung mit sich bringt, nicht übersehen (Lintz JR **78**, 33). Für die Umständeformel in § 21 II JGG, die mit Recht zT noch weiter ausgelegt wird (besonders deutlich StV **81**, 284; DAR **81**, 192; NStE § 21 JGG Nr. 4; LG Hamburg StV **84**, 31; vgl. NStZ/B **81**, 251; **82**, 415; enger jedoch Zweibrücken StV **81**, 527), gilt das in erhöhtem Maße, aber auch für therapiewillige BtM-Abhängige (6. 6. 1979, 2 StR 155/79; LG Osnabrück StV **83**, 462; vgl. oben 2a, 6a und 11 vor § 56); zur tatrichterlichen Auseinandersetzungs- und Begründungspflicht vgl. unten 10. Zum Ganzen mit statist. Angaben Dünkel ZStW **95**, 1050.

e) **Anwendbar** ist II zB bei dem Totschlagsversuch eines unreifen, af- **9j** fektlabilen, inzwischen aber stark beeindruckten und geläuterten Täters (2. 10. 1979, 1 StR 428/79), uU auch bei einem unvorbestraften Täter einer Tat nach § 177 bei besonders günstiger Prognose (BGHR § 56 I, Soz. Progn. 5); bei einer Tat nach § 176, wenn es zu einem „echten Liebesverhältnis" kam (BGHR § 56 II, Umst.bes. 8; zw.), ferner wenn der Täter zu Beginn seiner Verfehlungen zunächst uneigennützig gehandelt (12. 6. 1980, 1 StR 33/80), er sich unter finanziellen Opfern um die Erhaltung der in Konkurs geratenen Gesellschaft bemüht (11. 8. 1983, 4 StR 344/83), er einen andern, der ihn an der Selbsttötung hindern wollte, verletzt (LG Bonn NJW **75**, 2111) oder vor der Entdeckung die Tat freiwillig offenbart und die Ermittlung weiterer Täter ermöglicht hat (20. 12. 1978, 2 StR 622/78), uU auch bei labiler gesundheitlicher Konstitution (30. 8. 1983, 1 StR 298/83); zB bei manifester AIDS-Erkrankung (LG Berlin StV **88**, 23).

f) Zu den allgemeinen, gewöhnlichen und **„durchschnittlichen Milde-** **9k** **rungsgründen",** die nach der Neufassung des II (oben 9) eine Aussetzung nach **II nicht** rechtfertigen (vgl. aber unten 9l), werden zu zählen sein: mangelnde berufliche Erfahrung (11. 11. 1980, 1 StR 384/80), mangelnde Branchenkenntnisse als Gebrauchtwarenhändler (9. 1. 1979, 1 StR 336/78), Mängel des Kontrollsystems bei der Aussonderung von Banknoten bei der Bundesbank (BGH **29**, 324), Erleichtern der Tat durch Behörden (EzSt Nr. 6), Tatveranlassung durch einen Steuerberater bei einer Steuerhinterziehung von über 500 000 DM (21. 12. 1983, 2 StR 644/83; NStZ **85**, 459; bei einem Untreueschaden von 600 000 DM: 13. 6. 1985, 4 StR 210/85; von fast 800 000 DM trotz teilweiser Schadenswiedergutmachung: 5. 12. 1985, 4 StR 526/85); bei einem Betrugsschaden von 500 000 DM (wistra **85**, 148); wirtschaftliche Schwierigkeiten wegen der Rezession iVm mangelnden kaufmännischen Kenntnissen und dem Willen zur Fortsetzung des Betriebs (30. 5. 1978, 1 StR 124/78, wesentlich großzügiger jedoch 15. 6. 1978, 4 StR 265/78), oder finanzielle Notlage (29. 10. 1981, 4 StR 541/81), ebenso Fälle, in denen der Täter übermüdet, gereizt (BGH **24**, 264 zu § 21 II JGG), alkoholisiert (GA **74**, 343 zu § 21 II JGG; MDR/D **74**, 544; 21. 5. 1980, 2 StR 210/80), oder er von einem Mittäter beeinflußt war (29. 10. 1981, 2 StR 541/81, ähnlich 25. 3. 1982, 4 StR 71/82), er von einem charakterbedingt übersteigertem Geltungsstreben (GA **73**, 85) oder eigennütziger Rücksichtslosigkeit beherrscht ist (Hamm MDR **74**, 857 L), ferner daß er unter gewissen psychischen Belastungen leidet (20. 7. 1977, 2 StR 261/77), seine unmündigen Kinder durch die Vollstreckung ohne Aufsicht wären (GA **78**, 80), er aus dem bisherigen Lebenskreis herausgenommen wird, selbst wenn zwischen Tatbegehung und Verurteilung über vier Jahre lägen (11. 5. 1977, 2 StR 135/77) oder er auf die Durchführung des Auslieferungsverfahrens verzichtete (27. 12. 1980, 2 StR 624/80). Auch eine besonders günstige Prognose ist für sich allein kein besonderer Umstand nach II (GA **78**, 78; 26. 8. 1982, 4 StR 228/82; aM wohl 26. 9. 1978, 5 StR 507/78), ebensowenig bisher straffreie Führung (GA **78**, 80; 18. 4. 1980, 2 StR 77/ 80), ungestörte Ehe oder langjährige Tätigkeit am selben Arbeitsplatz (21. 6. 1978, 3 StR 109/78) und noch weniger die Flucht vor der Polizei, um einer Blutprobe zu entgehen (VRS **43**, 172; **46**, 101), der kollegiale Zusammenhalt bei arbeitsteiliger Begehungsweise durch Amtsträger (BGH **29**, 325) oder die Ansehenseinbuße, die ein solcher durch die strafgerichtliche Verurteilung erleidet (NStZ **82**, 286). **g)** Der Wortlaut des II ist auf Fälle angelegt, in denen Strafe für *eine Tat* im sachlichrechtlichen Sinn verhängt wird (BGH **29**, 376). Tat ist hier im weitesten Sinne zu verstehen (DRiZ **74**, 62; Zweibrücken MDR **73**, 514; Frankfurt NJW **74**, 2063). Geht es hingegen um eine **Gesamtstrafe** (§ 58 I), so ist zwar auch auf die Zumessungsgründe für die Einzelstrafe Bedacht zu nehmen (StV **81**, 179), es müssen aber, da § 58 I iVm § 56 II anzuwenden und auszulegen ist, **nicht bei jeder** einzelnen Tat besondere Umstände iS eines Ausnahmesachverhalts vorliegen (Bay StV **83**, 66; Schlothauer StV **83**, 210; vgl. BGH **29**, 373). Für die Annahme besonderer Umstände kommt es vielmehr auf die Gesamtwürdigung aller in Betracht kommenden Taten an (Gesamtschau des Täterverhaltens, BGH **29**, 370; StV **82**, 570; wistra **86**, 105). Das Merkmal der besonderen Umstände ist somit erfüllt, wenn die Gesamtwürdigung der Taten und der Persönlichkeit des Verurteilten ergibt, daß Umstände von besonderem Gewicht vorliegen, die die Aussetzung iS von oben 9 d „als nicht unangebracht ..." erscheinen läßt (BGH **29**, 375; NStZ/M **81**, 426; **83**, 496). Von der Einbeziehung einer Geldstrafe in eine zu bildende Gesamtfreiheitsstrafe kann abgesehen werden, wenn es nur so möglich ist, im Rahmen einer schuldangemessenen Ahndung die Vollstreckung der Gesamtfreiheitsstrafe zur Bewährung auszusetzen (NJW **90**, 2897). Für die Bemessung der Einzel- und Gesamtstrafe bedeutsame Schärfungsgründe dürfen nicht gegen besondere Umstände nach II „aufgerechnet" werden (so DRiZ **79**, 188). Zum Ganzen in rechtspolitischer, rechtsdogmatischer und kriminologischer Sicht Feltes, Strafaussetzung zur Bewährung bei freiheitsentziehenden Strafen von mehr als einem Jahr, 1982.

5) Für das **Verfahren** vgl. §§ 160 III, 260 IV, 263, 265 a, 267 III, 268 a, 305 a, 408 II, 453, 453 a, 453 b StPO; § 12 I Nr. 2 BZRG. Die Aussetzung kann nur mit dem Urteil erfolgen (Hamm JMBlNW **54**, 84). Auch das Revisionsgericht kann aussetzen (NJW **53**, 1838; **90**, 193; Bremen NJW **62**, 928; Bay MDR **68**, 512), aber auch die Aussetzung ohne Zurückverweisung versagen (4. 7. 1978, 1 StR 223/78; Bay **88**, 34), aber wohl nur ausnahmsweise bei nicht ergänzungsbedürftigen tatrichterlichen Feststellungen. Die Frage der Aussetzung ist von Amts wegen zu prüfen (BGH **7**, 97; Braunschweig NJW **54**, 284). Der Tatrichter muß im Fall von II erkennen lassen, daß er die rechtlich maßgebenden Grundsätze für diese Entscheidung gesehen und sich damit auseinandergesetzt hat (24. 9. 1981, 4 StR 470/81; Zweibrücken StV **83**, 274 L; sehr großzügig StV **91**, 157), er darf sich bei einer Versagung der Aussetzung *nicht* mit einer *formelhaften Begründung* begnügen (BGH **29**, 371; StV **82**, 72; **83**, 502), insbesondere bei Beeinflussung durch Lockspitzel (8a zu § 26, Hamburg StV **84**, 157), es sei denn, eine Aussetzung kommt eindeutig nicht in Betracht, 10. 6. 1986, 5 StR 168/86), oder die Entscheidung der Gnadenbehörde vorbehalten (VRS **8**, 272); vielmehr ist

Strafaussetzung zur Bewährung § 56

eine eingehende *Abwägung* aller Umstände *in den Urteilsgründen* erforderlich (StV **81,** 70; NStZ **83,** 218). Das Gericht hat die Unterlagen seiner Entscheidung selbst zu ermitteln (BGH 1. 4. 1954, 4 StR 853/53). Hierzu gehört auch die Nachprüfung, ob weitere Strafen nach § 55 einzubeziehen sind (16. 11. 1978, 4 StR 506/78). Ein sachlichrechtlicher Mangel liegt vor, wenn ein Antrag auf Aussetzung gestellt ist (§ 267 III S. 4 StPO) oder die Aussetzung naheliegt (BGH **6,** 68; NStZ **86,** 374; 8. 8. 1990, 3 StR 157/90; KG VRS **30,** 279) und das Urteil hierzu schweigt (15. 6. 1978, 4 StR 265/78) oder sonst Anhaltspunkte gegeben sind, daß die Möglichkeit einer Strafaussetzung übersehen wurde (BGH **6,** 167; 3. 2. 1984, 4 StR 17/84; Köln VRS **67,** 120). Dasselbe gilt in den Fällen von III (11. 9. 1980, 4 StR 451/80), der auch für II (oben 9a) gilt (21. 12. 1979, 2 StR 357/79): In diesen Fällen hat sich das Gericht, wenn es zu einer günstigen Sozialprognose kommt, damit auseinanderzusetzen, ob die Verteidigung der Rechtsordnung die Vollstreckung gebietet (MDR/H **77,** 808; vgl. Zipf JR **74,** 520), das gilt insbesondere bei Vorbestraften und Bewährungsbrüchigen (6. 12. 1978, 2 StR 574/78; Koblenz VRS **74,** 272), aber nur dann, wenn aus dem Urteil ersichtliche Tatsachen und Umstände die Annahme nahelegen, daß der **Versagungsgrund des III** gegeben ist (NStZ **87,** 21; **89,** 527; StV **90,** 404 L; NJW **91,** 1069; 30. 10. 1990, 1 StR 500/90), so zB bei hohem Schaden, erheblicher krimineller Intensität, grobem Vertrauensmißbrauch, uU auch zum „notwendigen Schutz der Teilnehmer des Handelsverkehrs" (wistra **83,** 146), Ausführungen zu III sind neben dessen Anführung im Urteil idR entbehrlich, wenn ausgesetzt wird (10. 12. 1985, 1 StR 507/85), nicht aber, wenn die Aussetzung eindeutig nicht in Betracht kommt. Es gibt um eine dem Beweisrecht nicht unterliegende, richterliche Wertungsaufgabe (Unerheblichkeit demoskopischer Befragungen: Celle JR **80,** 256 m. Anm. Naucke). Beseitigung der vom Vorderrichter bewilligten Aussetzung bei gleichbleibender Strafe durch das Rechtsmittelgericht verstößt gegen das **Verbot der Schlechterstellung** (Hamm NJW **58,** 433; Köln MDR **56,** 759; Bay **62,** 1). Ob dies auch bei Milderung der Strafe gilt, hängt von Art und Ausmaß der Milderung ab (schlechthin bejahend Frankfurt NJW **64,** 368). Ob es auch bei Verhängung einer längeren Freiheitsstrafe mit Aussetzung an Stelle einer kürzeren ohne Aussetzung gilt, ist str. (bejahend JR **54,** 228; **56,** 101; Oldenburg MDR **55,** 436; verneinend Jagusch JZ **53,** 688; Maassen MDR **54,** 4; zusf. Kaufmann JZ **58,** 297; vgl. hierzu 22. 11. 1985, 3 StR 403/85). Keine Schlechterstellung, wenn anstelle einer ausgesetzten Freiheitsstrafe eine Geldstrafe tritt (Hamm NJW **71,** 209); wohl aber falls eine Jugendstrafe durch eine gleich hohe Freiheitsstrafe ersetzt wird (BGH **29,** 272). Ein **Rechtsmittel** (Stuttgart NJW **56,** 1119), insbesondere die Revision (BGH **11,** 395; **19,** 362; VRS **18,** 347; Oldenburg NJW **59,** 1983) kann auf die Frage der Aussetzung **beschränkt** werden, falls sich diese von der Strafzumessung trennen läßt (MDR/D **55,** 394; NJW **83,** 1624; Bay **88,** 33; Hamburg JR **64,** 267; JZ **78,** 655 [m. Anm. Zipf JR **79,** 259]; VRS **60,** 209; Celle VRS **30,** 176; KG VRS **33,** 266; Saarbrücken NJW **75,** 2215; Koblenz OLGSt. 1 zu § 21; VRS **55,** 50; Karlsruhe 23. 10. 1977, 2 Ss 168/77; Molketin AnwBl. **80,** 486). Hieran fehlt es zB, wenn die Feststellungen fehlerhaft, unzulänglich oder unzulässigerweise miteinander verknüpft sind (Frankfurt GA **80,** 188), oder der Rechtsfehler die Bemessung der Strafhöhe und die Aussetzungsfrage beeinflußt hat (11. 1. 1984, 2 StR 537/ 83); auch sonst wird eine Trennbarkeit nach dem Zusammenspiel zwischen § 47 und §§ 56 ff. seltener sein (GA **76,** 115; Frankfurt NJW **70,** 957; Horstkotte NJW **69,** 1602; vgl. auch Hamm NJW **70,** 1614; OLGSt. 43 zu § 318 StPO; Koblenz MDR **75,** 334), ist jedoch nicht ausgeschlossen (NJW **71,** 1415; Köln NJW **71,** 1417; Frankfurt NJW **71,** 1814; näher GA **80,** 190). Das Berufungsgericht kann, auch wenn der Angeklagte allein Berufung eingelegt hat, die durch das ange-

10a

§ 56

fochtene Urteil gewährte Aussetzung aufheben, wenn der Angeklagte seine Tat noch danach fortgesetzt hat (Bay NJW **57**, 1119). Das Revisionsgericht kann die Entscheidung des Tatrichters nur auf Rechtsbegriffe wie Verteidigung der Rechtsordnung (vgl. Celle JR **80**, 256) und auf Ermessensfehler nachprüfen (BGH **6**, 392; NJW **71**, 1415; Hamburg NJW **66**, 1468; MDR **76**, 773; Hamm VRS **41**, 96; Koblenz OLGSt. 32, 35, 47; VRS **59**, 33; differenzierend Frankfurt NJW **67**, 303); es hat die Ermessensentscheidung des Tatrichters „bis zur Grenze des Vertretbaren zu respektieren" (oben 9i).

Bewährungszeit

56 a ^{I} **Das Gericht bestimmt die Dauer der Bewährungszeit. Sie darf fünf Jahre nicht überschreiten und zwei Jahre nicht unterschreiten.**

^{II} **Die Bewährungszeit beginnt mit der Rechtskraft der Entscheidung über die Strafaussetzung. Sie kann nachträglich bis auf das Mindestmaß verkürzt oder vor ihrem Ablauf bis auf das Höchstmaß verlängert werden.**

1 1) **Die Dauer der Bewährungszeit** (BewZeit, die nur in § 57a III S. 1 gesetzlich bestimmt ist) bestimmt das Gericht nach I in dem mit dem Urteil zu verbindenden und nach § 34 StPO zu begründenden Beschluß nach § 268a StPO (BGH **6**, 302; NJW **54**, 522); dessen Verkündung aber nicht zur Urteilsverkündung gehört (BGH **25**, 333); Aufnahme in die Urteilsformel beschwert den Verurteilten jedoch nicht (2. 7. 1954, 5 StR 354/54) innerhalb des Spielraums von 2 bis zu 5 Jahren, der nicht unterschritten, wohl aber in den Fällen des § 56f (dort 8) und des § 57 II (dort 10) überschritten werden darf. Zur Verlängerung der BewZeit bei vorzeitiger Aussetzungsentscheidung nach § 454a StPO in den Fällen des § 57 vgl. dort 15. Zu Bestrebungen, das Höchstmaß der BewZeit herabzusetzen, was sich aus spezialpräventiven Gründen verbietet (vgl. BW LTag-Drs. 8/2304; BR-Drs. 533/82; BT-Drs. 10/1116; 10/2720 S. 21; 10/4391 S. 16; RA-BTag 62. Sitz. S. 11 ff.). Das 23. StÄG (9 vor § 56) ist ihnen nicht gefolgt, geht aber davon aus, daß die Gerichte den Spielraum des § 56a nutzen. Eine gewisse Entlastung der BHelfer ermöglicht § 56d I idF des 23. StÄG: Das Gericht kann die Unterstellung unter einen BHelfer nach § 56d auch für einen Teil der BewZeit anordnen. Bei der Bestimmung hat das Gericht nicht pauschal vorzugehen, sondern davon auszugehen, wie lange der Proband der Hilfe, Weisungen und Aufsicht bedarf, um ihm zu einem straffreien Leben zu verhelfen; erfahrungsgemäß erfordern lange Haftzeiten längere Wiedereingliederungszeiten unter Nachbetreuung des Probanden, insbesondere bei Labilen, will man Rückfälle vermeiden; die BewZeit muß sich, wie sich auch aus § 57a III S. 1 einerseits und § 59a I S. 2 andererseits ergibt, auch in einem gewissen Verhältnis zur Strafhöhe halten (RA-BTag 62. Sitz. S. 12; SchSch-Stree 2; aM LK-Ruß 3; SK 3). Über die Dauer belehrt wird der Verurteilte (auch bei der Aussetzung nach § 57a) nach §§ 268a III, 453a StPO. Die BewZeit kann nachträglich (§ 56e, § 453 StPO), möglicherweise mehrmals, bis auf das Mindestmaß verkürzt oder im Rahmen des § 56fII S. 2 auch über das Höchstmaß des I S. 2 hinaus verlängert werden, jedoch nicht um mehr als die Hälfte der zunächst bestimmten BewZeit (8 zu § 56f), aber dieses nur, wenn ein entsprechender

Strafaussetzung zur Bewährung § 56a

Anlaß aufgetreten (wenn zB die Wiedergutmachungsraten während der Bewährungszeit nicht aufgebracht werden können, Hamburg MDR **80**, 246) und bevor die zunächst festgesetzte Frist abgelaufen ist (II S. 2; Düsseldorf MDR **91**, 556; Sturm JZ **70**, 85), jedoch ist es dem Gericht nicht erlaubt, eigene Fehler bei der Festsetzung der Dauer der Bewährungszeit nachträglich zu korrigieren (Düsseldorf NStZ **91**, 53). Im Fall von § 56 f II, der nur einen der möglichen Verlängerungsfälle darstellt, wie schon § 454 a I StPO ergibt (vgl. 15 zu § 57), ist auch eine Verlängerung *nach* Ablauf der BewZeit möglich (Stuttgart MDR **81**, 69; Koblenz NStZ **81**, 260; Düsseldorf MDR **81**, 1034; **85**, 516; Karlsruhe Die Justiz **82**, 437), das ist durch § 56 f II klargestellt (Horn NStZ **86**, 356).

2) Der Beginn der BewZeit ist der Eintritt der Rechtskraft der Entscheidung über die Aussetzung **(II S. 1)** als solche, dh des Urteils, nicht des Beschlusses nach § 268 a StPO, der nur die Anordnungen betrifft, die sich auf die Aussetzung beziehen. Zum Fall der „vertikalen Teilrechtskraft" Schleswig NStZ **90**, 359. Der Beginn ist vor allem wegen § 56 f Nr. 1, § 56 g II wichtig. Die Dauer verlängert sich mangels einer Vorschrift nach Art des § 66 III, § 68 c II S. 2 nicht um die Zeit, in der der Täter auf behördliche Anordnung in einer Anstalt, zB in Strafhaft, verwahrt wird (Braunschweig NJW **64**, 1581 mit Anm. Dreher; Köln MDR **72**, 437; Oske MDR **70**, 189; LK 4; SchSch 3; SK 4; aM Oldenburg NdsRpfl. **67**, 282; Zweibrücken MDR **69**, 861; dazu abl. Pohlmann Rpfleger **69**, 352). 2

Auflagen

56 b **I** Das Gericht kann dem Verurteilten Auflagen erteilen, die der Genugtuung für das begangene Unrecht dienen. Dabei dürfen an den Verurteilten keine unzumutbaren Anforderungen gestellt werden.

II Das Gericht kann dem Verurteilten auferlegen,
1. nach Kräften den durch die Tat verursachten Schaden wiedergutzumachen,
2. einen Geldbetrag zugunsten einer gemeinnützigen Einrichtung oder der Staatskasse zu zahlen oder
3. sonst gemeinnützige Leistungen zu erbringen.

III Erbietet sich der Verurteilte zu angemessenen Leistungen, die der Genugtuung für das begangene Unrecht dienen, so sieht das Gericht in der Regel von Auflagen vorläufig ab, wenn die Erfüllung des Anerbietens zu erwarten ist.

1) Auflagen dem Verurteilten zu erteilen, wenn die Strafe zur Bewährung ausgesetzt wird, ermöglicht § 56 b idF des 2. StrRG dem Gericht. 1
A. Das Gesetz unterscheidet zwischen Auflagen, die der Genugtuung für das begangene Unrecht dienen, also einen gewissen sühnenden Charakter tragen, und den spezialpräventiven **Weisungen** (§§ 56 c, 56 d, Mrozynski JR **83**, 397), die eine Lebenshilfe für den Verurteilten sein sollen. Die Erteilung von Auflagen ist in das Ermessen des Gerichts gestellt; Weisungen muß es erteilen, wenn der Verurteilte dieser Hilfe bedarf. Es sind Fälle denkbar, in denen weder Auflagen noch Weisungen erteilt werden, andererseits solche, in denen beide kombiniert werden. Die Aufgabe, die kurze

451

§ 56 b

Freiheitsstrafe zu vermeiden und an ihre Stelle positive Reaktionen zu setzen, wird die Aussetzung allerdings nur erfüllen können, wenn die Gerichte die §§ 56 b bis 56 d fruchtbar zu machen verstehen. **B.** Bruns hat in den Auflagen alten Rechts eine Art von Strafe und damit eine „dritte Spur" neben eigentlichen Strafen und Maßregeln sehen wollen und daraus verfassungsrechtliche Bedenken wegen mangelnder Bestimmtheit (Art. 103 II GG) hergeleitet (GA **59**, 193; NJW **59**, 1393; ebenso Arloth NStZ **90**, 149). Dabei wird übersehen, daß Auflagen und Weisungen, da ihre Einhaltung nicht durch staatliche Machtmittel erzwungen und auch nicht etwa durch Verrechnung beschlagnahmter Gelder zwangsweise durchgesetzt werden darf (Hamm NStE Nr. 1), nicht die Natur von Strafen iS des Art. 103 GG haben (vgl. BVerfGE **21**, 391; **22**, 49; BayVerfGH NJW **68**, 587).

4 **C. Schranken** sind allerdings der Erteilung von Auflagen und Weisungen nicht nur durch das Gebot der Gesetzmäßigkeit, sondern auch durch die Schranke der **Zumutbarkeit** gezogen. Sie spielt vor allem bei § 56 c eine Rolle (dort 2, 3), aber auch bei den §§ 57, 57a (vgl. Celle StV **81**, 554). Die Auflage nach § 56 b II Nr. 1 ist stets zumutbar (Hamm NJW **76**, 527), nach Bremen StV **86**, 253 aber nicht die Auflage, eine Vereinbarung über die Schadensregulierung zu treffen (da sie auf eine unmögliche Leistung gerichtet sei), zw., ebensowenig eine solche, die einen Zwang zur Selbstbezichtigung miteinschließt (Bremen aaO).

5 **2) Der Katalog,** den II dem Gericht zur Verfügung stellt, zählt die möglichen Auflagen, die in der Bewährungszeit zu erfüllen sind (§§ 56 f, 56 g) und nebeneinander erteilt werden dürfen, **abschließend** auf (Bay **70**, 124):

6 **A. Schadenswiedergutmachung (Nr. 1),** soweit das in den Kräften des Verurteilten steht. Schaden ist der durch die Tat verursachte, nicht nur der verschuldete. Die Auflage sollte, wenn freiwillige Wiedergutmachung zweifelhaft ist (III), stets angeordnet werden (vgl. Sessar, Leferenz-FS 158). Sie geht über die zivilrechtliche Schadensersatzpflicht insoweit hinaus, als ihre Erfüllung gerichtlich überwacht wird (§ 453b StPO) und auch bei Verjährung des Anspruchs möglich ist (Stuttgart MDR **71**, 1023; Hamm NJW **76**, 527; hierzu Schall NJW **77**, 1045), muß aber die zivilrechtliche Lage im übrigen (zB Mitverschulden; Zivilurteil; Schadensgrund und -höhe, Hamburg MDR **80**, 246; **82**, 304; Stuttgart NJW **80**, 1114; vgl. BGHR Wiederg. 1, hierzu differenzierend v. Spiegel NStZ **81**, 101; zum Ganzen Müller-Dietz, Schultz-GedS 253; H. J. Hirsch, Arm. Kaufmann-GedS 706) berücksichtigen (LK-Ruß 4; enger SK-Horn 4). Der Strafrichter muß in diesen Fällen die Schadenshöhe angeben. Zur Problematik im einzelnen Karlsruhe Die Justiz **78**, 112; LG Bremen NJW **71**, 153; Pentz NJW **54**, 142; **56**, 1868; JR **62**, 99; Baur GA **57**, 338; Dilcher NJW **56**, 1346; Schnitzerling DAR **59**, 201. Die Zahlung der Gerichtskosten ist keine Wiedergutmachung des Schadens und daher als Auflage unzulässig (so schon BGH **9**, 365; München MDR **57**, 500; vgl. auch Hamm NJW **56**, 1887; Händel NJW **57**, 1018). Hingegen kommt ein Schmerzensgeldanspruch in Betracht (LG Bremen NJW **71**, 153; LK 4). Unzulässig ist nach Art. 12 GG die Auflage, unverzüglich ein Arbeitsverhältnis zu begründen (BVerfGE **58**, 358 [m. Anm. Molketin/Jakobs StV **82**, 366; Pitschas JA **82**, 313; hierzu Zöbeley, Faller-FS 345]; vgl. auch NJW **83**, 442; Hamm NStZ **85**, 310; 5 zu § 56c). Zur Frage eines Prozeßvergleiches über Wiedergutmachungslei-

Strafaussetzung zur Bewährung **§ 56 b**

stungen im Strafverfahren Pecher NJW 81, 2170; ferner zur kriminalpolitischen Problematik Beste MSchrKrim 87, 336 mwN.

B. Zahlung eines Geldbetrages zugunsten einer gemeinnützigen Einrichtung oder der Staatskasse **(Nr. 2)**. Für den Geldbetrag besteht keine formelle Höchstgrenze (Stuttgart NJW **54**, 522; LK 12; SchSch-Stree 11; aM SK 9); er kann auch die Höhe einer neben der ausgesetzten Freiheitsstrafe verhängten Geldstrafe überschreiten (Nürnberg GA **59**, 157), wird aber durch die Schranke der Zumutbarkeit für den Verurteilten begrenzt (Hamm VRS **12**, 61; **37**, 262; Braunschweig NdsRpfl. **68**, 89). Unzumutbarkeit ist jedoch nur bei offensichtlichem Mißverhältnis zur Tatschuld oder zu den wirtschaftlichen Verhältnissen des Verurteilten anzunehmen (Hamm GA **69**, 382; vgl. auch LG Verden NdsRpfl. **75**, 147; LG Hagen StV **85**, 465 L). Eine Geldbuße, die der Verurteilte von vornherein nicht erbringen kann, darf nicht verhängt werden (Düsseldorf MDR **88**, 600 L). Die Höhe (vgl. Hamburg MDR **71**, 67) hat sich an dem Gedanken der Genugtuung für das begangene Unrecht, nicht an spezialpräventiven Gesichtspunkten zu orientieren (vgl. weiter Granicky SchlHA **65**, 226; Eberbach NStZ **87**, 488); zur Bemessung der Geldbuße bei Verweigerung des Ersatzdienstes Hamm NStZ **91**, 583. Die Grundsätze zur Errechnung des Nettoeinkommens (7, 20 zu § 40) können auch bei II Nr. 2 herangezogen werden (Frankfurt StV **89**, 250; vgl. Horn StV **92**, 537). Die steuerliche Absetzungsmöglichkeit ist durch § 12 EStG ausgeschlossen. Das gilt auch für Auflagen nach § 153 a StPO (Göhler wistra **85**, 219; irrig Grezesch wistra **85**, 183). Zur Zumessung der Geldauflage am Beispiel des § 153 a I Nr. 2 StPO Fünfsinn NStZ **87**, 97. Ob eine Einrichtung gemeinnützig ist, entscheidet sich nicht nur nach Steuerrecht; das Gericht kann unmittelbare Zahlung an die Einrichtung anordnen (Händel JR **55**, 377). Zur Regelung des Verfahrens bei der Zuweisung von Geldauflagen sind zB ergangen für Baden-Württemberg AVJM v. 14. 12. 1973 und v. 11. 1. 1978, Die Justiz 1975, 35; 1978, 89; Bayern Bek. v. 19. 12. 1974 (JMBl. 1975, 3, 26), Änd-Bek. v. 31. 8. 1977 (JMBl. 220); Hessen RdErl. v. 7. 2. 1983 (JMBl. 113, 115); Niedersachsen AV v. 1. 11. 1974 (NdsRpfl. 268); Nordrhein-Westfalen AV v. 1. 4. 1974, JMBlNW 109; Rheinland-Pfalz AV v 31. 1. 1975, JBl. 33. Zur Auswahl im richterlichen Ermessen vgl. BT-Drs. 11/6867 Nr. 12.

C. Das Erbringen einer sonstigen **gemeinnützigen Leistung (Nr. 3)**. Dabei ist zB an die Ableistung von Arbeit in Krankenhäusern, Heimen, Unfallstationen und ähnlichen Einrichtungen zu denken (Ber. 12; § 15 a ZDG, Bay NZWehrr **73**, 27; Kohlhaas NJW **65**, 1068; Birmanns NJW **65**, 2001; Lackner 3 c; Mrozynski JR **83**, 399; **87**, 274). Nach BVerfG NJW **91**, 1044 verstößt die *Nr. 3,* ebensowenig wie die ähnlich formulierte Weisung des § 10 I S. 3 Nr. 4 JGG [hierzu BVerfGE **74**, 122 m. Anm. Böhm NStZ **87**, 442; Schaffstein NStZ **87**, 502; Ostendorf EzSt Nr. 1 zu § 10 JGG, Köhler GA **88**, 749 u. Gusy Jus **89**, 710] *nicht gegen* das Verbot von Arbeitszwang und Zwangsarbeit *(Art. 12 II, III GG),* sie ist hinreichend bestimmt *(Art. 103 II GG)* und verletzt weder das Grundrecht auf freie Berufswahl *(Art. 12 I GG)* noch das Grundrecht der allgemeinen Handlungsfreiheit *(Art. 2 I GG);* aM noch Hamburg NJW **69**, 1780; LG Lüneburg NJW **57**, 1246; Köhler GA **87**, 145; SchSch 14, 15; vgl. auch Blau H. Kaufmann-GedS 206. (Weitere Beispiele: gemeinnützige Arbeit (für sie gelten Art. 293

§ 56b

II EGStGB und § 103 IV AFG entsprechend, Firgau NStZ **89**, 110; Versicherungsschutz: § 540 RVO), Betätigung für gemeinnützige Organisationen (Rotes Kreuz, Verkehrswacht, Bergwacht, Bahnhofsmission und dergl.); nicht aber die Auflage an einen Kriegsdienstverweigerer, den Zivildienst abzuleisten (LG Köln NStE Nr. 3; aM Nürnberg NStZ **82**, 429; vgl. 4 aE zu § 56c) ebensowenig eine Bußzahlung an einen Hinterbliebenen des durch die Tat fahrlässig Getöteten (LG Bremen NJW **71**, 153). Zu beachten ist hier die Zumutbarkeit der Auflage, die zu verneinen ist, wenn die Tätigkeit über die körperliche Leistungsfähigkeit des Verurteilten hinausgeht, zu tief in seine Lebensführung eingreift oder für politisch oder kirchlich orientierte Organisationen stattfinden soll, deren Richtung der Verurteilte möglicherweise ablehnt. Nach Celle NStZ **90**, 148 soll mangels „kriminalpädagogischer Rechtfertigung" eine Arbeitsauflage dann ausscheiden, wenn der Proband keine Defizite im Arbeitsverhalten aufweist (zutr. krit. hiergegen Arloth aaO). Auch kann der Beitritt zu einer Vereinigung nicht gefordert werden (Art. 9 GG; noch weitergehend Stree, Deliktsfolgen und Grundgesetz 1960, 170).

9 **3) III** ermöglicht dem Verurteilten, freiwillig **angemessene Leistungen zu erbringen, die der Genugtuung für das begangene Unrecht** dienen. Die Leistung kann von anderer Art sein als die Auflagen nach II (zB Entschuldigung beim Verletzten) oder kann über sie hinausgehen (Blutspende). Die Leistung muß angemessen sein, dh ihrem Gewicht nach eine Auflage ersetzen können. Ist sie das, so sieht das Gericht idR (nicht zB von der Auflage nach II Nr. 1, wenn der Verurteilte nur eine gemeinnützige Leistung anbietet) von Auflagen vorläufig ab, wenn die Erfüllung des Anerbietens zu erwarten ist. Seine Ablehnung ist zu begründen (LK 16); es handelt sich um keine bloße Ermessensentscheidung (K 14; aM wohl Bay NZWehrr **73**, 29) Enttäuscht der Verurteilte die Erwartung, so ist das noch kein Widerrufsgrund (§ 56f I Nr. 3); das Gericht erteilt dann vielmehr entsprechende Auflagen (§ 56e).

10 **4) Verfahrensrecht:** Die Auflagen werden in dem Beschluß nach § 268a StPO erteilt (für nachträgliche Auflagen und Änderungen § 453 StPO); vgl. weiter §§ 305a, 453a StPO. Auf die Möglichkeit nach III weist das Gericht in geeigneten Fällen hin (§ 265a S. 1 StPO), also zB nicht, wenn der Angeklagte seine Schuld bestreitet. Die Auflagen hat das Gericht so bestimmt zu formulieren, daß Verstöße (§ 56f I Nr. 3) einwandfrei festgestellt werden können (Bremen StV **86**, 253; Schleswig OLGSt. Nr. 1, 2; vgl. LG Berlin DAR **61**, 144). Hält das Berufungsgericht an der vom AG bewilligten Aussetzung fest, so hat es über etwaige Auflagen neu zu entscheiden (Hamm NJW **67**, 510; Celle MDR **70**, 68; LK 10; aM Bay NJW **56**, 1728). Dem Verbot der *reformatio in peius* sind Auflagen *nicht* unterworfen (Stuttgart NJW **54**, 611; Bay **56**, 253; Hamburg 4. 3. 1980, 1 Ws 51/80; LK 10; LK-Hanack 96 vor § 61; aM Frankfurt NJW **78**, 959; Koblenz JR **77**, 346 m. abl. Anm. Gollwitzer). Hamm NJW **78**, 1597 und Karlsruhe Die Justiz **79**, 211 wollen nachträgliche Verschlechterungen bei Hervortreten neuer Umstände nur im Rahmen der §§ 56e (dort 1; ebenso NJW **82**, 1544 m. Anm. K. Meyer JR **82**, 338; Bay DAR **83**, 247), 56f II zulassen und das Berufungsgericht an das vom Erstrichter bestimmte Ausmaß bezweckter Genugtuung gebunden sehen (vgl. Nürnberg GA **62**, 91). Kein Verstoß gegen § 56e, wenn die nachträgliche Senkung der Strafhöhe durch eine Auflage nach § 56b II Nr. 2 ausgeglichen wird (vgl. Horn MDR **81**, 15). Die Erfüllung von

Strafaussetzung zur Bewährung § 56b

Auflagen und Anerbieten überwacht nach § 453b StPO das Gericht, nicht die StA; auch etwaige Zahlungsfristen und Teilzahlungen bestimmt das Gericht, nicht die Vollstreckungsbehörde (BGH **10**, 288; Köln NJW **57**, 1120; aM Düsseldorf NJW **58**, 1107). Wer gegen Meldeauflagen verstößt und daher die Zustellung des Widerrufsbeschlusses unmöglich macht, erhält keine Wiedereinsetzung (LG Flensburg NJW **77**, 1698). Zur Anfechtung Celle NStZ **83**, 430; 15 zu § 57.

Weisungen

56c I Das Gericht erteilt dem Verurteilten für die Dauer der Bewährungszeit Weisungen, wenn er dieser Hilfe bedarf, um keine Straftaten mehr zu begehen. Dabei dürfen an die Lebensführung des Verurteilten keine unzumutbaren Anforderungen gestellt werden.

II Das Gericht kann den Verurteilten namentlich anweisen,
1. Anordnungen zu befolgen, die sich auf Aufenthalt, Ausbildung, Arbeit oder Freizeit oder auf die Ordnung seiner wirtschaftlichen Verhältnisse beziehen,
2. sich zu bestimmten Zeiten bei Gericht oder einer anderen Stelle zu melden,
3. mit bestimmten Personen oder mit Personen einer bestimmten Gruppe, die ihm Gelegenheit oder Anreiz zu weiteren Straftaten bieten können, nicht zu verkehren, sie nicht zu beschäftigen, auszubilden oder zu beherbergen,
4. bestimmte Gegenstände, die ihm Gelegenheit oder Anreiz zu weiteren Straftaten bieten können, nicht zu besitzen, bei sich zu führen oder verwahren zu lassen oder
5. Unterhaltspflichten nachzukommen.

III Die Weisung,
1. sich einer Heilbehandlung oder einer Entziehungskur zu unterziehen oder
2. in einem geeigneten Heim oder einer geeigneten Anstalt Aufenthalt zu nehmen,

darf nur mit Einwilligung des Verurteilten erteilt werden.

IV Macht der Verurteilte entsprechende Zusagen für seine künftige Lebensführung, so sieht das Gericht in der Regel von Weisungen vorläufig ab, wenn die Einhaltung der Zusagen zu erwarten ist.

1) Weisungen (§§ 56c, 56d; 2 zu § 56b) muß das Gericht dem Verurteilten **für die Dauer der Bewährungszeit** (§ 56a) nach **I S. 1** erteilen, wenn nur mit deren Hilfe eine günstige Sozialprognose (4 ff. zu § 56) gestellt werden kann. § 56c idF des 2. StRG bezieht sich auf einen labilen Tätertyp, bei dem eine gewisse Gefahr künftiger Straftaten besteht, die aber nach Überzeugung des Gerichts ausgeräumt werden kann, wenn die Lebensführung des Verurteilten durch entsprechende Weisungen spezialpräventiv beeinflußt wird mit dem Ziel, daß der Verurteilte keine Straftaten mehr begeht. Doch können die Weisungen darauf abgestellt werden, daß der Täter allgemein ein geordnetes und gesetzmäßiges Leben führt. Denn darin liegt zugleich die Grundlage dafür, daß er keine Straftaten mehr begeht. Weisungen mit anderer Zielsetzung, etwa Gerichtskosten oder Werter-

§ 56 c   AT Dritter Abschnitt. Vierter Titel

satzstrafe zu bezahlen, sind nicht zulässig (BGH **9**, 365; Köln NJW **57**, 1120; vgl. Saarbrücken NJW **58**, 722). Hingegen ist zum Nachweis der Drogenfreiheit die Weisung an den Verurteilten, in bestimmten Zeitabständen einen *Urintest* durchführen zu lassen, wegen der präventiven und die Lebensführung stabilisierenden Wirkung einer solchen Weisung zulässig (Stuttgart OLGSt Nr. 1; Zweibrücken NStZ **89**, 578 [m. Anm. Stree JR **90**, 122]; vgl. auch Zweibrücken NStE Nr. 4; aM Lackner 4; Mrozynski JR **83**, 402). Eine solche Weisung ist entbehrlich, wenn der Verurteilte eine entsprechende Zusage nach IV (unten 12) macht. Zur Unzulässigkeit der Weisung des Wohlverhaltens vor der Entlassung (München NStZ **85**, 412), „Anfragen der StVK unverzüglich zu beantworten" (Karlsruhe Die Justiz **84**, 427), die Anstaltsordnung einzuhalten und aus Urlauben zurückzukehren (Horn JZ **81**, 16).

2   **2) Nach I S. 2** spielt die Schranke der Gesetzmäßigkeit und **Zumutbarkeit** eine wichtige Rolle. Hiernach sind Weisungen *unzulässig,* die **A.** gegen **uneinschränkbare Grundrechte** verstoßen, so eine den Kirchenbesuch regelnde (Art. 4 GG) oder das Recht der freien Meinungsäußerung (Art. 5 GG; Art. 10 MRK) einschränkende Weisung, zB sich nicht als Redner oder Schriftsteller zu betätigen (LK 8; aM Braunschweig NJW **57**, 759), einem Verein beizutreten oder aus ihm auszutreten (Art. 9 GG; vgl. 8 zu § 56b; Schäfer StrZ 138). Bei **einschränkbaren Grundrechten** hingegen enthält schon die Generalklausel in I die nötige Einschränkung. Die Auffassung von Maunz-Dürig (78 zu Art. 2 GG), die Einschränkung verkürze sich wegen Art. 19 I S. 2 GG auf die im Gesetz ausdrücklich genannten Beispiele (ebenso Stree aaO 142; LK 7; vgl. auch LG Limburg NJW **57**, 1246), ist nicht die des Gesetzes (arg. Art. 101 1. StrRG; vgl. auch Hamburg NJW **72**, 168). Nach Morzynski (JR **83**, 402) ist aber die Weisung, in bestimmten Zeitabständen einen Urintest durchführen zu lassen, nicht zulässig, eine Zusage nach IV insoweit aber möglich. Grundrechtseinschränkungen, die automatische Nebenwirkungen einer zulässigen Auflage sind, sind ohne Bedeutung (Stree aaO 149).

3   **B.** einen so **einschneidenden Eingriff** in die Lebensführung des Verurteilten enthalten, daß er ihm nicht zuzumuten ist; so die Weisung, eine bestimmte Heirat zu schließen oder zu unterlassen (Art. 6 GG), die eheliche Lebensgemeinschaft wiederherzustellen (differenzierend Nürnberg NJW **59**, 1451), als Erwachsener ins Elternhaus zurückzukehren (Art. 11 GG; str.; aM SK 4). Zulässig ist hingegen die Weisung, sich jeglichen Alkoholgenusses zu enthalten (Düsseldorf MDR **84**, 686), daß ein 23jähriger, lediger Verurteilter zunächst ins Elternhaus zurückkehrt (Bremen GA **57**, 415; LK 5, 6) oder das Verbot für einen Sexualstraftäter, fremde Kinder anzusprechen oder mit in die eigene Wohnung zu nehmen (MDR/H **78**, 623; Hamburg NJW **64**, 1814; zust. Heinitz JR **65**, 265). Maßstab der Zumutbarkeit ist in Grenzfällen, welche Belastung auch vom wohlverstandenen Interesse des Verurteilten her vertretbar ist, um ihn vor der Vollstreckung der Strafe zu bewahren.

4   **3) Eine zusätzliche Schranke** verbietet solche Weisungen, die als staatliche Reaktionen besonderer Art anderweitige ausdrückliche Regelung gefunden haben, jedoch nur, soweit die Weisung sich im Ergebnis mit dieser Reaktion deckt (LK 10; aM SchSch-Stree 12 f.). Unzulässig ist daher ein

Strafaussetzung zur Bewährung **§ 56 c**

Fahrverbot (§ 44; vgl. Düsseldorf NJW **68**, 2156 mit Anm. van Els); eine ein Berufsverbot darstellende Weisung (Hamm NJW **55**, 34; Bruns GA **56**, 209; Peters JZ **57**, 64; vgl. aber unten 5); anders aber bei einer nebenberuflich ausgeübten Tätigkeit (vgl. BGH **9**, 258); unzulässig die Weisung, sich in eine Entziehungsanstalt zu begeben (wegen § 64; Mrozynski JR **83**, 398; vgl. aber unten 10); dazu ist nach III Nr. 1 die Einwilligung des Verurteilten erforderlich; die Höchstdauer nach § 67 d I darf auch dann nicht überschritten werden. Auch die Weisung an einen *Ausländer,* die BRep. nach Aussetzung des Strafrestes zu verlassen, ist unzulässig, weil sie auf eine Ausweisung hinausläuft (Karlsruhe Die Justiz **64**, 90; Bay **80**, 101; Koblenz MDR **85**, 600 m. Anm. M. K. Meyer NStZ **87**, 25), ferner die einer Verfallerklärung gleichkommende Auflage, freigegebene beschlagnahmte Gelder zur Zahlung einer Geldauflage (§ 56 b II Nr. 2) zu verwenden (Hamm NStE Nr. 1 zu § 56 b), die Weisung an einen bereits nach § 53 ZDG Verurteilten, der Zivildienstpflicht nachzukommen (Bay NJW **80**, 2425 [m. Anm. Peters JR **81**, 172]; Hamm NStZ **84**, 456; vgl. auch 4 c zu § 56; LK 11, da eine nochmalige Verurteilung nach § 53 ZDG nicht möglich ist, BVerfGE **23**, 191).

4) Der Katalog der Weisungen in **II ist nicht abschließend,** um dem 5 Gericht alle Möglichkeiten zu eröffnen, die der einzelne Fall nahelegt (Ber. BT-Drs. V/4094, 12). Darin liegt kein Verstoß gegen rechtsstaatliche Grundsätze (Stuttgart OLGSt Nr. 1; LK-Ruß 3; Stree, Deliktsfolgen und Grundgesetz, 1960, 146; Maunz-Dürig 118 zu Art. 103 GG; E 1962, 202; 3 zu § 56b). In Betracht kommen **namentlich** folgende Weisungen; **Nr. 1:** Anordnungen, die sich auf **Aufenthalt** (Einschränkung nach Art. 11 II GG), **Ausbildung** (zB eines ungelernten Arbeiters), **Arbeit** (Hilfsdienste in Krankenhäusern usw.; 8 zu § 56 b) beziehen; nach Hamm JMBlNW **69**, 285; OLGSt. 7 auch die Weisung, während der Bewährungszeit keine selbständige kaufmännische Tätigkeit auszuüben; nach Celle NJW **71**, 718 auch die Weisung, unter weitestgehender Aufgabe eines Einmannhandwerksbetriebes eine unselbständige Arbeit anzunehmen; die Weisung an eine werdende Mutter, sich nach der Entbindung um eine versicherungspflichtige Tätigkeit zu bemühen (BVerfG NJW **83**, 442; LG Würzburg NJW **83**, 463; Hamm NStZ **85**, 311; Mrozynski JR **83**, 400; zum Ganzen Zöbeley, Faller-FS 345), nach AG Berlin-Tiergarten DAR **71**, 21 die Weisung, die Erlaubnis zum Fahren von Kraftfahrzeugen auf eigene Kosten zu erwerben, wenn der Täter wiederholt gefahren war, ohne die Erlaubnis zu haben (hierzu Händel DAR **77**, 309); die Weisung zur Entwicklung einer risikobewußten Einstellung im Straßenverkehr an einem Nachschulungskurs teilzunehmen (vgl. §§ 2a, 2b StVG; 10a, 10b, 19 zu § 69; Mrozynski JR **83**, 399); nach Hamburg NJW **72**, 168 die Weisung, nicht im Gaststättengewerbe tätig zu sein, wenn der Verurteilte unter Alkohol zu schweren Gewalttaten neigt; die Weisung, Wohnung und Arbeitsstelle nicht ohne vorherige Rücksprache mit dem BHelfer zu wechseln (Hamm NStZ **85**, 311, vgl. auch Koblenz OLGSt. Nr. 6 zu § 57); **Freizeit** (Alkoholverbot, Düsseldorf NStZ **84**, 332) beziehen, wobei allenthalben die Schranken nach 2 bis 4 zu beachten sind, wie auch III Nr. 2 ergibt. Doch sind zB bei Friseuren (vgl. GA **56**, 210) oder Bademeistern, die zu Sexualdelikten neigen, Beschränkungen ihrer Tätigkeit zulässig. Ausländern und Asylbewerbern dürfen bezüglich

Wohnung und Arbeitsplatz Weisungen nur erteilt werden, wenn Aufenthalts- und Arbeitserlaubnis vorhanden ist (Karlsruhe Die Justiz **81**, 238). Mit der **Ordnung seiner wirtschaftlichen Verhältnisse** ist an eine Planung

6 zur Abtragung von Schulden gedacht. **Nr. 2:** Die Verpflichtung zur **Meldung,** dh persönliches Erscheinen, bei Gericht oder einer anderen Stelle, die keine staatliche zu sein braucht (LK 14), zu bestimmten Zeiten. Sie bezweckt auch, daß der Verurteilte stets erreicht werden kann (LG Flens-

7 burg NJW **77**, 1698). **Nr. 3:** Das **Verbot,** mit bestimmten **Personen** oder Angehörigen einer Gruppe zu **verkehren** (zB den Kontakt mit der geschiedenen Ehefrau gegen deren Willen [MDR/H **88**, 1001] oder Kontakte mit fremden Kindern oder Jugendlichen [Hamburg NJW **64**, 1814] zu unterlassen), sie zu beschäftigen, auszubilden oder zu beherbergen, wenn Umgang mit ihnen kriminogen wirken könnte. Gedacht ist an Täter, die ihre Komplizen in Verbrecherzirkeln finden, aber auch an Sexualdelinquenten.

8 **Nr. 4:** Das Verbot, bestimmte **Gegenstände** zu besitzen, bei sich zu führen oder verwahren zu lassen, die in den Händen des Täters kriminogen wirken könnten, zB Diebeswerkzeug, Waffen, Schlagringe, Wildereigerät, zum Schwangerschaftsabbruch geeignete Gegenstände, Fälschungsmittel, pornographische Schriften (E 1962, 222). Eheleute haben an Gegenständen der gemeinsamen Wohnung idR Mitbesitz, falls die Gegenstände nicht im persönlichen Gebrauch oder unter Sonderverschluß stehen (16. 1. 1980, 2

9 StR 696/79). **Nr. 5:** Die Erfüllung von **Unterhaltspflichten** in zivilrechtlichem Umfang (6 zu § 56b); die Weisung ist idR in den Fällen von § 170b zu erteilen (Bremen JR **61**, 226; Celle NJW **71**, 718), darf aber die zivilrechtliche Unterhaltspflicht nicht überschreiten, bei Rückständen sind die Grenzen der §§ 850c, 850d ZPO zu beachten (Schleswig NStZ **85**, 269 L). Die Einschränkung des § 153a I Nr. 4 StPO („in einer bestimmten Höhe") enthält II Nr. 5 nicht, so daß auch andere Unterhaltsleistungen als Geldzahlungen in Betracht kommen. Ein gröblicher oder beharrlicher Verstoß setzt voraus, daß der Verurteilte seine Zahlungsverpflichtungen im einzelnen kennt (Schleswig NStZ **85**, 269 L).

10 **5) Die Weisungen nach III** dürfen nur mit **Einwilligung des Verurteilten** erteilt werden (Hamm StV **90**, 308 L), die bei Erteilung der Weisung vorliegen muß und nur so lange rücknehmbar ist, wie noch über die Strafaussetzung entschieden werden kann (Celle MDR **87**, 956). Durch eine spätere Rücknahme wird die Weisung zwar nicht unrechtmäßig (Sturm JZ **70**, 86; hM; Karlsruhe MDR **82**, 341; zT aM LK 9), doch bleibt der Widerruf erheblich, weil zwar die Maßregeln der §§ 63, 64, nicht aber die Weisungen nach III zwangsweise durchgesetzt werden können. Ob schon allein im Widerruf oder im **Abbruch der Behandlung** oder des Aufenthalts (III) ein gröblicher oder beharrlicher Verstoß (§ 56f I Nr. 2) liegt, ist nach dem Begleitverhalten des Verurteilten und nach den gesamten Umständen zu beurteilen, idR dann aber zu bejahen, wenn die Aussetzung unter Vorspiegelung des Einverständnisses erschlichen wurde; anderes wird uU für den Abbruch der Behandlung von BtM-Abhängigen aus verständlichen Gründen (BGH **36**, 9 [m. krit. Anm. Terhorst JR **90**, 72]; Hamburg NStZ **92**, 301) zu gelten haben (6a zu § 56; vgl. auch SK 17 zu § 56f), wenn er nicht auf eine Behandlungsunwilligkeit zurückzuführen ist, sondern seine Ursache im Persönlichkeitsbild des Verurteilten hat (LG Berlin StV **89**,

Strafaussetzung zur Bewährung § 56 c

114). Weisungen, die gegen den Willen des Verurteilten die Schranken unter 2 bis 4 verletzen würden, können mit seiner Einwilligung zulässig werden; dabei ist allerdings zu beachten, daß in gewissen Fällen, insbesondere bei uneinschränkbaren Grundrechten, auch eine Weisung mit Einwilligung des Verurteilten unzulässig sein kann, daß die Einwilligung freiwillig erklärt wird und daß die Weisung bei Einwilligungsrücknahme nicht vollziehbar ist, so daß, wenn der Widerruf ausscheidet, nachträgliche Entscheidungen nach § 56e veranlaßt sein können (BGH **36**, 100) Möglich ist die Weisung **nach Nr. 1,** sich einer **Heilbehandlung,** dh einer spezialpräventiv erfolgversprechenden und nach Form und Intensität näher zu ermittelnden (28. 1. 1982, 1 StR 835/81) ärztlichen Behandlung, vor allem einer psychotherapeutischen (vgl. AVJM BW v. 3. 5. 1957, Die Justiz **57**, 166; **58**, 132; **67**, 104; Redhardt MSchrKrim. **58**, 164; Demski NJW **58**, 2100; Hirschmann NJW **61**, 245; v. Schumann JR **77**, 269) zu unterziehen. Gefährliche Methoden (Elektroschock) sind regelmäßig unzumutbar (Bruns GA **56**, 213). Eine Auflage, sich kastrieren zu lassen, ist unzulässig. Auch die Weisung zu einer ambulanten (Antabus) oder stationären **Entziehungskur** ist an die Einwilligung des Verurteilten gebunden. Jedoch setzen die Begriffe Heilbehandlung und Entziehungskur nicht notwendig eine ärztliche Leitung voraus. Es kommen auch geeignete offene oder geschlossene Einrichtungen in Betracht, jedoch sollte die Therapie begonnen oder deren Beginn sowie die Zusammenarbeit der Therapeuten mit dem Gericht, insbesondere die Meldung des Behandlungsabbruchs (hierzu Tröndle MDR **82**, 4) gewährleistet, dh auch die Frage der Kosten geklärt und der Therapieplatz gesichert sein (vgl. **83**, 167) Zur Frage triebdämpfender Medikamente Hamm NJW **72**, 2230; **nach Nr. 2,** in einem geeigneten **Heim** oder einer geeigneten **Anstalt** (bei Asozialen, Trinkern; aber auch Übergangsheime bei Aussetzung des Strafrestes) Aufenthalt zu nehmen. Maßregelvoraussetzungen nach §§ 61 ff. können fehlen; SchSch 25 ist für analoge Anwendung. 10a

11

6) Freiwillige Zusagen des Verurteilten für seine künftige Lebensführung läßt **IV** in Parallele zu § 56b III zu. Sie können über die dem Gericht möglichen Weisungen hinausgehen (zB das Versprechen, einem Enthaltsamkeitsverein beizutreten), insbesondere die Grenze der Zumutbarkeit hinausschieben. Ersetzen sie in ihrer Wirkung sonst notwendige entsprechende Weisungen und ist ihre Einhaltung zu erwarten, so sieht das Gericht idR (ergänzende Weisungen sind möglich) von Weisungen vorläufig ab. Vgl. im übrigen 9 zu § 56b. Zu bedenken ist, daß es nicht unter § 56f I Nr. 2 fällt, wenn die Zusage nicht eingehalten wird (Stuttgart OLGSt Nr. 1), was bei Drogenabhängigen anfangs idR nicht erwartet werden kann. Hieraus folgt, daß ihre Behandlungsbereitschaft in der Form des III erklärt werden sollte. 12

7) Zum Verfahrensrecht gilt das unter 10 zu § 56b für Auflagen und Anerbieten Gesagte entsprechend für Weisungen und Zusagen. 13

§ 56 d

Bewährungshilfe

56 d [I] Das Gericht unterstellt den Verurteilten für die Dauer oder einen Teil der Bewährungszeit der Aufsicht und Leitung eines Bewährungshelfers, wenn dies angezeigt ist, um ihn von Straftaten abzuhalten.

[II] Eine Weisung nach Absatz 1 erteilt das Gericht in der Regel, wenn es eine Freiheitsstrafe von mehr als neun Monaten aussetzt und der Verurteilte noch nicht siebenundzwanzig Jahre alt ist.

[III] Der Bewährungshelfer steht dem Verurteilten helfend und betreuend zur Seite. Er überwacht im Einvernehmen mit dem Gericht die Erfüllung der Auflagen und Weisungen sowie der Anerbieten und Zusagen. Er berichtet über die Lebensführung des Verurteilten in Zeitabständen, die das Gericht bestimmt. Gröbliche oder beharrliche Verstöße gegen Auflagen, Weisungen, Anerbieten oder Zusagen teilt er dem Gericht mit.

[IV] Der Bewährungshelfer wird vom Gericht bestellt. Es kann ihm für seine Tätigkeit nach Absatz 3 Anweisungen erteilen.

[V] Die Tätigkeit des Bewährungshelfers wird haupt- oder ehrenamtlich ausgeübt.

1 1) **Die Unterstellung des Verurteilten unter die Aufsicht und Leitung eines Bewährungshelfers** ist die kriminalpolitisch bedeutsamste Weisung (1 ff. zu § 56 c) an den Verurteilten. Sie wird **für die Dauer der Bewährungszeit** (§ 56 a) **oder** (wie die Änderung des § 56 d idF des 2. StrRG/EGStGB durch das 23. StÄG klarstellt) **für einen Teil** derselben, dh für die erforderliche Dauer erteilt. Die Dauer der Unterstellung richtet sich nach den Gegebenheiten des Einzelfalles. Erfahrungsgemäß ist eine 2 Jahre übersteigende Unterstellungszeit idR nicht erforderlich (RA-BTag 62/14; RA-BRat 559/19). Die Institution der Bewährungshilfe, deren unzureichende Ausstattung im RA-BTag (10. WP/62. Sitz. S. 15) beklagt wurde, hat ausländische Vorbilder (probation officer; Lackner JZ **53**, 428; Würtenberger MDR **55**, 9; D. v. Caemmerer, Probation, 1952). Sie stellt eine Art „ambulanter Behandlung" dar (Ber. BT-Drs. V/1094, 12) und ist schon vor dem 3. StÄG in der BRep. erfolgreich erprobt worden. Die Tätigkeit des BHelfers wird idR hauptamtlich ausgeübt (hierzu Stöckel, Bruns-FS 303). Am 31. 12. 1989: 2067 hauptamtliche BHelfer für 130767 Unterstellungen in der BHilfe und 12400 unter FAufsicht; (Betreuungsquote: 69,3 Probanden je BHelfer. Von den 1987 nach allgemeinem Strafrecht insgesamt beendeten 28370 Unterstellungen wurden 17244 durch Straferlaß und 2015 durch Aufhebung der Unterstellung abgeschlossen (weit. stat. Angaben bei Schöch DJT C 122). Besonderheiten des Wehrdienstes sind nach § 14 WStG zu berücksichtigen. Bei Strafarrest scheidet § 56 d aus (§ 14 a WStG).

Schrifttum: *Berckhauer,* Soziale Dienste in der Strafrechtspflege 1953 bis 1983 (eine Auswahlbibliographie); *Bockwoldt* GA **83**, 546; *D. v. Caemmerer,* Probation, 1952; *Cornel* GA **90**, 55 (Dienst- und Fachaufsicht; *Janker* (Bayern), Bengl-FS 257; *Jung,* Göppinger-FS 511, *Kerner/Hermann/Bockwoldt,* Straf(rest)aussetzung und Bewährunshilfe, 1983; *Lackner* JZ **53**, 428; *Rahn* NJW **76**, 838; *Schöch* in Jehle [2 zu § 46] 260, NStZ **92**, 364 u. DJT C 22; *Stöckl,* Bruns-FS 299; *M. Walter* HdbKrim. V 151; *Würtenberger* MDR **55**, 9.

Strafaussetzung zur Bewährung § 56 d

Landesrechtliche Regelungen: Baden-Württemberg, JSG v. 13. 12. 1979 **2**
(GBl. 550); AVJuM v. 22. 6. 1981 (Die Justiz 303); Bayern, Bek. v. 3. 12. 1974,
JMBl. 385, letzte ÄndBek. v. 14. 7. 1980 (JMBl. 193); Berlin, Ges. v. 13. 5.
1954, GVBl. S. 285, ÄndG v. 6. 3. 1970 (GVBl. 474); AV v. 25. 3. 1971 (ABl.
641); Bremen, Erlaß v. 15. 6. 1955 (Amtl. Mitt. 168); Hamburg, vgl. AV v.
23. 12. 1974, JVBl. 175; Hessen, Erl. v. 21. 12. 1953, Staatsanz. 1954 S. 108;
Niedersachsen BewHG v. 25. 10. 1961, GVBl. S. 315, letztes ÄndG v. 2. 12.
1974 (GVBl. 535); AV v. 20. 12. 1973, NdsRpfl. 1974, 16; AV v. 14. 7. 1981
(NdsRpfl. 189); Nordrhein-Westfalen, BewHG idF v. 2. 2. 1968, (GVBl. 26;
SGV NW 321), letztes ÄndG v. 18. 2. 1992 (GVNW 76), AV v. 11. 3. 1981
(JMBlNW 86), ÄndAV v. 2. 4. 1982 (JMBlNW 97); Erl. v. 27. 4. 1982
(MBlNW 924); Rheinland-Pfalz BewHG v. 11. 7. 1956 (GVBl. 86; BS 3216-10),
letztes ÄndG v. 7. 2. 1983 (GVBl. 25), AO v. 15. 1. 1975 (GVBl. 48; BS 3216-
1); Saarland, SozDG v. 6. 7. 1976 (ABl. 756; BS 390-21); Schleswig-Holstein
BewHG v. 7. 1. 1956 (GVOBl. 4; GSSchl.-H. 312), ÄndG v. 24. 3. 1970
(GVOBl. 66, 70); AVJM v. 1. 5. 1982 (SchlHA 87). Danach sind die BHelfer für
Erwachsene mit Ausnahme von Hamburg in die Justiz eingegliedert.

2) Voraussetzung der Unterstellung ist, daß sie **angezeigt ist, um** den **3**
Verurteilten **von Straftaten abzuhalten**, insbesondere, weil weniger einschneidende Weisungen keinen Erfolg versprechen (Sturm JZ **70**, 86) und
die günstige Sozialprognose (4 ff. zu § 56) nur gestellt werden kann, wenn
der Verurteilte einem BHelfer unterstellt wird. **Nach II** ist dieser Sachverhalt **idR** zu vermuten, die Weisung nach II somit zu erteilen, **wenn** das
Gericht eine **Freiheitsstrafe von mehr als 9 Monaten** aussetzt **und der
Verurteilte noch nicht 27 Jahre alt ist**, ohne daß es besonderer Feststellung
bedarf (auch wenn die Bewährungsquote zwischen 21 und 25 Jahren besonders hoch ist, Kunert MDR **69**, 711). Das Gericht hat, wenn es eine Ausnahme von dieser Regel macht (zB wenn die Behandlung in einer anerkannten Einrichtung und die Kooperation mit ihr gewährleistet sind, 10 a
zu § 56 c), darzutun, aus welchen besonderen Gründen auf die Weisung
verzichtet werden kann.

3) Vom Gericht wird der BHelfer bestellt; es kann ihm für seine Tätig- **4**
keit (unten 5) Anweisungen erteilen **(IV)**, auch dann, wenn er organisatorisch nicht in die Justiz eingegliedert ist; es hat ggf von Amts wegen zu
prüfen, ob der BHelfer den Pflichten (unten 5) gerecht wird (Hamm 10. 11.
1978, 1 Ws 252/78). *Zuständig* ist das Gericht 1. Instanz. Falls aber das
Berufungsgericht die Unterstellung erstmals anordnet, obliegt ihm auch
die namentliche Bestellung des BHelfers. Es darf sie in diesem Fall nicht
dem Gericht 1. Instanz überlassen; wohl aber hat das Gericht 1. Instanz
entsprechend §§ 453 I, 462 II S. 1 StPO die namentliche Bestellung nachzuholen, wenn sie in der Berufungsinstanz, und sei es auch bewußt, unterblieben ist (Köln NStZ **91**, 454 m. Anm. Horn JR **91**, 476).

4) Der Bewährungshelfer übt seine Funktion der Aufsicht und Leitung **5**
(I) in erster Linie so aus, daß er dem Verurteilten **helfend und betreuend
zur Seite** steht **(III S. 1)**. Der gesetzliche Auftrag umfaßt die fürsorgerische
Betreuung (zB rechtliche Hilfeleistung, aber keine rechtsgeschäftliche Vertretungsbefugnis), Lebenshilfe (zB bei der sinnvollen Freizeitgestaltung)
und Resozialisierung, zB Hilfe, die sozialen Anpassungsschwierigkeiten zu
überwinden, die zu neuen Straftaten führen könnten (Familie, Wohnung,
Arbeitsplatz). Neben der Betreuungsaufgabe hat der BHelfer aber auch

§ 56 d

eine Funktion in der Strafrechtspflege (zur Doppelfunktion vgl. RA-BTag 10. WP/62. Sitz. S. 17). Aus dem Amt des BHelfers und seiner Weisungsgebundenheit folgt, daß er nicht zugleich Verteidiger oder vor Gericht Bevollmächtigter seines Probanden sein kann (Düsseldorf NStZ **87**, 340, hierzu krit. Bringewat MDR **88**, 617). Der BHelfer achtet darauf, daß der Verurteilte Auflagen usw. erfüllt (**III S. 2**). In Zeitabständen, die das Gericht bestimmt (**III S. 3**), berichtet der BHelfer dem Gericht über die Lebensführung des Verurteilten, namentlich über etwaige Straftaten, die Erfüllung von Auflagen und Weisungen sowie von Anerbieten und Zusagen; letzteres, weil von Auflagen und Weisungen nach § 56b III und § 56c IV nur vorläufig abgesehen wurde (Kunert MDR **69**, 712; Sturm JZ **70**, 86). Damit verlagert sich die gerichtliche Überwachungspflicht § 453b I StPO im Falle der Unterstellung unter einen BHelfer auf diesen: Er überwacht im Einvernehmen mit dem Gericht die Pflichten des Verurteilten. Nach **III S. 4** teilt der BHelfer dem Gericht unabhängig von der Berichtspflicht nach S. 3 mit, wenn der Verurteilte sich seiner Aufsicht und Leitung beharrlich entzieht oder gröblich oder beharrlich gegen Auflagen, Weisungen, Anerbieten oder Zusagen verstößt, letzteres weil das Gericht von Auflagen und Weisungen nach § 56b III und § 56c IV nur vorläufig absieht (Kunert MDR **69**, 712; Sturm JZ **70**, 86). Eigene Weisungen darf der BHelfer dem Verurteilten nicht erteilen. Das Gericht kann seine Weisungsbefugnis auch nicht in der Form auf den BHelfer delegieren, daß es dem Verurteilten generell oder in Teilbereichen die Weisungen gibt, Anordnungen des BHelfers zu befolgen (vgl. Pentz NJW **58**, 1768; Stree aaO 148f.). Ein Recht auf Zutritt zu dem Verurteilten hat der BHelfer nicht (anders nach § 24 II S. 4 JGG). Doch kann das Gericht dem Verurteilten die Weisung geben, dem BHelfer zu angemessenen Zeiten Zutritt zu gestatten. Vor Ablauf der Bewährungszeit sollte der BHelfer dem Gericht einen umfassenden Schlußbericht erteilen.

6 5) **Verfahrensrechtlich** stellt § 453 I S. 4 StPO idF des 23. StÄG (9 vor § 53) sicher, daß der BHelfer unterrichtet wird, wenn eine Entscheidung über den Widerruf (§ 56f) oder den Straferlaß (§ 56g) in Betracht kommt, vor allem um vom BHelfer die Hintergründe der Bewährung oder Nichtbewährung zu erfahren (BT-Drs. 10/2720 S. 14). Nicht zu unterrichten ist der BHelfer beim Widerruf des Straferlasses; denn die BHilfe endet mit dem Erlaß der Strafe (BT-Drs. 10/2720 S. 25).

Nachträgliche Entscheidungen

56 e Das Gericht kann Entscheidungen nach den §§ 56b bis 56d auch nachträglich treffen, ändern oder aufheben.

1 1) **Nachträglich,** nämlich erst nach dem mit dem Urteil über die Strafaussetzung (§ 260 IV S. 4 StPO) zu verkündenden Beschluß nach § 268a StPO kann das Gericht Entscheidungen nach den §§ 56b bis 56d (für die nachträgliche Änderung der Bewährungszeit gilt § 56a II S. 2) treffen, ändern oder aufheben (§ 56e idF des 2. StRG). Nach dieser alle denkbaren Fälle umfassenden Terminologie ist es gleichgültig, ob man unter „ändern" nur die Fälle verstehen will, in denen die gleiche Auflage modifiziert wird, oder auch die Fälle, in denen eine erteilte Auflage durch eine andere ersetzt wird. Sinn der Vorschrift ist, daß der Behandlungsplan, der in der Ertei-

Strafaussetzung zur Bewährung **§ 56e**

lung von Auflagen und Weisungen liegt und der zunächst zugleich mit dem Urteil aufzustellen ist (§ 268a I StPO), im Laufe der Bewährungszeit den wechselnden Verhältnissen, insbesondere den Fortschritten oder Rückschlägen angepaßt werden kann. So hat das Gericht selbst dann, wenn Gründe für einen Widerruf vorliegen, von ihm abzusehen, wenn es ausreicht, weitere Auflagen oder Weisungen zu erteilen (§ 56f II). Daraus wird klar, daß die nachträgliche Entscheidung auch eine Änderung zuungunsten des Verurteilten, wenn auch in seinem Interesse zum Inhalt haben kann (10 zu § 56b; Prot. V/2163; Frankfurt NJW **71**, 720; Hamm NJW **76**, 527; LK-Ruß 4; vgl. LG Baden-Baden NStE Nr. 1; auch SchSch-Stree 3; SK-Horn 3, 4). Nach dem Sinn der Vorschrift kann sie nur dann ergehen, wenn sich entweder die objektive Situation geändert hat (zB Wohnsitzwechsel, so daß ein neuer BHelfer zu bestellen ist, oder wenn ein Dritter den Schaden bereits wiedergutgemacht hat (27a zu § 46, so daß sich jetzt eine Auflage nach § 56b II Nr. 2 empfiehlt) oder das Gericht von vorher schon bestehenden Umständen erst nachträglich erfahren hat (Hamm NJW **78**, 1597) oder sich bekannte Umstände durch neue Einsichten in neuem Lichte zeigen; eine bloße Änderung der Bewertungsmaßstäbe allein reicht nicht aus (LK 2). Die nachträgliche Erteilung einer Auflage nach § 56b II Nr. 2 ist daher nur zulässig, wenn das Gericht sich erst ein zutreffendes Bild von den wirtschaftlichen Verhältnissen des Täters machen mußte oder sich diese Verhältnisse geändert haben (Stuttgart NJW **69**, 1220; Zweibrücken JR **91**, 290 m. Anm. Horn).

2) Das **Verfahren** bei nachträglichen Entscheidungen regelt § 453 StPO. Das an sich zuständige Gericht des 1. Rechtszuges kann die Entscheidungen mit *bindender* Wirkung an das AG abgeben, in dessen Bezirk der Verurteilte seinen Wohnsitz oder in Ermangelung eines Wohnsitzes seinen gewöhnlichen Aufenthalt hat (§ 462a II StPO; 15. 4. 1992, 2 ARs 154/92); zum rechtlichen Gehör LK 5. Belehrung des Verurteilten § 453a StPO; SK 8; zur Anfechtung 15 zu § 57.

Widerruf der Strafaussetzung

56 f ^I Das Gericht widerruft die Strafaussetzung, wenn der Verurteilte

1. in der Bewährungszeit eine Straftat begeht und dadurch zeigt, daß die Erwartung, die der Strafaussetzung zugrunde lag, sich nicht erfüllt hat,
2. gegen Weisungen gröblich oder beharrlich verstößt oder sich der Aufsicht und Leitung des Bewährungshelfers beharrlich entzieht und dadurch Anlaß zu der Besorgnis gibt, daß er erneut Straftaten begehen wird, oder
3. gegen Auflagen gröblich oder beharrlich verstößt.

Satz 1 Nr. 1 gilt entsprechend, wenn die Tat in der Zeit zwischen der Entscheidung über die Strafaussetzung und deren Rechtskraft begangen worden ist.

^{II} Das Gericht sieht jedoch von dem Widerruf ab, wenn es ausreicht,

1. weitere Auflagen oder Weisungen zu erteilen, namentlich den Verurteilten einem Bewährungshelfer zu unterstellen, oder
2. die Bewährungs- oder Unterstellungszeit zu verlängern.

In den Fällen der Nummer 2 darf die Bewährungszeit nicht um mehr als die Hälfte der zunächst bestimmten Bewährungszeit verlängert werden.

§ 56f

III Leistungen, die der Verurteilte zur Erfüllung von Auflagen, Anerbieten, Weisungen oder Zusagen erbracht hat, werden nicht erstattet. Das Gericht kann jedoch, wenn es die Strafaussetzung widerruft, Leistungen, die der Verurteilte zur Erfüllung von Auflagen nach § 56b Abs. 2 Nr. 2 oder 3 oder entsprechenden Anerbieten nach § 56b Abs. 3 erbracht hat, auf die Strafe anrechnen.

Auf DDR-Verurteilungen auf Bewährung (§ 33 StGB-DDR) und auf Freiheitsstrafe, die wegen einer vor dem 3. 10. 1990 begangenen Tat verhängt worden ist, sind §§ 56f, 57 anzuwenden (vgl. Art. 315 III EGStGB, 58 vor § 3).

1   **1) Die Vorschrift** idF des 2. StrRG/EGStGB/20. StÄG (2 zu § 57a), zu I S. 2, II idF des 23. StÄG (9 vor § 56), enthält in I einen abschließenden Katalog der Widerrufsgründe und in II die Voraussetzungen für das Absehen vom Widerruf. **Kriminalpolitisch** führt I u. a. zu dem unerfreulichen Ergebnis, daß dem Rückfall nicht rechtzeitig begegnet werden kann. So darf zB nicht widerrufen werden, wenn der Täter die Begehung eines Deliktes ernsthaft vorbereitet oder ankündigt oder wenn der Täter noch zwischen Ablauf der Bewährungszeit und Abschlußentscheidung des Gerichtes schwere Straftaten begeht. Vgl. im übrigen unten 3a. Umgekehrt können auch positive Faktoren nach Schluß der Bewährungszeit nicht verwertet werden. Zum Ganzen Oske MDR **66**, 290; H. W. Schmidt SchlHA **63**, 109; LK-Ruß 4. Zur Frage der Bewährungsquote, BTag 10/26, 1788 A; BT-Drs. 10/5828, 3; 1 zu § 56d u. 1a zu § 57a. *Kriminologie:* D. Hermann MSchrKrim **88**, 315.

2   **2) A. Das Gericht** ist idR das **des 1. Rechtszuges** (§ 462a II iVm I, § 453 StPO; Koblenz MDR **75**, 686); im Falle rechtskräftiger Verurteilungen durch mehrere Gerichte dasjenige, das auf die höchste Strafe erkannt (Koblenz OLGSt. 72 zu § 462a StPO) oder bei gleich hohen Strafen zuletzt entschieden hat (LG Hamburg MDR **80**, 781; vgl. § 462a IV StPO; Gössel JR **79**, 392); die **StVK** (§ 462a I StPO; 12 ff. zu § 57; sLSK 19) ist zuständig, wenn sich der Verurteilte nicht in Freiheit befindet (BGH **26**, 165; 7. 8. 1981, 2 ARs 202/81; Koblenz NJW **75**, 1795), oder sie schon zuvor iS des § 462a StPO befaßt war (Düsseldorf NStZ **82**, 47), wofür kein förmlicher Antrag erforderlich ist (10. 7. 1981, 2 ARs 166/81), sondern genügt, daß Tatsachen aktenkundig wurden, die einen Widerruf rechtfertigen (BGH **30**, 191; 21. 7. 1989, 2 ARs 380/89). In diesem Sinne „befaßt" ist auch die StVK, in deren Bezirk die „Einweisungsanstalt" liegt, in die der Betroffene nach Rechtskraft einer neuen Verurteilung eingeliefert wird (Hamm 14. 12. 1983, 2 Ws 378, 379/83). Die einmal in diesem Sinne befaßte StVK bleibt für die abschließende Entscheidung auch zuständig, wenn der Verurteilte später in eine im Bezirk einer anderen StVK liegende Strafanstalt aufgenommen wird (BGH **30**, 192; 30. 1. 1986, 2 ARs 5/86; Karlsruhe NStZ **81**, 494 L; Düsseldorf NStZ **88**, 46; VRS **80**, 18), oder zwischenzeitlich in anderer Sache die Zuständigkeit eines OLG nach § 462a V StPO begründet

2a   wurde (EzSt § 462a StPO Nr. 3). **Zeitlich möglich** ist der Widerruf, sobald Widerrufsgründe nach I gegeben sind und Maßnahmen nach II nicht ausreichen. Jedoch kann es, wenn gerade eine Strafvollstreckung nach § 35 I BtMG zurückgestellt ist, angezeigt sein, mit dem Widerruf zuzuwarten (Zweibrücken MDR **83**, 150; KG StV **84**, 341; Düsseldorf StV **89**, 150 [m. Anm. Hellebrand aaO]; AGe Bremen, Bad Homburg StV **84**, 343). Das Gericht hat rechtzeitig die nötigen Ermittlungen durch BHelfer, Gerichtshilfe, Polizei oder eigene Erkundigung (zB bei der therapeutischen

Strafaussetzung zur Bewährung **§ 56 f**

Einrichtung) anzustellen. Zulässig ist der Widerruf auch *nach* Ablauf der Bewährungszeit (BT-Drs. 9/22, 5; 8/3857, 11; Oldenburg MDR **57**, 627; KG JR **58**, 189; Karlsruhe Die Justiz **64**, 44; Hamm NJW **74**, 1520; Düsseldorf MDR **85**, 516; VRS **80**, 19), wenn auch zeitlich nicht unbeschränkt (15. 10. 1973, 4 StE 1/67; KG JR **67**, 307; Hamm NJW **74**, 1520; hierzu LK 12; SchSch 13); der Einzelfall, insbesondere der Gesichtspunkt des Vertrauensschutzes ist maßgebend (Stuttgart MDR **82**, 949 L; StV **85**, 380; Braunschweig StV **83**, 72 L; Düsseldorf MDR **83**, 509; GA **83**, 87; OLGSt. Nr. 3; Celle NStZ **91**, 206; LG Hamburg MDR **77**, 159; Koblenz DAR **87**, 94) hierbei sind auch Art und Schwere der neuerlichen Taten zu berücksichtigen (Hamm NStZ **84**, 363); eine Höchstfrist von 6 Monaten (so für den Regelfall LG Dortmund NJW **68**, 1149; LG Tübingen JZ **74**, 682; 683) ist dem Gesetz wegen der möglicherweise zeitraubenden Ermittlungen fremd. Jedoch kommt ein Widerruf 1 Jahr nach Rechtskraft der neuen Verurteilung nicht mehr in Betracht (Celle NdsRpfl. **80**, 91; hiergegen U. Frank MDR **82**, 360; Stuttgart Die Justiz **82**, 273; Koblenz MDR **85**, 70 [nahezu 2 Jahre]; Bremen StV **86**, 166 [1½ Jahre]; nach 1 Jahr: Koblenz OLGSt. Nr. 1; Hamm StV **85**, 198 [mehr als 9 Monate]; LG Kiel StV **90**, 556 [4 Jahre]; vgl. ferner Düsseldorf MDR **69**, 683; Hamburg NJW **79**, 65; Karlsruhe MDR **74**, 245; Koblenz OLGSt. 19; NStZ **81**, 261; Schleswig MDR **79**, 1042; Hamm 1. 12. 1983, 3 Ws 523/83; Zweibrücken NStZ **88**, 501; LG Weiden MDR **70**, 940; LG Marburg StV **89**, 540 L; Schrader NJW **73**, 1832; Schroeder JZ **74**, 683; SK-Horn 31 ff.); auch nicht, wenn nach Rechtskraft einer neuen Verurteilung ein neuer BHelfer bestellt worden ist (Hamm 21. 11. 1983, 3 Ws 563/83); hingegen will Hamm JMBlNW **82**, 166 einen Widerruf auch 3 Jahre nach Ablauf der Bewährungszeit zulassen, wenn der Verurteilte die Rechtskraft des (den Widerruf auslösenden) neuen Strafverfahrens so lange herausgezögert hat. Nach KG StV **86**, 165 kommt ein Widerruf allein wegen einer Tat nicht in Betracht, die während des von der Rückwirkung des später ergangenen Verlängerungsbeschlusses betroffenen Zeitraums begangen wurde (zusf. und klärend Horn, Kaufmann-GedS 545). § 56 g II S. 2 kann nicht analog angewendet werden (Hamm NJW **72**, 500; **74**, 1520; Karlsruhe aaO; aM SchSch 13).

3) Die Widerrufsgründe sind in I abschließend aufgezählt (U. Frank MDR **82**, 353). Sie sind vor den Zusatzvoraussetzungen des II zu prüfen (unten 7). Das Gericht widerruft die Strafaussetzung, wenn der Verurteilte **Nr. 1: in der Bewährungszeit** dh nach I S. 2 in der Zeit zwischen der Entscheidung über die Strafaussetzung und dem Ende der Bewährungszeit (bei *fortgesetzter Tat* und *Dauerdelikt* genügt es, wenn ein Teilakt in diese Zeit fällt, vgl. Celle NJW **57**, 113, Zweibrücken MDR **76**, 333; Düsseldorf MDR **83**, 509 L) eine Straftat begeht. Jedoch gilt I S. 2 *nicht* für Taten, die in der Zeit zwischen einer *vor* dem 1. 5. 1986 ergangenen Entscheidung (§ 2) über die Strafaussetzung und deren Rechtskraft begangen worden sind (Hamm StV **87**, 69; MDR **88**, 74; MDR/H **87**, 622; Düsseldorf MDR **89**, 281). Einem Widerruf steht nicht entgegen, daß sich die Belehrung nach § 268 a StPO nicht auch auf I S. 2 bezogen hatte (Hamm StV **92**, 22 [m. krit. Anm. Budde]; vgl. BVerfG StV **92**, 283). Satz 1 Nr. 1 gilt ebenfalls entsprechend für den Fall, daß bei einer nachträglichen **Gesamtstrafenbildung** eine neue Tat in der Zeit zwischen dem Gesamtstrafenbeschluß

3

3a

und dessen Rechtskraft begangen wird; denn dieser Beschluß ist im Rahmen des § 56f ebenso eine „Entscheidung über die Strafaussetzung" und daher wie ein sonstiger Strafaussetzungsbeschluß zu behandeln (Karlsruhe NStZ **88**, 364). Wird die Tat in der Zeitspanne des I S. 2 bekannt, so ist die Rechtskraft über die Beschwerde der Staatsanwaltschaft zu verhindern. Eine Klarstellung der Frage, was gilt, wenn die Tat während der Strafaussetzung in den einbezogenen Urteilen, jedoch *vor* der nachträglichen Entscheidung über die Gesamtstrafenbildung begangen wurde, hatte der BRat (BT-Drs. 10/2720, S. 22) ebenfalls vorgeschlagen, der RA-BTag aber für entbehrlich gehalten (62. Sitz. S. 31), weil bei jeder Gesamtstrafenbildung ohnehin stets neu entschieden werden müsse, ob die Aussetzungsvoraussetzungen des § 56 vorliegen. Das Gesetz geht offensichtlich davon aus, daß ein Widerruf stets entbehrlich sei, da neue Straftaten zu neuen Aussetzungsentscheidungen bei der Gesamtstrafenbildung führen. Diese Begründung muß im Blick auf die frühere Rspr. (vgl. einerseits Hamburg MDR **82**, 246; Düsseldorf JR **84**, 508 m. Anm. Beulke und andererseits Karlsruhe NStZ **85**, 123 m. Anm. Horn StV **85**, 243 und nunmehr Stuttgart MDR **89**, 282) als unzureichend angesehen werden, da Strafaussetzungen in den einbezogenen Urteilen gegenstandslos sind (vgl. BGH **7**, 180; **8**, 260; Koblenz MDR **87**, 602 L; Hamm NStZ **91**, 559; Lackner 2 zu § 58), dh für § 56f allein die nachträgliche Entscheidung von Bedeutung ist (Hamm NStZ **87**, 382; Düsseldorf StV **91**, 30). Das die Gesamtstrafe bildende Gericht hat also ohne Bindung an frühere Entscheidungen über die Aussetzungsfrage zu befinden (BGH **30**, 170). Eine neu bewilligende Entscheidung setzt eine neue BewZeit in Lauf; eine erst nach Rechtskraft seiner Entscheidung bekannt gewordene vorherige Straffälligkeit kann es nicht mehr berücksichtigen (Karlsruhe NStZ **88**, 365; LG Hamburg NStE Nr. 18). Einem Widerruf steht nicht entgegen, daß die – nicht rechtskräftige – Strafe durch Anrechnung (§ 51) als verbüßt gilt und in einem neuen Verfahren in eine Gesamtstrafe einbezogen worden ist (Celle NStE Nr. 19). Auch Taten im Ausland (Köln MDR **72**, 438) oder in der DDR

3b sind heranzuziehen. **Eine Straftat** (nicht nur eine rechtswidrige Tat, KG JR **83**, 423, oder eine Ordnungswidrigkeit) muß der Verurteilte begehen; eine fahrlässige genügt (Hamm MDR **71**, 942; U. Frank MDR **82**, 353; irrig Ber. 13). Sie braucht noch nicht rechtskräftig abgeurteilt zu sein (hM; Stuttgart Die Justiz **72**, 318; Hamm NJW **73**, 911; BA **81**, 111; StV **92**, 284; Celle NJW **71**, 1665; Karlsruhe MDR **74**, 245; BGH 15. 10. 1973, 4 StE 1/ 67). Ihre Begehung muß aber zur Überzeugung des Widerrufsgerichts feststehen (BVerfG NStZ **87**, 118; Stuttgart NJW **76**, 200; **77**, 1249; MDR **91**, 982; Bremen StV **84**, 125; **86**, 165; Düsseldorf MDR **91**, 787; 982; NStZ **92**, 131 [m. krit. Anm. Blumenstein]; NJW **92**, 1183; 10. 7. 1991, 3 Ws 376/91; vgl. Mrozynski JZ **78**, 255; U. Frank MDR **82**, 360; LG Weiden MDR **70**, 940; vgl. hierzu K. Meyer, Tröndle-FS 61). Es dürfen also keine vernünftigen Zweifel an der Schuld des Täters bestehen (Bremen StV **84**, 382 L; MDR **91**, 119; Düsseldorf StV **86**, 346; NStE Nr. 6; KG StV **88**, 26; Zweibrücken StV **85**, 465; Köln NJW **91**, 506). Hamburg (NStZ **92**, 130) setzt sogar ein Geständnis des Verurteilten voraus, Schleswig (StV **92**, 327) ein glaubhaftes Schuldeingeständnis im Beisein des Verteidigers, das bis zur gerichtlichen Widerrufsentscheidung nicht begründet widerrufen worden sein darf (so auch SK-Horn 8; zutr. krit. hiergegen Stree JR **93**, Heft 1); Zweibrükken (StV **91**, 270 [m. Anm. Stree JR **91**, 478] verlangt auch bei einem rechtskräftigen Strafbefehl dann eine weitere Nachprüfung, wenn der Verurteilte sich gegen den Strafbefehl nicht zur Wehr gesetzt hatte und er nur rechtskräftig wurde, weil Rechtsmittel nicht rechtzeitig ergriffen worden sind (vgl. auch LG Osnabrück NStZ **91**, 533 m. Anm. Brunner [zu § 26 JGG]; vgl. zum Ganzen Burmann StV **86**, 80; Stree NStZ **92**, 153). Die Verfassungsrang beanspruchende **Unschuldvermutung** (Art. 6 II MRK) steht nicht entgegen (BVerfG NStZ **88**, 21 mwN; Lackner 3; SchSch 3; vgl. hierzu nunmehr EKMR StV **92**, 282; aM im Hinblick darauf, daß sich die BReg. gegenüber der EKMR verpflichtet hat, die LJVen darauf hinzuweisen, bei der Anwendung des § 56f I Nr. 1 die Unschuldsvermutung nach Art. 6 II MRK zu beachten; Ostendorf StV **90**, 230 u. vgl. auch StV **92**, 288; Boetticher NStZ **91**, 4; SK 8; hierzu aber Düsseldorf NJW **92**, 1183; nunmehr Celle MDR **91**, 76; Koblenz NStZ **91**, 253; Schleswig NJW **91**, 2303; Bamberg StV **91**, 174 L; München NJW **91**, 2302 u. nachhaltig Vogler, Kleinknecht-FS 434 u. Tröndle-FS 423; gegen diese Auffassung aber erneut BVerfG NStZ **91**, 30 u. m. ausführlicher u. zutr. Begründung Stree NStZ **92**, 153). Die gegenteilige Mindermeinung läßt außer acht, daß es sich nicht um eine „strafschärfende Berücksichtigung" einer Nachtat, sondern um die Korrektur der Überzeugungsbildung in bezug auf die Begründbarkeit der Vergünstigung für eine Vortat handelt, deren Schuld rechtskräftig festgestellt wurde. Das Erfordernis einer rechtskräftigen Aburteilung der neuen Tat ist mit der für die Strafaussetzung vorausgesetzten Prognose schwer vereinbar. Denn sie würde in dem Maße weniger gewagt, wie die Anforderungen an den Schuldnachweis heraufgesetzt würden. Den rechtskräftigen Schuldnachweis einzufordern, hätte somit zwangsläufig eine beträchtliche Verzögerung des Widerrufs (Stree NStZ **92**, 153) und eine restriktive Anwendung des kriminalpolitisch wichtigen Instituts der Aussetzung zur Folge (hiergegen SK 8), würde darüber hinaus aber auch zu Friktionen mit anderen Widerrufsgründen (zB Weisungsverstoß) führen: Nicht nur bei der Beweiswürdigung, der Strafzumessung (24c zu § 46), bei der Aussetzung der Jugendstrafe sowie beim Widerruf der Maßregelaussetzung, vor allem aber bei der *Gewährung* der Strafaussetzung (6b zu § 56) dürfen auch noch nicht rechtskräftige Verurteilungen berücksichtigt werden. Die *Ablehnung* einer nicht begründbaren Vergünstigung und deren *Widerruf* stehen aber in engem Zusammenhang, sind in ihrer Wirkung gleich und beziehen sich auf dieselbe Rechtsfolge. Das Widerrufsgericht allein entscheidet über den Widerruf ohne Bindung an ein rechtskräftiges Erkenntnis eines anderen Gerichts (Düsseldorf NStZ **90**, 541 [zu § 59b ergangen]; Stree NStZ **92**, 157; aM zu § 25 II Nr. 2 aF Hamm GA **57**, 57 u. 45. Aufl.; LK 2a). Als Verurteilung genügt auch die zu Geldstrafe oder unter Absehen von Strafe. Durch die Straftat muß sich zeigen, daß die **Erwartung**, die der Strafaussetzung zugrunde lag, sich **nicht erfüllt hat**. Diese einschränkende Formel, die nicht auf bloßes Legalverhalten, sondern auf die Möglichkeiten zur Wiedereingliederung in die Gesellschaft abstellt (Horn JR **81**, 7; Böetticher NStZ **91**, 2), macht deutlich, daß Taten geringen Gewichts, zB Zufalls- oder Gelegenheitsdelikte, nach vorausgegangenen Vorsatztaten fahrlässige Delikte, aber auch leichte einschlägige Rückfalltaten, zB Delikte Drogenabhängiger (vgl. Koblenz VRS **48**, 263), einer neuerlichen günstigen Prognose bei Vorliegen neuer

3c

§ 56f

tatsächlicher Umstände (zB im Falle der Bereitschaft sich einer Langzeittherapie zu unterziehen, Karlsruhe NStE Nr. 23; LG Aachen StV **91**, 527) nicht stets entgegenstehen müssen (Hamm StV **82**, 262; Düsseldorf StV **83**, 338; 12 vor § 56; zu weitgehend Frankfurt StV **82**, 369; Zweibrücken MDR **89**, 477 hält in solchen Fällen einen Widerruf wegen Verstoßes gegen den Grundsatz der Verhältnismäßigkeit für nicht zulässig; zum Ganzen Stree NStZ **92**, 158). Ob der bevorstehende Strafvollzug eine resozialisierende Wirkung haben wird, ist ohne Bedeutung; abwegig LG Braunschweig MDR **73**, 426 m. abl. Anm. Terhorst MDR **73**, 864; Stree aaO). Die Nr. 1 setzt aber nicht voraus, daß die frühere Tat und die neue Verfehlung nach Art und Schwere miteinander vergleichbar sind (LK 3; zu Unrecht setzen Düsseldorf StV **83**, 338; OLGSt. Nr. 3 und SK 12 einen kriminologischen Zusammenhang zwischen der früheren und der neuen Straftat voraus, LK 3; es genügt auch eine Vollrauschtat (Koblenz VRS **60**, 430); Widerruf ist bereits möglich, wenn mehrere, nicht schwerwiegende Taten zusammengenommen nicht bedeutungslos sind (26. 3. 1980, 7 BJs 265/73) und Umstände, die die Erwartung berechtigt erscheinen lassen, fehlen. Liegt jedoch die neue Tat mit ähnlichem Gewicht auf der Linie der Tat, die zur Aussetzung geführt hat oder zeigt sie, daß der Verurteilte seine kriminelle Lebensführung nicht geändert hat (Schleswig StV **82**, 527), so hat sich die Erwartung nicht erfüllt (vgl. Koblenz VRS **52**, 24; 406, 428; 62, 269; **71**, 180; **72**, 440; BA **87**, 227); ein Widerruf kann prinzipiell auch dann in Betracht kommen, wenn wegen der neuen Straftat Strafaussetzung gewährt wurde (Koblenz OLGSt. 64 zu § 56; BVerfG NStZ **85**, 357; hierzu Boetticher NStZ **91**, 5), jedoch erscheint es wegen der besseren Erkenntnismöglichkeiten des die neuerliche Straftat aburteilenden Gerichts idR geboten, sich der sach- und zeitnäheren Prognose dieses Gerichts anzuschließen (LG Berlin MDR **88**, 794; Frankfurt StV **90**, 556 L). Es kann aber auch dann nach II verfahren werden, wenn angesichts einer guten Prognose auch für die neue Tat Strafaussetzung gewährt wird, vgl. Koblenz OLGSt. 11. Eine Widerrufsentscheidung hat ferner keinen Bestand, wenn während eines besonders lang dauernden Beschwerdeverfahrens die Prognose zusehends günstiger wird (vgl. Karlsruhe MDR **76**, 862). Der auslieferungsrechtliche Spezialitätsgrundsatz (21 vor § 3) hindert den Widerruf einer früher gewährten Aussetzung einer Strafe nicht, indessen darf sie ohne Zustimmung des Staates nicht vollstreckt werden (Stuttgart NJW **83**, 1987; Zweibrücken NStZ **91**, 497). Der Widerruf der Aussetzung einer gegen einen *Zeugen Jehovas* wegen Dienstflucht (§ 53 ZDG) verhängten Strafe verstößt, auch wenn er weiterhin einer Einberufung nicht folgt, nach BVerfG (E **78**, 396 m. Anm. Struensee StV **90**, 443) gegen I Nr. 1 und Art. 4 III iVm Art. 12a II GG und dem Rechtsstaatsprinzip, weil die rechtskräftige Aussetzungsentscheidung im Hinblick auf die Unumstößlichkeit der Gewissensentscheidung nicht von der Erwartung einer künftigen Dienstleistung ausgehen durfte und das hierauf gestützte Vertrauen des Verurteilten zu respektieren ist.

4 Nr. 2: entweder **a)** gegen zulässige (vgl. München NStZ **85**, 411) **Weisungen** (wenn auch nicht gegen alle erteilten) **gröblich oder beharrlich** verstößt (dazu Kratzsch JR **72**, 369; U. Frank MDR **82**, 354). Gemeint sind Verstöße, die in ihrer Schwere auch dem Verurteilten bewußt sind (str.; vgl. Hamm GA **59**, 59; Oldenburg NJW **61**, 1368; Nürnberg GA **62**, 91;

Strafaussetzung zur Bewährung **§ 56 f**

Bremen StV **90**, 119) oder die er wiederholt mit Nachdruck begeht. Es kommen nur Verstöße gegen ausdrücklich nach § 56c erteilte Weisungen in Betracht (Hamburg NJW **79**, 2623; Düsseldorf OLGSt. Nr. 5; Stuttgart MDR **86**, 687; zum Behandlungsabbruch vgl. 10 zu § 56c), nicht etwa Zuwiderhandlungen gegen allgemeine Pflichten, zB solche eines Gefangenen auf Einhaltung der Anstaltsordnung (Hamm OLGSt. 108 zu § 57), oder sich gesetzestreu zu verhalten; jedoch enthält die Bestimmung des Entlassungstages zugleich die Weisung an den Verurteilten, bis dahin in Strafhaft zu bleiben (Hamburg aaO; hiergegen U. Frank MDR **82**, 355). Vorherige Abmahnungen sind nicht erforderlich (Prot. V 2163), können aber eine Rolle spielen (Karlsruhe NJW **60**, 495; zu weitgehend LG Mainz MDR **75**, 772), wie anderseits auch fehlende Belehrung nach §§ 268a III, 454 III StPO (Celle NJW **58**, 1009, hierzu Koch NJW **77**, 419). Verstöße gegen Zusagen fallen nicht unter Nr. 2, können aber unterstützend herangezogen werden; oder **b)** sich der **Aufsicht** und **Leitung** des sich um den Probanden bemühenden **BHelfers beharrlich** (oben 4) **entzieht**, also immer wieder oder auf längere Dauer, vor allem durch Ortswechsel den Einfluß des BHelfers unmöglich macht. In beiden Fällen muß der Verstoß gegen die Weisungen durch Art, Gewicht oder Zahl **Anlaß zu der Besorgnis** geben, daß der Täter erneut Straftaten begehen wird (vgl. hierzu § 453c StPO). Der Verstoß allein begründet noch nicht die Besorgnis (Hamm MDR **76**, 505; 12. 9. 1983, 3 Ws 344/82; Zweibrücken OLGSt. § 56c, 1; LG Hamburg MDR **76**, 946). Das Gericht hat hier unter Würdigung der Verstöße in ihrer konkreten Bedeutung, also auf der Basis einer negativ gewordenen Prognose (Horn JR **81**, 6), in einer Gesamtwürdigung des Verhaltens des Verurteilten während der Bewährungszeit (unterstützend kann auch nachträglich bekanntgewordenes früheres Verhalten herangezogen werden) eine erneute Prognose zu stellen (Koblenz OLGSt. 13; Düsseldorf StV **83**, 70; **86**, 25; LG Kassel NJW **71**, 475; LK 9). Bei ihr sind auch die soziale Situation des Verurteilten und die ungünstigen Folgen zu berücksichtigen, die von einem Widerruf für diese Situation zu erwarten wären (vgl. Glofke ZRP **68**, 35). Entscheidend ist dabei, ob die Verstöße zu krimineller Neigung oder Anfälligkeit des Verurteilten so in Beziehung stehen, daß weitere Taten zu besorgen sind, oder ob sie anderer Natur, etwa bloße Trotz- oder Ausweichreaktionen sind (U. Frank MDR **82**, 355).

4a

c) Nr. 3: gegen zulässige **Auflagen** (nicht etwa gegen Anerbieten nach § 56b III) **gröblich** oder **beharrlich verstößt;** oben 4 gilt entsprechend. In diesem Fall brauchen (außer unten 7) weitere Voraussetzungen wie bei 3 und 4 nicht hinzuzutreten, da es gröbliche oder beharrliche Verstöße gegen Auflagen von entscheidender Bedeutung (zB Geldauflagen) geben kann, die keinen Anlaß zu einer ungünstigen Sozialprognose bieten, der Aussetzung aber ihre Grundlage entziehen (BT-Drs. 7/1261,6; Horn JR **81**, 7); zB wenn jemand zumutbare Arbeit ausschlägt und daher einer Geldauflage nicht nachkommen kann (Hamm JMBlNW **79**, 247).

5

B. Die Voraussetzungen des I müssen **positiv festgestellt** sein, so daß insoweit *in dubio pro reo* gilt, LG Kassel NJW **71**, 476. In keinem der Fälle braucht sich der Verurteilte bewußt zu sein, daß sein Verhalten zum Widerruf führen könne (so schon für § 25 II Nr. 2ff Düsseldorf NJW **67**, 1380; SchSch 3).

6

§ 56f

7 C. Kommt Widerruf **mehrerer Aussetzungen** in Betracht, so ist § 56f hinsichtlich jeder Aussetzung selbständig zu prüfen, so daß es möglich ist, daß teils widerrufen wird, teils nicht (vgl. Klussmann NJW **73**, 685).

8 **4) Die Zusatzvoraussetzungen des II** (dazu Horn JR **81**, 5, MDR **81**, 14 u. NStZ **86**, 356; vgl. auch den unberücksichtigten Vorschlag des SPD-E BT-Drs. 10/1116; RA-BTag 62. Sitz. S. 33) sind nur zu prüfen, wenn eine der Voraussetzungen des I vorliegt (Düsseldorf VRS **80**, 20), dann ist II lex specialis nicht nur zu § 56a II S. 2 und § 56e, sondern auch zu I. Strengere Voraussetzungen an die Sozialprognose als im Fall der §§ 56, 57, 57a sind nicht zu stellen (Schleswig NJW **80**, 2320 m. zust. Anm. Schöch JR **81**, 164; beachtlich hiergegen Klier NStZ **81**, 301; ferner Dencker NStZ **82**, 155; Karlsruhe Die Justiz **80**, 446; LK 11; U. Frank MDR **82**, 359; vgl. auch Boetticher NStZ **91**, 3); für den Fall eines erneut straffällig gewordenen fahnenflüchtigen Soldaten LG Flensburg NZWehrr. **84**, 260. Vom Widerruf ist **zwingend abzusehen, wenn es ausreicht,** dh der – möglicherweise vielschichtige – Aussetzungszweck (der auch schon bei I Nr. 2 zu beachten ist, oben 4) zu erreichen ist durch eine oder mehrere Maßnahmen nach **a) Nr. 1: weitere Auflagen** (§ 56b) **oder Weisungen** (§ 56c) beliebiger Art (aM SK 26ff.), **namentlich die Unterstellung unter einen BHelfer** (§ 56d) oder einen Wechsel des BHelfers oder bei BtM-Abhängigen die Aufnahme einer Langzeittherapie (Celle StV **88**, 260). Nach LG Berlin (StV **91**, 170) soll es ferner eines Widerrufs nicht bedürfen, wenn der Verurteilte zwar einer Therapie beharrlich nicht nachkommt, aber eine günstige Prognose zu erwarten ist, weil er sich einer Substitutionsbehandlung mit L-Polamidon zu unterziehen bereit erklärt hat. Die Eignung einer Auflage nach § 56b II Nr. 2, die theoretisch möglich ist (Frankfurt NJW **71**, 720), ist fraglich (hierzu LG Saarbrücken MDR **89**, 179); oder **b) Nr. 2:** eine (innerhalb des Höchstmaßes auch mehrmals mögliche) **Verlängerung** der vom Gericht (im Falle des § 57a III gesetzlich) festgesetzten **Bewährungs- oder Unterstellungszeit.** Erstere ist anders als nach § 56a II S. 2 auch noch *nach* deren Ablauf (nicht aber nach Ablauf des im Verlängerungsbeschluß vorgesehenen Zeitraums (Schleswig NStZ **86**, 363; KG StV **86**, 165; Celle NStZ **91**, 206) möglich. Dies stellte das 20. StÄG (2 zu § 57a; Ber. 12; Kunert NStZ **82**, 94) durch den Verzicht auf den Klammerzusatz „(§ 56a Abs. 2)" in § 56f II aF klar (Düsseldorf StV **85**, 332; MDR **91**, 556). Die Verlängerung setzt voraus, daß ein Warnungserfolg zu erwarten ist (Koblenz OLGSt. 29). Auch nach einer Verlängerung nach II Nr. 2 bleibt uU ein Widerruf nach I Nr. 1 wegen vor der Verlängerung begangener Taten möglich (Hamburg MDR **80**, 600; Düsseldorf VRS **80**, 19; aM SchSch 10), nicht jedoch, wenn die Taten während eines Zeitraums begangen sind, in dem der Täter von dem (rückwirkenden) Beschluß über die (sich nahtlos anschließende, Lackner 12; aM Horn NStZ **86**, 356) Verlängerung der Bewährungszeit noch nichts wußte. Die Möglichkeit einer Verlängerung der **Unterstellungszeit** wird in jedem Fall durch das zulässige Höchstmaß der Bewährungszeit begrenzt. Die Überschreitung des **Höchstmaßes der Bewährungszeit** (nach § 56a I S. 2, § 57a III jeweils 5 Jahre) ermöglichte bereits das 20. StÄG (2 zu § 57a). Hieran wollte das 23. StÄG, das beabsichtigte, II „redaktionell klarer zu fassen" (BT-Drs. 10/4391, 17) nichts ändern. Das Höchstmaß des § 56a I gilt weder für § 57 II (dort 10) noch für die obligatorische Entscheidung nach § 56f II, die gegenüber dem Widerruf die mildere Maßnahme ist (Hamm JMBlNW **87**, 6; Schleswig SchlHA **88**, 31; Frankfurt StV **89**, 25; SchSch 10a, Lackner 11; Maatz MDR **88**, 1017; Dölling NStZ **89**, 345; aM LG Kiel NStZ **88**, 501; Schrader MDR **90**, 391); jedoch ist eine *Verlängerung* **um mehr als die Hälfte der zunächst bestimmten** (dh der im letzten Beschluß bestimmten, LG Itzehoe SchlHA **87**, 186) **Bewährungszeit**, wie II S. 2 idF des 23. StÄG nunmehr ausdrücklich klarstellt, ausgeschlossen. Die Sondervorschrift will aber die – ggf mehrfachen – Verlängerungsmöglichkeiten bis zur Höchstgrenze des § 56a II S. 2 nicht einschränken und wirkt sich daher eingrenzend nur bei deren Überschreitung aus (Hamm JMBlNW **87**, 6; Oldenburg NStZ **88**, 502 [m. krit. Anm. Kusch]; Braunschweig StV **89**, 25; Düsseldorf MDR **90**, 356). Hatte das Gericht zB eine Bewährungszeit von 4 Jahren festgesetzt, so darf sie nach Verlängerung 6 Jahre nicht überschreiten. Das Anderthalbfache der ursprünglichen Frist, sofern sie 5 Jahre überschreitet, ist die absolute Grenze auch im Falle der (grundsätzlich möglichen) mehrfachen Verlängerung (SchSch 10a). Nach Zweibrücken (NStZ **87**, 328 m. Anm. Horn JR **88**, 31; auch AG Köln StV **88**, 396; aM LG Limburg NStE Nr. 21) bildet die Hälfte der zuerst festgesetzten Bewährungszeit lediglich für jede einzelne Verlängerungsentscheidung die absolute Grenze, was aber im Falle mehrfacher Verlängerung nicht hindert, die Hälfte der ursprünglich bestimmten Verlängerung im Rahmen des zulässigen Höchstmaßes der Bewährungszeit zu überschreiten (hiergegen Celle StV **87**, 496). Die nach Ablauf der Bewährungszeit bis zur Entscheidung über die Verlängerung verstrichene Zeit ist auf das Höchstmaß anzurechnen (aM SK 30). II S. 2 idF des 20. StÄG ist gegenüber der Fassung des 23. StÄG das mildere Gesetz (§ 2 III, MDR/H **87**, 622; Düsseldorf MDR **89**, 281). Zum Beginn der verlängerten Bewährungszeit Horn NStZ **86**, 356. Nach § 57a III S. 2 ist § 56f II entsprechend anwendbar auf die (durch § 57a III S. 1) gesetzlich bestimmte Bewährungszeit, so daß die Verlängerungsmöglichkeit auch hier gegeben ist.

4) Verfahren. Nach § 453 I S. 3 StPO soll dem Verurteilten Gelegenheit zur **9** mündlichen Anhörung gegeben werden, wenn über einen Widerruf wegen Verstoßes gegen Auflagen oder Weisungen zu entscheiden ist. Erfaßt ist auch der Fall, daß sich der Verurteilte der Aufsicht und Leitung des BHelfers entzieht (I Nr. 2). Anhörungszweck ist es, die beachtenswerten Gründe für sein Verhalten vom Verurteilten selbst zu erfahren, etwa eine unverschuldete Notlage, die er schriftlich nicht darzustellen vermag. Die **Sollvorschrift** ermöglicht dem Gericht andererseits, aus schwerwiegenden Gründen (Düsseldorf VRS **73**, 50; LG Freiburg StV **87**, 540) auf die Anhörung zu verzichten, zB wenn der Auflagenverstoß neben dem Widerrufsgrund nach I Nr. 1 nicht ins Gewicht fällt oder die Anhörung nach Sachlage keine weitere Aufklärung mehr verspricht (KG JR **88**, 39). Im Ermessen des Gerichts steht es, ob es die Gelegenheit zu einem bestimmten Termin oder während der festgelegten Sprechzeit oder in welchen sonstigen Fällen es dem Verurteilten rechtliches Gehör gewährt. Insoweit bleibt die Rspr. zu § 453a aF anwendbar (vgl. Oldenburg NJW **61**, 1368; LG Aachen NJW **63**, 873; Köln NJW **63**, 875; BGH **26**, 127; Braunschweig MDR **71**, 677; Celle NJW **73**, 2306; Hamburg MDR **74**, 417; Karlsruhe MDR **74**, 686; Saarbrücken NJW **74**, 283; Karlsruhe GA **75**, 284 [dazu Hanack JR **74**, 113]; Koblenz MDR **75**, 595 [vgl. auch MDR **76**, 598]; Stuttgart NJW **74**, 284). Wurde rechtliches Gehör gewährt, so kann der Rechtsgrund für den Widerruf ausgetauscht werden (Düsseldorf MDR **83**, 68; zw.). Der Widerruf berührt die formelle und materielle Rechtskraft des Urteils nicht (Karlsruhe NJW **64**, 1085); es ist nach Rechtskraft des Widerrufsbeschlusses zu vollstrecken (vgl. Blösch NJW **63**, 1296). Zur Frage der Beiordnung eines Pflichtverteidigers Schütz NStZ **85**, 347. Zur Unterrichtung des BHelfers nach **§ 453 I S. 4 StPO** vgl. 6 zu § 56 d. Vgl. BT-Drs. 10/2720 S. 14. Ist kein BHelfer bestellt, so soll das Gericht, wenn die Alternativen für einen Widerruf erörtert werden müssen, die Gerichtshilfe einschalten (§ 463 d StPO idF des 23. StÄG), wenn dies nur irgend möglich und sinnvoll erscheint; vgl. BT-Drs. 10/2720 S. 17. **Sicherungsmaßnahmen** nach § 453 c StPO darf das Gericht schon vor dem Widerrufsbeschluß treffen, wenn hinreichende Gründe einen Widerruf erwarten lassen; vor allem kann es nach § 112 II Nr. 1, 2 StPO oder wenn sonst bestimmte Tatsachen die Gefahr begründen, daß der Verurteilte erhebliche Straftaten begehen werde, Sicherungshaftbefehl erlassen (Rieß NJW **78**, 2272); das gilt auch, wenn sich der Verurteilte noch vor seiner förmlichen Entlassung (§§ 57, 57 a) der weiteren Strafvollstreckung entzogen und alsdann gegen Weisungen verstoßen hat (Hamburg MDR **77**, 512). Ist der Verurteilte unerreichbar, so wird, falls er nicht schon rechtliches Gehör hatte (Hamburg MDR **78**, 861 m. Anm. Krause JR **78**, 391), statt öffentlicher Zustellung des Widerrufsbeschlusses (so Hamburg StV **88**, 162 m. krit. Anm. Burmann) meist ein derartiger Haftbefehl zu erlassen sein (so Celle StV **87**, 30), jedoch ist dies nicht zwingend und steht im Ermessen des Gerichts (Celle MDR **76**, 948; Frankfurt MDR **78**, 71; LG Hamburg MDR **77**, 947; Kleinknecht/Meyer 3 zu § 453 c StPO; aM Hamburg NJW **76**, 1327; Frankfurt StV **83**, 113; Koblenz OLGSt. 6 zu § 453 c StPO; LG München II NJW **75**, 2307; Krause NJW **77**, 2249; Hanack JR **74**, 114). Beschließt das Gericht **nach § 454 a StPO** die Strafrestaussetzung (§§ 57, 57 a) vor der Entlassung, so kann es, wenn auf Grund neuer Tatsachen eine schlechte Prognose gegeben ist, die Entscheidung bis zum Entlassungszeitpunkt wieder aufheben (15 zu § 57). Der Widerruf kann aufgehoben werden, wenn Wiederaufnahmegründe gegeben wären (Oldenburg NJW **62**, 1169; Hamm OLGSt. 6 zu § 67 g; LG Bremen StV **90**, 311; zum Ganzen Lemke ZRP **78**, 281; LK 14; aM LG Freiburg JR **79**, 161 [m. abl. Anm. Peters]; LG Hamburg NStZ **91**, 149 (m. krit. Anm. Hohmann NStZ **91**, 507); AG Lahn-Gießen MDR **80**, 594 [m. abl. Anm. Groth]; LR-Meyer 5 vor § 359 StPO; Schmidt SchlHA **63**, 109), aber zB analog § 359 Nr. 4 StPO auch, wenn der Verurteilte bei einem Widerruf wegen einer neuen Straftat wegen dieser Tat rechtskräftig freigesprochen wird (Karlsruhe Die Justiz **78**, 474). Vgl. auch den Fall LG Mainz MDR **73**, 600.

10 5) **Nach III S. 1** werden **Leistungen,** die der Verurteilte zur Erfüllung von Auflagen, Anerbieten, Weisungen oder Zusagen (nicht jedoch Schadenswiedergutmachungsleistungen, da auf § 56 b II Nr. 1 nicht verwiesen ist, LK 15; vgl. aber 4 zu § 58) erbracht hat, nach einem Widerruf grundsätzlich nicht erstattet.

10a **Nach III S. 2** kann das Gericht (§ 462 a II StPO [oben 2], nicht nachträglich die StVK, Neumann NJW **77**, 1185) bei einem Widerruf jedoch die Zahlung eines Geldbetrages nach § 56 b II Nr. 2 oder III oder eine gemeinnützige Leistung nach § 56 b II Nr. 3 oder III nach einem angemessenen Maßstab auf die zu vollstreckende Strafe anrechnen. Dies gilt auch, wenn die Aussetzung bei nachträglicher Gesamtstrafenbildung wegfällt (§ 58 II S. 2; vgl. hierzu Bamberg MDR **88**, 600 m. zutr. krit. Anm. Funck MDR **88**, 878; vgl. aber auch 4 zu § 58). Das Tagessatzsystem ist hierfür kein geeigneter Maßstab (Celle NStZ **92**, 336; vgl. auch LG Frankfurt NJW **70**, 2121; LK 15). Ob angerechnet wird, hat das Gericht nach Billigkeitsgesichtspunkten zu entscheiden (Bamberg MDR **73**, 154; Koblenz VRS **71**, 180; **72**, 441; BA **87**, 227; LG Göttingen NJW **73**, 769; LG Flensburg Rpfleger **83**, 82; Hamann Rpfleger **79**, 448; Lackner 14; aM SchSch 19; SK 39; NStZ/J **81**, 333; U. Frank MDR **82**, 361); Ablehnung zB bei relativ geringfügi-

Strafaussetzung zur Bewährung **§ 56f**

gen Leistungen oder wenn der Verurteilte eine Geldleistung mit Hilfe von Vermögensdelikten erbracht hat (Prot. V/861 ff.; zur Anfechtung der Entscheidung: Stuttgart und LG Stuttgart MDR **80**, 1037; **81**, 335; Hamburg MDR **83**, 953). Wurde eine Anrechnung iS des III S. 2 versäumt, so ist dies im Falle einer späteren Gesamtstrafenbildung zu berücksichtigen (Celle NStE Nr. 12). Eine analoge Anwendung des III S. 2 auf eine Therapie in staatlich anerkannten Einrichtungen kommt nicht in Betracht (LG Saarbrücken MDR **89**, 763; LK 15, aM LG Freiburg StV **83**, 292; Düsseldorf NJW **86**, 1558). Zur Rückerstattung von nach Rechtskraft des Widerrufsbeschlusses erbrachten Geldbußen Neumann DRiZ **78**, 83; Hamann aaO. Falls entgegen III S. 2 auch eine Wiedergutmachungsleistung (§ 56b II Nr. 1) angerechnet worden ist, gilt das Verschlechterungsverbot (München JZ **80**, 365, zw.).

Straferlaß

56 g ¹ **Widerruft das Gericht die Strafaussetzung nicht, so erläßt es die Strafe nach Ablauf der Bewährungszeit. § 56f Abs. 3 Satz 1 ist anzuwenden.**

II **Das Gericht kann den Straferlaß widerrufen, wenn der Verurteilte im räumlichen Geltungsbereich dieses Gesetzes wegen einer in der Bewährungszeit begangenen vorsätzlichen Straftat zu Freiheitsstrafe von mindestens sechs Monaten verurteilt wird. Der Widerruf ist nur innerhalb von einem Jahr nach Ablauf der Bewährungszeit und von sechs Monaten seit Rechtskraft der Verurteilung zulässig. § 56f Abs. 1 Satz 2 und Abs. 3 gilt entsprechend.**

1) In I regelt § 56g (idF des 2. StrRG/EGStGB; II S. 3 idF des 23. StÄG, 1 9 vor § 56; BT-Drs. 10/2720, 23; RA-BTag 62. Sitz. S. 39) **den Straferlaß.** Das Gericht hat, wenn es die Aussetzung nicht widerruft, durch ausdrücklichen Beschluß nach § 453 StPO (der mit Rücksicht auf II mit sofortiger Beschwerde anfechtbar ist; Ber. BT-Drs. V/4094, 43; LK-Ruß 3; aM LG Frankfurt StV **82**, 118; es sei denn, er war vom OLG erlassen, 1. 6. 1984, StB 7/84; vgl. § 304 IV S. 2 StPO) **nach Ablauf der Bewährungszeit** die Strafe zu erlassen, aber erst, wenn es sich vom Nichtvorliegen eines Widerrufsgrundes überzeugt hat (Zweibrücken MDR **89**, 178); sind noch Strafverfahren gegen den Verurteilten anhängig, ist die Entscheidung über den Straferlaß zurückzustellen (LG Hamburg NStE Nr. 3). Die Strafe ist ferner zu erlassen, wenn anstelle des Widerrufs eine Verlängerung der Bewährungszeit in Betracht kommt, aber wegen Erreichen des Höchstmaßes (§§ 56a I, 56f II S. 2) nicht mehr möglich ist (Celle StV **90**, 115). Die Verurteilung und sonstige Deliktsfolgen bleiben unberührt. Eine durch Einbeziehung weggefallene Einzelstrafe kann nicht erlassen werden (3. 12. 1982, 2 StR 331/82). Kommt sowohl der Erlaß einer zur Bewährung ausgesetzten Freiheitsstrafe wegen Ablaufs der Bewährungszeit wie auch die Einbeziehung der Strafe in eine nachträglich zu bildende, nicht aussetzungsfähige Gesamtfreiheitsstrafe in Betracht, so hängt es unter Beachtung des Verhältnismäßigkeitsgrundsatzes (vgl. BVerfG NJW **91**, 558) von den Umständen des Einzelfalls ab, welchem Verfahren der Vorrang zukommt (NJW **91**, 2847). **§ 56f III S. 1 ist anzuwenden** (vgl. 10 zu § 56f), nicht jedoch § 56f III S. 2. Ein zivilrechtlicher Bereicherungsanspruch, wenn der Verurteilte nach § 56b II Nr. 1, III mehr als den tatsächlichen Schadensaus-

§ 56g

gleich geleistet hat, bleibt allerdings erhalten (LK 2). Die Möglichkeit für das Gericht, mit dem Erlaß beschränkte Auskunft anzuordnen, ist mit der Streichung von I S. 3 durch Art. 18 II Nr. 18 EGStGB weggefallen. Einen gewissen Ersatz bieten §§ 32 II Nr. 3, 34 I Nr. 1a, b, § 41 BZRG. Auch kommt die Anordnung des GBA nach § 39 BZRG in Betracht.

2 2) **II S. 1** ermöglicht den **Widerruf des Straferlasses,** wenn dieser nach § 453 II StPO unanfechtbar geworden ist, und damit einen Einbruch in die Rechtskraft (Ber. aaO 13). Das Gericht kann den Straferlaß widerrufen, wenn der Verurteilte **im räumlichen Geltungsbereich dieses Gesetzes** (2 vor § 80, 3 zu § 3; der Ort der Begehung ist gleichgültig; es muß sich nur um Verurteilungen unter der Justizhoheit der BRep. handeln, so daß auch Verurteilungen durch deutsche Konsulargerichte zu berücksichtigen sind, nicht aber solche von Gerichten der hier stationierten Truppen der NATO-Staaten) **wegen einer vorsätzlichen Straftat** (wenn auch nur wegen Versuchs, Teilnahme, § 30 oder anderer strafbarer Vorbereitungen; vgl. § 11 II; 3b zu § 56f), **die er in der Bewährungszeit** (3 a zu § 56f) begangen hat, zu Freiheitsstrafe von mindestens 6 Monaten **rechtskräftig** verurteilt wird (Hamburg MDR **87,** 1046; Düsseldorf MDR **87,** 867; **92,** 506; Hamm NStZ **89,** 181). Da nach **II S. 3** § 56f I S. 2 entsprechend anwendbar ist, sind auch Straftaten, die der Verurteilte in der Zeit zwischen der Strafaussetzungsentscheidung und deren Rechtskraft begangen hat, erfaßt. Auch eine Verurteilung vor Rechtskraft des Straferlasses kommt in Betracht (LK 4; SK-Horn 11). Auf die verhängte Strafe kommt es an; Anrechnung nach § 51 ist ohne Bedeutung. Bei Gesamtstrafe muß mindestens eine Einzelstrafe diese Voraussetzungen erfüllen (LK 4). Im Fall einer fortgesetzten Tat muß feststehen, daß zumindest der Teil der fortgesetzten Tat, der in die frühere Bewährungszeit fällt, zur Verhängung einer Freiheitsstrafe von 6 Monaten geführt hätte (vgl. Hamm NStZ **89,** 181). Der Widerruf kommt in Betracht, wenn die Tat dem Gericht bei Ablauf der Bewährungszeit unbekannt oder nicht zur Überzeugung des Gerichts festgestellt war. Nach der Verurteilung darf das Gericht deren Berechtigung nicht prüfen (vgl. Hamm GA **57,** 57). Von der Widerrufsmöglichkeit sollte das Gericht Gebrauch machen, wenn es die Strafaussetzung widerrufen hätte, falls ihm die Tat bei Ablauf der Bewährungszeit bekannt gewesen wäre; es sei denn, daß das Verhalten des Verurteilten von da an bis zum Bekanntwerden der Verurteilung hinreichende positive Faktoren aufweist. Daher ist der Widerruf in keinem Fall obligatorisch (aM SchSch-Stree 10; SK 12; vgl. LG Mosbach StV **84,** 126). **II S. 2**
3 setzt dem Widerruf **zeitliche Schranken:** Der Beschluß muß **a)** innerhalb von 1 Jahr nach Ablauf der Bewährungszeit und **b)** von 6 Monaten nach Rechtskraft des neuen Urteils (den letzten Tag der Bewährungszeit und den Tag der Rechtskraft nicht mit eingerechnet) ergehen; die Rechtskraft (§ 453 II StPO) kann später eintreten. Widerruft das Gericht, so bewirkt dies, daß auch die verhängte Freiheitsstrafe vollstreckt wird, ohne daß es eines gesonderten Ausspruchs über den Widerruf der Strafaussetzung bedarf (Düsseldorf [1. StS] MDR **87,** 865; LK 6; aM mit gewichtigen Gründen Hamm NStZ **89,** 323; Düsseldorf [2. StS] MDR **92,** 506; Lackner 4; vgl. auch SchSch-Stree 11). Es gilt dann nach **I S. 3** § 56f III (nicht auch § 56f II; aM SchSch 11) entsprechend (10 zu § 56f); auch im übrigen sind die Wirkungen wie beim Widerruf der Aussetzung (9 zu 56f).

Strafaussetzung zur Bewährung § 57

Aussetzung des Strafrestes bei zeitiger Freiheitsstrafe

57 ⁱ Das Gericht setzt die Vollstreckung des Restes einer zeitigen Freiheitsstrafe zur Bewährung aus, wenn
1. zwei Drittel der verhängten Strafe, mindestens jedoch zwei Monate, verbüßt sind,
2. verantwortet werden kann zu erproben, ob der Verurteilte außerhalb des Strafvollzugs keine Straftaten mehr begehen wird, und
3. der Verurteilte einwilligt.

Bei der Entscheidung sind namentlich die Persönlichkeit des Verurteilten, sein Vorleben, die Umstände seiner Tat, sein Verhalten im Vollzug, seine Lebensverhältnisse und die Wirkungen zu berücksichtigen, die von der Aussetzung für ihn zu erwarten sind.

ⁱⁱ Schon nach Verbüßung der Hälfte einer zeitigen Freiheitsstrafe, mindestens jedoch von sechs Monaten, kann das Gericht die Vollstreckung des Restes zur Bewährung aussetzen, wenn
1. der Verurteilte erstmals eine Freiheitsstrafe verbüßt und diese zwei Jahre nicht übersteigt oder
2. die Gesamtwürdigung von Tat, Persönlichkeit des Verurteilten und seiner Entwicklung während des Strafvollzugs ergibt, daß besondere Umstände vorliegen,

und die übrigen Voraussetzungen des Absatzes 1 erfüllt sind.

ⁱⁱⁱ Die §§ 56a bis 56g gelten entsprechend; die Bewährungszeit darf, auch wenn sie nachträglich verkürzt wird, die Dauer des Strafrestes nicht unterschreiten. Hat der Verurteilte mindestens ein Jahr seiner Strafe verbüßt, bevor deren Rest zur Bewährung ausgesetzt wird, so unterstellt ihn das Gericht in der Regel für die Dauer oder einen Teil der Bewährungszeit der Aufsicht und Leitung eines Bewährungshelfers.

ⁱᵛ Soweit eine Freiheitsstrafe durch Anrechnung erledigt ist, gilt sie als verbüßte Strafe im Sinne der Absätze 1 bis 3.

ᵛ Das Gericht kann davon absehen, die Vollstreckung des Restes einer zeitigen Freiheitsstrafe zur Bewährung auszusetzen, wenn der Verurteilte unzureichende oder falsche Angaben über den Verbleib von Gegenständen macht, die dem Verfall unterliegen oder nur deshalb nicht unterliegen, weil dem Verletzten aus der Tat ein Anspruch der in § 73 Abs. 1 Satz 2 bezeichneten Art erwachsen ist.

ᵛⁱ Das Gericht kann Fristen von höchstens sechs Monaten festsetzen, vor deren Ablauf ein Antrag des Verurteilten, den Strafrest zur Bewährung auszusetzen, unzulässig ist.

Zur Übergangsregelung für vor dem 3. 10. 1990 begangene Taten **in der DDR** *vgl. Art. 315 III EGStGB, 11n zu § 3.*

Schrifttum: *Katholnigg* NStZ 86, 300; *Meynert* MDR 74, 807; *Mittelbach* JR **1**
56, 165; *Mrozynski* JR 83, 133; *Simson* ZStW 67, 48; *H. W. Schmidt* SchlHA **61**,
154; *Terhorst* MDR 73, 627. *Zum und nach dem 23. StÄG: Eisenberg/Ohder,* Aussetzung des Strafrests zur Bewährung, 1987; *Frisch* ZStW **102**, 707 (Grundfragen und Vollzugslockerungen) u. InstKonfl. **12**, 1 (Aggressionstäter); *Greger* JR 86,
353; *Groß* StV **85**, 81; *Laubenthal* JZ **88**, 951; *Lintz* PfälzOLG-FS 353; *Maatz* MDR **85**, 797; *Th. Wolf,* Die Nichtbeachtung des ⅔-Zeitpunkts in der Vollstreckung des strafgerichtlichen Freiheitsentzugs, 1988. *Kriminologisch: Aufsatt-*

§ 57

ler/Oswald/Geisler/Graßhoff MSchrKrim **82**, 305; *Bockwoldt*, Strafaussetzung und Bewährungshilfe in Theorie und Praxis, 1982; *Böhm/Erhard* MSchrKrim **84**, 365 u. Strafrestaussetzung und Legalbewährung, Ergebnisse einer Rückfalluntersuchung, 1988; *Böhm/K. H. Schäfer* (Hrsg.) Vollzugslockerungen, 2. Aufl. 1989; *Dünkel* MSchrKrim **81**, 279; *Dünkel/Ganz* MSchrKrim **85**, 157; *Kaiser/Schöch* **9**, 11 ff.; *Koepsel, Pollähne, Rüther* InstKonfl. **12**, 27, 41, 68 (Risiken bei Vollzugslockerungen); *Walter/Geiter/Fischer,* Halbstrafenaussetzung ein ungenutztes Institut zur Verringerung des Freiheitsentzuges, 1988 u. NStZ **90**, 16.

1a   1) Die Vorschrift idF des 2. StrRG/EGStGB trat an die Stelle des § 26 aF. Sie wurde in der Überschrift durch das 20. StÄG (1, 2 zu § 57a), im übrigen durch das 23. StÄG (9 vor § 56) geändert. § 57 ist ein wichtiger Teil der auf Resozialisierung (3 zu § 46) ausgerichteten Gesamtbehandlung des Verurteilten (BT-Drs. V/4094, 13), dient also nicht nur der Entlastung der Strafvollzugsanstalten (Maatz MDR **85**, 797), sondern trägt der kriminalpolitischen Erwägung Rechnung, die Chancen einer erfolgreichen Resozialisierung des Verurteilten, namentlich solcher, die sich erstmals im Strafvollzug befinden, verstärkt zu nutzen (BTag-Drs. 10/2720; Maatz MDR **85**, 796; Frisch ZStW **102**, 715). Realisieren läßt sich die Absicht nicht ohne erhebliche Mehrbelastung der Justizvollzugsanstalten und Gerichte. Weder § 57 noch ein Gnadenerweis sind geeignete Instrumente, dem Belegungsdruck in den Vollzugsanstalten zu begegnen. Sinn und Zweck der Strafe gebieten es vielmehr, § 57 so anzuwenden, daß die Effektivität der Strafrechtspflege nicht leidet. Verweist man in diesem Zusammenhang auf Nachbarländer, so muß man auch deren Kriminalitätsentwicklung sehen (vgl. RA-BTag 59. Sitz. S. 19 mit Hinweisen auf die Niederlande). Eine Ausdehnung des § 57 auf Freiheitsstrafen von mehr als 2 Jahren ist nicht beabsichtigt (BReg. BT-Drs. 10/5828, 3). Zu berücksichtigen ist schließlich auch, daß bereits das erkennende Gericht Tat und Persönlichkeit des Verurteilten sowie die Wirkungen der Strafe auf ihn zu würdigen hat. Die in aufwendiger Strafzumessung festgesetzte Strafe darf nicht in unvertretbarer Weise von der StVK mit ihren weit geringeren Erkenntnismöglichkeiten entwertet werden, soll die Strafzumessung ihren Sinn behalten, zumal eine einheitliche Rspr. in Strafvollstreckungssachen mangels Vorlagepflicht an den BGH nicht zu erreichen ist. Der Begriff Aussetzung des Strafrestes gibt einen Hinweis darauf, daß es sich formell um einen Akt der Strafvollstreckung (Dreher JR **55**, 31; Bay **54**, 154), der Sache nach aber um ein der Strafaussetzung zur Bewährung eng verwandtes kriminalpolitisch bedeutsames Instrument in der Hand des Richters handelt (ebenso Peters JR **73**, 120). 1989 betrug die Zahl der beendeten Unterstellungen nach § 57 I 11840 (davon endeten 7418 durch Straferlaß), nach § 57 II 726 (davon endeten 430 durch Straferlaß).

2   2) Der Anwendungsbereich. § 57 gilt für die Aussetzung des Strafrestes bei **zeitiger Freiheitsstrafe** in (abgesehen von der Erstverbüßerregelung des II Nr. 1, unten 9a) nach oben unbegrenzter Höhe, nicht jedoch bei lebenslanger Freiheitsstrafe, für die § 57a gilt, auch nicht, wenn diese gnadenweise in eine zeitige Freiheitsstrafe umgewandelt wurde (Hamm MDR **75**, 859 L; NStZ **89**, 267 [m. Anm. Laubenthal JR **89**, 434]; Düsseldorf MDR **84**, 599). Für den **Strafarrest** gelten die Einschränkungen des § 14a WStG, für **Jugendstrafe** gelten die §§ 88, 99 JGG, wenn sie nicht nach § 92 II JGG nach den Vorschriften des Strafvollzuges für Erwachsene vollzogen wird (BGH **26**, 375; Hamm OLGSt. 95; vgl. aber unten 9c). Jedoch ist der **2a Begriff Freiheitsstrafe** innerhalb des § 57 nach dem Sinngehalt der einzelnen Vorschriften auszulegen (1 vor § 38); **iS des I S. 1 Nr. 1** umfaßt er auch **Ersatzfreiheitsstrafen** (Zweibrücken NJW **76**, 155; OLGSt. 125; MDR **88**,

1071; Hamm [4. StS] MDR **76**, 159, Koblenz MDR **77**, 423; NStZ **87**, 120; Düsseldorf [1. StS] NJW **77**, 308; Jescheck § 73 IV 4; Lackner 1; Blei JA **72**, 306; Preisendanz JR **76**, 467; Doller NJW **77**, 288; ausführlich Weber, Schröder-GedS 180; Dölling NStZ **81**, 86 u. ZStW **104**, 276; Weigand GA **92**, 357; SchSch 4; Streng 104; str.; vgl. aber § 454b StPO [unten 5]; **aM** Greger aaO, Schleswig OLGSt. 23; Köln OLGSt. Nr. 7; AG Berlin-Tiergarten NJW **72**, 457; LG Lüneburg mit Anm. Pohlmann Rpfleger **73**, 436; Hamm [3. StS] MDR **77**, 422; KG GA **77**, 237; Stuttgart MDR **86**, 1043; Karlsruhe Die Justiz **78**, 146; **79**, 232; Celle JR **77**, 122 m. abl. Anm. Zipf; München NJW **77**, 309 L; Düsseldorf 5. StS NJW **80**, 250; JMBlNW **86**, 262; Oldenburg MDR **88**, 1071; Bamberg NStE Nr. 43; Frank NJW **78**, 141; LK-Ruß 4; SK-Horn 3; Baumann § 38 III 2; vgl. sLSK 1); der Täter, der an sich nur Geldstrafe verdient hat, darf nicht schlechter gestellt werden als der mit primärer Freiheitsstrafe; während der Bewährungszeit darf der Verurteilte sich zwar durch Zahlung befreien, die Geldstrafe darf aber nicht vollstreckt werden (Zipf JR **77**, 123; aM Zweibrücken, Preisendanz, beide aaO). Für die ⅔-Berechnung ist die bei Strafantritt ausstehende und nicht die ursprüngliche Strafe maßgebend (vgl. Koblenz MDR **77**, 423); bezahlt der Verurteilte hingegen während des Vollzugs der Ersatzfreiheitsstrafe Teilbeträge, so kommt es insoweit auf die ursprüngliche Strafe an (Zweibrücken MDR **87**, 782); eine Bewährungsauflage, dem Geldstrafenrest zu zahlen, ist unzulässig (Zweibrücken OLGSt. 126; Zipf JR **77**, 123). § 459f StPO besteht daneben selbständig.

3) Die Voraussetzungen des I sind von denen der Kann-Vorschrift des II **3** zT verschieden. Gemeinsame Voraussetzungen sind neben der Einwilligung (unten 7) eine günstige Prognose (6ff.). **A. Nach I S. 1 Nr. 1** müssen **zwei Drittel** der verhängten Strafe, mindestens jedoch 2 Monate verbüßt sein. Die Strafe muß dann 2 Monate übersteigen, doch braucht sie nicht mindestens 3 Monate zu betragen (vgl. Köln NJW **59**, 783; LG Bremerhaven MDR **75**, 241; str.).

a) Auf die verhängte Strafe kommt es an. Soweit sie **durch Anrech-** **4** **nung,** zB von UHaft oder anderer Freiheitsentziehung nach § 51 oder von Maßregelvollzug nach § 67 IV oder von Leistungen nach § 56f III S. 2, auch iVm § 56g II S. 3, oder von Therapiezeiten nach § 36 I, III BtMG (15 vor § 56) **erledigt** ist, **gilt** sie **nach IV** (idF des 23. StÄG, 9 vor § 56) **als verbüßte Strafe** iS I bis III. Die Strafverbüßung wird also fingiert (BGH **10**, 67). IV ermöglicht es, einen Verurteilten, bei dem die angerechnete UHaft ⅔ bzw. ½ der Strafe beträgt, wenn auch erst nach Rechtskraft des Urteils (vgl. unten 12) durch einen Beschluß nach § 454 StPO Aussetzung des Strafrestes zu bewilligen, wenn § 56 nicht anwendbar ist (MDR **59**, 1022). Daraus folgt schon, daß sich der Verurteilte zZ der Entscheidung **nicht in Strafhaft** befinden muß (Zweibrücken StV **91**, 430). § 57 ist auch **4a** zu prüfen, wenn die Vollstreckung nach § 455a StPO vorübergehend unterbrochen wurde (BGH **6**, 216; MDR **59**, 1022; vgl. auch Düsseldorf NJW **54**, 485; KG JR **55**, 437; München NJW **56**, 1210; Köln NJW **54**, 205; Oldenburg MDR **55**, 54), oder wenn sich der Verurteilte in anderer Sache in Strafhaft befindet (Bremen MDR **58**, 263). Der Anwendung des § 57 steht auch nicht entgegen, daß die verbüßte Strafe zunächst nach § 56 ausgesetzt und die Aussetzung nach § 56f widerrufen war (Bremen MDR

§ 57

59, 263; München MDR **59**, 324). Auch eine wiederholte Aussetzung des Strafrestes derselben Strafe ist denkbar (Stuttgart MDR **83**, 150; Die Justiz **84**, 106; Frankfurt StV **83**, 71). Für eine Strafe, die nach der (maßgebenden) Strafzeitberechnung der Vollstreckungsbehörde als verbüßt gilt, kann nicht nachträglich Strafaussetzung gewährt werden (Stuttgart MDR **85**, 160). Eine weitere Möglichkeit, unter den Voraussetzungen des § 57 I Nr. 2, 3 auch schon dann auszusetzen, wenn bei vorweggenommenem Vollzug freiheitsentziehender Maßregeln nach §§ 63, 64 erst die Hälfte der verhängten Strafe durch die Anrechnung nach § 67 IV erledigt ist, gewährt § 67 V S. 1 (6 zu § 67).

4 b   b) **Gnadenweiser Erlaß** gilt, weil er nicht nach strafrechtlichen Maßstäben bewilligt wird, an die das Sanktionensystem anknüpfen könnte, nicht als verbüßte Strafe (überzeugend Saarbrücken NJW **73**, 2037; Düsseldorf NJW **75**, 1526; Oldenburg MDR **84**, 772; Schätzler 20. 5. 3; aM Hamm NJW **70**, 2126; Hamburg NJW **70**, 2123; SK 4); ebensowenig gnadenweise Anrechnung von Strafunterbrechungszeiten (Nürnberg MDR **75**, 949 L; Hamburg MDR **77**, 771). § 57 ist daher nicht anzuwenden, wenn die Strafe gnadenweise um ⅓ oder ½ herabgesetzt ist (Hamburg NJW **60**, 1535; Saarbrücken NJW **73**, 2073; str.; aM LK 5; SchSch 5; SK 4; Streng 99). Soweit die Freiheitsstrafe allerdings durch gnadenweise Anrechnung von Freiheitsentziehungen (zB von UHaft) erledigt ist, gilt sie nach IV als verbüßte Strafe (Hamburg MDR **70**, 781; **77**, 772; LK 6; SK 6). Da IV auch auf Leistungen usw. anzuwenden ist, muß das gerechterweise auch bei gnadenweiser Anrechnung von Geldstrafe gelten (Lackner 3; aM zu IV LG Kleve MDR **80**, 419). Hingegen ist im Fall einer Gesamtstrafe, von der im Hinblick auf den auslieferungsrechtlichen Spezialitätsgrundsatz nur ein Teil vollstreckbar ist, für die Berechnung des ⅔-Zeitpunkt nur die vollstreckbare Teilfreiheitsstrafe maßgebend (München NStE Nr. 44; aM Düsseldorf JMBlNW **86**, 43; SchSch 5).

5   c) **Die Unterbrechung der Vollstreckung** bei **mehreren** (nicht gesamtstrafenfähigen) **nacheinander zu vollstreckenden Freiheitsstrafen** regelt **§ 454b StPO**, dessen I bestimmt, daß (zeitige und lebenslange) Freiheitsstrafen und Ersatzfreiheitsstrafen grundsätzlich unmittelbar nacheinander zu vollstrecken sind, was nicht ausschließt, die Vollstreckung in sachlich gebotenen Fällen zu unterbrechen (vgl. § 455 IV StPO, § 455a StPO, §§ 45, 46 StVollstrO). In Ergänzung der §§ 57, 57a sieht § 454b II StPO *zwingend* die Unterbrechung der zunächst zu vollstreckenden Strafe (vgl. § 43 StVollstrO) vor, um sicherzustellen, daß die Entscheidungen nach den §§ 57, 57a erst getroffen werden, wenn über die Aussetzung der Vollstreckung der Reste aller Strafen gleichzeitig entschieden werden kann *(Entscheidungsreife nach § 454b III StPO)*. Ist diese Entscheidungsreife für alle Strafreste gegeben, so wird über die Aussetzung *gleichzeitig* entschieden. Diese Entscheidung kann nur einheitlich ergehen, weil die Prognose stets dieselbe ist (Greger JR **86**, 357). Für eine ausdrückliche oder stillschweigende Zurückstellung der Entscheidung über die Aussetzung der Vollstreckung einzelner Strafreste ist kein Raum (Düsseldorf MDR **90**, 569), auch ist ein Antrag des Verurteilten auf eine vorzeitige Entscheidung unzulässig (Zweibrücken MDR **89**, 843; Greger JR **86**, 357). Das gilt auch für einen Antrag auf Aussetzung nach Halbverbüßung nach II Nr. 2 (Lackner 33).

Strafaussetzung zur Bewährung § 57

Zuständig für die Anordnung der Unterbrechung ist jeweils die **Vollstrek-** 5a
kungsbehörde (§ 451 StPO), und zwar (zunächst) der Rechtspfleger, über Einwendungen gegen dessen Anordnungen entscheidet der StA (§ 31 II S. 1, IV RPflG), gegen dessen Bescheide kann das Gericht (§ 458 II StPO), und zwar die nach § 462a I S. 1 StPO zuständige StVK (vgl. unten 12a) angerufen werden, gegen deren Entscheidung ist die sofortige Beschwerde zulässig (§§ 462 III, 311 StPO; Müller-Dietz JR **91**, 79). **Unterbrechungsvoraussetzung** nach § 454b II StPO ist bei der *Erstverbüßerregelung* (§ 57 II *Nr. 1;* unten 9a), daß die *Hälfte,* mindestens jedoch 6 Monate der Strafe, verbüßt sind. *⅔-Verbüßung,* mindestens jedoch die Verbüßung von 2 Monaten der Strafe, ist erforderlich *für die übrigen* zeitigen *Freiheitsstrafen,* also auch für die Fälle des § 57 II *Nr. 2* (Vorliegen besonderer Umstände; unten 9f), die von § 454b II Nr. 1 nicht erfaßt sind (Oldenburg MDR **87**, 75; Celle MDR **90**, 176; für entspr. Anwendung Zweibrücken NStZ **89**, 592, hiergegen mit Recht Wendisch JR **90**, 212; aus wichtigem Grund kann aber die Vollstreckungsbehörde auch hier nach Halbverbüßung unterbrechen, die Versagung der Unterbrechung ist nach § 25 I EGGVG gerichtlich nachprüfbar, Celle aaO). Bei lebenslanger Freiheitsstrafe setzt die Unterbrechung eine Mindestverbüßung von 15 Jahren voraus (§ 454b II Nr. 3 StPO). Entscheidungsreife iS des § 454b III StPO tritt auch dann ein, wenn für die einen teilvollstreckten Strafen Aussetzung nach Halbverbüßung und für die anderen Aussetzung nach ⅔-Verbüßung in Betracht kommt (Düsseldorf StV **89**, 215). Auch ändert eine Ablehnung der bedingten Aussetzung durch die StVK an dem Unterbrechungszwang nach § 454b II StPO dann nichts, wenn sich nachträglich die Notwendigkeit einer Anschlußvollstreckung herausstellt (Düsseldorf StV **90**, 121; Zweibrücken MDR **89**, 843; str). Von einer *Unterbrechung* der Vollstreckung nach § 454b II StPO sind *ausgeschlossen* Reststrafen, die bereits nach § 57 ausgesetzt waren, aber auf Grund Widerrufs ihrer Aussetzung vollstreckt werden (§ 454b II S. 2 StPO), ferner Ersatzfreiheitsstrafen, sowie Freiheitsstrafen bis zu 2 Monaten. Von der Regelung des § 454b II StPO ist weiterhin die Anschlußvollstreckung von im Erwachsenenvollzug zu vollstreckenden Jugendstrafen ausgenommen (Düsseldorf MDR **88**, 80; Stuttgart Die Justiz **87**, 436; LR-Wendisch 7, 8 zu § 454b; vgl. früher schon Karlsruhe MDR **80**, 1037; GenStA Hamburg NStZ **85**, 285 m. krit. Anm. Scheschonka).

Ist eine **gebotene Unterbrechung** der Vollstreckung aus Gründen **unter-** 5b
blieben, die im Verantwortungsbereich der Vollstreckungsbehörde liegen, so darf dies bei der Anwendung der §§ 57, 57a nicht zum Nachteil des Verurteilten gereichen (BVerfG NStZ **88**, 474; hierzu Maatz NStZ **90**, 215; Wolf [oben 1] 117). Der Verurteilte ist daher, soweit dies noch möglich ist, iErg. so zu stellen, wie wenn die Unterbrechung rechtzeitig vorgenommen worden wäre. Wie das zu geschehen hat, wird unterschiedlich beantwortet: Nach Stuttgart NStZ **91**, 150 genügt es bereits, daß der Zeitpunkt für die Aussetzungsreife der Anschlußstrafe um die Dauer der Verspätung der Vollstreckungsunterbrechung zurückgenommen wird *("materiellrechtliche Lösung"*, ebenso LG Hamburg NStZ **92**, 254 m. Anm. Volckart; Maatz NStZ **90**, 218; Wolf NStZ **90**, 575; Lackner 32). Nach Celle (NStZ **90**, 252 m. iErg. zust. Anm. Müller-Dietz JR **91**, 78) soll im Wege einer *"vollstreckungsrechtlichen Lösung"* der Mangel *"durch Verrechnung* (*"Umbuchung"*) einer bereits zurückgelegten Vollstreckungszeit auf eine andere Strafe" ausgeglichen und auf diese Weise der Zeitpunkt für die gemeinsame Aussetzungsreife neu festgesetzt werden (ebenso LG Marburg NStZ **88**, 273; Frankfurt RPfleger **88**, 502; Wolf, Die Nichtbeachtung des Zwei-Drittel-Zeitpunktes in der Vollstreckung des strafgerichtlichen Freiheitsentzuges, 1988). Das soll auch für die Anrechnung anderen Freiheitsentzuges auf die Freiheitsstrafe (§§ 51, 67 IV) gelten (vgl. hierzu Müller-Dietz aaO 80). Nach Frankfurt

NStZ **90**, 254 soll – entgegen einer herrschenden Meinung – sogar eine *rückwirkende Unterbrechung* der laufenden Strafvollstreckung zulässig und geboten sein (ebenso Graul GA **91**, 11). Sowohl die materiellrechtliche wie auch die vollstreckungsrechtlichen Lösungen entsprechen vom Ansatz her dem verfassungsrechtlichen Petitum (BVerfG aaO). Die Rspr.-Divergenzen haben aber Auswirkungen, wenn es später auf die verbüßte oder nach einer vollstreckungsrechtlichen Korrektur als verbüßt anzusehende Strafzeit besonders ankommt, wie zB im Falle einer späteren Gesamtstrafenbildung, für die formellen Voraussetzungen der Sicherungsverwahrung oder für Entschädigungsansprüche nach erfolgreicher Wiederaufnahme (im einzelnen hierzu Maatz und Graul aaO). Auch in solchen Fällen ist jeweils darauf zu achten, daß aus einer verspäteten Unterbrechung dem Verurteilten Nachteile nicht erwachsen, erlangte Vorteile aber erhalten bleiben (Lackner 32; insoweit aM GA **91**, 24).

5c d) Auch wenn auf eine **freiheitsentziehende Maßregel** der Besserung und Sicherung erkannt wurde, die Strafe aber vor der Maßregel vollzogen wird (sonst § 67 V), ist Aussetzung des Strafrestes zulässig, dh also in den Fällen des § 67 II, aber auch bei der Sicherungsverwahrung (vgl. Neustadt NJW **56**, 70), jedoch nur dann, wenn feststeht, daß der Zweck der Maßregel auch die Unterbringung nicht mehr erfordert (§ 67c I; Frankfurt NJW **80**, 2535; vgl. schon KG GA **56**, 155; JR **58**, 30; **62**, 227; Schleswig SchlHA **58**, 206; Stuttgart MDR **75**, 241; aM LK 20); sonst wird die negative Prognose nach § 67c I auch einer Aussetzung des Strafrestes entgegenstehen (vgl. KG GA **57**, 148). Daß der Verurteilte nach Strafverbüßung untergebracht werden kann, kann die Aussetzung des Strafrestes keinesfalls rechtfertigen (Köln NJW **55**, 1161; Frankfurt NJW **80**, 2535; Koblenz OLGSt. Nr. 4). FAufsicht nach § 68 I steht der Aussetzung des Strafrestes nicht entgegen (dazu § 68g mit Anm.).

6 B. Eine **günstige Täterprognose** ist nach I S. 1 Nr. 2 sachliche Voraussetzung der Aussetzung in allen Fällen (vgl. II letzter Satzteil) des § 57. Sie ist weniger streng als die in § 56 geforderte positive Prognose (dort 3ff.). I stellt aus kriminalpolitischen Gründen auf rein spezialpräventive Gesichtspunkte ab, so daß die Aussetzung des Strafrestes auch in Fällen nat. soz. Tötungsdelikte anzuordnen ist (Ber. aaO 13; so auch Hamburg MDR **76**, 947; Peters JR **78**, 179). Voraussetzung ist **a)** daß **verantwortet** werden kann zu erproben, ob der Verurteilte außerhalb des Strafvollzugs keine Straftaten mehr begehen wird (hierzu Mrozynski JR **83**, 133). Weil man schwer beurteilen kann, wie sich ein unfreier Mensch in der Freiheit verhalten wird, und weil eine ausdrückliche negative Prognose den Abgelehnten psychologisch nachteilig beeinflussen könnte (E 1962, 204; Ber. BT-Drs. V/4094, 13), setzt das Erprobungswagnis keine Gewißheit künftiger Straffreiheit voraus, es genügt das Bestehen einer wirklichen Chance für ein positives Ergebnis einer Erprobung (Düsseldorf NStZ **88**, 272; NStE Nr. 23), namentlich infolge günstiger Wirkungen des Strafvollzuges (Düsseldorf StV **88**, 159; VRS **79**, 102; **81**, 368; vgl. KG NJW **73**, 1421; JA **86**, 458; unten 6b); bei Erstverbüßern (II Nr. 1) ist das, wenn dem nicht gewichtige Gründe (solche liegen im Falle eines EMIT-Tests mit positivem Cannabis-Befund wegen dessen mangelnder Verläßlichkeit nicht vor, Zweibrücken StV **86**, 113 und hierzu Kreuzer StV **86**, 129) entgegenstehen, idR anzunehmen (Schleswig SchlHA **80**, 171), nicht jedoch wenn der Verurteilte während eines Hafturlaubs Straftaten begangen hat (Schleswig

SchlHA **83**, 83). Dagegen nimmt die Chance der Resozialisierung mit zunehmender Zahl von Verbüßungen ab (BT-Drs. 10/2720, 11). Nach Hamm (StV **91**, 427) kann bei einem HIV-Infizierten und noch BtM-Abhängigen Reststrafenaussetzung in Betracht kommen, wenn die medizinischen und tatsächlichen Voraussetzungen einer Einzelsubstitution mit L-Polamidon gewährleistet sind (vgl. 9c aE zu § 223). Das mit der Aussetzung verbundene Risiko kann nicht eingegangen werden, wenn die notwendige Prognose ungünstig ausfällt, so wenn ein „Erfolg nicht eben wahrscheinlich erscheint" (Köln MDR **70**, 861; aM BGH JR **70**, 347 m. abl. Anm. K. Meyer; eingehend Müller-Dietz NJW **73**, 1065; Terhorst MDR **73**, 628; Meynert MDR **74**, 807; Mrozynski JR **83**, 136; vgl. Frisch, Prognoseentscheidungen im Strafrecht, 1983, 93, 142, StV **88**, 360, ZStW **102**, 719, 752 u. InstKonfl. **12**, 6), auch nicht aus Gründen der Fürsorge (Karlsruhe Die Justiz **77**, 465), weil etwa gerade ein Therapieplatz zur Verfügung steht (Koblenz OLGSt. Nr. 2). Der Umstand, daß ein Asylverfahren anhängig ist, steht der günstigen Sozialprognose nicht entgegen (Bremen StV **85**, 380). Hingegen ist eine Sachentscheidung nach I S. 1 Nr. 2 nicht möglich, wenn einer Erprobung außerhalb des Strafvollzuges ein zu erwartender Anschlußvollzug einer mehrjährigen Freiheitsstrafe im Wege steht (Karlsruhe NStZ **88**, 73). Bei dem Risiko, das das Gericht mit der Aussetzung eingeht und mit dem sich ein etwaiges Prognosegutachten befassen muß, wird auch eine Rolle spielen, **welcher Art die Straftaten** sein könnten, die bei einem Fehlschlagen des Wagnisses von dem Verurteilten zu erwarten wären (vgl. Ber. aaO 22; Köln MDR **70**, 861); bei besonders gefährlicher vorausgegangener Tat wird das Wagnis weniger leicht zu verantworten sein (Düsseldorf NJW **73**, 2255; Koblenz NJW **81**, 1522 L; OLGSt. 152); welches Maß an Erfolgswahrscheinlichkeit zu verlangen ist, hängt vom bedrohten Rechtsgut und vom Sicherheitsbedürfnis der Allgemeinheit ab (KG JR **70**, 428; Karlsruhe Die Justiz **82**, 437 L). Indessen darf bei Ausländern die Aussetzung nicht vom Vorliegen einer rechtskräftigen Ausweisungsverfügung abhängig gemacht werden (Braunschweig StV **83**, 338). Bei Agenten (§ 99) wird es idR an einer günstigen Prognose fehlen (MDR/S **77**, 901); desgl. bei Tätern, die ihre politischen Ziele auch weiterhin mit Gewalt zu verwirklichen trachten (KG 28. 12. 1977, 1a Ws 578/77); anders jedoch bei einem Rädelsführer einer terroristischen Vereinigung (§ 129a II), wenn er weiterer Gewaltanwendung – wenn auch nicht seiner geistigen Grundhaltung – glaubhaft abschwört (NStE Nr. 57). Für den Fall, daß ein Zivildienstverweigerer auch künftig den Zivildienst verweigert (Koblenz NJW **84**, 1978; krit. hierzu Friedeck NJW **85**, 782; vgl. ferner 39 vor § 52). **Zu berücksichtigen** sind bei der Gesamtwürdigung **nach I S. 2,** der keine zusätzlichen Voraussetzungen schafft, im wesentlichen dieselben Umstände, die auch § 56 I S. 2 nennt (6 ff. zu § 56, zur Frage der Überzeugungsbildung und des Zweifelssatzes 5 zu § 56; Terhorst MDR **78**, 976; vgl. Hamm NJW **72**, 1583). Anstelle des Verhaltens nach der Tat, das aber auch hier von Bedeutung sein kann, nennt I S. 2 das **Verhalten** des Verurteilten im **Vollzug** (vgl. Hamm MDR **74**, 1038). Der vollzugsrechtliche Aspekt der Entscheidung nach I schließt die Prüfung mit ein, in welchem Umfange das Vollzugsziel (§ 2 StVollzG) erreicht worden ist, wobei neben der – vorrangigen – Resozialisierung auch die weiteren Strafzwecke (BVerfGE **64**, 300/301), zB die Schwere der

Schuld (vgl. auch § 57a I Nr. 2) und die bei der Tat entfaltete kriminelle Energie mitzuberücksichtigen sind (Bamberg NStZ **89**, 389 m. Anm. Müller-Dietz StV **90**, 29; oben 3b zu § 46). Klagloses Verhalten ist insbesondere bei rückfälligen Alkoholfahrern (Hamm BA **81**, 109) nicht stets ein nur positiver Faktor (vgl. KG NJW **72**, 2228), andererseits sind Schwierigkeiten im Vollzug, etwa mangelnde Mitarbeit (Düsseldorf StV **86**, 346; Hamm GA **89**, 36), ja selbst gewisse Straftaten (zB §§ 185, 303), nicht stets nur ein negativer Faktor (LK 13). Zum Nachteil des Verurteilten darf bei der Entscheidung nach § 57 nicht gewertet werden, daß ihm keine Vollzugslockerungen gewährt wurden (Köln StV **91**, 568). Eine Rolle spielen Ergebnisse sozialtherapeutischer Behandlung (dazu Eisenberg ZStW **86**, 1042 sowie Sonnen JuS **76**, 364 mit Kritik an KG NJW **72**, 2228; **73**, 1420; dazu Blei JA **76**, 593). Zur Problematik der strafanstaltlichen Stellungnahmen Terhorst MDR **73**, 629; instruktiv Bresser JR **74**, 265. Die Vereitelung oder Erschwerung der Schadenswiedergutmachung noch während des Strafvollzugs, zB das weitere Verheimlichen des erpreßten Lösegeldes oder einer Deliktsbeute läßt unabhängig von V (unten 11) auf eine schlechte Prognose schließen (Hamburg NStZ **88**, 274 [m. Anm. Geiter/Walter StV **89**, 212]; Karlsruhe MDR **78**, 71 L; vgl. auch Sturm MDR **77**, 618). Einer positiven Prognose steht das Leugnen der Tat idR nicht entgegen (Hamm StV **88**, 348, wenn es nicht wegen erdrückender Beweise ein erhebliches Defizit an Realitätseinschätzung offenbart, Hamm GA **89**, 36); auch nicht die daraus erklärbare Bereitschaft, den Schaden wiedergutzumachen (JR **54**, 147), ebensowenig die Art der abgeurteilten Straftat (Köln NJW **54**, 1297 L) oder der Umstand, daß die erkannte Strafe milde sei (KG JR **55**, 272), oder der Verurteilte ein Wiederaufnahmeverfahren anstrebt (Hamm StV **88**, 348). Auch UHaft in anderer Sache steht nicht stets entgegen (Hamm JMBlNW **73**, 68; Bremen StV **84**, 384), auch nicht stets ein Entweichen aus der Vollzugsanstalt (München StV **86**, 25). Die Entscheidung darf den Urteilsfeststellungen nicht widersprechen (Braunschweig StV **83**, 338). Ein Prognosegutachten, bei dem dies der Fall ist, wäre im Ansatz verfehlt (Hamm OLGSt. 97). Anderes gilt nur, wenn später neue Umstände eingetreten oder bekannt geworden sind. Andererseits darf das Urteil nicht die spätere Entscheidung nach § 57 zu präjudizieren suchen (vgl. Hamburg JR **65**, 67 mit Anm. Dreher). Das Gericht ist auch berechtigt und verpflichtet, bei seiner Entscheidung nach Überprüfung eigenverantwortlich zu entscheiden, ob der Verurteilte weitere, noch nicht rechtskräftig abgeurteilte Straftaten begangen hat; die Unschuldsvermutung steht nicht entgegen (Hamm NStZ **92**, 350; Düsseldorf StV **92**, 287; vgl. 3b zu § 56f).

7   C. Die **Einwilligung** des Verurteilten ist **nach I S. 1 Nr. 3**, da ihm die von seiner Mitarbeit abhängige Maßnahme nicht aufgezwungen werden kann, Entscheidungsvoraussetzung (hM; aM Laubenthal JZ **88**, 951). Verweigert er sie, so bedarf es einer Entscheidung (unten 13) nicht (LG Zweibrücken MDR **91**, 173; aM Laubenthal aaO 955). Die Einwilligung muß noch vorliegen, wenn der Beschluß nach § 454 StPO rechtskräftig wird (Celle NJW **56**, 1608). Bis zu diesem Zeitpunkt kann sie zurückgenommen werden (Koblenz GA **77**, 374, MDR **81**, 425; später nicht mehr, LK 14; SchSch 18; aM AG Schwäbisch-Hall Rpfleger **72**, 313 mit Anm. Pohlmann). Eine zunächst verweigerte Einwilligung in die Aussetzung kann

Strafaussetzung zur Bewährung **§ 57**

noch im Beschwerdeverfahren erklärt werden (Karlsruhe MDR **77**, 333; Die Justiz **80**, 91 L; Stuttgart MDR **90**, 857).

D. **Zur Aussetzung verpflichtet** ist das Gericht, wenn die Vorausset- **8** zungen des I gegeben sind (Zweibrücken MDR **74**, 329), und zwar auch dann, wenn die Vollstreckung nach § 455a StPO unterbrochen wurde (KG NStZ **83**, 334). Ein Ermessensspielraum ist ihm nicht eingeräumt. Vor allem darf es, anders als in § 57a (dort 7), Gesichtspunkte der Schuldschwere (Hamm NJW **70**, 2124; **72**, 1583; OLGSt. 121; StV **88**, 348) oder der Generalprävention nicht berücksichtigen (hM).

4) Die Voraussetzungen des II müssen zusätzlich zu den **übrigen Vor- 9 aussetzungen des I** erfüllt, dh neben der günstigen Täterprognose und der Einwilligung gegeben sein. Daher gelten die obigen Ausführungen zu 2 bis 8 entsprechend für die Aussetzung der Vollstreckung des Strafrestes schon **nach Verbüßung der Hälfte einer zeitigen Freiheitsstrafe**. Die **Mindestverbüßungszeit** beträgt jedoch nicht 2, sondern **6 Monate**. Das folgt schon aus § 56 I. Denn wenn Freiheitsstrafen bis zu 1 Jahr bei guter Prognose zwingend auszusetzen sind, müssen Verurteilte, bei denen eine Freiheitsstrafe bis zu 1 Jahr auch vollstreckt wird, eine schlechte Prognose aufweisen (dies übersieht die Kritik von Groß StV **85**, 82). Die Mindestverbüßungszeit beinhaltet keine Anwendungsbeschränkung auf Strafen von mindestens 1 Jahr, jedoch erlangt II seine Bedeutung schon im Hinblick auf I nur bei Freiheitsstrafen von mehr als 9 Monaten (Bamberg NStE Nr. 51). Wegen der zahlreichen gesetzlichen Möglichkeiten, von der Vollstreckung der Freiheitsstrafe abzusehen, wird II auch weiterhin eine Ausnahmevorschrift bleiben (Karlsruhe MDR **87**, 782; aM Düsseldorf MDR **87**, 957; JR **88**, 292 [m. Anm. Zipf]; StV **89**, 214; MDR **89**, 927, NStE Nr. 45 u. StV **90**, 271). Der vom BRat empfohlenen Anregung, statt der Kann-Regelung vorzusehen, daß die Vollstreckung idR ausgesetzt wird (BT-Drs. 10/2720, 23), ist das 23. StÄG nicht gefolgt, weil sich der Probandenkreis des § 57 im Durchschnitt nicht gerade durch eine gute Sozialprognose auszeichnet (Prot. RA-BTag 62. Sitz., 44) und weil potentielle Straftäter nicht annehmen sollen, sie hätten idR nur die Hälfte der Strafzeit zu verbüßen. Auch bei Erstverbüßern dürften Freiheitsstrafen idR nur bei gravierenden Taten oder bei schlechter Prognose vollstreckt werden. Der Anwendungsbereich des II wird also weiterhin gering bleiben. Im Rahmen der Kann-Vorschrift entscheidet das Gericht nach sachgemäßem Ermessen. Zur Unterbrechung der Vollstreckung vgl. 5. **A. Nach II Nr. 1** kann das Gericht bei einem **9a Erstverbüßer** mit positiver Sozialprognose nach 6monatiger Verbüßung die Vollstreckung mit seiner Einwilligung aussetzen, **a)** wenn die verhäng- **9b** te **Strafe 2 Jahre nicht übersteigt**. Eine im Anschluß zu vollstreckende Strafe ist in diese Obergrenze nicht einzubeziehen, vgl. aber unten 9d). II Nr. 1 ist also im Gegensatz zum sonstigen Anwendungsbereich des § 57 (oben 2) aus generalpräventiven Gesichtspunkten (BT-Drs. 10/2720, 11) auf eine Strafhöhe beschränkt. Zu berücksichtigen sein werden daher hier insbesondere generalpräventive Gründe, die schon maßgebend dafür waren, nicht von der Vollstreckung nach § 56 abzusehen, bei gravierenden Taten etwa der Gedanke der Verteidigung der Rechtsordnung (Prot. RA-BTag 62. Sitz., 48). Nr. 1 und 2 sind alternativ zu verstehen („oder"). Weitere Voraussetzungen sind im Gegensatz zu Nr. 2 nicht aufgestellt aus

§ 57

der Erwägung, die Schockwirkung des ersten Freiheitsentzuges werde spürbarer empfunden (BT-Drs. 10/2720, 11). Dennoch darf idR nicht allein auf eine gute Prognose abgestellt werden, die sich uU auf eine geschickte Anpassung im Vollzug gründet (vgl. oben 6b); vielmehr sind auch Gesichtspunkte der Generalprävention miteinzubeziehen (RA-BTag 62. Sitz. S. 48; BGH NStZ **88**, 495; Karlsruhe MDR **88**, 879; aM Düsseldorf StV **89**, 213; Lintz aaO [oben 1] 361; SK 18), was wiederum – falls die sofortige Strafaussetzung wegen § 56 III abgelehnt wurde – bei Erstverbüßern eine Halbstrafenaussetzung nach II nicht grundsätzlich ausschließt (Hamburg StV **90**, 414). Fälle positiver Persönlichkeitsentwicklung werden bei kurzen Teilverbüßungen hingegen keine Rolle spielen. Die Reststrafenaussetzung darf vom Verurteilten nicht als Korrektur des Strafausspruchs empfunden werden. Die StVK darf daher nicht der Gefahr erliegen, die tatsacheninstanzliche Feststellung der Umstände der evtl. weit zurückliegenden Tat, die die StVK nur nach den Akten beurteilen kann, außer acht zu lassen, was nicht ausschließt, einer positiven Persönlichkeitsentwicklung Rechnung zu tragen. Dem Gesetz widerspricht es, bei Erstverbüßern einer Freiheitsstrafe von über 2 Jahren eine Strafrestaussetzung zwischen der ½- und der ⅔-Verbüßung anzuordnen, wenn die Voraussetzungen der Nr. 2 (unten 9f) bei der Halbzeitverbüßung noch nicht vorlagen (so aber LG Osnabrück StV **88**, 161). Auch steht die Vollverbüßung von Freiheitsstrafe in der ehem. DDR wegen Taten, die auch in der BRep. zur strafrechtlichen Ahndung geführt hätten, der Anwendung von II entgegen (Zweibrücken MDR **92**, 175). **b)** Wann ein Verurteilter erstmals

9c **eine Freiheitsstrafe** verbüßt, verdeutlicht weniger der Wortlaut des II Nr. 1 als vielmehr die Begründung des RegE (BT-Drs. 10/2720, 11). Danach ist der Begriff Freiheitsstrafe nicht ieS des § 38 (vgl. dort 1), sondern hier teils weiter, teils enger auszulegen als sonst in § 57. Im Hinblick auf die Zielsetzung kommt auch vollstreckte *Jugendstrafe* in Betracht (Stuttgart MDR **88**, 251 [m. krit. Anm. Eisenberg JZ **87**, 1086]; Karlsruhe NStZ **89**, 324); entgegen der Begr. (BT-Drs. 10/2720, 11; ebenso Eisenberg NStZ **87**, 169) im Hinblick auf die eindeutige Regelung des § 14a II WStG aber auch *Strafarrest* (aM Lackner 15; Maatz MDR **85**, 799) und nach IV auch *angerechnete Freiheitsentziehung* (Karlsruhe MDR **89**, 1012 [m. beachtlicher Kritik Groß StV **90**, 120]; Greger JR **86**, 356; aM Stuttgart NStZ **90**, 103; Maatz MDR **85**, 800; Lackner 15; SchSch 23a; Streng 102), und zwar auch eine im Ausland erlittene (16 zu § 51; vgl. oben 2a), weil die Schockwirkung des 1. Freiheitsentzuges bei einem ev. strengeren Auslandsvollzug aber zunimmt (aM SchSch 23a; zu formal Maatz MDR **85**, 802). Der Verurteilte kann jedoch einen Antrag nach § 15 RHilfeG auf Feststellung der Unzulässigkeit der Vollstreckung stellen. *Nicht* in Betracht kommt *Ersatzfreiheitsstrafe*, da ihre Einbeziehung auch in II Nr. 1 für den mittellosen Verurteilten eine Härte bedeuten würde (Lackner 15 mwN; Begr. aaO;

9d Zweibrücken MDR **88**, 984). **Erstmals** verbüßt ist die Freiheitsstrafe im Falle der **Anschlußvollstreckung** (§ 43 II StVollstrO) mit der Verbüßung der an erster Stelle stehenden Strafe, da die Voraussetzungen des § 57 nach dem eindeutigen Wortlaut für jede Strafe *gesondert zu prüfen* sind (Hamm MDR **87**, 512; Greger JR **86**, 356 u. NStZ **86**, 573; Lackner 15; LR-Wendisch 3 zu § 454b StPO; aM SK 16; SchSch 23a). Für eine die Selbständigkeit der Strafen ignorierende Addition bietet das Gesetz keine Grundlage

Strafaussetzung zur Bewährung **§ 57**

(vgl. BGH **34**, 161; aM München MDR **88**, 602; Eisenberg NStZ **87**, 168; Lintz aaO [oben 1] 356). Das gilt bei einer privilegierenden Addition nicht anders als bei einer benachteiligenden (zB im Falle des § 35 BtMG, BGH **33**, 96 m. Anm. Katholnigg NStZ **85**, 127). Die *überwiegende Meinung* in Rspr. und Schrifttum begreift im Anschluß an Maatz (MDR **85**, 800) allerdings auch die *Anschlußvollstreckung mehrerer Freiheitsstrafen* im Ganzen als *Erstverbüßung* iS von II Nr. 1 (Zweibrücken NStZ **86**, 572 [m. krit. Anm. Greger]; Oldenburg NStE Nr. 12 u. NStZ **87**, 174 [m. Anm. Maatz StV **87**, 71]; München MDR **88**, 601; Stuttgart NStZ **88**, 128 [m. Anm. Maatz NStZ **88**, 114]; Nürnberg NStE Nr. 32; Karlsruhe NStZ **89**, 324; Düsseldorf StV **89**, 215, MDR **89**, 92 u. NStE Nr. 45; Hamburg u. Celle StV **90**, 271). Eine solche ausdehnende Auslegung mag dem Normzweck entgegenkommen, sie ist aber von der – unvollkommenen – gesetzlichen Regelung und ihrer Entstehungsgeschichte nicht gedeckt, weil sie – worauf Lackner (16) mit Recht hinweist und wie auch die obergerichtliche Rspr. zeigt – zu Wertungswidersprüchen führt und sinnvoll nicht eingrenzbar ist. So ist bei den Anhängern dieser ausdehnenden Auslegung streitig, ob sich die *Summe* der in den Erstvollzug einbezogenen Strafen im Rahmen der 2-Jahresgrenze halten muß (so Karlsruhe Die Justiz **87**, 319, **88**, 436 u. NStZ **89**, 323; Stuttgart [1. StS] MDR **88**, 879; Nürnberg NStE Nr. 32; SchSch 23 a) oder ob sich die gesetzliche 2-Jahresgrenze jeweils auf die *einzelnen* zur Hälfte auszusetzenden Strafen bezieht und sie im Falle der Anschlußvollstreckung ggf überschritten werden darf (so Oldenburg MDR **87**, 602; Stuttgart [4. StS] MDR **88**, 250 [m. krit. Anm. Eisenberg JZ **87**, 1086], [3. StS] NStZ **88**, 128; Zweibrücken MDR **88**, 984 [m. Anm. Bietz JR **89**, 512]; München MDR **88**, 601; Hamburg StV **90**, 271; LG Heilbronn StV **86**, 347; Maatz NStZ **88**, 114; Lintz aaO [oben 1] 359); ferner, ob die Erstverbüßungsregelung auch bei zeitlicher **Unterbrechung** (oben 5) der Vollstreckung der mehreren Freiheitsstrafen gilt, wenn der Täter aber alle zugrundeliegenden Taten *vor* der ersten Vollstreckung begangen hatte (Zweibrücken NStZ **87**, 175; SchSch 23 a; hiergegen Maatz StV **87**, 72; SK 16). Nicht hinnehmbar ist schließlich (Lackner 16), daß Anschlußfristen wegen während des Erstvollzugs begangenen Taten privilegierungsfähig sind und die Anwendbarkeit von Nr. 1 davon abhängt, ob zufälliges oder gezieltes Prozeßverhalten einen Anschlußvollzug ermöglicht hat. Übereinstimmung besteht indessen insoweit als eine Erstverbüßung iS II Nr. 1 bei Vollstreckungen nach Widerruf wegen erneuter Straffälligkeit nicht in Betracht kommt (Zweibrücken MDR **87**, 603 [m. Anm. Bietz JR **87**, 818]; Karlsruhe JR **89**, 512 m. Anm. Bietz). Getilgte oder tilgungsreife Taten (vgl. § 51 BZRG) bleiben unberücksichtigt. Der Anwendung der Nr. 1 steht eine vorverbüßte Strafe bei nach § 51 BZRG eingetretenem Verwertungsverbot nicht entgegen (Maatz MDR **85**, 802). Ist bei **nachträglicher Gesamtstrafenbildung** (§ 460 StPO) eine einzubeziehende Strafe bereits verbüßt, so kann die Anwendungsmöglichkeit der Nr. 1/§ 454 b StPO durch Einrechnung in die Gesamtstrafe neu entstehen, Kleinknecht/Meyer 7 zu § 460 StPO.

B. Nach II Nr. 2 kann das Gericht die Vollstreckung unter den Voraussetzungen oben 9 aussetzen, **wenn** die Gesamtwürdigung (9 g) von Tat, Persönlichkeit des Verurteilten und seiner Entwicklung während des Straf- **9e**

§ 57

9 f vollzugs ergibt, daß **a) besondere Umstände** (9 ff. zu § 56) in der Tat *oder* in der Persönlichkeit des Verurteilten vorliegen. Gleichwohl erscheint es bedenklich, die Halbstrafenentlassung bei Freiheitsstrafen über 2 Jahren allein mit Umständen in der *Tat* zu rechtfertigen, da es sich um Täter handelt, bei denen eine Aussetzung durch die Strafzeitgrenze des § 56 ausgeschlossen wurde. Insbesondere bei Rückfalltätern kommt den in der Person des Verurteilten liegenden Umständen erhöhte Bedeutung zu. Umgekehrt bedeutet die Zumessung einer über den Strafzeitgrenzen des § 56 liegenden Strafe grundsätzlich, daß die Vollstreckung der Strafe als die dem Unrechtsgehalt der Tat angemessene Sühneleistung angesehen wird, so daß es hier bedenklich sein muß, allein Umstände in der Person genügen zu lassen. Der Gesetzgeber hat auch nur eine *behutsame* Erweiterung der Aussetzungsmöglichkeiten beabsichtigt (BT-Drs. 10/2720, 1; Koblenz StV **89**, 540). Schließlich ist der Probandenkreis der Nr. 2 nicht mit dem des § 56 II identisch. Insoweit ist es bedenklich, die Rspr. zu § 56 II auf die Nr. 2 zu übertragen, schon gar nicht bei den ungleich schlechteren Beurteilungsmöglichkeiten der StVK (vgl. 9 b aE). Besondere Umstände sind nach der Rspr. zu II aF (die gültig bleibt [Düsseldorf MDR **86**, 870 m. Anm. Böhm StV **87**, 354; München NStZ **87**, 74], soweit sie nicht auf das Kumulationserfordernis von Tat- und Täterbezug abstellt) solche, die über die schon gestellte günstige Sozialprognose hinaus eine Aussetzung der Hälfte der Strafe rechtfertigen können, zB Mitwirkung bei der Aufklärung der Straftat oder erhebliche Wiedergutmachungsleistungen, LG Bremen StV **83**, 381, zu weitgehend daher Düsseldorf StV **88**, 160, wonach schon „Ansätze zu einer tiefgreifenden Änderung der Lebensplanung" genügen sollen. Nr. 2 hat nämlich Ausnahmecharakter, dem die Praxis bei II aF auch Rechnung trägt (vgl. Statistik oben 1 a aE). Umstände, die schon bei der Strafzumessung verwendet worden sind, sind für die Entscheidung nach II Nr. 2 nicht „verbraucht" (Düsseldorf NStE Nr. 38; MDR **91**, 173). Es sind hierbei nicht nur Umstände gemeint, die eine besonders günstige Sozialprognose ermöglichen (zB Kastration bei einem Sexualtäter, Karlsruhe GA **79**, 469), sondern es genügen auch Umstände, die im Vergleich mit gewöhnlichen, durchschnittlichen, allgemeinen oder einfachen Milderungsgründen ein besonderes Gewicht haben (München NStZ **87**, 74; Koblenz StV **91**, 428), etwa im Fall eines vorsätzlichen Vollrausches (Celle StV **86**, 490), oder die für die Schuldschwere von Bedeutung sind (Ber. aaO 14; Hamm MDR **72**, 161; **74**, 55; Karlsruhe JR **77**, 517; MDR **75**, 160 [dazu skeptisch Zipf JR **75**, 296]; LG Augsburg NStE Nr. 10, 12; SK 18; Bruns, Dreher-FS 260; JR **77**, 519; Mrozynski JR **83**, 138), wenn ein bisher unbestrafter Täter durch intensive Bemühungen staatlicher Organe in Straftaten verstrickt wurde (Koblenz StV **91**, 429), nach Düsseldorf StV **89**, 24 ist für Nr. 2 auch ausreichend, wenn mehrere, wenn auch nur durchschnittliche Milderungsgründe zusammentreffen; nach München NStZ **88**, 129 steht der Anwendung der Nr. 2 nicht entgegen, daß das erkennende Gericht die Voraussetzungen des § 213 verneint hat, andererseits begründet die Bejahung des § 213 noch keinen besonderen Umstand iS der Nr. 2 (Hamburg JR **91**, 344 m. krit. Anm. Barton). *Kein* besonderer Umstand ist es, wenn dem Verurteilten im Erkenntnisverfahren Zusagen hinsichtlich einer Gesamtstrafenbildung gemacht worden sind, die nicht eingehalten werden konnten (Koblenz wistra **88**, 238 unter Aufhebung von LG Koblenz NStZ **88**, 311; vgl. Schmidt-Hieber NStZ **88**, 302).

§ 57

b) Die Gesamtwürdigung (dazu krit. Horn, Arm. Kaufmann-GedS **9g** 579), die nach Nr. 2 zusätzlich zu der schon für die Prognose nach I S. 2 geforderten Gesamtschau (oben 6a) vorzunehmen ist, bedeutet zunächst, daß das starre Kumulationserfordernis tat- *und* täterbezogener Umstände aufgegeben wurde. Voraussetzung ist, daß diese Gesamtwürdigung **von Tat** (2 zu § 47), **Persönlichkeit des Verurteilten** (3 zu § 47) **und seiner Entwicklung während des Strafvollzugs** (nicht nur sein Verhalten im Vollzug; hierzu oben 6b), dh der Resozialisierungserfolge, insbesondere auf Grund sozialtherapeutischer Behandlung oder Berufsausbildung, **ergibt**, daß besondere Umstände iS oben 9f vorliegen. Die abwägende Gesamtschau nimmt das Gericht wesentlich stärker in die Pflicht als bei der ohnehin mit Unsicherheitsfaktoren belasteten und überdies erforderlichen Sozialprognose. Das wird durch das Merkmal „ergibt" deutlich. Die Gesamtwürdigung hat das Gericht **nach pflichtgemäßem Ermessen** („kann") unter Berücksichtigung von Sinn und Zweck der Strafe, einschließlich der Verteidigung der Rechtsordnung (3ff. zu § 46; München NStZ **87**, 74; Hamm NJW **70**, 2125; Köln MDR **70**, 861; Karlsruhe MDR **75**, 160; Düsseldorf NStE Nr. 29; LG Dortmund StV **88**, 70; Böhm in Böhm/Schäfer aaO [oben 1] 34) vorzunehmen. Hierbei sind auch Milderungsgründe zu berücksichtigen, die bereits bei der Strafzumessung zugunsten des Verurteilten bewertet worden sind (Zweibrücken StV **91**, 223). Indessen reicht es nicht aus, wenn Celle NStZ **86**, 573 es bei der Gesamtwürdigung – neben einer besonders positiven Entwicklung im Vollzug – dabei bewenden läßt, auf die „prägende Kraft" eines „Aspekts von besonderem Gewicht" hinzuweisen (sehr weitgehend auch Frankfurt und Celle StV **89**, 114, 115). Besondere Umstände können nach Hamburg MDR **76**, 947 (m. krit. Anm. Schreiber JR **77**, 169) darin liegen, daß der Täter bei NSG-Verbrechen auf staatlichen Befehl gehandelt hat (sehr zw., **aM** hM; Hamm MDR **72**, 161; **64**, 55; Karlsruhe JR **77**, 517 m. Anm. Bruns; Frankfurt NJW **79**, 1993; hierzu auch Spendel, Bruns-FS 249) oder auch, wenn der Täter lediglich durch einen V-Mann in die Tat verstrickt worden ist (Stuttgart MDR **80**, 1038; Düsseldorf StV **87**, 257 m. Anm. Krüger NStZ **87**, 329; Saarbrücken StV **90**, 121; Kobelnz NStZ **91**, 301). Auch wenn II Nr. 2 für einen bestimmten Zeitpunkt abgelehnt wird, ist spätere Aussetzung vor Zweidrittelverbüßung möglich (Hamburg MDR **76**, 66). Im Falle eines länger dauernden Vollzugs kann es im Interesse der Wiedereingliederung des Verurteilten geboten sein, die Entlassungsentscheidung geraume Zeit vor dem Entlassungszeitpunkt zu treffen (Zweibrücken NStZ **92**, 148).

5) Nach III gelten die §§ 56a bis 56g über Bewährungszeit, Auflagen, **10** Weisungen, Bewährungshilfe, nachträgliche Entscheidungen, Widerruf und Straferlaß **entsprechend. a)** Die **Bewährungszeit** beginnt nach S. 1/ § 56a II S. 1 in den Fällen des § 57 mit der Rechtskraft des Strafrestaussetzung anordnenden Beschlusses (Düsseldorf MDR **73**, 426; 12. 11. 1981, 1 Ws 817/81; Hamm MDR **74**, 947; Hamburg MDR **77**, 512; NJW **79**, 2623; Celle JR **78**, 338 m. Anm. Stree; Stuttgart MDR **79**, 955; MDR **86**, 687; LK 21; U. Frank MDR **82**, 358; Mrozynski JR **83**, 140; Maatz MDR **85**, 100) und nicht etwa mit der Entlassung (so aber Zweibrücken MDR **69**, 861; Peters GA **77**, 104), sonst wäre ein Widerruf nicht möglich, wenn der Verurteilte in der die Entlassung vorbereitenden Phase (zB Freigänger), dh zwischen Rechtskraft des Aussetzungsbeschlusses und (förmlicher) Entlassung straffällig würde. Ausnahmsweise ist jedoch die Entlassung für den Bewährungsbeginn maßgebend, wenn sie der Rechtskraft des Aussetzungsbeschlusses vorausgeht (Hamm NJW **78**, 2207) und somit auch die Bewährungserprobung vor der Rechtskraft einsetzt (aM insoweit Stree JR **78**, 340; Horn JZ **81**, 15; Maatz aO). Die Bewährungszeit **darf auch bei nachträglicher Verkürzung die Dauer des Strafrestes nicht unterschreiten;** dh daß die Bewährungszeit, die bei einer höchstmöglichen zeitigen Freiheitsstrafe von 15 Jahren (§ 54 II S. 2) entsprechend dem Strafrest in den Fällen von I 5 Jahre und in den Fällen II 7½ Jahre beträgt, die Höchstgrenze von § 56a I S. 2 überschreiten kann (vgl. auch 8 zu § 56f). Die Höchstgrenze kann somit in den Fällen des § 57 II höher liegen als in denen des § 57a, der nur eine Verlängerung nach § 56f II zuläßt (§ 57a III). Beschließt das Gericht die Aussetzung nach § 57 mindestens 3 Monate vor dem Entlassungszeitpunkt, so verlängert sich die Bewährungszeit um die Zeitspanne die zwischen der Rechtskraft der Entscheidung und der Entlassung liegt (§ 454a I StPO; unten 15); **b) Auflagen,** da sie der Genugtuung für das begangene Unrecht dienen (2 zu § 56b; Horn MDR **81**, 14), werden, namentlich bei längeren Strafen, mit Ausnahme von § 56b II Nr. 1 kaum eine Rolle spielen (LK 22). Eine Geldbuße aufzuerlegen, ist fehl am Platze, wenn die Sozialisierung des Verurteilten dadurch gefährdet werden könnte (vgl. Zweibrücken OLGSt. 41). Um so größere Bedeutung kommt **c)** den **Weisungen** (§ 56c) zu. Etwa erteilte Auflagen und Weisungen verlieren aber ihre Verbindlichkeit, wenn der Verurteilte nach einer Aussetzungsanordnung seine Freiheit nicht auf Grund der Aussetzung zur Bewährung, sondern aus anderen Gründen, zB der Vollstreckungsunterbrechung nach § 455a StPO (oben 5) erlangt (Maatz MDR **85**, 100 mwN; zw.). **d)** Die Bestellung eines **BHelfers** (§ 56d) hat allerdings bei minimalen Strafresten zu unterbleiben (Koblenz MDR **76**, 946). § 56d II ist mit der Maßgabe anzuwenden, daß es darauf ankommt, ob die verhängte Strafe 9 Monate überstieg. **III S. 2** bestimmt weiter, daß der Verurteilte auch dann idR (3 zu § 56d) einem BHelfer zu unterstellen ist, wenn er vor der Aussetzung mindestens 1 Jahr seiner Strafe verbüßt (IV gilt) hatte, um die dann regelmäßig gegebenen Schwierigkeiten des Übergangs in die Freiheit besser überwinden zu können. III S. 2 sollte daher auch angewendet werden, wenn die Verbüßung von Strafe, deren Rest ausgesetzt wird, noch nicht 1 Jahr gedauert hatte, der Verurteilte aber aus anderen Gründen insgesamt mindestens diese Zeit in Unfreiheit war (LK 23) oder wenn es im Einzelfall angezeigt ist, den Freigänger oder beurlaubten Gefangenen durch einen BHelfer betreuen zu lassen. Die Bestellung erfolgt für die Dauer der Bew-Zeit (§ 56a) oder (wie die Änderung des III S. 2 durch das 23. StÄG klarstellt) für einen Teil derselben. Liegen die Voraussetzungen des III S. 2 nicht vor, so darf dem Verurteilten ein BHelfer nur bestellt werden, wenn ihm sonst eine günstige Sozialprognose nicht gestellt werden könnte (vgl. § 56d I; Hamm OLGSt. 57). Wird der Strafrest bei einem Drogenabhängigen zur Bewährung ausgesetzt, so muß die unverzügliche Aufnahme in einer Einrichtung zur Langzeitbehandlung gewährleistet sein (Hamm 2. 11. 1978, 2 Ws 191/78; 10a zu § 56c). **e)** Eine **nachträgliche Entscheidung,** nämlich eine Wiederaufhebung der Aussetzungsentscheidung kann das Gericht unbeschadet des § 56f nach § 454a II StPO (unten 15) treffen,

Strafaussetzung zur Bewährung § 57

wenn das Wagnis der bedingten Entlassung auf Grund neuer Tatsachen nicht mehr verantwortet werden kann. **f)** Ein **Widerruf** (§ 56f) kommt auch in Betracht, wenn es nach rechtskräftiger Aussetzung des Strafrestes zu keiner förmlichen Entlassung gekommen ist, weil sich der Verurteilte zuvor der weiteren Strafvollstreckung entzogen und alsdann Verstöße gegen Weisungen begangen hat (Hamburg MDR 77, 512); zu den Fällen einer Entlassung vor Rechtskraft des Beschlusses und der Rechtskraft vor der (förmlichen) Entlassung eines beurlaubten Verurteilten sowie zur Unzulässigkeit von bestimmten, nur der Anstaltsordnung dienenden Weisungen (vgl. Horn JZ 81, 16; ferner Celle JR 78, 338 m. Anm. Stree; Lackner 23). Taten vor dem Aussetzungsbeschluß rechtfertigen allerdings den Widerruf nicht (Stuttgart Die Justiz 72, 390; LK 21). **g) Erlassen** wird der Strafrest (nicht die Strafe), wenn sich der Verurteilte bewährt (§ 56g).

6) Nach V kann das Gericht von der Aussetzung dann **absehen,** wenn der Verurteilte bewußt **unzureichende oder falsche Angaben** über den Verbleib von dem Verfahren unterliegenden Gegenständen macht (Terhorst JR 88, 295). Da eine Strafrestaussetzung bei ungünstiger Prognose bereits nach I Nr. 2 ausscheidet, betrifft V nur Fälle, in denen zusätzliche Ermessenserwägungen gegen eine Strafrestaussetzung sprechen (Hamburg NStZ 88, 274 [m. Anm. Geiter/Walter StV 89, 212]; vgl. oben 6b; BT-Drs. 8/322). Der Gesetzgeber hat eine vergleichbare Regelung für § 56 nicht vorgesehen und es für die Fälle, in denen eine Wiedergutmachungsbereitschaft nur „zu erwarten" ist, für ausreichend angesehen, notfalls die Aussetzung zu widerrufen, wenn die Auflage zur Schadenswiedergutmachung nicht erfüllt wird. Für den Probandenkreis des § 57 entfällt das Argument, der Täter werde, wenn man Aussetzungskonsequenzen an sein Leugnen knüpfe, um die Möglichkeit beraubt, die Tat glaubhaft zu bestreiten. Die Kann-Regelung bezweckt, die Aussetzung nicht ausnahmslos auszuschließen. Gedacht ist dabei an den Ausnahmefall, in dem das Verhalten dem Verurteilten fairer Weise nicht angelastet werden darf, etwa wenn er sonst Repressalien seiner Mittäter zu befürchten hat. Es ist aber idR dem Täter, wenn ihm die Reststrafe erlassen werden soll, zuzumuten, zumindest die eigenen Vorteile der Tat, zB seinen Beuteanteil, herauszugeben, um so zur Schadenswiedergutmachung beizutragen, und zwar auch dann, wenn im Erkenntnisverfahren die unzureichenden Angaben des Verurteilten nicht widerlegt und nicht strafeschwerend berücksichtigt werden durften (München JR 88, 294 m. Anm. Terhorst). Zum Begriff „Gegenstände, die dem Verfall unterliegen" vgl. 3ff. zu § 73, zum Anspruch des Verletzten 4ff. zu § 73.

7) Zuständigkeit und Verfahren regeln die §§ 454, 454a, 454b und 462a StPO. Die Aussetzungsentscheidung kann schon dann zurückgestellt werden, wenn bei der Vollstreckung mehrerer Freiheitsstrafen (Anschlußvollstreckung nach § 454b I StPO) die *Vollstreckungsunterbrechung* (oben 5) nach § 454b II StPO zu erwarten ist, § 454b III StPO. Die sofortige Beschwerde der StA gegen den Beschluß, der die Unterbrechung der Vollstreckung anordnet, hat aufschiebende Wirkung (§ 462 III StPO). Weitere Unterbrechungsgründe nennt § 455 IV StPO. **A. Vor der Rechtskraft** der Verurteilung ist **für** eine Entscheidung nach **§ 57 kein Raum,** da es sich hierbei nicht um eine Strafzumessungs- sondern um eine Strafvollstreckungsfrage han-

§ 57

delt (MDR/H **82**, 101, Schleswig SchlHA **76**, 44; Düsseldorf DRiZ **73**, 24; LK 26). Das erkennende Gericht ist daher zur Strafrestaussetzung nicht berufen, auch dann nicht, wenn etwa bereits ⅔ der Strafe durch UHaft verbüßt sind. Zwar wird in einem solchen Fall das erkennende wie jedes andere für die Haftentscheidung zuständige Gericht idR nach § 120 I S. 1 StPO den Haftbefehl aufzuheben haben (irrig Ostermeyer DRiZ **73**, 16; vgl. auch v. Lukas, Werny DRiZ **73**, 130; Schleswig SchlHA **77**, 178), nicht aber dann, wenn zB Verdunkelungsgefahr fortbesteht, Rechtsmittel eingelegt sind, der Angeklagte seinen Freispruch erstrebt und die Fortdauer der UHaft nicht § 112 I S. 2 StPO widerspricht (verkannt von Sandermann JZ **75**, 628). Setzt das erkennende Gericht unzuständigerweise den Strafrest im Urteil aus, so findet hiergegen die sofortige Beschwerde statt (§ 454 II StPO, MDR/H **82**, 101).

12a B. **Zuständig** ist idR die **Strafvollstreckungskammer** (StVK; §§ 78 a, 78 b GVG), in deren Bezirk die Strafanstalt (maßgebend ist hierbei die Hauptanstalt, nicht die Außenstelle, BGH **28**, 135; Celle NdsRpfl. **78**, 92) liegt, in die der Verurteilte zu dem Zeitpunkt aufgenommen (hierzu Düsseldorf NJW **79**, 1469 L) ist, in dem das Gericht mit der Sache befaßt wird (§ 462 a I S. 1 StPO; BGH **26**, 120, 166, 214; 9. 9. 1988, 2 ARs 379/88; zum Ganzen Valentin NStZ **81**, 129). Dabei ist der Zeitpunkt gemeint, in dem eine nachträgliche Entscheidung erforderlich wird oder ist (BGH **26**, 189; 29. 11. 1985, 2 ARs 314/85), und die StVK, in deren Bezirk der Verurteilte nach Verbüßung von ⅔ der Strafe oder im Falle späteren Eintritts der Rechtskraft in diesem Zeitpunkt gerade einsitzt (BGH **27**, 302 [krit. Paeffgen NJW **78**, 1445]; **38**, 64 [Fall des Übergangs von UHaft in Strafhaft bei Rechtskrafteintritt]; 27. 5. 1992, 2 ARs 228/92). Diese StVK bleibt bis zum endgültigen Abschluß des betreffenden Vollstreckungsverfahrens (BGH **26**, 279; 4. 9. 1981, 2 ARs 251/81) grundsätzlich auch hernach zuständig (§ 462 a I S. 2 StPO), mag der Verurteilte zwischenzeitlich auch in eine zu einem anderen Bezirk gehörende Anstalt verlegt worden (BGH **26**, 166; 17. 5. 1985, 2 ARs 139/85), oder die die Zuständigkeit ursprünglich begründende Strafvollstreckung erledigt sein (BGH **28**, 83, hierzu Valentin NStZ **81**, 130); es sei denn, daß der Verurteilte nach Aussetzung der Strafe in anderer Sache in Strafhaft gekommen ist (Stuttgart Die Justiz **76**, 443; Schleswig MDR **78**, 594; Karlsruhe Die Justiz **80**, 90; NStZ **81**, 404; Hamm OLGSt. 48 zu § 462 a StPO; Hamburg NStZ **82**, 48; aM Düsseldorf GA **80**, 425 L; NStZ **81**, 156); mag es sich hierbei auch um die Vollstreckung einer Ersatzfreiheitsstrafe handeln (BGH **30**, 224). Bei der einmal begründeten Zuständigkeit der StVK verbleibt es auch dann, wenn sich während des Laufs eines Unterbringungsvollzugs der in einer anderen Vollzugsanstalt stattfindende Vollzug einer Freiheitsstrafe zwischenschiebt (Koblenz GA **77**, 246), nur eine vorübergehende Verschubung in eine andere Anstalt stattfindet (4. 7. 1979, 2 ARs 191/79), eine Entscheidung über die Vollstreckung der Strafe aus einem anderen Urteil in Betracht kommt (EzSt § 462 a StPO Nr. 3, Koblenz MDR **78**, 954; Düsseldorf NJW **80**, 1009 L); nach einer Entweichung der Verurteilten in eine andere Haftanstalt eingeliefert wird (Düsseldorf MDR **83**, 155); der Rest einer Gesamtfreiheitsstrafe zu verbüßen ist, die erst nachträglich zusammen mit einer bereits voll verbüßten Einzelstrafe gebildet wurde, selbst wenn sich der Verurteilte

Strafaussetzung zur Bewährung § 57

wieder in Freiheit befindet (Hamm OLGSt. 61 zu § 462 a StPO; insoweit aM Schleswig NStZ **83**, 480); nach vollständiger Vollstreckung der Freiheitsstrafe über die Vollstreckung einer im selben Urteil verhängten Ersatzfreiheitsstrafe zu befinden ist (München NStZ **84**, 238), ein Widerrufsantrag erst zu dem Zeitpunkt bei der StVK eingeht, zu dem diese mit keiner anderen Strafvollstreckungssache gegen den Verurteilten mehr befaßt ist (Hamburg NStZ **87**, 92); oder wenn nach Vollstreckung von Freiheitsstrafe noch eine Anordnung nach § 459 d StPO zu treffen ist (BGH **30**, 263). Die Besetzung der StVK (§ 78 b I Nr. 1 GVG) ist, wenn über mehrere nacheinander zu vollstreckende Strafen gleichzeitig (und zwar durch *eine* StVK für alle Strafen, § 78a I S. 2 GVG) zu entscheiden ist (§ 454b III StPO), durch eine Ergänzung des § 78a I S. 2 und § 78b I Nr. 1 GVG idF des 23. StÄG geregelt. Das **Gericht des 1. Rechtszuges** ist zuständig, wenn **12b** die StVK nicht oder noch nicht mit der Sache befaßt war (§ 462a II StPO). So, wenn im Hinblick auf den Umfang der angerechneten UHaft (vgl. oben 11) nach § 57 zu entscheiden ist, bevor es überhaupt zu einer Strafvollstreckung gekommen ist (Hamm MDR **78**, 592; NJW **80**, 2090 L; Zweibrücken StV **91**, 430; LG Bochum StV **81**, 239; aber auch OLGSt. 54 zu § 462a StPO; vgl. BGH **26**, 189, 190; aM Hamm NStZ **85**, 188: für Zuständigkeit der StVK, auch wenn Vollstreckungsverfahren noch nicht förmlich eingeleitet ist und nach ⅔-Verbüßung durch Anrechnung der UHaft die Haft als Vollstreckungshaft fortdauert; vgl. ferner Koblenz VRS **68**, 214), oder wenn nach einer Strafaussetzung nach § 57 nachträglich eine Gesamtstrafe mit der teilverbüßten Strafe gebildet und diese nunmehr ausgesetzt wird (Schleswig OLGSt. 65 zu § 462a StPO; Zweibrücken NStZ **85**, 525). Mehrere Vollstreckungsverfahren gegen einen Verurteilten sind bei einem Gericht zu konzentrieren (§ 462a IV StPO). Eine zuständige StVK verdrängt in diesen Fällen das Gericht des 1. Rechtszuges (BGH **26**, 120, 277; vgl. Schleswig MDR **78**, 594; Karlsruhe MDR **78**, 331 L; Valentin NStZ **81**, 130). Auch für den Widerruf der nach § 36 BtMG bewilligten Strafaussetzung ist nach Aufnahme des Verurteilten in eine JVA die zuständige StVK zuständig (BGH **37**, 339). Der Jugendrichter als Vollstreckungsleiter (§§ 82, 84, 85 JGG) bleibt jedoch, falls eine Jugendstrafe vollzogen wird, auch dann zuständig, auch wenn diese im Erwachsenenvollzug verbüßt wird (BGH **27**, 25, 332; Peters JR **79**, 84; aM LG Krefeld NJW **79**, 666 L); das Konzentrationsprinzip (§ 462a IV StPO) tritt zugunsten des Jugendrichters selbst dann zurück, wenn der Verurteilte längst Erwachsener ist, zu Freiheitsstrafen verurteilt worden ist und diese ganz oder teilweise verbüßt hat oder zu verbüßen sind (BGH **28**, 351; Düsseldorf 20. 8. 1980, 1 Ws 428/80; Hamm JMBlNW **82**, 139; krit. Karlsruhe MDR **80**, 1037; hierzu Böhm NStZ **81**, 253; aM noch BGH **26**, 377; Hamm MDR **79**, 518 L; vgl. noch BGH **27**, 207). Begehrt ein zu mehreren Freiheitsstrafen Verurteilter die ⅔-**Vollstreckungsunterbrechung** hinsichtlich eines **Strafrestes,** dessen Aussetzung widerrufen worden ist, so steht gegen die ablehnende Entscheidung der Vollstreckungsbehörde der Rechtsweg nach § 23 EGGVG zum OLG offen (21. 12. 1990, 2 ARs 570/90).

Schrifttum: *Doller* DRiZ **76**, 169 u. **87**, 264 (12 Jahre StVK); *Grauhan* DRiZ **12c** **75**, 138; *Herzog* NJW **76**, 1077; *Jähnke* DRiZ **77**, 236; *Katholnigg* NStZ **84**, 304; **85**, 303 u. **86**, 299; *Lampe* MDR **75**, 531; *Müller-Dietz* Jura **81**, 57 und FS-

§ 57

150 Jahre LG Saarbrücken 335; *Peters* JR **77**, 397; *W. Schmidt* NJW **75**, 1485; **76**, 224; *Schwind/Blau*, Strafvollzug in der Praxis, 2. Aufl. 1988; *Treptow* NJW **75**, 1105; **76**, 222; *Stromberg* MDR **79**, 353; *Valentin* NStZ **81**, 128; sLSK 11ff. und die im Text Genannten.

13   C. Die **Entscheidung** über die Aussetzung ergeht **a) von Amts wegen**, sowohl in den Fällen des I (BGH **27**, 303; Zweibrücken MDR **74**, 329; LR-Wendisch 6 zu § 454 StPO) als auch (im Hinblick auf § 454b II StPO) in den Erstverbüßungsfällen des **II Nr. 1** (Greger JR **86**, 355; Maatz StV **87**, 73 u. NStZ **88**, 116; Laubenthal JZ **88**, 955; aM Oldenburg StV **87**, 70), oder
13a **b) auf Antrag**, falls keine Frist nach VI läuft (unten 16). Er kann auch wiederholt werden, wenn die Strafrestaussetzung schon einmal widerrufen war (Bremen MDR **58**, 263; München MDR **59**, 324; LG Hamburg NStZ **92**, 253 m. Anm. Volckart). Antragsbefugte sind nur die beschwerdeberechtigten (§ 454 II StPO) Verfahrensbeteiligten (KG JR **54**, 272; **72**, 430; Oske MDR **64**, 726), nicht also die Ehefrau (Schleswig SchlHA **58**, 788). Jeweils ist zu prüfen, ob die Voraussetzungen des § 57 vorliegen (Zweibrücken MDR **74**, 329; LG Bremerhaven MDR **75**, 241; KG JR **72**, 430; **73**, 120 geht von einem Recht zu einer solchen Prüfung aus). Die Vollstreckungsbehörde (vgl. § 36 II StVollstrO) legt die Akten idR mit der staatsanwaltlichen Stellungnahme oder Antragstellung dem Gericht vor (Celle NJW **72**, 2054; Hamm NJW **73**, 337; Kunert MDR **69**, 711; Nöldeke MDR **72**, 479; im einzelnen Wetterich/Hamann 929ff.; vgl. auch unten 15). Das Gericht entscheidet positiv oder negativ durch förmlichen Beschluß (§ 454 I S. 1 StPO); der zur Vermeidung unnötiger Korrekturentscheidungen nicht unzeitig früh ergehen darf (Karlsruhe Die Justiz **76**, 304; Hamm NJW **73**, 338; Peters JR **73**, 121; aM LK 29) und der zu begründen und zuzustellen ist (Hamm aaO; 12. 12. 1978, 6 Ws 666/78). Eine negative „Entscheidung" durch bloßen Aktenvermerk (so aber Celle aaO, Nöldecke aaO; Wolf NJW **75**, 1962) sieht das Gesetz nicht vor (KG JR **73**, 120 m. Anm. Peters; Zweibrücken aaO; LR-Wendisch 7 zu § 454 StPO; W. Schmidt NJW **75**, 1487; Laubenthal JZ **88**, 956); eine solche Verfahrensweise ist hinnehmbar, wenn es an der Entscheidungsvoraussetzung des I Nr. 3 fehlt (Hamburg MDR **79**, 516; aM LK 29). Freilich können die Beschlußgründe, falls kein Verfahrensbeteiligter einen Antrag auf Aussetzung gestellt hat, kurz gefaßt werden. Formularmäßige Entscheidungen begegnen allerdings dann Bedenken, wenn im Falle gegenteiliger Antragstellung Besonderheiten des Einzelfalles nicht gebührend beachtet sind (Hamm GA **70**, 220).

14   D. Vor der Entscheidung erhalten nach § 454 I S. 2, 3 StPO die StA, die Vollzugsanstalt (Hamm MDR **74**, 1038) und der Verurteilte **rechtliches Gehör**. Der Verurteilte muß **mündlich** durch den Richter und nicht etwa nur durch die Vollzugsanstalt **gehört** werden, Düsseldorf MDR **75**, 597. Nach Hamm MDR **78**, 592 soll eine Anhörung des Verurteilten und der JVA selbst dann geboten sein, wenn der Verurteilte auf freiem Fuß ist und die „verbüßte" Strafe nur in angerechneter UHaft besteht; demgegenüber hält Karlsruhe MDR **78**, 1046 mit zutr. Gründen eine Anhörung der UHaftvollzugsanstalt für ent-
14a behrlich. Ob die **Besetzung** nach § 78b GVG erforderlich ist (so Stuttgart NJW **76**, 2274); Köln NJW **75**, 1528; Nürnberg MDR **75**, 684; Celle NJW **75**, 2254; Koblenz GA **77**, 186; JR **76**, 117 m. zust. Anm. Rieß; MDR **80**, 956) ist sehr str. Zuzustimmen ist der (wohl überwiegenden) Auffassung, die auch eine Anhörung durch den beauftragten oder ersuchten Richter für zulässig hält (BGH **28**,

Strafaussetzung zur Bewährung **§ 57**

138 [m. Anm. Peters JR **79**, 391]; Düsseldorf NJW **76**, 158, 256; Karlsruhe MDR **76**, 513; Die Justiz **78**, 151; Schleswig SchlHA **75**, 115; München NJW **76**, 254; Hamburg NJW **77**, 1071; Hamm GA **77**, 221; NJW **80**, 2090 L; Koblenz MDR **77**, 160; Stuttgart NStZ **87**, 43; LK 30; Stromberg MDR **79**, 357; Wetterich/Hamann 998; LR-Wendisch 30, Kleinknecht/Meyer 11, beide zu § 454 StPO; zusf Wegener MDR **81**, 617); anders jedoch in den Fällen des § 57 a, dort 16. Das Gesetz enthält auch sonst keine weiteren Formvorschriften über die Anhörung (LR-Wendisch 39 aaO). Es bleibt daher der StVK überlassen (vgl. Karlsruhe aaO), in geeigneten Fällen zur Vermeidung unergiebigen Aufwands die Vollzugsnähe der Entscheidung und den gebotenen „unmittelbaren Kontakt" mit dem Verurteilten durch ein Kammermitglied, das bei der Entscheidung später mitwirkt, herzustellen (aM Koblenz MDR **81**, 74). Aus diesem Grunde reicht allerdings die Anhörung durch einen ersuchten Richter (entgegen BGH **28**, 138 m. abl. Anm. Peters JR **79**, 391) nicht aus (München NJW **76**, 256; LK 30; einschränkend auch Koblenz OLGSt. 141; aM Düsseldorf NJW **76**, 256; Schleswig MDR **79**, 518 L; LR-Wendisch 34; KK-W. Müller 19, beide zu § 454 StPO), ebensowenig durch einen ausgeschlossenen (Köln NJW **75**, 1527) oder inzwischen aus der StVK ausgeschiedenen Richter (Hamm NJW **78**, 284). Wegener MDR **81**, 619 will die Zustimmung des Verurteilten dafür maßgebend halten, ob eine Anhörung vor dem beauftragten oder ersuchten Richter genügt. Indessen kommt es letztlich auf die Entscheidung des Gerichts an, das eine kommissarische Anhörung nicht stets allein deswegen genügen lassen kann, weil der Verurteilte zustimmt (vgl. auch Hamm MDR **80**, 870). Demgegenüber hält Karlsruhe MDR **78**, 1046 mit zutreffenden Gründen eine Anhörung der UHaftvollzugsanstalt für entbehrlich. Von der Anhörung überhaupt kann in den Fällen des § 454 I S. 4 StPO **abgesehen** werden, ferner dann, wenn sonst **14b** die Anhörung für die Entscheidung keine Bedeutung gewinnen kann (LR-Wendisch 44 aaO), so wenn bei einer Freiheitsstrafe von nicht mehr als einem Jahr eine Strafaussetzung nach Verbüßung der Hälfte der Strafe ohnehin nicht in Betracht kommt (Düsseldorf GA **77**, 120; Stuttgart MDR **76**, 1041 L; SchlHA **84**, 84), wenn der Verurteilte die Anhörung ablehnt (Düsseldorf MDR **81**, 1039; aM Düsseldorf StV **83**, 511), *nicht* aber schon, wenn der Verurteilte versehentlich den Termin versäumt (Celle StV **88**, 259), die letzte Anhörung mehr als 6 Monate zurückliegt (Zweibrücken StV **90**, 412), wohl aber wenn in den Fällen des II Nr. 2 das Urteil keine besonderen Umstände erkennen läßt (vgl. zu II aF Karlsruhe NJW **76**, 302; Hamm NJW **80**. 2090 L; Hamburg MDR **78**, 331; enger **81**, 599; ferner LR-Schäfer 31 aaO; zw. LK 31; aM Hamm NJW **76**, 1907 L; Stuttgart Die Justiz **76**, 396; **80**, 449; Düsseldorf NStZ **81**, 454; JMBlNW **83**, 31; Frankfurt NStZ **81**, 454 L; vgl. auch Zweibrücken GA **78**, 62 L; Kuckuk NJW **76**, 815), ferner auch, wenn der Verurteilte erst im Beschwerdeverfahren seine Einwilligung zur Aussetzung erklärt (Karlsruhe MDR **77**, 333, vgl. auch Die Justiz **80**, 91 L), oder die erforderliche Einwilligung überhaupt versagt (Stuttgart MDR **76**, 1041 L; Treptow NJW **76**, 222; aM Laubenthal JZ **88**, 956). Die Gegenmeinung (Koblenz GA **77**, 248; OLGSt. 147; MDR **85**, 426 L; W. Schmidt NJW **75**, 1485; **76**, 224) zwingt dem Verurteilten eine Anhörung auf und nimmt I Nr. 3 nicht ernst. Rechtliches Gehör ist dem Verurteilten auch zu einer negativen Stellungnahme der Vollzugsanstalt zu gewähren (vgl. BVerfG NJW **64**, 239, aber auch § 453 I S. 3) oder falls das Beschwerdegericht eine Änderung der Entscheidung zum Nachteil des Verurteilten in Betracht zieht (Barton JR **91**, 345). Zur Form und Protokollierung des Anhörungstermins vgl. Düsseldorf NJW **75**, 1526; **76**, 256; LR-Wendisch 39 ff., KK-W. Müller 24, jeweils aaO. Zur Frage der Beiordnung eines Pflichtverteidigers Schütz NStZ **85**, 347. Zu Unrecht lehnt LG Zweibrücken für die Anhörung ein Anwesen-

heitsrecht des Wahlverteidigers und eine Terminbenachrichtigungspflicht des Gerichts ab (StV **90**, 413 m. abl. Anm. Hohmann).

15 E. § 454a StPO geht bewußt von der Zulässigkeit frühzeitiger Entlassungsentscheidungen aus und erleichtert damit die rechtzeitige **Vorbereitung der Entlassung** in den Fällen der §§ 57, 57a (nicht auch beim Zusammentreffen der Vollstreckung von Freiheitsstrafen iS § 38 mit Jugendstrafe, LR-Wendisch 7 zu § 454b; Düsseldorf GA **87**, 511; zu den Anschlußvollstreckungen oben 5ff.). Die Worte „*mindestens* 3 Monate" richten sich gegen die Tendenz der OLGe, frühere Entscheidungen für unzulässig zu halten. Es soll angedeutet werden, daß solche Entscheidungen bereits erheblich früher getroffen werden *können*, was auch von der Dauer der Strafe abhängen wird (vgl. Düsseldorf MDR **87**, 1046). Ein weiterer Anreiz zu frühzeitiger Entscheidung wird durch die relativ leichte Aufhebungsmöglichkeit (II) gegeben, die allerdings ihren Preis hat in der erhöhten Belastung der Justizvollzugsanstalten und der StVK. Die frühzeitige Entlassungsvorbereitung soll eine sachgerechte und soziale Wiedereingliederung des Verurteilten fördern, ohne daß ihm damit ein Anspruchsgrund auf möglichst frühzeitige Entlassung eingeräumt wird (Zweibrücken NStZ **91**, 207). § 454a I berücksichtigt § 56a II S. 1 und verlängert die BewZeit um die Zeit von der Rechtskraft der Aussetzungsentscheidung bis zur Entlassung. Die frühzeitige Entlassungsentscheidung nach § 57 I, II oder § 57a I kann jedoch wieder korrigiert werden, was nicht ausschließt, daß das Gericht erneut über die Aussetzung des Strafrestes entscheiden kann. Für das Verfahren bei der korrigierenden Entscheidung nach § 454a II S. 1 StPO gilt § 454 I S. 1, 2 II S. 1 StPO entsprechend. Sie kommt dann in Betracht, wenn der Verurteilte nach der Aussetzungsentscheidung nicht mehr am Vollzugsziel mitarbeitet, was häufig der Fall ist und bestätigen würde, daß die ursprüngliche Annahme einer guten Sozialprognose nicht gerechtfertigt war. Daher kommt es für die Aufhebungsentscheidung nach § 454a II StPO nicht auf die Widerrufsvoraussetzungen des § 56f an (§ 454a II StPO). Es genügen schon neuere Tatsachen und Erkenntnisse der Vollzugsanstalt, die rechtzeitig dem Gericht mitzuteilen sind, um die sofortige Korrektur der Entscheidung zu ermöglichen. Obgleich sich die StVK mit der Entlassungsfrage so früh wie erforderlich befassen muß, darf sie sich doch nicht mit bloßen Entwicklungs*tendenzen,* sondern nur mit Entwicklungs*ergebnissen* begnügen. Wohnung, Arbeitsplatz, Umgebung des Verurteilten sollten bei der zu stellenden Prognose bekannt sein, vgl. VV zu § 15 StVollzG. Auch dürfen nicht bereits Hoffnungen zu einem Zeitpunkt geweckt werden, zu dem der Sühnezweck noch unerfüllt ist. Der StVK ist es versagt, durch irgendwelche Empfehlungen in die Art des Strafvollzugs selbst einzugreifen (Karlsruhe MDR **77**, 861; Die Justiz **79**, 440; aM LK-Horstkotte 102 zu § 67c). Der Beschluß über die Aussetzung des Strafrestes ergeht mindestens so rechtzeitig, daß noch über ein Rechtsmittel entschieden werden kann (München 2. 6. 1977, 1 Ws 634/77). Zu den Fällen der Unterbrechung der Vollstreckung im Falle nacheinander zu vollstreckender Strafen (§ 454b StPO) vgl. oben 5 bis 5b. Der Beschluß ist zur Zustellung an die StA zu übergeben (§ 36 II StPO; Zweibrücken JR **77**, 292 m. Anm. Schätzler; Oldenburg 28. 6. 1976, 2 Ws 355/75). Das Gericht (StVK) darf nicht selbst die Entlassung verfügen (Hamm NJW **78**, 175; Frankfurt GA **80**, 475; Schätzler aaO; LK 32; KK-W. Müller 37 zu § 454 StPO; aM Herrmann NJW **78**, 653). Das ist Sache der StA. Sie hat den Beschluß, wenn das Gericht keinen späteren Entlassungszeitpunkt festgesetzt hat oder sie keine aufschiebende (§ 454 II S. 2 StPO) sofortige Beschwerde einlegt, unverzüglich zu vollziehen. Hat das Gericht einen bestimmten Entlassungstag festgesetzt, ist darauf Bedacht zu nehmen, daß innerhalb des Geschäftsgangs für die Entschließung der StA und die Vorbereitung der Entlassung (hierzu Krahforst DRiZ **76**, 133)

Strafaussetzung zur Bewährung **§ 57**

hinreichend Zeit bleibt (vgl. KK 35 aaO). Vor Rechtskraft entläßt die StA den Verurteilten nur, wenn sie ein Rechtsmittel nicht einlegt. Werden diese Grundsätze eingehalten, sind die in der Praxis aufgetretenen Unzuträglichkeiten (vgl. Karlsruhe NJW 76, 814 mwN; Hamm NJW 78, 2207; Doller NJW 77, 2153; vgl. Sturm MDR 77, 618; Stree JR 78, 340) vermeidbar. Auch dem Verurteilten, dessen Reststrafe zur Bewährung ausgesetzt wird, steht ein Rechtsmittel zu (Celle JR 78, 337 m. Anm. Stree), ihm ist der Beschluß daher zuzustellen (Schleswig OLGSt. 23 zu § 56 f.; LR-Wendisch 57; KK-W. Müller 38, jeweils aaO). Erklärt der nicht angehörte Verurteilte, er hätte der Aussetzung nicht zugestimmt, so ist er nicht beschwert (Stuttgart Die Justiz 71, 146). Hat er nicht eingewilligt (I Nr. 3), so kann er einen Beschluß, der eine günstige Prognose verneint, nicht anfechten (LG Mainz MDR 74, 857). Soweit für die Entscheidung nach § 57 die OLGe zuständig sind (§§ 454 II, III, 304 IV Nr. 5 StPO), kann nur der Widerruf oder die Aussetzung als solche angefochten werden, nicht hingegen die Dauer der Bewährungszeit (§ 56a) und die Auflagen (§ 56b, BGH 30, 33).

F. Nach VI kann das Gericht, um die Wiederholung abgelehnter Anträ- 16
ge, die grundsätzlich möglich ist (Oldenburg JR 55, 23), in aussichtslosen Fällen auszuschließen, eine **Sperrfrist** von höchstens 6 Monaten festsetzen, jedoch nur, wenn während dieser Frist eine günstige Veränderung der Prognose nicht zu erwarten ist (Düsseldorf MDR 83, 247). Die Frist, die auch festgesetzt werden kann, wenn über die Entlassung nicht auf Antrag, sondern von Amts wegen entschieden wurde, beginnt mit Erlaß des Beschlusses, nicht erst mit dessen Rechtskraft (Hamm NJW 71, 949; Braunschweig NJW 75, 1847; LK 25; KK-W. Müller 28 zu § 454 StPO), und bindet nur, solange vor Ablauf der Frist sich die maßgebenden Verhältnisse nicht *grundlegend* ändern (München MDR 87, 783; Wittschier NStZ 86, 112; aM Neumann NJW 85, 1889). Eine etwa später zuständig werdende StVK ist an die Sperrfrist eines anderen Gerichts nicht gebunden (BGH 26, 280), auch steht sie einem Gnadengesuch nicht entgegen (vgl. Koblenz NJW 57, 113). Vor Fristablauf (VI) eingehende Anträge sind alsbald als unzulässig zurückzuweisen, da der Fristablauf den Mangel heilt (KG NStZ 85, 524).

Aussetzung des Strafrestes bei lebenslanger Freiheitsstrafe

57 a ^I **Das Gericht setzt die Vollstreckung des Restes einer lebenslangen Freiheitsstrafe zur Bewährung aus, wenn**
1. **fünfzehn Jahre der Strafe verbüßt sind,**
2. **nicht die besondere Schwere der Schuld des Verurteilten die weitere Vollstreckung gebietet und**
3. **die Voraussetzungen des § 57 Abs. 1 Satz 1 Nr. 2 und 3 vorliegen.**
§ 57 Abs. 1 Satz 2 und Abs. 5 gilt entsprechend.

^{II} **Als verbüßte Strafe im Sinne des Absatzes 1 Satz 1 Nr. 1 gilt jede Freiheitsentziehung, die der Verurteilte aus Anlaß der Tat erlitten hat.**

^{III} **Die Dauer der Bewährungszeit beträgt fünf Jahre. § 56a Abs. 2 Satz 1 und die §§ 56b bis 56g und 57 Abs. 3 Satz 2 gelten entsprechend.**

^{IV} **Das Gericht kann Fristen von höchstens zwei Jahren festsetzen, vor deren Ablauf ein Antrag des Verurteilten, den Strafrest zur Bewährung auszusetzen, unzulässig ist.**

§ 57a
AT Dritter Abschnitt. Vierter Titel

1 **1) Die Vorschrift** (idF des 20. StÄG, I S. 2 idF des 23. StÄG; vgl. 9 vor § 56, unten 2; vgl. Fünfsinn GA **88**, 165) versucht auf unvollkommene Weise (unten 11) einer Forderung des BVerfG zu entsprechen. Nach BVerfG **45**, 187, 246 ist die Möglichkeit der Begnadigung allein nicht ausreichend; das Rechtsstaatsprinzip gebiete es vielmehr, die Voraussetzungen gesetzlich zu regeln, unter denen die Vollstreckung einer lebenslangen Freiheitsstrafe ausgesetzt werden kann. Es sei sicherzustellen, daß auch bei den zu lebenslanger Freiheitsstrafe Verurteilten ein sinnvoller Resozialisierungsvollzug möglich bleibt, Ber. 9; BT-Drs. 9/22, 5. Der Sache nach erhält die lebenslange Freiheitsstrafe durch die Neuregelung eine *rechtlich* bestimmbare Dauer und wird *insoweit* idR faktisch zur zeitigen Freiheitsstrafe (Fünfsinn GA **88**, 175; Einwände hiergegen bei BVerfG MindVot. Winter NStZ **92**, 484 im Hinblick auf den Fall des Widerrufs). Dies hätte den Gesetzgeber veranlassen müssen, zugleich eine Gesamtstrafenregelung für das Zusammentreffen lebenslanger mit weiteren Strafen zu treffen; LK 1. Die Versäumnisse des 20. StÄG werden durch das 23. StÄG nur zT und in bedenklicher Weise nachgeholt (vgl. 1 zu § 54, 5 zu § 57 und unten 7a aE). Aufgaben des erkennenden Gerichts bleiben nach wie vor den Vollstreckungsgerichten überantwortet, insbesondere im Zusammenhang mit der Gesamtstrafenbildung, wo nicht die zusammenfassende Würdigung des § 54 I S. 2, sondern nach § 57b nur eine solche verlangt wird, die für die Feststellung der besonderen Schwere der Schuld erforderlich ist (krit. Lackner Leferenz-FS 621). Dem Vorschlag Lackners (aaO), schon bei der Verhängung lebenslanger Freiheitsstrafe durch das erkennende Gericht eine Mindestverbüßungszeit so in angemessener Höhe festzusetzen, daß sie beim Zusammentreffen mit weiteren Freiheitsstrafen der erhöhten Schuld entspricht (vgl. auch Horn JR **83**, 382), folgte das 23. StÄG bedauerlicherweise nicht. Allein auf der Grundlage der §§ 53, 54, 57a, 57b iVm § 454b StPO konnte die Rspr., zumal § 121 GVG in diesen Fällen nicht greift, zu keiner einheitlichen Rechtsauslegung kommen, da dem richterlichen Ermessen bei der Ausfüllung der Schuldschwereklausel (I Nr. 2; unten 7) auch in den problematischen Fällen der Mehrfachtäter (unten 11) freier Raum geblieben ist. Damit hat der Gesetzgeber in diesen besonders wichtigen Fällen die verfassungsgerichtliche Erwartung (BVerfGE **45**, 246), durch die „Verrechtlichung" der früheren Gnadenpraxis werde es zu größerer Einheitlichkeit kommen, gerade nicht zu erfüllen vermocht. **Das BVerfG** (NStZ **92**, 484, vollst. abgedr. EuGRZ **92**, 255) wirft dem Gesetzgeber vor, keine sachgemäße – verfassungsrechtlich bedenkenfreie – Regelung der Strafaussetzung zu lebenslanger Freiheitsstrafe Verurteilter getroffen und Aufgaben des erkennenden Gerichts den Vollstreckungsgerichten zugewiesen zu haben. Indessen ist das BVerfG insoweit von seiner eigenen Rspr. abgewichen (BVerfGE **72**, 113, vgl. Meurer JR **92**, 441) und hat die gesetzliche Regelung dadurch „verschlimmbessert", daß es eine ihm – im Rahmen einer Gesamtregelung – „verfassungsrechtlich" nicht hinnehmbar" erscheinende (verfahrensrechtliche) Teilregelung (NStZ **92**, 484) durch eine kühne „verfassungskonforme Auslegung" der §§ 454, 462a StPO und des § 74 II S. 1 Nr. 4 GVG dahin korrigiert hat, daß es **A. das Schwurgericht a)** bei Verbrechen des Mordes (§ 74 II S. 1 Nr. 4 GVG; eine „Regelung" für sonstige Fälle, zB die nach § 212 II verhängte lebenslange Freiheitsstrafe wurde nicht getroffen) für zuständig erklärt, die Feststellung der Schuldschwere iS des § 57a I S. 1 Nr. 2 zu treffen, und ihm **b)** in erweiternder Auslegung des § 267 StPO die Pflicht auferlegt, die für die Schuldschwere maßgeblichen Tatsachen festzustellen, zu gewichten und im Urteil darzulegen, und **c)** die (revisiblen!) Feststellungen für das Vollstreckungsgericht verbindlich treffen läßt. **B. Das Vollstreckungsgericht** hat nach BVerfG die Entscheidung über den Aussetzungszeitpunkt so rechtzeitig zu treffen, daß die JVA sich darauf einstellen kann,

Strafaussetzung zur Bewährung § 57a

und bei einer die Aussetzung ablehnenden Entscheidung darzulegen, bis wann die Vollstreckung fortzusetzen ist, wobei es an diese Feststellung bei den folgenden Entscheidungen gebunden ist. In *Altfällen* darf es nur das Tatgeschehen und die im Urteil festgestellten Umstände berücksichtigen (eine vergleichbare „Übergangsregelung" wurde für sonstige Altfälle der lebenslangen Freiheitsstrafe und für bis zum 3. 6. 1992 noch nicht rechtskräftige Verfahren nicht getroffen; ferner wurde übersehen, daß nicht nur Schwurgerichte, sondern auch Jugendkammern und Strafsenate des OLG [vgl. § 106 I JGG, § 120 II Nr. 2, 3 GVG] lebenslange Freiheitsstrafen verhängen). Mit einer solchen „Interpretation", die dem klaren, bisher auch einhellig verstandenen Gesetzeswortlaut und ersichtlich auch dem gesetzgeberischen Willen widerspricht, sind, wie Mahrenholz im MindVot. (NStZ **92**, 484) zu Recht ausführt (ebenso Meurer JR **92**, 441), die Grenzen einer verfassungskonformen Auslegung eindeutig überschritten, im Hinblick auf die allein dem Gesetzgeber zustehenden Zuständigkeitsregelung, aber wohl auch die Kompetenz des BVerfG, das sich in die Rolle des (noch dazu schlechten) Gesetzgebers begeben hat (Meurer JR **92**, 441; Geis NJW **92**, 2938). Hätte das BVerfG – entsprechend dem MindVot. Mahrenholz (aaO) – § 462a StPO, soweit er die Feststellung der besonderen Schwere der Schuld dem Vollstreckungsrichter überantwortet hat, für nichtig erklärt, so hätte der Gesetzgeber Gelegenheit gehabt, durch eine Neuregelung auch die übrigen einfachrechtlichen Mängel des geltenden Rechts zu beheben. Das Gebot einer verfassungskonformen Auslegung beseitigt Unzulänglichkeiten des einfachen (Straf-)Rechts nicht, wohl aber kann gerade auf dem Gebiet des Strafrechts „ein ungeordnetes Nebeneinander von sich ähnelnder, begrifflich unscharfer Verfassungsprinzipien" die Bindung an das positive Recht lockern (so mit Recht Mahrenholz im MindVot. NStZ **92**, 484) und dort, wo es aus einfachrechtlicher Sicht – wie in § 57a – ungenügend und mangelhaft geregelt ist, zu einer Überinterpretation von Verfassungsprinzipien führen. Das zeigt gerade die vom BVerfG vorgesehene Übergangsregelung für Altfälle (NStZ **92**, 484), die – so mit Recht das MindVot. Winter (NStZ **92**, 484) – so nicht geboten ist und die Entscheidungsgrundlage für die Beurteilung einer besonderen Schwere der Schuld in ungerechtfertigter und auf schwer nachvollziehbare Weise eingeschränkt (hierzu unten 8 a). Nur noch der Gesetzgeber kann die Wirrnis beseitigen, die diese in sich unstimmige Gesetzeskorrektur durch das BVerfG in die strafgerichtliche Praxis hineingetragen hat (iErg. ebenso Meurer JR **92**, 411; Elf NStZ **92**, 470).

2) Materialien zum **20. StÄG: a) zur 8. Wahlp., BRat:** Drs. 2/79; Prot. d. Rechtsausschusses 466. Sitz.; BRat 469. Sitz.; Drs. 2/79 (Beschluß); **BTag:** Drs. 8/3218 = **RegE** (eines 17. StÄG); 1. Berat. BTag 8/14245; Rechtsausschuß 84., 85., 86. und 90. Sitz.; Bericht (Drs. 8/3857 = Ber.); 2., 3. Berat. BTag 8/17370 ff.; ÄndAntrag CDU/CSU Drs. 8/3997; **BRat:** Drs. 278/80 (19. E/StÄG); 422/80 (Beschluß); 488. Sitz. (PlenProt. 262 B); BT-Drs. 8/4414; BRat 491. Sitz. (PlenProt. 350 B); **b) zur 9. Wahlp.:** E SPD/FDP (eines 19. StÄG) = BT-Drs. 9/22; Fassungsänderungen Rechtsausschuß BTag v. 13. 5. 1981; **BRat:** Rechtsausschuß Prot. 499. Sitz.; Drs. 261/81; 502. Sitz.; Drs. 261/81 (Beschluß); **BTag:** Drs. 9/450; 9/625; 9/825; **BRat:** Drs. 385/81; 504. Sitz. (PlenProt. 321 A); Drs. 385/81 (Beschluß); BT-Drs. 9/959. Das Gesetz wurde als **20. StÄG** verkündet (BGBl. I 1329) und trat am **1. 5. 1982 in Kraft.** Bericht BReg. BT-Drs. 10/5828, 2. **Mat.** z. **23. StÄG** 9 vor § 56.

3) Schrifttum *zur Aussetzungsproblematik bei lebenslanger Freiheitsstrafe* **im allgemeinen:** *Müller-Dietz,* Lebenslange Freiheitsstrafe und bedingte Entlassung, 1972; *Triffterer* ZRP **70**, 13, 38; **74**, 141 (mit *Bietz*); **76**, 91; *Dreher,* Lange-

§ 57a

FS 334; *Arth. Kaufmann,* Strafrecht zwischen Gestern und Morgen, 1983, 1; *Kreuzer* ZRP **77**, 49; *Müller-Dietz* StV **83**, 162; Jura **83**, 570, 628; *Oppitz* MSchrKrim. **77**, 152; **zum 20. StÄG:** *Beckmann* DRiZ **79**, 145; NJW **83**, 537; *Böhm* NJW **82**, 135 u. aaO [1 zu § 57], 35; *v. Bubnoff* JR **82**, 441; *Groß* ZRP **79**, 133; *Haffke* InstKonfl. **9**, 19; *Hamann* Rpfleger **83**, 246; *Horn* ZRP **80**, 62; *Kunert* NStZ **82**, 89; *Lackner,* Leferenz-FS 609; *Lenzen* NStZ **83**, 543; *Stree* NStZ **83**, 289; *Laubenthal* Lebenslange Freiheitsstrafe, 1987 [Bespr. *Müller-Dietz* ZStW **102**, 140] u. JA **84**, 471; *Bode,* Faller-FS 325; *Fünfsinn* GA **88**, 164; *Baltzer* StV **89**, 42; *Revel,* Anwendungsprobleme der Schuldschwereklausel des § 57a, 1988; *H.-M. Weber* ZRP **90**, 65 (krit. z. Vollzugspraxis); *Kaiser/Schöch* **11**, 2ff.; zum Verhältnis des § 57a zum Gnadenrecht *Kunert* aaO 95; **zum 23. StÄG:** *Roland Schmidt,* Das Zusammentreffen von lebenslanger und weiteren Freiheitsstrafen – zugleich ein Beitrag zur Schuldschwereklausel des § 57a I S. 1 Nr. 2 StGB, 1986; *Heine* [1 vor § 211] 13a; **zu BVerfG NStZ 92, 484:** *Stree* NStZ **92**, 464; *Elf* NStZ **92**, 468; *Meurer* JR **92**, 411; *Geis* NJW **92**, 2938; *Berkemann* JR **92**, 451.

4   **4) Anwendungsbereich.** § 57a gilt bei **lebenslanger Freiheitsstrafe** (zum Zusammentreffen mit zeitiger Freiheitsstrafe vgl. unten 11), die nahezu ausnahmslos wegen Mordes (auch iVm weiteren Straftaten) verhängt wird; § 57a lehnt sich im übrigen in der Fassung eng an § 57 an und nimmt darauf Bezug. § 57a, nicht § 57, ist anzuwenden, wenn eine lebenslange Freiheitsstrafe im Gnadenwege in eine zeitige umgewandelt worden ist (zu § 57; aM SK-Horn 4), was zulässig ist, da das Gnadenrecht von § 57a unberührt bleibt (Kunert NStZ **82**, 95); es wird jedoch seltener ausgeübt (1989: 137 Aussetzungen nach § 57a, 57 im Wege der Gnade). Eine Maßregel nach den §§ 63, 64 (nicht nach § 66 bei ausschließlicher Verhängung lebenslanger Freiheitsstrafe, BGH **33**, 398 [m. Anm. Maatz NStZ **86**, 476; Müller-Dietz JR **87**, 28]; **34**, 143; KG NStZ **83**, 78; Böhm NJW **82**, 138; Lackner 11) kann neben lebenslanger Freiheitsstrafe verhängt werden (BGH **37**, 160 m. Anm. Schüler-Springorum StV **91**, 561), kommt jedoch bei § 63 kaum in Betracht (15 aE zu § 63). § 57a hat beim Vorwegvollzug der Strafe (§ 67 II) auch künftig lediglich theoretische Bedeutung; jedenfalls müssen bei einer positiven Entscheidung nach § 67e (mit der Folge der FAufsicht) die Voraussetzungen des § 57a gegeben sein (LK 2). Wird während des Vollzugs der lebenslangen Freiheitsstrafe der Verurteilte wegen einer Psychose stationär behandlungsbedürftig, so kommt eine Überweisung in den Maßregelvollzug nach § 63 nicht in Betracht, auch nicht im Wege einer analogen Anwendung der §§ 67, 67a (Karlsruhe NStZ **90**, 302).

5   **5) Die Voraussetzungen des I** (iVm **II**), die alle gegeben sein müssen (unten 12), sind, daß

6   **A. Nr. 1: 15 Jahre der Strafe verbüßt** sind. Durch dieses gesetzliche **Mindestmaß** soll ein deutlicher Abstand zu dem Aussetzungszeitpunkt bei der höchsten zeitigen Freiheitsstrafe (§ 57 I Nr. 1, § 38 II) gewahrt werden. Als **verbüßte Strafe** iS der Nr. 1 gilt **nach II jede Freiheitsentziehung,** die der Verurteilte **aus Anlaß der Tat** (iS des § 264 StPO), die Gegenstand des Verfahrens ist oder gewesen ist (5 zu § 51), erlitten hat. Von § 57 IV unterscheidet sich die Anrechnungsregel des II erheblich dadurch, daß es nach II nicht auf einen gesetzlichen Anrechnungsanspruch ankommt. II gilt auch, wenn ausdrücklich angeordnet worden ist, daß die Anrechnung ganz oder zT unterbleibt (§ 51 I S. 2, BT-Drs. 8/3218, 8; LK 4). Zur Anrech-

Strafaussetzung zur Bewährung § 57a

nungsproblematik in den Fällen der §§ 54, 57b vgl. unten 11c. Da es sich um eine Mindestverbüßungszeit handelt, kommt den Ausführungen zu 7ff. große Bedeutung zu. Eine Unterschreitung der 15-Jahresfrist kommt auch bei greisen „Lebenslangen" nur im Gnadenwege in Betracht, Hamburg MDR 84, 163.

B. Nr. 2: nicht die besondere Schwere der Schuld des Verurteilten die 7 weitere **Vollstreckung gebietet.**

a) Diese **Schuldschwereklausel** soll – im Unterschied zur Regelung des § 57 (dort 8) – der besonderen Problematik der Aussetzung lebenslanger Freiheitsstrafen Rechnung tragen. Ob nach ihr die weitere Vollstreckung geboten ist (unten 7d) hat im Rahmen einer **vollstreckungsrechtlichen Gesamtwürdigung** (7d) – auch nach BVerfG (NStZ 92, 484) – letztlich nur die **zuständige StVK** (unten 17) zu entscheiden (Stree NStZ 92, 464). Allerdings ist es nach BVerfG (NStZ 92, 484) im Fall einer Verurteilung zu lebenslanger Freiheitsstrafe wegen Mordes *Sache des erkennenden Schwurgerichts*, nicht nur die zur Begründung der absoluten Strafe erforderlichen Feststellungen zu treffen und darzulegen, sondern darüber hinaus nunmehr auch „unter Abwägung der der jeweiligen Tat anhaftenden individuellen schulderschwerenden, und schuldmindernden, objektiven und subjektiven Merkmale festzustellen, *ob* eine *besondere Schwere der Schuld* iS des § 57a I Nr. 2 *vorliegt*" (BVerfG aaO). Das bedeutet, daß bereits das Schwurgericht – obwohl es dessen zur Begründung des eigentlichen Strafausspruchs gar nicht bedarf – *die Schuld des Täters* unter dem Aspekt ihrer besonderen Schwere *zu gewichten* hat (die gerade auch auf Mordmerkmale begründende Tatumstände gestützt werden kann, vgl. Stree NStZ 92, 465), um auf diese Weise als das für das Schuldurteil zuständige Gericht dem Vollstreckungsgericht eine spätere Entscheidung über die Aussetzung der lebenslangen Freiheitsstrafe die insoweit maßgebende Beurteilungsgrundlage für die Gesamtabwägung nach I Nr. 2 zu bieten. Aus dieser neuen Aufgabe des erkennenden Gerichts folgt ferner, daß in Mordfällen eine Beschränkung der Strafverfolgung nach § 154a StPO nur noch in deutlich geringerem Maße als bisher zulässig sein kann und jedenfalls insoweit nicht mehr in Betracht kommt, als Tatteile oder Gesetzesverletzungen für die Beurteilung einer besonderen Schwere der Schuld von wesentlicher Bedeutung sind (Stree NStZ 92, 464/465). Da die schwurgerichtliche Gewichtung der Schuld für das Vollstreckungsgericht *verbindlich* ist, unterliegt sie nach BVerfG (aaO) der Revision. Freilich hat das BVerfG hierbei Grundsätze des strafprozessualen Revisionsrechts verkannt (hierzu im einzelnen Meurer JR 92, 441) und der strafrechtlichen Praxis unlösbare Probleme überbürdet. Denn jedes Rechtsmittel setzt grundsätzlich eine *Beschwer durch den Urteilsspruch* voraus, das Urteil muß auf dem beanstandeten Rechtsfehler *beruhen*. Auf fehlenden oder mangelhaften Erörterungen in der Urteilsbegründung über die Schwere der Schuld (I Nr. 2) kann aber der auf eine lebenslange Freiheitsstrafe lautende Strafausspruch nie beruhen. Das BVerfG geht von einem Rechtsmittel aus, das es im Strafprozeß (noch) nicht gibt und das zu konzipieren kaum lösbare Probleme böte (Meurer aaO), weil der Beschwerdeführer in den Fällen des § 57a innerhalb der für die Rechtsmitteleinlegung bestehenden Wochenfrist die (maßgebende schriftliche) Urteils*begründung* anfechten müßte, die ihm idR noch gar nicht

§ 57a

bekannt sein kann (vgl. unten 8 b). Zwar anerkennt das BVerfG (E **6**, 7), daß uU auch Urteilsbegründungen Grundrechte verletzen können. Indessen lassen sich die Fälle, in denen Mängel der Darlegung der Schwere der Schuld in den schwurgerichtlichen Urteilsgründen eine so erhebliche Rechtsverletzung enthalten, daß sie die *Voraussetzung für die Zulassung* einer Revision zu schaffen vermögen, kaum abgrenzen (vgl. LR-Hanack 23 zu § 333 StPO). Im übrigen wird das Fehlen oder Ungenügen schwurgerichtlicher Darlegungen zur Schuldschwere den Angeklagten im Hinblick auf den Zweifelssatz meist nicht beschweren. Das durch die verfassungsgerichtliche Entscheidung entstandene Dilemma (vgl. auch Stree NStZ **92**, 465) kann im Grunde nur der Gesetzgeber lösen, der ohnehin aufgerufen ist, die Mängel des 20. und des 23. StÄG (vgl. oben 1) zu beheben. **b)** Die lebenslange Freiheitsstrafe läßt **kein genaues Schuldmaß** erkennen, sondern bringt lediglich zum Ausdruck, daß die Schuld jedenfalls die Schwelle überschritten hat, die nach dem Gesetz für die Verhängung der lebenslangen Freiheitsstrafe vorausgesetzt ist (vgl. RegE 7). Da Nr. 1 nur eine Mindestverbüßungszeit bestimmt, hat sich aus dem Gebot der Gerechtigkeit der Zeitpunkt der Aussetzung des Straf„restes", was § 57b noch deutlicher werden läßt, wesentlich nach der Schuld des Täters, die Grundlage für die Zumessung der Strafe ist (§ 46 I), zu richten. Denn „das Prinzip der Schuldangemessenheit der Strafe beherrscht nicht nur die *Zumessung* der Strafe, sondern auch die Regelung der *Aussetzung eines Strafrestes* bei lebenslanger Freiheitsstrafe" (so BVerfGE **64**, 271; BVerfG NStZ **92**, 484; vgl. auch Karlsruhe NStE Nr. 4; Düsseldorf NStZ **90**, 509; Rebscher KR **88**, 10). Müller-Dietz (StV **83**, 163; Laubenthal 209; Fünfsinn GA **88**, 168) spricht daher insoweit zutreffend von der „Strafbemessungsfunktion" der Schuldschwereklausel (wenn auch in deutlicher Kritik gegenüber dieser Entwicklung, JR **84**, 359; vgl. Laubenthal JA **84**, 473), über die, soweit es um die Schuldschwere geht (oben 1, 7) für das Vollstreckungsgericht verbindlich das erkennende Schwurgericht nach BVerfG (NStZ **92**, 484) vorab zu entscheiden hat (24. 6. 1992, 3 StR 187/92). Einwände des Schrifttums gegen die Verfassungsmäßigkeit der Schuldschwereklausel (hierzu im einzelnen 45. Aufl. 7) anerkennt das BVerfG nicht (E **64**, 272; **72**, 114; zuletzt NStZ **92**, 484; vgl. auch Meurer JR **92**, 441). Nach ihr ist auch bei der schwersten Strafe der Dauer der Vollstreckung – dem unterschiedlichen Schuldmaß entsprechend abgestuft – am Strafzweck des gerechten Schuldausgleichs zu bestimmen (Karlsruhe JR **83**, 377; **88**, 165 [m. Anm. Müller-Dietz]; NStZ **90**, 338; **91**, 38; Koblenz NStZ **84**, 167). Nach RegE 7 kommt daher auch „eine 18jährige, 20jährige oder auch noch längere Verbüßungszeit" in Betracht. Demnach entspricht die Mindestverbüßungszeit von 15 Jahren idR dem für die lebenslange Strafe vorausgesetzten „Mindestmaß" an Schuld, LK 6. Nach Ablauf dieser Mindestverbüßungszeit tritt daher auch bei guter Prognose im Unterschied zu § 57 I **keine Entlassungsautomatik** ein (RegE 5; BGH **31**, 192; Karlsruhe NStZ **83**, 75; Kunert NStZ **82**, 510; KK-W. Müller 47 zu § 459 StPO; Ber. BReg. BT-Drs. 10/5828, 3; Laubenthal 206; vgl. BVerfG NStZ **92**, 484). Eine Verbüßungsdauer von 15 Jahren ist zwar nicht eine seltene Ausnahme, kann aber auch nicht die Regel sein (Koblenz NStZ **84**, 167; Stree NStZ **83**, 290; Lenzen NStZ **83**, 544; LK 6; aM Nürnberg NStZ **82**, 509 [m. abl. Anm. Kunert], das den Versagungsgrund der besonderen Schuldschwere nur in

§ 57a

Strafaussetzung zur Bewährung

besonderen Ausnahmefällen aus generalpräventiven Gründen Platz greifen lassen will, etwas abgemildert NStZ 83, 319; ähnlich auch Celle StV 83, 156; zust. Müller-Dietz StV 83, 166 u. Einführung 267; Meier-Beck MDR 84, 448; Laubenthal 219 u. JA 84, 473; hierzu Bode, Faller-FS 332; zusf. Revel [3] 53). Insoweit trifft die Bezeichnung „Regelmaß" in BVerfG NStZ 92, 484 nicht das Richtige (richtig aber MindVot. Winter aaO S. 3 „Mindestmaß"). Vielmehr ist die Mindestverbüßungszeit von 15 Jahren *Ausgangspunkt* für die konkrete Schuldbewertung (Frankfurt NJW 86, 598; Karlsruhe JR 88, 163 [m. Anm. Müller-Dietz]; Düsseldorf NStZ 90, 509; Lackner 4). Soweit ein „Mehr an Schuld" diese Mindestgrenze deutlich übersteigt, muß dies in der Dauer der Vollstreckung seinen Niederschlag finden (Karlsruhe NStZ 83, 75; LK 6; SchSch 5; SK 9a). Hierfür hat die Rspr. Maßstäbe zu erarbeiten (Hamm NStZ 83, 308; Kunert NStZ 82, 94).

c) Besonders schwer ist die Schuld (hierzu BVerfG NStZ 92, 484), wenn der Verzicht auf die Weitervollstreckung wegen des deutlichen Mehr an konkreter Schuld aus Gerechtigkeitsgründen unvertretbar erscheint (Lackner 4 u. Leferenz-FS 620), *nicht* etwa nur im Falle deutlichen Abweichens vom *Durchschnitts*fall (Lenzen NStZ 83, 544; aM wohl Stree NStZ 83, 290). Für eine Aussetzung nach 15jähriger Verbüßungszeit ist aber nicht nur dann Raum, wenn sich das Schuldmaß an der denkbar untersten Grenze hält; es genügt, daß es sich im unteren Bereich der für die lebenslange Freiheitsstrafe maßgebenden Wertung hält (so Hamm aaO). Die Mindestverbüßung ist daher nicht die seltene Ausnahme, da in zahlreichen Fällen das für die lebenslange Freiheitsstrafe vorausgesetzte Schuldquantum entweder gerade erreicht oder nicht deutlich überschritten wird und zudem die Weitervollstreckung nicht stets geboten (unten 7b) sein muß. 7b

d) Schuldsteigernde Umstände, die zu einer weiteren Vollstreckung führen können, sind zB die Art der Tatausführung, besondere Begleitumstände der Tat, so erbarmungslose Brutalität, grausame, qualvolle Behandlung des Opfers, niederträchtige, das Opfer entwürdigende Verhaltensweisen, Intensität der Leiden des Opfers, Nichtigkeit des Tatanlasses (so Karlsruhe NStZ 83, 75; LK 6), insbesondere aber auch die Mehrheit von Mordmerkmalen (Laubenthal 221; bei mehreren Taten vgl. unten 11). Schuldsteigernd dürfen aber nicht solche Merkmale herangezogen werden, die überhaupt erst die Verhängung einer lebenslangen Strafe begründen, ebenso wenig darf die Schuldschwere mit Tatkennzeichnungen begründet werden, die Mordmerkmale umschreiben, die das erkennende Gericht zur Qualifizierung des Tathergangs gar nicht angeführt hatte (BVerfG NStZ 92, 484). Im übrigen hat das BVerfG(E 64, 272; 72, 116) gerade auch im Hinblick auf die Schuldschwereklausel anerkannt, daß uU „im Einzelfall die Strafe im Wortsinn ein Leben lang vollstreckt" werden kann (Lenzen NStZ 83, 546; Frankfurt NJW 86, 598; LK 5; aM Stree NStZ 83, 293; Müller-Dietz Jura 83, 634; vgl. hierzu Kerner UniHD-FS 446; Fünfsinn GA 88, 170; Revel [3] 19ff. u. 72ff. stat. Angaben). Die besondere Aussage dieser Rspr. liegt gerade darin, daß auch Schuldaspekte die lebenslange Vollstreckung einer Freiheitsstrafe verfassungsrechtlich rechtfertigen können; denn bei fortdauernder Gefährlichkeit des Verurteilten versteht sich das ohnehin von selbst. § 57a unterstreicht dies dadurch, daß er für die Fälle günstiger Prognose einen Endzeitpunkt für die Vollstreckung gesetzlich nicht festlegt, was derzeit verfassungsrechtlich nicht geboten ist 7c

§ 57a

(BVerfG NStZ **92**, 484). Freilich wird eine lebenslange Vollstreckung aus Gründen gerechter Schuldausgleichs nur selten zu rechtfertigen sein, da auch dem Verurteilten mit besonders schwerer Schuld grundsätzlich „eine Chance verbleiben" muß, „seine Freiheit wieder erlangen zu können" (BVerfGE **45**, 239). Das 23. StÄG läßt jegliche Verdeutlichung des Inhalts der Schuldschwereklausel vermissen, obgleich der Meinungsstreit der OLGe nicht durch eine Vorlage an den BGH beigelegt werden kann. Eine **Höchstgrenze** für die Weitervollstreckung bei besonders schwerer Schuld hat das 23. StÄG nicht vorgesehen, so daß die Frage, nach welchen Maßstäben sich die Strafvollstreckung verlängert, ebenso unbeantwortet bleibt wie die Frage, ob es von Verfassungs wegen eine generelle zeitliche Obergrenze für die Vollstreckung gibt (für ein Vollstreckungshöchstmaß von 25 Jahren Revel [3] 21).

7d e) **Gebieten** muß die Schuldschwere die weitere Vollstreckung. Dieses normative Merkmal verdeutlicht, daß die zuständige StVK, die zwar bei der Bewertung der Schuld an die Gewichtung des erkennenden Gerichts gebunden bleibt, eine eigene, auf den Entscheidungszeitpunkt bezogene Wertung vorzunehmen hat, ob die Schuldschwere mit Rücksicht auf die Schutzaufgabe des Strafrechts derzeit die weitere Vollstreckung noch gebietet (BVerfG NStZ **92**, 484; vgl. Koblenz GA **83**, 279). Es ist also **eine vollstreckungsrechtliche Gesamtwürdigung** vorzunehmen, in die (wie der für entsprechend anwendbar erklärte § 57 I S. 2 zeigt) auch nichttatrelevante Umstände miteinfließen und in der Person des Verurteilten liegende Umstände, wie Verschlechterung des Gesundheitszustandes, positive Persönlichkeitsentwicklung, Sühneanstrengungen u. ä. (vgl. BVerfGE **72**, 116; Karlsruhe NStZ **83**, 75; **90**, 338; **91**, 38; MDR **91**, 893; JR **88**, 163 [m. Anm. Müller-Dietz]; Frankfurt NJW **86**, 598; NStZ **87**, 329; Hamm NStZ **86**, 315 jew. in Fällen hochbetagter NS-Gewalttäter; ferner Düsseldorf NStZ **90**, 510) Gewicht erlangen (Lenzen NStZ **83**, 544; LK 7; Laubenthal 223; Revel [3] 87ff.). Solange die StVK in diesen Fällen in Bindung an das erkennende Gericht *schulderhöhende* Umstände, mögen sie auch die Verhängung der lebenslangen Strafe mitbegründet haben, im Auge behält, liegt hierin keine unerlaubte (37 zu § 46) Doppelverwertung (Lenzen aaO 545; aM LK 6; Horn SK 10 und JR **83**, 381; Laubenthal 222 u. JA **84**, 474), da § 57a eine abermalige *Gesamt*würdigung voraussetzt (BVerfG aaO). Hierbei steht nicht nur die Schuldschwere, sondern auch die Frage zur Entscheidung, ob die weitere Vollstreckung der lebenslangen Freiheitsstrafe *derzeit* noch geboten ist (vgl. auch Stree NStZ **92**, 466). Da das Schwurgericht nur die Tatschuld, nicht aber die die Vollstreckungsdauer *mindernden* nichttatrelevanten Umstände (§ 57a I S. 2 iVm § 57 I S. 2; vgl. 6a, 6b zu § 57) schon bei der Gewichtung der Strafzumessungsschuld mit Verbindlichkeit für die **StVK** feststellen kann, muß diese die „Strafvollstreckungsschuld" letztlich *eigenständig bewerten*. Neu (also Verpflichtung der StVK, abw. von der bisherigen Praxis: Frankfurt NStZ **83**, 555; NJW **86**, 599; Lenzen NStZ **83**, 545; hiergegen bisher schon LG Marburg NStZ **83**, 525 L; ebenso krit. Groß ZRP **79**, 135; Horn ZRP **80**, 62 u. SK 11; Fünfsinn GA **88**, 173; Lackner 9) ist nunmehr nach BVerfG (NStZ **92**, 484), daß die StVK, falls sie die bedingte Entlassung derzeit aus Gründen des I Nr. 2 *ablehnt*, zugleich in den Gründen *verbindlich* **mitzuteilen hat, bis wann die Vollstreckung** – vorbehaltlich einer Änderung der für die Beurteilung maßgebenden

Verhältnisse des Verurteilten – *unter dem Gesichtspunkt der besonderen Schwere der Schuld* **fortzusetzen** ist. Diese billigenswerte (auch von den MindVot. mitvertretene) verfassungsgerichtliche Klärung (Stree NStZ **92**, 467; krit. aber Meurer JR **92**, 411) trägt nicht nur dem Bestimmtheitsgebot (Art. 103 II GG) Rechnung, sondern setzt auch die Vollzugsanstalten in die Lage, zeitgerecht die für die Entlassung erforderlichen Maßnahmen (§ 15 StVollzG) vorzubereiten. **f)** Da auf Grund des 20. StÄG seit dem 1. 5. 1982 **8** (oben 2) der zu lebenslanger Freiheitsstrafe Verurteilte bei Vorliegen der gesetzlichen Voraussetzungen einen Rechtsanspruch auf Aussetzung der weiteren Vollstreckung hat (BGH **32**, 94), oblag es seither schon den erkennenden Schwurgerichten, die allein in der Hauptverhandlung möglichen Feststellungen über den Schuldumfang zu treffen, damit Beweisverluste vermieden werden und zu gegebener Zeit der zuständigen StVK (unten 17) die tatsächlichen Bewertungsgrundlagen für eine Entscheidung über die Schuldschwere nach I Nr. 2 zur Verfügung stehen. Str. war nur, ob das Fehlen der nach I Nr. 2 gesetzlich gebotenen Feststellungen den Bestand des Urteils gefährdet (so 45. Aufl. 8 a) oder nicht (so LK 8; Lackner 5; Fünfsinn GA **88**, 174). Inzwischen hat das BVerfG (NStZ **92**, 484) den erkennenden Schwurgerichten ausdrücklich die Aufgaben zugewiesen, über die Gewichtung der Schwere der Schuld (allerdings nur hierüber!) anstelle der für die Entscheidung nach § 57 a im übrigen zuständigen Vollstreckungskammer *verbindlich vorab* zu entscheiden (oben 1, 7), was freilich nicht problemlos ist und sich im Zweifel zu Ungunsten des Angeklagten auswirkt. Denn im Zeitpunkt, in dem die vollstreckungsgerichtliche Gesamtwürdigung (oben 7 d) – idR etwa ein Jahrzehnt später – zu treffen ist, kann uU auch die Schuldschwere einer anderen Beurteilung unterliegen (hierzu Meurer JR **92**, 441). **g)** Soweit die Vollstreckungsgerichte nach **8a** § 57 a über Aussetzungsanträge von Verurteilten zu entscheiden haben, deren Schuld im Urteil noch nicht in der gebotenen Weise gewichtet ist **(Altfälle),** hat das BVerfG (NStZ **92**, 484) für die Mordfälle eine **Übergangsregelung** getroffen, die zum einen unvollständig ist, weil sie diejenigen Fälle unberücksichtigt läßt, in denen das auf lebenslange Freiheitsstrafe lautende Urteil von einer Jugendkammer (vgl. § 106 II JGG) oder einem Strafsenat des OLG (vgl. § 120 II Nr. 2, 3 GVG) verhängt wurde oder sie nicht wegen Mordes, sondern zB nach § 212 II, oder *vor* der verfassungsgerichtlichen Entscheidung ergangen, aber noch nicht rechtskräftig ist, zum anderen beengt das Mehrheitsvotum des verfassungsgerichtlichen Urteils in den Altfällen die vollstreckungsgerichtliche Entscheidung unnötig und sachwidrig: Das BVerfG hält in diesen Fällen eine „strikte Bindung" des Vollstreckungsgerichts an die „im Urteil ausdrücklich festgestellten Tatsachen" in dem Sinne für rechtsstaatlich geboten, als nur jene Umstände berücksichtigt werden dürfen, die einer revisionsrechtlichen Prüfung zugänglich waren; Ausführungen über die Beweggründe, Ziele und die Gesinnung des Täters, soweit sie nicht der Annahme eines Mordmerkmals dienen, haben außer Betracht zu bleiben; auch darf das Vollstreckungsgericht die zur Tatausführung „getroffenen tatsächlichen Feststellungen nicht in einer Weise bewerten, die über den Gehalt der unbezweifelbaren schwurgerichtlichen Wertung hinausgeht" (BVerfG NStZ **92**, 484). Diese verfassungsgerichtlichen Hinweise sind nicht nur ihrer dunklen Formulierung wegen praktisch schwer umsetzbar, sie begegnen auch den sachlichen

§ 57a

AT Dritter Abschnitt. Vierter Titel

Einwänden (iErg. ebenso Stree NStZ 92, 468), die Winter in seinem Mind-Vot. (NStZ 92, 484) zum Ausdruck bringt, der die Übergangsregelung des Senats als „überraschend und inkonsequent", als „ungerecht" und „schwer nachvollziehbar" bezeichnet und dies näher begründet. Dem ist nichts hinzuzufügen. **h)** In der **Urteilsformel** sind sowohl die Einzelstrafen als auch die Gesamtstrafe auszusprechen (BGH 32, 94; NJW 84, 675; 85, 2839). Das BVerfG (NStZ 92, 484) überläßt es der Rspr. zu klären, ob die besondere Schwere der Schuld nach § 260 IV S. 6 StPO tenoriert werden muß oder ob es genügt, darauf bei der Eröffnung der Urteilsgründe hinzuweisen (§ 268 II S. 2 StPO) oder eine Gewichtung der Mordschuld erst in den *schriftlichen* Urteilsgründen vorzunehmen. Auch sie ermöglicht dem Vollstreckungsgericht die eigenständige Bewertung der „Strafvollstreckungsschuld' auf der Grundlage der Strafzumessungsschuldfeststellungen des Ausgangsurteils, doch hätte eine (wegen der Fristen des § 275 I StPO) so späte Feststellung des Schwurgerichts zur Folge, daß von allen Seiten erst einmal vorsorglich Revision eingelegt wird (Meurer JR 92, 441). Tenorierungen „... wird wegen Mordes in einem Falle mittlerer Schuld" sind ebenso unpassend wie die Begriffe „mindere" oder „durchschnittliche Schuld", da es um die Gewichtung der *Mordschuld* geht. Auf der anderen Seite ist der auf lebenslange Freiheitsstrafe lautende Urteilstenor, wenn in den Gründen im Wege der Schuldgewichtung die wesentlichen Weichen für die Dauer des Vollzugs gestellt werden, nur noch eine „Leerformel" (so Elf NStZ 92, 470).

9 **C. Nr. 3** (iVm § 57 I S. 1 Nr. 2): eine **günstige Prognose**, dh daß **verantwortet werden kann zu erproben**, ob der Verurteilte außerhalb des Strafvollzugs **keine Straftaten** mehr **begehen** wird (6 zu § 57). Der Hinweis in **I S. 2**, wonach bei der Prognoseentscheidung § 57 I S. 2, V (vgl. auch 15 zu § 57) entsprechend gilt, bietet ausreichende Gewähr dafür, daß auch bei der Aussetzung nach § 57a dem Sicherungsbedürfnis der Allgemeinheit, dem wegen der Art der begangenen Tat besondere Bedeutung zukommt, entsprochen werden kann. Dem steht nicht entgegen, daß der Gesetzgeber aus zutr. Gründen (RegE 6) die bewährte Prognoseklausel des § 57 gewählt hat (hierzu Kunert NStZ 82, 93; Laubenthal 224). Freilich ist im Bereich der Hochkriminalität bei der Erarbeitung der Prognose größte Sorgfalt und Vorsicht am Platze (Lackner 7; LK 9; SchSch 5; Fünfsinn GA 88, 171; vgl. auch SK 13). Denn die Strafrestaussetzung darf nicht zur zunehmenden Gefahr von Rückfallmorden führen. Besteht auch nur eine entfernte Gefahr, daß der Verurteilte ein neues schweres Verbrechen begeht, so kommt eine Aussetzung nicht in Betracht (RegE 6; vgl. Horn ZRP 80, 63; 6 zu § 57). Nach allgM kann es schlechterdings niemals verantwortet werden zu erproben, ob der Verurteilte erneut ein Tötungsdelikt begeht (RegE 6; BT-Drs. 9/22, 6). Insoweit geht jeder Zweifel an einer günstigen Prognose zu Lasten des Verurteilten (RegE 6; BVerfG NStZ 92, 405; LK 9; SchSch 5; Kunert NStZ 82, 93; Müller-Dietz Jura 83, 633; Bode, Faller-FS 343). Das Prognoseurteil enthält keinen Schuldvorwurf, sondern bezieht sich auf die faktische Einschätzung der künftigen Gefährlichkeit, hierbei kann es von Bedeutung sein, ob der Verurteilte die Tat einräumt oder abstreitet (Hamm NStZ 89, 28 m. krit. Anm. Eisenberg NStZ 89, 366). Die Entscheidung über die Aussetzung kann nach vieljähriger Haft außerordentlich schwierig

Strafaussetzung zur Bewährung §57a

sein. § 454 I S. 5 StPO schreibt daher vor, daß das Gericht zuvor (nicht schon, wenn es den Antrag abzulehnen gedenkt) das **Gutachten eines Sachverständigen** namentlich darüber einholt, „ob keine Gefahr mehr besteht, daß dessen durch die Tat zutage getretene Gefährlichkeit fortbesteht" (Müller-Dietz Jura 83, 634; Laubenthal 228). Weigert sich der Verurteilte, an der Begutachtung mitzuwirken, so kommt eine Aussetzung nicht in Betracht (Koblenz MDR 83, 1044; Karlsruhe NStZ 91, 207). In der Wahl des Gutachters ist das Gericht frei. Es kommt ein kriminologisch erfahrener Arzt oder Psychologe, aber auch ein Gutachtergremium in Betracht (vgl. RegE 9; Kunert NStZ 82, 93). Die Tatsache, daß sich das Gericht bei einer Entscheidung nach § 57a der Hilfe eines Sachverständigen bedienen muß, ändert nichts daran, daß über die Aussetzung selbst allein das Gericht in eigener Verantwortung zu entscheiden hat (RegE 9; LK 9).

D. Nr. 3 (iVm § 57 I S. 1 Nr. 3): **der Verurteilte einwilligt** (7 zu § 57). **10** Überraschenderweise (RegE 7) scheitert anders als bei § 57 eine Aussetzung häufig an der fehlenden Einwilligung. Eine zunächst verweigerte Einwilligung kann noch später erklärt werden.

6) Die Mehrfachtäterproblematik schafft trotz der §§ 54, 57b in den **11** Fällen, in denen die **lebenslange Freiheitsstrafe mit weiteren,** lebenslangen oder zeitigen **Freiheitsstrafen zusammentrifft,** nach wie vor große Schwierigkeiten. Der Gesetzgeber ist diesen Fragen sehenden Auges ausgewichen und bietet in den §§ 54, 57b nur eine Minimallösung an (oben 1). Auch fehlt weiterhin eine Regelung für das Zusammentreffen *nicht*gesamtstrafenfähiger Verurteilungen, was zu extremen Härten führen kann. Denn die Grundsätze des § 55 (vgl. dort 5) ermöglichen nur eine Zusammenfassung mit Einzelstrafen wegen vorausgegangener Taten. Jede weitere Vorverurteilung, nach BGH **33,** 367 auch eine bereits erledigte, bildet somit eine Zäsur. Die besondere Härte kann in der zufälligen Reihenfolge (der Taten und ihrer Verurteilungen) liegen, die zu solchen Mindestverbüßungszeiten führen kann, daß eine reale Chance, die Freiheit wiedererlangen zu können, nach dem Gesetz nicht besteht, das Monitum des BVerfG („Prinzip Hoffnung") somit unerfüllt bleibt (krit. schon Böhm NJW **82,** 135; Lackner Leferenz-FS 611, 616; vgl. Laubenthal 251). Den notwendigen (BGH **33,** 132) Härteausgleich (7 zu § 55) kann weder das erkennende Gericht noch das Vollstreckungsgericht bei der Prüfung der Aussetzungsreife auf Grund der Feststellung der besonderen Schuldschwere (§ 57a I Nr. 2) vornehmen, wenn die Einbeziehung einer selbständigen Strafe in das Erkenntnis nach § 54 I S. 1 ausscheidet, § 57b also unanwendbar ist (aM SK 9b). Damit bleiben wichtige Fälle ausgespart, die in besonderem Maße gesetzlicher Klärung bedurften, auch um dem verfassungsgerichtlichen Petitum (BVerfGE **45,** 187) Rechnung zu tragen, eine einheitliche Rechtsanwendung zu gewährleisten. Der Gesetzgeber hat daher seinen verfassungsgerichtlichen Auftrag nur teilerfüllt (vgl. Lackner 5 zu § 57b). Das Bedenkliche hieran ist, daß die BReg. schon im E/20. StÄG (S. 16) eine ergänzende Regelung für erforderlich hielt und dem Gesetzgeber des 23. StÄG die divergierenden Entscheidungen der Strafvollstreckungsgerichte bekannt waren.

A. In § 54 ist, da das Gesamtstrafenprinzip seit dem 23. StÄG (9 vor **11a** § 56) auch für die lebenslange Freiheitsstrafe anzuwenden ist (1 zu § 53),

§ 57a AT Dritter Abschnitt. Vierter Titel

lediglich bestimmt, daß auf lebenslange Freiheitsstrafe **als Gesamtstrafe** zu erkennen ist, wenn eine der Einzelstrafen eine lebenslange Freiheitsstrafe ist (1 zu § 54). Daraus folgt für die Anwendung der §§ 57a, 57b, daß es bei Mehrfachtaten ganz entscheidend auf die *Gesamtstrafenfähigkeit* ankommt. Hierfür gelten die allgemeinen Grundsätze (1 zu § 54), auch die des § 55 (dort 1 ff.) und § 460 StPO (6 zu § 55; vgl. Revel [3] 130). Sind die Strafen, die wegen mehrerer (tatmehrheitlich) begangener Taten verhängt wurden, in *einem* Urteil enthalten oder sind die Strafen gesamtstrafenfähig, weil die Taten vor der Verurteilung zu lebenslanger Freiheitsstrafe begangen wurden, iS der §§ 53, 55 also gleichzeitig hätten abgeurteilt werden können, so gilt für die als Gesamtstrafe verhängte lebenslange Freiheitsstrafe die **Mindestverbüßungszeit** der Nr. 1. Die weiteren Taten werden jedoch in die Bewertung der besonderen Schwere der Schuld einbezogen (vgl. 1 zu § 54; unten 11b; 2 zu § 57b). Sind die den weiteren Verurteilungen zugrundeliegenden Taten aber erst *nach* der Verurteilung zu lebenslanger Freiheitsstrafe begangen, so werden die in den anderen Urteilen verhängten nichtgesamtstrafenfähigen Strafen wegen ihrer unbezweifelbaren Selbständigkeit selbständig vollstreckt. **Nach § 454b StPO** sollen sie unmittelbar nacheinander vollstreckt werden (5 bis 5b zu § 57). Die zunächst zu vollstreckende Strafe (vgl. § 43 StVollstrO) wird **zwingend** nach den Regeln des § 454b II StPO (vgl. 5 zu § 57) **unterbrochen,** um sicherzustellen, daß über die Aussetzung der Vollstreckung der Reste aller Strafen nach den §§ 57 und 57a gleichzeitig entschieden werden kann (§ 454b III StPO). Unterbrechungsvoraussetzung ist bei lebenslanger Freiheitsstrafe, daß 15 Jahre der Strafe verbüßt sind (§ 454b II Nr. 3 StPO; krit. zu dieser Regelung 5 zu § 57). Die Vollstreckung der nach § 43 II S. 1 StVollstrO vorab vollzogenen zeitigen Freiheitsstrafe ist also auch dann zu unterbrechen, wenn auf lebenslange Freiheitsstrafe wegen eines während des Hafturlaubs begangenen Mordes erkannt wurde (Hamm MDR **84,** 510). Auf die denkbaren Härten, die in Ermangelung einer gesetzlichen Regelung für nichtgesamtstrafenfähige Strafen entstehen können, ist oben zu 11 hingewiesen. **In Altfällen** (oben 8a), bei denen eine Vollstreckung aus gleichzeitiger Aburteilung mehrerer Taten in Frage steht, treten weitere Schwierigkeiten dadurch auf, daß die Gerichte den § 260 IV S. 5 aF StPO nicht einheitlich gehandhabt haben (vgl. Koblenz OLGSt. 1; LR-Gollwitzer 91 zu § 260 StPO; Pohlmann-Jabel 29 zu § 43 StVollstrO), die lebenslange Freiheitsstrafe somit in vielen Fällen entweder alleine oder als Einzelstrafe erscheint. Die Verurteilung bezieht sich dagegen auch auf weitere verwirkte Rechtsfolgen (RG **54,** 291), auf die es für § 57a aber nur dann maßgeblich ankommt, wenn es sich um eine weitere nichtgesamtstrafenfähige lebenslange Freiheitsstrafe handelt.

11b **B. Die** in die Gesamtstrafe einzubeziehenden Strafen sind für die **Bewertung der besonderen Schwere der Schuld** von großer Bedeutung (vgl. zunächst die krit. Ausführungen oben 1 aE, 7b). Es werden die in die Gesamtstrafe einbezogenen Strafen nach § 57b über die Schuldschwereklausel (oben 7) durch entsprechende Erhöhung der Mindestverbüßungszeit (oben 6) in Ansatz gebracht, und zwar auf Grund einer **zusammenfassenden Würdigung** der einzelnen Straftaten (2 zu § 57b). Aus den §§ 53, 54, 57b iVm § 454b StPO folgt, daß die Mindestverbüßungszeit iS von I

Strafaussetzung zur Bewährung **§ 57a**

Nr. 1 bei Mehrfachtätern **entsprechend der Schuldsteigerung** (oben 7c) überschritten werden muß. Bei einer Anschlußvollstreckung muß nicht nur die Summe der Mindestverbüßungszeiten des § 454b II Nr. 1, 2 StPO, sondern *zusätzlich* die 15-Jahresfrist des I S. 1 Nr. 1 (§ 454b II Nr. 3 StPO; vgl. oben 7 aE) überschritten sein.

C. Nach II (oben 6) **gilt als verbüßte Strafe** iS des I S. 1 Nr. 1 bei der Ermittlung der Vollstreckungsdauer im Rahmen der Schuldschwereklausel auch diejenige Freiheitsentziehung, die der Verurteilte aus Anlaß derjenigen Taten verbüßt hat, deren Strafen in die Gesamtstrafe einbezogen wurden. Der Begriff „aus Anlaß der Tat" bezieht sich also auf jede bei der Gesamtstrafenbildung berücksichtigte Tat. Koblenz OLGSt. Nr. 4 und Hamm (10. 11. 1983, 7 Ws (L) 14/83) haben schon vor dem 23. StÄG für die Berechnung der Frist nach I Nr. 1 die Dauer der vorab verbüßten zeitigen Freiheitsstrafe (aus einer einheitlichen Aburteilung) voll angerechnet (zust. Lenzen NStZ **83**, 545). **11c**

D. Die Rspr. hat schon vor dem 23. StÄG gesamtstrafenfähige weitere Strafen in die Schuldschwereklausel miteinbezogen (so grundlegend Karlsruhe NStZ **83**, 75 m. zust. Anm. Horn JR **83**, 381; Bode, Faller-FS 337, insoweit ebenso Celle StV **83**, 157; Bamberg NStZ **83**, 320; KG NStZ **83**, 77; Frankfurt NJW **86**, 598), wonach in Fällen von Mehrfachtätern von einer (erhöhten) Mindestverbüßungszeit auszugehen sei. Hierbei ist zu beachten, daß nach BVerfG (aaO [1a] S. 60ff.; vgl. oben 7d aE) die StVK, falls sie aus Gründen des I Nr. 2 die bedingte Entlassung ablehnt, in den Gründen zugleich verbindlich mitzuteilen hat, bis wann die Vollstreckung unter dem Gesichtspunkt der Schwere der Schuld fortzusetzen ist. **11d**

7) Verpflichtet ist das Gericht, den Strafrest **auszusetzen** („setzt aus", Böhm NJW **82**, 135; LK 3; 8 zu § 57), wenn die Voraussetzungen zu 5 bis 11d vorliegen. Der Gesichtspunkt der Verteidigung der Rechtsordnung (6 zu § 46), der im Gesetzgebungsverfahren als Versagungsgrund ausgeschieden worden ist (RegE 12), darf nicht berücksichtigt werden (SK 12; unrichtig Nürnberg NStZ **82**, 509 m. abl. Anm. Kunert). **12**

8) Absehen von der Aussetzung der Vollstreckung kann das Gericht aber nach I S. 2 iVm § 57 V, wenn der Täter absichtlich die Beute verheimlicht oder sonst die Schadenswiedergutmachung vereitelt (vgl. 11 zu § 57). **12a**

9) Die Dauer der Bewährungszeit beträgt **5 Jahre (III S. 1).** Abweichend von § 57 III iVm § 56a I ist in den Fällen des § 57a die Dauer der Bewährungszeit gesetzlich festgelegt. Dem Richter ist auch deren nachträgliche Verkürzung versagt, da III S. 2 nur § 56a II S. 1, nicht dessen S. 2 für anwendbar erklärt; wohl aber ist deren Verlängerung unter den Voraussetzungen des § 56f II S. 2 (vgl. unten 15; 8 zu § 56f) bis zu 2½ Jahren möglich. Die Bewährungszeit beginnt mit der Rechtskraft des Aussetzungsbeschlusses (III iVm § 56a II S. 1). Vgl. auch 10 zu § 57 Buchst. a aE und § 454a I StPO. **13**

10) Nach III S. 2 gelten außer § 56a II S. 1 (oben 13) die §§ **56b bis 56g** **und § 57 III S. 2** entsprechend (vgl. dazu 10 zu § 57 Buchst. b bis g). Der Richter hat also für die Bewährungszeit Anordnungen zu treffen, wie sie für die Aussetzung zeitiger Strafen vorgesehen sind. Er wird aber idR von Auflagen absehen (SchSch 9) und lediglich durch Weisungen (§ 56c) und **14**

§ 57a

AT Dritter Abschnitt. Vierter Titel

durch die nach § 57a III S. 2 iVm § 57 III S. 2 idR gebotene Unterstellung unter Bewährungshilfe (§ 56d) dem Verurteilten für den Übergang in die Freiheit Hilfestellung geben (hierzu Kunert NStZ **82**, 94). Auch für den

15 **Widerruf** der Aussetzung sowie den Straferlaß und dessen Widerruf sind nach III S. 2 die §§ 56f, 56g *entsprechend* anzuwenden; dh, daß bei Anwendung dieser Vorschriften die besondere Situation von zu lebenslanger Freiheitsstrafe Verurteilten zu berücksichtigen ist. Während nach § 56f I Nr. 1 der Täter durch die Begehung einer Straftat, sofern sie nicht nur geringes Gewicht hat (3 zu § 56f), zeigt, daß sich die in ihn gesetzte Erwartung nicht erfüllt hat und daher idR der Widerruf geboten ist, treten in diesem Zusammenhang bei zu lebenslanger Freiheitsstrafe Verurteilten im Hinblick auf den unbestimmbaren, weil von der Lebensdauer abhängigen Straf„rest" besondere Probleme auf. Der Gesetzgeber hat nämlich die bei der gnadenweisen Aussetzung übliche Umwandlung der lebenslangen in eine zeitige Freiheitsstrafe (hierzu Groß ZRP **79**, 135; Horn ZRP **80**, 63) aus einsichtigen Gründen (vgl. Kunert NStZ **82**, 92) nicht übernommen. Der Widerruf der Aussetzung einer lebenslangen Freiheitsstrafe, der zur Fortsetzung eines weiteren, vorläufig unbefristeten Strafvollzugs führt, wird ohne weiteres vertretbar sein, wenn es nicht weiter verantwortet werden kann zu erproben, ob der Verurteilte außerhalb des Strafvollzugs keine Straftaten mehr begehen wird (iErg. ebenso SchSch 10). Fahrlässigkeitstaten oder Vorsatztaten minderen Gewichts werden aber die günstige Sozialprognose nicht stets widerlegen (LK 15; Lackner 12; SchSch 10; 3 zu § 56f). Daher gewinnt die Frage besondere Bedeutung, ob es nicht angezeigt ist, in diesen Fällen nach III iVm § 56f II vom Widerruf abzusehen und unter Auferlegung von weiteren Weisungen (oben 13) die Bewährungs- oder Unterstellungszeit zu verlängern (oben 14). Kommt es zu einem Widerruf der Aussetzung, so kann bei später günstiger Prognose auch eine lebenslange Freiheitsstrafe abermals ausgesetzt werden (RegE 8; Kunert NStZ **82**, 92).

16 11) **Die Sperrfrist des IV** beträgt anders als die des § 57 VI 2 Jahre. Im übrigen gilt das in 16 zu § 57 Gesagte.

17 12) **Zuständig** für die Entscheidung nach § 57a ist die **große** (§ 78b GVG) **StVK** (§§ 454, 462a StPO; 12ff. zu § 57), es sei denn, daß der Verurteilte am 1. 1. 1975 (vgl. 12a zu § 57) nicht mehr in Haft war, Bamberg NStZ **83**, 320. Zur Übertragung von Beschwerdeentscheidungen über die Aussetzung auf ein OLG eines Landes vgl. für NW Ges. v. 6. 4. 1982 (GVNW 170; SGV NW 321). Die StVK hat die Voraussetzungen einer Aussetzung **von Amts wegen** (vgl. 13a zu § 57) so rechtzeitig zu prüfen, daß der Verurteilte zu dem maßgeblichen Zeitpunkt entlassen werden kann (vgl. hierzu oben 7d). Er kann auch durch einen Antrag (vgl. 13 zu § 57) auf eine Entscheidung hinwirken. Stellt er ihn aber vor Verbüßung von 13 Jahren, so ist er ebenso abzulehnen (§ 454 I S. 4 Nr. 2b StPO) wie ein wiederholter Antrag, der vor Ablauf einer nach IV vom Gericht festgesetzten Sperrfrist vorgebracht wird (16 zu § 57). Antragsberechtigt ist auch die StA (Hamm 10. 11. 1983, 7 Ws(L) 14/83).

18 13) Zum **Verfahren** gelten im übrigen 14, 14a zu § 57; zur **Zulässigkeit frühzeitiger Entlassungsentscheidungen** § 454a StPO (15 zu § 57). Von einer **mündlichen Anhörung** des Verurteilten kann abgesehen werden, wenn er einen Antrag auf Aussetzung stellt, solange er weniger als 13 Jahre verbüßt hat und das Gericht wegen verfrühter Antragstellung den Antrag ablehnt (§ 454 I S. 4 Nr. 2b StPO). Will es aber den Strafrest aussetzen oder später ablehnen, so

Strafaussetzung zur Bewährung § 57a

darf es auch bei allseitiger Befürwortung von der mündlichen Anhörung vor der vollbesetzten StVK nicht absehen (Karlsruhe MDR **83**, 863; Kunert NStZ **82**, 95; Müller-Dietz, Einführung 269. Zur Praxis im Strafvollzug beim Übergang in den offenen Vollzug vgl. BT-Drs. 10/1359; Laubenthal 264). Zur **Übergangsvorschrift** a) des Art. 7 des 20. StÄG vgl. 41. Aufl., b) des 23. StÄG (Art. 316 II EGStGB) vgl. oben 11a.

Aussetzung des Strafrestes bei lebenslanger Freiheitsstrafe als Gesamtstrafe

57b Ist auf lebenslange Freiheitsstrafe als Gesamtstrafe erkannt, so werden bei der Feststellung der besonderen Schwere der Schuld (§ 57a Abs. 1 Satz 1 Nr. 2) die einzelnen Straftaten zusammenfassend gewürdigt.

1) **Die Vorschrift** ist auf Anregung des BRats (BT-Drs. 10/2720, 23) durch **1** das 23. StÄG (9 vor § 56) zusammen mit § 54 I S. 1 zur Lösung der **Mehrfachtäterproblematik** eingefügt worden. Kritisch dazu 1, 7c aE und 11 zu § 57a. § 57b wendet das Gesamtstrafenprinzip (1 zu § 53) auch auf die lebenslange Freiheitsstrafe an (vgl. 11a zu § 57a). Zur Anwendung des § 57a II vgl. 11c zu § 57a.

2) **Eine zusammenfassende Würdigung** der einzelnen Taten schreibt **2** § 57b für den Fall vor, daß nach § 54 I S. 1 (dort 1a) auf lebenslange Freiheitsstrafe **als Gesamtstrafe** erkannt worden ist. Nach § 57b wird, wenn der Täter mehrere Straftaten begangen hat, für die er jeweils Freiheitsstrafe verwirkt hat, der schulderhöhende Umstand dieser Tatsache, der sich bei der Gesamtstrafenbildung nach § 54 I S. 1 nicht auswirken kann (1a zu § 54), erst bei der Prüfung der Aussetzungsvoraussetzung des § 57a I Nr. 2, ob nicht die **besondere Schwere der Schuld** des Verurteilten (7 bis 7c zu § 57a) die weitere Vollstreckung gebietet (7d zu § 57a) berücksichtigt. Entgegen dem RegE (BT-Drs. 2720, 10) muß der zusätzliche Unrechtsgehalt der weiteren Taten nicht nur in „besonders gravierenden Fällen" berücksichtigt werden, sondern (auf Verlangen des BRats, BT-Drs. 10/2720, 20, 23) in aller Regel (aM SchSch-Stree 2). Ausnahmen mögen bei Bagatellstrafen vertretbar sein (vgl. auch BT-Drs. 10/2720, 29). Für die **zusammenfassende Würdigung** gilt das zu 7ff. zu § 57a Gesagte entsprechend. Sie ist nur auf § 57a I Nr. 2, nicht also auf darüber hinausgehende präventive Strafzwecke zu beziehen (vgl. 12 zu § 57a; krit. dazu Lackner, Leferenz-FS 621). Da aber in die Gesamtstrafe auch zeitige Freiheitsstrafen einbezogen werden können, ergibt sich aus § 57b andererseits, daß § 57a I Nr. 2 indirekt auf zeitige Freiheitsstrafe anwendbar ist, obgleich für § 57 Schuldaspekte unberücksichtigt bleiben (6 aE zu § 57). Als Ergebnis der Gesamtwürdigung ist die der Schuldsteigerung entsprechende Erhöhung der Mindestverbüßungszeit (6 zu § 57a) festzustellen. Für den Endzeitpunkt der Verbüßungsdauer gibt sich aber aus der Anwendung des Grundgedankens der Gesamtstrafe keine dem § 54 II S. 2 entsprechende Obergrenze. Auch die lebenslange Freiheitsstrafe als Gesamtstrafe bleibt lebenslange Freiheitsstrafe (Lenzen NStZ **83**, 546), die auch nach Auffassung des BVerfG (E **64**, 272) uU auch wegen der Schwere der Schuld ein Leben lang vollstreckt werden kann (vgl. auch BGH **31**, 192). Bedenklich an dieser Konstruktion ist, daß der Gesetzgeber einmal mehr die Flucht in

§ 57b

eine „bemerkenswert unklare Klausel" (Groß StV **85**, 85) angetreten hat, die dem Strafvollstreckungsgericht in ihrer anfechtbaren Unbestimmtheit einen „nicht unbedenklich weiten Beurteilungsspielraum" (v. Bubnoff JR **82**, 443) beläßt, und daß diese Gesamtwürdigung schließlich innerhalb des § 57a die dritte ist, weil sie zusätzlich zu der bei der Prognoseentscheidung (§ 57a I S. 2 iVm § 57 I S. 2) und der vollstreckungsrechtlichen (oben 7c) vorzunehmen ist. Diese Unbestimmtheit ist inzwischen durch das verfassungsgerichtliche Gebot begrenzt worden, wonach die zuständige StVK (17 zu § 57a), falls sie die bedingte Entlassung ablehnt, gehalten ist, in den Gründen mitzuteilen, bis wann die Vollstreckung unter dem Gesichtspunkt der besonderen Schwere der Schuld fortzusetzen ist (7d aE zu § 57a). Kommt es im Zusammenhang mit einer lebenslangen Freiheitsstrafe nicht zur Gesamtstrafenbildung, sondern wegen der Selbständigkeit der einzelnen Taten zur Anschlußvollstreckung (§ 454b StPO), so kommt es zur Unterbrechung der Vollstreckung nach den Regeln des § 454b II StPO (vgl. 5 zu § 57; 11a zu § 57a).

3 3) Für **Altfälle** gilt nach **Art. 316 II EGStGB** folgendes: Hätte die lebenslange Freiheitsstrafe bei einer Verurteilung nach dem 1. 5. 1986 nach § 54 **als Gesamtstrafe** verhängt werden müssen, was nach altem Recht wegen § 260 IV S. 5 StPO zT nicht geschah (wobei es einerlei ist, ob dies rechtlich zutreffend war oder nicht), so ist § 460 StPO sinngemäß anzuwenden. Nach dieser Übergangsregelung zum 23. StÄG ist es also möglich, mehrere *gesamtstrafenfähige* Strafen, von denen eine lebenslange ist, auf eine Gesamtstrafe zusammenzuführen, so daß auch in Altfällen § 57a anwendbar ist.

Gesamtstrafe und Strafaussetzung

58 ^I Hat jemand mehrere Straftaten begangen, so ist für die Strafaussetzung nach § 56 die Höhe der Gesamtstrafe maßgebend.

^{II} Ist in den Fällen des § 55 Abs. 1 die Vollstreckung der in der früheren Entscheidung verhängten Freiheitsstrafe ganz oder für den Strafrest zur Bewährung ausgesetzt und wird auch die Gesamtstrafe zur Bewährung ausgesetzt, so verkürzt sich das Mindestmaß der neuen Bewährungszeit um die bereits abgelaufene Bewährungszeit, jedoch nicht auf weniger als ein Jahr. Wird die Gesamtstrafe nicht zur Bewährung ausgesetzt, so gilt § 56f Abs. 3 entsprechend.

1 1) **Die Vorschrift** idF des 2. StrRG ergänzt die Regelungen der §§ 56, 57 für die Strafaussetzung und die Aussetzung des Strafrestes zur Bewährung bei Bildung primärer und nachträglicher Gesamtstrafe.

2 2) **Nach I** gelten die **zeitlichen Schranken des § 56** (dh die Jahresgrenze nach § 56 I, die Zweijahresgrenze nach § 56 II und die 6-Monats-Grenze nach § 56 III) auch für eine **Gesamtstrafe,** und zwar sowohl für eine nach §§ 53, 54 zu bildende primäre als auch für eine nachträgliche nach § 55. Eine frühere Ablehnung der Aussetzung steht deren Bejahung im Rahmen des § 55 nicht zwingend entgegen (unten 3). In den Fällen von § 56 II gilt das in 9, 9m zu § 56 Gesagte. In die nach § 56 II erforderliche Gesamtwürdigung sind alle Taten einzubeziehen (9m zu § 56). In den Fällen von § 56 III ist, wenn die Gesamtstrafe 6 Monate erreicht oder übersteigt, nur

Strafaussetzung zur Bewährung § 58

hinsichtlich der Gesamtstrafe zu prüfen, ob die Verteidigung der Rechtsordnung (6 zu § 46; 8 zu § 56) die Vollstreckung gebietet, da der Gesichtspunkt der Beschränkung der kurzen Freiheitsstrafe dann entfällt. Die Aussetzung eines Teils der Gesamtstrafe ist unzulässig (§ 56 IV S. 1; aM für das frühere Recht Schwabe NJW **65**, 1421; gegen ihn Hahnzog NJW **68**, 1663, der das Problem durch Vermeidung von Gesamtstrafenbildung zu lösen sucht; auch dieser Weg ist idR nicht gangbar; 7 ff. zu § 55; vgl. aber die Formulierungshilfe des BMJ Prot. V/943 zur nachträglichen Gesamtstrafenbildung; Sieg MDR **81**, 373). Die Höhe der Gesamtstrafe ist auch für die Verbüßungsgrenzen des § 57 I Nr. 1, II maßgebend. Zum Widerruf einer einbezogenen ausgesetzten Strafe vgl. 3a zu § 56f.

3) **II** betrifft nur **die nachträgliche Gesamtstrafe,** in die auch eine zur 3
Bewährung ausgesetzte Strafe einzubeziehen ist. Mit der Gesamtstrafenbildung entfällt eine frühere Aussetzung, über die neu und selbständig unter Prüfung der Voraussetzungen des § 56 iVm § 58 I zu entscheiden ist. War im 1. Urteil verhängte Freiheitsstrafe nicht ausgesetzt, so ist, wenn die Voraussetzungen von § 56 I, III gegeben sind, die Gesamtstrafe auszusetzen (vgl. Bay **56**, 86); ist § 56 II gegeben, so kann ausgesetzt werden. IdR wird es aber in diesen Fällen an den Aussetzungsvoraussetzungen fehlen. **II S. 1** ergänzt die Vorschriften über die Bewährungszeit (§ 56a). Denkbar sind folgende Fälle: **A. Die im 1.** Urteil verhängte Freiheitsstrafe war ganz oder für den Strafrest zur Bewährung ausgesetzt, die Aussetzung ist aber widerrufen worden (wegen der zur neuen Verurteilung führenden Tat ist das nicht möglich, weil sie nach § 55 I vor dem 1. Urteil begangen sein muß und weil der Widerruf nach § 56f I Nr. 1 iVm § 56f I S. 2 wegen einer Straftat möglich ist, die in der mit der Aussetzungsentscheidung des 1. Urteils beginnenden Bewährungszeit begangen ist). Auch hier ist an sich Aussetzung der Gesamtstrafe möglich (vgl. Zweibrücken NJW **68**, 311; LG Bayreuth NJW **70**, 2122; aM Oldenburg NJW **67**, 2370), da bei ihrer Bildung neu und selbständig über die Aussetzung zu entscheiden ist (BGH **7**, 180; vgl. weiter BGH **9**, 385; **30**, 170 [m. Anm. Gollwitzer JR **83**, 85]; NJW **55**, 1485; **56**, 1567; **64**, 1910; GA **66**, 208; Bay NJW **56**, 1210; Stuttgart NJW **68**, 1731; LK-Ruß 5; SK-Horn 6f.). Doch wird es idR auch hier an den Voraussetzungen fehlen (vgl. hierzu Bringewat 323). Wird die Gesamtstrafe ausgesetzt, so ist wegen des Widerrufs der ursprünglichen Aussetzung eine Anrechnung nach II S. 1 nicht möglich. Der Widerruf einer (erneut) ausgesetzten Gesamtfreiheitsstrafe nach § 56f I Nr. 3 ist nur möglich, wenn die ursprüngliche Bewährungsauflage im Gesamtstrafenbeschluß wiederholt worden ist (LG Berlin JR **87**, 217). **B.** Die im 1. Urteil verhängte Strafe oder ein Strafrest ist noch ausgesetzt. Nur diesen Fall regelt II in folgender Weise: **a) Wird die Gesamtstrafe nicht zur Bewäh-** 4
rung ausgesetzt, so gilt § 56f III (vgl. dort 10a) **entsprechend (II S. 2).** Das bedeutet, daß nach § 56b II Nr. 2, 3 erbrachte Leistungen dem Verurteilten in aller Regel gutzubringen sind, NStE Nr. 1 (entgegen Bamberg MDR **88**, 600 aber nicht Schmerzensgeldzahlungen, zutr. hierzu Funck MDR **88**, 876). Die Urteilsgründe müssen daher erkennen lassen, ob solche Leistungen erbracht wurden und ob über ihre Anrechnung entschieden worden ist (Bay MDR **85**, 70). Anders als bei der Kann-Vorschrift des § 56f III S. 2 *müssen* die erbrachten Leistungen idR auf die Gesamtstrafe *angerechnet wer-*

den (BGH **33**, 326 [m. Anm. Stree NStZ **86**, 163; Frank JR **86**, 378]; StV **92**, 373 L; Bay MDR **81**, 599 [m. Anm. Bloy JR **81**, 515]; Celle NStZ **92**, 336; Bringewat 325), und zwar dadurch, daß – wie inzwischen durch BGH **36**, 381 (m. Anm. U. Weber NStZ **91**, 35) auf die Vorlage von Bay (NStZ **89**, 432 m. Anm. Stree); 15. 1. 1992, 2 StR 297/91; teilw. abw. von BGH **33**, 326 klargestellt worden ist – die Höhe der Gesamtfreiheitsstrafe (damit sie für das Schuldmaß indiziell bleibt) ohne Rücksicht auf die Bewährungsleistungen festzusetzen ist und als Ausgleich für die Nichterstattung von Geldleistungen iS von § 56b II Nr. 2 eine die *Strafvollstreckung verkürzende Anrechnung* auf die Gesamtstrafe zu bewirken ist (wistra **92**, 296; 19. 5.

5 1992, 4 StR 207/92; vgl. auch Bay StV **91**, 264 L). **b)** **Wird** die Gesamtstrafe **ausgesetzt**, was idR nur geschehen wird, wenn die neu abzuurteilende Tat geringes Gewicht hat, so verkürzt sich **nach II S. 1** das in § 56a I S. 2 bestimmte zweijährige Mindestmaß der neuen Bewährungszeit um die bereits abgelaufene alte Bewährungszeit, jedoch nicht auf weniger als 1 Jahr. Am Höchstmaß von 5 Jahren ändert sich nichts. Das Gericht hat also je nach Lage des Falles eine Bewährungsfrist festzusetzen, die zB, wenn die erste Bewährungszeit 6 Monate gedauert hat, zwischen 1 Jahr 6 Monaten und 5 Jahren liegt; hat die erste Bewährungszeit länger als 1 Jahr gedauert, so liegt sie zwischen 1 Jahr und 5 Jahren (SchSch-Stree 11). Zur gesamten Problematik vgl. § 80 E 1962 mit Begr.; Prot. V/942, 990; Sturm JZ **70**, 84; Bringewat 326. Zum Fall der Auflösung von früherer Gesamtstrafe Hamm MDR **75**, 948; ferner BGH 1. 2. 1984, 4 StR 1/84. Versagt ein in erster Instanz zuständiges OLG bei Gelegenheit einer nachträglichen Gesamtstrafenbildung die Strafaussetzung, so gilt für die Anfechtbarkeit der Entscheidung § 304 IV S. 2 Nr. 5 StPO entsprechend (BGH **30**, 170 m. Anm. Gollwitzer JR **83**, 85).

Fünfter Titel. Verwarnung mit Strafvorbehalt

Absehen von Strafe

Vorbemerkungen zu §§ 59 bis 59c

1 **1) Schrifttum:** *Baumann* JZ **80**, 464; *Cremer* NStZ **82**, 449; *Dencker* StV **86**, 399; *Dölling* ZStW **104**, 269; *Horn* NJW **80**, 106; *Legat* DAR **85**, 105; *Rezbach*, Die Verwarnung unter Strafvorbehalt, 1970; *Schöch* in Jehle [2 zu § 46] 265 u. Baumann-FS 255 u. DJT C 90; *Streng*, Strafrechtliche Sanktionen, 1991 S. 59ff.; *Wiss* Jura **89**, 622 und die im Text Genannten.

2 **2) Das Institut** der Verwarnung mit Strafvorbehalt geht auf § 60 E 1936 zurück, hat eine gewisse Parallele in §§ 27ff. JGG (dort aber ohne Bestimmung der Strafe), wurde vom E 1962 abgelehnt (Ndschr. **1**, 103, 109, 135, 142, 164, 185, 191, 195, 311, 361, 382; **3**, 123, 140, 344, 349, 351), hingegen in § 57 AE als erste Stufe strafrechtlicher Reaktion im Bereich der Massenkriminalität gegenüber Ersttätern mit breitestem Anwendungsbereich (Begr. Bl. 113) vorgeschlagen (krit. Jescheck ZStW **80**, 72; Lackner 1; Dreher aaO). Der StrABTag gab dem Institut hingegen ausgesprochenen Ausnahmecharakter (Prot. IV/139, 198, 362, 421, 431; Ber. BT-Drs. IV/650, 16; Prot. V/811, 827, 2021, 2138, 2181, 2183;

Verwarnung mit Strafvorbehalt. Absehen von Strafe **§ 58, Vor § 59**

Ber. BT-Drs. V/4095 = Ber. II, 24; krit. Baumann JZ **80**, 466; vgl. auch 4, 5 zu § 59). Dem entspricht auch die Praxis: 1989 waren 501 706 Geldstrafen bis zu 180 Tagessätzen mit Strafvorbehalt verwirkt, Verwarnte nach § 59 gab es aber nur 3388 (= 0,67%), davon 154 (= 4,5%) nach § 59b verurteilt (stat. Angaben bei Schöch, Baumann-FS 266 u. DJT C 32). Auch Geldstrafe bis zu 180 Tagessätzen ist danach grundsätzlich zu vollstrecken (Bay MDR **76**, 333; zust. Zipf JR **76**, 512), und zwar trotz der Angleichung des § 59a III an § 56 II durch das 23. StÄG.

3) Das Wesen des Instituts, das zwischen Strafaussetzung und angelsächsischer Probation liegt, ist zw. Man wird es als strafrechtliches Reaktionsmittel eigener Art mit maßnahmeähnlichem Charakter anzusehen haben (Dreher aaO 294; Lackner 2; SchSch-Stree 3; SK-Horn 2; sämtlich zu § 59; E 1936 Begr. 58: Maßregeln der Besserung; Welzel, Ndschr. **1**, 188: Denkzettelstrafe). Prozessual läßt es sich als Prozeßhindernis gegenüber einer endgültigen Verurteilung verstehen (LK-Ruß 2; M-Zipf § 66, 3). Die kriminalpolitische Bedeutung des Instituts liegt darin, daß der Täter anders als bei der Strafaussetzung zur Bewährung, bei der er die Verurteilung zu Strafe hinnehmen muß, durch Wohlverhalten die Bestrafung überhaupt vermeiden kann und sich auch trotz der Verwarnung als unbestraft bezeichnen darf. Der Vorteil gegenüber der Probation u. § 27 JGG liegt darin, daß die etwaige Strafe von vornherein bestimmt (vgl. allerdings 6 zu § 59) und eine Zumessung erst nach Jahren auf einer vielleicht fragwürdigen Grundlage vermieden wird. Konstruktiv ist das Institut nicht nur schuldstrafrechtlich bedenklich, weil ein Verhalten nach der Tat über das Ob der Bestrafung entscheidet (Dreher aaO; vgl. auch Gallas, Ndschr. **1**, 109, 188, 190, 198; **3**, 127; Bockelmann-Volk AT § 37 II; aM Baumann JZ **80**, 467). 3

4) In der Praxis wird immer zu prüfen sein, ob dem schwerfälligen Weg der §§ 59ff. nicht der weit elastischere des *§ 153a StPO oder § 37 BtMG* vorzuziehen ist, und zwar auch zur Entlastung der Justiz (vgl. Dreher, Welzel-FS 933; Blei JA **77**, 94; abw. Schöch JR **78**, 74; vgl. ferner BT-Drs. 8/4130, 8). Er scheidet nur in den Fällen aus, in denen die Wirkung einer gerichtlichen Verwarnung nicht entbehrt werden kann. Im übrigen bieten sich die §§ 59ff. nicht ohne weiteres als Ersatzreaktion für die Fälle an, in denen die nach §§ 153, 153a StPO erforderliche Zustimmung verweigert worden ist (so aber Horn NJW **80**, 106; SK 2a; Legat DAR **85**, 105; Dencker StV **86**, 401; Buschbell DAR **91**, 168 und iErg. wohl auch Denzlinger KR **81**, 513; noch weitergehend Baumann JZ **80**, 464; hiergegen überzeugend Düsseldorf VRS **68**, 267 m. krit. Anm. Horn NStZ **85**, 364 und JR **85**, 378; Cremer NStZ **82**, 449; Wiss Jura **89**, 624). 4

Voraussetzungen der Verwarnung mit Strafvorbehalt

59 ¹ Hat jemand Geldstrafe bis zu einhundertachtzig Tagessätzen verwirkt, so kann das Gericht ihn neben dem Schuldspruch verwarnen, die Strafe bestimmen und die Verurteilung zu dieser Strafe vorbehalten, wenn

1. zu erwarten ist, daß der Täter künftig auch ohne Verurteilung zu Strafe keine Straftaten mehr begehen wird,
2. eine Gesamtwürdigung der Tat und der Persönlichkeit des Täters besondere Umstände ergibt, nach denen es angezeigt ist, ihn von der Verurteilung zu Strafe zu verschonen, und
3. die Verteidigung der Rechtsordnung die Verurteilung zu Strafe nicht gebietet.

§ 56 Abs. 1 Satz 2 gilt entsprechend.

§ 59
AT Dritter Abschnitt. Fünfter Titel

II Die Verwarnung mit Strafvorbehalt ist in der Regel ausgeschlossen, wenn der Täter während der letzten drei Jahre vor der Tat mit Strafvorbehalt verwarnt oder zu Strafe verurteilt worden ist.

III Neben der Verwarnung kann auf Verfall, Einziehung oder Unbrauchbarmachung erkannt werden. Neben Maßregeln der Besserung und Sicherung ist die Verwarnung mit Strafvorbehalt nicht zulässig.

1   **1) Die Vorschrift** (2 vor § 59; zur Neufassung des I S. 1 Nr. 2 durch das 23. StÄG vgl. 9 vor § 56) regelt die materiellen Voraussetzungen der mildesten Sanktion des StGB.

2   **2) Nach I** kann sich das Gericht unter den Voraussetzungen 2a bis 5 darauf beschränken, die Schuld des Täters festzustellen und ihn **neben dem Schuldspruch verwarnen** (entweder in der Urteilsformel, § 260 IV S. 4 StPO, oder durch Strafbefehl, § 407 II Nr. 1 StPO), **die Strafe bestimmen** (nach den Regeln der §§ 40, 46 nach Zahl und Höhe der Tagessätze) **und die Verurteilung zu dieser Strafe** für den Fall **vorbehalten,** daß sich der Täter nicht bewährt (§§ 59a, 59b). Die **Kann-Vorschrift** des § 59, die nicht als Muß-Vorschrift verstanden werden darf (LK-Ruß 8; aM SK-Horn), engt den Rahmen des tatrichterlichen Ermessens (53 ff. zu § 46) durch die gesetzlichen Versagungsgründe (2a bis 5) ein. Ob in einem solchen Fall das Revisionsgericht nach § 354 I StPO „durchentscheiden" kann (Celle StV **88**, 109; zust. Lackner 10; SchSch-Stree 14) ist zw.

2a   Vorausgesetzt ist, **A.** daß der Täter eine **Geldstrafe bis zu 180 Tagessätzen verwirkt** hat, dh seine Tat müßte, wenn es nicht zur Verwarnung käme, mit einer derartigen Strafe geahndet werden; die Grenze gilt auch für eine Gesamtstrafe (§ 53 II S. 2; vgl. auch § 59c I). Ob die Geldstrafe über § 47 II (möglicherweise auch wegen eines Verbrechens, zB wenn der Täter bei einer Tat gegen das BtMG unter der nachdrücklichen Einwirkung eines V-Mannes stand, BGH **32**, 355; NJW **86**, 75) verwirkt ist, ist erst für I Nr. 2, 3 von Bedeutung. Neben der Geldstrafe darf nicht gleichzeitig auch Freiheitsstrafe verwirkt sein, weil der Grundgedanke des Instituts, den Täter vor jedem Strafmakel zu bewahren (3 vor § 59), nicht erreicht werden könnte (Prot. V/2184). Dies gilt nicht, wenn die gleichzeitig verwirkte Freiheitsstrafe durch Anrechnung (§ 51) als verbüßt gilt (Lackner 3, LK 2, SchSch 6). Fälle des § 41 scheiden daher aus (Ber. II, 25). Auch neben Maßregeln der Besserung und Sicherung (§ 61), vor allem neben Entziehung der Fahrerlaubnis, kommt Verwarnung nicht in Betracht **(III S. 2);** aber auch nicht neben einem Fahrverbot, das Verurteilung zu Strafe voraussetzt (§ 44 I; Bay NStZ **82**, 258 m. Anm. Meyer-Goßner; LK-Ruß 2; SK 6 zu § 44; hM; vgl. Berz MDR **76**, 332; aM Schöch JR **78**, 75). In derartigen Fällen darf das Gericht nicht auf Freiheitsstrafe oder Maßregel nur deshalb verzichten, weil es § 59 anwenden möchte (vgl. Hi-He 34). Auch ein Fahrverbot selbst darf nicht vorbehalten werden (Bay NJW **76**, 301; LK 2; zust. Berz MDR **76**, 332; krit. Schöch JR **78**, 74). Wohl aber kann **nach III S. 1** neben der Verwarnung auf Verfall, Einziehung oder Unbrauchbarmachung (§§ 73 ff.), auch soweit sie Strafcharakter haben, erkannt werden, und zwar nicht etwa im Wege des Vorbehalts, sondern endgültig; denn diese Maßnahmen dulden ihrer Natur nach keinen Aufschub. Neben der vorbehaltenen Strafe, zB im Fall eines Verkehrsverstoßes (vgl. unten 4, 5) wegen derselben Tat eine Geldbuße nach dem OWiG zu verhängen, ist ausgeschlossen:

Verwarnung mit Strafvorbehalt. Absehen von Strafe **§ 59**

B. nach I Nr. 1, daß zu erwarten ist, der Täter werde künftig (nach der 3
Verwarnung) auch ohne Verurteilung zu Strafe (möglicherweise aber erst
durch die Verwarnung und Auflagen nach § 59a II) keine Straftaten mehr
begehen. Verlangt wird also eine **günstige Sozialprognose** (3 ff. zu § 56).
Ergänzend gibt **II** für die Bewertung des früheren Täterverhaltens in strafrechtlicher Hinsicht (5 zu § 56) die Richtlinie, daß Verwarnung idR ausgeschlossen ist, wenn der Täter während der letzten 3 Jahre vor der Tat (2 ff.
zu § 8), für die § 59 in Betracht kommt, im Inland oder Ausland (ebenso
LK 4; SchSch 10) aus einer mindestens damals gültigen Strafnorm zu irgendeiner kriminellen Strafe (auch Jugendstrafe, Strafarrest, aber nicht Jugendarrest) rechtskräftig verurteilt oder nach § 59 (wohl auch nach § 27
JGG) mit Strafvorbehalt verwarnt worden ist, gleichgültig ob es inzwischen zur Verurteilung zu der vorbehaltenen Strafe gekommen ist oder
nicht (§ 59b I, II; wegen § 12 II S. 2 BZRG leider vielfach kaum feststellbar). Doch gilt das alles nur idR; das Gesetz läßt Ausnahmen zu (vgl.
Dreher aaO 281), die aber nicht zu weit ausgedehnt werden dürfen (bedenklich daher AG Kempten StV **86,** 391; vgl. hierzu Dencker StV **86,**
400); kein Hindernis dürfte es zB, wenn es um Geldstrafe für einen kleinen
Gelegenheitsdiebstahl geht, sein, wenn der Täter vor zwei Jahren wegen
einer Beleidigung oder eines fahrlässigen Verkehrsdelikts bereits eine kleine Geldstrafe erhalten hatte. **Nach I S. 2** muß sich die Gesamtwürdigung
auf die in § 56 I S. 2 genannten Faktoren beziehen (vgl. dazu 6ff. zu § 56).

C. nach I Nr. 2, daß es aufgrund einer **Gesamtwürdigung** (6 zu § 56) der 4
Tat und der Persönlichkeit des Täters (9b zu § 56) **besondere Umstände** (9
zu § 56), in der Tat *oder* der Persönlichkeit des Täters angezeigt ist, ihn von
der Verurteilung zu Strafe zu verschonen. Schon das Merkmal „ergibt"
verdeutlicht den Ausnahmecharakter des Instituts (2 vor § 59), da es anders
als bei der Erwartensklausel der Nr. 1 für die Umständeklausel der Nr. 2
auf Ergebnisse einer Gesamtwürdigung iS einer besonderen Würdigkeit für
die mildeste Sanktion des StGB ankommt, die in einer für das Revisionsgericht jederzeit nachprüfbaren Weise darzulegen sind (vgl. 2ff. zu § 47, 9ff.
zu § 57). Andererseits sind bei tatbestandsbezogener Auslegung uU weniger strenge Anforderungen zu stellen als bei § 56 II oder § 57 II Nr. 2 (Bay
NJW **90,** 58; Koblenz GA **78,** 207; LK 5; vgl. auch die Rspr. zu § 59 I Nr. 2
aF: Bay MDR **76,** 333; Düsseldorf NStZ **85,** 362 m. krit. Anm. Schöch JR
85, 378). Nach Prot. V/46 ist an Fälle gedacht, „in denen sich Strafe sozial
unverhältnismäßig hart auswirkt". Es geht um Taten, deren Motiv nicht
unehrenhaft oder wenigstens einfühlbar ist, die ein nach Umfang und Intensität ungewöhnlich geringes Gewicht haben (MDR/D **76,** 14; Celle
NdsRpfl. **77,** 89, 191) oder bei denen erhebliches Mitverschulden des Opfers gegeben ist (AG Landstuhl MDR **76,** 66; vgl. Köln VRS **53,** 349), und
um Täter, die bei ihrer sozialen Stellung schon durch eine bloße Verurteilung in unverhältnismäßige Schwierigkeiten kommen würden (Bay MDR
76, 333; Hamm NJW **76,** 1221; AnwBl. **76,** 137 [verneint in einem Falle des
§ 356]; abw. SK 9ff.); zB eine Krankenschwester, die sich Schlaftabletten
mit Hilfe eines gefälschten Rezepts beschafft (Prot. V/45, 812; im Falle
einer wegen Verwechslung der Blutproben tödlich verlaufenen Bluttransfusion aber verneint für Arzt und Krankenschwester (9. 1. 1986, 4 StR 650,
651/85), uU bei als Akt zivilen Ungehorsams anzusehender Sachbeschädi-

§ 59 AT Dritter Abschnitt. Fünfter Titel

gung (AG Bremen StV **85**, 19), nach Bay (NJW **90**, 58) und LG Ellwangen (StV **89**, 112) auch im Falle von Sitzblockaden (12 zu § 240; zw.), nach AG Wennigsen (NJW **89**, 786) im Fall eines Arztes, der durch eine unrichtige Todesbescheinigung die Ursache für einen weiteren unnatürlichen Tod gesetzt hat, nach AG Frankfurt (NJW **88**, 3029) im Falle eines Vermieters, der eine ihm überlassene Mietkaution aufbewahrt und verbraucht hat, nach LG Bremen StV **86**, 388 auch bei fortgesetztem Erwerb und Besitz von BtM, falls der Täter an der Bekämpfung der BtM-Kriminalität mitwirkt und sich aus der BtM-Abhängigkeit befreit hat (zu weitgehend aber AG Berlin-Tiergarten StV **86**, 389). Auch bei Verkehrsdelikten ist § 59 grundsätzlich anwendbar (Zweibrücken NStZ **84**, 312 m. Anm. Lackner/Gehrig; ferner NStZ/J **84**, 255), jedoch legen, zumal sie nicht ehrenrührig und bei ihnen keine sozialen Nachteile zu befürchten sind, nicht nur der Ausnahmecharakter der Vorschrift sondern auch die sonst unvermeidbare Spannung zum Bußgeldverfahren eine zurückhaltende Anwendung nahe (Prot. IV/428; Hamm MDR **76**, 418; Düsseldorf NStZ **85**, 362 [m. Anm. Horn und Schöch JR **85**, 378]; NZV **91**, 435; Schöch JR **78**, 74; Wiss Jura **89**, 625; vgl. aber LK 5; SchSch 14f.; AG Alzey DAR **75**, 163; Zweibrücken VRS **66**, 196; zutr. aber Celle NdsRpfl. **77**, 89: Tat nach § 21 I Nr. 1, II Nr. 1 StVG im Falle einer technisch überholten Fahrerlaubnisbeschränkung; AG Homburg VRS **72**, 185: § 316 bei bloßem Starten des Motors); daß bei Verkehrsdelikten Schuld- und/oder Tatfolgen gering sind, genügt für die Anwendung des § 59 nicht (Düsseldorf NStZ **85**, 362 m. Anm. Horn, Schöch aaO). Im Zusammenhang mit Nr. 2 ist auch zu prüfen, ob eine etwaige Vorstrafe oder Vorverwarnung **(II)** Besonderheiten iS der Nr. 2 entfallen läßt. Vorgänge, die erst nach Beendigung der Tat eingetreten sind, zB eine gewisse Laschheit bei der Strafverfolgung, kommen als Umstände iS der Nr. 2 nicht in Betracht (29. 6. 1977, 2 StR 86/77; LK 5; vgl. aber den Fall Köln OLGSt. 1). Liegen die gesetzlichen Voraussetzungen nicht vor, so läßt sich die Anwendung des § 59 im Falle überlanger Verfahrensdauer auch nicht auf Art. 6 MRK stützen (BGH **27**, 274 m. Anm. Peters JR **78**, 247; LK 6). Vgl. auch 2 zu § 59a aE und 4 vor § 59 aE.

5   D. nach I Nr. 3 die **Verteidigung der Rechtsordnung** (6 zu § 46) die Verurteilung zu Strafe nicht gebietet. Hier spielen dieselben Gesichtspunkte eine Rolle, die unter 5, 9 zu § 47, vor allem aber unter 8 zu § 56 entwickelt sind (krit. SK 13). Doch ist zu beachten, daß das Kriterium bei **Nr. 3** insofern ein anderes ist, als es nicht um die Frage etwaiger Freiheitsstrafe oder um die Frage der Notwendigkeit der Vollstreckung der Geldstrafe geht, sondern darum, ob nicht wenigstens die Verurteilung zu der Geldstrafe als solche, ohne Rücksicht auf ihre etwaige Vollstreckung, geboten ist. Auch wenn es wie bei § 56 nicht zulässig ist, gewisse Delikte schlechterdings von der Möglichkeit der Verwarnung auszunehmen, wird doch bei Verkehrsdelikten (vgl. Koblenz VRS **59**, 203; Bay DAR **81**, 244) die Verteidigung der Rechtsordnung vielfach die Verurteilung gebieten. Denn die Rechtstreue der Bevölkerung könnte erschüttert werden, wenn Täter, die Verkehrsstraftaten begehen, im Ergebnis überwiegend ohne fühlbare Reaktion davonkommen würden (anders bei entsprechenden Auflagen nach § 59a II), während die Täter im Bereich der Verkehrsordnungswidrigkeiten, wo es keine Verwarnung mit Strafvorbehalt gibt, trotz eines

Verwarnung mit Strafvorbehalt. Absehen von Strafe **§ 59**

Weniger an Unrecht und Schuld stets zu zahlen hätten (vgl. Dreher [1 vor 59] 290; Zipf JuS **74**, 146; aM LK 7; Dencker StV **86**, 403). Zu einem Fall der Anwendung des § 59 bei „Hausbesetzungen" Köln NStZ **82**, 333 und der fahrlässigen Tötung bei schweren eigenen Verletzungen AG Gütersloh ZfS **87**, 347.

3) In der **Urteilsformel** ist über Zahlungserleichterungen noch nicht zu 6 entscheiden; LK 9; aM SK 19. Beispiel: „Der Angeklagte ist eines Vergehens des Diebstahls schuldig. Er wird verwarnt. Die Verurteilung zu einer Geldstrafe von 20 Tagessätzen zu je 25 DM bleibt vorbehalten. Der Angeklagte hat die Kosten des Verfahrens samt seinen notwendigen Auslagen zu tragen." Der Vorsitzende des Gerichts hat den Täter über die Bedeutung der Verwarnung und etwaige Auflagen zu belehren (§ 268 a III StPO); Entsprechendes gilt für den Strafbefehl (§ 409 I StPO). Die Kosten des Verfahrens hat der Verurteilte zu tragen (§ 465 I StPO). In den **Urteilsgründen** hat das Gericht darzulegen, weshalb es von § 59 Gebrauch gemacht oder das entgegen einem gestellten Antrag nicht getan hat (§ 267 III S. 4 StPO; Bay MDR **80**, 951; LK 10). Eine Schwierigkeit liegt darin, daß das Gericht gezwungen ist, bei der Bestimmung der Höhe des einzelnen Tagessatzes von den Verhältnissen des Täters zZ der Verwarnung auszugehen; aM SK 19; sind die Verhältnisse bei der etwaigen späteren Verurteilung schlechter, so kann das mit Hilfe des § 42 sowie des § 459 f StPO ausgeglichen werden. Die Verwarnung wird im Zentralregister eingetragen (§ 4 Nr. 3, § 5 I Nr. 6 BZRG; vgl. auch §§ 8 III, 12 II, 32 II Nr. 1 BZRG).

7) Ein **Rechtsmittel** kann idR nicht auf die Nichtanwendung des § 59 be- 7 schränkt werden (Celle MDR **76**, 1041; LK 11).

Bewährungszeit, Auflagen und Weisungen

§ 59 a **I** Das Gericht bestimmt die Dauer der Bewährungszeit. Sie darf drei Jahre nicht überschreiten und ein Jahr nicht unterschreiten.

II Für die Erteilung von Auflagen gelten die §§ 56 b und 56 e entsprechend.

III Das Gericht kann den Verwarnten anweisen,

1. Unterhaltspflichten nachzukommen oder

2. sich einer ambulanten Heilbehandlung oder einer ambulanten Entziehungskur zu unterziehen.

§ 56 c Abs. 3 und 4 und § 56 e gelten entsprechend.

1) Die **Vorschrift** wurde durch das 23. StÄG (9 vor § 56) ergänzt (unten 3). 1 Nach I S. 1 bestimmt das Gericht die **Dauer der Bewährungszeit** (1 zu § 56 a) in dem Beschluß nach § 268 a StPO, der mit dem Urteil zu verkünden ist (sonst Aufnahme in den Strafbefehl). Sie darf (abw. von § 56 a) **nach I S. 2** 3 Jahre nicht überschreiten und 1 Jahr nicht unterschreiten. Dem Vorschlag der SPD (BT-Drs. 10/1116), die Bewährungszeit bei § 59 zu verkürzen, ist das 23. StÄG schon im Hinblick auf III (unten 3) nicht gefolgt (BT-Drs. 10/4391, 18). Nachträgliche Verlängerung oder Verkürzung, die § 59 a anders als § 56 a nicht vorsieht, ist grundsätzlich unzulässig (LK-Ruß 2; SchSch-Stree 3; aM Lackner 1; SK-Horn 2). Eine Ausnahme gilt für § 56 f II, den § 59 b I für entsprechend anwendbar erklärt, vgl. 1 zu § 59 b. Die Bewährungszeit beginnt auch hier mit der Rechtskraft der Entscheidung über die Verwarnung, nicht des Beschlusses nach § 268 a StPO. 2 zu § 56 a gilt entsprechend.

§ 59a
AT Dritter Abschnitt. Fünfter Titel

2 2) **Nach II** können dem Verwarnten **Auflagen** in entsprechender Anwendung der §§ 56b und 56e erteilt werden; vgl. die Anm. dort. Im Vordergrund werden Schadenswiedergutmachung und Zahlung eines Geldbetrages ohne formelle Begrenzung in der Höhe (LK 3; aM SK 4) stehen. Auch hier kann sich der Verwarnte zu entsprechenden Leistungen (§ 56b III) erbieten; danach ist er auch zu fragen (§ 265a StPO). Wie bei § 56e (vgl. dort) kann das Gericht, dem auch die Überwachung nach § 453b StPO obliegt, seine Entscheidung über Auflagen nachträglich treffen, ändern oder aufheben; Verfahren nach §§ 265a, 268a I, III, 305a, 453 bis 453b, 462a II StPO.

3 3) **Nach III** kommen folgende **Weisungen** in Betracht
A. Nr. 1: Unterhaltspflichten nachzukommen. Diese Weisungsmöglichkeit (vgl. BT-Drs. 10/2720, 23; 10/4391, 18) tritt neben die Weisung des § 153a I Nr. 4 StPO, weil diese weniger Eindruck macht als eine am Ende der Hauptverhandlung erteilte Weisung nach Nr. 1, die Erfüllungspflicht des § 153a I S. 2 StPO nur 1 Jahr beträgt und sich ein gerichtliches Einstellungsverfahren nach § 153a II StPO nur rechtfertigen läßt, wenn sich die frühere Beurteilungsgrundlage nach dem Ergebnis der Hauptverhandlung entscheidend geändert hat (Kleinknecht/Meyer 48 zu § 153a StPO). Die praktische Bedeutung ist zw. im Hinblick darauf, daß die Geldstrafe in den Fällen des § 170b problematisch erscheint (13 zu § 170b) und deshalb selten verhängt wird, obgleich die Ausnahmevoraussetzungen des § 47 I nicht mit dem allgemeinen Deliktscharakter einer Vorschrift begründet werden dürfen. Weil dennoch idR auch kurze Freiheitsstrafen in den Fällen des § 170b verhängt werden, verstärkt sich das kriminalpolitische Bedürfnis, § 59 iVm einer Weisung nach Nr. 1 anzuwenden. Dennoch bleibt die Verurteilung zu einer vorbehaltenen Geldstrafe (§ 59b) eine rechtspolitisch mißliche Folge, SK 7.

3a **B. Nr. 2:** sich einer ambulanten **Heilbehandlung oder** einer ambulanten **Entziehungskur** zu unterziehen. Der Ber. (BT-Drs. V/4095, 25) verwarf diese Weisungsmöglichkeit aus der Erwägung, daß kein Raum für § 59 sei, wenn ein Bedürfnis für eine solche Weisung bestehe. Bei Drogenabhängigen dürfte dies zutreffen. Andererseits kann es angezeigt sein, einen sich wohlverhaltenden Ersttäter, der in eine fachärztliche Behandlung einwilligt, schon von einer Verurteilung zu verschonen, wenn die Voraussetzungen 2a bis 5 zu § 59 vorliegen. Denn diese Einwilligung kann uU als „besonderer Umstand" iS § 59 I Nr. 2 in Betracht kommen, vgl. LK 4. Die Weisung darf aber nur eine **ambulante** Behandlung, nicht also eine stationäre betreffen, weil sonst eine Abgrenzung zu den Maßregeln des § 61 zu undeutlich und der Verhältnismäßigkeitsgrundsatz verletzt wäre.

3b **C. Nach III S. 2** gelten § 56c III (Erfordernis der Einwilligung; vgl. 10ff. zu § 56c), § 56c IV (freiwillige Zusagen des Verurteilten; vgl. 11 zu § 56c) sowie § 56e (nachträgliche Entscheidungen) entsprechend. Nicht in bezug genommen sind § 56c I und II, so daß der Weisungskatalog des III abschließend ist.

Verwarnung mit Strafvorbehalt. Absehen von Strafe **§ 59 b**

Verurteilung zu der vorbehaltenen Strafe

59 b ^I Für die Verurteilung zu der vorbehaltenen Strafe gilt § 56f entsprechend.

^II Wird der Verwarnte nicht zu der vorbehaltenen Strafe verurteilt, so stellt das Gericht nach Ablauf der Bewährungszeit fest, daß es bei der Verwarnung sein Bewenden hat.

1) Nach I gilt § 56f für die **Verurteilung zu der vorbehaltenen Strafe** 1 (Statistik: 2 vor § 59) **entsprechend;** dh, daß dann, wenn im Falle des § 56f die Strafaussetzung zu widerrufen wäre, das Gericht den Verwarnten zu der vorbehaltenen Strafe zu verurteilen hat; LK-Ruß 2, Lackner 1 und SchSch-Stree 2 wollen § 56f nur sinngemäß anwenden und einen strengeren Maßstab anlegen; wie hier SK-Horn 4. Freilich kommen hier nur die Widerrufsgründe nach § 56f I Nr. 1 und 3 in Frage (vgl. 2 zu § 59a), und § 56f II ist nur in bezug auf die Verlängerung der Bewährungszeit und die Erteilung weiterer Auflagen und Weisungen anwendbar (8 zu § 56f iVm 2ff. zu § 59a). Die Verurteilung wird durch das erkennende Gericht 1. Instanz (§ 462a II StPO mit der dort eröffneten Abgabemöglichkeit) ohne mündliche Verhandlung nach Anhörung von StA und Verwarnten durch Beschluß ausgesprochen, gegen den sofortige Beschwerde zulässig ist (§ 453 I, II StPO). Die Entscheidung, die in das BZReg eingetragen wird (§ 12 II S. 1 BZRG), hat stets auf die vorbehaltene Geldstrafe zu lauten. Auch eine Änderung der Tagessatzhöhe im Falle geänderter wirtschaftlicher Verhältnisse kommt nicht in Betracht (SchSch 5), allenfalls Zahlungserleichterungen (§ 42). Lediglich ein Wiederaufnahmeverfahren ist unter den gesetzlichen Voraussetzungen (§ 359 StPO) möglich (LK 4).

2) Nach II stellt das Gericht (oben 1), wenn der **Verwarnte nicht** nach I 2 **verurteilt** wird, durch Beschluß nach § 453 I StPO nach Ablauf der Bewährungszeit fest, daß es bei der Verwarnung sein Bewenden hat. Auch dieser Beschluß ist mit sofortiger Beschwerde anfechtbar (§ 453 III StPO). Die Eintragung über die Verwarnung wird aus dem Zentralregister entfernt (§ 12 II S. 2 BZRG), wodurch ein Verwertungsverbot (§ 51 I BZRG) entsteht (BGH **28,** 340). Im übrigen gilt 1 zu § 56g entsprechend. Eine dem § 56g II entsprechende Möglichkeit gibt es nicht. Auch wenn § 59b insoweit schweigt, werden Leistungen, die der Verwarnte zur Erfüllung von Auflagen oder Anerbieten erbracht hat, nicht erstattet (LK 7). War neben der Verwarnung auf Verfall, Einziehung oder Unbrauchbarmachung erkannt (§ 59 III S. 1), so hat es dabei sein Bewenden.

Gesamtstrafe und Verwarnung mit Strafvorbehalt

59 c ^I Hat jemand mehrere Straftaten begangen, so sind bei der Verwarnung mit Strafvorbehalt für die Bestimmung der Strafe die §§ 53 bis 55 entsprechend anzuwenden.

^II Wird der Verwarnte wegen einer vor der Verwarnung begangenen Straftat nachträglich zu Strafe verurteilt, so sind die Vorschriften über die Bildung einer Gesamtstrafe (§§ 53 bis 55 und 58) mit der Maßgabe anzuwenden, daß die vorbehaltene Strafe in den Fällen des § 55 einer erkannten Strafe gleichsteht.

1) Nach I wird die **Gesamtstrafe** bei einer vorbehaltenen Strafe nach den 1 Regeln der §§ 53 bis 55 gebildet. Da Verwarnung nur bei einer Gesamtgeldstrafe in Betracht kommt (2a zu § 59), sind praktisch nur die insoweit geltenden

§ 59 c

Regeln anwendbar (§§ 53 I, II S. 2; 54 II, III); da außerdem § 59 III zu beachten ist, ist § 53 III iVm § 52 IV nur hinsichtlich der danach zulässigen Maßnahmen anzuwenden (2 zu § 59). Die entsprechende Anwendbarkeit von § 55 meint nur den Fall, daß aus einer vorbehaltenen Strafe mit einer anderen vorbehaltenen Strafe eine vorbehaltene Gesamtstrafe gebildet werden kann, wenn auch für diese die Voraussetzungen von § 59 gegeben sind. Gesamtstrafenbildung zwischen einer Strafe ohne Vorbehalt und einer vorbehaltenen Strafe ist grundsätzlich ausgeschlossen (LK-Ruß 1), da diese keine „erkannte Strafe" iS von § 59 ist. Im übrigen gelten die Anm. zu §§ 53 ff.

2   **2) II** ermöglicht die **nachträgliche Gesamtstrafenbildung** zwischen einer vorbehaltenen Strafe und einer Strafe ohne Vorbehalt. Sie kommt ausnahmsweise nach § 55 iVm §§ 53, 54, 58 in Betracht, wenn der Verwarnte wegen einer Tat zu verurteilen ist, die er vor der Verwarnung begangen hat und eine Feststellung nach § 59b II noch nicht getroffen ist. Ist der Verwarnte bereits zu der vorbehaltenen Strafe verurteilt (§ 59b I), so gilt nicht II, sondern allein § 55. Durch die Gesamtstrafenbildung nach II wird die Verwarnung gegenstandslos. Nur für die Fälle des § 55 wird die vorbehaltene Strafe durch die Entscheidung des Gesetzes in II (Prot. V/831) im Wege einer Fiktion (Lackner 3) einer erkannten Strafe gleichgestellt, nicht für die Fälle des § 460 StPO, da die Anpassung des § 460 StPO an II versäumt wurde und sich das mit II iVm § 55 verfolgte Ziel auch nicht im Wege der Analogie erreichen läßt. Denn diese würde sich zu Ungunsten des Täters auswirken, weil auf eine vor der Verwarnung begangene Tat § 59 II, nicht aber § 59b I iVm § 56f anwendbar ist, so daß es, falls § 59 II nicht beachtet wurde, zur Feststellung nach § 59b II kommt mit der Folge, daß § 460 StPO, der verschiedene rechtskräftige Verurteilungen zur Strafe aussetzt, unanwendbar ist (SchSch-Stree 5; aM LK 4; Lackner 3).

Absehen von Strafe

60   Das Gericht sieht von Strafe ab, wenn die Folgen der Tat, die den Täter getroffen haben, so schwer sind, daß die Verhängung einer Strafe offensichtlich verfehlt wäre. Dies gilt nicht, wenn der Täter für die Tat eine Freiheitsstrafe von mehr als einem Jahr verwirkt hat.

1   **1) Die Vorschrift** idF des 2. StrRG, die nicht auf bestimmte Tatbestände beschränkt (Celle NJW **71**, 575) und auch bei Verbrechen anzuwenden ist (nicht hingegen bei anderen als kriminellen Strafen, vgl. BDH NZWehrr **71**, 107, und bei Geldbußen nach dem OWiG, Hamm MDR **71**, 859), schreibt dem Gericht unter besonderen Voraussetzungen vor (Düsseldorf OLGSt. 6), von Strafe abzusehen (7 zu § 23). Es handelt sich um eine Tatfolgen-Ausnahmeregelung (1989: auf 755 367 nach allg. Strafrecht Abgeurteilte 562 Absehensentscheidungen). Sie geht auf Anregungen von Küster (NJW **58**, 1660) und auf § 58 AE zurück (vgl. Prot. V/2116; 2119; Ber. BT-Drs. V/4094, 6); zust. Seib DAR **71**, 225; mit Vorbehalten Maiwald ZStW **83**, 663; JZ **74**, 773; krit. Schwarz/Wille NJW **71**, 1065; vgl. ferner Wagner GA **72**, 33; Eser, Maurach-FS 257; Müller-Dietz, Lange-FS 303; Horn, Zlatarić-GedS (Zagreb 1978) 383; Hassemer, Sarstedt-FS 65; Kürzinger in Jescheck, FreihStr. S. 1885; Bassakou, Beiträge zur Analyse und Reform des Absehens von Strafe nach § 60 StGB, 1991.

2   **2) Voraussetzungen** sind **A.** Es darf **keine Freiheitsstrafe von mehr als einem Jahr** für die Tat verwirkt sein (in Betracht kommt hier auch die Jugendstrafe; Bay NJW **92**, 1520 [m. Anm. Brunner JR **92**, 387 u. Scheffler NStZ **92**, 491]; AG Osterode NdsRpfl. **71**, 262; vgl. hierzu Bringewat

§ 60 Verwarnung mit Strafvorbehalt. Absehen von Strafe

NStZ **92**, 315), und zwar unter Berücksichtigung aller Zumessungsgründe einschließlich der Tatfolgen (LK-G. Hirsch 3; SchSch-Stree 10; aM SK-Horn 3, wonach nur die Tatschuld berücksichtigt werden soll; krit. auch Maiwald JZ **74**, 775; Müller-Dietz aaO 318). Ist das der Fall, so braucht sich das Gericht nicht damit auseinanderzusetzen, welche mildere Strafe dann in Betracht gekommen wäre. Der **Anwendungsbereich** der Vorschrift ist auf besondere Ausnahmefälle beschränkt, doch zeigt die Grenze, daß es nicht nur um Fälle geringeren Verschuldens geht (Düsseldorf OLGSt. 5). In Betracht kommen etwa noch der Versuch der Mutter, mit dem Kind aus dem Leben zu scheiden (BGH **27**, 301; MDR/D **72**, 750), der einseitig mißlungene Doppelselbstmord Liebender oder Sterbehilfe auf Verlangen bei Eheleuten (LK 9; Bedenken bei Maiwald aaO 688); aber (im Hinblick auf § 218a) nicht ein strafbarer Schwangerschaftsabbruch mit tödlichem Ausgang an der eigenen Ehefrau (vgl. hierzu MDR/D **73**, 899; LK 15); andererseits scheiden vorsätzliche Tötungsdelikte bei § 60 nicht grundsätzlich aus (BGH **27**, 301). **B. Schwere Folgen** muß die Tat für den 3 Täter gehabt haben; einschränkend SK 8. Das können körperliche (vgl. AG Freiburg VRS **83**, 50) oder wirtschaftliche sein (Täter verletzt sich bei Verkehrsdelikt selbst schwer oder erleidet bei fahrlässiger Brandstiftung erheblichen Sachschaden; vgl. Bay NJW **71**, 766; Frankfurt NJW **72**, 456; Zweibrücken VRS **45**, 107; LK 6; SchSch 4; Wagner GA **72**, 51; aM für den 2. Fall Horstkotte JZ **70**, 128), aber auch Verlust von Angehörigen oder nahestehenden Menschen (fahrlässige Tötung des geliebten Kindes durch die Mutter; oder der Ehefrau durch Verkehrsdelikt; vgl. Stuttgart DAR **74**, 221; AG Köln DAR **80**, 188; ZfS **81**, 126), auch im Falle, daß außer dem nahen Angehörigen auch ein Dritter getötet wurde (Bay 16. 12. 1987, RReg. 1 St 279/87). Die Folgen dürfen nicht ausschließlich in der vielleicht besonders sensiblen psychischen Konstitution des Täters liegen (Erschütterung durch das angerichtete Unheil, aM SK 8; Reue; Furcht vor Strafe; vgl. Bay NJW **71**, 766). Doch können psychische Störungen von Krankheitswert und einiger Dauer ausreichen (LK 8; Horstkotte aaO). Die entscheidende Grenze ergibt sich daraus, daß die Folgen so schwer sein müssen, daß Strafe **C. offensichtlich verfehlt** wäre. Verfehlt wäre die Strafe, wenn 4 sie unter keinem ihrer Leitgesichtspunkte (4 bis 6 zu § 46) eine sinnvolle Funktion hätte (BGH **27**, 300; LK 12 f.; vgl. Celle NJW **71**, 575; Bay aaO; Frankfurt NJW **72**, 456). § 60 greift dabei nicht auf den Gedanken zurück, daß „der Täter durch die Folgen der Tat bereits hinreichend bestraft erscheint" *(poena naturalis;* Hamm MDR **72**, 66). Es kommt darauf an, daß die Folgen der Tat derartige waren, daß angesichts ihrer Wirkungen auf den Täter irgendeine Strafe daneben auf ihn selbst keinen Eindruck mehr machen würde (Zerstörung des Strafverständnisses; vgl. auch AG Osterode NdsRpfl. **71**, 262), der Vorgang selbst für ihn Warnung genug ist und auch vom Standpunkt der Rechtsgemeinschaft her die Verwirklichung eines Schuldvorwurfs nicht mehr sinnvoll erscheint (BGH **24**, 132; Bay MDR **76**, 333), während eine hinreichende generalpräventive Wirkung schon von den Tatfolgen ausgeht (Frankfurt NJW **71**, 767; Karlsruhe NJW **74**, 1006). Das Verfehltsein von Strafe muß **offensichtlich** sein, muß sich also bei Würdigung des gesamten, exakt festgestellten Sachverhalts dem verständigen Betrachter unmittelbar aufdrängen (BGH **27**, 300; Frankfurt, Hamm, Seib aaO; Hamm VRS **43**, 19; DAR **73**, 247; Karlsruhe aaO;

Bockelmann-Volk AT § 38 II 2; nicht unbedenklich Köln NJW **71**, 2036; abw. Blei JA **74**, 31; krit. Müller-Dietz aaO 311). *In dubio pro reo* gilt insoweit nicht (LK 16), wohl aber hinsichtlich der tatsächlichen Feststellungen, auf die sich der Schluß auf das offensichtliche Verfehltsein von Strafe stützt (BGH **27**, 301). Es wird, wenn Verschulden im Straßenverkehr nicht nur den Tod eines nahen Angehörigen, sondern auch den eines Dritten zur Folge hat oder wenn der Täter zu Verkehrsstraftaten neigt, idR zu verneinen sein (Frankfurt NJW **71**, 767; Hamm MDR **72**, 66; AG Köln BA **82**, 191; aM für den 1. Fall Celle NJW **71**, 575; LK 11; Horstkotte JZ **70**, 128; Seib aaO; Wagner aaO 47; nur scheinbar Karlsruhe NJW **74**, 1006 m. Anm. Zipf JR **75**, 162; vgl. auch SK 12); anders bei eigenen schweren entstellenden Verletzungen (LG Frankenthal DAR **79**, 337), hier uU selbst bei einer Trunkenheitsfahrt, falls Dritte nicht verletzt wurden oder gefährdet waren (Celle NStZ **89**, 386), möglicherweise auch bei leichteren Verletzungen des Dritten (Düsseldorf OLGSt. 5). Es reicht auch allein nicht aus, daß die in Betracht kommende Strafe gegenüber dem vom Täter erlittenen wirtschaftlichen Schaden nicht ins Gewicht fiele (Stuttgart Die Justiz **70**, 423; Bay NJW **71**, 766).

5 **3) Obligatorisch** ist das Absehen, wenn die Voraussetzungen erfüllt sind, und zwar bei Tateinheit und Gesetzeseinheit unter allen ihren rechtlichen Gesichtspunkten (Köln NJW **71**, 2037; Bay NJW **72**, 696; Karlsruhe NJW **74**, 1005 m. Anm. Zipf JR **75**, 162; LK 17). Steht zB die fahrlässige Tötung eines nahen Angehörigen in Tateinheit mit § 142, so ist zw., ob § 60 anwendbar ist. Bei Tatmehrheit kommt es auf die einzelne Tat und die dafür verwirkte Strafe an. Maßregeln der Besserung und Sicherung (nicht aber ein Fahrverbot nach § 44) sind neben dem Absehen von Strafe sowohl in den Fällen der §§ 63, 64 (LK-Hanack 90 zu § 63, 27 zu § 64), aber auch im Fall des § 69 möglich (Bay MDR **72**, 437; Hamm VRS **43**, 19; Seib aaO). Einziehung und Verfall sind nach § 76a III zulässig oder vorgeschrieben.

6 **4) Verfahrensrecht.** § 60 wird durch § 153b StPO ergänzt (H. Wagner GA **72**, 50). Der Täter wird schuldig gesprochen (nach Mansperger NStZ **84**, 258 auch im Strafbefehlswege); ihm werden die Verfahrenskosten auferlegt (§ 465 I S. 2 StPO). Der Strafverzicht ist in der Urteilsformel zu erklären. Das Revisionsgericht hat die tatrichterlichen Erwägungen bis zur Grenze des Vertretbaren hinzunehmen (vgl. Karlsruhe NJW **74**, 1007; Bay 16. 12. 1987, RReg. 1 St 279/87).

7 **5) Analoge Anwendung** findet der Rechtsgedanke des § 60 für die Zubilligung einer Strafmilderung auch in den Fällen, in denen eine Strafe von mehr als 1 Jahr verwirkt ist (Zipf JR **75**, 162; G. Schäfer, Tröndle-FS 401; LK 23; SchSch 11).

Sechster Titel

Maßregeln der Besserung und Sicherung

Vorbemerkungen

1) Der 6. Titel war unter erheblichen Abweichungen vom geltenden Recht zunächst als 1a. Abschnitt des StGB aF durch die Novelle v. 24. 11. 1933 (RGBl. I 995) eingefügt worden, verwirklichte aber nicht nationalsozialistisches, sondern Gedankengut der Reformbewegung (LM Nr. 1 zu § 20a aF), das auf den Schweiz. Reformentwurf 1893 von Stooss zurückgeht. Sowohl der E 1962 als auch der AE gehen von diesem Gedankengut aus, ebenso aber auch das 1. und 2. StrRG, auf das gemeinsam mit dem EGStGB die geltende Fassung des Titels zurückgeht. Entgegen dem Prinzip der Einspurigkeit (hierzu LK-Hanack 3, 12), das Strafe und Maßregeln miteinander verschmilzt, führt es das System der **Zweispurigkeit** in das Strafrecht ein (vgl. 1 vor § 38). Dabei ist die Strafe mit ihren verschiedenen Funktionen an die Grundlage der Schuld gebunden (§ 46), während die Maßregeln unabhängig von der Schuld den gefährlichen Täter bessern oder vor ihm schützen soll; darin liegt ihr Zweck (§§ 67 II, 67b I u. a.); sie ist daher auch bei Schuldunfähigkeit möglich (§§ 63, 64, 69) und tritt bei Schuldfähigen neben die Strafe, wenn diese allein zur Gefahrenabwehr nicht ausreicht (Müller-Christmann JuS **90**, 801). **A. Der Strafrichter** ordnet die Maßregeln grundsätzlich **im Urteil** an (§ 260 StPO; einstweilige Unterbringung nach § 126a StPO; Sicherungsverfahren nach §§ 413ff. StPO; vorläufige Entziehung der Fahrerlaubnis nach § 111a StPO; vorläufiges Berufsverbot nach § 132a StPO) und ist dazu, wenn die Voraussetzungen gegeben sind, in den Fällen der §§ 63 bis 66, 69 verpflichtet; die Entscheidung über die Anordnung der Maßregel darf er sich nicht vorbehalten (vgl. BGH **5**, 350; JR **54**, 267); wohl aber braucht das Gericht, wenn Freiheitsstrafe vor einer freiheitsentziehenden Maßregel vollzogen wird, erst vor dem Ende des Strafvollzugs zu prüfen, ob der Maßregelvollzug noch erforderlich ist (§ 67c). **B.** Ob die Maßregel erforderlich ist, hängt (mit Ausnahme von § 69; dort 15) von einer **Prognose** ab, die im Gegensatz zu der positiven Sozialprognose in §§ 56, 57, 57a eine negative Gefährlichkeitsprognose ist. Statt der dabei üblichen intuitiven Methode sollte sich der Richter hier, jedenfalls wenn es um Grenzfälle der Sicherungsverwahrung geht, die modernen statistischen und kriminologischen Methoden (hierzu LK[11]-Hanack 107, 119ff. vor § 61; LK-Horstkotte vor § 67c; Mannheim, HdwbKrim. III, 38; für Deutschland F. Meyer, Rückfallsprognose bei unbestimmt verurteilten Jugendlichen, 1956; MSchrKrim. **65**, 225; Wolff, Die Prognose in der Kriminologie, 1971; Frisch, Prognoseentscheidungen im Strafrecht, 1983, StV **88**, 360 u. ZStW **102**, 766; Kraintz MSchrKrim. **84**, 297; krit. Leferenz ZStW **68**, 233) zunutze machen, die der intuitiven überlegen sind (str; vgl. Göppinger, Kriminologie, 360; aM zB KG NJW **72**, 2229; krit. zu projektiven Persönlichkeitstests, R. Lange NJW **80**, 2729). Optimale Ergebnisse werden bei einer kombinierten Methode zu erreichen sein. Die Prognose braucht künftige Straftaten nicht mit Sicherheit erwarten zu lassen (15 zu § 66); Wahrscheinlichkeit genügt. Von dieser Wahrscheinlichkeit muß der Richter überzeugt sein (BGH **5**, 151); insoweit und insbesondere für die Tatsachengrundlage der Überzeugungsbildung gilt der Zweifelsgrundsatz (LK[11] 38, 50; SchSch-Stree 9; SK-Horn 14 zu § 61; Bruns JZ **58**, 647; Stree, In dubio pro reo, 1962, 91ff.; Geppert NJW **71**, 2156; hM; vgl. auch Terhorst MDR **78**, 973; Hentschel DAR **80**, 170;

Vor § 61 AT Dritter Abschnitt. Sechster Titel

aM Schleswig DAR **54**, 139; Hamm NJW **71**, 1620; Montenbruck, In dubio pro reo, 1985, 131. Eine allgemeine Schranke und bindende Auslegungsregel für die Erforderlichkeit einer Maßregel, die nur bei § 69 nicht zu prüfen ist, bildet der Grundsatz der Verhältnismäßigkeit (§ 62).

4 2) **A**. Maßregeln können auch gegen **Ausländer** angeordnet werden; LK[11] 69; auch ist zum Zwecke der Verhängung oder Vollstreckung von Maßregeln
5 **Auslieferung** möglich (vgl. LK[11] 70). **B.** Im **Jugendstrafrecht** sind nur die Maßregeln des § 61 Nr. 1, 2, 4 und 5 zulässig (§ 7 JGG), die Unterbringung nach § 61 Nr. 1 bei einem knapp 17jährigen Jugendlichen jedoch nur in besonderen Ausnahmefällen (NJW **92**, 1570 m. Anm. Walter NStZ **92**, 100), wenn
6 weniger einschneidende Maßnahmen nicht ausreichen. **C**. **Vollstreckt** werden die freiheitsentziehenden Maßregeln der §§ 63, 64 grundsätzlich vor der Strafe (§ 67). Zum **Vollzug** vgl. §§ 129 bis 138 StVollzG und § 93a JGG iVm den Vollzugsvorschriften der Länder: § 26 BW UBG v. 11. 4. 1983 (GBl. 133), ÄndG v. 10. 11. 1984 (GBl. 668); Art. 41 BayUnterbrG (unten 9); §§ 28 bis 40, 46 BlnPsychKG v. 8. 3. 1985 (GVBl. 586); BremMVollzG v. 28. 6. 1983 (GVBl. 407); HessMVollzG v. 3. 12. 1981 (GVBl. I 414; II 352-3); NdsMVollzG v. 1. 6. 1982 (GVBl. 131); ÄndG v. 17. 12. 1991 (GVBl. 367); NWMRVG v. 18. 12. 1984 (GV NW 1985, 14; GSV NW 2128; hierzu Rotthaus NStZ **85**, 441); RhPfMVollzG v. 23. 9. 1986 (GVBl. 223); SaarlMRVG v. 29. 11. 1989 (ABl. 1990, 81); §§ 33 bis 35 SchlH PsychKG (unten 9; hierzu Müller-Dietz For. **83**, 117; NStZ **83**, 205; Volckart NStZ **82**, 500). Gnadenmaßnahmen sind nicht ausgeschlossen, aber idR dem Wesen der Maßregeln fremd (Schätzler 5.2.2.5;
7 LK[11] 74). **D. Verjährung** von Anordnung und Vollstreckung ist möglich (§§ 78 I; 79 I, IV, V). Die Vollstreckung der Sicherungsverwahrung verjährt nicht (§ 79 IV S. 1). **E.** Durch **Strafdrohungen** abgesichert wird die Durchführung der Maßregeln in den §§ 120, 121, 145a, 145c, 323b. **F.** Registerpflichtig ist die Maßregelanordnung, vgl. § 4 Nr. 2, § 32 II Nr. 2, III Nr. 1, §§ 37 II, 46,
8 47 II BZRG. **G.** Nach § 265 II StPO ist auf die Möglichkeit der Verhängung einer bestimmten Maßregel hinzuweisen, falls diese in der Anklage nicht aufgeführt ist.

9 3) **Unvollständig** ist der Katalog der sichernden Maßnahmen in § 61. Der Sache nach sind auch die Einziehung in gewissen Fällen (2 zu § 74) und die Unbrauchbarmachung (§ 74d) derartige Maßnahmen. Maßregeln im Nebenrecht (Verbot der Tierhaltung, § 20 TierschG; Entziehung des Jagdscheins, § 41 BJagdG; das Verbot der Jagdausübung, § 41a BJagdG, ist Nebenstrafe) sind dort selbständig geregelt; doch können erforderlichenfalls die Vorschriften des AT (zB § 72, §§ 78ff.) ergänzend herangezogen werden (Art. 1 EGStGB, Anh. 1). Auch dem Richter der **freiwilligen Gerichtsbarkeit** stehen solche Maßnahmen zur Verfügung, insbesondere gegenüber Geisteskranken nach den **Unterbringungsgesetzen** (PsychKG) der Länder: BW UBG idF v. 2. 12. 1991 (GBl. 794); BayUnterbrG idF v. 5. 4. 1992 (GVBl. 60; BayRS 2128-1-I); BlnPsychKG v. 8. 3. 1985 (GVBl. 586); Brem PsychKG v. 9. 4. 1979 (GBl. 123); HambPsychKG v. 22. 9. 1977 (GVBl. 261); HessFreiheitsentzG v. 19. 5. 1952 (GVBl. I 111; II 352-1, letztes ÄndG v. 5. 2. 1992 (GVBl. I 66); NdsPsychKG v. 30. 5. 1978 (GVBl. 443); letztes ÄndG v. 17. 12. 1991 (GVBl. 367); NWPsychKG v. 2. 12. 1969 (GVNW 872), letztes ÄndG v. 18. 12. 1984 (GVNW 1985, 14); RhPfUnterbringG v. 19. 2. 1959 (GVBl. **91**, 114; BS 2012-2), ÄndG v. 20. 12. 1991 (GVBl. 407); Sachsen-Anhalt PsychKG v. 30. 1. 1992 (GVBl. 88); SchlHPsychKG v. 26. 3. 1979 (GVBl. 251; GS Schl.-H II 2126-7), letztes ÄndG v. 17. 12. 1991 (GVOBl. 693). Zum Ganzen Müller-Dietz NStZ **83**, 147; vgl. auch in den Beeck SchlHA **83**, 161. Landesrechtlich vorgesehene

Maßregeln der Besserung und Sicherung § 61

Unterbringungen sind gegenüber § 63 subsidiär (Düsseldorf MDR **84**, 71). Spricht das Gesetz jedoch von Maßregeln der Besserung und Sicherung, sind stets nur die des § 61 gemeint, während der Begriff der Maßnahme zusätzlich noch Verfall, Einziehung und Unbrauchbarmachung umfaßt (§ 11 I Nr. 8). Vgl. aber weiter auch 36 zu § 11; 1 zu § 61.

Übersicht

61 Maßregeln der Besserung und Sicherung sind
1. die Unterbringung in einem psychiatrischen Krankenhaus,
2. die Unterbringung in einer Entziehungsanstalt,
3. die Unterbringung in der Sicherungsverwahrung,
4. die Führungsaufsicht,
5. die Entziehung der Fahrerlaubnis,
6. das Berufsverbot.

1) Die Vorschrift idF des 2. StrRG/EGStGB enthält den für das StGB abschließenden **Katalog** der bessernden und sichernden Maßregeln, von denen die ersten drei freiheitsentziehende Maßregeln sind, für die die §§ 63 bis 67a gelten. Zur Unterbringung in einer sozialtherapeutischen Anstalt vgl. 1 vor § 63. Nr. 4 bis 6 nennen die nicht freiheitsentziehenden Maßregeln, wobei für die durch das 2. StrRG eingeführte Führungsaufsicht die §§ 68 bis 68g, für die Entziehung der Fahrerlaubnis die §§ 69 bis 69b und das Berufsverbot die §§ 70 bis 70b gelten. Gemeinsam für die Maßregeln gelten die §§ 62, 71, 72.

2) Die gleichzeitige Anordnung mehrerer Maßregeln nebeneinander ermöglicht § 72 II; doch ist, wenn die Voraussetzungen für mehrere gegeben sind, nur eine anzuordnen, wenn sie den erstrebten Zweck erreicht (§ 72 I).

3) Die Nebenfolge für Personen, die Maßregeln nach §§ 64, 66 unterworfen sind, ist nach § 38 I Nr. 3, § 48 Nr. 1 und § 54 II Nr. 2 SoldG sowohl für Berufs- als auch für Soldaten auf Zeit, daß sie wehrunfähig sind oder infolge der Verurteilung ihre Soldatenstellung verlieren. Derjenige, gegen den eine Maßregel nach §§ 64, 66 angeordnet wird, ist vom Wehrdienst ausgeschlossen (§ 10 I Nr. 3 WehrpflG) oder wird, wenn er als Wehrpflichtiger Wehrdienst leistet, aus der BWehr ausgeschlossen (§ 30 I WehrpflG). Vgl. weiter § 12 I Nr. 2 WehrpflG; § 9 I Nr. 3, § 11 I Nr. 2 ZDG; § 13 BWahlG; § 287 III LAG.

Grundsatz der Verhältnismäßigkeit

62 Eine Maßregel der Besserung und Sicherung darf nicht angeordnet werden, wenn sie zur Bedeutung der vom Täter begangenen und zu erwartenden Taten sowie zu dem Grad der von ihm ausgehenden Gefahr außer Verhältnis steht.

1) Das Rechtsprinzip der Verhältnismäßigkeit hat Verfassungsrang, der aus dem Rechtsstaatsprinzip und aus dem Wesen der Grundrechte selbst herzuleiten ist (BVerfGE **16**, 302; **19**, 347; **20**, 49; **23**, 127; **29**, 360; **65**, 44; **70**, 311 [m. Anm. Trechsel EuGRZ **86**, 543; hierzu auch Teyssen, Tröndle-FS 412]; BGH **20**, 232; **26**, 102; Celle MDR **89**, 928; vgl. § 74b; 112 I S. 2 StPO; Jacobs DVBl. **85**, 97; Eickhoff NStZ **87**, 65; Müller/Christmann JuS **90**, 804; Ress in Kutscher u. a., Der Grundsatz der Verhältnismäßigkeit in europäischen Rechtsordnungen, Reihe Rechtsstaat in der Bewährung Bd. 15); er ist aber als regulatives Prinzip nicht ohne weiteres

§ 62

mit dem Schuldprinzip vergleichbar (LK[11]-Hanack 2, 3; aM Zipf JuS **74**, 278). In § 62 ist er durch das 1. StrRG in § 42a aF eingeführt und im 2. StrRG unverändert aufrechter halten worden (*Schrifttum:* Warda, Die dogmatischen Grundlagen des richterlichen Ermessens im Strafrecht, 1962, 142 ff.; Gribbohm JuS **67**, 349; Dreher Ndschr. **12**, 335). Er ist für alle Maßregeln zu beachten; lediglich in den Fällen des § 69 gilt er als stets gewahrt und ist daher nicht zu prüfen (§ 69 I S. 2, aM, aber irrig AG Bad Homburg NJW **84**, 2840, zutr. Kritik Hentschel NJW **85**, 1320 und BA **86**, 5). § 62 geht davon aus, daß der tief in Grundrechte einschneidende Eingriff, den vor allem eine freiheitsentziehende Maßregel darstellt, nur gerechtfertigt werden kann, wenn die Gefahr, die von dem Täter ausgeht, so groß ist, daß ihm, auch wenn er ohne Schuld gehandelt hat, ein solcher Eingriff im überwiegenden Interesse der Allgemeinheit zuzumuten ist (Schreiber, Venzlaff-Hdb. 45). Fehlende Heilungsaussichten sind in diesem Zusammenhang bedeutungslos (MDR/H **78**, 110; aM LK-Horstkotte 54 zu § 67d; vgl. auch 7a zu § 64, 5 zu § 67d).

2 2) Unter diesem Ausgangspunkt sind zu prüfen und in einer Gesamtwürdigung zur Schwere des mit der Maßregel verbundenen Eingriffs ins Verhältnis zu setzen (BGH **24**, 134; LK[11] 11 ff.) **a)** die **Bedeutung**, dh nicht nur Schwere (Bagatelldelikte scheiden aus; BGH **20**, 232), Art (Bedeutung für die Allgemeinheit), Häufigkeit (auch frühere Taten sind heranzuziehen; 5. 5. 1970, 4 StR 478/69), sondern vor allem die indizielle Bedeutung der
3 **begangenen Taten** für künftige Taten; **b)** die **Bedeutung** der zu **erwartenden Taten**, vor allem ihre Art und Schwere (welche Rechtsgüter und in
4 welchem Ausmaß werden sie vermutlich verletzt?); **c)** der **Grad** der vom Täter ausgehenden **Gefahr**, dh Größe der Wahrscheinlichkeit und zeitliche Nähe neuer Taten (Rückfallgeschwindigkeit, wobei auch die bisherige größte Bedeutung hat; vgl. Schleswig SchlHA **58**, 343). Dabei kann der Umstand, daß künftig Taten besonderer Schwere zu erwarten sind, eine Maßregel auch dann rechtfertigen, wenn die bisherigen Taten für sich betrachtet weniger gewichtig erscheinen (Ber. BT-Drs. V/4095, 17; BGH aaO; str.; vgl. auch 3 aE zu § 56). Ergibt sich insgesamt, daß die Maßregel dem Täter im dargelegten Sinn nicht zuzumuten ist, so darf sie als unverhältnismäßig nicht angeordnet werden (vgl. NJW **70**, 1242; MDR/D **70**, 729; NStZ **92**, 178; KG StV **91**, 69). Möglicherweise kommt dann eine schwächere in Betracht (Subsidiaritätsprinzip; vgl. BGH **20**, 232; LK[11] 58 vor § 61). Wenn § 62 sich auch ausdrücklich nur auf die Anordnung der Maßregeln bezieht, so ist sein Gedanke auch bei den nachträglichen Entscheidungen (§§ 67a, 67c, 67d II, 67e, 67g) mit heranzuziehen (Ber. 17; vgl. Celle NJW **70**, 1199; Hamm NJW **70**, 1982; GA **71**, 56; Karlsruhe NJW **71**, 204; LG Paderborn StV **85**, 71), er gibt aber noch keinen hinreichenden Grund, eine Maßregel für erledigt zu erklären (aM LG Paderborn StV **91**, 73). Zu § 62 und Zuziehung von Sachverständigen Schüler-Springorum, Stutte-FS 307.

Maßregeln der Besserung und Sicherung **Vor § 63**

Freiheitsentziehende Maßregeln

Vorbemerkung

1) Freiheitsentziehende Maßregeln der Besserung und Sicherung sind die 1
in § 61 Nr. 1 bis 3 genannten Maßregeln. Die Behandlung in einer **sozialtherapeutischen Anstalt** ist, obwohl § 65 idF des 2. StrRG (den LK[10]-Hanack ausführlich erläutert) ursprünglich als Kernstück der Reform für vier Gruppen von Tätern geschaffen wurde (Rückfalltäter mit schwerer Persönlichkeitsstörung und erheblicher krimineller Praxis, Sexualstraftäter, besonders gefährliche Jungtäter und gewisse psychisch gestörte Täter), nur im Rahmen des Strafvollzugs auf der Rechtsgrundlage des § 9 StVollzG möglich, da die §§ 65, 63 II sowie die Vorschriften zur Überweisung in den Vollzug dieser Maßregel aufgrund des **StVollzÄndG** (BT-Drs. 10/309); RAussch. 29., 34. Sitz.; BT-Drs. 10/2213 (Ber.); 10/2277 (SPD-ÄndAntr.); BTag 10/7131 ff.) zugunsten einer reinen Vollzugslösung vor ihrem (zuletzt für den 1. 1. 1985 in Aussicht genommenen) Inkrafttreten aufgehoben wurden.

Schrifttum: *Athen/Böcker* For. 8 (1987), 125 (Maßregelvollzug in Bayern); 1a
Baumann MSchrKrim **79**, 317; *Baur* StV **82**, 33 u. Der Vollzug der Maßregel der Besserung und Sicherung nach den §§ 63 und 64 StGB in einem psychiatrischen Krankenhaus und in einer Entziehungsanstalt, Diss. 1988; *Blau*, Jescheck-FS 1015; *Böhm* NJW **85**, 1813; *Egg* ZfStrVO **79**, Heft 2 u. MSchrKrim **90**, 358 (Sozialtherapeut. Behandlung und Rückfälligkeit); *Frisch* ZStW **102**, 343, 766; *H. J. Hirsch*, H. Kaufmann-GedS 140; *Homann* MSchrKrim **84**, 332 (Statistik); *Jescheck* SchweizZSt **83**, 5; *G. Kaiser*, Befinden sich die kriminalrechtlichen Maßregeln in der Krise? 1990 u. R.-Schmitt-FS 359 (Menschenrechte im Vollzug); *Kaiser/Dünkel/Ortmann* ZRP **82**, 198; *Müller-Christmann* JuS **90**, 801; *Müller-Dietz*, Grundfragen 205 u. NStZ **83**, 145, 203; *Schöch* ZStW **92**, 172; *Schüler-Springorum*, H. Kaufmann-GedS 167; *Schwind* NStZ **81**, 121; *Venzlaff*, Wassermann-FS 1079 (Zur Frage schizophrener Gewalttäter); *Volckart* Maßregelvollzug, 3. Aufl. 1991 [zit. Volckart MRVollz].

2) Von grundlegender Bedeutung ist außer dem Zeitpunkt der Prognose 2
(12 zu § 63; 15 zu § 66; 3 zu § 67 c) und der Möglichkeit der sofortigen Aussetzung der Maßregel zur Bewährung mit Widerrufsmöglichkeit (§ 67g) das **vikariierende System** (Müller-Christmann JuS **90**, 804). Dieses bedeutet, daß **a)** die Maßregel, die mit Ausnahme der Sicherungsverwahrung grundsätzlich vor der Strafe vollzogen wird (§ 67 I), stellvertretend die Funktion der Strafe mit übernehmen kann (Anrechnung der Zeit des Maßregelvollzugs auf die Strafe, § 67 IV; erleichterte Aussetzungsmöglichkeit, § 67 V); **b)** ein stellvertretender Austausch zwischen einzelnen Unterbringungsformen im Interesse der Resozialisierung des Täters nachträglich ermöglicht wird (§ 67a). Die Unterbringung ist neben der Freiheitsstrafe ein zusätzliches Übel, das Unterbleiben ihrer Anordnung ist daher keine Beschwer (17. 9. 1987, 4 StR 441/87).

Unterbringung in einem psychiatrischen Krankenhaus

63 Hat jemand eine rechtswidrige Tat im Zustand der Schuldunfähigkeit (§ 20) oder der verminderten Schuldfähigkeit (§ 21) begangen, so ordnet das Gericht die Unterbringung in einem psychiatrischen Krankenhaus an, wenn die Gesamtwürdigung des Täters und seiner Tat ergibt, daß von ihm infolge seines Zustandes erhebliche rechts-

§ 63

widrige Taten zu erwarten sind und er deshalb für die Allgemeinheit gefährlich ist.

1 **1) Die Vorschrift,** die § 42b aF entspricht, ist in Anlehnung an § 82 I E 1962 (Begr. 209; Ndschr. **4**, 180, 203, 234; **12**, 337, 343), aber abw. von § 67 AE durch das 2. StrRG eingefügt worden (Ber. BT-Drs. V/4095 = Ber. II, 26; Prot. V/9, 261, 1792, 2022, 2257, 2448, 2619); vgl. zu § 63 II 2. StrRG 1 vor § 63; Blau aaO 1 zu § 20, 5. Zum Vollzug der Maßregel vgl. § 136 StVollzG. Zu den landesrechtlichen Maßregelvollzugregelungen vgl. 6 vor § 61, zur Unterbringung nach den UnterbringungsG vgl. 9 vor § 61. **Schrifttum:** *Baur* MDR **90**, 473; *Bischof, Athen* MSchrKrim. **85**, 29, 34; **86**, 85; **87**, 291; *Bischof* MSchrKrim. **85**, 148 u. For. **8** 1987), 103 (zur Exkulpation und Dekulpation unter Berücksichtigung der Provenienz der Gutachter); *G. Bruns* MSchrKrim. **90**, 25; *Fankhauser/Rathert,* Wohin mit psychisch kranken Rechtsbrechern? MSchrKrim. **86**, 130, 354; *Gretenkord/Lietz* MSchrKrim. **83**, 376; *Gretenkord u. a.* MSchrKrim. **90**, 40; *Jäger/Jacobsen* MSchrKrim. **90**, 305 (krit. zum Maßregelvollzug; hiergegen *Gretenkord* MSchrKrim. **91**, 124); *Koester* MSchrKrim. **87**, 111; *Konrad* NStZ **91**, 315 (Fehleinweisung in den psychiatrischen Maßregelvollzug); *Laubenthal,* Krause-FS 357; *Leygraf* For. **84**, 89; *Nedopil,* Kriterien der Kriminalprognose, For. **7** (1986), 167; *Rincke* NStZ **88**, 10; *Schreiber,* Venzlaff-Hdb. 47ff.; *Speier/Nedopil* MSchrKrim. **92**, 1 (Prognose von Sexualdelinquenten); *v. Stockert u. a.* For. **8** (1987), 195 (Behandlung schizophrener Kranker im Maßregelvollzug); *Stüttgen* For. **8** (1987), 91; *B. Wagner,* Effektiver Rechtsschutz im Maßregelvollzug – § 63 StGB –, 1988 [Bespr. *Rotthaus* GA **90**, 84]; *Westf. Arb. Kreis „Maßregelvollzug"* NStZ **91**, 64 (Lockerungen im Strafvollzug); *Wolfslast,* Rechtliche Grenzen der Behandlung, ZfStrVO **87**, 323. **Statistik:** 1989: 645 Unterbringungen nach § 63.

2 **2) Unterbringungsvoraussetzungen** des § 63, der neben dem Schutz der Allgemeinheit (unten 15) dazu dient, erkrankte oder **krankhaft veranlagte** Menschen von einem **dauernden Zustand** zu heilen oder sie in ihrem Zustand zu pflegen (NStZ **83**, 429; **86**, 572; **90**, 122; NJW **92**, 1570) sind:

2a **A. Die Begehung einer rechtswidrigen Tat** (§ 11 I Nr. 5). Vgl. hierzu 33 zu § 11 und (zur sog. limitierten Akzessorietät) 9ff. vor § 25. Bei der Einordnung ist vom sog. natürlichen Vorsatz des Täters (NJW **53**, 1442; BGHR, Tat 2; 10 vor § 25) und mangels sicherer Feststellungen von der dem Täter günstigsten Deutung auszugehen (8. 7. 1986, 1 StR 320/86). Den inneren Tatbestand berührt es aber nach der Rspr. nicht, wenn der Täter infolge seines Zustandes Tatsachen verkennt, die jeder geistig Gesunde richtig erkannt hätte (BGH **3**, 287; **10**, 355; MDR/H **83**, 90; str.), etwa infolge von Verfolgungswahn glaubt, im Notstand oder Notwehr zu handeln (vgl. BGH **10**, 355; Stuttgart NJW **64**, 413; vgl. LK[11]-Hanack 23f.). Die Frage kann hier jedoch nicht anders gelöst werden als bei § 323a (dort 13ff.), da § 63 anders als die UnterbringungsG (9 vor § 61) an eine rechtswidrige Tat knüpft (Bruns JZ **64**, 473; Jescheck § 77 II 2a; Blei AT § 115 I 1a; aM BGH **18**, 235; LK[11] 27; bedenklich daher BGH **3**, 287). Im Fall persönlicher Strafausschließungs- oder -aufhebungsgründe (zB beim Rücktritt nach § 24, Schlegl NJW **68**, 25) scheidet § 63 aus (BGH **31**, 133 m. Anm. Blau JR **84**, 27; Jescheck § 77 II 2a; LK[11] 34; Schreiber, Venzlaff-Hdb. 48; SchSch-Stree 6; aM Geilen JuS **72**, 79). Die Tat, die keine erhebliche zu sein braucht (beachte aber § 62), muß verfolgbar, Strafantrag also erforderlichenfalls gestellt sein (BGH **31**, 134; Schlegl NJW **67**, 25; LK[11] 35;

LR-Gössel 14 zu § 413 StPO). Bei Kindern und bei Jugendlichen, die infolge mangelnder Reife nicht verantwortlich sind, kommt § 63 nicht in Betracht; anders wenn bei Jugendlichen § 20 oder § 21 vorliegt (§ 7 JGG), und zwar auch dann, wenn gleichzeitig § 3 JGG gegeben ist (BGH **26**, 67; Brunner JR **76**, 116; LK[11] 15 ff. mwN; str.; zur Frage der Zuständigkeit des JugSchG Eisenberg NJW **86**, 2408).

B. Im Zustand der Schuldunfähigkeit (§ 20) oder der erheblich verminderten Schuldfähigkeit (§ 21) muß die Tat begangen sein. Der zZ der Tat bestehende Zustand muß der eines **länger dauernden** (NStE Nr. 19; StV **90**, 260; BGHR, Gefährl. 10; NStZ/D **90**, 224, stRspr.; LK-Hanack 62) geistigen Defekts (LM Nr. 4; MDR/D **75**, 724; MDR/H **76**, 633; 12. 2. 1980, 5 StR 813/79; 26. 5. 1992, 5 StR 203/92; vgl. aber auch BGH **7**, 35) sein. Aber auch nichtpathologische Störungen können Anlaß für die Unterbringung dann sein, wenn sie krankhaften seelischen Störungen entsprechen. Sie müssen als länger dauernde Umstände den Zustand des Täters widerspiegeln und mit einer gewissen Wahrscheinlichkeit seine Gefährlichkeit für die Zukunft begründen (BGH **34**, 28; NStZ **91**, 528; LK 66). **Alkoholsucht** (MDR/H **83**, 488), die nicht auf solchem geistigen Defekt, sondern auf Charaktermängeln beruht, reicht nicht aus; auch nicht, daß ein Psychopath unter Alkohol Straftaten begeht (GA **76**, 221; NStZ **82**, 218; **85**, 309; **86**, 427; **88**, 24; MDR/H **86**, 97; BGH **34**, 28; NStE Nr. 10, 11; 15. 12. 1988, 4 StR 552/88; stRspr.); ebenso wenig „neurotische Strukturierung" (NStZ **83**, 429), dagegen kommt eine *krankhafte* Alkoholsucht in Betracht (BGH **7**, 35; StV **83**, 278 L; MDR/M **83**, 496; NStZ/T **87**, 166; 498; NStZ/D **89**, 471); nach BGH **10**, 57 auch eine nicht krankhafte, hochgradige Intoleranz gegenüber Alkohol, die zur Schuldunfähigkeit führt, wenn der Betreffende ganz geringe Mengen Alkohol trinkt (NStZ **86**, 331), oder wenn zufolge eines krankhaften Zustandes eine vergleichsweise geringe Alkoholmenge zur Beeinträchtigung der Einsichts- und Steuerungsfähigkeit führt (BGH **34**, 314; BGHR, Zust. 9; 8. 1. 1992, 5 StR 589/91; 8. 1. 1992, 5 StR 620/91), ebenso Rauschmittelsucht (BGH **10**, 354; NStZ/Mü **85**, 161; vgl. LK 67 ff.).

In den Fällen des § 21 tritt die Unterbringung regelmäßig neben die Strafe, wird aber grundsätzlich vor deren Verbüßung vollzogen (§ 67). Die Maßregel allein ist hier denkbar infolge des Verbotes der Schlechterstellung (NJW **58**, 1050), wenn nicht sicher ist, ob § 20 oder § 21 gegeben ist (BGH **18**, 167) oder wenn ein Gesetz die Maßregel von der Amnestie ausdrücklich ausnimmt (so zB § 4 StrFrhG 1968, § 4 StrFrhG 1970 und Art. 313 EGStGB); sonst wird auch sie erfaßt (RG **69**, 262).

C. Zweifelsfrei festgestellt müssen die Voraussetzungen des § 20 *oder* des § 21 sein (BGH **34**, 27; NJW **83**, 350; MDR/H **81**, 98; StV **81**, 71; 543 L; NStZ **90**, 538; 24. 7. 1991, 3 StR 253/91); ihre bloße Möglichkeit genügt nicht (GA **65**, 250; BGHR Gefährl. 3; NStE Nr. 4 zu § 213; NStZ/M **81**, 427; **82**, 456; NStZ/T **86**, 160; NStZ/D **90**, 579; **91**, 277). Es genügt die Feststellung, daß entweder § 20 oder § 21 gegeben ist (BGH **18**, 167 [abl. Foth JZ **63**, 605]; NJW **67**, 297; LK[11] 38; Montenbruck aaO [14 zu § 1] 132). Trotz erheblicher Einschränkung der Einsichtsfähigkeit kann die Unrechtseinsicht in casu erhalten geblieben und eine Schuldminderung, wie sie § 63 voraussetzt, nicht eingetreten sein; in diesem Fall ist die Anord-

§ 63
AT Dritter Abschnitt. Sechster Titel

nung nach § 63 nur möglich, falls eine erhebliche Einschränkung der Hemmungsfähigkeit festgestellt werden kann (19. 12. 1990, 2 StR 393/90; 3. 4. 1991, 3 StR 64/91). Der BGH entnahm bei einem nach jahrzehntelangen Alkoholabusus chronischen Alkoholiker die Voraussetzungen des § 21 aus dem Gesamtzusammenhang der Urteilsgründe (7. 12. 1982, 1 StR 739/82). Die seelische Abartigkeit braucht nicht die *einzige* Ursache für die Begehung rechtswidriger Taten gewesen zu sein (5. 6. 1984, 5 StR 290/84), noch braucht festgestellt zu werden, daß diese durch sie gefördert worden sind oder künftig werden (BGH **27**, 249 m. Anm. R. v. Hippel JR **78**, 387).

5   **D. Die Gesamtwürdigung des Täters und seiner Tat** (der Symptomtat) muß zu einer **negativen Gefährlichkeitsprognose** doppelter Art führen.

6   **a)** Für die **Gesamtwürdigung,** die sich auch auf etwaige frühere (vor der Verurteilung liegende, NStE Nr. 9) Taten des Täters zu erstrecken und die der Richter sorgfältig durchzuführen und darzulegen hat (BGH **27**, 248; NJW **51**, 450; **83**, 350; StV **81**, 606; NZV **90**, 77; 26. 5. 1992, 5 StR 203/92; Zweibrücken NJW **67**, 1520), gilt 17 zu § 66 sinngemäß. Das Ergebnis
7 muß sein, daß **b)** von dem Täter **infolge seines Zustandes** (Kausalität) weitere Taten zu erwarten sind. Aus dieser Formulierung läßt sich schließen, daß eine eindeutige Bewertung dieses „Zustandes" erforderlich ist (MDR/H **87**, 93; NStE Nr. 15) und die auslösende Tat (oben 2, 3) selbst nur insoweit für die künftige Gefährlichkeit des Täters **symptomatisch** zu sein braucht, wie sie Ausfluß eines Zustandes ist, der als solcher künftige Taten erwarten läßt (MDR **76**, 767; so schon BGH **5**, 143; **20**, 232; **24**, 98; 134; **27**, 248; NJW **54**, 1734; **71**, 1849; MDR/D **72**, 196; StV **84**, 508; Koffka JR **71**, 424; vgl. LK[11] 77 ff.). Bei geringfügiger Anlaßtat bedarf die Gefährlichkeitsprognose (8 ff.) besonderer Prüfung (NStZ **86**, 237; aM Volckart MRVollz 5, der eine geringfügige Anlaßtat nicht genügen läßt). Richten sich die Anlaßtaten gegen eine bestimmte Person oder haben sie hierin ihre alleinige Ursache, so bedarf die Annahme, daß der Täter für die Allgemeinheit tatsächlich gefährlich ist, ins einzelne gehende Feststellungen (NZV **90**, 77). Bisher ergangene Urteile sind zu berücksichtigen, das Gericht ist aber nicht auf die Erörterung von Vorfällen beschränkt, die zu einer Verurteilung geführt haben (7. 4. 1986, 4 StR 147/87). Die Taten müssen zu **erwarten** sein, dh daß sie nicht nur möglicherweise (14. 10. 1969, 5 StR 481/69), sondern wahrscheinlich begangen würden, wenn nicht vorgebeugt wird (MDR/H **81**, 265; **89**, 1051; NStZ **86**, 574; **91**, 528; NJW **89**, 2959; NStE Nr. 16; BGHR Gefährl. 8, 10, 11; NJW **92**, 1570; 22. 3. 1991, 2 StR 60/91). Der bloße, wenn auch durch eine Anklage erhärtete Verdacht hinsichtlich weiterer begangener Taten genügt nicht, solange hierzu nicht konkrete tatsächliche Feststellungen getroffen werden (BGHR Tat 1). Die Unterbringung ist nicht dazu bestimmt, an sich gesunde Personen wegen eines vorübergehenden – sei es auch pathologischen – Rauschzustands zu verwahren (EzSt Nr. 4). Die Erwartung künftiger Taten ist im Wege einer „Rückschau" (MDR/H **79**, 280) näher darzulegen (BGHR Gefährl. 2; NStZ **92**, 538; 3. 4. 1991, 3 StR 64/91; stRspr.), insbesondere bei einer beginnenden paranoid gefärbten Psychose (MDR/H **77**, 106, auch im Falle einer beim Täter sich abzeichnenden Umorientierung (24. 7. 1990, 5
8 StR 249/90). **c) erhebliche rechtswidrige Taten** müssen zu erwarten sein (MDR/H **83**, 90; NStZ **91**, 528; vgl. Ndschr. **12**, 343 ff.). Das ist an frühe-

ren Verurteilungen und an den abzuurteilenden Taten nach Schadenshöhe, Häufigkeit und zeitlicher Abfolge zu messen (12. 2. 1985, 5 StR 45/85; Düsseldorf StV **91**, 71). Danach *scheiden aus:* lediglich belästigende Taten (KG JR **60**, 351; Koblenz NStE Nr. 26), insbes. nur einzelne Mitmenschen belästigende Anzeigen (KG JR **60**, 351; vgl. 8. 2. 1978, 3 StR 9/78); beleidigende Flugblätter, deren Herkunft von einem Geisteskranken offensichtlich ist (NJW **68**, 1483); kleine Diebstähle (NJW **55**, 838; sehr weitgehend Düsseldorf NStE § 67g Nr. 5), oder Betrügereien (RG **68**, 98), wie zB Zechprellereien (BGH **20**, 232; NJW **67**, 297; NStZ **92**, 178; anders noch GA **69**, 280); von vornherein durchschaubare Betrugsversuche (Hamm MDR **71**, 1026); ein in der Bevölkerung Unruhe erregendes Denunzieren unbestimmt Vieler (so noch RG JW **38**, 2331); ständiges Randalieren in Großstadtwohngegend mit Gefahr nervlicher Störungen bei den Gestörten (so Stuttgart Die Justiz **67**, 99); Taten aus dem unteren Bereich der Kriminalität (BGHR Gefährl. 8; vergleichsweise weitgehend 27. 5. 1992, 3 StR 10/92). Anderseits wird man an den Begriff der Erheblichkeit, auch wenn er in § 66 ebenfalls verwendet wird, nicht so hohe Anforderungen zu stellen haben wie dort (14), wo er durch die zugesetzten Beispiele eine gewichtigere Färbung erhält (MDR **76**, 767 [m. Anm. Hanack JR **77**, 170]; BGH **27**, 248; NJW **89**, 2959; BGHR Gefährl. 9; 22. 5. 1991, 3 StR 103/91; Karlsruhe Die Justiz **79**, 301; krit. LK 49; Müller-Dietz NStZ **83**, 149; Streng 137; vgl. auch Ber. BT- Drs. V/4094, 20 = Ber. I; anderseits Ber. II, 26 iVm E 1962, 209). Doch werden mindestens Taten der mittleren Kriminalität verlangt werden müssen (eher einschränkend KG JR **92**, 390); so zB Diebstähle, Betrügereien mittleren Ausmaßes, besonders schwere Fälle von Diebstahl (§ 243; MDR **76**, 767, krit. Hanack JR **77**, 171; MDR/H **89**, 1051), vor allem bei Serientaten (MDR/D **75**, 724), aber nicht nur bei solchen (7. 2. 1979, 2 StR 719/78), bei einer Vielfalt krimineller Verhaltensweisen (BGH **27**, 248), wo es auf den Gesamtschaden ankommt (8. 11. 1977, 5 StR 545/77), ferner Körperverletzungen, aber auch Verstöße gegen das BtMG (Anh. 4; 9. 3. 1982, 5 StR 43/82; KG JR **59**, 391), jedoch stets Verstöße gegen das WaffG (3. 12. 1985, 1 StR 502/85). Daß im Mittelpunkt auch hier Taten stehen, die das Gefühl der Rechtssicherheit der Bevölkerung zu beeinträchtigen geeignet sind (14 zu § 66), ergibt sich daraus, daß

E. der Täter für die Allgemeinheit gefährlich (15 zu § 66) sein muß, **9** und zwar **deshalb**, dh, weil erhebliche Taten von ihm zu erwarten sind (Kausalität).

a) Eine Bedrohung unbestimmter Opfer muß grundsätzlich verlangt **10** werden, jedoch bedeutet ein Täter, der gegenüber einem einzelnen gefährlich ist, auch eine Gefahr gegenüber der Allgemeinheit (Ber. II, 26). Das bedarf bei bestimmter Tatausführung keiner besonderen Begründung (26. 4. 1983, 5 StR 6/83), im übrigen kommt es aber auf den einzelnen Fall an (zurückhaltender Ber. I, 20). Fälle, in denen der Täter monoman nur ein einzelnes bestimmtes Rechtsgut bedroht (vgl. Ndschr. **12**, 344), lassen sich nur außerhalb des § 63 lösen (landesrechtl. UnterbringungsG; 9 vor 61). Nach der Lebenserfahrung läßt uU eine räumliche Trennung eine Verringerung der Spannung zwischen 2 Personen erwarten (23. 10. 1990, 5 StR 433/90). Nur für solche Fälle, in denen die Bedrohung eines einzelnen

§ 63

Rechtsguts potentiell auch andere erfaßt, läßt sich die Rspr. zu § 42b aF (JZ **51**, 759; 13. 12. 1973, 4 StR 586/73) aufrechterhalten; demgegenüber halten die **hM** (LK[11] 59; SK-Horn 13; Schreiber, Venzlaff-Hdb. 51) und BGH **26**, 321; **34**, 28 (unter Berufung auf Prot. V/2257) daran fest, daß § 63 auch eingreift, wenn der Täter ausschließlich für eine bestimmte Einzelperson gefährlich ist. Ist diese Person verstorben, bedarf die Gefährlichkeit des Täters für andere Personen oder für die Allgemeinheit eingehender Darlegung (NStE Nr. 13).

11 b) **Maßgebender Zeitpunkt** für die Gefährlichkeitsprognose (15a zu § 66), die längerfristig zu stellen ist (MDR/H **89**, 110), ist die **Aburteilung** (vgl. 29. 11. 1983, 5 StR 869/83). Künftige, in ihren Voraussetzungen von anderen Stellen zu prüfende Maßnahmen können die Anordnung nach § 63 nicht entbehrlich machen (BGH **15**, 279; NJW **78**, 599; MDR **91**, 1188; SchSch 19; zw. LK[11] 82; Müller-Dietz NStZ **83**, 149). Es besteht kein Rechtsanspruch auf Unterbringung in einer privaten Anstalt (Hamm 22. 11. 1979, 1 VAs 39/78). Keine Rolle spielen danach zB die Bereitschaft zur Überwachung in der eigenen Familie, Entmündigung, psychotherapeutischen Behandlung, zur Kastration, freiwilliger Eintritt in eine Anstalt, andere Maßnahmen wie Entziehung der Fahrerlaubnis, Anordnung der Unterbringung in einem anderen Verfahren (so schon Bay JR **54**, 150; Köln GA **57**, 154) oder nach den UnterbringungsG, 9 vor § 61 (so schon BGH **24**, 98; vgl. im einzelnen LK 105ff.). Alle solchen Umstände spielen nur für § 67b eine Rolle (2 zu § 67b; SK 15; hM; aM LK-Horstkotte 9 zu § 67b). Eine Ausnahme wird man allerdings bei einem Sexualtäter für den Fall eine vollzogenen Kastration und einer sich darauf aufbauenden nicht mehr negativen Prognose zu machen haben; denn dann besteht endgültig keine Gefahr mehr (vgl. MDR/D **68**, 200).

12 c) Das zu 11 Gesagte gilt nicht nur bei Schuldunfähigkeit, sondern auch bei verminderter Schuldfähigkeit, wenn eine Strafe neben die Maßregel tritt (so BGH **25**, 59).

13 3) **Das Gericht hat,** wenn die Voraussetzungen nach 2, 3, 5 bis 12 vorliegen, die Unterbringung anzuordnen, die Anordnung liegt also nicht im Ermessen des Gerichts (NJW **92**, 1570 m. Anm. Walter NStZ **92**, 100), es darf nicht in eine höhere Freiheitsstrafe ausweichen (BGH **20**, 264; MDR/H **77**, 459). „Unterbringung in einem psychiatrischen Krankenhaus" ist **im Urteilstenor** anzuordnen. Die Bestimmung der einzelnen Anstalt ist Sache der Vollstreckungsbehörde (§§ 451 I, 463 I StPO; MDR/D **72**, 196; 12. 5. 1981, 5 StR 188/81). Die Maßregeln der §§ 63, 64 werden nicht in justizeigenen Einrichtungen vollzogen (in Hessen zB vollzieht sie der Landeswohlfahrtsverband in seinen Einrichtungen unter der Fachaufsicht des Sozialministers, §§ 2, 3 HessMVollzG, 6 vor § 61).

14 A. **Bei Schuldunfähigen** kommt nur die Unterbringung (möglicherweise unter Aussetzung nach § 67b) in Betracht. Insoweit ist, wenn das Strafverfahren wegen Schuld- oder Verhandlungsunfähigkeit des Täters nicht durchgeführt wird, das Sicherungsverfahren nach § 71 iVm §§ 413ff. StPO vorgesehen (vgl. NJW **51**, 450).

15 B. **Bei vermindert Schuldfähigen** ist die Unterbringung grundsätzlich nur neben Strafe möglich, so daß ein Sicherungsverfahren nach 14 grundsätzlich ausscheidet (NJW **58**, 1050; vgl. unten 17). Die Unterbringung

Maßregeln der Besserung und Sicherung § 63

dient in erster Linie dem Schutz der Öffentlichkeit, fehlende Heilungsaussichten stehen daher der Anordnung nicht entgegen (MDR/H 78, 110; NStZ 90, 122; Müller-Dietz NStZ 83, 148). Sind auch die Voraussetzungen von § 66 erfüllt, so hat nach § 72 I grundsätzlich § 63 Vorrang; doch kann stattdessen Sicherungsverwahrung in Betracht kommen (vgl. RG 72, 152). Die öffentliche Sicherheit ist hier nicht allein entscheidend. Auch die Gesamtpersönlichkeit des Täters ist im Hinblick auf seine Behandlungsfähigkeit nach Strafverbüßung (NJW 60, 393) sowie auf die unterschiedliche Zielsetzung und die Behandlungsmethoden beider Anstalten in Betracht zu ziehen (BGH 5, 313; vgl. auch Schlüter NJW 68, 2276; Last NJW 69, 1558). Stets sind länger dauernde (oben 2) nicht nur vorübergehende Defekte mit Krankheitswert vorausgesetzt (MDR/H 78, 803), bei charakterbedingtem Alkoholismus kommt § 64 (dort 7) in Betracht (2. 9. 1982, 4 StR 311/82), § 63 nur ausnahmsweise (NStE Nr. 6). Auf Rechtsmittel des Verurteilten statt § 63 den § 66 anzuwenden, ist wegen § 358 II StPO idR unzulässig (NJW 73, 107 [dazu Maurach JR 73, 162]; vgl. anderseits BGH 5, 312). Neben lebenslanger Freiheitsstrafe kommt Unterbringung nach § 63 kaum in Betracht (NJW 60, 394; 11. 11. 1970, 3 StR 65/70; 4 zu § 57a), wohl aber nach § 64 [dort 2]; vgl. LK-Horstkotte 18 zu § 67c; SK 26.

4) Sonstige Vorschriften. A. Materieller Schutz der Maßregel in §§ 120 **16** IV, 258, 258a. **B. Verfahrensrechtlich.** § 80a StPO (Sachverständigengutachten schon im Vorverfahren); § 81 StPO (Beobachtung in einem öffentlichen psychiatrischen Krankenhaus zur Vorbereitung des Gutachtens); § 126a StPO (einstweilige Unterbringung in einem psychiatrischen Krankenhaus); notwendige Verteidigung im Ermittlungsverfahren (§ 140 I Nr. 6, § 81 StPO) und Hauptverfahren (§ 140 I Nr. 1 StPO; § 24 II GVG); im Vollstreckungsverfahren wird häufig nach § 140 II StPO eine Verteidigerbestellung geboten sein (Kleinknecht/Meyer 33 zu § 140 StPO); § 171a GVG (Möglichkeit des Ausschlusses der Öffentlichkeit für die Hauptverhandlung); § 246a StPO (obligatorische Zuziehung eines Sachverständigen in der Hauptverhandlung); §§ 331 II, 358 II, 373 II StPO (Einschränkung des Verschlechterungsverbots); §§ 23 ff. EGGVG (Rechtsweg bei Justizverwaltungsakten); zur Postüberwachung im Unterbringungsvollzug (Baur MDR 81, 803). Wird auf die Revision eines Freigesprochenen die Unterbringungsanordnung aufgehoben, so hat der Tatrichter unabhängig vom bestehen bleibenden Freispruch eigene Feststellungen zu treffen (BGHR § 353 II StPO, TeilRKr. 8). **Selbständig anfechtbar** ist die Unterbrin- **17** gung im Falle des § 21 (BGH 15, 285; NJW 63, 1414; MDR/H 77, 460; 29. 6. 1982, 5 StR 357/82; Hamburg JZ 51, 152); aber nicht bei § 20 (RG 69, 14; vgl. LK[11] 134f.). Denn die Unterbringung setzt hier eine rechtswidrige Tat voraus, und zwar von einem Schuldunfähigen. Bei der Revision des StA gilt die Verknüpfung uneingeschränkt. Bei der Revision des Angeklagten verhindert zwar das Verbot der *reformatio in peius* die Bestrafung unter Aufhebung des freisprechenden Teiles des Urteils. Doch ist wenigstens die Freisprechung aufzuheben (dies ist keine gesetzwidrige Verschärfung der Strafe, sondern im Interesse des Angeklagten wegen der andernfalls obligatorischen Mitteilung zum Zentralregister, vgl. § 12 I BZRG, geboten), falls das Rechtsmittel seine Schuldfähigkeit ergibt und damit zur Aufhebung seiner Unterbringung führt. Ist aber nachträglich wenigstens verminderte Schuldfähigkeit festgestellt, so ist die Anordnung der Unterbringung nach § 63 möglich, zumal § 63 nicht mehr fordert, daß im Fall verminderter Schuldfähigkeit eine Strafe verhängt wird. Insofern ist das die Untrennbarkeit der beiden Fragen bejahende RG **71**, 266 heute noch zutreffend

§ 63

(so im Ergebnis auch BGH **11**, 319; Tübingen NJW **53**, 1445; vgl. auch Schleswig NJW **57**, 1487; aM BGH **5**, 268; KG NJW **53**, 196). Wird ein Maßregelausspruch „mit den zugehörigen Feststellungen" aufgehoben, so erfaßt die Aufhebung auch die Feststellungen, die sich auf die rechtswidrigen Taten beziehen (NStZ **88**, 309). **C.** Im **Nebenrecht** bedeutsam ferner § 12 I Nr. 1 WehrpflG; § 11 I Nr. 2 ZDG; § 13 Nr. 3 BWahlG; § 10 I Nr. 4 UZwG; vgl. 6 vor § 32.

18   5) **Übergangsregelung.** Vgl. Art. 314 EGStGB.

Unterbringung in einer Entziehungsanstalt

64 [I] Hat jemand den Hang, alkoholische Getränke oder andere berauschende Mittel im Übermaß zu sich zu nehmen, und wird er wegen einer rechtswidrigen Tat, die er im Rausch begangen hat oder die auf seinen Hang zurückgeht, verurteilt oder nur deshalb nicht verurteilt, weil seine Schuldunfähigkeit erwiesen oder nicht auszuschließen ist, so ordnet das Gericht die Unterbringung in einer Entziehungsanstalt an, wenn die Gefahr besteht, daß er infolge seines Hanges erhebliche rechtswidrige Taten begehen wird.

[II] Die Anordnung unterbleibt, wenn eine Entziehungskur von vornherein aussichtslos erscheint.

1   **1) Die Vorschrift,** die § 42c aF entspricht, ist in fast wörtlicher Übereinstimmung von I mit § 83 E 1962 (Begr. 211; Ndschr. **4**, 215, 235; **12**, 337, 340; vgl. auch §§ 67, 68 AE) durch das 2. StrRG (Ber. BT-Drs. V/4095, 26; Prot. V/ 10, 427, 1972, 2258, 2908) mit einer terminologischen Änderung durch das EGStGB (E EGStGB 214) eingefügt.

Schrifttum: *Athen* MSchrKrim **89**, 63; *Ermer-Externbrink* MSchrKrim. **91**, 106; vgl. auch 1a vor § 63. **Statistik** (1989): 1049 Unterbringungsanordnungen nach § 64. Als Glied in der Therapiekette in bezug auf die **Rauschgiftkriminalität** (27945 Abgeurteilte und Verurteilte nach dem BtMG) spielt § 64 also eine relativ geringe Rolle. Die Möglichkeiten des Vollzugs (12 vor § 56) sind daher ebenso zu verbessern (vgl. auch unten 7a) wie die notwendig flankierenden Maßnahmen (Aufklärung der Bevölkerung, Drogenberatung, Ausbau von Langzeit-Therapieeinrichtungen und der Nachbetreuung); vgl. Tröndle MDR **82**, 3.

2   **2) Die Unterbringung** nach § 64 ist nach der systematischen Stellung eine bessernde (iS von Heilung) *und* sichernde Maßregel (Nürnberg NStZ **90**, 253 m. Anm. Baur); sie ist, was sich schon allein aus § 67 V (dort 7) ergibt, also weder Mittel der bloßen Suchtfürsorge noch darf diese Fürsorge unsachgemäß in den Vordergrund treten (BGH **28**, 332; NStZ **90**, 103; 11. 12. 1990, 1 StR 611/90; Hamm MDR **78**, 950 L; LK[11]-Hanack 4; Schreiber, Venzlaff-Hdb. 52; unten 6). Die Unterbringung nach § 64 ist auch neben lebenslanger Freiheitsstrafe möglich (BGH **37**, 160 m. Anm. Schüler-Springorum StV **91**, 560). Für den primären Zweck der Gefahrenabwehr steht § 64 aber nur unter der **Beschränkung** auf **a)** die Gefahr erheblicher rechtswidriger Taten, **b)** die Höchstdauer von 2 Jahren (§ 67d) sowie **c)** die bei der Anordnung vorhandene Therapiemöglichkeit (unten 7a) zur Verfügung. Überdies sind die Möglichkeiten des § 64 aus Gründen beschränkt, die in der Gestaltung des Vollzuges und im unzureichenden Ausbau der Nachbetreuung zu finden sind (vgl. BT-Drs. 7/4200, 274ff., 284). Demgegenüber steht ein stark gewachsenes Bedürfnis nach Behandlungs-

Maßregeln der Besserung und Sicherung **§ 64**

möglichkeiten, namentlich auch für Jugendliche und Heranwachsende. Die Anwendung des § 64 auf diesen Personenkreis folgt aus den §§ 7, 105 JGG; vgl. auch § 10 II JGG. Zum Vollzug vgl. § 93a JGG.

3) Die Voraussetzungen für die Unterbringung sind **A. der Hang** (dh eine den Täter treibende oder beherrschende Neigung), Drogen im Übermaß zu sich zu nehmen (12. 6. 1991, 2 StR 186/91). Er kann in der Anlage des Täters begründet oder (verschuldet oder unverschuldet) erworben sein. Er kann über einen physiologischen Anpassungsprozeß unter Entwicklung von immer größeren Toleranzen und dem begleitenden Drang zur Dosissteigerung, aber auch schon durch einmaligen Konsum einer harten Droge erworben sein (vgl. Bresser, Leferenz-FS 435; Täschner NJW **84**, 639). Er muß noch nicht den Grad der physischen **Abhängigkeit** erreicht haben (BGHR Ablehn. 6; 4. 6. 1991, 1 StR 254/91). Deren auffälligstes Merkmal ist das Entzugssyndrom, dh die Abstinenzerscheinung, die bei einer Unterbrechung der Zufuhr des Mittels als ein Zustand starken Unbehagens empfunden wird und von der die Aufforderung zum erneuten Konsum ausgeht und die so die Bindung an das Rauschmittel schafft, die bei den weichen Drogen (zB Haschisch) wesentlich langsamer als bei den Opioiden (zB Heroin) eintritt. Nicht erforderlich ist, daß bei der Tatbegehung verminderte Schuldfähigkeit gegeben ist (7. 8. 1991, 2 StR 326/91). Die Abhängigkeit hängt von der Dauer des Konsums und von der Art des Mittels ab. Für das **Verhältnis** des § 64 zur **vollstreckungsrechtlichen Sonderregelung** des BtMG (10 vor § 56) gilt 11 vor § 56 und 2 zu § 56. Das Gericht darf sich schon wegen des hohen Anteils der Abbrüche auf freiwilliger Basis nicht auf die Möglichkeiten des BtMG verlassen, sondern hat in erster Linie § 64 anzuwenden, der keinen Abbruch erlaubt, und nach § 67b zu prüfen (EzSt § 30 BtMG Nr. 14; SchSch-Stree 17), ob der Abhängige um der Therapie willen von der Haft zu verschonen ist. **B. Berauschende Mittel** iS des § 64 sind solche, die in ihren Auswirkungen denen des Alkohols vergleichbar sind (VRS **53**, 356), also alle Drogen iwS, dh außer alkoholischen Getränken vor allem Betäubungsmittel iS des BtMG (Anh. 4; zB Heroin, Cannabis [Marihuana], Cannabisharz [Haschisch], Kokain, Morphium, Opium, Lysergid [LSD]); Amphetamin (BGH **33**, 170 m. Anm. Eberth NStZ **86**, 33), aber auch schmerzstillende Arzneimittel, die als Ersatzdroge ohne therapeutische Zielsetzung eingenommen werden (21. 3. 1978, 4 StR 104/78; vgl. LK[11]-Hanack 61ff.; LK-Spendel 93ff. zu § 323a; Gerchow BA **87**, 233; Burmann DAR **87**, 136; Grohmann MDR **87**, 630 [auch VGT **87**, 38, 50, 64 u. BA **88**, 173]; ferner Bay JZ **70**, 34; Stuttgart NJW **71**, 2274; Celle NJW **72**, 349; SchweizBG JZ **72**, 174; krit. Dietze GA **72**, 129), zB Phanodorm (KG VRS **19**, 111); Valium (Köln BA **77**, 124); Schlafmittel Mandrax (Düsseldorf VM **78**, 84); Dolviran (Koblenz VRS **59**, 199); Eusedon (AG Köln BA **81**, 264 m. Anm. Schewe); Lexotanil (Celle NJW **86**, 2385; Bay NJW **90**, 2334); Marcumar (Köln BA **87**, 296; vgl. im übrigen 3a zu § 323a). *Eingehende Darstellung der Drogenproblematik:* LK[9]-Lang-Hinrichsen nach 43 zu § 42c aF sowie bei Dietze aaO; Kreuzer ZStW **86**, 379; Hermann ZStW **86**, 423; Polizeiliche Drogenbekämpfung, BKA-Schriftenreihe Nr. 49, 1981; vgl. ferner BT-Drs. 10/1323; 10/3540. *De lege ferenda:* Janiszewski BA **87**, 284.

C. Im Übermaß bedeutet, daß der Täter die Droge in einer Dosis konsumiert, daß deren Wirkung ein Rauscherleben hervorruft oder intensiviert,

§ 64

so daß er in der Gesundheit oder seiner Arbeits- und Leistungsfähigkeit, dh sozial gefährdet oder wesentlich beeinträchtigt ist (BGH **3**, 340; Köln NJW **78**, 2350; LK[11] 39ff.). Daß er sich gelegentlich oder auch öfters betrinkt und dann im Rausch Straftaten begeht, reicht nicht aus (JZ **71**, 788; MDR/H **89**, 858); auch nicht gelegentlicher oder häufiger Rauschgiftkonsum (1. 7. 1992, 2 StR 191/92). Die Selbstgefährdung wird nicht um ihrer selbst willen, sondern im Hinblick auf die kriminelle Gefahr erfaßt. Der Krankheitswert des Hanges kann für dessen Charakterisierung (LK[11] 48), vor allem aber für die Frage der Vorrangigkeit der Therapie von Bedeutung sein. Er hängt von der Dauer des Konsums und von der Art des Mittels ab.

5   **D.** eine **rechtswidrige Tat** (33 zu § 11; 9ff. vor § 25) beliebiger Art, zB auch nach § 323a (LK[11] 28), begeht, die er entweder im Rausch begeht oder die auf seinen Hang (oben 4) zurückgeht; dh daß sie ihre Wurzel im übermäßigen Genuß von Rauschmittel oder in der Gewöhnung daran hat (vgl. Celle NJW **58**, 270; LK[11] 50) und damit Symptomwert für seinen Hang (MDR/D **71**, 895; NJW **90**, 3282 m. Anm. Stree JR **91**, 102), zB bei Alkoholikern Körperverletzungen oder Sachbeschädigungen; bei Rauschgiftsüchtigen Taten nach dem BtMG (Anh. 4), Diebstahl in Apotheken, Rezeptfälschungen oder Beschaffungstaten (MDR/H **90**, 886). Es ist gleichgültig, ob der Täter im Zustand der Schuldfähigkeit handelt oder nicht (vgl. NJW **57**, 637) oder ob das offen bleibt (E 1962; 212; LK[11] 30; anders bei § 63, dort 4). Ist er schuldunfähig oder läßt sich das nicht ausschließen, so kommt § 71 iVm §§ 413ff. StPO in Betracht.

6   **E.** Die **Gefahr** muß bestehen, daß **der Täter infolge seines Hanges erhebliche rechtswidrige Taten** begehen wird (Selbstgefährdung reicht nicht aus, Hamm NJW **74**, 614, ebensowenig eine allgemeine Gefährdung, 11. 12. 1990, 1 StR 611/90). Gefahr bedeutet hier einen geringeren Grad an Wahrscheinlichkeit als der Begriff des Erwartens in § 63 I meint (24. 1. 1989, 3 StR 568/88; LK[11] 69; Schreiber, Venzlaff-Hdb. 55; aM SK-Horn 13 zu § 63; LK-Horstkotte 58 zu § 67d). Die dort ausdrücklich vorgeschriebene Gesamtwürdigung wird hier nicht verlangt, doch wird das Gericht nicht umhin können, an Hand des Vorlebens des Täters und der Entwicklung seines Hanges sich ggf mit sachverständiger Hilfe eine tragfähige Urteilsgrundlage darüber zu verschaffen, inwiefern der Hang in Zusammenhang mit bisherigen Taten künftige Taten wahrscheinlich macht (vgl. 7. 5. 1991, 1 StR 141/91). Das ist zu verneinen, wenn der Täter während 5 Jahren keine erheblichen Taten mehr begangen hat (27. 10. 1981, 4 StR 578/81); andererseits steht es einer Gefahr iS des § 64 nicht entgegen, wenn der langjährige Alkoholmißbrauch des Täters nicht schon früher zu strafgerichtlichen Verurteilungen geführt hat (14. 1. 1986, 5 StR 762/85). Daß der Täter für die Allgemeinheit gefährlich zu werden droht, braucht hier abw. von § 63 ebenfalls nicht festgestellt zu werden. Daraus ergibt sich auch, daß an die Erheblichkeit künftiger Taten ein weniger strenger Maßstab angelegt zu werden braucht als bei den §§ 63, 66 (Karlsruhe Die Justiz **79**, 301; krit. LK[11] 73ff.; aM R. Schmitt, Bockelmann-FS 864; LG Köln MDR **86**, 340); denn bei § 64 sind der auf Resozialisierung hinzielenden Zweckrichtung anders als bei den §§ 63, 66 zeitlich relativ enge Grenzen gezogen (oben 2). Zum **maßgebenden Zeitpunkt** für die Gefahrenprognose und zur

Maßregeln der Besserung und Sicherung **§ 64**

Bedeutungslosigkeit anderer Maßnahmen zur Abwendung der Gefahr vgl. 11 zu § 63, 15a zu § 66.

4) Das Gericht *muß,* wenn die Voraussetzungen von 2 bis 6 erfüllt sind, 7 die „Unterbringung in einer Entziehungsanstalt" (vgl. JZ **51,** 239) im Tenor des Urteils *anordnen* (BGH **37,** 6; NStZ **92,** 33; 18. 7. 1990, 1 StR 317/ 90; 10. 5. 1991, 2 StR 362/90; 26. 2. 1991, 1 StR 42/91; 14. 5. 1992, 4 StR 178/92; 25. 10. 1991, 2 StR 460/91; 25. 9. 1991, 5 StR 438/91; 14. 7. 1992, 1 StR 415/92; 15. 7. 1992, 2 StR 274/92 u. 266/92; NStZ/M **83,** 497), kann jedoch die hangbedingte Gefährlichkeit des Täters durch Weisungen nach § 56c verringert werden, so darf gleichwohl die Anordnung der Unterbringung nicht unterbleiben, indessen kommt die Aussetzung des Maßregelvollzugs nach § 67b in Betracht (7. 5. 1991, 1 StR 141/91); auch wenn die Maßregel schon in einem früheren Verfahren angeordnet worden ist (BGHR Ablehn. 6). Über die Dauer der Unterbringung, die sich nach § 67d richtet, hat das Urteil zu schweigen.

5) Trotz der Voraussetzungen von 2 bis 6 **unterbleibt die Anordnung,** 7a wenn *zweifelsfrei* **festgestellt werden kann, daß eine Entziehungskur von vornherein aussichtslos** erscheint **(II).** Dafür gibt es kaum sichere Kriterien (Frankfurt NStZ **83,** 187), wohl aber Anhaltspunkte in der Charakterstruktur und aus der Art der Tat. Zwecklos kann sie sein, wenn sich die Unheilbarkeit der Sucht nach mehreren Kuren ergeben hat (4. 2. 1966, 4 StR 583/ 65; hierzu LK[11] 94ff.); doch ist das eine Tatfrage, die, wenn überhaupt, nur mit Hilfe eines Sachverständigen beantwortet werden kann (§§ 80a, 81, 246a StPO); ist der Entziehungserfolg nur ungewiß, so ist die Unterbringung anzuordnen (BGH **36,** 200; MDR/H **87,** 799; **90,** 886; StV **91,** 460; 3. 9. 1991, 4 StR 346/91; 25. 9. 1991, 5 StR 438/91; 5. 11. 1991, 1 StR 653/ 91; 29. 1. 1992, 3 StR 546/91; 31. 1. 1992, 2 StR 628/91; 4. 3. 1992, 3 StR 20/92; Neustadt NJW **64,** 2435; Köln OLGSt. 39 zu § 21 StGB; aber auch Frankfurt NJW **60,** 1399), auch wenn der Täter als Ausländer nicht hinreichend deutsch spricht (BGH **36,** 202 [m. Anm. Lorbacher NStZ **90,** 80]; NStZ/D **89,** 472; **90,** 579; **91,** 277). Auch bei Therapieunwilligkeit ist die Unterbringung nicht von vornherein aussichtslos (NStZ **91,** 127; Hamm BA **79,** 319; Celle [3. StS] JR **82,** 468 m. Anm. Stree; 12 vor § 56). § 67d V (vgl. dort 7) ermöglicht dem Gericht jedoch nach einer Mindestvollzugsdauer von einem Jahr anzuordnen, daß die Maßregel bei Therapieresistenz nicht weiter zu vollziehen ist, jedoch mit der Folge, daß die Maßregelzeit nicht angerechnet wird (§ 67 IV S. 2; hiergegen und gegen die eingeschränkte Anrechnung des § 67 IV S. 1 aus verfassungsrechtlicher Sicht Vorlagebeschluß Celle StV **90,** 459) und daß FAufsicht eintritt (§ 67d V S. 2). Aus II folgt auch kein Verbot des Widerrufs einer zur Bewährung ausgesetzten Unterbringung bei Therapieunfähigkeit oder -unwilligkeit; denn legitimer Zweck der Maßregel iS des § 67g I ist auch die Sicherung der Allgemeinheit vor weiteren Taten (Nürnberg NStZ **90,** 253 m. Anm. Baur). Auch könnte der mit § 67b II verfolgte Zweck, die Bereitschaft zu neuen Straftaten zu senken, nicht erreicht werden; denn eine Gewißheit vom Ausschluß der Widerruflichkeit bei zweckloser Therapie würde die Bewährung in Freiheit gefährden, wenn sie vom Probanden als Freibrief mißverstanden werden könnte; aM SchSch 10 zu § 67g. Verfassungsrechtlich ist der Widerruf unbedenklich (BVerfG NStZ **85,** 381). Bei späterer

§ 64
AT Dritter Abschnitt. Sechster Titel

Therapiebereitschaft sind § 56 c III, § 35 BtMG zu prüfen. Ein Unterlassen der Anordnung verbietet sich auch bei mangelnder Eignung für ein bestimmtes Therapiemodell (LG Hamburg MDR **81**, 778) oder wenn es an geeigneten Anstalten für eine Erfolg versprechende Suchtbehandlung fehlt. Es ist vielmehr Sache der Verwaltung, die gesetzlich vorgesehenen Einrichtungen bereitzustellen (BGH **28**, 329; **36**, 201 [m. Anm. Lorbacher NStZ **90**, 80]; Janssen/Kausch JA **81**, 202; NStZ **81**, 492 [m. zutr. krit. Anm. Scholz]; SK 14; aM LG Dortmund StV **82**, 371; LG Bonn StV **92**, 326), hingegen meint LG Bonn NJW **77**, 345, daß bei Jugendlichen und Heranwachsenden (§§ 7, 105 JGG) die Anordnung einer Unterbringung nach § 93a JGG in einem solchen Falle zu unterbleiben habe (ebenso LK 21; Brunner 7 zu § 93a JGG; vgl. hierzu GenStAe DRiZ **81**, 416; Täschner NJW **84**, 640; Kühne MSchrKrim. **84**, 382). In entsprechender Anwendung von II ist eine noch nicht vollständig vollstreckte Unterbringung als erledigt zu behandeln, wenn sich inzwischen herausstellt, daß der Verurteilte *krankheitsbedingt* nicht therapiefähig ist (Zweibrücken MDR **89**, 179; LG Stade StV **89**, 260). Nach Celle (StV **90**, 457 m. Anm. Plähn) kommt im Vollstreckungsverfahren eine analoge Anwendung des II bei Therapieunwilligkeit *nicht* in Betracht, da diesen Fällen § 67d V Rechnung trägt, anders hingegen im Falle der Therapieunfähigkeit (LG Stade StV **89**, 260). Auch ist in Fällen einer Unterbringungsanordnung *vor* dem 1. 5. 1986 deren nachträgliche Aufhebung durch eine analoge Anwendung des II – entgegen LG Hagen StV **91**, 568 – nicht möglich, da Art. 316 I EGStGB eine abschließende Übergangsregelung für das 23. StÄG enthält, die den § 64 II nicht erwähnt.

8 **6) Mehrfache Unterbringungsmöglichkeiten** können bei einem Rauschmittelsüchtigen in Frage kommen. Für die Auswahl sind in erster Linie die Heilungsaussichten, erst in zweiter die Erfordernisse der öffentlichen Sicherheit maßgebend; nötigenfalls sind mehrere Maßnahmen nebeneinander zu verhängen (§ 72 II); doch sind auch die Möglichkeiten nach § 67a zu beachten. Zur Frage einer Unterbringung nach § 63 im Falle zeitweiligen Mangels an Plätzen in Anstalten nach § 64 (Hamm OLGSt. 15
9 zu § 67). **A. Die Entziehungsanstalt** hat den Vorrang, vor allem bei begründeter Aussicht auf Heilung der Sucht und damit des Wegfalls neuer
10 Straffälligkeit (vgl. RG JW **36**, 452). **B. Das psychiatrische Krankenhaus** kommt in Frage bei geistiger Erkrankung als Ursache der Sucht, falls Heilung der geistigen Erkrankung zu erwarten oder der Täter dauernd
11 pflegebedürftig ist. **C. Sicherungsverwahrung** ist am Platze, wenn deren Voraussetzungen, aber nicht die nach 9, 10 zutreffen, insbesondere die Anordnung nach § 64 aussichtslos wäre (RG **73**, 44) und der Täter durch die Sucht ein gefährlicher Hangtäter geworden ist.

12 **D. Unterbringung nach Landesgesetzen** (9 vor § 61), wenn die §§ 63 ff. versagen.

13 **7) Sonstige Vorschriften: Materieller Schutz** der Maßregeln in §§ 120, 258, 258a, 323b. **Verfahrensrechtlich** sind die §§ 81, 126a, 246a, 331 II, 358 II, 373 II, 456b, 463 StPO; § 171a GVG zu beachten; vgl. auch 16 f. zu § 63. Trotz § 331 II StPO keine Anordnung nach § 64 durch das Berufungsgericht, wenn der Beschwerdeführer das Berufungsverfahren auf die Frage der Strafaussetzung beschränkt hatte (Bay **86**, 59), jedoch kann das Revisionsgericht auch im

Maßregeln der Besserung und Sicherung **§ 66**

Rahmen einer Sachrüge des Angeklagten überprüfen, ob von der Anordnung nach § 64 zu Recht abgesehen worden ist (BGH **37**, 7; NStZ **92**, 33; BGHR Ablehn. 6; 3. 9. 1991, 4 StR 346/91; 25. 10. 1991, 2 StR 460/91, 30. 3. 1992, 4 StR 108/92; 22. 4. 1992, 2 StR 145/92; 28. 4. 1992, 1 StR 181/92; 29. 4. 1992, 2 StR 111/92; 15. 7. 1992, 2 StR 274/92). Die Begründungspflicht geht insoweit über § 267 VI StPO hinaus (MDR/H **90**, 886; 5. 11. 1991, 1 StR 653/91; LR-Gollwitzer 113 zu § 267 StPO). Im **Nebenrecht** sind bedeutsam § 10 I Nr. 1 WehrpflG, § 9 I Nr. 3 ZDG, § 38 I Nr. 3 SoldG, § 10 I Nr. 4 UZwG. **Übergangsregelung** in Art. 302, 314, 316 EGStGB (Anh. 1); im übrigen gilt § 2 VI. Zum **Vollzug** vgl. MaßregelvollzugsG (6 vor § 61) und §§ 137, 138 StVollzG; LK[11] 129 ff.

§ 65 [weggefallen; vgl. 1 vor § 63]

Unterbringung in der Sicherungsverwaltung

66 [I] Wird jemand wegen einer vorsätzlichen Straftat zu zeitiger Freiheitsstrafe von mindestens zwei Jahren verurteilt, so ordnet das Gericht neben der Strafe die Sicherungsverwahrung an, wenn
1. der Täter wegen vorsätzlicher Straftaten, die er vor der neuen Tat begangen hat, schon zweimal jeweils zu einer Freiheitsstrafe von mindestens einem Jahr verurteilt worden ist,
2. er wegen einer oder mehrerer dieser Taten vor der neuen Tat für die Zeit von mindestens zwei Jahren Freiheitsstrafe verbüßt oder sich im Vollzug einer freiheitsentziehenden Maßregel der Besserung und Sicherung befunden hat und
3. die Gesamtwürdigung des Täters und seiner Taten ergibt, daß er infolge eines Hanges zu erheblichen Straftaten, namentlich zu solchen, durch welche die Opfer seelisch oder körperlich schwer geschädigt werden oder schwerer wirtschaftlicher Schaden angerichtet wird, für die Allgemeinheit gefährlich ist.

[II] Hat jemand drei vorsätzliche Straftaten begangen, durch die er jeweils Freiheitsstrafe von mindestens einem Jahr verwirkt hat, und wird er wegen einer oder mehrerer dieser Taten zu zeitiger Freiheitsstrafe von mindestens drei Jahren verurteilt, so kann das Gericht unter der in Absatz 1 Nr. 3 bezeichneten Voraussetzung neben der Strafe die Sicherungsverwahrung auch ohne frühere Verurteilung oder Freiheitsentziehung (Absatz 1 Nr. 1 und 2) anordnen.

[III] Im Sinne des Absatzes 1 Nr. 1 gilt eine Verurteilung zu Gesamtstrafe als eine einzige Verurteilung. Ist Untersuchungshaft oder eine andere Freiheitsentziehung auf Freiheitsstrafe angerechnet, so gilt sie als verbüßte Strafe im Sinne des Absatzes 1 Nr. 2. Eine frühere Tat bleibt außer Betracht, wenn zwischen ihr und der folgenden Tat mehr als fünf Jahre verstrichen sind. In die Frist wird die Zeit nicht eingerechnet, in welcher der Täter auf behördliche Anordnung in einer Anstalt verwahrt worden ist. Eine Tat, die außerhalb des räumlichen Geltungsbereichs dieses Gesetzes abgeurteilt worden ist, steht einer innerhalb dieses Bereichs abgeurteilten Tat gleich, wenn sie nach deutschem Strafrecht eine vorsätzliche Tat wäre.

Im Gebiet der ehem. DDR sind die Vorschriften über die Sicherungsverwahrung nicht anzuwenden. Vgl. auch Art. 1a, 315 EGStGB und 11ff. zu § 3.

§ 66

AT Dritter Abschnitt. Sechster Titel

1 **Schrifttum:** *Brückner* DRiZ **55**, 219; *Bruns* ZStW **71**, 210; *Dreher* DRiZ **57**, 51; *Hall* ZStW **70**, 41; *Hellmer,* Der Gewohnheitsverbrecher und die Sicherungsverwahrung, 1961; *G. Kaiser* aaO [1a vor § 63] 32ff.; *Naucke* MSchrKrim. **62**, 84; *Röhl* JZ **55**, 145; *Rudolph* DRiZ **56**, 176; *de Boor,* Zum Begriff des Hangtäters, Zeitschr. f. d. ges. SachverstWesen **81**, 176; *Schüler-Springorum* MSchrKrim **89**, 147; *Weichert* StV **89**, 265 (auch stat. Angaben); LK[11]-*Hanack* bei § 66; zur Anwendung des § 66 auf *Ersttäter* vgl. BT-Drs. 8/322, 8/1888 (neu); BR-Drs. 302/78 (Beschluß); BRat 461. Sitz. S. 217; Ber. BT-Drs. 8/1482, 15; *kriminologisch: Speer* MSchrKrim. **83**, 368; *rechtsvergleichend: Rieder* ÖJZ **76**, 390.

2 **1) Die Vorschrift** ist durch das 1. StrRG nicht nur deshalb neu gefaßt worden, weil der bisherige Anknüpfungspunkt des § 20a fF weggefallen war, sondern vor allem deshalb, um aus der **Sicherungsverwahrung (SV)** die falschen Täter, nämlich die passiven älteren Rückfalltäter mit gehäuften kleineren Vermögensdelikten, herauszubringen und dafür die bedrohlichen aktiven Hangtäter mit schwerer Delinquenz hinein (Ber. BT-Drs. V/4094 = Ber. 18ff.; NJW **71**, 1416; LK[11] 6, 25). Die Mittel dafür sind, daß einerseits die Voraussetzungen verschärft worden sind, andererseits aber die Gefährlichkeit des Täters nicht mehr für das Ende der kommenden Strafverbüßung festgestellt zu werden braucht (unten 15a). Die Maßregel ist nicht natsoz. Ursprungs (LM Nr. 3 und § 42e aF), sondern Gedankengut der Strafrechtsreformbewegung (das allerdings auch im Ausland – vgl. Ber. 19; LK[11] 10 – in eine Krise geraten ist) und verfassungsrechtlich nicht zu beanstanden (BVerfGE **2**, 118; **42**, 1; aM Weichert StV **89**, 265; vgl. dazu BayVGH JR **61**, 395; LK[11] 20; SchSch-Stree 3; ferner zum vergleichbaren § 23 öStGB: öVerfGH Wien EuGRZ **80**, 139). Sie ist „eine der letzten Notmaßnahmen der Kriminalpolitik" (BGH **30**, 222). Am 31. 3. 1989 gab es im Bundesgebiet nur 204 Sicherungsverwahrte (weit. Nachw. LK 24; Schöch ZStW **92**, 174); 1989 wurden 27 Unterbringungen angeordnet. Gegen Jugendliche (§ 7 JGG) und Heranwachsende (§ 106 II S. 1 JGG) ist die Maßregel unzulässig. Die Vorschrift ist mit dem 2. StrRG § 66 geworden. III S. 1 bis 4 idF Art. 1 Nr. 14 des 23. StÄG (9 vor § 56) sind ohne sachliche Änderung als Folge der Aufhebung des § 48 an die Stelle des III S. 1 getreten, der auf § 48 III, IV verwies. Die Vollstreckung einer noch nach § 42e aF angeordneten SV ist auch dann zulässig, wenn die Rechtsprechung inzwischen die formellen Voraussetzungen für deren Anordnung erschwert hat (KG NJW **77**, 1162).

3 **2) Die formellen Voraussetzungen** der obligatorischen Anordnung nach I sind verschieden von denen der Ermessensentscheidung nach II. Materiell sind die Voraussetzungen bei beiden Gruppen dieselben (I Nr. 3; unten 13ff.).

4 A. Nach I wird vorausgesetzt **a)** eine **Verurteilung** wegen **einer vorsätzlichen Straftat,** wenn auch nur wegen Versuchs, Teilnahme (vgl. NJW **56**, 1078) oder strafbarer Vorbereitung, ohne Rücksicht auf den Tatort. § 11 II ist zu beachten. Fahrlässige Vergehen und Ordnungswidrigkeiten scheiden danach aus; **b)** und zwar eine Verurteilung zu **zeitiger Freiheitsstrafe** iS des § 38 von mindestens 2 Jahren, wobei es auf die Verhängung ankommt und etwaige Anrechnung nach § 51 außer Betracht bleibt. Auch eine fortgesetzte Tat genügt (StV **83**, 503). Hingegen ist bei **Gesamtstrafe** erforderlich, daß darin mindestens eine Einzelstrafe von 2 Jahren oder mehr wegen einer vorsätzlichen Tat enthalten ist; es reicht nicht aus, wenn die Summe von Einzelstrafen wegen solcher Taten oder die tatsächliche oder die hypothetische Gesamtstrafe daraus 2 Jahre erreichen (NJW **72**, 834; MDR/H **80**, 272; GA **91**, 224; NStZ/M **82**, 456; LK[11] 44). Dies ergibt sich aus dem

540

Maßregeln der Besserung und Sicherung **§ 66**

verschiedenen Wortlaut von I und II (Ber. 19; Horstkotte JZ **70**, 155; Bringewat 139). Auf die Art der Straftaten kommt es formell nicht an; sie brauchen nicht von gleicher Art zu sein wie die in Nr. 1 (vgl. RG **68**, 156; **70**, 215); auch vorsätzliche Trunkenheit (§ 323a) kommt in Betracht (vgl. GA **63**, 146). Neben **lebenslanger Freiheitsstrafe** kommt die SV nicht in 5 Betracht, sofern *ausschließlich* auf diese Strafe erkannt ist (BGH **33**, 398 [m. Anm. Maatz NStZ **86**, 476; Müller-Dietz JR **87**, 28]; KG NStZ **83**, 78; Böhm NJW **82**, 138). Wird daneben aber wegen weiterer vorsätzlich begangener Taten auf zeitige Strafe erkannt, so bleibt § 66 selbst dann anwendbar, wenn nach § 54 I S. 1 allein auf eine lebenslange Freiheitsstrafe als Gesamtstrafe (vgl. § 57b) erkannt wird, da sich die Zulässigkeit der SV nach der Einzeltat richtet (NJW **85**, 2839 [m. Anm. Müller-Dietz JR **86**, 340 und Schüler-Springorum StV **86**, 478]; BGH **34**, 143; 31. 10. 1990, 2 StR 231/90; LK 20 zu § 53; vgl. 8 zu § 55). **c) nach I Nr. 1** mindestens 2 rechtskräftige (hM; LK[11] 43 mwN; vgl. aber unten 5a) **Vorverurteilungen** wegen vorsätzlicher Straftaten zu jeweils einer freiheitsentziehenden Strafe von mindestens 1 Jahr. Das unter 4 Gesagte gilt dabei mit folgenden Abweichungen: Es genügt auch Verurteilung zu Jugendstrafe oder zu einer zur Bewährung ausgesetzten Strafe (LK[11] 33), jedoch muß eine Jugendstrafe von unbestimmter Dauer oder eine einheitliche Jugendstrafe (§§ 19, 31 JGG) erkennen lassen, daß der Täter bei einer der ihr zugrundeliegenden Straftaten eine Jugendstrafe von mindestens einem Jahr verwirkt hätte (MDR/H **87**, 799; NStE Nr. 19). *Nicht* genügt eine an die Stelle von Geldstrafe getretene Ersatzfreiheitsstrafe; §§ 51, 65 BZRG sind zu beachten. Verurteilung zur **Gesamtstrafe**, auch bei nachträglicher Gesamtstrafenbildung nach § 55 oder § 460 StPO, gilt nur als einzige Verurteilung (**III S. 1**; StV **82**, 420 L; 31. 10. 1990, 2 StR 231/90; aM SK-Horn 7). Das gilt selbst dann, wenn die Vorverurteilungen zwar gesamtstrafenfähig waren, die Bildung der Gesamtstrafe aber versäumt wurde oder unterblieben ist (vgl. 7 zu § 55; NJW **71**, 2318; GA **76**, 182; 26. 2. 1980, 5 StR 829/79). Auf jeden Fall bezieht sich III S. 1 nur auf I Nr. 1, dh auf Vortaten, so daß eine Gesamtstrafenbildung erst mit der die SV auslösenden Tat außer Betracht bleibt. Die Neubildung von Gesamtstrafen braucht I Nr. 1, 2 nicht entfallen zu lassen. **d)** Hinsichtlich der **Reihenfolge** der Vortaten, Vorverurtei- 5a lungen und der auslösenden Tat wird nach dem Wortlaut nicht vorausgesetzt, daß die 1. Vorverurteilung bereits bei *Begehung* der 2. Vortat **rechtskräftig** war. Erforderlich ist nur, daß die 2. Tat nach der Verurteilung wegen der 1. Tat begangen war. Auf die Begehung der 1. Tat und deren Aburteilung kann zunächst die Begehung der 2. Tat und dann erst die Rechtskraft des 1. Urteils folgen. Denn für die Warnfunktion kommt es nur darauf an, daß der Täter bei Begehung der die SV auslösenden Tat zweimal rechtskräftig verurteilt war (BGH **26**, 387 zu § 48 aF mwN und überzeugender Begründung; SchSch-Stree 7; **aM** BGH **35**, 12; MDR/H **88**, 100; 31. 10. 1990, 2 StR 231/90; BGH **38**, 259, wo vorausgesetzt wird, daß zZ der Begehung der zur 2. Vorverurteilung führenden Tat auch die Strafaussetzung der 1. Vorverurteilung rechtskräftig ist; LK[11] 30) und Strafe in der nach Nr. 2 vorausgesetzten *Mindestgesamtdauer* verbüßt hat; uU wiegt es sogar schwerer, wenn der Täter noch vor der Rechtskraft des 1. Urteils wieder straffällig wird. Auch für die kriminelle Intensität, auf die es bei § 66 ankommt, ist es grundsätzlich ohne Bedeutung, ob vor einer neuen

§ 66 AT Dritter Abschnitt. Sechster Titel

Tat schon die Verurteilung wegen einer vorausgegangenen rechtskräftig geworden ist (aM LK[11] 30). Es genügt sogar, wenn die Rechtskraft einer Vorverurteilung erst zwischen der neuen Tat und ihrer Aburteilung eingetreten ist (aM LK[11] 43); stets sind aber 2 gesonderte Vorverurteilungen notwendig (BGH **30**, 222). Rspr. und hM setzen zudem voraus, daß *in jeder Vorverurteilung zu einer Gesamtstrafe eine Einzelstrafe von mindestens einem Jahr* wegen einer vorsätzlichen Tat enthalten sein muß (BGH **24**, 243); fehlt es hieran, so genügt auch eine *Gesamt*strafe von über einem Jahr für lauter Symptomtaten nicht (BGH **24**, 345; **30**, 221; **34**, 322; NJW **72**, 1869; 28. 12. 88, 3 StR 540/88; LK[11] 32; Lackner 5; SK 8; Horstkotte JZ **70**, 156; Beyer NJW **71**, 1597; Koffka JR **71**, 428; Bringewat 140; hiergegen mit gewichtigen Argumenten Dreher MDR **72**, 826, gegen ihn BGH **34**, 323). Selbst eine einheitliche **Jugendstrafe** nach § 31 JGG soll für I Nr. 1 nur ausreichen, wenn wenigstens hinsichtlich einer Einzeltat eine Strafe von mindestens 1 Jahr verwirkt gewesen wäre (BGH **26**, 155; 14. 4. 1987, 1 StR 152/87), freilich gilt das nur, wenn insoweit die (hypothetische) Bewertung des früheren Tatrichters erkennbar ist (MDR/H **80**, 628); dazu muß daher der Tatrichter in den Urteilsgründen Stellung nehmen (NJW **85**, 2840; NStZ/

6 M **81**, 427). **e)** nach **I Nr. 2** die **Verbüßung** von Freiheitsstrafe oder Vollzug einer freiheitsentziehenden Maßregel wegen einer oder mehrerer Taten, welche die Voraussetzungen der Nr. 1 erfüllen mit einer Mindestgesamtdauer von 2 Jahren an dem Täter, wobei diese Dauer durch Addition von Strafvollzug auch von mehr als 2 Strafen oder von Straf- und Maßregelvollzug erreicht werden kann (Ber. 20; LK 36) und eine etwaige Vorverlegung des Entlassungszeitpunkts (§ 16 III StVollzG) für die Verbüßungsdauer nicht zu beachten ist (NJW **82**, 2390). **f) Angerechnete Freiheitsentziehung** gilt als verbüßte Strafe iS des II Nr. 2 **(III S. 2)**; jedoch dann nicht, wenn zwar UHaft angerechnet, die Strafe aber zur Bewährung ausgesetzt und später erlassen wurde (LK[11] 37; SchSch 15). Nach § 36 I, III BtMG angerechnete Zeiten bleiben wegen des Analogieverbots unberücksichtigt. Bei verbüßter Gesamtstrafe gilt das oben zu 5 Ausgeführte entsprechend. Ist der Täter zB zunächst zu einer Gesamtstrafe von 2 Jahren verurteilt mit 2 Einzelstrafen von 1 Jahr und 10 Monaten wegen vorsätzlicher Taten und einer Einzelstrafe von 6 Monaten wegen einer Fahrlässigkeitstat und wird er dann wegen eines Verbrechens zu 1 Jahr 6 Monaten Freiheitsstrafe verurteilt, so ist zwar Nr. 1 gegeben, nicht aber Nr. 2, solange nur die Gesamtstrafe verbüßt ist.

7 **B. Nach II**, der in erster Linie für unentdeckt gebliebene gefährliche Serientäter gedacht (Ber. 21; NJW **76**, 300) und als subsidiäre Vorschrift nur anzuwenden ist, wenn I ausscheidet (21. 5. 1985, 1 StR 194/85; LK[11]
8 51), brauchen Vorverurteilungen und Vorverbüßungen nicht gegeben zu sein. Es reicht aus, wenn der Täter **a) 3 Verbrechen** oder **vorsätzliche Vergehen** (oben 4) begangen hat, und zwar rechtlich selbständige Taten, so daß Einzelakte einer fortgesetzten Tat nicht genügen (LK[11] 54; so für § 20a fF BGH **1**, 316; Kassel SJZ **49**, 570; aM Düsseldorf NJW **50**, 614), wohl aber Einzelfälle gewerbsmäßiger Begehung (NJW **53**, 955). Formell genügt es auch, wenn die Taten auf Grund eines einheitlichen Entschlusses rasch hintereinander begangen werden und Fortsetzungszusammenhang nur wegen Verletzung höchstpersönlicher Rechtsgüter ausscheidet (vgl. BGH **3**,

159); **b) freiheitsentziehende** Strafe, also auch Jugendstrafe, aber nicht eine 9
bloße Maßregel, von mindestens 1 Jahr für **jede** dieser Taten verwirkt hat.
Verwirkt heißt, daß entweder eine oder zwei der Taten bereits abgeurteilt
sind (BGH **1**, 317; NJW **64**, 115) und die übrigen gleichzeitig abgeurteilt
werden oder daß alle drei zusammen abgeurteilt werden (BGH **25**, 44); dies
ist zB nicht möglich, wenn der Strafantrag fehlt (BGH **1**, 386; LK[11] 61). Ob
zwei der Taten durch eine Gesamtstrafe geahndet worden sind, ist ohne
Bedeutung (RG **68**, 224), wenn jede Einzelstrafe 1 Jahr erreicht hat (BGHR
§ 66 II, Vorverurt. 1; 14. 4. 1987, 1 StR 152/87); **c)** zu **Freiheitsstrafe** iS 10
von § 38 von mindestens **3 Jahren** verurteilt wird entweder **aa)** wegen aller
3 Taten zu einer solchen Gesamtstrafe (wenn auch nur nach § 55; MDR/H
82, 447); **bb)** wegen 2 der Taten zu einer Gesamtstrafe von mindestens
3 Jahren (8. 1. 1985, 5 StR 823/84); oder **cc)** nur wegen einer der 3 Taten zu
3 Jahren. In den Fällen von bb und cc können die übrigen Taten bereits
abgeurteilt sein (bei cc auch durch Gesamtstrafe). Wird eine Gesamtstrafe
zB aus 3 Einzelstrafen von je 13 Monaten und einer von 6 Monaten in einer
Höhe gebildet, die nicht erkennen läßt, ob aus den 3 Strafen von je 13 Monaten
allein eine Gesamtstrafe von mindestens 3 Jahren gebildet worden
wäre, so hat sich das Urteil darüber zu erklären (25. 2. 1976, 3 StR 476/75).
Aus 8 bis 10 ergibt sich, daß die **Reihenfolge** der einzelnen Taten, abgesehen
davon, daß sie sämtlich vor der Entscheidung begangen sein müssen,
ebenso gleichgültig ist wie die Reihenfolge etwaiger Vorverurteilungen
oder -verbüßungen.

C. Die Verjährung nach III S. 3, 4 darf nicht eingetreten sein; dh die 11
Berücksichtigung einer früheren Tat zur Begründung der formellen Voraussetzungen
ist ausgeschlossen, wenn zwischen der Begehung der früheren
Tat (dh Beendigung, 22. 2. 1971, 2 StR 8/71, bei fortgesetzter Tat
Beendigung des letzten Teilakts, bei Dauerstraftaten Ende der Strafbarkeit,
bei echten Unterlassungsdelikten Ende der Handlungspflicht; vgl. § 8) und
der folgenden Tat (dh ihrem strafbaren Beginn) mehr als 5 Jahre verstrichen
sind. Die Tatzeiten der Vorverurteilungen sind anzugeben (Köln
MDR **84**, 335). Auf den Zeitpunkt der Verurteilung und der Strafverbüßung
kommt es nicht an (BGH **25**, 106; StV **85**, 503 L; 22. 10. 1985, 1 StR
503/85). Bei Gesamtstrafe kommt es auf den Begehungszeitpunkt der einzelnen
Taten an, so daß diejenigen ausscheiden, für die Rückfallverjährung
eingetreten ist (Frankfurt NJW **71**, 1419). Zeitpunkt für Anstiftung und
Beihilfe ist sowohl der der Haupttat als auch der der Teilnahmehandlung
(2 ff. zu § 8). Die Vorschrift bezieht sich sowohl auf die Frist zwischen den
jeweiligen Vortaten (I Nr. 1) als auch auf die zwischen der letzten Vortat
und der neuen Tat (BGH **25**, 106); jedoch immer nur auf die Frist zwischen
einer und der ihr folgenden Tat, wobei immer nur relevante Taten iS des I
Nr. 1, 2 zu berücksichtigen sind (MDR/H **90**, 97; NStZ/D **90**, 225). Der
Tag der vorausgehenden Tat wird in die Frist nicht eingerechnet (RG JW
35, 521; LK[11] 28). Ist die neue Tat eine fortgesetzte, so genügt es, wenn der
erste Teilakt in die Frist fällt; sind mehrere Taten abzuurteilen, so ist für
jede die Frage der Verjährung gesondert zu prüfen (BGH **24**, 94 [krit.
Koffka JR **73**, 250]; aM Hamm NJW **70**, 2073). Jedoch genügt es bei einer
Gesamtstrafe, wenn eine der einbezogenen Taten innerhalb der Frist zur
vorausgegangenen selbständigen Tat und eine andere innerhalb der Frist

§ 66

zur nachfolgenden selbständigen Tat liegt (BGH **25**, 106). Hingegen kann von den neu abzuurteilenden Taten die erste nicht als „frühere Tat" gelten, weil sie noch nicht abgeurteilt ist (BGH **24**, 94). In die Fünfjahresfirst wird nach **III S. 4**, weil der Täter sich in dieser Zeit nicht in Freiheit bewähren

11a kann (NJW **69**, 1678), die Zeit nicht eingerechnet, in der er sich auf **behördliche,** dh vor allem auf gerichtliche Anordnung in einer Anstalt befand (vgl. 3 zu § 120). Die Verwahrung braucht daher in keiner Beziehung zu den in I Nr. 1, 2 genannten Taten zu stehen; bei Verbüßung einer Gesamtstrafe ist es daher gleichgültig, ob und inwieweit sie sich auf eine Tat nach I Nr. 1, 2 bezieht (irrig Frankfurt NJW **71**, 1419). Die Verwahrungszeiten müssen genau festgestellt werden (NStZ **87**, 85; MDR/H **90**, 97). In Betracht kommen nicht nur Strafverbüßung, sondern auch Verbüßung von Ordnungshaft (zB nach §§ 51, 70 StPO), Erzwingungshaft nach § 96 OWiG, UHaft (ob bei späterem Freispruch zw.; vgl. LK 40 zu § 66) oder Unterbringung im Maßregelvollzug. Ein späteres Wiederaufnahmeverfahren ändert daran nichts (MDR **69**, 855). Nach dem Sinn der Vorschrift wird man auch Verwahrung in einer Anstalt außerhalb des räumlichen Geltungsbereichs des Gesetzes auf Anordnung einer dortigen Behörde von der Fünfjahresfrist auszunehmen haben (ebenso BGH **24**, 62; LK[11] 30). Nach § 51 I BZRG scheiden, da es nicht um unmittelbare gesetzliche Rechtsfolgen der Verurteilung iS von § 51 II BZRG geht, für Nr. 1 und 2 auch solche Taten aus, deren Verurteilungseintragung im Zentralregister getilgt oder tilgungsreif ist (so schon für § 5 II StTilgG BGH **7**, 60). Über Zweifel an der Rechtmäßigkeit einer Tilgung darf der Strafrichter nicht entscheiden (BGH **20**, 205).

12 **D. Gemeinsam für I und II** gilt nach III S. 5 noch: a) Eine **außerhalb des räumlichen Geltungsbereichs** dieses Gesetzes (8 vor § 3; 2 vor § 80) rechtskräftig abgeurteilte Tat steht iS von I Nr. 1, 2 und II einer innerhalb dieses Bereichs abgeurteilten Tat gleich, vermag also die formellen Voraussetzungen mit zu erfüllen, wenn sie nach dem Recht der BRep. eine vorsätzliche Straftat wäre. Nach dem Recht des Aburteilungsbereichs braucht danach keine Straftat gegeben zu sein.

13 3) **Materielle Voraussetzung** sowohl für I wie für II ist, daß der Täter **A.** einen **Hang** zu Straftaten hat; seine Delikte also nicht nur Konflikts-, Gelegenheits- oder Augenblickstaten sind (GA **69**, 25; NStE Nr. 14), sondern auf einem durch Anlage und (oder) Übung erworbenen Hang zu immer neuen Straftaten iS eines „eingeschliffenen Verhaltensmusters" (NStZ **88**, 496; wistra **88**, 304), dessen Ursache unerheblich ist (MDR/H **89**, 682), beruhen (vgl. KG JR **48**, 164; vgl. Bresser, Leferenz-FS 436); es kommt auf eine Würdigung des Täterverhaltens im gesamten an (11. 4. 1989, 1 StR 83/89). Ob dem Täter aus seinem Hang ein Vorwurf zu machen ist, ist ohne Bedeutung. Es kann sich um Berufsverbrecher (Hellmer ZStW **73**, 452) handeln; doch können auch Willensschwäche (vgl. BGH **24**, 161; GA **67**, 111; JR **68**, 430; NJW **71**, 1416; LK[11] 82; aM Horstkotte JZ **70**, 155), oder innere Haltlosigkeit, oder innere Haltlosigkeit, die Tatanreizen nicht zu widerstehen vermag (MDR/H **90**, 97), ferner Alkoholeinfluß (MDR/D **51**, 403; **56**, 143; NJW **66**, 894; **80**, 1054 [m. Anm. Hanack JR **80**, 340]; StV **81**, 622), Spielleidenschaft, Altersrückbildung (RG **73**, 276), sonst ein unverschuldetes Leiden (21. 5. 1953, 3 StR 169/53; RG **69**, 129), ja auch Notlage

Maßregeln der Besserung und Sicherung **§ 66**

(doch nur dann, wenn der Täter bedenkenlos keine möglichen Auswege sucht; vgl. NJW **55**, 800) eine Rolle spielen (vgl. Celle HannRpfl. **46**, 120). Überwiegend stehen Not (RG JW **38**, 2129) oder Affekt der Annahme eines Hanges entgegen, ebenso Handeln in einer Konfliktlage, aber nur dann, wenn sie einer außergewöhnlichen Situation entspringt (MDR/H **79**, 987), nicht jedoch wenn sie Ausdruck innerer Spannungen des Täters ist (25. 6. 1981, 4 StR 313/81), ebensowenig chronische Trunkenheit. Auch bei noch unreifen Menschen und bei vermindert Schuldfähigen kann ein Hang zu Straftaten bestehen (vgl. NJW **57**, 1932; **71**, 1416; GA **65**, 249).

B. Auf **erhebliche rechtswidrige Taten** muß sich der Hang des Täters 14 richten. Was hierunter zu verstehen ist (vgl. 8 zu § 63; 6 zu § 64), folgt sowohl aus § 62 (21. 12. 1982, 5 StR 772/82) als auch aus den als Leitlinie gedachten Beispielen in **I Nr. 3**, die verdeutlichen, daß die leichte und mittlere Kriminalität ausscheiden und nur den Rechtsfrieden bedrohende Taten (BGH **24**, 162; NJW **68**, 1484; **71**, 1322; MDR/D **70**, 560; GA **73**, 343; **80**, 422; wistra **88**, 23; MDR/H **91**, 1020) gemeint sind, nämlich solche, durch die **a)** die **Opfer seelisch oder körperlich schwer geschädigt** 14a werden. Schwere *seelische Schädigungen* kommen in Betracht zB bei Sexualverbrechen (Weihrauch NJW **70**, 1900); Vergewaltigungen (NJW **76**, 300), nicht schon ohne weiteres bloßer Exhibitionismus (25. 11. 1970, 2 StR 458/70; Lang-Hinrichsen, Maurach-FS 314; vgl. LK[11] 135 ff.); wohl aber bei sexuellem Mißbrauch von Kindern, mögen Schädigungen auch nicht sicher vorausehbar (Ber. 20) oder durch die Flucht des Opfers nicht eingetreten sein (NStZ **83**, 71; bedenklich 21. 6. 1977, 5 StR 155/77, wo Erheblichkeit bei Taten nach §§ 175, 176, 52, für die 3 Jahre und 6 Monate Freiheitsstrafe verwirkt waren, verneint wurde; vgl. auch 7. 2. 1978, 5 StR 772/77; 22. 5. 1979, 1 StR 108/79); *körperliche Schädigungen,* etwa bei Gewaltverbrechen, Herbeiführen von Rauschmittelabhängigkeit; es sind keine solchen iS von § 224 vorausgesetzt (MDR/D **72**, 16; LK[11] 133); oder Taten, durch die **b) schwerer wirtschaftlicher Schaden** angerichtet wird. 14b Str. ist (LK[11] 117 ff., Lackner 14), wonach sich die Schwere bestimmt. Die Rspr. legt einen *objektiven* Maßstab nach der materiellen Lebenshaltung des Durchschnittsbürgers an (BGH **24**, 163; MDR/H **76**, 986; NStZ **84**, 309), und setzt eine den Rechtsfrieden bedrohende Begehungsweise (oben 14) voraus. Hiernach wurden Schadensbeträge von 4000 DM (MDR/H **76**, 986), 6400 DM (BGH **24**, 163) und 9000 DM (BGH **24**, 158) für genügend angesehen. Lang-Hinrichsen aaO 319 ff. will als Untergrenze das dreimonatige Durchschnittseinkommen in der BRep. zugrunde legen, Ausnahmen aber bei minderbemittelten Opfern zulassen (ebenso Koffka JR **71**, 428; Hamburg NJW **71**, 1574). Richtig ist hieran, daß *nicht allein* auf die Schadenshöhe abzustellen ist (StV **83**, 503), die Erheblichkeit sich auch aus der Hartnäckigkeit krimineller Lebensführung ergeben kann (20. 3. 1980, 2 StR 38/80), insbesondere aus Taten, die den Rechtsfrieden in besonders schwerwiegender Weise zu stören (Ber. 20; BGH **24**, 162; NStZ **88**, 496) und der Bevölkerung das Gefühl der Rechtssicherheit zu nehmen geeignet sind (Celle NJW **70**, 1200; krit. LK[11] 108, 142); so bei Straßenraub (Ber. 20), bei Taten nach § 316a (NStZ **86**, 165), bei nächtlichen Wohnungseinbrüchen (NJW **80**, 1055, hiergegen Frommel NJW **81**, 1084), aber auch bei Kraftfahrzeugdiebstählen (NStZ **88**, 496; Celle NJW **70**, 1200); uU auch die stark wertmindernde Benutzung von betrügerisch erlangten Kraftfahrzeugen (MDR/H **81**, 266), wobei die spätere Sicherstellung des Fahrzeugs in diesem Zusammenhang ohne Bedeutung bleibt (StV **81**, 622). Schwerer wirtschaftlicher Schaden kann auch aus einer aus dem Hang sich ergebenden Vielzahl von Taten zu erwarten sein (Ber. 20; BGH **24**, 153; NStZ **84**, 309; 11. 3. 1986, 5 StR 35/86; Köln MDR **71**, 154; Hamburg MDR **71**, 594; Blei JA **71**, 237; Lang-Hinrichsen aaO 315; SchSch 40; krit. LK[11] 110ff.; aM SK 16), das gilt insbesondere bei Serientaten (Celle NJW **70**, 1200; Greiser NJW **71**, 789). In solchen Fällen und im Zusammenhang mit anderen Delikten können uU auch Taten nach § 248b (BGH **21**, 330) sowie bei vorsätzlicher Begehung solche nach § 323a genügen (vgl. GA **63**, 146), erst recht Einbruchsdiebstähle, soweit sie einen hohen Schweregrad aufweisen (wistra **88**, 23) und nicht auf geringwertige Gegenstände angelegt sind (Celle NJW **69**, 519; einschränkend jedoch JZ **80**, 532 m. abl. Anm. A. Mayer). Nicht erforderlich ist, daß die Symptomtaten gleichartig sind oder dasselbe Rechtsgut verletzt ist. Bei Straftaten ganz verschiedener Art bedarf der Nachweis ihrer für einen verbrecherischen Hang und für die Gefährlichkeit des Täters kennzeichnenden Bedeutung allerdings besonders sorgfältiger Prüfung und Begründung (MDR/H **87**, 445). Der Tatrichter hat in diesem Bereich einen bestimmten Beurteilungsspielraum (NStZ/M **81**, 428). Es kommt nicht auf die Strafdrohungen der verletzten Tatbestände, sondern auf den Wert der bedrohten Rechtsgüter an (9. 8. 1977, 1 StR 351/77). Daher fallen fortgesetzte *Kleindiebstähle oder -betrügereien* (BGH **24**, 154), selbst wenn der zu erwartende Schaden in der Addition erheblich wäre, *keinesfalls* unter I Nr. 3 (Hamm NJW **71**, 205; MDR **71**, 155; Schleswig SchlHA **71**, 67; zu eingeschränkt: Weihrauch NJW **70**, 1897; Neu MDR **72**, 915), ebenso Fahren ohne Fahrerlaubnis (BGH **19**, 98). Vgl. jedoch die abweichende Auslegung bei § 63 (dort 8).

15 **C. Die ungünstige Prognose,** nämlich die **Erwartung** (dh die bestimmte Wahrscheinlichkeit, BGH **25**, 61), daß von dem Täter infolge seines Hanges weitere erhebliche rechtswidrige Taten (14) ernsthaft (JR **68**, 430) zu besorgen sind und er **deshalb für die Allgemeinheit gefährlich ist.** Es spielt dabei zB der zeitliche Abstand früherer abgeurteilter Taten eine Rolle (21. 12. 1982, 5 StR 772/82), aber auch, ob mit sorgfältig geplanter oder raffinierter Tatausführung zu rechnen ist, die das Gelingen der Taten wahrscheinlich macht. Eine extrem hohe Wiederholungsgefahr künftiger Tatbegehung braucht nicht gegeben zu sein (wistra **88**, 23; LK[11] 145; vgl. auch GA **65**, 28); erst recht nicht Sicherheit. Eine naheliegende Gefahr künftiger Übergriffe gegenüber Menschen im sozialen Nahbereich genügt (NStE Nr. 13). Auch die bloße Möglichkeit künftiger Besserung (BGH **1**, 94; GA **66**, 181; NJW **68**, 997) oder eine bloße Hoffnung darauf (NStZ **90**, 335) räumen die Gefahr nicht aus; wohl aber die Wahrscheinlichkeit der Besserung (BGH **1**, 66). Es muß zu erwarten sein, daß der Angeklagte den Umkehrwillen mindestens über eine längere Zeit hinweg durchhalten wird (MDR/H **90**, 97). Unberücksichtigt muß bleiben, ob dem Täter durch die Maßregel die bloße Möglichkeit der Besserung genommen wird (vgl. GA **66**, 181). Bei Tätern, die das 21. Lebensjahr noch nicht wesentlich überschritten haben, ist die Gefährlichkeitsprognose von besonderer Schwierigkeit und bedarf besonderer Prüfung (NStZ **89**, 67). Die Gefahr kann entfal-

Maßregeln der Besserung und Sicherung § 66

len, wenn in der Person (Gebrechen; Erblindung; vgl. BGH **5**, 350) oder den Verhältnissen des Täters (Heirat, Aufnahme in einer Familie, alter oder langjähriger Strafvollzug, NStZ **88**, 496) entsprechende Änderungen eingetreten sind (StV **81**, 622; 31. 8. 1982, 5 StR 482/82), solche neuen Umstände müssen feststehen (NStE Nr. 11; MDR/H **90**, 97). Der Tatrichter darf auch berücksichtigen, daß der Täter in vorgerücktem Alter steht (21. 5. 1985, 1 StR 194/85). **Maßgebender Zeitpunkt** für die Gefährlichkeitsprognose ist **die Aburteilung** (BGH **24**, 164; **25**, 61; JA **78**, 308; NStZ **85**, 261; **88**, 496, **89**, 67; **90**, 335; MDR/H **89**, 682; NJW **65**, 2840; anders wohl StV **82**, 114; vgl. auch unten 20), da es Zweck des ergänzenden § 67c I ist, mögliche Änderungen und die Wirkungen künftiger Maßnahmen bei der obligatorischen Prüfung vor Ende des Vollzuges zu berücksichtigen (NJW **71**, 1416; JR **76**, 422 [m. Anm. v. Bubnoff]; 20. 7. 1982, 1 StR 389/82; differenzierend LK-Horstkotte 5 zu § 67b mwN). Schon zZ der Aburteilung bestehende Gewißheit, daß die Gefährlichkeit während des Vollzugs entfallen wird, spricht nicht für eine Aussetzung nach § 67b, sondern nach § 62 wegen der dann unvermeidbaren FAufsicht gegen die Anordnung (Lackner 15). Maßgebend ist bei der Prognose, ob nach dem derzeitigen Persönlichkeitsbild des Täters (11 zu § 63) zu erwarten ist, daß er auch nach der Strafverbüßung (nicht etwa im Falle seines Entweichens StV **81**, 71) die Freiheit zu neuen Straftaten mißbraucht (NStZ/M **81**, 428). So hindert auch die Bereitwilligkeit des Täters, sich entmannen zu lassen, die Anordnung der Maßregel nicht (so schon BGH **1**, 66; vgl. Blau MSchrKrim. **60**, 41, aber auch NJW **64**, 1190; 15. 10. 1969, 4 StR 359/69; Nürnberg OLGSt. 4 zu § 42h aF). Entsprechendes gilt für die medikamentöse Behandlung eines Sexualtäters. Daß der Täter einen besonderen kriminologischen Tätertyp verkörpert, fordert das Gesetz angesichts der Problematik solcher Typenbildung nicht (LK[11] 64ff.). Auch eine antisoziale Einstellung braucht nicht festgestellt zu werden (16. 12. 1970, 2 StR 557/70). Zur Frage der Hangtäterschaft bei politisch motivierter Kriminalität LK[11] 76. Gefährlich sein muß der Täter **für die Allgemeinheit**. Das ist jedoch dahin zu verstehen (Ber. 20), daß auch der einzelne als Mitglied der Allgemeinheit anzusehen ist, wenn ihm schwere Schädigung droht; läßt sich dies allerdings durch Änderung der Beziehungen zwischen Täter und Opfer abwenden, so ist keine Gefahr für die Allgemeinheit gegeben; sie scheidet auch bei Gefahr bloßer wirtschaftlicher Schäden für einen einzelnen in aller Regel aus.

15a

4) Für die Gefährlichkeitsprognose kommt es auf das **Ergebnis einer Gesamtwürdigung** des Täters und seiner Taten an (20. 7. 1982, 1 StR 389/82), die sich einer generell abstrakten Beurteilung entzieht und die für das Revisionsgericht nur in begrenztem Umfang nachprüfbar ist (StV **81**, 621; **82**, 114).

16

A. Das Gericht hat also der **Persönlichkeit des Täters** mit allen kriminologisch wichtigen Tatsachen (Herkunft, Elternhaus, Erziehung, Verhalten in Schule und Lehre, frühe Verwahrlosung, Arbeitsscheu, Beginn der Kriminalität, spätere soziale Einordnung, Familienverhältnisse, Arbeit und Sozialverhalten, Charakter und Intelligenz), einschließlich der sonstigen Vorstrafen (BGH **1**, 94; **20**, 263; NJW **53**, 673; **80**, 1055 [m. Anm. Hanack JR **80**, 340]; GA **80**, 422; MDR **57**, 562) und Vortaten (auch nach Verjäh-

17

rung, NStZ **83**, 71; LK¹¹ 42) nachzugehen. Dazu kommt die Würdigung der für die Anordnung maßgebenden Taten, dh der abzuurteilenden (GA **69**, 25) und der die formellen Voraussetzungen nach I Nr. 1 und 2 begründenden Taten (NStE Nr. 13), der sog. **Symptomtaten.** Gerade sie müssen in Verbindung mit der Würdigung des Täters, die auch die Heranziehung seiner sonstigen Vorstrafen zuläßt (NStZ **90**, 335), für die Gefährlichkeit des Täters symptomatisch sein (BGH **21**, 263; **24**, 153; 244; NJW **71**, 1322; 1416; MDR/H **77**, 106; NStZ **84**, 309). Von derselben Art brauchen die Delikte nicht zu sein, auf die der Hang sich richtet (RG **73**, 276), auch im Affekt begangene Taten können auf dem Hang iS I Nr. 3 beruhen (NStZ **92**, 382). Auch Taten sehr unterschiedlicher Art (zB Tötungs- und Vermögensdelikte) können uU Symptomtaten sein (sehr weitgehend aber BGH **16**, 296 m. Anm. Hellmer NJW **62**, 543; zw.; LK¹¹ 164; SchSch 30), wenn sie ihre Wurzel im verbrecherischen Hang des Täters haben; dies ist besonders sorgfältig darzulegen (StV **81**, 518; vgl. BGH **3**, 169; MDR **54**, 528), ebenso daß der Hang auch in Richtung der nicht zur Aburteilung kommenden Symptomtaten weiter besteht (28. 2. 1961, 1 StR 633/60). Aufzählung und Würdigung der Strafen allein reichen nicht aus (MDR/H **80**, 454). Dabei können für die Gefährlichkeitsprognose von Bedeutung sein vor allem die Rückfallgeschwindigkeit beim Täter (21. 12. 1977, 3 StR 437/77), Rückfall trotz günstiger Arbeitsgelegenheit, wiederholte Rückkehr in ein kriminogenes Milieu, Beteiligung an kriminellen Vereinigungen, Wirkungslosigkeit von Freiheitsstrafen, Einsichtslosigkeit (VRS **34**, 347), uU auch das Nachgeben gegenüber einer verbrecherischen Neigung in Fällen, in denen andere Auswege finden und den Anreiz zur Tat überwinden (4. 11. 1980, 5 StR 413/80; vorbildlich Frankfurt NJW **71**, 903). Auch können vorsätzliche Verkehrsstraftaten erheblicher Schwere Symptomtaten sein (12. 11. 1969, 4 StR 430/69). Anderseits sind solche Taten auszuscheiden, die die hier vorausgesetzte Erheblichkeit nicht erreichen (3. 6. 1980, 5 StR 276/80) oder nicht als symptomatisch angesehen werden können, etwa in einem heterogenen Bereich liegen, in einem ungewöhnlichen Affekt oder sonst einer Ausnahmesituation begangen sind (14. 1. 1970, 2 StR 554/69). Ob bei einem Gewohnheitsdieb auch eine Tat nach § 113 symptomatisch sein kann, ist sehr fraglich (8. 10. 1969, 3 StR 113/69).

18 B. Es kommt entscheidend darauf an, den **frühkriminellen gefährlichen Rückfalltäter** rechtzeitig zu erkennen und die Maßregel nicht erst anzuordnen, wenn er den Gipfel seiner kriminellen Laufbahn überschritten hat (krit. hierzu LK¹¹ 101); die gegenüber einer Frühprognose zu skeptische frühere Rspr. des BGH (MDR/D **56**, 143; anderseits GA **63**, 14; Dreher DRiZ **57**, 51) berücksichtigte zu wenig die modernen Prognosemethoden (gegen diese zweifelnd LK¹¹ 101, aber mit einem wenig stichhaltigen Beleg), deren sich die Gerichte in Zweifelsfällen mit Hilfe des vorgeschriebenen Sachverständigen (§§ 80a, 246a StPO) bedienen sollten (MDR/H **90**, 97; 3 vor § 61; vgl. auch Bresser JR **74**, 265). § 67c I erleichtert die Anordnung erheblich und hat den BGH zu größerer Aufgeschlossenheit geführt (NJW **76**, 300 mit Anm. v. Bubnoff JR **76**, 423). Allerdings muß der Täter eine der Symptomtaten als Erwachsener begangen haben (NJW **76**, 301).

19 5) **Die Folgen** der formellen und materiellen Voraussetzungen sind verschieden: **A.** In den **Fällen von I muß** der Richter die SV anordnen (vgl.

Maßregeln der Besserung und Sicherung **§ 66**

GA **66**, 181); also nochmals, auch wenn sie schon durch ein früheres Urteil angeordnet ist (14. 2. 1967, 1 StR 38/67; Hamm MDR **66**, 164; LK[11] 170), und auch ohne Antrag der StA. Das Gericht ist nicht befugt, dem Verurteilten „eine letzte Chance" zu geben (JR **62**, 25; NJW **68**, 997; **80**, 1056). **B.** In den **Fällen von II** trifft der Richter eine **Ermessensentschei-** **20** **dung** (BGH **24**, 348), die der revisionsgerichtlichen Kontrolle weitgehend entzogen ist (MDR/H **88**, 100). Er ist hierbei strikt an die Wert- und Zweckvorstellungen des Gesetzes gebunden (NStZ **85**, 261; 21. 5. 1985, 1 StR 194/85). Obwohl vor dem Ende des Strafvollzuges ohnehin eine Gefährlichkeitsprüfung stattfindet (§ 67c I), hat der Tatrichter stets zu prüfen, ob die Anordnung angesichts der Strafhöhe unerläßlich ist (21. 12. 1982, 5 StR 772/82; Ber. 21). Er überschreitet sein Ermessen nicht, wenn er hierbei, was erforderlich ist (28. 9. 1990, 5 StR 414/90), die Wirkungen eines langjährigen Strafvollzugs und das Fortschreiten des Lebensalters berücksichtigt (NStZ **85**, 261; **89**, 67; NStZ/M **82**, 456), und hierbei die Voraussetzungen von I Nr. 3 rechtsfehlerfrei erörtert (18. 6. 1991, 1 StR 210/91; vgl. LK 173; SchSch 57). Zum Verhältnis von § 66 zu § 63 vgl. dort 15.

6) Im **Vollzug der SV** soll, auch wenn sie in erster Linie Schutzfunktion **21** hat (§ 129 S. 1 StVollzG; BVerfGE **2**, 118; BGH **1**, 100), dem Untergebrachten geholfen werden, sich in das Leben in Freiheit einzugliedern (§ 129 S. 2 StVollzG). Zum Vollzug, der sich an den der Freiheitsstrafe anschließt (Gegenschluß aus § 67 I), vgl. im übrigen §§ 130 bis 135, 140 I S. 2 StVollzG; LK[11] 180 ff.; aus der Zeit vor dem StVollzG Rudolph aaO; Lang NJW **65**, 1071; Hamm NJW **67**, 217; krit. Hellmer ZStW **73**, 447; Grünwald ZStW **76**, 647; Blau GA **59**, 141.

7) Sonstige Vorschriften. A. Materieller Schutz der Maßregeln in **22** §§ 120, 121, 258, 258 a. **B. Verfahrensrecht.** Die Maßregel ist im Urteil – auch neben einer Verurteilung zu lebenslanger Freiheitsstrafe als Gesamtstrafe – (BGH **34**, 146) anzuordnen (§ 260 StPO), und zwar ohne Befristung, auch im Fall der ersten Unterbringung, für die sich die Höchstfrist aus § 67 d I S. 1 ergibt. Anhörung eines Sachverständigen ist vorgeschrieben (§§ 80a, 246a StPO). Beschränkung eines Rechtsmittels auf die Anordnung der Maßregel ist möglich, wenn zwischen ihr und der verhängten Strafe ersichtlich kein untrennbarer Zusammenhang besteht (BGH **7**, 101; NJW **68**, 998; Bay NJW **55**, 353; Hennke GA **56**, 41). Hat der Tatrichter SV zu Unrecht abgelehnt, so hat das Revisionsgericht den gesamten Rechtsfolgenausspruch aufzuheben, da nicht auszuschließen ist, daß die Strafen niedriger ausgefallen wären, wenn auf SV erkannt worden wäre (NStE Nr. 13). **C.** Im **Nebenrecht** ist § 66 bedeutsam für § 10 I Nr. 3 WehrPflG, § 9 I Nr. 3 ZDG, § 38 I Nr. 3 SoldG, § 10 I Nr. 4 UZwG.

Reihenfolge der Vollstreckung

67 [I] **Wird die Unterbringung in einer Anstalt nach den §§ 63 und 64 neben einer Freiheitsstrafe angeordnet, so wird die Maßregel vor der Strafe vollzogen.**

[II] **Das Gericht bestimmt jedoch, daß die Strafe oder ein Teil der Strafe vor der Maßregel zu vollziehen ist, wenn der Zweck der Maßregel dadurch leichter erreicht wird.**

§ 67

III Das Gericht kann eine Anordnung nach Absatz 2 nachträglich treffen, ändern oder aufheben, wenn Umstände in der Person des Verurteilten es angezeigt erscheinen lassen.

IV Wird die Maßregel ganz oder zum Teil vor der Strafe vollzogen, so wird die Zeit des Vollzugs der Maßregel auf die Strafe angerechnet, bis zwei Drittel der Strafe erledigt sind. Dies gilt nicht, wenn das Gericht eine Anordnung nach § 67d Abs. 5 Satz 1 trifft.

V Wird die Maßregel vor der Strafe vollzogen, so kann das Gericht die Vollstreckung des Strafrestes unter den Voraussetzungen des § 57 Abs. 1 Satz 1 Nr. 2 und 3 zur Bewährung aussetzen, wenn die Hälfte der Strafe erledigt ist. Wird der Strafrest nicht ausgesetzt, so wird der Vollzug der Maßregel fortgesetzt; das Gericht kann jedoch den Vollzug der Strafe anordnen, wenn Umstände in der Person des Verurteilten es angezeigt erscheinen lassen.

1 1) **Die Vorschrift,** die in § 456c S. 2 aF StPO einen gewissen Vorläufer hatte, ist abw. von § 87 E 1962 (Begr. 216) und § 77 AE durch das 2. StrRG (Ber. BT-Drs. V/4095, 30; Prot. V/12, 331, 357, 379, 1302, 2025, 2053, 2318, 2445, 3247) eingefügt und durch Art. 18 Nr. 23 EGStGB (E EGStGB 214) sowie das StVollzÄndG (1 vor § 63) und in II, IV, V S. 1 durch Art. 1 Nr. 15 und 23. StÄG (9 vor § 56; BR-Drs. 5/86, 5/1/86, 5/2/86; BTag 10/15497; BR-Drs. 107/86; BRat 562. Sitz. S. 141) geändert worden. Die Reihenfolge des Vollzugs mehrerer gleichzeitig angeordneter Maßregeln regelt § 72 III, dort 5, auch zur Frage des Vollzugs mehrerer Maßregeln aus verschiedenen Urteilen.

2 2) **Das vikariierende System** (3 vor § 63; LK[11]-Hanack 5 ff. dazu Marquardt, Dogmatische und kriminologische Aspekte des Vikariierens von Strafe und Maßregel, 1972) führt § 67 für die Maßregeln nach §§ 63 und 64 ein. Die Sicherungsverwahrung ist entgegen dahin gerichteter Bestrebungen, aber in Übereinstimmung mit § 87 E 1962, § 77 AE nicht aufgenommen worden, da dabei keine spezifische Behandlung durchgeführt wird, der Sicherungsverwahrte besser gestellt wäre als der nur zu Freiheitsstrafe Verurteilte, der ultima-ratio-Charakter der Sicherungsverwahrung entgegenstände und § 67c I weitgehend vereitelt würde (Ber. 31). § 67 gilt
2a nur, wenn die Unterbringung **neben einer Freiheitsstrafe** iwS (1 zu § 38) *in demselben Urteil* angeordnet wird (§ 44a StVollstrO; Stuttgart MDR **80**, 778; Die Justiz **80**, 447; Karlsruhe Die Justiz **82**, 163 L; Celle NStZ **83**, 188; Düsseldorf NStZ **83**, 383; LG Limburg NStZ **82**, 219; Hamm MDR **79**, 957; Nürnberg MDR **78**, 72; SchlHA **84**, 85; Lackner 1; aM München NJW **80**, 1910; Köln MDR **80**, 511; Brandstätter MDR **78**, 453; Müller-Dietz NJW **80**, 2789, die I bis III [nicht IV, § 44b I S. 2 StVollstrO] bei der Vollstreckung *aus verschiedenen Erkenntnissen* entsprechend anwenden wollen, wenn die neben der Maßregel verhängte Strafe voll verbüßt ist). §§ 67, 67a sind – auch im Vollstreckungsverfahren – nicht analog anwendbar (Karlsruhe MDR **91**,
2b 892). Nach § 44b StVollstrO bestimmt die *Vollstreckungsbehörde* beim Zusammentreffen von Freiheitsstrafe mit Unterbringungsanordnungen in *verschiedenen* Verfahren die Reihenfolge der Vollstreckung (Düsseldorf NStE Nr. 23). Ein – ohnehin unzulänglicher – Regelungsversuch des Gesetzgebers (BT-Drs. 10/2720, 5, 13) ist leider gescheitert, so daß es mißlich bleibt, daß es insoweit nur zu einer VwV gekommen ist, die das Verhältnis der Sanktionen aus verschiedenen Urteilen nicht zufriedenstellend klärt. Die nur aufgrund

Maßregeln der Besserung und Sicherung **§ 67**

eines Sachverständigengutachtens durchführbare Festlegung der **Reihenfolge der Vollstreckung** sollte nicht der Vollstreckungsbehörde (§ 44b II StVollstrO), sondern einer gerichtlichen Entscheidung vorbehalten bleiben. Die Vollstreckungsbehörde muß die Vorwegvollstreckung der „anderen" Freiheitsstrafe in oft widersprüchlicher Weise auch noch damit begründen, daß dadurch der Maßregelzweck leichter *erreicht* würde. Dabei wird es beim Vorwegvollzug der Freiheitsstrafe idR darum gehen, einen durch den Maßregelvollzug erreichbaren Erfolg nicht durch die Anschlußvollstreckung einer Freiheitsstrafe wieder zu *gefährden*. Der Gesetzgeber hat jeder Abkehr vom Grundsatz der Verfahrenseinheit eine klare Absage erteilt, vor allem aber dem Vorschlag des RegE/23. StÄG (BT-Drs. 10/2720, § 67 VI), auch eine in anderer Sache erlittene Freiheitsentziehung auf den Maßregelvollzug anzurechnen. Dies hätte zu ungerechtfertigten Vergünstigungen für Wiederholungstäter geführt, zB dazu, daß ein nach §§ 63, 64 Untergebrachter seine im Maßregelvollzug wegen einer dort begangenen Tat verwirkte Freiheitsstrafe nicht zu verbüßen braucht, wenn der Maßregelvollzug fortdauert, weil dieser dann auch auf die Strafe für die neue Tat angerechnet wird (BRat BT-Drs. 10/2720, 25; Antrag Bayerns Unterausschuß RA-BRat 7. 1. 1986, RA-BRat 559. Sitz. S. 30; BR-Drs. 5/2/86; BR-Drs. 5/86; BT-Drs. 10/5000). Der Gesetzgeber hat dem Anrufungsbegehren des Vermittlungsausschusses in dieser Frage stattgegeben. Einstweilen können unbillige Härten nur im Gnadenwege ausgeglichen werden. Zum Ganzen Müller-Dietz NJW **80**, 2789; SK-Horn 3; vgl. auch Schreiber, in: Bergener (hrsg.) Psychiatrie und Rechtsstaat, 1980 S. 189.

3) Für die **zeitliche Reihenfolge** des Vollzuges gilt **A. nach I** die **Regel,** 3 daß eine **Maßregel** nach § 63 oder § 64 **vor der Strafe** vollzogen wird. Das erkennende Gericht (14. 7. 1988, 1 StR 152/88, LG Dortmund NJW **75**, 2251) muß jedoch unter individueller Würdigung der Umstände des Einzelfalles (BGHR § 67 II, ZwErr. leicht. 4; 5. 9. 1990, 2 StR 318/90) prüfen, ob es **B. nach II** in Umkehrung der gesetzlich vorgeschriebenen Reihenfolge ausnahmsweise den **Vorwegvollzug der Strafe** rechtfertigen kann 3a (Maul/Lauven NStZ **86**, 397), was nicht etwa bei langfristigen Freiheitsstrafen generell der Fall ist, vielmehr geht es entsprechend der Grundentscheidung des Gesetzgebers auch bei hohen Freiheitsstrafen darum, den Täter im Interesse der Verwirklichung des Vollzugsziels schon frühzeitig von seinem Hang zu befreien (BGH **37**, 161 m. Anm. Schüler-Springorum StV **91**, 561; 25. 9. 1990, 4 StR 204/90; StV **91**, 65 L). Auch läßt eine (nur) *gegenwärtig* fehlende Bereitschaft des Verurteilten, an sich zu arbeiten, (namentlich bei längeren Freiheitsstrafen) den Vorwegvollzug der *ganzen* Freiheitsstrafe als Vorstufe der Behandlung (BGH **33**, 285) nicht zwingend geboten erscheinen. Die stRspr. verlangt eine Auseinandersetzung mit der Möglichkeit des Vorwegvollzugs **eines Teils der Strafe** (NJW **88**, 216 [m. Anm. Hanack JR **88**, 379]; NStZ Nr. 12 u. 24; BGHR § 67 II, VorwegV 3; NStZ/D **90**, 224; **91**, 479; **92**, 173; 18. 6. 1991, 1 StR 310/91; 23. 7. 1991, 1 StR 419/91), auch unten Berücksichtigung von IV und § 51 I S. 1 (NStE Nr. 15), um nachträgliche Entscheidungen nach III dort zu vermeiden, wo der Vorwegvollzug eines Teils der Strafe im Rehabilitationsinteresse des Verurteilten liegt (StV **91**, 64; 65; Maul/Lauven NStZ **86**, 400), zB um die Motivation zur Rehabilitation zu fördern (NStZ **86**, 524; **87**, 574; StV **86**,

§ 67 AT Dritter Abschnitt. Sechster Titel

258; vgl. MDR/H **86**, 975; 27. 6. 1990, 4 StR 258/90; NStZ/D **90**, 579; vgl. Müller-Dietz NStZ **83**, 150) oder um die Fortsetzung des Maßregelvollzugs dort zu vermeiden, wo der Rest einer langen Freiheitsstrafe trotz erfolgreichen Maßregelvollzugs nur deshalb nicht ausgesetzt werden kann, weil die Mindestverbüßungs zeit (V S. 1) noch nicht erreicht ist (NStE Nr. 6; vgl. Müller-Dietz NJW **80**, 2789). In beiden Fällen dürfte das Gericht Schwierigkeiten haben, den Zeitpunkt vorauszubestimmen, zu dem der Maßregelvollzug Erfolg verspricht (BGHR § 67 II, ZwErr. leicht. 6; hierzu Boetticher StV **91**, 77; Lackner 6), gleichwohl hat der Tatrichter hinsichtlich der erforderlichen Dauer des Vorwegvollzugs eine bestimmte Prognoseentscheidung zu treffen und eine Mindestfrist des Vorwegvollzugs der Freiheitsstrafe festzusetzen (NStZ **92**, 205; Fischer NStZ **91**, 325 mwN). Der nach II vorwegzuvollstreckende Strafteil wird auf die erlittene UHaft angerechnet (§ 51; NJW **91**, 2431 [m. Anm. Funck JR **92**, 476]; aM Schleswig NStZ **90**, 407 m. Anm. Volckart StV **90**, 438; LG Hagen StV **91**, 218; Voraufl.). Die Therapiechance darf nicht schon verweigert werden, wenn sich die Therapie als schwierig erweist (NJW **90**, 1124 m. Anm. Funck NStZ **90**, 509) oder wenn zwar eine bestimmte Form der Behandlung berechtigt ist, ein geeigneter Therapieplatz, zB in einer geschlossenen Drogenklinik, aber erst zu einem bestimmten späteren Zeitpunkt zur Verfügung steht (vgl. aber NStZ **81**, 492; **82**, 132). Die Prüfung hat darauf

3 b abzustellen, ob der **Zweck der Maßregel** (nicht der Strafe), dh das Rehabilitationsinteresse im Vordergrund stehen (BT-Drs. 10/2720, 13; Müller-Christmann JuS **90**, 803; MDR/H **89**, 1052; NStZ **90**, 52). Wird im Fall II auf eine hohe Freiheitsstrafe erkannt, so müssen die Urteilsgründe erkennen lassen, daß sich der Tatrichter der hierdurch bedingten Zusatzbelastung bewußt war (NStZ **85**, 92 [hierzu Geppert JK 1]; NStZ/Mü **85**, 162; NStE Nr. 24; 18. 6. 1991, 1 StR 310/91); eine Anordnung nach II muß er treffen und näher begründen (14. 6. 1989, 3 StR 96/89; NStZ **90**, 357; 1. 8. 1990, 2 StR 271/90), auch, weshalb von der Möglichkeit nur einen *Teil* der Strafe zu vollziehen, abgesehen wurde, wenn auf diese Weise der Zweck der Maßregel leichter erreicht wird (StV **86**, 489; NStZ **91**, 253; vgl. MDR/H **86**, 975; NStE Nr. 7; StV **86**, 477 L; LK[11] 33; hierzu auch Horn JR **79**, 78); ist das nicht (mehr) der Fall, so ist der Vorwegvollzug der Strafe einzustellen (Hamm MDR **80**, 952). **Nicht ausreichend** sind bloße Zweck-

3 c mäßigkeitserwägungen (18. 6. 1991, 1 StR 310/91; Bay DAR **84**, 239) oder Belegungsschwierigkeiten (NStZ **90**, 103; Bay NJW **81**, 1522, Hamm aaO; LG Dortmund NStE Nr. 13); die Absicht, von der Möglichkeit einer Zurückstellung der Vollstreckung (§ 35 BtMG) Gebrauch machen zu wollen, da eine solche gerade auch in Betracht kommt, wenn nach I verfahren wird (NStZ **84**, 573 [m. Anm. Müller-Dietz JR **85**, 119; hierzu auch Maul/ Lauven NStZ **86**, 399]; NStZ **85**, 571; 3. 10. 1985, 1 StR 456/85; MDR/S **85**, 970; NStZ/T **86**, 161; **87**, 167; vgl. Kaiser aaO [1 a vor § 63] 25; 15 vor § 56); das Abstellen auf den „strengeren Rahmen" des Strafvollzugs (NStZ **86**, 332); also auch nicht der Hinweis, daß ein länger dauernder Strafvollzug den Verurteilten an ein alkoholfreies und durch Arbeit stabilisiertes Leben gewöhnen und der im Strafvollzug liegende Leidensdruck zur Motivation für die anschließende Therapie genutzt werde, weil es grundsätzlich Aufgabe des Maßregelvollzugs ist, den Verurteilten zur Einsicht in die Erfordernisse seiner Behandlung zu führen (BGHR § 67 II VorwVollz.

Maßregeln der Besserung und Sicherung § 67

teilw. 9); daß eine Einrichtung nach § 93 a JGG (NStZ **82**, 132; vgl. 7 zu § 64) oder ein Platz in einem psychiatrischen Krankenhaus nicht zur Verfügung steht (LG Dortmund NJW **75**, 2251; LG Köln StV **88**, 215; vgl. LK[11] 37; aM Hamm MDR **78**, 950 L analog § 67 a); die bloße Gefahr eines Mißerfolges des Maßregelvollzugs (StV **85**, 12; NStZ **85**, 572) oder die mangelnde Eignung des Verurteilten für einen bestimmten Therapieplatz (LG Hamburg MDR **81**, 778). *Zweck der Maßregel ist, daß durch heilende oder bessernde Einwirkung auf den Täter die von ihm ausgehende Gefahr weiterer Taten abgewendet oder verringert wird* (BGH **33**, 285 [hierzu Maul/Lauven NStZ **86**, 397]; BGHR § 67 II ZwErr. leicht. 2; 23. 12. 1987, 4 StR 593/87). Das Gericht hat dabei nach **Anhörung eines Sachverständigen** (§ 246 a StPO), und zwar idR eines Psychiaters (Müller-Dietz NStZ **83**, 204), zu entscheiden, ob nach der Persönlichkeit des Täters, der Länge der Freiheitsstrafe, der Art der notwendigen Behandlung die Abweichung von der Regel nach I einen günstigeren Erfolg erwarten läßt. Dabei spielt eine Rolle, daß die Unterbringung nach § 63 nicht an eine feste Frist gebunden ist, während die nach § 64 zwei Jahre nicht übersteigen darf (§ 67 d I).

Gerechtfertigt ist der Vorwegvollzug, wenn der Entlassung in die Freiheit **3 d**
eine Behandlung **nach § 64** oder eine psychotherapeutische im Rahmen einer Unterbringung nach § 63 (NJW **90**, 1124 m. Anm. Funck NStZ **90**, 509) unmittelbar vorausgehen sollte, weil ein nachfolgender Strafvollzug die positiven Auswirkungen des Maßregelvollzugs wieder gefährden würde (NJW **86**, 143; MDR/H **86**, 442; NStZ **86**, 428; EzSt Nr. 7; vgl. auch Simons NJW **78**, 985), insbesondere bei BtM-Abhängigen (MDR/H **81**, 98), oder wenn sonst der vorgezogene Strafvollzug als *sinnvolle Vorstufe* der Behandlung (1. 2. 1984, 4 StR 9/84) für deren Zwecke erforderlich ist (BGH **33**, 286; MDR/H **78**, 803; NJW **83**, 240; **84**, 1693; NStZ **85**, 92 [hierzu Geppert JK 1]; 571; **86**, 427; NJW **86**, 142; StV **86**, 382 L; vgl. Ber. 31; krit. Karlsruhe NJW **75**, 1572; Hanack JR **75**, 444; Müller-Dietz NStZ **83**, 150). Dieser Abweichung von der regelmäßigen Vollstreckungsreihenfolge nach II bedarf es nur, wenn und soweit nicht nach IV S. 1, V S. 1 die Möglichkeit besteht, den Angeklagten aus der Therapie in die Freiheit zu entlassen (BGHR § 67 II VorwVollz. 4; GA **92**, 178; NStZ/D **91**, 278). II kommt aber möglicherweise auch dann in Betracht, wenn die Unterbringung **nach § 63** angeordnet ist, zZ aber die Behandlungsmöglichkeiten in einer sozialtherapeutischen Anstalt nach § 9 StVollzG erfolgversprechender erscheinen als in einem psychiatrischen Krankenhaus (BGH **33**, 286 [m. Anm. Wendisch NStZ **86**, 140]; StV **81**, 66; MDR/H **86**, 442; Karlsruhe aaO; dazu eingehend Hanack JR **75**, 441; LK[11] 38 f., ferner dort 55 ff. zu § 63); insbesondere, wenn eine schwere andere seelische Abartigkeit durch eine Psychotherapie behandelbar erscheint (NJW **90**, 1124), wenn neben einer Jugendstrafe die Unterbringung (§ 63) eines jugendlichen Mörders angeordnet wird (11. 10. 1977, 1 StR 514/77); ferner wenn der Leidensdruck im Strafvollzug die Erfolgsaussichten einer anschließenden Maßregelbehandlung verbessert (BGH **33**, 286 [m. Anm. Wendisch NStZ **86**, 140; ferner Maul/Lauven NStZ **86**, 398]; and. noch NStZ **84**, 428; StV **85**, 99; krit. auch Schüler-Springorum StV **86**, 479; Streng StV **87**, 41), allerdings ist dieser Weg nur angängig, wenn im Urteil dargetan ist, daß nur der Vorwegvollzug der Strafe die Therapiebereitschaft des Verurteilten zu fördern in der Lage sein wird und im Falle einer längeren

§ 67 AT Dritter Abschnitt. Sechster Titel

Strafdauer gewährleistet ist, daß während der Strafvollstreckung ein Wechsel der Vollzugsart (III) möglich sein wird (BGH 33, 287; NJW 86, 143; MDR/H 86, 442; NStZ 85, 572; BGHR § 67 II VorwegV, teilw. 6). Es ist zu beachten, daß es grundsätzliche Aufgabe des Maßregelvollzugs ist, den Verurteilten zur Einsicht in die Erfordernisse seiner Behandlung zu führen; für II genügt der Hinweis nicht, daß ein länger dauernder Strafvollzug den Verurteilten an ein alkoholfreies und durch Arbeit stabilisiertes Leben gewöhnen und der im Strafvollzug liegende Leidensdruck zur Motivation für eine anschließende Therapie genutzt werde (28. 11. 1989, 1 StR 651/89;
4 vgl. Boetticher StV **91**, 76). **C. Nach III** kann die **StVK** (§§ 78 a, 78 b GVG, §§ 463 V, 462 a I, 454 StPO; vgl. BGH **36**, 230), in den Fällen des § 64 allerdings nur, wenn die Höchstfrist (§ 67 d I S. 1 bis 3) noch nicht abgelaufen ist (unten 5), **nachträglich,** dh nach der Entscheidung des erkennenden Gerichts, eine Anordnung nach II treffen, wenn zunächst nach I verfahren wurde; oder es kann eine nach III getroffene Anordnung aufheben, also I wiederherstellen, oder die Anordnung nach II abändern, so daß nur ein teilweiser Vorwegvollzug der Strafe eintritt oder statt des teilweisen Vorwegvollzugs (oben 3 a) nunmehr die ganze Strafe vor der Maßregel zu vollziehen ist (Lackner 6; aM Maul/Lauven NStZ **86**, 397). Maßgebend dafür müssen in allen Fällen **Umstände in der Person des Verurteilten** sein, welche die Abweichung angezeigt erscheinen lassen. Während Umstände in der Tat oder Bedürfnisse des Vollzugs (vgl. Ber. 31) ausscheiden (LK 44), kann es sich bei den Umständen in der Person um neue handeln (insbesondere um die Reaktion auf den bisherigen Vollzug; Erkrankungen während des Vorwegvollzugs der Strafe, vgl. § 45 VI StVollstrO), aber auch um schon dem erkennenden Gericht bekannte, die jetzt besser beurteilt werden können; jedoch darf die StVK die Urteilsfeststellungen des erkennenden Gerichts nicht nach Art eines Rechtsmittelgerichts „korrigieren" (KG JR **79**, 77 [m. Anm. Horn]; Düsseldorf MDR **89**, 1013; aM LG Paderborn StV **91**, 74; zum Ganzen Boetticher StV **91**, 75). **Angezeigt** heißt gesehen unter dem auch hier leitenden Gesichtspunkt der besseren Erreichbarkeit des Maßregelzwecks. Das gilt auch bei nachträglichen Anordnungen nach II (Schleswig MDR **80**, 1038). Der Maßregelzweck kann es auch rechtfertigen, daß die StVK von sich aus eine Entscheidung nach II trifft, wenn die Behandlung in einer sozialtherapeutischen Abteilung einer JVA bessere Erfolgsaussichten erwarten läßt als die Unterbringung nach § 63 (Hamm NJW **79**, 2359 L).

4) Wird die **Maßregel** ganz oder teilweise **vor der Strafe** vollzogen, vielleicht auch nur deshalb, weil die Strafe zur Bewährung ausgesetzt ist (SK-Horn 5), so gilt folgendes:

5 **A. Nach IV S. 1** (idF des 23. StÄG) **wird die Zeit des Vollzugs der Maßregel** auf die Strafe **angerechnet,** jedoch nur beim Zusammentreffen von Verurteilung zu Freiheitsstrafe und Unterbringungsanordnung nach § 63 oder § 64 in *einem* Erkenntnis (oben 2 a), aber auch, wenn die Freiheitsstrafe zur Bewährung ausgesetzt ist (Hamm MDR **79**, 157). Die Rechtsfolge des IV tritt (auch in den Fällen des III) automatisch ein (SchSch-Stree 3). Die Strafvollstreckungsbehörde hat sie als gesetzliche Rechtsfolge bei der Strafzeitberechnung zu berücksichtigen, so daß keine Strafe mehr zu vollstrecken ist, *soweit* angerechnet wurde. Anders als IV aF wird der Maßre-

Maßregeln der Besserung und Sicherung **§ 67**

gelvollzug aber *nicht voll* auf die Strafe angerechnet, sondern aus Erwägungen, die schon für § 36 BtMG maßgebend waren (15 vor § 56), nur soweit, **bis zwei Drittel der Strafe** durch die Anrechnung **erledigt sind** (vgl. 3a zu § 67d; SK 5; hierzu Volckart NStZ **87**, 216 und abl. aus verfassungsrechtlicher Sicht Celle NStZ **91**, 356 m. Anm. Müller-Dietz). Der Untergebrachte wird unter dem Druck der drohenden Vollstreckung des Strafrestes eher bereit sein, an seiner Rehabilitation mitzuwirken. Deshalb nimmt S. 1 ⅓ der Strafe von der Anrechnungsmöglichkeit aus, dh den Zeitraum, der bei einer guten Sozialprognose des Verurteilten in jedem Falle aussetzungsfähig ist (BT-Drs. 10/2720, 13). Wenig sinnvoll erscheint es allerdings, daß das 23. StÄG die volle Anrechnung stets auch für einen nach § 21 erheblich verminderten Schuldfähigen ausgeschlossen hat, der zB zu 3 Jahren Freiheitsstrafe und Unterbringung nach § 63 verurteilt worden ist und erst nach 4 Jahren nach § 67d II bedingt entlassen worden ist. **Nach IV S. 2** ist eine **5a** Anrechnung in den Fällen des § 67d V S. 1, dh, wenn die Erfolglosigkeit der Unterbringung nach § 64 in der Person des Untergebrachten begründet ist, **ausgeschlossen** (vgl. 7 zu § 67d und zur *Übergangsregelung* unten 7). Einen solchen Anrechnungsausschluß sieht § 35 BtMG nicht vor. Wegen der ungleichen Behandlung und Schlechterstellung der nach § 64 untergebrachten Drogenabhängigen sehen Celle (Vorleg. Beschl. NStZ **91**, 356 [m. Anm. Müller-Dietz]; vgl. ferner hierzu Stuttgart MDR **92**, 290 m. Anm. Budde; aM Hamm NStZ **90**, 298; hierzu BVerfG NJW **92**, 1221 [Vollstreckungsaussetzung durch einstweilige Verfügung]) und Ungewitter (MDR **89**, 685) Art. 3 GG und den Verhältnismäßigkeitsgrundsatz verletzt. Dagegen ist S. 1 auch dann anzuwenden, wenn bei einem nach § 64 Untergebrachten die durch § 67d I begrenzte Unterbringungsfrist von 2 Jahren abgelaufen ist, der Zweck der Maßregel aber eine weitere Unterbringung erfordert und neben der (vorwegvollzogenen) Maßregel eine Freiheitsstrafe verhängt ist (LG Kleve NStZ **91**, 436), aber auch dann, wenn im Falle der Therapieunfähigkeit keine Anordnung nach § 67d V S. 1 ergeht (LG Stade StV **89**, 260). Gegenüber IV S. 1 aF ist jedoch dadurch, daß (statt der vollen Anrechnung) nur noch angerechnet wird, bis ⅔ der Strafzeit verbüßt sind (oben 5), auch die Verlängerungsmöglichkeit der 2jährigen Höchstfrist (§ 67d I S. 3; „soweit ... angerechnet wird") abgekürzt worden. Bei einer Freiheitsstrafe von 2 Jahren beträgt die verlängerte Höchstfrist 3 Jahre 4 Monate (statt früher 4 Jahre). Erfordert der Maßregelzweck eine Unterbringung über diesen Zeitpunkt hinaus, so bleibt nach der ratio des § 67d I S. 3 (vgl. dort 3a) für die Anwendung des IV S. 1 kein Raum. Ist der Verurteilte, der dann in den Strafvollzug zu überführen ist, gut prognostiziert, so kann eine freiwillige Therapie (§ 57 III iVm § 56c III Nr. 1) helfen. Bei schlechter Prognose ist die Rechtslage noch unbefriedigender als vor dem 23. StÄG. Ist die (ev. nach § 67d I S. 3 verlängerte) Höchstfrist noch nicht abgelaufen oder ist wie bei § 63 keine vorgesehen, so läuft zunächst der Maßregelvollzug weiter, so lange die Voraussetzungen der Aussetzung der Maßregel zur Bewährung nach § 67d II nicht erreicht sind (Hamm 16. 6. 1979, 4 Ws 305/79).

B. Nach V S. 1, der ebenfalls bei Strafe und Maßregel aus verschiedenen **6** Erkenntnissen unanwendbar ist (oben 2a), **kann** das Gericht (oben 4), wenn die Maßregel vor der Strafe vollzogen wird, die Vollstreckung des

§ 67

AT Dritter Abschnitt. Sechster Titel

Strafrestes **unter den Voraussetzungen des § 57 I S. 1 Nr. 2, 3**, dh bei einer günstigen Prognose und mit Einwilligung des Verurteilten (6 ff., 7 zu § 57), zur Bewährung **aussetzen, wenn die Hälfte der Strafe** durch die Anrechnung **erledigt ist** (6. 5. 1986, 1 StR 226/86). Ausschlaggebend ist die Erwägung, daß Sinn und Zweck der Strafe und die maßgeblichen Gesichtspunkte der Strafzumessung nicht völlig zugunsten des Rehabilitationsgedankens aufgegeben werden dürfen und daß der Gleichbehandlungsgrundsatz eine noch weitergehende Privilegierung verbietet (BT-Drs. 10/2720, 13; krit. Rolinski, H. Kaufmann-GedS 526). Zur Gleichbehandlung des § 36 BtMG und den Fällen des V S. 1 vgl. 15 vor § 56. **V S. 2** bestimmt, daß **der Vollzug der Maßregel fortgesetzt** wird, **wenn** der Strafrest **nicht** ausgesetzt wird. Dadurch soll der Anstaltswechsel vermieden werden (Ber. 2 StrRG, 32; LK[11] 24 ff.), **doch** kann die StVK den **Vollzug der Strafe** anordnen (V S. 2 Halbs. 2), wenn Umstände in der Person es angezeigt erscheinen lassen, zB wenn eine Besserung durch Weiterbehandlung im Maßregelvollzug nicht zu erwarten, aber noch eine lange Freiheitsstrafe zu vollstrecken ist (Celle NStZ **83**, 384 L; Ber. 32; LK 27 ff.; vgl. Karlsruhe MDR **81**, 867 L).

7   5) **Übergangsregelungen** für § 67 IV, § 67d V enthält Art. 316 I EGStGB; er bringt eine gesetzliche Ausnahme von dem Grundsatz des § 2 VI (15 zu § 2; vgl. BT-Drs. 10/2720, 18) und gilt für Unterbringungen, die **vor dem 1. 5. 1986** angeordnet waren.

Überweisung in den Vollzug einer anderen Maßregel

67 a [I] Ist die Unterbringung in einem psychiatrischen Krankenhaus oder einer Entziehungsanstalt angeordnet worden, so kann das Gericht nachträglich den Täter in den Vollzug der anderen Maßregel überweisen, wenn die Resozialisierung des Täters dadurch besser gefördert werden kann.

[II] Unter den Voraussetzungen des Absatzes 1 kann das Gericht nachträglich auch einen Täter, gegen den Sicherungsverwahrung angeordnet worden ist, in den Vollzug einer der in Absatz 1 genannten Maßregeln überweisen.

[III] Das Gericht kann eine Entscheidung nach den Absätzen 1 und 2 ändern oder aufheben, wenn sich nachträglich ergibt, daß die Resozialisierung des Täters dadurch besser gefördert werden kann. Eine Entscheidung nach Absatz 2 kann das Gericht ferner aufheben, wenn sich nachträglich ergibt, daß mit dem Vollzug der in Absatz 1 genannten Maßregeln kein Erfolg erzielt werden kann.

[IV] Die Fristen für die Dauer der Unterbringung und die Überprüfung richten sich nach den Vorschriften, die für die im Urteil angeordnete Unterbringung gelten.

1   1) **Die Vorschrift**, die im früheren Recht ohne Parallele ist, ist durch das 2. StrRG (Ber. BT-Drs. V/4095, 32; Prot. V/2329, 2452, 3255) eingefügt und durch das EGStGB (Ber. BT-Drs. 7/1261, 7; Prot. VII/1069), sowie das StVollzÄndG (1 vor § 63) geändert worden. Vgl. auch § 2 VI iVm Art. 314 EGStGB (Anh. 1).

Maßregeln der Besserung und Sicherung § 67a

2) Die Überweisungs- und **Rücküberweisungsmöglichkeit nach I bis III Satz 1** besteht nur innerhalb des Maßregelvollzuges. Sie hat also zur Voraussetzung, daß die Unterbringung überhaupt noch vollzogen werden muß (Hamburg MDR 86, 1044). Die Verlegung innerhalb des Freiheitsstrafenvollzuges in eine sozialtherapeutische Anstalt regelt § 9 StVollzG. Er ermöglicht nicht die Überweisung eines nach § 63 oder § 64 Untergebrachten in eine sozialtherapeutische Anstalt. Diese dient dem Vollzug der Freiheitsstrafe, nicht dem Maßregelvollzug (Hamm NStZ 87, 44; aM AG Ludwigsburg NStZ 86, 237, das § 67a analog anwenden will). Auch scheidet eine analoge Anwendung der §§ 67, 67a aus, wenn während des Vollzugs einer lebenslangen Freiheitsstrafe der Verurteilte wegen einer Psychose stationär behandlungsbedürftig wird (Karlsruhe NStZ 91, 302). **A.** Das Gericht, nämlich die **StVK** (§§ 463 V, 462, 462a StPO), **kann** den durch die Entscheidung des erkennenden Gerichts in einer Anstalt nach § 63 Untergebrachten nachträglich in den Vollzug einer Maßregel nach § 64 überweisen oder umgekehrt (I); es kann diese Entscheidung nachträglich (III) wieder aufheben (= Rücküberweisung). I bis III bringen die Gefahr mit sich, daß Untergebrachte versuchen, in eine ihnen genehme Anstalt zu kommen, und daß Anstalten versuchen, ihnen lästige Untergebrachte loszuwerden; dem müssen die StVK begegnen. Ihre Entscheidungen sind Ermessensentscheidungen; doch werden sie sich, wenn sie die Voraussetzungen von I bis III als gegeben ansehen, zu entsprechenden Entscheidungen verpflichtet fühlen müssen; allerdings ist dabei stets der Nachteil häufigen Anstaltswechsels im Auge zu behalten. Die Überweisung ist schon möglich, bevor der Vollzug in der ursprünglichen Anstalt begonnen hat, zB wenn Vollzug der Strafe oder eines Teils der Strafe vorausgegangen ist (§ 67 II). Auch ein Verurteilter, gegen den **Sicherungsverwahrung** angeordnet worden ist, kann nachträglich in eine Anstalt nach § 63 oder § 64 überwiesen werden (II). Nur bei ihm kann die StVK die Entscheidung nach III nicht nur **aufheben** (= Zurückverweisung in die Sicherungsverwahrung), sondern auch **ändern** (= Weiterüberweisung in eine andere Anstalt nach § 63 oder § 64). **B. Maßgebende Voraussetzung** für die Überweisung und Rücküberweisung nach I, II, III S. 1 ist, daß die **Resozialisierung,** dh die künftige Wiederanpassung und störungsfreie Eingliederung des Untergebrachten in die Gesellschaft, **dadurch besser** als durch den zunächst vorgesehenen Vollzug **gefördert werden kann** (LG Marburg StV 91, 72). Diese auf eine bestimmte Behandlungsart bezogene positive Prognosenentscheidung wird regelmäßig sachverständiger Stellungnahme bedürfen (Hamm NStZ 87, 93; Bresser NJW 78, 1191; Haddenbrock NJW 79, 1239). Ob sich die StVK dabei von den Behandlungsmöglichkeiten leiten lassen darf, die der Gesetzgeber voraussetzt, oder nur von den tatsächlich bestehenden, ist im Hinblick auf BGH 28, 330 zw.; vgl. LK-Horstkotte 18f. Die Rücküberweisung nach **III S.1,** die voraussetzt, daß man sich bei der Überweisung getäuscht hatte, unterliegt denselben Kriterien. Nur die Rücküberweisung in die Sicherungsverwahrung ist außerdem dann möglich und angezeigt **(III S. 2),** wenn sich im Verlauf der Überweisung ergibt, daß damit **kein Erfolg** erzielt werden kann. Damit ist sowohl der Fall gemeint, daß zB eine Entziehungskur mißlingt, als auch der, daß sich die Annahme, ein in ein psychiatrisches Krankenhaus überwiesener Sicherungsverwahrter sei psychisch krank, als Irrtum herausstellt (vgl. Prot. 7/

§ 67a

AT Dritter Abschnitt. Sechster Titel

1069). In den sonstigen Fällen wird Erfolglosigkeit regelmäßig ein Fall nach III S. 1 sein. Eine Rücküberweisung behandlungsunfähiger oder -unwilliger Untergebrachter in den Strafvollzug ist für die Fälle des § 63 nach § 67 II, § 67 III S. 1 ausgeschlossen, da sie die Resozialisierung nicht fördert; nach § 67d V (dort 7) ist sie allerdings beim Vorwegvollzug der Maßregel nach § 64 vor einer Freiheitsstrafe (§ 67 I) mit der Folge möglich, daß die Anrechnung nach § 67 IV S. 2 unterbleibt und FAufsicht eintritt (§ 67d V S. 2).

5 **3) Nach IV** ändert sich durch Entscheidungen nach I bis III rechtlich nichts an der vom erkennenden Gericht angeordneten **Rechtsnatur** der Unterbringung. Der Sicherungsverwahrte bleibt nach § 66 untergebracht, auch wenn er in den Vollzug einer Entziehungsanstalt überwiesen ist; doch gilt die dortige Vollzugsregelung. IV stellt ausdrücklich klar, daß sich die Fristen für die Dauer der Unterbringung (§ 67d) und die Überprüfung (§ 67e) sowie das Wahlrecht (§ 13 Nr. 3 BWahlG) nach der im Urteil angeordneten Unterbringungsart richten.

Aussetzung zugleich mit der Anordnung

67 b ¹ **Ordnet das Gericht die Unterbringung in einem psychiatrischen Krankenhaus oder einer Entziehungsanstalt an, so setzt es zugleich deren Vollstreckung zur Bewährung aus, wenn besondere Umstände die Erwartung rechtfertigen, daß der Zweck der Maßregel auch dadurch erreicht werden kann. Die Aussetzung unterbleibt, wenn der Täter noch Freiheitsstrafe zu verbüßen hat, die gleichzeitig mit der Maßregel verhängt und nicht zur Bewährung ausgesetzt wird.**

ᴵᴵ **Mit der Aussetzung tritt Führungsaufsicht ein.**

1   **1) Die Vorschrift** wurde in Anlehnung an §§ 105 ff. E 1962 (Begr. 234) durch das 2. StrRG (Ber. BT-Drs. V/4095; Prot. V/462, 467, 2335, 2445, 2908) eingefügt und durch Art. 18 Nr. 25 EGStGB sowie das StVollzÄndG (1 vor § 63) geändert.

2   **2) Aussetzung zur Bewährung** zugleich mit der die Unterbringung anordnenden Entscheidung des **erkennenden Gerichts** in einem mit dem Urteil zu verkündenden Beschluß (§ 268a II StPO), ermöglicht § 67b hinsichtlich der Vollstreckung der Unterbringung in einem psychiatrischen Krankenhaus oder einer Entziehungsanstalt, und zwar auch in den Fällen, in denen die Maßregel ohne zusätzliche Strafe angeordnet wird, so auch im Verfahren nach § 71 iVm §§ 413 ff. StPO, aber nicht in den Fällen der Sicherungsverwahrung. Diese Möglichkeit, Aussetzung zur Bewährung anders als bei § 56 auch in den Fällen negativer Sozialprognose zuzulassen, findet ihre Rechtfertigung darin, daß das neue Maßregelrecht vom Prinzip der Erforderlichkeit der Maßregel abgegangen ist und deren Anordnung schon dann vorschreibt, wenn der Täter gefährlich ist, und zwar ohne Rücksicht darauf, ob die Gefahr durch anderweitige Maßnahmen oder Umstände abgewendet werden könnte (NJW **78**, 599; NStZ **88**, 452; 11 zu § 63; 15a zu § 66). Solche Maßnahmen zu berücksichtigen, deren Aussichten bei der Anordnungsentscheidung nur unsicher zu beurteilen sind und die daher kein Hindernis für die Anordnung selbst sein dürfen, ist der Sinn des § 67b (hM; aM LK-Horstkotte 8 ff.).

§ 67b

3) Voraussetzung der (zwingenden) Aussetzung der Vollstreckung ist, 3
daß **besondere Umstände**, die positiv festzustellen, in einer Gesamtwürdigung zu betrachten und in der Entscheidung darzulegen sind (vgl. E 1962, 235), die Erwartung (3 ff. zu § 56) zZ des letzten tatrichterlichen Urteils rechtfertigen, daß der **Zweck der Maßregel** (3 b zu § 67) auch durch die Aussetzung erreicht werden kann. Die Umstände-Formel iVm der Erwartensklausel unterstreichen den Ausnahmecharakter des § 67 b (Lackner 1; aM LK-Horstkotte 45). Besondere Umstände sind solche in der Tat, in der Person des Täters, seiner gegenwärtigen oder künftigen Lage, die erwarten lassen, daß die von ihm ausgehende Gefahr weiterer Taten abgewendet oder so abgeschwächt wird, daß zunächst ein Verzicht auf den Vollzug der Maßregel gewagt werden kann (MDR/D **75**, 724; MDR/H **78**, 280; 15. 11. 1984, 4 StR 651/84). In Betracht kommen zB (wobei allerdings Art und Schwere nicht nur der begangenen Tat, sondern vor allem der zu erwartenden Taten entgegenstehen können) die Bereitschaft zur psychotherapeutischen oder medikamentösen (NStZ **88**, 309) Behandlung in einer offenen oder geschlossenen staatlich anerkannten Einrichtung unter den in 10 a zu § 56 c genannten Voraussetzungen; eine bevorstehende Kastration (aM LK 75), auch eine bereits laufende Unterbringung nach den Landesgesetzen (9 vor § 61), kann ein besonderer Umstand iS des § 67 b sein, wenn damit zu rechnen ist, daß durch diese anderweitige Maßnahme die vom Täter ausgehende Gefahr abgewendet oder so abgeschwächt wird, daß ein Verzicht des Maßregelvollzugs gewagt werden kann (MDR/H **85**, 979), indessen schließt eine fehlende Heilungsmöglichkeit die Aussetzung nach I nicht schon ohne weiteres aus, vielmehr kommt eine solche auch in Betracht, wenn sich die andere landesrechtliche Maßnahme als günstiger erweist und eine gezieltere Krankenhausbehandlung ermöglicht (BGH **34**, 317; BGHR § 67 b I, bes. Umst. 3; 15. 7. 1992, 5 StR 310/92), *nicht* jedoch wenn noch nicht absehbar ist, wann die vom Beschuldigten ausgehende Gefahr gebannt ist (30. 1. 1986, 4 StR 711/85). Die bloße „spontane und ernsthafte" Bereitschaft zu einer selbst zu finanzierenden Psychotherapie genügt bei einem halt- und willensschwachen Psychopathen noch nicht (NStZ **83**, 167); andererseits genügt der bloße Hinweis auf die Uneinsichtigkeit und auf die Verweigerung medikamentöser Behandlung noch nicht für die Ablehnung der Aussetzung (NStE Nr. 1; vgl. andererseits 31. 7. 1985, 2 StR 336/85), auch nicht wenn die anderweitige Unterbringung eine erhebliche Belastung für das betreffende Krankenhauspersonal darstellt (BGHR § 67 b I, bes. Umst. 3). Bei alledem ist in Rechnung zu stellen, daß der Verurteilte mit der nach II automatisch eintretenden FAufsicht der Aufsichtsstelle untersteht (NStZ **88**, 310), einen BHelfer erhält (§ 68 a) und ihm Weisungen nach § 68 b (auch schon zugleich mit dem Urteil, § 268 a II StPO; später §§ 463 II, 453, 465 a I StPO) erteilt werden oder uU auch Vorkehrungen im Zusammenhang mit einer Betreuung nach §§ 1896 ff. BGB in Betracht kommen können (NStZ **92**, 538); dabei handelt es sich zwar nicht um „besondere Umstände" iS von I, doch können sie zu der positiven Erwartung beitragen (13. 10. 1976, 3 StR 316/76); insbesondere wenn der Verurteilte verpflichtet wird, den Nachweis über die Aufnahme und Fortführung der Behandlung zu erbringen und ein Zusammenwirken zwischen den behandelnden Personen und dem Gericht in einer Weise sichergestellt ist, daß das Gericht beim Abbruch der Behandlung (Unterbringungshaftbefehl, 7 zu § 67 g) unverzüglich informiert wird

§ 67 b

AT Dritter Abschnitt. Sechster Titel

(vgl. Tröndle MDR **82**, 4). Denn es gilt bei § 64 auch im Interesse des Verurteilten zu verhindern, daß er erneut in die Abhängigkeit des Rauschmittels gerät (vgl. 15 vor § 56). § 67b geht § 35 I BtMG vor (LK 38).

4 4) **Ausgeschlossen** ist die Aussetzung nach I S. 2, wenn der Täter **noch eine gleichzeitig mit der Maßregel verhängte Freiheitsstrafe** iwS (1 zu § 38) **zu verbüßen** hat (gleichgültig, ob anschließend oder vorher; § 67), **die nicht** nach § 56 zur Bewährung **ausgesetzt wird**. Denn dann erlangt der Täter ohnehin die Freiheit nicht und hat etwa vorgezogenem Vollzug der Freiheitsstrafe tritt an dessen Ende die Prüfung nach § 67c I ein, die wiederum zur Aussetzung der Maßregel führen kann. I S. 2 gilt auch dann, wenn die Freiheitsstrafe nach § 460 StPO gebildet ist (Hamm 16. 6. 1979, 4 Ws 305/79). Auch wenn Verbüßung von Freiheitsstrafe oder Maßregelvollzug in anderer Sache zu erwarten ist, empfiehlt sich Aussetzung der Maßregel idR (LK 90 ff.) nicht; § 67c sollte dann zugunsten des Verurteilten analog angewendet werden, ausnahmsweise aber zB, wenn noch ein unbedeutender Strafrest in anderer Sache zu verbüßen ist (dann gilt § 68g). Ergänzt wird I S. 2 (iVm § 64) durch § 35 BtMG.

5 5) **FAufsicht (II)** tritt mit der Aussetzung kraft Gesetzes ein (§§ 68 ff.).

6 6) **Erledigung der Maßregel** nach der Führungsaufsicht oder **Widerruf der Aussetzung** nach § 67g.

Späterer Beginn der Unterbringung

§ 67 c

^I **Wird eine Freiheitsstrafe vor einer zugleich angeordneten Unterbringung vollzogen, so prüft das Gericht vor dem Ende des Vollzugs der Strafe, ob der Zweck der Maßregel die Unterbringung noch erfordert. Ist das nicht der Fall, so setzt es die Vollstreckung der Unterbringung zur Bewährung aus; mit der Aussetzung tritt Führungsaufsicht ein.**

^{II} **Hat der Vollzug der Unterbringung drei Jahre nach Rechtskraft ihrer Anordnung noch nicht begonnen und liegt ein Fall des Absatzes 1 oder des § 67b nicht vor, so darf die Unterbringung nur noch vollzogen werden, wenn das Gericht es anordnet. In die Frist wird die Zeit nicht eingerechnet, in welcher der Täter auf behördliche Anordnung in einer Anstalt verwahrt worden ist. Das Gericht ordnet den Vollzug an, wenn der Zweck der Maßregel die Unterbringung noch erfordert. Ist der Zweck der Maßregel nicht erreicht, rechtfertigen aber besondere Umstände die Erwartung, daß er auch durch die Aussetzung erreicht werden kann, so setzt das Gericht die Vollstreckung der Unterbringung zur Bewährung aus; mit der Aussetzung tritt Führungsaufsicht ein. Ist der Zweck der Maßregel erreicht, so erklärt das Gericht sie für erledigt.**

1 1) **Die Vorschrift** ist idF des 2. StrRG/EGStGB (Ber. BT-Drs. V/4095, 33) dem neuen Maßregelsystem angepaßt. § 67c I hat Vorrang vor § 35 BtMG (LK-Horstkotte 89).

2 2) **Absatz 1** ist, da § 67 I grundsätzlich den Vorwegvollzug der Maßregeln nach §§ 63 und 64 vor der zugleich (dh in derselben Sache) verhängten Freiheitsstrafe iwS (1 zu § 38; auch Gesamtfreiheitsstrafe) vorschreibt, einmal für die Fälle der Abweichung nach § 67 II, vor allem aber für die **Sicherungsverwahrung** wichtig, die § 67 vom Vorwegvollzug ausnimmt

Maßregeln der Besserung und Sicherung **§ 67 c**

(dort 2). I trifft aber nicht die Fälle, in denen der Vollzug der Sicherungsverwahrung zum Zwecke des Strafvollzugs unterbrochen wird (Stuttgart Die Justiz **77**, 18), in anderer Sache noch eine Maßregel zu vollziehen ist (Karlsruhe Die Justiz **77**, 464, KG JR **84**, 213), oder der Maßregelvollzug nach mißlungener Bewährung fortgesetzt werden soll (Hamm JMBlNW **78**, 89 L; LK 21). **Maßgebender Zeitpunkt** für die obligatorische Gefähr- 3 lichkeitsprognose ist die Hauptverhandlung (2, 15a zu § 66; BVerfGE **42**, 8). Das erleichtert einerseits die Gefährlichkeitsprognose des erkennenden Gerichts, ermöglicht aber andererseits, in vielen Fällen auf die Vollstreckung der Maßregel als äußerstes Mittel der Kriminalpolitik (Ber. BT-Drs. V/4094, 23) wenigstens vorläufig zu verzichten und das Verhalten des Verurteilten in der Freiheit zu erproben. Wird die Strafe vor der Maßregel vollzogen, so **prüft die StVK** (§§ 463 III, 454, 462a I StPO); im Falle des Vollzugs einer Jugendstrafe der Vollstreckungsleiter (§ 82 JGG, Stuttgart Die Justiz **80**, 31; vgl. auch Karlsruhe JR **80**, 468 m. Anm. Brunner) nach Anhörung der Strafvollzugsbehörde (Hamm NJW **71**, 1280) und des Untergebrachten so rechtzeitig vor dem Ende des Vollzug der zugleich mit der Maßregel verhängten Strafe oder einer anderen Strafe (Hamburg MDR **75**, 70; Koblenz MDR **83**, 863; aM Karlsruhe MDR **75**, 1040; LK 25; vgl. KG JR **84**, 213), daß die Entscheidung noch vorher rechtskräftig werden kann (Koblenz OLGSt. Nr. 2, 3; Stuttgart MDR **88**, 251), jedoch nicht früher (§ 454 II StPO; Hamm GA **72**, 373; Düsseldorf NJW **74**, 198 mit Anm. Maetzel NJW **74**, 614; nach LK 39 spätestens 6 Monate vor Strafende; vgl. auch Stuttgart MDR **88**, 281) oder dem in § 57 bestimmten Zeitpunkt (5 b zu § 57), ob der **Zweck der Maßregel** (3 b zu § 67) die Unterbringung noch 3a **erfordert,** dh ob die bei der Entscheidung getroffene und zunächst weiterwirkende Gefährlichkeitsprognose (BVerfGE **42**, 9) noch aufrechtzuerhalten ist; und zwar im Falle mehrerer Sicherungsverwahrungen einheitlich (Karlsruhe Die Justiz **80**, 359 L). Ein zu früh gestellter Antrag ist unzulässig (Köln OLGSt. 5). Kommt es trotz rechtzeitig eingeleiteter Prüfung vor Ende des Strafvollzugs noch nicht zu einer rechtskräftigen Entscheidung, so ist der Untergebrachte, bis sie in angemessener Frist ergeht, auf Grund der fortwirkenden Unterbringungsanordnung in Verwahrung zu halten (BVerfGE **42**, 10 m. abw. Votum Hirsch; Hamm OLGSt. 1; vgl. Koblenz MDR **80**, 1039; LK 28). Der Maßregelzweck erfordert die Unterbringung nicht mehr, wenn das Risiko der Entlassung in die Freiheit verantwortet werden kann. Die Anwendung der Formel des § 67d II ist auch deshalb angezeigt, weil sie sofort nach Beginn des Maßregelvollzuges anzuwenden und weil im Falle günstiger Prognose die Folge dieselbe ist wie bei § 67d II. Es gelten daher auch hier 6 zu § 57; 6 zu § 67d; zur Entlassungsprognose eingehend LK 48ff. § 81 StPO darf nicht analog angewendet werden (Hamm NJW **74**, 914; Düsseldorf 10. 4. 1985, 1 Ws 258–259/85). Kann das Risiko verantwortet werden, so erklärt das Gericht die Maßregel nicht für erledigt (auch nicht analog § 64 II; vgl. dort 7; aM LK 10), sondern setzt die Vollstreckung der Unterbringung zur Bewährung aus mit der Folge, daß kraft Gesetzes FAufsicht eintritt (I S. 2; vgl. § 67b sowie §§ 68ff.; BGH **34**, 145). Da sich anders als bei II der Verurteilte nicht in Freiheit bewähren konnte und die Diagnose, ob der Maßregelzweck erreicht ist, daher stets unsicher bleibt, ist die Aussetzung immer obligatorisch. Zum Verfahren vgl. auch 7 zu § 67d. Im Falle der Anschlußvollstreckung mehrerer Frei-

§ 67 c   AT Dritter Abschnitt. Sechster Titel

heitsstrafen (5 zu § 57) ist die Prüfung, ob der Zweck einer daneben angeordneten Maßregel die Unterbringung noch erfordert, erst geboten, wenn über die Aussetzung der Vollstreckung der Reste aller Strafen entschieden werden kann, KG NStZ **90**, 54.

4 3) **Absatz 2** kommt geringere Bedeutung zu. Er gilt für die Fälle einer freiheitsentziehenden Maßregel, in denen auch noch 3 Jahre nach Rechtskraft der Entscheidung die Maßregel noch nicht einmal teilweise vollzogen worden ist, ohne daß ein Fall von I oder § 67b vorliegt. Für die Frist gilt die Klausel des § 66 III S. 4 (11 zu § 66). Vollzug der Maßregel ist nur noch zulässig, wenn noch keine Vollstreckungsverjährung (§ 79 IV) eingetreten ist (LK 116) und wenn das Gericht (§§ 463 II, 462, 462a I oder II StPO) ihn anordnet. Das darf es nur tun, wenn der Zweck der Maßregel die nachträgliche Unterbringung erfordert; dafür gilt oben 1. Ist der Zweck der Maßregel erreicht, so erklärt das Gericht sie für erledigt. Ist er nicht erreicht, rechtfertigen aber besondere Umstände die Erwartung, daß er auch durch Aussetzung erreicht werden kann (3 zu § 67b), so setzt das Gericht die Maßregel zur Bewährung aus mit der Folge, daß kraft Gesetzes FAufsicht eintritt (vgl. oben 3). II ist in den Fällen des § 456a II StPO entsprechend anwendbar. II S. 5 ist aber nicht etwa analog anwendbar, wenn alle therapeutischen Möglichkeiten des psychiatrischen Krankenhauses erschöpft sind und der fortbestehenden Gefährlichkeit des Verurteilten durch die Vollstreckung der Sicherungsverwahrung und der Freiheitsstrafe aus anderen Verfahren Rechnung getragen werden kann (so aber LG Göttingen NStZ **90**, 299; mit Recht hiergegen Lackner 7 zu § 67d).

Dauer der Unterbringung

67 d ^{I} Es dürfen nicht übersteigen die Unterbringung in einer Entziehungsanstalt zwei Jahre und die erste Unterbringung in der Sicherungsverwahrung zehn Jahre.

Die Fristen laufen vom Beginn der Unterbringung an. Wird vor einer Freiheitsstrafe eine daneben angeordnete freiheitsentziehende Maßregel vollzogen, so verlängert sich die Höchstfrist um die Dauer der Freiheitsstrafe, soweit die Zeit des Vollzugs der Maßregel auf die Strafe angerechnet wird.

^{II} Ist keine Höchstfrist vorgesehen oder ist die Frist noch nicht abgelaufen, so setzt das Gericht die weitere Vollstreckung der Unterbringung zur Bewährung aus, sobald verantwortet werden kann zu erproben, ob der Untergebrachte außerhalb des Maßregelvollzugs keine rechtswidrigen Taten mehr begehen wird. Mit der Aussetzung tritt Führungsaufsicht ein.

^{III} Ist die Höchstfrist abgelaufen, so wird der Untergebrachte entlassen. Die Maßregel ist damit erledigt.

^{IV} Wird der Untergebrachte wegen Ablaufs der Höchstfrist für die erste Unterbringung in der Sicherungsverwahrung entlassen, so tritt Führungsaufsicht ein.

^{V} Ist die Unterbringung in einer Entziehungsanstalt mindestens ein Jahr vollzogen worden, so kann das Gericht nachträglich bestimmen,

Maßregeln der Besserung und Sicherung § 67 d

daß sie nicht weiter zu vollziehen ist, wenn ihr Zweck aus Gründen, die in der Person des Untergebrachten liegen, nicht erreicht werden kann. Mit der Entlassung aus dem Vollzug der Unterbringung tritt Führungsaufsicht ein.

1) Die Vorschrift idF des 2. StrRG (Ber. BT-Drs. V/4095, 34; Prot. V/12, 427, 448, 614, 1302, 2307, 2446, 3249, 3254) und des EGStGB, das vor allem IV hinzugefügt hat (Ber. BT-Drs. 7/1261 = Ber. II, 8; Prot. 7/739), wurde durch das 23. StÄG (9 vor § 56) durch Anfügung des V geändert. Zur Aufhebung des § 65 idF des 2. StrRG vgl. 1 vor § 63.

2) In I ist die **Dauer** der freiheitsentziehenden Maßregeln wie folgt geregelt: **A. Unbefristet** sind (wie sich im Gegenschluß ergibt, so daß sich eine Befristung im Urteil verbietet, BGH **30**, 307) die Unterbringung a) in einem **psychiatrischen Krankenhaus** (§ 63; krit. zur fehlenden Obergrenze in den Fällen des § 63 Laubenthal, Krause-FS 368 mwN; G. Kaiser aaO [1a vor § 63] 36) und b) in der **Sicherungsverwahrung** (§ 66), wenn sie bereits einmal angeordnet war, ohne Rücksicht darauf, ob die erste Anordnung schon vollzogen und wie ihr Vollzug ausgegangen ist. **B.** Eine **gesetzliche Höchstdauer** besteht nach I S. 1 bei der Unterbringung in einer **Entziehungsanstalt** (§ 64: 2 Jahre) und bei der 1. Unterbringung in der **Sicherungsverwahrung** (§ 66: 10 Jahre). Die Begrenzung der Unterbringungsdauer beruht in den Fällen des § 64 auf der Erwägung, daß Unterbringungszeiten von mehr als einem Jahr äußerst selten sind (Prot. IV/806 ff., 819, 937; V/427; vgl. auch V S. 1, unten 7). In den Fällen der 1. Sicherungsverwahrung (krit. Leferenz ZStW **89**, 993) hat das EGStGB sie entgegen den Bedenken des BRates (BT-Drs. 7/550, S. 469) aufrechterhalten (Ber. II, 8; Prot. 7/739; 1691; 1705; Ber. BT- Drs. 7/2222, 2). **C. Nach I S. 2** läuft die Höchstfrist vom tatsächlichen Beginn des Maßregelvollzugs an (vgl. Stuttgart MDR **85**, 601; Hamm MDR **89**, 1120; Karlsruhe MDR **92**, 670). Das ist im Fall einer einstweiligen Unterbringung (§ 126a StPO) der Zeitpunkt der Rechtskraft des auf Unterbringung lautenden Urteils, ohne daß es auf die förmliche Einleitung der Vollstreckung ankommt (Hamm OLGSt. 5 zu § 67e). Nicht einzurechnen in die Höchstfrist ist die Zeit eines Vollstreckungsaufschubs nach § 463 V S. 2 StPO. An den Höchstfristen ändert sich auch dann nichts, wenn die Unterbringung durch dann widerrufene Aussetzung und FAufsicht unterbrochen wird (§ 67 g IV; problematisch). **D. Nach I S. 3** verlängert sich in den Fällen des § 64 (bei § 66 gibt es keinen Vorwegvollzug der Maßregel; 2 zu § 67), wenn auf Freiheitsstrafe iwS (1 zu § 38) neben der Maßregel erkannt ist, deren Höchstfrist um die Dauer der Freiheitsstrafe, soweit auf sie die Zeit des Maßregelvollzuges nach § 67 IV angerechnet wird (5 zu § 67), so daß die Maßregel noch nicht nach III erledigt ist und noch nach II ausgesetzt werden kann. Die Höchstfrist des S. 1 hat nicht nur Bedeutung für die Fälle, in denen die Maßregel des § 64 selbständig angeordnet worden ist; sie begrenzt beim Vorwegvollzug der Maßregel zugleich die Anrechnung nach § 67 IV S. 1 (vgl. LG Paderborn NStZ **90**, 357; LG Kleve NStZ **91**, 436; SK-Horn 5). Die Worte „soweit ... angerechnet wird" drücken dies sprachlich unzulänglich aus. Daß sich die Höchstfrist des S. 1 beim Vorwegvollzug vor einer mehrjährigen Freiheitsstrafe nicht beliebig, dh nach der Dauer der Strafe verlängert, folgt sowohl aus der ratio des S. 2 iVm S. 1 als auch aus der Regelung des V

§ 67 d

S. 1 iVm § 67 IV. Denn der Maßregelvollzug wird nach § 67 IV S. 1 nicht voll und bei Therapieresistenz unter den Voraussetzungen des V S. 1 iVm § 67 IV S. 2 überhaupt nicht angerechnet (vgl. dazu 5a zu § 67). Für I S. 3 bedeutet dies, daß nur Maßregelvollzug in den Grenzen des S. 1 und des § 67 IV angerechnet wird, dh nicht bis zur vollen Erledigung der Strafe, sondern bis zur ⅔-Erledigung. Von 2 Jahren Maßregelvollzug dürfen somit auf eine Strafe von 2 Jahren nur 16 Monate angerechnet werden. Der Rest der Strafe ist zur Bewährung auszusetzen. Die sich aus S. 1 ergebende Höchstfrist verlängert sich also nach S. 3, da das letzte Drittel der Maßregelhöchstfrist von 2 Jahren nach § 67 IV S. 1 von der Anrechnung ausgenommen ist, höchstens um 16 Monate auf 3 Jahre 4 Monate (ähnlich mit anderem Rechenergebnis Volckart NStZ **87**, 215); vgl. hierzu BGHR § 67 II VorwVollz. teilw. 9 und wegen der an sich hieraus ergebenden Unzuträglichkeiten 5a zu § 67. Die Anrechnungsbeschränkung des § 67 IV gilt nach Art. 316 I EGStGB für Unterbringungsanordnungen vor dem 1. 5. 1986 *nicht* (Düsseldorf NStZ **91**, 608); vgl. unten 9. Der Vorwegvollzug der Maßregel soll den Untergebrachten nicht ungerechtfertigt besserstellen (vgl. allerdings 5a, 6 zu § 67). Bei ausgesetzten Strafen gilt dies jedenfalls dann, wenn die Voraussetzungen für einen Widerruf vorliegen (Hamm MDR **79**, 157; aM LK-Horstkotte 13ff. mwN). Wird vor Erledigung einer Maßregel des § 63 oder § 64 die gleiche Maßregel nochmals angeordnet, so ist die frühere Anordnung nach § 67f erledigt (vgl. dort; für den Fall der nachträglichen Gesamtstrafenbildung jedoch 9 zu § 55). Für die Sicherungsverwahrung gilt § 67f nicht, da die 2. Unterbringung ohnehin unbefristet ist (vgl. dort).

4   **3) Nach III S. 1** ist nach Ablauf der Höchstfrist (in den Fällen von I S. 3 der verlängerten Höchstfrist) der Untergebrachte **zu entlassen;** freilich nur aus der Unterbringung. Der nach § 67 IV verbleibende Strafrest ist zu vollstrecken, sofern nicht eine Aussetzung in Betracht kommt; vgl. 6 zu § 67.

5   **4) Nach III S. 2** ist die Maßregel **erledigt,** sobald die Höchstfrist abgelaufen ist. Auch in den Fällen ohne Höchstfrist oder vor deren Ablauf ist Erledigung nach § 67c II S. 5 und den §§ 67f, 67g V möglich; bei Unterbringung nach den §§ 63, 64 auch durch Vollstreckungsverjährung, die aber bei der Sicherungsverwahrung ausgeschlossen ist (§ 79 IV, V). Erledigung wird man schließlich auch dann anzunehmen haben, wenn die Grundlage für die Anordnung weggefallen ist, so wenn sich in einem Fall des § 63 herausstellt, daß § 20 zu Unrecht angenommen worden war (Nürnberg MDR **61**, 342), und zwar selbst dann, wenn weitere Straftaten zu befürchten sind (Frankfurt NJW **78**, 2347; StV **85**, 117 L; Hamm NStZ **82**, 300 L; Karlsruhe MDR **83**, 151; Volckart MRVollz 167; Schreiber, Venzlaff-Hdb. 61; aM LK 48 mwN; SK-Horn 13), *nicht* aber wenn sich die Unterbringung nach den §§ 63, 64 später als zwecklos erweist. Nachstehend zitierte Äußerungen zu dieser Frage sind hinsichtlich der Unterbringung nach § 64 unter Berücksichtigung des V (unten 7, 9) zu werten: München NJW **78**, 552; Hamm [3. StS] NJW **78**, 2348; Düsseldorf [5. StS] MDR **79**, 955; [4. StS] MDR **84**, 772; KG zit. bei Wendisch NStZ **81**, 319; Stuttgart MDR **80**, 685; Bremen NJW **81**, 1327 [zu Unrecht abl. Reimers StV **81**, 186]; Frankfurt GA **82**, 224; Celle [3. StS] JR **82**, 468 [m. Anm.

Maßregeln der Besserung und Sicherung § 67 d

Stree]; überzeugend Frankfurt NStZ **83**, 187; Koblenz MDR **84**, 959; Karlsruhe Die Justiz **84**, 399; SchSch-Stree 11 zu § 64; Adams/Gerhardt NStZ **81**, 245; Blau aaO [1 zu § 20], 12; offengelassen BGH **28**, 330; vgl. Schleswig MDR **80**, 1039; 7a zu § 64; **aM** Düsseldorf [1. StS] NJW **80**, 1345; [m. abl. Anm. Stree JR **80**, 509] und MDR **80**, 686; Celle [3. StS] NStZ **81**, 318 [m. Anm. Wendisch]; [1. StS] und NStZ **82**, 302; [m. abl. Anm. Stree JR **82**, 469]; Hamm [7. StS] MDR **82**, 1038; AG Frankfurt StV **81**, 403; das freilich unkritisch eine fehlerhafte Berufung von Menges (StV **81**, 415) auf die gesetzlichen Materialien übernimmt (aM auch LK 51 und Hanack JR **78**, 400, SK-Horn 16a; H.J. Meyer MDR **82**, 179; Kühne MSchrKrim. **84**, 384; Schreiber, Venzlaff-Hdb. 63).

5) In II S. 1 ist die Voraussetzung für die **Aussetzung der Unterbrin-** 6 **gung zur Bewährung** vor Ablauf der Höchstfrist und bei unbefristeter Unterbringung (oben 2) wie in § 57 I Nr. 2 (vgl. dort 6) bestimmt. Das Gericht (unten 8) setzt die Vollstreckung einer Unterbringung **bei günstiger Täterprognose** durch Beschluß zur Bewährung aus, dh sobald verantwortet werden kann zu erproben (hierzu Laubenthal, Krause-FS 363; Frisch InstKonfl. **12**, 25; krit. Baur MDR **90**, 474), ob der Untergebrachte in Freiheit keine rechtswidrigen Taten (33 zu § 11) mehr begehen wird. Auch *vor Vollstreckungsbeginn,* zB bei dessen Aufschub (§§ 455 ff. StPO) oder Zurückstellung nach § 35 I BtMG ist die Vollstreckung bei positiver Prognose auszusetzen. § 67 d II und § 67 e erfordern also nicht den *Beginn* der Vollstreckung (Maatz MDR **88**, 12). Bei der Prognose (dazu eingehend LK 34 ff. und 3a zu § 67a; vgl. auch Frisch, Prognoseentscheidungen im Strafrecht, 1983, 153 ff. u. ZStW **102**, 766; Baur aaO 476) kommt es wegen ihrer Bindung an den Zweck der Unterbringung nur auf solche Taten an, die der *Art und Schwere* nach ausreichen, die Anordnung einer entsprechenden Maßregel zu rechtfertigen (LK 31), also auf erhebliche Taten iS der §§ 63 ff. (BVerfGE **70**, 313; Düsseldorf MDR **80**, 779; **87**, 957; vgl. zu § 42 f aF Hamburg NJW **70**, 1933; 1982; Karlsruhe, Hamm NJW **70**, 1332; **71**, 204 f.; **74**, 1390; MDR **71**, 155; Köln MDR **71**, 154; KG MDR **71**, 593; Oldenburg NJW **71**, 1951; Volckart MRVollz 172). Für die Entscheidung, die idR mit Hilfe eines Sachverständigen zu treffen ist (Krauß StV **85**, 513), und für die im Hinblick auf den Verhältnismäßigkeitsgrundsatz (§ 62) um so strengere Grundsätze gelten, je länger die Unterbringung bereits dauert (BVerfGE **70**, 315 m. Anm. Trechsel EuGRZ **86**, 543; hierzu ferner Müller-Dietz JR **87**, 45; Horstkotte MSchrKrim. **86**, 332; Eickhoff NStZ **87**, 65; Schuler For. **9** [1988], 1; Teyssen, Tröndle-FS 407; Celle MDR **89**, 928; Koblenz NStE § 63 Nr. 29), wird es auf die Summe der veränderten Umstände, insbesondere auf Änderungen in der Person und den Lebensumständen des Untergebrachten ankommen (Köln NJW **55**, 682; Koblenz OLGSt. Nr. 1; Müller-Dietz NStZ **83**, 151; vgl. auch Hamm EuGRZ **86**, 545). Der Vollzug der Unterbringung ist der vom Verurteilten ausgehenden Gefahr anzupassen (Celle NStZ **89**, 588). Es können Erblindung oder Kastration die Gefährlichkeit des Untergebrachten beseitigt haben (Nürnberg OLGSt. 3, 4 zu § 42h aF; Frankfurt NJW **67**, 687); auch fortgeschrittenes Alter bei einem Sexualtäter (zur sexualphallographischen Untersuchung in solchen Fällen Düsseldorf NJW **73**, 2255; anderseits Prot. 7/740); nicht aber eine erst vorzunehmende hirnstereotaktische Operation bei einem Sexualtäter (Hamm NJW **80**, 1909), auch nicht, daß der Untergebrachte bei einer Entweichung fast 3 Jahre unauffällig geblieben ist (LG Göttingen NStZ **90**, 299, zw.). Gewisse Erkrankungen können anderseits ein Aussetzungshindernis sein (Köln JR **55**, 272; vgl. anderseits Karlsruhe Die Justiz **71**, 358). Echte Besserung kann auch bei voraussichtlich ungünstigerem Milieu das Wagnis der Aussetzung rechtfertigen (Köln MDR **71**, 154). Allerdings sind Fleiß und gute Führung in der Anstalt allein noch kein Grund zu einer günstigen Prognose (Celle NJW **70**, 1200). Im Gegensatz zur Anordnung der Maßregel sind hier außerdem **künftige Maßnahmen** von erheblicher Bedeutung, so zB Entmündigung und Unterbringung in einer Anstalt durch den Vormund (Saarbrücken NJW **64**, 1633), Unterbringung in einer Pflegestelle (Braunschweig NJW **63**, 403) und vor allem die von der FAufsicht (LK 57), dem BHelfer und Weisungen nach § 68b ausgehenden Wirkungen (vgl. 3 zu § 67b; 3 zu § 64). Eine Aussetzung nach II ist aber nicht schon zulässig, wenn der Vormund mit vormundschaftsgerichtlicher Genehmigung seinerseits die Unterbringung des gefährlichen Verurteilten in einem psychiatrischen Krankenhaus anordnet, weil dem Sicherheitsbedürfnis der Allgemeinheit dann nicht mehr Rechnung getragen ist, da der Vormund jederzeit die Aufhebung der Unterbringung veranlassen kann (Düsseldorf OLGSt. 5); ebensowenig wenn bei unzureichender psychiatrischer Versorgung erhebliche rechtswidrige Taten in einem anderen Land zu befürchten sind, wohin der Verurteilte abgeschoben würde (Celle NStZ **89**, 588). Kommt das Gericht zu dem Ergebnis, daß bei dem Untergebrachten, mindestens bei Anwendung der zur Verfügung stehenden Mittel, nur noch eine bloße Möglichkeit, aber keine mit Gründen belegbare Wahrscheinlichkeit neuer Straftaten mehr besteht (vgl. Düsseldorf NJW **59**, 830), so hat es die Vollstreckung auszusetzen. Der Grundsatz der Verhältnismäßigkeit gebietet insbesondere, die Unterbringung nur solange zu vollstrecken, wie der Zweck der Maßregel es unabweisbar erfordert und weniger belastende Maßnahmen nicht genügen (Düsseldorf NStZ **91**, 104). Auszusetzen ist auch, wenn der krankhafte Zustand iS des § 63 iVm §§ 20, 21 später durch Heilung entfallen ist (LK 48; aM Karlsruhe MDR **83**, 151, SchSch 14 u. Laubenthal, Krause-FS 361: Entlassung), jedoch wird die Unterbringung nicht für erledigt erklärt, wenn der labile Zustand des Untergebrachten seine weitere Kontrolle und Betreuung erforderlich macht (Hamburg MDR **86**, 1044; zusf. Baur MDR **90**, 481).

6a A. Nach II S. 2, IV, V S. 2 tritt **Führungsaufsicht** kraft Gesetzes (§ 68 II) ein, nach II S. 2 mit der Rechtskraft des Aussetzungsbeschlusses (3 zu § 68c), nach IV (der nach § 2 VI auch für Unterbringungen vor dem 1. 1. 1975 gilt, Hamm OLGSt 9) mit der Entlassung, nicht aber im Falle der Erledigung der Maßregel wegen Unverhältnismäßigkeit (Celle MDR **89**, 928). Eine Rücküberführung in die Sicherungsverwahrung ist dann aber ausgeschlossen, auch wenn der Verurteilte gegen Weisungen nach § 68b verstößt (dann ev. § 145a). Nach V S. 2 tritt FAufsicht auch bei nachträglicher Aufhebung der Maßregel nach § 64 wegen Therapieresistenz mit der
6b Entlassung aus dem Vollzug der Unterbringung ein (unten 7). **B. Beurlaubung** eines Untergebrachten, also Entlassung für eine bestimmte Zeit, kennt das StGB nicht (vgl. Frankfurt NJW **57**, 391; 1684; Hamm JZ **60**, 543; Braunschweig NJW **63**, 403); jedoch ist Beurlaubung im Rahmen der §§ 13, 15, 35 StVollzG möglich (vgl. auch die Vollzugslockerungen nach

Maßregeln der Besserung und Sicherung **§ 67 d**

§§ 11, 15 StVollzG), sie stellt sich als Vorstufe zur Vorbereitung der gerichtlichen Entscheidung über die Maßregelaussetzung dar (Hamm StV **88**, 115 m. Anm. Pollähne; Frisch ZStW **102**, 750, 776). Ferner kommt Unterbrechung der Vollstreckung nach § 455 IV, § 455a StPO in Betracht.

6) Nach V kann das Gericht (unten 8) nachträglich bestimmen, daß eine **7 Unterbringung nach § 64** nicht weiter zu vollziehen ist, wenn a) sie mindestens 1 Jahr vollzogen worden ist und b) ihr Zweck aus Gründen, die in der Person des Untergebrachten (nicht aber Therapieunfähigkeit, LG Stade StV **89**, 260; aM aber aus verfassungsrechtlicher Sicht Celle Vorleg. Beschl. NStZ **91**, 356 [m. Anm. Müller-Dietz]; ferner Stuttgart MDR **92**, 290 m. Anm. Budde; vgl. Lackner 9) liegen, nicht erreicht werden kann. V trägt der Erkenntnis Rechnung, daß eine Fortsetzung des Vollzugs in vielen Fällen wegen der Therapieunwilligkeit des Untergebrachten sinnlos erscheint, ein weiterer Verwahrvollzug sich aber oft ungünstig auf das therapeutische Klima der Anstalt auswirkt (Celle StV **90**, 457 m. Anm. Plähn). Um aber einerseits der Gefahr zu begegnen, daß die Anstalt Therapieunwillige vorschnell dem Strafvollzug zurücküberweist, unliebsame Untergebrachte also unter dem Deckmantel der Therapieresistenz abzuschieben (Hamburg NStZ **88**, 242; Hamm NStZ **90**, 299), andererseits dem Untergebrachten ein Unterlaufen der Behandlung zu erschweren, ihm also keinen Anreiz zu bieten, sich der Mitarbeit an der eigenen Rehabilitation zu entziehen, verlangt V S. 1, daß die Maßregel **mindestens 1 Jahr vollzogen** sein muß, bevor das Gericht entscheidet. Aus dieser Bedingung wird zudem deutlich, daß § 64 nicht bloß der Besserungsgedanke zugrundeliegt (2 zu § 64). Bedenklich bleibt dennoch, daß die Maßregelanordnung bereits nach 1 Jahr ohne neue Erkenntnisse über die Art der Suchtkrankheit außer Kraft gesetzt werden kann und durch die weitaus weniger wirksame Maßnahme der FAufsicht (S. 2) ersetzt werden soll. Daher wird man die **Kann-Regelung** so zu verstehen haben, daß sie einen Kompromiß zwischen den Anstaltsinteressen und dem Maßregel- und Sicherungszweck darstellt (BT-Drs. 10/2720, 12; Hamm MDR **89**, 664; Frankfurt StV **92**, 328; Lackner 8). **Rechtsfolge** der Entscheidung ist nach **Satz 2**, daß mit der Entlassung aus dem Vollzug der Unterbringung FAufsicht eintritt und daß beim Maßregelvollzug (§ 67 I) eine Anrechnung auf die Strafe ausscheidet (§ 67 IV S. 2; vgl. 5a zu § 67).

7) Verfahrensrecht. Zuständig ist die StVK (§§ 463 III, 454, 462a I StPO); **8** in Jugendsachen jedoch der Jugendrichter als Vollstreckungsleiter (§§ 82, 84 I JGG; BGH **26**, 163). Dem Verurteilten ist nicht nur Gelegenheit zu geben, Anträge zu stellen und zu begründen (§ 462 II StPO), sondern auch rechtliches Gehör in der Weise, daß er zu entscheidungserheblichen Äußerungen, insbesondere der Tatsachendarstellung der Anstalt Stellung nehmen kann (BVerfGE **17**, 143; **18**, 422; Hamburg NJW **64**, 2315; vgl. auch H. W. Schmidt NJW **65**, 1318; Baur MDR **90**, 482). Es kann uU von Verfassungs wegen (vgl. hierzu Teyssen, Tröndle-FS 407) geboten sein, dem Untergebrachten einen Pflichtverteidiger zu bestellen (BVerfGE **70**, 323; hierzu Müller-Dietz JR **87**, 51; Schuler For. **9** (1988), 8; Volckart MRVollz. 173), dessen Teilnahme bei der mündlichen Anhörung (§§ 463 II S. 1, 454 I S. 3 StPO) nicht ausgeschlossen werden darf *(fair trial,* Düsseldorf NJW **89**, 2338). In welcher Weise das Gericht die Aussetzungsreife prüft, hängt nach den Umständen des Falles von seinem pflichtgemäßen Ermessen ab (vgl. Koblenz MDR **74**, 246). Gegen die bedingte Entlassung, auch

§ 67 d AT Dritter Abschnitt. Sechster Titel

wenn sie mit Weisungen verbunden ist, hat der Verurteilte mangels Beschwer kein Rechtsmittel (Düsseldorf NStZ **85**, 27).

9   8) **Eine Übergangsregelung** zu § 67 IV und **§ 67 d V** (oben 7) für Unterbringungen, die **vor dem 1. 5. 1986** angeordnet waren, enthält Art. 316 I EGStGB idF des 23. StÄG. Sie durchbricht den Grundsatz des § 2 VI (15 zu § 2; vgl. BT-Drs. 10/2720, 18).

Überprüfung

67 e ¹ **Das Gericht kann jederzeit prüfen, ob die weitere Vollstreckung der Unterbringung zur Bewährung auszusetzen ist. Es muß dies vor Ablauf bestimmter Fristen prüfen.**

II **Die Fristen betragen bei der Unterbringung
in einer Entziehungsanstalt sechs Monate,
in einem psychiatrischen Krankenhaus ein Jahr,
in der Sicherungsverwahrung zwei Jahre.**

III **Das Gericht kann die Fristen kürzen. Es kann im Rahmen der gesetzlichen Prüfungsfristen auch Fristen festsetzen, vor deren Ablauf ein Antrag auf Prüfung unzulässig ist.**

IV **Die Fristen laufen vom Beginn der Unterbringung an. Lehnt das Gericht die Aussetzung ab, so beginnen die Fristen mit der Entscheidung von neuem.**

1   1) **Die Vorschrift** ist durch das 2. StrRG (Ber. BT-Drs. V/4095, 34) und Art. 18 Nr. 28 EGStGB angepaßt und zur selbständigen Vorschrift gemacht worden. Zur Aufhebung des § 65 idF des 2. StrRG vgl. 1 vor § 63.

2   2) Die **StVK** (§§ 463 III, 454, 462 a I StPO) kann die Aussetzungsreife (vgl. dazu 6 zu § 67 d) und Fälle der Erledigung (5 zu § 67 d) oder Überweisung (§ 67 a) und des Vorwegvollzuges nach § 67 III jederzeit prüfen (**I S. 1**), auch vor Beginn der weiteren Vollstreckung nach Widerruf der Aussetzung (Hamm JMBlNW **78**, 89; NStE Nr. 4), oder nach Unterbrechung einer begonnenen Unterbringung (Hamm OLGSt. 3); uU, zB im Falle einer abermaligen Verurteilung ohne Anordnung der Unterbringung, ist dem Verurteilten entspr. § 140 II StPO ein Verteidiger beizuordnen (Celle AnwBl. **80**, 306; vgl. auch LG Paderborn NStZ **81**, 365). Zur Prüfung nach § 67 e verpflichtet ist sie, sobald Anhaltspunkte vorliegen, die ein Prüfung nach § 67 d II angezeigt erscheinen lassen (Hamm NStZ **90**, 252; LK-Horstkotte 8), spätestens aber *muß* die StVK rechtzeitig (eine verspätete Prüfung bleibt aber ohne rechtliche Wirkung, LK 14) vor Ablauf einer bestimmten Frist, deren Lauf mit der Unterbringung beginnt (**IV S. 1;** Karlsruhe MDR **92**, 690) und die in den Fällen von § 64 sechs Monate, von § 63 ein Jahr und von § 66 zwei Jahre beträgt, über die Aussetzungsfrage nach vorheriger mündlicher Anhörung durch die StVK (Koblenz MDR **84**, 163) entscheiden (**II**); Entweichen aus dem Maßregelvollzug hemmt den Lauf der Frist nach II (Karlsruhe aaO). Die StVK (nicht das erkennende Gericht, Karlsruhe MDR **78**, 158) kann sich selbst im voraus eine kürzere Frist setzen (**III S. 1**). Anderseits kann sie zur Abwehr vor allem querulatorischer Wiederholung von Anträgen im Rahmen der genannten Prüfungsfristen eine Frist festsetzen, vor deren Ablauf ein Antrag auf Prüfung unzulässig ist (Sperrfrist **III S. 2**). Nach Ablauf der Frist ist – auch noch im

Maßregeln der Besserung und Sicherung §§ 67e, 67f

Beschwerdeverfahren – der Zulassungsmangel geheilt (Düsseldorf MDR **90**, 173 L). Lehnt das Gericht Entlassung ab, so beginnen die gesetzlichen Prüfungsfristen mit der Entscheidung von neuem (**IV S. 2**). Nach hM kommt es auf deren Rechtskraft nicht an (Hamm NJW **71**, 949; MDR **76**, 159; LK 13; SchSch-Stree 5; SK-Horn 7). Zur Zuständigkeit für die Entscheidung über die Fortdauer einer vom Jugendschöffengericht angeordneten Unterbringung eines erwachsen gewordenen Jugendlichen Karlsruhe Die Justiz **78**, 325; zur Zuständigkeit bei mehreren Unterbringungsanordnungen Koblenz OLGSt. Nr. 1.

Mehrfache Anordnung der Maßregel

67 f Ordnet das Gericht die Unterbringung in einer Entziehungsanstalt an, so ist eine frühere Anordnung der Maßregel erledigt.

Die Vorschrift bezieht sich nur auf mehrfache rechtskräftige Unterbrin- 1 gungen nach § 64. Sie betrifft grundsätzlich nur eine solche frühere Unterbringung, die noch nicht oder nicht ganz **erledigt** ist, zB infolge Vorwegvollzug der Strafe (§ 67 II) oder Maßregelaussetzung (§ 67 d III S. 2, § 67 g V; vgl. 5 zu § 67 d), bevor die wegen einer neuen (*nach* der früheren Verurteilung begangenen) Tat angeordnete gleiche Unterbringungsanordnung rechtskräftig geworden ist. Bei *vor* der früheren Verurteilung begangenen Taten sind die Grundsätze der **Gesamtstrafenbildung** zu beachten (BGH **30**, 306). Aus § 55 II folgt, daß eine frühere Anordnung nach § 64 grundsätzlich aufrechtzuerhalten ist. Zur Frage, wann die alte Anordnung gegenstandslos wird (vgl. 9 zu § 55). Dann addieren sich nicht die Restfrist aus der 1. Unterbringung und die zweijährige Höchstfrist aus der 2. Anordnung; vielmehr ist die 1. Anordnung erledigt (5. 3. 1985, 4 StR 85/85), so daß die Höchstfrist wieder nur 2 Jahre beträgt. Die bisherige Vollzugszeit wird nicht auf die neue Frist angerechnet; hM. Lief der alte Vollzug noch, so wird er ohne Unterbrechung (jedoch unter Mitwirkung der jetzt zuständigen Vollstreckungsbehörde, Pohlmann Rpfleger **70**, 235) kraft der neuen Anordnung fortgesetzt. War die 1. Unterbringung zur Bewährung ausgesetzt, so kommt es wegen der Erledigung nicht zum Widerruf nach § 67g; vielmehr wird sofort die neu angeordnete Maßregel vollstreckt (LK-Horstkotte 9; Lackner 2), die Erledigung erfaßt auch die nach § 67 d II S. 2 eintretende F Aufsicht (LG Heilbronn, NStE Nr. 1). Anders ist die Rechtslage bei nachträglicher Gesamtstrafenbildung, denn die 1. Unterbringung ist aufrecht zu erhalten (BGH **30**, 306; 8 zu § 55; hM), so daß es gar nicht zu einer 2. Anordnung kommt, sondern der Vollzug unter Anrechnung seiner bisherigen Dauer weiterläuft. Wird die Unterbringung in Unkenntnis der Anordnung über deren Rechtskraft hinaus vollstreckt, so ist die unzulässig vollstreckte Zeit (nach Anregung eines Gnadenerweises von Amts wegen) im Gnadenwege anzurechnen (Pohlmann Rpfleger aaO).

Widerruf der Aussetzung

67 g ¹ Das Gericht widerruft die Aussetzung einer Unterbringung, wenn der Verurteilte
1. während der Dauer der Führungsaufsicht eine rechtswidrige Tat begeht,

§ 67g

2. gegen Weisungen gröblich oder beharrlich verstößt oder
3. sich der Aufsicht und Leitung des Bewährungshelfers oder der Aufsichtsstelle beharrlich entzieht

und sich daraus ergibt, daß der Zweck der Maßregel seine Unterbringung erfordert.

^{II} Das Gericht widerruft die Aussetzung einer Unterbringung nach den §§ 63 und 64 auch dann, wenn sich während der Dauer der Führungsaufsicht ergibt, daß von dem Verurteilten infolge seines Zustandes rechtswidrige Taten zu erwarten sind und deshalb der Zweck der Maßregel seine Unterbringung erfordert.

^{III} Das Gericht widerruft die Aussetzung ferner, wenn Umstände, die ihm während der Dauer der Führungsaufsicht bekannt werden und zur Versagung der Aussetzung geführt hätten, zeigen, daß der Zweck der Maßregel die Unterbringung des Verurteilten erfordert.

^{IV} Die Dauer der Unterbringung vor und nach dem Widerruf darf insgesamt die gesetzliche Höchstfrist der Maßregel nicht übersteigen.

^V Widerruft das Gericht die Aussetzung der Unterbringung nicht, so ist die Maßregel mit dem Ende der Führungsaufsicht erledigt.

^{VI} Leistungen, die der Verurteilte zur Erfüllung von Weisungen erbracht hat, werden nicht erstattet.

1 1) **Die Vorschrift** ist durch das 2. StrRG (Ber. BT-Drs. V/4095 = Ber. I, 34; Prot. V/431, 471, 790, 861, 2019, 2338, 2447, 3161) unter Änderung durch Art. 18 Nr. 29 EGStGB (Ber. BT-Drs. 7/1261, 8; Prot. 7/744) eingefügt. Sie ist die Parallele zu §§ 56f, 70b; doch ist dabei zu beachten, daß die Aussetzung bei den freiheitsentziehenden Maßregeln mit dem an sich selbständigen Institut der FAufsicht gekoppelt ist (vgl. unten 6). Die Widerrufsgründe beziehen sich in I und III auf sämtliche Maßregeln der §§ 63 bis 66, in II nur auf die in den §§ 63, 64 (zur Aufhebung des § 65 idF des 2. StrRG vgl. 1 vor § 63). § 67g bezieht sich sowohl auf die Fälle der Aussetzung zugleich mit dem Urteil (§ 67b) wie auf die
1a Fälle der §§ 67c I, II, 67d II. **Das Gericht** ist das erkennende in den Fällen von § 67b, die StVK in den übrigen Fällen (§§ 463V, 462, 462a I bzw. II StPO; zum Fall mehrerer Verfahren NJW **75**, 1238).

2 2) Die **Widerrufsvoraussetzungen**, die nach der Überzeugung des Gerichts feststehen müssen (vgl. Celle NJW **58**, 33; Schleswig NJW **58**, 1791; Hamm NJW **74**, 915; Koblenz OLGSt. 9), sind **A. allgemein für I bis III,** daß der **Zweck der Maßregel** (3b zu § 67) die Unterbringung erfordert, dh daß sie zur Verhütung neuer, erheblicher rechtswidriger Taten im Hinblick auf die jeweiligen Unterbringungszweck der §§ 63, 64, 66 gerechtfertigt ist, ohne daß die Voraussetzungen von Widerruf und Anordnung der Maßregel identisch sein müssen (LK-Horstkotte 7; Karlsruhe MDR **89**, 664; vgl. BVerfG NStZ **85**, 381). Sitzt der Verurteilte in Strafhaft ein, so ist über den Widerruf der Unterbringung erst kurz vor einem ev. erneuten Vollzug der Unterbringung zu entscheiden (Düsseldorf StV **91**, 72 L). Wegen des Subsidiaritätsgrundsatzes im Maßregelrecht sind alternative Maßnahmen zu prüfen. Aus § 68e iVm § 68b folgt, daß der Zweck der Maßregel die Unterbringung uU nur dann erfordert, wenn auch weitere Weisungen der in 3 zu § 67b genannten Art zu keiner günstigeren Beurteilung mehr führen können. **B.** Die Widerrufsgründe **nach I** entsprechen weitge-

Maßregeln der Besserung und Sicherung § 67 g

hend § 56 f (dort 3 ff.). Der Verurteilte muß a) nach **Nr. 1 während der FAufsicht** (§ 68 c), also nach Rechtskraft der Anordnung (vgl. LG Bremen JZ **59**, 413), dh auch des Beschlusses, der die FAufsicht automatisch eintreten läßt, **eine rechtswidrige Tat** (33 zu § 11) begehen. Bei einer Tat vor der FAufsicht kommt **III** in Frage, da § 67 g eine § 56 f I S. 2 entsprechende Regelung nicht enthält. Die Tat muß auf eine schlechte Prognose hinweisen (vgl. 3 zu § 56 f). Dafür sind Art, Gewicht und Zahl der Verstöße von Bedeutung, wobei die rechtswidrige Tat nicht von der Art zu sein braucht, die eine neue Anordnung rechtfertigen würde (sonst könnte dies an die Stelle des Widerrufs treten); es genügt, daß sie weitere Taten von entsprechendem Gewicht besorgen läßt (Karlsruhe Die Justiz **79**, 300; **81**, 238; MDR **89**, 664). Doch scheiden geringfügigere Verstöße aus (vgl. Celle NJW **58**, 33; Schleswig SchlHA **56**, 247 [dazu Mittelbach JR **58**, 151]; ferner Nürnberg NJW **71**, 1573; Karlsruhe NJW **72**, 2007; Stuttgart OLGSt. 5; Düsseldorf StV **91**, 71). Bei Drogenabhängigen ist das Charakteristische der Sucht (vgl. Tröndle MDR **82**, 3; 12 vor § 56) zu berücksichtigen; **b)** nach **Nr. 2** gegen **Weisungen** (§ 68 b) gröblich oder beharrlich (4 zu § 56 f) verstoßen oder sich **c)** nach **Nr. 3** der Aufsicht und Leitung des **Bewährungshelfers** oder der **Aufsichtsstelle** (§ 68 a) beharrlich entziehen (4 zu § 56 f). Bei Nr. 2, 3 ist vor allem dann Widerruf erforderlich, wenn der Verurteilte die FAufsicht sabotiert oder sich so der Kontrolle entzieht, daß eine zuverlässige Beurteilung seines Verhaltens in der Freiheit unmöglich wird. In den Fällen des § 63, vor allem aber des § 66 (anders bei § 64 wegen § 67 f.; aM LK 23) setzt der Widerruf voraus, daß Weisungsverstöße dem Gewicht der Maßregel entsprechend symptomatisch für den Hang zur Begehung erheblicher Taten sind (Karlsruhe MDR **80**, 71); es sollte ferner dann widerrufen werden, wenn die Maßregel wegen weiterer Taten erneut angeordnet wird (vgl. zu § 42 h aF MDR/D **56**, 525; Hamm MDR **66**, 166). Ist jemand aus einer vor dem 1. StrRG angeordneten Sicherungsverwahrung entlassen worden, weil keine erheblichen Straftaten von ihm zu erwarten waren, so genügt es für den Widerruf, wenn nunmehr erhebliche Taten zu erwarten sind (aM Maetzel MDR **71**, 85 zum früheren Recht). Vom Widerruf kann ggf. abgesehen werden, wenn § 145 a ausreicht. Zum Verhältnis des § 145 a zu § 67 g vgl. LK-Hanack zu § 145 a.

C. nach II bei einer Unterbringung nach den §§ 63, 64, wenn sich sonst 3 (II gilt subsidiär, LK 25), zB durch Ankündigung schwerer krankhafter Aggressionen, **während der FAufsicht** (oben 2) **ergibt,** daß von dem Verurteilten **infolge seines Zustandes** rechtswidrige Taten zu erwarten sind und deshalb der Maßregelzweck die Unterbringung erfordert (oben 2). Mit Zustand ist nur die körperliche und psychische Verfassung des Verurteilten gemeint, nicht etwa seine sonstigen persönlichen oder häuslichen Verhältnisse (Ber. I, 34). Gedacht ist vor allem an eine Verschlechterung der psychischen Abweichungen, zB an einen schizophrenen Schub oder dessen Ankündigung (aaO), aber auch an eine zutreffende Beurteilung des schon früher gegebenen Zustandes oder an eine schlechte Prognose infolge einer zwischenzeitlich nicht eingetretenen positiven Entwicklung (Schleswig NStZ **82**, 88 L). Auch hier muß es sich um Taten handeln, die nicht nur geringfügig sind und mindestens solche befürchten lassen, die eine neue Anordnung begründen würden (oben 2).

§ 67g, Vor § 68

4 D. **nach III,** wenn dem Gericht (oben 1a) **während der FAufsicht** (oben 2), also nicht schon vorher oder erst nach deren Ende (möglicherweise also schon vor Entlassung des Täters, Bamberg NJW **69**, 564), tatsächliche **Umstände,** vor allem solche in der Person des Täters oder aus seinem Vorleben **bekannt werden,** die, wenn das Gericht sie bei seinem früheren Beschluß gekannt hätte, **zur Versagung der Aussetzung geführt hätten,** aber auch noch zur Zeit der Widerrufsentscheidung zeigen, daß der Maßregelzweck die Unterbringung erfordert (oben 2). Das können zB Delikte, Vorstrafen, gravierendes Verhalten, psychische Erkrankungen, erfolglose Entziehungskuren (vgl. aber 7 zu § 64) oder andere frühere Maßnahmen sein.

5 3) Nach IV ändert sich an der **gesetzlichen Höchstdauer** der Unterbringung (2ff. zu § 67d) auch durch den **Widerruf** nichts, der im übrigen dazu führt, daß der Verurteilte erstmals (§§ 67b, 67c I, II) oder erneut untergebracht wird. War er es schon vor der Aussetzung, so darf die Gesamtdauer der Unterbringung vor und nach dem Widerruf im Fall einer Maßregel mit Höchstfrist (3 zu § 67d) diese Frist nicht übersteigen.

6 4) **Nach V** ist die Maßregel, wenn sie **nicht widerrufen** wird, mit dem Ende der FAufsicht erledigt, also entweder mit einem Beschluß nach § 68e I oder automatisch mit dem Ablauf der Aufsichtszeit nach § 68c (Karlsruhe Die Justiz **80**, 26). Aus dieser Regelung folgt, daß der Beschluß, der den Widerruf ausspricht und der mit sofortiger Beschwerde anfechtbar ist (§ 462 I, III StPO), anders als bei § 56g (dort 2) mangels einer dem § 56g I S. 1 entsprechenden Bestimmung innerhalb der Aufsichtszeit ergehen, wenn auch nicht rechtskräftig werden muß (Düsseldorf NStZ **86**, 525). Bei abgekürzter Höchstfrist (§ 68c I S. 1, § 68d) kommt eine Verlängerung nach § 68d bei neuen Verdachtsmomenten für einen Widerruf in Betracht, LK 27, aM 41. Aufl. 2 zu § 68e. VI gilt auch, wenn der Widerruf unterbleibt.

7 **Leistungen** zur Erfüllung von Weisungen (§ 68b) werden nicht erstattet (**VI;** vgl. 10 zu § 56f); eine Anrechnung auf eine Maßregel mit Höchstfrist gibt es abw. von § 56 III S. 2 nicht; sie würde dem Wesen der Maßregel widersprechen.

8 5) **Verfahrensrechtlich** vgl. oben 1a und 8 zu § 67d. Vorläufige Maßnahmen nach § 453c StPO; zB Haftbefehl bei Unerreichbarkeit (Hamburg MDR **75**, 1042) oder bei Fluchtgefahr (dazu Rieß NJW **75**, 91; **78**, 2272) sind möglich (§ 463 I StPO). Erneute Nachprüfung eines rechtskräftigen Widerrufs ist in gewissen Fällen möglich (Hamm OLGSt. 6; vgl. 9 zu § 56f.). Im Verfahren nach § 67g ist uU die Beiordnung eines Pflichtverteidigers von Verfassungs wegen geboten (Bremen, Celle NStE Nr. 1, 2; vgl. auch 8 zu § 67d).

Führungsaufsicht

Vorbemerkung

1 1) Das **Institut** der **Führungsaufsicht** (= FAufsicht) ist im Anschluß an die Sicherungsaufsicht des E 1962 (§§ 91ff.; Begr. 220; Ndschr **1**, 284, 315, 386; **3**, 158, 233, 257, 364, 381; **4**, 371, 420; **12**, 322, 337, 357, 390) unter Ablehnung durch den AE (159) durch das 2. StrRG (Ber. BT-Drs. V/4095, 34; Prot. V/15, 1304, 1353, 2038, 2128, 2206, 2447, 2619, 3210, 3204) mit einigen Änderungen

Maßregeln der Besserung und Sicherung **Vor § 68**

durch Art. 18 Nr. 31 bis 33 EGStGB (E EGStGB 214; Ber. BT-Drs. 7/1261 = Ber. II, 8) und durch Art. 1 Nr. 17 des 23. StÄG (1 vor § 56) eingeführt worden. Die BReg. ist mit dem BRat von der Notwendigkeit einer umfassenden Überprüfung der §§ 68ff. überzeugt (BT-Drs. 10/2720, 25, 30); sie konnte im Rahmen des 23. StÄG (9 vor § 56) nicht zum Abschluß gebracht werden (vgl. BReg. BT-Drs. 10/5828, 6). **Schrifttum:** *Dertinger/Marks* (Hrsg.) Führungsaufsicht. Versuch einer Zwischenbilanz zu einem umstrittenen Rechtsinstitut, 1990 [Bespr. Lemke GA **92**, 235]; *v. Glasenapp* ZRP **79**, 31; *Horn* ZStW **89**, 554; *Jacobsen*, Führungsaufsicht und ihre Klientel, 1985 u. MSchrKrim**84**, 254. *Kleinknecht* in Schwind/Blau, Strafvollzug in der Praxis, 1976, 408; *Schöch* in Jehle [2 zu § 46] 271, NStZ **92**, 364 u. DJT C 109; *E. M. Schulz* Die Führungsaufsicht. Entstehungsgeschichte, Charakter und praktische Handhabung in BadWürtt. 1975 bis 1978, Bern 1982; *Stöckel* BayVerwBl. **75**, 5; *M. Walter* HdwbKrim. V 151; *Zipf* JuS **74**, 277; weitere Schrifttumshinweise LK-*Hanack* 16ff.   **1a**

2) **Aufgabe** der FAufsicht, deren Rechtsnatur als Maßregel der Besserung und Sicherung das Gesetz klarstellt, ist es, im Gegensatz zur Strafaussetzung zur Bewährung nach § 56, die nur für Täter mit günstiger Sozialprognose außerhalb der Schwerkriminalität bestimmt ist, aber in Fortführung des mit § 57 eingeschlagenen Weges, den kriminalpolitisch äußerst wichtigen Versuch zu machen, auch Tätern mit vielfach schlechter Sozialprognose und auch solchen der Schwerkriminalität nach Strafverbüßung oder im Zusammenhang mit einer freiheitsentziehenden Maßregel eine Lebenshilfe vor allem für den Übergang von der Freiheitsentziehung in die Freiheit zu geben und sie dabei zu führen und zu überwachen (vgl. Ber. aaO). Da es sich danach anders als bei § 56 um gefährdete und gefährliche Täter handelt, ist nicht nur die Bestellung eines BHelfers (im Vordergrund Hilfe) vorgeschrieben, dessen Aufgabe ähnlich schwierig ist wie in den Fällen der §§ 57, 57a, sondern auch eine Aufsichtsstelle (im Vordergrund Überwachung) eingeschaltet (§ 68a). Ob das verfassungsrechtlich unbedenkliche (BVerfGE **55**, 28) und vom Gesetzgeber durch § 263a II und zuletzt durch das OrgKG (2 zu § 43a) für § 34 BtMG erneut bestätigte Institut, dessen Akzent das 2. StrRG auf die Lebenshilfe gelegt hat (Ber. 33), trotz der Kritik (zust. Preiser ZStW **81**, 249; 912; abl. Baumann AT § 44 III; Grünwald ZStW **76**, 662; LK 25ff.; Schultz JZ **66**, 123; SK-Horn 5 zu § 68; differenzierend M-Zipf § 69, 12; Lackner 1; überwiegend positiv Jescheck § 78 I 1), die jedoch keine wirksame Alternativen anbietet, Erfolge bringen wird, hängt ganz wesentlich von der inhaltlichen Ausgestaltung und der Zusammenarbeit zwischen BHelfer und FAufsichtsstelle ab (hierzu Stöckel aaO 312; v. Glasenapp ZRP **79**, 32; immerhin waren Ende 1989, 12400 Probanden in der FAufsicht); ihr fällt dabei eine Reformaufgabe von besonderer Bedeutung zu. Sicher ist, daß die FAufsicht, die auf eine aktive umfassende Sozialisierungshilfe ausgerichtet ist, nichts mit der Polizeiaufsicht alten Rechts zu tun hat (skeptisch LK 3), die rein negativ ausgerichtet und auf nur einzelne polizeiliche Eingriffsmöglichkeiten beschränkt war (§ 39 aF).   **2**

3) **Zwei Hauptgruppen** von Anwendungsfällen der FAufsicht sind zu unterscheiden: **A.** FAufsicht nach **Strafverbüßung** in zwei Untergruppen: **a)** bei **bestimmten** rückfallträchtigen **Delikten** (§ 68 I); **b)** nach **Vollverbüßung** einer längeren Freiheitsstrafe (§ 68f); **B.** FAufsicht im Zusammenhang mit einer **freiheitsentziehenden Maßregel** (§ 68 II) in drei Unter-   **3 4**

gruppen: **a)** nach Aussetzung der Vollstreckung zur Bewährung (§§ 67b, 67 c I, II, 67d II); **b)** nach Fristablauf bei einer erstmaligen **Sicherungsverwahrung** (§ 67d IV; Ber. II, 8 zu § 67d; Ber. BT-Drs. 7/2222, 2); **c)** nach § 67d V S. 2 (idF des 23. StÄG) außerdem mit der Entlassung aus der Unterbringung nach § 64, wenn das Gericht sie wegen Aussichtslosigkeit aufhebt, § 67d V S. 1). In den Fällen 3b, 4 und 5 tritt die FAufsicht kraft Gesetzes ein, im Fall 3b allerdings mit Rücknahmemöglichkeit (§ 68f II); sonst muß das Gericht sie anordnen (§ 68 I). In den Fällen von 4a ist die FAufsicht durch die Möglichkeit des Widerrufs der Aussetzung (§ 67g) abgesichert; im übrigen nur durch die vielfach kritisierte (Grünwald; Jescheck; Zipf jeweils oben 2; Preiser ZStW **81**, 258), aber für das Funktionieren des zweifelsfrei rechtsstaatlichen Instituts unerläßliche Sanktionsmöglichkeit nach § 145a (E 1962, 221; vgl. schon § 11 III JGG), die in den Fällen von 4a zusätzlich zur Verfügung steht. FAufsicht kommt auch gegenüber Jugendlichen in Betracht (§ 7 JGG; hierzu LK 28), sowohl im Bereich des § 68 I als auch des § 68f (E 1962, 327); bei § 68 II nur, soweit §§ 63, 64 in Betracht kommen (§ 7 JGG).

6   **4) Verfahrensrechtlich** ist bedeutsam, daß in den Fällen von § 68 I und § 67b das erkennende Gericht es ist, das im Urteil (ergänzt durch den zugleich zu verkündenden Beschluß nach § 268a II StPO) die FAufsicht anordnet bzw. die die FAufsicht auslösende Aussetzung der Maßregel ausspricht; dasselbe gilt für Weisungen nach § 68b; Belehrungspflicht nach § 268a III StPO (vgl. LK 41 zu § 68b). In den Fällen der §§ 67c I, 67d II, IV, V S. 2 ist die StVK für die die FAufsicht auslösende Aussetzung zur Bewährung zuständig (in den Fällen des Jugendstrafvollzugs der Vollstreckungsleiter nach § 85 II JGG, 4. 12. 1981, 2 ARs 328/81), ebenso für die Entscheidung nach § 68f II (§§ 463 III, 454, 462a I StPO). Die Entscheidung ergeht durch Beschluß, der mit sofortiger Beschwerde anfechtbar ist; vorher sind StA, Vollzugsanstalt und (mit gewissen Ausnahmen) der Verurteilte zu hören (§ 454 StPO; vgl. 11 zu § 57). Für die Entscheidung nach § 67c II ist, wenn der Verurteilte auf freiem Fuß ist, das Gericht des 1. Rechtszuges zuständig (§§ 463 V, 462, 462a II StPO), sonst die StVK (§ 462a I StPO). Zu beachten sind weiter § 463a StPO und Art. 295 EGStGB (Anh. 1) für Zuständigkeit und Funktion der Aufsichtsstellen.

6a   **Landesrechtliche Vorschriften** über Organisation, Aufgaben und Geschäftsgang der Aufsichtsstellen: Baden-Württemberg: AV JM v. 29. 11. 1974 (Die Justiz 1975, 41); Bayern: VO v. 2. 12. 1974 (GVBl. 808; BayRS 450-4-J), letzte ÄndVO v. 8. 4. 1992 (GVBl. 102); Bek. v. 3. 12. 1974 (JMBl. 385), letzte ÄndBek. v. 14. 7. 1980 (JMBl. 193); Berlin: AV v. 23. 12. 1974 (ABl. 1975, 56); Bremen: AV v. 13. 12. 1974; Hamburg: AV v. 23. 12. 1974 (JVBl. 175); Hessen: RdErl. v. 10. 12. 1974; Niedersachsen: AV v. 21. 7. 1981 (NdsRpfl. 249); Nordrhein-Westfalen: AV v. 18. 11. 1974 (JMBl. 1975, 3), letzte ÄndVO v. 21. 4. 1981 (JMBl. 109); Erl. v. 27. 4. 1982 (JMBlNW 124); Rheinland-Pfalz: AV v. 7. 2. 1975 (JBl. 23), letzte Änd. AV v. 20. 4. 1976 (JBl. 146); Saarland: SozDG v. 6. 7. 1976 (ABl. 756; BS 300-21); Schleswig-Holstein: AV v. 18. 12. 1974 (SchlHA 1975, 27).

7   **5) Eintragungen** im Zentralregister nach §§ 5 I Nr. 7, 12 I Nr. 1, 2 BZRG.

8   **6) Übergangsregelung** für die Fälle des § 67d V S. 2: Art. 316 I EGStGB; vgl. 9 zu § 67d; für vor dem 3. 10. 1990 in der ehem. DDR begangene Taten: Art. 315 I S. 2, 3, IV; vgl. 58 vor § 3.

Maßregeln der Besserung und Sicherung **§ 68**

Voraussetzungen der Führungsaufsicht

68 ⁱ Hat jemand wegen einer Straftat, bei der das Gesetz Führungsaufsicht besonders vorsieht, zeitige Freiheitsstrafe von mindestens sechs Monaten verwirkt, so kann das Gericht neben der Strafe Führungsaufsicht anordnen, wenn die Gefahr besteht, daß er weitere Straftaten begehen wird.

ⁱⁱ Die Vorschriften über die Führungsaufsicht kraft Gesetzes (§§ 67b, 67c, 67d Abs. 2, 4, 5 und § 68f) bleiben unberührt.

Im Gebiet der ehem. DDR wird die FAufsicht nach § 68 I nicht angeordnet. Wegen einer vor dem 3. 10. 1990 begangenen Tat tritt FAufsicht nach § 68f nicht ein, Art. 315 I S. 2, 3 EGStGB; vgl. 58 vor § 3.

1) Die Vorschrift idF des 2. StrRG/EGStGB (1 vor § 68) wurde durch **1** das 23. StÄG (9 vor § 56) geändert, das I neu faßte (unten 2) und II um den Fall des § 67d V S. 2 ergänzte. Statistik: vgl. 2 vor § 68.

2) In I sind **die Voraussetzungen einer** vom Gericht **angeordneten 2 FAufsicht** umschrieben (vgl. 2, 3 vor § 68), während II lediglich einen klarstellenden Hinweis auf die Fälle der kraft Gesetzes eintretenden FAufsicht (3ff. vor § 68) gibt. Gegenüber Rückfalltätern (§ 48 aF) ist die Vorschrift seit dem 23. StÄG nicht mehr anzuwenden. Begründet wurde dies damit, daß bei der ganz überwiegenden Zahl der von § 48 aF erfaßt gewesenen Straftaten die Möglichkeit der Anordnung der FAufsicht ohnehin gegeben sei (zB nach §§ 245, 263 V), BT-Drs. 10/2720, 14. **A. Besonders vorgesehen** ist die FAufsicht ausdrücklich wegen der in den §§ 129a, 181b, 218, 228, 239c, 245, 256, 262, 263, 263a II, 321 und der in § 34 BtMG (Anh. 4) bezeichneten Straftaten. **B. Zeitige Freiheitsstrafe** iwS (1 zu § 38, 5 vor § 68 aE) **von mindestens 6 Monaten** muß der Täter wegen der in den vorgenannten Vorschriften genannten Taten **verwirkt** haben. Da aber eine isolierte FAufsicht nicht vorgesehen ist, muß die Strafe nicht nur verwirkt, sondern auch verhängt sein, wobei es gleichgültig ist, ob die Strafe wegen strafbarer Vorbereitung (§ 311b iVm § 321), Versuchs oder Teilnahme (auch § 30 zB iVm §§ 249, 256) verwirkt ist oder ob auf die Strafe etwas angerechnet wird, insbesondere nach § 51. Bei **Gesamtstrafe** kommt es darauf an, ob eine Einzelstrafe wegen einer entsprechenden Tat 6 Monate erreicht; doch reicht es auch aus, wenn eine Gesamtstrafe von 6 Monaten wegen Taten gebildet wird, die sämtlich solche zB nach § 242 iVm § 245 sind (SchSch-Stree 5; aM LK[11]-Hanack 6); denn kriminalpolitisch kann das fortgesetzte Delikt nicht anders als die Gesamtstrafe behandelt werden.

C. Die ungünstige Prognose, deren Vorliegen I als materielle Voraus- **5** setzung fordert, ist gegeben, wenn die **Gefahr** (vgl. 6 zu § 64) besteht, daß der Täter weitere Straftaten (also nicht nur rechtswidrige Taten) **begehen** wird. Die Gefahrprognose, die auch hier für den Zeitpunkt der Entscheidung zu stellen ist (SK-Horn 11; abw. SchSch 10; differenzierend LK[11] 15), muß iS von 1 vor § 63 negativ ausfallen, und zwar muß der Richter vom Bestehen der Gefahr überzeugt sein (MDR/H **78**, 623), so daß damit zwar idR, aber nicht notwendig (§ 68g) Aussetzung der zugleich verhängten Strafe nach § 56 ausscheidet (21. 11. 1978, 3 StR 419/78; LK[11] 23 sowie dort 11 zu § 68g; SK 14). Bei der Prognose ist abw. zB von § 66 weder eine Gesamtwürdigung vorgeschrieben noch brauchen die zu befürchtenden

§ 68 AT Dritter Abschnitt. Sechster Titel

Straftaten erhebliche zu sein (vgl. aber § 62, unten 6); SchSch 6; aM LK[11] 10; SK 12. Doch wird sich das Gericht wie bei § 56 (dort 3 ff.) soweit ein Bild von dem Täter, seinem Vorleben und seinen gegenwärtigen und seinen künftigen Verhältnissen zu machen haben, daß es eine bestimmt negative Prognose stellen kann (vgl. LK[11] 13). C. Zur **Verhältnismäßigkeit** vgl. 1 zu § 62.

6 **3) Im pflichtgemäßen Ermessen** des Gerichts steht die nach I zulässige Anordnung. Trotz gegebener Voraussetzungen wird das Gericht auf die Maßregel verzichten, wenn weniger einschneidende Maßnahmen die Gefahr beseitigen können; wenn die Wahrscheinlichkeit weiterer Taten nicht groß ist und die Taten voraussichtlich unter der mittleren Kriminalität bleiben (vgl. LK[11] 19 ff.). Verzicht kann auch bei Freiheitsstrafen von 2 Jahren und mehr erwogen werden, weil dann entweder § 57 oder § 68 f eingreift; doch ist dabei zu berücksichtigen, daß bei FAufsicht die §§ 68 a und 68 b auch im Falle von § 57 gelten (§ 68 g) und das je nach der Persönlichkeit des Verurteilten ein Vorteil sein könnte.

7 **4) Die Reihenfolge** von Strafvollzug und FAufsicht in den Fällen von I braucht das Gesetz nicht zu regeln, da die Maßregel mit der Rechtskraft ihrer Anordnung beginnt (§ 68 c II S. 1) und die Vollstreckung der Freiheitsstrafe sich nach den §§ 449 ff. StPO richtet.

8 **5) Kraft Gesetzes** tritt FAufsicht in den in **II** genannten Fällen ein, und zwar außer im Falle des § 67 b im Vollstreckungsverfahren. Für die Entscheidungen nach §§ 68 a I, 68 b, 68 c I S. 2 der StVK gilt § 463 II iVm § 453 StPO; für die Zuständigkeit §§ 463 I, VI iVm § 462 a I StPO; vgl. 6 vor § 68.

Aufsichtsstelle, Bewährungshelfer

68 a [I] Der Verurteilte untersteht einer Aufsichtsstelle; das Gericht bestellt ihm für die Dauer der Führungsaufsicht einen Bewährungshelfer.

[II] Bewährungshelfer und Aufsichtsstelle stehen im Einvernehmen miteinander dem Verurteilten helfend und betreuend zur Seite.

[III] Die Aufsichtsstelle überwacht im Einvernehmen mit dem Gericht und mit Unterstützung des Bewährungshelfers das Verhalten des Verurteilten und die Erfüllung der Weisungen.

[IV] Besteht zwischen der Aufsichtsstelle und dem Bewährungshelfer in Fragen, welche die Hilfe für den Verurteilten und seine Betreuung berühren, kein Einvernehmen, so entscheidet das Gericht.

[V] Das Gericht kann der Aufsichtsstelle und dem Bewährungshelfer für ihre Tätigkeit Anweisungen erteilen.

[VI] Vor Stellung eines Antrags nach § 145 a Satz 2 hört die Aufsichtsstelle den Bewährungshelfer; Absatz 4 findet keine Anwendung.

1 **1) Die Vorschrift** (vgl. zunächst vor § 68), die ebenso wie die §§ 68 b bis 68 e und 68 g für sämtliche Gruppen der FAufsicht (3 bis 5 vor § 68) gilt, hat erst durch Art. 18 Nr. 31 EGStGB die geltende Fassung erhalten (Ber. BT-Drs. 7/1261, 8). Sie legt die Grundlage für das Institut in doppelter Hinsicht:

2 **2) A. Einer Aufsichtsstelle** untersteht der Verurteilte. Die Aufsichtsstellen gehören zum Geschäftsbereich der LJustizverwaltungen (Art. 295 I

Maßregeln der Besserung und Sicherung **§ 68a**

EGStGB; Anh. 1; vgl. 6a vor § 68); ihr Leiter (idR ein Richter am LG oder OLG) muß die Befähigung zum Richteramt (§§ 5 bis 7 DRiG) besitzen oder Beamter des höheren Dienstes sein; die Aufgaben der Stelle werden von Beamten des höheren oder gehobenen Dienstes, idR aber von BHelfern, staatlich anerkannten Sozialarbeitern oder Sozialpädagogen (§ 203 I Nr. 5; vgl. dort 19) wahrgenommen (Art. 295 II EGStGB). Örtlich ist die Stelle zuständig in deren Bezirk der Verurteilte seinen Wohnsitz (ersatzweise den gewöhnlichen Aufenthaltsort oder letzten Wohnsitz oder Aufenthaltsort) hat (§ 463a II StPO). **B. Ein Bewährungshelfer** (1 f. zu § 56 d) **3** wird dem Verurteilten für die Dauer der FAufsicht durch das Gericht bestellt, dh in den Fällen von § 68 durch das erkennende Gericht (§ 268a II StPO), sonst, wenn der Verurteilte (zB in Fällen des § 67b) auf freiem Fuß ist, durch das Gericht 1. Instanz mit Abgabemöglichkeit an das Wohnsitz-AG (§§ 463 II, 453, 462a II StPO), in den übrigen Fällen durch die StVK (§ 462a I StPO; ausnahmsweise das OLG, § 462a V StPO). Die Bestellung kann zurückgestellt werden, solange der Verurteilte die Strafe verbüßt (LK[11]-Hanack 16 sowie 28 zu § 68). Nach Düsseldorf MDR **85**, 866 soll jedoch die isolierte Aufhebung der Bestellung, wenn der Verurteilte erneut in Strafhaft genommen und die FAufsicht bestehen bleibt, unzulässig sein. Die Bestellung eines BHelfers, der zugleich bei der zum Vormund bestellten Behörde tätig ist, ist nicht ohne weiteres gesetzwidrig (3. 11. 1981, 5 StR 629/81).

3) Aufgabenverteilung und **Zusammenarbeit** zwischen Gericht, Aufsichtsstelle und BHelfer regelt § 68a. Die Praxis hat sich von dieser Konzeption jedoch weitgehend gelöst, weil in den meisten Ländern Überwachungs- und Betreuungsaufgaben ausschließlich beim BHelfer liegen, die Aufsichtsstelle nur am Rande oder als VwGeschäftsstelle betrieben wird.

A. Das Gericht als übergeordnetes Organ (hierzu 12 zu § 57) erteilt, **4** soweit es das für erforderlich hält, der Aufsichtsstelle und dem BHelfer **Anweisungen** für ihre Tätigkeit (V). Um diese Befugnis ausüben zu können, hält es Kontakt mit der Aufsichtsstelle bei deren Überwachung des Verurteilten und hat die entsprechenden Maßnahmen der Stelle zu überprüfen und notfalls zu steuern. Es wird sich iS von § 56d III S. 3 regelmäßig Bericht erstatten lassen. Nach IV entscheidet das Gericht, wenn zwischen Aufsichtsstelle und BHelfer in Fragen, welche Hilfe und Betreuung für den Verurteilten zu treffen (also nicht in Fragen der Überwachung, in denen die Aufsichtsstelle nur Einvernehmen mit dem Gericht herzustellen hat; III), keine Übereinstimmung zu erzielen ist (hierzu Mainz NStZ **87**, 541). Vgl. ferner §§ 68b bis 68d.

B. Die Aufsichtsstelle, die bisher über eine reine VwExistenz kaum **5** hinaus gekommen ist, hat eine doppelte Funktion: **a)** die im Vordergrund stehende der Hilfe und Betreuung für den Verurteilten, vor allem wenn noch kein BHelfer bestellt ist, sonst im Einvernehmen mit dem BHelfer **(II)**; in Betracht kommen dabei Vermittlung von Heimplätzen, Berufsförderungsmaßnahmen, therapeutischen Behandlungen, Unterstützung bei der Beschaffung von Arbeitsstellen, Regelung von Zahlungsverpflichtungen, Geltendmachung von Ansprüchen auf Sozialleistungen (vgl. landesrechtliche Vorschriften 6a vor § 68) und juristischer Rat für BHelfer, Besprechungen mit ihnen zur Vermeidung von Parallelbetreuungen; **b)** die

§ 68a AT Dritter Abschnitt. Sechster Titel

der Überwachung des Verhaltens des Verurteilten, vor allem was die Erfüllung von Weisungen nach § 68b betrifft, und zwar im Einvernehmen mit dem Gericht und mit Unterstützung durch den BHelfer **(III)**. Die rechtzeitige Einschaltung der Aufsichtsstelle, insbesondere in Fällen der §§ 68f, 67d IV, V will § 54a StVollstrO sicherstellen, wobei sich eine genaue Überprüfung der Entlassenenanschrift empfiehlt. Bei Verstößen gegen Weisungen entscheidet die Aufsichtsstelle über Stellung von Strafantrag nach § 145a S. 2 (vgl. dort 7); vorher hat sie den BHelfer zu hören, der aber bei Meinungsverschiedenheiten nicht die Entscheidung des Gerichts nach IV herbeiführen kann **(VI)**; die Aufsichtsstelle entscheidet hier selbständig. In ihrer Überwachungsfunktion kann die Aufsichtsstelle (§ 463a I StPO) von allen öffentlichen Behörden (35 zu § 11) und aus dem Zentralregister (unbeschränkte, § 41 I Nr. 1 BZRG) Auskunft verlangen und selbst Ermittlungen (§ 161 StPO) jeder Art (mit Ausnahme von eidlichen Vernehmungen) vornehmen oder durch andere Behörden, insbesondere die Polizei (auch mittels des Inpol-Systems), im Rahmen ihrer Zuständigkeit vornehmen lassen (vgl. 32a zu § 203; Kleinknecht/Meyer zu § 161 StPO).

6 C. **Der BHelfer** steht dem Verurteilten helfend und betreuend zur Seite **(II)**; er hat also dieselbe Funktion wie bei § 56d (dort 5) und § 57. Er ist **nicht** selbst Überwacher des Verurteilten. Er hat freilich die Anweisungen des Gerichts nach V zu befolgen und muß im Einvernehmen mit der Aufsichtsstelle (II) handeln und die Stelle unterstützen (III); das bedeutet, daß er nicht nur sein Verhalten mit der Stelle abstimmen, sondern ihr (dem Gericht nur auf dessen Verlangen) auch Bericht erstatten muß, nicht zuletzt über Verstöße des Verurteilten gegen Weisungen (5 zu § 56d); zu einem Strafantrag in solchen Fällen zuzuraten **(VI)**, sollte er weitgehend vermeiden, um das Vertrauen des Verurteilten nicht zu verlieren (LK[11] 11, 20; hierzu v. Glasenapp ZRP **79**, 33). Hält er die Haltung der Aufsichtsstelle in einer Frage der Lebenshilfe im Interesse des Verurteilten nicht für vertretbar, soll er die Entscheidung des Gerichts verlangen **(IV)**.

Weisungen

68b [I] Das Gericht kann den Verurteilten für die Dauer der Führungsaufsicht oder für eine kürzere Zeit anweisen,

1. **den Wohn- oder Aufenthaltsort oder einen bestimmten Bereich nicht ohne Erlaubnis der Aufsichtsstelle zu verlassen,**
2. **sich nicht an bestimmten Orten aufzuhalten, die ihm Gelegenheit oder Anreiz zu weiteren Straftaten bieten können,**
3. **bestimmte Personen oder Personen einer bestimmten Gruppe, die ihm Gelegenheit oder Anreiz zu weiteren Straftaten bieten können, nicht zu beschäftigen, auszubilden oder zu beherbergen,**
4. **bestimmte Tätigkeiten nicht auszuüben, die er nach den Umständen zu Straftaten mißbrauchen kann,**
5. **bestimmte Gegenstände, die ihm Gelegenheit oder Anreiz zu weiteren Straftaten bieten können, nicht zu besitzen, bei sich zu führen oder verwahren zu lassen,**
6. **Kraftfahrzeuge oder bestimmte Arten von Kraftfahrzeugen oder von anderen Fahrzeugen nicht zu halten oder zu führen, die er nach den Umständen zu Straftaten mißbrauchen kann,**

Maßregeln der Besserung und Sicherung **§ 68 b**

7. sich zu bestimmten Zeiten bei der Aufsichtsstelle oder einer bestimmten Dienststelle zu melden,
8. jeden Wechsel des Wohnorts oder des Arbeitsplatzes unverzüglich der Aufsichtsstelle zu melden oder
9. sich im Falle der Erwerbslosigkeit bei dem zuständigen Arbeitsamt oder einer anderen zur Arbeitsvermittlung zugelassenen Stelle zu melden.

Das Gericht hat in seiner Weisung das verbotene oder verlangte Verhalten genau zu bestimmen.

II Das Gericht kann dem Verurteilten für die Dauer der Führungsaufsicht oder für eine kürzere Zeit weitere Weisungen erteilen, namentlich solche, die sich auf Ausbildung, Arbeit, Freizeit, die Ordnung der wirtschaftlichen Verhältnisse oder die Erfüllung von Unterhaltspflichten beziehen. § 56c Abs. 3 ist anzuwenden.

III Bei den Weisungen dürfen an die Lebensführung des Verurteilten keine unzumutbaren Anforderungen gestellt werden.

1) Die Vorschrift (vgl. zunächst vor § 68) ermächtigt im Anschluß an § 93 **1**
E 1962 (Begr. 221) und in einer gewissen Parallele zu § 56c das Gericht (3 zu § 68a) in allen Fällen der FAufsicht (3 vor § 68) für deren gesamte Dauer (§§ 68c, 68e) oder für eine kürzere Zeit innerhalb dieser Dauer, dem Verurteilten Weisungen zu erteilen, um damit den **Maßregelzweck** der Beseitigung oder Verringerung der Gefahr weiterer Straftaten (§ 68 I) besser zu erreichen. Von der Ermächtigung wird das Gericht in § 56c I S. 1 entsprechender Weise gerade bei der FAufsicht (2 vor § 68) in aller Regel Gebrauch machen (Lackner 4; differenzierend SchSch-Stree 15; LK[11]-Hanack 5 bis 7; sehr zurückhaltend LK-Horstkotte 112 zu § 67b). Für sämtliche Weisungen gilt derselbe Unzumutbarkeitsgrundsatz **(III)** wie in § 56c I S. 2 (dort 2). Eine zusätzliche Schranke besteht wie dort (3 zu § 56c) auch insoweit, wie Weisungen, die als staatliche Reaktionen besonderer Art anderweit ausdrücklich geregelt sind, unzulässig sind (Ber. BT-Drs. V/4095, 36; aM SchSch 8). Zwei Gruppen von Weisungen unterscheidet § 68b, nämlich die nach I, deren Verletzung eine Straftat nach § 145a darstellt (vgl. Groth NJW **79**, 743), aber nur dann, wenn das Gericht seiner Verpflichtung nach **I S. 2**, das verbotene oder verlangte Verhalten genau zu bestimmen, nachgekommen ist (dazu im einzelnen 3 zu § 145a); sowie die nicht strafbewehrten Weisungen nach II.

2) Der Abschlußkatalog in I nennt folgende Weisungen an den Täter: **2**
Nr. 1 den Wohn- oder Aufenthaltsort oder einen bestimmten örtlichen **3**
Bereich nicht ohne vorherige Erlaubnis der Aufsichtsstelle zu verlassen; das Gericht hat Ort oder Bereich konkret zu bezeichnen. Den Nrn. 1, 7 und 8 kommt wegen der Überwachung des Verurteilten große Bedeutung zu: Da § 145a eine Weisung nach I voraussetzt, wird zur wirksamen Durchführung der FAufsicht von der Möglichkeit der Nrn. 1, 7 und 8 häufig Gebrauch zu machen sein;

Nr. 2 sich nicht an Orten aufzuhalten, die ihm Gelegenheit oder Anreiz **4**
zu weiteren Taten bieten können; zB Spieler- und Zuhälterlokale, Kinderspielplätze, öffentliche Bäder, Bedürfnisanstalten, öffentliche Anlagen, Bahnhöfe, Postämter (E 1962, 222); hier genügt es, wenn das Gericht die Örtlichkeiten ihrer Art nach genau bezeichnet. Eine Verletzung der Weisung aus beachtlichem Grund, zB um eine Fahrt anzutreten, ein Telegramm aufzugeben oder einen Arzt zu rufen, fällt nicht unter § 145a, weil

§ 68 b

dadurch der Maßregelzweck nicht gefährdet wird (dort 4); Entsprechendes gilt für andere Weisungen;

5 **Nr. 3** bestimmte, möglichst namentlich zu bezeichnende Personen einer bestimmten Gruppe (zB Angehörige des Klubs X), die ihm Gelegenheit oder Anreiz zu weiteren Straftaten bieten können, nicht zu beschäftigen, auszubilden (zB Friseurlehrlinge) oder zu beherbergen (vgl. 7 zu § 56c II Nr. 3, der allerdings auch das Verbot enthält, Kontakte zu unterhalten, vgl. Prot. 5/2211);

6 **Nr. 4** bestimmte Tätigkeiten nicht auszuüben, die er nach den dann gegebenen Umständen zu Straftaten mißbrauchen könnte, zB Tätigkeit als Bademeister, Masseur, Erzieher in Jugendheimen, Jugendleiter, Kellner in Nachtlokalen (E 1962, 222); auf ein Berufsverbot darf die Weisung allerdings nicht hinauslaufen (oben 1; 4 zu § 56c; eingrenzend LK[11] 24ff.); verfassungsrechtlich unbedenklich ist die Weisung, einer vom BHelfer gebilligten, versicherungspflichtigen Arbeit nachzugehen (BVerfGE **55**, 28);

7 **Nr. 5** die schon in § 56c II Nr. 4 genannte Weisung (dort 8);

8 **Nr. 6** Kraftfahrzeuge oder bestimmte Arten von Kraftfahrzeugen (5 zu § 44; 3 zu § 69a) oder von anderen Fahrzeugen (zB Fahrräder, Kähne in Hafengebieten) nicht zu halten oder zu führen, die er nach den in seiner Person und in seinen Verhältnissen gegebenen Umständen zu Straftaten mißbrauchen kann. Das Führen von Kraftfahrzeugen darf allerdings wegen § 69 nicht verboten werden (oben 1; 4 zu § 56c; LK[11] 29f.; aM SchSch 11);

9 **Nr. 7** sich zu *bestimmten* Zeiten (zB alle 14 Tage zu einer von der Aufsichtsstelle mit ihm vereinbarten Zeit) bei der Aufsichtsstelle oder einer bestimmten, vom Gericht bezeichneten Dienststelle, zB der Polizei oder des BHelfers (Stuttgart NStZ **90**, 279), zu melden. Die Weisung muß wegen des Bestimmtheits- und Zumutbarkeitserfordernisses nähere terminliche Bestimmungen insbesondere über den Meldeturnus enthalten. Der Aufsichtsstelle können nur Einzelheiten der Terminsbestimmung (Tag und Stunde) zur Vereinbarung überlassen werden.

10 **Nr. 8** jeden Wechsel von Wohnort oder Arbeitsplatz unverzüglich der Aufsichtsstelle zu melden. Die Weisung, sich unverzüglich um eine Arbeitsstelle zu bemühen, ist, da nach § 145a nicht erfaßbar, allenfalls nach II möglich (vgl. Hamm JMBlNW **82**, 153);

11 **Nr. 9** sich im Fall der Erwerbslosigkeit bei dem für ihn zuständigen Arbeitsamt oder einer anderen zur Arbeitsvermittlung zugelassenen Stelle (vgl. §§ 13ff. AFG) zu melden, dh in angemessener Frist.

12 In den Fällen der **Nr. 2 bis 6** braucht die Weisung deren Grund, zB die mögliche Gelegenheit zu weiteren Straftaten, nicht zu nennen, sondern kann sich zB auf das Verbot beschränken, Schußwaffen zu besitzen, zu führen oder durch einen anderen verwahren zu lassen.

13 **3) Weitere Weisungen**, die dem Einzelfall angepaßt sind, aber nicht unter dem Schutz des § 145a stehen (zB sich zu einem Betreuungsgespräch beim BHelfer einzufinden, Stuttgart NStZ **90**, 279), ermöglicht **II**, wobei als in Betracht kommende wichtige Weisungen solche genannt sind, die sich auf Ausbildung, Arbeit, Freizeit, Ordnung der wirtschaftlichen Verhältnisse (5 zu § 56c) sowie die Erfüllung von Unterhaltspflichten (9 zu § 56c) beziehen. Hierbei sind die Grundrechte zu beachten (Hamm JMBlNW **82**, 154). Auch andere Weisungen wie zB Verbot des Verkehrens

Maßregeln der Besserung und Sicherung **§ 68 b**

mit Personen iS von § 56 c II Nr. 3 kommen in Betracht. § 56 c III ist anzuwenden, dh die dort genannten Weisungen können, allerdings nur mit Einwilligung des Verurteilten, erteilt werden (10 f. zu § 56 c). Der Verstoß auch gegen derartige Weisungen kann zum Aussetzungswiderruf nach § 67 g I Nr. 2 führen.

Dauer der Führungsaufsicht

68 c ^I Die Führungsaufsicht dauert mindestens zwei und höchstens fünf Jahre. Das Gericht kann die Höchstdauer abkürzen.

^{II} **Die Führungsaufsicht beginnt mit der Rechtskraft der Anordnung. In ihre Dauer wird die Zeit nicht eingerechnet, in welcher der Verurteilte flüchtig ist, sich verborgen hält oder auf behördliche Anordnung in einer Anstalt verwahrt wird.**

1) **Die Vorschrift** regelt (vgl. § 94 E 1962, Begr. 222) die Dauer der FAufsicht in Anlehnung an § 56 a. **1**

2) **Die Dauer** beträgt nach I mindestens 2 Jahre, sowohl bei richterlich angeordneter wie bei gesetzlich eingetretener FAufsicht nach § 68 II (Hamm MDR 83, 953; LK[11]-Hanack 3; insoweit aM SK-Horn 14 zu § 68, 9 zu § 68 e; hiergegen überzeugend B. Maier NJW 77, 371). Die Höchstfrist beträgt 5 Jahre, jedoch kann sich die Dauer nach § 68 g I S. 2 verlängern, wenn die Bewährungszeit noch nicht abgelaufen ist. Vgl. auch § 68 g II S. 2. Die Dauer der FAufsicht ist unbestimmt a) durch gleichzeitige (I S. 2) oder nachträgliche (§ 68 d) Entscheidungen, b) durch Aufhebungs- und Beendigungsgründe des § 68 e I, III und § 67 g sowie c) durch die Vollstreckungsverjährung nach § 79 IV S. 3. **I S. 2** gibt dem Gericht (III zu § 68 a) wegen der Unterschiedlichkeit der Fallgestaltungen der FAufsicht die Möglichkeit (6 zu § 68), eine von vornherein verfehlt erscheinende Höchstdauer (nicht aber auch die Mindestdauer) abzukürzen, und zwar bis auf das Mindestmaß von 2 Jahren (E 1962, 222). Die Entscheidung hängt von der Art der Maßregel (bei Aussetzung nach § 67 b iVm § 64 kürzere Dauer am Platze, wenn der Verurteilte sich zB einer Entziehungskur unterwirft, als bei ausgesetzter Sicherungsverwahrung), der Gefährlichkeit der Verurteilten für die die Strafhöhe ein Indiz sein kann. Bei Prognosenunsicherheit und namentlich in den Fällen des § 68 I empfiehlt es sich uU nicht, die Dauer von vornherein abzukürzen, sondern eine etwaige Kürzung späterer Entscheidung nach § 68 d vorzubehalten, um dem Verurteilten einen Anreiz zu geben und ihn nicht durch eine etwaige spätere Verlängerung zu verbittern. Der Verurteilte ist nach §§ 268 a III, 453 a StPO zu belehren. **2**

3) **Der Beginn** ist in **II S. 1** nur für die gerichtlich angeordnete FAufsicht eindeutig geregelt, wobei es auf die Rechtskraft des Urteils (LK 12), nicht des Beschlusses nach § 268 a II StPO ankommt (2 zu § 56 a). Im übrigen tritt die FAufsicht kraft Gesetzes, dh automatisch ein, und zwar bei der Aussetzung a) nach § 67 b II zugleich mit der Rechtskraft des Urteils, b) nach §§ 67 c, 67 d II mit der Bestandskraft des Aussetzungsbeschlusses (LK 15). Bestimmt dieser einen späteren Zeitpunkt des Wirksamwerdens, so kommt es auf diesen an (Lackner 3; LK[11] 15; aM LK-Horstkotte 31 zu § 67 g). In den Fällen der §§ 67 d IV, V und 68 f beginnt die FAufsicht mit der Haftentlassung (LK[11] 15). **In ihre Dauer** wird nach **II S. 2** abw. von **3**

581

§ 56a (dort 2) die Zeit **nicht eingerechnet** (E 1962, 222), dh abgezogen, in welcher der Verurteilte **flüchtig ist oder sich verborgen hält** (§ 112 II Nr. 1 StPO; Kleinknecht/Meyer dort 11 ff.; zur Vollstreckungsverjährung vgl. 4a zu § 79a) oder **auf behördliche Anordnung in einer Anstalt verwahrt wird** (11 zu § 66; 3 zu § 120; LK[11] 18ff.). Erfaßt wird damit auch der Vollzug der wegen derselben Tat verhängten Freiheitsstrafe, so daß der Verurteilte auch **während des** (nicht angerechneten) **Strafvollzuges** unter FAufsicht steht. Sie kann aber wegen des Vorrangs des Strafvollzugs (LK[11] 14) nur begrenzt wirksam werden, zB bei der (mit der Anstaltsleitung einvernehmlichen) Entlassungsvorbereitung (§ 154 II StVollzG) oder vor dem Strafvollzug beim Vollstreckungsaufschub nach § 456 StPO, *nicht* erfaßt sind aber die Fälle freiwilliger Aufnahme in eine Rehabilitationseinrichtung aufgrund einer Weisung (§ 56 III Nr. 1) oder im Hinblick auf § 35 BtMG, ebensowenig vormundschaftsgerichtlich genehmigte Anstaltsunterbringungen durch den Vormund (LG Mönchengladbach NStZ **92**, 51; SchSch-Stree 6; aM LG Hamburg NStZ **87**, 188; LK[11] 23). Zu der in die Dauer der FAufsicht nicht einzurechnenden Zeit gehört UHaft-Vollzug auch dann, wenn der Verurteilte, in dem Verfahren, in dem die UHaft angeordnet worden ist, freigesprochen und entschädigt wurde (Düsseldorf VRS **82**, 341). Zum Verfahren LK[11] 24. Vgl. ferner BW LTag-Drs. 8/2304, 6.

Nachträgliche Entscheidungen

68d Das Gericht kann Entscheidungen nach § 68a Abs. 1 und 5, den §§ 68b und 68c Abs. 1 Satz 2 auch nachträglich treffen, ändern oder aufheben.

1   **1) Die Vorschrift** idF des Art. 18 Nr. 32 EGStGB (E EGStGB 214) entspricht hinsichtlich § 68c I S. 2 dem § 56a II S. 2, im übrigen § 56e. **Gericht** ist dann, wenn die Ausgangsentscheidung vom erkennenden Gericht stammte, das Gericht 1. Instanz mit Abgabemöglichkeit an das WohnsitzAG (§ 462a II StPO), sonst die StVK (§ 462a I StPO; 8. 3. 1984, 2 ARs 71/84).

2   **2) Entscheidungen** nachträglich, dh nach dem Beginn der FAufsicht (3 zu § 68c) bis zu deren Ende kann das Gericht treffen, ändern oder aufheben (1 zu § 56e; vgl. Hamm NStZ **82**, 260L), und zwar **A.** solche nach § 68a I, womit nur die Auswechslung des BHelfers gemeint sein kann, solche nach § 68a V, so daß Anweisungen an Aufsichtsstelle oder BHelfer nach Sachlage neu getroffen oder geändert werden können, sowie solche nach § 68b. Insoweit gilt 1 zu § 56e sinngemäß; § 68d ist auch anzuwenden, um einen Widerruf nach § 67a zu vermeiden oder um eine Weisung nach § 68b I genauer zu fassen; **B.** eine Entscheidung nach § 68c I S. 2; das bedeutet, daß das Gericht eine ungekürzte Maßregeldauer nachträglich kürzen kann, aber auch eine Kürzung ändern kann, also einerseits weiter bis auf 2 Jahre kürzen, aber auch statt dessen verlängern kann, und zwar bis zu 5 Jahren Dauer (LK[11]-Hanack 11), aber nicht mehr *nach* Ablauf der verkürzten Frist (Düsseldorf MDR **89**, 89), insoweit gilt 1 zu § 56a entsprechend.

Maßregeln der Besserung und Sicherung **§ 68 e**

Beendigung der Führungsaufsicht

68 e I Das Gericht hebt die Führungsaufsicht auf, wenn zu erwarten ist, daß der Verurteilte auch ohne sie keine Straftaten mehr begehen wird. Die Aufhebung ist frühestens nach Ablauf der gesetzlichen Mindestdauer zulässig.

II Das Gericht kann Fristen von höchstens sechs Monaten festsetzen, vor deren Ablauf ein Antrag auf Aufhebung der Führungsaufsicht unzulässig ist.

III Die Führungsaufsicht endet, wenn die Unterbringung in der Sicherungsverwahrung angeordnet ist und deren Vollzug beginnt.

1) Die Vorschrift idF des 2. StrRG (Ber. BT-Drs. V/4095, 36; zu III vgl. 1 vor § 63) regelt die Beendigung der FAufsicht; sie wird durch § 68 f II und die zu 2 bis 5 genannten Beendigungsregelungen ergänzt.

2) Außer dem **Aufhebungsgrund des I** (unten 7) gibt es folgende **Been-** 2 **digungsfälle: A. Ablauf der Höchstdauer** nach §§ 68 c, 68 d. Die sich dar- 3 aus für § 67 g ergebenden Schwierigkeiten (dort 6) sind hinzunehmen; **B. Verjährung** (§ 79 IV S. 2); **C. Erlaß** einer **Strafe** oder des **Strafrestes** 4 oder Erledigung eines Berufsverbots nach gleichzeitig mit der FAufsicht laufenden Bewährungszeit (§ 68 g III); **D. Widerruf** der Maßregelausset- 5 zung, welche die FAufsicht auslöste, nach § 67 g I bis III; für die Aussetzung im Fall der Sicherungsverwahrung (§ 67 c I, § 67 d II; anders bei § 67 d IV, V wo es keinen Widerruf gibt) ergibt sich das schon aus III, muß aber auch bei §§ 63, 64 gelten, da mit dem Wiedereinsetzen des Maßregelvollzugs kein Platz mehr für die FAufsicht ist; **E.** nach **III** der Beginn des 6 Vollzuges unabhängig von der FAufsicht angeordneten (sonst 5) Sicherungsverwahrung. Aus dieser Beschränkung des Gesetzes wird man schließen müssen, daß bei anderen freiheitsentziehenden Maßregeln oder neuer Freiheitsstrafe die FAufsicht unter Beachtung von § 68 c II S. 2 weiterläuft (Hamm MDR **86**, 255 [m. Anm. Ranft JR **87**, 123]; LG Köln [m. Anm. Mainz MDR **86**, 513]; Nürnberg NStZ **90**, 301; SchSch-Stree 9, aM LG Bonn MDR **88**, 880 m. krit. Anm. Mainz; vgl. nunmehr LK[11]-Hanack 31); das Problem wird vom BRat und von der BReg. als klärungsbedürftig angesehen (BT-Drs. 10/2720, 25, 30).

3) Voraussetzung der Aufhebung ist **nach I S. 1,** daß nach richterlicher 7 Überzeugung **zu erwarten** ist, der Verurteilte werde auch ohne die Maßregel keine Straftaten mehr begehen. Die negative Prognose in den Fällen von § 68 I und § 68 f I muß sich also in eine positive verwandelt, die Verantwortungsprobe nach § 67 d II muß ihre Bestätigung erfahren haben; Entsprechendes gilt für FAufsicht nach § 67 b II, § 67 c I, II. Für die **positive Sozialprognose** gilt 4 zu § 56 sinngemäß (aM LK[11] 5). Jedoch kommt es darauf an, daß der Verurteilte auch ohne die FAufsicht keine Straftaten mehr begehen wird. Ist das anzunehmen, zB bei schwerer Erkrankung (multiple Sklerose, Koblenz OLGSt. 7 zu § 68 c), so *muß* das Gericht (1 zu § 68 d) nach I S. 1 die FAufsicht aufheben, dabei aber die **gesetzliche Mindestdauer (I S. 2)** beachten, die mit Ausnahme des § 68 f II (dort 4 a) für alle FAufsichten gilt (2 zu § 68 c) und ihren Grund darin hat, daß die Prognose hier typischerweise kritisch ist (vgl. LK[11] 12 ff. mwN). Unverhältnismäßig dürfte I S. 2 nur ausnahmsweise sein (LK[11] 18).

§ 68e
AT Dritter Abschnitt. Sechster Titel

9 **4) Verfahrensrechtlich** ist von Bedeutung, daß sich das Gericht nach Ablauf von 2 Jahren ständig zu vergewissern hat, ob Aufhebungsreife eingetreten ist (E 1962, 223); es wird das durch entsprechende Anweisungen an Aufsichtsstelle und BHelfer (§ 68a V) erreichen, die auch von sich aus darauf zu achten und zu berichten haben (LK 26). Aufhebungsanträge des Verurteilten sind vor Ablauf von 2 Jahren unzulässig, später dann, wenn sie vor Ablauf einer nach **II** vom Gericht gesetzten Frist gestellt werden; vgl. Anm. 11 zu § 57, die auch sinngemäß, aber mit der Maßgabe gilt, daß es einer **mündlichen** Anhörung des Verurteilten, die übermäßigen Aufwand fordern könnte (E EGStGB 314), nicht bedarf (§ 463 III S. 2 StPO); ebensowenig einer Stellungnahme der früheren Vollzugsanstalt, aus der der Verurteilte ja schon seit Jahren entlassen ist (E EGStGB 314). Die StA ist zu hören (§§ 463 III S. 1, 454 I S. 2 StPO). Daß das Gericht vor der Entscheidung die Stellungnahme der Aufsichtsstelle und des BHelfers herbeiführen wird, liegt in der Natur der Sache.

Führungsaufsicht bei Nichtaussetzung des Strafrestes

68 f [I] Ist eine Freiheitsstrafe von mindestens zwei Jahren wegen einer vorsätzlichen Straftat vollständig vollstreckt worden, so tritt mit der Entlassung des Verurteilten aus dem Strafvollzug Führungsaufsicht ein. Dies gilt nicht, wenn im Anschluß an die Strafverbüßung eine freiheitsentziehende Maßregel der Besserung und Sicherung vollzogen wird.

[II] Ist zu erwarten, daß der Verurteilte auch ohne die Führungsaufsicht keine Straftaten mehr begehen wird, so ordnet das Gericht an, daß die Maßregel entfällt.

Im Gebiet der ehem. DDR tritt FAufsicht nach § 68f nicht ein, Art. 315 I S. 3 IV EGStGB; vgl. 58 vor § 3.

1 **1) Die Vorschrift,** die im Anschluß an § 97 E 1962 (Begr. 223; Ndschr. **3**, 148, 234, 242, 245, 257, 261, 384, 387; **4**, 371; **12**, 432, 442, 523, 586) und gegen die Kritik des AE (159) durch das 2. StrRG eingefügt (Ber. BT-Drs. V/4095, 36; Prot. V/16, 1353, 2038, 2214, 2908, 3255) und durch das EGStGB (E EGStGB 214; Ber. BT-Drs. 7/1261 = Ber. II 8; Prot. 7/744) vereinfacht worden ist, regelt die besondere Gruppe der **FAufsicht nach Vollverbüßung** längerer Freiheitsstrafen (vgl. 3ff. vor § 68) und erfüllt damit eine wichtige kriminalpolitische Aufgabe. § 57 sorgt dafür, daß einem Verurteilten mit positiver Sozialprognose gerade auch bei langjährigen Freiheitsstrafen der schwierige Übergang in die Freiheit durch Lebenshilfe erleichtert wird. Ohne § 68f würde dem Verurteilten mit negativer Prognose solche Lebenshilfe versagt, die er noch dringender braucht, um nicht der Gefahr weiterer Taten zu erliegen. Die auf eine aufgegebene schwedische Regelung (Ber. 37) zurückgehende Lösung des AE (§ 48 I mit S. 159), nach Verbüßung von ⅔ der Freiheitsstrafe obligatorische Aussetzung des Strafrestes vorzusehen, entwertet dieses Institut, weil sie auch demjenigen, dem seine Resozialisierung gleichgültig war, unverdiente Aussetzung eines erheblichen Strafrestes garantiert und damit die Sozialisierungsarbeit in den Anstalten gefährden müßte. Verfassungsrechtliche (BVerfGE **55**, 28) oder auch nur rechtsstaatliche Bedenken bestehen entgegen der Kritik des AE (Ber. 37) gegenüber der in § 68g gewählten Konstruktion des automatischen Eintritts der FAufsicht (I S. 1) mit Korrekturmöglichkeit nach II nicht (E 1962, 223; zum Ganzen LK[11]-

Maßregeln der Besserung und Sicherung **§ 68 f**

Hanack 4ff.). Die FAufsicht nach I S. 1 tritt kraft Gesetzes ein, sie bedarf keiner besonderen richterlichen Anordnung (LG Zweibrücken MDR **91**, 273; SchSch-Stree 6).

2) Voraussetzung nach I S. 1 ist die **vollständige Vollstreckung einer** **2** **Freiheitsstrafe** iwS (1 zu § 38; 5 aE vor § 68) von mindestens 2 Jahren wegen einer **vorsätzlichen Straftat** (4 zu § 66). Für die Höhe kommt es auf die verhängte Strafe ohne Rücksicht auf eine nach § 51 angerechnete Freiheitsentziehung an, die nach dem Sinn des Instituts ebenso wie bei § 66 III S. 2 als verbüßte Strafe anzusehen ist (hiergegen LK[11] 16 ff.). Entsprechendes hat für die Anrechnung nach § 67 IV S. 1 zu gelten, so daß jemand, der zu 2 Jahren Freiheitsstrafe verurteilt war und sich nach §§ 67 I, IV, 67 d I S. 1, S. 3 3 Jahre 4 Monate (vgl. 3 a zu § 67 d) Jahre in einer Entziehungsanstalt befand, nach § 68 f unter FAufsicht kommt (vgl. zu § 67 IV aF; LK[11] 19). Bei **Ge-** **2a** **samtstrafe** ist es nach der kriminalpolitischen Zielsetzung des Instituts (oben 1) nicht erforderlich, daß eine Einzelstrafe 2 Jahre erreicht; denn die durch lange Strafverbüßung eintretenden Schwierigkeiten beim Übergang in die Freiheit bestehen ohne Rücksicht darauf, ob es sich um eine Gesamtstrafe handelt oder nicht (Hamburg JR **79**, 116 [m. zust. Anm. Zipf]; MDR **82**, 689; Nürnberg MDR **78**, 858; Hamm MDR **79**, 601; OLGSt. 5; 19; Düsseldorf MDR **81**, 70; 336; Köln OLGSt. 14; Frankfurt MDR **82**, 164; Jescheck § 78 I 2 a; a**M** KG JR **79**, 421; Koblenz MDR **80**, 71; OLGSt. 21; Bremen MDR **80**, 512; Karlsruhe Die Justiz **80**, 390; NStZ **81**, 182; Schleswig MDR **81**, 1034; Zweibrücken MDR **86**, 870; Stuttgart NStZ **92**, 101; LG Osnabrück StV **86**, 26; LG Heilbronn MDR **87**, 691; 866; krit. Kürschner JR **82**, 340; Celle StV **82**, 227; LK[11] 14; SchSch-Stree 4; SK-Horn 5; sLSK 2). Falls Einzelstrafen für Vorsatz- *und* Fahrlässigkeitstaten in die Gesamtstrafe einflossen, ist maßgebend, ob die für die Vorsatztaten hypothetisch zu bildende Gesamtstrafe die 2-Jahresfrist erreicht hätte (München NStZ **84**, 314 m. Anm. Bruns). Im Falle einer Einheitsjugendstrafe verlangt LG Hamburg (StV **90**, 308) weiter, daß bei einer der ihr zugrundeliegenden Straftaten eine Jugendstrafe von mindestens 2 Jahren verwirkt gewesen wäre. Die Freiheitsstrafe muß in vollem Umfang vollstreckt worden sein, wenn auch nicht ohne Unterbrechung; I ist auch gegeben, wenn jemand seine Strafe voll verbüßt hat, nachdem seine Aussetzung des Strafrestes widerrufen worden war (Köln OLGSt. 14) oder wenn der Verurteilte nach § 35 BtMG in einer Entziehungsanstalt behandelt worden ist (München NStZ **90**, 455 m. Anm. Stree). Wird hingegen von der Strafe auch nur ein Teil durch Gnadenerweis oder Amnestie erlassen und seien dies auch nur wenige Tage (KG JR **79**, 293), so entfällt I (Prot. 7/ 744; LK[11] 15), nicht jedoch im Falle der Vorverlegung nach § 16 III StVollzG (Düsseldorf MDR **87**, 603 L). Volle Vollstreckung bedeutet, daß es zur Aussetzung eines Strafrestes nach § 57, aus welchen Gründen auch immer, nicht mehr gekommen ist. **Entlassung** aus dem **2b** Strafvollzug bedeutet im Falle der Anschlußvollstreckung die endgültige tatsächliche Entlassung in die Freiheit, nicht das Ende der 1. Strafe (Bremen MDR **80**, 512, Hamm OLGSt. 11). Das folgt aus der Logik der Konzeption, nämlich aus I S. 2, der ebenfalls Fälle regelt, in denen gerade nicht in die Freiheit entlassen wird, und aus § 68 c II S. 2, der auch für die FAufsicht bei richterlicher Anordnung klarstellt, daß sie regelmäßig erst nach dem Strafvollzug wirksam wird (7 zu § 68). Kommt es nach Entlassung zur erneuten Verurteilung, so gilt unten 4 a.

§ 68 f

AT Dritter Abschnitt. Sechster Titel

3   3) **Nach I S. 2** tritt FAufsicht nicht ein, wenn im Anschluß an eine volle Strafverbüßung eine freiheitsentziehende Maßregel nach den §§ 63 bis 66 tatsächlich vollzogen wird. In den Fällen der §§ 63, 64 kommt das nur in Betracht, wenn nach § 67 II die Strafe vor der Maßregel vollzogen worden ist; Hauptanwendungsfall ist die Sicherungsverwahrung, bei der stets zunächst die Strafe vollzogen wird (2 zu § 67). In allen Fällen muß das Gericht nach § 67 c I zu dem Ergebnis gekommen sein, daß der Maßregelzweck die Unterbringung noch erfordert; sonst träte nach § 67 c I S. 2 FAufsicht ein. Ist bereits nach § 68 I FAufsicht angeordnet, so werden mehrere FAufsichten einheitlich nach der jeweils längeren Höchstdauer ausgeführt, Lackner 2; aM LK[11] 9; SK 12 zu § 68; II ist daher unanwendbar (Hamm MDR **83**, 953; aM AG Hamburg MDR **89**, 180); während nach SK 12 zu § 68 und LK[11] 9 die FAufsicht nach § 68 f vorgeht (iErg. ebenso SchSch Lackner; Simons

4 NJW **78**, 984). **Nach II** ordnet das Gericht bei **positiver Sozialprognose** (7, 8 zu § 68 e) an, daß die FAufsicht entfällt. Eine solche Anordnung hat Ausnahmecharakter (Düsseldorf MDR **90**, 180); Zweifel gehen zu Lasten des Verurteilten (Karlsruhe MDR **87**, 784). Praktisch wird II, wenn die Aussetzung des Strafrestes an der fehlenden Einwilligung des Verurteilten nach § 57 I Nr. 3 gescheitert ist (hierzu B. Maier NJW **77**, 371). Denn sonst wäre es zur Aussetzung des Strafrestes gekommen. Divergierende Entscheidungen kommen hier, da für die Entscheidung nach § 57 wie für die nach II dieselbe StVK zuständig ist (§§ 454, 463 III S. 1, 462 a I StPO; 12 zu § 57), kaum in Betracht (vgl. Düsseldorf StV **82**, 117; **83**, 115). Seltene Ausnahme ist der Fall, daß im letzten Stadium des Strafvollzugs Umstände eingetreten sind, die eine positive Prognose ermöglichen, Aussetzung des Strafrestes aber nicht mehr beschlossen werden konnte (LK[11] 25; vgl. Karlsruhe Die Justiz **81**, 444; MDR **82**, 595; Koblenz OLGSt. Nr. 1). Die positiven Lebensumstände müssen aber nicht nur für die Prognose nach § 57 I Nr. 2, sondern auch für die in den Anforderungen strengere des § 68 f

4a II ausreichen (KG JR **88**, 295; Düsseldorf MDR **90**, 356). **C.** Aufgehoben werden kann eine nach § 68 f bereits eingetretene FAufsicht auch bei erneuter Verurteilung zu Freiheitsstrafe von mindestens 2 Jahren nur bei (wohl selten vorliegender) günstiger Prognose (§ 68 e I S. 1, § 68 f II, jedoch nicht vor Ablauf der Mindestdauer des § 68 e I S. 2; vgl. dort 6). Stets wird der Lauf gehemmt (§ 68 c II). § 68 e III ist nicht entsprechend anwendbar (LG Köln mwN u. m. Anm. Mainz MDR **86**, 513; LG Kiel SchlHA **87**, 187; Nürnberg NStZ **90**, 301; aM LG Regensburg MDR **83**, 423; Lackner 6; aM LG Bonn MDR **88**, 880 m. abl. Anm. Mainz).

5   **Verfahrensrechtlich** gilt: Die Vollstreckungsbehörde hat 3 Monate vor der Entlassung des Verurteilten (oben 2 a) der StVK die Akten vorzulegen (§ 54 a II StVollstrO), und zwar bei Nacheinandervollstreckung vor der tatsächlichen Entlassung aus der letzten Strafe (Hamm 21. 2. 1980, 6 Ws 30/80). Zuständig ist die StVK, in deren Bezirk der Verurteilte 3 Monate vor Vollzugsende einsitzt, und zwar gleichgültig, ob ihr die Akten vorgelegt wurden oder nicht, NStZ **84**, 322 L. Sie hat die Entscheidungen nach §§ 68 a bis 68 c alsbald zu treffen (für den Fall, daß dies unterblieb, Hamm JMBlNW **82**, 131; Schleswig SchlHA **83**, 83) und ggf auch von Amts wegen (Bremen MDR **77**, 772 L; NStE Nr. 1; LK 27) zu prüfen, ob II anzuwenden ist. In jedem Fall hat die StVK, gleichgültig, ob ein Antrag nach II gestellt ist, grundsätzlich nach vorheriger, beim Verurteilten mündlicher Anhörung (§§ 463 III, 454 I StPO; Hamm OLGSt. 5, eine lediglich

Maßregeln der Besserung und Sicherung **§ 68 f**

schriftliche genügt nicht: Düsseldorf MDR **86**, 255; Celle NStZ **86**, 238) förmlich zu entscheiden (Koblenz NStZ **84**, 189; and. Saarbrücken MDR **83**, 598). Der Verurteilte verwirkt sein Recht auf mündliche Anhörung, wenn er sich für die StVK unerreichbar hält (Hamm MDR **88**, 75). Der Beschluß ist nach § 454 II StPO mit der sofortigen Beschwerde anfechtbar (Hamm OLGSt. 6; teilw. abw. LK[11] 27); nicht jedoch, wenn er vom OLG ergangen ist (BGH **30**, 250).

Führungsaufsicht und Aussetzung zur Bewährung

68 g ^I Ist die Strafaussetzung oder Aussetzung des Strafrestes angeordnet oder das Berufsverbot zur Bewährung ausgesetzt und steht der Verurteilte wegen derselben oder einer anderen Tat zugleich unter Führungsaufsicht, so gelten für die Aufsicht und die Erteilung von Weisungen nur die §§ 68a und 68b. Die Führungsaufsicht endet nicht vor Ablauf der Bewährungszeit.

^{II} Sind die Aussetzung zur Bewährung und die Führungsaufsicht auf Grund derselben Tat angeordnet, so kann das Gericht jedoch bestimmen, daß die Führungsaufsicht bis zum Ablauf der Bewährungszeit ruht. Die Bewährungszeit wird dann in die Dauer der Führungsaufsicht nicht eingerechnet.

^{III} Wird nach Ablauf der Bewährungszeit die Strafe oder der Strafrest erlassen oder das Berufsverbot für erledigt erklärt, so endet damit auch eine wegen derselben Tat angeordnete Führungsaufsicht.

1) Die Vorschrift, die in weitgehender Anpassung an § 98 E 1962 (Begr. 1 224; Ndschr. **3**, 260, 266, 303, 382, 384) durch das 2. StRG eingefügt ist (Ber. BT-Drs. V/4095, 37; Prot. V/16, 2215, 2619, 3255), regelt die Konkurrenz zwischen der FAufsicht und einer gleichzeitig bestehenden Strafaussetzung zur Bewährung (§§ 56, 57, 57a) oder Aussetzung des Berufsverbots nach § 70a. Auch die praktisch kaum möglichen Fälle einer nach § 59a laufenden Bewährung sind einzubeziehen (aM LK[11]-Hanack 4).

2) Grundsätzlich hat die FAufsicht **Vorrang** vor der Aussetzung; jedoch 2 ist nach II eine Ausnahme dann möglich, wenn es sich um FAufsicht in derselben Sache handelt. **A. Auf Grund verschiedener Taten** ist ein Ne- 2a beneinander von FAufsicht und Aussetzung zB denkbar, wenn eine (erfolgversprechende) FAufsicht läuft und der Täter wegen einer nicht schwerwiegenden Tat Strafaussetzung erhält oder ihm nach § 57 Aussetzung eines Strafrestes bewilligt wird. Auch Fälle nach § 67 V S. 1 sind nicht ausgeschlossen. Auch die Aussetzung eines Berufsverbots kann weiterlaufen, wenn der Verurteilte eine Tat anderer Art als der in § 70b I Nr. 1 bezeichneten begeht und FAufsicht eintritt. Doch werden sämtliche Fälle praktisch selten sein, weil es bei neuen Taten vielfach zum Widerruf nach §§ 56f, 67g oder zu einer Gesamtstrafbildung nach §§ 55, 58 kommt (anders LK[11] 3). **B. Auf Grund derselben Tat** (und zwar trotz des Wortes 3 „angeordnet" auch in den Fällen des gesetzlichen Eintritts der FAufsicht in den in § 68 II genannten Fällen; LK[11] 10; SchSch-Stree 10, 15; aM Hamm OLGSt. 2) ist ein Fall der Konkurrenz vor allem möglich, wenn FAufsicht nach § 68 I angeordnet und Aussetzung des Strafrestes nach § 57 bewilligt wird oder ein mit dem Urteil angeordnetes Berufsverbot nach § 70a ausgesetzt wird. **C.** Das mögliche Zusammentreffen von **mehrfacher** 4 FAufsicht (vgl. 3 zu § 68f) ist in § 68g nicht geregelt. Wegen einer Tat gibt

§ 68g AT Dritter Abschnitt. Sechster Titel

es nur eine einzige FAufsicht (vgl. 3 zu § 68f). Die FAufsicht wird in den übrigen Fällen einheitlich geführt, soweit sich die Dauer der Maßregeln überschneidet (LK[11] 2).

5   3) Der **nach I** geltende Vorrang der einschneidenderen FAufsicht, der auch ein einheitliches Vorgehen sicherstellt (E 1962, 224), bedeutet jedoch nur daß für die Aufsicht ausschließlich § 68a (nicht § 56d; § 453b StPO) und für etwaige Weisungen ausschließlich § 68b (nicht § 56c) gilt. Sonstige Vorschriften der Strafaussetzung wie §§ 56a, 56b, 56f, 56g bleiben unberührt (aaO; LK[11] 14f.). Dabei wird ein Zusammenwirken von möglicherweise verschiedenen Gerichten erforderlich sein. Die FAufsicht endet nicht vor Ablauf einer über ihre Dauer nach § 68c hinausreichenden Bewährungszeit (**I S. 2**; Mainz NStZ **89**, 62; aM Hamm NStZ **84**, 188). Doch ist über Widerruf und Erlaß nach §§ 56f, 56g, 70b einerseits und über Beendigung der FAufsicht nach § 68e I jeweils selbständig zu entscheiden; III gilt hier nicht (E 1962, 225). **A. Nach II** gilt auch in den Fällen von III grundsätzlich dasselbe. Doch kann das Gericht (Zuständigkeit nach § 462a I oder II StPO) abw. von I anordnen, daß die FAufsicht einschließlich ihrer dann suspendierten Weisungen während der Bewährungszeit ruht, dh daß ausschließlich die §§ 56ff., 70a gelten (Karlsruhe MDR **89**, 663; LK[11] 19ff.). Das Gericht wird das tun, wenn sich nach der Entwicklung des Verurteilten zeigt, daß seine Sozialisierung im Rahmen einer reinen Bewährungsaufsicht besseren Erfolg verspricht (vgl. E 1962, 225; weitergehend LK[11] 23). Führt die Aussetzung dann nicht zum Erfolg, sondern wird sie widerrufen, so bewirkt **II S. 2**, wonach die Bewährungszeit nicht in die Dauer der FAufsicht eingerechnet wird, daß diese nach Entlassung des Verurteilten aus dem dann eingetretenen Strafvollzug mit entsprechender Dauer fortgesetzt werden kann. **B. Nach III** endet die FAufsicht, wenn die Aussetzung Erfolg hat, also entweder Strafe oder Strafrest erlassen werden (§ 56g) oder das Berufsverbot nach § 70b V für erledigt erklärt wird. Die Bewährung wirkt also auch für die FAufsicht, so daß diese sowohl in den Fällen von 2 wie in denen von 3, ohne daß es einer Entscheidung nach § 68e I bedarf, kraft Gesetzes beendet ist. Nach Hamm (NStE Nr. 1) findet III nicht nur auf eine gerichtlich angeordnete, sondern auch auf eine kraft Gesetzes eingetretene FAufsicht Anwendung.

Entziehung der Fahrerlaubnis

Entziehung der Fahrerlaubnis

69 [I] **Wird jemand wegen einer rechtswidrigen Tat, die er bei oder im Zusammenhang mit dem Führen eines Kraftfahrzeugs oder unter Verletzung der Pflichten eines Kraftfahrzeugführers begangen hat, verurteilt oder nur deshalb nicht verurteilt, weil seine Schuldunfähigkeit erwiesen oder nicht auszuschließen ist, so entzieht ihm das Gericht die Fahrerlaubnis, wenn sich aus der Tat ergibt, daß er zum Führen von Kraftfahrzeugen ungeeignet ist. Einer weiteren Prüfung nach § 62 bedarf es nicht.**

[II] **Ist die rechtswidrige Tat in den Fällen des Absatzes 1 ein Vergehen**
1. der Gefährdung des Straßenverkehrs (§ 315c),
2. der Trunkenheit im Verkehr (§ 316),

Maßregeln der Besserung und Sicherung **§ 69**

3. des unerlaubten Entfernens vom Unfallort (§ 142), obwohl der Täter weiß oder wissen kann, daß bei dem Unfall ein Mensch getötet oder nicht unerheblich verletzt worden oder an fremden Sachen bedeutender Schaden entstanden ist, oder
4. des Vollrausches (§ 323a), der sich auf eine der Taten nach den Nummern 1 bis 3 bezieht,

so ist der Täter in der Regel als ungeeignet zum Führen von Kraftfahrzeugen anzusehen.

III Die Fahrerlaubnis erlischt mit der Rechtskraft des Urteils. Ein von einer deutschen Behörde erteilter Führerschein wird im Urteil eingezogen.

Schrifttum: *Beine* BA 81, 427; *Blau* DÖV 54, 460; *Bruns* GA 54, 161; *Cra-* 1 *mer* NJW 68, 1764; *Hartung* DRiZ 53, 120; 54, 28; JZ 54, 137, 347; NJW 65, 87; *Himmelreich/Hentschel*, Fahrverbot, Führerscheinentzug, 6. Aufl. 1990 (Hi-He); *Geppert* NJW 71, 1857; MDR 72, 280; *Jagusch* DAR 55, 97; *Kulemeier*, Fahrverbot und Entzug der Fahrerlaubnis, 1991; *Lackner* MDR 53, 73; NJW 53, 1172; 54, 629; JZ 65, 92, 120; *Lewrenz*, Die Eignung zum Führen von Kraftfahrzeugen, 1964; *Maassen* NJW 53, 201; *Martin* DAR 54, 73, 82; 55, 73, 74, 79; 56, 57, 66; 57, 57, 66; *Preisendanz* LdR 8/500; *Sauer* GA 56, 253; *Schendel*, Doppelkompetenz von Strafgericht und Verwaltungsbehörde zur Entziehung der Fahrerlaubnis, 1974; *Schmidt-Leichner* NJW 53, 1849; 54, 159; *Warda* JZ 62, 304; **de lege ferenda** vgl. *Himmelreich, Koch, Janiszewski*, DAR 77, 85, 1a 90, 312, 316; GA 81, 385; *Lisken* DRiZ 77, 173; *Beine* ZRP 77, 295; BA 78, 261; zutr. gegen ihn *Thielen* ZRP 78, 48; *Schreiner* DAR 78, 271 und *Sunder* BA 79, 65 (Erwiderung *Beine* BA 79, 343); ferner *Menken* DAR 78, 40, 245; *Ralf Peters* DAR 78, 184; *de With* DRiZ 78, 217; *Rebmann* DAR 78, 300; *Bode* DAR 78, 319; BA 83, 39; 86, 100; *Grasmüller* BA 79, 371; *Scherer* DAR 80, 110; *D. Schultz* BA 80, 1; 82, 315 mwN; *Seib* BA 80, 39; *Brockelt, Mollenkott, Berz* VGT 80, 285, 196, 305; BA 80, 367; hierzu *Janiszewski* GA 81, 397; *Preisendanz* BA 81, 93; DAR 81, 307; *Geppert* ZRP 81, 85; *Mögele* ZRP 82, 104; *Molketin* DAR 82, 114; *Schneble, Strate* BA 83, 177, 188; hierzu *K. H. Schmid* BA 83, 422; *Cramer*, Schröder-GedS 533; *Seiler*, Fahren ohne Fahrerlaubnis, Diss. (Regensburg) 1982; *Hentschel* BA 86, 2; DAR 84, 248; *Legat/W. Schneider/Weidhaas* VGT 86, 302, 322, 346; hierzu *Kürschner* ZRP 86, 305; *Middendorff* BA 86, 195; *Kroj* For. 7 (1986), 123; *Baumann* For. 8 (1987), 49; BReg. BT-Drs. 10/5828,6; *Bund gegen Alkohol im Straßenverkehr*, BA 88, 1; *Denzlinger* ZRP 88, 369 (hiergegen *Á. Mayer* ZRP 89, 272); *Gontard*, Rebmann-FS 211; *Janiszewski/Suhren* VGT 89, 124, 136; *Geppert* BA 90, 24; *Heifer* BA 90, 50; *Janiszewski* DAR 90, 450; *Nettesheim* DtZ 91, 363 (Führerscheinentzug bei DDR-Führerscheinen); *Gontard/Janker* DAR 92, 8 (Nachschulung); *Ehret* BA 92, 89; *Kulemeier* [oben 1] 332ff., 342ff., 357; *Schöch* DJT C 114. **kriminologisch:** *A. Müller* BA 82, 289 (zur Bewährungskontrolle von Gutachten über Trunkenheitstäter); *Schädler* BA 84, 319; *Stephan* BA 88, 201, DAR 89, 1, 125 (bedingte Fahreignung alkoholauffälliger Fahrer), hierzu *Bode* DAR 89, 440; *Rosner*, Alkohol am Steuer, Fahrerlaubnisentziehung und Nachschulung. Eine empirische Untersuchung zu den Nachschulungskursen für erstmals alkoholauffällige Kraftfahrer in Baden-Württemberg, 1988. Zum Straßenverkehr im Ganzen *Arzt/Weber* LH 2, 237ff. **Kriminalstatistisches:** *Emmerich* BA 84, 3; *Terdenge* [1 vor § 38] 152ff.; *Kerner* For. 7 (1986), 75; *Barth* BA 90, 80 (Angaben 1975–1988); *Schöch* DJT C 30, 124; vgl. auch bei Kulemeier [oben 1] Anhang und das Schrifttum bei § 44.

§ 69

AT Dritter Abschnitt. Sechster Titel

2 1) Die **Vorschrift** ist durch das 1. StraßenverkehrssichG eingeführt, jedoch durch das 2. StraßenverkehrssichG (hierzu 1 zu § 44), durch das 1./2. StrRG/EGStGB und das 18. StÄG mehrfach geändert worden. Zum Verhältnis zum Fahrverbot vgl. 2 zu § 44; zur Entziehung der Fahrerlaubnis durch die Verwaltungsbehörde unten 19. Auf die Erlaubnis zur Fahrgastbeförderung (§ 15d StVZO) bezieht sich § 69 nicht unmittelbar (BGH **6**, 183; 3. 12. 1970, 4 StR 526/70); doch hat die Anordnung der Maßregel auch den Verlust dieser Erlaubnis zur Folge (unten 16). Besitzt der Täter keine Fahrerlaubnis, so gilt § 69a I Satz 3; unten 16. Die Maßregel dient nicht der Sühne (VRS **11**, 425), sondern der Besserung und Sicherung (KG VRS **8**, 266). Doch kann die Strafzumessung durch die Anordnung beeinflußt werden (Hamm DAR **55**, 22), da die Strafe dann von ihrer spezialpräventiven und sichernden Funktion entlastet wird (vgl. Begr. BT-Drs. IV/651, 16). Allerdings ist die Wirksamkeit des § 69 begrenzt (30 bis 35% Rückfälle bei alkoholauffälligen Ersttätern, über 60% bei Zweittätern, BR-Drs. 540/81). Bedenklich ist es hingegen, der Maßregel nebenstrafartigen Charakter zuzuschreiben (so Stuttgart, Frankfurt NJW **68**, 1792, 1793, vgl. Bruns 86; LK-Rüth 1; BT-Drs. 8/2076; DRiZ **79**, 27). Ist die Fahrerlaubnis nicht von deutschen Behörden erteilt, gilt § 69b. Für führerscheinfreie Fahrzeuge kommt nur das Fahrverbot nach § 44 in Betracht (Schleswig SchlHA **79**, 201; aM Obert DAR **66**, 183). Eine Aussetzung der Entziehung zur Bewährung (vgl. Antrag BT-Drs. 8/3072; BTag 8/14515) gibt es nicht (vgl. Hentschel ZRP **75**, 209).

2) **Voraussetzungen** der Anordnung sind, daß der Täter

3 A. eine **rechtswidrige Tat** (33 zu § 11; 9 ff. vor § 25), nicht aber nur eine Ordnungswidrigkeit begangen hat, und zwar entweder **bei oder im Zusammenhang mit dem Führen** eines Kraftfahrzeuges oder unter Verletzung von Kraftfahrzeugführerpflichten (vgl. dazu 4 ff. zu § 44);

4 B. wegen dieser Handlung **verurteilt** oder nur **deshalb nicht verurteilt** worden ist, weil er erwiesenermaßen oder möglicherweise schuldunfähig war.

5 a) **Verurteilung**, sei es durch Urteil (auch im beschleunigten Verfahren, § 212b I Satz 3 StPO und im Abwesenheitsverfahren, § 232 I Satz 3; § 233 I Satz 3 StPO) oder bei einer Sperre von nicht mehr als 2 Jahren auch durch Strafbefehl (§ 407 II Nr. 2 StPO), wobei idR eine Strafe verhängt wird; Geldstrafe reicht aus; Aussetzung der Strafe zur Bewährung steht nicht entgegen (BGH **15**, 316; VRS **25**, 428; **28**, 420; **29**, 14; Stuttgart NJW **54**, 611; Celle MDR **56**, 693; Köln NJW **56**, 113; Düsseldorf NJW **61**, 979); doch bedarf es dann näherer Begründung (VRS **19**, 197; **29**, 14; Hamm VRS **32**, 17; 432; **33**, 22; 343). Umgekehrt hat die Versagung der Aussetzung noch nicht die Entziehung der Fahrerlaubnis zur Folge (Celle NJW **56**, 1684). Verurteilung „zu einer Strafe" ist nicht mehr Voraussetzung, so daß Entziehung zwar nicht bei Verwarnung mit Strafvorbehalt (§ 59 III S. 2), wohl aber beim Absehen von Strafe möglich ist (7 zu § 23) wie auch gegenüber Jugendlichen und nach Jugendrecht abgeurteilten Heranwachsenden (§§ 7, 39, 105 JGG), wenn nur auf Erziehungsmaßregeln oder Zuchtmittel erkannt wird (BGH **6**, 394) oder lediglich ein Schuldspruch nach § 27 JGG ergeht. Verurteilt ist der Täter wegen der Tat auch dann, wenn sie infolge von Gesetzeseinheit im Schuldspruch nicht erscheint (vgl. VM **55**, 34).

6 b) **Keine Verurteilung**, aber nur wegen Schuldunfähigkeit, auch wenn sie lediglich nicht ausgeschlossen werden kann oder wenn nicht feststeht, ob § 323a oder eine in schuldfähigem Zustand begangene Tat vorliegt (Bay DAR 82, 248). Die Voraussetzung der Nichtverurteilung entfällt nicht bei Anwendung von § 63 und auch dann nicht, wenn allein der Freigesprochene wegen der Entziehung ein Rechtsmittel einlegt und sich dann seine Schuldfähigkeit herausstellt; vgl. 17 zu § 63. Schuldunfähigkeit ist iS von § 20 zu verstehen (vgl. Hamm VM **64**, 13).

c) **Andere Entscheidungen** reichen nicht aus, insbesondere ein Freispruch aus anderen Gründen (Hamm VM **64**, 13), Strafbefreiung wegen Rücktritt (DRiZ **83**, 183) oder eine Einstellung infolge Verfahrenshindernissen wie Exterritorialität, Verjährung (Bay DAR **55**, 44) oder Amnestie (LK 8; SchSch-Stree 26; aM Köln NJW **54**, 611). Das gilt nicht bei abweichender ausdrücklicher Regelung (vgl. 3 zu § 63). 7

C. ungeeignet zum Führen von Kraftfahrzeugen jeder Art ist und sich das **aus der Tat ergibt.** 8

a) **Die mangelnde Eignung** kann darauf beruhen, daß der Täter **aa)** entweder nicht in der Lage ist, Kraftfahrzeuge technisch sicher zu führen (BGH **7**, 175; Düsseldorf VM **66**, 60), wobei körperliche oder geistige Mängel (zB Hirnverletzungen, Epilepsien, schwere Zuckerkrankheit, OVG Berlin VM **67**, 51, manische Psychose, Bay DAR **85**, 240; vgl. 3 aE zu § 315c) die Ursache sein können, die Ablehnung einer Unterbringung nach § 64 eine Entscheidung nach § 69 jedoch nicht ausschließt (8. 1. 1987, 1 StR 674/86), oder **bb)** ihm die erforderliche charakterliche Zuverlässigkeit fehlt (BGH **5**, 179; **10**, 333; **17**, 218; VRS **30**, 275; **36**, 266; vgl. hierzu Kunkel DAR **87**, 38; Undeutsch For. **8** (1987), 1). Die mangelnde Eignung muß sich **aus der Tat,** und nicht etwa nur anläßlich der Tat (BGH **5**, 168; **7**, 165; **15**, 393; Düsseldorf NJW **54**, 165; MDR **58**, 621; DAR **58**, 241; **69**, 24), ergeben, die hier iS der Strafzumessung und des Verfahrensrechts als der die Tatbestandsverwirklichung mitumfassende Gesamtvorgang zu verstehen ist. Es können auch erst mehrere, zusammen abzuurteilende Taten die mangelnde Eignung ergeben (Bay NJW **66**, 2370). Mängel nach aa, zB im Falle von § 315c I Nr. 1b, werden sich in aller Regel allein **schon aus dem Tatverhalten** ergeben; vielfach ist das aber auch bei der praktisch ausschlaggebenden Gruppe bb der Fall (vgl. BGH **7**, 175; DAR **55**, 91; Stuttgart NJW **54**, 1657). Das Gesetz gibt dafür in II, der nicht zu Gegenschlüssen verführen darf (Begr. 18; Warda MDR **65**, 3), eine wichtige Auslegungsregel, wenn es bereits bei fahrlässiger Straßenverkehrsgefährdung (§ 315c III Nr. 2; vgl. dazu Ndschr. **12**, 38) idR mangelnde Eignung als gegeben ansieht (grundsätzlich dazu Lackner JZ **65**, 121). Hierher gehören zB auch das Fahren trotz entzogener Fahrerlaubnis oder trotz Fahrverbots (Schleswig VM **66**, 93) oder mit gefälschtem Führerschein (Hamm VRS **63**, 346), Bankraub, Transport der Täter und des zum Aufschweißen eines Geldschranks bestimmten Werkzeugs an den Tatort (15. 2. 1977, 5 StR 719/76; Düsseldorf VRS **67**, 255), Einsatz von Kraftfahrzeugen, um gegenüber Versicherungsgesellschaften Unfälle vorzutäuschen (StV **92**, 64), wiederholte Vergewaltigung mit Hilfe eines Kraftwagens (vgl. DRiZ **78**, 278) oder körperliche Mißhandlung eines Verkehrsteilnehmers aus Anlaß eines Verkehrsvorgangs (Karlsruhe Die Justiz **80**, 53; hierzu Molketin DAR **81**, 380). Nach solchen erheblichen Taten der allgemeinen Kriminalität können nur ganz besondere Umstände zur Bejahung der Eignung füh- 9

9b

ren (VRS **81**, 369; unten 10ff.), keineswegs etwa allein unfallfreies Fahren während einer bestimmten Zeit (MDR/H **78**, 986; vgl. Zabel BA **82**, 269). Ist das Tatverhalten allein zwar indiziell, aber keine ausreichende Grundlage für die Entziehung, so ist zu prüfen, ob solches Verhalten der Persönlichkeit des Täters adäquat ist oder nicht (vgl. Braunschweig DAR **58**, 193; Köln MDR **66**, 690). Bei Straftaten mehrerer kann auch bei einem Tatbeteiligten, der das Fahrzeug nicht eigenhändig geführt hat, ein Eignungsmangel vorliegen (MDR/H **81**, 453), so bei einem Halter, der sein Fahrzeug einem absolut Fahruntüchtigen zu einer Trunkenheitsfahrt überlassen
9c hat (Koblenz NJW **88**, 152). Es ist hierbei eine **Gesamtwürdigung der Täterpersönlichkeit** erforderlich, soweit sie in der Tat zum Ausdruck gekommen ist (BGH **6**, 185; 6. 9. 1990, 1 StR 455/90; Begr. S. 17). Hier spielen Beruf (Oldenburg NJW **64**, 1333), bisherige Fahrweise (VRS **7**, 353), früheres Fahrverbot (BGH **29**, 62), Vorstrafen (VRS **14**, 282; KG VRS **6**, 384), und zwar nicht nur einschlägige (Schöch NJW **71**, 1857) eine Rolle. Auch Ordnungswidrigkeiten können herangezogen werden (vgl. OVG München NJW **73**, 110). Von Bedeutung sind ferner Charaktermängel, soweit sie in Beziehung zur Tat stehen (vgl. DAR **61**, 199; Celle MDR **66**, 431; anderseits BGH **5**, 176); uU auch Drogenabhängigkeit (Theisinger NStZ **81**, 294; hiergegen Braun NStZ **82**, 191; SK-Horn 2; vgl. hierzu 31. 1. 1989, 1 StR 733/88) sowie sonstige kennzeichnende Umstände objektiver oder subjektiver Art (BGH **7**, 165; **10**, 382), so auch Uneinsichtigkeit gegenüber der eigenen Schuld (Hamm VM **68**, 27; Mohr, Lienen NJW **57**, 941; 1140; 1750; aM Görres NJW **57**, 1750; vgl. auch Hamm DAR **61**, 169; jedoch nicht bloßes Leugnen der Tat, Hamm VM **68**, 27). Einmaliges oder nur gelegentliches Versagen reichen nicht aus (BGH aaO; VRS **10**, 213; **22**, 263; DAR **56**, 161). Hingegen kann bei einem Mehrfachtäter schon eine verhältnismäßig geringfügige Tat Ungeeignetheit erweisen (Begr. 18). Zur Frage der Eignung bei einem geheilten Alkoholiker LG Nürnberg-Fürth DAR **86**, 26. Die wirtschaftlichen Auswirkungen einer etwaigen Entziehung müssen jedoch außer Betracht bleiben (NJW **54**, 1167; MDR/D **54**, 398; Oldenburg NdsRpfl. **54**, 232; Köln MDR **67**, 514; Hi-He I 120; str.; krit. Grohmann DAR **78**, 63; aM, aber irrig AG Bückeburg NJW **83**, 1746 m. Anm. Scherer BA **83**, 544). Aus § 69a II ergibt sich, daß die allgemeine Ungeeignetheit nicht dadurch ausgeschlossen wird, daß dem Täter das Führen von Kraftfahrzeugen bestimmter Art ohne Gefahr überlassen werden kann (aM wohl Karlsruhe MDR **59**, 325).

10 **b) In der Regel als ungeeignet** iS eines Erfahrungssatzes (Bandemer NZV **88**, 172) ist der Täter anzusehen, der die in **II** aufgeführten rechtswidrigen Taten begeht. Von der Entziehung darf dann nur abgesehen werden, wenn *die Tat Ausnahmecharakter* hat (unten 12a; LG Köln DAR **89**, 115), und zwar bezogen auf die Frage mangelnder Eignung, nicht auf die des Grades von Unrecht und Schuld. Die Fragen stehen allerdings in Zusammenhang, wo es sich, wie stets bei II Nr. 2 bis 4 und meist auch bei Nr. 1, um die Frage charakterlicher Unzuverlässigkeit handelt (oben 9b). Es müssen dann vor oder nach der Tat liegende besondere Umstände objektiver oder subjektiver Art gegeben sein, welche die mangelnde Eignung ausschließen (VRS **25**, 426; Köln VRS **31**, 263; Stuttgart VRS **35**, 19; OLGSt. 11; Bay **70**, 181; Karlsruhe Die Justiz **79**, 442; hierzu Zabel BA **80**, 393; Grohmann BA **86**, 117). Besondere Begründung, insbesondere Würdi-

Maßregeln der Besserung und Sicherung § 69

gung der Persönlichkeit ist hier nur erforderlich, wenn Anhaltspunkte bestehen, daß sich ein Ausnahmefall ergeben könnte (Köln MDR **66**, 690; Frankfurt VRS **55**, 182; Koblenz VRS **55**, 357; **64**, 127; **71**, 280; Düsseldorf VRS **70**, 138; vgl. auch Bay VRS **30**, 276; Hamm VRS **32**, 260; 432); nicht aber schon bei Vorliegen einer Ehekrise (aM Frankfurt VM **77**, 30); auch nicht schon bei vieljährig unbeanstandeter Fahrpraxis (aM Zweibrücken StV **89**, 250; LG Saarbrücken DAR **81**, 395; AG Eßlingen BA **82**, 382 m. Anm. Zabel; AG Köln DAR **87**, 233; LG Wuppertal NStE Nr. 2; hierzu Rspr. Übers. bei Zabel/Noss BA **89**, 258), bei fehlender Vorbelastung und günstiger Persönlichkeitswertung (Bay VRS **60**, 110), wohl aber bei notstandsähnlichen Fällen (LG Heilbronn DAR **87**, 29) oder dann, wenn der Täter zwischen Tat und Aburteilung schon lange Zeit ohne Führerschein war (Köln VRS **41**, 101; Bay NJW **71**, 206; VRS **60**, 110; Saarbrücken NJW **74**, 1393; vgl. aber auch Stuttgart VRS **46**, 103; Karlsruhe NZV **90**, 278) und die sonstigen Umstände des Falles günstig liegen (weitere Fälle bei LK 38; Scherer DAR **80**, 109; BA **83**, 123; Krehl DAR **86**, 36) oder die den Eignungsmangel ausweisenden Taten geraume Zeit zurückliegen und der Täter seither nicht mehr nachteilig aufgefallen ist (StV **92**, 64). Stets müssen aber die Gegengründe um so stärker sein, je schwerer die zu erwartende Gefährdung wiegt (Stuttgart Die Justiz **72**, 207); großzügige Maßstäbe bei der Eignungsbeurteilung sind unangebracht (LG Hamburg BA **85**, 64; bedenklich LG Flensburg StV **84**, 518), ebenso auch LG Oldenburg BA **88**, 200 (wo die Bindung des Jugendrichters an II verneint wurde, hiergegen zutr. Molketin BA **88**, 310; NStZ/J **88**, 543). Die Teilnahme an einem **Nachschulungskurs** zur Entwicklung einer risikobewußten Einstellung im **10a** Straßenverkehr (vgl. §§ 2a, 2b StVG) kann für sich genommen noch kein Abgehen von der Regel des II begründen (Koblenz BA **84**, 93), da sonst die gesetzliche Regelvermutung durchkreuzt würde (Seib DRiZ **81**, 166). Zwar ist ein solcher Umstand bei der Entscheidung mitzuberücksichtigen (Hamburg VRS **60**, 193; Köln VRS **59**, 25; **60**, 375; **61**, 118), und es obliegt tatrichterlicher Beurteilung (Düsseldorf DAR **82**, 26), ob der *Erfolg* einer solchen Nachschulung im Rahmen einer Gesamtwürdigung von Tat und Persönlichkeit ein Abweichen von II rechtfertigt. Dies bedarf ggf eingehender fallbezogener Begründung (vgl. AG Hanau BA **80**, 79; AG St. Ingbert BA **83**, 168; Homburg BA **84**, 188 m. Anm. Zabel). So kann ein solcher Kurs uU auf die *Dauer* des Eignungsmangels und damit auf die Dauer der Sperrfrist Einfluß nehmen (AG Hanau BA **80**, 79; LG Köln ZfS **81**, 30; AG Brühl DAR **81**, 233; AG Köln DAR **80**, 222; ZfS **81**, 32; AG Bersenbrück DAR **82**, 374; LG Aschaffenburg VRS **74**, 28; Hi-He 116), den gesetzlich vermuteten Eignungsmangel nach II als solchen aber nur ganz ausnahmsweise ausräumen (LG Köln BA **82**, 377; AG Mainz BA **83**, 166; verkannt von AG Homburg DAR **81**, 231; ZfS **83**, 283; zu weitgehend auch Jagusch-Hentschel 19; Hi-He I 46; Bode BA **84**, 44). Daher muß im *Erkenntnisverfahren* schon um einer einheitlichen Rechtsanwendung willen die Bedeutung einer Kursteilnahme (im Gegensatz zum Nachverfahren nach § 69a VII, vgl. dort 15b) vergleichsweise gering bleiben (so zutr. Janiszewski 751 und GA **81**, 401; NStZ **81**, 334; 470; **82**, 107; 238; **84**, 404; Seib DRiZ **81**, 167; aM Bode BA **84**, 34), zumal der Zweck der Nachschulung (auch nach der Vorstellung ihrer Urheber, vgl. Kunkel VGT **81**, 62) nicht darin bestehen kann, die Wirkung des § 69 zu ersetzen, sondern zu

§ 69

verstärken (Gebhardt VGT **81**, 53; D. Schultz BA **82**, 332; Stephan, Leferenz-FS 163). Aus § 2b II StVG folgt, daß der Tatrichter, der bei der Eignungsprüfung im Einzelfall der Nachschulung bei seiner Entscheidung Raum geben will, nur das Zertifikat von Fahrlehrern berücksichtigen darf, die eine Nachschulungserlaubnis nach dem FahrlG besitzen. Bei alkoholauffälligen Kraftfahrern ist uU sogar die Bescheinigung von anderen Kursleitern erforderlich (§ 2b II S. 2 StVG). Auch muß der Richter selbst von einer Haltungsänderung des Kraftfahrers überzeugt sein. Namentlich bei einer vorangegangenen Entziehung wird das Gutachten einer amtlich anerkannten medizinisch-psychologischen Untersuchungsstelle beizubringen sein (vgl. § 2a V StVG). Unbeschadet selbstverantwortlicher tatrichterlicher Entscheidung haben die Revisionsgerichte (iErg. wohl zu großzügig Köln VRS **59**, 25; **60**, 375; **61**, 118; OLGSt. 129 zu § 316) zu überprüfen, ob das aus II folgende Rechtsprinzip von den Tatrichtern eingehalten wird, die, wie zahlreiche Urteilsveröffentlichungen (unten 10b) zT deutlich machen, solchen Nachschulungskursen mitunter in zu gläubigem Optimismus gegenüberstehen. Den Bestrebungen, die Maßregel des § 69 durch Nachschulungskurse zu ersetzen (vgl. Middendorff BA **82**, 129; Seib BA **80**, 39 gegen Menken, Kunkel, unten 10b), hat das StVGÄndG nicht entsprochen: Die Anordnung der Nachschulung nach § 2a StVG bei einer Fahrerlaubnis auf Probe ergänzt § 69.

10b Aus der fast unübersehbaren **Rspr.**: Zu *unkritisch* zB: AG Bergisch Gladbach DAR **80**, 23; LG Hanau DAR **80**, 25; AG Homburg DAR **80**, 253; **81**, 230; VM **81**, 63; DAR **91**, 472; AG Berlin Tiergarten DAR **80**, 285; LG Duisburg BA **80**, 389; AG Fulda DAR **80**, 349; AG Langenfeld ZfS **80**, 382; **82**, 63 mwN; LG Baden-Baden DAR **81**, 232; LG Essen ZfS **82**, 63; LG Köln ZfS **82**, 158; **86**, 221; LG Hamburg DAR **83**, 61; AG Leverkusen ZfS **82**, 159 L; LG Saarbrücken u. a. ZfS **84**, 158, 159; LG Hannover VRS **72**, 360 (m. zutr. Anm. *Molketin* BA **87**, 354); auch LG Kleve DAR **78**, 321; AG Köln DAR **89**, 234; AG Delmenhorst ZfS **89**, 141. Aus dem **Schrifttum** vgl. *Kunkel/Menken* BA **78**, 431; *Kunkel* DAR **81**, 348; VGT **81**, 54; BA **84**, 385; *Menken* DAR **78**, 245; BA **79**, 233; **80**, 81; *Rebmann* DAR **78**, 301; *de With* DRiZ **79**, 217; *Schreiber/Bode* BA **79**, 19, 37; **83**, 47; **84**, 31; *Hentschel* NJW **79**, 966; **80**, 977; **81**, 1082; **82**, 1081; DAR **79**, 320; *D. Schultz* BA **80**, 10; *Gebhardt* BA **81**, 107; VGT **81**, 38; *Zabel* BA **81**, 113, 273; **85**, 115 u. **91**, 65; *Nagel* SchlHA **82**, 65; *Utzelmann* BA **83**, 449; **84**, 396; *Grohmann* DAR **84**, 141 (Strafbefehlsverfahren); **86**, 121 (auch zu den Vorschlägen des VGT 1986); Erfahrungsbericht JustMinBW, Modellversuch zur Nachschulung, 1983; *Höcher* DAR **85**, 36 („Modell IVF-Hö"); *Krehl* DAR **86**, 37; *Bode* BA **87**, 73; *Kürschner* ZRP **86**, 306; *Gontard*, Rebmann-FS 226; *kritisch: A. Müller* BA **79**, 357; *Seib* BA **80**, 39; DRiZ **81**, 161; VGT **81**, 63; *Schneble* BA **80**, 290; *Legat* BA **81**, 17; BA **85**, 130; *Preisendanz* BA **81**, 87; *Middendorff* BA **82**, 129; *zusammenfassend: Dittmer, Kürschner, Jensch/ Spohrer, Himmelreich* BA **81**, 281; 387; **82**, 1; 83, 91; DAR **89**, 5; *Grohmann* MDR **84**, 723; *W. Winkler* NZV **88**, 41; *Spoerer/Kratz* BA **91**, 333; *Gontard/Janker* DAR **92**, 8; *Höcher* BA **92**, 265; sLSK 3; *kriminologisch: Ostermann* BA **87**, 11; hierzu krit. *Stephan* BA **87**, 297; *Rosner* [oben 1b]; Kontroverse *Hundhausen/Stephan, Kunkel; Utzelmann* BA **89**, 329, 347, **90**, 106; hiergegen *Jensch* BA **90**, 285; ferner *Praxenthaler* BA **90**, 131.

11
12 II nennt als Regelfälle **aa)** die rechtswidrigen Taten nach § 315c **(Gefährdung des Straßenverkehrs)** schlechthin, **bb) Trunkenheit im Verkehr** (§ 316; 1990 101663 nach allgemeinem Strafrecht Verurteilte), also das Führen eines beliebigen, auch nicht führerscheinpflichtigen *Kraft*fahrzeugs

Maßregeln der Besserung und Sicherung **§ 69**

(4, 6 zu § 315a, 3 zu § 315c, 4 zu § 316; Oldenburg NJW **69**, 199: für Fahrrad mit Hilfsmotor; aM für jugendlichen Mofa-Fahrer u. für Leichtmofa LG Oldenburg BA **85**, 186, **88**, 200 [zutr. hiergegen Molketin BA **88**, 310]; **90**, 136 [m. zust. Anm. Grohmann]) aber nicht eines Fahrrades (LG Mainz NJW **86**, 1769) im Zustand der durch Alkohol oder andere berauschende Mittel eingetretenen Fahruntüchtigkeit (4 zu § 316), ohne daß es zu einer konkreten Gefährdung von Menschen oder Sachwerten iS des § 315c I kommt (vgl. dazu Granicky SchlHA **68**, 153). In der Praxis wurde in diesen Fällen der Täter auch bei Ersttaten von jeher idR als ungeeignet angesehen. **Besondere Umstände,** die den Fall als **Ausnahme** erscheinen **12a** lassen, können in der Persönlichkeit des Täters in Verbindung mit außergewöhnlichen Umständen des Falles (nicht hingegen etwa in der fehlenden Widerstandskraft gegen Alkohol, Schleswig VM **61**, 59), Bay DAR **84**, 239, uU in der Wirkungsart des Alkohols (überfallartige Wirkung KG VRS **26**, 198; Mitwirkung von Medikamenten, vgl. Oldenburg DAR **56**, 253; Celle NJW **63**, 2385), in der Motivation (Arzt wird, ohne daß schon Notstand vorliegt, überraschend zu Patienten gerufen; Angestellter wird von Arbeitgeber unvorhergesehen zum Fahren genötigt, Hamm DAR **57**, 77) oder in der Fahrweise des Täters liegen (vorsichtiges Verhalten bei Straßenverhältnissen, die ernstliche Gefährdung anderer ausschließt, Darmstadt DAR **53**, 97; KG DAR **54**, 187; **56**, 104; aM Stuttgart NJW **55**, 431; bloßes Vorfahren um wenige Meter, um Einfahrt frei zu machen, Hamburg VRS **8**, 290; Hamm VRS **52**, 25; Düsseldorf VRS **79**, 104; AG Wiesbaden ZfS **84**, 319, oder um das Fahrzeug ordnungsgemäß zu parken, Stuttgart NJW **87**, 142 [m. Anm. Middendorff BA **87**, 432]; Düsseldorf NZV **88**, 29; NStZ/J **87**, 112; **90**, 581; Köln VRS **81**, 21; AG Bonn DAR **80**, 52); vgl. NJW/H **89**, 1846. Zum Fall eines *pathologischen Rausches* LG Kreuznach NStZ **92**, 338 L; 9c zu § 20. Nicht unter II Nr. 2 fällt der trunkene Fahrer, der den Wagen durch einen anderen steuern läßt, der keine Fahrerlaubnis besitzt (§ 21 II StVG); hier kommt aber Entziehung nach I in Betracht (vgl. Oldenburg VRS **27**, 264).

cc) Unerlaubtes Entfernen vom Unfallort (§ 142), jedoch nur dann, **13** wenn bei dem Unfall, dh als dessen Folge und noch vor dem Entfernen ein Mensch zu Tode gekommen oder mehr als unerheblich verletzt worden oder an fremden, dh dem Täter nicht gehörenden Sachen, bedeutender Schaden entstanden ist. Nach dem Sinn der Vorschrift, die den Täter idR als ungeeignet ansieht, der einen Toten oder Schwerverletzten auf der Straße liegenläßt oder die Überprüfung eines bedeutenden Schadens zB durch Beseitigung von Spuren (LG Köln ZfS **84**, 315 m. Anm. Berr) vereitelt, scheiden Menschen, die sich im Wagen des Flüchtenden befinden, aus, ebenso Sachen, die er mit sich führt, insbesondere das in fremdem Eigentum stehende Fahrzeug, mit dem er flüchtet. Unerheblich ist eine Verletzung, die keiner ärztlichen Hilfe bedarf. Bedeutend war ursprünglich nach der Rspr. ein Schaden, der bei 1200 DM und höher liegt (Bay VRS **59**, 190). Diese Wertgrenze wird aber nicht mehr für ausreichend gehalten (Bay DAR **81**, 244) und eine höhere Schadensgrenze angenommen (*1300 DM*: Celle VRS **64**, 366; *1400 DM*: LG Karlsruhe ZfS **83**, 158). Selbst ein Schadensbetrag von *1500 DM* (so Bremen StV **84**, 335 L; AG Homburg ZfS **83**, 158; LG Hildesheim DAR **88**, 65; LG Hamburg MDR **89**, 477; LG Köln ZfS **90**, 105; LG Frankfurt/M StV **91**, 27 L; Jagusch/

§ 69 AT Dritter Abschnitt. Sechster Titel

Hentschel 17; Hi-He 54; Hentschel NJW **85**, 1319; Bär/Hauser 88 [4], offen gelassen Düsseldorf MDR **86**, 870 m. Anm. Berr DAR **86**, 331; Düsseldorf NZV **90**, 197 läßt auch eine Schadenshöhe von 1500 DM nicht genügen), wird insbesondere im Hinblick auf die Entwicklung der Reparatur- und Abschleppkosten nicht mehr für genügend angesehen. So setzen Köln (DAR **92**, 152) die Grenze *oberhalb 1500 DM* an, LG Hamburg (MDR **92**, 400) bei *1650 DM*, Düsseldorf (NZV **91**, 237) bei *1800 DM*, LG Oldenburg MDR **84**, 163, LG Osnabrück ZfS **85**, 380, LG Bonn VRS **80**, 340 u. LG Flensburg DAR **91**, 470 bei etwa *2000 DM* an (NStZ/J **89**, 564; NJW/H **90**, 1463; **92**, 1084; LG Nürnberg-Fürth MDR **90**, 173; LG Baden-Baden NZV **90**, 405; LG Köln VRS **82**, 336) und AG Köln ZfS **81**, 321 nicht einmal diese uneingeschränkt (vgl. auch NStZ/J **92**, 270); vgl. 16 zu § 315; aber auch Ber. zu BT-Drs. IV/2161, 3. Der Schaden an mehreren Sachen ist zusammenzuzählen. Auch der am unbefugt benutzten Fluchtfahrzeug entstandene Schaden ist zu berücksichtigen, Hamburg NStZ **87**, 228. Der Schadensbegriff iS von II Nr. 3, der wirtschaftlich zu verstehen ist und zu dem auch Reparatur-, Abschlepp- und Bergungskosten zählen (Stuttgart VRS **62**, 123; Celle VRS **64**, 367; Bay DAR **82**, 248), deckt sich insoweit nicht stets mit dem des „bedeutenden Werts" iS von § 315 (Schleswig VRS **54**, 35; SK 18), ist aber als Wertbegriff an den § 315c anzulehnen (Karlsruhe DAR **78**, 50; LK 44; SchSch 37; Jagusch-Hentschel 17; Hi-He I 54; krit. hierzu Mollenkott DAR **80**, 328). Im Falle eines geleasten Fahrzeugs sind daher Feststellungen darüber erforderlich, wer nach dem Leasingvertrag das Risiko der Beschädigung des Fahrzeugs trägt (Hamm NJW **90**, 1925). Der Täter muß diese Unfallfolgen kennen oder vorwerfbar nicht kennen (vgl. LG Oldenburg ZfS **81**, 191). Es reicht aus, daß er mit ihrer Möglichkeit rechnet. Da II Nr. 3 keinen Tatbestand beschreibt und auch Vorsatzregeln nur entsprechend anwendbar sind, ist der Richter zur Entziehung auch dann verpflichtet, wenn nicht sämtliche Merkmale der Nr. 3 gegeben sind, eine Gesamtwürdigung aber die Ungeeignetheit ergibt (Düsseldorf NZV **91**, 238; vgl. OVG Münster VM **57**, 34). Ausnahmefälle werden vor allem in Betracht kommen, wenn der Täter ein achtenswertes Motiv für die Weiterfahrt hat (vgl. Scherer DAR **83**, 218).

14 dd) **Vollrausch** (§ 323a), wenn die Rauschtat eine Tat nach den §§ 142, 315c oder 316 ist. Für deren inneren Tatbestand gilt 13 zu § 323a. In den Fällen von II Nr. 3 (oben 13) ist natürliches Wissen von den Unfallfolgen oder Wissenkönnen iS der objektiven Fahrlässigkeit nach § 323a (dort 15) festzustellen. In den Fällen von II Nr. 4 werden Ausnahmen, bei denen Ungeeignetheit zu verneinen ist, bei der Gefährlichkeit derartiger Täter kaum in Betracht kommen (aM AG Regensburg ZfS **85**, 123 bei einer Fahrtstrecke von nur „wenigen Metern"). Dabei ist zu beachten, daß der Vollrausch bei Nr. 4 (§ 323a) anders als bei Nr. 2 (5 zu § 316) verschuldet sein muß.

15 c) **Die Ungeeignetheit** des Täters muß sich zwar aus der Tat ergeben, muß aber nach allgemeinen Maßregelgrundsätzen *zur Zeit der Aburteilung* (NStE Nr. 5) bestehen, so daß auch Vorgänge aus der Zwischenzeit (BGH **7**, 165; Düsseldorf NJW **69**, 438), vor allem auch die Wirkung einer vorläufigen Entziehung der Fahrerlaubnis (Bay NJW **71**, 206; Saarbrücken MDR **72**, 533; LK 31; unten 17), zu berücksichtigen sind; Koblenz OLGSt. 1 nF. Jedoch kann aus legitimem Verteidigungsverhalten nicht auf mangelnde

Maßregeln der Besserung und Sicherung §69

Eignung geschlossen werden (Celle DAR **84**, 93). Ist der Täter ungeeignet, so steht damit zugleich fest, daß er die Allgemeinheit künftig gefährden würde (BGH **7**, 165; Stuttgart NJW **55**, 918), so daß eine besondere **Gefährlichkeitsprognose entfällt;** es kommt daher nicht darauf an, wie der Täter nach Verbüßung einer gleichzeitig verhängten Freiheitsstrafe zu beurteilen wäre (MDR **54**, 15). Wie I S. 2 klarstellt, bedarf es dann auch einer weiteren Prüfung des **Verhältnismäßigkeitsgrundsatzes** nicht (1 zu § 62). Das Gesetz geht davon aus, daß bei Ungeeignetheit die Maßregel stets verhältnismäßig ist (Ber. 24; Zweibrücken VM **76**, 77).

3) Nach I S. 2 ist die Entziehung **zwingend** (vgl. § 267 VI StPO, unten 16 21), wenn die Voraussetzungen gegeben sind; ein Ermessen ist dem Gericht nicht eingeräumt (BGH **5**, 176; **6**, 185; **7**, 165; VRS **6**, 26; 356; **30**, 274; Stuttgart NJW **54**, 1657; Köln NJW **56**, 113; Bay **70**, 181; krit. hierzu Baumann For. 8 [1987], 19). Das gilt auch bei gleichzeitigem Fahrverbot (dazu 2f. zu § 44). Die Fahrerlaubnis *erlischt* mit Rechtskraft der Entscheidung in vollem Umfange (BGH **6**, 183; Celle NJW **61**, 133; Oldenburg MDR **65**, 406), auch hinsichtlich der Erlaubnis zur Fahrgastbeförderung (VRS **40**, 263; vgl. dazu § 4 II S. 2 StVG; § 15k S. 2 StVZO) und Sonderfahrerlaubnissen (Bay NZWehrr **90**, 173); eine **Beschränkung** auf Fahrzeugarten gibt es *nicht bei § 69 I* (NStZ **83**, 168), sondern nur bei Bestimmung der Sperre (§ 69a II; NJW **83**, 1745; Karlsruhe VRS **63**, 200) und in den Fällen der § 111a StPO, § 15b StVZO, eine Beschränkung auf bestimmte Zeiten oder Gebiete nur nach § 15b Ia StVZO (Hamm NJW **71**, 1193); eine Beschränkung auf die Entziehung der Fahrerlaubnis zur Fahrgastbeförderung darf nur die Verwaltungsbehörde aussprechen (§ 15k StVZO, MDR/H **82**, 623; NStZ **83**, 168). Ein von einer deutschen Behörde erteilter Führerschein ist einzuziehen, notfalls noch in der Rechtsmittelinstanz (BGH **5**, 178, wegen der Urteilsformel vgl. 2 zu § 69a); dabei gilt § 74 IV (vgl. Holly MDR **72**, 747); erfaßt werden alle Führerscheine des Verurteilten (vgl. Hamm VRS **12**, 429); für ausländische Fahrausweise gilt § 69b. Zur Bestimmung der Sperre vgl. § 69a. Die Anordnung der Maßregel wird nicht dadurch gehindert, daß noch ein anderes Entziehungsverfahren anhängig ist oder der Täter keine Fahrerlaubnis besitzt (§ 69a I S. 3), gleichgültig, ob er noch keine besessen hat oder ob sie ihm bereits im Verwaltungswege (MDR **54**, 16; Bay NJW **63**, 359) oder durch den Strafrichter entzogen worden ist (BGH **6**, 398, Bremen NJW **77**, 398 L, zur Frage einer Anschlußsperrfrist in diesen Fällen vgl. 10f. zu § 69a). Ob er eine Fahrerlaubnis hat, ist stets festzustellen (Karlsruhe VRS **59**, 111). Hat der Täter seinen Führerschein nur verloren, so ist auf Entziehung der Fahrerlaubnis und Einziehung zu erkennen (Köln VM **64**, 12). Fährt der Verurteilte nach der Entziehung, so macht er sich nach § 21 StVG strafbar; das Fahrzeug kann eingezogen werden, § 21 III StVG. Im Hinblick auf den Vorrang des Strafverfahrens wird ein zZ der Aburteilung vorhandener Eignungsmangel nicht dadurch hinfällig, daß die Verwaltungsbehörde in Unkenntnis der Tat zwischenzeitlich eine Fahrerlaubnis erteilt hat (NStE Nr. 5; NStZ/J **87**, 546).

4) Verfahrensrecht. A. Die Maßregel kann durch die **vorläufige Entzie-** 17 **hung der Fahrerlaubnis** nach § 111a StPO, aber auch durch Verwahrung, Sicherstellung oder Beschlagnahme des Führerscheins nach § 94 StPO (klarge-

§ 69   AT Dritter Abschnitt. Sechster Titel

stellt durch § 69a VI, § 111a III bis V StPO) vorbereitet werden. Der Beschuldigte kann nicht darauf vertrauen, daß eine solche vorläufige Maßnahme deswegen nicht angeordnet wird, weil sie längere Zeit nach der Tat unterblieb (Koblenz VRS **68**, 119; Hentschel NJW **83**, 1650; aM LG Trier MDR **82**, 866). Von der vorläufigen Entziehung können bestimmte Fahrzeugarten ausgenommen werden (§ 111a I S. 2 StPO; vgl. 3 zu § 69a). Ist der Täter infolge einer vorläufigen Maßnahme nicht mehr ungeeignet, so entfällt die Anordnung, auch dann, wenn die Fristen des § 69a nicht erreicht sind (Bay **70**, 180). In der Rechtsmittelinstanz ist vorläufige Entziehung, wenn im Vorurteil die Fahrerlaubnis nicht entzogen worden ist, wegen § 111a II StPO nur bei neuem Sachstand möglich (Frankfurt NJW **55**, 1043; Oldenburg OLGSt. 5; Köln NJW **64**, 1287 mwN; Koblenz VRS **55**, 45; **69**; 130; **73**, 291; Karlsruhe [3. StS] VRS **59**, 432; aM Karlsruhe [4. StS] VRS **68**, 362; vgl. auch Hamburg VM **73**, 12); das gilt nicht, wenn im Berufungsurteil die Fahrerlaubnis entzogen wird (Zweibrücken NJW **81**, 775; Koblenz VRS **65**, 34; **67**, 254; Karlsruhe VRS **68**, 360; vgl. Hentschel NJW **85**, 1320). Ist sie entzogen worden, so hat die Berufungsinstanz unter Berücksichtigung der vom Vorderrichter festgesetzten Sperre zu prüfen, ob die vorläufige Entziehung bestehen bleiben soll (vgl. Hamburg VM **66**, 79); der bloße Zeitablauf rechtfertigt die Aufhebung des Beschlusses nach § 111a StPO nicht (Koblenz VRS **67**, 256; **68**, 42; BA **85**, 183). Die Maßnahme nach § 111a StPO wirkt zugleich als Anordnung oder Bestätigung der Beschlagnahme des

17a Führerscheins (§ 111a III StPO). **Läuft** die tatrichterlich verhängte **Sperrfrist** bereits während des Laufs des Revisionsverfahrens **ab**, so ist allein hierwegen die vorläufige Entziehung nicht aufzuheben und der Führerschein nicht herauszugeben (DAR **78**, 152; Celle NJW **77**, 161; München NJW **80**, 1860; hierzu Eb. Kaiser JR **80**, 99; Karlsruhe MDR **77**, 948; KG VRS **53**, 279; Schleswig SchlHA **77**, 63; Zweibrücken VRS **69**, 293; vgl. Hruby NJW **79**, 854; aM Koblenz VRS **54**, 442; Frankfurt VRS **55**, 42; Hamburg VRS **55**, 277; Hentschel MDR **78**, 185; NJW **79**, 967; DAR **80**, 172; **88**, 335; Hi-He I 241 mwN, siehe 13 zu § 69a); wohl aber, wenn im Urteil die Fahrerlaubnis nicht entzogen wird (§ 111a II, V StPO; Sonderregelung für den Fall der Verhängung eines Fahrverbots in § 111a V S. 2 StPO); neue Anordnung in der Rechtsmittelinstanz dann nur auf Grund neuer Tatsachen (Karlsruhe NJW **60**, 2113). Beschwerdemöglichkeit nach § 205 S. 2 StPO. Sonderregelung für den Fall der Verhängung eines Fahrverbots in § 111a V S. 2 StPO.

18   **B. Die Anfechtung des Urteils,** die auf die Entziehung der Fahrerlaubnis beschränkt wird, ergreift den Schuldspruch nicht (11. 4. 1957, 4 StR 482/ 56; Bay NJW **55**, 353; KG VRS **26**, 198), soweit die tatrichterlichen Feststellungen den Schuldspruch tragen (Düsseldorf VRS **70**, 138). Hingegen ergreift sie, da die Strafzumessung von der Anordnung beeinflußt sein kann (oben 1), zugleich den Strafausspruch (Saarbrücken NJW **68**, 460; Koblenz VRS **60**, 44; Köln VRS **76**, 354; eingeschränkter Celle VRS **22**, 59; KG GA **71**, 157; **aM** BGH VRS **18**, 350; MDR/D **54**, 16; DAR **78**, 152; 5. 7. 1978, 2 StR 177/78; Schleswig SchlHA **54**, 261; Hamburg DAR **56**, 167; VRS **60**, 209; offen gelassen in BGH **10**, 382, dessen Begründung aber zu dem hier vertretenen Standpunkt führen müßte), wie umgekehrt die Anfechtung des Schuldspruchs (Schleswig VRS **29**, 266) oder Strafausspruches auch die Anordnung der Maßregel mit ergreift (BGH **10**, 379; Hamm NJW **55**, 194; Frankfurt NJW **55**, 1331; Braunschweig NJW **55**, 1333; Stuttgart MDR **64**, 615; Bay NJW **66**, 678; **68**, 31; KG MDR **66**, 345; Hamburg VM **73**, 12; Koblenz VRS **57**, 107). Mit der Aufhebung des Strafausspruchs entfällt auch die Maßregel (3. 12. 1969, 3 StR 224/69; aM wohl Hamburg MDR **83**, 863). Das gilt auch bei Wegfall einer Gesamtstrafe, selbst wenn die Anordnung als solche unbedenklich ist (VRS **36**, 265; Martin DAR **67**, 96).

Maßregeln der Besserung und Sicherung § 69

Hat der Vorderrichter von der Maßregel abgesehen, so kann sie der Berufungsrichter auch anordnen, wenn das Rechtsmittel auf den Strafausspruch beschränkt ist (Stuttgart MDR **64**, 615 gegen Celle MDR **61**, 1036). Mit der Anfechtung der Maßregel wird auch der Ausspruch über die Strafaussetzung zur Bewährung mit erfaßt (Braunschweig NJW **58**, 679; Köln NJW **59**, 1237; Hamm BA **81**, 274; differenzierend Schleswig VRS **54**, 34; SchlHA **78**, 182; widersprüchlich LK 60). Umgekehrt ergreift ein zur Aussetzungsfrage eingelegtes Rechtsmittel auch die Anordnung nach § 69 (KG VRS **31**, 259; Hamm DAR **57**, 186; VRS **32**, 17; Schleswig MDR **77**, 1039; aM Hamm DAR **55**, 254; Stuttgart NJW **56**, 1119; vgl. auch Rödding NJW **56**, 1342; Müller NJW **60**, 804; vgl. auch 28 zu § 40). Nach BGH DAR **78**, 152; DRiZ **78**, 278 ist eine Beschränkung der Revision der StA auf die unterbliebene Anordnung nach § 69 möglich (zw). Anfechtung der Dauer der Sperrfrist ergreift auch die Anordnung nach § 69 selbst (DRiZ **80**, 114; Düsseldorf VM **57**, Nr. 96; Celle NdsRpfl. **65**, 45; aM BGH VRS **21**, 262; DAR **78**, 152; Oldenburg OLGSt. 5; Bremen DAR **65**, 216; KG VRS **33**, 276; Koblenz OLGSt. 1 zu § 69a; Hamburg NJW **81**, 592 L; Zweibrücken NJW **83**, 1007). Eine Beschränkung der Revision auf die Ausnahme nach § 69a II ist unwirksam (Düsseldorf MDR **84**, 165; vgl. auch GA **91**, 323). Die Maßregel unterliegt dem Verschlechterungsverbot der §§ 331 I, 358 II StPO (BGH **5**, 178; Köln NJW **65**, 2309; LK 62). Erhöhung der Sperre von 6 Monaten auf zB 2 Jahre ist auch dann Verschlechterung, wenn die zunächst unbedingt verhängte Freiheitsstrafe von 10 Monaten zur Bewährung ausgesetzt wird (Oldenburg MDR **76**, 162, zw.). Auch darf das Berufungsgericht, wenn der Erstrichter nur eine isolierte Sperre festgesetzt hat, kein Fahrverbot aussprechen (Frankfurt VRS **64**, 12), es darf dem Berufungsführer auch die Fahrerlaubnis nicht entziehen, wenn er diese zwischen den Instanzen erworben hat (Koblenz VRS **60**, 431), wird ein Urteil, das die Fahrerlaubnis entzogen hatte, im Wiederaufnahmeverfahren rechtskräftig aufgehoben, so ist der Verurteilte so zu behandeln, als ob ihm die Fahrerlaubnis nie entzogen worden wäre (Bay NJW **92**, 1120). Zur Entschädigungspflicht nach dem StrEG vgl. LK 65; D. Meyer BA **80**, 276.

5) Die Verwaltungsbehörde ist nach § 4 I und § 2a III StVG ebenfalls zuständig und verpflichtet, die Fahrerlaubnis zu entziehen, wenn sich der Inhaber als ungeeignet erweist, und zwar auf breiterer Grundlage als der Strafrichter (vgl. Köln; Cramer MDR **72**, 621; 558; Hamm VRS **48**, 339, und ergänzend § 2a StVG: *Fahrerlaubnis auf Probe;* hierzu Bouska DAR **86**, 333; Commandeur DAR **87**, 319; Barthelmeß BA **90**, 339 u. NZV **91**, 12) und § 2b StVG (Nachschulung bei Zuwiderhandlungen innerhalb der Probezeit; zusf über die bisherigen Erfahrungen Himmelreich NZV **90**, 57), die § 4 I StVG unberührt lassen. Ist eine Fahrerlaubnis nach § 4 StVG oder nach § 69 wegen einer innerhalb der Probezeit (2 Jahre) begangenen Zuwiderhandlung oder deshalb (nach § 2a III StVG) entzogen worden, weil einer Anordnung zur Teilnahme an einem Nachschulungskurs nicht nachgekommen wurde, so ist für den Beginn der neuen Probezeit § 2a V StVG zu beachten. Um divergierende Entscheidungen zu vermeiden, die aus dieser Doppelzuständigkeit entstehen könnten, bestimmt 19

A. § 4 II StVG, daß die Verwaltungsbehörde, solange gegen den Inhaber der Fahrerlaubnis ein **Strafverfahren anhängig** ist (dh vom Beginn des polizeilichen oder staatsanwaltlichen Ermittlungsverfahren an, § 15 b II Satz 2 StVZO), in dem die Maßregel des § 69 in Betracht kommt (dh in allen Fällen, in denen die Voraussetzungen unter 3 gegeben sein können), den Sachverhalt, der Gegenstand dieses Verfahrens ist (dh den historischen Vorgang iS des Verfahrensrechts), in einem Entziehungsverfahren gegen den Inhaber nicht zur Begrün- 20 dung der Entziehung heranziehen darf. Entziehung aus anderen Gründen ist möglich (vgl. § 2a III StVG). Ausnahme von dem Berücksichtigungsverbot für Sonderfälle der Fahrerlaubnis in § 4 II Satz 2 StVG.

21 B. § 4 III StVG, daß **nach rechtskräftigem Abschluß** eines derartigen Strafverfahrens, das nicht zur Entziehung der Fahrerlaubnis geführt hat, die Verwaltungsbehörde in einem laufenden oder folgenden Entziehungsverfahren in gewissem Umfang an die strafgerichtliche Entscheidung gebunden ist (hierzu im einzelnen Hi-He II 180ff.; Himmelreich DAR **89**, 285). Die **Bindung** tritt nur bei Urteilen ein, die in der Sache entscheiden (also nicht bei Einstellung wegen eines Verfahrenshindernisses) und nach § 4 III Satz 2 StVG bei gerichtlichen Entscheidungen, durch welche die Eröffnung des Hauptverfahrens abgelehnt wird (§ 204 I und II StPO) sowie bei Strafbefehlen (durch die nach § 407 II Nr. 2 StPO Entziehung der Fahrerlaubnis ausgesprochen werden kann). Die Entscheidung, die in einem Verfahren ergangen sein muß, in dem eine Maßregel nach § 69 in Betracht kam, bindet die Verwaltungsbehörde **a)** an den gerichtlich festgestellten tatsächlichen Sachverhalt; **b)** an die Beurteilung der Schuldfrage iS von § 263 StPO und **c)** an die Beurteilung der Eignung des Fahrerlaubnisinhabers zum Führen von Kraftfahrzeugen; schweigt das Urteil zu dieser Frage, so tritt die Bindungswirkung nicht ein (VRS **20**, 117), nach BVerwG VM **61**, 9 selbst dann nicht, wenn in der mündlichen Urteilsbegründung ein Antrag nach § 69 abgelehnt worden ist (zw.). § 267 VI Satz 2 StPO verpflichtet daher dazu, in den Urteilsgründen anzugeben, warum § 69 abgelehnt worden ist; Entsprechendes gilt für den Strafbefehl (§ 409 III StPO). Nicht gebunden ist die Verwaltungsbehörde, wenn das Gericht, ohne zur Eignungsfrage Stellung zu nehmen (BVerwG NZV **88**, 238; ZfS **89**, 249), § 69 aus anderen Gründen abgelehnt hat (OVG Münster MDR **59**, 520); oder wenn die Verwaltungsbehörde einen umfassenden Sachverhalt, der dem Strafrichter unbekannt war oder den er nicht berücksichtigen durfte, zu würdigen hat (BVerwG NJW **62**, 1285) und den Sachverhalt der Entscheidung nur unterstützend heranzieht; die Problematik ist str. (vgl. Czermak NJW **63**, 1225; Schendel, oben 2; Beine ZRP **77**, 295; BA **78**, 261). Zur Bedeutung der Entscheidung des Strafrichters über die Sperre für die Wiedererteilung der Fahrerlaubnis nach Ablauf der Sperrfrist vgl. 16 zu § 69a. Die Bindungswirkung des § 4 III StVG gilt seit dem EGOWiG auch für Bußgeldentscheidungen, soweit sie sich auf die Feststellung des Sachverhalts und die Beurteilung der Schuldfrage beziehen.

22 6) **Fahrverbot** und Entziehung der Fahrerlaubnis kommen ausnahmsweise nebeneinander in Betracht, vgl. oben 16; sowie 2f. zu § 44.

23 7) **Sonstige Vorschriften.** Verfahrensrechtlich sind weiter bedeutsam §§ 232 I, 233 I, 407 II Nr. 2, §§ 462, 463 V, 463b II StPO; § 39 JGG; § 5 I Nr. 7 BZRG und § 13 StVZO.

Sperre für die Erteilung einer Fahrerlaubnis

69a [I] **Entzieht das Gericht die Fahrerlaubnis, so bestimmt es zugleich, daß für die Dauer von sechs Monaten bis zu fünf Jahren keine neue Fahrerlaubnis erteilt werden darf (Sperre). Die Sperre kann für immer angeordnet werden, wenn zu erwarten ist, daß die gesetzliche Höchstfrist zur Abwehr der von dem Täter drohenden Gefahr nicht ausreicht. Hat der Täter keine Fahrerlaubnis, so wird nur die Sperre angeordnet.**

Maßregeln der Besserung und Sicherung § 69a

II Das Gericht kann von der Sperre bestimmte Arten von Kraftfahrzeugen ausnehmen, wenn besondere Umstände die Annahme rechtfertigen, daß der Zweck der Maßregel dadurch nicht gefährdet wird.

III Das Mindestmaß der Sperre beträgt ein Jahr, wenn gegen den Täter in den letzten drei Jahren vor der Tat bereits einmal eine Sperre angeordnet worden ist.

IV War dem Täter die Fahrerlaubnis wegen der Tat vorläufig entzogen (§ 111a der Strafprozeßordnung), so verkürzt sich das Mindestmaß der Sperre um die Zeit, in der die vorläufige Entziehung wirksam war. Es darf jedoch drei Monate nicht unterschreiten.

V Die Sperre beginnt mit der Rechtskraft des Urteils. In die Frist wird die Zeit einer wegen der Tat angeordneten vorläufigen Entziehung eingerechnet, soweit sie nach Verkündung des Urteils verstrichen ist, in dem die der Maßregel zugrunde liegenden tatsächlichen Feststellungen letztmals geprüft werden konnten.

VI Im Sinne der Absätze 4 und 5 steht der vorläufigen Entziehung der Fahrerlaubnis die Verwahrung, Sicherstellung oder Beschlagnahme des Führerscheins (§ 94 der Strafprozeßordnung) gleich.

VII Ergibt sich Grund zu der Annahme, daß der Täter zum Führen von Kraftfahrzeugen nicht mehr ungeeignet ist, so kann das Gericht die Sperre vorzeitig aufheben. Die Aufhebung ist frühestens zulässig, wenn die Sperre sechs Monate, in den Fällen des Absatzes 3 ein Jahr gedauert hat; Absatz 5 Satz 2 und Absatz 6 gelten entsprechend.

1) **Die Vorschrift** ist als § 42n aF durch Art. 1 Nr. 3 des 2. Straßenverkehrs- 1 sichG eingefügt (1 zu § 69); zur Entstehungsgeschichte vgl. 1 zu § 44; vgl. hierzu auch BT-Drs. 8/836 = DRiZ **78**, 27. **Schrifttum:** *Geppert,* Die Bemessung der Sperrfrist, 1968 u. NJW **1971**, 2154; *Zabel* BA **92**, 62; *Grohmann* BA **86**, 119; *Martens* NJW **63**, 132; *Möhl* DAR **65**, 45; *W. H. Schmid* DAR **68**, 1; ferner 1a zu § 69.

2) **Eine Sperre** ordnet das Gericht zugleich mit seiner Entscheidung über 2 die Entziehung der Fahrerlaubnis im Urteil oder Strafbefehl an, dh es verbietet für eine bestimmte Dauer (unten 4ff.) die Erteilung einer Fahrerlaubnis. Damit wird lediglich dekretiert, daß der Täter während dieser Dauer zum Führen von Kraftfahrzeugen ungeeignet ist; BVerfGE **20**, 371; hM. Von der Anordnung der Sperrfrist darf das Gericht nicht absehen (bedenklich AG Berlin-Tiergarten DAR **71**, 21), auch nicht, wenn sie voraussichtlich noch während der Haftzeit abläuft (8. 1. 1987, 1 StR 674/86). Die **Urteilsformel** hat etwa zu lauten (BGH **15**, 393; NJW **54**, 1167; vgl. auch BGH **5**, 177; 183): „Dem Angeklagten wird die Fahrerlaubnis entzogen. Sein Führerschein wird eingezogen. Vor Ablauf von ... darf die Verwaltungsbehörde ihm keine neue Fahrerlaubnis erteilen." Hat der Täter im Zeitpunkt der Entscheidung keine Fahrerlaubnis, gleichgültig aus welchem Grunde (16 zu § 69), so ordnet das Gericht nach I Satz 3 (so schon GrSenBGH **10**, 94 für § 42m fF) eine **isolierte Sperre** an; die Urteilsformel lautet dann: „Dem Angeklagten darf die Verwaltungsbehörde vor Ablauf von ... keine Erlaubnis zum Führen von Kraftfahrzeugen erteilen." Eine derartige Formel darf nicht in die Entziehung der Fahrerlaubnis umgedeutet werden (25. 3. 1970, 4 StR 63/70). Fahrerlaubnisentziehung und Anord-

§ 69a AT Dritter Abschnitt. Sechster Titel

nung einer selbständigen Sperre sind alternative Maßregeln (Karlsruhe VRS **59**, 111). Ob noch ein weiteres Entziehungsverfahren läuft, ist für die Anordnung ohne Bedeutung; doch kann bei verbundenen Strafsachen die Sperre nur einmal angeordnet werden. Ob von isolierter Sperre dann abzusehen ist, wenn gerade die Versagung der Fahrerlaubnis beim Täter die Gefahr weiterer Verkehrsdelikte begründet (so AG Berlin-Tiergarten DAR **71**, 21; Hi-He I 143; aM Seiler DAR **74**, 262; vgl. Hentschel BA **86**, 6), ist nach dem Gesetz zw. Zum Fall, daß bereits eine andere Sperre läuft (vgl. unten 10f.). Keine isolierte Sperre kommt in Betracht, wenn der Täter die Tat als Radfahrer begangen hat (Köln VRS **63**, 118). Über die Sperre hinaus dürfen weitere Auflagen oder Bedingungen nicht gemacht werden (KG VRS **12**, 352; **13**, 453). Ausnahmsweise kann, falls das Verschlechterungsverbot (§ 331 StPO) einer Entziehung der Fahrerlaubnis entgegensteht, im Berufungsverfahren die Wiederholung der erstinstanzlich angeordneten „isolierten Sperrfrist" geboten sein (Karlsruhe VRS **59**, 111; Bay DAR **84**, 239), auch wenn die Verwaltungsbehörde dem Angeklagten zwischen den Tatsachenverhandlungen erster und zweiter Instanz (versehentlich) eine neue Fahrerlaubnis erteilt hat (Bremen VRS **51**, 278; hierzu Hentschel DAR **78**, 311; SchSch- Stree 23). Die isolierte Sperre ist Maßregel iS des § 61 und begründet daher keine Beschränkung iS des § 55 I JGG (Zweibrücken GA **83**, 423).

3 **3) Beschränkung der Sperre** auf bestimmte Arten von Kraftfahrzeugen ermöglicht **II** (hierzu Hi-He I 159 ff.; Zabel BA **83**, 477). Auch in diesen Fällen erlischt die Fahrerlaubnis in vollem Umfang (16 zu § 69); der bisherige Führerschein wird eingezogen. Nur **bestimmte Kraftfahrzeugarten**, auf die nach § 5 I Satz 2 StVZO die Fahrerlaubnis beschränkt werden kann, können von der Sperre **ausgenommen** werden (Braunschweig OLGSt. 9; Saarbrücken NJW **70**, 1052; Bay VRS **66**, 445, wo mit Recht abgelehnt wird, einzelne Fahrzeuge oder solche eines bestimmten Eigentümers als eine Art iS von II anzusehen; Frankfurt VM **77**, 30; Orlich NJW **77**, 1180; SchlHA **84**, 86; abw. Weihrauch NJW **71**, 829; Zabel BA **80**, 95). Auch Lieferwagen (Saarbrücken VRS **43**, 22), und Feuerwehr- oder Sanitätsfahrzeuge einer bestimmten Firma (Frankfurt, NJW **73**, 815; vgl. aber Oldenburg BA **81**, 373) sind *keine* Fahrzeugart iS von II; ebensowenig Dienstfahrzeuge des Blutspendedienstes (Hi-He I 164; aM, aber abzulehnen AG Coesfeld BA **81**, 181 m. Anm. Zabel und zutr. Kritik Middendorff BA **81**, 335; LG Hamburg NJW **87**, 3211 [zu § 111a StPO]; vgl. auch NStZ/J **81**, 334; **82**, 239; **84**, 404), ebensowenig ein Gespann, bestehend aus einem PkW und einem Anhänger (LG Hamburg DAR **91**, 470), wohl aber LKWs der Klasse 3 bis 7,5 t (Karlsruhe VRS **63**, 200; LG Hannover VRS **65**, 430; AG Kiel DAR **81**, 395; LG Nürnberg DAR **82**, 26; LG Essen ZfS **82**, 61 mwN; LG Memmingen DAR **82**, 373; LG Köln NStE Nr. 3; ferner AG Karlsruhe BA **83**, 167; AG Monschau DAR **90**, 310; aM LG Hamburg BA **86**, 455); Feuerlöschfahrzeuge der Klasse 3 (Bay NZV **91**, 397), Rettungswagen der Feuerwehr bis zu 7,5 t (LG Hamburg DAR **92**, 191), landwirtschaftliche Zugmaschinen und LKW der Klasse 2 (Köln VM **85**, 28; AG Viersen, LG Kempten DAR **83**, 367; AG Dortmund DAR **87**, 30; AG Wittmund DAR **87**, 392; AG Monschau ZfS **90**, 33; AG Emden NZV **91**, 365); Radlader (LG Kempten DAR **84**, 127); Spezialfahrzeuge zur Kanalrei-

Maßregeln der Besserung und Sicherung **§ 69 a**

nigung (AG Düren ZfS **84**, 160 L) und Omnibusse (Hamm VRS **62**, 124; Hi-He I 174), über 7,5 t der Klasse 2 (Celle DAR **85**, 90) und Panzerfahrzeuge der BWehr (LG Detmold DAR **90**, 34); Fahrzeuge der Klasse 4 (LG Köln DAR **90**, 112). Die gerichtliche Beschränkung der Sperre eröffnet der Verwaltungsbehörde lediglich die Möglichkeit, trotz sonst laufender Sperre für diese ausgenommenen Fahrzeugarten eine neue Fahrerlaubnis mit neuem Führerschein zu erteilen (zur Frage, inwieweit die Verwaltungsbehörde dazu verpflichtet ist, gelten die Grundsätze unten 16). Voraussetzung für die Ausnahme ist, daß besondere objektive oder subjektive Umstände, die in der Entscheidung anzuführen sind, die Annahme rechtfertigen, daß der Zweck der Maßregel, die Allgemeinheit vor ungeeigneten Kraftfahrzeugfahrern zu schützen und den Täter wieder zum Führen von Fahrzeugen geeignet zu machen, durch die Ausnahme nicht gefährdet wird (Bay JZ **83**, 33; Hamm VM **71**, 78; Frankfurt VM **77**, 30 bedenklich Cramer 54 zu § 69; AGe Saarburg, Hamburg-Blankenese, Hanau DAR **80**, 155, 377). Das wird der Fall sein, wenn die technische Ungeeignetheit des Täters (9 zu § 69) nur so weit geht, daß er Fahrzeuge mit geringer Geschwindigkeit, etwa einen Traktor, ohne Gefährdung anderer fahren kann (weitergehend, aber bedenklich AGe Aschaffenburg, Brühl, Ahlen, Kempten/Sonthofen, Soest, Bersenbrück DAR **79**, 26; **81**, 233, 234; **82**, 30; 130; AG Monschau ZfS **82**, 62; vgl. auch NJW/H **80**, 978; **82**, 1080; **83**, 1650; Grohmann BA **86**, 118). Beim **Fehlen der charakterlichen Zuverlässigkeit** wird II idR 3a **nicht** in Betracht kommen (vgl. BVerwG DÖV **62**, 265; Schleswig VM **65**, 34; Saarbrücken NJW **70**, 1052; Hamm NJW **71**, 1618; Stuttgart VM **73**, 60; Frankfurt VM **77**, 30; Karlsruhe VRS **55**, 122; Koblenz VRS **60**, 44; **68**, 281; LG Köln BA **81**, 277). Ausnahmen sind aber denkbar, sie bedürfen einer eingehenden Prüfung (Hamm VRS **62**, 124 [hierzu Mollenkott DAR **82**, 218; D. Schultz BA **82**, 326]; Hentschel DAR **84**, 249; Celle DAR **85**, 90 [m. krit. Anm. Grohmann]; VM **85**, 28; BA **88**, 196; NJW/H **89**, 1846; Köln VM **85**, 28); zB wenn ein Landwirt mit landwirtschaftlichen Fahrzeugen lange Jahre einwandfrei gefahren ist, aber nach Feierabend zu Fahrten mit seinem Motorrad unter Alkohol neigt (Begr. 19; Celle NJW **54**, 1170; vgl. Orlich NJW **77**, 1182). Sportliche Interessen des Verurteilten begründen idR keine Ausnahme (Stuttgart aaO; anders für Rallye-Tourenwagen, AG Alzenau DAR **81**, 232); wirtschaftliche sind ohne Bedeutung (Hamm VM **71**, 78; Koblenz BA **83**, 534; **89**, 294; vgl. einschränkend, aber bedenklich Zabel BA **83**, 484; ferner Grohmann DAR **85**, 73). Eine Ausnahme von der Sperre anderer Art, also etwa für bestimmte Zeiten, Ortschaften oder Gebiete, ist, wie II zeigt, unzulässig (Düsseldorf MDR **84**, 105 vgl. Hentschel NJW **84**, 1516; BA **86**, 10). Daß jemandem, der nur eine Fahrerlaubnis der Klasse 4 hat, die Fahrerlaubnis (insgesamt) entzogen wird, von der Sperre aber gleichzeitig Fahrzeuge der Klasse 4 ausgenommen werden, ist nicht ausgeschlossen (Schleswig VM **74**, 14). Auch ist es möglich, für verschiedene Kraftfahrzeugarten verschiedene Sperrfristen zu bestimmen (LG Verden VRS **48**, 265; AG Hannover ZfS **92**, 283). Ist in einer rechtskräftigen Entscheidung nach I von II kein Gebrauch gemacht worden, so kann das auch nachträglich nicht mehr geschehen (AG Alsfeld VM **80**, 96; Hentschel BA **80**, 13; aM AG Pirmasens DAR **76**, 193; SK 15; aber nur für rechtskräftige Strafbefehle AG Kempten/Sonthofen DAR **81**, 234).

§ 69a

4) Die Dauer der Sperre ist zugleich mit ihrer Anordnung zu bestimmen; die gesetzliche Höchstfrist der **zeitigen Sperre** beträgt 5 Jahre, das Mindestmaß bestimmt sich nach I, III, IV (unten 6ff.). Die Dauer sollte, obwohl das Gesetz es nicht fordert, nach Jahren bzw. vollen Monaten bestimmt werden; die Bestimmung eines kalendermäßig festgelegten Endtermins scheidet mindestens bei anfechtbaren Urteilen aus (10. 2. 1967, 4 StR 513/66; Bay NJW **66**, 2371; Saarbrücken NJW **68**, 460). Die **Sperre** kann **für immer** angeordnet werden, wenn die in **I S. 2** durch das 2. StrRG in Anlehnung an § 62 (vgl. dort 2ff.) umschriebenen Voraussetzungen vorliegen. Die Gründe sind eingehend zu erörtern (18. 10. 1988, 1 StR 410/88).

A. Die Bemessungsgesichtspunkte sind die gleichen wie bei Anordnung der Maßregel (BGH **15**, 397). Es kommt darauf an, wie lange die Ungeeignetheit voraussichtlich bestehen wird (VRS **20**, 430; **21**, 262; **31**, 106; **37**, 424;NStE Nr. 2; Düsseldorf VM **64**, 47). Generalisierende Erwägungen (Taxen) haben auszuscheiden (Celle DAR **72**, 334); ebenso generalpräventive Gesichtspunkte (StV **90**, 349 L; NStZ/D **90**, 332; Geppert NJW **71**, 2156; bedenklich NJW **68**, 1788; Hamm NJW **71**, 1618, zur Frage eines „Berufskraftfahrerrabatts" LG Hamburg BA **85**, 334). Bei **technischer Ungeeignetheit** können körperliche Mängel berücksichtigt werden, die zur Straftat nichts beigetragen haben (Hamm DAR **57**, 187; str.) oder erst zwischen Tat und Entscheidung eingetreten sind (Bay **54**, 10; aM BGH **15**, 393; Geppert MDR **72**, 280), da es auf den Zustand des Täters zur Zeit der Entscheidung ankommt. Bei **charakterlicher Ungeeignetheit** hat die Schwere der Tat nur insoweit Bedeutung, als sie Rückschlüsse auf den Grad der Ungeeignetheit zuläßt (StV **89**, 388 L; DAR/N **92**, 244; vgl. BGH **15**, 397; VRS **7**, 303; **21**, 262; StV **87**, 20 [hierzu Dencker StV **88**, 454]; **91**, 261; NStZ **91**, 183; 27. 9. 1990, 1 StR 449/90; Frankfurt VRS **44**, 184); das Schwergewicht liegt bei der Würdigung der Persönlichkeit (BGH **6**, 400; **7**, 303; VRS **8**, 460; **16**, 350; **37**, 423; 16. 8. 1983, 3 StR 290/83; 53 zu § 46), wobei hier auch Umstände herangezogen werden können, die nicht in der Tat zum Ausdruck gekommen sind, so zB Vorstrafen anderer Art (Hamm DAR **61**, 230), soweit §§ 51, 65 BZRG Verwertung zulassen (vgl. auch § 52 II BZRG). Daß die Sperre den Täter beruflich besonders trifft, kann nur insoweit eine Rolle spielen, wie erwartet werden kann, daß er sich die Maßregel zur besonderen Warnung dienen lassen wird (bedenklich VRS **36**, 16). Es bedarf, wenn nicht außergewöhnliche Tatumstände vorliegen (VRS **34**, 272), besonderer Begründung, wenn die Sperre für längere Zeit, insbesondere auf 5 Jahre (BGH **5**, 179; VRS **16**, 350; **22**, 37; **23**, 443; **29**, 15; **33**, 424; **36**, 16; Köln OLGSt. 9; Koblenz VRS **71**, 432; großzügiger 19. 5. 1992, 1 StR 204/92; vgl. auch Saarbrücken NJW **65**, 2313) oder für immer angeordnet wird (BGH **5**, 177; VRS **17**, 340; **34**, 194; Köln DAR **57**, 23; Braunschweig VRS **14**, 356; KG VRS **15**, 414; Hamburg VM **62**, 27; Zweibrücken MDR **65**, 506; Hamm VRS **54**, 30; nach Frankfurt DAR **69**, 161 selbst bei einem 80jährigen). Das Urteil muß dann darlegen, warum eine Sperre von 5 Jahren nicht ausgereicht hätte, um die vom Täter drohende Gefahr abzuwehren (Düsseldorf VM **76**, 52). Sperre für immer kommt nicht nur bei schwerster Verkehrskriminalität in Frage (so BGH **15**, 398; VRS **16**, 350; 13. 11. 1979, 1 StR 526/79; Karlsruhe VRS **17**, 117; Köln VM **71**, 77), sondern stets dann, wenn eine Sperre von 5 Jahren aus den in I S. 2

Maßregeln der Besserung und Sicherung **§ 69a**

genannten Gründen nicht ausreicht (BGH VRS **35**, 416; Hamm MDR **71**, 66; aM Hi-He 124a), insbesondere bei chronischer Verkehrskriminalität, Trunkenheitsdelinquenz oder fahrtechnischer Unfähigkeit, die keine Besserung mehr erwarten lassen (Düsseldorf VM **64**, 47; **76**, 52; Hamm GA **71**, 57; vgl. aber BGH VRS **37**, 423). Die Entziehung für immer kann nicht damit begründet werden, daß ein bestreitender Angeklagter „keine Einsicht in seine Schuld" zeigt (DRiZ **87**, 227).

B. Das Mindestmaß der Sperrfrist beträgt 6
a) **6 Monate** im Regelfall (**I S. 1**). Es erhöht sich auf 7
b) **1 Jahr**, wenn gegen den Täter in den letzten 3 Jahren, zurückgerechnet 8 von dem Tag der Tat (bei fortgesetzter Tat vom Tag des ersten Begehungsaktes) bereits einmal von einem deutschen Gericht eine vielleicht nur isolierte Sperre rechtskräftig angeordnet war **(III)**. Dabei sind allerdings die §§ 51, 65 BZRG zu beachten (Hamburg MDR **73**, 429). Seinem Sinn nach kann III nicht gelten, wenn die frühere oder die neue Entziehung körperliche oder psychische Mängel zur ausschließlichen Grundlage hatte, die andere Entziehung aber charakterliche (Geppert MDR **72**, 281; Hi-He I 102; aM Full-Möhl-Rüth 19). Entziehung durch die Verwaltungsbehörde (Hamm VRS **53**, 343) oder Sperre zwischen Tat und Entscheidung reichen nicht aus. Doch sollte das Gericht, falls während der 3 Jahre die Verwaltungsbehörde die Fahrerlaubnis wegen **charakterlicher** Ungeeignetheit entzogen hatte, entsprechend verfahren (Begr. 19f.). III gilt auch, wenn die vorausgegangene Sperre noch läuft (vgl. dazu unten 10f.).

c) zwischen **3 Monaten und unter 1 Jahr**, wenn der Entscheidung des 9 **Tatrichters** eine vorläufige Entziehung der Fahrerlaubnis nach § 111a StPO vorausgegangen war **(IV)** oder eine Verwahrung, Sicherstellung oder Beschlagnahme des Führerscheins nach § 94 StPO (VI); anders wenn eine vorläufige Maßnahme nicht getroffen war, weil der Täter keine Fahrerlaubnis hatte (Düsseldorf VRS **39**, 259; Schleswig SchlHA **78**, 183 Nr. 21; Hamburg MDR **79**, 73; Karlsruhe VRS **57**, 108; Bay MDR **91**, 1190; Hi-He I 141; D. Meyer DAR **79**, 157; Hentschel NJW **79**, 966; DAR **84**, 250; BA **86**, 8; aM Saarbrücken NJW **74**, 1391 [analoge Anwendung von IV]; irrig LG Dortmund NJW **73**, 1336; Mollenkott ZRP **80**, 200; VGT **80**, 302). Auch eine Anrechnung erlittener UHaft auf die Sperre analog IV kommt nicht in Betracht (Koblenz VRS **70**, 284). War eine Maßnahme wirksam getroffen, so verkürzt sich das Mindestmaß der Sperre um die Zeit der vorläufigen Maßnahme, jedoch nicht weiter als auf 3 Monate (Zweibrücken MDR **86**, 1046). Es handelt sich also nicht um eine eigentliche Anrechnung (1. 2. 1966, 5 StR 506/65; Bay NJW **66**, 2371; Bremen VM **65**, 57; Oldenburg OLGSt. 5; Stuttgart NJW **67**, 2071; anders insoweit Schleswig SchlHA **78**, 183 Nr. 22). Der Gedanke ist vielmehr der, daß der Richter zu prüfen hat, ob und in welchem Umfang schon die vorläufige Entziehung dem durch die Tat zutage getretenen Eignungsmangel des Täters entgegengewirkt oder ihn beseitigt hat: In den Regelfällen (§ 69 II) kann das nur unter besonderen Umständen (10 zu § 69), die besonderer Darlegung bedürfen, angenommen werden. Der gesetzlich vermutete Eignungsmangel (BT-Drs. IV/651, 17) wird in solchen Fällen nicht etwa schon durch die übliche Dauer und die normalen Auswirkungen der vorläufigen Entziehung ausgeräumt (Tröndle JR **75**, 254). Anderes mag gel-

§ 69 a

ten, wenn der Täter etwa durch die überlange Dauer der Maßnahme oder durch besondere Umstände unverhältnismäßig getroffen worden ist. Ist der Täter hierdurch so beeindruckt, daß der Richter den gesetzlich vermuteten Eignungsmangel für beseitigt hält, so entfällt § 69 (Bay NJW **71**, 206; Bremen VRS **31**, 454; Schleswig SchlHA **77**, 179, dann kein Auslagenersatz: Celle JR **75**, 251; Frankfurt VRS **54**, 202, und keine Entschädigung: § 5 I Nr. 3 StrEG; vgl. jedoch D. Meyer DAR **77**, 58); ist das nicht der Fall, so darf er die vorläufige Maßnahme zwar berücksichtigen, aber nur so weit, daß das Mindestmaß der Sperre nicht unter 3 Monate sinkt (**IV S. 2**).

9a Diese Grundsätze gelten auch für die **Berufungsinstanz** (Köln MDR **67**, 142; Hruby NJW **79**, 854). Der Berufungsrichter hat zwar die Frage des Eignungsmangels selbständig und für den Zeitpunkt der Berufungsverhandlung zu beurteilen. Das bedeutet, daß auch das Verhalten des Täters zwischen der 1. und 2. Instanz zu berücksichtigen ist (BGH **7**, 175; Werner DAR **74**, 484; Geppert ZRP **81**, 87). Gleichwohl ist auch für das Berufungsgericht die gesetzliche Vermutung des § 69 II maßgebend, dh in den Regelfällen können nur besonders darzulegende Umstände (10 zu § 69) den Eignungsmangel widerlegen. Bloßer Zeitablauf genügt hierfür nicht (Tröndle JR **75**, 254); schon gar nicht, wenn er sich im Rahmen der üblichen Dauer eines Berufungsverfahrens hält (vgl. hierzu Kürschner ZRP **86**, 307; ferner zur Kostenentscheidung § 473 V StPO idF des StVÄG 1987). Im übrigen wird die bloße Teilnahme an einer „Nachschulung" (10a zu § 69, unten 15 b) den Eignungsmangel nicht ohne weiteres widerlegen (LG Krefeld DAR **80**, 63, bejahend aber VRS **56**, 283; ferner LG Kleve NJW **79**, 558). Verlängert sich die Sperrfrist des Erstrichters durch eine erfolglose Berufung des Angeklagten (zB Erstrichter setzt die Sperre auf 5 Monate fest, 4 Monate davon sind im Zeitpunkt der Berufungsverhandlung verstrichen, der Berufungsrichter beläßt die Sperre auf dem Mindestmaß der IV S. 2 von 3 Monaten), so liegt hierin, obwohl sie im Beispielsfalle auf weitere 2 Monate erstreckt wird *keine verbotene reformatio in peius*. Vielmehr folgt dies aus der gesetzgeberischen Entscheidung (hierzu Geppert ZRP **81**, 90; D. Schultz BA **82**, 326), wonach in den Fällen des § 69 II idR die Fahrerlaubnis mit der Folge zu entziehen ist, daß die Sperre auch nach vorausgegangener vorläufiger Entziehung mindestens 3 Monate nach Rechtskraft anzudauern hat (iErg. ebenso hM; Begr. 20; VRS **21**, 335; Bay NJW **66**, 896; 2371; Hamm DAR **58**, 106; VRS **53**, 343; **69**, 221, und ausführlich JZ **78**, 656 [krit. Gollner JZ **78**, 637; **79**, 177 und treffende Gegenkritik Ganslmayer JZ **78**, 794]; ferner Neustadt NJW **60**, 1483; Stuttgart NJW **67**, 2017; Saarbrücken MDR **72**, 533; Koblenz OLGSt. 1 nF; 103 zu § 142; VRS **65**, 372; Düsseldorf VRS **75**, 356; **79**, 23; BA **90**, 379; Karlsruhe VRS **51**, 204; Frankfurt VRS **52**, 413; München JR **80**, 119; LG Marburg NJW **77**, 771; LK-Rüth 17; Lackner JZ **65**, 122f.; Hentschel DAR **80**, 171; BA **86**, 7, 10, DAR **88**, 334; NStZ/J **90**, 581; Hi-He I 192, 192 a; SchSch-Stree 13; SK-Horn 8; Tröndle JR **75**, 254; D. Meyer MDR **76**, 632; Hruby NJW **79**, 854; dahingestellt bei Hamm NJW **73**, 1891; aM Gollner GA **75**, 129; Eickhoff NJW **75**, 1007; Mollenkott NJW **77**, 425; ZRP **80**, 199; Gontard, Rebmann-FS 221; vgl. auch Janiszewski, Suhren VGT **89**, 127, 141). Eine erfolglose Berufung *der StA* sollte aber zu einer Sperrfristverlängerung nicht führen. Die Sperre ist in diesen Fällen idR um die Dauer des Berufungsverfahrens herabzusetzen. Würde hierdurch das Mindestmaß

Maßregeln der Besserung und Sicherung § 69a

des IV S. 2 unterschritten, so liegt es nahe, den Eignungsmangel schon aus Gerechtigkeitsgründen für beseitigt anzusehen, da die StA nicht die Möglichkeit haben darf, die Rechtsstellung des Angeklagten mit einem unbegründeten Rechtsmittel zu verschlechtern (vgl. SK 8). Im übrigen stellen IV bis VI gegenüber den §§ 331 I, 358 II StPO eine Spezialregelung dar (VRS **21**, 335; vgl. auch die abw. Begründung bei SchSch 13; aM Gollner GA **75**, 145). Hat ein Gericht die Sperrfrist, nicht aber die Entziehung der Fahrerlaubnis aufgehoben, so muß auf das Rechtsmittel des Angeklagten nach § 358 II StPO auch diese aufgehoben werden (Düsseldorf MDR **79**, 602).

C. Läuft noch eine frühere Sperre, so sind folgende Fallgruppen zu unterscheiden:
a) Sind die Voraussetzungen für die Bildung einer **Gesamtstrafe** gegeben (2ff. zu § 55), so ist § 55 II (dort 9) maßgebend. Diese Grundsätze gelten entsprechend, aa) wenn *2 Gesamtstrafen* (5 zu § 55) zu bilden sind. Ob die Sperrfristen unter Berücksichtigung des bisherigen Fristablaufs aufrechtzuerhalten sind oder ob im einen und/oder im anderen Fall eine neue einheitliche Sperrfrist festzusetzen ist, hängt von der Zuordnung der den Eignungsmangel offenbarenden Taten und der bisher angeordneten Sperrfrist zu den jeweiligen Gesamtstrafen ab (Frankfurt VRS **55**, 198); bb) wenn es zur nachträglichen Gesamtstrafenbildung nach *§ 460 StPO* kommt. Enthalten daher mehrere einzubeziehende Urteile Entscheidungen nach §§ 69, 69a, so hat der Gesamtstrafenrichter die Sperrfrist nach den nunmehrigen Verhältnissen festzusetzen und dabei auf alle einen Eignungsmangel offenbarende Tatsachen, aber auch auf die Wirkung bisheriger Sperrfristen auf den Täter Bedacht zu nehmen. I, IV bis VI sind zu beachten. Die Sperre beginnt mit der Rechtskraft des Gesamtstrafenbeschlusses. Soweit die Einzelurteile nicht nur isolierte Sperrfristen (I S. 3) enthalten, ist im Beschluß die Fahrerlaubnis ausdrücklich zu entziehen (Hentschel Rpfleger **77**, 284).

b) Läuft noch eine Sperrfrist aus einem früheren (nichtgesamtstrafenfähigen) Urteil, so ist eine *weitere* selbständige Sperre zu bestimmen (Hamm VRS **21**, 338), die, wenn III gegeben ist, mindestens ein Jahr betragen muß und im Hinblick auf eine etwaige Gnadenentscheidung selbst dann nicht bedeutungslos wäre, wenn sie die frühere Sperrfrist nicht überschritte (DRiZ **79**, 149). Auch sonst ist die frühere Entscheidung bei der Beurteilung des Ausmaßes weiterer Ungeeignetheit heranzuziehen (vgl. auch Karlsruhe Die Justiz **79**, 142). Wie sich aus III ergibt, darf die laufende Sperre jedoch nicht bloß bestätigt werden. Sie darf aber auch nicht in der Weise verlängert werden, daß eine neue Frist bestimmt wird, die im Anschluß an die erste zu laufen beginnt (sog. Anschlußsperrfrist); denn die Sperre, die nach I und III selbständig zu bestimmen ist, beginnt nach V Satz 1 mit der Rechtskraft der neuen Entscheidung und läuft dann neben einer etwa bestehenden (wie hier Koblenz DAR **73**, 137; Zweibrücken NJW **83**, 1007; NStZ/J **83**, 108; Hi-He I 98, 149; SK 10; aM Hamburg VRS **10**, 355; KG VRS **18**, 273; Frankfurt VRS **55**, 199; offen gelassen von Hamburg NJW **64**, 876; Bay NJW **66**, 896); eine Anschlußsperrfrist könnte außerdem dazu führen, daß das gesetzliche Höchstmaß der zeitigen Sperre von 5 Jahren überschritten würde; eine Ausdehnung der Sperre bis zu 5 Jahren kann aber auch ohne Anschlußsperrfrist erreicht werden (Hamm JMBlNW **64**, 116; Hamburg NJW **64**, 876; BGH **24**, 205; Oske MDR **67**, 449; Geppert aaO 286).

§ 69a

5) Berechnung der Sperre.

12 **A. Die Sperre beginnt** mit der Rechtskraft der Entscheidung **(V Satz 1)**; vgl. dazu oben 11. Die Frist läuft auch, während der Täter Strafe verbüßt oder sonst amtlich verwahrt wird.

13 **B. Eingerechnet,** also abgezogen von der Frist (dazu Diether Rpfleger **68**, 179) wird in vollem Umfang die Zeit zwischen der Entscheidung und ihrer Rechtskraft, soweit währenddessen die Fahrerlaubnis nach § 111a StPO vorläufig entzogen oder der Führerschein nach § 94 StPO verwahrt, sichergestellt oder beschlagnahmt war **(VI)**, falls es nicht mehr zu einer tatrichterlichen Überprüfung kommt, also vor allem, wenn nur noch ein Revisionsurteil folgt oder ein eingelegtes Rechtsmittel zurückgenommen wird **(V Satz 2)**, LG Oldenburg DAR **67**, 50; die gekürzte Sperrfrist ist im Berufungsurteil anzugeben (Köln NJW **67**, 361); kommt es zu einer neuen tatrichterlichen Verhandlung, so gilt nicht V Satz 2, sondern IV (Karlsruhe NJW **75**, 456; vgl. oben 9). Nach AG Osnabrück (Rpfleger **83**, 172) soll, wenn der Führerschein während der gesamten Verfahrensdauer verwahrt und Rechtsfragen der §§ 69, 69a nicht Berufungsgegenstand waren, schon die Zeit seit dem amtsgerichtlichen Urteil eingerechnet werden. In die Frist ist die Zeit der vorläufigen Entziehung auch dann einzurechnen, wenn der Führerschein nicht sichergestellt war (Köln VRS **52**, 271). V ist für die Entscheidung des Tatrichters ohne Bedeutung (Düsseldorf JMBlNW **67**, 91). Um eine Anrechnung wie im Fall des § 51 handelt es sich auch hier nicht (Saarbrücken MDR **72**, 533). Letztes Tatrichterurteil ist die Berufung auch dann, wenn sie auf Strafmaß und §§ 69, 69a beschränkt war (LG Aachen DAR **68**, 330). Auch beim Strafbefehlsverfahren gilt V Satz 2 mit der Maßgabe, daß der Verkündung des Urteils schon der Erlaß des Strafbefehls (so AG Düsseldorf NJW **67**, 586; LG Freiburg NJW **68**, 1791; Hi-He I 135), nicht erst dessen Zustellung (so LG Coburg DAR **65**, 245; LG Düsseldorf NJW **66**, 897) gleichsteht. Erreicht die nach V Satz 2 einzurechnende Zeit die Dauer der Sperre oder übersteigt sie sie, so ist, wenn das Rechtsmittel zurückgenommen wird, die Sperre abgelaufen; ein Revisionsurteil, das die Entziehung bestätigt, verwirft die Revision. Ein ausdrücklicher Ausspruch über die Erledigung der Sperre ist entbehrlich, da sich der Fristablauf schon aus dem Gesetz ergibt (Düsseldorf VM **77**, 29; LK 27; SchSch 17; aM Ber. 4; Köln VRS **32**, 352); die Entscheidung über die Entziehung der Fahrerlaubnis bleibt in beiden Fällen bestehen (Frankfurt NJW **73**, 1335). Es ist nicht Sache des Revisionsgerichts, sondern des Tatrichters, über die Aufhebung der vorläufigen Entziehung zu befinden (NJW **78**, 384; Celle VRS **52**, 40; vgl. Karlsruhe Die Justiz **77**, 353; Rüth JR **75**, 338 mwN). Im übrigen rechtfertigt der Umstand allein, daß während des Revisionsverfahrens die tatrichterlich verhängte Sperrfrist abgelaufen ist, die Aufhebung der vorläufigen Entziehung und die Herausgabe des Führerscheins nicht (Karlsruhe MDR **77**, 948; Die Justiz **78**, 78 L; Frankfurt VRS **58**, 420; Hamburg NJW **66**, 2373; NJW **81**, 2590 m. Anm. Rüth JR **81**, 338; Hamm JMBlNW **81**, 228; Schleswig SchlHA **80**, 171; Stuttgart VRS **63**, 364; Düsseldorf VRS **64**, 262; LG Hildesheim NJW **66**, 684; vgl. Koblenz VRS **64**, 30; MDR **86**, 871; VRS **71**, 40; ferner 17a zu § 69; LK 30; SchSch 17a; SK 11; LR-Meyer 34, KK-Laufhütte 17, jeweils zu § 111a StPO; Rüth JR **75**, 338; Eb. Kaiser NJW **73**, 493; JR **80**, 101). Die Billig-

Maßregeln der Besserung und Sicherung § 69a

keitsargumente der Gegenmeinung (Celle NdsRpfl. **67**, 182; Saarbrücken MDR **72**, 533; Zweibrücken VM **76**, 76; Koblenz MDR **78**, 337; Hohenester NJW **66**, 2372; Hentschel MDR **78**, 185; DAR **80**, 172; ZfS **81**, 188; NJW **81**, 1081; **82**, 1080; NStZ/J **81**, 471) vernachlässigen Sinn und Struktur der gesetzlichen Regelung: Der Strafrichter kann nicht, solange noch mit einer endgültigen Entziehung zu rechnen ist und damit auch der Rechtsgrund für die Anordnung einer vorläufigen fortbesteht, nach § 111a II StPO verfahren, denn auch nach Ablauf einer rechtskräftig angeordneten Sperrfrist hat allein die Verwaltungsbehörde (§ 15c II, III StVZO) zu entscheiden, ob der Verurteilte wieder eine Fahrerlaubnis erhält (unten 16). Verweist das Revisionsgericht, wenn nur die Dauer der Sperrfrist angefochten war, zurück, so wird man hinsichtlich der seit dem angefochtenen Urteil verstrichenen Frist V S. 2 zugunsten des Verurteilten analog anzuwenden haben (Beine BA **81**, 438; SK 11; aM Full-Möhl-Rüth 28). In den Fällen *isolierter Sperrfrist* ist hingegen V S. 2, VI nicht analog anwendbar (Düsseldorf VRS **39**, 259; Nürnberg DAR **87**, 28; Hi-He I 142; D. Meyer DAR **79**, 157; aM LG Nürnberg-Fürth NJW **77**, 446; LG Heilbronn NStZ **84**, 263 m. zust. Anm. Geppert; vgl. NStZ/J **84**, 112, 404; **85**, 113; **87**, 112; DAR/H **84**, 251; NJW/H **85**, 1320). Ein Rechtsmittel, das der Täter nur deshalb einlegt, um durch Zeitablauf die Aufhebung der vorläufigen Entziehung zu erreichen und einer endgültigen zu entgehen, ist nach LG Berlin VRS **49**, 276 unzulässig (nach D. Meyer MDR **76**, 629 nur unbegründet); zw.

6) Ende der Sperre. Die Sperre endet entweder

A. mit Ablauf der in der Entscheidung bestimmten **Frist** oder 14

B. durch vorzeitige Aufhebung (VII) im Wege der §§ 463 V, 462 15
StPO, die, da VII keine Ausnahme trifft, nach dem Verhältnismäßigkeitsgrundsatz auch bei der Sperre für immer in Betracht kommt (Düsseldorf VRS **63**, 273; Hi-He I 126, 124). **a) Formelle** Voraussetzung dafür ist, daß die Sperre mindestens 6 Monate, im Fall von III aber ein Jahr gedauert hat; diese Frist verkürzt sich unter den Voraussetzungen von V Satz 2, VI um die entsprechende Zeit (dazu oben 13), jedoch kann die Entscheidung nach VII S. 2 schon während der Dauer der Mindestsperrfrist für die Zeit nach deren Ablauf ergehen, wenn bereits feststeht, daß der Verurteilte nicht mehr ungeeignet ist (AG Öhringen NJW **77**, 447 zw). IV ist hingegen nicht entsprechend anzuwenden (LG Berlin DAR **65**, 303); ist daher in der Entscheidung eine unter 6 Monaten liegende Sperre bestimmt, so scheidet vorzeitige Aufhebung aus (vgl. Seib DAR **65**, 209). **b) Sachliche** Voraus- 15a
setzung ist, daß Grund zu der Annahme besteht, daß der Täter im Zeitpunkt der Beschlußfassung (Köln NJW **60**, 2255) zum Führen von Kraftfahrzeugen **nicht mehr ungeeignet** ist. Ablauf einer längeren Zeit oder Aussetzung des Strafrestes nach §§ 57, 57a (Hamm VRS **30**, 93; Koblenz VRS **45**, 348; **52**, 272; **66**, 21; **68**, 353) reichen selbst bei lebenslanger Sperre (München NJW **81**, 2424; Düsseldorf NZV **91**, 478) nicht aus, vielmehr müssen erhebliche **neue** Tatsachen (Koblenz OLGSt. 5; VRS **65**, 362; **66**, 447; **67**, 344; **68**, 353; **69**, 29; **71**, 27; BA **86**, 154; LG Kassel DAR **92**, 33; Hentschel BA **86**, 12; aM Köln NJW **60**, 2255; Düsseldorf VRS **63**, 274 für den Fall einer für immer angeordneten Sperre, hierzu Grohmann DAR **83**, 49; ferner Seehon DAR **79**, 322), insbesondere das Verhalten des Täters in der Zwischenzeit zu einer Gesamtwürdigung führen, die ihn nicht mehr als

§ 69a

ungeeignet erscheinen läßt (Hamm NJW **55**, 514 L; Karlsruhe NJW **60**, 587 L; LG Bamberg StV **84**, 518; zur Anwendung im Jugendstrafrecht Bandemer NZV **91**, 300). Hierbei kann Berücksichtigung finden, daß der Verur-
15b teilte durch eine **Nachschulung** (vgl. 10a, 10b zu § 69) eine risikobewußtere Einstellung im Straßenverkehr entwickelt hat (vgl. §§ 2a, 2b StVG; Düsseldorf VRS **66**, 347 [hierzu Janiszewski NStZ **84**, 255]; LG Hamburg MDR **81**, 70; LG München DAR **81**, 230 mwN; LG Hildesheim ZfS **85**, 316; AG Hannover BA **83**, 169; AG Düren ZfS **90**, 429; Entschließung VGT **79**, 7; vgl. auch VGT **80**, 15; SK 14; sLSK 2, 15; Jagusch/Hentschel 14; Hi-He I 187; NJW/H **81**, 1082; Seib DRiZ **81**, 168; Gebhardt VGT **81**, 51; Grohmann DRiZ **82**, 343; Stephan, Leferenz-FS 175; Geppert BA **84**, 55; Goderbauer/Wulf BA **86**, 36; zusf. Zabel BA **91**, 345; zurückhaltend aber LG Dortmund DAR **81**, 28; abl. hingegen LG Kassel DAR **81**, 28; **92**, 33; LGe Nürnberg-Fürth, Mannheim ZfS **81**, 32 L; LG Bremen BA **81**, 272 m. Anm. Zabel), jedoch nur dann, wenn der Tatrichter den ordnungsgemäßen Ablauf des Kurses überprüft hat (Hamburg VRS **70**, 192; oben 10a zu § 69) und die Annahme begründet ist, daß iS einer neuen Tatsache (oben 15a) eine Haltungsänderung des Verurteilten eingetreten ist (LG München DAR **80**, 283; AG Alsfeld BA **80**, 466). Eine Nachschulung durch einen privaten Therapeuten genügt nicht (LG Heilbronn Die Justiz **82**, 338). Freilich wird der Erfolg solcher Kurse von Instanzrichtern, wie LG München DAR **80**, 283 hervorhebt, gelegentlich unkritisch bejaht (zB AG Recklinghausen DAR **80**, 26; AG Schwäbisch Hall Die Justiz **81**, 20; LG Köln ZfS **80**, 126; **82**, 348; AG Aschaffenburg BA **83**, 170; LG Kempten ZfS **84**, 159), oder überschätzt (zB LG Krefeld VRS **56**, 283; AG Homburg DAR **81**, 230; AG Pirmasens DAR **80**, 122; AG Passau ZfS **81**, 32; AG Oldenburg, Leverkusen ZfS **82**, 348; AG Ulm Die Justiz **81**, 56; LG Köln DAR **78**, 322; AG Ratingen DAR **91**, 156; treffend Seib DRiZ **81**, 162; sarkastisch dagegen AG Freising DAR **80**, 252). Ein GesAntrag BadWürtt (BR-Drs. 540/81), dessen Einbringung der BRat jedoch abgelehnt hat (BR-Drs. 188/82), erstrebte demgegenüber eine Änderung von VII iS der Möglichkeit der Abkürzung der Sperrfrist, um gesetzliche Möglichkeiten der Berücksichtigung solcher Nachschulungen zu verbessern. Wirtschaftliche Gesichtspunkte dürfen bei VII keine Rolle spielen (Saarbrücken VRS **19**, 31; Koblenz VRS **60**, 433; ZfS **82**, 348; LG Kassel DAR **92**, 33; LK 35). Die Entscheidung darf nicht auf Wiedererteilung der Fahrerlaubnis oder Rückgabe des Führerscheins lauten, sondern auf Gestattung der Wiedererteilung der Fahrerlaubnis (Köln VM **56**, 44), wobei die Erlaubnis in entsprechender Anwendung von II bis zum Ablauf der in der Entscheidung bestimmten Frist auf bestimmte Fahrzeugarten beschränkt werden kann (Rieger DAR **67**, 45; Hi-He I 189; jedoch erst nach Ablauf der Frist des VII S. 2 (LG Koblenz DAR **77**, 193; LK 36; Mollenkott DAR **82**, 218; hM; AG Alzenau DAR **81**, 232; ebenso aber nur nach rechtskräftigem Strafbefehl AG Kempten/Sonthofen DAR **81**, 234). Für VII ist das Gericht des 1. Rechtszuges, das die Sache allerdings nicht nach § 462 II S. 2 StPO an das Wohnsitzgericht abgeben kann (BGH **30**, 387), zuständig (vgl. Koblenz VRS **67**, 120); falls ein Strafvollzug vorausgegangen ist und die Voraussetzungen des § 462a I S. 2 StPO gegeben sind, jedoch die StVK (Karlsruhe Die Justiz **77**, 357; Düsseldorf OLGSt. Nr. 1 L); solange die Strafe nicht voll verbüßt ist (Stuttgart VRS **57**, 113; vgl. weiter Bender DAR **58**, 201;

Maßregeln der Besserung und Sicherung **§ 69 a**

Hiendl, Händel NJW **59**, 1212; 1213), nicht mehr jedoch, wenn die Strafe voll verbüßt ist (Stuttgart aaO; LG Bamberg StV **84**, 518; Celle VRS **71**, 432; Düsseldorf NZV **90**, 238 [hierzu Eisenberg NZV **90**, 455]; ebensowenig falls die StVK unbeschadet früherer Verbüßung, mit der Sache noch nicht befaßt war, Hamm NJW **80**, 2721 L). Im Wiederaufnahmeverfahren ist eine Aussetzung der Sperre nach § 360 II StPO (so im Anschluß an Kleinknecht/Meyer 2 zu § 360 Hamm GA **70**, 309) nicht möglich, da infolge des Verlusts der früheren Fahrerlaubnis nur die Verwaltungsbehörde eine neue erteilen könnte, die aber bei Scheitern der Wiederaufnahme nicht durch das Gericht entzogen werden könnte.

C. Die Verwaltungsbehörde allein entscheidet nach Ablauf oder vorzeitiger Aufhebung der Sperre über die Erteilung der Fahrerlaubnis (DAR **61**, 199; Bay MDR **60**, 243; KG VM **57**, 41; OVG Münster NJW **56**, 966; BVerwG MDR **64**, 351); das bloße Ende der Sperre verpflichtet nicht zur Erteilung (BVerfGE **20**, 365; HessVGH VM **62**, 25; **63**, 17; OVG Bremen VM **63**, 28); anderseits darf die Verwaltungsbehörde im Fall von 14 eine Ablehnung nicht allein auf dieselben Tatsachen stützen, die zur Sperre geführt haben (OVG Berlin VM **63**, 18; vgl. Martens NJW **63**, 139; unscharf insoweit BVerwG NJW **64**, 608; 1686); im Fall von 15 kann die Verwaltungsbehörde nur auf Grund von Tatsachen ablehnen, die dem Gericht unbekannt waren (aM VGH Kassel NJW **65**, 125; LK 39; Hi-He II 306 mwN). Zur Problematik vgl. weiter Friedrich DVBl. **57**, 523; Czermak NJW **62**, 1265; **63**, 1225; Theuerkauf DÖV **64**, 446; Rupp NJW **68**, 147; Schmid DAR **68**, 7; Schendel [2 zu § 69]; Beine, Lange-FS 839. **16**

7) Sonstige Vorschriften. Vgl. § 5 I Nr. 7, §§ 8, 12 I Nr. 8 BZRG, § 13 I Nr. 2 StVZO; vgl. auch 23 zu § 69. **17**

Internationaler Kraftfahrzeugverkehr

69 b [I] **Darf der Täter nach den für den internationalen Kraftfahrzeugverkehr geltenden Vorschriften im Inland Kraftfahrzeuge führen, ohne daß ihm von einer deutschen Behörde ein Führerschein erteilt worden ist, so ist die Entziehung der Fahrerlaubnis nur zulässig, wenn die Tat gegen Verkehrsvorschriften verstößt. Die Entziehung hat in diesem Falle die Wirkung eines Verbots, während der Sperre im Inland Kraftfahrzeuge zu führen, soweit es dazu im innerdeutschen Verkehr einer Fahrerlaubnis bedarf.**

[II] **In ausländischen Fahrausweisen werden die Entziehung der Fahrerlaubnis und die Sperre vermerkt.**

1) Bei ausländischen Fahrberechtigungen (14 ff. zu § 44) ist die Entziehung der Fahrerlaubnis ebenfalls zulässig, aber nur, wenn die Tat gegen Verkehrsvorschriften verstößt (15 zu § 44; dazu krit. Hentschel NJW **76**, 2060). Dann ist auch eine Sperre zu bestimmen. Daß die Erlaubnis schon anderweit entzogen ist, steht nicht entgegen (Bay NJW **63**, 359). Während der Frist verliert der Täter „seine besonderen Befugnisse aus der IntKfzV; er darf deshalb Kraftfahrzeuge, die nach den Vorschriften der StVZO führerscheinpflichtig sind, im Inland nicht führen. Außerdem darf ihm von einer deutschen Behörde keine Fahrerlaubnis erteilt werden." (Begr. 21). Zur vorläufigen Entziehung und Beschlagnahme vgl. §§ 111a VI, 463b II StPO. Wird dem Täter die deutsche Fahrerlaubnis entzogen, so verliert er damit *während der Dauer der Sperrfrist* für den **1**

§ 69 b
AT Dritter Abschnitt. Sechster Titel

Bereich des Inlandes auch seine Befugnis aus §§ 4, 5 IntKfzV (vgl. Bouska DAR **83**, 130; Slapnicar NJW **85**, 2861; Ostendorf JZ **87**, 336) selbst wenn der ausländische Fahrausweis nach der Entziehung des deutschen erworben wurde (Koblenz VRS **39**, 365; VGH Mannheim NJW **73**, 1571; Hamm NJW **78**, 1757 [m. krit. Anm. Hentschel NJW **78**, 2562]; Würfel DAR **80**, 325; aM für den Fall, daß der Täter inzwischen „außerdeutscher Kraftfahrer" [14 zu § 44] wird mit dem Schwerpunkt der Lebensverhältnisse im Ausland, Düsseldorf VM **79**, 85; KG VRS **38**, 205; Hamburg VRS **64**, 50; LG Traunstein DAR **80**, 125; Jagusch/Hentschel 6; Janiszewski 627 una NStZ **83**, 110; Hi-He I 202; NJW/H **75**, 1350; **79**, 967; **81**, 1080). Für den Fall eines außerdeutschen Kraftfahrers mit beibehaltenem inländischen Wohnsitz, der nach Begründung eines ausländischen Wohnsitzes eine ausländische Fahrerlaubnis erworben hat (Düsseldorf JR **84**, 82 m. Anm. Hentschel; vgl. auch Slapnicar NJW **85**, 2863). Ein Fahrverbot nach I S. 2 wird nur durch ausdrückliche Entziehung der Fahrerlaubnis, nicht durch die Anordnung einer isolierten Sperrfrist begründet (Köln VRS **61**, 28).

2 **2) An die Stelle der Einziehung** tritt bei einem ausländischen Fahrausweis, der dem Inhaber spätestens beim Verlassen des Inlandes zurückzugeben ist, der Vermerk im Ausweis über Entziehung und Dauer der Sperre **(II)**. Der Vermerk ist Sache der Vollstreckungsbehörde (Bay NJW **79**, 1788), ebenso ob sie den mit dem Vermerk versehenen Ausweis dem Inhaber beläßt oder bis zum Verlassen des Landes einbehält (str.; aM SchSch-Stree 6; Jagusch/Hentschel 5; Hi-He I 210 u. K. Meyer-GedS 814). II gilt auch für DDR-Fahrausweise (vgl. § 14a StVZO; LK-Rüth 3).

Berufsverbot

Anordnung des Berufsverbots

70 **I** Wird jemand wegen einer rechtswidrigen Tat, die er unter Mißbrauch seines Berufs oder Gewerbes oder unter grober Verletzung der mit ihnen verbundenen Pflichten begangen hat, verurteilt oder nur deshalb nicht verurteilt, weil seine Schuldunfähigkeit erwiesen oder nicht auszuschließen ist, so kann ihm das Gericht die Ausübung des Berufs, Berufszweiges, Gewerbes oder Gewerbezweiges für die Dauer von einem Jahr bis zu fünf Jahren verbieten, wenn die Gesamtwürdigung des Täters und der Tat die Gefahr erkennen läßt, daß er bei weiterer Ausübung des Berufs, Berufszweiges, Gewerbes oder Gewerbezweiges erhebliche rechtswidrige Taten der bezeichneten Art begehen wird. Das Berufsverbot kann für immer angeordnet werden, wenn zu erwarten ist, daß die gesetzliche Höchstfrist zur Abwehr der von dem Täter drohenden Gefahr nicht ausreicht.

II War dem Täter die Ausübung des Berufs, Berufszweiges, Gewerbes oder Gewerbezweiges vorläufig verboten (§ 132a der Strafprozeßordnung), so verkürzt sich das Mindestmaß der Verbotsfrist um die Zeit, in der das vorläufige Berufsverbot wirksam war. Es darf jedoch drei Monate nicht unterschreiten.

III Solange das Verbot wirksam ist, darf der Täter den Beruf, den Berufszweig, das Gewerbe oder den Gewerbezweig auch nicht für einen anderen ausüben oder durch eine von seinen Weisungen abhängige Person für sich ausüben lassen.

Maßregeln der Besserung und Sicherung **§ 70**

IV Das Berufsverbot wird mit der Rechtskraft des Urteils wirksam. In die Verbotsfrist wird die Zeit eines wegen der Tat angeordneten vorläufigen Berufsverbots eingerechnet, soweit sie nach Verkündung des Urteils verstrichen ist, in dem die der Maßregel zugrunde liegenden tatsächlichen Feststellungen letztmals geprüft werden konnten. Die Zeit, in welcher der Täter auf behördliche Anordnung in einer Anstalt verwahrt worden ist, wird nicht eingerechnet.

1) **Die Vorschrift** ist unter weitgehender Übereinstimmung mit § 101 E 1962 (Begr. 231; Ndschr. 4, 91, 371) durch das 2. StrRG (Ber. BT-Drs. V/4095, 37; Prot. IV/830, 841; V/16, 431, 445, 467, 1792, 2333, 3204) unter technischen Änderungen durch das EGStGB (RegE 214) eingefügt. § 70 findet eine wichtige Ergänzung in § 132a StPO (hierzu BGH **28**, 84; Düsseldorf JZ **84**, 440; Möhrenschlager HWiStR „Berufsverbot"). Vgl. ferner G. Kaiser aaO [1 a vor § 63] 41 ff.

Voraussetzungen der Maßregel (§ 61 Nr. 6) sind:

2) **A. eine rechtswidrige Tat** (33 zu §§ 11; 9 ff. vor § 25), also nicht eine bloße Ordnungswidrigkeit, die der Täter begangen hat

a) unter Mißbrauch seines Berufs oder Gewerbes; der Täter muß die ihm durch Beruf oder Gewerbe (LK-Hanack 12 ff.) gegebene Möglichkeit bei seiner Berufstätigkeit bewußt und planmäßig zu Straftaten ausnutzen (MDR/D **52**, 148; 88, 550; NJW **68**, 1730; **89**, 3232; NStZ/D **90**, 225), die rein äußerliche Möglichkeit zur Begehung der Tat anläßlich der Berufsausübung (zB Arzt erschwindelt von Patienten Darlehen, NJW **83**, 2099; vgl. auch LK 18) genügt dafür noch nicht (Bay NJW **57**, 958), ebensowenig, daß die Straftaten nur im Zusammenhang mit einer beabsichtigten oder vorgetäuschten Berufs- oder Gewerbeausübung begangen wurden (20. 7. 1990, 3 StR 242/90). Mißbrauch ist nur möglich, wenn der Täter zur Tatzeit seinen Beruf auch ausübt (BGH **22**, 144), so, falls der Inhaber eines großen Gewerbebetriebes sich wiederholt bei Abschluß von Unterpachtverträgen strafbar macht (RG JW **35**, 2485), jedoch genügt es nicht, daß sich der Täter Mittel zur Ausstattung oder Fortführung seines Betriebs betrügerisch verschafft (NStZ **88**, 176). Auch die Tätigkeit des Ehegatten nach § 1356 II BGB oder eines Kindes nach § 1619 BGB kann unter § 70 fallen; Hamm DRiZ **48**, 315 (Beispiele sind Übermittlung von Info-Material an inhaftierte Terroristen (§ 129a) sowie Waffenschmuggel durch Verteidiger (BGH **28**, 84; LK 21); strafbare Schwangerschaftsabbrüche durch Arzt oder Hebamme, sexuelle Verfehlungen des Lehrers am Schüler oder des Friseurs am Lehrling (MDR **54**, 529); Verfehlungen nach §§ 51, 52 LMBG durch Gewerbetreibende; die Entwendung von Morphium des Stifts durch dessen Krankenschwester (Hamburg NJW **55**, 1568). Die Pflicht, Arbeitnehmerbeiträge an die Krankenkassen abzuführen, ist ebenfalls iS des § 70 Berufspflicht (LG München wistra **87**, 261; Martens NJW **57**, 1289; LK 29; str; aM Bay NJW **57**, 958); nicht jedoch die Pflicht, Umsatz-, Einkommens- und Gewerbesteuer zu zahlen (KG JR **80**, 247; LK 31); **b) unter grober Verletzung** der mit Beruf oder Gewerbe **verbundenen Pflichten,** dh der berufsspezifischen Pflichten, aber auch allgemeinen Pflichten, die aus der Berufs- oder Gewerbetätigkeit erwachsen (zB betrügerische Warenbestellungen eines Kaufmanns (NJW **89**, 3232 [m. Anm. Geerds JR **90**, 296]; Beitragsabführungspflichten, Möhrenschlager

§ 70

HWiStR „Berufsverbot"; aM Bay NJW **57**, 958, vgl. BGH **22**, 146; Hamburg NJW **55**, 1568; KG JR **80**, 247); sie können nicht erschöpfend umschrieben werden, (BVerfGE **45**, 351), sind aber für den Kreis der Berufsangehörigen im allgemeinen leicht zu erkennen (6. 12. 1982, StbStR 2/82), so sind zB solche Verstöße die umweltgefährdende Abfallbeseitigung (§ 326) bei einem Galvanik-Betrieb (LG Frankfurt NStZ **83**, 171), die Zurverfügungstellung der Einrichtung einer Anwaltskanzlei zur Sicherung der Kommunikation zwischen inhaftierten und in Freiheit lebenden Terroristen (BGH **28**, 84); der Parteiverrat (§ 356), aber nicht zB, wenn der Täter bei seiner Tätigkeit ein Auto verwendet, die Verletzung der Pflichten, die jeden Kraftfahrer treffen (RG **62**, 122). Auch die Pflicht, Einkommensteuer abzuführen, trifft jedermann und ist keine iS des § 70 (KG JR **80**, 247), wohl aber kann eine Verletzung solcher Pflichten bei einem Steuerberater als „innerberuflicher" (§ 89 I StBerG) Verstoß zum Berufsausschluß (§ 90 I Nr. 4 StBerG) führen (BGH **29**, 97). Im übrigen können auch Fahrlässigkeitsdelikte ein Berufsverbot begründen (zB wenn ein Friseur eine Bartflechten- oder Krätzeepidemie verursacht oder eine Hebamme das Kind erblinden läßt). Bei verantwortungsreichen Berufen (Frachtführer) können schon weniger schwerwiegen-
5 de Umstände genügen (MDR/D **53**, 19). **c)** Auf alle **Berufe** und **Gewerbe** bezieht sich § 70, auch auf solche mit Ehrengerichtsbarkeit wie Rechtsanwälte und Ärzte (vgl. Ber. BT-Drs. 7/1261 = Ber. II, 8; Prot. 7/166; NJW **75**, 1712; M. Schmid ZRP **75**, 79; aM Olischläger AnwBl **73**, 330) und mit Berufsgerichtsbarkeit wie Steuerberater, Steuerbevollmächtigte (LK 47) und möglicherweise (für künftige private Tätigkeit) auch auf Beamte (vgl. LK 33; SchSch-Stree 3; SK-Horn 6); im übrigen ist aber § 45 *lex specialis* gegenüber § 70 (wistra **87**, 60 für den Fall eines Notars; so ausnahmslos Bockelmann AT § 47 I 2). Die Problematik des **Berufsverbots gegen Journalisten** war lange Zeit str. (vgl. BVerfGE **10**, 118; BGH NJW **54**, 713; HuSt. II, 159; Löffler NJW **60**, 29; Reißmüller JZ **60**, 529; Willms DRiZ **61**, 8; NJW **64**, 225; Maunz-Dürig 96 zu Art. 18). Nach BGH **17**, 38; NJW **65**, 1388 hindern die Art. 5, 12 und 18 GG ein Berufsverbot nicht (ebenso Schnur JZ **63**, 770; Bettermann JZ **64**, 601; Sigloch MDR **64** 881; Wilke NJW **65**, 2211; aM Schwenk NJW **62**, 1323; Čopič JZ **63**, 494); Kritisch ist die Frage nicht bei allgemeinen Delikten, wohl aber bei Meinungsäußerungstaten. Das BVerfG hat dann dahin entschieden (BVerfGE **25**, 88), daß § 70 jedenfalls dann nicht Art. 18 GG widerspricht, wenn die Maßregel neben einer Strafe nach Bestimmungen zum Schutz des Staates vor verfassungswidrigen Parteien angeordnet wird (dazu Schmitt Glaeser JZ **70**, 59). Einschränkungen können sich aus Art. 10 II MRK ergeben (Walter DÖV **66**, 380). Zum Ganzen eingehend LK 64ff. Lang-Hinrichsen, Heinitz-FS 477.

6 **B. Verurteilt** werden muß der Täter wegen der Tat oder nur deshalb nicht verurteilt werden, weil seine **Schuldunfähigkeit** (§ 20) erwiesen oder nicht auszuschließen ist (dann selbständige Anordnung nach § 71 I); insoweit gilt 5 bis 7 zu § 69 sinngemäß. Abw. von § 42 l aF ist die Maßregel, weil es nicht auf die Schwere des Schuldvorwurfs, sondern auf die Gefährlichkeit des Täters ankommt (E 1962, 231), nicht an eine Strafe von bestimmter Höhe oder überhaupt eine Strafe gebunden; doch muß die auslösende rechtswidrige Tat als Symptomtat von solcher Art und solchem Gewicht sein, daß sie

Maßregeln der Besserung und Sicherung   § 70

die Gefährlichkeitsprognose nach 7 mitzutragen vermag (Begr. 38). Denn als weitere Voraussetzung muß hinzutreten, daß eine

C. **Gesamtwürdigung des Täters und der Tat,** die auch hier auf den Zeitpunkt der Entscheidung abzustellen ist (E 1962, 231; NJW **75,** 2249; 11. 6. 1980, 3 StR 118/80; vgl. 15 zu § 69; 1 vor § 63), die **Gefahr,** also die Wahrscheinlichkeit erkennen, dh schlußfolgern läßt, daß der Täter bei weiterer Ausübung seines Berufs (bzw. Berufszweiges, Gewerbes oder Gewerbezweiges) erhebliche rechtswidrige Taten begehen wird, und zwar der bezeichneten Art, also unter Mißbrauch seines Berufs oder grober Verletzung von Berufspflichten (2. 5. 1990, 3 StR 59/89; vgl. LK 35; zu den Anforderungen an die Feststellung der Wiederholungsgefahr vgl. NStE Nr. 2; Koblenz OLGSt Nr. 1). Aus der Tatsache allein, daß der Angeklagte durch berufliche Tätigkeit seine Schuldenlast abtragen will, kann eine solche Gefahr nicht gefolgert werden (4. 7. 1980, 2 StR 143/80); besteht sie indessen, so kann von § 70 nicht schon deswegen abgesehen werden, weil dem Täter Wiedergutmachung ermöglicht werden soll oder er sich nicht mehr als Angestellter eingliedern läßt (NStZ **81,** 392). An die Erheblichkeit der Taten darf bei der einschneidenden Bedeutung der Maßregel, die Art. 12 GG wesentlich einschränkt, kein zu niedriger Maßstab angelegt werden (LK 38). Auch wenn § 70 abw. von §§ 63, 66 keine Gefährlichkeit für die Allgemeinheit verlangt, wird es sich doch um Taten handeln müssen, die für die Allgemeinheit oder für diejenigen, die mit dem Berufsträger zu tun haben, nicht nur lästig, sondern gefährlich sind (vgl. 1. 2. 1982, StBStR 5/81 in einem Ausschließungsverfahren nach § 90 I Nr. 4 StBerG) und dem Täter die Qualifikation für seinen Beruf mindestens auf Zeit nehmen. Bei der Gefahrprognose muß, da es an einer § 67b entsprechenden Vorschrift fehlt, **Aussetzung** vielmehr erst nach einem Jahr möglich ist (§ 70a I S. 1), in Rechnung gestellt werden, ob andere, vielleicht weniger einschneidende Maßnahmen die Gefahr entfallen lassen (ebenso LK 45; SchSch 13), so solche von Berufsverbänden oder ehrengerichtliche Maßnahmen (für Untersagungen durch Verwaltungsbehörden gilt jedoch unten 17); ein Berufsverbot läßt sich nicht auf die Verteidigung terroristischer Straftäter beschränken (BGH **28,** 84). Berufswechsel ist unbeachtlich, da es nur darauf ankommt, ob vom Täter für den Fall weiterer Ausübung seines Berufs Gefahr ausgehen würde, und der Täter durch ein Verbot der bisherigen Berufsausübung dann nicht betroffen wäre. Zur **Gesamtwürdigung** von Täter und Tat gilt im übrigen 5 bis 8 zu § 63 sinngemäß; zur **Verhältnismäßigkeit** 1 zu § 62.

3) **Das Gericht** (nämlich das erkennende Gericht im Urteil, vgl. §§ 260 II, 267 VI StPO; im Strafbefehl darf Berufsverbot nicht angeordnet werden, § 407 II StPO) **kann,** wenn die Voraussetzungen unter 2 bis 7 gegeben sind, dem Täter die Ausübung des Berufs verbieten. **A.** Das Gericht ist also nicht zum Verbot verpflichtet, sondern hat einen **Ermessensspielraum** (LK 75; Ber. 37f.). Es wird von der Maßregel unter Würdigung der persönlichen Verhältnisse des Täters (hohes Alter, Unzumutbarkeit von Berufswechsel) absehen können, wenn weder die auslösende Tat noch die zu erwartenden Taten besonderes Gewicht haben und die Wahrscheinlichkeit künftiger Taten keine hohe ist oder seit der Tat lange Zeit verstrichen ist (NStZ **81,** 392; wistra **82,** 67; LK 78). Daß der Täter den Beruf

§ 70

bereits aufgegeben hat (MDR **54**, 529) oder daß ihm schon ein verwaltungsrechtliches Verbot auferlegt ist (RG DR **43**, 73) oder ein ehrengerichtliches droht (MDR/D **52**, 530), steht nicht entgegen, ebensowenig die UHaft einer Maßnahme nach § 132 a StPO (BGH **28**, 94).

10 **B. Im Fall des Verbots** hat das Urteil (§ 260 II StPO) den untersagten Beruf oder Berufszweig bzw. das Gewerbe oder den Gewerbezweig **genau zu bezeichnen** (wistra **86**, 257; 10. 3. 1987, 5 StR 59/87), wobei die Untersagung auf die Art des Mißbrauchs zugeschnitten (vgl. RG **71**, 69; LM Nr. 2) und auf den speziellen Zweig beschränkt werden muß, wenn dadurch die Gefahr abgewendet werden kann (also zB nicht Lebensmittelhandel, sondern Handel mit Südfrüchten; nicht Krankenschwester, sondern Kinderkrankenschwester). Zulässig ist andererseits, falls erforderlich, die Untersagung *jedes* (nicht bloß eines bestimmten) Handelsgewerbes (NJW **58**, 1404; **65**, 1389); aber nicht „jede selbständige Geschäftstätigkeit" oder Gewerbetätigkeit, weil zu unbestimmt (MDR/D **52**, 530; MDR/H **79**, 455; GA **60**, 183; **67**, 153; 16. 7. 1980, 3 StR 229/80 stRspr.; LK 55); desgl. nicht „das Kaufmannsgewerbe" (MDR/D **56**, 143; **58**, 783); „eine Tätigkeit, die die Möglichkeit gibt, über fremde Gelder zu verfügen" (MDR/D **74**, 12); Betätigung „als Manager" (MDR/D **58**, 139); oder „Ausübung des Vertreterberufs im weitesten Sinn" (aM Celle NJW **65**, 265; SchSch 16). Gegenstand des Verbots kann nur die Ausübung des Berufs sein, in dem die Straftat begangen worden ist (BGH **22**, 144; 30. 8. 1983, 5 StR 278/83).

11 **C. Folge des Verbots** ist, daß der Täter den Beruf usw., soweit das Verbot nach 10 reicht, weder für sich selbst oder für einen anderen ausüben noch für sich selbst durch einen anderen (3 zu § 145 c) ausüben lassen darf **(III)**. Die Worte „für einen andern" besagen zB, daß ein Metzger, dem die Ausübung seines Handwerks verboten worden ist, auch nicht als gesetzlicher Vertreter einer Kapitalgesellschaft, die eine Großmetzgerei betreibt, tätig werden darf, daß also auch eine Geschäftsführertätigkeit für eine Gesellschaft, deren Unternehmensgegenstand ganz oder zT mit dem Gegenstand des verbotenen übereinstimmt, ausgeschlossen ist. Zulässig ist dagegen, daß ein selbständiger Dritter das Gewerbe betreibt und dessen Erträge dem Verbotsbetroffenen zuwendet. Das Verbot erstreckt sich bereits auf die Bestellung zum Geschäftsführer, so daß das Registergericht die Eintragung einer Bestellung ablehnen kann (vgl. LK 83). Nach § 6 II S. 2 GmbHG bzw. § 76 II AktG (BT-Drs. 8/1347, 8/3908) kann der nach den §§ 283 bis 283 d Verurteilte auf die Dauer von 5 Jahren seit Rechtskraft nicht Geschäftsführer einer GmbH bzw. Mitglied des Vorstandes einer AG werden. Der Verstoß gegen das Verbot ist strafbar nach § 145 c. Zur Eintragung in das Führungszeugnis bei Verurteilung wegen Straftaten, die bei oder im Zusammenhang mit der Ausübung eines Gewerbes oder dem Betrieb einer sonstigen wirtschaftlichen Unternehmung begangen worden sind, vgl. § 32 IV BZRG. Die Eintragung ist die Grundlage der Entscheidung für die Eintragung in das Gewerbezentralregister nach § 149 II Nr. 1 GewO.

12 **4) Die Dauer des Verbots** hat das Gericht in der Urteilsformel auszusprechen. Es hat sie danach zu bestimmen, wie lange voraussichtlich die Gefährlich-
13 keit des Täters anhalten wird. **A.** Die Dauer kann das Gericht entweder zeitlich **befristen,** idR auf 1 Jahr bis zu 5 Jahren. Ausnahmsweise verkürzt sich das Mindestmaß von 1 Jahr um die Zeit, in der wegen derselben Tat ein vorläufiges Berufsverbot nach § 132 a StPO wirksam war; doch wirkt die Verkürzung nur bis auf ein Mindestmaß von 3 Monaten, das keinesfalls unterschritten werden
14 darf **(II)**; 9 zu § 69 a gilt entsprechend (LK 61). **B. Für immer** kann das Gericht das Berufsverbot in den seltenen Fällen anordnen, in denen zu erwarten ist, daß selbst eine Frist von 5 Jahren zur Abwehr der vom Täter drohenden Gefahr nicht

Maßregeln der Besserung und Sicherung § 70

ausreicht (I S. 2; vgl. dazu Ber. 38). In diesen Fällen wie auch in sonstigen eines lang dauernden Verbots bedarf die Dauer besonderer Begründung (vgl. 5 zu § 69a; LK 63). Eine nachträgliche Verkürzung der nach 13 oder 14 festgesetzten Dauer kommt ebensowenig in Betracht wie eine Verlängerung bei 13; vgl. aber § 70a. **C. Wirksam** wird das Berufsverbot mit der Rechtskraft des Urteils (**IV** 15 **S. 1**); von dem Tage an rechnet auch die vom Gericht nach 13, 14 bestimmte Dauer. In den Fällen von 13 wird jedoch **a)** einerseits die Zeit eines vorläufigen Berufsverbots im Umfang von **IV S. 2** abgezogen; 13 zu § 69a gilt sinngemäß; **b)** anderseits die Zeit nicht eingerechnet, in der der Täter auf behördliche Anordnung in einer Anstalt verwahrt wird (11a zu § 66), also auch nicht die Zeit eines Strafvollzugs in derselben Sache ab Rechtskraft. Aufschieben kann das Gericht das Wirksamwerden des Berufsverbots unter den Voraussetzungen des § 456c StPO auf höchstens 6 Monate, eine Zeit, die auf die Verbotsfrist nicht angerechnet wird (§ 456c IV StPO; später kann die Vollstreckungsbehörde unter denselben Voraussetzungen das Berufsverbot aussetzen, § 456c II bis IV StPO).

5) A. Andere Maßregeln der Besserung und Sicherung können neben dem 16 Berufsverbot angeordnet werden (§ 72 II), so zB nach §§ 69, 64 oder 66 (vgl. RG HRR **35**, 899). Doch wird bei freiheitsentziehenden Maßregeln längerer Dauer zu prüfen sein, inwieweit sie ein Berufsverbot entbehrlich machen. **B. Selbständig ist das richterliche Berufsverbot** und unabhängig von den 17 Berufsuntersagungen durch die **Verwaltungsbehörden** nach anderen Vorschriften (NJW **75**, 1712; BGH **28**, 84; NJW **91**, 1069; LK 86), so nach §§ 35, 35a GewO (BVerwG GewArch **56**, 123); hier hat jedoch das Verfahren nach § 70 den Vorrang und entfaltet nach § 35 III GewO eine Bindungswirkung (LK 88). Dazu und zum Verhältnis zu ähnlichen Vorschriften im Recht der Heilberufe BVerwG NJW **63**, 875; anderseits OVG Berlin JR **65**, 477; Eyermann JuS **64**, 269; vgl. LK 90. Das Gericht kann sein Verbot nach § 70 selbst dann noch aussprechen, wenn bereits ein Verbot der Verwaltungsbehörden vorliegt (NJW **75**, 1712; 2249). Umgekehrt hindert ein Verbot nach § 70 nicht den Ausschluß aus der Anwaltschaft im ehrengerichtlichen Verfahren (§ 114 I Nr. 5 BRAO; vgl. für Rechtsanwälte aus den EG-Staaten § 8 RDAG; 4. 3. 1985, AnwSt(R) 8/84), oder die berufsgerichtliche Maßnahme (zB nach § 89 StBerG) des Berufsausschlusses; indessen ist auch eine Maßnahme nach § 114 I Nr. 5 BRAO möglich, wenn eine Anordnung nach § 70 unterblieben ist (BGH aaO).

6) Ein Rechtsmittel, das nur das Berufsverbot angreift, umfaßt idR die 18 ganze Straffrage (LK 94; aM Hamm NJW **57**, 1773; SchSch 17; vgl. auch MDR/ D **76**, 15).

7) Zum Verbot der Tierhaltung vgl. § 20 TierschG; vgl. auch § 41a 19 BJagdG.

Aussetzung des Berufsverbots

70 a ^I Ergibt sich nach Anordnung des Berufsverbots Grund zu der Annahme, daß die Gefahr, der Täter werde erhebliche rechtswidrige Taten der in § 70 Abs. 1 bezeichneten Art begehen, nicht mehr besteht, so kann das Gericht das Verbot zur Bewährung aussetzen.

^{II} **Die Anordnung ist frühestens zulässig, wenn das Verbot ein Jahr gedauert hat. In die Frist wird im Rahmen des § 70 Abs. 4 Satz 2 die Zeit eines vorläufigen Berufsverbots eingerechnet. Die Zeit, in welcher der Täter auf behördliche Anordnung in einer Anstalt verwahrt worden ist, wird nicht eingerechnet.**

§ 70a AT Dritter Abschnitt. Sechster Titel

III Wird das Berufsverbot zur Bewährung ausgesetzt, so gelten die §§ 56a und 56c bis 56e entsprechend. Die Bewährungszeit verlängert sich jedoch um die Zeit, in der eine Freiheitsstrafe oder eine freiheitsentziehende Maßregel vollzogen wird, die gegen den Verurteilten wegen der Tat verhängt oder angeordnet worden ist.

1 1) **Die Vorschrift** ist in Anlehnung an §§ 106, 107 I E 1962 (Begr. 237f.) durch das 2. StrRG eingefügt (Ber. BT-Drs. V/4095, 38; Prot. V/272, 296, 470, 2338, 2448).

2 2) Zur **Bewährung aussetzen** kann das Gericht 1. Instanz mit Abgabemöglichkeit an das Wohnsitz-AG (§§ 463 V, 462, 462a II StPO) nach Anhörung von StA und Verurteiltem (§ 462 II StPO) das Berufsverbot, sobald *neue* Fakten (wie zB eine berufliche Nachausbildung des Täters), die Annahme rechtfertigen, daß die Gefahr, die zu dem Verbot führte (§ 70 I), nicht mehr besteht. Die ursprünglich negative Prognose (7 zu § 70) muß sich also in eine positive verwandelt haben (vgl. 4 zu § 56; LK-Hanack 1), allerdings bezogen nur auf verbotsspezifische Taten (2ff. zu § 70). § 70a bezieht sich auch auf das Berufsverbot für immer
3 nach § 70 I S. 2 (vgl. 15 zu § 69a; LK 4). **A.** In das **Ermessen** des Gerichts ist die Aussetzung, die auch bei einem Berufsverbot für immer nach § 70 I S. 2 nicht ausgeschlossen ist, abw. von §§ 56, 67b gestellt. Doch werden sich, wenn wirklich eine positive Prognose vorliegt, kaum zureichende Gründe für eine
4 Ablehnung finden (vgl. 6 zu § 59; LK 7; SchSch-Stree 5). **B. Zulässig** ist die Aussetzung **(II S. 1),** da dem Verbot häufig kein Vollzug einer Freiheitsstrafe oder nur einer kurzen vorausgeht und nach Bejahung der Voraussetzungen des § 70 I wenigstens eine gewisse Zeit der Erprobung abgewartet werden soll (E 1962, 238), erst **ein Jahr nach Beginn** der Verbotsdauer (15 zu § 70). Von da an hat das Gericht die Aussetzungsmöglichkeit zu prüfen (vgl. 9 zu § 68e). Von dem Jahr wird im Rahmen des § 70 IV S. 2 ein vorläufiges Berufsverbot abgezogen (15 zu § 70; 13 zu § 69a); anderseits die Zeit behördlicher Anstaltsverwahrung (11a zu § 66) nicht mitgezählt **(II S. 2).**

5 3) **Für die Aussetzung** gelten die §§ 56a, 56c bis 56e entsprechend. § 56a gilt für die Bewährungszeit mit der Maßgabe, daß sich diese um die Zeit verlängert, in der wegen derselben Tat, die zum Berufsverbot geführt hat, eine Freiheitsstrafe iwS (1 zu § 38) oder freiheitsentziehende Maßregel vollzogen wird **(III S. 2),** dh daß diese zwar bereits Bewährungszeit ist, die Zeit aber nicht verkürzt, in der sich der Täter in Freiheit bewähren soll (E 1962, 238); doch wird sich Aussetzung in diesen Fällen praktisch ohnehin schon nach II S. 3 verbieten. Erteilung von Auflagen scheidet aus, die von Weisungen ist nach §§ 56c, 56d möglich, also auch die Bestellung eines BHelfers. Der Verurteilte kann Zusagen nach § 56c IV machen. Nachträgliche Änderungen nach §§ 56a II S. 2, 56e. Zum Nebeneinander von Aussetzung nach § 70a und FAufsicht § 68g siehe dort; vgl. ferner § 12 I Nr. 1, 2 BZRG.

Widerruf der Aussetzung und Erledigung des Berufsverbots

70b **I Das Gericht widerruft die Aussetzung eines Berufsverbots, wenn der Verurteilte**
1. **während der Bewährungszeit unter Mißbrauch seines Berufs oder Gewerbes oder unter grober Verletzung der mit ihnen verbundenen Pflichten eine rechtswidrige Tat begeht,**
2. **gegen eine Weisung gröblich oder beharrlich verstößt oder**
3. **sich der Aufsicht und Leitung des Bewährungshelfers beharrlich entzieht**

Maßregeln der Besserung und Sicherung **§ 70 b**

und sich daraus ergibt, daß der Zweck des Berufsverbots dessen weitere Anwendung erfordert.

II Das Gericht widerruft die Aussetzung des Berufsverbots auch dann, wenn Umstände, die ihm während der Bewährungszeit bekannt werden und zur Versagung der Aussetzung geführt hätten, zeigen, daß der Zweck der Maßregel die weitere Anwendung des Berufsverbots erfordert.

III Die Zeit der Aussetzung des Berufsverbots wird in die Verbotsfrist nicht eingerechnet.

IV Leistungen, die der Verurteilte zur Erfüllung von Weisungen oder Zusagen erbracht hat, werden nicht erstattet.

V Nach Ablauf der Bewährungszeit erklärt das Gericht das Berufsverbot für erledigt.

1) **Die Vorschrift** ist unter Anlehnung an § 108 E 1962 (Begr. 239) in Parallele zu § 67 g durch das 2. StrRG (Ber. BT-Drs. V/4095, 38) mit einer Ergänzung in IV durch Art. 18 Nr. 36 EGStGB eingefügt. Die Aussetzung des Berufsverbots endet entweder

2) **durch Widerruf** (I bis IV), den das Gericht (2 zu § 70a) durch Beschluß nach § 462 StPO auszusprechen verpflichtet ist (LK-Hanack 9), wenn **A.** der Verurteilte **a)** während der Bewährungszeit, also nach Rechtskraft des Beschlusses zu § 70a und vor dem Ende der nach § 56a, § 70a III bestimmten Frist (LK 3), erneut eine verbotsspezifische **rechtswidrige Tat** iS von § 70 I (dort 3; 3 zu § 56f) begeht **(Nr. 1); b)** gegen eine **Weisung** (§ 56c), nicht eine bloße Zusage nach § 56c IV (LK 6), gröblich oder beharrlich verstößt **(Nr. 2;** 4a [aa] zu § 56f); oder **c)** sich der Aufsicht und Leitung des **Bewährungshelfers** (§ 70a III S. 1 iVm § 56d) beharrlich entzieht **(Nr. 3;** 4a [bb] zu § 56f); jedoch in allen Fällen nach a bis c nur dann, wenn der Verstoß den Schluß rechtfertigt, daß der Zweck des Berufsverbots, nämlich der Schutz vor der spezifischen Gefährlichkeit des Täters (7 zu § 70), die weitere Anwendung der Maßregel erfordert; insoweit gilt 2 zu § 67g sinngemäß; **B. dem Gericht** während der Bewährungszeit (oben 3) Tatsachen, zB Taten des Verurteilten vor der Bewährungszeit, bekannt werden, die, wenn sie das Gericht bei seiner Entscheidung nach § 70a I gekannt hätte, damals zur Versagung der Aussetzung geführt hätten, aber auch noch zZ der Widerrufsentscheidung zeigen, daß der Maßregelzweck die weitere Anwendung des Verbots erfordert **(II);** insoweit gilt 3 zu § 67g sinngemäß. **C.** Im Fall des **Widerrufs,** den das Gericht nach entsprechenden Ermittlungen auch noch nach Ablauf der Bewährungszeit erklären kann (2 zu § 56f; ebenso Lackner 2; SchSch-Stree 7; vgl. auch § 12 I Nr. 5 BZRG), beginnt mit dem Ablauf der Bewährungszeit, die selbst nicht eingerechnet wird **(III),** die nach § 70 bestimmte Verbotsfrist erneut zu laufen, so daß der Verurteilte, wenn zB von einer dreijährigen Verbotsfrist bis zum Beginn der Bewährungszeit 1 Jahr verstrichen war, nach deren Ende noch 2 Jahre unter dem Verbot steht (LK 14). **IV** trifft dieselbe Regelung wie § 67g VI unter Einbeziehung von Zusagen nach § 56c IV (vgl. 5 zu § 67g; 10 zu § 56f).

3) Wird nicht widerrufen, so erklärt das **Gericht,** wiederum durch Beschluß nach § 462 StPO, das Berufsverbot für erledigt. Anders als bei § 67g V (vgl. dort 9) wird die Maßregel nicht durch bloßen Ablauf der Bewährungszeit, sondern erst durch den ausdrücklichen Akt des Gerichts erledigt; die Bedenken bei Lackner 2 sind nicht begründet (vgl. LK 16ff.). IV gilt auch im Fall von **V.**

§ 71

AT Dritter Abschnitt. Sechster Titel

Gemeinsame Vorschriften

Selbständige Anordnung

71 ^I **Die Unterbringung in einem psychiatrischen Krankenhaus oder in einer Entziehungsanstalt kann das Gericht auch selbständig anordnen, wenn das Strafverfahren wegen Schuldunfähigkeit oder Verhandlungsunfähigkeit des Täters undurchführbar ist.**

^{II} **Dasselbe gilt für die Entziehung der Fahrerlaubnis und das Berufsverbot.**

1   1) **Die Vorschrift** ist in Einschränkung von § 103 E 1962 (Begr. 233) und § 81 II AE durch das 2. StrRG (Ber. BT-Drs. V/4095, 38; Prot. IV/988; Prot. V/16, 447, 2335) unter einer terminologischen Änderung durch Art. 18 Nr. 37 EGStGB eingefügt (zur Aufhebung des § 65 vgl. 1 vor § 63). Sie erweitert die Möglichkeit, eine Maßregel selbständig anzuordnen, über die §§ 429a ff. aF StPO hinaus, die nur die Unterbringung in der früheren Heil- oder Pflegeanstalt (nach BGH **13**, 91 daneben auch Entziehung der Fahrerlaubnis) vorsahen, auf sämtliche Maßregeln, die auch bei Schuldunfähigkeit oder möglicher Schuldunfähigkeit des Täters angeordnet werden können, nämlich die freiheitsentziehenden nach §§ 63, 64 (I) und die nicht freiheitsentziehenden nach §§ 69, 70 (II). § 71 schafft damit die materielle Grundlage für das Sicherungsverfahren nach den §§ 413 ff. StPO (LK-Hanack 2). In diesem Verfahren kann das erkennende Gericht eine oder mehrere Maßregeln (§ 72 II) selbständig, dh ohne gleichzeitige Verurteilung zu Strafe anordnen (LK 4), wenn

2   2) der Täter entweder **A.** zur Tatzeit **schuldunfähig** (§ 20) war oder seine Schuldunfähigkeit nicht auszuschließen ist (so auch zu § 429a aF StPO BGH **22**, 1; aM Sax JZ **68**, 533; Peters, Der Strafprozeß in der Fortentwicklung, 1970, 36), **B.** zwar schuldfähig oder vermindert schuldfähig war,

3   aber später **verhandlungsunfähig** (Kleinknecht/Meyer Einl. 97) geworden ist; auch in diesem Fall kann nur die Maßregel allein im Sicherungsverfahren angeordnet, nicht etwa daneben auch die verwirkte Strafe verhängt werden (E EGStGB 307 zu § 413 StPO). Stehen **andere Verfahrenshindernisse** im Wege wie das Fehlen von Strafantrag, Ermächtigung oder Strafverlangen, Straffreiheit für die Tat oder Verjährung (§ 78 I), strafbefreiender Rücktritt (§ 24; BGH **31**, 135 m. Anm. Blau JR **84**, 27), so kommt eine selbständige Anordnung nicht in Betracht (Ber. 38), es sei denn, daß ein Gesetz für den Fall der Amnestie das ausdrücklich zuläßt.

4   **C. Verfahrensrechtlich** kommt es darauf an, daß die StA ein Strafverfahren gegen den Täter nicht durchführt, weil sie von dessen Schuld- oder Verhandlungsunfähigkeit überzeugt ist (§ 413 StPO); stellt sich das im Verlauf des Sicherungsverfahrens als Irrtum heraus, so gilt § 416 StPO. Im **Urteilsspruch** unterbleibt die Kennzeichnung der begangenen Anlaßtat (MDR/H **85**, 449; NStE § 260 StPO Nr. 1; LR-Schäfer 8 zu § 414 StPO; aM Kleinknecht/Meyer 8 zu

5   § 414 StPO). **D.** Für die Anordnung der Maßregel gelten **materiellrechtlich** die §§ 62 ff., soweit sie nicht Schuldfähigkeit voraussetzen, immer ist aber eine Handlung im Rechtssinne vorausgesetzt (33 zu § 11). So ist auch § 67b im Sicherungsverfahren anwendbar. Für die angeordnete Maßregel gelten die §§ 67a, 67c II, 67d bis 67g, 68 II, 68a ff., 69 ff., 70 ff.

6   3) **Übergangsregelung** (Art. 306 EGStGB)

Maßregeln der Besserung und Sicherung § 72

Verbindung von Maßregeln

72 ¹ Sind die Voraussetzungen für mehrere Maßregeln erfüllt, ist aber der erstrebte Zweck durch einzelne von ihnen zu erreichen, so werden nur sie angeordnet. Dabei ist unter mehreren geeigneten Maßregeln denen der Vorzug zu geben, die den Täter am wenigsten beschweren.

II Im übrigen werden die Maßregeln nebeneinander angeordnet, wenn das Gesetz nichts anderes bestimmt.

III Werden mehrere freiheitsentziehende Maßregeln angeordnet, so bestimmt das Gericht die Reihenfolge der Vollstreckung. Vor dem Ende des Vollzugs einer Maßregel ordnet das Gericht jeweils den Vollzug der nächsten an, wenn deren Zweck die Unterbringung noch erfordert. § 67c Abs. 2 Satz 4 und 5 ist anzuwenden.

1) **Die Vorschrift,** die in fast wörtlicher Übereinstimmung mit § 104 E 1962 **1** (Begr. 233; Ndschr. 3, 164, 178, 276, 365, 371; **12**, 339, 363, 390) das 2. StrRG (Ber. BT-Drs. V/4095, 39; Prot. V/16, 2335, 2448) unter geringfügiger Änderung durch Art. 18 Nr. 38 EGStGB eingefügt hat, bestimmt, was zu geschehen hat, wenn die Voraussetzungen mehrerer Maßregeln, gleichgültig ob freiheitsentziehender oder nicht, hinsichtlich derselben Tat zugleich erfüllt sind (**Konkurrenz** der Maßregeln).

2) **Oberster Grundsatz** ist die Erreichung des erstrebten **Maßregel-** **2** **zwecks,** dh Abwendung der Gefahr weiterer rechtswidriger Taten durch den Verurteilten (vgl. RG **69**, 134; **73**, 47; 101; **74**, 219; LK-Hanack 7); ist dieser Zweck nur durch mehrere Maßregeln zu erreichen (I S. 1), so sind sie nebeneinander anzuordnen **(II),** wenn das Gesetz (so in § 63 II) nichts anderes bestimmt; so kommt zB auch § 66 allein in Betracht, wenn § 64 II vorliegt. Neben Sicherungsverwahrung können danach zweckmäßig sein psychiatrisches Krankenhaus (BGH **5**, 316; LK 24; vgl. aber 15 zu § 63), Entziehungsanstalt (8 zu § 64; GA **65**, 342; LK 22), neben psychiatrischem Krankenhaus Entziehungsanstalt (vgl. Bruns ZStW **60**, 474; JZ **54**, 730); vor allem aber neben freiheitsentziehenden Maßregeln die Entziehung der Fahrerlaubnis (BGH **13**, 91; GA **66**, 180; VRS **30**, 274) oder Berufsverbot (RG HRR **35**, 899); diese nicht freiheitsentziehenden Maßregeln können durch freiheitsentziehende idR nicht ersetzt werden (LK 29). Auch neben FAufsicht, die neben freiheitsentziehenden Maßregeln wohl nur bei § 64 in Betracht kommt, können Berufsverbot oder Entziehung der Fahrerlaubnis nötig sein. Bei den freiheitsentziehenden Maßregeln nach §§ 63, 64 (vgl. 1 vor § 63) ist die durch § 67a gegebene Möglichkeit des Wechsels im Vollzug zu beachten, die häufig eine Anordnung mehrerer Maßregeln überflüssig machen wird (aM LK 20). Doch ist bei § 64 die Fristgebundenheit nach § 67d I zu beachten. Bei Unmöglichkeit eindeutiger Feststellung des Sachverhalts sind diejenigen Maßregeln anzuordnen, die bei jeder der gegebenen Gefahrenmöglichkeiten den Schutz der öffentlichen Sicherheit gewährleisten (RG **73**, 102).

3) Ist der Maßregelzweck durch einzelne oder eine einzige der in Be- **3** tracht kommenden Maßregeln zu erreichen, so gilt als **2. Grundsatz** der der **Subsidiarität (I S. 1);** es ist dann nur eine (oder einzelne von mehreren) anzuordnen. Für die Auswahl unter mehreren geeigneten Maßregeln stellt

I S. 2 den 3. Grundsatz dahin auf, daß derjenigen Maßregel der Vorzug zu geben ist, die den Täter am wenigsten beschwert (so schon BGH **5**, 312). Danach wird eine nicht freiheitsentziehende Maßregel wie die FAufsicht idR den Vorrang haben und die Unterbringung nach § 64 gegenüber der nach § 63 (13. 5. 1992, 5 StR 174/92). Im übrigen gibt es eine Rangfolge der Maßregeln nicht (vgl. BGH **5**, 315). Unterbringung nach § 63 ist gegenüber der nach § 66 kein geringeres, sondern ein anderes Übel (NStZ **81**, 390). Es kommt daher ganz auf die Umstände des Einzelfalles an sowie auf die Gesamtpersönlichkeit des Täters, Art und Grad seines etwaigen krankhaften Zustandes (vgl. BGH **5**, 312; RG **69**, 131, 152; **73**, 47), die ihn nach der Zweckbestimmung der möglichen Anstalten erwartete Behandlung und seine vermutlichen Reaktionen. Immer ist zuerst zu entscheiden, welche Maßregeln überhaupt zulässig sind und dann, welche davon am ehesten zweckentsprechend sind und ggf den Täter am wenigsten beschweren (NStZ **81**, 390).

4 4) **Die Reihenfolge** der Vollstreckung mehrerer von ihm angeordneten Maßregeln bestimmt **A.** das **erkennende Gericht (III S. 1)** unter dem Gesichtspunkt optimaler Erreichung des Maßregelzwecks. Entziehung der Fahrerlaubnis und Berufsverbot scheiden dabei aus, da es bei ihnen keine Vollstreckung gibt (§§ 69 III S. 1, 70 IV S. 1). Vor einer nach § 68 I angeordneten FAufsicht wird eine freiheitsentziehende Maßregel, auch unter Berücksichtigung von § 67, stets den Vorrang haben. Innerhalb der freiheitsentziehenden Maßregeln kommt es auf den Einzelfall an (aM LK 32), ob zB Entziehungsanstalt vor Sicherungsverwahrung zu vollstrecken ist.

5 **B.** Vor dem Ende des Vollzugs einer Maßregel prüft das nach § 462a StPO zuständige **Gericht** (§ 463 III S. 1 StPO), ob die Vollstreckung der nächsten noch erforderlich ist. Dabei sind auch § 67a und § 67e zu beachten. Ist der Zweck der nächsten Maßregel schon erreicht, so erklärt es sie für erledigt **(III S. 3** iVm § 67c II S. 5); erscheint Aussetzung zur Bewährung erfolgversprechend, so wird ausgesetzt (**III S. 3** iVm § 67c S. 4); ist auch das nicht zu verantworten, wird der Vollzug der nächsten Maßregel angeordnet **(III S. 2)**. Diese Regelung gilt bei nicht freiheitsentziehenden Maßregeln nur hinsichtlich der Möglichkeit, sie für erledigt zu erklären; eine Vollzugsanordnung kommt bei ihnen nicht in Frage; Entziehung der Fahrerlaubnis und FAufsicht sind ihrer Natur nach nicht aussetzungsfähig; beim Berufsverbot muß ihrem Sinn nach (4 zu § 70a) die Jahresfrist nach § 70a II S. 1 gewahrt werden. Sind 2 oder mehrere gleichartige freiheitsentziehende Maßregeln *aus verschiedenen Urteilen* zu vollstrecken, kann im Hinblick auf die obligatorische Anrechnung auf die Strafe zum ⅔-Zeitpunkt (§ 67 I, IV) ein wichtiger Grund für die Unterbrechung der Maßregelvollstreckung gegeben sein (Hamm NStE § 67 Nr. 11).

6 5) Zur **verfahrensrechtlichen Problematik** vgl. noch MDR/D **68**, 552; zur Auswechslung in der Rechtsmittelinstanz BGH **5**, 313; Frankfurt OLGSt. 7 zu § 331 StPO; LK 38 ff.

Siebenter Titel. Verfall und Einziehung

Voraussetzungen des Verfalls

73 ^I Ist eine rechtswidrige Tat begangen worden und hat der Täter oder Teilnehmer für die Tat oder aus ihr etwas erlangt, so ordnet das Gericht dessen Verfall an. Dies gilt nicht, soweit dem Verletzten aus der Tat ein Anspruch erwachsen ist, dessen Erfüllung dem Täter oder Teilnehmer den Wert des aus der Tat Erlangten entziehen würde.

^{II} Die Anordnung des Verfalls erstreckt sich auf die gezogenen Nutzungen. Sie kann sich auch auf die Gegenstände erstrecken, die der Täter oder Teilnehmer durch die Veräußerung eines erlangten Gegenstandes oder als Ersatz für dessen Zerstörung, Beschädigung oder Entziehung oder auf Grund eines erlangten Rechts erworben hat.

^{III} Hat der Täter oder Teilnehmer für einen anderen gehandelt und hat dadurch dieser etwas erlangt, so richtet sich die Anordnung des Verfalls nach den Absätzen 1 und 2 gegen ihn.

^{IV} Der Verfall eines Gegenstandes wird auch angeordnet, wenn er einem Dritten gehört oder zusteht, der ihn für die Tat oder sonst in Kenntnis der Tatumstände gewährt hat.

Schrifttum: *BKA,* Macht sich Kriminalität bezahlt? BKA-Vortragsreihe **1** Bd. 32; *Dessecker,* Gewinnabschöpfung im Strafrecht und in der Strafrechtspraxis, 1991; *Eberbach* NStZ **85,** 294; **87,** 486; *Eser,* Die strafrechtlichen Sanktionen gegen das Eigentum, 1969; *Firgau* HWiStR „Verfall"; *Franzheim* wistra **86,** 253, **89,** 87 u. Gaul-FS 135; *Göhler* wistra **92,** 133; *Güntert,* Gewinnabschöpfung als strafrechtliche Sanktion, 1983; *G. Kaiser,* Tröndle-FS 685; *Krey/Dierlamm* JR **92,** 353; *Kube/Poerting/Störzer* KR **87,** 44 (TagBer.); *Kube/Seitz* DRiZ **87,** 46; *Leonhard/Merz* KR **89,** 194, 609, 612 (Kontroverse zur Gewinnabschöpfung); *J. Meyer/Dessecker/Smettan* (Hrsg.), Gewinnabschöpfung bei BtM-Delikten. Rechtsvergleichende kriminologische Untersuchung, 1989 u. MSchrKrim. **92,** 19; *R. Schmitt,* Noll-GedS 296; *Schmoller,* ÖJZ **90,** 257, 300; *Steinke* KR **91,** 197; *Tiedemann* HWiStR „Gewinnabschöpfung"; *Grotz* JR **91,** 182 (internationale Zusammenarbeit bei Gewinnabschöpfung – Straßburger Übk. v. 8. 11. 1990). Weiteres Schrifttum zur Gewinnabschöpfung 1 zu § 43a.

1) Die Vorschrift wurde mit den §§ 73a bis 73d in Anlehnung an § 109 E **1a** 1962 (Begr. 239ff.; Ndschr. **1,** 212; **3,** 203, 208, 216, 277; **4,** 321, 331; **12,** 207) durch das 2. StrRG (Ber. BT-Drs. V/4095, 39; Prot. V/542, 1001, 1021, 3258) eingefügt ein. Das **Institut des Verfalls** gilt für das gesamte Strafrecht, nicht aber für das OWiG (vgl. §§ 17 IV, 30 III OWiG sowie § 29a OWiG idF des Art. 5 AWG/StGBuaÄndG, unten 1b) und das Verwaltungsrecht (vgl. § 37b GWB); für das WiStG (§§ 8 bis 10) tritt die Abführung des Mehrerlöses an die Stelle des Verfalls (§ 8 IV WiStG, Anh. 17).

Die Neufassung des § 73 I, IV und des § 73b sowie die Änderung des **1b** § 73 III durch das **AWG/StGBuaÄndG** v. 28. 2. 1992 (BGBl. I 372; *Inkrafttreten 7. 3. 1992*) geht auf den **RegE** (BT-Drs. 12/1134, 12/1475) zurück, der inhaltsgleich ist mit dem E-CDU/CSU und FDP (BT-Drs. 12/899). Auch der E-SPD (BT-Drs. 12/765) und der mit diesem inhaltsgleiche E-BRat (BT-Drs. 12/1202) stimmen in bezug auf die Änderungen der §§ 73, 73b mit dem RegE überein,

§ 73

AT Dritter Abschnitt. Siebenter Titel

jedoch weichen diese E im übrigen vom RegE ab, letztlich wurden sie für erledigt erklärt. Vgl. dazu **Ber.** (BT-Drs. 12/1952) und Entschließungsantrag (BT-Drs. 12/1976) sowie die Beschlüsse des BTags und des BRats (BR-Drs. 42/92, 42/1/92, 42/2/92, 42/92 – Beschluß – und 380/91 – Beschluß –). Angeregt hat die Änderungen (unter Verweisung auf die Begr. des E-OrgKG, BR-Drs. 74/90 – Beschluß –) der BRat (vgl. UAR-Prot. R 14/91; BT-Drs. 11/6623 S. 23; 11/7663; BR-Drs. 73/91 – Beschluß –), der diese und weitere Änderungen des StGB (Vermögensstrafe, erweiterter Verfall) aus dem E-OrgKG in das AWG/StGBuaÄndG übertragen wollte, das aber nur die §§ 73, 73b änderte und die weitergehenden Regelungen dem OrgKG (1, 2 zu § 43a) überließ. Vgl. auch Prot. I-BRat Nr. 10/91, R-BRat Nr. 16/91, BT-PlenProt. 12/9, BR-Drs. 73/1/91, BR-PlenProt. 626, BT-Drs. 12/209; Prot. I-BTag Nr. 4, Ber. BT-Drs. 12/289, BT-PlenProt. 12/19, 39, 41, 50, 73; BR-PlenProt. 628, 631 bis 634; AusschußProt. R-BRat Nr. R 31/91, I-BRat Nr. 52/91, Wi-BRat Nr. 39/91; BR-Drs. 193/91, 193/91 (Beschluß), 346/91 (Beschluß), 449/1/91, 449/91 (Beschluß), BT-Drs. 12/400, 12/652 u. 12/703.

1c 2) **Die Rechtsnatur** des Instituts, das auch gegenüber **ohne Schuld** handelnden Tätern (unten 2) und unbeteiligten schuldlosen Dritten (unten 13) angewendet werden muß, war schon vor der Neufassung des I umstritten. Der Verfall war jedoch nach hM keine Nebenstrafe, sondern, da der Gestzgeber die Begriffe „Entgelt" und „Gewinn" (§ 109 E 1962) unter den gemeinsamen Begriff „Vermögensvorteil" (Ber. 2. StRG S. 39), damit auch den Entgeltverfall und die Gewinnabschöpfung zusammenfaßte, eine **Maßnahme** (§ 11 I Nr. 8) **eigener Art,** die Eser (SchSch 18 vor § 73 mwN) als **quasi-konditkionelle Ausgleichsmaßnahme** bezeichnet (ebenso Jescheck § 76 I 1; Schmidhäuser 20/20; Zipf JuS **74**, 279), die dort, wo zivilrechtliche Ersatzansprüche fehlen (I S. 2), im Wege des öffentlich-rechtlichen Erstattungsanspruchs (vgl. NdSchr. **3**, 217) das durch eine rechtswidrige Tat Erlangte dem illegitimen Empfänger wieder abnehmen (StV **81**, 627; Prot. V/545, 1002; Düsseldorf NJW **79**, 992), also das in ein verbotenes Geschäft Investierte unwiderbringlich für verloren erklären soll (vgl. insoweit § 817 S. 2 BGB, an den sich die Änderung durch das AWG/StGBuaÄndG anlehnt). Das Recht soll wiederhergestellt werden (Lackner 1). Eine solche Gewinnabschöpfung ist mit der Geldstrafe, die sich allein nach Schwere von Unrecht und Schuld bemißt, nicht zu erreichen (vgl. 3 zu § 43a). **Die Gewinnabschöpfungsmöglichkeit des § 73 aF** erlangte in der Praxis nur **geringe Bedeutung** (Güntert [1] 90; Eberbach NStZ **85**, 294 u. **87**, 486; Kaiser [1] 694, 696), nicht nur, weil dort, wo die Gewinne unrechtmäßig erzielt werden idR auch Ersatzberechtigte vorhanden sind (unten 7), sondern vor allem, weil die vom Vermögen rechnerisch abzuziehenden Unkosten (Passiva) schwierig festzustellen waren. Der weiteren Schwierigkeit, daß das Vermögen idR zZ der Entscheidung nicht mehr vorhanden war, mußte der Gesetzgebr mit einer prozessualen Regelung begegnen, die auf die Annahme materiellrechtlicher Voraussetzungen, also auch nur auf den Vermögensvorteil abstellte. Mit dem AWG/StGBuaÄndG und dem OrgKG (1, 2 zu § 43a) ging der Gesetzgeber aber über die bisherigen Möglichkeiten der Gewinnabschöpfung (vgl. dazu 3 zu § 43a) weit hinaus. Mit dem Zugriff nicht nur auf die Tat*gewinne,* sondern auf den „Wert des Vermögens des Täters" in § 43a (vgl. dort 9) und die Verfallerklärung für das „Erlangte", womit das Bruttoerlangte gemeint ist, sowie mit dem erweiterten Verfall (§ 73d), für dessen Anordnung es genügen soll, daß Umstände die Annahme der deliktischen Herkunft des Erlangten rechtfertigen, ergeben sich erhebliche verfassungsrechtliche Probleme (dazu 3 zu § 43a), die für die Bestimmung der Rechtsnatur des Verfalls Bedeutung erlangen. Den Verfall weiterhin als quasi-konditkionelle *Ausgleichs*maßnahme zu begreifen, ist nicht

Verfall und Einziehung § 73

mehr möglich, weil sich der Ausgleichsgedanke dort nicht mehr wiederfindet, wo das aus der Tat Erlangte ohne Rücksicht auf die Passiva selbst dort für verfallen erklärt wird, wo der Täter in strafrechtlich nicht voll verantwortlicher Weise gehandelt hat. Mit dem Zugriff auf sämtliche aus der Tat erlangten Gegenstände und Rechte ohne Rücksicht auf das, was der Täter für das Erlangte aufgewendet hat, ist der Verfall keine Ausgleichsmaßnahme mehr, sondern ein über die Gewinnabschöpfung hinausgehendes Übel, das zwar nach der Form Maßnahme ist, im Inhalt aber Strafcharakter hat, ohne daß das Schuldprinzip (6 zu § 43a) gewahrt und eine Regel für den Ausgleich bei der sonstigen Strafzumessung getroffen wäre (zu den verfassungsrechtlichen Bedenken vgl. Weßlau StV **91**, 231; Eser Prot. R-BTag 31, 120 u. Anh. 34; krit. ferner Dessecker [1] 362). Die notwendige verfassungsrechtliche Auseinandersetzung mit diesen Bedenken kann nicht mit dem Hinweis auf das „Gemeinwohlinteresse an einer wirksamen Bekämpfung der organisierten Kriminalität" umgangen werden (Tröndle Prot. R-BTag 31 Anh. 310), auch wenn Krey (JR **92**, 358) die Reform für kriminalpolitisch sachgerecht hält. Vielmehr ist zu bedenken, daß die Reform die Axt an das zweispurige System (1 vor § 61) gelegt und den Verhältnismäßigkeitsgrundsatz (§ 62) erschüttert hat, und daß im sonst so verteufelten materiellen Strafrecht der Zweck die Mittel heiligen soll, während man bei der Bekämpfung der OrgK im Ermittlungsbereich einem extremen Datenschutz und Freiheitsverständis huldigt. *Cui bono?*

3) Das Verhältnis zu den in § 43a und § 73d gegebenen weiteren Möglichkeiten des Zugriffs auf das Vermögen des Täters oder Teilnehmer ist – unabhängig von den oben 1c, 3a und in 3, 6 zu § 43a sowie in 3, 4 zu § 73d dargelegten rechtlichen Bedenken – **A.** für die **Vermögensstrafe** hinsichtlich der Vermögensvorteile, deren Verfall angeordnet wird, durch § 43a I S. 2 dahin geklärt, daß diese bei der Bewertung des Vermögens im Rahmen des § 43a außer Ansatz bleiben, so daß sich die insoweit fakultative Vermögensstrafe nur noch auf nicht für verfallen erklärte Vermögensteile erstrecken kann. Dasselbe gilt für das Verhältnis von § 73d zu § 43a. Zu den Friktionen, die sich durch die Beschränkung des § 43a I S. 2 auf Vermögens*vorteile* ergeben, vgl. 9 zu § 43a; **B.** für den **erweiterten Verfall** einerseits durch das Verweisungserfordernis des § 73d I S. 1 (und die sich hieraus ergebenden Beschränkungen der besonders schwerwiegenden Eingriffsbefugnis auf die in 5 zu § 73d genannten Katalogtaten), andererseits durch die verfassungsrechtlich bedenklichen **Beweiserleichterungen** des § 73d S. 1 (dazu 4 zu § 73d) gekennzeichnet. Schon aus dem Verhältnismäßigkeitsgrundsatz, aber auch aus dem Gedanken des **Opferschutzes**, dem nur I S. 2, nicht aber § 73d Rechnung trägt (unten 6 [D]), ist es unverzichtbar, daß das Gericht **vor** der Anwendung des **§ 73d** *prozeßordnungsgemäß*, dh unter Ausschöpfung aller prozessual zulässigen Mittel (Prot. R-BRat Nr. R 10/90, 8) prüft, ob die Voraussetzungen des **§ 73** vorliegen. Dabei „ist auch die Einlassung des Täters oder Teilnehmers zur Herkunft des fraglichen Gegenstandes zu berücksichtigen" und „zulässigen Beweisanträgen grundsätzlich nachzugehen" (RegE Br-Drs. 16/90, 13), um zu erforschen, „auf welche Weise der für die Verfallanordnung in Betracht zu ziehende Gegenstand vom Täter oder Teilnehmer erlangt worden ist", vor allem aber, „um sicherzustellen, daß **feststellbar** rechtmäßig Erworbenes nicht dem Verfall unterworfen wird" (RegE 12). Denn das Gericht hat keineswegs die freie Auswahl zwischen der §§ 73 und 73d; auch steht es nicht in seinem Ermessen, ob es auf die zivilrechtlichen Ausgleichsansprüche des Verletzten eingehen will oder nicht. Und wenn es den Nachweis der deliktischen Herkunft auch nur eines Teils des Vermögens und seines Zusammenhangs zur abzuurteilenden Tat scheut und sich die Beweiserleichterung des § 73d zunutze macht, so negiert es willkürlich den grundgesetz-

1d

§ 73 AT Dritter Abschnitt. Siebenter Titel

lichen Anspruch auf Schutz des Eigentums, das uU redlicher Herkunft und versteuert sein kann. Der Täter oder Teilnehmer hat den Schutz des Art. 14 GG nur für die Vermögensteile verwirkt, die mißbräuchlich benutzt werden (4 zu § 73 d), was in einem Rechtsstaat prozeßordnungsgemäß nachzuweisen ist.

2 **4) Voraussetzungen** des Verfalls als Ausgleichsmaßnahme (oben 1 c) sind **A.** eine **rechtswidrige Tat** (33 zu § 11; 9 vor § 25), die von einem ohne Schuld (zB wegen § 20 oder entschuldbaren Verbotsirrtums, § 17 S. 1; Prot. V/1003) handelnden Täter (oder Teilnehmer) begangen sein kann; der Tatbeteiligte muß allerdings mit mindestens natürlichem Vorsatz gehandelt haben, so daß ein Tatbestandsirrtum eine rechtswidrige vorsätzliche Tat ausschließt; ebenso LK 8; SK 4. Andererseits reicht für § 73 auch
3 eine fahrlässige Tat aus; **B. für die Tat oder aus ihr,** dh für eine von der Anklage umfaßte und vom Tatrichter festgestellte Tat (BGH **28**, 369; StV **81**, 627) oder im Falle einer fortgesetzten Handlung für die Gesamtheit der
3a Teilakte (BGHR Vort. 2) muß der Täter oder Teilnehmer **C. etwas erlangt** haben. Nach hM galt für den Verfall von Taterlösen nach den §§ 73 ff. aF das **Nettoprinzip**, was auf die Verwendung des Begriffs „Vermögensvorteil" zurückgeführt wurde. Vom Verfall erfaßt war daher nur der dem Täter nach Abzug der durch die Tat veranlaßten Kosten verbleibende Taterlös (BGH **31**, 145). Wegen der mit der Saldierung verbundenen Schwierigkeiten ersetzt der Gesetzgeber den Begriff „Vermögensvorteil" durch das Wort **„etwas"** in der Annahme, damit *auf das* **Bruttoprinzip** *übergegangen* zu sein. Gegenleistungen oder Unkosten des Täters bei der Tatdurchführung (vgl. insoweit zur Rspr. zu § 73 aF 45. Aufl. 3 c), deren Feststellung die Anwendung des § 73 aF erschwert hatten, sollten nicht mehr ermittelt werden müssen (zu den rechtssystematischen und verfassungsrechtlichen Bedenken gegen eine Abschöpfung *über den Gewinn hinaus* s. oben 1 c, 1 d). Der Gesetzgeber leitet seine Bedenken gegen die Nettogewinnabschöpfung des § 73 aF aus der Gesamtsystematik der Rechtsordnung ab: Die Saldierungspflicht führe zu Wertungswidersprüchen; denn das Zivilrecht versage demjenigen, der sich selbst außerhalb der Rechtsordnung stelle, in § 817 S. 2 BGB die Unterstützung des Gerichts bei der Rückabwicklung seines zweifelhaften Geschäfts (RegE S. 12). Daher solle der Rechtsgedanke des § 817 S. 2 BGB, nach dem das in ein verbotenes Geschäft Investierte unwiderbringlich verloren ist, auch beim Verfall Anwendung finden (RegE aaO). Dabei hätte der Gesetzgeber jedoch auf die Änderung der Rechtsnatur des Verfalls Bedacht nehmen müssen (oben 1 c). Soweit der Verfall Strafcharakter annimmt, darf er nicht gegenüber Schuldlosen angewendet werden. Im übrigen mußte der Charakter als Ausgleichsmaßnahme durch eine Berücksichtigung der zusätzlichen Übelszufügung bei den Strafzumessungserwägungen gewahrt werden (Schuldprinzip, oben 1 d). Den Übergang zum Bruttoprinzip beschloß der Gesetzgeber in Kenntnis der rechtzeitig, namentlich von Eser (Prot. R-BTag Nr. 31 S. 118 u. Anh. S. 34) angemeldeten Bedenken. Das gesetzte Ziel glaubte der Gesetzgeber durch einen Ausdruckswechsel erreichen zu können. Die Ausdrücke sollten sich auf die Gesamtheit des Erlangten beziehen. In I S. 1 und III wurde dazu das Wort „etwas" gewählt, während sich I S. 2 künftig auf „den Wert des Erlangten" bezieht. In IV, der sich ohnehin nur auf den Verfall eines Gegenstandes bezieht, wird der Begriff „Vermögensvorteil" durch das auf den Gegenstand bezogene Fürwort

Verfall und Einziehung § 73

„ihn" ersetzt (RegE S. 12). Ob der Gesetzgeber den gewollten Übergang vom Netto- auf das Bruttoprinzip sprachlich erreicht hat, darf bezweifelt werden, weil sich die Worte „etwas erlangt" aus der Sicht des Täters ebensogut auf das Nettoerlangte beziehen. Zudem sagen die Worte „etwas erlangt" nur etwas über die Grundvoraussetzung einer Verfallsanordnung, nicht aber darüber aus, in welcher Höhe das Erlangte herauszugeben ist und ob sich die Verfallsanordnung auf das Bruttoerlangte oder auf einen Teil dessen bezieht. Da der Umfang des Erlangten geschätzt werden kann (§ 73b), kann sich der Entzug des aus der Tat Erlangten auf einen Teil des Erlangten beziehen, so daß insofern auch die Minderung eines Vermögensvorteils erfaßt ist (RegE 12). Das Wort „etwas" deutet also eher darauf hin, daß es nicht für eine fixe Bruttogröße steht. Sprachlich ist die Auswechselung des Begriffs „Vermögensvorteil" durch das Wort „etwas" schon deshalb als verfehlt anzusehen, weil damit nunmehr auch immaterielle Werte erfaßt sind und weil die beabsichtigte Konkretisierung des Bruttoprinzips damit nicht zu erreichen ist. Wer etwas gewinnt oder verliert, gewinnt oder verliert nicht sein Bruttovermögen. Göhler (wisra **92**, 134) spricht daher zu Recht von einer Fehlleistung des Gesetzgebers, weil dem Begriff „etwas" weder das Brutto- noch das Nettoprinzip zu entnehmen ist. Auf die Friktionen zu § 43a I S. 2 wurde bereits in 9 zu § 43a hingewiesen. § 43a verlangt für die Bewertung des Vermögens des Täters genau jene Saldierung, die das Nettoprinzip des § 73 aF für die Feststellung dessen anwandte, was dem Täter oder Teilnehmer nach Abzug der Unkosten als Erhöhung des wirtschaftlichen Wertes des Vermögens verbleibt. Im Sinne des Gesetzgebers umfaßt das Wort „etwas" dagegen „die Gesamtheit des aus der Tat Erlangten" (RegE OrgKG BT-Drs. 12/989, 23), jedoch keine immateriellen Werte. Es kommen dafür nicht nur bewegliche Sachen aller Art (auch Schiffe, Luftfahrzeuge) sowie Grundstücke in Betracht (§ 111c StPO), sondern auch dingliche oder obligatorische Rechte sowie Erlangtes ohne Substrat wie zB Nutzungen aus der Überlassung eines Leihwagens oder einer Wohnung zu unentgeltlichem Gebrauch (Ber. 39; abw. E 1962, 242) oder beim Ersparen von Aufwendungen (Prot. V/1001), in den letzteren Fällen richtet sich der Verfall dann nach § 73a (dort 2, MDR/H **81**, 630), oder das Erlangte aus dem Unterlassen gebotener umweltschützender Investitionen (AG Gummersbach NStZ **88**, 460). Bei einem Steuerhinterzieher vorgefundenes Bargeld ist nicht ohne weiteres aus der Tat erlangt (Käbisch wistra **84**, 12). Auch mit dem Besitz herrenloser Sachen ist „etwas" erlangt (vgl. Prot. V/1023). Es fehlt hieran, wenn beim unerlaubten Handeltreiben (§ 29 BtMG) der Verkäufer Eigentum am Erlös nach § 134 BGB nicht erwerben konnte (BGH **31**, 147 m. Anm. Schmid JR **83**, 432; NStZ **84**, 409). Zur Eigentumsfrage vgl. 12 zu § 74. Der Tatbeteiligte muß das „Etwas", wenn vielleicht auch über eine Mittelsperson (vgl. RG **68**, 113), **unmittelbar** erlangt haben, so daß alles, was durch den Einsatz des Erlangten erst später in das Vermögen einfließt für **I** ausscheidet, wie ein Gegenschluß aus II ergibt (Prot. V/1014; Franzheim wistra **89**, 87; unten 11). Unter **Erlangen** ist zu verstehen, daß der Tatbeteiligte (im Fall von III der andere) mindestens die faktische Verfügungsgewalt für sich über eine Sache oder ein Recht erlangt hat (arg. § 73e) oder daß ihm die unsubstantiellen Vermögensteile zugeflossen sind. Das gilt aber nicht für einen Gegenstand, der einem Amtsträger gegen dessen Willen zugeht, um ihn zu

3b

bestechen, wenn dieser den Gegenstand nicht annimmt (vgl. 14 zu § 331); hier kommt auch nicht IV, sondern nur Einziehung nach § 74 gegen den Vorteilsgeber in Betracht. Fremdes Eigentum und fremde Rechte können nur im Rahmen von III, IV für verfallen erklärt werden (unten 14). Im übrigen kommt es zunächst nur darauf an, ob der Tatbeteiligte den Vorteil erlangt hat (NJW **89**, 3165; BGHR Gew. 1); was bis zur Verfallentscheidung damit geschehen ist, insbesondere ob der Beteiligte den Vorteil noch
3c hat, ist nur für II S. 2 und §§ 73a, 73c von Bedeutung. **Etwas** ist zB eine Belohnung (BGH **32**, 63 m. Anm. Horn JR **84**, 211; 3 zu § 140), das Entgelt (§ 11 I Nr. 9), so die Leistung des Vorteilgebers (11 zu § 331), der Lohn für einen gedungenen Mörder (6. 11. 1984, 4 StR 579/84), die Zahlung für einen Agenten nach § 98 oder das Entgelt für nach § 326 strafbare Schuttablagerungen, Frankfurt wistra **88**, 15, der Gewinn (NStE § 74 Nr. 1, 3), so zB beim Glücksspiel oder Taten nach §§ 180a, 181a, 184a, 184b (LK 10). Zum Verfall von sog. Schmiergeldern (§ 12 II UWG, Anh. 13) vgl. U. Meyer NJW **83**, 1300 mwN. Zu dem von Veranstaltern von „*Kettenbriefaktionen*" Erlangten vgl. Stuttgart wistra **90**, 165. **Gegenleistungen** (vgl. Schäfer NStZ **88**, 497; 24. 1. 1990, 2 StR 507/89) des Täters bei der Tatdurchführung (zB Einkaufspreis, geschuldete Einfuhrumsatzsteuer, BGH **28**, 369;StV **81**, 627; wistra **83**, 256); Kosten der Verschaffungsfahrten (NStE Nr. 5), und zwar auch insoweit, als er keinen Erlös mehr erzielte (BGHR Vort. 2; NStZ/D **90**, 225; **91**, 479; **92**, 174), *nicht* jedoch die Einkommenssteuer: BGH **30**, 314 (hierzu Bock NStZ **82**, 377); **33**, 40 (m. Anm. Rengier JR **85**, 249); NJW **86**, 1624; 23. 9. 1988, 2 StR 460/88; anders aber insoweit und überholt BGH **30**, 51) **sind** nach dem Wechsel des Ausdrucks (von „Vermögensvorteil" auf „etwas") **nicht mehr zu berücksichtigen**, auch wenn sie den Tatgewinn unmittelbar schmälern. Zu der mit der Einführung des Bruttoprinzips verbundenen Änderung des Rechtscharakters des Verfalls und zu den Anwendungsproblemen vgl. oben 1c, 1d und 3a.

4 **D. Die Ausschlußregelung des I S. 2** kam nach § 73 aF nur bei einer Gewinnerzielung in Betracht (NJW **89**, 2139); sie soll sich aber nach der Neufassung (oben 1b) auf „den Wert des aus der Tat Erlangten" erstrekken. Zur Frage, ob der mit dem Ausdruckswechsel beabsichtigte Übergang zum Bruttoprinzip erreicht wurde, vgl. oben 3a. Zu den rechtssystematischen Bedenken gegen die dadurch eingetretene Änderung der Rechtsnatur des Verfalls vgl. oben 1c. I S. 2 ist eine Ausnahmeregelung (gegen sie R. Schmitt, Noll-GedS 299; vgl. unten 7 aE), die eine doppelte Inanspruchnahme des Täters verhindern soll, wie sie bei Vorrangigkeit der Verfallsanordnung vor dem Anspruch des Verletzten eintreten würde, und die außergewöhnlichen Schwierigkeiten vermeiden, die bei einer Konkurrenz zwischen staatlichem Rückerstattungs- und zivilrechtlichem Schadensersatzanspruch entstehen würden (Ndschr. **3**, 277 ff.; Prot. V, 544 ff.; 995 ff.; vgl. Brenner DRiZ **77**, 204; J. Meyer aaO [oben 1a] 36; LK 15). Für I S. 2, der die Anordnung des Verfalls ausschließt, soweit dem Verletzten aus der Tat ein Anspruch erwachsen ist, dessen Erfüllung dem Täter oder Teilnehmer den Wert des aus der Tat Erlangten entziehen würde, ist es folglich wichtig, sich der Probleme bewußt zu werden, die sich aus dem Nebeneinander von Verfall (§ 73) und erweitertem Verfall (§ 73d) in den in 6 zu § 73d

Verfall und Einziehung § 73

genannten Fällen ergeben können. Da § 73 d die Individualinteressen des Verletzten nicht wie I S. 2 schützt, darf dieser nicht in rechtsstaatlich bedenklicher Weise ausgeschlossen werden (vgl. dazu oben 1 d). Für I S. 2 kommt es im übrigen nur auf die *rechtliche* Existenz des Anspruchs, nicht auf seine Geltendmachung an (NStZ **84**, 409; MDR/H **86**, 794; NStE § 138 a StPO Nr. 3; 25. 6. 1992, 1 StR 286/92; NStZ/T **86**, 497), es ist daher unerheblich, daß der Eigentümer noch nicht ermittelt ist (BGHR Tatbeute 1). Gemeint ist

a) ein **zivilrechtlicher Anspruch** jeder Art (Ndschr. **12**, 208), so wegen 5 Schadensersatz (§ 823 BGB) in Geld, auf Naturalherstellung (§ 249 BGB), auf Herausgabe nach dinglichem Recht (so gegenüber dem Dieb nach § 985 BGB) oder wegen ungerechtfertigter Bereicherung (§§ 812 ff. BGB). Schmerzensgeldansprüche (etwa nach Beleidigung in der Presse) gehören nicht hierher; vielmehr muß sich der Anspruch auf Rückerstattung des Erlangten richten. Ferner ist § 817 S. 2 BGB zu beachten, wonach in allen Fällen des Entgelts (vgl. auch IV) ein Rückforderungsanspruch ausgeschlossen ist (vgl. LK 18; U. Meyer NJW **83**, 1301); ebenso aber in den genannten Fällen des Gewinns nach §§ 331, 332. Dem **Verletzten**, dh hier einem durch die Tat Geschädigten, also einem individuell Verletzten muß der Anspruch als Folge der Tat (iS des § 264 StPO) erwachsen sein (NJW **89**, 2139), so auch einer juristischen Person oder dem Fiskus (auch der Steuerfiskus, LG Berlin wistra **90**, 157; hierzu Dörn wistra **90**, 181), während die Verletzung nur allgemeiner Rechtsgüter (etwa in den Fällen der §§ 331 f., BGH **30**, 47; der Dienstherr ist bei der Bestechung eines Angestellten im öffentlichen Dienst nicht Verletzter, BGH **33**, 38) keinen solchen Anspruch entstehen läßt (dann I S. 1). I S. 2 gilt in allen Fällen, in denen der Anspruch den Wert des Erlangten dem Täter oder Teilnehmer **entziehen** oder den Wert des Erlangten auch nur **mindern** würde; in diesem Falle jedoch nur in diesem Umfang, so daß der Verfall im übrigen anzuordnen ist; zB wenn jemand eine einzige Sendung gepanschten Weines an A und B verkauft, von denen A bösgläubig ist (insoweit Verfall des gezahlten Kaufpreises), der gutgläubige B aber auch betrogen wird (I S. 2). In diesen Fällen kann der Richter, der sonst nur festzustellen braucht, ob ein Anspruch vorliegt, gezwungen sein, die Höhe des mindernden Anspruchs zu ermitteln (dann aber § 73 b!).

b) Um auch dem **Verletzten** den **Zugriff auf den Tatvorteil** zu sichern, 6 sehen die §§ 111 b ff. StPO ein Sicherstellungs- und Beschlagnahmeverfahren schon im Ermittlungsstadium nicht nur zur Sicherstellung des Verfalls, sondern auch als Zurückgewinnungshilfe für den Verletzten vor (§ 111 b IV StPO idF des Art. 4 Nr. 2 AWG/StGBuaÄndG), wobei die Beschlagnahme bekannten Tatverletzten zur Geltendmachung ihrer Rechte unverzüglich mitzuteilen ist (§ 111 e III) und Maßnahmen der Verletzten einen gewissen Vorrang genießen (§§ 111 g I, 111 h); die Beschlagnahme zu ihren Gunsten kann 3 Monate lang aufrechterhalten werden (§ 111 i; BGHR Tatbeute 1); sichergestellte bewegliche Sachen sind bekannten Verletzten herauszugeben (§ 111 k; zum Ganzen E EGStGB 292; LK 27 ff.; LR-Meyer, KK-Laufhütte, Kleinknecht/Meyer jeweils Anm. zu §§ 111 b ff.; Achenbach, Blau-FS 15; vgl. JZ **84**, 683). Daraus ergibt sich, daß I S. 2 auch dann gilt, wenn vorauszusehen ist, daß es (zB bei Betrugsfällen von im einzelnen geringem Umfang, aber gegenüber einer großen Zahl unbekannter Verletzter) nicht oder kaum zur Geltendmachung von Ansprüchen kommen wird; diese Lücke mußte in Kauf genommen werden (vgl. E 1962, 241; Ndschr. **3**, 217; Prot. V/543). Ein Surrogat der Diebstahlsbeute ist, wenn die Versicherung dem Geschädigten Ersatz geleistet hat, nicht für verfallen zu erklären (Düsseldorf MDR **86**, 423). Die restriktive Auslegung des I S. 2 durch SchSch 27 f. widerspricht dem gesetzgeberischen Willen (Prot. V/995, 1004). Dagegen bleibt die „Gewinnabschöpfung" durch Auflagen nach § 56 b II Nr. 2 möglich (vgl. auch oben 1 c und 1 zu § 57; sowie BT-Drs. 11/172 und BTag 11/4890). Zu prüfen ist auch § 41 (vgl. dort 3; BGH **32**, 63).

7 **c) Verfall scheidet** also nach I S. 2 (hierzu ausführlich LK 21, 25) regelmäßig bei den Taten aus, in denen es einen individuellen Verletzten gibt, so bei allen Eigentums- und Vermögensdelikten (30. 8. 1985, 3 StR 339/85; Karlsruhe NJW **82**, 456), bei Wucher, bei §§ 144, 288, 289, möglicherweise auch zB bei §§ 133, 134, 267, aber auch bei Steuerdelikten (16. 8. 1978, 3 StR 288/78; LG Aachen NJW **78**, 385; LK 23), da auch der Staat (Steuerfiskus) Verletzter iS von I S. 2 sein kann (LG Berlin NStZ **91**, 438 [m. Anm. Meurer]; Güntert aaO [oben 1 a] 76; aM Brenner DRiZ **77**, 204). Nach Düsseldorf NStZ **86**, 222 ist von der Anordnung des Verfalls des Surrogats der Beute aus einer Straftat auch dann abzusehen, wenn die *Versicherung* dem Geschädigten Ersatz geleistet hat. Hingegen kann der Verfall neben den oben 3 c genannten Taten bei Delikten der Wirtschafts- und Umweltkriminalität wie zB bei Taten nach §§ 264, 325 bis 330 (soweit nicht Ansprüche des Fiskus bestehen) sowie nach dem LMBG, BtMG (Anh. 4), KriegswaffG, AMG und bei der Geldfälschung eine Rolle spielen.

8 **d) Ausgeschlossen** ist der Verfall auch dann, wenn nach § 30 OWiG gegen eine juristische Person oder Personenvereinigung wegen einer Straftat eine Geldbuße festgesetzt wird (§ 30 V OWiG), da im OWiG das Tagessatzsystem nicht gilt und die Geldbuße die Funktion der Gewinnabschöpfung mit zu übernehmen hat (Ber. 40; Prot. V/543).

9 **3) Abs. II** erweitert die Anwendung über das unmittelbar Erlangte hinaus entweder **nach Satz 1 zwingend** oder nach der Kann-Vorschrift des **Satzes 2** nach pflichtgemäßem richterlichen Ermessen auf **mittelbar Erlangtes**, jedoch nach der abschließenden Aufzählung in II nur auf **A. Nutzungen** (§§ 99, 100 BGB), soweit sie tatsächlich gezogen, nicht nur zu erwarten sind (zB künftige Mieteinnahmen, MDR/H **81**, 630). Unterliegt der Gegenstand selbst nicht dem Verfall, weil der Täter zB nicht Eigentümer geworden ist und ihn herausgegeben hat, werden die Nutzungen unmittelbar von I S. 2 erfaßt (oben 3; LK 32); da in diesem Fall der Verfall vorgeschrieben ist, schreibt ihn II S. 1 auch für den Fall der zusätzlichen Nutzungen vor (Prot. V/1022). Auch die Nutzungen aus einem Ersatzgegenstand nach **II S. 2** fallen unter S. 1, der schlechthin von Nutzungen
10 spricht; **B. nach Satz 2** auf **Surrogate** (§ 818 I Halbs. 2 BGB), die der Täter oder Teilnehmer **a)** durch Veräußerung einer erlangten Sache oder eines Rechts erworben hat; **b)** als Ersatz für die Zerstörung, Beschädigung oder Entziehung des Gegenstandes (zB von einer Versicherung) erhalten hat oder **c)** aufgrund eines erlangten Rechts erworben hat, zB durch Einziehung einer Forderung, Realisierung eines Pfandrechts). Für b und c ist

Verfall und Einziehung § 73

§ 818 I BGB heranzuziehen. In den Fällen von 10 steht die Verfallanordnung des Surrogats im Ermessen des Gerichts, das vor allem dann absehen wird, wenn der Verfall des Surrogats auf Schwierigkeiten stößt (Ber. 40; Prot. V/1023); doch hat das Gericht dann Verfall des Wertersatzes nach § 73a S. 1 anzuordnen. Nach seinem Sinn und Zweck gilt I S. 2 auch für die in II S. 2 genannten Surrogate (NJW **86**, 1186; NStE § 138a StPO Nr. 3). **C.** Auf **mittelbaren Gewinn** (oben 3) über II hinaus erstreckt sich, **11** wie II als abschließende Regelung ergibt, der Verfall nicht, da dessen Ermittlung den Richter vor unlösbare Probleme stellen müßte (MDR/H **81**, 630; Ndschr. **3**, 210, 274; IV, 322; Brenner DRiZ **77**, 204; J. Meyer aaO [1] 40; § 109 V E 1962, der das Problem durch Verfall eines Zinsbetrages lösen wollte, ist nicht Gesetz geworden). Was der Tatbeteiligte also zB mit erlangtem Geld mittelbar gewinnt, zB in der Lotterie oder durch Spekulation oder dadurch, daß er das Geld in seinem Betrieb arbeiten läßt, wird nicht erfaßt (Prot. V/1014). Auf die Ausdehnung, mit der die zivilrechtliche Rspr. im Rahmen des § 812 BGB auch den Vorteil der Kapitalnutzung in Höhe der üblichen Zinsen erfaßt (RGZ **151**, 125), sollte bei § 73 verzichtet werden (vgl. aber Prot. V/1001; aM Brenner aaO).

4) **Gegen Täter oder Teilnehmer** allein richtet sich grundsätzlich der **12** Verfall nach I (23. 5. 1984, 3 StR 501/83); dh sie müssen selbst „etwas" (oben 3a) erlangt haben und es darf, wenn es um einen erlangten Gegenstand geht, zZ der Verfallentscheidung das Eigentum an der Sache oder das Recht nicht einem anderen zustehen (sonst auch I S. 2). Doch macht III von dem ersten Grundsatz, IV von dem zweiten eine Ausnahme. **A. Nach III** **13** richtet sich nämlich die Anordnung des Verfalls, und zwar auch der Nutzungen und Surrogate nach II, gegen einen **Tatunbeteiligten**, wenn der Tatbeteiligte **für ihn** gehandelt und dieser dadurch etwas unmittelbar (Prot. V/1016; Ber. 40) selbst erlangt hat (vgl. § 822 BGB). Es gilt dann § 442 II StPO. Für einen anderen handelt der Tatbeteiligte nicht nur in den Fällen des § 14 (die praktisch aber, wenn nicht § 30 V OWiG eingreift, eine wichtige Rollen spielen) und in den Fällen offener Stellvertretung, sondern auch dann, wenn er nach außen nicht erkennbar faktisch (Prot. V/1016) für den anderen und in dessen Interesse handelt (9. 10. 1990, 1 StR 538/89 [in BGH **37**, 191 nicht abgedruckt]; Düsseldorf NJW **79**, 992; ähnlich Lackner 9; SchSch 36; abw. LK 43; Güntert, aaO [oben 1a] 57; vgl. Franzheim wistra **89**, 88). Praktisch wichtig ist III vor allem im Wirtschafts- und Steuerrecht (Angestellter, der für den Betriebsinhaber, Steuerberater, der für seinen Klienten handelt; vgl. Brenner DRiZ **77**, 205), aber zB auch dann, wenn der Bestecher des Amtsträgers dessen Freundin einen Pelzmantel schenkt. Der Empfänger kann (so im letzten Beispielsfall) hinsichtlich der rechtswidrigen Tat bösgläubig, aber auch gutgläubig sein; ist er das, so kommt § 73c I S. 1 in Frage. In den Fällen von III ist der Verfall auch gegen den Dritten anzuordnen, der Eigentümer der erlangten Sache oder Inhaber des erlangten Rechts geworden ist. Gegen den Verfahrensbeteiligten nach III kann keine selbständige Verjährung laufen, da er nicht Teilnehmer ist (NStE Nr. 17). **B. Dritteigentum** oder Fremdheit des **14** Rechtes hindern **nach IV** (hierzu LK 47 ff.) den Verfall nach I, II auch dann nicht, wenn der Dritte den Gegenstand entweder **a)** für die Tat (oben 3a) oder **b)** in Kenntnis der Tatumstände (vgl. 7 zu § 74a) gewährt hat; dh daß

§ 73 AT Dritter Abschnitt. Siebenter Titel

er bei der Hingabe wußte oder billigend in Kauf nahm, daß der Gegenstand für den Tatbeteiligten aus einer rechtswidrigen Tat erlangt war oder sein werde; so zB in den Fällen des § 331 (oben 3b). Ist a oder b gegeben, so kann der Richter dahingestellt sein lassen, ob der Dritte wirklich Eigentümer geblieben ist, was nur dann der Fall sein kann, wenn nicht nur das schuldrechtliche Geschäft als nichtig anzusehen ist, sondern darüber hinaus auch das dingliche, mit dem dem Tatbeteiligten Eigentum verschafft werden sollte (vgl. Prot. V/3258); denn wenn der Beteiligte Eigentümer geworden ist, ist der Verfall schon nach I S. 1 anzuordnen. Doch ist der Dritte (§ 442 II StPO steht nicht entgegen) nach §§ 442 I, 431 StPO am Verfahren zu beteiligen, um geltend machen zu können, daß er den Gegenstand nicht für die Tat gewährt hat oder die Tatumstände nicht kannte. Für IV kommt es auf die Rechtslage im Zeitpunkt der Entscheidung an, so daß auch der Fall einer Rückübereignung an den Geber nach der Tat gedeckt sein kann (dann aber möglicherweise § 73c S. 1; krit. AE 171). Nicht erfaßt ist der Fall, daß der Dritte dem Tatbeteiligten den Gegenstand nur zum Gebrauch überlassen hat (LK 53); dann besteht das Gewährte nur im Erlangten, das nach I S. 1 verfällt (mißverstanden von M-Zipf § 61, 16). Die Anordnung richtet sich im Fall von IV nicht gegen den Dritten, sondern

15 den Tatbeteiligten, der den Gegenstand erlangt hat. **C. Begünstiger und Hehler** sind keine Teilnehmer iS von § 73; doch begehen sie selbst eine rechtswidrige Tat, für die oder aus der sie einen Gegenstand erlangen können; dafür gilt dann § 73 unmittelbar (vgl. 23. 5. 1984, 3 StR 501/83).

16 5) **Verpflichtet** zur Anordnung des Verfalls ist das Gericht grundsätzlich in den Fällen von I S. 1, II S. 1, jeweils iVm III, IV; während die Anordnung im Fall von II S. 2 iVm III, IV zwar in seinem Ermessen steht (oben 10), dann aber Verfall des Wertersatzes vorgeschrieben ist (§ 73a S. 1). Ob der Tatbeteiligte wegen der Tat bestraft wird, ist ohne Bedeutung (vgl. § 76a). Doch ist in allen Fällen die Anordnung unter den Voraussetzungen von § 73c I S. 1 unzulässig und in denen von § 73c I S. 2 fakultativ. Schließlich kann auch nach § 430 iVm § 442 I StPO vom Verfall abgesehen werden. An die Stelle der Anordnung des Verfalls des Erlangten oder der Surrogate nach § 73 tritt der Verfall des Wertersatzes nach § 73a unter den dort genannten Voraussetzungen. Selbständige Anordnung des Verfalls ist nach § 76a möglich.

17 6) **Verfahrensrechtlich** sind die §§ 111b ff. (oben 6), §§ 430 bis 441 iVm § 442 StPO (oben 16) zu beachten, ferner §§ 232 I S. 1, 233 I S. 1, 407 II Nr. 1, 459g I StPO. Im Urteilstenor sind die für verfallen erklärten Sachen und Rechte konkret zu bezeichnen; vgl. 21 zu § 74.

Verfall des Wertersatzes

73a Soweit der Verfall eines bestimmten Gegenstandes wegen der Beschaffenheit des Erlangten oder aus einem anderen Grunde nicht möglich ist oder von dem Verfall eines Ersatzgegenstandes nach § 73 Abs. 2 Satz 2 abgesehen wird, ordnet das Gericht den Verfall eines Geldbetrags an, der dem Wert des Erlangten entspricht. Eine solche Anordnung trifft das Gericht auch neben dem Verfall eines Gegenstandes, soweit dessen Wert hinter dem Wert des zunächst Erlangten zurückbleibt.

Verfall und Einziehung **§ 73 b**

1) Die Vorschrift idF des 2. StrRG (vgl. § 110 E 1962, Begr. 244; § 84 AE; 1
Ber. BT-Drs. V/4095, 40) bestimmt, daß das erkennende Gericht nach Lage der Sache zum Zeitpunkt seiner Entscheidung (für nachträgliche Anordnung gilt § 76) anstelle des Verfalls der in § 73 bezeichneten Gegenstände oder daneben den **Verfall des Wertersatzes**, dh eines dem (möglicherweise nach § 73 b geschätzten) Wert des Erlangten entsprechenden Geldbetrages anzuordnen hat:

2) Anstelle des Verfalls nach § 73, wenn dieser **A.** wegen der Beschaf- 2
fenheit des Erlangten nicht möglich ist, so wenn das Erlangte im Ersparen sonst notwendiger Aufwendungen oder in Gebrauchsvorteilen bestand (3 zu § 73); aber auch, wenn das Erlangte mit einer anderen Sache verbunden (§§ 946, 947 BGB) oder verarbeitet worden ist (§ 950 BGB); **B.** aus einem 3
anderen Grund nicht möglich ist, so wenn der Tatbeteiligte das Erlangte verbraucht, verloren oder unauffindbar beiseitegeschafft, vor allem aber, ohne daß § 73 III vorliegt, den Gegenstand einem anderen übereignet oder rechtswirksam abgetreten hat, sei es durch Verkaufen, Verschenken oder in anderer Weise (NStE Nr. 2). § 73 a setzt danach nicht voraus, daß der Tatbeteiligte noch bereichert ist; ist er es nicht mehr, so ist allerdings § 73 c I S. 2 zu prüfen; **C.** von Verfallsanordnung nach § 73 II S. 2 abgesehen wird 4
(10 zu § 73; LK-Schäfer 4).

3) Neben dem Verfall eines Gegenstandes nach § 73, wenn dessen Wert 5
(möglicherweise nach Schätzung nach § 73 b) hinter dem Wert des zunächst Erlangten zur Zeit der Entscheidung zurückbleibt (LK 6). Das kommt in Frage, wenn die erlangte Sache beschädigt, Teile von ihr verkauft oder verschenkt worden sind oder die Sache gegen eine minderwertige vertauscht worden ist (dann 4, wenn vom Verfall des Surrogats abgesehen wird). In diesen Fällen ist neben dem Verfall des Gegenstandes der Verfall des Wertersatzes in Höhe der Differenz zwischen dem ursprünglichen Wert und dem Zeitwert des Gegenstandes anzuordnen. Zur Berechnung des aus gesetzwidriger Entsorgung von Sondermüll Erlangten (AG Köln NStZ **88**, 274).

4) Der Verfall des Wertersatzes ist keine Strafe. Es gibt weder eine 6
Ersatzfreiheitsstrafe (E 1962, 245), noch ist Anrechnung auf sie nach § 51 möglich (vgl. 1 zu § 73; 1 zu § 43; 8 ff. zu § 51). Mit der Anordnung entsteht ein entsprechender staatlicher Zahlungsanspruch gegen den nach § 73 Betroffenen. Zur Verfahrensbeteiligung Dritter nach § 442 II StPO vgl. 14 zu § 73; LK 7.

5) Ausgeschlossen ist der Verfall des Wertersatzes in den Fällen des 7
§ 30 V OWiG (8 zu § 73).

Schätzung

73 b Der Umfang des Erlangten und dessen Wert sowie die Höhe des Anspruchs, dessen Erfüllung dem Täter oder Teilnehmer das aus der Tat Erlangte entziehen würde, können geschätzt werden.

1) Die Vorschrift idF des 2. StrRG (vgl. § 109 VI E 1962, Begr. 244; Ber. 1
BT-Drs. V/4095, 40; Prot. V/1025; vgl. ferner E-BRat-OrgKG, BT-Drs. 11/7663, 1 c zu § 73) u. des Art. 3 Nr. 2 AWG/StGBuaÄndG (1 b zu § 73) beschränkt sich auf die zur Durchführung des Bruttoprinzips (zu den grundsätzli-

§ 73 b
AT Dritter Abschnitt. Siebenter Titel

chen Bedenken hiergegen vgl. 1c, 1d und 3a zu § 73) vorgenommene Ersetzung der Wendung „den Vermögensvorteil beseitigen oder mindern" durch die Worte „dem Täter oder Teilnehmer das aus der Tat Erlangte entziehen" und ermächtigt das Gericht, Werte, die für die §§ 73, 73a maßgebend sind, zu schätzen, und
2 zwar die folgenden: **A.** den Umfang des Erlangten, dh mittels einer quantitativen Schätzung jenes Etwas iS des § 73 I S. 1 (vgl. dazu 3a zu § 73) festzusetzen;
3 **B.** den Wert, dh den Verkehrswert des Erlangten zZ der Entscheidung; von Bedeutung ist das nicht für Sachen und Rechte, die zur Zeit der Entscheidung noch vorhanden sind, sondern vor allem für den Wert von Gebrauchsvorteilen (3 zu § 73) nach § 73 I S. 1, II S. 1 sowie für den Verfall des Wertersatzes nach § 73a S. 1. Auch der Wert von Surrogaten nach § 73 II S. 2 kann geschätzt
4 werden, obwohl das Gesetz das nicht ausdrücklich sagt; **C.** die Höhe des Anspruchs, dessen Erfüllung dem Täter oder Teilnehmer das aus der Tat Erlangte entziehen würde (§ 73 I S. 2; 4ff. zu § 73). § 73b unterscheidet nicht mehr wie § 73b aF zwischen dem weniger bedeutsamen Fall der Beseitigung (hier kann sich der Richter mit der Feststellung der Beseitigung begnügen) und dem bedeutsameren Fall der Minderung des Erlangten, sondern stellt nur noch auf den Entzug des aus der Tat Erlangten ab, der jeder nach der Begr. des RegE (BR-Drs. 449/91 S. 23) „auch auf einen Teil des Erlangten beziehen kann, so daß insofern auch die Minderung des Vermögensvorteils erfaßt ist", was sowohl für
5 § 73 wie für § 73a wichtig ist. **D.** Als Schätzung des Erlangten wird man nicht nur den Wert des zunächst Erlangten, sondern auch dessen Wert nach Minderung (§ 73a S. 2) anzusehen haben.

6 **2) Schätzung** heißt, daß sich der Richter unter Befreiung vom Strengbeweis nach § 244 StPO, vielleicht unter Zuziehung eines Sachverständigen, in Fällen, in denen Menge oder Verkehrswert nicht klar sind, mit einer vermutlichen Wertannahme begnügen kann. Doch muß er Beweismittel, die ohne unverhältnismäßige Schwierigkeiten zu erlangen sind, ausschöpfen (Ber. 40; Prot. V/1025; LK-Schäfer 2; Vogel HWiStR „Schätzung"); für das Ausmaß einer erforderlichen Beweisaufnahme kommt es wesentlich auf die Höhe der Werte an, die in Frage stehen (vgl. auch 26 zu § 40). Die Grundsätze, die Rspr. und Schrifttum zu § 287 ZPO entwickelt haben (so RGZ **40**, 424; **95**, 2; **130**, 112), sind heranzuziehen. Die Schätzungsgrundlagen und ihre Bewertung sind im Urteil darzulegen (BGHZ **6**, 62). Für die Ermittlung der Schätzungsgrundlage, nicht jedoch für die Schätzung selbst, ist der Zweifelsgrundsatz anzuwenden (NStZ **89**, 361; NStZ/D **89**, 472). Die Schätzung ist umso sorgfältiger vorzunehmen, als sie der Revisionsnachprüfung weitgehend entzogen ist (vgl. RGZ **76**, 175).

Härtevorschrift

73 c **I** Der Verfall wird nicht angeordnet, soweit er für den Betroffenen eine unbillige Härte wäre. Die Anordnung kann unterbleiben, soweit der Wert des Erlangten zur Zeit der Anordnung in dem Vermögen des Betroffenen nicht mehr vorhanden ist oder wenn das Erlangte nur einen geringen Wert hat.

II Für die Bewilligung von Zahlungserleichterungen gilt § 42 entsprechend.

1 **1) Die Vorschrift** idF des 2. StrRG (§ 111 E 1962, Begr. 245; Ber. BT-Drs. V/4095, 41; Prot. V/1026) bringt eine Reihe von Vergünstigungen für die vom Verfall nach §§ 73, 73a Betroffenen, und zwar in dreifacher Richtung:

Verfall und Einziehung **§ 73 c**

2) Unzulässig ist die Anordnung sowohl nach § 73 wie nach § 73 a, aber 2
auch sowohl gegen einen Tatbeteiligten wie einen Unbeteiligten nach
§ 73 III, wenn der Verfall für den Betroffenen (auch den Dritten iS von
§ 73 IV) eine **unbillige Härte** wäre (I S. 1). Dieser unbestimmte Rechtsbegriff (vgl. § 459 f StPO; 10 zu § 43; ferner §§ 319 I S. 1, 556 a I BGB,
§ 765 a I ZPO), der die zwingende Vorschrift in die Nähe einer Ermessensentscheidung rückt, bedeutet, daß der Verfall einmal den Betroffenen empfindlich treffen und daß diese Härte Grundsätze der Billigkeit verletzen
würde, also ungerecht wäre. I S. 1 kommt zB in Betracht, wenn der Täter
den Vermögensvorteil an einen nicht unter § 73 III, IV fallenden Dritten
unentgeltlich weitergegeben hat (hierzu LK-Schäfer 4); UHaft länger gedauert hat als die schließlich verhängte Strafe (Prot. V/1027); der nach
§ 73 III betroffene Tatunbeteiligte unverwerfbar gutgläubig war (Prot. V/
547 f.), vor allem, wenn er das Erhaltene inzwischen verbraucht hat; der
Täter die Sache in den Fällen des § 73 IV vor Tatentdeckung an den Dritten
zurückgegeben oder der Bestochene das Bestechungsgeld reuig einer gemeinnützigen Einrichtung zugewendet (vgl. Hamm NJW **73**, 719) hat; eine
Wertminderung iS von § 73 a S. 2 durch einen unverschuldeten Zufall (zB
Unfall mit dem erlangten Auto) eingetreten ist; ein Agent (§ 98) für längere
Zeit von Zuwendungen seiner Auftraggeber leben mußte und diese verbraucht hat (Prot. V/1026); ein Taxifahrer ohne Führerschein gefahren ist
(Ndschr. **3**, 210); möglicherweise auch, wenn der Gewinn eines Unternehmens so reinvestiert wurde, daß dessen Existenz durch den Verfall gefährdet wäre (SchSch-Eser 2; im Ganzen enger LK 5).

3) Die Anordnung kann unterbleiben (I S. 2; Ber. 41), **A.** soweit (mög- 3
licherweise also im übrigen Verfall zwingend) **das Erlangte** oder dessen
Wert (also auch kein gleichwertiger Ersatz durch Surrogate nach § 73 II
S. 2) zum Zeitpunkt der Entscheidung im Vermögen des Betroffenen
(oben 2) **nicht mehr vorhanden** ist. Das ist nicht der Fall, wenn das erlangte Geld zur Schuldentilgung verwendet worden ist (BGH **38**, 24). Unbilligkeit nach I S. 1 ist also in diesem Fall nicht ohne weiteres gegeben (vgl.
hierzu Franzheim wistra **89**, 89). Im übrigen sind auch für die Entscheidung nach I S. 2 Billigkeitserwägungen maßgebend (BGH **33**, 39 [m.
Anm. Rengier JR **85**, 249]; 25. 7. 1990, 2 StR 276/90]. War der Vermögensvorteil eine verbrauchbare Sache und hat der Betroffene sie genossen,
so wird das kein Grund sein, vom Verfall des Wertersatzes abzusehen (vgl.
NJW **82**, 774; aM J. Meyer aaO [1 a zu § 73] 42). Hat er den Vorteil in
Notlage verbraucht, wird Verzicht am Platze sein; anders wenn er ihn
verpraßt hat (vgl. BGH **38**, 24). Es kommt auf die Einzelumstände, die
Persönlichkeit des Betroffenen und seine Verhältnisse an (vgl. LG Saarbrücken NStZ **86**, 267). Entscheidend ist, ob Ereignisse zu verzeichnen
sind, die den Wert des Erlangten gemindert oder beseitigt haben, so sind
zB geleistete Steuern in Anrechnung zu bringen (NJW **89**, 2140). **B.** wenn 4
das Erlangte (dh das zunächst Erlangte nach § 73 I S. 1) **nur einen geringen
Wert** (5 zu § 248 a) hat; dh in Bagatellfällen. Daneben ist § 430 iVm § 442 I
StPO zu beachten, wonach auf den Verfall verzichtet werden kann, wenn
er neben der zu erwartenden Strafe oder Maßregel der Besserung und
Sicherung nicht ins Gewicht fällt oder wenn das Verfallsverfahren (trotz
§ 73 b) einen unverhältnismäßigen Aufwand erfordern würde.

§ 73 c

5   **4) Zahlungserleichterungen** nach § 42 kann das erkennende Gericht und später die Vollstreckungsbehörde (§ 459 g II StPO) vor allem in den Fällen von § 73 a bewilligen (vgl. Anm. zu § 42).

Erweiterter Verfall

73 d   ^IIst eine rechtswidrige Tat nach einem Gesetz begangen worden, das auf diese Vorschrift verweist, so ordnet das Gericht den Verfall von Gegenständen des Täters oder Teilnehmers auch dann an, wenn die Umstände die Annahme rechtfertigen, daß diese Gegenstände für rechtswidrige Taten oder aus ihnen erlangt worden sind. Satz 1 ist auch anzuwenden, wenn ein Gegenstand dem Täter oder Teilnehmer nur deshalb nicht gehört oder zusteht, weil er den Gegenstand für eine rechtswidrige Tat oder aus ihr erlangt hat. § 73 Abs. 2 gilt entsprechend.

^{II}Ist der Verfall eines bestimmten Gegenstandes nach der Tat ganz oder teilweise unmöglich geworden, so finden insoweit die §§ 73 a und 73 b sinngemäß Anwendung.

^{III}Ist nach Anordnung des Verfalls nach Absatz 1 wegen einer anderen rechtswidrigen Tat, die der Täter oder Teilnehmer vor der Anordnung begangen hat, erneut über den Verfall von Gegenständen des Täters oder Teilnehmers zu entscheiden, so berücksichtigt das Gericht hierbei die bereits ergangene Anordnung.

^{IV} § 73 c gilt entsprechend.

1   **1) Schrifttum:** Vgl. zunächst wegen des Schrifttums zum OrgKG und zur konkurrierenden Vermögensstrafe 1 zu § 43 a und zum Verfall allgemein 1 zu § 73. Zum erweiterten Verfall: *Dt. Anwaltsverein* AnwBl. **90**, 247; *Dt. Richterbund* DRiZ **90**, 106; *Köhler/Beck* JZ **91**, 797; *Krey/Dierlamm* JR **92**, 353; *Möhrenschlager* wistra **92**, 285; *Pieth* StV **90**, 558; *Weßlau* StV **91**, 226.

2   **2) Die Vorschrift** wurde durch Art. 1 Nr. 7 OrgKG (Materialien 2 zu § 43 a) aufgrund einer im Rahmen des Nationalen Rauschgiftbekämpfungsplanes im Vorgriff auf eine umfassendere Reform der §§ 73 ff. ergriffenen Initiative der BReg. *mit Wirkung vom 22. 9. 1992* eingefügt. Der RegE beschränkte den erweiterten Verfall jedoch auf schwere Fälle der gewinnorientierten BtM-Kriminalität, während das OrgKG das Institut auf weitere Bereiche der OrgK ausdehnte. **Materialien A. zum RegE** eines StÄndG – Erweiterter Verfall – BR-Drs. 16/90; **BRat:** Ausschußprot. R Nr. 4/90, G Nr. 4/90; Ausschußempfehlungen Drs. 16/1/90; Antrag Bayerns Drs. 16/2/90; Stellungnahme BRat Drs. 16/90 (Beschluß); **BTag** RegE BT-Drs. 11/6623; PlenProt. 11/203; Ausschuß Prot. R Nr. 75 (Hearing); Nr. 97 Haush. Nr. 78; I-BTag Nr. 89; G-BTag Nr. 89: **B. Zum OrgKG** 2 zu § 43 a; **C. zum SPD-E:** BT-Drs. 12/31 (der GesE wurde für erledigt erklärt, BT-Drs. 12/2720).

3   **3) Zur Rechtsnatur** des erweiterten Verfalls, die sich wie die des Verfalls nach § 73 durch das AWG/StGBuaÄndG (1 b zu § 73) und das OrgKG geändert hat, und zu den daraus resultierenden Gefahren für das zweispurige System gilt das in 1 c zu § 73 c Ausgeführte entsprechend. Die wegen der Ineffektivität der bisherigen Gewinnabschöpfungsmöglichkeiten (3 zu § 43 a) unternommenen Bemühungen, den Zugriff auf die Tatgewinne nach dem Bruttoprinzip (3 a zu § 73) und damit zugleich auf das Investitionskapital für die Begehung weiterer Straftaten erleichtern, erstreckten sich nicht nur auf die Einführung der Vermö-

Verfall und Einziehung § 73 d

gensstrafe (zu den hiergegen bestehenden Bedenken vgl. 3, 6 zu § 43a) und auf den Übergang vom Netto- zum Bruttoprinzip (3a zu § 73), sondern in den durch die Rückverweisungsnorm (unten 5) bestimmten Anwendungsfällen auf zusätzliche Beweiserleichterungen beim erweiterten Verfall. Er knüpft nicht, wie § 73 aF an einen *festgestellten* Tatgewinn, sondern an die den Umständen nach gerechtfertigte *Annahme* der illegalen Vermögensherkunft an. Das Gericht soll also nicht gezwungen sein, in eine umfassende Prüfung der deliktischen Herkunft einzutreten.

4) Zur verfassungsrechtlichen Legitimation der Gewinnabschöpfung **4** vgl. zunächst 3, 6 zu § 43a sowie 1c und 3a zu § 73. Auch bei § 73d geht es keineswegs nur um die Abschöpfung des illegitimen Vermögensvorteils, der nachweisbar durch eine rechtswidrige Tat erlangt worden ist. Daher betritt das OrgKG im grundrechtsrelevanten Bereich Neuland (Prot. R-BRat Nr. 4/90, 36). Die Zulässigkeit des § 73d ist zw., wenn sie mit dem Hinweis auf das Gemeinwohlinteresse an einer wirksamen Bekämpfung der OrgK begründet wird (BT-Drs. 12/989, 23; vgl. aber den Rechtfertigungsversuch von Krey JR **92**, 357). Denn unsere Grundrechte sind Individualrechte, so daß nicht von einem kollektiven Grundrechtsschutz auszugehen ist. In jedem einzelnen Fall muß die Anwendung des § 73d der **Eigentumsgewährleistung durch Art. 14 GG** hinreichend gerecht werden (RegE BR-Drs. 16/90, 8). Der Hinweis (RegE 7) auf den der Rspr. zugrundeliegenden Gedanken, daß Eigentum an Gegenständen, die für Straftaten verwendet wurden oder aus ihnen stammen, nicht schutzwürdig ist, reicht zur Begründung ebenfalls nicht aus. Denn dieser Gedanke (BVerfGE **22**, 422) läßt sich auf § 73d nur anwenden, wenn dem Gericht der wegen des Strafcharakters volle Schuldnachweis sowie der zweifelsfreie Nachweis des (von Art. 14 GG nicht geschützten) **gemeinschaftswidrigen Gebrauchs** des Eigentums gelingt und ferner nachgewiesen werden kann, daß ein *konkreter Zusammenhang* zwischen der abzuurteilenden Anknüpfungstat und dem Eigentumsmißbrauch besteht (Köhler/Beck JZ **91**, 799; Weßlau StV **91**, 233; DRiB DRiZ **90**, 107; Eser Prot. R-BTag Nr. 31, Anh. 36; vgl. 3. 7. 1992, 2 StR 24/92). **Nach I S. 1** soll aber für die Anwendung des § 73d ausreichend sein, daß **Umstände die Annahme rechtfertigen**, daß die Gegenstände für rechtswidrige Taten oder aus ihnen erlangt worden sind und wegen der Schwere des Delikts mit einem gewissen Verdacht belastet sind, aus derartigen gravierenden Taten unmittelbar oder mittelbar herzurühren. Der erweiterte Verfall ist also auch dann anzuordnen, wenn der Täter eine der Katalogtaten (unten 6) begangen hat, die Gegenstände aber für irgendeine andere rechtswidrige Tat oder aus ihr erlangt worden sind. Der Vermögensverlust ist somit die Nebenfolge einer bestimmten Anknüpfungstat, ohne daß der Rechtfertigungsnachweis für den Eingriff in das Vermögen mit dem verfassungsrechtlich erforderlichen Grad der Gewißheit erbracht werden muß, daß nämlich in der *abzuurteilenden* Tat der Eigentumsmißbrauch nach den Umständen anzunehmen ist. Die abzuurteilende Anknüpfungstat braucht also keineswegs mit der Herkunftstat identisch zu sein, aus der der Verfallsgegenstand (vermutlich!) erlangt worden ist (Krey JR **92**, 358 mwN). Dabei soll es nach dem RegE (S. 8) genügen, „daß die Herkunft des Verfallsgegenstandes mit den Erkenntnismöglichkeiten des Gerichts nicht feststellbar ist", daß sich aber „eine ganz hohe Wahrscheinlichkeit der Herkunft aus rechtswidrigen Taten in dem Sinne ergibt, daß sich die Herkunft für einen objektiven Beobachter geradezu aufdrängt". Das Gericht soll nicht gezwungen werden, in eine umfassende Prüfung der Herkunft der Gegenstände einzutreten (Prot. R-BTag Nr. R 4/90, 43). Erforderlich ist aber mindetens eine sich aus Indizien ergebende Überzeugung, daß es sich um illegitime Vermögensvorteile handelt (vgl. Prot. R-BTag Nr. 4/90, 37). Ob diese Voraussetzungen in dem

§ 73d

AT Dritter Abschnitt. Siebenter Titel

Merkmal „wenn Umstände die Annahme rechtfertigen" zum Ausdruck kommen, ist zw. Nicht zu bestreiten ist aber, daß der konkrete Zusammenhang zwischen der Verfallanordnung und dem gemeinwohlwidrigen Eigentumsgebrauch durch eine rechtswidrige und daher verwirkungsbegründende Tat nicht zwingend geführt werden muß (zum Erfordernis des Tatzusammenhangs im Hinblick auf den Verwirkungsgedanken vgl. Weßlau StV **91**, 229 mwN). Ist somit die Rechtfertigung des § 73d aus dem Gedanken der Grundrechtsverwirkung (Eser [1 zu § 73] 170 ff., Weßlau StV **91**, 229) als mißlungen anzusehen (vermittelnd Krey JR **92**, 358: Hohe Anforderungen an den Verdachtsgrad, Einengung des Straftatenkatalogs unten 6), so erscheint der Zugriff auf das Vermögen bei nur „vermuteter Verwirkung" des Eigentumschutzes auch als Verstoß gegen die strafrechtliche **Unschuldsvermutung** nach Art. 6 II MRK (vgl. BVerfGE **74**, 358, 371), soweit die Verfallsanordnung auf der Unterstellung von Straftaten beruht (Weßlau StV **91**, 231 mwN). Die Unbedenklichkeit kann auch nicht damit begründet werden (so aber RegE 8), daß die Unschuldsvermutung *Maßnahmen* (36 zu § 11) nicht verbiete, die Anordnung des Verfalls die Feststellung von Schuld also nicht voraussetze („rechtswidrige Tat"; 33 zu § 11; so auch Krey JR **92**, 358). Gegen diesen Begründungsversuch spricht die Veränderung der Rechtsnatur des Verfalls (oben 3) durch den Übergang zum Bruttoprinzip (1c zu § 73). Bei einer Sanktion mit *Straf*charakter gilt immer noch das Schuldprinzip, somit auch für einen Verfall, bei dem der Ausgleichscharakter nicht mehr erkennbar ist (vgl. hierzu und zum Zweifelssatz Weßlau StV **91**, 231).

5 **5) Die systematische Einordnung** des erweiterten Verfalls in den 7. Titel des Abschnitts „Rechtsfolgen der Tat" bedeutet nicht nur, daß § 73d als eine weitere Erscheinungsform des in den §§ 73ff. geregelten Verfalls anzusehen ist (so daß grundsätzlich alle Vorschriften, die sich auf den Verfall beziehen, insbesondere die §§ 111b ff. StPO, auch auf § 73d anwendbar sind), sondern wegen der Einfügung *nach* den §§ 73 bis 73c, daß eine vollinhaltliche Anwendung dieser Vorschriften ausgeschlossen ist. § 73d schafft also eine eigenständige Eingriffsbefugnis, die aber nicht ohne Rücksicht auf § 73 angewendet werden darf, wenn schon die Voraussetzungen des § 73d aber auch die des § 73 gegeben sind (vgl. dazu unten 7). § 73 II wird zudem nach I S. 3 für entsprechend, die §§ 73a und 73b nach II und § 73c nach IV für sinngemäß anwendbar erklärt. **Keine vollinhaltliche Anwendung** sieht also § 73d in bezug auf die §§ 73a bis 73c vor, weil **A.** § 73a sich für den Wertersatzverfall nur auf das *nachgewiesenermaßen* durch die Tat Erlangte bezieht, während § 73d sich ganz allgemein und umfassender auf **Gegenstände des Täters oder Teilnehmers** auch dann bezieht, wenn der Nachweis der Herkunft aus einer konkreten Tat nicht geführt werden kann, sondern nur vermutet wird (oben 4; daß der RegE [11] den Begriff des „Erlangten" in den §§ 73a und 73b dem Tatvorteil gleichsetzt, ist auf den erst später in das Gesetzgebungsverfahren eingeführten Übergang zum Bruttoprinzip [3a zu § 73] zurückzuführen); **B.** § 73b, der im Bereich des § 73 die Schätzung trotz des Übergangs auf das Bruttoprinzip (3a zu § 73) ermöglicht, sinnvoll nicht in gleicher Weise auf § 73d anzuwenden ist. Denn während sich bei § 73 der Entzug auch auf einen Teil des Erlangten beziehen kann, so daß insoweit auch eine Minderung des Vermögensvorteils erfaßt ist (BR-Drs. 449/91, 23), setzt § 73d derartige Ermittlungen des Tatgewinns nicht voraus. Zur sinngemäßen Anwendung nach II vgl. unten 10; **C.** § 73c eine unmittelbare Verknüpfung der Verfallsgegenstände mit der abzuurteilenden Herkunftstat voraussetzt, während bei § 73d eine Ableitung des Gegenstandes aus einer konkreten Tat nicht nachgewiesen zu werden braucht. Die sinngemäße Anwendung aber schreibt IV vor (unten 12). **D.** § 73 I S. 2, der die Verfallsanordnung ausschließt, soweit **Schadensersatzansprüche** des durch die Tat Verletzten vorlie-

Verfall und Einziehung § 73 d

gen (4 zu § 73), ist auf den erweiterten Verfall anwendbar. Geht der RegE (S. 14) dabei noch von der Annahme aus, daß das Risiko, über § 73 d könnten Gegenstände entzogen werden, die unter den strengen Voraussetzungen des § 73 I S. 2 vom Verfall ausgeschlossen wären, gering sei, so mag diese Annahme bei der ursprünglichen Beschränkung des § 73 d auf BtM-Taten gerechtfertigt gewesen sein; die Begründung muß aber nach der Erweiterung auf die unten 6 genannten Katalogtaten zw. erscheinen, zumal das seinerzeitige Vorhaben, den Opferschutzgedanken (im Rahmen der Gesamtreform des Verfalls) in einem Nachverfahren zu berücksichtigen, nicht realisiert wurde. Das Gericht wird daher unbilligen Ergebnissen durch die mögliche sinngemäße Anwendung der Härteregelung des § 73 c (unten 12) Rechnung zu tragen haben (vgl. auch RegE 8, 14).

6) Nach 1 S. 1 ist die Anwendung – ganz unabhängig davon, ob sich das 6 Gericht die oben 3, 4 dargelegten Bedenken zu eigen macht und auf eine verfassungsrechtliche Klärung drängt – wegen seiner besonders schwerwiegenden Eingriffsbefugnis nach dem RegE zunächst auf den BtM-Bereich beschränkt worden, im weiteren Gesetzgebungsverfahren dann aber auf andere Bereiche der OrgK ausgedehnt worden. Vom RegE wurde, um für jede Erweiterung eine gesonderte Rechtfertigung abzufordern, die Form einer **Blankettnorm** gewählt. Das Blankett muß (wie bei § 43a; dort 5) durch ein Gesetz ausgefüllt werden, das auf § 73 d verweist. **Verweisungen auf § 73 d,** die seine Anwendung erst ermöglichen, enthalten für den Fall, daß der Täter **als Mitglied einer Bande handelt,** die sich zur fortgesetzten Begehung von Taten verbunden hat, die in 5 zu § 43a genannten Vorschriften des BT sowie § 33 I Nr. 2 BtMG und darüber hinaus für den Fall, daß der Täter **gewerbsmäßig handelt** im BT § 150 I S. 2, § 181 c S. 2, § 260 III S. 2, § 260 VII S. 4, § 285 b I S. 2 sowie im BtMG § 33 I Nr. 1. **A. Das Verhältnis zur Vermögensstrafe und zum Verfall nach § 73** ist einerseits durch § 43 a I S. 2 iS des Vorrangs des zwingend anzuordnenden Verfalls nach den §§ 73 ff. (vgl. 9 zu § 43a), andererseits – wie sich aus I S. 1 (ordnet ... **auch dann an**) ergibt, im Sinne des Vorrangs des § 73 geregelt (vgl. 1d zu § 73). § 73 d ist also nicht lex specialis gegenüber § 73 mit der Folge, daß dieser zurücktritt, sobald die Voraussetzungen des § 73 d vorliegen, und daß § 73 d sich nicht wie § 73 *auch* auf die verfahrensgegenständliche Tat, sondern *nur* auf den Verfall allgemein bemakelten Vermögens beziehen würde. Denn § 73 d bezieht sich nicht nur auf solche Gegenstände, hinsichtlich derer ein rechtmäßiger Erwerb nicht feststellbar ist, sondern außerdem (wie auch § 73) auf die aus der oder für die *abzuurteilende* Tat erlangten Gegenstände. Vor der Anwendung des § 73 d muß jedoch unter Ausschöpfung aller prozessual zulässigen Mittel ausgeschlossen werden können, daß die Voraussetzungen des § 73 erfüllt sind (1 d zu § 73). **B. Weitere Voraussetzung** für die Anwendung des § 73 d ist, daß eine bestimmte (oben vor A), nicht notwendig schuldhaft begangene, sondern nur rechtswidrige Anknüpfungstat (33 zu § 11), dh eine derartige begangen ist, wie sie die das Blankett ausfüllende rückverweisende Norm beschreibt. Die Tat muß also dadurch gekennzeichnet sein, daß ihr ein besonders schwerwiegendes Element, nämlich das der bandenmäßigen oder gewerbsmäßigen Begehung (oben vor A) innewohnt. Nach dem RegE und der verfassungsrechtlichen Bewertung des UAR-BRat (Prot. Nr. 4/90, 39) soll der erweiterte Verfall auch dann gerechtfertigt sein, wenn er Gegenstände erfaßt, die aus einer „aus rechtlichen Gründen", zB

§ 73 d

wegen **Verjährungseintritts** nicht mehr verfolgbaren Anknüpfungstat stammen, wenn die Gefährlichkeit der Gegenstände fortbesteht (RegE 15). Das ist bei einer allein auf Sicherungsgründe gestützten Maßnahme, zB für die Sicherungseinziehung nach § 76 a von der Rspr. anerkannt, aber mehr als zw., wenn man aus den oben 3 und in 1 c zu § 73 dargelegten Gründen von einem Wandel der Rechtsnatur des Verfalls infolge Übergangs zum Bruttoprinzip auszugehen hat. Diese Änderung hat das Argument erschüttert, daß es keine „Akzessorietät" zwischen der Verfolgbarkeit einer Anknüpfungstat und der Verfallsanordnung gäbe (Prot. R-BRat Nr. R 10/90, 81). Denn eingeschränkt ist die Zugriffsmöglichkeit auch dadurch, daß die Umstände die Annahme der deliktischen Herkunft **rechtfertigen** müssen. Aus den oben 4 zur verfassungsrechtlichen Legitimation einer so grundlegenden Eingriffsbefugnis dargelegten Gründen folgt die zwingende Berücksichtigung rechtsstaatlicher Bedenken. Weiter dürfen die Begriffe „rechtfertigen" und „nahelegen" nicht gleichgesetzt werden. Daher ist die Rechtfertigung bei ungeklärter Herkunft der Gegenstände nicht schon deshalb anzunehmen, weil der Täter oder Teilnehmer in der Herkunftsfrage unzureichende oder falsche Angaben macht (Prot. R-BRat Nr. R 10/90, 85). Das folgt bereits aus dem verfassungsrechtlich garantierten Schutz vor Zwang zur Selbstbezichtigung (BVerfGE **56**, 43; Weßlau StV **91**, 232; DRiB DRiZ **90**, 107), den der DRiB auch für verletzt sieht, weil der Täter bei drohender Anordnung eines auf Vermutungen gestützten Verfalls schon Angaben zur Herkunft seines Vermögens machen *muß*, um die Vermutungen zu entkräften (Prot. R-BTag Nr. 31 Anh. 137: Umgehung der Aussagefreiheit). **Für rechtswidrige Taten oder aus ihnen** muß der Gegenstand erlangt (4 zu § 73) oder ein Surrogat des ursprünglich erlangten Taterlöses sein (unten 8), so daß wie bei § 73 (dort 3 b) für I alles, was durch den Einsatz des Erlangten, dh nur mittelbar in das Vermögen einfließt, ausscheidet. Ein Antrag, auch einen mittelbaren Bezug zwischen der Herkunftstat und den für verfallen zu erklärenden Vermögensgegenstand genügen zu lassen, fand keine Mehrheit (Prot. R-BRat Nr. R 10/90, 85).

7   7) Durch **I Satz 2** (der gegenüber dem RegE verdeutlicht wurde, Prot. R-BRat Nr. R 4/90, 48) wird solchen Rechtsgeschäften der Schutz der Rechtsordnung entzogen, die sich offensichtlich im Widerspruch zu ihr verhalten. Da die Verfallanordnung nach S. 1 das **Eigentum des Betroffenen** an dem Verfallgegenstand voraussetzt, § 134 BGB aber jedes verbotswidrige dingliche Verfügungsgeschäft des betroffenen Veräußerers nichtig werden läßt (BGH **31**, 145), wäre die Verfallanordnung bei verbotswidriger Übertragung ausgeschlossen, zumal § 73 IV nicht direkt anwendbar ist, weil er den *Nachweis* erfordert, daß der Gegenstand von dem Dritten für die Tat oder in Kenntnis der Tatumstände gewährt worden ist. § 73 d will aber seiner gesetzgeberischen Zielsetzung nach gerade die hierzu notwendigen Ausermittlungen der Ursprungstat vermeiden. Hinsichtlich des nicht mehr vom Ausgleichsgedanken getragenen Zugriffs auf das Bruttovermögen bestehen hiergegen die oben 3, 4 und in 1 c und 1 d zu § 73 dargelegten Bedenken.

8   8) **Nach I Satz 3** gilt § 73 II *entsprechend,* da die vollinhaltliche Anwendung des § 73 II aus den oben zu 5 (B) dargelegten Gründen ausgeschlossen ist. Doch sollen die **Nutzungen und Surrogate** auch dem erweiterten Ver-

Verfall und Einziehung § 73 d

fall unterworfen sein, um seine Umgehung durch den Austausch der Gegenstände (zB Umtausch von Geldscheinen) auszuschließen.

9) Zwingend ist der erweiterte Verfall anzuordnen, wenn die Voraussetzungen des I gegeben sind (vgl. jedoch IV iVm § 73c I; unten 12). Dieses Grundprinzip des Verfalls vermeidet Konkurrenzen zur fakultativen **Vermögensstrafe**, die sich nach § 43a I S. 2 nur auf solche Gegenstände beziehen kann, die nicht dem Verfall unterliegen können (vgl. 1d zu § 73).

10) Nach II gelten die §§ **73a** und **73b** sinngemäß. Eine vollinhaltliche Anwendung dieser Normen ist aus den oben zu 5 (A, B) dargelegten Gründen ausgeschlossen, doch ist der Wertersatzverfall nach § 73a für den Fall möglich, daß der Täter den Zugriff auf das ursprünglich verfallbar gewesene Vermögen durch Beseitigung wesentlicher Gegenstände vereitelt. Bedenken hiergegen ergeben sich durch den Übergang auf das Bruttoprinzip (3a zu § 73), nämlich durch den beabsichtigten *allgemeinen* Zugriff, dh auch auf das redlich erworbene und den Tatgewinn übersteigende Tätervermögen, ohne den Herkunfts*nachweis* zu führen, sondern allein auf Grund einer aus den Umständen abgeleiteten Annahme des Ursprungs aus rechtswidrigen Taten, also auch ohne Schuldnachweis. Auch hier ist für die geforderte Rechtfertigung dieser Annahme das oben 3, 4 Dargelegte maßgebend. II knüpft unmittelbar an den Verlust eines bestimmten Vermögensgegenstandes an, der nach I verfallbar gewesen wäre und bei Begehung der Anknüpfungstat beim Täter noch vorhanden war. Ist also dieser Gegenstand dem Tätervermögen nach der Begehung der Tat entnommen und der Verfall dadurch ganz oder zT unmöglich geworden, so unterliegt der ursprünglich verfallbar gewesene Gegenstand in sinngemäßer Anwendung des § 73a dem Wertersatzverfall. Als „Erlangtes" iS von § 73a ist also das ursprünglich Verfallbare anzusehen. § 73b gilt ebenfalls nur sinngemäß, dh nur hinsichtlich des Wertersatzverfalls, so daß nicht etwa das Tätervermögen als solches, sondern nur der Wert des ursprünglich dem Verfall unterliegenden Gegenstandes geschätzt werden darf.

11) Abs. III schließt den mehrfachen Zugriff auf denselben Gegenstand aus. Da § 73d nicht an die Ermittlung der Vermögensherkunft aus einer konkreten Ursprungstat, sondern nur an die den Umständen nach gerechtfertigte Annahme der deliktischen Herkunft des Gegenstandes anknüpft, könnte es sonst zu einer Verfallanordnung von Gegenständen kommen, die bereits in einem vorausgegangenen Verfahren für verfallen erklärt worden sind. Daher ist das Gericht bei jeder Verfallanordnung verpflichtet, eine **bereits ergangene Anordnung zu berücksichtigen**, dh zu prüfen, ob derselbe Gegenstand von einer vorausgegangenen Anordnung nach den §§ 73ff. umfaßt war. Können ausreichende Feststellungen nicht getroffen werden, so gilt der Vermögensgegenstand als bereits früher für verfallen erklärt (*in dubio pro reo;* RegE 20).

12) Abs. IV verpflichtet das Gericht zur *sinngemäßen*, nicht vollinhaltlichen (oben 5) Anwendung der **Härteregelung** des § 73c I, um dem Verhältnismäßigkeitsgrundsatz immer dann Rechnung tragen zu können, wenn die Verfallsanordnung für den Betroffenen unzumutbar wäre. Sie kann (§ 73c I S. 2) auch unterbleiben, wenn die Bereicherung weggefallen oder für die Resozialisierung des Täters abträglich ist. Gerade in diesen Fällen wird die Anordnung des Wertersatzverfalls nach II besonders sorg-

§ 73 d
AT Dritter Abschnitt. Siebenter Titel

fältiger Abwägung bedürfen, und zwar insbesondere im Hinblick auf die gelockerten Anforderungen an den Nachweis der deliktischen Herkunft des Vermögens (RegE 20). IV gibt iVm § 73 II dem Gericht ebenfalls die Möglichkeit, **Zahlungserleichterungen** nach § 42 zu gewähren.

13 13) Zum **Verfahrensrecht** vgl. 14 zu § 73.

Wirkung des Verfalls

73 e [I] Wird der Verfall eines Gegenstandes angeordnet, so geht das Eigentum an der Sache oder das verfallene Recht mit der Rechtskraft der Entscheidung auf den Staat über, wenn es dem von der Anordnung Betroffenen zu dieser Zeit zusteht. Rechte Dritter an dem Gegenstand bleiben bestehen.

[II] Vor der Rechtskraft wirkt die Anordnung als Veräußerungsverbot im Sinne des § 136 des Bürgerlichen Gesetzbuches; das Verbot umfaßt auch andere Verfügungen als Veräußerungen.

1   1) **Die Vorschrift,** die bis auf den durch Art. 18 Nr. 39 EGStGB (E EGStGB 214f.; 293 zu § 111c StPO) in II eingefügten 2. Halbs. fast wörtlich dem § 112 E 1962 (Begr. 245) entspricht, ist durch das 2. StrRG als § 73d eingefügt (Ber. BT-Drs. V/ 4095, 41) und durch Art. 1 Nr. 8 OrgKG (2 zu § 43a) § 73e geworden. Er regelt die Wirkungen des Verfalls eines Gegenstandes, dh einer Sache oder eines Rechts nach den §§ 73, 73d; für den Verfall des Wertersatzes nach § 73a ist § 73e ohne Bedeutung (dort aber Möglichkeit des dinglichen Arrests nach § 111d StPO). § 73e ist mit den §§ 111b ff. StPO (14 zu § 73) zusammenzusehen; so daß insgesamt drei Wirkungsstufen zu unterscheiden sind:

2   2) **A. Die Beschlagnahme** einer Sache oder eines Rechts, die bei dringenden Gründen für die Annahme der Voraussetzungen des § 73 oder des § 73d (§ 111b I StPO) nach § 111c StPO vorgenommen wird, hat bereits die Wirkung eines Veräußerungsverbots nach § 136 BGB (§ 111c V StPO), und zwar nur eines relativen Verbots zugunsten des Fiskus nach § 135 BGB. Es gilt 3 zu § 74e entsprechend. Das Verbot, das zunächst auch gegen einen Nichtbetroffenen iS von I S. 1 wirkt (zw.), da es an einer entsprechenden Vorschrift in den §§ 111b ff. StPO fehlt, macht nicht nur Veräußerungsgeschäfte und die in § 135 I S. 2 BGB genannten Verfügungen, sondern auch andere wertbeeinträchtigende Verfügungen jeder Art dem Fiskus gegenüber unwirksam (E EGStGB 214f.), zB eine Verpfändung.

3   **B. Die nicht rechtskräftige Verfallanordnung** hat nach II dieselbe Wirkung wie die Beschlagnahme nach 2, wenn es zu einer solchen vorher nicht gekommen war.

4   **C. Mit der Rechtskraft** der Verfallanordnung **a)** geht das **Eigentum** an der Sache oder **das verfallene Recht** auf den Staat über, aber abw. von § 74e nur dann, wenn das Eigentum oder das andere Recht zur Zeit der letzten tatrichterlichen Entscheidung (11 zu § 74) dem Betroffenen, dh einem Tatbeteiligten, einem anderen unter den Voraussetzungen des § 73 III, einem Dritten unter den Voraussetzungen des § 73 IV, zusteht oder herrenlos ist (SchSch-Eser 6). Nimmt das Gericht das nur irrig an, so ist seine Anordnung unwirksam; dem Rechtsträger bleibt sein Recht erhalten und er darf es geltend machen (E 1962, 246), insbesondere rechtswirksame Verfügungen darüber treffen. Er ist dann,

Verfall und Einziehung **§ 73 e**

auch wenn er nicht an einem Verfahren nach §§ 431 ff. iVm § 442 II StPO beteiligt war, nicht gezwungen, seine Rechte in einem Nachverfahren nach § 439 StPO wahrzunehmen (ebenso SchSch 3), sondern kann sich frei, ev. im Wege des Zivilprozesses, mit dem Fiskus auseinandersetzen. Im übrigen gilt 1 zu § 74e entsprechend. **b) Rechte Dritter** an dem verfallenen Gegenstand, dh nicht obligatorische, sondern nur beschränkt dingliche (vgl. 4 zu § 74e), bleiben nach I S. 2 bestehen, gleichgültig, ob das Gericht von ihrer Existenz Kenntnis hat. Über die Ablösung solcher Rechte hat sich der Fiskus mit dem Dritten auseinanderzusetzen; § 74 f gilt auch nicht entsprechend.

Voraussetzungen der Einziehung

74 ¹ **Ist eine vorsätzliche Straftat begangen worden, so können Gegenstände, die durch sie hervorgebracht oder zu ihrer Begehung oder Vorbereitung gebraucht worden oder bestimmt gewesen sind, eingezogen werden.**

II Die Einziehung ist nur zulässig, wenn

1. die Gegenstände zur Zeit der Entscheidung dem Täter oder Teilnehmer gehören oder zustehen oder

2. die Gegenstände nach ihrer Art und den Umständen die Allgemeinheit gefährden oder die Gefahr besteht, daß sie der Begehung rechtswidriger Taten dienen werden.

III Unter den Voraussetzungen des Absatzes 2 Nr. 2 ist die Einziehung der Gegenstände auch zulässig, wenn der Täter ohne Schuld gehandelt hat.

IV Wird die Einziehung durch eine besondere Vorschrift über Absatz 1 hinaus vorgeschrieben oder zugelassen, so gelten die Absätze 2 und 3 entsprechend.

1) **Die Vorschriften** über die Einziehung und Unbrauchbarmachung im 1 StGB und Nebenrecht sind durch das EGOWiG reformiert und redaktionell durch das EGStGB geändert worden. Die §§ 74 ff. entsprechen den §§ 40 ff. aF. Zur Entstehungsgeschichte vgl. §§ 113 ff. E 1962 mit Begr.; Ndschr. **3**, 203; 283; **4**, 378; 569; **12**, 212; 504; E EGOWiG BT-Drs. V/1319; Prot. der 311. Sitz. des RA-BRates, StrABTags, Prot. V/539 ff., 992 ff., 1021 ff., 1047 ff., 1063 ff., 1079 ff., 1149 ff., 1252 ff., 1803 ff.; der 53. und 63. Sitz. des RA-BTages. **Schrifttum:** *Eser,* Die strafrechtlichen Sanktionen gegen das Eigentum, 1969 (zit. Sanktionen); *Wuttke* SchlHA **68**, 246. Zur Einziehung beim unerlaubten Handel mit BtM vgl. *Eberbach* NStZ **85**, 294; *Firgau* HWiStR „Einziehung".

2) **Die Einziehung** ist kein einheitliches Rechtsinstitut (Düsseldorf NJW 2 72, 1382). Soweit sie den Täter oder Teilnehmer trifft (II Nr. 1), ohne daß II Nr. 2 gegeben ist, handelt es sich um eine **Strafe** (BGH **6**, 62; **8**, 214; **10**, 29; 338; **16**, 47; NJW **52**, 191; StV **84**, 453 m. Anm. Schlothauer; Saarbrücken NJW **75**, 66; München NJW **82**, 2330; Düsseldorf NStE Nr. 4; vgl. 2 zu § 74a; LK-Schäfer 4; str.), die nicht stets **Nebenstrafe** zu sein braucht (vgl. § 76a). In den Fällen von III ist die Einziehung reine **Sicherungsmaßnahme** (jedoch nicht Maßregel iS der §§ 61 ff.), auch wenn sie Dritte trifft (vgl. BGH **6**, 62; 3. 10. 1979, 3 StR 273/79; Schleswig StV **89**, 156), dies gilt auch für II Nr. 2 allein (Düsseldorf aaO); trifft sie mit II Nr. 1 zusammen, so ist ein gemischter Charakter gegeben. Eine Art Strafe stellt die Dritte treffende Einziehung nach § 74a dar (vgl. dort 3 bis 8). Enteignung

§ 74

ist die Einziehung mindestens in den Fällen nicht, in denen eine Entschädigung nicht gewährt wird, da sie dann stets eine Verletzung der Sozialbindung des Eigentums voraussetzt (E EGOWiG 59; Arndt Prot. V/1032; BGH **19**, 76; **20**, 255; **21**, 69; Gilsdorf JZ **58**, 641; Eser, Sanktionen 249 ff.). In den Fällen, in denen die Einziehung Strafe ist (beachte hierzu 2 aE zu § 74b), wird sie bei einer Amnestie mit erlassen; anders soweit sie Sicherungsmaßregel ist und das Gesetz nichts Abweichendes bestimmt (vgl. RG **67**, 215; BGH **6**, 62). Ebenso hindert die Verjährung der Strafverfolgung die selbständige Anordnung der Einziehung dann nicht, wenn diese sichernde Maßnahme ist (10 zu § 76a).

3 **3) Gegenstände** können eingezogen werden, dh nicht nur Sachen, sondern im Gegensatz zum früheren Recht (BGH **9**, 184; **19**, 158), wie die Gesetzesfassung zeigt (II Nr. 1: „gehören oder zustehen"; § 74a Nr. 1: „die Sache oder das Recht") auch Rechte, so Rechte an Sachen (Hypotheken), vor allem aber Forderungen (Bankguthaben); dazu gehört auch ein Miteigentumsanteil (NStZ **91**, 456), was aber kaum praktisch werden kann (vgl. unten 12); nicht hingegen Gesamthandseigentum (vgl. RG **74**, 333) oder Teile einer unteilbaren Sache (Bay **61**, 277). Die bloß tatsächliche Verfügungsgewalt über eine Sache reicht nicht aus (MDR/D **69**, 722). Beim unerlaubten Handel mit BtM bleibt der Käufer nach § 134 BGB Eigentümer des dem Verkäufer übergebenen Geldes.

4 **4) Eine bestimmte Rolle,** die im Urteil eindeutig festzustellen ist (30. 7. 1991, 1 StR 440/91), muß der Gegenstand bei der Tatbegehung gespielt haben, und zwar nach **I** (vgl. weiter unten 11 ff.) entweder

5 **A. durch die Tat hervorgebracht** sein (sog. **producta sceleris),** nämlich unmittelbar durch die mit Strafe bedrohte Handlung (RG **39**, 79) wie zB gefälschte Urkunden (AG Osterode NdsPfl. **66**, 227) oder Münzen; bei strafbarem Versuch oder strafbarer Vorbereitungshandlung auch das durch solche Handlungen Hervorgebrachte (zB die in der Fälschung begriffene Urkunde, die Platten für die Münzfälschung); *nicht* hingegen das durch die Tat Erworbene wie das gewilderte Tier oder das gestohlene Geld (RG **72**, 390; vgl. aber unten 19), das beim Glückspiel gewonnene Geld (RG **39**, 78; 18. 1. 1977, 1 StR 643/76); das Honorar für die Brandlegung (NStE Nr. 5),das bei einer unerlaubten Straßensammlung erhaltene Geld (17. 10. 1979, 2 StR 791/79); der Erlös aus dem Verkauf von BtM (BGHR § 74 I Tatm. 2; 8. 8. 1990, 2 StR 282/90; 11. 2. 1992, 1 StR 50/92; 4. 3. 1992, 3 StR 50/92, es sei denn, er wäre zur Begehung rechtswidriger Taten bestimmt, 30. 5. 1989, 4 StR 118/89), das Entgelt für die Tat (RG **67**, 341; vgl. dazu das Institut des Verfalls, §§ 73 ff.), das mit Hilfe eines productum sceleris Erworbene (das für den gefälschten Scheck erhaltene Geld, vgl. RG **47**, 222) oder im Zusammenhang mit der Tat entstandene Beweismittel wie zB Geschäftsbücher (RG **52**, 201); oder

6 **B. zur Begehung oder Vorbereitung der Tat gebraucht worden oder bestimmt gewesen sein,** dh die Tatmittel („Werkzeuge", „Instrumente"
7 im nichttechnischen Sinne; sog. **instrumenta sceleris).** Der Begriff Tatmittel ist schillernd und nach dem Zweck des I (zusätzliche Übelszufügung) auszulegen. Erschwert wird die Abgrenzung zu den Beziehungsgegenständen (unten 10) dadurch, daß Rspr. und Schrifttum diese als notwendige „Gegenstände der Tat" definieren. Einziehbar nach I sind aber nicht solche

Gegenstände, die lediglich im Zusammenhang mit der Tat stehen, zB bei der Tat vorschriftswidrig benutzte Gegenstände (Kfz. ohne Führerschein, vgl. aber unten 16, Flugticket bei der Einfuhr von BtM auf dem Luftwege, LG Frankfurt StV **84**, 518), sondern nur solche, die darüber hinaus nach der Absicht des Täters als eigentliches Mittel der Verwirklichung eines Straftatbestandes eingesetzt werden (BGH **10**, 28). **a)** Einziehbar sind nicht nur die Tatmittel für einen strafbaren Versuch (RG **49**, 210) oder eine strafbare Vorbereitungshandlung, sondern wenn es zur Begehung der Tat kommt, die für deren an sich straflosen Versuch oder deren straflose Vorbereitung gebrauchten oder auch nur bestimmt gewesenen Gegenstände, also zB die Feile zur Herstellung des Dietrichs, auch wenn der spätere Einbruch nicht mit dem dafür bestimmt gewesenen Dietrich ausgeführt, der Dietrich nicht mit der dafür bestimmt gewesenen Feile hergestellt wurde (BGH **8**, 212; **13**, 311; 3. 12. 1980, 3 StR 439/80; Köln NJW **51**, 613), die zur Begehung der Tat bestimmten gefälschten Wechsel (2. 6. 1989, 2 StR 112/89). Förderung der Tat ist also nicht erforderlich (aM LK 16; SchSch-Eser 11). Daher können auch im Falle einer natürlichen Handlungseinheit (BGH **8**, 166) oder bei einer fortgesetzten Tat die für die ausstehenden Teilakte bestimmten Mittel eingezogen werden (RG **52**, 322). Allerdings muß die später begangene Tat in jedem Falle schon bei der Vorbereitung in der Vorstellung des Täters hinreichend konkretisiert gewesen sein (BGH **8**, 213; MDR/D **55**, 395). **b) Einziehbar sind danach** zB die zur Tat verwendete **8** Waffe (RG **44**, 142), das zur Auskundschaftung des Tatorts (BGH **8**, 212) oder zur Hinfahrt zum Tatort oder zur Flucht (Bay NJW **63**, 600) benutzte oder bestimmte Auto, das Fahrzeug, mit dem der Täter sein Opfer entführte (NJW **55**, 1327), mit dem er Unfallflucht begehen möchte (BGH **10**, 337), das er zum Absatz des gefälschten Geldes (MDR/D **70**, 559) oder bei der sexuellen Nötigung gebrauchte (MDR/D **70**, 196), das er mit der Blendvorrichtung versehen und zum Wildern verwendet hat (Stuttgart NJW **53**, 354; Bay **58**, 203); der nach Entziehung der Fahrerlaubnis benützte, ungültige Führerschein (Bay VM **76**, 68); die Aktentasche, in der versteckt die Diebeswerkzeuge transportiert werden sollen; das für das Glücksspiel (RG **35**, 391) oder für den Erwerb von BtM bestimmte Geld, soweit diese Erwerbsgeschäfte wiederum Gegenstand der Anklage sind (NStE Nr. 1, 3); das zur Begehung von Straftaten zu nutzende Geld (NStZ **84**, 262); das dem Amtsträger gegen dessen Willen Gewährte, zB das nicht „angenommene" (14 zu § 331) Bestechungsgeld (es ist nicht „Gegenstand der Tat" iS unten 10. Gegenstand der §§ 333, 334 ist vielmehr die künftige Diensthandlung des Amtsträgers); das zum Druck strafbarer Schriften bestimmte Bankguthaben; nicht aber die bei der Rauschtat verwendete Sache, da sie nicht Werkzeug des Betrinkens war (BGH **31**, 81 [m. Anm. Hettinger JR **83**, 207]; MDR/H **76**, 812; NJW **79**, 1370; Braunschweig NJW **54**, 1052). *Nicht* einziehbar sind Pistolentaschen und Reservemagazin (20. 6. 1990, 3 StR 13/90). **c) Begehung** der Tat ist dabei nicht nur deren Vollen- **9** dung, sondern das gesamte Stadium bis zur Beendigung der Tat (29. 11. 1977, 1 StR 582/77; vgl. 3 ff. zu § 27), so daß auch das zum Abtransport der Beute oder zur Flucht verwendete Fahrzeug eingezogen werden kann (NJW **52**, 892; Bay NJW **63**, 600; str.; aM Hamburg NStZ **82**, 246 L). **d)** **10** Sog. **Beziehungsgegenstände** werden **nicht** von I (wohl aber nach Sondervorschriften, unten 19) erfaßt, dh solche Sachen und Rechte, die nicht

Werkzeuge für die Tat, sondern der notwendige Gegenstand der Tat selbst, aber nicht deren Produkt sind (BGH **10**, 28; Düsseldorf JMBlNW **56**, 188; Hamm OLGSt. 4; LK 62; Eser, Sanktionen 318 ff. u. SchSch 12a); also *nicht* unbefugt besessene Sprengstoffe und Waffen (RG **57**, 331; Hamm NJW **54**, 1169); geschmuggelte Waren (RG **48**, 33); zum Zwecke des Versicherungsbetrugs versteckte Gegenstände (MDR/H **84**, 441), Betäubungsmittel nach § 33 BtMG (NStZ **91**, 496); das Tier bei der Tierquälerei, das Auto beim Fahren ohne Zulassung oder Fahrerlaubnis (BGH **10**, 28; Frankfurt NJW **54**, 652; Karlsruhe VRS **9**, 459; KG VRS **57**, 20; vgl. aber unten 16) oder bei einer Tat nach § 315c (dort 17); anders bei der Verkehrsunfallflucht, die auch ohne Fahrzeug begangen werden kann (vgl. BGH **10**, 337). Das aus einer rechtswidrigen Tat Erlangte (§ 73 I, § 73d I) ist kein Beziehungsgegenstand (irrig Kaiser NJW **73**, 2278).

5) Einziehung als Strafe ist nach § 74 I, II nur zulässig, wenn

11 **A.** die Tat, bei der der Gegenstand die unter 4 bis 10 bezeichnete Rolle spielte (MDR/D **72**, 386), eine **vorsätzliche Straftat** war; bei Ordnungswidrigkeiten gelten die §§ 22 ff. OWiG. Die Tat muß also strafbar sein (BGH **23**, 68; Bay **54**, 87), wenn auch vielleicht nur als vorbereitete (§ 30; BGH **13**, 313; Köln NJW **51**, 613) oder versuchte Tat (BGH **13**, 313); der Täter oder Teilnehmer muß mindestens vermindert schuldfähig gewesen sein (MDR/D **52**, 530; Bay **54**, 87; Braunschweig NJW **54**, 1052). Bei Rechtfertigungs- und Schuldausschließungsgründen scheidet II aus (MDR **52**, 530; LK 9); ebenso wenn Bedingungen der Strafbarkeit fehlen (vgl. Eser, Sanktionen 210 ff.). Auch die Rauschtat (1 zu § 323a) ist keine Straftat in diesem Sinne (vgl. oben 8, aber auch unten 13).

12 **B.** der **Täter oder Teilnehmer Eigentümer** der Sache (zB durch Herstellung, Vermischung, Verarbeitung, §§ 947 ff. BGB) und Inhaber des Rechts ist, und zwar **zur Zeit der letzten tatrichterlichen Entscheidung**, so daß es auf die Rechtsverhältnisse vor der Tat, zZ der Tat und bis zum Urteil dann nicht ankommt (BGH **8**, 212; Frankfurt NJW **52**, 1068; Hamm VRS **32**, 33; Düsseldorf VM **72**, 45). Ist der Tatbeteiligte vor dem Urteil gestorben, scheidet Einziehung als Strafe aus (hM; vgl. 6 zu § 76a). War der Tatbeteiligte zZ der Tat Rechtsinhaber, hat er aber den Gegenstand vor der Entscheidung veräußert, so kommt nach § 74c I Einziehung des Wertersatzes in Betracht; ebenso nach § 76, wenn die Veräußerung der Einziehungsanordnung nachfolgt. Beim strafbaren BtM-Handel bleibt zwar der Käufer nach § 134 BGB Eigentümer des übergebenen Geldes (3 zu § 73; 24. 1. 1986, 2 StR 739/85), der Verkäufer hat aber trotz unwirksam obligatorischen Vertrags und Erfüllungsgeschäfts (BGH **31**, 147; **33**, 233) die Einziehung iS des § 74c I tatsächlich unmöglich gemacht. Eigentumsübergang (und damit Anwendung des § 74c) kann aber uU bei Auslandsgeschäften in Betracht kommen, wenn eine § 134 BGB entsprechende ausländische Norm nachweisbar fehlt (BGH **33**, 233 m. Anm. Eberbach NStZ **85**, 556; vgl. NStZ/S **86**, 58). Täter oder Teilnehmer ist iS der §§ 25 ff. zu verstehen, und zwar Zustehen als quasidingliche Inhaberschaft (BGH **24**, 222; MDR/D **69**, 722), so daß Hehler oder Begünstiger ausscheiden (BGH **19**, 27; Hamm JZ **52**, 39; vgl. dazu SK-Horn 14). Gehören und Zustehen sind grundsätzlich im Rechtssinne zu verstehen, jedoch sind Sicherungs- und Vorbehaltseigentum sowie Sicherungszessionen strafrechtlich nach

Verfall und Einziehung § 74

hM im Schrifttum wie Pfandrechte zu behandeln (str.; AG Bremen MDR **80**, 72; Rutkowski NJW **64**, 164; SchSch 24; Lackner 7; SK 16; vgl. auch Eser, Sanktionen 309ff.; Bruns JR **84**, 140). *Abweichend* hiervon stellt die **Rspr.** auf die formale Rechtsposition des Sicherungsnehmers und Vorbehaltsverkäufers ab (BGH **24**, 222 [abl. Anm. Eser JZ **72**, 146; gegen ihn nachdrücklich Schäfer, Dreher-FS 293ff.]; 5. 1. 1979, 2 StR 492/78; ferner Karlsruhe NJW **74**, 709; Hamm VRS **50**, 420; JMBlNW **76**, 81), läßt aber die Einziehung der Anwartschaftsrechte des Sicherungsgebers zu (BGH **25**, 10 [m. abl. Anm. Eser JZ **73**, 171]; 2. 7. 1991, 1 StR 305/91; ebenso LK 30ff.; Jescheck § 76 II 2; Baumann/Weber § 39 II 3b). Zur Problematik bei Mit- und Gesamthandseigentum vgl. oben 3. Allerdings kann ein Miteigentumsanteil an einer Sache, die Tatwerkzeug war, nicht eingezogen werden, da das Recht nicht Werkzeug war (aM Karlsruhe NJW **74**, 709; LK 49 und Schäfer aaO 300). Hieraus ergeben sich auch Bedenken gegen BGH **25**, 10 (vgl. K. Meyer JR **72**, 386; **73**, 338; krit. Eser JZ **73**, 171; vom zivilrechtlichen Standpunkt Reich NJW **73**, 105; gegen beide mit gewichtigen Argumenten Schäfer aaO 289, 298, 301). Hat der Täter als Vertreter einer juristischen Person oder Personenvereinigung gehandelt, der die verwendete oder gewonnene Sache gehört, so kommt Einziehung nach § 75 in Betracht. Hat der eine Tatbeteiligte das Werkzeug benützt, so genügt es, wenn der andere dessen Eigentümer zZ des Urteils ist (RG **49**, 212), und zwar auch dann, wenn dieser von der Benutzung nichts gewußt hat (aM LK 23; SchSch 21) oder wenn sich das Verfahren nur gegen den ersten Beteiligten richtet (aM MDR **53**, 271); der zweite ist dann Einziehungsbeteiligter nach § 431 StPO.

6) Einziehung zum Schutz gegen Gefahren ist nach II Nr. 2 als gemischtes Institut (oben 2) und nach III als reine Sicherungsmaßnahme zulässig. Im Falle von II Nr. 2 müssen die unter 11 geschilderten Voraussetzungen vorliegen. Im Falle von **III** braucht nur eine rechtswidrige, aber nicht notwendig auch schuldhafte Tatbestandsverwirklichung gegeben zu sein (dazu 9ff. vor § 25), es genügt also die Begehung während eines Vollrausches (BGH; **31**, 81 m. Anm. Hettinger JR **83**, 207). Im übrigen gilt in beiden Fällen der **Sicherungseinziehung** gemeinsam folgendes: 13

A. Die Einziehung ist auch mit Wirkung gegenüber **Dritteigentümern** zulässig, denn II Nr. 1 entfällt. Deren etwaige Entschädigung richtet sich nach § 74 f., ihre prozessuale Stellung nach §§ 431 ff. StPO. Weitere Fälle von Dritteinziehung in § 74a und im Nebenrecht. 14

B. Voraussetzung ist, daß die Gegenstände im Zeitpunkt der Entscheidung **a)** entweder **generell gefährlich** sind, dh nach ihrer Art und den Umständen die Allgemeinheit, dh Rechtsgüter individuell nicht bestimmter Personen (vgl. SchSch 32), gefährden. Da es absolut gefährliche Gegenstände nicht gibt (E EGOWiG 53), sind damit Gegenstände gemeint, die nur beim Hinzutreten besonderer Umstände in der Person des Verwahrers und bei der Verwahrung allgemein gefährlich sind, wie zB „Sprengstoffe, Kernbrennstoffe, radioaktives Material, Gifte, lebensgefährliche Lebensmittel" (Begr. aaO). 15

b) oder **individuell gefährlich** sind, dh daß die Gefahr besteht, daß sie der Begehung irgendwelcher mit Strafe bedrohter Handlungen durch irgendwelche Täter dienen werden, dh eine solche Tat irgendwie erleichtern 16

§ 74 AT Dritter Abschnitt. Siebenter Titel

würden. Damit sind Gegenstände gemeint, die nur durch das Hinzutreten besonderer Umstände beim Verwahrer und bei der Verwahrung konkret gefährlich sind (BGH **23**, 69); bleiben sie in der Hand eines Tatbeteiligten, so muß die konkrete Gefahr (VM **76**, 9; vgl. auch 29. 8. 1989, 5 StR 298/89) bestehen, daß er oder andere, die sie dann in die Hand bekommen können, sie zu mit Strafe bedrohten Handlungen irgendwelcher Art benutzen werden, so zB Messer, relatives Diebeswerkzeug, bei Mitgliedern einer terroristischen Vereinigung beschlagnahmtes Geld, da es der Begehung rechtswidriger Taten dient (NStZ **85**, 262), pornographische Darstellungen (§ 184 III), Rauschgift, Kraftfahrzeug (StV **91**, 262 L; KG VRS **57**, 20; Koblenz BA **86**, 152; LG Siegen NStZ **90**, 338), Kopien von Bildern namhafter Künstler nur im Falle naheliegender rechtswidriger Verwendung (JZ **88**, 936; MDR/H **91**, 701; 10. 9. 1991, 4 StR 394/91), und zwar gleichgültig, ob als Tatmittel oder als Beziehungsgegenstände (oben 10; Oldenburg NJW **71**, 769; Hamburg MDR **82**, 515; Schleswig SchlHA **83**, 83; aM Bay **63**, 110; LK 57; SK 22).

17 7) Das Gericht **kann** nach I bis III die Einziehung anordnen, sie liegt im pflichtgemäßen Ermessen des Tatrichters (31. 8. 1982, 5 StR 327/82; vgl. aber unten 19). Er muß daher die getroffene Maßnahme begründen (Düsseldorf VRS **80**, 23). Das „Kann" hat je nachdem, ob es sich um Strafe oder Sicherungsmaßnahme handelt, verschiedene Bedeutung. In jedem Fall unterliegt die Anordnung dem Verhältnismäßigkeitsgrundsatz nach § 74b (Schleswig SchlHA **80**, 171). Zu den für die Anordnung maßgebenden Gesichtspunkten vgl. 2, 3 zu § 74b. Ausdrücklich **ausgeschlossen** ist die Anwendung der §§ 74 bis 76a in § 110 S. 3 UrhG; § 25 d V S. 3 WZG; § 14 IV GeschmMG; § 142 V S. 3 PatentG; § 25 V S. 3 GebrMG; § 10 V HalbleiterSchG; § 39 V S. 3 SortenSchG.

18 8) **Treffen II Nr. 1 und 2 zusammen,** so stützt das Gericht die Einziehung auf beide Nummern (wegen der Konsequenzen in §§ 74b, 74c, 74e II, 76a II; vgl. LK 59); während Oldenburg NJW **71**, 769 und Düsseldorf NJW **72**, 1382 ein weitergehendes Ermessen annehmen wollen. Es kann sich aber mit einer Nummer begnügen, wenn die Feststellungen zur anderen Schwierigkeiten machen und Nachteile für die Betroffenen nicht zu erwarten sind (vgl. den prozeßökonomischen Grundsatz in § 430 StPO).

19 9) Eine **weitergehende Einziehungsmöglichkeit,** nämlich eine, die von den Voraussetzungen nach I abweicht, kann nach IV durch eine besondere gesetzliche Vorschrift geschaffen werden, bleibt dann aber, wenn das Gesetz nichts Abweichendes bestimmt, an die Voraussetzungen von II oder III geknüpft (vgl. auch § 74b II; ferner Hamm NJW **73**, 1141). Das bedeutet zunächst, daß sie **Einziehung von Tatbeteiligtenrechten** (II Nr. 1) oder **Sicherungseinziehung** (II Nr. 2, III) sein muß, aber in der zweiten Form keine schuldhafte Tat voraussetzt. Die Voraussetzungen der Nr. 2 können auch abgewandelt werden, wie das in §§ 101a S. 3, 109k S. 3; § 24 I S. 2 KriegswaffG geschehen ist. Im übrigen kommen folgende Abweichungen in Betracht: Die Einziehung kann **a)** an eine **fahrlässige Tat** geknüpft werden (§ 311 V mit § 322 und im Nebenrecht; Hamm OLGSt. 5) oder **b)** sich auf **Beziehungsgegenstände** (oben 10) erstrecken, zB § 92b Nr. 2, § 101a Nr. 2, § 109k Nr. 2, §§ 132a IV, 219c III, 264 V S. 2, §§ 282, 322 Nr. 2; § 330c Nr. 2, und vielfach im Nebenrecht, zB § 55 LMBG; § 33 BtMG;

Verfall und Einziehung **§ 74**

§ 70 WeinG, § 56 I Nr. 1 WaffG, § 21 III StVG, § 7 Nr. 1 WiStG, § 375 II AO, § 98 AMG, § 47 V AuslG, § 20 FAG (Düsseldorf NStE Nr. 4), § 27 IV GeschlKrG, § 43 SprengG, § 19 TierSchG, § 20 III VereinsG, § 30 VersammlG, § 110 UrhG (NJW **89**, 2140; vgl. Göhler „Einziehung"); oder **c)** nicht nur zugelassen, sondern **vorgeschrieben** sein (nur noch selten, zB in §§ 150, 285b S. 1 und § 56 I WaffG); das bedeutet aber lediglich, daß der Richter nur dann zur Einziehung verpflichtet ist, wenn er die Voraussetzungen von II Nr. 1 oder 2 oder III feststellen kann. Da in aller Regel Gefährlichkeit gegeben ist, kommt auch insoweit Einziehung von Drittrechten in Betracht (vgl. aber § 285b S. 1); **d)** sich über II Nr. 2, III hinaus auf **Drittrechte** erstrecken; dafür sind besondere Voraussetzungen aufgestellt in § 74a, auf den eine Vorschrift verweisen muß, wenn auch Drittrechte erfaßt werden können (so in §§ 285b S. 2, 295 S. 2); vgl. Anm. zu § 74a.

10) Nur denselben Gegenstand kann das Gericht einziehen, der bei der 20 Tat die unter 4 ff. beschriebene Rolle gespielt hat. Ob die Sache im Zeitpunkt der Entscheidung noch als **identisch** anzusehen ist, bestimmt sich nach der Verkehrsanschauung (RG **65**, 177), so daß eine Sache eingezogen werden kann, wenn sie zwar wesentlicher Bestandteil einer anderen geworden ist, aber unschwer wieder abzutrennen ist (Bay **61**, 279; Eser, Sanktionen 304); anders hingegen, wenn die Sache durch Verarbeitung oder Vermischung eine neue von anderem Wesen und Gehalt geworden ist (RG **65**, 177; Bay **63**, 107; **65**, 15). Bei bloßer Verdünnung von Sprit mit Wasser ist das nicht der Fall (BGH **8**, 102). Eine Ersatzsache oder der Erlös einer veräußerten Sache können nicht eingezogen werden (RG **66**, 86), es sei denn, daß Sonderregelungen das gestatten wie § 111 l StPO für den Fall der Notveräußerung (BGH **8**, 53). Hingegen ist Einziehung des Wertersatzes unter den Voraussetzungen des § 74c möglich.

11) Verfahrensrechtlich ist von Bedeutung: Die Einziehung wird gegen 21 den Täter angeordnet, auch wenn sie einen anderen trifft, dem der Gegenstand gehört oder zusteht; dieser ist nur Einziehungsbeteiligter (§§ 431 ff. StPO). Die Anordnung ist in der Entscheidung (ggf nach § 354 StPO vom Revisionsgericht, BGH **26**, 266; NStE § 33 BtMG Nr. 1) auszusprechen, im Urteil im Tenor unter konkreter Bezeichnung (und uU des Werts, NStZ **85**, 362) der einzelnen Gegenstände (BGH **8**, 212; **9**, 88; MDR **54**, 529; BGHR § 74 I UrtF 1); zB auch der einzuziehenden Menge bei Betäubungsmitteln (5. 12. 1991, 1 StR 719/91; stRspr.); Bezugnahme auf die Anklageschrift genügt nicht, NJW **62**, 2019. Doch reicht bei besonders umfangreichem Material die Benennung mit einer Sammelbezeichnung im Tenor oder in einer besonderen Anlage aus (BGH **9**, 88; 16. 8. 1978, 2 StR 326/78). Eine nachträgliche nähere Bezeichnung in einem Beschluß ist unzulässig. Auch kann die in der rechtskräftigen Entscheidung unterbliebene Einziehung nicht nachgeholt werden (RG **66**, 423; Düsseldorf NJW **72**, 1382). Ein Rechtsmittel kann auf die Einziehung beschränkt werden, wenn sie ausschließlich Sicherungscharakter hat (Hamm NJW **75**, 67), nicht aber, wenn sie allein oder zugleich Strafcharakter hat (aM Hamm NJW **78**, 1018 L; OLGSt. 4; LK 3 zu § 74b); denn die Strafzumessung darf nicht auseinandergerissen werden (vgl. hierzu auch 2 aE zu § 74b). Zur Problematik des § 331 StPO in den Fällen von II Nr. 2 Hamm NJW **70**, 1757; Düsseldorf NJW **72**, 1382; andererseits Frisch MDR **73**, 715. Zur Frage der zukünftigen Verwendung eines Geldbetrags aus der auf landesrechtlicher Vorschrift (SammlungsG) beruhenden Wertersatzeinziehung 5. 8. 1981, 2 StR 142/81, hierzu MDR/S **81**, 973. Ist ein Gegenstand rechtskräftig eingezogen, so kann er wegen § 74e I nicht nochmals gegen einen anderen Tatbeteiligten eingezogen werden (Kiel DRZ **47**, 235). Die Wirkungen der Einziehung regelt § 74e. Zur Sicherstellung der Einziehung bis zur Rechtskraft vgl. 3 zu § 74a.

Erweiterte Voraussetzungen der Einziehung

74a Verweist das Gesetz auf diese Vorschrift, so dürfen die Gegenstände abweichend von § 74 Abs. 2 Nr. 1 auch dann eingezogen werden, wenn derjenige, dem sie zur Zeit der Entscheidung gehören oder zustehen,

1. **wenigstens leichtfertig dazu beigetragen hat, daß die Sache oder das Recht Mittel oder Gegenstand der Tat oder ihrer Vorbereitung gewesen ist, oder**
2. **die Gegenstände in Kenntnis der Umstände, welche die Einziehung zugelassen hätten, in verwerflicher Weise erworben hat.**

1   1) **Die Vorschrift** idF des 2. StrRG (vgl. 1 zu § 74) erweitert als **Blankettvorschrift,** die erst durch Verweisung bei einzelnen Tatbeständen dort anwendbar wird, die in das **tatrichterliche Ermessen** gestellte **Dritteinziehung** über die Sicherungseinziehung nach § 74 II Nr. 2, III hinaus. Aus dem Schuldprinzip lassen sich Bedenken gegen § 74a nicht herleiten (str.; vgl. SchSch-Eser 1, 2; anderseits LK-Schäfer 4; vgl. aber § 74b II). Sind die Voraussetzungen der Sicherungseinziehung gegeben, ist § 74a nicht anzuwenden; unter den Voraussetzungen der Nr. 1, 2 entfällt dann nach § 74f. II Nr. 1, 2 die Entschädigungspflicht. Dieser subsidiäre Charakter des § 74a ergibt sich für Nr. 2 aus der Wendung „zugelassen hätten", die auf die Sicherungseinziehung nicht paßt.

2   2) **Betroffen** von der Einziehung ist jemand, der nicht Tatbeteiligter iS der §§ 25ff. ist (sonst § 74 II Nr. 1), aber zZ der Entscheidung (12 zu § 74) Inhaber eines Rechts oder Eigentümer eines Gegenstandes ist, der, wenn ein Tatbeteiligter zur Zeit der Entscheidung Berechtigter wäre, eingezogen werden könnte. Dazu müssen die weiteren Voraussetzungen entweder der Nr. 1 oder der Nr. 2 erfüllt sein.

3   3) **Nr. 1** erfordert, daß **A.** der Gegenstand **a) Mittel** der Tat selbst oder ihrer Vorbereitung (6 bis 9 zu § 74) oder **b) Gegenstand** (3 zu § 74) der Tat (dh Beziehungsgegenstand iS von 10, 19 zu § 74; unten 9) gewesen ist, wenn auch vielleicht nur im Vorbereitungsstadium (zB Stoffe iS von § 319, die der Täter gekauft und vorerst nur zum Verkauf bestimmt hatte), die
4   jeweilige Vorschrift auf § 74a verweist und **B.** der **Dritte wenigstens leichtfertig** (20 zu § 15; 5 zu § 18) **dazu beigetragen,** dh es erleichtert hat, daß der Gegenstand die unter 3 bezeichnete Rolle gespielt hat. Beim strafbaren Handeltreiben ist der Wille des Verkäufers, der nicht mehr Eigentümer ist, darauf unmittelbar gerichtet. Im Falle des Vorsatzes hat der Dritte (ohne Tatbeteiligter zu werden) eine Vorbereitungshandlung des Täters bewußt unterstützt hat, ohne daß sein Beitrag für die spätere Tat mit kausal wurde (vgl. 2ff. zu § 27; aM LK 11). Im Fall der Leichtfertigkeit handelt es sich um grob fahrlässige Unterstützung, wobei es genügt, wenn der Dritte eine Tat dieser Art in allgemeinen Umrissen hätte voraussehen können (LK 10). Insgesamt erfaßt Nr. 1 den Fall einer **unechten,** idR fahrlässigen **Beihilfe,** so daß die Einziehung auch gegenüber dem Dritten repressiven Cha-

Verfall und Einziehung § 74a

rakter hat, auch wenn er im Verfahren nicht Angeklagter, sondern nur Einziehungsbeteiligter ist (§ 431 StPO). Kann ein Vorwurf gegen den Dritten nicht erhoben werden, so entfällt Nr. 1 selbst dann, wenn er weiß, daß der Gegenstand zum Tatmittel wird, zB noch vor der Tat erfährt, daß sein Auto als Werkzeug verwendet werden soll, das aber nicht mehr verhindern kann.

4) Nr. 2 beruht auf dem Gedanken, daß ein Gegenstand, der an sich der 5 Einziehung unterliegt, auch dann noch muß eingezogen werden dürfen, wenn er vor der Entscheidung von einem Dritten erworben wird, der dabei verwerflich handelt. Dabei spielt auch der Gedanke einer Quasi-Hehlerei eine Rolle (unten 8). Zur Frage der Einziehung des Wertersatzes gegen den Tatbeteiligten in den Fällen der Nr. 2 vgl. § 74c mit Anm. Die Nr. 2 ist anzuwenden, wenn der Dritte den Gegenstand

A. nach der Tat, aber vor der Entscheidung **erworben** hat, sei es durch 6 Eigentumsübertragung, sei es durch Zession einer Forderung an ihn oder sonstige Rechtsübertragung, also durch einverständliches Zusammenwirken mit dem Vorbesitzer (vgl. 3. 6. 1980, 5 StR 289/80), wobei er den Gegenstand in Ausnahmefällen auch von einem nicht an der Tat Beteiligten erworben haben kann.

B. erworben hat in **Kenntnis der Umstände, welche die Einziehung** 7 **zugelassen hätten,** nämlich dann, wenn es nicht zu dem Erwerb durch den Dritten gekommen wäre. Das bedeutet, daß der Dritte beim Erwerb gekannt haben muß **a) die Straftat** als solche in ihrer Qualifikation, und zwar in einer Weise, wie sie Voraussetzung auch einer Begünstigung ist (8 zu § 257), **b) die Rolle,** die der Gegenstand dabei gespielt hat als Tatmittel, Tatprodukt oder Beziehungsgegenstand (falls dieser einziehbar; vgl. 5 bis 10 zu § 74) und **c)** die in § 74 II Nr. 1 beschriebenen **Umstände;** dabei ist § 74 II Nr. 1 hier entgegen seinem Wortlaut nach der Eingangsformel des § 74a so zu verstehen, daß es genügt, wenn ein Tatbeteiligter oder ein anderer, auf den die Voraussetzungen der Nr. 1 oder 2 zutreffen, zZ des Erwerbs durch den Dritten Gegenstandsinhaber war, so daß, wenn der Dritterwerb nicht dazwischengekommen wäre, Einziehung nach § 74 II Nr. 1 oder § 74a zZ der Entscheidung möglich gewesen wäre. Zur Kenntnis iS von a) bis c) genügt es, wenn der Dritte dem bedingten Vorsatz analog handelt (LK 16; str.; aM SchSch 9). Daß die dem Dritten bekannten Umstände rechtlich dazu führen können, daß der Gegenstand eingezogen wird, braucht der Dritte nicht zu wissen.

C. in verwerflicher Weise erworben hat; dh daß sein Handeln in einem 8 erhöhten Grade sittliche Mißbilligung verdient (vgl. 8 zu § 240; LK 18 f.). Da es sich bei Nr. 2 um eine Quasi-Hehlerei handelt an Gegenständen, die zwar nicht durch die Vortat erlangt worden sind, aber die spezifische Rolle bei ihr gespielt haben, welche die Einziehungsmöglichkeit eröffnet, wird die Kenntnis der Umstände iS von oben 7 das Handeln des Dritten idR verwerflich erscheinen lassen, vor allem wenn dieser auch von der drohenden Einziehung gewußt hat. Ausnahmen sind zB gegeben, wenn der Dritte im Wege der Notveräußerung erwirbt (E EGOWiG 55) oder schon vor der Tat ein Recht auf Erwerb des Gegenstandes hatte oder wenigstens eine Forderung an den Tatbeteiligten, die er anders nicht befriedigen kann; zu eng SchSch 10.

§ 74a AT Dritter Abschnitt. Siebenter Titel

9 5) **Die Verweisung** in besonderen Einziehungsvorschriften auf § 74a und die Beachtung des Grundsatzes der **Verhältnismäßigkeit** (§ 74) müssen zu den unter 2 bis 8 geschilderten Voraussetzungen hinzukommen. Im StGB ist auf § 74a verwiesen in § 92b Nr. 2, § 101a Nr. 2, § 109k Nr. 2, §§ 201 V, § 261 VII S. 2, § 264 V, 285b, 295, im Nebenrecht zB § 24 KriegswaffG, § 43 SprengG; § 55 LMBG; § 56 III WaffG (Anh. 23); § 33 BtMG (Anh. 4); § 98 AMG (Anh. 5); § 40 II BJagdG; § 375 II AO (Anh. 22); § 22a StVG; § 16 III KultgSchG; § 123 BranntwMonG; § 9 DDT-G; § 22 FuttermittelG; § 41 GFlHG; § 70 WeinG; § 25d V WZG; § 110 UrhG; § 142 V PatentG; § 14 V GeschmMG; § 25 V GebrMG; § 10 V HalbleiterSchG; § 39 V SortenSchG; vgl. auch Art. 320 II EGStGB und Göhler „Einziehung".

10 7) **Beim Zusammentreffen** von § 74a und 74 II Nr. 2 ist nur die letzte Vorschrift anzuwenden (aM SK-Horn 11). Kann nicht geklärt werden, ob § 74 II Nr. 1 oder § 74a gegeben ist (zweifelhafte Eigentumsverhältnisse), so ist, wenn sonst die eine oder die andere Vorschrift mit Sicherheit anwendbar wäre, wahlweise Einziehung möglich (LK 22). Der Tatbeteiligte und der Dritte sind dann im weiteren Verfahren so zu behandeln, als wäre jeder von ihnen von der Einziehung betroffen.

11 8) **Zum Verfahren** vgl. 21 zu § 74.

Grundsatz der Verhältnismäßigkeit

74 b ^I Ist die Einziehung nicht vorgeschrieben, so darf sie in den Fällen des § 74 Abs. 2 Nr. 1 und des § 74a nicht angeordnet werden, wenn sie zur Bedeutung der begangenen Tat und zum Vorwurf, der den von der Einziehung betroffenen Täter oder Teilnehmer oder in den Fällen des § 74a den Dritten trifft, außer Verhältnis steht.

^{II} Das Gericht ordnet in den Fällen der §§ 74 und 74a an, daß die Einziehung vorbehalten bleibt, und trifft eine weniger einschneidende Maßnahme, wenn der Zweck der Einziehung auch durch sie erreicht werden kann. In Betracht kommt namentlich die Anweisung,
1. die Gegenstände unbrauchbar zu machen,
2. an den Gegenständen bestimmte Einrichtungen oder Kennzeichen zu beseitigen oder die Gegenstände sonst zu ändern oder
3. über die Gegenstände in bestimmte Weise zu verfügen.
Wird die Anweisung befolgt, so wird der Vorbehalt der Einziehung aufgehoben; andernfalls ordnet das Gericht die Einziehung nachträglich an.

^{III} Ist die Einziehung nicht vorgeschrieben, so kann sie auf einen Teil der Gegenstände beschränkt werden.

1 1) **Die Vorschrift** (vgl. 1 zu § 74) gilt hinsichtlich I und III nicht in den Fällen, in denen die Einziehung vorgeschrieben ist, weil man davon ausging, daß sie dort praktisch keine Rolle spielen könne (19 zu § 74; vgl. dazu StrAB-Tag, Prot. V/1045 f.; NJW **70**, 1964; LK-Schäfer 6; Eser NJW **70**, 786; SchSch-Eser 2) und stellt für alle Fälle **fakultativer Einziehung** (und zwar auch der von Beziehungsgegenständen, vgl. 10 zu § 74) nach dem Grundsatz der Verhältnismäßigkeit in I eine Strafzumessungsregel auf und eröffnet in II und III die Möglichkeit weniger einschneidender Maßnahmen. Überdies gilt II auch in den Fällen vorgeschriebener Einziehung (MDR/H **81**, 266). Zur Auswirkung des Grundsatzes im Verfahren, namentlich bei der Beschlagnahme LG München MDR **69**, 1028 m. Anm. Göhler.

Verfall und Einziehung § 74b

2) Hat die **Einziehung strafähnlichen Charakter** (§ 74 II Nr. 1, § 74a; vgl. 2 zu § 74), so ist die Entscheidung über ihre Anordnung eine Frage der Strafzumessung (§ 46; 14. 10. 1970, 3 StR 180/70; Saarbrücken NJW **75**, 66). Stände die Einziehung in ihrer Wirkung für den von ihr Betroffenen außer Verhältnis zum Unrechtsgehalt der Tat und dem ihn für sein eigenes Handeln treffenden Schuldvorwurf, so darf die Einziehung nicht angeordnet werden (vgl. BVerfGE **23**, 133; **24**, 404; BGH **10**, 338; **16**, 288; **18**, 282; StV **83**, 107 L; Bay NJW **67**, 586; Hamm NJW **60**, 1976; **62**, 828; **75**, 67; MDR **66**, 430; Busse NJW **58**, 1417; Gilsdorf JZ **58**, 687; Eser, Sanktionen 352 ff.). Das gilt vor allem in Bagatellfällen und Fällen sehr leichter Schuld, wobei insbesondere bei § 74a zugunsten des Dritten ein strenger Maßstab anzulegen ist. Andererseits spielen auch generalpräventive Gesichtspunkte eine Rolle (E EGOWiG 56). Beispielsfälle für Unverhältnismäßigkeit BGH **16**, 285; Hamm NJW **62**, 828; Bay NJW **67**, 586; für Verhältnismäßigkeit MDR/D **70**, 196; 559. Entsprechend Unrechts- und Schuldgehalt kann die Einziehung nach III auf einen ausscheidbaren Teil der Gegenstände beschränkt werden und nach II muß das Gericht die Einziehung vorbehalten und eine weniger einschneidende Maßnahme treffen, wenn der Zweck der Einziehung, hier also der Strafzweck, auch durch sie erreicht werden kann (Braunschweig MDR **74**, 594; iErg. zw. Köln OLGSt. 1 zu § 74). **II** kommt vor allem bei einer gewissen abstrakten Gefährlichkeit der Gegenstände in Betracht (Prot. V/1047 f.); insbesondere eine Anweisung nach Nr. 1 ist aber auch ohne diesen Gesichtspunkt denkbar. Wird die Einziehung angeordnet, so muß der Tatrichter erkennen lassen, daß er deren Strafcharakter erkannt und eine Gesamtschau mit der Hauptsache vorgenommen hat (NJW **83**, 2710; MDR **84**, 241; StV **84**, 287; **86**, 58; **89**, 529; 13. 5. 1992, 5 StR 204/92; 5 zu § 46).

3) In den Fällen der **Sicherungseinziehung** gilt zwar I nicht ausdrück- 3 lich, doch ist der für staatliches Eingreifen durchweg geltende **Grundsatz der Verhältnismäßigkeit** auch hier zu beachten (Saarbrücken NJW **75**, 66; Schleswig StV **89**, 156; vgl. § 62). Das Gericht hat auch bei der fakultativen Sicherungseinziehung deren wirtschaftliche Wirkung abzuwägen, wobei es insbesondere auch auf den Wert des Einziehungsgegenstandes (9. 12. 1985, 2 StR 665/85), die Bedeutung der Tat und den Vorwurf gegen den Dritteigentümer ankommt (StV **83**, 106 L). Vor allem aber hängt es von Art und Bedeutung der Gefahr sowie dem Grade der Wahrscheinlichkeit eines Schadenseintritts ab, ob die Einziehung am Platze ist. Bei genereller Gefahr (15 zu § 74) kommt Einziehung eher in Betracht als bei nur individueller. Geht die Gefahr nur von einem Teil der Gegenstände aus, ist die Einziehung trotz des „Kann" in **III** schon nach § 74 II Nr. 2, III auf diese zu beschränken, wenn das möglich ist (vgl. Bay **61**, 277). **II** hat bei der Sicherungseinziehung besondere Bedeutung und zwingt das Gericht zu der weniger einschneidenden Maßnahme (Schleswig SchlHA **83**, 83), wenn die Gefahr dadurch beseitigt werden kann: also unter Vorbehalt der Einziehung **nach Nr. 1** zur Unbrauchbarmachung der pornographischen Schriften, **nach Nr. 2** zur Anordnung auf Entfernung der Schmuggel- oder Wildereieinrichtungen am Auto, auf Umetikettierung des falsch bezeichneten Weines, auf Schwärzung des Hakenkreuzes auf einer Schallplattenhülle (BGH **23**, 79; vgl. zum Begriff der „Einrichtung" BGH **31**, 1), **nach Nr. 3**

auf Verkauf des Giftes oder der unbefugt geführten Arzneimittel an eine Apotheke usw. (vgl. auch 2. 12. 1980, 1 StR 441/80). Die Entgegennahme einer ehrenwörtlichen Erklärung des Täters ist jedoch keine Anweisung iS von II (LK 13; aM Karlsruhe NJW **70**, 396). Kann der Gefahr nur durch Einziehung begegnet werden, so ist sie geboten. Ist die Einziehung vorgeschrieben, so muß das Gericht, wenn es die Voraussetzungen von § 74 II Nr. 2 oder III bejaht, mindestens eine Anordnung nach II treffen.

4 **4) Beim Zusammentreffen** der Voraussetzungen von § 74 II Nr. 1 und 2 ist die Einziehung schon dann anzuordnen, wenn sie nach einem der beiden Gesichtspunkte (Strafe oder Maßregel) am Platze erscheint. § 74b II gilt auch in diesen Fällen. Kommt Wahlfeststellung nach § 74 I Nr. 1 und § 74a in Betracht, so kann die Einziehung nur angeordnet werden, wenn sie sowohl dem Tatbeteiligten als auch dem Dritten gegenüber gerechtfertigt erscheint.

5 **5) Verfahrensrechtlich** bedeutsam ist die durch § 430 StPO gegebene Möglichkeit, auf Einziehung zu verzichten, auch wenn sie im materiellen Recht vorgeschrieben ist. Dabei handelt es sich aber nicht um eine Frage der Zumessung, sondern um einen verfahrensrechtlichen Akt aus prozeßökonomischen Gründen. In den Fällen von § 74b II behält sich das Gericht die Einziehung der konkret bezeichneten Gegenstände (21 zu § 74) im Tenor der Entscheidung vor und trifft dort die Anordnung der **Ersatzmaßnahme.** Befolgt der Betroffene die Anordnung, so wird der Vorbehalt der Einziehung durch Beschluß aufgehoben; andernfalls ordnet das Gericht auf diesem Wege die Einziehung nachträglich an (§ 462 I S. 2 StPO).

Einziehung des Wertersatzes

74 c **¹ Hat der Täter oder Teilnehmer den Gegenstand, der ihm zur Zeit der Tat gehörte oder zustand und auf dessen Einziehung hätte erkannt werden können, vor der Entscheidung über die Einziehung verwertet, namentlich veräußert oder verbraucht, oder hat er die Einziehung des Gegenstandes sonst vereitelt, so kann das Gericht die Einziehung eines Geldbetrages gegen den Täter oder Teilnehmer bis zu der Höhe anordnen, die dem Wert des Gegenstandes entspricht.**

II Eine solche Anordnung kann das Gericht auch neben der Einziehung eines Gegenstandes oder an deren Stelle treffen, wenn ihn der Täter oder Teilnehmer vor der Entscheidung über die Einziehung mit einem Recht eines Dritten belastet hat, dessen Erlöschen ohne Entschädigung nicht angeordnet werden kann oder im Falle der Einziehung nicht angeordnet werden könnte (§ 74e Abs. 2 und § 74f); trifft das Gericht die Anordnung neben der Einziehung, so bemißt sich die Höhe des Wertersatzes nach dem Wert der Belastung des Gegenstandes.

III Der Wert des Gegenstandes und der Belastung kann geschätzt werden.

IV Für die Bewilligung von Zahlungserleichterungen gilt § 42.

1 **1) Die Vorschrift** (vgl. 1 zu § 74) hat Vorläufer in § 115 E 1962, § 414a AbgO fF (dazu BGH **16**, 182) und § 40 AWG aF. Sie ist nicht auf die Fälle des § 74 I beschränkt, sondern gilt für alle strafrechtlichen Einziehungsfälle (BGH **28**, 370) unter der Voraussetzung, daß ein Gegenstand (3 zu § 74), dessen Inha-

Verfall und Einziehung § 74c

ber ein Tatbeteiligter zZ der Tat war, nach § 74 I, II Nr. 1 nicht mehr (I) oder nur noch nach Belastung mit dem Recht eines Dritten (II) eingezogen werden kann, weil der Tatbeteiligte die Anordnung unmöglich gemacht oder ihr die Wirkung ganz oder teilweise genommen hat. Fälle von § 74 III scheiden aus. Die Formel „hätte erkannt werden können" heißt, daß Einziehung hätte angeordnet werden können, wenn der Tatbeteiligte Eigentümer geblieben wäre, jetzt aber nicht mehr möglich ist. Die Einziehung müßte also auch nach § 74b gerechtfertigt gewesen sein. Als strafartige Maßnahme (BGH **3**, 164; **4**, 407; **5**, 163), idR als **Nebenstrafe,** aber nach § 76a auch selbständig kann dann nach I, II die **Einziehung** von **Wertersatz** gegen ihn angeordnet werden. Vereitelt oder stört der Tatbeteiligte die Einziehung erst nach deren Anordnung, so kann das Gericht nach § 76 die Einziehung des Wertersatzes nachträglich anordnen; dabei geht es nicht um eine Art. 103 III GG verletzende nochmalige Bestrafung, sondern um einen in der Anordnung bereits immanent vorbehaltenen Ersatz des primär eingezogenen Vermögens. Die Einziehung des Wertersatzes erfaßt nur solche Fälle, in denen der Täter oder Teilnehmer durch andere als die im konkreten Fall die Einziehung begründenden Tathandlungen die Einziehung vereitelt (NStZ **92**, 81).

2) Nur gegen denjenigen Tatbeteiligten, der zZ der Tat **Eigentümer** der 2 Sache oder Inhaber des Rechts ist (hieran fehlt es zB beim strafbaren Erwerb von BtM, BGH **33**, 233; NStE Nr. 1, 2; BGHR § 33 BtMG, Geld 1; 16. 7. 1991, 4 StR 316/91; vgl. 12 zu § 74) und später vereitelt, richtet sich die **Wertersatzeinziehung;** nicht hingegen bei Dritteinziehung nach § 74a, wenn der Dritte vereitelt, und nicht gegen einen Tatbeteiligten, der nicht Rechtsinhaber war und der ohne dessen Wissen vereitelt; dann ist auch Wertersatzeinziehung gegen den früheren Eigentümer nicht möglich, es sei denn, daß dieser die Veräußerung genehmigt und den Erlös annimmt. Wenn unter mehreren Tatbeteiligten, die vereiteln, sich auch der Rechtsinhaber befindet, ist Einziehung von Wertersatz möglich. Hat der Gegenstand mehrere Rechtsinhaber und sind nicht alle an der Vereitelung beteiligt, so ist Einziehung von Wertersatz nur in Höhe des Anteils des Vereitelnden möglich.

3) An die Stelle der Einziehung tritt nach I der Wertersatz, wenn der 3 Tatbeteiligte als früherer Rechtsinhaber die Einziehung ganz **unmöglich gemacht** hat, und zwar auf irgendeine Weise, sei es rechtlich oder tatsächlich, zB durch Verbrauchen (geschmuggelter Tabak; BGH **16**, 282), Veräußern, Zerstören, Beiseiteschaffen, Verschenken usw. (BGH **28**, 370); nicht aber bei Verlust durch Zwangsvollstreckung (aM SK-Horn 7; LK-Schäfer 13). I greift allerdings nicht ein, wenn der veräußerte Gegenstand noch in einem anderen Verfahren, zB nach § 74a Nr. 2 eingezogen werden kann (BGH **8**, 98), wohl aber, wenn der Tatbeteiligte den Gegenstand an einen Unbekannten veräußert hat (BGH **28**, 370), auch wenn diesem gegenüber die Voraussetzungen des § 74a Nr. 2 vorliegen könnten. Im Fall des Verwertens braucht, da der Tatbeteiligte einen Wert für den Gegenstand erhalten hat, Vorwerfbarkeit nicht festgestellt zu werden; anders in den sonstigen Fällen, wie der Ausdruck „vereiteln" zeigt (Prot. V/1048; aM wohl SK 8); Vorwerfbarkeit ist idR gegeben, wenn der Tatbeteiligte damit rechnet, daß sein Vorgehen die Einziehung unmöglich machen kann. Hingegen löst unfreiwilliger Verlust der Sache durch Verlieren, Brand usw. Wertersatz selbst dann nicht aus, wenn eine Versicherung den

§ 74 c

Schaden ersetzt (Bender NJW **69**, 1057). Anordnungen nach § 74 c begründen **lediglich** einen **Zahlungsanspruch** des Staates (17. 10. 1979, 2 StR 791/78); sichergestellte Gelder können auf diese Weise nicht „eingezogen", sondern auf sie kann nur im Wege der Vollstreckung dieses Zahlungsanspruchs (§ 459g II StPO; Sicherstellung: §§ 111d, 111e StPO) zurückgegriffen werden (BGH **28**, 370; LG München NStZ **89**, 285), im Falle ausländischer Valuta ist also nur die Einziehung des Gegenwerts in inländischer Währung möglich (12. 9. 1979, 2 StR 457/79).

4 4) **An die Stelle der Einziehung oder neben sie** tritt nach II Wertersatz, wenn der Tatbeteiligte zwar die Einziehung selbst nicht vereitelt, ihr aber dadurch ganz oder teilweise die Wirkung genommen hat, daß er den Gegenstand nach der Tat und vor der Entscheidung mit dem dinglichen Recht eines Tatunbeteiligten, zB einem Pfandrecht belastet hat, und zwar in einer Weise, daß das Gericht das Erlöschen dieses Rechts nicht entschädigungslos anordnen könnte, weil die Voraussetzungen des § 74f II Nr. 1 bis 3 fehlen. Auch hier geht das Gesetz davon aus, daß in einem solchen Verhalten ein teilweises Verwerten liegt, das besonderer Vorwerfbarkeitsfeststellung nicht bedarf (LK 19). Hat die Belastung dazu geführt, daß der Wert des Gegenstandes wirtschaftlich aufgebraucht ist, so wird das Gericht den Wertersatz an die Stelle der Einziehung treten lassen; ist der Wert nur zT aufgebraucht, kann das Gericht neben der Einziehung des Gegenstandes, der mit dem Recht des Dritten belastet bleibt (§ 74e II S. 1), auf Wertersatz erkennen, aber je nach den Umständen auch hier allein Wertersatz anordnen; bei abstrakter Gefährlichkeit des Gegenstandes wird Einziehung neben Wertersatz am Platze sein.

5 5) Handelt der Tatbeteiligte erst **nach Anordnung der Einziehung** iS von I oder II oder wird seine vorher liegende Handlung erst nach der Anordnung dem Gericht bekannt, so gilt § 76; vgl. dort.

6 6) **Die Höhe des Wertersatzes** ist nach I durch den Wert des ursprünglichen Einziehungsgegenstandes begrenzt, kann aber, auch mit Rücksicht darauf, daß der Wertersatz den Tatbeteiligten schwerer treffen kann, hinter ihm zurückbleiben. Dasselbe gilt für II, wenn die Einziehung entfällt; wird Wertersatz neben der Einziehung angeordnet, so bemißt sich der Wertersatz nach dem Wert der Belastung. Der Wert des Gegenstandes ist der Preis, der normalerweise für Waren gleicher Art, Güte und Menge zZ der Entscheidung erzielt werden kann (BGH **4**, 13; 305; **28**, 369; Bremen NJW **51**, 976; Neustadt NJW **57**, 554), dh der aktuelle Marktwert; ein etwa erzielter höherer Gewinn ist im Wege der Verfallsanordnung (§§ 73, 73d) abzuschöpfen; beim Zusammentreffen von Verfall und Ersatzeinziehung ist darauf zu achten, daß derselbe Betrag nicht doppelt erfaßt wird (BGH **28**, 370; 29. 5. 1980, 3 StR 167/80); vgl. auch § 73d III. Zum Wertersatz gehören auch die Zinsen (17. 10. 1979, 2 StR 791/78). **Nach III** können der Wert, sowie Gewinn, Preis und Gegenansprüche (vgl. auch §§ 287, 813 ZPO) vom Gericht **geschätzt** werden.

7 7) **Der Wertersatz ist keine Geldstrafe.** Das ergibt sich aus **IV,** wo § 42 deshalb ausdrücklich für anwendbar erklärt wird. Stundung und Teilzahlungen können daher gewährt werden, im übrigen sind jedoch die §§ 40 ff., insbesondere § 43 (BayOLGSt. 1 zu § 40c aF) sowie § 51 unanwendbar.

Verfall und Einziehung § 74 d

Einziehung von Schriften und Unbrauchbarmachung RiStBV 253

74 d ¹ Schriften (§ 11 Abs. 3), die einen solchen Inhalt haben, daß jede vorsätzliche Verbreitung in Kenntnis ihres Inhalts den Tatbestand eines Strafgesetzes verwirklichen würde, werden eingezogen, wenn mindestens ein Stück durch eine rechtswidrige Tat verbreitet oder zur Verbreitung bestimmt worden ist. Zugleich wird angeordnet, daß die zur Herstellung der Schriften gebrauchten oder bestimmten Vorrichtungen, wie Platten, Formen, Drucksätze, Druckstöcke, Negative oder Matrizen, unbrauchbar gemacht werden.

II Die Einziehung erstreckt sich nur auf die Stücke, die sich im Besitz der bei ihrer Verbreitung oder deren Vorbereitung mitwirkenden Personen befinden oder öffentlich ausgelegt oder beim Verbreiten durch Versenden noch nicht dem Empfänger ausgehändigt worden sind.

III Absatz 1 gilt entsprechend bei Schriften, die einen solchen Inhalt haben, daß die vorsätzliche Verbreitung in Kenntnis ihres Inhalts nur bei Hinzutreten weiterer Tatumstände den Tatbestand eines Strafgesetzes verwirklichen würde. Die Einziehung und Unbrauchbarmachung werden jedoch nur angeordnet, soweit

1. die Stücke und die in Absatz 1 Satz 2 bezeichneten Gegenstände sich im Besitz des Täters, Teilnehmers oder eines anderen befinden, für den der Täter oder Teilnehmer gehandelt hat, oder von diesen Personen zur Verbreitung bestimmt sind und

2. die Maßnahmen erforderlich sind, um ein gesetzwidriges Verbreiten durch diese Personen zu verhindern.

IV Dem Verbreiten im Sinne der Absätze 1 bis 3 steht es gleich, wenn mindestens ein Stück durch Ausstellen, Anschlagen, Vorführen oder in anderer Weise öffentlich zugänglich gemacht wird.

V § 74b Abs. 2 und 3 gilt entsprechend.

1) **Die Vorschrift** (vgl. 1 zu § 74) enthält für **Schriften** und ihnen gleichgestellte Sachen eine Sonderregelung (Bay NStE Nr. 1 zu § 76a), die über die §§ 74, 74a, und zwar auch über § 74 IV insoweit hinausgeht, als sie **a)** die Einziehung unter bestimmten Voraussetzungen nicht nur zuläßt, sondern, allerdings unter Berücksichtigung von § 74b II, III, **vorschreibt, b)** die Einziehung von **Exemplaren im Verbreitungsprozeß**, die weder Tatmittel, Tatzeugnis oder Beziehungsgegenstand gewesen zu sein brauchen, dh also von „tatunbeteiligten" Stücken (LK-Schäfer 1) und **c)** die **Unbrauchbarmachung** von **Herstellungsvorrichtungen** vorschreibt. Einziehung und Unbrauchbarmachung nach § 74d sind vorbeugende sichernde Maßnahmen (§ 11 I Nr. 8), da sie keine Straftat voraussetzen, vom Eigentum des Täters unabhängig sind (Hamm MDR **70**, 943) und künftigen Taten vorbeugen sollen (vgl. BGH **5**, 178; **16**, 56; Düsseldorf NJW **67**, 1142). Dabei unterscheidet das Gesetz zwei **Gruppen von Fällen** (einerseits in I, II, andererseits in III). 1

2) **Erfaßt werden Schriften,** Ton- und Bildträger, Abbildungen und Darstellungen (39ff. zu § 11). 2

3) **Voraussetzung** ist zunächst, daß mindestens ein Stück durch eine rechtswidrige Tat, dh eine tatbestandsmäßige und rechtswidrige, aber nicht notwendig schuldhafte vorsätzliche oder fahrlässige Handlung (§ 11 I Nr. 5; 9 ff. vor § 25) von einem beliebigen Täter an einem Ort, an dem für 3

§ 74d

4 die Tat das deutsche Strafrecht gilt, entweder **a) verbreitet,** dh an einen anderen, und zwar vielleicht nur an eine einzelne Person (RG **55**, 277), mit dem Ziele weitergegeben worden ist, sie dadurch einem größeren Personenkreis zugänglich zu machen (BGH **13**, 257; 375; **19**, 63; **36**, 56; Bay **51**, 422; **63**, 38); dabei liegt schon im Versenden vollendetes Verbreiten (vgl. II „Verbreiten durch Versenden"; NJW **65**, 1973; 14. 1. 1981, 3 StR 440/80; enger Köln OLGSt. 14 zu § 186). Hieran soll es nach Frankfurt StV **90**, 209 fehlen, wenn von einem Angeklagten eine Pressemitteilung nur bestimmten Redakteuren zugeleitet wird, weil er keinen Einfluß darauf hat, ob und wie sie zu einer Nachricht verarbeitet wird. Verbreitet werden muß die *Schrift* (der Substanz nach) nicht nur ihr Inhalt (BGH **18**, 63; Hamburg MDR **63**, 1027; Bay NJW **79**, 2162; NStZ **83**, 121; Hamburg NStZ **83**, 127 [m. Anm. Franke NStZ **84**, 126 u. GA **84**, 457 sowie Bottke JR **83**, 299]; Frankfurt NJW **84**, 1128; MDR **84**, 423; vgl. auch MDR/S **84**, 183; **90**, 103), so daß öffentliches Zugänglichmachen allein des Inhalts erst über IV oder Sonderregelungen wie § 131 I Nr. 2 und § 184 III Nr. 2 erfaßt ist und Tatbestände, die allein das Verbreiten pönalisieren (§§ 80a, 86, 86a, 90ff., 103 II, 111, 140 Nr. 2, 166, 186, 187, 187a, 219b) sich wegen des Fehlens einer dem IV entsprechenden Klausel als zu eng erweisen können (aM Lackner 2, SchSch-Stree 14, jeweils zu § 86; vgl. hierzu auch KG JR **84**, 249). Gedankenloses Liegenlassen im Eisenbahnabteil ist kein Verbreiten; auch nicht Einreichung und Zustellung einer Klageschrift (BayOLGSt. 5 zu § 186). Zum Beginn des Verbreitens (bedeutsam für die Presseverjäh-
5 rung) vgl. 8 zu 78; oder **b)** zum **Verbreiten** durch den Täter eines solchen Vorbereitungsdelikts **bestimmt** worden ist (vgl. BGH **19**, 67), zB durch Handlungen nach § 86, § 131 I Nr. 3, § 184 I; bei Plakaten oder beschrifteten größeren Tüchern (NStE § 86 Nr. 1) ist dies der Fall, wenn sie an öffentlich zugänglichen und in fremdem Eigentum befindlichen Stellen
6 angeschlagen werden sollen (Bay **84**, 71); oder **c)** öffentlich **zugänglich gemacht (IV)** worden ist; dh auch hier die Sache selbst. Mit öffentlich ist wie bei § 111 (dort 5) und § 183a (Ber. BT-Drs. VI/3521, S. 8, 57) nicht die Öffentlichkeit des Ortes gemeint, sondern die Möglichkeit der Wahrnehmung durch unbestimmt viele Personen, auch wenn sie zunächst ein Eintrittsgeld oder einen Mitgliedsbeitrag zu zahlen haben (Hamm NJW **73**, 817) oder wenn sie wie in einer Fabrik oder Kaserne einem bestimmten größeren Personenkreis angehören. Als Beispiele nennt IV das **Ausstellen,** dh den Blicken zugänglich machen, zB von Plastiken (vgl. RG **30**, 183), hieran fehlt es, wenn der anstößige Teil der Schrift oder Abbildung abgedeckt ist (Karlsruhe NJW **84**, 1976); das **Anschlagen,** zB von Plakaten (BGH **19**, 310), auch nur in einem Stück, Führen von Aufklebern (Frankfurt NJW **84**, 1128; MDR **84**, 423), das **Vorführen,** zB von Filmen (vgl. RG **55**, 276) oder Abbildungen oder das Abspielenlassen von Schallplatten; nicht unter diese Beispielsfälle, aber unter den Oberbegriff des öffentlichen Zugänglichmachens fällt zB das Anschreiben (RG **11**, 285) oder Anzeichnen (RG **30**, 183) sowie das Aufstellen von Schaukästen oder das Betreiben einer Videothek, wo bei Auslösen eines Mechanismus (auch nach Geldeinwurf) Fotos, Dias oder Filme betrachtet werden können (KG NStZ **85**, 220; vgl. LG Darmstadt MDR **75**, 163). Mit Strafe bedroht ist ein derartiges Verhalten zB in § 131 I Nr. 2 und § 184 I Nr. 1, 2 III Nr. 2, nicht aber in I Nr. 7 (Bay NJW **76**, 527).

Verfall und Einziehung **§ 74 d**

Zwei Fallgruppen unterscheidet die Vorschrift, für die gemeinsam die Erläuterungen unter 2 bis 6 gelten.

4) Für die **1. Fallgruppe** (I, II mit IV, V) gelten darüber hinaus folgende 7 Besonderheiten: **A. Voraussetzung** der Maßnahme ist, daß **jedes** vorsätzliche **Verbreiten** oder allgemeine Zugänglichmachen (IV) der Schrift usw. in **Kenntnis ihres Inhalts** den Tatbestand eines Strafgesetzes verwirklichen würde; dh daß jeder, der den Inhalt der Schrift und dessen strafrechtlich relevante Bedeutung (Prot. V/1065 ff.) kennt, sich, wenn ihm kein Schuldausschließungsgrund zur Seite stände (vgl. MDR/D **53**, 721), schon allein durch das Verbreiten als solches strafbar machen würde (vgl. BGH **19**, 63); daher muß Grundlage der Strafbarkeit der Inhalt der Schrift als solcher sein (NJW **69**, 1818; **70**, 819), nicht aber ihre äußere Gestalt (RG **66**, 146), zB das Fehlen des Impressums (RG **16**, 118). Es reicht aus, wenn die Schrift die zum äußeren Tatbestand eines Strafgesetzes gehörende Erklärung enthält. Merkmale wie zB die Nichterweislichkeit nach § 186 brauchen aus dem Inhalt nicht hervorzugehen (vgl. RG **66**, 146; Bay **53**, 168). Anderseits sind Rechtfertigungsgründe, die sich aus dem Inhalt nicht ergeben (zB § 193), unberücksichtigt zu lassen, da das Hinzutreten Strafe verhindernder Umstände im Einzelfall keine Rolle spielen kann (LK 6). Ist § 193 aus Gründen außerhalb des Inhalts gegeben, so scheitert die Einziehung möglicherweise daran, daß es an der Verbreitung durch eine rechtswidrige Tat fehlt. Ob Prozeßvoraussetzungen (Strafantrag) hinzutreten müssen, ist ohne Bedeutung. Bei Abbildungen und Darstellungen kommt es auf Kenntnis des Ausgedrückten und seiner Bedeutung an. Als mögliche Straftat genügt eine fahrlässige Tat. Der Begriff des Verbreitens iS von 4 braucht im Tatbestand des verletzten Strafgesetzes nicht genannt zu sein (BGH **36**, 58). Beispiele für die Fallgruppen sind §§ 80a, 86, 86a, 90 bis 90b, 111, 130, 131, 140, 186, 187a 189, 219c. Innerhalb des praktisch wichtigeren § 184 gehört dessen III unter die hier behandelte Gruppe 7, dessen I hingegen unter die Gruppe unten 10 ff.

B. Folge ist, wenn die Voraussetzungen unter 2, 3 bis 6, 7 gegeben sind: 8 **a)** die **vorgeschriebene Einziehung** nicht nur der Stücke der Schrift usw., die bei der rechtswidrigen Tat eine möglicherweise schon nach anderen Vorschriften (§ 74) zur Einziehung führende Rolle gespielt haben, sondern sämtlicher Stücke (Düsseldorf NStE Nr. 3), die sich **aa)** im **Besitz** der bei ihrer Verbreitung oder deren Vorbereitung mitwirkenden Personen, insbesondere beim Verfasser, Verleger, Herausgeber, Redakteur, Drucker, Buch- oder Filmhändler befinden; dabei genügt Mitbesitz sowie mittelbarer Besitz (BGH **19**, 63), so daß auch öffentlich Beliebigen angebotene Stücke, wenn die Anbietenden nur Besitzdiener sind (vgl. MDR/D **53**, 721), sowie Ansichtssendungen beim Kunden erfaßt werden. Ob Stücke im *Privatbesitz,* also der Privatbibliothek zugehörende Exemplare der Mitwirkenden ausscheiden, läßt NStE Nr. 2 offen; **bb) öffentlich ausgelegt** sind, dh zur möglichen Kenntnisnahme eines unbestimmten größeren Personenkreises, insbesondere in Läden, Schaufenstern, Ausstellungen, Gaststätten, Vorräumen bei Veranstaltungen (nicht aber bei geschlossenen Gesellschaften); **cc)** sich im **Verbreitungsprozeß durch Versenden** befinden und dem Empfänger noch nicht ausgehändigt sind, sich zB noch nicht in dessen Postfach befinden; idR werden solche Stücke im Besitz von Personen sein, die bei der Verbreitung, wenn auch nicht schuldhaft, mitwirken (Post), mindestens in deren mittelbarem Besitz. Die Vorschrift greift aber zB auch ein, wenn die Verbreiter Schriftmaterial in bestimmten Eisenbahnabteilen herrenlos die Grenze passieren lassen, aus denen es später von eingeweihten Komplizen herausgeholt wird (Prot. V/1070). In den Fällen aa) bis cc) braucht selbständige Strafbarkeit nicht gegeben zu sein (vgl. BGH 8, 165). Von den Maßnahmen des § 74d kann nicht allein deswegen abgesehen werden, weil sich der Angeklagte mit der außergerichtlichen Einziehung einverstanden erklärt hat (23. 5. 1990, 3 StR 121/90).

9 **b)** Dazu kommt die nach I S. 2 vorgeschriebene **Unbrauchbarmachung** der zur **Herstellung** der Einziehungsstücke **gebrauchten**, dh bereits verwendeten, aber auch der zur weiteren **Herstellung** gleichartiger Stücke **bestimmten Vorrichtungen.** Wie die Beispiele in I S. 2 zeigen, sind dabei nicht etwa die Tatwerkzeuge gemeint wie zB Druckmaschinen, Fotokopiergeräte (1. 2. 1985, 3 StR 531/84), Stichel u. ä., deren Einziehung nach §§ 74, 74a in Betracht kommt, sondern nur solche Gegenstände, die bereits den Inhalt des späteren Endprodukts in einem Vorstadium enthalten und im Vervielfältigungsprozeß dazu verwendet werden, diesen Inhalt immer wieder zu übertragen wie Platten, Formen (zB auch bei gegossenen Plastiken oder bei Porzellanfiguren), Drucksätze (zB einen Stehsatz), Druckstöcke (= Klischees), Negative (Fotonegative) und Matrizen jeder Art. II gilt hier nicht, so daß die Unbrauchbarmachung die Vorrichtungen ergreift, gleichgültig, wo und bei wem sie sich befinden.

10 5) Für die **2. Fallgruppe** (III mit I, IV, V) gelten folgende Besonderheiten: **A. Voraussetzung** ist hier, daß nicht jedes vorsätzliche Verbreiten oder allgemeine Zugänglichmachen in Kenntnis des Inhalts und seiner Bedeutung den Tatbestand eines Strafgesetzes verwirklichen würde; es müssen vielmehr **weitere Tatumstände hinzutreten,** die nicht im Inhalt des Gegenstandes vorgegeben sind und nicht in jedem Falle gegeben zu sein brauchen. Das trifft zB zu bei §§ 90b, 109d und 219b, wo der Täter mit einem bestimmten Wissen und einer bestimmten Absicht handeln muß; praktisch wichtige weitere Beispiele finden sich vor allem in § 184 I sowie im GjS, wo zB der Vertrieb jugendgefährdender Schriften durch Händler außerhalb von Geschäftsräumen, in Kiosken, Leihbüchereien oder Lesezirkeln unter Strafe gestellt ist (§§ 4, 21 I; NJW **69**, 1818). Auch hier braucht das Verbreiten nicht als Tatbestandshandlung im Gesetz genannt zu sein (zw. und str. vgl. Prot. V/1071; LK 19); fahrlässige Taten kommen ebenfalls in Betracht (zB § 21 III GjS). Ordnungswidrigkeiten scheiden jedoch aus.
11 **B. Folge** sind Einziehung und Unbrauchbarmachung zwar auch obligatorisch (zu den Ausnahmen vgl. 17 zu § 74), aber eingeschränkt
12 **a)** auf **Stücke und Vorrichtungen** (hierzu gehören zB U-matic-Bänder, die zur Herstellung von Video-Filmkopien bestimmt sind, LG Duisburg NStZ **87**, 367), die sich im unmittelbaren oder mittelbaren Besitz befinden **aa)** eines Tatbeteiligten, **bb)** eines anderen, für den der Tatbeteiligte, etwa als dessen Vertreter gehandelt hat, zB als Organ oder Vertreter einer juristischen Person, oder ein Angestellter in einer Filiale, der nicht selbst Besitzer ist, **cc)** Stücke, die von den unter aa) und bb) genannten Personen zur künftigen Verbreitung bestimmt sind, aber sich nicht in ihrem Besitz befinden, etwa beim Spediteur. Doch müssen sich die Stücke, da III eine

Verfall und Einziehung **§ 74 d**

Einschränkung gegenüber II darstellt, noch im Verbreitungsprozeß befinden und dürfen noch nicht zu einem daran unbeteiligten Empfänger gelangt sein (LK 21; aM SchSch-Eser 14).

b) Auch wenn die Voraussetzungen unter 12 erfüllt sind, dürfen die **13** Maßnahmen nur angeordnet werden, soweit sie erforderlich sind, um ein gesetzwidriges, nicht notwendig strafbares (aM; LK 22; SK-Horn 18) Verbreiten durch die unter aa) und bb) genannten Personen zu verhindern (III Nr. 2). Das Gericht muß also eine **konkrete Verbreitungsgefahr** feststellen. Hat jemand in seinem Kiosk eine nach dem GjS indizierte Schrift verbreitet, so werden die anderen dort befindlichen eingezogen, wenn sonst mit weiterer Verbreitung zu rechnen ist; nicht aber Stücke und Vorrichtungen beim Verleger, für den der Kioskbesitzer gehandelt hat, der aber von dem Verstoß nichts weiß; anders, wenn dieser schon mehrfach gegen § 4 II GjS verstoßen hat.

6) Die Folgen stehen **bei beiden Fallgruppen** nach V unter dem Grund- **14** satz der Verhältnismäßigkeit nach § 74b II und auch III, obwohl § 74d die Einziehung an sich vorschreibt. Danach hat sich das Gericht zB, wenn eine Schrift strafrechtlich nur zum Teil relevant ist, auf die Anordnung zu beschränken, daß Teile der Schrift und der Herstellungsvorrichtung unbrauchbar zu machen sind (§ 74b II Nr. 1), oder es hat zB anzuordnen, daß der Kiosk- oder Leihbüchereiinhaber die jugendgefährdenden Schriften an neutrale Dritte verkauft (§ 74b Nr. 3). Auch auf einen Teil der Gegenstände können die Maßnahmen beschränkt werden, wenn von den übrigen keine konkrete Gefahr droht (BGH **19**, 257), jedoch macht das Einverständnis mit der außergerichtlichen Einziehung gebotene Maßnahmen nach § 74d nicht entbehrlich (23. 5. 1990, 3 StR 121/90). Nach BGH **23**, 267 ist auch § 74b I anzuwenden (vgl. dort 1). **Zur verfassungsrechtlichen Problematik** vgl. 14 zu § 86; auch 10 zu § 131; 14 zu § 193; BVerfGE **27**, 71; BGH **20**, 192; **23**, 208; Faller MDR **71**, 1. Zum VerbrVerbG vgl. 6 vor § 80.

7) Verfahrensrechtliches. Die Maßnahmen sind im Urteilstenor auszuspre- **15** chen (21 zu § 74), und zwar auch die Beschränkung nach III Nr. 1 (vgl. RG **17**, 314); Anordnung unter den Voraussetzungen von § 76a II auf Antrag der StA auch dann, wenn im subjektiven Verfahren wegen mangelnder Schuld freigesprochen (MDR **53**, 721) oder nach § 76a III verfahren wird. Der Inhalt einer Schrift muß in seinem Kern im Text des Urteils wiedergegeben werden (BGH **11**, 31; **17**, 388; **23**, 78; 226). Die Betroffenen sind im Verfahren zum mindesten Einziehungsbeteiligte (§§ 431, 442 StPO). Die Beschlagnahme steht unter den Beschränkungen der §§ 111m, 111n StPO.

Wirkung der Einziehung RiStBV 253

74 e ^I Wird ein Gegenstand eingezogen, so geht das Eigentum an der Sache oder das eingezogene Recht mit der Rechtskraft der Entscheidung auf den Staat über.

^{II} **Rechte Dritter an dem Gegenstand bleiben bestehen. Das Gericht ordnet jedoch das Erlöschen dieser Rechte an, wenn es die Einziehung darauf stützt, daß die Voraussetzungen des § 74 Abs. 2 Nr. 2 vorliegen. Es kann das Erlöschen des Rechts eines Dritten auch dann anordnen, wenn diesem eine Entschädigung nach § 74f Abs. 2 Nr. 1 oder 2 nicht zu gewähren ist.**

§ 74e AT Dritter Abschnitt. Siebenter Titel

III § 73e Abs. 2 gilt entsprechend für die Anordnung der Einziehung und die Anordnung des Vorbehalts der Einziehung, auch wenn sie noch nicht rechtskräftig ist.

1 **1) Mit der Rechtskraft der Entscheidung** (der die Möglichkeit eines Nachverfahrens nach § 439 StPO nicht entgegensteht) geht das Eigentum an der eingezogenen Sache oder das eingezogene Recht nach § 74e (idF des 2. StrRG; vgl. 1 zu § 74, III geändert durch Art. 1 Nr. 9 OrgKG, 2 zu § 43a) auf den Staat (Justizfiskus) über, und zwar auf das Land, zu dem das Gericht 1. Instanz gehört (§ 60 StVollstrO; BGH **2**, 337; Düsseldorf NJW **53**, 436). Dies gilt auch, soweit die OLG nach Art. 96 V GG, § 120 VI GVG in Ausübung von Gerichtsbarkeit des Bundes entscheiden, da sie auch insoweit „in vollem Umfang als Gerichte der Länder entscheiden" (Ber. BT-Drs. V/4269; § 60 S. 2 StVollstrO). Der Rechtswechsel tritt unmittelbar durch die konstitutive Anordnung des Gerichts ein, auch dann, wenn der Übergang sonst die Einhaltung von Formvorschriften verlangt (zB muß durch die Anordnung unrichtig gewordene Grundbuch berichtigt werden), und ohne Rücksicht darauf, ob das Gericht die bisherigen Rechtsverhältnisse richtig beurteilt hat (vgl. Eser, Sanktionen 217, 372), etwa die Einziehung auf § 74 II Nr. 1 in der irrigen Annahme stützt, der Täter sei zZ der Entscheidung Rechtsinhaber (hier können § 74f, vgl. dort 3, und § 439 StPO helfen). Mit einem Beschluß nach § 370 II StPO auf Wiederaufnahme des Verfahrens lebt das Eigentum des Voreigentümers wieder auf (LK-Schäfer 5).

2 **2) Vor der Rechtskraft der Entscheidung** wirken nach III in entsprechender Anwendung des § 73e II als Veräußerungsverbot iS des § 136 BGB, und zwar hinsichtlich generell gefährlicher Sachen als absolutes nach § 134 BGB, im übrigen als relatives nach § 135 BGB (Bremen NJW **51**, 675; Frankfurt NJW **52**, 1068): **a)** die Beschlagnahme (nicht die Sicherstellung) nach §§ 111b ff. StPO; **b)** die Anordnung der Einziehung (III S. 1) und **c)** des Vorbehaltes der Einziehung nach § 74b II. Eine entgegenstehende Veräußerung nach der Anordnung im 1. Rechtszuge hindert danach die Anordnung im 2. Rechtszug nicht.

3 **3) Schutz für gutgläubige Erwerber** gilt trotzdem sowohl vor wie nach Rechtskraft der Entscheidung, soweit § 135 II BGB einschlägt, für bewegliche Sachen nach §§ 932ff. BGB; für Grundstücksrechte nach §§ 892, 1138, 1155 BGB; nicht hingegen für Forderungen. Grobe Fahrlässigkeit iS von § 932 II BGB wird idR anzunehmen sein, wenn der Erwerber weiß, daß ein Strafverfahren wegen einer Tat eingeleitet ist, bei der der Einziehungsgegenstand eine Rolle gespielt hat (LK 14). Hat nach Eintritt des Veräußerungsverbots, aber vor Rechtskraft der Einziehungsanordnung ein Dritter gutgläubig erworben, so verliert er zwar sein Recht mit der Rechtskraft, es gilt aber § 74b. Mit Recht weist allerdings LK 15 darauf hin, daß das Gericht, wenn es vor der Einziehung von dem gutgläubigen Erwerb erfährt, nicht mehr einziehen darf.

4 **4) Rechte Dritter am Einziehungsgegenstand erlöschen** durch die Anordnung der Einziehung (anders noch § 415 S. 2 aF AbgO) grundsätzlich **nicht (II S. 1)**, da sonst Art. 14 GG verletzt sein könnte und der Drittberechtigte außerdem stets als Einziehungsbeteiligter zum Verfahren zugezogen werden müßte. Unter Rechten sind nur die beschränkt dinglichen Rechte wie Pfandrecht oder Nießbrauch zu verstehen; auch Pfandrechte an Forderungen (§§ 1279ff. BGB) gehören hierher (Karlsruhe MDR **74**, 154); ferner Sicherungs- und Vorbehaltseigentum, die wie bestehenbleibende Pfandrechte behandelt werden (str.), während das Eigentum auf den Staat übergeht, sowie zur Sicherung zedierte Forderungen (vgl. 12 zu § 74). Zwei Ausnahmen von S. 1 sehen S. 2, 3 vor: Das Gericht muß das Erlöschen der Drittrechte anordnen, wenn es

Verfall und Einziehung **§ 74f**

die Einziehung auf § 74 II Nr. 2 stützt (Sicherungseinziehung), und zwar einschließlich der Fälle des § 74 III sowie einer zwingenden Sicherungseinziehung zB nach § 150 (SchSch-Eser 9); dann kommt Entschädigung der Dritten in Frage. Dies gilt auch dann, wenn Sicherungs- oder Vorbehaltseigentum auch als Pfandrecht zum Erlöschen gebracht wird. In den Fällen des § 74d muß S. 2 entsprechend gelten, da es sich dort generell um gefährliche Gegenstände iS von § 74 II Nr. 2 handelt (LK 9). Das Gericht kann das Erlöschen des Rechtes des Dritten anordnen, wenn bei einer Einziehung nach § 74 II Nr. 1, § 74a die Voraussetzungen des § 74f Nr. 1 oder 2 bei dem Dritten gegeben sind. In beiden Fällen sind die Dritten Einziehungsbeteiligte (§ 431 I Nr. 2 StPO); im 1. Fall hat über eine etwaige Entschädigung der Zivilrichter zu entscheiden (E EGOWiG 78); im 2. Fall spricht der Strafrichter in der Entscheidung aus, daß dem Beteiligten eine Entschädigung nicht zusteht, es sei denn, daß er aus Billigkeitsgründen nach § 74f III doch eine Entschädigung gewähren will; deren Höhe setzt er dann fest (§ 436 III StPO).

Entschädigung

74f ^I **Stand das Eigentum an der Sache oder das eingezogene Recht zur Zeit der Rechtskraft der Entscheidung über die Einziehung oder Unbrauchbarmachung einem Dritten zu oder war der Gegenstand mit dem Recht eines Dritten belastet, das durch die Entscheidung erloschen oder beeinträchtigt ist, so wird der Dritte aus der Staatskasse unter Berücksichtigung des Verkehrswertes angemessen in Geld entschädigt.**

^{II} **Eine Entschädigung wird nicht gewährt, wenn**

1. **der Dritte wenigstens leichtfertig dazu beigetragen hat, daß die Sache oder das Recht Mittel oder Gegenstand der Tat oder ihrer Vorbereitung gewesen ist,**
2. **der Dritte den Gegenstand oder das Recht an dem Gegenstand in Kenntnis der Umstände, welche die Einziehung oder Unbrauchbarmachung zulassen, in verwerflicher Weise erworben hat oder**
3. **es nach den Umständen, welche die Einziehung oder Unbrauchbarmachung begründet haben, auf Grund von Rechtsvorschriften außerhalb des Strafrechts zulässig wäre, den Gegenstand dem Dritten ohne Entschädigung dauernd zu entziehen.**

^{III} **In den Fällen des Absatzes 2 kann eine Entschädigung gewährt werden, soweit es eine unbillige Härte wäre, sie zu versagen.**

1) Die Vorschrift (idF des 2. StrRG; vgl. 1 zu § 74) bestimmt mit Rücksicht 1 auf die Eigentumsgarantie des Art. 14 GG, daß Inhaber von Rechten, soweit sie sie nicht im Zusammenhang mit einer Straftat mißbräuchlich eingesetzt oder erworben haben, dann eine angemessene Entschädigung erhalten, wenn durch die Maßnahme ihr Recht verlorengegangen oder beeinträchtigt worden ist.

2) Als Entschädigungsberechtigte kommen danach in Betracht nur **Drit-** 2 **te,** dh iS der Vorschrift solche Personen, welche die Maßnahme nicht selbst betrifft, so daß nicht nur Täter und Teilnehmer ausscheiden (LG Hamburg NJW 74, 373), und zwar auch dann, wenn ihnen bei einer Sicherungseinziehung nach § 74 III kein Schuldvorwurf zu machen ist (vgl. BGH **15,** 395; BGHZ **27,** 383), sondern auch Tatunbeteiligte, welche die Einziehung nach § 74a betrifft (hierzu Eser, Sanktionen 371); bei beiden Fallgruppen kommen Billigkeitserwägungen nur bei der Anordnung, insbesondere nach

§ 74b in Betracht, so daß III ausscheidet. Entschädigungsberechtigter Dritter kann danach sein, wer zum Zeitpunkt der Rechtskraft der Entscheidung

3 **A. Eigentümer der eingezogenen Sache** oder, was selten sein wird, Inhaber des eingezogenen Rechtes in den Fällen der Sicherungseinziehung nach § 74 II Nr. 2, III war und aus den dort genannten Gründen die Einziehung und den Verlust seines Rechtes gegen sich dulden muß. Entsprechendes gilt für die Einziehung und Unbrauchbarmachung nach § 74d. In Betracht kommt auch der Fall, daß das Gericht die Rechtsverhältnisse falsch beurteilt hat (vgl. 1 zu § 74e) und sich nachträglich herausstellt, daß der auf den Staat übergegangene Gegenstand in Wirklichkeit einem Dritten zustand, der am Verfahren nicht beteiligt war. Ihm steht zwar das Nachverfahren nach § 439 StPO offen, er kann aber statt dessen, auch während des Fristenlaufs nach § 439 II StPO, Entschädigung nach § 74f beanspruchen. Ist hingegen einem Einziehungsbeteiligten Entschädigung nach § 436 III StPO rechtskräftig abgesprochen, so kann er sich auf § 74f nicht berufen, auch wenn er sich nach wie vor für den Rechtsinhaber hält. In Betracht kommt schließlich auch der Fall, daß bei einer Sicherungseinziehung von Dritteigentum die Einziehung selbst nach § 74b II vorbehalten bleibt, das Eigentum aber durch eine dort vorgesehene Maßnahme beeinträchtigt wird.

4 **B. ein Recht** am Gegenstand der Einziehung oder Unbrauchbarmachung hatte, das durch die Maßnahme erloschen oder (etwa durch eine weniger einschneidende Maßnahme nach § 74b II) in seinem Wert beeinträchtigt worden ist. Da nach § 74e II S. 1 die Rechte Dritter grundsätzlich bestehen bleiben und ihr Erlöschen in den Fällen des § 74e II S. 3 gerade den Wegfall einer Entschädigung voraussetzt (3 zu § 74e), kommt eine Entschädigung hier nur in Betracht, wenn es sich **a)** um eine Sicherungseinziehung nach § 74 II Nr. 2, III handelt und das Gericht das Erlöschen des Rechts nach § 74e II S. 2 angeordnet hat; oder **b)** wenn bei einer Einziehung anderer Art das an sich bestehenbleibende Recht beeinträchtigt worden ist. Als Rechte an der Sache sind die beschränkt dinglichen Rechte iS von 3 zu § 74e anzusehen, also nach der hier vertretenen Auffassung auch Sicherungs- und Vorbehaltseigentum (12 zu § 74; 3 zu § 74e). Diese Rechte können aber dadurch gewahrt sein, daß andere ausreichende Sicherungen zur Verfügung stehen (vgl. BGH **4**, 345); außerdem kann der Staat anstelle der Entschädigung die Forderung der Rechtsinhaber befriedigen.

3) Entschädigung wird nicht gewährt (II), auch wenn die Voraussetzung von I an sich gegeben sind, wenn

5 **A. der Dritte** im Zusammenhang mit dem Einziehungsgegenstand die in Nr. 1, 2 beschriebene selbe vorwerfbare Rolle gespielt hat, wie sie schon in § 74a Nr. 1 und 2 mit fast gleichem Wortlaut umschrieben ist; so zB der Besteller pornographischer Schriften nach § 184 III (vgl. Hamm MDR **70**, 944). Da § 74f von vornherein ausscheidet, wenn die Einziehung nach § 74a unmittelbar den Dritten betrifft (oben 2ff.), kommen II Nr. 1 und 2 in Betracht **a)** bei einer **Sicherungseinziehung,** gleichgültig, ob sich die Einziehung zugleich auf eine Vorschrift stützt, die auf § 74a verweist oder nicht. Dabei ist Nr. 2 anders als bei § 74a Nr. 2 auch auf Fälle anwendbar, in denen der Dritte die Umstände kennt, welche die Einziehung aus Sicherungsgründen (§ 74 II Nr. 2, III) zulassen und in denen der Dritte den

Verfall und Einziehung **§ 74f**

Gegenstand von einem beliebigen anderen erwirbt; b) in Fällen der **Unbrauchbarmachung** (§ 74d), wenn das Recht des Dritten dadurch beeinträchtigt wird; c) ausnahmsweise in Fällen der Einziehung nach § 74 II Nr. 1, wenn sich **nachträglich herausstellt,** daß in Wirklichkeit ein Dritter Rechtsinhaber war, aber eine Rolle nach Nr. 1 oder 2 gespielt hat. Im übrigen gelten für Nr. 1 und 2 die Ausführungen unter 3 bis 8 zu § 74a.

B. die **Voraussetzungen der Nr. 3** zutreffen. In solchen Fällen verletzt 6
der Sachverhalt Grenzen, die dem Eigentum durch außerstrafrechtliche Gesetze gezogen sind (vgl. E EGOWiG 60), wie zB durch Polizeigesetze der Länder, welche die Sicherstellung von gefährlichen Gegenständen aus Präventivgründen anordnen; bei Verwertbarkeit des Gegenstandes ist dann aber dem Rechtsinhaber der Erlös nach Abzug der Kosten herauszugeben (vgl. zB §§ 6 bis 9, 32–34 PolGBW; § 21 PolGNW; Art. 8ff., 21ff., 49ff. BayPAG).

4) Aus **Billigkeitsgründen** kann nach III trotz der Voraussetzungen von 7
II eine volle oder teilweise Entschädigung gewährt werden, soweit die Versagung nach den Umständen des Einzelfalles eine unbillige Härte (vgl. 2 zu § 73c) wäre, zB wenn das Recht des Dritten in seinem Wert außer Verhältnis zur Bedeutung der Straftat steht oder der Dritte in den Fällen von II Nr. 3 ohnehin den Erlös erhalten müßte (vgl. auch Hamm MDR **70**, 944). Die Vorschrift ergänzt den § 74b, der nur für Personen gilt, gegen die sich die Einziehung unmittelbar richtet, in etwa für den Dritten, demgegenüber sonst Billigkeitserwägungen keinerlei Rolle spielen könnten.

5) **Die Entschädigung** wird von der Kasse des Staates, zu dessen Gun- 8
sten die Maßnahme wirkt (1 zu § 74e) in Geld geleistet; bei der Einziehung von Kriegswaffen trifft sie den Bund (§ 24 II KriegswaffG). Die Entschädigung muß angemessen sein, wobei der Verkehrswert (vgl. 6 zu § 74c) nur einen wesentlichen Anhaltspunkt bietet. Im Fall von III kann ein angemessener Teil des Wertes ersetzt werden. Über die Entschädigung entscheidet der Strafrichter nur in den Fällen des § 436 III StPO, sonst die oberste Justizbehörde oder die von ihr bestimmte Stelle, und zwar, wenn der Gegenstand noch nicht verwertet ist, auch über die Verwertung, § 68a StVollstrO. Übertragungsverfügungen sind nur vereinzelt (Bremen, SchlH) erlassen.

Sondervorschrift für Organe und Vertreter

75 Hat jemand
1. **als vertretungsberechtigtes Organ einer juristischen Person oder als Mitglied eines solchen Organs,**
2. **als Vorstand eines nicht rechtsfähigen Vereins oder als Mitglied eines solchen Vorstandes oder**
3. **als vertretungsberechtigter Gesellschafter einer Personenhandelsgesellschaft**

eine Handlung vorgenommen, die ihm gegenüber unter den übrigen Voraussetzungen der §§ 74 bis 74c und 74f die Einziehung eines Gegenstands oder des Wertersatzes zulassen oder den Ausschluß der Entschädigung begründen würde, so wird seine Handlung bei Anwendung dieser

665

§ 75

Vorschriften dem Vertretenen zugerechnet. § 14 Abs. 3 gilt entsprechend.

1) **Die Vorschrift** (idF des 2. StrRG; vgl. 1 zu § 74) möchte, da es mindestens zweifelhaft ist, ob juristische Personen durch ihre Vertreter strafrechtlich relevante Handlungen vornehmen können (34 vor § 13), einer bei Verneinung dieser Frage entstehenden Lücke vorbeugen und bestimmt deshalb, daß Handlungen, die jemand als Organ oder Vertreter einer juristischen Person oder ihr vergleichbaren Personenvereinigung vornimmt, iS der §§ 74 bis 74c und 74f dem Vertretenen so zugerechnet werden, als wenn es dessen eigene Handlungen wären. Eine Erweiterung (auch des § 30 OWiG) sieht Art. 1 Nr. 1 **RegE/2. UKG** (10 vor § 324) vor.

2) Nur Handlungen bestimmter Vertreter **juristischer Personen** und bestimmter **Personenvereinigungen** erfaßt die Vorschrift, nämlich **Nr. 1** von vertretungsberechtigten Organen einer inländischen oder ausländischen **juristischen Person** des bürgerlichen oder öffentlichen Rechts, also zB einer AG, GmbH, Genossenschaft eines rechtsfähigen Vereins, einer Stiftung, Anstalt u. a., wobei aber der Handelnde Organ oder Mitglied des Organs sein muß, nicht nur gewillkürter Vertreter wie ein Prokurist; der Handelnde braucht jedoch nicht zur alleinigen rechtsgeschäftlichen Vertretung befugt zu sein und braucht auch nicht in rechtsgeschäftlicher Vertretung zu handeln; **Nr. 2** des Vorstandes oder des Vorstandsmitgliedes eines **nicht rechtsfähigen Vereins** (§ 54 BGB), nicht hingegen eines besonderen Vertreters des Vereins (LK-Schäfer 12); **Nr. 3** von vertretungsberechtigten Gesellschaftern einer **Personenhandelsgesellschaft** (OHG, Kommanditgesellschaft; §§ 125, 161 II, 170 HGB). Nicht erfaßt sind danach eine Gesellschaft bürgerlichen Rechts oder sonstige gesetzliche oder gewillkürte Vertretungsverhältnisse. Hingegen gilt § 75 auch dann, wenn der Akt der Bestellung zum Organ oder Vertreter, etwa infolge von Formfehlern, rechtsunwirksam ist, der Bestellte aber im Wirkungskreis des eigentlichen Normadressaten mit dessen Einverständnis oder dem Einverständnis des hierzu Befugten seine Stellung tatsächlich eingenommen hat.

3) **In seiner Eigenschaft** als Organ oder Vertreter muß der Betreffende handeln, also nicht für sich persönlich, sondern auf Grund seiner besonderen Stellung in Wahrnehmung von Angelegenheiten des Vertretenen (nicht nur gelegentlich solcher Wahrnehmung), auch wenn er im Innenverhältnis nicht zu der konkreten Handlung berechtigt sein sollte.

4) **Zugerechnet** wird eine Handlung, die unter den Voraussetzungen von 2 und 3 vorgenommen wird, dem Vertretenen dann, wenn die Handlung, falls der Handelnde sie für sich selbst vorgenommen hätte, ihm gegenüber die Einziehung nach §§ 74 bis 74c oder den Ausschluß einer Entschädigung nach § 74f begründet hätte. Die Einziehung ist also nach §§ 74 II Nr. 1, 74a zulässig oder nach § 74 IV zulässig oder vorgeschrieben, wenn nicht der Handelnde, wohl aber die juristische Person oder die Personenvereinigung zur Zeit der Entscheidung Rechtsinhaberin ist. Für den Ausschluß der Entschädigung nach § 74f gilt Entsprechendes. Vereitelungshandlungen des Organs oder Vertreters iS von § 74c I werden dem Vertretenen zugerechnet, so daß dann Einziehung von Wertersatz gegen ihn möglich ist. Im übrigen müssen aber sämtliche Voraussetzungen erfüllt sein, die gegenüber dem Handelnden selbst die Einziehung oder den Aus-

Verfall und Einziehung **§ 75**

schluß einer Entschädigung begründet hätten. Auf seine Kenntnis kommt es bei § 74a Nr. 2, § 74f II Nr. 2 an, bei § 74b I kommt es auf den Vorwurf ihm gegenüber an. Im Fall von § 74f sind jedoch auch der Vertretene und seine Verhältnisse in die Billigkeitserwägung einzubeziehen; LK 15; SchSch-Eser 13. § 74d III Nr. 1 bringt für den dortigen Bereich eine gewisse Sonderregelung gegenüber § 75.

5) Beteiligungsanordnung nach § 431 III StPO. 5

Gemeinsame Vorschriften

Nachträgliche Anordnung von Verfall oder Einziehung des Wertersatzes

76 Ist die Anordnung des Verfalls oder der Einziehung eines Gegenstandes nicht ausführbar oder unzureichend, weil nach der Anordnung eine der in §§ 73a, 73d Abs. 2 oder § 74c bezeichneten Voraussetzungen eingetreten oder bekanntgeworden ist, so kann das Gericht den Verfall oder die Einziehung des Wertersatzes nachträglich anordnen.

1) Die Vorschrift idF des 2. StrRG und Art. 1 Nr. 10 OrgKG (2 zu § 43a) 1 ermächtigt das Gericht (12 zu § 57), durch Beschluß nach § 462 I StPO ohne mündliche Verhandlung nachträglich, dh nach Rechtskraft einer Anordnung des Verfalls eines Gegenstandes (Sache oder Recht) nach den §§ 73, 73d oder der Einziehung eines Gegenstandes nach § 74 oder § 74a ohne Beseitigung dieser nur praktisch ganz oder teilweise undurchführbar gewordenen Anordnung **noch Verfall oder Einziehung des Wertersatzes** nach § 73a bzw. 74c in vollem oder beschränktem Umfang anzuordnen. War die ursprüngliche Anordnung noch nicht rechtskräftig, so kann sie, solange noch eine Tatsacheninstanz bevorsteht, durch diese iS von § 73a, § 73d II bzw. § 74c korrigiert werden (nicht mehr in der Revision, die aber nicht deshalb zur Zurückverweisung führt).

Voraussetzungen sind, daß die Anordnung von Verfall oder Einziehung **2) nicht ausführbar** ist, weil nach der ursprünglichen Anordnung eine 2 der in § 73a, § 73d II bzw. § 74c bezeichneten Voraussetzungen eingetreten ist oder eine, die schon vorher eingetreten war, dem Gericht erst nach diesem Zeitpunkt bekanntgeworden ist. Beim Verfall ist damit gemeint, daß er iS von § 73a bzw. § 73d II iVm § 73a „aus einem anderen Grunde" nicht mehr möglich ist, daß also einer der in 3 zu § 73a geschilderten Umstände eingetreten oder bekanntgeworden ist. Bei der Einziehung ist damit gemeint, daß ein Tatbeteiligter nachträglich eine Handlung nach § 74c I (dort 3) vorgenommen hat oder seine entsprechende schon vorher liegende Handlung erst später bekannt wird. IdR werden derartige Fälle sowohl beim Verfall wie bei der Einziehung nur dann praktisch werden, wenn die Beschlagnahme nach § 111c StPO verabsäumt worden ist. Doch ist gutgläubiger Erwerb durch einen Dritten auch nach Beschlagnahme nicht ausgeschlossen, soweit das Veräußerungsverbot nur ein relatives ist (3 zu § 74e; 2 zu § 73e); beim Verfall kommt außerdem hinzu, daß die Anordnung in der irrigen Annahme des Gerichts, der Gegenstand stehe dem von der Anordnung Betroffenen zu, keinen Rechtsübergang zugunsten des Fiskus bewirkt (4 zu § 73e), so daß, wenn sich der Irrtum später herausstellt, Unausführbarkeit der Anordnung iS von § 76 gegeben ist. Bei der Einziehung ist das zwar anders (§ 74e; dort 1); doch wird auch hier die

§ 76 AT Dritter Abschnitt. Siebenter Titel

Anordnung unausführbar, wenn der Betroffene im Nachverfahren nach § 439 StPO eine Entscheidung zu seinen Gunsten erlangt; das gilt auch, wenn das Gericht nach § 439 V StPO verfährt, nicht aber, wenn der Fiskus aus Gründen des Verfahrensaufwandes auf einen Zivilprozeß verzichtet, den er gegen einen Dritten auf Grund des nach § 73e oder § 74e erlangten Titels führen müßte (LK-Schäfer 4).

3 **3) unzureichend** ist, dh nur zu einem Teilerfolg führt, und zwar aus denselben Gründen wie oben 2. Gemeint sind damit beim Verfall der Fall des § 73a S. 2 (dort 5) bzw. § 73d II iVm § 73a, bei der Einziehung der Fall des § 74c II (dort 4), wenn sie sich später einstellen oder herausstellen. Es wird dann Verfall oder Einziehung des Wertersatzes in Höhe der durch die ursprüngliche Anordnung nicht realisierbaren Wertdifferenz angeordnet. Im übrigen gilt oben 2 sinngemäß.

Selbständige Anordnung RiStBV 253

76 a ^I **Kann wegen der Straftat aus tatsächlichen Gründen keine bestimmte Person verfolgt oder verurteilt werden, so muß oder kann auf Verfall oder Einziehung des Gegenstandes oder des Wertersatzes oder auf Unbrauchbarmachung selbständig erkannt werden, wenn die Voraussetzungen, unter denen die Maßnahme vorgeschrieben oder zugelassen ist, im übrigen vorliegen.**

^{II} **Unter den Voraussetzungen des § 74 Abs. 2 Nr. 2, Abs. 3 und des § 74d ist Absatz 1 auch dann anzuwenden, wenn**

1. die Verfolgung der Straftat verjährt ist oder

2. sonst aus rechtlichen Gründen keine bestimmte Person verfolgt werden kann und das Gesetz nichts anderes bestimmt.

Einziehung oder Unbrauchbarmachung dürfen jedoch nicht angeordnet werden, wenn Antrag, Ermächtigung oder Strafverlangen fehlen.

^{III} **Absatz 1 ist auch anzuwenden, wenn das Gericht von Strafe absieht oder wenn das Verfahren nach einer Vorschrift eingestellt wird, die dies nach dem Ermessen der Staatsanwaltschaft oder des Gerichts oder im Einvernehmen beider zuläßt.**

1 **1) Die Vorschrift** idF des 2. StrRG/Art. 1 Nr. 1 des 21. StÄG (1 zu § 194) ermöglicht den Verfall (§§ 73, 73d) und den Verfall des Wertersatzes (§ 73a, § 73d II iVm § 73a) sowie die Einziehung des primären Einziehungsgegenstandes (§§ 74, 74a, des Wertersatzes (§ 74c) und die Unbrauchbarmachung (§ 74d) als **selbständige** Maßnahmen, dh ohne gleichzeitige Verurteilung eines Tatbeteiligten:

2 **2) im Falle der Einziehung A. a) im subjektiven Verfahren** gegen einen Tatbeteiligten zugleich mit dem Urteil, wenn aus rechtlichen Gründen eine Verurteilung zur Strafe nicht möglich und **II** gegeben ist (BGH **6**, 62; NJW **69**, 1818) oder das Gericht nach **III** verfährt. Daß in den Fällen von Schuldausschließungsgründen, insbesondere von § 20, die Maßnahmen unter Umständen neben Freispruch möglich sind, ergibt sich schon aus § 74 III.

3 **b) im objektiven Verfahren** der §§ 440–442 StPO, das nicht gegen einen Tatbeteiligten, sondern nur auf Anordnung der Maßnahme gerichtet ist (RG **50**, 391). Die Unmöglichkeit der Durchführung eines subjektiven

Verfall und Einziehung § 76a

Verfahrens, die auch noch in der Revisionsinstanz bestehen muß und eine Verfahrensvoraussetzung darstellt (BGH **21**, 55; Hamburg NJW **71**, 1000), hat das Gericht festzustellen (RG **38**, 100; Hamm NJW **53**, 1683; Düsseldorf NJW **67**, 1143). Ist sie nicht gegeben, so ist das objektive Verfahren einzustellen (BGH **21**, 57). Ein subjektives Verfahren kann bei Eintritt eines endgültigen Verfahrenshindernisses, soweit dieses nicht auch einer selbständigen Einziehung entgegensteht, in ein objektives Verfahren übergehen, nachdem dieses auch hinsichtlich der Beiziehung Dritter dem subjektiven Verfahren weitgehend angeglichen ist (BGH **23**, 67; LK-Schäfer 21; SchSch-Eser 12; Hanack JZ **74**, 58). Ist im erledigten subjektiven Verfahren die mögliche Maßnahme nicht angeordnet worden, so ist ein nachträgliches objektives Verfahren unzulässig (RG **65**, 176). Auch wenn die Maßnahme im materiellen Recht vorgeschrieben ist, gilt für den Antrag nach § 440 StPO das Opportunitätsprinzip; wird er gestellt, so ist das Gericht jedoch zu der Maßnahme verpflichtet, wenn deren Voraussetzungen gegeben sind (BGH **2**, 34; **23**, 208; Koblenz OLGSt. 1), im Fall des § 74d auch zu der Erstreckung nach I S. 2 und II; vgl. aber 14 zu § 86. In den Fällen von 2 ist auch die StA zu Anträgen verpflichtet, wenn die Maßnahme vorgeschrieben ist. Unter Umständen kann das Revisionsgericht selbst die Anordnung treffen (JZ **76**, 185).

B. **Keine Erweiterung** der Möglichkeit zur Einziehung oder Unbrauchbarmachung über den Wegfall der Verurteilung eines Tatbeteiligten hinaus enthält die Vorschrift. Im übrigen müssen alle sonstigen Voraussetzungen der Maßnahme, wie sie in §§ 74–74d und in den einzelnen Vorschriften des StGB und des Nebenrechts aufgestellt sind, erfüllt sein (BGH **13**, 314). Ist das aber der Fall, so ist die Vorschrift stets anwendbar; dies gilt auch für II, weil dessen Verweisung auf § 74 II Nr. 2, III auch die in § 74 IV bezeichneten Fälle erfaßt, der seinerseits auf diese Vorschriften verweist. § 76a stellt für drei Fallgruppen verschiedene Voraussetzungen auf: **4**

C. **I und II** setzen voraus, daß a) keine **bestimmte Person** verurteilt werden kann; dh, daß entweder ein bestimmter Tatbeteiligter nicht festgestellt werden kann, sei es, daß er unbekannt bleibt oder unter mehreren bestimmten Verdächtigten nicht festzustellen ist, oder aber, daß der Täter zwar bekannt ist, aber nicht verurteilt werden kann. Im übrigen unterscheidet das Gesetz zwei Fallgruppen: b) Hat die Maßnahme **strafähnlichen Charakter** (§§ 74 II Nr. 1; 74a), so ist sie nur zulässig, wenn tatsächliche Gründe die Verfolgung oder wenigstens die Verurteilung wegen der Straftat, noch im Stadium der Revision (BGH **21**, 55) verhindern. Es muß also eine **rechtswidrige** und **schuldhafte Tatbestandsverwirklichung** festgestellt werden, wobei eine strafbare Vorbereitungshandlung (zB § 30) genügt (BGH **13**, 311), nicht jedoch ein strafloser Versuch (BGH **8**, 212; **13**, 311). Rechtfertigungsgründe wie zB § 193 (RG **29**, 401), Schuldausschließungsgründe wie zB § 20 (RG **29**, 130) oder entschuldbarer Verbotsirrtum (§ 17 S. 1) sowie persönliche Strafausschließungs- oder -aufhebungsgründe wie Rücktritt vom Versuch schließen die Maßnahme aus. Dasselbe gilt, wenn rechtliche Gründe (unten 7) der Strafverfolgung entgegenstehen (vgl. Hamm NJW **76**, 2222). Die Maßnahme kann (vgl. dazu § 74b mit Anm.) oder muß (wenn vorgeschrieben, vgl. 19 zu § 74; § 74d) nur dann angeordnet werden, wenn tatsächliche Gründe im Wege stehen, **5**

6

§ 76a

also vor allem Nichtfeststellbarkeit oder Nichterreichbarkeit des Täters (LG Bayreuth NJW **70**, 574) und etwaigen Teilnehmers. Der Tod gehört in den Fällen des § 74 II Nr. 1 nicht hierher, weil es dann an der Voraussetzung des Eigentums zZ der Entscheidung fehlt (vgl. 12 zu § 74). Dauernde Verhandlungsunfähigkeit muß als Verfahrenshindernis und damit als rechtlicher Hinderungsgrund angesehen werden (LK 9);

7 c) Hat die Maßnahme **sichernden Charakter** (§ 74 II Nr. 2, III; § 74d), so setzt sie in den Fällen von § 74 III und § 74d nur eine rechtswidrige, doch nicht notwendig schuldhafte Tatbestandsverwirklichung voraus (dazu 9 vor § 25); es muß dann aber „natürlicher" Vorsatz gegeben sein (10 vor § 25); bedenklich die Rspr. des BGH zu § 86 ff (BGH **6**, 62; **19**, 63; NJW **55**, 71, die allerdings in BGH **13**, 32; **19**, 63 etwas eingeschränkt worden ist). Hingegen hindern persönliche Strafausschließungs- und -aufhebungsgründe hier die Maßnahme nicht (RG **57**, 3). Im übrigen ist sie nunmehr auch dann möglich oder vorgeschrieben, wenn **nach II S. 1 Nr. 1** die **Verfolgung der Straftat verjährt** ist (durch Art. 1 Nr. 1 des 21. StÄG, 1 zu § 194, ist die bisher umstrittene Rechtsfrage [hierzu 42. Aufl.; ferner Lackner, UniHD-FS 44] gesetzgeberisch entschieden, nicht aber für § 73d, wo aber der Gesetzgeber von der Möglichkeit der Verfallsanordnung in analoger Anwendung des § 76a II ausgeht; vgl. 6 B zu § 73d), oder **bb)**
8 nach II Nr. 2 sonst **rechtliche Gründe** der Verfolgung einer bestimmten Person entgegenstehen, zB im Falle der Immunität von Abgeordneten (Art. 46 II GG; § 152a StPO); einer Amnestie, soweit sie nichts anderes bestimmt (BGH **23**, 64); oder der dauernden Verhandlungsunfähigkeit des
9 Täters (oben 6). Eine **Ausnahme** macht **II S. 1 Nr. 2:** Das Gesetz darf nichts anderes bestimmen; das ist außer bei der Verfolgungsverjährung (II S. 1 Nr. 1) und wenn Art. 103 III GG (*ne bis in idem*) eingreift (Prot. V/1092) auch beim Fehlen deutscher Gerichtsbarkeit (§§ 18, 19 GVG; Art. VII NATO-Truppenstatut) der Fall. Weitere Ausnahmen gelten **nach II S. 2,** wenn der Strafantrag oder die ihm gleichstehenden Prozeßvoraussetzungen (§ 77e) *fehlen*, dh nicht rechtswirksam (RG **11**, 121; § 158 StPO), zB nicht rechtzeitig (§ 77b; Prot. V/1093) oder trotz Verjährung gestellt sind. Der Berechtigte, der insoweit nicht anders gestellt ist als die Strafverfolgungsbehörde, deren Anklageerhebung auch durch Verjährung ausgeschlossen ist (§ 78 I; Hamm JZ **52**, 184), soll in erster Linie entscheiden, ob die Strafverfolgung herbeigeführt und ob auch die im objektiven Verfahren notwendige Prüfung, ob eine rechtswidrige Tat vorliegt, stattfinden soll (RG **11**, 121; anders noch BGH **8**, 299; Düsseldorf NJW **67**, 1142 zu § 42 fF). In den 3 vor § 77 bezeichneten Mischformfällen wird das Antragserfordernis jedoch durch das Einschreiten der Verfolgungsbehörde entbehrlich (LK 13).

10 3) **beim Verfall,** für den **II** unanwendbar ist, da es sich dabei niemals um eine Maßnahme mit sicherndem Charakter handelt, außer in den Fällen von III (unten 11; vgl. aber 6 zu § 73d) nur im Rahmen von I, so daß es **tatsächliche** Gründe sein müssen (oben 5), die Verfolgung oder Verurteilung eines bestimmten Tatbeteiligten ausschließen; für dessen Tod gilt wegen § 73e I oben 6 ebenfalls. Stehen rechtliche Gründe im Wege (oben 7), insbesondere auch persönliche Strafausschließungs- oder -aufhebungsgründe, so ist die selbständige Anordnung ausgeschlossen, es sei denn, daß das Gesetz im Fall einer Amnestie etwas anderes bestimmt. Anderseits scheitert die Anordnung nach I nicht daran, daß der Tatbeteiligte ohne Schuld gehandelt hat; denn abw. von §§ 74, 74a lassen die §§ 73, 73a, 73d in allen Fällen eine rechtswidrige Tat als Voraussetzung genügen (2ff. zu § 73). Weiter ist zu beachten, daß der Verfall nach I grundsätzlich vorgeschrieben ist, da das auch in den §§ 73, 73a, 73d der Fall ist (16 zu § 73; 1 zu § 73a, 9 zu § 73d); doch gilt § 73c auch für I. Im subjektiven Verfahren kommt selbständiger Verfall außer bei III vor allem neben Freispruch wegen eines Schuldausschließungsgrundes in Betracht. Für das objektive Verfahren gilt oben 3 entsprechend.

4) Auch wenn eine bestimmte Person verurteilt werden könnte, sieht **11** III für eine dritte Fallgruppe die Möglichkeit oder Notwendigkeit selbständiger Anordnung von Verfall, Einziehung oder Unbrauchbarmachung vor, die sowohl im subjektiven (oben 2) als auch im objektiven Verfahren (nach Einstellung auch durch die StA) möglich ist. Es ist die Gruppe der Fälle, in denen das Gericht trotz Schuldspruches von Strafe absieht (7 zu § 23) oder Gericht oder StA allein oder im gemeinsamen Zusammenwirken nach Vorschriften, die das Legalitätsprinzip lockern, auf Verfolgung oder Verurteilung verzichten (§§ 153 ff., § 383 II StPO; §§ 45, 47 JGG; § 37 BtMG). Der Ausdruck „Einstellen" in III meint auch die Fälle, in denen das Gesetz davon spricht, daß von Verfolgung oder Erhebung der Anklage „abgesehen" werden kann (zB §§ 153 I, 153 a I, 153 c StPO; § 45 II JGG; AG Gummersbach NStZ **88**, 460). Ob auch der Fall der Verwarnung mit Strafvorbehalt hierher gehört, kann dahinstehen, da § 59 III S. 1 die Maßnahmen neben der Verwarnung ausdrücklich zuläßt.

Vierter Abschnitt
Strafantrag, Ermächtigung, Strafverlangen

Vorbemerkungen

1) Die Vorschriften der §§ 77 bis 77e sind mit Änderungen durch Art. 18 **1** Nr. 42 bis 44 EGStGB in §§ 77a, 77b und 77d (EEGStGB 215; Ber. BT-Drs. 7/1261, 9; Prot. 7/167) und Art. 6 Nr. 2 AdoptionsG (§ 77 II S. 3) in weitestgehender Übernahme der §§ 121 bis 126 E 1962 (Begr. 252; Ndschr. **4**, 337 ff.; **8**, 365, 456; **9**, 91, 122, 170, 204, 219) und abw. von den vereinfachten Vorschlägen der §§ 93 bis 96 AE durch das 2. StrRG eingefügt (Ber. BT-Drs. V/4095, 42; Prot. V/484 ff., 2116, 2150, 2619) worden. Gegenüber dem alten Recht sind dabei von besonderer Bedeutung das Antragsrecht und Antragsrücknahmerecht der Angehörigen nach dem Tod des Verletzten (§ 77 II, § 77d II), die präzise Regelung des Antragsrechts des Vorgesetzten in § 77a, die ausnahmslose Rücknahmemöglichkeit bei allen Strafanträgen (§ 77d I S. 1) und die weitgehende Gleichstellung von Ermächtigung und Strafverlangen mit dem Strafantrag (§ 77e).

2) Seinem Wesen nach ist der Antrag eine **Prozeßvoraussetzung;** also **2** weder Tatbestandsmerkmal noch Bedingung der Strafbarkeit (BGH **6**, 155; Bamberg HESt. **2**, 215; ganz hM; LK-Jähnke 7; aM Maiwald GA **70**, 38; SK-Rudolphi 8; krit. Zielinski, H. Kaufmann-GedS 880), so daß die Tat, auch wenn

Vor § 77 AT Vierter Abschnitt

der Antrag nicht gestellt wird, eine rechtswidrige bleibt (wichtig zB für §§ 32, 259). Ob der Antrag gestellt ist, wird vom Revisionsgericht ohne Rücksicht auf die Feststellung des Instanzrichters nachgeprüft (4. 3. 1981, 2 StR 641/80; Düsseldorf 20. 1. 1986, 5 Ss 397/85). Es gibt absolute und relative Antragsdelikte; diese sind nicht stets antragsbedürftig, sondern nur unter bestimmten Voraussetzungen (zB Angehörigeneigenschaft in §§ 247, 259 II, 263 IV, 265 a III, 266 III; Stree, FamRZ **62**, 59); hier entscheidet deren Vorliegen zur Tatzeit (BGH **29**, 56; Celle NJW **86**, 733; Hamm NJW **86**, 734; LK 2 zu § 77), auch wenn der Angeklagte es bestreitet (so eine nichteheliche Vaterschaft, RG **72**, 325). Verbrechen sind stets, Vergehen idR von Amts wegen zu verfolgen **(Offizialdelikte).** Bei bestimmten Vergehen ist Strafantrag erforderlich **(Antragsdelikte),** und zwar auch bei Versuch, Anstiftung und Beihilfe; ebenso zur Durchführung eines Sicherungsverfahrens (§§ 413 ff. StPO, MDR **54**, 52; vgl. auch BGH **1**, 384; aM BGH **5**, 140). In der Anschlußerklärung einer minderjährigen Nebenklägerin liegt kein wirksamer Strafantrag (17. 1. 1989, 4 StR 592/88). Antragsdelikte sind idR auch Privatklagedelikte (§ 374 StPO); doch gibt es Ausnahmen, zB bei den §§ 203, 204. Bestehen Zweifel, ob die Voraussetzungen eines Antragsdeliktes vorliegen, ist zugunsten des Täters zu entscheiden (Bay **61**, 66; LK 10). Neueres **Schrifttum:** *Maiwald* GA **70**, 33; *Reiss* Rpfleger **67**, 375; *Rieß* DJT 14 ff., 22 ff. u. Strafantrag und Nebenklage, NStZ **89**, 102; *Geerds* JZ **84**, 786; *M.-K. Meyer*, Zur Rechtsnatur und Funktion des Strafantrages, 1984 (hierzu *Günther* GA **85**, 524); *Zielinski,* H. Kaufmann-GedS 875.

3 **3) Eine Mischung** zwischen Antrags- und Offizialdelikten stellen die Taten dar, die zwar grundsätzlich nur auf Antrag verfolgt werden, bei denen aber Strafverfolgung ohne Antrag möglich ist, wenn die StA wegen des besonderen öffentlichen Interesses an der Strafverfolgung ein Einschreiten von Amts wegen für geboten hält (§§ 183 II, 232, 248a, 257 IV S. 2, 259 II, 263 IV, 265a III, 266 III, 303e; sowie in § 25d IV WZG; § 14 IV GeschmMG; § 142 IV PatentG; § 25 IV GebrMG; § 10 IV HalbleiterSchG; § 35 IV SortenSchG; im einzelnen 4 ff. zu § 232; auch 3 zu § 303 c).

4 **4) Verfahrensrechtlich** bedeutsam sind die §§ 127 III, 130, 158, 206a 260 III, 374 II, 395 II Nr. 1, § 470 StPO. Vgl. auch **RiStBV** Nr. 5, 6.

5 *Bei in der ehem. DDR vor dem 3. 10. 1990 begangenen Taten ist für den Strafantrag Art. 315b EGStGB zu beachten (vgl. 57 vor § 3).*

Antragsberechtigte

77 ^I Ist die Tat nur auf Antrag verfolgbar, so kann, soweit das Gesetz nichts anderes bestimmt, der Verletzte den Antrag stellen.

^{II} Stirbt der Verletzte, so geht sein Antragsrecht in den Fällen, die das Gesetz bestimmt, auf den Ehegatten und die Kinder über. Hat der Verletzte weder einen Ehegatten noch Kinder hinterlassen oder sind sie vor Ablauf der Antragsfrist gestorben, so geht das Antragsrecht auf die Eltern und, wenn auch sie vor Ablauf der Antragsfrist gestorben sind, auf die Geschwister und die Enkel über. Ist ein Angehöriger an der Tat beteiligt oder ist seine Verwandtschaft erloschen, so scheidet er bei dem Übergang des Antragsrechts aus. Das Antragsrecht geht nicht über, wenn die Verfolgung dem erklärten Willen des Verletzten widerspricht.

^{III} Ist der Antragsberechtigte geschäftsunfähig oder beschränkt geschäftsfähig, so können der gesetzliche Vertreter in den persönlichen

Strafantrag, Ermächtigung, Strafverlangen **§ 77**

Angelegenheiten und derjenige, dem die Sorge für die Person des Antragsberechtigten zusteht, den Antrag stellen.

IV Sind mehrere antragsberechtigt, so kann jeder den Antrag selbständig stellen.

1) Die Vorschrift (idF des 2. StrRG/Art. 6 Nr. 2 AdoptionsG; III S. 2 gestrichen infolge Wegfalls der beschränkten Geschäftsfähigkeit [Entmündigung Volljähriger] durch Art. 7 § 34 BtG; vgl. dazu RegE BT-Drs. 11/4528, 33, 52, 57, 59, 105, 195; BT-Drs. 11/6949; BR-Drs. 316/90 u. unten 19) regelt gemeinsam mit § 77a die Frage, wer jeweils berechtigt ist, Strafantrag zu stellen. 1

2) Nach I ist **antragsberechtigt A. der Verletzte,** dh der Träger des durch 2 die Tat unmittelbar verletzten Rechtsguts (RG **68,** 305); also derjenige, in dessen Rechtskreis eingegriffen worden ist (BGH **31,** 210; LK-Jähnke 25 ff.); bei einem beleidigenden Flugblatt, derjenige gegen den es sich richtet (Köln JMBlNW **84,** 47). Maßgebend ist die Beziehung zZ der Begehung der Tat (RG **46,** 324), so daß ein nachträglicher Wechsel der Rechtsstellung das Antragsrecht nicht beseitigt (RG **71,** 137). **Unmittelbar Verletzter** ist bei Vermögensdelikten idR der Eigentümer (vgl. 5 zu § 247); bei der **Sachbeschädigung** in erster Linie der Eigentümer (vgl. 3 zu § 303). Vgl. ferner §§ 194, 205, jeweils mit Anm.; 9 zu § 248a; 8 zu § 248b; 15 zu § 288; 6 zu § 289. Auch eine **juristische Person** kann Verletzte und damit antragsberechtigt sein (RG **2,** 149), so eine OHG (RG **41,** 103), deren persönlich haftender Gesellschafter (MDR/H **87,** 624), ein rechtsfähiger Verein (RG **49,** 66); das Vormundschaftsgericht (vgl. RG **75,** 146); die Ärztekammer (RG **44,** 348); die Kirche; der Fiskus (RG **19,** 378), ein rechtsfähiger Verband zur Förderung gewerblicher Interessen *(Deutscher Schutzverband gegen Wirtschaftskriminalität)* nach § 22 I S. 3 iVm § 13 II Nr. 2 UWG (9. 10. 1990, 1 StR 538/89 in BGH **37,** 191 nicht abgedruckt). Hier entscheidet die Satzung oder die gesetzliche Verfassung, wer den Antrag stellt (RG GA Bd. **63,** 116), so der Bürgermeister (Düsseldorf MDR **88,** 695 L) oder der Oberstadtdirektor sowie sein beauftragter Sachbearbeiter (Köln NStZ **82,** 333) für die Stadt- oder Gemeindeverwaltung; der Vorstand für die eingetragenen Vereine (RG **58,** 203); die Verwalter des Staatseigentums (RG **65,** 357); der Leiter einer Straßenmeisterei als Organ des Straßenbauamts (Celle NdsRpfl. **81,** 90). Auch Gesamthandbildungen des privaten und öffentlichen Rechts können antragsberechtigt sein (LK 39); nach Düsseldorf NJW **79,** 2525 auch politische Parteien und deren Untergliederungen (NStZ **82,** 508), aber nicht im Falle des Überklebens von Plakaten auf fremden Wänden und Zäunen (Karlsruhe NJW **79,** 2056).

B. Andere als der Verletzte haben ein Antragsrecht **a)** anstelle des Verletzten oder neben ihm die in III Genannten; neben dem Verletzten **b)** Dienstvorgesetzte und Behördenleiter sowie die entsprechenden Amtsträger der Religionsgesellschaften des öffentlichen Rechts in den Fällen der §§ 194 III, 232 II (dazu § 77a); **c)** in diesen Fällen auch die BReg. bzw. die LReg, wenn Verletzte ihre Mitglieder sind (§ 77a IV); **d)** die in § 13 UWG genannten Verbände (so der Verein gegen Bestechungswesen, RG **49,** 66; Handwerkskammern, BGH **2,** 400; Landwirtschaftskammern, RG GA Bd. **60,** 73) in den Fällen von § 12 UWG (§ 22 I S. 2 UWG), auch der Geschäftsherr, wenn die verbotene Handlung ihm gegenüber pflichtwidrig ist, BGH **31,** 210. 3

§ 77 AT Vierter Abschnitt

4 3) **In II** ist der **Übergang des Antragsrechts** geregelt. In den gesetzlich bestimmten Fällen (§§ 165 I, 194 I, II, 205 II, 232 I; § 120 V BetrVG, § 35 V SprAuG; nicht jedoch bei § 172 II S. 1 StPO, Hamm NJW 77, 64) geht das Antragsrecht auf bestimmte Angehörige über, wenn der Verletzte **nach der Tat vor** Antragstellung stirbt; hat er den Antrag noch vorher gestellt, so bleibt dieser wirksam (RG **11**, 56, so wie der einer Vereinigung nach ihrer **5** Auflösung, RG **70**, 141); § 77 d II; vgl. auch § 393 II StPO. **A.** **Ergänzt** wird II durch die Sonderregelungen des § 145 a S. 2, 194 I S. 2 bis 5, durch ein Übergangsrecht auf die Erben (§ 205 II S. 2; § 120 V BetrVG, 35 V SprAuG) sowie durch ein Antragsrecht für den Fall, daß jemand nach seinem Tode verunglimpft wird (§ 194 II), und durch das Antragsrücknahmerecht nach § 77 d II. II ist bedeutsam auch für das Privat- und Nebenklagerecht (§§ 374 II, 395 II Nr. 1 StPO), auch in den Fällen des § 223 a (BGH **33**, 117). Das Antragsrecht geht nach II nur über, wenn es noch nicht durch Verzicht (unten 30) oder Fristablauf erloschen ist (E 1962, 253); dann allerdings entsteht für den Angehörigen eine neue Frist nach § 77 b IV (6 zu **6** § 77 b). **B. Angehörige** iS des II sind der bisherige (ev. wiederverheiratete) **Ehegatte**, wenn die Ehe im Zeitpunkt des Todes des Verletzten noch bestand (ebenso SchSch-Stree 12; der Begriff der Angehörigen ist bei II nach dem Sinn der Vorschrift teilweise abw. von § 11 I Nr. 1 a zu bestimmen), sowie etwaige **Kinder** des Verstorbenen, einschließlich nichteheliche und durch Adoption den ehelichen gleichgestellte (9 zu § 11), und zwar so, daß jeder ein eigenes, selbständiges Antragsrecht nach **IV** erhält (E 1962, 253). Hat der Verstorbene weder einen Ehegatten noch ein Kind hinterlassen oder ist auch der letzte von ihnen zwischen Tod des Verletzten und Ablauf der Antragsfrist gestorben, so geht das Antragsrecht auf die **Eltern** des Verstorbenen über, dh sowohl die leiblichen Eltern (auch bei nichtehelicher Geburt; vgl. 3 ff. zu § 11) als auch die Adoptiveltern (§ 1754 BGB), nicht aber auf Stief- und Pflegeeltern; auch hier kommen mehrere Antragsberechtigte in Betracht (IV). Dasselbe gilt, wenn auch Eltern nicht mehr vorhanden sind, für die 3. Gruppe, welche die **Geschwister**, und zwar auch halbbürtige (8 zu 11), und die **Enkel** des Verletzten (auch bei Vermittlung durch nichteheliche Geburt oder Adoption) zusammen bilden. Ohne Bedeutung für den Rechtsübergang auf einen Angehörigen ist es für II, ob dieser auch Erbe des Verletzten ist (abw. jedoch § 205 II S. 2).

7 C. **Ausgeschlossen** ist der Übergang des Antragsrechts **a) nach II S. 4 allgemein** dann, wenn eine etwaige Strafverfolgung dem von dem erklärungsfähigen Verletzten (3 b vor § 32) mündlich, schriftlich oder durch konkludente Handlung (E 1962, 253) irgend jemand gegenüber erklärten Willen widerspricht. Die Erklärung muß zum Ausdruck bringen, daß der Verletzte die Verfolgung nicht wünscht (LK 57). Bei sich widersprechenden Erklärungen gilt die letzte; bei Zweifeln *in dubio pro reo*, so daß das **8** Recht nicht übergeht. **b) nach II S. 3,** wenn der Angehörige **an der Tat beteiligt,** dh selbst Täter, Mittäter, Anstifter oder Gehilfe war (§ 28 II); auch Begünstigter wird man als Beteiligte iS von II S. 3 anzusehen haben (aM Lackner 8), nicht aber Hehler (aM LK 58). Da die Tat, um die es geht, noch nicht abgeurteilt ist, muß die Frage der Beteiligung schon vorher durch die Strafverfolgungsbehörden beantwortet werden; möglich ist aber Klärung auch erst in der Hauptverhandlung (vgl. § 77 d II S. 3), so daß

Strafantrag, Ermächtigung, Strafverlangen **§ 77**

dann § 260 III StPO in Betracht kommen kann. Die Beteiligung muß positiv festgestellt werden; bloßer Verdacht reicht nicht aus. **c) hinsichtlich** **8a** **eines Angehörigen** iS von § 11 I Nr. 1 a, dessen Verwandtschaftsverhältnis zum Verletzten aber bei dessen Tod infolge von Adoption oder Aufhebung einer Adoption erloschen war (vgl. 9 zu § 11).

4) Nach III kann **der gesetzliche Vertreter** den Antrag stellen. Wer das **9** ist und wer geschäftsfähig ist, bestimmt das bürgerliche Recht. **A.** Ist der **10** Antragsberechtigte, dh der Verletzte nach I, aber auch derjenige, auf den das Antragsrecht nach II übergegangen ist, entweder **geschäftsunfähig** (§ 104 BGB) oder **beschränkt geschäftsfähig** (§ 106 BGB), so darf er selbst den Antrag nicht stellen; das können für ihn allein sein gesetzlicher Vertreter in den persönlichen Angelegenheiten und derjenige, dem des Personensorge für den an sich Berechtigten zusteht (NStZ **81**, 479), und zwar auch dann, wenn es sich um Vermögensdelikte handelt (E 1962, 254). Die Geschäftsunfähigkeit kann sich auf einen abgrenzbaren Kreis der Angelegenheiten beschränken (sog. **partielle Geschäftsunfähigkeit;** BGHZ **18**, 187; NJW **70**, 1681), zB bei Prozeßführungswahn. Entsprechend kann der Aufgabenkreis des Betreuers beschränkt und die Teilnahme des Betreuten am Rechtsverkehr mit dem Einwilligungsvorbehalt verbunden werden (§§ 1896 ff., 1902, 1903 BGB idF Art. 1 BtG). Kommen mehrere Personen in Frage, so ist **nach IV** jeder von ihnen antragsberechtigt und für jeden läuft eine gesonderte Antragsfrist; es sei denn, daß wie bei den Eltern (unten 11) das Antragsrecht gemeinsam ausgeübt werden muß. In erster Linie kommen in Betracht:

B. Minderjährige. Für sie sind **a)** bei bestehender **Ehe der Eltern** diese **11** gemeinsam (FamRZ **60**, 197) gesetzliche Vertreter und Personensorgeberechtigte (§§ 1626, 1627 BGB, LK 47); es reicht aber aus, wenn einer von ihnen im Einverständnis mit dem anderen den Antrag stellt oder der andere zustimmt (JZ **57**, 67; Bay JR **61**, 72); fehlt es hieran, so ist der Antrag schwebend unwirksam (LG Heilbronn Die Justiz **80**, 480). Die Strafantragsfrist beginnt zu laufen, sobald ein Elternteil von Tat und Täter Kenntnis erhält (BGH **22**, 103; 21. 7. 1981, 1 StR 219/81; LK 10 zu § 77 b, str. und zw.). Ein Elternteil allein ist antragsberechtigt, wenn die elterliche Sorge des anderen ruht (§§ 1673 bis 1675 BGB) oder der andere an der Ausübung tatsächlich verhindert (§ 1678 BGB; vgl. NJW **67**, 942; MDR/D **72**, 923; Stuttgart NJW **71**, 2237), für tot erklärt (§ 1677 BGB) oder gestorben ist (§ 1681 BGB). Ist einem Elternteil die Personensorge entzogen (§§ 1666 a, 1680 BGB), so ist der andere Teil antragsberechtigt, es sei denn, daß das Vormundschaftsgericht die Erklärung der Eltern oder eines Elternteiles ersetzt und so antragsberechtigt wird (§ 1666 II BGB). Ist ein Elternteil der Täter, so ist er rechtlich an der Antragstellung verhindert, so daß der andere Teil allein antragsberechtigt ist (BGH **6**, 157; Bay NJW **56**, 1608; LK 48; abw. für einen anderen Fall rechtlicher Verhinderung BGHZ NJW **72**, 1708). **b)** Nach **Scheidung** der Ehe kommt es darauf an, welchem **12** Elternteil die elterliche Sorge übertragen wird (§§ 1671, 1672 BGB); der ist dann allein antragsberechtigt (vgl. JZ **52**, 46; MDR **53**, 596; BGH **6**, 156; Hamm VRS **13**, 212; NJW **60**, 834), sofern kein Vormund oder Pfleger bestellt ist (§ 1671 V BGB). **c)** Für das **nichteheliche Kind** hat grundsätz- **13** lich die Mutter die elterliche Sorge (§ 1705 I BGB) und damit das Antrags-

14 recht. **d)** Für Minderjährige **ohne Eltern** oder mit Eltern ohne Vertretungs- und Sorgerecht (zB § 1671 V, § 1680 II S. 2 BGB) ist der **Vormund** (§§ 1773, 1793 BGB; nicht aber ein Gegenvormund nach § 1792 BGB) antragsberechtigt. Ein Pfleger ist zB auch zu bestellen, wenn der gesetzliche Vertreter an der Antragstellung verhindert ist (zum Fall, daß der Vater selbst der Täter ist, vgl. oben 11) oder wenn der Vormund sich weigert, den Antrag zu stellen (RG **50**, 156); doch wirkt seine Fristversäumnis auch gegen den Pfleger (GA **56**, 78). Das Antragsrecht eines zweiten gesetzlichen Vertreters geht also durch Versäumnis des ersten verloren (RG **36**, 64), es sei denn, daß dieser an der Antragstellung rechtlich verhindert war, weil er selbst der Täter ist (BGH **6**, 157). Der Strafrichter darf die Bestellung nur bezüglich ihrer formellen Seite nachprüfen, nicht auch die sachlichen Gründe für die Bestellung (RG **50**, 156). Der Betreuer vertritt den Betreuten nur in seinem Aufgabenkreis. Die Vertretungsmacht für Vermögensangelegenheiten bevollmächtigt nicht zum Strafantrag (vgl. unten 19 und u. Hamm NJW **60**, 834). Auch der Pfleger eines nichtehelichen Kindes

15 kann nach § 1706 BGB keinen Strafantrag stellen. **e) Bei Pflegschaften** nach den §§ 1909, 1915 oder 1630 III BGB hat im Rahmen seines Geschäftsbereichs der Pfleger das Antragsrecht. Der **Erziehungsbeistand** (§§ 58 ff. JGG) hat kein Antragsrecht.

16 **C. Volljährige,** denen wegen psychischer Krankheit, einer körperlichen, geistigen oder seelischen Behinderung ein Betreuer bestellt ist (§ 1896 BGB), werden in diesem Aufgabenkreis (§ 1897 BGB) allein von diesem vertreten (§ 1902 BGB; vgl. RG **57**, 240).

17 **D. Für den an sich Berechtigten** übt der andere in den Fällen von 11 ff. und 16 das Antragsrecht aus. **a)** Stirbt der eigentlich Antragsberechtigte, so kann der gesetzliche Vertreter das Antragsrecht nicht mehr ausüben (RG **57**, 241). Vielmehr gilt dann **II.** Andererseits kann der volljährig Gewordene auch den Strafantrag des bisherigen gesetzlichen Vertreters zurücknehmen (RG **22**, 256; LK 43). Der gesetzliche Vertreter stellt den Antrag **im Namen** des Kindes oder Mündels, ebenso erhebt er die Klage nach § 374 III StPO (RG **29**, 140).

18 **b) Der Ablauf** der Antragsfrist für den Vertretenen, bevor er seinen (ersten) gesetzlichen Vertreter erhält, gilt auch gegen den Vertreter. Dagegen berührt ein Teilablauf ihn nicht; vielmehr läuft die ganze Frist neu, weil sein Antragsrecht formell selbständig ist (zw., aM LK 15 zu § 77 b). Anders, wenn jener Teilablauf bei seinem **Vorgänger** in der gesetzlichen Vertretung eintrat, also bei **Nachfolge.** Wird der Minderjährige antragsmündig (mit 18 Jahren) und ist die Frist für seinen Vertreter noch nicht abgelaufen, so beginnt die Antragsfrist von 3 Monaten (auch für Delikte aus früherer Zeit, RG **69**, 379) für ihn von neuem zu laufen, da er selbständig antragsberechtigt ist und nicht Nachfolger in eines andern Rechte (RG **73**, 115).

19 **E. Betreute** Volljährige (§ 1896 BGB) können, soweit sie geschäftsfähig sind und keine Einschränkung nach § 1903 BGB (Einwilligungsvorbehalt) angeordnet ist, den Antrag selbständig stellen; sind sie (voll oder partiell) **geschäftsunfähig**, so kann das nur – über eine Betreuerbestellung – der Betreuer (§ 1902 BGB), soweit sein Aufgabenkreis die Rechte aus § 77 umfaßt (§ 1897 BGB). Die mit einer Entmündigung verbundene be-

Strafantrag, Ermächtigung, Strafverlangen **§ 77**

schränkte Geschäftsfähigkeit (§ 114 BGB aF) und die „Zwangspflegschaft" (§ 1910 III BGB) sind durch das BtG weggefallen, folglich auch III S. 2 aF.

5) Nach IV kann von **mehreren Antragsberechtigten** jeder den Antrag 20 selbständig stellen, dh das Recht des einen ist hinsichtlich Frist (§§ 77b, c), Verzicht und Rücknahmerecht (§ 77d I; vgl. aber II) unabhängig von dem des anderen (vgl. RG **73**, 115; Bay **64**, 156); vgl. auch § 375 StPO. Der Antrag des einen kann den des anderen nicht ersetzen (vgl. RG **72**, 44). Ein Antragsrecht mehrerer kann sich nicht nur dann ergeben, wenn durch eine Tat mehrere verletzt sind, sondern auch hinsichtlich desselben Verletzten in den Fällen von II und III (oben 4 bis 19). Anders ist die Lage, wenn der Antrag gemeinsam gestellt (oben 11 ff.) oder zurückgenommen werden muß (§ 77d II S. 2).

6) Vertretung bei der Antragsstellung ist außer in den Fällen von III (oben 9 ff.) zulässig, und zwar in doppelter Art:

A. Die Vertretung in der Erklärung (RG **68**, 264; Koblenz OLGSt. 3). 21 Es genügt mündliche Beauftragung (RG **43**, 44; Hamburg JR **83**, 298; LK 52). Die Ermächtigung kann auch nach Ablauf der Antragsfrist nachgewiesen werden (RG **60**, 281). Der Wille, für den Ermächtiger zu handeln, braucht aus dem Antrage nicht hervorzugehen (RG **61**, 45). Ein von einem Nichtberechtigten gestellter Antrag kann grundsätzlich nicht durch nachträgliche Genehmigung wirksam werden (RG **36**, 416); wirksam jedoch, wenn der Vater oder das Jugendamt als gesetzlicher Vertreter innerhalb der Antragsfrist dem von der Mutter für das Kind gestellten Antrag zustimmt (NJW **53**, 1479); ebenso für den Fall des nach § 1773 BGB bestellten Vormundes (19. 6. 1956, 1 StR 141/56; aM LK 54).

B. Die Vertretung im Willen (RG GA Bd. **52**, 82) ist hingegen nur bei 22 Verletzungen vermögenswerter Rechtsgüter zulässig (RG **68**, 265), so bei § 303, § 123 (RG **51**, 84). Vorausgesetzt ist hierbei, daß der Vertretene den Vertreter mit der Wahrnehmung seiner Interessen beauftragt hatte (NStZ **85**, 407), oder innerhalb der Strafantragsfrist dem Antrag zugestimmt hat (Düsseldorf VRS **71**, 31). Dann ist der Nachweis unnötig, daß der Antrag in jedem Einzelfall dem Willen des Vertretenen entspricht (RG **58**, 204). Antragsberechtigt sind daher zB der Generalbevollmächtigte (RG **21**, 232); der Prokurist (RG **15**, 144). Bei Verletzung **immaterieller**, höchstpersönlicher **Rechte**, wie der Ehre, des Körpers, ist Vertretung im Willen nicht zulässig (RG **35**, 267; LK 52). Zulässig ist aber, daß es der Verletzte dem Vertreter überläßt, ob und wann der Antrag gestellt, desgl. zurückgenommen werden soll (BGH **9**, 151; Bremen NJW **61**, 1489). Unzulässig ist Geschäftsführung ohne Auftrag (RG **60**, 282); unwirksam eine Genehmigung nach Fristablauf (MDR/D **55**, 143; Stuttgart OLGSt. 1 nF). **Der Zwangsverwalter** hat neben dem Grundstückseigentümer (RG **23**, 344), der **Konkursverwalter** neben dem Gemeinschuldner (RG **35**, 149), und zwar auch für vor ihrer Bestellung liegende Delikte, zB nach §§ 288, 289, ein Antragsrecht, wobei dahingestellt bleiben kann, ob sie als Zwangsvertreter oder kraft ihres Amtes aus eigenem Recht (vgl. BGHZ **24**, 396 für den Konkursverwalter) handeln.

7) Zu stellen ist der Antrag bei den in § 158 I StPO genannten Stellen in 23 der dort in II vorgesehenen Form, also zB nicht bei einem Schiedsmann

(Hamm JZ **52**, 568); oder einer ausländischen Behörde (Bay NJW **72**, 1631; LK 8); die Schriftlichkeit (NJW **71**, 903) wird auch durch Telegramm (RG **8**, 92) oder eine Faksimile-Unterschrift gewahrt (RG **62**, 53), nicht aber durch einen Firmenstempel (Celle GA **71**, 378; vgl. Kleinknecht/Meyer 11 zu § 158 StPO); bei einem behördlichen Antrag genügt Einreichung einer beglaubigten Abschrift (RG **72**, 388; Hamburg OLGSt. 1 zu § 303). Zur Problematik bei einer Auslandstat vgl. Stuttgart Die Justiz **66**, 16.

24 **A. Der Inhalt des Antrags** braucht nur das Begehren eines strafrechtlichen Einschreitens wegen einer bestimmten Handlung erkennbar zum Ausdruck zu bringen (Hamm OLGSt. 7 zu § 223), so beim Bericht des Beleidigten an seine vorgesetzte Behörde mit dem Wunsche der Weitergabe an die StA (RG **67**, 127), oder aus Anlaß einer Vernehmung (15. 2. 1983, 5 StR 639/82). Es genügt auch ein Antrag, der auf Anordnung einer Maßregel abzielt (RG **71**, 219; 321). Zulässig ist auch die Auslegung des Willens des Antragstellers, zB aus dem Akteninhalt; Schreibfehler Einreichung unschädlich (RG **64**, 107); rechtliche Qualifizierung der Tat ist nicht geboten (RG **31**, 168), eine falsche unschädlich (BGH **6**, 156; MDR/D **74**, 546; Hamburg OLGSt. 1 zu § 303); ein Strafantrag gegen „Vertreiber und Verteiler" von Plakaten richtet sich auch gegen die, die sie anheften oder ankleben (4. 3. 1981, 2 StR 641/80). Privatklageerhebung (RG **8**, 207), und Strafanzeige (falls sie unzweideutig das Verlangen nach Strafverfolgung ausdrückt, GA **57**, 17; NJW **92**, 2167; Düsseldorf MDR **86**, 165), genügen als Strafantrag, desgl. der Anschluß als Nebenkläger (BGH **33**, 116; Düsseldorf VRS **71**, 31; LG Köln ZfS **84**, 220 L); dagegen *nicht* die Beantragung eines Sühnetermins (RG **8**, 207), eine belastende Zeugenaussage (MDR/D **74**, 13) oder eine der Vermißtenmeldung eines Polizeibeamten vorgeheftete Formblatt-Strafanzeige (BGHR § 158 II StPO, Formerf. 2). Die Antragstellung durch einen Vertreter enthält noch nicht dessen eigenen Antrag, falls er durch die Tat zugleich selbst verletzt ist (RG **40**, 184). Doch kann ein in Vertretung gestellter Antrag uU auch als eigener Antrag angesehen werden (NJW **51**, 531).

25 **a) Die Angabe der Person**, die verfolgt werden soll, ist nicht erforderlich (14. 1. 1971, 4 StR 490/70). Daher ist die Verfolgung der an der Straftat Beteiligten auch zulässig, wenn der Antrag sich irrigerweise gegen einen gar nicht Beteiligten richtet (RG **31**, 168); es sei denn, daß der Antrag ersichtlich nur ihn betreffen sollte (RG **7**, 35). Bei **relativen** Antragsdelikten muß jedoch der vom Antrag betroffene Täter bezeichnet werden (RG **25**, 176); anders, wenn ersichtlich „jedermann" verfolgt werden soll (LK 16; vgl. auch SchSch 40). Zulässig ist auch die Beschränkung auf einen von mehreren Tätern (E 1962, 252). Eine Ausdehnung der Strafverfolgung auf andere Mitbeteiligte ist dann nicht möglich (MDR/H **77**, 637).

26 **b) Bedingungen** im Strafantrag sind unbeachtlich, wenn sie auflösend sind (RG **14**, 96; abw. SK 19); der aufschiebend bedingte Antrag ist dagegen kein wirksamer Antrag (RG **74**, 188; Oldenburg MDR **54**, 55; LK 14); es sei denn, daß der Antragsteller innerhalb der Antragsfrist anzeigt, die Bedingung sei eingetreten. Bloße Beschränkungen des Antrags („auf Geldstrafe") sind unbeachtlich (RG **6**, 152); der Zusatz „für alle Fälle" ist unschädlich (BGH **16**, 58). Ein dem Entwurf einer Privatklage beigefügter unbedingter Strafantrag ist wirksam (aM LG Bonn MDR **65**, 766). Zum vor Tatbegehung gestellten Antrag 2 zu § 77b.

§ 77 Strafantrag, Ermächtigung, Strafverlangen

c) Die Handlung, auf die sich der Antrag bezieht, ist gleichbedeutend 27 mit der Tat iS von 264 StPO (KG JR **56**, 351; Köln OLGSt. 1 zu § 194); sie ist nach allen seinen rechtlichen Gesichtspunkten das gesamte historische Geschehnis (NJW **51**, 368; 531; GA **64**, 377; VRS **34**, 423), das der Antrag ausreichend bezeichnen muß (RG **65**, 357). Dessen Umfang und rechtliche Einordnung sind vom Gericht unabhängig vom Antragsinhalt zu ermitteln. **aa)** Bei einer **fortgesetzten Handlung** sind daher auch Handlungsteile 28 *nach* Stellung des Antrags zu berücksichtigen (RG **49**, 432; Hamburg NJW **56**, 522; LK 20); ebenso ist der Strafantrag noch rechtzeitig, wenn er es nur bezüglich der Schlußteile der Handlung ist (RG **61**, 303). Zulässig ist die Beschränkung auf einen Teil einer fortgesetzten Handlung (RG **74**, 205); oder auf gewisse Äußerungen innerhalb eines beleidigenden Schriftstückes (8. 9. 1954, 6 StR 190/54; aM Koblenz NJW **56**, 1729). Ist eine fortgesetzte Tat nur zT Offizialdelikt, so ist im übrigen ein Antrag erforderlich (BGH **17**, 157; MDR/H **87**, 624). Eine Strafanzeige nach § 176 kann nicht ohne weiteres auch als Strafantrag nach § 185 angesehen werden (Hamm MDR **67**, 852). **bb) Bei idealkonkurrierenden Delikten** gilt der Antrag für sämt- 29 liche Antragsdelikte. Eine *Teilung* des Strafantrags durch Beschränkung auf eines von mehreren ideell konkurrierenden Delikten ist aber zulässig (RG **62**, 85; Frankfurt NJW **52**, 1388; Köln OLGSt. 1 zu § 194 aF; LK 29). Doch muß aus dem Antrag erkennbar sein, daß eine Beschränkung gewollt ist (VRS **34**, 423). Bei rechtskundigem Antragsteller nimmt Köln NJW **65**, 408 (auch OLGSt. 18 zu § 185) gewollte Beschränkung an. Wird hinsichtlich eines Antragsdelikts der Antrag nicht gestellt, so darf ein damit in Tateinheit stehendes Offizialdelikt nur allein verfolgt werden (BGH **7**, 306; **17**, 158). Die bloße Aktenvorlage zur Prüfung, ob ein Offizialdelikt vorliegt, ist noch kein Strafantrag (Stuttgart NStZ **81**, 184). Ergeht ein Urteil, so ist damit die Strafklage auch für die mit der abgeurteilten Tat ideell konkurrierenden Antragsdelikte verbraucht, obwohl zur Urteilszeit der Antrag noch nicht vorlag (RG **33**, 339). Bei Realkonkurrenz bezieht sich der Antrag nur auf die bezeichnete Tat; die andere Tat darf nicht mitverfolgt werden (RG **25**, 374).

B. Die Wirkung des Antrages ist, daß die StA die Verfolgung aufneh- 30 men kann. Das Motiv des Antragstellers ist gleichgültig; eine Anfechtung des Antrags ist ausgeschlossen (RG **20**, 54). Gleichgültig ist auch eine frühere **Verzeihung** oder ein **Verzicht** auf den Strafantrag gegenüber dem Täter; anders beim Verzicht gegenüber dem Gericht oder den in § 158 I StPO genannten Stellen (NJW **57**, 1368; Oldenburg DAR **59**, 298; LK 8 zu § 77d). Doch ist die Erklärung des Berechtigten vor der Polizei, er stelle keinen Strafantrag, regelmäßig kein Verzicht auf das Antragsrecht (Hamm JMBlNW **53**, 35). Zum Antragsverzicht eines Elternteils bei Minderjährigen 5 zu § 77d. Ein Verzicht auf den Antrag *vor* der Tat ist Einwilligung in diese. Der Vergleich im Sühnetermin (§ 380 StPO) beseitigt nur das Privatklagerecht, nicht auch den Strafantrag (RG **76**, 346); doch wird man einen Verzicht vor der Vergleichsbehörde für wirksam halten müssen (Holland Rpfleger **68**, 45; str.). Zum Verzicht auf das Privatklagerecht vgl. KG JR **60**, 193. Ob der Verletzte sein Antragsrecht verwirken kann, wenn die Ausübung ein *venire contra factum proprium* wäre, zB wenn der Verletzte eine Beleidigung provoziert oder sich bewußt in die Gefahr der dann einge-

§ 77 AT Vierter Abschnitt

tretenen Körperverletzung begeben hat (dazu Geppert ZStW **83**, 989), ist zw. Auch schmälert es grundsätzlich die strafprozessualen Rechte des Verletzten nicht, wenn er Schmerzensgeld oder Genugtuung erlangt hat (LK 2 vor § 77; aM Barnstorf NStZ **85**, 67), freilich wird in einem solchen Fall kein öffentliches Interesse an der Strafverfolgung bestehen und ein Verfahren nach § 153 StPO naheliegen (ebenso Lackner 17).

Antrag des Dienstvorgesetzten

77 a ᴵ Ist die Tat von einem Amtsträger, einem für den öffentlichen Dienst besonders Verpflichteten oder einem Soldaten der Bundeswehr oder gegen ihn begangen und auf Antrag des Dienstvorgesetzten verfolgbar, so ist derjenige Dienstvorgesetzte antragsberechtigt, dem der Betreffende zur Zeit der Tat unterstellt war.

ᴵᴵ Bei Berufsrichtern ist an Stelle des Dienstvorgesetzten antragsberechtigt, wer die Dienstaufsicht über den Richter führt. Bei Soldaten ist Dienstvorgesetzter der Disziplinarvorgesetzte.

ᴵᴵᴵ Bei einem Amtsträger oder einem für den öffentlichen Dienst besonders Verpflichteten, der keinen Dienstvorgesetzten hat oder gehabt hat, kann die Dienststelle, für die er tätig war, den Antrag stellen. Leitet der Amtsträger oder der Verpflichtete selbst diese Dienststelle, so ist die staatliche Aufsichtsbehörde antragsberechtigt.

ᴵⱽ Bei Mitgliedern der Bundesregierung ist die Bundesregierung, bei Mitgliedern einer Landesregierung die Landesregierung antragsberechtigt.

1 **1) Die Vorschrift,** die unter technischer Anpassung durch Art. 18 Nr. 42 EGStGB in Anlehnung an § 122 E 1962 (Begr. 254) durch das 2. StrRG (Ber. BT-Drs. V/4095, 42) eingefügt ist, regelt im einzelnen die Antragsberechtigung in den Fällen, in denen das Gesetz einen Antrag des Dienstvorgesetzten zur Prozeßvoraussetzung macht, wenn die Tat entweder von einem Amtsträger oder für den öffentlichen Dienst besonders Verpflichteten (§ 355 III S. 1) oder aber gegen eine solche Person (§§ 194 III S. 1, 232 II S. 1) begangen ist; in allen Fällen handelt es sich um eine zusätzliche Berechtigung neben der des Verletzten. Die Strafantragsstellung ist kein Verwaltungsakt, unterliegt nicht dem Gleichheitssatz (Art. 3 GG) und darf daher bei mehreren Tatbeteiligten unterschiedlich (25 zu § 77) ausgeübt werden (so mit zutr. Begründung LK-Jähnke 8 vor § 77; aM Lackner 17, SK-Rudolphi 20, beide zu § 77; Stree DÖV **58**, 175; Tiedemann GA **64**, 358; JZ **69**, 726; Ostendorf JuS **81**, 642). § 77 a bestimmt:

2 **2) Derjenige Dienstvorgesetzte** ist antragsberechtigt, dem der Betreffende als Tatbeteiligter oder Verletzter zZ der Tat unterstellt war **(I)**. Dabei kommt es auf die Funktion an, in der sich der Verletzte befindet; wird zB ein ehrenamtlicher Richter (§§ 44 bis 45a DRiG) im Hinblick auf diese Tätigkeit beleidigt, der gleichzeitig Postbeamter ist, so ist nicht sein Vorgesetzter im Postdienst berechtigt, sondern es gilt unten 6. Das wird man auch entgegen dem Gesetzeswortlaut annehmen müssen, wenn die Beleidigung nach der Verhandlung begangen wird, in der der Verletzte als Schöffe tätig war, sich aber auf diese Tätigkeit bezieht. Mit Dienstvorgesetzter iS von § 77 a ist im übrigen nicht die konkrete Person gemeint, die gerade die Funktion innehatte, sondern die Institution als solche (Ber. aaO), so daß zB der Vorstand des Finanzamts, dem der Betreffende unterstellt ist, antragsberechtigt bleibt, auch wenn die Person des Vorstehers

680

Strafantrag, Ermächtigung, Strafverlangen **§ 77a**

zwischen Tat und Antragstellung gewechselt hat. Wechselt der Betreffende in dieser Zeit den Vorgesetzten, wird er also zB zum Finanzamt Y versetzt, so bleibt der Vorsteher des Finanzamts X, dem er zur Tatzeit unterstand, antragsberechtigt, LK 8. Dasselbe gilt nach Ausscheiden des Betreffenden aus dem Dienst durch Übertritt in den Ruhestand oder auf andere Weise. Wer bei

A. Amtsträgern und besonders Verpflichteten (11ff., 29ff. zu § 11)   3
Dienstvorgesetzter ist, bestimmt sich nach den maßgebenden dienstrechtlichen Vorschriften und dem Behördenaufbau. Für Bundesbeamte gilt § 3 II BBG. Neben den unmittelbaren Vorgesetzten hat auch jeder höhere Vorgesetzte ein Antragsrecht (E 1962, 254). Vgl. auch 11 zu § 194.

B. Bei Berufsrichtern (26ff. zu § 11), die keinen Dienstvorgesetzten im   4
beamtenrechtlichen Sinn haben (Celle MDR **73**, 774), tritt an dessen Stelle der dienstaufsichtsführende Richter (**II S. 1**; § 26 DRiG).

C. Bei Soldaten ist Dienstvorgesetzter der Disziplinarvorgesetzte (**II S. 2**;   5
§§ 23ff. WDO), und zwar auch hier nicht nur der nächste Disziplinarvorgesetzte (§ 25 WDO), sondern auch ein höherer entsprechend der Abstufung bis hinauf zum BMinister der Verteidigung, der auch antragsberechtigt ist, wenn die BWehr als Personengesamtheit beleidigt ist (Hamm NZWehrr **77**, 70).

D. Fehlt bei Amtsträgern oder besonders Verpflichteten jeder Dienstvorge-   6
setzte zZ der Tat, so zB beim ehrenamtlichen Richter (oben 2) oder bei solchen Verpflichteten, die lediglich für eine Behörde tätig sind (31 zu § 11), so kann die Dienststelle, für die der betreffende zZ der Tat tätig war, dh deren Leiter zur Zeit der Antragstellung, den Antrag stellen (**III S. 1**), LK 13. Leitet der Betreffende selbst diese Dienststelle, so ist die nach Bundes- bzw. Landesstaatsrecht zuständige Aufsichtsbehörde, dh deren Leiter, antragsberechtigt (**III S. 2**).

E. Bei Regierungsmitgliedern, die ebenfalls keinen Dienstvorgesetzten   7
haben, tritt an dessen Stelle sowohl bei der BReg wie bei einer LReg die Regierung als solche, dh das gesamte Kabinett, und zwar in seiner Zusammensetzung zZ seiner Beschlußfassung (auch nach einem nach der Tat eingetretenen Regierungswechsel, E 1962, 254). Wie das Kabinett seinen Beschluß faßt, etwa mit einfacher Stimmenmehrheit, und wie es seinen Beschluß fixiert und den Strafverfolgungsbehörden als Antrag zuleitet, etwa durch einen dafür bestimmten Minister, der dann als Vertreter in der Erklärung handelt, ist Sache der Geschäftsordnung (vgl. § 20 GeschOBReg., hierzu LK 14; Schlichter GA **66**, 357).

Antragsfrist

77 b I Eine Tat, die nur auf Antrag verfolgbar ist, wird nicht verfolgt, wenn der Antragsberechtigte es unterläßt, den Antrag bis zum Ablauf einer Frist von drei Monaten zu stellen. Fällt das Ende der Frist auf einen Sonntag, einen allgemeinen Feiertag oder einen Sonnabend, so endet die Frist mit Ablauf des nächsten Werktags.

II **Die Frist beginnt mit Ablauf des Tages, an dem der Berechtigte von der Tat und der Person des Täters Kenntnis erlangt. Hängt die Verfolgbarkeit der Tat auch von einer Entscheidung über die Nichtigkeit oder Auflösung einer Ehe ab, so beginnt die Frist nicht vor Ablauf des Tages, an dem der Berechtigte von der Rechtskraft der Entscheidung Kenntnis erlangt. Für den Antrag des gesetzlichen Vertreters und des Sorgeberechtigten kommt es auf dessen Kenntnis an.**

§ 77 b

III Sind mehrere antragsberechtigt oder mehrere an der Tat beteiligt, so läuft die Frist für und gegen jeden gesondert.

IV Ist durch Tod des Verletzten das Antragsrecht auf Angehörige übergegangen, so endet die Frist frühestens drei Monate und spätestens sechs Monate nach dem Tod des Verletzten.

V Der Lauf der Frist ruht, wenn ein Antrag auf Durchführung eines Sühneversuchs gemäß § 380 der Strafprozeßordnung bei der Vergleichsbehörde eingeht, bis zur Ausstellung der Bescheinigung nach § 380 Abs. 1 Satz 2 der Strafprozeßordnung.

1   **1) Die Vorschrift** idF des 2. StrRG/EGStGB und (zu V) des StVÄG 1987 (Inkrafttreten: 1. 4. 1987; *Materialien:* BR-Drs. 546/83; BRat 531. Sitz.; BT-Drs. 10/1313, 10/6592; BR-Drs. 592/86). Die **Antragsfrist** ist eine Ausschlußfrist.

2   **2)** Sie beträgt idR **drei Monate** (Ausnahmen in IV, § 77c S. 2, § 388 StPO; zum Ruhen vgl. unten 9). **Nach II S. 1** beginnt die Frist, wenn der Berechtigte (unten 3), dessen gesetzlicher Vertreter oder Sorgeberechtigter (3a) Kenntnis von Tat und Täter erlangt (unten 4, 5); dabei wird der Tag der Kenntnisnahme nicht mitgezählt, so daß die Frist erst mit dem folgenden Tag beginnt (zB Kenntnisnahme 30. März, Fristende mit Ablauf des 30. Juni), LK-Jähnke 3. **I S. 2** bestimmt, daß, wenn das Fristende an sich auf einen Sonnabend, Sonntag oder allgemeinen Feiertag fallen würde, die Frist erst mit Ablauf des nächsten Werktages (also bei Fristende mit Ablauf des Sonnabend erst mit Ablauf des Montag) endet. **Nach II S. 2** beginnt die Frist, wenn die Verfolgbarkeit der Tat auch von einer Entscheidung über die Nichtigkeit oder Auflösung einer Ehe abhängt (so nach § 238 II für die Fälle der §§ 235 bis 237; nicht aber bei § 182 II; dort 7), nicht vor Ablauf des Tages, an dem der Berechtigte (2 zu § 238) von der Rechtskraft der Entscheidung erfährt. Die Antragsfrist ist keine Prozeßfrist, so daß es gegen ihre Versäumung keine Wiedereinsetzung gibt (Bremen NJW **56**, 392); vgl. aber unten 5. Sie läuft unabhängig von der Verjährungsfrist und umgekehrt, so daß ein Strafantrag nach eingetretener Verjährung wirkungslos ist (RG **6**, 37). Schon *vor* der Tat kann der Antrag (ggf gegen Unbekannt, Düsseldorf NJW **82**, 2680) gestellt werden, falls die Tat unmittelbar bevorsteht (hieran fehlt es, wenn zwischen Strafantrag und Tatzeit 2 Jahre liegen, LG Berlin StV **85**, 239 L) und genau bezeichnet wird (BGH **13**, 363; Bay NJW **66**, 942; Schleswig SchlHA **80**, 171; Düsseldorf NJW **87**, 2526 m. Anm. R. Keller JR **87**, 521 mwN; SchSch-Stree 45; SK-Rudolphi 17; Lackner 4, vgl. auch LK 22, alle zu § 77; aM M-Zipf § 74, 18; Schroth NStZ **82**, 1; Ott StV **82**, 46); indessen muß der Verfolgungswille insoweit eindeutig erklärt sein (LG Berlin StV **85**, 238). Jedenfalls ist ein Antrag wirksam, der vor Kenntnis der Tat gestellt wird (RG **51**, 63).

3   **3) Der Antragsberechtigte** (§ 77) persönlich (RG **36**, 48), muß die Kenntnis nach **II S. 1** haben. Sie muß so beschaffen sein, daß einem besonnenen Menschen bei Abwägung aller Umstände die Antragstellung zugemutet werden kann (16. 8. 1984, 1 StR 406/84). Erst vom Eintritt der Antragsberechtigung ab, also mit Eintritt der Volljährigkeit oder mit Vollendung des 18. Lebensjahres nach § 77 III S. 2, wird die Frist berechnet (selbst trotz früherer Kenntniserlangung, RG **69**, 378; vgl. aber 18 zu § 77).

Strafantrag, Ermächtigung, Strafverlangen **§ 77 b**

Nur die gesetzliche Antragsbefugnis kommt in Frage (RG **6**, 119); die Kenntnis des Bevollmächtigten ist ohne Bedeutung (RG **36**, 413). **Bei einer juristischen Person** ist die Kenntnis aller Vorstandsmitglieder nötig, soweit sie ihre Vertretung nur insgesamt ausüben können (RG **68**, 265; abw. LK 10); im übrigen kommt es auf die Kenntnis der Organe und nicht etwa der Angestellten an (Hamburg MDR **80**, 598 L). Im Fall von § 77 a IV ist die Kenntnis aller Kabinettsmitglieder erforderlich (E 1962, 255). **Bei einer Behörde** ist die Kenntnis des Vertreters der Behörde nötig (RG GA Bd. **56**, 316). **Nach II S. 2** kommt es für den Antrag des **gesetzlichen Vertreters** und des **Sorgeberechtigten** (§ 77 III S. 1; 9 ff. zu § 77) auf dessen Kenntnis an, so daß, wenn ein Vormund oder Pfleger zu bestellen ist, die Frist auch dann erst mit der Bestellung beginnt, wenn er schon vorher von der Tat wußte (RG DRiZ **33** Nr. 192). **Nach III** läuft die Frist bei mehreren Antragsberechtigten (20 zu § 77) für jeden gesondert, so daß bei Kenntnis erst von einem Beteiligten die Frist hinsichtlich der noch unbekannten anderen nicht zu laufen beginnt.

Kenntnis muß jeder der zu 3 bis 3 b Genannten erlangt haben, sowohl **4** von **A. der Tat,** dh der Tatbestandsverwirklichung, nicht allein schon der Tathandlung. Die Möglichkeit der Kenntnisnahme genügt nicht (RG **27**, 34; LK 7). Kenntnis ist das Wissen von Tatsachen, welche einen Schluß auf die wesentlichen Tatumstände und den Täter (RG **69**, 380; aM Stuttgart NJW **55**, 73) zulassen (RG **58**, 204; Frankfurt NJW **52**, 236; Köln JMBlNW **61**, 145), so daß der Verletzte vom Standpunkt des besonnenen Mannes aus zu beurteilen in der Lage ist, ob er Strafantrag stellen soll (RG **45**, 128). Bloße Vermutung (RG **75**, 298), oder Verdacht (20. 2. 1979, 1 StR 606/78), reichen nicht aus (bedenklich Saarbrücken VRS **30**, 40). Den objektiven Tatbestand der Handlung muß der Verletzte kennen, so auch den Erfolg der Verletzung (RG **61**, 303, Fristbeginn erst mit der späteren Gesundheitsstörung); desgl. die Richtung der Tat (Beleidigung gegen ihn, RG **6**, 47). Erfährt der Berechtigte, daß die Tat einen wesentlich anderen Charakter hat, als er bisher angenommen (Verführung der Tochter, § 182, statt bisher Beleidigung), so beginnt die Frist erst mit dieser Kenntnis (RG **74**, 51; Frankfurt NJW **72**, 65). Zum Fristbeginn beim versuchten Prozeßbetrug unter Angehörigen, LG Konstanz NJW **84**, 1768. Bei Anstiftung und Beihilfe ist die Kenntnis der Haupttat nötig (RG **40**, 329), nicht auch des Haupttäters; es genügt Kenntnis eines Beteiligten (RG VStS **9**, 390). Bei einer **fortgesetzten Handlung** entscheidet die Kenntnis des letzten Handlungsteils für den Fristbeginn (RG **61**, 303; LK 6; aM Düsseldorf MDR **80**, 952; SK-Rudolphi 9). Bei **Dauerdelikten** ist maßgebend das Aufhören des strafbaren Handelns oder Zustandes (RG **43**, 285). Auch den subjektiven Tatbestand muß der Berechtigte kennen (RG **69**, 380); daß die Handlung strafbar ist, braucht er nicht zu wissen. Tritt das Antragserfordernis erst nach der Tat ein, so kann die Frist erst mit der Gesetzesänderung zu laufen beginnen (Hamm NJW **70**, 578).

B. als auch von der **Person des Täters,** wobei sich aus III ergibt, daß **5** darunter nicht nur Haupttäter, sondern jeder Tatbeteiligte (§ 28 II) zu verstehen ist (E 1962, 255). Der Täter ist **bekannt,** wenn er in dem Antrag individuell erkennbar gemacht werden kann; das Wissen des Namens ist nicht erforderlich (2. 4. 1963, 5 StR 2/63; LK 9).

§ 77b

6 C. Nach IV gilt für den Fall des **Übergangs des Antragsrechts** nach § 77 II (4ff. zu § 77), daß die Frist frühestens 3 Monate nach dem Tode (3 zu § 211) des Verletzten endet; dh daß für den Angehörigen, auf den das Antragsrecht übergegangen ist und der schon vor dem Todestag Tat und Täter kannte, mit dem Beginn des dem Tode nachfolgenden Tages eine eigene Dreimonatsfrist zu laufen beginnt. Erlangt der betreffende Angehörige die maßgebende Kenntnis aber erst nach dem Todestag, so beginnt die Dreimonatsfrist für ihn erst mit dem der Kenntnisnahme folgenden Tag. Doch setzt IV, damit sich die Frist nicht in unangemessener Weise hinausschieben kann (E 1962, 255), eine absolute Frist von 6 Monaten nach dem Tode des Verletzten, nach deren Verstreichen jedes Antragsrecht eines Angehörigen erlischt, auch dann, wenn er erst später von Tat und Täter erfährt.

7 4) **Unterlassen** muß der Berechtigte den Antrag (I S. 1), wenn die Frist als verstrichen gelten soll (RG **71**, 39); dies fehlt zB bei schwerer Erkrankung, wenn wegen Geistesschwäche die Bedeutung des Antrages nicht erkannt wurde (Schleswig MDR **80**, 247), aber auch bei rechtlicher Verhinderung (vgl. E 1962, 254); es liegt also ein *tempus utile* vor (BGH **2**, 124; Bremen NJW **56**, 392; Hamm NJW **70**, 578).

8 5) **Feststehen** muß die Einhaltung der Frist, da es sich um eine Prozeßvoraussetzung handelt (2 vor § 77). Bei Zweifelhaftigkeit ist das Verfahren einzustellen (BGH **22**, 93; StV **84**, 509 L; Hamm VRS **14**, 33). Ist die Frist noch nicht verstrichen, so kann der Antrag selbst nach Beginn der Hauptverhandlung noch gestellt werden; dies auch noch in der Revisionsinstanz (BGH **3**, 73; vgl. auch § 77c; § 388 StPO).

9 Nach V **ruht der Lauf der Frist** vom Eingang des Antrages auf Durchführung eines Sühneversuchs nach § 380 StPO bei der Vergleichsbehörde bis zur Ausstellung der Erfolglosigkeitsbescheinigung. Maßgebend sind, gleichgültig, ob der Antrag vollständig ist oder sonst alle Voraussetzungen gegeben sind (Hamburg NStE Nr. 1), die Daten im Eingangsstempel der Vergleichsbehörde und der Fruchtlosigkeitsbescheinigung.

Wechselseitig begangene Taten

77c Hat bei wechselseitig begangenen Taten, die miteinander zusammenhängen und nur auf Antrag verfolgbar sind, ein Berechtigter die Strafverfolgung des anderen beantragt, so erlischt das Antragsrecht des anderen, wenn er es nicht bis zur Beendigung des letzten Wortes im ersten Rechtszug ausübt. Er kann den Antrag auch dann noch stellen, wenn für ihn die Antragsfrist schon verstrichen ist.

1 1) **Die Vorschrift** (vgl. § 124 E 1962, Begr. 255, Ber. BT-Drs. V/4095, 42) verallgemeinert den vorher nur für bestimmte Delikte in den §§ 198, 232 III aF enthaltenen Rechtsgedanken und präzisiert ihn dahin, daß die wechselseitigen Taten miteinander zusammenhängen müssen.

2 2) **Wechselseitige Antragsdelikte** müssen gegeben sein, dh mehrere Taten, bei denen derselbe Mensch einmal Täter oder Teilnehmer (§ 28 I), das andere Mal Verletzter (2 zu § 77) war. Auf die Art der Taten kommt es nicht an; es können zB Beleidigungen gegen Beleidigungen, Körperverletzungen nach §§ 223 oder 230 oder Sachbeschädigungen stehen; ferner ein

Diebstahl nach § 248a gegen eine Beleidigung; § 248b gegen § 223; auch Fahrlässigkeitsdelikte gegeneinander (vgl. Bay **60**, 27); doch muß es sich beiderseits um Antragsdelikte handeln (Bay **30**, 68); das Hinzutreten von Offizialdelikten auch in Tateinheit steht jedoch nicht entgegen; auch nicht der Umstand, daß die StA nach gestelltem Antrag öffentliche Klage nach § 376 StPO erhoben hat (Bay **60**, 27). Schreitet die StA jedoch in den Fällen der §§ 248a, 232 I von Amts wegen ein, so scheidet § 77c aus, da es am Antrag der einen Seite fehlt. Die Taten, die nicht schuldhafte zu sein brauchen, müssen „miteinander **zusammenhängen**", dh es muß eine Beziehung tatsächlicher Art zwischen ihnen bestehen, etwa dahin, daß sie einen einheitlichen Ursprung haben oder die eine aus der anderen erwachsen ist, so daß eine gemeinsame Würdigung am Platz ist (E 1962, 255). Zeitlicher Zusammenhang allein genügt nicht, weiter Zeitabstand braucht nicht entgegenzustehen (jahrelange Feindschaft; vgl. Bay **30**, 185; NJW **59**, 304); auf der Stelle (§ 199) erwidert brauchen sie also nicht zu sein; idR wird es sich um Motivationszusammenhang handeln; es genügt aber zB auch gegenseitige fahrlässige Körperverletzung bei demselben Verkehrsunfall. Die Taten müssen objektiv wechselseitig begangen sein; der bloße Parteivortrag reicht dafür nicht aus (LK-Jähnke 6; aM Bay NJW **59**, 304). Hinsichtlich der einen Tat muß von einem dazu Berechtigten (ev. nach § 77 II, III oder § 77a) Strafantrag wirksam gestellt sein. Dann gilt für den Strafantrag der anderen Seite, und zwar auch den nach § 77 III oder § 77a, aber nur dann, wenn das Recht dazu nicht schon durch Rücknahme, Verzicht oder Verjährung (Bay NJW **59**, 305) erloschen ist, folgendes:

3) **A. Verkürzung** einer noch laufenden Antragsfrist (vgl. Hamm JMBlNW **63**, 145) tritt für den Betreffenden (aber evtl. nicht für andere Antragsberechtigte) dadurch ein, daß **S. 1** ihn bei sonstigen Erlöschen seines Antragsrechts zwingt, seinen Antrag spätestens zu stellen, wenn er in dem gegen ihn laufenden Verfahren in der Hauptverhandlung des 1. Rechtszuges (nicht erst nach Zurückverweisung, LK 8) das letzte Wort (§ 258 II StPO) spricht (LK 5). Voraussetzung ist, daß er bis zu diesem Zeitpunkt Kenntnis von der Tat der anderen Seite hatte. **B. Verlängerung** (vgl. Hamm aaO) einer schon verstrichenen Frist tritt dadurch ein, daß ihm **S. 2** das Recht gibt, den Antrag auch später noch zu stellen, nämlich spätestens bis zu dem in S. 1 bezeichneten Zeitpunkt. Allerdings gilt das nicht, wenn die Antragsfrist für die gegnerische Tat vor der Begehung der eigenen bereits abgelaufen war (RG **44**, 161; Bay **59**, 61; LK 5).

4) **Die Stelle,** bei welcher der Antrag des andern Teils zu stellen ist, braucht nicht das erkennende Gericht in dem gegen ihn gerichteten Verfahren zu sein; es gilt auch hier § 158 StPO. **Bei Privatklagen** wird zur gemeinsamen Aburteilung die Widerklage durch § 388 StPO zugelassen. **Beim Offizialverfahren** ist gleichzeitige Verhandlung und Entscheidung nur möglich, falls die StA auch für das Gegendelikt die Verfolgung übernimmt und das Gericht nach § 237 StPO die Verbindung beschließt, andernfalls ist das erste, schon anhängige Verfahren selbständig zu beenden (RG **29**, 117).

§ 77d

Zurücknahme des Antrags

77 d ^I Der Antrag kann zurückgenommen werden. Die Zurücknahme kann bis zum rechtskräftigen Abschluß des Strafverfahrens erklärt werden. Ein zurückgenommener Antrag kann nicht nochmals gestellt werden.

^{II} Stirbt der Verletzte oder der im Falle seines Todes Berechtigte, nachdem er den Antrag gestellt hat, so können der Ehegatte, die Kinder, die Eltern, die Geschwister und die Enkel des Verletzten in der Rangfolge des § 77 Abs. 2 den Antrag zurücknehmen. Mehrere Angehörige des gleichen Ranges können das Recht nur gemeinsam ausüben. Wer an der Tat beteiligt ist, kann den Antrag nicht zurücknehmen.

1 1) **Die Vorschrift** (vgl. Ber. BT-Drs. V/4095, 42) ist durch das EGStGB (E EGStGB 215, Ber. BT-Drs. 7/1261, 9) iS der vorausgegangenen Entwürfe dahin geändert worden, daß der Strafantrag in sämtlichen Fällen zurückgenommen werden kann. Ob die StA auf Grund des Antrags öffentliche Klage nach § 376 StPO erhoben hat, ist ohne Bedeutung. Nach NJW **74**, 900 kann sich der Antragsberechtigte wirksam und mit Klagemöglichkeit für den anderen zur Rücknahme des Antrags verpflichten (str.; abl. D. Meyer NJW **74**, 1325; vgl. auch München MDR **67**, 223).

2 2) **A. Eine Form** für die Rücknahme des Antrags schreibt das Gesetz anders als für die Stellung (23 ff. zu § 77) nicht vor (RG **55**, 25); selbst eine mündliche Erklärung gegenüber der Polizei genügt (RG GA Bd. **41**, 28; aM LG Kiel NJW **64**, 263). Die Rücknahme kann, wenn sie durch eine schwerwiegende Drohung erzwungen oder Fehlinformation herbeigeführt worden ist, unwirksam sein (KG NStE Nr. 1). **Rücknahmestelle** ist die Behörde, welche zZ der Rücknahme mit der Sache befaßt ist (RG **55**, 23; Koblenz GA **76**, 282); das ist nach Anklageerhebung das Gericht (BGH **16**, 105); die Rücknahme bei einer anderen Behörde ist nicht unzulässig, wahrt aber nicht die Rücknahmefrist nach I S. 2 und macht Abgabe an jene Stelle nötig; so auch bei einem Vergleich auf Rücknahme (RG **52**, 200).

3 **B. Inhaltlich genügt** die zweifelsfreie (RG **48**, 195; LK-Jähnke 2) Erkennbarkeit des Willens, daß der Antragsteller die Verfolgung nicht mehr will, wie etwa die Erklärung, daß der Antragsteller keinen Wert mehr auf Bestrafung lege (Hamm JMBlNW **55**, 44; wegen etwaiger Bedingungen vgl. 26 zu § 77). Rücknahme unter der Bedingung, daß den Antragsteller keine Kosten treffen, ist zulässig (BGH **9**, 149); ebenso die Beschränkung der Rücknahme in gegenständlicher, rechtlicher und persönlicher Hinsicht (LK 2). Auch die Rücknahme einer Privatklage (§ 391 I StPO) innerhalb des Zeitraums von I S. 2 enthält nicht notwendig die Rücknahme des Antrags (LK 2).

4 **C. Eine Rücknahme der Rücknahme** ist ausgeschlossen; auch ist die nochmalige Stellung eines Strafantrags nach Zurücknahme eines früheren nicht zulässig; I S. 3 (RG **36** 64).

5 3) **Rücknahmeberechtigt** ist A. grundsätzlich **der Antragsteller** selbst, und zwar nur für seinen eigenen Antrag, so daß etwa gestellte andere Anträge unberührt bleiben. Es kann also zB im Fall von § 194 der Verletzte nicht den Antrag des Dienstvorgesetzten und dieser nicht den des Verletzten zurücknehmen. Stellvertretung ist jedoch wie bei der Stellung des An-

Strafantrag, Ermächtigung, Strafverlangen § 77 d

trags möglich (21 ff. zu § 77); nur dürfen sich bei der Vertretung im Willen nicht aus dem Inhalt der Vollmacht Bedenken gegen die Rücknahmebefugnis ergeben; sie kann eingeschränkt werden (BGH **9**, 149). Der Vertreter im Willen kann auch zurücknehmen, wenn die Tat ein höchstpersönliches Rechtsgut verletzt hat. Nimmt bei Minderjährigen nur ein Elternteil ohne Zustimmung des andern den Antrag zurück, oder verzichtet er auf ihn, so ist die Erklärung schwebend unwirksam (LG Heilbronn Die Justiz **80**, 480; vgl. LK 5).

B. Nach dem Tode des Verletzten oder desjenigen, auf den das Antragsrecht nach § 77 II übergegangen war, kann ein von diesem oder jenem gestellter Antrag zurückgenommen werden **(II)**, und zwar je nachdem, wer der Antragsteller war, in 1. Linie von seinem Ehegatten und seinen Kindern, wenn diese fehlen, von seinen Eltern und, wenn auch diese fehlen, von seinen Geschwistern und Enkeln **(II S. 1)**. Angehörige einer späteren Ranggruppe können also, solange Angehörige einer vorausgehenden Gruppe eine Erklärung abgeben können, den Antrag nicht zurücknehmen. Besteht die maßgebende Gruppe aus mehreren Angehörigen, so können diese (dem Umstand korrespondierend, daß jeder nach § 77 II ein eigenes Antragsrecht hat; 6 zu § 77; E 1962, 256) den Antrag nur durch gemeinsame Erklärung zurücknehmen (II S. 2). Von dem alleinigen oder gemeinsamen Rücknahmerecht sind Angehörige ausgeschlossen, die an der Tat, deren Verfolgung der Antrag betraf, beteiligt waren (8 zu § 77). 6

4) Bis zum rechtskräftigen Abschluß des durch den Antrag in Gang gesetzten Verfahrens, also zB auch nach Beschränkung der Berufung auf den Rechtsfolgenausspruch bis zu dessen Rechtskraft (Zweibrücken MDR **91**, 1078) und auch noch nach Zurückverweisung, aber auch in der Revisionsinstanz, kann der Antrag bei der unter 2 bezeichneten Stelle zurückgenommen werden. Dadurch soll erreicht werden, daß auch Offizialverfahren zB wegen Beleidigung ohne Mitwirkung der StA in 2. Instanz erledigt werden können, wenn der Angeklagte eine Ehrenerklärung abgibt und der Verletzte Fortsetzung des Verfahrens nicht mehr wünscht (Ber. I, 42). Die rechtskräftige Erledigung des Verfahrens gegen einen Täter hindert nicht die Rücknahme des Antrags gegen einen anderen. 7

5) Folge der Rücknahme ist, daß damit das Verfahrenshindernis des fehlenden Strafantrags eintritt (nach RG **9**, 396; **32**, 280 ist die Lage so, als ob der Antrag nicht gestellt wäre), aber nur hinsichtlich der Tat und des Täters, die die Rücknahme betrifft (30. 9. 1983, 2 StR 209/83). Ein in Tateinheit damit stehendes Offizialdelikt bleibt verfolgbar (11. 12. 1988, 3 StR 520/87; vgl. RG **28**, 125; **32**, 281); ebenso bei einem relativen Antragsdelikt (zB § 247) der Tatbeteiligte, gegen den kein Antrag erforderlich ist (RG **5**, 274). **Prozessual** führt die Rücknahme, soweit sie das Verfahren hemmt, zur Einstellung (§§ 206a, 260 III StPO) und Kostenlast für den Zurücknehmenden (§ 470 StPO). 8

Ermächtigung und Strafverlangen

77 e Ist eine Tat nur mit Ermächtigung oder auf Strafverlangen verfolgbar, so gelten die §§ 77 und 77 d entsprechend.

1) Die Vorschrift (vgl. § 126 E 1962, Begr. 257; Prot. V/487, 497, 2151) bringt eine Regelung für die dem Strafantrag verwandten Institute der Ermächtigung (§§ 90 IV, 90b II, 97 III, 104a, 194 IV, 353a II, 353b IV) und des 1

§ 77e, Vor § 78 AT Fünfter Abschnitt

Strafverlangens (§ 104a). Zur allgemeinen Problematik Bay **53**, 190; Schlichter GA **66**, 353. Ermächtigung und Strafverlangen sind wie der Strafantrag (2 vor § 77) Prozeßvoraussetzungen (LK-Jähnke 1). Ihre Erklärung ist strafrechtlich an keine Form gebunden (vgl. RG **33**, 69). Sie können wie der Strafantrag (25, 27 ff. zu § 77) sachlich und personell eingeschränkt (verfassungsrechtlich Stree DÖV **58**, 174; Tiedemann GA **64**, 358; LK 3) und noch in der Revisionsinstanz nachgebracht werden. Die Strafverfolgungsbehörden haben von amtswegen zu klären, ob Ermächtigung oder Strafverlangen erklärt werden (vgl. RG **33**, 70). Ob in einem Strafantrag zugleich eine Ermächtigung (zB nach § 90b II) enthalten ist (so Hamm GA **53**, 28), ist Tatfrage (NJW **54**, 1655). § 77e bestimmt, daß

2 2) **die §§ 77 und 77d** für Ermächtigung und Strafverlangen entsprechend anzuwenden sind. Das bedeutet **A.** daß von § 77 nur I und IV anwendbar sind, wobei I auch dadurch weitgehend bedeutungslos ist, daß die einzelnen Vorschriften (oben 1) angeben, wer die Erklärung abzugeben hat. IV ist für § 90b II wichtig und gibt dem betroffenen Verfassungsorgan wie dessen Mitglied ein selbständiges Ermächtigungsrecht. II ist unanwendbar, weil das Gesetz nirgends einen Übergang des Rechts vorsieht; III scheidet nach der Natur der Sache aus. **B.** § 77d ist entsprechend anwendbar, § 77d II nur in den Fällen von § 90 IV und § 90b II, soweit dort ein betroffenes Mitglied die Ermächtigung erteilt hat und der Amtsnachfolger nicht widerspricht, vgl. 6 zu § 90b. **C. Nicht entsprechend anwendbar** sind die §§ 77a bis 77c. Praktisch bedeutsam ist dabei die Nichtanwendbarkeit des § 77b. Ermächtigung und Strafverlangen sind danach an keine Frist gebunden (E 1962, 257; MDR **53**, 401) und können daher noch bis zum Eintritt der Verjährung erklärt werden.

Fünfter Abschnitt
Verjährung

Vorbemerkung

1 1) **Schrifttum:** *Bockelmann; Schäfer,* Ndschr. **2**, 329, 332; *Lorenz,* Die Verjährung in der deutschen Strafgesetzgebung, 1955; GA **66**, 371; *Meister* DRiZ **54**, 217; *Moser* GA **54**, 301; *Seibert* NJW **52**, 1361; *Bloy,* Die dogmatische Bedeutung der Strafausschließungs- und Strafaufhebungsgründe, 1976; vgl. außerdem 11b zu § 1.

2 2) **Das Institut der Verjährung** ist im Anschluß an die §§ 127 ff. E 1962 (Begr. 258; Ndschr. **2**, 329 ff., 359; **4**, 379; **12**, 291) durch das 2. StrRG (Ber. BT-Drs. V/4095, 43; Prot. V/2069, 2109, 2125, 3149, 3189, 3204, 3228, 3254) und das EGStGB (E EGStGB 215; Ber. BT-Drs. 7/1261, 9 = Ber. II; Prot. 7/181) erheblich umgestaltet worden. Neu sind vor allem die Hemmung der Verfolgungsverjährung durch ein Urteil 1. Instanz (§ 78b III), die Beschränkung der Verjährungsunterbrechung im Gegensatz zu dem fragwürdigen § 68 aF (E 1962, 258), der jede richterliche Verfolgungshandlung genügen ließ, auf bestimmte einzelne (aber nicht ausschließlich richterliche) Prozeßhandlungen (§ 78c), die Beseitigung der Fristunterbrechung bei der Vollstreckungsverjährung (§ 72 aF), anderseits aber die Einführung der gerichtlichen Verlängerung der Vollstreckungsverjährungsfrist (§ 79b).

3 3) Sowohl die **Strafverfolgung** (§§ 78 bis 78c) als auch die **Strafvollstreckung** (§§ 79 bis 79b) unterliegen mit Ausnahme von Mord und Völkermord

(§ 78 II) grundsätzlich der Verjährung, die im ersten Fall Verfolgungshandlungen wegen einer Straftat, im zweiten die Vollstreckung einer rechtskräftig angeordneten Strafe oder Maßnahme verhindert. § 79 II, IV S. 1 stellt die unwiderlegbare, aber problematische gesetzliche Vermutung auf, daß bei Völkermord, lebenslanger Freiheitsstrafe und Sicherungsverwahrung Ahndungs- und Sicherungsbedürfnis niemals erlöschen. Zum Zeitpunkt, zu dem die Verfolgungs- in die Vollstreckungsverjährung übergeht, und zum Verhältnis beider bei Wiederaufnahme 11 zu § 78 b.

A. Die Verfolgungsverjährung, die das RG zunächst als Institution des materiellen Rechts (RG **40**, 90), später als aus materiellem und prozessualem Recht gemischt angesehen hatte (RG **41**, 176; **66**, 328), wurde im Anschluß an die Schwenkung, die das RG erst im 2. Weltkrieg vollzogen hatte (RG **76**, 64; 159; **77**, 201), von der Rspr. (BGH **2**, 307; **4**, 379; **8**, 269; NJW **52**, 271; BVerfGE **1**, 423; **25**, 269) und der hM als bloßes Verfahrenshindernis angesehen (so LK-Jähnke 8; SchSch-Stree 3; M-Zipf AT § 75, 14; Blei AT § 111; Pfeiffer DRiZ **79**, 12; zum Ganzen Bloy aaO 192 ff.). In der Diskussion um die Verlängerung der Verjährungsfrist bei nat-soz. Gewaltverbrechen ist die Frage erneut str. geworden (11 b zu § 1). Die rein prozessuale Theorie, die den Grund der Verjährung in dem mit der Zeit eintretenden Beweismittelschwund sieht, der die Strafbarkeit als solche unberührt läßt, ist angesichts der Unverjährbarkeit von Mord und Völkermord (§ 78 II) sowie der Abstufungen in § 78 III (bei Mord und Totschlag schwinden die Beweismittel in gleicher Weise) nicht haltbar. Die Unverjährbarkeit von Mord ist auch nicht mit der Schwere des Unrechts (so Vogel ZRP **79**, 5) zu begründen, denn es geht bei der Verjährung nicht um den Untergang der Schuld, sondern um den Verzicht auf die Strafbarkeit (Dreher, Schäfer-FS 8), wobei auch das Bedürfnis nach Strafe schwindet (BGH **29**, 372; NJW **85**, 1719; vgl. Karlsruhe GA **73**, 186). Da Verjährung nicht zum Freispruch führen darf, ist aber zugleich ein (von Amts wegen zu beachtendes) Verfahrenshindernis gegeben; und zwar auch eines iS des § 6 I Nr. 2 StrEG (BGH **29**, 168). Dem Gesetz entspricht daher die *gemischte Theorie* (Jescheck § 86 I 1; Schäfer aaO 341; SK-Rudolphi 10 vor § 78; E 1962 Begr. 257; wohl auch Lackner 1 zu § 78; der StrABTag hat die Frage offen gelassen; Ber. 43; Prot. V/2069, 2125). **Einstellung des Verfahrens** (nicht Freispruch) ist die prozessuale Folge der Verjährung (RG **46**, 217), nach Hauptverhandlung durch Urteil, vorher durch Beschluß nach § 206 a StPO (RG **53**, 276); jedoch ist auf **Freispruch** zu erkennen, wenn bei rechtlichem Zusammentreffen eines schwereren und eines leichteren Vorwurfs der schwerere nicht nachweisbar, der leichtere wegen eines Prozeßhindernisses nicht mehr verfolgbar ist (BGH **1**, 235; **7**, 261; **36**, 340; GA **78**, 371 L). Wie die §§ 78 ff., vor allem § 78 c III zeigen, kann ein Verfolgungshindernis nicht allein schon durch eine ungebührliche Verfahrensverzögerung entstehen (Hanack JZ **71**, 705; Karlsruhe NJW **72**, 1909; iErg. auch BGH **24**, 239; 24. 11. 1977, 4 StR 459/77; LK 18; aM LG Frankfurt JZ **71**, 234; Hillenkamp JR **75**, 133; vgl. auch BGH **21**, 84; 35 zu § 46).

B. Die Vollstreckungsverjährung hat zwar die Wirkung, daß das Vollstreckungsverfahren nach den §§ 449 ff. StPO gehindert wird, kann aber der Sache nach nur mit der materiellrechtlichen Überlegung begründet werden, daß auch hier das Bedürfnis nach dem Vollzug von Strafe oder Maßnahme (vgl. schon § 67 c II) mit der Zeit nach Tatschwere (§ 79 III) schwindet, vor allem, wenn Tat und Urteil in der damals interessierten Gesellschaft vergessen sind und der Verurteilte ein anderer Mensch geworden ist (vgl. Jescheck § 86 II 1; SK 1 zu § 79; str.).

Vor § 78 AT Fünfter Abschnitt. Erster Titel

6   *Für in der ehem. DDR noch nicht eingetretene Verfolgungs- oder Vollstreckungsverjährung gilt Art. 315a EGStGB [Anh. 1] (vgl. 53ff. vor § 3). Ferner bleibt nach EV Anl. II Kap. III C I Nr. 1 der § 84 StGB-DDR in seinem bisherigen Geltungsbereich weiter in Kraft. Er hat folgenden Wortlaut:*
Verbrechen gegen den Frieden, die Menschlichkeit und die Menschenrechte und Kriegsverbrechen unterliegen nicht den Bestimmungen dieses Gesetzes über die Verjährung.

Erster Titel. Verfolgungsverjährung

Verjährungsfrist

78 ^I Die Verjährung schließt die Ahndung der Tat und die Anordnung von Maßnahmen (§ 11 Abs. 1 Nr. 8) aus. § 76a Abs. 2 Satz 1 Nr. 1 bleibt unberührt.

^{II} Verbrechen nach § 220a (Völkermord) und nach § 211 (Mord) verjähren nicht.

^{III} Soweit die Verfolgung verjährt, beträgt die Verjährungsfrist
1. dreißig Jahre bei Taten, die mit lebenslanger Freiheitsstrafe bedroht sind,
2. zwanzig Jahre bei Taten, die im Höchstmaß mit Freiheitsstrafe von mehr als zehn Jahren bedroht sind,
3. zehn Jahre bei Taten, die im Höchstmaß mit Freiheitsstrafe von mehr als fünf Jahren bis zu zehn Jahren bedroht sind,
4. fünf Jahre bei Taten, die im Höchstmaß mit Freiheitsstrafe von mehr als einem Jahr bis zu fünf Jahren bedroht sind,
5. drei Jahre bei den übrigen Taten.

^{IV} Die Frist richtet sich nach der Strafdrohung des Gesetzes, dessen Tatbestand die Tat verwirklicht, ohne Rücksicht auf Schärfungen oder Milderungen, die nach den Vorschriften des Allgemeinen Teils oder für besonders schwere oder minder schwere Fälle vorgesehen sind.

1   1) **Die Vorschrift** (vgl. Vorbem. 2, 4), deren I S. 2 durch Art. 1 Nr. 2 des 21. StÄG eingefügt wurde, regelt die Wirkung der Verfolgungsverjährung (I), bestimmt die Unverjährbarkeit des Mordes und Völkermordes (II), setzt die Verjährungsfristen fest (III) und gibt in IV die Grundlage für die Fristberechnung. II wurde eingefügt durch das **9. StÄG** (hierzu vgl. den InitiativE Hamburgs, BR-Drs. 131/69, den RegE BT-Drs. V/4220, den E der CDU/CSU BT-Drs. V/4326, den der SPD BT-Drs. V/4430, Prot. RA-BTag v. 18. 6. 1969 mit Ber. BT-Drs. V/4415, BTag 5/13052, 13554; BRat 9. 5. und 11. 7. 1969) und durch das umstrittene (11b zu 1) **16. StÄG**, das die Verjährung auch für den Mord beseitigt hat, erweitert (hierzu Antrag Gradl u. a. BT-Drs. 8/2539; GesE Wehner u. a. BT-Drs. 8/2653 (neu); Ber. BT-Drs. 8/3032; BTag 8/1165 ff.; 8/13233 ff.; BRat 6. 7. 1979 S. 216 ff.; BT-Drs. 8/2602; ÄndAntr. Maihofer u. a. BT-Drs. 8/3041; BR-Drs. 345/79).

2   2) **Die Verfolgungsverjährung A. schließt die Ahndung** der Straftat, nämlich die Verhängung von Strafen, Nebenstrafen und Nebenfolgen (2 vor § 38) sowie die Anordnung von Maßnahmen (§ 11 I Nr. 8; auch der Abführung des Mehrerlöses, § 8 IV S. 2 WiStG) wegen einer Straftat oder rechtswidrigen Tat **aus (I)**, also auch von Maßregeln der Besserung und

Verfolgungsverjährung **§ 78**

Sicherung (vgl. Düsseldorf VRS **32**, 34), Verfall (vgl. 10 zu § 76a) und Einziehung, auch soweit sie sichernden Charakter hat (8 zu § 76a), jedoch bleibt nach I S. 2 iVm § 76a II Nr. 1 eine selbständige Einziehungsanordnung möglich. Ist die Strafe rechtskräftig verhängt, Nebenstrafe, Nebenfolge oder Maßnahme aber noch nicht, so läuft für ihre Anordnung eine selbständige Frist nach III (vgl. Neustadt GA **56**, 286; Celle NJW **65**, 2413; LK-Jähnke 3). **B. Von Amts wegen** ist die Verjährung zu beachten, auch in 3 der höheren Instanz (RG **66**, 328); wobei für die Revisionsinstanz (RG **68**, 18) die tatsächlichen Feststellungen bezüglich der Tatzeit bindend sind (RG **69**, 320). Das gilt aber nicht, wenn ein unzulässiges Rechtsmittel eingelegt und die Verjährung schon vor dem angefochtenen Urteil eingetreten ist (BGH **16**, 115; **22**, 216; **25**, 259; Bay NJW **70**, 620; vgl. aber auch BGH **23**, 365). Die Verjährung ist aber auch noch zu beachten, wenn das Rechtsmittel nur die Strafzumessung (26. 6. 1958, 4 StR 145/58), die Strafaussetzung zur Bewährung (BGH **11**, 394), die Auferlegung der dem Nebenkläger erwachsenen notwendigen Auslagen (BGH **13**, 128) oder nur eine Tat betrifft, deren Strafe mit der für die verjährte Tat zu einer Gesamtstrafe zusammengezogen wurde (BGH **8**, 269). Die Verjährung ist auch trotz Rechtsmittelrücknahme zu beachten (Bay MDR **75**, 72; SK-Rudolphi 11 vor § 78; abl. Schönenborn MDR **75**, 9). Ist der Zeitpunkt der Begehung zweifelhaft, so ist nach dem Grundsatz *in dubio pro reo* der dem Täter günstigste maßgebend (MDR **63**, 885 [m. Anm. Dreher; Eb. Schmidt JZ **63**, 606]; BGH **33**, 277 [m. Anm. Bottke JR **87**, 167]; vgl. aber im Falle § 154a StPO 6 zu § 78c). Trifft das Urteil keine Feststellungen zur Tatzeit, die eine Überprüfung etwaiger Verjährung ermöglicht, so ist das ein sachlich-rechtlicher Mangel (Koblenz OLGSt. 13 zu § 67 aF).

3) Bei Mord und Völkermord, und zwar in allen Fällen der §§ 211, 4 220a, auch bei Versuch, Teilnahme (§ 28 I), § 30 (8, 9 zu § 12; Frankfurt NJW **88**, 2900; hM; aM Trifferer NJW **80**, 2049; LG Hamburg NStZ **81**, 141 m. Anm. Schünemann), gibt es nach II keine Verfolgungs- und nach § 79 II, soweit nach § 220a verurteilt oder auf lebenslange Freiheitsstrafe erkannt ist, keine Vollstreckungsverjährung (vgl. 3 vor § 78). Die Aufhebung der Verjährung wirkt jeweils auch für Taten vor dem Inkrafttreten des 9. StÄG (6. 8. 1969) und des 16. StÄG (22. 7. 1979), wenn Verjährung noch nicht eingetreten war (NJW **88**, 2898 *[Thälmann-Urteil];* LK 6). § 220a darf auf natsoz. Gewalttaten nicht angewendet werden (§ 1 des 9. StÄG).

4) Bei allen übrigen Taten tritt Verfolgungsverjährung (Beginn § 78a) 5 nach Ablauf bestimmter Fristen ein. **A. Nach der Höhe der angedrohten Strafe** für die Verwirklichung des betreffenden Tatbestandes (bei Tateinheit für jeden Tatbestand gesondert; 10 zu § 78a) richtet sich die Frist **(IV)**, und zwar nach der Hauptstrafe, bei wahlweise angedrohten Strafen nach der schwersten. Bei Änderung der Strafandrohung kommt es auf die nach § 2 anzuwendende an (vgl. BGH **2**, 305; MDR **54**, 335; GA **54**, 22; Dreher NJW **62**, 2209). Maßgebend ist die für den Einzelfall angedrohte (nicht die verwirkte) Strafe, und zwar die Regelstrafdrohung. Unberücksichtigt bleiben, wie IV bestimmt, ebenso wie bei der Einordnung nach § 12 (abstrakte Betrachtungsweise; vgl. BGH **2**, 181; Bay NJW **52**, 987) Schärfungen oder Milderungen, die der AT vorschreibt (aM Trifferer NJW **80**, 2049) oder

§ 78

zuläßt (8ff. zu § 12); anders bei Privilegierungs- und Qualifikationstatbeständen (7 zu § 12); aber auch bei Tatbestandsirrtum, der zur Anwendung eines Fahrlässigkeitstatbestandes führt (SK 5). IV bringt nur zum Ausdruck, was schon früher rechtens war. NJW **52**, 2209 (mit Anm. Dreher) im übrigen vertritt den Standpunkt, daß die Beihilfe nicht erst seit der VO v. 29. 5. 1943, RGBl. I 341, in dieselbe Stufe fällt wie die vollendete Tat, sondern schon seit dem (insoweit noch bedeutsamen) § 4 GewaltverbrecherVO v. 5. 12. 1939 [RGBl. I 2378] (vgl. auch GA **64**, 78; 25. 11. 1964, 2 StR 71/64); eine gegen diese Entscheidung gerichtete Verfassungsbeschwerde hat das BVerfG nach § 93a III BVerfGG als offensichtlich unbegründet nicht zur Entscheidung angenommen (1. 6. 1965, 2 BvR 774/64).

6 **B. Die Dauer der Fristen** bestimmt III in fünf Stufen, von denen für Geldstrafe allein Nr. 5 gilt. Zu beachten ist für Taten vor dem 1. 1. 1975 Art. 309 III EGStGB (Anh. 1). Zur Veränderung der Fristen durch Ruhen und Unterbrechung der Verjährung vgl. §§ 78b und 78c. Die Frist bestimmt sich im Falle mehrerer Taten desselben Täters *für jede Tat gesondert,* und zwar auch bei Tateinheit, so daß die eine früher verjähren kann als die andere (MDR/D **76**, 15; StV **89**, 478; **90**, 404; NStZ **90**, 81; 7. 7. 1992, 1 StR 278/92).

7 **5) Für das Nebenstrafrecht** des Bundes und der Länder gelten die §§ 78ff. ebenfalls (Art. 1 EGStGB, Anh. 1); vgl. schon RG **52**, 38. Sondervorschriften finden sich aber in

8 **A. den Pressegesetzen der Länder** (Göhler Nr. 619). Nach § 15 BayPrG, § 24 NdsPrG, § 12 HessPrG u. § 14 I Sächs. PrG beträgt die Verjährungsfrist bei allen **Presseinhaltsdelikten** (sie sind bei allen Druckwerken strafbaren Inhalts [also auch bei Verbrechen; vgl. hierzu Franke GA **82**, 404] schon dann anzunehmen, wenn die Druckschrift die nach dem jeweils maßgebenden Straftatbestand erforderliche Erklärung enthält [weiter Begriff des Presseinhaltsdelikts] Bay **91**, 35) 6 Monate, während nach § 24 I BWLPrG, BremPrG, SaarlPrG, SchlHPrG, bzw. nach § 22 I BlnPrG, RhPfPrG bzw. § 23 I HbgPrG Presseverbrechen in 1 Jahr, Vergehen in 6 Monaten verjähren (hierzu Rehbinder JA **77**, 471). Solches Landesrecht ist zulässig, zumal der Bund nach Art. 75 Nr. 2 GG nur die Befugnis zum Erlaß von Rahmenbestimmungen über die allgemeinen Rechtsverhältnisse der Presse besitzt und von dieser Befugnis bisher keinen Gebrauch gemacht hat. Nach BVerfGE **7**, 42 war danach selbst § 67 aF (und jetzt § 78), soweit er die Presseverjährung betrifft, Landesrecht. Die kurze Presseverjährung beginnt nach der presserechtlichen Verjährungstheorie, die sich im Hinblick auf die Regelungen der LPressegesetze (aaO) durchgesetzt hat, mit dem *ersten* Verbreitungsakt (BGH **25**, 347; 19. 5. 1980, 3 StR 193/80 [hierzu MDR/S **81**, 89]; Celle NJW **68**, 715; NdsRpfl. **84**, 241; Karlsruhe Die Justiz **72**, 18; KG JR **90**, 124; LK 17; Schröder, Gallas-FS 336), im Falle eines zwischenzeitlich aufgegebenen, aber erneut gefaßten Tatentschlusses mit dem ersten darauf beruhenden Verbreitungsakt (BGH **33**, 273 m. Anm. Bottke JR **87**, 167); anders noch die strafrechtliche Verjährungstheorie (BGH **14**, 258 zu § 22 RPressG; SK 8), die den letzten Verbreitungsakt für den Verjährungsbeginn für maßgebend hält), so daß ein Deutscher, der zunächst im Ausland verbreitet hat, dieselbe Schrift nach Ablauf der Verjährungsfrist auch im Inland verbreitet, nicht mehr verfolgt werden kann.

Verfolgungsverjährung **§ 78**

Dies gilt in allen Fällen, in denen nicht ein spezifisches inländisches Rechtsgut (7 aE zu § 7) geschützt ist, zB §§ 131, 184 II, 186, 187. Diese besondere Presseverjährung hat sogar die Kraft, ein fortgesetztes Presseinhaltsdelikt dergestalt aufzubrechen, daß die Verfolgungsverjährung gesondert für jedes einzelne Druckwerk mit dem ersten Verbreitungsakt beginnt (BGH **27**, 18; 3. 11. 1980, 3 StR 379/80; Stuttgart NJW **74**, 1149; Schleswig SchlHA **78**, 191 Nr. 120; aM noch Bay **62**, 177; **74**, 177, wonach der Tag entscheidend sein soll, an dem die zuletzt verbreitete Schrift erstmals verbreitet wurde). Die Verjährungsfrist kann freilich durch eine versteckte Vorwegverbreitung einzelner Exemplare nicht in Gang gesetzt werden (BGH **25**, 355). Zu beachten ist ferner, daß gleichwohl die Verjährung für jeden an der Verbreitung Beteiligten (Verleger, Buchhändler u. a.) gesondert läuft und immer erst mit dessen Verbreitungshandlung beginnen kann (BGH **25**, 354 mwN, jedoch überholt, soweit sie die Einziehung und Unbrauchbarmachung im objektiven Verfahren nach § 74 d für möglich hält; vgl. 8 zu § 76 a). Die kurze Verjährungsfrist kommt auch Vorbereitungshandlungen des Verbreiters zugute, die mit dem später planmäßigen Verbreiten *eine* Tat bilden, ebenso dem Gehilfen (NStZ **82**, 25). Für Ordnungswidrigkeiten gelten die presserechtlichen Verjährungsvorschriften entsprechend (BGH **28**, 53). Auch *Videokassetten* sind Druckwerke iS der Landespressegesetze und unterliegen der Presseinhaltsdeliktsverjährung. Denn für den Begriff des Druckwerks spielt es keine Rolle, ob die bildliche Darstellung direkt oder erst durch Benützen eines mechanischen Hilfsmittels vermittelt wird (Koblenz NStZ **91**, 45 zu § 7 I RhPfLPG). **Nicht** zu den Presseinhaltsdelikten gehören Straftaten, bei denen die Strafbarkeit nicht im Inhalt des Druckwerks liegt, sondern erst im Verstoß gegen Vorschriften über Zeit, Ort oder Art des Vertriebs, wie bei § 89 (BGH **27**, 355; MDR **79**, 707; Bay MDR **80**, 73) oder bei §§ 3, 6 Nr. 3, § 21 GjS (vgl. BGH **26**, 45); bei § 184 (Düsseldorf MDR **87**, 604 L), beim Führen von *Aufklebern* (Hamburg JR **83**, 298; Frankfurt NJW **84**, 1128; MDR **84**, 423; Hamm NStZ **89**, 578; aM Schleswig SchlHA **84**, 87; Bay NJW **87**, 1711; KG JR **90**, 124), auch das öffentliche Anschlagen von Plakaten ist kein Verbreiten iS des § 15 I BayPrG (München MDR **89**, 180). Für sie bleibt § 78 maßgebend (SchSch-Stree 9). Zum „*Rundfunkinhaltsdelikt*" im einzelnen Jedamzik (oben 9 zu § 3) 20.

B. einzelnen Spezialgesetzen, so in § 6 V GeschlKrG (Anh. 7; 1 Jahr); **9** § 48 KunstUrhG (3 Jahre) sowie bezüglich der Unterbrechung der Verfolgungsverjährung in § 376 AO (Anh. 22).

C. Entsprechende Anwendung des § 78 I, § 78 a S. 1 und der §§ 78 b, **10** 78 c I–IV bei der berufsgerichtlichen Ahndung von Pflichtverletzungen sehen vor § 115 S. 2 BRAO, § 93 S. 2 StBerG (BGH **33**, 55), § 70 S. 2 WirtschPrüfO, § 97 S. 2 PatentanwaltsO.

Beginn

78 a Die Verjährung beginnt, sobald die Tat beendet ist. Tritt ein zum Tatbestand gehörender Erfolg erst später ein, so beginnt die Verjährung mit diesem Zeitpunkt.

1) Die Vorschrift hatte das 2. StRg (Ber. BT-Drs. V/4095, 44) dem § 128 **1** E 1962 (Begr. 259; Ndscnr. **2**, 360) entnommen; Art. 18 Nr. 46 EGStGB hat

693

§ 78 a

demgegenüber in Satz 1 an die Stelle der Worte „das strafbare Verhalten" gesetzt „die Tat", hat dabei aber nur eine redaktionelle Änderung an den allgemeinen Sprachgebrauch gewollt (E EGStGB 215). Das trifft hingegen nicht zu, da mit dem Verhalten nur die Tätigkeit gemeint war (Ndschr. **2**, Anh. 210), also die bloße Tathandlung (3 zu § 8), nicht aber die Tat als Tatbestandsverwirklichung. Doch stimmen die Ergebnisse im wesentlichen mit der Rspr. zu § 67 IV aF überein (so auch Lackner trotz abw. Deutung in 1; vgl. auch SchSch-Stree 1; abw. aber SK-Rudolphi 3; Blei AT § 111 I 1). Nach einem – problematischen – Gesetzesantrag der Abg. Hanna Wolf ua (BT-Drs. 12/2975) soll § 78 a S. 1 in dem Sinne ergänzt werden, daß die Verjährung bei Straftaten gegen die sexuelle Selbstbestimmung nicht vor Vollendung des 18. Lebensjahrs des Opfers beginnt.

2 2) **Die Verjährung,** dh der Lauf der in § 78 III genannten Fristen, **beginnt,** sobald die Tat, dh die Verwirklichung des Tatbestandes, und zwar unter Einschluß des tatbestandsmäßigen Erfolges, **beendet** ist (BGH **11**, 121; 347; **16**, 207; **24**, 220; **36**, 116; **37**, 145 m. Anm. Temming NStZ **90**, 584). Es entscheidet also nicht der Zeitpunkt der Vollendung, sondern erst der der Beendigung der Tat (dazu 6 zu § 22; 3 ff. zu § 27), der später liegen kann als der Tatbestandserfolg, so zB beim Betrug, wo dieser Erfolg schon mit dem Vermögensschaden eintritt, die Tat aber erst beendet ist, wenn der angestrebte Vorteil erlangt ist (NStE Nr. 4), bei der Untreue mit dem Eintritt des vom Vorsatz umfaßten Nachteils (wistra **89**, 97), bei der Bestechung, wenn der Bestochene den Vorteil erhalten oder angenommen (BGH **11**, 347), erschwindelte Versicherungsleistungen empfangen hat (13. 5. 1987, 2 StR 65/87), oder der Unterschlagende den Fehlbetrag bis zum Ende der folgenden Geschäftsjahre verschleiert (BGH **24**, 220; NStZ **83**, 559). Für den Fall, daß der tatbestandsmäßige Erfolg zeitlich der Beendigung nachfolgt, beginnt nach S. 2 die Verjährung erst mit diesem Zeitpunkt; diese Vorschrift ist gegenüber S. 1 tautologisch, da der Tatbestandserfolg ohnehin zur Tatbestandsverwirklichung gehört und den Verjährungsbeginn markiert, wenn die Tathandlung vorher abgeschlossen war (vgl. auch Kühl JZ **78**, 550; LK-Jähnke 1). Im einzelnen hat § 78 a folgende

3 **A. Ergebnisse.** Bei vorsätzlichen wie fahrlässigen **Erfolgsdelikten** (Bay NJW **59**, 901) wie der Brandstiftung beginnt die Verjährung erst mit dem Abschluß des Brandes (vgl. RG **26**, 261); beim Betrug nicht schon mit dem Eintritt des Vermögensschadens (so RG **42**, 171; Otto, Lackner-FS 723), sondern erst mit der Erlangung des letzten Vermögensvorteils (NJW **74**, 914; **84**, 376; wistra **92**, 254); das muß nicht nur beim Rentenbetrug gelten (BGH **27**, 342; Brause NJW **78**, 2104; Reißfelder NJW **79**, 990; Kühl JZ **78**, 549; RG **62**, 418; Köln MDR **57**, 371; Stuttgart MDR **70**, 64; Otto aaO 733; LK 5), sondern ebenso beim Anstellungsbetrug, der nicht schon mit der Eingehung der Verpflichtung beendet ist (LK-Lackner 293 zu § 263; Schröder JR **68**, 345; SchSch 4; **aM** BGH **22**, 38 [hierzu Otto aaO 708, 732]; MDR/D **58**, 564; Celle OLGSt. 11 zu § 67 aF); bei Erpressung mit der Zahlung des erpreßten Geldes (RG **33**, 230); bei Bestechung mit der Annahme des letzten Vorteils (BGH **11**, 347; **16**, 209); bei § 323 mit der Vollendung und Abnahme des Baues (RG **26**, 261); bei §§ 258, 258 a erst, wenn die Tat, auf die sich die Strafvereitelung bezieht, nicht mehr verfolgt werden kann (MDR/H **90**, 887); bei Einkommensteuerhinterziehung mit der Festsetzung der Steuer (trotz späterer Vorauszahlung, RG **76**, 334),

Verfolgungsverjährung § 78a

NStZ **84**, 414 m. Anm. Streck; und zwar nicht mit der Unterzeichnung des Steuerbescheides, sondern dessen Bekanntgabe an den Steuerpflichtigen (wistra **84**, 182 [m. Anm. Schomburg]; Hamburg wistra **85**, 110 [hierzu Herdemerten wistra **85**, 98]; **87**, 189; zusf. Otto aaO 733); bei fortgesetzter Steuerhinterziehung mit dem letzten unrichtigen Steuerbescheid (wistra **86**, 257; hierzu Kuhlmann wistra **87**, 281), bei der versuchten Einkommensteuerhinterziehung mit der Abgabe der unrichtigen Steuererklärung gegenüber dem Finanzamt (LG Köln NStE Nr. 1), bei der Umsatzsteuerhinterziehung mit dem Zeitpunkt, zu dem die Jahresanmeldung abzugeben war (BGH **38**, 170; NJW **91**, 1315), ferner zur fortgesetzten Umsatz- und Lohnsteuerhinterziehung (wistra **83**, 70; AG Tiergarten StV **85**, 153 L); bei Bankrott mit Konkurseröffnung oder Zahlungseinstellung, da die Strafbarkeit erst mit dem Eintritt dieser Bedingungen beginnt (LK 12); beim Gründungsschwindel (§ 82 I Nr. 1 GmbHG) mit der Eintragung in das Handelsregister (wistra **87**, 212), bei § 184b mit Abschluß der sexuellen Handlung (Saarbrücken NJW **74**, 1010). Auch bei den **erfolgsqualifizierten Delikten** beginnt die Verjährung erst mit dem Eintritt des Erfolges (LK 13; SchSch 3; SK 4). Bei **Gefährdungsdelikten** ist Erfolg iS des § 78a die Gefährdung als solche und nicht die daraus erwachsene Verletzung (BGH **32**, 294 für die Tat des § 241a, BGH **36**, 257 für die des § 326 [m. Anm. Laubenthal JR **90**, 513]; LK 11; Düsseldorf NJW **89**, 537 für § 330).
a) Beim Versuch kommt es auf das Ende der Tätigkeit an, die der Vollendung der Tat dienen sollte (BGH **36**, 117 [m. Anm. Schlüchter NStZ **90**, 180]; wistra **88**, 185; **90**, 23; NJW **89**, 2140; Stuttgart MDR **70**, 64); es sei denn, daß später noch ein Tatbestandserfolg eintritt (E 1962, 259; vgl. 5 zu § 18). **b) Bei Anstiftung und Beihilfe** beginnt die Verjährung erst mit der Ausführung der Haupttat, also regelmäßig erst mit deren Beendigung (NJW **51**, 727; vgl. wistra **84**, 21; LK 15; E 1962, 259 [str.]; nur scheinbar abw. JR **54**, 272). Doch bei bewußter Beschränkung des Teilnehmers auf einen Teil der sich als fortgesetzte Handlung darstellenden Haupttat schon mit dem Abschluß dieses Teils (BGH **20**, 227; MDR/H **78**, 803; **91**, 295; Stuttgart NJW **62**, 2311). Zur Problematik bei Teilnahme an einer Dauerstraftat vgl. die oben angeführten Entscheidungen. Bei der **Mittäterschaft** entscheidet die letzte Handlung eines Mittäters für alle Beteiligten, da dessen Handlung als ihre eigene gilt (BGH **36**, 117, hierzu Kratzsch JR **90**, 177). **c) Bei der fortgesetzten Handlung** beginnt die Verjährung erst mit der Beendigung des letzten Teilakts (BGH **1**, 91; **24**, 218 [m. krit. Anm. Schröder JR **72**, 118]; NJW **85**, 1719 [m. Anm. Puppe JR **85**, 245; krit. Rüping GA **85**, 445; Schünemann InstKonfl. **11**, 61; Jung, Schultz-GedS 184]; BGH **36**, 105 [vgl. dazu Kratzsch JR **90**, 183, der eine Aushöhlung des § 78a durch eine Beschränkung nach objektiven Kriterien zu erreichen sucht]; vgl. 26a aE, 26b aE, jeweils vor § 52; NJW **91**, 1308; 24. 3. 1992, 1 StR 161/91; BVerfG NJW **92**, 223 [hiergegen Schumann StV **92**, 392, sich auf Art. 103 II GG berufend]; Hamburg wistra **87**, 189; Bay 30. 1. 1987, RReg. 4 St 279/86; LK 10; SK 8; aM LG Hanau MDR **80**, 73; Noll ZStW **77**, 4; SchSch 9; Schröder, Gallas-FS 331); für den Teilnehmer einen fortgesetzten Handlung vgl. jedoch 5. **d) Bei Dauerdelikten** richtet sich der Verjährungsbeginn nach der Beseitigung des rechtswidrigen Zustandes (BGH **20**, 227); bei § 99 nach dem endgültigen Abbruch der Beziehungen (BGH **28**, 173; NStZ **84**, 310 m. Anm. H. Wagner StV **84**, 189; LK 8). Bei

§ 78a

den **Zustandsdelikten** (41 vor § 52) läuft die Verjährung vom Ende der Handlung an, also trotz Weiterbestehens des Zustandes (RG **37**, 79; LK 7).

8 **e) Bei echten Unterlassungsdelikten** beginnt die Verjährung, sobald die Pflicht zum Handeln fortfällt (RG **65**, 362; Stuttgart VRS **33**, 273; Hamm GA **68**, 377); das ist, wenn die Handlung fristgebunden ist (zB § 64 I GmbHG), nicht schon bei Fristablauf der Fall, wohl aber bei Beendigung der Unterlassungstat (Düsseldorf MDR **85**, 342) im Falle des § 84 I GmbHG mit der Stellung des Konkursantrages (BGH **28**, 379), im Fall des § 266a nicht schon mit dem Zeitpunkt, zu dem die Beiträge zu entrichten wären, sondern erst mit dem Erlöschen der Beitragspflicht, sei es durch Beitragsentrichtung, sei es durch Wegfall des Beitragschuldners (wistra **92**, 23). Bei den **unechten** Unterlassungsdelikten beginnt die Verjährung wie bei Erfolgsdelikten (oben 3) mit dem Eintritt des Erfolges (LK 9), da das Verhalten vorher die Bedeutung einer Straftat noch nicht erlangt hat. Dies gilt entgegen der Rspr. zu § 67 IV aF, die insoweit überholt ist, bei unbewußt fahrlässigem Verhalten selbst dann, wenn die Erfolgsabwendung vom Täter (zB weil er seine Pflicht wegen großen Zeitablaufs nicht mehr im Gedächtnis hat, vgl. BGH **11**, 121; Bruns NJW **58**, 1257) billigerweise nicht mehr erwartet werden darf. Der Gesetzgeber wollte hier Einstellung des Verfahrens zulas-
9 sen (Ndschr. **12**, 515). **f) Für Presseinhaltsdelikte** vgl. 8 zu § 78; für die
10 berufsgerichtliche Verfolgung 10 zu § 78. **g) Bei Tateinheit** läuft für jedes Delikt die dafür vorgesehene Verjährungsfrist (OGHSt. **1**, 205; MDR/D **56**, 526; **76**, 15; wistra **82**, 188; **90**, 150; NJW **87**, 3144; **91**, 1309; StV **89**, 478; **90**, 405; 21. 2. 1991, 4 StR 50/91; 10. 7. 1991, 2 StR 242/91; 21. 2. 1992, 2 StR
11 620/91; Bay JR **58**, 468; LK-Jähnke 3 zu § 78). **h) Bei Jugendlichen** richtet sich die Verjährung nach den Vorschriften des allgemeinen Rechts (§ 4 JGG).

12 **B. Mit dem Tage** beginnt der Lauf der Frist, an dem der tatbestandsmäßige Erfolg beendet ist, oder mit dem Tage der Beendigung der Tat, wenn dieser später liegt. Er ist der erste Tag der Frist, der letzte dagegen der ihm im Kalenderjahr vorangehende (Karlsruhe VRS **57**, 115). Eine Frist von x Jahren endet also, wenn die Tat an einem 1. 4. beendet wurde, mit dem 31. 3. (Bay MDR **59**, 325; LK 7 zu § 78). Ob der letzte Tag auf einen Sonn- oder Feiertag fällt, ist anders als bei § 77b I S. 2 ohne Bedeutung (RG GA Bd. **71**, 44). Steht die Tatzeit nicht fest, so gilt *in dubio pro reo* (BGH **18**, 274 [mit Anm. Dreher MDR **63**, 857]; Stuttgart DAR **64**, 46; vgl. Montenbruck, In dubio pro reo, 1985, 17, 174).

Ruhen

78 b ^I **Die Verjährung ruht, solange nach dem Gesetz die Verfolgung nicht begonnen oder nicht fortgesetzt werden kann. Dies gilt nicht, wenn die Tat nur deshalb nicht verfolgt werden kann, weil Antrag, Ermächtigung oder Strafverlangen fehlen.**

^{II} **Steht der Verfolgung entgegen, daß der Täter Mitglied des Bundestages oder eines Gesetzgebungsorgans eines Landes ist, so beginnt die Verjährung erst mit Ablauf des Tages zu ruhen, an dem**

1. die Staatsanwaltschaft oder eine Behörde oder ein Beamter des Polizeidienstes von der Tat und der Person des Täters Kenntnis erlangt oder

Verfolgungsverjährung   **§ 78b**

2. eine Strafanzeige oder ein Strafantrag gegen den Täter angebracht wird (§ 158 der Strafprozeßordnung).

III Ist vor Ablauf der Verjährungsfrist ein Urteil des ersten Rechtszuges ergangen, so läuft die Verjährungsfrist nicht vor dem Zeitpunkt ab, in dem das Verfahren rechtskräftig abgeschlossen ist.

1) Die Vorschrift übernimmt in I und III fast wörtlich § 129 E 1962 (Begr. **1** 259; Ndschr **2**, 342; 360, **4**, 381; **12**, 292), während II durch das 2. StRG (Ber. BT-Drs. V/4095, 44; Prot. V/2079, 2127, 2181, 2365, 3119) hinzugefügt ist (vgl. auch 2 vor § 78). I regelt das eigentliche Ruhen, II normiert eine Ausnahme vom Prinzip des Ruhens, während III einen bedenklichen (11) Fall von Verjährungshemmung enthält. Art. 6 des Gesetzes zur Entlastung der Rechtspflege sieht nach dem Gesetzesbeschluß vom 27. 11. 1992 (BT-Drs. 837/92) die Einfügung des folgenden Abs. 4 vor:

Droht das Gesetz strafschärfend für besonders schwere Fälle Freiheitsstrafe von mehr als fünf Jahren an und ist das Hauptverfahren vor dem Landgericht eröffnet worden, so ruht die Verjährung in den Fällen des § 78 Abs. 3 Nr. 4 ab Eröffnung des Hauptverfahrens, höchstens jedoch für einen Zeitraum von fünf Jahren; Absatz 3 bleibt unberührt.

2) Das Ruhen der Verjährung **(I)** hemmt deren Beginn oder Weiterlauf; **2** gewinnt aber (anders als § 78c, dort 2) keine Bedeutung für den bereits abgelaufenen Teil der Frist; diese läuft vielmehr nach dem Aufhören des Ruhens weiter, so daß der absolute Verjährungszeitpunkt (§ 78c III S. 2) nur hinausgeschoben wird. Bedeutungslos für das Ruhen ist es grundsätzlich, ob die Strafverfolgung schon deshalb nicht begonnen oder fortgesetzt werden kann, weil die Straftat der StA noch unbekannt ist (BGH **18**, 368; NJW **62**, 2308); das gilt jedoch nicht im Fall der Immunität (unten 10). Stehen mehrere Täter in Frage, so beurteilt sich das Ruhen nach I, II für sie erscheiden; es tritt nur bei den Tätern ein, bei denen die Voraussetzungen von I oder II vorliegen (RG **59**, 200).

3) Solange nach dem Gesetz (dh einem der BRep.) die Verfolgung mit **3** dem Ziel der Bestrafung oder Anordnung einer Maßnahme **nicht** so **begonnen oder fortgesetzt** werden kann, daß eine Unterbrechung nach § 78c möglich ist, ruht die Verjährung **(I S. 1).** *Alle* Verfolgungshandlungen, nicht nur einzelne, müssen durch das Gesetz so ausgeschlossen sein (wie zB bei Exterritorialen, §§ 18, 19, 20 GVG), daß eine wirksame Unterbrechungshandlung nach § 78c unmöglich ist. I S. 1 greift also bei nur tatsächlichen Hindernissen nicht ein, zB bei Abwesenheit (vgl. § 78c I Nr. 10, 12), auch nicht, wenn rechtliche Hindernisse hinzutreten wie bei Verhandlungsunfähigkeit des Angeschuldigten (vgl. § 78c I Nr. 11; RG **52**, 37). Auch dessen Todeserklärung führt nicht zum Ruhen (Reissfelder NJW **64**, 1891), ebensowenig ein rechtskräftiges freisprechendes Urteil, da die Wiederaufnahme zu ungunsten des Täters vorbereitet werden kann (Nürnberg NStZ **88**, 556; aM SK-Rudolphi 8). Ausdrücklich normiert ist das Ruhen in §§ **153a III, 154e III StPO** für die dort genannten Fälle (vgl. 19 zu § 164). Auch während der Aussetzung nach § 396 AO kann die Verfolgung nicht nach III S. 2 ruhen (§ 369 II iVm § 396 III AO; Karlsruhe NStZ **85**, 228 [hierzu Schlüchter JR **85**, 360; Isensee NJW **85**, 1010] u. MDR **90**, 654; Bay NStZ **90**, 280 [hierzu Grezesch wistra **90**, 289]; Meine wistra **86**, 58 mwN; aM Franzen/Gast/Samson 26 zu § 396 AO). Ein **gesetzliches Hindernis iS von I S. 1** liegt vor, **A.** wenn der Beginn oder die Fortsetzung **4**

§ 78 b

des Strafverfahrens **von einer Vorfrage** abhängt, die in einem anderen Verfahren zu entscheiden ist (RG **10**, 385); die Vorentscheidung in dem anderen Verfahren muß allerdings eine unbedingte Notwendigkeit für das Strafverfahren sein (BGH **24**, 6; LK-Jähnke 10). Es kann ein gerichtliches oder ein Verwaltungsverfahren sein (vgl. Schmid JR **78**, 10), doch nur vor inländischen Gerichten oder Behörden (RG **40**, 402). Mit dem Ende des Vorverfahrens beginnt die Verjährung wieder zu laufen. Ein solcher Fall ist in § 238 II gegeben. § 78 b gilt nicht für Fälle, in denen der Richter nur aus Zweckmäßigkeitsgründen den Verlauf eines anderen Prozesses gemäß § 262 II StPO abwartet, ohne an dessen Ergebnis gebunden zu sein (RG GA Bd. **40**, 328). Hingegen ruht die Verjährung in der Zeit, in der wegen des auslieferungsrechtlichen Grundsatzes der Spezialität das Verfahren nicht fortgeführt werden kann (BGH **29**, 96), ferner während das Verfahren nach Art. 100 GG ausgesetzt ist (Schleswig NJW **62**, 1580; Düsseldorf NJW **68**, 117; str.; dazu neigend auch BGH **24**, 6; aM AG Krefeld MDR **62**, 839; vgl. auch BVerfGE **7**, 36; Celle VRS **25**, 32; Hans MDR **63**, 8); anders, wenn ohne Vorlage an das BVerfG ausgesetzt wird, weil dort bereits ein Verfahren schwebt (BGH **24**, 6; Köln NJW **61**, 2269); es ist allerdings anzunehmen, daß in diesem Fall I S. 1 eingreift. Die Verjährung ruht auch bei einer Vorlage nach Art. 126 GG (Hamm GA **69**, 63). Die Erhebung einer Verfassungsbeschwerde bewirkt dagegen kein Ruhen
5 (Düsseldorf NJW **68**, 117); **B. wenn die Verwarnung mit Strafvorbehalt** rechtskräftig ausgesprochen ist. Vollstreckungsverjährung kann dann noch nicht einsetzen, wenn die Geldstrafe vorbehalten ist. Doch kann die Verfolgung bis zur Entscheidung nach § 59 b nicht fortgesetzt werden, so daß die Verjährung bis dahin ruht (LK 9). Ist neben der Verwarnung eine Maßnahme nach § 59 I S. 3 angeordnet, so tritt mit deren Rechtskraft Vollstrek-
6 kungsverjährung ein (6 zu § 79); **C.** in den Fällen der **Immunität** (RiStBV 191, 192) der Mitglieder des BTags nach Art. 46 II und 49 GG (der die Immunität für gewisse Abgeordnete auf die Zeit zwischen zwei Wahlperioden ausdehnt) und LTagsAbgeordneten (§ 152a StPO) nach den Landesverfassungen. Diese Vorschriften (vgl. Bremen NJW **66**, 743; Oldenburg NJW **66**, 1764, beide auch zum Begriff der „Festnahme" in Art. 46 II GG und insoweit problematisch) gelten in erster Linie für noch einzuleitende Strafverfahren (LK 5). Durch die Grundsätze in Immunitätsangelegenheiten vom 26. 3. 1969 (BT-Drs. V/4112) iVm RdSchrBMI v. 8. 5. 1970 (1 zu § 36) sowie zB für Bayern Bek. v. 15. 3. 1974 (JMBl. 35, 37) ist das Verfolgungshindernis allerdings stark aufgelockert. Bei Beginn der Wahlperiode schwebende Strafverfahren gegen einen Täter, der Abgeordneter wird, sind von Amts wegen auszusetzen (aaO Nr. 16; vgl. Prot. V/2181). Für den Bundespräsidenten gelten die Vorschriften für Abgeordnete entsprechend (Art. 60 IV GG).

7   **D. Bei Straftaten in der natsoz. Zeit** (ab 30. 1. 1933), die damals aus politischen Gründen nicht verfolgt wurden, hat die Verjährung in jener Zeit geruht. (Näheres hierzu 41. Aufl.). **F.** Zur Frage des Ruhens der Verjährung in den Fällen sog. **DDR-Alttaten** vgl. 54 ff. vor § 3.

8   **E. Nach Ende des 2. Weltkrieges** ruhte die Verjährung während der Zeit, in der auf Grund von besatzungsrechtlichen Vorschriften die deutschen Gerichte geschlossen waren oder ihnen die Gerichtsbarkeit entzogen war, BGH **1**, 89; **2**,

Verfolgungsverjährung § 78 b

54 (BVerfGE **25**, 282 nimmt an, daß die Besatzungsgerichte damals treuhänderisch für die deutschen Gerichte Strafverfolgung iS von I S. 1 ausgeübt haben).Vgl. im übrigen 41. Aufl. F. Zur Frage des Ruhens der Verjährung in den Fällen sog. **DDR-Alttaten** vgl. 54 ff. vor § 3.

4) Nach I S. 2 ruht die Verjährung **nicht,** wenn ein Prozeßhindernis nur 9 deshalb gegeben ist, weil es an dem für die Verfolgung erforderlichen **Antrag,** der **Ermächtigung** oder dem **Strafverlangen** fehlt (§§ 77 ff., 77 e). Trotz dieses Hindernisses läuft die Verjährung.

5) Nach II gilt der Grundsatz, daß das Ruhen des Verfahrens davon 10 unabhängig ist, ob die Strafverfolgungsbehörde **Kenntnis von der Tat** hat (oben 2), nicht für BTagsabgeordnete und Mitglieder von Gesetzgebungsorganen der Länder (2 zu § 36), weil der Zweck der Immunität, die ungestörte Tätigkeit des Parlaments zu sichern, erst beim Bekanntwerden einer Tat aktuell wird (Ber. 44). Um Abgeordnete nicht zu benachteiligen, bestimmt II, daß das Ruhen erst beginnt (dh also, daß bis dahin die Verjährungsfrist läuft) mit Ablauf des Tages (11 zu § 78 a), an dem entweder **(Nr. 1)** die StA, eine Polizeibehörde (Ber. 44; RG **67**, 128 zu § 158 StPO) oder ein Polizeibeamter (§ 158 StPO) von der Tat und der Person des Täters (4, 5 zu § 77 b) Kenntnis erhält oder **(Nr. 2)** eine Anzeige oder ein Strafantrag bei den in § 158 StPO genannten Stellen eingebracht wird. Fehlt die Form nach § 158 II StPO, kommt Nr. 1 in Betracht. Daß der Täter Abgeordneter ist, braucht im Zeitpunkt von Nr. 1 oder 2 noch nicht bekannt zu sein. Kenntnisnahme durch ein Gericht reicht, wenn Nr. 2 nicht gegeben ist, nicht aus. II muß analog auch für den BPräsidenten gelten, SK-Rudolphi 5. II Nr. 1 ist mit dem GG vereinbar, BVerfGE **50**, 42.

6) Nach III wird die Verjährung **gehemmt,** wenn vor Fristablauf ein 11 **erstinstanzliches** Urteil (auch ein sachlich unrichtiges, zB ein im Rechtsmittelverfahren aufgehobenes Einstellungsurteil, BGH **32**, 210) ergangen ist **(Ablaufhemmung).** Dann läuft die Verjährungsfrist nicht vor dem **rechtskräftigen Abschluß** des Verfahrens, der in den Fällen der §§ 53, 55 erst mit Rechtskraft des Ausspruchs über die Gesamtstrafe erreicht ist (BGH **30**, 234), ab, und zwar selbst dann, wenn die Frist nach § 78 c III S. 2 verstrichen wäre (§ 78 c III S. 3; E 1962, 260; Düsseldorf wistra **92**, 108 m. Anm. Ulsenheimer u. Stree JR **93**, Heft 2). III soll den Eintritt der Verjährung während eines noch schwebenden Verfahrens vermeiden und den Anreiz zu Verfahrensverzögerungen nehmen, E 1962, 259. Ein noch nicht rechtskräftiges Urteil 1. Instanz (auch im Privatklageverfahren oder im Sicherungsverfahren nach §§ 413 ff. StPO) muß verkündet sein, gleichgültig, ob es auf Verurteilung, Einstellung oder Freispruch lautet und ob es rechtlich fehlerhaft ist; ein nichtiges Urteil, ein Strafbefehl oder ein Beschluß nach § 441 II StPO reichen nicht aus (vgl. § 78 c I Nr. 9; ferner zu § 32 II OWiG: BGH **34**, 79). Die Folge ist, daß eine sonst nach dem Urteil eingetretene Verjährung bis zum rechtskräftigen Verfahrensabschluß hinsichtlich desjenigen, gegen den sich das Urteil richtet, gehemmt wird, und zwar auch dann, wenn die Übersendung der Akten an das Revisionsgericht (§ 347 II StPO) versehentlich über Jahre unterbleibt, oder sich das Rechtsmittelverfahren sonst aus Gründen verzögert, die der Angeklagte nicht zu vertreten hat. Mit der Rechtskraft des Strafausspruchs oder Freispruchs

699

§ 78 b

endet ohnehin die Verfolgungsverjährung und die Vollstreckungsverjährung tritt an ihre Stelle (BGH **20**, 198). Doch läuft die Verfolgungsverjährung noch, solange die Entscheidung über die Strafaussetzung zur Bewährung noch aussteht (BGH **11**, 394). Denn es entscheidet nicht die Rechtskraft des Schuldspruches, sondern die des Strafausspruches (Bremen NJW **56**, 1348; Hamm VRS **33**, 191; LK 8 zu § 78). Wird das Urteil durch **Wiederaufnahme** des Verfahrens hinfällig, so beginnt mit der Rechtskraft des Beschlusses nach § 370 II StPO keine *neue* Verfolgungsverjährung (SchSch-Stree 15 zu § 78 a; SK 7 vor § 78; Lackner 7 zu § 78; KK-Meyer-Goßner 19 zu § 370 StPO; Nürnberg NStZ **88**, 555; **aM** RG **76**, 48; MDR/D **73**, 191; Hamburg VRS **29**, 359; Bay JR **54**, 150; LK 11 zu § 78; Frankfurt MDR **78**, 513; Köln DAR **79**, 344; Stuttgart MDR **86**, 608; Düsseldorf NJW **88**, 2251 m. krit. Anm. Lenzen JR **88**, 520; LR-Gössel 3 zu § 362 StPO u. 39 zu § 370 StPO u. NStZ **88**, 537 unter Verkennung des Inkrafttretenszeitpunkts für die neue Rechtslage und des Grundgedankens der Verjährung). Hat das Verfahren rechtskräftig mit Freispruch oder Einstellung geendet und kommt es später zu einem Wiederaufnahmeverfahren zuungunsten des Angeklagten, so ist die Verjährungsfrist so zu bemessen, als ob keine Hemmung durch III eingetreten wäre (Nürnberg NStE Nr. 1). Entsprechendes gilt, wenn ein einstellendes Urteil die Strafklage nicht verbrauchte (vgl. BGH **18**, 5), zB weil durch Fehler im Anklagesatz oder im Eröffnungsbeschluß ein Verfahrenshindernis entstand (vgl. GA **73**, 111; BGH **10**, 278). Um ein Ruhen iS von I (oben 3 ff.) handelt es sich nach alledem bei III nicht, sondern um eine bloße Hemmung des Verjährungseintritts (so auch E 1962, 259, 260; Düsseldorf wistra **92**, 108 m. Anm. Ulsenheimer u. Stree JR **93**, Heft 2; LK 13; Jescheck § 86 I 6; aM M-Zipf § 75, 35).

Unterbrechung   RiStBV 22

78 c
¹ **Die Verjährung wird unterbrochen durch**
1. **die erste Vernehmung des Beschuldigten, die Bekanntgabe, daß gegen ihn das Ermittlungsverfahren eingeleitet ist, oder die Anordnung dieser Vernehmung oder Bekanntgabe,**
2. **jede richterliche Vernehmung des Beschuldigten oder deren Anordnung,**
3. **jede Beauftragung eines Sachverständigen durch den Richter oder Staatsanwalt, wenn vorher der Beschuldigte vernommen oder ihm die Einleitung des Ermittlungsverfahrens bekanntgegeben worden ist,**
4. **jede richterliche Beschlagnahme- oder Durchsuchungsanordnung und richterliche Entscheidungen, welche diese aufrechterhalten,**
5. **den Haftbefehl, den Unterbringungsbefehl, den Vorführungsbefehl und richterliche Entscheidungen, welche diese aufrechterhalten,**
6. **die Erhebung der öffentlichen Klage,**
7. **die Eröffnung des Hauptverfahrens,**
8. **jede Anberaumung einer Hauptverhandlung,**
9. **den Strafbefehl oder eine andere dem Urteil entsprechende Entscheidung,**

Verfolgungsverjährung § 78 c

10. die vorläufige gerichtliche Einstellung des Verfahrens wegen Abwesenheit des Angeschuldigten sowie jede Anordnung des Richters oder Staatsanwalts, die nach einer solchen Einstellung des Verfahrens oder im Verfahren gegen Abwesende zur Ermittlung des Aufenthalts des Angeschuldigten oder zur Sicherung von Beweisen ergeht,
11. die vorläufige gerichtliche Einstellung des Verfahrens wegen Verhandlungsunfähigkeit des Angeschuldigten sowie jede Anordnung des Richters oder Staatsanwalts, die nach einer solchen Einstellung des Verfahrens zur Überprüfung der Verhandlungsfähigkeit des Angeschuldigten ergeht, oder
12. jedes richterliche Ersuchen, eine Untersuchungshandlung im Ausland vorzunehmen.

Im Sicherungsverfahren und im selbständigen Verfahren wird die Verjährung durch die dem Satz 1 entsprechenden Handlungen zur Durchführung des Sicherungsverfahrens oder des selbständigen Verfahrens unterbrochen.

II Die Verjährung ist bei einer schriftlichen Anordnung oder Entscheidung in dem Zeitpunkt unterbrochen, in dem die Anordnung oder Entscheidung unterzeichnet wird. Ist das Schriftstück nicht alsbald nach der Unterzeichnung in den Geschäftsgang gelangt, so ist der Zeitpunkt maßgebend, in dem es tatsächlich in den Geschäftsgang gegeben worden ist.

III Nach jeder Unterbrechung beginnt die Verjährung von neuem. Die Verfolgung ist jedoch spätestens verjährt, wenn seit dem in § 78a bezeichneten Zeitpunkt das Doppelte der gesetzlichen Verjährungsfrist und, wenn die Verjährungsfrist nach besonderen Gesetzen kürzer ist als drei Jahre, mindestens drei Jahre verstrichen sind. § 78b bleibt unberührt.

IV Die Unterbrechung wirkt nur gegenüber demjenigen, auf den sich die Handlung bezieht.

V Wird ein Gesetz, das bei der Beendigung der Tat gilt, vor der Entscheidung geändert und verkürzt sich hierdurch die Frist der Verjährung, so bleiben Unterbrechungshandlungen die vor dem Inkrafttreten des neuen Rechts vorgenommen worden sind, wirksam, auch wenn im Zeitpunkt der Unterbrechung die Verfolgung nach dem neuen Recht bereits verjährt gewesen wäre.

1) Die Vorschrift geht auf § 130 E 1962 zurück (Begr. 258, 159; Ndschr. **2,** 1 342, 360; **4,** 381; **12,** 292), ist dann aber erst durch das 2. StrRG (Ber. BT-Drs. V/4095, 44; Prot. V/2080, 2110, 3190, 3227), das EGStGB (E EGStGB 215; Ber. BT-Drs. 7/1261 = Ber. II, 9; Prot. 7/181) und das 2. WiKG (2 vor § 263; unten 16) geändert worden.

2) Unterbrechung der Verjährung bedeutet im Gegensatz zum bloßen 2 Ruhen (2 zu § 78b) die Beseitigung des schon abgelaufenen Teils einer noch laufenden Verjährungsfrist durch bestimmte Prozeßhandlungen (I Nr. 1 bis 12) mit der Wirkung, daß die Frist von neuem voll zu laufen beginnt (**III S. 1**), und zwar mit dem Beginn des Tages der Unterbrechung, so daß dieser schon ein Tag der neuen Verjährungsfrist ist (vgl. RG **65,** 290). Wurde zB eine Frist von x Jahren an einem 10. 1. unterbrochen, so endet sie mit Ablauf des 9. 1. des betreffenden Jahres (vgl. Bay MDR **59,**

§ 78 c

325). Da es idR eine Unterbrechungshandlung geben und es dann auch im Fall von § 78 III Nr. 5 innerhalb von 3 Jahren zu einem Urteil 1. Instanz kommen wird, dann § 78 b III gilt, hat § 78 c vor allem für Taten mit kurzer Verjährungsfrist (7 ff. zu § 78) Bedeutung. Da die Folgen weitreichend sind, ist § 78 c *eng auszulegen* (BGH **4**, 135; **18**, 278; **26**, 83; **28**, 381). Die Verjährungsfrist kann an sich beliebig oft unterbrochen werden (vgl. RG **23**, 184); doch setzt **III S. 2** der durch die Unterbrechung eintretenden Fristverlängerung im Interesse des Grundgedankens der Verjährung (E 1962, 260) eine absolute Grenze. Sie beträgt, gerechnet vom Beginn des Fristenlaufs nach § 78 a (dort 11) an das Doppelte der durch § 78 III bestimmten Frist, also zB 6 Jahre im Fall von § 78 III Nr. 5; jedoch beträgt sie, wenn nach besonderen Gesetzen die Verjährungsfrist kürzer ist als 3 Jahre (8, 9 zu § 78) und deren Verdoppelung 3 Jahre nicht erreicht, 3 Jahre, sonst ebenfalls das Doppelte. Die insoweit vorgeschlagene Änderung (E BRat-Drs. 93/87, identisch mit dem früheren E BRat-Drs. 47/82 u. 168/83. Vgl. dazu BT-Drs. 9/1696; BT-Drs. 10/272; 10/119; 10/318; PlenProt. 10/25, 1665; BT-Drs. 11/389) hat der BTag abgelehnt (BT-Drs. 11/6352; BR-Drs. 133/90). **§ 78 b bleibt** dabei **unberührt (III S. 3**; ebenso die in 3 aE zu § 78 b genannten anderen Ruhensregelungen); dh, daß die Zeit des Ruhens nach § 78 b I in die absolute Frist nicht eingerechnet wird, und daß die Ablaufshemmung nach § 78 b III auch gegenüber der verlängerten Frist vorgeht (E 1962, 260), so daß nach einem Urteil 1. Instanz die Verjährung trotz Ablaufs der doppelten Frist nicht eintritt (vgl. Bay NStZ **90**, 280, hierzu Grezesch wistra **90**, 289). Fallen dem Täter mehrere Taten zu Last, so berechnet sich auch hier (vgl. 6 zu § 78) die doppelte Frist unter Heranziehung von § 78 III für jede Tat gesondert, und zwar auch im Fall von Tateinheit (Prot. 7/181); hingegen verjährt eine Ordnungswidrigkeit nicht früher als eine tateinheitlich mit ihr zusammentreffende Straftat, wenn bereits ein Gerichtsverfahren deswegen anhängig ist (§ 33 III S. 3 OWiG).

3 3) **Nach IV** wirkt die Unterbrechung nur gegenüber demjenigen, auf
4 den sich die Unterbrechungshandlung nach I bezieht. Daraus folgt **A.** zunächst, daß sich die Handlung von Anbeginn an auf eine **bestimmte Person** beziehen muß, nämlich auf den bereits bekannten Tatverdächtigen (vgl. BGH **9**, 199). Über die persönliche Reichweite der Maßnahme darf aber kein Zweifel herrschen (LK 7), was sich bei I Nr. 1, 2, 5 bis 11 schon aus der Natur der Sache ergibt; die Person muß einer Straftat als Täter oder Teilnehmer (auch wegen Versuchs oder strafbarer Vorbereitung) verdächtig sein. Verfolgung gegen „Unbekannt" genügt nicht (RG **11**, 364); sondern nur eine solche gegen einen bestimmten Tatverdächtigen (BGH **2**, 55); der zwar nicht namentlich bekannt, aber doch individuell bestimmt sein muß, bevor die Maßnahme angeordnet wird. Es genügt, daß er sich aus den Akten ergibt (GA **61**, 239; BGH **24**, 323; wistra **91**, 217), zB aus Merkmalen, die ihn individuell bestimmen und in seiner Person liegen. Eine unleserliche Unterschrift auf Urkunden hat nicht die von IV geforderte konkretisierende Wirkung, wenn offen bleibt, welche Person als Tatverdächtiger in Betracht kommt (aM Karlsruhe NStZ **87**, 331). Verfolgungshandlungen, die sich zunächst nur gegen eine juristische Person richten, wirken nicht automatisch unterbrechend für deren Organ (Karlsruhe JR **87**, 436 mwN m. Anm. Franzheim), soweit es sich nicht um einen Einzel-

kaufmann handelt. Der Tatverdächtige darf nicht erst durch die richterliche Handlung ermittelt werden (BGH **24**, 323; 1. 9. 1977, 4 StR 382/77; vgl. Heuer wistra **87**, 170).

B. daß bei **mehreren Verdächtigen,** sei es nebeneinander, sei es als Tatbeteiligten (vgl. RG **41**, 17), die nur gegen den einen gerichtete Unterbrechungshandlung nicht auch gegen den anderen wirkt (LG Köln StV **90**, 553), und zwar selbst dann nicht, wenn die Unterbrechungshandlung zugleich auch der Sachverhaltsaufklärung in Richtung gegen den anderen dienen soll (Bay MDR **79**, 604 L, Karlsruhe JR **87**, 434 [m. Anm. Franzheim], jew. zu § 33 OWiG; Karlsruhe Die Justiz **83**, 130; LK 7; aM SchSch-Stree 25; SK-Rudolphi 6; zum Ganzen Heuer, wistra **87**, 170; Teske wistra **88**, 287). Ist zw., ob sich die Unterbrechungshandlung auch auf einen anderen bezieht, so gilt *in dubio pro reo* (Hamburg MDR **65**, 290). **C.** daß die Unterbrechungshandlung auch eine **bestimmte Tat** betreffen muß; denn eine Verjährungsfrist gegenüber einem bestimmten Täter kann sich nur auf eine bestimmte Tat beziehen. Allerdings ist insoweit, wie der Katalog in I zeigt, Tat iS des § 264 StPO als der geschichtliche Gesamtvorgang iS eines konkreten Vorkommnisses (10. 9. 1982, 3 StR 280/82) zu verstehen, so daß die rechtliche Qualifizierung oder ein tateinheitliches Zusammentreffen mehrerer Delikte mit unterschiedlichen Verjährungsfristen (wistra **90**, 148) für die Unterbrechung unerheblich ist (MDR/D **56**, 395; VRS **30**, 342; BGH **22**, 105; MDR/H **84**, 796; NStZ **85**, 546; Bay NJW **64**, 1813; Hamm NJW **67**, 1433; NJW **81**, 2425; Saarbrücken NJW **74**, 1010; LK 15); doch muß die Tat hinreichend bestimmt (RG **30**, 301) und bereits Gegenstand des betreffenden Verfahrens gewesen sein (7. 1. 1983, 2 StR 649/82), sie braucht jedoch nicht in allen Einzelheiten festzustehen (MDR/H **81**, 453); bei einer Vielzahl von Veruntreuungen von Mandantengeldern oder betrügerischen Abrechnungen genügt eine zusammenfassende Kennzeichnung (BGH **30**, 217; wistra **92**, 254). Bei fortgesetzten Taten wirkt die Unterbrechung auch für die noch unbekannten Einzelfälle (RG **59**, 29); bei Verfahren wegen mehrerer Delikte idR für alle, es sei denn, daß die Handlung erkennbar nur eine der Taten betraf, weil die andere erst später in die Untersuchung einbezogen worden war (NStZ **90**, 436), oder daß vorher eine Trennung stattfand (MDR/D **56**, 395; **70**, 897; 25. 10. 1979, 4 StR 216/ 79). Auch bei Tateinheit kommt es darauf an, welchen geschichtlichen Vorgang die prozessuale Handlung betrifft; ob dabei alle Gesetzesverletzungen berücksichtigt werden, ist ohne Bedeutung (BGH **22**, 105; Hamm NJW **67**, 1433; OLGSt. 73 zu § 68 aF), so daß auch nach § 154 a I oder II StPO vorläufig ausgeschiedene Gesetzesverletzungen erfaßt werden und ggf wieder einzubeziehen sind, wenn ohne sie die Verjährung nicht beurteilt werden kann (BGH **29**, 315; vgl. auch Schleswig SchlHA **66**, 140); anders bei einer Tat, die schon verjährt ist, sowie bei Tatmehrheit (RG **15**, 109), jedoch haben Ermittlungen von Finanzbehörden hinsichtlich tatmehrheitlich oder tateinheitlich begangenen allgemeinen Straftaten keine verjährungsunterbrechende Wirkung (Frankfurt wistra **87**, 32; Reiche wistra **88**, 330; SK 5).

4) Einen Abschlußkatalog der Unterbrechungshandlungen (BGH **25**, 8) enthält **I S. 1**: Analogie zuungunsten des Täters ist verboten, da es sich auch um materielles Recht handelt (4 vor § 78; 10 zu § 1; mindestens gilt dort

§ 78c

AT Fünfter Abschnitt. Erster Titel

11 ff.). § 78 c bezieht sich nur auf den innerdeutschen Rechtszustand (I Nr. 12), dh auf Handlungen **deutscher Verfolgungsbehörden** (vgl. BGH **1**, 326; München GA **83**, 89 m. Anm. Bartholy). Das **Auslieferungshindernis** der Verjährung wird bei konkurrierender Gerichtsbarkeit (§ 9 Nr. 2 IRG) im Verkehr nach dem EuAlÜbk (vgl. ErgänzungsÜbk mit Österreich, BGBl. 1975 II 1163; 1976 II 1798, den Niederlanden, BGBl. 1981 II 1153 f., 1983 II 32, und der Schweiz, BGBl. 1975 II 1176) nach dem allein maßgebenden Art. 10 EuAlÜbk, und zwar unter Verzicht auf das Gegenseitigkeitserfordernis des § 5 IRG (BGH **30**, 63), auch durch § 78 c entsprechende Handlungen der Strafverfolgungsbehörden des **ersuchenden** Staates ausgeräumt (BGH **33**, 26 m. Anm. Vogler JR **85**, 304). Art. IV des erwähnten Übk. mit der Schweiz kann nicht dahin ausgelegt werden, daß entgegen Art. 10 EuAlÜbk eine nur nach dem Recht des ersuchten Staates eingetretene Vollstreckungsverjährung der Auslieferung nicht entgegensteht (BGH **35**, 67 m. krit. Anm. J. Meyer NStZ **88**, 279). Ob die Handlung dazu bestimmt und geeignet ist, den Fortgang des Strafverfahrens gegen den Täter zu fördern, ist für den aus Gründen der Klarheit formalisierten Katalog ohne Bedeutung (Bay **76**, 30; LK 11; a**M** SK 7; wohl auch BGH **25**, 8); eine Vernehmung des Beschuldigten oder ein Ermittlungsersuchen nach Nr. 12 unterbricht auch dann, wenn das Ziel ist, den Haftbefehl aufheben zu können. Ob die Handlung nur der Unterbrechung dienen soll, ist nicht zu prüfen (Göhler, 3 zu § 33 OWiG). Die Prozeßhandlung unterbricht auch dann, wenn sie später rückgängig gemacht wird, so zB die nach **II** wirksame Anordnung einer richterlichen Beschuldigtenvernehmung wieder aufgehoben (RG **30**, 309; Stuttgart NJW **68**, 1340; Bremen StV **90**, 25; Frenkel NJW **61**, 1295; zur Widerruflichkeit von Prozeßhandlungen Kleinknecht/Meyer Einl. 112 ff.) oder die Anklage zurückgenommen wird (24. 11. 1977, 4 StR 459/77; vgl. hierzu Beulke JR **86**, 53; LK 10). Über die Form der einzelnen Handlung, insbesondere darüber, ob Schriftform vorgeschrieben ist (dazu II) oder nicht, entscheidet grundsätzlich das Prozeßrecht (dazu Kleinknecht/Meyer Einl. 120 ff.). Eine richterliche Paraphe genügt (Koblenz JR **81**, 42 m. Anm. Göhler). Nur zulässige und wirksame Prozeßhandlungen unterbrechen (vgl. RG **32**, 247); so bei Antragsdelikten vor Stellung des Antrages ein Haftbefehl nach § 130 StPO (NJW **57**, 470; Bay NJW **61**, 1487; SchSch 3; anderseits SK 9). Die Vorschriften über die Unterbrechung der Verjährung sind eng auszulegen (BGH **26**, 83; **28**, 382). Beweiserhebungen zur Aufklärung der tatsächlichen Grundlage von Unterbrechungshandlungen sind zulässig (BGH **30**, 219). Der Katalog nennt folgende Handlungen:

8 **Nr. 1 A. die erste Vernehmung des Beschuldigten** (§ 136 StPO), gleichgültig, ob es eine durch den Richter, den StA (§ 163 a III iVm § 136 StPO) oder die Polizei (§ 163 a IV iVm § 136 I S. 2, 3, II, III StPO) oder in Steuerstrafsachen durch die Zollfahndungsämter (BGH **36**, 285) ist und ob der Beschuldigte sich zur Sache äußert (Ber II, 9); Vernehmung ist die förmliche Gelegenheit zur Äußerung. Vernehmung ist auch an Ort und Stelle durch die Polizei (mit nachfolgender Reinschrift von Notizen, Kleinknecht/Meyer 28 zu § 163) möglich. Eine Vernehmung durch eine ausländische Behörde in einem ausländischen Verfahren genügt auch bei Zuziehung deutscher Beamter nicht (22. 7. 1980, 1 StR 804/79), ebensowenig eine Vernehmung als Zeuge oder informatorische Befragung, die nur der

Verfolgungsverjährung **§ 78c**

Klärung dient, wer als Beschuldigter in Betracht kommt (vgl. Hamm VRS **41**, 384; Bay VRS **44**, 62 zu § 29 aF OWiG, auf den sich auch ein Teil der nachstehend zit. Rspr. bezieht); es sei denn, daß sie in eine Beschuldigtenvernehmung übergeht. Auch Akten eines Disziplinargerichts reichen nicht aus (EGH München NJW **76**, 816). Von primärer Bedeutung ist sachlich **B.** die **Bekanntgabe an den Beschuldigten** durch Polizei (vgl. Hamm VRS **9** **41**, 384; Celle VRS **41**, 210), StA oder Gericht, daß gegen ihn das **Ermittlungsverfahren eingeleitet** ist; denn bei der 1. Vernehmung ist dem Beschuldigten zu eröffnen, welche Tat ihm zur Last gelegt wird (§§ 136 I S. 1, 163a IV S. 1 StPO; vgl. NJW **72**, 2006), worin zugleich die Bekanntgabe liegt; 8 ist also ohne 9 nicht möglich. Die Bekanntgabe kann auch über einen für den Beschuldigten tätigen Rechtsanwalt geschehen (26. 11. 1990, 3 StR 170/90 in BGH **37**, 245 nicht abgedruckt). Daher ist auch ohne Bedeutung, ob eine Vernehmung iS von Nr. 1 auch anzunehmen ist, wenn dem Beschuldigten nach § 163a I S. 2 StPO Gelegenheit gegeben wird, sich schriftlich zu äußern; denn die Hinweise nach §§ 136, 163a StPO müssen dann ebenfalls schriftlich gegeben werden (Kleinknecht/Meyer 11 zu § 163a), so daß auf alle Fälle 9 zutrifft. Die Versendung eines entsprechenden polizeilichen Anhörungsbogens an den Beschuldigten reicht dafür aus, unterbricht aber im Falle eines Verkehrsdelikts nur gegen den beschuldigten Fahrzeughalter, aber nicht gegen den noch unbekannten Fahrer, selbst wenn dieser den Bogen wunschgemäß erhalten und ausgefüllt zurückgesandt hat (BGH **24**, 321; dazu Göhler JR **71**, 301; krit. Kleinknecht JZ **72**, 748); eine solche Äußerung ist keine Vernehmung (BGH **24**, 325; str.). Isolierte Bekanntgabe kommt in Betracht, wenn sich der Polizeibeamte an Ort und Stelle auf die Erklärung an den Beschuldigten beschränkt, was ihm zur Last gelegt wird (vgl. Bremen NJW **70**, 720), oder nur erklärt, daß er „Anzeige" gegen ihn erstatten werde (vgl. Hamm NJW **70**, 1934); aber auch dann, wenn aus sonstigen Gründen eine Vernehmung noch nicht angezeigt erscheint. Eine Form für die Bekanntgabe ist nicht vorgeschrieben; inhaltlich muß sie deutlich machen, daß der Adressat Beschuldigter eines wegen einer bestimmten Tat (oben 6) gegen ihn eingeleiteten Ermittlungsverfahrens ist (StV **90**, 405 L), so bei einer entsprechenden Ladung zu einer Vernehmung (vgl. KG VRS **44**, 127). Ein hektographiertes Schreiben mit formelhaftem Text (Hamburg wistra **87**, 190) oder ein pauschal formuliertes Formblatt (Bay wistra **88**, 81) genügt hierfür nicht (hierzu Marx, Weyand wistra **87**, 207, 283; Teske wistra **88**, 288). Ob die Bekanntgabe den Beschuldigten erreicht, ist dann ohne Bedeutung (vgl. auch BGH **25**, 9), wenn der Bekanntgabe eine entsprechende Anordnung vorausging; denn **C.** schon die **Anordnung** der 1. Vernehmung oder der Bekanntgabe **10** der Einleitung des Ermittlungsverfahrens unterbricht die Verjährung, gleichgültig, ob sie vom Gericht, der StA oder einer Polizeidienststelle stammt und ob der Beschuldigte davon erfährt. Jedoch reicht ein allgemeiner Ermittlungsauftrag an die Polizei selbst dann nicht aus, wenn er die Vernehmung des Beschuldigten miteinschließt (Hamburg NJW **78**, 435; MDR **78**, 689; LG Düsseldorf NJW **79**, 379 L); ebensowenig eine nur mündliche (aM 10. 9. 1982, 3 StR 280/82), später zeitlich kaum fixierbare behördeninterne Anordnung. Erteilt aber die StA den Auftrag, den namentlich bekannten Beschuldigten zu einem konkreten Fall verantwortlich zu vernehmen, so hindert die Nichtausführung des Auftrags die Verjäh-

§ 78 c

rungsunterbrechung nicht (NStZ **85**, 546). Für die erforderliche schriftliche Anordnung bestimmt **II,** daß die Unterbrechungswirkung (oben 2) grundsätzlich mit der Unterzeichnung eintritt, wenn die Anordnung auch später in den Geschäftsgang gegeben wird (vgl. BGH **25**, 8; Bay NJW **70**, 1935; LK 17; es darf nicht bei einem Entwurf bleiben). Gleichgültig ist auch, wenn die Geschäftsstelle die unterbliebene Entscheidung ohne richterliche Verfügung den Verfahrensbeteiligten mitteilt (Bay **81**, 84). Der Zeitpunkt der Unterzeichnung bleibt auch maßgebend, wenn sich später nicht mehr nachweisen läßt, daß das Schriftstück **alsbald,** dh in der bei ordnungsgemäßer Abwicklung üblichen Zeit, in den Geschäftsgang kam; nur wenn positiv festgestellt wird, daß das nicht der Fall war, ist der Zeitpunkt maßgebend, in dem es tatsächlich in den Geschäftsgang gegeben worden ist (Ber.

11 II, 10), also zB zur Geschäftsstelle kam. **D. Treffen** 9 und 10 **zusammen,** so kommt es nur zu einer einzigen Unterbrechung der Verjährung (26. 10. 1977, 3 StR 384/77; vgl. Bay NJW **76**, 1760; Hamburg NJW **78**, 435 sowie zu § 29 aF OWiG Bay VRS **39**, 119; Düsseldorf VRS **40**, 56; Hamm NJW **70**, 1934; Köln OLGSt. 20); und zwar unterbricht in erster Linie die Anordnung, falls sie getroffen wurde (LK 19); fehlte eine Anordnung, so unterbricht die der Vernehmung vorausgehende Bekanntgabe; andernfalls diese mit der Vernehmung gemeinsam. Bei einem Steuerstrafverfahren bezieht sich verjährungsrechtlich die Einleitungsverfügung auf die gesamte (fortgesetzte) Tat, eine spätere Ausdehnung auf weitere Zeiträume unterbricht die Verjährung nicht erneut (AG Tiergarten StV **85**, 153 L).

12 **Nr. 2 jede richterliche Vernehmung des Beschuldigten,** dh jede zweite und weitere, falls die erste nach Nr. 1 schon eine richterliche war; so nach den §§ 115 II, 115a II, 128 I, 135, 165, 192, 233 II, aber auch (unbeschadet I Nr. 8, vgl. BGH **27**, 144 zu § 33 I Nr. 2, 11 OWiG) nach § 243 II, IV StPO (was wichtig ist, wenn die Hauptverhandlung nicht, wie in BGH **27**, 144 m. Anm. Göhler JR **78**, 125 mit einem Urteil schließt; sonst § 78b III); nach § 21 IRG, vor allem nach § 162 I StPO, und zwar auch eine wiederholte, gleichgültig, ob sie erforderlich oder zweckmäßig war (BGH **7**, 205) oder der angestrebte Zweck erreicht wurde (BGH **9**, 201; NStZ **83**, 135). Zum Begriff der Vernehmung vgl. oben zu Nr. 1. Nicht erst die Vernehmung unterbricht, sondern schon deren **Anordnung** (dazu 10, 11 zu Nr. 1), sowie eine Terminsbestimmung oder Ladungsverfügung, die auf Grund der Anordnung durch einen ersuchten Richter ergeht (BGH **27**, 110; 10. 9. 1982, 3 StR 280/82; aM Bay NJW **76**, 1760; Frankfurt NJW **76**, 1759).

13 **Nr. 3 jede Beauftragung eines Sachverständigen** durch den Richter (§ 73 StPO) oder die StA (Kleinknecht/Meyer 1, 10 zu § 73; Tröndle JZ **69**, 374; Jessnitzer 102 ff.), gleichgültig, ob sie zweckmäßig ist; aber nur (um Unterbrechungen ohne Kenntnis des Beschuldigten vom Verfahren hier zu vermeiden; vgl. Ber. BT-Drs. V/2600 zu § 21 OWiG), wenn vorher schon oben Nr. 1 (8, 9) so erfüllt ist, daß der Beschuldigte tatsächlich Kenntnis von dem Verfahren erhalten hat. Die Beauftragung kann formlos, muß aber für die Verfahrensbeteiligten erkennbar (MDR/H **78**, 986), nach Zeitpunkt und Inhalt aktenkundig sein (BGH **30**, 220) und auf ein bestimmtes Beweisthema lauten (BGH **28**, 382; **30**, 217; NStZ **84**, 215; **90**, 436). Daher genügt die Beauftragung eines in die Organisation der StA eingegliederten „Wirtschaftsreferenten" idR nicht (aM wistra **86**, 257; Zweibrücken NJW

Verfolgungsverjährung § 78 c

79, 1995; vgl. auch BGH **28**, 384). II gilt auch für die Beauftragungsanordnung, nicht erst für das später an den Sachverständigen gerichtete Auftragsschreiben (BGH **27**, 76; Bay GA **76**, 116; aM Hamm NJW **76**, 1472); es sei denn, der Sachverständige würde erst im Auftragsschreiben benannt (BGH **27**, 79); oben 3 ff. ist zu beachten.

Nr. 4 jede richterliche Beschlagnahme- oder Durchsuchungsanord- 14 nung (§§ 98, 100, 111 a I, III, 111 e; 105 StPO), also nicht Anordnungen, welche die StA oder ihre Hilfsbeamten bei Gefahr im Verzug treffen, oder bloße richterliche Auflagenbeschlüsse (LG Kaiserslautern NStZ **81**, 438 m. Anm. Lilie); ferner aber **richterliche Entscheidungen,** welche Beschlagnahme- oder Durchsuchungsanordnungen (und zwar auch nichtrichterliche; vgl. § 98 II, III StPO) aufrechterhalten (LK 28), vor allem auf Beschwerde nach §§ 304 ff. StPO (auch im Hauptverfahren nach § 305 StPO), und zwar auch dann, wenn der Verdächtige dem Namen nach nicht bekannt ist, solange wenigstens individuell bestimmbare Merkmale vorliegen (Karlsruhe NStZ **87**, 331 [zu § 33 I Nr. 4 OWiG]); das ist nicht der Fall, wenn sich die richterliche Durchsuchungsanordnung allgemein „gegen die Verantwortlichen" eines größeren Unternehmens richtet (LG Dortmund wistra **91**, 186; vgl. oben 5). II ist anzuwenden (vgl. oben 3 ff.).

Nr. 5 Haftbefehl (§ 114 StPO, § 17 IRG), **Unterbringungsbefehl 15** (§ 126a StPO), **Vorführungsbefehl** (§ 134 StPO, den nur der Richter erlassen kann, RG **56**, 234) gegen den davon Betroffenen, sowie jede **richterliche Entscheidung,** die den Befehl **aufrechterhält,** vor allem Entscheidungen nach §§ 117 ff. und 121 ff. StPO. Auch die Entscheidung nach § 116 StPO erhält inzidenter den Haftbefehl aufrecht (vgl. NJW **75**, 1523; LK 29; aM SchSch 13; SK 20); ebenso die Zusammenfassung zweier Haftbefehle (vgl. Karlsruhe NJW **74**, 510) und ein späterer Auslieferungshaftbefehl, dem stets eine erneute, uU sogar eine erweiterte Zulässigkeits- und Verhältnismäßigkeitsprüfung vorausgehen muß, ferner die Anordnung des Richters, die Fahndungsmaßnahmen zu erneuern. II gilt. Vgl. auch BT-Drs. 10/272; BTag 10/1665.

Nr. 6 die Erhebung der öffentlichen Klage (§§ 152 I, 199, 200, 212, **16** 266, 407 StPO), d. i. der Eingang der Akten mit einer den Anforderungen des § 200 StPO entsprechenden (Bremen StV **90**, 25) Anklageschrift bei Gericht (Karlsruhe VRS **57**, 115), also nicht auch einer Privatklage (Bay **77**, 125). Das 2. WiKG (2 vor § 263) hat die in Nr. 6 aF enthaltene Regelung für Unterbrechungshandlungen im Sicherungsverfahren und im selbständigen Verfahren in I S. 2 verselbständigt (unten 22a).

Nr. 7 die Eröffnung des Hauptverfahrens (§ 203 StPO), selbst wenn ein **17** kraft Gesetz ausgeschlossener Richter mitgewirkt hat (BGH **29**, 351; Schmidt MDR **81**, 972; Meyer-Goßner JR **81**, 379; LK 31); II gilt.

Nr. 8 jede Anberaumung einer Hauptverhandlung (§ 213 StPO), auch **18** im beschleunigten Verfahren (§ 212a StPO; vgl. Oldenburg GA **61**, 188) und auch nach ausgesetzter (§§ 228, 265 StPO) oder unterbrochener (§ 229 StPO; zw.; aM LK 32; SK 23) Hauptverhandlung (E EGStGB 215) oder in einem nach § 154 vorläufig eingestellten Verfahren (Celle NStZ **85**, 218 m. Anm. Schoreit; hierzu Beulke JR **86**, 50). II gilt. I Nr. 8 ist gegenüber der Vernehmungsanordnung in I Nr. 2 Spezialvorschrift, die Beschuldigten- oder Zeugenvernehmung als solche in der Hauptverhandlung unterbricht aber nach I Nr. 2 selbständig (BGH **27**, 144 zu § 33 I Nr. 2, 11 OWiG).

§ 78 c AT Fünfter Abschnitt. Erster Titel

19 Nr. 9 den **Strafbefehl** (§§ 407 ff. StPO) oder eine andere dem **Urteil entsprechende Entscheidung,** so einen Beschluß nach § 59b I, nach § 441 II iVm § 440 StPO (vgl. aber zu Nr. 6 [16]) oder nach § 70 I OWiG (Oldenburg VRS **55**, 138). Auch ein 2. Bußgeldbescheid unterbricht die Verjährung, falls der 1. aus sachlichen Gründen zurückgenommen wurde (Frankfurt MDR **79**, 605). Für das Urteil selbst gilt § 78 b III. II gilt.

20 Nr. 10 die **vorläufige gerichtliche Einstellung** des Verfahrens wegen **Abwesenheit** des Angeschuldigten (§§ 205, 282 StPO) sowie jede Anordnung des *(nicht* jedoch funktionell unzuständigen: Köln OLGSt. Nr. 2) Richters oder StA, die nach einer solchen Einstellung oder im Abwesenheitsverfahren (§§ 276 ff. StPO) zur **Aufenthaltsermittlung** oder **Beweissicherung** (§§ 205 S. 2, 285, 289 StPO) gegen einen bestimmten Täter getroffen wird; so ein Ersuchen der StA an eine andere Behörde um Aufenthaltsermittlung; jedoch nicht Maßnahmen dieser Behörde selbst (vgl. Bay VRS **42**, 305). Unter Nr. 10 fällt auch die „Erneuerung der Fahndung", wenn sich der Beschuldigte im Ausland aufhält, seine Gestellung aber, weil es um eine Steuerstraftat geht, nicht ausführbar ist (BGH **37**, 146 m. Anm. Temming NStZ **90**, 584). Auch eine vorläufige Einstellung durch die StA ist ohne Wirkung. II gilt.

21 Nr. 11 die **vorläufige gerichtliche Verfahrenseinstellung** wegen voraussichtlich vorübergehender **Verhandlungsunfähigkeit** (Kleinknecht/Meyer Einl. 97; bei dauernder Unfähigkeit endgültige Einstellung nach § 206 a StPO; vgl. Hamburg JR **62**, 268; Nürnberg MDR **68**, 516) nach § 205 StPO sowie jede dem folgende Anordnung von Gericht oder StA zur Überprüfung der Verhandlungsfähigkeit.

22 Nr. 12 jedes (deutsche) **richterliche Ersuchen,** eine **Untersuchungshandlung** (Kleinknecht/Meyer 4 zu § 162) **im Ausland** vorzunehmen, dh idR das an eine ausländische Behörde gerichtete Rechtshilfeersuchen (NStZ **86**, 313; vgl. dazu Nr. 200 RiStBV sowie die RiVASt), aber auch innerstaatliche Rechtshilfe durch eine konsularische Vertretung der BRep. im Ausland (§ 15 KonsularG; 16. 1. 1963, 2 StR 588/62). Das Ersuchen an einen anderen Staat um Übernahme der Verfolgung ist nicht auf eine Untersuchungshandlung gerichtet und fällt schon deshalb nicht unter Nr. 12 (LK 36; aM Lackner 2 m; Göhler 28 zu § 33 OWiG); auch ist dem ersuchten Staat idR vertraglich garantiert, daß er die Übernahme ablehnen kann, so daß eine Regelwirkung des III unangemessen wäre.

22 a 5) I Satz 2 (idF des 2. WiKG; vgl. 2 vor § 263; BT-Drs. 10/318, 15, 42) entspricht § 33 OWiG und enthält eine umfassende Unterbrechungsregelung für das **Sicherungsverfahren** nach § 414 StPO (das auch gegen Jugendliche und Heranwachsende zulässig ist, wenn die Maßregel nach §§ 7, 105 JGG angeordnet werden darf) und für das **selbständige Verfahren** nach den §§ 440, 442 StPO; vgl. §§ 71, 76 a. In diesen Verfahrensarten unterbrechen alle dem Satz 1 Nr. 1 bis 12 entsprechenden Handlungen, die der Durchführung dieser Verfahren dienen, die Verjährung. Dies bedeutet, daß es zB auf die Vernehmung der Person ankommt, gegen die sich die Nebenfolge richtet (oben 3 ff.). Die zu I Nr. 6 früher vertretenen Gegenmeinungen sind damit überholt (vgl. Hamm JR **71**, 383). § 76 a I ist jedoch auch anzuwenden, wenn die Ver-

Vollstreckungsverjährung **§ 79**

folgung der Straftat verjährt ist (§ 76a II Nr. 2; dort 7). Auch § 76a III ist iVm den §§ 153ff. StPO von großer Bedeutung; vgl. 11 zu § 76a.

6) Absatz V, zunächst eingefügt durch Art. 1 Nr. 3 des 4. StRG (Prot. VI/2011), bestimmt im Anschluß an die schon in Art. 94 des 1. StRG getroffene Übergangsregelung (Wulf JZ **70**, 163) mit Wirkung auch für künftiges Recht, daß bei Verkürzung der Verjährungsfrist nach Beendigung der Tat, auch während eines Strafverfahrens, durch irgendein Gesetz, sei es unmittelbar durch ausdrückliche Verkürzung, sei es mittelbar durch Umwandlung eines Verbrechens in ein Vergehen (vgl. zB § 122 III aF gegenüber § 121 nF) oder Herabsetzung der Strafdrohung (vgl. 7 zu § 2), Unterbrechungshandlungen unter der Herrschaft des alten Gesetzes, die damals fristgemäß waren, auch nach Inkrafttreten des neuen Gesetzes wirksam bleiben, selbst wenn zZ der Unterbrechung die Verfolgung nach dem neuen Recht (infolge von § 2) bereits verjährt gewesen wäre, so daß mit dem Unterbrechungstag eine neue Frist nach neuem Recht beginnt. V gilt entgegen seinem Wortlaut auch dann, wenn nach Beendigung der Tat (6 zu § 22) zZ der Unterbrechung ein neues Gesetz gilt, das dann durch ein drittes geändert wird. Für die Vollstreckungsverjährung gilt V nicht; auch nicht, wenn eine Straftat in eine Ordnungswidrigkeit verwandelt wird. Außer der permanenten Übergangsregelung in V ist noch zu beachten die spezielle

7) Übergangsregelung in Art. 309 EGStGB (Anh. 1; hierzu Brause NJW **78**, 2104 und 44. Aufl.).

23

24

Zweiter Titel. Vollstreckungsverjährung

Verjährungsfrist

79 **¹** **Eine rechtkräftig verhängte Strafe oder Maßnahme (§ 11 Abs. 1 Nr. 8) darf nach Ablauf der Verjährungsfrist nicht mehr vollstreckt werden.**

II Die Vollstreckung von Strafen wegen Völkermords (§ 220a) und von lebenslangen Freiheitsstrafen verjährt nicht.

III Die Verjährungsfrist beträgt
1. **fünfundzwanzig Jahre bei Freiheitsstrafe von mehr als zehn Jahren,**
2. **zwanzig Jahre bei Freiheitsstrafe von mehr als fünf Jahren bis zu zehn Jahren,**
3. **zehn Jahre bei Freiheitsstrafe von mehr als einem Jahr bis zu fünf Jahren,**
4. **fünf Jahre bei Freiheitsstrafe bis zu einem Jahr und bei Geldstrafe von mehr als dreißig Tagessätzen,**
5. **drei Jahre bei Geldstrafe bis zu dreißig Tagessätzen.**

IV Die Vollstreckung der Sicherungsverwahrung verjährt nicht. Bei den übrigen Maßnahmen beträgt die Verjährungsfrist zehn Jahre. Ist jedoch die Führungsaufsicht oder die erste Unterbringung in einer Entziehungsanstalt angeordnet, so beträgt die Frist fünf Jahre.

V Ist auf Freiheitsstrafe und Geldstrafe zugleich oder ist neben einer Strafe auf eine freiheitsentziehende Maßregel, auf Verfall, Einziehung

§ 79 AT Fünfter Abschnitt. Zweiter Titel

oder Unbrauchbarmachung erkannt, so verjährt die Vollstreckung der einen Strafe oder Maßnahme nicht früher als die der anderen. Jedoch hindert eine zugleich angeordnete Sicherungsverwahrung die Verjährung der Vollstreckung von Strafen oder anderen Maßnahmen nicht.

VI Die Verjährung beginnt mit der Rechtskraft der Entscheidung.

1   **1) Die Vorschrift,** die im Anschluß an § 131 E 1962 (Begr. 260) durch das 2. StrRG eingefügt ist (Ber. BT-Drs. V/4095, 45; Prot. V/2082, 2109, 2127, 2619), regelt gemeinsam mit §§ 79a, 79b die Vollstreckungsverjährung (vgl. vor § 78) sowohl für Strafen und Maßnahmen (§ 11 I Nr. 8), die rechtskräftig verhängt sind.

2   **2) Ausgeschlossen** von der Vollstreckungsverjährung (Ber. 45) sind **a)** Strafen wegen Völkermords (vgl. § 78 II), **b)** die lebenslange Freiheitsstrafe, **c)** die Sicherungsverwahrung, und zwar auch die erstmals angeordnete und auf 10 Jahre befristete (§ 67d I S. 2), **d)** der Natur der Sache nach die mit der Rechtskraft eintretenden Nebenstrafen und Nebenfolgen (2 vor § 38), soweit sie keiner Vollstreckung bedürfen, sowie die Entziehung der Fahrerlaubnis und das Berufsverbot. Alle übrigen Strafen und Maßnahmen verjähren nach folgenden Regeln:

3   **3) Beginn** der Vollstreckungsverjährung ist der Tag der Rechtskraft der Entscheidung **(VI)**, dh des Strafausspruchs (BGH **11**, 393; Bremen NJW **56**, 1248; KG JR **57**, 429), in den Fällen der §§ 53, 55 des Ausspruchs der **Gesamtstrafe** (BGH **30**, 234), bis dahin läuft noch die Verfolgungsverjährung (11 zu § 78b). Der Tag der Rechtskraft ist der erste Verjährungstag; vollendet ist die Verjährung vor Anfang des dem Beginntage entsprechenden Tages. Entscheidungen sind außer dem Urteil der Strafbefehl und Beschlüsse nach §§ 441 II, 460 StPO (Zweibrücken NStZ **91**, 454), für § 460 StPO hat BGH **30**, 234 die Frage offengelassen. Die Vollstreckbarkeit einer Entscheidung wird trotz § 51 I BZRG durch die Nichtübernahme einer Verurteilung in das ZentrReg. nach § 65 II BZRG nicht gehindert (Hamm NJW **73**, 1987). Der Beginn kann bei der Strafe ein anderer sein als bei einer gleichzeitig angeordneten Maßnahme, zB wenn ein Rechtsmittel auf diese beschränkt war (beachte aber V S. 1). Im Fall von § 68f beginnt die Verjährung mit der Entlassung aus dem Strafvollzug.

4   **4) Die Verjährungsfristen,** die mit dem Beginn einsetzen, richten sich **A.** nach der Höhe der erkannten (nicht wie bei § 78 der angedrohten) **Strafe,** wobei angerechnete UHaft (§ 51) oder ein gnadenweise erlassener Teil außer Betracht bleiben (LK-Jähnke 5). Bei Gesamtstrafe entscheidet deren Höhe (BGH **30**, 234); für den Fall einer ausländischen Freiheitsstrafe vgl. BGH **34**, 304. Für die Fristen bei den Hauptstrafen sieht **III** fünf Stufen vor, von denen die fünfte Geldstrafen bis zu 30 Tagessätzen vorbehalten ist; höhere Geldstrafen verjähren (da eine Freiheitsstrafe von 1 Monat einer Geldstrafe von 30 Tagessätzen entspricht) nach der 4. Stufe. Die Vollstreckung des Jugendarrests ist ausgeschlossen, wenn seit der Rechtskraft 1 Jahr
5 verstrichen ist (§ 87 IV JGG); für Strafarrest gilt § 9 WStG. **B.** Bei den **Maßnahmen** (§ 11 I Nr. 8), dh den Maßregeln der Besserung und Sicherung (soweit nicht oben 2) sowie bei Verfall, Einziehung und Unbrauchbarmachung, aber auch bei der Abführung des Mehrerlöses (§ 8 IV S. 2 WiStG; Anh. 17) beträgt die Frist durchgängig 10 Jahre; eine Ausnahme

Vollstreckungsverjährung **§ 79**

gilt nach **IV** S. 3 für die nach § 68 I *angeordnete* FAufsicht (die Fälle des § 68 II sind „übrige Maßnahmen" iS des **IV** S. 2; Mainz NStZ **89**, 61; aM SchSch 7 und zu § 68f I; Lackner 3) und die erstmalige Unterbringung in einer Entziehungsanstalt, für welche die Frist 5 Jahre beträgt. Beim Zusammentreffen von FAufsichten nach § 68 I und § 68 f verjährt die Vollstreckung nicht vor 10 Jahren (vgl. Lackner 2 zu § 68 f; LK 5).

5) Den Grundsatz gemeinsamer Verjährung stellt V für die Fälle auf, **6** daß im selben Verfahren (sonst kann § 79a Nr. 3 in Betracht kommen; vgl. dort 4) **a)** neben Freiheitsstrafe auf Geldstrafe (§§ 41, 52 III, 53 II S. 2) oder **b)** neben Freiheits- oder Geldstrafe auf eine freiheitsentziehende Maßregel (§ 61 Nr. 1 bis 3) oder Verfall, Einziehung oder Unbrauchbarmachung erkannt ist. Dann verjährt keine Strafe oder Maßnahme vor der anderen, so daß (unter Berücksichtigung von Ruhen oder Verlängerung) die im Einzelfall längste Frist der verhängten Rechtsfolgen entscheidet. Ausgenommen von dem Prinzip ist die Sicherungsverwahrung **(V S. 2)**; weil es bei ihr keine Vollstreckungsverjährung gibt (**IV S. 1**), so daß andere Strafen und Maßnahmen neben ihr selbständig oder nach **V S. 1** verjähren. Nicht erfaßt sind auch die Fälle, daß zB neben einer freiheitsentziehenden Maßregel nach §§ 63, 64 Entziehung der Fahrerlaubnis oder Berufsverbot (jeweils gegen Schuldunfähige) oder neben solchen Maßregeln andere Maßnahmen wie Einziehung oder Verfall angeordnet sind. Einziehung, Verfall oder Unbrauchbarmachung, die neben Verwarnung mit Strafvorbehalt rechtskräftig angeordnet sind (§ 59 III), verjähren ebenfalls selbständig, LK 6.

6) Übergangsregelung Art. 309 EGStGB (Anh. 1), der nicht grundgesetz- **7** widrig ist, BVerfGE **25**, 269.

Ruhen

79a Die Verjährung ruht,
1. **solange nach dem Gesetz die Vollstreckung nicht begonnen oder nicht fortgesetzt werden kann,**
2. **solange dem Verurteilten**
    a) **Aufschub oder Unterbrechung der Vollstreckung,**
    b) **Aussetzung zur Bewährung durch richterliche Entscheidung oder im Gnadenwege oder**
    c) **Zahlungserleichterung bei Geldstrafe, Verfall oder Einziehung bewilligt ist,**
3. **solange der Verurteilte im In- oder Ausland auf behördliche Anordnung in einer Anstalt verwahrt wird.**

1) Die Vorschrift (vgl. 2 vor § 78), die in Übereinstimmung mit § 132 E **1** 1962 (Begr. 261) durch das 2. StrRG unter Ergänzung durch das EGStGB eingefügt ist, regelt das dem alten Recht fremde Ruhen der Vollstreckungsverjährung. Deren Unterbrechung (§ 72 aF) gibt es nicht mehr.

2) Die Vollstreckungsverjährung ruht (2 zu § 78b), und zwar mit Be- **2** ginn des Tages, an dem das auflösende Ereignis eintritt, solange **A. nach** **3** einem **Gesetz** der BRep. die Vollstreckung nicht begonnen oder nicht fortgesetzt werden kann (**Nr. 1**, die auf die Fälle des § 68c II S. 2 daher

711

§ 79a

nicht zutrifft; vgl. aber Nr. 3). **a)** Wichtigster Fall ist die Immunität der Abgeordneten (vgl. 9ff. zu § 78b; LK-Jähnke 3), bei denen die Vollstreckung der Genehmigung des Parlaments bedarf (für BTagsAbgeordnete Art. 46 III, IV GG; BT-Drs. V/4112 Nr. 8). **b)** Hierhier gehört auch der nach § 455 I, II StPO vorgeschriebene Vollstreckungsaufschub bei gewissen Krankheiten (sonst Nr. 2a); **B.** solange dem Verurteilten gewisse **Erleichterungen bewilligt** sind **(Nr. 2)**, nämlich **a) Aufschub** (§§ 455 III, 455a, 456, 456c, 360 II StPO) oder **Unterbrechung** (§ 360 II, § 455 IV StPO; §§ 19, 45, 46 StVollstrO; durch Gnadenakt; vgl. LR-Schäfer 9 zu § 455; jedoch ist der Urlaub während der Strafhaft, §§ 13, 15, 35, 36 StVollzG, nicht als Gnadenakt – so Drews 416 –, sondern als Maßnahme des Strafvollzugs anzusehen, Schätzler 3.1.5) der Vollstreckung einer Freiheitsstrafe oder freiheitsentziehenden Maßregel; **b) Aussetzung zur Bewährung** durch richterliche Entscheidung sowohl bei Freiheitsstrafen (§§ 56, 57, 67 V) und Ersatzfreiheitsstrafen (2a zu § 57), insoweit auch hinsichtlich der restlichen Geldstrafen während des Laufs der Bewährungszeit (Zweibrücken MDR **88**, 1071), als auch Maßregeln der Besserung und Sicherung (§§ 67b, 67c, 67d II, 70a) oder im Gnadenwege (§ 452 StPO), vor allem nach den Gnadenordnungen der Länder (vgl. Schätzler 137ff.); **c) Zahlungserleichterungen** bei Geldstrafe, Verfall oder Einziehung bewilligt sind (§§ 42, 73c II, 74c IV; §§ 459a, 459g II StPO), nicht aber die endgültigen Anordnungen nach §§ 459d, 459f StPO (LK 6). Zur Verwarnung mit Strafvorbehalt 5 zu § 78b, 6 zu § 79. **C.** der **Verurteilte** im In- oder Ausland (auch in der DDR) auf behördliche Anordnung **in einer Anstalt verwahrt** wird (**Nr. 3;** 11a zu § 66), und zwar auch bei Verwahrung in derselben Sache (Hamm NStZ **84**, 237; KG JR **87**, 31), auch eine FAufsicht ruht sowohl während ihres Vollzuges (Mainz NStZ **89**, 62) als auch während behördlicher Verwahrung, denn sie ist ihrer Natur nach Aufsicht in Freiheit. Zur Ablaufhemmung der FAufsicht nach § 68g I S. 2 vgl. dort 5. Es fehlt jedoch an einer § 68c II S. 2 entsprechenden Vorschrift über das Ruhen der Verjährung, wenn der Täter sich der FAufsicht durch Flucht (Verborgenhalten) entzieht (Analogieverbot!); Lösungsvorschläge bei Mainz (NStZ **89**, 62). Bei Zweifeln über eine Verwahrung im Ausland gilt auch hinsichtlich deren Dauer *in dubio pro reo.*

3) **Übergangsregelung** in Art. 309 EGStGB (Anh. 1); vgl. vor allem dessen, II, IV.

Verlängerung

79b Das Gericht kann die Verjährungsfrist vor ihrem Ablauf auf Antrag der Vollstreckungsbehörde einmal um die Hälfte der gesetzlichen Verjährungsfrist verlängern, wenn der Verurteilte sich in einem Gebiet aufhält, aus dem seine Auslieferung oder Überstellung nicht erreicht werden kann.

1) **Die Vorschrift** idF des 2. StrRG in Übereinstimmung mit § 133 E 1962 (Begr. 261) ersetzt bis zu einem gewissen Grad die nicht mehr vorgesehene Unterbrechung der Vollstreckungsverjährung.

2) Danach kann **das Gericht,** und zwar das der 1. Instanz (§ 462a II StPO) auf Antrag der Vollstreckungsbehörde, dh der StA (§ 451 StPO),

Vollstreckungsverjährung § 79b

und des Jugendrichters (§§ 82 JGG), nicht: des Rechtspflegers (§ 1 Nr. 1 RpflBegrV), auch nicht des Privat- oder Nebenklägers, durch mit sofortiger Beschwerde anfechtbaren Beschluß nach § 462 StPO (wobei nach dessen II von der Anhörung des Verurteilten bei Nichtausführbarkeit abgesehen werden kann) eine noch nicht abgelaufene Vollstreckungsverjährungsfrist für eine Strafe oder Maßnahme, auch wenn sie sich durch Ruhen nach § 79a bereits verlängert hatte (E 1972, 261), verlängern, wenn sich der Verurteilte zZ der Entscheidung in einem Gebiet außerhalb der BRep. aufhält (was positiv feststehen muß), aus dem seine Auslieferung oder Überstellung nicht erreicht werden kann, gleichgültig ob deshalb, weil kein Rechtshilfeverkehr mit dem Gebiet besteht, die besonderen Voraussetzungen der Rechtshilfe fehlen oder sonst ein Grund entgegensteht. Besteht Rechtshilfeverkehr, so muß die Auslieferung erfolglos versucht worden sein. Die Verlängerung ist nur einmal möglich. Sie beträgt (kürzere Verlängerung sieht das Gesetz nicht vor) die Hälfte der gesetzlichen Frist nach § 79 III, IV ohne Rücksicht auf ein inzwischen eingetretenes Ruhen und beginnt mit Ablauf des Tages, an dem sonst (einschließlich eines etwaigen Ruhens) die Frist abgelaufen wäre. Die Entscheidung hat das Gericht nach pflichtgemäßem Ermessen unter Berücksichtigung aller Umstände des Falles, der Bedeutung der Tat, der Höhe der zu vollstreckenden Strafe, der verstrichenen Zeit seit der Rechtskraft, des Verhaltens des Verurteilten, aber ev. auch des vergeblich um Rechtshilfe ersuchten Staates dann zu treffen, wenn noch ein fortdauerndes Bedürfnis nach Strafvollstreckung besteht (Hamm NStZ **91**, 186).

Besonderer Teil

Vorbemerkungen

zu den Abschnitten Friedensverrat, Hochverrat und Gefährdung des demokratischen Rechtsstaates, Landesverrat und Gefährdung der äußeren Sicherheit

1) Das Staatsschutzstrafrecht, wie es jetzt in den beiden ersten Abschnitten des BT zusammengefaßt ist, hat seit 1945 erhebliche Wandlungen durchgemacht. Das KRG Nr. 11 hatte die früheren §§ 80 bis 94 (hierzu LK[11]-Laufhütte 1 ff.) und § 134a StGB, also die Vorschriften über Hochverrat, Landesverrat und sonstige Staatsschutzdelikte aufgehoben. Die Lücke füllte Art. 143 fF GG nur hinsichtlich des Hochverrates. Erst das 1. StÄG brachte eine umfassende Neuregelung des Staatsschutzes in den damaligen ersten drei Abschnitten und mit den neuen §§ 129, 129a. Seitdem wurden zunächst § 93 durch das 3. StÄG und §§ 91 I, 94 I durch das 4. StÄG geändert, § 96a durch das 6. StÄG eingefügt und durch das VereinsG (1 zu § 129) § 90a, der in seiner alten Fassung zT für verfassungswidrig erklärt war, neu gefaßt, § 90b eingefügt, die §§ 128, 129 geändert und § 129a gestrichen (LK[11] 9 ff.). Eine umfassende Reform des Abschnitts brachte das **8. StÄG.** *Materialien:* BT-Drs. V/102 (SPDE); BT-Drs. V/898 (RegE); AE-Pol. Strafrecht 1968 (AE); BT-Drs. V/2860 (Ber.); BTag V/9523; Roos, Entkriminalisierungstendenzen 72 ff. Es faßt in einem ersten Abschnitt die Materien Friedensverrat, Hochverrat und Gefährdung des demokratischen Rechtsstaates und im zweiten Abschnitt die Materie Landesverrat und Gefährdung der äußeren Sicherheit zusammen. Außerdem wurden die §§ 20 und 128 gestrichen und insbesondere die §§ 105, 106, 353b und 353c neu gefaßt (LK 13 ff.; Willms, Lackner-FS 475). Kleinere Änderungen brachten das 1. StrRG, so in §§ 95, 96, 129, und Art. 19 Nr. 2 bis 22 EGStGB (Einl. 10). Durch das 14. StÄG (1 zu § 86) wurde § 86 III neu gefaßt. Zur Einfügung und Wiederaufhebung des § 88a vgl. zu § 130a, zur Änderung der §§ 86a, 194 durch das 21. StÄG (1 zu § 194).

2) Zum Begriff räumlicher Geltungsbereich dieses Gesetzes, auf den die Staatsschutzvorschriften vielfach Bezug nehmen, vgl. 8 vor § 3. Er umfaßte vor dem 3. 10. 1990 mit gewissen, inzwischen durch 6. ÜberleitG (3. 10. 1990) aufgehobenen Geltungsbeschränkungen das Land Berlin, das zwar das 1. und 3. StÄG, nicht aber das 4. StÄG und das 6. und 8. StÄG (Art. 9) nur mit Einschränkungen übernommen hatte.

3) Hoch- und Landesverrat sowie Gefährdung des demokratischen Rechtsstaates richten sich gegen den Staat, also gegen die BRep. oder eines ihrer Länder, die nach Art. 32 III GG in gewissem Umfang zu anderen Staaten in Beziehung treten können. Hoch- und Landesverrat sind die klassischen Formen des Angriffs gegen den Staat, wobei der erste vor allem auf gewaltsamen Umsturz, der zweite dagegen auf Schwächung der äußeren Sicherheit des Staates gegenüber fremden Staaten (also nicht der Länder der BRep. untereinander) ausgeht. Diesen beiden Deliktsarten fügte das 1. StÄG in den §§ 88 bis 98 in Anlehnung an das Staatsschutzrecht der Schweiz noch die Tatbestände der Staatsgefährdung hinzu, die vor allem dem Schutz der BRep. vor den modernen Methoden eines gewaltlosen Umsturzes dienen (BGH 7, 226; **19,** 55; **29,** 75), der von innen vorbereitet und von außen unterstützt wird. Das 8. StÄG hat diese

Vor § 80 — Vorbemerkungen

Tatbestände als Gefährdung des demokratischen Rechtsstaates bezeichnet. Es hat weiter, entsprechend dem Verfassungsauftrag in Art. 26 I GG, die Materie **Friedensverrat** in das Gesetz aufgenommen; die dabei mit Strafe bedrohten Taten richten sich nach außen gegen das friedliche Zusammenleben der Völker (Art. 26 I GG), nach innen gegen die freiheitliche demokratische Grundordnung, die auch das Leben im Frieden umfaßt (10 zu § 93; dagegen Schroeder JZ **69**, 47). Die Grenzen der verschiedenen Angriffsformen innerhalb des gesamten Staatsschutzes sind flüssig (vgl. M-Schroeder § 82, 9 ff.; LK[11] 20 ff.).

4 **4) Die NATO-Staaten,** soweit sie Truppen in der BRep. stationiert haben, sowie die in Berlin anwesenden Truppen der Drei Mächte haben, was die Mächte selbst, ihre Streitkräfte und Geheimnisse anlangt, einen parallelen Schutz durch Art. 7 des 4. StÄG erhalten, er bezieht sich aber nur auf Straftaten, die im räumlichen Geltungsbereich des 4. StÄG [alte Bundesländer ohne Westberlin] begangen wurden (BGH **32**, 113; **38**, 77 m. Anm. Schroeder JR **92**, 205; vgl. Anh. 14; 21 zu § 93; 3 vor § 109); dazu Lackner JZ **57**, 401; Wagner MDR **64**, 2; 93; LK[11] 34.

5 **5) Verfahrensrecht.** Die Zuständigkeit für die Aburteilung der Staatsschutzdelikte ist in den §§ 74a, 120, 142a GVG besonders geregelt, und zwar durch das Ges. zur allgemeinen Einführung eines 2. Rechtszuges in Staatsschutzstrafsachen v. 8. 9. 1969 (BGBl. I 1582, ber. 1970, 1236) dahin, daß für die weniger schweren Delikte eine besondere Strafkammer eines besonderen LG, für die schweren hingegen das OLG mit der Maßgabe in 1. Instanz zuständig ist, daß es Gerichtsbarkeit des Bundes ausübt (Art. 96 V GG) und der GenBAnw. das Amt der StA ausübt, aber gewisse Sachen an die LandesStA abgibt. Die neue Zuständigkeitsregelung ist auch für Wiederaufnahmeanträge maßgebend, für die bisher der BGH anstelle des RG zuständig war (22. 12. 1981, 2 ARs 232/81; KG NStZ **81**, 273 m. Anm. Rieß). Verfahrensrechtlich ist auch für das materielle Recht von großer Bedeutung, daß das 8. StÄG für Taten außerhalb des räumlichen Geltungsbereichs des Gesetzes und für Taten, die innerhalb dieses Bereichs, aber durch Tätigkeit außerhalb **(Distanzdelikte)** begangen worden sind, sowie für die meisten Staatsschutzdelikte das Legalitätsprinzip erheblich gelockert hat (§§ 153b I Nr. 1, II, 153c, 153d, 153e StPO). Zur Anwendung des GVG und der StPO vgl. auch Art. 8, 9 des 4. StÄG; zur Vermögensbeschlagnahme § 443 StPO.

6 **6) Das VerbrVerbG** ermächtigt im Bereich des Staatsschutzes (zB § 86, aber auch §§ 80a, 86a, 89 bis 90b, 109d, 129, 129a, 130, 131, 140, 145) die Beamten der Hauptzollämter, Bundespost, Bundesbahn, verdächtiges Material zu überprüfen, zu öffnen und zu beschlagnahmen (vgl. JZ **63**, 402; Lüttger MDR **61**, 809; Wagner MDR **61**, 97; Das Deutsche Bundesrecht III H 51; krit. Evers JZ **63**, 404; zur Verfassungsmäßigkeit BVerfGE **27**, 88; **33**, 52. Vgl. auch § 100a Nr. 1 StPO und Art. 1 § 2 Nr. 2 G 10).

7 **7) Schrifttum:** *Schafheutle/Dallinger* JZ **51**, 609; *v. Weber* MDR **51**, 517; 641; *Schmidt-Leichner* NJW **51**, 857; *Mittelbach* JR **53**, 288; *Arndt* ZStW **54**, 41; *Schneidewin* JR **54**, 241; *Ruhrmann* NJW **57**, 281; 1897; ZStW **60**, 124; *Lüttger* GA **58**, 225; **60**, 33; JR **69**, 121; *Heinemann/Posser* NJW **59**, 121; *Martin* JZ **75**, 312; *Willms,* Staatsschutz im Geiste der Verfassung, 1962, NJW **57**, 565, 1617, JZ **57**, 465, **59**, 629 u. Lackner-FS 471 (strafrechtliche Absicherung von Organisationsverboten); Das Staatsschutzkonzept des GG und seine Bewährung, 1974; *v. Winterfeld* NJW **58**, 745; *Kern,* Der Strafschutz des Staates und seine Problematik, 1963; zum 8. StÄG: *Krauth/Kurfeß/Wulf* JZ **68**, 577; 609; 731; *Woesner* NJW **68**, 2129; *Müller-Emmert* NJW **68**, 2134; *Schroeder,* Der Schutz von Staat und Verfassung im Strafrecht, 1970; und JZ **69**, 41; NJW **81**, 2278; *Schwagerl* JZ

75, 664; *Träger/Mayer/Krauth*, BGH-FS 227; *F. Vogel* ZRP **82**, 38; *Wagner/ Willms*, BGH-FS 265; *G. Schultz* MDR **78**, 722; *Hellmer*, Kaufmann-GedS 747 (überzogene und zu globale Kritik am strafrechtlichen Staatsschutz), *Laubenthal* MSchrKrim **89**, 326 (Differenzierung zwischen politischer und allgemeiner Kriminalität).

Erster Abschnitt
Friedensverrat, Hochverrat und Gefährdung des demokratischen Rechtsstaates

Erster Titel. Friedensverrat

Vorbereitung eines Angriffskrieges RiStBV 200 bis 208

80 Wer einen Angriffskrieg (Artikel 26 Abs. 1 des Grundgesetzes), an dem die Bundesrepublik Deutschland beteiligt sein soll, vorbereitet und dadurch die Gefahr eines Krieges für die Bundesrepublik Deutschland herbeiführt, wird mit lebenslanger Freiheitsstrafe oder mit Freiheitsstrafe nicht unter zehn Jahren bestraft.

1) Die Vorschrift (idF des 8. StÄG; 1 vor § 80), die den Verfassungsauftrag **1** des Art. 26 I S. 2 GG im wesentlichen erfüllt (Vorläufer: § 12 I E Ges. gegen die Feinde der Demokratie, BT-Drs. I/563; § 80 E StÄG BT-Drs. I/1307), stellt ein zweiaktiges Erfolgsdelikt unter Strafe, bei dem eine Vorbereitungshandlung zur selbständigen Straftat wird. Zur Problematik mwN M-Schroeder § 90, 1 ff.; Maunz-Dürig zu Art. 26 GG; Schroeder JZ **69**, 41 u. Deutschland-Archiv **73**, 845; Jescheck GA **81**, 51; Wilkitzki ZStW **99**, 466.

Tathandlung ist

2) das Vorbereiten eines Angriffskrieges. A. Dieser, auch in Art. 26 GG **2** nicht definierte Begriff meint eine völkerrechtswidrig bewaffnete Aggression (LG Köln NStZ **81**, 261; hierzu Klug, Jescheck-FS 583), entzieht sich aber exakter Bestimmung, wie die jahrelangen, erst am 14. 12. 1974 durch die Resolution über die Definition der Aggression (Grebing GA **76**, 97) beendeten Bemühungen der UN, insbesondere der zur Vorbereitung einer Konvention zur Ächtung des Angriffskrieges beauftragten UN-Kommission zeigen (zB Problematik des Präventivkrieges, des preemptive strike, kolonialen Befreiungskrieges, Eintritts in einen bereits ausgebrochenen Krieg, von Konflikten nach Art des zwischen Ägypten und Israel 1967; vgl. Schroeder JZ **69**, 45; SchSch-Stree 4; LK[11]-Laufhütte 2; Steinhausen, Der Straftatbestand des Friedensverrats und die Erfordernisse des Bestimmtheitsgrundsatzes, 1969, der aber Art. 103 II GG nicht als verletzt ansieht, ebenso LG Köln NStZ **81**, 261; LK[11] 5; vgl. weiter Moritz, Fleck NZWehrr. **68**, 205; **70**, 221; **72**, 11). Um Art. 103 II GG zu genügen und dem Vorsatzerfordernis Rechnung zu tragen, wird die Vorschrift nur auf eindeutige Fälle angewandt werden können (Weber NJW **79**, 1283). **B.** **3** Bei dem Krieg (zum Begriff Moritz NZWehrr **66**, 145; Schwenck, Lange-FS 102) muß es sich um einen handeln, an dem nach der Vorstellung des Täters die **BRep. Deutschland beteiligt** sein soll, dh als kriegführende Macht, so daß sowohl solche Fälle erfaßt werden, in denen die BRep. angreifen oder auf der Angreiferseite stehen soll, als auch solche, in denen sie selbst angegriffen werden soll (str.; wie hier LK[11] 6; Lackner 2; SK-Rudolphi 4; aM M-Schroeder § 90, 6).

4 C. **Bestimmt** sein muß, auch wenn das Wort im Gegensatz zu § 83 fehlt, nach allgemeinen Grundsätzen (vgl. 3 ff. zu § 30) in der Vorstellung der Vorbereitenden der Krieg mindestens insoweit, daß wenigstens eine angreifende und eine angegriffene Macht feststehen, die Art der Durchführung in den Grundzügen umrissen sein muß und deren Zeitpunkt nicht in unabsehbar weiter Ferne liegen darf; Ob und Wann dürfen nicht offenbleiben (vgl. 2 zu § 83; aM M- Schroeder § 90, 8). Vorbereitung ist jede den geplanten Krieg fördernde Tätigkeit beliebiger, auch an sich wertneutraler Art; auch mittelbare und Vorbereitung der Vorbereitung genügen. Doch tritt hier im Ergebnis durch das Erfordernis des Gefahreintritts (unten 7) eine weitgehende Ein-
5 schränkung ein. D. Einen **Versuch** der Vorbereitung gibt es nicht (LK[11] 10; aM SchSch 9; SK-Rudolphi 11; str.). Auch die Vorbereitung, die nicht zum Eintritt einer Kriegsgefahr führt, sieht das Gesetz nicht als strafbaren Versuch an; denn sonst hätte es des § 80a nicht bedurft, der eine erfolglose Vorberei-
6 tungshandlung beschreibt. Auch gegenüber § 30 ist § 80 lex specialis. E. **Teilnahme** an der Tat iS von Anstiftung und Beihilfe ist, da den Angriffskrieg nicht ein bestimmter Haupttäter, sondern ein Staat führen soll, nur insoweit möglich, wie bestimmte Täter die Tatherrschaft haben bzw. als Zentralfiguren der strafbaren Tätigkeit auftreten (vgl. 2 vor § 25; anders LK 9). **Taterfolg** ist

7 3) **die Herbeiführung einer Kriegsgefahr** für die BRep., dh einer konkreten Gefahr (Ber. S. 2); es muß mit dem Ausbruch des Krieges zu rechnen sein (3 zu § 34). Es muß also mindestens zu einem gewissen Spannungszustand kommen, der allerdings nicht der Spannungsfall des Art. 80a GG zu sein braucht. Dieser Taterfolg zeigt, daß als Tathandlung weit entfernte Vorbereitungshandlungen, zB ungenehmigte Auslandsgeschäfte iS des § 4a KriegswaffG (Weber NJW **79**, 1282) ausscheiden und daß bloß intellektuelle Vorbereitung (vgl. § 80a) idR nicht genügt.

8 4) **Täter** kann jeder, auch ein Ausländer, **Tatort** auch das Ausland sein (§ 5 Nr. 1). Mit Rücksicht auf den Taterfolg kommen als Täter praktisch nur Inhaber von Schlüsselstellungen staatlicher Macht oder aber eine erhebliche Zahl von Mittätern in Betracht; zu der dann auftauchenden Problematik des Massenverbrechens 47 vor § 52.

9 5) **Der Angriffskrieg** selbst ist nach § 80 nicht strafbar, so daß auch die Beteiligung an einem von anderen vorbereiteten Angriffskrieg danach nicht strafbar ist. Ob die Auslösung des Krieges strafbar ist (so Ber. 2; LK[11] 7; SK 8), ist nach dem Wortlaut des § 80 zw.; eine Vorschrift wie § 81 im Verhältnis zu § 83 fehlt hier; doch wird der Auslöser praktisch stets auch mindestens letzte Vorbereitungshandlungen begangen haben.

10 6) **Vorsatz** ist hinsichtlich aller Tatbestandsmerkmale, auch der Bestimmtheit des geplanten Krieges und der konkreten Kriegsgefahr erforderlich. Doch genügt bedingter Vorsatz; allerdings legen das Zitat von Art. 26 I GG und die dort gebrauchte Wendung „in der Absicht ..., das friedliche Zusammenleben der Völker zu stören" nahe, für die Vorbereitung des Angriffskrieges Absicht zu fordern (aM Schroeder JZ **69**, 47; LK[11] 8; SK 9; AK-Sonnen 29). Auf der anderen Seite muß es genügen, wenn der Täter alle Umstände kennt, die das Merkmal Angriffskrieg begründen; wenn er selbst das Urteil nicht mit vollzieht, so ist das nur ein Subsumtionsirrtum.

11 7) **Tateinheit** ist möglich mit §§ 94, 99, 100a (LK[11] 12), während §§ 30, 80a, 100 zurücktreten. Ergänzt wird § 80 durch § 16 I Nr. 7 KriegswaffG.

Friedensverrat **§ 80**

8) Die Strafe. Ein Fall minderer Schwere scheidet aus, wenn es zum Ausbruch des Krieges kommt (vgl. Ber. S. 2). Nebenfolgen, Einziehung (auch eines etwaigen Entgelts) nach §§ 92a, 92b. 12

9) Sonstige Vorschriften. Zuständigkeit und Verfahren 5 vor § 80; Nichtanzeige geplanter Taten § 138 I Nr. 1. 13

Aufstacheln zum Angriffskrieg RiStBV 202 bis 208

80 a Wer im räumlichen Geltungsbereich dieses Gesetzes öffentlich, in einer Versammlung oder durch Verbreiten von Schriften (§ 11 Abs. 3) zum Angriffskrieg (§ 80) aufstachelt, wird mit Freiheitsstrafe von drei Monaten bis zu fünf Jahren bestraft.

1) Die Vorschrift (idF des 8. StÄG iVm Art. 19 Nr. 2 EGStGB; vgl. Art. 20 I IPbürgR) bedroht eine erfolglose intellektuelle Vorbereitung des Angriffskrieges (5 zu § 80) mit Strafe und ergänzt damit § 80. Durch § 111 wird § 80a schon deshalb nicht überflüssig gemacht, weil der Angriffskrieg als solcher nicht nach § 80 strafbar ist (9 zu § 80). 1

2) Tathandlung ist das **Aufstacheln**, dh ein gesteigertes, auf die Gefühle des Adressaten gemünztes propagandistisches Anreizen (LG Köln NStZ **81**, 261, krit. hierzu Klug, Jescheck-FS 583; 5 zu § 130) zum **Angriffskrieg** (2ff. zu § 80) in bestimmten Formen, nämlich entweder **öffentlich**, dh mit der Möglichkeit der Kenntnisnahme durch unbestimmt viele und unbestimmt welche Personen, ohne daß welche anwesend zu sein brauchen, also auch durch allgemeines Zugänglichmachen an öffentlichen Orten (6 zu § 74d; BGH **29**, 83; Koblenz MDR **77**, 335); durch **Verbreiten** von Schriften, Ton- oder Bildträgern, Abbildungen oder Darstellungen (39 ff. zu § 11, 4 zu § 74d); oder in einer **Versammlung**, dh jeder räumlich zu einem bestimmten Zweck vereinigten Personenmehrheit (vgl. RG **63**, 136; Bay NJW **79**, 1895; enger Koblenz MDR **81**, 601 [nicht identisch mit „öffentlichen Veranstaltungen" iS § 39 WaffG, BGH **37**, 330]), also auch bei Vorträgen, Theatervorstellungen usw., während der für § 106a maßgebliche Begriff des VersammlungsG und des GG enger ist, da er nach hM gemeinsame Meinungsbildung oder -äußerung voraussetzt (Broß DVBl. **81**, 208 mwN). Für das Strafrecht kommt es auf den Schutzzweck der jeweiligen Vorschrift an (Düsseldorf JR **82**, 299 m. Anm. Merten; LG Bonn MDR **74**, 947; SchöffG Tiergarten JR **77**, 207; vgl. LK[11]-Laufhütte 8 zu § 90; Meyer 5a zu § 1 VersammlG in Erbs), 4 Personen (Köln MDR **80**, 1040), bzw. 3 reichen aus (Bay NJW **79**, 1895), ein Leiter kann fehlen (Hamburg MDR **65**, 320), auch eine geschlossene Versammlung wird erfaßt. BVerwGE **56**, 69 bewertet die Personenmehrheit bei Informationsständen mangels innerer Bindung der Versammelten als eine bloße Ansammlung. Der Angriffskrieg muß in der Darstellung durch den Täter eine gewisse Bestimmtheit haben (4 zu § 80). 2

3) Täter kann jeder sein (LK[11] 4). Zum **Tatort** vgl. 2 vor § 80; 2ff. zu § 9. **Vorsatz** ist erforderlich; vgl. 10 zu § 80. **Tateinheit** ist möglich zB mit §§ 89, 90a, 100, 111. Hinter § 80 tritt § 80a zurück. 3

4) Sonstige Vorschriften. Nebenfolgen, Einziehung nach §§ 92a, 92b. Danach auch Einziehung der Beziehungsgegenstände und eines etwaigen Entgelts möglich sowie Dritteinziehung auch nach § 74a. Hinsichtlich der Schriften usw. Einziehung und Unbrauchbarmachung nach § 74d I, II. Zuständigkeit und Verfahren 5 vor § 80; Überwachungsmaßnahmen 6 vor § 80. 4

Zweiter Titel. Hochverrat

Hochverrat gegen den Bund RiStBV 202 bis 208

81 ^I Wer es unternimmt, mit Gewalt oder durch Drohung mit Gewalt
1. den Bestand der Bundesrepublik Deutschland zu beeinträchtigen oder
2. die auf dem Grundgesetz der Bundesrepublik Deutschland beruhende verfassungsmäßige Ordnung zu ändern,

wird mit lebenslanger Freiheitsstrafe oder mit Freiheitsstrafe nicht unter zehn Jahren bestraft.

^{II} In minder schweren Fällen ist die Strafe Freiheitsstrafe von einem Jahr bis zu zehn Jahren.

1 **1) Die Vorschrift** idF des 8. StÄG (1 vor § 80) iVm Art. 19 Nr. 3 EGStGB betrifft den Bestandshochverrat (I Nr. 1) und den Verfassungshochverrat (I Nr. 2) gegen den Bund.

2 **2) Tathandlung** ist das **Unternehmen** (Versuch und Vollendung, 34 zu § 11; daher die besondere Rücktrittsvorschrift in § 83a I),

A. den Bestand der BRep. zu beeinträchtigen (Nr. 1), dh (§ 92 I)

3 **a) die Freiheit der BRep. von fremder Botmäßigkeit aufzuheben,** also deren völkerrechtliche Souveränität oder auch nur faktisch deren Handlungsfreiheit zu beseitigen und die BRep. unter die Entscheidungsgewalt außerdeutscher Mächte zu bringen, zB durch Verwandlung in ein Protektorat oder einen Satellitenstaat, nicht jedoch Teilnahme an einer Staatengemeinschaft, an über- oder zwischenstaatlichen Einrichtungen auch bei Einschränkung oder Übertragung eigener Hoheitsrechte; **b) die staatliche Einheit der BRep. zu beseitigen,** dh sie in einen Staatenbund zu verwandeln oder in einzelne Staaten aufzusplittern, während die Verwandlung in einen Einheitsstaat ein Fall der Nr. 2 wäre; **c) ein zur BRep. gehörendes Gebiet abzutrennen,** dh einem anderen Staat einzuverleiben oder selbständig zu machen, wobei das Gebiet der BRep. die in der Präambel des GG aufgeführten Länder, das Saarland und Berlin umfaßt (str.; vgl. 2 vor § 80).

B. die auf dem GG beruhende verfassungsmäßige Ordnung zu ändern (Nr. 2);

6 **a)** diese Ordnung umfaßt die das Wesen der freiheitlichen Demokratie ausmachenden Grundlagen des Zusammenlebens im Staat, soweit sie auf dem GG „beruhen", dh sich darauf zurückführen lassen, ohne daß sie darin formell enthalten zu sein brauchen, also die diese Grundlagen konstituierenden Verfassungsnormen sowie ihre Ausprägung in der Verfassungswirklichkeit (Verfassung im materiellen Sinn, BGH **7**, 222; JZ **66**, 281; Ruhrmann NJW **54**, 1512; Hennke GA **54**, 140; LK¹¹-Laufhütte 7ff.; SK-Rudolphi 12), insbesondere die die Grundlage des politischen Staatslebens bildenden Einrichtungen, die Regelung des Verhältnisses zwischen Volk, BTag und BReg. (BGH **6**, 336), nicht aber zB noch nicht ratifizierte völkerrechtliche Abkommen (NJW **57**, 282). Der Begriff, der in den §§ 85 I Nr. 2, 89 im selben Sinne verwendet wird, greift weiter als die Verfassungsgrundsätze des § 92 II (vgl. GA **60**, 5) und umfaßt auch die Grund-

Hochverrat § 81

rechte sowie sämtliche unabänderlichen Grundsätze des Art. 79 GG, zB das föderalistische Prinzip.

b) Änderung der Ordnung muß der Täter wollen; das kann Beseitigung 7 oder Nichtanwendung verfassungsrechtlicher Normen sein, aber auch ein faktischer Eingriff, der grundlegende Verfassungseinrichtungen in ihrer konkreten Gestalt beseitigt (vgl. BGH **6**, 338; HuSt. II, 308; zB gewaltsamer Sturz der Regierung; str.) oder auf gewisse Dauer funktionsunfähig macht, so daß § 83 II aF (Hochverräterischer Zwang gegen den Bundespräsidenten) vielfach durch Nr. 2 abgedeckt ist und die §§ 105, 106 von ihr verdrängt werden; hingegen scheiden bloße Störungen, Verfassungswidrigkeiten oder Angriffe gegen die Entscheidungsfreiheit der Verfassungsorgane im Einzelfall aus (BGH **6**, 352; NJW **57**, 282 Anm. 11, 12, 14–16), hier kommen die §§ 105, 106 in Betracht. Ob die angestrebte Ordnungsänderung mit den Grundsätzen der freiheitlichen Demokratie in Widerspruch steht, ist ohne Bedeutung (GA **60**, 7 Nr. 8, 9).

3) Tatmittel sind entweder **Gewalt** oder **Drohung mit Gewalt** (5 ff. zu 8 § 240). Gewalt ist hier im weiteren Sinne körperlich wirkenden Zwanges zu verstehen, so daß auch der Massen- und Generalstreik sowie Massendemonstrationen Gewalt sein können, wenn körperlich empfundene Wirkungen eintreten wie bei Ausfall von Strom, Gas, Wasser, Verkehrsmitteln, Lebensmittelversorgung oder Müllabfuhr (vgl. BGH **6**, 340; **8**, 102; LM Nr. 6 zu § 81; LK^{11} 13; SK 6; str.; aM Heinemann/Posser NJW **59**, 122; Geilen, H. Mayer-FS 448; Blei JA **70**, 142; einschränkend hinsichtlich des sozialadäquaten Streiks und des Falles, daß die Versorgung der Bevölkerung durch technischen Notdienst aufrechterhalten werden kann, Ber. 3; Prot. V/1728). Der Gewaltbegriff ist hier wie in § 105 (dort 4) tatbestandsbezogen auszulegen, die Schwelle zur Annahme von Gewalt liegt in diesen Fällen höher als in den dem Individualschutz dienenden Vorschriften (BGH **32**, 170, 172 m. Anm. Willms JR **84**, 120; Arzt JZ **84**, 428; R. Scholz Jura **87**, 192). Für das Vorliegen von Gewalt iS der §§ 81, 105 ist nicht einmal das Vorliegen der Voraussetzungen des § 125 indiziell (BGH **32**, 172; vgl. auch 3 zu § 105). Das Unternehmen beginnt mit dem Anfang der Gewaltausübung oder -androhung (RG **56**, 173).

4) Täter kann auch ein Ausländer oder Bewohner der DDR im Ausland 9 oder in der DDR sein (§ 5 Nr. 2). Ein Ausländer kann völkerrechtlich gerechtfertigt sein (RG **16**, 167). Das Parteienprivileg der Art. 21 GG hindert die Verfolgung des Funktionärs einer unverbotenen Partei in der BRep. nicht (BVerfGE **9**, 162; BGH **6**, 344; HuSt. I, 376; II, 26; Köln NJW **54**, 973; LK^{11} 7; SchSch-Stree 17; SK 9).

5) Vorsatz ist erforderlich, bedingter genügt. Ob sich der Täter mit den 10 politischen Zielen einer Umsturzbewegung identifiziert oder ob sein Endziel etwa nur Geldgewinn ist, ist bedeutungslos (vgl. GA **60**, 7 Nr. 8; Laubenthal MSchrKrim **89**, 331).

6) Die Strafe. Zu den minder schweren Fällen (II) vgl. 11 zu § 12 und 42 11 zu § 46. Tätige Reue § 83 a; Nebenfolgen § 92 a, Einziehung § 92 b.

7) Tateinheit zB mit Mord und Totschlag möglich, auch wenn sich die 12 Taten gegen Soldaten oder Beamte richten (RG **69**, 57; LK^{11} 20). Bei gewissen Taten wie zB nach §§ 113, 114 wird Gesetzeseinheit anzunehmen

§§ 81, 82 BT Erster Abschnitt. Zweiter Titel

sein; bei Taten gegen Privatpersonen kommt Tatmehrheit in Betracht (RG **58**, 4). § 83 I wird von § 81 verdrängt. Zum Verhältnis zu § 82 vgl. dort 2, 3.

13 **8) Sonstige Vorschriften.** Nichtanzeige § 138 I Nr. 2; Zuständigkeit und Verfahren vgl. 5 vor § 80.

Hochverrat gegen ein Land RiStBV 202 bis 208

82

^I Wer es unternimmt, mit Gewalt oder durch Drohung mit Gewalt

1. das Gebiet eines Landes ganz oder zum Teil einem anderen Land der Bundesrepublik Deutschland einzuverleiben oder einen Teil eines Landes von diesem abzutrennen oder

2. die auf der Verfassung eines Landes beruhende verfassungsmäßige Ordnung zu ändern,

wird mit Freiheitsstrafe von einem Jahr bis zu zehn Jahren bestraft.

^{II} In minder schweren Fällen ist die Strafe Freiheitsstrafe von sechs Monaten bis zu fünf Jahren.

1 **1) Die Vorschrift** idF des 8. StÄG (1 vor § 80) iVm Art. 19 Nr. 4 EGStGB betrifft Gebietshochverrat (I Nr. 1) und Verfassungshochverrat (I Nr. 2) gegen ein Land der BRep. (vgl. 2 vor § 80). Vgl. die Anm. zu § 81.

2 **2) Der Bestandshochverrat** kann entweder sein **a)** Einfügen eines Landes oder des Teils eines Landes in ein anderes Land der BRep. oder **b)** Abtrennen des Teils eines Landes unter Verselbständigung innerhalb der BRep. Die Fälle, daß ein Land ganz oder zT einem fremden Staat einverleibt oder als fremder Staat außerhalb der BRep. selbständig gemacht wird, stellen Bestandshochverrat gegen den Bund nach § 81 dar, der den § 82 insoweit verdrängt; LK[11]-Laufhütte 3.

3 **3) Der Verfassungshochverrat** entspricht dem § 81 I Nr. 2 mit der Maßgabe, daß es um die Verfassung im materiellen Sinne des jeweiligen Landes geht. Soweit diese auf dem GG beruht (vgl. BVerfGE **1**, 232), kommt § 81 I Nr. 2 in Betracht. Tateinheit mit dieser Vorschrift ist möglich.

4 **4) Zu II** vgl. 11 zu § 12 und 42 zu § 46. **Konkurrenzen.** Zum Verhältnis zu § 81 vgl. oben 2, 3; im übrigen 12 zu § 81.

5) Sonstige Vorschriften. Tatort und Täter 9 zu § 81; tätige Reue § 83 a; Nebenfolgen § 92 a, Einziehung § 92 b, Nichtanzeige § 138 I Nr. 2; Zuständigkeit und Verfahren 5 vor § 80; § 142 a II Nr. 1 GVG.

Vorbereitung eines hochverräterischen Unternehmens RiStBV 202 bis 208

83

^I Wer ein bestimmtes hochverräterisches Unternehmen gegen den Bund vorbereitet, wird mit Freiheitsstrafe von einem Jahr bis zu zehn Jahren, in minder schweren Fällen mit Freiheitsstrafe von einem Jahr bis zu fünf Jahren bestraft.

^{II} Wer ein bestimmtes hochverräterisches Unternehmen gegen ein Land vorbereitet, wird mit Freiheitsstrafe von drei Monaten bis zu fünf Jahren bestraft.

Hochverrat **§ 83**

1) Die Vorbereitung des Hochverrats wird durch § 83 idF des 8. StÄG (1 **1** vor § 80) zum selbständigen Delikt erhoben, und zwar in den Fällen des Bestandshochverrats und des Verfassungshochverrats gegen den Bund nach I mit wesentlich schwererer Strafdrohung als im Fall des Gebietshochverrats und des Verfassungshochverrats gegen ein Land nach II. Bei § 83 liegt das Schwergewicht der Abwehr hochverräterischer Unternehmen. *Schrifttum:* Hennke ZStW **66**, 390.

2) Ein bestimmtes hochverräterisches Unternehmen muß vorbereitet **2** werden. Hochverräterisches Unternehmen ist iS der §§ 81, 82 zu verstehen. Bestimmt ist ein Unternehmen, das nach Angriffsgegenstand und -ziel feststeht und nach Ort und Art der Durchführung in seinen Grundzügen umrissen ist (GA **60**, 12 Nr. 7; OVG Hamburg NJW **74**, 1523; SK-Rudolphi 2). Hinsichtlich der zeitlichen Bestimmtheit begnügte sich die ältere Rspr. des BGH im Anschluß an RG **41**, 138 damit, daß die Verwirklichung nicht in unabsehbarer Ferne liegen dürfe (LM Nr. 1 zu § 81 aF). Seit BGH **7**, 11 fordert der BGH, daß, wenn der Hochverrat nicht alsbald, sondern erst unter geänderten politischen Verhältnissen begonnen werden soll, die Änderung als unmittelbar bevorstehend erwartet wird (zw.; vgl. LK[11]-Laufhütte 2ff.; ferner zur Erscheinungsform des revolutionären Terrorismus die Kontroverse J. Wagner, Schroeder NJW **80**, 915, 921; ferner Boge KR **85**, 587; vgl. hierzu Schroeder in: Verfassungsschutz und Rechtsstaat, hrsg. BMI 1981 S. 230). Unbestimmt ist ein Plan, bei dem Ob und Wann offenbleiben (vgl. RG **5**, 69; HuSt. I, 19). Beispiele für hochverräterische Unternehmen GA **60**, 9f. Nr. 1, 4, 5, 6, 8.

3) Vorbereitung ist jede das künftige Unternehmen nach der Vorstel- **3** lung des Täters, aber auch objektiv (RG **16**, 167) fördernde Tätigkeit, auch wenn sie an sich wertneutral ist. Auch mittelbare oder Vorbereitung der Vorbereitung fällt unter § 83 (vgl. GA **60**, 10 Nr. 7), während es einen Versuch der Vorbereitung nach allgemeinen strafrechtlichen Grundsätzen, die den § 23 durchbrechen, nicht gibt (RG **58**, 394), es sei denn als untauglicher Versuch (vgl. LK-Vogler 90 vor § 22). Anstiftung und Beihilfe sind möglich (vgl. RG **56**, 265), wenn ein anderer die Tatherrschaft hat (ebenso Schroeder 305; LK[11] 11). Vorbereitet werden muß eine Tat nach §§ 81, 82, so daß bloße Aufforderung zum Hochverrat (Köln NJW **54**, 1259) oder zum Sturz der Regierung (GA **60**, 11 Nr. 14) nicht genügt. Hier kommt § 111 in Betracht. Eine konkrete Gefahr für den Staat braucht noch nicht eingetreten zu sein (Ruhrmann NJW **57**, 284), doch muß die Vorbereitung einen gewissen Gefährlichkeitsgrad erreichen (HuSt. II, 40; SK 7; M-Schroeder § 83, 11; offen gelassen in BGH **6**, 342. Die Anschaffung einer Schreibmaschine oder eines Buches reicht zB nicht aus.

4) Die Mittel der Vorbereitung können aber im übrigen beliebiger Art, **4** zB Sammlung von Geld (RG **16**, 169), aber auch die „geistige oder seelische Beeinflussung der Bevölkerung des Staates sein, gegen den das Unternehmen geplant ist" (LM Nr. 1 zu § 81 aF). Insoweit gibt es auch ideologischen Hochverrat. Für den Streik gilt 3 zu § 81. Bei Schriften können die entscheidenden Gedanken zwischen den Zeilen stehen (NJW **55**, 110). Als Angriffsmittel müssen aber Gewalt oder Drohung damit mindestens eventuell in Aussicht genommen sein (BGH **6**, 340; LK[11] 7).

5) Für **Tatort** und **Täter** gilt 9 zu § 81; **sonstige Vorschriften** 5 zu § 82. **5**

§ 83
BT Erster Abschnitt. Zweiter Titel

6 6) **Vorsatz** ist erforderlich, bedingter genügt (RG JW **27**, 2003). Er muß auch die Bestimmtheit des Unternehmens umfassen (HuSt. I, 368). Der Täter braucht sich nicht selbst an dem vorbereiteten Unternehmen beteiligen zu wollen. Es genügt, wenn er nur den Versuch des Hochverrates vorbereiten will. Zu den **minder schweren Fällen** des I vgl. 11 zu § 12, 42 zu § 46.

7 7) **Tateinheit** möglich mit §§ 84, 85, 87 bis 89; 129, 129a, RG **5**, 70. §§ 86, 86a treten hinter § 83 zurück, ebenso §§ 30 (Köln NJW **54**, 1259; str.; aM SK 11; AK-Sonnen 23) und 111. § 83 tritt hinter §§ 81, 82 zurück.

Tätige Reue   RiStBV 202 bis 208

§ 83a
^I In den Fällen der §§ 81 und 82 kann das Gericht die Strafe nach seinem Ermessen mildern (§ 49 Abs. 2) oder von einer Bestrafung nach diesen Vorschriften absehen, wenn der Täter freiwillig die weitere Ausführung der Tat aufgibt und eine von ihm erkannte Gefahr, daß andere das Unternehmen weiter ausführen, abwendet oder wesentlich mindert oder wenn er freiwillig die Vollendung der Tat verhindert.

^{II} In den Fällen des § 83 kann das Gericht nach Absatz 1 verfahren, wenn der Täter freiwillig sein Vorhaben aufgibt und eine von ihm verursachte und erkannte Gefahr, daß andere das Unternehmen weiter vorbereiten oder es ausführen, abwendet oder wesentlich mindert oder wenn er freiwillig die Vollendung der Tat verhindert.

^{III} Wird ohne Zutun des Täters die bezeichnete Gefahr abgewendet oder wesentlich gemindert oder die Vollendung der Tat verhindert, so genügt sein freiwilliges und ernsthaftes Bemühen, dieses Ziel zu erreichen.

1 1) **Die Sondervorschrift über tätige Reue** (idF des 8. StÄG; 1 vor § 80, vgl. auch Art. 19 Nr. 5 EGStGB) ist notwendig, weil die §§ 81, 82 iVm § 11 I Nr. 6 den Versuch der Vollendung gleichstellen und daher § 24 unanwendbar ist (I) und weil § 30 von § 83 verdrängt wird (dort 7) und dadurch § 31 unanwendbar ist, § 83 außerdem aber über § 30 hinausgeht.

2) **Tätige Reue** übt der Täter

2 A. **in den Fällen der §§ 81, 82 (I)**, wenn er freiwillig (6, 8 zu § 24) **a)** falls der von ihm begonnene Versuch noch nicht beendet ist, jede weitere Ausführungstätigkeit einstellt; **b)** falls seine Ausführungstätigkeit nach seinem Tatplan abgeschlossen ist, deren Erfolg aber noch nicht eingetreten ist, dessen Eintritt und damit „die Vollendung der Tat" verhindert. Tritt der Tatserfolg infolge anderer Ursachen nicht ein, zB weil andere, etwa Behörden, nicht sich aus eingreifen, so genügt das ernst gemeinte Bemühen des Täters um Verhinderung des Eintritts (III). **c)** Handlungen nach a) und b) reichen allein nicht aus, wenn mit der Gefahr der Begehung derselben Tat durch andere zu rechnen ist und der Reuige das erkennt; dann muß er, auch wenn er die Gefahr nicht verursacht hat, sie, gleichgültig, ob die anderen das Unternehmen schon begonnen haben, in der Versuchshandlung begriffen sind oder ihren Versuch beendet haben, abwenden, dh ihren Eintritt verhindern oder die schon eingetretene Gefahr endgültig beseitigen, oder aber wesentlich mindern, dh die Wahrscheinlichkeit des Eintritts oder das Ausmaß der Gefahr erheblich verringern (LK¹¹-Laufhütte 2). Auch hier genügt das ernst gemeinte Bemühen um Abwendung oder Minderung, wenn es zu diesem Ergebnis infolge anderer Ursachen kommt (III).

Gefährdung des demokratischen Rechtsstaates **§ 83a**

Kommt es jedoch zur Tatbegehung durch andere, so hilft es dem Reuigen im Gegensatz zu §§ 24 II und 31 II nicht, wenn er seinen eigenen Tatbeitrag unwirksam macht und sich um Verhinderung der Tat bemüht. **d)** Hat der Täter die Gefahr der Begehung durch andere nicht erkannt, so genügt, auch wenn ihm die Unkenntnis vorgeworfen werden kann, eine Handlung nach a) bzw. b), selbst wenn die anderen die Tat begehen.

B. in den Fällen des § 83 unter entsprechenden Voraussetzungen (**II**), so 3 daß 2 mit folgenden Abweichungen gilt: Der Reuige muß schon sein „Vorhaben" aufgeben, dh seinen Tatentschluß endgültig fallen lassen und jede weitere Vorbereitungstätigkeit einstellen. Die Gefahr, die der Täter ggf abzuwenden oder wesentlich zu mindern hat, ist auch schon die der Vorbereitung durch andere. Anderseits stellt das Gesetz hier nur auf eine vom Täter verursachte, wenn auch nicht verschuldete Gefahr ab; hat er nicht erkannt, daß er sie verursacht hat, braucht er sie auch nicht abzuwenden. Mit Verhinderung der Vollendung der Tat ist hier nur der Fall gemeint, daß der Reuige selbst die Tat lediglich vorbereitet hat, andere aber bereits ihre Ausführungshandlung beendet haben, so daß nur noch der Erfolg aussteht; auch hier besteht Abwendungspflicht nur, wenn der Reuige die Gefahr des Erfolgseintritts erkannt hat.

3) Die Rechtsfolgen der tätigen Reue schreibt das Gesetz im Gegensatz zu 4 den §§ 24, 31 nicht zwingend vor. Der Richter kann nach pflichtgemäßem Ermessen die Strafe mildern (6 ff. zu § 49) oder von einer Bestrafung nach den §§ 81, 82 bzw. 83 absehen (7 zu § 23), nicht aber wegen anderer damit in Tat- oder Gesetzeseinheit stehender Delikte; tritt also der Täter nach I zurück, so müssen auch die Voraussetzungen nach II erfüllt sein, wenn tätige Reue auch nach II gegeben sein soll (zw.; aM LK[11] 5; SchSch-Stree 13; SK-Rudolphi 9).

Dritter Titel. Gefährdung des demokratischen Rechtsstaates

Fortführung einer für verfassungswidrig erklärten Partei

RiStBV 202 ff.

84 ¹ Wer als Rädelsführer oder Hintermann im räumlichen Geltungsbereich dieses Gesetzes den organisatorischen Zusammenhalt

1. **einer vom Bundesverfassungsgericht für verfassungswidrig erklärten Partei oder**

2. **einer Partei, von der das Bundesverfassungsgericht festgestellt hat, daß sie Ersatzorganisation einer verbotenen Partei ist,**

aufrechterhält, wird mit Freiheitsstrafe von drei Monaten bis zu fünf Jahren bestraft. Der Versuch ist strafbar.

II Wer sich in einer Partei der in Absatz 1 bezeichneten Art als Mitglied betätigt oder wer ihren organisatorischen Zusammenhalt unterstützt, wird mit Freiheitsstrafe bis zu fünf Jahren oder mit Geldstrafe bestraft.

III Wer einer anderen Sachentscheidung des Bundesverfassungsgerichts, die im Verfahren nach Artikel 21 Abs. 2 des Grundgesetzes oder im Verfahren nach § 33 Abs. 2 des Parteiengesetzes erlassen ist, oder einer vollziehbaren Maßnahme zuwiderhandelt, die im Vollzug einer in einem solchen Verfahren ergangenen Sachentscheidung getroffen ist, wird mit Freiheitsstrafe bis zu fünf Jahren oder mit Geldstrafe bestraft.

§ 84
BT Erster Abschnitt. Dritter Titel

Den in Satz 1 bezeichneten Verfahren steht ein Verfahren nach Artikel 18 des Grundgesetzes gleich.

^{IV} In den Fällen des Absatzes 1 Satz 2 und der Absätze 2 und 3 Satz 1 kann das Gericht bei Beteiligten, deren Schuld gering und deren Mitwirkung von untergeordneter Bedeutung ist, die Strafe nach seinem Ermessen mildern (§ 49 Abs. 2) oder von einer Bestrafung nach diesen Vorschriften absehen.

^V In den Fällen der Absätze 1 bis 3 Satz 1 kann das Gericht die Strafe nach seinem Ermessen mildern (§ 49 Abs. 2) oder von einer Bestrafung nach diesen Vorschriften absehen, wenn der Täter sich freiwillig und ernsthaft bemüht, das Fortbestehen der Partei zu verhindern; erreicht er dieses Ziel oder wird es ohne sein Bemühen erreicht, so wird der Täter nicht bestraft.

1 **1) Die Vorschrift** (idF des 8. StÄG/EGStGB) knüpft an § 90a aF an, der bereits sämtliche Strafdrohungen für Zuwiderhandlungen gegen Entscheidungen des BVerfG zusammenfaßte und die §§ 42, 47 aF BVerfGG ersetzte. § 84 unterscheidet sich von § 90a aF vor allem dadurch, daß er Ersatzorganisationen nur insoweit erfaßt, als sie als Parteien auftreten und vom BVerfG als Ersatzorganisationen festgestellt werden, und daß er das **Feststellungsprinzip** ebenso wie § 85 auf Ersatzorganisationen ausdehnt (anders noch nach altem Recht BVerfGE 16, 4; BGH 20, 45). Ferner bezieht III auch Entscheidungen des BVerfG in Verfahren nach § 33 II ParteienG ein.

2 **2) I und II** beziehen sich auf Parteien iS des Art. 21 GG, § 2 I S. 2 ParteienG. Vgl. Rapp, Das Parteienprivileg des GG und seine Auswirkungen auf das Strafrecht, 1970.

3 **A. Partei** (vgl. BVerfGE **1**, 228; **3**, 401; **5**, 85; 112; **6**, 367; **24**, 260; JR **69**, 395; BGH **19**, 51; NJW **74**, 585) ist iS von § 2 ParteienG zu verstehen, dh als eine Vereinigung der dort näher bezeichneten Art in der BRep. Die Partei muß entweder vom BVerfG nach Art. 21 II GG iVm § 46 BVerfGG für **verfassungswidrig** erklärt sein (Nr. 1), so die SRP (BVerfGE **2**, 1) und die KPD (BVerfGE **5**, 85); oder das BVerfG muß von ihr festgestellt haben, daß sie **Ersatzorganisation** einer iS von Nr. 1 verbotenen Partei ist (Nr. 2), dh daß sie verfassungswidrige Bestrebungen der verbotenen Partei an derselben Stelle weiter verfolgt, gleichgültig ob die Organisation neu gebildet oder eine schon bestehende als Ersatzorganisation fortgeführt wird (§ 33 I ParteienG); das BVerfG ist für diese Feststellung nur zuständig und § 84 damit nur anwendbar, wenn die Partei, die Ersatzorganisation ist, schon vor dem Verbot der ursprünglichen Partei (wenn auch nicht als Ersatzorganisation) bestand oder im BTag oder in einem LTag vertreten ist (§ 33 II ParteienG); in anderen Fällen trifft die Verwaltungsbehörde eine Feststellungsverfügung nach § 8 II VereinsG (§ 33 III ParteienG), nach deren Rechtskraft § 85 eingreift. Hinsichtlich der DKP ist das nicht geschehen, obwohl sie als Ersatzorganisation der KPD anzusehen ist (Kriele ZRP **71**, 274), und eine Verpflichtung des BMI dazu besteht (Willms JZ **73**, 455 u. Lackner-FS 479; vgl. anderseits VG Stuttgart JZ **76**, 209). Eine Feststellung nach § 33 II ParteienG hat das BVerfG bisher nicht getroffen. Ob die neue KPD eine Partei ist, ist nach NJW **74**, 565 nicht auszuschließen. Die Tat ist **Organisationsdelikt,** formell Ungehorsam gegen Entscheidungen des BVerfG, materiell ein abstraktes Gefährdungsdelikt; ebenso SK-Rudol-

Gefährdung des demokratischen Rechtsstaates § 84

phi 3. Nicht in die Partei eingegliederte, aber von ihr abhängige Organisationen (dazu BVerfGE **2**, 78; **5**, 392) sowie im Geltungsbereich des Gesetzes bestehende Teilorganisationen von Parteien außerhalb dieses Bereichs können unter § 85 fallen (vgl. § 18 S. 1 VereinsG); bei bloßer Tätigkeit im Geltungsbereich greift § 18 S. 2 mit § 20 I Nr. 4 VereinsG ein, so daß auch § 85 ausscheidet.

B. **Tathandlung nach I** ist das **Aufrechterhalten des organisatorischen** 4 **Zusammenhalts,** dh eine Tätigkeit, die mindestens einen Teil des organisatorischen Apparats der Partei oder Ersatzorganisation in bisheriger oder dem Verbot angepaßter Gliederung offen oder geheim, vielleicht auch ohne Tätigkeit nach außen, mit Hilfe bisheriger oder neuer Mitglieder am Bestehen erhält oder erneuert (vgl. BGH **20**, 287; NStE § 20 VereinsG Nr. 3). Der Aufbau einer Fünfergruppe reicht dazu aus (BGH **20**, 74), ebenso das Innehaben und Wahrnehmen einer zum Apparat gehörenden Stellung, insbesondere eines Parteiamts (BGH **16**, 298; **20**, 291), nicht hingegen das bloße Aufbewahren und Verteilen von Parteidruckschriften (anders noch NJW **57**, 1846). Fortführen der Organisation ist Aufrechterhalten (Ber. 6), Schaffen der Ersatzorganisation ist nicht strafbar. Stets muß es sich um den organisatorischen Zusammenhalt der verbotenen Partei handeln; deren Identität wird aber nicht dadurch beseitigt, daß die Vereinigung nur einen neuen Namen annimmt, ihre Identität sonst tarnt oder ihre Zielsetzung ändert (BGH **26**, 265), in solchen Fällen hat der Strafrichter, ohne daß es eines neuen Verbots- oder Feststellungsverfahrens bedarf, die Identität selbst festzustellen (vgl. Ber. 5; LK[11]-Laufhütte 5; SchSch-Stree 7); dabei wird es vor allem darauf ankommen, ob der organisatorische Apparat und seine Träger im wesentlichen dieselben geblieben sind. Unter I fällt die Tathandlung nur, wenn der Täter als **Rädelsführer** oder **Hintermann** handelt. Rädelsführer ist, wer als Mitglied (BGH **15**, 136; **18**, 296), Hintermann, wer als Außenstehender geistig oder wirtschaftlich de facto eine maßgebende Rolle für die Vereinigung spielt (BGH **6**, 129; **7**, 279; **11**, 233; **19**, 109; **20**, 45; 121; NJW **54**, 1254; **57**, 1897). Sie kann sich aus der Stellung des Täters, aus der Bedeutung oder dem Ausmaß seiner Tätigkeit ergeben (vgl. auch GA **63**, 234; **67**, 99 Nr. 33; 36; MDR **66**, 190). Der **Versuch**, dh auch schon der Versuch, sich zum Rädelsführer oder Hintermann zu machen und als solcher den organisatorischen Zusammenhalt aufrechtzuerhalten, ist nach I S. 2 strafbar.

C. **Tathandlungen nach II** sind a) die Betätigung als **Mitglied** in der 5 Partei oder Ersatzorganisationspartei iS von I Nr. 1 oder 2. Dabei kommt es nicht auf die formelle Mitgliedschaft an (vgl. NJW **60**, 1772; **63**, 1315), sondern darauf, daß der Täter seinen Willen dem der Organisation mit deren Einverständnis unterordnet und fortdauernd für sie tätig sein soll oder will (vgl. GA **60**, 225 D Nr. 5; **66**, 293 Nr. 21, 22; vgl. auch BGH **29**, 122f.; 294 zu § 129), so daß Besuch von Veranstaltungen (BGH GA **66**, 294 Nr. 25), Bezug von Zeitschriften (BGH **20**, 74), Aufbewahren von Druckschriftenmaterial für die Organisation (aM BGH 24. 3. 1966, 3 StR 37/65), oder von Material zur Herstellung von Druckschriften (GA **67**, 99 Nr. 32), Verfassen oder Verteilen von Druckschriften oder Kassieren von Mitgliedsbeiträgen (vgl. BGH **20**, 291), Erteilen von Druckaufträgen, das Drucken und Mitgliederwerben durch Propagandaschriften (die nicht ver-

fassungsfeindlich zu sein brauchen; vgl. BGH **26**, 258) für sich allein noch keine Mitgliedschaft begründet, sondern nur, wenn sich daraus und aus weiteren Umständen die oben genannten Merkmale feststellen lassen. Dann liegt aber in solchen Handlungen zugleich ein **Betätigen** als Mitglied, das mehr verlangt als die bloße Beteiligung iS von § 90a II aF, so daß „die bloße Bezahlung eines Mitgliedmindestbeitrages" (Ber. 6) oder eines als üblich anzusehenden Beitrages noch nicht genügt (SK 12; aM LK[11] 9), sondern Aktivität darüber hinaus erforderlich ist (vgl. BGH **26**, 261; MDR/S **79**, 705). Hält das Mitglied, ohne Rädelsführer zu sein, den organisatorischen Zusammenhalt mit aufrecht, so betätigt es sich damit als
6 Mitglied. **b)** die **Unterstützung des organisatorischen Zusammenhalts** durch ein Nichtmitglied, womit eine diesen Zusammenhalt als solchen unmittelbar fördernde Tätigkeit (zu Unrecht abl. in einem Fall des § 129, LG Berlin NStZ **82**, 203), nicht nur ein mittelbarer Beistand durch ideologisches Eintreten für die politischen Auffassungen und Ziele der Organisation gemeint ist (vgl. Ber. S. 6; BVerfGE **25**, 44; 79; LK[11] 6). Die Tätigkeitsformen können dieselben sein wie die unter 5 beschriebenen; der Unterschied besteht darin, daß der Täter nicht Mitglied iS von 5 sein darf, und daß seine Tätigkeit nur strafbar ist, wenn sie einen Förderungserfolg erzielt (enger Rudolphi, Bruns-FS 330; vgl. Ber. S. 6; BVerfGE **25**, 44); wer vergeblich versucht, ein Mitglied zu werben, ist nur strafbar, wenn er selbst Mitglied ist. Der bloße Versuch der Unterstützung ist also nicht strafbar; Fleischer NJW **79**, 1339. Eine Rolle spielt praktisch vor allem die finanzielle Unterstützung der Organisation (zB durch „Rückversicherer"). Hält ein Nichtmitglied den organisatorischen Zusammenhalt mit aufrecht, ohne den Rang eines Hintermannes zu erreichen, so unterstützt er den Zusammenhalt.

7   **D.** Rechtlich **eine einzige Tat** stellen die sich häufig über längere Zeit erstreckenden Tathandlungen dar; sie sind aber nicht Fortsetzungstaten, sondern bilden eine natürliche Handlungseinheit; das gilt auch für die Rädelsführer (BGH **15**, 259) und Hintermänner. LK[11] 20 nimmt hingegen eine Dauerstraftat an; ebenso für den Fall der Mitgliedschaft. Bei einer Tat teils als Mitglied, teils als Außenstehender ist Fortsetzungszusammenhang möglich (GA **67**, 98 Nr. 29).

8   **E. Die Teilnahme** ist auf die Anstiftung beschränkt, da **I** nur Rädelsführer und Hintermänner betrifft und die Unterstützung der Organisation zu Täterschaft verselbständigte Beihilfe ist (BGH **20**, 89; NJW **68**, 1100; Sommer JR **81**, 491), so daß es Beihilfe iS des § 27 nicht geben kann und Beihilfe zu Handlungen nach I nur strafbar ist, wenn sie eine Tat nach II ist (LK[11] 7; vgl. auch BGH **6**, 159).

9   **3) Verstöße gegen andere Entscheidungen des BVerfG und gegen Maßnahmen** zum Vollzug von Entscheidungen des BVerfG stellt **III** unter
10 Strafe, und zwar Zuwiderhandlungen gegen **A. Sachentscheidungen** des BVerfG selbst **a)** im **Parteiverbotsverfahren** nach Art. 21 GG iVm § 46 BVerfGG oder im **Feststellungsverfahren** nach § 33 II ParteienG, die nicht unter I fallen, insbesondere gegen einstweilige Anordnungen nach § 32 BVerfGG, nicht aber gegen prozessuale Entscheidungen wie Beschlagnahme- und Einziehungsanordnungen nach § 38 BVerfGG (LK[11] 11; zT abw. SK 15); **b) in Grundrechtsentziehungsverfahren** nach Art. 18 GG.

Gefährdung des demokratischen Rechtsstaates § 84

B. Maßnahmen, die das BVerfG oder eine Verwaltungsbehörde im Voll- 11
zug einer der Sachentscheidungen nach I, III trifft und die, wenn auch
vielleicht nur vorläufig, vollziehbar (3 zu § 325) sind (vgl. den Fall BVerf-
GE **6**, 300). **Tathandlung** ist das Zuwiderhandeln, wobei auch hier der
bloße Unterstützungsversuch nicht als strafbar anzusehen ist.

4) Für den **Tatort** (2 vor § 80) gilt über die irreführende Regelung in I 12
hinaus (LK[11] 16) die Sonderregelung in § 91 (dort 2ff.). Daß danach je-
mand, der seine Lebensgrundlage in der BRep. hat, straflos bleibt, wenn er
durch eine Tätigkeit außerhalb des Geltungsbereichs des Gesetzes den or-
ganisatorischen Zusammenhalt der verbotenen Partei, zB durch hohe
Geldspenden unterstützt (hM; aM SchSch 6 zu § 91), ist bedenklich.

5) Vorsatz ist bei allen Tathandlungen erforderlich; bedingter genügt. 13
Das gilt insbesondere hinsichtlich des Verbots der Partei, der Feststellung
als Ersatzorganisation und der Vollziehbarkeit einer Maßnahme. Ob der
Täter die Entscheidung für rechtsirrig hält, ist ohne Bedeutung. Subsum-
tionsirrtum ist es, wenn er irrig glaubt, es handle sich nicht um eine Sach-
entscheidung. Zu sonstigen Fällen des Verbotsirrtums vgl. Wagner MDR
66, 192. Motiv und Zielsetzung des Täters sind ohne Bedeutung. Daß er
Rädelsführer oder Hintermann ist, braucht er nicht zu wissen (18 zu § 16;
M-Schroeder § 82, 18). Im Fall von 6 muß sich der Täter bewußt sein, den
organisatorischen Zusammenhalt als solchen zu fördern.

6) IV und V, die sich nicht auf die Fälle des Art. 18 GG beziehen und eine 14
vollendete oder strafbar versuchte Tat nach I bis III, aber keine Beteiligung
im technischen Sinne voraussetzen, ermöglichen dem Richter **A.** von Strafe 15
abzusehen (7 zu § 23), wenn **a)** in den Fällen von II und III S. 1 sowie der
versuchten Tat nach I den Täter oder Anstifter nur geringe Schuld trifft
(vgl. § 153 StPO) und seine Mitwirkung nur untergeordnete Bedeutung
für die Organisation hatte (Mitläuferklausel); **b)** der Täter sich in den Fällen
von I bis III S. 1 freiwillig (6, 8 zu § 24) und ernsthaft (14 zu § 24), aber
erfolglos bemüht, das tatsächliche Fortbestehen der Partei zu verhindern;
B. in diesen Fällen statt dessen die Strafe nach seinem Ermessen zu **mildern** 16
(§ 49 Abs. 2). **V** Halbs. 2 sieht **C.** einen persönlichen **Strafaufhebungs-** 17
grund für den Fall vor, daß das Bemühen des Täters nach 15b Erfolg hat
oder die Partei ohne sein Zutun auch tatsächlich aufgelöst wird.

7) Tateinheit möglich mit §§ 83; 86 bis 89; 129, 129a. Wird § 84 durch 18
Verbreiten von Propagandamitteln (§ 86) oder Vorbereitungshandlungen
dazu begangen, ohne daß § 86 erfüllt ist, ist die Tat nach § 84 strafbar
(BGH **26**, 258; Krauth, BGH-FS 237; aM Ber. 9; SchSch 16; vgl. aber
Prot. V, 1672). § 85 und § 20 I Nr. 1 bis 3 VereinsG treten hinter § 84
zurück. Innerhalb von § 84 wird II von I aufgezehrt (BGH **20**, 45; 74), es sei
denn, daß der Täter für mehrere Organisationen tätig wurde. Zwischen
den Betätigungsformen nach II ist Fortsetzungszusammenhang möglich
(17. 2. 1966, 3 StR 27/65).

8) Sonstige Vorschriften. Anwendungsbereich § 91, Nebenfolgen § 92a, 19
Einziehung § 92b, Verhältnis zu § 129 dort 3, Zuständigkeit und Verfahren 5
vor § 80.

§ 85

BT Erster Abschnitt. Dritter Titel

Verstoß gegen ein Vereinigungsverbot RiStBV 202 ff.

85 [I] Wer als Rädelsführer oder Hintermann im räumlichen Geltungsbereich dieses Gesetzes den organisatorischen Zusammenhalt

1. einer Partei oder Vereinigung, von der im Verfahren nach § 33 Abs. 3 des Parteiengesetzes unanfechtbar festgestellt ist, daß sie Ersatzorganisation einer verbotenen Partei ist, oder

2. einer Vereinigung, die unanfechtbar verboten ist, weil sie sich gegen die verfassungsmäßige Ordnung oder gegen den Gedanken der Völkerverständigung richtet, oder von der unanfechtbar festgestellt ist, daß sie Ersatzorganisation einer solchen verbotenen Vereinigung ist,

aufrechterhält, wird mit Freiheitsstrafe bis zu fünf Jahren oder mit Geldstrafe bestraft. Der Versuch ist strafbar.

[II] Wer sich in einer Partei oder Vereinigung der in Absatz 1 bezeichneten Art als Mitglied betätigt oder wer ihren organisatorischen Zusammenhalt unterstützt, wird mit Freiheitsstrafe bis zu drei Jahren oder mit Geldstrafe bestraft.

[III] § 84 Abs. 4 und 5 gilt entsprechend.

1 **1) Die Vorschrift** (idF des 8. StÄG; 1 vor § 80) knüpft an § 90b aF an, erweitert ihn aber einerseits durch Nr. 1 und schränkt ihn andererseits durch Ausdehnung des Feststellungsprinzips auf die Ersatzorganisationen sowie durch Anpassung an § 84 ein. Während § 84 Verstöße gegen Organisationsverbote des BVerfG erfaßt, bezieht sich § 85 auf Verstöße gegen die Entscheidungen der Verbotsbehörden des § 3 II VereinsG (Anh. 10).

2 **2) Vereinigungen** iS des § 85, der dem Schutz der verfassungsmäßigen Ordnung und dem Gedanken der Völkerverständigung dient (Art. 9 II
3 GG), sind, anders als bei 3 zu § 129, folgende Organisationen: **A.** die **Ersatzorganisation** einer vom BVerfG nach Art. 21 GG/§ 46 BVerfGG verbotenen **Partei** (I Nr. 1; zweifelnd LK[11]-Laufhütte 2). Die Ersatzorganisation kann entweder selbst eine Partei sein, die vor dem Verbot der Ersatzpartei noch nicht bestand oder weder im BTag noch in einem LTag vertreten ist (§ 33 ParteienG), oder eine Vereinigung anderer Art. Im Verfahren nach § 33 III ParteienG muß unanfechtbar festgestellt sein, daß sie Ersatzorganisation (§ 33 I ParteienG; 2 ff. zu § 84) der verbotenen Erstpartei ist. Ist die Entscheidung noch nicht rechtskräftig, liegt aber schon eine vollziehbare Feststellung vor, tritt Strafbarkeit nach § 20 I Nr. 2, 3 VereinsG ein (hiergegen verfassungsrechtliche Bedenken SK-Rudolphi 4).
4 **B.** eine **Vereinigung**, die sich **gegen die verfassungsmäßige Ordnung oder den Gedanken der Völkerverständigung richtet** (Art. 9 II GG) und deshalb unanfechtbar verboten ist (**I Nr. 2**), zB die FDJ (BVerwG NJW **54**, 1947). Laufen Zwecke oder Tätigkeit den Strafgesetzen zuwider (Art. 9 II
5 GG), so greifen §§ 129, 129a ein. **C.** die **Ersatzorganisation** (§ 8 I VereinsG) einer verbotenen Vereinigung iS von 4, sobald unanfechtbar festgestellt ist, daß sie diesen Charakter hat (I Nr. 2). Das Verbot der Vereinigung ergeht im Verfahren nach §§ 3 ff. VereinsG, die Feststellung als Ersatzorganisation im Verfahren nach § 8 II VereinsG. Sind Verbote oder Feststellung noch nicht rechtskräftig, aber bereits vollziehbar (§ 3 IV, § 8 II VereinsG), so tritt Strafbarkeit nach § 20 I Nr. 1, 3 VereinsG ein (insoweit verfassungsrechtliche Bedenken bei Walter Schmidt NJW **65**, 428). Vor

Gefährdung des demokratischen Rechtsstaates § 85

diesem Zeitpunkt kann man straflos eine Ersatzorganisation schaffen, fortführen und sich für sie betätigen. **D.** Unter § 20 I Nr. 1, 3 VereinsG **6** und nicht unter § 85 fällt auch das rechtskräftige oder wenigstens vollziehbare Verbot eines **Ausländervereins** oder ausländischen Vereins nach §§ 14 I, 15 I VereinsG, welches darauf gestützt ist, daß dessen politische Betätigung die innere oder äußere Sicherheit, die öffentliche Ordnung oder sonstige erhebliche Belange der BRep. verletzt oder gefährdet. Unter § 47 I Nr. 7 AuslG fällt die geheime Ausländerverbindung. Schließlich ist die Zuwiderhandlung gegen ein rechtskräftiges oder vollziehbares **Tätigkeitsverbot** nach §§ 3 I, 18 S. 2 VereinsG, das sich an eine Vereinigung wendet, die ihre Organisation lediglich außerhalb des räumlichen Geltungsbereichs dieses Gesetzes hat, aber durch eine Tätigkeit innerhalb dieses Bereichs gegen Art. 9 II GG verstoßen hat, nur nach § 20 I Nr. 4 VereinsG strafbar. Mit diesen Ausnahmen und mit der in den §§ 129, 129a gibt es Organisationsdelikte nur, wenn ein mindestens vollziehbares Verbot der Vereinigung vorausgegangen ist **(Feststellungsprinzip).** Bei **grenzüberschreitenden** Organisationen kann, wie § 18 S. 1 VereinsG ergibt, ein Organisationsverbot nur ausgesprochen werden, wenn die Vereinigung eine Teilorganisation im Geltungsbereich des Gesetzes unterhält. Nur diese allein kann dann verboten werden; Strafbarkeit nach § 85 wird aber nur ausgelöst, wenn die Teilorganisation eine Vereinigung ist; ist sie es nicht (vgl. BGH **20,** 45), so kommt nur § 20 I Nr. 1, 3 VereinsG in Betracht. Mit Rücksicht auf diese Rechtslage und auf das Feststellungsprinzip hat die frühere Problematik der Gesamtorganisation (BGH **15,** 167; **20,** 45) ihre strafrechtliche Bedeutung verloren (LK[11] 5). Jedoch kann sich ein Verbot lediglich auf Teilvereinigungen innerhalb einer Gesamtvereinigung erstrecken (§ 3 I, II VereinsG); auf der anderen Seite erstreckt sich das Verbot einer Vereinigung nach Maßgabe des § 3 III VereinsG auch auf ihre Teilorganisationen, nicht ohne weiteres auch auf Hilfs- und Nebenorganisationen.

3) **Die Tathandlungen** sind die gleichen wie in § 84 I, II; vgl. dort 4 bis **7** 8. Für den **Tatort** gilt 12 zu § 84.

4) **Vorsatz** ist erforderlich; bedingter genügt. Das gilt insbesondere hin- **8** sichtlich des Verbots der Vereinigung, des Verbotsgrundes und der Feststellung als Ersatzorganisation sowie der Unanfechtbarkeit der Entscheidungen. Hält der Täter das Verbot noch für anfechtbar, kommt § 20 I Nr. 1, 3 VereinsG in Betracht. Vgl. weiter 13 zu § 84.

5) Die **Mitläuferklausel** des § 84 IV und die Vorschrift des 84 V über **9** **tätige Reue** gelten auch hier (vgl. 14 ff. zu § 84). **Sonstige Vorschriften.** Vgl. 18 zu § 84.

6) **Tateinheit** möglich mit §§ 83; 86 bis 89; 129, 129 a. Von § 84 wird **10** § 85 verdrängt, der seinerseits dem § 20 I Nr. 1 bis 3 VereinsG vorgeht. Für das Verhältnis zu § 86 gilt dasselbe wie für das von § 86 zu § 84 (dort 18).

§ 86

Verbreiten von Propagandamitteln verfassungswidriger Organisationen

86 ^I Wer Propagandamittel

1. einer vom Bundesverfassungsgericht für verfassungswidrig erklärten Partei oder einer Partei oder Vereinigung, von der unanfechtbar festgestellt ist, daß sie Ersatzorganisation einer solchen Partei ist,
2. einer Vereinigung, die unanfechtbar verboten ist, weil sie sich gegen die verfassungsmäßige Ordnung oder gegen den Gedanken der Völkerverständigung richtet, oder von der unanfechtbar festgestellt ist, daß sie Ersatzorganisation einer solchen verbotenen Vereinigung ist,
3. einer Regierung, Vereinigung oder Einrichtung außerhalb des räumlichen Geltungsbereichs dieses Gesetzes, die für die Zwecke einer der in den Nummern 1 und 2 bezeichneten Parteien oder Vereinigungen tätig ist, oder
4. Propagandamittel, die nach ihrem Inhalt dazu bestimmt sind, Bestrebungen einer ehemaligen nationalsozialistischen Organisation fortzusetzen,

im räumlichen Geltungsbereich dieses Gesetzes verbreitet oder zur Verbreitung innerhalb dieses Bereichs herstellt, vorrätig hält oder in diesen Bereich einführt, wird mit Freiheitsstrafe bis zu drei Jahren oder mit Geldstrafe bestraft.

^{II} Propagandamittel im Sinne des Absatzes 1 sind nur solche Schriften (§ 11 Abs. 3), deren Inhalt gegen die freiheitliche demokratische Grundordnung oder den Gedanken der Völkerverständigung gerichtet ist.

^{III} Absatz 1 gilt nicht, wenn das Propagandamittel oder die Handlung der staatsbürgerlichen Aufklärung, der Abwehr verfassungswidriger Bestrebungen, der Kunst oder der Wissenschaft, der Forschung oder der Lehre, der Berichterstattung über Vorgänge des Zeitgeschehens oder der Geschichte oder ähnlichen Zwecken dient.

^{IV} Ist die Schuld gering, so kann das Gericht von einer Bestrafung nach dieser Vorschrift absehen.

1 1) **Die Vorschrift** idF des 8. StÄG/EGStGB (1 vor § 80) ist mit dem GG vereinbar (BGH **23**, 70), ersetzt § 93 aF, schränkt ihn aber vor allem dadurch ein, daß die Tat wie bei § 86a zu einem mittelbaren Organisationsdelikt gemacht wird; gleichzeitig ist sie abstraktes Gefährdungsdelikt. Auch der Versuch ist nicht mehr strafbar. III idF des **14. StÄG. Materialien:** BR-Drs. 507/74 bis 507/4/74; 791/74 bis 791/4/74; BT-Drs. 7/2854 (E BRat), 7/2772 (E CDU/CSU); 7/4582; 7/3030 (RegE); 7/3064; Prot. 7/2237 ff., 2275 ff.; BT-Drs. 7/4549 (Ber.); 7/4582, 7/4808, 7/4930; BR-Drs. 44/76; BTag 7/10731, 7/14718, 7/14743; GVBl. Berlin 1976, 1034, 1045; vgl. DRiZ **76**, 88 und BT-Drs. 8/986. **Schrifttum:** *Blei* JA **75**, 27 u. **76**, 169; *Laufhütte* MDR **76**, 441; *Sturm* JZ **76**, 347; *Stree* NJW **76**, 1177; *Jung* JuS **76**, 477; *Schulz* ZRP **75**, 19; *Müller-Dietz*, Würtenberger-FS 172; *Ebert* JR **78**, 136; *Rogall* GA **79**, 11; *Wagner* ZRP **79**, 280; *Rebmann* DRiZ **79**, 369.

2 2) § 86 richtet sich gegen bestimmte **Propagandamittel**, dh nach der für § 86 abschließenden Definition in **II** Schriften, Ton- oder Bildträger, Abbildungen oder Darstellungen (dazu 39 ff. zu § 11 III), deren Inhalt gerich-

Gefährdung des demokratischen Rechtsstaates **§ 86**

tet ist, dh sich aggressiv (BGH **23**, 72) wendet **A.** entweder gegen die **3**
freiheitliche demokratische Grundordnung, womit die tragenden Grundsätze des freiheitlichen demokratischen Verfassungsstaates der BRep., insbesondere die des § 92 II gemeint sind (BGH **23**, 72; **29**, 75; NStE Nr. 1; ferner LK[11]-Laufhütte 3 f.), oder **B.** gegen den **Gedanken der Völkerver-** **4**
ständigung (Art. 9 II GG), dh gegen das Ziel, ein friedliches Zusammenleben der Völker auf der Grundlage einer Einigung ohne das Mittel der Gewalt zu erreichen. Der **Inhalt** muß sich gegen diese Grundsätze richten, **5**
dh die aggressive Tendenz muß in dem Propagandamittel selbst zum Ausdruck kommen (zB in der Forderung nach „staatlicher Ungleichbehandlung" der Menschen oder nach einem europäischen Staat auf der Grundlage einer „arischen Rassengemeinschaft": 24. 8. 1977, 3 StR 229/77), wobei Ergänzung durch allgemeinkundige Tatsachen und Lesen „zwischen den Zeilen" möglich ist; auf die Motive des Autors kommt es ebensowenig an wie auf die Tendenz des Täters oder der sonst am Herstellungs- und Verbreitungsprozeß Beteiligten (vgl. BGH **8**, 245; **12**, 174; **13**, 34; **14**, 293; **16**, 49; **17**, 28; **23**, 73; NStZ **82**, 25). Unter II fällt zB eine Schrift noch nicht, die auf die auf eine größere Kinderzahl abzielende Familienpolitik im Dritten Reich verweist, sich „gegen Abtreibung und Empfängnisverhütung durch Pille richtet oder die Rassenvermischung ablehnt", solange hierdurch nicht andere „Rassen" herabgesetzt werden (2. 7. 1980, 3 StR 231/80; MDR/S **81**, 89), wohl aber, wenn gefordert wird, daß Angehörige einer bestimmten Volksgruppe, zB Juden, keinen maßgebenden Posten im Staat bekleiden dürfen (vgl. BGH **13**, 32 *(Fall Nieland)*; **16**, 49; **17**, 28). Unter § 86 fallen nicht nur neonazische, sondern auch, wenn I im übrigen gegeben ist, *vorkonstitutionelle* Schriften (§ 11 III), zB frühere Filme (vgl. BGH **19**, 63 zu *Jud Süß*), unveränderte Nachdrucke nat.soz. Schriften oder Schallplatten (vgl. zu § 93 aF BGH **14**, 293; **19**, 249; **23**, 75; aM **29**, 80; MDR/S **81**, 89; Bottke JA **80**, 125; SK-Rudolphi 11, 12), wonach § 86 nur eingreifen soll, wenn der Neudruck dessen Inhalt durch Vorworte, Ergänzungen, Zusätze oder durch eine Umschlaghülle aktualisiert (BGH **29**, 77; LK[11] 6). Dem Begriff „Propagandamittel" ist ein über die Definition in II hinausgehendes zusätzliches Merkmal nicht zu entnehmen (aM wohl Kohlmann JZ **71**, 681). Der Inhalt der Schrift muß in seinem Kern im Urteil wiedergegeben werden (BGH **11**, 29; **17**, 388; NJW **62**, 2019).

3) Es muß sich weiter um Propagandamittel handeln

A. entweder einer unanfechtbar verbotenen **Vereinigung** iS der §§ 84, **6**
85, also einer **Partei, Ersatzorganisation** (3 zu § 84) oder **sonstigen Vereinigung (Nr. 1, 2;** 2 zu § 85). Vor Rechtskraft von Verbot oder Feststellung greift § 20 VereinsG nur ein, wenn dessen I Nr. 1, 2 oder 3 verletzt sind. Ein Propagandamittel ist das *einer* Vereinigung, wenn es von oder im Einverständnis mit der Vereinigung verfaßt, hergestellt, vervielfältigt oder verbreitet wird (LK[11] 8; aM SchSch-Stree 12). Der Autor braucht der Vereinigung nicht anzugehören. Auf ein etwaiges Impressum kommt es nicht an.

B. oder einer **Regierung, Vereinigung,** zB einer Partei (2 ff. zu § 85; eine **7**
losere Organisation wird regelmäßig Einrichtung sein) oder **Einrichtung (Nr. 3;** hierzu BGH **31**, 1), dh jeder auf längere oder kürzere Zeit für eine bestimmte Funktion geschaffenen Stelle, zB eines Nachrichtendienstes

§ 86

(zB.: „Ausschuß für deutsche Einheit", BGH **10**, 168; ein Kongreß in der DDR, GA **61**, 149 Nr. 7); sie muß außerhalb des Geltungsbereichs des Gesetzes bestehen; besteht sie nur innerhalb dieses Bereichs, so entfällt Nr. 3; anders wenn es sich um eine grenzüberschreitende Organisation (Gesamtorganisation) handelt. Sie muß schließlich, quasi stellvertretend, tätig sein (bei einer grenzüberschreitenden Organisation, gleichgültig durch welche Teilorganisation) für die konkreten verfassungswidrigen Zwecke einer verbotenen Vereinigung iS von Nr. 1 oder 2, wobei es nicht darauf ankommt, ob diese Vereinigung im Geltungsbereich des Gesetzes illegal besteht oder nicht (ebenso LK[11] 9).

8   C. die **Bestrebungen einer ehemaligen nat.soz. Organisation** (so der NSDAP selbst, ihre Gliederungen oder angeschlossenen Verbände, nicht aber der ehemaligen Wehrmacht, BGH **23**, 64; BVerfGE **3**, 288) fortzusetzen, ihrem Inhalt nach (oben 2 ff.) bestimmt sind (Nr. 4). Es müssen Bestrebungen sein, deren Träger und Verfechter in der NS-Zeit diese Organisationen waren. Die Bestimmung muß sich auch hier aus dem Ausdrucksgehalt der Darstellung ergeben („Rot-Front-verrecke", NStE Nr. 1), Motive des Autors und Zweckbestimmung durch Vervielfältiger und Verbreiter sind ohne Bedeutung (vgl. oben 2 ff.; krit. Lüttger JR **69**, 129. Jedoch ist nach BVerfG (NStZ **90**, 333) auch hier der Schutz des Art. 5 III S. 1 GG (10 zu § 131) zu beachten, der nicht schon deswegen ausscheidet, weil Kennzeichen einer ehemaligen natsoz. Organisation verwendet werden.

9   4) **Tathandlungen** sind A. das **Verbreiten** (4 zu § 74 d) im räumlichen Geltungsbereich des Gesetzes (2 vor § 80), in diesem Falle ist die *kurze Presseverjährung* (8 zu § 78) zu beachten (MDR/H **77**, 809; 4. 2. 1981, 3 StR 10/81; vgl. BGH **8**, 245), und B. folgende **Vorbereitungshandlungen** zum Verbreiten: **a)** das **Herstellen** (vgl. unten 9 a und 27 zu § 184); dazu gehört auch das Vervielfältigen; **b)** das **Vorrätighalten** (30 zu § 184) oder **c)** das in den Bereich **Einführen** (21 zu § 184), das mit dem Überschreiten der Grenze vollendet, aber erst mit dem Erreichen des Bestimmungsortes beendet ist (GA **61**, 9), so daß bis dahin Teilnahme möglich ist. Auch die Durchfuhr setzt ein Einführen voraus (OLG Schleswig NJW **71**, 2319; aM MDR **65**, 756; AK-Sonnen 32). In allen Fällen zu A und B reicht jeweils ein einziges Stück der Darstellung (DRiZ **63**, 218).

9a In allen Fällen zu B muß die Vorbereitungshandlung **zur Verbreitung** innerhalb des Bereichs vorgenommen sein. BGH **32**, 3 läßt die Frage offen, ob das Merkmal enger als das in § 131 I Nr. 4 oder in § 184 I Nr. 8 (vgl. dort 25 ff.) verwendete auszulegen ist. Vgl. im übrigen 26 zu § 184.

10   5) Zum **Tatort** vgl. vor § 80; 2 ff. zu § 9. Auch Distanzdelikte sind strafbar (Ber. 8); doch wirkt sich das nur für das Verbreiten und Einführen aus, da die Zielsetzung „zur Verbreitung" keinen tatbestandsmäßigen Erfolg iS von § 9 I darstellt; zur Problematik Endemann NJW **66**, 2381.

11   6) **Die Sozialadäquanzklausel (III),** die ebenso in § 86 a III (dort 7), § 130 a III (dort 13) und in etwas anderer Form in § 131 III (dort 9) verwendet wird, ist durch Art. 1 Nr. 1 des 14. StÄG neu gefaßt worden (Prot. 7/2374, 2381). Danach gilt I nicht, wenn Propagandamittel oder Handlung bestimmten *anerkennenswerten* Zwecken dienen. Zum Begriff der **Kunst** vgl. 10 zu § 131. Ein **ähnlicher Zweck** kann zB gegeben sein, wenn sich jemand eine Bibliothek marxistischer Literatur zur nur persönlichen Be-

Gefährdung des demokratischen Rechtsstaates § 86

nutzung zulegt und sich dafür auch Schriften verschafft, die unter I fallen. Einem der genannten Zwecke **dient** das Mittel oder die Handlung, wenn sie vorwiegend diesen Zweck fördern soll und sich dabei im Rahmen der verfassungsmäßigen Ordnung der BRep. und der durch sie für die politische Handlungsfreiheit gezogenen Grenzen hält (vgl. BGH 23, 226; zum Begriff des Dienens auch BVerwGE 39, 197). Es kommt auf die zusammenfassende Wertung von Sinn und Zweck der Abbildung im Zusammenhang der Gesamtdarstellung an (EzSt § 86a Nr. 2; MDR/S 84, 184). Die verbotene Organisation (I Nr. 1, 2) kann sich daher bei der Verbreitung ihrer Propagandamittel nicht auf staatsbürgerliche Aufklärung berufen (BGH aaO dazu krit. Kohlmann JZ 71, 681), dessen Entscheidung auch für die nF zutrifft, und zwar auch für den Fall der Berichterstattung (Laufhütte MDR 76, 446). III ist ohnehin schon dann ausgeschlossen, wenn unter dem Deckmantel der Berichterstattung Werbung für die verbotene Organisation getrieben wird (9 zu § 131; Laufhütte aaO). Zum Verhältnis zu Art. 5 I GG vgl. MDR 68, 597. Eine sachliche **Erweiterung** der Klausel enthält die **11a** nF insofern, als die Strafbarkeit schon dann ausgeschlossen wird, wenn entweder das Propagandamittel oder die Handlung dem anerkannten Zweck dient; dh III ist einmal gegeben, wenn eine Schrift zwar unter I fällt und keinem anerkannten Zweck dient, die Handlung aber einen solchen Zweck verfolgt (zB Verbreiten unter zuständigen Behörden, an Bibliotheken zu wissenschaftlichen Zwecken); und zum anderen, wenn die Schrift ihrem Inhalt nach einen anerkannten Zweck verfolgt (was allerdings kaum möglich erscheint, wenn gleichzeitig I oder II erfüllt ist), der Vertreiber sie aber politisch mißbrauchen will (Laufhütte aaO). Die Sozialadäquanzklausel begründet nach der Gesetzesfassung einen **Tatbestandsausschluß** **11b** (hM; LK[11] 19; LK-v. Bubnoff 16 zu § 130a; SchSch 17; SK 16; M-Schroeder § 84, 36; Bottke JR 82, 77; R. Keller, Baumann-FS 230; aM [Rechtfertigungsgrund] Greiser NJW 69, 1155; vgl. auch 7 zu § 86a).

7) Zur **Überwachung** des Verbringungsverbotes und zu sonstigen **12** Überwachungsmaßnahmen vgl. 6 vor § 80.

8) Vorsatz ist erforderlich; bedingter genügt (BGH 6, 318 zu § 93aF). Er **13** hat sich auf Unanfechtbarkeit von Verbot oder Feststellung, auf den Charakter der Darstellungen iS von II und vor allem darauf zu erstrecken, daß es sich um Organisations-Propagandamittel iS von I Nr. 1 bis 4 handelt; dabei wird eine Rolle spielen, woher der Täter sein Material hat, ob er Verfasser oder Drucker kennt und welche Beziehungen er selbst zum Verteilerapparat der illegalen Organisation hat. Motive und Ziel des Täters sind nur für die Strafzumessung von Bedeutung. Den Inhalt der Darstellung braucht er nicht zu billigen (BGH 19, 221).

9) Neben **Freiheitsstrafe** von mindestens 6 Monaten sind Statusverluste **14** möglich (§ 92a). Bei geringer Schuld kann das Gericht von Strafe nach § 86 absehen (**IV**; vgl. auch § 153b StPO). **Einziehung** ist nach § 92b Nr. 2 auch hinsichtlich von Beziehungsgegenständen möglich. Jedoch richtet sich die Einziehung der Darstellungen außerdem nach § 74d, und zwar nach dessen Abs. I, II, da die Sozialadäquanzklausel als Rechtfertigungsgrund nichts daran ändert, daß jede vorsätzliche Verbreitung in Kenntnis des Inhalts den Tatbestand eines Strafgesetzes verwirklichen würde. Ferner sind Dritteinziehung nach § 74a und Verfall eines Entgelts im Rahmen des

§ 86

§ 73 möglich. Doch kann die Einziehung gegenüber dem einzelnen Bezieher, auch wenn er die Sendung nicht bestellt hat, nach der bedenklichen Entscheidung des BVerfG (E **27**, 71; ebenso 18. 2. 1970, 3 StR 2/69; noch weitergehend Eser NJW **70**, 784; krit. mit Recht Willms JZ **70**, 514; aM LK[11] 6 zu § 92b; Krauth, BGH-FS 243) verfassungsrechtlich unzulässig sein, wenn sie das Recht des Adressaten auf Information nach Art. 5 I S. 1 GG verletzt. Sie ist danach nur zulässig, wenn die durch den Informationsvorgang eintretenden Gefahren das Grundrecht der Informationsfreiheit bei einer konkreten Güterabwägung zurücktreten lassen (Faller MDR **71**, 1). Handelt es sich dabei um Presseerzeugnisse der unter 16 geschilderten Art und nicht um speziell für Agitationszwecke in der BRep. hergestellte Propagandamittel, so wird die Abwägung vielfach zugunsten der Informationsfreiheit ausgehen (BVerfG aaO).

15 10) **Tateinheit** ist möglich zB mit §§ 83 (LM Nr. 1 zu § 93 aF), 84, 85 (8 zu § 84); §§ 89 bis 90 b; § 185, GA **63**, 359 Nr. 3 zu § 93 aF.

16 12) **Sonstige Vorschriften.** Zuständigkeit und Verfahren vgl. 5 vor § 80.

Verwenden von Kennzeichen verfassungswidriger Organisationen
RiStBV 207, 208

§ 86 a

[I] Mit Freiheitsstrafe bis zu drei Jahren oder mit Geldstrafe wird bestraft, wer

1. im räumlichen Geltungsbereich dieses Gesetzes Kennzeichen einer der in § 86 Abs. 1 Nr. 1, 2 und 4 bezeichneten Parteien und Vereinigungen **verbreitet oder öffentlich, in einer Versammlung oder in von ihm verbreiteten Schriften (§ 11 Abs. 3) verwendet** oder

2. Gegenstände, die derartige Kennzeichen darstellen oder enthalten, zur Verbreitung oder Verwendung in der in Nummer 1 bezeichneten Art und Weise herstellt, vorrätig hält oder in den räumlichen Geltungsbereich dieses Gesetzes einführt.

[II] Kennzeichen im Sinne des Absatzes 1 sind namentlich Fahnen, Abzeichen, Uniformstücke, Parolen und Grußformen.

[III] § 86 Abs. 3 und 4 gilt entsprechend.

1 1) **Die Vorschrift** idF des 21. StÄG (1 zu § 194), zuvor idF des 8. StÄG/ EGStGB (vgl. 1 vor § 80), ersetzt den durch das 6. StÄG (1 zu § 130) eingefügten § 96a aF, mit dem sie sachlich fast ganz übereinstimmt, und verfolgt den **Schutzzweck** der Abwehr einer Wiederbelebung der verbotenen Organisation sowie eines solchen Anscheins (NStZ **83**, 262), aber auch der Wahrung des politischen Friedens (Bay NJW **88**, 2902). Diesem Schutzzweck läuft eine auf seriöse Sammler gerichtete Geschäftstätigkeit auf wissenschaftlicher Grundlage auch dann nicht zuwider, wenn eine Militaria-Ausstellung und -versteigerung Uniformstücke mit NS-Emblemen miteinbezieht; falls die NS-Gegnerschaft nicht ohne weiteres erkennbar ist, folgt die Straffreiheit erst aus III (BGH **31**, 384). Die Tat ist ein Staatsgefährdungsdelikt (verletzt iS des § 172 StPO ist daher nicht der einzelne Staatsbürger, Düsseldorf NJW **88**, 2906), zugleich ein abstraktes Gefährdungsdelikt (Bay NJW **62**, 1878). Zum Ganzen Schafheutle JZ **60**, 473.

2 2) **Kennzeichen,** für die II nur herausgehobene Beispiele nennt, sind sichtbare oder hörbare Symbole. Hierzu gehören nicht nur **A.** die Kennzei-

Gefährdung des demokratischen Rechtsstaates § 86a

chen selbst (zB FDJ-Abzeichen auf dunkelblauem Hemd, Hamm NJW 85, 2146), es genügt auch eine Abbildung, die auf einige Meter Entfernung auf Passanten optisch wie ein Hakenkreuz wirkt (Hamburg NStZ 81, 393 [m. Anm. Bottke JR 82, 77]; Köln MDR 84, 960), *nicht* hingegen Verfremdungen oder Verzerrungen solcher Kennzeichen (unten 2b) und auch nicht Embleme oder Grußformen, die an solche Kennzeichen lediglich erinnern (rote Armbinde mit bestimmt angeordneten unverbundenen Rechtecken auf weißem Kreis und Heben des rechten Armes mit abgespreiztem Daumen, Zeige- und Mittelfinger und abgewinkeltem Ring- und kleinem Finger: 12. 5. 1981, 5 StR 132/81, hierzu MDR/S 81, 972 zw). Zu den Kennzeichen gehört uU auch das Kopfbild Hitlers (MDR 65, 923, Schleswig SchlHA 78, 70), *nicht* jedoch eine lebenstreue Hitlerdarstellung in einem Faschingsumzug (LK[11]-Laufhütte 4; SchSch-Stree 6; SK-Rudolphi 3; aM AG Münsingen MDR 78, 73), auch nicht das Symbol der „*Rael-Gemeinschaft*", das Davidstern und Hakenkreuz miteinander verknüpft (Bay NJW 88, 2901). **B.** Wie sich aus I Nr. 1 iVm § 11 III und aus II ergibt brauchen die Kennzeichen nicht verkörpert zu sein. Auch Lieder (*Horst-Wessel-Lied*, MDR 65, 923; Bay NJW 62, 1878), selbst bei verfremdetem Text (Oldenburg NJW 88, 351, „*Es zittern die morschen Knochen*": Celle NJW 91, 1498); *nicht* aber die Melodie des Liedes vom „*Wildschützen Jennerwein*", die in den ersten Takten mit dem Horst-Wessel-Lied identisch klingt (Bay NJW 90, 2006). Ferner haben Märsche und andere akustische oder auch optische Kennzeichen Kennzeichencharakter, insbesondere bestimmte Grußformen, zB „*Heil Hitler*" (Celle NJW 70, 2257) oder „*mit deutschem Gruß*" in Briefen, wenn diese im nat.soz. Sprachgebrauch gemeint sind (BGH 27, 1; MDR/S 79, 705; LK 2), sowie das lautstarke Verwenden der Parole „*Sieg-Heil*" (Düsseldorf MDR 91, 174). Jedoch ist das nicht der Fall, wenn jemand aus Verärgerung Polizeibediensteten „*Heil Hitler*" zuruft (Oldenburg, NStZ 86, 166). Im übrigen setzt aber § 86a nicht voraus, daß im Kennzeichen nat.soz. Gesinnung zum Ausdruck kommt (LG München NStZ 85, 311 m. Anm. Keltsch). **C.** Eine Verwendung, die dem Schutzzweck der Norm aber erkennbar nicht zuwiderläuft (BGH 25, 33; 137; Bay NJW 88, 2901), fällt nicht unter die Vorschrift, zB die ironische und als Vorwurf aufzufassende Verwendung des Hitlergrußes (Oldenburg NJW 86, 1275), § 86a greift aber ein, wenn SS-Runen im Namen eines vom Täter bekämpften Politikers verwendet (Frankfurt NStZ 82, 333; aM Stuttgart MDR 82, 246; vgl. hierzu NStZ 83, 262; hierzu MDR/S 84, 184) oder Hakenkreuze dem Plakat einer demokratischen Partei beigefügt werden (Hamm NStZ 84, 508). Dasselbe gilt für die kommerzielle Massenverbreitung „originaltreuer" mit Hakenkreuzen versehener Flugzeugmodelle wegen des Gewöhnungseffekts bei Jugendlichen (BGH 28, 397; SK 6; aM SchSch 6), ebenso für das Veräußern von T-Shirt-Aufbüglern mit Darstellungen Adolf Hitlers (LG Frankfurt NStZ 86, 167), daß es sich hierbei um keine Propagandamittel iS des § 86 handelt, ändert hieran nichts (25. 4. 1979, 3 StR 89/79). Satirische Darstellungen genießen, auch wenn in ihnen Kennzeichen verfassungswidriger Organisationen (Hitler-Satiren auf T-Shirts) verwendet sind, den Schutz des Art. 5 III S. 2 GG (BVerfGE 82, 1). **D.** Es muß sich um Kennzeichen **bestimmter verbotener Vereinigungen** handeln, nämlich der in § 86 I Nr. 1, 2 und 4 genannten, dh einer verbotenen Partei, Ersatzorganisation oder sonstigen Vereinigung iS von § 84 I

2a

2b

2c

§ 86a

(dort 3) oder § 85 I (dort 2 ff.) oder einer ehemaligen nat.soz. Organisation (8 zu § 86), zB die Abbildung von SA-Standarten auf einem Buchumschlag (GA **67**, 106), nicht aber die Karikatur eines Menschen in Hakenkreuzform (BGH **25**, 128), auch nicht im Dritten Reich ungebräuchliche Verfremdungen solcher Kennzeichen (BGH **25**, 133). Die Verbotsentscheidung muß auch hier unanfechtbar sein. Ist Verbot oder Feststellung vollziehbar, so greift § 20 I Nr. 5 VereinsG ein.

3   **3) Tathandlungen sind nach I Nr. 1 A.** das **Verwenden**, dh jeder Gebrauch, der das Kennzeichen optisch oder akustisch wahrnehmbar macht (BGH **23**, 268; Bay NJW **62**, 1878; Koblenz MDR **81**, 601; Lüttger GA **60**, 129, 137; eingeschränkter SchSch 6; LK[11] 7 f.; vgl. auch BGH **25**, 30; unten 7), also insbesondere das Tragen, Zeigen, Ausstellen, Vorführen, Vorspielen, Ausrufen usw. sowie das **Verbreiten** (4 zu § 74 d), dh hier das Überlassen an andere zur Weitergabe an beliebige Dritte (Bremen NJW **87**, 1427; nach BayNStZ **83**, 120 [m. krit. Anm. Keltsch], jedoch nicht das Versteigern durch ein Auktionshaus). Nur das **öffentliche** Verwenden oder das in

4   der beschränkten Öffentlichkeit (2 zu § 80 a) ist strafbar. Hieran fehlt es beim Ausstellen von „Volkssturm"-Armbinden bei verdecktem Hakenkreuz (Köln MDR **80**, 420), beim bloßen Feilbieten von Büchern, die im innern solche Kennzeichen enthalten (BGH **29**, 82; MDR/S **81**, 89). Im

5   übrigen muß der Täter selbst verwenden. **B. Nach I Nr. 2** bestimmte Vorbereitungshandlungen für Nr. 1, und zwar das **Herstellen** (9 zu § 86, 27 zu § 184), das **Vorrätighalten** (30 zu § 184), aber nur solange es zur Verbreitung und Verwendung iS des I Nr. 1 erfolgt (Bremen NJW **87**, 1427) und das **Einführen** (9 zu § 86, 21 zu § 184) von Gegenständen, die Kennzeichen (oben 2, 2 b) darstellen oder enthalten (9, 9 a zu § 86). Diese Vorbereitungshandlungen müssen in der Absicht vorgenommen sein, einer Verbreitung oder Verwendung iS von 3 zu dienen.

6   **4)** Taten nach I Nr. 1 müssen **im räumlichen Geltungsbereich des Gesetzes** (8 vor § 3, 2 vor § 80) begangen sein, hingegen genügt es für Taten nach I Nr. 2, daß die Gegenstände unbeschadet des Begehungsortes zur Verbreitung oder Verwendung im räumlichen Geltungsbereich des Gesetzes hergestellt oder vorrätig gehalten werden (aM Lackner 6).

7   **5) Die Sozialadäquanzklausel** nach III iVm § 86 III (dort 11 ff.) ist nach der Gesetzesfassung als Tatbestandsausschluß anzusehen (hM; SchSch 10; M-Schroeder § 84, 36; Schleswig SchlHA **78**, 183 Nr. 28; aM Greiser, NJW **69**, 1156; **72**, 1156; Nöldeke NJW **72**, 2119; MDR/S **79**, 706). Vom Tatbestand ausgenommen sind danach Kunst (vgl. 10 zu § 131), zB gewisse Filme oder Theaterstücke *(Des Teufels General)*, historische Werke (Wissenschaft, Berichterstattung); jedoch ist ein Verwenden (oben 2) nicht schon dadurch gerechtfertigt, daß damit zugleich für ein möglicherweise der Kunstfreiheitsgarantie (10 zu § 131) unterfallendes Singspiel geworben wird (Hamm JMBlNW **84**, 68; and. für den *Herrnburger Bericht* BVerfGE

7a **77**, 256, hierzu Henschel NJW **90**, 1941). **Ähnliche Zwecke** sind zB Faschingsumzüge (vgl. auch oben 3), Briefmarkensammeln, der antiquarische Handel mit Büchern aus der NS-Zeit (BGH **29**, 84), polemische Gegenüberstellung aus der NS-Herrschaft stammender, mit Hakenkreuzen versehener Plakate mit *Staeck*-Graphiken (Hamm NJW **82**, 1656, hierzu Otto JR **83**, 5), das Ausstellen eines einzelnen aus der Zeit vor dem 1. Welt-

Gefährdung des demokratischen Rechtsstaates § 86a

krieg stammenden brillantenbesetzten Schmuckstücks in Hakenkreuzform (Celle NStZ 81, 221 m. Anm. Foth JR 81, 382), das Ausstellen von Uniformen mit NS-Emblemen im Rahmen einer Versteigerung von Militaria (BGH 31, 384), aber *nicht* das kommerzielle Feilbieten von „Souvenirs" (Lüttger GA 60, 138, 144; BGH 25, 30), das Verwenden des Hakenkreuzes auf Buchumschlägen der Trivialliteratur (LG München NStZ 85, 311 m. Anm. Keltsch), eine reißerische Käuferwerbung (BGH 23, 78) oder scherzhafte Verwendung (Bay NJW 62, 1878). Zur Verwendung von NS-Kennzeichen bei gegen Wiederaufleben des Nat. Soz. gerichteten Demonstrationen und ähnlichen Fällen (Greiser aaO; Blei JA 71, 313; Nöldeke aaO; sowie BGH 25, 30; 128; 133), wonach eine Tat, die den Schutzzweck des § 86a ersichtlich nicht verletzt, bereits kein Verwenden sein soll (vgl. oben 3). Ebenso für den Fall von Plastiksparschweinen, bemalt mit den Farben der BRep. und einem Hakenkreuz (10. 7. 1974, 3 StR 6/71 I; vgl. BGH 23, 269; LK[11] 9, 12).

6) Vorsatz ist erforderlich, bedingter reicht aus. Er muß sich in den **8**
Fällen von § 86 I Nr. 1, 2 auch auf die Unanfechtbarkeit von Verbot oder Feststellung erstrecken. Verfassungsgefährdende Absicht oder Bekenntnis zu der betreffenden Organisation verlangt der Vorsatz nicht (BGH 23, 267; 25, 30; str.). Irrtum über den Kennzeichenbegriff ist Subsumtionsirrtum.

7) Neben **Freiheitsstrafe** von mindestens 6 Monaten sind Statusfolgen **9**
möglich (§ 92a). Andererseits gilt nach III § 86 IV; vgl. dort 14. **Einziehung** ist nach § 92b Nr. 2 auch hinsichtlich der Kennzeichen selbst möglich (10 zu § 74). Hinsichtlich der Darstellungen ist § 74d anzuwenden, da jedes vorsätzliche Verbreiten in Kenntnis des Inhalts ein Verwenden iS von I ist; die Sozialadäquanzklausel schließt das nicht aus (7 zu § 74d). Ferner sind Dritteinziehung nach § 74a (§ 92b S. 2) sowie Verfall eines etwaigen Entgelts im Rahmen des § 73 möglich.

8) Tateinheit zB mit §§ 84 bis 86 (3. 11. 1980, 3 StR 379/80), 89 bis **10**
90b möglich. Für das Verhältnis zu § 15 OrdenG und den Bußgeldvorschriften der Länder (vgl. zB Bremen § 5 VO v. 18. 9. 1951, Sa BremR 2190–c–2, letztes ÄndG v. 18. 12. 1974, GBl. 351, 361) gilt § 21 OWiG.

9) Sonstige Vorschriften. Zuständigkeit, Verfahren, Überwachungsmaß- **11**
nahmen, vgl. 6 vor § 80.

Agententätigkeit zu Sabotagezwecken RiStBV 202ff.

87 [1] Mit Freiheitsstrafe bis zu fünf Jahren oder mit Geldstrafe wird bestraft, wer einen Auftrag einer Regierung, Vereinigung oder Einrichtung außerhalb des räumlichen Geltungsbereichs dieses Gesetzes zur Vorbereitung von Sabotagehandlungen, die in diesem Geltungsbereich begangen werden sollen, dadurch befolgt, daß er

1. sich bereit hält, auf Weisung einer der bezeichneten Stellen solche Handlungen zu begehen,

2. Sabotageobjekte auskundschaftet,

3. Sabotagemittel herstellt, sich oder einem anderen verschafft, verwahrt, einem anderen überläßt oder in diesen Bereich einführt,

§ 87

4. **Lager zur Aufnahme von Sabotagemitteln oder Stützpunkte für die Sabotagetätigkeit einrichtet, unterhält oder überprüft,**
5. **sich zur Begehung von Sabotagehandlungen schulen läßt oder andere dazu schult oder**
6. **die Verbindung zwischen einem Sabotageagenten (Nummern 1 bis 5) und einer der bezeichneten Stellen herstellt oder aufrechterhält,**

und sich dadurch absichtlich oder wissentlich für Bestrebungen gegen den Bestand oder die Sicherheit der Bundesrepublik Deutschland oder gegen Verfassungsgrundsätze einsetzt.

II **Sabotagehandlungen im Sinne des Absatzes 1 sind**

1. **Handlungen, die den Tatbestand der §§ 109 e, 305, 306, 308, 310 b bis 311 a, 312, 313, 315, 315 b, 316 b, 316 c Abs. 1 Nr. 2, der §§ 317 oder 318 verwirklichen, und**
2. **andere Handlungen, durch die der Betrieb eines für die Landesverteidigung, den Schutz der Zivilbevölkerung gegen Kriegsgefahren oder für die Gesamtwirtschaft wichtigen Unternehmens dadurch verhindert oder gestört wird, daß eine dem Betrieb dienende Sache zerstört, beschädigt, beseitigt, verändert oder unbrauchbar gemacht oder daß die für den Betrieb bestimmte Energie entzogen wird.**

III **Das Gericht kann von einer Bestrafung nach diesen Vorschriften absehen, wenn der Täter freiwillig sein Verhalten aufgibt und sein Wissen so rechtzeitig einer Dienststelle offenbart, daß Sabotagehandlungen, deren Planung er kennt, noch verhindert werden können.**

1   **1) Die Vorschrift** (idF des 8. StÄG/1. StrRG/EGStGB/18. StÄG), die für einzelne Fälle und in einem Spannungszustand wichtig, zahlenmäßig aber ohne Bedeutung ist, ist ein Restbestand aus dem gestrichenen § 100 d II aF. Sie geht über § 30, den sie ergänzt, insoweit hinaus, als sie sich auch bezieht auf die Vorbereitung **a)** von Vergehen (II Nr. 1), **b)** von Handlungen, die als solche nicht strafbar sind (II Nr. 2, zB Beseitigen oder Verändern von Sachen), **c)** von Verbrechen, die in ihrer Planung noch nicht so konkretisiert sind, wie das § 30 fordert (dort 7). Ist § 30 gegeben, so tritt § 87 zurück; Entsprechendes gilt für § 311 a.

2   **2) Einen Auftrag** (im weitesten Sinne, nicht nur iS von § 662 BGB) einer Regierung, Vereinigung oder Einrichtung (7 zu § 86) außerhalb des räumlichen Geltungsbereichs des Gesetzes muß der Täter erhalten haben und ihn durch seine Tathandlung befolgen. Handlungen ohne solchen Auftrag oder über ihn hinaus fallen nicht unter § 87. Der Auftrag muß erteilt sein zur Vorbereitung von Sabotagehandlungen. Diese Handlungen müssen von einer Stelle geplant sein, mit der die auftraggebende Stelle mindestens in Zusammenhang steht. Die Planung muß darauf gerichtet sein, daß die Handlungen im räumlichen Geltungsbereich (2 vor § 80; 2 ff. zu § 9) begangen werden und daß sie Handlungen von der in II beschriebenen Art sind. Im übrigen ist eine Konkretisierung nach Zeit, Ort, Täter, Angriffsgegenstand und Art der Durchführung nicht erforderlich.

3   **3) Sabotagehandlungen** sind nach der abschließenden Definition in II nach: **Nr. 1** Handlungen, die den Tatbestand einer der in II Nr. 1 genannten Delikte erfüllen; dazu zählt auch § 307 als mit schärferer Strafe bedrohter

Gefährdung des demokratischen Rechtsstaates § 87

Fall von § 306; **Nr. 2** Handlungen über Nr. 1, insbesondere die §§ 109a, 316b, 317 hinaus, durch die der Betrieb (6ff. zu § 316b) eines Unternehmens (entspricht hier dem Betrieb oder Unternehmen iS von § 14; dort 8), das für **a)** die Landesverteidigung, **b)** den Schutz der Zivilbevölkerung 4 gegen Kriegsgefahren (3 zu § 109e), **c)** die Gesamtwirtschaft (vgl. § 12 AktG; Schlüsselindustrie) wichtig ist, dadurch verhindert oder gestört wird (6ff. zu § 316b), daß Handlungen iS von § 316b I vorgenommen werden (dort 7). Wie die Fassung von II zeigt, brauchen die Sabotagehandlungen so, wie sie geplant sind, nach Nr. 1 nur tatbestandsmäßig zu sein; sie können ohne Schuld und, wenn sie für den Verteidigungsfall geplant sind, auch als kriegerische Handlungen gerechtfertigt sein.

4) Tathandlung kann nach I Nr. 1 bis 6 sein, daß der Täter **a)** sich **bereit** 5 **hält,** auf Weisung einer Stelle, die als Auftraggeber in Betracht kommt (oben 2), aber nicht der Auftraggeber selbst zu sein braucht, irgendeine Sabotagehandlung, die erst mit der Weisung konkretisiert zu werden braucht, zu begehen **(Stillhalteagent);** die Tat ist beendet, wenn der Täter nach außen, nicht unbedingt gegenüber dem Auftraggeber, deutlich macht, daß er nicht mehr bereit sei; **b) Sabotageobjekte,** dh Angriffsge- 6 genstände iS von **II,** vielleicht auch nur eine technisch besonders empfindliche Stelle innerhalb eines Unternehmens (Ber. 10), **auskundschaftet,** dh ausfindig macht, wobei die Objekte nicht geheimgehalten zu sein brauchen und Weitergabe des Erkundeten nicht erforderlich ist; vgl. LK[11]-Laufhütte 10; **c) Sabotagemittel,** dh zur Begehung von Sabotagehandlungen unmit- 7 telbar geeignete Sachen (ob auch gefälschte Ausweise dazu gehören, ist zw.) herstellt (27 zu § 184), sich oder einem anderen verschafft (evtl. durch einen Dritten), verwahrt, einem anderen überläßt (aus eigenem Besitz oder Gewahrsam, evtl. auch durch Unterlassen) oder in den Geltungsbereich des Gesetzes einführt (21 zu § 184); **d) Lager,** dh Aufbewahrungsstätten zur 8 Aufnahme von Sabotagemitteln (7), die noch nicht dort gelagert zu sein brauchen, oder **Stützpunkte** für eine spätere Sabotagetätigkeit (Begehung von Sabotagehandlungen) einrichtet, unterhält oder derartige Stellen auf ihre Tauglichkeit überprüft; **e)** sich zur Begehung von Sabotagehandlun- 9 gen **schulen,** dh, wenn auch nur von einem einzigen Lehrer, ausbilden läßt oder selbst mindestens einen anderen dazu **schult,** wobei die Schulung eine gewisse Zeit in Anspruch nehmen muß, ihr Erfolg aber ohne Bedeutung ist; **f)** die **Verbindung** zwischen einem Täter iS der Nr. 1 bis Nr. 5 (= 10 Sabotageagenten) und einer Stelle iS von 2 herstellt (dh zu einer anderen als der ursprünglichen Auftragsstelle) oder aufrechterhält (Führungsmann; Resident).

5) Zum Tatort; vgl. 2 vor § 80; 2ff. zu § 9. Die Auftraggeber und 11 Hintermänner, die nur außerhalb des Geltungsbereichs des Gesetzes tätig werden, sind daher nicht erfaßt.

6) Anstiftung und Beihilfe sind möglich (SchSch-Stree 17; zweifelnd 12 LK[11] 17; aM SK-Rudolphi 17).

7) Vorsatz ist erforderlich; er muß sich auf den Auftrag, dessen Befol- 13 gung, die eigentliche Tathandlung und die Vorbereitung von Handlungen iS von II (die Beurteilung „Sabotage" braucht der Täter nicht mit zu vollziehen) beziehen; insoweit genügt überall bedingter Vorsatz. Darüber hinaus muß die Tathandlung psychisch davon getragen sein, daß sich der

§ 87

BT Erster Abschnitt. Dritter Titel

Täter durch sie absichtlich oder wissentlich für *Bestrebungen gegen den Bestand oder die Sicherheit der BRep*. (§ 92 III) oder *gegen Verfassungsgrundsätze* (§ 92 II) einsetzt. Unter diesem finalen Begriff (StrABTag Prot. V 964 ff.; 973 ff.; 1614 f.) ist zu verstehen, daß es dem Täter darauf ankommen muß, die genannten Bestrebungen zu fördern (vgl. BGH **32**, 333); das bloße Bewußtsein, sie zu fördern, reicht nicht aus; ob er sie selbst mit dem Ziel ihrer Verwirklichung verfolgt, ist nur für die Strafzumessung von Bedeutung. Der Täter kann also aus einer aggressivkämpferischen politischen Haltung, aber auch nur um des Geldes willen handeln. Der durch das EGStGB eingeführte Zusatz „absichtlich" (ebenso in §§ 88, 89, 90 III, 90a III, 90b) ist tautologisch, da das Absichtsmoment bereits im Begriff des Sicheinsetzens enthalten ist. Entgegen dem Bericht (11) ist auch bei diesen Vorschriften ein Handeln um des Geldes willen erfaßt. Im übrigen weiß auch, wer sich einsetzt, stets, daß er sich einsetzt. „Wissentlich" kann in § 87 nur auf die Bestrebungen bezogen werden, die er danach kennen muß; hier genügt bedingter Vorsatz nicht, wohl aber bei den übrigen Tatbestandsmerkmalen (M-Schroeder § 84, 56).

14 8) **Tätige Reue** kann der Täter nach III nur dadurch üben, daß er nicht nur freiwillig (6, 8 zu § 24) sein Verhalten (im Fall von I Nr. 1 die Bereitschaft) aufgibt, sondern auch sein gesamtes Wissen von seinem Auftrag, seiner Tätigkeit und den geplanten Sabotagehandlungen so rechtzeitig (8 ff. zu § 138) einer **Dienststelle**, dh außer einer Behörde (35 zu § 11) einer sonstigen Stelle, die Aufgaben der öffentlichen Verwaltung wahrnimmt (19 ff. zu § 11; zB Bundesamt für Verfassungsschutz, BGH **27**, 309) offenbart (und zwar ebenfalls freiwillig, BGH **27**, 120), daß die Handlungen, von deren Planung er weiß, noch verhindert werden könnten, falls ihre Durchführung bevorstände (Ber. 11).

15 9) **Zur Strafe** vgl. weiter § 92 a; zur Einziehung § 92 b.

16 10) **Tateinheit** ist möglich mit § 83. Hinter §§ 30, 311 b tritt § 87 zurück (aM AK-Sonnen 22), ebenso hinter die in II Nr. 1 genannten Vorschriften; vgl. LK[11] 20.

17 11) **Sonstige Vorschriften.** Schutz der NATO-Staaten 4 vor § 80; Zuständigkeit, Verfahren, Überwachungsmaßnahmen 5, 6 vor § 80.

Verfassungsfeindliche Sabotage RiStBV 202 ff.

88

[1] Wer als Rädelsführer oder Hintermann einer Gruppe oder, ohne mit einer Gruppe oder für eine solche zu handeln, als einzelner absichtlich bewirkt, daß im räumlichen Geltungsbereich dieses Gesetzes durch Störhandlungen

1. die Post oder dem öffentlichen Verkehr dienende Unternehmen oder Anlagen,

2. Fernmeldeanlagen, die öffentlichen Zwecken dienen,

3. Unternehmen oder Anlagen, die der öffentlichen Versorgung mit Wasser, Licht, Wärme oder Kraft dienen oder sonst für die Versorgung der Bevölkerung lebenswichtig sind, oder

4. Dienststellen, Anlagen, Einrichtungen oder Gegenstände, die ganz oder überwiegend der öffentlichen Sicherheit oder Ordnung dienen,

Gefährdung des demokratischen Rechtsstaates § 88

ganz oder zum Teil außer Tätigkeit gesetzt oder den bestimmungsmäßigen Zwecken entzogen werden, und sich dadurch absichtlich für Bestrebungen gegen den Bestand oder die Sicherheit der Bundesrepublik Deutschland oder gegen Verfassungsgrundsätze einsetzt, wird mit Freiheitsstrafe bis zu fünf Jahren oder mit Geldstrafe bestraft.

II Der Versuch ist strafbar.

1) Die Vorschrift (idF des 8. StÄG; 1 vor § 80) ergänzt als Nachfolgerin 1 von § 90 aF die auf einen Substanzeingriff beschränkten §§ 316b, 317, mit denen jedoch Tateinheit möglich ist (Prot. V, 1166).

2) Die Schutzobjekte entsprechen im wesentlichen denen in §§ 316b, 2 317 (vgl. dort 1 ff.); nicht dem öffentlichen Verkehr zugängliche Eisenbahnen, die Nr. 1 nicht erfaßt, können unter Nr. 3 fallen. Nr. 3 erfaßt Unternehmen und Anlagen ohne die Unterscheidung in § 316b Nr. 3. Hinzu kommen in Nr. 4 Dienststellen (14 zu § 87) und Gegenstände, die wie die Anlagen unbewegliche (unter Umständen Wegweiser), aber auch bewegliche (Einsatz- und Nachrichtenmittel der Polizei oder Feuerwehr) sein können. Überwiegendes Dienen reicht hier aus.

3) Tathandlung ist das **Bewirken**, dh, möglicherweise durch andere, 3 Erreichen, daß Schutzobjekte durch Störhandlungen außer Tätigkeit gesetzt oder ihrer Zweckbestimmung entzogen werden. **A.** **Störhandlungen** 4 sind einmal solche des § 316b, zum anderen – weitergehend – auch nicht in die Sachsubstanz eingreifende Handlungen oder Unterlassungen wie zB das Blockieren des Betriebes durch Menschenansammlungen (go-in und dgl.; AK-Sonnen 12), das Abziehen von Betriebsangehörigen durch Bedrohung oder falsche Nachrichten, im Spannungsfall zB auch das Verseuchen des Betriebes durch Bazillen; schließlich auch Aussperrung und Streik (unten 9), nicht jedoch solche Handlungen, die allein auf ansehensschmälernde Kritik gegenüber der betreffenden Dienststelle (Nr. 4) abzielen (BGH **27**, 310). **B. Tatererfolg** ist, daß Schutzobjekte ganz oder zum 5 Teil, dh sowohl durch Herabsetzung ihrer Gesamteffektivität als auch Ausfall in einzelnen Bereichen, außer Tätigkeit gesetzt, dh stillgelegt oder in ihrer Funktion gestoppt, oder daß sie ihren bestimmungsmäßigen Zwecken entzogen werden (BGH aaO, zB Besetzen und Benützen eines Senders durch Demonstranten; vgl. LK[11]-Laufhütte 4). **C.** Zum **Tatort;** 6 vgl. 2 vor § 80; 2 ff. zu § 9. **D. Täter** kann **a)** der Rädelsführer oder Hin- 7 termann (4 zu § 84) einer **Gruppe**, dh einer zu bestimmten Zwecken wenn auch nur lose zusammengeschlossenen Anzahl von mindestens 3 Menschen (die noch keine Vereinigung iS von § 85 zu sein brauchtet) sein; die Gruppe selbst braucht an der Tathandlung nicht beteiligt zu sein, wenn der Täter nur deren Tendenz verfolgt; andere Angehörige der Gruppe oder Nichtangehörige, die mit der Gruppe oder, wenn auch ohne Auftrag, aber mit Wissen von Angehörigen der Gruppe für sie handeln, fallen nicht unter den Tatbestand, können also auch nicht wegen Beihilfe strafbar werden (vgl. 8 zu § 84; wichtig in Streikfällen, LK[11] 7; SK-Rudolphi 13; aM SchSch-Stree 16 f.); **b)** ein Einzeltäter ohne Gruppenzusammenhang im oben dargelegten Sinn.

4) Vorsatz ist erforderlich; bedingter genügt insoweit nicht, als es dem 8 Täter in allen Fällen darauf ankommen muß, daß der Tatererfolg erreicht

§ 88

BT Erster Abschnitt. Dritter Titel

wird (BGH 27, 308). Außerdem muß er sich durch die Tat für verfassungswidrige Bestrebungen (§ 92 III) einsetzen (12 zu § 87).

9 5) **Die Rechtswidrigkeit** kann ausgeschlossen sein zB durch Ausübung des Widerstandsrechtes (10 vor § 32), vor allem aber in den Fällen von **Aussperrung** und **Streik** (für Tatbestandsausschluß LK[11] 9). Ist der Streik nicht rechtswidrig, weil er arbeitsrechtlich zulässig oder sonst sozialadäquat ist (vgl. Ber. S. 3 zu § 81; Prot. V/1723ff., 1934ff.; BAG NJW **64**, 883; **70**, 486; Woesner NJW **68**, 2130), kann die verfassungswidrige Zielrichtung des Rädelsführers oder Hintermanns den Streik nicht rechtswidrig, wohl aber ihn selbst nach § 88 strafbar machen (aM SK 16; vgl. RG JW **24**, 1777).

10 6) **Zur Strafe** vgl. weiter § 92a; zur Einziehung § 92b; **sonstige Vorschriften** 5, 6 vor § 80. Tateinheit zB mit §§ 316b, 317, 318 möglich, während §§ 81 bis 83 vorgehen.

§ 88a [aufgehoben durch das 19. StÄG, vgl. 1a zu § 130a]

Verfassungsfeindliche Einwirkung auf Bundeswehr und öffentliche Sicherheitsorgane RiStBV 202ff.

89

[I] Wer auf Angehörige der Bundeswehr oder eines öffentlichen Sicherheitsorgans planmäßig einwirkt, um deren pflichtmäßige Bereitschaft zum Schutz der Sicherheit der Bundesrepublik Deutschland oder der verfassungsmäßigen Ordnung zu untergraben, und sich dadurch absichtlich für Bestrebungen gegen den Bestand oder die Sicherheit der Bundesrepublik Deutschland oder gegen Verfassungsgrundsätze einsetzt, wird mit Freiheitsstrafe bis zu fünf Jahren oder mit Geldstrafe bestraft.

[II] Der Versuch ist strafbar.

[III] § 86 Abs. 4 gilt entsprechend.

1 1) **Die Vorschrift** (idF des 8. StÄG; 1 vor § 80; iVm Art. 19 Nr. 9 EGStGB) ersetzt in eingeschränkter Form (Prot. V 983ff., 1906ff.) den § 91 aF (dazu Lackner JZ **57**, 405).

2 2) **Tathandlung** ist das **Einwirken**, dh jede Tätigkeit zur Beeinflussung von Angehörigen der BWehr (aber erst ab Beginn des Wehrdienstverhältnisses, § 2 SoldG, BGH **36**, 68; Schutz der NATO-Staaten 4 vor § 80) oder eines öffentlichen Sicherheitsorgans, zB der Polizei, des Grenzschutzes, der Verfassungsschutzämter und der Nachrichtendienste, nicht jedoch von Justizorganen (Bericht S. 11) zB durch Drohungen (LG Bamberg NJW **53**, 675) oder Warnungen (GA **61**, 2 Nr. 2), gleichgültig, ob sie Erfolg hat (BGH **4**, 291), zu einer Gefahr führt (BGH **19**, 344; MDR **63**, 326) oder von vornherein ungeeignet ist, MDR **54**, 628. Doch muß sie den Geschützten erreichen (BGH **6**, 64); er braucht sie aber, zB eine Zersetzungsschrift, nicht zur Kenntnis zu nehmen (GA **61**, 4 Nr. 8). Zur Frage der presserechtlichen Verantwortung NStZ **81**, 300; MDR/S **81**, 973. Eines ausdrücklichen Aufrufs zur Befehlsverweigerung oder Sabotage bedarf es nicht, wenn sonst erkennbar und nachhaltig bei den Soldaten die Bereitschaft zur Erfüllung ihrer Aufgabe untergraben wird (MDR/H **77**, 282). Beim Einwirken mittels einer Schrift kommt es nicht allein auf deren Inhalt, sondern

Gefährdung des demokratischen Rechtsstaates **§ 89**

auch auf Erkenntnismittel außerhalb der Schrift an (NStZ **88**, 215; MDR/S **88**, 353. Das Parteienvorrecht (Art. 21 GG) deckt keinen strafrechtlich beachtlichen Verstoß gegen das gesetzliche Verbot politischer Betätigung von Soldaten in der Truppe (BGH **27**, 59; **29**, 52; BVerfGE **47**, 139; aM SK-Rudolphi 8 vor § 80).

3) Für den Tatort gilt § 5 Nr. 3a (6 zu § 5). 3

4) Vorsatz ist erforderlich, bedingter genügt. Darüber hinaus muß der 4 Täter **a) planmäßig** handeln, dh nach einer von ihm oder anderen entworfenen, nicht unbedingt auf längere Zeit abgestellten Gesamtvorstellung; **b)** die **Absicht** haben (BGH **18**, 151; **29**, 160), die pflichtmäßige Einsatzbe- 5 reitschaft des anderen zum Schutz der äußeren oder inneren Sicherheit der BRep. (§ 92 III Nr. 2) oder der verfassungsmäßigen Ordnung (6 f. zu § 81) im allgemeinen zu erschüttern, was auch durch Ansinnen einer pflichtwidrigen Einzelhandlung möglich ist (BGH **4**, 291; **6**, 64; NStZ **88**, 215). Doch reicht es nicht aus, wenn es dem Täter nur auf diese einzelne Pflichtwidrigkeit ankommt (MDR **54**, 628). Ob der Täter neben der Zersetzung noch andere Ziele verfolgt, ist gleichgültig (BGH **18**, 151; MDR **63**, 326), **c)** sich 6 durch die Tathandlung für verfassungswidrige Bestrebungen (§ 92 III) einsetzen (12 zu § 87). Zum Problem rechtswidriger Werbung für die Kriegsdienstverweigerung Jescheck NZWehrr. **69**, 121; vgl. auch Merkel NZWehrr. **69**, 161; SK 7. Die Tat ist kein Presseinhaltsdelikt (8 zu § 78), auch wenn sie durch Druckschriften begangen wird (vgl. Schleswig SchlHA **76**, 167).

5) Zur Strafe vgl. MDR/H **76**, 986 mit Anm. Schroeder JR **77**, 30; § 86 IV 7 gilt entsprechend (dort 14); Nebenfolgen § 92a; Einziehung § 92b; Zuständigkeit, Verfahren, Überwachungsmaßnahmen 5, 6 vor § 80.

6) Tateinheit ist mit §§ 86, 86a, 90 bis 90b, 109d möglich. Hinter §§ 81 bis 8 83 tritt § 89 zurück.

Verunglimpfung des Bundespräsidenten   RiStBV 202 bis 209, 211

90 ^I Wer öffentlich, in einer Versammlung oder durch Verbreiten von Schriften (§ 11 Abs. 3) den Bundespräsidenten verunglimpft, wird mit Freiheitsstrafe von drei Monaten bis zu fünf Jahren bestraft.

^{II} **In minder schweren Fällen kann das Gericht die Strafe nach seinem Ermessen mildern (§ 49 Abs. 2), wenn nicht die Voraussetzungen des § 187a erfüllt sind.**

^{III} **Die Strafe ist Freiheitsstrafe von sechs Monaten bis zu fünf Jahren, wenn die Tat eine Verleumdung (§ 187) ist oder wenn der Täter sich durch die Tat absichtlich für Bestrebungen gegen den Bestand der Bundesrepublik Deutschland oder gegen Verfassungsgrundsätze einsetzt.**

^{IV} **Die Tat wird nur mit Ermächtigung des Bundespräsidenten verfolgt.**

1) Die Vorschrift (idF des 8. StÄG; 1 vor § 80; iVm Art. 1 Nr. 30 des 1 1. StrRG, Art. 1 Nr. 4 des 4. StrRG und Art. 19 Nr. 10 EGStGB) entspricht weitgehend § 95 aF. Das Auffordern zur Verunglimpfung, das § 90 nicht mehr erwähnt, wird meist von §§ 26, 111 iVm § 90 erfaßt. **Schrifttum:** *Liourdi*, Herkunft und Zweck der Strafbestimmungen zum Ehrenschutz des Staats-

§ 90

oberhauptes. Eine systematische und eine rechtsvergleichende Darstellung unter Berücksichtigung des deutschen und griechischen Rechts, 1990.

2 2) **Tathandlung** ist das **Verunglimpfen**, dh eine nach Form, Inhalt, den Begleitumständen oder dem Beweggrund erheblichere Ehrenkränkung in den Formen der §§ 185 bis 187 (BGH **12**, 364; **16**, 338; Bay JZ **51**, 786; Hamm GA **63**, 28; Frankfurt NJW **84**, 1129) des BPräs. während seiner Amtsdauer, auch wenn er nur privat oder aus privaten Gründen angegriffen wird (vgl. BGH **11**, 13). Auch der Vertreter des BPräs. nach Art. 57 GG kann Verletzter sein, solange er die Befugnisse des BPräs. wahrnimmt, da § 90 sowohl Person wie Amt des BPräs. schützt (BGH **16**, 338, str.; aM LK[11]-Laufhütte 1; SchSch-Stree 1; SK-Rudolphi 2). Die Tat muß begangen werden entweder **a) öffentlich** (vgl. 5 zu § 111), **b)** in einer **Versammlung** (2 zu § 80a) oder **c)** durch **Verbreiten** von Schriften usw. (2, 3 ff. zu § 74d). Es kommt nach 23. 2. 1980, 5 StR 621/79 auf deren objektiven Sinngehalt und nicht den vom Täter verfolgten Zweck an; zw. Wer verunglimpfende Schriften zur Verbreitung entgegennimmt, beteiligt sich an der Tat (BGH **8**, 165; str). Vollendet ist die Verunglimpfung mit Kenntnisnahme durch einen Dritten, sei es auch durch eine Strafverfolgungsbehörde (GA **61**, 20 Nr. 5). Die Beweisregel des § 186 ist anzuwenden. **Tatort** kann auch das Ausland sein (§ 5 Nr. 3 b; vgl. dort 4); danach besteht eine Überwachungsverpflichtung nach §§ 1 ff. VerbrVerbG (6 vor § 80).

3 3) **Vorsatz** ist erforderlich; bedingter genügt. Er hat sich auch auf die Begehungsweise zu erstrecken (vgl. RG **63**, 429).

4 4) **Die Strafe** ist nach III in den Fällen der §§ 187, 187a II und unter den Voraussetzungen von 13 zu § 87 qualifiziert. Liegt § 187a nicht vor, so kann nach **II** in minder schweren Fällen (11 zu § 12; 42 zu § 46) die Strafe nach § 49 II gemildert werden. Nebenfolgen § 92a, Einziehung § 92b.

5 5) Zur **Ermächtigung** (IV) vgl. Anm. zu § 77e; Schlichter GA **66**, 360; Nebenklage § 395 III StPO; Zuständigkeit § 74a I Nr. 2 GVG.

6 6) **Tateinheit** möglich zB mit §§ 83, 86, 90a, 90b. Hingegen treten §§ 185 bis 187a zurück, BGH **16**, 338. Doch bleiben §§ 188, 190 bis 193, 200 anwendbar.

Verunglimpfung des Staates und seiner Symbole RiStBV 202 ff.

§ 90a

I Wer öffentlich, in einer Versammlung oder durch Verbreiten von Schriften (§ 11 Abs. 3)

1. die Bundesrepublik Deutschland oder eines ihrer Länder oder ihre verfassungsmäßige Ordnung beschimpft oder böswillig verächtlich macht oder

2. die Farben, die Flagge, das Wappen oder die Hymne der Bundesrepublik Deutschland oder eines ihrer Länder verunglimpft,

wird mit Freiheitsstrafe bis zu drei Jahren oder mit Geldstrafe bestraft.

II Ebenso wird bestraft, wer eine öffentlich gezeigte Flagge der Bundesrepublik Deutschland oder eines ihrer Länder oder ein von einer Behörde öffentlich angebrachtes Hoheitszeichen der Bundesrepublik Deutschland oder eines ihrer Länder entfernt, zerstört, beschädigt, unbrauchbar oder unkenntlich macht oder beschimpfenden Unfug daran verübt. Der Versuch ist strafbar.

Gefährdung des demokratischen Rechtsstaates § 90a

III Die Strafe ist Freiheitsstrafe bis zu fünf Jahren oder Geldstrafe, wenn der Täter sich durch die Tat absichtlich für Bestrebungen gegen den Bestand der Bundesrepublik Deutschland oder gegen Verfassungsgrundsätze einsetzt.

1) Die Vorschrift (idF des 8. StÄG; 1 vor § 80; iVm Art. 1 Nr. 4 des 4. StrRG und Art. 19 Nr. 11 EGStGB) entspricht im Tatbestand dem § 96 aF (hierzu Schroeder JR **79**, 89; Arzt/Weber LH **5**, 16). Nicht mehr erwähnt ist das Auffordern zu den übrigen Tathandlungen (dazu 1 zu § 90). Ferner gilt in den Fällen von I, auch iVm III, hinsichtlich des **Tatortes** § 5 Nr. 3a, so daß auch Taten im Ausland von Deutschen erfaßt werden, die ihre Lebensgrundlage im räumlichen Geltungsbereich des Gesetzes haben; in den Fällen von II wird jede Tat im Ausland erfaßt (§ 5 Nr. 3b); dem Ausland steht die DDR gleich.

2) A. Die BRep. und ihre Länder einschließlich Berlins (NJW **57**, 1727) und ihre **verfassungsmäßige Ordnung** (auch hier iS von § 81 I Nr. 2; Ber. 12; 3 ff.) sind in **I Nr. 1** geschützt, und zwar BRep. und Länder nicht als Staaten schlechthin, sondern in ihrer konkreten Gestalt als freiheitliche repräsentative Demokratien (BGH **6**, 324; and. LK[11]-Laufhütte 3; SK-Rudolphi 3), mit Recht dehnen Schroeder (JR **79**, 90) und Würtenberger (JR **79**, 311; NJW **83**, 1146) das Schutzgut auf das *Ansehen* der BRep. und ihre verfassungsmäßige Ordnung aus (BVerfGE **47**, 231; Frankfurt NStZ **84**, 120; NJW **84**, 1130; krit. Heinz, in: Mühleisen, Grenzen politischer Kunst, 1982, 58; Zechlin NJW **84**, 1091; Hellmer, Kaufmann-GedS 755). Es kann auch mittelbar dadurch angegriffen werden, daß unmittelbar zB ein Staatsorgan (BGH **7**, 111; **11**, 11; NJW **61**, 1932; JZ **63**, 402) oder die sonst die Regierung tragenden politischen Kräfte (NJW **57**, 837) angegriffen werden (Köln GA **72**, 214). Das ist Tatfrage (BGH **11**, 11). Umgekehrt kann in einem äußerlichen Angriff auf den Staat tatsächlich nur ein Angriff auf Staatsorgane (§ 90b) oder zB auf die Bürokraten oder einzelne Beamte liegen wie bei BGH **6**, 324 (Köln OLGSt. 2). Das **Parteienprivileg** des Art. 21 GG stellt keinen Rechtfertigungsgrund für § 90a dar; so sind Verunglimpfungen nach I, auch wenn sie als notwendiger Bestandteil der Umschreibung der politischen und ideologisch-kämpferischen Parteiziele ausgegeben werden, des Schutzes des Art. 21 GG nicht teilhaftig (BGH **29**, 52, 160; Hamm 31. 8. 1978, 2 Ss 763/78); gegenüber Funktionären, Mitgliedern und Anhängern einer unverbotenen Partei, auch wenn sie mit der Tat Parteiziele verfolgen, ist III entgegen BGH **19**, 319 anzuwenden (Willms, Dreher-FS 141; LK[11] 30 vor § 80; Volk JR **80**, 294; M-Schroeder § 82, 27); zur Problematik des Art. 21 GG bei der Ausstrahlung von Wahlwerbesendungen politischer Parteien, Tettinger, Rundfunk und Fernsehen **77**, 201.

B. Tathandlungen sind in **I Nr. 1** das **Beschimpfen**, dh, die durch Form oder Inhalt besonders verletzende Äußerung der Mißachtung (RG **61**, 308; **57**, 211), wobei das besonders Verletzende entweder in der Roheit des Ausdrucks oder inhaltlich in dem Vorwurf eines schimpflichen Verhaltens oder Zustandes (RG **28**, 403; **57**, 185; Schleswig SchlHA **77**, 179) liegen kann (BGH **7**, 110; Köln, LG Frankfurt, NJW **82**, 658). Die Äußerung braucht also weder unwahr noch eine Formalbeleidigung zu sein (NJW **61**,

§ 90 a

1932). Sie muß die BRep. in ihrer Eigenschaft als freiheitlich-repräsentative Demokratie herabwürdigen (Hamm NJW **77**, 1932 L; MDR/S **79**, 707), zB wenn die BRep. mit dem „3. Reich" gleichgesetzt wird (Bay 8. 9. 1988, RReg. 5 St 96/88, in Bay **88**, 139 nicht mit abgedruckt). Harte politische Kritik (vgl. BVerfGE **69**, 271 m. Anm. Schroeder NStZ **85**, 451), sei sie auch offenkundig unberechtigt, unsachlich und uneinsichtig (BGH **19**, 317), ist noch kein Beschimpfen (JZ **63**, 402; Celle StV **83**, 285), zu eng aber Karlsruhe NStZ **86**, 363 (m. zust. Anm. Otto, mit Recht hiergegen Katholnigg NStZ **86**, 555), ebensowenig bloß taktlose oder auch zynische Entgleisungen, wohl aber ist die Grenze überschritten, wenn die freiheitliche Grundordnung der BRep. im Gesamten herabgewürdigt wird (BGH **7**, 111; LG Göttingen NJW **79**, 1560; Köln GA **72**, 215); bedenklich daher Bremen u. LG Berlin (JR **79**, 118), wo hinsichtlich des „Mescalero"-Nachdrucks, der der BRep. „faschistoide Tendenzen" nachsagt, § 90 a verneint wird, ua mit dem wenig überzeugenden Hinweis, daß die Unterzeichner des Nachdrucks fremde und nicht eigene Mißachtung kundgegeben hätten (richtig insoweit Köln NJW **79**, 1562, and. OLGSt. 19; vgl. aber 23. 8. 1979, 4 StR 207/79; 26. 2. 1980, 5 StR 621/79); hierzu nachdenkenswert Schroeder JR **79**, 89; DRiZ **79**, 117, der Entsprechungen zu verhängnisvollen Entscheidungen des RG (vgl. BGH **16**, 341; Würtenberger JR **79**, 313) aufdeckt; zutr. gegen die um sich greifende Hinnahme schmähender poli-
4 scher Agitation, Arzt JuS **82**, 727; vgl. aber LK[11] 9). **Verächtlichmachen** umfaßt wesentlich mehr und bedeutet, daß etwas durch Werturteil oder Tatsachenbehauptung als der Achtung der Staatsbürger unwert oder unwürdig hingestellt wird (BGH **3**, 346 [Vergleich der BRep. mit einer „frischgestrichenen Coca-Cola-Bude"]; **7**, 111 [Bezeichnung eines Landes als „Unrechtsstaat"]; Hamburg NJW **75**, 1088; VGH Mannheim NJW **76**, 2177 [Bezeichnung der BTagswahl als „Betrugsmanöver"]; 24. 8. 1977, 3 StR 229/77 [„Staat der Verbrecher und Vaterlandsverräter"]; 12. 12. 1979, 3 StR 334/79 [Darstellung des Bundeskanzlers in der Gestalt Hitlers]). Die Bezeichnung des Berliner Abgeordnetenhauses als „Allerheiligstes des bürgerlichen Volksbetruges" hat KG JR **80**, 290 (m. Anm. Volk) irrig nicht unter dem Aspekt des § 90 a gesehen. Es kommt nämlich darauf an, wie der Durchschnittshörer die Äußerung auffaßt (BGH aaO; NJW **61**, 1932; GA **61**, 19 Nr. 11, 12; weitere eindrucksvolle Beispiele aus der neueren Rspr.
5 Würtenberger NJW **83**, 1147). **Böswillig** handelt der Täter, wenn er trotz Kenntnis des Unrechts aus bewußt feindlicher Gesinnung handelt (RG **66**, 140), wenn er hartnäckig Erkenntnisquellen, die seine Behauptungen widerlegen, oder Möglichkeiten zu weniger anstößigen Formulierungen ausschlägt (Schroeder JR **79**, 92). Die Böswilligkeit kann sich unmittelbar aus dem widerwärtigen Wortlaut einer beschimpfenden Parole ergeben (2. 4. 1980, 2 StR 817/79).

6 3) **Die Symbole** der BRep. sind in **I Nr. 2** geschützt. Sie haben für Leben und Bestand der staatlichen Gemeinschaft einen hohen Rang, Würtenberger JR **79**, 311 mwN. Wegen der **Farben, Flaggen und Wappen** vgl. Art. 22 GG, dazu: FlaggAnO nebst FlaggAnOAusfErl; BwFahnAnO, BPräsFlaggAnO, BWappenBek, DSiegelErl und AmtsschErl. Auch Wappentiere, soweit sie nicht ohnehin Teile eines Wappens sind (vgl. § 124 I Nr. 1 OWiG), zB der Bundesadler, verkörpern wegen der Symbolwirkung den Staat und

Gefährdung des demokratischen Rechtsstaates **§ 90a**

sind als Wappensymbole von § 90 a I Nr. 2 erfaßt (Köln JR **79**, 26; aM Frankfurt NJW **91**, 117). **Hymne** der BRep. ist (lediglich) die 3. Strophe des Deutschlandliedes (BVerfG NJW **90**, 1986). Die abw. Meinung von Hellenthal (NJW **88**, 1294) und Spendel (JZ **88**, 744; vgl. Allgaier MDR **88**, 1022 und Radbruch Ges. Ausg. Bd. 16 S. 263, 380) hat das BVerfG (aaO) nicht anerkannt (vgl. auch Hümmrich/Beucher NJW **87**, 3227). Tathandlung ist das **Verunglimpfen** (2 zu § 90), zB das verächtliche Bezeichnen der *Bundesflagge* als „schwarz-rot-gelb" (16. 11. 1959, 3 StR 45/59); Pfui-Rufe beim Absingen der Nationalhymne (Hamm GA **63**, 267) oder das böswillige Entstellen des Textes des *Deutschlandliedes* (LG Baden-Baden NJW **85**, 2431). Demgegenüber hat das BVerfG (E **81**, 278 m. Anm. Gusy JZ **90**, 640; Berkemann JR **90**, 451) in Verkennung des Schutzzwecks des § 90 a bei einem „Objekt plumper Verhöhnung" (so die zutr. Bewertung des BMJ der Schrift „Deutschlandlied '86") schon den Tatbestand des Verunglimpfens bezweifelt und die Schrift als „satirische Nachdichtung" der Kunstfreiheitsgarantie des Art. 5 III S. 1 GG unterstellt, die eine Verunglimpfung aber nicht *generell* ausschließt (BVerfGE **81**, 298; vgl. BVerfGE **30**, 193). So unterliegen Kunstwerke, die verfassungsrechtlich geschützte Werte beeinträchtigen, nicht erst dann Schranken, wenn sie den Bestand des Staates oder der Verfassung unmittelbar gefährden (aM AK-Sonnen 37), vielmehr ist der schonendste Ausgleich widerstreitender verfassungsrechtlich geschützter Interessen zu suchen, was eine Abwägung der Kunstfreiheit mit anderen Verfassungsgütern voraussetzt (BVerfGE **30**, 191; **77**, 253). Im Falle einer besonders groben Verunglimpfung (Collage, die einen Männertorso darstellt, der bei einem öffentlichen Soldatengelöbnis auf die Bundesfahne uriniert) der als Verfassungswert (Art. 22 GG) geschützten Bundesflagge hat das BVerfG (E **81**, 292 m. Anm. Gusy JZ **90**, 640; vgl. auch Henschel NJW **90**, 1944) den Symbolschutz gegenüber der Kunstfreiheitsgarantie als lebensfremden Gründen zurücktreten lassen (anders und iErg. zutr. Frankfurt NJW **84**, 1144; **86**, 1672; offen gelassen BGH NJW **86**, 1271; vgl. auch Volk JR **84**, 411). Denn der Beschluß gewährt denjenigen einen „Künstlerbonus", die ihre Rechtsverstöße als Emanationen künstlerischen Schaffens einzukleiden wissen. Dadurch wird der Kunstbegriff nicht nur des letzten Inhalts entleert, sondern zum Nährboden für Rechtsbrüche (vgl. hierzu LK-Herdegen 8 zu § 193; Otto JR **83**, 10). Das BVerfG bleibt damit nicht nur hinter dem Schutz zurück, den die Staatsflagge im Weimarer Staat immerhin noch hatte (vgl. RG **61**, 308; **65**, 4; JW **31**, 1589), es mutet den Wehrpflichtigen, die bei der Erfüllung ihrer staatsbürgerlichen Pflicht Grundrechtseinschränkungen hinzunehmen haben (Art. 17 a GG) auch noch zu, daß andere diese staatsbürgerliche Inpflichtnahme – verfassungsrechtlich abgesichert – auf obszöne Weise diskreditieren dürfen. Nach richtiger Auffassung vermag Art. 5 III GG auch ein Plakat mit einem Bundesadler nicht zu rechtfertigen, in dem Gefängnismauern und eine auf „Isolationsfolter" verweisende Inschrift fotomontiert wurde (aM Köln OLGSt. 5) oder der Bundesadler und ein mit dem Hakenkreuz versehener Reichsadler „innig verbunden" wurden (LG Frankfurt NJW **89**, 594). Verfassungsbeschwerden gegen die Entscheidungen Frankfurt NJW **84**, 1128 u. MDR **84**, 423 in vergleichbaren Fällen der Verunglimpfung des hess. Staatswappens (*„Hessenlöwe"*) hat das BVerfG mangels hinreichender Erfolgsaussicht nicht angenommen (NJW **85**, 263).

§ 90a
BT Erster Abschnitt. Dritter Titel

7 4) **Gemeinsam für I Nr. 1 und 2** gilt, daß der Täter öffentlich (5 zu § 111), in einer Versammlung (2 zu § 80a) oder durch Verbreiten von Schriften usw. (2, 3ff. zu § 74d) handeln muß.

8 5) **A. Die Verkörperung der Symbole** schützt **II**, nämlich a) die **Flagge** der BRep. (oben 2ff.) oder eines ihrer Länder oder b) deren **Hoheitszeichen**, dh Zeichen, welche die Staatsgewalt öffentlich und autoritativ zum Ausdruck bringen sollen (RG **63**, 287; Braunschweig NJW **52**, 518), zB Wappen an Grenzpfählen oder Ministerien, Kokarden an Dienstmützen (Braunschweig NJW **53**, 875). Die Flagge muß öffentlich, wenn vielleicht auch nur von einem Privatmann (AG Peine NJW **51**, 894) gezeigt, das Hoheitszeichen von der Behörde, dh kraft Hoheitsgewalt, wenn auch von privater Hand (Kokarde an der Dienstmütze, Braunschweig aaO), angebracht sein. Öffentlich heißt hier im Gegensatz zu I soviel wie für jedermann sichtbar (Braunschweig aaO; etwas enger GA **61**, 18 Nr. 3).

9 **B. Tathandlungen** sind **Entfernen** (dh räumliche Trennung, wenn auch am gleichen Ort, zB Niederholen der Flagge), **Zerstören** (10 zu § 303), **Beschädigen** (5ff. zu § 303), **Unbrauchbarmachen** (7 zu § 316b), **Unkenntlichmachen** (zB durch Übermalen) und das Verüben **beschimpfenden Unfugs** an der Sache, dh ein Kundgeben der Mißachtung des Symbols in roher Form, die sich räumlich unmittelbar gegen die Sache richtet (vgl. RG **43**, 201), zB das Anspeien des Wappens, Umsägen des beflaggten Fahnenmastes (GA **61**, 18 Nr. 3), verächtliches Antippen an die Dienstkokarde unter der Bezeichnung „schwarz-rot-mostrich" (Braunschweig NJW **52**, 518), hinsichtlich der für die Herstellung und die Veröffentlichung von Druckwerken presserechtlichen Verantwortlichen gilt eine strafrechtliche Sonderhaftung (NJW **80**, 67).

10 6) **Vorsatz** ist für I und II erforderlich, bedingter genügt (NJW **61**, 1933). Der Täter muß sich der Bedeutung seiner Handlung für den unbefangenen Beobachter bewußt sein (GA **61**, 19; Köln GA **72**, 216), daß er hierbei den Zweck verfolgte, andere Täter von künftigen Gewalttaten abzubringen, schließt die Täterschaft nach § 90a nicht aus (30. 1. 1979, 5 StR 642/78).

11 7) **Die Strafe** ist, jedoch nicht im Mindestmaß und hinsichtlich der jeweils möglichen Geldstrafe, abgestuft. Nach III ist die Tat qualifiziert, wenn sich der Täter durch die Tat für **verfassungswidrige Bestrebungen** (§ 92 III Nr. 1, 3; ferner 4 zu § 90b) einsetzt (13 zu § 87); es handelt sich insoweit um ein Tatbestands- und nicht nur um ein Strafschärfungsmerkmal (BGH **32**, 332). **Nebenfolgen** § 92a, Einziehung § 92b; Schutz der NATO-Staaten 4 vor § 80; Zuständigkeit, Verfahren, Überwachungsmaßnahmen, 5, 6 vor § 80.

12 8) **Tateinheit** möglich zB mit §§ 86, 89, 90b, 304. § 303 tritt hinter II zurück; LK 15; SK 17. Verwirklicht der Täter II in mehreren Formen, so ist das nur eine Tat, GA **61**, 18 Nr. 3.

Verfassungsfeindliche Verunglimpfung von Verfassungsorganen
RiStBV 202ff.

90b I Wer öffentlich, in einer Versammlung oder durch Verbreiten von Schriften (§ 11 Abs. 3) ein Gesetzgebungsorgan, die Regierung oder das Verfassungsgericht des Bundes oder eines Landes oder eines ihrer Mitglieder in dieser Eigenschaft in einer das Ansehen des

Gefährdung des demokratischen Rechtsstaates § 90 b

Staates gefährdenden Weise verunglimpft und sich dadurch absichtlich für Bestrebungen gegen den Bestand der Bundesrepublik Deutschland oder gegen Verfassungsgrundsätze einsetzt, wird mit Freiheitsstrafe von drei Monaten bis zu fünf Jahren bestraft.

II Die Tat wird nur mit Ermächtigung des betroffenen Verfassungsorgans oder Mitglieds verfolgt.

1) **Die Vorschrift** (idF des 8. StÄG; 1 vor § 80; iVm Art. 1 Nr. 4 des 4. StrRG und Art. 19 Nr. 11 EGStGB) entspricht weitgehend dem § 97 aF. Zum Wegfall der Aufforderung zur Verunglimpfung vgl. 1 zu § 90, zur Einschränkung des Tatorts § 91; 1 zu § 90a.

2) **Geschützt** sind a) **Gesetzgebungsorgane** (2 zu § 105), die **Regierung**, die **Verfassungsgerichte** des Bundes und der Länder, b) **deren Mitglieder**, soweit sie nicht als Politiker oder Privatpersonen, sondern in ihrer Eigenschaft als Mitglieder des Verfassungsorgans angegriffen werden (BGH **8**, 191; NJW **57**, 837).

3) **Tathandlung** ist das **Verunglimpfen** (2 zu § 90), und zwar in der erweiterten Öffentlichkeit, vgl. 7 zu § 90a. Im Gegensatz zu §§ 90, 90a muß der Täter aber außerdem in einer das Ansehen des Staates gefährdenden Weise handeln. Die Tat ist also auch im Falle des Angriffes gegen Mitglieder Staatsschutzdelikt und konkretes Gefährdungsdelikt, zB Bezeichnung der BRep. als „Verbrecherbande und Lumpenpack" (LG Bamberg NJW **53**, 673). Die Tat ist ein Presseinhaltsdelikt (8 zu § 78, BGH **26**, 44).

4) **Zum Vorsatz,** der bedingt sein kann (GA **61**, 21, Nr. 2, 3, 5), genügt nicht das Bewußtsein, iS des § 185 Unrecht zu tun (StV **82**, 218; MDR/S **83**, 1), es muß hinzutreten, daß sich der Täter durch die Tat für **verfassungswidrige Bestrebungen** (§ 92 III Nr. 1, 3) einsetzt (13 zu § 87). Aus den Schriften usw. selbst braucht das nicht unmittelbar hervorzugehen (GA **61**, 21 Nr. 4; BGH **29**, 160; einschränkend wohl Düsseldorf NJW **80**, 603). Setzt er sich ein und will er zugleich eine unverbotene Partei in der BRep. durch die Tat unterstützen, so steht, da Verunglimpfungen keine sozialadäquate Parteitätigkeit sind, Art. 21 GG der Anwendung des § 90b nicht entgegen (BGH **29**, 51; so schon für § 97 aF GA **61**, 21 Nr. 7, 8; Köln NJW **54**, 973; Willms, Dreher-FS 141; MDR/S **81**, 90; Spendel, v. d. Heydte-FS 1215; ferner 2 zu § 90a; aM SK-Rudolphi 6, ferner 8 vor § 80). Wer glaubt iS der §§ 90a, 90b keine Rechtsverletzung zu begehen, handelt im Verbotsirrtum (StV **82**, 218).

5) Zur Strafe beachte § 92a; zur Einziehung § 92b.

6) Zur **Ermächtigung** vgl. Anm. zu § 77e; Schlichter GA **66**, 362. Bei Verunglimpfung von Kollegialorganen bedarf es ihres Beschlusses (BVerfGE **6**, 323). Ist ein verunglimpfter Minister aus der Reg. ausgeschieden, so erteilt sein Nachfolger, nicht das Kabinett, die Ermächtigung (M-Schroeder § 84, 79; **aM** BGH **29**, 282; LK[11]-Laufhütte 9, wo freilich nicht hinreichend berücksichtigt ist, daß eine entsprechende [§ 77e] Anwendung des § 77 nicht außer Acht lassen kann, daß § 90b Mitglieder von Verfassungsorganen in dieser Eigenschaft schützt und nicht in ihrem privaten Bereich und es daher ebenso wie in § 353b IV Nr. 1, 2 im wesentlichen um Interessen des Amtes geht). Nebenklage § 395 III StPO. Zuständigkeit und Verfahren 5 vor § 80.

§ 90b BT Erster Abschnitt. Dritter Titel

7 7) **Tateinheit** ist mit §§ 185 ff. möglich, welche die Ehre der Person als solcher schützen (so schon für § 97 aF BGH **6**, 159; str.; a**M** MDR **79**, 857; vgl. aber Schmidt LM Nr. 1; Lackner 6); nimmt man Gesetzeskonkurrenz gegenüber § 187a an, so ist die Mindeststrafe in § 187a II einzuhalten (23 vor § 52). Auch mit §§ 86, 90, 90a (BGH **11**, 11) ist Tateinheit möglich.

Anwendungsbereich

91 Die §§ 84, 85 und 87 gelten nur für Taten, die durch eine im räumlichen Geltungsbereich dieses Gesetzes ausgeübte Tätigkeit begangen werden.

1 1) **Die Vorschrift** (idF des Art. 19 Nr. 12 EGStGB) enthielt idF des 8. StÄG 3 Nummern, von denen Nr. 1 dem jetzigen § 91 entsprach. Zu Nr. 3 aF vgl. § 5 Nr. 3a; zu Nr. 2 vgl. 9ff. zu § 3 und Ber. BT-Drs. V/4015 S. 45, Prot. V 1734f., 1919ff.; Langrock, Der besondere Anwendungsbereich der Vorschriften über die Gefährdung des demokratischen Rechtsstaats, 1972.

2 2) § 91 beschränkt in ungewöhnlicher und Spannungen nicht vermeidender Weise (12 zu § 84; 11 zu § 87; Lüttger JR **69**, 129) die Anwendung der §§ 84, 85 und 87 auf Taten, die durch eine im räumlichen Geltungsbereich des Gesetzes (2 **3** vor § 80) ausgeübte Tätigkeit begangen werden. **A.** Mit **Tätigkeit** ist nicht die Tatbestandsverwirklichung in ihrer Gesamtheit, sondern nur das gemeint, was der Täter selbst tut, sein eigener Tätigkeitsakt, also nicht das, was er durch ein Werkzeug oder andere, etwa durch einen Boten oder die Post tut, und vor allem nicht der Handlungserfolg, insbesondere der tatbestandsmäßige Erfolg, so daß Distanzdelikte (2 ff. zu § 9) ausscheiden. § 91 ist jedoch gegeben, wenn sich nur ein Teil der Tätigkeit im Geltungsbereich abspielt (aM AK-Sonnen 4), so nach Vollendung, aber vor Beendigung der Tathandlung (vgl. 4 ff. zu § 22) sowie bei Teilakten einer natürlichen Handlungseinheit (vgl. RG **50**, 425; 7 zu § 84), eines Dauerdelikts (RG **30**, 100) oder einer fortgesetzten Handlung (RG **71**, 288; aM **4** LK[11]-Laufhütte 3; SK-Rudolphi 2). **B.** Auch ein **Unterlassen** kann Tätigkeit iS von § 91 sein; zB wenn ein Polizeibeamter den organisatorischen Zusammenhalt einer verbotenen Vereinigung dadurch unterstützt, daß er eine Zusammenkunft der Mitglieder pflichtwidrig nicht verhindert. Für § 91 kommt es darauf an, ob sich der Unterlassende im Augenblick, wo er handeln müßte, im Gel-**5** tungsbereich aufhält (LK[11] 4; SK 3; Lackner 2; aM SchSch-Stree 5). **C.** Für die **Teilnahme** gilt im Gegensatz zu den sonstigen Grundsätzen (§ 9 II) folgendes: Wird der Haupttäter im Geltungsbereich tätig, der Mittäter, Anstifter oder Gehilfe aber ausschließlich außerhalb dieses Bereiches, so ist dieser nicht strafbar (Prot. V 1734). Ob dasselbe gilt, wenn jemand iS von § 111 StGB zu Straftaten nach §§ 84, 85 und 87 auffordert (so Prot. V 1920), ist zw. Hingegen ist nach allgemeinen Grundsätzen der im Geltungsbereich tätig werdende Teilnehmer nicht strafbar, wenn der Haupttäter nur außerhalb des Bereichs tätig wird und die Tat dort nicht strafbar ist (LK[11] 5; SK 4; Lackner 1; aM SchSch 6; AK 5). Im übrigen spielt die Teilnahmeproblematik bei den §§ 84, 85 keine erhebliche Rolle, weil es dort eine Beihilfe im technischen Sinne nicht gibt (8 zu 84) und der Anstifter häufig als Hintermann anzusehen sein wird.

Gemeinsame Vorschriften **§ 92**

Vierter Titel. Gemeinsame Vorschriften

Begriffsbestimmungen

92 ^I Im Sinne dieses Gesetzes beeinträchtigt den Bestand der Bundesrepublik Deutschland, wer ihre Freiheit von fremder Botmäßigkeit aufhebt, ihre staatliche Einheit beseitigt oder ein zu ihr gehörendes Gebiet abtrennt.

^{II} Im Sinne dieses Gesetzes sind Verfassungsgrundsätze

1. das Recht des Volkes, die Staatsgewalt in Wahlen und Abstimmungen und durch besondere Organe der Gesetzgebung, der vollziehenden Gewalt und der Rechtsprechung auszuüben und die Volksvertretung in allgemeiner, unmittelbarer, freier, gleicher und geheimer Wahl zu wählen,
2. die Bindung der Gesetzgebung an die verfassungsmäßige Ordnung und die Bindung der vollziehenden Gewalt und der Rechtsprechung an Gesetz und Recht,
3. das Recht auf die Bildung und Ausübung einer parlamentarischen Opposition,
4. die Ablösbarkeit der Regierung und ihre Verantwortlichkeit gegenüber der Volksvertretung,
5. die Unabhängigkeit der Gerichte und
6. der Ausschluß jeder Gewalt- und Willkürherrschaft.

^{III} Im Sinne dieses Gesetzes sind

1. Bestrebungen gegen den Bestand der Bundesrepublik Deutschland solche Bestrebungen, deren Träger darauf hinarbeiten, den Bestand der Bundesrepublik Deutschland zu beeinträchtigen (Absatz 1),
2. Bestrebungen gegen die Sicherheit der Bundesrepublik Deutschland solche Bestrebungen, deren Träger darauf hinarbeiten, die äußere oder innere Sicherheit der Bundesrepublik Deutschland zu beeinträchtigen,
3. Bestrebungen gegen Verfassungsgrundsätze solche Bestrebungen, deren Träger darauf hinarbeiten, einen Verfassungsgrundsatz (Absatz 2) zu beseitigen, außer Geltung zu setzen oder zu untergraben.

1) **Die Vorschrift** idF des 8. StÄG (1 vor § 80) ist in I und II dem § 88 aF **1**
nachgebildet; III enthält neue Begriffsbestimmungen. § 92 ist von Bedeutung
für die §§ 81 I Nr. 1, 83, 87 bis 90 b. Zu § 88 aF Schafheutle, Küster JZ **51**, 609;
659; Echterhölter JZ **53**, 656; Schneidewin JR **54**, 241.

2) **Den Bestand der BRep. beeinträchtigen** bedeutet nach I

A. **die Freiheit der BRep. von fremder Botmäßigkeit aufheben,** also **2**
deren völkerrechtliche Souveränität oder auch nur faktisch deren Handlungsfreiheit beseitigen und die BRep. unter die Entscheidungsgewalt außerdeutscher Mächte bringen, zB durch Verwandlung in ein Protektorat
oder einen Satellitenstaat, während Teilnahme an einer Staatengemeinschaft, an über- oder zwischenstaatlichen Einrichtungen auch bei Einschränkung oder Übertragung eigener Hoheitsrechte nicht hierher gehört.

753

§ 92 BT Erster Abschnitt. Vierter Titel

3   **B. die staatliche Einheit der BRep. beseitigen,** dh sie in einen Staatenbund verwandeln oder in einzelne Staaten aufsplittern, während die Verwandlung in einen Einheitsstaat ein Fall der Nr. 2 wäre;

4   **C. ein zur BRep. gehörendes Gebiet abtrennen,** dh einem anderen Staat einverleiben oder selbständig machen, wobei das Gebiet der BRep. die in der Präambel des GG aufgeführten Länder, das Saarland und Berlin umfaßt, mag auch Berlin nach dem VierMAbk völkerrechtlich nicht als Bestandteil der BRep. gelten.

5   **3) Die Verfassungsgrundsätze** in **II,** die nicht durch Auslegung erweitert werden können (krit. LK[11]-Laufhütte 3), decken sich nicht mit dem Begriff der verfassungsmäßigen Ordnung in §§ 81 I Nr. 2, 82 I Nr. 2, 85 I Nr. 2, 86 I Nr. 2, 89 I, 90a I Nr. 1 (6f. zu § 81).

   A. Sie sichern in

6   **Nr. 1** Volkssouveränität, Gewaltenteilung und demokratisches Wahlrecht (Art. 20 II, 79 III, 28 I, 38 I GG), und zwar auch die Unmittelbarkeit der Wahl (Prot. V 1247); gegen Nr. 1 (und 4) verstößt zB die Forderung eines „Volkskampfes gegen Demokratie und Ausbeutung" und für eine „Volksmiliz" unter Übernahme der Befehlsgewalt durch die „werktätige
7   Bevölkerung" (JR **77,** 30 m. Anm. Schroeder). **Nr. 2** die rechtsstaatliche
8   Bindung der drei Gewalten (Art. 20 III, 79 III GG); **Nr. 3** die parlamentarische und daher stets verfassungsmäßige (Prot. V 1248) Opposition (vgl. Art. 21 GG), so daß die Bildung einer Einheitspartei oder die Einführung eines „volksdemokratischen Regimes" (GA **61,** 2 Nr. 5) den Grundsatz
9   verletzte; **Nr. 4** die verfassungsmäßige Parlamentskontrolle über die Regierung (Art. 67 GG), die in deren, wenn auch nicht jederzeitigen Ablösbarkeit und ihrer materiellen Verantwortlichkeit gegenüber dem Parlament zum Ausdruck kommt; die Form des Mißtrauensvotums braucht sie nicht
10 zu haben (str.); **Nr. 5** die richterliche Unabhängigkeit (Art. 97 I GG); **Nr. 6,** die eine Art Generalklausel enthält, den Ausschluß eines Regimes, das wie
11 das der DDR (GA **61,** 1 Nr. 3) oder das des Nat. Soz. (GA **66,** 300 Nr. 15) an die Stelle des freiheitlichen Rechtsstaates Gewalt und Willkür setzt (§§ 194 II, 234a, 241a). Nr. 6 hat eine über die übrigen Nummern hinausreichende selbständige Bedeutung; dabei spielen auch die Grundrechte eine wesentliche Rolle. Willkürherrschaft wäre es, wenn kein Jude in der BRep. auf irgendeinem maßgebenden Posten sitzen dürfte (BGH **13,** 32); nicht aber schon, wenn einzelne, die keine maßgeblichen Staatsämter bekleiden, gegen Grundrechte und Geist der Verfassung handeln (BGH **13,** 375; vgl. weiter GA **63,** 353 Nr. 8–10).

12 **B.** Bestrebungen gegen die Verfassungsgrundsätze sind nur in den tatbestandlich umschriebenen Formen der unter 1 angeführten Vorschriften strafbar, nicht hingegen, wenn Verfassungsänderung in einer vom GG erlaubten Weise angestrebt wird (vgl. aber Art. 79 III GG), so im Wege verfassungsmäßiger Opposition (JZ **63,** 645). Das Erfordernis einer staatsgefährdenden Absicht ist aus II nicht zu entnehmen (str.).

13 **4) Bestrebungen** iS der §§ 87 bis 90b definiert **III** dahin, daß es sich um solche Bestrebungen handeln muß, deren Träger auf den in Nr. 1 bis 3 bezeichneten Erfolg hinarbeiten; dh es muß sich um tatsächlich im Gang befindliche Bemühungen mindestens eines Menschen handeln (vgl. LK[11] 5;

Gemeinsame Vorschriften § 92

SchSch-Stree 13; SK-Rudolphi 10), der dem Täter namentlich nicht bekannt zu sein braucht und dem es darauf ankommt, allein oder mit anderen den Erfolg zu erreichen, und der für dieses Ziel aktiv tätig ist. Das Ziel ist in **Nr. 1**, den **Bestand der BRep.** (oben 2 ff.); in **Nr. 2,** die **äußere oder** die **innere Sicherheit** der BRep. zu beeinträchtigen, dh die Fähigkeit der BRep., sich nach außen und innen gegen Störungen zur Wehr zu setzen (BGH 28, 316; NStZ 88, 215); in **Nr. 3** einen Verfassungsgrundsatz (oben 5 ff.) zu **beseitigen,** dh förmlich abzuschaffen, **außer Geltung zu setzen,** dh seine faktische Nichtanwendung, wenn auch zeitlich oder örtlich begrenzt, herbeizuführen (Nichtbeachtung im Einzelfall reicht nicht aus, Schafheutle JZ **51**, 614) oder zu **untergraben,** dh die Wirksamkeit der formell bestehenbleibenden Grundsätze, insbesondere durch langsames Unglaubwürdigmachen (Prot. V 1250), herabzusetzen; und zwar nach Düsseldorf NJW **80**, 604 bereits schon mit der Behauptung, die politischen Verantwortlichen der BRep. hielten sich nicht an die Verfassungsgrundsätze (zw.). Nach BGH **4**, 291 fällt darunter jede Tätigkeit, die auf Beseitigung, Änderung oder auch nur Erschütterung eines Zustandes gerichtet ist, was nach v. Weber JZ **54**, 198 zu weit geht (vgl. auch BVerfGE **39**, 348; BGH JR **77**, 28 m. Anm. Schroeder).

Nebenfolgen

92 a Neben einer Freiheitsstrafe von mindestens sechs Monaten wegen einer Straftat nach diesem Abschnitt kann das Gericht die **Fähigkeit, öffentliche Ämter zu bekleiden, die Fähigkeit, Rechte aus öffentlichen Wahlen zu erlangen, und das Recht, in öffentlichen Angelegenheiten zu wählen oder zu stimmen, aberkennen (§ 45 Abs. 2 und 5).**

Die Vorschrift idF des Art. 19 Nr. 13 EGStGB (vgl. zum 8. StÄG 1 vor § 80) ergänzt die §§ 45 bis 45b, die anwendbar bleiben. Sie ermöglicht neben Freiheitsstrafe von mindestens 6 Monaten wegen Straftaten nach den Vorschriften des Abschnitts die Statusfolgen nach § 45 II, V, und zwar einzeln oder insgesamt (beachte § 45 III, IV, §§ 45a, 45b). Im Fall einer Gesamtstrafe müssen mindestens Einzelstrafen nach den genannten Vorschriften die Höhe von insgesamt 6 Monaten erreichen. Anwendung zum Schutz der NATO-Staaten 4 vor § 80.

Einziehung

92 b Ist eine Straftat nach diesem Abschnitt begangen worden, so können

1. **Gegenstände, die durch die Tat hervorgebracht oder zu ihrer Begehung oder Vorbereitung gebraucht worden oder bestimmt gewesen sind, und**
2. **Gegenstände, auf die sich eine Straftat nach den §§ 80a, 86, 86a, 90 bis 90b bezieht,**

eingezogen werden. § 74a ist anzuwenden.

1) Die Vorschrift idF des 8. StÄG (1 vor § 80) iVm Art. 19 Nr. 14 EGStGB **1** erweitert die Möglichkeiten der Einziehung über § 74 I hinaus. Einschränkungen können sich aus Art. 5 GG (Grundrecht auf **Informationsfreiheit**) erge-

§ 92 b

ben. Es bedarf bei der Kollision dieses Rechts mit der Schutzaufgabe des Strafrechts, Verfassungsgefährdungen abzuwehren, der Abwägung je nach Lage des Falles (vgl. BVerfGE **27**, 71; BGH **23**, 267; Willms JZ **70**, 514; Faller MDR **71**, 1; Träger/Mayr/Krauth BGH-FS 227, 242; Eser Sanktionen 197).

2 2) **Nr. 1** enthält allerdings keine Erweiterung, da sie nur wiederholt, was
3 schon nach § 74 I gilt. **A. Nr. 2** erweitert die Einziehungsmöglichkeit in den dort genannten Fällen auf die sog. Beziehungsgegenstände (10 zu § 74). Solche sind bei § 86 die verbreiteten, vorrätig gehaltenen und eingeführten Propagandamittel und bei § 86a die verwendeten oder verbreiteten Kennzeichen (BGH **23**, 69). Ob die Darstellungen (Schriften usw.) in den Fällen der §§ 80a, 90 bis 90b nicht schon als *instrumenta sceleris* und die nach § 86 hergestellten Propagandamittel nicht schon als *producta sceleris* eingezogen werden können, so daß insbesondere § 74 II Nr. 2 schon ohnehin eingreift, ist zw. Sind sie mit Prot. V 1253 und dem Ber. S. 13 als Beziehungsgegenstände anzusehen, so sichert Nr. 2 über § 74 IV die Anwendung von § 74 II. Dessen Anwendbarkeit bedeutet allerdings entgegen den angegebenen Stellen, wo auch mißverständlich von einer zweispurigen Regelung gesprochen wird, **keine Erweiterung der Einziehungsmöglichkeit** bei Schriften usw. **gegenüber § 74d.** Das Verhältnis ist vielmehr umgekehrt folgendes (vgl. 1 zu § 74d): Soweit die Schriften Tatmittel, Taterzeugnisse oder Beziehungsgegenstände einer konkreten Tat nach §§ 80a, 86, 90 bis 90b waren (vgl. GA **67**, 97 Nr. 30), ist ihre Einziehung nach § 74 II, infolge von § 92b S. 2 auch nach § 74a (unten 4), möglich. Das bedeutet, daß die Schriften, soweit sie tatsächlich verbreitet worden sind, nicht nur gegenüber dem Tatbeteiligten, wenn er Eigentümer ist (§ 74 II Nr. 1), und unter den Voraussetzungen von § 74a gegenüber bestimmten Dritteigentümern eingezogen werden können, sondern auch dann, wenn sie gefährlich iS von § 74 II Nr. 2 sind, gegenüber jedermann, zB einem Kioskinhaber oder einem unbeteiligten Endbesitzer. Dasselbe gilt für § 86, soweit der abgeurteilte Täter die Schriften iS dieser Vorschrift hergestellt, vorrätig gehalten oder eingeführt hat. Einziehung nach § 74 II Nr. 2 wird vielfach in Betracht kommen, seltener weil die Schriften die Allgemeinheit (zB in Fällen des § 80a) gefährden, sondern vor allem, weil die Gefahr besteht, daß sie wiederum in mit Strafe bedrohter Weise verbreitet werden. Werden dann tatunbeteiligte Dritte von der Einziehung betroffen, so kommt deren Entschädigung nach § 74f. in Betracht; oft wird aber dessen II Nr. 2 eine Entschädigung ausschließen. Die **Bedeutung** des § 74d liegt gegenüber den geschilderten Einziehungsmöglichkeiten in einer Erweiterung auf solche Exemplare, die bei der konkreten Tat weder die Rolle des Tatmittels oder Taterzeugnisses noch die des Beziehungsgegenstandes gespielt haben. Ist auch nur ein einziges Exemplar durch irgendeine mit Strafe bedrohte Handlung verbreitet, allgemein zugänglich gemacht oder zur Verbreitung bestimmt worden, so werden auch die „tatunbeteiligten" Stücke im Umfang von § 74d II oder III eingezogen; außerdem werden die Herstellungsvorrichtungen im Umfang von § 74d I S. 2 unbrauchbar gemacht (vgl. im einzelnen § 74d mit Anm.). Das bedeutet im Bereich des § 92b vor allem, daß in den Fällen der §§ 80a, 90 und 90a auch sonstige Stücke der Schrift, die iS von § 74 II vor der Verbreitung stehen, und in den Fällen des § 90b andere Stücke wenigstens im Umfang von § 74d III (da Tatbestandsverwirklichung nur beim Hinzutreten absichtlichen Sicheinsetzens für verfas-

Landesverrat und Gefährdung der äußeren Sicherheit § 93

sungswidrige Bestrebungen eintritt; vgl. 10ff. zu § 74d) eingezogen werden können. Schließlich bedeutet aber § 74d, auch soweit er sich mit einer Einziehungsmöglichkeit nach § 74 im geschilderten Sinn überschneidet, für den Richter den gesetzlichen **Zwang** zur Einziehung im Umfang der Vorschrift (BGH 23, 208), in den Fällen des § 74d II gelockert allerdings durch die Gefährlichkeitsklausel seiner Nr. 2. Das heißt, daß zB die Schriften beim Drucker eingezogen werden müssen, die beim Endbesitzer nur eingezogen werden können; im letzten Fall gilt dabei der Verhältnismäßigkeitsgrundsatz des § 74b.

B. Satz 2 erweitert die Einziehungsmöglichkeit über § 74 hinaus gegen- 4
über Dritteigentümern unter den Voraussetzungen des § 74a. Die Erweiterung ist ohne Bedeutung, soweit zB im Bereich des § 92b Gefährlichkeit iS von § 74 II Nr. 2 besteht, da gegenüber einer solchen Sicherungseinziehung der § 74a ausscheidet (dort 1). Außerdem greift bei Schriften usw. § 74d auch gegenüber Dritteigentümern in weitem Umfang ein.

3) Zur Einziehung **des Entgelts** für die Tat oder eines ihm entsprechenden 5
Geldbetrages vgl. §§ 73ff.

4) **Zum Verfahren** vgl. 15 zu § 74d; Vermögensbeschlagnahme § 443 StPO; 6
Ausnahmen von §§ 431, 442 StPO in § 431 I S. 3 StPO; Schutz der NATO-Staaten 5 zu § 80.

Zweiter Abschnitt
Landesverrat und Gefährdung der äußeren Sicherheit

Begriff des Staatsgeheimnisses RiStBV 213

93 ^I Staatsgeheimnisse sind Tatsachen, Gegenstände oder Erkenntnisse, die nur einem begrenzten Personenkreis zugänglich sind und vor einer fremden Macht geheimgehalten werden müssen, um die Gefahr eines schweren Nachteils für die äußere Sicherheit der Bundesrepublik Deutschland abzuwenden.

^{II} **Tatsachen, die gegen die freiheitliche demokratische Grundordnung oder unter Geheimhaltung gegenüber den Vertragspartnern der Bundesrepublik Deutschland gegen zwischenstaatlich vereinbarte Rüstungsbeschränkungen verstoßen, sind keine Staatsgeheimnisse.**

1) **Die Vorschrift** idF des 8. StÄG (1 vor § 80; vgl. auch § 393 E 1962, 1
§ 100d RegE, § 99 IV, V SPDE, § A 14 AE), definiert den Begriff des Staatsgeheimnisses, jedoch nur den Grundbegriff, der lediglich in § 94 I Nr. 2, § 96 iVm § 94 I Nr. 2 und § 98 gilt. Diesem materiellen Grundbegriff steht ein eingeschränkter materiell-faktischer Begriff gegenüber, der in den §§ 95, 96 II, 97 gilt. Schließlich erweitert das Gesetz den Grundbegriff in § 94 I Nr. 1 und in § 96 iVm § 94 I Nr.1 (inkonsequenterweise nicht auch in § 98) durch Einbeziehung der in § 93 II definierten illegalen Geheimnisse (§ 97a). Als Auffangvorschriften kommen noch die §§ 99, 353b in Betracht. **Schrifttum:** *Gusy* GA **92**, 195 (Landesverratsrechtsprechung in der WeimRep.); *Kohlmann,* Der Begriff des Staatsgeheimnisses und das verfassungsrechtliche Gebot der Bestimmtheit von Strafvorschriften, 1969; *Lüttger* JR **69**, 121; *Rutkowski* KR **80**, 491, 544; *Schroeder,* Der Schutz von Staat und Verfassung usw., 1970.

§ 93

2) **Staatsgeheimnisse** sind nach I

2 A. Gegenstände, dh hier Sachen wie zB Flugzeuge, Waffen, aber auch Schriften, Zeichnungen, Modelle, Funkschlüssel (GA **66**, 303 Nr. 72); gedankliche Sachverhalte wie **Tatsachen** (1 ff. zu § 263), **Erkenntnisse,** so zB Jahresabschlußberichte des BND über die militärische Bedeutung der DDR im ehem. Warschauer Pakt oder die Gesamtheit der Einrichtungen und die organisatorische und personelle Struktur des BND (Bay 15. 11. 1991, 3 StR 1/91), ferner andere Nachrichten über Gegenstände usw., die selbst wiederum Tatsachen zum Inhalt haben (weitergegeben werden können nur Sachen oder Nachrichten); nicht der Mensch (AK-Sonnen 34; str.; aM LK-Träger 2; SK-Rudolphi 6) wohl aber ihn betreffende Tatsachen wie zB seine Bereitschaft zum Landesverrat (BGH **6**, 385; **10**, 108) oder seine Stellung innerhalb eines Abwehrdienstes (BGH **20**, 342; GA **61**, 129 ff. B Nr. 19, 23, 24, 51; GA **64**, 134 Nr. 15; **66**, 303 Nr. 71). Wer einen Geheimnisträger in die Gewalt eines fremden Nachrichtendienstes bringt, kann daher nicht nach § 94, sondern nur nach § 96 I/ § 22 strafbar sein (aM GA **61**, 129 ff. D Nr. 5). Die Tatsachen, Gegenstände usw.

3 B. dürfen **nur einem begrenzten Personenkreis zugänglich sein,** dh einem zahlenmäßig zwar nicht immer bestimmten oder bestimmbaren Kreis, der aber so begrenzt sein muß, daß von der Zahl her gesehen allgemeines Bekanntwerden nicht erwartet zu werden braucht (Bay 15. 11. 1991 3 St 1/91; vgl. M-Schroeder § 85, 14; LK 3; Klug, Engisch-FS 570). Wo die Grenze liegt, ist Tatfrage. Gemeint ist das tatsächliche **Geheimsein** (wie das Merkmal „geheimgehalten werden muß" ergibt), das durch die Kenntnis eines gewissen Personenkreises nicht aufgehoben wird (**personell relativer Geheimnisbegriff**; vgl. BGH **7**, 234; **20**, 377; NJW **65**, 1190). Der Personenkreis kann ein beliebiger sein und sich nicht nur aus Amtsträgern oder Soldaten, sondern zB auch aus Angehörigen der Wirtschaft oder der Wissenschaft zusammensetzen. Ein Staatsgeheimnis ist also auch ohne Kenntnis einer staatlichen Stelle möglich (Prot. V 148). Doch muß der Personenkreis mindestens zum Teil in der BRep. bestehen; eine ausländische Erfindung zB kommt nur in Betracht, wenn sie deutschen Organen anvertraut wird (DRiZ **64**, 364; vgl. auch Laufhütte GA **74**, 53 und wegen europ. Patentanmeldungen, die ein Staatsgeheimnis enthalten können, Art. II § 4 IntPatÜbkG). Auch ein einzelner kann der alleinige Geheimnisträger sein, zB derjenige, der eine geheimhaltungsbedürftige (unten 5 ff.) wehrwichtige Erfindung macht; dieser kann aber nicht nach §§ 95, 97 I, sondern nur nach § 94 strafbar werden oder nach § 52 PatentG (vgl. aber Prot. V 1416). Der nicht glückliche Ausdruck **zugänglich** meint nicht nur, daß höchstens ein begrenzter Kreis Zutritt zu dem Geheimnis haben darf, sondern auch, daß die Kenntnis nicht über einen solchen Kreis hinausreichen darf (vgl. Prot.
4 V 1268). Mit dem Ausdruck zugänglich soll nach Ber. 15 die sog. **Mosaiktheorie** ausgeschlossen werden. Sie wird es auch mit Recht, soweit sie bereits die **bloße** Zusammenstellung zahlreicher offener Einzeltatsachen als Staatsgeheimnis ansah, so die Beschaffenheit der deutschen Küste von Emden bis Kiel (RG **25**, 45) oder die Einzelheiten eines größeren Straßenabschnitts (BGH **7**, 234; abl. schon bei zahlreichen Aufnahmen von Brücken Bremen NJW **64**, 2363); nicht hingegen, soweit sie darauf abstellt, daß aus zahlreichen offenen Tatsachen durch systematische und mühsame sachkun-

dige Arbeit eine gegenüber der bloßen Zusammenstellung *neue* Erkenntnis gewonnen wird, die anders als die offenen Tatsachen nur einem begrenzten Personenkreis zugänglich ist (so im Fall BGH **15**, 17 [Erarbeitung des Rüstungspotentials der BRep. in einem bestimmten Bereich]; ebenso LK 5; ähnlich Laufhütte GA **74**, 55; enger SK 17). Das BVerfG hat die Frage der Verfassungsmäßigkeit der Theorie in seiner Mehrheit offengelassen (vgl. BVerfGE **20**, 180), auch die Diskussion im StrABTag verlief nicht undifferenziert (Prot. V 1287 ff., 1435; vgl. weiter Krauth JZ **68**, 609; SchSch-Stree 11, 12; Frankfurt GA **61**, 130 Nr. 10; Bay GA **66**, 67 Nr. 70; Woesner NJW **64**, 1877; **68**, 2133; Jescheck JZ **67**, 9; Lüttger JR **69**, 126; aus der Rspr. zur nF BGH **24**, 369). Soweit die Mosaiktheorie anwendbar bleibt, kommen auch §§ 95, 97 in Betracht, die dafür den Erarbeiter neue Erkenntnis bereits von einer amtlichen Stelle geheimgehalten werden kann (vgl. Prot. V 1505 f.).

C. müssen **geheimhaltungsbedürftig** sein; es muß objektiv, dh ohne 5 Rücksicht auf einen bestehenden oder fehlenden Geheimhaltungswillen einzelner (Lüttger GA **70**, 144 ff.; SchSch 22; LK 7, 14; aM Köln MDR **53**, 374; Klug Engisch-FS 570; anders bei §§ 95, 96 II, 97) erforderlich sein, sie ihres Gehalts wegen (**materieller** Geheimnisbegriff im Gegensatz zum **formellen** gewisser ausländischer Rechte, Hamm GA **62**, 130 Nr. 9 und des § 353c aF) geheimzuhalten, und zwar **a) vor einer fremden Macht,** dh 6 einer fremden Regierung oder einer ähnlichen mit entsprechenden Machtmitteln ausgerüsteten Institution bzw. einer zwischen- oder überstaatlichen Einrichtung (Prot. V 1269) außerhalb des Geltungsbereichs des Gesetzes (GA **61**, 141 Nr. 3), also im Hinblick auf die Möglichkeiten eines potentiellen Gegners, zB des ehem. Warschauer Pakts (Bay 15. 11. 1991, 3 St 1/91), uU auch gegenüber der Einrichtung eines befreundeten Landes (GA **61**, 130 Nr. 12), aber nicht vor der eines Landes der BRep., so daß Geheimnisse von nur innenpolitischer Bedeutung nur nach § 353b geschützt sind; SK 21. Es genügt Notwendigkeit der Geheimhaltung vor nur einer einzigen fremden Macht (**richtungsmäßig relativer** Geheimnisbegriff; Ber. 17), auch wenn iR mehrere in Betracht kommen werden. Eine formelle Sekretur (Geheimvermerk nach Verschlußsachenanweisung) kann kein Staatsgeheimnis begründen, sondern hat höchstens indizielle Bedeutung (dazu näher Lüttger GA **70**, 144 ff.), auch für den Vorsatz; ihr Fehlen schließt ein Staatsgeheimnis nicht aus. Geheimhaltung muß erforderlich sein, **b) um** 7 **die Gefahr eines schweren Nachteils für die äußere Sicherheit der BRep. abzuwenden;** dh es muß anzunehmen sein, daß für den Fall eines Bekanntwerdens des Geheimnisses – im jeweiligen Handlungszeitpunkt (Bay 15. 11. 1991, 3 St 1/91) – bei einer der fremden Mächte iS von 6 zu diesem Zeitpunkt (**zeitlich relativer** Geheimnisbegriff) die konkrete Gefahr (3 zu § 34) eines Nachteils eintreten würde, der bei Geheimhaltung ausbliebe (vgl. im einzelnen 4 zu § 94). Der Nachteil muß dadurch drohen, daß eine Macht, die das Geheimnis bisher nicht kannte, es nun selbst benützen oder in irgendeiner Form auswerten kann, so daß indirekte Nachteile etwa bei befreundeten Staaten, die das Geheimnis selbst schon kannten, nicht ausreichen. Der Nachteil muß für die **äußere Sicherheit** der BRep. drohen, dh ihrer Fähigkeit, sich gegen Angriffe und Störungen von außen, auch durch nachrichtendienstliche Aufklärung im militärischen Bereich (Bay 15. 11.

§ 93

1991, 3 St 1/91), zur Wehr zu setzen. Darunter ist nicht nur eine Schwächung der BRep. oder eine Stärkung eines potentiellen Gegners im engeren Bereich der Landesverteidigung zu verstehen, sondern eine Verschiebung der allgemeinen Machtpositionen, welche die BRep. gegen Angriffe anfälliger macht (zB Änderungen in einem Bündnissystem; Blockade; Embargo; politische Pressionen; Auswirkungen für den BGrenzschutz; vgl. Prot. V 1408, 1415, 1430f., 1437; LK 13; BGH-FS 232; Schroeder aaO 390; Möhrenschlager JZ 80, 164). **Wirtschaftliche Geheimnisse** (vgl. BGH 18, 336; v. Weber JZ 64, 127; Kragler, Wirtschaftsspionage 1982; BT-Drs. 8/ 2145 Art. 1 Nr. 9ff.) oder solche aus dem diplomatischen oder nachrichtendienstlichen Bereich (NJW 62, 2283; GA 63, 290) sind nur noch dann Staatsgeheimnisse, wenn ihr Verrat zugleich Auswirkungen für die äußere Sicherheit hätte (Krauth JZ 68, 610; krit. Lüttger JR 69, 126); bei nachrichtendienstlichen Geheimnissen wird das vielfach der Fall sein (vgl. BGH 24, 72). Auswirkungen für die innere Sicherheit oder das innere Wohl der BRep. sind ohne Bedeutung; das hat zur Folge, daß zwar im Bereich der äußeren Sicherheit eine **Saldierung** zugunsten des Täters möglich ist, wenn durch seine Handlung mit der Gefahr des Nachteils zugleich ein sie aufwiegender Vorteil eintritt (RG 56, 432), daß aber durch innenpolitische Vorteile oder einen Gewinn für das innere Wohl der BRep. eine Gefahr für die äußere Sicherheit nicht aufgewogen werden kann (zur Problematik Ber. 17f.; BGH 20, 342; Schneidewin JR 54, 244; Jescheck, Pressefreiheit und militärisches Staatsgeheimnis, Berlin 1964, 14; Woesner NJW 64, 1879; AE §§ A 15, 16, 17, 19, die von einem Nachteil für das Gesamtwohl der BRep. sprechen). Doch ist in solchen Fällen ein Rechtfertigungsgrund nicht aus-

8 geschlossen (unten 17ff.). c) **Schwer** muß der drohende Nachteil sein (LK 14). Durch dieses unbestimmte Merkmal, das vielfach über Strafe oder Freispruch entscheidet, wird ein erhebliches Unsicherheitsmoment in den Staatsgeheimnisbegriff getragen. Als schwer wird ein Nachteil dann zu gelten haben, wenn er für die gesamte äußere Machtposition der BRep. deutlich ins Gewicht fällt (weiter noch im Anschluß an Krauth JZ 68, 610; BGH 24, 72). Ist eine Gesamtheit von Unterlagen verraten worden, so kommt es auf das Gesamtgewicht der daraus gewonnenen Erkenntnis an, BGH aaO; Bay 15. 11. 1991, 3 St 1/91). Nach der Vorstellung des StrAB-Tag ist der Nachteil nicht schwer, wenn die Bestechlichkeit eines Offiziers oder der Name eines V-Mannes verraten wird (vgl. Prot. V 1436, 1506f.; Möhrenschlager JZ 80, 164 Anm. 31); doch wird man auch hier differenzieren müssen.

9 3) Das Problem des **illegalen Staatsgeheimnisses,** dessen Existenz von der Rspr. bejaht (RG 62, 65; differenzierend BGH 20, 342), im Schrifttum aber lebhaft str. war (*verneinend* A. Arndt NJW 63, 24; 467; Baumann JZ 66, 334; vgl. auch Stratenwerth, Publizistischer Landesverrat, 1965 S. 45f.; Stree JZ 63, 527; ZStW 78, 663; Zillmer NJW 66, 910; *bejahend* H. Arndt ZStW 66, 41; v. Weber JZ 66, 249; vgl. weiter Krey ZStW 79, 103; Noll ZStW 77, 12; Wagner DRiZ 66, 253; Gusy GA 92, 208 [*Fall Ossietzky*]; Prot. V/141, 151, 158, 162, 179), nicht zuletzt in der Frage, ob die Illegalität den Tatbestand oder nur die Rechtswidrigkeit ausschließen könne (für schwere Verstöße auch in BGH 20, 342 offen gelassen), löst II dahin, daß illegale Geheimnisse insoweit schon tatbestandsmäßig keine Staatsgeheim-

Landesverrat und Gefährdung der äußeren Sicherheit § 93

nisse sind (negatives Tatbestandsmerkmal; LK 20; SK 34; aM Jescheck Engisch-FS 584; Paeffgen 190; vgl. 1 zu § 97b), als es sich um **Tatsachen,** insbesondere Sachverhalte, Vorgänge oder Regelungen handelt, die objektiv (ob die Veranlasser sich des Verstoßes bewußt sind, ist ohne Bedeutung) verstoßen **A.** gegen die **freiheitliche demokratische Grundordnung** 10 (Art. 18, 21 GG; 3 zu § 86), dh gegen die obersten Grundwerte, die das GG innerhalb der staatlichen Gesamtordnung als fundamental ansieht (BVerfGE **2,** 12; vgl. auch Ber. 17). Der Begriff ist enger als der der verfassungsmäßigen Ordnung in §§ 81, 85, 86, 89 und 90a und nicht ganz der der Verfassungsgrundsätze in § 92 II, umfaßt aber mindestens „die Achtung vor den im GG konkretisierten Menschenrechten, vor allem vor dem Recht der Persönlichkeit auf Leben und freie Entfaltung, die Volkssouveränität, die Gewaltenteilung, die Verantwortlichkeit der Regierung, die Gesetzmäßigkeit der Verwaltung, die Unabhängigkeit der Gerichte, das Mehrheitsprinzip und die Chancengleichheit für alle politischen Parteien mit dem Recht auf verfassungsmäßige Bildung und Ausübung einer Opposition"; BVerfGE **2,** 13. Auch die Wahrung von Art. 26 I GG gehört hierher. Die Grenzen des Begriffs sind unscharf, was im Hinblick auf die strenge Irrtumsregelung in § 97b bedenklich ist. **B.** gegen **zwischenstaatlich vereinbarte Rüstungs-** 11 **beschränkungen,** wie sie die BRep. in NATO-Vereinbarungen, vor allem aber innerhalb der WEU vereinbart hat (vgl. LK 23, 24). Nach dem WEU-RüstKontrProt. 3 v. 23. 10. 1954 (BGBl. 1955 II 256, 266, 630; 1980 II 1180) ist die BRep. einen absoluten Verzicht auf Herstellung von ABC-Waffen eingegangen sowie einen unter bestimmten Voraussetzungen abänderbaren Verzicht auf Herstellung weitreichender Geschoße, größerer Kriegsschiffe und Bombenflugzeuge für strategische Zwecke. Illegal iS von II ist hier ein Verstoß nur, wenn er unter Geheimhaltung gegenüber allen Vertragspartnern der BRep. durchgeführt wird (aM LK 23), praktisch insbesondere gegenüber dem Rüstungskontrollamt der WEU (dazu krit. Breithaupt NJW **68,** 1712; vgl. weiter Hirsch NJW **68,** 2330; SK 36; Lackner 9). **C.** Der 12 Tatbestand ist nach 10 und 11 nur insoweit ausgeschlossen, als es sich um den Verstoß als solchen handelt; damit nur zusammenhängende Tatsachen, die isoliert werden können, betrifft der Ausschluß nicht (vgl. Prot. V 2029). Soweit der Tatbestand ausgeschlossen ist, ist Mitteilung illegaler Geheimnisse, auch im Wege der Veröffentlichung und ohne Rücksicht auf das Motiv, also auch bei böser Absicht iS von § 94 I Nr. 2 (Ber. 20) strafrechtlich grundsätzlich irrelevant; glaubt der Mitteilende, strafbar zu handeln, begeht er nur ein Wahndelikt. Eine Ausnahme macht allerdings § 97a für den Fall, daß illegale Geheimnisse iS von § 94 I Nr. 1 mitgeteilt oder ausgespäht werden; auch § 353b kann verletzt sein. Nimmt der Mitteilende irrig an, es handle sich um ein illegales Geheimnis, so greift § 97b ein. **D.** Durch 13 **Rechtsverstöße anderer Art** kann, wie die abschließende Aufzählung in II zeigt, ein Staatsgeheimnis tatbestandsmäßig nicht ausgeschlossen werden (andernfalls würde sonst bei irriger Annahme ein Tatbestandsirrtum gegeben sein, der zum Freispruch führen müßte, da ein allgemeiner Fahrlässigkeitstatbestand fehlt und § 97b nicht eingriffe). Jedoch ist Rechtfertigung nicht ausgeschlossen (vgl. SchSch 27). Auch ist Verbotsirrtum möglich; da Entschuldigung angenommen werden muß, wenn er nicht vermeidbar war, entstehen Spannungen zu § 97b, der sogar bei nicht vorwerfbarem Irrtum uU Strafe vorsieht (vgl. dort 2ff.).

§ 93

14 4) **Der Tatbestand** ist (abgesehen von II) bei einer Mitteilung von Staatsgeheimnissen vor allem ausgeschlossen, wenn **A**. das Geheimnis über den begrenzten Personenkreis **hinausgedrungen** ist; das ist allerdings nur bei bestimmter und zuverlässiger Kenntnis anzunehmen (RG **74**, 111; LK 6). Was noch der Überprüfung und Bestätigung bedarf, ist noch nicht zugänglich (vgl. GA **66**, 65 Nr. 17; 20; KG GA **61**, 129 Nr. 4). **B**. der **Mitteilungsempfänger** in den Fällen der §§ 94 I Nr. 2, 95, 97 sowie von § 96 iVm §§ 94 I Nr. 2, 95 und von § 97b iVm §§ 94 I Nr. 2, 95 bis 97 **kein Unbefugter** ist. Befugt ist, wer **a)** ein Recht auf Kenntnis hat (vgl. Bay GA **55**, 213) wie zB der BTag im Rahmen der Auskunftsverpflichtungen der BReg.; doch wird man nicht jeden BTagsabgeordneten als Befugten anzusehen haben (vgl. LK 28; SK 11 zu § 94; aM Ber. 17; Prot. V 1472, 1493; der auf vermeintlich illegale Geheimnisse abgestellte § 97 I S. 2 sagt darüber nichts aus), sondern nur bestimmte Ausschüsse (ebenso SK aaO), auch das BPatentamt ist im Rahmen der §§ 50 ff. PatentG zur Entgegennahme von Staatsgeheimnissen befugt (vgl. auch Art. 45 b GG). **b)** der Natur der Sache nach mit dem Geheimnis befaßt ist wie derjenige, der im Rahmen der Regierungstätigkeit sowie der industriellen Erwerbung oder Produktion Kenntnis erhalten muß; **c)** von einem Befugten im Rahmen der dafür vorgesehenen Vorschriften (Verschlußsachenanweisung) zum Befugten gemacht wird; in diesem sich mit b) überschneidenden Bereich gibt es eine gewisse Dispositionsbefugnis der Regierung, die aber nicht ausgeübt werden darf, wenn dadurch eine tatbestandsmäßige Gefahr entstände. Bei Mitteilung an eine fremde Macht ist wegen § 94 I Nr. 1 Tatbestandsausschluß nur nach 16 oder Rechtfertigung (insbesondere durch Verträge)
16 möglich. **C**. die **tatbestandsmäßige Gefahr** (§§ 94 bis 97b) nicht eintritt. Ein derartiger Tatbestandsausschluß kommt wie schon der nach 15 bei einer öffentlichen Bekanntmachung nicht in Frage, da nach der Definition in I dann stets eine tatbestandsmäßige Gefahr eintreten muß (publizistischer Landesverrat); in allen übrigen Fällen ist er jedoch möglich, weil der Staatsgeheimnisbegriff richtungsmäßig relativ ist (oben 6). Es gilt daher der Satz: Wer nicht gefährdet, handelt nicht einmal tatbestandsmäßig. Das wird in aller Regel, mindestens subjektiv, zutreffen, wenn die Regierung im Rahmen ihrer Politik Staatsgeheimnisse weitergibt (vgl. auch Prot. V Baldus S. 109; Maihofer S. 154; Lackner S. 181). Zu dieser Kategorie des Tatbestandsausschlusses gehört es auch, wenn der Mitteilungsempfänger das Geheimnis bereits kennt und die Mitteilung daher für den Eintritt der Gefahr nicht kausal sein kann, aber auch der Fall, daß durch die Tathandlung zwar eine Nachteilsgefahr eintritt, aber damit gleichzeitig ein sie ausgleichender Vorteil für die äußere Sicherheit gewonnen wird (**Saldierung**; oben 7); das kann auch bei öffentlicher Bekanntmachung der Fall sein.

17 5) **Rechtfertigung**, deren Problematik erst auftaucht, wenn der Mittei-
18 lungsempfänger unbefugt ist oder der Täter öffentlich bekanntmacht und wenn eine tatbestandsmäßige Gefahr eintritt, kommt in Betracht: **A**. bei **Mitteilungen an fremde Mächte** im Rahmen internationaler Verträge.
19 **B**. wenn ein **höherwertiges Interesse** das Interesse an der Geheimhaltung zurücktreten läßt. Meinungs- und Pressefreiheit können als solche die Offenbarung eines Staatsgeheimnisses noch nicht rechtfertigen (Hamm GA **66**, 67 Nr. 12; aM Heinemann NJW **63**, 4; A. Arndt NJW **63**, 24; 465;

Landesverrat, 1966; vgl. weiter Güde, Die Geheimsphäre des Staates und die Pressefreiheit, 1959; Jagusch NJW **63**, 177; Stree JZ **63**, 527; ZStW **78**, 663; Nef, FestG f. Karl Weber, 1950, 106; Ridder/Heinitz, Staatsgeheimnis und Pressefreiheit, 1963; Jescheck aaO; Stratenwerth aaO; Zillmer aaO); wohl aber kann sich aus Grundsätzen der Güterabwägung unter Heranziehung des Art. 5 I GG ein übergesetzlicher Rechtfertigungsgrund ergeben (ähnlich BVerfGE **21**, 239 m. abl. Anm. A. Arndt NJW **67**, 871; LK 33). Die Abwägung zwischen Geheimhaltungs- und Informationsinteresse schon in den Bereich des Staatsgeheimnisses und damit in den Tatbestand zu verlegen (so A. Arndt, zB Prot. V 1270), ist schon deshalb nicht möglich, weil das Geheimhaltungsbedürfnis in I nur am Maßstab der äußeren Sicherheit zu prüfen ist (auch ein illegales Geheimnis kann unter diesem Gesichtspunkt, wie § 97 a zeigt, geheimhaltungsbedürftig sein) und weil ein Tatbestandsausschluß auch dem Spion und Staatsfeind (§ 94) zugute käme (zur Problematik vgl. auch Krauth JZ **68**, 610). Auch wenn das Geheimhaltungsinteresse zurücktritt, muß doch die Mitteilungshandlung ein angemessenes Mittel zum Zweck sein. Die Grundsätze, die § 97b I S. 1 Nr. 3, S. 2, II auch für den Fall entwickelt, daß jemand ein Geheimnis mitteilt, das er unverwerfbar für illegal hält, müssen erst recht für die bewußte Weitergabe eines Staatsgeheimnisses gelten. Was für Art. 5 I GG gilt, gilt im Ergebnis entsprechend für das Grundrecht des Art. 5 III GG, das nicht völlig schrankenlos verstanden werden kann (Prot. V 1428; aM Ridder DÖV **62**, 361) und dort eine Grenze finden muß, wo durch Veröffentlichung ein schwerer Nachteil für die Allgemeinheit droht. Ein besonderes **Abgeordnetenprivileg** (§ 100 III aF) sieht das Gesetz **nicht** vor. Beim Abgeordneten kommen Tatbestands- oder Rechtswidrigkeitsausschluß aus anderen Gründen in Betracht. Für Äußerungen in den parlamentarischen Gremien ist Straflosigkeit durch Art. 46 I GG, § 36 StGB gesichert.

6) Vorsatz hinsichtlich des Tatbestandsmerkmals Staatsgeheimnis ist bei 20 den Mitteilungsdelikten nach §§ 94 bis 97, aber auch bei § 98 erforderlich; bedingter genügt (MDR **64**, 68; GA **61**, 143 Nr. 9; Bay 15. 11. 1991, 3 St 1/ 91). Er muß sich auf das beschränkte Zugänglichsein, die Geheimhaltungsbedürftigkeit, die fehlende Befugnis des Empfängers (bei §§ 94 I Nr. 2, 95 bis 97) und die Gefährdung im Falle des Bekanntwerdens erstrecken (vgl. RG **62**, 69; GA **63**, 291 Nr. 11; Bay **61**, 142 Nr. 5), also auch darauf, daß der zu erwartende Nachteil schwer sein würde; doch genügt es, wenn der Täter die Voraussetzungen kennt, die den Nachteil zu einem schweren machen würden. Der Vorsatz muß sich weiter darauf erstrecken, daß bei Weitergabe an einen Unbefugten dieser das Geheimnis noch unbekannt ist; doch wird beim Agenten, dem es gerade darauf ankommt, seinem Auftraggeber neues Material zu liefern (wenn er nicht überhaupt auf ein bestimmtes Geheimnis angesetzt ist), idR mindestens bedingter Vorsatz festzustellen sein. Im Vorsatz muß die Vorstellung von den Voraussetzungen des II fehlen; hat der Täter diese Vorstellung irrig, so gilt § 97b. Die Beurteilung „Staatsgeheimnis" braucht der Täter nicht zu vollziehen. Glaubt der Täter irrig, ein Staatsgeheimnis sei nur bei formeller Sekretur gegeben, so ist das ein Subsumtionsirrtum, der als Verbotsirrtum erheblich sein kann (22. 7. 1960, 7 StE 3/60). Der Irrtum, daß die Tat iS von oben 17 ff. gerechtfertigt sei, ist nur dann Tatbestandsirrtum, wenn sich der

§ 93

BT Zweiter Abschnitt

Täter einen entsprechenden Sachverhalt vorstellt, sonst Verbotsirrtum (vgl. aber BGH **20**, 372).

21 **7) Militärische Geheimnisse der NATO-Vertragsstaaten** (Begriff: Art. 7 I Nr. 1 4. StÄG [Anh. 14]), die ihre Truppen im Gebiet der BRep. [vor dem Beitritt] stationiert haben, sind, soweit die Tat im räumlichen Geltungsbereich des 4. StÄG [alte Bundesländer ohne Westberlin] begangen wird, nach Art. 7 I des 4. StÄG geschützt (BGH **32**, 113; **38**, 77 [m. Anm. Schroeder JR **92**, 205]; 26. 10. 1983, 3 StR 58/83; MDR/H **80**, 106). In diesen Fällen ist nach §§ 94 bis 97, 98, 100, 101, 101a iVm Art. 7 I des 4. StÄG zu verurteilen; ob dabei Tateinheit anzunehmen ist (so Lackner JZ **57**, 406), ist zw. Nach MDR **64**, 160 ist nur nach § 94ff. zu verurteilen. Vgl. auch Art. 194 des EURATOM/EAG; dazu BGH **17**, 121; weiter auch Runge NJW **63**, 748 und 2a zu § 3. Geheimnisse von NATO-Mitgliedsstaaten oder auch anderen Staaten können Staatsgeheimnisse nach § 93 werden, wenn sie zB deutschen Organen anvertraut sind und wenn § 93 sonst zutrifft (BGH **6**, 333; Bay NJW **57**, 1327; vgl. ferner GA **61**, 138 C); gemeinsame Geheimnisse der NATO-Mitgliedsstaaten sind stets zugleich deutsche Staatsgeheimnisse (DRiZ **59**, 175. Zur Anwendung des GVG und der StPO vgl. Art. 8, 9 des 4. StÄG).

22 **8)** Für Erfindungen und dem Arbeits- oder Gebrauchszweck dienende Gegenstände, die Staatsgeheimnisse sind, gelten die §§ 50, 53 PatentG, Art. II § 4 IntPatÜbkG, § 3a GebrMG.

Landesverrat   RiStBV 202ff.

94 ¹ Wer ein Staatsgeheimnis

1. einer fremden Macht oder einem ihrer Mittelsmänner mitteilt oder

2. sonst an einen Unbefugten gelangen läßt oder öffentlich bekanntmacht, um die Bundesrepublik Deutschland zu benachteiligen oder eine fremde Macht zu begünstigen,

und dadurch die Gefahr eines schweren Nachteils für die äußere Sicherheit der Bundesrepublik Deutschland herbeiführt, wird mit Freiheitsstrafe nicht unter einem Jahr bestraft.

II In besonders schweren Fällen ist die Strafe lebenslange Freiheitsstrafe oder Freiheitsstrafe nicht unter fünf Jahren. Ein besonders schwerer Fall liegt in der Regel vor, wenn der Täter

1. eine verantwortliche Stellung mißbraucht, die ihn zur Wahrung von Staatsgeheimnissen besonders verpflichtet, oder

2. durch die Tat die Gefahr eines besonders schweren Nachteils für die äußere Sicherheit der Bundesrepublik Deutschland herbeiführt.

1 **1) Die Vorschrift** idF des 8. StÄG (1 vor § 80) iVm Art. 19 Nr. 15 EGStGB betrifft den Landesverrat im engeren Sinne und grenzt ihn teils durch objektive (I Nr. 1), teils subjektive Merkmale (II Nr. 2) vom bloßen Offenbaren (§ 95) und Preisgeben (§ 97) von Staatsgeheimnissen ab. Die Ausspähung als Vorbereitungshandlung zum Landesverrat stellt § 96 selbständig unter Strafe (zu weiteren Vorbereitungshandlungen vgl. dort 5). Das Delikt ist zweiaktig aufgebaut. Bei nicht nur einmaliger Tätigkeit kann Fortsetzungszusammenhang, aber auch eine Handlungseinheit gegeben sein (vgl. BGH **4**, 219; **8**, 95; **24**, 72; ferner 4 zu § 5).

Landesverrat und Gefährdung der äußeren Sicherheit § 94

2) Tathandlung ist **A.** im Falle von **I Nr. 1** die Mitteilung eines Staatsgeheimnisses (§ 93) oder eines illegalen Geheimnisses (§ 97a S. 1; § 93 II; 9ff. zu § 93) an eine fremde Macht (6 zu § 93) bzw. ihre Organe oder einen ihrer Mittelsmänner, dh jeden, der für die Macht in einer Weise tätig ist, daß Weitergabe an sie zu erwarten ist, insbesondere also an Angehörige eines Nachrichtendienstes, Agenten, Funktionäre einer mit der fremden Macht zusammenarbeitenden verbotenen Partei, nicht aber Personen, die die fremde Macht selbst repräsentieren (Bay NStZ **92**, 281). Die Mitteilung muß, wie Nr. 2 zeigt, unmittelbar an die Genannten gemacht werden; das ist auch dann der Fall, wenn sich der Mitteilende eines Werkzeugs (Funkgerät), eines sonstigen Nachrichtenmittels (verschlüsselte Zeitungsanzeige), eines gutgläubigen Boten oder bösgläubigen Mittelsmannes bedient (Ber. 17); vorheriges Einverständnis mit der fremden Macht ist nicht erforderlich. Mitteilen ist durch Tun oder Unterlassen (Liegenlassen) möglich; es ist vollendet, wenn mindestens der Mittelsmann Kenntnis (dazu NJW **65**, 1190) oder bei Sachen Gewahrsam, wenn auch ohne Kenntnisnahme, erlangt hat (vgl. GA **61**, 140f. Nr. 1–3, 7; Bay **54**, 88). Nach Bay GA **55**, 213 soll es Beihilfe sein, wenn sich der Empfänger die Mitteilung aus einem toten Briefkasten abholt; zw. **B.** im Falle von **I Nr. 2** das Gelangenlassen (das der Sache nach dem Mitteilen in Nr. 1 entspricht) an einen Unbefugten (15 zu § 93) oder das öffentliche Bekanntmachen, dh jede Handlung, die einer unbestimmten Personenmehrheit die Kenntnisnahme von dem Geheimnis selbst ermöglicht, insbesondere also die unverschlüsselte Mitteilung in Massenkommunikationsmitteln, aber auch sonstiges allgemeines Zugänglichmachen (6 zu § 74d). Im Gegensatz zu Nr. 1 erfaßt Nr. 2 illegale Geheimnisse nicht (§§ 93 II, 97a).

3) Die konkrete Gefahr (Bay NJW **57**, 1327) eines schweren Nachteils für die Sicherheit der BRep. (5ff. zu § 93) muß der Täter durch die Tat (oben 2, 3) herbeiführen. Dieser Erfolg des konkreten Gefährdungsdelikts tritt selbst bei einer Auslandstat im Inland ein (§ 9 I; NJW **91**, 2498). In den Fällen, in denen die fremde Macht zu denen gehört, denen gegenüber Geheimhaltungsbedürftigkeit besteht, ist die Gefahr mit der Mitteilung auch schon an den Mittelsmann eingetreten; dasselbe gilt bei öffentlicher Bekanntmachung, weil dann stets Kenntnisnahme durch eine fremde Macht zu erwarten ist, der gegenüber Geheimhaltungsbedürftigkeit besteht (Auswertungsdienste; Begr. RegE 31). In den übrigen Fällen, insbesondere dem des Gelangenlassens an einen Unbefugten ist die Gefahr schon bei der entfernten Wahrscheinlichkeit eines schweren Nachteils anzunehmen (Bay GA **61**, 140f. Nr. 6). Die Sicherheit der BRep. kann je nach Sachlage schon dadurch gefährdet sein, daß das Staatsgeheimnis in die Hände eines unkontrollierbaren Dritten gerät (LM Nr. 5). Die große Wahrscheinlichkeit, daß das Geheimnis einer fremden Macht zugänglich wird, braucht nicht festgestellt zu werden (Lange JZ **65**, 298; aM MDR **63**, 426; AK-Sonnen 18; etwas abgeschwächt NJW **65**, 1190; vgl. auch M-Schroeder § 85, 36). Wenn der Ber. 18 noch enger meint, es müsse die Gefahr bestehen, „daß der Unbefugte das Staatsgeheimnis einer fremden Macht zugänglich macht", so verkennt er, daß dann zwischen § 94 I Nr. 1 (Mittelsmann) und den Tatbeständen der Mitteilung an einen Unbefugten nur noch ein dem Gesetz nicht gerecht werdender schmaler Raum bliebe.

§ 94

5 4) **Vorsatz** ist erforderlich; dazu gilt 20 zu § 93. Hinzu kommt, daß sich der Vorsatz auch auf den Eintritt der konkreten Gefahr erstrecken muß. Im allgemeinen genügt bedingter Vorsatz. Doch muß es dem Täter in den Fällen der Nr. 2 darauf ankommen (**Absicht**), durch seine Handlung entweder die BRep. zu benachteiligen, also irgendeinen Nachteil für sie herbeizuführen oder irgendeine fremde Macht zu begünstigen, also irgendeinen Vorteil für sie zu erlangen (LK-Träger 7, eingeschränkter SchSch-Stree 12). Dabei ist davon auszugehen, daß der Nachteil für die BRep. zwar vielfach ein Vorteil für eine fremde Macht sein wird, aber nicht stets (aM SK-Rudolphi 14), und daß bei Substanzgleichheit die Zielrichtung des Täters doch verschieden sein kann. **Täter** ist jeder, der das Staatsgeheimnis iS von Nr. 1 mitteilt oder nach Maßgabe der Nr. 2 offenbart. Die bloße Entgegennahme des Staatsgeheimnisses ist durch Nr. 1 nicht unter Strafe gestellt, sie wird jedoch von § 96 erfaßt, falls der Mittelsmann das Geheimnis weiterzugeben oder zu verraten beabsichtigt (SchSch 20); ferner kommt, falls die Tätigkeit des Adressaten über die bloße Empfangnahme hinausgeht, Beihilfe zu § 94 in Betracht (NJW **91**, 2499; Bay NStZ **92**, 281; krit. Ignor/Müller StV **91**, 575). Ein Täter, dem es nur auf Geldgewinn ankommt und der seine Mitteilungen veröffentlicht, kann nur nach § 95 bestraft werden. Fehlt dem **Teilnehmer** die böse Absicht, so wird er nur nach § 95 bestraft (aM LK 14; SchSch 21), jedoch nach § 94 I Nr. 2, wenn er diese Absicht hat, der Haupttäter aber nicht. In den Fällen von Nr. 1 sind Motiv und Zweck nur für die Strafzumessung von Bedeutung.

6 5) Der strafbare **Versuch** beginnt mit dem unmittelbaren Ansetzen zur Mitteilungshandlung, § 22 (BGH **24**, 72), vorher kommt § 96 I in Frage. Der Versuch ist auch ohne Gefahreintritt strafbar.

7 6) Ohne Rücksicht auf **Tatort** und **Staatsangehörigkeit** des Täters ist die Tat strafbar (4 zu § 5), also auch bei Begehung in der ehem. DDR durch deren Bewohner (NJW **91**, 2498).

8 7) **Die Strafe** richtet sich in besonders schweren Fällen (11 zu § 12; 43 ff. zu § 46) nach II. **Nr. 1** ist anzunehmen, wenn der Täter für die Tat eine mit Eigenverantwortung ausgestattete, von ihm bekleidete Stelle, vor allem als Amtsträger, Soldat oder in der Industrie bewußt ausnutzt, die ihn zur Wahrung von Staatsgeheimnissen gerade besonders verpflichtet. **Nr. 2** ist gegeben, wenn es sich um die Gefahr eines das Volksganze treffenden außergewöhnlichen Nachteils handelt (zB Verrat von Atomgeheimnissen; Begr. E 1962, 574), dessen sich der Täter in dem Sinne bewußt ist, daß er die tatsächlichen Umstände kennt, die nach der vom Revisionsgericht nachprüfbaren Wertung des Gerichts einen **besonders** schweren Nachteil iS von II Nr. 2 begründen, deren Voraussetzungen im Hinblick darauf, daß bereits I von einem schweren Nachteil ausgeht, nur in außergewöhnlichen Fällen vorliegen werden (NStZ **84**, 165; hierzu MDR/S **84**, 184). Neben Freiheitsstrafe von mindestens 6 Monaten Statusfolgen nach § 101.

9 8) **Tateinheit** ist möglich zB mit §§ 133, 242 (GA **61**, 146 Nr. 10, 11), 334, 353b, § 16 WStG (Frankfurt und Bay GA **61**, 146 Nr. 12, 13), während DRiZ **62**, 351 Tatmehrheit annimmt. § 353b II wird von § 94 verdrängt. Zum Verhältnis zu § 96 und §§ 98, 99 vgl. 1, 5 zu § 96. Eingehend zu den Konkurrenzen LK 18 ff.

Landesverrat und Gefährdung der äußeren Sicherheit **§ 94**

9) Sonstige Vorschriften. Einziehung § 101a; Anzeigepflicht § 138 I Nr. 3; 10
Zuständigkeit § 120 I Nr. 3 GVG; Verfahren §§ 138b, 153c IV, 153d, 153e,
443 I StPO; Überwachungsmaßnahmen 6 vor § 80; Schutz der NATO-Staaten
4 vor § 80; 21 zu § 93.

Offenbaren von Staatsgeheimnissen   RiStBV 202 ff.

95 ^I Wer ein Staatsgeheimnis, das von einer amtlichen Stelle oder auf deren Veranlassung geheimgehalten wird, an einen Unbefugten gelangen läßt oder öffentlich bekanntmacht und dadurch die Gefahr eines schweren Nachteils für die äußere Sicherheit der Bundesrepublik Deutschland herbeiführt, wird mit Freiheitsstrafe von sechs Monaten bis zu fünf Jahren bestraft, wenn die Tat nicht in § 94 mit Strafe bedroht ist.

^{II} **Der Versuch ist strafbar.**

^{III} **In besonders schweren Fällen ist die Strafe Freiheitsstrafe von einem Jahr bis zu zehn Jahren. § 94 Abs. 2 Satz 2 ist anzuwenden.**

1) Die Vorschrift idF des 8. StÄG (1 vor § 80) iVm Art. 1 Nr. 32 des 1
1. StrRG und Art. 19 Nr. 16 EGStGB behandelt die Veröffentlichung oder das
Gelangenlassen eines Staatsgeheimnisses an einen Unbefugten, ohne daß der
Tatbestand des Landesverrats nach § 94 erfüllt ist. Mit dem dann subsidiär
gegebenen Tatbestand des Offenbarens eines Staatsgeheimnisses soll vor allem
der nicht gerechtfertigte (17 zu § 93) publizistische Verrat vom eigentlichen
Landesverrat abgegrenzt werden. Die Vorschrift umfaßt nicht das illegale Geheimnis
(§ 93 II) und engt den rein materiellen Geheimnisbegriff des § 93 I ein.

2) Der materiell-faktische Geheimnisbegriff, den § 95 verwendet, um 2
eine gewisse Warnfunktion gegenüber dem Unbefugten zu entwickeln
(Ber. 15), bedeutet, daß einmal ein materielles Geheimnis iS von § 93 I
gegeben sein muß. Hinzutreten muß aber, daß dieses Geheimnis von einer
amtlichen Stelle oder auf deren Veranlassung faktisch geheimgehalten
wird. Amtlich sind alle Stellen, „die einen fest umrissenen Kreis staatlicher
Aufgaben erfüllen, gleich ob sie gesetzgebenden Organen, der vollziehenden
Gewalt oder der Rechtsprechung angehören", zB eine militärische
Dienststelle oder ein BTagsausschuß (Ber. 18). Es genügt, wenn eine amtliche
Stelle im Rahmen ihres Aufgabenbereichs die Geheimhaltung, die an
anderem Ort, etwa in der Wirtschaft oder Industrie durchgeführt wird,
herbeigeführt hat. Eine derartige Veranlassung kann auch generell geschehen.
Geheimhaltung ohne Veranlassung einer amtlichen Stelle, zB durch
einen Erfinder oder sonstigen Privatmann, reicht nicht aus (3 f. zu § 93).
Geheimgehalten werden bedeutet, daß irgendeine Vorsorge bestehen muß,
um das Geheimnis vor Bekanntwerden über den begrenzten Personenkreis
hinaus zu schützen, so vor allem durch faktische Absperrung oder Verschluß,
durch formelle Sekretur oder Verpflichtung der Beteiligten zur
Geheimhaltung, wenn diese Maßnahmen im wesentlichen beachtet werden;
hier bedarf es also eines Geheimhaltungswillens (vgl. Krauth JZ **68**,
611; Lüttger GA **70**, 150).

3) Tathandlungen sind Gelangenlassen (2 f. zu § 94) des Staatsgeheim- 3
nisses (§ 93) an einen Unbefugten (15 zu § 93) oder die öffentliche Bekanntmachung
(2 f. zu § 94) und Herbeiführen der Gefahr eines schweren Nachteils
für die Sicherheit der BRep. (9 ff. zu § 94; 5 ff. zu § 93).

§ 95

4 4) Zum **strafbaren Versuch** vgl. 6 zu § 94; Ber. 19; **Vorbereitungshandlungen** sind nach § 96 II strafbar; vgl. dort 2 bis 4; zum **Tatort** vgl. 7 zu § 94. Zu III (besonders schwere Fälle), insbesondere zur Anwendung von § 94 II S. 2, sowie zur Einziehung 8 zu § 94. Zu den **Konkurrenzen** 9 zu § 94; gegenüber § 94 tritt § 95 zurück. **Sonstige Vorschriften** 10 zu § 94.

Landesverräterische Ausspähung; Auskundschaften von Staatsgeheimnissen
RiStBV 202 ff.

96
^{I} Wer sich ein Staatsgeheimnis verschafft, um es zu verraten (§ 94), wird mit Freiheitsstrafe von einem Jahr bis zu zehn Jahren bestraft.

^{II} Wer sich ein Staatsgeheimnis, das von einer amtlichen Stelle oder auf deren Veranlassung geheimgehalten wird, verschafft, um es zu offenbaren (§ 95), wird mit Freiheitsstrafe von sechs Monaten bis zu fünf Jahren bestraft. Der Versuch ist strafbar.

1 1) **Die Vorschrift** idF des 8. StÄG (1 vor § 80) iVm Art. 1 Nr. 33 des 1. StrRG und Art. 19 Nr. 17 EGStGB stellt Vorbereitungshandlungen zum Landesverrat (§ 94), nämlich die landesverräterische Ausspähung in I, und zum Offenbaren von Staatsgeheimnissen (§ 95), nämlich das Auskundschaften von Staatsgeheimnissen in II, als selbständige Delikte unter Strafe. Diese treten jedoch zurück, wenn die Tat auch nur zum Versuch nach § 94 bzw. § 95 fortschreitet (BGH 6, 390). Nach BGH 24, 72 ist Tateinheit möglich, wenn sich die Taten auf verschiedene Staatsgeheimnisse beziehen.

2 2) **Tathandlung** ist in allen Fällen, daß sich der Täter ein Staatsgeheimnis **verschafft**, dh durch irgendeine finale Handlung entweder ein verkörpertes Geheimnis in seinen Gewahrsam bringt oder sonst gesicherte Kenntnis von einem Geheimnis erhält. Daß jemand ein Staatsgeheimnis ohne sein Zutun erlangt oder sich rechtmäßiger Gewahrsam in unberechtigten verwandelt, reicht auch bei Verrats- oder Offenbarungsabsicht nicht aus (LK-Träger 3). **Staatsgeheimnis** ist dabei verschieden zu verstehen, nämlich in I iS von § 93, wenn eine Tat nach § 94 I Nr. 2 beabsichtigt ist, während illegale Geheimnisse (§ 93 II) einbezogen werden, wenn eine Tat nach § 94 I Nr. 1 beabsichtigt ist. In II ist Staatsgeheimnis materiell-faktisch iS von § 95 (dort 2) zu verstehen.

3 3) Von einer bestimmten **Absicht** muß die Tathandlung getragen sein; wird die Absicht erst nach Beendigung der Handlung gefaßt, so scheidet § 96 aus (DRiZ 61, 173; str.). In den Fällen von **I** muß es dem Täter entweder (§ 94 I Nr. 1) darauf ankommen, das Geheimnis unmittelbar einer fremden Macht mitzuteilen (2 zu § 94) oder iS von § 94 I Nr. 2 zu handeln (3 zu § 94). In den Fällen von **II** muß es dem Täter darauf ankommen, das Geheimnis an einen Unbefugten gelangen zu lassen oder zu veröffentlichen, ohne daß er dabei Vorsatz nach § 94 I Nr. 1 oder Absicht nach § 94 I Nr. 2 hat. Auf den Eintritt der Gefahr des Nachteils für die BRep. braucht sich die Absicht iS von § 96 nicht zu beziehen, denn damit wären stets die Voraussetzungen von § 94 I Nr. 2 erfüllt; insoweit und auch hinsichtlich der sonstigen Tatbestandsmerkmale genügt bedingter Vorsatz.

4 4) **Der Versuch** ist nach I und II strafbar, was sinnvoll ist, da § 96 nur eine bestimmte Vorbereitungshandlung unter Strafe stellt. Er kann mit der

Landesverrat und Gefährdung der äußeren Sicherheit **§ 96**

Kontaktaufnahme zu einem Geheimnisträger beginnen (BGH bei Wagner GA **61**, 143 C Nr. 1; sehr weit Frankfurt aaO Nr. 6 und 10) und auch noch in dessen Anwerbung liegen (vgl. Bay aaO Nr. 4; während BGH aaO B Nr. 5 zu § 43 aF bereits in der versuchten Anwerbung versuchten Verrat sehen will, was nach § 22 nicht mehr möglich erscheint). Auch als untauglicher Versuch kann er eine Rolle spielen (Hamm aaO C Nr. 11, 13). Rücktritt vom Versuch nach § 24 ist möglich (SchSch-Stree 16 u. AK-Sonnen 9 kann jedoch nicht gefolgt werden, wenn sie auf einen Rücktritt vom vollendeten § 96 den § 98 II analog anwenden wollen; denn Rücktritt vom Versuch nach § 94 führt auch nicht zur Straffreiheit nach § 96, SK-Rudolphi 11).

5) Weitere Vorbereitungshandlungen kommen zwar nicht bei II in Betracht, da § 30 ausscheidet (Taten nach § 95 und § 96 II sind nur Vergehen) und die §§ 98, 99 den § 95 praktisch ausschließen, wohl aber bei **I**. Hier kommt zunächst § 30 iVm § 94, § 96 I in Frage. Er ist gegeben, wenn sich die dort bezeichneten Vorbereitungshandlungen auf ein konkretes Geheimnis beziehen (BGH **6**, 346; 385; bei Wagner aaO Nr. 2; D Nr. 4; vgl. auch B Nr. 3, 6; Bay aaO B Nr. 10). Ein Rücktritt nach § 31, der auch in der Offenbarung gegenüber einer Dienststelle der BRep. zu sehen ist (BGH aaO 142 A Nr. 4), befreit jedoch nicht von Strafe wegen einer vollendeten Tat nach § 96 I. Im übrigen tritt § 30 zurück, sobald es zum Versuch nach § 94 kommt (16 zu § 30); ebenso tritt § 30 iVm § 96 I zurück, wenn es zum Versuch der Tat nach § 96 I kommt (aM wohl BGH **6**, 390; SK 13). Hingegen wird man zwischen § 30 iVm § 94 und versuchtem oder vollendetem § 96 I Tateinheit anzunehmen haben (vgl. 17 zu § 30; aM BGH **6**, 390; Lackner 9 zu § 94; LK 8, nach denen § 96 I zurücktritt). In Betracht kommen weiter die §§ 98 und 99, die untereinander in Tateinheit stehen können (Ber. 21, 23). Diese treten nach der in beiden Vorschriften enthaltenen Subsidiaritätsklausel hinter §§ 94, 96 I zurück (BGH **24**, 72). Das wird man auch anzunehmen haben, wenn § 30 iVm § 94 oder 96 I gegeben ist. Was für die §§ 94 und 96 I gilt, gilt entsprechend für § 97 a und für § 97 b iVm §§ 94, 96 I.

6) Zum **Tatort** vgl. 7 zu § 94; zur **Strafe** auch § 101; **sonstige Vorschriften** 10 zu § 94.

Preisgabe von Staatsgeheimnissen RiStBV 202 bis 208, 211

97 ⁱ Wer ein Staatsgeheimnis, das von einer amtlichen Stelle oder auf deren Veranlassung geheimgehalten wird, an einen Unbefugten gelangen läßt oder öffentlich bekanntmacht und dadurch fahrlässig die Gefahr eines schweren Nachteils für die äußere Sicherheit der Bundesrepublik Deutschland verursacht, wird mit Freiheitsstrafe bis zu fünf Jahren oder mit Geldstrafe bestraft.

ⁱⁱ Wer ein Staatsgeheimnis, das von einer amtlichen Stelle oder auf deren Veranlassung geheimgehalten wird und das ihm kraft seines Amtes, seiner Dienststellung oder eines von einer amtlichen Stelle erteilten Auftrags zugänglich war, leichtfertig an einen Unbefugten gelangen läßt und dadurch fahrlässig die Gefahr eines schweren Nachteils für die äußere Sicherheit der Bundesrepublik Deutschland verursacht, wird mit Freiheitsstrafe bis zu drei Jahren oder mit Geldstrafe bestraft.

ⁱⁱⁱ Die Tat wird nur mit Ermächtigung der Bundesregierung verfolgt.

§ 96

BT Zweiter Abschnitt

1 **1) Die Vorschrift** idF des 8. StÄG (1 vor § 80) iVm Art. 19 Nr. 18 EGStGB entspricht § 100c aF, enthält aber kein reines Fahrlässigkeitsdelikt mehr (unten 4). Verkennt jemand, der ein Staatsgeheimnis weitergibt, fahrlässig, daß es sich um ein solches Geheimnis handelt, so ist er straflos.

2 **2) In beiden Fällen** (I, II) läßt der Täter ein Staatsgeheimnis iS von § 95 (dort 2; im Falle anderer Geheimnisse evtl. § 353b) an einen Unbefugten (15 zu § 93) gelangen (3 zu § 94) und verursacht dadurch die Gefahr eines schweren Nachteils für die äußere Sicherheit der BRep. (4 zu § 94; 5ff. zu

3 § 93). **A.** Im **Falle I** begeht der Täter die Tathandlung vorsätzlich (vgl. Stuttgart GA **61**, 147 Nr. 2), verkennt aber fahrlässig den Eintritt der Gefahr (MDR **63**, 426; vgl. auch BGH **20**, 343). Der Fall des öffentlichen Bekanntmachens (2f. zu § 94), den das Gesetz noch erwähnt, ist praktisch nicht denkbar. Da zum Vorsatz hinsichtlich des Merkmals Staatsgeheimnis die Vorstellung gehört, daß bei Kenntnisnahme durch eine fremde Macht die konkrete Gefahr eines schweren Nachteils eintritt (20 zu § 93), hat der Täter bei Veröffentlichung mindestens in der Form des bedingten Vorsatzes auch die Vorstellung, daß die fremde Macht Kenntnis erlangt und die Gefahr eintritt (ebenso M-Schroeder § 85, 49; aM SK-Rudolphi 4). Publizistischen „Landesverrat" in der Form von I kann es daher nicht geben (aM LK-Träger 5). Während die Tat nach I von jedermann begangen werden

4 kann, ist die Tat **B.** im **Falle II** ein Sonderdelikt. Dem Täter muß das Geheimnis kraft seines Amtes, dh hier einer Funktion in einer amtlichen Stelle, seiner Dienststellung (zB als Soldat) oder eines von einer amtlichen Stelle (2 zu § 95) erteilten Auftrages (zB Gutachten- oder Fertigungsauftrages) zugänglich sein (vgl. dazu RG **32**, 265); das ist auch der Fall, wenn das Zugänglichsein mittelbar auf den Auftrag zurückgeht, der unmittelbar zB dem Sicherheitsbeauftragten eines Industriewerks erteilt ist. Bei Täter muß hier hinsichtlich des Staatsgeheimnisses und der Art, wie es ihm zugänglich geworden ist, **Vorsatz** vorliegen (Prot. V/1462ff., insbesondere 1468; aM SchSch-Stree 14); hingegen muß er das Geheimnis **leichtfertig** (20 zu § 15) an einen Unbefugten gelangen lassen, also entweder vorsätzlich an einen anderen gelangen lassen, den er leichtfertig für befugt hält; oder leichtfertig gelangen lassen (zB durch Liegenlassen der Aktentasche im Zug; unverschlossene Aufbewahrung in der Wohnung) und durch die Tathandlung **fahrlässig** (12ff. zu § 15), was entgegen Woesner NJW **64**, 1880 auch für Journalisten gilt, die Gefahr herbeiführen. In beiden Fällen gilt zur Problematik der Teilnahme 4 zu § 18.

5 **3) Nur mit Ermächtigung** (vgl. §§ 77d, 77e) der BReg. werden die Taten nach I und II verfolgt (III). Sie ist von dem Fachminister zu erteilen, in dessen Geschäftsbereich das Geheimnis gehört (Schlichter GA **66**, 365; Krauth JZ **68**, 611; vgl. auch 18 zu § 353b). Die Vorstellung des StrAB-Tag (Prot. V 1468f.), nach der die Entschließungen zentral im BMJ vorbereitet werden sollten, ist bisher nicht realisiert worden.

6 **4) Tateinheit** ist möglich mit §§ 353b I, 355; kaum hingegen mit §§ 98, 99 (aM AK-Sonnen 11). **Tatort, sonstige Vorschriften** 7, 10 zu § 94.

Landesverrat und Gefährdung der äußeren Sicherheit **§ 97 a**

Verrat illegaler Geheimnisse RiStBV 202 ff.

97 a Wer ein Geheimnis, das wegen eines der in § 93 Abs. 2 bezeichneten Verstöße kein Staatsgeheimnis ist, einer fremden Macht oder einem ihrer Mittelsmänner mitteilt und dadurch die Gefahr eines schweren Nachteils für die äußere Sicherheit der Bundesrepublik Deutschland herbeiführt, wird wie ein Landesverräter (§ 94) bestraft. § 96 Abs. 1 in Verbindung mit § 94 Abs. 1 Nr. 1 ist auf Geheimnisse der in Satz 1 bezeichneten Art entsprechend anzuwenden.

1) **Die Vorschrift** idF des 8. StÄG (1 vor § 80) dehnt für den Fall der Mitteilung an eine fremde Macht oder einen ihrer Mittelsmänner (nicht auch für den Fall des § 94 I Nr. 2; dazu krit. Breithaupt NJW 68, 1712) den Schutz über Staatsgeheimnisse hinaus auf illegale Geheimnisse iS von § 93 II aus, so daß § 94, aber auch § 96 I iVm § 94 I Nr. 1 anzuwenden ist (vgl. Anm. zu §§ 94 und 96; Krauth JZ 68, 611). Wahlfeststellung zwischen § 94 I Nr. 1 und § 97 a ist möglich. **1**

2) **Das Geheimnis** darf nur wegen eines Verstoßes iS von § 93 II (9 ff. zu § 93) kein Staatsgeheimnis sein; die Voraussetzungen von § 93 I müssen also im übrigen erfüllt sein. Daraus ergibt sich, daß auch bei illegalen Geheimnissen Geheimhaltungsbedürftigkeit zur Abwendung einer Nachteilsgefahr möglich ist. Die Nachteilsgefahr kann sich hier gerade aus der illegalen Natur des Geheimnisses ergeben. **2**

3) Für den **Vorsatz** ist es gleichgültig, ob der Täter das Geheimnis für illegal oder für ein Staatsgeheimnis hält. § 97 b scheidet für § 97 a aus. Meint der Täter irrig, daß man illegale Staatsgeheimnisse auch iS von § 94 I Nr. 1 verraten dürfe, so ist das ein Verbotsirrtum, der idR vorwerfbar sein wird; immerhin ist dann anders als bei § 97 b Strafmilderung möglich (vgl. dort 8 ff.). **3**

4) **Tatort, sonstige Vorschriften** 7, 10 zu § 94. **4**

Verrat in irriger Annahme eines illegalen Geheimnisses RiStBV 202 ff.

97 b I Handelt der Täter in den Fällen der §§ 94 bis 97 in der irrigen Annahme, das Staatsgeheimnis sei ein Geheimnis der in § 97 a bezeichneten Art, so wird er, wenn

1. dieser Irrtum ihm vorzuwerfen ist,

2. er nicht in der Absicht handelt, dem vermeintlichen Verstoß entgegenzuwirken, oder

3. die Tat nach den Umständen kein angemessenes Mittel zu diesem Zweck ist,

nach den bezeichneten Vorschriften bestraft. Die Tat ist in der Regel kein angemessenes Mittel, wenn der Täter nicht zuvor ein Mitglied des Bundestages um Abhilfe angerufen hat.

II War dem Täter als Amtsträger oder als Soldat der Bundeswehr das Staatsgeheimnis dienstlich anvertraut oder zugänglich, so wird er auch dann bestraft, wenn nicht zuvor der Amtsträger einen Dienstvorgesetzten, der Soldat einen Disziplinarvorgesetzten um Abhilfe angerufen hat. Dies gilt für die für den öffentlichen Dienst besonders Verpflichteten

§ 97 b

und für Personen, die im Sinne des § 353 b Abs. 2 verpflichtet worden sind, sinngemäß.

1 **1) Die Vorschrift** idF des 8. StÄG (1 vor § 80) iVm Art. 19 Nr. 19 EGStGB (Einl. 10) und Art. 1 Nr. 1 des 17. StÄG (1 zu § 353b) behandelt wie einen besonderen Tatbestand (zu den historischen Hintergründen, Paeffgen 5 ff.) den Fall, daß jemand ein Staatsgeheimnis in den Begehungsweisen der §§ 94–97 an einen anderen gelangen läßt und dabei irrig annimmt, es handle sich um ein illegales Geheimnis (§§ 97a, 93 II). Als solcher Irrtum hat auch die falsche rechtliche Würdigung des Sachverhalts (vgl. „verstoßen" in § 93 II) zu gelten. In den Fällen des § 94 I Nr. 1 und § 96 I iVm § 94 I Nr. 1 scheidet § 97b allerdings aus, da es insoweit gleichgültig ist, ob es sich um ein illegales Geheimnis handelt und welche Vorstellung der Täter davon hat (1, 3 zu § 97; SK-Rudolphi 3). Da in den übrigen Fällen die Illegalität eines Geheimnisses den Begriff des Staatsgeheimnisses tatbestandsmäßig ausschließt (§ 93 II; 9 ff. zu § 93), regelt § 97b den Fall eines Tatbestandsirrtums (der Versuch Jeschecks, Engisch-FS 584, im § 97b einen negativ formulierten Rechtfertigungsgrund zu sehen, scheitert schon am Wortlaut des § 93 II; vgl. auch Paeffgen 72, zu dessen Abhandlung im Ganzen Jakobs ZStW **93,** 901). Darüber hinaus muß man aber, da sonst das Ziel der Vorschrift nicht erreicht werden könnte, annehmen, daß in die Regelung auch ein auf diesem Tatbestandsirrtum beruhender Verbotsirrtum mit einbezogen ist (nach der hier vertretenen Auffassung ist ein solcher Verbotsirrtum grundsätzlich unterscheidbar). Von seinem Irrtum abgesehen, muß der Täter sonst einen Tatbestand der §§ 94 bis 97 (mit der oben gemachten Ausnahme) objektiv und subjektiv erfüllen; vor allem müssen die Voraussetzungen des § 93 I grundsätzlich auch subjektiv gegeben sein; insbesondere muß sich der Vorsatz darauf erstrecken, daß, wenn eine fremde Macht Kenntnis von dem Geheimnis erhält, die Nachteilsgefahr eintritt. Allerdings wird man, was die Geheimhaltungsbedürftigkeit angeht, es ausreichen lassen müssen, wenn der Täter für den Fall, daß er die Legalität des Geheimnisses erkannt hätte, auch die Geheimhaltungsbedürftigkeit erkannt haben würde.

2 **2) Die Regelung,** die man für einen Tatbestandsirrtum hätte erwarten dürfen, wäre gewesen, daß bei nicht vermeidbarem Irrtum Straflosigkeit und bei vorwerfbarem Irrtum Fahrlässigkeitsstrafe eingetreten wäre. Statt dessen ist als Folge eines politischen Kompromisses eine Regelung Gesetz geworden, die eine dogmatische Anomalie darstellt, den Schuldgrundsatz verletzt und zu Ungerechtigkeiten führt (krit. M-Schroeder § 85, 25; SchSch-Stree 1; Lackner 6; SK 13 mwN; aM Krauth JZ **68,** 611; zusf. zur Kritik LK-Träger 13ff.). Die Regelung fordert nämlich kumulativ (Ber. 20; mißverstanden von A. Arndt, Prot. V/9537)

3 **3) drei Voraussetzungen** für die Straflosigkeit des Täters. Sie ist nur gegeben, wenn **A.** ihm der Irrtum nicht **vorzuwerfen** ist. Das ist nur dann der Fall, wenn der Täter alle ihm möglichen und zumutbaren Erkundigungen erschöpft hat und dennoch den Standpunkt vertreten konnte, das Ge-
4 heimnis sei illegal. **B.** der Täter in der **Absicht** handelt, durch seine Handlung dem vermeintlichen Verstoß entgegenzuwirken. Kann dem Täter nicht widerlegt werden, daß er in solcher Absicht gehandelt hat, so geht
5 das zu seinen Gunsten (Ber. 21). **C.** die Tat bei Berücksichtigung aller Umstände, zu denen auch der ggf nicht vorwerfbare Irrtum des Täters zählt, ein angemessenes, also bei Abwägung der aus der Tat erwachsenden Nachteilsgefahr, der Schwere des vermeintlichen Verstoßes und den Mög-

Landesverrat und Gefährdung der äußeren Sicherheit § 97 b

lichkeiten der Abwehr ein **billigenswertes Mittel** ist, um der angenommenen Illegalität möglichst erfolgreich entgegenzuwirken. Der Täter muß danach das für die Sicherheit der BRep. gefahrloseste Mittel wählen, das Erfolg verspricht, die Veröffentlichung als das gefährlichste Mittel also nur dann, wenn die weniger gefährlichen, wie das Anrufen einer Behörde, versagt haben oder von vornherein aussichtslos sind (vgl. dazu BGH 20, 342; ferner Paeffgen 207). Das Gesetz gibt insoweit Richtlinien. Ganz allgemein verlangt es (I S. 2), daß sich der Täter vor Mitteilung des Geheimnisses idR an einen BTAbgeordneten, gleichgültig welcher Fraktion, zu wenden und diesen um Abhilfe zu bitten hat. Eine Ausnahme kommt in Betracht, wenn nach der Vorstellung des Täters von anderer Seite, etwa einer Behörde, sofortige Abhilfe zu erwarten ist oder die Hilfe eines Abgeordneten zu spät kommen müßte. Hat sich der Täter an einen Abgeordneten gewendet, so muß er eine angemessene Zeit abwarten, was dieser tut, ehe er weitere Schritte unternimmt. Ist der Täter **Amtsträger** (§ 11 I Nr. 2), **6** **Soldat** der BWehr, für den öffentlichen Dienst **besonders Verpflichteter** **7** (§ 11 I Nr. 4; dort 32) oder **Verpflichteter** iS des § 353b II (vgl. 1, 6 zu § 353b) und ist ihm das Geheimnis dienstlich anvertraut oder zugänglich (was anvertraut ist, ist auch stets zugänglich), so ist er nach **II** ausnahmslos verpflichtet, vor einer Weitergabe als Soldat einen Disziplinarvorgesetzten (§§ 16 bis 20 WDO), als Amtsträger einen Dienstvorgesetzten um Abhilfe anzurufen. Ein Verpflichteter hat sich an den Leiter der Stelle zu wenden, die ihn verpflichtet hat. Kann der Täter nicht befriedigend beschieden werden, so gilt dann die Regel in I S. 2. Nimmt der Täter in den Fällen von Nr. 3 irrig Voraussetzungen an, welche seine Handlung als angemessenes Mittel zum Zweck des Entgegenwirkens erscheinen lassen würden, so ist Nr. 3 zu seinen Gunsten mindestens dann anzuwenden, wenn der Irrtum nicht vermeidbar war.

4) **Fehlt auch nur eine der drei Voraussetzungen** unter 3ff., so ist der **8** Täter je nach dem von ihm verwirklichten Tatbestand und der dort vorgesehenen Strafdrohung strafbar. **A.** In den **Fällen von § 97 II** kann dieser **9** Satz der Natur der Sache nach allerdings nicht gelten. Denn wenn der Täter glaubt, das Geheimnis an einen befugten Dritten gelangen zu lassen, vor allem aber, wenn er es nur leichtfertig an den andern gelangen läßt, kann er damit weder die in Nr. 2 geforderte positive Absicht verbinden, noch seine Handlung als Mittel zu diesem positiven Zweck einsetzen. Hier genügt es zur Straflosigkeit, wenn der Irrtum dem Täter nicht vorzuwerfen ist. **B. In** **10** **den übrigen Fällen** verletzt die Regelung den Schuldgrundsatz. Denn sie führt dazu, daß jemand wegen vorsätzlicher Begehung bestraft werden kann, obwohl er sich in einem nicht vorwerfbaren Irrtum über ein das Tatunrecht mit konstituierendes negatives Tatbestandsmerkmal befand. Auf der anderen Seite wird, auch wenn das kaum praktisch werden wird, jemand, der der vermeintlichen Rechtsverletzung entgegentreten wollte und von seiner Position her gesehen auch das rechte Mittel zu diesem Zweck wählte, wie ein Vorsatztäter bestraft, wenn ihm sein Irrtum vorzuwerfen ist. Für die Arbeit des Journalisten erwachsen daraus die größten Schwierigkeiten. Es ergeben sich aber im Vergleich mit ähnlichen Fällen noch weitere Ungerechtigkeiten: **a)** Wer glaubt, ein Staatsgeheimnis, von dem er zu Recht oder Unrecht annimmt, daß es in anderer als der in § 93 II

§ 97b
BT Zweiter Abschnitt

beschriebenen Weise gegen das Recht verstößt, offenbaren zu dürfen, handelt in einem Verbotsirrtum. Da sich analoge Anwendung von § 97b zuungunsten des Täters auf diesen Fall verbietet (vgl. LK 20 zu § 93), handelt er ohne Schuld, wenn ihm sein Irrtum nicht vorzuwerfen ist; andernfalls kann, anders als bei § 97b, die Strafe nach §§ 17, 49 I gemildert werden.

b) Ähnliches ergibt sich in den Fällen des § 97a, wenn der Täter bewußt ein illegales Geheimnis verrät, aber irrig glaubt, illegale Geheimnisse dürften auch einer fremden Macht straflos mitgeteilt werden. Auch dieser Verbotsirrtum muß nach allgemeinen Regeln behandelt werden.

11   **5) Im Ergebnis** wird man bei einer verfassungskonformen Auslegung des § 97b, wenn man nicht überhaupt die Nummern 2 und 3 für nichtig halten will (vgl. SK 13; AK-Sonnen 7), mindestens die Möglichkeit einer Strafmilderung nach § 49 I anzunehmen haben, jedenfalls dann, wenn auch nur eine der unter 3 bis 7 genannten Voraussetzungen gegeben ist, mit Sicherheit aber in dem Fall, daß der Irrtum nicht vorwerfbar ist (so auch Paeffgen 170; LK 15). In solchen Fällen verbietet es sich auch, besonders schwere Fälle iS von § 94 II iVm § 94 I Nr. 2 oder von § 95 II anzunehmen (ähnlich SK 14). Eine Ermächtigung nach § 97 III wird wohl in derartigen Fällen nicht erteilt werden.

12   **6) Tatort, sonstige Vorschriften** 7, 10 zu § 94.

Landesverräterische Agententätigkeit   RiStBV 202 ff.

98
¹ Wer

1. für eine fremde Macht eine Tätigkeit ausübt, die auf die Erlangung oder Mitteilung von Staatsgeheimnissen gerichtet ist, oder

2. gegenüber einer fremden Macht oder einem ihrer Mittelsmänner sich zu einer solchen Tätigkeit bereit erklärt,

wird mit Freiheitsstrafe bis zu fünf Jahren oder mit Geldstrafe bestraft, wenn die Tat nicht in § 94 oder § 96 Abs. 1 mit Strafe bedroht ist. In besonders schweren Fällen ist die Strafe Freiheitsstrafe von einem Jahr bis zu zehn Jahren; § 94 Abs. 2 Satz 2 Nr. 1 gilt entsprechend.

ᴵᴵ Das Gericht kann die Strafe nach seinem Ermessen mildern (§ 49 Abs. 2) oder von einer Bestrafung nach diesen Vorschriften absehen, wenn der Täter freiwillig sein Verhalten aufgibt und sein Wissen einer Dienststelle offenbart. Ist der Täter in den Fällen des Absatzes 1 Satz 1 von der fremden Macht oder einem ihrer Mittelsmänner zu seinem Verhalten gedrängt worden, so wird er nach dieser Vorschrift nicht bestraft, wenn er freiwillig sein Verhalten aufgibt und sein Wissen unverzüglich einer Dienststelle offenbart.

1   **1) Die Vorschrift** idF des 8. StÄG (1 vor § 80) iVm Art. 1 Nr. 29 des 1. StrRG und Art. 19 Nr. 20 EGStGB ersetzt zusammen mit § 99 den § 100e aF, wobei sich die §§ 98 und 99 in der Weise ergänzen, daß das Schwergewicht in § 98 bei der auf Staatsgeheimnisse gerichteten Tätigkeit im Vorfeld des Landesverrats, bei § 99 auf der geheimdienstlichen Tätigkeit für einen fremden Geheimdienst liegt. In vielen Fällen werden beide Tatbestände gegeben sein (dann Tateinheit; unten 12). Der Fall, daß eine Tätigkeit für eine fremde Macht, aber

Landesverrat und Gefährdung der äußeren Sicherheit **§ 98**

nicht für deren Geheimdienst, auf andere als Staatsgeheimnisse (§ 93) gerichtet ist, ist bewußt nicht erfaßt. Sowohl in § 98 I Nr. 1 als auch in § 99 I Nr. 1 ist an die Stelle des problematischen Beziehungstatbestandes in § 100e aF jeweils ein Tätigkeitstatbestand getreten. § 100e aF hat aber für die Konkurrenzfrage bei Agententätigkeiten Bedeutung behalten (BGH **28**, 171).

Schrifttum zu § 100e aF: *Jagusch* MDR **58**, 829; *Lackner* ZStW **78**, 395; *Lüttger* GA **60**, 46; *Mittelbach* NJW **57**, 649; *Roth-Stielow* NJW **67**, 2244; *Ruhrmann* NJW **59**, 1201; Rspr. bei *Wagner* GA **61**, 321; **62**, 1; **63**, 295; **66**, 70; 305; **67**, 109.

2) Tathandlungen sind A. nach I Nr. 1a) das aktive **Ausüben** einer ihrer 2 Art nach beliebigen **Tätigkeit**, die zB im Einholen oder Weitergeben von Mitteilungen (BGH **25**, 145; **31**, 318), Anknüpfen oder Vermitteln von Verbindungen, aber auch im einmaligen Beschicken eines toten Briefkastens bestehen kann, jedoch nicht nur theoretischer Art sein darf (wie zB die Lektüre eines Buches über Spionagemethoden); eine für längere Zeit angelegte Tätigkeit ist nicht vorausgesetzt (BGH **31**, 318; Stree NStZ **83**, 551 und krit. Schroeder JZ **83**, 671; ferner NJW **81**, 2281); **b) für eine** 3 **fremde Macht** (6 zu § 93), dh wenn auch ohne Auftrag (ebenso SchSch-Stree 7; vgl. die abweichende Formulierung in § 87; die zu enge Überschrift des § 98 steht nicht entgegen), so doch zugunsten dieser Macht, so daß auch eine Tätigkeit ohne Kontakt zu ihren Mittelsmännern erfaßt wird, wenn nur letztlich Mitteilung der Geheimnisse an die Macht oder Ausnutzung zu deren Gunsten geplant ist (BGH **25**, 145). **c)** wobei die Tätigkeit **auf die Erlangung oder Mitteilung von Staatsgeheimnissen ge-** 4 **richtet** sein muß. Das ist nicht schon dann der Fall, wenn die Tätigkeit nach der Vorstellung des Täters oder eines mit ihm in Verbindung stehenden Mittelsmannes der fremden Macht möglicherweise einmal zur Erlangung oder Mitteilung von Staatsgeheimnissen führen könnte, vielleicht nach Erprobung des Täters, sondern erst dann, wenn der Plan des Täters oder der von ihm akzeptierte Plan des Mittelsmannes darauf zielt, daß die Tätigkeit unmittelbar zur Gewinnung von Staatsgeheimnissen für die fremde Macht führt, wenn auch vielleicht zunächst nur zu Bruchstücken von Staatsgeheimnissen (BGH **25**, 145; das ergibt sowohl die von der in § 100e aF verwendeten Fassung „Beziehungen, welche zum Gegenstand haben" abweichende Formulierung „gerichtet auf" als auch der systematische Gegensatz zu der Ergänzungsvorschrift des § 99; die abw. Rspr. zu § 100e aF, zB BGH **6**, 333; **15**, 231, ist daher nicht anwendbar; vgl. auch Prot. V/1535, 1628). Andere Geheimnisse als Staatsgeheimnisse iS von § 93 scheiden aus, insbesondere auch illegale Geheimnisse (§ 93 II), obwohl § 97a die Ausspähung solcher Geheimnisse unter Strafe stellt; hier kommt nur § 99 in Betracht. Unter „Mitteilung" ist die an die fremde Macht oder einen Mittelsmann zu verstehen (vgl. im übrigen 2f. zu § 94). Unter „Erlangung" (dh Kenntnisnahme oder Herstellen des eigenen Gewahrsams bei verkörperten Geheimnissen) wird man hingegen auch die durch den Täter allein zu verstehen haben, wenn sich auch aus dem Merkmal „für eine fremde Macht" ergibt, daß der Täter mindestens an Auswertung zu deren Gunsten denken muß. Anderseits wird der Tatbestand auch dadurch erfüllt, daß als Folge der Tathandlung zwar nicht der Täter selbst, aber ein anderer das Geheimnis erlangen oder mitteilen soll. § 98 scheidet aus, wenn die Staatsgeheimnisse, auf welche die Tätigkeit gerichtet ist, in der Vorstel-

§ 98

lung des Täters und eines Mittelsmannes bereits so konkretisiert sind, daß § 30 erfüllt ist (17 zu § 30) und den § 98 verdrängt (5 zu § 96). Geht der Täter selbständig vor, so ist § 98 hingegen auch bei Konkretisierung auf ein bestimmtes Staatsgeheimnis so lange gegeben, bis das Stadium eines Versuches nach § 96 I erreicht ist (Subsidiaritätsklausel). Umfaßt die Tätigkeit nach Nr. 1 verschiedene, nacheinander liegende Akte, so ist eine Dauerstraftat gegeben (vgl. BGH **15**, 230). Eines vorherigen Sichbereiterklärens

5 bedarf es im Fall I Nr. 1 nicht (BGH **25**, 145). **B.** nach **I Nr. 2** die ernst gemeinte (10 zu § 30; Prot. V/1522, 1532, 1628; Krauth JZ **68**, 613; Woesner NJW **68**, 2134), ausdrückliche oder verschlüsselte, mündliche oder schriftliche **Erklärung** des Täters gegenüber einer fremden Macht oder einem ihrer Mittelsmänner (2 f. zu § 94), daß er zu einer Tätigkeit iS von Nr. 1 **bereit** sei. Die Erklärung kann unmittelbar, aber auch mit Hilfe von Werkzeugen, gutgläubigen oder bösgläubigen Boten abgegeben werden und muß den Adressaten erreichen (Celle NJW **91**, 579; vgl. auch 10 zu § 30; LK-Träger 7; SK- Rudolphi 9; AK-Sonnen 8; aM SchSch 13). Ob sie angenommen wird, ist ohne Bedeutung. Die Strafbarkeit entfällt nicht auch schon dadurch, daß der Täter entgegen seiner Erklärung keine Tätigkeit entfaltet.

6 **3) Vorsatz** ist erforderlich; bedingter genügt. Doch muß sich der Täter zum unmittelbaren Ziel seiner Tätigkeit die Erlangung oder Mitteilung von Geheimnissen machen, bei denen er die Voraussetzungen des § 93 I mindestens für möglich hält. Erweckt der Täter, etwa den Mittelsmännern der fremden Macht gegenüber, nur den Schein, daß seine Tätigkeit auf Staatsgeheimnissen gerichtet sei, während er solche Tätigkeit ernstlich gar nicht will, so ist, anders als bei § 100e aF, der Tatbestand des § 98 nicht gegeben (LK 6; aM Lackner 2; ZStW **78**, 702). Die Vorschrift ist damit praktisch weitgehend entwertet. Vorwerfbarer oder nicht vorwerfbarer Verbotsirrtum kann eine Rolle spielen (vgl. zu § 100e aF Celle, Hamm GA **62**, 8 f. Nr. 13, 18).

7 **4) Gerechtfertigt** sein kann die Tat durch rechtfertigenden Notstand (§ 34; vgl. LM Nr. 6 zu § 100e aF; Hamm und Bay GA **61**, 341 f. Nr. 14, 15, 17) oder durch Erlaubnis einer deutschen Dienststelle (vgl. Rspr. Nachw. GA **62**, 3 ff. Nr. 1, 6, 8, 12), während die einer Dienststelle der Stationierungskräfte, soweit es um deutsche Staatsgeheimnisse geht, nur einen Verbotsirrtum begründen kann (19. 1. 1965, 6 StE 2/64; Rspr. Nachw. GA **62**, 3 ff. Nr. 8, 11, 21). Als **Entschuldigungsgrund** kommt § 35 in Betracht (vgl. dazu BGH **15**, 230; Nachw. GA **61**, 340 f. Nr. 1, 7, 8, 19, 22, 23), nicht aber bei *actio libera in causa* (Bay MDR **55**, 247). Ist der Täter gedrängt worden, ohne daß § 35 erreicht ist, kommt II S. 2 in Betracht (unten 10).

8 **5) An jedem Ort** ist die Tat nach § 5 Nr. 4 strafbar.

9 **6) Die Strafe** richtet sich in besonders schweren Fällen (11 zu § 12; 43 ff. zu § 46) nach II S. 1; als Regelbeispiel wiederholt das Gesetz das in § 94 II S. 2 Nr. 1 genannte (vgl. 8 zu § 94). Tritt § 98 hinter § 30 iVm § 96 zurück und läge bei § 98 ein besonders schwerer Fall vor, so ist die Mindeststrafe von 1 Jahr einzuhalten (23 vor § 52). Nebenfolgen § 101; Einziehung § 101 a.

Landesverrat und Gefährdung der äußeren Sicherheit **§ 98**

7) Tätige Reue kann der Täter nach **II** üben, wenn er freiwillig (6, 8 zu § 24) 10
sein Verhalten aufgibt, dh seine Tätigkeit endgültig abbricht oder im Fall des
Sichbereiterklärens nicht aufnimmt und außerdem sein Wissen von all dem, was
mit seiner Tat zusammenhängt, insbesondere, was seine Mittelsmänner und die
Beziehungen zu ihnen sowie seine eigene Tätigkeit angeht, einer Dienststelle (14
zu § 87) freiwillig (BGH **27**, 120) offenbart, also sein gesamtes Wissen dem
Erklärungsempfänger vermittelt. Eine rechtzeitige Offenlegung ist (abw. von
14 zu § 87 und 8 zu § 129) nicht vorausgesetzt (12. 5. 1980, 3 StR 163/80), jedoch
kann der Zeitpunkt der Offenbarung bei der Entscheidung nach II eine Rolle
spielen (BGH aaO). II gilt auch in besonders schweren Fällen. Das Gericht kann
dann die Strafe nach seinem Ermessen mildern (§ 49 II) oder von Strafe nach
§ 98 absehen (4 zu § 83a; Bergmann [1 zu § 49] 205). Ein **persönlicher Strafaufhebungsgrund** hinsichtlich der Strafe nach § 98 ist nach II S. 2 gegeben,
wenn der Täter **a)** zu seinem Verhalten von der fremden Macht oder einem 11
ihrer Mittelsmänner gedrängt oder unter einen Druck gesetzt worden ist, der
zwar nicht zu einer Entschuldigung nach § 35 führt, den Täter aber in eine
psychische Zwangslage versetzt hat (Krauth JZ **68**, 613), und **b)** sich unverzüglich, dh unmittelbar nach Wegfall der Drucksituation offenbart hat.

8) Konkurrenzen. Zum Verhältnis zu §§ 94, 96 I, 30 vgl. 5 zu § 96; oben 12
2ff., 9. Tateinheit ist möglich mit §§ 86, 89, 99 (Ber. S. 21, 23), 100a, 211,
234a, 242, 263, 267, 353b (BGH **15**, 233 stellte auf den Beziehungstatbestand
des § 100e aF ab), möglicherweise auch mit §§ 16, 19 WStG bei verbotenem
Grenzübertritt. § 109f tritt hinter § 98 zurück. Zum Verhältnis zu Art. 7 I des
4. StÄG (Anh. 14) vgl. 21 zu § 93. **Sonstige Vorschriften** 10 zu § 94; § 142a II
Nr. 1a, c GVG.

Geheimdienstliche Agententätigkeit RiStBV 202 ff.

99 ^I Wer

1. für den Geheimdienst einer fremden Macht eine geheimdienstliche
Tätigkeit gegen die Bundesrepublik Deutschland ausübt, die auf die
Mitteilung oder Lieferung von Tatsachen, Gegenständen oder Erkenntnissen gerichtet ist, oder

2. gegenüber dem Geheimdienst einer fremden Macht oder einem seiner
Mittelsmänner sich zu einer solchen Tätigkeit bereit erklärt,

wird mit Freiheitsstrafe bis zu fünf Jahren oder mit Geldstrafe bestraft,
wenn die Tat nicht in § 94 oder § 96 Abs. 1, in § 97a oder in § 97b in
Verbindung mit § 94 oder § 96 Abs. 1 mit Strafe bedroht ist.

^{II} In besonders schweren Fällen ist die Strafe Freiheitsstrafe von einem
Jahr bis zu zehn Jahren. Ein besonders schwerer Fall liegt in der Regel
vor, wenn der Täter Tatsachen, Gegenstände oder Erkenntnisse, die von
einer amtlichen Stelle oder auf deren Veranlassung geheimgehalten werden, mitteilt oder liefert und wenn er

1. eine verantwortliche Stellung mißbraucht, die ihn zur Wahrung solcher Geheimnisse besonders verpflichtet, oder

2. durch die Tat die Gefahr eines schweren Nachteils für die Bundesrepublik Deutschland herbeiführt.

^{III} § 98 Abs. 2 gilt entsprechend.

§ 99

1 1) **Die Vorschrift** idF des 8. StÄG (1 vor § 80) ersetzt gemeinsam mit § 98 den § 100e aF (vgl. 1 zu § 98; BVerfGE **28**, 175). Sie ist verfassungsgemäß (BVerfGE **57**, 250 [hierzu auch Krüger NJW **82**, 855]; NJW **91**, 930 [in BGH **37**, 305 nicht abgedruckt]) völker- oder verfassungsrechtliche Grundsätze stehen auch der Verfolgung geheimdienstlich tätig gewordener ehem. DDR-Bürger nicht entgegen (NJW **91**, 2498; 4. 10. 1991, 4 BJs 42/89–4). Der StrABTag hat die Vorschrift als „zentralen Spionagetatbestand" bezeichnet (Ber. 22; vgl. BGH
1a **31**, 322). § 5 Nr. 4 (dort 4) bezieht auch die im Ausland begangenen Tätigkeiten aller Personen unabhängig vom Recht des Tatorts ein, die sie für ausländische Geheimdienste ausüben (BGH **24**, 277; aM Schroeder NJW **81**, 2282). Nach allgM ist auch die Tätigkeit hauptamtlicher **Mitarbeiter des MfS der ehem. DDR** erfaßt (wohl aM, aber irrig C. Arndt NJW **91**, 2467). *Umstritten* ist jedoch, ob der strafrechtlichen Verfolgung vor dem Beitritt begangener **Alttaten** völker- oder verfassungsrechtliche Grundsätze entgegenstehen. *Der BGH* hat dies aus iErg. zutr. Gründen verneint (BGH **37**, 305 [m. Anm. Classen JZ **91**, 717]; NJW **91**, 929; 2498, zust. LK[11]-Gribbohm 70 zu § 2; MDR/S **92**, 545; Kinkel JZ **92**, 488), da sich durch Art. 315 IV EGStGB idF des EV an der Strafbarkeit Angehöriger der DDR-Geheimdienste nichts geändert habe (40 vor § 3), die Strafverfolgung nicht gegen Art. 3 GG, aber auch nicht gegen die Grundsätze eines fairen Verfahrens verstoße, Rechtfertigungs- oder Entschuldigungsgründe nicht gegeben seien und eine analoge Anwendung des Art. 31 HLKO (keine strafrechtliche Verantwortlichkeit eines vom Feind gefangengenommenen Spions) nicht in Betracht komme (iErg. ebenso Bay NStZ **92**, 282). *Hiervon abw.* hält *das KG* (NJW **91**, 2501 m. Anm. Volk JR **91**, 431) in einem Vorlegungsbeschluß (Art. 100 GG) die *Strafverfolgung* in diesen Fällen mit Art. 3 I GG für unvereinbar und mit Art. 315 IV EGStGB idF des EV, soweit er die Strafbarkeit „beibehalte", für verfassungswidrig. Die Vorlage des KG läßt einen Erfolg nicht nur wegen der erheblichen formalen Mängel (Wilke NJW **91**, 2495; Zuck MDR **91**, 1009), sondern auch in der Sache zweifelhaft erscheinen. Denn ein Verstoß gegen den Gleichheitssatz des Art. 3 I GG ist nicht gegeben (NJW **91**, 2500; Bay NStZ **92**, 283; LK[11] 60a zu § 2; aM Widmaier NJW **90**, 3171; Ignor/Müller StV **91**, 576). Die Rechtsanwendung auf die Tätigkeit für die Nachrichtendienste der ehem. DDR ist sachgerecht, weil ihr Schutz- und Sicherheitsbedürfnis untergegangen ist. Das KG, das in der Strafverfolgung eine Ungleichbehandlung (aaO 2503) und einen Verstoß gegen den „Gerechtigkeitsgedanken" und den (durch die frühere Eigenstaatlichkeit der DDR gebotenen) „Vertrauensschutz" erblickt, verkennt, daß der EV in Kenntnis der Strafbarkeit der früheren MfS-Angehörigen nach §§ 94, 99 insoweit von einer *besonderen* Regelung abgesehen und das Fortbestehen der Strafbarkeit durch Art. 315 IV EGStGB ausdrücklich bestätigt hat (BGH **37**, 309; NJW **91**, 2500). Widmaier (NJW **91**, 2464) hält Art. 315 IV EGStGB zu Unrecht für verfassungswidrig, weil der Beitritt der ehem. DDR zur BRep. freiwillig erfolgt (BGH **37**, 311) und ein einseitiger Hoheitsakt (Maunz-Dürig [Scholz] 36 zu Art. 23 GG) der demokratisch legitimierten Volkskammer der ehem. DDR ist, die in den EV-Verhandlungen keine Norm einforderte, die das „Vertrauen" der früheren MfS-Angehörigen in die faktische Nichtverfolgbarkeit ihres gegen die BRep. gerichteten strafbaren Verhaltens schützt (vgl. auch Bay NStZ **92**, 282; Koblenz StV **91**, 464; Lippold NJW **92**, 21; C. Arndt NJW **91**, 2467; Classen JZ **91**, 718; Küpper JuS **92**, 725). Für die BRep. bestand für eine gleichrangige Bewertung des SED-Staates (so Grünwald StV **91**, 32; hierzu 52 vor § 3; vgl. hierzu auch Lüderssen StV **91**, 485) schon gar kein Anlaß, da es nicht Aufgabe einer rechtsstaatlichen Ordnung ist, das Vertrauen von MfS-Angehörigen in den Fortbestand des SED-Regimes zu schützen (Lippold NJW **92**, 24; verfehlt Schmidt-

Hieber/Kiesewetter NJW **92**, 1793). Schon nach Art. 25 GG scheidet auch eine analoge Anwendung des *Art. 31 HLKO* aus, da er keine allgemeine Regel des Völkerrechts, sondern eine Sondernorm des Kriegsvölkerrechts ist (BGH **37**, 309; NJW **91**, 2500; Bay NStZ **92**, 282; Lippold NJW **92**, 20), so daß auch keine Entscheidung des BVerfG nach Art. 100 II GG zur Frage der Geltung völkerrechtlichen Gewohnheitsrechts über die Behandlung von Spionen im Falle der Staatennachfolge einzuholen ist (BGH **37**, 312; Sima/Volk NJW **91**, 873), zumal der allgemeine Rechtsgedanke, der hinter Art. 31 HLKO im *beiderseitigen* Interesse kriegführender Parteien stehen mag, bei den vertragschließenden Parteien des EV keine Entsprechung findet (BGH **37**, 309; Geppert JK 1; aM KG NJW **91**, 2504; Lüderssen StV **91**, 483; Luther NJ **91**, 396; DtZ **91**, 434), da es den Verhandlungspartnern der ehem. DDR nicht etwa darum ging, bereits bestehende strafrechtliche Konsequenzen von Repräsentanten des vormaligen Unrechtssystems zu beseitigen (vgl. Lippold NJW **92**, 22; Classen JZ **91**, 718). Auch sonst stehen einer Strafverfolgung früherer MfS-Angehöriger rechtsstaatliche Bedenken nicht entgegen: Verfehlt ist es, wenn sich das KG (aaO 2503) auf das *Rückwirkungsverbot* (Art. 103 II GG) beruft (BGH 4. 10. 1991, 4 BJs 42/89–4; Bay NStZ **92**, 282; Volk JR **91**, 432; Lüderssen StV **91**, 483; LK[11] 60a zu § 2; aM Widmaier NJW **91**, 2461; C. Arndt NJW **91**, 2497; Classen JZ **91**, 719); denn § 99 war nach dem Schutzprinzip des § 5 Nr. 4 auch schon vor dem 3. 10. 1990 auf die im Ausland von Ausländern begangenen Taten anwendbar. Die räumliche Ausdehnung des verfassungsrechtlichen Zugriffs auf das Beitrittsgebiet hat die Strafgewalt nicht prinzipiell, sondern nur okkasionell erweitert (Schünemann aaO [28 vor § 3]). § 99 ist völkerrechtlich, zumal auch andere Staaten vergleichbare Normen kennen (Lippold NJW **92**, 21), unbedenklich (4 zu § 5). Auch Einwände von Ignor/Müller (StV **91**, 576) aus dem Schuldgrundsatz sind unbegründet, da er nicht – bezogen auf das Staatsgebiet der ehem. DDR – binnenstaatlich begriffen werden kann. Ebenso ist die von Samson (NJW **91**, 339) vertretene „Inlandslösung" abzulehnen (hierzu 46 vor § 3), weil sie § 5 Nr. 4 für in der ehem. DDR begangene Taten unberücksichtigt läßt (treffend hiergegen Simma/Volk NJW **91**, 874; Lippold NJW **92**, 19 Fn. 15; Lackner 12 zu § 2). Schließlich stehen auch Grundsätze des *fairen Verfahrens* der Strafverfolgung nicht entgegen (NJW **91**, 2500). Entgegen Zuck (MDR **91**, 1009) läßt sich nicht schon über diesen Grundsatz das „Ergebnis der Straffreiheit erzielen" (LK[11] 39 vor § 80 Fn. 8); er ist aber in den Fällen des § 153e StPO von Bedeutung bei der Strafzumessung (35 f zu § 46). Ferner sind die Besonderheiten von **Alttaten** von Angehörigen der DDR-Nachrichtendienste zu berücksichtigen (NJW **91**, 932). Soweit die Strafverfolgung aller früheren Mitarbeiter der DDR-Nachrichtendienste auch nach Auffassung des BGH problematisch erscheint (NJW **91**, 933; vgl. Ignor/Müller StV **91**, 573; Renzikowski JR **92**, 274), sollte dem durch eine Amnestie begegnet werden (Simma/Volk NJW **91**, 874; Classen JZ **91**, 717; Samson NJW **91**, 339; Eser GA **91**, 266; beachtliche Einwände bei Kinkel JZ **92**, 486); freilich sind bisher Entwürfe für ein Straffreiheitsgesetz (BT-Drs. 11/7871 u. 11/7762) im Parlament gescheitert (hierzu Zuck MDR **91**, 1009 und einseitig krit. Grünwald StV **91**, 32/33).

2) Tathandlungen sind **A.** nach I Nr. 1 **a)** das **Ausüben** (2 ff. zu § 98; BVerfGE **57**, 265) einer **geheimdienstlichen Tätigkeit**, dh einer Tätigkeit, deren äußeres Bild dem entspricht, was für die Arbeit von Agenten und anderen Hilfspersonen solcher Dienste kennzeichnend ist (BGH **24**, 369; **31**, 318; Stree NStZ **83**, 551 und krit. Anm. Schroeder JZ **83**, 673), idR sind das Heimlichkeit und konspirative Methoden (Begr. RegE 34; Ber. 23; Prot. V 1520; Krauth JZ **68**, 612). Doch ist zu beachten, daß die Methoden

2

§ 99

sich der technischen Entwicklung anpassen. Maßgebend ist in erster Linie die tatrichterliche Würdigung des Gesamtverhaltens des Täters (BGH **24**, 373 [krit. Pabst JZ **77**, 427]; **30**, 294). Charakteristisch sind zB Unterschreiben einer Verpflichtungserklärung, Verwendung von Decknamen und Deckadressen, Zuteilung eines Führungsmannes, konspirative Treffs, getarnte Nachrichtenübermittlung (Code), Verwendung von Kurieren, Kleinsendern, Mikrofotografie, Kontaktpapier, unsichtbarer Tinte, Containern, toten Briefkästen. Sind auch nur einzelne solcher Merkmale gegeben, ist geheimdienstliche Tätigkeit anzunehmen. Es genügt aber auch die Erteilung lückenloser und rückhaltloser Auskünfte unter Entfaltung aktiver Mitarbeit für den fremden Geheimdienst (BGH **27**, 133 [krit. zum Ganzen Schroeder NJW **81**, 2280]; NStZ **86**, 166, hierzu MDR/S **86**, 178), ferner die Ausforschung einer Fluchthilfeorganisation im Geltungsbereich des GG (KG NJW **89**, 1374), ebenso jede (nicht nur typisch konspirative) Form des Zugänglichmachens erkenntniswerter Objekte (Hamburg NJW **89**, 1371: Umleitung einer an den MAD gerichteten Postsendung in die DDR), *nicht* hingegen die bloße Erteilung von Auskünften, auch gegenüber dem Angehörigen eines Geheimdienstes, wenn sie nicht in geheimdienstlichen Formen vor sich geht oder sich zur geheimdienstlichen Tätigkeit entwickelt (BGH **24**, 375; **30**, 294; LK-Träger 4; bedenklich Bay NJW **71**, 1417); das gilt zB für Auskünfte auf wissenschaftlichen Kongressen (BGH aaO; Schroeder NJW **81**, 2280; F. Vogel ZRP **82**, 39), aber idR auch für Mitteilungen eines nicht in eine aktive Rolle eintretenden fahnenflüchtigen Soldaten, der nach Übertritt in die DDR von Angehörigen eines Geheimdienstes vernommen wird (NJW **70**, 1887; 23. 1. 1974, 2 StR 6/73 II); wohl aber, wenn er bedeutungsvolle Fragen beantwortet oder wenn er sonst seine Bereitschaft zur Preisgabe von Informationen erkennen läßt (Frankfurt NStZ **82**, 31L). Beihilfe zu der Tat des Geheimdienstangehörigen wird man in solchen Fällen nicht annehmen dürfen (vgl. BGH aaO;
3 Sommer JR **81**, 494). **b)** für den **Geheimdienst einer fremden Macht** (6 zu § 93; Schroeder NJW **81**, 2280). Geheimdienst ist eine ständige Einrichtung im staatlichen Bereich (private Pressedienste scheiden aus; vgl. aber SchSch-Stree 6), die insbesondere für die politische Führung Nachrichten systematisch und unter Anwendung konspirativer Methoden sammelt, wie vor allem die politische Lage fremder Mächte und deren militärisches wie wirtschaftliches Potential abzuklären. Auf die Organisationsform kommt es nicht an. Nachdem der Zusatz im RegE § 100 „die sich ausschließlich oder vorwiegend mit der Beschaffung von Staatsgeheimnissen oder entsprechenden Geheimnissen anderer Mächte befassen" weggefallen ist, muß entgegen Ber. 22 davon ausgegangen werden, daß auch ein auf die Beschaffung ausschließlich von Wirtschaftsgeheimnissen spezialisierter, selb-
4 ständig organisierter Geheimdienst erfaßt wird (ebenso LK 5). **c) für** den Geheimdienst muß die Tätigkeit ausgeübt werden. Damit werden sowohl der zunächst auf eigene Faust tätig werdende Agent erfaßt (3 zu § 98) als auch vor allem sämtliche Personen, „die an der Aktivität des geheimdienstlichen Apparates beteiligt sind, vom Residenten über den Kurier, gleich ob er Nachrichten vom Geheimdienst zum Agenten oder umgekehrt übermittelt, bis hin zum Probeagenten, der zur Vorbereitung für spätere Einsätze Probeaufträge ausführt" (Ber. 23; aM SK-Rudolphi 11). Untergeordnete technische Bedienstete wie Berufskraftfahrer oder Putzfrauen scheiden aus.

Auf der anderen Seite braucht der Täter nicht selbst Agent im technischen Sinne zu sein (Ber. 23), zumal eine einmalige Tätigkeit ausreichen kann (LK 3) und es auch einer Eingliederung in den organisatorischen Apparat des Dienstes nicht bedarf (BGH **24**, 369), und für die mittäterschaftliche Beteiligung das Sich-Einspannenlassen in die gewünschte konspirative Nachrichtenübermittlung genügt (NStZ **86**, 166). **d) gegen die BRep.**, dh 5 gegen deren Interessen (vgl. 21 zu § 93; BVerfGE **57**, 267; soweit NATO-Vertragsstaaten betroffen sind, vgl. 21 zu § 93), muß die Tätigkeit gerichtet sein (das ist nicht schon ohne weiteres der Fall, wenn es sich lediglich um das Interesse der BRep. handelt, daß Erkenntnisse ihrer Verbündeten nicht an eine fremde Macht gelangen (BGH **32**, 106; **37**, 307; vgl. MDR/S **84**, 184; **85**, 184), wohl aber dann, wenn sich die Tätigkeit gegen Ausländerorganisationen der BRep. oder gegen hier lebende Ausländer richtet (BGH **29**, 325; Ber. 23; krit. zum Ganzen Schroeder NJW **81**, 2281), so daß auch Wirtschaftsspionage erfaßt werden kann (vgl. SchSch 21), und zugleich **e) auf die Mitteilung** (2 f. zu § 94) **oder Lieferung** (das wohl über- 6 flüssige Merkmal bezieht sich auf Gegenstände iS von Sachen) von **Tatsachen, Gegenständen oder Erkenntnissen** (2 zu § 93), dh hier auf Mitteilung an den Geheimdienst oder dessen Mittelsmänner (vgl. 5 zu § 98), die mittelbar über den Täter laufen kann, aber auch auf andere Weise möglich ist (vgl. BGH **25**, 145). Die Mitteilung braucht nur das letzte Ziel der Tätigkeit zu sein (vgl. Prot. V 1527f.). Hinsichtlich der Art der Tatsachen ergibt sich eine gewisse Eingrenzung nur durch das Merkmal „gegen die BRep.". Im übrigen kann es sich im Gegensatz zu § 100 I Nr. 1 RegE um beliebige Tatsachen aus jedem Bereich handeln (zB Zeitpunkt der Schließung einer Kirche, um dann einen Funker dort tätig werden zu lassen; Prot. V 1521), auch wenn der politische, wirtschaftliche und wissenschaftliche Bereich vorherrschen wird. Die Nachrichten können in Ausnahmefällen auch ausländische Angelegenheiten betreffen. Die sog. Personenabklärung ist erfaßt. Die Tatsachen brauchen nicht geheim zu sein, können es aber sein, solange es sich nicht um Staatsgeheimnisse iS von § 93 handelt (dann §§ 94 I Nr. 1, 96 I, 98); in Betracht kommen danach Geheimnisse, deren Verrat keinen schweren Sicherheitsnachteil herbeiführen würde, Mosaikgeheimnisse und diplomatische Geheimnisse (BGH **24**, 376; hiergegen Pabst JZ **77**, 429), soweit sie nicht unter § 93 fallen, Regierungsgeheimnisse, innenpolitische sowie illegale Geheimnisse (§ 93 II). Die Tat kann Dauerstraftat sein (2 bis 4 zu § 98; BGH **28**, 171; NStZ **84**, 310 m. Anm. H. Wagner StV **84**, 189). **B.** Nach I Nr. 2 das **Sichbereiterklären** zu einer 7 Tätigkeit nach I Nr. 1 gegenüber dem fremden Geheimdienst oder einem Mittelsmann (dazu 5 zu § 98).

3) Vorsatz ist erforderlich, bedingter genügt (BGH **31**, 321 m. Anm. 8 Stree NStZ **83**, 552). Der Einwand des Täters, daß er nur eine Scheintätigkeit habe entwickeln wollen, ist widerlegt, sobald er die erste Nachricht mitgeteilt hat.

4) Zur Strafe vgl. MDR/H **81**, 453; MDR/S **81**, 974. Sie richtet sich in 9 besonders schweren Fällen (11 zu § 12; 43 ff. zu § 46) nach II. Als Regelbeispiel nennt **II S. 2** den Fall, daß der Täter selbst Geheimnisse dem fremden Dienst oder einem seiner Mittelsmänner mitteilt oder liefert, die von einer amtlichen Stelle oder auf deren Veranlassung faktisch geheimgehalten wer-

§ 99

den (2 zu § 95). Da § 99 hinter § 94 I Nr. 1 zurücktritt, können das grundsätzlich nicht Staatsgeheimnisse iS von § 93 I sein, sondern nur Geheimnisse der oben 6 bezeichneten Art; Staatsgeheimnisse nur dann, wenn der Täter insoweit ohne Vorsatz handelt. I setzt einen Geheimnisbruch nicht voraus, erfaßt ihn aber insofern, als die geheimdienstliche Tätigkeit gerade wegen dieser Zielrichtung unter Strafe gestellt und der erfolgte Geheimnisbruch ein gesetzliches Anzeichen (vgl. II S. 2) für höhere Strafwürdigkeit ist (BGH **28**, 325). Zur Mitteilung muß im Regelbeispielsfall hinzutreten, daß der Täter entweder eine verantwortliche Stellung mißbraucht, die ihn zur Wahrung *solcher* Geheimnisse, also nicht nur von Staatsgeheimnissen, besonders verpflichtet (8 zu § 94), *oder* daß er durch die Tat die Gefahr eines schweren (nicht wie in § 94 II Nr. 2 eines besonders schweren) Nachteils für die BRep., also nicht nur für deren äußere Sicherheit, vorsätzlich herbeiführt. Statusfolgen nach § 101; erweiterte Einziehungsmöglichkeit nach § 101a. Die *Wiedervereinigung Deutschlands* gibt keinen Anlaß, eine jahrzehntelange, die äußere Sicherheit der BRep. erheblich gefährdende Verratstätigkeit durch einen Bürger der BRep. milder als sonst anzusehen (25. 9. 1990, 3 BJs 180/90; vgl. auch Koblenz StV **91**, 464 und krit. Widmaier, Fetscher aaO 465).

10 5) **Konkurrenzen.** Nach der Subsidiaritätsklausel in I tritt § 99 zurück hinter die §§ 94, 96 I (BGH **24**, 72), 97a sowie 97b iVm §§ 94, 96 I. Handlungen, die ein Agent im Rahmen ein und derselben Beziehung vornimmt, sind – über die Fälle der natürlichen Handlungseinheit und des Fortsetzungszusammenhangs hinaus – aus der Natur des Delikts des I Nr. 1 zu einer Tat verbunden (BGH **28**, 171; vgl. aber auch 5a vor § 52). Zum Verhältnis zu § 30 vgl. 5 zu § 96. Im übrigen gilt 12 zu § 98.

11 6) **Sonstige Vorschriften** 10 zu § 94; Rechtfertigungs- und Entschuldigungsgründe, Tatort, tätige Reue, 7, 8, 10 zu § 98; Zuständigkeit § 142a GVG. Zur Anwendung des § 99 auf geheimdienstliche Tätigkeit gegen den betroffenen NATO-Vertragsstaat, der Truppen im Gebiet der alten BRep. und Berlin (West) stationiert hat, vgl. Art. 7 I Nr. 4 4. StÄG (Anh. 14) und BGH **32**, 108 ff., 113; MDR/S **84**, 184.

Friedensgefährdende Beziehungen RiStBV 202 ff.

100 ¹ Wer als Deutscher, der seine Lebensgrundlage im räumlichen Geltungsbereich dieses Gesetzes hat, in der Absicht, einen Krieg oder ein bewaffnetes Unternehmen gegen die Bundesrepublik Deutschland herbeizuführen, zu einer Regierung, Vereinigung oder Einrichtung außerhalb des räumlichen Geltungsbereichs dieses Gesetzes oder zu einem ihrer Mittelsmänner Beziehungen aufnimmt oder unterhält, wird mit Freiheitsstrafe nicht unter einem Jahr bestraft.

II In besonders schweren Fällen ist die Strafe lebenslange Freiheitsstrafe oder Freiheitsstrafe nicht unter fünf Jahren. Ein besonders schwerer Fall liegt in der Regel vor, wenn der Täter durch die Tat eine schwere Gefahr für den Bestand der Bundesrepublik Deutschland herbeiführt.

III In minder schweren Fällen ist die Strafe Freiheitsstrafe von einem Jahr bis zu fünf Jahren.

Landesverrat und Gefährdung der äußeren Sicherheit § 100

1) Die Vorschrift, die in der eingeengten Fassung des 8. StÄG (1 vor § 80) 1
kaum praktische Bedeutung hat, stellt einen Restbestand aus § 100d aF (vgl.
auch 1 zu § 87) und den einzigen noch im Staatsschutzrecht gebliebenen sog.
Beziehungstatbestand dar.

2) Täter kann nur ein Deutscher sein, der seine Lebensgrundlage in der 2
BRep. hat; dazu 4 zu § 5. Die Tat ist also Sonderdelikt. Der **Tatort** kann
ein beliebiger sein (§ 5 Nr. 4; 8 zu § 98).

3) Tathandlung ist das Aufnehmen oder Unterhalten von **Beziehungen,** 3
dh einer in Übereinstimmung der Beziehungspartner auch ohne Initiative
des Täters (MDR **61,** 614; BGH **15,** 231; **16,** 252; **17,** 63; Neustadt GA **59,**
156) eingegangenen, auf gewisse Dauer angelegten geistigen und tatsächlichen Verbindung zu **a)** einer außerhalb des räumlichen Geltungsbereichs des
Gesetzes bestehenden beliebigen Regierung, Vereinigung oder Einrichtung
(2ff. zu § 85; 7 zu § 86) oder **b)** zu einem inländischen (vgl. BGH **16,** 298)
oder ausländischen Mittelsmann für die unter a) genannten Stellen, der auch
ohne deren Auftrag tätig sein kann. Die einer Stelle nach a) oder b) zugegangene Bereitschaftserklärung zur Aufnahme von Beziehungen ist nur strafbarer Versuch (Lackner 3; aM SchSch-Stree 4; Bay **62;** 125; Celle NJW **65,** 457;
vgl. auch LK-Träger 4). Das Unterhalten von Beziehungen ist Dauerstraftat
(BGH **15,** 231; **16,** 26). Völkerrechtliche Rechtfertigung kommt nach Einengung von Täterkreis und Tathandlung nicht mehr in Betracht.

4) Vorsatz ist erforderlich, bedingter genügt. Doch muß die Tathand- 4
lung von der **Absicht** getragen sein, einen Krieg oder ein bewaffnetes
Unternehmen, dh ohne Rücksicht auf die völkerrechtlich vielfach zweifelhafte Einordnung irgendein organisiertes, umfangreicheres Vorgehen mit
Waffengewalt gegen die BRep. (Zwangsmaßregeln wie Sanktionen, Blokkaden, Abschneiden von wichtigen Verkehrswegen reichen nicht mehr
aus) herbeizuführen (ähnlich Krauth JZ **68,** 613). Absicht der Förderung
eines schon im Gang befindlichen Unternehmens genügt nicht (M-Schroeder § 85, 86).

5) Die Strafe. Ein besonders schwerer Fall (**II**; vgl. 11 zu § 12; 43 ff. zu § 46) 5
liegt idR vor, wenn der Täter durch die Tat eine Gefahr (3 zu § 34) für den
Bestand der BRep. (2 ff. zu § 92) vorsätzlich herbeiführt. Die Gefahr muß eine
schwere, dh entweder besonders nahe oder die Gefahr eines schweren Nachteils
sein. **Zu III** vgl. 11 zu § 12 und 42 zu § 46. Neben der Strafe sind auch in den
Fällen von I und III Statusfolgen nach § 101 möglich; erweiterte Einziehungsmöglichkeit nach § 101 a.

6) Tateinheit möglich zB mit §§ 84 bis 86, 87 bis 89, 98, 99, 109 f. 6
Sonstige Vorschriften 10 zu § 94.

Landesverräterische Fälschung RiStBV 202 ff.

100 a [1] Wer wider besseres Wissen gefälschte oder verfälschte Gegenstände, Nachrichten darüber oder unwahre Behauptungen tatsächlicher Art, die im Falle ihrer Echtheit oder Wahrheit für die
äußere Sicherheit oder die Beziehungen der Bundesrepublik Deutschland zu einer fremden Macht von Bedeutung wären, an einen anderen
gelangen läßt oder öffentlich bekanntmacht, um einer fremden Macht
vorzutäuschen, daß es sich um echte Gegenstände oder um Tatsachen

§ 100a

handele, und dadurch die Gefahr eines schweren Nachteils für die äußere Sicherheit oder die Beziehungen der Bundesrepublik Deutschland zu einer fremden Macht herbeiführt, wird mit Freiheitsstrafe von sechs Monaten bis zu fünf Jahren bestraft.

II Ebenso wird bestraft, wer solche Gegenstände durch Fälschung oder Verfälschung herstellt oder sie sich verschafft, um sie in der in Absatz 1 bezeichneten Weise zur Täuschung einer fremden Macht an einen anderen gelangen zu lassen oder öffentlich bekanntzumachen und dadurch die Gefahr eines schweren Nachteils für die äußere Sicherheit oder die Beziehungen der Bundesrepublik Deutschland zu einer fremden Macht herbeizuführen.

III Der Versuch ist strafbar.

IV In besonders schweren Fällen ist die Strafe Freiheitsstrafe nicht unter einem Jahr. Ein besonders schwerer Fall liegt in der Regel vor, wenn der Täter durch die Tat einen besonders schweren Nachteil für die äußere Sicherheit oder die Beziehungen der Bundesrepublik Deutschland zu einer fremden Macht herbeiführt.

1   1) **Die Vorschrift** idF des 8. StÄG (1 vor § 80) ersetzt § 100a aF, vermeidet aber dessen unglückliche Anlehnung an den Begriff des echten Staatsgeheimnisses. Instruktiv Begr. RegE zu § 100b.

2   2) Im Fall von I ist **A. Tathandlung** das **Gelangenlassen** an einen anderen oder **öffentliches Bekanntmachen** (3 zu § 94) von a) **gefälschten** oder **verfälschten Gegenständen** worunter hier anders als bei § 267 Sachen zu verstehen sind, bei denen durch ihre Herstellung oder Veränderung der Schein hervorgerufen wird, als hätten sie eine Herkunft, Bedeutung oder Verwendung, die sie in Wahrheit nicht haben (Unechtheit), b) **Nachrichten** (zum Begriff BGH 30, 16) über solche Gegenstände, die zur Irreführung über deren Echtheit geeignet sind (nach Begr. RegE 36 auch wahre Nachrichten, was aber mit Rücksicht auf die Fassung „wider besseres Wissen" nicht mehr angenommen werden kann; aM SchSch-Stree 3; SK-Rudolphi 4), oder c) **unwahren Behauptungen tatsächlicher Art** (1 ff. zu § 186), die d) wenn die Gegenstände oder die Mitteilungen wahr wären, für die äußere Sicherheit der BRep. oder deren Beziehungen zu einer fremden Macht (5 ff. zu § 93) von Bedeutung wären, dh die Sicherheit oder die Beziehungen durch ihre Existenz oder ihr Bekanntwerden beeinträchtigen könnten, zB Modelle angeblicher Geheimwaffen, vorgetäuschte militärische Planungen, gefälschte Geheimverträge, angebliche illegale Geheimnisse (vgl. BGH 10, 172). Doch braucht Geheimhaltung oder Geheimhaltungsbedürftigkeit nicht vorgetäuscht zu werden. Bei dem öffentlichen Bekanntmachen muß Echtheit vorgetäuscht werden, hingegen kann der andere im Falle des Gelangenlassens eingeweiht sein, wenn der Täter nur beabsichtigt, daß die fremde Macht getäuscht wird. e) Durch die Tathandlung muß die **Gefahr** eines **schweren Nachteils** für die äußere Sicherheit der BRep. (7, 8 zu § 93; 4 zu § 94) oder ihre Beziehungen zu einer fremden Macht herbeigeführt werden. Die Gefahr eines unmittelbaren Machtzuwachses für die andere Seite wie im Falle des echten Staatsgeheimnisses ist hier allerdings nicht möglich, wohl aber eine Verschiebung der Kräfteverhältnisse (Zweifel an der Bündnisfähigkeit der BRep.); vor allem

Landesverrat und Gefährdung der äußeren Sicherheit § **100a**

aber können Reaktionen fremder Mächte drohen, wobei auch durch die Täuschungshandlung ausgelöste Maßnahmen von Organen der BRep. eine Rolle spielen können (Begr. RegE 36). Die Gefahr kann auch eintreten, wenn die fremde Macht tatsächlich nicht getäuscht, sondern nur unsicher wird, ja sogar, wenn sie die Täuschung erkennt, aber zum Vorwand für nachteilige Reaktionen gegen die BRep. nimmt.

B. **Wissen** muß der Täter, daß die Gegenstände unecht, die Nachrichten 3 oder Tatsachenbehauptungen unwahr sind. Weiter muß es ihm darauf ankommen **(Absicht)**, daß einer fremden Macht die Echtheit der Gegenstände oder die Wahrheit der Nachrichten oder Tatsachenbehauptungen vorgetäuscht werde. Im übrigen, zB hinsichtlich der Herbeiführung der Gefahr (anders bei II), genügt bedingter Vorsatz. Glaubt der Täter irrig, es handle sich um echte Staatsgeheimnisse, so kommt untauglicher Versuch nach §§ 94, 95 in Betracht; hält er umgekehrt echte Staatsgeheimnisse für unecht, so ist das strafbarer **(III)** untauglicher Versuch nach I; doch sollte hier von Milderung abgesehen werden (so schon § 100a IV aF).

3) **Im Fall von II** werden **Vorbereitungshandlungen** zu I unter Strafe 4 gestellt, nämlich a) das fälschliche Herstellen oder Verfälschen sowie b) das Sichverschaffen (2 zu § 96) von Gegenständen iS von I in der Absicht, sie zur Täuschung einer fremden Macht an einen anderen gelangen zu lassen oder öffentlich bekanntzumachen und dadurch die Gefahr iS von I herbeizuführen. Im übrigen gilt 2. Rücktritt vom Versuch einer Tat nach I führt nicht zur Straflosigkeit einer vorausgegangenen Tat nach II, so daß auch für II eine analoge Anwendung von § 83a nicht in Betracht kommt (LK-Träger 8; aM SchSch 18, 19).

4) **Die Strafe** richtet sich in besonders schweren Fällen (11 zu § 12; 43ff. zu 5 § 46) nach **IV**. Besonders schwer ist der Fall idR, wenn der Täter durch die Tat einen besonders schweren Nachteil für die äußere Sicherheit der BRep. (8 zu § 94) oder die Beziehungen der BRep. zu einer fremden Macht bewußt herbeiführt. Der Nachteil muß eintreten, die bloße Gefahr genügt hier nicht. Statusfolgen nach § 101; erweiterte Einziehungsmöglichkeit nach § 101a (vgl. dort 2 bis 5).

5) **Tateinheit** ist möglich mit §§ 83, 84, 85, 99; hingegen keine Wahlfeststel- 6 lung mit Landesverrat (BGH 20, 100). **Sonstige Vorschriften** 10 zu § 94; Tatort 8 zu § 98.

Nebenfolgen

101 Neben einer Freiheitsstrafe von mindestens sechs Monaten wegen einer vorsätzlichen Straftat nach diesem Abschnitt kann das Gericht die Fähigkeit, öffentliche Ämter zu bekleiden, die Fähigkeit, Rechte aus öffentlichen Wahlen zu erlangen, und das Recht, in öffentlichen Angelegenheiten zu wählen oder zu stimmen, aberkennen (§ 45 Abs. 2 und 5).

Vgl. Anm. zu § 92a und 1 vor § 80; 21 zu § 93; Fassung Art. 19 Nr. 21 EGStGB.

§ 101a

Einziehung

101 a Ist eine Straftat nach diesem Abschnitt begangen worden, so können

1. **Gegenstände, die durch die Tat hervorgebracht oder zu ihrer Begehung oder Vorbereitung gebraucht worden oder bestimmt gewesen sind, und**

2. **Gegenstände, die Staatsgeheimnisse sind, und Gegenstände der in § 100a bezeichneten Art, auf die sich die Tat bezieht,**

eingezogen werden. § 74a ist anzuwenden. Gegenstände der in Satz 1 Nr. 2 bezeichneten Art werden auch ohne die Voraussetzungen des § 74 Abs. 2 eingezogen, wenn dies erforderlich ist, um die Gefahr eines schweren Nachteils für die äußere Sicherheit der Bundesrepublik Deutschland abzuwenden; dies gilt auch dann, wenn der Täter ohne Schuld gehandelt hat.

1   **1) Die Vorschrift** idF des 8. StÄG (1 vor § 80) iVm Art. 19 Nr. 22 EGStGB ist weitgehend dem § 92b nachgebildet (dort 1).

2   **2) A. In Nr. 1** könnte hier, anders als in § 92b, eine Erweiterung zu finden sein, nämlich in den Fällen von § 97 II, wenn man die Tat dort als Fahrlässigkeitsdelikt auffassen wollte, das von § 74 nicht erfaßt wird. Praktische Fälle sind jedoch kaum denkbar. **B. Nr. 2,** die durch S. 3 ergänzt wird, erweitert die Einziehungsmöglichkeit auf Gegenstände (hier wohl nur Sachen) **a) die Staatsgeheimnisse** sind; sie sind idR als Beziehungsgegenstände anzusehen (10 zu § 74). Als solche Gegenstände kommen nicht nur Sachen in Betracht, in denen Staatsgeheimnisse unmittelbar verkörpert sind (neuartige Waffen), sondern auch Sachen, insbesondere Schriften, die Nachrichten über Staatsgeheimnisse in einer Form enthalten, daß sie selbst Staatsgeheimnisse sind. Schwer verständlich ist es, daß das Gesetz die Einziehung illegaler Geheimnisse in den Fällen des § 97a nicht zuläßt, da solche Geheimnisse in den Händen von Agenten durchaus eine Gefahr darstellen
3   können. **b) der in § 100a bezeichneten Art.** Sie sind idR Beziehungsgegenstände. Nur im Fall der Herstellung in § 100a II wird man sie als producta sceleris
4   ansehen können, so daß § 74 I bis III unmittelbar anzuwenden ist. **C. Satz 2** erweitert die Einziehungsmöglichkeit über § 74 hinaus gegenüber **Dritteigentümern** unter den Voraussetzungen des § 74a. Die Erweiterung kann vor allem bei Tatmitteln (Kraftwagen, Sendegeräte, Fotoapparate) von Bedeutung sein.
5   **D. Satz 3** enthält schließlich eine dem § 92b fremde Erweiterung, die das Gericht zur Einziehung von Gegenständen nach Nr. 2 verpflichtet, wenn die Einziehung erforderlich ist, um die Gefahr eines schweren Sicherheitsnachteils abzuwenden (ebenso LK-Träger 4; aM SchSch-Stree 8). Dies gilt auch dann, wenn der Täter aus irgendeinem Grund ohne Schuld gehandelt hat (vgl. § 74 III), und über § 74 II hinaus ohne Rücksicht darauf, wer Eigentümer der Sache und ob diese iS von § 74 II Nr. 2 generell oder individuell gefährlich ist (15 f. zu § 74). Im Bereich der Staatsgeheimnisse liegt die Bedeutung der Vorschrift im wesentlichen darin, daß sie die Einziehung vorschreibt; denn wenn Staatsgeheimnisse im Besitz unkontrollierbarer Dritter sind, besteht regelmäßig Gefahr strafbarer Weitergabe iS von § 74 II Nr. 2 (4 zu § 94). Wichtiger ist Satz 3 für Gegenstände nach § 100a, weil dort zur Strafbarkeit Wissen von der Unechtheit und eine bestimmte Absicht erforderlich sind; in Betracht kommt hier etwa ein gefälschter Vertrag, dessen Weitergabe unter dem Schein der Echtheit die äußere Sicherheit der BRep. voraussichtlich schwer beeinträchtigen würde (Prot. V 1256).

6   **3. Zum Verfahren** 6 zu § 92b und 21 zu § 94.

Dritter Abschnitt
Straftaten gegen ausländische Staaten
RiStBV 210, 211

Vorbemerkung

1) Feindliche Handlungen gegen befreundete Staaten war der Abschnitt früher überschrieben. §§ 102, 103 (Hochverrat gegen fremde Staaten und die Beleidigung fremder Landesherren) wurden durch KRG Nr. 11 aufgehoben. **Das 3. StÄG** (*Materialien:* BT-Drs. I/1307, 3713, 4250, 4614, 4640; Ausschuß-Drs. Nr. 51; BTag I/10869, 12992, 13264, 13310, 14073, BRat 282. Sitz.) hat den Abschnitt völlig umgestaltet. Überschrift und Rechtsgut sind geändert. Bisher sollte die Störung der Beziehungen zu den ausländischen Staaten verhindert werden. Jetzt sind die ausländischen Staaten als solche, ihre Organe und Einrichtungen das geschützte Rechtsgut selbst (vgl. Lüttger, Jescheck-FS 130). So soll eine Grundlage geschaffen werden für die völkerrechtliche Staatengemeinschaft (vgl. Dreher JZ **53**, 427; aM SchSch-Stree 2; LK[11]-Laufhütte 1 vor § 102). Eine Reihe weiterer Änderungen brachte Art. 19 Nr. 23 bis 27 des EGStGB (*Materialien:* BT-Drs. 7/550, 1232, 1261; Prot. 7/415.)

2) Die Straftaten des 3. Abschnitts werden nur unter den Voraussetzungen des § 104a verfolgt.

Angriff gegen Organe und Vertreter ausländischer Staaten

102 ^I **Wer einen Angriff auf Leib oder Leben eines ausländischen Staatsoberhaupts, eines Mitglieds einer ausländischen Regierung oder eines im Bundesgebiet beglaubigten Leiters einer ausländischen diplomatischen Vertretung begeht, während sich der Angegriffene in amtlicher Eigenschaft im Inland aufhält, wird mit Freiheitsstrafe bis zu fünf Jahren oder mit Geldstrafe, in besonders schweren Fällen mit Freiheitsstrafe nicht unter einem Jahr bestraft.**

^{II} **Neben einer Freiheitsstrafe von mindestens sechs Monaten kann das Gericht die Fähigkeit, öffentliche Ämter zu bekleiden, die Fähigkeit, Rechte aus öffentlichen Wahlen zu erlangen, und das Recht, in öffentlichen Angelegenheiten zu wählen oder zu stimmen, aberkennen (§ 45 Abs. 2 und 5).**

1) A. Geschützt sind durch die Vorschrift (2 vor § 102) **folgende Gruppen von Personen: a) ein ausländisches Staatsoberhaupt;** und zwar auch ein zeitweiliges wie der Präsident einer Republik oder der Papst, vgl. Schwarz DJZ **29**, 343. **b) das Mitglied einer ausländischen Regierung.** Wer dazu gehört, bestimmt sich nach dem Auslandsrecht. Die Familienangehörigen sind auch hier nicht mitgeschützt; **c) jeder im Bundesgebiet beglaubigte Leiter** einer ausländischen diplomatischen Vertretung. Botschafter, Gesandte oder Geschäftsträger des Auslandsstaates können es sein. Von ihnen sind Botschafter und Gesandte beim BPräsidenten beglaubigt, der Geschäftsträger aber nur beim Außenminister des Bundes. Auch die päpstlichen Nuntien sind geschützt (vgl. Schwarz DJZ **29**, 343). Der Schutz beginnt mit der Überreichung des Beglaubigungs-

§ 102

schreibens und endet mit der Übergabe des Abberufungsschreibens; beim Abbruch der diplomatischen Beziehungen aber mit der Überreichung der Pässe (vgl. SchSch-Stree 5; weiter LK[11]-Laufhütte 2). Angehörige des Leiters und die anderen Mitglieder der Missionen genießen den Sonderschutz des § 102 (unbeschadet ihrer Exterritorialität, § 18 GVG) nicht.

4 B. Nur beim amtlichen Aufenthalt im Inland (LK[11] 2 vor § 102) werden die unter 3 Genannten durch § 102 geschützt; im übrigen sind die allgemeinen Strafvorschriften maßgebend. Doch ist nicht erforderlich, daß sich die Tat gegen ihre amtliche Tätigkeit richtet oder der Verletzte gerade dienstlich tätig ist.

5 2) **Die Tat** besteht im Angriff auf Leib oder Leben des Betreffenden, dh in einer unmittelbar auf den Körper zielenden feindseligen Einwirkung (RG 41, 182; 59, 265), ohne daß es zur Körperberührung zu kommen braucht (vgl. RG 47, 178). Die Zusammenstellung von Leib und Leben wie in § 35 (vgl. dort 4) zeigt aber, daß nur Angriffe gemeint sind, die mit ernstlicher Gefahr oder Wirkung verbunden sind (str.; aM LK[11] 4; SchSch 7).

6 3) Zu den **besonders schweren Fällen** vgl. 11 zu § 12 und 43 ff. zu § 46. Zu **II** vgl. § 92a mit Anm.

7 4) **Zuständigkeit** und **Verfahren** § 120 I Nr. 4, § 142a II Nr. 1a, c GVG; §§ 153c bis 153e StPO. Verfolgungsvoraussetzung § 104a.

Beleidigung von Organen und Vertretern ausländischer Staaten

103 [I] Wer ein ausländisches Staatsoberhaupt oder wer mit Beziehung auf ihre Stellung ein Mitglied einer ausländischen Regierung, das sich in amtlicher Eigenschaft im Inland aufhält, oder einen im Bundesgebiet beglaubigten Leiter einer ausländischen diplomatischen Vertretung beleidigt, wird mit Freiheitsstrafe bis zu drei Jahren oder mit Geldstrafe, im Falle der verleumderischen Beleidigung mit Freiheitsstrafe von drei Monaten bis zu fünf Jahren bestraft.

[II] Ist die Tat öffentlich, in einer Versammlung oder durch Verbreiten von Schriften (§ 11 Abs. 3) begangen, so ist § 200 anzuwenden. Den Antrag auf Bekanntgabe der Verurteilung kann auch der Staatsanwalt stellen.

1 1) **Die Vorschrift** (2 vor § 102) schützt drei Gruppen von Personen, die
2 denen des § 102 entsprechen. **Besonderheiten** des Schutzes: **a)** Er ist **erweitert** für das Staatsoberhaupt und den ausländischen Missionsleiter. Denn sie brau-
3 chen sich hier nicht in amtlicher Eigenschaft im Inland aufzuhalten; **b)** er ist **eingeengt** bei ausländischen Regierungsmitgliedern. Denn bei ihnen wird hier (neben dem amtlichen Aufenthalt im Inland) verlangt, daß sie mit Beziehung auf ihre Stellung beleidigt werden.

4 2) **Die Tat ist Beleidigung** (§§ 185 bis 187); dagegen entfällt § 187a, der sich auf inländische Politiker beschränkt. Wahrheitsbeweis (§ 190) und Wahrnehmung berechtigter Interessen (§ 193) beseitigen auch hier die Strafbarkeit (Dreher JZ **53**, 427). Nicht anwendbar ist § 199. Dagegen ist, wenn die Tat öffentlich, in einer Versammlung oder durch Verbreiten von Schriften (§ 11 III) begangen ist (5 zu § 111), nach **II** § 200 anwendbar. Dabei kann den Antrag auf Bekanntmachung der Verletzte, seine Regierung (§ 104a iVm § 200 I) oder auch die StA (**II S. 2**) stellen.

5 3) **Gesetzeskonkurrenz** liegt gegenüber §§ 185 ff. vor, falls § 103 nach § 104a zur Anwendung kommt. Privatklage ist dann ausgeschlossen, da § 374 I

Straftaten gegen ausländische Staaten §§ 103, 104

Nr. 2 StPO den § 103 nicht erwähnt. Kommt § 103 nicht zur Anwendung, greifen die §§ 185 ff. ein. Verfolgungsvoraussetzung § 104a.

Verletzung von Flaggen und Hoheitszeichen ausländischer Staaten

104 ᴵ Wer eine auf Grund von Rechtsvorschriften oder nach anerkanntem Brauch öffentlich gezeigte Flagge eines ausländischen Staates oder wer ein Hoheitszeichen eines solchen Staates, das von einer anerkannten Vertretung dieses Staates öffentlich angebracht worden ist, entfernt, zerstört, beschädigt oder unkenntlich macht oder wer beschimpfenden Unfug daran verübt, wird mit Freiheitsstrafe bis zu zwei Jahren oder mit Geldstrafe bestraft.

ᴵᴵ Der Versuch ist strafbar.

1) **Die Vorschrift** (2 vor § 102) schützt **A. Flaggen eines ausländischen Staates**, die auf Grund von Rechtsvorschriften oder nach anerkanntem Brauch öffentlich gezeigt werden, sei es auch von einem Privatmann. So, wenn der Ausländer im Inlandswohnort an seinem Nationalfeiertag oder anläßlich eines im Inland genehmigten Treffens seiner Landsleute oder ein Ausschuß anläßlich einer internationalen Feier die betreffende Flagge hißt. **B. Fremde staatliche Hoheitszeichen**, die von einer anerkannten Vertretung ihres Auslandsstaates (Botschaft, Konsulat) öffentlich angebracht sind. 1

2) **Die Tathandlungen** entsprechen im wesentlichen denen des § 90a; vgl. dort 9; Verfolgungsvoraussetzung § 104a. 3

3) **Tateinheit** ist möglich bei Wegnahme mit § 242, Gesetzeskonkurrenz bei Beschädigung und Zerstörung mit §§ 303, 304 gegeben (beachte RG **65**, 356), wobei § 104 vorgeht (LK¹¹-Laufhütte 7; vgl. auch 12 zu § 90a). 4

Voraussetzungen der Strafverfolgung

104a Straftaten nach diesem Abschnitt werden nur verfolgt, wenn die Bundesrepublik Deutschland zu dem anderen Staat diplomatische Beziehungen unterhält, die Gegenseitigkeit verbürgt ist und auch zur Zeit der Tat verbürgt war, ein Strafverlangen der ausländischen Regierung vorliegt und die Bundesregierung die Ermächtigung zur Strafverfolgung erteilt.

1) **Zwei Bedingungen der Strafbarkeit** werden durch § 104a (2 vor § 102) für alle Delikte des Abschnitts vom Gesetz vorgeschrieben. Sie sind nicht Tatbestandsmerkmale, so daß sie der Vorsatz des Täters nicht zu umfassen braucht. Nach dem Wortlaut können diese Bedingungen auch als Prozeßvoraussetzungen aufgefaßt werden (vgl. aber § 484 I E 1962). 1

A. Solche Auslandsstaaten müssen es sein, zu denen die BRep. diplomatische Beziehungen unterhält; sie muß mit ihnen in völkerrechtlicher Gemeinschaft leben. Diese wird aufgehoben nicht erst mit Kriegsbeginn, sondern schon mit dem Abbruch der diplomatischen Beziehungen, mit einem bewaffneten Einfall und mit der Friedensblockade. In solchen Sonderlagen sind die Normen des allgemeinen deutschen Strafrechts maßgebend, soweit sie nicht durch Kriegsrecht aufgehoben sind. 2

B. Die Gegenseitigkeit muß ferner verbürgt sein; und zwar sowohl zZ der Tat als auch bei der Aburteilung. Es muß also die BRep. im betreffenden Aus- 3

§ 104a

landsstaat einen entsprechenden Rechtsschutz genießen; und zwar kraft einer den anderen Staat bindenden Rechtsgrundlage. Deren Einhaltung durch die praktische Rechtshandhabung bei den Auslandsgerichten muß gesichert sein, RG **38**, 89.

4 2) **Zwei Prozeßvoraussetzungen** werden außerdem aufgestellt: **A. Ein Strafverlangen** (§ 77e) der betroffenen ausländischen Regierung. Zu stellen ist es durch das Organ, das den Auslandsstaat gegenüber der BRep. vertritt; so durch seine Botschafter (RG GA Bd. **55**, 334). **B. Zur Ermächtigung der BReg.**, vgl. 5 zu § 97.

6 3) Vorläufige Festnahme und Haftbefehl nach § 127 III, 130 StPO sind auch dann zulässig, wenn Strafverlangen und Ermächtigung noch nicht vorliegen (vgl. Kleinknecht/Meyer 21 zu § 127; 1, 2 zu § 130; Dreher JZ **53**, 427).

Vierter Abschnitt
Straftaten gegen Verfassungsorgane sowie bei Wahlen und Abstimmungen

Nötigung von Verfassungsorganen   RiStBV 202 bis 208

105 I Wer

1. ein Gesetzgebungsorgan des Bundes oder eines Landes oder einen seiner Ausschüsse,
2. die Bundesversammlung oder einen ihrer Ausschüsse oder
3. die Regierung oder das Verfassungsgericht des Bundes oder eines Landes

rechtswidrig mit Gewalt oder durch Drohung mit Gewalt nötigt, ihre Befugnisse nicht oder in einem bestimmten Sinne auszuüben, wird mit Freiheitsstrafe von einem Jahr bis zu zehn Jahren bestraft.

II In minder schweren Fällen ist die Strafe Freiheitsstrafe von sechs Monaten bis zu fünf Jahren.

1 1) **Die Vorschrift** idF des 8. StÄG (1 vor § 80; vgl. Prot. V 712 ff., 741 ff., 1725 ff., 1934 ff.) bezieht sich auf die Nötigung bestimmter Verfassungsorgane in ihrer Gesamtheit; die Nötigung einzelner ihrer Mitglieder sowie die des BPräs. behandelt § 106. **Schrifttum** zur aF: *Geilen*, Der Tatbestand der Parlamentsnötigung, Bonn 1957; *Niese*, Streik und Strafrecht, 1954, 110 ff.; *Sax* NJW **53**, 368; *Wolf*, Straftaten bei Wahlen und Abstimmungen, 1961.

2 2) **Geschützt** sind die Funktionsfähigkeit und -freiheit bestimmter Verfassungsorgane, und zwar **a)** der Gesetzgebungsorgane des Bundes, nämlich des BTages und BRates (die nach Art. 81 GG tätig werdende BReg. ist durch Nr. 3 geschützt) sowie der Länder (2 zu § 36) und ihrer verfassungsmäßig eingesetzten Ausschüsse; **b)** der Bundesversammlung (Art. 54 GG) und ihrer Ausschüsse (2 zu § 36); **c)** der BReg., der LRegierungen, des BVerfG und der Verfassungsgerichte der Länder. Täter kann auch ein Mitglied des Organs sein.

Straftaten gegen Verfassungsorgane § 105

3) Tathandlung ist das Nötigen (§ 240) des Organs, seine gesetzmäßigen 3
Befugnisse entweder **a)** überhaupt nicht auszuüben, also zB die Verhinderung des Zusammentretens oder der Fassung von Beschlüssen oder das Auseinandersprengen des Organs, wobei die Tat nach § 106 in die des § 105 übergeht, sobald das Organ beschlußunfähig gemacht wird, oder **b)** in einem bestimmten Sinn auszuüben, also zB an einem bestimmten Tag zusammenzutreten oder bestimmte Beschlüsse zu fassen oder nicht zu fassen, wobei es sich um Ausübung einer dem Organ an sich zustehenden Befugnis handeln muß (sonst nur § 240, offengelassen BGH **32**, 176), die abgenötigte Handlung aber als solche durchaus rechtmäßig, ja staatsrechtlich geboten sein kann (vgl. RG **54**, 163). Nötigung im Einzelfall genügt (BGH **32**, 170 m. Anm. Willms JR **84**, 120; Wolter NStZ **85**, 197). Soll das Organ für längere Zeit ausgeschaltet werden, kommen §§ 81, 82 in Betracht (vgl. 7 zu § 81). Die Tat kann durch verfassungsrechtliche Befugnisse gerechtfertigt sein, zB durch Hausrecht oder Polizeigewalt des Parlamentspräsidenten oder durch Bundeszwang gegenüber einem Land (Art. 37 GG); aber auch auf Grund des Widerstandsrechts sowie generell nach der entsprechend anwendbaren Formel des § 240 II (LK[11]-Laufhütte 10 ff). Unbeschadet der eingesetzten Nötigungsmittel (unten 4) genügt für § 105 irgend eine mit körperlicher Einwirkung verbundene Gewalt nicht, es ist weiter erforderlich, daß der hierdurch auf das Verfassungsorgan ausgehende Druck unter Berücksichtigung sämtlicher die Nötigung kennzeichnenden Umstände geeignet erscheint, den Willen des Verfassungsorgans zu beugen (BGH **32**, 170 m. Anm. Willms JR **84**, 120). Die Eignung des Nötigungsmittels in diesem Sinne ist nicht nur faktische, sondern auch normative Tatbestandsvoraussetzung und damit eine Rechtsfrage; hierbei ist maßgebend, daß Verfassungsorgane auch im Rahmen heftiger politischer Auseinandersetzungen Drucksituationen standzuhalten haben (BGH **32**, 174). Soweit ein Streik als Gewalt anzusehen ist (8 zu § 81), kann er als Mittel zur Nötigung des Parlaments nur dann nicht rechtswidrig sein, wenn das Parlament davon abgehalten werden soll, selbst rechtswidrig zu handeln (zur Problematik Ber. 3; Prot. V 1723 ff., 1934 ff.; Scholz Jura **87**, 190; LK[11] 20; SK-Rudolphi 16). Zu **Vorsatz** und **Versuch** vgl. 33 ff., 36 zu § 240.

4) Nötigungsmittel sind nur Gewalt oder Drohung mit Gewalt (8 zu 4
§ 81; 5 ff. zu § 240; vgl. LK[11] 8 ff.). Der Gewaltbegriff ist in Anlehnung an § 81 zu bestimmen; Drohungen mit einem empfindlichen Übel genügen nicht (BGH **32**, 169). Die Nötigungsmittel brauchen sich nicht unmittelbar gegen das Organ zu richten (Bohnert JuS **83**, 947).

5) Zu II (minder schwere Fälle) vgl. 11 zu § 12; 43 ff. zu § 46. **Konkurren-** 5
zen: § 105 kann von §§ 81, 82 verdrängt werden (oben 3); es kommt aber auch Tateinheit in Betracht (aM LK[11]-Laufhütte 20 zu § 81) dasselbe gilt für das Verhältnis von § 106 zu § 105 (oben 1, 3). § 105 ist eine Sonderregelung, die den § 240 verdrängt und selbst dann ausschließt, wenn § 105 aufgrund seiner engen tatbestandlichen Voraussetzungen nicht greift (BGH **32**, 176; zust. Arzt JZ **84**, 429; R. Scholz Jura **87**, 192).

6) Sonstige Vorschriften. Die Verjährung solcher Tathandlungen, die Pres- 6
seinhaltsdelikte sind, richtet sich nach den PresseG der Länder (8 zu § 78). Zuständigkeit § 120 I Nr. 5, § 142 a II Nr. 1 b GVG; Verfahren §§ 153 c bis 153 e StPO.

§ 106

Nötigung des Bundespräsidenten und von Mitgliedern eines Verfassungsorgans

RiStBV 202 bis 208

106 ^I Wer

1. den Bundespräsidenten oder
2. ein Mitglied
   a) eines Gesetzgebungsorgans des Bundes oder eines Landes,
   b) der Bundesversammlung oder
   c) der Regierung oder des Verfassungsgerichts des Bundes oder eines Landes

rechtswidrig mit Gewalt oder durch Drohung mit einem empfindlichen Übel nötigt, seine Befugnisse nicht oder in einem bestimmten Sinne auszuüben, wird mit Freiheitsstrafe von drei Monaten bis zu fünf Jahren bestraft.

^{II} Der Versuch ist strafbar.

^{III} In besonders schweren Fällen ist die Strafe Freiheitsstrafe von einem Jahr bis zu zehn Jahren.

1 **1) Die Vorschrift** idF des 8. StÄG (vgl. 1 zu § 105) schützt die Funktionsfähigkeit und -freiheit der einzelnen Mitglieder der in § 105 genannten Verfassungsorgane (nicht auch der Beamten der jeweiligen Verfassungsorgane, Düsseldorf NJW **78**, 2562, der wissenschaftlichen Mitarbeiter oder sonstiger Hilfskräfte) sowie die des **BPräs.**, aber auch seines Vertreters nach Art. 57 GG, solange dieser die Befugnisse des BPräs. wahrnimmt (ebenso LK¹¹-Laufhütte 2; SK-Rudolphi 1; str.). Minister sind nicht nur als Regierungsmitglieder, sondern auch als Leiter ihrer Ministerien nach I Nr. 2c geschützt (Schoreit MDR **79**, 633; LK¹¹ 2; SK 4; M-Schroeder § 86, 11; aM, aber irrig, Düsseldorf aaO; SchSch-Eser 1a).

2 **2) Tathandlung** ist das Nötigen (3 zu § 105), **Nötigungsmittel** sind **Gewalt** (5f. zu § 240) oder **Drohung mit einem empfindlichen Übel** (15ff. zu § 240). Eine Tat, die nur deshalb nicht unter § 105 fällt, weil lediglich mit einem empfindlichen Übel gedroht wird, kann unter § 106 fallen. Befugnisse sind nur die, die durch die Mitgliedschaft in dem Organ verliehen sind, so daß zB Teilnahme oder Stimmabgabe in einem Ausschuß erfaßt wird, nicht aber die Wahlrede eines Abgeordneten. Auch hier brauchen sich die Nötigungsmittel nicht unmittelbar gegen das Mitglied zu richten (RG GA Bd. **62**, 131). Die Tat kann auch hier gerechtfertigt sein, zB bei Ausschluß eines Abgeordneten auf Grund der Geschäftsordnung (RG **47**, 276).

3 **3) Zu III** (besonders schwere Fälle) vgl. 11 zu § 12; 43 zu § 46). **Konkurrenzen:** § 240 wird von § 106 verdrängt. Im übrigen gilt 5 zu § 105. **Zuständigkeit** § 120 I Nr. 5, § 142a II Nr. 1b GVG; **Verfahren** §§ 153c bis 153e StPO.

Bannkreisverletzung

106a ^I Wer innerhalb des befriedeten Bannkreises um das Gebäude eines Gesetzgebungsorgans des Bundes oder eines Landes sowie des Bundesverfassungsgerichts an öffentlichen Versammlungen un-

Straftaten gegen Verfassungsorgane § 106a

ter freiem Himmel oder Aufzügen teilnimmt und dadurch Vorschriften verletzt, die über den Bannkreis erlassen worden sind, wird mit Freiheitsstrafe bis zu sechs Monaten oder mit Geldstrafe bis zu einhundertachtzig Tagessätzen bestraft.

II Wer zu Versammlungen oder Aufzügen auffordert, die unter Verletzung der in Absatz 1 genannten Vorschriften innerhalb eines befriedeten Bannkreises stattfinden sollen, wird mit Freiheitsstrafe bis zu zwei Jahren oder mit Geldstrafe bestraft.

1) **Die Blankettvorschrift** (vgl. § 16 III VersammlG; Anh. 11) idF des 1. StÄG (BT-Drs. I/1307, 2414; BTag I/3121, 2330, 2476) iVm Art. 1 Nr. 13 des 3. StÄG (2 vor § 102) und Art. 19 Nr. 28 EGStGB wird durch die **Bannmeilengesetze** des Bundes und der Länder ausgefüllt. Das BannMG legt den befriedeten Bannkreis fest für die Gesetzgebungsorgane des Bundes (in Bonn) und für das Bundesverfassungsgericht. Dazu die BannMG der Länder, zB in NWBannMG v. 25. 2. 1969 (GV NW 142; SGV NW 2180), ÄndG v. 14. 6. 1988 (GV NW 246), BayBannMG v. 7. 3. 1952 (BayBS I 435; BayRS 2180-5-I), HessBannMG v. 25. 5. 1990 (GVBl. I 173; II 12–12); vgl. Göhler 866 C.

2) **Verbotene Handlungen** sind:

A. **Teilnahme,** dh körperlicher Anschluß (LG Bonn MDR **74**, 947) an öffentlichen, dh beliebigen Menschen in beliebiger Zahl zugänglichen (vgl. OGHSt. **1**, 245; Bay NJW **55**, 1806) Versammlungen (2 zu § 80a) unter freiem Himmel oder Aufzügen (SchöffG Tiergarten JR **77**, 207, hierzu LK[11]-Laufhütte 1, 3; §§ 14 ff. VersammlG, Anh. 11) innerhalb der Bannmeile.

B. **Aufforderung** (2 ff. zu § 111; LK[11] 9) zu solchen Versammlungen und Aufzügen, die unter Verletzung der Bannkreisvorschriften stattfinden sollen (II). Unerheblich ist es, ob solche Versammlungen überhaupt stattfinden und ob die Aufforderung Erfolg hat. II geht gegenüber § 111 vor (Rogall GA **79**, 25).

3) **Vorsatz** ist für die Teilnahme und die Aufforderung erforderlich. Der Täter muß mindestens damit rechnen, daß er eine Verbotsvorschrift verletzt (sonst § 29 Nr. 1 VersammlG).

Störung der Tätigkeit eines Gesetzgebungsorgans

106 b I Wer gegen Anordnungen verstößt, die ein Gesetzgebungsorgan des Bundes oder eines Landes oder sein Präsident über die Sicherheit und Ordnung im Gebäude des Gesetzgebungsorgans oder auf dem dazugehörenden Grundstück allgemein oder im Einzelfall erläßt, und dadurch die Tätigkeit des Gesetzgebungsorgans hindert oder stört, wird mit Freiheitsstrafe bis zu einem Jahr oder mit Geldstrafe bestraft.

II Die Strafvorschrift des Absatzes 1 gilt bei Anordnungen eines Gesetzgebungsorgans des Bundes oder seines Präsidenten weder für die Mitglieder des Bundestages noch für die Mitglieder des Bundesrates und der Bundesregierung sowie ihre Beauftragten, bei Anordnungen eines Gesetzgebungsorgans eines Landes oder seines Präsidenten weder für die Mitglieder der Gesetzgebungsorgane dieses Landes noch für die Mitglieder der Landesregierung und ihre Beauftragten.

§ 106 b

1 1) **Anordnungen** des gesetzgebenden Organs selbst oder seines Präsidenten (BTag, BRat; vgl. Art. 40 II, 52 III GG; für die Länder zB Art. 38 ff. BayVerf.) bezüglich des Parlamentsgebäudes, dh des Gebäudes, in dem das Parlament gerade tagt (Sturm JZ **75**, 8), oder des dazugehörigen Grundstücks schützt § 106 b (idF des 1. StrRG; 1 zu § 106 a; iVm Art. 19 Nr. 29 EGStGB), soweit sie die Sicherheit und Ordnung betreffen; gleichgültig, ob sie generell oder für den Einzelfall erlassen sind (Celle NStZ **86**, 410 für § 89 GO-LTagNds). Der Täter muß mit mindestens bedingtem Vorsatz sowohl gegen die Anordnung verstoßen als auch die Tätigkeit des Organs hindern oder stören. Fehlt es an letzterem, so ist nur eine Ordnungswidrigkeit nach § 112 OWiG gegeben, der sonst von § 106 b verdrängt wird. Auch § 123 wird von § 106 b als lex specialis verdrängt (aM LK[11]-Laufhütte 4; SK-Rudolphi 7; Lackner 1; AK-Wolter 1). Vgl. für den BRat die gemäß § 6 III GeschOBRat erlassene Hausordnung v. 16. 10. 1987 (BGBl. I 2352; III 1102–1–1), Straf- u. Bußgeldbestimmung: § 9; für den BTag die aufgrund Art. 40 GG iVm § 7 II GeschO BTag erlassene Hausordnung v. 11. 7. 1975, Amtl. Handb. BTag 11. Wahlp. S. 239.

2 2) **Nicht betroffen** werden (selbst trotz entgegenstehenden Inhalts der Anordnung) die in II genannten Personen.

Wahlbehinderung

107 ^I Wer mit Gewalt oder durch Drohung mit Gewalt eine Wahl oder die Feststellung ihres Ergebnisses verhindert oder stört, wird mit Freiheitsstrafe bis zu fünf Jahren oder mit Geldstrafe, in besonders schweren Fällen mit Freiheitsstrafe nicht unter einem Jahr bestraft.

^{II} Der Versuch ist strafbar.

1 1) **Die Vorschrift** idF des 3. StÄG (2 vor § 102) schützt die **Wahlen** und die Abstimmung als Gesamtvorgang (iS des § 108 d), RG **63**, 387, sowie die **Feststellung** ihrer Ergebnisse. Wahl ist ein Vorgang, durch den der einzelne Wähler sein Wahlrecht ausübt; so zB durch Kennzeichnung des von ihm gebilligten Wahlvorschlages und Abgabe des Stimmzettels (RG **64**, 304). Das **Ergebnis** der Wahlhandlung liegt vor, sobald die Ausübung der Wahl durch die Wähler beendet ist; also schon ehe das Wahlergebnis (durch Zählung der Stimmen) ermittelt und beurkundet ist (RG **62**, 7). Das Ergebnis ist der Ausdruck des Willens der Wähler (RG **63**, 386).

2 2) **Verbotene Handlungen** sind die Verhinderung oder Störung der Wahl (oder der Abstimmung) selbst oder der Feststellung ihres Ergebnisses durch Gewalt oder Drohung mit Gewalt (3 f., 5 zu § 240).

3 3) **Die Strafe.** Verlust des aktiven und passiven Wahlrechts § 108 c. Zu den besonders schweren Fällen vgl. 11 zu § 12; 43 ff. zu § 46.

Wahlfälschung

107 a ^I Wer unbefugt wählt oder sonst ein unrichtiges Ergebnis einer Wahl herbeiführt oder das Ergebnis verfälscht, wird mit Freiheitsstrafe bis zu fünf Jahren oder mit Geldstrafe bestraft.

^{II} Ebenso wird bestraft, wer das Ergebnis einer Wahl unrichtig verkündet oder verkünden läßt.

^{III} Der Versuch ist strafbar.

Straftaten gegen Verfassungsorgane **§ 107a**

1) Die Vorschrift idF des 3. StÄG (2 vor § 102) schützt das Ergebnis einer Wahl iS von § 108d; vgl. 1 zu § 107. Die Verletzung wesentlicher Verfahrensvorschriften bei der Wahl hindert die Anwendung des § 107a nicht (RG **64**, 209). **Rechtsgut** ist das Interesse der Allgemeinheit an ordnungsgemäßen Wahlen (BGH **29**, 386).

2) Die Handlung kann bestehen:

A. Nach I im **Herbeiführen** eines unrichtigen Ergebnisses der Wahl (hierzu NJW **81**, 588); dazu genügt auch eigenes unbefugtes Mitwählen. Der Irrtum über die Befugnis (4 zu § 132) ist Tatbestandsirrtum (bedeutsam insoweit, daß in der Wahlbekanntmachung auf § 107a I, III hinzuweisen ist, § 48 I Nr. 6 BWahlO; vgl. ferner LK[11]-Laufhütte 5; aM Hamm NJW **57**, 639; Schröder JZ **57**, 584). Der Tatbestand ist erfüllt, wenn unter der Form einer gesetzmäßig vollzogenen Wahl die Wahlausübung tatsächlich in ungesetzlicher Weise stattgefunden hat und das dadurch herbeigeführte Stimmverhältnis ein anderes geworden ist, als es beim ordnungsgemäßen Vollzug der Wahl gewesen wäre (RG **63**, 386). Jede Tat, die ein solch unrichtiges Ergebnis verursacht, fällt unter § 107a (Bay OLGSt. 3 zu § 348; Zweibrücken NStZ **86**, 554). Handelt der Wähler in Kenntnis davon, so unterbricht dies nicht die Kausalität, sondern schafft nur eine mitwirkende Zwischenursache; so, wenn der Wahlvorsteher statt des Wählers den für diesen maßgebenden Wahlvorschlag ankreuzt (RG **63**, 387; Hamm NJW **57**, 639). Ferner kommen in Betracht: Wahl auf Grund irrtümlicher Aufnahme in die Wahlliste (RG **37**, 233); Wahl unter falschem Namen, Behandlung einer ungültigen Stimme im Wahlprotokoll als gültig, Abgabe eines Stimmzettels unter Mißbrauch des Namens des Wahlberechtigten, selbst wenn dieser ebenso abgestimmt hätte (BGH **29**, 380 m. Anm. Oehler JR **81**, 520); Entfernung eines gültigen Zettels aus der Urne (RG **7**, 144); unzulässige Beeinflussung eines Wahlberechtigten bei der Briefwahl (Zweibrücken NStZ **86**, 554); die 2. Tathandlung nach I ist das **Verfälschen** eines Wahlergebnisses. Es kommt erst nach Abschluß der Wahlhandlung in Betracht, das Ergebnis braucht aber noch nicht ausgezählt zu sein (Koblenz NStZ **92**, 134). Nach Abschluß der Wahlhandlung (vgl. BGH **29**, 380) wird dann das an sich richtige Ergebnis verfälscht; so durch Entfernen oder Hinzufügen von Urnenwahlzetteln, durch falsches Zählen der Stimmen, durch falsche amtliche Protokollierung (RG **56**, 387).

B. Nach II durch unrichtiges Verkünden (oder Verkündenlassen) des Ergebnisses einer Wahl oder Abstimmung. Doch muß hier der Täter mit der öffentlichen Aufgabe des Verkündens beauftragt sein oder sich solchen Auftrag anmaßen (Begr. z. 3. StÄG; aM LK[11] 6).

3) Täter können Wähler und Nichtwähler sein. Wegen des Verkündens siehe aber auch 3.

4) Tateinheit ist möglich mit § 107 (RG **63**, 387); mit §§ 271, 348 (RG **56**, 390); mit § 267 (Köln NJW **56**, 1609); mit § 274 Nr. 1 (RG **22**, 282); § 107b tritt hinter § 107a zurück. Vgl. ferner § 112a OWiG idF des E/BT-Drs. 8/2306. Zum Verhältnis zu § 49a I Nr. 2 BWahlG (unzulässige Veröffentlichung von Wählerbefragungen) vgl. § 21 OWiG.

5) Zur Strafe gilt 3 zu § 107.

§ 107a

7 6) Zur Frage der **DDR-Wahlfälschungen** (vgl. § 211 StGB-DDR idF des 6. StÄG-DDR) vgl. 50 vor § 3.

Fälschung von Wahlunterlagen

107b
^I Wer

1. seine Eintragung in die Wählerliste (Wahlkartei) durch falsche Angaben erwirkt,
2. einen anderen als Wähler einträgt, von dem er weiß, daß er keinen Anspruch auf Eintragung hat,
3. die Eintragung eines Wahlberechtigten als Wähler verhindert, obwohl er dessen Wahlberechtigung kennt,
4. sich als Bewerber für eine Wahl aufstellen läßt, obwohl er nicht wählbar ist,

wird mit Freiheitsstrafe bis zu sechs Monaten oder mit Geldstrafe bis zu einhundertachtzig Tagessätzen bestraft, wenn die Tat nicht in anderen Vorschriften mit schwererer Strafe bedroht ist.

^{II} Der Eintragung in die Wählerliste als Wähler entspricht die Ausstellung der Wahlunterlagen für die Urwahlen in der Sozialversicherung.

1 **1) Die Vorschrift** idF des 3. StÄG (2 vor § 102) iVm Art. 12 IV, 19 Nr. 3 EGStGB (Einl. 10) hat durch Art. II § 11 Nr. 1 SGB IV (RegE BT-Drs. 7/4122; Ber. BT-Drs. 5457) einen Absatz 2 erhalten, der durch Art. 3 III des Ges. v. 27. 7. 1984, BGBl. I 1029 (BT-Drs. 10/1162, 10/1658), dahin geändert worden ist, daß der Begriff „Wahlausweis" durch den umfassenderen Begriff der „Wahlunterlagen" ersetzt wurde.

Die **Fälschung** kann erfolgen: **A. Am Wählerverzeichnis,** das aus der Wählerliste in Heftform oder als Wahlkartei angelegt ist, § 14 BWahlO (hinsichtlich des aktiven Wahlrechts). Der Täter kann dort **a) die unbefugte Eintragung** eines Wählers herbeiführen; entweder die eigene Eintragung vermittels falscher Angaben (so über sein Alter, Staatsangehörigkeit, Wohnsitzdauer) oder die eines anderen, obwohl er weiß, daß dieser keinen Anspruch auf die Eintragung hat (Nr. 2). Ob der Einzutragende die Tat kennt oder gar billigt, ist gleichgültig; oder **b) die Verhinderung** der Eintragung eines Wahlberechtigten herbeiführt, obwohl er dessen Wahlberechtigung kennt (Nr. 3). **Absatz 2** bezieht sich auf die Wahlausweise, auf Grund deren nach § 55 I SGB I die Wahlberechtigten bei den Wahlen in der Sozialversicherung nach §§ 43 ff. SGB I wählen und die von den in § 55 II SGBI Genannten auszustellen sind (vgl. hierzu BT-Drs. 10/1067). Die Tatbestände nach I Nr. 1 bis 3 sind danach entsprechend erfüllt, wenn jemand durch falsche Angaben die Ausstellung eines ihm nicht zukommenden Wahlausweises erwirkt, als Ausstellungsberechtigter einen Wahlausweis für einen anderen ausstellt, von dem er weiß, daß er nach § 50 SGB I kein Wahlrecht hat, oder die Ausstellung eines Wahlausweises für einen anderen verhindert, obwohl er dessen Wahlrecht kennt. Eine Parallele zu I Nr. 4 enthält II nicht.

2 **B. An der Bewerberliste** dadurch, daß sich der Täter als Wahlbewerber aufstellen läßt, obwohl er das passive Wahlrecht nicht hat (Nr. 4).

Straftaten gegen Verfassungsorgane §§ 107b, 107c

2) Nach der Subsidiaritätsklausel tritt § 107b hinter Vorschriften mit 3
schwererer Strafdrohung zurück, so hinter §§ 107a, 271, 274 Nr. 1, § 348.

Verletzung des Wahlgeheimnisses

107 c Wer einer dem Schutz des Wahlgeheimnisses dienenden Vorschrift in der Absicht zuwiderhandelt, sich oder einem anderen Kenntnis davon zu verschaffen, wie jemand gewählt hat, wird mit Freiheitsstrafe bis zu zwei Jahren oder mit Geldstrafe bestraft.

1) Dem Schutz des Wahlgeheimnisses dienen zB § 33 BWahlG, §§ 6 III, 1
46, 47, 52, 53 I, 89 VI BWahlO. Die Blankettvorschrift des § 107c idF des
3. StÄG (vgl. 2 vor § 102) fügt nur noch eine strafrechtliche Sicherung
hinzu, die allerdings unvollkommen ist (vgl. Celle NdsRpfl. **61,** 134; LK[11]-Laufhütte 2). Zur Frage der Zulässigkeit des Zeugenbeweises über die
Ausübung des Wahlrechts BGH **29,** 384 m. Anm. Oehler JR **81,** 520.

2) Die Handlung besteht in der Verletzung einer Vorschrift zum Schut- 2
ze des Wahlgeheimnisses.

A. In der Absicht muß der Täter handeln, sich oder einem anderen 3
Kenntnis davon zu verschaffen, *wie* jemand gewählt hat. Auch die Erkundung der Abgabe eines ungültigen Wahlzettels fällt hierunter. *Nicht* durch
§ 107c strafbewehrt ist die Mitteilung des Mitgliedes a) eines Wahlausschusses an einen Unberechtigten, daß jemand einen bestimmten Wahlvorschlag unterstützt hat, da die Unterstützungsunterschrift nichts darüber
besagt, wie gewählt wurde (vgl. Karlsruhe GA **77,** 312), b) eines Wahlvorstandes darüber, *ob* jemand überhaupt gewählt hat, jedoch ist § 203 II zu
prüfen.

B. Die Verletzung der Schutzvorschriften ohne jene Absicht oder das 4
Handeln mit solcher Absicht, aber ohne Verletzung jener Vorschriften (zB
durch Aushorchen von Angehörigen des Wählers) fallen nicht unter § 107c
(LK[11] 3). Zur Veröffentlichung von Ergebnissen von Wählerbefragungen
nach der Stimmabgabe vor Ablauf der Wahlzeit (vgl. § 49a I Nr. 2
BWahlG).

Wählernötigung

108 [I] Wer rechtswidrig mit Gewalt, durch Drohung mit einem empfindlichen Übel, durch Mißbrauch eines beruflichen oder wirtschaftlichen Abhängigkeitsverhältnisses oder durch sonstigen wirtschaftlichen Druck einen anderen nötigt oder hindert, zu wählen oder sein Wahlrecht in einem bestimmten Sinne auszuüben, wird mit Freiheitsstrafe bis zu fünf Jahren oder mit Geldstrafe, in besonders schweren Fällen mit Freiheitsstrafe von einem Jahr bis zu zehn Jahren bestraft.

[II] Der Versuch ist strafbar.

1) Die Handlung besteht in der Nötigung oder Hinderung eines ande- 1
ren, zu wählen oder sein Wahlrecht in einem bestimmten Sinne auszuüben.
Daher fällt unter § 108 (idF des 8. StÄG; 1 vor § 80) auch der Zwang zum
Wählen, nicht bloß der Zwang zum Unterlassen des Wählens und der
Zwang, anders zu wählen, als man wollte. *Nicht* von § 108 erfaßt sind

§ 108

dagegen Handlungen *nach* der Wahl, zB Drohungen unter Ausnutzung von Kenntnissen eines Wahlvorstandes gegenüber einem Parteifreund wegen dessen Nichtteilnahme an der Wahl. Es ist jedoch § 203 II zu prüfen.

2 **2) Mittel der Tat** können sein: **A. Gewalt** (5 f. zu § 240) **oder Drohung**
3 mit einem empfindlichen Übel (15 ff. zu § 240). **B. Mißbrauch** eines beruflichen oder wirtschaftlichen Abhängigkeitsverhältnisses. Der Wähler soll gegen die nicht seltene Beeinträchtigung von beruflicher oder wirtschaftlicher Seite geschützt werden (Begr. zu 3. StÄG), jedoch genügt der Hinweis auf mögliche Folgen eines Wahlausganges nicht (BVerfGE **66**, 381).
4 **C. Durch sonstigen wirtschaftlichen Druck,** d. i. dessen Ausübung oder Androhung, soweit sie als unausweichliche Handlungsanweisung erscheint (BVerfGE **66**, 384, krit. Oppermann JuS 85, 521), eine wirtschaftliche Benachteiligung braucht nicht zu entstehen (AK-Wolter 3).

5 **3) Rechtswidrig** muß die Handlung sein. Dazu kann § 240 II herangezogen werden, so daß sozialadäquate Handlungen ausscheiden (LK[11]-Laufhütte 5; aM AK 6; Oppermann JuS 85, 522).

6 **4) Tateinheit** ist möglich mit § 107 und § 107a (RG **63**, 387; aM AK 8 zu § 107a). § 240 wird durch § 108 verdrängt.

7 **5) Zur Strafe** gilt 3 zu § 107.

Wählertäuschung

108a [I] Wer durch Täuschung bewirkt, daß jemand bei der Stimmabgabe über den Inhalt seiner Erklärung irrt oder gegen seinen Willen nicht oder ungültig wählt, wird mit Freiheitsstrafe bis zu zwei Jahren oder mit Geldstrafe bestraft.

[II] Der Versuch ist strafbar.

1 **1) Die Handlung** nach § 108a (idF des 3. StÄG; 2 vor § 102) besteht
2 darin, daß der Täter den Wähler täuscht, so daß dieser **a)** über den Inhalt seiner Erklärung bei der Stimmabgabe irrt, so, wenn er einen von ihm nicht gewollten Wahlzettel abgibt, desgl. wenn er infolge der Täuschung nicht einmal erkennt, daß er wählt oder (§ 108d) einen Wahlvorschlag
3 unterschreibt (BGH **9**, 338, zw.); oder **b)** nicht wählt oder ungültig wählt, obwohl er dies nicht will; so durch Abgabe eines ungültigen Wahlzettels; durch Versäumen des Wahltermins.

4 **2) Die eigene Willensentschließung** des Wählers verhindert hier also der Täter. Die lügnerische Wahlpropaganda, die nur den eigenen Willen des Wählers lenkt, gehört dagegen nicht hierher.

5 **3) Tateinheit** mit § 267 möglich (Köln NJW 56, 1609). Wird erreicht, daß der Wähler ungültig wählt, tritt § 108a hinter § 107a zurück (aM AK-Wolter 5).

Wählerbestechung

108b [I] Wer einem anderen dafür, daß er nicht oder in einem bestimmten Sinne wähle, Geschenke oder andere Vorteile anbietet, verspricht oder gewährt, wird mit Freiheitsstrafe bis zu fünf Jahren oder mit Geldstrafe bestraft.

Straftaten gegen Verfassungsorgane   § 108b

II Ebenso wird bestraft, wer dafür, daß er nicht oder in einem bestimmten Sinne wähle, Geschenke oder andere Vorteile fordert, sich versprechen läßt oder annimmt.

1) Die **Vorschrift** idF des 3. StÄG (2 vor § 102; iVm Art. 19 Nr. 13 EGStGB) schützt die Sachlichkeit der Stimmabgabe des wahlberechtigten Bürgers bei Wahlen iS von § 108d (BGH **33**, 336 m. Anm. Dölling NStZ **87**, 69). Eine **Wahlstimme** ist Gegenstand der Geschäfte nach § 108b, so daß sie in einem bestimmten Sinne, nicht in einem bestimmten Sinne oder gar nicht abgegeben werde. Auch die Abstimmung bei einer Volksabstimmung gehört hierher. Vgl. im übrigen § 108d und die Anm. dort. Daß es schon zu einer **Einigung** kommt, ist zur Vollendung des Delikts nicht erforderlich. Es genügt jede Einwirkung auf den Wahl- oder Stimmberechtigten in den im Gesetz genannten Formen; vgl. 4 zu § 333 (Bay GA **58**, 276).

2) **Zwei Gruppen** von Tätern bestraft das Gesetz.

A. Den **Stimmenkäufer (I).** Ein solcher ist jeder, der dem Stimmberechtigten für dessen Stimme Vorteile anbietet, verspricht oder gewährt. Auch ein Nichtwahlbewerber kann Täter sein.

B. Den **Stimmverkäufer (II).** Dieser fordert für seine Stimme Vorteile, läßt sie sich versprechen oder nimmt sie an. *Unerheblich* ist es, falls er seine Stimme im gewünschten Sinne von sich aus abgeben will oder wenn der Käufer den Vorteil nur zum Schein anbietet. Ob sich der Verkäufer insgeheim vorbehält, anders als im gewünschten Sinne zu stimmen, ist ohne Bedeutung für § 108b; dann aber Tateinheit mit Betrug.

3) Unter **Vorteil** ist grundsätzlich dasselbe zu verstehen, wie in den §§ 331ff. (11 zu § 331; BGH **33**, 338 m. Anm. Geerds JR **86**, 253; Dölling NStZ **87**, 69). Er braucht keinen Geldwert zu haben (RG **47**, 71). Auch ist ausreichend, daß er dem Verkäufer nur mittelbar zugutekommt (Bay **58**, 67; BGH aaO). Obwohl bei § 108b in den Kreis der Tatbegünstigten alle Wahl- und Stimmberechtigten fallen knüpft nach BGH (aaO) auch § 108b an eine konkrete Täter-Begünstigten-Beziehung und daher an das Bestehen einer „Unrechtsvereinbarung" (15 zu § 331) an, um die Tat von bloßen (sozialadäquaten, vgl. 22 zu § 331) Wahlversprechen abzugrenzen, die nicht unter den Tatbestand fallen (aM Geilen LdR 8/1810 S. 9). Unerheblich ist es, wenn nachher der (versprochene) Vorteil nicht gewährt oder die Stimme nicht im gewünschten Sinne abgegeben wird. Zur Problematik Ndschr. **13**, 257ff.; 709ff.

4) **Zur Strafe** beachte § 108c, Verfall eines etwaigen Entgelts nach §§ 73ff.

Nebenfolgen

108c Neben einer Freiheitsstrafe von mindestens sechs Monaten wegen einer Straftat nach den §§ 107, 107a, 108 und 108b kann das Gericht die Fähigkeit, Rechte aus öffentlichen Wahlen zu erlangen, und das Recht, in öffentlichen Angelegenheiten zu wählen oder zu stimmen, aberkennen (§ 45 Abs. 2 und 5).

Fassung des Art. 19 Nr. 32 EGStGB. Vgl. §§ 45ff. In den Fällen der §§ 107b, 107c und 108a kommt Verlust des Wahlrechts nicht in Betracht.

§ 108 d

BT Vierter Abschnitt

Geltungsbereich

108 d Die §§ 107 bis 108 c gelten für Wahlen zu den Volksvertretungen, für die Wahl der Abgeordneten des Europäischen Parlaments, für sonstige Wahlen und Abstimmungen des Volkes im Bund, in den Ländern, Gemeinden und Gemeindeverbänden sowie für Urwahlen in der Sozialversicherung. Einer Wahl oder Abstimmung steht das Unterschreiben eines Wahlvorschlags oder das Unterschreiben für ein Volksbegehren gleich.

1   **1) Die Vorschrift** wurde durch das 3. StÄG (vgl. 2 vor § 102) als § 109a eingefügt, durch Art. 2 Nr. 4 als § 108 d und durch Art. 19 Nr. 33 EGStGB (Einl. 10) redaktionell geändert. Geschützt sind seit der systemwidrigen Ausdehnung auf die Urwahlen nach dem SGB IV (unten 2) insoweit nicht mehr allein Volkswahlen. **Wahl** ist eine solche Abstimmung, durch die eine Person aus dem Kreis mehrerer Personen auserlesen wird (RG **64**, 304). – **Abstimmung** ist die Regelung sonstiger Angelegenheiten durch Entscheidung mehrerer Personen, insbesondere der Volksentscheid, die Volksbefragung und das Volksbegehren nach Art. 29 GG (vgl. dazu GG Art. 29 Abs 6 G). **Einer Wahl steht gleich** das Unterschreiben eines Wahlvorschlages (zB § 20 II BWahlG), einer Abstimmung das Unterschreiben für ein Volksbegehren (Art. 29 IV GG).

2   **2) Volkswahlen und -abstimmungen** werden erfaßt, sei es im Bund (BTagswahl), in den Ländern (Landtagswahl), in den Gemeinden (Gemeindevertretungen) oder in den Gemeindeverbänden (Kreis- und Provinzialwahlen). Durch § 27 EuWG wurde der Anwendungsbereich der §§ 107 bis 108c auch auf die Wahl der Abgeordneten des Europäischen Parlaments und durch Art. II § 11 Nr. 2 SGB IV auf die **Urwahlen** in der Sozialversicherung (§§ 43 ff. SGB I) ausgedehnt (vgl. auch 1 zu § 107 b), durch § 28 a BremArbnKG auch auf Wahlen zu den Arbeitnehmerkammern im Lande Bremen; zu dessen Nichtigkeit vgl. Art. 3 EGStGB, Lenzen JR **80**, 133). **Nicht hierher** gehören **kirchliche** und **Berufswahlen** (für Ärzte und Handelskammern, für Betriebsräte oder Ortskrankenkassen). **Das frühere Recht** kannte den engeren Kreis der „Ausübung staatsbürgerlicher Rechte" und den weitergehenden Begriff „in öffentlichen Angelegenheiten" (§ 108 aF; vgl. RG **41**, 121). Hierher gehörten auch die Wahlen zu Betriebsräten (jetzt § 119 BetrVG) und für die Kirchen öffentlichen Rechts. Der E/3. StÄG sprach (in seinem § 109) ebenfalls von „Wahlen und Abstimmungen in öffentlichen Angelegenheiten". Danach wäre auch die **Abgeordnetenbestechung** (zur Beeinflussung der Abstimmungen zB im BTag) **strafbar** gewesen. Nach der gegen den Willen der BReg. erfolgten Fassung des § 108 d ist dies aber nicht der Fall (Dreher JZ **53**, 427); eine schwer verständliche und dem Ansehen des Parlaments abträgliche Gesetzeslücke (vgl. demgegenüber §§ 404, 409 E 1962 und BT-Drs. II/2310 sowie 7/1883; kritisch Schulze JR **73**, 485; Lackner 2; Geerds JR **86**, 256 Fußn. 28; AK-Wolter 4 vor § 105; sarkastisch R. Klein ZRP **79**, 174; hierzu Dürr ZRP **79**, 264, eindringlich und mit durchgreifenden Argumenten gegen die Straflosigkeit der Abgeordnetenbestechung v. Arnim JZ **90**, 1014). Inzwischen haben die Fraktion der SPD (BT-Drs. 12/1630) sowie die Abg. Ullmann und die Gruppe Bündnis 90/Die Grünen (BT-Drs. 12/1739) Gesetzesvorlagen zur Strafbarkeit der Abgeordnetenbestechung in den BTag eingebracht, die am 16. 1. 1992 an die zuständigen Ausschüsse überwiesen wurden.

Straftaten gegen die Landesverteidigung § 109

Fünfter Abschnitt
Straftaten gegen die Landesverteidigung

Vorbemerkung

Das 4. StÄG fügte die §§ 109 bis 109i als 5a. Abschnitt ein (RegE BT- 1
Drs. II/3039; Ber. BT-Drs. II/3407; BTag II/10850; 10908; 10930). Das 8. StÄG
änderte § 109i, fügte § 109k ein und gab dem Abschnitt die Bezeichnung „Fünfter Abschnitt" (Art. 2 Nr. 4, 7 des 8. StÄG); vgl. 1 vor § 80; weitere Änderungen brachte Art. 19 Nr. 34 bis 41 EGStGB (vgl. Einl. 10 und Prot. 7/415). Die
Vorschriften des 5. Abschnitts galten bis zum Inkrafttreten des 6. ÜberleitG
(3. 10. 1990) nicht im Land Berlin (zum rechtlichen Verhältnis zwischen dem
Land Berlin und der BRep., Schiedermair NJW **82**, 2841). **Schrifttum:** *Lackner*
JZ **57**, 401; *Kohlhaas* NJW **57**, 932; *Schroeder,* Der Schutz von Staat und Verfassung im Strafrecht, 1970. Der Abschnitt verfolgt einen doppelten Zweck.

1) Dem Schutze der Landesverteidigung und der BWehr sollen die Vor- 2
schriften in erster Linie dienen. Nachdem das materielle Wehrstrafrecht für
Verfehlungen der Soldaten durch das WStG geschaffen war, blieb noch die
Aufgabe, die Verletzung jenes Schutzes durch Nichtsoldaten zu regeln. Das
Gesetz hatte dabei zunächst in den §§ 109b und 109c Teilnahme am militärischen Ungehorsam und Fahnenflucht als selbständige Eigendelikte ausgestaltet.
Art. 19 Nr. 36 EGStGB hat die beiden Vorschriften gestrichen, da die Teilnahme durch die in Art. 27 Nr. 1, 11, 14 EGStGB neugefaßten Teilnahmevorschriften des WStG (§§ 1 III, 16 IV, 19 IV) erfaßt wird.

2) Auch zum Schutz der Vertragsstaaten der NATO und ihrer in der 3
BRep. stationierten Truppen und der im Land Berlin anwesenden Truppen
einer der Drei Mächte sind die §§ 109d bis 109g, 109i, 109k anzuwenden
(Art. 7 II Nr. 4 des 4. StÄG, Anh. 14); in den Fällen der §§ 109f, 109g auch
§ 153d StPO; in den Fällen der §§ 109d, 109f auch die §§ 153c, 153d StPO nach
Maßgabe des Art. 9 des 4. StRG.

Wehrpflichtentziehung durch Verstümmelung

109 ^I **Wer sich oder einen anderen mit dessen Einwilligung durch Verstümmelung oder auf andere Weise zur Erfüllung der Wehrpflicht untauglich macht oder machen läßt, wird mit Freiheitsstrafe von drei Monaten bis zu fünf Jahren bestraft.**

^{II} **Führt der Täter die Untauglichkeit nur für eine gewisse Zeit oder für eine einzelne Art der Verwendung herbei, so ist die Strafe Freiheitsstrafe bis zu fünf Jahren oder Geldstrafe.**

^{III} **Der Versuch ist strafbar.**

1) Die Vorschrift idF des 4. StÄG iVm Art. 19 Nr. 35 EGStGB (vgl. 1 vor 1
§ 109; Einl. 10) wird durch § 17 WStG ergänzt, der einen Soldaten mit Strafe
bedroht, der sich oder einen anderen Soldaten wehruntauglich macht.

2) Die Wehrpflicht ergibt sich aus §§ 1 bis 3 WehrpflG. Auch der Zivil- 2
dienst des Kriegsdienstverweigerers fällt darunter (§§ 3 I, 25 WehrpflG).
Die Tat kann an jedem begangen werden, der wehrpflichtig ist oder es
einmal werden kann, nicht aber an jemandem, der nicht oder nicht mehr
wehrpflichtig ist; LK[11]-Schroeder 5.

§ 109

3 **A.** Der Betroffene muß **wehruntauglich** gemacht (§ 17 WStG), dh in einen vorher noch nicht bestehenden Zustand versetzt werden, in dem er wegen körperlicher oder geistiger Mängel nicht mehr in der Art oder in dem Umfang (§ 8a WehrpflG) wehrtauglich ist wie vor der Tat (RG **44**, 267). Die Untauglichkeit kann eine absolute, dh aller Voraussicht nach unbehebbare (**I**) oder eine relative (**II**) sein, dh auf eine gewisse Zeit (auch eine kurze kann genügen) oder auf gewisse Arten der Verwendung, zB für eine bestimmte Waffengattung oder einen bestimmten Truppenteil (Bay NJW **73**, 2257 m. zust. Anm. Schroeder NZWehrr. **74**, 33) oder auf eine innerhalb einer Waffengattung oder eines Truppenteils vorkommende allgemeine Verwendungsart (zB Einsatzmöglichkeit als Kraftfahrer, Funker, Schreiber, Sanitäter) beschränkt sein. Untauglichkeit zu einzelnen Dienstverrichtungen (zB Nachtmarsch, Übungsflug) reicht anders als bei § 17 WStG nicht aus (SK-Rudolphi 7).

4 **B.** Der Betroffene muß untauglich gemacht werden entweder durch **Verstümmelung** (unmittelbare mechanische Einwirkung auf den Körper, die zum Verlust oder zur Zerstörung eines Organs oder Körpergliedes führt, aM SK 11) oder auf andere Weise, dh durch sonstige Einwirkung, die zu körperlichen oder geistigen Mängeln führt, zB durch eine Operation, Bay NJW **73**, 2257 (Herbeiführen rechtlicher Wehruntauglichkeit nach § 10 WehrpflG genügt nicht). Das kann auch durch Unterlassen geschehen, aber nicht durch Verweigerung einer Operation, der sich auch ein Soldat nach § 17 IV S. 3 SoldG nicht zu unterziehen braucht. Strafbar ist, wer **a)** sich selbst verstümmelt; **b)** sich von einem anderen verstümmeln läßt (a und b = Selbstverstümmelung) oder wer **c)** einen anderen verstümmelt oder **d)** als mittelbarer Täter (LK[11] 17) verstümmeln läßt (c und d = Fremdverstümmelung).

5 **C. Einwilligung** des untauglich Gemachten ist bei der Fremdverstümmelung Tatbestandsmerkmal. Sonst kommen §§ 223 ff. in Frage (unzutreffend Kohlhaas NJW **58**, 135).

6 **D.** Bei der Fremdverstümmelung sind sowohl der Verstümmelnde wie der Verstümmelte **Täter.** Täter kann auch ein Soldat sein, wenn § 17 WStG ausscheidet, weil der Verstümmelte nicht Soldat ist. Ist nur der Tatbestand des weitergefaßten § 17 WStG gegeben (Untauglichmachen zu einzelnen Dienstverrichtungen eines Soldaten, der nicht wehrpflichtig ist), kann ein Zivilist nur Anstifter oder Gehilfe sein (§ 1 III WStG). Überschneiden sich § 17 WStG und § 109, so wird ein Soldat nur aus § 17 WStG, ein Zivilist nur aus § 109 bestraft.

7 **E. Tatort** kann auch das Ausland oder die DDR sein (§ 5 Nr. 5a).

8 **3) Vorsatz** ist erforderlich; bedingter genügt. Der Zweck, zB ein Versicherungsbetrug, kann nur für die Strafzumessung von Bedeutung sein.

9 **4) Tateinheit** zwischen Versuch nach I und Vollendung nach II sowie mit §§ 223 ff. möglich (LK[11] 23; str.; aM LK-H. J. Hirsch 37 zu 223), da die Einwilligung nicht rechtfertigt.

10 **5) Im einzelnen** vgl. Schölz zu § 17 WStG.

Straftaten gegen die Landesverteidigung § 109a

Wehrpflichtentziehung durch Täuschung

109 a ^I Wer sich oder einen anderen durch arglistige, auf Täuschung berechnete Machenschaften der Erfüllung der Wehrpflicht dauernd oder für eine gewisse Zeit, ganz oder für eine einzelne Art der Verwendung entzieht, wird mit Freiheitsstrafe bis zu fünf Jahren oder mit Geldstrafe bestraft.

^{II} Der Versuch ist strafbar.

1) **Die Vorschrift** idF des 4. StÄG (1 vor § 109) iVm Art. 19 Nr. 35   1
EGStGB schützt gegen Wehrpflichtentziehung durch Täuschung (auch beim verkürzten Grundwehrdienst, Hamm NJW **74**, 568) und richtet sich gegen Nichtsoldaten, während für Soldaten § 18 WStG gilt. Während § 109 schon die Untauglichkeit zu einem möglichen Wehrdienst erfaßt, stellt § 109a auf den tatsächlichen Entziehungserfolg ab. **Tatort** kann auch das Ausland oder die DDR sein, wenn der Täter Deutscher ist und seine Lebensgrundlage in der BRep. (aber nicht in Berlin) hat (§ 5 Nr. 5 b).

2) **Mittel zur Tat** ist die Anwendung arglistiger, auf Täuschung berechneter Machenschaften (Dreher JZ **57**, 397).   2

A. **Die bloße Lüge** genügt also nicht (hM), auch noch nicht die arglistige. Die Lüge muß sich zur „Machenschaft", dh zum methodisch berechneten Gesamtverhalten steigern (vgl. Bay **61**, 223; Hamm aaO; aM LK[11]-Schroeder 5); so durch Vorlegen von (selbst echten, aber inhaltlich unwahren) schriftlichen Belegen (ärztliches Attest, Koblenz NZWehrr. **75**, 226; Telegramm der Ehefrau; zu eng Celle NZWehrr. **62**, 75) oder durch ein System von Lügen (Hamm NZWehrr. **83**, 36); so zur Glaubhaftmachung eines angeblichen Leidens, Wohnortwechsels (Hamburg NJW **65**, 1674; Celle NJW **65**, 1675; NStZ **86**, 168) oder schwieriger häuslicher Verhältnisse (RG **46**, 90). Flucht ins Ausland oder bloße Ausnutzung eines nicht vom Täter hervorgerufenen Irrtums ist keine Machenschaft (Bay NZWehrr. **62**, 71). Die Machenschaften brauchen nicht unmittelbar gegenüber der für die Freistellung des Täters zuständigen Stelle angewandt zu werden (Hamburg NJW **65**, 1674).   3

B. **Die Anwendung** der Machenschaften genügt noch nicht zur Vollendung. Der Entziehungs*erfolg* muß als Folge der Machenschaften und eines dadurch erreichten Irrtums (Hamm NJW **74**, 570; aM Celle NJW **65**, 1675; NStZ **86**, 168; LK[11] 7 und hM) eintreten. Wurde die Erfüllung der Wehrpflicht nicht vereitelt oder wenigstens hinausgezögert, liegt Versuch (II) vor (Celle NStZ **86**, 168). Auch zugunsten eines anderen (Ehefrau für ihren Mann) kann der Täter handeln; der andere braucht nicht Teilnehmer an der Tat zu sein; so, wenn er von ihr nichts weiß.   4

3) **Vorsatz** ist erforderlich; der Täter muß sich oder den andern der Erfüllung der Wehrpflicht entziehen wollen, sei es auch nur vor einer Übung (RG **33**, 285), oder um eine Zurückstellung zu erreichen.   5

4) **Im einzelnen** vgl. Schölz 8–12 zu § 18 WStG.   6

§§ 109b und 109c [Aufgehoben durch Art. 19 Nr. 36 EGStGB]

§ 109 d

Störpropaganda gegen die Bundeswehr RiStBV 202 bis 205

109 d ᴵ Wer unwahre oder gröblich entstellte Behauptungen tatsächlicher Art, deren Verbreitung geeignet ist, die Tätigkeit der Bundeswehr zu stören, wider besseres Wissen zum Zwecke der Verbreitung aufstellt oder solche Behauptungen in Kenntnis ihrer Unwahrheit verbreitet, um die Bundeswehr in der Erfüllung ihrer Aufgabe der Landesverteidigung zu behindern, wird mit Freiheitsstrafe bis zu fünf Jahren oder mit Geldstrafe bestraft.

ᴵᴵ Der Versuch ist strafbar.

1 **1) Gegen Lügenpropaganda** soll § 109d (idF des 4. StÄG; 1 vor § 109) die BWehr schützen. Eine Beeinträchtigung der freien Meinungsäußerung enthält die Vorschrift nicht; denn Art. 5 II GG gibt keinen Freibrief für die Verbreitung bewußter Unwahrheiten, auf die die Vorschrift in den Beratungen des BTages beschränkt worden ist (eingeschränkter LK[11]-Schroeder 3). Die Vorschrift stellt so hohe Anforderungen an die Strafbarkeit, daß sie kaum anwendbar ist (Greiser NJW 73, 231).

2) Die Handlung besteht im Aufstellen oder Verbreiten unwahrer oder gröblich entstellter Behauptungen tatsächlicher Art.

2 **A. Aufstellen** entspricht dem Behaupten des § 186, vgl. dort 6; bei ihm stellt man etwas als eigene Überzeugung hin, auch wenn man es vom Dritten erfahren hat (RG 38, 368). Dem Täter muß es dabei auf Verbreitung durch irgendwen ankommen. **Verbreiten** muß in § 109d entsprechend dem Sinn der Vorschrift nicht wie in § 186 als bloße Weitergabe der fremden Behauptung an einen anderen (7 zu § 186) verstanden werden, sondern wie in § 86 als Weitergabe, wenn auch nur an einen einzelnen (aM SK- Rudolphi 10; AK-Ostendorf 8) so doch mit dem Willen, die Behauptung einem größeren Personenkreis zugänglich zu machen (4 zu § 74d).

3 **B. Tatsächlicher Art** muß die Behauptung sein; bloße Werturteile genügen nicht; so nicht „die Offiziere sind alle Lumpen" (LG Karlsruhe bei Greiser NJW 73, 231), oder „die Soldaten sollen durch Schinderei und Unterdrückung zum Mord auf andere Völker abgerichtet werden" (JR 77,
4 28 m. krit. Anm. Schroeder [zw.], MDR/S 79, 708; vgl. aber 4 zu § 130;
5 ferner 1ff. zu § 186). **a) Unwahr sein** muß die Behauptung oder **b) gröblich entstellt.** Die Entstellung besteht im Verdrehen des Sachverhalts, im
6 Weglassen oder im Hinzudichten wesentlicher Einzelheiten. **c) Objektiv geeignet** sein muß die Behauptung, die Tätigkeit der BWehr zu stören, und zwar in allen in Betracht kommenden Bereichen (LK[11] 8; Hoyer 153). So, wenn sie Mißtrauen zwischen Offizieren und Mannschaften säen oder in diesen Unzufriedenheit (mit dem Dienst, der Verpflegung, der Behand-
7 lung) erwecken kann. **d) Öffentlich** braucht die Handlung **nicht** begangen zu sein. Vielmehr ist die heimliche **Flüsterpropaganda** viel gefährlicher.
8 **e) Tatort** kann auch das Ausland sein, wenn der Täter Deutscher ist und seine Lebensgrundlage in der BRep., aber nicht in Berlin, hat (§ 5 Nr. 5b).

9 **3) Vorsatz:** Der Täter muß, soweit nicht mehr verlangt wird, mindestens mit bedingtem Vorsatz handeln, so hinsichtlich des Umstandes, daß die Tat geeignet ist, die Schädigung zu 1 herbeizuführen. Trifft seine Annahme, die Behauptung sei zu dem gewollten Zweck geeignet, nicht zu, so

Straftaten gegen die Landesverteidigung § 109 d

liegt (strafbarer, II) Versuch mit untauglichen Mitteln vor. Hingegen muß der Täter hinsichtlich des Wahrheitsgehaltes **wider besseres Wissen** handeln (vgl. JR 77, 29 m. Anm. Schroeder). Schließlich muß es dem Täter in allen Fällen darauf ankommen, die BWehr in der Erfüllung ihrer Aufgabe der Landesverteidigung, also nicht nur in anderen Bereichen, zu behindern (vgl. Jescheck, Schwenck NZWehrr. **69**, 128; 135). Motiv braucht diese Absicht nicht zu sein (vgl. 6 zu § 15; aM Celle NJW **62**, 1581).

4) **Tateinheit** möglich u. a. mit §§ 86, 89, 100a, 164, 186, 187. 10

5) **Sonstige Vorschriften.** Nebenfolgen § 109i; Einziehung § 109k; Zuständigkeit § 74a I Nr. 3, II, §§ 120 II, 142a I GVG; Verfahren §§ 100a, 153c bis 153e StPO, auch iVm Art. 8, 9 des 4. StÄG. 11

Sabotagehandlungen an Verteidigungsmitteln   RiStBV 202 bis 205

109 e ^I Wer ein Wehrmittel oder eine Einrichtung oder Anlage, die ganz oder vorwiegend der Landesverteidigung oder dem Schutz der Zivilbevölkerung gegen Kriegsgefahren dient, unbefugt zerstört, beschädigt, verändert, unbrauchbar macht oder beseitigt und dadurch die Sicherheit der Bundesrepublik Deutschland, die Schlagkraft der Truppe oder Menschenleben gefährdet, wird mit Freiheitsstrafe von drei Monaten bis zu fünf Jahren bestraft.

^II Ebenso wird bestraft, wer wissentlich einen solchen Gegenstand oder den dafür bestimmten Werkstoff fehlerhaft herstellt oder liefert und dadurch wissentlich die in Absatz 1 bezeichnete Gefahr herbeiführt.

^III Der Versuch ist strafbar.

^IV In besonders schweren Fällen ist die Strafe Freiheitsstrafe von einem Jahr bis zu zehn Jahren.

^V Wer die Gefahr in den Fällen des Absatzes 1 fahrlässig, in den Fällen des Absatzes 2 nicht wissentlich, aber vorsätzlich oder fahrlässig herbeiführt, wird mit Freiheitsstrafe bis zu fünf Jahren oder mit Geldstrafe bestraft, wenn die Tat nicht in anderen Vorschriften mit schwererer Strafe bedroht ist.

1) **Die Vorschrift** (idF des 4. StÄG; 1 vor § 109; iVm Art. 19 Nr. 37 EGStGB) richtet sich gegen die Sabotage an bestimmten Gegenständen (vgl. auch §§ 88, 316b). **Tatort** kann auch das Ausland sein (§ 5 Nr. 5a). 1

Gegenstand der Tat sind:

A. Nach I: a) **Wehrmittel.** Sie sind Gegenstände, die nach ihrer Natur oder auf Grund besonderer Zweckbestimmung für den bewaffneten Einsatz der Truppe geeignet und bestimmt sind; so auch technische Geräte oder optische Instrumente sowie Nachrichtenmittel (Begr. 13), Kriegsschiffe, Flugzeuge, Gasmasken und alle Waffen der Bundeswehr; nicht aber bloßes Ausbildungs- und Übungsmaterial; b) **Einrichtungen und Anlagen,** die ganz oder überwiegend der Landesverteidigung oder dem Schutz der Zivilbevölkerung gegen Kriegsgefahr, vor allem gegen Luftangriffe (Schutzkeller, Warnsirenen, Sanitätswagen) dienen, nicht nur die unmittelbar von der Truppe benutzten, sondern auch solche, die ihrer Natur nach oder auf Grund besonderer Zweckbestimmung Aufgaben der Landesverteidigung erfüllen, wie Munitions- und militärische Versuchsanstalten, Be- 2 3

§ 109e   BT Fünfter Abschnitt

festigungswerke, ortsfeste Anlagen des Flugmeldedienstes wie Radaranlagen, gewerbliche Betriebe zur Herstellung und Ausbesserung oder Aufbewahrung von Gegenständen für die BWehr (Begr. 13), Kasernen, Eisenbahnen, Brücken.

4   B. **Nach II** solche Gegenstände oder Werkstoffe, die für diese Gegenstände bestimmt sind, so: Eisen, Beton und dgl.

5   2) **Die Handlung** besteht im A. **Zerstören**, Beschädigen, Verändern, Unbrauchbarmachen, Beseitigen (ähnlich § 316b I) (I). Das Gesetz fügt zur Verdeutlichung hinzu „**unbefugt**" (4 zu § 132). Schließt der Unternehmer
6   also befugt seinen Betrieb, so fällt dies nicht unter § 109e (Begr. 13). B. **Fehlerhaftes Herstellen** oder Liefern der Gegenstände zu 2, 3 oder des Werkstoffs (**II**). Die bloße Nichterfüllung eines Vertrages ist straflos.

7   3) **Die Folge der Tat** (nach I und II) muß sein, daß die **Sicherheit** der BRep., die Schlagkraft der Truppe oder Menschenleben **gefährdet** werden. Die Gefährdung muß tatsächlich eingetreten sein und spürbare Auswirkungen auf die Einsatzbereitschaft gezeigt haben (LG Flensburg NZWehrr. **84**, 80). Beispiele bei Schölz 47ff. zu § 2; vgl. LG Lüneburg NZWehrr. **64**, 180; ferner § 2 Nr. 3 WStG; BGH **28**, 50.

8   4) **Vorsatz** ist für die Handlung erforderlich; und zwar nicht nur für I, sondern auch für **V**. Dagegen verlangt nur I auch für die Gefährdung Vorsatz; nach V reicht dagegen insoweit Fahrlässigkeit aus. Für II wird aber direkter Vorsatz („wissentlich") gefordert. Der Irrtum über die Befugnis ist Verbotsirrtum (LK[11]-Schroeder 8).

9   5) **Die Strafe.** Zu IV (besonders schwere Fälle) vgl. 11 zu § 12; 43ff. zu § 46. Statusfolgen nach § 109i, Einziehung nach § 109k.

10 6) **Tateinheit** ist möglich zB mit §§ 100, 123 bis 125, 242. Von § 109e verdrängt werden die §§ 87, 303ff., 316 (str.; teilw. abw. LK[11] 17; M-Schroeder § 87, 29; SK-Rudolphi 16); hingegen tritt V hinter Vorschriften mit schwererer Strafdrohung zurück. Die unterlassene Meldung wird nach § 43 WStG bestraft.

11 7) **Sonstige Vorschriften.** Zuständigkeit und Verfahren 11 zu § 109d; Überwachungsmaßnahmen 6 vor § 80.

Sicherheitsgefährdender Nachrichtendienst   RiStBV 202 bis 205

109 f [I] Wer für eine Dienststelle, eine Partei oder eine andere Vereinigung außerhalb des räumlichen Geltungsbereichs dieses Gesetzes, für eine verbotene Vereinigung oder für einen ihrer Mittelsmänner

1. Nachrichten über Angelegenheiten der Landesverteidigung sammelt,

2. einen Nachrichtendienst betreibt, der Angelegenheiten der Landesverteidigung zum Gegenstand hat, oder

3. für eine dieser Tätigkeiten anwirbt oder sie unterstützt

und dadurch Bestrebungen dient, die gegen die Sicherheit der Bundesrepublik Deutschland oder die Schlagkraft der Truppe gerichtet sind, wird mit Freiheitsstrafe bis zu fünf Jahren oder mit Geldstrafe bestraft, wenn die Tat nicht in anderen Vorschriften mit schwererer Strafe bedroht ist. Ausgenommen ist eine zur Unterrichtung der Öffentlichkeit im Rahmen der üblichen Presse- oder Funkberichterstattung ausgeübte Tätigkeit.

[II] Der Versuch ist strafbar.

Straftaten gegen die Landesverteidigung **§ 109f**

1) Die Vorschrift idF des 4. StÄG (1 vor § 109) iVm Art. 19 Nr. 38 EGStGB 1 will den Gefahren einer Ausforschung von Landesverteidigungsangelegenheiten schon im Vorfeld begegnen (MDR/H **80**, 454), stellt den die äußere Sicherheit der BRep. gefährdenden Nachrichtendienst unter Strafe und ist ein abstraktes Gefährdungsdelikt (BGH **23**, 308). **Tatort** kann auch das Ausland sein (§ 5 Nr. 5a).

A. Tathandlungen sind a) das Sammeln, dh das systematische Beschaffen 2 von Nachrichten (vgl. BGH **30**, 16 zu § 15 FAG; ferner auch Celle GA **63**, 305 Nr. 10); **b)** das Unterhalten einer Einrichtung zur Sammlung von Nachrichten = Betreiben eines Nachrichtendienstes; **c)** das Anwerben, dh auch der erfolglose Versuch (hM), andere für eine Tätigkeit nach a) oder b) zu gewinnen; **d)** die zur Täterschaft erhobene Beihilfe zu a) und b), die aber einen unmittelbaren Förderungserfolg haben muß (BGH **23**, 308; vgl. GA **61**, 5 Nr. 8). Der Täter braucht nicht geheim zu handeln. Es braucht sich auch nicht um eine „typisch nachrichtendienstliche" Betätigung im technischen Sinne zu handeln (vgl. zu § 92 aF BGH **15**, 167; Lüttger MDR **66**, 630; GA **61**, 5 Nr. 4 bis 6; **63**, 355 Nr. 13–15). Das Beschaffen einer Nachricht genügt, wenn sie der Beginn einer Sammlung sein soll (BGH **16**, 15) oder einem Nachrichtendienst zugeht. Weitergabe von Nachrichten ist zur Vollendung der Tat nicht erforderlich (BGH **15**, 161). Das Nachrichtensammeln bildet eine Handlungseinheit kraft Gesetzes (BGH **16**, 26).

B. Die Landesverteidigung betreffen müssen die Nachrichten, dh die 3 Aufgaben und Interessen der Verteidigung der BRep. (BGH **15**, 164), einschließlich des Zivilschutzes, brauchen aber weder wahr (hM; aM LK[11]-Schroeder 3; SK-Rudolphi 3; AK-Ostendorf 7) noch geheim zu sein.

C. Bestimmt sein müssen die Nachrichten für entweder **a)** Dienststellen 4 oder Vereinigungen außerhalb des Geltungsbereichs des Gesetzes (und damit auch in West-Berlin, LK[11]-Schroeder 10), **b)** förmlich verbotene Vereinigungen (§§ 84, 85; Art. 9 II GG) oder Mittelsmänner für a oder b. Aus b ist nicht zu schließen, daß die Stellen a gegen die BRep. eingestellt sein müssen (MDR/H **80**, 454; MDR/S **81**, 90; Schroeder NJW **81**, 2283; vgl. Lüttger MDR **66**, 632). Die Stellen a und b brauchen die Nachrichten nicht zu erhalten (BGH **15**, 163), noch brauchen sie von der Tat zu wissen. Der Täter muß jedoch Auswertung der Nachrichten durch diese Stellen ermöglichen wollen.

D. Nicht anzuwenden ist § 109f (Begr. 14) auf Personen, die (wie Journa- 5 listen) **aus persönlicher Überzeugung** oder aus politischen Gründen die Verteidigung des Staates mit Waffengewalt ablehnen. Denn das würde deren Grundrecht der freien Meinungsäußerung verkürzen. Desgl. nicht auf **Vertreter ausländischer Nachrichtenagenturen,** die ihren Auftraggebern Nachrichten über militärische Angelegenheiten der Landesverteidigung zukommen lassen, falls sie sich nicht etwa damit in den Dienst von Bestrebungen stellen, die § 109f verletzen; vgl. Lüttger aaO. Die loyale Nachrichtenübermittlung für Zwecke der allgemeinen pressemäßigen Unterrichtung des Auslandes über Vorgänge im Bereich der deutschen Landesverteidigung ist also nicht behindert. Das Presseprivileg des **I Satz 2** (vgl. Kohlhaas NJW **57**, 932) schließt schon den Tatbestand aus (Lüttger MDR **66**, 517; LK[11] 18), ist also kein bloßer Rechtfertigungsgrund (str.).

§ 109 f

6   **2) Vorsatz** ist erforderlich, bedingter genügt. Staatsgefährdende Absicht wird *nicht* verlangt. Der Täter braucht nur billigend in Kauf zu nehmen, daß er Bestrebungen dient, dh für sie tätig ist, die gegen die Sicherheit der BRep. oder die Schlagkraft der Truppe gerichtet sind; das bloße Tätigwerden in diesem Sinne genügt (BGH **19**, 344); eine erfolgreiche Förderung der Bestrebungen (BGH **15**, 161) oder eine konkrete Gefährdung ist hier (abw. von §§ 109b, 109e, 109g) nicht erforderlich (oben 1).

7   **3) Die Strafe.** Statusfolgen § 109i, Einziehung § 109k.

8   **4) Tateinheit** ist mit § 109g möglich. Hinter Vorschriften mit schwererer Strafandrohung tritt § 109f zurück, so hinter §§ 94 bis 96, 97a und 97b iVm §§ 94 bis 96; §§ 98, 99 (BGH **27**, 134).

9   **5) Sonstige Vorschriften.** Zuständigkeit und Verfahren 11 zu § 109d; Überwachungsmaßnahmen 6 vor § 80.

Sicherheitsgefährdendes Abbilden   RiStBV 202 bis 205

§ 109 g

^I Wer von einem Wehrmittel, einer militärischen Einrichtung oder Anlage oder einem militärischen Vorgang eine Abbildung oder Beschreibung anfertigt oder eine solche Abbildung oder Beschreibung an einen anderen gelangen läßt und dadurch wissentlich die Sicherheit der Bundesrepublik Deutschland oder die Schlagkraft der Truppe gefährdet, wird mit Freiheitsstrafe bis zu fünf Jahren oder mit Geldstrafe bestraft.

^{II} Wer von einem Luftfahrzeug aus eine Lichtbildaufnahme von einem Gebiet oder Gegenstand im räumlichen Geltungsbereich dieses Gesetzes anfertigt oder eine solche Aufnahme oder eine danach hergestellte Abbildung an einen anderen gelangen läßt und dadurch wissentlich die Sicherheit der Bundesrepublik Deutschland oder die Schlagkraft der Truppe gefährdet, wird mit Freiheitsstrafe bis zu zwei Jahren oder mit Geldstrafe bestraft, wenn die Tat nicht in Absatz 1 mit Strafe bedroht ist.

^{III} Der Versuch ist strafbar.

^{IV} Wer in den Fällen des Absatzes 1 die Abbildung oder Beschreibung an einen anderen gelangen läßt und dadurch die Gefahr nicht wissentlich, aber vorsätzlich oder leichtfertig herbeiführt, wird mit Freiheitsstrafe bis zu zwei Jahren oder mit Geldstrafe bestraft. Die Tat ist jedoch nicht strafbar, wenn der Täter mit Erlaubnis der zuständigen Dienststelle gehandelt hat.

1   **1) Die Vorschrift** idF des 4. StÄG (1 vor § 109) iVm Art. 19 Nr. 39 EGStGB schützt in I und IV Wehrmittel, militärische Einrichtungen oder Anlagen oder einen militärischen Vorgang gegen Abbildungen jeder Art und Beschreibungen, aber auch Abbildungen und Beschreibungen von diesen Gegenständen selbst, gleichgültig, ob rechtmäßig entstanden oder nicht. Mündliche Beschreibungen scheiden aus (LK[11]-Schroeder 6). Zum Begriff Wehrmittel vgl. 2, 3 zu § 109e. Militärische Einrichtungen oder Anlagen sind hier nur solche, die unmittelbar dem Zwecke der Bundeswehr dienen und deren Verfügungsgewalt unterworfen sind. Deshalb scheiden hier aus Einrichtungen oder Anlagen der gewerblichen Wirtschaft, die in die Rüstungspolitik eingeschaltet sind oder Energiebedarf der BWehr decken. **Militärische Vorgänge** sind vor

Straftaten gegen die Landesverteidigung **§ 109g**

allem militärische Versuche, Transporte geheimhaltungsbedürftiger Wehrmittel, Marschbewegungen von Spezialtruppen (Begr. 15). Für den **Tatort** gilt § 5 Nr. 5a.

A. Verbotene Handlungen sind das Anfertigen (nur in I) oder das Gelangenlassen (3 zu § 94) an andere (in I und IV). 2

B. Die Folge muß sein, daß die Sicherheit der BRep. oder die Schlagkraft der Truppe konkret gefährdet wird; belanglose Abbildungen reichen dafür nicht aus, NJW **71**, 441 [bedenklich Frankfurt GA **63**, 305 Nr. 2]; wohl aber das Fotografieren von militärisch genutzten Gegenständen eines Sondermunitionslagers (AG Pinneberg NZWehrr **86**, 170; LG Frankfurt NZWehrr **88**, 218). 3

C. Der innere Tatbestand erfordert Vorsatz. Für die Gefährdung nach I ist aber direkter Vorsatz („wissentlich") nötig, während für IV bedingter Vorsatz oder grobe Fahrlässigkeit („leichtfertig") genügen. Hat der Täter zu jener Tat aber die **Erlaubnis** der zuständigen Dienststelle, so ist er nicht strafbar. Die Erlaubnis ist weder Rechtfertigungs- noch Schuldausschließungsgrund (SchSch-Eser 13), sondern negative Bedingung der Strafbarkeit (Begr.; LK[11] 13). 4

2) Lichtbildaufnahmen von einem Luftfahrzeug aus betrifft II. Solche Fahrzeuge sind Flugzeuge, Drehflügler (Hubschrauber), Luftschiffe, Segelflugzeuge, Motorsegler, Frei- und Fesselballone, Drachen, Fallschirme, Flugmodelle und sonstige für die Benutzung des Luftraums bestimmte Geräte, insbesondere Raumfahrzeuge, Raketen und ähnliche Flugkörper (§ 1 II LuftVG). 5

A. Ein Gebiet oder Gegenstände im räumlichen Geltungsbereich dieses Gesetzes (also im Gebiet der BRep., nicht aber von Westberlin) muß die Aufnahme betreffen; also nicht die DDR, das Ausland und das freie Meer. Doch sind jene Gegenstände auch gegen das Fotografieren von außerhalb der BRep. geschützt; so von einem Beobachtungsturm hart an der Grenze oder von einem Flugzeug im Luftraum über fremdem Grenzgebiet. 6

B. Verbotene Handlungen sind auch hier die Herstellung der Lichtbildaufnahme oder das Gelangenlassen der Aufnahme selbst oder einer nach ihr hergestellten Abbildung an andere. Dazu muß kommen 7

C. die Gefährdung der Sicherheit der BRep. oder der Schlagkraft der Truppe; vgl. 7 zu § 109e. 8

D. Nur vorsätzlich kann die Tat begangen werden. Die Gefahr muß der Täter hier in jedem Fall wissentlich herbeiführen. 9

E. Nur subsidiär gilt II gegenüber I. Für Anfertigen und Gelangenlassen durch denselben Täter gilt 17 zu § 267. Von den §§ 94 bis 96, 97 I, 97a, 97b wird § 109g verdrängt. Tateinheit ist mit den §§ 98, 99, 109f möglich (BGH **27**, 133). 10

F. Das LuftVG bringt in § 61 eine den § 109g II ergänzende Bußgeldvorschrift. *Außerhalb des Fluglinienverkehrs* dürfen Luftbilder nur mit behördlicher Erlaubnis gefertigt, desgleichen einschließlich ihrer Abzüge nur nach Freigabe in Verkehr gebracht werden; vgl. dazu §§ 83 bis 89, 108 Nr. 12 LuftVZO. Nicht mehr verboten (auch nicht als Ordnungswidrigkeit) ist dagegen das bloße Mitführen von Lichtbildgeräten in einem Flug- 11

§ 109 g

BT Fünfter Abschnitt

zeug (zB im Koffer). Vgl. außerdem für das Fotografieren innerhalb eines Schutzbereiches oder seiner Anlagen § 5 SchutzbereichG.

12 3) **Sonstige Vorschriften.** Zuständigkeit und Verfahren 11 zu § 109 d; Überwachungsmaßnahmen 6 vor § 80.

Anwerben für fremden Wehrdienst

109 h [I] Wer zugunsten einer ausländischen Macht einen Deutschen zum Wehrdienst in einer militärischen oder militärähnlichen Einrichtung anwirbt oder ihren Werbern oder dem Wehrdienst einer solchen Einrichtung zuführt, wird mit Freiheitsstrafe von drei Monaten bis zu fünf Jahren bestraft.

[II] Der Versuch ist strafbar.

1 1) **Die Vorschrift** geht auf § 83 E 1. StÄG (BT-Drs. I/1307) zurück und ist durch das in Berlin noch geltende 2. StÄG (Ber. BT-Drs. I/4049; BTag I/11916; BRat 150. Sitz.) als § 141 eingefügt und durch das dort nicht geltende 4. StÄG (1 vor § 109) in geänderter Fassung § 109 h geworden, der seine jetzige Fassung durch Art. 19 Nr. 40 EGStGB (Einl. 10 und Prot. 7/415) erhalten hat.

1a **Die Handlung** kann doppelter Art sein: eigenes Anwerben oder Zuführen zur Anwerbung durch andere. Das Opfer kann nur ein Deutscher (hierzu zunächst 2, 3 zu § 7) sein. Nach dem Schutzzweck der Vorschrift (vgl. LK[11]-Schroeder 2; M-Schroeder § 87, 27) sind außer den Bürgern der BRep. andere Deutsche nur dann geschützt, wenn sie in den Schutzbereich des Art. 116 GG gelangt sind (3 zu § 7; SchSch-Eser 2; SK-Rudolphi 3, die überhaupt nur Bundesbürger als durch die Vorschrift geschützt betrachten). Wehrdiensttauglichkeit ist nicht vorausgesetzt; auch das Anwerben von Frauen ist strafbar (hM). Tathandlungen sind:

2 A. **Das Anwerben,** dh das Verpflichten zum Wehrdienst in einer militärischen oder militärähnlichen Einrichtung. Militärdienst ist auch die Tätigkeit als ausländischer Militärbeamter (hM; aM LK[11] 3). **Zugunsten einer ausländischen,** dh zugunsten einer fremden Macht (6 zu § 93) muß der Täter handeln, mag sie auch befugt eigene Truppen im deutschen Inland halten. Nach dem Normzweck fallen auch ausländische Bürgerkriegsparteien, Einheiten Aufständischer usw. darunter, nicht jedoch zwischenstaatliche Einrichtungen, an denen die BRep. beteiligt ist (E 1962, 601). In **einer militärischen oder militärähnlichen Einrichtung** muß der Wehrdienst geplant sein, zu dem geworben wird; so auch zum Dienst bei einer angeblichen bloßen Polizeitruppe. Die erwarteten Dienste des Opfers können auch im Inlande geplant sein.

3 B. **Das Zuführen den Werbern** oder dem Wehrdienst einer solchen militärischen oder militärähnlichen Einrichtung. Hier schließt der Täter nicht selbst den Vertrag mit seinem Opfer ab, sondern führt es zum Abschluß anderen zu. Zur Problematik vgl. LG Hamburg NJW **58**, 1053. **Werber** sind Personen, die das Anwerben geschäftsmäßig betreiben. Vom Täter selbst wird solche Geschäftsmäßigkeit nicht verlangt. Das **Zuführen** genügt hier zur Vollendung, auch wenn das Werben mißlingt. Es kann auch hinterlistig oder gewaltsam geschehen.

4 2) **Täter kann sein:** bei der **Inlandstat** jeder Inländer oder Ausländer, bei der **Auslandstat** aber nur ein Deutscher, der seine Lebensgrundlage in der BRep. und nicht im Ausland hat (§ 5 Nr. 5 b).

Straftaten gegen die Landesverteidigung **§ 109 h**

3) Der innere Tatbestand setzt voraus, **a)** daß der Täter weiß, daß das 5
Opfer Bundesbürger ist, **b)** daß er das Werbungsziel kennt; im übrigen genügt
bedingter Vorsatz.

4) Der Versuch ist strafbar (**II**). Doch ist zu beachten, daß bei der zweiten 6
Alternative schon das „Zuführen" (ohne Rücksicht auf das Gelingen der Werbung) zur Vollendung genügt, vgl. 3.

5) Tateinheit ist möglich mit §§ 100, 144, 234, 234a, 239, 240. 7

6) Sonstige Vorschriften. Beschäftigungsverbot für nach § 109h Verurteil- 8
te § 25 I Nr. 3 JArbSchG. Überwachungsmaßnahmen 6 vor § 80.

Nebenfolgen

109 i Neben einer Freiheitsstrafe von mindestens einem Jahr wegen einer Straftat nach den §§ 109e und 109f kann das Gericht die Fähigkeit, öffentliche Ämter zu bekleiden, die Fähigkeit, Rechte aus öffentlichen Wahlen zu erlangen, und das Recht, in öffentlichen Angelegenheiten zu wählen oder zu stimmen, aberkennen (§ 45 Abs. 2 und 5).

Fassung des Art. 19 Nr. 40 EGStGB. Vgl. die Anm. zu § 92a, die mit der Maßgabe gilt, daß die Freiheitsstrafe mindestens 1 Jahr betragen muß. Vgl. 3 vor § 109.

Einziehung

109 k Ist eine Straftat nach den §§ 109d bis 109g begangen worden, so können

1. Gegenstände, die durch die Tat hervorgebracht oder zu ihrer Begehung oder Vorbereitung gebraucht worden oder bestimmt gewesen sind, und
2. Abbildungen, Beschreibungen und Aufnahmen, auf die sich eine Straftat nach § 109g bezieht,

eingezogen werden. § 74a ist anzuwenden. Gegenstände der in Satz 1 Nr. 2 bezeichneten Art werden auch ohne die Voraussetzungen des § 74 Abs. 2 eingezogen, wenn das Interesse der Landesverteidigung es erfordert; dies gilt auch dann, wenn der Täter ohne Schuld gehandelt hat.

1) Die Vorschrift idF des 8. StÄG (1 vor § 80) iVm Art. 19 Nr. 41 EGStGB 1
erweitert die nach § 74 I gegebenen Einziehungsmöglichkeiten, soweit es sich
um Straftaten nach den §§ 109d bis 109g handelt. Bei Schriften und anderen
Darstellungen, die in den Fällen von §§ 109d, 109f eine Rolle spielen können, ist
außerdem § 74d zu beachten. Vgl. auch 3 vor § 109.

2) Nr. 1 wiederholt allerdings nur, was schon nach § 74 I gilt; LK[11]-Schroe- 2
der 2. **Nr. 2** erweitert die Einziehungsmöglichkeit in den Fällen von § 109g auf
Abbildungen, Beschreibungen und Darstellungen, soweit sie **Beziehungsgegenstände** sind (10 zu § 74). Das ist der Fall, soweit der Täter einen solchen
Gegenstand an einen anderen gelangen läßt. Im Fall des Anfertigens ist schon ein
productum sceleris anzunehmen. **Satz 2** erweitert die Einziehungsmöglichkeit gegenüber **Dritteigentümern** über § 74 hinaus unter den Voraussetzungen des
§ 74 (vgl. dort mit Anm.), was insbesondere bei Tatmitteln wie Druckmaschinen (§ 109d), Luftfahrzeugen oder Fotogeräten (§ 109g) von Bedeutung ist.
Satz 3 verpflichtet das Gericht zur Einziehung der in Nr. 2 genannten Gegenstände (wobei hier auch die producta sceleris unter den Oberbegriff der Bezie-

§ 109k, Vor § 111 BT Sechster Abschnitt

hungsgegenstände fallen), wenn das Interesse der Landesverteidigung es erfordert. Dies gilt auch dann, wenn die Tat nur eine nicht schuldhafte, mit Strafe bedrohte Handlung war und über § 74 II hinaus ohne Rücksicht darauf, wer Eigentümer der Sache und ob diese iS von § 74 II Nr. 2 generell oder individuell gefährlich ist (15 zu § 74).

Sechster Abschnitt
Widerstand gegen die Staatsgewalt

Vorbemerkung

1 **1) Der Abschnitt,** dessen Vorschriften grundsätzlich nur die inländische öffentliche Gewalt schützen (vgl. aber 2ff., 7 zu § 113), ist, nachdem § 119 bereits durch das 1. StrRG aufgehoben worden war, durch das **3. StrRG**, das außerdem § 125 umgestaltet und § 125a eingefügt hat, weitgehend reformiert worden. Aufgehoben wurden § 110 (durch Art. 287 Nr. 31 EGStGB auch § 1 VO v. 15. 9. 1923, RGBl. I 879: Aufforderung zum Steuerstreik), § 115 (verschmolzen mit § 125), § 116 (zur Ordnungswidrigkeit nach Art. 2 3. StrRG herabgestuft, nunmehr § 113 OWiG) sowie die den Forstwiderstand betreffenden §§ 117, 118. Ein Rest davon ist in § 114 I nF erhalten geblieben. § 114 II nF übernimmt einen Teil des § 113 III aF. § 113 ist grundlegend reformiert; § 114 aF der Sache nach aufgehoben; die Nötigung von Beamten unterliegt der allgemeinen Vorschrift des § 240. Durch das 14. StÄG (1 zu § 86) ist § 111 II neu gefaßt worden (dort 7).

2 **2) Für Entstehungsgeschichte** und Auslegung sind von Bedeutung: **a)** für § 113 die §§ 418 bis 421 E 1962 mit Begr.; Ndschr. **13**, 40ff., **b)** für sämtliche Vorschriften die zu den „Garmischer Beschlüssen" führenden Erörterungen im StrABTag der V. Wahlperiode Prot. V/2837ff., 2850, 2853, 2883ff., 3393ff., **c)** Die Materialien zum 3. StrRG: der SPD-FDP-Entwurf (BT-Drs. VI/139); der CDU/CSU-Entwurf (BT-Drs. VI/261; BTag VI/1206); Prot. VI/3, 9ff., 302ff., BT-Drs. VI/502 (= Ber.); BTag 39. Sitz. S. 1942, 1987; BT-Drs. VI/ 632, 785; BRats-Drs. 167/70; Rechtsausschuß 335. Sitzung; Innenausschuß 327. Sitzung; Ausschußempfehlungen BRats-Drs. 167/1/70; 2. Sitzung des Vermittlungsausschusses v. 29. 4. 1970; BRats-Drs. 226/70 (Beschluß); Schlußabstimmung im BRat 352. Sitzung v. 15. 5. 1970. **Schrifttum:** *Baumann/Frosch* JZ **70**, 113; ZRP **70**, 56; *Dreher* NJW **70**, 1153; *Rupprecht* BayVerwBl. **70**, 305; *Mertins* GA **80**, 54. Materialien und Schrifttum zum 14. StÄG in 1 zu § 86; ferner in LK 3; *M-Schroeder* § 60, vor 14; *Jescheck* Beitr. 94.

3 **3) Die NATO-Staaten** schützt das 4. StÄG (Anh. 14), in dem es die §§ 111, 113, 114 II, 120 nach Maßgabe des Art. 7 II Nr. 5, 6, III und das GVG durch Art. 8 des 4. StÄG für anwendbar erklärt.

§ 110 [Aufgehoben durch Art. 1 Nr. 1 des 3. StrRG]

Öffentliche Aufforderung zu Straftaten

111 ^I Wer öffentlich, in einer Versammlung oder durch Verbreiten von Schriften (§ 11 Abs. 3) zu einer rechtswidrigen Tat auffordert, wird wie ein Anstifter (§ 26) bestraft.

^{II} Bleibt die Aufforderung ohne Erfolg, so ist die Strafe Freiheitsstrafe bis zu fünf Jahren oder Geldstrafe. Die Strafe darf nicht schwerer sein als

Widerstand gegen die Staatsgewalt § 111

die, die für den Fall angedroht ist, daß die Aufforderung Erfolg hat (Absatz 1); § 49 Abs. 1 Nr. 2 ist anzuwenden.

1) Die Vorschrift idF des 3. StrRG (vor § 110) iVm Art. 1 Nr. 4 des 4. StrRG (1, 2 vor § 174), Art. 19 Nr. 42 EGStGB (Einl. 9, 10, 12) und Art. 1 Nr. 3 des 14. StÄG (1 zu § 86), greift systematisch in den AT zurück, sie ergänzt die §§ 26, 30. Rechtsgut ist einmal das durch die Straftat verletzte, zu der aufgefordert wird, zum anderen aber auch der innere Gemeinschaftsfrieden. Die Tat ist insoweit abstraktes Gefährdungsdelikt (BGH **29**, 267; Bay 27. 2. 1992, RReg. 3 St 52/91; LK-v. Bubnoff 5), Strafgrund ist die Gefährlichkeit, die in der qualifizierten Aufforderung an unbestimmt viele Menschen liegt, auf die der Täter idR nach der Tat keinen Einfluß mehr hat. **Schrifttum:** *Dreher*, Gallas-FS 307; *Rogall* GA **79**, 15; *Fincke*, Das Verhältnis des AT zum BT des Strafrechts, 1975, S. 76; *Schroeder*, Straftaten 12, 20; *Jakobs* ZStW **97**, 774; *Naucke* § 6 II.

2) Tathandlung ist A. die **Aufforderung,** dh eine bestimmte, über eine bloße Befürwortung hinausgehende (BGH **28**, 314; **32**, 310; KG StV **81**, 526; Köln MDR **83**, 338; LG Koblenz NJW **88**, 1609), sich aus der Schrift ergebende (vgl. LG Berlin StV **82**, 472; LG Bremen NStE Nr. 1) Erklärung (möglicherweise durch schlüssige Handlung, RG **47**, 413), daß andere etwas tun oder unterlassen sollen (Bay **88**, 61; Köln NJW **88**, 1103; vgl. RG **63**, 173); wird lediglich eine fremde Äußerung, die eine Aufforderung iS des § 111 enthält, veröffentlicht, so greift § 111 nur ein, wenn der Veröffentlichende sie unmißverständlich zu seiner eigenen machen will (Frankfurt NJW **83**, 1207). In einer nichtwörtlichen Wiedergabe einer Pressemitteilung liegt noch keine öffentliche Aufforderung des Verfassers der Pressemitteilung (Frankfurt StV **90**, 209); B. **Adressat** der Aufforderung sind **unbestimmt** viele Menschen (Hamm JMBlNW **63**, 212); wegen des Strafgrundes (oben 1) greift § 111 bei Aufforderung an bestimmte Personen auch dann nicht ein, wenn die §§ 26, 30 aus anderen Gründen ausscheiden (LK 10; Rogall GA **79**, 17; aM Baumann/Weber § 37 I 2b; Lackner 3); die Aufforderung muß den Adressaten erreichen (wie das Fehlen einer Rücktrittsvorschrift, hierzu LK 31, zeigt; aM RG **58**, 198; Meyer in Erbs O 187 2a bb zu § 116 OWiG; hM) und C. auf eine **rechtswidrige** Tat (33 zu § 11) gerichtet sein. Sie muß nach Bundes- oder Landesrecht mit Strafe, nicht lediglich mit Geldbuße bedroht sein (vgl. aber § 116 OWiG), zB Sachbeschädigung (2 zu § 303) durch Abschneiden der Kennummer des Volkszählungsfragebogens (LG Koblenz MDR **87**, 1047; Engelage NJW **87**, 2801). Es muß sich um eine vorsätzliche Tat handeln (LK 18; aM Hamm aaO). Auch die Aufforderung zu strafbaren Teilnahme- oder Vorbereitungshandlungen (zB § 83) oder zu strafbarer Aufforderung fällt unter § 111, während Aufforderung zu Versuch oder § 30 nicht in Betracht kommt (aM SK-Horn 3). Es muß sich wegen des Rechtsguts um eine Tat handeln, die im Geltungsbereich dieses Gesetzes begangen werden soll (LK 21); die Aufforderung kann sich aber an außerhalb dieses Bereichs Befindliche richten (§ 91 ist jedoch zu beachten). Der Täter muß zu einer bestimmten Tat auffordern, doch braucht sie weniger konkretisiert zu sein als bei § 26 (dort 5 ff.) und § 30 (dort 7; Bay 27. 2. 1992, RReg. 3 St 52/91; KG JR **71**, 255), so daß es genügt, wenn nur die Art der Tat gekennzeichnet ist (Herzberg JuS **87**, 618; zweifelnd LK 23; aM Rogall GA **79**, 17; LG Lübeck StV **84**, 207, wohl auch BGH **31**, 22 m. krit. Anm. Gössel JR **83**, 119), nicht aber Zeit, Ort und Opfer (zB „Zündet die Kaufhäuser an!"; hM; aM Jescheck JZ

§ 111

67, 7); das bloße Gutheißen von Straftaten ist kein Auffordern (BGH **32**, 310). Die Aufforderung, keinerlei Strafgesetze zu beachten, reicht danach nicht aus, möglicherweise aber die, ein bestimmtes Strafgesetz nicht zu respektieren. Fordert der Täter zu einer bestimmt konkretisierten Tat so greift statt I der § 26, statt II der § 30 ein (3 zu § 26; abw. hM; 9 zu § 30; unten 7). Nach BGH **31**, 22 (hiergegen Gössel JR **83**, 119) kann die Tat durch Verteidigerhandeln gerechtfertigt sein (vgl. 4b zu § 129). Auffordern muß der Täter in bestimmter Weise, nämlich

5   **D. a) öffentlich,** dh, ohne daß es auf die Öffentlichkeit des Ortes ankommt, in einer Weise, daß die Aufforderung von unbestimmt welchen und unbestimmt vielen, also nicht durch persönliche Beziehungen verbundenen (RG **40**, 262) anderen wahrgenommen werden kann (Bay **56**, 188), die in den Fällen verbaler Aufforderung auch anwesend sein müssen (Braunschweig NJW **53**, 875); bei Aufforderung durch Plakatanschlag oder in ähnlicher Weise (vgl. § 74d IV) genügt hingegen entsprechende Zugänglichkeit des Ortes, hingegen genügt das offene Anbieten zum Kaufe nicht (KG JR **84**, 249); **b)** in einer **Versammlung** (2 zu § 80a), und zwar einer nichtöffentlichen (LK 14); sonst ist bereits a gegeben; auch auf die Größe der Versammlung kommt es nicht an; **c)** durch **Verbreiten** von Schriften usw. (2, 3 ff. zu § 74d).

6   **3) A.** Hat die Aufforderung **Erfolg,** dh, wird sie für die Begehung einer Tat kausal, zu der aufgefordert wurde, so wird der Täter wie ein Anstifter bestraft (§ 26).

7   **B. Für die erfolglose Aufforderung,** dh wenn es nicht einmal zu einer strafbaren Vorbereitungs- oder Versuchshandlung gekommen ist oder wenn für die begangene Tat die Aufforderung nicht kausal war, zB weil der Aufgeforderte schon zur Begehung entschlossen war, hat das 14. StÄG (vgl. Prot. 7/2237, 2245, 2249, 2381) in **II** eine zwiespältige Regelung getroffen: Bei der Aufforderung zu Straftaten, für welche die Höchststrafe nicht mehr als 5 Jahre beträgt, gilt die bisherige Regelung insoweit, als der Strafrahmen der Anstiftung zugrundezulegen, aber im Höchstmaß nach § 49 I Nr. 2 zu mildern ist (**II S. 2;** vgl. Anm. zu § 49 I; dessen Nr. 3 braucht nicht zitiert zu werden, weil § 111 II S. 1 auch in den Fällen eines höheren Mindestmaßes wie zB in § 187a sicherstellt, daß dieses nicht gilt). Bei Taten hingegen, die im Höchstmaß mit mehr als 5 Jahren bedroht sind, gilt der selbständige Strafrahmen nach **II S. 1.** Diese Regelung, die vor allem gewählt worden ist, weil man bei der erfolglosen Aufforderung zum Mord die bisher geltende Mindeststrafe von 3 Jahren in „leichteren Fällen" zB bei „Äußerungen in der erregten Atmosphäre von Versammlungen" als zu hoch ansah (RegE 14. StÄG, 7; Prot. 7/2238), ist verfehlt (aM Stree NJW **76**, 1179). Sie ist unsystematisch, weil sie das der Sache angemessene System der Anknüpfung an den Strafrahmen des provozierten Delikts mit dem groben System eines selbständigen Strafrahmens vermengt. Sie ist ungerecht, weil sie das Strafmaß bei Aufforderung zu schwersten Delikten fast auf das Niveau bei der Aufforderung zu wesentlich leichteren Taten herabdrückt. Sie verkennt, daß Aufforderungen an viele unbestimmte Adressaten, gerade weil sie sich einer späteren Einwirkung durch den Auffordernden entziehen, grundsätzlich gefährlicher sind als solche an einzelne (weshalb II auch die erfolglose Aufforderung zu Vergehen mit Strafe be-

Widerstand gegen die Staatsgewalt § 111

droht, § 30 hingegen nicht); sie verkennt schließlich, daß das für die Schuld maßgebliche Handlungsunrecht dasselbe ist wie bei der erfolgreichen Aufforderung und es für den Täter ein Zufall bleibt, ob er Erfolg hat oder nicht (vgl. Dreher, Gallas-Festschr. 325f.). Schließlich erfährt die Streitfrage, ob die Aufforderung an unbestimmt viele zu einer konkreten Tat Anstiftung bzw. erfolglose Anstiftung oder nur eine Tat nach § 111 ist (oben 4; 3 zu § 26; 9 zu § 30), eine erhebliche Verschärfung, denn im ersten Fall tritt, wenn es um ein Verbrechen geht, an die Stelle des milden Rahmens von II S. 1 der wesentlich strengere des § 30. Mit Recht hat auch der BRat der Neuregelung widersprochen (BT-Drs. 7/3030, 10) und mit guten Gründen (BR-Drs. 44/76; Sturm JZ **76**, 350, Anm. 27; zum Ganzen aM SchSch-Eser 21, 22), wenn auch vergeblich, den Vermittlungsausschuß angerufen. Den Mängeln der Neuregelung kann nur dadurch entgegengetreten werden, daß bei der Aufforderung zu Taten, die mit mehr als 5 Jahren Freiheitsstrafe bedroht sind, die Strafzumessung diesem Umstand maßgebliches Gewicht beilegt und sich am Rahmen für die erfolgreiche Aufforderung und den Werten des § 49 orientiert. Einen strafbefreienden Rücktritt von der erfolglosen Aufforderung gibt es nicht (aM SK-Horn 15).

4) Vorsatz ist, wenn auch nur als bedingter, wie bei einem Anstifter **8** erforderlich, braucht sich also auf die Rechtswidrigkeit der Handlung, zu der der Täter auffordert, nicht zu erstrecken (Braunschweig NJW **53**, 714; LK 30; aM SchSch 16). Doch braucht der Täter nicht zu wollen, daß die Tat, zu der er auffordert, begangen wird; es genügt, wenn er billigend in Kauf nimmt, daß seine Aufforderung ernst genommen wird. Auch der *agent provocateur* (8 zu § 26) fällt unter § 111 (LK 27; SK 7; aM SchSch 17; vgl. Dreher, Gallas-FS 313). Zur Tat des § 111 I, II ist auch **Beihilfe** möglich (BGH **29**, 266), auch durch Rundfunk oder Fernsehen (vgl. Willms JR **84**, 121). Die Vorschrift setzt auch dort, wo zu einem Antragsdelikt aufgefordert wird, keinen Strafantrag voraus (Stuttgart NJW **89**, 1940; aM SK 9b; AK-Zielinski 23).

5) Tateinheit ist möglich mit §§ 80a, 89, 125 (Hamm NJW **51**, 206; aber **9** auch mit §§ 26, 30 nicht ausgeschlossen (differenzierend LK 33; Rogall GA **79**, 18; M-Schroeder § 93, 7; anders hM), weil die Rechtsgüter sich nicht decken und die Anstiftung keinen bestimmten Adressaten fordert (3 zu § 26). Führt die Aufforderung zu mehreren Taten, so liegt doch nur eine nach I vor; begeht der Auffordernde auch selbst die Tat, zu der er auffordert, so tritt § 111 zurück (15. 3. 1978, 2 StR 699/77, offengelassen für § 129: BGH **31**, 22); ebenso hinter die lex spec. des § 53 I Nr. 5 mit § 37 I S. 1 Nr. 7, S. 3 WaffG.

6) Die Verjährung solcher Tathandlungen, die Presseinhaltsdelikte sind, **10** richtet sich nach den PresseG der Länder (8 zu § 78).

§ 112 [Aufgehoben durch KRG Nr. 11]

Widerstand gegen Vollstreckungsbeamte

113 ¹ Wer einem Amtsträger oder Soldaten der Bundeswehr, der zur Vollstreckung von Gesetzen, Rechtsverordnungen, Urteilen, Gerichtsbeschlüssen oder Verfügungen berufen ist, bei der Vornahme

§ 113

einer solchen Diensthandlung mit Gewalt oder durch Drohung mit Gewalt Widerstand leistet oder ihn dabei tätlich angreift, wird mit Freiheitsstrafe bis zu zwei Jahren oder mit Geldstrafe bestraft.

^{II} In besonders schweren Fällen ist die Strafe Freiheitsstrafe von sechs Monaten bis zu fünf Jahren. Ein besonders schwerer Fall liegt in der Regel vor, wenn

1. der Täter oder ein anderer Beteiligter eine Waffe bei sich führt, um diese bei der Tat zu verwenden, oder

2. der Täter durch eine Gewalttätigkeit den Angegriffenen in die Gefahr des Todes oder einer schweren Körperverletzung (§ 224) bringt.

^{III} Die Tat ist nicht nach dieser Vorschrift strafbar, wenn die Diensthandlung nicht rechtmäßig ist. Dies gilt auch dann, wenn der Täter irrig annimmt, die Diensthandlung sei rechtmäßig.

^{IV} Nimmt der Täter bei Begehung der Tat irrig an, die Diensthandlung sei nicht rechtmäßig, und konnte er den Irrtum vermeiden, so kann das Gericht die Strafe nach seinem Ermessen mildern (§ 49 Abs. 2) oder bei geringer Schuld von einer Bestrafung nach dieser Vorschrift absehen. Konnte der Täter den Irrtum nicht vermeiden und war ihm nach den ihm bekannten Umständen auch nicht zuzumuten, sich mit Rechtsbehelfen gegen die vermeintlich rechtswidrige Diensthandlung zu wehren, so ist die Tat nicht nach dieser Vorschrift strafbar; war ihm dies zuzumuten, so kann das Gericht die Strafe nach seinem Ermessen mildern (§ 49 Abs. 2) oder von einer Bestrafung nach dieser Vorschrift absehen.

1 **1) Die Vorschrift** wurde durch 3. StrRG (vor § 110) iVm Art. 19 Nr. 43 EGStGB neu gefaßt. Änderungsanträge BT-Drs. 8/2677, 3726 sind abgelehnt worden (BTag 8/17292, 17325; vgl. auch GesAnträge Bayern, BR-Drs. 409/86 u. 483/86). Einerseits privilegiert § 113 gegenüber § 240 durch einen niedrigeren Grundstrafrahmen und die günstigere Irrtumsregelung mit der Möglichkeit der Strafmilderung sowie des Absehens von Strafe (IV) den Fall der Nötigung bestimmter Hoheitsträger zur Unterlassung einer Vollstreckungshandlung im Wege des Widerstands durch Gewalt oder Drohung mit ihr als *lex specialis* (MDR/D **68**, 895; VRS **35**, 174; DAR **81**, 189; NStE § 315b Nr. 1; Bay MDR **88**, 517; JR **89**, 24 [m. Anm. Bottke]; KG VRS **11**, 198; Frankfurt NJW **73**, 1806; aM M. J. Schmid JZ **80**, 58; vgl. aber unten 31). Sonst greift, was für die Frage enger Auslegung des § 113 von Bedeutung ist, der strengere § 240 ein, zB auch beim Widerstand durch die bloße Drohung mit einem empfindlichen Übel (zur Problematik 31 zu § 240); LK-v. Bubnoff 3, 63 ff.; Wessels BT 1 § 14 III 4; aM SK-Horn 23, Backes/Ransiek JuS **89**, 629). Andererseits gilt § 240 II für § 113 nicht; das Gesetz sieht eine derartige Nötigung gegenüber einem rechtmäßigen staatlichen Akt stets als rechtswidrig an; Frankfurt aaO. Grund der Privilegierung ist der bei dem Betroffenen durch die Konfrontation mit dem Vollstreckenden leicht entstehende Affekt (Ber. 3; Schlee BTag VI 1944); ist der Täter nicht betroffen, so kann das bei der Strafzumessung erschwerend wirken. **Rechtsgut** ist die ungestörte Durchsetzung staatlicher Vollstreckungsakte (Dreher, Schröder-GedS 366; M. J. Schmid aaO; Otto JR **83**, 74). Zu diesem Zweck sind unmittelbar geschützt:

2 **A. Amtsträger** (11 zu § 11) der BRep.; Ausnahmen Art. 7 II Nr. 5 des 4. StÄG (Anh. 14); vgl. Hamm NJW **61**, 1983; sowie Beamte, die nach internationalen Verträgen (zB nach § 3 TKabelVtrAG; Art. 4 III NAtl-

Widerstand gegen die Staatsgewalt § 113

FischfÜbkG) auch im Inland, zB bei der Paß- oder Zollkontrolle (vgl. Art. 16 ZollVwÜbkG), Hoheitsakte vornehmen dürfen, soweit sie zur *Vollstreckung*, dh zur Verwirklichung des auf einen **bestimmten** Fall konkretisierten Staatswillens gegenüber Personen und Sachen, notfalls durch Zwang, berufen sind, das ist bei Jugendamtsangestellten nicht der Fall (Schleswig SchlHA **83**, 84). Als Amtsträger kommen auch Richter in Betracht (§ 11 I Nr. 2a), soweit sie selbst Vollstreckungstätigkeit ausüben (zB bei Maßnahmen der Sitzungspolizei, der Jugendrichter als Vollstreckungsleiter, § 82 JGG). § 113 unterscheidet **drei Gruppen** von Amtsträgern, nämlich die, deren Aufgabe es ist, zu vollstrecken

a) Gesetze und **Rechtsverordnungen,** also Gesetze im materiellen Sinn, 3 dh Amtsträger, die selbständig Entschließungen zur unmittelbaren Verwirklichung des Gesetzeswillens fassen (RG **41**, 85).

b) Verfügungen, denen Gesetze nur mittelbar zugrundeliegen, nämlich 4 Verwaltungsvorschriften, Allgemeinverfügungen, aber auch Einzelverfügungen mit Außenwirkung, zB die Auflösung einer Versammlung (§§ 13, 15 II VersammlG; Anh. 11) oder das Haltegebot eines Polizisten an einen Kraftfahrer (BGH **25**, 313 [zust. Krause JR **75**, 118; Teubner DRiZ **75**, 243; krit. Ehlen/Meurer NJW **74**, 1726]; NJW **55**, 1328; Hamm DAR **58**, 330; Celle NJW **73**, 2215).

c) Urteile oder **Beschlüsse** der Gerichte aller Art (möglicherweise auch 5 ausländischer), soweit sie vollstreckungsfähig sind.

In der Praxis spielen vor allem eine Rolle Polizeibeamte (KG JW **37**, 6 762), auch in Zivil (Hamburg VRS **24**, 193), Bahnpolizisten (BGH **21**, 361; Oldenburg NdsRpfl. **53**, 152; Köln NJW **82**, 296); Hilfsbeamte der StA nach § 152 GVG und Gerichtsvollzieher (auch bei Zustellung im Parteibetrieb, RG **41**, 87). In Betracht kommen weiter die zur Anwendung unmittelbaren Zwanges befugten Vollzugsbeamten des Bundes (§ 6 UZwG), wie zB Zollbeamte (vgl. Bay **51**, 377), und der Länder; Gemeindebeamte (RG **35**, 210), zB des Wohnungsamtes (wenn sie beeidigt sind, Braunschweig JZ **51**, 727; Hamm HESt **2**, 217; aM Frankfurt NJW **51**, 852; LK 9); der Direktor eines kommunalen Schlachthofs, NdsRpfl. **74**, 256. Zu den Feldhütern und den Jagdschutzberechtigten vgl. 2 ff. zu § 114.

B. Soldaten der Bundeswehr (nach Art. 7 II Nr. 5 des 4. StÄG [Anh. 7 14] auch Soldaten der in der BRep. stationierten Truppen der NATO, 3 vor § 110), soweit sie zu Vollstreckungen berufen sind, was gegenüber Zivilpersonen idR nur für Feldjäger, militärische Wachen und ihnen gleichgestellte Soldaten im Rahmen des UZwGBw zur Sicherung militärischer Anlagen oder der ungestörten Dienstausübung militärischer Einheiten in Betracht kommt. Im Verhältnis von Soldaten zu Soldaten verdrängen, da der Vollstreckende als Vorgesetzter auftritt (LK 10; Kohlhaas-Schwenck, Rspr. in Wehrstrafs. 1 zu § 113 StGB), die §§ 24, 25 WStG den § 113 (Horstkotte Prot. VI/312; vgl. aber unter 8).

C. Gleichgestellt sind den Amtsträgern und Soldaten iS von 2ff., 7 nach 8 § 114 einmal **a)** nach dessen I bestimmte Jagdschutzberechtigte usw. (2 zu § 114); **b)** nach dessen II Personen, die zur Unterstützung der Diensthandlungen von Soldaten amtlich oder dienstlich zugezogen sind, aber nicht Helfer, die nur freiwillig tätig werden. Bei einer Tat von Soldaten gegen

§ 113

Soldaten verdrängt § 24 II WStG den § 114 II, der aber im Fall der Zuziehung eines Zivilisten oder des tätlichen Angriffs auf den zugezogenen Soldaten, der nicht Vorgesetzter ist, eingreift.

9   **2) Bei der Vornahme** der **Vollstreckungshandlung** (BGH **25**, 314; vgl. oben 2) muß sich im Zeitpunkt der Tat der nach 1 bis 8 Geschützte befinden (Bay **53**, 198). Unter Vollstreckungshandlungen iS des § 113 fallen nicht Handlungen, mit denen der Geschützte anläßlich der Berufstätigkeit private Interessen wahrnimmt (RG **29**, 199; anders, wenn er in hoheitlicher Pflichterfüllung private Rechte schützt, Stuttgart Die Justiz **72**, 156), auch amtliche Handlungen *nicht,* die keine eigentlichen Vollstreckungshandlungen sind, wie zB Weisungen eines Polizeibeamten nach § 36 StVO (vgl. BGH **32**, 248), allgemeiner Streifendienst der Polizei (Hamm JMBlNW **65**, 44; Zweibrücken NJW **66**, 1087) oder von BWehrsoldaten (MDR/H **83**, 621), die schützende Begleitung eines Demonstrationszugs oder präventiv-beobachtende Tätigkeit durch Polizeibeamte (KG JR **88**, 432; NStZ **89**, 121 (hierzu Geppert JK 1), Überprüfung der Reifen eines Autos durch Verkehrspolizei (Frankfurt NJW **73**, 1806; anders der Fall NJW **74**, 572; zust. Blei JA **74**, 322) oder die Vernehmung des Beschuldigten durch einen Polizisten (Bay NJW **62**, 2071 [zust. Dünnebier JR **63**, 68] BGH **25**, 314), es sei denn, daß bei amtlicher Tätigkeit ein *bestimmter* Täter gesucht oder verfolgt wird; es genügt, wenn es in diesen Fällen zu rechtmäßiger Anwendung staatlicher Zwangsgewalt kommen kann (Schleswig SchlHA **83**, 84); auch der Rückweg des Amtsträgers gehört dann zur Vollstreckungshandlung (NJW **82**, 2081 m. Anm. Otto JR **83**, 72), zB im Falle der amtlichen Versiegelung einer Baustelle (Bay MDR **83**, 517), ebenso die gewaltsame Entfernung des Beschuldigten nach der Vernehmung aus der Wache (Hamm NJW **74**, 1832). Die Vollstreckungshandlung muß schon begonnen haben oder wenigstens unmittelbar bevorstehen (RG **41**, 89; KG JR **88**, 432; Stuttgart NJW **48**, 636; Bay **51**, 377; Hamm DAR **58**, 330). So beginnt die Amtsausübung des Gerichtsvollziehers mit dem Betreten der Wohnung des Schuldners (RG **22**, 227). Doch wird man Handlungen vor der Vollstreckungshandlung, deren Erfolg erst bei ihrer Vornahme eintritt, einbeziehen können (BGH **18**, 133; str.; dazu Ruß NJW **63**, 1165). Nötigung vor oder nach der Vollstreckungshandlung fällt unter § 240.

10   **3) Rechtmäßig** sein muß nach III die Diensthandlung des Amtsträgers oder Soldaten. Dies gilt auch für den Fall des tätlichen Angriffs (wo das keine Rolle spielen sollte) und für die Fälle des § 114. **A.** Die Rechtmäßigkeit ist, wie sich aus III S. 2 und IV ergibt, **kein Tatbestandsmerkmal** (aM Naucke, Dreher-FS 472); ihr Fehlen ist, wenn nur § 113 in Betracht kommt, Rechtfertigungsgrund, bei Tateinheit mit anderen Delikten entfällt für § 113 das Rechtswidrigkeitselement (Dreher NJW **70**, 1158; Heinitz-FS 221; Schröder-GedS 379; JR **84**, 401; Bremen NJW **77**, 160; zust. LK 23; Niemeyer JZ **76**, 314; Paeffgen JZ **79**, 521; Schölz, Dreher-FS 483; iErg. auch Lackner 18; vgl. auch Horstkotte Prot. VI/308; Pinger Prot. VI/310; krit. Bockelmann, Tiedemann Prot. VI/167, 208; SK 22; Jescheck § 53 I 2b; Gössel GA **80**, 153; Thiele JR **79**, 397), Hirsch (Klug-FS 235, 250; gegen ihn Dreher JR **84**, 401, auch Schünemann GA **85**, 366 und abl. im Ganzen in Grundfragen 17) will vom Gesetzeswortlaut abweichend die Grundsätze des Irrtums über die Rechtswidrigkeit des Angriffs bei der

Notwehr anwenden. KG NJW **72**, 782 hält die Rechtmäßigkeit für eine objektive Strafbarkeitsbedingung (ähnlich Wessels BT 1 § 14 III 5); dagegen auch Sax JZ **76**, 16, 430 („objektive Strafwürdigkeitsvoraussetzung"); ähnlich SchSch-Eser 1, 19 ff. („unrechtskonstituierendes Merkmal des Tatbestandes" im Rahmen einer „Vorsatz-Sorgfaltswidrigkeitskombination"); Bottke JA **80**, 98 („Strafausschließungsgrund"); zum Ganzen Dreher, Schröder-GedS 359 ff.; JR **84**, 401 in eingehender Auseinandersetzung mit den Vorgenannten; gegen ihn wiederum Bergmann [1 zu § 49] 125.

B. Einen **strafrechtlichen Rechtmäßigkeitsbegriff** im Gegensatz zum **11** verwaltungsrechtlichen hat die Rspr., um dem kriminalpolitischen Sinn des § 113 gerecht zu werden, entwickelt, für den es grundsätzlich nicht auf die materielle Richtigkeit, sondern nur auf die formale Rechtmäßigkeit ankommt (BGH 4, 164; **21**, 363; Bay MDR **88**, 517; JR **89**, 24 m. Anm. Bottke; Prot. V/2888, 2898, 2923). Von diesem Begriff ist auch der Gesetzgeber für § 113 nF ausgegangen (Prot. VI/309; Ber. 5; Schlee 39. Sitz. BTag VI/1944; Celle NJW **71**, 154; KG NJW **72**, 781; Zweibrücken VRS **40**, 193; Karlsruhe NJW **74**, 2142; KG NJW **75**, 887; Köln NJW **75**, 890; MDR **76**, 67; NStZ **86**, 235 [hierzu Geppert Jura **86**, 538]; VRS **71**, 185; hM; aM oder krit. hingegen Schellhammer NJW **72**, 319; Schünemann JA **72**, 704; 775; GA **85**, 366; Thiele JR **75**, 353; **79**, 397; Ostendorf JZ **81**, 168; Benfer NStZ **85**, 255; Amelung JuS **86**, 335; Roxin, Pfeiffer-FS 46; Backes/Ransiek JuS **89**, 627; AK-Zielinski 22; insbesondere LK-Spendel 65 ff. zu § 32; Arzt/Weber LH **5**, 133; sowie W. Meyer NJW **72**, 1845; **73**, 1074, der zu eng nur nichtige Staatsakte als nicht rechtmäßig ansehen will; gegen ihn Günther NJW **73**, 309; wie Meyer aber wieder Wagner JuS **75**, 224; vgl. auch Krey BT/1, 144; Geppert Jura **89**, 276). Es gelten danach folgende Grundsätze:

a) Die **Zuständigkeit** des Vollstreckenden muß **sachlich** (BGH **4**, 110; **12** Bay MDR **56**, 170; **54**, 274) und **örtlich** (Hamm NJW **54**, 206; Koblenz OLGSt. 59) gegeben sein. Letztere bestimmt sich meistens nach dem Amtsbezirk des Amtsträgers, bei einem Polizeibeamten aber nach dem Bezirk der StA, deren Hilfsbeamter er ist (RG **38**, 218), ausnahmsweise kann ein Beamter auch außerhalb seines Bezirks zuständig sein, so bei der befugten Nacheile (vgl. zB § 167 GVG), desgl. beim Eingreifen in Not- und Eilfällen (Bay **60**, 40), vor allem bei vorbeugender Verbrechensverhütung (BGH **4**, 113), die Zuständigkeit endet – vorbehaltlich abweichender Staatsverträge – immer an der Landesgrenze (Koblenz MDR **87**, 957). Die Bahnpolizei ist für alle Bahnanlagen (BGH **4**, 112; Bay **53**, 195; Celle VRS **27**, 440; Köln NJW **82**, 297), aber idR nicht mehr für die Bahnhofsvorplätze (Oldenburg NJW **73**, 291; Hamm NJW **73**, 2117; Stuttgart VM **73**, 67; LK 29; SchSch 25; aM BGH **21**, 361; str.; vgl. Dernbach NJW **75**, 679) örtlich zuständig, bei Gefahr im Verzug vgl. § 56 II EBO, Schleswig MDR **83**, 249). Hilfsbeamte der StA erhalten durch ihre Bestellung keine erweiterte örtliche Zuständigkeit, sondern nur in ihrem hauptamtlichen Bereich das Recht, unter bestimmten Voraussetzungen Maßnahmen nach §§ 81a, 98 und 105 StPO anzuordnen (Bay **53**, 198).

b) Wesentliche Förmlichkeiten sind einzuhalten (BGH **21**, 334; KG GA **13** **75**, 213; Schleswig SchlHA **78**, 184 Nr. 30), rein instruktionelle Vorschriften (zB über die Amtskleidung) sind bedeutungslos. **Wesentlich** ist zB das

§ 113

Eröffnen des Vorführungsbefehls nach § 134 StPO (NStZ **81**, 22; zu den Rechtmäßigkeitserfordernissen ferner Lemke NJW **80**, 1494), das Vorzeigen des Haftbefehls bei der Verhaftung des Schuldners im Verfahren nach §§ 901ff. ZPO (§ 909 ZPO, Düsseldorf JMBlNW **65**, 271; zu sonstigen Fällen der Verhaftung vgl. Köln JMBlNW **65**, 271; Hamm OLGSt. 20); die Belehrung des Schuldners bei der Durchsuchung nach § 758 ZPO über seine Rechte aus Art. 13 GG (BVerfGE **51**, 97, hierzu Langheid, Schubert MDR **80**, 21, 365; Eg. Schneider NJW **80**, 2383); die Zuziehung von Zeugen zur Zwangsvollstreckung (§ 759 ZPO, Hamm MDR **51**, 440; Oppe MDR **61**, 196), und zur Durchsuchung nach § 105 II StPO (Bay JZ **80**, 109 hierzu Küper JZ **80**, 633; Thiele JR **81**, 30; Aldenhoff KR **82**, 350; SchSch 26; vgl. auch Born JR **83**, 52; aM Stuttgart NJW **71**, 629; dazu krit. Küper NJW **71**, 1681), die Mitwirkungsbereitschaft des Betroffenen im Verwarnungsverfahren nach § 56 OWiG (Düsseldorf NJW **84**, 1571; Ostendorf JZ **87**, 336), nach AG Schwandorf NStZ **87**, 280 auch die Androhung der Anwendung des unmittelbaren Zwangs (zw.), jedoch bleibt die Diensthandlung rechtmäßig, falls der Amtsträger trotz gewissenhafter Prüfung irrig keine Zeugen zugezogen hat (Bay aaO) und erst recht dann, wenn der Angeklagte mit dem Widerstand die Zuziehung von Zeugen verhindern wollte (BGH **5**, 93). Ebenso darf der Gerichtsvollzieher den Schuldner hindern, sich einer Taschenpfändung zu entziehen (Hamburg JR **55**, 272; vgl. ferner Hamburg NJW **84**, 2899). Ein Mitbewohner kann sich einer gegenüber einem andern Mitbewohner zulässigen Durchsuchung nicht widersetzen (LG Lübeck SchlHA **81**, 51). Für die Wohnungsdurchsuchung eines erfolglos zum Strafantritt Geladenen bedarf es keiner besonderen richterlichen Durchsuchungsanordnung (Düsseldorf NJW **81**, 2133).

14 c) Steht die Art der Ausführung im **pflichtgemäßen Ermessen** des Amtsträgers, so handelt er rechtmäßig, wenn er zu einem richtigen Ergebnis kommt, in jedem Falle aber dann, wenn er nach den bestehenden Umständen das Ermessen sorgsam ausübt (BGH **4**, 164; **21**, 334; 363; **24**, 125; NJW **62**, 1020; VRS **38**, 115; Celle NdsRpfl. **66**, 251; Koblenz OLGSt. 48; Schleswig SchlHA **78**, 184 Nr. 31; KG NStZ **89**, 121, hierzu Geppert JK 1), auch wenn er hierbei in tatsächlicher Beziehung zu einem falschen Ergebnis kommt (BGH **24**, 125; Hamm GA **73**, 244; Bay NJW **65**, 1088; Celle NJW **71**, 154; KG NJW **72**, 782; Bremen NJW **77**, 159); so, wenn er in einer Wohnung pfändet, die er irrtümlich für eine solche des Schuldners hält (RG **61**, 299); desgl. bei Pfändung unpfändbarer Sachen, die er für pfändbar hält (RG **19**, 164; vgl. auch KG DGVZ **75**, 57; dazu Schüler DGVZ **76**, 49); bei der irrigen Festnahme eines Unbeteiligten, der dem gesuchten Täter sehr ähnlich sieht (Prot. V/2923; LK 33). Irrt der Amtsträger in rechtlicher Hinsicht, zB über seine Zuständigkeit, ist dagegen seine Handlung unrechtmäßig (BGH **24**, 127; EzSt Nr. 3; Schleswig NJW **56**, 1570; Hamm MDR **60**, 696; SK 11a; differenzierend SchSch 29; aM LK 34; anscheinend auch Celle NdsRpfl. **66**, 251; Thiele JR **75**, 353). Ob die Handlung sachgemäß war, ist bei gegebener Zuständigkeit unerheblich (Hamm NJW **49**, 389).

15 d) **Bei Aufträgen des Vorgesetzten,** eine Diensthandlung auszuführen, ist diese rechtmäßig selbst bei rechtlichen Mängeln des Auftrags, wenn dieser nur für den Vollstreckungsbeamten **bindend** ist. Er ist es, wenn der

Vorgesetzte sachlich und örtlich zuständig ist und sich in den vorgeschriebenen Formen hält (BGH **4**, 110; 162; KG NJW **72**, 781; Köln NJW **75**, 889 [dazu krit. Rostek NJW **72**, 1335; **75**, 862]; Karlsruhe NJW **74**, 2143; Köln NJW **75**, 889; LK 35; vgl. auch Thiele JR **75**, 358). Irrt zB ein Gerichtsvollzieher, der das Einschreiten von Polizeibeamten zu seiner Unterstützung veranlaßt, über tatsächliche oder rechtliche Voraussetzungen seines eigenen Einschreitens, so bleibt doch das Einschreiten der Polizeibeamten selbst rechtmäßig (Köln NJW **75**, 889; vgl. auch BGH **4**, 161). Ist allerdings das befohlene Handeln rechtswidrig, so kann es der Befehl allein auch iS des § 113 nicht rechtmäßig machen (str.; aM LK 35; zum militärischen Befehl vgl. Dreher-Lackner-Schwalm 16 zu § 2 WStG; abw. Schölz 18 b). Stets unzulässig ist ein Befehl, der, dem Amtsträger erkennbar, diesem die Begehung eines Verbrechens oder Vergehens zumutet (RG **54**, 337). Die Rechtmäßigkeit des ihm erteilten Befehls braucht er nur in gewissen Grenzen zu prüfen (Bay VRS **29**, 263; KG NJW **72**, 781; LG Hamburg DVBl. **52**, 314), vor allem, wenn der Auftrag ganz aus dem Rahmen der Befugnisse des Vorgesetzten fällt (RG **55**, 163; krit. Rostek NJW **75**, 862). Richterliche Entscheidungen hat er zu vollstrecken, auch wenn er ihre Unrichtigkeit erkennt (vgl. MDR **64**, 71; Kiel SJZ **47**, 323 mit krit. Anm. Arndt). Grundlegend sind für den Beamten § 56 BBG, für den Soldaten § 11 II SoldG und § 5 I WStG; vgl. Schölz 16 ff., 26 ff. zu § 2 WStG; Anm. zu § 5 WStG; Stratenwerth, Verantwortung und Gehorsam, 1958.

C. Eine gesetzliche Eingriffsgrundlage (zB §§ 81a, 98, 105, 127 StPO) **16** muß für die Vollstreckungshandlung der **Polizei** vorliegen. **Beispiele zur Rechtmäßigkeit: Vorläufige Festnahme** (§ 127 StPO) und Vorführung vor den Richter (§ 128 StPO, NJW **62**, 1020; 12. 11. 1969, 4 StR 325/69; Bay DAR **64**, 194; vgl. BGHR § 136 StPO, Zwang 1), ist § 127 StPO nicht gegeben, so darf ein Polizeibeamter einen Täter nicht etwa unter Berufung auf § 163 StPO mit Gewalt zur Unfallstelle bringen (Hamm JMBlNW **65**, 198) oder auch nur festnehmen (28. 7. 1977, 4 StR 208/77; vgl. LK 38), wohl aber kann die **Identifizierungs-Gegenüberstellung** (analog § 81 a oder § 81 b StPO) zwangsweise durchgesetzt werden (vgl. §§ 58 II, 163 b I StPO; Nr. 18 RiStBV, aM AG Tiergarten StV **88**, 438, hiergegen zutr. Geppert Jura **89**, 277). **Zuführung** Wehrpflichtiger oder Dienstleistender auf Ersuchen der zuständigen Stellen (§ 44 WehrpflG; § 23a ZDG); **Durchsuchung** (§§ 105 I, 111b II S. 3 StPO) eines Festgenommen nach Waffen (Celle OLGSt. 33); möglicherweise auch Eindringen in die Wohnung des Beschuldigten, um ihn zur Blutentnahme mitzunehmen (Stuttgart Die Justiz **71**, 29), **Anhalten** zur Verkehrserziehung, und zwar auch in Zivil (Hamburg VRS **24**, 193), **Entfernen** des Eindringlings beim Hausfriedensbruch (Schleswig SchlHA **76**, 167; LG Bonn NStZ **84**, 169; Wagner JZ **87**, 712), **Schutzgewahrsam** und vorläufiges Fesseln des Suizidenten zur Verhinderung einer Selbsttötung (Art. 16 I Nr. 1 BayPAG, Bay NJW **89**, 1815 m. Anm. Bottke JR **89**, 475). Zur aktiven Beteiligung an einem **Alkoholtest** (Blasen in ein Röhrchen) dürfen Beschuldigte nicht gezwungen werden (MDR/D **70**, 897; Bay NJW **63**, 772; Schleswig VRS **30**, 344), wohl aber dürfen Hilfsbeamte der StA (§ 152 GVG, Düsseldorf NJW **91**, 580) unmittelbaren Zwang zur **Blutentnahme** (§§ 81a, 81c StPO; §§ 46, 53 OWiG, RiBA) anwenden (BGH **24**, 125; Neustadt MDR **62**, 593; Saar-

§ 113

brücken NJW **59**, 1190; Bay NJW **63**, 772; **64**, 459; Hamburg MDR **65**, 152; Köln VRS **30**, 186; Schleswig NJW **64**, 2215; einengend SchlHA **78**, 183 Nr. 29), erst nach Androhung (Bay DAR **85**, 240; ferner LK 36; str.; vgl. auch Hamm JMBlNW **64**, 92; Koblenz DAR **73**, 219); einen betrunkenen Kraftfahrer an der Weiterfahrt hindern (VRS **39**, 184),; auch dürfen sie – unter Beachtung des § 163a IV S. 1 StPO (Düsseldorf NJW **91**, 580) – die zur **Identitätsfeststellung** erforderlichen Maßnahmen treffen (§§ 163b, 163c StPO, auch iVm § 46 I OWiG; BGH **32**, 248; vgl. hierzu Volk JR **79**, 208; vgl. ferner BGH **36**, 30; 241), zB die Personalien eines in einer Stadt nachts im Auto schlafenden Menschen feststellen (Koblenz VRS **45**, 110), nach Schlage einen Beschuldigten zur Identifizierung fotografieren (Köln MDR **76**, 67), ihn jedoch nicht zur Aufklärung der Täterschaft zum Tatort bringen (Hamm JMBlNW **65**, 198), einen in der Wohnung angetroffenen Verdächtigen, der die Personalien verweigert, dürfen Polizeibeamte nicht ohne weiteres zur Wache nehmen, wenn sie ohne Zeitverlust die Personalien auch auf andere Weise erlangen können (Hamm NJW **78**, 231 L). Die Polizei darf bei einer Razzia (dazu KG NJW **75**, 887) verlangen, daß auch Nichtverdächtige oder Nichtstörer ihre Personalien ausweisen (KG NJW **75**, 887) oder nach einer Razzia Dirnen zwangsweise zur „Sichtungsstelle" des Gesundheitsamtes bringen (Köln GA **66**, 344, zw). Sie darf aber nicht Kinder, ohne daß diese gefährdet sind oder sonst Anlaß dazu besteht, gewaltsam aus einer Wohnung herausholen (EzSt Nr. 3), wohl aber bei dringendem Verdacht einer Tat nach § 129a oder einer der in § 129a genannten Taten die **Gebäudedurchsuchung** vornehmen (§ 103 I S. 2 StPO) und auf ermittlungsrichterliche Anordnung (§§ 162, 169 StPO) an öffentlich zugänglichen Orten Kontrollstellen einrichten (§ 111 StPO). Ein Polizist, der nicht Hilfsbeamter der StA ist, darf einen Festgenommenen ohne Anordnung nicht durchsuchen, daher müssen die Urteilsgründe Angaben über den Dienstgrad des anordnenden Polizeibeamten enthalten (Schleswig StV **83**, 204; Köln VRS **71**, 184). Bei der Durchsuchung von Wohnungen sind grundsätzlich Zeugen zuzuziehen, jedoch nur, wenn dies möglich ist und den Durchsuchungszweck nicht gefährdet, § 105 II StPO, auf die Zuziehung kann verzichtet werden, wenn die Durchsuchung im Einverständnis mit dem Betroffenen begonnen wurde und später gegen seinen Willen beendet werden muß (MDR/H **86**, 98), uU können dem Beschuldigten auch Gegenstände weggenommen werden, zB Fotoapparate, wenn in rechtsverletzender Absicht fotografiert wurde (Celle NJW **79**, 57 m. Anm. Teubner JR **79**, 424; str. [krit. Dittmar NJW **79**, 1311; **81**, 2033; Paeffgen JZ **79**, 516; Giemulla JA **79**, 558; Amelung/Tyrell NJW **80**, 1561; v. Olenhusen StV **81**, 412; Kotz NStZ **82**, 17; Franke NJW **81**, 2033; JR **82**, 48 und hierzu Krüger NJW **82**, 89; U. C. Müller NJW **82**, 863; Jarass JZ **83**, 282]; Karlsruhe NJW **80**, 1701; StV **81**, 408; VG Karlsruhe NJW **80**, 1708). Zum Waffengebrauch vgl. 6 vor § 32. Wer sich berechtigt weigert, der Polizei Aussagen zu machen, darf nicht vorgeführt werden (Bay **56**, 170). Ein Polizist, der unbefugt jemanden geschlagen hat, handelt nicht mehr in rechtmäßiger Dienstausübung, wenn er sofort darauf angegriffen wird (Oldenburg NJW **52**, 1189; vgl. auch Stöckel JR **67**, 184). Auch die Durchführung von Maßnahmen nach §§ 84, 86 ff. StVollzG ist eine Vollstreckungshandlung nach § 113. Ganz allgemein ist die Verhütung von Straftaten die Aufgabe aller Polizeibeamten (BGH **4**, 113; Bremen NJW **77**, 159).

Widerstand gegen die Staatsgewalt **§ 113**

Weitergehende Befugnisse hat die Polizei nach **Landesrecht,** vgl. zB §§ 8ff. PolG NW (hierzu Riegel NJW **80**, 1435), Art. 11 ff. BayPAG; so: kurzfristige Wegnahme des Führerscheins, um den Angetrunkenen von der Weiterfahrt abzuhalten; doch mit Pflicht zur Rückgabe nach Nüchternwerden, falls die Voraussetzungen der §§ 94, 111a StPO fehlen (Braunschweig NJW **56**, 1808), die §§ 19, 20 PolG NW regeln die Möglichkeit zum Betreten fremder Wohnungen, § 13 das Recht, Personen in Gewahrsam zu nehmen, so einen nächtlichen betrunkenen Randalierer, um ihn zur Ausnüchterung auf die Wache zu nehmen (Köln OLGSt. 1 zu § 25 aF), *nicht* aber ihn „aufs Land" bringen (LG Mainz MDR **83**, 1044). Die Polizeibeamten können den die Fortsetzung strafbarer Handlungen verhindern; so eine Person, die durch eine drohende Straftat gefährdet ist (Bay JR **89**, 24 m. Anm. Bottke) oder einen widerspenstigen Gast, der trotz Aufforderung des Wirts über die Sperrstunde verbleibt, aus der Wirtsstube entfernen (RG **42**, 16; zur Befugnis eines Gemeindevollzugsbeamten zur Identitätsfeststellung, Koblenz OLGSt. 60). Die polizeilichen Maßnahmen müssen sich aber im Rahmen des Verhältnismäßigkeitsgrundsatzes und des Art. 104 II GG halten. Radarmessungen zur Feststellung überhöhter Geschwindigkeiten von Kraftfahrzeugen sind rechtmäßige Dienstausübung (Oldenburg OLGSt. 3). Der Zugführer darf die Fahrkarte eines von ihm kontrollierten Reisenden, der ihn beleidigt hat, einbehalten (Hamm JMBlNW **60**, 191). Bei **Vollstreckungen** genügt ein ordnungsmäßiger Titel, auch wenn der Anspruch nicht besteht. Das Urteil muß zugestellt sein, so auch von Anwalt zu Anwalt (RG **16**, 275). Zur Zustellung durch den Gerichtsvollzieher vgl. Hamm JMBlNW **65**, 9.

D. Die Unrechtmäßigkeit der Vollstreckungshandlung läßt nicht nur **17** § 113 entfallen (**III**), sondern macht diese Handlung zum rechtswidrigen Angriff gegen den Betroffenen, so daß dagegen (allerdings nicht in den Fällen von **III S. 2,** weil dem Betroffenen der Wille fehlt, sich gegen Unrecht zu wehren, vgl. 13 ff. zu § 32; ebenso LK 40) Notwehr zulässig ist (vgl. BGH **4**, 163; Darmstadt NJW **51**, 105; Bay NJW **54**, 1377; Celle NdsRpfl. **66**, 252; Stuttgart NJW **71**, 629; KG GA **75**, 213). Doch wird man die Verteidigungshandlung in Anlehnung an **IV S. 2** mit Rücksicht auf das grundsätzliche Selbsthilfeverbot (vgl. NJW **53**, 1639) nicht als geboten (18 ff. zu § 32) ansehen müssen, wenn dem Betroffenen die Einlegung eines Rechtsbehelfs zuzumuten ist (unten 25); das kommt vor allem dann in Betracht, wenn die erforderliche Verteidigung den Tod oder eine erhebliche Verletzung des Amtsträgers herbeiführen könnte (vgl. Dreher NJW **70**, 1159; ähnlich LK 40; SchSch 37; hierzu NStZ **81**, 22).

4) Tathandlungen:

A. Widerstand leisten, dh das möglicherweise untaugliche oder erfolg- **18** lose Unternehmen (daher keine Bestrafung des Versuchs und keine Rücktrittsmöglichkeit nach § 24), den Beamten oder Soldaten durch ein aktives Vorgehen zur Unterlassung der Vollstreckungshandlung als solcher zu nötigen oder sie zu erschweren (Koblenz NStE Nr. 2), und zwar durch **a) Ge- 19 walt** (5 ff. zu § 240), dh hier Einsatz materieller Zwangsmittel, vor allem körperlicher Kraft, durch tätiges Handeln gegen die Person des Vollstreckenden oder des Zugezogenen, der geeignet ist, die Vollendung der Diensthandlung zu erschweren (BGH **18**, 133; Hamm OLGSt. 19; Karlsru-

§ 113

he NJW **74**, 2142; Hamburg NJW **76**, 2174), aber auch der Einsatz gegen Sachen, wenn er gegen die Person wirkt (BGH aaO; 21. 9. 1983, 3 StR 224/83), so das Springen vor ein Polizeifahrzeug (Bay MDR **89**, 376 m. Anm. Bottke JR **89**, 25), sowie der Einsatz von Sachen (RG **45**, 156), so der Motorkraft eines Autos (VRS **19**, 188; 9. 3. 1978, 4 StR 64/78; Frankfurt DAR **72**, 48), versperrendes Abstellen eines schweren Fahrzeuges (Bay MDR **88**, 517), schnelles Zufahren auf den Vollstreckenden, damit dieser zurückspringt (NJW **53**, 762; MDR/D **55**, 144; KG VRS **11**, 198; Köln VRS **27**, 103; NJW **68**, 1247; Hamm NJW **73**, 1240; Koblenz DAR **73**, 219; **80**, 348; Düsseldorf NJW **82**, 1111). Es genügt aber auch, wenn der Täter sich von dem Amtsträger losreißt, wenn er eine von ihm festgehaltene Sache wegreißt (vgl. Oldenburg NdsRpfl. **53**, 152), wenn er sich krampfhaft am Lenkrad festhält (VRS **56**, 144) sich mit allen Kräften gegen den Boden stemmt oder heftig kreisende Bewegungen ausführt, um sich aus dem Griff eines Polizeibeamten zu befreien (Köln VRS **71**, 185), dem Amtsträger Pfeffer ins Gesicht streut oder ihm ein Betäubungsmittel eingibt (RG **56**, 87), ferner wenn ein um sich schlagender und blutender HIV-Infizierter Beamten droht, sie anzustecken (AG München AIFO **90**, 248). Rein passiver Widerstand genügt jedoch *nicht*; so nicht das Hinwerfen, bevor der Amtsträger zufaßt (Hamm OLGSt. 19), ein bloßes sit-in; das Nichtentfernen eines bissigen Hundes (aM Neustadt GA **61**, 60), das kurzfristige Verriegeln einer Fahrzeugtür von innen (Celle OLGSt Nr. 8; NStE Nr. 6), wohl aber das Verschließen einer Tür, um den Abgang (RG **27**, 405) oder Eintritt des Amtsträgers zu verhindern (BGH **18**, 133; aM AK 27), nicht aber das Werfen eines Gegenstandes gegen ein auf dem Weg zur Vollstreckungshandlung befindliches Polizeifahrzeug (AG Tiergarten NJW **88**, 3218). Als Gewalt (vgl. BGH **23**, 46; Bay NJW **69**, 63; Stuttgart NJW **69**, 1543) ist auch ein sit-in anzusehen, mit dem zB ein Polizeiwache blockiert wird, um die Beamten am Heraustreten und Tätigwerden zu hindern (Prot. V/2895; LK 15; M-Schroeder § 70, 7; str.; krit. Backes/Ransiek JuS **89**, 625). Jedenfalls ergibt die im Gesetz gewählte verschiedene Terminologie, daß Gewalt (**I**) etwas anderes ist als Gewalttätigkeit (II Nr. 2; Ber. 4), die ein aggressives Verhalten verlangt

20 (BGH **23**, 46; LK 14; unten 29). **b) Drohung** (15, 16 zu § 240) **mit Gewalt** iS von 19, auch wenn die Gewalt erst nach der Vollstreckungshandlung ausgeübt werden soll.

21 **B. Tätlicher Angriff** während der Vollstreckungshandlung, gleichgültig, ob deren Verhinderung oder Erschwerung erreicht werden soll. Tätlicher Angriff ist eine unmittelbare auf den Körper zielende feindselige Einwirkung (RG **59**, 265), ohne daß es zur Körperberührung zu kommen braucht (vgl. RG **47**, 178; **52**, 34; **56**, 355; **58**, 111), sie braucht wie zB bei Schreckschüssen (RG **66**, 353; LK 17 rechnet sie nicht hierher) auch nicht gewollt zu sein. Auch Freiheitsberaubung gehört dazu (RG **41**, 181) oder zB das Wegnehmen von Hosenträgern oder Gürtel.

22 **5) Vorsatz** ist **A.** hinsichtlich sämtlicher in I und in § 114 II beschriebenen Merkmale mindestens als bedingter (RG **3**, 14) erforderlich, muß sich also vor allem darauf erstrecken, einem zu Vollstreckungen berufenen Amtsträger oder Soldaten (13. 10. 1978, 3 StR 279/78; vgl. Hamm VRS **20**, 347; Stuttgart MDR **83**, 78) bei einer Vollstreckungshandlung Wider-

Widerstand gegen die Staatsgewalt § 113

stand zu leisten oder ihn tätlich anzugreifen; andernfalls kommt § 240 in Betracht. Subsumtionsirrtümer schließen den Vorsatz nicht aus.

B. Die Rechtmäßigkeit der Vollstreckungshandlung ist kein Tatbestandsmerkmal (oben 10). § 113 regelt daher, insoweit auch in Abweichung von den für den Irrtum über Rechtfertigungsgründe geltenden Regeln (Prot. V 2928) den Irrtum des Täters besonders wie folgt: **a)** Ist die Vollstreckungshandlung **nicht rechtmäßig**, so entfällt § 113 nach **III** S. 2 auch dann, wenn der Täter sich darüber keine Gedanken macht oder die Handlung irrig für rechtmäßig hält. Eines subjektiven Rechtfertigungselementes bedarf es also wie bei § 22 I S. 2 WStG (hierzu Schölz, Dreher-FS 479 ff.) im Gegensatz zur Notwehr (oben 17) nicht (Prot. V 2925). **b)** Ist die Vollstreckungshandlung **rechtmäßig** und macht sich der Täter keine Gedanken darüber, so ist die Tat, wenn im übrigen Vorsatz gegeben ist, nach § 113 strafbar (Köln VRS **71**, 186). **c)** nimmt der Täter jedoch irrig positiv an, die Vollstreckungshandlung sei nicht rechtmäßig, so gilt **IV** als Spezialregel gegenüber den Verbotsirrtumsgrundsätzen (bedenklich Stuttgart OLGSt. 37; krit. Schünemann JA **72**, 706). Dabei ist der Begriff der Rechtmäßigkeit derselbe wie in **III** (oben 11 ff; Horstkotte Prot. VI/332; Raabe Prot. VI/197; LK 45; vgl. aber Meyer Prot. VI/332; Thiele JR **79**, 399), umfaßt damit aber im Ergebnis jede irrige Annahme, daß der Amtsträger die Vollstreckungshandlung nicht vornehmen dürfe, also zB auch den Fall, daß der infolge einer Personenverwechslung irrig Festgenommene glaubt, der Polizist handle deshalb unrechtmäßig; weiß er hingegen oder hält er für möglich, daß der Amtsträger ihn festnehmen darf, wenn er ihn nicht vorwerfbar mit dem Gesuchten verwechselt, so entfällt der Irrtum. Die Rechtmäßigkeit ist auf der Grundlage der geltenden Rechtsordnung und deren Auslegung durch die gefestigte höchstrichterliche Rspr. zu sehen; kennt der Täter das geltende Recht und dessen Auslegung, so irrt er daher nicht, auch wenn er sie für falsch hält (vgl. Ber. 6; BGH **4**, 3, II Nr. 1; Karlsruhe NJW **74**, 2144). Im übrigen gelten für die Vermeidbarkeit des Irrtums die für den Verbotsirrtum entwickelten Grundsätze auch hinsichtlich der Pflicht zur möglichen vorherigen Erkundigung und der Bewertung von Auskünften, die der Täter erhalten hat (9 zu § 17). Grundsätzlich ist von Bedeutung, daß jemand, der sich an ein Tun wagt, dessen rechtliche Tragweite er, wie er weiß, nicht übersehen kann, sich nicht auf die Unvermeidbarkeit seines Irrtums berufen kann (Welzel JZ **53**, 267) und daß der Täter, bevor er sich ein Urteil über die Rechtmäßigkeit der Vollstreckungshandlung bildet, alle seine geistigen Erkenntniskräfte einzusetzen hat, und zwar unter Berücksichtigung der Wertvorstellungen des Kulturkreises, in dem er lebt (BGH **4**, 5; vgl. Horstkotte Prot. VI/353; Bockelmann Prot. VI/170; LK 48). Für eine möglicherweise ordnungswidrig handelnde Person, die gegenüber einem Polizisten die Namensangabe verweigert, ist der Irrtum vermeidbar (Hamburg JR **79**, 206), idR hat jeder staatliche Akt die Vermutung der Rechtmäßigkeit (oben 11) für sich. Ein Kraftfahrer, der befürchtet, infolge von Alkoholgenuß nicht mehr fahrtüchtig zu sein, irrt sich erfahrungsgemäß nicht über die Rechtmäßigkeit eines polizeilichen Eingreifens (VRS **39**, 184).

aa) Konnte der Täter danach den Irrtum **vermeiden,** so kann das Gericht die Strafe nach seinem Ermessen mildern (§ 49 II), was aber nur in den

23

24

Fällen von **II** praktisch werden kann (vgl. Prot. VI/320), oder von Strafe nach § 113, nicht aber auch nach konkurrierenden Vorschriften absehen, wenn eine Gesamtwürdigung des Falles unter Berücksichtigung in erster Linie des Irrtums eine nur geringe Schuld des Täters ergibt. Im Fall des tätlichen Angriffs wird kaum Anlaß bestehen, den vermeidbaren Irrtum mildernd zu berücksichtigen.

25 bb) Konnte der Täter den Irrtum **nicht vermeiden**, so ist die Tat nur dann nach § 113 strafbar, wenn dem Täter nach den ihm bekannten Umständen, dh nach der gesamten Sachlage, wie sie sich in seinen Augen darstellte, also auch unter Berücksichtigung seines Irrtums zuzumuten war, sich mit irgendeinem Rechtsbehelf (von der Dienstaufsichtsbeschwerde bis zur Klage vor dem Verwaltungsgericht) gegen die vermeintliche Rechtsverletzung zu wehren. Ein etwaiger Bewertungsirrtum in der Zumutbarkeitsfrage ist unbeachtlich (LK 47; Lackner 22). Auch dem von der Diensthandlung nicht betroffenen, sich einmischenden Dritten steht mindestens die Beschwerde an die zuständige Stelle nach Art. 17 GG zu (ebenso jetzt LK 50; SchSch 58). In den Fällen des tätlichen Angriffs, in denen sich der Täter gar nicht gegen die Vollstreckungshandlung wehrt, werden ihm Rechtsmittel stets zugemutet werden können. Dasselbe gilt, wenn dem Täter kein unmittelbarer Nachteil aus der Vollstreckungshandlung droht, zB wenn er gar nicht der Betroffene ist. Ein derartiger Nachteil ist hingegen zB die Notwendigkeit, eine zu einem anderen Zeitpunkt sinnlose Demonstration abzubrechen. Im übrigen kommt es auf die Abwägung zwischen der Bedeutung des drohenden Nachteils und der Möglichkeit seiner Abwendung durch einen Rechtsbehelf (Irreparabilität des Nachteils) einerseits und der Schwere der Gefahr an, die dem Amtsträger durch Leisten des für einen Erfolg erforderlichen Widerstandes droht (vgl. BGH **21**, 366). Droht dem Betroffenen irreparable Schaden und läßt sich die Vollstreckungshandlung ohne Gefahr für den Amtsträger verhindern, zB durch Verschließen des Zugangs, so ist ihm der Weg des Rechtsbehelfs nicht zuzumuten (vgl. M-Schroeder § 69, 35). Ist dem Täter dieser Weg bei einer Gesamtwürdigung zuzumuten (zB im Falle Köln NJW **75**, 889), so stehen dem Gericht die gleichen Milderungsmöglichkeiten zur Verfügung wie im Fall oben 24; doch ist hier das Absehen von Strafe nicht an geringe Schuld geknüpft, wird aber ohne sie kaum in Betracht kommen.

26 d) **Sinngemäße Anwendung** finden **III, IV** auf Tathandlungen nach § 125 I Nr. 1, 2 gegen nichtrechtmäßige Diensthandlungen (10 zu § 125); im übrigen gilt IV nicht für Delikte, die mit § 113 **konkurrieren**, insbesondere §§ 223 ff. oder §§ 303 ff.; vielmehr gelten die Grundsätze über die Putativnotwehr (27 zu § 32; vgl. Hamm GA **73**, 244; LK 41). e) Echter **Verbotsirrtum** ist außerhalb des Bereichs der ihn verdrängenden Spezialregelung von IV in seltenen Fällen möglich.

27 6) **Die Strafe.** Bei der Einordnung der Strafe in den Regelstrafrahmen nach I ist das gegenüber § 240 I niedrigere Höchstmaß zu beachten. Vgl. im übrigen oben 1 ff. und 23 bis 25. Entziehung des Jagdscheines nach § 41 BJagdG. Für **besonders schwere Fälle** (11 zu § 12; 43 ff. zu § 46) sieht **II** einen strengeren Rahmen vor, der dem für besonders schwere Fälle in § 240 I entspricht. Es besteht hier zwar die Möglichkeit, die Strafe nach IV (§ 94 II) zu mildern (oben 24), doch wird dann meistens schon kein beson-

ders schwerer Fall gegeben sein (vgl. ÄndVorschläge BT-Drs. 8/2677; 8/ 3726; 1 zu § 125).

A. Das Regelbeispiel (43b zu § 46) der **Nr. 1** erfüllt der Täter oder ein anderer Beteiligter, der **eine Waffe bei sich führt** (4 zu § 244), und zwar in der Absicht, sie bei der Tat zu verwenden. Aus der Entstehungsgeschichte (Prot. VI/306, 324, 325f.), dem kriminalpolitischen Ziel der Vorschrift sowie dem Verwendungserfordernis ist zu schließen, daß hier nicht nur Schußwaffen (3 zu § 244) und Waffen im technischen Sinn (6 zu § 244), sondern auch solche im untechnischen Sinn (2 zu § 223a) gemeint sind (ebenso 9. 8. 1972, 2 StR 264/72; LK 53), zB ein Auto (BGH **26**, 176; MDR/H **78**, 988; DRiZ **79**, 149; Düsseldorf NJW **82**, 1111), Benutzung einer Pistole als Schlagwaffe (EzSt § 53 WaffG Nr. 1), aber nur dann, wenn sich der Täter einer erheblichen Gefährdung bewußt war (Karlsruhe Die Justiz **81**, 239). Von Nr. 1 erfaßt wird nicht nur der Fall, daß der Täter schon vor der Tat die Waffe in Verwendungsabsicht an sich nimmt, sondern auch der, daß er dies erst während der Tat, aber vor ihrer Beendigung tut (BGH aaO; LK 54; vgl. 2 zu § 250), und der, daß er die Waffe schon führt, aber die Verwendungsabsicht erst in diesem Zeitraum faßt. Für die Absicht genügt es, wenn der Täter die Waffe gegebenenfalls verwenden will (Prot. VI/324f.). 28

B. Nach Nr. 2 liegt ein besonders schwerer Fall idR vor, wenn der Täter **durch eine Gewalttätigkeit** den Angegriffenen, dh den Vollstreckenden oder eine von ihm zugezogene Person in die Gefahr (3 zu § 34) des Todes oder einer schweren Körperverletzung iS von § 224 bringt. Gewalttätigkeit ist enger als Gewalt (oben 19) die Entfaltung physischer Kraft unmittelbar gegen die Person, und zwar, wie der Ausdruck „Angegriffenen" zeigt, als aggressives Handeln (BGH **23**, 52; BVerfGE **37**, 310; vgl. auch 3 zu § 124). In Betracht kommen zB Schüsse, Steinwürfe, fehlgegangene Stiche, Zufahren mit dem Auto (NStE § 315b Nr. 1; Koblenz DAR **73**, 219; oben 18ff.; nicht jedoch bei langsamem Zufahren, Koblenz VRS **56**, 39), aber auch Verletzungen, die zwar nicht zum Tode oder einer Folge iS von § 224 führen (sonst Tateinheit mit § 224 oder § 226), aber eine entsprechende Gefahr auslösen. Nr. 2 ist nur dann erfüllt, wenn der Täter insoweit (also nicht auch hinsichtlich des Eintritts des Todes oder der Körperverletzung) mindestens bedingt vorsätzlich handelt (vgl. E 1962, 468; 8 zu 16; BGH **26**, 180 [dazu krit. Blei JA **75**, 804; iErg. zust. Küper NJW **76**, 543; Meyer-Gerhards JuS **76**, 232; aber auch Blei JA **76**, 392]; VRS **44**, 422; MDR/D **75**, 21; **76**, 15; BGH **26**, 244; SchSch 67; LK 61). Ob im Fall der Nr. 2 auch für einen anderen Beteiligten ein besonders schwerer Fall anzunehmen ist (verneinend LK 58), ist selbständig zu prüfen (49 zu § 46). 29

C. Außerhalb der Regelbeispiele kommen besonders schwere Fälle zB in Frage, wenn der Amtsträger erheblich verletzt wird, ohne daß Gefahr iS von Nr. 2 eintritt, wenn mehrere Beteiligte den Amtsträger verprügeln, wenn er in gefährlicher Weise bedroht oder seiner Freiheit beraubt wird. Auch der Fall, daß der Täter mit einer Schußwaffe droht, die er für geladen hält, kann ein besonders schwerer sein (9. 8. 1972, 2 StR 264/72). 30

7) Konkurrenzen. Zum Verhältnis zu § 240 vgl. oben 1ff.; zu §§ 24, 25 WStG oben 7. In gewissen Fällen, zB wenn der Täter zugleich ein empfindliches Übel androht oder zur Vornahme einer Handlung nötigt, ist Tatein- 31

§ 113

heit mit § 240 möglich (Bay JR **89**, 24 [m. Anm. Bottke]; Lackner 26). Sie ist weiter möglich mit § 123 (Bay JR **57**, 148); § 142 (VRS **13**, 135); § 185 (LK 68); §§ 223 ff. (auch bei § 113 II); § 303. Zur Polizeiflucht 2a vor § 52. § 241 wird von § 113 verdrängt (MDR/D **73**, 902; 14. 11. 1991, 4 StR 516/91), wenn der Widerstand durch eine Drohung nach § 241 geleistet wird. Hinter § 125 tritt § 113 zurück (aM LK 68; Arzt/Weber LH **5**, 150; M. J. Schmid JZ **80**, 58); ebenso hinter § 116 SeemannsG und § 22 VersammlG; während für §§ 43, 54 II Nr. 2 LMBG § 21 OWiG gilt. Zwischen II Nr. 1 und §§ 52a, 53 I S. 1 Nr. 3a, III Nr. 1, 3, 5 bis 7 WaffG ist Tateinheit möglich (vgl. 5. 8. 1986, 4 StR 359/86).

Widerstand gegen Personen, die Vollstreckungsbeamten gleichstehen

114 ^I Der Diensthandlung eines Amtsträgers im Sinne des § 113 stehen Vollstreckungshandlungen von Personen gleich, die die Rechte und Pflichten eines Polizeibeamten haben oder Hilfsbeamte der Staatsanwaltschaft sind, ohne Amtsträger zu sein.

^{II} § 113 gilt entsprechend zum Schutz von Personen, die zur Unterstützung bei der Diensthandlung zugezogen sind.

1   **1) Die Vorschrift** (idF des 3. StrRG; vor § 110; iVm Art. 19 Nr. 44 EGStGB) gilt auch in Berlin (Art. 324 II EGStGB). Sie erweitert den § 113, dort 2, durch Ausdehnung des Kreises der geschützten Personen.

2   **2) Jagdschutzberechtigte** sowie Forst-, Fischerei- und Feldschutzberechtigte betrifft praktisch I, der insoweit einen Überrest der aufgehobenen §§ 117 bis 119 darstellt (vgl. im einzelnen Prot. VI/327 ff.; 333 ff.; Dreher NJW **70**, 1159). Dabei sind **drei** Gruppen zu unterscheiden:

3   **A.** Ein Teil der Berechtigten, insbesondere **Forst-** und **Feldhüter** (vgl. zB §§ 67 II, 79 IV WaldGBW; Art. 29 BayWaldG; § 53 LFoGNW) sind als öffentlich-rechtlich Bestellte auch Amtsträger iS von § 11 I Nr. 2 und daher durch § 113 unmittelbar geschützt. Entsprechendes gilt weitgehend für die **Fischerei-**
4   **aufseher** nach Landesrecht. Fehlt es an Anstellungsakt, so greift I ein. **B.** Dies gilt vor allem für die **bestätigten Jagdaufseher** nach § 25 II BJagdG, die ihre Funktion nicht durch Bestellung, sondern kraft Gesetzes erhalten. Soweit sie Vollstreckungshandlungen vornehmen, zB Wilderer anhalten, ihnen die Beute
5   und Waffen abnehmen, fällt auch I der Widerstand unter § 113. **C. Die Jagdausübungsberechtigten** selbst und die **bestätigten Jagdaufseher,** die weder Berufsjäger noch forstlich ausgebildet sind, fallen, wenn sie den ihnen ebenfalls als öffentlich-rechtliche Funktion kraft Gesetzes in § 25 I BJagdG übertragenen Jagdschutz ausüben, wenig folgerichtig nicht unter I, so daß Widerstandshandlungen gegen sie, soweit sie zugleich Nötigung zum Unterlassen der Handlung darstellen, nicht unter die Privilegierungsvorschrift des § 113 (dort 1 ff.), sondern unter den strengeren § 240 fallen (LK-v. Bubnoff 3; aM SchSch-Eser 3). Doch wird man, wenn die Vollstreckungshandlung nicht rechtmäßig ist, den Widerstand nicht als verwerflich iS von § 240 II ansehen können. Ein Irrtum über die Rechtmäßigkeit der Handlung wird regelmäßig Verbotsirrtum sein (33 ff. zu § 240).

6   **3)** Zur Ausdehnung des Schutzes auf **zugezogene Hilfspersonen** durch II vgl. 8 zu § 113; 3 vor § 111.

§§ 115–119 weggefallen

Widerstand gegen die Staatsgewalt **§ 120**

Gefangenenbefreiung

120 ^I **Wer einen Gefangenen befreit, ihn zum Entweichen verleitet oder dabei fördert, wird mit Freiheitsstrafe bis zu drei Jahren oder mit Geldstrafe bestraft.**

^{II} **Ist der Täter als Amtsträger oder als für den öffentlichen Dienst besonders Verpflichteter gehalten, das Entweichen des Gefangenen zu verhindern, so ist die Strafe Freiheitsstrafe bis zu fünf Jahren oder Geldstrafe.**

^{III} **Der Versuch ist strafbar.**

^{IV} **Einem Gefangenen im Sinne der Absätze 1 und 2 steht gleich, wer sonst auf behördliche Anordnung in einer Anstalt verwahrt wird.**

1) **Die Vorschrift** idF des Art. 19 Nr. 45 EGStGB vereinigt nach dem Vorbild von § 425 E 1962 (Begr. 610; Ndschr. **13**, 85, 594, 623, 628) die §§ 120, 121, 122a, 122b und 347 aF (E EGStGB 220). Krit. Siegert JZ **73**, 308. § 120 unterscheidet (abw. § 121): 1

2) **Gefangene**, dh Personen, die sich in einem formell und materiell ordnungsgemäß angeordneten Gewahrsam befinden, und zwar in einer Form, daß dem Verwahrten die körperliche Bewegungsfreiheit entzogen ist; dh er muß unter Kontrolle der die Verwahrung vollziehenden Organe stehen. Von einer zuständigen Behörde der BRep. (BGH **37**, 394; KG JR **80**, 513; Vogler NJW **77**, 1867) muß die Freiheit entzogen oder beschränkt worden sein (ähnlich Wessels BT § 14 IV 1). Es fallen darunter: Strafgefangene (RG **37**, 368); außerdem Kriegsgefangene (RG **55**, 227) und Zivilinternierte (LK-v. Bubnoff 14); Untersuchungsgefangene (BGH **9**, 62; **12**, 306); die auf Grund eines Haftbefehls oder nach § 127 II StPO, § 17 WDO oder § 56 EBO von Amtsträgern vorläufig Festgenommenen (BGH **20**, 307; Koblenz OLGSt. 3; *nicht* aber die nach § 127 I StPO Festgenommenen, RG **67**, 299); die nach § 457 StPO Festgenommenen; Personen, die zwangsweise zur Blutentnahme nach § 81 a StPO zum Arzt verbracht werden (Bay MDR **84**, 511 m. Anm. Händel BA **84**, 451; Geilen JK 1), die in Auslieferungshaft (§§ 15 ff. IRG; vgl. BGH **13**, 97), im Disziplinararrest nach der WDO (§§ 22, 49), im Jugendarrest (§§ 16, 90 JGG) oder in Ordnungshaft (zB nach §§ 70 StPO, 390, 890 ZPO, 178 GVG) Befindlichen; sowie die zwangsweise Vorgeführten (zB nach §§ 51, 134, 230, 329, 387 StPO; §§ 380, 619, 654 ZPO). Der Rechtmäßigkeitsbegriff iS des § 113 (dort 10 ff.) ist hier nicht maßgebend (KG JR **80**, 513 m. Anm. Ostendorf JR **81**, 292). Der Gefangenenstatus beginnt mit der vorschriftsmäßigen Begründung der Unterstellung unter die Vollstreckungs- oder Vollzugsgewalt und endet mit deren faktischer Aufhebung (LK 21). Für die Fortdauer des Gewahrsamsverhältnisses reicht es bei der Zuweisung an einen besonders verpflichteten Privatunternehmer uU aus, daß dieser sich nur in Abständen von der Anwesenheit des Gefangenen überzeugt (BGH **37**, 391 m. krit. Anm. Zielinski StV **92**, 227; Begemann NStZ **92**, 277; Geppert JK 2). 2

3) **Sonst auf behördliche Anordnung in einer Anstalt Verwahrte (IV)**, dh solche Verwahrte, die nicht Gefangene, ihnen aber iS oben 2 lediglich gleichgestellt sind, während iS des § 121 nur die dort in IV Genannten als Gefangene behandelt werden. Unter § 120 IV fallen: Sicherungsverwahrte; nach §§ 63, 64 Untergebrachte; nach § 81 StPO zur Beobachtung (aM, 3

§ 120

solange Haftbefehl besteht, GA **65**, 205; vgl. LK 16, 18), nach § 126a StPO einstweilig Untergebrachte (BGH aaO) oder die in einer Einrichtung oder Wohnform iS des § 34 SGB VIII Untergebrachten (vgl. RG **73**, 348; Koblenz GA **76**, 283; vgl. § 86 JWG; sehr eingeschränkt Roestel RdJ **69**, 304); nach landesrechtlichen Unterbringungs- (9 vor § 61) oder Polizei- und Ordnungsgesetzen Untergebrachte und Verwahrte (soweit nicht schon 2); nach § 656 ZPO, § 37 II BSeuchG, § 18 GeschlkrG, § 16 AuslG, § 71 II JGG Untergebrachte. Ein Geisteskranker, der von seinem Vormund in eine psychiatrische Krankenanstalt gebracht worden ist, ist *nicht* behördlich verwahrt (BGH **9**, 262; vgl. BGHZ **17**, 124), auch nicht bei gerichtlicher Bestätigung iS von BVerfGE **10**, 302 (LK 18; aM für § 68c II S. 2: LG Hamburg NStZ **87**, 188).

4   **4) Gefangenschaft** und **Verwahrung. Der Gefangenenstatus** besteht auch während **Vollzugslockerungen** und freien Vollzugsformen (§§ 10 I, 11, 13 StVollzG) fort, denn (halb)offener Vollzug, Ausgang, Freigang oder Urlaub dienen auch dem Vollzugsziel (§ 2 S. 1 StVollzG) eines behandlungsorientierten Strafvollzugs (Rössner JZ **84**, 1066; Lackner 7; Laubenthal JuS **89**, 830; aM Kusch NStZ **85**, 387; LK 23; SchSch 6; SK Horn 5). Der Gefangenenstatus endet bei gegebenen Rückkehrkontrollen erst mit der Entlassung, durch Unterbrechung der Strafvollstreckung bei Vollzuguntauglichkeit (§§ 45, 46 StVollstrO) oder – faktisch – durch Haftbruch. Bei der Unterbringung nach einem Behandlungskonzept, das stufenweise Möglichkeiten des ungehinderten Verlassens der Suchtkrankenabteilung einräumt, darf kein Zweifel über das Aufenthaltsbestimmungsrecht und am Willen bestehen, den Verbleib am Therapieplatz durchzusetzen (BGH **37**, 392, hierzu Geppert JK 7).

5   **5) Tathandlungen** sind **A.** das **Befreien** des Gefangenen oder Verwahrten. Es bedeutet jede Form widerrechtlicher Aufhebung der behördlich angeordneten Unterstellung unter die Zuständigkeit der Vollstreckungs- oder Vollzugsbehörde durch einen Dritten. Als Mittel der Befreiung kann jede Maßnahme dienen, die in unberechtigter Form sich gegen die Vollstreckungs- oder Vollzugsgewalt richtet; so körperliche Gewalt, Täuschung oder Drohung, das Entweichenlassen (durch Unterlassen gebotener Maßnahmen) durch Vollzugsbedienstete oder andere Beauftragte (vgl. unten 8). Das bloße Verlangen, den Gefangenen ordnungsmäßig zu entlassen, genügt hingegen nicht, wohl aber jede Tätigkeit (möglicherweise auch ein Unterlassen; vgl. hierzu LK 32) zur Förderung der Selbstbefreiung (BGH **9**, 62); grundsätzlich auch eine widerrechtliche Entlassung, die allein Sache des Gerichts ist, die somit vom Anstaltsleiter nur zu vollziehen ist, so daß er Täter sein kann; eine rechtsförmliche aber dem materiellen Recht widersprechende Entlassung aus der Haft ist kein Befreien iS des § 120 (BGH **37**, 392 m. krit. Anm. Zielinski StV **92**, 227 u. Begemann NStZ **92**, 277; hierzu Geppert JK 2; Lackner 5; Kusch NStZ **85**, 388, möglicherweise aber §§ 258a, 336), auch scheiden Vollzugslockerungen, die von der Vollzugsbehörde ergangen und dem Vollzugsziel zu dienen bestimmt sind, aus der Tatbestandsmäßigkeit aus (Rössner JZ **84**, 1070; vgl. Schaffstein, Lackner-FS 795, 801), wenn der Gefangene die Vollzugslockerungen mißbraucht und haftbrüchig wird. **I** nennt insoweit die zu selbständigen Taten erhobenen Teilnahmeformen (E EGStGB 220):

Widerstand gegen die Staatsgewalt § 120

B. Die Verleitung zum Entweichen, dh jede erfolgreiche Beeinflussung 6
des Willens eines Gefangenen oder Verwahrten, um ihn zur Selbstbefreiung
zu veranlassen, gleichgültig durch welche Mittel, zB auch durch Drohungen. Verleitung ist danach im wesentlichen dasselbe wie Anstiftung (BGH
4, 305; Siegert aaO 309; vgl. LK 28); wie diese braucht sie sich nicht an eine
bestimmte Person zu richten (3 zu § 26; anders hM).

C. Die Förderung des Entweichens, dh die Beihilfe zur Selbstbefreiung 7
oder zu einer Tat nach 5; sie kann durch Rat oder Tat, aber auch durch
Unterlassen gewährt werden (Sturm JZ **75**, 8). Vom Behandlungswillen,
nicht vom Befreiungswillen getragene Vollzugslockerungen, können zwar
uU eine Selbstbefreiung des Gefangenen fördern, sind aber, soweit sie sich
im Rahmen vollzugsrechtlicher Vorschriften und des verwaltungsrechtlich
gewährten Ermessensspielraums halten, nicht tatbestandsmäßig (Rössner
JZ **84**, 1068; Kusch NStZ **85**, 388; anders aber Lackner 9). Die Verhinderung
der Wiederergreifung des schon entflohenen Gefangenen fällt nicht unter
§ 120 (LK 29). Auch bei der Beihilfe zur Selbstbefreiung ist Versuch nach **III**
möglich, wenn der Täter zB dem Gefangenen Sägeblätter zuzuschmuggeln
versucht (BGH **9**, 62), oder ein Paket mit Ausbruchswerkzeugen an ihn
aufgibt (2. 5. 1961, 5 StR 72/61).

6) Täter sein kann **A.** grundsätzlich jedermann, und zwar sowohl ein 8
Außenstehender wie jemand, der mit Begleitung oder Beaufsichtigung des
Gefangenen beauftragt ist (§ 121 aF); auch ein Mitgefangener (BGH **9**, 62;
17, 373; vgl. aber unten 9). Ist der Täter als **Amtsträger** (11 zu § 11), als für
den öffentlichen Dienst besonders **Verpflichteter** (29 zu § 11) oder als Soldat
(§ 48 WStG) **gehalten,** dh dienstlich kraft Stellung, Auftrag oder sonst als
Garant verpflichtet, das Entweichen zu verhindern (so Vollzugsbedienstete
in den Anstalten; nicht aber Anstaltsgeistliche oder -ärzte, lediglich Akten
bearbeitende Bürobeamte, Arbeiter oder Angestellte, die nicht unter § 11 I
Nr. 2, 4 fallen, E 1962, 611; LK 41), so gilt für dessen qualifizierten Fall der
strengere Strafrahmen nach II. Der Meinung Siegerts aaO 310, daß das für
das bloße Entweichenlassen nicht gelte, kann nicht gefolgt werden (LK 33).
Ist die behördliche Vollstreckungs- oder Vollzugsmaßnahme ordnungsgemäß begründet (oben 2), so kann eine Tat nach § 120 nicht durch Nothilfe (7
zu § 32) gerechtfertigt sein (KG JR **80**, 513 m. Anm. Ostendorf JR **81**, 292).

B. Nicht Täter kann der Gefangene oder Verwahrte selbst sein. Selbstbe- 9
freiung ist außer nach § 121 I Nr. 2 straflos, nachdem das 3. StÄG abweichende Vorschriften in Bayern und Württemberg-Baden aufgehoben hat
(vgl. BGH **4**, 396). Jedoch kann der Gefangene strafbar zu seiner eigenen
Befreiung anstiften (BGH **17**, 373; abw. LK 35; SK 13; Arzt/Weber LH **5**,
161; AK-Zielinski 28; hM; vgl. Herzberg JuS **75**, 794). Die Beihilfe zur
eigenen Befreiung ist hingegen insoweit straflos, wie der Gefangene nicht
mehr tut als ein notwendiger Teilnehmer bei gemeinsamem Entweichen nur das, was zum Gelingen nötig ist (BGH aaO; Celle NJW **61**, 183;
zust. Schröder JZ **61**, 264; Hamm NJW **61**, 2232; aM Oldenburg NJW **58**,
1598; vgl. auch E 1962, 611), anders im qualifizierten Fall nach § 121 Nr. 3.

7) Vorsatz ist als mindestens bedingter erforderlich; er hat sich auch, unter 10
Parallelwertung in der Laiensphäre, auf die Eigenschaft des Befreiten als
Gefangenen oder Verwahrten zu erstrecken (LK 35, 36). Fahrlässige Gefangenenbefreiung ist nicht mehr strafbar.

§ 120

11 8) **Der Versuch** ist strafbar (**III**; LK 46 ff.). Versuchstäter kann sein, wer einen vermeintlich vorläufig Festgenommenen, der einer Blutprobe zugeführt werden soll, der Polizei entzieht (Bay DAR **82**, 248). Zur **Teilnahme**, die bei allen Tatformen möglich ist (vgl. oben 8f.), zu Beihilfehandlungen Außenstehender und mittelbaren Förderungshandlungen LK 30 f.; 37.

12 9) **Konkurrenzen.** Tateinheit ist möglich mit §§ 113, 114; 223 ff. (GA **65**, 205), §§ 258, 258a (vgl. RG **7**, 244; zw.; vgl. 17 zu § 258), doch kommt dann § 258 VI dem Täter nur hinsichtlich des § 258, nicht auch des § 120 zugute (RG **57**, 301), ferner mit § 303; § 334 (BGH **6**, 309). Für das Verhältnis zu § 115 OWiG gilt § 21 OWiG. Zum unerlaubten Verkehr mit Verwahrten, die nicht Gefangene iS des § 115 OWiG sind, Art. 21 BayLStVG.

Gefangenenmeuterei

121 ^I Gefangene, die sich zusammenrotten und mit vereinten Kräften

1. einen Anstaltsbeamten, einen anderen Amtsträger oder einen mit ihrer Beaufsichtigung, Betreuung oder Untersuchung Beauftragten nötigen (§ 240) oder tätlich angreifen,

2. gewaltsam ausbrechen oder

3. gewaltsam einem von ihnen oder einem anderen Gefangenen zum Ausbruch verhelfen,

werden mit Freiheitsstrafe von drei Monaten bis zu fünf Jahren bestraft.

^{II} Der Versuch ist strafbar.

^{III} In besonders schweren Fällen wird die Meuterei mit Freiheitsstrafe von sechs Monaten bis zu zehn Jahren bestraft. Ein besonders schwerer Fall liegt in der Regel vor, wenn der Täter oder ein anderer Beteiligter

1. eine Schußwaffe bei sich führt,

2. eine andere Waffe bei sich führt, um diese bei der Tat zu verwenden, oder

3. durch eine Gewalttätigkeit einen anderen in die Gefahr des Todes oder einer schweren Körperverletzung (§ 224) bringt.

^{IV} Gefangener im Sinne der Absätze 1 bis 3 ist auch, wer in der Sicherungsverwahrung untergebracht ist.

1 1) **Die Vorschrift** idF des Art. 19 Nr. 45 EGStGB iVm Art. 3 Nr. 2, 13 StVollzÄndG (1 vor § 65) ist in Anlehnung an §§ 423, 424 E 1962 (Begr. 609; Ndschr. **13**, 593, 623) an die Stelle des § 122 aF gesetzt worden (E EGStGB 220). Die Tat ist Sonderdelikt.

2 2) **Täter** sein können nur **Gefangene** (iS von 2 zu § 120) sowie nach IV Sicherungsverwahrte, die iS von I bis III Gefangene sind. Die sonstigen unter 3 zu § 120 genannten Verwahrten scheiden aus. Tathandlungen sind, daß Gefangene

3 A. **sich zusammenrotten,** dh zu einem gemeinschaftlichen, in seiner Rechtswidrigkeit erkennbaren, bedrohlichen oder gewalttätigen Handeln räumlich zusammentreten (teilw. abw. SK-Horn 5; vgl. NJW **54**, 1694; NZWehrr. **68**, 112; OGHSt. **2**, 366). Zwei Gefangene reichen aus (BGH

20, 305; LK-v. Bubnoff 12), es sei denn, daß einer nur zum Schein mitmacht (Hamm JZ **53**, 242). Sind die Beteiligten räumlich getrennt, so ist Zusammenrotten ausgeschlossen (RG **54**, 313), möglich aber, wenn die Beteiligten, etwa in der Zelle, ohnehin beisammen sind (BGH **20**, 305), oder unmittelbarer körperlicher Kontakt ermöglicht wird (Koblenz OLGSt. 7, Düsseldorf MDR **71**, 774; LK 14), daß sie freiwillig zusammen sind, ist nicht erforderlich (Koblenz OLGSt. 11). Die Zusammenrottung eines Gefangenen mit einem Nichtgefangenen, zB einem Verwahrten iS von 3 zu § 120, der nicht unter IV fällt, reicht nicht aus (GA **65**, 205). Die Gefangenschaft muß zur Tatzeit noch bestehen.

B. mit vereinten Kräften als Zusammengerottete eine der in I Nr. 1 bis 3 genannten Handlungen begehen. Das bedeutet nicht Mittäterschaft im technischen Sinn (RG **58**, 207), wohl aber, daß Ausschreitungen Verübende ihre Kräfte dazu vereinigen (AG Tiergarten NJW **88**, 3218). Entspricht die Tat der bedrohlichen Tendenz der Zusammengerotteten, so genügt es, daß einer Täter ist und andere bloß Gehilfen, ja, daß nur ein einziger unter passiver Assistenz der Zusammengerotteten die Tat begeht (14. 1. 1966, 4 StR 582/65; Bay NJW **55**, 1806; LK 19), und zwar in dem Bewußtsein, daß andere zu seiner Unterstützung bereit sind. Wer das ist, braucht nicht festgestellt zu werden. Für die Strafbarkeit des einzelnen ist es ausreichend, daß er sich der Zusammenrottung in dem Bewußtsein angeschlossen hat, es werde zu einer der Handlungen des § 121 kommen. Nicht nötig ist, daß ein jeder sich an ihnen selbst beteiligt, vgl. 1. Die Handlungen, die sowohl in der Anstalt wie im Außendienst geschehen können (Bay **66**, 153), sind, daß Zusammengerottete

a) einen **Anstaltsbeamten,** dh einen der im Dienst der Vollzugsanstalt 5 stehenden Amtsträger (11 zu § 11), einen **anderen Amtsträger** (sinngemäß aber wohl nur solche, die wie Richter, Staatsanwälte oder beamtete Ärzte eine dienstliche Aufgabe in der Anstalt wahrnehmen [E 1962, 609, E EGStGB 220], nicht etwa einen Beamten, der sich zufällig in einer Besuchergruppe befindet) oder einen mit ihrer **Beaufsichtigung, Betreuung** (Geistliche, Lehrer, Sozialarbeiter) oder **Untersuchung Beauftragten** (medizinische, nichtbeamtete Sachverständige).

aa) nötigen, was iS von § 240 zu verstehen ist. Gewalt oder Drohung 6 mit einem empfindlichen Übel sind, wenn vielleicht auch in der Form des Unterlassens, als Mittel erforderlich (so schon zu § 122 aF AG Bochum NJW **71**, 155). Ob Arbeitsverweigerung bei der Außenarbeit genügt (so NJW **51**, 160), ist Tatfrage. Nötigen ist auch in der Form des Widerstandes iS von § 113 möglich (dort 18 ff.); passiver Widerstand reicht nicht aus (vgl. BGH **20**, 305). § 240 II ist anwendbar, wird aber bei einer Zusammenrottung kaum eine Rolle spielen (E 1962, 609).

bb) tätlich angreifen (21 zu § 113). Ein wörtlicher Angriff genügt nicht 7 (BGH **20**, 305).

b) gewaltsam ausbrechen, dh ihre Freiheitsentziehung, wenn auch viel- 8 leicht nicht für dauernd, aufheben, auch wenn das nur für einzelne von ihnen gelingt (soll nur einzelnen zum Ausbruch verholfen werden, so gilt I Nr. 3). Gelingt der Ausbruch nicht, so kommt nur Versuch in Betracht, MDR/D **75**, 542). Die Gewalt kann sich gegen andere Personen als die in

§ 121

Nr. 1 Genannten (entgegentretende Polizisten oder Mitgefangene; aM LK 33; SK 11) oder gegen Sachen richten (vgl. BGH **16**, 35; zu § 122 aF str.)

9 **aa)** Dabei genügt ein solches Maß, das zur Überwindung von Hindernissen erforderlich ist, so beim Durchschneiden von elektrisch geladenen Drähten (11. 11. 1952, 2 StR 374/51), Abbrechen eines schon vorher angesägten Gitterstabes (16. 6. 1961, 4 StR 163/61), Lösen des Gitters mit einem Schraubenschlüssel (BGH **12**, 307). Die Benutzung eines falschen Schlüssels
10 gehört idR nicht hierher (BGH **16**, 35). **bb) Der Ausbruch** richtet sich, soweit Gewalt gegen Sachen angewendet wird, gegen die sachlichen Abschlußeinrichtungen, welche den Gefangenen von der Freiheit trennen (LK
11 32; vgl. Bay GA **66**, 280). **cc) Auch gegen mittelbare Abschlußvorrichtungen** kann sich die Gewalt wenden; so durch Erbrechen einer Kammer zur Beschaffung von Zivilkleidern für die Flucht (Hamburg JZ **51**, 656).

12 **c) gewaltsam einem anderen Zusammengerotteten** oder einem nicht zusammengerotteten **anderen Gefangenen** (der sich möglicherweise in einem anderen Gebäude befindet) zum Ausbruch verhelfen, dh dessen Entweichen fördern. Die Tat ist insoweit ein qualifizierter Fall des § 120 I (dort 7), bei dem aber die Ausnahmen zugunsten von Mitgefangenen, die sich bei der Flucht gegenseitig helfen (9 zu § 120), nicht gelten.

13 **3) In besonders schweren Fällen** (11 zu § 12; 43 ff. zu § 46) gilt der strengere Strafrahmen nach III S. 1. Als Regelbeispiele nennt III S. 2, daß der Täter oder ein anderer Beteiligter, dh ein anderer Zusammengerotteter
14 **A.** eine **Schußwaffe** bei sich führt (3 zu § 244); **B.** eine **andere Waffe** bei sich
15 führt, und zwar in der Absicht, sie bei der Tat, dh bei einer Handlung nach I Nr. 1 bis 3 als Waffe, wenn auch nur zur Drohung, gegebenenfalls zu
16 verwenden (28 zu § 113); **C.** durch eine **Gewalttätigkeit** einen anderen, der unbeteiligt sein kann, aber nicht einen der Zusammengerotteten, in die
17 **Gefahr des Todes** oder einer **schweren Körperverletzung** iS von § 224 bringt (dazu 29 zu § 113). Ein besonders schwerer Fall kann auch gegeben sein, wenn eine große Zahl von Gefangenen ausbricht, erheblicher Sachschaden angerichtet wird oder zahlreiche Menschen verletzt werden, ohne daß § 224 in Betracht kommt (LK 45). Vgl. auch 30 zu § 113.

18 **4) Teilnahme** sowohl von Gefangenen, die nicht mit zusammengerottet sind, wie von Außenstehenden ist möglich (BGH **9**, 120). Für sie gilt aber § 28 nicht (LK 10; Lackner 2; SK 13; SchSch 16; Arzt/Weber LH **5**, 164). Ob § 121 III für sie gilt, ist selbständig zu prüfen (vgl. 49 zu § 46).

19 **5) Vorsatz** ist als mindestens bedingter erforderlich. Die Regelbeispiele gelten für einen Zusammengerotteten nur dann, wenn er den erschwerenden Umstand kennt oder billigend in Kauf nimmt.

20 **6) Konkurrenzen.** Innerhalb von § 121 ist zwischen den einzelnen Nummern Tateinheit möglich; doch tritt Nr. 3 1. Alt. hinter Nr. 2 zurück. Nach LK 48 gehen I Nr. 2, 3 der Nr. 1 vor. Tateinheit auch mit §§ 223 ff. (MDR/D **68**, 727), Tötungsdelikten (10. 3. 1970, 1 StR 508/69), Diebstahl und Raub möglich. §§ 113, 114, 240 werden von § 121 verdrängt; das gilt für § 303 auch dann, wenn man bei I Nr. 2, 3 auch Gewalt gegen Personen einbezieht (str.; wie hier im Ergebnis RG GA Bd. **56**, 87; aM Celle MDR **64**, 693; LK 50).

§ 122 [weggefallen]

Siebenter Abschnitt
Straftaten gegen die öffentliche Ordnung

Hausfriedensbruch

123 ⁱ Wer in die Wohnung, in die Geschäftsräume oder in das befriedete Besitztum eines anderen oder in abgeschlossene Räume, welche zum öffentlichen Dienst oder Verkehr bestimmt sind, widerrechtlich eindringt, oder wer, wenn er ohne Befugnis darin verweilt, auf die Aufforderung des Berechtigten sich nicht entfernt, wird mit Freiheitsstrafe bis zu einem Jahr oder mit Geldstrafe bestraft.

ⁱⁱ Die Tat wird nur auf Antrag verfolgt.

1) Die Vorschrift wurde zuletzt geändert durch Art. 19 Nr. 47 EGStGB. **A.** 1 **Geschütztes Rechtsgut** ist erst in zweiter Linie die öffentliche Ordnung, in erster aber das **Hausrecht** (LK-Schäfer 1; SchSch-Lenckner 1, 2; SK-Rudolphi 1 ff.; M-Schroeder § 30, 1), es ist der persönlichen Freiheit nahe verwandt, nämlich als Gesamtheit der rechtlich geschützten Befugnisse, über Haus und Hof tatsächlich frei zu verfügen (Köln NJW 82, 2740), vgl. Art. 13 GG, wo der Begriff Wohnung auch Arbeits-, Betriebs- und Geschäftsräume umfaßt (BVerfGE **32**, 54; Celle OLGSt. 24). Die Tat ist Dauerdelikt (BGH **36**, 257; Bay MDR **69**, 778), sie ist kein eigenhändiges, daher mittäterschaftlich begehbares Delikt (Mewes Jura **91**, 629, krit. hierzu Emde Jura **92**, 275). Für eine differenzierte soziologisch orientierte, allerdings auch ideologisch befrachtete Rechtsgutauffassung: Schall, Die Schutzfunktion der Strafbestimmung gegen den Hausfriedensbruch, 1974; [einschränkend inzwischen NStZ **83**, 241]; hiergegen zutreffend Hamm NJW **82**, 1824; 267; LK 4; SchSch 2; Hirsch ZStW **88**, 756; Schroeder JZ **77**, 39; Bockelmann BT/3 § 19 IV 1; Ostendorf JuS **80**, 666; Geppert Jura **89**, 378; ferner Wagner GA **76**, 156; Otto JR **78**, 220; SK 4 ff.; zum Ganzen Amelung ZStW **98**, 355 u. NJW **86**, 2075; Engeln, Das Hausrecht und die Berechtigung seiner Ausübung, 1989).

B. Das Hausrecht eines anderen wird vom Täter verletzt. Jener braucht 2 nicht der Eigentümer zu sein; er muß nur ein stärkeres Recht als der Störer haben; so dem *Mieter* auf eine gewisse Zeit; dann aber auch gegenüber seinem Vermieter (RG **15**, 319), selbst wenn er nicht mit Ablauf der Mietzeit räumt (RG **36**, 322). Das gilt aber dann nicht, wenn er nach Beendigung des Mietvertrages den Besitz nicht mehr aus dem früheren Vertragsverhältnis ableitet, sondern sich ihn nach Hausbesetzerart (unten 5a) anmaßt (Düsseldorf NJW **91**, 187 m. Anm. Dölling JR **92**, 167; hierzu Otto JK 5). In gewissen Fällen darf aber der Vermieter Besuchern des Mieters gegen dessen Willen den Zutritt verbieten, zB in Obdachlosenheimen (Köln NJW **66**, 265), es kommt auf Mietvertrag und Fallgestaltung an (vgl. Weimar JR **70**, 58); ob der Satz allgemein gilt, wenn der Mietvertrag über solche Rechte des Vermieters schweigt (so Hamm GA **61**, 181; Braunschweig NJW **66**, 263 mit abl. Anm. Schröder), ist zw. (vgl. Amelung/Schall JuS **75**, 566; LK 54; SchSch 17; SK 15; M-Schroeder § 30, 13; Bernsmann Jura **81**, 342), anders, wenn lediglich öffentlich-rechtliche Beziehungen bestehen (Bremen NJW **66**, 1766). Bei Miete eines Hotelzimmers auf wenige Tage ist das Hausrecht des Wirts das stärkere; gegenüber Dritten hat es auch der Hotelgast (LK 7; vgl. RGZ **169**, 87). Dem *Pächter* und dem Nießbraucher steht ebenfalls das Hausrecht zu (vgl. aber RG **37**, 265). Bei unentgeltlicher Überlassung eines Raumes für kurze Zeit zu einer Versammlung ist das Hausrecht gegenüber dem Leiter der Versammlung (zB Wahlvorstand, vgl. jetzt § 7 IV VersammlG, Anh. 11) und den befugten Teilnehmern beschränkt; aber nicht gegenüber unbefugten Dritten (RG **61**, 35). Bei Bereichen innerhalb des Gemeingebrauchs kann die Gewährung einer Sondernutzung (zB für einen Zirkus) ein Hausrecht schaffen (BGHZ **19**, 92; **21**, 321; Celle OLGSt. 23). Dem für eine Lehrveranstaltung Verantwortlichen steht in dem für seine Tätigkeit bestimmten räumlichen Bereich das Hausrecht zu (NJW **82**, 189). Obwohl das Hausrecht des Gerichtspräsidenten (Behördenleiter) seine Grenze in der Sitzungspolizei hat (BGH **24**, 330), verletzt zugleich § 123, wer einer sitzungspolizeilichen Anordnung zuwider in den Gerichtssaal eindringt (BGH **30**, 350), gleichgültig ob der Behördenleiter dem Gerichtsvorsitzenden das Hausrecht übertragen hat oder nicht (Oldenburg NJW **80**, 1416; NStZ **81**, 183). Die rein tatsächliche Benutzung gibt noch kein Hausrecht (zu Unrecht zT aM Bernsmann Jura **81**, 342), anders bei antragsgemäßer Inbesitznahme von Räumen nach dem Tode des Inhabers zur Vorbereitung der Beerdigung (RG **57**, 139). Im Falle einer ehelichen Wohnung hat jeder Ehegatte das Hausrecht (Hamm NJW **65**, 2067; Stuttgart OLGSt. 38 zu § 113), er darf aber nur solchen Personen Zutritt gewähren, deren Anwesenheit dem anderen Ehegatten zuzumuten ist (Hamm NJW **55**, 761), nicht also einem Ehebrecher (BGHZ **6**, 360; LK 57; M-Schroeder § 30, 18). Leben Ehegatten befugt (kraft einstweiliger Anordnung) getrennt, so ist jede Wohnung für den andern Teil die Wohnung eines anderen; daneben behält sein Hausrecht nach außen, wer eine fremde Ehefrau aufnimmt (R **1**, 95). Von **Mitinhabern** einer Wohnung hat jeder das Hausrecht, uU auch Minderjährige (BGH **21**, 226); ob auch gegenüber den Angehörigen des anderen, hängt von den Vereinbarungen im Einzelfall ab (RG **72**, 58; Braunschweig NdsRpfl. **62**, 119, vgl. Bernsmann Jura **81**, 344).

3 **2) Geschützte Örtlichkeiten** sind: **A. Die Wohnung,** dh der Inbegriff von Räumlichkeiten, deren Hauptzweck darin besteht, Menschen zur ständigen Benutzung zu dienen, ohne daß sie in erster Linie Arbeitsräume sind. Die Möglichkeit, auch dort nächtigen zu können, ist nicht erforderlich (LK 6). Auf längere Dauer braucht der Aufenthalt nicht berechnet zu sein; auch der Reisende „wohnt" im Hotel (vgl. 2; LK 5). Bloße Schlafstätten genügen nicht, wohl aber die Unterkunft in einer Obdachlosenbaracke (Bremen NJW **66**, 1766). Auch eine bewegliche Sache kann als Wohnung dienen; so Wohnanhänger (vgl. aber Bay **74**, 76), Schiffe (RG **13**, 312), nicht aber leerstehende Wohnungen (Hamm NJW **82**, 2677), sie sind befriedetes Besitztum (vgl. 5 a). Zur Wohnung gehören aber auch einzelne unbenutzte Räume, desgl. im Rahmen des Mietvertrages Treppen, Waschküche, Keller (LK 9), zw. beim nicht umfriedeten Hausgarten (vgl. Bernsmann Jura **81**, 340).

4 **B. Geschäftsräume** sind abgeschlossene (auch mobile) Betriebs- und Verkaufsstätten, die hauptsächlich für eine gewisse Zeit oder dauernd ge-

werblichen (nicht notwendig erwerbswirtschaftlichen), künstlerischen, wissenschaftlichen oder ähnlichen Zwecken dienen, so Gasthausräume, Fabriken, Sprechzimmer eines Sanatoriums (Bay 7, 344), Diensträume ausländischer Missionen oder Konsulate (Köln NJW 82, 2740), Werkstätten, Marktbuden. Auch auf Schiffen kann es Geschäftsräume geben (RG 13, 312). Nebenräume gehören dazu (Bay MDR 69, 778; hierzu LK 12; SK 25 ff.; zu *Betriebsbesetzungen* Hoyningen-Huene JuS 87, 513).

C. **Das befriedete Besitztum.** Der Begriff „befriedet" (*historisch:* Amelung ZStW 98, 370 u. NJW 86, 2075; Behm GA 86, 552) erfordert nicht eine so enge räumliche Beziehung zu einem bewohnten Hause, daß es dessen Frieden teilt (Hamm NJW 82, 1824), so zB beim Hausgarten. Vielmehr ist befriedet gleichbedeutend mit „**eingehegt**", dh in einen Schutzbereich einbezogen, wenn auch weitab vom Hause liegend, wie zB ein Kirchhof (RG 36, 395), ein Hofraum (Bay MDR 69, 778), eingefriedete Äcker und Wiesen, Weiden und Schonungen (vgl. aber unten 21 aE); ob Einhegung anzunehmen ist, ist Tatfrage (RG 11, 293; Köln OLGSt. 37; NJW 82, 2676), eine völlige Abschließung ist nicht nötig (Celle OLGSt. 22), jedoch sind auf Feldgrundstücken idR zusammenhängende Schutzwehren nötig (Köln OLGSt. 36), ausnahmsweise kann auch das Anlegen einer Rinne und dgl. genügen, so bei einem Zechenplatz (RG 20, 150; hierzu krit. Amelung NJW 86, 2079; Behm GA 86, 548, 556), ähnlich bei einem Hausgarten (R 3, 143), oder einem Hofplatz, der auch dann befriedetes Besitztum bleibt, wenn dort zB Kundenverkehr einer Tankstelle stattfindet (Bay JR 65, 265), eine in das Gebäude eines Kaufhauses hineinversetzte, zum Bürgersteig parallel laufende Schaufensterpassage (Oldenburg NJW 85, 1352 m. zust. Anm. Bloy JR 86, 80; krit. Amelung JZ 86, 247; Müller-Christmann JuS 87, 17; Behm GA 86, 547 u. JuS 87, 950). Durch Ketten gesicherter Privatparkplatz (Franke JuS 80, 892; krit. Amelung NJW 86, 2078; ferner LK 15 f.; SchSch 6; SK 36 f.), *nicht* jedoch nur kurzfristig durch Plastikketten abgetrennte, sonst dem Gemeingebrauch unterliegende, nicht eingezäunte Grundstücke (LG Lübeck StV 89, 157). Wer auf seinem Grundstück (Innenhof eines Gebäudes) allgemeinen Fußgängerverkehr duldet, kann gleichwohl darüber hinausgehende Nutzung (politische Agitation) jederzeit untersagen (Karlsruhe MDR 79, 73; SK 37). *Keine* befriedeten Besitztümer sind unterirdische Fußgängerpassagen (AG Frankfurt NStZ 82, 334), ebensowenig bewegliche Sachen wie zB Kraftfahrzeuge (RG 32, 371; hM; Schweizer GA 68, 81), wohl aber ein Schwimmdock (Schleswig OLGSt. Nr. 1). Zum befriedeten Besitztum gehören jedoch Neubauten (R 10, 638), **leerstehende Wohnungen** und zum Abbruch bestimmte Häuser (Hamm NJW 82, 1824; 2677; Köln NJW 82, 2675 [m. Anm. Degenhart JR 84, 30]; Stuttgart NStZ 83, 123; AG Wiesbaden NJW 91, 188; LK 22; SchSch 6; SK 6; Krey BT/1, 124; Ostendorf JuS 81, 640; Amelung ZStW 98, 405; einschränkend Schall NStZ 83, 243; aM aber wenig überzeugend Schön NJW 82, 1126; 2649; polemisch Küchenhoff JuS 82, 235). Zu Recht haben Hamm aaO und LG Bückeburg NStZ 82, 71 (zutr. Hagemann aaO), ebenso LG Münster NStZ 82, 202; LG Mönchengladbach NStZ 82, 424 hervorgehoben, daß **Hausbesetzungen** grundsätzlich strafbarer Hausfriedensbruch sind (vgl. auch BGH 31, 239; NJW 75, 985). Deren Hinnahme offenbart ein Schwinden rechtlichen Denkens (vgl. Rutkowski JuS 82, 235;

auch Arzt JZ **84**, 428 Fn. 6). Aus Art. 14 II GG lassen sich nicht unmittelbar Rechte für beliebige Einzelne herleiten (zutr. Degenhart JuS **82**, 331; JR **84**, 31; Seier JA **82**, 233; Schall NStZ **83**, 247; Amelung NJW **86**, 2081; SchSch 6, 33). Wer einer verfehlten Wohnungspolitik und ihren Auswirkungen durch eine sektorale Preisgabe der Rechts- und Eigentumsordnung zu begegnen trachtet, läßt einem Übel ein größeres nachfolgen (vgl. hierzu auch Isensee, Das Grundrecht auf Sicherheit, 1983, 54, 56; Maunz-Dürig 8c zu Art. 13); für Schaffung einer härteren Strafdrohung: Rinsche ZRP **84**, 38 gegen ihn Urbancyk, Schliffke ZRP **84**, 112; **85**, 40; vgl. auch Kleffmann ZRP **84**, 287; (zum *Rechtstatsächlichen* Stümper KR **81**, 399; Spranger DRiZ **83**, 74; vgl. zur *zivilprozessualen* Problematik Lisken NJW **82**, 1136; Degenhart JuS **82**, 331). **Nach Art. 7 II Nr. 7 des 4. StÄG** ist auch das befriedete *Besitztum* der in der BRep. stationierten Truppen der nichtdeutschen *Vertragsstaaten der NATO* vom Schutz des § 123 erfaßt (Stuttgart NStZ **87**, 121 m. Anm. Lenckner JuS **88**, 349; SK 30; irrig AG Frankfurt StV **86**, 65 m. abl. Anm. Lenzen JR **86**, 303).

6 **D. Abgeschlossene Räume, zum öffentlichen Dienst oder Verkehr bestimmt.** Abgeschlossen bedeutet die dem befriedeten Besitztum entsprechende bauliche Begrenzung; hierher gehören wie bei 5, 5a auch Zubehörflächen (aM Oldenburg JR **81**, 166 m. abl. Anm. Volk; vgl. auch Behm GA **86**, 558); *nicht* hingegen abgeschlossene Räume innerhalb eines Gebäudekomplexes im Verhältnis zueinander zB Zellen einer Strafanstalt (RG **28**, 192: Gefangener verläßt eine falsche Zelle nicht) oder Räume einer Schule (LG Lüneburg NJW **77**, 1832: Lehrer entfernt sich trotz Weisung des Rektors nicht vom Schulhof), da das Hausrecht nur Störungen durch Außenstehende abwehrt (LK 18; SchSch 13; SK 29; Bernsmann Jura **81**, 466). Auch bewegliche Sachen können abgeschlossene Räume enthalten, so Gepäckwagen, Dienstabteil, Bauwagen (AG Nienburg NdsRpfl. **64**, 162), Flugzeuge (Bohnert JuS **83**, 944).

7 **a) Zum öffentlichen Dienst bestimmt** sind Räume (auch solche der NATO-Staaten, Art. 7 II Nr. 7 des 4. StÄG), in denen öffentlich-rechtliche Geschäfte erledigt werden, die wenigstens mittelbar im öffentlichen Interesse liegen, so Strafvollzugsanstalten (RG **28**, 193), Wahllokale (RG **46**, 405), Amtsräume des Rathauses (Düsseldorf NJW **82**, 2679), in öffentlich-rechtlicher Form betriebene städtische Tiefgarage (Bay NJW **86**, 2065, abl. Allgaier MDR **87**, 723), der Sitzungssaal eines Parlaments (RG **47**, 270, vgl. aber 3 zu § 106b), oder eines Gemeinderats (Karlsruhe JR **80**, 342 m. Anm. Schwabe), die Kirchen der privilegierten Religionsgemeinschaften, *nicht* jedoch die Räume ausländischer Missionen und Konsulate (Köln NJW **82**, 2740). Inwieweit das Recht des Bürgers auf Verkehr mit den Behörden *Hausverbot* zuläßt, ist problematisch (vgl. NJW **61**, 308; **67**, 1911; DVBl **68**, 145; Haak DVBl. **68**, 134; Knemeyer DÖV **70**, 596; **71**, 303; Kortmann DVBl. **72**, 772; BayVGH DVBl. **81**, 1010; hierzu Zeiler DVBl. **81**, 1000; Berg JuS **82**, 206; LK 35 ff.; SK 29 ff.; Bernsmann Jura **81**, 469; Schild NStZ **86**, 346). Der Verstoß gegen ein Hausverbot ist, solange der Täter dessen aufschiebende Wirkung herbeiführen kann, nicht strafbar (Hamm MDR **79**, 516), wohl aber, wenn es sofort vollziehbar ist, selbst wenn es mit zulässigem Rechtsmittel angefochten (NJW **82**, 189 m. krit. Anm. Dingel-

Straftaten gegen die öffentliche Ordnung   **§ 123**

dey NStZ **82**, 160) oder später verwaltungsgerichtlich aufgehoben wurde (Karlsruhe NJW **78**, 116; Hamburg NJW **80**, 1007 [m. Anm. Oehler JR **81**, 33]; ebenso LK 47; Lackner 8; Ostendorf JZ **81**, 171; zweifelnd SchSch 20; SK 35 a; irrig Arnold JZ **77**, 789; Gerhards NJW **78**, 86; Schroeder JuS **82**, 494; entsprechend für das Umweltrecht Wüterich NStZ **87**, 106; vgl. auch BGH **31**, 315).

b) Zum öffentlichen Verkehr bestimmte Räume sind zB Straßenbahn- **8** wagen (RG **75**, 357), Bahnhofshallen und Warteräume in Bahnhöfen (Bremen NJW **62**, 1453; Bay NJW **77**, 261 [m. Anm. Stürner JZ **77**, 312] Koblenz OLGSt. 2 zu § 120; Knemeyer BayVBl. **77**, 207), öffentliche Telefonzellen (vgl. AG Leipzig DJ **38**, 341; anderseits Herzog GA **75**, 263); möglicherweise auch Bahnhofswirtschaften (Köln NJW **51**, 773; Bay OLGSt. 19; vgl. ferner Hamburg MDR **68**, 1027; Celle NJW **71**, 154; LK 21 ff.), *nicht* jedoch unterirdische Fußgängerpassagen (AG Frankfurt NStZ **82**, 334), städtische Tiefgarage oder Räumlichkeiten, die zu öffentlichen Zwecken dem Gemeingebrauch gewidmet sind (Bay VRS **79**, 106; vgl. aber oben 7). Zur Wirksamkeit eines Bahnhofsverbots vgl. Celle MDR **65**, 595; **66**, 944; Köln MDR **77**, 861; Düsseldorf VRS **57**, 281; AG Frankfurt StV **83**, 246; Stürner JZ **77**, 312; LK 39.

3) Tathandlungen sind das Eindringen (unten 10) und das unbefugte **9** Verweilen (unten 12).

A. Eindringen setzt voraus, daß der Täter gegen den Willen des Berech- **10** tigten (hM) zumindest mit einem Teil seines Körpers in die geschützten Räume gelangt ist; es genügt das Hineingreifen in den Raum zwecks Lösung der Sicherungskette (RG **39**, 440), das Stellen des Fußes in die Wohnungstür (MDR/D **55**, 144), nicht jedoch das bloße Hineinlangen in den Türbriefkasten oder das Hineinwerfen von Gegenständen oder andere Störungen des Hausfriedens (vgl. unten 18), wohl aber das Hineinfahren in ein befriedetes Besitztum (Bay MDR **69**, 779 m. Anm. Schröder JR **69**, 468). Erforderlich ist die Überwindung eines Hindernisses, das aber auch nur psychischer Art („geistige Barriere", M-Schroeder § 30, 13; Bohnert GA **83**, 3; zusf. Schild NStZ **86**, 346) sein (RG **12**, 132), also in dem erkannten oder mutmaßlichen entgegenstehenden Willen des Hausrechtsinhabers bestehen kann (MDR/D **68**, 551). Er kann sich zB aus einem Verschluß, aus einer allgemeinen oder besonderen Erklärung ergeben, desgl. aus den Umständen, so etwa, wenn ein Raum nicht ohne Karte betreten werden darf (LK 25). Hingegen *dringt nicht ein,* wer im ausdrücklichen oder stillschweigenden Einverständnis des Berechtigten eintritt (*tatbestandsausschließendes Einverständnis,* 3 a vor § 32), mag dieses Einverständnis auch durch Täuschung erschlichen sein, denn es kommt allein auf den wirklichen Willen des Berechtigten an (Lackner 5; Otto NJW **73**, 668; Stückemann JR **73**, 414; Wessels BT/1 § 13 I 3; Arzt/Weber LH **1**, 477; Bockelmann BT/3 § 19 C I 1; Ostendorf JuS **80**, 666; Bernsmann Jura **81**, 404; Krey **1**, 126; Geppert Jura **89**, 380; Mewes Jura **91**, 631; sehr str.; aM München NJW **72**, 2275; LK 27, 30 ff.; SK 18; Amelung/Schall JuS **75**, 567; vermittelnd Steinmetz JuS **85**, 94); hieran fehlt es freilich, falls der Täter das Einverständnis dem Berechtigten abgenötigt (SchSch 22) oder er ein bestehendes Hausverbot durch Täuschung vereitelt hatte (Lackner 5; hierzu Bohnert GA **83**, 14). Die Tatbestandsalternative des Eindringens kann auch *durch Unterlassen*

§ 123

begangen werden (BGH **21**, 224 m. Anm. Schröder JR **67**, 304), und zwar nicht etwa nur dann, wenn ein Garant eine von ihm zu überwachende Person nicht am Eindringen hindert (so aber SK 19 sowie dort 7 zu § 13), sondern auch, wenn der Täter im geschützten Raum verbleibt, nachdem er ihn unwissend unerlaubt betreten hatte oder von vornherein entschlossen war, über den erlaubten Zeitraum zu verbleiben (LK 29; Eser III 14 A 30; U. Janiszewski JA **85**, 570; aM Geppert Jura **89**, 382); der für die Tatbestandsalternative des Verweilens (unten 12) erforderliche Aufforderung des Berechtigten bedarf es in diesem Falle nicht (anders Seier JA **78**, 624; vgl. auch Bernsmann Jura **81**, 405). Nach BVerfGE **65**, 1, 40 (VolkszählG 1983) liegt ein Eindringen vor im Falle des Einbaus von Abhörgeräten und ihrer Benutzung in der Wohnung, nicht aber im Falle von Erhebungen und der bloßen Einholung von Auskünften.

11   **b) Widerrechtlich** muß das Eindringen sein, nämlich das fremde Hausrecht verletzen, ohne ein stärkeres Recht dazu zu haben. Es handelt sich hier nicht um ein zusätzliches Tatbestandsmerkmal, sondern lediglich um den Hinweis auf das allgemeine Deliktsmerkmal der Rechtswidrigkeit (vgl. hierzu 27 ff. zu § 203; Celle VRS **29**, 23; Hamburg NJW **77**, 1831 m. Anm. Gössel JR **78**, 292; SchSch 31 SK 38; Seier JA **78**, 622; differenzierend M-Schroeder § 30, 7, 21). Die Widerrechtlichkeit des erstrebten Zwecks oder gehegter Absichten macht das Eindringen selbst noch nicht widerrechtlich (MDR/D **68**, 551), wohl aber dann, wenn ein Fehlen des Einverständnisses des Hausrechtsinhabers offensichtlich ist (Düsseldorf NJW **82**, 2679: Auskippen von Schutt in Dienstraumen); andererseits beseitigt auch ein erlaubter Zweck eine etwaige Widerrechtlichkeit des Eindringens nicht, so bei beabsichtigter Mahnung wegen einer fälligen Schuld (Olshausen 15, anders AG Tiergarten StV **83**, 335 für den Fall der Dauer zukunftsorientierter Verhandlungen zwischen Berechtigten und Besitzern). Das Betreten allgemein zugänglicher Geschäftsräume ist grundsätzlich nicht widerrechtlich. Das gilt auch für „**Testkäufer**" (Hanack JuS **64**, 352; SchSch 25; SK 26; M-Schroeder § 30, 14; Hirsch ZStW **88**, 759; Schild NStZ **86**, 350); mag der Berechtigte ihnen den Zutritt auch generell verbieten (vgl. BGHZ **43**, 359; NJW **80**, 701), sofern nicht ein wirksames individuelles Hausverbot vorliegt. Wird die Allgemeinheit in ein befriedetes Besitztum (zB in ein Militärareal am „Tag der offenen Tür") eingeladen, so verstoßen dort provokativ auftretende Besucher nicht gegen § 123 (Zweibrücken NStZ **85**, 456 m. Anm. Amelung; Offermann JA **86**, 52; Geppert JK 4). Im übrigen kann das stärkere Recht zum Eindringen gegeben sein durch vertragliche Vereinbarungen, Bestimmungen des Zivilrechts (Celle OLGSt. 24) oder das **öffentliche Recht**, so bei Durchsuchungen, Besichtigungen (BVerfGE **32**, 75) oder polizeilichen Ermittlungen. Doch darf der Gerichtsvollzieher bei der Pfändung nicht die Anwesenheit eines Vertreters des Gläubigers erzwingen (KG ZStW **43**, 461; SchSch 16). Zur Frage eines verwaltungsgerichtlich aufgehobenen Hausverbots, oben 8. **Pressevertreter** haben ein Recht auf Anwesenheit bei öffentlichen Versammlungen, § 6 II VersammlG (Anh. 11). **Kraft Privatrechts** kann eindringen der Vater in die Wohnung des seiner Personensorge unterworfenen Sohnes. Da der Ehemann einen selbständigen Gewerbebetrieb der Ehefrau (Art. 3 GG) nicht zu genehmigen hat, darf er ihre Gewerberäume wider ihren Willen nicht betreten (RG **35**, 397). Auch Notstand nach § 34 kann das Eindringen

Straftaten gegen die öffentliche Ordnung § 123

rechtfertigen (München NJW **72**, 2275; zw.; vgl. 24 zu § 34; dazu krit. Otto NJW **73**, 668; Amelung/Schall JuS **75**, 569).

B. Das Verweilen in einem der Räume wird als echtes Unterlassungsdelikt zum Hausfriedensbruch, wenn es ohne Befugnis geschieht. Es hat keine selbständige Bedeutung, falls ihm ein widerrechtliches Eindringen vorausgeht (BGH **21**, 224; Schröder JR **67**, 304). In solchen Fällen liegt nur eine einheitliche Tat vor. 12

a) **„Ohne Befugnis"** entspricht dem „widerrechtlich" beim Eindringen vgl. 11, 19. Ein Recht zum Verweilen gibt die Befugnis dazu; das Anstreben eines berechtigten Zwecks reicht nicht aus. 13

b) Auch **das öffentliche Recht** kann die Befugnis geben, so bei Abgabe einer Erklärung gegenüber einer Behörde; bei öffentlichen Wahlen (RG **46**, 405), beim Verweilen des Betriebsratsmitglieds in den Arbeitsräumen (Hamm JMBlNW **52**, 12; vgl. § 78 BetrVG, § 34 SprAuG). Es besteht auch ein gewerkschaftliches Zutrittsrecht zu den Betriebs- und Unternehmensräumen (BAG NJW **79**, 1844), nicht jedoch bei kirchlichen Einrichtungen und Anstalten (BVerfGE **57**, 220). An einer Verweilensbefugnis fehlt es ferner nach rechtswirksamer Verweisung eines Gemeinderatsmitglieds aus dem Beratungsraum (Karlsruhe JR **80**, 342 m. Anm. Schwabe). Auch das **Privatrecht** kann Eintrittsbefugnisse begründen, im Falle von vertraglichen Beziehungen ist dies eine Frage des Einzelfalls. Die Beendigung des Vertrages beseitigt regelmäßig die Befugnis zum Verweilen, doch vorbehaltlich eines etwaigen Besitzschutzes. Er gebührt zB dem Mieter, der über die Vertragszeit wohnen bleibt (RG **36**, 322), nicht aber zB dem Besucher eines Pferderennplatzes, auch wenn er eine Eintrittskarte gelöst hatte (Bay LZ **26**, 783). Der Angestellte wird in dem ihm zugewiesenen Raume die Zeit über bleiben dürfen, die er zum Packen seiner Sachen braucht. Bei **unberechtigtem** Auflösen vor der Zeit erlischt die Befugnis des Arbeiters zum Verweilen an der Arbeitsstelle nach Niederlegung der Arbeit (Hamm JMBlNW **52**, 12). Auch **beschränkte** Befugnisse zum Verweilen gibt es (Bay GA **59**, 19), so für den Gast in der Wirtschaft. Er darf angemessene Zeit zum Verzehr des Bestellten bleiben. Auch der Gewerbeschüler verweilt unbefugt, wenn er verbotswidrig in der Pausenhalle politische Flugblätter verteilt (Hamburg MDR **78**, 1045), oder der Hotelgast, wenn er sein Zimmer zu unerlaubten Zwecken verwendet, zB um Sexualdelikte zu begehen (vgl. 3. 4. 1964, 4 StR 42/64; GA **50**, 289). 14

c) **Eine Aufforderung,** sich zu entfernen, verlangt hier das Gesetz, damit klar wird, das Verweilen geschehe gegen den Willen des Berechtigten (RG **5**, 109), eine einmalige Aufforderung genügt, auch eine solche durch Klingel- oder Lichtzeichen (LK 65; Seier JA **78**, 625). 15

d) **Vom Berechtigten** muß die Aufforderung ausgehen, nämlich vom Inhaber des Hausrechts, der über den Zugang zu den Räumen verfügen kann, so dem Eigentümer, Mieter, Pächter (vgl. LK 75), dem Käufer nach der Auflassung (Düsseldorf StV **82**, 228). In der gemeinsamen gemieteten Wohnung sind beide Ehegatten berechtigt. Auch andere Mitberechtigungen kommen vor, so die mehrerer Mieter am gemeinsamen Treppenflur. 16

e) **Eine Vertretung** in Ausübung des Hausrechts ist möglich; so durch die Sonderorgane von juristischen Personen, wie bei Schulräumen durch den Lehrer; bei Lehrveranstaltungen durch den Dozenten (NJW **82**, 189; 17

§ 123

vgl. oben 2), bei Bahnhofsgebäuden durch den Bahnhofsvorstand (RG **41**, 416). Ferner durch rechtsgeschäftliche Vertreter, zB die Handlungsgehilfen des Geschäftsinhabers. Dazu tritt die rein tatsächliche Vertretung in Abwesenheit des Hausherrn (München NJW **66**, 1165), so durch die Ehefrau, die Angehörigen, wenn sie so alt sind, daß sie den Sinn des Hausrechts begreifen und der Sachlage entsprechend handeln können (BGH **21**, 224; Schröder JR **67**, 304, vgl. LK 61, 76; Bernsmann Jura **81**, 405; Zum Hausrecht von Ehegatten, die sich uneins sind, Hamm NJW **55**, 761).

18 **C. Die bloße Störung** des Hausfriedens, die nicht im Eindringen oder Verweilen besteht, fällt nicht unter § 123; so nicht das Schlagen gegen Tür und Fenster, Störanrufe (vgl. aber 6 zu § 223; Eser III 14 A 22; krit. Bernsmann Jura **81**, 340), das unnütze Herausklingeln in der Nacht (doch evtl. § 185 oder § 118 OWiG).

19 **4) Der Vorsatz** (bedingter genügt) erfordert das Bewußtsein, gegen den Willen des Hausrechtsinhabers zu handeln (LK 78), bei nur zögerndem Sichentfernen wird der Vorsatz oft fehlen (LK 79), auch während des Laufs von Verhandlungen zwischen Hausrechtsinhabern und Hausbesetzern (LG Berlin StV **85**, 239 L). Weiß der Täter nicht, daß er entgegen dem Willen des Berechtigten handelt, so ist ein Tatbestandsirrtum (§ 16) gegeben; glaubt er dies irrig, liegt strafloser Versuch vor (M-Schroeder § 30, 21). Nimmt der Täter hingegen irrig an, ein das Hausrecht brechendes stärkeres Recht zu haben, so befindet er sich nach hRspr. im Verbotsirrtum (§ 17, Hamburg NJW **77**, 1831; **80**, 1007 m. Anm. Oehler JR **81**, 33), der idR vermeidbar ist, wenn der Täter sich zB gegen ein sofort vollziehbares Hausverbot auflehnt, Hamburg aaO. Im übrigen gelten die (umstr.) allgemeinen Regeln über die irrige Annahme eines Rechtfertigungsgrundes (20 ff. zu § 16); vgl. ferner LK 79.

20 **5) Konkurrenzen. A. Tatmehrheit** kann vorliegen mit Verfehlungen, die gelegentlich des Eindringens oder Verweilens begangen werden, so bei Körperverletzung (RG **54**, 288) oder Sexualdelikten (BGH **21**, 224). Wird die Tat nach dem Eindringen begangen, nimmt die Rspr. idR Tatmehrheit an (BGH **18**, 33; Köln NJW **58**, 838; Hamm OLGSt. 28; LK 88; Seier JA **21** **78**, 623; Geppert Jura **89**, 383; str. u. zw.). **B. In Tateinheit** steht Hausfriedensbruch unter Waffenführung mit § 53 III Nr. 1 b WaffG. Tateinheit auch möglich mit § 113 (Bay JR **57**, 148, aM LK 88; § 240, MDR/D **55**, 144; § 303, 28. 1. 1958, 1 StR 644/57). Beim Eindringen zur Begehung eines einfachen Diebstahls ist Tatmehrheit gegeben (8. 4. 1981, 3 StR 90/81; Hamm JMBlNW **54**, 67; aM SchSch 37), während § 123 durch § 243 Nr. 1 verdrängt wird (dort 44). Die Überschreitung der Sperrzeit durch den Gaststätteninhaber oder den Gast wird nach § 28 I Nr. 6, II Nr. 4 GaststG als Ordnungswidrigkeit geahndet; ebenso nach § 114 OWiG das unbefugte Betreten militärischer Anlagen, soweit nicht § 123 eingreift. Landesrechtliche Vorschriften zum Schutz von Feld und Forst gehen dem § 123 vor (Art. 4 V EGStGB, Anh. 1; Köln OLGSt. 34).

22 **6) Strafantrag** ist nach II erforderlich, nicht jedoch bei § 124.
a) Antragsberechtigt ist der Inhaber des Hausrechts, vgl. 16, so insbesondere der Mieter und nicht der Eigentümer, der Mieter auch bezüglich des gemeinschaftlichen Hausflurs. Bei vorübergehender Hergabe von Räumen durch den Eigentümer kann bei Störungen durch Dritte auch er neben dem Versamm-

Straftaten gegen die öffentliche Ordnung   § 123

lungsleiter Inhaber des Hausrechts und damit antragsberechtigt sein (RG **61**, 35). Bei mehreren Mietern ist jeder berechtigt (RG **11**, 53), bei einer ehelichen Wohnung auch der Ehegatte, der nicht Mieter ist (LK 84). Bei öffentlichen Räumen bestimmt sich der antragsberechtigte Vertreter der Behörde nach den gesetzlichen und den Verwaltungsanordnungen. Antragsberechtigte können bei mehreren Tätern den Antrag auf einzelne (zB auf Rädelsführer) beschränken (aM wohl Tiedemann JZ **69**, 725; vgl. aber auch LK 83). Im BTag übt der Präsident das Hausrecht aus, Art. 40 II GG.

b) Nicht jeder Aufforderungsberechtigte (vgl. 16) ist zugleich antragsberechtigt; er muß vielmehr durch gesetzliche oder rechtsgeschäftliche Vertretungsmacht zur Wahrung der verletzten Interessen des Berechtigten berufen sein; die Vertretungsmacht kann auch aus den Umständen folgen. 23

7) Sonstige Vorschriften. Privatklage § 374 I Nr. 1 StPO; Sühneversuch § 380 StPO; Nebenklage § 395 StPO. 24

Schwerer Hausfriedensbruch

124 Wenn sich eine Menschenmenge öffentlich zusammenrottet und in der Absicht, Gewalttätigkeiten gegen Personen oder Sachen mit vereinten Kräften zu begehen, in die Wohnung, in die Geschäftsräume oder in das befriedete Besitztum eines anderen oder in abgeschlossene Räume, welche zum öffentlichen Dienst bestimmt sind, widerrechtlich eindringt, so wird jeder, welcher an diesen Handlungen teilnimmt, mit Freiheitsstrafe bis zu zwei Jahren oder mit Geldstrafe bestraft.

1) Die Vorschrift, die das 3. StrRG unberührt gelassen hat (hierzu LK-Schäfer 2, 20 f.), und zwar auch hinsichtlich des in § 125 beseitigten Begriffes der Zusammenrottung, bedroht einen qualifizierten Fall des Hausfriedensbruchs mit höherer Strafe. Allerdings wird das unbefugte Verweilen hier nicht erfaßt. Auch sind zum öffentlichen Verkehr bestimmte Räume nicht geschützt. Vgl. zu den Begriffen Wohnung, Geschäftsraum, befriedetes Besitztum, zum öffentlichen Dienst bestimmter abgeschlossener Raum 3 ff. zu § 123, zum widerrechtlichen Eindringen 10 f. zu § 123. 1

Qualifizierende Merkmale sind:

A. Eine Menschenmenge, dh eine Personenmehrheit (RG **9**, 143), die nicht ungemessen zu sein braucht (RG **40**, 76), aber so groß ist, daß jeder einzelne darin nicht mehr in der Lage ist, mit jedem anderen einzelnen in unmittelbare Kommunikation zu treten (vgl. hierzu auch 12 zu § 330; ferner Sieber Prot. VI, 181; Meyer in Erbs O 187 2 a zu § 113 OWiG; insoweit abw. LK-Schäfer 3; vgl. auch OGH **1**, 245; **2**, 250; Schleswig SchlHA **76**, 167; Düsseldorf NJW **90**, 2699; LG Berlin StV **83**, 464; LK-v. Bubnoff 3, 9, SchSch-Lenckner 10 ff., beide zu § 125; AK-Ostendorf 7). Nach BGH **33**, 308 (m. Anm. Otto NStZ **86**, 71) ist das bei 15 bis 20 Personen der Fall, sogar bei 11 Jugendlichen (13. 7. 1960, 2 StR 291/60), ebenso bei Rockergruppen (18. 12. 1979, 1 StR 752/79; zw.); Schleswig aaO hat dies bei 6 bis 7 Personen und LG Nürnberg-Fürth (StV **84**, 207) „bei kaum mehr als 10 Personen" mit Recht verneint. Vorausgesetzt ist eine räumlich zusammengeschlossene (BGH **33**, 307) und nicht sofort überschaubare Personenvielfalt (LG Frankfurt NStZ **83**, 26), nicht erforderlich ist jedoch, daß die Menschenmenge „in irgendeiner Form zusammengehört" (so aber AG Tiergarten NJW **88**, 3219). 2

§ 124

3 **B. Die Zusammenrottung** (3 zu § 121) der Menge. Der Gegensatz dazu ist die friedliche Versammlung, die allein den Schutz des Art. 8 GG und die Privilegien des VersammlG genießt (Celle NJW **70**, 206), sowie die friedliche Ansammlung (4 ff., 7 f. zu § 125). Werden aus einer friedlichen Menge im Exzeß isolierte Gewalttätigkeiten begangen, so braucht dadurch noch keine Zusammenrottung zu entstehen (vgl. 10. 9. 1968, 5 StR 329/68; Jankknecht GA **69**, 38). Es kann sich aber eine zunächst friedliche Menge zu einer Zusammenrottung entwickeln („umfunktioniert" werden; vgl. NJW **53**, 1031; Hamm NJW **51**, 206; Schleswig SchlHA **76**, 167; Janknecht aaO 36); schließlich kann sich von einer friedlichen Menge eine in sich und auch äußerlich geschlossene Gruppe abspalten und zur Zusammenrottung werden (Bay NJW **69**, 63; Eb. Schmidt JZ **69**, 395), wann das der Fall ist, ist Tatfrage (Neuberger GA **69**, 11). In den beiden letzten Fällen hört der Schutz einer Versammlung durch Art. 8 GG auf, ohne daß es einer Auflösung nach §§ 13, 15 II VersammlG, § 113 OWiG bedarf (LK 4; aM Ott DRiZ **69**, 67). Auch Art. 5 GG kann ein auf Gewalt angelegtes Handeln nicht rechtfertigen (Celle NJW **70**, 206; Köln NJW **70**, 260).

4 **C. Öffentlich** muß sich die Menge zusammenrotten, dh nicht an einem öffentlichen Platz, sondern mit der Möglichkeit des Anschlusses beliebiger anderer in beliebiger Zahl (OGHSt **1**, 244; **2**, 184; BGH NJW **54**, 1694; Bay NJW **55**, 1806; Schleswig SchlHA **76**, 167), doch ist Öffentlichkeit schon möglich, wenn sich die Angehörigen eines großen Betriebes (RG **54**, 88) oder die Zuschauer nach einer großen Sportveranstaltung (Hamm NJW **51**, 206) zusammenrotten.

5 **D. Eindringen** muß die Menge oder ein selbst als Menge anzusehender Teil von ihr (str.; vgl. LK 8) **in der Absicht, Gewalttätigkeiten mit vereinten Kräften** gegen Personen oder Sachen zu begehen.

6 **a) Die Absicht** braucht noch nicht im Zeitpunkt der Zusammenrottung (RG **53**, 64), muß aber spätestens bei dem Eindringen vorliegen, und zwar bei der Menge (RG **51**, 423). Die Absicht braucht sich nicht gegen die Insassen des Raumes zu richten; es genügt der Wille, ein Haus auch gegen Angriffe von außen besetzt zu halten (RG **53**, 64; aM SchSch 15; SK-Rudolphi 9), sie kann auch eine einzige Person oder Sache betreffen (RG **55**, 102). Auch ist nicht nötig, daß sie verwirklicht wird; letzternfalls kann Landfriedensbruch nach § 125 vorliegen. Die Absicht muß auf Verübung mit vereinten Kräften gehen (vgl. 4 ff. zu § 121).

7 **b) Gewalttätigkeiten** (und zwar rechtswidrige, RG **20**, 303) gegen Personen oder Sachen müssen geplant sein. Gewalttätigkeit (29 zu § 113) ist nicht dasselbe wie Gewalt (13. 7. 1960, 2 StR 291/60; AG Hannover DRiZ **69**, 90; LK 10), sondern ist das Inbewegungsetzen physischer Kraft unmittelbar gegen eine Person oder Sache (RG **5**, 377) in einem aggressiven Handeln (BGH **23**, 46; dazu krit. Eilsberger JuS **70**, 164), so daß die passive Verwendung des Körpers als eines bloßen Hindernisses und damit ein Sitzstreik (19 zu § 113) nicht ausreichen (aM RG **45**, 153; krit. Martin, BGH-FS 221). Anderseits braucht ein Verletzungserfolg nicht einzutreten (RG **47**, 178). Es genügen Vorrücken der Menge gegen einen Polizeibeamten (RG **54**, 89), ein fehlgegangener Steinwurf (MDR/D **68**, 895), Werfen von Erdklumpen (Bay NStZ **90**, 36 m. Anm. Geerds JR **90**, 384), das aggressive Versperren eines Zugangs, so durch das Errichten von Barrika-

Straftaten gegen die öffentliche Ordnung   § **124**

den (Bay NJW **69**, 54; Stuttgart NJW **69**, 1543; 1776; Celle NJW **70**, 206; Köln NJW **70**, 260; LK 11; aM LK 25 zu § 125; SK 6; Lackner 4 zu § 125; Kreuzer NJW **70**, 670), möglicherweise auch die Wegnahme von Sachen (RG **52**, 34; OGHSt. **2**, 212). Besonders roh oder Leib oder Leben gefährdend braucht der Angriff nicht zu sein (BGH **23**, 51; aM LG Köln JZ **69**, 80). Es genügt die Gewalttätigkeit gegenüber *einer* Person oder *einer* Sache (RG **55**, 102; LK-v. Bubnoff 22 zu § 124; allgM; and. aber wenig überzeugend Brause NJW **83**, 1640).

2) Tathandlung ist die Teilnahme „an diesen Handlungen", dh **a)** an der   **8**
Zusammenrottung; und zwar nicht als Teilnahme iS der §§ 25 ff., sondern als körperliche, räumliche Beteiligung (RG **56**, 281). **b)** außerdem am Eindringen, dh am Hausfriedensbruch; doch ist insoweit Eigenhändigkeit nicht erforderlich; es genügt, wenn der Beteiligte das Eindringen von außen fördert (RG **55**, 35; vgl. LK 18 f.). **c)** Als Teilnehmer der Zusammenrottung wird man Journalisten, die sich auf das beschränken, was zur Ausübung ihres Berufes notwendig ist (vgl. BVerfGE **10**, 121; **20**, 176; Janknecht GA **69**, 38; Dose DRiZ **69**, 75), sowie solche, die sich nur deshalb in die Menge begeben, um sie von ihrer bedrohlichen Tendenz abzubringen („Abwiegler"; NJW **54**, 1694), nicht anzusehen haben. Doch kann hinsichtlich des Eindringens ein Rechtfertigungsgrund für Journalisten nicht anerkannt werden (Dose aaO), und zwar auch nicht, wenn es sich um Räume der öffentlichen Hand handelt und der Träger des Hausrechts nicht zustimmt (LK 22; aM SchSch 23; Dose aaO). **d)** Echte Teilnahme an der Tathandlung ist als Anstiftung oder Beihilfe nicht ausgeschlossen.

3) Vorsatz ist erforderlich, bedingter genügt. Der Täter muß wissen,   **9**
daß die Menge, der er sich anschließt, einen rechtswidrigen gewalttätigen Zweck verfolgt und daß er durch seinen Anschluß die Erreichung dieses Zwecks fördert (NJW **54**, 1694; NZWehrr. **68**, 112; **53**, 46; abw. SchSch 22), ferner, daß die Menge in der Absicht, Gewalttätigkeiten zu begehen, eindringt (RG **51**, 422). Er selbst braucht sich an solchen Taten nicht beteiligen zu wollen (RG **54**, 299), er braucht sie nicht einmal zu billigen (RG **60**, 331). Auch Beteiligung aus Neugier kann ausreichen (RG **58**, 209; str.; aM AK 17).

4) Tateinheit mit § 125 (RG **37**, 28; **55**, 41), mit §§ 239, 240 (15. 3. 1978,   **10**
2 StR 699/77) und § 243 Nr. 1 (vgl. RG **47**, 25) sowie § 250, aber auch mit §§ 223 ff., 303 ff. ist möglich.

Landfriedensbruch

125 ¹ Wer sich an
1. **Gewalttätigkeiten gegen Menschen oder Sachen oder**
2. **Bedrohungen von Menschen mit einer Gewalttätigkeit,**

die aus einer Menschenmenge in einer die öffentliche Sicherheit gefährdenden Weise mit vereinten Kräften begangen werden, als Täter oder Teilnehmer beteiligt oder wer auf die Menschenmenge einwirkt, um ihre Bereitschaft zu solchen Handlungen zu fördern, wird mit Freiheitsstrafe bis zu drei Jahren oder mit Geldstrafe bestraft, wenn die Tat nicht in anderen Vorschriften mit schwererer Strafe bedroht ist.

§ 125

ⁿ Soweit die in Absatz 1 Nr. 1, 2 bezeichneten Handlungen in § 113 mit Strafe bedroht sind, gilt § 113 Abs. 3, 4 sinngemäß.

1 1) Die Vorschrift geht in ihrem Abs. I ebenso wie § 125a (besonders schwere Fälle) auf das 3. StrRG (vor § 111)/Art. 19 Nr. 48 EGStGB zurück, das die §§ 115, 116 II aF, § 125 fF unter erheblicher Einschränkung des Strafbarkeitsbereichs zusammengefaßt hatte. II gab das **StÄG 1989** [3 zu § 239a] wieder dem vor dem ÄndStGB/VersG von 1985 geltende Fassung. Die versammlungsrechtlichen Verbote des § 17a VersammlG (Tragen von Schutzwaffen oder gleichgestellten Gegenständen) und Teilnahme an einer Versammlung in einer identifizierungshindernden Aufmachung wurden erweitert (vgl. zum strafbewehrten Verbot der **Vermummung** und **passiven Bewaffnung** §§ 17a, 27 II, 30 VersammlG) und als Folgeänderung § 125 II aF aufgehoben (hierzu zusf Maatz MDR **90**, 577). *Materialien* zum StÄG 1989 vgl. 3 zu § 239a. Nach dem Inkrafttreten des 3. StrRG wurde immer wieder versucht, zur Bekämpfung unfriedlicher Demonstrationen den Strafschutz wieder zu verstärken. Es scheiterten aber zahlreiche GesInitiativen der damaligen Opposition und des BRats, zT auch nach Anrufung des Vermittlungsausschusses: in der *7. WP*: BT-Drs. 7/2772, 7/3030, 7/3064, 7/4549; BR-Drs. 507/74; BTag 7/1419ff.; *8. WP*: BT-Drs. 8/322, 8/2677; 8/3726; BTag 8/12793, 17292, 17325; *9. WP*: BT-Drs. 9/221, 9/1258; BTag 9/3385, 5457; BR-Drs. 255/81 (Beschluß); BT-Drs. 9/1985 (Beschl. Empf. u. Ber.). Eine 2. und 3. Lesung fand jedoch in der 9. WP nicht mehr statt. In der *10. WP* legt die BReg. den E/... StÄG – § 125 StGB – [RegE] (BR-Drs. 323/83, BT-Drs. 10/901) vor, der – auch innerhalb der Regierungskoalition – umstritten blieb (vgl. BR-Drs. 323/83 [Beschluß], BTag PlenProt. 10/57. und 59. Sitz.) und an dem nach einem Hearing (39. Sitz. d. RAussch.; Ber. hierüber BT-Drs. 10/3580) die Koalitionsfraktionen nicht festhielten, sondern einen neuen E/ÄndStGB/VersG (Einfügung des neuen II in § 125 und Verbot und Ahndungsmöglichkeit der passiven Bewaffnung und Vermummung im VersammlG) vorlegten, der in der 56. und 58. Sitz. des RAussch. des BTages beraten, und von der Ausschußmehrheit angenommen wurde (BT-Drs. 10/3573: Beschl. Empf.; Inkrafttreten 26. 7. 1985). Ausführliche Darstellung der Entstehungsgeschichte bei Kast [unten 1a], 11ff. und Weingärtner [unten 1a], 41ff. Abgelehnte GesAnträge der Länder BW (BR-Drs. 345/87; 238/3/88) und Bayern (BR-Drs. 409/86; 345/87) erstrebten eine Ergänzung des § 125, wonach auch strafbar sein sollte, wer sich beim Ausbruch von Gewalttätigkeiten oder Bedrohungen trotz polizeilicher Aufforderung nicht aus der Menschenmenge entfernt. Ferner strebten die Initiativen an (insoweit erfolgreich, vgl. StÄG 1989, 3a zu § 239a), die passive Bewaffnung und die Vermummung im Versammlungsrecht sowie die Teilnahme an einer verbotenen oder aufgelösten Versammlung und die Aufforderung zur Teilnahme an einer solchen im Versammlungsrecht strafrechtlich zu verbieten (krit. Baumann StV **88**, 37 u. Hamm StV **88**, 40; beachtliche Gegenkritik M. Schreiber KR **88**, 2). Vgl. auch BTag 11/2364ff. Ferner nunmehr Gewaltkommission 134, 215, nach deren „Vorschlag Nr. 117" künftig bereits wieder strafbar sein soll, wer im Falle von Gewalttätigkeiten sich aus einer hierzu von Trägern von Hoheitsbefugnissen aufgeforderten Menschenmenge nicht entfernt (ebenso Wassermann, Die politische Meinung, Heft 276 [Nov. 1992] S. 14f.). Weiteres **Schrifttum** *zum 3. StrRG: Dreher* NJW **70**, 1156; *LK-Hübner*, 9. Aufl. vor § 125; *Würtenberger*, Peters-FS 219; *Martin* JZ **75**, 315; *Spendel*, von der Heydte-FS 1216; *Roos*, Entkriminalisierungstendenzen 89ff.; *Zu den späteren GesInitiativen: Kostaras*, Zur strafrechtlichen Problematik der Demonstrationsdelikte, 1982 (hierzu *H. Schäfer* GA **85**, 385); *Arzt* JA **82**, 269; *Schultz* MDR **83**, 183; *Stümper* KR **81**, 398 (zur

Straftaten gegen die öffentliche Ordnung **§ 125**

rechtstatsächlichen Seite); *zum RegE: zust.: Scholz* NJW **83**, 705; *Bickel* DRiZ **84**, 99; *Aretz* ZRP **83**, 264; *krit.: Schnoor* ZRP **83**, 185; *Hamm* AnwBl. **84**, 97; *Strohmaier,* Die Reform des Demonstrationsstrafrechts, 1985 und ZRP **85**, 153; *Benrath* JR **84**, 1; *zum und nach dem ÄndStGB/VersG: Baumann* StV **88**, 37; *Kühl* NJW **85**, 2379; **86**, 874; *Frowein* NJW **85**, 2378; *Broß* Jura **86**, 194; *Strohmaier* StV **85**, 469; *Kast,* Das neue Demonstrationsrecht, 1986 (BAnz. Verlag); *Werle,* Lackner-FS 481; *Bemmann,* Pfeiffer-FS 53; *M. Schreiber* KR **88**, 1; *Achenbach* KR **89**, 633; *Jahn* JZ **89**, 345; *Lücke* DRiZ **88**, 353; Stellungnahme des DRiB DRiZ **88**, 152; *Denker* StV **88**, 262; *Zuck* MDR **89**, 1065; *Amelung/Stassemer/Rudolphi* StV **89**, 72 u. SK JSt; *Krauß* StV **89**, 315; *Zuck* MDR **90**, 1; *Kunert/Bernsmann* NStZ **89**, 453; *Maatz* MDR **90**, 577. *Rechtsvergleichung: Weingärtner,* Demonstration und Strafrecht. Eine rechtsvergleichende Untersuchung zum deutschen, französischen, niederländischen und schweizerischen Recht, 1986. Statistik: DRiZ **88**, 317.

2) Geschütztes Rechtsgut ist die **öffentliche Sicherheit** (Bay NStZ **89**, 2 29 m. Anm. Meurer JR **89**, 305), daneben sind aber auch, wie sich aus I Nr. 1, 2 ergibt, Individualrechtsgüter geschützt, wie Leben, Gesundheit und Eigentum der durch Gewalttätigkeiten bedrohten Personen (LK-v. Bubnoff 1; vgl. auch SchSch-Lenckner 2; SK-Rudolphi 2ff., 12). § 125 ist kein Schutzgesetz iS des § 823 II BGB (BGHZ **89**, 383; Kornblum JuS **86**, 607; SchSch). Die Vorschrift, die in I drei verschiedene Tatformen kennt, *kollidiert nicht mit Art. 5, 8 GG,* da diese Normen nur friedliche Versammlungen schützen (vgl. BGH **23**, 57; Kühl NJW **85**, 2379; **86**, 875; LK 1, SchSch 1, 3). **Nach I ist vorausgesetzt,** daß **A.** aus einer **Menschenmenge** 3 (2 zu § 124), die sich nicht öffentlich zusammengefunden zu haben braucht und sich an beliebigen Orten, auch nicht öffentlichen, im Freien oder in Gebäuden befinden kann (LK 12), und zwar von mehreren, die in der Menge sind, mit vereinten Kräften (4ff. zu § 121; vgl. LG Krefeld StV **85**, 250) entweder **Gewalttätigkeiten** gegen Sachen oder Menschen, die Zivilisten, Amtsträger oder Soldaten (auch solche der NATO-Staaten, Art. 7 II Nr. 5 des 4. StÄG) sein können, aber in erreichbarer Nähe sein müssen, begangen (29 zu § 113; 7 zu § 124; **gewalttätiger Landfriedensbruch**) oder solche Menschen mit einer unmittelbar gegen sie oder gegen Sachen (LK 28) gerichteten Gewalttätigkeit bedroht werden **(bedrohender Landfriedensbruch).** Es genügt eine einzige Gewalttätigkeit oder Bedrohung (RG **55**, 102). Begangen ist die Gewalttätigkeit, sobald die physische Kraft aggressiv eingesetzt worden ist; zu einem schädigenden Erfolg braucht es nicht gekommen zu sein. Die Bedrohung ist begangen, sobald die Ankündigung der Gewalttätigkeit jemandem, auf den sie Eindruck machen soll, zur Kenntnis gekommen ist (vgl. Bay **5**, 235 zu § 241; einschränkend wohl LK 21, 27). *Nicht* unter § 125 fallen, wie sich schon aus dem Gesetzeswortlaut ergibt (Otto NStZ **86**, 70), Ausschreitungen, die *innerhalb* der Menge ausgetragen werden (BGH **33**, 307). **B.** die Handlungen, in einer nicht nur 4 die öffentliche Ordnung, sondern die **öffentliche Sicherheit gefährdenden Weise** begangen werden; dh es muß für unbestimmte Personen oder Sachen die Gefahr eines Schadens eintreten. Sind die Handlungen gegen bestimmte einzelne Menschen oder Sachen gerichtet oder tritt nur an einzelnen Schaden ein, so genügt es, wenn diese stellvertretend für andere gleicher Art angegriffen werden, die Gefahr der Ausbreitung (zB bei Brandstiftung) oder der Begehung weiterer ähnlicher Taten besteht oder auch

§ 125

nur das Sicherheitsgefühl unbestimmt vieler Menschen beeinträchtigt wird (Karlsruhe NJW **79**, 2415; SchSch 15; vgl. 2 zu § 126; Prot. V/2954; 3017 ff.; LK 15 ff.; Blei JA **70**, 618; Arzt JA **82**, 270), das ist auch beim Werfen von Blutbeuteln auf Kraftwagen der Fall (Hamburg NJW **83**, 2273 m. krit. Anm. Rudolphi JR **83**, 252). Bei Bedrohungen kann die öffentliche Sicherheit nur dann gefährdet werden, wenn sie ernst gemeint erscheinen und ihre Verwirklichung entweder durch die Drohenden oder andere, die unter ihrem Einfluß stehen, nicht ausgeschlossen erscheint (LK 19).

5   3) Es braucht sich **A. nicht** um eine **unfriedliche Menge** zu handeln (LK 12; aM entgegen dem im Gegensatz zur Zusammenrottung in § 124 verwendeten neutralen Begriff SchSch 13; SK 10; Blei JA **70**, 197; wohl auch Horstkotte Prot. VI/351); es genügt, wenn aus einer friedlichen Menge, zB einem nicht verbotenen Aufzug, mehrere mit vereinten Kräften handeln, auch wenn die Menge als solche damit nicht in eine unfriedliche „umfunk-
6   tioniert" wird (verkannt von AG Freiburg StV **82**, 582). **B. Tathandlung** ist die **Beteiligung** an Handlungen nach Nr. 1 oder 2 **als Täter oder Teilnehmer** *(Einheitstäter)*. Sind die Handlungen nicht als solche schon strafbar (fehlgegangene Schläge; Bedrohungen, die weder unter §§ 113, 240 noch unter § 241 fallen), so gelten die sonst unmittelbar anwendbaren §§ 25 ff. entsprechend. Die Handlungen müssen begangen werden (oben 2 f.); der bloße Versuch dazu reicht nicht aus. Mindestens ein Täter und ein anderer Beteiligter müssen sich in der Menge befinden (aM SK 13 a, 13 b); im übrigen können Mittäter, mittelbare Täter (BVerfGE **82**, 269; BGH **32**, 178 [m. zust. Anm. Willms JR **84**, 120]; **33**, 307) und Anstifter, uU auch Gehilfen an einem anderen Ort sein („ortsabwesende Hintermänner") und ihren Tatbeitrag leisten (Horstkotte, Prot. VI/353; de With, BTag, VI/1947; Küpper GA **86**, 445; LK 7; für den Mittäter bejaht, den Teilnehmer offengelassen: BGH **32**, 179 m. Anm. Arzt JZ **84**, 429; aM SchSch 17; SK 13 a; Blei JA **70**, 618). Aufrufe zu friedlichen Demonstrationen fallen wegen Art. 5, 8 GG auch dann nicht unter § 125, wenn nicht auszuschließen ist, daß sich der Veranstaltung gewalttätige Gruppen anschließen (BGH **32**, 179), anders jedoch bei einem Aufruf zu rechtswidrigen, nicht genehmigten Großaktionen, die bürgerkriegsähnliche Auseinandersetzungen einplant, Ausschreitungen unvermeidbar sind und verbale Hinweise auf „Gewaltfreiheit" nur als tarnendes Beiwerk erscheinen (vgl. BGH aaO 180: *Startbahn-West-Fall*). Im Falle dieser Verurteilung hat auch das BVerfG (NStZ **90**, 487) in einer 4:4-Entscheidung keinen Verstoß nach Art. 5, 8 GG festgestellt, wobei die unterlegenen Richter die Möglichkeit eines Grundrechtsverstoßes dadurch unterstellen, daß sie ihre eigene (der Wirklichkeit schwerlich gerecht werdende) Beweiswürdigung des hierfür allein zuständigen Tatrichters setzen (bedenklich insoweit auch BVerfGE **82**, 51), die einen Grundrechtsverstoß nicht erkennen läßt. Problematisch und umstritten ist, ob schon die bloße Anwesenheit für die Beteiligung iS der Nr. 1, 2 genügt, wenn durch geistige Mitwirkung der Tatwille anderer Demonstranten bestärkt oder Hemmungen und Widerstände beseitigt werden sollten (so 14. 11. 1978, 1 StR 282/78 und wohl auch Arzt JA **82**, 271; einschränkend AG, LG München StV **81**, 629; **82**, 119). Hingegen läßt NStZ **84**, 549 „bloßes inaktives Dabeisein oder bloßes Mitmarschieren" bei § 125 unter dem Gesichtspunkt einer psychischen Beihilfe (7 zu § 27) nicht genügen, da allein hierdurch noch kein Gewalttätigkeiten unterstützendes Verhalten zum Aus-

Straftaten gegen die öffentliche Ordnung § 125

druck kommt (zusf. Werle, Lackner-FS 483), anders jedoch, wenn sich der Täter einer gewalttätigen Gruppe anschließt oder ohne Not dort während schwerer gewaltsamer Ausschreitungen verbleibt (NStZ 84, 549; insoweit aM Lackner 10), oder erst recht, wenn er unter diesen Umständen durch Vermummung (ebenso Kühl NJW 85, 2380; Lackner 10; aM AG Freiburg NStZ 82, 247, hiergegen krit. Geilen JK 1) oder durch Nichtablegen der Schutzbewaffnung (aM LG Krefeld StV 84, 250; SK 13b) seine Solidarität mit Gewalttätern und Friedensstörern bekundet (Werle aaO 497; Lackner 10; vgl. unten 10ff.).

4) Bei der 3. Tatform des **aufwieglerischen Landfriedensbruchs** muß 7 auf eine **bereits vorhandene,** nicht erst zu bildende **Menge** eingewirkt werden. Sie braucht aber nicht von vornherein unfriedlich zu sein; gerade auch wer auf eine friedliche Menge in einer Weise einzuwirken versteht, daß eine zunächst nicht vorhanden gewesene Bereitschaft zu Gewalttätigkeiten geweckt wird, erfüllt den Tatbestand (LK 29ff.; SchSch 27; SK 18; Lackner 12; Rogall GA **79,** 25). **Tathandlung** ist hier jedes Einwirken, dh ein akti- 8 ves Tun oder ein Unterlassen (insoweit aM AK 23), das mindestens auf Teile der Menge einen Eindruck machen soll, wenn es in der Absicht geschieht, die Bereitschaft der Menge zu solchen Handlungen zu fördern, dh zu steigern oder zu unterstützen (Anheizer), gleichgültig, ob es schon zu Gewalttätigkeiten kam. Hier spielen Zurufe, Parolen, Absingen aufreizender Lieder, anfeuernde Gesten u. dgl. eine wesentliche Rolle (Braunschweig NStZ **91,** 492). Ob das Einwirken Erfolg hat oder auch nur geeignet ist, Erfolg zu haben, ist ohne Bedeutung (LK 33f.). Der Täter braucht auch nicht zu wollen, daß einzelne bestimmte Handlungen begangen werden (aM de With Prot. BTag VI/1947). Die Tat ist nicht Teilnahme an solchen Handlungen (irrig Diemer-Nicolaus aaO S. 1971; 1972). Bloße erfolglose Teilnahme an einzelnen Handlungen, die nicht zugleich Einwirkung auf die Menge ist, reicht nicht aus (vgl. LG Krefeld StV **84,** 250). Echte Teilnahme an der Tat der 2. Alt. ist jedoch möglich. § 125 scheidet hier hingegen aus (LK 36).

5) Vorsatz ist bei allen Begehungsformen des § 125 erforderlich, be- 9 dingter genügt. Bei den Tatformen zu **I** muß er sich auf dessen jeweilige Voraussetzungen beziehen. Bei den ersten beiden Tatformen (oben 2) muß er im übrigen Teilnehmervorsatz sein. Für die Konkretisierung der Tathandlungen in der Vorstellung der Beteiligten gelten die entsprechenden Grundsätze (5ff. zu § 26; 9 zu § 27; 7 zu § 30); hat sich zB ein Gehilfe vorgestellt, daß mit den von ihm beschafften Wurfgeschossen Fensterscheiben eingeworfen werden, so ist es, wenn er nicht konkrete abweichende Vorstellungen zum Ausdruck gebracht hat (auch in diesen Fällen zu Unrecht Vorsatz bejahend, aber den „friedlichen" Mitläufer rechtfertigend, Arzt JA **82,** 271), gleichgültig, an welchen Gebäuden und zu welchem Zeitpunkt der Aktion das geschieht und welche Teilnehmer im einzelnen die Werfer sind. Beim aufwieglerischen Landfriedensbruch (oben 7) muß sich der Vorsatz auch auf die Bereitschaft der Menge beziehen; der Täter muß weiter die Einwirkungsabsicht (oben 7f.) haben und seine Handlung für geeignet halten, diese Absicht zu erreichen.

6) II (idF Art. 3 II StÄG – 1989 –; 3 zu § 239a) bestimmt, daß in den 10 Fällen, in denen die Tathandlungen nach I Nr. 1, 2 zugleich **Widerstand** (iS des mit niedrigerer Strafe bedrohten § 113) gegen *nicht* rechtmäßige

§ 125

Diensthandlungen sind, § 113 III, IV sinngemäße Anwendung findet (10 zu § 113). Solche Taten sind demnach auch nicht nach § 125 strafbar. Irrt sich der Täter hierüber, so gelten die Grundsätze 23 bis 25 zu § 113. Die Bestrafung wegen anderer Delikte, zB nach §§ 223, 241 ist hingegen nicht ausgeschlossen.

11 7) **Die Strafe** ist in den 3 Fällen des Landfriedensbruchs, soweit die Subsidiaritätsklausel nicht greift, Freiheitsstrafe bis zu 3 Jahren oder Geldstrafe; dasselbe gilt für die Strafdrohung des § 125a (str.; 9 zu § 125a), der besonders schwere Fälle für die Fälle des I vorsieht.

12 8) **Tateinheit** ist möglich mit § 124 (vgl. RG **55**, 41, möglicherweise auch Tatmehrheit, vgl. RG **37**, 28); §§ 21, 22 VersammlG, Anh. 11 (vgl. Bay NJW **56**, 153); hinsichtlich der ersten beiden Tatformen auch mit §§ 106a, 223, 227, 241, 303 (SK 30; aM LK 42; Karlsruhe NJW **79**, 2416), § 304, während § 125 (anders § 125a; dort 9) wegen seiner Subsidiaritätsklausel verdrängt wird zB von §§ 88, 105, 106, 211, 212, 223a, 224 bis 226, 242/243, 244, 249ff., 305, 315b (str.; aM SchSch 38ff.; M-Schroeder § 60, 37; vgl. auch LK 39f.; 41). Hinsichtlich der 3. Tatform kommt Tateinheit mit § 111 in Betracht, der aber im Fall höherer Strafdrohung § 125 verdrängen kann (Rogall GA **79**, 25). Von § 30 wird die 3. Tatform stets verdrängt. Beteiligt sich der Täter an mehreren Gewalttätigkeiten oder Bedrohungen aus derselben Menschenmenge, so liegt, wenn § 124 nicht verdrängt wird, nur eine einzige Tat vor (vgl. auch RG **54**, 301); sonst ist fortgesetzte Tat möglich, wenn nicht individuelle Rechtsgüter verletzt werden. Von § 125 verdrängt wird § 303 (Karlsruhe NJW **79**, 2416), ferner § 113 OWiG, der an die Stelle des Art. 2 des 3. StrRG getreten ist, der § 116 aF in einen Bußgeldtatbestand umgewandelt hatte (dazu Karlsruhe NJW **74**, 2144; Düsseldorf NStZ **84**, 513). § 113 OWiG (Anh. 21) spielt im Vorfeld des § 125 keine praktisch wichtige Rolle (aM offenbar LK 1 vor **13** § 125; vgl. auch Arzt JA **82**, 273). **Tatmehrheit** mit § 27 II VersammlG (Anh. 11) ist dann möglich, wenn zuvor ein Landfriedensbruch bereits rechtlich abgeschlossen war (SchSch 42). Im übrigen tritt § 27 II VersammlG gegenüber I zurück; ferner ist zu beachten, daß in den Fällen, in denen die Tathandlung des § 27 II VersammlG bereits schon eine psychische Beihilfe (oben 6, ferner 7 zu § 27) zu den Landfriedensbruchstatbeständen darstellt (vgl. Kühl NJW **85**, 2380), § 27 II VersammlG nicht etwa als abschließende Norm gilt, sondern Tateinheit vorliegt.

Besonders schwerer Fall des Landfriedensbruchs

125 a In besonders schweren Fällen des § 125 Abs. 1 ist die Strafe Freiheitsstrafe von sechs Monaten bis zu zehn Jahren. Ein besonders schwerer Fall liegt in der Regel vor, wenn der Täter
1. eine Schußwaffe bei sich führt,
2. eine andere Waffe bei sich führt, um diese bei der Tat zu verwenden,
3. durch eine Gewalttätigkeit einen anderen in die Gefahr des Todes oder einer schweren Körperverletzung (§ 224) bringt oder
4. plündert oder bedeutenden Schaden an fremden Sachen anrichtet.

1 1) **Die Vorschrift** idF des 3. StrRG (vor § 110)/ergänzt durch Art. 1 Nr. 2 ÄndGStGB/VersG (1 zu § 125) enthält besonders schwere Fälle (11 zu § 12;

Straftaten gegen die öffentliche Ordnung § **125a**

43ff. zu § 46; 3 zu § 243), die auch für § 126 I Nr. 1 iVm §§ 140, 145d sowie für Art. 7 II Nr. 5 des 4. StÄG bedeutsam sind.

Als Beispiele nennt § 125a die Fälle, daß der Täter
Nr. 1 eine **Schußwaffe** bei sich führt. Im Gegensatz zu § 244 I Nr. 1 ist **2** das Beispiel nur gegeben, wenn der Täter selbst, nicht auch ein anderer Beteiligter die Waffe führt (BGH **27**, 56; StV **81**, 74; aM SK-Rudolphi 5). Für die ersten beiden Tatformen des § 125 (dort 2, 4ff.) ist bei dieser Einschränkung aber zu beachten, daß dort jeder als Teilnehmer an den Handlungen nach § 125 I Nr. 1 oder 2 Beteiligte Täter nach § 125 ist (vgl. auch unten 8). 4, 6ff. zu § 244 gelten entsprechend. Führt der Täter aus beruflichen Gründen regelmäßig eine Schußwaffe bei sich, so kann ein besonders schwerer Fall zu verneinen sein, wenn Verwendungsabsicht nicht feststellbar ist (vgl. 4 zu § 244).

Nr. 2 eine **andere Waffe** in Verwendungsabsicht bei sich führt. Die Vor- **3** schrift entspricht § 113 II Nr. 1 mit der Maßgabe, daß auch hier nur auf den Täter abgestellt wird (oben 2; BGH **27**, 56; ferner 28 zu § 113). Auch hier ist unter Waffe auch die im nichttechnischen Sinn zu verstehen, so zB Hartgummistöcke, größere Steine (AG Tiergarten StV **83**, 465; NStZ **91**, 493); scharfkantige Schottersteine (LG Berlin NStZ **92**, 37); Holzrohre mit Eisenfüllung, Eisenscheiben (Prot. VI/39) oder Explosivkörper (Molotow-Cocktails); führt der Täter derartige Gegenstände mit sich, so wird regelmäßig schon aus dieser Tatsache auf Verwendungsabsicht zu schließen sein; Bay MDR **87**, 162 setzt jedoch voraus, daß der Täter beabsichtigt, die Gegenstände als Waffe gegen Personen zu verwenden (aM LK-v. Bubnoff 4), wozu auch der Einsatz gegen Sachen dann gehört, wenn hierdurch mittelbar auf Personen eingewirkt wird, was im vom Bay aaO entschiedenen Fall abw. von der Auffassung des Gerichts freilich schwerlich zu bezweifeln war (iErg. aber dem Bay zust. Dölling JR **87**, 446; vgl. auch AK-Ostendorf 9). Nr. 2 ist auch erfüllt, wenn die potentiellen Opfer, wie der Täter weiß, sich gegen den befürchteten Gebrauch eines Gegenstandes so geschützt haben (Schutzkleidung), daß der Täter erhebliche Verletzungen nicht erwartet (LG Berlin NStZ **92**, 37; aM AG Tiergarten NStZ **91**, 493).

Nr. 3 durch eine **Gewalttätigkeit** (§ 125 I Nr. 1) einen anderen in die **4** dort beschriebene **Gefahr** bringt. Die Vorschrift stellt auch nur auf den Täter (oben 2) ab (BGH **27**, 58) und entspricht § 113 II Nr. 2 mit der Maßgabe, daß es genügt, wenn irgendein Mensch, also nicht nur der Angegriffene, sondern auch ein unbeteiligter Zuschauer oder ein Teilnehmer der Aktion in diese Gefahr gebracht wird. Es genügt zB das Werfen lebensgefährlicher Geschosse in Menschennähe (vgl. Prot. VI/34). Im übrigen gilt 29 zu § 113, auch hinsichtlich des Vorsatzes (BGH **26**, 245; LK 13).

Nr. 4 entweder **A. plündert,** dh unter Ausnutzung der durch das Auftre- **5** ten der Menge, insbesondere durch Gewalttätigkeiten (zB Einschlagen von Geschäftstüren, Schaufensterscheiben) entstandenen Lage stiehlt oder anderen fremde bewegliche Sachen in Zueignungsabsicht abnötigt (RG **52**, 34; BGH JZ **52**, 369), wobei allerdings Teilnehmer des Landfriedensbruchs als Opfer ausscheiden. §§ 240, 242, 243 werden dann durch Nr. 4 verdrängt, während mit §§ 244, 249ff., auch § 255 (vgl. RG **56**, 247) Tateinheit möglich ist. An der geplünderten Sache kann ein am Landfriedensbruch Beteiligter Hehlerei begehen (RG **58**, 207; LK 8). **B. an fremden** **6**

§ 125a
BT Siebenter Abschnitt

Sachen (auch unbeweglichen, vor allem Gebäuden) vorsätzlich **bedeutenden Schaden** anrichtet. Damit ist entgegen der mißglückten Formulierung (Raabe Prot. VI/198) nicht ein bedeutender Schaden auch an einer geringwertigen Sache, sondern bedeutender Sachschaden gemeint (LK 9), 16 zu § 315 gilt sinngemäß. Bedeutend kann der Schaden dadurch werden, daß der Täter verschiedene Sachen beschädigt. Der Schaden kann sich auf die Sachsubstanz, aber auch auf die Verwendungsfähigkeit beziehen.

7 2) **Außerhalb der Regelbeispiele** kommen besonders schwere Fälle zB in Frage, wenn der Täter Rädelsführer oder Hintermann (4 zu § 84), allerdings, da ein entsprechendes Regelbeispiel nicht aufgenommen worden ist (Prot. VI/354f.), nur bei entsprechender Gesamtlage des Falles; wenn durch eine Gewalttätigkeit ein anderer, ohne daß Nr. 3 erfüllt ist, ernsthaft verletzt wird (vgl. Prot. VI/356); Gewalttätigkeit oder Bedrohung sich gegen jemand richten, der für die Allgemeinheit eine Stellung von besonderer Bedeutung erfüllt; oder die Funktion lebenswichtiger Betriebe (§§ 88, 316b) erheblich gestört wird.

8 3) Wirkt ein **Beteiligter** mit einem Täter zusammen, bei dem ein Regelbeispiel gegeben ist, so kann, wenn das Beispiel nicht auch auf den Beteiligten zutrifft, ein besonders schwerer Fall bei ihm nur angenommen werden, wenn sich aus seiner Kenntnis des Regelbeispiels beim Täter, seinem Zusammenwirken mit ihm und dem sonstigen Tatbild ein solcher Fall ergibt (BGH **27**, 59; StV **81**, 74; LK 12; vgl. 49 zu § 46).

9 4) **Tateinheit** ist, da die Subsidiaritätsklausel des § 125 fehlt, möglich zB auch mit den § 125 verdrängenden Vorschriften (12 zu § 125; aM SchSch 24; LK 39 zu § 125; AK 10, allerdings spielt diese Streitfrage angesichts der hohen Strafdrohung des § 125a nur eine geringe Rolle); zwischen Nr. 1, 2 mit §§ 52a, 53 I S. 1 Nr. 3a, 4, 7, III Nr. 1, 3, 5 bis 7 WaffG (18. 12. 1979, 1 StR 752/79). § 303 wird von Nr. 4 verdrängt (vgl. MDR/D **68**, 727), ebenso § 27 VersammlG durch Nr. 2 (GA **84**, 474; NStZ **84**, 453 L; NJW **85**, 501). Zu den Konkurrenzfragen im Falle der Plünderung vgl. oben 5, 6.

10 5) **Verfahrensrecht.** § 125a wurde durch Art. 2 StÄG 1989 (3 zu § 239a) in den Katalog der Anlaßtaten des § 112a I Nr. 2 StPO aufgenommen, die Aufnahme auch des § 125 dagegen abgelehnt (vgl. StV **88**, 42).

Störung des öffentlichen Friedens durch Androhung von Straftaten

126 ¹ **Wer in einer Weise, die geeignet ist, den öffentlichen Frieden zu stören,**
1. **einen der in § 125a Satz 2 Nr. 1 bis 4 bezeichneten Fälle des Landfriedensbruchs,**
2. **einen Mord, Totschlag oder Völkermord (§§ 211, 212 oder 220a),**
3. **eine Körperverletzung in den Fällen des § 225 oder eine Vergiftung (§ 229),**
4. **eine Straftat gegen die persönliche Freiheit in den Fällen der §§ 234, 234a, 239a oder 239b,**
5. **einen Raub oder eine räuberische Erpressung (§§ 249 bis 251 oder 255),**

Straftaten gegen die öffentliche Ordnung § 126

6. ein gemeingefährliches Verbrechen in den Fällen der §§ 306 bis 308, 310b Abs. 1 bis 3, des § 311 Abs. 1 bis 3, des § 311a Abs. 1 bis 3, der §§ 312, 313 Abs. 1, des § 315 Abs. 3, des § 315b Abs. 3, des § 316a Abs. 1, des § 316c Abs. 1 oder 2, des § 318 Abs. 2, des § 319 oder
7. ein gemeingefährliches Vergehen in den Fällen des § 311a Abs. 4, des § 311d Abs. 1, des § 316b Abs. 1, des § 317 Abs. 1 oder des § 318 Abs. 1 androht, wird mit Freiheitsstrafe bis zu drei Jahren oder mit Geldstrafe bestraft.

II Ebenso wird bestraft, wer in einer Weise, die geeignet ist, den öffentlichen Frieden zu stören, wider besseres Wissen vortäuscht, die Verwirklichung einer der in Absatz 1 genannten rechtswidrigen Taten stehe bevor.

1) **Die Vorschrift** (idF des Art. 1 Nr. 4 des 14. StÄG/18. StÄG; 1 zu § 86, 1 vor § 324; Prot. 7/2266, 2269, 2287, 2313, 2381; I Nr. 7 idF des Art. 3 Ges. v. 24. 4. 1990, BGBl. II 326) ist in der Weise reformiert worden, daß an die Stelle der Androhung gemeingefährlicher Verbrechen ein erweiterter kasuistischer Katalog von Taten, an die Stelle der Friedensstörung die bloße Eignung dazu getreten, die Strafdrohung erhöht und II neu angefügt worden ist. **Schrifttum:** *Blei* JA **75**, 27; **76**, 169; *Laufhütte* MDR **76**, 441; *Sturm* JZ **76**, 347; *Stree* NJW **76**, 1177; *Jung* JuS **76**, 477; *Schulz* ZRP **75**, 19.

2) **Rechtsgut** ist der **öffentliche Frieden,** dh der Zustand allgemeiner Rechtssicherheit wie auch das Bewußtsein der Bevölkerung, in Ruhe und Frieden zu leben (30. 8. 1973, 4 StR 406/73; Hamburg NJW **75**, 1088; Berkemann/Hesselberger NJW **72**, 1789; LK-v. Bubnoff 8; überzogen krit. gegen den „öffentlichen Frieden" als Rechtsgut Fischer NStZ **88**, 162, GA **89**, 450). In zweiter Linie werden auch die bedrohten Rechtsgüter geschützt (§ 241 greift nie immer ein). Gestört ist der Frieden, wenn eine allgemeine Beunruhigung der Bevölkerung (Prot. 7/2267) innerhalb der BRep. und zwar mindestens unter einer nicht unbeträchtlichen Personenzahl (aaO), etwa einem Bevölkerungsteil iS von § 130 Nr. 1 oder einer Gruppe iS von § 220a (vgl. Blei JA **75**, 33) eintritt. Vgl. im einzelnen Berkemann/Hesselberger aaO; Prot. 7/2268.

§ 126 enthält zwei Tatbestände. Der erste ist die

3) **Androhung von Straftaten (I). Tathandlung** ist, daß der Täter eine Straftat (abw. von II genügt eine rechtswidrige Tat, also zB die eines Geisteskranken, nicht; AK-Ostendorf 15; aM Stree aaO; SchSch-Lenckner 4; M-Schroeder § 60, 49) androht. **A. Androhen** ist die Ankündigung einer nicht gleich in der Planung begriffenen, wenn auch vielleicht noch nicht vorbereiteten (RegE 8), aber bevorstehenden (unten 8; weitergehend Stree aaO) und möglicherweise schon in der Ausführung begriffenen (RegE 10; Prot. 7/2268) Tat gegenüber einem Dritten, wobei zum Ausdruck kommt, daß der Drohende die Tat selbst begehen wird oder doch auf ihre Begehung Einfluß hat (16 zu § 240). Auf Art und Mittel (Flugblatt, Wandschmiererei, Versammlung, Massenmedien) kommt es nicht an; auch der anonyme Anruf bei einem einzelnen, zB dem Bedrohten oder einem Journalisten kann genügen.

B. Eine rechtswidrige, nicht notwendig schuldhafte (33 zu § 11) **Tat** aus dem Katalog von I (**Katalogtat,** vgl. auch §§ 140, 145d) muß der Täter androhen. Der Katalog läßt zwar gewisse Delikte wie zB Hochverrat, §§ 88, 105 vermissen, geht aber über die gemeingefährlichen Taten der

§ 126

Nr. 6 erheblich hinaus. So wird von **Nr. 7** auch die Androhung einer Tat nach § 316b im Rahmen eines *illegalen* Streiks, zB der Müllfahrer erfaßt (unzutr. krit. AK 11); ebenso die Androhung eines Absperrens der Strom-, Gas- oder Wasserversorgung (Prot. 7/2315). Nr. 7 wurde zudem (aufgrund des Art. 3 des Ges. zum Übk. v. 26. 10. 1979 über den physischen Schutz von Kernmaterial v. 24. 4. 1990 BGBl. II 326) durch Einbeziehung des § 311a IV und § 311d I erweitert. Gleichzeitig wurde der Anwendungsbereich des § 311d, I, II, IV sowie des § 328 I auf die in anderen Staaten begangenen vwrechtlichen Verstöße ausgedehnt (vgl. 2a zu § 3, 4 vor § 324; RA-BRat 592. Sitz. RA-BTag 53. Sitz. S. 60; BT-Drs. 11/6218; BR-Drs. 47/90). Soweit in dem Katalog Delikte mit Fahrlässigkeitselementen aufgeführt sind, nämlich bei erfolgsqualifizierten Delikten, kann der Natur der Sache nach nur die Androhung des vorsätzlich herbeigeführten Erfolges erfaßt werden (Ber. 8); das gilt nicht nur in den Fällen der §§ 229 II, 307 Nr. 1, 312, 318 II und 319, in denen die Anwendung von § 18 und damit die Erfassung auch des vorsätzlich herbeigeführten Erfolges außer Zweifel steht. Daß der Gesetzgeber auch die Fälle der §§ 239a II, 239b II, 251, 311 III, 311a III, IV, 316c II, 311d I in den Katalog aufgenommen hat, beweist, daß er auch hier die vorsätzliche Herbeiführung des Erfolges nach § 18 mit erfaßt sehen will und nicht auf dem Standpunkt von BGH **26**, 175 zu § 251 (dort 6) steht; denn sonst wäre die Aufnahme dieser Vorschriften in den Katalog des § 126 sinnlos (LK 4). Die Androhung gewisser Delikte wie zB von § 125a Nr. 3 oder § 225 (Prot. 7/2269) ist schwer vorstellbar. Die Androhung kann sich auf Taten beziehen, die nach Zeit, Ort und Opfer noch nicht („Bei uns werden bald Köpfe rollen!") oder
6 aber schon mehr oder weniger **konkretisiert** sind (vgl. BGH **29**, 268); in jedem Fall muß sie aber erkennen lassen, daß der Tatbestand einer Katalogtat verwirklicht werden soll (Prot. 7/2289). So muß zB bei der Androhung von Taten nach §§ 315 II, 315b II aus der Ankündigung ersichtlich sein, daß es zu einem Unfall kommen soll (Prot. 7/2314). Ob die bloße Erklärung, am nächsten Tage werde es in der Stadt keinen Strom oder kein Wasser mehr geben, die Androhung einer Tat nach § 316b ist, ist im ersten Fall (Entziehung der elektrischen Kraft) zu bejahen, im zweiten eine Frage des Einzelfalls (Prot. 7/2289; abw. 2315; Laufhütte aaO 442).

7 **C. In einer Weise, die geeignet ist, den öffentlichen Frieden zu stören**, muß der Täter drohen. Zu einer Friedensstörung braucht es also nicht zu kommen (2 zu § 130; LK 9); wohl aber muß die Drohung bekannt werden können (BGH **34**, 331); die Tat ist ein potentielles Gefährdungsdelikt (12ff. vor § 13); es gilt 2 zu § 130. Danach kann auch der Anruf bei der Frau eines Politikers, dem dabei seine Ermordung angedroht wird, geeignet sein, den öffentlichen Frieden zu stören, wenn damit zu rechnen ist, daß die Drohung durch Mitteilungen der Frau in die Öffentlichkeit dringt (BGH **34**, 331; vgl. oben 4; LK 10; unklar StrABTag Prot. 7/2274ff., 2277f.; richtig 2280). Es ist also nicht notwendig, daß der Täter selbst die Androhung in der Öffentlichkeit bekannt macht, es genügt, daß nach den konkreten Umständen damit zu rechnen ist, daß der in ihr angekündigte Angriff einer breiten Öffentlichkeit bekannt wird (BGH **34**, 332), daran fehlt es, wenn Drohungsadressaten Behörden (35 zu § 11) sind und mit Diskretion zu rechnen ist, um Präventionsmaßnahmen nicht zu gefährden (BGH aaO).

Straftaten gegen die öffentliche Ordnung **§ 126**

Kommt es infolge der Drohung tatsächlich zu einer Friedensstörung, so war die Drohung in jedem Fall dazu geeignet (aM Prot. 7/2276; Sturm JZ **76**, 350; wohl auch Ber. 8); doch fehlt es in solchen Fällen am Vorsatz, wenn der Täter seine Drohung nicht für geeignet hielt (unten 9).

4) Vortäuschung einer bevorstehenden rechtswidrigen Tat (II) ist der 2. Tatbestand. Hier ist Tathandlung, daß der Täter des Bevorstehen einer rechtswidrigen Tat (33 zu § 11) aus dem Katalog von I gegenüber einem beliebigen Dritten auf beliebige Weise (oben 5) **vortäuscht**, dh den Irrtum zu erregen sucht, die Verwirklichung dieser Tat stehe bevor; ob ein Irrtum eintritt, ist ohne Bedeutung (4 zu § 145 d). Bevorstehen heißt, daß der Täter Begehung, die unmittelbar oder in naher Zukunft zu erwarten, ja vielleicht schon in der Ausführung begriffen ist, vorspiegelt (RegE 8; Prot. 7/2292). Täuscht er nur Planung vor, so reicht das nicht aus (oben 4). Gibt er zu erkennen, daß er selbst auf die Tatbegehung mindestens Einfluß hat, so ist I gegeben (oben 4) und II scheidet aus; II bleibt demnach auf den Fall beschränkt, daß der Täter die bevorstehende Tat als eine von ihm unabhängige hinstellt. Das Vortäuschen muß geeignet sein, den öffentlichen Frieden zu stören (oben 7).

5) Vorsatz ist erforderlich. Nur bei II muß der Täter wider besseres Wissen (7 zu § 15) täuschen. Das ist auch dann der Fall, wenn der Täter keinerlei Anhaltspunkte für eine bevorstehende Tat hat, es dann aber, für ihn überraschend, doch zu einer derartigen Tat kommt (Blei JA **75**, 30; Stree NJW **76**, 1180). Im übrigen, also hinsichtlich der Erfüllung eines Tatbestandes nach dem Katalog (wobei der Täter nur die Umstände zu kennen, die Tat aber nicht rechtlich richtig zu subsumieren und auch nicht zu wissen braucht, daß sie in dem Katalog des § 126 aufgeführt ist) sowie der Eignung zur Friedensstörung, genügt für I und II bedingter Vorsatz (4. 2. 1986, 1 StR 665/85). Bei manchen der angedrohten oder in Aussicht gestellten Taten zB bei § 125a Nr. 3, kann es am Vorsatz fehlen (vgl. Prot. 7/2278). Vgl. auch oben 7; 9 zu § 130.

6) Im Inland muß die Tat begangen werden. Doch greift § 126 auch ein, wenn zB im Ausland ein Mord an einem Deutschen angedroht (§ 7 I) oder wenn an irgendeinem Ort die Entführung von Flugzeugen mit deutschen Passagieren angedroht wird und die Eignung zur Friedensstörung gegeben ist.

7) Der Versuch ist nicht strafbar. Die **Teilnahme** folgt allgemeinen Regeln. Bei I ist der Teilnehmer auch nach I strafbar, wenn er anders als der Täter weiß, daß die angedrohte Tat in Wirklichkeit nicht stattfinden wird. Hingegen ist der Teilnehmer im Fall von II nicht strafbar, wenn er weiß, daß die scheinbar vorgetäuschte Tat tatsächlich begangen werden soll; Strafbarkeit nach I über § 30 scheidet aus, weil es sich um verschiedene Tatbestände handelt.

8) Konkurrenzen. I und II schließen einander aus (Laufhütte aaO Anm. 43); doch ist natürliche Handlungseinheit möglich. Tateinheit zB mit §§ 83, 240, 241 (Prot. 7/2275), 253, ferner zwischen II und §§ 145 I Nr. 2, 145 d I Nr. 2.

§ 127

Bildung bewaffneter Haufen

127 ᴵ Wer unbefugterweise einen bewaffneten Haufen bildet oder befehligt oder eine Mannschaft, von der er weiß, daß sie ohne gesetzliche Befugnis gesammelt ist, mit Waffen oder Kriegsbedürfnissen versieht, wird mit Freiheitsstrafe bis zu zwei Jahren oder mit Geldstrafe bestraft.

ᴵᴵ Wer sich einem solchen bewaffneten Haufen anschließt, wird mit Freiheitsstrafe bis zu einem Jahr oder mit Geldstrafe bestraft.

1   1) **Drei Handlungen** werden verboten:

A. Das unbefugte Bilden oder Befehligen eines bewaffneten Haufens, dh des **räumlichen** Zusammentretens einer Mehrheit von Personen zum gemeinsamen bedrohlichen oder gewalttätigen Handeln (RG **56**, 281; vgl. LK-v. Bubnoff 3; str.). **Unbefugt** (27 ff. zu § 203) geschieht die Handlung, falls sie nicht durch die nach Bundes- oder Landesgesetz zuständigen Stellen erlaubt oder sonst gerechtfertigt ist, zB durch das Völkerrecht (levée en masse). Gegen den Staat oder die Staatsregierung sich richtende Haufen sind stets unbefugt gebildet (RG **53**, 67). Das Bilden ist möglich durch die Zusammenbringung von bewaffneten Leuten oder durch Bewaffnung schon zusammengebrachter Leute. Es genügt, daß ein erheblicher Teil des Haufens bewaffnet ist (RG LZ **24**, 298). Dabei ist Waffe im herkömmlichen technischen Sinne zu nehmen (RG JW **31**, 1565; LK 4).

2   **B. Das Versehen einer Mannschaft mit Waffen oder Kriegsbedürfnissen**, von der der Täter weiß, daß sie ohne gesetzliche Befugnis gesammelt ist; auch hier muß er **unbefugt** handeln, und zwar in Kenntnis des Fehlens der Befugnis (RG **56**, 148; LK 6). Die Mannschaft unterscheidet sich vom Haufen (oben 1) dadurch, daß ein räumlicher Zusammenhang nicht erforderlich ist, dagegen eine militärähnliche Disziplin und eine Organisation; str. Waffe ist hier ein Werkzeug, das zu Angriff und Verteidigung dient und Verletzungen herbeiführen kann (RG JW **33**, 442).

3   **C. Der Anschluß** an einen „solchen bewaffneten Haufen" **(II)**, der nämlich unbefugt gebildet und bewaffnet ist; der Täter braucht hier nicht bewaffnet zu sein (RG **30**, 391). Er muß sich aber zum Glied der Menge machen; bloße Teilnahme nach §§ 25 ff. genügt nicht (RG **56**, 281). – Die Strafe ist bei II gemildert.

4   2) **Tateinheit** möglich mit §§ 52a, 53 WaffG, § 22a KriegswaffG.

§ 128 [Aufgehoben durch Art. 2 Nr. 8 des 8. StÄG; vgl. aber § 47 I Nr. 7 AuslG].

Bildung krimineller Vereinigungen   RiStBV 202 bis 208

129 ᴵ Wer eine Vereinigung gründet, deren Zwecke oder deren Tätigkeit darauf gerichtet sind, Straftaten zu begehen, oder wer sich an einer solchen Vereinigung als Mitglied beteiligt, für sie wirbt oder sie unterstützt, wird mit Freiheitsstrafe bis zu fünf Jahren oder mit Geldstrafe bestraft.

Straftaten gegen die öffentliche Ordnung **§ 129**

^{II} **Absatz 1 ist nicht anzuwenden,**
1. **wenn die Vereinigung eine politische Partei ist, die das Bundesverfassungsgericht nicht für verfassungswidrig erklärt hat,**
2. **wenn die Begehung von Straftaten nur ein Zweck oder eine Tätigkeit von untergeordneter Bedeutung ist oder**
3. **soweit die Zwecke oder die Tätigkeit der Vereinigung Straftaten nach §§ 84 bis 87 betreffen.**

^{III} **Der Versuch, eine in Absatz 1 bezeichnete Vereinigung zu gründen, ist strafbar.**

^{IV} **Gehört der Täter zu den Rädelsführern oder Hintermännern oder liegt sonst ein besonders schwerer Fall vor, so ist auf Freiheitsstrafe von sechs Monaten bis zu fünf Jahren zu erkennen.**

^V **Das Gericht kann bei Beteiligten, deren Schuld gering und deren Mitwirkung von untergeordneter Bedeutung ist, von einer Bestrafung nach den Absätzen 1 und 3 absehen.**

^{VI} **Das Gericht kann die Strafe nach seinem Ermessen mildern (§ 49 Abs. 2) oder von einer Bestrafung nach diesen Vorschriften absehen, wenn der Täter**
1. **sich freiwillig und ernsthaft bemüht, das Fortbestehen der Vereinigung oder die Begehung einer ihren Zielen entsprechenden Straftat zu verhindern, oder**
2. **freiwillig sein Wissen so rechtzeitig einer Dienststelle offenbart, daß Straftaten, deren Planung er kennt, noch verhindert werden können; erreicht der Täter sein Ziel, das Fortbestehen der Vereinigung zu verhindern, oder wird es ohne sein Bemühen erreicht, so wird er nicht bestraft.**

1) **Die Vorschrift** idF des Art. 2 Nr. 4 des 1. StÄG (1 zu § 106a) ist vielfach 1 geändert worden, und zwar durch § 22 Nr. 5 VereinsG (BT-Drs. IV/430, IV/ 2145 (neu), Prot. IV 203 ff. BTag IV/1525, 6236), Art. 2 Nr. 9 des 8. StÄG (1 vor § 80), Art. 1 Nr. 41 des 1. StrRG (Einl. 7, 8, 12) und Art. 19 Nr. 49 EGStGB (Einl. 9, 10, 12). Zum gescheiterten Streichungsantrag der Grünen vgl. BT-Drs. 11/7139. Vgl. zur Auslieferung EuTerrÜbk (hierzu *Rebmann* NJW **85**, 1735) und für die europ. Länder, in denen es nicht gilt, Art. 3 EuAlÜbk iVm § 6 IRG sowie zur „politischen Tat" BGH **30**, 199 (hierzu Vogler GA **82**, 47; Oehler JR **82**, 522; *Rumpf*, Außenpolitik **85**, 389). § **30b BtMG** idF Art. 2 Nr. 5 OrgKG (z 2 zu § 43a) erweitert den **Anwendungsbereich** des § 129 (unten 2); § 261 I Nr. 3 erfaßt das Verbergen von Gegenständen, die aus einer Tat nach § 129 herrühren. **Schrifttum** und Rspr. zu § 129 aF: *Schafheutle* JR **51**, 619; *v. Weber* MDR **51**, 641; *Willms* NJW **57**, 565 u. Lackner-FS 473; *Weinmann* HWiStR „Kriminelle Vereinigung"; *Ruhrmann* NJW **57**, 1897; *Lüttger* GA **60**, 54. Rspr.: *Wagner* GA **60**, 230 (= BGH/W I); **63**, 241 (= BGH/W II); DRiZ **61**, 171; **62**, 347; **64**, 361; *Rudolphi*, Bruns-FS 315; *Gräßle-Münscher*, Der Tatbestand der kriminellen Vereinigung (§ 129 StGB) aus historischer und systematischer Sicht, Diss. 1982; *Schroeder*, Straftaten 17, 28; *Hohmann* wistra **92**, 85; *Schultz* SchweizZSt **89**, 15; *Krehl* DtZ **92**, 113. Kriminologisch: C. *Schaefer* KR **87**, 230 (organisierte Kriminalität).

Die Vorschrift **schützt** die **öffentliche Sicherheit** und die **staatliche Ord-** 1b **nung** (NJW **66**, 312; hM; LK-v. Bubnoff 1; aM Rudolphi ZRP **79**, 216; Ostendorf JA **80**, 500; hiergegen BGH **30**, 328 m. krit. Anm. Rudolphi NStZ **82**, 198; vgl. Arzt/Weber LH **5**, 48; zusf. Hohmann wistra **92**, 86). Sie ist verfassungsmä-

§ 129

BT Siebenter Abschnitt

ßig (28. 2. 1973, 3 StR 2/ 72). § 129a enthält Qualifikationstatbestände zu § 129, hinter die § 129 zurücktritt (unten 9). Die kriminelle Vereinigung unterscheidet sich im Grad der von ihr ausgehenden Gefährdung deutlich von der Bande (BGH **31**, 207; 9 zu § 244), weil sie kraft der ihr innewohnenden Eigendynamik eine erhöhte Gefährlichkeit für wichtige Rechtsgüter in der Gemeinschaft mit sich bringt (NJW **92**, 1518).

2 **2) Organisationsdelikt** ist die Tat (BGH **29**, 291; 25. 7. 1984, 3 StR 77/ 84; Koblenz GA **87**, 232; LK 1; zT einschränkend Fleischer NJW **79**, 1338; Werle JR **79**, 95), die auf der Grundlage von Art. 9 II GG im Gegensatz zu §§ 84, 85 sowie § 20 I Nr. 1 bis 4 VereinsG (Anh. 10) schon vor dem Verbot der Vereinigung strafbar ist (vgl. BGH **28**, 116). Damit das in diesen Vorschriften aufgestellte Prinzip der Strafbarkeit erst nach Organisationsverbot bei Parteien und Vereinigungen mit politischer Zielsetzung nicht durch Anwendung von § 129 wirkungslos wird, ist II mit schon weitgehend schon der Rspr. und § 294 E 1962 entsprechenden Beschränkungen eingefügt worden. Die Vereinigung muß zur Tatzeit mindestens eine Teilorganisation im Geltungsbereich des GG haben, (BGH **30**, 329 [m. Anm. Bohnert JuS **83**, 943; abl. Rudolphi NStZ **82**, 198]; NJW **66**, 310; MDR/S **79**, 708; **81**, 974; **83**, 2; Rebmann DRiZ **79**, 364 u. NStZ **86**, 290; aM Rudolphi ZRP **79**, 216). Für die **BtM-Kriminalität** schließt § 30b BtMG idF des Art. 2 Nr. 5 OrgKG (2 zu § 43a) eine im Stadium der Vorbereitung von BtM-Taten bestehende Schutzlücke im Hinblick auf die Tendenz ausländischer Organisationen, verstärkt im Inland Fuß zu fassen (vgl. hierzu BGH **38**, 30). So konnten deren Mitglieder in der BRep. Verbindungen knüpfen, die, solange Straftaten nach dem BtMG noch nicht begangen wurden, nicht bestraft werden konnten; folglich konnten wegen fehlenden Anfangsverdachts einer Straftat auch keine Ermittlungen durchgeführt werden. Nach § 30b BtMG gilt § 129 deshalb auch dann, wenn die ausländische Organisation nicht oder nicht nur im Inland besteht.

3 **3) Die Vereinigung** iS des § 129 I ist der auf eine **gewisse** Dauer angelegte organisatorische Zusammenschluß von mindestens drei Personen, die bei Unterordnung des Willens des einzelnen unter den Willen der Gesamtheit gemeinsame Zwecke verfolgen und unter sich derart in Beziehung stehen, daß sie sich untereinander als einheitlichen Verband fühlen (BGH **10**, 16; **28**, 147; **31**, 240 [m. Anm. Rudolphi JR **84**, 33]; NJW **66**, 310; **78**, 433; **92**, 1518; BGHR § 129a I, Verein. 1; Köln NStE Nr. 2). In dieser Ausrichtung liegt der Unterschied zur bloßen Mittäterschaft (BGH **31**, 204). Hierunter können auch *Ausländervereinigungen* fallen, die mit kriminellen (terroristischen) Mitteln auf das Verhalten anderer in der BRep. bestehenden Gruppierungen Einfluß zu nehmen suchen (NJW **88**, 1474; vgl. hierzu Schnarr MDR **88**, 90; MDR/S **88**, 356), *nicht* jedoch Mitarbeiter des MfS oder Mitglieder der Regierung der ehem. DDR als solche (Krehl DtZ **92**, 113; vgl. 40 vor § 3; 1a zu § 99). Die für eine organisierte Vereinigung typische besondere Gefährlichkeit, die gerade in der Bildung eines von der individuellen Einzelmeinung losgelösten Gruppenwillens liegt, ist im Falle eines *organisierten Glücksspiels* noch nicht erreicht, denn zum mitgliedschaftlichen Zusammenwirken gehört die subjektive Einbindung in die kriminellen Ziele der Organisation und in deren Willensbildung im Sinne eines durch die Art der Organisation gewährleisteten *Gesamtwillens*,

Straftaten gegen die öffentliche Ordnung **§ 129**

dem sich einzelne Mitglieder maßgeblich und verbindlich unterordnen (NJW **92**, 1518; 10. 3. 1992, 5 StR 22/92). Die Vereinigung setzt ein Mindestmaß an fester Organisation voraus, woran es idR bei bloßer **Bandentätigkeit** nach § 244 I Nr. 3, § 250 I Nr. 4 fehlt (vgl. 9 zu § 244), wenn die Täter nur der Wille eint, gemeinsame Straftaten begehen (MDR/H **77**, 282; NStZ **82**, 68), sei es auch, daß der Führer eines illegalen (wirtschaftlichen) Unternehmens die Geschäfte plant (BGH **31**, 207; Hohmann wistra **92**, 88). Auch reicht bei „**Hausbesetzern**" (5 a zu § 123) die Entschlossenheit, sich mittels Kampfmaßnahmen, zB Verbarrikadierungen, im unrechtmäßigen Besitz besetzter Häuser zu halten, idR noch nicht für die iS des § 129 gebotene Unterordnung unter einen Gesamtwillen aus (BGH **31**, 242 [m. Anm. Rudolphi JR **84**, 33; weitergehend früher NJW **75**, 985]; LG Berlin NStZ **82**, 203; Rudolphi, ZRP **79**, 216; Ostendorf JuS **81**, 642; Hohmann wistra **92**, 88; SK 10; aM LK 4), offensichtlich auch nicht die Tätigkeit der Organisatoren von „*Parteispendenwaschanlagen*" (aM Schünemann Inst-Konfl. **11**, 63), hinsichtlich der „Regierungskriminalität" auch nicht die Funktionsträger der ehem. DDR (Krehl DtZ **92**, 113). Die Inhaftierung von Mitgliedern der Vereinigung schließt deren Fortbestehen nicht aus (SK-Rudolphi 11a). Sie braucht weder verboten (so *Hell's Angels Motor-Club e. V. Hamburg*, Bek. 3. 11. 1988, BAnz 4881) noch verfassungsfeindlich zu sein (BGH/W I [oben 1 a] A Nr. 2, 10). Doch muß zur Zeit der Handlung des Täters (BGH aaO Nr. 23) das Ziel der Vereinigung sein, aus einer fest organisierten Vereinigung heraus, mit einem durch die Organisation gewährleisteten Gesamtwillen – wenn auch in wechselnder Zusammensetzung – Straftaten zu planen und zu begehen, und zwar in dem Bewußtsein, einem organisatorischen festgefügten kriminellen Verband anzugehören (BGH **31**, 206). Die Straftaten brauchen nicht das Endziel, der Hauptzweck oder die ausschließliche Tätigkeit zu sein (BGH **9**, 285; **15**, 260; NJW **75**, 985; BGH/W I A Nr. 3, 5, 11, 12, 17, 19; LK 7), doch müssen die Vereinigungen eine erhebliche Gefahr für die öffentliche Sicherheit (BGH **27**, 325; 11. 2. 1983, 3 StR 484/82: Fortsetzung des bewaffneten Kampfes der RAF), oder für die Volksgesundheit (NStZ **81**, 303) darstellen, so bei planmäßigen Taten nach §§ 90b, 187, 187a (BGH **20**, 87). Dagegen genügt es nicht, wenn die Begehung von Straftaten nur ein Zweck oder eine Tätigkeit von untergeordneter Bedeutung ist (BGH **31**, 207). Die Straftat darf nicht in der Bildung der Vereinigung selbst (etwa § 83) liegen (BGH/W I A Nr. 9; NJW **54**, 1257). Ausgeschlossen sind nach II Nr. 3 weiter andere Organisationsdelikte, nämlich Taten nach §§ 84, 86a, zu denen man aber noch die nur aus technischen Gründen weggelassenen Delikte des § 20 I Nr. 1 bis 4 VereinsG rechnen muß (BT-Drs. IV/2145 [neu] 13; LK 11). Dazu kommt nach II noch § 87. Entsprechendes dürfte für §§ 3, 8 VersamlG (Uniformverbot) gelten. Hingegen kommen in Betracht § 89 (vgl. BGH/W I A Nr. 15), § 90a (vgl. DRiZ **64**, 362), §§ 90b, 126, 185 ff. (vgl. BGH **20**, 87), soweit sie nicht nur untergeordnete Bedeutung haben. Auch Straftaten im Ausland können in Betracht kommen (NJW **66**, 312; LK 5; aM Rudolphi, Bruns-FS 318 und SK 13). Politische inländische Parteien können nach II Nr. 1 nur unter § 129 fallen, sobald das BVerfG sie für verfassungswidrig erklärt hat (so schon BVerfGE **17**, 166). Die Rspr. zu 129 aF, wonach zB die KPD (BGH **11**, 233), deren geheimer Zeitschriftenverteilerapparat (BGH **10**, 16), die FDJ und sonstige

§ 129

BT Siebenter Abschnitt

„Westarbeit" leistende Organisationen (Nachw. bei BGH/W I B; II B; DRiZ **61**, 171) unter § 129 fallen, bedarf der Überprüfung. Zur neuen KPD vgl. 3 zu § 84. Die Vorschrift begründet eine Strafbarkeit bereits weit im Vorfeld der Vorbereitung von Straftaten im Hinblick auf die besondere Gefährlichkeit von 3 und mehr (2 zu § 85) organisierten Straftätern (BGH **28**, 148; SK 2), sie ist im wesentlichen auf politisch-kriminelle Untergrundorganisationen, die nicht auf Taten nach § 129a I Nr. 1 bis 3 angelegt sind, sowie auf rein kriminelle Vereinigungen anwendbar, die zB Taschendiebstähle, Autodiebstähle, auch provozierte Autounfälle (Fleischer NJW **76**, 878), Raubüberfälle, Rauschgifthandel und dgl. planen (wie die früheren Ringvereine; zu heutigen Formen: Organisiertes Verbrechen, Hrsg. BKA, 1975; LK 2; vgl. auch § 244 I Nr. 3; § 373 II Nr. 3 AO).

4 **4) Tathandlungen** sind a) das **Gründen,** dh die Neubildung einer derartigen Vereinigung, wobei nicht nur die Mitwirkenden, die eine führende und richtungsweisende Rolle spielen, als Täter anzusehen sind (aM NJW **54**, 1254; hM; LK 15), sondern alle mit Gründungswillen am Gründungsvorgang Beteiligten; andernfalls würde sich das Gründen auf Rädelsführer oder Hintermänner beschränken, die das Gesetz in IV für alle Handlungsformen in I gesondert behandelt; überdies beweist V (iVm III), daß es auch im Fall des Gründens Beteiligte, also auch Mittäter (§ 28 II) von untergeordneter Bedeutung gibt. Gründen ist auch das Umwandeln einer legalen Vereinigung in eine kriminelle. Auf den Endzweck kommt es nicht an, ausreichend ist, wenn Straftaten als Mittel zu irgendeinem Zweck begangen werden sollen (BGH **27**, 326; **31**, 17 [m. Anm. Gössel JR **83**, 118]
4a Fleischer NJW **79**, 1337). b) das *Sichbeteiligen* als **Mitglied,** dh eine auf die Dauer gerichtete, wenn auch vorerst einmalige Teilnahme am Verbandsleben (BGH **29**, 115; abl. Ostendorf JA **80**, 502), das zwar (abw. von 5 zu § 84) idR Sichbetätigen sein wird, nicht notwendig aber fortwährendes Sichbetätigen sein muß (BVerfGE **56**, 33; BGH **29**, 294; aM Haberstumpf MDR **79**, 978; offen gelassen BGH **29**, 123; SchSch 13; Dahs NJW **76**, 2147 wollen hier keinen Unterschied sehen), aber auch in der detaillierten Unterrichtung der Parteizentrale über Bemühungen zur Erfüllung erteilter Mordaufträge bestehen kann (NStE § 129a Nr. 7), auch Aufrechterhalten der Mitgliedschaft durch entsprechendes Verhalten wie zB Zahlen von Mitgliedsbeiträgen u. dgl. kann ausreichen (Karlsruhe NJW **77**, 2223; aM LK 16), so daß die Tat damit zum Dauerdelikt wird (vgl. LK-Willms 22 zu § 84; Fleischer aaO 1338). *Prozeßerklärungen* von Mitgliedern, auch wenn sie für die kriminelle Vereinigung werbenden Charakter haben (vgl. unten 4b), fallen, sofern sie der Rechtfertigung begangenen Unrechts dienen, nicht darunter (BGH **31**, 23), zw. jedoch, ob das auch gelten kann, wenn bei einem solchen Prozeßverhalten weitere Straftatbestände, wie §§ 111, 140, erfüllt werden (so aber BGH aaO; mit Recht abl. Gössel JR **83**, 119). Nach NStZ **90**, 183 können auch Äußerungen Verteidigungszwecken dienen, mit denen die Legitimität des staatlichen Strafanspruchs in Frage gestellt und eine (vermeintliche) Notwendigkeit des Kampfes gegen den Staat behauptet wird. Hierin liegende fehlende Unrechtseinsicht kann für die Strafzumessung von Bedeutung sein, nicht aber ein tatbestandsrelevantes Verhalten begründen. Eine Betätigung als Rädelsführer oder Hintermann (unten 6) kann eine natürliche Handlungseinheit bilden oder im Fortset-

Straftaten gegen die öffentliche Ordnung § 129

zungszusammenhang stehen (vgl. 7 zu § 84). **c)** das **Unterstützen** der Ver- 4b
einigung durch Nichtmitglieder (vgl. zunächst 6 zu § 84; aM insoweit
SchSch 15; Fleischer aaO) ist zur Täterschaft verselbständigte Beihilfe
(BGH **20**, 89). Nicht erforderlich ist, daß die Beihilfe den erstrebten Erfolg
hat oder der Organisation Nutzen bringt (M-Schroeder § 95, 8), es genügt,
wenn sie für die Vereinigung irgendwie vorteilhaft ist und die Mitglieder
im Zusammenwirken bestärkt (BGH **29**, 101 [krit. Giehring StV **83**, 309];
25. 7. 1984, 3 StR 77/84), das Absenden eines bloßen Drohbriefes an ein
Gerichtsmitglied erfüllt daher diesen Tatbestand noch nicht (6. 6. 1980,
StB 17/80), auch nicht das bloße Vorrätighalten von Propagandamaterial
(Bay StV **84**, 77), der bloße Besitz von Broschüren der Vereinigung
(BGHR § 129a III Unt. 5), oder das Aufsprühen von RAF-Parolen auf
Schilderbrücken von Autobahnen (BGH **33**, 17 m. Anm. Bruns NStZ **85**,
22; vgl. MDR/S **85**, 185; **88**, 355; **91**, 183), jedoch liegt im Verbreiten einer
Zeitschrift, die auf eine Vielzahl von Lesern wirken soll, ein Unterstützen
(BGH **36**, 53), auch kann im Verbreiten von Druckschriften, deren Aussagen einer Gesamtwertung unterliegen und deren Einzelaussagen nicht unabhängig voneinander beurteilt werden dürfen, falls ihnen das RAF-Symbol als Blickfang dient, ein Unterstützen liegen (NJW **88**, 1677; NStE
§ 129a Nr. 5; abw. von der Vorinstanz: Bay StV **87**, 393). Auch ist das
bloße Eintreten für nichtkriminelle Endziele der Vereinigung (BGH **33**, 18)
unbeachtlich, solange hierin nicht ein *organisationsbezogenes,* deren konkrete
politische Bestrebungen förderliches Verhalten liegt (NJW **88**, 1678), so bei
Hungerstreik und „Zusammenlegungsforderung (31. 12. 1987, 1 BJs 309/
86 – 4; aM, aber bedenklich NJW **89**, 2002). *Nicht* tatbestandsmäßig ist
jedoch ein *Verteidigerhandeln,* auch wenn es sich zugleich als Unterstützen
der Vereinigung auswirkt, solange sich der Anwalt bei der Verteidigung
seines Mandanten an Gesetz und Standespflichten hält (BGH **29**, 102 [m.
Anm. Kuckuk NJW **80**, 298]; 14. 10. 1979, 3 StR 323/79; Rudolphi, BrunsFS 334; ZRP **79**, 217; SK 17a; Müller-Dietz JR **81**, 76; vgl. 7 zu § 258) und
die Vereinigung nicht durch verteidigungsfremde Aktivitäten fördert (LK
18; vgl. auch SchSch 15a), zB durch Mitwirkung an einem Info-System
oder Weiterleitung von Zellenzirkularen an UHäftlinge (14. 11. 1979, 3
StR 323/79; hierzu MDR/S **81**, 91), das den Zusammenhalt der Mitglieder
aufrecht erhält und den gemeinsamen Hungerstreik organisiert (NJW **82**,
2510; BGH **32**, 244 m. Anm. Bottke JR **85**, 122; Hamburg JZ **79**, 275;
unzutr. Ostendorf JZ **79**, 252; GA **84**, 324; Rudolphi ZRP **79**, 218), sowie
d) das **Werben für** die (zur Tatzeit noch bestehende, KG StV **81**, 525) 4c
Vereinigung, womit jede in keinem nachweisbaren Erfolg führende (sonst
Unterstützung; vgl. oben 4b) offene oder versteckte Propagandatätigkeit
(Wagner MDR **66**, 187; Haberstumpf MDR **79**, 978) zugunsten der Vereinigung gemeint ist, zB Verteilen von Flugblättern (24. 2. 1982, 3 StR
444/81), nicht nur die Werbung von Mitgliedern (so aber SK 18 und gescheiterter GesAntrag der SPD, BT-Drs. 10/1883), sondern jede Propaganda, die zur Stärkung der Vereinigung, zB auch durch Geldspenden,
Sach- und Personalhilfe, führen soll („Sympathiewerbung", BGH **28**, 26;
MDR **79**, 709; **81**, 974; NStE § 129a Nr. 4; Bay NStZ **83**, 123; 25. 7. 1984,
3 StR 77/84; Frankfurt StV **83**, 285; Rebmann DRiZ **79**, 364; NStZ **81**, 458
mwN; LK 17; krit. Rudolphi JR **79**, 33; ZRP **79**, 218; Jura **80**, 259; Ostendorf JA **80**, 502 u. AK 19; Giehring StV **83**, 296; abl. SchSch 14), *nicht*

§ 129

jedoch schon das Aufsprühen von Parolen, die für den durchschnittlich informierten Leser nicht eindeutig einer bestimmten Vereinigung zugeordnet werden können (Koblenz StV **89**, 205) oder die bloße, wenn auch in überzogener Wortwahl vorgenommene Propagierung von anderen Haftbedingungen für Terroristen (BGH **33**, 70 [m. Anm. Bruns NStZ **85**, 22]; NStZ **85**, 263; BGHR § 129a III Werb. 4; Stuttgart StV **84**, 76), oder eine Zusammenstellung von „Originalreprints zensierter Texte" zum Zwecke der Dokumentation (KG StV **90**, 210; vgl. auch BGH 20. 2. 1990, 3 StR 278/89, in **36**, 363 nicht abgedruckt), nach Hamburg StV **86**, 254 auch nicht eine mit politischer Agitation verbundene Hungerstreikerklärung (zw.), auch nicht der Abdruck von Gefangenenbriefen aus primär dokumentarischen Gründen (Schleswig NJW **88**, 352), oder der bloße Abdruck des „RAF"-Symbols (vgl. Bay StV **87**, 393), *anders* jedoch wenn gerade durch dessen Anbringung oder die Verarbeitung der Briefe verdeutlicht wird, daß der Täter sich hierdurch für die Vereinigung einsetzen will (NJW **88**, 1679; Schleswig aaO), auch scheitert eine Verurteilung wegen Werbens nicht daran, daß der Täter wenige Worte der (bereits verständlichen) aufgesprühten Parole nicht mehr schreiben konnte (NJW **88**, 1679; vgl. ferner MDR/S **85**, 185; **86**, 178; **88**, 355). e) Der **Versuch** ist nur im Fall des Gründens strafbar **(III)**.

4d 5) **Teilnahme.** Strafbare Anstiftung und Beihilfe sind sowohl zum Gründen wie zum Werben (BGH **29**, 265; vgl. auch BGH **36**, 369) möglich (aM SK 21; Schlothauer StV **81**, 22), während Anstiftung und Beihilfe zum Beteiligen als Mitglied und zum Unterstützen, das eine zur Täterschaft erhobene erfolgreiche Beihilfe darstellt (vgl. BGH **20**, 89), selbst ein Unterstützen und damit Täterschaft bedeuten (9. 12. 1983, 3 StR 438/83), Teilnahme an dieser Täterschaft ist nicht möglich (Sommer JR **81**, 495; abw. Prot. 7/2463; SchSch 25).

5 6) **Vorsatz** ist erforderlich; bedingter genügt in den Fällen des Unterstützens (BGH **29**, 102). Zu Irrtumsfragen BGH **32**, 246; vgl. ferner Rebmann NStZ **81**, 461; in den Fällen des Werbens (4c) genügt bedingter Vorsatz für den Täter *nicht,* da er auf die Unterstützung der Vereinigung hinzielen muß (NJW **88**, 1679; BGHR § 129a III Werben 3, 4), anders jedoch bei Gehilfen. Der Vorsatz muß sich auch darauf beziehen, daß die geplanten Handlungen strafbar und für die Vereinigung nicht nur von untergeordneter Bedeutung sind (LM Nr. 6). Zu IV vgl. 4 zu § 84.

6 7) **Die Strafe. A. In besonders schweren Fällen** nach **IV** (43 ff. zu § 46), zB wenn sich die Tat (vor Inkrafttreten des § 129a) auf terroristische Vereinigungen bezog (NJW **78**, 175; 14. 11. 1979, 3 StR 323/79) oder wenn ein Anwalt sie durch ein Info-System unterstützt (Hamburg JZ **79**, 277), ist die Strafe verschärft. Die Tat bleibt auch bei IV Vergehen (4 zu § 84; LK 23 ff.; vgl. 11 zu § 12).

7 **B. Die Mitläuferklausel** in **V** entspricht der in § 84 IV (vgl. dort 14 ff.) mit der Maßgabe, daß nur Absehen von Strafe in Betracht kommt.

8 **C. Tätige Reue** nach **VI** 1. Halbsatz ermöglicht es dem Richter, die Strafe nach seinem Ermessen zu mildern (§ 49 II) oder von Strafe nach I, III, IV (nicht auch nach anderen Vorschriften) **abzusehen** (7 zu § 23), wenn der Täter **a)** sich freiwillig (6, 8 ff., 14 zu § 24) und ernsthaft, aber erfolglos bemüht, das tatsächliche Fortbestehen der Vereinigung oder die Begehung auch nur einer einzigen

Straftaten gegen die öffentliche Ordnung **§ 129**

ihren Zielen entsprechenden, von ihr geplanten Straftat zu verhindern oder **b)** freiwillig sein gesamtes Wissen über die Vereinigung und die von ihr geplanten Taten so rechtzeitig (8 ff. zu § 138) einer Dienststelle (14 zu § 87) offenbart, daß Straftaten, deren Planung er kennt, noch verhindert werden können (vgl. 10 zu § 98). Ein **Strafaufhebungsgrund** tritt ein, wenn das Bemühen des Täters nach a) um Verhinderung des Fortbestehens der Vereinigung Erfolg hat oder die Vereinigung ohne sein Zutun auch tatsächlich aufgelöst wird. Rücktritt allein vom Versuch einer geplanten Tat wirkt nur für diese, nicht auch für § 129; LK 29.

8) Tateinheit möglich mit §§ 84, 85, 244 I Nr. 3, ferner im Falle des 9 Unterstützens (oben 4), wenn dies gerade durch die Begehung einer anderen Straftat geschieht (K. Meyer JR 78, 35; vgl. NJW 75, 986; weitergehend hM.), § 129 verdrängt § 20 I Nr. 1 bis 4 VereinsG. Hinter § 129 a tritt § 129 zurück (3 zu § 129 a). Innerhalb der verschiedenen Tatformen des § 129 geht das Gründen dem Sichbeteiligen als Mitglied vor, das nur von Nichtmitgliedern (str.) begehbare Unterstützen dem bloßen Werben (vgl. auch Fleischer NJW 79, 1339; Haberstumpf MDR 79, 979; abw. Lackner 13). **Tatmehrheit** besteht zwischen den Tatformen des Gründens und der Mit- 9a gliedschaft (§§ 129, 129 a) einerseits und den als Mitglied einer solchen Vereinigung begangenen Straftaten andererseits (Karlsruhe NJW 77, 2223 m. Anm. K. Meyer JR 78, 35; LK-Vogler 23 vor § 52; Fleischer NJW 79, 249; Gössel JR 82, 112; teilw. abw. SchSch 28; SK 30; LK 30; Grünwald, Bockelmann-FS 737; Werle JR 79, 96; Ostendorf JA 80, 503), und zwar, da sie stets über das bloße Gründen und Sich-Beteiligen (oben 4 b) hinausgehen, selbst dann, wenn diese Taten zugleich dem organisatorischen Zusammenhalt zu dienen geeignet sind (so K. Meyer JR 78, 35; insoweit abw. Karlsruhe aaO; Fleischer NJW 79, 1338). Demgegenüber hat sich der **BGH 29**, 288 (m. Anm. Schmidt MDR 81, 91; Rieß NStZ 81, 74; Krauth, Kleinknecht-FS 219; Kröpil DRiZ 86, 449; krit. Werle NJW 80, 2671); NJW 80, 2030; MDR/H 80, 988; NStZ 82, 518 (hiergegen Herdegen MDR 80, 439) der abw. **hM** angeschlossen und nimmt Tateinheit an, wenn das Mitglied einer kriminellen Vereinigung in Verfolgung ihrer Ziele eine andere Straftat begeht. Den prozessualen Folgen dieser Auslegung entgeht der BGH dadurch, daß er den Grundsatz, daß eine sachlichrechtlich einheitliche Handlung stets auch eine einheitliche prozessuale Tat iS des § 264 StPO sei (BVerfGE **45**, 435; BGH **13**, 23), für § 129 nicht gelten läßt (ebenso BVerfGE **56**, 33), da § 129 als Organisationsdelikt (oben 2) über Jahre hinweg, ohne daß eine fortwährende Betätigung als Mitglied (oben 4) vorausgesetzt sei, ganz verschiedenartige Verhaltensweisen gesetzlich zu einer rechtlichen Einheit zusammenfasse und daher mit anderen Dauerstraftaten nicht vergleichbar sei (BGH **29**, 293; NStZ **84**, 135). Demzufolge sollen gegenüber § 129 schwerere Straftaten dann von der Rechtskraft eines wegen mitgliedschaftlicher Beteiligung ergangenen Urteils ausgenommen sein, wenn sie tatsächlich nicht Gegenstand der Anklage und Urteilsfindung im früheren Verfahren waren. Der BGH beruft sich hierfür auf das Gebot der materiellen Gerechtigkeit und auf den Charakter des § 129 als Organisationsdelikt (hiergegen Werle NJW **80**, 2673). Die Probleme dieser Deliktsform sind indessen ebenso im wesentlichen sachlichrechtlicher Natur wie die vom BGH für seine prozessuale Lösung herangezogenen Argumente (Gössel JR **82**, 112). Mit ihnen hätte etwa auch die materiellrechtliche Verzahnung und

§ 129

9b die für andere Dauerstraftaten von der Rechtsprechung entwickelte und problematische **Klammerwirkung** (5 vor § 52), auf die Tatbestände der §§ 129, 129a beschränkt, im Sinne von oben 9a aufgelöst werden können (vgl. auch Lackner 13; Werle NJW **80**, 2674; Bottke JA **79**, 597; Mitsch MDR **88**, 1011). Der von BGH **29**, 288 (ebenso NStE § 207 StPO Nr. 3) beschrittene Weg greift jedoch weit über § 129 hinaus (vgl. Rieß NStZ **81**, 75) und ist in seinen Auswirkungen, obwohl ihn BVerfGE 56, 22 (krit. hierzu Gössel JR **82**, 111) gebilligt hat, nicht abzusehen, weil er grundlegende verfassungs- und verfahrensrechtliche Fragen aufwirft (vgl. Grünwald StV **81**, 326; **86**, 243), die auch gesetzlich zu lösen bisher nicht gelungen ist (vgl. Sack ZRP **76**, 259; **78**, 72; LR-Rieß 11, 12 zu § 154a StPO und NStZ **81**, 74; zB „Vorbehaltsklage"; BT-Drs. 8/976, 100; Werle JR **79**, 94; Rebmann DRiZ **79**, 370; Lemke ZRP **80**, 141; hierzu Grünwald, Bockelmann-FS 747; Fleischer NJW **79**, 1340; LR-Rieß 11 zu § 154a StPO; Krauth, Kleinknecht-FS 239; Schroeder, Straftaten 32; Kröpil DRiZ **86**, 451; Bringewat 76. LK 30). Vgl. ferner zum Versuch einer gesetzlich fingierten Tatmehrheit zwischen I und anderen Straftaten von Mitgliedern BT-Drs. 8/322 Art. 1 Nr. 9; 8/1845, 16.

10 9) **Zuständigkeit** § 74a I Nr. 4, II, §§ 120 II, 142a GVG; **Verfahren** §§ 100a, 110aff., 153c bis 153e StPO.

Bildung terroristischer Vereinigungen RiStBV 202ff.

129a ᴵ Wer eine Vereinigung gründet, deren Zwecke oder deren Tätigkeit darauf gerichtet sind,
1. Mord, Totschlag oder Völkermord (§§ 211, 212, 220a),
2. Straftaten gegen die persönliche Freiheit in den Fällen des § 239a oder des § 239b oder
3. Straftaten nach § 305a oder gemeingefährliche Straftaten in den Fällen der §§ 306 bis 308, 310b Abs. 1, des § 311 Abs. 1, des § 311a Abs. 1, der §§ 312, 315 Abs. 1, des § 316b Abs. 1, des § 316c Abs. 1 oder des § 319

zu begehen, oder wer sich an einer solchen Vereinigung als Mitglied beteiligt, wird mit Freiheitsstrafe von einem Jahr bis zu zehn Jahren bestraft.

ᴵᴵ Gehört der Täter zu den Rädelsführern oder Hintermännern, so ist auf Freiheitsstrafe nicht unter drei Jahren zu erkennen.

ᴵᴵᴵ Wer eine in Absatz 1 bezeichnete Vereinigung unterstützt oder für sie wirbt, wird mit Freiheitsstrafe von sechs Monaten bis zu fünf Jahren bestraft.

ᴵⱽ Das Gericht kann bei Beteiligten, deren Schuld gering und deren Mitwirkung von untergeordneter Bedeutung ist, in den Fällen der Absätze 1 und 3 die Strafe nach seinem Ermessen (§ 49 Abs. 2) mildern.

ⱽ § 129 Abs. 6 gilt entsprechend.

ⱽᴵ Neben einer Freiheitsstrafe von mindestens sechs Monaten kann das Gericht die Fähigkeit, öffentliche Ämter zu bekleiden, und die Fähigkeit, Rechte aus öffentlichen Wahlen zu erlangen, aberkennen (§ 45 Abs. 2).

ⱽᴵᴵ In den Fällen der Absätze 1 und 2 kann das Gericht Führungsaufsicht anordnen (§ 68 Abs. 1).

Straftaten gegen die öffentliche Ordnung § 129a

1) Die Vorschrift wurde eingefügt durch das StGBuaÄndG. *Materialien:* 1
Antrag Baden-Württemberg BRats-Drs. 291/75; Entwürfe CDU/CSU BT-
Drs. 7/3661; SPD/FDP BT-Drs. 7/3729; damit gleichlautend RegE BT-Drs. 7/
4005; ferner BRat BT-Drs. 7/3649), BTag 7/12434, 14745, 17990; BT-Drs. 7/
5401 (Ber.); Prot. 7/2441 ff., 2463 ff., 2783 f.; BT-Drs. 7/5607, 5663; BR-
Drs. 506/76; vgl. auch Art. 1 Nr. 5 des 18. StÄG und SPD-Entwurf BT-Drs.
10/1883. Zur Änderung des VII durch das 23. StÄG vgl. 9 vor § 56. Zum
gescheiterten Streichungsantrag der Grünen BT-Drs. 11/7139. Neugefaßt wur-
de § 129a durch Art. 1 Nr. 1 des TerrorBG (1b zu § 130a), das die Straftaten des
neuen § 305a sowie des § 315 I und § 316b I in I Nr. 3 einbezog, das Gründen
und die mitgliedschaftliche Beteiligung iS des I zum Verbrechen erhob, die
Mindeststrafe für Rädelsführer und Hintermänner iS des II auf 3 Jahre Freiheits-
strafe erhöhte, in IV die Möglichkeit des Absehens von Strafe für den Versuch
des Gründens beseitigte (zum Ganzen krit. SK-Rudolphi 3; Kühl NJW **87**, 746;
Dencker StV **87**, 119; Achenbach KR **87**, 298; für die Zurücknahme der Ver-
schärfungen abgelehnter SPD-Antrag BT-Drs. 11/17) und § 120 II GVG neu
faßte (hierzu Schnarr MDR **88**, 89). Die **Bedeutung** des § 129a liegt nicht nur
in den gegenüber § 129 angehobenen Strafrahmen (hierzu NJW **78**, 174) und in
den Absätzen VI, VII, sondern mehr noch in den an § 129a anknüpfenden Vor-
schriften der §§ 138 II, 139 III S. 1 Nr. 3 StGB, der §§ 100a, 103, 111, 112 III
(hierzu vgl. BT-Drs. 10/1883), 138a II, V, 148 II (hierzu Neufeld NStZ **84**,
154), 148a (auch iVm § 29 StVollzG), 153c bis 153e StPO und der §§ 120 I
Nr. 6, II Nr. 2, 142a I GVG (vgl. hierzu JZ **77**, 238). **Schrifttum:** *Sturm* MDR 2a
77, 6; krit. *Dahs* NJW **76**, 2147; gegen ihn mit Recht *Maul* DRiZ **77**, 207; ferner
Rebmann DRiZ **79**, 364, 366; NStZ **81**, 457; *Löchner* DRiZ **80**, 99; *v. Winterfeld*
ZRP **77**, 269 u. NJW **87**, 2634; *Lameyer* ZRP **78**, 49; *G. Schulz* MDR **78**, 573;
Ebert JR **78**, 141; *Vogel* NJW **78**, 1217; krit. *Rudolphi* JA **79**, 3; *Thoms*, Die Zeit
Nr. 6/89, 50; *Achenbach* NJW **78**, 87; *Schroeder*, Straftaten 29; *Krekeler* AnwBl.
79, 212). **Statistik:** BT-Drs. 11/1012; 11/3971, 5.

2) Organisationsdelikt ist die Tat ebenso wie die nach § 129 (dort 2), 3
dem § 129a weitgehend nachgebildet ist. Auf die Anm. zu § 129 kann
daher grundsätzlich Bezug genommen werden. § 129a stellt auch keinen
selbständigen Tatbestand auf, wie nach der Formulierung angenommen
werden könnte (vgl. Prot. 7/2455 f.), sondern lediglich einen Qualifika-
tionstatbestand zu § 129 (BGH **30**, 328; Ber. 4; Prot. 7/2443; MDR/S **79**,
709). Die Überschrift des § 129a ist für die Auslegung ohne Bedeutung;
das Gesetz sieht alle in der Vorschrift beschriebenen Vereinigungen als
terroristische an. Zum Begriff dieser Vereinigungen gilt zunächst 3 zu
§ 129 sinngemäß, doch mit folgenden Besonderheiten:

A. Auf die im **Katalog** von **I** genannten Straftaten müssen Zweck oder 4
Tätigkeit der Vereinigung gerichtet sein. Im Bereich von Nr. 3 wird nicht
nur § 310b I, sondern auch III iVm I erfaßt (jedoch nicht II), nicht nur
§ 311 I, sondern auch II iVm I, nicht nur 311a I, sondern auch II und III
iVm I. Dasselbe gilt für §§ 239a II, 239b II, 310b III S. 2, 311 III, 311a III
S. 2 und 316c II, soweit es sich um die dabei auch dort erfaßte vorsätzliche
Begehung (5 zu § 126) handelt; doch bedurfte es ausdrücklicher Aufzäh-
lung hier schon deshalb nicht, weil in derartigen Fällen gleichzeitig Nr. 1
gegeben ist (LK-v. Bubnoff 4). Es genügt, wenn Zweck oder Tätigkeit der
Vereinigung auf eine einzige Art der in I genannten Straftaten gerichtet ist;
ob andere hinzutreten, die dort nicht genannt sind, ist ohne Bedeutung, zB
Raub oder räuberische Erpressung zur Finanzierung der Vereinigung (das

§ 129a

sind dann aber Unterstützungshandlungen). Die einmalige Begehung einer Katalogtat macht die Vereinigung noch nicht zu einer terroristischen (LK 3; SchSch-Lenckner 3; SK 4). Richtet eine Vereinigung, die als kriminelle iS von § 129 begonnen hat, Zweck oder Tätigkeit auch auf Katalogtaten, so wird sie von da an zur terroristischen; umgekehrt kann sich eine terroristische zu einer kriminellen iS von § 129 zurückbilden. Der Täter wird dann danach beurteilt, in welchem Stadium er tätig wurde; fällt bei Dauertat, natürlicher Handlungseinheit oder fortgesetzter Handlung auch nur ein Teilakt in ein Stadium nach § 129a, so ist die gesamte Tat bei entsprechendem Vorsatz (unten 8) nach § 129a zu beurteilen.

5 **B. Nicht in § 129a genannt** sind die in § 129 II Nr. 1 bis 3 aufgeführten Ausnahmen. **a) Nr. 1,** die zB noch im RegE zu § 129a enthalten war, wurde trotz NJW 74, 565 (eine Organisation, die möglicherweise eine politische Partei ist, ist wie eine solche zu behandeln; vgl. 3 zu § 84) als entbehrlich gestrichen, da zum Wesen einer politischen Partei eine offene Tätigkeit zur Verwirklichung offen verkündeter Ziele gehöre (RA-BTag 98. Sitz. S. 88); zw., denn dann wäre auch § 129 II Nr. 1 entbehrlich; in jedem Falle griffe aber BVerfGE **17**, 155 (3 zu § 129) ein; vgl. Sturm MDR **77**, 8; Blei JA **77**, 92; § 129 II Nr. 1 (nicht jedoch die Nrn. 2 und 3) gilt daher entsprechend (LK 8; SK 5). **b) Nr. 2** wurde für kaum praktisch (BR- Drs. 291/75) oder sogar unanwendbar (Prot. 7/2444) erklärt, dabei meint Nr. 2 nicht nur Delikte, die für sich gesehen von untergeordneter Bedeutung sind, sondern solche, die im Rahmen des Gesamtzwecks und der gesamten Tätigkeit der Vereinigung eine untergeordnete Bedeutung haben; das könnte auch bei Taten aus dem Katalog von I zutreffen. Doch ist der Verzicht auf die Ausnahme durch das Alleingewicht solcher Taten ausreichend begründet. **c) Nr. 3** schließt sich von selbst aus.

6 3) Die **Tathandlungen** des I und III sind dieselben wie in § 129 I; vgl. dort 4, 4a [für I] und 4b, 4c [für III]. Eine Verletzung der Anzeigepflicht nach § 138 II ist idR nur nach dieser Vorschrift zu bestrafen und stellt als solche noch keine
7 Unterstützung der Vereinigung dar (vgl. 12 zu § 138). **Der Versuch** ist in den Fällen von I und II strafbar, nicht jedoch in den Fällen des Unterstützens und Werbens iS des III (§ 23 I).
8 Für die **Teilnahme** gilt 4d zu § 129. Der **Vorsatz** muß sich als mindestens bedingter (Prot. 7/2453) auch darauf beziehen, daß Zweck oder Tätigkeit der Vereinigung auf mindestens eine Art von Katalogtaten nach I gerichtet ist; nimmt der Täter nur Taten anderer Art an, wird er nur nach § 129 bestraft (§ 29).

9 4) **Die Strafe** wurde durch das TerrorBG (oben 1) gegenüber § 129 abermals erheblich verschärft (krit. Dencker StV **87**, 121) und die Tathandlungen des Gründens und Sichbeteiligens (nicht jedoch die des Unterstützens und Werbens) wurden zum Verbrechen erhoben.

10 **A. Eine Qualifikation** (doppelte Qualifikation gegenüber § 129) sieht **II** für Rädelsführer und Hintermänner vor (4 zu § 84). Gegenüber Zweifeln, ob bei gewissen terroristischen Organisationen Rädelsführer und Hintermänner überhaupt feststellbar sind (Kunz BTag 7/17995), ist darauf hinzuweisen, daß es insoweit nicht so sehr auf das Selbstverständnis der Beteiligten als auf das objektive Hervortreten führender Kräfte ankommt.

11 **B.** Die **Mitläuferklausel** in **IV** (dazu 14, 16 zu § 84) ist gegenüber der in § 84 IV und § 129 V dahin variiert, daß kein Absehen von Strafe möglich ist und in den Fällen von I und III lediglich Ermessensmilderung nach § 49 II eröffnet wird. IV ist besonders zu prüfen, wenn der Tatbeitrag nicht erheblich ins Ge-

Straftaten gegen die öffentliche Ordnung **§ 129a**

wicht fällt (24. 6. 1983, 3 StR 213/83). Für die Fälle von II wird freilich IV schon der Natur der Sache nach ausscheiden.

C. Für die **tätige Reue** gilt § 129 VI entsprechend **(V)**, vgl. dort 8. **12**

D. Die „Kronzeugenregelung" des Art. 4 StÄG 1989 (3 zu § 239a) für das **12a** Offenbaren einer Straftat nach § 129a ist bis zum 31. 12. 1992 befristet und geht § 129a V iVm § 129 VI vor (hierzu NJW **92**, 989; Bay NJW **91**, 2575 u. Stuttgart JZ **92**, 537 m. Bespr. Lammer JZ **92**, 510). Ausgenommen sind Taten nach § 220a. Modifizierungen sieht Art. 4 § 3 für Taten nach den §§ 211, 212 vor. Vermittelnde tatunbeteiligte Dritte sind nach Art. 4 § 4 von der Anzeigepflicht nach § 138 befreit.

Inkrafttreten: 16. 6. 1989. Die ursprünglich erwogene materiellrechtliche Lösung (vgl. BR-Drs. 176/75; BT-Drs. 8/696) wurde zugunsten seiner eigenständigen Regelung außerhalb des StGB und der StPO aufgegeben (so auch Antrag BT-Drs. 10/6286; dazu BTag 10/18822; Ber. BT-Dr. 10/6635; BTag 10/19789; BR-Drs. 591/96. RegE: BT-Drs. 11/2834; Ber.: BT-Drs. 11/4359; vgl. im übrigen 3a zu § 239a. **Schrifttum:** *Jahrreiß*, Lange-FS 165; *Sturm* MDR **77**, 8; *Kühl* NJW **87**, 744: JZ-GD **89**/11, 45; *Achenbach* KR **89**, 638; Stellungnahme des DRiB DRiZ **88**, 153; *Dencker* StV **88**, 262; *Bernsmann* JZ **88**, 539; *Hilger* NJW **89**, 2377; *Widmaier* ZRP **91**, 148; *Denny* ZStW **103**, 269; *Behrendt* GA **91**, 337 (Kronzeugen im Umweltstrafrecht).

D. Statusfolgen (§§ 45 bis 45b) ermöglicht **VI** (vgl. § 92a und 7 zu § 45). **13**

E. Führungsaufsicht (VII) kann das Gericht abw. von § 129 in den Fällen **14** von I und II, (also nicht in den Fällen des Unterstützens und Werbens (III; 26. 2. 1988, 3 StR 484/87), im Rahmen des § 68 I anordnen (3ff. zu § 68). Zu den Beschränkungen der Verteidigerverkehrs NJW **89**, 2002.

5) Konkurrenzen 9 zu § 129; Zuständigkeit und Verfahren oben zu 2; Überwachungsmaßnahmen 6 vor § 80; zur „Trennscheibe" (§ 148 II S. 3 StPO) BGH **30**, 38. **15**

Volksverhetzung RiStBV 208

130 Wer in einer Weise, die geeignet ist, den öffentlichen Frieden zu stören, die Menschenwürde anderer dadurch angreift, daß er
1. zum Haß gegen Teile der Bevölkerung aufstachelt,
2. zu Gewalt- oder Willkürmaßnahmen gegen sie auffordert oder
3. sie beschimpft, böswillig verächtlich macht oder verleumdet,
wird mit Freiheitsstrafe von drei Monaten bis zu fünf Jahren bestraft.

1) Die Vorschrift wurde durch Art. 1 Nr. 2 des **6. StÄG** eingefügt. Vgl. **1** dazu RegE BT-Drs. III/918 iVm FDP-Antrag BT-Drs. III/1527, SPD-Antrag BT- Drs. III/1551; Ber. BT-Drs. III/1143, zu 1143 iVm BT-Drs. III/1551, 1746; BTag III 3623, 5080, 5285, 6667. **Schrifttum:** *Schafheutle* JZ **60**, 470; *v. Pollern* **1a** Verwaltungspraxis **67**, 250; *Lömker,* Die gefährliche Abwertung von Bevölkerungsteilen (§ 130), 1970 (Diss. Hamburg); *Lohse* NJW **71**, 1245 u. **85**, 1677; *Brockelmann* DRiZ **76**, 213; *Geilen* NJW **76**, 279 u. LdR 8/1880; *Krone,* Die Volksverhetzung als Verbrechen gegen die Menschlichkeit usw. 1979, Diss. Mainz (auch historisch und kriminologisch); *Streng,* Lackner-FS 501; *M-Schroeder* § 60 V, 56; *Fischer* GA **89**, 445.

2) Der öffentliche Frieden ist das in erster Linie geschützte Rechtsgut **2** (München NJW **85**, 2430; aM Streng [1a]). Der öffentliche Friede, einschließlich des allgemeinen Friedensgefühls in der Bevölkerung (vgl. 2 zu

§ 130

§ 126; LK-v. Bubnoff 1) braucht jedoch durch die Tat noch nicht gestört, ja nicht einmal konkret gefährdet zu sein (krit. Gallas, Heinitz-FS 182). Es genügt die nach ihrer Weise, dh nach Inhalt, Art, Ort oder anderen Umständen konkrete **Eignung** der Tat, den öffentlichen Frieden, sei es durch Erschütterung des Vertrauens in die Rechtssicherheit oder durch Aufhetzung des psychischen Klimas (BGH **29**, 26; **34**, 331; NJW **78**, 59), **zu stören** (BGH **16**, 49; potentielles Gefährdungsdelikt [13 vor § 13]; Hamburg NJW **75**, 1089 [im Falle eines gegen die Neger gerichteten Leserbriefes] dazu zu Unrecht krit. Geilen aaO; Schleswig MDR **78**, 333; Koblenz MDR **77**, 334 [nazistische Judenhetze]; 11. 7. 1979, 3 StR 165/79 [Billigung des Ponto-Mordes in der Form eines „Nachrufs" in einer Betriebszeitung]; Braunschweig NJW **78**, 2046; LG Göttingen NJW **79**, 174 [Billigung des Buback-Mordes] jeweils zu § 140). Es genügt die Verhetzung eines bereits aufnahmebereiten Publikums (LK-Dippel 36 zu § 166; SchSch-Lenckner 9 zu § 126; verkannt von Karlsruhe NStZ **86**, 363 [m. zust. Anm. Otto; zutr. hiergegen Katholnigg NStZ **86**, 555] und von LG Bochum [NJW **89**, 728] in einem Fall des § 166 [Darstellung eines Kreuzes als Mausefalle]). Die bloß abstrakte Eignung der Äußerung als solcher genügt hingegen noch nicht. Daher scheidet eine in engem Kreise getane Äußerung, die voraussichtlich nicht über diesen Kreis hinausgeht, aus. Auf der anderen Seite braucht es zu einer konkreten Gefährdung (ähnlich Hamburg aaO und MDR **81**, 71; 7 zu § 126; LK 5; aM Zipf NJW **69**, 1949; Gallas, Heinitz-FS 182; zum Ganzen Streng aaO 516; Hoyer 134) oder Störung des Friedens nicht zu kommen (vgl. 14. 1. 1981, 3 StR 440/80; Düsseldorf NJW **86**, 2518); es genügt eine Zuschrift mit „volksverhetzendem" Inhalt an eine Zeitung, auch wenn mit einer kritisch-ablehnenden Berichterstattung zu rechnen ist (BGH **29**, 27, krit. W. Wagner JR **80**, 120; SK-Rudolphi 9, idR aber nicht gegenüber der ausländischen Presse, 19. 5. 1980, 3 StR 193/80; MDR/S **81**, 92); auch setzt § 130 öffentliche Begehung nicht mehr voraus. Äußerungen zB in einem Gastzimmer oder einem Eisenbahnabteil können genügen (Celle OLGSt. 3; LK 6).

3   **3) Die Tathandlung** ist in den Nummern 1 bis 3 beschrieben, hat aber eine doppelte Angriffsrichtung. Sie richtet sich unmittelbar gegen Teile der Bevölkerung, muß aber zugleich einen Angriff gegen die Menschenwürde anderer enthalten.

4   **A. Teile der Bevölkerung** sind deren Gruppen, wie sie der RegE zum Gegenstand hatte und wie sie in § 220a (dort ohne Beschränkung auf die inländische Bevölkerung) genannt sind. Der Begriff umfaßt darüber hinaus innerhalb der inländischen Bevölkerung jede Mehrheit von Menschen, die sich durch irgendein Unterscheidungsmerkmal heraushebt. Allerdings muß die Personenmehrheit einen gewissen Umfang und eine gewisse Bedeutung haben (LK 3). In Betracht kommen zB die Arbeiter, die Bauern, die Beamten, die Soldaten (Koblenz GA **84**, 575; Düsseldorf NJW **86**, 2518; Frankfurt NJW **89**, 1369 m. Anm. Dau NStZ **89**, 363 [„Soldaten sind alle bezahlte Mörder"], ebenso SchG Frankfurt 4. 9. 1987 [„Soldaten sind potentielle Mörder"], zu Unrecht aufgehoben von LG Frankfurt NJW **88**, 2683 mit nicht überzeugenden Gründen; abl. aber auch Giehring StV **85**, 30; Streng aaO 523; offen gelassen BGH **36**, 90), Richter und Staatsanwälte (LG Göttingen NJW **79**, 174), die Katholiken, die Protestanten, die Juden

Straftaten gegen die öffentliche Ordnung **§ 130**

(BGH **21**, 371; Köln NJW **81**, 1280; dazu Brockelmann [1 a]), die Freimaurer, die Bayern, die Schwaben, aber auch politische Gruppen oder die Bevölkerung einer Gemeinde. Es kann sich auch um in der BRep. lebende Ausländer, zB Neger (Hamburg NJW **75**, 1088; krit. Geilen NJW **76**, 279), Zigeuner (vgl. Karlsruhe NJW **86**, 1277) oder die Gruppe der Gastarbeiter oder bestimmte Gruppen von Gastarbeitern handeln (Celle NJW **70**, 2257; Lohse NJW **71**, 1245 u. 85, 1680), *nicht* aber „Repräsentanten des Staates, die sich beruflich mit der Verfolgung politisch motivierter Gewalttäter befassen" (NJW **79**, 1561; LG Göttingen NJW **79**, 1560; zw.); die „GSG 9" (Hamm MDR **81**, 336). Die Handlung selbst ist a) **Aufstacheln zum Haß.** 5 Damit ist eine verstärkte, auf die Gefühle des Aufgestachelten gemünzte Form des Anreizens zu einer emotional gesteigerten feindseligen Haltung gemeint (Bay NJW **90**, 2480 m. Anm. Horn JR **91**, 83), bloße Befürwortung genügt nicht (LG Köln NStZ **81**, 261). Ein Schild an einem Lokal, das Angehörigen bestimmter Gruppen den Zutritt untersagt, reicht dazu idR nicht aus (Römer NJW **71**, 1735; Geilen aaO S. 3; aM Lohse aaO), wohl aber antisemitische Agitation durch Broschüren (24. 8. 1977, 3 StR 229/77; Schleswig MDR **78**, 333; Köln NJW **81**, 1280) oder Flugblättern, öffentliches Leugnen der NS-Judenvernichtung (BVerfG MDR **83**, 22). b) **Auf-** 6 **fordern zu Gewalt- oder anderen Willkürmaßnahmen** (vgl. §§ 234a, 241a). Die Aufforderung ist wie in § 111 (dort 2) auszulegen (BGH **32**, 310 m. Anm. Bloy JR **85**, 206; Streng aaO 520). Es genügt, wenn der Auffordernde will, daß der Aufgeforderte die Aufforderung ernst nimmt. c) **Be-** 7 **schimpfen, böswilliges Verächtlichmachen oder Verleumden.** Zu den beiden ersten Begriffen vgl. 3 ff. zu § 90a. Verleumden ist in Anlehnung an § 187 als das Aufstellen oder Verbreiten unwahrer Tatsachenbehauptungen zu verstehen, die das Ansehen des Bevölkerungsteiles herabsetzen, und zwar wider besseres Wissen des Täters (vgl. Blau JR **86**, 83). Beleidigungsfähig braucht der angegriffene Bevölkerungsteil nicht zu sein. Auch die übrigen Begehungsweisen der Nummer 1 bis 3 sind in der Form von Tatsachenbehauptungen möglich.

B. **Die Menschenwürde anderer** muß mit der Handlung angegriffen 8 werden. Darin liegt das wichtige einschränkende Merkmal des sonst weit gefaßten Tatbestandes (vgl. Streng [1 a] 511). Die „anderen" werden regelmäßig mit den Angehörigen des angegriffenen Bevölkerungsteiles personeneins sein (aM SchSch-Lenckner 8; Geilen [1 a] S. 4). Das braucht aber nicht immer der Fall zu sein. Angriff gegen die Menschenwürde (vgl. Art. 1 I Satz 1 GG) nicht schon dann, wenn der Täter einzelne Persönlichkeitsrechte anderer, zB deren Ehre, angreift (Düsseldorf JMBlNW **81**, 224). Beleidigung ist – § 130 hat nicht die Funktion des erweiterten Ehrenschutzes (BT-Drs. III/1746, ?) – noch kein Angriff gegen die Menschenwürde, auch nicht eine abqualifizierende Äußerung über den Soldatenberuf (BGH **36**, 90; Frankfurt NJW **89**, 1369, hierzu Maiwald JR **89**, 489; vgl. auch LG Frankfurt NJW **88**, 2684) oder eine bloße Diskriminierung („Gastarbeiter unerwünscht", Frankfurt NJW **85**, 1720 [m. Anm. Blau JR **86**, 82; krit. auch Lohse NJW **85**, 1678; Streng [1 a] 520]; MDR/S **85**, 184; LK 4). Vielmehr ist vorausgesetzt, daß der Angriff gegen den unverzichtbaren und unableitbaren Persönlichkeitskern des anderen, gegen dessen Menschsein als solches gerichtet ist und ihm den Wert abspricht (Düsseldorf NJW

869

§ 130 BT Siebenter Abschnitt

86, 2518; NStZ **81**, 258; MDR/S **81**, 974; Hamburg NJW **75**, 1088), zB wenn „Kapitalisten" als „Pappscheiben" bezeichnet und verachtenswert dargestellt werden, auf die man „schießen" könne (Braunschweig NJW **78**, 2046; LG Göttingen NJW **79**, 174), ferner: „Die 6000 Negermischlinge, die in Deutschland leben, sollte man vergasen." „Die Juden sind Untermenschen" (vgl. BGH **16**, 49; **19**, 63) oder sonstige antisemitische Agitation durch Identifizierung mit nazistischen Verfolgungsmaßnahmen (BGH **29**, 26; 10. 11. 1976, 2 StR 508/76; NStZ **81**, 258; Hamburg MDR **81**, 71; Köln NJW **81**, 1281; vgl. jedoch Celle NJW **82**, 1545). *Nicht* hingegen: „Die Saupreußen", „Die Berliner sind Großschnauzen", „Die Rechtsanwälte sind Rechtsverdreher" (alle Beispiele aus dem Rechtsausschuß des BTages). Unterstützend kann die Rspr. zu § 31 WStG (Entwürdigende Behandlung eines Untergebenen) und dessen Vorläufer herangezogen werden (vgl. Schölz 3–6 zu § 31 WStG). Zum Haß gegen den jüdischen Bevölkerungsteil kann auch aufstacheln, wer ausdrücklich nur das Weltjudentum angreift (Hamburg NJW **70**, 1649) oder wer einen Wahlbewerber als Juden kennzeichnet und damit als wahlunwürdig hinstellen will (BGH **21**, 372).

9 **4) Vorsatz** ist erforderlich, auch hinsichtlich der Störungseignung (Karlsruhe NJW **86**, 1277), bedingter genügt (Hamburg NJW **70**, 1649). Bei den vielfach normativen Merkmalen kommt bloßer Subsumtionsirrtum in Betracht.

10 **5) Tateinheit** ist möglich u. a. mit §§ 111; 140; 185–187a, Hamburg NJW **70**, 1649.

11 **6) Sonstige Vorschriften.** Die Verjährung solcher Tathandlungen, die Presseinhaltsdelikte sind, richtet sich nach den PressG der Länder (8 zu § 78). Überwachungsmaßnahmen 6 vor § 80.

Anleitung zu Straftaten

130 a ^I Wer eine Schrift (§ 11 Abs. 3), die geeignet ist, als Anleitung zu einer in § 126 Abs. 1 genannten rechtswidrigen Tat zu dienen, und nach ihrem Inhalt bestimmt ist, die Bereitschaft anderer zu fördern oder zu wecken, eine solche Tat zu begehen, verbreitet, öffentlich ausstellt, anschlägt, vorführt oder sonst zugänglich macht, wird mit Freiheitsstrafe bis zu drei Jahren oder mit Geldstrafe bestraft.

^{II} Ebenso wird bestraft,
1. eine Schrift (§ 11 Abs. 3), die geeignet ist, als Anleitung zu einer in § 126 Abs. 1 genannten rechtswidrigen Tat zu dienen, verbreitet, öffentlich ausstellt, anschlägt, vorführt oder sonst zugänglich macht oder
2. öffentlich oder in einer Versammlung zu einer in § 126 Abs. 1 genannten rechtswidrigen Tat eine Anleitung gibt,

um die Bereitschaft anderer zu fördern oder zu wecken, eine solche Tat zu begehen.

^{III} § 86 Abs. 3 gilt entsprechend.

1 **1) Die Vorschrift** wurde durch das TerrorBG (unten 1b) wiedereingeführt. In ihrer ursprünglichen Fassung geht sie auf das 14. StÄG (1 zu § 86) zurück, das zur Bekämpfung der politisch motivierten Gewaltkriminalität u. a. die Strafvorschriften gegen die verfassungsfeindliche Befürwortung von Straftaten (§ 88a)

Straftaten gegen die öffentliche Ordnung § **130a**

und die Anleitung zu Straftaten (§ 130a) eingeführt hatte. Diese Vorschriften, insbesondere § 88a, waren verfassungsrechtlich unbedenklich (vgl. BGH **28**, 312; **29**, 269; weit. Nachw. 41. Aufl.), erlangten zufolge ihrer komplizierten Fassung (vgl. 40. Aufl. 3) jedoch nur geringe Bedeutung. Gleichwohl erhob sich gegen sie heftige Polemik, der sich der Gesetzgeber eilfertig willfährig erwies: Die schon in der *8. WP* betriebene Wiederaufhebung der §§ 88a, 130a scheiterte zwar am Einspruch des BRats (GesMaterialien 40. Aufl. 1). Beide Tatbestände wurden aber in der *9. WP* nach 5-jähriger Geltungsdauer durch das **19. StÄG** **1a** wiederaufgehoben (GesMaterialien zum 19. StÄG [als Entwurf: 20. StÄG]: BT-Drs. 9/23; BTag 9/325, 890; BT-Drs. 9/135 [Ber.]; BR-Drs. 93/81, 195/81, 279/81, PlenProt. 497, 500; BT-Drs. 576. *Schrifttum* zum 14. und 19. StÄG: 1 zu § 86 und 42. Aufl. Anm. zu § 130a). Angesichts der Zunahme der Gewaltkriminalität und des politischen Radikalismus war die Wiederaufhebung dieser Vorschriften weder naheliegend noch vermochten die Gründe der Minderheitsmeinung des Rechtsausschusses (BT-Drs. 9/135, 3) zu überzeugen. Denn es ist nicht anzuerkennen, daß die aufgehobenen Vorschriften Gefahren für die Freiheit der Meinungsäußerung, der Kunst und der politischen Auseinandersetzung gebracht hätten, solange diese Werte entsprechend der Verfassung begriffen werden. Umgekehrt gab das 19. StÄG in einem Zeitpunkt, in dem auch rechtsradikale Umtriebe in der BRep. um sich griffen, Möglichkeiten eines strafrechtlichen Einschreitens gegen terroristische Gruppen preis, die nunmehr nicht mehr daran gehindert werden konnten, ihren Anhängern Anleitungen zu erteilen, wie man Bomben bastelt oder Sabotagehandlungen an Versorgungsunternehmen durchführt. Diese dem Rechtsbewußtsein abträgliche Konzeptionslosigkeit bei der Terrorismusbekämpfung setzte sich auch bei den Beratungen der nachfolgenden äußerst umstrittenen gesetzgeberischen Vorhaben fort, die jeweils nur gegen starke parlamentarische Minderheiten durchzusetzen waren: So das 21. StÄG (1, 1a zu § 194) sowie das **TerrorBG** vom 19. 12. 1986 (BGBl. I 2566; Inkrafttreten: 1. 1. 1987), das angesichts der **1b** nicht abreißenden „Serie terroristischer Gewalttaten" (BT-Drs. 10/6282, 5; Ber. 9/10), zu deren wirksamer Bekämpfung nicht nur den durch das 19. StÄG aufgehobenen § 130a in verbesserter und erweiterter Fassung wiedereinführte, sondern auch den neuen Tatbestand des § 305a schuf, den Schutzbereich des § 129a (dort 1) sowie die erstinstanzliche Zuständigkeit der OLGe und die Verfolgungszuständigkeit des GBA erweiterte. Zu der im GesE vorgesehenen *Kronzeugenregelung*, vgl. jetzt 12a zu § 129a; zum gescheiterten Antrag der Grünen einer Streichung des § 130a vgl. BT-Drs. 11/7139. **Materialien**: TerrorBG: E CDU/CSU u. FDP BT-Drs. 10/6282; BTag 18822; RA-BTag 99., 101. (Öff. Anhörung), 102., 103. Sitz.; I-BTag 131., 132., 133., 134. Sitz.; BT- Drs. 10/6635 (Ber.); BT-Drs. 10/6654; BTag 19789; BR-Drs. 591/86; RA-BRat 576; I-BRat 568. Sitz.; BRat 572. Sitz. Vgl. auch den gescheiterten Aufhebungsantrag SPD BT-Drs. 11/17 und zur Statistik BT-Drs. 11/1012. **Schrifttum**: *Kühl* NJW **87**, 743; *Dencker* StV **87**, 117; *Achenbach* KR **87**, 296; *Birkenmeier* DRiZ **87**, 68; vgl. auch *v. Winterfeld* NJW **87**, 2633.

Die **Befürwortung von Straftaten** durch die Wiedereinführung einer be- **1c** sonderen Vorschrift (§ 130b) unter Strafe zu stellen, sah der RegE/**StÄG 1989** (3 zu § 239a) vor (Art. 1 Nr. 1 BR-Drs. 238/88; BT-Drs. 11/2843 = RegE). Sowohl der RA-BRat (597. Sitz.) als auch der RA-BTag (BT-Drs. 11/4359 = Ber.) sahen kein Bedürfnis für diese Vorschrift und erhoben Bedenken gegen die Unbestimmtheit der Norm, Bedenken, die schon gegen den 1976 durch das 14. StÄG eingeführten und durch das 19. StÄG wieder aufgehobenen § 88a geltend gemacht wurden (vgl. oben 1a). Das parteipolitische Taktieren des hin und

§ 130a
BT Siebenter Abschnitt

her schwankenden Gesetzgebers schadet dem Strafrecht insgesamt. Vgl. zu den Gesetzesmaterialien im übrigen 3 zu § 239 a.

2 **2) Rechtsgut** ist in erster Linie der **öffentliche Frieden** (2 zu § 126). Er soll dadurch wirksamer geschützt werden, daß bereits – bestimmte, näher umschriebene – Handlungen im Vorfeld der Gewalt, die die Bereitschaft zu Gewalttätigkeiten steigern und ein gewaltförderndes Klima begünstigen können, unter Strafe gestellt werden. Daneben dient die Vorschrift aber auch dem Schutz individueller Rechtsgüter (BT-Drs. 10/6282, 5; so schon zu § 130a aF BT-Drs. 7/3030, 9). Verfassungsrechtlichen Einwänden begegnet die Vorschrift ebensowenig wie ihre Vorläufer (oben 1), insbesondere berührt die Vorschrift bei sinnentsprechender Auslegung der Tatbestandsmerkmale (vgl. unten 6) und sachgemäßem Grundrechtsverständnis den unantastbaren Wesensgehalt des Art. 5 GG nicht (zweifelnd SK-Rudolphi 2, 15; Achenbach KR **87**, 297; aM Dencker StV **87**, 121).

3 **3)** § 130a setzt in allen Begehungsweisen voraus, daß zu einer *Katalogtat des § 126 I* (dort 5) **angeleitet** wird. Darunter ist eine Kenntnisse vermittelnde, unterrichtende Schilderung über Möglichkeiten zur Tatausführung oder ihrer Vorbereitung (auch Vorbereitungshandlungen nach § 30: Schnarr NStZ **90**, 258) zu verstehen. Solche Informationen, meist über anzuwendende Techniken, müssen tendenziell die Tatbegehung fördern (Sturm JZ **76**, 349; Laufhütte MDR **76**, 445; RegE/14. StÄG, 9), ohne daß damit schon die Merkmale des Billigens (4 zu § 140) oder Aufforderns (2 zu § 111; Rogall GA **79**, 19) vorzuliegen brauchen.

4 **4) Tatgegenstand** in den Fällen **I und II Nr. 1** sind **Schriften** und andere Darstellungen iS des § 11 (dort 39 ff.). Hierzu gehören auch Darbietungen des Rundfunks (Bild- und Hörfunk), soweit Bild- oder Tonträger verwendet werden (vgl. 8 zu § 131); Live-Sendungen können hingegen unter II
5 Nr. 2 fallen (Lackner 3). Solche Schriften müssen **aa) geeignet** sein, **als Anleitung** zur Begehung einer Katalogtat (3) **zu dienen** (*potentielles Gefährdungsdelikt*, 13 a vor § 13; aM SK 1: abstraktes Gefährdungsdelikt). Gemeint sind Handbücher, Flugblätter und andere Schriften, die über die Ausführung von Gewalt- und Zerstörungsakten iS von Katalogtaten im einzelnen unterweisen, so zB Beschreibungen zum Bau von Entgleisungsvorrichtungen, Umsägen von Hochspannungsmasten, Sabotage an Sprengschächten, Herstellen von Brand- und Sprengsätzen (BT-Drs. 10/6282, 5; Ber. 12), hierzu gehören auch die im Terroristenjargon als „Kochbücher" bezeichneten Anleitungsschriften (BT-Drs. 10/6282, 8), die Gewaltanwendungsrezepte darüber enthalten, wie man eine Katalogtat plant (Aussuchen des Opfers und der Komplizen), vorbereitet (Aussuchen des Tatorts, Beschaffen von Tatwerkzeugen sowie von zB Autos und falschen Ausweisen), erfolgreich durchführt (Schmuggel durch Kontrollen, Beseitigen von Alarmanlagen) und unerkannt entkommt (Vermummung, Maskierung, Diebstahl von Fluchtfahrzeugen). Solche Anleitungen (weit. Nachw. 40. Aufl. 5) können sich auf Katalogtaten schlechthin (Kaufhausbrände, Sprengstoffdelikte), aber auch auf eine konkrete Tat (auch im Ausland) beziehen (zB Mord an X). Aus dem Eignungserfordernis folgt, daß bewußt irreführende Anleitungen vom Tatbestand nicht erfaßt werden, wohl aber – freilich nur in den Fällen II Nr. 1 (vgl. unten 10; SK 7) – auch solche Schriften, die zur Durchführung rechtmäßiger Aktionen anleiten (zB Brückensprengungen im Verteidigungsfall), sofern solche Anleitungen

Straftaten gegen die öffentliche Ordnung **§ 130a**

sich dafür eignen, *auch* zur Begehung rechtswidriger Katalogtaten verwendet zu werden (BT-Drs. 10/6282, 8). **Nicht** hierzu gehören **wissenschaftli-** 6
che Erläuterungen technischen Inhalts oder **Patentschriften**, die ohne jegliche tendenzielle Förderung von Katalogtaten etwa allein die Herstellung von Waffen oder von Sprengstoff beschreiben (BT-Drs. 10/6282, 8; Ber. 13), ebensowenig Darstellungen von Gewalt- und Zerstörungstaten in **Kriminalromanen oder -filmen**, sofern sich im Gewande einer solchen Darstellung nicht eine Förderungstendenz iS des § 130a verbirgt (vgl. BT-Drs. 10/6282, 5), ferner auch nicht Schriften, die lediglich auf die Abwehr oder die Bekämpfung von Katalogtaten abzielen (Sturm JZ **76**, 349; vgl. unten 13). **bb)** Die Schriften müssen – allerdings nur in den Fällen des I – 7
ferner dazu **bestimmt sein, die Bereitschaft** anderer zur Begehung einer Katalogtat (5 zu § 126) **zu fördern oder** (falls eine solche Bereitschaft noch nicht vorhanden ist, BT-Drs. 10/6282, 8) **zu wecken**, und zwar schon **nach ihrem** (objektivierten) **Inhalt** als solchem, sei es unmittelbar oder auch erst aus anderen Schriften, auf die verwiesen wird (Lackner 6). Auf die Vorstellungen von Verfasser, Verleger oder Verbreiter der Schriften kommt es insoweit nicht an. Mit dem Erfordernis dieser sich allein schon aus dem gedanklichen Inhalt ergebenden Zweckbestimmung soll die Eingrenzung des Tatbestandes, von der die Rspr. schon im früheren Recht ausgegangen war (BGH **28**, 315), gesetzgeberisch klargestellt, zugleich aber auch der Unterschied zwischen den Tatbeständen des I und des II Nr. 1 hinsichtlich der Umschreibung des Tatgegenstandes verdeutlicht werden (BT-Drs. 10/ 6282, 8; vgl. unten 10). Jedoch genügt in I, daß die Schrift überhaupt dazu bestimmt ist, die näher umschriebene Bereitschaft anderer zu fördern oder zu wecken, *maßgeblicher* Zweck der Schrift braucht dies hingegen nicht zu sein (vgl. BGH **29**, 268).

5) Tathandlungen begeht, wer **a)** in den Fällen **I und II Nr. 1** die Schrif- 8
ten (4ff.) **verbreitet** (4 zu § 74d; 38 zu § 184), öffentlich (5 zu § 111) **ausstellt, anschlägt, vorführt oder sonst zugänglich macht** (jew. 6 zu § 74d; 39 zu § 184); **b)** im Falle **II Nr. 2 öffentlich** (5 zu § 111) oder **in einer** 9
Versammlung (2 zu § 80a) **eine Anleitung** (oben 3) zur Begehung von Katalogtaten (oben 5; ferner 5 zu § 126) **gibt**. Die Tat nach Nr. 2 wird durch *mündliche* Äußerungen begangen, uU auch durch Lautsprecher; soweit solche Anleitungen mit Hilfe von Ton- oder Bildträgern (41f zu § 11) gegeben oder sie durch Verbreiten von Schriften (4 zu § 88a ff.) ergänzt werden, liegt Tateinheit mit I vor (LK-Willms 9 zu § 88a fF.). **c) II** setzt – im Unter- 10
schied zu I – in allen Fällen voraus, daß der Täter mit der in 12 umschriebenen **Absicht** gehandelt hat. Dieses Erfordernis folgt daraus, daß der Gesetzgeber in II Nr. 2 mündliche Anleitungen und – um „Umgehungshandlungen" zu erfassen (BT-Drs. 10/6282, 8/9) – in II Nr. 1 als Tatgegenstand „neutrale" Schriften (zB eine Anleitung zur fachgerechten Sprengung einer Stahlkonstruktion) genügen läßt, aus denen sich die Zweckbestimmung des I (oben 7) nicht zu ergeben braucht (krit. Kühl NJW **87**, 745; Dencker StV **87**, 121).

6) Vorsatz (bedingter genügt) ist in allen Fällen erforderlich. Er muß sich 11
auf die verwirklichten Tatbestandsmerkmale beziehen. Der Täter muß zB die Eignung der Schrift zur Förderung von Gewalttaten kennen oder wissen, daß er die Anleitung öffentlich erteilt und damit dem im Tatbestand

873

§ 130a

vorausgesetzten Ziele dient, oder hinreichend konkretisierte Vorstellungen über die äußeren Umstände der geförderten Taten haben und sich der mit ihnen verbundenen Rechtsverstöße bewußt sein. *Nicht* hingegen braucht er sie als Katalogtaten iS des § 126 I zutreffend zu subsumieren. In den Fällen
12 des II muß sich auch aus dem *äußeren* Verhalten des Täters ergeben, daß die Absicht hatte (kein besonderes persönliches Merkmal iS des § 28 I, dort 6; Lackner 10), die Bereitschaft anderer zu fördern, eine der näher bezeichneten Taten zu begehen. Daß es dem Täter hierum ging, ist insbesondere in den Fällen des II Nr. 1, in denen als Tatgegenstand eine an sich „neutrale" Schrift genügt, besonders darzutun (vgl. BT-Drs. 10/6282, 9), während in den Fällen des mündlichen Anleitens nach II Nr. 2 die vorausgesetzte Absicht idR aus den Tatumständen erkennbar sein wird.

13   7) **Nach III** ist die **Sozialadäquanzklausel** des § 86 III (dort 11 ff.) entsprechend anwendbar. Hierdurch sollen „bestimmte, nicht zu mißbilligende Handlungen aus dem Kreis des Strafbaren ausgegrenzt" und „die Meinungs- und Pressefreiheit sowie die Freiheit von Kunst, Wissenschaft, Forschung und Lehre gewährleistet werden" (BT-Drs. 10/6282, 9). Mit Recht wird aber darauf hingewiesen, daß diese einen Tatbestandsausschluß begründende (11b zu § 86) Klausel im Kontext des § 130a zu undifferenziert ist und kaum praktische Bedeutung erlangen kann. So sind tatbestandsmäßige Handlungen nach II schon in ihrer Zielsetzung sozial*in*adäquat und können per se nicht den in III vorgesehenen Zwecken dienen (ähnlich Lackner 11; Stree NJW **76**, 1181; Müller-Dietz, Würtenberger-FS 180; LK 16 zu § 130a aF; zT abw. SK 20). Aber auch in den Fällen des I kann die Klausel des III kaum Bedeutung gewinnen (ebenso SK 19), solange das Merkmal der Schrift sachgerecht und sinnentsprechend verstanden wird (vgl. oben 6). III mag aber dazu dienen, den immer wieder aus dem Gesichtspunkt des Art. 5 GG erhobenen, aber in der Sache unbegründeten Einwänden gegen die Vorschrift den Boden zu entziehen.

14   8) Schriften iS des I unterliegen der **Einziehung** und **Unbrauchbarmachung** nach § 74d I, II, hingegen ist für Schriften iS des II Nr. 1 § 74d III maßgebend (vgl. BGH **29**, 107 zum früheren § 88a).

15   9) **Konkurrenzen. Tateinheit** ist zwischen I und II möglich (oben 9), ebenso mit §§ 83, 84, 130, 140; ferner mit den §§ 26, 30 iVm mit den in § 126 I genannten Taten (SK 23). Gegenüber § 111 tritt § 130a zurück (Rogall GA **79**, 21; aM Lackner 13), sofern Anleitung und Aufforderung sich auf die gleiche rechtswidrige Tat beziehen (SK 23), ferner geht § 37 I S. 1 Nr. 7, S. 3 iVm § 53 I Nr. 5 WaffG (Anleitung zur Herstellung von Molotow-Cocktails) als *lex specialis* dem § 130a vor.

Gewaltdarstellung; Aufstachelung zum Rassenhaß   RiStBV 208

131 ¹ Wer Schriften (§ 11 Abs. 3), die zum Rassenhaß aufstacheln oder die grausame oder sonst unmenschliche Gewalttätigkeit gegen Menschen in einer Art schildern, die eine Verherrlichung oder Verharmlosung solcher Gewalttätigkeiten ausdrückt oder die das Grausame oder Unmenschliche des Vorgangs in einer die Menschenwürde verletzenden Weise darstellt,
1. verbreitet,

Straftaten gegen die öffentliche Ordnung § 131

2. öffentlich ausstellt, anschlägt, vorführt oder sonst zugänglich macht,
3. einer Person unter achtzehn Jahren anbietet, überläßt oder zugänglich macht oder
4. herstellt, bezieht, liefert, vorrätig hält, anbietet, ankündigt, anpreist, in den räumlichen Geltungsbereich dieses Gesetzes einzuführen oder daraus auszuführen unternimmt, um sie oder aus ihnen gewonnene Stücke im Sinne der Nummern 1 bis 3 zu verwenden oder einem anderen eine solche Verwendung zu ermöglichen,
wird mit Freiheitsstrafe bis zu einem Jahr oder mit Geldstrafe bestraft.

II Ebenso wird bestraft, wer eine Darbietung des in Absatz 1 bezeichneten Inhalts durch Rundfunk verbreitet.

III Die Absätze 1 und 2 gelten nicht, wenn die Handlung der Berichterstattung über Vorgänge des Zeitgeschehens oder der Geschichte dient.

IV Absatz 1 Nr. 3 ist nicht anzuwenden, wenn der zur Sorge für die Person Berechtigte handelt.

1) **Die Vorschrift** (idF des Art. 1 Nr. 6 des 4. StrRG (1 vor § 174) iVm Art. 19 Nr. 50 EGStGB und Art. 3 Nr. 1 des JÖSchNG) richtet sich gegen „exzessive Formen von Gewaltdarstellungen" (BT-Drs. VI/3521 [= im folgenden Ber.], 6), deren verrohende oder zur Nachahmung verführende Wirkung mindestens nicht ausgeschlossen werden kann, sowie gegen rassenhetzerische Darstellungen. Ihre ursprüngliche Fassung (4. StrRG) hat sich nicht als geeignet erwiesen, der Zunahme exzessiver Gewaltdarstellungen, insbesondere in Videofilmen, entgegenzuwirken. Der E/2. ÄndG/JÖSchG (BT-Drs. 9/1992), der u. a. die Bekämpfung solcher jugendgefährdender Videoprogramme verbessern sollte, wurde wegen des vorzeitigen Endes der 9. WP im BTag nicht mehr beraten (vgl. auch BT-Drs. 9/2302). In der 10. WP brachte das **JÖSchNG** eine Umstellung und Verdeutlichung der Fassung des 1 und eine – im Gesetzgebungsverfahren umstrittene – Ausdehnung der Vorschrift auf solche Gewaltschilderungen, die das Grausame und Unmenschliche des Vorgangs in einer die Menschenwürde verletzenden Art darstellen. Die Vorschrift, die im Ausland kaum eine Parallele hat (Prot. VI/1795), wird durch die Häufung normativer Merkmale auch in der nF Anwendungsprobleme bringen und nicht leicht praktikabel sein (krit. auch SchSch-Lenckner 2; Lackner 1), ihre Bedeutung indessen durch ihre *plakative Mißbilligung* der in der Gesellschaft sichtbar gewordenen Brutalisierungstendenzen nicht verfehlen (BT-Drs. 7/514, 4; JuS **85**, 567). **A. Gesetzesmaterialien** BT-Drs. 10/722, 6, 13 (GesE der Fraktionen der CDU/CSU und FDP); BT-Drs. 10/2546, 12, 21 (Beschl. Empf. u. Ber. des 13. BT-Aussch.); BTag 10/ 8000. **B. Schrifttum** *zur Regelung des § 131 idF des 4. StrRG und früher:* R. Lange, Heinitz-FS 593; Die Darstellung der Gewalt in den Massenmedien, Bd. 10 Schriftenreihe der Dt. Stud. Ges. f. Publizistik, 1973; Gewaltdarstellung und Pornographie im Rundfunk, 1972; *Blei* JA **73**, 169; *Laufhütte* JZ **74**, 49; Ausschuß-Hearing Prot. VI/870, 933, 948, 970, 999, ferner 1843; *Becker* MDR **74**, 178 und Film und Recht **75**, 83, 746; *Gehrhardt* NJW **75**, 375; *Rudolphi* JA **79**, 2; *zur Regelung des § 131 idF des JÖSchNG*: *Kraegeloh* BAnz. **85** Nr. 84a; *v. Hartlieb* NJW **85**, 830; *Jung* JuS **85**, 566; *Greger* NStZ **86**, 8; vgl. auch *Schefold* ZRP **85**, 127; *Störzer* KR **86**, 377.

C. **Rechtsgut** ist der Schutz der Gesellschaft vor sozialschädlicher Aggression und Hetze und damit der innere Frieden, aber auch der Jugendschutz (LK-v. Bubnoff 2), insbesondere in I Nr. 3. Schaden oder konkrete Gefahr brauchen nicht einzutreten; die Tat ist *abstraktes Gefährdungsdelikt* (13 vor § 13).

§ 131

2 2) **Tatgegenstand** sind in den Fällen von I **Schriften** und sonstige verkörperte Darstellungen, darunter auch Ton- oder Bildträger (39 ff. zu § 11). I erfaßt schwer gefährdende Schriften iS des § 6 Nr. 1 GjS (Anh. 8),
3 nämlich solche, die A. zum **Rassenhaß** aufstacheln (5 ff. zu § 130), dh zum Haß gegen bestimmte (auch die eigene) oder alle fremden Rassen, dh gegen größere, über-nationale (anders bei § 130; dort 4 ff.) Gruppen von vorwiegend durch gewisse erbliche Körpermerkmale (zB, aber nicht nur durch die Hautfarbe) gekennzeichneten Menschen, wobei sich der Haß gegen jeden Angehörigen der Rasse ohne Würdigung der Person nur wegen seiner Zugehörigkeit richten soll (Bay NJW **90**, 2480 m. Anm. Horn JR **91**, 83). Der Begriff des Rassenhasses knüpft an die Begriffswelt der Rassenideologie an, die sich nicht auf einen wissenschaftlich gesicherten, genau abgrenzenden Rassenbegriff stützen kann. In § 131 ist vor allem das Aufstacheln zum Judenhaß gemeint (vgl. hierzu Emmerich/Würkner NJW **86**, 1200). Ob Juden im biologisch-anthropologischen Sinne überhaupt eine Rasse sind, ist unerheblich (NStZ **81**, 258, hierzu MDR/S **81**, 974; Köln NJW **81**, 1281; Hamm NStZ **81**, 262). Zum Begriff des **Aufstachelns** vgl. 5 zu § 130.

4 B. **Gewalttätigkeiten gegen Menschen** (29 zu § 113) schildern. Damit ist die Darstellung aggressiven, die körperliche Integrität unmittelbar verletzenden oder gefährdenden Verhaltens gemeint. Passives Geschehen-lassen oder pflichtwidriges Unterlassen reichen nicht aus (LK 7). Auch fallen Gewalttätigkeiten gegen Tiere und Sachen, um auf diese Weise auf Menschen einzuwirken, anders als in § 125 (dort 3) nicht unter den Tatbestand (SchSch 9; Lackner 4), ebensowenig Vandalismus (Greger [1a], 9); wohl aber die Darstellung von – möglicherweise auch einverständlichen – sadomasochistischen Exzessen (Karlsruhe MDR **77**, 864). Nicht daß nicht mehr die Schilderung selbst, sondern die geschilderte Gewalttätigkeit *als solche*
5 muß **grausam** (7 zu § 211) oder **unmenschlich** sein (BT-Drs. 10/2546, 22). Das ist der Fall, wenn in ihr eine menschenverachtende und rücksichtslose Tendenz zum Ausdruck kommt (BT-Drs. aaO), etwa wenn ein Mensch einen anderen „nur zum Spaß" abknallt (Ber. 7).

6 **Schildern** bedeutet die unmittelbar optische und/oder akustische Wiedergabe einer Gewalttätigkeit (4, 5) oder einen auf dieselbe Weise vermittelnden Bericht hierüber. Um einer Umgehung der Vorschrift entgegenzuwirken (Greger [1a], 9), hebt BT-Drs. 10/2546, 22 hervor, daß sie auch menschenähnliche Wesen, wie sie auf dem Video-Markt bekannt sind (zB „Zombies"), erfaßt, die den Eindruck menschlichen Verhaltens erwecken (zw.; aM SchSch 9). Die Vorschrift setzt ferner voraus, daß die Schilde-
6a rung **in einer Art** geschieht, daß A. sie entweder **a)** eine **Verherrlichung** solcher Gewalttätigkeiten, dh deren Berührung als etwas Großartigem,
6b imponierend Männlichem oder Heldenhaftem, **oder b)** ihre **Verharmlosung**, dh ihre Bagatellisierung als eine im menschlichen Leben übliche Form des Verhaltens oder mindestens als „nicht verwerfliche Möglichkeit zur Lösung von Konflikten" (Ber. 7) **ausdrückt**. Nach BT-Drs. 10/2546, 22 sollen im Begriff des Verharmlosens auch die Fälle der „beiläufigen", „emotionsneutralen" Schilderung von grausamen oder sonst unmenschlichen Gewalttätigkeiten ohne ein „Herunterspielen" zu verstehen sein, sofern sie als „selbstzweckhaft" einzuordnen sind (Greger [1a], 10; zw.; aM

Straftaten gegen die öffentliche Ordnung § 131

Lackner 6). Die Merkmale „grausam oder sonst unmenschlich" sind auf die Gewalttätigkeit bezogen, dies führt *im Ergebnis* nicht zu einer – vom Gesetzgeber nicht beabsichtigten – Ausweitung der Norm (hierzu Greger [1 a], 10; v. Hartlieb [1 a], 834; Lackner 6), wenn hinreichend beachtet wird, daß grausame oder sonst unmenschliche Gewalttätigkeiten gerade auch in einer Weise geschildert werden, „daß das Grausame und Unmenschliche des Vorgangs den wesentlichen Inhalt und zugleich den Sinn der Schilderung ausmacht" (so BT-Drs. 10/2546, 22, vgl. Koblenz NJW **86**, 1700). Die Gewalttätigkeit und die Form ihrer Darstellung sind also nicht isoliert zu würdigen (Greger [1 a]; LK 14; SchSch 14), sondern im „gesamten Zusammenhang, in dem die einzelne Gewaltdarstellung eingebettet ist" (Ber. 8). Dabei ist allerdings nur die *Schrift* (oben 2) *als solche* maßgebend; nicht in ihr enthaltene Umstände wie Häufigkeit ähnlicher Darstellungen, Motive oder Tendenzen des Herstellers oder Verbreitens oder lediglich begleitende Erklärungen sind ohne Bedeutung; auf der anderen Seite ist „zwischen den Zeilen" zu lesen und das, was wirklich zum Ausdruck kommt, als solches zu klären (vgl. die Rspr. zu § 86; dort 2 ff.; Lackner 8). Ist das Verherrlichung, so kann eine als Alibi angehängte Distanzierung (vgl. Ber. 8) nichts daran ändern. Andererseits fällt zB ein Kriegsfilm, der seine pazifistische Tendenz erkennen läßt, nicht unter I (vgl. SchSch 14), ebensowenig die „distanzierte oder verfremdete" Beschreibung eines an sich grausamen oder unmenschlichen Vorgangs (Lackner 6). Der Einzelfall entscheidet, so daß Western, Krimis, Comic-Strips usw. nicht schon als solche von der Vorschrift erfaßt werden (Prot. VI/1874; LK 15).

C. das Grausame oder Unmenschliche des Vorgangs in einer die **Menschenwürde verletzenden Weise darstellt.** Mit dieser Kernaussage (so BT-Drs. 10/2546, 23) werden exzessive Gewaltdarstellungen auch dann erfaßt, wenn es an der gewaltverherrlichenden oder gewaltverharmlosenden Tendenz der Darstellung fehlt, sie aber gleichwohl dadurch auf Jugendliche verrohend und verwildernd wirkt, zB weil sie ein blutrünstiges Geschehen ausschließlich zur Erzeugung von Ekel und Nervenkitzel ausmalt, etwa beim genüßlichen Verharren auf einem leidverzerrtem Gesicht oder den aus einem aufgeschlitzten Bauch herausquellenden Gedärmen (so BT-Drs. aaO; Greger [1 a], 11), wie das bei Erzeugnissen des derzeitigen Video-Markts (zB Videofilme der „Zombie"-Kategorie) der Fall ist. Das Merkmal „die Menschenwürde verletzende Weise", das in ähnlicher Weise auch sonst (§ 130, dort 3; §§ 22 I, 31 I WStG) verwendet wird, kennzeichnet das Gemeinte zutreffend und engt zugleich den Tatbestand ein. Abgrenzungsprobleme, auf die Lackner (7) abhebt, treten in vergleichbarer Weise auch an anderen Stellen auf, wo normative Begriffe unvermeidbar sind (vgl. auch SchSch 2). Der Begriff der Menschenwürde (Art. 1 I GG) wird hier nicht auf eine bestimmte Person bezogen, sondern als abstrakter Rechtswert verstanden (vgl. BT-Drs. aaO). Schriften (oben 2), die in diesem Sinne die Menschenwürde verletzen, sind grundsätzlich auch nicht durch die Kunstfreiheitsgarantie (Art. 5 III S. 1 GG) gedeckt (BVerfGE **30**, 193; BT-Drs. aaO; vgl. auch SchSch 20 und unten 10). Die Frage, ob die Menschenwürde verletzt ist, bestimmt sich allein nach objektiven Maßstäben. Ein verbaler Vorbehalt oder eine Distanzierung des Täters vom Dargestellten schließt den Tatbestand nicht ohne weiteres aus (Ber. 7). Auch ist

6c

§ 131

es unerheblich, ob es dem Täter mit seiner Darstellung darauf ankam, die Menschenwürde zu verletzen (vgl. Lackner 8; hierzu auch unten 16).

7 **D. Tathandlungen** sind in den Fällen von **I: a)** nach **Nr. 1** das **Verbreiten** von Darstellungen (4 zu § 74d; 22 zu § 184); **b)** nach **Nr. 2** jedes **öffentliche Zugänglichmachen**, insbesondere durch Ausstellen, Anschlagen oder Vorführen (6 zu § 74d), zB auch durch Vorlesen. Ein Ton- oder Bildträger wird vorgeführt, wenn seine Speicherung für andere hörbar bzw. sichtbar gemacht wird. „Öffentlich" ist iS von § 74d IV (dort 6), § 111 (dort 5) und § 183a (dort 4) zu verstehen. **c)** nach **Nr. 3**, daß der Täter die Darstellung einem beliebigen noch nicht Achtzehnjährigen (§ 187 II S. 2 BGB) anbietet, überläßt oder zugänglich macht (13 zu § 184); insoweit gilt das **Erzieherprivileg** nach IV (14 zu § 184; LK 27); **d)** nach **Nr. 4** Vorbereitungshandlungen zu Nr. 1 bis 3, die von der dort genannten Absicht getragen sind (Einzelheiten, auch zur Behandlung durch die Zollbehörden in 25 ff. zu § 184, 6 vor § 80).

8 **3) Die Verbreitung** in den Fällen von **II** meint das Ausstrahlen durch **Rundfunk** als Bild- oder Hörfunk (Prot. VI/1896, 1898), und zwar einer Darbietung des in I bezeichneten Inhalts. Da die Fälle, bei denen Bild- oder Tonträger verwendet werden, bereits durch I Nr. 2 gedeckt sind, bezieht sich II nur auf Live-Sendungen (Ber. 8). Mit „Inhalt" ist eine Schilderung, die alle Merkmale von oben 3ff. oder 6 aufweist, gemeint, mit Darbietung die Live-Szene. II zeigt, daß „Darstellung" in I nur als körperlicher Gegenstand zu verstehen ist (vgl. 43 zu § 11); infolgedessen sind Live-Darbietungen außerhalb des Rundfunks tatbestandslos, so daß dasselbe Gewaltverherrlichungsstück, das II dem Rundfunk verbietet, auf einer Schaubühne wochenlang volle Häuser machen darf. Diese Lücke im Strafschutz grenzt hart an Verletzung des Gleichheitsgrundsatzes und hat die absurde Konsequenz, daß eine filmische Wiedergabe desselben Stückes wieder nach I strafbar ist (vgl. LK 5, 22; SchSch 5; SK 5).

4) Als Rechtfertigungsgründe kommen in Betracht:

9 **A. Das Privileg der Berichterstattung** nach III (krit. Geilen LdR 8/655 S. 5). Obwohl es wie ein Tatbestandsausschluß formuliert ist, setzt es gerade Tatbestandsverwirklichung nach I oder II voraus (aM Lackner 11). Läßt die unmenschliche Schilderung, statt Verherrlichung, Verharmlosung oder die Verletzung der Menschenwürde auszudrücken, erkennen, daß sie *nur* der Berichterstattung dient, so fehlt es schon am Tatbestand. III wird also ziemlich selten anzuwenden sein. Er greift ein, wenn die Handlung Berichterstattung sowohl zum Ziel als auch zum Inhalt hat, und zwar entweder über geschichtliche Vorgänge im weitesten Sinne des Wortes oder über solche des Zeitgeschehens. Ob die Sache berichtenswert ist, ist ohne Bedeutung. Anderseits wird der Rahmen der Berichterstattung überschritten, wenn unter ihrem Deckmantel grausame Szenen über das durch den Informationszweck gebotene Maß hinaus ausgespielt werden (Prot. VI/1814). Unter III fällt auch nachträgliche Information oder Dokumentation sowie Rekonstruktion in gestellten Szenen (Prot. VI/1797), nicht aber die kritische Auseinandersetzung mit Zeitproblemen (vgl. aber Prot. VI/1833; LK 25) oder eine auf Zeitvorgängen basierende futurologische Darstellung. Bei gemischten Darstellungen kann ein Teil unter III fallen.

Straftaten gegen die öffentliche Ordnung § **131**

B. Die Kunstfreiheitsgarantie ist trotz des Fehlens eines Gesetzesvorbe- **10** halts in Art. 5 III GG nicht schrankenlos gewährt, sondern durch das GG selbst begrenzt (Ehrhardt 10a 38ff.). Künstlerische Tätigkeit ist somit nicht gegenüber anderen menschlichen Interessen und Rechten absolut privilegiert (vgl. hierzu Otto JR **83**, 10). Bei einem Konflikt mit anderen Grundrechtsgarantien muß eine Wertabwägung zwischen den Grundrechten nach Maßgabe der grundgesetzlichen Wertordnung vorgenommen werden (Frankfurt MDR **84**, 423). Das gilt insbesondere, wenn die Kunstfreiheit mit dem Jugendschutz kollidiert (BVerfGE **83**, 147 [*„Mutzenbacher"*]; hierzu Berkemann JR **91**, 186; Borgmann JuS **92**, 916). Bei einem Konflikt mit dem verfassungsrechtlich geschützten Persönlichkeitsbereich ist jeweils zugunsten dieser Grundrechte zu entscheiden. Die Kunstfreiheit tritt also nicht nur hinter die Ehre (vgl. Geppert JR **85**, 432) und die Menschenwürde anderer zurück (BVerfGE **30**, 173, 193; iErg. bedenklich aber **67**, 228), sondern zB auch hinter Schutzgüter des Staates und seiner Symbole, so auch hinter den Schutz der Bundesflagge (§ 90a I Nr. 2; vgl. aber 6 zu § 90a; ferner Frankfurt NJW **84**, 1130; LG Frankfurt NJW **89**, 599; Würtenberger [10a]; Otto JR **83**, 9; 511; aM Zechlin NJW **84**, 1091), nicht jedoch hinter das Verbot des Verwendens von Kennzeichen verfassungswidriger Organisationen (§ 86a; BVerfGE **82**, 1). Daher werden an sich denkbare künstlerische Gewaltdarstellungen, die Verherrlichung oder Verharmlosung solcher Unmenschlichkeit ausdrücken, bei der notwendigen Abwägung der Umstände des Einzelfalls idR die Menschenwürde in solchem Maße verletzen, daß der Kunstvorbehalt zurücktritt (vgl. BVerfGE **75**, 369; hierzu Würkner NJW **88**, 317 u. JA **88**, 183; Henschel NJW **90**, 1942; Maunz-Dürig [Scholz] 77 zu Art. 5 III; LK 26; Lackner 12). Eine Einschränkung der Kunstfreiheit läßt sich aber nicht formelhaft mit dem „Schutz der Verfassung" oder der Funktionstüchtigkeit der Strafrechtspflege rechtfertigen (BVerfGE **77**, 255).

Neueres **Schrifttum**: *Würtenberger*, Dreher-FS 79, JR 79, 312, NJW **82**, 613 **10a** u. **83**, 1145, *Wolfrum*, Godbersen SchlHA **84**, 2, 31; *J. Hoffmann* NJW **85**, 239 (zum Sprayer von Zürich); *Henschel*, Wassermann-FS 354; *Kirchhof* NJW **85**, 227; *Emmerich/Würkner* NJW **86**, 1195 (zum Fassbinder-Stück „Der Müll, die Stadt und der Tod"); *Otto* JR **83**, 1, 511 u. NJW **86**, 1206; *Zöbeley* NJW **85**, 254; *Ehrhardt*, Kunstfreiheit und Strafrecht, 1989 [Bespr. *Müller-Dietz* GA **90**, 74]; *Henschel* NJW **90**, 1937 (zur Rspr. d. BVerfG); und die im Text Genannten; vgl. ferner 12 zu § 184.

5) Über **Täterschaft** und **Teilnahme** entscheiden die allgemeinen **11** Grundsätze, so daß als Täter, vielfach als Mittäter, möglicherweise auch Nebentäter Autoren und Verleger bei Schriften, bei Filmen auch der Regisseur, beim Rundfunk auch der Intendant, der Abteilungsleiter und der Redakteur (Prot. VI/1834) in Betracht kommen, wenn sie den entsprechenden Vorsatz haben. Unter dieser Voraussetzung sind aber auch die sonstigen Beteiligten, Drucker, Darsteller usw. mindestens als Gehilfen strafbar, entgegen der Auffassung der StrABTags (Prot. VI/1898, Ber. 8) auch die Techniker und andere untergeordnete Mitwirkende (vgl. LK 23).

6) Der **Versuch** ist nicht mit Strafe bedroht, aber bei den Unternehmens- **12** delikten nach I Nr. 4 mit erfaßt (§ 11 I Nr. 6).

§ 131

13 7) **Vorsatz** ist erforderlich, bedingter genügt; nur in den Fällen von I Nr. 4 muß die dort genannten Absicht hinzutreten. Motive und Ziele des Täters, die sich nicht in der Darstellung ausdrücken, berühren den Vorsatz nicht. Es reicht aus, wenn der Täter die Umstände kennt, die das Urteil „unmenschlich", „Verherrlichung" usw. tragen; er braucht es nicht selbst mitzuvollziehen; sein Irrtum ist insoweit Subsumtionsirrtum und kann zum Verbotsirrtum führen. Für den Irrtum über die Voraussetzungen von III gilt 20 ff. zu § 16; zieht der Täter die Grenzen des Privilegs weiter als das Gesetz oder irrt er über den Begriff der Berichterstattung, so kann darin nur ein Verbotsirrtum liegen.

14 8) **Einziehung** der Schriften usw. in den Fällen von I nach § 74d; in den Fällen von II nach § 74 Einziehung der *instrumenta sceleris,* die unter Berücksichtigung von § 75 sehr weit reichen kann; doch zieht § 74b Schranken. Die Aufnahme der Schrift in die **Liste** folgt aus § 18 I GjS, die gerichtliche Entscheidung bindet die Bundesprüfstelle nicht (BVerfGE **51**, 304). Mitteilungspflichten nach § 6 III S. 2 JÖSchG.

15 9) **Tateinheit** ist u. a. möglich mit §§ 86, 86a, 130 (Prot. VI/1893), 140, 184 III, 185 ff. § 21 GjS (Anh. 8) iVm §§ 6 Nr. 1, 18 I S. 1 GjS wird, soweit es sich dort um Vorsatztaten handelt, von § 131 verdrängt (vgl. 43 zu § 184; aM LK 28; aM AK-Ostendorf 19); doch bleibt § 21 V GjS anwendbar.

Amtsanmaßung

132 Wer unbefugt sich mit der Ausübung eines öffentlichen Amtes befaßt oder eine Handlung vornimmt, welche nur kraft eines öffentlichen Amtes vorgenommen werden darf, wird mit Freiheitsstrafe bis zu zwei Jahren oder mit Geldstrafe bestraft.

1 1) **Die Vorschrift,** deren Strafdrohung durch Art. 2 Nr. 19 des 13. StÄG (2 vor § 102; vgl. auch Art. 7 II Nr. 8 des 4. StÄG) geändert wurde, schützt die staatliche Organisation und die Staatsgewalt vor unbefugter Ausübung eines öffentlichen Amtes ieS der § 45 (BGH **3**, 244; **12**, 31; 2 zu § 45).

2) **Zwei Fälle** enthält § 132. Es wird bestraft, wer:

2 A. Unbefugt (4) **mit der Ausübung eines öffentlichen Amtes sich befaßt,** indem er sich durch Vornahme der entsprechenden Amtshandlung als Inhaber eines öffentlichen Amtes aufführt (RG **58**, 175). Der Täter muß auch nach der 1. Alt. eine Tätigkeit entfalten und sich dabei selbst für den Amtsinhaber ausgeben (RG **68**, 77), so als Schularzt, der Schülerinnen zu untersuchen hat (23. 10. 1973, 1 StR 442/73), oder als Kriminalbeamter, der Amtsauskünfte einzuholen hat, sei es auch nur am Telefon (RG JW **35**, 2960), es genügt auch, wenn der Täter mit der telefonischen Erklärung „Hier ist die Kriminalpolizei" eine mündliche Anordnung trifft, die als Polizeiverfügung auch telefonisch getroffen werden kann (aM Koblenz NStZ **89**, 268 m. krit. Anm. Krüger NStZ **89**, 477; auch Geppert JK 1). Das vorgetäuschte Amt braucht nicht zu bestehen; auch braucht die vorgenommene Amtshandlung nicht zu seiner Zuständigkeit zu gehören. Gleichgültig ist es, ob der Täter die Handlung auch als Privatmann hätte vornehmen können, so die vorläufige Festnahme nach § 127 StPO (RG **2**, 292). Das bloße Auftreten als Beamter (ohne Amtshandlung) genügt nicht, auch nicht das Vorzeigen eines Geldstückes als angeblicher Dienstmarke

Straftaten gegen die öffentliche Ordnung § 132

(GA **67**, 114). Daher fällt der bloße Wareneinkauf oder das Betreten eines öffentlichen Lokals als angeblicher Beamter (BGHR Ausü. 1) oder im angeblichen Auftrag einer Behörde nicht unter § 132 (BGH **12**, 30; Geppert Jura **86**, 592). Auch die unvollständige Amtshandlung ist betroffen (so beim Erlaß eines Mahnbescheids ohne Unterschrift); dies auch dann, wenn der Betroffene das Fehlen der Befugnis durchschauen konnte (RG **23**, 205; vgl. aber LG Hannover StV **81**, 552). Die Tat ist eigenhändiges Delikt (OGHSt. **1**, 304; aM LK-Herdegen 9; Geppert Jura **86**, 593).

a) Auch ein Amtsinhaber kann Täter sein (BGH **3**, 242), nämlich bezüglich eines anderen Amtes, so bei der eigennützigen Beschlagnahme durch einen Kriminalbeamten im Bereich einer fremden Polizeibehörde (Hamm NJW **51**, 245; LK 5). Die Übertretung von innerdienstlichen Vorschriften genügt aber nicht (BGH **3**, 244; MDR/D **53**, 19; Köln OLGSt. 14 zu § 348), auch nicht der Abschluß eines privatschriftlichen Vertrages unter der Vortäuschung, als Amtsträger zu handeln (Oldenburg MDR **87**, 604), wohl aber das dienstliche Auftreten eines Gefreiten als Feldwebel (AG Bonn NZWehrr. **83**, 156). Die Beurlaubung eines Beamten nimmt ihm seine amtlichen Befugnisse nicht ohne weiteres (RG JW **33**, 2141).

b) Unbefugt ist hier (wie unten 5 und in den §§ 107a, 109e, 132a, 263a, 290) Tatbestandsmerkmal, da die umschriebene Tathandlung als solche noch keinen Unrechtsakt vertypt (8 vor § 13). Wer ein Amt durch Betrug erschlichen hat, handelt bei der Amtsausübung nicht unbefugt (7. 7. 1976, StB 11/74; Braunschweig NdsRpfl. **50**, 127; LK 2; SchSch-Cramer 11; str.).

B. Unbefugt eine Handlung vornimmt, welche **nur kraft eines öffentlichen Amtes vorgenommen werden darf.**

a) Hier braucht der Täter nicht wie zu 2ff. als (angeblicher) Amtsträger zu handeln (meistens tut er es freilich auch hier): die Strafbarkeit wird hier durch die Vornahme der Handlung selbst begründet (RG **56**, 157; **58**, 175; **68**, 79), sei es, daß sie nur ein Amtsträger hätte vornehmen dürfen (Durchsuchung auf Waffen! RG **59**, 296), oder daß sie uU stattfindet, die sie als angebliche Amtshandlung kennzeichnen (so vorläufige Festnahme, § 127 II StPO, Erteilung einer gebührenpflichtigen Verwarnung, GA **64**, 151) oder das Verbreiten eines Schreibens, dem der Anschein einer amtlichen Verlautbarung gegeben wird (AG Göttingen NJW **83**, 1207 m. Anm. Oetker NJW **84**, 1602; LG Paderborn NJW **89**, 178; Geppert Jura **86**, 592). Der Täter muß die Handlung selbst vornehmen, nicht bloß sie als vorgenommen vorspiegeln (RG **68**, 255). Inwieweit dabei Form und Inhalt einer echten Amtshandlung eingehalten sein müssen, hängt vom Fall ab (vgl. Bay **56**, 271; Frankfurt NJW **64**, 61; LK 7 f.). So möglich bei Privatdetektiven; sie haben nur die Befugnisse, die jedermann hat oder die der Verletzte weiter übertragen kann (RG **59**, 296).

b) Auch hier kann der Täter ein Amtsträger sein, indem er seine Amtsbefugnisse überschreitet (BGH **3**, 241; **12**, 86), dagegen genügt es nicht, wenn er die ihm zukommende Amtshandlung ohne deren tatsächliche Voraussetzungen (RG **56**, 234), oder pflichtwidrig vornimmt (MDR/D **53**, 19). Mahnschreiben in der äußeren Gestalt eines Mahnbescheids, aber ohne dessen Inhalt, gehören nicht hierher (RG **68**, 77), anders wenn das Schreiben im wesentlichen den Erfordernissen eines Mahnbescheids entspricht (Frankfurt NJW **64**, 61).

§ 132

BT Siebenter Abschnitt

8 C. **Nicht von § 132 sind gedeckt: a)** der Fall, daß der Täter als angebliche Amtshandlung etwas tut, was für jeden Amtsträger absolut unzulässig wäre (anders insoweit § 38 WStG für den Soldaten; E 1962, 658; LK 5; AK-Ostendorf 7; aM Schröder NJW **64**, 61). **b)** der Fall, daß sich jemand, der nicht Soldat ist, militärische Befehlsbefugnis anmaßt (Fall des *Hauptmanns von Köpenick*). Hier kommt aber § 132a in Betracht. Vgl. aber für Soldaten der Bundeswehr § 38 WStG und für den Bereich der in der BRep. stationierten NATO-Truppen Art. 7 II Nr. 9 des 4. StÄG, Art. 5 Nr. 1 des 8. StÄG, Art. 4 Nr. 1a cc des 3. StrRG.

9 **3) Der Vorsatz** verlangt das Bewußtsein der unbefugten Amtsanmaßung, ebenso den Willen, ein Amt auszuüben oder eine Handlung vorzunehmen, die nur kraft eines öffentlichen Amtes vorgenommen werden darf (RG **59**, 297; LK 13).

10 **4) Tateinheit** ist möglich mit § 242 (RG **54**, 255), mit § 253 und § 263 (GA **64**, 151), desgl. zwischen beiden Fällen des § 132 untereinander (doch auch **Tatmehrheit** denkbar, RG **58**, 176; vgl. auch 23. 10. 1973, 1 StR 442/73; str.: aM zB Küper JR **67**, 451, der davon ausgeht, daß beide Alternativen einander ausschließen; ebenso LK 10; Warda Jura **79**, 295; SchSch 16, SK-Rudolphi 13; AK 17; Geppert Jura **86**, 593); sowie mit § 132a.

Mißbrauch von Titeln, Berufsbezeichnungen und Abzeichen

132a   I Wer unbefugt

1. **inländische oder ausländische Amts- oder Dienstbezeichnungen, akademische Grade, Titel oder öffentliche Würden** führt,
2. die **Berufsbezeichnung Arzt, Zahnarzt, Tierarzt, Apotheker, Rechtsanwalt, Patentanwalt, Wirtschaftsprüfer, vereidigter Buchprüfer, Steuerberater oder Steuerbevollmächtigter** führt,
3. die **Bezeichnung öffentlich bestellter Sachverständiger** führt oder
4. **inländische oder ausländische Uniformen, Amtskleidungen oder Amtsabzeichen** trägt,

wird mit Freiheitsstrafe bis zu einem Jahr oder mit Geldstrafe bestraft.

^{II} Den in Absatz 1 genannten Bezeichnungen, akademischen Graden, Titeln, Würden, Uniformen, Amtskleidungen oder Amtsabzeichen stehen solche gleich, die ihnen zum Verwechseln ähnlich sind.

^{III} Die Absätze 1 und 2 gelten auch für Amtsbezeichnungen, Titel, Würden, Amtskleidungen und Amtsabzeichen der Kirchen und anderen Religionsgesellschaften des öffentlichen Rechts.

^{IV} Gegenstände, auf die sich eine Straftat nach Absatz 1 Nr. 4, allein oder in Verbindung mit Absatz 2 oder 3, bezieht, können eingezogen werden.

1 **1) Die Vorschrift** ist durch Art. 19 Nr. 51 EGStGB abw. von § 302 E 1962 neu gefaßt und klärt, welche Bezeichnungen in diesem Bereich abschließend (Göhler NJW **74**, 832) **strafrechtlich** geschützt sind und welche Zuwiderhandlungen im Nebenrecht als **bloße Ordnungswidrigkeiten** mit Geldbuße be-
2 droht werden (E EGStGB 221). **A.** In diesem Sinn bringen I Nr. 2, 3 eine das

Straftaten gegen die öffentliche Ordnung § 132a

Nebenstrafrecht entlastende Zusammenfassung (aaO 223), während der Mißbrauch von Berufstrachten oder -abzeichen (vgl. § 126 OWiG, Anh. 21) und der Mißbrauch von Orden und Ehrenzeichen (vgl. § 15 OrdenG) ebenso Ordnungswidrigkeiten sind wie der Mißbrauch von Berufsbezeichnungen; vgl. zB: §§ 51, 117 HwO (Meister) und die Vorschriften folgender **HeilberufG:** §§ 1, 25 KrPflG: Krankenschwester (-pfleger), Kinderkrankenschwester (-pfleger) und Krankenpflegerhilfe (in); §§ 1, 25 HebG (Hebamme, Entbindungspfleger), § 14 MasseurG (Masseur, med. Bademeister, Krankengymnast), § 12 MTA-G (medizinisch-technischer Laboratoriumsassistent(in), medizinisch-technischer Radiologieassistent(in), veterinärmedizinisch-technischer Assistent (in), § 8 DiätassistentG, § 7 BeArbThG (Beschäftigungs- und Arbeitstherapeut), §§ 1, 10 PharmTechAssG; § 3 ApoAnwRStG; § 7 LogopädG. Durch **Landesgesetze** sind folgende Berufsbezeichnungen geschützt: Architekten (vgl. zB BayArchG; Göhler 48), Lebensmittelchemiker (vgl. zB Nds.Ges. v. 27. 6. 1977, GVBl. 203; Göhler 513), Ingenieure (vgl. zB NdsIngG; Göhler 421), öffentlich bestellte Vermessungsingenieure (vgl. zB RhPfBOÖbVJ; Göhler 860); Beratender Ingenieur (vgl. zB § 28 RhPflngKammG; Göhler 421c); Medizinphysiker(in): BlnGes. v. 26. 11. 1987 (GVBl. 2673; BRV 2124–3). Sonstige Berufsbezeichnungen wie zB Gastwirt, Musikdirektor (Stettin GA Bd. **44**, 169) sind nicht geschützt, wohl aber die der freiberuflich tätigen Forstleute (vgl. zB Art. 30, 46 VI Nr. 4 BayWaldG). **Schrifttum:** *Düring*, Amtsanmaßung und Mißbrauch von Titeln, 1990 u. ArchKrim **187**, 129; *Zimmerling*, Akademische Grade und Titel, 1990 (Bespr. *Schlund* MedR **90**, 260) u. MedR **91**, 293 (ausländ. Prof. Titel).

B. Rechtsgut ist nicht etwa der Schutz von berechtigten Inhabern sol- 3
cher Amtsbezeichnungen usw., sondern der Schutz der Allgemeinheit vor dem Auftreten von Personen, die sich durch den unbefugten Gebrauch falscher Bezeichnungen den Schein besonderer Funktionen, Fähigkeiten und Vertrauenswürdigkeit geben (BGH **31**, 62; Bay NJW **79**, 2359; Oldenburg NJW **84**, 2231 m. Anm Meurer JR **84**, 470; Geppert Jura **86**, 594; vgl. GA **66**, 279; LK-v. Bubnoff 2; BVerfG ZevKR **31**, 91). Geschützt sind:

2) (I Nr. 1) inländische oder ausländische **A. a) Amtsbezeichnungen,** 4
nämlich die gesetzlich, dh förmlich (in der Besoldungsordnung) festgesetzte Bezeichnung für ein übertragbares öffentliches Amt. Sie ergibt sich aus der Ernennungsurkunde. Ihr entspricht bei Soldaten der Dienstgrad (§ 16 BBesG). Beispiele: Professor (jedoch nur der hauptberuflich tätige beamtete Hochschullehrer, unten 6), Landrat, Bürgermeister, Stadtbaurat, Vorsitzender Richter, Präsident (mit einem das Gericht bezeichnenden Zusatz, § 19a DRiG), Notar (§ 1 BNotO); Pastor (Düsseldorf NJW **84**, 2959); Polizeiobermeister; nicht erfaßt sind bloße Funktionsbezeichnungen (Sachbearbeiter, Dezernent, Abteilungsleiter) und Berufsangaben (Polizeibeamter, BGH **26**, 267; LK 3). Nach Eintritt in den **Ruhestand** darf der Beamte seine Amtsbezeichnung mit einem entsprechenden Zusatz (a. D.) weiterführen (vgl. § 81 III BBG; Arndt DRiZ **76**, 42), anders bei Beendigung des Beamtenverhältnisses infolge strafgerichtlicher Verurteilung nach § 49 S. 2 BBG. Der aus der Anwaltschaft Ausgeschlossene darf sich nach Celle JW **37**, 185; KG DStrR **38**, 395 (aM Köln HRR **32**, Nr. 76) auch nicht mehr Assessor a. D. nennen (vgl. LK 4), **b) Dienstbezeichnungen.** Sie sind nach 5
§ 9 BLV Beamten während des Beamtenverhältnisses auf Probe bis zu ihrer Anstellung vorbehalten, zB Referendar, Inspektor zA, Rechtspflegeranwärter. Liegen zwar öffentlichrechtliche Befugnisse vor, jedoch kein öf-

fentliches Amt, so kann Nr. 2 eingreifen (zB Rechtsanwalt). Nach Landesrecht zu beurteilen sind die Rechtsstellungen des **Hochschulpersonals**, deren Doppelstatus sich daraus ergibt, daß Hochschulen sowohl Körperschaften des öffentlichen Rechts als auch staatliche Einrichtungen sind, so daß der beamtete Hochschullehrer sowohl eine korporative Stellung als auch einen dienstrechtlichen Status hat. Als Beamter auf Lebenszeit führt er daher eine Amtsbezeichnung. Bei befristeter Tätigkeit kann auch ein privatrechtliches Dienstverhältnis gegeben sein, so daß er dann nur eine Dienstbezeichnung führt (vgl. zB Art. 10 II BayHSchLG). Der beamtete Professor führt aber als Ausfluß seiner korporativen Stellung zugleich eine akademische Würde (vgl. zB Art. 14 BayHSchLG). Außerdem sind zB in Bayern die Professoren bestimmter BesGr. befugt, einen Titel zu führen, nämlich in der BesGr. C 4 den des Ordinarius, in der BesGr. C 3 den des Extraordinarius (Art. 14 II BayHSchLG). Beim Honorarprofessor wird mit der amtlichen Bestallung kein Dienstverhältnis begründet (vgl. zB Art. 28 II BayHSchLG), so daß er keine Amts- oder Dienstbezeichnung führt, doch ist seine Bezeichnung wie auch die des Privatdozenten und des außerplanmäßigen Professors (vgl. zB Art. 32 BayHSchLG) – als Ausfluß der korporativen Stellung – eine akademische Würde. Beim Hochschulassistenten und beim wiss. Mitarbeiter kommt es auf das Dienstverhältnis an; als Beamter auf Lebenszeit führt er, soweit er nicht (zB als Akademischer Rat) eine Amtsbezeichnung führt, eine Dienstbezeichnung. Der bloße Lehrauftrag begründet kein Dienstverhältnis (vgl. § 56 I S. 2 NWWissHG).

7 **B. akademische Grade** (vgl. Thieme, Deutsches Hochschulrecht 1956; v. Hippel GA **70**, 18), dh dem Hochschulabsolventen *von einer* deutschen staatlichen (vgl. zB Art. 73 BayHSchLG) oder kirchlichen (vgl. zB Art. 5 § 4 BayKonkordatsG v. 15. 1. 1925, GVBl. 53) *Hochschule oder Fachhochschule* verliehene, so Doktor (auch h. c.), Lizentiat, Diplomvolkswirt (NJW **55**, 839); Diplomkaufmann (OVG Berlin NJW **67**, 1053); Diplomingenieur; nicht jedoch Professor, Honorarprofessor (Bay NJW **78**, 2348; LG Saarbrücken NJW **76**, 1160; vgl. M-Schroeder § 79, 15; aM AK-Ostendorf 9). Die Führung **ausländischer** Doktortitel bedarf nach § 2 AkaGrG ministerieller Genehmigung (KG NJW **71**, 1530; BVerwG NJW **72**, 917; Bay NJW **72**, 1337; Meyer in Erbs 2b cc zu § 2 AkaGrG), die auch allgemein erteilt werden kann (vgl. zB für Bayern 1. und 2. DVFaG, BayRS 2212-1-1, 2 K; für Nordrhein-Westfalen VO v. 30. 6. 1986, GVNW 699) und nach den Übk der Länder (vgl. zB BayBek. v. 21. 2. 1962, GVBl. 17) in allen Bundesländern wirksam ist. Vgl. auch EuropÜbK. über die Anerkennung von akademischen Graden (vgl. zB BayBek. v. 23. 7. 1965, GVBl. 189). Auch darf der Inhaber den Titel nicht in der Weise führen, als ob es sich um einen inländischen oder um einen diesem gleichartigen Dr.-Titel handele; so ist zB für ihn nicht zulässig das bloße „Dr." (Breslau GA Bd. **42**, 421), oder „Prof.", falls es sich um einen gekauften philippinischen Titel „Professor of Medicine" (AG Ulm MedR **85**, 190) oder einen guatemaltekischen oder peruanischen „Profesor Extraordinario" (BVerwG MedR **88**, 264; Bay **91**, 35) handelt.

8 **C. Titel,** dh eine von einer Amts- oder Dienststellung unabhängige, nach Maßgabe des OrdenG verliehene Ehrenbezeichnung wie Justiz-, Geheim-, Sanitäts-, Kommerzienrat, Honorarprofessor (LG Saarbrücken

Straftaten gegen die öffentliche Ordnung **§ 132a**

NJW **76**, 1160), Kammersänger (gleichgültig, ob sie jetzt noch verliehen werden können; vgl. KG JR **64**, 68). Ob auch die Bezeichnung „Assessor" (die kein akademischer Grad ist, weil nicht von einer Hochschule verliehen!) ein Titel ist (so KG DStrR **38**, 395), ist zw. (abl. LK 5, 9). Nicht mehr nach zulässigem Verzicht auf den Titel (KG JW **32**, 2917). Die Führung ausländischer Titel durch Deutsche bedarf nach § 5 I, II OrdenG der Genehmigung des BPräs., LG Saarbrücken aaO.

D. öffentliche Würden, dh auf öffentlich-rechtlichen Vorschriften beruhende Ehrenstellungen (mit dem Kriterium der Zugehörigkeit zu einer Gemeinschaft oder auszeichnenden Herausstellung aus ihr, Fertig DVBl. **62**, 126) wie Ehrenbürger einer Stadt, Ehrensenator einer Universität. **9**

3) die **Berufsbezeichnungen (I Nr. 2) Arzt,** auch Facharzt oder Spezialarzt (Praktischer Vertreter der arzneilosen Heilkunde, RG **27**, 335; Homöopath, RG **15**, 170 und ähnliche Bezeichnungen dürften schon unter II fallen, während Heilpraktiker eine zulässige selbständige Berufsbezeichnung ist, E EGStGB 222); **Zahnarzt** (nicht auch Zahnheilkundiger oder Zahnheilpraktiker, E aaO); **Tierarzt** (Veterinärarzt ist eine Amtsbezeichnung); **Apotheker** (vgl. auch § 13 BApothO); **Rechtsanwalt** (Fachanwalt oder Handelsanwalt können unter II fallen); Nr. 2 gilt auch für die gleichgestellten Rechtsanwälte aus den EG-Staaten, 2. Abschn. Nr. 2 EWGRL 249/77 DG; **Patentanwalt** (der ohne Nr. 2 ebenso wie Rechtsanwalt schon unter Nr. 1 fiele); **Wirtschaftsprüfer; vereidigter Buchprüfer** (Buchprüfer, Bücherrevisor und Wirtschaftstreuhänder können unter II fallen; LK 12; dazu zw. E EGStGB 223; vgl. auch § 133 WirtschPrüfO); **Steuerberater; Steuerbevollmächtigter** (vgl. auch § 161 StBerG). **10**

4) die Bezeichnung **öffentlich bestellter Sachverständiger (I Nr. 3),** dh ein auf Grund öffentlich-rechtlicher Vorschriften des Staats- oder Kommunalrechts für bestimmte Sachgebiete auf Zeit bestellter Sachverständiger; so nach § 36 GewO; auch die für allemal vereidigten Sachverständigen iS von § 155 Nr. 2 (dort 2 ff.). **11**

5) **Uniformen, Amtskleidungen oder Amtsabzeichen.** Die Befugnis zu ihrem Führen ergibt sich aus dem Bundes- und Landesrecht (vgl. § 3 I VersammlG). Nur staatliche Uniformen (aber auch ausländische!) sind gemeint, nicht Phantasieuniformen. Bloße Uniformstücke gehören nicht hierher (Bay **7**, 324), wohl aber die Sonderkleidung für Taxichauffeure und Dienstmänner (LK 16; aM M-Schroeder § 79, 16), ebenso Dienstgradabzeichen, wie etwa die Schulterklappen eines Feldwebels (AG Bonn NZWehrr. **83**, 156, zweifelnd und abl., soweit sie nicht an vorschriftsmäßigen Uniformen angebracht sind: NStZ **92**, 490). Amtskleidungen werden nicht ständig getragen, sondern aus bestimmtem dienstlichen Anlaß; so die Robe des Richters. Amtsabzeichen dienen zum Ausweis, daß der Träger eine entsprechende Funktion hat; so das Brustschild, die Dienstmützen; das Jagdschutzabzeichen. Öffentlicher Art müssen Amtskleidung und Abzeichen sein. **12**

6) **Durch III** sind geschützt **Amtsbezeichnungen** (zB Pfarrer, Kirchenrat), **Titel, Würden, Amtsbekleidungen,** zB Soutanen, Talare, Meßgewänder (auch Ordensgewänder, Bay JW **35**, 960; aM LK 18; SchSch 15; Göhler OWiG 3 zu § 126; vgl. unten 20) und **Amtsabzeichen der Kirchen** **13**

§ 132 a

(zB kath. Diözesen, evang. Landeskirchen, altkath. Kirche) **und andere Religionsgesellschaften des öffentlichen Rechts**, egal ob unmittelbar kraft Verfassung (Art. 137 V WRV) oder kraft Verleihungsakt (vgl. zB für SchlH Bek. v. 15. 9. 1952, ABl. 377; letzte ÄndBek. vom 9. 10. 1972, ABl. 756; für Hamb VO v. 23. 1. 1979, GVBl. 37; BS 222-1-1; für NW zB für Heilsarmee Ges. v. 10. 10. 1967, GVNW 180; für die Griechisch-Orthodoxe Metropolie Ges. v. 29. 10. 1974, GVNW 1062). III, der zwischen Religionsgesellschaften des öffentlichen und des privaten Rechts differenziert, ist mit dem GG (vgl. Art. 140 GG) vereinbar (Düsseldorf NJW **84**, 2959; dazu BVerfG m. Anm. Quarch ZevKR **31** [1986], 90, der zu Recht darauf hinweist, daß § 132a nur das besondere Vertrauen schützt, das von einem öffentlich rechtlichen Verleihungsakt ausgeht). Von den Kirchen verliehene akademische Grade (die III nicht erwähnt) sind bereits nach II geschützt (oben 7).

14 7) **Zum Verwechseln ähnliche** Amtsbezeichnungen, Titel, Uniformen, Kleidungen usw. stehen den zu 4 ff. und 6 genannten gleich **(II)**; so insbesondere bei nur unwesentlichen Abweichungen (RG **61**, 7; KG JR **64**, 68), bejaht bei „Diplom-Kosmetikerin" (zw.; LK 19; GA **66**, 279), beim „Konsul" eines erfundenen ausländischen Staates; abgel. die Verwechslungsfähigkeit mit Arzt bei „Klinischer und curientiver Psychologe" (LG Saarbrücken NJW **76**, 1160; vgl. Blei JA **76**, 456; auch oben 10).

8) **Tathandlungen** des eigenhändigen Delikts sind

15 A. in den Fällen von I Nr. 1 bis 3 (auch iVm mit III) das unbefugte (4 zu § 132) **Führen** der Bezeichnung, dh die sich gegenüber der Umwelt äußernde aktive Inanspruchnahme des Titels für sich im sozialen Leben, wobei die Interessen der Allgemeinheit tangiert werden können (vgl. Bay GA **74**), 151); so beim Verwenden auf dem Briefkopf. Inanspruchnahme nur im privaten Bereich bei einer einzigen Gelegenheit gegenüber einer einzigen Person, etwa aus bloßem Imponiergehabe (BGH **31**, 62), ist noch kein Führen (Stuttgart NJW **69**, 1777; Saarbrücken NStZ **92**, 236), ebensowenig das **bloße Dulden** der Anrede mit dem Titel durch Dritte (RG **33**, 305; Geppert Jura **86**, 594); oder das Anbringen einer Arztplakette am PKW durch einen Nichtarzt, um unbeanstandet parken zu können (Bay NJW **79**, 2359); wohl aber das einmalige Sichausgeben als Staatsanwalt gegenüber einer eine beschlagnahmte Zeitung verkaufenden Kioskhändlerin (9. 11. 1971, 5 StR 374/71), das Sichausgeben als Professor gegenüber mehreren Privatpersonen (7. 8. 1973, 1 StR 173/73; nicht unbedenklich Bay GA **74**, 151); der Täter muß sich den Titel nicht selbst zulegen; es genügt, wenn er bei anderen den Glauben erweckt, ihm komme der Titel zu, und sie dadurch zu seiner Anwendung auf ihn bestimmt (RG **33**, 305); zB Aufhängen eines geschenkten Bildes mit der ihm nicht zukommenden Titulierung in der Absicht, den Glauben an ihre Berechtigung zu erwecken. Beruht das Führen auf einem einheitlichen Entschluß, so stellen auch mehrere Handlungen nur eine einzige Tat dar (GA **65**, 373); es sei denn, daß größere Zeitabstände und verschiedene Sachlagen gegeben sind (GA **65**, 289). **Unbefugt** ist das Führen, wenn die Bezeichnung dem Führenden nicht oder nicht ordnungsgemäß verliehen ist oder wenn der Beliehene keine Verleihungsurkunde oder kein Besitzzeugnis hat oder wenn der verliehene Grad rechtskräftig entzogen wurde, § 1 DVO/AkaGrG, oder er im Falle eines

Straftaten gegen die öffentliche Ordnung **§ 132a**

Beamten auf Probe („Professor z. A.") zur Titelführung nach einer Entlassungsverfügung, deren sofortige Vollziehung angeordnet wurde, nicht mehr berechtigt ist (BGH **36**, 279, hierzu Burgi JA **90**, 277).

B. in den Fällen von I Nr. 4 (auch iVm mit III) das **unbefugte Tragen** 16 der **Uniform** usw., dh dann, wenn nach außen der Eindruck entstehen kann, als ob die Uniform dem Träger zustehe (RG **61**, 8); also nicht zB auf dem Theater oder bei Maskeraden (LK 24; str.); nach Oldenburg (NJW **84**, 2231 m. Anm. Meurer JR **84**, 470; Ostendorf JZ **87**, 337) auch nicht ohne weiteres das zwecks Wahlwerbung erfolgte, unberechtigte Fotografierenlassen in Polizeiuniform (zutr. krit. Meurer aaO). Nicht hierunter fallen Verstöße gegen dienstrechtliche Vorschriften (zB § 15 III SoldG); vgl. BVerfG DVBl. **81**, 1051.

9) Vorsatz ist erforderlich; bedingter genügt (Bay GA **61**, 152). Der 17 Irrtum über die Befugnis ist Tatbestandsirrtum (4 zu § 132), wenn der Täter Umstände annimmt, die ihn berechtigen würden, hingegen Verbotsirrtum, wenn er den Sachverhalt lediglich rechtlich falsch beurteilt (vgl. BGH **14**, 228; KG JR **64**, 68; LG Saarbrücken NJW **76**, 1161; Bay aaO, das schon bei unzutreffender Beurteilung einer rechtlichen Vorfrage Verbotsirrtum annimmt).

10) Einziehung der Uniformen, Kleidungen und Abzeichen, gleichgül- 18 tig, ob es echte oder zum Verwechseln ähnliche sind, ermöglicht IV ausdrücklich, da es sich weder um producta noch instrumenta sceleris, sondern um Beziehungsgegenstände (10 zu § 74) handelt. Dafür gelten § 74 II, III, wie § 74 IV ergibt; jedoch nicht § 74 a.

11) Tateinheit zwischen I Nr. 1, 2 mit Nr. 4 ist möglich; ebenso mit 19 § 132; § 263 (LK 26).

12) § 126 OWiG (Anh. 21) ergänzt § 132a hinsichtlich der Berufstrachten 20 und -abzeichen, wobei der Gesetzgeber zu § 126 I Nr. 2 OWiG übersah, daß nach Art. 10 Reichskonkordat (RGBl. 1933 II 679), der weiter in Kraft ist (Art. 123 II GG), Ordensgewänder *strafrechtlich* zu schützen sind. Daher sind sie nicht als Berufstrachten anzusehen, sondern Amtskleidungen gleichgestellt (III; aM Göhler OWiG 3 zu § 126; vgl. Bay JW **35**, 960).

Verwahrungsbruch

133 ¹ Wer Schriftstücke oder andere bewegliche Sachen, die sich in dienstlicher Verwahrung befinden oder ihm oder einem anderen dienstlich in Verwahrung gegeben worden sind, zerstört, beschädigt, unbrauchbar macht oder der dienstlichen Verfügung entzieht, wird mit Freiheitsstrafe bis zu zwei Jahren oder mit Geldstrafe bestraft.

II **Dasselbe gilt für Schriftstücke oder andere bewegliche Sachen, die sich in amtlicher Verwahrung einer Kirche oder anderen Religionsgesellschaft des öffentlichen Rechts befinden oder von dieser dem Täter oder einem anderen amtlich in Verwahrung gegeben worden sind.**

III **Wer die Tat an einer Sache begeht, die ihm als Amtsträger oder für den öffentlichen Dienst besonders Verpflichteten anvertraut worden oder zugänglich geworden ist, wird mit Freiheitsstrafe bis zu fünf Jahren oder mit Geldstrafe bestraft.**

§ 133

1 **1) Die Vorschrift** ist durch Art. 19 Nr. 51 EGStGB unter weitgehender Übernahme von § 426 E 1962 (Begr. 612; Ndschr. **12**, 594) neu gefaßt worden; vgl. E EGStGB (= RegE) 224. III entspricht § 348 II aF. Die Tat nach III ist ein Sonderdelikt. Geschütztes **Rechtsgut** ist der amtliche Verwahrungsbesitz, BGH **5**, 159. **Schrifttum:** *Brueggemann,* Der Verwahrungsbruch, § 133 StGB, 1981 mwN; *Geppert* Jura **86**, 595.

2 **2) Tatgegenstand** sind **Schriftstücke** jeder Art, auch solche, die keine Urkunden sind, weil ihnen die Beweiserheblichkeit fehlt (RG **63**, 33; doch muß ihr Inhalt einen Aussagewert haben; vgl. RG **33**, 414), sowie **andere bewegliche Sachen** (2, 3 zu § 242), und zwar auch vertretbare und ver- **3** brauchbare (BGH **18**, 313; unten 4), die **A.** sich **in dienstlicher Verwahrung** befinden (vgl. RG **51**, 416). Dienstlich ist die Verwahrung, wenn sie durch eine Behörde (35 zu § 11 I Nr. 7), eine Dienststelle der BWehr (RegE 224), eine Körperschaft des öffentlichen Rechts (BGH **18**, 313; vgl. auch II), einen Amtsträger oder für den öffentlichen Dienst besonders Verpflichteten (§ 11 I Nr. 2, 4) so ausgeübt wird, daß „sich in dem Gewahrsam die besondere dienstliche Herrschafts- und Verfügungsgewalt äußert, die den jeweiligen staatlichen Aufgaben der verwahrenden Dienststelle entspringt" (RegE 224). Die Sache muß um ihrer selbst willen aufbewahrt werden. Sie soll möglichst unversehrt erhalten bleiben, solange dieser fürsorgliche dienstliche Gewahrsam andauert (BGH **5**, 159; **18**, 312). Die Verwahrung muß zur Tatzeit bestehen, später kann unten 6 eingreifen. Auf Dauer braucht die Verwahrung nicht gedacht zu sein (RG **22**, 204). Gleichgültig ist der sachliche Grund der Aufbewahrung; sie muß nur formell zu Recht bestehen (RG **57**, 371). Unerheblich ist weiter, ob die Sachen in einem für Dritte zugänglichen polizeilichen Dienstraum in einem offenen Schrank stehen (Bay JZ **88**, 726), wem sie gehören, und ob sie einen materiellen Wert haben. Ohne Bedeutung ist schließlich der **Ort des Gewahrsams.** Er kann nur vorübergehend zur dienstlichen Verwahrung bestimmt sein (Bay GA **59**, 350); wie zB ein Postbriefkasten (RG DRZ **27** Nr. 43); der Spiritus unter Zollverschluß (RG **57**, 371); die Sammeltasche des Postboten (RG **22**, 204); zu bearbeitende Prozeßakten in den Privaträumen des Richters (Geppert Jura **86**, 596) oder das Betriebsgelände eines privaten Abschleppunternehmens, wohin im polizeilichen Auftrag ein Kfz gebracht worden ist (Bay NJW **92**, 1399).

4 **a) Beispiele für verwahrte Sachen:** Abschrift einer Zustellungsurkunde, die der Postbote noch nicht beglaubigt hat (RG **33**, 413); die Versteigerungsbekanntmachung eines Gerichtsvollziehers, Führerschein bei Fahrverbot (§ 44 III S. 2; § 25 II StVG), falls er nicht beschlagnahmt oder sichergestellt worden ist (dann gilt § 136); auf polizeiliche Erlaubnisscheine aufgeklebte (auch entwertete) Gebührenmarken (BGH **3**, 290); eine amtlich aufbewahrte Blutprobe (NJW **54**, 282; Bay JZ **88**, 726); vertretbare Sachen, zB Geldscheine und Münzen, soweit sie nicht zur Auszahlung bestimmt sind, sondern zB Bahn oder Post zur Beförderung übergeben sind (BGH **18**, 312); sowie verbrauchbare, zB Flüssigkeit in den Tankwagen der Eisenbahn; desgl. auf der Bahn beförderte Lebensmittel und andere Sachen (BGH **18**, 312); nach MDR **52**, 658 auch Transportgegenstände, die von Dieben auf den Bahnkörper geworfen werden. In dienstlicher Verwahrung befinden sich auch **weggelegte** Akten. Ferner Urkunden, wie Dienstregister des Gerichtsvollziehers; Kostenregister der Gerichtskassen (vgl. RG

Straftaten gegen die öffentliche Ordnung § 133

23, 236); das Resteverzeichnis einer Behörde (vgl. RG 49, 32); Zollsäcke und Briefbeutel (vgl. RG 67, 232); aber nicht zum Verkauf bestimmte Eisenbahnfahrscheine (BGH 9, 64; 18, 314) oder schon benutzte (vgl. Oldenburg NdsRpfl. 49, 110). Sog. Fangbriefe der Post, die zur Überführung eines Verdächtigen dienen sollen, fallen ebenfalls unter I (iVm III; vgl. RG 69, 271).

b) **Nicht verwahrt** werden dagegen die von der Behörde selbst zu verbrauchenden Gegenstände (BGH 4, 241); sowie zur Veräußerung oder Vernichtung bestimmte (BGH 9, 64); Formblätter vor ihrer Ausfüllung (RG 72, 172); Überstücke von Anklageschriften, die zur Weiterbildung überlassen werden (Köln NJW 80, 898, hierzu Otto JuS 80, 490; Rudolphi JR 80, 383; Wagner JZ 87, 706); zum Einstampfen bestimmte Schriftstücke (vgl. Oldenburg NdsRpfl. 49, 110) wie zB abgelaufene Reisepässe (vgl. Köln MDR 60, 946); zur Auszahlung bestimmtes Geld (BGH 18, 312; zust. Schröder JR 63, 427); Kohlen zum alsbaldigen Heizen der Lokomotive (MDR 52, 658); wohl aber die im Güterwagen beförderten, für den künftigen Bedarf der Eisenbahn bestimmten Kohlen (LM Nr. 2; nach OGHSt. 2, 750; Hamburg JR 53, 27 selbst dann, wenn sie auf die Gleise gefallen sind; vgl. oben 4); Schreibmaterial (RG 24, 385), Benzinmarken (BGH 4, 241) und Benzin (MDR 55, 527) für den Eigenbedarf (BGH 4, 241); behördliche Inventarstücke (RG 52, 240); auch nicht Gegenstände in Sammlungen oder Bibliotheken (hier nur Besitz, nicht amtlicher Gewahrsam!, Geppert Jura 86, 596). Desgl. der Brief eines Gefangenen, solange er sich bei ihm befindet (RG 72, 172). Auch nicht der Führerschein in der Hand des Inhabers (Braunschweig NJW 60, 1121). 5

B. **ihm,** dh dem Täter, **oder einem anderen dienstlich in Verwahrung gegeben** sind. Ist derjenige, der die Sache erhalten hat, Amtsträger oder für den öffentlichen Dienst besonders Verpflichteter, so tritt mit der Übergabe dienstliche Verwahrung ein, so daß 3 (ev. iVm III) unmittelbar eingreift (LK-v. Bubnoff 12). Die Alternative bezieht sich also nur auf Fälle, daß ein Dritter die Sache erhalten hat, etwa eine Bank zur Verwahrung im Stahlfach für eine Dienststelle (E 1962, 612; Geppert Jura 86, 597). Die Übergabe muß auf eine dienstliche Anordnung zurückgehen (RG 43, 246) und muß erkennen lassen, daß der andere die Sache dienstlich zur Verwahrung erhalten hat (vgl. Hamburg JR 64, 288), so bei der Niederlegung beschlagnahmter Sachen bei der Frau des Gemeindevorstehers (RG 54, 244). Belassen gepfändeter Sachen im Besitz des Schuldners reicht nicht aus. Bei Vorlegung eines Protokolls zur Unterschrift behält der vorlegende Amtsträger den Gewahrsam (RG 10, 387), dieser hört auf zB bei Übergabe einer Urkunde im Wege der Ersatzzustellung (RG 35, 28). 6

3) Gegenstände, die sich **in amtlicher Verwahrung einer Kirche oder anderen Religionsgesellschaft des öffentlichen Rechts** (13 zu § 132a) befinden, stehen nach **II** den in I bezeichneten gleich. 2ff. gilt entsprechend. Wichtig sind vor allem Kirchenbücher und kirchenamtliche Personenstandsurkunden (E 1962, 612). 7

4) Tathandlungen sind, daß der Täter die Sache **A. zerstört** (10 zu § 303). Darunter fällt auch (RG DJ 36, 1812 zu § 348 II aF) das Ablösen gestempelter Briefmarken oder entwerteter Kostenmarken, soweit sie noch dienstlich verwahrt werden (oben 4). **B. beschädigt** (5ff. zu § 303). 8

9

§ 133

Bei Schriftstücken reicht dafür das bloße Abreißen einer unbeschriebenen Stelle nur dann aus, wenn auch die Erhaltung der Substanz von Bedeutung ist. Hingegen ist Beschädigen zB das Entfernen einer Plombe von einem verschlossenen Postbeutel; möglicherweise auch das Verfälschen einer Ur-
10 kunde (RG **67**, 229). **C. unbrauchbar macht**, dh so verändert, daß ihr Zweck nicht mehr erfüllt werden kann; zB Löschen eines Tonbandes (LK
11 14). **D. der dienstlichen Verfügung entzieht.** Diese Generalklausel, die jede Handlung deckt, mit der die unmittelbare Verwendung der Sache der verwahrenden Stelle, dem Vorgesetzten des Täters oder einem Mitberechtigten unmöglich gemacht wird, umfaßt auch die Fälle des in § 133 I, § 348 II aF genannten Beiseiteschaffens (RegE 223), so die räumliche Entfernung in einer Weise, daß die jederzeitige Bereitschaft für den bestimmungsgemäßen Gebrauch wenn auch nur vorübergehend (Bay DAR **84**, 239) aufgehoben oder erheblich erschwert ist (BGH **35**, 341; MDR/D **58**, 141). Ob das der Fall ist, ist Tatfrage. Bei dienstlich verwahrten Blutprobenvenülen genügt es, wenn ein Unbefugter sie ergreift (Bay JZ **88**, 726). Unbefugte Mitnahme zum Fotokopieren kann genügen (LK 15). Bloßes Verheimlichen oder Verleugnen reicht nicht aus (RG JW **34**, 1975; zw.), wohl aber das sog. Verfächern (RG **22**, 243) oder das Verschließen im Schreibtisch im gewöhnlichen Aufenthaltsraum (BGH **15**, 23), *nicht* hingegen im unverschlossenen Schreibtisch, wo die Urkunde leicht aufgefunden werden kann (BGH **15**, 23; **35**, 343, hierzu Brammsen Jura **89**, 81). Der Täter muß die Beeinträchtigung des Gebrauchs wollen, so daß Mitnahme von Akten in seine Wohnung bei einem Amtsträger als solche noch kein Entziehen ist; anders wenn der Besitz ordnungswidrig wird und der Täter die Herausgabe ablehnt (BGH **3**, 87), oder wenn er die Akten pflichtwidrig einem Unbefugten überläßt (GA **78**, 206). Nicht ausreichend ist der falsche Erledigungsvermerk eines Polizeibeamten im amtlichen Tagebuch, der dem Vorgesetzten Bearbeitung einer liegengelassenen Anzeige vorspiegeln soll (BGH **15**, 18), oder die dienstliche, wenn auch gesetzwidrige Verwendung des Gegenstandes (BGH **33**, 193 m. Anm. Marcelli NStZ **85**, 500; Geppert JK 1 u. Jura **86**, 598; Wagner JZ **87**, 706). Das Entziehen ist nicht notwendig ein Dauerdelikt (RG DRiZ **33** Nr. 198). In den Fällen von oben 5 entzieht der Täter, auch wenn er Alleingewahrsam hat (vgl. BGH **5**, 75), die Sache der dienstlichen Verfügung, wenn er den dienstlichen Rückgriff auf die Sache mindestens zeitweise vereitelt. Ob durch das Entziehen ein Schaden entsteht, ist in allen Fällen ohne Bedeutung (vgl. RG **2**, 427).

12 **5) Täter** nach I, II kann jedermann sein, auch der Eigentümer der Sache (RG **47**, 394) oder der Dritte, dem die Sache übergeben wurde (oben 5).
13 **Qualifiziert nach III** ist jedoch die Tat, wenn Täter ein **Amtsträger** oder **für den öffentlichen Dienst besonders Verpflichteter** (32 zu § 11) ist. Weitere Voraussetzung ist aber, daß die Sache dem Täter in seiner dienstli-
14 chen Eigenschaft, also nicht außerdienstlich, entweder **A. anvertraut** worden ist; dh, daß er die Verfügung über sie kraft dienstlicher (allgemeiner oder besonderer) Anordnung erhält in dem Vertrauen, daß er kraft seines Amtes für deren Verbleib, Gebrauchsfähigkeit und inhaltliche Richtigkeit sorge (BGH **3**, 306). Das gilt auch für ein dienstliches Schriftstück, das der Täter selbst hergestellt hat (vgl. RG **42**, 412), selbst dann, wenn er sich insgeheim vorgenommen hat, es nur privat zu verwenden (NJW **75**, 2212;

Straftaten gegen die öffentliche Ordnung **§ 133**

zw.; vgl. Blei JA **76**, 32; M-Schroeder § 72, 12; Wagner JZ **87**, 705). Die eigenmächtige Entgegennahme der Sache in der Privatwohnung genügt nicht; hinzukommen muß ihr Verbringen zur Dienststelle (BGH **4**, 54), oder **B. zugänglich** geworden ist. Das ist dann der Fall, wenn der Täter 15
dienstlich zu ihr gelangen kann (RG **17**, 105), also auch, wenn sie sich in einem verschlossenen Schrank befindet, in dem aber der Schlüssel steckt (LK 22); anders wenn er einen Nachschlüssel benutzen muß (dann aber I; vgl. RG **61**, 334). Hingegen kann ein verschlossenes Schreiben dem Täter als solches zugänglich sein (RG **32**, 265). Zugänglich kann eine Urkunde dem Täter auch sein, wenn er sie selbst fälschlich angefertigt hat (RG HRR **41**, 571; vgl. auch BGH **12**, 86).

6) Der Vorsatz erfordert das Bewußtsein, daß sich die Sache in dienstli- 16
cher Verwahrung befindet, wobei bedingter Vorsatz ausreicht; ebenso, daß der Täter die Sache der dienstlichen Verfügung entzieht; das braucht bei einem Amtsträger nicht der Fall zu sein, wenn er sie mit in seine Wohnung nimmt (vgl. BGH **3**, 89). Nicht nötig ist eine besondere Absicht, noch das Bewußtsein, gegen die öffentliche Ordnung zu verstoßen, aaO. Glaubt der Täter, kraft öffentlichen Rechts (ministerielle Anordnung!) zur Vernichtung befugt zu sein, oder nimmt er irrig das Einverständnis eines dafür Zuständigen an, so gelten die Grundsätze über die irrige Annahme von Rechtfertigungsgründen (vgl. 20 ff. zu § 16; vgl. LK 18). Glaubt der Täter sich als Eigentümer zur Tat befugt, so ist Verbotsirrtum gegeben. Das ist auch der Fall, wenn er irrig glaubt, zur Herausgabe der Sache nicht verpflichtet zu sein.

7) Konkurrenzen. Tateinheit möglich mit § 132 (vgl. BGH **12**, 85); 17
§ 136 (BGH **5**, 160); § 148 II; §§ 242, 246 (vgl. GA **56**, 319; Hamburg JR **53**, 27); § 263 (RG **60**, 243); § 267 (RG **19**, 319); § 268; § 274 (dort 8; RG GA Bd. **37**, 283); § 303 (LK 24); § 348; § 354 I, II Nr. 1; Hinter § 354 II Nr. 2 tritt § 133 III zurück (KG JR **77**, 426). Von § 148 II wird § 133 I verdrängt (RG **59**, 325 gegen BGH **3**, 293; RG **68**, 204 zu § 276 aF; aM LK 24); mit § 133 II besteht Tateinheit.

Verletzung amtlicher Bekanntmachungen

134 Wer wissentlich ein dienstliches Schriftstück, das zur Bekanntmachung öffentlich angeschlagen oder ausgelegt ist, zerstört, beseitigt, verunstaltet, unkenntlich macht oder in seinem Sinn entstellt, wird mit Freiheitsstrafe bis zu einem Jahr oder mit Geldstrafe bestraft.

1) Die Vorschrift ist durch Art. 19 Nr. 51 EGStGB in Anlehnung an § 428 1
E 1962 (Begr. 613) unter Anhebung der Strafdrohung neu gefaßt (E EGStGB 224).

2) Tatgegenstand sind **dienstliche Schriftstücke** (2 ff. zu § 133; nicht 2
auch solche von Religionsgesellschaften; LK-v. Bubnoff 3), die zur **Bekanntmachung,** dh Kenntnisnahme durch die Allgemeinheit oder einen bestimmten Personenkreis (Aufforderung zur Musterung ist öffentlich (vgl. 5 zu § 111; Bay **52**, 112) entweder **angeschlagen**, dh mit einer anderen Sache, zB einer Anschlagsäule verbunden, oder aber lose **ausgelegt** sind (wie zB eine Wahlliste); erfaßt werden auch aufgehängte Schriftstücke (RG **36**, 183). Die Schriftstücke müssen einen amtlichen Inhalt haben (Hamburg

§ 134

JZ **53**, 123), brauchen aber keine Bekanntmachungen im engeren Sinne zu sein; also auch zB die Urliste der Schöffen (E 1962, 613). Ob die veranlassende Stelle zuständig ist, ist ohne Bedeutung.

3   3) **Tathandlungen** sind, daß der Täter das Schriftstück **zerstört** (10 zu § 303), **beseitigt,** dh von seinem Platz entfernt (auch wenn es unten liegen bleibt), **verunstaltet** (zB durch Beschmieren), **unkenntlich macht,** dh die Möglichkeit, vom gedanklichen Inhalt Kenntnis zu nehmen, zB durch Überkleben oder Beschädigen, beseitigt oder **in seinem Sinn entstellt,** dh zB durch Einfügen oder Entfernen von Teilen, den gedanklichen Inhalt verändert.

4   4) **Wissentlich** muß der Täter handeln. Bedingter Vorsatz (zB hinsichtlich des dienstlichen Charakters des Schriftstückes oder der Sinnentstellung) reicht nicht aus.

5   5) **Tateinheit** mit §§ 267, 274 I Nr. 1 möglich. § 303 tritt zurück.

§ 135 [Aufgehoben durch 1. StÄG]

Verstrickungsbruch; Siegelbruch

136   ^I Wer eine Sache, die gepfändet oder sonst dienstlich in Beschlag genommen ist, zerstört, beschädigt, unbrauchbar macht oder in anderer Weise ganz oder zum Teil der Verstrickung entzieht, wird mit Freiheitsstrafe bis zu einem Jahr oder mit Geldstrafe bestraft.

^{II} Ebenso wird bestraft, wer ein dienstliches Siegel beschädigt, ablöst oder unkenntlich macht, das angelegt ist, um Sachen in Beschlag zu nehmen, dienstlich zu verschließen oder zu bezeichnen, oder wer den durch ein solches Siegel bewirkten Verschluß ganz oder zum Teil unwirksam macht.

^{III} Die Tat ist nicht nach den Absätzen 1 und 2 strafbar, wenn die Pfändung, die Beschlagnahme oder die Anlegung des Siegels nicht durch eine rechtmäßige Diensthandlung vorgenommen ist. Dies gilt auch dann, wenn der Täter irrig annimmt, die Diensthandlung sei rechtmäßig.

^{IV} § 113 Abs. 4 gilt sinngemäß.

1   1) **Die Vorschrift** idF des Art. 19 Nr. 52 EGStGB (Einl. 9, 10, 12 und Prot. 7/416) vereinigt in Anlehnung an § 427 E 1962 (Begr. 612; Ndschr. **13**, 594) die §§ 136, 137 aF unter Klärung des Problems der Rechtmäßigkeit in III und IV (E EGStGB 224). Rechtsgut ist der Schutz dienstlicher Akte an Sachen, der bei I in deren Verstrickung, bei II im angelegten Siegel zum Ausdruck kommt (vgl. BGH **5**, 157; Kienapfel, Urkunden II 142; Cornils [1 zu § 5] 96; Geppert Jura **87**, 35, 42). Der ergänzende § 289 dient hingegen dem unmittelbaren Gläubigerschutz.

2   2) **I und II** setzen **gemeinsam eine Diensthandlung** (dazu 3ff. zu § 133; E EGStGB 224) voraus, die **rechtmäßig ist.** Der Begriff der Rechtmäßigkeit ist hier ebenso wie bei § 113 (dort 7; E 1962, 613) nicht iS materieller Richtigkeit, sondern nur formeller Rechtmäßigkeit zu verstehen (dazu unten 3ff., 7, 11).

Straftaten gegen die öffentliche Ordnung § 136

3) Im Fall von I sind **A. Tatgegenstand Sachen,** dh nur körperliche 3
Gegenstände (1c zu § 303; auch Schiffe und Luftfahrzeuge; vgl. § 111c IV
StPO), einschließlich der unbeweglichen (nicht dagegen Forderungen und
sonstige Rechte, RG VStS **24,** 40; LK-v. Bubnoff 3, str.; vgl. Röther NJW
52, 1403), die **gepfändet** oder sonst **dienstlich in Beschlag genommen**
sind. Wann und in welcher Weise ein solcher Akt zulässig ist, ergeben
Bundes- und Landesrecht (vgl. RG **65,** 249). Aus dem *Bundesrecht* kommen
u. a. in Betracht die §§ 94, 98, 100, 111a bis 111l, 132 III, 463b StPO;
§§ 808ff. ZPO; §§ 20ff., 148 ZVG (dazu §§ 864ff. ZPO); § 399 II, 402 I
AO; §§ 28 bis 31 BGSG; § 11 S. 1 FlHG; § 7 II, III, § 8 III UZwGBw;
§ 25 II, III StVG; § 2 II VerbrVerbG; § 3 I S. 2, § 10 VereinsG; § 42 II
LMBG; aus dem Landesrecht insbesondere die LPrG (Göhler 619), zB § 16
BayPrG, §§ 12 bis 16 BlnPrG, §§ 13 bis 18 NWPrG (Richtervorbehalt!),
und die Polizei(verwaltungs)Ges., zB Art. 25 BayPAG; § 22 PolG NW).
Die Beschlagnahme muß durch die für solche Akte im allgemeinen zustän-
digen Behörden erfolgen; die konkrete Zuständigkeit im Einzelfall braucht
nicht gegeben zu sein (str.; RG **63,** 351; LK 6, 24; SchSch-Cramer 29).
Materiellrechtlich wirksam braucht die Pfändung usw. nicht zu sein, wenn
nur eine formell ordnungsmäßig ausgeführte Pfändung vorliegt. Daher
genügt auch die Pfändung von nicht dem Schuldner gehörigen Sachen (RG
9, 403; Bay **8,** 269), von unpfändbaren Gegenständen (§ 811 ZPO, Hamm
NJW **56,** 1889; krit. Niemeyer JZ **76,** 315); von Grundstückszubehör trotz
§ 865 II ZPO, es sei denn, daß der Gerichtsvollzieher fahrlässig war (RG
61, 367, Geppert aaO 39). Anders, wenn wesentliche Formvoraussetzun-
gen fehlen (RG **36,** 166), so bei Pfändung ohne vollstreckbaren Titel, bei
Nichtsichtbarmachen der Pfändung an den beim Schuldner zu belassenden
Sachen (RG **16,** 273), oder Verstoß gegen § 759 ZPO (BGH **5,** 93; Geppert
aaO 38). *Unwesentlich* sind dagegen die Benachrichtigung des Schuldners
von der Pfändung (§ 808 III ZPO) und die Aufnahme eines Pfändungspro-
tokolls nach § 762 ZPO (R **10,** 648). Eine besondere Form ist für die
polizeiliche Beschlagnahme nicht vorgeschrieben (RG **63,** 351; Stuttgart
MDR **56,** 692). Zu den Förmlichkeiten bei Beschlagnahme von Sachen, die
Einziehung oder Verfall unterliegen, §§ 111c ff. StPO und 1c zu § 73. Vgl.
weiter Niemeyer JZ **76,** 315. Schüsse eines Polizeibeamten auf die Reifen
eines Kfz., die es fahruntüchtig machen, sind keine Beschlagnahme (Zwei-
brücken NStZ **89,** 269).

a) Die Beschlagnahme ist gegenüber der Pfändung der allgemeinere 4
Begriff. Sie bedeutet die zwangsweise Bereitstellung einer Sache zur Verfü-
gung einer Behörde zur Sicherung privater oder öffentlicher Belange (RG
65, 248), zB die vorläufige Beschlagnahme eines geschlachteten Tieres
durch den Fleischbeschauer (Oldenburg MDR **62,** 595). Bei der Beschlag-
nahme eines Grundstücks zum Zwecke der Zwangsversteigerung (§ 20
ZVG) genügt Zustellung des Beschlusses ohne Besitzergreifung (RG **65,**
250). Nach der StPO ist neben der Anordnung noch zur Ausführung, dh
durch Mitteilungen an den Inhaber oder die Besitzergreifung nötig (RG **18,**
72). Ein Beweismittel ist erst dann in Beschlag genommen, wenn es in
Verwahrung genommen oder sonst sichergestellt ist (BGH **15,** 149). Mit
der Konkurseröffnung wird das ganze zur Konkursmasse gehörige Vermö-
gen ohne Besitzergreifung beschlagnahmt (RG **41,** 256), daher auch der

§ 136

BT Siebenter Abschnitt

Erlös eines mit Einwilligung des Konkursverwalters veräußerten Massestücks (RG **63**, 338). Dagegen bewirkt das gerichtliche Veräußerungsverbot der Konkurseröffnung (§ 106 KO) keine Beschlagnahme (RG **51**, 229). Die Grenzziehung ist im einzelnen str. (vgl. Geppert Jura **87**, 36; M-Schroeder § 72, 14; LK 5 f.).

5 **b) Die Pfändung,** einschl. der Arrestvollziehung (§ 930 ZPO; § 111 f III StPO) muß sich auf Sachen beziehen; die Pfändung eines Herausgabeanspruchs (§§ 846 ff. ZPO) gehört nicht hierher, Frank I. Die abstrakte Zuständigkeit muß ebenso vorliegen wie die Wahrung der wesentlichen Förmlichkeiten, vgl. zu 6. Die Pfändung geschieht durch Inbesitznahme der Sache (§ 808, vgl. § 809 ZPO), welche im Besitze des Schuldners, des Gläubigers oder eines zur Herausgabe bereiten Dritten sich befindet. Es genügt, daß der Gerichtsvollzieher nach pflichtgemäßer Prüfung annimmt, die Sache sei im Besitze des Schuldners, nicht eines Dritten (RG **25**, 108). Außer Geld, Kostbarkeiten und Wertpapieren darf er die gepfändete Sache *beim Schuldner belassen,* doch nur nach Kenntlichmachung der Pfändung (zB durch Anlegung von Siegeln, RG **36**, 135), so auch bei Pfändung von Früchten auf dem Halm (R **5**, 587), von lebendem Vieh (RG **18**, 163), hier muß das gepfändete, im Stalle verbleibende Stück individuell bezeichnet werden, jedoch schafft die sofort vollziehbare Anordnung der zuständigen Behörde, bestimmte Mastkälber weder zu schlachten noch in den Verkehr zu bringen, noch keine Verstrickung (Bay **83**, 168). Die Kenntlichmachung der Pfändung fehlt, falls bei Pfändung von Fahrrädern die Pfändungsmarken in ihre Satteltaschen gelegt werden (RG **61**, 101; vgl. LK 8). – Die Pfändung dauert bis zur Rückgabe der Sache an den Schuldner (bzw. bis zur Entfernung der Pfändungsmarken) durch den Gerichtsvollzieher oder Gläubiger, der nachträgliche Verfall der Pfandzeichen läßt die Pfändung aber bei Bestand, § 1253 BGB (Hamm NJW **56**, 1889), desgl. die bloße Befriedigung des Gläubigers (RG **26**, 308), oder dessen Verzicht auf seine Rechte aus der Pfändung (Oldenburg JR **54**, 33; aM RGZ **161**, 114).

6 **c) Die Tathandlung** besteht in der völligen oder teilweisen Entziehung aus der zur Tatzeit bestehenden Verstrickung. Wenn auch nur zeitweise, muß die Sache der Verfügungsgewalt der Behörde tatsächlich entzogen sein (RG **70**, 254; Hamm NJW **56**, 1889), eine ganz unerhebliche Erschwerung des Zugriffs des Gerichtsvollziehers genügt nach Hamm NJW **80**, 2537 nicht (zw.; Geppert JK 1 u. Jura **87**, 40). Ist die Sache einmal aus der Verstrickung frei, so ist an ihr ein neues Vergehen nach § 136 nur möglich, wenn die Verfügungsgewalt der Behörde aufs neue begründet wurde, Olshausen 3 b. Als Beispielsfälle des Entziehens nennt das Gesetz, daß der Täter die Sache **aa) zerstört** (10 zu § 303), **bb) beschädigt** (10 zu § 303) oder **unbrauchbar macht** (10 zu § 133). **cc)** Unter die Generalklausel des **Entziehens auf andere Weise** fällt es, wenn der Täter die Sachen zB beiseiteschafft (so ausdrücklich § 137 aF; 10 zu § 288), etwa durch Verbringen in eine andere Wohnung (RG **19**, 287), Verstecken u. dgl. In Betracht kommen auch Täuschung des Gerichtsvollziehers (RG **58**, 356), Ersetzen der Pfandsache durch eine minderwertigere andere (RG **15**, 205), Einbau beschlagnahmter Hölzer (RG GA Bd. **54**, 300). *Nicht* ausreichen: Bloßes Ableugnen des Besitzes der Pfandsache (RG JW **38**, 2899) oder deren Verkauf ohne Übergabe (RG **61**, 369; Hamm NJW **56**, 1800).

4) Im Fall von II sind A. **Tatgegenstand** ein inländisches **dienstliches** 7 **Siegel,** uU ausländische dann, wenn völkerrechtliche Verträge ausländische Rechtsgüter den inländischen gleichstellen, zB ausländische Zollplomben (Krehl NJW 92, 604). Es muß von einer Behörde, einem Amtsträger oder sonst dienstlich (3 ff. zu § 133; Kienapfel, Urkunden II 145, 161) angelegt sein. Der Anlegende muß dazu im allgemeinen sachlich und örtlich zuständig sein (Hamm JMBlNW 53, 258). Nicht nötig ist, daß im Einzelfalle die tatsächlichen oder rechtlichen Voraussetzungen der Siegelung gegeben waren (RG GA Bd. 68, 393), so auch bei Siegelung vor Zustellung des Vollstreckungstitels (RG 34, 398). **Die Siegelung** kann mittels Siegellack, Siegelmarke (RG 3, 286), Plombe (Frankfurt MDR 73, 1033; so auch beim Feuermelder, RG 65, 134) oder am Breitbandkabelnetz (Krause/Wuermeling NStZ 90, 528), einer aufgeklebten Oblate, mittels Dienststempels und dgl. geschehen (vgl. Köln MDR 71, 67; Geppert Jura 87, 43). Auch die Siegelung eines Schriftstücks zur Beglaubigung gehört hierher (RG 34, 398). Zum **Anlegen** genügt das Anheften des Pfandsiegels am Ärmelinnenfutter eines Pelzmantels (MDR 52, 658). Das Siegel muß **angelegt** sein, um **Sachen,** an denen es befestigt ist oder wenigstens in räumlicher Beziehung steht, **in Beschlag zu nehmen** (Siegel des Gerichtsvollziehers; dann gleichzeitig I), **dienstlich zu verschließen** (zB Lebensmittelproben, KG JR 55, 474) oder **zu bezeichnen** (zB das vom Fleischbeschauer untersuchte Fleisch, RG 39, 367).

B. Tathandlungen, daß der Täter das zur Tatzeit noch angelegte (Köln 8 MDR 71, 67; Hamm JMBlNW 53, 258) Siegel **a) beschädigt** (10 zu § 303), womit aber nach dem Sinn der Vorschrift nur Handlungen gemeint sein können, welche den Zweck der Siegelung gefährden; **b) ablöst,** dh ohne oder mit Beschädigung entfernt (vgl. RG 65, 134); **c) unkenntlich macht,** zB durch Überkleben (Köln MDR 69, 69 sieht darin ein Beschädigen des Siegels; Überdecken eines Verbotsschildes (Frankfurt NJW 59, 1288), **d)** den **Verschluß ganz oder zum Teil unwirksam macht,** zB dadurch, daß ohne Veränderung des Siegels an einer versiegelten Baustelle (OVG Münster MDR 66, 537) weiter gebaut wird (Köln MDR 71, 67; hierzu Kienapfel, Urkunden II 144). Ein Siegelbruch ist aber in diesen Fällen nur solange möglich, als das Siegel zZ des Weiterbaus noch angelegt ist (Köln NStZ 87, 330). Unwirksam machen kann auch gegeben sein, wenn ein Gegenstand aus einer versiegelten Umschnürung entfernt wird oder jemand durch das Fenster in einen Raum einsteigt, dessen Tür versiegelt ist (LK 21).

5) Täter sein kann nicht nur der, gegen den sich Beschlagnahme oder 9 Versiegelung richtet, sondern auch ein Dritter (Bay 5, 184), auch der pfändende Gläubiger, selbst der pfändende Gerichtsvollzieher durch eigenmächtige Freigabe der Sache (BGH 3, 307; Geppert Jura 87, 40), aber nicht der beschlagnahmende Polizeibeamte, solange er selbst zur Freigabe befugt ist. Möglicherweise verstößt er aber gegen § 133 (BGH 5, 156). Auch **Teilnehmer** kann jeder sein.

6) Der Vorsatz muß als mindestens bedingter das Bewußtsein umfassen, 10 daß die Sache dienstlich beschlagnahmt oder das Siegel dienstlich zu den oben 7 genannten Zwecken angelegt ist und daß der Täter die Sache wenigstens zeitweise der Verstrickung entzieht (RG 63, 351) bzw. das Siegel in der oben 8 beschriebenen Weise unwirksam macht. Irrtum über die Wirksamkeit der Pfändung ist Tatbestandsirrtum (Niemeyer JZ **76**, 316; LK 14, 22). Einen Vorteil braucht der Täter mit der Tat nicht anzustreben. Hält er sich für berechtigt, die Tathandlung auszuführen, so ist das ein Verbotsirrtum (zur Problematik D. Meyer JuS **71**, 643; Niemeyer JZ **76**, 316). Anders ist das in den Fällen von IV.

11 **7) Die Rechtmäßigkeit der Diensthandlung** ist kein Tatbestandsmerkmal, aber auch keine bloße Bedingung der Strafbarkeit; vielmehr ist ihr Fehlen ein Rechtfertigungsgrund (10 zu § 113), für den nach III S. 2, IV dieselbe Irrtumsregelung gilt wie bei § 113. Der Täter ist also auch dann gerechtfertigt, wenn er irrig meint, die unrechtmäßige Diensthandlung sei rechtmäßig. 23 ff. zu § 113 gilt entsprechend; doch wird dem Täter hier in aller Regel zuzumuten sein, sich mit einem Rechtsbehelf gegen die vermeintlich unrechtmäßige Diensthandlung zu wehren (ebenso Niemeyer JZ **76**, 316; Geppert Jura **87**, 41).

12 **8) Konkurrenzen.** Tateinheit ist möglich innerhalb von § 136 zwischen I und II (vgl. RG **48**, 365; zu §§ 136, 137 aF str.; vgl. ferner Kienapfel, Urkunden II 143, 151); mit § 113; § 133 (14. 4. 1953, 2 StR 286/52; str.); § 242 (RG **2**, 318); § 246 (Bay **5**, 184); § 263 (RG **15**, 205); § 288 (RG **17**, 42); § 289 (RG **64**, 78; Baumann NJW **56**, 1866; str.); § 304 (RG **65**, 135). Die Zitate zu §§ 242 bis 289 beziehen sich auf § 137 aF. Treffen einzelne Begehungsformen von I oder II unter sich zusammen, so ist das nur eine einzige Tat.

§ 137 [Aufgehoben durch Art. 19 Nr. 52 EGStGB; vgl. § 136.]

Nichtanzeige geplanter Straftaten   **RiStBV 202 bis 205**

138 ¹ Wer von dem Vorhaben oder der Ausführung

1. **einer Vorbereitung eines Angriffskrieges (§ 80),**
2. **eines Hochverrats in den Fällen der §§ 81 bis 83 Abs. 1,**
3. **eines Landesverrats oder einer Gefährdung der äußeren Sicherheit in den Fällen der §§ 94 bis 96, 97a oder 100,**
4. **einer Geld- oder Wertpapierfälschung in den Fällen der §§ 146, 151, 152 oder einer Fälschung von Vordrucken für Euroschecks oder Euroscheckkarten in den Fällen des § 152a Abs. 1 Nr. 1, Abs. 2 oder 3,**
5. **eines schweren Menschenhandels in den Fällen des § 181 Abs. 1 Nr. 2 oder 3,**
6. **eines Mordes, Totschlags oder Völkermordes (§§ 211, 212 oder 220a)**
7. **einer Straftat gegen die persönliche Freiheit in den Fällen der §§ 234, 234a, 239a oder 239b,**
8. **eines Raubes oder einer räuberischen Erpressung (§§ 249 bis 251 oder 255) oder**
9. **einer gemeingefährlichen Straftat in den Fällen der §§ 306 bis 308, 310b Abs. 1 bis 3, des § 311 Abs. 1 bis 3, des § 311a Abs. 1 bis 3, der §§ 311b, 312, 313, 315 Abs. 3, des § 315b Abs. 3, der §§ 316a, 316c oder 319**

Straftaten gegen die öffentliche Ordnung § 138

zu einer Zeit, zu der die Ausführung oder der Erfolg noch abgewendet werden kann, glaubhaft erfährt und es unterläßt, der Behörde oder dem Bedrohten rechtzeitig Anzeige zu machen, wird mit Freiheitsstrafe bis zu fünf Jahren oder mit Geldstrafe bestraft.

II Ebenso wird bestraft, wer von dem Vorhaben oder der Ausführung einer Straftat nach § 129a zu einer Zeit, zu der die Ausführung noch abgewendet werden kann, glaubhaft erfährt und es unterläßt, der Behörde unverzüglich Anzeige zu erstatten.

III Wer die Anzeige leichtfertig unterläßt, obwohl er von dem Vorhaben oder der Ausführung der rechtswidrigen Tat glaubhaft erfahren hat, wird mit Freiheitsstrafe bis zu einem Jahr oder mit Geldstrafe bestraft.

1) **Die Vorschrift,** eingefügt durch Art. 2 Nr. 21 des 3. StÄG (2 vor § 102) **1** wurde vielfach geändert durch Art. 2 Nr. 10 des 8. StÄG (1 vor § 80), Art. 1 Nr. 1 des 12. StÄG (betr. I Nr. 7; vgl. 3 zu § 239a), Art. 1 Nr. 7 des 4. StrRG und Art. 1 Nr. 2 des 26. StÄG (betr. I Nr. 5; vgl. 1, 2 vor § 174 und 1 zu § 180b), Art. 19 Nr. 53 EGStGB (Einl. 10), Art. 1 Nr. 2 StGBuaÄndG (betr. II, III; vgl. 1 zu § 129a) Art. 1 Nr. 6 des 18. StÄG, Art. 1 Nr. 4 des 23. StÄG (betr. I Nr. 4). Zum gescheiterten Antrag der Grünen auf Streichung des II vgl. BT-Drs. 11/7139. Die Tat ist ein *echtes Unterlassungsdelikt*. **Rechtsgut** ist sowohl die staatliche Rechtspflege als auch das durch die geplante Tat bedrohte Gut (LK-Hanack 1 ff.; str.). **Schrifttum:** *Geilen* JuS 65, 426; *Joachim Schwarz,* Die unterlassene Verbrechensanzeige, 1968; *Schmidhäuser,* Bockelmann-FS 683; *Frisch* II, 313 ff. Ergänzend § 43 WStG.

2) **Voraussetzung der Tat** ist nach I, daß der Täter: **2**

A. **Vom Vorhaben oder der Ausführung** bestimmter Straftaten erfährt.

a) **Das Vorhaben** ist schon die ernstliche Planung (MDR/H **76**, 987) **3** einer iS von 7 zu § 30 konkretisierten Tat; nicht erforderlich ist, daß mit der Vorbereitung der Tat bereits begonnen ist. Jedoch muß sie soweit bestimmt sein, daß ihr durch behördliches Einschreiten oder durch Vorkehrungen des Bedrohten entgegengewirkt werden kann, eine Absprache von Rockern, bei passender Gelegenheit Dinge bestimmter Art gewaltsam wegzunehmen, genügt nicht (27. 3. 1979, 5 StR 59/79). Unerheblich ist andererseits, falls sie nur unter bestimmten Bedingungen stattfinden soll, RG **60**, 254. Anzeigepflichtige Tat iS von § 138 ist auch das Vorhaben oder die Ausführung einer **Teilnahmehandlung** (Schwarz [1a] 44; hM), jedoch nicht der untaugliche Versuch und der erfolgungewisse Versuch der Beteiligung in einem unausgereiften Stadium; hM; vgl. auch unten 12. Ob es zur Bestrafung des künftigen Täters kommt, ist unerheblich (SchSch 4), einerlei ob sie wegen der Schuldunfähigkeit oder aus anderen Gründen (zB Strafklageverbrauch) unterblieben ist.

b) **Die Ausführung** der Tat kann aber auch **schon** begonnen haben; **4** beachte in I „oder der Ausführung". Selbst der bereits begonnene **Versuch** beseitigt die Anzeigepflicht nicht. Bei Dauerverbrechen genügt die Fortdauer des Dauerzustandes (RG **63**, 106), so bei gemeingefährlichen Delikten bis zur Beseitigung der Gefahr (RG **14**, 214). Falls die Tat rechtlich schon vollendet, aber tatsächlich *noch nicht beendet* ist, dauert die Pflicht zur Anzeige ebenfalls fort (LK 8).

§ 138

5   c) **Ein Schuldunfähiger** kann keine Straftat begehen; trotz der begrifflich nicht exakten Überschrift besteht die Anzeigepflicht auch für eine **rechtswidrige Tat** (vgl. § 140 I; Dreher JZ 53, 427; hM; Grundsatz des § 29). Die Fassung von III durch das StGBuaÄndG (unten 19a) hat diese Auffassung bestätigt (LK 10).

6   **B. Zu einer Zeit** erfährt, zu der die Ausführung oder der Erfolg noch abgewendet werden kann; also noch zur rechten Zeit. Ob dies zutrifft, ist nach der objektiven Sachlage zu beurteilen, nicht nach der subjektiven Auffassung des Täters (LK 19; vgl. aber SchSch 8). Bei der Brandstiftung ist eine Anzeige noch zu machen, wenn die Kenntnis erst nach vollendeter Inbrandsetzung erlangt wird, aber das Löschen noch möglich ist („Erfolg noch abgewendet werden kann").

7   **C. Glaubhaft erfahren** hat vom Vorhaben oder der Ausführung des Delikts. Die bloße Möglichkeit des Erkennens (MDR/H 76, 987) oder bloße unverbürgte **Gerüchte** genügen für einen Privatmann nicht; doch können sie einen Amtsträger zur Nachforschung verpflichten. Wer den Gerüchten (selbst grob fahrlässig) **keinen Glauben** schenkt oder nicht damit rechnet, daß das Vorhaben zur Verwirklichung kommt (31. 3. 1982, 2 StR 641/81), braucht auch keine Anzeige zu machen (RG **71**, 385; E 3. StÄG 46; LK 14 f.; aM Meister MDR **53**, 649).

8   **3) Das Unterlassen** der rechtzeitigen Anzeige ist strafbar. Zur rechten Zeit ist sie zu machen, so daß die Verhinderung der Straftat noch möglich ist. Verzögert der Anzeigepflichtige sie in der irrigen Meinung, sie werde auch später noch rechtzeitig kommen, so ist er trotzdem nach I strafbar (aM LK 26; SK 14; AK 16). Ist der Pflichtige zur rechtzeitigen Anzeige auch bei Einsatz aller ihm zur Verfügung stehenden Mittel außerstande, so entfällt § 138. Auch § 35 kommt in Betracht (vgl. RG **43**, 342).

9   **A. Das Vorhaben oder die Ausführung** sind so anzuzeigen, daß sich die Ausführung oder der Erfolg verhüten läßt. Nur insoweit ist die Angabe des Namens des voraussichtlichen Täters erforderlich (RG **60**, 256). Seinen eigenen Namen braucht der Anzeigende nicht zu nennen, falls die Anzeige auch so hinreichend ernst genommen wird (Schomberg/Korte ZRP **90**, 417; LK 37).

10 **B. Adressat der Anzeige** ist die Behörde (35 zu § 11) oder der Bedrohte, nicht aber ein Dritter (RG **43**, 344). Als Behörde kommt meistens die Polizei in Betracht, jedenfalls eine Behörde, die einschreiten kann. Die Anzeige an den Bedrohten (LK 33) steht außerdem zur Wahl (hierzu LK 36); doch nur, falls sich das Delikt gegen eine bestimmte Person richtet, also zB nicht bei Geldfälschung, Hoch- und Landesverrat. Desgl. nicht, falls der Bedrohte handlungsunfähig ist (aM LK 33). An den Bedrohten ist die Anzeige zu richten, wenn die an die Behörde nicht mehr rechtzeitig wäre.

11 **C. Folgende Ausnahmen** von der Anzeigepflicht bestehen.
    a) Den Bedrohten selbst trifft sie nicht; soweit er nämlich die Anzeige an sich selbst machen könnte (vgl. zu 10; LK 40); anders bei gemeingefährlichen Delikten, die auch andere bedrohen.

12 **b)** Auch der **Täter, Anstifter** oder **Gehilfe** bei der geplanten Straftat sind nicht anzeigepflichtig), 20. 9. 1977, 1 StR 361/77), da die Tat eine völlig fremde sein muß (MDR/H **86**, 794 [hierzu Otto JK 1; vgl. auch MDR/H

Straftaten gegen die öffentliche Ordnung § 138

88, 276]; BGH **36**, 169, hierzu Joerden Jura **90**, 633). Dies auch, wenn zunächst nur ein Plan besteht, RG **73**, 59. Nach NJW **64**, 732; MDR/H **79**, 635; NStZ **82**, 244 schließt schon der bloße Verdacht der Beteiligung § 138 aus (aM LK 48; SK 19), dies gilt aber nur, wenn der Verdacht auch noch nach Abschluß der Beweisaufnahme der nicht angezeigten Tat bestehen bleibt (BGH **36**, 170), in diesen Fällen scheidet auch eine Wahlfeststellung aus, StV **88**, 202 L). Indessen entfällt eine Anzeigepflicht nicht deshalb, weil der *an der Tat Nichtbeteiligte,* zur Anzeige Verpflichtete sich durch die Anzeige in den Verdacht der Beteiligung brächte (BGH **36**, 170; krit. gegen die Rspr. und stets für eine grundsätzliche Anzeigepflicht des Teilnehmers Schmidhäuser [1a] 694; Kruse JuS **87**, 388; Joerden Jura **90**, 633), da nach hM Wahlfeststellung zwischen § 138 und Teilnahme an der geplanten Tat nicht zulässig ist (vgl. aber LK 74 f.). Schweigen kann bereits Beihilfe zur Haupttat sein, falls nämlich aus einem sonstigen Grunde (außer § 138) eine Pflicht zum Eingreifen besteht; insbesondere eine Garantenpflicht (BGH **19**, 167; LK 47; dazu krit. Geilen FamRZ **64**, 385). Für Begünstiger und Hehler bezüglich der Tat ist diese Ausnahme nicht zu machen (LK 45); desgl. nicht bei bloß stillschweigendem Einverständnis ohne den Gedanken einer Beteiligung bei der Tat (RG DRiZ **25**, Nr. 535), wohl aber bei nicht strafbarer Teilnahme an der Vorbereitung der geplanten Tat (NJW **56**, 30; MDR/D **56**, 269; NStZ **82**, 244; 31. 5. 1982, 2 StR 641/81; hM; differenzierend LK 44).

c) **Weitere Ausnahmen** sind gegeben, wenn Behörde oder Bedrohter **13** bereits unterrichtet sind; im Falle des Notstandes (vgl. RG **43**, 342; Schomberg/Korte ZRP **90**, 417); in den Fällen von § 139 II, III S. 2 (vgl. dort 4, 7 und LK 65 f.).

4) Nur bestimmte Straftaten (Vorhaben oder Ausführung) begründen **14** die Anzeigepflicht; nämlich

A. Verratsverbrechen bestimmter Art: Vorbereitung eines Angriffskrie- **15** ges (§ 80); Hochverrat (doch nur die Fälle der §§ 81 bis 83 I, also nicht die Vorbereitung zum Hochverrat, soweit sie unter § 83 II fällt) und Landesverrat oder Gefährdung der äußeren Sicherheit (doch nur die Fälle der §§ 94 bis 96, 97 a, 100).

B. Geld- und Wertpapierfälschung nach § 146 sowie §§ 151, 152, 152 a I **16** Nr. 1, II, III iVm § 146.

C. Schwerer Menschenhandel in den Fällen des § 181 I Nr. 2, 3. **16a**

D. Mord, Völkermord und Totschlag (§§ 211, 212, 220 a), also nicht **17** mehr sonstige Verbrechen wider das Leben.

E. Raub (nach §§ 249 bis 251), räuberische Erpressung (§ 255), Men- **18** schenraub (§ 234), Verschleppung (§ 234 a), erpresserischer Menschenraub (§ 239 a), Geiselnahme (§ 239 b) und Menschenhandel zu sexuellen Zwecken (§ 181 Nr. 2).

F. Die gemeingefährlichen Straftaten in den in I Nr. 9 aufgezählten **19** Fällen, also auch die Vergehen nach § 311 b I Nr. 2, § 313 II und § 316 c II.

5) Für die Nichtanzeige der **Bildung terroristischer Vereinigungen** **19a** (§ 129 a) bringt II eine Sonderregelung (Sturm MDR **77**, 9; Dahs NJW **76**, 2148; vgl. jedoch Blei JA **77**, 92: „völlig unzulängliche Regelung"; aM Rudolphi ZRP **79**, 219; krit. Schroeder, Straftaten 33), die sich auf sämtliche in § 129a I genannten Handlungsformen (dort 6) also auch das Werben und Unterstützen bezieht (LK 52), und sich von der Regelung in I in folgenden Punkten unterscheidet: Die Zeit, zu der die Ausführung noch abgewendet werden kann, ist nicht nur die Zeit vor der Gründung der Vereinigung, sondern auch die Zeit, zu der die weitere Ausführung von Taten nach § 129a im Rahmen der gegründeten Vereinigung abgewendet werden kann. Hat der Betreffende zB von der Gründung der Vereinigung erfahren, so braucht er zwar diesen bereits abgeschlossenen Vorgang nicht anzuzeigen; da ihm aber dann auch glaubhaft ist, daß die Vereinigung Mitglieder hat, die sich auch weiterhin an der Vereinigung beteiligen (Dauerdelikt, MDR 90, 167; 4 zu § 129), ist er insoweit zur Anzeige verpflichtet, zw. (unklar die Ausführungen im Rechtsausschuß BTag 7/17996, 18054; differenzierend LK 60; nach Sturm MDR 77, 9 und Blei JA 77, 92 endet die Tathandlung des Sichbeteiligens als Mitglied schon mit der einzelnen Beteiligungshandlung); und zwar hat er die Anzeige nicht nur rechtzeitig (nämlich irgendwann vor Beendigung der Vereinigung und der Tätigkeit ihrer Mitglieder), sondern unverzüglich, dh ohne schuldhaftes Zögern nach der Kenntnisnahme zu erstatten. Als Adressat kommt dabei nur die Behörde (oben 10) in Betracht, nicht auch der Bedrohte selbst, falls sich drohende Einzeltaten der Vereinigung gegen ihn richten (LK 55). Dieser ist dann vielmehr selbst zur Anzeige verpflichtet (LK 57; SK 30a).

20 **6) Die Begehung** des Delikts ist keine Bedingung der Strafbarkeit; doch kann nach § 139 I von Strafe abgesehen werden, falls die Tat nicht einmal versucht worden ist, vgl. Anm. dort.

21 **7) Vorsatz** ist als mindestens bedingter in den Fällen von I und II in vollem Umfang erforderlich. Auch in den Fällen von III muß der Täter von dem Vorhaben oder der begonnenen Ausführung der rechtswidrigen Tat glaubhaft erfahren haben. Nimmt der Täter trotzdem irrig an, daß er nicht zur Anzeige verpflichtet sei, so ist das nur ein Gebotsirrtum, der den Vorsatz nach I, II nicht ausschließt (BGH 19, 295; 12 zu § 16), aber bei Nichtvorwerfbarkeit die Schuld ausschließt. Unterläßt er aus anderen Gründen die Anzeige leichtfertig (20 zu § 15), so ist III gegeben, zB wenn er trotz dringender Gegengründe die rechtzeitige oder unverzügliche Benachrichtigung als unausführbar oder einen Aufschub als ungefährlich ansieht, die Anzeige ganz vergißt oder sie an der falschen Stelle anbringt (vgl. LK 32).

22 **8) Sonstige Vorschriften.** Belohnung und Billigung der in I Nr. 1 bis 5 genannten Taten § 140; Zuständigkeit § 120 I Nr. 7, § 142a GVG; Verfahren §§ 138b, 148a, 153c bis 153e StPO; Zulässigkeit der Offenbarung § 71 Nr. 1 SGB X; § 41 AWG.

Straflosigkeit der Nichtanzeige geplanter Straftaten

139 ^I Ist in den Fällen des § 138 die Tat nicht versucht worden, so kann von Strafe abgesehen werden.

^{II} Ein Geistlicher ist nicht verpflichtet anzuzeigen, was ihm in seiner Eigenschaft als Seelsorger anvertraut worden ist.

^{III} Wer eine Anzeige unterläßt, die er gegen einen Angehörigen erstatten müßte, ist straffrei, wenn er sich ernsthaft bemüht hat, ihn von der Tat abzuhalten oder den Erfolg abzuwenden, es sei denn, daß es sich um

Straftaten gegen die öffentliche Ordnung § 139

1. einen **Mord oder Totschlag** (§§ 211 oder 212),
2. einen **Völkermord** in den Fällen des § 220a Abs. 1 Nr. 1 oder
3. einen **erpresserischen Menschenraub** (§ 239a Abs. 1), eine **Geiselnahme** (§ 239b Abs. 1) oder einen **Angriff auf den Luftverkehr** (§ 316c Abs. 1)

durch eine terroristische Vereinigung (§ 129a) handelt. Unter denselben Voraussetzungen ist ein Rechtsanwalt, Verteidiger oder Arzt nicht verpflichtet anzuzeigen, was ihm in dieser Eigenschaft anvertraut worden ist.

IV Straffrei ist, wer die Ausführung oder den Erfolg der Tat anders als durch Anzeige abwendet. Unterbleibt die Ausführung oder der Erfolg der Tat ohne Zutun des zur Anzeige Verpflichteten, so genügt zu seiner Straflosigkeit sein ernsthaftes Bemühen, den Erfolg abzuwenden.

1) Die Vorschrift idF des Art. 2 Nr. 22 des 3. StÄG (2 vor § 102) ist durch Art. 19 Nr. 54 EGStGB (betr. III, IV; vgl. Einl. 10) und Art. 1 Nr. 3 StGBuaÄndG (betr. III S. 1; vgl. 1 zu § 129a) geändert worden. Zu III Nr. 3 vgl. BT-Drs. 11/7139. § 139 gilt in den Fällen des § 43 WStG entsprechend. Anzeigepflichtige bleiben strafbar, auch wenn die Katalogtat des § 138 nicht begangen worden ist. Nach I **kann** jedoch **von Strafe abgesehen** werden (7 zu § 23; vgl. auch § 153b StPO), wenn die nach § 138 anzeigepflichtige Tat **A. nicht versucht** worden ist. Versucht ist schon gegeben trotz tätiger Reue bei Brandstiftung (§ 310) und trotz Rücktritt nach § 24, da es sich nur um persönliche Strafaufhebungsgründe handelt (Bottke 637). Bei § 129a schließt ein Versuch der Gründung (§ 129a III) oder der Versuch eines Rädelsführers oder Hintermannes (für diese vgl. 7 zu § 129a) Absehen von Strafe aus.

B. Ist die Haupttat ein Vorbereitungsdelikt (§§ 80, 83 I, 311b), so ist I anzuweisen, wenn mit der Vorbereitung noch nicht begonnen wurde.

2) Nach II braucht ein **Geistlicher** einer staatlich anerkannten Religionsgemeinschaft (sehr eingehend hierzu LK-Hanack 5 ff.) nicht anzuzeigen, was ihm in seiner Eigenschaft als Seelsorger auch außerhalb des Beichtgeheimnisses anvertraut (7 zu § 203) worden ist (Rechtfertigungsgrund; LK-Hanack 13; Lackner 2; SK-Rudolphi 3; aM SchSch-Cramer 2 [Tatbestandsausschluß]); *nicht* unter II fällt hingegen, was dem Geistlichen als Seelsorger lediglich bekannt geworden ist (vgl. § 53 I Nr. 1 StPO) oder was er lediglich bei Gelegenheit der Ausübung der Seelsorge erfahren hat (vgl. BGH **37**, 139).

3) Nach III S. 1 straffrei oder nach III S. 2 gerechtfertigt sind gewisse Personen, falls sie sich ernsthaft bemüht haben (14 zu § 24), den Täter von der Tat abzuhalten oder den Erfolg abzuwenden. Aktives Bemühen muß hier auch dann gefordert werden, wenn es keine Aussicht auf Erfolg zu haben scheint (vgl. BGH **19**, 295; dazu krit. Geilen JuS **65**, 426; aM SK-Rudolphi 9).

A. Die Angehörigen (§ 11 I Nr. 1) des präsumtiven Täters. Insoweit handelt es sich um einen persönlichen Strafaufhebungsgrund (Lackner 3; M-Schroeder § 98, 26; aM Geilen aaO; LK 23, 31; SchSch 4; SK 6; AK-Ostendorf 19). Falls von mehreren Tätern nur einer Angehöriger ist, vgl. LK 16.

B. Rechtsanwälte (also nicht Notare und Rechtsberater), Verteidiger (§ 138 StPO) und **Ärzte** (aber nicht Zahnärzte) sind unter denselben Vor-

§ 139
BT Siebenter Abschnitt

aussetzungen überhaupt nicht verpflichtet, anzuzeigen, was ihnen in dieser ihrer Eigenschaft anvertraut ist; sie sind also nicht bloß straffrei (wie zu 6), sondern ihre Unterlassung ist nicht rechtswidrig. Für die **Gehilfen** jener Personen gilt die Vergünstigung nicht (hierzu LK 24f.); zu den Rechtsanwälten der EG-Staaten 16 zu § 203.

8 C. **Mord, Völkermord und Totschlag** (§§ 211, 212, 220a I Nr. 1) sowie **erpresserischer Menschenraub** (§ 239a I, aber auch II bei Vorsatz; vgl. 4 zu § 129a), **Geiselnahme** (§ 239b I, aber auch II); und **Angriff auf den Luft- und Seeverkehr** (§ 316c I, aber auch II), die letzten drei Verbrechen jedoch nur, wenn sie durch eine terroristische Vereinigung, dh durch Täter iS von § 129a I im Rahmen der Zwecke oder der Tätigkeit der Vereinigung begangen werden sollen, sind aber auch in den Fällen zu 6 und 7 **stets** anzuzeigen (hierzu Sturm MDR **77**, 9; krit. Dahs NJW **76**, 2148); vorbehaltlich der Strafbefreiung nach 9.

9 **4) Straffrei nach IV S. 1 ist** schließlich, wer die Ausführung oder den Erfolg der Tat auf andere Weise abwendet als durch eine Anzeige nach § 138; so zB durch Verstecken des Schlüssels zum Waffenraum. Erfolgreich muß die Abwendung sein (vgl. LK 32ff.). **Ernsthaftes Bemühen** um die Erfolgsabwendung ist aber ausnahmsweise ausreichend, falls die Ausführung oder der Erfolg der Tat ohne Zutun des zur Anzeige Verpflichteten unterblieb (**IV S. 2**; vgl. LK 35ff.).

Belohnung und Billigung von Straftaten

140
Wer eine der in § 138 Abs. 1 Nr. 1 bis 5 und in § 126 Abs. 1 genannten rechtswidrigen Taten, nachdem sie begangen oder in strafbarer Weise versucht worden ist,
1. belohnt oder
2. in einer Weise, die geeignet ist, den öffentlichen Frieden zu stören, öffentlich, in einer Versammlung oder durch Verbreiten von Schriften (§ 11 Abs. 3) billigt,

wird mit Freiheitsstrafe bis zu drei Jahren oder mit Geldstrafe bestraft.

1 **1) Die Vorschrift** idF des Art. 1 Nr. 6 des 14. StÄG (1 zu § 86; Prot. 7/2296), Art. 1 Nr. 3 TerrorBG ist im wesentlichen dahin umgestaltet worden, daß der Katalog der Bezugstaten (unten 5) geändert, in Nr. 2 die Eignungsklausel eingefügt und auf erweiterte Öffentlichkeit abgestellt, die Subsidiaritätsklausel gestrichen und die übersetzte Strafdrohung herabgesetzt worden ist. Das TerrorBG (1 zu § 130a) bezog die Taten des § 126 Nr. 7 ein (krit. Kühl NJW **87**, 745; insoweit überzogen Dencker StV **87**, 117; zur nochmaligen Erweiterung vgl. unten 5). Geschütztes **Rechtsgut** ist der öffentliche Friede (Nr. 2!); vgl. 2 zu § 126; BGH **22**, 286; MDR **81**, 92 (Verhindern eines psychischen Klimas, „in dem gleichartige Untaten gedeihen können"); Laufhütte MDR **76**, 444; LK-Hanack 1f.; Schroeder, Straftaten **7**, 12; Ebert, Spendel-FS 115 (zum Bedeutungswandel der Billigung begangener Straftaten).

2 **2) Tathandlungen** sind, daß der Täter eine der rechtswidrigen Taten aus
3 dem Katalog der Vorschrift entweder **A. belohnt,** dh einem Tatbeteiligten unmittelbar oder mittelbar (wohl auch einer Vereinigung, die für die Tat verantwortlich ist oder sich für verantwortlich erklärt hat), nachträglich einen vorher nicht versprochenen Vorteil (sonst 9), der nicht materieller

Straftaten gegen die öffentliche Ordnung §140

Art zu sein braucht wie zB eine Auszeichnung als Zeichen der Anerkennung zuwendet; oder **B. die Tat** in einer Weise, die geeignet ist, den 4
öffentlichen Frieden zu stören (2 zu § 130; 7 zu § 126), **öffentlich** (der
Begriff ist hier anders und enger als in § 183a, dort 4, auszulegen, die
Wahrnehmung zweier unbeteiligter Personen genügt nicht, Hamm MDR
80, 160), **in einer Versammlung** (2 zu § 80a) oder durch Verbreiten von
Schriften (im erweiterten Sinn des § 11 III; 5 zu § 111) **billigt,** dh durch eine
auf die konkrete Tat, mag auch eine genaue Angabe von Ort und Zeit
fehlen (MDR **90**, 643 [in BGH **36**, 362 nicht abgedruckt]; NJW **78**, 58; krit.
SK-Rudolphi 7, 8), erkennbar (BGH **28**, 313), bezogene und aus sich heraus verständliche Erklärung gutheißt (BGH **22**, 286f.); nur schlüssige Erklärungen oder Schweigen reichen hierzu nicht aus (BGH aaO; vgl. anderseits Laufhütte MDR **76**, 445; abwägend LK 14ff.; aM SchSch-Cramer 5);
wohl auch nicht ohne weiteres, sie für rechtmäßig zu erklären (Schroeder,
Straftaten 18; zw.); auch nicht die Herausgabe eines Werbeprospektes für
gewaltverherrlichende Bücher (10. 10. 1978, 1 StR 318/78), wohl aber eine
verschlüsselte, wenn auch für den unbefangenen Durchschnittsleser beifällige, auf eine konkrete Tat bezogene Äußerung (Braunschweig NJW **78**,
2045: *Buback*-Mord [krit. Rudolphi ZRP **79**, 220 und SK 9]; 11. 7. 1979,
3 StR 165/79 [„Nachruf" auf *Ponto,* hierzu MDR/S **81**, 92]; zur Frage des
Billigens im Wege des bloßen Verbreitens im Falle „*Bommi*"-*Baumann* NJW
78, 58; hierzu im einzelnen LK 22ff.; zu eng SK 9ff.). Die Billigung kann
sich auch auf eigene Taten beziehen (vgl. LK 26; Schroeder Straftaten 31).
Nach BGH **31**, 23 (zu Recht abl. Gössel JR **83**, 119) kann sie im Prozeß in
der Form der Selbstverteidigung straflos sein (LK 139).

3) **A. Eine Tat aus dem Katalog** des § 138 I Nr. 1 bis 5 (dort 15 ff.) oder 5
des § 126 I (dort 5; § 126 I Nr. 7 ist seit dem TerrorBG, 1 zu § 130a, einbezogen und durch Ges. v. 24. 6. 1990 [BGBl. II 326] erweitert, vgl. 5a zu
§ 126) muß es sein, der sich weitestgehend mit dem des § 138 I Nr. 6 bis 9
deckt (in § 126 fehlt § 311b; von § 313 ist nur I genannt, von § 316c nur I,
II, von § 316a nur I, da sich II auf die tätige Reue bezieht; in § 138 Nr. 9
fehlt §§ 311a IV, 311d I, § 316b I, 317 I und 318 I). Nicht erfaßt werden
auch Taten nach § 138 II. Es muß sich um eine rechtswidrige Tat handeln,
so daß einerseits auch Taten zB geisteskranker Attentäter erfaßt sind und
auch Strafaufhebungsgründe (wie zB Rücktritt) nicht entgegenstehen (LK
5f.; krit. 8), anderseits Taten ausscheiden, die zB durch Notwehr oder
politisches Widerstandsrecht (10 vor § 32) gerechtfertigt sind. Während
sich § 130a auf künftige rechtswidrige Taten bezieht, muß die genannte
konkrete Tat nach § 140 **begangen** (BGH **22**, 287) und vollendet (beendet
oder abgeurteilt [Bay DRiZ **79**, 25] braucht sie nicht zu sein) oder in
strafbarer Weise versucht worden sein, so daß zwar auch der strafbare
untaugliche Versuch erfaßt wird, anderseits aber Vergehen, bei denen der
Versuch nicht mit Strafe bedroht ist (wie in §§ 125a, 234a), zur Vollendung gekommen sein müssen (RegE 9). Aus dem Oberbegriff „rechtswidrige Taten" ist zu schließen, daß der Täter bei einer nur versuchten Tat
trotz des Ausdrucks „in strafbarer Weise" ebenfalls nicht schuldhaft gehandelt zu haben braucht (Stree NJW **76**, 1181). Generelle Billigung von Straftaten schlechthin oder von bestimmten Deliktsgruppen reicht nicht aus
(BGH **22**, 287); anders wenn bestimmte Einzeltaten erkennbar mit einer

§ 140

Sammelbezeichnung zusammengefaßt werden (20. 2. 1990, 3 StR 278/89 in BGH **36**, 363 nicht abgedruckt; LK 7).

6 B. **Taten**, die nur noch **geschichtliches Interesse** haben, scheiden aus. Denn belohnen kann man nur Lebende und die Billigung solcher Taten kann nicht geeignet sein, den öffentlichen Frieden zu stören (krit. LK 32f.).

7 C. **Die Taten** müssen als Taten aus den beiden Katalogen **nach deutschem Recht strafbar** sein. Die Tat braucht aber **nicht im Inland** begangen zu sein. Auch Taten iS von § 7 I kommen in Betracht, zB die Ermordung deutscher Botschaftsangehöriger; aber auch Taten aus dem Katalog des § 6 wie zB ein Sprengstoffdelikt oder eine Flugzeugentführung. Taten, die ausschließlich bei Verletzung inländischer Rechtsgüter strafbar sind (wie zB § 125a; vgl. 2 zu § 3), scheiden als Auslandstaten aus (so wohl auch BGH **22**, 282, das die ganze Frage grundsätzlich offen läßt); weiter differenzierend LK 10; zu den Fällen des § 311d I vgl. aber 5a zu § 326. In den Fällen von Nr. 2 bildet die Eignungsklausel ein sinnvolles Regulativ. Die Tat nach § 140 selbst ist nur bei Begehung im Inland strafbar. Die **Sozialadäquanzklausel** der §§ 86 III, 86a III ist auf § 140 nicht anwendbar (NJW **78**, 59; LK 38f.).

8 4) **Vorsatz** ist erforderlich, bedingter genügt. Er hat sich auf die konkrete Tat, ihren Charakter als Katalogtat (9 zu § 126) und ihre Rechtswidrigkeit zu beziehen; die irrige Annahme eines existierenden (zB eines politischen Widerstandsrechts wie in BGH **22**, 283) oder nicht existierenden Rechtfertigungsgrundes (anders, wenn der Täter weiß, daß die Rechtsordnung ihn nicht anerkennt) ist Tatbestandsirrtum. Bei Nr. 2 muß der Vorsatz auch das Mittel der Billigung und die Eignung zur Friedensstörung (4 zu § 130) umfassen. Es genügt, daß der Täter billigend in Kauf nimmt, daß der unbefangene Leser die Äußerung als Billigung verstehen kann (Braunschweig NJW **78**, 2046; LK 34; krit. SK 12). Zur Tat des § 140 ist **Beihilfe** möglich (BGH **29**, 267; LK 35ff. SK 13).

9 5) **Konkurrenzen.** Tateinheit ist möglich zB mit §§ 83, 86, 89, 130, 130a, 131, 189. Ist die Belohnung einem Beteiligten an der Katalogtat vor ihr zugesagt worden, um ihn anzustiften oder ihm zu helfen, so tritt Nr. 1 hinter die Teilnahme an der Katalogtat (vgl. 11 zu § 257) zurück; ebenso Laufhütte aaO Anm. 52; LK 41.

10 6) **Übergangsregelung** für Taten vor dem 1. 5. 1976 vgl. 44. Aufl.

§ 141 weggefallen

Unerlaubtes Entfernen vom Unfallort

142 ¹ Ein Unfallbeteiligter, der sich nach einem Unfall im Straßenverkehr vom Unfallort entfernt, bevor er
1. zugunsten der anderen Unfallbeteiligten und der Geschädigten die Feststellung seiner Person, seines Fahrzeugs und der Art seiner Beteiligung durch seine Anwesenheit und durch die Angabe, daß er an dem Unfall beteiligt ist, ermöglicht hat oder
2. eine nach den Umständen angemessene Zeit gewartet hat, ohne daß jemand bereit war, die Feststellungen zu treffen,

Straftaten gegen die öffentliche Ordnung § 142

wird mit Freiheitsstrafe bis zu drei Jahren oder mit Geldstrafe bestraft.

II Nach Absatz 1 wird auch ein Unfallbeteiligter bestraft, der sich
1. nach Ablauf der Wartefrist (Absatz 1 Nr. 2) oder
2. berechtigt oder entschuldigt
vom Unfallort entfernt hat und die Feststellungen nicht unverzüglich nachträglich ermöglicht.

III Der Verpflichtung, die Feststellungen nachträglich zu ermöglichen, genügt der Unfallbeteiligte, wenn er den Berechtigten (Absatz 1 Nr. 1) oder einer nahe gelegenen Polizeidienststelle mitteilt, daß er an dem Unfall beteiligt gewesen ist, und wenn er seine Anschrift, seinen Aufenthalt sowie das Kennzeichen und den Standort seines Fahrzeugs angibt und dieses zu unverzüglichen Feststellungen für eine ihm zumutbare Zeit zur Verfügung hält. Dies gilt nicht, wenn er durch sein Verhalten die Feststellungen absichtlich vereitelt.

IV Unfallbeteiligter ist jeder, dessen Verhalten nach den Umständen zur Verursachung des Unfalls beigetragen haben kann.

1) **Die Vorschrift** idF des Art. 1 Nr. 2 des 13. StÄG lehnt sich an § 347 E 1962 an. **Materialien:** Sitzungsniederschriften der Unterkommissionen der Großen Strafrechtskommission = UK Bd. III, 78, 85, 92; ferner Ndschr. **5**, 295; **9**, 345; 441; 537; 557; 362; **12**, 623; **13**, 469; 753; 760; RegE eines 14. StÄG (BT-Drs. 7/2434) auszugsw. abgedr. bei Jagusch/Hentschel 1 bis 18; ferner Prot. 7/1933; 2023; Ber. BT-Drs. 7/3503; BTag 7/11731.

Schrifttum: *Anton,* Bedingter Vorsatz beim Vergehen der Verkehrsunfallflucht, Diss. Frankfurt 1980; *Bär/Hauser,* Unfallflucht, Loseblatt-Kommentar (Statistiken X); *Bouska,* Verkehrsdienst **75**, 193; *Berz* DAR **75**, 309; *Bringewat* JA **77**, 231; *Bürgel* MDR **76**, 353; *Geppert* Jura **90**, 78 u. BA **91**, 31; *Himmelreich/Bücken,* Verkehrsunfallflucht, 1991 (Verteidigerstrategien) [zit. nach Rdn.]; *P. Jäger,* Der objektive Tatbestand der Verkehrsunfallflucht, 1973 (hierzu *H.J. Hirsch* ZStW **91**, 942); *Jagusch* NJW **75**, 1631; **76**, 504; *Janiszewski* 465 ff. u. DAR **75**, 169; NStZ **81**, 334; *Küper* JZ **81**, 209; 251; **88**, 473; **90**, 510 u. NJW **81**, 853; *Loos* DAR **83**, 209; *Mikla,* Probleme der nachträglichen Feststellungspflicht, § 142 II StGB, 1990; *Müller-Emmert/B. Maier* DRiZ **75**, 176; *Sturm* JZ **75**, 406; *B. Maier* JZ **75**, 721 u. NJW **76**, 1190; *Beulke* NJW **79**, 400; *Schwab* MDR **84**, 538; *Magdowski,* Die Unfallflucht in der Strafrechtsreform, 1979; *Volk* DAR **82**, 81; *Bär, Hammerstein* VGT **82**, 113, 131; hierzu *Denzlinger* ZRP **82**, 178; *Arloth* GA **85**, 492. Zum „Finderlohn" bei Fahrerflucht *Will* MDR **76**, 6; *Seelmann* JuS **91**, 290; *Janker* NJW **91**, 3113. **Kriminologisch:** *J. Hauser* BA **82**, 193; *Middendorff* BA **82**, 356; AK-*Schild* 10 ff.; *Eisenberg,* Göppinger-FS 547; *Bär-Hauser* VIII; *Barbey* BA **92**, 252 (in gerichtsärztlicher Sicht); **de lege ferenda:** *Heublein* DAR **85**, 15 u. **86**, 133; *Berz* DAR **86**, 251; ferner *Heublein/Haag/Berz* VGT **86**, 161, 170, 181; Bericht *Jähnke* DRiZ **86**, 136; *Geppert* BA **86**, 157; *Seib* JR **86**, 397; *Bär/Hauser* 18 (4); AK 80; *Eisenberg/Ohder,* Verkehrsunfallflucht. Eine empirische Untersuchung zu Reformmöglichkeiten, 1989 [Bespr. *U. Weber* ZStW **104**, 410]. Eine **Ergänzung** des § 142 nach den Empfehlungen des 24. VGT (VGT **86**, 11; zutr. krit. *Seib* JR **86**, 397; *Middendorff* BA **86**, 195) strebt der GesAntrag Berlins (BR-Drs. 316/86) an. Danach soll der Flüchtende nach einem Unfall mit Sachschaden im *ruhenden* Verkehr durch nachträgliche Meldung der Unfallbeteiligung Straflosigkeit erlangen können (BRat 567. Sitz. 444; hierzu *Scholz* ZRP **87**, 7, der aber die Einwände Seib aaO nicht entkräftet; vgl. auch *Wetekamp*

§ 142

DAR **87**, 11; Cramer ZRP **87**, 157); *Weigend*, Tröndle-FS 753 mit einem Gesetzesvorschlag aaO 765. **Rechtsvergleichung:** *Weigend/Geuenich* DAR **88**, 258; *Bär-Hauser* VI.

3 2) **Die kriminalpolitisch wichtige Vorschrift** (1990 41 219 Verurteilte) begründet nicht unproblematische (Ndschr. **9**, 443; SK-Rudolphi 1, 6)
4 Pflichten der Unfallbeteiligten (= UB) **A. Rechtsgut** ist im Anschluß an die Meinung, die sich in Schrifttum (ausgehend von Dünnebier GA **57**, 33) und Rspr. durchgesetzt hatte (BGH **8**, 263; **12**, 254; **24**, 382; Bay VRS **64**, 122; BVerfGE **16**, 191), nicht das öffentliche Interesse an lückenloser Erfassung von Verkehrsunfällen und Unfallbeteiligten, um durch Strafen und Maßnahmen auch der Verwaltung die Verkehrssicherheit zu erhöhen (Hamburg NJW **79**, 439; Sturm JZ **75**, 407), sondern allein die Feststellung und Sicherung der durch einen Unfall entstandenen Ansprüche sowie der Schutz vor unberechtigten Ansprüchen. Dieses Rechtsgut, das allein rechtfertigt, das Regelprinzip der Straflosigkeit der Selbstbegünstigung mit Rücksicht auf die besondere Situation im Straßenverkehr zu durchbrechen (hierzu sehr krit. Arzt/Weber LH **2**, 326 ff.; auch Loos DAR **83**, 209; Seib JR **86**, 397; Weigend, Tröndle-FS 754; Geppert Jura **90**, 79 u. BA **91**, 32), stellen die Worte „zugunsten der anderen Unfallbeteiligten und der Geschädigten" in I Nr. 1 klar (RegE 4; Ber. 3); das hat erhebliche Bedeutung für die Auslegung (vor allem unten 15 bis 20). Ob auch das Interesse eines UB, eine unbegründete Strafverfolgung abzuwenden, zum Rechtsgut gehört (so RegE 4, 5; aM Ber. 3; Prot. 1938; SchSch-Cramer 1; SK-Rudolphi 2; Bringewat aaO), ist zw. § 142 ist Schutzgesetz iS des § 823 II BGB (NJW **81**, 751).

5 **B. Als Strafgrund** wird man allerdings, da die bloße Sicherung zivilrechtlicher Ansprüche kaum eine kriminelle Strafe rechtfertigen könnte, auch das sozialschädliche und verantwortungslose Täterverhalten anzusehen haben (vgl. E 1962, 531 und die frühere Überschrift „Verkehrsunfallflucht"; Jagusch NJW **76**, 506). Damit erklärt sich auch der sonst nur schwer begründbare Verzicht auf das Strafantragserfordernis (Bringewat aaO; abw. RegE 6; Prot. 1936; Ber. 4; krit. Jagusch NJW **75**, 1633; Arzt/Weber LH **2**, 329 ff.; Heublein DAR **85**, 17 u. **86**, 135; Arloth GA **85**, 506; Berz VGT **86**, 188; DAR **86**, 255; vgl. andererseits Geppert DAR **86**, 162;
6 Wetekamp DAR **87**, 13). **C. Dogmatisch** enthält § 142 eine eigentümliche Verknüpfung zweier Tatbestände (Ndschr. **13**, 479), von denen der in II/III ein echtes Unterlassungsdelikt darstellt; doch wird man das auch für den in I anzunehmen haben, der zwar scheinbar mit dem Begriff des Sichentfernens ein Handlungselement enthält, in seinem Kern aber dem Täter gebietet, Unfallfeststellungen durch sein Dableiben und eine bestimmte Angabe zu ermöglichen (wie hier SK 5; Dornseifer JZ **80**, 300; Schaffstein, Dreher-FS 151; Stein JR **81**, 437; Janiszewski JR **83**, 506; für echtes Unterlassungsdelikt zB Schmidhäuser JZ **55**, 433; Maihofer GA **58**, 297; Arloth GA **85**, 494; aM Bay NJW **84**, 1366; Bindokat NJW **66**, 1906; Geppert GA **70**, 11; M-Schroeder § 49, 5; vgl. auch Hentschel JR **81**, 211; Seelmann JuS **91**, 291). Daraus folgt, daß die Zumutbarkeit, ähnlich wie bei § 323c (Ndschr. **9**, 442), als ein regulatives Prinzip anzuerkennen ist (SchSch 1; Arzt/Weber LH **2**, 341; hierzu Römer MDR **80**, 90). In beiden Fällen handelt es sich um
7 Sonderdelikte (unten 13, 44). **Das Verhältnis der beiden Tatbestände zueinander** (M-Schroeder § 49, 31 ff.; Geppert Jura **90**, 81; im Hinblick auf

Straftaten gegen die öffentliche Ordnung **§ 142**

§§ 264, 265 StPO: MDR/H 82, 626; Celle MDR 78, 246; Bay VRS 61, 31; Köln VRS 64, 116) bestimmt sich wie folgt: Ist der UB seiner Pflicht nach I Nr. 1 nachgekommen, so ist er endgültig straflos und II ist damit erledigt (Hamburg NJW 79, 439). Hat er umgekehrt seine Pflicht nach I Nr. 1, 2 ohne Rechtfertigung oder Entschuldigung verletzt, so ist er endgültig strafbar; II hat keine Bedeutung mehr. Hat der UB hingegen zwar die Pflicht nach I Nr. 1, 2 nicht erfüllt, sich aber gerechtfertigt oder entschuldigt entfernt, oder hat er Nr. 2 erfüllt (und damit tatbestandslos gehandelt; vgl. KG VRS 37, 192), so entfällt zwar I (unpräzis und irreführend daher die Wendung in II „Nach Absatz 1 wird ... bestraft" statt „Ebenso wird bestraft"; vgl. SchSch 41), es entsteht aber eine neue Verpflichtung nach II, die Unfallfeststellungen nachträglich unverzüglich zu ermöglichen (= 2. Tatbestand; vgl. unten 34). Da III diese Verpflichtung anders als I nicht abschließend regelt (unten 46), könnte zweifelhaft sein, ob II dem **Erfor-** 8 **dernis der Tatbestandsbestimmtheit** genügt, zumal im Fall von III S. 2 unklar bleibt, ob der UB mit seinem Verhalten strafbar wird oder ob ihm noch Wege zur Ermöglichung der Feststellung bleiben (unten 50). Doch wird man nach 5 zu § 1 die Tatbestandsbestimmtheit noch als gewahrt ansehen können (M-Schroeder § 49, 11; Bedenken zu I Nr. 2 bei Hahn NJW 76, 509); § 142 aF hatte BVerfGE 16, 191 für verfassungskonform erklärt (vgl. Geppert BA 86, 161 u. Jura 90, 79 mwN; Seib JR 86, 397).

3) **Ausgangstatumstand** von I und II ist ein vorausgegangener **Unfall** im 9 Straßenverkehr, dh ein plötzliches Ereignis in diesem Verkehr, das mit dessen *typischen* (Hamm NJW 82, 2457) Gefahren zusammenhängt (Bay NJW 80, 300) und unmittelbar zu einem nicht völlig belanglosen Personen- oder Sachschaden führt (BGH 8, 264; 12, 255; 24, 383; Bay JZ 85, 855; Köln VRS 65, 430 [für den Fall des Rutschens vom Wagenheber bei einem Reifenwechsel im öffentlichen Verkehrsraum); Celle NJW 86, 861 [zu § 34 StVO]; Bay NZV 92, 326 [Fall des Beschädigens einer Schranke bei der Ausfahrt aus einer Tiefgarage]; NStZ/J 86, 540; Horn/Hoyer JZ 87, 971; Freund GA 87, 539; Geppert Jura 90, 79 u. BA 91, 33). Im **Straßenverkehr** 10 (2 zu § 315b) muß sich der Unfall abgespielt haben, so daß Vorgänge im Bahn-, Luft- oder Schiffsverkehr (BGH 14, 116; vgl. aber § 6 SeeFSichV; Art. 1, 11 II Bay und BWVO v. 1. 3. 1976, GBl. BW 257, Bay GVBl. 59; hierzu ferner Beier MDR 78, 12; Schünemann, Zeitschr. f. Binnenschiffahrt 79, 91) sowie auf Skipisten (vgl. aber Art. 24 VI Nr. 4 BayLStVG) ausscheiden (LK-Rüth 6; Kürschner NJW 82, 1967). Zum Begriff des Straßenverkehrs vgl. auch LK 8ff.; BGH 16, 7; Müller-Forwerk MDR 63, 721; Ganschezian-Finck NJW 63, 1809; Hartung JZ 64, 136; H. W. Schmidt DAR 63, 346; Bullert DAR 65, 7. Auch allgemein zugänglicher Verkehrsraum wie der eines Supermarktes (Stuttgart DAR 74, 194; LG Bonn NJW 75, 178), einer Großmarkthalle (Bay VRS 62, 133) oder in Parkhäusern (Stuttgart VRS 30, 210; Bremen NJW 67, 990; Düsseldorf JMBlNW 70, 237; str. und nach der nF zw.) gehört dazu, je nach örtlichen Gegebenheiten auch eine Grundstückseinfahrt (Düsseldorf NJW 88, 922; NStZ/J 88, 119) und der private Zugangsweg zu einer Wohnanlage (Koblenz VRS 72, 441), *nicht* jedoch ein Privatgrundstück (Hinterhof oder offener Hofraum eines Anwesens), auch wenn es einer bestimmten Gruppe von Benutzern zugänglich ist (Bay ZfS 84, 91; VRS 73, 57). Eine Tiefgarage mit fest

vermieteten Stellplätzen scheidet aus (Schleswig VM **76**, 28; LG Krefeld VRS **74**, 263), idR auch ein Parkdeck bei Wohnblöcken (Hamburg DAR **84**, 89; vgl. NStZ/J **82**, 502), oder auch dort befindliche Parkbuchten (Bay **82**, 60). Der Unfall braucht nicht durch ein Verhalten im Verkehr verursacht zu sein. Es genügt, wenn er mit dem Straßenverkehr in unmittelbarem Zusammenhang steht (BGH **18**, 393; VRS **31**, 421; **59**, 10; Hamm VRS **14**, 437; VM **61**, 35), zB ein auf der Straße wendendes Fahrzeug dabei auf ein Privatgrundstück fährt und dort Schaden anrichtet (Oldenburg VRS **6**, 363) oder wenn ein Fahrzeug versehentlich von der Straße abkommt und daneben Schaden entsteht (str.); anders wenn das Fahrzeug vorher gewollt aus dem Straßenverkehr gesteuert worden ist. Auch Vorgänge im ruhenden Verkehr (Stuttgart NJW **69**, 1726) oder nur zwischen Fußgängern (Stuttgart VRS **18**, 117; SK 14; Blei JA **76**, 95; Janiszewski 490; str.) können einen Unfall darstellen. Natürliche Betrachtungsweise ent-
11 scheidet (Celle MDR **57**, 435). Ein **völlig belangloser Schaden,** der einen Unfall iS von § 142 ausschließt, ist anzunehmen bei geringfügigen Hautabschürfungen (Hamm DAR **58**, 308), bloßer Beschmutzung des Körpers (Bay VRS **15**, 43) oder im Fall von Sachschaden, wenn Schadensersatzansprüche üblicherweise nicht gestellt werden (Bay VM **60**, 14; Düsseldorf VM **62**, 57; Hamm VRS **59**, 259). Ursprünglich hatte die Rspr. die Grenze bei etwa 10 DM gezogen (Nachw. 40. Aufl.). Angesichts der Teuerung und der Erhöhung der Reparaturkosten entspricht es den ursprünglichen Maßstäben der Rechtsprechung, wenn man nunmehr die Grenze etwa bei **40 DM** ansetzt (vgl. LK 13; SchSch 8; SK 9; AK 95), für 25 DM: Bay DAR **78**, 208. KG (VRS **61**, 206; **63**, 349), Düsseldorf (VM **76**, 32; NZV **90**, 158) und Jagusch/Hentschel 28 ziehen bei 30 DM die Grenze, das AG Alzenau (DAR **77**, 136, hiergegen Grohmann DAR **78**, 176) in Übereinstimmung mit der neueren hM bei 40 DM; das AG Nürnberg (MDR **77**, 66) entgegen Bay (DAR **79**, 237) sogar bei 50 DM (allerdings Schaden an einem Absperrgitter), was verhältnismäßig weit geht, da das 13. StÄG insoweit an der herrschenden Gesetzesauslegung nichts ändern wollte (Sturm JZ **75**, 407). Bei einem Schaden über der Grenze, auch wenn er gering ist, ist ein Unfall anzunehmen (Müller-Emmert/Maier DRiZ **75**, 177; zu weit Lambinus BTag 7/11732). Der Schaden ist nach objektiven Maßstäben zu beurteilen (Düsseldorf VRS **30**, 446; aM Düsseldorf VM **74**, 46; Hamm VRS **61**, 430), auf die Vermögensverhältnisse des Geschädigten kommt es dabei nicht an; wohl aber auf eine von ihm selbst geleistete Arbeit zur Schadensbehebung (Frankfurt VRS **37**, 259), nicht aber auf den Zeitverlust des Geschädigten durch den Gang zu Behörden (KG VRS **63**, 349; NStZ/J **83**, 108). Das Überfahren von Wild, das keine Schadensersatzansprüche des Jagdberechtigten auslöst, ist kein Unfall iS des § 142 (Jagusch NJW **76**, 583; SK 19; aM AG Öhringen NJW **76**, 580), ebensowenig das Überfahren von Kleintieren (Katze, Huhn, Bär-Hauser I 5 d). Ob ein Beteiligter den Unfall
12 **gewollt** hat oder nicht, ist ohne Bedeutung (BGH **12**, 253; **24**, 382; NJW **56**, 1806; GA **56**, 120; MDR/D **56**, 144; VRS **11**, 426; **28**, 359; **36**, 23; **56**, 144; Bay JZ **85**, 855 [bewußtes Umfahren eines Straßenbegrenzungspfostens]; MDR **86**, 1046 m. Anm. Hentschel JR **87**, 247 [Einschlagen der Windschutzscheibe eines entgegenkommenden Kfz. aus Verärgerung; hierzu Geppert JK 12]; Koblenz VRS **56**, 342; Köln VRS **44**, 20), jedenfalls dann, wenn einer der Beteiligten ihn nicht gewollt hat (Schleswig SchlHA

Straftaten gegen die öffentliche Ordnung § 142

78, 184 Nr. 32; vgl. Geppert GA **70,** 1; Oppe GA **70,** 368; Bringewat aaO; NStZ/J **85,** 540; AK 101; aM Roxin NJW **69,** 2038; Jagusch 4; Cramer 12; differenzierend Berz JuS **73,** 558; Lackner DAR **72,** 284; LK 19; SK 15). Kein Unfall aber, wenn ein Kraftfahrzeug ausschließlich als Tatwerkzeug für eine Sachbeschädigung benützt (LG Frankfurt VRS **61,** 349) oder zu verkehrsatypischem Verhalten (BGH **24,** 384) eingesetzt wird (NStZ/J **81,** 335) oder wenn *aus* einem Fahrzeug (Werfen von Flaschen) Sachbeschädigungen begangen werden (Hamm NJW **82,** 2457, hierzu Geilen JK 7; NStZ/J **82,** 370). Für vorsätzlich Handelnde vgl. im übrigen unten 36.

4) Täter kann, und zwar auch als Mittäter (BGH **15,** 4), nur ein **Unfall- 13 beteiligter (UB)** sein; die Tat ist also ein echtes **Sonderdelikt** (Arloth GA **85,** 503). **A. UB** ist **nach IV** jeder, dessen Verhalten (auch Unterlassen) nach den Umständen (dh der Gesamtentwicklung des Unfalls und der sich daraus ergebenden Gesamtsituation nach seinem Ende) zur Verursachung des Unfalls (ohne Rücksicht auf die Schuldfrage, RG **69,** 367; Bay **54,** 48; Bremen VRS **10,** 278; Köln VRS **26,** 283; zusf. Himmelreich/Bücken 153ff.) beigetragen haben, also eine Mitursache gesetzt haben (wenn vielleicht auch nur mittelbar; bedenklich Bay VM **72,** 2) kann, so daß insoweit die bloße Möglichkeit oder der nicht ganz unbegründete Verdacht genügt (BGH **8,** 265; **15,** 1; Bay VRS **7,** 189; **12,** 116; Celle MDR **66,** 433; Hamm VRS **15,** 265; Köln VRS **45,** 352; **75,** 342 [m. Anm. Schild NZV **89,** 79]; KG VRS **50,** 39; Koblenz OLGSt. 77; AK 91; aM Zweibrücken VRS **82,** 114; hierzu NJW/H **92,** 1082), der Verdacht genügt aber nicht bei offenem Zweifel, wer von zwei Personen tatsächlich Fahrzeugführer war (Zweibrücken VRS **75,** 293), auch der bloße Verdacht, einen (bereits vorhanden gewesenen) Schaden verursacht zu haben, genügt nicht (Bay NJW **90,** 335, krit. hierzu Kreissl NJW **90,** 3134). Ferner reicht eine nur mittelbare und für die Haftung offensichtlich unerhebliche Kausalität nicht aus, ebenso wenig die bloße Zeugenschaft (Koblenz NZV **89,** 200, hierzu krit. Geppert JK 13; NJW/H **89,** 1843). Indirekter UB ist hingegen, wer eine Gefahrenlage geschaffen hat, die einen Unfall in der Form verursachte, daß als unmittelbare Folge andere Fahrzeuge zusammengestoßen sind (Koblenz ZfS **88,** 405). Notwendig ist aber, wie I zusätzlich ergibt, daß sich der UB am Unfallort befindet (Bay JZ **87,** 49; NStZ/J **87,** 113; vgl. BGH **15,** 3), so daß der Monteur, der bei einer Reparatur einen den Unfall auslösenden Fehler gemacht hat, nur dann UB ist, wenn er im reparierten Wagen mitfährt (Bay VRS **12,** 115; verneinend SchSch 61; SK 16; krit. Arzt/Weber LH **2,** 333). UB kann also *nicht* sein, wer sein Fahrzeug einem fahrgeübten und fahrtüchtigen Dritten überlassen und sich in der Nähe des Unfallorts aufgehalten hat (Frankfurt NJW **83,** 2038; hierzu NJW/H **84,** 1514), aber auch nicht der nach dem Unfall eintreffende **Fahrzeughalter** (KG VRS **46,** 434), anders wenn er als Mitfahrer den angetrunkenen Fahrer hat weiterfahren lassen (LK 22; vgl. Bay VRS **12,** 115; DAR **79,** 237; **82,** 249; vgl. auch AG Köln ZfS **84,** 62), einen Fahrer ohne gültige Fahrerlaubnis fahren ließ und hierdurch einen Unfall mitverursacht hat (Stuttgart VRS **72,** 189) oder wenn der Halter das Fahrzeug mit vereisten Scheiben dem Fahrer übergeben hat und diese unfallursächlich waren (Bay DAR **78,** 208; zw.; aM SK 16). Auch sonst kann ein **Mitinsasse** eines Wagens im Verdacht sein, selbst gesteuert (BGH **15,** 5; Düsseldorf VM **76,** 23; Bay DAR **85,** 241; Köln

NZV 92, 80, hierzu Geppert JK 18) oder sonst den Unfall mitverursacht zu haben, zB durch Überreden eines Angetrunkenen zur Fahrt (VRS 5, 42), durch Ablenken von der nötigen Aufmerksamkeit durch Gespräche (BGH 15, 5) oder durch Unterlassen einer gebotenen Unterstützung des Fahrers (Karlsruhe VRS 53, 426). UB (Mittäter) ist auch, wer dem Fahrer zu dessen Tat nach § 315b Beihilfe geleistet hat (VRS 59, 186). Im übrigen kommen als Täter nicht nur Führer eines Kraftfahrzeuges und deren Mitfahrer, sondern auch Fahrer und Insassen anderer Wagen, Radfahrer und Fußgänger in Betracht. Auch bei Notlandung eines Flugzeuges auf einer Autobahn
14 kommt UB in Betracht. **B.** Alle **Teilnahmeformen** sind möglich (KG VRS 10, 453; zusf Arloth GA 85, 492; vgl. unten 52), für den Nicht-UB aber nur Anstiftung (jedoch nicht gegenüber einem vorsatzlos handelnden UB, § 26; 3 zu § 29) und Beihilfe (vgl. VRS 16, 267; 23, 207), diese auch durch **Unterlassen,** wenn der Mitfahrer ein Weisungsrecht gegenüber dem Fahrer hat (VRS 24, 34; Bay DAR 84, 240; NJW 90, 1861 [hierzu Herzberg NZV 90, 375; Seelmann JuS 91, 290; Otto JK 17 zu § 27]; Köln NZV 92, 80; Düsseldorf VM 66, 42; Stuttgart NJW 81, 2369; Zweibrücken NJW 82, 2566 L; str.; eingeschränkter SchSch 61; SK 53; Loos DAR 83, 210; NStZ/J 86, 540; Horn/Hoyer JZ 87, 974). Für den Beteiligten gilt dann § 28 I, da nur der UB in der besonderen Pflichtposition des § 142 steht (SK 4; aM Herzberg ZStW 88, 83; Steinke MDR 77, 365).

15 5) Aus dem **Schutzzweck** (oben 4) folgt, daß der **Tatbestand** (Beulke JuS 82, 816; Bernsmann NZV 89, 52; nicht nur die Rechtswidrigkeit; so aber LK 45; SchSch 63; Küper JZ 81, 212) sowohl von I wie von II **ausgeschlossen** ist, wenn

16 **A. nur den Unfallverursacher** selbst **Schaden** leidet und Rechtsbeziehungen zu beteiligten Dritten nicht in Frage kommen (BGH 8, 263; VRS 24, 35; 118; Bay 51, 602 Koblenz VRS 52, 275; Bringewat JA 77, 232; Sturm JZ 75, 407; vgl. AK 49 ff.). Das ist anders, wenn der Wagen dem Fahrer nicht gehört (BGH 9, 267; Köln VRS 37, 35; Celle NJW 59, 831; VRS 54, 36 m. Anm. Rüth JR 79, 80; NJW/H 79, 961; Hamm NJW 90, 1925: Leasing-Fahrzeug); auch die Wartepflicht kann dann nicht entfallen (aM Bremen DAR 56, 250). Eigentum ist dabei allerdings im wirtschaftlichen Sinn zu verstehen, so daß der Sicherungsübereigner und Vorbehaltskäufer als Alleingeschädigte anzusehen sind. Alleinschaden scheidet aus, wenn ein Mitfahrer verletzt wird, der nicht auf Feststellungen verzichtet (str.; vgl. Ndschr. 13, 476, 478). Der Versicherer des Alleingeschädigten erleidet durch den Unfall hingegen keinen unmittelbaren Schaden (BGH 8, 263; 9, 269; Ndschr. 13, 477), bleibt also außer Betracht.

17 **B. sämtliche Berechtigte** (unten 24) endgültig **auf die Feststellungen verzichten** (Koblenz VRS 71, 187; AK 53; hierzu grundlegend Bernsmann NZV 89, 50), vor allem wenn sich die Beteiligten über die Abwicklung des Schadensfalles einigen (Bay 51, 604; NJW 58, 269; Celle NJW 56, 356; Saarbrücken VRS 19, 276; Hamm VRS 23, 104; RegE 5), oder wenn der UB dem Geschädigten alle Angaben gemacht hat, die dieser für bedeutsam hielt, selbst wenn die Polizei verständigt und der UB alkoholbeeinflußt ist (LG Wuppertal DAR 80, 155), nicht jedoch, wenn der UB sich gegen den Willen des anderen UB entfernt, mag er auch gewisse Zeit gewartet und sich mündlich schuldig erklärt haben (Bay VRS 60, 111), ebensowenig bei

erschlichenem Verzicht (KG VRS **10**, 453; Bay VRS **61**, 121, NStZ/J **82**, 503; 546), oder wenn der Verzichtende keine zutreffende Vorstellung von der Tragweite seiner Erklärung hat (Düsseldorf VM **77**, 16: 8jähriges Kind!, Koblenz VRS **57**, 13; Düsseldorf NZV **91**, 77, hierzu Geppert JK 17 [unfallverletzter 16jähriger]; Bernsmann NZV **89**, 53), nach Bay ZfS **91**, 320 kann ein 15jähr. Kind eine genügende Vorstellung von der Bedeutung des Verzichts haben (zw.). Verzicht auf sofortige Feststellungen braucht keinen Verzicht auf spätere zu bedeuten (vgl. Hamburg NJW **60**, 1482; Bay VRS **60**, 115; DAR **82**, 249; aM Krey BT/2, 188); es entsteht dann die Nachholpflicht nach II (unten 34, 39). So auch in einem Fall, in dem Bay NJW **84**, 66, 1365 (m. Anm. Loos JR **85**, 164) Verzicht auf unmittelbare Feststellungen am Unfallort deswegen bejahte, weil der Feststellungsberechtigte seinerseits die Unfallstelle verlassen hatte (vgl. Bay VRS **71**, 190; Düsseldorf NZV **92**, 246). Verzicht ist auch dann gegeben, wenn alle Berechtigten die Feststellungen als abgeschlossen betrachten. Dies braucht nicht ausdrücklich, sondern kann auch schlüssig erklärt werden (NZV **92**, 246); zur Frage eines konkludenten Verzichts ferner Köln VRS **53**, 432; NStZ/J **87**, 113; Bernsmann NZV **89**, 50. Die irrtümliche Annahme eines Verzichts des anderen UB schließt eine Bestrafung nach § 142 I aus, uU kommt II Nr. 2 in Betracht (vgl. Bay NStE Nr. 18).

C. sämtliche Berechtigte mutmaßlich verzichten (Hamburg NJW **60**, **18** 1482; Schröder JR **67**, 471; LK 54), das kommt in selteneren Fällen in Betracht (LK 52), zB wenn der Geschädigte ein naher Angehöriger (Hamm VRS **23**, 105; Bay VRS **64**, 122; **68**, 115) oder Nachbar (Hamburg aaO) ist, nicht aber ohne weiteres bei geringfügigen Schäden (Frankfurt NJW **62**, 686; **63**, 1215; KG VRS **15**, 122; str.; vgl. Küper JZ **81**, 212; Bernsmann NZV **89**, 55), oder wenn sich der andere (verletzte) UB ins Krankenhaus begibt (Köln VRS **63**, 349; auch **64**, 116).

D. der Schaden des Berechtigten an Ort und Stelle **ersetzt** wird, und **19** zwar auch dann, wenn der Ersetzende ein Schuldanerkenntnis ablehnt (zweifelnd Müller-Emmert/Maier DRiZ **75**, 177f.) oder wenn dem Berechtigten ein wirksames schriftliches Schuldanerkenntnis (hierzu Schwab MDR **84**, 539) erteilt wird (M-Schroeder § 49, 6).

E. Zweifelhaft ist hingegen, ob der UB von der Wartepflicht befreit **20** wird, wenn der **andere UB,** ohne anzuhalten, **weiterfährt** (so Bay NJW **58**, 511; VRS **71**, 191; Köln VRS **33**, 347; vgl. Bernsmann NZV **89**, 51; SchSch 65; SK 22; RegE 7 und Janiszewski DAR **75**, 172 nehmen zu Unrecht an, daß der UB hier die Feststellungen ermöglicht habe), weil für den Zurückgebliebenen unsicher ist, ob der andere, der vielleicht nicht Eigentümer des von ihm gefahrenen Wagens ist, damit wirksam auf Feststellungen verzichtet (vgl. Bremen OLGSt. 37; Bay VRS **61**, 32) oder ob der andere vielleicht berechtigt weiterfährt. Fährt ein UB weiter, ohne zu bemerken, daß der andere weiterfährt, so ist § 142 jedenfalls nicht ausgeschlossen (Köln JMBlNW **63**, 68). Jedoch scheidet nach Bay VRS **71**, 189 § 142 aus, wenn der eine UB den Unfallort erst verlassen hat, nachdem der andere in Kenntnis des Unfalls die Fahrt fortgesetzt hat, und zwar auch dann, wenn dem UB die Weiterfahrt des andern nicht bekannt war.

6) Tathandlung nach I ist, daß **sich** der UB (13) **nach einem Unfall** im **21** Straßenverkehr (9) vom Unfallort (22) **entfernt** (23), bevor er die Pflichten der Nr. 1 oder 2 (24 ff.) erfüllt, zB nach einem Unfall, ohne anzuhalten, weiterfährt. Da der Unfall dem Sich-Entfernen vorausgegangen sein muß, ist der Fall nicht erfaßt, in dem ein UB erst nach dem Unfall (zB durch sein führerloses, in Bewegung geratenes Fahrzeug) am Unfallort eintrifft und diesen wieder verläßt; denn I setzt Anwesenheit zZ des Unfalls voraus (Bay JZ **87**, 49).

22 **A. Unfallort** (vgl. Koblenz DAR **63**, 244; Küper JZ **81**, 214) ist die Stelle, wo sich der Unfall ereignet hat und die beteiligten Fahrzeuge zum Stehen gekommen sind, samt der unmittelbaren Umgebung und eines etwa in unmittelbarer Nähe gelegenen, nicht verkehrsgefährdeten Platzes (Bremen VRS **52**, 424; Düsseldorf NJW **85**, 2725; Köln NZV **89**, 198 m. Anm. Bernsmann aaO). Der Radius des Unfallorts hängt von den Umständen ab, er ist eher eng als weit zu ziehen (Karlsruhe NStZ **88**, 409 m. Anm. Janiszewski; NJW/H **89**, 1843; Bernsmann NZV **89**, 56), 250 m überschreitet diesen Radius (Koblenz ZfS **88**, 405). Die Tathandlung des I kann ein UB, der sich im Zeitpunkt des Unfalls nicht am Unfallort befunden hat, nicht verwirklichen, wenn er später am Unfallort eintrifft und ihn wieder verläßt (Köln NJW **89**, 1683; Stuttgart NStZ **92**, 384).

23 **B.** Der UB **entfernt sich**, wenn er den unmittelbaren Unfallbereich so weit verlassen hat, daß er entweder seine Pflicht, einem Berechtigten seine Unfallbeteiligung zu offenbaren, nicht mehr erfüllen kann oder sich außerhalb des Bereichs befindet, in dem feststellungsbereite Personen den Wartepflichtigen vermuten und ggf durch Befragen ermitteln würden (Bay NJW **79**, 437; Hamm VRS **54**, 433). Es genügt bereits eine geringe Absetzbewegung, falls sie zu einer gewissen räumlichen Trennung vom Unfallort (Celle OLGSt. 116; KG DAR **79**, 23) oder zur Herauslösung vom Unfallgeschehen geführt hat; auf die Entfernung in Metern kommt es nicht an (Stuttgart NJW **81**, 878 m. Anm. Hentschel JR **81**, 211). Im Vergleich zur „Flucht" nach der aF ist die Grenzlinie der Tatvollendung beim Sichentfernen vorverlegt (Bay MDR **76**, 330; NJW **80**, 412; RegE 7; LK 60; Jagusch/Hentschel 55; Janiszewski DAR **75**, 172; Volk DAR **82**, 86; Kühl JuS **82**, 111; eingeschränkter Lackner 11; Bringewat JA **77**, 233; teilw. abw. Schaffstein, Dreher-FS 152; SK 35; Küper JZ **81**, 213), der Versuch ist aber straflos. Die Rspr. zur aF (vgl. Bay JR **69**, 429; Karlsruhe GA **70**, 311) ist für die nF nicht mehr ohne weiteres maßgebend. Ein UB, der am Unfallort nicht mehr festgestellt werden kann und von einem anderen UB verfolgt und gestellt wird, hat den Tatbestand stets erfüllt (Hamm VRS **54**, 435; Celle OLGSt. 116), mag auch im übrigen bei I Flucht nicht mehr vorausgesetzt sein. Ebenso entfernt sich, wer sich als UB von einem anderen von der Unfallstelle wegfahren läßt (Düsseldorf VM **70**, 30; Hamm VRS **54**, 435; Celle OLGSt. 116), oder wer sich in seine, allen Beteiligten bekannte nahe Wohnung begibt (vgl. KG VRS **50**, 41), nicht jedoch, wer im Einvernehmen mit dem anderen UB oder zur Vermeidung einer Verkehrsbehinderung lediglich etwa 100 m zu einem geeigneten Standplatz weiterfährt (Bay DAR **79**, 237; Köln VRS **60**, 434) oder wer einen in unmittelbarer Nähe gelegenen, nicht verkehrsgefährdeten Platz aufsucht, selbst wenn er, um dorthin zu kommen, einen Umweg fahren muß (Bremen VRS **52**, 425). Wer sich hingegen einverständlich mit dem anderen UB an einen anderen Ort, zB in ein Wirtshaus, begibt, entfernt sich zwar iS des I, wenn auch berechtigt (vgl. oben 17), er kann sich aber nach II strafbar machen, wenn er sich von dort vor Ermöglichung der gebotenen Feststellungen (unten 45 aE) entfernt (Köln NJW **81**, 2368; Cramer 55; Beulke JuS **82**, 815; aM Hamburg DAR **79**, 54). Entsprechendes müßte gelten, wenn ein UB mit der Polizei auf deren Geheiß die Unfallstelle verläßt und sich hernach den Ermittlungen entzieht (insoweit aM Volk VGT **82**, 107 und wohl auch BGH **30**, 164) oder wenn ein UB sich, nachdem er am Unfallort Angaben gemacht hat, aus dem Krankenhaus entfernt, um den Alkoholtest zu umgehen (AG Köln ZfS **86**, 350). **Str.** ist, was gilt, wenn nicht der UB sich entfernt hat, sondern er **entfernt worden** ist. Die hM im Schrifttum setzt 23a für das „Sichentfernen" und damit auch als Voraussetzung für II (unten 34, 44 ff.) ein willensgetragenes Verhalten voraus (SchSch 37; SK 35 a; Lackner 10; AK 106, 142; NJW/H **82**, 1078; **83**, 1648; Wessels BT 1 § 22 III 2; Janiszewski 518a; ebenso Hamm NJW **79**, 438; **85**, 445; Köln VRS **57**, 406; Düsseldorf VRS **65**, 365). Demgegenüber will Bay NJW **82**, 1057 (und wohl auch BGH **30**, 164) es genügen lassen, daß der UB durch das gewaltsame Eingreifen eines Dritten vom Unfallort entfernt worden ist (iErg. auch Volk VGT **82**, 104; Jacob MDR **83**, 461; Joerden JR **84**, 51; hierzu die Glosse U. Stein JZ **83**, 511), so wenn der Fahrzeugführer gegen den Willen des beifahrenden Halters weitergefahren ist (Fall BGH **30**, 161; Bay aaO; hiergegen Klinkenberg u. a. NJW **82**, 2359; MDR **83**, 808; Schwab MDR **83**, 454), wenn der UB festgenommen und zur Wache gebracht (Janiszewski 519 u. NStZ/J **81**, 470; **82**, 108; aM Hamm NJW **79**, 439; insoweit wohl auch BGH **30**, 164) oder in bewußtlosem Zustand in ein Krankenhaus eingeliefert worden ist (aM Köln VRS **57**, 406). Diese Auffassung, die in diesem Zusammenhang alle Fälle straflosen Verlassens der Unfallstelle einbeziehen will (Bär JR **82**, 380), wird auf BGH **28**, 129 gestützt (vgl. Bay aaO), geht aber erheblich weiter, da für den Zusatztatbestand des II/III (oben 7, unten 34) nicht nur unvorsätzliches Sichentfernen (vgl. unten 43) für ausreichend angesehen wird, sondern im Falle des bewußtlosen oder einer vis absoluta ausgesetzten UB insoweit sogar auf eine Handlung überhaupt verzichtet wird (vgl. hierzu Bär JR **82**, 379; Geppert Jura **90**, 82; Mikla [oben 2] 70).

7) **Zwei Fallgruppen** unterscheidet I in Nr. 1 und Nr. 2 unter der gemeinsamen Voraussetzung, daß der UB zunächst zu warten hat, nämlich **A.** den Fall, daß **jemand bereit** ist, Unfallfeststellungen zu treffen. Als 24 solcher **Feststellungsinteressent** kommt jeder in Betracht, der sich am Unfallort befindet oder dorthin kommt (vgl. Karlsruhe VRS **22**, 440; Himmelreich/Bücken 169 ff.), in erster Linie der andere UB oder Geschädigte, möglicherweise aber auch ein Unbeteiligter (Bay VRS **64**, 120; „jeder andere": Zweibrücken DAR **82**, 332 einschränkend Bär **83**, 215), der bereit ist, **zugunsten** der anderen UB und/ oder der anderen Geschädigten, die nicht UB sind (zB des Eigentümers des Wagens, mit dem der andere UB gefahren ist, der Mauer oder Straßenlaterne, die der UB beschädigt hat), dh der **Berechtigten (III)** Feststellungen zu treffen und an den Interessenten weiterzugeben (Köln VRS **64**, 194; vgl. Hentschel NJW **84**, 1514). **Geschädigter** ist jeder, der unmittelbar durch den Unfall psycho-physischen oder materiellen Schaden erlitten hat, ohne Rücksicht darauf, ob er anwesend ist oder Schadensersatzansprüche stellen kann (VRS **24**, 118), so zB nahe An-

§ 142

gehörige oder Erben eines bei einem Unfall Getöteten. Der nur Behinderte oder Belästigte ist nicht Geschädigter (E 1962, 531). Als Feststellungsinteressenten untauglich sind Personen, von denen keine Feststellungen zugunsten der Berechtigten zu erwarten sind, also zB Mitinsassen des Fahrzeugs der UB (Köln VRS 63, 353; vgl. Ndschr. 13, 474, 478). Für Feststellungen kommt vor allem die Polizei in Betracht, sie ist idR feststellungsbereit (Celle NdsRpfl. 78, 287) und allein zu Feststellungen im engeren und erfolgversprechenden Sinn qualifiziert. Ein Berechtigter kann daher, solange er ein Feststellungsinteresse geltend machen kann, verlangen, daß die Polizei erscheint und der UB bis zum Abschluß der polizeilichen Feststellungen wartet (Hamm NJW 72, 1383; Karlsruhe NJW 73, 378), und zwar auch dann, wenn der UB namentlich bekannt ist (Koblenz DAR 77, 77) oder seine Schuld schriftlich pauschal anerkennt (Stuttgart NJW 78, 900; vgl. Düsseldorf VM 71, 12; Hamm NJW 72, 1383; Karlsruhe NJW 73, 378; enger Bay DAR 79, 237 bei 7a) und zwar auch bei *„Kleinunfällen"* unter 1000 DM Schaden (Bay NJW 66, 558; KG VRS 63, 46; dazu Ulsenheimer JuS 72, 24; bedenklich Celle NdsRpfl. 78, 287). Ein Berechtigter kann aber vom UB nicht verlangen, daß er mit ihm die nächstgelegene Autobahnpolizeiwache aufsucht (Köln NZV 89, 197 m. Anm. Bernsmann; NJW/H 90, 1460). Auch kann der Berechtigte die Zuziehung der Polizei in Fällen nicht verlangen, in denen sie wegen der Geringfügigkeit des Schadens jedes Eingreifen ablehnt (Rupp JuS 67, 163; SchSch 21), sowie dann, wenn die Polizei nicht nach angemessener Wartefrist erscheint (SchSch 33).

25 **a)** Der UB erfüllt den **Tatbestand** der **Nr. 1,** wenn er nicht, bevor er sich entfernt, zugunsten sämtlicher Berechtigter die **Feststellung** seiner Person, dh seiner Personalien (vgl. BGH 16, 139; Frankfurt NJW 60, 2067), seines Fahrzeugs, insbesondere des amtlichen Kennzeichens (vgl. BGH 16, 139; aber auch Neustadt NJW 60, 1482), vor allem aber der Art seiner Beteiligung (War er Fahrzeugführer? Kausalität, Alkoholisierung, Schuld; vgl. VRS 39, 184; Saarbrücken NJW 68, 458; Hamm NJW 71, 1469; Koblenz VRS 43, 181; Köln NJW 81, 2368; zu Unrecht einschränkend Dvorak JZ 81, 19; MDR 82, 804; vgl. auch Schwab MDR 84, 540; ferner unten 32) ermöglicht, und zwar so lange, wie erfolgversprechende Feststellungen es erfordern (vgl. DAR 55, 116; GA 57, 243; Bremen VRS 10, 278; Hamm VRS 18, 428), bis dem Feststellungsinteresse des Geschädigten restlos Genüge getan ist (Koblenz VRS 71, 188), die bloße Angabe des Familiennamens und das Ermöglichen des Notierens des amtlichen Kennzeichens genügt nicht (Düsseldorf JZ 85, 544; NStZ/J 85, 404), andererseits beziehen sich die Feststellungen nur auf die *tatsächliche* Seite der Unfallbeteiligung nicht deren rechtliche Würdigung (Frankfurt NJW 83, 293; nach Bay ZfS 83, 220), beim Anfahren eines geparkten Fahrzeugs nicht der Grad der Alkoholisierung; wohl aber bei möglicherweise mitwirkendem Verschulden des Geschädigten (Bay 21. 12. 1987, RReg. 2 St 416/87; NStZ/J 88, 264), der bloße Hinweis auf das amtliche Kennzeichen und die Firmenaufschrift genügt nicht (Stuttgart, NJW 81, 878 m. Anm. Hentschel JR 81, 211; Küper JZ 88, 475). Ob die Feststellungen dann zum Erfolg führen, ist ohne Bedeutung (vgl. VM 55, 51; Bay 59, 63; Hamburg NJW 79, 439; Ndschr. 9, 364). Die Feststellungen sind nicht etwa allen Berechtigten zu ermöglichen (so irrig Müller-Emmert/Maier DRiZ 75, 177), sondern nur zu ihren Gunsten, dh ihnen selbst nur, soweit sie anwesend sind, sonst aber

Straftaten gegen die öffentliche Ordnung § 142

anderen Feststellungsinteressenten (oben 24; SchSch 21; Ndschr. 9, 355; 441).

b) **Nur in bestimmter Weise** braucht der UB die Feststellungen zu ermöglichen, nämlich einmal dadurch, daß er **aa)** am Unfallort **anwesend** ist und bis zum Ende der Feststellungen bleibt **(passive Feststellungsduldungspflicht;** Hamm NJW 77, 207; hierzu Küper JZ 81, 211; NJW 81, 854; JZ 88, 473), und zwar so, daß er erreichbar ist, sich also nicht etwa verbirgt (Ndschr. 13, 470; aM Hamm NJW 79, 438). Daß die Feststellungen auch ohne seine Anwesenheit nicht erschwert wären oder daß der UB die Polizei benachrichtigen oder sich über einen Polizisten beschweren will, ändert an seiner Anwesenheitspflicht nichts (es sei denn, daß die anderen einwilligen) und kann höchstens einen Verbotsirrtum auslösen. Der UB muß in seiner bekanntgewordenen Eigenschaft als solcher anwesend sein. Das ergibt sich daraus, daß er die Feststellungen **bb)** auch aktiv durch die sog. **Vorstellungspflicht** ermöglichen muß, nämlich „durch die Angabe, daß er an dem Unfall beteiligt ist" (I Nr. 1). Anwesenheit ohne Angabe oder Angabe ohne weitere Anwesenheit (Bremen NJW 55, 113) reichen also nicht aus. Die Angabe hat der UB von sich aus zu machen. Zur Angabe genügt die Erklärung des UB, daß sein Verhalten zur Verursachung des Unfalls beigetragen haben könne **(IV)**. Weitere Erklärungen, insbesondere darüber, ob er ein beteiligtes Fahrzeug geführt und wie er sich dabei verhalten hat, braucht er nicht abzugeben (Lackner 18; SK 29; aM entgegen dem Gesetz Jagusch NJW 75, 1632f.; 76, 504 unter Zust. von Blei JA 76, 312; dagegen mit Recht B. Maier NJW 76, 1190; Bringewat JA 77, 235; Küper JZ 88, 481), braucht sich vor allem nicht selbst zu bezichtigen (RegE 6) oder auf entstandene Schäden hinzuweisen (SK 30; zweifelnd SchSch 24); doch muß er den hinzukommenden Interessenten, der zB die Beschädigung seines geparkten Wagens nicht bemerkt, auf den Unfall hinweisen. Er hat *nach* § 142 (vgl. aber § 34 StVO, § 111 OWiG und unten 57) keinerlei weitere aktive Mitwirkungspflicht (RegE 7; BGH 30, 163; vgl. hierzu Volk DAR 82, 82), braucht also gegenüber einem privaten Feststellungsinteressenten auch seine Personalien nicht anzugeben (Bay NJW 84, 67; 1365; Frankfurt NJW 90, 1190; Düsseldorf VM 72, 59; aM Müller-Emmert/Maier DRiZ 75, 177; LK 32), Führerschein und Fahrzeugschein nicht vorzuweisen (aM Bouska aaO 195) oder seine Versicherung zu nennen. Seine Vorstellungspflicht verletzt indessen, wer überhaupt ableugnet, UB zu sein oder wahrheitswidrig behauptet, lediglich Beifahrer gewesen zu sein (Frankfurt NJW 77, 1833; Karlsruhe MDR 80, 160; Bay JR 81, 437; NJW 83, 2039 [m. Anm. Janiszewski JR 83, 506 und NStZ/J 83, 403]; 84, 1365 [m. Anm. Loos JR 85, 164; Geppert JK 10; hierzu ferner Küper JuS 88, 288; JZ 88, 477]; KG VRS 67, 264; LK 36; NJW/H 81, 1078; 89, 1844; vgl. auch Volk DAR 82, 82; aM Hamm NJW 79, 439; 85, 445 [für den Fall des versuchten Leugnens]; vgl. Janiszewski 502 u. NStZ/J 85, 257), oder wer durch Falschangaben die Einwilligung des Interessenten erschleicht (Stuttgart NJW 82, 2266, hierzu Geppert BA 91, 37; NJW/H 83, 1648; Küper JZ 88, 481; 90, 512; aM Frankfurt NJW 90, 1190, hierzu Geppert JK 16). Wer sich als UB vorstellt, ohne es zu sein, kann nach § 258 strafbar sein. Nach Celle NdsRpfl. 78, 287 entfallen Vorstellungs- und Wartepflichten, wenn Polizeibeamte Augenzeugen des Unfalls sind, den UB von Person sicher erkannt haben und falls auf diese Weise dem Interesse der privaten Feststellungsberechtigten bereits genügt ist, sehr zw. Zur Frage, wann Augenzeugen gegenüber einem vorstellungspflichtigen UB ein Festnahmerecht nach § 127 StPO haben (20. 12. 1978, 4 StR 635/78).

29 c) **Handlungen zur Vereitelung der Feststellungen** sind dem UB im Falle von I **nicht verboten** (SchSch 23; Ndschr. 9, 445; 469; 476; Lackner 17; BGH **4**, 187; **7**, 117; zweifelnd SK 31; aM M-Schroeder § 49, 33, 43); so die Angabe falscher Personalien, das Vorzeigen eines gefälschten Führerscheins (MDR/D 73, 555); verschleiernde Unterlassungen (VRS **5**, 287; Bernsmann NZV **89**, 54); Nachtrunk, um den Blutalkoholgehalt zu verschleiern (Oldenburg NJW **55**, 192; Frankfurt NJW **67**, 2073; Bay JR **69**, 429; Hamburg VM **73**, 68); falsche Aussagen (vgl. VRS **16**, 297); Beseitigung von Unfallspuren (BGH **5**, 124). Der UB kann daher auch, da I das Zurverfügunghalten des Fahrzeugs nicht verlangt, selbst am Unfallort bleiben, aber sein Auto durch einen Dritten in eine Werkstatt bringen und dort die Unfallspuren beseitigen lassen (vgl. Ndschr. **13**, 480; möglicherweise § 258). Analoge Anwendung von III S. 2 verbietet sich; § 263 wird idR ausscheiden; wohl aber greift § 34 III StVO ein (unten 57). Im übrigen können auch unverbotene Vereitelungshandlungen strafschärfend wirken (so zur aF BGH **17**, 143 hinsichtlich des Nachtrunks, dieser jedoch nur dann, wenn er die Feststellungsinteressen beeinträchtigt und der UB dies voraussah, Bremen VRS **52**, 422; hierzu 8b zu § 316). Nimmt der UB Verschleierungshandlungen vor und entfernt sich dann, obwohl ein Feststellungsinteressent seine weitere Anwesenheit für Feststellungen verlangt, so macht er sich schon durch sein Sichentfernen *nach Nr. 1 strafbar;* anders, wenn der Feststellungsinteressent mit der Weiterfahrt einverstanden ist, es sei denn, daß das Einverständnis täuschungsbedingt erteilt (Janiszewski JR **83**, 506; NJW/H **84**, 1515; Schwab MDR **84**, 639; Arloth GA **85**, 495; gegen Bay NJW **83**, 2039; **84**, 1365; hierzu Loos JR **85**, 164; abl. auch Bauer NStZ **85**, 301; Küper JuS **88**, 213, 288; Wessels BT 1 § 22 III 2) oder durch die Verschleierung erschlichen ist (zur aF vgl. BGH **16**, 139; VRS **25**, 259; KG VRS **10**, 453; Koch NJW **61**, 2195; anderseits MDR/D **73**, 555; Neustadt NJW **60**, 1482; 2111; Enskat NJW **62**, 332; B. Maier JZ **75**, 723; zum Verhältnis zu § 263 in solchen Fällen Köln VRS **50**, 344). Dvorak (JZ **81**, 19) hält eine Wartepflicht, die nur noch einer körperlichen Untersuchung (Blutentnahme) dienen soll, nicht für gegeben (ebenso Zweibrücken NJW **89**, 2765 m. Anm. Weigend NZV **90**, 79; Geppert GA **91**, 39; F. Herzog bei OLGSt Nr. 9; mit Recht anders NJW/H **90**, 1460; Jagusch/Hentschel 12; Bär/Hauser I 11a; vgl. Koblenz VRS **71**, 187).

30 **B. Die zweite Fallgruppe (I Nr. 2)** ist dadurch gekennzeichnet, daß sich kein Feststellungsinteressent findet. Auch in diesem Fall hat der UB, da ja noch offen ist, ob jemand kommt, seiner passiven Feststellungsduldungspflicht (oben 27; Bremen VRS **43**, 29) dadurch zu genügen, daß er eine angemessene Zeit abwartet, ob ein Feststellungsinteressent erscheint (**Wartepflicht** [hierzu Küper NJW **81**, 853; Loos DAR **83**, 212; Kasuistik bei Bär/Hauser I 36 (1); Himmelreich/Bücken 147ff.]; zur Wartepflicht gegenüber einem verletzten Mitfahrer Bay DAR **84**, 240). In Betracht kommen hier vor allem die Fälle, in denen es keinen anderen UB gibt und der Geschädigte abwesend ist (Beschädigung eines parkenden Fahrzeugs, Koblenz VRS **53**, 112, einer Mauer oder eines Lichtmastes, Celle OLGSt. 96),

Straftaten gegen die öffentliche Ordnung **§ 142**

in denen beim Fahrer eines Mietwagens der andere UB auf Feststellungen verzichtet hat, der geschädigte Eigentümer aber abwesend ist (LG Darmstadt MDR **88**, 1072) oder in denen der andere UB tot oder bewußtlos ist. Der UB muß grundsätzlich warten, auch wenn nicht mit alsbaldigem Erscheinen von Feststellungsinteressenten zu rechnen ist (BGH **4**, 144; **5**, 124), auch nachts auf dunkler Landstraße (GA **57**, 243; VRS **42**, 97; SK **32**; Küper NJW **81**, 853; aM SchSch 29; Lackner 19; Dornseifer JZ **80**, 300), auch wenn er andere Verkehrsteilnehmer dadurch behindert (Bay DAR **85**, 240). Nur die Dauer der Wartefrist kann durch solche Umstände beeinflußt werden. Der UB muß an der Unfallstelle aber noch verbleiben, wenn eine feststellungsbereite Person ihn *nach* Ablauf der Wartefrist noch antrifft (Stuttgart NJW **82**, 1799; zust. NJW/H **83**, 1648; vgl. Loos DAR **83**, 214; aM Küper NJW **81**, 854). Im übrigen hat der UB nur eine **den Umständen** 31 **angemessene Zeit** zu warten. Es sind das sämtliche Umstände des Einzelfalls, die für die dem konkreten Unfall angemessene Wartefrist (II Nr. 2) nach der Auffassung eines verständigen Beurteilers eine Rolle spielen können (vgl. DAR **55**, 116; Bay DAR **58**, 106; Karlsruhe VRS **22**, 440; GA **70**, 311; Hamm VM **71**, 59; DAR **73**, 104; NJW **77**, 207; Köln JMBlNW **63**, 22; Düsseldorf VM **66**, 60; **68**, 76; **72**, 59; Nürnberg VersR **66**, 355; KG VRS **33**, 275; **37**, 192; Saarbrücken OLGSt. 45; Hoffmann NJW **63**, 2001), so die Schwere des Unfalls und die Höhe des materiellen Schadens (KG DAR **68**, 160; Bay NJW **60**, 832; Hamm VRS **37**, 433; Schleswig DAR **69**, 49; Stuttgart OLGSt. 63; VRS **54**, 353; Düsseldorf VM **76**, 52); der Unfallort (Köln VRS **38**, 436; Hamm VRS **41**, 28); Tageszeit, Witterung, Verkehrsdichte (RegE 7); Alkoholisierung des UB. Generelle Zahlen lassen sich nicht angeben (vgl. LK 42ff.; AK 120). Die Wartezeit kann minimal sein, etwa bei unbedeutender Beschädigung eines vor seinem Haus abgestellten Autos eines Nachbarn, sie kann bei geringfügiger Beschädigung einer Autobahnbrücke oder einem Fremdschaden von 300 DM auf einer belebten Geschäftsstraße (AG Hamburg ZfS **82**, 156) weniger als 30 Minuten betragen (Hamm VRS **59**, 259; Bay VRS **67**, 427); anderseits reichen bei Tötung oder schwerer Verletzung eines Menschen 15 Minuten grundsätzlich nicht aus. Nach Bouska aaO 195 ist eine Stunde hier die unterste Grenze; Bürgel aaO 354 fordert bei Tötung eines Radfahrers mehrere Stunden. Für *nicht* ausreichend halten Koblenz (VRS **49**, 180; ähnlich Bay DAR **85**, 241) 15 Minuten in der Nacht bei 1500 DM Schaden, Stuttgart (VM **76**, 85; VRS **73**, 193; LG Hanau ZfS **85**, 380), 20 Minuten um 18.30 Uhr bei 600 DM Schaden, Hamm (VRS **54**, 117; ähnlich Bay VRS **64**, 121) 10 Minuten um 19 Uhr bei leichtem Unfall und stark befahrener Straße und Schleswig (DAR **78**, 50) weniger als 10 Minuten bei nicht völlig belanglosem Schaden (oben 11); *anders* aber Düsseldorf (VRS **54**, 41; ähnlich Bay DAR **85**, 241) bei 30 Minuten in der Nacht zum Sonntag und einen Schaden von 1100 DM; sowie bei 10 Minuten und geringfügigem Schaden (VM **76**, 52); ebenso Stuttgart (NJW **81**, 1107; vgl. auch Bay DAR **84**, 240), AG Gelnhausen DAR **86**, 123, 10 bis 15 Minuten bei Nacht und bei bloßem (nicht unerheblichem) Sachschaden, wenn längeres Warten aus besonderen Umständen nicht zuzumuten ist, etwa wenn der UB aus seiner nahegelegenen Wohnung den ihm bekannten Geschädigten anrufen kann (Bay VRS **71**, 34, weitere Beispiele bei Cramer 47). Aus welchen Gründen der UB wartet, ist ohne Bedeutung (Hamm VM **67**, 4). **Ersatzmaßnahmen** kön- 32

§ 142

nen, soweit sie nötige und mögliche Feststellungen am Unfallort vereiteln, die Wartepflicht grundsätzlich nicht ersetzen, so Benachrichtigung eines Berechtigten oder der Polizei nach vorzeitiger Wegfahrt oder Zurücklassen eines Zettels oder der Visitenkarte mit Angaben (arg. III iVm II Nr. 1, wonach solche Handlungen erst nach Ablauf der Wartefrist entlasten können; vgl. aber Zweibrücken VRS **79**, 299; NZV **91**, 479; vgl. NJW/H **92**, 1082, ebenso nach § 34 I Nr. 6b StVO, Köln VRS **64**, 115; vgl. NJW/H **84**, 1514; unten 57; SchSch 34; Küper JZ **81**, 211, 255; vgl. aber Stuttgart NJW **81**, 1108; Bay DAR **82**, 249). Wer seiner Wartepflicht (I Nr. 2) nicht nachgekommen ist, wird nicht etwa straffrei, wenn er die Feststellungen unverzüglich nachträglich ermöglicht (Hamburg MDR **78**, 859). Doch wird man in Bagatellfällen eine Ausnahme machen können (Prot. 1934; Ndschr. **13**, 471; LK 39), vor allem aber dann, wenn die Schuldfrage bereits geklärt ist, so gehört zB bei der Beschädigung eines ordnungsgemäß geparkten Fahrzeuges der Grad der Alkoholisierung nicht zu den Umständen, deren Feststellung nach § 142 ermöglicht werden muß (Bay VRS **65**, 136, zust. Janiszewski 510 u. NStZ/J **83**, 546 **90**, 581; vgl. Schwab MDR **84**, 541). In solchen Fällen wie auch sonst bei I Nr. 2 ist das Problem der angemessenen Wartefrist dadurch entschärft (Prot. 1935), daß der UB auch nach deren Ablauf die Unfallfeststellungen nach II Nr. 1, III noch nachträglich unverzüglich ermöglichen, also zB nach der Wegfahrt alsbald zum nächsten Telefon gehen muß. Diese Entschärfung gilt uneingeschränkt für die Fälle, in denen nachträgliche Feststellungen Erfolg versprechen; anders wenn Aufklärung nur an Ort und Stelle möglich erscheint. Wenn der UB auch nicht verpflichtet ist, von sich aus zur Aufklärung des Unfalles beizutragen, so darf er aber auch nichts tun, um Feststellungen durch Personen, die nachträglich eintreffen, zu verhindern. Tut er dies gleichwohl, so kommt ihm die bisherige Wartezeit nicht zugute und beginnt neu zu laufen (Bay NJW **87**, 1712 m. krit. Anm. Hentschel JR **88**, 297; NStZ/J **87**, 270; SK 34).

33 **8) Vorsatz** ist sowohl für I Nr. 1 wie für Nr. 2 erforderlich, bedingter genügt stets (BGH **7**, 112; VRS **5**, 41; Stuttgart VM **58**, 12; Saarbrücken VRS **34**, 280; OLGSt. 36; Koblenz VRS **71**, 189; AK 134). Er muß sich darauf beziehen, daß ein Unfall stattgefunden hat, daß der Schaden nicht ganz unerheblich ist (Karlsruhe VRS **62**, 186), daß der Täter UB ist (Koblenz NZV **89**, 200, hierzu Geppert JK 13) und daß er sich vor den Unfallfeststellungen entfernt hat und hierdurch Feststellungen vereitelt werden. Hieran kann es fehlen, wenn er sich entfernt, um den Geschädigten beschleunigt zu verständigen (Zweibrücken DAR **82**, 333). Ist ein Mitinsasse UB, so ist die innere Tatseite sorgfältig zu prüfen (Karlsruhe VRS **53**, 427). Der Täter muß mindestens damit rechnen, den Unfall möglicherweise mit verursacht zu haben (BGH **15**, 1; VRS **20**, 58; Bay **72**, 183; Koblenz OLGSt. 77; AG Köln ZfS **82**, 316), billigend in Kauf zu nehmen (so Zweibrücken VRS **45**, 427) braucht er das nicht; es genügt, wenn er sich damit abfindet (11 zu § 15). Drängen die dem Täter bekannten Umstände einem verantwortungsbewußten Fahrer nach allgemeiner Lebenserfahrung die Annahme auf, daß ein Unfall stattgefunden hat, zB bei heftigem Auffahren auf einen Gegenstand (NJW **54**, 728; GA **57**, 243; VRS **30**, 48; **37**, 263), so wird in aller Regel bedingter Vorsatz gegeben sein (VM **68**, 25; Neustadt

Straftaten gegen die öffentliche Ordnung **§ 142**

VRS **5**, 601), der Fahrer ist in solchen Fällen verpflichtet, sich über etwaige Fremdschäden zu vergewissern (Koblenz VRS **63**, 39; zu eng Frankfurt VM **83**, 71; zum Vorsatznachweis im einzelnen, Kuckuk/Reuter DAR **78**, 57). Mit dem Einwand, er habe sich von Unfallzeugen für erkannt gehalten, wird der Täter nicht gehört (Hamm VRS **5**, 602; BGH NJW **56**, 1807; vgl. aber oben 28 aE). Die Überzeugung hingegen, es sei kein Schaden entstanden, es handle sich nur um völlig belanglose Kratzer (Hamm NJW **53**, 37), der Schaden betreffe ausschließlich den Täter (Celle NJW **56**, 1330) oder der Unfall sei nur vorgetäuscht (Bay DAR **79**, 237), schließt den Vorsatz aus (Bay VRS **24**, 123; aM Düsseldorf VM **60**, 74; hierzu LK 99); der Täter muß sich einen nicht ganz belanglosen Schaden mindestens als möglich vorstellen (Bay VRS **24**, 123; Köln OLGSt. 60; Koblenz VRS **48**, 337; Schleswig OLGSt Nr. 7), auch die Überzeugung, der Geschädigte habe endgültig auf Feststellungen verzichtet (Bay VRS **71**, 190; Hamburg NJW **60**, 148; Bremen VRS **10**, 278; Köln VRS **27**, 344; LK 53; vgl. oben 17, 18) oder die erforderlichen Feststellungen seien bereits getroffen, schließt den Vorsatz aus (bedenklich Stuttgart MDR **59**, 508). Doch sind hier die Voraussetzungen eines Irrtums streng zu prüfen (Celle NJW **56**, 1330; vgl. auch Bay DAR **81**, 244). Vorsatz scheidet auch aus, wenn jemand erst nach Entfernung vom Unfallort erfährt, daß er an einem Unfall beteiligt war (BGH **28**, 131; Bay JR **78**, 114 m. Anm. Janiszewski) oder wenn der Unfallverursacher in der irrigen Annahme weiterfährt, daß der (allein geschädigte) andere UB in Kenntnis des Unfalls die Fahrt fortgesetzt hat (Bay NZV **90**, 397; **92**, 246; Düsseldorf NZV **92**, 246; vgl. aber unten 43). Auch Verwirrung, Bestürzung oder Furcht, vor allem ein Unfallschock (der allerdings nach Hamm VRS **42**, 24 idR schnell abklingt) können das Bewußtsein des Täters, sich Feststellungen zu entziehen, ausschließen oder aber § 21 begründen (NJW **55**, 310; VRS **8**, 208; **9**, 136; **16**, 188; **18**, 201; **20**, 48; Köln NJW **67**, 1521; LK 97; Arbab-Zadeh NJW **65**, 1049; Schewe, Lange-FS 696 f. mwN), eine hohe BAK (2,7‰: Schleswig VRS **59**, 113) Zweifel in die spezifische Wahrnehmungsfähigkeit setzen. Die irrige Annahme von Umständen, welche die Wartepflicht nach Nr. 2 ausscheiden, ist Tatbestandsirrtum (BGH **15**, 1; Hamburg NJW **60**, 1482; Köln VRS **27**, 344; **33**, 347; KG VRS **33**, 280; Karlsruhe VRS **36**, 350; Stuttgart NJW **69**, 1726; Hamm VRS **37**, 433), hingegen ein Irrtum über den Umfang der Wartepflicht oder die irrige Annahme, nicht wartepflichtig zu sein, Verbotsirrtum (BGH **4**, 144; **15**, 5; VM **60**, 77; VRS **24**, 34; Bay **56**, 241; Stuttgart DAR **77**, 23; LK 101), etwa weil der Täter den angerichteten Schaden weitgehend beseitigt hat (Düsseldorf NJW **86**, 2001; hierzu krit. Otto JK 11; Kuhlen StV **87**, 437; Freund GA **87**, 536). Ist der Irrtum nicht vermeidbar, so gilt unten 40. Daß sich der UB nur der Strafverfolgung entziehen will, schließt seinen Vorsatz nicht aus (RegE 4; aM zur aF Saarbrücken VRS **19**, 277; KG VRS **33**, 280; Oldenburg NJW **68**, 2019), wenn er damit rechnet, Unfallfeststellungen dadurch nicht zu ermöglichen (vgl. VRS **19**, 188; **21**, 118; Frankfurt NJW **60**, 20; Köln VM **70**, 96; Düsseldorf VM **71**, 12; Karlsruhe NJW **73**, 378; Ulsenheimer JuS **72**, 28). Anders ist das, wenn er sich nach Abgabe eines wirksamen Schuldanerkenntnisses gegenüber einem Berechtigten entfernt, um der Polizei zu entgehen (Hamm VRS **40**, 19; **41**, 108; DAR **73**, 77; Koblenz VRS **43**, 423; **48**, 112; Stuttgart NJW **78**, 901; vgl. Schwab MDR **84**, 540); dann ist aber bereits der Tatbestand ausgeschlossen (oben 19). Zum Irrtum über Rechtfertigungs- und Entschuldigungsgründe unten 42.

34   9) **Die Absätze II und III** greifen als Zusatztatbestand (oben 7) nur ein, wenn nicht bereits endgültig feststeht, daß der UB entweder **strafbar** ist (Köln VRS **63**, 352), nämlich im Falle ungerechtfertigten oder unentschuldigten Sichentfernens vor Ermöglichung der Feststellungen (I Nr. 1) oder vor Ablauf der Wartefrist (I Nr. 2) oder nach Verstoß gegen die Vorstellungspflicht (§§ 34 I, 49 I Nr. 29 StVO; Janiszewski JR **83**, 506 u. NStZ/J **83**, 403; NJW/H **84**, 1515 gegen Bay NJW **83**, 2039) sowie in den Fällen von § 35 II S. 2 (unten 42); oder daß er **straflos** ist, nämlich dann, wenn er seine Pflichten nach I Nr. 1 erfüllt hat (auch wenn die anderen Beteiligten die Feststellungsmöglichkeit nicht ausreichend genutzt haben; aM Jagusch NJW **75**, 1633), sich im Tatbestandsirrtum befand (vgl. aber unten 43), endgültig gerechtfertigt oder entschuldigt war (unten 36) oder ihm die Erfüllung seiner Pflichten nach I und II nicht zugemutet werden konnte (unten 41). Nur für eine dritte Gruppe von Fällen schafft II eine zusätzliche **Nachholpflicht**, nämlich eine Handlungspflicht, die zugleich eine Chance ist, endgültiger Strafbarkeit zu entgehen, nämlich für die Fälle, daß sich der UB, ohne die Pflicht nach I Nr. 1 erfüllt zu haben, vom Unfallort **nach** Ablauf der Wartefrist (II Nr. 1) oder berechtigt oder entschuldigt (II Nr. 2) oder nachdem sich der Feststellungsberechtigte seinerseits unter Verzicht auf unmittelbare Feststellungen am Unfallort vorzeitig entfernt hat (Bay NJW **84**, 67; 1365 [hierzu Loos JR **85**, 164; Geppert JK 10; Bauer NStZ **85**, 301]; Frankfurt NJW **90**, 1190; Küper JuS **88**, 288; vgl. SK 29a; zw.) oder im Irrtum über die Voraussetzungen eines Rechtfertigungs- oder Entschuldigungsgrundes, der seine Strafbarkeit nach I ausschließt (unten 42), entfernt oder nach dem Sichentfernen, aber noch in zeitlichem und räumlichem Zusammenhang mit dem Unfall von ihm Kenntnis erhält (unten 43). Für diese Fallgruppe gilt:

35   **A.** Der UB hat sich **nach Ablauf der Wartefrist** (30 ff.) straflos vom Unfallort entfernt, ohne daß sich ein Feststellungsinteressent gefunden hätte. II Nr. 1 setzt voraus, daß der UB tatsächlich einer Wartepflicht unterlegen ist, was bei einem abwesenden (Mit-)Verursacher, der erst *nach* dem Unfall an die Unfallstelle gelangt, nicht der Fall ist (oben 21, Bay JZ **87**, 49).

36   **B.** Der UB hat sich **berechtigt** oder **entschuldigt** entfernt. Da II Nr. 2 beide Fälle gleich behandelt, können Zweifel, ob es sich im Einzelfall um einen Rechtfertigungs- oder einen Entschuldigungsgrund handelt, in Grenzfällen dahingestellt bleiben (anders, wenn Teilnehmer vorhanden sind; § 29). Nicht erfaßt von II Nr. 2 sind Fälle, in denen nicht nur das Sichentfernen vom Unfallort berechtigt oder entschuldigt geschah, sondern für den gesamten Tatbestand Rechtfertigung oder Entschuldigung anzunehmen ist. Das erste ist vor allem der Fall, wenn man im Verzicht der Berechtigten auf Feststellungen nicht schon wie hier Tatbestandsausschluß (oben 17), sondern einen Rechtfertigungsgrund annimmt (LK 45, 55; SchSch 44, 63). Das zweite ist der Fall, wenn etwa ein Kind oder ein geisteskranker Fußgänger einen Unfall verursacht, vor allem aber dann, wenn der Unfall als Straftat gewollt ist; in diesen Fällen ist zwar ein Unfall anzunehmen (str.; oben 12), doch ist dem Täter zB eines Verbrechens nach

Straftaten gegen die öffentliche Ordnung **§ 142**

§ 316a, der ein Drahtseil über die Straße gespannt und damit einen Unfall herbeigeführt hat, nicht zuzumuten, sich zum Schutz der entstandenen zivilrechtlichen Ansprüche als UB vorzustellen. Da für § 142 Zumutbarkeitsgesichtspunkte gelten (oben 6; unten 41), ist der Täter daher hinsichtlich § 142 endgültig entschuldigt (so schon für die aF LG Duisburg NJW **69**, 1261; Roxin NJW **69**, 2038; Geppert GA **70**, 1; Forster NJW **72**, 2319; Eich MDR **73**, 814; a**M** BGH **24**, 382; Berz JuS **73**, 558; Oppe GA **70**, 369). Im übrigen gilt:

C. Berechtigt entfernt sich, wem ein **Rechtfertigungsgrund** irgendwelcher Art zur Seite steht. Praktische Bedeutung hat vor allem **a)** § 34, so wenn ein Unfallverletzter ins Krankenhaus gebracht (vgl. BGH **4**, 149; KG VRS **34**, 108), der UB seine eigenen Verletzungen versorgen muß (Hamm VRS **8**, 268; Bay DAR **85**, 241; Mikla [oben 2] 112) oder ein Wagen der Feuerwehr, eines Rettungsdienstes oder eines Arztes, der dringend einen Patienten aufsuchen muß (Frankfurt VRS **28**, 262; NJW **67**, 2073), in einen Unfall verwickelt wird; der UB sich mit dem anderen UB einverständlich auf einen Autobahnparkplatz begibt (Düsseldorf JZ **85**, 544), doch hat dann die nach § 34 erforderliche Abwägung stattzufinden (dort 9 ff., 12 ff.), so daß sich ein UB mit Hautabschürfungen nicht entfernen darf, wenn es sich sonst um einen schweren Unfall handelt. Für den UB selbst kann aber § 35 in Betracht kommen, wenn § 34 ausscheidet. § 34, vielleicht aber nur § 35, kommt auch in Betracht, wenn gegen den UB Aggressionen aus einer angesammelten Menge stattfinden oder zu befürchten sind (VRS **25**, 196; **30**, 281; Düsseldorf NJW **89**, 2764 m. Anm. Werny NZV **89**, 440; NJW/H **90**, 1460; LK 59; SchSch 47; SK 39; AK 144). Eine Rolle spielen kann weiter **b) die rechtfertigende Pflichtenkollision** (11 vor § 32), so die Pflicht aus § 323c, die der Wartepflicht regelmäßig vorgeht (BGH **5**, 128; § 34 I Nr. 4 StVO), idR aber zugleich einen Fall von § 34 bildet. Doch können auch, wenn im konkreten Fall unter Abwägung aller Umstände die andere Pflicht gegenüber der aus § 142 überwiegt, militärische oder beamtenrechtliche Pflichten, die Pflichten des Fahrers eines öffentlichen Verkehrsmittel (vgl. zur aF Frankfurt NJW **60**, 2067; Neustadt NJW **60**, 688; Bremen VRS **43**, 29; anderseits KG VRS **40**, 109; Koblenz VRS **45**, 33), die Notwendigkeit der Beauftragung eines Abschleppunternehmens (Bay DAR **82**, 249), aber auch die des Zeugen, der zu einem Termin geladen ist, rechtfertigend wirken (vgl. LK 57). **c)** wenn zB ein UB einem anderen UB, der den Unfall nicht bemerkt hat, nachgefahren ist und ihn nicht einholen konnte (Bay DAR **79**, 237). **d)** In Betracht kommt auch die **Einwilligung** der Berechtigten, die Feststellungen erst nachträglich zu treffen (oben 17).

37

38

39

D. Als Entschuldigungsgründe kommen vor allem in Betracht:
a) § 35 (vgl. schon oben 37), zB wenn bei einem beteiligten Fahrzeug Explosionsgefahr besteht; wenn der UB in einer kalten Winternacht völlig durchnäßt ist und seine Kleider wechseln (Bay VRS **60**, 112), oder seiner schwerverletzten Ehefrau auf der Fahrt zum Krankenhaus beistehen will (Köln VRS **66**, 129), **b)** § 20, zB wenn der UB infolge eines Unfallschocks ohne Schuld handelt oder auch infolge von Alkoholgenuß (Ndschr. **13**, 476; aM SK 40; Beulke NJW **79**, 404; Werner NZV **88**, 91). In diesen Fällen muß der UB, nüchtern geworden, dem Schutzzweck des § 142 entspre-

40

chend, Pflichten nach II, III erfüllen. § 323 a tritt dann insoweit (nicht aber hinsichtlich der vorausgegangenen Trunkenheitsfahrt) zurück. Greifen diese Nachholpflichten nämlich ein, so kann ein Sichentfernen auch als Strafbarkeitsbedingung über § 323 a (dort 6) nicht bedeutsam werden, da sich auch sonst I und II (oben 7, 34) ausschließen (ebenso i. Erg. M-Schroeder § 49, 53; Lackner 24; Berz Jura **79**, 127 Fn 11; Dornseifer JZ **80**, 303; NJW/H **90**, 1460; aM Bay NJW **89**, 1685; m. krit. Anm. R. Keller JR **89**, 343; Mikla [oben 2] 144; krit. ferner, aber iErg. zust. Küper NJW **90**, 209; Geppert JK 15; sehr eingehend Paeffgen NStZ **90**, 365; Werner NZV **88**, 88; Miseré Jura **91**, 298; SchSch 47; SK 39; vgl. auch Celle MDR **78**, 246). **c) unvermeidbarer Verbotsirrtum** (oben 33), wenn sein Irrtum ihm nachträglich bewußt wird oder ein Irrtum hinsichtlich II, III vermeidbar wäre; **d) Irrtum nach § 5 WStG** (auch §§ 56 II BBG; 7 II UZwG; 30 ZDG), der aber sehr selten entschuldigen wird, weil die Rechtswidrigkeit des Sichentfernens in aller Regel offensichtlich sein wird; **e) schuldausschließende Pflichtenkollision** bei gleichgewichtiger Pflichtenlage (11, 15 vor § 32).

41 E. Auch der Gesichtspunkt der **Unzumutbarkeit** kann entgegen der Rspr. zur aF (BGH **24**, 382) die Entfernung **entschuldigen** (oben 6), da es nur um den Schutz zivilrechtlicher Ansprüche geht, denen zivilrechtliche Interessen anderer Art gleichgewichtig oder vorrangig gegenüberstehen können, zumal II, III ein bisher fehlendes Korrektiv bilden, mindestens in den Fällen, in denen auch nachträgliche Feststellungen Erfolg versprechen (vgl. Ndschr. **9**, 346; 349; 355; 357; 359; 363; 442; **13**, 482 f.; 485, 487; § 347 IV E 1962). Verfolgt der UB bei Gesamtwürdigung seiner Wartepflicht und seines Verhaltens (Angabe vor Anschrift usw.) Interessen, die dem Feststellungsinteresse der Berechtigten mindestens gleichwertig sind, so ist Entschuldigung anzunehmen, so wenn bei Blechschäden der Anwalt einen wichtigen Termin, der Geschäftsmann ein für eine dringende Geschäftsreise gebuchtes Flugzeug oder der Bräutigam den Termin beim Standesamt versäumen müßte. Entsprechendes gilt, wenn ein UB, während ein anderer wartet, einen dritten flüchtigen UB verfolgt, den er für den Schuldigen hält. Hingegen wird ein Sichentfernen nicht entschuldigt, wenn der UB im Falle des Bleibens die Aufdeckung anderer von ihm begangener Straftaten (zB Fahren ohne Führerschein) zu befürchten hätte (BGH **9**, 267; GA **56**, 120; VRS **38**, 342; str.; vgl. hierzu M-Schroeder § 49, 49).

42 F. Bei einem **Irrtum** des UB über einen **Rechtfertigungs-** oder **Entschuldigungsgrund** ist zu unterscheiden. Die bisher einhellige Meinung will einen solchen Irrtum, jedenfalls dann, wenn er Umstände betrifft, die einen Rechtfertigungs- oder Schuldausschließungsgrund konstituieren, mit einem Schluß a maiore ad minus dem Fall des wirklich bestehenden Grundes gleichsetzen (BGH **28**, 134; RegE 8; Müller-Emmert/Maier DRiZ **75**, 178; Sturm JZ **75**, 408; SchSch 47 a; SK 40; AK 147; Lackner 23; M-Schroeder § 49, 53; aM Dornseifer JZ **80**, 303; vgl. Eisenberg Jura **83**, 268; Mikla [oben 2] 138). Das kann jedoch nur dann gelten, wenn der Irrtum ebenso wie ein tatsächlich bestehender Grund die Strafbarkeit wegen vorsätzlicher Tat entfallen ließe, also zB bei einem Irrtum über rechtfertigende Umstände (27 zu § 16) oder einem unvermeidbaren Irrtum nach § 35 II S. 1 oder über Umstände, die eine schuldausschließende Pflichtenkollision oder Unzumutbarkeit begründen würden. In den Fällen jedoch, in denen der

Irrtum vermeidbar ist und Strafbarkeit wegen vorsätzlicher Tat, wenn auch mit Milderungsmöglichkeit, eintritt, vor allem also in den Fällen von § 35 II S. 2, ist der UB endgültig nach § 142 strafbar. Das gilt auch bei einem Irrtum, der nur Grenzen und Tragweite eines Rechtfertigungs- oder Entschuldigungsgrundes betrifft und zu einem vermeidbaren Verbotsirrtum führt (bei unvermeidbarem gilt oben 40 c). Erkennt der UB die objektiv gegebenen Umstände eines Rechtfertigungs- oder Entschuldigungsgrundes nicht, so ist berechtigtes oder entschuldigtes Sichentfernen dann nicht gegeben, wenn die Kenntnis ein subjektives Rechtfertigungs- oder Entschuldigungselement darstellt (vgl. 28 zu § 16).

G. Die str. Frage, ob auch ein Tatbestandsirrtum Pflichten nach II, III 43 begründet, hat BGH 28, 129 bejaht, falls der UB noch *innerhalb eines zeitlichen und räumlichen Zusammenhangs* von dem Unfall erfahren hat (ebenso Köln NJW 77, 2275; LG Heilbronn Die Justiz 77, 136; auch Bay NJW 79, 438; 82, 1059; Hamm VRS 64, 16; Düsseldorf NJW 85, 2725; Koblenz NZV 89, 242; ferner LK 75; Jagusch/Hentschel 52; M-Schroeder § 49, 53; Janiszewski 526 u. JR 78, 116; 79, 341; Franke JuS 78, 456; Bär-Hauser 47; Full/Möhl/Rüth 66; Wessels BT 1 § 22 III 2; Geppert Jura 90, 85 u. BA 91, 40; Mikla [oben 2] 117; Küper UniHD-FS 477 [mit eingehender Begründung]; aM Stuttgart MDR 77, 773; SchSch 47 a; Lackner 23 u. UniHD-FS 49; SK 40; Cramer 58; nachdrücklich gegen BGH 28, 129; Rudolphi JR 79, 210; Beulke NJW 79, 400; Berz Jura 79, 125; Dornseifer JZ 80, 302; Magdowski aaO 165; Bernsmann NZV 89, 56). Denn nur bei einem solchen Zusammenhang ist die Erfüllung von Pflichten nach II, III idR noch zumutbar (BGH 28, 135; krit. hierzu Rudolphi JR 79, 211; Römer MDR 80, 90; demgegenüber will Bay NJW 81, 879 einen solchen Zusammenhang nur unter dem Gesichtspunkt der Zumutbarkeit als regulatives Prinzip bei Unterlassungsdelikten für bedeutsam halten; vgl. NStZ/J 88, 264). Diese Rspr. ist, soweit sie sich auf bloße Wortauslegung stützt, Einwänden ausgesetzt (Beulke aaO), insbesondere deutet sie das Merkmal Sichentfernen in II weiter als in I, wo stets Vorsatz vorausgesetzt ist (vgl. § 15); der Vorwurf verbotener Analogie (so Rudolphi aaO) trifft sie aber letztlich zu Unrecht, da das vorsatzlose Sichentfernen sich zumindest mit dem schuldlosen gleichsetzen läßt, wenn man die Entstehung und den Zweck der Vorschrift in Betracht zieht (vgl. BGH 28, 134), im übrigen ist diese Auslegung vom möglichen Wortsinn (II Nr. 2) noch gedeckt (Franke JuS 78, 459; auch Küper UniHD-FS 466): Es sollten nämlich mit der – unvollkommenen – Gesetzesfassung auch die Ergebnisse der Rspr. berücksichtigt werden (RegE); diese hatte die zur aF entwickelte Rückkehrpflicht (vgl. BGH 14, 89; 18, 114; 20, 258) auch auf die Fälle unvorsätzlichen Sichentfernens bezogen. Die Beschränkung auf die Fälle eines zeitlichen und räumlichen Zusammenhangs (hierzu krit. Rudolphi JR 79, 211; auch Küper aaO 476) rechtfertigt sich in diesem Bereich daraus, daß idR nur unter diesen Umständen nachträgliche Feststellungen iS der II, III erfolgversprechend sind. Daß diese Auslegung letztlich sachgerecht ist, belegen die Fälle, in denen der UB sich unvorsätzlich entfernt (oben 23), aber noch in Sichtweite vom Unfall erfährt (vgl. LG Bonn ZfS 82, 30). In einem solchen Fall kann nach dem Schutzzweck der Norm der UB im übrigen seine Pflicht, die erforderlichen Feststellungen unverzüglich nachträglich (unten 47) zu ermöglichen, nur an Ort und Stelle, auch dann ihm ein Wahlrecht nach III bleibt, gegenüber dem anwesenden Berechtigten erfüllen (Bay NJW 79, 437 m. zust. Anm. Janiszewski JR 79, 341; Haubrich DAR 81, 213; Volk VGT 82, 109; vgl. Krey BT/2, 194; auch Bay MDR 81, 1035 m. Anm. Hentschel JR 82, 250; hiergegen Beulke JuS 82, 818; SK 35 b), was auch im Rahmen des II im Ergebnis auf eine Wartepflicht

§ 142

hinausläuft (Bay NJW **79**, 437; JR **82**, 249 m. Anm. Hentschel; VRS **67**, 221, hierzu Geilen JK 9; KG VRS **67**, 263; ferner NStZ/J **81**, 470; **88**, 119; insoweit noch aM Bay VRS **59**, 341; Karlsruhe NJW **81**, 881), die übrigens gleichermaßen besteht, wenn der UB mit dem Feststellungsinteressenten einverständlich den Unfallort verlassen hat, um sich andernorts mit ihm zu einigen (Köln NJW **81**, 2368; NJW/H **82**, 1078; aM Beulke JuS **82**, 816; oben 23). Nachholpflichten nach II, III hat nach Bay NJW **82**, 1059 schließlich auch, wer ohne eine von seinem Willen getragene Handlung durch gewaltsames Eingreifen eines Dritten entfernt worden ist (zw.; offen gelassen Hamm NJW **85**, 445; oben 23) oder wer bei vorübergehender Bewußtseinsstörung den Unfallort mit natürlichem Vorsatz verlassen hat (vgl. Koblenz VRS **53**, 339), nicht jedoch, wer als UB erst in einem Zeitpunkt, in dem es an einem zeitlichen und räumlichen Zusammenhang zum Unfallgeschehen fehlt, sein Bewußtsein wiedererlangt oder vom Unfall erfährt. Zum Fall eines von der Polizei festgenommen UB oben 23a.

44 10) **Den zweiten Tatbestand (II, III),** der echtes Unterlassungsdelikt (12 vor § 13) ist, kann nur verwirklichen, wer UB (oben 13) ist und außerdem eine der Voraussetzungen von II Nr. 1 oder Nr. 2 erfüllt (oben 21, 34, 35); die Tat ist also in doppelter Hinsicht ein echtes **Sonderdelikt** (35 vor § 13).

45 A. Die **Unterlassungstat** der II, III besteht darin, daß der UB **nicht** nachträglich die Feststellungen iS von I Nr. 1 (oben 25) unverzüglich ermöglicht (zusf. Himmelreich/Bücken 207 ff.). **Unverzüglich** bedeutet zunächst „ohne jedes vorwerfbare Zögern" (RegE 8; Sturm JZ **75**, 408; Janiszewski DAR **75**, 174). Das ist nicht zivilrechtlich (§ 121 I BGB) zu verstehen (E 1962, 532), sondern strafrechtlich, und zwar fallbezogen (VRS **55**, 421), und dem Sinn und Zweck des § 142 (oben 4, 5) entsprechend (BGH **29**, 141; Bay JZ **77**, 191 [krit. Anm. Rudolphi JR **77**, 428]; VRS **58**, 407; Hamm NJW **77**, 208; Bringewat JA **77**, 236; Hassemer JuS **80**, 533). Zwar heißt unverzügliches nicht sofortiges Handeln (Köln VRS **54**, 351), auch braucht der UB nicht stets den Weg zu wählen, der am schnellsten zum Erfolg führt, solange auf andere Weise alle erforderlichen Feststellungen getroffen werden können (Bringewat JA **77**, 237), jedoch ist stets dem Unverzüglichkeitsgebot – unabhängig von dem nach III (unten 47) gewählten Weg – Rechnung zu tragen (BGH **29**, 139; Bär/Hauser I 51 [2]; Beulke JR **80**, 523; Zabel BA **83**, 342). Der UB hat daher idR alsbald nach dem Verlassen des Unfallortes, sofern er dazu tatsächlich in der Lage ist (Düsseldorf VRS **65**, 365), seinen Mitteilungspflichten nachzukommen. Er tut dies bereits dann nicht mehr unverzüglich, wenn sein vorwerfbares Passivbleiben die Beweissituation des Berechtigten konkret erheblich gefährdet (so Lackner 26; während Hamm NJW **77**, 207; Oldenburg, Köln VRS **54**, 280, 351 voraussetzen, daß die Feststellungen erschwert oder vereitelt worden sind, ebenso wohl Koblenz VRS **61**, 432). So darf er, auch wenn der Berechtigte schwer zu ermitteln ist, nicht mehrere Tage zuwarten (insoweit zutr. Schleswig SchlHA **78**, 184; aM SchSch 56); auch nicht 28 Stunden (Oldenburg NdsRpfl. **84**, 264), bei nicht nächtlicher Unfallverursachung (Freitag 18,45 h) muß er noch am selben Abend benachrichtigen (Köln VRS **82**, 336), jedoch genügt bei einem nächtlichen Unfall, bei eindeutiger Haftungslage auch bei erheblichem Sachschaden Benachrichtigung am nächsten Morgen, jedoch zum frühestmöglichen Zeitpunkt (Bay VRS **58**, 408, 410; **71**, 34; DAR **79**, 237; **81**, 245; **83**, 248; Hamm VRS **61**, 263; Köln VRS **64**, 118; Frankfurt VRS **65**, 31; Stuttgart VRS **60**, 196; **65**,

Straftaten gegen die öffentliche Ordnung **§ 142**

203; **73**, 194 [„bis 9.30 Uhr"]; Karlsruhe MDR **82**, 164; Köln NZV **89**, 359 [„nicht erst nach 11,15 Uhr"]; LG Hanau ZfS **85**, 380 [„äußerste Grenze zwischen 10.30 Uhr und 10.45 Uhr"]; ebenso AG Gelnhausen DAR **86**, 123; NStZ/J **81**, 335; **86**, 401; **88**, 264; **89**, 565; Bär VGT **82**, 127; NJW/H **82**, 1079; **84**, 1515; **90**, 1460; zu nächtlichen Verkehrsunfällen Haubrich DAR **81**, 213), nicht jedoch bei Verletzung von Personen (KG VRS **67**, 263). Erfüllt der UB seine Pflicht, so ist es ohne Bedeutung, ob er freiwillig oder unter Druck handelt (Hamm NJW **77**, 208; Ndschr. **9**, 365). Falls er mit dem anderen UB einverständlich die Unfallstelle verläßt, um die Schadensregulierung andernorts vorzunehmen, verwirklicht er II Nr. 2, wenn er die Vereinbarung bricht (Bay VRS **60**, 114), oder vor Ermöglichung der Feststellungen wegläuft (Köln NJW **81**, 2368).

B. Auf welche Weise der UB die Feststellungen (oben 25) nachträglich **46** zu ermöglichen hat, läßt sich nicht einheitlich beantworten. Das Gesetz enthält keine abschließende Regelung (BGH **29**, 141; Stuttgart VRS **52**, 182), sondern zeigt in III (dessen Fassung mancherlei Auslegungszweifel geschaffen hat; vgl. SchSch 48; SK 42, 45; Lackner 27; Blei JA **76**, 98) beispielhaft und zugleich iS von Mindestvoraussetzungen 2 Möglichkeiten auf, wie der UB seiner Handlungspflicht nach II genügen kann (BGH **29**, 141 m. Anm. Beulke JR **80**, 523; Hamm VRS **59**, 260; Düsseldorf VRS **58**, 255; Stuttgart DAR **77**, 23; RegE 8; vgl. aber Köln NJW **81**, 2368 und hierzu Beulke JuS **82**, 815). Er darf aber auch andere Wege beschreiten, soweit er damit dem Unverzüglichkeitsgebot (oben 45) und seinen Mitteilungspflichten (unten 49) nachkommt. Er kann zB mit seinem Unfallfahrzeug den Berechtigten aufsuchen und mit ihm verhandeln (RegE 8) oder ein wirksames Schuldanerkenntnis abgeben, ferner kann er an den Unfallort zurückkehren, falls die Polizei noch mit Ermittlungen befaßt ist, muß sich dann aber dort als UB zu erkennen geben (SchSch 58). Eine Rückkehrpflicht besteht freilich idR nicht (Stuttgart DAR **77**, 23; vgl. aber Bay NJW **79**, 436 und unten 47). Auch kann der Berechtigte von ihm nicht verlangen, daß er mit ihm die nächstgelegene Autobahnpolizeiwache aufsucht (Köln NZV **89**, 198 m. Anm. Bernsmann). Möglich ist auch, einen sorgfältig ausgewählten und zuverlässigen Dritten zu beauftragen (Bay JZ **80**, 579), die gebotenen Mitteilungen (unten 49) dem Berechtigten oder der Polizei zu machen (Stuttgart aaO; SK 45). Leugnen darf er seine UB nicht (KG VRS **67**, 263). Hat sich der UB bei Bagatellschäden befugterweise nach Zurücklassen eines Zettels (oben 32) entfernt, so muß er sich vergewissern, ob die Nachricht den Berechtigten erreicht hat, falls sich dieser nicht alsbald meldet (Müller-Emmert/Maier DRiZ **75**, 178). Im Falle eines völlig belanglosen Personenschadens kann die Verpflichtung nach II, III entfallen (Düsseldorf NJW **89**, 2764 m. Anm. Werny NZV **89**, 440).

C. Nur soweit der UB dem **Unverzüglichkeitsgebot** (oben 45) gerecht **47** wird, kann er **frei entscheiden**, wie er die nachträglichen Feststellungen ermöglichen will (BGH **29**, 141 m. Anm. Beulke JR **80**, 523; Stuttgart NJW **81**, 1107; SK 47). Das gilt gerade auch für die **Wahl nach III**. Der abw. Meinung, wonach der UB nur auf dem einmal gewählten Wege unverzüglich die Feststellungen ermöglichen müsse (so noch Düsseldorf VRS **54**, 41; Frankfurt VRS **51**, 283; SchSch 56; SK 48 und Rudolphi JR **77**, 430; Berz DAR **75**, 314), ist der BGH (aaO) mit Recht (Janiszewski 533;

§ 142

aM Dornseifer JZ **80**, 300) nicht gefolgt, da sonst dem Zweck des § 142 entgegengewirkt und verkannt würde, daß das Merkmal „unverzüglich" bereits in II aufgeführt ist und sich auf das nach II gebotene Gesamtverhalten bezieht (Düsseldorf VRS **58**, 254). Die Auffassung des BGH entspricht im übrigen der bisherigen, wenn auch nicht einheitlichen hRspr. (vgl. Bay JZ **77**, 191; Stuttgart VRS **52**, 182; Celle OLGSt. 98; LK 70; Janiszewski 533; NJW/H **79**, 962; Loos DAR **83**, 213). Aus dem Unverzüglichkeitsgebot folgt, daß der UB zwar iS von III wählen kann, falls er den oder die Berechtigten in einer Zeit, in der er unter den gegebenen Umständen seine Pflichten nach II erfüllen kann, noch erreicht (vgl. Hamm NJW **77**, 208; Schleswig DAR **78**, 51; Köln VRS **54**, 351; **60**, 436; Zweibrücken VM **78**, 79); wenn nicht, muß er sich an die Polizei (unten 48) wenden (BGH **29**, 142; Lackner 26; vgl. hierzu Bay DAR **85**, 241 unter 7h, i; ähnlich M-Schroeder § 49, 60), also nicht etwa nur dann, wenn die Feststellung des Berechtigten von vornherein aussichtslos (so aber SK 47b) oder ungewöhnlich zeitraubend ist. Erfährt der UB nach 2 km vom Unfall mit erheblichen Schäden, so darf er nicht an einer Polizeidienststelle vorbei 35 km weiterfahren, um sich dann bei der Polizei zu melden (Hamm VRS **64**, 17; zust. Hentschel NJW **83**, 1649). Die Wahl eines langsameren Weges kann immer nur in Betracht kommen, wenn eine zweckdienliche (Bringewat JA **77**, 237), nachträgliche Sicherung der Beweise weder gefährdet noch vereitelt wird (Stuttgart NJW **78**, 1445; Thomas JA **77**, 287; vgl. NStZ/J **81**, 470). Jedoch kann uU auch eine alsbaldige Mitteilung die Polizei nicht genügen und nur die unverzügliche Unterrichtung des Geschädigten geboten sein, ggf unter Rückkehr an den Unfallort, wenn zB der UB alsbald noch in Unfallnähe vom Unfall erstmals erfährt (Bay NJW **79**, 436, zust. Janiszewski JR **79**, 341; abl. Beulke JuS **82**, 818; vgl. auch Köln NJW **81**, 2368), mit der Rückkehr entfallen aber die über I hinausgehenden Pflichten (oben 34) nicht (Lackner 27; aM SchSch 59). Es kommt für das Maß der Pflichten nach II, III daher stets auf die konkreten Umstände (uU auch auf die Höhe von Personen- und Sachschäden, Bay DAR **58**, 255) an (BGH **29**, 143 m. Anm. Beulke JR **80**, 523). Sie zu beurteilen, obliegt dem Tatrichter (VRS **55**, 421). Seine Entscheidung ist nur auf Rechtsfehler nachprüfbar. Im Rahmen des § 142 hat der Grundsatz der Straflosigkeit der Selbstbegünstigung gegenüber dem Interesse der Unfallgeschädigten zurückzutreten (BGH **29**, 141; Düsseldorf aaO; hiergegen zu Unrecht mit verfassungsrechtlichen Einwänden Reiß NJW **80**, 1806).

48   **D.** Wendet sich der UB an die **Polizei**, so muß er an eine **nahe gelegene** Polizeidienststelle herantreten; die nächste (so noch RegE) braucht es nicht zu sein (Hamm NJW **77**, 207). Ob unter Nähe die zum Unfallort (so Prot. 1935) oder die zum Aufenthalts- oder Wohnort des UB gemeint ist (vgl. Ndschr. **9**, 441; 488), ist zw. (vgl. SchSch 51). Man wird in erster Linie auf die Dienststelle abzustellen haben, die nahe am Unfallort liegt und am raschesten Feststellungen treffen kann (NStZ/J **82**, 503), und nur dann eine dem UB nahe Stelle genügen lassen, wenn die andere nur mit unverhältnismäßigen Schwierigkeiten für ihn zu erreichen ist oder es gerade auf die Untersuchung seines Wagens ankommt. Welcher Art die Polizeidienststelle ist, ist ohne Bedeutung; doch muß es eine inländische sein (Ndschr. **13**, 488).

Straftaten gegen die öffentliche Ordnung **§ 142**

E. Mitzuteilen hat der UB, und zwar wahrheitsgemäß (Zweibrücken 49
VRS **58**, 26), **a)** daß er an dem Unfall (mit Angabe von Ort und Zeit)
beteiligt war (oben 28); **b)** seine Anschrift, dh seinen Namen mit Wohnung
oder ständigem Aufenthaltsort; **c)** seinen gegenwärtigen Aufenthaltsort
(jedoch nur, wenn der physische oder psychische Zustand des Unfallverursachers für die zivilrechtliche Ersatzpflicht von Bedeutung sein kann, Bay
DAR **85**, 241 zu 7l) und, wenn er etwa Reisender ist, den Aufenthalt für die
nächste Zeit; **d)** das Kennzeichen seines Kfz und den Standort (dh den Ort,
wo sich das Fahrzeug zZ befindet, nicht den Standort iS von § 23 StVZO)
seines Fahrzeuges. Schließlich hat er **e)** das Fahrzeug selbst zu unverzüglichen (dh von den Berechtigten oder der Polizei ohne vorwerfbares Zögern
betriebenen) Feststellungen für eine ihm zumutbare Zeit (nach seinen persönlichen Umständen und den Bedürfnissen, das Fahrzeug bald wieder zu
benützen; aber doch für eine Zeit, die die Feststellungen ermöglicht) zur
Verfügung, dh für eine Untersuchung auch durch einen Sachverständigen,
zugänglich zu halten. Verzögern die Berechtigten oder die Polizei die Feststellungen vorwerfbar, so entfällt die Pflicht zu e. Daß der UB das Fahrzeug in unverändertem Zustand zu belassen hat (so SchSch 55), fordert III
S. 1 nicht; wohl aber § 34 III StVO (unten 57); außerdem kann bei Spurenbeseitigung III S. 2 in Betracht kommen. War der UB Fußgänger, so entfallen die Pflichten zu d und e von selbst. Schwierigkeiten entstehen hinsichtlich dieser Pflichten, wenn der UB das von ihm geführte Fahrzeug nur
gemietet oder geliehen hatte oder wenn er nur Mitinsasse (zB eines Taxis)
war. Unter „seinem Fahrzeug" ist dann das benützte zu verstehen. In diesen Fällen ist der UB nur verpflichtet, das Kennzeichen des Wagens zu
ermitteln und mit der Anschrift des Halters mitzuteilen sowie auf den
Halter dahin einzuwirken, daß er das Fahrzeug zur Verfügung hält (aM M-
Schroeder § 49, 58); alles das aber nur im Rahmen des Zumutbaren (SK
44a; zu eng Müller-Emmert/Maier DRiZ **75**, 178, die nur von einer Auswirkung auf die zumutbare Zeit sprechen). Den Halter selbst, soweit er
nicht UB iS von II ist, trifft keine Pflicht, sein Fahrzeug zur Verfügung zu
halten (Lackner 23; aM Jagusch NJW **75**, 1633).

F. Eine Ausnahme von III S. 1 macht **S. 2**, wenn der UB durch sein 50
Verhalten nach seiner Entfernung (Spurenbeseitigung, Prot. 1935; Anbringen eines künstlichen Schadens am Fahrzeug; Beeinflussung von Zeugen;
falsche Angaben; möglicherweise auch Nachtrunk, Sturm JZ **75**, 408; Bürgel aaO 355, und dgl.) **absichtlich** (dh, daß er mit diesem Erfolg ankommen muß) die Feststellungen, dh praktisch vor allem die über die Art
seiner Beteiligung und die Schuldfrage, **vereitelt**, dh erreicht, daß die Aufklärung mindestens hinsichtlich eines der in I Nr. 1 genannten Feststellungspunkte scheitert; B. Maier DRiZ **75**, 725 läßt entgegen dem Gesetzeswortlaut schon ein Verzögern oder Behindern der Feststellungen genügen.
Die Folge der absichtlichen Vereitelung ist nach S. 2 unklar; die Worte
„Dies gilt nicht" führen noch nicht unmittelbar zur Strafbarkeit (so aber
wohl Janiszewski DAR **75**, 175), sondern besagen an sich nur, daß der UB
in diesem Fall, auch wenn er seine Pflichten nach S. 1 formal erfüllt hat, die
Feststellungen auf diesem Wege nicht ermöglicht hat (hierzu R. Keller,
Baumann-FS 231). Da er aber, weil er die Feststellungen bereits vereitelt
hat, sie nicht mehr auf andere Weise noch unverzüglich ermöglichen kann,

§ 142

ist das Ergebnis doch die Strafbarkeit nach II. III S. 2 kann, da er nur für den Weg nach III S. 1 gilt, nicht auf andere Formen des Ermöglichens (oben 45) angewandt werden (aM SchSch 60). Da man aber nicht gleichzeitig Feststellungen ermöglichen und vereiteln kann (anders bei I, oben 26 ff.), führt Vereiteln immer zur Strafbarkeit nach II (hierzu Volk VGT **82**, 100).

51 G. **Der Vorsatz** (bedingter genügt) muß zunächst der nach I sein (vgl. Frankfurt VRS **64**, 266; Himmelreich/Bücken 241 ff.; oben 33). Hinzukommen muß weiter die Kenntnis der Umstände nach II Nr. 1 oder 2, welche die Pflicht zur nachträglichen Ermöglichung der Feststellungen begründen; diese Pflicht selbst ist kein Tatbestandsmerkmal, ein Irrtum darüber nur ein Gebotsirrtum (12 zu § 16; Stuttgart VRS **52**, 182; vgl. Düsseldorf NJW **86**, 2001, hierzu Freund GA **87**, 536), der idR vermeidbar ist (vgl. Koblenz VRS **52**, 273), weil sich der Verkehrsteilnehmer, vor allem der Kraftfahrer, mit § 142 vertraut machen muß. Daß sich der UB im Rechtssinn berechtigt oder entschuldigt vom Unfallort entfernt hat, braucht er nicht zu wissen; insoweit genügt eine Parallelwertung in der Laiensphäre (11 zu § 16). Hat sich der UB nach Ablauf der Wartefrist entfernt, meint er aber selbst irrig, er habe sich zu früh entfernt, so ist das ein strafloser untauglicher Versuch nach I und für II ohne Bedeutung, wenn der UB seiner Pflicht nach II nachkommt. Der UB muß ferner sich damit abfinden, daß er die nachträglichen Feststellungen nicht oder nicht unverzüglich ermöglicht (vgl. Düsseldorf VM **78**, 80), wobei die Fehlbewertung dieser Begriffe nur einen Subsumtionsirrtum darstellt. Geht der UB den Weg nach III S. 1, so ist es ein Tatbestandsirrtum, wenn er verkennt, daß es außer dem Berechtigten, an den er sich wendet, noch einen zweiten gibt, oder wenn er den Standort des Fahrzeugs, dessen Halter er nicht ist, irrig falsch angibt; ein Subsumtionsirrtum ist es hingegen, wenn er die Zeit, die er sein Fahrzeug zur Verfügung hält, für ausreichend hält, während sie es tatsächlich nicht ist.

52 **11) Der Versuch**, also auch der untaugliche, ist nicht mehr strafbar; nach der Vorverlegung der Tatvollendung (oben 23) spielt er eine noch geringere Rolle als nach der aF (vgl. Bay MDR **76**, 330). Tatbeendigung tritt hingegen erst nach Abschluß des Tatgeschehens ein, also wenn der Täter sich in Sicherheit gebracht hat; bis zu diesem Zeitpunkt ist auch **Beihilfe** möglich (Bay NJW **80**, 412 m. Anm. Bottke JA **80**, 379; Zweibrücken VRS **71**, 436; zw.; aM Küper JZ **81**, 213; 251; Kühl JuS **82**, 191; SK 53; vgl. auch oben 14).

53 **12)** Auch eine **Vorschrift über tätige Reue** fehlt (Ber. 5); wer in der ersten Aufregung flüchtet, alsbald aber nachträgliche Feststellungen ermöglicht (oben 34) oder sich mit dem Geschädigten einigt, ist strafbar (Lackner 38; Schaffstein, Dreher-FS 154; SK 54; aM SchSch 74; Cramer 94; Otto BT § 80 III 5 c, die § 24 I analog anwenden wollen). Tätige Reue wird jedoch strafmildernd wirken (Schleswig SchlHA **76**, 165; Bay DAR **77**, 203) oder ein Verfahren nach §§ 153, 153 a StPO nahelegen.

54 **13) Die Strafe** ist Freiheitsstrafe bis zu drei Jahren oder Geldstrafe. §§ 47, 56 III, 69 sind zu beachten.

55 **14) Einziehung des Fahrzeugs,** das Mittel zur unerlaubten Entfernung war, ist in den Fällen von I nach § 74 möglich; vgl. BGH **10**, 337.

56 **15) Konkurrenzen. A.** I und II schließen einander aus (vgl. auch Celle OLGSt. 92; oben 34). Ein Übergang von § 142 I Nr. 1 auf § 142 II Nr. 2

Straftaten gegen die öffentliche Ordnung **§ 142**

erfordert einen Hinweis nach § 265 StPO (Frankfurt ZfS **89**, 285). **B. Konkurrenzen zwischen I und anderen Delikten:** Tateinheit möglich zB mit § 113; §§ 223 ff. (VRS **13**, 136; aber auch Tatmehrheit, Köln VRS **44**, 20); Tötungsdelikten (BGH **7**, 288; NJW **92**, 584; Bay NJW **57**, 1485); § 252 (VRS **21**, 113); § 323 c (GA **56**, 120; NJW **92**, 584); mit § 315 a und § 316 (zur Problematik BGH **21**, 203; 256; Bay NJW **57**, 1485; **63**, 168; **70**, 584; MDR **81**, 1035 m. Anm. Hentschel JR **82**, 250; Celle GA **64**, 122; JR **82**, 79 m. Anm. Rüth; Neustadt NJW **60**, 546; Oldenburg OLGSt. 24; Stuttgart OLGSt. 28; Hamm VRS **35**, 349; **48**, 266; krit. Seier NZV **90**, 133); mit §§ 315, 315 b wird idR Tatmehrheit gegeben sein; zum Verhältnis zu § 315 c vgl. dort 23; zur sog. Polizeiflucht 2 a vor § 52. Ist ein von vornherein gefaßter Entschluß auf eine bestimmte Tat und ein sich anschließendes unerlaubtes Entfernen gerichtet, so ist Tatmehrheit gegeben (VRS **36**, 354), aber auch Fortsetzungszusammenhang möglich (VRS **29**, 185). Durch § 315 b wird I nicht aufgezehrt (BGH **24**, 382; aM LG Duisburg NJW **69**, 1261 mit abl. Anm. Oppe; vgl. auch Roxin NJW **69**, 2039; Geppert GA **70**, 15; Oppe GA **70**, 369; Eich MDR **73**, 814; Berz JuS **73**, 561). **C.** Zwischen **II/III und anderen Delikten** wird Konkurrenz selten sein; in Betracht kommt Tateinheit mit §§ 263, 267; aber auch § 145 d I Nr. 1 (wahrheitswidrige Anzeige, Fahrzeug sei vor dem Unfall gestohlen worden, Bay VRS **60**, 113; LK 108).

16) Durch § 34 StVO wird § 142 ergänzt (vgl. Küper JZ **88**, 474; Werner **57** DAR **90**, 11). Verstöße gegen § 34 StVO sind, soweit es sich um solche gegen dessen I Nr. 1, Nr. 2, Nr. 5, Nr. 6 b (sofern der UB zwar eine nach den Umständen angemessene Frist gewartet, aber nicht Name und Anschrift am Unfallort hinterlassen hat) und dessen III handelt, gegenüber § 142 subsidiär (LG Flensburg DAR **78**, 279) und über § 49 I Nr. 29 StVO nach § 24 StVG mit Geldbuße bedroht, jedoch greift § 34 StVO nicht ein, wenn der Täter infolge Fahrlässigkeit den Verkehrsunfall und seine Beteiligung nicht wahrgenommen hat (BGH **31**, 55 m. Anm. Hentschel JR **83**, 216; Janiszewski NStZ **81**, 335; aM Oldenburg VRS **57**, 62). Soweit es sich um die vorsätzliche Verletzung von Pflichten handelt, die sich mit denen nach § 142 decken (§ 34 I Nr. 5 a StVO), oder soweit zwischen Verletzung von anderen, bußgeldbewehrten Pflichten und § 142 Tateinheit oder natürliche Handlungseinheit (Göhler OWiG 3 zu § 21) besteht, gilt für das Verhältnis beider Vorschriften § 21 OWiG. Die bloße Verletzung über § 142 hinausgehender Pflichten nach § 34 StVO kann Strafbarkeit nach § 142 nicht begründen, wohl aber für den Beweis einer Verletzung auch des § 142 eine Rolle spielen.

§ 143 [Aufgehoben durch Art. 1 Nr. 8 des 4. StrRG]

Auswanderungsbetrug

144 Wer es sich zum Geschäft macht, Deutsche unter Vorspiegelung falscher Tatsachen oder wissentlich mit unbegründeten Angaben oder durch andere auf Täuschung berechnete Mittel zur Auswanderung zu verleiten, wird mit Freiheitsstrafe bis zu zwei Jahren oder mit Geldstrafe bestraft.

Im Gebiet der **ehem. DDR** *ist § 144 nach Anl. I Kap. III C zum EV nicht anzuwenden (vgl. 29 vor § 3).*

§ 144

1 1) **Auswandern** besteht im Verlassen des Inlands (3 zu § 3), dh der BRep., in der Absicht, den Inlandswohnsitz und regelmäßig (RG **37**, 348; **51**, 351) die deutsche Staatsangehörigkeit aufzugeben. Geschützt sind nur Deutsche iS von Art. 116 GG (hierzu 2, 3 zu § 7).

2 2) **Verleiten** bedeutet bestimmen; es hat unter Vorspiegelung falscher Tatsachen, wissentlich mit unbegründeten Angaben oder durch andere auf Täuschung berechnete Mittel zu geschehen (RG **66**, 58).

3 A. **Sich zum Geschäft** machen muß es der Täter, in jener Weise zu verleiten. Wer nur im Einzelfall so verfährt, fällt nicht unter § 144. Auf den Erfolg des Handelns (das tatsächliche Auswandern) kommt es nicht an; daher ist die Tat auch möglich zu Leuten, die zum Auswandern schon fest entschlossen sind (Frank I; aM LK 3).

4 B. **Zum Begriff der Geschäftsmäßigkeit** vgl. 42 ff. vor § 52; Gewinnabsicht ist im Gegensatz zur Gewerbsmäßigkeit nicht erforderlich, wenn auch meist vorhanden (RG **61**, 52).

5 3) **Das AuswSG** berührt § 144 nicht; vgl. aber dessen ergänzenden § 6. Vgl. auch § 181 Nr. 2, der zu § 144 in Tateinheit stehen kann.

Mißbrauch von Notrufen und Beeinträchtigung von Unfallverhütungs- und Nothilfemitteln

145

^{I} Wer absichtlich oder wissentlich

1. **Notrufe oder Notzeichen mißbraucht oder**
2. **vortäuscht, daß wegen eines Unglücksfalles oder wegen gemeiner Gefahr oder Not die Hilfe anderer erforderlich sei,**

wird mit Freiheitsstrafe bis zu einem Jahr oder mit Geldstrafe bestraft.

^{II} Wer absichtlich oder wissentlich

1. **die zur Verhütung von Unglücksfällen oder gemeiner Gefahr dienenden Warn- oder Verbotszeichen beseitigt, unkenntlich macht oder in ihrem Sinn entstellt oder**
2. **die zur Verhütung von Unglücksfällen oder gemeiner Gefahr dienenden Schutzvorrichtungen oder die zur Hilfeleistung bei Unglücksfällen oder gemeiner Gefahr bestimmten Rettungsgeräte oder anderen Sachen beseitigt, verändert oder unbrauchbar macht,**

wird mit Freiheitsstrafe bis zu zwei Jahren oder mit Geldstrafe bestraft, wenn die Tat nicht in § 303 oder § 304 mit Strafe bedroht ist.

1 1) **Die Vorschrift,** deren I schon Art. 1 Nr. 13 des 2. StrRG unter wörtlicher Übernahme von § 300 E 1962 (Begr. 471; Ndschr. **13**, 133, 244) vorgesehen hatte (2. Ber. BT-Drs. V/4095, 46), ist durch Art. 19 Nr. 57 EGStGB (E EGStGB 225) unter Hinzufügung von II (1. Ber. BT-Drs. 7/1261, 12) eingefügt worden. Früher konnten derartige Handlungen zum unzureichend nach § 360 I Nr. 11 ff, § 17 ff FAG oder nach Art. 22 BayLStVG erfaßt werden (krit. aber LK-Herdegen vor 1). Der internationale Fernmeldevertrag (BGBl. 1976 II 1089; 1977 II 506) verpflichtet in seinem Bereich zu einer derartigen Vorschrift.

2 2) **Rechtsgut** ist das ungestörte und verläßliche Funktionieren der in I und II beschriebenen Zeichen und Einrichtungen sowie die Hilfsbereitschaft anderer (I). Zum Ganzen Händel DAR **75**, 57. **Tathandlungen** sind,

Straftaten gegen die öffentliche Ordnung **§ 145**

daß der Täter in den Fällen **A. von I Nr. 1 Notrufe oder Notzeichen mißbraucht,** womit nicht nur der menschliche Ruf nach Hilfe (E 1962, 471), sondern alle akustischen (Sirenensignale, Feuerglocke), optischen (Flaggensignale) oder sonstigen Kurzäußerungen (Funk) gemeint sind, mit denen das Bestehen einer Notlage oder eine erhebliche Gefahr, nicht notwendig aber das Bedürfnis nach fremder Hilfe (so beim Zivilschutzalarm; vgl. E 1962, 471; aber SchSch-Stree 4) angezeigt wird (Braunschweig NJW **77**, 209), ob sie nun vom Signalgeber erdacht sind (Schwenken eines Tuches), auf Gesetz, behördlicher Anordnung, Vereinbarung oder Übung (SOS-Ruf; alpines Notsignal) beruhen oder verkörpert sind (Notbremse; Feuermelder). Zu den Notrufen iS des I Nr. 1 gehört auch der Anruf bei der Polizeinotrufnummer 110 (BGH **34**, 4), wo mit Recht darauf hingewiesen wird, daß ein solcher Anruf keine geringere Bedeutung hat als die Betätigung einer Feuerglocke oder einer Alarmsirene (so schon Düsseldorf MDR **85**, 693 L; Greiner MDR **78**, 373; LK 4; aM bisher Braunschweig MDR **77**, 209; Schleswig SchlHA **77**, 179) und nicht anders beurteilt werden kann als die bloße Betätigung des Notrufmelders einer mit münzfreier Notrufeinrichtung versehenen öffentlichen Fernsprechzelle (Oldenburg NJW **83**, 1573). Der Täter kann auch eine fremde Not anzeigen. **Mißbrauch** ist gegeben, wenn die Not, die (absichtlich oder wissentlich) angezeigt wird, nicht besteht oder der Täter nach verwaltungsrechtlichen Vorschriften nicht berechtigt ist, das Signal zu verwenden. Wo die Not bestehen soll, ist ohne Bedeutung, etwa auf einem ausländischen Schiff, wenn die Tat auf einem deutschen begangen wird (§ 4). Auch falscher Feueralarm in einem Betrieb wird erfaßt; ebenso ein schlechter Scherz (vgl. aber unten 7). Hilferufe bei geringfügigen häuslichen Streitigkeiten sind jedoch keine Notrufe (E 1962, 471).

B. von I Nr. 2 anders als durch einen Notruf oder ein Notzeichen **vortäuscht,** dh wahrheitswidrig den Anschein erweckt, wegen eines **Unglücksfalls** (3 zu § 323c; hierzu aber LK 2) oder wegen **gemeiner Gefahr** oder **Not** (36 zu § 243; 5 zu § 323c) sei die **Hilfe** beliebiger oder bestimmter **anderer erforderlich,** also eine der Situationen des § 323c objektiv gegeben. Das kann zB durch telefonische Mitteilung geschehen, daß in einem Flugzeug oder Warenhause eine Bombe mit Zeitzünder versteckt sei, daß irgendwo Gas ausströme oder daß sich im Boden eines Grundstücks ein Blindgänger aus dem Kriege befinde (zw.; vgl. Ndschr. **13**, 137); nach der Rspr. nicht jedoch dadurch, daß ohne Grundangabe der Funkstreifenwagen herbeigerufen wird (vgl. aber § 118 OWiG, Braunschweig NJW **77**, 209; Blei JA **77**, 139; oben 2). Erfaßt wird auch, wenn jemand bei einem wirklichen Unglücksfall Hilfe anfordert, zB die Bergwacht alarmiert, obwohl deren Hilfe gar nicht gebraucht wird (E 1962, 471). 3

3) In den Fällen **A. von II Nr. 1,** die zur **Verhütung** von **Unglücksfällen** oder **gemeiner Gefahr** (oben 3) **dienenden Warn-** oder **Verbotszeichen,** dh bildliche Zeichen und Symbole, aber auch schriftliche Kurzhinweise sowohl privater (Vorsicht Selbstschüsse!) wie vor allem öffentlicher Art, zB Hinweistafeln auf Glatteis (vgl. § 315b I Nr. 1), Verbotstafeln an Hochspannungsmasten, Maschinen oder Ablagerungsstellen von Giftabfällen sowie in Eisenbahnen und anderen Fahrzeugen, Warnungstafeln im Gebirge (Skiabfahrten) oder an Gewässern, aber wohl auch Zeichen auf Gefäßen 4

§ 145

mit giftigem Inhalt und an elektrischen Geräten **beseitigt, unkenntlich macht** oder in **ihrem Sinn entstellt** (3 zu § 134), zB durch Drehen einer Tafel in die falsche Richtung.

5 **B. von II Nr. 2 a)** zur Verhütung von Unglücksfällen oder gemeiner Gefahr (oben 3) dienende (auch private) **Schutzvorrichtungen,** zB an Maschinen oder Geräten, aber auch Leitplanken an Straßen, Vorrichtungen und Schutzpflanzen gegen Bergrutsche und Lawinen, möglicherweise auch Geländer an gefährlichen Stellen, Drahtseile in den Bergen, sowie **b)** zur Hilfeleistung bei Unglücksfällen oder gemeiner Gefahr **bestimmte Rettungsgeräte** wie Rettungsringe und -gürtel, Schwimmwesten, Rettungssäcke und -schläuche, aber auch Rettungsboote und Wurfleinen oder **andere Sachen** wie Gasmasken, Leuchtpistolen, Asbestanzüge, Schutzschilde, Feuermelder **beseitigt** (3 zu § 134), **verändert** (7 zu § 316b), womit nach dem Sinn der Vorschrift nur solche Änderungen gemeint sind, welche die Funktionsfähigkeit der Sache beeinträchtigen, oder **unbrauchbar macht,** dh die Funktionsfähigkeit aufhebt.

6 **4)** In den Fällen von I und II braucht kein Schaden oder eine konkrete Gefahr zu entstehen. Es handelt sich nach der Gesetzesfassung um **abstrakte Gefährdungsdelikte;** jedoch will LK 1, 12 den uferlosen Tatbestand dadurch eingrenzen, daß er in II gleich einem ungeschriebenen Tatbestandsmerkmal weiter voraussetzt, daß die Tathandlung konkret geeignet ist, den schädlichen Erfolg herbeizuführen. Im übrigen kann auch der Eigentümer der Sache Täter sein, wenn ihm ein entsprechendes Verfügungsrecht fehlt (dazu SchSch 21).

7 **5) Vorsatz** ist erforderlich, und zwar nicht als nur bedingter (LG Köln MDR 78, 860), sondern sowohl bei I wie II in den besonderen Formen der Absicht oder Wissentlichkeit (6, 7 zu § 15; LK 3; Greiner MDR 78, 374). Der Täter muß also zB entweder wissen, daß es sich um ein Not- oder Verbotszeichen, eine Schutzvorrichtung oder ein Rettungsgerät handelt, oder es muß ihm darauf ankommen, ein etwaiges Notzeichen zu mißbrauchen oder ein etwaiges Warnzeichen usw. zu beseitigen usw. Maßgebend ist also auch für I Nr. 2 unabhängig von der objektiven Sachlage der Vorstellung des Täters. Treibt der Täter mit einem Notruf Scherz und glaubt er, daß die Hörer den Ruf nicht ernst nehmen, so fehlt es am Vorsatz, ebenso wenn ein Feuerlöscher erst durch das Wegwerfen unerwartet in Funktion tritt (Bay VRS **73**, 46).

8 **6) Konkurrenzen.** Gesetzeskonkurrenz (nicht Tateinheit) liegt vor, wenn die Begehungsformen des I Nr. 1 und 2 zusammentreffen (SchSch 11; Lackner 8; Blei JA **77**, 139 [Subsidiarität]); Tateinheit ist möglich mit §§ 303, 304 (Einschlagen eines Feuermelders); § 315 I Nr. 3. II tritt nicht nur hinter §§ 303, 304 (Subsidiaritätsklausel), sondern auch hinter §§ 88, 312, 313, 315, 315b, 316b, 317, 318 zurück (teilweise abw. SchSch 22; M-Schroeder § 57, 36). Doch gilt das dann nicht, wenn es am Strafantrag nach § 303 III fehlt; der Grundsatz in 24 cc vor § 52 kann hier, wo es stets um Verletzung öffentlicher Interessen geht, nicht gelten (SchSch 22; aM LK 14; Lackner 9). Zu § 10 BayLVO über öffentl. Schallzeichen v. 12. 6. 1978 (GVBl. 416), ÄndVO v. 12. 2. 1981 (GVBl. 45) iVm Art. 22 I BayLStVG und zu § 38 LBKGRhPf v. 2. 11. 1981 (GVBl. 247; BS 213–50) sowie zu § 118 OWiG (Anh. 21) vgl. § 21 OWiG.

Straftaten gegen die öffentliche Ordnung § 145a

Verstoß gegen Weisungen während der Führungsaufsicht

145 a Wer während der Führungsaufsicht gegen eine bestimmte Weisung der in § 68b Abs. 1 bezeichneten Art verstößt und dadurch den Zweck der Maßregel gefährdet, wird mit Freiheitsstrafe bis zu einem Jahr oder mit Geldstrafe bestraft. Die Tat wird nur auf Antrag der Aufsichtsstelle (§ 68a) verfolgt.

In der ehem. DDR gilt für die FAufsicht Art. 315 I S. 2, 3; vgl. 58 vor § 3.

1) Die Vorschrift, die schon Art. 1 Nr. 14 des 2. StrRG (2. Ber. BT-Drs. V/ **1** 4095, 46; Prot. V/2208, 3118) im Anschluß an § 429 E 1962 (Begr. 613; Ndschr. **3**, 235ff., **12**, 327) vorsah, ist durch Art. 19 Nr. 57 EGStGB (E EGStGB 225) eingefügt, weil sonst in den zahlreichen Fällen der FAufsicht, die sich an eine voll verbüßte Strafe anschließen, die Verletzung der für die Maßregel bedeutungsvollen Weisungen sanktionslos bliebe. Die Vorschrift, die im Schrifttum umstritten (LK-Hanack 3; weniger krit. SchSch-Stree 2) und nicht leicht anwendbar ist, wirkt wohl mehr durch ihre Existenz (vgl. v. Glasenapp ZRP **79**, 32). § 145a ist verfassungsrechtlich unbedenklich (Groth NJW **79**, 743; nach LK 4ff. jedoch lediglich insoweit, als sich die Strafbewehrung nicht auf § 68b I Nr. 8, 9 bezieht). Die Tat ist ein **Sonderdelikt** (LK 29):

2) Täter kann nur ein **Verurteilter** sein, der sich in **FAufsicht** befindet. **2** Die Tat muß also zwischen der Rechtskraft ihrer Anordnung (§ 68c II S. 1) und dem Ende der Maßregel (§§ 68c, 68e) begangen sein. In den Fällen, in denen die Weisung nur für eine kürzere Zeit während der FAufsicht erteilt ist (§ 68b I), muß die Tat in dieser Zeit begangen werden (LK 14ff.). Für den Teilnehmer gilt § 28 I, auch wenn er selbst sich in FAufsicht befindet (aM SchSch-Stree 10; LK 29).

3) Tathandlung ist, daß der Täter **A. gegen eine bestimmte Weisung,** **3** die ihm das Gericht nach **§ 68b I** Nr. 1 bis 9 erteilt hat, verstößt, dh der Weisung trotz der Belehrung nach § 268a III S. 2 StPO nicht oder nicht in der ihm auferlegten Weise oder nur teilweise nachkommt (LK 13). Weisungen nach § 68b II scheiden aus. In den Fällen von § 68b I Nr. 1 bis 6 besteht der Verstoß in einem Tun, in den Fällen von Nr. 7 bis 9 in einem Unterlassen des Täters. Zu den einzelnen Weisungen vgl. Anm. zu § 68b. Nach I S. 2 dieser Vorschrift hat das Gericht in seiner Weisung das verbotene (Nr. 1 bis 6) oder verlangte Verhalten (Nr. 7 bis 9) genau zu bestimmen. Dabei dürfen nach § 68b III keine unzumutbaren Anforderungen an die Lebensführung des Verurteilten gestellt werden. § 145a erfaßt daher auch nur den Verstoß gegen **bestimmte** Weisungen. Bestimmt ist hier iS des Art. 103 II GG zu verstehen (Prot. V/2209; LK 7; insoweit aM Groth NJW **79**, 748, vgl. auch Hamm JMBlNW **82**, 153). Denn § 145a gleicht einer Blankettvorschrift (5 zu § 1), die durch die bestimmte Weisung des Gerichts im Einzelfall ausgefüllt wird. Die Weisung iS von § 145a meint nur die Bestimmung des Verhaltens des Verurteilten, nicht auch den Grund, der das Gericht zu der Weisung veranlaßt (Hamburg NJW **85**, 1233); also zB in den Fällen von § 68b I Nr. 5 nur das Verbot, zB Schußwaffen zu besitzen, bei sich zu führen oder verwahren zu lassen. Daß die Schußwaffen Verurteilten Gelegenheit oder Anreiz zu weiteren Straftaten bieten könnten, gehört nicht zum „Tatbestand" der Weisung, braucht also vom Vorsatz des Täters nicht umfaßt zu sein. Unbestimmte, aber auch unzuläs-

§ 145a

sige und unzumutbare (LK 10) Weisungen lassen den Tatbestand des § 145a entfallen. Unbestimmt ist zB die Weisung an den Verurteilten, sich beim BHelfer zu den von ihm bestimmten Zeitpunkten zu melden (KG JR 87, 124 m. Anm. Groth JR 88, 258) oder ihm zu verbieten, sich an Orten aufzuhalten, die ihm Anreiz zu weiteren Straftaten bieten können. Es muß vielmehr zB heißen: Dem Verurteilten wird verboten, Kinderspielplätze und öffentliche Bäder aufzusuchen.

4   **B. durch den Verstoß den Zweck der Maßregel** (1 zu § 68b) **gefährdet**. Wenn diese Gefahr durch den Weisungsverstoß vergrößert oder auch nur die Aussicht ihrer Abwendung verschlechtert werden, ist der Maßregelzweck gefährdet (ähnlich Lackner 2; SchSch 7; Groth NJW **79**, 746). Dazu genügt zB, daß die Aufsichtsstelle dadurch die Kontrolle verliert, daß der Verurteilte seinen Wohnort entgegen § 68 I Nr. 8 verschweigt (aM LK 19). Kleinere Verstöße wie einmaliges Fahren eines Autos entgegen Nr. 6 reichen nicht aus. Die Verstöße müssen Gewicht haben oder sich häufig wiederholen (E 1962, 614; ausführlich LK 20ff. und zu mehrfachen Verstößen LK 42ff.). Danach richtet sich auch die Strafzumessung (hierzu und zum Verhältnis des § 145a zum Widerruf der Aussetzung LK 37ff.; Bedenken bei Lackner 5; vgl. aber auch SchSch 2; SK-Horn 17).

5   **4) Vorsatz** ist erforderlich; er hat als mindestens bedingter sowohl den Weisungsverstoß zu umfassen, wobei die einzelnen Umstände der Weisung wie Tatbestandsmerkmale anzusehen sind (oben 3), sowie die Möglichkeit der Gefährdung des Zwecks der Maßregel (Hamburg NJW **85**, 1233; LK 28; Groth NJW **79**, 746; aM SK 15; Ostendorf JZ **87**, 336; vgl. auch oben 3).

6   **5) Gerechtfertigt** (zB § 34) oder **entschuldigt** (zB § 35) kann die Tat sein. Doch wird es in solchen Fällen bereits an der Gefährdung des Maßregelzwecks fehlen (LK 21; vgl. 4 zu § 68b).

7   **6)** Nur auf **Antrag** der **Aufsichtsstelle** nach § 68a wird die Tat verfolgt. Der Antrag unterliegt den §§ 77ff., soweit sie hier passen. Die Aufsichtsstelle hat den Bewährungshelfer zu hören (§ 68a VI; vgl. auch 5 dort) und wird den Antrag nicht stellen, wenn der Maßregelzweck durch ein Strafverfahren mehr gefährdet würde als durch die Tat. Die Wirksamkeit des Antrages ist jedoch von der Anhörung nicht abhängig (SchSch 11; aM LK 30; SK-Horn 18). Im Vertrauen darauf, daß die Aufsichtsstelle den Antrag nur bei bedeutsamen Zuwiderhandlungen stellen wird, hat das 2. StRG entgegen § 429 E 1962 davon abgesehen, den Tatbestand auf „gröbliche oder beharrliche" Verstöße zu beschränken (Ber. 46; eingehend LK 31ff.).

§ 145b [weggefallen]

Verstoß gegen das Berufsverbot

145 c Wer einen Beruf, einen Berufszweig, ein Gewerbe oder einen Gewerbezweig für sich oder einen anderen ausübt oder durch einen anderen für sich ausüben läßt, obwohl dies ihm oder dem anderen strafgerichtlich untersagt ist, wird mit Freiheitsstrafe bis zu einem Jahr oder mit Geldstrafe bestraft.

Straftaten gegen die öffentliche Ordnung **§ 145 c**

In der ehem. DDR können Zuwiderhandlungen gegen ein Tätigkeitsverbot als Ordnungswidrigkeit verfolgt werden.

1) Die Vorschrift ist im Anschluß an Art. 1 Nr. 15 2. StrRG in wörtlicher 1
Übereinstimmung mit § 430 I E 1962 durch Art. 19 Nr. 58 EGStGB präziser
gefaßt und erweitert. Sie dient der Durchsetzung eines strafgerichtlichen Berufsverbotes (vgl. hierzu Bruns GA **86**, 13), so daß andere Berufsverbote (17 zu
§ 70) nicht erfaßt werden.

2) Ein Berufsverbot setzt § 145 c voraus, und zwar entweder ein rechtskräf- 2
tiges nach § 70 IV oder ein vorläufiges nach § 132a StPO (dort I S. 2). Während
der Aussetzung der Maßregel nach § 70a gilt § 145c nicht, wohl aber während
der Zeit einer Verwahrung nach § 70a II S. 3. Die Tat kann bis zum Ablauf der
Verbotsfrist nach § 70 I oder bis zur Erledigung nach § 70b V begangen werden
(zT abw. LK-Horstkotte 6; SK-Rudolphi 9). Wird das Berufsverbot in einem
späteren Wiederaufnahmeverfahren aufgehoben, so beseitigt dies die Strafbarkeit
der vorher begangenen Verstöße nicht (20. 2. 1979, 1 StR 690/78; LK 5; vgl.
BGH **22**, 146).

3) Tathandlungen sind, daß **A. der vom Verbot Betroffene** (insoweit 3
Sonderdelikt, so daß für einen Teilnehmer § 28 I gilt; aM SchSch-Stree 6) den
ihm verbotenen Beruf (bzw. Berufszweig, Gewerbe oder Gewerbezweig,
§ 70 I; Anm. dort) **a) entweder ausübt,** dh entgeltlich eine entsprechende Tätigkeit entwickelt, wozu ein einmaliger Verstoß genügen kann (Düsseldorf
NJW **66**, 410), aber erforderlich ist, daß sich die Handlung als ein Ausfluß aus
der früheren Berufstätigkeit darstellt. Wiederholungsabsicht kann fehlen (Düsseldorf aaO; SK-Horn 8; aM LK 11). Ob der Täter den Beruf **für sich selbst,**
dh selbständig und auf eigene Rechnung, oder **für einen anderen** ausübt, der
ihn beschäftigt oder nur sein Strohmann ist, ist gleichgültig. Dabei umfaßt
zB das Verbot des Berufs als „Vertreter" auch die Tätigkeit als Generalvertreter und es ist gleichgültig, ob der Täter mit dem Publikum unmittelbare Berührung hat (Hamm MDR **58**, 357; krit. LK 10). **b) den verbotenen Beruf**
durch einen anderen, als Angestellten, Vertreter oder Strohmann, aber faktisch und im materiellen Ergebnis für sich ausüben läßt. **B. Der andere** (in- 4
soweit kein Sonderdelikt) ist ebenfalls **als Täter** strafbar, wenn er **für den
vom Verbot Betroffenen** Tätigkeiten ausübt, die unter das Verbot fallen,
oder solche Tätigkeiten durch diesen **für sich** ausüben läßt (E 1962, 614; LK
13). Insoweit ist die Teilnahme zur selbständigen Tat erhoben (LK 19). Im
übrigen ist

4) Teilnahme möglich; doch scheiden die Geschäftskontrahenten der Tä- 5
ter, die sich nur als solche betätigen, als notwendige Teilnehmer aus (RG **70**,
223; LK 20).

5) Vorsatz ist als mindestens bedingter erforderlich (§ 15) und muß sich auf 6
die strafgerichtliche (auch vorläufige) Untersagung der Berufsausübung erstrecken (deskriptives Tatbestandsmerkmal), nicht auf deren Wirksamkeit (sie ist
weder geschriebener noch ungeschriebener Tatumstand), so daß ein Irrtum über
die (nach § 307 StPO nicht gegebene) aufschiebende Wirkung einer Beschwerde
nach § 304 StPO den Vorsatz nicht, die Schuld nur bei Unvermeidbarkeit ausschließt (**aM NJW 89**, 1939 m. krit. Anm. Dölp NStZ **89**, 475; Otto JK 2 zu
§ 16). Im **Verbotsirrtum** handelt ferner, wer irrig die materielle Unrichtigkeit
einer wirksamen Untersagung annimmt (Lackner 3) oder wer irrig meint, er
dürfe die verbotene Tätigkeit für einen anderen ausüben, durch einen anderen
für sich ausüben lassen oder wenn der extraneus seine eigene Strafbarkeit nach
§ 145c verkennt (LK 17).

§ 145c
BT Siebenter Abschnitt

7 **6) Tateinheit** ist möglich mit § 263 (MDR/D **73**, 370; 1. 8. 1991, 4 StR 234/91; aM 24. 7. 1979, 5 StR 354/79), §§ 136, 266, 267 (LK 21; vgl. NJW **56**, 313). Die ein Berufsverbot betreffenden Spezialvorschriften des Nebenstrafrechts (Göhler „Berufsverbot") gehen dem § 145 c vor (str.; aM SchSch 7; LK 7, 21; SK 16).

Vortäuschen einer Straftat

145 d ^I Wer wider besseres Wissen einer Behörde oder einer zur Entgegennahme von Anzeigen zuständigen Stelle vortäuscht,

1. daß eine rechtswidrige Tat begangen worden sei oder
2. daß die Verwirklichung einer der in § 126 Abs. 1 genannten rechtswidrigen Taten bevorstehe,

wird mit Freiheitsstrafe bis zu drei Jahren oder mit Geldstrafe bestraft, wenn die Tat nicht in § 164, § 258 oder § 258a mit Strafe bedroht ist.

^{II} Ebenso wird bestraft, wer wider besseres Wissen eine der in Absatz 1 bezeichneten Stellen über den Beteiligten

1. an einer rechtswidrigen Tat oder
2. an einer bevorstehenden, in § 126 Abs. 1 genannten rechtswidrigen Tat

zu täuschen sucht.

1 **1) Die Vorschrift** (idF von Art. 19 Nr. 58 EGStGB) ist durch Art. 1 Nr. 7 des 14. StÄG (1 zu § 86, ferner Prot. 7/2297, 2381) unter Erhöhung der Strafdrohung dahin erweitert worden, daß auch das Vortäuschen einer angeblich bevorstehenden Tat und der Täuschungsversuch über einen an einer bevorstehenden Tat Beteiligten unter Strafe gestellt sind. Daraus ergeben sich 4 Tatbestände, wobei in den beiden Absätzen die jeweiligen Nummern einander ent-
2 sprechen. **Geschütztes Rechtsgut** (es war bis zum 14. StÄG allein die **Strafrechtspflege**, die vor unnützer Inanspruchnahme ihres Apparats und der damit verbundenen Schwächung der Verfolgungsintensität geschützt werden soll,
3 BGH **19**, 305) ist auch das Interesse, die staatlichen **Präventivorgane** vor unnützer Inanspruchnahme zu schützen (RegE 10; Laufhütte MDR **76**, 444; Krümpelmann ZStW **96**, 1000, 1009; Geerds Jura **85**, 621; Stree, Lackner-FS 530). Das Motiv des Täters ist aber in allen Fällen gleichgültig (vgl. Celle NJW **64**, 2214; LK-Willms 1), jedoch schützt § 145 d *nicht* gegen behördeninterne Täuschungen („*Celler Aktion*", Kühne JuS **87**, 190; vgl. 11 aE zu § 304). I Nr. 1 und II Nr. 1 ergänzen § 164 und greifen nur ein, wenn der Täter sich selbst, eine erfundene Person, einen Unbekannten, einen Toten oder ohne die in § 164 vorausgesetzte Absicht einen bestimmten Lebenden (Celle NJW **61**, 1416; **64**, 733; Hamm NJW **56**, 1530; KG VRS **22**, 346; str.) verdächtigt (unten 10). I Nr. 2 und II Nr. 2 ergänzen im wesentlichen die §§ 126 II und 241 II, hinter denen sie jedoch nicht zurücktreten (im einzelnen unten 10). Ob die Täuschungshandlung („vortäuscht" in I und „zu täuschen sucht" in II meinen dasselbe) Erfolg hat und ob es zu einer staatlichen Reaktion kommt, ist in allen Fällen ohne Bedeutung (vgl. Düsseldorf JMBlNW **51**, 132). Wurde der Täter von einer Straftat, deren er sich selbst fälschlicherweise bezichtigt hatte, freigesprochen, so hindert Art. 103 III GG eine Verfolgung nach §§ 145 d, 258 nicht (Stein JR **80**, 444; aM Düsseldorf JR **80**, 470; Zweibrücken NJW **80**, 2144; vgl. auch Bay JR **81**, 436 m. Anm. Stein). Die Tat ist *abstraktes Gefährdungsdelikt* (13 vor § 13). *Kriminolog. u. stat. Hinweise* Geerds Jura **85**, 622.

Straftaten gegen die öffentliche Ordnung **§ 145 d**

2) **Eine Behörde** (35 zu § 11) oder eine **zur Entgegennahme von Anzei-** 4
gen zuständige Stelle (§ 158 I StPO; 8 ff. zu § 164) muß in sämtlichen
Fällen Adressat des Täuschungsversuchs sein und auch von ihm erreicht
werden (vorher strafloser Versuch); so auch eine Dienststelle der BWehr,
nicht aber ein parlamentarischer Untersuchungsausschuß (str.; aM SchSch-
Stree 4; SK-Horn 4; vgl. LK 4), eine kirchliche oder eine ausländische
Behörde (NStZ 84, 360; Düsseldorf NJW 82, 1242 m. Anm. Bottke JR 83,
76; vgl. jedoch NJW 82, 1546 L). In Betracht kommt auch ein an einer
Unfallstelle ermittelnder Polizeibeamter (KG VRS 22, 346; Celle NJW 64,
733), oder eine Polizeifunkstreife (KG JR 89, 26). Öffentliches Behaupten
genügt nur dann, wenn der Täter billigend damit gerechnet hat, daß seine
Täuschungshandlung (die keine Äußerung zu sein braucht), mittelbar einer
Behörde bekannt wird (BGH 6, 252; Köln NJW 53, 1843; Braunschweig
NJW 55, 1936; Krümpelmann ZStW 96, 1010; Stree, Lackner-FS 535; str.).

3) **Tathandlungen** sind: **A. Nach I Nr. 1** das **Vortäuschen einer angeb-** 5
lich begangenen rechtswidrigen Tat jeder Art (§ 11 I Nr. 5), nicht aber
einer Ordnungswidrigkeit (14. 9. 1971, 5 StR 315/71; Düsseldorf NJW 69,
1679; Frankfurt NJW 75, 1896). So, wenn jemand eine ihm gegenüber
begangene Raubtat unbekannter Täter erfindet und vorspiegelt (25. 4.
1989, 1 StR 97/89), wenn ein Defraudant Beraubung vorspiegelt oder je-
mand einen Überfall, um einen Waffenschein zu erhalten; einen Schein-
schmuggel, um dem Zollstreifendienst einen Streich zu spielen (Köln NJW
53, 1843; VRS 54, 196), oder die Vorspiegelung, eine Bombe gelegt zu
haben (Versuch nach § 311, Berkemann/Hesselberger NJW 72, 1793).
Nicht hingegen die Vorspiegelung, einen anderen in Notwehr getötet zu
haben, es sei denn, daß der Angriff des anderen eine Straftat gewesen wäre
(str.; aM Oldenburg NJW 52, 1225; LK 7). Ohne Bedeutung ist es, ob der
Täter einen Verdacht von sich ablenken will (vgl. Oldenburg MDR 49,
208; KG VRS 10, 457). *Nicht* unter den Tatbestand fällt es, wenn bei einer
wirklich begangenen Tat Umstände übertrieben oder vergröbert in einer
Weise dargestellt werden, die den Ermittlungsaufwand der Strafverfol-
gungsbehörden nicht wesentlich erhöhen (Hamm NStZ 87, 558 m. Anm.
Stree; Otto JK 4), zB wenn der angerichtete Schaden übertrieben (Hamm
NJW 82, 60; Bay NJW 88, 83; hierzu Krümpelmann JuS 85, 763) oder die
Tat statt als Diebstahl als Raub hingestellt wird (30. 8. 1973, 4 StR 406/73),
zu einem Raub ein Faustschlag hinzugedichtet wird (Hamm NJW 71, 1324;
vgl. Krümpelmann ZStW 96, 1019 und JuS 85, 764; SK 9; anders aber, wenn
zu einer Körperverletzung ein Raub erfunden wird, aaO; dazu krit. LK 6)
oder Zeit und Ort der Tat falsch angegeben werden (Celle NdsRpfl. 57, 16)
oder wenn ein falsch in Verdacht Geratener sich selbst anzeigt, um seine
Unschuld zu beweisen; denn er täuscht nicht. Ohne Bedeutung ist es, ob die
vorgetäuschte Tat zur Zeit der Aburteilung noch eine rechtswidrige Tat ist,
wie sie es nach dem Gesetz zur Tatzeit war (LK 8; SchSch-Stree 20; SK 6;
K. Meyer JR 75, 70; aM Düsseldorf NJW 69, 1679; Mazurek JZ 76, 235).

B. Nach I Nr. 2 das **Vortäuschen einer angeblich bevorstehenden** 6
rechtswidrigen Tat aus dem Katalog des § 126 I (dort 5, 5 a). Zum Bevor-
stehen vgl. 8 zu § 126. Typisch sind die Fälle einer angeblich bevorstehen-
den Brandstiftung oder Explosion (vgl. aber oben 5) in einem Kaufhaus
oder öffentlichen Gebäude (vgl. BGH 34, 333). Sind schon der Versuch

937

oder die Vorbereitung der angeblichen Tat mit Strafe bedroht und täuscht der Täter bereits ein solches Stadium der Tat vor, so sind beide Nummern von I erfüllt.

7 C. Nach II Nr. 1 die **versuchte Täuschung über den Beteiligten an einer schon begangenen rechtswidrigen Tat.** Die Tat selbst muß hier im Gegensatz zu I wirklich begangen sein (KG JR 89, 26; zur aF Hamburg MDR 49, 309; Frankfurt NJW 75, 1896 mit Anm. Hassemer JuS 76, 56; SK 12; aM Hamm NJW 63, 2138 mit Anm. Morner NJW 64, 310; LK 10; SchSch 13; SK 12; Wessels BT 1 § 16 II 2; Stree, Lackner-FS 538); denn sonst liegt schon I Nr. 1 vor, während der Schutz des Beteiligten durch § 164 gewährleistet wird. Laufhütte MDR 76, 444 Anm. 48 hält die Gegenmeinung durch Einfügung der neuen Tatvarianten für überholt, was aber zw. ist; in den str. Fällen Tateinheit zwischen II Nr. 1 und I Nr. 1 anzunehmen, erscheint weiterhin nicht ausgeschlossen. Beteiligte sind alle, auf deren Mitwirkung der Erfolg zurückzuführen ist, nicht nur Teilnehmer im technischen Sinn, also auch Nebentäter (11 zu § 25). Zwei Fallgruppen kommen in Betracht: **a)** Der Täuschende lenkt von dem, der die Tat begangen hat, den Verdacht ab (entspr. § 258). Ob er ihn außerdem (entspr. § 164) auf einen Dritten lenkt, ist gleichgültig (Koblenz NJW 56, 561; Bay 62, 40; aM Köln NJW 53, 596; vgl. auch BGH NJW 62, 2360; Hamm NJW 56, 1530; Celle NStZ 81, 440 L). Er kann ihn auch gegen sich selbst richten, verwirklicht aber § 145d nur dann, wenn er hierbei einen Sachverhalt vortäuscht, der strafbar ist (Zweibrücken VRS 71, 434; NStZ 91, 530, hierzu Geppert JK 5). Auch eine Anzeige gegen Unbekannt reicht aus; idR ist dann aber Strafvereitelung gegeben (unten 10). **b)** Der Täuschende hat selbst die Tat begangen. Lenkt er nur den Verdacht von sich ab (Bestreiten!), so ist § 145d noch nicht gegeben und scheidet deshalb auch dann aus, wenn der Täuschende den Verdacht auf einen anderen lenkt, für den die Handlung nicht strafbar wäre (BGH 19, 305; Köln NJW 53, 596; Hamm NJW 64, 734; VRS 32, 441; Frankfurt NJW 75, 1896; vgl. hierzu Bay NJW 84, 2302 m. Anm. Kühl JR 85, 296; Otto JK 3; Ostendorf JZ 87, 339; Stree, Lackner-FS 528; ferner Celle NJW 61, 1416; Düsseldorf NJW 69, 1679; aM Koblenz NJW 56, 561). Lenkt der Täuschende sonst den Verdacht auf einen anderen, so ist § 145d seinem Sinn nach nur dann erfüllt, wenn der Täuschende selbst die Initiative ergreift (Anzeige gegen „Unbekannt", BGH 6, 252; Oldenburg MDR 49, 308; hierzu Krümpelmann ZStW 96, 1029; Geerds Jura 85, 621; Stree aaO 534) oder konkrete Angaben macht, die Verfolgungsmaßnahmen auslösen können (KG VRS 22, 346; Celle NJW 64, 733; vgl. auch Hamm JMBlNW 64, 177; VRS 32, 441; LK 11 ff.). Die bloße Berufung auf den „großen Unbekannten" reicht nicht aus (Celle NJW 61, 1416; Ndschr. 13, 193 ff.; bedenklich LM Nr. 2 aF; wohl auch Köln NJW 53, 596; JMBlNW 61, 147). Nach II Nr. 1 ist nicht strafbar, wer vor der Polizei die Tat einräumt, aber falsche Personalien angibt (KG JR 89, 26), ferner scheidet § 145d aus, wenn der Verdacht auf einen tatsächlich Beteiligten gelenkt wird (Oldenburg NdsRpfl 57, 179).

8 D. Nach II Nr. 2 die **versuchte Täuschung über den Beteiligten an einer bevorstehenden rechtswidrigen Tat** aus dem Katalog des § 126 I (dort 5, 5a). In Konsequenz der unter 7 vertretenen Meinung muß die Tat als solche auch hier wirklich bevorstehen (8 zu § 126; aM LK 18; SK 27);

Straftaten gegen die öffentliche Ordnung § 145 d

andernfalls liegt schon I Nr. 2 vor. Der Täter muß zunächst zum Ausdruck bringen (wenn vielleicht auch nur bestätigen oder zwischen den Zeilen), daß eine rechtswidrige Tat bevorsteht, zugleich aber entweder a) den Verdacht der Beteiligung daran auf jemand lenken, der sich nach dem Wissen des Täters gar nicht beteiligen wird; das kann ein anderer sein, der aber so weit beschrieben werden muß, daß Maßnahmen gegen ihn möglich erscheinen. Auch falsche Selbstbezichtigung kommt in Betracht. Oder der Täter muß b) den Verdacht der bevorstehenden Beteiligung von jemandem, der bereits in Verdacht geraten ist oder den der Täter als möglichen Verdächtigen nennt, ablenken, und zwar möglicherweise auch von sich selbst, da die Schwierigkeiten, die sich aus einem bereits schwebenden oder sofort möglichen Strafverfahren bei II Nr. 1 ergeben (oben 7), bei II Nr. 2 ausscheiden; anders ist das allerdings, wenn die bevorstehende Tat schon ein strafbares Vorstadium erreicht hat (oben 6) und gleichzeitig auch II Nr. 1 gegeben ist. Es genügt für Nr. 2 auch, wenn der Täter den Verdacht von einem anderen weg auf einen beliebigen Unbekannten zu lenken sucht.

4) Wider besseres Wissen (7 zu § 15) muß der Täter in allen Fällen zu 9 täuschen suchen (Frankfurt NJW **75**, 1895; LK 19), im übrigen reicht bedingter Vorsatz aus (Köln NJW **53**, 1843; Braunschweig NJW **55**, 1935; Zweibrücken VRS **77**, 442). Zum Vorsatz hinsichtlich einer Tat aus dem Katalog des § 126 I vgl. dort 9.

5) Konkurrenzen. Innerhalb von § 145 d ist Tateinheit zwischen I und II 10 ausgeschlossen, wenn man wie hier (oben 7, 8) davon ausgeht, daß sich II nur auf wirklich begangene oder bevorstehende Taten bezieht; hingegen ist Tateinheit zwischen I Nr. 1 und 2 sowie zwischen II Nr. 1 und 2 in den Fällen möglich, in denen es sich um eine angeblich oder wirklich im strafbaren Vorbereitungs- oder Versuchsstadium befindliche Tat handelt (oben 6). Die spezielle **Subsidiaritätsklausel** in I (die infolge des „ebenso wird bestraft" auch für II gilt), wurde erstmals durch das EGStGB (oben 1) eingeführt und läßt § 145 d in den Fällen von I Nr. 1 und II (I Nr. 2 scheidet der Natur der Sache nach aus) hinter die §§ 164, 258 und 258a zurücktreten. Bei II Nr. 2 können die Vorschriften in den oben genannten Fällen in Betracht kommen, in denen die bevorstehende Tat schon ein strafbares Stadium erreicht hat. Stellt allerdings eine vorher zugesagte Strafvereitelungshandlung Teilnahme an der Tat nach II dar (13 zu § 258 mit 11 zu § 257), so ist Tateinheit mit § 145 d gegeben. § 145 d ist auch anwendbar, wenn die Tat im übrigen nach § 258 V (dort 13, 16) oder § 258 VI (dort 16) straflos ist (Oldenburg MDR **49**, 308; Bay NJW **78**, 2563 [m. Anm. Stree JR **79**, 253]; **84**, 2302 [m. Anm. Kühl JR **85**, 296]; Celle NJW **80**, 2205 m. Anm. Geerds JR **81**, 35; Rudolphi JuS **79**, 862; LK 17), hingegen ist in diesen Fällen einschränkende Auslegung (oben 7, vgl. Celle NJW **61**, 1416; § 446 II E 1962; Ndschr. **13**, 193 ff.), und idR Strafmilderung (Stree aaO) angezeigt. Tateinheit (E 1962, 629; abw. wohl E EGStGB 225) ist möglich zB mit §§ 100a, 142, 257, 267 und insbesondere mit § 263, wenn Anzeige bei der Polizei und Schadensmeldung bei der Versicherung zusammen zur Post gegeben werden (wistra **85**, 19), sowie mit §§ 246, 239, wenn zum Zwecke eines Versicherungsbetrugs ein Raub fingiert wird (30. 11. 1982, 1 StR 553/82). Tateinheit ist ferner zwischen I Nr. 2, II Nr. 2 einerseits und §§ 126, 241 möglich.

Vor § 146

Achter Abschnitt
Geld- und Wertzeichenfälschung
RiStBV 215–220

Vorbemerkungen

1 **1) Der Abschnitt** ist durch Art. 19 Nr. 60 EGStGB unter nur teilweiser Anlehnung an die §§ 312ff. E 1962 (Begr. 488; Ndschr. **5** 291; **6** 208, 366) und Beachtung der Kritik von Zielinski (JZ **73**, 193) am E EGStGB (225) neu gestaltet worden (1. Ber. BT-Drs. 7/1261, 12; Prot. 7/1056). Ausgangspunkt war dabei die Zusammenfassung der in §§ 275, 276 und im Nebenrecht (§§ 399 AbgO fF, 1432 fF RVO, 154 fF AngVersG) verstreuten Vorschriften über Wertzeichenfälschung, deren Einstellung in den 8. Abschnitt im Anschluß an § 315 E 1962 (systematisch nicht unproblematisch, weil es sich nicht um gelddähnliche Papiere, sondern den Zahlungsnachweis für entrichtete Gebühren u. dgl. handelt; vgl. LK-Herdegen 6; M-Schroeder § 67, 4; Zielinski 193; andererseits G. Schmidt GA **66**, 329) zu einer gewissen Parallelisierung mit der Geldfälschung und damit einer Neugestaltung der §§ 146, 147 aF unter Verzicht auf § 148 aF führte (krit. LK 5). Auch § 150 aF (Münzverringerung) ist als obsolet gestrichen worden. Der Vorbereitungstatbestand (§ 151 aF) ist in § 149 auf Wertzeichen erweitert und modernisiert worden. Dazu treten die §§ 127, 128 OWiG, die nach Wegfall von § 360 I Nr. 4, 5 aF StGB ein weiteres Vorfeld abdecken. § 152 dehnt in Übereinstimmung mit § 127 III OWiG den Schutz auf Geld, Wertzeichen und Wertpapiere fremder Währungsgebiete aus. Im übrigen gilt für Geld- und Wertpapierfälschung nach den §§ 146, 149, 151, 152 das Weltrechtsprinzip (§ 6 Nr. 7), nicht hingegen für § 147 und die Wertzeichenfälschung nach §§ 148, 149, 152; LK 8.

2 **2) Rechtsgut** der Fälschungsdelikte des 8. Abschnitts, die systematisch als Sonderfall der Urkundendelikte anzusehen sind (BGH **23**, 231; **27** 258; Dreher JR **76**, 297; LK 7; Wessels, Bockelmann-FS 672; Schmiedl-Neuburg, Die Falschgelddelikte, 1968, 145), ist die Sicherheit und Funktionsfähigkeit des Geldverkehrs (RG **67**, 297) und des Verkehrs mit Wertpapieren und Wertzeichen.
Schrifttum: *Mebesius/Kreußel*, Die Bekämpfung der Falschgeldkriminalität, 1979; *rechtshistorisch: Wadle* HRG III 770.

Geldfälschung

146
[I] Mit Freiheitsstrafe nicht unter zwei Jahren wird bestraft, wer

1. Geld in der Absicht nachmacht, daß es als echt in Verkehr gebracht oder daß ein solches Inverkehrbringen ermöglicht werde, oder Geld in dieser Absicht so verfälscht, daß der Anschein eines höheren Wertes hervorgerufen wird,

2. falsches Geld in dieser Absicht sich verschafft oder

3. falsches Geld, das er unter den Voraussetzungen der Nummern 1 oder 2 nachgemacht, verfälscht oder sich verschafft hat, als echt in Verkehr bringt.

[II] In minder schweren Fällen ist die Strafe Freiheitsstrafe bis zu fünf Jahren oder Geldstrafe.

Geld- und Wertzeichenfälschung § 146

1) Die Vorschrift idF Art. 19 Nr. 59 EGStGB (1 vor § 146) enthält drei Tatbestände, von denen I Nr. 3 den eigentlichen Volltatbestand enthält, während es sich bei Nr. 1 und 2, soweit der Täter selbst verbreiten will, um Vorbereitung zu Nr. 3, im übrigen aber um versuchte oder vollendete Beihilfe zu Nr. 3 handelt (vgl. unten 8; abw. 1. Ber. 13, wonach Nr. 3 nur in Grenzfällen anwendbar sein soll, sowie Zielinski JZ 73, 198). Auch wenn Nr. 1 und 2 zu selbständigen Taten mit demselben Strafrahmen wie bei Nr. 3 erhoben sind, sollte deren höherer Unrechts- und Schuldgehalt bei der Strafzumessung berücksichtigt werden. **Schrifttum:** *Dreher/Kanein,* Der gesetzliche Schutz der Münzen und Medaillen, 1975; *Geisler* GA **81**, 497; *Hafke* MDR **76**, 278; *Prost,* Lange-FS 419; *Wessels,* Bockelmann-FS 669.

2) Gegenstand der Tat ist das **Geld**, dh jedes vom Staat oder seitens einer von ihm ermächtigten Stelle als Wertträger beglaubigte und zum Umlauf im öffentlichen Verkehr bestimmte Zahlungsmittel ohne Rücksicht auf einen allgemeinen Annahmezwang (vgl. BGH **12**, 344; **23**, 231; **32**, 198), also sowohl Metall- und Papiergeld wie aus sonstigen Stoffen hergestelltes Geld, und zwar auch das Geld fremder Währungsgebiete (§ 152). Zwangskurs und Einlöslichkeit des Geldes sind nicht begriffsnotwendig; unerheblich ist auch das völlige Fehlen eines Kurses der Geldsorte, wenn es nur der Staat ausgegeben hat (Prost [1a] 424) und noch als Wertmesser anerkennt (Frank I vor § 146; vgl. Kienapfel ÖJZ **86**, 423). Geld sind auch die sog. Pseudomünzen, die zwar gesetzliches Zahlungsmittel sind, aber von staatlichen Stellen vor allem zu Sammelzwecken ausgegeben werden (zB bei einer Olympiade; LK-Herdegen 4), manchmal auch mit einem Aufgeld über dem Nominalwert (Zweifel bei Prost [1a] 428). *Kein Geld* sind die südafrikanischen Krügerrand-Münzen, obwohl formal als Zahlungsmittel anerkannt, sind sie weder als solches geeignet noch im Umlauf, BGH **32**, 199 (hierzu Puppe JZ **86**, 992); dasselbe gilt von anderen sog. Handelsmünzen, die ohne gesetzliches Zahlungsmittel zu sein, praktisch, vor allem in gewissen Ländern, die Rolle von Geld spielen können. Kein Geld mehr ist das idR durch einen ausdrücklichen staatlichen Akt (zu eng BGH **12**, 344; **19**, 357), der in der BRep erforderlich ist (§ 14 II BBankG; § 10 II ScheidemünzenG; aM wohl SchSch-Stree 3), außer Kurs gesetztes (auch sog. verrufenes) Geld (BGH **31**, 382); es ist, sobald lediglich noch eine Annahmepflicht der Bundesbank besteht (aM wohl Hafke MDR **76**, 279), nicht mehr gesetzliches Zahlungsmittel und damit der Geldfälschung nicht mehr fähig (LK 5; Geisler [1a], 515; vgl. aber § 11a ScheidemünzenG, wonach das Nachmachen usw. von nicht mehr gültigen Münzen auch des Auslands mit Geldbuße bedroht ist; vgl. auch § 5 MedaillV). Bei Fälschung von Sammlermünzen kommt außerdem § 263 in Betracht (vgl. Oppe MDR **73**, 138). Hingegen stehen bestimmte Wertpapiere dem Gelde gleich (§ 151).

3) Tathandlungen sind in Anlehnung an § 267:

A. Nach Nr. 1 a) das **Nachmachen** echten Geldes, sog. Falschmünzerei. Der Täter stellt falsches Geld her, das dem echten so ähnelt, daß es mit ihm verwechselt werden kann (RG **65**, 205), dabei sind keine hohen Anforderungen zu stellen (NJW **54**, 564; Hamm NJW **58**, 1504; Prost [1a] 433). Hierher gehört zB das Ausschälen einer echten Münze, bei dem unter Beibehaltung der Außenseiten der echte Kern durch einen falschen ersetzt wird, str.; das Zusammenkleben von Teilen verschiedener Banknoten zu sog. Systemnoten (BGH **23**, 231; Schleswig NJW **63**, 1560; LK 7f.), nicht aber das bloße Verändern gültiger Münzen, ohne daß neue hergestellt werden (irrig Hafke [1a] 278); hier kommt nur Verfälschen in Betracht. Hingegen können schon umlaufende falsche Stücke zum Nachmachen verändert werden. Das Nachmachen kann auch in Herstellung eines Stückes bestehen, das in dieser Höhe (zB als 20 DM-Stück) als echt nicht vorhanden ist (RG **58**, 351; str.); desgl., falls die beiden Seiten des Scheins gleich sind (NJW **54**, 564), oder falls es für die nachgemachten Wertpapiere (§ 151) kein wirkliches Vorbild gibt (BGH **30**, 71 m. Anm. Stree JR **81**, 427 und krit. Otto NStZ **81**, 478; Puppe JZ **86**, 993). Stets ist aber erforderlich, daß eine zur Verwechslung ausreichende Geldähnlichkeit angestrebt wird (BGH **32**, 202). Ergibt das Nachmachen ein Stück, das nicht einmal den Anschein echten Geldes hat, so liegt Versuch vor, auch kann es Gegenstand des Betruges sein (RG **6**, 142). Es genügt, daß die Münze objektiv zur Täuschung eines Arglosen geeignet ist (BGH **23**, 231; NJW **52**, 312), der Täter braucht diese Eigenschaft nicht erkannt zu haben (RG **69**, 4; zw.). Das Nachmachen alter, aber schon verrufener Münzen gehört nicht hierher, da der Anschein des echten heutigen Geldes fehlt (oben 1); wohl aber ihre Veränderung, die den Anschein noch geltenden Geldes erweckt. Nachmachen ist es auch, wenn dem Täter die Legitimation zur Herstellung des angefertigten Geldes fehlt, selbst wenn er sich der für Herstellung echten Geldes bestimmten Maschinen bedient; so in eine Münze einbrechende Falschmünzer, aber auch ungetreue Angestellte (BGH **27**, 255; Dreher JR **78**, 45; Prost 427, Geisler 708 [jew. 1a]; LK 10; SK-Rudolphi 6);

4   b) das **Verfälschen**, dh das Verändern echten geltenden Geldes in der Weise, daß der Anschein eines höheren Wertes, als ihn das echte Stück hat, hervorgerufen wird; so bei Überziehen eines (früheren) Vierpfennigstückes mit Quecksilber, so daß es einem Einmarkstück ähnelt. Bloße Formenänderung einer echten Münze ohne Erregung des Anscheins eines höheren Wertes ist keine Verfälschung, auch nicht einmal ein Versuch; so das Breitklopfen einer Münze, um sie für den Fernsprecher passend zu machen (RG **68**, 65). Kein Verfälschen (und noch weniger ein Nachmachen) ist es, wenn eine Münze so verändert wird, daß ihr zwar ein höherer Sammlerwert, aber kein höherer Nominalwert gegeben zu sein scheint (LK 11; SK 7; aM Hafke [1a], 278); doch kommt dann § 267 in Betracht (LK 7 vor § 146). Im übrigen genügt objektive Eignung des Falsifikats zur Täuschung eines Arglosen (NJW **52**, 312). Ordnungsgemäß geprägte Münzen oder gedruckte Geldscheine vor ihrer Emission (oben 2) sind weder gefälscht noch nachgemacht, sondern noch unfertiges Geld; ihre Weitergabe ist möglicherweise Betrug.

5   c) **In der Absicht** muß der Täter handeln (im übrigen genügt bedingter Vorsatz), dh es muß ihm darauf ankommen, daß das nachgemachte oder verfälschte Geld als echt in Verkehr gebracht wird, und zwar entweder durch den Täter, einen Tatbeteiligten oder einen Dritten, oder aber, daß ein solches Inverkehrbringen wenigstens ermöglicht wird, zB durch Verkauf an einen eingeweihten Dritten, der es dann in Verkehr bringen kann, ohne daß der Täter das beabsichtigt (vgl. hierzu 2 zu § 147). In **Verkehr gebracht** wird das falsche Geld durch jeden Vorgang, durch den der Täter das Falschgeld als Geld aus seinem Gewahrsam oder aus seiner sonstigen Verfügungsgewalt entläßt (29. 8. 1984, 3 StR 336/84; Wessels, Bockel-

Geld- und Wertzeichenfälschung   § 146

mann-FS 674; vgl. auch 2 zu § 219c), daß ein anderer tatsächlich in die Lage versetzt wird, sich des falschen Geldes zu bemächtigen und mit ihm nach Belieben umzugehen (BGH **35**, 23), zB durch Weitergabe zum Umlauf als Geld; so auch bei Übergabe an eine Bank zur Zahlung (Schleswig NJW **63**, 1560) oder zum Wechseln (JZ **52**, 46), beim Verschenken; auch beim Einstecken in einen Opferstock oder in einen Automaten (NJW **52**, 312; MDR **52**, 563 mit Anm. Dreher; MDR **53**, 596) aber auch beim Wegwerfen in einer Weise, die die naheliegende Gefahr begründet, daß Dritte das Falschgeld auffinden und als echt in den Verkehr bringen (BGH **35**, 24 m. Anm. Schroeder JZ **87**, 1133; Jakobs JR **88**, 121; G. Hauser NStZ **88**, 453; Sonnen JA **88**, 53; Geppert JK 1; Prittwitz NStZ **89**, 9). Wird die Annahme verweigert oder wirft der Automat das Falschgeld sofort wieder aus (Wessels aaO 676), so ist nur Versuch gegeben; anders wenn das alsbald als falsch erkannte Geld schon übergeben war (vgl. RG **67**, 168). *Kein Inverkehrbringen* beim Verkauf (als Ware) zum oft weit über dem Nominalwert liegenden Preis an Münzsammler (zB eines gefälschten Schiller-Fünfmarkstücks von 1955) ohne das Ziel, daß diese es als echtes Zahlungsmittel in Verkehr bringen (**aM BGH 27**, 259; MDR/D **76**, 15; LK 13; Stree JuS **78**, 237; SK 11a; sowie hM; wie hier Blei JA **74**, 814; hierzu Dreher JR **78**, 46; näher Dreher/Kanein [1a], C 1 c zu § 146; Dreher JR **76**, 295, es kommt dann § 267 in Betracht, aaO; aM Stree JuS **78**, 238; zweifelnd Blei JA **76**, 597); wenn Nachprägungen als Schmuck abgegeben werden sollen (GA **67**, 215; Karlsruhe GA Bd. **37**, 75), wenn Falschgeld in einem Safe deponiert wird, der ohne Mitwirkung des Täters nicht geöffnet werden kann (13. 11. 1977, 1 StR 441/77), wenn der Täter mit dem „Geld" nur den Automaten öffnen wollte (MDR/D **53**, 596), oder wenn Falschgeld nur an einen Boten übergeben wird, der keine Sachherrschaft hat, ebensowenig wenn Mittäter unter sich das Falschgeld einander aushändigen (28. 8. 1984, 3 StR 336/84). Es reicht danach auch nicht aus, wenn der Täter bloße Probestücke herstellt, die nicht in den Verkehr kommen sollen (dann aber meist § 149), oder das Falschgeld nur vorzeigt, um sich Kredit zu verschaffen (LK 15). Einen rechtswidrigen Vermögensvorteil braucht der Täter nicht anzustreben.

d) Versuch ist gegeben, wenn der Täter mit der Absicht zu 5 die Fälschungshandlung beginnt (vgl. MDR/D **53**, 596). Vorher kommen § 149 (vgl. RG **65**, 205) oder § 127 OWiG in Frage. Vollendet ist mit der Tat, wenn das erste Stück in dieser Absicht hergestellt ist (vgl. RG **69**, 4); Rücktritt ist dann weder nach § 24 noch nach § 149 II möglich (LK 18). Die Fälschung mehrerer Stücke bei einem einzigen Akt ist nur eine Tat (Schleswig NJW **63**, 1560); sonst kommt eine fortgesetzte Handlung in Betracht. Das Inverkehrbringen des Falschgeldes gehört nicht zum Tatbestand der Nr. 1; zum Verhältnis zu Nr. 3 oben 1 und unten 8.

B. Nach Nr. 2 das **Sichverschaffen** falschen, dh nachgemachten (oben 3) 7 oder verfälschten (oben 4) Geldes (E EGStGB 227); dazu braucht der Täter keine aktive Tätigkeit zu entfalten. Es genügt, daß der Täter das Geld in seinen Besitz oder seine Verfügungsgewalt bringt (BGH **2**, 116; GA **84**, 427), auch wenn er das Inverkehrbringen nur einem anderen ermöglichen will (BGH **35**, 22 m. Anm. Schroeder JZ **87**, 1133; Jakobs JR **88**, 121; G. Hauser NStZ **88**, 453; Geppert JK 1; Prittwitz NStZ **89**, 9), auch durch

§ 146

bloße Annahme des Geldes, falls der Täter es für sich behalten will, anders wenn er nur den Gewahrsam für einen andern ausübt (BGH 3, 154; Wessels [1 a] 673) oder nur die Qualität des Falschgeldes überprüfen will (29. 8. 1984, 3 StR 336/84), mag er ihm auch später bei der Verteilung behilflich sein (19. 12. 1978, 1 StR 610/78). Er muß das Geld spätestens bei der Inbesitznahme (RG 67, 297), als falsch erkennen. Bedingter Vorsatz reicht hierbei aus (BGH 2, 116; NJW 54, 564; Köln DRZ 50, 453). Zum Sichverschaffen genügen auch Fund (RG 67, 296) oder Unterschlagung, RG JW 37, 3301), ebenso Stehlen (Hamm DRZ 49, 477) oder Empfangnahme als Spende, zB beim Betteln. Auch Einführen in die BRep. kommt in Betracht. Indessen genügt nicht, wenn jemand ohne eigene Verfügungsgewalt Falschgeld nur für den Besitzer weitergibt (BGH 3, 156) oder das Versteck wechselt (1. 12. 1981, 1 StR 499/81). Nr. 2 ist jedoch nur erfüllt (sonst möglicherweise § 147), wenn der Täter spätestens bei der Inbesitznahme die **Absicht** nach oben 5 faßt. Der strafbare Versuch beginnt zB mit der Bestellung des Falschgeldes (aM SchSch 19), dem Abschluß eines Kaufvertrages vor der Besitzerlangung, mit dem Verhandeln mit dem zu alsbaldiger Übergabe fähigen Fälscher, aber nicht schon mit der Fahrt zu ihm.

8   C. Nach Nr. 3 das **Inverkehrbringen falschen Geldes** (oben 5) als **echt** (oben 3), aber nur dann, wenn der Täter hinsichtlich dieses Geldes **vorher eine Handlung nach Nr. 1 oder 2** begangen hat; allerdings kann er im Fall der Nr. 1 beim Nachmachen nur die Absicht gehabt haben, daß ein anderer das Falschgeld in den Verkehr bringt, und kann den Entschluß, das selbst zu tun, erst später gefaßt haben. Wer Falschgeld an den Fälscher zurückgibt, erfüllt Nr. 3 nur, wenn er damit rechnet, daß dieser das Geld in den Verkehr bringt (22. 11. 1979, 2 StR 606/78). Auch wenn danach der Nr. 3 stets eine Tat nach Nr. 1 oder 2 vorausgegangen sein muß (anders im Fall des insoweit nicht parallelen § 267), ist Nr. 3 kein bloßer Auffangtatbestand (oben 1), sondern der Volltatbestand des § 146, in den die Vorbereitungshandlungen der Nrn. 1 und 2 zu einer einzigen Tat aufgehen (NStZ **82**, 25 L; Blei JA **74**, 814). Das gilt auch dann, wenn der Täter nach einer Handlung nach Nr. 1 oder 2 die Absicht des Inverkehrbringens zunächst aufgegeben hatte; denn der dolose Erwerb des Besitzes wirkt auch hier nach (aM BGH **35**, 27; LK 3, 27; Zielinski JZ **73**, 195, der hier nur § 147 annehmen will; vgl. auch Prot. 7/1058). Tatmehrheit kommt jedoch in Betracht, wenn der nur nach Nr. 1 verurteilte Täter nach Strafverbüßung einen versteckten Teil des Falschgeldes in Verkehr bringt (vgl. 20. 6. 1978, 1 StR 156/78; 1. Ber. 13); *ne bis in idem* dürfte nicht entgegenstehen. Begeht der Täter nur einen Versuch nach Nr. 3 (dazu oben 6), so bildet dieser mit der vorausgegangenen Tat nach Nrn. 1 oder 2 idR eine einheitliche vollendete Tat (BGH **34**, 109 [m. Anm. Kienapfel JR **87**, 424]; MDR/H **82**, 102; NStE Nr. 3; LK 28). Tritt er vom Versuch des Inverkehrbringens zurück, so ist er nach Nr. 1 oder 2 zu bestrafen.

9   **4) Der Versuch** ist in allen Fällen strafbar (LK 30; Verbrechen; dazu oben 3, 5 bis 8), zB bei Verkauf an einen Scheinkäufer (9. 11. 1984, 1 StR 689/84). Tritt der Täter in den Fällen der Nr. 1 oder 2 nach § 24 zurück (zu Nr. 3 oben 8), so kann er nach § 30 oder § 149 I strafbar bleiben (LK 30) oder nach § 127 OWiG einer Buße unterliegen, wenn nicht auch die Voraussetzungen von § 31 bzw. § 149 II oder von § 13 II OWiG gegeben sind.

Geld- und Wertzeichenfälschung **§ 146**

Fahren zum Ort der Übergabe des Falschgeldes (7. 5. 1985, 2 StR 60/85) oder bloßes Angebot der Lieferung von Falschgeld (NStZ **86**, 548) ist noch kein Versuch nach I Nr. 2 bzw. Nr. 3; wohl aber das Treffen und Verhandeln am Übergabeort (NStE Nr. 3); Versuch ist aber auch dann gegeben, wenn der Täter Falschgeld zwar an einen Eingeweihten übergibt (2 zu § 147) jedoch in der irrigen Vorstellung, dieser gebe es an Arglose weiter (NStE Nr. 3).

5) Vorsatz ist neben der Absicht (oben 5) hinsichtlich der übrigen Tatbestandsmerkmale als mindestens bedingter erforderlich und genügend, bedarf aber eingehender Begründung (BGH **35**, 26, hierzu Hillenkamp, Arm. Kaufmann-GedS 362). Er muß sich vor allem darauf beziehen, daß es sich bei dem Geld, das nachgemacht oder verfälscht wird, um ein gültiges gesetzliches Zahlungsmittel handelt (JR **76**, 294 mit Anm. Dreher). Hält der Täter nicht mehr kurantes Geld für noch gültig, so ist strafbarer untauglicher Versuch gegeben. Hält er kurantes Geld für nicht mehr gültig, so liegt untauglicher ahndbarer Versuch nach § 11a V ScheidemünzenG vor. Hält jemand noch nicht emittiertes Geld für schon gültig, so scheiden §§ 146 ff. aus; Prost [1 a] 425. Irrt der Täter lediglich über den Begriff des Geldes, so ist das nur ein Subsumtionsirrtum, hält jedoch der ungetreue Angestellte einer Münzstätte (vgl. BGH **27**, 260; oben 3) unerlaubt nachgeprägtes Geld für echt, so fehlt es am Vorsatz des § 146 (Dreher JR **78**, 48; vgl. auch Stree JuS **78**, 238). **9a**

6) Teilnahme ist bei allen Tatformen möglich. Beihilfe zu Nr. 2 ist zB gegeben, wenn jemand einem anderen von diesem erbetenes Falschgeld zum Zweck des Inverkehrbringens verschafft (9. 11. 1984, 1 StR 684/84; 1. Ber. 13); Gehilfe zu Nr. 3 ist, wer in einer Fälscherbande das Falschgeld als Verteilungsgehilfe mit in den Verkehr bringt (Zielinski JZ **73**, 197; RG **59**, 80; aM E EGStGB 227, wo zu Unrecht nur § 147 angenommen wird); verteilt nur der eine, während der andere nur gefälscht hat, so ist jener, wenn er nur Werkzeug und Bote des anderen ist, Gehilfe zu Nr. 3; andernfalls nur Täter nach Nr. 3 (mit Nr. 2), der andere nach Nr. 1 (LK 29). Wer gutgläubig Falschgeld erlangt hat und es einem *Eingeweihten* übergibt, damit dieser es abschiebe, ist nicht als Teilnehmer zu dessen Tat strafbar, vielmehr nur als Täter nach § 147 (dort 2, BGH **29**, 315; MDR/H **82**, 102; Otto JR **81**, 85; Puppe JZ **86**, 994). **10**

7) Die Strafe ist nach I und II so abgestuft, daß die erhöhte Mindeststrafe in I nur eine verhältnismäßig geringe Rolle spielt, jedoch hat der BGH die Annahme von II bei der Herstellung von etwa 40 000 DM Falschgeld und aufwendigem Lebensstil nicht gutgeheißen (16. 8. 1978, 2 StR 326/78). Vermögensstrafe (§ 43a), erweiterter Verfall (§ 73d) unter den Voraussetzungen des § 150 I möglich; Einziehung nach § 150 II. **11**

8) Konkurrenzen. Tateinheit ist möglich mit Automatendiebstahl (NJW **52**, 311; Schleswig NJW **63**, 1560) sowie mit § 263 (da das Inverkehrbringen, zB beim Verschenken nicht stets Betrug ist; BGH **31**, 381 m. Anm. Kienapfel JR **84**, 162; Puppe JZ **86**, 995, so schon zu § 146 aF NJW **52**, 311; RG **60**, 315; Schleswig NJW **63**, 1560; aM SK 19; Krey BT/1, 221). Hinter § 146 treten zurück: §§ 147, 149, 267; für § 127 OWiG gilt § 21 OWiG. Vgl. auch § 35 BBankG, § 11a ScheidemünzenG (der für Krügerrandmünzen nicht gilt, weil diese noch nie Geldqualität hatten, NJW **84**, 1311) und **12**

§ 146

§ 5 MedaillV. Die Verwirklichung mehrerer Varianten des I sind idR eine Tat; vgl. oben 8 aE.

13   **9) Sonstige Vorschriften.** Weltrechtsprinzip § 6 Nr. 7, dort 9; Nichtanzeige § 138 I Nr. 4; ausländisches Geld § 152; Überwachungsmaßnahmen § 98a I Nr. 1, § 100a Nr. 2, § 110a StPO.

Inverkehrbringen von Falschgeld

147 ^I **Wer, abgesehen von den Fällen des § 146, falsches Geld als echt in Verkehr bringt, wird mit Freiheitsstrafe bis zu fünf Jahren oder mit Geldstrafe bestraft.**

^{II} **Der Versuch ist strafbar.**

1   **1) Die Vorschrift** idF des Art. 19 Nr. 59 EGStGB (1 vor § 146) ergänzt § 146 I Nr. 3 in einem Vergehenstatbestand für mildere Fälle bei Strafbarkeit des Versuchs (5, 9 zu § 146) und nimmt § 148 aF in sich auf (hierzu Wessels, Bockelmann-FS 676ff.). Sie gilt nur für Inlandstaten, arg. § 6 Nr. 7.

2   **2) Tathandlung** ist das mindestens bedingt vorsätzliche **Inverkehrbringen** (5 zu § 146) **falschen Geldes** (7 zu § 146) als **echt** in allen Fällen, in denen § 146 I Nr. 3 (auch in der Form des Versuchs oder der Teilnahme) nicht gegeben ist. Nach BGH **29**, 311 ist ein solches Inverkehrbringen als echt auch gegeben, wenn der Täter das Falschgeld an einen *Eingeweihten,* der es in den Verkehr bringen soll, abschiebt (BGH **31**, 381; **32**, 78 [m. Anm. Schlüchter JR **84**, 521]; **35**, 23 [m. Anm. Schroeder JZ **87**, 1133; Jakobs JR **88**, 121; G. Hauser NStZ **88**, 453; Geppert JK 1 zu § 146] MDR/H **82**, 102; Düsseldorf JR **86**, 512 [m. Anm. R. Keller]; zust. SchSch 5; ebenso LK 4; Wessels BT 1 § 20 III 2; vgl. auch Puppe JZ **86**, 994), da es keinen Unterschied machen soll, ob der Täter dies selbst oder mit Hilfe eines anderen tut. BGH **27**, 260 hat diese Frage noch offen gelassen. Demgegenüber kann allerdings die Gegenmeinung (Stuttgart NJW **80**, 2089 m. Anm. Otto JR **81**, 82; LG Kempten NJW **79**, 225 m. krit. Anm. Otto; Stein/Onusseit JuS **80**, 104; SK 6; M- Schroeder § 67, 23; Eisenberg Jura **83**, 270) aus dem Wortlaut des § 146 I Nr. 1, 2 und dem systematischen Zusammenhang gewichtige Argumente für sich in Anspruch nehmen (hierzu im einzelnen Otto JR **81**, 82; Geilen JK 1b; Puppe JZ **86**, 994; Prittwitz NStZ **89**, 10). Sie kommt aber, da sie in diesen Fällen den Täter entweder straffrei läßt oder ihn als Teilnehmer zu einer Tat nach § 147 oder uU eines Verbrechens nach § 146 I Nr. 3 (so Kempten aaO) behandelt, zu Ergebnissen, die kriminalpolitisch nicht befriedigen und durch die Neufassung gerade vermieden werden sollten (1. Ber. 13), die freilich ihr Ziel der Klärung von Streitfragen (E EGStGB 226) angesichts der mißglückten Fassung der §§ 146, 147 verfehlte und neue Verwirrung schuf (Wessels aaO 670). Die Auffassung des BGH verdient daher den Vorzug (ebenso Lackner 2), wenn auch dieses Ergebnis nur erreichbar ist, wenn man dem Inverkehrbringen in I und § 146 I Nr. 3 einen anderen Inhalt beilegt als in § 146 I Nr. 1, 2. Im übrigen kommen für § 147 folgende Gruppen in Betracht, deren unterschiedlicher Unrechts- und Schuldgehalt bei der Strafzumessung zu berücksichtigen ist:

3   **A. Bösgläubiger Erwerb:** Der Täter hat das Falschgeld ohne die Absicht, es als echt in den Verkehr zu bringen, **a)** nachgemacht oder verfälscht

Geld- und Wertzeichenfälschung **§ 147**

(3, 4 zu § 146; § 147 aF) oder **b)** sich verschafft (7 zu § 146), hat aber dabei erkannt; daß es falsch ist; doch den Entschluß zum Inverkehrbringen hat er in beiden Fällen erst nachträglich gefaßt (vgl. Prot. 7/1057).

B. Gutgläubiger Erwerb: Der Täter hat das Falschgeld als echt in seinen Besitz gebracht und erst nachträglich als falsch erkannt und schiebt es nun, um den Schaden von sich abzuwälzen, ab.

3) Teilnahme ist möglich, so wenn der Angestellte eines Geschäfts das Geld für den Inhaber (als mittelbaren Täter), der ihn eingeweiht hat und dessen Werkzeug er ist, abschiebt; anders wenn er selbst die Tatherrschaft hat (dann kommt § 146 I Nr. 2 in Betracht, wobei der Inhaber Gehilfe wäre!); vgl. auch 10 zu § 146. Zur Problematik vgl. auch Preisendanz 1 d; LK 2, 5; Wessels aaO 679 f.; Schönke JZ **51**, 268.

4) Tateinheit mit § 263 ist auch hier möglich (12 zu § 146; aM SK-Rudolphi 8; Krey BT/1, 221; zu § 148 aF BGH **3**, 154). § 147 tritt hinter § 146 zurück (oben 1). **Sonstige Vorschriften.** Einziehung § 150 II; ausländisches Geld § 152.

Wertzeichenfälschung

148 [I] Mit Freiheitsstrafe bis zu fünf Jahren oder mit Geldstrafe wird bestraft, wer

1. amtliche Wertzeichen in der Absicht nachmacht, daß sie als echt verwendet oder in Verkehr gebracht werden oder daß ein solches Verwenden oder Inverkehrbringen ermöglicht werde, oder amtliche Wertzeichen in dieser Absicht so verfälscht, daß der Anschein eines höheren Wertes hervorgerufen wird,

2. falsche amtliche Wertzeichen in dieser Absicht sich verschafft oder

3. falsche amtliche Wertzeichen als echt verwendet, feilhält oder in Verkehr bringt.

[II] Wer bereits verwendete amtliche Wertzeichen, an denen das Entwertungszeichen beseitigt worden ist, als gültig verwendet oder in Verkehr bringt, wird mit Freiheitsstrafe bis zu einem Jahr oder mit Geldstrafe bestraft.

[III] Der Versuch ist strafbar.

1) Die Vorschrift idF des Art. 19 Nr. 59 EGStGB (1 vor § 146) faßt in teilweiser Abweichung von § 315 E 1962 (Begr. 490; Ndschr. **6** 219, 366) bisher verstreute Einzelbestimmungen (1 vor § 146) in einer Generalvorschrift auch für mögliche künftige Fälle (zB Kraftfahrzeugsteuerplakette) zusammen (E EGStGB 225, 227). I (vgl. § 275 aF) betrifft die eigentliche Fälschung, II (vgl. § 276 aF) die mißbräuchliche Wiederverwendung von Wertzeichen (hierzu krit. LK-Herdegen 1). Die Sicherheit des Verkehrs mit diesen Zeichen soll § 148 schützen (BGH **31**, 381). § 148 gilt nur für Inlandstaten. Doch sind auch Zeichen fremder Währungsgebiete geschützt (§ 152).

2) Tatgegenstand sind bei I und II **amtliche,** dh von staatlichen, kommunalen Stellen oder von Körperschaften des öffentlichen Rechts herausgegebene oder zugelassene **Wertzeichen,** dh Marken und ähnliche Zeichen, die, ohne Urkunden zu sein (RG **62**, 203; LK 4), die Zahlung von Gebühren, Beiträgen und sonstigen Beträgen ersetzen oder nachweisen sollen

§ 148

(BGH **32**, 75), vor allem Postwertzeichen, Stempelabdrücke; Steuerzeichen; Versicherungsmarken; Gebührenmarken; Stempelmarken und -zeichen wie Gerichtskostenmarken (RG **59**, 324), Lustbarkeitssteuermarken (RG **57**, 287), Verwaltungsgebührenmarken (RG **63**, 381); nicht dagegen private Rabattmarken. Im Falle ausländischer Wertzeichen (§ 152) gelten auch quasistaatliche Versicherungsmarken als amtliche Wertzeichen (BGH **32**, 76 m. Anm. Schlüchter JR **84**, 521). Außer Kraft gesetzte oder sonst nicht mehr gültige (KG JR **66**, 307) Wertzeichen fallen nicht unter § 148 (BGH **31**, 382 m. Anm. Kienapfel JR **84**, 162); das gilt vor allem für Sammlerbriefmarken, die der Bußgeldtatbestand des § 25 I Nr. 3 PostG schützt.

3   3) **Die Tathandlungen A. nach I Nr. 1, 2** entsprechen weitgehend denen in § 146 I (dort 3 ff.). Nr. 1 ist allerdings dahin erweitert, daß auch die Absicht genügt, die falschen Wertzeichen unmittelbar als echt bestimmungsgemäß zu **verwenden** (was nach E EGStGB 228 nicht als Inverkehrbringen anzusehen ist) oder eine solche **Verwendung zu ermöglichen** (vgl. RG **56**, 276). Ob damit auch, wie E EGStGB 228 meint, der Fall gedeckt wird, daß die Falsifikate als Sammelobjekte verkauft werden sollen, weil auch dann die Gefahr bestimmungsgemäßer Weiterverwendung bestehe, ist zw., zum mindesten Tatfrage (G. Schmidt GA **66**, 328; abw. LK 3). Die Änderung des Entwertungszeichens auf einem Wertzeichen ist entgegen E 1962, 491 weder Nachmachen noch Verfälschen (RG **59**, 324), sondern nur eine Vorbereitungshandlung zu II.

4   **B.** Bei I **Nr. 3** bedarf es anders als bei § 146 I Nr. 3 nicht einer vorausgegangenen Handlung des Täters nach Nr. 1 oder 2. Nr. 3 deckt also in der Parallele sowohl die Fälle des § 146 I Nr. 3 wie die des § 147 (Anm. dort). Weiter nennt Nr. 3 noch die Tatformen des **Verwendens** (oben 3) und des **Feilhaltens** (6 zu § 319), was wohl schon als Versuch des Inverkehrbringens anzusehen wäre (zweifelnd E EGStGB 228; vgl. hierzu auch Horn NJW **77**, 2331; LK 11).

5   4) II betrifft **A. Wertzeichen,** die bereits bestimmungsgemäß **verwendet** und mit einem Entwertungszeichen versehen waren, an denen aber das **Entwertungszeichen**, das selbst keine Urkunde ist (RG **59**, 324) **beseitigt** worden ist. Fehlen diese Voraussetzungen, so kommt § 263 oder Abgabenhinterziehung in Betracht. Entfernen ist es auch, wenn die alte durch eine neue Entwertung unkenntlich gemacht wird oder das Datum des alten Entwertungszeichens durch ein neues ersetzt wird (vgl. RG **59**, 321). Wer entfernt hat, ist gleichgültig. Bei einer Wechselstempelmarke ist es gleichgültig, ob der mit der Marke versehene Wechsel in Umlauf gekommen ist (RG **37**, 152).

6   **B. Tathandlungen** sind das **Verwenden** oder **Inverkehrbringen** (5 zu § 146) des Zeichens **als gültig.**

7   5) **Vorsatz** ist erforderlich; er hat sich als mindestens bedingter auf den amtlichen Charakter des Wertzeichens, bei I Nr. 2, 3 auch darauf zu erstrecken, daß das Wertzeichen falsch iS von I Nr. 1 ist, bei II darauf, daß das Entwertungszeichen beseitigt ist. Die irrige Annahme des Täters, ein Wertzeichen doppelt verwenden zu dürfen, ist Verbotsirrtum (LK 15).

8   6) **Der Versuch** ist strafbar **(III).** Zu dessen Beginn in den Fällen von I und zum Rücktritt vgl. 3 bis 9 zu § 146; ferner § 127 OWiG, § 149. Das

Geld- und Wertzeichenfälschung § 148

Verwenden ist bei I Nr. 3 und II vollendet, wenn zB der Brief mit der falschen oder wiederverwendeten Marke in den Briefkasten geworfen ist; das vorausgehende Aufkleben auf den Brief ist Versuch (RG **24**, 113; aM SchSch-Stree 17), ebenso nach Koblenz NJW **83**, 1625 (m. Anm. Lampe JR **84**, 164; krit. Küper NJW **84**, 777; Puppe JZ **86**, 995) das Benutzen von „oberflächenpräparierten" Postwertzeichen, das bloße Ablösen der gebrauchten Marke vom alten Brief und das Entfernen des Entwertungszeichens ist lediglich Vorbereitungshandlung.

7) Zur **Teilnahme** vgl. 10 zu § 146, 5 zu § 147. **9**

8) Konkurrenzen. Innerhalb von I ist Nr. 3 mit Nr. 1 oder 2 mindestens **10** dann eine einzige Tat, wenn derselbe Täter auf Grund eines einheitlichen Entschlusses handelt; die Problematik liegt wie bei § 267 (vgl. dort 17 ff.; RG **63**, 382). Zwischen Versuch nach Nr. 1 und Nr. 2 oder 3 ist Tateinheit möglich; ferner zwischen II und § 133; ebenso ausnahmsweise mit § 274 I Nr. 1. § 263 tritt zurück (Koblenz NJW **83**, 1625; **aM** BGH **31**, 380; differenzierend SchSch 26; aM LK 16); ebenso § 149 sowie § 127 OWiG (§ 21 OWiG).

9) Vermögensstrafe und **erweiterter Verfall** (in den Fällen des I) unter den **11** Voraussetzungen des § 150 I möglich, **Einziehung** nach § 150 II; ausländische Wertzeichen § 152.

Vorbereitung der Fälschung von Geld und Wertzeichen

149 ^I Wer eine Fälschung von Geld oder Wertzeichen vorbereitet, indem er

1. Platten, Formen, Drucksätze, Druckstöcke, Negative, Matrizen oder ähnliche Vorrichtungen, die ihrer Art nach zur Begehung der Tat geeignet sind, oder

2. Papier, das einer solchen Papierart gleicht oder zum Verwechseln ähnlich ist, die zur Herstellung von Geld oder amtlichen Wertzeichen bestimmt und gegen Nachahmung besonders gesichert ist,

herstellt, sich oder einem anderen verschafft, feilhält, verwahrt oder einem anderen überläßt, wird, wenn er eine Geldfälschung vorbereitet, mit Freiheitsstrafe bis zu fünf Jahren oder mit Geldstrafe, sonst mit Freiheitsstrafe bis zu zwei Jahren oder mit Geldstrafe bestraft.

^{II} Nach Absatz 1 wird nicht bestraft, wer freiwillig

1. die Ausführung der vorbereiteten Tat aufgibt und eine von ihm verursachte Gefahr, daß andere die Tat weiter vorbereiten oder sie ausführen, abwendet oder die Vollendung der Tat verhindert und

2. die Fälschungsmittel, soweit sie noch vorhanden und zur Fälschung brauchbar sind, vernichtet, unbrauchbar macht, ihr Vorhandensein einer Behörde anzeigt oder sie dort abliefert.

^{III} Wird ohne Zutun des Täters die Gefahr, daß andere die Tat weiter vorbereiten oder sie ausführen, abgewendet oder die Vollendung der Tat verhindert, so genügt an Stelle der Voraussetzungen des Absatzes 2 Nr. 1 das freiwillige und ernsthafte Bemühen des Täters, dieses Ziel zu erreichen.

§ 149

BT Achter Abschnitt

1 **1) Die Vorschrift** idF des Art. 19 Nr. 59 EGStGB (1 vor § 146; § 138 E 1962, Begr. 494; Ndschr. **6** 221, 290, 367; E EGStGB 228) wird ergänzt durch §§ 127, 128 OWiG. II und III enthalten eine besondere Rücktrittsregelung (dazu krit. Zielinski JZ **73**, 197). Sie ist wie zB §§ 83 II, 311 c III Nr. 2 erforderlich, weil § 24 auf die zur selbständigen Tat erhobene Vorbereitungshandlung nach § 149 nicht anwendbar ist. § 149 gilt auch für Auslandstaten (§ 6 Nr. 7), jedoch nicht hinsichtlich der Wertzeichenfälschung.

2 **2) Tathandlung** ist, daß der Täter eine von ihm oder anderen (dann Beihilfe in Form der Vorbereitung) geplante **Fälschung von Geld oder Wertzeichen,** dh eine Tat nach § 146 I Nr. 1 oder § 148 I Nr. 1, in bestimmter Weise vorbereitet; dh er muß den Vorsatz haben (Absicht ist hier nicht gefordert), durch seine Handlung die in Aussicht genommene Tat, die im einzelnen wie bei § 30 (dort 7) konkretisiert sein muß (vgl. aber hierzu Lackner 5; M-Schroeder § 66, 36; Herzberg JR **77**, 70), zu fördern; ob sie dazu geeignet ist, ist ohne Bedeutung (LK-Herdegen 6). Vorbereitet werden muß die Tat dadurch, daß der Täter entweder

3 **A.** die in **I Nr. 1** genannten Sachen (vgl. § 74 d I; dort 8) oder ihnen ähnliche **Vorrichtungen,** die ihrer Art nach zur Begehung der Tat geeignet sind, dh Gegenstände, „denen schon ihrer Art nach eine spezifische Verwendbarkeit zur Ausführung von Fälschungen innewohnt" und „die nach ihrem Erscheinungsbild und ihrer Eigenschaft als Fälschungsmittel den ausdrücklich angeführten ... vergleichbar sind" (E EGStGB 229), also nicht etwa ein einfaches Werkzeug, aber auch nicht eine Druckereimaschine oder Fotoapparate (LK 3), sondern zB Prägestöcke, Abdrucke oder Zeich-
4 nungen; oder **B. Papier** der in **I Nr. 2** genannten Art, dh ein Papier, das der für echtes Papiergeld oder echte Wertzeichen bestimmten und gegen Nachahmung zB durch Wasserzeichen oder Einstreuung möglicherweise unsichtbarer Fasern besonders gesicherten Papierart gleicht oder („zum Verwechseln ähnlich") nach Gesamtbild oder Gesamteindruck trotz der vorhandenen Abweichungen geeignet ist, bei einem durchschnittlichen, über besondere Sachkunde nicht verfügenden Betrachter, der das Papier nicht besonders prüft, den Irrtum aufkommen zu lassen, es handle sich um gleiches Papier (E EGStGB 229), **herstellt,** dh anfertigt, sich oder einem anderen **verschafft** (7 zu § 146), **feilhält** (6 zu § 319), **verwahrt,** dh in seinem Gewahrsam (9 ff. zu § 242) hat, oder einem anderen **überläßt** (13 zu § 184).

5 **3) Vorsatz** ist als mindestens bedingter erforderlich.

6 **4) Teilnahme** ist möglich; der Versuch ist nicht strafbar.

7 **5) Die Strafe** ist danach abgestuft, ob eine Tat nach § 146 I Nr. 1 oder § 148 I Nr. 1 vorbereitet wird. In den Fällen der Vorbereitung der Geldfälschung nach I sind Vermögensstrafe (§ 43 a) und erweiterter Verfall (§ 73 d) unter den Voraussetzungen des § 150 I möglich; Einziehung nach § 150 II.

8 **6) Tätige Reue** (II, III, bedeutsam auch für § 275 II) mit der Folge der Straffreiheit **(persönlicher Strafaufhebungsgrund)** übt der Täter, wenn er
9 **freiwillig** (8 ff., 14 zu § 24) **A. (Nr. 1)** die Ausführung der vorbereiteten Tat in jedem Stadium vor dem Versuch endgültig **aufgibt,** und eine von ihm verursachte (und auch erkannte, § 83 a II; aM SchSch-Stree 15; SK-Rudolphi 7) **Gefahr,** daß andere, vor allem potentielle Mittäter, die Tat weiter vorbereiten oder ausführen, **abwendet** (wesentliche Minderung reicht nicht aus) oder die **Vollendung** der Tat **verhindert** (3 zu § 83 a) **und**

Geld- und Wertzeichenfälschung **§ 149**

B. (Nr. 2) die noch **vorhandenen** und zur Fälschung **brauchbaren Fälschungsmittel**, dh wie in § 150 die in I Nr. 1, 2 genannten spezifischen Mittel entweder **vernichtet**, dh ihre Substanz zerstört, **unbrauchbar macht** (11 zu § 133), ihr Vorhandensein einer beliebigen **Behörde** (35 zu § 11) **anzeigt**, und zwar nach dem Sinn der Vorschrift so, daß die Behörde zugreifen kann, oder die Sachen einer Behörde **abliefert**. C. Anstelle von Nr. 1 (Nr. 2 muß auch hier erfüllt werden) genügt nach III freiwilliges und ernsthaftes Bemühen (14 zu § 24) des Täters, das Ziel der Nr. 1 zu erreichen, wenn ohne sein Zutun die Gefahr weiterer Vorbereitung oder Ausführung abgewendet oder die Vollendung der schon versuchten Tat verhindert wird, sei es zB durch potentielle Mittäter oder die ohne Wissen des Täters eingreifende oder von ihm alarmierte Polizei. 10 11

7) Konkurrenzen. § 149 tritt hinter §§ 146, 148 zurück, sobald dort ein strafbarer Versuch begangen wird. Tritt der Täter nach § 24 von diesem Versuch zurück, so bleibt § 149, wenn nicht auch dessen II oder III gegeben ist (LK 2; str). Im Fall von § 149 II oder III lebt der sonst verdrängte (§ 21 OWiG) § 127 OWiG nicht wieder auf (LK 8; SchSch 20). Tateinheit ist möglich mit § 83. 12

Vermögensstrafe, Erweiterter Verfall und Einziehung

150 ¹In den Fällen der §§ 146, 148 Abs. 1, der Vorbereitung einer Geldfälschung nach § 149 Abs. 1 und des § 152a sind die §§ 43a, 73d anzuwenden, wenn der Täter als Mitglied einer Bande handelt, die sich zur fortgesetzten Begehung solcher Taten verbunden hat. § 73d ist auch dann anzuwenden, wenn der Täter gewerbsmäßig handelt.

ⁱⁱIst eine Straftat nach diesem Abschnitt begangen worden, so werden das falsche Geld, die falschen oder entwerteten Wertzeichen und die in § 149 bezeichneten Fälschungsmittel eingezogen.

1) Die Vorschrift des II (idF des Art. 19 Nr. 59 EGStGB), dem Art. 1 Nr. 11 des OrgKG (2 zu § 43a) den jetzigen I voranstellte, schreibt in den in I genannten Fällen bei bandenmäßiger Begehung die Anwendung der **Vermögensstrafe** (§ 43a) und des **erweiterten Verfalls** (§ 73d) vor, diesen zusätzlich in den in I genannten Fällen, wenn der Täter gewerbsmäßig handelt (I S. 2). II schreibt die **Einziehung** des falschen Geldes (7 zu § 146) in den Fällen von §§ 146, 147, der falschen (§ 148 I Nr. 1) oder entwerteten Wertzeichen (§ 148 II) sowie der Fälschungsmittel (§ 149 I Nr. 1, 2) über § 74 I hinaus vor, so daß das Gericht sie anordnen muß, wenn die Voraussetzungen von § 74 II oder III gegeben sind (§ 74 IV); § 74b ist nicht anzuwenden (str.; **aM** 22. 5. 1979, 1 StR 650/78; LK-Herdegen 3; SK-Rudolphi 1), aber auch nicht § 74a. Auf die in § 149 bezeichneten Sachen trifft stets § 74 II Nr. 2 zu, so daß die Einziehung primär auf diese Vorschrift zu stützen ist; zusätzlich aber auch auf Nr. 1, wenn diese ebenfalls gegeben ist (vgl. 18 zu § 74). Auch § 74 III kommt in Betracht, so daß eine rechtswidrige Tatbestandsverwirklichung genügt. Doch muß es mindestens zu deren Versuch gekommen sein. Der nicht mit Strafe bedrohte Versuch eines Vergehens nach § 149 reicht nicht aus (RG **55**, 46). § 74b II ist anzuwenden; danach wird vor allem die Anweisung auf Unbrauchbarmachung oder Ändern der Fälschungsmittel nach § 149 in Betracht kommen. § 74e II ist zu beachten. 1

§ 150

2 2) Die **selbständige Anordnung des Verfalls** ist nach § 76a I möglich. Wegen der Anwendung des § 76a II vgl. 6 zu § 73d. **Selbständige Einziehung** ist sowohl nach § 76a I wie II möglich; dann auch objektives Verfahren nach §§ 440, 441 StPO.

3 3) **Einziehung** von anderen als den in § 149 genannten *instrumenta* (Druckereimaschine) sowie anderer *producta sceleris* (halbfertige Falsifikate) nach §§ 74ff. Eingezogenes Falschgeld ist von der Deutschen Bundesbank aufzubewahren, § 37 II BBankG.

Wertpapiere

151 Dem Geld im Sinne der §§ 146, 147, 149 und 150 stehen folgende Wertpapiere gleich, wenn sie durch Druck und Papierart gegen Nachahmung besonders gesichert sind:

1. **Inhaber- sowie solche Orderschuldverschreibungen, die Teile einer Gesamtemission sind, wenn in den Schuldverschreibungen die Zahlung einer bestimmten Geldsumme versprochen wird;**
2. **Aktien;**
3. **von Kapitalanlagegesellschaften ausgegebene Anteilscheine;**
4. **Zins-, Gewinnanteil- und Erneuerungsscheine zu Wertpapieren der in den Nummern 1 bis 3 bezeichneten Art sowie Zertifikate über Lieferung solcher Wertpapiere;**
5. **Reiseschecks, die schon im Wertpapiervordruck auf eine bestimmte Geldsumme lauten.**

1 1) **Die Vorschrift** (§ 316 I E 1962, Begr. 492; Ndschr. **6**, 220, 366) durch Art. 19 Nr. 59 EGStGB (1 vor § 146) eingefügt, erweitert den Schutz der §§ 146, 147, 149 und 150 im Wege einer Gleichstellungsklausel auf solche Wertpapiere (auch eines fremden Währungsgebietes, § 152), die im Geschäftsverkehr wegen ihres massenhaften Vorkommens und ihrer dem Papiergeld ähnlichen Ausstattung besonderes Vertrauen genießen und bei der Echtheitsprüfung zu einer gewissen Oberflächlichkeit verleiten (NStZ **87**, 504; E EGStGB 229). Für § 151 gilt das Weltrechtsprinzip (§ 6 Nr. 7).

2 2) **Voraussetzung** der Gleichstellung ist als Tatbestandsmerkmal, daß die echten Papiere durch über das sonst bei Urkunden übliche Maß hinausgehende besondere Vorkehrungen sowohl in der Gestaltung des **Drucks** als auch in Wahl und Ausstattung der **Papierart** (sog. Wertzeichenpapier; vgl. 4 zu § 149) **gegen Nachahmung besonders gesichert** sind. Das trifft für die im Börsenverkehr der BRep. gehandelten Papiere, die nach den hier geltenden Richtlinien für den Wertpapierdruck hergestellt sind, im allgemeinen zu (E EGStGB 231). Sicherung nur bei Papier oder Druck reicht, auch bei ausländischen Papieren nicht aus. Indessen genügt, ist andererseits aber auch erforderlich, daß das Falschstück, ohne ein echtes Vorbild zu haben, den Erfordernissen des Wertpapierdrucks entsprechend hergestellt ist (NJW **81**, 1965 m. Anm. Kienapfel JR **81**, 472 und krit. Otto NStZ **81**, 478).

3) **Folgende Papiere** (Auswahlprinzip E EGStGB 230f.) nennt § 151 in einem Ausschlußkatalog:

3 Nr. 1. Auf einen bestimmten Geldbetrag lautende a) **Inhaberschuldverschreibungen** (§ 795 BGB; zB von Bund, Ländern und Gemeinden; Hypo-

Geld- und Wertzeichenfälschung § 151

thekenpfandbriefe; nicht aber Lotterielose oder Legitimationspapiere), in denen die Zahlung einer bestimmten Geldsumme (und nicht etwa nur ein Zinsbetrag aus ihr) versprochen wird (NStZ 87, 504). **b) Orderschuldverschreibungen,** aber nur solche, die Teile einer **Gesamtemission** sind (§ 808 a BGB);

Nr. 2 Aktien, und zwar sowohl Inhaber- wie Namensaktien, aber nicht 4 Zwischen(Interims-)scheine oder Quittungen, die Aktionären vor Aktienausgabe erteilt werden (E EGStGB 230);

Nr. 3 Anteilscheine, die von deutschen oder fremden Kapitalanlagege- 5 sellschaften ausgegeben werden, dh **Investmentzertifikate** (vgl. KAGG);

Nr. 4 Zins-, Gewinnanteil- und **Erneuerungsscheine** zu Papieren nach 6 Nr. 1 bis 3, auch wenn sie nicht auf eine bestimmte Summe lauten, sowie **Zertifikate** über **Lieferung** von Papieren nach Nr. 1 bis 3, dh Schuldverschreibungen, in denen die Lieferung eines solchen Papiers versprochen wird (E EGStGB 230);

Nr. 5 Reiseschecks, und zwar sowohl von Kreditinstituten wie von Rei- 7 sebüros, aber nur dann, wenn sich der Wertpapiervordruck auf eine bestimmte Geldsumme erstreckt (BGH **30**, 71 m. Anm. Stree JR **81**, 427, Otto NStZ **81**, 478, Puppe JZ **86**, 993). Reiseschecks mit individuellen, nicht gedruckten Eintragungen vor allem des Geldbetrages, sind nur durch § 267 geschützt. Das ergibt sich auch daraus, daß Verfälschungen nur dann unter die §§ 146, 148 fallen, wenn sie den Anschein eines höheren Wertes hervorrufen (E EGStGB 231).

4) Vorsatz ist als mindestens bedingter erforderlich und hat sich als 8 solcher auf die Art des Wertpapiers (Parallelwertung in der Laiensphäre) wie auch auf dessen besondere Sicherung durch Druck und Papier zu erstrecken. Die irrige Annahme, daß ein solches Papier dem Geld nicht gleichstehe, ist Subsumtionsirrtum.

5) Sonstige Vorschriften. Anzeigepflicht § 138 I Nr. 4; Überwachungs- 9 maßnahmen § 100 a Nr. 2 StPO; vgl. ergänzend §§ 127, 128 OWiG.

Geld, Wertzeichen und Wertpapiere eines fremden Währungsgebiets

152 Die §§ 146 bis 151 sind auch auf Geld, Wertzeichen und Wertpapiere eines fremden Währungsgebiets anzuwenden.

1) Die Vorschrift idF des Art. 19 Nr. 59 EGStGB (1 vor § 146) stellt aus- 1 drücklich klar, daß die Tatbestände der §§ 146 bis 151 mit ihren strafrechtlichen Sanktionen auch auf Geld (2 zu § 146), Wertzeichen (2 zu § 148) und Wertpapiere (3 ff. zu § 151) eines fremden Währungsgebietes, dh des Auslandes und der DDR, anzuwenden sind (E EGStGB 231). Das Weltrechtsprinzip gilt allerdings auch insoweit nur für die §§ 146, 149 (iVm § 146) und 151 (was § 150 mit einbezieht), aber nicht für die §§ 147, 148. § 152 erfüllt hinsichtlich des Geldes die Verpflichtung der BRep. aus Art. 5 des Übk. v. 20. 4. 1929 (9 zu § 6; BGH **32**, 199), hinsichtlich der Postwertzeichen aus Art. 13 WPostVtr. § 152 bewirkt, daß zB nach § 151 ein Chinese strafbar ist, der auf den Philippinen amerikanische Aktien fälscht.

2) Nach der den §§ 146, 148 und 151 zugrundeliegenden **Begriffsbil-** 2 **dung** bestimmen sich auch die Begriffe des fremden Geldes (BGH **12**, 345;

§ 152

32, 198), der fremden Wertzeichen und Wertpapiere, wenn auch letztlich unter Berücksichtigung des fremden Rechts (BGH **32**, 76; NStZ **87**, 504; vgl. Schlüchter, Oehler-FS 317; Puppe JZ **86**, 993). So kann ein gesetzliches Zahlungsmittel wie der englische Goldsovereign nicht durch Gewohnheitsrecht (so Oldenburg, NJW **64**, 176), sondern nur durch staatlichen Akt außer Kurs gesetzt werden (BGH **12**, 344; **19**, 357; str.; hierzu Geisler GA **81**, 510). Hinsichtlich des US-Golddollars hat GA **67**, 215 die Frage offen gelassen. Derartige Münzen, die sich nicht mehr im Zahlungsverkehr befinden und zu einem ihren Nominalwert weit übersteigenden Preis als Ware gehandelt werden, werden damit nicht iS von § 146 f. in den Verkehr gebracht (Dreher JR **76**, 295; iErg. ebenso SchSch-Stree 13 vor § 146; SK-Rudolphi 3 zu § 146).

3 3) **Der Vorsatz** des Täters muß sich in den Fällen des § 152 auf die Merkmale beziehen, welche die Begriffe des Geldes, der Wertzeichen und der Wertpapiere konstituieren. Ist er der Meinung, das ausländische Geld sei außer Kurs gesetzt, so fehlt der Vorsatz. Meint er, ein ausländisches gesetzliches Zahlungsmittel könne gewohnheitsrechtlich außer Kraft gesetzt werden oder die deutschen Strafvorschriften seien auf ausländisches Geld nicht anzuwenden, so kann das nur einen Verbotsirrtum begründen (vgl. LK-Herdegen 3).

Fälschung von Vordrucken für Euroschecks und Euroscheckkarten

152 a ^IWer in der Absicht, daß inländische oder ausländische Euroschecks unter Verwendung falscher Vordrucke als echt in den Verkehr gebracht werden oder daß ein solches Inverkehrbringen ermöglicht werde,

1. falsche Vordrucke für Euroschecks herstellt, sich oder einem anderen verschafft, feilhält oder einem anderen überläßt oder

2. die Herstellung solcher falscher Vordrucke vorbereitet, indem er
   a) Platten, Formen, Drucksätze, Druckstöcke, Negative, Matrizen oder ähnliche Vorrichtungen, die ihrer Art nach zur Herstellung dieser Vordrucke geeignet sind,
   oder
   b) Papier, das einer solchen Papierart gleicht oder zum Verwechseln ähnlich ist, die zur Herstellung echter Vordrucke bestimmt und gegen Nachahmung besonders gesichert ist,

herstellt, sich oder einem anderen verschafft, feilhält, verwahrt oder einem anderen überläßt,

wird in den Fällen der Nummer 1 mit Freiheitsstrafe von einem Jahr bis zu zehn Jahren, in den Fällen der Nummer 2 mit Freiheitsstrafe bis zu fünf Jahren oder mit Geldstrafe bestraft.

^{II}In minder schweren Fällen des Absatzes 1 Nr. 1 ist die Strafe Freiheitsstrafe bis zu fünf Jahren oder Geldstrafe.

^{III}Ebenso wird bestraft, wer in der Absicht, daß inländische oder ausländische Euroscheckkarten unter Verwendung falscher Vordrucke zur Täuschung im Rechtsverkehr gebraucht werden oder daß ein solcher Gebrauch ermöglicht werde, eine in Absatz 1 bezeichnete Handlung begeht, die sich auf Vordrucke für Euroscheckkarten bezieht.

Geld- und Wertzeichenfälschung §152a

IV In den Fällen des Absatzes 1 Nr. 2, auch in Verbindung mit Absatz 3, gilt § 149 Abs. 2 und 3 entsprechend.

V § 150 Abs. 2 gilt entsprechend.

1) Die Vorschrift ist durch Art. 1 Nr. 5 des 2. WiKG (2 vor § 263) eingefügt 1 worden (vgl. dazu Otto wistra 86, 153). V wurde durch Art. 1 Nr. 12 OrgKG (2 zu § 43a) ohne sachliche Änderung neu gefaßt. § 152a trägt der Entwicklung des modernen Zahlungsverkehrs im In- und Ausland Rechnung, der sich zunehmend Euroschecks bedient. Euroscheckvordrucke und Euroscheckkarten sind auf Grund von Vereinbarungen der Kreditwirtschaft – abweichend von sonstigen Scheckformularen – einheitlich gestaltet und nach Papier und Druck gegen Nachahmung besonders gesichert. Sie haben – vom Scheckkarteninhaber ausgefüllt und unterschrieben – im Rechtsverkehr eine ähnliche Funktion wie Bargeld erhalten. Vordrucke für Euroschecks und Euroscheckkarten bedürfen daher eines vergleichbaren Schutzes, zumal Falsifikate bereits in großem Umfang aufgetaucht sind (Möhrenschlager wistra 86, 216; Stüllenberg, Lüdders KR 86, 43, 99; Weber NStZ 86, 484) und insoweit eine Verurteilung nicht möglich war (vgl. LG Berlin wistra 85, 241), weil die bloße Herstellung falscher, auch bereits codierter Euroscheckvordrucke weder als vollendete noch stets als versuchte Urkundenfälschung strafbar ist. § 152a hat daher den strafrechtlichen Schutz auf Euroscheckvordrucke vorverlagert, denn die Möglichkeit, Täter in einem späteren Stadium nach einer Verwendung falscher Vordrucke im Zahlungsverkehr wegen Betrugs und Urkundenfälschung zu verfolgen, genügt nicht für den gebotenen Schutz der Garantiefunktion, die den Euroschecks in Verbindung mit der dazu gehörenden Euroscheckkarte als Zahlungsmittel innewohnt. Ob ein Bedürfnis für einen Strafschutz auch von Kreditkartenvordrucken besteht (vgl. Möhrenschlager wistra 85, 216), bleibt abzuwarten. Geschütztes **Rechtsgut** ist 2 ebenso wie in den §§ 146ff. die *Sicherheit und Funktionsfähigkeit des Zahlungsverkehrs* (Ber. 26; 2 vor § 146; Otto wistra 86, 153; SK-Rudolphi 1). Da die Geldähnlichkeit von Euroschecks erst über die Garantiefunktion der Euroscheckkarten begründet wird, bedürfen Vordrucke für solche Schecks samt die der entsprechenden Scheckkarten gleichermaßen des Schutzes. Eine bloße Erweiterung des § 151 war, da Euroschecks mit den dort geregelten Wertpapieren nicht vergleichbar sind, nicht möglich. In besonderen Absätzen des § 152a wurden vielmehr die Fälschungstatbestände hinsichtlich der Vordrucke für Euroschecks (I) und der für Euroscheckkarten (III) im Hinblick auf deren unterschiedliche Funktion und Verwendung getrennt geregelt.

2) Tatgegenstand sind im Falle des I falsche **Vordrucke für Euro-** 3 **schecks,** das sind solche, die nicht von dem im Vordruck bezeichneten, möglicherweise auch ausländischen, für den Euroscheckverkehr zugelassenen Kreditinstitut autorisiert sind (hierzu SK 4, 5). **Tathandlungen** sind **A. nach I Nr. 1** – in Anlehnung an § 149 umschrieben und in der Sache 4 denen des § 146 weitgehend entsprechend (Ber. 27) – das **a) Herstellen** (27 zu § 184) solcher Vordrucke, **b) das sich** oder einem anderen **Verschaffen** (7 zu § 146), **c) das Feilhalten** (6 zu § 319), zB, um sie Bösgläubigen, die sie in den Verkehr zu bringen trachten, zum Verkauf anbieten (Ber. 27), oder **d) das einem anderen Überlassen** (13 zu § 184). Den Fall des „Verwahrens" hat die Nr. 1 bei den Euroscheckvordrucken nicht aufgenommen (anders die Nr. 2), um einen Wertungswiderspruch zu den §§ 146 und 151 zu vermeiden, wo das Verwahren von Falschgeld und falschen Wertpapieren allein noch nicht mit Strafe bedroht ist (Ber. 27). **B. I Nr. 2** betrifft die 5 **Vorbereitungshandlungen** zum Herstellen solcher Vordrucke. Hinsicht-

955

§ 152a

BT Achter Abschnitt

lich der Tatmodalitäten und der Tatgegenständen ist die Vorschrift voll dem § 149 I angeglichen (vgl. dort 3, 4; ferner 8 zu § 74d).

6 3) **Tatgegenstand** sind im Falle des III falsche **Vordrucke für Euroscheckkarten**. Solche Scheckkarten sind im Euroscheckverkehr die Berechtigung des Scheckausstellers zu garantieren bestimmt (oben 1). Hinsichtlich der Tathandlungen bezieht sich III im vollen Umfange auf die des I (oben 4, 5). Es sind also nicht nur die in I Nr. 1 bezeichneten Handlungen unter Strafe gestellt, sondern auch die ihnen iS des I Nr. 2 dienenden Vorbereitungshandlungen. Auch die Herstellung totalgefälschter Euroscheckkarten zum Zwecke des mißbräuchlichen Einsatzes an Geldautomaten (Bankomaten; vgl. 3 zu § 265a) fällt unter III, wie die klarstellende Regelung des durch das 2. WiKG (2 vor § 263) eingeführten § 270 ergibt (Ber. 27; aM Bieber WM Beil. 6/87, 28); nicht ausreichend ist die Herstellung gefälschter Magnetstreifen auf Blanketten, die nur in ihrer Form Euroscheckkarten entsprechen (ähnlich Granderath, DB **86**, Beilage 18, 8), je doch kann § 269 anwendbar sein.

7 4) Alle Tathandlungen von I bis III müssen in der **Absicht** begangen werden, daß durch die Taten a) in den Fällen des I falsche Euroscheckvordrucke als echt in den Verkehr gebracht werden (8 zu § 146) oder dies ermöglicht werde, oder b) in den Fällen des III zur Täuschung im Rechtsverkehr (30 zu § 267) falsche Euroscheckkartenvordrucke gebraucht werden (23 zu § 267) oder ein solcher Gebrauch ermöglicht werde. Hiernach reicht es aus, daß der Täter lediglich die Absicht hat, die Vordrucke an Eingeweihte, zB in Bereicherungsabsicht zu verkaufen (Ber. 27). Ist eine solche Absicht nicht nachweisbar, so ist § 127 OWiG (idF des 2. WiKG) zu beachten. Im übrigen ist **Vorsatz** (bedingter genügt) erforderlich (Otto wistra **86**, 154).

8 5) Die **Strafdrohung** ist mehrfach abgestuft (krit. SK 2). Sie lehnt sich an die der Geld- und Wertzeichenfälschung an. Die Fälle des I Nr. 1 sowie III iVm I Nr. 1 sind daher als Verbrechenstatbestand ausgestaltet. Es ist aber abweichend von § 146 lediglich Freiheitsstrafe von einem bis zu 10 Jahren angedroht, da die Herstellung und Verbreitung falscher Euroscheck- und Euroscheckkartenvordrucke den Zahlungsverkehr nicht so intensiv gefährdet wie entsprechende Geldfälschungstaten (Ber. 27). Die Vorschrift begnügt sich daher in diesen Fällen mit einer Regelstrafdrohung, die der eines besonders schweren Falles des Betrugs und der Urkundenfälschung entspricht. Für die Vorbereitungshandlung des I Nr. 2 sowie des III iVm I Nr. 2 ist die Strafdrohung der des § 149 angeglichen (Freiheitsstrafe bis zu 5 Jahren oder Geldstrafe). Dieselbe Strafdrohung sieht **II** ferner für minder schwere Fälle des I Nr. 1, III vor, da auch bei diesen Verbrechenstatbeständen leichtere Fälle denkbar sind, bei denen eine mildere Freiheitsstrafe oder sogar Geldstrafe in Betracht kommen kann (Ber. 27). **Nach § 150 I** idF des OrgKG (2 zu § 43a) sind die §§ 43a (Vermögensstrafe) und 73d (erweiterter Verfall) anzuwenden, § 73d außerdem auch dann, wenn der Täter gewerbsmäßig handelt.

9 6) **Nach IV** gilt für die Fälle der *Vorbereitung* der Fälschung von Euroscheck- und Euroscheckkartenvordrucken der persönliche Strafaufhebungsgrund der **tätigen Reue** des § 149 II, III entsprechend (dort 8 ff.). Greift er ein, so lebt der durch § 152a verdrängte (§ 21 OWiG) § 127

OWiG idF des 2. WiKG nicht wieder auf. Ferner ist **nach V** in entsprechender Anwendung des § 150 II *zwingend* die **Einziehung** der falschen Vordrucke sowie der in I Nr. 2 bezeichneten Gegenstände und Gerätschaften, und zwar über den § 74 hinaus, vorgeschrieben (1, 2 zu § 150).

7) Konkurrenzen. Gegenüber den beim *Inverkehrbringen* gefälschter Euroschecks begangenen anderen Straftaten (zB §§ 263, 267) tritt § 152a I Nr. 2 insoweit zurück, als jenen Straftaten Fälschungen iS des § 152a I Nr. 2 vorausgegangen sind (SK 16), hingegen besteht zwischen § 152a I Nr. 1 und §§ 263, 267 Tateinheit (U. Weber JZ **87**, 218; differenzierend SK 18). 10

Neunter Abschnitt
Falsche uneidliche Aussage und Meineid

Vorbemerkung

1) Geschütztes Rechtsgut der Aussagedelikte ist, auch wenn im Falle des Meineides ein sakrales Moment mitschwingt (SchSch-Lenckner 2), grundsätzlich die staatliche Rechtspflege, die durch falsche Aussagen gefährdet wird (GrSenBGH **8**, 309; BGH **10**, 143; RG **47**, 156; LK-Willms 2ff.; M-Schroeder § 74, 9; Dedes JR **77**, 441; Otto JuS **84**, 161). Es handelt sich um *abstrakte Gefährdungsdelikte* (13 vor § 13; Gallas GA **57**, 318). Die §§ 153ff. regeln die Materie erschöpfend, so daß entgegenstehendes Landesrecht nichtig ist (Art. 4 II EGStGB; RG **42**, 100). **De lege ferenda:** *Schulz*, Probleme der Strafbarkeit des Meineides nach geltendem und künftigem Recht, 1970; *Vormbaum*, Reform der Aussagetatbestände (§§ 153–163 StGB), 1992; *Grünwald*, R. Schmitt-FS 311. **Kriminologie:** *Mumm*, Zum Wesen der Aussagedelikte, 1964. **Rechtshistorisch:** *Holzhauer* HRG III 447; *Dahs*, Rebmann-FS 162. 1

2) Die falsche Aussage (auch in der Form der Versicherung) ist der entscheidende Bestandteil der Delikte. 2

A. Aussage ist in den Fällen der Zeugen- und Parteiaussage sowie der eidesstattlichen Versicherung die Wiedergabe von Tatsachen, dh vergangenen oder gegenwärtigen Ereignissen oder Zuständen in der Außenwelt oder im Inneren von Menschen, wobei einfache und allgemein bekannte Rechtsbegriffe sowie im Alltag übliche Bewertungen (ehewidrige Beziehungen, Oldenburg NdsRpfl. **50**, 163) im Gegensatz zu bloßen Schlußfolgerungen und Vermutungen (Koblenz NStE § 153 Nr. 1) wie Tatsachen behandelt werden. Im Fall des Sachverständigengutachtens erweitert sich der Begriff der Aussage (vgl. BGH **9**, 292) auf reine Werturteile. 3

B. Falsch ist die Aussage, falls sie der Wahrheit nicht entspricht (Bay **56**, 248). Es ist der Sinn der Aussage durch Auslegung zu ermitteln und nicht am bloßen Wortlaut zu haften (BGHR § 163, Auss. 1). **a)** Ob eine Aussage falsch ist, ergibt regelmäßig ein Vergleich mit der objektiven Sachlage, also mit der Wirklichkeit **(objektive Theorie);** nicht dagegen die subjektive Vorstellung des Aussagenden **(subjektive Theorie).** Wer etwas Wahres in der Meinung beschwört, es sei falsch, hätte nach der subjektiven Theorie einen vollendeten Meineid geleistet, da es dieser nur auf die (subjektive) Vorstellung des Schwörenden ankommt, nicht auf die wirkliche Sachlage. 4 5

Vor § 153

Nach der (zutreffenden) objektiven Theorie (M-Schroeder § 74, 16) liegt aber versuchter Meineid (am untauglichen Objekt) vor (RG **61**, 159). Daß das Gesetz von der objektiven Theorie ausgeht, ergibt § 160, wonach einen falschen Eid leistet, wer Wahres zu beschwören glaubt (dagegen LK 10; Schmidhäuser, OLG Celle-FS 218; SK-Rudolphi 43, die auf das wirkliche Erlebnisbild des Aussagenden abstellen), nach Dedes (JR **77**, 445) soll es hingegen auf das (mögliche) Erlebnisbild einer Person in der Position des
6 Zeugen ankommen. **b)** Auf das **subjektive Wissen** kommt es jedoch an, **falls** sich der Aussagende ausdrücklich auf seine Überzeugung stützt oder seine persönlichen Eindrücke wiedergibt (Blei BT § 107 IV), jedoch muß der Zeuge eigene Mutmaßungen nicht wiedergeben (StV **90**, 110). Doch fällt die Aussage „**nach bestem Wissen**" (so der Zeugeneid nach § 66c StPO; die eidesstattliche Versicherung nach § 807 ZPO; BGH **7**, 147) unter die Gruppe zu 5 und nicht zu 6. Denn es handelt sich um den (eigentlich selbstverständlichen) Vorbehalt, auszusagen innerhalb der Schranken menschlicher Erkenntnisfähigkeit (RG **65**, 27; vgl. aber RG DR **44**, 722; Bremen NJW **60**, 1827). Andernfalls würde die Wahrheitspflicht bei der uneidlichen Aussage des Zeugen (§ 153) weiterreichen als bei der beeide-
7 ten. **c)** Das RG folgte der **objektiven** Theorie (RG **76**, 96; **65**, 27; **64**, 278). Der BGH hat sich ebenfalls für sie entschieden (BGH **7**, 148; 13. 3. 1962, 1 StR 57/62), für die subjektive Theorie, wenn auch differenzierend Gallas (GA **57**, 315; LK 9 ff.). Den herkömmlichen Theorien stellt Schmidhäuser (OLG Celle-FS 267) eine dritte, sog. **Pflichttheorie** gegenüber (hierzu Otto JuS **84**, 162 und BT § 97 II 2), die den Vorzug verdient. Zu den Grenzen der Wahrheitspflicht des Zeugen (Dedes JR **83**, 99). Zum Ganzen grundlegend und krit. Paulus (Küchenhoff-GedS 435), nach ihm ist falsch eine Aussage dann, wenn ihr Inhalt mit ihrem gesetzlich vorgeschriebenen oder prozessual zugelassenen Gegenstand nicht übereinstimmt (aaO 474; zusf. G. Wolf JuS **91**, 177).

8   **3)** Für den **Meineid**, das schwerste Aussagedelikt, das als Partei-, Zeugen- und Sachverständigenmeineid möglich ist, gelten folgende Besonderheiten:

9   **A.** Der **Eid** ist begrifflich die Versicherung der Wahrheit in besonders feierlicher Form (vgl. BGH **8**, 309; krit. Badura GA **57**, 397; Dahs, Rebmann-FS 173; G. Wolf JuS **91**, 182; Vormbaum [aaO oben 1a] 9 ff.). Das Gesetz (§§ 60, 61 StPO; § 393 ZPO) mißt der beeideten Aussage grundsätzlich einen erhöhten Beweiswert zu, der auch durch die höhere Strafdrohung gefördert wird (verkannt von Zipf, Maurach-FS 419). Die Ausgestaltung des Eides im einzelnen ist Sache der Bundes- und Landesgesetze (RG **18**, 246). Nicht vorgeschrieben ist die religiöse Form, § 66c II StPO, § 481 II ZPO, unschädlich sind konfessionelle Zusätze (RG **10**, 181). §§ 66c III StPO, 481 III ZPO erlauben Mitgliedern einer Religions- oder Bekenntnisgemeinschaft ausdrücklich, eine Beteuerungsformel dieser Gemeinschaft dem Eid anzufügen. Das Erheben der rechten Hand beim Schwur wird nur durch Sollvorschriften gefordert (§ 66c IV StPO, § 481 IV ZPO). Auch bleibt der Eid durch Weglassung oder Ersetzung einzelner Wörter oder durch unerhebliche Abweichungen im gesetzlichen Eidessatz (BGH **3**, 312), noch ein Eid, falls er trotzdem dem Sinn nach sich als eidliche Bekräftigung darstellt (RG **6**, 196). Doch sind die Worte „ich

Falsche uneidliche Aussage und Meineid Vor § 153

schwöre" für den Eid ieS (§ 66c I, II StPO, § 481 I, II ZPO) unerläßlich (RG JW 33, 2143). Zu den Eidesförmlichkeiten vgl. weiter RG 62, 149; 67, 333; 70, 336; BGH 3, 235. Das 1. StVRGErgG (1 zu § 155) entsprach der Forderung des BVerfG (E 33, 23 mit abl. Votum v. Schlabrendorff aaO 35), über § 155 Nr. 1 hinaus für solche, die auch den nichtreligiösen Eid aus Glaubensgründen verweigern, eine besondere neutrale Formel zu schaffen (vgl. § 66d StPO, § 484 ZPO; im übrigen § 155 mit Anm.).

B. Eine besondere Eidesfähigkeit ist nicht Voraussetzung der Strafbarkeit. Doch kann, wer von Wesen und Bedeutung eines Eides keine genügende Vorstellung hat (vgl. § 60 Nr. 1 StPO), keinen Eid und damit keinen Meineid leisten (hM, RG 28, 87). **a)** Dagegen können einen Meineid leisten Nichtprozeßfähige (§ 52 ZPO), falls sie ihre Parteiaussage beeidigen (RG GA Bd. 56, 215), ebenso Personen, welche nur in der Einzelsache nicht hätten beeidigt werden sollen (vgl. zB § 60 Nr. 2 StPO), MDR 51, 537; endlich auch wegen ihrer Jugend (noch nicht 16 Jahre alt, § 60 Nr. 1 StPO; § 393 Nr. 1 ZPO) noch nicht Eidesfähige, falls sie doch beeidigt werden und die Eideseinsicht trotz ihrer Jugend besitzen (VStSenRG 36, 278; BGH 10, 144; sehr str.; vgl. Quedenfeld JZ 73, 238; Hruschka/Kässer JuS 72, 709; Eser III 17 A 75; Arzt/Weber LH 5, 332; Otto JuS 84, 166); aber nicht Schwachsinnige und auch Eidesunmündige, falls ihnen jene Einsicht fehlt (RG 4, 32; Frankfurt NJW 52, 1388). Auch wenn die vorgeschriebene Belehrung über das Eidesverweigerungsrecht versäumt wird, ist ein Meineid möglich (GrSenBGH 8, 186; 17, 128; MDR 51, 537; 9. 9. 1981, 3 StR 291/81; BGHR § 157 I, Selbstb. 4; Willms JR 78, 79). IdR behindern überhaupt Mängel im Verfahren die Strafbarkeit der Aussagedelikte nicht, wenn wenigstens Zuständigkeit der entgegennehmenden Stelle gegeben ist (BGH 16, 232; Köln NJW 88, 2486, hierzu Geppert Jura 88, 496; dazu krit. Rudolphi GA 69, 129 und SK 34 vor § 153, der Strafbarkeit stets dann verneint, wenn der Verfahrensverstoß zu einem unbedingten Verbot der Aussageverwertung führt). **b)** Beantragt der StA unter Mißbrauch seines Ermessens die eidliche Vernehmung eines erheblich Tatverdächtigen, so ist dessen Falschaussage **objektiv** kein Meineid, aber auch **subjektiv** kein Meineidsversuch (am untauglichen Objekt), falls auch der Beeidigte die Unzulässigkeit seiner Zeugenvernehmung und Beeidigung erkennt (vgl. BGH 10, 13; Bruns GA 79, 178; siehe 21 zu § 154; LK 10 zu § 153).

4) Die Aussagedelikte sind sog. **eigenhändige Delikte** (23 vor § 13). Deshalb ist Mittäterschaft und mittelbare Täterschaft, wie sich auch aus § 160 ergibt, ausgeschlossen (RG 61, 201; Gallas, Engisch-FS 607). Langer (E. Wolf-FS 355) hält sie auch für Sonderdelikte (25 vor § 13) und die dem Täter obliegende prozessuale Wahrheitspflicht für ein besonderes persönliches Merkmal iS des § 28 I (ebenso SK 9; aM SchSch 42).

10

11

12

13

Falsche uneidliche Aussage

153 Wer vor Gericht oder vor einer anderen zur eidlichen Vernehmung von Zeugen oder Sachverständigen zuständigen Stelle als Zeuge oder Sachverständiger uneidlich falsch aussagt, wird mit Freiheitsstrafe von drei Monaten bis zu fünf Jahren bestraft.

1) Die Vorschrift (zuletzt geändert durch Art. 19 Nr. 60 EGStGB) hat durch die Einfügung der Nr. 5 in § 61 StPO (Art. 1 Nr. 14 des 1. StVRG) dadurch

1

§ 153

zusätzlich an Bedeutung gewonnen, daß die Prozeßbeteiligten nunmehr auch in Strafprozessen – unbeschadet der Vereidigungsregel des § 59 StPO – weitgehend auf die Vereidigung von Zeugen, wenn auch nicht im selben Umfang wie bei Sachverständigen (§ 79 I S. 2 StPO) verzichten (vgl. Günter DRiZ **78**, 273). Im Zivilprozeß ist die Zeugenvereidigung ohnehin die Ausnahme (§ 391 ZPO).

2 **2) Zuständig zur eidlichen Vernehmung** von Zeugen und Sachverständigen muß die die Aussage entgegennehmende Stelle sein; vgl. dazu 18 zu § 154. StA und Polizei haben die Zuständigkeit nicht (§ 161a I S. 3 StPO). Zuständig ist hingegen zB das Prozeßgericht, wenn es im Armenrechtsverfahren einen Zeugen uneidlich vernimmt (§ 118a I ZPO, Frankfurt NJW **52**, 902). Ausländische Gerichte fallen nicht darunter (2 zu § 3; vgl. LK-Willms 7; LK-Tröndle 28 ff. vor § 3; vgl. aber für Auslandstaten in Verfahren, die im Inland anhängig sind, § 5 Nr. 10 und für im Inland anhängige Verfahren vor Militärjustizbehörden nach dem NATO-Truppenstatut, AG Tauberbischofsheim NStZ **81**, 221 m. Anm. Theisinger). Im übrigen kommt es auf die Prozeßart (Zivil-, Straf-, Verwaltungsprozeß, freiwillige Gerichtsbarkeit) nicht an. Private Schiedsgerichte sind zur Abnahme von Eiden nicht zuständig; auch nicht der Spruchausschuß eines Arbeitsamtes (Hamburg NJW **53**, 476), hingegen ein im Rahmen der Zuständigkeit des Parlaments und dessen Einsetzungsbeschlusses (Wagner GA **76**, 257) vorgehender parlamentarischer Untersuchungsausschuß (BGH **17**, 128), so nach Art. 44 GG (eingehend Wagner aaO). Eine Aussage vor Gericht ist eine nur schriftlich eingereichte Erklärung, namentlich ein Sachverständigengutachten, auch dann *nicht*, wenn die Einreichung verfahrensrechtlich zulässig ist (München MDR **68**, 939; Otto JuS **84**, 166; str.), möglicherweise anders bei parlamentarischen Untersuchungsausschüssen (Wagner aaO 272), jedoch soll nach Hamburg NJW **84**, 935 (hierzu Geilen JK 1) eine Zeugenaussage vor dem Rechtspfleger im Verfahren nach § 75 KO eine Aussage vor Gericht iS des § 153 sein, zw.

3 **A. Für alle uneidlichen Aussagen** gilt die Vorschrift, und zwar auch trotz Unterlassens des Hinweises auf die Strafbarkeit (§ 57 II StPO); zB bei Eidesunmündigen und Teilnahmeverdächtigen (§ 60 Nr. 1, 2 StPO; vgl. 11 vor § 153). Desgl. bei Falschaussagen zur Verhütung der Strafverfolgung des Täters oder seiner Angehörigen. Für die letzteren Fälle beachte aber § 157 I. Aussage ist auch die bloß pauschale Bestätigung einer früheren Aussage, selbst bei Verletzung der §§ 69 StPO oder 396 ZPO (krit. Schneider GA **56**, 337). Nach Köln NJW **88**, 2486 (hierzu Geppert Jura **88**, 496) soll der Tatbestand des § 153 ausgeschlossen sein, wenn Vernehmungsmethoden nach § 136a StPO (zB Anschreien des ermüdeten Zeugen) angewendet worden sind. Zur Frage, wie weit die Aussage der Wahrheitspflicht unterliegt und die Tat durch Verschweigen begangen werden kann (vgl. 15, 16 zu § 154). Nur solche Falschaussagen sind tatbestandsmäßig, die Gegenstand der Vernehmung sind und der Pflicht zur wahrheitsgemäßen Aussage unterliegen, parlamentarische Untersuchungsausschüsse dürfen die Aussagepflicht nicht über den Gegenstand der Untersuchung erweitern (Koblenz StV **88**, 531).

4 **B. Parteiaussagen** im Zivilprozeß, die vorsätzlich falsch, aber nicht beeidigt sind, fallen nicht unter § 153; vgl. aber § 154 I. Ebensowenig fahrlässig falsche Zeugenaussagen (§ 163). Gibt der Zeuge aber eine gutachtliche Äußerung vorsätzlich falsch ab, so fällt dies unter § 153 (vgl. beim Eid RG **55**, 184); ebenso, wenn ein Sachverständiger falsche Tatsachen bekundet (LK 9). Die Angaben einer Person in beschuldigtenähnlicher Stellung vor einem parlamentarischen Untersuchungsausschuß sind keine Zeugenaussagen (Wagner GA **76**, 265; str.).

C. **Der Vorsatz** (bedingter genügt, 28. 6. 1983, 1 StR 294/83; krit. hierzu 5 Arzt, Jescheck-FS 391) hat sich auf zwei Umstände zu erstrecken: **a) eine falsche Aussage** muß der Täter wollen. Objektiv falsch und bewußt falsch muß die Aussage sein (BGH **1**, 148), wegen des (hier nicht mehr strafbaren) Versuchs vgl. 6 zu § 154. Bei Teilen einer Aussage, die nicht unmittelbar das Beweisthema betreffen, bedarf es besonderer Prüfung (JR **60**, 382). Ferner auf die **b) Zuständigkeit** der betr. Stelle zur eidlichen Vernehmung. Hier (und bei § 154) ist diese Zuständigkeit Tatbestandsmerkmal, nicht bloße Bedingung der Strafbarkeit (BGH **1**, 15; vgl. 5 zu § 156).

D. **Vollendet ist** die Tat mit dem **Abschluß der Aussage**, nämlich sobald 5a der Aussagende nichts mehr bekunden und kein Verfahrensbeteiligter mehr Fragen an ihn stellen will, spätestens mit dem Schluß der Verhandlung im jeweiligen Rechtszug (GrSenBGH **8**, 301; MDR **60**, 416; vgl. auch Bay StV **89**, 251 m. Anm. Wächtler). Danach bestimmt sich auch, ob, wenn der Aussagende im letzten Termin richtigstellt, strafloser Versuch gegeben und § 158 anwendbar ist: Wurde die falsche Angabe vorher berichtigt, so ist § 158 unanwendbar (NJW **60**, 731). Auch wer seine (zunächst uneidliche) Falschaussage *nach* Aussagenende, aber noch vor Vollendung eines nachfolgenden Eides (Nacheid iS § 154) berichtigt, tritt zwar vom Versuch des Meineids (§ 154) zurück; es bleibt ihm für die vollendete uneidliche Falschaussage (§ 153) nur noch § 158, denn ein nicht verwirklichter und somit gar nicht eingreifender Qualifikationstatbestand kann den verwirklichten § 153 nicht aufzehren (GrSenBGH **8**, 301; hM; aM aufgrund eines Wortlautarguments Vormbaum JR **89**, 133; vgl. 25 ff. zu § 154).

E. **Beihilfe zur falschen uneidlichen Aussage** kann auch jemand leisten, 6 der ein Einschreiten unterläßt, zu dem er verpflichtet ist, vor allem eine Prozeßpartei, die unter Umständen verpflichtet ist, eine falsche Zeugenaussage zu verhindern; vgl. Hamm MDR **92**, 690 L und im einzelnen 22 ff. zu § 154.

3) **Keine subsidiäre Vorschrift** ist § 153; sie gilt auch neben Vorschriften 7 mit schwererer Strafdrohung. **Tateinheit** ist zB möglich mit §§ 263 (Prozeßbetrug), 257, 145 d, 164, 186, 187, aber auch mit § 163 (BGH **4**, 214). Zum Verhältnis zwischen § 153 und § 154 vgl. 25 ff. zu § 154.

4) **Bei Wiederholung der uneidlichen Falschaussage** ist zunächst die 8 Zäsur zu beachten, die der Zeitpunkt der Aussage (oben 5a) bildet. Bei falscher Aussage in mehreren Terminen können je nachdem, ob die Vernehmung in jedem der einzelnen Termine beendet wird oder sich als Einheit über die Termine erstreckt, mehrere Vergehen oder ein fortgesetztes Vergehen oder ein einziges Vergehen vorliegen (BGH **8**, 301; LK 13; vgl. auch München NJW **67**, 2219; weiter differenzierend SchSch-Lenckner 18; SK-Rudolphi 11; Otto JuS **84**, 166). Enthält eine Aussage mehrere falsche

§ 153

Angaben, liegt gleichwohl eine einzige Tat vor (Köln StV **83**, 507). Danach richtet es sich, ob, wenn der Aussagende im letzten Termin richtigstellt, strafloser Versuch oder nur Berichtigung nach § 158 vorliegt. Wiederholt der Täter seine Falschaussage im Berufungsrechtszug, so begründet dies für die Zweitaussage nicht ohne weiteres einen Strafschärfungsgrund (vgl. § 157, Zweibrücken JBlRhPf. **84**, 10). Zur Wahlfeststellung in dem Fall, daß nicht festgestellt werden kann, welche von zwei sich widersprechenden Aussagen falsch ist (16 ff. zu § 1).

Meineid

154
[I] Wer vor Gericht oder vor einer anderen zur Abnahme von Eiden zuständigen Stelle falsch schwört, wird mit Freiheitsstrafe nicht unter einem Jahr bestraft.

[II] In minder schweren Fällen ist die Strafe Freiheitsstrafe von sechs Monaten bis zu fünf Jahren.

1   **1) Zwei Hauptarten von Meineid** sind zu unterscheiden: der Parteimeineid sowie der Zeugen- und Sachverständigenmeineid. § 154 (zuletzt geändert durch Art. 19 Nr. 61 EGStGB) behandelt sie *einheitlich,* während § 157 für den Parteimeineid nicht gilt. Dem Eid stehen die Bekräftigung und die Berufung auf einen früheren Eid oder eine frühere Bekräftigung iS von § 155 gleich. Zu Auslandstaten vgl. 2 zu § 153.

2   **2) Der Parteieid.** Sein Hauptfall ist die eidliche Parteivernehmung nach § 452 ZPO; eine Pflicht, sich vernehmen zu lassen, trifft hier die Partei nicht. In Betracht kommt noch der Verklarungseid des Schiffers (§ 525 II HGB). Zur eidlichen Vernehmung des Gemeinschuldners im Konkursverfahren vgl. 3, 309; sie ist nach 7. 7. 1955, 4 StR 603/54 Parteivernehmung.

3   **A. Vor** einem staatlichen **Gericht** muß der Eid geschworen werden. Den Gerichten stehen andere zur Abnahme von Eiden zuständige Stellen gleich, insbesondere andere Behörden als die Gerichte; sogar ausländische Behörden (zB fremde Botschafter, RG **3**, 70), können zur Abnahme von Parteieiden befugt sein. Doch muß die Behörde die Zuständigkeit im allgemeinen haben, Eide dieser Art überhaupt aufzuerlegen und abzunehmen (BGH **3**, 248, sie fehlt dem Spruchausschuß des Arbeitsamts, Hamburg NJW **53**, 477). Auch der Richter der freiwilligen Gerichtsbarkeit kann eine Partei eidlich vernehmen (RG **76**, 21; **aM** BGH **10**, 272; **5**, 112; Hamm NStZ **84**, 551 unter Hinweis auf den engen Wortlaut des § 15 FGG; LK- Willms 7; dagegen mit Recht Hamm NJW **57**, 1816 und Keidel JZ **54**, 564). Nach BGH **12**, 56 kann im Aufgebotsverfahren zur Todeserklärung der Antragsteller nicht als Zeuge vernommen und beeidigt werden. Geschieht es doch, so liegt evtl. nur versuchter Meineid vor. Im Verfahren zur Hausratsverteilung dürfen die Beteiligten nicht beeidigt werden (BGH **10**, 272), ebensowenig Betroffene im Falle sitzungspolizeilicher Maßnahmen nach §§ 176 ff. GVG (19. 7. 1983, 5 StR 395/83). Auch der Rechtspfleger ist nicht befugt, einen Eid abzunehmen (§ 4 II Nr. 1 RpflG). Unschädlich ist es, wenn die Zuständigkeit nur im Einzelfall fehlt (RG **29**, 337; Frankfurt MDR **52**, 311). Unschädlich ist es auch, wenn der Eid sachlich zu Unrecht auferlegt ist (RG **5**, 124), oder wenn trotz gegenteiliger Anordnung zur Eidesleistung kein Protokollführer zugezogen wurde (RG **65**, 207). Nur

Falsche uneidliche Aussage und Meineid § 154

die Zuständigkeit der betr. Behörde ist maßgebend, nicht ihre Zusammensetzung (GA **55**, 178).

B. Täter sein kann nur der Schwörende selbst; wegen der Eidesunfähigen vgl. 10 ff. vor § 153.

C. Die Handlung besteht im vorsätzlichen Falschschwören. Der äußere Tatbestand der Falschaussage erfaßt nur solche Aussagen, die nach den Regeln des jeweiligen Prozesses den Gegenstand der Vernehmung und die Pflicht zur wahrheitsgemäßen Aussage betreffen (BGH **1**, 24; **3**, 223; **25**, 246; NStZ **82**, 464, hierzu Geilen JK 1 vor § 153; Arm. Kaufmann, Klug-FS 289).

a) Falsch sein muß der Eid, nämlich objektiv unrichtig (RG **37**, 398; vgl. Koblenz JR **84**, 424 m. Anm. Bohnert). Nimmt der Täter an, das von ihm Beschworene sei falsch, während es wahr ist, so liegt untauglicher Versuch vor (RG **61**, 160; M-Schroeder § 74, 19; 10 ff. vor § 153). Lautet die Eidesnorm auf eine persönliche **Überzeugung**, so gilt 6 vor § 153. Lautet die beschworene Parteiaussage (§§ 445, 452 ZPO), die Partei habe nach sorgfältiger Prüfung und Erkundigung die Überzeugung erlangt, so ist bei unterbliebener Prüfung der Eid falsch, auch wenn die sonstige Tatsache richtig ist. Für falsche Rechtsschlüsse, falls sie nicht einfacher Art sind (Darlehen, Kauf), steht der Schwörende nicht ein (NJW **51**, 610).

b) Der Inhalt des Beschworenen richtet sich zunächst nach seinem Wortlaut (RG **59**, 345). Bei Auslegungsbedürftigkeit ist vom Stande des Verfahrens (der Parteibehauptung usw.) auszugehen (RG **63**, 49). Auch die eidlichen Parteiaussagen sind der Auslegung fähig (JR **51**, 501; NJW **52**, 711). Die Partei hat, wenn sie die eigene Vernehmung nicht ablehnt, alles zur Sache Gehörige lückenlos anzugeben (JZ **68**, 570). Zwischen Kern- und Nebenpunkten ist nicht zu unterscheiden (MDR/D **72**, 16; aM Voscherau, Die unerhebliche falsche Zeugenaussage, 1970), die Wahrheitspflicht beschränkt sich nicht etwa nur auf entscheidungserhebliche Tatsachen (NStZ **82**, 464 [hierzu Schlüchter 125]; KG JR **78**, 78 m. Anm. Willms; vgl. ferner JR **60**, 382 sowie 2 ff. vor § 153). Durch eine offensichtlich unzulässige Fragestellung wird keine Verpflichtung begründet, über den genauen Inhalt der Frage hinausgehende und vervollständigende Angaben zu machen (wistra **91**, 264, hierzu Otto JK vor § 153, 2).

D. Der frühere Offenbarungseid ist durch die eidesstattliche Versicherung ersetzt; vgl. 6 ff. zu § 156.

E. Vorsätzlich falsch muß der Eid geleistet werden; bedingter Vorsatz genügt (RG **61**, 159; Bay NJW **55**, 1121). Die besondere Absicht, etwas Unwahres zu beschwören, ist nicht erforderlich. Wer seine Aussage für falsch hält und trotzdem beschwört, tatsächlich aber etwas Richtiges beeidigt, begeht einen Meineidversuch (RG JW **33**, 2703; vgl. 2 ff. vor § 153). Nicht aber schon der Schwörende, der etwas verschweigt, was er anzugeben irrig sich für verpflichtet hielt (BGH **14**, 350).

F. Die Zuständigkeit zur Abnahme des Eides muß der Täter für gegeben halten (vgl. 5 zu § 153). Nimmt er sie irrtümlich an, so liegt Versuch vor (BGH **3**, 248; anderseits Bamberg NJW **49**, 876; vgl. 5 zu § 156).

G. Vollendet ist der Meineid erst nach der völligen Ableistung des Eides; vom Beginn des Sprechens der Eidesworte an (BGH **4**, 172; 244; **31**,

§ 154

182; MDR **53**, 401) liegt Versuch vor. Noch nicht gegeben ist er mit der Annahme des Eides, mit dem Erscheinen zur Eidesleistung, auch noch nicht mit dem Erheben der Hand (OGHSt. **2**, 161). Wegen des Rücktritts vom Versuch vgl. unten 17, 27.

12 H. **Tateinheit** ist zB mit Betrug möglich. **Fortsetzungszusammenhang** zwischen Anstiftung zum Meineid eines Zeugen und dem eigenen Meineide des Anstifters ist ausgeschlossen, auch wenn beide Meineide die gleiche Unwahrheit betreffen (RG **61**, 199).

3) **Zeugen- und Sachverständigenmeineid.** Voraussetzungen sind:

13 A. **Ein Zeugnis** muß der Zeuge ablegen und durch seinen Eid bekräftigen. Den Inhalt der Aussage hat der Strafrichter nach freier Beweiswürdigung (§ 261 StPO) zu ermitteln; er hat sie zu verlesen (§ 249 StPO), falls sie nicht anderweit (so durch Vernehmung des früheren Richters) ermittelt wird (RG **65**, 420). Evtl. ist der Inhalt des Eides auszulegen (RG JW **36**, 512).

14 B. **Falsch sein** muß das Zeugnis, nämlich objektiv mit der Wirklichkeit nicht übereinstimmen (vgl. 4 ff. vor § 153). Ob das der Fall ist, muß auch hier nach der Prozeßlage entschieden werden, wobei nicht zwischen Kern- und Nebenpunkten zu scheiden ist, vgl. oben 7. So kann eine Aussage falsch sein, die rein wörtlich nichts Unrichtiges enthält (RG **59**, 344).

15 a) **Der Zeuge schwört,** nach bestem Wissen auszusagen; er hat ein sicheres Erinnerungsbild richtig, ein unsicheres unter Hinweis auf die Unsicherheit wiederzugeben, indem er die bei der Eidesleistung sich bildenden Anhaltspunkte und Hilfsmittel zur etwaigen Berichtigung seiner Vorstellungen benutzt (RG **62**, 129). Sodann verspricht der Zeuge, nichts zu verschweigen. Für die Prozeßentscheidung ersichtlich wesentliche Tatsachen hat der Zeuge auch ohne besondere Befragen anzugeben (RG **57**, 152; JW **36**, 880, für Parteibeeidigung); so die für ihn erkennbar mit der Beweisfrage untrennbar zusammenhängenden Tatsachen (BGH **1**, 23; **2**, 90; 17. 2. 1976, 1 StR 756/75; Bay **55**, 130), selbst wenn er darüber die Aussage verweigern könnte; solche Weigerung hat er ausdrücklich zu erklären (BGH **7**, 127). Soll die Zeugin nach dem Beweisbeschluß über den Mehrverkehr mit B vernommen werden, so braucht sie einen Verkehr mit D (statt mit B) nicht anzugeben (BGH **3**, 221, hierzu Otto JuS **84**, 165). Macht sie darüber ungefragt falsche Angaben, so ist mindestens versuchter Meineid gegeben (BGH **25**, 244; dazu krit. Demuth NJW **74**, 758; Rudolphi JR **74**, 293; Otto JuS **84**, 164; zust. Willms LM Nr. 1 zu § 153 nF, wie wie der BGH verkennt, daß zwischen Schweigen zu nichtgenannten Themen und positiven Aussagen zu sachbedeutsamen Fragen ein Unterschied ist; vgl. auch RG HRR **36**, 1198). Auch die persönlichen Verhältnisse des Zeugen werden vom Eid umfaßt (BGH **4**, 214; AnwBl. **64**, 52). In den Fällen des § 53 BZRG darf sich der Zeuge jedoch als unbestraft bezeichnen, auch wenn er es nicht ist; hat er allerdings vor Inkrafttreten des BZRG falsch beschworen, daß er unbestraft sei, so kann er trotz § 51 BZRG deshalb noch bestraft werden (vgl. Celle NJW **73**, 1012). Der Irrtum, der Eid erstrecke sich nur auf den ihm bei der Ladung mitgeteilten Beweissatz, ist tatsächlicher Art (§ 16); doch evtl. Fahrlässigkeit (BGH **2**, 90). Kein Bestandteil einer Zeugenaussage sind Fragen, die sich nicht auf Tatsachen, sondern auf Meinungen beziehen (Koblenz StV **88**, 531). Die Formel

Falsche uneidliche Aussage und Meineid § 154

„Nach bestem Wissen" enthält nicht die Zusicherung vorausgegangener sorgsamer Erkundigungen (aM BGH **1**, 22; 148); eine Aussage nach bestem Wissen (RG **65**, 27) bedeutet andererseits auch nicht einen bloßen Überzeugungseid, sondern ein Versprechen der sorgfältigen Darlegung des eigenen Wissens (hierzu Dedes JR **83**, 99; vgl. 2 ff. vor § 153). Sagt der Zeuge aus, er wisse etwas bestimmt, obwohl er weiß, daß er sich irren könne, so leistet er einen Meineid; jedenfalls dann, wenn er sich in Wahrheit irrt (MDR **53**, 597). Zur Problematik bei Aussagen vor parlamentarischen Untersuchungsausschüssen Wagner GA **76**, 273; vgl. Koblenz StV **88**, 531.

b) **Der Sachverständige** erstattet sein Gutachten, beschwört also seine 16 Überzeugung nach bestem Wissen (RG JW **33**, 2143). Beschwört er eine wider seine Überzeugung gehende Ansicht, so begeht er einen Meineid, auch wenn sie richtig ist (RG GA Bd. **55**, 223). Denn er beschwört, daß er die von ihm vorgetragene Ansicht habe (Steinke MDR **84**, 272). Sachverständiger ist auch der Dolmetscher (BGH **4**, 154), der Meineid begeht, wenn er bewußt unrichtig übersetzt. Der Sachverständigeneid umfaßt im Gegensatz zum Zeugeneid nicht die Personalien (RG **20**, 235). Desgl. nur solche tatsächlichen Bekundungen, die der Sachverständige bei und zu der Erstattung des Gutachtens erfahren hat (RG **44**, 14). Dagegen deckt der Zeugeneid auch ein sich etwa anschließendes Gutachten (BGH JR **54**, 271; GA **76**, 79).

C. **Der Eid muß geleistet werden;** er ist für Zeugen und für die Sachver- 17 ständigen im Strafverfahren (§ 79 II StPO; anders im Zivilprozeß § 410 I ZPO) anders als beim Dolmetscher (§ 189 GVG) nur als Nacheid vorgesehen; doch ist auch der versehentlich abgenommene Voreid ein Eid iS des § 154 (RG **70**, 366). Beim **Nacheid** ist die Tat vollendet mit der Beendigung und versucht mit dem Beginn der Beeidigung (nicht schon der Aussage, BGH **9**, 131). Beim (auch versehentlich abgenommenen) **Voreid** entscheidet die Beendigung der Aussage über die Vollendung, während der Versuch mit dem Anfang des falschen Teiles der Aussage beginnt (RG **22**, 263). Bis zum Abschluß der Aussage ist Rücktritt nach § 24 möglich (BGH **4**, 172, also nicht bloß der Weg des § 158); aber nicht auch nachher, selbst wenn die Verhandlung noch fortdauert (RG **23**, 86). Ist der Zeuge ordnungsgemäß beeidigt, so kann trotz Verletzung von Vorschriften über das Verfahren ein Meineid vorliegen (RG JW **33**, 1729, vgl. zu 18). Wird die Beeidigung der Aussage unnötigerweise gefordert, so ist dies für die Schuld und im allgemeinen auch für die Strafhöhe (hier aM MDR **53**, 19) gleichgültig.

D. **Vor einer zuständigen Stelle** (zur Abnahme von Eiden) muß der Eid 18 geleistet werden. Dies können die Gerichte sein, doch auch eine sonstige **Behörde.** Zum Begriff der Behörde vgl. 8 ff. zu § 164. Für Notare gilt § 22 BNotO. Die Stelle braucht nur zur Abnahme von Eiden im allgemeinen zuständig zu sein (RG **7**, 275), hier (vgl. 3) trotz des Gesetzestextes von Zeugen- und Sachverständigeneiden. Gleichgültig ist, ob die Voraussetzungen für die Eidesabnahme gerade im Einzelfalle vorlagen (Schleswig SchlHA **77**, 179), so, wenn der den Eid Abnehmende von der Ausübung des Amtes gerade in diesem Falle ausgeschlossen war (§ 22 Nr. 4 StPO, BGH **10**, 142). Auch deutsche Konsularbeamte im Ausland kommen in

§ 154

Betracht (25. 10. 1983, 5 StR 736/82). Die Nichtbeachtung von Verfahrensvorschriften (zB § 69 I Satz I StPO, § 396 ZPO) macht § 154 nicht unanwendbar (BGH **16**, 232), soweit noch ein Zeugnis gegeben ist (vgl. 8 ff. vor § 153). Nimmt dies der Zeuge irrig an, so liegt versuchter Meineid vor (RG **58**, 302), so auch, wenn er irrig annimmt, seine (tatsächlich) zu Unrecht erfolgte Beeidigung (zB in einem Hausratsstreit) sei zu Recht erfolgt (BGH **10**, 272; **12**, 58), oder die ihn vereidigende Gerichtsperson (Referendar!) sei befugter Vertreter der Behörde (RG **65**, 208). Referendare sind weder befugt, eine Beeidigung anzuordnen noch einen Eid abzunehmen (§ 10 GVG). Der Urkundsbeamte kann fehlen (RG **65**, 207).

19   E. Der **Vorsatz** umfaßt das Bewußtsein, daß die Aussage unrichtig ist und daß sie unter Eid steht (RG **61**, 429). Bedingter Vorsatz genügt.

20   a) Nimmt der Täter an, der Eid beziehe sich nicht auf bestimmte Teile seiner Aussage, so fehlt der Vorsatz (BGH **2**, 76; Bay NJW **55**, 1121; aM BGH **14**, 350, das Verbotsirrtum annimmt); dies zB deshalb, weil er den Punkt für unerheblich hält, obwohl sonst das Bewußtsein die Erheblichkeit nicht zu umfassen braucht (RG DRiZ **24**, 261). Nimmt der Täter irrig an, eine Erklärung falle unter den Eid, so begeht er nicht ein strafloses Wahnverbrechen (so BGH **14**, 350), sondern einen strafbaren untauglichen Versuch (BGH **2**, 76; differenzierend LK 20). Beim Verschweigen einer Tatsache muß der Täter wissen, daß die verschwiegene Tatsache erheblich ist (RG **7**, 324). Zur Frage der Vorsatzfeststellung bei behaupteten Erinnerungsmängeln eines Zeugen MDR/H **90**, 294. Bei Unklarheit des Beweisbeschlusses ist der innere Tatbestand besonders sorgsam zu prüfen (BGH **1**, 148). Wegen der irrigen Annahme der Zuständigkeit vgl. 10.

21   b) Hat der Beeidigte seine Vernehmung als Zeuge und seine Beeidigung für unzulässig gehalten, weil er sich irrtümlich wegen starken Verdachts für einen Beschuldigten ansah, so liegt Tatbestandsirrtum vor, falls er bei Richtigkeit der von ihm angenommenen Tatumstände tatsächlich als Beschuldigter anzusehen gewesen wäre; dagegen Verbotsirrtum, wenn seine Annahme (ihre Richtigkeit vorausgesetzt) ihm seine Eigenschaft als Zeuge nicht genommen hätte (BGH **10**, 8; 12 vor § 153).

21a   F. Der **Versuch** beginnt beim Nacheid mit dem Anfang der Eidesleistung als solchen (BGH **1**, 243; **4**, 176); beim Voreid (vgl. § 410 ZPO) mit dem Anfang der Aussage (RG **54**, 121). Vollendet ist die Tat beim Voreid mit dem Abschluß der Aussage (RG **14**, 19), beim Nacheid mit der Beendigung des Schwurs (Otto JuS **84**, 167; Vormbaum JR **89**, 134).

22   G. **Die Teilnahme. a) Mittäterschaft** ist beim Meineid ebenso unmöglich wie mittelbare Täterschaft (RG **61**, 201), denn er ist ein eigenhändiges
23   Delikt (23 vor § 13). b) **Anstiftung** zum Meineid liegt nicht vor, wenn der Täter einem Zeugen vormacht, die zu beschwörende Tatsache sei wahr, der Zeuge sie aber in Kenntnis der Unwahrheit beschwört (RG **60**, 1). Hingegen ist Versuch zu § 160 gegeben (vgl. dort 3; str.; abw. LK 12). Zur Anstiftung mehrerer Personen 13 zu § 26.

24   c) **Beihilfe** zum Meineid kann auch jemand leisten, der äußere Umstände günstiger gestaltet oder Hindernisse aus dem Weg räumt (BGH **17**, 321), oder ermuntert, „die Sache durchzustehen" (16. 1. 1992, 4 StR 509/91, sehr weitgehend MDR/D **74**, 14). Gehilfe ist aber auch, wer ein Einschreiten unterläßt, zu dem er verpflichtet ist, vor allem eine Prozeßpartei, die verpflichtet ist, die falsche Aussage eines Zeugen dadurch zu verhindern, daß sie die Wahrheit bekennt (BGH **1**, 27; **2**, 129) oder wenigstens auf den Zeugen einwirkt, die Aussage zu verweigern (NJW **53**, 1399). Der BGH sah eine derartige Pflicht im Anschluß an RG **75**, 271 zunächst schon dann als gegeben an, wenn eine Partei einen Zeugen für bewußt unwahre Prozeßbehauptungen benannte oder durch ihr wahrheitswidriges Bestreiten die Vernehmung eines vom Prozeßgegner benannten Zeugen veranlaßte und bei der in ihrer Gegenwart stattfindenden Beweisaufnahme eine vorsätzlich falsche Aussage des Zeugen nicht verhinderte (BGH **3**, 18). Der BGH hat diese Auffassung später abgeschwächt (zB BGH **4**, 327) und hat BGH **3**, 18 in BGH **17**, 321 ausdrücklich aufgegeben. Eine Pflicht soll danach nur bei geheimem Einvernehmen mit dem Zeugen über den Inhalt der von ihm zu erstattenden Aussage bestehen (vgl. BGH **4**, 327, wo es daran gerade fehlte) oder, wenn die Entschließungsfreiheit des Zeugen durch das Verhalten der Partei (Liebesverhältnis!) so beeinträchtigt ist, daß der Zeuge der Versuchung zu falscher Aussage voraussichtlich nicht widerstehen kann (Köln NStZ **90**, 594, hierzu Otto JK 1; vgl. auch NJW **58**, 956; Köln NJW **57**, 34; Bremen NJW **57**, 1246; Hamm NJW **92**, 1977; sowie eingehend Bockelmann NJW **54**, 697). Nachträgliches bloßes Einverständnis mit einem zum Meineid bereiten Zeugen reicht nicht aus (22. 2. 1967, 2 StR 35/67). Daß sich der Verpflichtete vom Zeugen versprechen läßt, er werde die Aussage verweigern, hilft ihm nichts (BGH **14**, 229; aM Bindokat NJW **60**, 2318). Das eheliche Verhältnis begründet, wenn die Eheleute getrennt und in Scheidung leben, keine derartige Rechtspflicht (BGH **6**, 322; vgl. 6 zu § 13). Auch aus naher Verwandtschaft läßt sich eine Rechtspflicht zur Verhinderung eines Meineides nicht herleiten (so auch für den Vater gegenüber dem erwachsenen Sohn, KG JR **69**, 27, das aber zu Unrecht Ausnahmen zulassen will; dazu krit. Lackner JR **69**, 29; LK 18). Der Rechtsanwalt ist nicht Garant dafür, daß die Zeugen seiner Partei richtig aussagen (LK 19; vgl. BGH **4**, 327).

H. Für das **Verhältnis der §§ 153, 154** gilt nach der zutr. Grundsatzentscheidung GrSenBGH **8**, 301 folgendes: Die **uneidliche Aussage** des § 153 ist das **Grunddelikt**, der **Meineid** eine **erschwerte Form** der Falschaussage. Beide Delikte können in Fortsetzungszusammenhang stehen (BGH **8**, 314; StV **90**, 404 L). Die Beeidigung ist kein Teil der Vernehmung. Beim Nacheid ist die Aussage vorher abgeschlossen. § 153 ist aber nur auf Aussagen anzuwenden, die nicht beschworen werden, und insoweit gegenüber § 154 subsidiär, der allein zum Zuge kommt, auch wenn im gleichen Rechtszug vor der Beeidigung mehrere Vernehmungen stattfinden und wenn die falschen Aussagen dabei wechseln (so schon NJW **55**, 1118). Wird die falsche Aussage hingegen nach der Beeidigung oder im neuen Rechtszug wiederholt, liegen je nach der Art des Vorsatzes mehrere Taten oder Fortsetzungszusammenhang vor (wistra **88**, 108). Stellt der Zeuge seine Aussage erst mit Beginn des Schwurs richtig, so tritt er zwar vom Versuch des Meineids zurück. Für § 153 kommt aber nur § 158 in Frage (aM Vormbaum JR **89**, 133; vgl. 5a zu § 153; differenzierend SchSch 14ff. zu § 153).

I. Tateinheit ist möglich mit § 267 (RG **60**, 353), mit § 263 (14. 1. 1992, 4 StR 509/91). Ist eine Aussage in mehreren Punkten falsch, so liegt nur ein Meineid vor, nicht Tateinheit (RG **62**, 154).

§ 154

27 **4) Die Strafe.** Daß der Täter in der religiösen Form schwört, darf nicht als erschwerend herangezogen werden (13. 10. 1964, 1 StR 322/64; vgl. BGH **8**, 309). **Minder schwere Fälle** können nach **II** in Betracht kommen bei Versehen des vernehmenden Richters (BGH **17**, 136; NJW **60**, 1962; Köln NStZ **84**, 551), zB bei Beeidigung trotz Verdachts der Teilnahme (§ 60 Nr. 2 StPO; BGH **8**, 187; **23**, 30; **27**, 75; StV **82**, 521; **86**, 341; **88**, 427; NStZ/T **89**, 216), nicht jedoch stets, aM JR **81**, 248 m. Anm. Bruns), mag der Richter den Verdacht auch nicht erkannt haben oder er sich erst später herausgestellt haben (NStE Nr. 1; BGHR § 154 II, Vereid. Verb. 2; Hamm MDR **77**, 1034; StV **81**, 269), das Vereidigungsverbot nach § 60 Nr. 2 StPO gilt auch bei strafbefreiend Zurückgetretenen (13. 10. 1981, 5 StR 433/81), Unterlassen des Hinweises auf das Auskunftsverweigerungsrecht (§ 55 II StPO, BGH **8**, 189; NJW **58**, 1832; GA **59**, 176; MDR/H **77**, 983; NStZ **84**, 134; StV **86**, 341), wenn es möglich ist, daß die Belehrung ihn von Aussage oder Eid abgehalten hätte (9. 9. 1959, 1 StR 347/59), also nicht, wenn der Zeuge auf alle Fälle zur Aussage entschlossen war (26. 9. 1961, 1 StR 363/61), oder wenn es um die Strafe für den Anstifter zum Meineid geht (BGH **19**, 113; **27**, 74 m. krit. Anm. Lenckner JR **77**, 74; (vgl. aber 6 zu § 258; LK 31 vor § 153; vgl. zum Ganzen Montenbruck JZ **85**, 976; Geppert Jura **88**, 497). Nichtberufen auf ein Zeugnisverweigerungsrecht wirkt nicht straferschwerend, solange nicht festgestellt ist, daß dem Täter ein solches Recht zustand (12. 4. 1978, 2 StR 104/78). Nach BGH **23**, 30 liegt ein Strafmilderungsgrund auch dann vor, wenn Beteiligungsverdacht erst nach der Beeidigung aufgetaucht ist (26. 4. 1979, 4 StR 165/79). Weiter gestatten §§ 157, 158 für Zeugen und Sachverständige eine Ermäßigung, § 158 auch für den Parteieid. § 154 II ist insoweit nicht anzuwenden (17. 5. 1960, 1 StR 96/60). Die Milderungsgründe nach § 60 Nr. 2 StPO und des § 157 sind nicht gleichzusetzen und können nebeneinander stehen, weil jener unabhängig von der subjektiven Einstellung des Täters gewährt wird und es bei diesem allein auf ein bestimmtes Handlungsmotiv ankommt (NStE Nr. 4; NStZ **91**, 280; NStZ/D **91**, 478). Die Zuerkennung des § 157 (dort 5) schließt die zusätzliche mildernde Berücksichtigung der unterbliebenen Belehrung über ein Auskunftsverweigerungsrecht nicht aus (NStZ **84**, 134), aber diese Frage braucht nach 1. 10. 1991, 1 StR 422/91 nicht in jedem Fall erörtert zu werden. Strafschärfend kann wirken, wenn sich die Falschaussage auf einen wichtigen Punkt bezieht (MDR/D **72**, 16). Verurteilungen nach §§ 154, 155 können die Nebenfolge des § 61 Nr. 4 StPO haben.

Eidesgleiche Bekräftigungen

155 Dem Eid stehen gleich

1. die den Eid ersetzende Bekräftigung,
2. die Berufung auf einen früheren Eid oder auf eine frühere Bekräftigung.

1 **1) Die Vorschrift,** die keinen eigenen Tatbestand aufstellt, sondern lediglich die Vorschriften über den Eid auf andere Beteuerungen ausdehnt, ist durch Art. 3 des 1. StVRGErgG (RegE BT-Drs. 7/2526; Bericht und Antrag BT-Drs.

7/2989; Beschluß BTag BRats-Drs. 831/74) im Zusammenhang damit neu gefaßt worden, daß durch Art. 1, 2 des 1. StVRGErgG in den §§ 66d StPO und 484 ZPO denjenigen, die aus Glaubens- oder Gewissensgründen auch einen nichtreligiösen Eid (§ 66c II StPO, § 481 II ZPO) nicht leisten wollen, stattdessen ermöglicht worden ist, ihre Aussage durch die in diesen Vorschriften bezeichnete Formel zu bekräftigen (9 vor § 153). Diese Formel steht verfahrensrechtlich dem Eid gleich (§ 66d I S. 2 StPO, § 484 I S. 2 ZPO).

Die **strafrechtliche Gleichstellung** von Bekräftigung und Eid auch im materiellen Recht vollzieht **A. Nr. 1** iVm Nr. 2, so daß die Bekräftigung auch iS der §§ 154 (auch iVm § 30), 157, 158, 160 und 163 dem Eid gleichsteht. Ob die Glaubens- oder Gewissensgründe wirklich bestanden, ist ohne Bedeutung und vom Strafrichter nicht nachzuprüfen. **B. Nr. 2** vollzieht die Gleichstellung für die Berufung auf einen früheren Eid oder eine frühere Bekräftigung. Es ist Mitgliedern einer **Religions- oder Bekenntnisgemeinschaft** (wie zB Mennoniten, Philipponen und Zeugen Jehovas; vgl. auch 5, 6 zu § 166) gestattet, sowohl dem religiösen wie dem nichtreligiösen Eid, aber auch der Bekräftigungsformel eine Beteuerungsformel ihrer Gemeinschaft anzufügen (§§ 66c III, 66d III StPO, 481 III, 484 III ZPO). Auf diese Weise wird in jedem Falle die Gleichstellung mit dem Eid, mindestens durch § 155, erreicht. Die Berufung erfordert eine entsprechende eigene Erklärung des sich Berufenden; eine bloße Verweisung des Richters auf den früher geleisteten Eid (Protokollvermerk „allgemein vereidigt") genügt nicht (BGH **4**, 140; **31**, 39; vgl. MDR/H **78**, 280; 23. 11. 1983, 2 StR 698/83). Die Berufung ersetzt die Beeidigung nicht, wenn im konkreten Fall eine förmliche Eidesleistung erforderlich gewesen wäre (LK-Willms 3), es kommt dann nur untauglicher Versuch in Betracht. Nr. 2 erfaßt sachlich weitestgehend die in § 155 Nr. 2, 3 aF ausdrücklich aufgezählten Fälle (RegE 26; E 1962, 625), nämlich

C. Verfahrensrechtlich zulässig muß die Berufung sein. Das ist der Fall **a) bei Zeugen in Strafsachen,** wenn es sich um dasselbe Vor- oder dasselbe Hauptverfahren handelt (§ 67 StPO); wobei das Hauptverfahren vom Eröffnungsbeschluß bis zum rechtskräftigen Abschluß reicht (BGH **23**, 285) und eine Berufung im Hauptverfahren auf einen Eid im Vorverfahren unzulässig ist (RG **64**, 379; LR-Dahs 6 zu § 67 StPO); **b) in Zivilsachen bei Zeugen und Parteien** im Rahmen der §§ 398 III, 451 iVm §§ 452, 451 ZPO: Die Berufung ist danach nur in demselben Verfahren, aber dann nicht zulässig, wenn die wiederholte oder nachträgliche Vernehmung ganz neue Fragen betrifft, hingegen gestattet, wenn sie Fragen betrifft, die mit dem früheren Beweisthema in Verbindung stehen oder sich auf persönliche Verhältnisse des Aussagenden beziehen (RG **70**, 200). So kann sich auch ein Zeuge nicht auf einen früheren Sachverständigeneid berufen (Köln MDR **55**, 183) und umgekehrt (LK 4), **c) bei Sachverständigen** wie unter 3, darüber hinaus aber auch wenn der Sachverständige für Gutachten der betreffenden Art im allgemeinen vereidigt ist (§ 79 III StPO, § 410 II ZPO). Hier braucht es sich also nicht um dasselbe Verfahren oder dieselbe Sache zu handeln. Eine eidliche Bekräftigung eines **Dolmetschers** bezieht sich auf sämtliche Übertragungen in der laufenden (auch mehrtägigen) Hauptverhandlung (17. 1. 1979, 3 StR 450/78), **d) bei Beamten** im staatsrechtlichen Sinn (12 zu § 11) bei der Berufung auf den geleisteten Diensteid, die im Bundesrecht nur in § 386 II ZPO vorkommt, wohl aber nach

Landesrecht (Disziplinarrecht) darüber hinaus möglich ist. Ist sie unzulässig, so kommt nicht vollendeter § 154 (RG **25**, 99), sondern nur Versuch in Betracht (RG **67**, 332).

Falsche Versicherung an Eides Statt

156 Wer vor einer zur Abnahme einer Versicherung an Eides Statt zuständigen Behörde eine solche Versicherung falsch abgibt oder unter Berufung auf eine solche Versicherung falsch aussagt, wird mit Freiheitsstrafe bis zu drei Jahren oder mit Geldstrafe bestraft.

1 **1) Die Versicherung an Eides Statt** bildet eine besondere, vom Eide verschiedene Beteuerung der Richtigkeit einer Angabe (RG **67**, 169); sie besteht in der nach dem Willen des Versichernden erkennbaren (RG **70**, 267) Versicherung „an Eides Statt" oder „eidesstattlich" (RG **70**, 266) etwas zu erklären, nicht auch im Sicherbieten, eine Angabe zu beeidigen (RG **15**, 126). Der Täter braucht nicht prozeßfähig zu sein (RG GA Bd. **56**, 215). Doch muß auch er eidesfähig iS des § 393 ZPO sein, § 27 I S. 3 VwVfG, § 23 I S. 3 SGB X. Für Auslandstaten vgl. 2 zu § 153. *De lege ferenda* Vormbaum aaO [1 a vor § 153] 29.

2 **A. Vor einer Behörde** (vgl. 35 zu § 11), wozu auch Gerichte gehören (§ 11 I Nr. 7), muß die Versicherung an Eides Statt falsch abgegeben oder die Berufung auf sie erfolgen, und zwar mündlich oder schriftlich (RG **22**, 276).

3 **B. Abnahme** ist die Entgegennahme einer Versicherung an Eides Statt durch die Behörde, nicht die Handlung, die erforderlich ist, eine solche Versicherung schriftlich niederzulegen (zB bei einem Notar, § 22 II BNotO); denn § 156 stellt auf die Abnahme, nicht auf die in § 27 II bis V VwVfG näher geregelte Aufnahme ab. **Abgegeben** ist die Versicherung im Falle der Mündlichkeit, sobald die Erklärung vor der Behörde abgeschlossen ist; bei Schriftlichkeit durch den Eingang der Urschrift (RG GA Bd. **59**, 313), auch wenn ein Dritter sie mit Einwilligung des Erklärenden überreicht (RG **22**, 268; **67**, 408), oder einer notariellen Ausfertigung, der die Kenntnisnahme ermöglicht, selbst wenn sie nicht eingesehen wird (RG **49**, 47), nicht genügt die Einreichung einer Abschrift, auch falls sie der Rechtsanwalt beglaubigt (RG **70**, 130), wohl aber die Einreichung einer notariell beglaubigten Abschrift (aaO 133); Übergabe durch einen Vertreter genügt (RG **67**, 408). Bei schriftlicher Versicherung gegenüber dem Gericht genügt Eingang bei der Geschäftsstelle (RG **49**, 47). Der Eingang muß bei der Behörde erfolgen, bei der ein Beweis zu erbringen ist (RG **47**, 156). Nicht als Abgabe gilt die Bereitschaftserklärung, die Versicherung abzugeben (RG **70**, 267). Ob sich die Behörde der Versicherung bedient, ist ohne Bedeutung; es genügt, daß sie geeignet und bestimmt ist, Einfluß auszuüben (MDR/D **72**, 923; Schubath MDR **72**, 744). Für die Aufnahme zur Niederschrift durch eine Behörde vgl. § 27 II VwVfG, § 23 II SGB X.

4 **C. Falsch sein** muß die eidesstattliche Versicherung. Dies kann auch dann zutreffen, wenn sie wörtlich genommen der Wahrheit nicht widerspricht, aber Wesentliches verschweigt (RG **63**, 232), so daß das Verschwiegene das Ausgesagte entscheidend verändern würde (NJW **59**, 1235; NStE Nr. 4; KG JR **66**, 189; abl. Michaelis NJW **60**, 663; zum Ganzen

Falsche uneidliche Aussage und Meineid § 156

einschränkend Blomeyer JR **76**, 441; hierzu LK-Willms 17; Leibinger, Rebmann-FS 271). Eine unter **falschem Namen** abgegebene Versicherung ist stets falsch (RG **52**, 74), auch bei sachlich richtigem Inhalt (LK 18, aM RG **69**, 120).

2) Das Erfordernis der zuständigen Behörde wird zunehmend einengend ausgelegt (vgl. LK 7). Es genügt nicht, daß die Behörde (35 zu § 11) überhaupt befugt ist, eidesstattliche Versicherungen entgegenzunehmen (sog. allgemeine Zuständigkeit; krit. LK 7), erforderlich ist weiter, daß die eidesstattliche Versicherung über den Gegenstand (auf den sie sich bezieht) und in dem Verfahren (zu dem sie abgegeben wird) abgegeben werden darf und daß sie nicht rechtlich völlig wirkungslos ist (BGH **5**, 72; **13**, 154; **17**, 303; StV **85**, 55 L; MDR/H **85**, 794; **89**, 493; Bay wistra **90**, 70; sog. besondere Zuständigkeit; vgl. für das Verwaltungsverfahren § 27 I VwVfG, § 23 I SGB X). Die Rechtsnormen hierfür ergeben sich aus der jeweiligen Verfahrensart.   5

a) Im **Strafprozeß** ist allein das **Gericht** zuständige Behörde, nicht die StA (RG **37**, 209; **47**, 157) oder die Polizei (krit. Leibinger, Rebmann-FS 263). Ausnahmslos *unzulässig* sind aber eidesstattliche Versicherungen von Beschuldigten (RG **57**, 54, auch nicht im Falle eines Wiedereinsetzungsantrages, Schmid SchlHA **81**, 75), und zwar selbst dann, wenn im übrigen die Glaubhaftmachung (zB §§ 26 II, 45 II StPO) zugelassen ist (BGH **25**, 92; Bay NStZ **90**, 340), sowie für alle Antragsteller bei Ablehnungsgesuchen nach §§ 24, 74 StPO (Schmid aaO). Ebensowenig sind eidesstattliche Versicherungen von Zeugen oder Sachverständigen tatbestandsmäßig, wenn sie Tatsachen betreffen, die im förmlichen Beweisverfahren zu erörtern (Schuld- und Straffrage) und für die abschließende Entscheidung (§§ 260, 204, 153, 153 a StPO; MDR/D **72**, 294), oder für Entscheidungen im Wiederaufnahmeverfahren (§§ 368, 370 StPO) von Bedeutung sind (BGH **17**, 304; aM Hamm NJW **54**, 363). Hieran ändert auch nichts, daß solche eidesstattlichen Versicherungen später als Vorhalt dienen oder zu Ermittlungen oder Ladungen Anlaß geben (BGH **5**, 72; JR **62**, 462). *Zulässig* sind hingegen eidesstattliche Versicherungen von Zeugen, Auskunftspersonen und Sachverständigen, wenn es nur um Zwischen- und Nebenentscheidungen (zB §§ 26 II, 45, 56, 74, 111 a StPO) geht (MDR/D **72**, 924), und zwar auch dann, wenn das Gesetz eidesstattliche Versicherungen nicht ausdrücklich vorsieht (zw., so RG **70**, 268), zB bei Entscheidungen über die Haftfortdauer (RG **58**, 148), über die Eröffnung des Hauptverfahrens (GA **73**, 110), über die Aussetzung des Verfahrens (RG **62**, 121; **70**, 269), oder der Vollstreckung (RG **28**, 11). **b)** Für Bußgeldverfahren gilt das zu 5 a Gesagte entsprechend; so sind eidesstattliche Versicherungen von Betroffenen ausnahmslos unzulässig (Hamm NJW **74**, 327), andere Personen können jedoch eidesstattliche Versicherungen abgeben, soweit eine Glaubhaftmachung gesetzlich vorgesehen ist, und zwar auch gegenüber der Verwaltungsbehörde (Göhler OWiG 59 vor § 59, 14 zu § 52; Leibinger, Rebmann-FS 260). **c)** Im **Zivilprozeß**, im Verfahren nach dem **FGG**, nach §§ 65 ff. **PatentG** und im **verwaltungs-, arbeits- und sozialgerichtlichen Verfahren** sind eidesstattliche Versicherungen überall dort *zulässig*, wo das Gesetz die Glaubhaftmachung (vgl. § 2356 II BGB, § 294 ZPO, § 15 II FGG; zB Nachlaßgericht im Erbscheinverfahren: RG **39**, 225, oder bei Inventarer-   5a 5b 5c

§ 156

richtung nach § 1994 II BGB) oder – im Falle einer Anforderung des Gerichts (§ 69 II S. 1 VerglO; MDR/H **85**, 794) – eidesstattliche Versicherungen zum Beweise von Tatsachen (vgl. § 377 III, IV ZPO) oder im Rahmen des Freibeweises (§ 12 FGG) vorsieht (vgl. § 99 PatentG, § 98 VwGO, §§ 46 II, 58 II ArbGG); uU auch im Entschädigungsrechtsstreit (18. 10. 1978, 2 StR 368/78, in BGH **28**, 155 nicht abgedruckt). Auch die Partei ist, soweit das Gesetz dies nicht ausdrücklich ausschließt (wie zB in §§ 44 II, 406 III, 511a II ZPO), zur eidesstattlichen Versicherung zugelassen, und zwar auf Anforderung des Gerichts (zB §§ 104 II; 118a I, 435 ZPO; vgl. RG **67**, 408) oder spontan zur vorgeschriebenen Begründung von gerichtlichen Anträgen (zB §§ 236, 296 IV, 386 I, 424 Nr. 5, 920 ZPO), zB eines Prozeßkostenhilfegesuchs (RG DRiZ **30** Nr. 406), eines Antrags auf Einstellung der Zwangsvollstreckung (RG **36**, 212) oder auf Arrest oder einstweilige Verfügung (RG **49**, 48; hierzu Blomeyer JR **76**, 441). Der Strafschutz beschränkt sich auf den jeweiligen (begrenzten) Verfahrensgegenstand. Es kommt auf die abstrakte Relevanz für den geltend gemachten Anspruch im Zeitpunkt der Vorlage der Versicherung an (Karlsruhe Die Justiz **85**, 318). Zum Beweissicherungsverfahren (§ 485 ZPO, vgl. Düsseldorf NJW **85**, 1848). Zu den Versicherungen nach § 807 ZPO und entsprechenden Offenbarungsversicherungen vgl. unten 6 ff. Soweit für die jeweilige Verfahrensart das förmliche Beweisverfahren (zB §§ 355 ff. ZPO, § 96 VwGO, § 117 SGG) gilt oder das Gesetz keine gemilderte Beweisführungsmöglichkeit vorsieht (zB im Verfahren des Vollstreckungsgerichts über Entscheidungen nach § 765a ZPO; Bay wistra **90**, 70, hierzu Otto JK 1), sind hingegen eidesstattliche Versicherungen *unzulässig;* so zB zur Erhärtung einer Parteibehauptung (JZ **53**, 382; JR **62**, 465), oder auch einer Zeugenaussage (abgesehen von § 377 III, IV ZPO, BGH **5**, 72; hM); aM jedoch BGH **7**, 2, wo einer eidesstattlichen Versicherung wegen § 295 ZPO eine faktische Wirkung beigelegt wird, die aber eine Strafbarkeit nach § 156 ebensowenig begründen kann wie der Umstand, daß solche Versicherungen als Vorbehalt dienen oder zu Ermittlungen Anlaß geben (LK 12; anders noch RG **59**, 177; **71**, 172 in stRspr.), weil solche Versicherungen „rechtlich nicht völlig bedeutungslos" seien. Indessen kommt es auf dieses negative Zulässigkeitsmerkmal, wenn die Erfordernisse nach 5 beachtet werden, nicht weiter an (hierzu auch unten 5 e; ferner LK 8).

5d   **d)** Für das **Verwaltungsverfahren** (§§ 1, 2 VwVfG; § 23 SGB X) regeln, der bisherigen Rspr. (oben 5) folgend, § 27 VwVfG und die sachlich übereinstimmenden Vorschriften des Landesrechts (zB § 27 BWLVwVfG; § 27 HmbVwVfG mwN bei Sartorius Nr. 100 zu § 103 VwVfG) die Zuständigkeit zur Entgegennahme eidesstattlicher Versicherungen abschließend. Hiernach bedarf es hierfür stets einer *gesetzlichen Grundlage*. § 27 VwVfG und § 23 SGB X schaffen diese nicht, sondern setzen sie voraus, Stelkens/Bonk/Leonhardt, VwVfG, 4 zu § 27. Schon bisher wurde die Zuständigkeit bei unaufgefordert abgegebenen eidesstattlichen Versicherungen verneint (zB RG **73**, 351; Hamburg NJW **60**, 113; Bremen NJW **62**, 2315). **aa)** Besondere Zuständigkeitsnormen enthalten zB; § 5 StVG iVm §§ 8, 68 StVZO für die VwBehörde; §§ 21 VI, 36 II BWahlG für Kreiswahlleiter; § 10 II VuVo; § 4 III FRG; § 72 VI G 131; § 3 II WGSVG für Versicherungsträger; § 24a BWöDG und § 81a G 131 für die zuständige Dienststelle; § 13 SpkVONW v. 1. 9. 1970 (GV NW 692; SGVNW 764), letzte ÄndVO v. 29. 6. 1982 (GVNW 328) für Sparkassenvorstände (Düs-

Falsche uneidliche Aussage und Meineid **§ 156**

seldorf NStZ **82**, 290; **91**, 39); § 10 I Nr. 1, § 12 Nr. 2 und § 19 II Nr. 3 KonsularG für Konsularbeamte und § 2356 II BGB für Notare (RG **74**, 127, 176), jeweils jedoch nur für die dort bezeichneten Gegenstände (vgl. GA **67**, 19; 18. 10. 1978, 2 StR 368/78). § 22 II BNotG ermächtigt nur zur Beurkundung („Aufnahme") einer an sich zulässigen eidesstattlichen Versicherung (GA **71**, 180; Stuttgart NJW **60**, 2303). **bb)** *Nicht zuständig* sind die Polizei (OGHSt. **2**, 86), Träger der Sozialhilfe (NJW **66**, 1037), Musterungsausschüsse (§ 19 III WehrPflG), Ausgleichsbehörden (§ 330 II LAG); mangels einer Rechtsnorm (vgl. § 27 VwVfG) aber auch Rektorate (Karlsruhe NJW **51**, 414) und Fakultäten von Universitäten (vgl. noch RG **17**, 214; DR **41**, 987), OLG-Präsidenten hinsichtlich Gesuchen um Aufnahme in den Vorbereitungsdienst (aM Bay NJW **57**, 33 L) und Paßbehörden (aM noch NJW **66**, 1037; SK-Rudolphi 9; vgl. auch SchSch-Lenckner 18 mwN). **cc)** Die bisherige Rspr. behält indessen außerhalb des Anwendungsbereichs der VwVfG und des SGB X Bedeutung, so sind zB in Rückerstattungsverfahren (17. 7. 1974, 2 StR 92/74), in Verfahren der Vollstreckungsbehörden nach § 7 JBeitrO und vor dem Patentamt nach §§ 35 ff. PatentG (RG **69**, 27, vgl. hierzu § 2 II Nr. 3, 6, III Nr. 1 VwVfG) eidesstattliche Versicherungen *zulässig*. **dd)** Die Finanzbehörden sind nach Maßgabe der §§ 95, 284 AO zur Entgegennahme von eidesstattlichen Versicherungen zuständig (RG **73**, 351), nicht jedoch im Vollstreckungsverfahren nach § 262 AO (Hamburg NJW **60**, 113). **e)** Ist eine Behörde nach 5 bis 5 d zuständig, so kommt es nicht **5e** darauf an, ob bei der Entgegennahme der eidesstattlichen Versicherung eine Sollvorschrift (§ 27 I S. 2 VwVfG, § 95 I S. 2 AO, § 2 SGB X) unbeachtet blieb oder ob sie gesetzlich geboten (RG **13**, 164; **23**, 171), den Sache nach erforderlich (RG **47**, 38), sinnvoll oder angemessen war (LK 10). Wird gegenüber einer zuständigen Behörde die eidesstattliche Versicherung nicht zur Niederschrift, sondern durch eine eigene schriftliche Erklärung des Versichernden abgegeben, so gilt die Belehrungspflicht des § 27 IV VwVfG nicht (Düsseldorf NStZ **91**, 39).

3) Von besonderer Bedeutung sind die Fälle, in denen der Erklärende **6** zur Abgabe der Versicherung verpflichtet ist, nämlich

A. die **Versicherungen nach § 807 ZPO** und **§ 284 AO** (vgl. Otto JuS **84**, **7** 168). Der Schuldner hat zu versichern, daß er die von ihm verlangten Angaben richtig und vollständig gemacht habe (§ 807 II ZPO); wobei nicht alle vom Richter verlangten Angaben gemeint sind (so Braunschweig NdsRpfl. **63**, 208), sondern nur solche, zu denen der Schuldner nach § 807 I ZPO auch verpflichtet ist (GA **58**, 86; Hamm GA **75**, 181) und die, wenn sie falsch sind, geeignet sind, den Gläubiger über Zugriffsmöglichkeiten auf Vermögensstücke des Schuldners irrezuführen (BGH **7**, 375; **8**, 399; **10**, 149; **14**, 345; **19**, 126; NJW **56**, 599; EzSt Nr. 1; Stuttgart Die Justiz **64**, 316; Hamm JMBlNW **69**, 128), dazu gehört nur die Angabe des im Zeitpunkt der Vorlegung des Verzeichnisses vorhandenen Vermögens (Rpfleger **80**, 339), denn die Erklärungspflicht richtet sich nach dem Zweck der Versicherung, dem Gläubiger eine Grundlage für eine etwaige Vollstreckung zu geben (GA **58**, 56). Soweit Vorräte des täglichen Bedarfs unpfändbar (§ 811 Nr. 2 ZPO) sind und daher nach § 807 I S. 3 ZPO nicht angegeben zu werden brauchen, bezieht sich dies auch auf den zu ihrer Beschaffung erforderlichen, auf einem Bankkonto befindlichen Geldbetrag (Bay MDR **91**, 1079). Die **Personalien** des Schuldners werden daher nur unter diesen Voraussetzungen von der Erklärungspflicht erfaßt (BGH **11**, 223; NJW **68**, 2251; Bay NJW **57**, 472; Hamm GA **75**, 181), so daß auch die Angabe eines

§ 156

falschen Namens nicht stets unter § 156 fällt (vgl. RG HRR **36**, 447). Der Schuldner hat alle erreichbaren Aufklärungsmittel anzuwenden, um seine Angaben richtig und vollständig zu machen (GA **57**, 53), behält er sich danach einen Irrtum vor, so greift § 156 nur dann ein, wenn der Vorbehalt bewußt falsch ist (RG **70**, 143, möglicherweise aber § 163; vgl. dort 7). Eine bloße Bezugnahme auf eine frühere entsprechende Versicherung ist keine nach § 807 II ZPO und daher straflos, da auch der untaugliche Versuch straflos ist (vgl. GA **58**, 112). Anzugeben hat der Schuldner nach § 807 I ZPO in einem Verzeichnis:

8   a) sein gesamtes **Aktivvermögen** (BGH **2**, 74; **3**, 310; GA **66**, 243), und zwar aa) **Grundstücke** einschließlich etwaiger Hypotheken (RG **76**, 235) oder einer Eigentümergrundschuld, auch wenn es überschuldet ist (RG GA Bd. **60**, 88) oder unter Zwangsverwaltung steht (aM LG Düsseldorf MDR **58**, 171),

9   bb) die **beweglichen Sachen**, aber nur solche im Eigentum, nicht im bloßen Eigenbesitz des Schuldners (aM Braunschweig MDR **51**, 52); jedoch dann nicht, wenn sie nach objektivem Maßstab offensichtlich wertlos sind (BGH **13**, 345). Anzugeben sind jedoch unpfändbare Sachen (§ 811 ZPO, BGH **14**, 348), ebenso Sachen, die mit Pfandrechten überbelastet sind (RG GA Bd. **60**, 88) oder als unverkäuflich erscheinen (BGH **13**, 349). Anzugeben ist auch eine unter Eigentumsvorbehalt gekaufte Sache (GA **61**, 372), selbst dann, wenn zur Zeit der Versicherung der Restkaufpreis den Wert der Sache übersteigt (BGH **13**, 345), sowie der Verbleib der Sache (BGH **15**, 128), es sei denn, daß das Anwartschaftsrecht, etwa infolge Veräußerung der Sache nicht mehr besteht (20. 6. 1961, 1 StR 229/61). Die Erklärungspflicht entfällt auch, wenn der Verkäufer vom Vertrag zurückgetreten ist (NJW **55**, 270). Auch vom Schuldner sicherungsübereignete Sachen hat er anzugeben (GA **57**, 53; Köln OLGSt. 5), falls ein Rückübertragungsanspruch noch besteht (NJW **52**, 1023), und zwar selbst dann, wenn eine gesicherte Schuld den Wert der Sachen zur Zeit der Versicherung übersteigt (BGH **13**, 345; str.), ebenso den Anspruch auf Rückgabe einer Sache (RG DRiZ **33**, Nr. 761). Entsprechendes gilt für sonstige

10   cc) **Forderungen**, die auch anzugeben sind, wenn sie bestritten sind (NJW **52**, 1024) oder sonst ihr Bestand oder ihre Höhe aus tatsächlichen oder rechtlichen Gründen zweifelhaft ist (NJW **53**, 390), wenn sie zB anfechtbar (RG **60**, 75) oder bedingt (GA **66**, 243) sind, der Aufrechnung unterliegen (GA **58**, 51) oder dem Schuldner nur fiduziarisch abgetreten sind (RG **64**, 422; KG JR **85**, 162). Anzugeben sind weiter der Anspruch auf den Restüberschuß bei Abtretung einer Forderung zur Sicherung eines Gläubigers (NJW **52**, 1024), Gesellschaftsbeteiligungen (RG **24**, 74), auch in der Form des Optionsrechts (Frankfurt GA **73**, 154), Rentenansprüche (RG HRR **34**, 984), verschleiertes Arbeitseinkommen (§ 850h ZPO; Hamm GA **75**, 180; nach AG Köln MDR **81**, 867L auch bei regelmäßig unentgeltlich ausgeübter Mitarbeit im Gaststättenbetrieb eines Angehörigen); **künftige** Forderungen dann, wenn bereits eine Rechtsbeziehung zwischen Schuldner und Drittschuldner besteht, aus der die Forderung nach ihrer Art und der Person des Drittschuldners so bestimmt werden kann, daß sie bereits der Zwangsvollstreckung unterliegt (GA **66**, 243), also künftige Provisionsansprüche (RG **71**, 300), nach NJW **58**, 427; Hamm NJW **56**, 1730 sogar eine Geschäftsverbindung, die zu Provisionansprü-

chen führen könnte; das bestehende Beschäftigungsverhältnis bei einem bestimmten Arbeitgeber (Hamm NJW **61**, 421), aber auch das beendete, falls noch Forderungen bestehen (Schleswig SchlHA **81**, 90), die Anwartschaft auf den Rückfall eines bedingt abgetretenen Lebensversicherungsanspruchs (RG JW **34**, 1357), die in Abwicklung befindlichen Geschäfte von Maklern, die noch nicht beendete Tätigkeit von Rechtsanwälten und Steuerberatern, das Betreiben eines Geschäfts, wenn daraus laufende Einnahmen erzielt werden (BGH **37**, 341, hierzu Geppert JK 2).

b) Nicht anzugeben sind jedoch möglicherweise entstehende Forderungen, für deren Entstehung noch kein Rechtsgrund gegeben ist, wie bloße Erwerbsmöglichkeiten (zB Angaben über den Kundenkreis, BGH **8**, 400; **37**, 340; GA **66**, 243; wistra **89**, 303), objektiv offensichtlich wertlose Gegenstände (BGH **14**, 349; Stuttgart NJW **61**, 2318; KG JR **85**, 162), Werte, die ihrer Natur nach dem Zugriff eines Gläubigers entzogen sind wie ein Handelsgeschäft (BGH **8**, 399; NJW **68**, 2251, es sei denn, es ergäben sich hieraus dem Zugriff des Gläubigers offenstehende Werte, Rpfleger **80**, 339); eine Schankkonzession (RG **42**, 424), ein Pachtrecht (RG HRR **32**, 1394), freiwillige Unterstützungen durch Dritte (GA **58**, 86), ebensowenig Mieteinnahmen der Ehefrau, auch wenn sie im gemeinsamen Haushalt lebt (MDR/H **88**, 627) oder ein früheres Arbeitsverhältnis, aus dem keine Ansprüche mehr bestehen (NJW **68**, 1388), oder ein noch angemeldetes, nicht mehr betriebenes Gewerbe ohne Einkünfte (Hamm 26. 6. 1978, 3 Ss 580/78). Hingegen sind unpfändbare Forderungen (§§ 850c ff. ZPO) anzugeben. Schulden hat der Versichernde nur insoweit anzugeben, wie sie den Wert eines Vermögensstücks mit unmittelbarer Wirkung für den Gläubiger beeinträchtigen, vor allem dingliche Belastungen (oben 8ff.).

c) Richtig und vollständig sind die Angaben zu machen, und zwar unter dem Gesichtspunkt, dem Gläubiger einen etwaigen Zugriff zu ermöglichen und ihn nicht zu verfehlten Vollstreckungsmaßnahmen zu verleiten (BGH **8**, 399; **10**, 150; 283). Daher hat der Schuldner Angaben zu machen über den Verbleib einer ihm gehörenden Sache (BGH **15**, 128; allerdings nicht mehr, wenn durch deren Veräußerung ein Anwartschaftsrecht des Schuldners erloschen ist, BGH **14**, 345); über die Verwendung seines Verdienstes (BGH **10** 149), den Stand einer Erbauseinandersetzung. Bei Forderungen sind Entstehungsgrund und Beweismittel zu bezeichnen (§ 807 I ZPO), der Drittschuldner (vgl. RG HRR **29**, 972), die Höhe der Forderung (RG **71**, 228; LK 23). Nach § 807 ZPO ist es auch strafbar, wenn der Schuldner nicht vorhandene Vermögenswerte als vorhanden bezeichnet und dadurch die Vollstreckungsinteressen des Gläubigers berührt (BGH **7**, 375; **14**, 349; NJW **60**, 2201; str.); so auch ein nicht bestehendes Arbeitsverhältnis (Hamm NJW **61**, 421), anders aber, wenn der Schuldner eine nicht bestehende Forderung gegen den Gläubiger selbst behauptet, der dadurch nicht irregeführt werden kann (vgl. Stuttgart NJW **61**, 2319; dazu krit. Prinzing NJW **62**, 567). Ob eine Forderung bestritten oder anerkannt ist, fällt nicht unter die Erklärungspflicht (Hamm JMBlNW **69**, 128).

d) Anzugeben sind schließlich nach § 807 I Nr. 1 bis 3 ZPO frühere Vermögenswerte des Schuldners, wenn sie Gegenstand der dort bezeichneten Verfügungen zugunsten des Ehegatten oder von Verwandten oder

§ 156

unentgeltlichen Verfügungen waren (vgl. GA **61**, 372). Sonst sind frühere Werte nicht anzugeben (NJW **55**, 638; Hamm NJW **51**, 246), selbst wenn das Veräußerungsgeschäft anfechtbar ist (RG JW **27**, 1314).

14 **B.** Unter den **weiter in Betracht kommenden Versicherungen** ähnelt die Erklärungsverpflichtung vielfach der nach § 807 ZPO, so daß die Erläuterungen unter 7 bis 13 sinngemäß gelten, so bei der Angabe der Nachlaßgegenstände durch den Erben (§ 2006 BGB; auch hier nur das Aktivvermögen, RG **71**, 360), den Angaben des Vergleichsschuldners über sein Vermögen und seine Schulden (§ 69 VerglO) sowie des Gemeinschuldners über das Inventar (§ 125 KO; nur das zur Masse gehörende Vermögen, aber auch die anfechtbaren Verfügungen, RG **66**, 152; HRR **38**, 564); nicht jedoch Auskünfte über einzelne Geschäftsvorfälle (MDR/H **89**, 493). Gewisse Parallelen bestehen auch bei der Rechenschaft über eine Verwaltung (§ 259 BGB) und der Auskunftspflicht des Hausgenossen über die Erbschaft (§ 2028 BGB; rechtliche Schlußfolgerungen sind ohne Bedeutung, NJW **51**, 610). Hingegen geht es bei § 260 BGB, § 883 ZPO, §§ 33, 83 FGG, § 459g I S. 2 StPO, § 90 III OWiG um den Verbleib bestimmter Sachen oder Personen und damit um ein eng konkretisiertes Erklärungsthema; hier hat der Verpflichtete ohne Rücksicht auf eine engere Eidesformel (NJW **52**, 711; vgl. aber zu §§ 260, 261 BGB, LM Nr. 2 zu § 154) alles anzugeben, was zur Auffindung führen kann (vgl. RG DR **42**, 169; Braunschweig NdsRpfl. **50**, 26). Einen bestimmten Inhalt hat schließlich die Auskunftspflicht eines Miterben über Zuwendungen, die er bei der Erbauseinandersetzung zum Ausgleich zu bringen hat (§ 2057 BGB).

15 **4) Vorsatz** ist erforderlich; bedingter genügt (E EGStGB 192, 231); vgl. aber § 163. Er hat sich zunächst auf die Zuständigkeit der Behörde zu erstrecken, die wie bei den §§ 153, 154 nicht bloße Bedingung der Strafbarkeit, sondern Tatbestandsmerkmal ist (BGH **1**, 15; **3**, 254; **24**, 38; aM Karlsruhe NJW **51**, 414). Nimmt der Täter eine nicht gegebene Zuständigkeit irrig an, so ist das ein untauglicher Versuch, der nicht strafbar ist (BGH **24**, 38). Der Vorsatz hat sich für das Revisionsgericht nachprüfbar (Düsseldorf wistra **92**, 74) weiter auf die Unrichtigkeit oder Unvollständigkeit der versicherten Tatsachen zu erstrecken (RG **36**, 1), in den Fällen der an die Stelle des Offenbarungseides getretenen Versicherungen auch auf die Tatsachen, welche die Erklärungspflicht des Versichernden begründen, sowie auf den inhaltlichen Umfang dieser Pflicht (15. 1. 1970, 4 StR 528/69; KG JR **85**, 162) und die Zugehörigkeit eines Wertes zu seinem Vermögen (vgl. Karlsruhe Die Justiz **64**, 63), insoweit kann es auf den Wortlaut des dem Schuldner ausgehändigten Merkblatts ankommen (MDR/H **77**, 809), aber auch auf eine etwaige Alkoholisierung des Täters (29. 9. 1983, 1 StR 637/83). Verschweigt er etwas, zu dessen Angabe er irrig verpflichtet zu sein glaubt, so ist das daher strafloser untauglicher Versuch (BGH **2**, 67, für Wahndelikt BGH **14**, 350, hierzu Herzberg JuS **80**, 476, 478). Entsprechendes gilt, wenn das Versicherte entgegen der Annahme des Täters wahr ist (RG JW **33**, 2703; vgl. 4 ff. vor § 153).

16 **5) Teilnahme** ist möglich, zB als Beihilfe (RG **75**, 112; grobe Hilfe bei einer Dissertation), als Mittäterschaft nur, wenn eine gemeinsame schriftliche Versicherung abgegeben wird (aM LK 27; anders der Fall RG **37**,

Falsche uneidliche Aussage und Meineid § **156**

92), während mittelbare Täterschaft ausgeschlossen ist (RG HRR **40**, 1323; vgl. aber § 160).

6) Bei der **Strafzumessung** kommt es auf konkrete Bedeutung und Fol- 17
gen der Tat an; die Tatsache, daß falsche eidesstattliche Versicherungen als solche schädlich sind, ist unzulässige Doppelverwertung (RG JW **31**, 1568; 37 ff. zu § 46). In den Fällen von § 807 ZPO braucht ein Verstoß gegen die §§ 900 II, 903 ZPO kein Milderungsgrund zu sein (vgl. BGH **17**, 145).

7) Tateinheit ist möglich mit § 263 oder § 267 (RG **52**, 74; **69**, 119), mit 18
versuchter Steuerhinterziehung (BGH **38**, 41), in den Fällen von 6ff. auch Tateinheit zwischen einer falschen Versicherung nach § 125 KO und § 283 (BGH **11**, 145; 42 zu § 283, vgl. auch RG JW **33**, 2589). Verschweigt der Schuldner im Falle des § 807 ZPO einzelne Vermögensstücke vorsätzlich, andere fahrlässig, so geht § 163 in § 156 auf (25. 11. 1969, 1 StR 443/69). Fortsetzungszusammenhang mit §§ 153, 154 ist ausgeschlossen (RG **67**, 168, hinsichtlich § 153 zweifelnd LK 28).

Aussagenotstand

157 **I** **Hat ein Zeuge oder Sachverständiger sich eines Meineids oder einer falschen uneidlichen Aussage schuldig gemacht, so kann das Gericht die Strafe nach seinem Ermessen mildern (§ 49 Abs. 2) und im Falle uneidlicher Aussage auch ganz von Strafe absehen, wenn der Täter die Unwahrheit gesagt hat, um von einem Angehörigen oder von sich selbst die Gefahr abzuwenden, bestraft oder einer freiheitsentziehenden Maßregel der Besserung und Sicherung unterworfen zu werden.**

II **Das Gericht kann auch dann die Strafe nach seinem Ermessen mildern (§ 49 Abs. 2) oder ganz von Strafe absehen, wenn ein noch nicht Eidesmündiger uneidlich falsch ausgesagt hat.**

1) Die Vorschrift, geändert durch Art. 1 Nr. 43 des 1. StrRG und Art. 19 1
Nr. 65 EGStGB, begünstigt Zeugen oder Sachverständige, die sich eines Meineids (§§ 154, 155) oder einer falschen uneidlichen Aussage (§ 153), wenn auch nur in der Form des Versuchs (BGH **4**, 175), schuldig gemacht haben. Auf eidesstattliche Versicherungen bezieht sich § 157 seit dem EGStGB nicht mehr, da § 156 keine erhöhte Mindeststrafe androht (E EGStGB 231). Für Beeidigung von Parteiaussagen gilt die Vorschrift nicht (NJW **51**, 809), da die Parteien sie meist ablehnen können (JZ **51**, 726; BGH **3**, 320; Frankfurt NJW **50**, 615), freilich kommt der Schutz den Zeugen und Sachverständigen auch dann zugute, wenn sie ihre Aussage ablehnen konnten (RG **59**, 61; aM M-Schroeder § 74, 103), und über Zeugnis- und Eidesverweigerungsrecht belehrt wurden (16. 4. 1985, 4 StR 31/85). Sie sind Dritte, die in fremder Sache vernommen werden (LK-Willms 1). Begünstigt wird aber nur der Täter, nicht auch der Anstifter (BGH **1**, 28; **2**, 379; **3**, 320; **7**, 5 [selbst bei Anstiftung zum Ableugnen des eigenen Ehebruchs des Anstifters]; Hamm MDR **51**, 119), und der Gehilfe, da bei ihnen die Zwangslage des Täters fehlt (RG DR **44**, 367), dies gilt auch dann, wenn die Zeugenaussage des Täters ein vom Anstifter begangenes Delikt offenbart (RG GA Bd. **58**, 461; vgl. Lürken NJW **56**, 721; Seibert NJW **56**, 1082; Bergmann [1 zu § 49] 81). Für fahrlässige Eidesvergehen gilt § 157 nicht (RG **47**, 332). Ob sich der Täter auf den Eidesnotstand beruft, spielt keine Rolle (GA **68**, 304; Stuttgart NJW **78**, 711; LK 1). Fehlende Nachprüfung ist Revisionsgrund!

§ 157

(vgl. unten 4). § 157 ist auch im Zweifelsfalle zugunsten des Täters anzuwenden (13. 12. 1960, 1 StR 507/60).

2 **A.** Die **Kann-Vorschrift** sieht die Milderung **nach pflichtmäßigem Er-**
3 **messen** vor (§ 49 II; vgl. Seibert NJW **61**, 1055; Montenbruck JZ **85**, 980). So kann das Privileg nach I versagt werden, wenn der Täter aus schuldhaften und selbstsüchtigen Motiven den Notstand herbeigeführt hat (16. 1. 1992, 4 StR 509/91; SchSch-Lenckner 11). Die Urteilsgründe müssen erkennen lassen, daß sich das Gericht der Möglichkeit des I bewußt war (BGHR § 157 I, Selbstb. 3). **Bei uneidlichen Aussagen** darf der Richter von Strafe ganz **absehen** (7 zu § 23); er muß dies aber begründen (1. 7.
4 1980, 1 StR 250/80). **Strafzumessungsähnlich** wirkt § 157. Für § 52 ist angedrohter Strafrahmen daher zB § 154, nicht § 157. Ist versehentlich die Prüfung nach § 157 unterblieben, so zwingt dies das Revisionsgericht nur zur Aufhebung im Strafausspruch (13. 11. 1985, 2 StR 451/85), nicht auch im Schuldspruch (Hamm MDR **54**, 631; Saarbrücken VRS **75**, 33).

5 **B. Mehrere Ermäßigungsgründe** können nur einmal zur Ermäßigung des Strafrahmens benutzt werden. Doch sind sie festzustellen und innerhalb des gefundenen Strafrahmens zur Strafzumessung zu benutzen (BGH **5**, 377; Stuttgart NJW **78**, 711; vgl. auch 27 zu § 154). §§ 157 und 158 können dem Täter hingegen nebeneinander zugute kommen (BGH **4**, 176), ebenso § 60 Nr. 2 StPO und § 157 (NStE § 154 Nr. 4; NStZ **91**, 280; NStZ/D **91**, 478). Nimmt das Gericht § 154 II an, weil ein Umstand nach § 157 I gegeben ist, so darf es nicht mehr nach § 157 mildern (§ 50).

6 **C. Bei mehrfachen Unrichtigkeiten** in einem Eide ist die Aussage als Ganzes in Betracht zu ziehen (RG **27**, 370; **60**, 57). Es genügt aber, wenn die Gefahr für den Täter nur hinsichtlich eines Teiles der Aussage droht, falls alle Angaben mit dem Beweisgegenstand in innerem Zusammenhang stehen (MDR **52**, 658). Trifft dagegen beim fortgesetzten Meineid mit verschiedenen Beweisthemen § 157 nur für einen Teil des fortgesetzten Verbrechens zu, so ist er nicht anwendbar (RG **61**, 311; **43**, 220; nicht ganz klar Hamm NJW **59**, 735; hiergegen LK 12; SchSch-Lenckner 14). Ebenso nicht, falls eine frühere uneidliche (also strafbare) Falschaussage durch die Beeidigung zum Teil des Meineides, also mit ihm zu einer einzigen einheitlichen Tat wird (GrSenBGH **8**, 301); es fehlt hier an der vorausgegangenen strafbaren Handlung (Stuttgart NJW **78**, 712), dies selbst dann, wenn mit der uneidlichen Falschaussage tateinheitlich ein anderes Delikt (Betrug) zusammentrifft (BGH **9**, 121). Daher ist § 157 auch nicht anwendbar, falls der Angeklagte in erster Instanz eine uneidliche Falschaussage macht und sie in der zweiten dann beeidigt: Fall des einen einzigen Meineides als einer einzigen Tat (vgl. 27 zu § 154, GrSenBGH **8**, 319). Doch ist § 157 nicht allgemein dann unanwendbar, wenn der Täter den Eidesnotstand verschuldet hat (BGH **7**, 332; StV **87**, 195), oder wenn er vom Vorwurf der Falschaussage bereits rechtskräftig freigesprochen ist, jedoch eine Wiederaufnahme nach § 362 Nr. 4 StPO in Betracht kommt (MDR/H **83**, 280). Daher greift § 157 Platz, falls der Täter zunächst vor der Polizei Aussagen gemacht hat, die Anlaß zu Ermittlungen nach §§ 164, 257, 258 bieten können (28. 6. 1978, 5 StR 219/78) oder das weitere Aussagedelikt in der zweiten Instanz selbständig (§ 53) begeht (GrSenBGH **8**, 319; Zweibrücken JBlRhPf **84**, 10), daß er „in verschiedenen Instanzen falsch aussagte", ist

Falsche uneidliche Aussage und Meineid § 157

eine der Voraussetzungen für die Anwendung des I und kein Grund für dessen Nichtanwendung (JR **81**, 248 m. Anm. Bruns). Es ist dann ja eine selbständige strafbare Handlung vorausgegangen, wie sie § 157 erfordert (StV **87**, 195, zu der str. Problematik LK 5; SchSch-Lenckner 6; SK-Rudolphi 14). **Bei Realkonkurrenz** mehrerer Delikte, die unter § 157 fallen, sind vor Bildung einer Gesamtstrafe erst die Einzelstrafen nach § 157 zu ermitteln (RG **31**, 106).

2) Abs. I erfordert **A.** die **Absicht**, die **Gefahr** der Bestrafung oder der 7 Anordnung einer freiheitsentziehenden Maßregel **abzuwenden,** und zwar **von einem Angehörigen** (unten 9) **oder von sich selbst.** Maßgebend für die **Gefahr** ist nicht die objektive Sachlage, sondern die (selbst irrige, Hamburg NJW **52**, 635; Düsseldorf NJW **86**, 1822, hierzu Geppert JK 2) Meinung des Täters über die Gefahr im Augenblick der Aussage (GrSenBGH **8**, 317; NJW **88**, 2391 m. Anm. Heusel JR **89**, 428). Selbst die Möglichkeit des **Rücktritts** von der einen Versuch darstellenden Tat durch Richtigstellung der Aussage (§ 24, RG **65**, 275) schließt die Anwendung des § 157 nicht aus. Anders, wenn der Täter von dieser Wirkung seines Widerrufs gewußt hat. Tritt er aber zurück, so ist er wegen dieses Rücktritts straffrei, so daß es auf § 157 nicht mehr ankommt. Die obige Absicht braucht nicht alleiniger noch Hauptgrund gewesen zu sein (BGHR § 157 I, SBeg. 2). Der Gedanke an die Gefahr braucht nur mitbestimmend gewesen zu sein (BGH **8**, 317; GA **68**, 304; BGHR § 157 I, SBeg. 1; Zweibrücken OLGSt. Nr. 1 zu § 153). Doch muß die Gefahr unmittelbar durch eine wahre Aussage drohen; es genügt nicht, daß der Täter eine Anzeige von sich abwenden will, die derjenige erstatten könnte, zu dessen Gunsten er falsch aussagt (BGH **7**, 2). Handelt der Täter mit dem alleinigen Ziel der Strafvereitelung, so bleibt kein Raum für § 157 (MDR/H **80**, 984; 4. 3. 1980, 1 StR 15/80).

a) Strafe oder eine **freiheitsentziehende Maßregel** abzuwenden oder zu 8 mildern muß die Absicht sein. Die nicht ganz entfernte (RG **64**, 105) Gefahr muß nach der Vorstellung des Täters vorliegen (10. 10. 1989, 4 StR 523/89), es genügt nicht die Gefahr der Unehre (RG **58**, 397). Desgl. nicht die Gefahr der Verfolgung wegen einer Ordnungswidrigkeit (Bay NJW **71**, 630), eines Disziplinarverstoßes (zB nach § 102 StVollzG) oder eines Dienstvergehens (LK 13; SK 7). Wohl aber genügt die Gefahr der Verfolgung wegen eines schwereren Delikts (BGH **29**, 298; Geilen JK 1; aM Hamm NJW **59**, 1697; SK 10; Lackner 2). Die Gefahr kann auch drohen, wenn der Zeuge die strafbare Handlung gar nicht begangen hat (RG **69**, 42). Die Gefahr ist schon vorhanden, wenn sie durch die Aussage in Verbindung mit anderen Tatsachen entstehen würde (RG **64**, 106; **67**, 289, Verfolgungsgefahr wegen Prozeßbetruges). § 157 ist auch zu beachten und nach dem Zweifelssatz anzuwenden, wenn sich der ein Aussagedelikt bestreitende Angeklagte naturgemäß gar nicht auf eine Konfliktslage beruft (23. 11. 1976, 1 StR 704/76; Düsseldorf StV **91**, 68 m. Anm. Heusel JR **91**, 521). Die strafbare Handlung muß **vor der Eidesleistung liegen** (RG **62**, 211), so frühere Strafvereitelung durch Abreden (RG **75**, 277), falsche Anschuldigung (BGH **7**, 332), Betrugsversuch der nichtehelichen Mutter durch Angabe eines falschen Kindesvaters (10. 12. 1969, 3 StR 220/69), Absprache eines Meineides (§ 30 II, jedoch wird in solchen Fällen kaum Anlaß für die Anwendung des I bestehen, so 1. 7. 1980, 1 StR 250/80),

§ 157

uneidliche Aussage (BGH **4**, 175), aber nur, falls sie eine selbständige Tat ist (vgl. 6; BGH **5**, 270; aM 22. 5. 1968, 3 StR 131/68 für den Fall, daß Einzelakte der mit dem Meineid in Tateinheit stehenden Strafvereitelung vor dem Meineid begangen sind). **Die Gefahr entfällt,** wenn die Verfolgung aus rechtlichen, dem Täter bekannten Gründen nicht mehr tunlich ist. Freisprechung von der Straftat beseitigt die Gefahr noch nicht, vgl. § 362 Nr. 2 StPO; wohl aber Ablauf der Verjährungs- oder Antragsfrist (RG DRiZ **27** Nr. 28). Bei rechtskräftiger Verurteilung genügt die Furcht vor Vollstreckung (Bay NJW **56**, 559; zw.; anders RG JW **24**, 1730). Unerheblich für die Anwendbarkeit des § 157 ist das Unterlassen des Hinweises auf das Zeugnisverweigerungsrecht. Doch kann dann ein minder schwerer Fall nach § 154 II vorliegen (BGH **8**, 190; 28. 6. 1978, 3 StR 219/78). Es kommt auch nicht darauf an, ob der Täter die Gefahr durch Verweigerung des Zeugnisses hätte abwenden können (MDR/H **77**, 460; **78**, 987; 19. 9. 1979, 3 StR 315/79).

9 b) Einem **Angehörigen** (2 ff. zu § 11) muß die Gefahr drohen, nach Bay NJW **86**, 203 gilt I nicht bei nichtehelichem Zusammenleben (krit. Krümpelmann/Heusel JR **87**, 41; Ostendorf JZ **87**, 338).

10 **B. Bei Eidesunmündigen** sind **nach II** Milderung und Absehen von Strafe nur für die falsche *uneidliche* Aussage (§ 153) möglich, aber auch dann, wenn die nach I erforderliche Strafabwendungsabsicht fehlt. Bei Meineid (vgl. 11 aE vor § 153) gilt hingegen 7 ff.

Berichtigung einer falschen Angabe

158 ^I **Das Gericht kann die Strafe wegen Meineids, falscher Versicherung an Eides Statt oder falscher uneidlicher Aussage nach seinem Ermessen mildern (§ 49 Abs. 2) oder von Strafe absehen, wenn der Täter die falsche Angabe rechtzeitig berichtigt.**

II Die Berichtigung ist verspätet, wenn sie bei der Entscheidung nicht mehr verwertet werden kann oder aus der Tat ein Nachteil für einen anderen entstanden ist oder wenn schon gegen den Täter eine Anzeige erstattet oder eine Untersuchung eingeleitet worden ist.

III Die Berichtigung kann bei der Stelle, der die falsche Angabe gemacht worden ist oder die sie im Verfahren zu prüfen hat, sowie bei einem Gericht, einem Staatsanwalt oder einer Polizeibehörde erfolgen.

1 1) **Die Vorschrift,** die durch VO v. 29. 5. 1943 erweitert und durch Art. 1 Nr. 44 des 1. StrRG sowie Art. 19 Nr. 64 EGStGB geändert worden ist, ist ihrem Zweck entsprechend weit auszulegen (NJW **62**, 2114; Hamburg NJW **81**, 237; Bottke 643; Bergmann [1 zu § 49] 194).

2 **A. Die Berichtigung** ist nicht nur bei einer Zeugen- oder Sachverständigenaussage möglich (vgl. dagegen § 157), sondern auch bei Beeidigung einer Parteiaussage (RG **16**, 29), bei bloß versuchtem Meineid kann schon § 24 helfen (vgl. aber auch RG **58**, 184). Dem widerrufenden Anstifter kommt § 158 ebenso zugute (NJW **51**, 727; OGHSt. **2**, 161) wie dem Gehilfen (BGH **4**, 173, OGHSt. **2**, 165).

3 **B. Das Wesen der Berichtigung** liegt (über den Widerruf hinaus, RG DR **44**, 440) darin, daß der Täter die Unwahrheit der früher beschworenen

Falsche uneidliche Aussage und Meineid **§ 158**

Behauptung zugibt (BGH **18**, 348; **21**, 115), *und* zugleich den richtigen Sachverhalt angibt; und zwar wahrheitsgemäß in allen wesentlichen Punkten, soweit er dazu imstande ist (LK-Willms 4; zu weitgehend BGH **9**, 100) bei bloßem Abweichen der zweiten von der ersten Erklärung liegt nur ein Widerspruch und keine Berichtigung vor (RG **24**, 259). Die Ersetzung der früheren falschen durch eine neue falsche Aussage ist daher keine Berichtigung (RG **59**, 88), ebensowenig idR die bloße Verweigerung der Auskunft auf die Frage, ob eine frühere Aussage richtig sei (BGH **18**, 348). Andererseits setzt die Berichtigung insoweit kein Schuldeingeständnis voraus; es reicht aus, wenn der Täter korrigierend von der früheren Aussage abrückt und sie durch eine wahrheitsgemäße ersetzt (Hamburg NJW **81**, 237 m. Anm. Rudolphi JR **81**, 384; hierzu Dencker NStZ **82**, 461); nur schlüssiges Zugeben der Unrichtigkeit kann ausnahmsweise uU genügen (MDR/H **82**, 809; Hamburg aaO; hierzu Otto JuS **84**, 172). Daß die Berichtigung aus einer gewissen Zwangslage heraus (zB wegen Gefahr der Entdeckung) geschieht, ist unschädlich (RG **64**, 217). Die Berichtigung muß rechtzeitig sein, wenn evtl. auch unfreiwillig (BGH **4**, 175). Auch durch Schweigen kann sie geschehen (RG **58**, 381), da eine bestimmte Form für sie nicht vorgeschrieben ist; sie kann auch durch Vermittlung Dritter erfolgen (RG **28**, 162). Bleibt offen, welche von zwei widersprüchlichen Aussagen falsch ist und stellt sich die zweite nach ihrem Wortlaut als Berichtigung der ersten dar, so ist § 158 infolge von *in dubio pro reo* anwendbar (Bay NJW **76**, 860; LK **6**; Stree JR **76**, 470; krit., aber zust. Blei JA **76**, 165; Küper NJW **76**, 1828, der aber von einer Wahlfeststellung ausgeht; aM Uibel NJW **60**, 1893). Liegt § 158 nahe, so ist dessen Nichtprüfung ein sachlichrechtlicher Fehler (12. 7. 1979, 4 StR 262/79).

C. Nach III ist **Berichtigungsadressat** die Stelle, vor der die Falschaussage gemacht ist (so die ersuchte Stelle), oder, die sie verfahrensmäßig zu prüfen hat (so die ersuchende Stelle), im Falle des § 156 mit § 807 ZPO auch der Gerichtsvollzieher (LG Berlin JR **56**, 432), sowie Gericht, StA oder Polizei. Die Inanspruchnahme eines Dritten zur Übermittlung an die zuständige Stelle ist statthaft (RG JW **35**, 938). **4**

D. Die Folge der rechtzeitigen Berichtigung ist dieselbe wie bei § 157 II. Die Folge des § 158 gilt nicht hinsichtlich einer tateinheitlichen mit dem Aussagedelikt begangenen Straftat (Hamm OLGSt. 5). In den Fällen von § 156 ist nur das Absehen von Strafe (7 zu § 23), nicht aber Milderung nach § 49 II von Bedeutung. **5**

2) Rechtzeitig berichtigt muß die falsche Angabe sein. Der **Eingang** ist maßgebend für die Rechtzeitigkeit (RG **67**, 87). Dazu kann Einwurf in den Briefkasten genügen, selbst vor Kenntnisnahme durch die Beamten (RG **61**, 123). Die Zäsur für die Anwendbarkeit des § 158 bildet bei der uneidlichen Falschaussage (§ 153) das Ende der Bekundung, beim Nacheid das vollständige Leisten der Eidesformel (vgl. im übrigen 5a zu § 153; 25 ff. zu § 154). Danach kommt es darauf an, ob einer die Rechtzeitigkeit ausschließenden Umstände *objektiv* (nicht nur nach den Vorstellungen des Täters) gegeben ist (differenzierend SchSch-Lenckner 7; § 442 III E 1962; LG Detmold NStE Nr. 1). **Nach II** ist die Berichtigung unter folgenden 3 Voraussetzungen **verspätet**, wenn **6**

§ 158

7   **A. eine Verwertung** bei der den Rechtszug abschließenden **Entscheidung nicht** mehr **möglich** ist (die Einstellungsverfügung der StA ist keine solche Entscheidung, NJW **53**, 1923). So, wenn das Urteil I. Instanz schon vor Eingang der Berichtigung erlassen ist (Hamm NJW **50**, 358), rechtskräftig muß es nicht sein. Oft wird aber aus den Gründen des Rechtsnachteils (zu 8) die Berichtigung bereits früher ausgeschlossen sein, sie ist aber stets rechtzeitig, solange die Vernehmung nicht abgeschlossen ist (Bay StV **89**, 251 m. Anm. Wächtler, Geppert JK 1).

8   **B.** schon **eine Anzeige gegen den Täter** erstattet oder eine **Untersuchung** gegen ihn eingeleitet ist. **Anzeige** ist nur die Strafanzeige (RG **62**, 303, vgl. 3ff. zu § 164), nicht die Selbstanzeige (RG **67**, 88). Untersuchung ist jedes Einschreiten einer zuständigen Behörde, zB der Polizei (RG **42**, 65), das in der erkennbaren Absicht erfolgt, evtl. eine Bestrafung herbeizuführen (RG **62**, 303, LK 10), so auch die vorläufige Festnahme nach § 183 GVG durch den Zivilrichter (RG **73**, 335), nicht jedoch die Protokollierung der verdächtigen Aussage im Hauptverhandlungsprotokoll auf Antrag der StA (RG **7**, 154).

9   **C. ein Rechtsnachteil für einen anderen** (auch den Staat, RG JW **32**, 1742; str.) aus der falschen Aussage (auch aus der Beeidigung einer Parteiaussage, RG **16**, 29) entstanden ist. Rechtsnachteil ist die Beeinträchtigung jemandes in seiner Rechtsstellung, die über die bloße Verschlechterung der Beweislage hinausgeht (NJW **62**, 2164). Die Notwendigkeit, neuen Beweis zu erbringen, reicht daher nicht aus; anders, falls die falsche Aussage zu einer Beweiserhebung führt (RG JW **34**, 559, str. und zw.), oder zu neuen Verfahrenskosten (RG **70**, 144, zB durch Erforderlichwerden eines Rechtsmittels, Hamm NJW **50**, 358). Es reicht aber nicht aus, wenn in der neuen Vernehmung die Aussage berichtigt wird (NJW **62**, 2164). Ein Vermögensnachteil ist nicht erforderlich (RG **39**, 228), ein ideeller Nachteil nicht genügend (RG **45**, 301), ausreichend die Einleitung eines Ermittlungsverfahrens (RG **60**, 159), oder einer Voruntersuchung (RG GA Bd. **54**, 304), wenn auch nur unter einem schwereren Gesichtspunkt (RG **17**, 307), Erlaß eines Zivilurteils (R **5**, 74), Einstellung einer Zwangsvollstreckung (R **9**, 697). Eine Folge der Aussage muß der Nachteil sein (RG **29**, 303). Die bloße Gefährdung genügt nicht (RG **36**, 240).

Versuch der Anstiftung zur Falschaussage

159   Für den Versuch der Anstiftung zu einer falschen uneidlichen Aussage (§ 153) und einer falschen Versicherung an Eides Statt (§ 156) gelten § 30 Abs. 1 und § 31 Abs. 1 Nr. 1 und Abs. 2 entsprechend.

1   1) **Die Vorschrift** idF des Art. 19 Nr. 65 EGStGB war ursprünglich auf das Unternehmen der Verleitung zu Meineid oder falscher eidesstattlicher Versicherung beschränkt und als delictum sui generis ausgestaltet. Die VO v. 29. 5. 1943 erklärte den damaligen § 49a in vollem Umfang für anwendbar, sowohl bei falscher uneidlicher Aussage und eidesstattlicher Versicherung als auch bei Meineid selbst (krit. Otto JuS **84**, 170). Das 3. StÄG schränkte wieder auf zwei Begehungsformen ein (unten 2ff.). Das EGStGB ist ihm gefolgt. Der Meineid selbst wird als Verbrechen unmittelbar von § 30 erfaßt. Zum Ganzen Vormbaum GA **86**, 535.

Falsche uneidliche Aussage und Meineid § 159

2) Zwei Fälle umfaßt § 159: nämlich erfolglose Anstiftung zur uneidlichen falschen Zeugen- oder Sachverständigenaussage und zur wissentlichen Abgabe einer falschen Versicherung an Eides Statt, insbesondere auch in den Fällen des früheren Offenbarungseides (6 ff. zu § 156).

A. Die falsche Aussage oder Versicherung des anderen muß der Täter bezwecken. Die Angabe der Richtung der Aussage genügt; die Ausschmückung mit Einzelheiten kann dem anderen überlassen werden (RG 15, 260). Auch die Aufforderung zum bloßen Verschweigen ist ausreichend (RG 49, 12). Das Angehen einer **Mittelsperson,** damit sie den Zeugen zur Falschaussage bestimme, ist schon Tatbeginn (RG 59, 370). Der Grund des Mißlingens ist gleichgültig. **Beispiele:** Die Vernehmung unterbleibt; der Verleitungsbrief gerät in andere Hände (BGH 31, 11) oder kommt erst nach der Vernehmung an (RG 59, 372), der Zeuge ist geisteskrank (RG 64, 225) und der Täter weiß dies nicht; oder er ist schon entgegen der Annahme des Täters von sich aus zur Falschaussage entschlossen (RG 74, 304), der Zeuge sagt trotz der Verleitung die Wahrheit; die anstiftungsgemäße Aussage ist entgegen der Annahme des Täters wahr (RG 64, 224), der Zeuge sagt nur fahrlässig (RG 64, 225) oder ohne Fahrlässigkeit gutgläubig falsch aus. Die erfolglose Aufforderung an einen Zeugen, mit wahrheitswidriger Begründung die Aussage zu verweigern, fällt nicht unter § 159.

B. Der Vorsatz geht darauf, einen andern zu einer Aussage (oder zu einer Versicherung an Eides Statt) zu bestimmen, die vorsätzlich falsch ist (RG GA Bd. 45, 423), bedingter Vorsatz genügt (BGH 2, 281; NJW 82, 1600). Weiß der Täter, daß der andere schon von sich aus zur falschen Aussage entschlossen ist, so fehlt dem Verleitenden der Vorsatz; anders falls er das Schwanken des anderen beseitigen will (RG 74, 304). Der Anstifter und nach seiner Meinung auch der andere müssen die betr. Behörde für zuständig (zur Entgegennahme der betr. Erklärung oder Aussage) halten; Bestrafung nach § 159 tritt dann auch trotz Fehlens der Zuständigkeit ein, da es wie bei § 30 nur auf die Vorstellung des Vorbereitenden ankommt (dort 4; BGH 17, 303; SchSch-Lenckner 2; SK-Rudolphi 3; hM; **aM** BGH 24, 38; vgl. hierzu auch BGH 27, 70 mit abl. Anm. Dreher MDR 71, 410; Schröder JZ 71, 563; krit. auch Tröndle GA 73, 337; Otto JuS 84, 170; zust. hingegen LK-Willms 1; Wessels BT 1 § 17 V 2; Blei JA 71, 303; abgeschwächt 445; Vormbaum GA 86, 363; vgl. auch BGH 1, 13; 3, 248).

3) Die Strafe ist zu verhängen nach den Grundsätzen der mißlungenen Anstiftung zu einem Verbrechen gemäß § 30; also entsprechend § 49 I. Obwohl der Versuch der Tat selbst nicht mehr strafbar ist, bestraft § 159 die mißlungene Anstiftung, also den Versuch der Anstiftung zur Tat, weil die Anstiftung im Bereich der Aussagedelikte besonders gefährlich ist (hierzu Vormbaum aaO [1 a vor § 153] 39).

A. Ein strafbefreiender Rücktritt ist auch hier nach § 31 I Nr. 1, II zugelassen; vgl. dort 2 ff.

B. Bei Begehung der Haupttat, wenn auch nur in der Form des Versuchs, also bei gelungener Anstiftung, ist nur ihretwegen zu bestrafen, nicht nach dem bloß subsidiären § 159. Erfolglose Anstiftung zum Meineid (§§ 30, 154) kann in Tateinheit mit §§ 26, 153 stehen (BGH 9, 131 unter

§ 159

BT Neunter Abschnitt

abweichender Begründung gegenüber BGH **1**, 141), ebenso erfolglose Anstiftung zu § 153 mit erfolgreicher Beihilfe zu § 153 (17. 8. 1962, 4 StR 248/62). Versuchte Verleitung mehrerer Personen durch mehrere Handlungen kann keine fortgesetzte Tat sein (25. 9. 1958, 4 StR 277/58).

Verleitung zur Falschaussage

160 ¹ Wer einen anderen zur Ableistung eines falschen Eides verleitet, wird mit Freiheitsstrafe bis zu zwei Jahren oder mit Geldstrafe bestraft; wer einen anderen zur Ableistung einer falschen Versicherung an Eides Statt oder einer falschen uneidlichen Aussage verleitet, wird mit Freiheitsstrafe bis zu sechs Monaten oder mit Geldstrafe bis zu einhundertachtzig Tagessätzen bestraft.

ᴵᴵ Der Versuch ist strafbar.

1 **1) Zur Ableistung verleitet**, wer den Willen des anderen beeinflußt (RG **15**, 149; **52**, 184), und zwar durch beliebige Mittel, zB auch Drohung (RG JW **27**, 1210). Es muß aber eine bestimmte Person verleitet werden. Der Täter will, daß der andere unvorsätzlich, im Falle des § 159 gutgläubig objektiv falsch (4 vor § 153) aussagt und höchstens fahrlässig (§ 163) handeln soll (RG **25**, 213; **64**, 225; **68**, 278). Neben der Eidesleistung steht auch hier die falsche Versicherung an Eides Statt und die falsche uneidliche Aussage, wenn dem anderen das Bewußtsein der Unwahrheit fehlt (RG **12**, 254), so auch, wenn er eine Urkunde unterschreibt und nicht weiß, daß sie eine solche Versicherung enthält (RG **34**, 298). Auch durch Einschaltung einer **Mittelperson** kann die Tat begangen werden, freilich genügt die erfolglose Einwirkung auf eine solche Person noch nicht (RG **45**, 286), im Gegensatz zu § 159, auf den sich RG **59**, 371 – von SchSch-Lenckner 7, SK-Rudolphi 6 mißverstanden – bezieht (richtig LK-Willms 6).

2 **2) Die mittelbare Täterschaft** wird durch § 160 zu einem selbständigen Tatbestand mit milderer Strafdrohung gegenüber den eigenhändigen Delikten (4 vor § 153). Objektiv muß der Tatbestand der §§ 153 bis 156 vorliegen, insbesondere die Abgabe vor einer abstrakt zuständigen Behörde (RG GA Bd. **43**, 388; vgl. auch Köln NJW **57**, 553).

3 **3) Versuch liegt vor**, falls es zum Eide gar nicht kommt oder falls die beschworene Tatsache richtig ist (RG **15**, 148), noch nicht in der erfolglosen Aufforderung an einen Dritten, den anderen zu beeinflussen (RG **45**, 282). Wird der Eid bewußt falsch geschworen oder die uneidliche Aussage bewußt falsch gemacht, so liegt, da es wegen des Exzesses des Verleitetens gar nicht zu der von dem Verleitenden gewünschten Tat kommt, beim Verleitenden (strafbarer, **II**) auch nur mißlungener Versuch (aus § 160, nicht § 154) vor (RG **11**, 418; JW **34**, 1175; M-Schroeder § 74, 99; Gallas, Engisch-FS 600; **aM** BGH **21**, 116; SchSch 9; SK 4; Lackner 4; Wessels BT 1 § 17 V 3; Vormbaum aaO [1a vor § 153] 21), die Vollendung aus § 160 annehmen (ebenso Hruschka JZ **67**, 210; JuS **72**, 713). Nimmt der Verleiter an, der Verleitete werde bewußt falsch aussagen, während dieser gutgläubig falsch aussagt, ist nicht § 160, sondern §§ 26/154 oder §§ 26/153, 156 gegeben (10 vor § 25; ebenso M-Schroeder § 74, 99; aM Karlsruhe Die Justiz **82**, 141; vgl. hierzu Otto JuS **84**, 171). Ist der Verleitete nicht in der Lage, einen Meineid zu leisten, weil er von Wesen und Bedeutung des

Falsche uneidliche Aussage und Meineid **§ 160**

Eides keine genügende Vorstellung hat (11 vor § 153), so ist § 160 gegeben, wenn der Verleitende das wußte (str.); sonst §§ 30, 154 (RG HRR 37, Nr. 353; diesen Fall dürfte RG **64**, 225 im Auge haben), wenn der Verleitete gutgläubig schwört (RG GA Bd. **52**, 245).

§§ 161, 162 [Aufgehoben durch Art. 1 Nr. 45 des 1. StrRG und Art. 1 Nr. 20 des 3. StÄG]

Fahrlässiger Falscheid; fahrlässige falsche Versicherung an Eides Statt

163 **I Wenn eine der in den §§ 154 bis 156 bezeichneten Handlungen aus Fahrlässigkeit begangen worden ist, so tritt Freiheitsstrafe bis zu einem Jahr oder Geldstrafe ein.**

II Straflosigkeit tritt ein, wenn der Täter die falsche Angabe rechtzeitig berichtigt. Die Vorschriften des § 158 Abs. 2 und 3 gelten entsprechend.

1) **Der äußere Tatbestand** des § 163 entspricht den Tatbeständen von §§ 154 bis 156 (Bay NJW **55**, 1691), während fahrlässige uneidliche Falschaussage (§ 153) straflos ist. Das Beschworene muß **objektiv unwahr** sein (vgl. 4ff. vor § 153; 6 zu § 154). An die Stelle des Vorsatzes der §§ 154ff. tritt Fahrlässigkeit. Ist Vorsatz möglich, doch nicht nachweisbar, so wird zugunsten des Täters die Unkenntnis angenommen und außerdem geprüft, ob sie auf Fahrlässigkeit beruht (RG **41**, 390; vgl. 14 zu § 1).

2) **Fahrlässigkeit** (12ff. zu § 15) liegt vor, wenn der Schwörende die Sorgfalt im gründlichen Überlegen, die ihm nach den Umständen und seinen persönlichen Fähigkeiten zuzumuten ist, außer acht läßt (Bay NJW **55**, 1691).

A. Unkenntnis muß beim Täter entweder darüber vorliegen, daß er etwas **Unwahres** beeidigt; so, wenn er seine Aussage für wahr hält; oder von einer uneidlichen Aussage ausgeht, zB beim (zu Unrecht an Stelle des Nacheides abgenommenen) *Voreid* annimmt, die Fragestellung betreffe nicht die Anklage (RG GA Bd. **59**, 351), oder die Vernehmung betreffe nur Angelegenheiten, nach denen er gefragt werde (BGH **2**, 90), oder die verschwiegene Tatsache falle nicht unter den Eid (BGH **3**, 235), zB Personalien (BGH **4**, 214), oder betreffe einen anderen Angeklagten, der von seiner Aussage nicht betroffen glaubt (RG GA Bd. **52**, 254). Beim *Nacheid*, wenn der Täter sich bei der Beeidigung einen Teil des Gesagten nicht ins Gedächtnis zurückruft (RG **30**, 53), wenn der als Zeuge vernommene Nebenkläger nur als solcher zu sprechen glaubt (RG Recht **14** Nr. 437), wenn der Täter die unwahre Aussage vor deren Beeidigung berichtigen will, dies aber vergißt (RG **45**, 151), wenn er erhebliche Tatsachen ausläßt (RG **57**, 152), oder wenn er die Behörde zur Eidesabnahme überhaupt nicht für befugt (vgl. 3 zu § 154) hält. Der Irrtum kann tatsächlicher oder rechtlicher Art sein (RG **46**, 140). Bei der **eidesstattlichen Versicherung** liegt der Fall ähnlich, wenn jemand sie, ohne sie durchzulesen, oder in blanko unterschreibt (RG **70**, 267; GA Bd. **57**, 396), oder wenn er nicht weiß, daß sie einer Behörde überreicht wird (RG **34**, 298).

B. Auf Fahrlässigkeit muß die Unkenntnis usw. beruhen. Betrifft die

§ 163

Aussage das Wissen von Tatsachen, so ist das Nichtwissen an sich noch keine Fahrlässigkeit; der Zeuge schwor ja nur, nach bestem Wissen auszusagen. Eine Erkundigungspflicht zur Vorbereitung auf die Vernehmung trifft den **Zeugen** grundsätzlich *nicht* (MDR/D **53**, 596 vgl. auch Bay NJW **56**, 601). Zu einer Vergewisserung im voraus können jedoch Amtsträger, wie Staatsanwälte oder Polizeibeamte, beruflich verpflichtet sein (Köln NJW **66**, 1421; Lackner 2; hiergegen Nöldecke NJW **79**, 1644), nach 7. 9. 1982, 5 StR 499/82 nicht jedoch ein RA (zum Ganzen Dedes JR **83**, 100); ebenso aufgrund ihrer verfahrensrechtlichen Stellung die Partei bei der eidlichen **Parteivernehmung** (vgl. die Eidesnorm in § 452 II ZPO; hM, SK 9; Arzt-Weber LH **5**, 326; 23. 5. 1957, 4 StR 158/57).

5   **a) Zeugenpflicht** ist es, sein Gedächtnis zur Ermittlung des richtigen Sachverhalts anzustrengen, um sein Erinnerungsbild zu verbessern (RG **42**, 237; vgl. Karlsruhe GA **71**, 60; RG **63**, 372). Bei *fest eingewurzeltem* falschem *Erinnerungsbild* müssen aber äußere Hilfsmittel und tatsächliche Anhaltspunkte hinzukommen, da hier durch bloßes Anstrengen des Willens und bloßes Nachdenken jenes Bild sich nicht ändert (MDR/D **53**, 597; GA **67**, 215; EzSt § 267 StPO Nr. 3; Bay NJW **56**, 601; Köln NJW **66**, 1420; Koblenz NStZ **84**, 552 m. Anm. Bohnert JR **84**, 425; hierzu Otto Jura **85**, 389 u. G. Wolf JuS **92**, 178), doch auch dann keine Fahrlässigkeit, wenn sich das Erinnerungsbild trotz Verarbeitung solcher Hilfsmittel nicht ändert (GA **73**, 376; Köln MDR **80**, 421; vgl. Schleswig SchlHA **54**, 60). Unterläßt es hingegen der Zeuge, sie zur Auffrischung seines Gedächtnisses und damit zur Änderung seiner Aussage zu benutzen, obwohl er bei Benutzung zu dieser Änderung gekommen wäre (RG HRR **38**, 631), so liegt Fahrlässigkeit vor. So, wenn er weiß, daß er angetrunken oder aufgeregt war oder gedächtnisschwach ist, trotzdem aber eine ganz bestimmte Aussage macht (RG **25**, 124), ohne jene mögliche Fehlerquelle zu erwähnen (RG **63**, 372). Gleiches gilt, wenn der zu bekundende Vorgang lange zurückliegt (RG **62**, 128). Oder wenn der Zeuge sich sagen mußte, daß er ohne Vorbereitung so nicht schwören dürfe (RG **37**, 399; Bremen NJW **60**, 1827). Oder, wenn eine Reihe anderer Zeugen das Gegenteil bekundet hat, obwohl dies allein den Schwörenden nicht zur Einschränkung seiner Aussage zwingt (RG **26**, 133). Ähnlich bei eindringlichem **Vorhalt durch den Richter.** Ihn hat der Zeuge bei zweifelhaftem Sinn um Auskunft zu bitten (NJW **55**, 639 und JZ **51**, 726). Fahrlässigkeit kann auch darin liegen, daß der Zeuge sein richtiges Erinnerungsbild falsch wiedergibt oder mißverständliche Ausdrücke verwendet (13. 3. 1962, 1 StR 57/62). Eine bewußte Fahrlässigkeit kommt bei § 163 kaum in Betracht, da sie Zweifel voraussetzt, die der Täter, wenn er nicht meineidig werden will, offenbaren muß (GA **73**, 377; LK-Willms 4). **Beim Verlesen** der niedergeschriebenen Aussage hat der Zeuge aufzupassen, um etwaige Fehler zu berichten (RG GA Bd. **52**, 391). Doch braucht falsches Diktat durch den Richter nicht zu Lasten des Aussagenden zu gehen (NJW **59**, 1834). Auf den sonstigen Gang der Hauptverhandlung und die Aussagen der anderen Zeugen braucht der Aussagende nicht zu achten (RG GA Bd. **50**, 399).

6   **b) Beim Sachverständigeneid** ist eine fahrlässige Begehung selten, da der Sachverständige meist nur seine subjektive Überzeugung wiedergibt; immerhin kann er fahrlässigerweise nicht sein ganzes Wissen kundtun oder die zur Vorbereitung des Gutachtens erforschten Tatsachen falsch wieder-

geben (RG JW **33**, 1070). Die Fahrlässigkeit kann hier auch in der mangelhaften Vorbereitung liegen (hM, vgl. M-Schroeder § 74, 73; SchSch-Lenckner 1; Steinke MDR **84**, 272).

c) **Bei der eidesstattlichen Versicherung** trifft den Versichernden eine 7 Prüfungs- (RG **70**, 267) und Erkundigungspflicht; bei der freiwilligen Versicherung ergibt sich das schon daraus, daß er nicht zur Abgabe verpflichtet ist (vgl. Celle NJW **57**, 1609; KG JR **66**, 189; Karlsruhe GA **71**, 59). Bei den Versicherungen nach 6 ff. zu § 156 ergibt sich die Erkundigungspflicht aus dem Wesen der gesetzlichen Versicherungspflichten (vgl. 7 ff. zu § 156; RG HRR **38**, 1077). In Zweifelsfällen hat sich der Erklärende bei einem Rechtskundigen, evtl. bei dem die Versicherung abnehmenden Richter zu erkundigen (LM Nr. 1). Doch braucht er nicht bei Dritten nach Sachen zu forschen, die ihm gehören (RG LZ **25**, 1225). Auch bei der Angabe von Rechtstatsachen wird man nicht stets eine Erkundigungspflicht annehmen können (21. 4. 1971, 2 StR 33/71).

C. **Zum Fall mehrfach unrichtiger Aussage** vgl. 25 ff. zu § 154. Meineid 8 und fahrlässiger Falscheid können nicht in Fortsetzungszusammenhang stehen (RG **53**, 227). Vgl. weiter 19 zu § 156.

D. **Konkurrenzen. Tateinheit** ist zwischen vorsätzlicher uneidlicher fal- 9 scher Zeugenaussage (§ 153) und dem fahrlässigen Falscheid (§ 163) möglich (BGH **4**, 214). Fahrlässige Eidesverletzung geht in der vorsätzlichen auf (RG **60**, 58). Zur Frage wahlweiser Feststellung zwischen Meineid und § 163 vgl. 16, 18 zu § 1.

3) **Zur Berichtigung** (II idF des Art. 2 Nr. 28 des 3. StÄG, 2 vor § 102) 10 gelten § 158 II, III und die Anm. dort entsprechend.

Zehnter Abschnitt
Falsche Verdächtigung

Falsche Verdächtigung

164 ^I Wer einen anderen bei einer Behörde oder einem zur Entgegennahme von Anzeigen zuständigen Amtsträger oder militärischen Vorgesetzten oder öffentlich wider besseres Wissen einer rechtswidrigen Tat oder der Verletzung einer Dienstpflicht in der Absicht verdächtigt, ein behördliches Verfahren oder andere behördliche Maßnahmen gegen ihn herbeizuführen oder fortdauern zu lassen, wird mit Freiheitsstrafe bis zu fünf Jahren oder mit Geldstrafe bestraft.

^{II} Ebenso wird bestraft, wer in gleicher Absicht bei einer der in Absatz 1 bezeichneten Stellen oder öffentlich über einen anderen wider besseres Wissen eine sonstige Behauptung tatsächlicher Art aufstellt, die geeignet ist, ein behördliches Verfahren oder andere behördliche Maßnahmen gegen ihn herbeizuführen oder fortdauern zu lassen.

1) **Die Vorschrift** wurde durch das 1. StrRG, das die bisherigen III bis V 1 strich, weitgehend auf den Stand vor dem Ges. v. 26. 5. 1933 (RGBl. I 295) zurückgeführt (vgl. § 444 E 1962 mit Begr.; Ndschr. **13**, 177). Durch das EGStGB wurde III aF gestrichen (vgl. jetzt § 154e StPO; unten 19). **Schrift-**

§ 164

tum: *Blei* GA **57**, 139 u. JA **74**, 690; *Deutscher*, Grundfragen der falschen Verdächtigung (§ 164 I) Diss. Bonn 1992; *Fahrenhorst* JuS **87**, 708; *Geilen* Jura **84**, 251; *Herzberg* JR **86**, 6; *H. J. Hirsch*, Schröder-GedS 307 u. ZStW **91**, 930; *Langer*, Die falsche Verdächtigung, 1973, GA **87**, 292, JZ **87**, 804, Lackner-FS 541 u. Tröndle-FS 265; *Ostendorf* JZ **87**, 338; *Otto* Jura **85**, 443; *Schilling* GA **84**, 357 u. Arm. Kaufmann-GedS 595; *Schröder* NJW **65**, 1888; *Tiedemann* JR **64**, 5; *Welp* JuS **87**, 510; *de lege ferenda* ferner Geerds Jura **85**, 620.

2 **Zweck der Vorschrift** ist es, sowohl die inländische Rechtspflege gegen den Autoritätsverlust, den irrtumsbedingte Strafverfolgungsmaßnahmen gegen Unschuldige auslösen, als auch gegen die dadurch bedingte Beeinträchtigung des Leistungsvermögens der Verfolgungsorgane zu schützen (*Rechtspflegetheorie*, RG **29**, 54; **60**, 317; Köln NJW **52**, 117; Karlsruhe Die Justiz **74**, 343; Langer GA **87**, 295, JZ **87**, 805 u. Tröndle-FS 286; SK-Rudolphi 1; M-Schroeder § 99, 5; Otto BT § 95 I), als auch den Unschuldigen gegen irrtumsbedingte behördliche (auch ausländische; unten 8) Eingriffe in seine Individualrechtsgüter (*Individualgutstheorie*, NJW **52**, 1385; BGH **9**, 242; Hirsch, Schröder-GedS 321), so daß § 164 Schutzgesetz iS des § 823 II BGB ist (LM Nr. 3 zu § 823 BGB). Im Einzelfall genügt es, wenn einer der beiden Schutzzwecke verletzt ist (*Alternativitätstheorie*, BGH **5**, 68; **9**, 242; Schröder NJW **65**, 1888; LK-Herdegen 2; Lackner 1; Geilen Jura **84**, 251; hM; aM SK 1, 2). Zur Grundsatzproblematik Langer, Die falsche Verdächtigung, 1973 u. GA **87**, 292; H. J. Hirsch, Schröder-GedS 307 (für *Individualitätstheorie*) u. ZStW **91**, 930; Schilling GA **84**, 345 u. Kaufmann-GedS 595. Wegen der Doppelschutzfunktion hebt die *Einwilligung* des Angeschuldigten die Rechtswidrigkeit grundsätzlich nicht auf (BGH **5**, 66; Düsseldorf NJW **62**, 1263; vgl. hierzu Otto Jura **85**, 443), wohl aber, wenn die Anzeige an eine ausländische Behörde gerichtet war. *Kriminol. und stat. Angaben* Geerds Jura **85**, 617.

3 **A. Verdächtigen** ist das Hervorrufen, Verstärken oder Umlenken eines Verdachts durch das Behaupten (oder Sprechen lassen) von **Tatsachen** (BGH **14**, 246; Langer, Lackner-FS 542, GA **87**, 298, JZ **87**, 807 u. Tröndle-FS 267), die im konkreten Fall geeignet sind (§ 152 II StPO; LK 7), einen in Wahrheit Unschuldigen der Gefahr behördlichen Einschreitens auszusetzen. Das Vorbringen bloßer Meinungsäußerungen oder ungeeigneter, weil unschlüssiger Tatsachen genügt nicht (Köln MDR **61**, 618), wohl aber das Vorbringen falscher Beweisanzeichen (sog. Beweismittelfiktion, BGH **9**, 240; hM). Der Täter muß nicht aus eigenem Antrieb handeln (RG **69**, 173). Täter kann auch ein *Amtsträger* im Verkehr von Behörde zu Behörde sein; nur wird im Amtsträger, zB ein Polizeibeamter im Falle einer Amtsanzeige (München NStZ **85**, 550; hierzu Herzberg JR **86**, 6; Geppert JK 1 zu § 344; Ostendorf JZ **87**, 338) oft zur Weitergabe auch einer belastenden Eingabe dienstlich berechtigt oder verpflichtet und zur eigenen sachlichen Nachprüfung der Verdächtigung nicht befugt sein (vgl. BGH **14**, 240; Karlsruhe NStE Nr. 2). In Betracht kommt auch das Übermitteln eines fingierten Geständnisses (RG **7**, 47), nicht hingegen das Leugnen einer dem Bestreitenden zur Last gelegten Tat, auch wenn damit der Verdacht auf einen anderen fällt (Celle NJW **64**, 733; Hamm NJW **65**, 62; Düsseldorf NJW **92**, 1119; Geppert JK 3; krit. Deutscher [oben 1] 180 u. Mitsch JZ **92**, 978; vgl. Bay NJW **86**, 441 m. Anm. R. Keller JR **86**, 30 u. Geppert JK 1; Geilen Jura **84**, 255, 304; Ostendorf JZ **87**, 338; Fahrenhorst JuS **87**, 708; krit. Langer, Lackner-FS 564 u. JZ **87**, 804;

Falsche Verdächtigung **§ 164**

vgl. unten 16). Die Rechtsbehauptung, einen anderen treffe die Steuerpflicht, genügt auch dann nicht, wenn hierdurch ein Ermittlungsverfahren veranlaßt wird (13. 1. 1981, 5 StR 414/80; zw.).

a) Die Form der Verdächtigung ist ohne Bedeutung. Es genügt die 4 Angabe anläßlich der Vernehmung als Zeuge (RG JW **38**, 1387) oder Beschuldigter; so wenn der Verhaftete den Namen eines Dritten als eigenen angibt und ihn dadurch verdächtigt (BGH **18**, 204; Langer, Lackner-FS 550), desgl., wenn die Behörde ihrem verdächtigten Bediensteten aufgibt, zur Widerlegung des Verdachts Strafantrag zu stellen (RG **58**, 231). Verdächtigen ist auch das Unterlassen in Garantenstellung, zB durch Verschweigen von Umständen, die den Verdacht widerlegen können und mittels wahrer, aber unvollständiger Behauptungen (Schilling GA **84**, 357, 361, 371), trotz der Wendung „sonstige Behauptung tatsächlicher Art" in II, auch durch schlüssige Handlungen möglich, so durch Einschmuggeln von Diebesgut in die Wohnung eines anderen vor deren polizeilicher Durchsuchung (vgl. Blei GA **57**, 139; JA **74**, 690; Welp JuS **67**, 510; Geilen Jura **84**, 253); ferner durch anonyme Anzeige, aber auch Strafantrag und Privatklage (R **5**, 620), doch ist die Einhaltung strafprozessualer Formen nicht erforderlich (zusf Langer aaO 560), desgl. durch Zuleiten des falschen Materials durch einen Dritten (RG GA Bd. **42**, 236), ebenso die Mitteilung eines angeblichen Gerüchts (RG **3**, 228), möglicherweise auch das Einrükken einer Nachricht in die Zeitung, damit sie die Behörde erfahre. Nicht unter § 164 fällt das bloße Einklagen eines unbegründeten Anspruchs im Zivilprozeß (RG DJ **38**, 1917). Wer nachträglich erfährt, daß seine gutgläubig erstattete Anzeige falsch ist, und sie nicht berichtigt, verdächtigt durch dieses Unterlassen nicht (8. 10. 1964, 1 StR 211/64; SK 10; Arzt/Weber LH **5**, 398; aM SchSch-Lenckner 21; Geilen Jura **84**, 256; vgl. auch BGH **14**, 246).

b) Eine rechtswidrige Tat (§ 11 I Nr. 5; vgl. Geilen Jura **84**, 256) **oder** 5 **dienstpflichtwidrige Handlung** muß die Verdächtigung betreffen; sie muß also **geeignet** sein, einen sog. Anfangsverdacht (Kleinknecht/Meyer 4 zu § 152 StPO) zu begründen und damit ein Verfahren auszulösen oder aufrechtzuerhalten, das **aa)** zu einer strafrechtlichen Reaktion (wenn auch nur in Form der §§ 59, 60, 71, 76a oder des § 27 JGG) führen kann, so daß auch strafrechtliche Maßnahmen (§§ 11 I Nr. 8) einbezogen sind, die keine Schuld voraussetzen, oder **bb)** zu Disziplinarmaßnahmen (vgl. zB §§ 2, 5 BDO, § 7 WDO) führen kann; (alternative Feststellung möglich, RG DStrZ **14**, 617). Eine Ordnungswidrigkeit reicht nicht aus (MDR/H **78**, 623; vgl. aber unten 13). Glaubt der Verdächtigende nur irrig, die angezeigte Handlung sei eine Straftat oder kennt er die Rechtfertigungsgründe nicht, so entfällt § 164, der den **Versuch straflos** läßt (vgl. Geilen Jura **84**, 257). Somit kommt es nicht darauf an, wie der Verdächtigende die Tat sachlich beurteilt (RG **39**, 58; Bay JW **30**, 3641; Köln MDR **61**, 618; Langer, Tröndle-FS 269); ebenso wenn nach der Darstellung des Sachverhalts *ausgeschlossen* ist, daß die Verdächtigung zu einer der genannten Reaktionen führen kann (RG **21**, 103), zB weil nur unwesentliche Begleitumstände (zB Geständnis des angeblichen Täters) erdichtet werden (RG **16**, 37) oder wegen Fehlens der Strafverfolgungsvoraussetzungen (LK 15) oder weil ein allgemeiner Strafausschließungsgrund *vorliegt* oder ein Rechtfertigungs-

§ 164

grund (nicht aber § 193; unten 17) gegeben ist, SchSch 10 (auch wenn der Verdächtigende davon nichts weiß, Langer JZ **87**, 810). Bei Verschweigen von Schuldausschließungsgründen, persönlichen Strafausschließungsgründen oder Prozeßvoraussetzungen wird man ebenfalls davon ausgehen können, daß die Verdächtigung, tatsächlich eine rechtswidrige Tat begangen zu haben, zur Einleitung eines Verfahrens geeignet ist. Disziplinarische Ahndung ist auch bei einem außerdienstlichen Verhalten möglich, wenn dadurch eine **Dienstpflicht** verletzt wird (RG **33**, 31; **35**, 99), so auch bei einem Soldaten (vgl. RG **20**, 268), oder einem Notar; nicht hingegen, obwohl ehrengerichtliche Verfahren gegen sie möglich sind, beim Rechtsanwalt und beim Arzt, da sie zwar gesetzlich geregelte Aufgaben zu erfüllen, jedoch keine Dienstpflichten haben (LK 18; SK 13; hM), doch kommt 14 in Betracht. **ZZt der Aburteilung** muß die Tat noch mit Strafe bedroht sein. Wird das angezeigte Verhalten während des Verfahrens durch Gesetzesänderung straflos, so entfällt die Strafbarkeit des Verdächtigenden (5 zu § 2; Lackner 5; Wenner MDR **75**, 161; K. Meyer JR **75**, 69; LK 16; SK 11; aM Bay MDR **74**, 685; Mazurek JZ **76**, 235).

6 c) **Wider besseres Wissen** muß die Verdächtigung erhoben sein; sie muß *objektiv falsch* und außerdem vom Anzeigenden in Kenntnis ihrer Unrichtigkeit gemacht sein (RG **71**, 168). Zur Straflosigkeit der lediglich versuchten Beschuldigung vgl. oben 5 a. Im Falle der Weitergabe von Mandanteninformationen muß der Rechtsanwalt deren Unrichtigkeit positiv kennen (StA Stuttgart StV **86**, 211 L). Es genügt schon das Verschweigen wider besseres Wissen, so wenn der Verdächtigte zwar nur den äußeren Tatbestand verwirklicht hat, der Verdächtigende aber das Fehlen des Vorsatzes oder gegebene Rechtfertigungs-, Schuld- oder Strafausschließungsgründe verschweigt (BGH **14**, 246; MDR/D **56**, 270), wenn erhebliche Umstände entstellt werden (RG **39**, 58), zB ein Strafschärfungsgrund hinzugefügt wird (Bay NJW **56**, 273), oder eine ideell konkurrierende Straftat (RG GA Bd. **44**, 136), desgl. falsche Mengenangaben, die eine wesentlich strengere Strafzumessung zur Folge haben (RG **28**, 253), während kleinere Übertreibungen unschädlich sind (RG **15**, 395; **27**, 229). Objektiv falsch bedeutet, daß die behaupteten Tatsachen als solche, die den Verdacht ergeben sollen, der Wirklichkeit in objektiv richtiger Würdigung nicht entsprechen. Überwiegend geht die Lehre davon aus, daß § 164 auch die falsche Verdächtigung des *Schuldigen* erfasse, wenn sie nur mittels falscher Angaben (über Beweistatsachen oder Verdachtsgründe) erfolge *(Täuschungsdelikt).* Doch ist von einem *Beschuldigungsdelikt,* dh davon auszugehen, daß § 164 lediglich die Verdächtigung des *Unschuldigen* erfaßt (BGH **35**, 52; [zust. Schilling, Arm. Kaufmann-GedS 595 u. GA **84**, 353; Krey ZStW **101**, 850; Geppert JK 2]; Köln NJW **52**, 117; aM Langer, Tröndle-FS 265, 288 [ausführliche Begründung der Gegenmeinung] u. GA **87**, 302; Fezer NStZ **88**, 177; Deutscher JuS **88**, 526 u. aaO [oben 1] 1; R. Keller JR **86**, 31; LK 10; SchSch 16; SK 16; Lackner 7); denn von einer strafwürdigen Irreführung der Staatsorgane oder einer Gefährdung der Rechtspflege kann keine Rede sein, wenn die angezeigte Straftat in Wirklichkeit begangen wurde (RG **39**, 59), ebensowenig von einer Autoritätseinbuße oder Fehlleitung der Verfolgungstätigkeit (hier greift § 145d ein). Den Schutz von Individualinteressen gegen Maßnahmen irregeleiteter Behörden sichern die §§ 336, 344 iVm § 152 II StPO ab. Überzeugend und mit weiteren Grün-

Falsche Verdächtigung § **164**

den Schilling, Kaufmann-GedS 595. Es kommt somit nicht lediglich auf die Falschheit der vom Verdächtiger aufgestellten Behauptung, sondern auch darauf an, ob er von der Unschuld des Verdächtigten überzeugt ist, und zwar, ob insoweit der wesentliche Kern der Behauptung falsch ist (MDR/D **56**, 270; Bay NJW **53**, 353). Hingegen sind **falsche Folgerungen** aus richtigen Tatsachenbehauptungen keine falsche Verdächtigung (4. 9. 1984, 1 StR 509/84; Köln MDR **61**, 618; KG JR **63**, 351; Karlsruhe Die Justiz **66**, 158; Schilling aaO), ebensowenig das Bekunden falscher Rechtsauffassungen (Neustadt GA **61**, 184; SchSch 6; Langer, Lackner-FS 557), sie können aber nach § 186 strafbar sein (Frankfurt MDR **66**, 1017), auch das Angeben eines falschen Beweismittels reicht nicht aus (24. 11. 1953, 1 StR 601/53; aM SK 17).

d) Gegen einen andern muß sich die Verdächtigung richten; also gegen **7** einen noch lebenden identifizierbaren Dritten, welcher der inländischen Strafbarkeit unterworfen ist. Die falsche Selbstbezichtigung fällt unter § 145d; unter § 164 aber die Anstiftung eines andern dazu, den Anstiftenden zu bezichtigen; dessen Einwilligung ist also bedeutungslos (RG **59**, 35; Düsseldorf NJW **69**, 1680). Doch entfällt dann die Zuerkennung der Veröffentlichungsbefugnis an ihn (BGH **5**, 66). **Individuell kenntlich gemacht** müssen Tat (Bay JW **30**, 3641) und der angebliche Täter sein, so daß seine Ermittlung möglich ist (BGH **13**, 220; Düsseldorf NJW **62**, 1264; Hamm NJW **65**, 62; Langer, Tröndle-FS 267). **Bloß erfundene Anzeigen** ohne Bezeichnung des Täters fallen nicht unter § 164, sondern unter § 145d (vgl. Geilen Jura **84**, 303).

e) Bei einer Behörde (35 zu § 11) muß der Täter den anderen verdächti- **8** gen (wenn auch nur über einen Mittelsmann) oder bei einem zur Entgegennahme von Anzeigen zuständigen Amtsträger oder militärischen Vorgesetzten. Auch eine ausländische Behörde kommt in Betracht, wenn der Schutzzweck des § 164 eingreift (BGH **18**, 333; NJW **52**, 1385; JR **65**, 306; LK 25; H. J. Hirsch, Schröder-GedS 316; 2a zu § 3; str.; aM SK 23; vgl. auch Köln NJW **52**, 117; Celle HESt **1**, 45).

aa) Anzeige an einen Amtsträger, der zur Entgegennahme von Anzeigen **9** nicht befugt ist, genügt aber nicht; es muß dann **Weitergabe** an die Behörde selbst erfolgen, und zwar mit Willen des Täters (GA **68**, 84). Bis zur Weitergabe kann sie der Anzeigende zurücknehmen, selbst wenn sie der Amtsträger trotzdem weitergibt (RG GA Bd. **52**, 246). Zuständig zur Entgegennahme von Anzeigen sind die Beamten der StA und der Polizei sowie deren Dienstvorgesetzte.

bb) Vollendet ist die Tat mit der **Kenntnisnahme** durch die Behörde **10** oder den zuständigen Amtsträger (zB Abschluß der Vernehmung), auch wenn sie im Einzelfalle nicht zuständig sind (RG **34**, 203), Zugang der Verdächtigung genügt. Danach befreit den Täter die Rücknahme der Anzeige (zB der Privatklage, R **1**, 245) nicht mehr; keine Vollendung jedoch, wenn Anzeige und Widerruf zusammentreffen (RG GA Bd. **52**, 246) oder die bei einer Vernehmung erstattete Anzeige noch vor Ende der Vernehmung berichtigt wird (Hamm JMBlNW **64**, 129).

f) Eine öffentliche Verdächtigung genügt ebenfalls. Öffentlich bedeutet **11** auch hier vor einem größeren, durch persönliche Beziehung nicht zusammengehaltenen Personenkreis; diese Sachlage muß dem Täter bekannt sein (BGH **11**, 284; vgl. 5 zu § 111).

§ 164

12 **B. Von II** wird die Beweismanipulation (oben 3) nicht erfaßt, sondern nur eine **sonstige Behauptung,** die gegenüber den in 1 genannten Stellen oder öffentlich aufgestellt wird. Sie kann den Tatbestand auch dann erfüllen, wenn sie weder den Verdacht einer rechtswidrigen Tat noch den einer Dienstpflichtverletzung ausspricht.

13 **a)** Sie **muß geeignet** sein, ein behördliches Verfahren oder andere **behördliche Maßnahmen,** dh hier jedes dienstliche Vorgehen (keine Einschränkung iS von § 11 I Nr. 8), gegen den anderen herbeizuführen (Köln JR 55, 273; KG JR 63, 351); so ein Verfahren nach dem OWiG (MDR/H 78, 623) oder ein Verfahren zur Herbeiführung eines gewerblichen Berufsverbotes, der Entziehung einer Rente oder von Maßnahmen nach dem GeschlKrG. Zivilprozessuale Verfügungen oder Entscheidungen reichen nicht aus (vgl. RG JW 38, 2733), auch nicht der Vorwurf einer Dienstpflichtverletzung gegenüber einem Sitzungsstaatsanwalt, um ihn, „aus dem Verfahren zu entfernen" (11. 12. 1980, 4 StR 256/80). Hingegen genügt die Verdächtigung eines Elternteiles beim Familienrichter, damit er dem Verdächtigten die Personenfürsorge für sein Kind entziehe (Bay NJW 58, 1103). Bloße Werturteile (1ff. zu § 186) genügen auch für II nicht (Düsseldorf NJW 53, 1685).

14 **b) Eine Berufspflichtverletzung** (vgl. zB § 43 BRAO) kann ebenfalls Gegenstand der Verdächtigung sein. II ist auf sie unter den Voraussetzungen 6, 7, 13 anwendbar.

15 **2) Subjektiver Tatbestand. A. Wider besseres Wissen** muß der Täter handeln. Das bedeutet, daß er im Zeitpunkt der Verdächtigung (Bay GA 64, 154) bestimmte **Kenntnis** von der **Unwahrheit** des Angezeigten hat (MDR/D 56, 270), bedingter Vorsatz genügt insoweit nicht (RG 32, 302). Hält der Täter seine Anzeige wegen Meineids auch nur für einen von ihm ebenfalls als falsch bezeichneten Aussageteil für richtig, so hat er keine wissentlich falsche Verdächtigung wegen Meineids erhoben (RG 28, 393; Bay NJW 56, 274; 53, 353). Eine Anzeige ins Blaue, die der Täter ohne Nachprüfung auf ihre Richtigkeit macht, kann unter § 164 I, II fallen. Endlich muß der Täter wissen, daß seine Anzeige bei einer Behörde erstattet ist; bedingter Vorsatz genügt aber hier (RG 18, 88; Köln NJW 53, 1843). Bringt der Täter einen anderen in Verdacht als den, den er verdächtigen wollte, so genügt das zum Angriff auf die Rechtspflege (BGH 9, 242; hM).

16 **B. Die Absicht** ist weiter erforderlich, ein behördliches Verfahren oder eine andere behördliche Maßnahme (oben 13) gegen den Verdächtigten herbeizuführen oder fortdauern zu lassen (zB UHaft). Auch insoweit genügt bedingter Vorsatz nicht (BGH 13, 219; aM M- Schroeder § 99, 24). Absicht ist nicht gleichbedeutend mit dem Beweggrund; es genügt, daß es dem Täter darauf ankommt, das Verfahren herbeizuführen; der Endzweck kann ein anderer sein; die Rspr. sieht es weitgehend als ausreichend an, wenn der Täter weiß und will, daß ein Verfahren die notwendige Folge seiner Handlung ist (vgl. BGH 13, 219; **18**, 206; Hamm NJW **65**, 62; VRS **32**, 443; vgl. zum Ganzen zusf Langer GA **87**, 302 u. JZ **87**, 807). Bei einer bloßen Zivilklage fehlt die Absicht (RG DJ 38, 1917). Ausreichend ist, daß der Täter die **Einleitung** eines Verfahrens bezweckt, auch wenn er an den Erfolg seines Handelns nicht glaubt, zB annimmt, die Durchführung sei mangels Strafantrags nicht möglich (RG HRR 38, Nr. 1206). Unerheblich

Falsche Verdächtigung §164

ist es, wenn eine andere als die vom Täter gemeinte Person in Verdacht gerät (BGH **9**, 240). Wer einer Straftat verdächtigt wird und selbst einen anderen als Täter verdächtigt, um der Bestrafung zu entgehen, braucht nicht die Absicht nach I, II zu haben (BGH **18**, 204; vgl. auch BGH **5**, 66; Bay JZ **60**, 707; Hamm NJW **65**, 62; dann evtl. § 145d, vgl. dort 4).

C. Berechtigte Interessenwahrung rechtfertigt den Täter (im Gegensatz 17 zur Beleidigung, § 193) im Falle von § 164 nicht (LM Nr. 4 zw.); auch nicht bei Anzeige an eine Behörde (RG **74**, 261; **72**, 98). Entsprechendes gilt für das Petitionsrecht (BVerfGE **2**, 229; GA **59**, 339). Doch sind erhebliche eigene Interessen bei Feststellung der Täterabsicht zu würdigen (RG **71**, 171). Vgl. hierzu auch Langer JZ **87**, 810; ferner 4 zu § 193; zur „Celler Aktion" Evers NJW **87**, 153 u. 11 zu § 304.

3) Idealkonkurrenz ist möglich mit § 187 (RG **35**, 126; **53**, 208; LK 34), 18 nicht aber mit § 186. § 145d ist subsidiär (vgl. Geilen Jura **84**, 305). Bei Anzeigen in einem einzigen Schreiben gegen verschiedene Personen wegen verschiedener Straftaten gelten die Grundsätze in 5 vor § 52. Wahlfeststellung mit §§ 153, 154 ist möglich (18 zu § 1; LK 34; str.), nicht aber mit §§ 173, 332ff. (SK 39).

4) Bei Anhängigkeit eines Straf- oder Disziplinarverfahrens wegen der an- 19 gezeigten oder behaupteten Handlung (vgl. RG **10**, 384; Bay MDR **61**, 707) soll die StA nach § **154e I StPO** während der Anhängigkeit dieses Verfahrens von Klageerhebung nach § 164 absehen. Für die analoge Anwendung auf den Fall, daß die anhängige Privatklage mit einer „Gegenanzeige" beantwortet werden könnte StA Mosbach NStE Nr. 1; Milzer MDR **90**, 20. Ihre Ermittlungen kann die StA weiterführen; in Ausnahmefällen (drohender Beweisverlust) darf sie auch Anklage erheben (E EGStGB 300). Anhängig wird ein Verfahren schon durch Eingang einer Anzeige mit einer polizeilichen Beschuldigtenvernehmung bei der StA (BGH **8**, 151), noch nicht durch selbständige Ermittlungen der Polizei (vgl. RG GA Bd. **48**, 365). Die Anhängigkeit (vgl. RG GA Bd. **39**, 235) endet mit Einstellung nicht nur nach §§ 170 II, 171 StPO, sondern auch §§ 153ff. StPO (BGH **10**, 88), während eine bloß stillschweigende Einstellung mindestens dann nicht genügt, wenn der Anzeigende auch der Verletzte ist (§ 172 StPO; BGH **8**, 151). Nach einem fruchtlosen Ablauf der Antragsfrist des § 172 II StPO oder nach einer Verwerfung eines solchen Antrages oder einem sonstigen endgültigen Verfahrensabschluß kann durch eine abermalige Anzeige wegen derselben Handlung das Prozeßhindernis des § 154e StPO nicht wiederaufleben (17. 1. 1979, 3 StR 402/78). Ist die öffentliche Klage nach § 164 bereits erhoben, so stellt das Gericht (zwingend!) das Verfahren bis zum Abschluß des Verfahrens wegen der angezeigten oder behaupteten Handlung (weil insoweit ein Verfahrenshindernis vorliegt; vgl. RG **59**, 200) nicht durch Urteil nach § 260 III StPO, sondern durch Beschluß nach § 206a StPO ein (BGH **8**, 154; E EGStGB 300). Bis zum Abschluß des anderen Verfahrens ruht in den Fällen von I und II die Verjährung der Strafverfolgung nach § 164 (§ 154e III StPO; bei II folgt das schon aus § 78b). Nach BVerfGE **74**, 257 darf im Falle der Nichterweislichkeit eines behaupteten Vorwurfs der gutgläubige Strafanzeigeerstatter nicht mit dem Risiko einer Schadensersatzklage nach § 823 I, II BGB iVm § 186 belastet werden (hierzu im einzelnen Müller-Dietz, Tröndle-FS 567).

§ 166

Bekanntgabe der Verurteilung

165 ^I Ist die Tat nach § 164 öffentlich oder durch Verbreiten von Schriften (§ 11 Abs. 3) begangen und wird ihretwegen auf Strafe erkannt, so ist auf Antrag des Verletzten anzuordnen, daß die Verurteilung wegen falscher Verdächtigung auf Verlangen öffentlich bekanntgemacht wird. Stirbt der Verletzte, so geht das Antragsrecht auf die in § 77 Abs. 2 bezeichneten Angehörigen über. § 77 Abs. 2 bis 4 gilt entsprechend.

^{II} Für die Art der Bekanntmachung gilt § 200 Abs. 2 entsprechend.

Die Vorschrift ist durch das EGStGB dem § 200, auf dessen II auch § 165 II verweist, angepaßt worden; vgl. die Anm. dort. Während § 200 durch den Hinweis auf den „sonst zum Strafantrag Berechtigten" erreicht, daß § 77 II bis IV anwendbar werden, muß § 165 I S. 2, 3 die Anwendbarkeit ausdrücklich erklären, da § 164 kein Antragsdelikt ist. Damit wird zugleich erreicht, daß, wenn ein Antragsberechtigter nach der Anordnung auf öffentliche Bekanntmachung stirbt, bevor er das Verlangen auf diesen Vollzug nach § 463c II StPO stellen konnte, die in § 77 II Genannten das Verlangen stellen können.

Elfter Abschnitt
Straftaten, welche sich auf Religion und Weltanschauung beziehen

Beschimpfung von Bekenntnissen, Religionsgesellschaften und Weltanschauungsvereinigungen

166 ^I Wer öffentlich oder durch Verbreiten von Schriften (§ 11 Abs. 3) den Inhalt des religiösen oder weltanschaulichen Bekenntnisses anderer in einer Weise beschimpft, die geeignet ist, den öffentlichen Frieden zu stören, wird mit Freiheitsstrafe bis zu drei Jahren oder mit Geldstrafe bestraft.

^{II} Ebenso wird bestraft, wer öffentlich oder durch Verbreiten von Schriften (§ 11 Abs. 3) eine im Inland bestehende Kirche oder andere Religionsgesellschaft oder Weltanschauungsvereinigung, ihre Einrichtungen oder Gebräuche in einer Weise beschimpft, die geeignet ist, den öffentlichen Frieden zu stören.

1 **1) Die Vorschrift** (idF des 1. StrEG; vgl. Prot. V/2421ff.; 2806ff.; Ber. 28f.; BTagsProt. V/12783ff.) **schützt den öffentlichen Frieden** (2 zu § 126; 2 zu § 130) in seiner religiösen und weltanschaulichen Ausprägung durch den Toleranzgedanken (Prot. V/2429); geschützt werden sollen Fairneß und Anstand in der religiösen und weltanschaulichen Auseinandersetzung, die als solche durchaus erwünscht ist, aber nicht in der Form friedenstörender Beschimpfungen geführt werden darf (enger als hier zB LK-Dippel 3f.; abl. Fischer NStZ **88**, 162; GA **89**, 445). Eine Initiative Bayerns (BRat-Drs. 367/86; hiergegen Fischer NStZ **88**, 159), in den Schutz auch die Achtung des religiösen und weltanschaulichen Bekenntnisses Dritter einzubeziehen, fand keine Mehrheit im BRat (PlenProt. 568; BR-RA 574., 575. Sitz.). Zur *Rechtsvergleichung* Prot. V/2424; zur *Rechtsgeschichte* E. Kaufmann HRG IV 879; zur *Kriminologie:* Middendorff

Straftaten, welche sich auf Religion und Weltanschauung beziehen § 166

MSchrKrim. **56**, 37; G. Kaiser, Middendorff-FS 143; umfassende *Schrifttumsangaben* LK vor § 166. § 166 enthält zwei sich teilweise überschneidende Tatbestände:

2) **In I ist Angriffsgegenstand** das **religiöse** (dh durch Glauben an einen 2 Gott oder durch numinose Vorstellungen charakterisierte) oder **weltanschauliche** (dh durch eine von religiösen Kategorien abweichende Grundvorstellung von Mensch und Welt charakterisierte) **Bekenntnis** anderer (vgl. LK 10 ff.). Bekenntnis ist über die bloße Überzeugung hinaus das sich auch nach außen manifestierende Durchdrungensein von übergeordneten Vorstellungen, denen sich der Bekennende verpflichtet fühlt (vgl. BVerfGE **12**, 55). Ein politisches Bekenntnis reicht nicht aus, soweit es sich nicht zum weltanschaulichen steigert. Das Bekenntnis kann das einer Kirche, Religionsgesellschaft oder Weltanschauungsvereinigung (unten 5 ff.) sowie einer losen Gemeinschaft, aber auch das eines einzelnen sein. In diesem Fall wird allerdings idR die Eignung zur Friedensstörung fehlen (Prot. V/ 2432). Wie das Bekenntnis zu bewerten ist, ist ohne Bedeutung. Richten muß sich die Handlung gegen den Inhalt des Bekenntnisses, dh gegen konkrete Glaubenssätze von prägender Bedeutung im Falle eines religiösen Bekenntnisses oder gegen konkrete, das weltanschauliche Bekenntnis tragende Sachaussagen (vgl. Zipf NJW **69**, 1944). Hierher gehört vor allem eine Beschimpfung des von Religionsgesellschaften, aber auch einem einzelnen geglaubten Gottes.

3) **In II sind Angriffsgegenstand:** im **Inland** (3 ff. zu § 3) bestehende, dh 3 organisatorisch angesiedelte a) **Kirchen** oder andere **Religionsgesellschaften,** gleichgültig, ob sie Körperschaften des öffentlichen Rechts sind (vgl. Art. 140 GG mit Art. 137 WRV; 13 zu § 132a), so daß auch die anglikanische Kirche und die griechisch-orthodoxe ebenso geschützt sind wie die altkatholische, die griechisch-katholische Kirche sowie die Heilsarmee (vgl. RG **39**, 388), die Baptisten (vgl. RG **31**, 237) oder die Mennoniten (vgl. zB für Nordrhein-Westfalen Ges. v. 4. 12. 1962, GV NW 603; SGV NW 222). b) **Weltanschauungsvereinigungen,** dh Vereinigungen, die sich 4 die gemeinschaftliche Pflege einer Weltanschauung zur Aufgabe machen (Art. 140 GG mit Art. 137 VII WRV); so etwa die Freimaurer; die Humanistische Union; die Theosophen; die Anthroposophische Gesellschaft; Gralsbewegung; Deutscher Freidenkerverband (LK 42). Politische Vereinigungen scheiden aus. Inwieweit solche Vereinigungen und Religionsgesellschaften auch mittelbar angegriffen werden können, ist zw. (vgl. SchSch-Lenckner 21). Die ältere Rspr. zu § 166 aF hatte als Beschimpfung von Kirchen angesehen zB die der Bibel (RG **40**, 264), des Apostolikums (R **3**, 755) und uU auch der päpstlichen Unfehlbarkeit (R **5**, 677) oder der Person Luthers (RG **9**, 160). In einzelnen Fällen kann I (Inhalt des Bekenntnisses) in Frage kommen. c) **Einrichtungen** der unter 3 und 4 genannten Vereini- 5 gungen, dh die von ihnen zuständigen Stellen geschaffenen Ordnungen für die äußere und innere Verfassung der Vereinigung sowie für die Pflege der Religion oder Weltanschauung (vgl. Bay **54**, 145). Als solche Einrichtungen im religiösen Bereich sind angesehen worden: das Papsttum, die Christusverehrung (RG **2**, 428), Menschwerdung Christi (LG Köln MDR **82**, 771), Leiden Christi (LG Göttingen NJW **85**, 1652), die Taufe (RG **67**, 373), die Konfirmation (RG **5**, 189), die Spendung des Abendmahls (RG **5**,

354), die Eucharistie (Karlsruhe NStZ **86**, 364), die Marienverehrung (RG **2**, 428; LG Düsseldorf NStZ **82**, 290), das Priestertum (aber nicht der Priesterstand, RG **27**, 284), der Ablaß (RG GA Bd. **56**, 68), das Meßopfer (RG **33**, 221; Düsseldorf NJW **83**, 1211, hierzu Geppert JK 1 zu § 187a), aber *nicht* der Hochaltar und die Monstranz (Bay **54**, 145), jedoch Fastenhirtenbriefe (RG DJZ **32**, 998); die kirchliche Ehe, der Zölibat; ferner das Vaterunser (RG Recht **15**, 2614); das evangelische Lehramt (R **8**, 692); die Einrichtung des Ordenswesens, aber *nicht* die einzelnen Orden als solche (RG **33**, 221); ebenso nicht die zehn Gebote als solche (RG **26**, 435). Im Bereich der Weltanschauungsvereinigungen werden etwa Jugendweihen, das Zeremoniell der Freimaurer u. dgl. in Betracht kommen (vgl. zum Ganzen LK 46 ff.).

6

d) Gebräuche der Institutionen unter 3, 4, dh allgemeine, also nicht nur im Einzelfall übliche (RG **45**, 11), tatsächliche Übungen von Ordnungen der Vereinigungen, so im religiösen Bereich nach der Rspr. zB die Reliquienverehrung (RG **22**, 238); die Amtstracht der Geistlichen (RG **6**, 88); die Formen und Gebete bei Beerdigungen (RG **31**, 133); das Sichbekreuzigen (RG **33**, 221; aM, aber bedenklich LG Frankfurt NJW **82**, 658); die Erteilung des Segens (RG HRR **32**, 1272; LK 49).

7 **4) Tathandlung** ist das **Beschimpfen** (3 ff. zu § 90a; LK 16 ff.), zB eine bösartige satirische Verfremdung der Eucharistie (verkannt von Karlsruhe NStZ **86**, 364 m. zust. Anm. Otto, zutr. hiergegen Katholnigg NStZ **86**, 555); Darstellung des Kruzifixes als Mausefalle (Bay 8. 9. 1988, RReg. 5 St 96/88 [in Bay **88**, 139 nicht mitabgedruckt]; auch LG Bochum NJW **89**, 728); das Bezeichnen der christlichen Kirchen als Verbrecherorganisationen (Celle NJW **86**, 1275; LG Göttingen NJW **85**, 1654); aber nur, wenn es **öffentlich** (5 zu § 111) oder durch **Verbreiten von Schriften** usw. (2, 3 ff. zu § 74d), zB auch in Form einer Pantomime geschieht. Eine geschlossene Versammlung reicht nicht aus (Ber. 29). Das Beschimpfen muß **geeignet sein** (7 zu § 126; 2 zu § 130), den öffentlichen Frieden zu stören (Hoyer 134; SchSch-Lenckner 12). Dieser umfaßt auch das Gefühl weiterer Kreise der Bevölkerung, nicht durch unqualifizierte Angriffe gegen das Bekenntnis vieler oder einzelner hinsichtlich ihres Rechtes auf ungestörte Religionsausübung beunruhigt zu werden (RG **34**, 268). Es darf sich also nicht nur um innerkirchliche oder vereinigungsinterne Auseinandersetzungen handeln. Störung oder konkrete Gefährdung des Friedens braucht nicht einzutreten. Es genügt die konkrete *Eignung* zur Störung, nämlich das Vorliegen berechtigter Gründe für die Befürchtung ihres Eintritts (BGH **16**, 56; Köln NJW **82**, 657; vgl. auch RG **50**, 325; 54, 28; aM Gallas, Heinitz-FS 182; LK 34; SK-Rudolphi 14). Sie kann im Falle einer Diffamierung der religiösen Überzeugung anderer bereits in der Nichtachtung des Toleranzgedankens (oben 1) zum Ausdruck kommen. Insofern kann, wenn es auch grundsätzlich ohne Bedeutung ist, ob die Zuhörer die Gesinnung des Täters teilen (RG **40**, 262), die Zusammensetzung des Adressatenkreises eine Rolle spielen (vgl. GA **61**, 240).

8 **Art. 5 GG** ist insofern ohne Bedeutung, als eine Äußerung in beschimpfender Form keine **wissenschaftliche** sein kann, während sachliche wissenschaftliche Kritik kein Beschimpfen ist (LK 22). Der **Kunstfreiheit** sind durch das Wertsystem des GG (BVerfGE **30**, 173) und damit auch durch den in § 166 ausgedrückten besonderen Toleranzgedanken (oben 1) Grenzen gesetzt (vgl. 10 zu § 131). Bei der Wertabwägung

Straftaten, welche sich auf Religion und Weltanschauung beziehen **§ 166**

mit der Garantie des Art. 5 III (Köln NJW **82**, 657 mwN) ist der hohe Gemeinschaftswert des öffentlichen Friedens zu berücksichtigen (Lackner 4; LK 23ff.). Bei der Eignung zur Friedensstörung kann es nur darauf ankommen, wie weitere Kreise auf die Äußerung reagieren. Bei der Prüfung, ob ein Beschimpfen anzunehmen ist, kommt es hingegen zunächst darauf an, was, auch nach dem Selbstverständnis des Urhebers, der zum Ausdruck gekommene Sinn der Darstellung ist (vgl. RG **61**, 155), zur Ermittlung kann es eines Sachverständigen bedürfen (Würtenberger JR **79**, 309). Dann hat der Richter zu entscheiden, ob darin objektiv eine Beschimpfung liegt.

5) Vorsatz ist erforderlich; bedingter genügt (Köln NJW **82**, 658; LK 56). Er hat sich auch auf die Öffentlichkeit oder die sonstigen Tatmodalitäten und den beschimpfenden Charakter der Äußerung zu erstrecken (RG **9**, 159; **22**, 241). Einer besonderen Absicht bedarf es nicht (RG **30**, 149). Ob der Täter von der Richtigkeit seines Standpunktes überzeugt ist, ist für die Strafbarkeit ohne Bedeutung (RG **28**, 407; **63**, 20; LK 56). **9**

6) Tateinheit ist möglich zwischen I und II sowie mit §§ 167 bis 168, 185, 304 (LK 57). Die **Verjährung** solcher Tathandlungen, die Presseinhaltsdelikte sind, richtet sich nach den PresseG der Länder (8 zu § 78). **10**

Störung der Religionsausübung

167 ¹ Wer

1. den Gottesdienst oder eine gottesdienstliche Handlung einer im Inland bestehenden Kirche oder anderen Religionsgesellschaft absichtlich und in grober Weise stört oder

2. an einem Ort, der dem Gottesdienst einer solchen Religionsgesellschaft gewidmet ist, beschimpfenden Unfug verübt,

wird mit Freiheitsstrafe bis zu drei Jahren oder mit Geldstrafe bestraft.

ᴵᴵ Dem Gottesdienst stehen entsprechende Feiern einer im Inland bestehenden Weltanschauungsvereinigung gleich.

1) Die Vorschrift idF des 1. StrRG (1 zu § 166) dient der ungestörten Ausübung von Religion und Weltanschauung und dadurch auch der Wahrung des öffentlichen Friedens. Die Verhinderung eines Gottesdienstes (§ 189 I Nr. 1 E 1962) oder die Verhinderung der Teilnahme daran (§ 167 aF) werden durch § 240 erfaßt. **1**

2) Nach I Nr. 1 (allein oder in Verbindung mit II) ist **A.** Angriffsgegenstand **a)** der **Gottesdienst** einer im Inland (3 zu § 3) bestehenden Kirche oder anderen Religionsgesellschaft (3 zu § 166). Gottesdienst ist die Vereinigung der Mitglieder einer Religionsgesellschaft zur religiösen Erbauung durch Verehrung und Anbetung Gottes nach den Vorschriften, Gebräuchen und Formen ihrer Gemeinschaft (R **7**, 363; LK-Dippel 5). Die Benutzung eines bestimmten Raumes ist für den Gottesdienst nicht wesentlich (Feld- oder Waldgottesdienst!); wohl aber als **Ziel** die Andacht (RG **17**, 317; LK 5). Fehlt es, so begründet die Benutzung des sonst gottesdienstlichen Raumes nicht schon einen Gottesdienst; so nicht der Konfirmationsunterricht in der Kirche; das zur bloßen Belehrung stattfindende **2**

§ 167

Vorlesen aus heiligen Schriften (R 7, 363). Ein Gottesdienst kann auch trotz Verstoßes gegen polizeiliche Vorschriften vorliegen (RG **34**, 264), desgl. trotz Ungebühr einer Person, so auch des Religionsdieners selbst (RG **10**, 42). Ob ein Gottesdienst gegeben ist, bestimmt sich nach Kirchenrecht, Satzung oder Selbstverständnis der Gesellschaft und ist in Grenzfällen Tat‑
3 frage (zB „Politisches Nachtgebet"; Prot. V/2422). **b) gottesdienstliche Handlungen** einer Religionsgesellschaft (iS von 2); das sind dem Ritus nach Inhalt und Form entsprechende, in Assistenz eines Geistlichen erfolgende Akte der Religionsausübung, die außer dem eigentlichen Gottesdienst dem besonderen religiösen Bedürfnisse Einzelner zu dienen bestimmt sind, LK 6. Weder sakramentaler Charakter ist nötig (RG **27**, 296), noch aktive Beteiligung des Geistlichen (RG **10**, 42), so kirchliche Prozessionen (RG **28**, 303), der Gemeindegesang (RG **17**, 316), die Taufe (LK 6). Bestattungsfeiern sind hingegen durch die Spezialvorschrift des § 167a (dort 1)
4 geschützt. **c)** den Feierlichkeiten nach 2 entsprechende **Feiern** einer im Inland bestehenden **Weltanschauungsvereinigung** (4 zu § 166), so zB Aufnahmefeierlichkeiten der Freimaurer, Feierlichkeiten der Anthroposophen
5 (LK 8). Für Bestattungsfeiern gilt § 167a. **B. Tathandlung** ist das **Stören** der Feierlichkeit als solcher (vgl. RG **10**, 42), so daß die Störung eines einzelnen nur ausreicht, wenn sie zugleich zu einer allgemeinen Störung führt; anderseits brauchen nicht sämtliche Teilnehmer gestört zu werden (vgl. RG **17**, 316; GA Bd. **39**, 210), so beim Gottesdienst nicht stets auch der Geistliche; zu einer Unterbrechung der Feierlichkeit braucht es nicht zu kommen; es genügt die Störung von Andacht oder Aufmerksamkeit (RG **17**, 316). Von wo die Störung kommt (Lärm von außen; vgl. RG **5**, 258) oder wo der Täter sich befindet, ist ohne Bedeutung (LK 11). Doch muß er die Feierlichkeit in **grober** Weise stören. Grobheit kann sich aus der Art der Störung (Gewalt; Stinkbomben), ihrem Zeitpunkt (zB während der Wandlung) und ihrem Erfolg (erzwungener Abbruch der Feierlichkeit) ergeben (LK 12). Durch die Ersetzung des Wortes „böswillig" durch die Worte „absichtlich in grober Weise" (Prot. V/12783f., 12802) sollten vor allem Bagatellfälle ausgeschlossen werden, aber auch solche, in denen die Störung auf ernst zu nehmende Bedenken von Teilnehmern zurückgeht.
6 **C. Rechtswidrig** muß die Störung sein (RG **16**, 15). Daran kann es fehlen beim Lärm infolge erlaubten Gewerbebetriebes (RG **37**, 151), bei Störung wegen eines Brandausbruchs (RG **5**, 259), wegen Abrückens von Truppen (RMG **17**, 41), bei Notwehr auf beleidigende Angriffe durch den Pfarrer (RG **21**, 168; **23**, 201; LK 14). Das Recht auf freie Meinungsäußerung oder das Demonstrationsrecht als solche können Störungen gegenüber dem
7 Recht auf ungestörte Religionsausübung nicht rechtfertigen. **D. Vorsatz** ist erforderlich; im allgemeinen, zB bei der Kenntnis, daß es sich um eine geschützte Feierlichkeit handelt (vgl. RG **23**, 199; **37**, 152), genügt bedingter; nicht jedoch hinsichtlich der Störung; hier muß es dem Täter darauf ankommen zu stören; sein Endzweck kann ein anderer sein. Nimmt der Täter Voraussetzungen an, die sein Handeln rechtfertigen würden, so kann er nicht bestraft werden; seine irrige Meinung, stören zu dürfen, ist Verbotsirrtum; str. (aM LK 15).

8 3) **Nach I Nr. 2** (allein oder iVm II) ist der Tatbestand beschimpfender
9 Unfug an bestimmten Orten, nämlich **A.** an einem Ort, der **a)** dem **Got**-

Straftaten, welche sich auf Religion und Weltanschauung beziehen § 167

tesdienst (oben 2) einer der in Nr. 1 genannten Religionsgesellschaften gewidmet ist. Widmung zu gottesdienstlichen Handlungen oder religiösen Versammlungen (vgl. aber § 166 aF) genügt nicht. Der Gottesdienst muß die wesentliche Bestimmung sein; vereinzelter Gottesdienst reicht, wenn der Ort sonst anderen Zwecken dient, nicht aus (vgl. RG 28, 303; 29, 336; LK 16). Ob zur Zeit der Tat Gottesdienst stattfindet, ist ohne Bedeutung (vgl. RG 32, 212). In Betracht kommen vor allem Kirchen mit allen ihren Räumen, auch dem unmittelbaren Zugang (Windfang; BGH 9, 140), der Sakristei (RG 45, 243) und den Türmen, sowie Kapellen, wenn sie für Gottesdienste bestimmt sind (vgl. LK 17), und zwar auch Privatkapellen; Friedhöfe nur dann, wenn sie nicht nur Bestattungsfeiern dienen. Doch wird hier vielfach § 168 eingreifen. **b) Feiern** einer **Weltanschauungsvereinigung** (10) gewidmet ist, die einem Gottesdienst, nicht bloßen gottesdienstlichen Handlungen vergleichbar sind. Es müssen also Feiern von herausgehobenem Range sein. Im übrigen gilt 9 sinngemäß. **B. Tathandlung** ist die Verübung **beschimpfenden Unfugs** an dem Ort, dh eine grob ungehörige, rohe Gesinnung zeigende Handlung, die sich trotz der notwendigen räumlichen Nähe nicht unmittelbar gegen den Ort selbst zu richten braucht, mit der aber doch die Mißachtung gegenüber seinem herausgehobenen Charakter zum Ausdruck kommen muß (vgl. RG 32, 212; 43, 201), so durch sexuelle Handlungen (BGH 9, 140); Anschmieren von Hakenkreuzen; Absingen pornographischer Lieder. Die bloße Nichtbeteiligung an einer Zeremonie (Niederknien) reicht nicht aus, aber auch nicht Nichtabnehmen des Hutes, Rauchen, lautes Schreien oder dgl. (LK 20; aM noch RG 23, 103; 31, 410). Öffentlich braucht die Handlung nicht vorgenommen zu werden, braucht auch nicht unmittelbar von anderen wahrgenommen zu werden (RG GA Bd. 59, 335), muß aber nach außen erkennbar sein (RG 43, 202). **C. Vorsatz** ist erforderlich, bedingter genügt. Er muß sich auf die herausgehobene Bestimmung des Ortes und den beschimpfenden Charakter der Handlung beziehen. Beschimpfungsabsicht (RG 23, 103) oder feindliche Einstellung gegen die Vereinigung braucht der Täter nicht zu haben (LK 21). 10 11 12

4) Tateinheit mit §§ 166, 168, 185, 304 ist möglich. 13

Störung einer Bestattungsfeier

167 a Wer eine Bestattungsfeier absichtlich oder wissentlich stört, wird mit Freiheitsstrafe bis zu drei Jahren oder mit Geldstrafe bestraft.

1) Die Vorschrift (idF des 1. StrRG; 1 zu § 166) bezieht sich auf sowohl religiöse als auch nichtreligiöse Bestattungsfeiern. Sie geht weiter als § 167, wo absichtliche und grobe Störungen vorausgesetzt sind. Zwischen § 167 I Nr. 1 und § 167a ist daher Tateinheit möglich (LK-Dippel 14; M-Schroeder § 62, 6; SK-Rudolphi 5). 1

2) Tathandlung ist das Stören (5 zu § 167) einer Bestattungsfeier jeder Art, sowohl einer Beerdigung als auch einer Einäscherung und umfaßt auch den Leichenzug und eine im Trauerhaus abgehaltene Feier (E 1962, 346), nicht jedoch eine bloße Gedächtnisfeier (LK 9; SchSch-Lenckner 3). Die Störung braucht keine grobe zu sein (vgl. Prot. V/2440). 2

§ 167a

3 3) **Bedingter Vorsatz** reicht nur hinsichtlich des Merkmals Bestattungsfeier aus. Bei der Störung muß es dem Täter entweder auf diesen Erfolg ankommen, auch wenn er nicht weiß, ob er ihn erreicht (Absicht); oder er muß als sicher voraussehen, daß der Erfolg eintritt, auch wenn es ihm nicht darauf ankommt (wissentlich).

Störung der Totenruhe

168 ^I **Wer unbefugt aus dem Gewahrsam des Berechtigten eine Leiche, Leichenteile, eine tote Leibesfrucht, Teile einer solchen oder die Asche eines Verstorbenen wegnimmt, wer daran oder an einer Beisetzungsstätte beschimpfenden Unfug verübt oder wer eine Beisetzungsstätte zerstört oder beschädigt, wird mit Freiheitsstrafe bis zu drei Jahren oder mit Geldstrafe bestraft.**

^{II} **Der Versuch ist strafbar.**

1 1) **Die Vorschrift** idF des 3. StÄG (2 vor § 102) wurde unter Neufassung des I durch Einbeziehung der toten menschlichen Leibesfrucht erweitert durch das **24. StÄG** v. 13. 1. 1987 (BGBl. I 141). **GesMaterialien:** BR-Drs. 43/85, UA BRat 22., 23. 5. 1985, RA-BRat 547, 550, JFG-BRat 227, 229; BR-Drs. 43/1 bis 43/3/85, BRat 552. Sitz. BR-Drs. 43/85 (Beschluß), BT-Drs. 10/3758; BTag 11760, RA-BTag 64., 66., 70 (Öff. Anhörung v. 16. 1. 1986), 100, JFG-BTag 77, BT-Drs. 10/6568 (= Ber.), UA R-BRat 2. 12. 1986, RA-BRat 575, BTag 19758, BR-Drs. 593/86, BRat 572. Sitz. Eine Verbesserung des Schutzes toter menschlicher Embryonen und Feten, insbesondere auch das strafrechtliche Verbot des **Handeltreibens** hat der BTag (Entschließung BT-Drs. 10/6568) einer noch ausstehenden besonderen Regelung vorbehalten (vgl. auch Antwort der BReg. BT-Drs. 11/5382 Nr. 59; Beschluß BR-Drs. 593/86; Drs. des Hess.LTags 12/6260, 6668). **Rechtsgut** ist das Pietätsgefühl nicht nur der Angehörigen des Verstorbenen (Frankfurt NJW **75**, 272; München NJW **76**, 1806; vgl. Rüping GA **77**, 299), sondern auch das der Allgemeinheit, das allgemeine Achtungsanspruch, der mit dem Tod nicht endet, abw. SK-Rudolphi 3 vor § 166. Der Täter braucht jedoch in den Fällen unter 2 ff. und 7 nicht das Bewußtsein einer Pietätsverletzung zu haben (LG Hamburg NStZ **82**, 512; vgl. RG GA Bd. **39**, 434; RG **42**, 146).

2 2) **Unbefugte Wegnahme A. einer Leiche,** dh des Körpers eines toten Menschen oder totgeborenen Kindes (zum Todesbegriff vgl. 3 vor § 211; zum Hirntod bei Anenzephalen 3 zu § 218), solange er noch nicht zerfallen (LK 13) oder Gegenstand des Rechtsverkehrs geworden ist wie bei Anatomieleichen und Mumien. Die Grenzziehung für die Bestattungspflicht (die nach Landesrecht unterschiedlich nach Länge oder Gewicht der toten Embryonen oder Feten oder gar nicht geregelt ist) ist mit der Einbeziehung auch der toten Leibesfrucht für § 168 unerheblich. Hat eine Leiche einen Eigentümer, so scheidet § 168 aus; es kommen dann die §§ 242, 303 zur Anwendung (vgl. RG **64**, 313; Kohlhaas NJW **67**, 1489; aM Peuster, Eigentumsverhältnisse an Leichen und ihre transplantationsrechtliche Relevanz, 1971); **B. von Leichenteilen.** Dazu zählen insbesondere Transplantate, zB fetale Zellen oder das dem Toten entnommene Blut (Frankfurt NJW **75**, 271 [m. Anm. Martens **75**, 1668]; **77**, 859; JZ **77**, 355 m. Anm. Brackmann BA **77**, 347; überzeugend Roxin JuS **76**, 505; Geilen JZ **75**, 281; LK-Dippel 15; Lackner 2; aM Blei JA **75**, 241; SchSch-Lenckner 3). Künstliche Teile, etwa ein zur Wiederverwendung entnommener Herzschrittmacher

Straftaten, welche sich auf Religion und Weltanschauung beziehen **§ 168**

(zur Wiederverwendung, vgl. Weimar JR **79**, 363; Görgens JR **80**, 141; Bringewat NStZ **81**, 207 u. JuS **81**, 211; Brandenburg JuS **84**, 47; Gropp JR **85**, 182), sind ebenso Leichenteile wie Goldzähne, Knochenplastiken, Silberplatten und andere Teile, die zu Lebzeiten idR nur durch Beeinträchtigung der körperlichen Integrität entfernt werden könnten, und deshalb vom Persönlichkeitsrecht, das über den Tod hinauswirkt, umfaßt sind (ebenso LK 14; aM Rudolphi Jura **79**, 46; SK 2; SchSch 3; Lackner 2; Bringewat JuS **81**, 213; JA **84**, 62), *nicht* jedoch zB, jederzeit abnehmbare Kunstglieder, Hörgeräte, herausnehmbare Zahnprothesen; M-Schroeder § 62, 10). Der RegE-TransplantationsG (BT-Drs. 8/2681; unten 4 aE) läßt die Frage schon deshalb offen, weil er darauf verzichtete, die Regelung (§ 1 II) auf künstlich eingefügte Teile zu erstrecken; **C. einer toten Leibesfrucht** oder von **Teilen einer solchen.** Embryonen und Feten kommt der Schutz des Art. 1 I GG zu (BVerfGE **39**, 1, 41), sie haben damit von der Zeugung bis über den Tod hinaus (vgl. BVerfGE **30**, 173, 194) einen allgemeinen Achtungsanspruch. **Leibesfrucht** ist die menschliche Frucht vom Zeitpunkt der Einnistung (4 zu § 218) an, nicht die extrakorporal befruchtete Eizelle (vgl. 6a ff. vor § 218). **D. Asche** sind die Verbrennungsreste eines Verstorbenen, auch wenn sie nicht vollständig sind; LK 18. **E. Tathandlung** ist die **Wegnahme,** dh die Entziehung **aus dem Gewahrsam des Berechtigten,** die hier ohne Begründung neuen Gewahrsams möglich ist (RG **28**, 139). **Gewahrsam** ist hier, da die Leiche idR keine Sache ist, nicht als Sachherrschaft iS des § 242 zu verstehen, sondern als Obhutsverhältnis. Hat der Verstorbene zu Lebzeiten insoweit eine Verfügung getroffen, so geht diese vor. Im übrigen steht der Gewahrsam vor der Bestattung dem zur Totensorge Berechtigten, dh idR den nächsten Angehörigen in erster Linie (auch bei Ortsabwesenheit) zu und erst dann den zufälligen Gewahrsamsinhabern, zB dem Altersheim, der Krankenhaus- oder Friedhofsverwaltung (str.). Für ein vorrangiges, überlagerndes Recht der Angehörigen spricht, daß sie nicht nur die über den Tod hinausreichenden Interessen des Verstorbenen zu wahren haben, sondern auch verlangen können, daß ihr Pietätsempfinden nicht verletzt wird und daß sie daher jederzeit die Herausgabe der Leiche verlangen und den Zufallsgewahrsam beenden können. Ob für das Obhutsverhältnis die weniger konkrete tatsächliche Beziehung eines zufälligen Gewalthabers ausreicht oder ob nur ein Berechtigtenverhältnis gemeint ist, das sich aus dem Totensorgerecht ableitet (zB Angehörige), das aber tatsächlich von anderen (zB der Krankenhausleitung) ausgeübt werden kann, war bis zum 24. StÄG sehr str. (vgl. 43. Aufl.; LK 24; Laubenthal JR **92**, 213). Der Gesetzgeber tritt zwar für eine Verbesserung des Schutzes ein, nimmt aber wegen der Sektions- und Transplantationsproblematik nicht nur bewußt die Lückenhaftigkeit des Schutzes in Kauf (BT-Drs. 10/6568, BR-Drs. 593/86 Beschluß), sondern handelt der verfassungsrechtlichen Schutzverpflichtung dadurch zuwider, daß er unnötig in der bislang *offenen* Frage der Partei ohne ihr eine *tatsächliche* Beziehung des Berechtigten zur Leiche voraussetzen (München NJW **76**, 1805, Karlsruhe Die Justiz **77**, 313; Stuttgart Die Justiz **77**, 312; KG NJW **90**, 782; offen gelassen Koblenz NStE Nr. 2; Zweibrücken MDR **92**, 503 m. Anm. Laubenthal JR **92**, 213). Obgleich nichts dafür spricht, daß nur das nichtautorisierte Krankenhauspersonal als Täter in Betracht kommt, schließt sich der Gesetzgeber der Auffassung der gen. Rspr. an, daß der

3

§ 168

Leiter eines Krankenhauses, in dem sich der Leichnam befindet, hieran berechtigten Gewahrsam hat, so daß zB der Handel mit toten Feten durch den Leiter des Krankenhauses selbst nicht von § 168 erfaßt wäre (BT-Drs. 10/3758, 4; 10/6568, 3). Inwieweit derartige Einschränkungen eines auslegungsfähigen Wortlauts mit der staatlichen Schutzpflicht verfassungsrechtlich vereinbar sind, ist zw. (zum Ganzen krit. Sternberg-Lieben NJW **87**, 2062), nach der Beerdigung sind der Eigentümer oder Mieter der Beisetzungsstätte sowie die Friedhofsverwaltung berechtigt, nicht also der Friedhofswärter oder der Totengräber (str.; LK 25; vgl. RG **28**, 139). Wegnahme von Leichenteilen ist bei einer Sektion idR, bei der Entnahme einer Blutprobe (Frankfurt NJW **75**, 271; **77**, 859) oder von Transplantaten stets gegeben (vgl. München NJW **76**, 1805; zusf. Laubenthal JA **90**, 42). **F. Unbefugt** ist die Wegnahme, wenn keine sie rechtfertigende Befugnis vorliegt (27 ff. zu § 203; LK 27; M-Schroeder § 62, 13). Sie kann auf öffentlich-rechtlichen Vorschriften beruhen (vgl. §§ 87 III, 91 StPO), vor allem aber auf der Einwilligung des Verstorbenen, aber nur bei achtbaren Gründen und wenn diese Einwilligung keine vorgehenden Gewahrsamsrechte verletzt (vgl. den Fall LG Hamburg NStZ **82**, 511) oder des Berechtigten, nicht aber in der Anerkennung allgemeiner Krankenhausaufnahmebedingungen (vgl. § 3 II RegE, unten 4a aE); eine **Sektionsklausel** in Allg. Geschäftsbedingungen ist nach §§ 3, 9, 10 AGB-Ges. unwirksam (KG NJW **90**, 783; LG Mainz 4. 12. 1987, 7 O 345/87; Laufs NJW **91**, 1520). Die Entnahme zum Zwecke der **Transplantation** (ausführlich LK 3 ff.) darf der Arzt, wenn er nicht durch Notstand nach § 34 gerechtfertigt ist (v. Bubnoff GA **68**, 74; Eichholz NJW **68**, 2275; Kohlhaas NJW **70**, 1224; LK 32 f.; Schreiber/Wolfslast aaO [unten 4a], 53; abl. Trockel MDR **69**, 811; NJW **70**, 493), nur vornehmen, wenn der Verstorbene vor dem Tode eingewilligt hat (Frankfurt BA **77**, 347; vgl. Reimann NJW **73**, 2240); Angehörige fehlen, unbekannt oder unerreichbar sind oder eingewilligt haben und der Verstorbene nicht widersprochen hatte (Str. ist, ob hiervon abw. in den neuen 5 Ländern die sog. Widerspruchslösung nach der DDR-VO v. 4. 7. 1975 [DDR-GBl. I 597] aufgrund Art. 9 I EV als Landesrecht fortgilt, so Schmidt-Didczuhn ZRP **91**, 264; aM Lemke MedR **91**, 288). Die Einwilligung in eine Explantation umfaßt nicht ohne weiteres auch die Einwilligung in eine Multiorganentnahme. Vgl. zur Aufklärungspflicht Resolution der Arbeitsgemeinschaft der Transplantationszentren v. 9. 11. 1985. Der ausgesprochene oder anzunehmende Wille des Verstorbenen (zB Sektenangehöriger) schließt den Rückgriff auf § 34 ebenso aus, wie idR der Umstand, daß die Empfängersituation dem Entnehmenden meist unbekannt ist; denn der Empfänger wird nicht ausschließlich nach dem Grad der ihm drohenden Gefahr, sondern auch nach der Gewebeverträglichkeit durch Computer ermittelt (vgl. Geilen JZ **71**, 48). Auch ist eine akute Notsituation bei bestehender Dialysemöglichkeit idR ausgeschlossen. Vgl. zu § 34 außerdem Frankfurt NJW **77**, 859; **75**, 272 (mit krit. Anm. Geilen JZ **75**, 380); BA **77**, 347 m. Anm. Brackmann; ferner mit Darstellung des Streitstandes Geilen JZ **71**, 43; Samson NJW **74**, 2030; LK 33; SK 8.

4a **Schrifttum:** umfassende Schrifttumsnachweise LK vor 1 zu § 168; *Eb. Schmidt*, Rechtsfragen zur inneren Leichenschau, Der Krankenhausarzt, 1952, 209; *Trockel*, Die Rechtswidrigkeit klinischer Sektionen, 1957; *Gribbohm* JuS **71**,

Straftaten, welche sich auf Religion und Weltanschauung beziehen § **168**

200; *Zimmermann* NJW **79**, 569; ferner *Carstens,* Das Recht der *Organtransplantation,* 1978 und ZRP **79**, 282; *Heinitz,* Rechtliche Fragen der Organtransplantation, 1970; *Hiersche/Hirsch/Graf-Baumann* [Hrsg.], Rechtliche Fragen der Organtransplantation, 1990, [3. Einbecker Workshop m. mit Referaten u. a. *Laufs* 57, *v. Bülow* 79]; *Ziegler,* Organverpflanzung, 1977; *Hanack* Dtsch. ÄrzteBl. **69**, 1320; *Kübler,* Verfassungsrechtliche Aspekte der Organentnahme zu Transplantationszwecken, 1977; *Laufs,* Arztrecht, 4. Aufl. mwN; *Zenker,* Bokkelmann-FS 481; *Linck* JZ **73**, 759, ZRP **75**, 249; *Samson* NJW **74**, 2030; *Kuckuk* JR **74**, 410; *Sturm* MDR **77**, 619; *Bieler* JR **76**, 224; *Kunert* Jura **79**, 350; *Geilen,* in: Eser (hrsg.) Suizid und Euthanasie 1976, 301; *Mehrhoff/K. M. Müller* MedR **90**, 125 (klinische Sektionen); rechtsvergleichend: *Wolfslast* MedR **89**, 163. **De lege ferenda:** *Eigler* MedR **92**, 88 (med.); DiskE der Justizbehörde Hamburg; E der Bund-Länder-Arbeitsgruppe DRiZ **75**, 383 sowie deren Bericht 1976 mit zwei Entwürfen; ferner RegE eines TransplantationsG BT-Drs. 8/2681; BRat 465. Sitz.; BTag 8/ 11811; hierzu *Sturm* JZ **79**, 697; *Laufs* NJW **80**, 1319; *Behl* DRiZ **80**, 342; *Vogel* NJW **80**, 625; *Deutsch* ZRP **82**, 174; *Schreiber,* Klug-FS 341, 355 und *Schreiber/Wolfslast* in Dietrich (Hrsg.), Organspende – Organtransplantation-, Indikation – Technik – Resultate, 1985 S. 33ff.; *Eser* ZStW **97**, 27; vgl. auch BT-Drs. 10/5908; 11/5382; zum derzeigen Stand der Disk. z. TransplantationsGesE, auch in den neuen 5 Ländern: *Lemke* MedR **91**, 281 u. *Schmidt-Didczuhn* ZRP **91**, 264 (auch verfassungsrechtlich).

3) Verübung beschimpfenden Unfugs entweder an unter 2 bezeichneten **5 Gegenständen,** gleichgültig wo sie sich befinden (AG Solingen MDR **68**, 65), oder an einer **Beisetzungsstätte,** dh der der Ruhe und dem Andenken des Toten dienenden Stätte (Erdgrab oder Aschenurne) mit allem, was zu ihr gehört und mit ihr verbunden ist (RG **39**, 156) wie Sarg und Leiche (RG **12**, 168; **28**, 139), Grabhügel und Gitter, Kreuz und Grabmal (7 zu § 304), eingepflanzte Blumen (R **9**, 399; jedoch *nicht* eine Ruhebank, Rüping GA **77**, 303, lose aufgelegte Kränze, RG **21**, 178; **42**, 145; vgl. LK 44); sowie der gesamte eingefriedete Teil eines Erbbegräbnisses, auch wenn erst ein Teil belegt ist (RG GA Bd. 60, 66; LK 38). Prähistorische Gräber scheiden auch hM aus (LK 41). **Tathandlung** ist die Verübung beschimpfenden Unfugs **6** an den geschützten Gegenständen, dh eine grob ungehörige, rohe Gesinnung zeigende Handlung, mit der dem Gegenstand oder dem Verstorbenen ein Schimpf angetan wird (die Begriffsbestimmung ist str.; vgl. RG **39**, 157; **42**, 147; LK 42; SchSch 11), hierfür genügt die Zerstückelung einer Leiche, nur um sie zu beseitigen, nicht (NStZ **81**, 300). Die Handlung verlangt zwar eine räumliche Nähe zu dem Gegenstand, braucht sich aber nicht, wie RG **21**, 178 und **48**, 299 meinen, unmittelbar gegen den Gegenstand selbst zu richten. Auch der Berechtigte (oben 3), kann die Tat begehen (RG **42**, 147). Tateinheit mit §§ 167, 304 (dort 15) ist möglich. Unerörtert ließ das 24. StÄG die Frage, ob und in welchen Fällen das kommerzielle Verwerten und Experimentieren an toten menschlichen Embryonen und Feten oder an embryonalem oder fetalem Gewebe von der insoweit unpassenden und unzureichenden Umschreibung des Verübens *beschimpfenden Unfugs* erfaßt wird.

4) Zerstörung (10 zu § 303; RG **28**, 139) oder **Beschädigung** (5ff. zu **7** § 303) einer **Beisetzungsstätte** (oben 5f.); wird nur das Grabmal betroffen, wird § 168 von § 304 verdrängt (dort 15; str.); Herausnahme des Grabsteins ist nicht stets Beschädigung des Grabes darüber hinaus (RG GA

§ 169

Bd. 53, 441). Befugnis zum Handeln, die sich aus dem Gesetz (§ 87 III StPO; vgl. auch RG 12, 169; 28, 139), der Friedhofsordnung oder der Einwilligung des Berechtigten ergeben kann, beseitigt hier nur die Rechtswidrigkeit; **Irrtum** über die Befugnis, wenn er sich nicht auf die Voraussetzungen eines bestehenden Rechtfertigungsgrundes bezieht, ist Verbotsirrtum (LK 49; str.). **Tateinheit** mit § 304 (dort 15) ist möglich.

Zwölfter Abschnitt
Straftaten gegen den Personenstand, die Ehe und die Familie

Personenstandsfälschung

169 ^I **Wer ein Kind unterschiebt oder den Personenstand eines anderen gegenüber einer zur Führung von Personenstandsbüchern oder zur Feststellung des Personenstands zuständigen Behörde falsch angibt oder unterdrückt, wird mit Freiheitsstrafe bis zu zwei Jahren oder mit Geldstrafe bestraft.**

^{II} **Der Versuch ist strafbar.**

1 **1) Die Vorschrift** ist durch das 4. StrRG (1 vor § 174) enger gefaßt, vgl. BT-Drs. VI/3521 (= Ber.), BT-Drs. 7/514; Prot. VI/1211, 1227, 2027; Prot. 7/3. *Krim. stat. Angaben* LK-Dippel 4 vor § 169.

2 **2) Geschütztes Rechtsgut** ist das Allgemeininteresse an der Feststellbarkeit des Personenstandes, dh das familienrechtliche Verhältnisses eines Menschen zu anderen (RG **13**, 130), als der Grundlage von Rechten und Rechtsbeziehungen (Unterhalt, Erbrecht, Eheverbot u. a.) desgl. des Abstammungsverhältnisses zwischen Adoptivkind und leiblichen Verwandten (BT-Drs. 7/3061, 56), daneben auch das Interesse der Betroffenen (vgl. Ber. 10; Prot. VI/1213, 1230 ff.). Einwilligung des Betroffenen in die Tat rechtfertigt daher nicht (LK 3; Lackner 1; SK-Samson 3).

3 **A. Der Personenstand,** der durch Zeugung, Geburt oder Rechtsakt (Legitimation, Adoption, Ehe, Ehelichkeitserklärung nach §§ 1723, 1740a BGB, Vaterschaftsanerkennung nach § 1600a ff. BGB) begründet und durch Scheidung, Tod oder Rechtsakt wie zB die Aufhebung der Adoption (9 zu § 11) verändert wird, erstreckt sich auch auf das Geschlecht und den Ehestand (RG **56**, 134). Auch der Personenstand eines Verstorbenen ist geschützt (RG **25**, 188), nicht aber der einer Fehlgeburt (RG **43**, 402; § 29 PStV; LK 5). Die nichteheliche Vaterschaft begründet einen Personenstand (RG **41**, 301) und Verwandtschaft.

4 **B.** Nur die Fälschung des Personenstandes eines **anderen** fällt unter § 169, also nicht die des eigenen (RG **25**, 191; Stuttgart NJW **68**, 1341; uU aber §§ 263, 271) oder die einer erfundenen Person (RG **43**, 402).

5 **3) Tathandlungen: A.** Das **Unterschieben eines Kindes,** das noch keine Vorstellung von seinem Personenstand hat (LK 9) mittels Täuschung anderer (meist mit Ortsveränderung) mit dem Ziel, daß ein anderer es fälschlich für sein eigenes hält (vgl. RG GA Bd. **50**, 107; Recht **10**, 1690). Das kann auch die angebliche Mutter gegenüber dem getäuschten Vater tun (RG **36**, 137; LK 8). Auch das vorsätzliche Verwechseln eines Kindes, zB in der Entbindungsklinik, ist ein Unterschieben (Ber. 10; Prot. VI/2028); das ist

Straftaten gegen den Personenstand, Ehe und Familie **§ 169**

auch mit Zwillingen möglich (Olshausen 9b). **Vollendet** ist die Tat schon mit dem Gelingen der Täuschung (RG **36**, 137). Die dann stets gegebene Gefahr einer falschen Eintragung im Geburtenbuch gehört nicht zum Tatbestand (Prot. VI/1238; aM Lackner 2).

B. **Falsche Angabe** des Personenstandes **gegenüber einer zur Führung** 6 **von Personenstandsbüchern,** dh gegenüber dem Standesamt (§§ 1, 2 PStG) oder einer **zur Feststellung des Personenstandes zuständigen Behörde,** die zur Feststellung des Personenstandes mit Wirkung auch für andere allgemein zuständig ist, also zB gegenüber Gerichten im Statusprozeß nach § 1600n BGB (vgl. §§ 636a, 640h, 641k ZPO; § 9 VerschG; § 47 PStG; vgl. auch §§ 8ff. TSG, 3 zu § 175). Dagegen scheiden aus das Gericht im bloßen Unterhaltsprozeß, das Jugendamt, Einwohnermeldeamt, Finanzamt oder Behörden, die wie die Polizei nicht den Personenstand, sondern die Identität eines Menschen festzustellen berechtigt sind (vgl. § 111 OWiG; LK 13). Doch kann die Tat auch in mittelbarer Täterschaft begangen werden (Prot. VI/1233), so daß falsche Angaben zB gegenüber dem Jugendamt oder einer zur Geburtsanzeige verpflichteten Anstalt (§§ 18, 19 PStG) bei entsprechendem Vorsatz den Tatbestand erfüllen. Es scheiden ferner aus zB das private Ausgeben einer Partnerin als Ehefrau, falsche Angaben zum Personenstand bei einer richterlichen Anhörung (vgl. Stuttgart NJW **68**, 1341), Eintragen falscher Personalien im Hotel; das Anmelden eines im Ehebruch gezeugten Kindes als eheliches Kind, weil die Anmeldung der Fiktion des § 1591 BGB entspricht (Ber. 11). Erfaßt werden hingegen zB die Anmeldung eines nichtehelichen Kindes als eines ehelichen zum Geburtenbuch in sonstigen Fällen (vgl. RG **2**, 303); die Angabe eines falschen Vaters bei der Anzeige der Geburt eines nichtehelichen Kindes beim Standesbeamten durch die Mutter (Prot. VI/1232; RG **41**, 301); die Angabe eines falschen Samenspenders durch den Arzt, der eine heterologe Insemination ausgeführt hat, oder falsche Angaben der Kindesmutter über ihren Geschlechtsverkehr im Statusprozeß (möglicherweise auch im Fall von unten 7). Entgegen den Intentionen des Gesetzgebers (Ber. 11; Prot. VI/1236) ist nach Wortlaut und Sinn des Gesetzes eine falsche Angabe auch die bewußt unwahre Anerkennung der Vaterschaft für ein nichteheliches Kind nach § 29a PStG oder in mittelbarer Täterschaft nach § 1600e BGB/§ 29 PStG (aM LK 16; SchSch-Lenckner 7; SK 8; M-Schroeder § 63, 17; nach Lackner 3 zw.). Daß eine solche Anerkennung nach §§ 1600a ff. BGB vor dem Gesetz möglicherweise wirksam ist, begründet Straflosigkeit nicht; auch wer durch Unterschlagung einer Sache dem gutgläubigen Erwerber nach § 932 BGB Eigentum verschafft, bleibt strafbar. Die Anerkennung bedarf zwar der Zustimmung des Kindes, die aber in aller Regel durch einen oft leicht zu täuschenden Pfleger (§ 1909 I BGB), meist das Jugendamt, erteilt wird. Das Kind kann im übrigen die Anerkennung uU noch nach langer Zeit anfechten (§ 1600i BGB). Eine derartige Verfälschung des Personenstandes sowie zusätzlich möglicherweise die Zustimmung eines bösgläubigen Pflegers (Ber. 11) straflos zu lassen, obwohl sie mit üblen Geldmanipulationen erkauft sein kann (Prot. VI/1235), widerspräche der Funktion des § 169 (hierzu Goeschen ZRP **72**, 108).

C. **Unterdrücken** des Personenstandes **gegenüber den unter 6 genann-** 7 **ten Stellen.** Unterdrücken ist das Herbeiführen eines Zustandes, der ver-

§ 169
BT Zwölfter Abschnitt

hindert oder erschwert, daß der wirkliche Personenstand praktisch zur Geltung kommt (RG **41**, 304); einer Täuschung bedarf es dazu nicht immer (vgl. RG **22**, 283; LK 11). Da falsches Angeben des Personenstandes unter 6 fällt, kommen in Betracht Erklärungen anderer Art (zB über Geschlechtsverkehr), schlüssige Handlungen, vor allem aber Unterlassungen, so die Verletzung der Anzeigepflicht nach §§ 16, 32 PStG, zB durch eine Frau, die die Geburt ihres Kindes verheimlicht und ihrer Verpflichtung nach § 17 I Nr. 5 PStG nicht nachkommt (vgl. RG **10**, 86); ob sie das Kind überdies aussetzt oder nicht, ist ohne Bedeutung (zum Problem RG LZ **16**, 330 und die Kontroverse Prot. VI/1238; 2028 f., 2106; LK 19). Unrichtige Angaben über den eigenen Familienstand oder über den Tod des (noch lebenden) Ehegatten fallen nicht unter den Tatbestand des § 169 (Hamm NStE Nr. 1), wohl aber kann unsubstantiiertes, aber bewußt wahrheitswidriges Bestreiten im Statusprozeß den Tatbestand erfüllen (kontrovers Prot. VI/1234; aM LK 18; SchSch 10; M-Schroeder § 63, 16). *Kein strafbares Unterlassen* ist es, wenn, gleichgültig, ob und inwieweit zivilrechtliche Verpflichtungen bestehen, die Mutter eines nichtehelichen Kindes über dessen Erzeuger schweigt (LK 20; vgl. B. Maier MDR **71**, 883) oder erklärt, daß sie ihn nicht kenne, oder wenn ein Arzt nach Durchführung einer heterologen Insemination den Samenspender nicht nennt (Ber. 11; SK 9; zweifelnd Hanack NJW **74**, 2); denn beide haben gegenüber dem Standesamt keine Offenbarungspflicht und gegenüber den Gerichten ein Zeugnisverweigerungsrecht (§§ 383 I Nr. 3, 5 ZPO; 53 I Nr. 3 StPO). Zum Offenbarungs- und Ausforschungsverbot nach Adoption vgl. § 1758 BGB.

8 **4) Der Versuch** ist strafbar (**II**), auch als untauglicher (irrige Annahme der Zuständigkeit; vgl. 5 zu § 153; 18 zu § 154). Zur **Vollendung** der Unterschiebung vgl. oben 5; im Fall 6 ist die Tat mit dem Abschluß der falschen Angabe, im Fall 7 idR mit dem Unterlassen der gebotenen Anmeldung zur zumutbaren Zeit (vgl. § 17 I Nr. 5 PStG) vollendet (zum Versuch in solchen Fällen 18 zu § 13); nicht erforderlich ist, daß die Feststellbarkeit des Personenstandes verhindert wird oder eine Verhinderung einige Zeit dauert (RG **34**, 25; LK 22). Die Tat ist kein Dauer-, sondern ein Zustandsdelikt (LK 25; vgl. 41 vor § 52), doch kann es der Täter durch nochmaliges Handeln wiederholen (RG **34**, 36; **40**, 402; Nürnberg MDR **51**, 119), dann beginnt die Verjährung erst mit der wiederholten Handlung. Ein Dritter kann nach beendeter Tat nur Begünstigung, nicht mehr Beihilfe leisten (RG **23**, 292; LK 24).

9 **5) Der Vorsatz** hat mindestens als bedingter (LK 21) auch die Zuständigkeit der Behörde zu umfassen und muß dahin gehen, die praktische Wirksamkeit des familienrechtlichen Verhältnisses auf eine gewisse Zeit auszuschließen oder zu hindern (RG **39**, 255; **77**, 51). Ein Irrtum über die Anmeldepflicht ist Verbotsirrtum (LK 21; 18 zu § 13).

10 **6) Tateinheit** ist in den Fällen 5 mit § 235 möglich; in den Fällen 6 und 7 mit § 267, auch mit § 271, soweit es sich um Angaben im Statusprozeß handelt, nicht jedoch bei solchen gegenüber dem Standesbeamten (RG **70**, 238; 12 zu § 271), auch nicht mit § 221 (anders noch RG LZ **16**, 330; LK 26). Für das Verhältnis zu § 68 PStG gilt § 21 OWiG.

§§ 170, 170a [Aufgehoben durch Art. 1 Nr. 10 des 4. StrRG]

Straftaten gegen den Personenstand, Ehe und Familie **§ 170 b**

Verletzung der Unterhaltspflicht

170 b Wer sich einer gesetzlichen Unterhaltspflicht entzieht, so daß der Lebensbedarf des Unterhaltsberechtigten gefährdet ist oder ohne die Hilfe anderer gefährdet wäre, wird mit Freiheitsstrafe bis zu drei Jahren oder mit Geldstrafe bestraft.

1) Die Vorschrift idF des Art. 1 Nr. 11 des 4. StrRG (vgl. 1 vor § 174 **1** und BT-Drs. VI/3521, 13; VII/514, 5; Prot. VI/1202, 1221, 1263, 1284, 1297) schützt sowohl gesetzlich **Unterhaltsberechtigte** vor wirtschaftlicher Gefährdung **als auch die Allgemeinheit** vor ungerechtfertigter Inanspruchnahme öffentlicher Mittel (BGH **29**, 87 m. Anm. Oehler JR **80**, 381; BGHZ **28**, 365; NJW **74**, 1868; **75**, 1234; MDR **75**, 47; Hamburg NJW **86**, 336; de With BT-Drs. 8/2021, 6; enger Bay NJW **82**, 1243; vgl. LK-Dippel 6 vor § 169). § 170b ist mit dem GG vereinbar (BVerfGE **50**, 142), und Schutzgesetz iS des § 823 II BGB (BGHZ **28**, 359; LK 4). **Schrifttum:** *Becker* NJW **55**, 1906; *Bruns* FamRZ **59**, 129; *Eggert* MDR **74**, 445; *Mittelbach* MDR **57**, 54; **58**, 470; DRiZ **57**, 215; *Oehler* FamRZ **59**, 489; *Mattmer* NJW **67**, 1593; *Eckert* FamRZ **74**, 118. *De lege ferenda* krit. *Seebode* JZ **72**, 389. *Krim. stat. Angaben* LK 4 vor § 169.

2) Zum Tatbestand gehören A. eine gesetzliche Unterhaltspflicht des **2** Täters iS des bürgerlichen Rechts (BGH **12**, 166; **26**, 111; Hamm NJW **60**, 1632; **64**, 2316; Bay **61**, 260; OLGSt. 32; LK 7), die der Strafrichter selbständig (vgl. 3a) zu prüfen hat (Düsseldorf StV **91**, 68 L). **a) Hauptfälle** **3** sind die Unterhaltspflicht gegenüber dem Ehegatten (§§ 1360 ff. BGB), auch dem getrennt lebenden oder geschiedenen (§§ 1569 ff. BGB), den Eltern, nichtehelichen, ehelichen und adoptierten Kindern (§§ 1600a, 1601 ff., 1615 a ff., 1751, 1754, 1755 BGB). Eine etwaige Unterhaltspflicht nach § 1610 II BGB ist näher zu begründen (Hamburg StV **89**, 206). Auch die durch internationales Privatrecht oder durch ein ausländisches Gesetz oder durch früheres DDR-Recht begründete Unterhaltspflicht gehört hierher (aM Oehler JR **75**, 292; gegen ihn Blei JA **75**, 588, offengelassen Bay NJW **82**, 1243), so daß zB auch Gastarbeiter dann strafbar sein können, wenn auch die Unterhaltsberechtigten in der BRep. leben; ist das nicht der Fall, so greift § 170b nicht ein, denn dem Schutz ausländischer Staatsfinanzen dient er nicht (BGH **29**, 87 [m. Anm. Oehler JR **80**, 381]; Saarbrücken NJW **75**, 508 [m. zust. Anm. Oehler JR **75**, 292]; Stuttgart NJW **77**, 1601; **85**, 1299; Frankfurt NJW **78**, 2460; LG Frankfurt NJW **77**, 508; LK-Tröndle 33 vor § 3; Bay NJW **82**, 1243; AG Rosenheim NJW **81**, 2653; Schlüchter, Oehler-FS 313, 316; aM Karlsruhe NJW **78**, 1754 m. abl. Anm. Oehler JR **78**, 381; Kunz NJW **80**, 1201 u. **87**, 881; Gössel, Oehler-FS 106). Zur Unterhaltspflicht der ehelichen Mutter Hamm NJW **64**, 2316; dazu krit. Welzel, H. Mayer-FS 395. Der sorgeberechtigte Vater genügt seiner Unterhaltspflicht nicht schon dadurch, daß er das unterhaltsberechtigte Kind bei einer Verwandten in Pflege gibt (Zweibrücken NJW **87**, 1899). Die Unterhaltspflicht der nichtehelichen Mutter richtet sich nach den allgemeinen Vorschriften (§ 1615a, § 1606 III BGB). Die gesetzliche Unterhaltspflicht des nichtehelichen Vaters setzt voraus, daß sie durch Anerkennung oder gerichtliche Entscheidung mit Wirkung für und gegen alle festgestellt ist (§ 1600a BGB; Hamburg NStZ **84**, 168; Bay **88**, 92; Matzke, Der Amtsvormund **80**, 710). Der nichteheliche Vater hat der Mutter mindestens

§ 170 b

6 Wochen vor und 8 Wochen nach der Geburt des Kindes Unterhalt zu gewähren (§ 1615 I BGB). Unterhaltspflichtig ist auch der Ehemann gegenüber dem von der Ehefrau geborenen, aber nicht von ihm gezeugten Kind, wenn die Anfechtung nach §§ 1593 ff. BGB unterblieben (BGH **12**, 166; Bay OLGSt. 31; aM Hamm MDR **57**, 308; dazu Schröder JZ **59**, 346) oder die Klage abgewiesen worden ist (Bay NJW **61**, 1415 gegen Saarbrücken FamRZ **59**, 35; anders, wenn die Tat vor Rechtskraft eines erfolgreichen Anfechtungsurteils begangen wird, Meyer NJW **69**, 1360; aM Hamburg NJW **69**, 805). Diese sich aus § 1593 BGB ergebende Folge entschei-

3a det noch nicht über die str. Frage der **Bindungswirkung von Zivilurteilen** (vgl. dazu Schwab NJW **60**, 2169; Dünnebier JZ **61**, 672; LK 21 ff.; zur Problematik von non-liquet-Entscheidungen Arens, Müller-Freienfels-FS 13). Die Bewilligung der Prozeßkostenhilfe für den Unterhaltsberechtigten im Zivilprozeß (Köln NJW **53**, 1117) oder ein erst nach der Tat rechtskräftiges Zivilurteil über die Unterhaltspflicht (LM Nr. 3) haben keine Bindungswirkung. Dasselbe dürfte aber für sonstige Unterhaltsurteile zu gelten haben, da nicht nur in Fällen arglistig erlangter Unterhaltsansprüche (Hamm NJW **54**, 1340), sondern auch nachträglich aufgefundener Beweismittel Strafbarkeit nicht erträglich wäre. Die hM (BGH **5**, 106; Bay NJW **67**, 1287; Oldenburg NJW **52**, 118; Celle NJW **55**, 563; Stuttgart NJW **60**, 2204; Bremen NJW **64**, 1286; aM Braunschweig NJW **53**, 558) verneint daher eine Bindungswirkung. Bei der Feststellung der Unterhaltspflicht im Strafprozeß hat jedoch der Strafrichter die Beweisvermutungen der §§ 1591 ff., 1600 m, 1600 o BGB zu beachten (LK 18), im übrigen aber nach dem Grundsatz *in dubio pro reo* zu verfahren (vgl. SchSch-Lenckner 8 ff.; Schröder JZ **59**, 346; Koffka JR **68**, 228; Braunschweig NdsRpfl. **59**, 230; Celle [1. StS] NJW **62**, 600 gegen Celle [2. StS] NJW **55**, 563; Braunschweig NJW **64**, 214; vgl. weiter Köln NJW **66**, 2131; **67**, 2416; Bremen NJW **67**, 2416). Zur Problematik eines Unterhaltsverzichts Bay NJW **67**, 1287. Bindungswirkung haben auch wegen der Wirkung für und gegen andere (§§ 640h, 641k ZPO) Statusurteile (Stuttgart, Hamm NJW **73**, 2305; 2306; Zweibrücken MDR **74**, 1034; krit. Eggert aaO), auch dann, wenn sie erst nach der Tat ergehen (aM LM Nr. 3). Nach Art. 12 § 3 I 1, 2 NichtEhelKG bindet auch eine rechtskräftige Verurteilung zur Unterhaltszahlung nach § 1708 BGB aF, auch wenn es sich um ein Versäumnisurteil handelte (BGH **26**, 111; Frankfurt FamRZ **74**, 162; Hamm NJW **75**, 458; aM Zweibrücken MDR **74**, 1034). Beruht die Unterhaltspflicht des nichtehelichen Vaters auf einem zugleich mit der Vaterschaftsfeststellung ergangenen Urteil nach § 643 ZPO, wird man Bindung auch für den Strafrichter anzunehmen haben (ebenso LK 14; weitergehend Kaiser NJW **72**, 1847; Köln FamRZ **76**, 118). Urteile nach § 1612a BGB, §§ 641l, 642a ZPO haben keine Bindungswirkung (vgl. § 641l I S. 2 ZPO). Rechtskräftig abweisende Unterhaltsurteile haben zwar keine Bindungswirkung, begründen aber idR einen Tatbestandsirrtum. An eine vollstreckungsgerichtliche Festsetzung des Rangverhältnisses der Berechtigten (auch ehelicher und nichtehelicher Kinder zueinander) nach § 850d ZPO ist auch der Strafrichter gebunden; selbst kann er sie nicht vornehmen.

4   **b) Art** des Unterhalts (vgl. §§ 1360a, 1612 II, 1615f BGB) und **Rangfolge** mehrerer Berechtigter (vgl. § 1609 I BGB; § 850d ZPO) bestimmen sich nach bürgerlichem Recht (vgl. LK 29, 36); wobei aber nur die Pflicht

zum materiellen Unterhalt, nicht auch zur Haushaltsführung (§ 1360 BGB) und zur Pflege und Erziehung des Kindes (§ 1606 III BGB) gemeint ist (Karlsruhe NJW 73, 108 m. zust. Anm. Seebode JZ 73, 601; aM Hamm JZ 62, 547; NJW 64, 2316; LK 30; dazu krit. Merkert NJW 65, 409; Welzel, Mayer-FS 395). Unterläßt der eheliche Vater eine ihm zumutbare Zustimmung zur Verfügung über das Kindesvermögen, so verletzt er damit seine Unterhaltspflicht noch nicht (Bay 68, 60). Die Unterhaltspflicht gegenüber **nichtehelichen** Kindern bestimmt sich nach den § 1600a ff. BGB. Für die Mutter gelten die allgemeinen Vorschriften (§ 1615a mit vor allem § 1606 III S. 2 BGB; Bay 83, 162), für den Vater die §§ 1615b ff. BGB, wonach er mindestens den sog. Regelunterhalt zu zahlen hat (§ 1615f BGB); vgl. RegUnterhV, § 1612a BGB und UhVorschG. Zum Problem der „sonstigen Verbindlichkeiten" (§ 1603 BGB; vgl. Bay NJW 61, 38).

c) **Vertragliche** Pflichten scheiden aus, ebenso Erstattungsansprüche öffentlicher Kostenträger für geleisteten Unterhalt oder Kosten der Erziehungshilfe nach § 34 SGB VIII oder freiwilliger Erziehungshilfe (Bay 7, 238; Hamm NJW 55, 1891; Bremen NJW 58, 639; Celle NJW 62, 1832; Frankfurt NJW 72, 836; Stuttgart NJW 73, 816; LG Memmingen NJW 71, 206). Jedoch bleibt der privatrechtliche Unterhaltsanspruch bestehen, wenn er (zB nach §§ 90, 91 BSHG) auf den Träger der Sozialhilfe übergeleitet wird (BGH 26, 312; Frankfurt aaO.; AG Bremerhaven MDR 66, 166; Klussmann MDR 73, 457; str.). Die Überleitung ist aber nicht Voraussetzung einer Strafbarkeit nach § 170b (BGH aaO gegen Frankfurt aaO). Eine auf der Grundlage der gesetzlichen Unterhaltspflicht durch gerichtlichen Vergleich übernommene steht jener allerdings nicht ohne weiteres gleich (Köln NJW 62, 929; zw. jedoch AG Schönau MDR 66, 346).

B. **Leistungsfähigkeit** des Täters ist ein ungeschriebenes Tatbestandsmerkmal (Koblenz GA 75, 28; Köln NJW 81, 63; Bay StV 83, 418; Celle NJW 84, 317; Zweibrücken StV 86, 531; LK 38), ein Irrtum hierüber Tatbestandsirrtum (Köln NStZ 92, 337). Sie muß für das Revisionsgericht nachprüfbar, für den fraglichen Zeitraum vollständig festgestellt werden (Bay 88, 92). Er muß tatsächlich zu einer mindestens teilweisen Leistung (Düsseldorf DRiZ 34, Nr. 305) imstande sein, ohne seine eigene Existenz (Köln NJW 53, 518; 1117; Hamm JZ 52, 690; Bremen NJW 55, 1606) oder die Ansprüche vorgehender Unterhaltsberechtigter (Braunschweig, NJW 53, 558; Oldenburg NJW 53, 917; Celle FamRZ 62, 315) zu gefährden, insoweit sind nähere ziffernmäßige Angaben erforderlich (Schleswig StV 85, 110), um den Schuldumfang feststellen zu können (Hamm, Schleswig OLGSt. Nr. 1, 4; Hamburg StV 89, 206). Wird die Leistungsfähigkeit des Täters mit erzielbaren Einkünften begründet, so sind die Beschäftigungsmöglichkeiten sowie die Beträge festzustellen, die er durch zumutbare Arbeit hätte verdienen können (Bay NJW 90, 3284; vgl. ferner BGH 14, 165; Karlsruhe NJW 54, 84; Stuttgart NJW 62, 1631; Mittelbach JR 63, 30; Gaul MDR 55, 369; zur Arbeitsaufnahme durch eine Frau vgl. Bremen NJW 58, 693). Maßstab für die Beurteilung der Leistungsfähigkeit ist das bürgerliche Recht, den notwendigen Selbstbehalt kann der Tatrichter – im Revisionsverfahren nur begrenzt nachprüfbar – in Anlehnung an die in der

§ 170 b

Praxis entwickelten Tabellen (vgl. 18 aE zu § 40) bemessen (Zweibrücken StV **86**, 532). Auch Angaben über die Einkommens- und Vermögensverhältnisse der Mutter sind erforderlich, um den Selbstbehalt (§§ 1615a, 1603 II BGB) feststellen zu können (Bay NJW **90**, 3284). Reicht das für Unterhaltszwecke verfügbare Einkommen des Unterhaltsverpflichteten nicht aus, so kann ihm nicht vorgeworfen werden, wenn er zuvörderst die in seinem Haushalt lebenden Kinder berücksichtigt (Schleswig SchlHA **87**, 103). Er hat, wenn ihm das bei Abwägung aller Umstände zuzumuten ist, einen Berufswechsel vorzunehmen (Bremen NJW **55**, 1004; 1606; JR **61**, 228; Hamm JMBlNW **61**, 9; Düsseldorf JMBlNW **64**, 166; Celle NJW **71**, 718; Schleswig SchlHA **80**, 172; vgl. auch Köln FamRZ **76**, 119; StV **83**, 419) und einen das Einkommen mindernden Berufswechsel zu vermeiden (Bay NJW **53**, 1927; **88**, 2751; NStE Nr. 4 u. 5; Karlsruhe NJW **54**, 84; Hamm NJW **55**, 153; Köln NStZ **92**, 337 [Fall eines bisherigen Berufssoldaten und Kriegsdienstverweigerers]), erforderlichenfalls einen Antrag auf Kinderzuschlag zur Unterhaltshilfe beim Lastenausgleichsamt zu stellen (Bay FamRZ **62**, 123) oder sonst Ansprüche gegen Dritte zu verfolgen (vgl. Bremen NJW **58**, 639; Köln NJW **62**, 1529), insoweit er für das unterhaltsberechtigte Kind Kindergeld bezieht oder es zu beantragen unterläßt, gilt er als leistungsfähig (Celle NJW **84**, 317). Schenkungen, die ihn leistungsunfähig machen, hat er zu unterlassen (Bay **68**, 60). Doch kann nicht von ihm gefordert werden (daß er statt geringen Verdienstes Arbeitslosengeld in Anspruch nimmt, Hamm NJW **65**, 877). Bei häufig wechselnden Einkommensverhältnissen ist die Leistungsfähigkeit einem größeren Zeitraum zu beurteilen (Köln NJW **53**, 1117; NJW **62**, 1630), wobei aber eine Durchschnittsberechnung regelmäßig nicht ausreicht (Bay FamRZ **58**, 284; Köln NJW **62**, 1527; OLGSt. 25). Die Leistungsfähigkeit eines früheren Drogenerkrankten kann uU nur mit Hilfe eines Sachverständigen beurteilt werden (Köln OLGSt. 61),

7   C. als **Tathandlung** das Sichentziehen, das durch Tun oder Unterlassen begangen werden kann (BGH **18**, 376; Bay **60**, 7; aM wohl Köln NJW **58**, 721; LK 51), zB durch Arbeitsaufgabe, Wohnsitzwechseln, bloßes Nichtzahlen (Hamburg NStZ **84**, 168), Widerruf der Abtretung des Kindergeldes und dessen Verbrauch (Celle GA **69**, 350). Entziehen ist auch die unmittelbare Herbeiführung künftiger Leistungsunfähigkeit (BGH **14**, 165; Bay **88**, 93; Hamm NJW **55**, 153; 1607; aM Schleswig SchlHA **53**, 215). Zur Problematik bei einer unterhaltspflichtigen Prostituierten Düsseldorf NJW **62**, 688; Köln FamRZ **64**, 477. Kein Entziehen, wenn der Verpflichtete nicht zahlt, weil der Aufenthalt des Berechtigten unbekannt ist (NJW **61**, 1110; Bay GA **61**, 280). Behördliche Mahnung setzt das Entziehen nicht voraus (Düsseldorf NJW **53**, 1805),

8   D. als **Taterfolg** die **Gefährdung des Lebensbedarfs** des Berechtigten, also die Wahrscheinlichkeit eines eintretenden Mangels, wobei der Lebensbedarf schlechthin, nicht etwa nur der notwendige gemeint ist (vgl. LK 57; SK-Samson 10). Gefährdung uU schon dann, wenn der Berechtigte über seine Kräfte hinaus arbeiten muß (Bay GA **63**, 345; BGHZ NJW **74**, 1868; MDR **75**, 47). Der Gefährdung steht es gleich, wenn die Gefahr nur deshalb abgewendet wird, weil die Hilfe anderer, insbesondere die in der aF ausdrücklich genannte öffentliche Hilfe (BGH **29**, 88; Sturm JZ **74**, 2;

Saarbrücken NJW **75**, 507; LK 63) eingreift (Celle NJW **62**, 1832), in erster Linie Sozialhilfe nach dem BSHG; sowie Leistungen zum Unterhalt nach den §§ 38 bis 40 SGB VIII (BGH **26**, 312), anders, wenn die öffentliche Hilfe unabhängig von der Nichtzahlung des Verpflichteten geleistet wird (Hamm NJW **58**, 640; **75**, 456; Köln FamRZ **76**, 116; Klussmann MDR **73**, 457; anderseits Neustadt NJW **53**, 1805; Bremen NJW **58**, 639; Celle NJW **59**, 2319; Oldenburg OLGSt. 1; Frankfurt NJW **72**, 836; FamRZ **74**, 162; dazu krit. Eggert NJW **72**, 1383; Potthast NJW **72**, 2276; Klussmann aaO; Forster NJW **76**, 1645; vgl. auch Bay NJW **75**, 1720; Stuttgart Die Justiz **75**, 440), zB aus Erziehungsgründen (Düsseldorf NStE Nr. 6). Die fremde Hilfe muß in einem inneren Zusammenhang mit der Unterhaltsverweigerung stehen (Bay **83**, 162 m. krit. Anm. Meurer JR **86**, 210; Neustadt NJW **53**, 1806; Oldenburg OLGSt. 21; Düsseldorf NJW **90**, 399; LK 8). Hieran fehlt es idR, wenn der Berechtigte aus anderen Gründen als der Unterhaltssicherung anderweitig untergebracht wird (Zweibrücken NStZ **84**, 458), die fremde Hilfe muß geleistet werden, um Gefährdung des Lebensbedarfs abzuwenden (Celle NJW **59**, 2319; **67**, 1832). Verzichten nahe Angehörige, die für den Unterhalt aufkommen, auf die Leistungen des Verpflichteten, so entfällt § 170b (22. 1. 1980, 4 StR 687/79; Schleswig OLGSt. 35; LK 62).

Die **Eltern** haften nach §§ 1606, 1360 BGB gleichrangig (offengelassen Bay **9**
83, 162); aber nur anteilsmäßig im Verhältnis ihrer finanziellen Umstände (BGH **19**, 389; Bay NJW **64**, 1084), so daß Leistungen der Mutter den Vater nicht vor Strafe nach § 170b bewahren (Celle NJW **58**, 640; **60**, 833, 1314; Stuttgart FamRZ **61**, 179; Hamm FamRZ **64**, 581), dies kann auch umgekehrt für die Mutter bei Leistungen des Vaters gelten (Hamm NJW **64**, 2316). Entsprechendes gilt nach dem NichtEhelKG für die **nichteheli-** **10**
che Mutter (§§ 1615a, 1606 III, 1615b ff. BGB), so daß auch sie „eine andere" ist. Tatort ist nach § 9 I der Ort, wo der Täter hätte handeln müssen (Saarbrücken NJW **75**, 506) oder wo die Gefährdung eintritt oder nach der Vorstellung des Täters eintreten sollte (LK 67; 3 zu § 9), nach Köln NJW **68**, 954 auch der, wo ohne andere Hilfe die Gefahr eingetreten wäre (zw.).

3) **Vorsatz** ist erforderlich; bedingter genügt (BGH **14**, 165; NStZ **85**, **11**
166; LK 69), jedoch ist bewußte Nichterfüllung vorausgesetzt (Hamburg NStZ **84**, 168, Lackner 9). Irrtum über die Unterhaltspflicht ist Tatbestands-, nicht Verbotsirrtum (Stuttgart NJW **62**, 1631; Celle NdsRpfl. **62**, 211; Köln NJW **81**, 64; SK 11; aM Stuttgart NJW **60**, 2204; LK 70), der aber nach rechtskräftigem Zivilurteil idR entfällt (Koffka JR **68**, 229; Schleswig OLGSt. 38).

4) Die Tat ist **Dauerdelikt** (Bremen JR **61**, 226; Düsseldorf MDR **62**, **12**
922; Köln NJW **62**, 2119; Saarbrücken NJW **75**, 508; Hamburg NStZ **84**, 168 [wenn der Vorsatz entsprechend gestaltet ist], Hamm NJW **65**, 878; MDR **73**, 690; LK 73). Inhaftnahme des Täters kann die Dauerstraftat beenden (Düsseldorf OLGSt. § 264 StPO, 7) oder unterbrechen (Koblenz GA **75**, 29), braucht es aber nicht (LG Berlin MDR **66**, 1017), sie ist mit dem Erlaß des Ersturteils beendet, wenn die Berufung auf den Rechtsfolgenausspruch beschränkt wird (Bay **77**, 39; LK 73). Tateinheit möglich mit § 170d (Hamburg NJW **64**, 2317). Bei Pflichtverletzung gegenüber mehreren Berechtigten durch aktives Tun regelmäßig Tateinheit (Bay NJW **61**,

§ 170b

1686; Celle GA **69**, 350), durch Unterlassen regelmäßig Tatmehrheit (BGH **18**, 376; Bay NJW **60**, 1730; Celle NdsRpfl. **64**, 182; str., aM Braunschweig NJW **53**, 558; Köln NJW **58**, 721; Neustadt MDR **62**, 498; Düsseldorf MDR **62**, 923; Geerds JZ **64**, 593). Es kommt auf die Fallgestaltung an. Prozessual (§ 264 StPO) ist jedoch regelmäßig eine einzige Tat gegeben (Stuttgart MDR **77**, 1034; Hamm NJW **78**, 2210 L; LK 74; aM M. J. Schmid MDR **78**, 547), so daß die Verurteilung nach § 170b hinsichtlich eines Unterhaltsberechtigten die Strafklage für weitere Verfahren hinsichtlich anderer Unterhaltsberechtigter aus dem selben Zeitraum verbraucht ist (LG Krefeld NJW **92**, 1248).

13 5) **Als Strafe** wird zur Einwirkung auf den Täter, wenn besondere Umstände iS des § 47 I vorliegen (hartnäckiges Sichentziehen, Verheimlichung von Aufenthalt oder Arbeitsplatz; LG Koblenz MDR **82**, 70; vgl. auch Horstkotte NJW **69**, 1602), Freiheitsstrafe auch unter 6 Monaten unerläßlich sein (Bay NJW **88**, 2751); unter der Weisung, der Unterhaltspflicht nachzukommen (§ 56 c II Nr. 5), wird sie vielfach zur Bewährung ausgesetzt werden können (vgl. Bremen JR **61**, 226). Hingegen ist Geldstrafe problematisch (auch § 459f StPO hilft idR nicht weiter), da der Täter sein verfügbares Geld zur Unterhaltsleistung verwenden soll (Lackner 13); gleichwohl gilt § 47 uneingeschränkt (BT-Drs. VI/3521, 14). § 153a StPO, der im Schrifttum (10 zu § 248a) zu Unrecht kritisiert wird, kann vielfach zu einer angemesseneren Lösung führen (ebenso LK 77; SchSch 38).

§ 170c [Aufgehoben durch Art. 1 Nr. 12 des 4. StrRG]

Verletzung der Fürsorge- oder Erziehungspflicht

170 d Wer seine Fürsorge- oder Erziehungspflicht gegenüber einer Person unter sechzehn Jahren gröblich verletzt und dadurch den Schutzbefohlenen in die Gefahr bringt, in seiner körperlichen oder psychischen Entwicklung erheblich geschädigt zu werden, einen kriminellen Lebenswandel zu führen oder der Prostitution nachzugehen, wird mit Freiheitsstrafe bis zu drei Jahren oder mit Geldstrafe bestraft.

1 1) **Die Vorschrift,** die im Vorfeld der §§ 223b, 180a IV steht, ist durch das 4. StrRG (1 vor § 174; Hearing: Prot. VI/853, 942, 1098; Beratungen: Prot. VI/1193, 1224, 1253, 1262, 1278, 1289, 1381, 2030; Prot. VII/5; Bericht des StrAB-Tag Drs. VI/3521 = Ber.; Sturm JZ **74**, 3) präziser gefaßt.

2 A. **Rechtsgut** ist die gesunde körperliche und psychische Entwicklung von Menschen unter 16 Jahren, die zugleich Schutzgegenstand sind (problematisierend SK-Horn 2; vgl. auch LK 3). Die Vorschrift ist weder geeignet noch dazu bestimmt, das Ausbleiben mütterlicher Zuwendung zu ahnden (MDR **79**, 950).

3 B. **Täter** kann nur sein, wer auf Grund von Gesetz, Übertragung durch Behörden, Vertrag (private Heime) oder faktische Übernahme (4 zu § 223b; LK 4) eine **Pflicht zur Erziehung oder Fürsorge** (wenn vielleicht auch zeitlich oder sachlich begrenzt) für den Schutzbefohlenen hat (Sonderdelikt), die meist auf eine gewisse Dauer berechnet ist, Zusammenwohnen aber nicht voraussetzt. Zur Pflicht gehört auch das Fernhalten schädlicher Einflüsse (BGH **2**, 348; vgl. § 31 II JArbSchG).

4 2) **Tathandlung** ist A. die **Verletzung** der genannten Pflichten oder einer von ihnen (vgl. § 1666 BGB), und zwar eine **gröbliche,** dh eine subjek-

§ 170 d

tiv und objektiv schwerwiegende (KG JR **75**, 297; LK 9), die zwar schon bei einer einmaligen Handlung möglich ist (Ber. 16; NStZ **82**, 328; anderseits NJW **52**, 476; nicht jedenfalls durch ein einmaliges in Körpergefahr Bringen, KG aaO), idR aber erst durch Wiederholung oder Dauer (vgl. BGH **2**, 348; 13. 5. 1953, 3 StR 741/52; dann einheitliche Tat, BGH **8**, 92; vgl. Schröder JZ **72**, 651; LK 25) die vom Gesetz verlangte Folge haben kann (andere Faktoren können mitwirken), nämlich B. die **konkrete Gefahr** (13 a vor § 13), dh bei natürlicher Weiterentwicklung die Wahrscheinlichkeit (BGH **3**, 256; NJW **52**, 476; weitgehend Bay NJW **52**, 988; Köln JR **68**, 308; vgl. 3 zu § 34), daß der Schutzbefohlene in seiner **körperlichen** oder/und **psychischen Entwicklung erheblich,** dh in deutlicher Abweichung von seiner sonst voraussichtlichen Normalentwicklung, **geschädigt** wird; doch braucht ein Schaden noch nicht eingetreten zu sein. In Betracht kommen nicht nur eine „extreme Nichtversorgung", das Halten unter schlechtesten hygienischen Bedingungen in Ställen, Kellern u. dgl. (Ber. 15; Klimmek, Verletzung der Sorgepflicht gegenüber Kindern und Jugendlichen, 1970), sondern auch Vernachlässigung bei Geburtsschaden oder ernster Erkrankung (Ber. 15; 1. 4. 1969, 1 StR 561/68), übermäßiges Verabreichen von Alkohol (BGH **2**, 348), Verführung zur Rauschgiftsucht (Prot. VI/1199f.; 1362), auch *dauerndes* körperliches Überanstrengen bei übertriebenem Leistungssport; zw. (so SK-Horn 4); allgemeine Vernachlässigung eines Kleinkindes durch eine ihrem Vergnügen nachgehende Mutter (NJW **51**, 282; LK 12, 13). Psychische Gefährdung kommt in Betracht zB beim fortgesetzten Abschließen und Alleinlassen in der Wohnung (Prot. VI/1282), Abhalten vom Schulbesuch, Vermittlung von gefährlichem Umgang, Anhalten zum Betteln, aber auch in dem Fall, daß eine Frau im selben Zimmer, in dem ihre halbwüchsige Tochter übernachtet, ständig mit verschiedenen Männern Geschlechtsverkehr ausübt (Ber. 15; ähnlich BGH **3**, 259), obwohl sie damit rechnet, daß die Tochter das beobachtet (vgl. MDR **64**, 772; Bay NJW **52**, 988; LK 17), *nicht* aber schon das Fotografieren der 10jährigen Tochter in sexualbetonten Stellungen (KG JR **82**, 507). Die einzelnen Pflichtverletzungen müssen genau festgestellt werden (MDR **79**, 950). Entgegen Ber. 16 kann damit auf eine ethische Bewertung, die nur die unseres Kulturkreises sein kann (BGH **3**, 257; aM LK 15, 16), nicht verzichtet werden; str. (wie hier SK[1]-Schreiber 7; problematisierend SK-Horn 6, 11; SchSch-Lenckner 8).

C. Das Gesetz nennt noch ausdrücklich, obwohl es sich idR um Fälle psychischer Gefährdung handelt, die Gefahr, daß der Schutzbefohlene **a)** einen **kriminellen Lebenswandel,** dh ein Leben **führt,** bei dem Straftaten von einigem Gewicht eine wesentliche Rolle spielen. Dafür reicht einmalige Aufforderung zum Stehlen nicht aus (vgl. NJW **52**, 476), vielleicht aber häufiges und möglicherweise schon in Einzelfällen erfolgreiches Bedrängen oder ständiges schlechtes Beispiel (aM SK 7), oder **b)** der **Prostitution nachgeht** (13 zu § 180a), was zB bei fünfzehnjährigen Mädchen zutreffen kann, die ermuntert werden, sich wahllos Männern hinzugeben (LK 20).

3) Vorsatz ist erforderlich, der als mindestens bedingter (LK 21) nicht nur das Schutzverhältnis und die gröbliche Pflichtverletzung umfassen muß, sondern auch die konkrete Gefährdung (vgl. MDR **64**, 772).

§ 170d
BT Zwölfter Abschnitt

8 **4) Konkurrenzen.** Bei nur körperlicher Gefährdung oder Gefahr der Prostitution tritt § 170d hinter § 223b bzw. § 180a IV zurück (teilw. abw. SchSch 12; LK 24; aM SK 16), sonst ist Tateinheit möglich (Sturm JZ **74**, 3); ebenso mit § 170b (vgl. Hamm NJW **64**, 2316; LK 24), §§ 180, 221, 222 (vgl. BGH **2**, 348); §§ 26, 30 iVm anderen Tatbeständen wie zB §§ 242, 263. Zur Strafbarkeit der Abgabe alkoholischer Getränke und von Tabakwaren an Jugendliche unter 16 Jahren und von Branntwein an Jugendliche über 16 Jahre vgl. § 31 II S. 2, § 58 I Nr. 21, V JArbSchG; zum Verbot der Beschäftigung Verurteilter § 25 I Nr. 3, § 58 II JArbSchG.

Doppelehe

171 Wer eine Ehe schließt, obwohl er verheiratet ist, oder wer mit einem Verheirateten eine Ehe schließt, wird mit Freiheitsstrafe bis zu drei Jahren oder mit Geldstrafe bestraft.

1 **1) Die Vorschrift** ist durch das 4. StrRG neu gefaßt worden (vgl. 1 vor § 174; **Materialien:** E BT-Drs. VI/1552, 14; Prot. VI/1244, 2030; Bericht des StrABTag Drs. VI/3521, 17); hierzu LK-Dippel 1; *krim. stat. Angaben* LK 4 vor § 169.

1a **Verheiratet** sein muß der Täter oder Partner. Es genügt eine formell gültige Ehe (RG **55**, 279), wenn sie auch materiell nichtig oder aufhebbar ist (RG **60**, 248). Die Ehe wird in der BRep. vor dem Standesbeamten geschlossen (§ 11 EheG); andernfalls ist sie eine Nichtehe und kann nicht zur Bestrafung nach § 171 führen (LG Hamburg NStZ **90**, 280; LK 4).

2 **A. Im Ausland** können Ehen nach dem dortigen Recht geschlossen werden (Art. 11 I Satz 2 EGBGB); doch auch nach dem Heimatrecht, das für die künftige Ehe gelten wird (Art. 11 I Satz 1 EGBGB, RG **61**, 198, LK 6). Für Eheschließung Deutscher im Auslande vgl. § 8 KonsularG. **Ausländerehen** im Inlande unterstehen grundsätzlich den deutschen Gesetzen, Art. 13 III EGBGB (doch gestattet § 15a I EheG als Form auch die Eheschließung vor einem Auslandsbeauftragten in der Auslandsform); daher auch für Mohammedaner in Deutschland kein Abschluß einer polygamen Ehe zulässig (§ 4 I EheG, LK 5), wohl aber nicht strafbar die Fortführung einer gültigen Doppelauslandsehe (unten 4ff.; LK 13). Die Auslandsbigamie eines Deutschen fällt nur unter den Voraussetzungen des § 7 II Nr. 1 unter § 171, also dann nicht, wenn im betr. Staat die Doppelehe erlaubt ist (BGH **8**, 356 ist überholt). Wegen der Ehe von **Staatenlosen** vgl. Art. 29 EGBGB; LK 7, wegen der vor einem **Wehrmachtsrichter** geschlossenen Ehen Freiburg NJW **49**, 185, LK 8.

3 **B. Aufgelöst** wird eine Ehe durch den Tod des Ehegatten, durch ein rechtskräftiges Aufhebungs- oder Scheidungsurteil (§ 29 EheG, § 1564 BGB; LK 9). Die Ehe eines für tot Erklärten wird durch die Todeserklärung nicht aufgelöst, sondern erst mit der Wiederverheiratung des anderen Teils (§ 38 II EheG), wissen jedoch beide Teile, daß der für tot Erklärte noch lebt, so ist die neue Ehe nichtig (§ 38 I EheG), weiß nur ein Teil, daß jener noch lebt, so ist dieser nach § 171 strafbar, da er die neue Ehe einging, *bevor* die frühere Ehe aufgelöst war (BGH **4**, 6; Frankfurt NJW **51**, 414; LK 12; str.) Für nichtig erklärt wird eine Ehe mit der Rechtskraft des Nichtigkeitsurteils, das auf die Nichtigkeitsklage ergeht (§ 23 EheG). Bis dahin sind die Partner verheiratet.

Straftaten gegen den Personenstand, Ehe und Familie **§ 171**

2) Vollendet wird die Tat mit dem formell gültigen **Abschluß** der zweiten Ehe, ohne daß es auf das Zusammenleben der beiden ankommt; durch das Zusammenleben wird es nicht fortgesetzt; die Tat ist kein Dauer-, sondern ein Zustandsdelikt (9. 12. 1959, 2 StR 535/59; LK 15; vgl. RG **15**, 261). Daher ist Teilnahme nach der Vollendung nicht mehr möglich; ferner fällt die im Ausland begonnene und im Inland fortgesetzte (vgl. 1) Vielweiberei eines Ausländers nicht unter § 171. 4

B. Beihilfe zur Bigamie begeht der Standesbeamte, der bei Schließung einer Doppelehe mitwirkt (LK 16). Für die Strafe des Teilnehmers gilt § 28 I (LK-Roxin 39 zu § 28; M-Schroeder § 63, 7; str.; aM SchSch-Lenckner 8; Lackner 7; SK-Horn 7). 5

3) Der Vorsatz. Der Täter muß wissen, daß es sich um eine Doppelehe handelt. Hieran fehlt es (§ 16), wenn er die erste oder zweite Ehe für eine Nichtehe hält oder annimmt, die erste Ehe sei aufgelöst oder für nichtig erklärt (RG **9**, 84; LK 14), bedingter Vorsatz genügt (RG **4**, 38), wenn der Täter die Doppelehe billigend in Kauf nimmt (Braunschweig NJW **47/48**, 71; Freiburg NJW **49**, 185; Ber. 17). 6

4) Die Verjährungsfrist von 5 Jahren (§ 78 III Nr. 4) beginnt, da es sich um ein Zustandsdelikt handelt (oben 4 ff.) mit der Vollendung der Tat (6 zu § 78a; LK 17). 7

5) Tateinheit mit § 169, aber auch mit § 156 (LK 18) möglich, nicht jedoch mit § 170b (LM Nr. 1). 8

§ 172 [Aufgehoben durch Art. 1 Nr. 50 des 1. StrRG]

Beischlaf zwischen Verwandten   RiStBV 221, 222

173 ᴵ Wer mit einem leiblichen Abkömmling den Beischlaf vollzieht, wird mit Freiheitsstrafe bis zu drei Jahren oder mit Geldstrafe bestraft.

ᴵᴵ Wer mit einem leiblichen Verwandten aufsteigender Linie den Beischlaf vollzieht, wird mit Freiheitsstrafe bis zu zwei Jahren oder mit Geldstrafe bestraft; dies gilt auch dann, wenn das Verwandtschaftsverhältnis erloschen ist. Ebenso werden leibliche Geschwister bestraft, die miteinander den Beischlaf vollziehen.

ᴵᴵᴵ Abkömmlinge und Geschwister werden nicht nach dieser Vorschrift bestraft, wenn sie zur Zeit der Tat noch nicht achtzehn Jahre alt waren.

1) Die Vorschrift idF des 4. StrRG (1 vor § 174) und des AdoptionsG (9 zu § 11) ist deutlich eingeschränkt worden (vgl. M-Schroeder § 63, 76; LK-Dippel 1; Wille PraxRMed 545; krit. zur Vorschrift: Jung, Leferenz-FS 311, 76). **Materialien:** Hearing: Prot. VI/885, 918, 932, 990, 1002, 1024, 1114, 1135; Beratungen: Prot. VI/1246, 1328, 2031, 2107, 2113; Prot. 7/7; Bericht des StrABTag Drs. VI/3521 (= Ber.); *stat. Angaben* BReg. in BT-Drs. 10/3845, 22, 28, 35. **Geschütztes Rechtsgut** steht nach der systematischen Einordnung Ehe und Familie, aber auch die psychische Integrität des mißbrauchten Partners (vgl. Ber. 17; Prot. VI/1247; RG **57**, 140; BGH **3**, 342; NJW **52**, 671; LK 3, ferner 9, 13 vor § 169). 1

2

§ 173

3 2) **Blutsverwandtschaft** setzt die Strafbarkeit voraus. Die Tat muß be-
4 gangen werden von a) **leiblichen Verwandten** aufsteigender (Aszendenten) und absteigender Linie (Deszendenten; 4 zu § 11); beruht die Verwandtschaft auf einer formell gültigen, aber nach § 21 EheG nichtigen Ehe, so scheidet § 173 auch vor der Nichtigerklärung aus (LK 6; str.). Sowohl bei I wie bei II, III entscheidet die leibliche eheliche oder nichteheliche Beziehung, so daß es einerseits nicht darauf ankommt, ob das Verwandtschaftsverhältnis infolge einer Adoption zivilrechtlich erloschen ist (9 zu § 11), anderseits Adoptionsverwandte und die nach § 1591 BGB als ehelich zugeordneten Kinder trotz ihrer zivilrechtlich vollen Eingliederung in die neue Familie wenig folgerichtig, aber gewollt ungeschützt bleiben (vgl. Prot. 7/ 2631ff.); unbeabsichtigte Folge der „redaktionellen" Änderung durch das AdoptionsG (9 zu § 11) war jedoch für § 174 I Nr. 3, daß § 1591
5 BGB abw. vom früheren Recht dort nicht mehr gilt (BGH **29**, 387). b) **leiblichen Geschwistern** (8 zu § 11), wobei in beiden Fällen nach dem NichtEhelKG auch nichteheliche Abstammung Verwandtschaft begründet (BGH **7**, 245).

6 3) **Tathandlung** ist allein der vollendete **Beischlaf**, wenn auch mit einer noch nicht geschlechtsreifen Frau (RG **71**, 130; zum Status von Transsexuellen 3 zu § 175; LK 8), so daß andere sexuelle Handlungen, insbesondere anomaler Verkehr (vgl. RG **70**, 174), nicht erfaßt werden (RG **71**, 197), auch wenn sie beischlafähnlich sind (RG **73**, 113; LK 11); dann kommt § 174 I Nr. 3 in Betracht. Zum Beischlaf genügt Eindringen des männlichen Gliedes in den Scheidenvorhof (BGH **16**, 175; **37**, 154; 2. 10. 1991, 3 StR 382/91; vgl. auch MDR/D **73**, 17); *emissio seminis* ist nicht erforderlich (RG **4**, 23; hM; vgl. LK 9; aM M-Schroeder § 17, 34).

7 4) **Vorsatz** ist erforderlich; bedingter genügt (LK 13). Hält der Ehemann seine leibliche Tochter für seine Stieftochter, so fehlt es am Vorsatz (anders, wenn er mit dem wahren Sachverhalt rechnet; vgl. GA **57**, 218; LK 13); hält er die voreheliche Tochter seiner Frau oder eine Fremde irrig für sein eigenes Kind oder hält die Tochter ihren Stiefvater irrig für ihren eigenen, so ist das strafloser untauglicher Versuch (RG **47**, 189). Verbotsirrtum ist es, wenn der Mann die Frau, die nach § 1591 BGB sein Kind ist, nicht als solches ansieht und mit ihr verkehren zu dürfen glaubt. Wahndelikt (31 zu § 22) ist es, wenn jemand glaubt, der Beischlaf mit seinem Adoptivverwandten, seiner Schwägerin oder seiner Cousine sei strafbar.

8 5) **Nicht bestraft** nach § 173, möglicherweise aber nach anderen Vorschriften wie §§ 177, 179 II, 182, werden nach **III** Abkömmlinge sowie Geschwister, die zur Tatzeit (bei fortgesetzter Tat entscheidet der letzte Zeitpunkt) noch nicht 18 Jahre alt sind (zur Altersberechnung § 187 II S. 2 BGB; RG **35**, 37). Trotz der insoweit undeutlichen Fassung, die auf Tatbestandsausschluß hindeuten könnte, handelt es sich nach der Regelung in einem besonderen Absatz und der Entstehungsgeschichte (die ursprünglich eindeutige Fassung Prot. VI/1299 ist Prot. VI/2113 aus anderen Gründen geändert worden), um einen persönlichen Strafausschließungsgrund, (Sturm JZ **74**, 3; LK 18), so daß strafbare Teilnahme möglich ist (BGHR Anst. 1) und Irrtumsfragen ohne Bedeutung sind.

9 6) **Konkurrenzen.** Tateinheit ist möglich mit § 170d (LK 20), § 174 I Nr. 3 (MDR/D **75**, 21), § 177, § 182 (RG **12**, 292; LK 20). Zwischen § 173 und § 176 ist Fortsetzungszusammenhang nicht möglich (RG **57**, 140). Wiederholte Verfehlungen mit demselben Partner können in Fortsetzungszusammenhang stehen; bei wechselnden Partnern kommt nur Tatmehrheit in Betracht (LK 20).

Dreizehnter Abschnitt
Straftaten gegen die sexuelle Selbstbestimmung

Vorbemerkung

1) Der Abschnitt ist durch das **4. StrRG** völlig neu gestaltet worden. **Materialien:** BT-Drs. VI/1552 (RegE); BTag VI/6100; BT-Drs. VI/3521 (Ber.); BT-Drs. 7/80 (E-SPD, FDP); BTag 7/424; BT-Drs. 7/514 (Ber. II); BTag 7/2107, 2129, 2178, 2809, 3761; BT-Drs. 7/675 bis 677; BR-Drs. 441/73; BRat 396., 398. Sitz. **1**

2) Die Reform des Sexualstrafrechts, begonnen zT mit dem 1. StrRG, erhielt ihren Anstoß vor allem durch den 47. DJT 1968 (Hanack, Gutachten A; Sitz.Ber.K), den AE (Sexualdelikte, 1968, Straftaten gegen die Person, 1. Halbbd. 1970) und die Diskussion im **Schrifttum** (u. a. Beschlüsse des IX. Strafrechtskongresses ZStW **77**, 688; *Blau* MSchrKrim, **66**, 18; *Hanack* ZStW **77**, 398; *Leferenz* ZStW **77**, 379; *Schroeder,* Welzel-FS 859; *Simson-Geerds,* Straftaten gegen die Person und Sittlichkeitsdelikte in rechtsvergleichender Sicht, 1969; *H. Mayer,* Heinitz-FS 119); *Jescheck* ZStW **83**, 299. Vgl. auch das Hearing (Prot. VI/843ff.); LK-*Laufhütte* vor 1. Krit. zum Gesetz *Hanack* NJW **74**, 1; *Dreher* JR **74**, 45; gegen ihn *Baumann* JR **74**, 370; erläuternd *Sturm, Laufhütte, Horstkotte* JZ **74**, 1; 46; 84; ferner *Roos,* Entkriminalisierungstendenzen 119ff. *Kriminologisch: Berg,* Das Sexualverbrechen, 2. Aufl. 1963; *Wegener* MSchrKrim **78**, 203 (psychol. Problematik der §§ 174, 176); ferner in realitätsverkürzender Polemik *Lautmann* ZRP **80**, 44, vgl. hierzu *Arntzen* ZRP **80**, 287; *Michaelis-Arntzen,* Die Vergewaltigung, 1981; M-Schroeder § 17, 17. *Kriminalstatistik* zu §§ 174–174b, 176 (1974–81): BT-Drs. 10/436, 8; ferner *Kaiser* Einf. § 57; *Wille/ Bachl* For. **6** (1985), 175; *Wille* PraxRMed 519ff. **2**

3) Grundlage der weithin **liberalisierenden Reform** ist mit der These, daß nur unerträgliches sozialschädliches Verhalten strafwürdig sei, eine umstrittene Neubestimmung des durch das Sexualstrafrecht geschützten **Rechtsgutes.** Die **sexuelle Selbstbestimmung** liefert nur einen einzelnen Aspekt und kann entgegen der neuen Abschnittsüberschrift **nicht das alleinige Rechtsgut** sein (vgl. die anders gearteten §§ 175, 176, 180b, 181, 181a, 183, 183a, 184 bis 184b; Ber. II, 5; zust. M-Schroeder § 17, 14ff.; Sick ZStW **103**, 49; vgl. LK 2), zumal **§ 184c,** der unter 4ff. erläutert wird, in Nr. 1 erkennen läßt, daß die einzelnen Tatbestände nicht immer dasselbe Rechtsgut schützen (vgl. dazu die Auseinandersetzung Prot. 7/ 53). Freilich kann als Rechtsgut auch nicht die Sittlichkeit anerkannt werden; Rechtsgut ist unsere in Art. 6 GG zum Ausdruck gekommene Sexualverfassung (vgl. Prot. VI/1649f.; Dreher aaO; SK-Horn 1 zu § 174; aM LK 1 zu § 174), die auf Ehe und Familie und damit auch auf Intimität und Freihalten des Sexuallebens von Profitstreben ausgerichtet ist (aM Ber. 43). Der **Schutzgegenstand wechselt** nach der Art der Tatbestände. Nur so können Tatbestände wie die §§ 180a bis 181a, 184 III, aber auch § 173 eine befriedigende Erklärung finden (vgl. Prot. VI/1098). Während beide Berichte eine klare Aussage vermissen lassen (vgl. vor allem Ber. II, 5, 12), differenziert der RegE S. 9f. nach Rechtsgütern des Einzelnen (Freiheit zur geschlechtlichen Selbstbestimmung; ungestörte sexuelle Entwicklung des jungen Menschen; Schutz vor **3**

schwerwiegenden Belästigungen in sexueller Hinsicht) und solchen der Allgemeinheit (Ehe und Familie; elementare Grundlagen des friedlichen Zusammenlebens wie Toleranz und Achtung der Menschenwürde des anderen), die auch ineinander greifen können (vgl. auch Prot. VI/949). Um zu praktischen Ergebnissen zu kommen, wird man den Rechtsgutsbegriff in § 184c Nr. 1 in dieser differenzierten Weise zu verstehen haben (vgl. jeweils Anm. 1 zu den einzelnen Vorschriften).

4 **4)** Auch der Begriff der **sexuellen Handlung,** der scheinbar wertneutral, aber ebensowenig bestimmt (vgl. SchSch-Lenckner 2, 3; 15 zu § 184c; LK 14; Gössel JR **86**, 516) an die Stelle des Begriffs der unzüchtigen Handlung getreten ist (verwendet in §§ 174 bis 176, 178 bis 180, 181, 183a, 184, 236, 237) und sich in der Sache selbst kaum von ihm unterscheidet (vgl. Bockelmann BT/2 § 27 III 3), wird weder in § 184c definiert noch in den Materialien näher bestimmt. Aus dem Zusammenhang der Vorschriften kann er iVm § 184c wie folgt umrissen werden.

5 **A. Sexuell** ist eine Handlung, die idR durch aktives Tun, selten auch durch Unterlassen (Entblößtbleiben, wenn jemand kommt) das Geschlechtliche im Menschen zum unmittelbaren Gegenstand hat, und zwar unter Einsatz mindestens des eigenen oder eines fremden Körpers (§ 184c Nr. 2); denn sexuelle Reden oder Lieder und ihr Anhören sowie das Vorzeigen und Betrachten sexueller Darstellungen scheiden aus (arg. § 176 V Nr. 3). Jedoch können das Betrachten oder das Fotografieren (abw. Prot. VI/1305) sexueller Handlungen unter den Voraussetzungen von 6 und 7 selbst eine solche Handlung sein. Hierzu bedarf es wegen der Erheblichkeitsschwelle (8 ff.) näherer Ausführungen (NJW **92**, 325); das Fotografieren allein ist keine „sexuelle Handlung an einem Mann" iS des § 175 I (6. 4. 1992, 5 StR 128/92). Ohne Bedeutung für den Begriff als solchen ist, wo, von wem oder mit wem die Handlung vorgenommen wird (daher die Beschränkung auf außereheliche Handlungen in §§ 177, 178). Unanständigkeiten, die nicht sexualbezogen sind, scheiden aus (vgl. GA **69**, 378), aber zB auch Würgen am Hals (1. 3. 1956, 4 StR 37/56).

6 **a) Objektiv** muß eine sexuelle Handlung gegeben sein, dh das **äußere Erscheinungsbild** (Gesamtvorgang) muß für das allgemeine Verständnis (NStZ **83**, 167) die Sexualbezogenheit grundsätzlich erkennen lassen (MDR/H **80**, 454; NStZ **85**, 24; Köln NJW **74**, 1831; KG JR **82**, 507); sonst fehlt es an der Sozialschädlichkeit (wie hier M-Schroeder § 17, 30; LK 6 zu § 184c; aM Sturm JZ **74**, 4). Nur bei Handlungen, die einen Partner notwendig einbeziehen, kann es genügen, wenn dieser den sexuellen Charakter erkennt. Entgegen der früheren Rspr. (zB BGH **17**, 280) kann es nicht ausreichen, wenn nur für einen fiktiven Beobachter, dem die subjektiven Gefühle und Ziele des Handelnden bekannt wären, dessen sexuelle Motivation erkennbar wäre. Mehrdeutige Vorgänge wie zB eine gynäkologische Untersuchung (dazu Prot. VI/2008) oder gymnastische Übungen, aber auch Betrachten oder Fotografieren werden nur dann sexuelle Handlungen, wenn die äußeren Umstände das erkennen lassen (SchSch 6 zu § 184c; aM Lackner 2 zu § 184c).

7 **b) Subjektiv** hingegen ist, wie aus den §§ 174 II Nr. 1, 176 V Nr. 1 hervorgeht (Vornehmen einer sexuellen Handlung, um einen anderen sexuell zu erregen), sexuelle Erregung des Handelnden selbst nicht erforderlich (vgl. Ber. 36); nach der Gesetzesfassung macht auch nicht erst die

Absicht, den anderen sexuell zu erregen, seine eigene Handlung zur sexuellen. Infolgedessen reicht bei § 183a, aber auch bei der sexuellen Handlung eines Kindes (§ 176 V Nr. 2) die objektive Sexualbezogenheit aus, wenn sich der Handelnde dieses Bezuges bewußt ist. Handelt es sich um eine objektiv sexuelle Handlung, so ist es daher gleichgültig, ob sie (vorbehaltlich von unten 8 ff.) nur aus Wut, Sadismus (NStZ **83**, 167), Scherz oder Aberglaube vorgenommen wird (LK 7, SK 2 jew. zu § 184c). Hat ein Kind die sexuelle Handlung vorgenommen, so kommt es ebensowenig darauf an, ob es deren Sexualbezug begriffen hat, wie wenn eine sexuelle Handlung „an" oder „vor" einem Kind (unten 12) vorgenommen worden wäre (BGH **29**, 339 [m. Anm. Horn JR **81**, 251]; **30**, 144; KG JR **82**, 507; ferner 4 zu § 176; LK 21 zu § 184c).

B. Einige Erheblichkeit muß die Handlung allerdings haben, um als 8 sexuelle iS des Gesetzes zu gelten (§ 184c Nr. 1). Erheblichkeit ist sowohl normativ, dh nach ihrer Bedeutung, als auch quantitativ, dh nach Intensität und Dauer, zu verstehen (RegE 15), wobei die gesamten Begleitumstände des Tatgeschehens mitzuberücksichtigen sind (NJW **89**, 3029), so daß eine sozial nicht mehr hinnehmbare Rechtsgutsbeeinträchtigung zu besorgen ist (BGH **29**, 338; NJW **92**, 324 [in BGH **38**, 68 nicht mitabgedruckt]; Köln NJW **74**, 1831; Lackner 5 zu § 184c). Das gilt zB in folgenden Fällen: Beischlaf und seinen heterosexuellen oder gleichgeschlechtlichen Ersatzhandlungen, Entblößen oder – je nach Intensität – Betasten des Geschlechtsteils eines anderen auch beim bekleideten Opfer (MDR/D **74**, 366; **91**, 702; 6. 5. 1992, 2 StR 490/91; Hamm MDR **77**, 862 L) oder der weiblichen Brust (BGH **1**, 170; **2**, 93, 167; **33**, 343; MDR/D **74**, 546; NStZ **83**, 553; 17. 5. 1990, 4 StR 162/90; Koblenz NJW **74**, 870), aus Anlaß eines fingierten Diebstahlsverdachts (BGH **35**, 78), Anfassen des nackten Körpers in der Nähe des Geschlechtsteils (26. 9. 1974, 4 StR 420/74, zw.), heftige sexuelle Zudringlichkeit (Entkleidungsversuch) zur Ermöglichung eines Sexualakts bei offener Hose und erigiertem Geschlechtsteil (aM NStE § 178 Nr. 6; NStZ **90**, 490); Greifen in die Schambehaarung (NStZ **83**, 553), auch in bekleidetem Zustand vorgenommene beischlafsähnliche Bewegungen bei einem Kind (19. 9. 1984, 2 StR 359/84), gewaltsamer Zungenkuß (Köln OLGSt. 7 zu § 174); gegenseitiges, gleichzeitiges oder einem anderen gezeigtes Onanieren (BGH **4**, 323; MDR **55**, 17; NJW **57**, 191), Fotografieren von nackten 13jährigen Jungen in geschlechtsbezogener Position (NStE § 176 Nr. 7), Urolagnie (MDR/H **80**, 454). **Es scheiden** aber **aus a)** bloße *Taktlosigkeiten,* Geschmacklosigkeiten und Handlungen, die 9 nicht als sexuell bedeutsam empfunden werden wie übliche Küsse und Umarmungen (vgl. BGH **1**, 298), oder Streicheln des Körpers (19. 9. 1978, 5 StR 514/78), auch nicht ein mißlungener Kußversuch während einer Tat nach § 237 (NStZ **88**, 71), **b)** Handlungen, die *keine äußere Erheblichkeit* 10 erreichen, selbst wenn sie auf Sinnenlust beruhen oder ihr dienen sollen (12. 1. 1979, 3 StR 507/78), so das Berühren des nackten Oberschenkels eines Kindes (MDR/D **74**, 545; 18. 5. 1977, 2 StR 64/77), wie bloße (uU beleidigende; vgl. 9a zu § 185) Zudringlichkeiten (NJW **54**, 120; GA **67**, 53) oder körperliche Berührungen, die nur der Vorbereitung einer ohne Körperkontakt vorzunehmenden sexuellen Handlung dienen (Hamm 27. 2. 1980, 4 Ss 8/80). Im Hinblick auf die gegenüber dem früheren Recht

Vor § 174 BT Dreizehnter Abschnitt

idR beträchtliche Senkung der Strafrahmen, häufig bis auf das gesetzliche Mindestmaß herunter (vor allem in §§ 174 bis 174b, 176), sind die Anforderungen an den Begriff „einige Erheblichkeit" nicht zu hoch zu schrauben
11 (NStZ **83**, 553; MDR/H **91**, 702). **c) relativ** ist die Erheblichkeit einer sexuellen Handlung zu verstehen, nämlich „im Hinblick auf das jeweils geschützte Rechtsgut" (§ 184c Nr. 1; oben 3). So ist etwa ein Zungenkuß in den Fällen des § 175 (Stuttgart NJW **63**, 1684) oder des § 176 I (vgl. OGHSt. **2**, 233) eine sexuelle Handlung, *nicht* aber ohne weiteres in den Fällen des § 178 (BGH **18**, 169; NStZ **83**, 553) oder des § 183a (Prot. VI/1301; vgl. hierzu Sick ZStW **103**, 70) oder im Falle des bloßen Sichwerfens auf das Opfer im bekleideten Zustand (NStZ **90**, 490).

12 **C. Sexuelle Handlungen an einem anderen** und **vor einem anderen** unterscheidet das Gesetz, so zB einerseits in §§ 174 I, 174a, 174b, 175, 176 I bis III, 178, 179, anderseits in §§ 174 II, 176 V Nr. 1, 2; nebeneinander in § 180. Die Handlung **an** dem anderen verlangt die sexuell intendierte körperliche Berührung des anderen (2. 11. 1983, 3 StR 441/83); dabei ist aber nicht erforderlich, daß dieser (weil er zB schläft oder bewußtlos ist; BGH **1**, 297; **15**, 198; Düsseldorf NJW **58**, 352; Hamm NJW **60**, 257) den Vorgang wahrnimmt. Bei der Handlung **vor** dem anderen fehlt eine körperliche Berührung; dafür ist hier nach § **184c Nr. 2** erforderlich, daß der andere den Vorgang als solchen wahrnimmt (Prot. VI/1517). Er braucht ihn allerdings nicht in seiner Bedeutung zu verstehen (Ber. 24; Prot. VI/1515; M-Schroeder § 17, 26; MDR/D **74**, 546; Gössel BT 1 § 23, 23) und er braucht nicht derjenige zu sein, der sexuell erregt werden soll (vgl. § 176 V Nr. 1). Die einschränkende Bestimmung des § 184c Nr. 2 gilt nur in Fällen, in denen der Täter sexuelle Handlungen vor einem Kind vornimmt, nicht in Fällen, in denen er es berührt (BGH **38**, 70).

13 **D. Der Vorsatz** des Handelnden braucht als mindestens bedingter nur die Sexualbezogenheit seiner Handlung zu umfassen einschließlich der Umstände, die diese Bezogenheit nach außen erkennbar machen und die das Urteil „einige Erheblichkeit" iS von § 184c Nr. 1 tragen. Dieses Urteil selbst braucht er nicht mit zu vollziehen (Köln NJW **74**, 1830; Herdegen, BGH-FS 201); Irrtum ist insoweit Subsumtions- und möglicherweise Verbotsirrtum.

Sexueller Mißbrauch von Schutzbefohlenen RiStBV 221, 222

174 [1] Wer sexuelle Handlungen

1. **an einer Person unter sechzehn Jahren, die ihm zur Erziehung, zur Ausbildung oder zur Betreuung in der Lebensführung anvertraut ist,**

2. **an einer Person unter achtzehn Jahren, die ihm zur Erziehung, zur Ausbildung oder zur Betreuung in der Lebensführung anvertraut oder im Rahmen eines Dienst- oder Arbeitsverhältnisses untergeordnet ist, unter Mißbrauch einer mit dem Erziehungs-, Ausbildungs-, Betreuungs-, Dienst- oder Arbeitsverhältnis verbundenen Abhängigkeit oder**

3. **an seinem noch nicht achtzehn Jahre alten leiblichen oder angenommenen Kind**

Straftaten gegen die sexuelle Selbstbestimmung **§ 174**

vornimmt oder an sich von dem Schutzbefohlenen vornehmen läßt, wird mit Freiheitsstrafe bis zu fünf Jahren oder mit Geldstrafe bestraft.

II Wer unter den Voraussetzungen des Absatzes 1 Nr. 1 bis 3

1. sexuelle Handlungen vor dem Schutzbefohlenen vornimmt oder
2. den Schutzbefohlenen dazu bestimmt, daß er sexuelle Handlungen vor ihm vornimmt,

um sich oder den Schutzbefohlenen hierdurch sexuell zu erregen, wird mit Freiheitsstrafe bis zu drei Jahren oder mit Geldstrafe bestraft.

III Der Versuch ist strafbar.

IV In den Fällen des Absatzes 1 Nr. 1 oder des Absatzes 2 in Verbindung mit Absatz 1 Nr. 1 kann das Gericht von einer Bestrafung nach dieser Vorschrift absehen, wenn bei Berücksichtigung des Verhaltens des Schutzbefohlenen das Unrecht der Tat gering ist.

1) **Die Vorschrift** idF des 4. StrRG (1 vor § 174; ferner Hearing: Prot. VI/ 917, 923, 930, 939, 966, 986, 1006, 1030, 1034, 1439; Beratungen: Prot. VI/ 1339, 1475, 1514, 1779, 1811, 2034), ist in I Nr. 3 geändert durch Art. 6 Nr. 4 AdoptionsG (9 zu § 11). **Schrifttum:** *Koeniger* NJW **57**, 161; 481; *Weiß,* Die Kinderschändung, 1963; *Theede,* Unzucht mit Abhängigen, 1967. *Kriminalstatistik* 1974–81: BT-Drs. 10/436, 8; ferner BT-Drs. 10/3845, 19, 23, 29, 36. **1**

Rechtsgut ist die sexuelle Freiheit und ungestörte sexuelle Entwicklung von Kindern und Jugendlichen innerhalb bestimmter Abhängigkeitsverhältnisse (vgl. Ber. 20; BGH **1**, 58; **8**, 280; **17**, 194; GA **59**, 276; JR **60**, 68; NStZ **83**, 553). Es handelt sich um ein **Sonderdelikt** (35 vor § 13). Das Opfer ist als notwendiger Teilnehmer nicht nach § 174 strafbar (BGH **18**, 281), für den strafbaren Teilnehmer gilt § 28 I (Arzt/Weber LH **2**, 479; aM Sch-Sch-Lenckner 20; SK-Horn 10; M-Schroeder § 18, 45), I bildet drei, auch für II und III bedeutsame Gruppen, von denen die nach I Nr. 3 absoluten Schutz genießt, während er für die Gruppe I Nr. 1 durch IV und für die nach I Nr. 2 dadurch relativiert ist, daß die Tat Mißbrauch der Abhängigkeit voraussetzt (vgl. SK 14). **1a**

2) **Täter** kann nur sein

A. nach I Nr. 1, wem ein Junge oder Mädchen **unter 16 Jahre** zu bestimmten Funktionen so **anvertraut** ist, daß ein Obhutsverhältnis besteht, kraft dessen dem Täter das Recht und die Pflicht obliegen, die Lebensführung des Schutzbefohlenen und damit dessen geistige und sittliche Entwicklung zu überwachen und zu leiten (NStZ **89**, 21), oder daß ein Unterordnungsverhältnis entsteht (BGH **21**, 196), das seiner Natur nach eine gewisse Verantwortung für das charakterliche Wohl des Schutzbefohlenen einschließt (Stuttgart NJW **61**, 2171; Bay VRS **30**, 49), hieran fehlt es, wenn das Anvertrautsein mit Dienstbeendigung entfällt (NJW **83**, 404). Auf das Alter des Täters kommt es nicht an. Das Verhältnis braucht nicht von längerer Dauer zu sein (BGH **17**, 191; NJW **55**, 1934; Lackner 6; aM M-Schroeder § 20, 16). Das Anvertrautsein kann beruhen auf Gesetz (Eltern), Stellung (Lehrer), Übertragung durch den Erziehungsberechtigten, aber auch auf einseitiger Übernahme der Betreuung, zB eines Entlaufenen (BGH **1**, 292). Nicht die Rechtslage entscheidet, so daß es gleichgültig ist, ob ein Lehrvertrag ungültig ist (RG **58**, 61) oder etwa mit dem Ehegatten des Täters abgeschlossen ist (Stuttgart HESt. **1**, 291); es kommt vielmehr darauf an, daß sich der Täter nach den faktischen Umständen und nach **2**

§ 174

natürlicher Lebensauffassung für den Schutzbefohlenen verantwortlich fühlen muß (vgl. BGH **1**, 56; 292; **19**, 163; **21**, 196; **22**, 314; MDR **59**, 139; Celle MDR **58**, 788; Koeniger NJW **57**, 161), das ist näher darzulegen (30. 4. 1986, 2 StR 165/86). Jugendliche Mitglieder einer Kirchengemeinde sind dem Gemeindepfarrer, auch wenn er Beichtvater ist, nicht anvertraut (BGH **33**, 346, hierzu krit. Jakobs NStZ **86**, 216; Gössel JR **86**, 516). Der junge Mensch kann aber ein Verhältnis des Anvertrautseins auch freiwillig begründet haben (BGH **4**, 212; **17**, 193), er kann auch noch anderen als dem Täter anvertraut sein (NJW **57**, 1201). Der Schutzbefohlene muß anvertraut sein entweder

3 **a) zur Erziehung;** das gilt, da Eltern (auch der nichteheliche Vater und Adoptiveltern) unter Nr. 3 fallen, u. a. für sonstige Sorgeberechtigte (12 zu § 180), nämlich für **Pflegeeltern** (10 zu § 11); für den **Vormund;** bloße Vermögenssorge genügt nicht (RG **57**, 327). Gegenvormund, Pfleger und Beistand der Mutter scheiden idR aus, nicht aber in den Fällen der §§ 1630 III, 1671 V, 1680 II S. 2 BGB. Bei **Stiefeltern,** die nicht unter Nr. 3 fallen, kommt es auch bei Hausgemeinschaft auf die Fallgestaltung an (BGH **3**, 342; GA **67**, 21; NStZ **89**, 21; BGHR § 174 I ObhVerh. 2; Braunschweig HESt. **2**, 53; Schleswig SchlHA **54**, 61), dasselbe gilt bei nichtehelichem Zusammenleben (3. 10. 1961, 5 StR 271/61), ist Erziehungsverhältnis gegeben, so erlischt es nicht ohne weiteres, wenn der Schutzbefohlene die Hausgemeinschaft verläßt (Celle NJW **56**, 1368; BGH NJW **60**, 2156). Auch der **Lehrer** ist idR Erzieher, und zwar auch hinsichtlich der nicht von ihm selbst unterrichteten Schüler seiner Schule (BGH **13**, 352; **19**, 163; Bay MDR **53**, 503), das gilt grundsätzlich auch für Privatschulen (RG **53**, 192; Stuttgart GA **61**, 251), aber nicht für einen Gewerbeoberlehrer (BGH **19**, 163; anders Köln OLGSt. 7 für den Lehrer einer berufsbildenden Schule) oder einen Nachhilfelehrer; entscheidend ist auch hier die Gestaltung des Einzelfalls (RG JW **38**, 1877; vgl. LK- Laufhütte 7). Weiter kommen der **Erziehungsbeistand,** der Betreuungshelfer und der für die Hilfe zur Erziehung nach §§ 27ff. SGB VIII Verantwortliche in Betracht. Auch **Geistliche** können Erzieher sein (Konfirmandenunterricht RG **52**, 73), auch außerhalb der Unterrichtstätigkeit (BGH **33**, 342 m. Anm. Jakobs NStZ **86**, 216; Gössel JR **86**, 516). Hausgemeinschaft braucht kein Erziehungsverhältnis zu begründen, zB gegenüber einer jungen Schwägerin (MDR **59**, 139) oder Nichte (BGH **6**, 369), das gilt auch bei jungen Hausangestellten (Braunschweig NJW **49**, 877), kann aber uU anders sein (BGH **1**, 56; 72).

4 **b) zur Ausbildung,** dh zur Vermittlung von fachlichen Fertigkeiten und Kenntnissen und zum Erwerb der erforderlichen Berufserfahrung (§§ 1, 6, 20 BBiG), so vor allem der Lehrling dem **Lehrherrn** (§§ 21ff. HwO; NJW **51**, 530; **53**, 1923; LK 8); möglicherweise schon vor Beginn des Lehrverhältnisses (NJW **58**, 2123), soweit der Lehrherr die Ausbildung persönlich leitet, aber auch dann, wenn er sie teilweise delegiert (Betriebsführer: vgl. RG **72**, 393; Prokurist: BGH **2**, 157). Hier ist vielfach auch ein Erziehungsverhältnis gegeben (§ 6 I Nr. 5 BBiG). Auch ein Schiffsjunge kann dem Bootsmann anvertraut sein, (15. 3. 1966, 5 StR 60/66). Ein bloßes Arbeitsverhältnis reicht nicht aus (LM Nr. 25), auch nicht die Anleitung zu einfachen, zB mechanischen Verrichtungen (BGH **21**, 196), hier kommt Nr. 2 in Betracht. Auch beim bloßen Nachhilfeunterricht kann das Schutzbefohlenenverhältnis fehlen (vgl. Prot. VI/1323ff.). Hingegen kann Ausbilder

Straftaten gegen die sexuelle Selbstbestimmung **§ 174**

sein ein **Arzt,** der ärztliche Helferinnen ausbildet (RG HRR **34,** 1420); der **Pfarrer** als Leiter eines Jugendkreises (BGH **4,** 212), vgl. aber oben 2; möglicherweise der Ballettmeister eines Theaters (RG **67,** 390) oder ein Musiklehrer (21. 2. 1968, 2 StR 679/67; RG LZ **16,** 331; Bay VRS **30,** 50); nicht aber ein Tanzstundenveranstalter (28. 3. 1972, 5 StR 97/72) oder ein **Fahrlehrer** (Stuttgart NJW **61,** 2171 mit abl. Anm. Seibert NJW **62,** 61), da es hier am Verantwortungsverhältnis iS von oben 2 fehlt (vgl. FahrschAusbO; aM BayVRS **30,** 48; differenzierend BGH **21,** 196; noch eingeschränkter Lackner JR **68,** 190), im übrigen werden Fahrschüler nur ausnahmsweise noch nicht 16 Jahre alt sein (Jagusch/Hentschel, 1 zu § 6 StVZO), so daß fast immer nur Nr. 2 in Betracht käme. Ist ein Ausbildungsverhältnis gegeben, so ist die Tat auch außerhalb der Ausbildungszeit und des Ausbildungsortes strafbar (BGH **17,** 191; NJW **53,** 1923). Es kommt auf Beziehungen persönlicher Art an, die im Rahmen eines Obhutsverhältnisses eine Einwirkungsmöglichkeit schaffen und wenigstens eine Mitverantwortung für das geistige und sittliche Wohl des Schutzbefohlenen begründen (BGH **17,** 192; **33,** 345, krit. Anm. Jakobs NStZ **86,** 216; Gössel JR **86,** 516).

c) **zur Betreuung in der Lebensführung,** dh dann, wenn damit Verantwortung für das körperliche und psychische Wohl des Schutzbefohlenen verbunden ist, also nicht bei einem bloßen Arbeitsverhältnis (BGH **1,** 233; NJW **55,** 1237; Braunschweig NJW **49,** 877; vgl. aber Nr. 2) oder der Betreuung (nur) der Vermögensangelegenheiten (RG JW **37,** 1330), wohl aber bei Leitern von Einrichtungen nach § 34 SGB VIII, so eines Jugendheims (Hamburg HESt. **1,** 56), einer Jugendherberge (NJW **57,** 1201; Lackner 7; aM SchSch 8; M-Schroeder § 20, 16; vgl. LK 11), eines Zeltagers (LM Nr. 1 zu § 175a Nr. 2 aF), möglicherweise einer sportlichen Leistungsgemeinschaft (21. 7. 1971, 2 StR 199/71) oder bei dem Begleiter einer Schülerfußballmannschaft (BGH **17,** 191); beim Betreuer eines Entlaufenen (BGH **1,** 292); einem Bewährungshelfer; Reisebegleiter (NJW **55,** 1934; aM LK 12); uU bei Verantwortlichkeit für eine junge Hausangestellte (BGH **1,** 56; JR **59,** 148; Celle MDR **47,** 138; Braunschweig NJW **49,** 877), für ein Ferienkind (10. 9. 1969, 2 StR 238/69) oder einen Lehrling, wenn Ausbildung nicht in Betracht kommt (BGH **2,** 157; **4,** 297; LM Nr. 25), *nicht* jedoch zwischen Arzt und Patienten (SK 6; zu § 174 aF einerseits MDR **51,** 52; Frankfurt NJW **52,** 236; anderseits GA **59,** 276). Die Tat kann auch bei anderer Gelegenheit als der Betreuung begangen werden (BGH **17,** 191).

B. nach I Nr. 2 **a)** wem männliche oder weibliche Personen **unter 18 Jahren** iS von 2 anvertraut sind; darüber hinaus aber auch **b)** wem Personen unter 18 Jahren, egal welchen Geschlechts, **im Rahmen eines Dienst- oder Arbeitsverhältnisses untergeordnet** sind. Unter der Voraussetzung zu b sind durch Nr. 2 auch Tatopfer unter 16 Jahren geschützt (BGH **30,** 358; NStZ **91,** 81). Es kommen im übrigen Beamte (im Vorbereitungsdienst) wie auch Angestellte des öffentlichen Dienstes in Betracht, während Soldaten praktisch ausscheiden, da sie nur in seltenen Ausnahmefällen noch nicht 18 Jahre alt sind (§ 1 WehrpflG; Schölz, 10 zu § 1). In Betracht kommen privatrechtliche Dienst- und Arbeitsverhältnisse, so etwa bei Film, Theater und Ballett, vor allem aber mit Hilfsarbeitern und -arbeiterinnen, auch Anlernlingen, soweit nicht im Einzelfall schon Ausbildung anzunehmen ist

§ 174
BT Dreizehnter Abschnitt

(oben 4). Untergeordnet sind sie denen, die rechtlich oder faktisch zur Tatzeit ihre unmittelbaren oder mittelbaren Vorgesetzten sind, was idR in einer über den Einzelfall hinausreichenden Weisungsbefugnis zum Ausdruck kommt (Ber. 24; Prot. VI/1460; anderseits 1457, 1475); bei Vorarbeitern, Gesellen, Polieren, Einrichtern, Meistern, Obermeistern, Gruppenführern und Abteilungsleitern (vgl. Ber. 24). Überschneidungen mit oben 2 ff. und 6 möglich.

7 **C. nach I Nr. 3** in Ergänzung von § 173 („kleine Blutschande") **Vater oder Mutter** des Schutzbefohlenen, wobei sowohl die leiblichen ehelichen oder nichtehelichen Kinder (nicht das dem „Scheinvater" nur rechtlich nach § 1591 BGB zugeordnete Kind, BGH **29**, 387) als auch angenommene Kinder, also wie bisher Adoptivkinder (9 zu § 11) erfaßt werden, gleichgültig, ob Hausgemeinschaft besteht oder ob ihnen die Personensorge zusteht (Ber. 24; BGH **1**, 343; LM Nr. 2), während Stief- oder Pflegekinder (Ber. 24; Prot. VI/1309, 1333) nur unter 2 ff. oder 6 fallen können.

8 3) **Tathandlungen** sind in allen Fällen (I, II Nr. 1, 2), daß der Täter **A. eine sexuelle Handlung** (4 ff. vor § 174) **an dem Schutzbefohlenen vornimmt,** dh unter körperlicher Berührung (12 vor § 174). § 184c Nr. 1 ist zu beachten; danach ist der Abschiedskuß eines Lehrers auf den Mund eines fünfzehnjährigen Schülers keine sexuelle Handlung (entsprechend schon 6. 7. 1965, 5 StR 246/65; vgl. auch BGH **1**, 298; Hamm NJW **63**, 64), auch nicht eine kurze oder sonstwie unbedeutende Berührung (EzSt § 176 Nr. 2); wohl aber sind es mit Rücksicht auf das Rechtsgut (oben 1 a) Zungenküsse in allen Fällen von I (vgl. aber 9 ff. vor § 174).

9 **B. an sich eine sexuelle Handlung des Schutzbefohlenen vornehmen läßt,** dh diesen dazu bestimmt oder sie auf dessen Initiative duldet (Ber. II, 5; BGH **17**, 281). 8 gilt entsprechend.

10 **C. eine sexuelle Handlung vor dem Schutzbefohlenen vornimmt** (12 vor § 174), dh an sich selbst oder an einem Dritten. An der Erheblichkeit fehlt es hier zB, wenn der Täter einem Mädchen auf den Mund küßt und ihm flüchtig an die Brust greift; 7. 1. 1981, 2 StR 765/80, oder einem Dritten einen Zungenkuß gibt (vgl. Prot. VI/1334). Hier wie bei 11 muß
10a der Täter in der **Absicht** handeln, sich oder den Schutzbedürftigen durch seine Handlung sexuell zu erregen, wozu auch die Steigerung schon vorhandener Erregung gehört (Prot. VI/1311, 1313, 1334). Bei der Absicht, sich selbst zu erregen, muß die Gegenwart des Schutzbefohlenen eine stimulierende Rolle spielen. Bei Handlungen vor Kleinkindern, die an sich erfaßt werden (vgl. Prot. VI/1335), wird das selten der Fall sein; auch ist hier die Wahrnehmung durch das Kind vielfach zw. Bei exhibitionistischen Handlungen ist § 183 IV Nr. 2 zu beachten (dort 10 bis 12).

11 **D. den Schutzbefohlenen dazu bestimmt,** dh erfolgreich anstiftet (vgl. Ber. II, 5; BGH **9**, 113; NJW **85**, 924), **daß er sexuelle Handlungen vor dem Täter vornimmt** (12 vor § 174), dh an sich selbst oder an oder zugleich vor einem Dritten (dann evtl. auch 180 III). Der Beginn der Bestimmungshandlung ist bereits ein nach III strafbarer Versuch (vgl. Celle NJW **61**, 521; 9 zu § 30 gilt sinngemäß). Auch im Falle 11 muß der Täter die zusätzliche Absicht wie bei 10 haben. Für die Erheblichkeit von Hand-

Straftaten gegen die sexuelle Selbstbestimmung **§ 174**

lungen mit einem Dritten muß hier ein strengerer Maßstab gelten, so daß zB auch Zungenküsse erfaßt werden.

E. Im Fall von oben 6 (I Nr. 2, II iVm I Nr. 2) muß zu einer Handlung 12 nach 8 bis 11 hinzukommen, daß der Täter **unter Mißbrauch** einer mit dem Schutzverhältnis **verbundenen Abhängigkeit** des Schutzbefohlenen vom Täter handelt. Das bedeutet mehr als Mißbrauch des anvertrauten Menschen nach § 174a II, aber auch etwas anderes als Mißbrauch seiner (stets gegebenen) Stellung wie in § 174a I (vgl. Prot. VI/1101, 1321, 1356f.). Voraussetzung ist, daß durch das gegenseitige Verhältnis eine sachliche und/oder psychische Abhängigkeit zur Tatzeit konkret gegeben und beiden Teilen auch bewußt ist. (BGH **28**, 367; 28. 1. 1992, 1 StR 336/91). Kommt der Täter nur oder überwiegend infolge dieser Abhängigkeit zum Erfolg, so mißbraucht er sie. Daß der Täter den anderen ausdrücklich oder stillschweigend unter Druck setzt, ist nicht erforderlich (vgl. aber Ber. 22; Prot. VI/1312, 1357f., 1478; Koblenz OLGSt. 6). Doch wird vielfach eine besondere Drucksituation ausgenutzt werden (zB bei bevorstehenden Entlassungen; Prot. VI/1480; vgl. SK 17). Es genügt aber, wenn der Täter erkennt, daß der andere nur mit Rücksicht auf seine Abhängigkeit einwilligt (vgl. Prot. VI/1480). Das ist auch möglich, wenn der andere, um Vergünstigungen zu erhalten, die Initiative ergreift (Ber. 22; Prot. VI/1309). Auch bei fehlender Einwilligung kann Mißbrauch gegeben sein, so bei Überraschungshandlungen, ev. in Tateinheit mit § 240; ebenso wenn der Täter nur mit Gewalt (§§ 177, 178) zum Erfolg kommt. Nach StV **81**, 543L ist Mißbrauch einer Abhängigkeit gegeben, wenn der Täter offen oder versteckt seine Macht und Überlegenheit in einer für den Schutzbefohlenen erkennbaren Weise als Mittel einsetzt, um diesen gefügig zu machen, oder wenn der Täter in Erkenntnis seiner Machtmittel die auf ihr beruhende Abhängigkeit sexuell ausnützt (ebenso NStZ **82**, 329; **91**, 81). Am Mißbrauch fehlt es, wenn es sich um echte Liebesbeziehungen (Prot. VI/1036, 1481) handelt (selbst wenn die gute Stellung des Übergeordneten dabei eine Rolle spielt), aber auch bei einer nur sexuell motivierten Initiative vor allem des Schutzbefohlenen, die für beide Teile ersichtlich keinen Zusammenhang mit der Abhängigkeit hat. Ein Anregen der Tathandlung durch den Schutzbefohlenen und spontane Bereitwilligkeit schließen zwar den Mißbrauch nicht notwendig aus, sind aber für das Fehlen häufig indiziell (BGH **28**, 367). Glaubt der Täter irrig, es bestehe Abhängigkeit und er habe nur mit Rücksicht auf sie Erfolg, so ist untauglicher, nach III strafbarer Versuch gegeben (LK 21).

F. Im Fall von oben 2ff. (I Nr. 1, II iVm I Nr. 1) braucht ein Mißbrauch 13 von etwaiger Abhängigkeit nicht festgestellt zu werden (BGH **32**, 189). Hingegen kann das Gericht von Bestrafung nach § 174 (nicht auch nach anderen Vorschriften wie zB § 180 III) absehen (7 zu § 23), wenn bei Berücksichtigung des Verhaltens des Schutzbefohlenen (in dubio pro reo) das **Unrecht der Tat** (geringe Schuld reicht allein nicht aus; Ber. II, 6) **gering** ist (**IV**). Bei echten Liebesbeziehungen wird Absehen stets im Platze sein. In Betracht kommen aber auch Verführung oder bewußte Erleichterung durch das Opfer. Auf der anderen Seite sind Ausmaß und Dauer der Verfehlungen zu berücksichtigen (vgl. Koblenz OLGSt. 4; Jung/Kunz NStZ **82**, 409).

§ 174
BT Dreizehnter Abschnitt

14 G. **Im Fall von oben 7 (I Nr. 3, II iVm I Nr. 3)** braucht weder Mißbrauch von Abhängigkeit festgestellt zu werden noch besteht die Möglichkeit des Absehens von Strafe. Ob der Schutzbefohlene die Initiative ergriffen oder den Täter sogar verführt hat, ist nur für das Strafmaß von Bedeutung. Geht aber zB der Sohn im Wege des § 178 gegen seine Mutter vor, so ist diese nach § 35 entschuldigt (9 zu § 173).

15 **4) Vorsatz** ist als mindestens bedingter in allen Fällen erforderlich; das gilt insbesondere für das Schutzalter, das Anvertrautsein (dazu 27. 6. 1961, 1 StR 177/61), den Mißbrauch der Abhängigkeit (vgl. oben 12) und die sexuelle Handlung (14 vor § 174). In den Fällen von II muß die dort bezeichnete Absicht hinzutreten (oben 10).

16 **5) Der Versuch** ist, auch als untauglicher (oben 12 am Ende) nach III strafbar. Er kann schon gegeben sein, wenn der Täter das Opfer zum Dulden einer sexuellen Handlung zu überreden sucht (Ber. 27; 26. 1. 1965, 5 StR 624/64). Die Abgrenzung zwischen Versuch und Vollendung hängt weitgehend davon ab, was der Täter nach seiner Vorstellung erreichen wollte (vgl. BGH **9**, 13; 7 zu § 22). Doch ist die Vollendung schon gegeben, wenn der Täter noch weitere sexuelle Handlungen vornehmen wollte, als er bereits vorgenommen hat.

17 **6) Die Strafe** ist auch in den Fällen von I ohne erhöhtes Mindestmaß angedroht, vor allem mit Rücksicht auf die Fälle, in denen der Täter als der Verführte erscheint (Ber. 25) und IV ausscheidet. Ist eine Tat nach II Nr. 1 eine exhibitionistische Handlung nach § 183, so kommt Strafaussetzung auch nach § 183 III, IV Nr. 2 in Betracht. Aus IV ergibt sich, daß I Nr. 2 idR strenger zu beurteilen ist als I Nr. 1 (22. 9. 1987, 1 StR 370/87).

18 **7) Konkurrenzen.** Innerhalb von § 174 werden I Nr. 1, 2 von Nr. 3 verdrängt (Köln OLGSt. 14 zu § 20); Nr. 2 verdrängt als das speziellere Gesetz die Nr. 1 (BGH **30**, 358). Tateinheit ist möglich mit § 173 (MDR/D **75**, 21; SchSch 22; SK 31; Lackner 17), §§ 174a, 175 (vgl. RG JW **26**, 2181), 176 (Prot. VI/1312; NJW **56**, 177; 958), 177 bis 179, 180 III, 240. Von § 174 verdrängt werden § 183; § 185 (vgl. RG **68**, 25; Tateinheit soll bei Fortsetzung sexueller Handlungen nach Beginn des Schutzverhältnisses nach BGH JZ **52**, 757 möglich sein). Fortgesetzte Tat nach § 174 ist mit demselben Schutzbefohlenen möglich (RG **53**, 274; **55**, 160); bei mehreren kommt nur natürliche Handlungseinheit in Betracht.

19 **8) Sonstige Vorschriften.** Beschäftigungsverbot für Verurteilte § 25 I Nr. 3, § 58 II JArbschG; UHaft § 112a I Nr. 1 StPO und zu § 174 II Nr. 1 auch § 183 IV Nr. 2. Für **Taten vor dem 28. 11. 1973** vgl. 39. Aufl.

Sexueller Mißbrauch von Gefangenen, behördlich Verwahrten oder Kranken in Anstalten

174a
¹ Wer sexuelle Handlungen
1. an einem Gefangenen oder
2. an einem auf behördliche Anordnung Verwahrten,

der ihm zur Erziehung, Ausbildung, Beaufsichtigung oder Betreuung anvertraut ist, unter Mißbrauch seiner Stellung vornimmt oder an sich

Straftaten gegen die sexuelle Selbstbestimmung § **174a**

von dem Gefangenen oder Verwahrten vornehmen läßt, wird mit Freiheitsstrafe bis zu fünf Jahren oder mit Geldstrafe bestraft.

II **Ebenso wird bestraft, wer den Insassen einer Anstalt für Kranke oder Hilfsbedürftige, der ihm zur Beaufsichtigung oder Betreuung anvertraut ist, dadurch mißbraucht, daß er unter Ausnutzung der Krankheit oder Hilfsbedürftigkeit sexuelle Handlungen an ihm vornimmt oder an sich von dem Insassen vornehmen läßt.**

III **Der Versuch ist strafbar.**

1) **Die Vorschrift** idF des Art. 1 Nr. 16 des 4. StrRG (1 vor § 174; ferner Prot. VI/1112, 1130, 1136, 1341, 1361, 2035), übernimmt mit § 174b in eingeschränkter Form Teile des strengeren § 174 I Nr. 2 aF (vgl. Hamm NJW 77, 1500). *Kriminalstatistik* 1974–81: BT-Drs. 10/436, 8; ferner BT-Drs. 10/3845, 19, 23, 29, 36; Wille PraxRMed 548. **Rechtsgüter** sind die sexuelle Freiheit der Abhängigen, die störungsfreie Funktion der Anstalten im Interesse der Insassen und das Vertrauen der Allgemeinheit in die Integrität der Betreuer (Ber. 25; Prot. VI/1342; aM M-Schroeder § 18, 39 ff.; SK-Horn 10 zu § 184c). Die Tat ist **Sonderdelikt** (35 vor § 13; 1a zu § 174). **Schrifttum:** 1 zu § 174. 1

2) **In den Fällen von I** ist A. **Täter,** wem zur Tatzeit anvertraut ist (2 ff. zu § 174), ohne Rücksicht auf Alter oder Geschlecht **Nr. 1** ein **Gefangener** (iS von § 120; dort 2; Ber. 25; Prot. VI/1344) oder **Nr. 2** ein **auf behördliche Anordnung Verwahrter** (3 zu § 120), dh Sicherungsverwahrte und die iS von § 120 IV Verwahrten; nach § 12 Nr. 2 JGG zur Inanspruchnahme von Hilfen zur Erziehung in einer „Einrichtung über Tag und Nacht" Verpflichteten (§ 34 SGB VIII; vgl. Ber. II, 6; Prot. VI/1369, 1483); und zwar anvertraut entweder zur **a) Erziehung** (3 zu § 174), zB Anstaltslehrern, möglicherweise auch Geistlichen; **b) Ausbildung** (4 zu § 174); zB Werkmeistern in Anstaltswerkstätten; **c) Beaufsichtigung,** vor allem Wachpersonal in Strafanstalten (Ber. 25; Prot. VI/1368); oder **d) Betreuung,** wobei anders als bei § 174 I Nr. 1, 2 nicht nur eine in der Lebensführung (5 zu § 174), so zB dem Leiter einer Anstalt oder seinem Stellvertreter, sondern auch eine nur partielle oder vorübergehende gemeint ist, zB in der Krankenabteilung einer Haftanstalt. Richter kommen nur in Betracht, wenn sie Vollzugsleiter nach §§ 90, 92 JGG sind. Wie die Fassung von I ergibt, kommt es nur auf das spezifische Verhältnis zwischen dem Täter und dem Abhängigen an, so daß auch ein außerhalb der Anstalt Lebender (Lehrer, der in die Anstalt kommt) und Tätiger (Ausbilder in einer Werkstatt für Freigänger; SK 4; abw. wohl Prot. VI/1371) Täter sein und die Tat auch außerhalb der Dienstzeit und der Anstalt, zB nach vorläufiger Festnahme oder bei der Außenarbeit begangen werden kann (Prot. VI/1342, 1345; vgl. GA **55,** 368; **56,** 383; MDR/D **54,** 150); denn die den Schutz notwendig machende Abhängigkeit beruht allein auf dem Status des Opfers (Ber. 25), allerdings muß der Täter mit dem Opfer dienstlich etwas zu tun haben (NJW **83,** 404). 2

B. **Tathandlung a)** das Vornehmen einer **sexuellen Handlung an dem Schutzbefohlenen** oder das **Vornehmenlassen** einer solchen Handlung am **Täter** durch den Schutzbefohlenen (dazu 4 ff. vor § 174; 8, 9 zu § 174). Ob die Handlung einige Erheblichkeit aufweist (§ 184c Nr. 1; 8 ff. vor § 174), hängt auch vom Alter des Opfers und davon ab, ob es um heterosexuelle Handlungen geht. Die „intensive Abhängigkeit" der Verwahrten (Ber. 25) 3

§ 174a

BT Dreizehnter Abschnitt

fordert einen strengen Maßstab. Sexuelle Handlungen vor dem Verwahrten und (unverständlicherweise) das Bestimmen des Verwahrten, solche Handlungen, zB Onanieren, vor dem Betreuer vorzunehmen, können nur
4 disziplinarisch geahndet werden. Doch ist § 180 III zu beachten. **b) unter Mißbrauch seiner Stellung** muß der Täter dabei handeln. Das ist, da konkrete Abhängigkeit nicht festgestellt zu werden braucht, auch unabhängig von Dienstvorschriften bei dem spezifischen Verhältnis zwischen Täter und Opfer fast ausnahmslos der Fall (vgl. BGH **2**, 93; **8**, 26; Tübingen DRZ **49**, 91; Neustadt DRZ **49**, 92; LK-Laufhütte 14), so daß nur „extrem tragische Fälle" ausscheiden, etwa wenn eine Strafgefangene schon vor ihrer Einlieferung mit einem Beamten des Vollzugsdienstes verlobt war (Prot. VI/1354 f.; 1357; Prot. 7/26; aM SchSch 6). Bei einer sich anbahnenden Liebe hat der Betreuer bis zur Lösung des Schutzverhältnisses zu warten.

5 **3) In den Fällen von II ist A. Täter**, wem zur Tatzeit der **Insasse** einer **Anstalt für Kranke oder Hilfsbedürftige,** also zB eines Krankenhauses, psychiatrischen Krankenhauses (BGH **1**, 122), eines Asyls oder Altersheims öffentlicher oder privater Art (zB auch eines Kneippkurheims, BGH **19**, 131) ohne Rücksicht auf Alter oder Geschlecht des Insassen **anvertraut** ist (2 ff. zu § 174) zur **a) Beaufsichtigung** (vor allem in psychiatrischen Anstalten) oder **b) Betreuung** (oben 2), die auch die Pflege mitumfaßt. In Betracht kommen Ärzte, Krankenpfleger (vgl. BGH **1**, 122), der Masseur, med. Bademeister; aber nicht das nur technische Personal, soweit es nicht zur Beaufsichtigung und Betreuung mit herangezogen wird (vgl. NJW **64**, 458). Anvertraut ist der Schutzbefohlene nur dem, der in einem konkreten Betreuungsverhältnis zu ihm steht, was allerdings nicht nur für den behandelnden Arzt, sondern auch den Chefarzt und sämtliche Ärzte mindestens der Station, für den Nachtdienst Ausübende und sonstige für den Schutzbefohlenen betreuerisch Tätige zutrifft. Der Täter muß innerhalb der Anstalt, nicht etwa nur außerhalb für sie tätig sein (vgl. BGH **19**, 131; hM). Insassen sind nur solche Personen, die in der Anstalt übernachten (BGH **29**, 16; aM Geilen JK 1), also nicht Besucher, ambulant Behandelte und in der Anstalt Beschäftigte, auch wenn sie selbst einmal behandelt werden (vgl. GA **55**, 368). Die Tat kann auch hier außerhalb der Dienstzeit und der Anstalt begangen werden.

6 **B. Tathandlungen** sind **a) die gleichen** wie bei I (oben 3); allerdings wird an die Erheblichkeit der Handlung infolge der geringeren Abhängigkeit der Insassen kein so strenger Maßstab zu legen sein wie bei I; das gilt vor allem bei Rekonvaleszenten und anderen Insassen, die von ihrem Zu-
7 stand nicht wesentlich beeinträchtigt sind. **b) Unter Ausnutzung der Krankheit oder Hilfsbedürftigkeit** muß der Täter handeln, also nicht nur in Ausnutzung der schon durch den Anstaltsaufenthalt selbst gebotenen Möglichkeit, sondern des Zustandes des Insassen (Ber. 27). Das wird stets dann der Fall sein, wenn sich der Insasse ohne seinen Zustand nicht auf die Handlung eingelassen hätte (Hamm NJW **77**, 1500), kann aber zB auch bei Überraschungshandlungen zutreffen. Initiative des Insassen schließt Aus-
8 nutzung nicht regelmäßig aus (abw. Ber. 27). **c) Ein Mißbrauch** des Insassen muß die Handlung schließlich sein, dh Zwecke verfolgen, die der Betreuungsaufgabe des Täters zuwiderlaufen. In aller Regel wird das der

Straftaten gegen die sexuelle Selbstbestimmung § 174a

Fall sein, wenn 7 gegeben ist (vgl. LK 16), nicht zB wenn es sich um einen Arzt handelt, dessen Freundin als Patientin in das Krankenhaus gekommen ist (hier wird meist schon 7 fehlen), oder bei echten Liebesbeziehungen.

4) Zu Vorsatz und Versuch vgl. 15, 16 zu § 174.

5) Konkurrenzen. Tateinheit ist möglich mit §§ 174, 174b, 175, 176 bis 179, 180 III, 240, 331 (vgl. dort 10). Zum Verhältnis zu § 185 und zum Fortsetzungszusammenhang gilt 18 zu § 174; **sonstige Vorschriften** 18 zu § 174.

Sexueller Mißbrauch unter Ausnutzung einer Amtsstellung

174b ⁱ Wer als Amtsträger, der zur Mitwirkung an einem Strafverfahren oder an einem Verfahren zur Anordnung einer freiheitsentziehenden Maßregel der Besserung und Sicherung oder einer behördlichen Verwahrung berufen ist, unter Mißbrauch der durch das Verfahren begründeten Abhängigkeit sexuelle Handlungen an demjenigen, gegen den sich das Verfahren richtet, vornimmt oder an sich von dem anderen vornehmen läßt, wird mit Freiheitsstrafe bis zu fünf Jahren oder mit Geldstrafe bestraft.

ⁱⁱ Der Versuch ist strafbar.

1) Die Vorschrift ist durch Art. 1 Nr. 16 des 4. StrRG (1 vor § 174; ferner Prot. VI/1346, 1352, 1372, iVm Art. 19 Nr. 71 EGStGB) neu gefaßt. *Kriminalstatistik* 1974–81: BT-Drs. 10/436, 8; ferner BT-Drs. 10/3845, 19, 23, 29, 36. **Rechtsgüter** sind die sexuelle Freiheit des betroffenen Bürgers und das Vertrauen der Allgemeinheit in die Integrität der in Betracht kommenden Behörden (Ber. 28; Prot. VI/1372; LK-Laufhütte 1). Die Tat ist **Sonderdelikt** (35 vor § 13; 1a zu § 174). **Schrifttum:** vgl. 1 zu § 174.

2) Täter ist, wer als **Amtsträger** (§ 11 I Nr. 2), der zur **Mitwirkung an einem Strafverfahren** (nicht auch einem Bußgeld- oder Disziplinarverfahren; Ber. 29; Prot. VI/1376; 2 zu § 258a) oder an einem **Verfahren** zur Anordnung einer **freiheitsentziehenden Maßregel der Besserung und Sicherung** (§ 61 Nr. 1 bis 3) oder einer **behördlichen Verwahrung** (Arrest nach § 22 WDO; Unterbringung nach den landesrechtlichen Unterbringungsgesetzen; § 37 II BSeuchG); nach § 12 Nr. 2 JGG Verpflichteten (2 zu § 174a); Einweisung in ein Krankenhaus nach § 18 GeschlKrG (nicht aber schon die bloße Vorführung); Abschiebungshaft und Haft nach § 16 AuslG; Verwahrung nach den landesrechtlichen Polizei- und Ordnungsgesetzen; Ber. 29; Prot. VI/1376; 3 zu § 120) berufen ist, dh für Einleitung oder Mitwirkung an einem derartigen Verfahren allgemein zuständig ist (Prot. VI/1376). In Betracht kommen Richter und Staatsanwälte; Polizeibeamte (so der Bürgermeister in Baden-Württemberg als Ortspolizeibehörde, BGH **12**, 277); und zwar auch bezüglich des ersten Zugriffs nach § 163 StPO; ferner Finanzbeamte (RG **58**, 79), evtl. der Registrator einer Strafabteilung (RG **73**, 297), in beschränktem Maße auch Eisenbahnpolizeibeamte (RG **57**, 20). In erster Linie kommen der mit der Sache tatsächlich befaßte zuständige Amtsträger und dessen Vorgesetzte in Betracht (vgl. Braunschweig GA **64**, 24). Ferner kommen Ärzte in Frage, die bei Unterbringungsverfahren mitzuwirken haben, möglicherweise auch Gerichtshelfer, nicht aber Bewährungshelfer (Prot. VI/1376). Das Verfahren muß gegen einen bestimmten Betroffenen oder mehrere, die Beschuldigte

1029

§ 174b

sind oder denen der freiheitsentziehende Eingriff droht, eingeleitet sein. Sie sind Opfer der Tat. Es reicht aus, wenn der Täter das Verfahren nur zum Schein einleitet, um den Betroffenen unter Druck setzen zu können (zur Problematik Prot. VI/1376; § 214 E 1962 mit Begr. 373); gelingt die Täuschung nicht oder führt sie nicht zu einer sexuellen Handlung, so kommt Versuch nach II in Betracht.

3 3) **Tathandlung** ist zunächst die gleiche wie bei § 174a (dort 3; 4ff. vor § 174; 8, 9 zu § 174). Der Maßstab für die Erheblichkeit ist hier weniger streng als bei § 174a, wenn sich der Betroffene zB in Freiheit befindet, erwachsen ist und keine erheblichen Nachteile (bloße Geldstrafe) zu erwarten hat. Hinzukommen muß, daß der Täter **unter Mißbrauch einer durch das Verfahren begründeten** konkreten **Abhängigkeit** des Opfers von ihm handelt. Hierfür gilt 12 zu § 174 entsprechend. Mißbrauch, wenn nicht schon Abhängigkeit, wird zB zu verneinen sein, wenn eine Frau, die höchstens eine kleine Geldstrafe zu erwarten hat, den sie vernehmenden Polizeibeamten zu sexuellen Handlungen sichtlich nur deshalb animiert, weil er ihr gefällt (vgl. Amelung, Dünnebier-FS 517).

4 4) Zu **Vorsatz** und **Versuch** vgl. 15, 16 zu § 174; zu den **Konkurrenzen** 10 zu § 174a; Tateinheit mit § 176 scheidet jedoch praktisch aus. **Sonstige Vorschriften** 18 zu § 174.

Homosexuelle Handlungen

175 ^I Ein Mann über achtzehn Jahre, der sexuelle Handlungen an einem Mann unter achtzehn Jahren vornimmt oder von einem Mann unter achtzehn Jahren an sich vornehmen läßt, wird mit Freiheitsstrafe bis zu fünf Jahren oder mit Geldstrafe bestraft.

^{II} Das Gericht kann von einer Bestrafung nach dieser Vorschrift absehen, wenn
1. der Täter zur Zeit der Tat noch nicht einundzwanzig Jahre alt war oder
2. bei Berücksichtigung des Verhaltens desjenigen, gegen den sich die Tat richtet, das Unrecht der Tat gering ist.

Auf in der ehem. DDR begangene Taten ist § 5 Nr. 8, soweit darin § 175 genannt ist, nicht anzuwenden (Anl. I Kap. III C zum EV; vgl. 29 vor § 3). § 175 ist nicht auf die Beitrittsgebiet (29 vor § 3) erstreckt worden. Vgl. den dort fortgeltenden § 149 StGB-DDR [abgedr. bei § 182; vgl. auch dort 1]. Nach NStZ 82, 383 (m. krit. aber vom Ansatz her verfehlter Anm. Wasmuth NStZ 91, 163) ist es unbedenklich und kein Verstoß gegen den Gleichheitsgrundsatz (Art. 3 GG), daß insoweit für eine Übergangszeit in Teilen der BRep. unterschiedliche Strafnormen gelten (aM LG Essen NStZ 92, 38; Kusch MDR 91, 163).

1 **Die Vorschrift** ist zunächst durch das 1. StrRG (Einl. 7ff.), sodann durch das 4. StrRG (1 vor § 174; ferner Hearing: Prot. VI/865, 869, 899, 982, 990, 1029, 1124; Beratungen: Prot. VI/1391, 1399, 1534, 1596, 1627, 2112; Prot. 7/8, 29, 83; vgl. auch BR-Drs. 312/90; BTag 11/3758) neu gefaßt worden. Eine **„einheitliche Jugendschutzvorschrift"** soll zufolge der Koalitionsvereinbarung vom 16. 1. 1991 und im Anschluß an die im Beitrittsgebiet fortgeltende

Straftaten gegen die sexuelle Selbstbestimmung § 175

Vorschrift des § 149 StGB-DDR [vor 1 zu § 182] nach einem im BMJ ausgearbeiteten Entwurf die §§ 175 und 182 ersetzen und in einem einheitlich umschriebenen Tatbestand (§ 182 RefE) das Schutzalter auf 16 Jahre festsetzen. Hierdurch würde der vom 4. StrRG sowie vom AE-BT-Sexualdelikte usw. 1968 § B 8 (vgl. hierzu Hanack NJW **74**, 5) für geboten gehaltene Schutz männlicher Jugendlicher vor homosexuellen Handlungen verkürzt und für weibliche Jugendliche, ohne daß hierfür ein besonderes Schutzbedürfnis erkennbar wäre, ein Strafschutz eingeführt, freilich durch eine ineffiziente und unpraktikabel umschriebene Strafvorschrift (vgl. Schroeder ZRP **92**, 296). Intendiert ist diese Vorschrift nicht vom Jugendschutz, sondern – wie die Entwurfsbegründung erkennen läßt – vom Bestreben, Homo- und Heterosexualität – sexualideologischen Forderungen einer Minderheit folgend – gleichzubehandeln. Das ist aber nicht nur kriminalpolitisch verfehlt, sondern auch verfassungsrechtlich bedenklich, weil auf diese Weise der Jugendschutz und das elterliche Erziehungsrecht gering geachtet wird (vgl. Art. 1 I iVm 2 I, Art. 6 II GG u. BVerfGE **30**, 348; **77**, 356; BGH **37**, 63). Im Grunde fehlt es dem Gesetzgeber überhaupt an der Legitimation, abweichendes Sexualverhalten über dessen Tolerierung hinaus normativ gleichzubewerten (hierzu im einzelnen Tröndle ZRP **92**, 297; ferner Tönnies ZRP **92**, 411). Ein GesAntrag Hamburg (BR-Drs. 312/90) will darüber hinaus (ebenso wie früher die – den Forderungen der Schwulen und Lesbenverbände folgenden – GesAnträge der Grünen [BT-Drs. 10/2832 u. 11/4153]) die Jugendschutzvorschrift des § 175 ersatzlos streichen (ebenso M. Bruns MDR **91**, 833 u. Steinmeister ZRP **92**, 87; auch Sick ZStW **103**, 80 unter einseitiger Berufung auf sexualideologisch fixierte Autoren; vgl. hierzu ferner FJ-BRat Prot. Nr. 9 [Hearing v. 4. 3. 1992]), ohne die hierdurch bedingten erhöhten gesundheitlichen Gefährdungen Jugendlicher (AIDS!) auch nur zu erwähnen. Vgl. nunmehr § 176a idF des E eines Ges. z. Änd. d. Sexualstrafrechts (BR-Drs. 728/92 [Beschluß]). **Schrifttum:** *Baumann* Paragraph 175, 1968; *Bräutigam*, Formen der Homosexualität, 1967; *Doucet*, Homosexualität, 1967; *Freund*, Die Homosexualität beim Mann, 1965; *Giese*, Der homosexuelle Mann in der Welt, 2. Aufl. 1964; *Gollner*, Homosexualität, 1974; *Hanack* NJW **74**, 5; *Klimmer*, Die Homosexualität, 3. Aufl. 1965; *Rauscher*, Blätter f. Gefängniskunde Bd. **70**, 243; *SPD-BTags-Fraktion*, § 175. Dokumentation einer schriftlichen Anhörung, 1984; *R. Schmitt*, Baumann-FS 131; *Wille* PraxRMed. 542. Kriminalstatistik 1974–81: BT-Drs. 10/408. **Rechtsgut** ist die ungestörte sexuelle Entwicklung des männlichen Jugendlichen. Daß lesbische Betätigung in parallelen Fällen straflos ist, widerspricht Art. 2, 3 GG nicht; BVerfGE **6**, 389; BGH NJW **51**, 810; **52**, 796; vgl. auch Ber. 33; Ber. II, 6. Auch sonst bestehen keine verfassungsrechtlichen Bedenken gegen § 175 (BVerfGE **36**, 41, vgl. auch **15**, 342; Düsseldorf OLGSt. 3). 1a

2

2) **Täter** kann nur ein Mann über 18 Jahre (eigenhändiges und Sonderdelikt; str.), Opfer nur ein Mann, dh jede männliche Person unter 18 Jahren (vgl. RG **70**, 197; § 187 II S. 2 BGB) sein; Anstifter oder Gehilfe kann auch ohne Rücksicht auf ihr Alter eine Frau sein, aber auch ein Mann unter 18 Jahren (SchSch-Lenckner 7; Lackner 6; aM M-Schroeder § 20, 39), der nur als Opfer notwendiger Teilnehmer und daher straflos ist, als sonstiger Teilnehmer aber nicht anders gestellt sein kann als ein Mädchen unter 18. Wer das Opfer anstiftet oder ihm hilft, ist nicht mittelbarer Täter, sondern regelmäßig Gehilfe des Täters, § 28 I ist nicht anwendbar; str. Bei Personen, die sich auf Grund ihrer **transsexuellen Prägung** nicht mehr dem in ihrem Geburtseintrag angegebenen, sondern dem anderen Geschlecht als zugehörig empfinden, richten sich die vom Geschlecht abhängigen Rechte 3

§ 175

und Pflichten erst von der Rechtskraft der gerichtlichen Feststellung der Geschlechtszugehörigkeit an (§§ 8, 10 TSG; hierzu Sigusch NJW **80**, 2740; Koch MedR **86**, 172) nach dem neuen Geschlecht. Die Entscheidung läßt das bisherige Rechtsverhältnis zu den Eltern und zu den Kindern des Transsexuellen unberührt, § 11 TSG. Ist der Täter noch nicht 21 Jahre alt, so gilt nicht nur II Nr. 1, sondern nach § 105 JGG möglicherweise Jugendstrafrecht; andernfalls § 106 JGG. Ob der Täter den Jüngeren verführt oder umgekehrt, ist im letzteren Fall für II Nr. 2, im übrigen aber nur für die Strafzumessung von Bedeutung (unten 10).

3) Tathandlungen sind sexuelle Handlungen (4ff. vor § 174), die der Täter

4 **A. an** (12 vor § 174) **einem Mann unter 18 Jahren vornimmt,** dh a) un-
5 ter **körperlicher Berührung,** so daß zB ausscheiden gegenseitiges Zeigen des erregten Gliedes, Fotografieren (MDR/D **74**, 722), gleichzeitiges Onanieren (aaO), Zuschauen bei fremder Selbstbefriedigung oder beim Triolenverkehr oder Zuschauenlassen bei eigener Selbstbefriedigung (MDR/D **75**, 21). Die Tat ist auch an einem Schlafenden (12 vor § 174; BGH **1**, 279; **15**, 198; abw. Düsseldorf NJW **62**, 62), einem Schuldunfähigen (vgl. RG **20**, 225) oder an einem Menschen möglich, der den sexuellen Charakter der Handlung entgegen einem verständigen Betrachter nicht erkennt (6, 12 vor § 174); das Opfer braucht daher auch nicht zu erkennen, daß es mit einem Mann zu tun hat (BGH **21**, 219; Lackner JR **68**, 192; aM Ostermeyer NJW
6 **67**, 1765; SchSch 4). b) **einige Erheblichkeit** (§ 184c Nr. 1; 8ff. vor § 174) ist hier eher gegeben als bei heterosexuellen Handlungen, die den Jugendlichen weniger irritieren können; vgl. BGH **1**, 80. Es scheiden aber nach der insoweit noch verwertbaren früheren Rspr. nicht nur bloße Unanständigkeiten aus (NJW **52**, 796), sondern auch bloßes Anfassen der Muskeln oder des Oberkörpers (Düsseldorf NJW **62**, 62), Streicheln des Oberschenkels (MDR **55**, 650), aber auch ein flüchtiges Greifen nach dem Geschlechtsteil (vgl. BGH **1**, 293; OGHSt **1**, 132), selbst wenn es wiederholt wird (vgl. 4. 5. 1972, 4 StR 152/72), sowie Küsse auf die Lippen (vgl. BGH **1**, 298; Hamm NJW **63**, 64), auch gegenüber einem Kind (BGH **2**, 162); anders bei Zungenküssen (BGH **18**, 169; Stuttgart NJW **63**, 1684 m. abl. Anm. v. Schumann).

7 **B. von dem noch nicht Achtzehnjährigen eine sexuelle Handlung an sich vornehmen läßt,** dh den Jüngeren zu der Handlung bestimmt oder sie auf dessen Initiative geschehen läßt (vgl. BGH **9**, 113). 4ff. gilt entsprechend.

8 **4) Vorsatz** ist erforderlich (vgl. BGH **1**, 110), der sich als mindestens bedingter nicht nur auf Geschlecht und Alter (22. 5. 1984, 5 StR 330/84) der Beteiligten, sondern auch auf die sexuelle Handlung (14 vor § 174) zu erstrecken hat. Zur Problematik des Schuldausschlusses nach § 20 dort 15.

9 **5) Der Versuch** als solcher ist straflos, doch ist die Tat auch vollendet, wenn der Täter über die erreichte sexuelle Handlung noch hinausgehen wollte.

10 **6) Die Strafzumessung** wird vor allem durch Art und Maß der Perversion (KG JR **50**, 119), die Dauer (bei fortgesetzter Tat mit derselben Person über einen längeren Zeitraum), das Alter der Beteiligten (erschwerend

Straftaten gegen die sexuelle Selbstbestimmung § **175**

niedriges Alter des Opfers; regelmäßig mildernd ein Alter des Täters zwischen 18 und 21; unten 11f.) und die sexuelle Struktur des Täters bestimmt, wobei abartige Veranlagung (wenn nicht schon § 21 zu bejahen ist; dort 4) schuldmindernd wirkt (13. 12. 1955, 5 StR 463/55); wesentlich schließlich die Rolle beim Zustandekommen der Tat (BGH **1**, 111), insbesondere ob der Täter Verführer (22. 10. 1969, 3 StR 175/69) oder Verführter war (MDR/D **70**, 13).

7) Nach II kann das Gericht nach pflichtgemäßem Ermessen **von Strafe** **11** **absehen** (7 zu § 23), allerdings nur nach § 175, nicht etwa zB auch nach §§ 174 I, 176 I, **A.** wenn der Täter **noch nicht 21 Jahre alt** ist **(Nr. 1).** Dabei spielt vor allem eine Rolle, ob die Tat mit nachpubertären Entwicklungsstörungen (Ber. 33) oder anderen altersspezifischen Schwierigkeiten zusammenhängt oder ob der Täter noch keine hinreichenden Vorstellungen von möglichen Gefahren für das Opfer hat. **B.** wenn das **Unrecht** der **Tat** **12** (also nicht nur die Schuld des Täters) **gering** ist, und zwar bei Berücksichtigung des Verhaltens des Jüngeren **(Nr. 2).** Damit sind in erster Linie Fälle gemeint, bei denen die Initiative vom Jüngeren ausgeht (MDR/D **75**, 22), zB von einem Strichjungen (Ber. II, 8); in Frage kommen aber auch Fälle, in denen das Opfer sofort bereit war und es nur zu Handlungen von geringer Schwere gekommen ist. Das Gericht hat unter einer Gesamtwürdigung zu prüfen, ob bei Nr. 1 straferschwerende Umstände den im Gesetz genannten mildernden Umstand so sehr überwiegen, daß auf Strafe nicht verzichtet werden kann, und ob bei Nr. 2 trotz geringen Unrechts Strafe am Platze ist, etwa wegen erhöhter Schuld. Hierbei hat der Richter zum jeweiligen Täter-Opfer-Verhältnis Einzelfeststellungen auch über die Persönlichkeit, Lebensumstände und die Art und Weise der Kontaktaufnahme zu treffen (MDR/H **90**, 487). II ist zu prüfen, bevor Vorgehen nach dem JGG oder nach § 153 ff. StPO erwogen wird.

8) Konkurrenzen. Tateinheit ist möglich mit § 174 I (vgl. RG JW **26**, 2182); **13** §§ 174a, 174b; 176 I (25. 3. 1982, 4 StR 80/82; vgl. RG **71**, 247); 178; 179; 183a; 184a, 184b; sowie zwischen Teilnahme an § 175 und § 180. Auch mit § 185 kommt Tateinheit in Betracht (vgl. RG JW **36**, 2553); ebenso mit §§ 30, 31 WStG. Bei sich folgenden sexuellen Handlungen mit demselben Mann ist eine fortgesetzte Tat möglich (vgl. RG **70**, 243); bei verschiedenen Opfern kommt nur natürliche Handlungseinheit in Betracht (vgl. BGH **1**, 20).

9) Sonstige Vorschriften. Auslandstaten § 5 Nr. 8. Beschäftigungsverbot **14** für Verurteilte § 25 I Nr. 3, § 58 II JArbSchG. Vgl. ferner § 2 II KastrG.

Sexueller Mißbrauch von Kindern RiStBV 221, 222

176 ^I Wer sexuelle Handlungen an einer Person unter vierzehn Jahren (Kind) vornimmt oder an sich von dem Kind vornehmen läßt, wird mit Freiheitsstrafe von sechs Monaten bis zu zehn Jahren, in minder schweren Fällen mit Freiheitsstrafe bis zu fünf Jahren oder mit Geldstrafe bestraft.

^II Ebenso wird bestraft, wer ein Kind dazu bestimmt, daß es sexuelle Handlungen an einem Dritten vornimmt oder von einem Dritten an sich vornehmen läßt.

^III In besonders schweren Fällen ist die Strafe Freiheitsstrafe von einem

§ 176

Jahr bis zu zehn Jahren. Ein besonders schwerer Fall liegt in der Regel vor, wenn der Täter
1. mit dem Kind den Beischlaf vollzieht oder
2. das Kind bei der Tat körperlich schwer mißhandelt.

IV Verursacht der Täter durch die Tat leichtfertig den Tod des Kindes, so ist die Strafe Freiheitsstrafe nicht unter fünf Jahren.

V Mit Freiheitsstrafe bis zu drei Jahren oder mit Geldstrafe wird bestraft, wer
1. sexuelle Handlungen vor einem Kind vornimmt,
2. ein Kind dazu bestimmt, daß es sexuelle Handlungen vor ihm oder einem Dritten vornimmt, oder
3. auf ein Kind durch Vorzeigen pornographischer Abbildungen oder Darstellungen, durch Abspielen von Tonträgern pornographischen Inhalts oder durch entsprechende Reden einwirkt,
um sich, das Kind oder einen anderen hierdurch sexuell zu erregen.

VI Der Versuch ist strafbar; dies gilt nicht für Taten nach Absatz 5 Nr. 3.

1   1) Die **Vorschrift** idF des 4. StrRG (1 vor § 174; ferner Hearing: Prot. VI/898, 912, 947, 984, 991, 1011, 1014, 1016, 1136; Beratungen: Prot. VI/1485, 1497, 1507, 2037; Prot. 7/11) ersetzt § 176 I Nr. 3 aF. **Rechtsgut** ist die von vorzeitigen sexuellen Erlebnissen ungestörte Gesamtentwicklung des Kindes (vgl. Ber. 34; MDR/D **74**, 545; anderseits RG **55**, 275; **57**, 140; BGH **1**, 173; **15**, 121; skeptisch SK-Horn 1). Es handelt sich mit rund 30% um das häufigste Sexualdelikt. Die Tat ist insoweit abstraktes Gefährdungsdelikt (BGH **38**, 69; NJW **87**, 2450; NStE Nr. 4; vgl. Prot. VI/1136), als die Möglichkeit einer konkreten Gefahr für das psychische oder physische Wohl des Kindes oder eines entsprechenden Schadens (Ber. 34; Prot. VI/1485 f.) zwar ein gesetzgeberisches Motiv ist, aber nicht zum Tatbestand gehört. Die Vorschrift kann uU auch
1a Schutzgesetz iS von § 823 II BGB sein, NJW **78**, 2027. **Schrifttum:** *Binter* NJW **53**, 1815; *Friedemann* Beitr. Sexualforsch. **65**, 8; *Geisler* Jahrb. Jugendpsych. **62**, 124; *Hülle* JZ **55**, 8; *Lempp* NJW **68**, 2265; *Nau* Ztschr. f. d. ges. gerichtl. Medizin **64**, 172; *Rasch* MedWelt **63**, 37; *Schönfelder* Beiträge zur Sexualforschung, 42. Heft 1968; Praxis der Psychotherapie **70**, 13; *Seibert* MDR **58**, 830; *Wyss*, Unzucht mit Kindern, 1967; *Nixdorf*, Das Kind als Opfer sexueller Gewalt, MSchrKrim. **82**, 87; *Pachmann* KR **84**, 276; *Wille* PraxRMed 533; ferner *Lautmann* ZRP **89**, 46, jedoch polemisch und in der Problematik verkürzt, *Lachmann* MSchrKrim **88**, 52; *Trube-Becker* For. **9** (1988), 67; *Füllkrug* KR **89**, 233, 271; vgl. *Arntzen* ZRP **80**, 287. Kriminalstatistik 1974–81: BT-Drs. 10/436, 8; weiteres umfangreiches stat. Material in der Antwort der BReg. auf die große Anfrage der Fraktion der Grünen BT-Drs. 10/3845, 19, 21, 23, 26, 30, 33, 38. Zur Frage, ob die Strafbarkeit sexuellen Mißbrauchs von Kindern nach § 176 grundsätzlich auf im Ausland begangene Taten von Deutschen zum Nachteil ausländischer Kinder zu erweitern ist vgl. PlenProt. BRat Nr. 636 S. 501.

2   2) **Täter** kann jeder, auch eine Frau (vgl. RG **10**, 158; JW **33**, 2058) oder die Eltern des Kindes, Opfer nur ein Mädchen oder Junge unter 14 Jahren, dh ein Kind iS der Vorschrift sein, ohne Rücksicht, ob es sexuell noch unerfahren ist und ob die Initiative von ihm ausgeht (vgl. RG **57**, 140). Es kommen also sowohl heterosexuelle wie homosexuelle, dh auch lesbische Handlungen in Betracht. In den Fällen von I, III Nr. 1, V Nr. 1 handelt es sich um eigenhändige Delikte, während sonst mittelbare Täterschaft möglich ist. **Teilnehmer** kann

Straftaten gegen die sexuelle Selbstbestimmung **§ 176**

uU auch ein Arzt sein, der einem Kind Kontrazeptiva verschreibt (im einzelnen Tröndle, R. Schmitt-FS 234; vgl. hierzu auch Laufs FPflMedAR 124).

3) Tathandlungen des § 176, zwischen denen bei den Feststellungen 3 deutlich zu unterscheiden ist (BGHR § 176 I, Hdlgn. 1), sind **sexuelle Handlungen** (4 ff. vor § 174), die der Täter **A.** nach I mit unmittelbarem Körperkontakt **an dem Kind** (12 vor § 174) **vornimmt**. Das Kind braucht die Bedeutung des Vorgangs nicht zu verstehen. Auch an einem schlafenden Kind können sexuelle Handlungen vorgenommen werden (BGH **38**, 68 m. Anm. Molketin NStZ **92**, 179). Zur Erheblichkeit 8 bis 11 vor § 174. In Betracht kommen vor allem Manipulationen am Geschlechtsteil (9. 11. 1982, 1 StR 672/82: Genitalverletzungen an einem 4½ monatigen Kind). Flüchtiges Greifen unter den Rock reicht nicht aus (7. 1. 1981, 2 StR 765/80). Anderseits braucht der Begriff nicht zu eng verstanden zu werden (vgl. 11 vor § 174; auch MDR/D **75**, 542), oder die er **von dem Kind an sich** 4 **vornehmen läßt** (9 zu § 174). 3 gilt entsprechend. Das Kind braucht nicht sexuell erregt zu sein oder sich erregen wollen. Es braucht auch keine (altersentsprechende) Vorstellung von der Sexualbezogenheit der Handlung zu haben (BGH **29**, 339 [m. zust. und überzeugender Anm. Horn JR **81**, 251]; **30**, 144; SK 4, Lackner 2, jeweils zu § 184c; M-Schroeder § 17, 25 ff.; aM SchSch-Lenckner 11 zu § 184c; GA **69**, 378 zu § 176 aF.).

B. Nach II muß der Täter **das Kind dazu bestimmen** (13 zu § 174), daß 5 es selbst **an einem Dritten** eine sexuelle Handlung vornimmt oder **von einem Dritten an sich** vornehmen läßt, 3 und 4 gelten entsprechend. Kein „Bestimmen" liegt vor, wenn das Kind miterlebtes Verhalten von Erwachsenen nur nachahmt (19. 10. 1984, 2 StR 414/84). Das Delikt ist eine zur selbständigen Tat erhobene Quasi-Anstiftung und kann zugleich Anstiftung des Dritten zu einer Tat nach I sein. Ob sich der Dritte strafbar macht, ist allerdings ohne Bedeutung; er kann zB ebenfalls ein Kind sein. Der Täter braucht nicht anwesend zu sein (vgl. BGH **29**, 30). Zum Versuch unten 19.

C. Nach V Nr. 1 bis 3 werden Handlungen ohne direkten Körperkontakt 6 (sie stehen gleichwertig nebeneinander, NStE Nr. 7) milder bestraft, die der Täter jeweils in der **Absicht** (10 a zu § 174) vornimmt, sich, das Kind oder einen anderen hierdurch sexuell zu erregen (das Kind braucht den Dritten nicht zu bemerken), **a) vor einem Kind (Nr. 1**; 12 vor § 174), entweder an sich selbst oder an einem Dritten, wobei das Kind den Vorgang als solchen zwar wahrnehmen muß (§ 184 c Nr. 2), sich der eigentlichen Bedeutung der Handlung aber nicht bewußt zu sein braucht (Ber. 37; 12 vor § 174). Anstreben muß das der Täter allerdings in dem Fall, in dem er nur das Kind sexuell zu erregen beabsichtigt. Geflissentliches Hinsehen des Kindes ist nicht erforderlich. Die Handlung wird häufig eine exhibitionistische sein (dann gilt unten 13 und für die Strafaussetzung 12 zu § 183); **b)** zu denen der Täter **ein Kind bestimmt (Nr. 2**; 11 zu § 174), und zwar 7 dahin, daß es eine sexuelle Handlung (§ 184 c) vor ihm oder **vor einem Dritten** (12 vor § 174) vornimmt (NJW **92**, 325). Zur Vorstellung des Kindes von der Handlung gilt oben 4. Das Kind kann die Handlung nur an sich selbst (SchSch 29; Onanieren vor dem Täter oder einem anderen) vornehmen, so beim Bestimmen zu sexuellen Spielen zwischen Kindern (das bloße Betrachten solcher Spiele reicht nicht aus; abw. zu § 176 I Nr. 3

§ 176

aF GA **66**, 309) oder Bestimmen einer 13jährigen, den Oberkörper zu entblößen, um sexualbezogene Fragen zu stellen (NStZ **85**, 24). Es genügt nicht, wenn das Kind nur bestimmt wird, nackt zu baden, eine bestimmte Körperstellung einzunehmen, im Freien in ein kleines Feuer zu urinieren (23. 2. 1982, 5 StR 667/81), ohne Entblößung des Geschlechtsteils die Röcke hochzuheben (vgl. Prot. VI/1495) oder Handstände zu machen, bei denen die Schlüpfer sichtbar werden (so schon zur aF BGH **17**, 280). Ernsthafte sexuelle Lehrversuche scheiden als solche aus (Prot. VI/1495), verlieren aber bei Erregungsabsicht des Täters diesen Charakter. Erfaßt wird der Fall, daß der Täter Kinder zu sexuellen Handlungen untereinander bestimmt, um davon Fotos zur Erregung von Abwesenden zu machen (vgl. BGH **29**, 337); oder mit denen der Täter

8 **c) auf ein Kind einwirkt (Nr. 3)**, dh in sexueller Richtung Interesse oder Impulse tiefergehender Art (NJW **91**, 3163) auszulösen sucht (einschränkend MDR/D **74**, 546; SchSch-Lenckner 22; aM SK-Horn 36; M-Schroeder § 20, 11), wobei Sichtkontakt zwischen Täter und Opfer nicht vorausgesetzt ist (BGH **29**, 31), durch

9 **aa) Vorzeigen pornographischer Abbildungen oder Darstellungen** (6 ff. zu § 184), dh durch optisches Sichtbarmachen (vgl. BGH **1**, 288);

10 **bb) Abspielen von Tonträgern pornographischen Inhalts** (6 ff. zu § 184), dh durch Hörbarmachen, wobei das Kind in beiden Fällen das Gezeigte oder Vorgespielte auch wahrnehmen muß, wenn auch nicht in seiner sexuellen Bedeutung zu verstehen braucht;

11 **cc) durch entsprechende Reden** (vgl. schon BGH **1**, 168; **15**, 118; JZ **67**, 322), dh solche sexuellen Inhalts, die in ihrer Art und Intensität einer pornographischen Darstellung vergleichbar sind (NJW **91**, 3163); dies kann auch fernmündlich geschehen (BGH **29**, 30; StV **81**, 338 L). Bloße Sexualbezogenheit reicht nicht aus (vgl. Prot. VI/1488, 1508). Es muß sich um obszöne (vgl. BGH **23**, 44), zotige Reden oder Lieder handeln.

12 **4) Vorsatz** ist erforderlich und muß sich als mindestens bedingter u. a. auf die sexuelle Handlung (14 vor § 174) wie das Bestimmen des Kindes (II, V Nr. 2) richten (vgl. BGH **4**, 303; Frankfurt NJW **49**, 33; Bremen HESt. **2**, 269). Vor allem muß der Täter aktuell (3 f. zu § 15) mit der Möglichkeit rechnen, daß das Kind noch nicht 14 Jahre alt ist (Bay MDR **63**, 333), das ist nicht der Fall, wenn er sich keine Gedanken über das Alter macht (NJW **53**, 152). Hält er das Kind irrig für jünger als 14, so ist untauglicher Versuch gegeben (RG **39**, 316), der nur bei V Nr. 3 nicht strafbar ist; hält er es irrtümlich für älter, so kommen §§ 182, 185 in Betracht (RG **45**, 345). In den Fällen von V muß zum Vorsatz die Erregungsabsicht (10a zu § 174; oben 6) des Täters treten. Bei Feststellung der Absicht wird die „soziale Typik des Verhaltens" (Ber. 38; Prot. VI/1508) eine Rolle spielen.

13 **5) Der Strafrahmen** ist A. für I und II vielfach abgestuft. Innerhalb des **Regelrahmens,** dessen Höchstmaß sich unverständlicherweise mit dem der besonders schweren Fälle deckt (krit. hierzu Maiwald NStZ **84**, 436), ist die Strafe nach dem Gesamtbild von Tat und Täter zuzumessen. Eintritt oder konkrete Gefahr psychischer Schäden, vor allem von längerer Dauer (vgl. oben 1) wirken strafschärfend (vgl. GA **58**, 213; Hamburg MDR **72**, 1033), sofern sie eindeutige Tatfolgen sind (10. 5. 1988, 4 StR 184/88), Ausbleiben eines seelischen Schadens beim Tatopfer (MDR/H **86**, 443)

Straftaten gegen die sexuelle Selbstbestimmung **§ 176**

oder Triebperversion können mildernd wirken. Hingegen verstößt die Erwägung, daß Sexualdelikte an Kindern streng zu verfolgen seien, gegen das Verbot der Doppelverwertung (37 ff. zu § 46); auch erhöht der Umstand, daß das Tatopfer erst 12 Jahre alt war, den Unrechts- und Schuldgehalt nicht ohne weiteres und noch weniger, wenn es nicht mehr weit von der Schutzgrenze des § 176 entfernt war (2. 4. 1992, 4 StR 120/92), maßgebend ist vielmehr der verschuldete – physisch-psychische – Folgeschaden (BGHR § 176 I StrZ 3).

B. Minder schwere Fälle, für die Geldstrafe nach den Regeln des § 47 in **14** Betracht kommt und deren Prüfung der Tatrichter ggf erkennen lassen muß (24. 1. 1979, 3 StR 514/78), sind zB anzunehmen, wenn es sich um knapp über der Erheblichkeitsschwelle liegende (EzSt Nr. 1; 25. 6. 1992, 4 StR 238/92), relativ harmlose Manipulationen handelt (Ber. 36), jedoch nur dann: BGHR § 176 I msF 2; uU aber wenn § 21 (vgl. aber 2 zu § 50) gegeben ist (Köln OLGSt. 14 zu § 20), wenn Täter ein bisher unbescholtener Altersarteriosklerotiker ist (Ber. 36; Prot. VI/1016; dann ev. schon §§ 20 oder 21; 8, 18 zu § 20) oder eine nicht schwerwiegende Tat auf die Aktivität des Kindes zurückgeht (vgl. Prot. VI/1485), *nicht* jedoch bei in bekleidetem Zustand vorgenommenen beischlafsähnlichen Handlungen an einem Kind (19. 9. 1984, 2 StR 359/84) oder wenn die Voraussetzungen eines Regelbeispiels nach III gegeben sind (Bay NJW **91**, 1245 m. Anm. Grasnick JZ **92**, 260). Ein minder schwerer Fall (11 zu § 12; 42 zu § 46) nach I darf nicht deshalb abgelehnt werden, weil der Täter das Unrechtsbewußtsein hatte (MDR/D **74**, 365).

C. Besonders schwere Fälle (III) sind idR gegeben (43 ff. zu § 46), wenn **15** **a) (Nr. 1)** ein idR männlicher Täter mit einem noch nicht 14 Jahre alten Mädchen, aber auch eine Frau mit einem noch nicht Vierzehnjährigen den **Beischlaf vollzieht** (6 zu § 173), das Regelbeispiel setzt also vollendeten Beischlaf voraus (24. 9. 1991, 1 StR 484/91), die Häufigkeit des Verkehrs wirkt strafschärfend, NStE Nr. 4; bloßer Beischlafsversuch kann nur bei Hinzutreten weiterer Erschwerungsumstände unter III fallen; anderseits kann trotz Beischlaf III zB dann entfallen, wenn es um ein echtes Liebesverhältnis zwischen einem Achtzehnjährigen und einer Dreizehnjährigen geht (vgl. Ber. 36; Prot. VI/1019, 1489, 1497; vgl. auch 10. 5. 1988, 4 StR 184/88); wenn diese äußerlich und geistig-seelisch weit über den altersgemäßen Zustand hinaus entwickelt ist (NJW **87**, 2450), bei Verführung eines Siebzehnjährigen durch eine verdorbene Dreizehnjährige oder wenn eine solche den alkoholisierten Täter zur Tat ermutigt (11. 7. 1978, 4 StR 349/78). Die indizielle Wirkung des Regelbeispiels kann immer nur durch Milderungsgründe von besonderem Gewicht entkräftet werden (Bay NJW **91**, 1245 m. Anm. Grasnick JZ 92, 260); **b) (Nr. 2)** der Täter bei der Tat, dh in zeitlichem und sachlichem Zusammenhang mit ihr das Kind vorsätzlich körperlich **mißhandelt** (3 ff. zu § 223), und zwar **schwer**, womit nicht nur Fälle des § 224 gemeint sind, sondern jede Mißhandlung, die das körperliche Wohlbefinden oder die Unversehrtheit erheblich beeinträchtigt; für die Feststellung der Verletzungsfolgen genügt eine bloße Attestverlesung (§ 256 StPO) nicht, NJW **80**, 651; **c)** über die Regelbeispiele hinaus kommen besonders schwere Fälle in Betracht bei ungewöhnlicher Dauer und Intensität einer Fortsetzungstat (22. 12. 1976, 2 StR 537/76), bei erheblichen, vom Täter vorauszusehenden psychischen Schäden oder bei schweren Perversionen wie Oral- oder Analverkehr (Ber. 37; Prot. VI/1497; 8. 1. 1974, 1 StR 529/73; MDR/D **74**, 366; 7. 11. 1979, 3 StR 16/79; aM SK 15), es sei denn, daß in den letzteren Fällen erhebliche Milderungsgründe entgegenstehen (BGHR § 176 III, StrRWahl 3).

16   D. **Qualifiziert** ist die Tat **(IV)**, wenn der Täter durch die Tat den **Tod** des Kindes („mindestens", 6 zu § 18) **leichtfertig verursacht** (vgl. Maiwald GA **74**, 257; LK-Laufhütte 27; 9 zu § 177). Fälle, in denen nicht zugleich § 177 III oder § 178 III gegeben ist, sind selten. Bei Tod infolge eines psychischen Schocks wird Leichtfertigkeit meist fehlen. In Betracht kommen Tod infolge Würgens am Hals, das nicht Tatmittel nach §§ 177, 178 ist (vgl. Prot. VI/1500, 1610) oder Tod infolge einer durch die Tat eingetretenen Schwangerschaft, der der kindliche Organismus für den Täter voraussehbar noch nicht gewachsen war.

17   E. In den Fällen von V gilt nur ein einheitlicher Strafrahmen. Bei V Nr. 1 ist § 183 IV Nr. 2 zu beachten (10ff. zu § 183).

18   6) **Der Versuch** ist mit Ausnahme von V Nr. 3 strafbar. In den Fällen von I und V Nr. 1 beginnt er schon mit dem Bringen des Kindes an einen geeigneten Ort (Ber. 38; Prot. VI/1499f.; MDR/D **74**, 545; 722; 7. 3. 1979, 2 StR 798/78; aM SchSch 24); mit dem Versuch, es zur unmittelbaren Duldung einer sexuellen Handlung zu überreden; jedoch kommt es hierbei entscheidend auf die Vorstellung des Täters über den Tatablauf an (BGH **35**, 8). Die Aufforderung oder Verabredung, sich später an einem solchen Ort zu treffen, reichen hingegen nicht aus (BGH aaO), wohl aber die vom Tatopfer befolgte Aufforderung, in das Schlafzimmer zu kommen (BGHR § 176 I, Konk. 1). Für den Versuch des Bestimmens in den Fällen von II und V Nr. 2 gelten die Regeln des § 30 (dort 9) entsprechend. Der Versuchsbeginn kann bei II früher einsetzen als bei I (BGH **35**, 9). Kommt es zu Tathandlungen, so ist die Tat **vollendet**, auch wenn der Täter noch weitergehen wollte (vgl. RG **69**, 142; BGH 24. 3. 1971, 3 StR 5/71), andererseits Vollendung erst gegeben, wenn die (sexualbezogene) Handlung bis zu einiger Erheblichkeit (8 vor § 174) gediehen ist (17. 2. 1984, 3 StR 41/84). Das Fehlen der Versuchsstrafbarkeit bei V Nr. 3 führt dazu, daß straflos bleibt, wer dabei betroffen wird, wie er ein Kind mit in seine Wohnung nimmt, dann aber unwiderlegt behauptet, er habe ihm nur die bereitliegenden pornographischen Bilder zeigen wollen (widersprüchlich Prot. VI/ 1514 gegenüber 1513).

19   7) **Konkurrenzen. A.** Innerhalb des § 176 ist **Tateinheit** zwischen I und II möglich (aM SchSch 25), ebenso zwischen V Nr. 1 und Nr. 2. Hingegen wird beim Zusammentreffen von vollendetem I, V Nr. 1, 2 (soweit es sich nicht um einen Dritten handelt) und 3 nur eine Tat anzunehmen sein (vgl. MDR/D **74**, 722; Zweibrücken OLGSt. 9). **B.** Tateinheit ist im übrigen möglich mit §§ 173 (NJW **53**, 710); 174, (6. 9. 1979, 4 StR 374/79); 175 (dort 13); 177 (MDR/D **74**, 546) bis 179; 180 II, III; 182, 183 a (vgl. NJW **53**, 710); in den Fällen von IV auch mit §§ 211, 212, ferner mit §§ 223 ff. (14. 7. 1981, 1 StR 385/81); 240 (vgl. RG **11**, 387). Für das Verhältnis zu § 22 gilt 11 zu § 177 entsprechend. § 183 tritt hinter § 176 V Nr. 1 zurück (vgl. aber oben 17); ebenso § 184 I Nr. 1 hinter § 176 V Nr. 3 (NJW **76**, 1984). Tateinheit mit § 185 ist nur in Ausnahmefällen möglich (vgl. RG **71**, 376), zB bei Beleidigung des Vaters (RG **70**, 248; Hamm

Straftaten gegen die sexuelle Selbstbestimmung **§ 176**

MDR **67**, 148), bei Fortsetzung nach Erreichung des 14. Jahres (RG HRR **37**, Nr. 1333; zurückhaltend gegenüber Tateinheit mit Beleidigung Ber. II, 10 zu § 183; LK-Herdegen 14 zur § 185). Eine **fortgesetzte Tat** nach § 176 ist möglich bei Handlungen mit demselben Kind (beachte aber BGH **2**, 163; MDR/H **78**, 804; 26c vor § 52), nicht aber mit mehreren Opfern (RG **70**, 243; BGHR § 176 I, Hdlgn. 1); hier kann aber natürliche Handlungseinheit gegeben sein (BGH **1**, 20; **6**, 81; GA **66**, 310; 2c vor § 52).

8) Sonstige Vorschriften. FAufsicht § 181b; Zuständigkeit in den Fällen 20 des IV § 74 II Nr 1 GVG; Beschäftigungsverbot Verurteilter § 25 I Nr. 3, § 58 II JArbSchG; UHaft § 112a I Nr. 1 StPO; Indikation zum Schwangerschaftsabbruch § 218a II Nr. 2; vgl. ferner § 3 II KastrG und zu V Nr. 1, auch § 183 IV Nr. 2.

Vergewaltigung

177 ^I Wer eine Frau mit Gewalt oder durch Drohung mit gegenwärtiger Gefahr für Leib oder Leben zum außerehelichen Beischlaf mit ihm oder einem Dritten nötigt, wird mit Freiheitsstrafe nicht unter zwei Jahren bestraft.

^{II} In minder schweren Fällen ist die Strafe Freiheitsstrafe von sechs Monaten bis zu fünf Jahren.

^{III} Verursacht der Täter durch die Tat leichtfertig den Tod des Opfers, so ist die Strafe Freiheitsstrafe nicht unter fünf Jahren.

1) Die Vorschrift idF des 4. StrRG (1 vor § 174; Prot. VI/898, 905, 981, 1 990, 1003, 1016, 1602, 1635, 2037, 2109; Prot. 7/11) regelt den qualifizierten Fall (Beischlaf!) des § 178 (18. 2. 1976, 3 StR 523/75). **Rechtsgut** ist die sexuelle 1a Selbstbestimmung der Frau (BGH **31**, 77; Lenckner JR **83**, 160; Prot. VI/1603). Hierzu gehört auch die Entscheidung, ein Kind zu empfangen (BGH **37**, 156 [m. Anm. Grasnick JZ **91**, 933; Neumann/Weßlau StV **91**, 256]; vgl. 2. 10. 1991, 3 StR 382/91). Opfer kann daher jede Frau sein, ohne Rücksicht auf Alter (RG **4**, 23), Geschlechtsreife (RG **71**, 130) oder Ruf (MDR/D **58**, 13); zum Status eines Transsexuellen vgl. 3 zu § 175. Die Vorschrift erfaßt **nicht** die **Vergewalti-** 1b **gung unter Ehegatten** (für die, auch wenn sie getrennt leben, nur die §§ 223ff., 240 in Betracht kommen, NStZ **83**, 72). Die Erzwingung ehelichen Verkehrs ist nicht durch ein gesetzliches Recht gedeckt und daher *verwerfliche* (23 zu § 240) Nötigung (SK-Horn 48 zu § 240). Für die Ausdehnung der Vorschrift auf die Vergewaltigung *in* der Ehe durch Streichung des Wortes „außerehelichen" sowie entsprechend in §§ 178 u. 179 vgl. die umstrittenen GesInitiativen: BR-Drs. 411/83 u. 568/87 (GesAnträge Hamburg; BRat 585. Sitz.); BT-Drs. 10/562 (GesE der Grünen); BR-Drs. 411/2/83 (Antrag Bayern); BR-Drs. 411/83 (Beschluß); BT-Drs. 10/585 (GesE der SPD); BRat-Prot. 529. Sitz. S. 426; BTag 10/2793ff.; RA-BTag 18., 32., 47., 91. (Öff. Anhörung v. 26. 6. 1986), 94., 104. Sitz.; JFG-BTag 88. Sitz.; GesE der SPD, BT-Drs. 11/474 (JZ-GD **87**, 45: Streichung des Wortes „außerehelichen" und Einfügung einer Milderungsmöglichkeit und Absehen von Strafe in IV (vgl. hierzu aber Behm MDR **86**, 889); RA-BTag 12. Sitz.; BTag 11/2511; Ber BT-Drs. 11/3873; BTag 11/10 699; GesAntrag BRat 521. Sitz.; BT-Drs. 11/389; BTag 11/2407; ferner GesE der Grünen (BT-Drs. 11/1040; 11/5153). **Schrifttum:** *Helmken* ZRP **85**, 170; auch **80**, 171; *Meermann* MP-Spiegel 6/84 (*rechtsvergleichend*); vgl. ferner *Horn* ZRP **85**, 265; hierzu *Limbach, Alander, Westphal* ZRP **85**, 289, 335; *Huff, Fricke* ZRP **86**, 32, 104; *Hesse, Dohmann, Zimmermann, Gnau* ZRP **86**, 126ff.; *Zuck* MDR

87, 15; *Incesu* StV **88**, 496; *Mitsch* JA **89**, 484; *Paetow*, Vergewaltigung in der Ehe, 1987 *(rechtsvergleichend);* krit. LK-*Laufhütte* vor 1. Weiteres (allgemeines)

1c **Schrifttum:** *Dost,* Psychologie der Notzucht; *Michaelis-Arntzen,* Die Vergewaltigung aus kriminologischer, viktimologischer und aussagepsychologischer Sicht, 1981; *Wehner-Davin,* KR **81**, 523; *H. Schäfer* KR **82**, 363; *H. Schäfer* (Hrsg.) Vergewaltigungen Kriminalist. Studien Bd 1 (hierzu *Kühne* GA **87**, 468); *Rössner,* Leferenz-FS 531; *Middendorff,* Leferenz-FS 593; *C. H. u. J. I. Beyer* MSchrKrim. **85**, 340; *Kühne/Ammer* JuS **86**, 388 u. hierzu *Günther/Koch* JuS **86**, 932; *Fehrmann* u. a. Das Mißtrauen gegen vergewaltigte Frauen, Kriminalist. Studien Sonderband I 1986 (hierzu *Häußler* GA **87**, 470); *Frommel* ZRP **87**, 242 u. **88**, 233; *Naab/Jung* KR **91**, 801. Krim.stat. Angaben: BT-Drs. 10/3845, 20, 21, 24, 31, 37; bei *Hillenkamp* StV **86**, 153; *Wille* PraxRMed 527; *Fehrmann* u. a., Das Mißtrauen gegen vergewaltigte Frauen, BKA 1986; *Müller-Luckmann,* Blau-FS 151; insbesondere zur Strafzumessung: *Greger* MSchrKrim **87**, 264; *Rieß,* Tröndle-FS 369; *Godenzi* MSchrKrim **88**, 255 (rechtsvergleichend).

1d **2) Täter** braucht, wie das Gesetz ausdrücklich klarstellt (Ber. 39; BGH **27**, 206), nicht der Beischläfer selbst zu sein; er braucht von der Drohung auch nichts zu wissen, so daß eine Frau (BGH **6**, 226) auch Alleintäterin sein kann. Mittäterschaft ist in der Weise möglich, daß der eine nötigt, der andere den Beischlaf vollzieht (BGH **27**, 206; BGHR § 177 I, Mitt. 1; *Behm* MDR **86**, 886), damit werden auch die kriminalpolitisch wichtigen Fälle der Gruppennotzucht (Ber. 39; Prot. VI/1018) voll erfaßt; in diesen Fällen muß aber die innere Tatseite sorgfältig geprüft werden (MDR/D **73**, 17; aM BGH **27**, 206; M-Schroeder § 18, 20). Die Fälle, in denen ein Dritter, dh jemand, der nicht Mittäter ist, den Beischlaf vollzieht, werden sehr selten sein; allerdings scheidet § 177 aus, wenn der Täter die von anderen mit Gewalt geschaffene Lage noch ausnutzt, ohne daß ihm die Gewalthandlungen zuzurechnen wären (GA **77**, 144; vgl. MDR/D **75**, 366).

2 **3) Tathandlung** des zweiaktigen Delikts (**Nötigung und Beischlaf,** vgl. 6 zu § 173; MDR/H **81**, 99; VRS **60**, 103; GA **81**, 168; NStZ **85**, 546; 13. 2. 1986, 4 StR 26/86) ist der durch Beugung des entgegenstehenden Willens der Frau herbeigeführte außereheliche Beischlaf. Wehrt sich die Frau nur gegen anomalen Verkehr, so kommt nur § 178 in Betracht (vgl. MDR/D **71**, 16). Setzt der Täter die Nötigungsmittel des § 177 gegen eine Frau ein, bei der die Voraussetzungen des § 179 I Nr. 1 oder 2 gegeben sind, so ist

2a nur § 177 anzuwenden. Die **Außerehelichkeit** des Beischlafs ist tatbestandsgenes Merkmal (Lackner 7, hM; aM Behm MDR **86**, 888: Schuldausschließungsgrund). Wird ein Beischlaf zwischen Ehegatten erzwungen, so fällt die Tat – auch für Beteiligte (§ 28 II) – nur unter § 240 (vgl. aber oben 1b).

3 **A. Nötigungsmittel** sind a) **Gewalt** (5f. zu § 240) gegen die Frau, auch gegen Dritte (10 zu § 240) als *vis absoluta* oder *vis compulsiva* (13 zu § 240). Die Gewalt muß Mittel zur Überwindung des Widerstandes sein (23. 6. 1983, 4 StR 297/83; NStZ/M **92**, 176). Auf das Maß der Gewalt kommt es dabei nicht an (NStZ **85**, 71; NStE Nr. 9), so daß Einsperren in einen verschlossenen Raum (GA **65**, 57; **81**, 169; 21. 1. 1987, 2 StR 636/86; Mösl ZRP **89**, 51), oder Verriegeln der Tür eines Pkw (NStE Nr. 13) genügen kann, sowie die Verbringung des wehrlosen Opfers an einen abgelegenen Ort (29. 9. 1983, 2 StR 80/83), um die Duldung sexueller Handlungen zu erzwingen (BGHR § 177 I, BewWü. 8). In einem solchen Fall ist die Op-

Straftaten gegen die sexuelle Selbstbestimmung **§ 177**

ferperspektive (Rössner, Leferenz-FS 527; LK 4) maßgebend, hingegen hebt NJW **81,** 2204 darauf ab, daß auch am entlegenen Ort bloße verbale Einwirkungen nicht ausreichen, zu der nach NStZ **81,** 218; **85,** 71 eine gewisse körperliche Kraftentfaltung oder eine als solche empfundene Zwangswirkung hinzukommen muß (NStZ **90,** 335; krit. Otto JR **82,** 116; Geppert JK 1; Rössner aaO 536; R. Keller JuS **84,** 113; Wolter NStZ **85,** 250; Jakobs, Kaufmann-GedS 800 Fn. 32; Hillenkamp NStZ **89,** 529; insbesondere Goy/Lohstöter StV **82,** 20; K. Engel StV **88,** 505; differenzierend Mösl ZRP **89,** 51; gegen ihn Frommel ZRP **89,** 232; hierzu auch NStZ **90,** 335; vgl. hierzu auch BT-Drs. 10/3845, 8). Es muß nach NStE Nr. 2; BGHR § 177 I, Gew. 8 eine zweckbestimmte Verknüpfung zwischen Nötigungsmittel und Taterfolg festgestellt werden, die Gewaltanwendung muß der Herbeiführung des Geschlechtsverkehrs und seiner Durchführung dienen. Wird Gewalt angewendet, so ist unerheblich, ob tatsächlich Widerstand geleistet wird, es genügt, daß er zu erwarten war und durch die Gewaltanwendung ausgeschlossen werden sollte (NStE Nr. 13; 26. 4. 1990, 4 StR 49/90; 10. 12. 1991, 1 StR 621/91; LK 7). Das gewaltsame Einflößen alkoholischer Getränke genügt nur, falls damit der Widerstand der Frau gebrochen werden soll (28. 4. 1981, 5 StR 141/81). Gewalt ist auch die Anwendung betäubender Mittel ohne Einwilligung der Frau (BGH **14,** 81; JR **59,** 345; 18. 1. 1983, 1 StR 757/82); auch das Beibringen von LSD, falls eine körperliche Zwangswirkung durch Beseitigung der Widerstandsfähigkeit eintritt (22. 1. 1991, 5 StR 498/90); ist sie mit der Anwendung einverstanden, ohne die Absicht des Täters zu kennen, so kommt nur § 179 II in Betracht (vgl. Ber. 39; Celle NJW **61,** 1080). **Dauert die Gewaltanwendung fort** (BGHR § 177 I, Droh. 7), zB aus einer früheren Vergewaltigung oder aus einer anderen Straftat, so reicht es aus, wenn der Täter sie zu einer weiteren Tat (Vergewaltigung) ausnutzt (MDR/H **81,** 99; NStZ **81,** 344; 13. 2. 1986, 4 StR 26/86). Auch die durch Gewalt erzwungene Fortsetzung des anfänglich geduldeten Beischlafs fällt unter § 177 (19. 1. 1985, 4 StR 792/84), doch kann es dann am Vorsatz fehlen (GA **70,** 57; NStZ **91,** 431). Zwischen Beischlaf und Gewaltanwendung kann, wenn das Opfer aus Furcht vor weiterer Gewalt von Gegenwehr absieht, ein zeitlicher Zwischenraum liegen (MDR/H **76,** 812), nicht aber mehrere Tage oder Wochen (NStZ **86,** 409, hierzu Otto Jura **87,** 498); hingegen hat derselbe Senat die frühere Gewalteinwirkung als eine über viele Jahre hinweg wirksame (konkludente) Drohung iS von § 177 angesehen (NStE Nr. 19). Die frühere Gewaltanwendung muß als eigene gewollt sein (NStZ **85,** 70), und nach NStE Nr. 2 der Herbeiführung des Geschlechtsverkehrs gedient oder mit dessen Ausübung in Zusammenhang gestanden haben (NStE Nr. 7 u. § 261 StPO Nr. 13). Fehlt es an diesem Zusammenhang, so kann in diesen Fällen konkludent eine Drohung mit gegenwärtiger Gefahr für Leib oder Leben liegen (NStE Nr. 2). Schließlich darf die bei Beginn der Tathandlung von anderen in deren Interesse begangene Gewaltanwendung nicht bereits beendet sein (NJW **86,** 77 m. Anm. R. Keller JR **86,** 343). In jedem Fall muß die Gewalt vor Beendigung des Beischlafs angewendet werden (vgl. MDR/D **68,** 16). Nimmt der Täter gewaltsam sexuelle Handlungen an der Frau vor, um sie geschlechtlich zu erregen und dadurch zur Einwilligung in den Beischlaf zu bringen, so ist nur § 178 gegeben (NJW **65,** 1284; 26. 6. 1979, 5 StR 335/79; OGH NJW **50,** 711; str.). Nach 25. 9. 1990, 5

§ 177 BT Dreizehnter Abschnitt

StR 423/90 ergibt sich die Gewaltanwendung nicht schon zwingend daraus, daß Schleimhautdefekte im Scheidenbereich festgestellt worden sind. Willigt die Frau unabhängig von der Gewaltanwendung noch vor dem Beischlaf ein oder glaubt der Täter an eine solche Einwilligung, so kommt Versuch in Betracht (MDR/D **73**, 191), bloße Duldung ist aber keine Einwilligung (MDR/D **53**, 147; GA **64**, 377; **75**, 84), eine unter Druck erklärte „Einwilligung" schließt § 177 nicht aus (NStZ **83**, 168), Vollendung daher, wenn die Frau infolge geschlechtlicher Erregung zu weiterem Widerstand nicht mehr fähig ist (vgl. RG JW **38**, 2734; DJ **34**, 1155).

4 **b) Drohung** (15 f. zu § 240) **mit gegenwärtiger Gefahr** (3, 4 zu § 34) **für Leib oder Leben** (3, 4 zu § 35; 20 zu § 113; MDR/D **75**, 22) der Frau oder eines ihr nahestehenden Dritten (LK 12; str.; offen gelassen NStZ **82**, 286). Andere Drohungen, zB die Ankündigung einer unerheblichen Beeinträchtigung der körperlichen Integrität (MDR/D **75**, 176, 367; BGHR § 177 I, BewWü. 8), scheiden aus (NJW **81**, 2206 m. Anm. Otto JR **82**, 116). Doch können frühere Mißhandlungen oder Drohungen eine in die Tatgegenwart fortwirkende Rolle spielen (MDR/D **74**, 722; NStE Nr. 18; 5. 3. 1992, 1 StR 716/91), ebenso die ständige Präsenz der Terrorisierung eines kindlichen Opfers und seiner Familie (BezG Meiningen NStZ **91**, 491), ferner kann bereits zugefügte Gewalt fortwirkende Gewaltandrohung miteinschließen (NJW **84**, 1634; NStE Nr. 2; NStE Nr. 7 zu § 178); gegenwärtig kann auch die Gefahr einer erst in Zukunft zu erwartenden körperlichen Beeinträchtigung sein (17. 1. 1979, 2 StR 457/78). Das irrtümliche Bedrohtfühlen des Tatopfers, das der Täter ausnützt, genügt für § 177 nicht (BGHR § 177 I, Droh. 6; NStZ/M **92**, 177).

5 **B. a) Vollendet** ist die Tat mit dem Beischlaf (6 zu § 173). Tritt der Täter vorher nach § 24 zurück, so kann § 178 bleiben (vgl. 11 zu § 178). **b)**
6 Beginn der Gewalthandlung ist **Versuch**, wenn sie sich gegen die Frau richtet (MDR/D **72**, 924), nicht aber, wenn sie sich gegen einen Beschützer der Frau richtet, ohne Drohung mit Gewalt gegen sie selbst zu sein (aM MDR/D **66**, 893; M-Schroeder § 18, 21). Einer versuchten Tat nach § 177 wird durch eine tatsächliche oder scheinbare Einwilligung der Frau die Strafbarkeit nicht genommen (MDR/H **73**, 191; NStZ **82**, 26).

7 **4) Vorsatz** ist erforderlich; bedingter genügt (GA **56**, 316); das gilt vor allem hinsichtlich des entgegenstehenden Willens der Frau; NStZ **82**, 26. Es muß der Täter in Kauf nehmen, daß er nur über den Widerstand hinweg zu seinem Ziel kommen kann (vgl. 11. 8. 1970, 1 StR 224/70), und daß durch sein Verhalten ein begonnener oder erwarteter Widerstand ausgeschaltet werden sollte (BGHR § 177 I, Gew. 8). Ist der Täter überzeugt, daß das Sträuben der Frau nicht ernst gemeint ist, etwa wenn sie sich zwar mit Worten wehrt, aber körperlich keinen Widerstand leistet (GA **56**, 317; 30. 3. 1982, 1 StR 5/82), so fehlt es am Vorsatz (RG LZ **26**, 937), was zB bei alkoholisierten Tätern möglich ist (Schewe, Lange-FS 697). Gegen die rechtliche Anerkennung solcher Fälle der sog. *vis haud ingrata*, an die von jeher strenge Anforderungen zu stellen waren (GA **70**, 57), werden jedoch begründete Einwände erhoben (Sick ZStW **103**, 57 mwN). Der Vorsatz bei gewaltsamer Fortsetzung eines anfänglich geduldeten Beischlafs bedarf besonderer Prüfung (29. 1. 1985, 4 StR 792/84; NStZ **91**, 431). Der Täter muß erkannt haben, daß der bekundete Widerstand ernst gemeint war

Straftaten gegen die sexuelle Selbstbestimmung § 177

(NStE Nr. 21). Hat die Gewalt ein anderer ausgeübt, sind Feststellungen erforderlich, daß sie dem Täter zugerechnet werden kann (NStZ **85**, 71). Im Falle einer ursprünglich nicht auf die Ermöglichung sexueller Handlungen zielenden Gewaltanwendung muß der Täter erkennen und billigen, daß das Opfer die frühere Gewaltanwendung als Drohung mit gegenwärtiger Gefahr für Leib oder Leben empfindet und nur unter dem Eindruck dieser Drohung bereit ist, dem Täter zu willen zu sein (BGHR § 178 I, Droh. 1). Die Irrtumsfrage muß jedoch, wenn die Umstände dazu drängen, erörtert werden (NStZ **83**, 71). Nach Jerouschek (JZ **92**, 227) kann in den Fällen, in denen der Täter auf das Einverständnis des Opfers vertraut hat und daher eine Verurteilung nach § 177 nicht möglich ist, uU § 230 in Betracht kommen. Das Verhalten unmittelbar nach der Tat kann für die Prüfung der inneren Tatseite von besonderer Bedeutung sein (20. 1. 1982, 2 StR 555/81). Entfällt der Vorsatz, so soll nach Bay MDR **63**, 333 § 185 bleiben können; zw.

5) Ein minder schwerer Fall (II; vgl. 11 zu § 12; 42 zu § 46) kommt zB 8
in Betracht, wenn der Täter bereits sexuelle Beziehungen zu der Frau hatte (NStZ **82**, 26) oder echte Liebesbeziehungen anstrebt (vgl. MDR **63**, 62), wenn die Frau dem Täter aus seiner Sicht durch ihr Verhalten Hoffnung auf freiwillige Hingabe gemacht hat (NStZ **83**, 71; LG Saarbrücken NStZ **81**, 222; vgl. hierzu aber Frankfurt StV **88**, 390), oder zu ihm ins Fahrzeug gestiegen ist (NStZ **83**, 119; StV **86**, 149 m. Anm. Hillenkamp), nach NStE Nr. 5 im Fall von zahlreichen Vergewaltigungen der Schwiegermutter, falls die Taten lange zurückliegen und die Gewaltanwendung nicht erheblich war, auch, aber keineswegs stets, wenn die Frau eine Dirne ist (MDR/D **73**, 555), zB wenn sie den Täter erst gereizt und dann plötzlich einen höheren Preis verlangt hat (vgl. Prot. VI/1605), selbst im Fall des Gebrauchs eines Messers als Drohmittel bei einer Frau, die sich zu Aktaufnahmen bereiterklärt hatte (NStE Nr. 23, zw.). Aber auch in anderen Fällen können die gesamten Umstände (2. 5. 1986, 2 StR 24/86; 27. 5. 1986, 4 StR 202/86; 42 zu § 46), etwa eine herabgesetzte Hemmschwelle zufolge früherer widerstandslos hingenommener sexueller Handlungen (BGHR § 177 II, StrafRW 6), möglicherweise auch das Vorliegen des § 21 (VRS **72**, 177), langes Zurückliegen der Tat, Erblindung des Täters (30. 11. 1989, 1 StR 580/89), einen minder schweren Fall begründen (GA **76**, 303; 11. 3. 1988, 3 StR 69/88; vgl. hierzu aber 2 zu § 50); *nicht* aber schon im Falle eines „sexuellen Notstandes" (Sick ZStW **103**, 66) oder etwa dann, wenn der Täter einschlägig vorbestraft und bewährungsbrüchig ist, er das Opfer verletzt hat (6. 2. 1985, 2 StR 621/84) oder es die Gegenwehr aus Angst aufgibt (22. 2. 1978, 2 StR 460/77), und noch weniger bei einem Täter, der das arbeitsuchende Tatopfer aus Anlaß eines Vorstellungsgesprächs durch Betäubungsmittel in einen bewußt- und willenlosen Zustand versetzt hat (NStE Nr. 17), oder der weiß, daß er HIV-infiziert (6 b zu § 223) ist (LG Oldenburg AIFO **87**, 501), oder bei gewaltsamem Mundverkehr (BGH **33**, 147 m. Anm. Streng NStZ **85**, 359; 6. 3. 1987, 2 StR 705/86), bei Mißhandlungen, Demütigungen (NStZ **82**, 246; **84**, 117) oder bei anhaltenden Drohungen oder länger dauernder Gewaltanwendung, da schon ein kurzer sexueller Gewaltakt dem Regelstrafrahmen unterfällt (29. 11. 1978, 2 StR 439/78). Wegen schweren Tatfolgen kann ein minder schwerer Fall nur

§ 177

abgelehnt werden, soweit sie nachgewiesen sind (23. 11. 1989, 2 StR 515/89). Er kann aber vorliegen, wenn die Tat im Versuch stecken geblieben ist (MDR/H **91**, 702) und die Steuerungsfähigkeit des Täters eingeschränkt war (3. 3. 1988, 4 StR 98/88) oder er durch sein Geständnis dem kindlichen Opfer eine Vernehmung in der Hauptverhandlung erspart hat (NStE Nr. 11). Die Urteilsgründe müssen, wie der BGH ständig hervorhebt (3. 10. 1980, 3 StR 380/80; 3. 6. 1981, 3 StR 171/81), erkennen lassen, daß II geprüft ist; eine formelhafte Begründung genügt nach EzSt Nr. 3 nicht, hingegen ließ 6. 12. 1978, 2 StR 534/78 einen kurzen Hinweis genügen.

9 **6) Qualifiziert** ist die Tat (III), wenn der Täter **durch sie den Tod des Opfers leichtfertig verursacht;** dh einerseits, daß eine nur im Zusammenhang mit der Tat stehende Tötung nicht genügt (vgl. OGH NJW **50**, 710, BGH **33**, 68 m. Anm. Roxin NStZ **85**, 320), es aber andererseits ausreicht, wenn schon der Versuch der Tat, dh die Nötigungshandlung, den Tod verursacht (5 u § 18; MDR/D **71**, 363), doch kann die Strafe dann nach § 23 II gemildert werden (7. 11. 1957, 4 StR 308/57). Auch im übrigen gelten die Regeln des § 18 (NJW **55**, 1327; aM SK 21 zu § 178), so daß auch vorsätzliche Verursachung erfaßt wird, („mindestens", 6 zu § 18; vgl. auch 6 zu § 251; 15. 4. 1980, 5 StR 158/80; vgl. auch Küpper [1 zu § 226], 52). Doch muß der Täter leichtfertig (20 zu § 15) handeln, was konkret zu belegen ist (NStE Nr. 20) und bei brutalem Vorgehen (zB Würgen am Hals; Prot. VI/1610) oder Kenntnis von einer besonders labilen Verfassung der Frau idR gegeben sein wird, aber nur selten bei nur mittelbarer Verursachung (Selbstmord infolge der ausgelösten Depression oder Tod bei der Entbindung), bei der es vielfach schon an der Voraussehbarkeit fehlen wird. Bei einfacher Fahrlässigkeit scheidet III aus; es kommen dann nur §§ 222, 226 in Betracht.

10 **7) Tateinheit** ist möglich mit §§ 173 bis 174b, 176 (vgl. RG LZ **14**, 69), § 181 Nr. 1 (dort 9), § 181a I Nr. 2 (10. 8. 1982, 2 StR 358/82) und § 316 (DAR **82**, 200); mit § 240 (22. 7. 1981, 3 StR 259/81), jedoch nur dann, wenn der Täter durch den Nötigungsakt über das zur Verwirklichung der Vergewaltigung Erforderliche hinausgegangen ist (BGHR § 177 I, Konk. 2; BGHR § 239 I, Konk. 7). Zum Verhältnis zu § 178 vgl. dort 11; zu § 179 oben 2ff. und dort 13; zu § 237 dort 9; zu § 249 dort 11; zu § 255 dort 2. Wurde die Tat in Tateinheit mit Raub begangen und ist die Strafe aus § 250 I zu entnehmen, so bedarf es keiner besonderen Prüfung, ob die Vergewaltigung als ein Fall des II anzusehen ist (NStZ **89**, 72). § 241 tritt, falls das Opfer mit dem Tode bedroht wird, gegenüber § 177 zurück (GA **77**, 306); ebenso die §§ 185, 223, 239, soweit sie durch die Vergewaltigung als solche erfüllt werden; anders wenn der Täter darüber hinausgeht (GA **56**, 317; **64**, 377; **65**, 57; NJW **63**, 1683; BGH **18**, 26; StV **82**, 15; MDR/D **56**, 144; **74**, 722; **75**, 724; NJW **89**, 1228; BGHR § 177 I Konk. 9, § 239 I, Konk. 7; 10. 12. 1991, 1 StR 621/91; Frankfurt NJW **67**, 2075; vgl. aber den Fall NJW **55**, 1327; sowie MDR/D **71**, 721; GA **75**, 84). Ist zweifelhaft, ob § 177 oder § 178 gegeben ist, so gilt *in dubio pro reo;* BGH **11**, 100. In den Fällen von III ist bei bedingtem Tötungsvorsatz Tateinheit auch mit §§ 211, 212 möglich (BGH **19**, 102; **aM** MDR/D **76**, 15; 8. 1. 1986, 2 StR 660/85; vgl. zum gleichen Problem 6 zu § 251; 6 zu § 18); ferner mit § 316a (VRS **60**, 103), nicht jedoch mit § 222, wenn III gegeben ist (vgl. auch SchSch-Lenckner 35 zu § 176), anders, wenn nur einfache Fahrlässigkeit gegeben ist. §§ 177, 178 sind nicht beendet, solange Tathandlung und -erfolg andauert, daher ist tateinheitlich begange-

Straftaten gegen die sexuelle Selbstbestimmung § 177

ner Raub gegeben, falls das Opfer sich einer Wegnahmehandlung nicht zu widersetzen wagt (MDR/H 90, 294). **Tatmehrheit** mit §§ 223, 223a ist möglich, wenn der Täter eine Körperverletzung nach Beendigung des Geschlechtsverkehrs begeht (8. 12. 1982, 3 StR 397/82).

8) Sonstige Vorschriften vgl. 20 zu § 176; Nebenklage nach §§ 395, 374 I **11** Nr. 2 StPO zulässig, obwohl § 177 den § 185 verdrängt (23. 9. 1980, 5 StR 503/ 80), aber nur wenn ein Strafantrag vorliegt (30. 1. 1987, 2 StR 713/86).

Sexuelle Nötigung

178 ¹ Wer einen anderen mit Gewalt oder durch Drohung mit gegenwärtiger Gefahr für Leib oder Leben nötigt, außereheliche sexuelle Handlungen des Täters oder eines Dritten an sich zu dulden oder an dem Täter oder einem Dritten vorzunehmen, wird mit Freiheitsstrafe von einem Jahr bis zu zehn Jahren bestraft.

" In minder schweren Fällen ist die Strafe Freiheitsstrafe von drei Monaten bis zu fünf Jahren.

III Verursacht der Täter durch die Tat leichtfertig den Tod des Opfers, so ist die Strafe Freiheitsstrafe nicht unter fünf Jahren.

1) Die Vorschrift idF des 4. StrRG (1 vor § 174; ferner Prot. VI/898, 905, **1** 981, 1611, 1635) ergänzt § 177. *Krim.stat. Angaben:* BT-Drs. 10/3845, 20, 21, 25, 32. Zum **Rechtsgut** vgl. 1 zu § 177. Die Tat ist ein zweiaktiges Delikt (Nötigung und sexuelle Handlung); GA **81**, 168.

2) Täter kann jedermann sein. Es handelt sich weder um ein eigenhändiges **2** (MDR **55**, 244), noch um ein Sonderdelikt, wie sich daraus ergibt, daß auch sexuelle Handlungen eines Dritten und an einem Dritten einbezogen sind (Behm MDR **86**, 886). Eine **Frau** kann sowohl Alleintäterin (an einem Jungen oder Mädchen) wie Mittäterin sein, zB wenn sie nur geistig mitwirkt oder nötigt, während ein Mann die sexuelle Handlung vornimmt (BGH **6**, 226; vgl. auch MDR/D **58**, 139). Entsprechendes gilt für den Mann als Mittäter. **Opfer** kann eine Frau oder ein Mann sein ohne Rücksicht darauf, ob es ledig oder verheiratet ist, welchen Ruf es hat und wie alt es ist, unklar aber BGHR § 21, SVerst. 8 für den Fall eines einjährigen Kindes (!). Doch kann der Ehegatte des Opfers nicht der Täter sein, soweit es sich um sexuelle Handlungen des Täters am Opfer oder des Opfers an ihm handelt (Ber. 40; vgl. hierzu die in 1b zu § 177 genannten GesAnträge); anders hingegen, soweit das Opfer Handlungen eines Dritten dulden oder am Dritten vornehmen soll; denn insoweit handelt es sich um außereheliche Handlungen. Nur von § 240 erfaßt werden sexuelle Handlungen unter Eheleuten, die ein Dritter erzwingt, um ihnen zuzusehen.

3) Tathandlung ist die **Nötigung** (§ 240) zu einer **sexuellen Handlung 3** (4ff. vor § 174) in der Weise, daß das Opfer gezwungen wird, entweder **A.** eine solche Handlung des Täters oder eines Dritten **an sich,** dh unter **4** Körperberührung zu **dulden,** dh bewußt (aM LG Mosbach NJW **78**, 1868; SchSch-Lenckner 4) hinzunehmen, was keinen Hautkontakt, wohl aber voraussetzt, daß der Körper des anderen in Mitleidenschaft gezogen wird und nicht nur – selbst bei einem sexuell intendierten Angriff – die Kleider des Tatopfers (so 20. 5. 1992, 2 StR 73/92, zw.), oder **B. an dem Täter 5 oder einem Dritten** vorzunehmen, zB seine Hand an das Glied eines Mannes zu führen (vgl. NJW **65**, 1087). Es gilt 12 vor § 174. Die Nötigung des **6** Opfers, an sich selbst sexuelle Handlungen vor dem Täter oder einem

§ 178

Dritten vorzunehmen, fällt nur unter § 240 (NStZ **82**, 286 L; 2. 4. 1986, 2 StR 2/86; Prot. VI/ 1614); dasselbe gilt für die Nötigung, sich zu entkleiden, um nackt betrachtet oder fotografiert zu werden (NStE Nr. 5) oder für das Herunterziehen der Kleidungsstücke, solange der Körper selbst nicht iS einer sexuellen Handlung in Mitleidenschaft gezogen worden ist (17. 7. 1991, 5 StR 279/91). Wie sich aus § 177 ergibt, erfaßt § 178 nur solche sexuellen Handlungen, die nicht der Beischlaf sind. Da Mittäterschaft auch in der Form möglich ist, daß der eine nötigt, der andere sich sexuell betätigt (oben 2), wird der Fall der sexuellen Handlung eines Dritten oder an einem Dritten nur dann möglich sein, wenn Mittäterschaft ausscheidet, der Dritte zB nichts von der Nötigung weiß oder sie lediglich für sich ausnutzt (vgl. RG **27**, 422; dann ev. § 179).

7   C. **Nötigungsmittel** müssen wie bei § 177 (dort 4f.) sein entweder **a) Gewalt** (wofür schon eine Ohrfeige ausreichen kann, MDR/D **75**, 196) gegen das Opfer, *um* die sexuelle Handlung zu ermöglichen (NJW **53**, 1070; MDR **53**, 147; **59**, 589), was auch bei Gleichzeitigkeit von Gewaltanwendung und sexueller Handlung denkbar ist (BGH **17**, 1; MDR/D **74**, 366), oder um einen entsprechenden Willensentschluß des Opfers zu erreichen (11. 12. 1973, 1 StR 530/73). Gewaltsames Entfernen der Kleidung von dem Körper des Opfers ist noch keine sexuelle Handlung *an* dem Körper, solange das Entblößen selbst nicht mit einer sexuellen Handlung verbunden ist (NStZ **90**, 490). Zwischen Einsatz des Nötigungsmittels und dem sexuellen Akt muß eine finale Verknüpfung bestehen (NJW **84**, 1632; 13. 5. 1992, 2 StR 159/92), sie liegt auch im Fall einer *vorangegangenen* Gewaltanwendung und Bedrohung (NStE Nr. 7) oder auch dann vor, wenn die Gewalthandlung Gegenwehr ausschließen oder unterbinden soll, die erst über das Eingreifen Dritter den sexuellen Angriff unmittelbar abwenden soll (5. 5. 1992, 1 StR 202/92). Gewalt, um den anderen in eine Lage zu versetzen, in der er dann ohne Gewalt einwilligen soll, reicht nicht aus (GA **68**, 84). Gewalt scheidet auch aus bei überraschenden sexuellen Handlungen (BGH **31**, 77, zust. Lenckner JR **83**, 160; RG **77**, 81; Hamburg JR **50**, 409; Schmitt JuS **70**, 185) oder wenn sich der andere freiwillig in einen Zustand der Willensunfreiheit hat versetzen lassen zB durch Narkose (NJW **59**, 1092; BGH **14**, 81; Celle NJW **61**, 1079; str.;
8   aM zB Maurach NJW **61**, 1059; vgl. auch MDR/D **67**, 548; oder **b) Drohung** (5 f. zu § 240) **mit gegenwärtiger Gefahr** (3, 4 zu § 34) **für Leib oder Leben** (3, 4 zu § 35) des Opfers oder eines ihm nahestehenden Dritten. Bei anderen Drohungen (zB mit einer Ohrfeige; MDR/D **75**, 196) kommt nur § 240 in Betracht. Bei Drohung gegen mehrere ist nur *eine* Tat gegeben (BGH **6**, 81), bei fortgesetzter Tat kann eine einmalige Drohung genügen (RG DR **42**, 1322).

9   **4) Der Versuch** (§ 23) beginnt, wenn der Täter zur Gewaltanwendung oder Entäußerung der Drohung unmittelbar ansetzt (§ 22; BGHR § 177 I, Droh. 6; 5 zu § 177). **Vollendung** setzt voraus, daß sich der Täter schon durch die betreffende Handlung geschlechtliche Erregung oder Befriedigung verschaffen wollte (31. 10. 1984, 2 StR 392/84). Gewaltsames aber mangels genügender Erektion nicht gelungenes Eindringen in den Analbereich steht bei § 178 einer Tatvollendung nicht entgegen (14. 12. 1990, 3 StR 283/90).

Straftaten gegen die sexuelle Selbstbestimmung § 178

5) **Zum Wegfall des Tatbestandes** durch **Einwilligung** des Opfers und zum **Vorsatz** vgl. 3, 7 zu § 177. **Zu II,** vgl. 11 zu § 12; 42 zu § 46; 8 zu § 177; **Minder schwer** kann hier ein Fall vor allem auch deshalb sein, weil die sexuelle Handlung zwar unter § 184c Nr. 1 fällt, aber kein besonderes Gewicht hat (Koblenz NJW **74,** 870), wenn Gewalt oder Drohung nicht erheblich sind oder wenn das Opfer den Schein des Entgegenkommens gesetzt hat (31. 1. 1983, 3 StR 516/82), oder in den Fällen des Vorliegens des § 21 (24. 4. 1985, 3 StR 37/85; vgl. G. Schäfer, Tröndle-FS 395; auch 8 zu § 177). Auf der andern Seite kann angesichts einer Vielzahl von Einzelakten, des geringen Alters der Geschädigten und des wiederholten durch Schläge erzwungenen Oralverkehrs die Ablehnung eines minder schweren Falles selbst dann in Betracht kommen, wenn allein im Hinblick auf die Voraussetzungen des § 21 (dort 7) ein minder schwerer Fall vorliegen könnte (7. 1. 1992, 1 StR 595/91 mwN). **Zu III** (qualifizierter Fall) vgl. 6 zu § 18; 9 zu § 177.

10

6) **Tateinheit** ist möglich mit §§ 174 bis 176; § 177, wenn durch eine einzige Nötigungshandlung zugleich eine Tat nach § 177 an einer anderen Frau begangen wird (MDR/H **80,** 272; GA **81,** 168; ferner 3 vor § 52) oder sich an den Beischlaf ein gewaltsamer Analverkehr (18. 1. 1985, 2 StR 803/84) oder an eine versuchte Vergewaltigung eine Tat nach § 178 anschließt (NStZ **85,** 546); § 223, wenn beim erzwungenen Analverkehr das Opfer heftige Schmerzen verspürte (NStE Nr. 7); § 223a (EzSt § 352 StPO Nr. 1); § 237 (dort 9); § 239, wenn die Freiheitsberaubung nicht nur das Nötigungsmittel nach § 178 ist (vgl. BGH **18,** 26; NStZ **88,** 71; 17. 7. 1992, 2 StR 212/92); § 249 (dort 11; 14. 10. 1970, 2 StR 419/70); § 255 (18. 4. 1979, 2 StR 72/ 79; 20. 7. 1982, 1 StR 343/82; 24. 8. 1983, 2 StR 473/83); § 316, wenn die Tat während der Fahrt begangen wird (DAR **82,** 200; VRS **65,** 134); Hinter § 177 tritt § 178 zurück, BGH **33,** 146 (auch wenn es nur zum Versuch des § 177 gekommen ist (NStE Nr. 2; 18.9. 1991, 2 StR 247/ 91), es sei denn, daß von mehreren Einzelbetätigungen ein Teil nur § 178, der andere nur § 177 erfüllt (BGH **1,** 154; **11,** 102; **17,** 1); das gilt zB auch, wenn der Täter nicht nur typische Vorbereitungshandlungen zum Geschlechtsverkehr vornimmt (mögen sie auch gewaltsam vorgenommen werden, 4. 9. 1980, 4 StR 470/80), sondern einen Akt von eigenem Unwert wie den Mundverkehr erzwingt (MDR/H **80,** 985; NStE § 177 Nr. 7). Im Falle von §§ 177, 22 darf aber die Mindeststrafe des § 178 nicht unterschritten werden (BGH **1,** 156). Tritt der Täter vom Versuch nach § 177 zurück, so bleibt er nach § 178 strafbar (BGH **1,** 156; **7,** 296; 2. 4. 1980, 2 StR 18/80; Düsseldorf NJW **83,** 767). Statt Wahlfeststellung zwischen § 178 und § 177 gilt *in dubio pro reo* (BGH **11,** 100). Zum Verhältnis zu § 185 vgl. 24 zu § 185 und zu den Konkurrenzen im Falle von III vgl. 10 zu § 177. § 179 I wird von § 178 verdrängt (12 zu § 179).

11

7) **Sonstige Vorschriften** 20 zu § 176.

12

Sexueller Mißbrauch Widerstandsunfähiger

179 ¹ Wer einen anderen, der
1. wegen einer krankhaften seelischen Störung, wegen einer tiefgreifenden Bewußtseinsstörung oder wegen Schwachsinns oder einer schweren anderen seelischen Abartigkeit zum Widerstand unfähig ist oder
2. körperlich widerstandsunfähig ist,
dadurch mißbraucht, daß er unter Ausnutzung der Widerstandsunfähig-

§ 179

keit außereheliche sexuelle Handlungen an ihm vornimmt oder an sich von dem Opfer vornehmen läßt, wird mit Freiheitsstrafe bis zu fünf Jahren oder mit Geldstrafe bestraft.

^{II} Wird die Tat durch Mißbrauch einer Frau zum außerehelichen Beischlaf begangen, so ist die Strafe Freiheitsstrafe von einem Jahr bis zu zehn Jahren, in minder schweren Fällen Freiheitsstrafe von drei Monaten bis zu fünf Jahren.

1   1) **Die Vorschrift** idF des 4. StrRG (1 vor § 174; ferner Prot. VI/1108, 1615, 1629, 1637, 2113) erfaßt in I außereheliche sexuelle Handlungen und im Qualifikationstatbestand des II den außerehelichen Beischlaf mit einer widerstandsunfähigen Frau. *Krim.stat. Angaben* BT-Drs. 10/3845, 27, 34, 39. **Rechtsgut** ist die freie geschlechtliche Selbstbestimmung derer, die einen sexuellen Widerstandswillen nicht oder nicht sinnvoll fassen oder ihn körperlich nicht betätigen können (BGH **32**, 185; KG NJW **77**, 817; Schall JuS **79**, 105; vgl. hierzu EGMR NJW **85**, 2075). Dem Brechen der Widerstandskraft (§§ 177, 178) wird die Ausnutzung der Widerstandslosigkeit gleichgestellt (NJW **83**, 636 m. Anm. Geerds JR **83**, 254).

2   2) **Die Tat** ist ein einaktiges Delikt und, da der in § § 177, 178 verwendete Zusatz „einem Dritten" fehlt, zugleich ein **eigenhändiges** (KG NJW **77**, 817; LK-Laufhütte 17; SchSch-Lenckner 15; SK-Horn 15; Gössel BT 1 § 24, 32; hM; abw. Herzberg JuS **75**, 172; Schall JuS **79**, 109; M-Schroeder § 18, 36), und zwar nicht nur in der qualifizierten Form nach II, wo Täter nur der Mann sein kann, der selbst den Beischlaf vollzieht (hM), sondern auch in den Fällen von I, da der Täter auch hier körperlichen Kontakt mit dem Opfer haben muß. Mittelbare Täterschaft etwa in der Weise, daß jemand einen anderen zu einer Tat nach § 179 bestimmt, der von der seelischen Störung seines Partners nichts weiß, ist daher ebenso ausgeschlossen wie Mittäterschaft eines körperlich Unbeteiligten (KG NJW **77**, 817; aM Schall JuS **79**, 110). Er kann nur Anstifter oder Gehilfe sein. Bei zwei Beteiligten kann die Unmöglichkeit völliger Sachverhaltsaufklärung dazu führen, daß beide nur als Gehilfen bestraft werden (vgl. RG **71**, 364; 14 zu § 1).

3   3) **Täter** kann im übrigen jeder Mann und jede Frau sein, jedoch nicht der Ehegatte des Opfers, der nur Anstifter oder Gehilfe sein kann, da das Gesetz nur außereheliche sexuelle Handlungen erfaßt (hierzu 1 b zu § 177).

4   4) Die **Widerstandsunfähigkeit des Opfers,** das im Falle des I ein Mann oder eine Frau, ohne Rücksicht auf Alter, Geschlechtsreife, Ruf oder Ehestand sein kann, muß beruhen

5   **A. nach I Nr. 1** auf **psychischen Störungen** iS von § 20 (dazu krit. Hanack NJW **74**, 3); vgl. Anm. dort. Diese Störung muß ursächlich dafür sein, daß das Opfer zum Widerstand gegen die sexuelle Handlung des Täters entweder schon körperlich (zB Narkose) oder aber mindestens psychisch (Ber. 41; Prot. VI/1630) unfähig ist, womit sowohl die Fälle gemeint sind, in denen das Opfer einen Widerstandsentschluß überhaupt nicht fassen kann, zB Schlaf (MDR/H **83**, 280; BGH **38**, 71 m. Anm. Molketin NStZ **92**, 179), Hypnose, völlige Erschöpfung (GA **77**, 145; NStZ **85**, 70; NJW **86**, 77 m. Anm. R. Keller JR **86**, 343); Alkoholeinwirkung (29. 4. 1980, 5 StR 98/80), Schock (vgl. RG **73**, 271; MDR/D

Straftaten gegen die sexuelle Selbstbestimmung § 179

58, 13; **68**, 727), als auch die, in denen der Zustand das Opfer erkenntnis- oder willensmäßig außerstande setzt, sinnvolle Entscheidungen über sein Sexualverhalten zu treffen und deshalb den Widerstand nicht entwickeln kann, den es ohne die Störung vermutlich leisten würde (aM LK 8; SK 4 und krit. 9; vgl. dazu RG **70**, 32; BGH **2**, 58). Die – möglicherweise nur vorübergehende – Widerstandsunfähigkeit kann auch in einer geistig-seelischen Erkrankung iS der §§ 20, 21, zB in einer zoenästhetischen Schizophrenie bestehen (BGH **36**, 146 m. Anm. Hillenkamp NStZ **89**, 529; NStZ Nr. 2). Daß Bewußtlosigkeit eine extreme Form der Störung des normal gegebenen Bewußtseins ist (Prot. VI/1630, 1632), sollte nicht zw. sein. In den Fällen von Schwachsinn wird das nur bei seinen schweren Formen (Imbezillität; Idiotie, vgl. BGH **2**, 58) in Betracht kommen, wenn etwa kein ausreichender Widerstandswillen mehr gebildet werden kann, nicht aber, wenn ein vorhandener Widerstandswille gebeugt wird (NStZ **81**, 139). Auch Nymphomanie wird idR nur zu einer Beeinträchtigung der Widerstandsfähigkeit führen (Ber. 41; Prot. VI/ 1631); bei Schizophrenen kann diese Fähigkeit außerhalb akuter Schübe noch gegeben sein (vgl. Prot. VI/1616); „pubertäre Religionshinwendung" ist keine *schwere* seelische Abartigkeit (NJW **86**, 1053 m. krit. Anm. Jakobs NStZ **86**, 216; Gössel JR **86**, 516) oder kann

B. nach I Nr. 2 körperliche Widerstandsunfähigkeit sein. Da schon I 6 Nr. 1 gewisse Fälle erfaßt (oben 5), kommen hier nur solche in Frage, die keine psychische Störung zur Ursache haben, so zB Krankheiten anderer Art (Querschnittlähmung) oder Zustände wie Fesselung (BGH **30**, 145; NJW **86**, 77; Prot. VI/1631), Knebelung oder Festgehaltenwerden von andern, die keine sexuellen Motive haben (Fall RG **27**, 422), jedoch dann, wenn das Opfer *jeglicher* Abwehrhandlung unfähig ist (NJW **83**, 636 m. Anm. Geerds JR **83**, 254). Kinder oder Jugendliche, die entwicklungsbedingt noch widerstandsunfähig sind, werden durch § 179 nicht geschützt (BGH **30**, 144; NJW **86**, 1053).

5) **Tathandlung nach I** ist die mißbräuchliche Ausnutzung der Wider- 7 standsunfähigkeit, die voraussetzt, daß der Täter **A.** eine **sexuelle Handlung an dem Opfer vornimmt** oder von ihm **an sich vornehmen läßt** (4 ff. vor § 174; 9 zu § 174); diese 2. Alt. ist auch in den Fällen von I Nr. 2 nicht ausgeschlossen (abw. Prot. VI/2113; SchSch-Lenckner 8); ob einige Erheblichkeit gegeben ist, hängt nicht zuletzt von Alter, Geschlecht oder Zustand des Opfers ab. Das Küssen einer Schlafenden scheidet aus; und **B.** 8 dabei die **Widerstandsunfähigkeit** des Opfers **ausnutzt**, dh sie benutzt, um mit ihrer Hilfe zu der sexuellen Handlung zu kommen (LG Mainz MDR **84**, 773; LK 13). Daran fehlt es zB, wenn in den Fällen von 6 der Betroffene einwilligt oder in Fällen von zB Trunkenheit, Narkose, Drogenzuständen vor Eintritt des Zustandes eingewilligt hat (vgl. MDR/D **58**, 13; Hamm HESt. **2**, 150); wenn sexuelle Beziehungen in einer Phase psychischer Störung ohne Widerstand des Gestörten lediglich fortgesetzt werden (Ber. 41) oder eine hochgradig schwachsinnige Frau ein festes Verhältnis eingeht; denn § 179 darf nicht dazu führen, daß Menschen mit geistigen Störungen schlechthin zu sexueller Enthaltsamkeit gezwungen werden (Ber. 41; Prot. VI/1618; KG NJW **77**, 817; Schall JuS **79**, 104; sehr weitgehend BGH **32**, 186; krit. Herzberg/Schlehofer JZ **84**, 481; Geerds JR **84**, 430; unten 9 aE).

§ 179

Nützt der Täter nur eingeschränkte Abwehrmöglichkeiten des Tatopfers zum gewaltsamen Geschlechtsverkehr aus, so ist § 177 und nicht § 179 gegeben (MDR/H **90**, 702). Es gehört weiterhin zum Tatbestand, daß der

9 Täter **C. durch seine Handlung das Opfer mißbraucht.** Das wird idR zutreffen, wenn der Täter eine krankhafte seelische Störung oder tiefgreifende Bewußtseinsstörung ausnutzt (LG Mainz aaO). Dabei läßt die Einwilligung des Opfers den Mißbrauch meist nicht entfallen, soweit es sich um einwilligungsunfähige Opfer handelt (so schon RG **7**, 427), die § 179 gerade schützen will (vgl. BGH **2**, 59; anders etwa bei ärztlichem Anraten). Deshalb verlangt das Gesetz auch keine Nötigung durch den Täter. Nötigt er iS von § 240, wird Mißbrauch zu bejahen sein. Bedient er sich der Gewalt oder Drohung iS von §§ 177, 178, so hält er zum mindesten das Opfer nicht für widerstandsunfähig, so daß nur diese Vorschriften anzuwenden sind (NStZ **81**, 23). Hat der Täter den Zustand des ahnungslosen Opfers herbeigeführt (zB durch Alkohol), um dann sexuelle Handlungen an ihm vornehmen zu können, ist Mißbrauch stets gegeben (vgl. SK 12). Geht die Initiative hingegen vom Opfer aus, so hängt es vor allem in den Fällen von Schwachsinn und seelischer Abartigkeit von den gesamten Umständen ab, ob Mißbrauch vorliegt (vgl. Ber. 41; die kontroverse Diskussion Prot. VI/1622f.; BGH **2**, 60). Nach BGH **32**, 185 soll kein Mißbrauch im Falle eines 27jährigen Erziehers vorliegen, der sich in ein 14jähriges hochgradig schwachsinniges, körperlich aber voll entwickeltes Mädchen, das in seiner affektiven Entwicklung aber lediglich den Stand eines einjährigen Kindes erreicht hat, „verliebt" hatte (hiergegen zutr. Herzberg/Schlehofer JZ **84**, 481; Geerds JR **84**, 430).

10 6) **Qualifiziert** ist die Tat **nach II** (Verbrechen; Versuch anders als bei I strafbar), wenn die außereheliche (vgl. hierzu die GesAnträge 2 zu § 177) sexuelle Handlung **der Beischlaf** (6 zu § 173) und der Tatbestand des I im übrigen voll verwirklicht ist. Zum **minder schweren Fall** vgl. 11 zu 12; 42 zu § 46. Tritt der Täter vom Versuch des II nach § 24 zurück, so kann I bleiben (vgl. 11 zu § 178).

11 7) **Vorsatz** ist erforderlich; bedingter genügt (vgl. Hamm HESt. **2**, 270); er hat (in der Laiensphäre) den Zustand des Opfers, dessen daraus resultierende Widerstandsunfähigkeit und die Umstände zu umfassen, die den Schluß auf Ausnutzung und Mißbrauch begründen; zieht der Täter den Schluß nicht, so ist das ein Subsumtions- und ev. Verbotsirrtum. Handelt es sich bei den Opfern um Manisch-Depressive, Schwachsinnige (BGH **2**, 58; 3. 6. 1980, 5 StR 268/80) oder Nymphomane, kann es nicht selten am Vorsatz fehlen, jedoch setzt die vorsätzliche Begehung einer Tat nach § 179 keine exakte medizinische Diagnose durch den Täter voraus (Fall einer zoenästhetischen Schizophrenie: NStE Nr. 2). Auch insoweit ist Verbotsirrtum nicht ausgeschlossen (vgl. JR **54**, 188).

12 8) **Konkurrenzen.** Innerhalb von § 179 wird I von II verdrängt, es sei denn, daß selbständige Einzelhandlungen auch I vorliegen (11. 5. 1978, 4 StR 209/78, vgl. 11 zu § 178). Tateinheit ist möglich zB mit §§ 173 bis 176 (BGH **38**, 71), §§ 237, 240 und 315b (JR **83**, 210 m. Anm. R. Keller). § 185 tritt zurück, wenn nicht über § 179 hinausgehende Handlungen hinzutreten. Von §§ 177, 178 wird § 179 verdrängt (18. 1. 1983, 1 StR 757/82; vgl. oben 9; 2ff. zu § 177).

13 9) **Sonstige Vorschriften** 20 zu § 176.

Straftaten gegen die sexuelle Selbstbestimmung § 180

Förderung sexueller Handlungen Minderjähriger RiStBV 221, 222

180 I Wer sexuellen Handlungen einer Person unter sechzehn Jahren an oder vor einem Dritten oder sexuellen Handlungen eines Dritten an einer Person unter sechzehn Jahren
1. durch seine Vermittlung oder
2. durch Gewähren oder Verschaffen von Gelegenheit

Vorschub leistet, wird mit Freiheitsstrafe bis zu drei Jahren oder mit Geldstrafe bestraft. Satz 1 Nr. 2 ist nicht anzuwenden, wenn der zur Sorge für die Person Berechtigte handelt; dies gilt nicht, wenn der Sorgeberechtigte durch das Vorschubleisten seine Erziehungspflicht gröblich verletzt.

II Wer eine Person unter achtzehn Jahren bestimmt, sexuelle Handlungen gegen Entgelt an oder vor einem Dritten vorzunehmen oder von einem Dritten an sich vornehmen zu lassen, oder wer solchen Handlungen durch seine Vermittlung Vorschub leistet, wird mit Freiheitsstrafe bis zu fünf Jahren oder mit Geldstrafe bestraft.

III Wer eine Person unter achtzehn Jahren, die ihm zur Erziehung, zur Ausbildung oder zur Betreuung in der Lebensführung anvertraut oder im Rahmen eines Dienst- oder Arbeitsverhältnisses untergeordnet ist, unter Mißbrauch einer mit dem Erziehungs-, Ausbildungs-, Betreuungs-, Dienst- oder Arbeitsverhältnis verbundenen Abhängigkeit bestimmt, sexuelle Handlungen an oder vor einem Dritten vorzunehmen oder von einem Dritten an sich vornehmen zu lassen, wird mit Freiheitsstrafe bis zu fünf Jahren oder mit Geldstrafe bestraft.

IV In den Fällen der Absätze 2 und 3 ist der Versuch strafbar.

1) Die Vorschrift idF des 4. StrG (1 vor § 174; ferner Hearing: Prot. VI/ 860ff., 1028, 1038ff., 1101; Beratungen: Prot. VI/1636, 1659, 1662, 1721, 2107, 2113; Prot. VII/15, 25, 27) läßt straflos: Verkuppeln von über Sechzehnjährigen, auch aus Gewinnsucht (soweit nicht II, III); Ehegattenkuppelei (soweit nicht § 181a III); Elternkuppelei (soweit nicht I); Partnertausch und Gruppensex; Kuppelei mit hinterlistigen Kunstgriffen; Zimmervermietung in Stundenhotels zu hohen Preisen; kupplerische Veranstaltungen („Reise"-unternehmen; gewisse Schaustellungen, Prot. VI/1640, vgl. LK-Laufhütte vor 1). Bei § 180 geht es vor allem um **Jugendschutz. Rechtsgut** ist die von vorzeitigen oder gefährlichen sexuellen Erlebnissen ungestörte Entwicklung des jungen Menschen (der Verletzter iS von § 61 Nr. 2 StPO ist, Horstkotte JZ 74, 86); für III gilt 1 zu § 174. **Schrifttum:** *Franzheim* GA 62, 129; *Lenz/Kellner,* Die körperliche Akzeleration, 1965; *Ausubel,* Sexualverhalten im Jugendalter, 1968; *Hanack,* DJT-Gutachten 1968 S. 159 ff.; *Horstkotte* JZ 74, 84; *Schroeder* ZRP 92, 296; weiteres Schrifttum Prot. VI/1151. Ergänzt wird § 180 durch § 119 I OWiG, wo u.a. das Anbieten von Gelegenheit zu sexuellen Handlungen in gewissen Formen mit Bußgeld bedroht wird.

Täter wie **Opfer** können männlichen oder weiblichen Geschlechts sein, so daß sowohl heterosexuelle wie homosexuelle, also auch lesbische Handlungen (vgl. RG 48, 197; Celle GA 71, 252; LG Berlin NJW 63, 404) erfaßt werden.

2) Die Förderungshandlungen der 3 Tatbestände beziehen sich auf sexuelle Handlungen (unten 9) einer geschützten Person, und zwar **A.** in **Abs. I** einer Person **unter 16 Jahren.** I auf 14- bis noch nicht 16jährige zu

§ 180

beschränken (so anscheinend Ber. 44; Prot. VI/1662), wäre zwar mit Rücksicht auf I S. 2 erwünscht, widerspricht aber dem Wortlaut des Gesetzes (wie hier auch Prot. VI/2107) und würde zur Straflosigkeit der Verkuppelung von Kindern führen, die nicht stets unter §§ 176, 26, 27 fällt (unten 6).

6 **b) Tathandlung** ist das **Vorschubleisten** in den Formen 7, 8 (auf die es beschränkt ist, BGH **21**, 276; Köln NJW **67**, 455); es setzt das Schaffen günstigerer Bedingungen für sexuelle Handlungen (BGH **10**, 386; NJW **59**, 1284; Düsseldorf JMBlNW **50**, 81; Celle GA **71**, 252) voraus und ist damit eine zur selbständigen Straftat erhobene **Beihilfe** (vgl. GrSenBGH **6**, 48; NJW **59**, 1284) zu fremden, idR strafloser (vgl. Celle GA **71**, 252; unten 25) sexuellen Handlungen anderer, geht aber insoweit über Beihilfe iS von § 27 hinaus, als es nur zur Bereitschaft mindestens eines Partners (vgl. BGH **10**, 387) zu den sexuellen Handlungen zu kommen braucht, nicht aber zu diesen selbst, so daß die Tat schon mit dem Vorschubleisten vollendet ist (RegE 23; Ber. 44; Prot. VI/1721; LK 4; aM SK-Horn 37) und damit insoweit auch die **erfolglose** sowie die nicht **kausale** Beihilfe umfaßt (zu § 180 aF BGH **1**, 116; **10**, 386; vgl. auch zu § 181 aF BGH **24**, 29; aM zu II SchSch-Lenckner 10; für das Vermitteln Düsseldorf JMBlNW **50**, 81). Jedoch muß die geförderte sexuelle Handlung nach Beihilfegrundsätzen (9 zu § 27; 7 zu § 30) hinsichtlich Ort und Zeit bis zu einem gewissen Grad konkretisiert sein (LK 4; weiter wohl Prot. 7/15); das gilt auch hinsichtlich des Partners des Opfers (vgl. unten 7, 8; aM SchSch 6; zur Problematik bei § 180 aF BGH **10**, 387). Das Opfer muß stets hinreichend konkretisiert sein, doch kann es sich um noch unbestimmte einzelne aus einer Gruppe handeln. An der Konkretisierung fehlt es, auch wenn mit Ausnutzung durch noch nicht Sechzehnjährige zu rechnen wäre, zB beim Bauen oder Unterhalten eines Bordells oder Eros-Centers (Prot. VI/1652), beim Unterhalten eines Lokals für Homosexuelle, Anbahnen von Beziehungen durch Zeitungsannoncen (arg. § 119 I OWiG); bloßes Überlassen des Hausschlüssels an den Minderjährigen.

7 **c) Nr. 1: Vermittlung,** dh Herstellen persönlicher Beziehungen zwischen dem Opfer und einem Partner (vgl. RG **20**, 202; **29**, 109; BGH **1**, 116; vgl. auch NStZ **83**, 172 zu § 16 I KriegswaffG). Nr. 1 ist mit Rücksicht auf I S. 2 (Beschränkung auf Nr. 2) und II 2. Alt. (Beschränkung auf Nr. 1) ausschließlich auf die Partnervermittlung bezogen (Prot. VI/1641, 1647; vgl. aber auch 1652), Nr. 2 hingegen ist auf den Fall beschränkt, daß das Opfer schon einen Partner hat oder sich, unabhängig von dem Vorschubleistenden, sucht. Partnervermittlung ist zB anzunehmen, wenn einem Fünfzehnjährigen die Adresse einer Prostituierten (vgl. RG **11**, 149) oder Geld für den Besuch eines Dirnenwohnheims (aM SchSch 15; RG **51**, 46 nimmt Verschaffen von Gelegenheiten an) gegeben oder eine Fünfzehnjährige zu einer Party oder in ein Feriendorf gebracht wird, wo sie entsprechende Partner erwarten sollen (abw. SchSch 8). Das bloße psychische Einwirken, sich selbst einen Partner zu suchen (KG NJW **77**, 2225), oder das Animieren durch Verschaffen pornographischer Bilder oder Schriften reicht nicht aus (vgl. Köln NJW **67**, 455). Das Opfer braucht zu einer sexuellen Handlung noch nicht entschlossen zu sein (vgl. BGH **10**, 386; aM SK-Horn 7). Oder

Straftaten gegen die sexuelle Selbstbestimmung § 180

d) Nr. 2: Gewähren oder Verschaffen von Gelegenheit für das Opfer 8
und dessen Partner, den diese schon hat oder sich selbst beschafft. Das
Opfer muß hier zu sexuellen Handlungen bereit sein. Gewähren ist das
Zurverfügungstellen von Räumen, über die der Täter verfügt, auf Initiative eines der Partner (NJW 59, 1284; aM LK 6; SK 12; vgl. auch Bay NStZ
91, 496 [zu § 29 I Nr. 10 BtMG]), so auch in einer Bar zur Zurschaustellung sexueller Handlungen (Celle GA 71, 251). Verschaffen ist das Besorgen eines geeigneten Platzes, das Nachweisen eines Absteigequartiers oder
Stundenhotels, das Vermitteln eines entsprechenden Zeltlagers, das Bringen an geeignete Orte (vgl. GA 66, 337). Das Verschaffen antikonzeptioneller Mittel reicht nicht aus (Prot. VI/1671; aM SK 10).

e) Sexuellen Handlungen des Opfers (4 ff. vor § 174) **an oder vor** einem 9
Dritten (12 vor § 174) **oder sexuellen Handlungen des Dritten an dem
Opfer** muß der Täter Vorschub leisten. Handlungen des Dritten vor dem
Opfer sowie solche des Täters oder an ihm erfüllen den Tatbestand nicht;
ebensowenig Handlungen des Opfers an sich, vor dem Täter oder mit
Tieren. Dabei ist zu beachten, daß es nur um geplante Handlungen (oben 6)
zu brauchen, die nur insoweit konkretisiert zu sein brauchen, wie es
der Beschreibung in I entspricht.

f) Durch Unterlassen kann die Tat begangen werden (Ber. 44), wenn 10
der Täter Garantenstellung (5 ff. vor § 13) und das Unterlassen die Qualität
einer Tathandlung nach 7, 8 hat. Garantenstellung haben u. a. die Eltern
(die allerdings im Rahmen von I S. 2 tatbestandslos handeln; unten 11 ff.);
diejenigen, denen das Opfer zur Erziehung, zur Ausbildung oder zur Betreuung in der Lebensführung anvertraut ist (2 ff. zu § 174; III ist insoweit
nicht lex specialis zu I); aber auch die Großeltern, die mit dem Opfer
zusammen leben; der Hausherr gegenüber einem entfernten, in die Wohnung aufgenommenen Angehörigen, einer Hausangestellten oder einem
Untermieter nur, wenn Anvertrautsein gegeben ist; der Arbeitgeber (III)
oder der Leiter eines Lokals gegenüber jungen Gästen nur unter besonderen
Umständen. Der Garant muß die Möglichkeit haben, erfolgreich einzuschreiten, und die in Betracht kommenden Maßnahmen müssen ihm auch
zuzumuten sein (GrSenBGH 6, 57), gegenüber noch nicht Sechzehnjährigen wird das weitgehend der Fall sein; anders etwa gegenüber einem gewalttätigen Partner. Die Grenzziehung zwischen aktivem Tun und Unterlassen ist bei I, vor allem bei Nr. 2, schwierig (vgl. MDR/D 55, 269; LK 8).
Auch wenn aktives Tun feststellbar ist, können in Grenzfällen die Zumutbarkeitsgrundsätze angewendet werden (vgl. BGH 6, 58).

g) Das Erziehungsprivileg des I S. 2 (Schlechterstellung für andere Garanten!) gilt nur für Taten nach I Nr. 2; es schließt den Tatbestand (Ber. 45; Prot. 11
VI/1670; SchSch 12; Bockelmann BT/2 § 29 III 1 c; krit. Becker FamRZ 74, 508)
in folgendem Umfang aus: Der für die Person des Opfers **Sorgeberechtigte**, 12
also für das eheliche Kind idR die Eltern (§ 1626 BGB; auch iVm § 1754 BGB)
oder ein Elternteil (§§ 1671, 1680 BGB), für das nichteheliche Kind dessen
Mutter (§ 1705 BGB); aber in beiden Fällen evtl. auch ein Vormund (§ 1793
BGB) oder Pfleger (§ 1630 III, 1671 V, 1680 II S. 2 BGB), dh möglicherweise
das Jugendamt (§§ 1791 b, 1791 c; 1915 BGB [nicht aber solche, auf die nur die
Ausübung des Rechts unter Vorbehalt übertragen wurde; vgl. SchSch 21; insoweit gilt unten 14]; dann ist der dort für den noch nicht Sechzehnjährigen
Verantwortliche der Privilegierte und mögliche Täter; enger Becker aaO 511)

1053

§ 180

BT Dreizehnter Abschnitt

handelt in den Fällen von I Nr. 2 (also nicht bei etwaigem Vermitteln nach Nr. 1! oben 7) grundsätzlich tatbestandslos. Gedacht ist bei dieser äußerst problematischen Vorschrift (Schroeder, Lange-FS 391) einmal an den sog. „pädagogischen Notstand" (Ber. 44; Prot. 7/26), der für §§ 180, 181 aF in den Fällen des Unterlassens und eines Grenzbereichs mit der Formel der Unzumutbarkeit gelöst wurde (oben 10); zum anderen aber an einen Spielraum, der den Eltern gestattet, ihren Kindern eine praktische sexuelle Betätigung zu ermöglichen, die jene „unter dem Gesichtspunkt einer sinnvollen, verantwortungsbewußten Sexualerziehung für angebracht halten" (so Ber. 45!). Selbst eine Verletzung der

13 Erziehungspflicht läßt das Privileg bestehen. Eine **gröbliche Verletzung seiner Erziehungspflicht** macht das Handeln des Sorgeberechtigten tatbestandsmäßig. Die Grenze, wo die einfache in eine gröbliche Verletzung übergeht, ist theoretisch wie praktisch kaum zu bestimmen (Prot. VI/1667), zumal die zu beachtenden Vorstellungen des Sorgeberechtigten an Kriterien zu messen sind, für die keine übereinstimmenden Auffassungen mehr vorhanden sind (vgl. LK 12; R. Keller, Baumann-FS 231). § 1666 BGB, der an sich unberührt bleibt (Ber. 46), liefert nur eine schwache Orientierungslinie (vgl. RegE 23). Im Rahmen von a) soll es sich halten, wenn Eltern ihre 15 Jahre alte Tochter mit deren 17 Jahre alten festen Freund in ihrer Wohnung übernachten lassen (Ber. 45), auch wenn die Tochter früher häufig wechselnde sexuelle Kontakte hatte (Prot. VI/1642). So lange der Freund noch kein „fester" ist, die Eltern aber darauf hoffen, daß er es wird, ist vielleicht nur eine einfache Verletzung der Erziehungspflicht anzunehmen (?). Als gröbliche Verletzung ist es jedenfalls anzusehen, wenn das Vorschubleisten sich auf ein Kind unter 14 Jahren bezieht (arg. § 176; hierzu Tröndle, R. Schmitt-FS 233) oder auf Perversitäten, homosexuelle (arg. § 175), auch lesbische Betätigung gerichtet ist, oder wenn die Eltern wechselnden Geschlechtsverkehr ihrer Tochter in ihrer Wohnung zulassen (Prot. VI/1663), vor allem aus eigennützigen Motiven (Reg. E 23), oder Verkehr mit einem viel älteren Mann, von dem sie einen ungünstigen Einfluß auf ihre Tochter zu erwarten haben. Auch aktive sexualpädagogische Experimente sind stets

14 eine gröbliche Verletzung (Horstkotte aaO 87). **Die Einwilligung des Sorgeberechtigten** macht (Streichung des „verlängerten Erzieherprivilegs" auf Vorschlag des Vermittlungsausschusses) das Handeln eines anderen nicht tatbestandslos, so daß dieser trotz Einwilligung strafbar ist, auch wenn die Einwilligung die Erziehungspflicht des Sorgeberechtigten nicht gröblich verletzen würde (M-Schroeder § 17, 40; aM LK 11; SchSch 33; SK 16). Sind der Sorgeberechtigte und andere an der Handlung beteiligt, so ergibt sich danach: Ist der Sorgeberechtigte Alleintäter (auch als mittelbarer Täter) und verletzt er seine Erziehungspflicht gröblich, so sind alle strafbar; tut er das nicht, so sind nicht Privilegierte auch als Anstifter oder Gehilfen straflos (Teilnahme an tatbestandsloser Handlung), selbst wenn sie irrig die Voraussetzungen einer gröblichen Erziehungspflichtverletzung annehmen (straflos versuchte Teilnahme). Sind der Sorgeberechtigte und ein anderer Mittäter, so ist dieser stets strafbar, jener nur bei Pflichtverletzung. Ist ein anderer Alleintäter, so ist er stets strafbar, der Sorgeberechtigte als Anstifter oder Gehilfe dann straflos, wenn keine gröbliche Pflichtverletzung vorliegt (Einschränkung der Tatbestandsausdehnung durch die §§ 26, 27; was der Sorgeberechtigte als Täter straflos tun kann, muß er auch als Teilnehmer können; vgl. Horstkotte aaO 87; Lackner 12); sie kann allerdings uU darin liegen, daß er einen anderen handeln läßt. Handelt der beteiligte Sorgeberechtigte tatbestandslos, so sind doch andere, die ihn zur Anstiftung anstiften oder ihm helfen (Kettenanstiftung oder -beihilfe) strafbar, da sie zur Haupttat anstiften oder mindestens helfen (12 vor § 25). Ähnlich wie hier Lackner 11; abw. SchSch 17.

§ 180

B. in Abs. II einer Person unter 18 Jahren. Die Gefahr, daß das Opfer in 15 die Prostitution abgleiten könne, ist ein gesetzgeberischer Grund für die Vorschrift (Ber. 46; Prot. VI/1721), aber nicht Tatbestandsmerkmal. Daß es schon vorher der Prostitution nachgegangen war, steht der Verurteilung nach II nicht entgegen (MDR/H 77, 809). **Tathandlungen** sind, daß der Täter (oben 1 ff.)

a) das Opfer erfolgreich dazu **bestimmt** (11 zu § 174), sexuelle Handlun- 16 gen in dem Umfange oben 9 vorzunehmen (zB Striptease) oder an sich von einem Dritten vornehmen zu lassen, und zwar **gegen Entgelt** (37 zu § 11), dh auf Grund einer Einigung, wonach das Entgelt die Gegenleistung für die sexuelle Handlung sein soll. Bloßes Bewirten, um das Opfer geneigter zu machen, reicht also nicht aus. Ob das Entgelt das ausschlaggebende Motiv für das Opfer darstellt, ist ohne Bedeutung (Gössel BT 1 § 27, 61; aM RegE 24; SchSch 31). Das Entgelt kann nachträglich oder überhaupt nicht gezahlt werden (dann mindestens strafbarer Versuch). Zahlen kann es der Dritte, der Täter oder ein beliebiger anderer. Es kann einem Unbeteiligten (Zuhälter) zufließen. Der Täter braucht am Entgelt weder beteiligt noch interessiert zu sein (RegE 24; Horstkotte aaO 87; vgl. LK 14; SK 28, 29);

b) diesen Handlungen (16 iVm 9) **Vorschub leistet** (oben 6), und zwar 17 durch seine **Vermittlung** (oben 7); zB durch Mitnahme zu einer Party, wo das Opfer einem zahlenden Partner zugespielt werden soll (Ber. 46; Prot. VI/1721). Gewähren oder Verschaffen von Gelegenheit (oben 8) reicht nicht aus. Seltsam ist, daß das Bestimmen von Personen unter 18 Jahren zur Vornahme sexueller Handlungen iS des II durch diese Regelung strafbar ist, die Vornahme solcher Handlungen durch den Täter aber straflos bleibt (Schroeder ZRP 92, 296).

C. in Abs. III einer Person unter 18 Jahren, die dem Täter zur **Erzie-** 18 **hung** (3 zu § 174), zur **Ausbildung** (4 zu § 174) oder zur **Betreuung in der Lebensführung** (5 zu § 174) **anvertraut** (2 zu § 174) oder im Rahmen eines Dienst- oder Arbeitsverhältnisses **untergeordnet** ist (6 zu § 174). Der Tatbestand, der systematisch zu § 174 gehört, unterscheidet sich vom Fall des § 174 II Nr. 2 iVm I Nr. 2 nur dadurch, daß **a)** der Schutzbefohlene erfolgreich (bei Erfolglosigkeit strafbarer **Versuch nach IV**; vgl. oben 18) dazu 19 bestimmt wird, die sexuelle Handlung an oder vor einem **Dritten** vorzunehmen (wird sie zugleich vor dem Täter vorgenommen, Tateinheit mit § 174 II Nr. 2 möglich) oder von einem Dritten an sich vornehmen zu lassen (nicht ausreichend Handlungen des Dritten vor dem Opfer); **b)** die in 20 § 174 II geforderte **Absicht** des Täters (10 zu § 174) **nicht** gefordert ist; **c)** der **Strafrahmen** auch in den Fällen, in denen das Opfer sexuelle Handlun- 21 gen vor einem Dritten vornimmt, so hoch ist wie in § 174 I und damit schärfer als bei § 174 II Nr. 2, was angesichts der „regelmäßig weniger intensiven Einwirkung" im Vergleich zu § 174 (Ber. 47) unverständlich ist und bei der Strafzumessung berücksichtigt werden sollte (ähnlich M-Schroeder § 20, 47). **d) Mißbrauch** der Abhängigkeit (12 zu § 174), der zB 22 bei Handeln aus finanziellen Interessen oder sexuellen Motiven des Täters als Triolisten (RegE 24) anzunehmen sein wird, auch bei Opfern unter 16 Jahren gegeben sein muß (sonst § 180 I allein).

3) Der Versuch ist in den Fällen von II, III strafbar **(IV)**, und zwar in 23 auffälligem Gegensatz zu I, wo der Versuch schlechthin straflos ist, auch in

§ 180
BT Dreizehnter Abschnitt

den Fällen von 17. Damit wird dort schon der Beginn des Vorschubleistens und Vermittelns erfaßt. Für den Versuch des Bestimmens gelten die Regeln über die versuchte Anstiftung (9 zu § 30) entsprechend.

24 4) **Vorsatz** ist als mindestens bedingter erforderlich (vgl. Düsseldorf JMBlNW **50**, 82, Celle GA **71**, 252) und hat sich vor allem auf das Alter des Opfers, aber auch auf das Vorschubleisten zu beziehen; das gilt auch für das Unterlassungsdelikt, bei dem sich der Täter der Möglichkeit der Abwendung bewußt sein muß (FamRZ **56**, 81). Das Motiv des Täters (Eigennutz, Gewinnsucht) spielt nur für die Strafzumessung eine Rolle, ebenso der Umstand, ob der Täter gewerbs- oder gewohnheitsmäßig handelt. In den Fällen von I S. 2 ist der Vorsatz ausgeschlossen, wenn der Sorgeberechtigte Umstände annimmt, die eine gröbliche Pflichtverletzung ausschließen würden; stellen die dem Täter bekannten Umstände eine solche Verletzung dar, so ist seine abweichende Beurteilung nur ein Subsumtionsirrtum, der zu einem Verbotsirrtum führen kann (zw.). Liegt objektiv eine einfache Pflichtverletzung vor, die der Täter für eine gröbliche hält, so ist das ein Wahndelikt (vgl. auch oben 14). Zum Vorsatz in den Fällen von III vgl. auch 15 zu § 174.

25 5) **Teilnahme** ist strafbar (ausgenommen an der Tat des Sorgeberechtigten, oben 12). Jedoch ist das geschützte **Opfer** als notwendiger Teilnehmer (6 vor § 25) straflos, auch wenn es selbst anstiftet (RegE 22). Der **Dritte** hingegen kann sich zwar in allen Fällen nicht als Mittäter oder Gehilfe strafbar machen, soweit seine Beteiligung notwendig ist, wohl aber (da Rechtsgut der Schutz des jugendlichen Opfers ist), wenn er darüber hinaus geht, insbesondere wenn er zur Tat anstiftet (BGH **10**, 386; **15**, 377 [zu § 180 aF]; Horstkotte aaO 87; offen gelassen in RegE 22; aM Lackner 14; M-Schroeder § 20, 35; abw. auch LK 19; SchSch 32; SK 24; vgl. Sommer JR **81**, 492). Der Dritte kann auch nach anderen Vorschriften strafbar sein, zB nach §§ 175, 176, 182, und zwar selbst dann, wenn der Sorgeberechtigte nach I S. 2 tatbestandslos handelt (vgl. Prot. VI/2107) und der Dritte infolgedessen nach § 180 nicht bestraft werden kann. Das gilt auch für andere Teilnehmer, die nach § 180 straflos sind, wenn I S. 2 eingreift. Vgl. auch 14.

26 6) **Konkurrenzen.** Die drei Tatbestände des § 180 können untereinander in Tateinheit stehen (M-Schroeder § 20, 36; aM LK 22; SchSch 34; Lackner 15). Tateinheit ist weiter möglich mit §§ 176 II, 181, 181a, mit Teilnahme an §§ 174, 175, 176, 182, sowie zwischen III und § 174 II Nr. 2 (oben 20). Bezieht sich die Tat auf mehrere Opfer, so ist zwar natürliche Handlungseinheit, nicht aber fortgesetzte Tat möglich, da es um Verletzung höchstpersönlicher Rechtsgüter geht (vgl. 20 zu § 176). Beschäftigungsverbot Verurteilter § 25 I Nr. 3, § 58 II JArbSchG.

Förderung der Prostitution

180 a ¹ Wer gewerbsmäßig einen Betrieb unterhält oder leitet, in dem Personen der Prostitution nachgehen und in dem

1. diese in persönlicher oder wirtschaftlicher Abhängigkeit gehalten werden oder
2. die Prostitutionsausübung durch Maßnahmen gefördert wird, welche

Straftaten gegen die sexuelle Selbstbestimmung **§ 180a**

über das bloße Gewähren von Wohnung, Unterkunft oder Aufenthalt und die damit üblicherweise verbundenen Nebenleistungen hinausgehen,

wird mit Freiheitsstrafe bis zu drei Jahren oder mit Geldstrafe bestraft.

II **Ebenso wird bestraft, wer**

1. **einer Person unter achtzehn Jahren zur Ausübung der Prostitution Wohnung, gewerbsmäßig Unterkunft oder gewerbsmäßig Aufenthalt gewährt oder**
2. **einen anderen, dem er zur Ausübung der Prostitution Wohnung gewährt, zur Prostitution anhält oder im Hinblick auf sie ausbeutet.**

1) **Die Vorschrift** idF des 4. StrRG (1 vor § 174; ferner Hearing: Prot. VI/ 1 899, 1102, 1673; Beratungen: Prot. VI/1636, 1724; 7/15, 54, 83) wurde durch Art. 1 Nr. 3, 4 des 26. StÄG (1 zu § 180b) von der Menschenhandelsproblematik dadurch entlastet, daß die Abs. III bis V aus § 180a herausgelöst und in erweiterter Form in den neuen § 180b eingestellt wurden. **Rechtsgut** ist der 2 Schutz vor den mit der Prostitution verbundenen Gefahren für die Prostituierte, nicht zuletzt für ihre persönliche Freiheit (vgl. RegE 25; Prot. 7/19; BGH **38**, 95; Köln NJW **74**, 1831; Stuttgart MDR **75**, 331; KG NJW **76**, 813; vgl. auch Loos JR **75**, 248); bei II Nr. 1 geht es außerdem um Jugendschutz (daher ist die Polemik von Lautmann ZRP **80**, 45 verfehlt). Neueres kriminologisches **Schrifttum:** *Göppinger* 637; *Schneider,* Kriminologie 18 u. Middendorff-FS 257; *Eisenberg* Kriminologie § 5, 9; § 45, 38; *M. D. Kreuzer, Frickel* KR **90**, 237, 243.

Die Vorschrift umfaßt nach dem 26. StÄG [oben 1] nur noch **zwei Haupttatbestände:**

2) **Betreiben eines Bordells (I) A. Tathandlung** ist, daß der Täter **gewerbsmäßig** (6 zu § 28; 42 ff. vor § 52) einen **Betrieb** (8 zu § 14) als Inhaber **unterhält** oder für den Inhaber als Betriebsführer ganz oder zT **leitet** (10 zu § 14), **in dem,** dh in dessen Räumlichkeiten eine gewisse Zahl (and. SK-Horn 3) von **Personen,** gleichgültig welchen Geschlechts oder Alters (vgl. RegE 25; Ber. 47; Prot. VI/1728, 2115) der **Prostitution nachgehen,** dh zu Erwerbszwecken wiederholt (9. 11. 1983, 2 StR 674/82) an oder vor wechselnden Partnern (vgl. auch 3 zu § 184a; Kühne ZRP **75**, 184) sexuelle Handlungen gegen Entgelt (§ 11 I Nr. 9; 16 zu § 180) vornehmen oder an sich vornehmen lassen (vgl. Prot. VI/1709), wobei es ohne Bedeutung ist, wer das Entgelt kassiert (RegE 25) und wo die Partner geworben werden (RegE 26). Das gewerbsmäßige Vornehmen sexueller Handlungen vor einem unbestimmten Kreis (Striptease-Tänzerin) ist allerdings allein noch keine Prostitution (LK-Laufhütte 4). Auch das Vermieten von Wohnungen an Dirnen gegen Beteiligung am Verdienst, braucht noch kein Betrieb iS von I zu sein (Frankfurt NJW **78**, 386). Entscheidend ist, daß der Betrieb die in Nr. 1 oder Nr. 2 aufgeführten Merkmale aufweist, wobei es nicht darauf ankommt, daß der Täter selbst die Zustände herbeigeführt hat oder herbeiführt; sie können von anderen, auch von außerhalb des Betriebs, vor allem von Zuhältern (Prot. VI/1674; 7/19) geschaffen sein; es reicht aus, daß der Täter die Verhältnisse duldet (KG MDR **77**, 864). Die Tat ist **Sonder- und Dauerdelikt** (NStZ **89**, 68) sowie **abstraktes Gefährdungsdelikt** (NJW **86**, 596 mwN [m. krit. Anm. Nitze NStZ **86**, 359]; 13 a vor § 13).

3

§ 180a

BT Dreizehnter Abschnitt

4   B. **Nr. 1** setzt voraus, daß mindestens eine größere Zahl der Prostituierten **in Abhängigkeit,** sei es von dem Täter, sei es von anderen (Zuhältern außerhalb; oben 3) **gehalten,** dh durch Druck oder sonstige gezielte Einwirkung (Prot. VI/1707) an der Selbstbefreiung aus dieser Lage gehindert werden, und zwar (was sich oft decken wird) entweder gehalten in **persönlicher** (dh weitgehende Beschneidung der Dispositionsfreiheit über das Ob, Wo und Wie der Prostitution) oder **wirtschaftlicher** Abhängigkeit (dh Vorenthalten ausreichender Mittel; Beschränkung der Verfügungsgewalt über eigene Mittel; vgl. LK 8); oder

5   C. **Nr. 2** fordert, daß die **Prostitutionsausübung durch** generelle grundsätzlich die große Mehrheit der Prostituierten betreffende organisatorische **Maßnahmen** (Prot. 7/20), die sich mit solchen zu 4 überschneiden können, **gefördert,** dh nicht im wohlverstandenen Interesse der Prostituierten, sondern im Erwerbsinteresse der Nutznießer vorangebracht wird (SK 9); und zwar Maßnahmen, die über das **bloße Gewähren** von **Wohnung** (dh hier nach dem Kontext anders als bei § 123, dort 3, eine Räumlichkeit, die außer zur ständigen Benutzung auch zum Übernachten dient), **Unterkunft** (dh hier eine Räumlichkeit, die zwar zu längerer Benützung, aber nicht zum Nächtigen dient wie ein Zimmer in einem Absteigequartier; so auch in einem Dirnenwohnheim, wo die Prostituierten nicht zu übernachten pflegen) oder **Aufenthalt** (dh eine Örtlichkeit auch im Freien zu vorübergehender Benutzung, womit bei Nr. 2, die einen Betrieb voraussetzt, nur Nebenräume gemeint sein können) und vor allem sog. Kontakthöfe erfaßt und aus dem Kreis unüblicher Nebenleistungen ausgeschlossen werden sollen, Prot. 7/55) und die mit diesem Gewähren **üblicherweise** (dh wenn es sich nicht um Prostitution, sondern ein davon freies Apartment- oder Boardinghaus handelte, Prot. VI/1724, 7/54, 56) **verbundenen Nebenleistungen hinausgehen.** *Nicht erfaßt* sind Inhaber von **Dirnenwohnheimen** und „Absteigequartieren", in denen die besonderen Maßnahmen oder Einrichtungen fehlen, sich vielmehr auf bloßes Wohnungsgewähren (30. 9. 1980, 1 StR 419/80), Heizung, Reinigung, Lift, Stellen von Bettwäsche, Verpflegung beschränken; ferner nicht der bloßen Kontaktaufnahme dienende Gemeinschaftsräume (Ber. II, 9; abw. Prot. 7/1724; NJW **56**, 1570; Bay **51**, 489), Verabreichen von Alkohol, und zwar auch in diesen Räumen (Prot. 7/20; abw. MDR **55**, 528; vgl. auch NJW **64**, 2023); Anbringen eines Automaten mit Gummischutzmitteln (KG JR **80**, 121); Portier und Empfangsdame, soweit sie nicht mehr tun als in einem Boardinghaus, insbesondere nicht Dirnen vermitteln (Ber. II, 9; Prot. VI/1724); Notrufanlagen (Ber. II, 9). Zw. ist das bei Spiegeln an der Decke der einzelnen Zimmer, Verwendung sog. Koberfenster, in denen sich die Dirnen zeigen (aM Prot. VI/56; NJW **64**, 2023). **Maßnahmen nach Nr. 2** sind zB Dirnenvermittlung (RG **64**, 110; 14. 10. 1977, 2 StR 192/77; KG **80**, 121); Zuweisung von Gästen (RegE 26); Herstellen einer gehobenen und diskreten Atmosphäre, zB in einem als Sauna-Club getarnten bordellartigen Betrieb (NJW **86**, 596 [m. krit. Anm. Nitze NStZ **86**, 359 u. Köberer StV **86**, 295]; NJW **87**, 3209; StV **86**, 297); Anwesenheitspflichten für die Prostituierten (Prot. VI/1679); Verbot, außerhalb des Betriebes der Prostitution nachzugehen; Fordern, daß sich die Dirnen dem Gast nur eine bestimmte Zeit widmen (Prot. VI/1679); Anbringen einer Reklameleuchtschrift im Hausflur und

Straftaten gegen die sexuelle Selbstbestimmung **§ 180a**

Inserieren in Tageszeitungen (14. 10. 1977, 2 StR 192/77; Bay NJW **85**, 1567 m. Anm. Geerds JR **85**, 427), Vorführen pornographischer Filme (Bay aaO) sowie Veranstalten von Nackttänzen (KG JR **78**, 296; **80**, 121), Einrichtung eines bordellartigen Sauna-Clubs (Köln NJW **79**, 728 m. Anm. Geerds JR **79**, 342), Festsetzung bestimmter Quoten von Gästen (Prot. 7/57), von „Tag- und Nachtschichten" (23. 11. 1976, 1 StR 269/76; Bay aaO) oder eines Mindestentgelts für einen Geschlechtsverkehr samt dem Zwang, eine Flasche Sekt für 70 DM zu bestellen (13. 1. 1977, 1 StR 639/76); zentrales Kassieren und Verteilen des eingegangenen Geldes (14. 10. 1977, 2 StR 192/77); Verzahnung zwischen Mietzins- und Prostitutionserlös (Hamm MDR **90**, 1034; vgl. Köln NJW **74**, 1831; KG NJW **76**, 813; LK 7; Lux KR **85**, 403). In Zweifelsfällen entscheidet nicht diese oder jene Einzelheit, sondern der Gesamtzustand des Betriebes, wobei es auf die Eignung ankommt, die Dirnen weiter in die Prostitution zu verstricken (13. 1. 1977, 1 StR 639/76) oder sie in ihrer sexuellen Selbstbestimmung zu gefährden (KG MDR **77**, 862). Nr. 2 bezieht sich nur auf Maßnahmen, die den Betrieb, in dem Prostitution getrieben wird, kennzeichnen und nicht etwa auf die Art und Weise einer vorausgegangenen Vermittlung von Prostituierten (BGHR § 180a I 2, Förd. 2). Zur Problematik bei „Massagesalons" Lüthge-Bartholomäus NJW **75**, 1871; bedenklich VG Wiesbaden NJW **75**, 663.

3) Nach II wird die **Wohnungsgewährung zur Ausübung der Prostitution** bestraft, und zwar **A. nach Nr. 1**, wer einer (männlichen oder weiblichen) **Person unter 18 Jahren** zur Prostitutionsausübung **a) Wohnung** (oben 5) entgeltlich oder unentgeltlich, mittelbar (zB durch Vermieten eines Hauses an einen anderen, der erwartungsgemäß an Prostituierte unter 18 vermietet, BGH **10**, 193) oder unmittelbar, tatsächlich, also möglicherweise ohne Mietvertrag (vgl. BGH **10**, 194; zu formalistisch Bay **51**, 489) und ohne Begründung eines Wohnsitzes (Bremen MDR **51**, 53), so doch für eine gewisse, wenn vielleicht auch kurze Zeit gewährt. Die Person braucht noch keine Prostituierte zu sein; es ist möglich, daß sie die Prostitution erst mit dem Einzug in die Wohnung oder erst während des schon laufenden Mietverhältnisses aufnimmt (Prot. VI/1730); der Endzweck des Täters kann ein anderer sein; es genügt seine Kenntnis, daß die Person in der Wohnung selbst (bloßes Wohnen einer Dirne, die anderswo der Prostitution nachgeht, reicht nicht aus; aaO; Ber. 48; BGH **9**, 71) der Prostitution nachgeht (oben 3) oder nachgehen will (aM SchSch-Lenckner 19; SK 17). **b) gewerbsmäßig** (6 zu § 28; 43 vor § 52) entweder **Unterkunft** (oben 5), so zB in einem Stundenhotel, Absteigequartier (RegE 27) oder einem Dirnenwohnheim (RegE 27; Prot. VI/1726; wenn nicht schon 7); oder **Aufenthalt** tatsächlich gewährt, zB in einem sog. Massagesalon, einer entsprechenden Bar (Ber. II, 9), Diskothek u. dgl. (zu eng Prot. 7/84).

B. nach Nr. 2, wer einen anderen, gleichgültig welchen Alters oder Geschlechts, dem er zur Ausübung der Prostitution **Wohnung gewährt** (oben 7; Unterkunft oder Aufenthalt reichen hier nicht aus, NStZ **83**, 220; Ber. II, 10; Prot. VI/83; vgl. MDR/D **52**, 273) entweder **a) zur Prostitution anhält,** dh gleichgültig aus welchem Motiv, das kein finanzielles zu sein braucht, wiederholt iS einer andauernden und nachdrücklichen Beeinflussung (NStZ **83**, 220) auf ihn einwirkt, der Prostitution, wenn auch

§ 180a

außer Hause, nachzugehen. Inwieweit das Anhalten für das weitere Verhalten der Prostituierten kausal wird, ist nur für die Strafzumessung von Bedeutung (LK 16; aM SchSch 22). Der andere braucht der Prostitution bis
11 zur Tat noch nicht nachgegangen zu sein; oder b) **im Hinblick auf** die tatsächliche **Ausübung der Prostitution,** dh unter Ausnützung dieses Umstandes **ausbeutet** (5 zu § 181a; weitergehend noch Bay NJW **55**, 1198). Das kann schon angenommen werden, wenn Leistung und Gegenleistung in deutlichem Mißverhältnis stehen, insbesondere der Mietzins mit Nebenleistungen als eindeutig übersetzt anzusehen ist. Dabei können die Grundsätze für den Mietwucher (23 zu § 302a) herangezogen, aber eine Vergütung für besondere Leistungen und ein sog. Unbequemlichkeitszuschlag anerkannt werden (dazu im einzelnen Bay NJW **55**, 1198; GA **61**, 88; Becker FamRZ **56**, 8). Ausbeuten kann auch gegeben sein, wenn für die Prostituierte ein anderer, zB ihr Zuhälter, den Mietzins zahlt. In Bedrängnis braucht das Opfer durch die Tat nicht zu geraten (BGH **10**, 194).

12   4) **Vorsatz** ist als mindestens bedingter erforderlich und hat sich bei I Nr. 2 vor allem auf die Unüblichkeit der Nebenleistungen zu erstrecken. Zur Gewerbsmäßigkeit und zum Ausbeuten vgl. 12 zu § 181a.

13   5) **Mittelbare Täterschaft** ist bei I ausgeschlossen (aM LK 29), da es sich um ein Sonderdelikt handelt. Ein außenstehender Zuhälter, der praktisch großen Einfluß haben kann (Ber. 47, 48), ist daher idR nur Anstifter oder Gehilfe. Doch kann er auch selbst Unternehmer sein (vgl. RegE 26f.) oder sich eines Strohmannes bedienen; dann ist er selbst Täter oder Mittäter. Gehilfe kann mangels hinreichender Überwachung auch der Leiter eines Ordnungsamtes sein (NJW **87**, 199 m. Anm. Winkelbauer JZ **86**, 1119; Rudolphi JR **87**, 336; Wagner JZ **87**, 713; Ranft JZ **87**, 914; hierzu Otto JK 12 zu § 13), nicht jedoch ein lediglich im strafrechtlichen Ermittlungsverfahren eingesetzter Kriminalbeamter (NJW **89**, 916 m. Anm. Bottke JR **89**, 432; Geppert JK 4 zu § 332).

14   6) **Die Strafe.** § 47 ist anzuwenden. Doch wird Freiheitsstrafe zur Einwirkung auf den Täter vielfach unerläßlich sein; in gewissen Fällen auch zur Verteidigung der Rechtsordnung. Für die Gewerbsmäßigkeit gilt § 28 I (NJW **87**, 199).

15   7) **Konkurrenzen.** Innerhalb von § 180a wird I Nr. 2 von I Nr. 1 verdrängt (NStZ **90**, 81), können I mit II in Tateinheit stehen. Tateinheit ist ferner möglich mit § 181; zum Verhältnis zu § 181a dort 17. Tateinheit auch möglich mit Teilnahme an §§ 175, 184a, 184b; mit §§ 223ff., 240, zwischen II und § 302a (oben 11). Die Dauertat nach I kann mehrere Prostituierte betreffen. Im übrigen ist, wenn die Tat mehrere Opfer betrifft, nur natürliche Handlungseinheit, aber nicht Fortsetzungszusammenhang möglich, da höchstpersönliche Rechtsgüter verletzt werden (vgl. 20 zu § 176; aM SK 13). Vgl. Beschäftigungsverbote § 25 I Nr. 3, §§ 58, 59 JArbSchG und JArbSchSittV iVm § 59 JArbSchG und § 21 OWiG.

Straftaten gegen die sexuelle Selbstbestimmung § 180 b

Menschenhandel

180 b ᴵ Wer auf eine andere Person seines Vermögensvorteils wegen einwirkt, um sie in Kenntnis einer Zwangslage zur Aufnahme oder Fortsetzung der Prostitution zu bestimmen, wird mit Freiheitsstrafe bis zu fünf Jahren oder mit Geldstrafe bestraft. Ebenso wird bestraft, wer auf eine andere Person seines Vermögensvorteils wegen einwirkt, um sie in Kenntnis der Hilflosigkeit, die mit ihrem Aufenthalt in einem fremden Land verbunden ist, zu sexuellen Handlungen zu bringen, die sie an oder vor einer dritten Person vornehmen oder von einer dritten Person an sich vornehmen lassen soll.

ᴵᴵ Mit Freiheitsstrafe von sechs Monaten bis zu zehn Jahren wird bestraft, wer

1. auf eine andere Person in Kenntnis der Hilflosigkeit, die mit ihrem Aufenthalt in einem fremden Land verbunden ist, oder

2. auf eine Person unter 21 Jahren

einwirkt, um sie zur Aufnahme oder Fortsetzung der Prostitution zu bestimmen, oder sie dazu bringt, diese aufzunehmen oder fortzusetzen.

ᴵᴵᴵ In den Fällen des Absatzes 2 ist der Versuch strafbar.

1) Die Vorschrift wurde durch Art. 1 Nr. 4 des **26. StÄG** v. 14. 7. 1992   **1**
(BGBl. I 1255, Inkrafttreten: 22. 7. 1992) an die Stelle der aufgehobenen Abs. III bis V des § 180 a und in deren Erweiterung neben der ebenfalls erweiterten § 181 eingefügt. Das 26. StÄG geht auf eine Bundesratsinitiative zurück. **Materialien:** Dem **E-BRat** (BR-Drs. 638/91 – Beschluß –) gingen zahlreiche große Anfragen (BT-Drs. 11/1801 – neu –, 11/2210, 11/3250 – neu –, 11/3580, 11/3623, 11/7901) und Entschließungsanträge (BT-Drs. 11/4131, 11/4144, 11/4150) voraus. Vgl. dazu R-BTag. Prot. 83, 90; Ber. BT-Drs. 11/8086, 11/8137; PlenProt. BTag 11/131, 234 u. BRat 636. Dem E-BRat ging außerdem ein Gesetzesantrag NW voraus (BR-Drs. 567/90), der außer einer Vorschrift über die Abschöpfung des Täterlöses (§ 44a E) eine Erweiterung des § 180a III und des § 181 vorsah (vgl. dazu Prot. R-BRat Nr. 76, 78, 91/90 und 75, 85 und 88/91 sowie Prot. G-BRat Nr. 47/90 und Prot. FJ-BRat Nr. 7/91). Auf Grund der Empfehlungen der Ausschüsse (BR-Drs. 638/91) ging der BRat auf Grund der Initiative Bayerns (Prot. R-BRat Nr. R 85/91, 12, R 88/91, 12 und Prot. FJ-BRat Nr. 7/91, 12) mit einem Vorschlag für einen neuen § 180b über den E-NW und die Initiative BW (Prot. R-BRat Nr. R 85/91, 7) hinaus (PlenProt. BRat 636). **Die BReg.** nahm zum **E-BRat** idF der BT-Drs. 12/2046 mit Anregungen für eine zusätzliche Erweiterung des Strafschutzes Stellung (Anl. 2 zur BT-Drs. 12/2046). **Der BTag** beriet den E-BRat in 1. Lesung (Prot. 12/79) und in den Ausschüssen (FJ-BTag Prot. Nr. 28 [mit Formulierungshilfe des BMJ Anl. 1] sowie R-BTag Prot. Nr. R 34, 39) sowie in 2. u. 3. Lesung (PlenProt. 12/93) und beschloß ihn idF des Ber. (BT-Drs. 12/2589). Der Entschließungsantrag BT-Drs. 2609 wurde dagegen abgelehnt. Der **BRat** (Beratung im R-BRat Prot.Nr. R 52/92) beschloß (PlenProt. 644), einen Antrag gemäß Art. 77 I GG nicht zu stellen (BR-Drs. 389/92 – Beschluß –).

2) § 180 b trägt zusammen mit dem Qualifikationstatbestand des § 181 den   **2**
Intentionen des MädchHdlÜbk und der UN-Konvention v. 2. 12. 1949/21. 3. 1950 Rechnung und verfolgt wie diese Übk. das Ziel, ausländische wie deutsche Mädchen und Frauen vor den mit der Prostitutionsausübung für sie und ihre

1061

§ 180 b

persönliche Freiheit verbundenen Gefahren besser zu schützen. Daher gilt für § 180b das **Weltrechtsprinzip** (§ 6 Nr. 4). Geschütztes **Rechtsgut** ist wie bei § 181 die persönliche Freiheit und die sexuelle Selbstbestimmung, insbesondere ausländischer Mädchen und Frauen, sofern sie wegen ihrer Sprache und die ihnen fremden Lebensbedingungen Schwierigkeiten haben, sich gegenüber kriminellen und international organisierten und operierenden Tätern (idR Bordellbesitzer, Zuhälter) wirksam gegen deren Drängen zur Wehr zu setzen. Die oft internationalen Verbrecherringen angehörenden Täter machen sich die soziale und wirtschaftliche Situation in den Herkunftsländern zunutze, um die (oft als Touristen einreisenden) Frauen in die Illegalität und in die Prostitution abzudrängen, oft genug sind die mittellosen Ausländerinnen mit dem Versprechen angelockt worden, ihnen werde eine Heirat vermittelt. Obgleich das kriminelle Vorgehen die tiefere Ursache in den schlechten sozialen und wirtschaftlichen Verhältnissen der Heimatländer der Opfer hat, was letztlich eine wirksame Verbesserung der Lebensbedingungen durch entwicklungspolitische Maßnahmen erforderlich macht, ist in dem Frauen- und Mädchenhandel eine weitere Erscheinungsform der OrgK zu sehen, deren effektive Bekämpfung ganz wesentlich auch von einer Verbesserung des Ermittlungsinstrumentariums abhängt (Prot. R-BRat Nr. R 85/91, 17; PlenProt. BRat 636 S. 501; BTag 12/6381; vgl. auch 3 aE zu § 43a). Milieubedingte Schwierigkeiten der Sachverhaltserforschung waren es schließlich nicht zuletzt, die dazu führten, daß einzelne Merkmale des § 180a III bis V aF und des § 181 aF nicht nachgewiesen werden konnten. So war § 181 Nr. 1 aF dann nicht anzuwenden, wenn die Frau schon früher der Prostitution nachgegangen war, oder wenn die Frauen den Zweck des Anwerbens kennen und auch zur Prostitution bereit sind (BGH **33**, 353; NStZ **83**, 262) oder wenn der Frau erklärt wurde, sie *könne*, müsse aber nicht der Prostitution in der BRep. nachgehen, die Frau aber dann doch unter Ausnutzung ihrer Hilflosigkeit zur Prostitutionsausübung veranlaßt wurde. Schließlich konnte auch das „Anwerben" (Tatbestandsmerkmal des § 181 Nr. 2 aF) häufig nicht nachgewiesen werden; und zwar auch deshalb nicht, weil sog. Schlepper und Bordellbesitzer arbeitsteilig vorgingen (Prot. R-BRat Nr. R 85/91, 19). Die Schwierigkeiten der Praxis sollen durch § 180b (unter Einbeziehung des § 180a III bis V aF) überwunden werden, der auch nichtgewerbsmäßiges Handeln erfaßt.

3   3) **Abs. I S. 1** erweitert den Anwendungsbereich gegenüber § 180a III aF durch das Merkmal des **Einwirkens,** dh der intensiven Einflußnahme (Überredung, Geschenke, Versprechungen usw.), gleichgültig, ob sie Erfolg hat oder nicht (18. 1. 1977, 1 StR 787/76 zu § 180a IV aF), **um** (dh in der Absicht) das Opfer **in Kenntnis der Zwangslage** (10 zu § 302a) **zur Aufnahme oder Fortsetzung** der Prostitution (3 zu § 180a, 3 zu § 184a) **zu bestimmen** (11 zu § 174). Der Gesetzgeber sah es als notwendig an, das im BT sonst verwendete rein generische Maskulinum „einen anderen" durch die geschlechtsindifferente Formulierung „eine andere Person" zu ersetzen (Ber. BT-Drs. 12/2589, 8). **Satz 1 1. Alt.** erfaßt nur Personen, die zZ der Tat der Prostitution noch nicht oder nicht mehr nachgehen, während die **2. Alt.** Personen erfaßt, die bereits Prostituierte sind, diese Tätigkeit also fortsetzen, sei es in derselben oder in anderer Weise. Die **Absicht** muß darauf gerichtet sein, die bereits als Prostituierte tätige Person, die von der weiteren Ausübung Abstand nehmen will, zu bestimmen (3 zu § 26), in derselben Weise wie bisher (wenn auch unter Ortsveränderung oder durch Wechsel vom Straßenstrich in ein Dirnenwohnheim bzw. umgekehrt) oder

in einer intensiveren Form (Bay NJW **85**, 277 m. Anm. Bottke JR **85**, 381), nicht aber in einer minderen Form tätig zu bleiben (15. 1. 1991, 5 StR 605/90). Erforderlich ist eine **intensive Einflußnahme** (NJW **85**, 924; 3. 7. 1987, 2 StR 294/87), die über eine bloß unmittelbare Beeinflussung in Frageform hinausgeht (NJW **89**, 1044). In Frage kommen wiederholtes Drängen, Überreden, Versprechungen (Heiratsversprechen), Wecken von Neugier, Einsatz von Autorität, Täuschung, Einschüchterung (NJW **90**, 196), *nicht* aber Gewalt (zB Ohrfeigen: 18. 9. 1990, 5 StR 184/90) oder Drohung mit einem empfindlichen Übel, denn dann ist § 181 anwendbar. In jedem Fall muß es aber dem Täter darauf ankommen, das bezeichnete Ziel zu erreichen, und zwar in Kenntnis der ernsten persönlichen oder wirtschaftlichen Bedrängnis des Opfers, gleichgültig, ob diese für das Opfer existenzbedrohend ist oder vermeidbar war (Ber. 8).

4) Abs. I S. 2 erfordert ein Einwirken (oben 3) des Täters (Mann oder 4 Frau) auf eine andere Person **seines Vermögensvorteils** (42 zu § 263) **wegen** in der Absicht („um sie"), sie **in Kenntnis der** auslandsspezifischen **Hilflosigkeit** (Dencker NStZ **89**, 253) **in einem fremden Land zu sexuellen Handlungen** (4 ff. vor § 174) zu bringen, die das Opfer an oder vor einem Dritten vornehmen oder von einem Dritten an sich vornehmen lassen soll (12 vor § 174; 8ff. zu § 174). Das einschränkende Merkmal „seines Vermögensvorteils wegen" ist ein besonderes persönliches Merkmal iS des § 28 I (dort 3ff.), das den Beweggrund bezeichnet. Die Erlangung eines solchen Vorteils muß mindestens eines der Ziele des Täters sein, gleichgültig, ob er es erreicht oder nicht (vgl. auch § 181a I Nr. 2). Einmaliges Handeln genügt. Der Täter muß also entweder in einem (für das Opfer) fremden Land handeln oder es muß dem Täter darauf ankommen, das Opfer in ein ihm fremdes Land zu bringen, wo das Opfer wegen der auslandsbedingten Schwierigkeiten, die über diejenigen hinausgehen, die auch im eigenen Land auftreten können, **hilflos** ist. Um Prostitution braucht es sich nicht zu handeln. Will der Täter nur sexuelle Handlungen des Opfers an oder vor ihm selbst, so kommt nur § 237 in Betracht. Hilflosigkeit liegt vor, wenn das Opfer in der konkreten Lage und nach seinen persönlichen Fähigkeiten nicht in der Lage ist, sich dem Ansinnen aus eigener Kraft zu entziehen; gleichgültig ist es, ob die betroffene Person schon früher der Prostitution nachgegangen ist oder daß ihr der Schlepper erklärt hatte, sie könne, müsse aber nicht sexuelle Handlungen vornehmen, wenn das Opfer dann aber doch unter Ausnutzung ihrer auslandsspezifischen Hilflosigkeit dazu gebracht wird, solche Handlungen vorzunehmen. Es reicht aus, daß dem Täter bereits zZ des Einwirkens bewußt war, daß das Opfer im Ausland in eine hilflose Lage geraten wird. Satz 2 stellt also auf die zZ des Einwirkens vorhandene Kenntnis des Täters von der späteren auslandsspezifischen Hilflosigkeit des Opfers ab (Ber. 8).

5) Abs. II dehnt den Schutz des § 180a IV aF für Jugendliche und Heran- 5 wachsende (**Nr. 2**) vor den Gefahren der Prostitution in **Nr. 1** auf alle ausländischen Personen aus, wenn ihre auslandsspezifischen Sprach- und Lebensschwierigkeiten dazu ausgenutzt werden, um sie durch intensive Einflußnahme („Einwirken", oben 3) **zu bestimmen** (11 zu § 174), die Prostitution (3 zu § 180a; 3 zu § 184a) **aufzunehmen oder fortzusetzen** oder sie dazu zu bringen, die Prostitution aufzunehmen oder fortzusetzen. Dabei

§ 180b

wird die **Kenntnis der Hiflosigkeit** (oben 4) bei beiden Tathandlungen der Nr. 1 (Einwirken oben 3 und zur Aufnahme oder Fortsetzung der Prostitution bringen) vorausgesetzt. Zur geforderten **Absicht** („um sie") vgl. oben 3.

6 6) **Abs. III** beschränkt die Strafbarkeit des **Versuchs** auf die Fälle des II, und zwar im Hinblick darauf, daß das Opfer zur Aufnahme oder Fortsetzung der Prostitution gebracht wird, während die Vollendung der Tat nach I mit dem Einwirken eintritt, so daß die Verwirklichung der nach I geforderten Absicht nicht zum Tatbestand gehört.

7 7) **Zum Vorsatz** muß sowohl in den Fällen des I wie des II die bezeichnete Absicht hinzutreten.

8 8) **Konkurrenzen** ergeben sich für die §§ 180 bis 181a daraus, daß diese Vorschriften hinsichtlich ihrer Schutzzwecke sehr differenziert sind, so daß sich Überschneidungen ergeben können, was die Bestimmung der Konkurrenzform erschwert. Subsidiarität dürfte nur dann vorliegen, wenn sich die Schutzrichtungen gleichen und die Begehungsformen kein qualitativ verschiedenes Unrecht darstellen und die mildere Form in der schwereren aufgeht (Lackner 3 vor § 174). In den übrigen Fällen ist von Tateinheit auszugehen. So können § 180a und § 180b, dessen I und II in Tateinheit stehen, die ferner möglich ist mit § 181; zum Verhältnis zu § 181a vgl. dort 17.

9 9) **Führungsaufsicht** ist nach § 181b möglich, Vermögensstrafe (§ 43a) und Erweiterter Verfall (§ 73d) nach § 181c nur in den Fällen der §§ 181 und 181a I Nr. 2.

Schwerer Menschenhandel

181 ^{I} Wer eine andere Person

1. mit Gewalt, durch Drohung mit einem empfindlichen Übel oder durch List zur Aufnahme oder Fortsetzung der Prostitution bestimmt,
2. durch List anwirbt oder gegen ihren Willen mit Gewalt, durch Drohung mit einem empfindlichen Übel oder durch List entführt, um sie in Kenntnis der Hilflosigkeit, die mit ihrem Aufenthalt in einem fremden Land verbunden ist, zu sexuellen Handlungen zu bringen, die sie an oder vor einer dritten Person vornehmen oder von einer dritten Person an sich vornehmen lassen soll, oder
3. gewerbsmäßig anwirbt, um sie in Kenntnis der Hilflosigkeit, die mit ihrem Aufenthalt in einem fremden Land verbunden ist, zur Aufnahme oder Fortsetzung der Prostitution zu bestimmen,

wird mit Freiheitsstrafe von einem Jahr bis zu zehn Jahren bestraft.

^{II} In minder schweren Fällen ist die Strafe Freiheitsstrafe von sechs Monaten bis zu fünf Jahren.

1 1) **Die Vorschrift** idF des 4. StrRG (1 vor § 174; ferner Prot. VI/1637, 1644, 1738, 2117; Prot. 7/21) wurde durch Art. 1 Nr. 5 des **26. StÄG** neu gefaßt (vgl. dazu 1 zu § 180b). Schwerpunkt der Neufassung des § 181 ist seine Ergänzung

Straftaten gegen die sexuelle Selbstbestimmung § 181

durch I Nr. 3, der das gewerbsmäßige Anwerben auch solcher ausländischer Mädchen und Frauen erfaßt, die zZ der Tat in ihrem Heimatland bereits als Prostituierte tätig waren. § 181 erhielt, da er ein echter **Qualifikationstatbestand zu § 180 b** ist, die Überschrift „Schwerer Menschenhandel". Von § 180 b unterscheidet er sich in I Nr. 1, 2 dadurch, daß § 181 statt des bloßen Einwirkens (3 zu § 180 b) ein Bestimmen und Anwerben in den Formen unter 3, 4 und in I Nr. 3 ein gewerbsmäßiges Anwerben in Kenntnis der auslandsspezifischen Hilflosigkeit (4 zu § 180 b) voraussetzt. Anders als in § 181 Nr. 2 aF (1. Alt.) kommt es nicht darauf an, ob der Täter das Opfer über den Zweck der Anwerbung getäuscht hat (so NStZ **83**, 262). Diese Rspr. wird aber für I Nr. 2 (als Folge der neuen Nr. 3 des I) durch die Voranstellung der Worte „durch List" festgeschrieben, wobei nicht der vom BGH benutzte Begriff „Täuschung", sondern im Interesse eines einheitlichen Sprachgebrauchs wie in I Nr. 1 der etwas weitere Begriff „List" verwendet wird (Ber. 9). § 181 erfüllt die Verpflichtung der BRep. aus dem MädchHdl-Übk. Für die Tat gilt das **Weltrechtsprinzip** (§ 6 Nr. 4). **Rechtsgut** ist die persönliche Freiheit, einschließlich der Freiheit der Willensentschließung, insbesondere die sexuelle Selbstbestimmung (NStZ **83**, 263). **Schrifttum:** *Schroeder* JR **77**, 357; *Dencker* NStZ **89**, 249; *Dern* MSchrKrim **91**, 329 (Kriminologie); auch 1 ff. zu § 180.

2) Täter und **Opfer** können sowohl ein Mann wie eine Frau beliebigen 2 Alters oder Rufs sein. Das Opfer kann zur Tatzeit der Prostitution nachgehen.

3) Tathandlungen des I sind **A.** nach I Nr. 1 die **Nötigung** zur Prostitu- 3 tion. Der Täter muß das Opfer mit **Gewalt** (5 f. zu § 240) oder durch **Drohung mit einem empfindlichen Übel** (15 ff. zu § 240, dessen Qualifikation Nr. 1 insoweit darstellt) oder durch **List** (3 zu § 234; zu diesen Tatmitteln Schroeder JR **77**, 357) **bestimmen** (11 zu § 174), dh hierdurch zumindest mitursächlich (MDR/H **85**, 794) erreichen, daß es die hetero- oder homosexuelle **Prostitution** (3 zu § 180 a; 3 zu § 184 a) oder eine qualitativ andere als die selbstgewählte Form der Prostitution (Dencker NStZ **89**, 249) im In- oder Ausland **aufnimmt** oder **fortsetzt**. Mit Aufnahme der Prostitution ist die Tat, die kein Dauerdelikt ist, vollendet. Mit der List muß der Täter durch täuschende Machenschaften den Widerstand des Opfers gegen die Prostitution auszuschalten suchen (vgl. GA **66**, 211); es genügt nicht, daß er auf listige Weise bei einer erwachsenen, sich frei entschließenden Person einen Anreiz zur Ausübung oder Fortsetzung der Prostitution schafft (so BGH **27**, 27 für Nr. 1; 3. 6. 1980, 1 StR 192/80, offengelassen für Nr. 2; ferner Schroeder aaO). Mit der Angleichung des I Nr. 1 an § 180 b und an I Nr. 3 wird der Schutz auch solcher Personen angestrebt, die zZ der Tat bereits der Prostitution nachgehen;

B. nach I Nr. 2 das **Anwerben** (12 ff. zu § 180 a) durch **List** (3 zu § 234; 4 vgl. auch oben 1, 2, 3) oder **Entführen gegen den Willen** des Opfers **mit Gewalt** (3 f. zu § 240), **durch Drohung** (15 zu § 240) **mit einem empfindlichen Übel** (17 zu § 240) oder **durch List** (vgl. 2, 3 zu § 237; vgl. LK-Laufhütte 7), gleichgültig ob im In- oder Ausland, wobei allerdings das Land, in dem die Hilflosigkeit des Opfers ausgenutzt werden soll, ein anderes sein muß. Mit der Anwerbung oder Entführung ist die Tat vollendet. Hinzutreten muß bei beiden Alternativen der Nr. 2 die **Absicht** (6 zu § 15), das Opfer **in Kenntnis der** auslandsspezifischen **Hilflosigkeit** (Dencker NStZ **89**, 253) in einem **fremden Lande zu sexuellen Handlun-**

§ 181

gen (4 ff. vor § 174) zu bringen, die es an oder vor einer dritten Person vornehmen oder von einem Dritten an sich vornehmen lassen soll (12 vor § 174; 8 bis 10 zu § 174). Der Täter muß also entweder in einem (für das Opfer) fremden Land handeln oder es muß dem Täter darauf ankommen, das Opfer in ein ihm fremdes Land zu bringen (also auch zB eine Französin, aber nicht eine Deutsche, aus Frankreich in die BRep.; Ber. 49; Prot. VI/2117), wo das Opfer infolge des Aufenthalts in dem fremden Milieu (Sprach- und Kontaktschwierigkeiten usw.) hilflos ist (Hilflosigkeit aus Gründen, die auch im eigenen Land eintreten könnten, reicht nicht aus, Ber. II, 10; Prot. VI/1744; Prot. 7/21). Um Prostitution braucht es sich nicht zu handeln. Will der Täter nur sexuelle Handlungen des Opfers an oder vor ihm selbst, kommt nur § 237 in Betracht. **Zum Anwerben** gehört das Element des Aktivwerdens des Werbenden iS eines massiven Einwirkens auf die Willensentschließung des Opfers (NStZ **92**, 434; LK 19 zu § 180a; vgl. BGH **27**, 29). Das Opfer kann, braucht es aber nicht zu wissen, daß es ins Ausland gebracht werden soll, zB als Mitglied einer Ballettgruppe, als Hausgehilfin oder Au-pair-Mädchen. Der Tatbestand ist erfüllt, wenn das Opfer zwar die Verbringungsabsicht (zB Prostitutionszuführung) des Werbers, nicht aber Art und Ausmaß der angesonnenen sexuellen Handlungen erkennt; denn das Opfer soll vor täuschenden Willensbeeinflussungen geschützt werden, die über das Einverständnis zZ des Anwerbens hinausgehen und im Ausland nur so schwer korrigierbar sind, daß sie sich als Ausnutzen der Hilflosigkeit darstellen (NStZ **83**, 262; LK 6; SchSch-Lenckner 8; M-Schroeder § 21, 24; Dencker NStZ **89**, 252). Aber auch **beim Entführen** ist die Kenntnis der Verbringungsabsicht unerheblich, wenn das Opfer zZ der Tat die sexuellen Zwecke wegen der angewandten List nicht kannte.

5 C. Nach I Nr. 3 das **gewerbsmäßige** (6 zu § 28; 43 vor § 52) **Anwerben**, dh durch Herstellung des Einvernehmens zwischen Täter und Opfer (evtl. durch Abschluß eines zivilrechtlich nichtigen Vertrages) über dessen Bereitschaft zur Erfüllung einer bestimmten Aufgabe, auch wenn deren sexueller Zweck (zB durch ein Inaussichtstellen einer Heirat, durch Anwerben als Tänzerin) zunächst verschleiert wird, so daß es unerheblich ist, ob die Absicht realisiert wird (MDR/H **85**, 284). Scheitert das Anwerben, dann kommt Versuch in Betracht. Das Anwerben muß von der Absicht („um zu") iS zielgerichteten Wollens (6 zu § 15; vgl. auch 3 zu § 180b) geleitet sein, das Opfer **in Kenntnis seiner** auslandsspezifischen **Hilflosigkeit** (4 zu § 180b) **zur Aufnahme oder Fortsetzung der Prostitution** (3 zu § 180a; 3 zu § 184a) **zu bestimmen** (3 zu § 26). Anders als bei I Nr. 2 kommt es nicht darauf an, daß der Täter das Opfer durch List angeworben oder getäuscht hat (oben 1). Das Opfer braucht das Ziel des Täters nicht zu kennen (MDR/H **85**, 284); I Nr. 3 ist aber auch anzuwenden, wenn das Opfer dieses Ziel kennt und schon im Herkunftsland Prostituierte war (StV **83**, 238). Die Tat ist bei Kenntnis der Hilflosigkeit bereits mit dem Anwerben vollendet.

6 5) Die Tat ist **Verbrechen,** der **Versuch** daher strafbar. **Die Strafe** ist in allen Fällen des § 181 zusätzlich zur Freiheitsstrafe unter den Voraussetzungen des § 181c (idF Art. 1 Nr. 13 OrgKG; 2 zu § 43a) – fakultativ – **Vermögensstrafe** nach § 43a.

Straftaten gegen die sexuelle Selbstbestimmung §181

6) Für den Teilnehmer gilt § 28 nicht, da es sich bei Gewalt, Drohung 7
und List um tatbezogene Umstände handelt.

7) Abs. II sieht für **minder schwere Fälle** (11 zu § 12; 42 zu § 46) ein 8
gegenüber § 181 aF höheres Mindestmaß der Freiheitsstrafe (6 Monate)
vor. Die Voraussetzungen des II werden uU in den Fällen des Anwerbens
(Ber. 40) angenommen werden können, wenn das Opfer weiß, worum es
geht, aber zB auch dann, wenn bei Nr. 1 List gegenüber einem Menschen
angewendet wird, der der Prostitution nicht fern steht.

8) Konkurrenzen. Tateinheit ist mit §§ 180, 180a (Prot. 7/16; 17. 1. 1985, 4 9
StR 779/84) und § 180b sowie zwischen Nr. 2 und § 181a Nr. 2 möglich (17 zu
§ 181a), ferner mit § 177, wenn die bei § 181 Nr. 1 angewandte Gewalt auch
dazu diente, das Opfer zur Duldung des Beischlafs mit ihr „zugewiesener
Freier" zu nötigen, MDR/H **83**, 984. § 180b tritt hinter § 181 Nr. 1 zurück (aM
SK-Horn 8); § 240 hinter § 181. Tateinheit ist jedoch mit §§ 223ff., 235 bis 237,
§ 255 (NStE Nr. 2), § 29 I Nr. 1 BtMG (17. 1. 1985, 4 StR 779/84) möglich.

9) Sonstige Vorschriften. FAufsicht §§ 181b, 68 I Nr. 2, II; Erweiterter 10
Verfall (§ 73d) unter den Voraussetzungen des § 181c; Anzeigepflicht § 138 I
Nr. 5; Überwachungsmaßnahmen § 100a Nr. 2 StPO; Beschäftigungsverbot
Verurteilter § 25 I Nr. 3, § 58 II JArbSchG. Zur illegalen Einschleusung auslän-
discher Frauen, zum „Schlepperunwesen" vgl. §§ 47, 47a AuslG [Anh. 12];
BGH **36**, 125.

Zuhälterei RiStBV 248

181a ^I Mit Freiheitsstrafe von sechs Monaten bis zu fünf Jahren wird bestraft, wer

1. einen anderen, der der Prostitution nachgeht, ausbeutet oder

2. seines Vermögensvorteils wegen einen anderen bei der Ausübung der
Prostitution überwacht, Ort, Zeit, Ausmaß oder andere Umstände
der Prostitutionsausübung bestimmt oder Maßnahmen trifft, die den
anderen davon abhalten sollen, die Prostitution aufzugeben,

und im Hinblick darauf Beziehungen zu dem anderen unterhält, die
über den Einzelfall hinausgehen.

^{II} Mit Freiheitsstrafe bis zu drei Jahren oder mit Geldstrafe wird be-
straft, wer gewerbsmäßig die Prostitutionsausübung eines anderen
durch Vermittlung sexuellen Verkehrs fördert und im Hinblick darauf
Beziehungen zu dem anderen unterhält, die über den Einzelfall hinaus-
gehen.

^{III} Nach den Absätzen 1 und 2 wird auch bestraft, wer die in Absatz 1
Nr. 1 und 2 genannten Handlungen oder die in Absatz 2 bezeichnete För-
derung gegenüber seinem Ehegatten vornimmt.

1) Die Vorschrift, durch die lex Heinze v. 25. 7. 1900 (RGBl. 301) eingefügt 1
und 1933 in der Strafdrohung verschärft, hat idF das 4. StRG (1 vor § 174;
ferner Hearing: Prot. VI/899, 911, 1102, 1136, 1673; Beratungen: Prot. VI/1184,
1644, 1744, 1757, 1803, 2117) eine neue Schutzrichtung erhalten (NStZ **82**, 507),
weil die modernen Zuhälter (vgl. Dieckmann [unten 2]) überwiegend keine
schwächlich passiven Typen, sondern aktiv gefährliche sind (RegE 29; Ber. 49;
Prot. VI/911, 1690ff., 1745), die meist vorbestraft (Prot. VI/ 1720), im Besitz

1067

§ 181 a

von Schußwaffen sind (Prot. VI/1686, 1693), vor brutalen Gewalttätigkeiten gegen ihre Dirnen (Prot. VI/1692, 1966, 1705, 1707), deren Angehörige (Prot. VI/1697) und die sogen. „Freier" (Prot. VI/1676) nicht zurückschrecken und zu Begleitdelikten neigen (Prot. VI/1693 f., 1708), die vielfach zur schweren Ge-
2 waltkriminalität gehören (Prot. VI/1702). Vgl. auch BT-Drs. 11/7140. **Schrifttum** (auch zur Kriminologie, zu den Erscheinungsformen und zur Bekämpfung der Zuhälterei): *Amelunxen,* Der Zuhälter, 1967; *Androulakis* ZStW **78**, 432; *Dieckmann,* Das Bild des Zuhälters in der Gegenwart, 1975; hierzu *Schroeder* MSchrKrim **78**, 62; *Hanack,* DJT-Gutachten 1968 S. 197; *Matthes/Westphal* KR **69**, 475; *Horstkotte* JZ **74**, 88; *Wahl* KR **82**, 406; *Lux* KR **85**, 402; *Labonté* KR **90**, 387.

3   **2) Geschütztes Rechtsgut** ist die Selbstbestimmung der Prostituierten (27. 4. 1982, 1 StR 62/82; 13. 5. 1982, 1 StR 213/82; Hamburg NJW **75**, 128), insbesondere deren Freiheit. § 181 a soll verhindern, daß sie zum Ausbeutungsobjekt des Zuhälters gemacht wird (Bay NJW **74**, 1574; KG MDR **77**, 863; NJW **77**, 2226), sich aus der Prostitution nicht mehr lösen kann und in die Gefahr gerät, körperlich und seelisch zu verelenden (vgl. Prot. VI/ 1746, 1698); insoweit handelt es sich um ein Freiheits- (Prot. VI/1751, 1765) und ein abstraktes Gefährdungsdelikt (Prot. VI/1747; vgl. LK-Laufhütte 1). Bei **II** hingegen geht es nicht um die Dispositionsfreiheit der Prostituierten (aM Prot. VI/1760), sondern darum, daß der soziale Schaden, den die Prostitution für die Dirne darstellt, nicht durch gewerbsmäßige Geschäftemacherei vertieft wird (vgl. RegE 29).

4   **3) Täter** kann auch eine Frau sein; Opfer jeder, der zur Tatzeit der Prostitution (3 zu § 180a; 3 zu § 184a) tatsächlich nachgeht, Frau, Mann oder Transsexueller (Ber. 49; Prot. VI/1685). Erfaßt werden also auch Zuhälterinnen einer Dirne (meist auf lesbischer Basis; vgl. Prot. VI/1678, 1680) sowie der Zuhälter von Strichjungen oder Transsexuellen (Prot. VI/1676, 1678; vgl. 3 zu § 175). Ob das Opfer der Prostitution in einem Dirnenwohnheim, einem Bordell (§ 180a I) oder anderswo nachgeht, ist ohne Bedeutung. Die Prostituierte ist als notwendige Teilnehmerin, und zwar auch als Anstifterin, straflos (ebenso SchSch-Lenckner 27; zur aF sehr str.; aM BGH **19**, 107; offen gelassen von Hamm NJW **72**, 882).

4) Abs. I erfaßt (unter der Voraussetzung unten 10) die schweren Formen der Zuhälterei, nämlich

5   A. in I Nr. 1 die **ausbeuterische Zuhälterei**. Der Täter muß das Opfer, das der Prostitution nachgeht (3 zu § 180a; 3 zu § 184a; LK 2) ohne Rücksicht auf dessen wohlverstandenes Interesse und ohne Rücksicht auf spätere Folgen eigensüchtig (BGH **15**, 40) und planmäßig als Erwerbsquelle für sich mißbrauchen (vgl. Prot. VI/1747; MDR/D **74**, 722; Hamm NJW **72**, 882; Hamburg NJW **75**, 127). Ausbeuten ist mehr als Partizipieren am Unzuchtserlös (NStZ **82**, 507). Daß das Opfer in seiner Bewegungsfreiheit beeinträchtigt wird und nicht mehr über ausreichende Mittel verfügt, wird zwar meist der Fall sein (Prot. VI/912, 1680, 1686, 1692), ist aber nicht begriffsnotwendig (enger wohl RegE 29; Prot. VI/1747; MDR/D **74**, 546; 722; 15. 10. 1974, 1 StR 350/74; Horstkotte JZ **74**, 89). Es genügt eine spürbare Verschlechterung der Lage des Opfers (MDR/H **77**, 282; **83**, 91; NStZ **83**, 220; **89**, 67; GA **87**, 261; Bay NJW **74**, 1573; KG MDR **77**, 862; LK 17 zu § 180a). Nr. 1 kann gegeben sein, wenn die Dirne für jeden Freier Getränke in bestimmter Höhe bestellen und hierfür aufkommen muß

Straftaten gegen die sexuelle Selbstbestimmung § 181 a

(23. 11. 1976, 1 StR 269/76), nicht jedoch immer schon dann, wenn der Täter einem passiven Nutznießer gleich den Prostitutionserlös einstreicht (13. 1. 1977, 1 StR 639/76). Maßgebend ist der *spürbare* Erfolgsunwert, nicht ein Rechenexempel. Der BGH hat allerdings in einem Fall, in dem die Dirne nahezu die Hälfte ihrer Einkünfte an den Täter einbüßte, Ausbeutung bejaht (MDR/H 77, 282; gegenteilig KG NJW 77, 2226); erst recht, wenn er ihr lediglich Unterkunft und Kost gewährte und ihr wöchentlich 50 DM Taschengeld überließ (23. 1. 1979, 5 StR 23/79; vgl. ferner Köln OLGSt. 5), in solchen Fällen sind die Lebensumstände der Prostituierten, insbesondere ihre Einnahmen und ihre Ausgaben näher darzulegen (NStZ 89, 68). Freiwillige Unterwerfung steht dem Ausbeuten ebensowenig entgegen (23. 11. 1976, 1 StR 269/76; 18. 1. 1977, 1 StR 388/76; NStZ 85, 453; vgl. hierzu Lux KR 85, 404; Bay NJW 77, 1209 m. Anm. Geerds JR 78, 81) wie Leichtsinn oder Furcht (Hamburg NJW 75, 127; vgl. aber StV 84, 334). Auch ob der Täter mit dem Geld seinen Lebensunterhalt bestreitet, ist ohne Bedeutung (Ber. 50); er kann es zB einer Zuhälterorganisation zukommen lassen (vgl. RegE 30). Bloße Annahme von Geld, zB durch Anwalt oder Arzt, Kosmetikerin, Friseuse, Grundstücksverkäufer oder Vermieter (evtl. § 180a II) fällt nicht unter Nr. 1, selbst bei Forderung erhöhter Preise (Ber. 50), zumal es dann an den Beziehungen iS von unten 10 fehlt. Zieht jemand aus gemeinschaftlicher Wirtschaftsführung mit der Prostituierten nicht mehr, als er einschießt, so beutet er nicht aus (BGH 4, 319). So ist es auch bedenklich, wenn BGH 15, 5 Beiträge des Mannes vor Beginn der Prostitution unberücksichtigt lassen will. Anderseits kommt es nicht darauf an, ob der Täter das Opfer zur Prostitution anhält, ob dieses in Not ist oder den Täter unterstützen will.

B. in I Nr. 2 die **dirigierende Zuhälterei,** bei der der Täter in allen 6 Begehungsweisen über eine bloße Unterstützung hinausgehen und einen bestimmenden Einfluß auf das Opfer (4) ausüben muß, indem er **a) es bei der Ausübung der Prostitution** (3 zu § 180a, 3 zu § 184a; LK 5) **überwacht,** dh kontrolliert, wie und was es verdient (NStZ 82, 379; Bay NJW 77, 1209), zB durch Organisation des Geschäftsablaufs seines Vermögensvorteils wegen Ort, Zeit und andere Umstände der Prostitutionsausübung bestimmt (NStZ 89, 67), insbesondere bei einem „Bon-System", durch das die Dirne unter Kontrolle gehalten, in ihrer wirtschaftlichen Entscheidungsfreiheit beeinträchtigt und dem Betreiber ein direkter Zugriff auf den Dirnenlohn eröffnet wird (NJW 86, 596 m. Anm. Nitze NStZ 86, 359). Es kommt auf eine zusammenfassende Würdigung der einzelnen gegenüber den Prostituierten getroffenen Maßnahmen und Regelungen an (BGH NJW 87, 3209), unerheblich ist, ob sich die Prostituierten dem freiwillig unterworfen haben (BGH aaO). *Nicht* ausreichend sind bloß schützendes Bewachen, Anmieten einer Wohnung (MDR/D 74, 723 krit. Geerds JR 78, 83), das Abhalten anderer Dirnen vom eigenen Revier (RegE 30), Beschützen bei Streitigkeiten, Warnen vor der Polizei, falsche Aussagen bei Verfahren nach §§ 184a, 184b, Bemühen, die Dirne einer Festnahme zu entziehen. Die Tathandlung muß in ihrer Wirkung auf die Dauer angelegt und geeignet sein, die Prostituierte in **Abhängigkeit** zu halten (MDR/H 90, 7 194), und die zuhälterische Beziehung über den Einzelfall hinausgehen (unten 10); gleichgültig ist, aus welchen Beweggründen die Dirne ihrem Ge-

1069

§ 181a

werbe nachgeht (NStZ **85**, 493); **b)** kraft seiner tatsächlichen Überlegenheit den Einsatz des Opfers dadurch regelt, daß er **Ort** (Straßenstrich, Revier, Wohnheim, Ortswechsel), **Zeit** (zB die tägliche „Arbeitszeit" mit Beginn und Ende), **Ausmaß** (Zahl der Freier, „Einsatzplan", 27. 4. 1982, 1 StR 62/82) oder andere **Umstände der Prostitutionsausübung bestimmt** (NStZ **83**, 220; MDR/H **90**, 295), dh festsetzt, so die Höhe des Entgelts (Köln OLGSt. 6 zu § 180a; Bay NJW **77**, 1209 m. Anm. Geerds JR **78**, 81; vgl. ferner Lux KR **85**, 404); hierher gehören auch das Verkaufen oder Vermieten der Dirne an einen anderen Zuhälter, das Vertauschen (Prot. VI/1674, 1687, 1703f., 1707); aber auch das Überführen in ein anderes Dirnenwohnheim; oder das Verbringen, Überwachen und Abholen der Dirne an den oder vom Ort der Prostitutionsausübung (23. 1. 1979, 5 StR 23/79; 12. 6.

8   1979, 1 StR 135/79), oder **c) Maßnahmen trifft,** dh Vorkehrungen irgendwelcher Art durch Tun oder Unterlassen, die das Opfer **von der Aufgabe der Prostitution abhalten** sollen; so durch Gewalt oder Drohungen, Zerstörung familiärer und anderer Kontakte (Prot. VI/1697), Halten in finanzieller Abhängigkeit, Anhalten zur Buchführung als Überwachungsmaßnahme (NStZ **82**, 379), Verstricken in Straftaten. Bloße Bitten und Ratschläge reichen wie auch bei 6 und 7 nur dann aus, wenn sie der Sache nach mehr sind, zB versteckte Drohungen. Vielfach werden 6 bis 8 zusammentreffen und zu einer Art moderner Sklavenhaltung führen (kriminologisch aufschlußreiche Hinweise bei Geerds JR **78**, 81).

9   **5) Abs. II** erfaßt die **kupplerische Zuhälterei,** die (abgesehen von unten 10) voraussetzt, daß der Täter die Prostitution eines andern durch Vermittlung sexuellen Verkehrs **gewerbsmäßig** (43 vor § 52) **fördert,** dh zwischen der Prostituierten und einem anderen durch eine aktive vermittelnde Bemühung (Prot. VI/1803) eine Verbindung herstellt, auf diese Weise entgeltlichen sexuellen Verkehr irgendwelcher Art (sexuelle Handlungen an dem einen oder dem anderen oder vor dem einen oder dem anderen) zwischen den beiden ermöglicht und dadurch die Prostitutionsausübung des einen Teils erfolgreich unterstützt (NStE Nr. 2; teilw. abw. SK-Horn 18). Als Täter kommen hier nicht nur Zuhälter im engeren Sinn in Betracht, sondern vor allem Leiter von Call-Girl- Ringen (Ber. 50; Prot. VI/1655), Vermittler von Mittelsmännern (NStE Nr. 2), Inhaber von sog. Massagesalons (dazu Lüthge-Bartholomäus NJW **75**, 1872; Lux KR **85**, 405), Stundenhotels, gewisse Reiseunternehmen sowie sog. „Schlepper", die Prostituierten Freier zuführen (Ber. 50); möglicherweise aber auch Hotelportiers, Taxifahrer, Kellner, soweit sie eine entsprechende Tätigkeit entwickeln; dazu genügt an sich das Aushändigen von Visitenkarten einer Prostituierten mit deren Telefonnummer an Gäste (aM Prot. VI/1804); jedoch scheiden gelegentliche Hinweise oder Vermittlungen aus (Ber. 50; KG NJW **77**, 2225).

10   **6) Gemeinsame Voraussetzung** zu 5 bis 9 ist, daß der Täter zu der (dem) Prostituierten **im Hinblick** auf seine Ausbeutungs-, Bestimmungs- oder Förderungstätigkeit **Beziehungen unterhält** (3 zu § 100), **die** auf gewisse Dauer angelegt sind, dh **über den Einzelfall hinausgehen;** sie brauchen keine persönlichen zu sein, es kann sich um rein geschäftlich-wirtschaftliche Beziehungen handeln, wie sie in der modernen Zuhälterei, welche vielfach die Formen des Managements angenommen hat (Prot. VI/913,

Straftaten gegen die sexuelle Selbstbestimmung **§ 181a**

1676, 1701), häufig sind. Ein Täter (Topmanager) kann die Beziehungen auch über Mittelsmänner (Mittäter oder Gehilfen) unterhalten (Prot. VI/1807f.), so daß das Opfer ihn persönlich nicht zu kennen braucht. Andererseits stehen Liebesbeziehungen zwischen dem Täter und der Dirne der Annahme zuhälterischer Beziehungen nicht entgegen. Geht es dem Mann aber um die Liebesbeziehungen als solche, so wird er idR auf tatbestandsmäßige Handlungen verzichten. Beziehungen iS der Vorschrift sind jedenfalls stets dann anzunehmen, wenn die Aufrechterhaltung nach dem Gesamtbild (vgl. GA **62**, 307; Hamburg NJW **75**, 128) von dem eigensüchtigen Interesse des Täters am Fortbestehen der Prostitutionsausübung abhängt (nach BGH **15**, 37; **21**, 272 zu § 181a aF sollte es darauf ankommen, ob das eigensüchtige Interesse von mindestens gleicher Stärke war wie das am Liebesverhältnis; abl. Jescheck MDR **61**, 337); anders, wenn er die Dirne von der Prostitution abbringen will (NJW **53**, 1923). Beim Vermieter der Prostituierten werden die Beziehungen idR im Hinblick auf den Mietzins unterhalten, so daß nur § 180a II in Betracht kommt (aM unter Annahme eines „skurrilen Vermieterprivilegs" für Zuhälter M-Schroeder § 21, 15). Die Beziehungen muß der Täter zu einer bestimmten Prostituierten unterhalten; solche zu einem Zuhälter können nur Beihilfe zu I oder II sein (Prot. VI/1805f.); § 181a scheidet aus, wenn zB ein Hotelportier seinen Gästen Adressen von stets wechselnden Prostituierten vermittelt, zu denen er keine Beziehungen unterhält. Vorzeitige Lösung von auf Dauer angelegten Beziehungen, zB durch Eingreifen der Polizei (NJW **64**, 116), schließt den Tatbestand nicht aus. Auch ein Gefangener kann Zuhälterei mindestens fortsetzen.

7) Abs. III erfaßt zuhälterische Handlungen nach 5 bis 9 **gegenüber den** 11 **Ehegatten.** Da aber bei den zwischen Eheleuten an sich bestehenden Beziehungen nicht festgestellt werden kann, ob Beziehungen „im Hinblick" auf die sonstige Tathandlung unterhalten werden (Prot. VI/1681, 1686, 1750; LK 15), verzichtet III auf das Erfordernis oben 10.

8) Vorsatz ist als mindestens bedingter (MDR/H **83**, 91) hinsichtlich 12 aller Tatbestandsmerkmale erforderlich. Hinsichtlich des Ausbeutens und der Gewerbsmäßigkeit genügt es, wenn der Täter die diese Merkmale begründenden Umstände (vgl. dazu BGH **4**, 320) kennt; beurteilt er sie falsch, so ist das ein Subsumtionsirrtum. Im Fall von I Nr. 2 muß der Täter auch seines Vermögensvorteils wegen (40 zu § 263) handeln; die Erlangung eines solchen Vorteils muß also mindestens eines seiner Motive sein; ob er ihn erlangt, ist ohne Bedeutung.

9) Der Versuch der Tat ist nicht strafbar (Vergehen). Doch kann ein 13 Versuch eine selbständige Tat nach § 180b sein.

10) Teilnehmer sind mit Ausnahme des Opfers (oben 4) strafbar (oben 10). 14

11) Die Strafe ist nach dem Unrechtsgehalt so abgestuft, daß bei I § 47 15 ausscheidet (Ber. 50), bei II jedoch zu prüfen ist. Doch wird dort in vielen Fällen (zB Unterhalten eines Call-Girl-Ringes) Freiheitsstrafe zur Einwirkung den Täter oder zur Verteidigung der Rechtsordnung unerläßlich sein. **Nach § 181c** (idF des Art. 1 Nr. 13 OrgKG, 2 zu § 43a) und unter seinen Voraussetzungen sind in den Fällen des I Nr. 2 die Vorschriften über die **Vermögensstrafe** (§ 43a) und den **erweiterten Verfall** (§ 73d) anzuwenden, § 73d auch dann, wenn der Täter gewerbsmäßig handelt. **Führungsaufsicht** ist nach §§ 181b,

§ 181a
BT Dreizehnter Abschnitt

68 I Nr. 2 möglich. Beschäftigungsverbot Verurteilter § 25 I Nr. 3, § 58 II JArbSchG.

16 **12) Konkurrenzen. A. Innerhalb des § 181a** gilt folgendes: Zuhälterei gegenüber demselben Opfer in derselben Begehungsform ist eine einheitliche Tat (BGH **19**, 109), und zwar kein Kollektivdelikt (vgl. 42 vor § 52), sondern ein durch das Unterhalten der besonderen Beziehungen zusammengehaltenes Dauerdelikt (MDR/H **83**, 620). Im übrigen ist zwischen I Nr. 1 und Nr. 2 oder II Tateinheit möglich (MDR/H **82**, 624; vgl. BGH **19**, 109; SK 8; abw. SchSch 28), während II hinter I Nr. 2 zurücktritt (MDR/D **74**, 723; KG MDR **77**, 863; NJW **77**, 2225). Bei mehreren Opfern ist Fortsetzungszusammenhang ausgeschlossen, da sich die Tat gegen die Prostituierte richtet (9. 8. 1985, 3 StR 301/85; oben 1ff.; vgl. 20 zu § 176), aber tateinheitlich möglich, wenn die Ausführungshandlungen gegenüber mehreren Geschädigten teilidentisch sind (19. 9. 1991, 1 StR 538/91).

17 **B. Tateinheit** ist im übrigen möglich mit § 180; § 180b und § 181 Nr. 2 (16. 12. 1983, 2 StR 792/83); zwischen I und § 180a I, II Nr. 1, Nr. 2 1. Alt.; zwischen I Nr. 2 und I Nr. 1 (27. 4. 1982, 1 StR 62/82); zwischen I Nr. 2 und § 180b (MDR/H **85**, 284; BGHR § 181a II, Konk. 1); zwischen I Nr. 1 und § 180b II Nr. 2 (3. 6. 1986, 4 StR 223/86); zwischen I Nr. 2 und § 180 II (30. 4. 1985, 5 StR 228/ 85); sowie § 180b II Nr. 2 (MDR/H **79**, 106; 26. 11. 1980, 3 StR 394/80; Köln MDR **79**, 73); ferner bei I Nr. 2 im Falle einheitlichen Überwachungsverhaltens gegenüber dem Opfer (29. 6. 1982, 5 StR 154/82), wenn sich die „Maßnahmen" (zB Registrierung und Abrechnung der Tageseinnahmen) gegen mehrere Prostituierte richtet (StV **87**, 243 L), sowie zwischen II und § 180a II, während II hinter § 180a I zurücktritt (KG JR **78**, 296) und § 180a II Nr. 2 2. Alt. hinter § 181a I Nr. 1 (SK 8). Tateinheit ist weiter möglich zwischen § 180a I Nr. 2 und § 181a I Nr. 2, II (NStZ **89**, 68; vgl. KG MDR **77**, 863), ferner mit §§ 223ff. (MDR/D **68**, 728; NStE § 358 StPO Nr. 4), falls die Körperverletzung Bestandteil des Ausbeutens wäre (MDR/H **83**, 984), sowie mit §§ 240, 255 (MDR/H **83**, 793).

Führungsaufsicht

181b In den Fällen der §§ 176 bis 179 und der §§ 180b bis 181a kann das Gericht Führungsaufsicht anordnen (§ 68 Abs. 1).

Vgl. Anm. zu § 68 und 1 zu § 180b.

Vermögensstrafe und Erweiterter Verfall

181c In den Fällen der §§ 181 und 181a Abs. 1 Nr. 2 sind die §§ 43a, 73d anzuwenden, wenn der Täter als Mitglied einer Bande handelt, die sich zur fortgesetzten Begehung solcher Taten verbunden hat. § 73d ist auch dann anzuwenden, wenn der Täter gewerbsmäßig handelt.

§ 181c wurde durch Art. 1 Nr. 13 OrgKG (2 zu § 43a) eingefügt, um die Möglichkeiten des Zugriffs auf das Vermögen des Täters oder Teilnehmers (vgl. 3 zu § 43a) durch die Verhängung einer Vermögensstrafe nach § 43a und/oder die Anordnung des erweiterten Verfalls nach § 73d bei bandenmäßiger und/oder gewerbsmäßiger Begehung auf die Bereiche des schweren Menschenhandels (§ 181) und der dirigierenden Zuhälterei (§ 181a I Nr. 2) zu erreichen; der Gesetzgeber sah in diesen Handlungen typische Erscheinungsformen der OrgK.

Straftaten gegen die sexuelle Selbstbestimmung **§ 182**

Verführung

182 ᴵ Wer ein Mädchen unter sechzehn Jahren dazu verführt, mit ihm den Beischlaf zu vollziehen, wird mit Freiheitsstrafe bis zu einem Jahr oder mit Geldstrafe bestraft.

ᴵᴵ Die Tat wird nur auf Antrag verfolgt. Die Verfolgung der Tat ist ausgeschlossen, wenn der Täter die Verführte geheiratet hat.

ᴵᴵᴵ Bei einem Täter, der zur Zeit der Tat noch nicht einundzwanzig Jahre alt war, kann das Gericht von einer Bestrafung nach dieser Vorschrift absehen.

Für das Gebiet der ehem. DDR vgl. (statt des nicht übernommenen § 182, 30 vor § 3) den nach EV Anl. II Kap. III C 1 Nr. 1 dort fortgeltenden § 149 StGB-DDR (hierzu Schroeder DtZ 91, 240), der folgenden Wortlaut hat:

ᴵ Ein Erwachsener, der einen Jugendlichen zwischen vierzehn und sechzehn Jahren unter Ausnutzung der moralischen Unreife durch Geschenke, Versprechen von Vorteilen oder in ähnlicher Weise dazu mißbraucht, mit ihm Geschlechtsverkehr auszuüben oder geschlechtsverkehrsähnliche Handlungen vorzunehmen, wird mit Freiheitsstrafe bis zu zwei Jahren oder mit Verurteilung auf Bewährung bestraft.

ᴵᴵ Die Strafverfolgung verjährt in zwei Jahren.

1) Die Vorschrift idF des 4. StrRG (1 vor § 174; ferner Prot. VI/866, 916f., **1**
923f., 986, 988, 998, 1391, 1593, 2118; Prot. 7/21) **schützt** eine Altersgruppe von Mädchen, deren psychische Reife hinter der körperlichen so weit zurückbleibt, daß eine gefestigte sexuelle Selbstbestimmung regelmäßig noch fehlt, vor Verführung zum Beischlaf mit dessen möglichen Folgen (vgl. Ber. 51; Prot. VI/1596). Die Vorschrift, die kriminalstatistisch nur noch geringe Bedeutung hat, soll zusammen mit § 175 durch eine einheitliche Jugendschutzvorschrift (1 zu § 175) ersetzt werden, die sich an § 149 StGB-DDR anlehnt. Sie soll den Strafschutz gegen sexuellen Mißbrauch auch auf weibliche Jugendliche unter 16 Jahren ausdehnen und, ohne daß in dieser Hinsicht ein Schutzbedürfnis erkennbar ist, insoweit auch lesbische Handlungen erwachsener Frauen gegenüber Jugendlichen miteinbeziehen (hiergegen im einzelnen Tröndle ZRP **92**, 297; *insoweit* zutr. auch Steinmeister ZRP **92**, 97; M. Bruns MDR **91**, 833, die allerdings – in Übereinstimmung mit früheren GesAnträgen Hmbg [Br-Drs. 312/90] und der Grünen [BT-Drs. 11/1040, 6] – die ersatzlose Streichung des § 182 gefordert haben, ebenso Sick ZStW **103**, 71 und überwiegende Meinung im FJ-BRat Prot.Nr. 9 v. 4. 3. 1992 [Hearing]). **A. Täter** kann nur ein Mann sein, der **2**
die Tat **eigenhändig** begeht; ein Dritter, insbesondere eine Frau kann weder Mittäter noch mittelbarer Täter, sondern nur Teilnehmer sein (wie hier Lackner 2; aM LK-Laufhütte 4; M-Schroeder § 20, 26). **B. Opfer** ist ein Mädchen, dh **3**
eine nicht verheiratete, verwitwete oder geschiedene Frau (vgl. § 1 II EheG), die noch nicht 16 Jahre alt ist (§ 187 II S. 2 BGB); ihr Ruf spielt keine Rolle.

2) Tathandlung ist das **Verführen zum** vollendeten **Beischlaf** (6 zu **4**
§ 173; der Versuch ist straflos); dh ein über das bloße Bestimmen an Intensität hinausgehendes Willfährigmachen einer Widerstrebenden oder mindestens Unentschlossenen durch Mittel wie Geschenke, Alkohol, sexuelle Berührungen, die aber nicht schon unter §§ 177, 178 fallen dürfen (vgl. BGH **7**, 100; **22**, 157); Ausnutzen eines Abhängigkeitsverhältnisses (RG **53**, 130); Erregen von Angst (BGH **7**, 101); Überredungskünste. Daß der Täter sexuelle Unerfahrenheit und unentwickelte Widerstandskraft des

§ 182

Mädchens ausnutzt (vgl. BGH NJW **51**, 530), wird häufig sein, ist aber nicht Voraussetzung (enger Ber. 51; Prot. VI/1598). Geht die Initiative vom Mädchen aus oder gibt es sich ohne intensive Beeinflussung hin, so ist § 182 nicht gegeben (BGH aaO); das wird vor allem bei echten Liebesbeziehungen zutreffen. Strafbare Verführung ist auch dann möglich, wenn die Eltern nach § 180 I S. 2 straflos Vorschub leisten (25 zu § 180).

5   3) **Vorsatz** ist als mindestens bedingter erforderlich und hat sich vor allem auf das Alter des Mädchens zu beziehen. Erfährt der Täter es erst während des Beischlafs, so ist keine Verführung mehr gegeben; ebenso idR, wenn er das Alter bei wiederholtem Verkehr erst im Laufe der Zeit erfährt. § 182 ist auch dann gegeben, wenn der Täter glaubt, eine noch nicht Vierzehnjährige sei schon 15 Jahre alt. Hält er eine schon Sechzehnjährige für 15, so ist strafloser untauglicher Versuch gegeben. Verbotsirrtum ist, vor allem bei jugendlichen Tätern, nicht ausgeschlossen.

6   4) **Antragsdelikt (II S. 1),** vgl. §§ 77 ff.; insbesondere 11 ff. zu § 77.

7   5) **Ein Verfolgungshindernis** gegenüber allen an der Tat Beteiligten tritt **nach II S. 2** ein, wenn der **Täter** (also nicht ein anderer Beteiligter) die Verführte heiratet.

8   6) **Abs. III** ermöglicht **Absehen von Bestrafung** (7 zu § 23) nach § 182, nicht auch nach anderen Vorschriften wie zB § 176 III Nr. 1, unabhängig von den Möglichkeiten des JGG (vor allem § 45) gegenüber einem Täter, der zur Zeit der Beendigung der Tat noch nicht 21 Jahre alt ist. Dabei ist vor allem an solche gedacht, die infolge ihrer eigenen Jugend noch nicht voll erkennen, welche Bedeutung die Verführung für eine noch nicht Sechzehnjährige hat. Vgl. § 153b StPO.

9   7) **Tateinheit** ist möglich mit § 173; § 174 I (vgl. NJW **51**, 531); mit § 176 III Nr. 1, wenn das Mädchen noch nicht 14 Jahre alt ist; idR aber nicht mit § 185 (BGH **8**, 357); es sei denn, daß besonders verletzende Umstände hinzutreten (GA **66**, 338). Entfällt § 182, so kommt § 185 in Betracht (BGH **8**, 357; str.). Eine fortgesetzte Tat ist mit demselben Mädchen zwar möglich; meist wird es aber später an der Verführung fehlen. Von § 177 wird § 182 verdrängt. Ist er nicht festzustellen, so ist nur nach § 182 zu verurteilen (BGH **22**, 154; Schröder JZ **68**, 572; M-Schroeder § 20, 28; zw.; dagegen SK-Horn 3; Deubner NJW **69**, 147; Tröndle GA **73**, 294). **Beschäftigungsverbot Verurteilter** § 25 I Nr. 3, § 58 II JArbSchG.

Exhibitionistische Handlungen

183 ^I **Ein Mann, der eine andere Person durch eine exhibitionistische Handlung belästigt, wird mit Freiheitsstrafe bis zu einem Jahr oder mit Geldstrafe bestraft.**

^{II} **Die Tat wird nur auf Antrag verfolgt, es sei denn, daß die Strafverfolgungsbehörde wegen des besonderen öffentlichen Interesses an der Strafverfolgung ein Einschreiten von Amts wegen für geboten hält.**

^{III} **Das Gericht kann die Vollstreckung einer Freiheitsstrafe auch dann zur Bewährung aussetzen, wenn zu erwarten ist, daß der Täter erst nach einer längeren Heilbehandlung keine exhibitionistischen Handlungen mehr vornehmen wird.**

Straftaten gegen die sexuelle Selbstbestimmung § 183

IV Absatz 3 gilt auch, wenn ein Mann oder eine Frau wegen einer exhibitionistischen Handlung
1. nach einer anderen Vorschrift, die im Höchstmaß Freiheitsstrafe bis zu einem Jahr oder Geldstrafe androht, oder
2. nach § 174 Abs. 2 Nr. 1 oder § 176 Abs. 5 Nr. 1
bestraft wird.

1) **Die Vorschrift** idF des 4. StrRG (1 vor § 174; ferner Hearing: Prot. VI/ 1 900, 911, 915, 927, 947, 982, 989, 993, 1015, 1088, 1102, 1111, 1131; Beratungen: Prot. VI/1487, 1493, 1766, 1810) **schützt** vor ungewollter Konfrontation 2 mit einer möglicherweise schockierenden sexuellen Handlung (vgl. Prot. VI/ 1772; MDR/D **74**, 546); doch steht auch ein öffentliches Interesse an der Verhütung derartiger, auch die Allgemeinheit beunruhigender Handlungen im Hintergrund. **Schrifttum:** *v. Hentig*, MSchrKrim **29**, 327; *Hobe* in Hess/Störzer/ 3 Streng (Hrsg.) Sexualität und soziale Kontrolle 1978, 69; *Koopmann* MSchKrim Psych. **42**, 18; *v. Weber* aaO **40**, 273; *Wille*, Die forensisch-psychopathologische Beurteilung der Exhibitionisten usw., 1968; *Würtenberger* JZ **60**, 342; *Horstkotte* JZ **74**, 84; einseitig krit. *von Hören* ZRP **87**, 19 u. *Sick* ZStW **103**, 83; weit. kriminolog. Lit.: Prot. VI/1157; *Witter*, Würtenberger-FS 333; *Lautmann*, *Arntzen* ZRP **80**, 46, 287; *Benz* ArchKrim. **169**, 169; *Glatzel* For. **6** (1985), 167 (zur psychiatrischen Begutachtung); *Wille* PraxRMed 549.

2) **Täter** kann nur ein Mann beliebigen Alters sein (Sonderdelikt und ei- 4 genhändiges Delikt); der seltene Exhibitionismus der Frau (rund 2% der Fälle; Prot. VI/900) wird nur in IV berücksichtigt. Opfer kann jeder sein, Mann, Frau oder Kind (dann aber § 176 V Nr. 1; unten 13; zum Status Transsexueller 3 zu § 175).

3) **Tathandlung** ist A. eine **exhibitionistische Handlung**, dh, daß der 5 Täter einem anderen ohne dessen Einverständnis (und meistens überraschend) sein entblößtes (wenn vielleicht auch nicht erigiertes) Glied vorweist, um *sich* allein dadurch oder zusätzlich durch die Reaktion des Gegenübers sexuell zu erregen, seine Erregung zu steigern oder (evtl. durch Masturbation) zu befriedigen (MDR/H **83**, 622; vgl. Ber. 53; Düsseldorf NJW **77**, 262; Karlsruhe NStE Nr. 4). Zu körperlicher Berührung des anderen kommt es idR nicht; in den seltenen Fällen, in denen das geschieht (vgl. Ber. 53; anderseits Prot. VI/1770), kann zusätzlich ein anderes Delikt gegeben sein, zB § 223. Ist die Handlung aber nur die Vorbereitung zB einer dann folgenden Vergewaltigung, so ist sie keine exhibitionistische. Auf die Entfernung zum anderen kommt es nur insoweit an, als dieser in der Lage sein muß, den Vorgang zu erkennen. Die Handlung muß nicht öffentlich, kann zB in einem Hotelzimmer (vgl. Ber. 55; Prot. VI/1767, 1770) begangen werden.

B. **Belästigen** muß die Handlung, dh sie muß objektiv geeignet sein, 6 einen anderen in seinem Empfinden nicht unerheblich zu beeinträchtigen, zB Unlustgefühle bei ihm hervorrufen wie Abscheu, Ekel, Schock, Schrecken oder daß er sich in seinem Schamgefühl verletzt fühlt oder findet, daß ihm der Täter zu nahe tritt (NStE Nr. 2). Das Belästigen bedarf dann keines zusätzlichen Beweises, wenn der Täter die für Exhibitionisten „charakteristische Distanz zu seinem Gegenüber" aufgibt, sich nicht auf die Entblößung beschränkt, sondern masturbiert und Frauen mit sexualbezogenen Bemerkungen nähertritt oder sie berührt (10. 3. 1992, 5 StR 538/91).

Hingegen fehlt die Belästigung, wenn der andere einwilligt oder der Vorgang bei ihm nur Interesse, Verwunderung oder Vergnügen auslöst. Zeigt der Täter sein Glied einer Gruppe von anderen, so reicht aus, wenn einer von ihnen belästigt wird. Der Belästigte braucht nicht der zu sein, dem der Täter unmittelbar gegenüber treten will; es kann auch ein daneben Stehender sein, von dem der Täter aber annimmt, daß er ihn beobachten kann. Solche, die den Vorgang nicht selbst beobachten (zB Mutter, der das Kind davon erzählt), scheiden als Belästigte aus.

7   4) **Vorsatz** ist erforderlich, der als mindestens bedingter (hM; aM Düsseldorf NJW 77, 262; LK-Laufhütte 2) die Eignung zur Verletzung umfassen muß; dazu muß die sexuelle Tendenz (oben 5f.) kommen, was entgegen Düsseldorf aaO hinsichtlich der Belästigung kein absichtliches Handeln voraussetzt.

8   5) Zum **Strafantrag (II)** des Belästigten vgl. §§ 77 bis 77d und 4ff. zu § 232. Das besondere öffentliche Interesse an der Strafverfolgung schließt das Interesse an der dadurch ermöglichten Behandlung des Täters ein; das kommt vor allem bei besonderen Folgen der Tat, aber auch dann in Betracht, wenn der Täter besonders rückfallgefährdet und behandlungsbedürftig ist (Ber. 55; Prot. VI/1778).

9   6) **Die Strafe.** Sicherungsverwahrung kommt nur in Betracht, wenn zugleich § 176 V Nr. 1 gegeben ist (rund ein Drittel der Opfer sind Kinder; Prot. VI/991, 1769). Die richtige Reaktion auf die Tat ist das Hauptproblem für den Richter. Einerseits ist zu berücksichtigen, daß die Tat Aggressionscharakter haben und eine Vorstufe für spätere schwere Delikte sein kann (Ber. 53; Prot. VI/911, 1767f.); doch sind derartige Fälle eines vielleicht nur scheinbaren Exhibitionismus selten (Prot. VI/988, 994f., 1016). Auf der anderen Seite sind seelische Folgeschäden auch bei Kindern nicht häufig (Prot. VI/915, 927; schwerwiegend möglicherweise ständige Wiederholung gegenüber derselben Frau); der Täter kann an einer schweren seelischen Abartigkeit iS von § 20 (Prot. VI/1777) leiden, nach Leist (Prot. VI/1088) an einer schweren Kernneurose, die sich darin manifestiert, daß der Täter aus Kontaktschwäche (Ber. 54) in die atavistische Haltung eines „genitalen Präsentierens" (Prot. VI/1767) verfällt. §§ 20, 21 sind daher stets zu **prüfen** (Zweibrücken StV **86**, 436; SK 6). Die Abneigung, sie anzuwenden (15 zu § 20; Ber. 54; Prot. VI/1132; unterschiedlich 1775, 1777; anderseits Haddenbrock DRiZ **74**, 40; Witter, Lange-FS 730; hierzu auch Sarstedt, Schmidt-Leichner-FS 174), mag hinsichtlich § 20 berechtigt sein, hingegen wird § 21 insoweit sehr häufig sein, als das Hemmungsvermögen erheblich vermindert sein kann; das ergibt sich daraus, daß der Exhibitionist meist unter Leidensdruck steht („Fluch in mir", Prot. VI/993), unter einem dranghaften Antrieb handelt (Prot. VI/1768), starke Therapiebereitschaft zeigt (Prot. VI/993), die Rückfallsquote aber mit mehr als 60% extrem hoch liegt (Prot. VI/1768). Mindestens nach Wiederholung der Tat ist Therapie regelmäßig notwendig (vgl. Prot. VI/ 982, 987, 993) und nicht aussichtslos (Prot. VI/1769); dann ist idR Freiheitsstrafe unerläßlich. Die Behandlungsbereitschaft des Täters kann bei der Strafzumessung zu seinen Gunsten berücksichtigt werden (Frankfurt GA **65**, 152). Die Therapie verspricht nicht nur in der Freiheit Erfolge (Prot. VI/988, 1776). Ist § 21 gegeben, so kommt in gewissen Fällen auch § 63 in Betracht (zurückhal-

tend Ber. 55), wenn in der Anstalt entsprechende therapeutische Möglichkeiten zu erwarten sind (vgl. auch 1 vor § 63), im Hinblick auf § 62 jedoch nur ausnahmsweise in besonders schwerwiegenden Fällen (BGHR § 62 Verh. 1). Auch § 2 II KastrG ist anwendbar.

7) Abs. III, IV lassen **Strafaussetzung zur Bewährung** mit der Weisung 10 zu, sich einer Heilbehandlung zu unterziehen (§ 56c III Nr. 1; hierzu Hobe in Hess/Störzer/Streng hrsg. Sexualität und soziale Kontrolle 1978 S. 74); der bloße Rat zur Behandlung (Prot. VI/1772, 1777) hat den Nachteil, daß bei Nichtbefolgen kein Widerruf möglich ist. III und IV enthalten nur eine **Sonderregelung für die Prognose;** diese Regelung befreit von den Anforderungen des § 56 I und läßt die weiteren Voraussetzungen des § 56 II unberührt (BGH **28**, 360), bei der Anwendung des III ist für generalpräventive Gesichtspunkte kein Raum, was die Prüfung der besonderen Voraussetzungen des § 56 III nicht ausschließt (BGH **34**, 151, [m. Anm. Rössner EzSt Nr. 2, hierzu ferner Schall JR **87**, 397; vgl. Theune NStZ **87**, 166]; NStZ **91**, 485).

A. Abs. III läßt, um den Weg der Aussetzung, der sonst bei der hohen 11 Rückfallquote vielfach versperrt wäre, zu öffnen, die Aussetzung auch dann zu, wenn die Sozialprognose zwar nicht dahin gestellt werden kann, daß der Täter künftig keine Taten nach § 183 mehr begehen wird, wohl aber dahin, daß nach längerer Heilbehandlung (die auch 2 Jahre überschreiten kann, wenn in Zukunft ein Behandlungserfolg erwartet werden kann (BGH **34**, 153 [m. Anm. Rössner EzSt Nr. 2]; NStE Nr. 3; Prot. VI/1769; Müller-Dietz, K. Meyer-GedS 759) keine exhibitionistischen Handlungen mehr zu erwarten sind (BGH **34**, 150, hierzu Schall JR **87**, 397; Stuttgart MDR **74**, 685). Der Richter hat hier zwischen der Gefahr, die vom Täter zunächst noch ausgeht, und der Chance endgültiger Heilung nach der konkreten Lage abzuwägen. Entschließt er sich zur Aussetzung, so zeigt eine neue Tat allein noch nicht, daß die der Aussetzung zugrunde liegende Erwartung sich nicht erfüllt hat (§ 56f I Nr. 1); denn mit einzelnen weiteren Taten war ja gerade zu rechnen (Düsseldorf NStZ **84**, 263). Wird danach nicht widerrufen, so wird auch hinsichtlich der neuen Strafe Aussetzung am Platze sein; wird diese Aussetzung abgelehnt, so wird idR auch die erste Aussetzung zu widerrufen sein (krit. SchSch-Lenckner 11).

B. Abs. IV ermöglicht, um eine kriminalpolitisch wünschenswerte 12 Aussetzung nicht an rechtlich verschiedenen Einordnungen des Exhibitionismus scheitern zu lassen, die Aussetzung auch dann, wenn jemand wegen einer exhibitionistischen Handlung nicht nach § 183 (Täter ist eine Frau; Belästigung fehlt, vgl. Ber. 56; § 183 wird verdrängt), aber nach § 174 II Nr. 1, § 176 V Nr. 1 oder nach einer Vorschrift verurteilt wird, die im Höchstmaß Freiheitsstrafe bis zu 1 Jahr oder Geldstrafe androht; in Frage kommen §§ 185 (Ber. II, 10), 123, 241, nicht aber § 183a (Subsidiarität, 1f., 7 zu § 183a; wird Ärgernis erregt, ist auch Belästigung gegeben). Aus IV Nr. 1 wird man schließen dürfen, daß die Voraussetzungen des § 56 II in den Fällen der Nr. 2 nicht vorliegen, so daß letztlich auch bei einer Verurteilung nach § 174 II Nr. 1 oder § 176 V Nr. 1 die Sonderregelung in III nur gilt, wenn die Strafe 1 Jahr nicht übersteigt (iErg. ebenso Dreher JR **74**, 54; aM Horstkotte aaO 90; SchSch 14; Müller-

§ 183

Dietz, K. Meyer GedS 748). Nach dem Sinn der Vorschrift ist IV auch anzuwenden, wenn bei einer Verurteilung nach § 323a Rauschtat eine Tat nach I oder eine unter IV fallende Tat ist. IV gilt auch, wenn Tateinheit zwischen § 183 und einer Tat nach Nr. 1 oder 2 gegeben ist.

13 8) **Tateinheit** ist ausgeschlossen mit § 185 (aM Stuttgart MDR **74**, 685; Lackner 11; zu § 183 aF auch NJW **58**, 758; vgl. auch Hass SchlHA **75**, 123), da § 183 als Belästigungsdelikt lex specialis ist; aber auch mit § 174 II Nr. 1, § 176 V Nr. 1, die ihrerseits als leges speciales § 183 verdrängen (M- Schroeder § 22, 7; SK-Horn 8; aM LK 14; SchSch 15; zu § 176 I Nr. 3, § 183 aF NJW **53**, 710). Auch mit § 183a ist Tateinheit ausgeschlossen (oben 12 ff.), aber zB mit §§ 123, 240, 241 möglich. Eine fortgesetzte Tat nach § 183 ist nur möglich, wenn es sich um dasselbe Opfer handelt (SchSch 13). Eine gleichzeitige Entblößung vor mehreren Belästigten ist nur eine einzige Tat (vgl. BGH **4**, 303).

14 9) **Sonstige Vorschriften**. Beschäftigungsverbot Verurteilter § 25 I Nr. 3, § 58 II JArbSchG. Vgl. ferner § 2 II KastrG.

Erregung öffentlichen Ärgernisses

183 a Wer öffentlich sexuelle Handlungen vornimmt und dadurch absichtlich oder wissentlich ein Ärgernis erregt, wird mit Freiheitsstrafe bis zu einem Jahr oder mit Geldstrafe bestraft, wenn die Tat nicht in § 183 mit Strafe bedroht ist.

1 1) **Die Vorschrift** idF des 4. StrRG (1 vor § 174; 1 ff. zu § 183; ferner Prot. VI/1134, 1781, 1789; BT-Drs. 11/7140) greift nicht ein, wenn Strafantrag nach § 183 nicht gestellt wird, weil die Tat dort mit Strafe bedroht bleibt (SK-Horn 8 zu § 183). § 183a beschränkt den Tatbestand auf die Fälle einer gewissen Provo-
2 kation (unten 6; Prot. VI/1782). **Rechtsgut** ist der Schutz der Allgemeinheit vor sexuellen Handlungen in der Öffentlichkeit (vgl. zu § 183 aF BGH **11**, 284; Hamburg NJW **72**, 117); nach Ber. 56, Prot. VI/1783, 1785, Horstkotte JZ **74**, 90 hingegen der Anspruch des Betroffenen auf Achtung seiner Anschauungen (ähnlich LK- Laufhütte 1; SchSch-Lenckner 1; vgl. aber Ber. 57; Marx JZ **72**, 113; M-Schroeder § 22, 3; SK 1).

3 2) **Tathandlung** ist die Vornahme einer sexuellen Handlung (4 ff. vor § 174), die weder sexuelle Erregung des Täters noch die Tendenz voraussetzt, bei anderen eine derartige Erregung auszulösen. Es genügt objektive Sexualbezogenheit im äußeren Erscheinungsbild der Handlung; doch muß sie einige Erheblichkeit haben (8 vor § 174; Prot. VI/1782), so daß zB Zärtlichkeiten zwischen Verliebten (hier auch Zungenküsse) ausscheiden. In Betracht kommen Entblößungshandlungen, die nicht unter § 183 fallen, auch exhibitionistische Handlungen von Frauen; der Beischlaf, auch dessen pantomimische Darstellung; Perversitäten; Happenings mit sexuellem Charakter; Striptease-Vorführungen (Celle GA **71**, 251). Es scheiden aus schriftliche Äußerungen (Ordnungswidrigkeit nach § 119 III OWiG) sowie mündliche Äußerungen und Lieder (vgl. BGH **12**, 42; hM zu § 183 aF; BGH **4**, 130; Oldenburg NJW **58**, 1648; vgl. Kaufmann MDR **59**, 228), wie sich aus § 176 V Nr. 3 ergibt; Handlungen wie Nacktbaden (JR **62**, 26) oder bloße Unanständigkeiten (Urinieren, RG **7**, 168), es sei denn, daß Sexualbezogenheit objektiv zum Ausdruck gebracht wird (vgl. BGH **5**, 283); daß der Betrachter sie subjektiv für gegeben hält, ist ohne Bedeutung

Straftaten gegen die sexuelle Selbstbestimmung **§ 183 a**

(JZ **51**, 339). Die sexuelle Handlung braucht nicht an einem anderen vorgenommen zu werden.

3) Öffentlich muß die Handlung begangen werden, wobei es nicht auf 4 die Öffentlichkeit des Ortes ankommt, sondern darauf, daß sie nach den örtlichen Verhältnissen entweder **a)** von unbestimmt vielen, nicht durch persönliche Beziehungen zusammengehaltenen Menschen, wenn auch nicht in Einzelheiten, so doch in ihrer Bedeutung (21. 6. 1968, 4 StR 111/68) wahrgenommen werden könnte, wobei es nicht darauf ankommt, ob die vielen wirklich zur Stelle sind (BGH **11**, 282; **12**, 46; JZ **51**, 600; Hamburg JZ **52**, 283); die Handlung kann also zB am Fenster begangen werden (BGH **11**, 282) oder **b)** von unbestimmt vielen Angehörigen eines bestimmten Personenkreises, der nicht durch persönliche Beziehungen innerlich verbunden ist, wahrgenommen werden kann, zB von den Arbeiterinnen in einer Fabrik (BGH **11**, 283), den Besuchern eines Theaters oder einer Bar, wobei die Zahlung eines Eintrittsgeldes keine Rolle spielt (Celle GA **71**, 251; Hamm NJW **73**, 817; Ber. 57; aber Prot. VI/1792; str.; aM für das abgeschlossene und nicht einsehbare Freigelände eines Körperkulturvereins Köln NJW **70**, 670; dazu krit. Blei JA **70**, 340). Dabei kann es eine Rolle spielen, ob der Täter dem Personenkreis angehört oder nicht (Schröder JR **70**, 429; Blei JA **71**, 25). In beiden Fällen genügt es, ist aber auch erforderlich (unten 5, 6), daß mindestens ein einziger die Handlung tatsächlich wahrnimmt.

4) Ärgernis erregen bedeutet, daß die sexuelle Handlung objektiv geeig- 5 net ist und sie auch tatsächlich erreicht, daß sich mindestens ein Beobachter durch sie ungewollt (Hamburg NJW **72**, 117) und unmittelbar, nicht erst durch späteres Nachdenken, in seinen Anschauungen oder Gefühlen in geschlechtlicher Hinsicht verletzt fühlt. Das Auslösen von Interesse oder Spaß reicht nicht aus (25. 2. 1971, 4 StR 4/71); ebensowenig die bloße Möglichkeit, daß jemand Anstoß nimmt, also auch nicht die Befürchtung, andere, vor allem Jugendliche könnten sittlichen Schaden leiden. Ob der Täter die Handlung gegen denjenigen richtet, der Anstoß nimmt, ist gleichgültig (RG **34**, 168). Diese Grundsätze gelten auch, wenn die Tat nur von Kindern beobachtet wird (KG JR **65**, 29); auch sie müssen das Verhalten nach ihrem Vorstellungsvermögen in sexueller Richtung als anstößig empfinden (NJW **70**, 1855 mit Anm. Geilen NJW **70**, 2304). Damit scheiden die Fälle aus, in denen die Wahrnehmung beabsichtigt ist (Stripteaselokale) oder in denen jemand nach Ankündigung zu einem auf dem Markt stattfindenden sexuellen Happening geht (LK 5; M-Schroeder § 22, 10; SK 4). Sinnvolle Korrekturen laufen über den Begriff der sexuellen Handlung iS von § 184 c Nr. 1 (dem, der daran Anstoß nimmt, attestiert das Gesetz, daß er keine überspannten Maßstäbe anlegt) sowie über die innere Tatseite.

5) Vorsatz ist erforderlich. Er muß sich zunächst als mindestens beding- 6 ter darauf beziehen, daß die Handlung eine sexuelle von einiger Erheblichkeit ist (14 vor § 174) und iS von 4 öffentlich vorgenommen wird. Der Täter muß ferner die **Absicht** haben, dh es muß ihm darauf ankommen, daß er Ärgernis erregt, oder er muß **wissen,** daß das geschieht (Provokation); dazu genügt, daß er das während der Handlung als sicher voraussieht (7 zu § 15); bedingter Vorsatz reicht insoweit nicht aus. In den Fällen der Absicht und des sicheren Voraussehens ist nicht erforderlich, daß der Täter

§ 183a

denjenigen, der Anstoß nimmt, beobachtet. An Absicht und Wissen wird es bei den Veranstaltern von Stripteasevorführungen und dgl. fehlen, wenn sie mit einen aufnahmebereiten Publikum rechnen. Dasselbe gilt, wenn der Täter Vorsichtsmaßnahmen gegen Beobachtung trifft.

7   **6) Tateinheit** ist möglich zB mit § 175; § 176 (vgl. NJW 53, 710); aber auch mit § 185 (NJW 58, 758), da sich die Tat nicht gegen einzelne Personen richtet. Deshalb ist es auch nur eine einzige Tat, wenn mehrere Anstoß nehmen (BGH 4, 303), auch ist eine fortgesetzte Tat bei zeitlich getrennten Handlungen und verschiedenen Beobachtern möglich (aM SchSch 7); sie kann mehrere Beleidigungen in Tateinheit verbinden. § 183a und § 183 schließen einander aus (oben 1 f.). Für das Verhältnis zu § 119 OWiG gilt § 21 OWiG. Beschäftigungsverbot Verurteilter § 25 I Nr. 3, § 58 II JArbSchG.

Verbreitung pornographischer Schriften   RiStBV 223–228

184

¹ Wer pornographische Schriften (§ 11 Abs. 3)

1. **einer Person unter achtzehn Jahren anbietet, überläßt oder zugänglich macht,**

2. **an einem Ort, der Personen unter achtzehn Jahren zugänglich ist oder von ihnen eingesehen werden kann, ausstellt, anschlägt, vorführt oder sonst zugänglich macht,**

3. **im Einzelhandel außerhalb von Geschäftsräumen, in Kiosken oder anderen Verkaufsstellen, die der Kunde nicht zu betreten pflegt, im Versandhandel oder in gewerblichen Leihbüchereien oder Lesezirkeln einem anderen anbietet oder überläßt,**

3a. **im Wege gewerblicher Vermietung oder vergleichbarer gewerblicher Gewährung des Gebrauchs, ausgenommen in Ladengeschäften, die Personen unter achtzehn Jahren nicht zugänglich sind und von ihnen nicht eingesehen werden können, einem anderen anbietet oder überläßt,**

4. **im Wege des Versandhandels in den räumlichen Geltungsbereich dieses Gesetzes einzuführen unternimmt,**

5. **öffentlich an einem Ort, der Personen unter achtzehn Jahren zugänglich ist oder von ihnen eingesehen werden kann, oder durch Verbreiten von Schriften außerhalb des Geschäftsverkehrs mit dem einschlägigen Handel anbietet, ankündigt oder anpreist,**

6. **an einen anderen gelangen läßt, ohne von diesem hierzu aufgefordert zu sein,**

7. **in einer öffentlichen Filmvorführung gegen ein Entgelt zeigt, das ganz oder überwiegend für diese Vorführung verlangt wird,**

8. **herstellt, bezieht, liefert, vorrätig hält oder in den räumlichen Geltungsbereich dieses Gesetzes einzuführen unternimmt, um sie oder aus ihnen gewonnene Stücke im Sinne der Nummern 1 bis 7 zu verwenden oder einem anderen eine solche Verwendung zu ermöglichen, oder**

9. **auszuführen unternimmt, um sie oder aus ihnen gewonnene Stücke im Ausland unter Verstoß gegen die dort geltenden Strafvorschriften**

Straftaten gegen die sexuelle Selbstbestimmung **§ 184**

zu verbreiten oder öffentlich zugänglich zu machen oder eine solche Verwendung zu ermöglichen,

wird mit Freiheitsstrafe bis zu einem Jahr oder mit Geldstrafe bestraft.

II Ebenso wird bestraft, wer eine pornographische Darbietung durch Rundfunk verbreitet.

III Wer pornographische Schriften (§ 11 Abs. 3), die Gewalttätigkeiten, den sexuellen Mißbrauch von Kindern oder sexuelle Handlungen von Menschen mit Tieren zum Gegenstand haben,

1. verbreitet,

2. öffentlich ausstellt, anschlägt, vorführt oder sonst zugänglich macht oder

3. herstellt, bezieht, liefert, vorrätig hält, anbietet, ankündigt, anpreist, in den räumlichen Geltungsbereich dieses Gesetzes einzuführen oder daraus auszuführen unternimmt, um sie oder aus ihnen gewonnene Stücke im Sinne der Nummern 1 oder 2 zu verwenden oder einem anderen eine solche Verwendung zu ermöglichen,

wird mit Freiheitsstrafe bis zu einem Jahr oder mit Geldstrafe bestraft.

IV Absatz 1 Nr. 1 ist nicht anzuwenden, wenn der zur Sorge für die Person Berechtigte handelt. Absatz 1 Nr. 3a gilt nicht, wenn die Handlung im Geschäftsverkehr mit gewerblichen Entleihern erfolgt.

1) Die **Vorschrift** idF von Art. 1 Nr. 16 des 4. StrRG iVm Art. 19 Nr. 73 EGStGB (I Nr. 3a und IV S. 2 eingefügt durch Art. 3 Nr. 2 JÖSchNG; 1 zu **1** § 131) machte die Kündigung der Genfer Konvention zur Bekämpfung unzüchtiger Veröffentlichungen vom 12. 9. 1923 (RGBl. 1925 II 288; vgl. Bek. über das Außerkrafttreten v. 22. 5. 1974, BGBl. II 912) notwendig.

A. Entstehung des 4. StrRG und Materialien 1 vor § 174; ferner zu § 184 Entwurf der CDU/CSU BT-Drs. VI/3013; Drucksachen des StrABTag VI/35, **2** 36; Hearing: Prot. VI/866, 870, 872, 876, 880, 887, 924, 930ff., 940, 947, 967, 972, 979, 998, 1007, 1030, 1044, 1047ff., 1059, 1073, 1083, 1095ff., 1103, 1110, 1114, 1124, 1134, 1158, 1987; Beratungen: Prot. VI/1510, 1905, 1925, 1947, 1999, 2019, 2119; Prot. 7/60, 81; vgl. LK-Laufhütte vor 1. Zur praktischen Durchführung (MBlNW 282; SMBl. 20510), ÄndErl. v. 19. 4. 1976 (MBlNW 893); v. 20. 2. 76. Kritisch: *Arzt/Weber* LH **2**, 489. **Rechtsvergleichung:** Prot. VI/1103, 1106, 1947. **Schrifttum:** *Hanack,* Gutachten (2 vor § 174) 230; *Giese,* **3** Das obszöne Buch, 1965; *Kronhausen,* Pornographie und Gesetz, dt. Übersetzung 1963; *Lange,* Heinitz-FS 593; *Mertner-Mainusch,* Pornotopia, 1970; *Laufhütte* JZ **74**, 46; *Becker* MDR **74**, 177; *Dreher* JR **74**, 45; *Eysenck,* Sexualität und Persönlichkeit, 1977; ferner unten 11f., 21. Zur Bekämpfung des neu aufgekommenen Video-Markts für **Kinderpornographie** (hierzu unten 36; ferner Schroeder ZRP **90**, 299) hat die **BReg.** in Verfolg überfraktionellen Gruppenantrags „Maßnahmen gegen die Kinderpornographie" vom 11. 6. 1991 (BT- **3a** Drs. 12/709) einen GesE (BT-Drs. 12/3001) eingebracht, wonach *a)* der bisherige Strafrahmen des § 184 III *aa)* in den Fällen der Verbreitung kinderpornographischer Schriften (§ 11 III) auf Freiheitsstrafe bis zu 3 Jahren oder Geldstrafe und *bb)* bei gewerbs- oder bandenmäßiger Begehung auf Freiheitsstrafe von 3 Monaten bis zu 5 Jahren erhöht, *b)* der bisher straflose Besitz kinderpornographischer Darstellungen sowie die Besitzverschaffung mit Freiheitsstrafe bis zu 1 Jahr oder mit Geldstrafe bedroht wird und *c)* die Einziehung kinderpornogra-

§ 184

phischer Darstellungen unabhängig davon ermöglicht wird, ob sie weiter verbreitet werden sollen.

4   **B. Der Schutzzweck** der sich vielfach überschneidenden Tatbestände (I, II betreffen sog. „einfache", III betrifft „harte" Pornographie; I Nr. 7 gehört systematisch zu II; I Nr. 5 zu Nr. 2; II müßte auch von I Nr. 8 erfaßt werden) ist
5
uneinheitlich und nicht immer klar. Dem Jugendschutz dienen unmittelbar I Nr. 1, 2, 5, mittelbar I Nr. 3, 4, 6, 7, II und III, der aber auch Heranwachsende und junge Erwachsene vor Beeinträchtigung „in ihrer seelischen Entwicklung und ihrer sozialen Orientierung" schützen soll (RegE 35; Prot. VI/999); bei den Fällen mittelbaren Schutzes kommt es nicht darauf an, ob die Tat im konkreten Fall die Jugend gefährdet (abstraktes Gefährdungsdelikt, Stuttgart NJW **76**, 529; Köln NJW **81**, 1459; and. SchSch-Lenckner 3; SK-Horn 1). Bei I Nr. 6, zT auch bei Nr. 5, 7 geht es um den Schutz des Bürgers vor unerwünschter Konfrontation mit Pornographie (Ber. II, 11; BGH **34**, 97). Doch dienen I Nr. 3, 4, 6, 7, II und III auch dem Schutz der Allgemeinheit vor Überschwemmung mit derartigen Erzeugnissen und damit dem Schutz der Sexualverfassung, die mit Ehe und Familie (Art. 6 I, 66) auf eine Verschmelzung von Eros und Sexus gerichtet ist und durch Pornographie, die diese Verschmelzung gefährdet (vgl. u. a. Affemann, Böttcher, Leist, Metzger, Prot. VI/948, 1047, 1085, 940), verletzt wird (Arzt/Weber LH **2**, 487; aM LK 1; SK 1). I Nr. 8 schützt dieselben Rechtsgüter wie I Nr. 1 bis 7. I Nr. 9 soll „Konflikten mit dem Ausland" vorbeugen (Ber. II, 11), die entstehen könnten, wenn andere, vor allem benachbarte Staaten wie die Schweiz, in denen ein weitergehendes Pornographieverbreitungsverbot besteht, mit derartigen Erzeugnissen aus der BRep. überschüttet werden könnten (Ber. 61; Prot. VI/1910, 1925, 1937; Dreher JR **74**, 57; Karlsruhe NJW **87**, 1957). Die Vorschrift ist wie schon § 184 aF (BVerfGE **11**, 237; BGH **23**, 40) mit dem GG vereinbar (Düsseldorf NJW **74**, 1474). Das **Weltrechtsprinzip** gilt für Taten nach III (§ 6 Nr. 6).

6   **2) Tatgegenstand** sind **pornographische Schriften** (iVm § 11 III auch **Ton- oder Bildträger, Abbildungen oder Darstellungen**; 39 ff. zu § 11)

A. Der Begriff „pornographisch" ist nicht bestimmter als der frühere Begriff des Unzüchtigen, gegen den Bedenken aus Art. 103 II GG erhoben worden waren (Hanack JZ **70**, 41; Knies NJW **70**, 15; AG Alsfeld NJW **70**, 776), sondern ebenfalls vieldeutig (Prot. VI/1120, 1912, 1914 f.), wie sich aus zahlreichen Definitionsversuchen ergibt (RegE 33; ähnlich BRat BT- Drs. VI/1552, 44; dazu Ber. 60; Prot. VI/1110, 872, 887, 958, 1041, 1906, 1059); doch wird man mit Badura (Prot. VI/1095) Art. 103 II GG noch als gewahrt anzusehen haben (vgl. auch die Rspr. oben 5). Nach Ber. 60 müssen pornographische Darstellungen zum Ausdruck bringen, daß sie ausschließlich oder überwiegend auf die Erregung eines sexuellen Reizes bei dem Betrachter abzielen und dabei 2. die im Einklang mit allgemeinen gesellschaftlichen Wertvorstellungen gezogenen Grenzen des sexuellen Anstands eindeutig überschreiten. Diese Definition ist mit Recht auf Kritik gestoßen (Hanack, Lantzke Prot. VI/1115, 1125 zu der insoweit ähnlichen Definition des RegE 33; Karlsruhe MDR **74**, 771; Bay **74**, 181; LK 5; M- Schroeder § 23, 3; vgl. aber Hanack NJW **74**, 7), da sie mit den heute weitestgehend umstrittenen normativen Begriffen der allgemeinen Wertvorstellungen und des sexuellen Anstandes der Rspr. keine praktikable Richtlinie liefert (aM Karlsruhe OLGSt. 59; Schleswig SchlHA **76**, 168).

7   **Die Begriffsbestimmung** muß in Anlehnung an die im Hearing durchgeführten Analysen (vor allem durch Böttcher Prot. VI/1047) mit Hilfe des Gesetzes gewonnen werden. Oberbegriff ist die „Darstellung sexuellen Inhalts" (§ 119 III OWiG); ein enger, extremer Ausschnitt daraus sind sexuelle Darstel-

Straftaten gegen die sexuelle Selbstbestimmung **§ 184**

lungen, „die Gewalttätigkeiten, den sexuellen Mißbrauch von Kindern oder sexuelle Handlungen von Menschen mit Tieren zum Gegenstand haben" (III; sog. harte Pornographie; unten 34 ff.; Ber. 61). Von dorther läßt sich der nicht so enge Ausschnitt des Pornographischen (sog. **einfache** Pornographie) definieren als eine grobe Darstellung des Sexuellen, die in einer den Sexualtrieb aufstachelnden Weise den Menschen zum bloßen (auswechselbaren) Objekt geschlechtlicher Begierde degradiert (vgl. Düsseldorf NJW **74**, 1474; München OLGSt. Nr. 1; krit. Laufhütte JZ **74**, 47 Anm. 18a; LK 6; Möhrenschlager NJW **74**, 1475; M- Schroeder § 23, 6). Von Bedeutung sind dabei auch die in BGH **23**, 40 (*Fanny-Hill*-Urteil; dazu auch der Supreme Court, Prot. VI/1906; krit. Prot. VI/1929) entwickelten Kriterien der aufdringlich vergröbernden, anreißerischen, verzerrenden, unrealistischen Darstellung, die ohne Sinnzusammenhang mit anderen Lebensäußerungen bleibt oder gedankliche Inhalte zum bloßen Vorwand für provozierende Sexualität nimmt (Düsseldorf NJW **74**, 1474; Karlsruhe MDR **74**, 771; Bay **74**, 181; Hamm OLGSt. 61; Koblenz NJW **79**, 1467; vgl. auch SchSch 5; Eysenck aaO 287). Es kommt allein auf den objektiven Gehalt und die Art der Darstellung an (vgl. BGH **5**, 348), ev. unter Berücksichtigung beigefügter Erläuterungen und Andeutungen, nicht aber auf Vorstellungen oder Ziele des Herstellers (Prot. VI/1931). Der Tatrichter muß den pornographischen Charakter der Darstellung im einzelnen darlegen (Düsseldorf JMBlNW **84**, 164), wobei die Anforderungen bei sog. Sexmagazinen geringer sind (Düsseldorf NJW **84**, 1978 m. Anm. Lampe JR **85**, 159), ebenso bei Sexkurzfilmen (Karlsruhe OLGSt. 101). Die Sozialschädlichkeit der Darstellung bedarf keiner besonderen Feststellung. Ob erst ein mechanisches Hilfsmittel eingeschaltet werden muß, um den pornographischen Inhalt wahrnehmbar zu machen (wie bei Ton- oder Bildträgern), ist ohne Bedeutung. Nach Horstkotte (Prot. VI/1992, 1996) kann der Begriff des Pornographischen weiter reichen als der des Unzüchtigen und umgekehrt (sich überschneidende Kreise; vgl. auch Laufhütte JZ **74**, 47).

B. Kasuistik. Nach den eben entwickelten Grundsätzen ist die Darstellung 8 des nackten menschlichen Körpers als solchen noch keine pornographische (vgl. BGH **5**, 346; Oldenburg JR **52**, 113), auch nicht hinsichtlich seiner mit dargestellten erogenen Teile, auch wenn ein sexueller Reiz von ihnen ausgehen kann. Pornographisch wird die Darstellung, wenn sie erkennbar anreißerisch und aufstachelnd auf das Geschlechtliche hinweist, zB durch entsprechende Stellungen, deutliches Hinlenken auf die Genitalien (vgl. MDR/D **70**, 13; anderseits Nürnberg GA **61**, 285), etwa in sog. Wunderspiegeln (BGH **5**, 346) oder den Stereoskopaufnahmen (vgl. Neustadt GA **61**, 185); nicht aber schon die isolierte Darstellung der primären Geschlechtsmerkmale oder sexueller Verhaltensweisen in sexuellen Aufklärungsschriften wie einem Sexualkundeatlas, denn pornographisch wird die Darstellung erst, wenn die unter 6, 7 genannten Voraussetzungen hinzutreten, so daß auch die Schilderung des Geschlechtsverkehrs (Prot. VI/ 1114, 1965, 1991; BGH **23**, 40; „Fanny-Hill"; 17. 1. 1978, 5 StR 517/77: Film „*Reich der Sinne*") es noch nicht zu sein braucht, möglicherweise auch nicht die Darstellung mannmännlichen (vgl. LG Mannheim NJW **71**, 2319) oder lesbischen Verkehrs oder von Voyeurscenen (BGH aaO). Stachelt die Darstellung hingegen den Sexualtrieb reißerisch auf und reduziert sie dabei den Menschen auf ein physiologisches Reiz-Reaktionswesen, ist Pornographie gegeben. Das ist anzunehmen, wenn Perversitäten verherrlicht werden (BGH **23**, 44), Anal- oder Oralverkehr vorgeführt wird (Bay **74**, 182; bedenklich Frankfurt JZ **74**, 516), sexuelle Handlungen in Verbindung mit Kot oder Urin (Prot. VI/1047; im Zusammenhang mit rassistischen Tendenzen (Nazi- Sex; Prot. VI/1988) oder an Leichen gezeigt werden. Aber auch Erzeugnisse wie die St. Pauli-Presse gehören

§ 184

in aller Regel hierher (Prot. VI/1992, 2019); ebenso öffentliche Großaufnahmen von Genitalien, auch in einem Vergnügungsviertel (aM wohl Prot. VI/1963); möglicherweise zotige Lieder (vgl. Düsseldorf NJW **70**, 671). Die schriftliche Schilderung und die bildhafte Darstellung derselben Szene können unterschiedlich zu beurteilen sein.

9   C. **Relativ** ist der Begriff Pornographie **nicht**. Doch können Teile eines Ganzen, in dem sie nicht pornographisch sind, es durch Isolieren werden (Celle NJW **53**, 1317), zB bei Auszügen aus wissenschaftlichen Werken. Umgekehrt können Kombinationen aus sich nicht pornographischer Teile ein pornographisches Ganzes ergeben (vgl. FamRZ **54**, 49; Neustadt JR **52**, 287; angezweifelt in 8. 10. 1974, 1 StR 412/74). Das Gesamtwerk entscheidet, wobei bei Veröffentlichung in Fortsetzungen diese selbständig sein können. Was in einer Illustrierten pornographisch erscheint, braucht es in einem wissenschaftlichen Werk nicht zu sein. Dem Grundsatz der objektiven, dem Gegenstand selbst anhaftenden Eigenschaft (oben 6 f.) widerspricht es jedoch, darauf abzustellen, an welchen Personenkreis sich die Schrift richtet. So wie eine pornographische Schrift diese Eigenschaft nicht dadurch verliert, daß sie für fragwürdige Kreise bestimmt ist (vgl. BGH **3**, 295), wird sie nicht dadurch pornographisch, daß sie sich an labile Kreise, zB an Jugendliche wendet.

10   D. **Wissenschaftliche Werke** können (unabhängig von Art. 5 III GG) nicht pornographisch sein; das schließt nicht aus, daß Pornographie in pseudowissenschaftlicher Tarnung auftreten kann (wie bei gewissen Sexuallexika); Stuttgart NJW **69**, 1799; auch oben 9. Ob die Neuherausgabe pornographischer Schriften aus der Vergangenheit zur Forschung nach Art. 5 III GG gehören kann (so unter engen Voraussetzungen Leiß NJW **71**, 1201), ist zw.

11   E. **Kunst und Pornographie schließen sich** – *entgegen* der in den Voraufl. vertretenen *Exklusivthese* – hingegen **begrifflich nicht** von vornherein **aus** (BGH **37**, 57 [*opus pistorum*-Fall] m. iErg. zust. Anm. Maiwald JZ **90**, 1141; Jean d'Heur StV **91**, 165; Geppert JK 1). Dieser von der bisher hM (vgl. hierzu Nachw. 45. Aufl.) abweichenden neueren Rspr. des BGH liegt der **formale (offene) Kunstbegriff** des *BVerfG* zu Grunde, nach dem für ein Kunstwerk eine irgendwie geartete schöpferische Formgestaltung unter Verzicht auf jegliche Niveaukontrolle genügt, falls bloße Gattungsanforderungen eines bestimmten Werktyps (Gedicht, Erzählung, Roman, Gemälde, Collage usw.) erfüllt sind (BVerfGE **67**, 226; NJW **90**, 1985, 1986). Hieraus folgt, daß selbst Machwerke, die eindeutig dem von der Rspr. entwickelten (Bay **74**, 91; Koblenz NJW **79**, 1967) und vom Gesetzgeber zugrunde gelegten (BT-Drs. VI/3561, 60) Pornographiebegriff entsprechen, uU – selbst bei Vorliegen „harter Pornographie" (§ 184 III) – nach dem offenen Kunstbegriff des BVerfG zugleich Kunstcharakter haben *können*, so daß eine strikte Trennung zwischen Kunst und Pornographie nicht möglich und in Randzonen insoweit Überschneidungen anzuerkennen sind (BGH **37**, 60; Lackner 3). Hiernach vermag der Kunstcharakter einer Darstellung ihren pornographischen Charakter und damit die Tatbestandsmäßigkeit nach § 184 und nach § 6 Nr. 2 GjS nicht mehr auszuschließen. Es ist daher zwischen den Grundrechten der Kunstfreiheit und dem Jugendschutz (Art. 6 GG), der nach der Wertordnung des GG als „Ziel von bedeutsamen Rang" und als „wichtiges Gemeinschaftsanliegen" anzusehen ist (BVerfGE **30**, 348; **77**, 356; **83**, 147), in jedem Einzelfall eine uU schwierige Abwägung vorzunehmen. Hierbei kommt weder der Kunstfreiheit (so aber noch

Straftaten gegen die sexuelle Selbstbestimmung   § 184

BVerwGE 77, 83) noch dem Jugendschutz ein Vorrang zu (BGH 37, 64). Ob allerdings im Anschluß an Gusy (JZ 90, 641) der weite Kunstbegriff stets mit einer weiten Fassung der Grundrechtsschranken korreliert, erscheint zw., denn für die sachgerechte Abwägung der konfligierenden grundgesetzlich geschützten Interessen kann es nicht ohne jede Bedeutung bleiben, daß der für die Abwägung vorausgesetzte Kunstbegriff inhaltlich „ent-wertet" und de facto jeglicher materialer Niveaukontrolle entzogen ist (insoweit ähnlich krit. SchSch 4 a). Für die Rechtspraxis hat das Schrifttum und die ihm folgende bisherige Rspr., soweit sie auf dem Boden eines *materialen Kunstbegriffs* Kunst und Pornographie voneinander abzugrenzen versucht haben (Nachw. 45. Aufl.), nach der neueren Rspr. des BVerfG und des BGH (aaO) für die Auslegung des § 184 an Bedeutung verloren.

Schrifttum: *Arndt* NJW 66, 27; *Dünnwald* JR 65, 46 u. GA 67, 33; *Erbel,* 12 Inhalt und Auswirkungen der verfassungsrechtlichen Kunstfreiheitsgarantie, 1967; *Knies,* Schranken der Kunstfreiheit als verfassungsrechtliches Problem, 1967; *Leiß,* Kunst im Konflikt, 1971; *Locher,* Das Recht der bildenden Kunst, 1970; *D. Meyer* SchlHA 84, 50; *Meyer-Cording* JZ 76, 737; *Mühleisen,* Grenzen politischer Kunst, 1982; *Noll* SchweizZSt 64, 191; *Oettinger* JZ 74, 285; *Ott,* Kunst und Staat, 1968; *Ropetz,* Freiheit der Kunst, 1966; *A. Schmidt* GA 66, 97; *Würtenberger,* Vom strafrechtlichen Kunstbegriff, Dreher-FS 79, JR 79, 309 u. NJW 82, 610.

3) Abs. I erfordert, daß der Täter **pornographische Schriften** usw.

A. (Nr. 1) a) einer beliebigen, **noch nicht 18 Jahre alten** (§ 187 II S. 2 13 BGB) männlichen oder weiblichen Person **anbietet,** dh feilbietet (RegE 34) oder sich zu unentgeltlicher Überlassung bereit zeigt oder ihr **zugänglich macht** (vgl. 6 zu § 74 d), dh ihr unmittelbar oder durch einen bös- oder gutgläubigen Dritten, entgeltlich oder nicht, die konkrete Möglichkeit unmittelbarer Kenntnisnahme von dem Pornographischen der Darstellung (bei Ton- und Bildträgern kommt es insoweit auf die einzelnen Umstände an) für kurze oder längere Zeit eröffnet, wobei es gleichgültig ist, ob der andere von der Möglichkeit Gebrauch macht, bloße Inserate genügen hierfür nicht (Düsseldorf NStE Nr. 5). Nur ein Beispiel dafür ist das im Gesetz noch besonders genannte **Überlassen,** dh das Übertragen des Besitzes zu eigener Verfügung und damit auch Kenntnisnahme, so daß Übergabe einer verschlossenen Schrift an einen jugendlichen Boten Nr. 1 nicht erfüllt (LK 21; vgl. BGH 28, 295 zu § 16 I KriegswaffG). Im übrigen braucht der noch nicht Achtzehnjährige bei der Tathandlung noch nicht bestimmt zu sein, so daß Nr. 1 in den Fällen von Nr. 2 bereits gegeben ist, wenn irgendeiner aus dieser Altersklasse konkrete Möglichkeit der Kenntnisnahme erhält, und in den Fällen von Nr. 5, wenn das Angebot einen noch nicht Achtzehnjährigen erreicht. **b)** Die Tat ist insofern ein **negatives Sonderdelikt,** als sie nach 14 **IV** jedermann, ausgenommen der für die Person des noch nicht Achtzehnjährigen **Sorgeberechtigte** (12 zu § 180) begehen kann **(Erzieherprivileg).** Dessen Handlung erfüllt den Tatbestand der Nr. 1 nicht (aaO), und zwar ebenso wie bei § 131 I Nr. 3, IV, aber im Gegensatz zu § 180 I S. 2 gleichgültig, ob er dabei seine Erziehungspflicht schlicht oder gröblich verletzt (R. Keller, Baumann-FS 232). Für die Fälle des Zusammenwirkens zwischen dem Sorgeberechtigten und einem anderen gilt 14 zu § 180 entsprechend.

1085

§ 184

BT Dreizehnter Abschnitt

15 **B. (Nr. 2) an einem** beliebigen, auch nicht öffentlichen **Ort** (zB in einem Schulgebäude), der während der Tatzeit (Ausstellen und Anschlagen zB sind Dauerdelikte) von beliebigen **noch nicht Achtzehnjährigen** tatsächlich (erlaubt oder nicht – insoweit and. LK 23; SK 17 –; aber nicht erst nach Überwindung von regelmäßig ausreichenden Hindernissen) betreten werden (dh **zugänglich** ist; vgl. Walther NStZ 90, 524) oder aber von einem beliebigen anderen Ort aus (von der Straße durch ein Gitter; von einem Treppenfenster in einen Hof) tatsächlich **eingesehen werden kann** (und zwar nach dem Gesetzessinn so, daß das Pornographische ohne besondere technische Hilfsmittel wie etwa ein Fernglas erkennbar ist), **ausstellt, anschlägt, vorführt** oder **sonst zugänglich macht** (6 zu § 74 d).

16 **C. (Nr. 3) einem** beliebigen **anderen anbietet oder überläßt** (oben 13 f.), und zwar entweder **a) im Einzelhandel,** dh im gewerbsmäßigen Vertrieb derartiger Artikel an einzelne, letzte Kunden (vgl. Bay NJW **58**, 1646; **74**, 2060) **außerhalb** von den für diesen Vertrieb bestimmten (also zB auch in einer Gastwirtschaft durch den Wirt) **Geschäftsräumen** (§ 42 II GewO), wo der Kunde persönlich kauft oder wenigstens bestellt (aM BGH **9**, 270; SchSch 20); nicht erfaßt wird das Angebot an einen Handelsvertreter, der
17 sich in einem Sex-Shop nach neuen Aufträgen erkundigt (Ber. 60); **b) in Kiosken** (gleichgültig, ob im Freien oder zB im Bahnhof errichtet oder einem Buchladen angegliedert) oder **anderen Verkaufsstellen,** die der Kunde wie auch bei einem Kiosk bei Kauf **nicht zu betreten pflegt,** also zB Verkaufsstände oder -tische, aber nicht Bücherwagen oder -autos, in die der Kunde hineingeht (Hamm NStZ **88**, 415; aM Riedel, GjS, 2a zu § 4);
18 **c) im Versandhandel,** dh nicht nur durch Unternehmen, die keine für Kunden bestimmten Geschäftsräume oder solche nur nebenher haben, sondern nach dem Gesetzessinn zB auch durch Sortimentsbuchhändler (BGH **9**, 271), wenn sie Schriften usw. auf nur schriftliche oder telefonische Bestellung an ihnen unbekannte Käufer schicken (Düsseldorf NJW **84**, 1978 [m. Anm. Lampe JR **85**, 159]; NStE Nr. 5; Schleswig SchlHA **87**, 104); hierzu gehört auch die gewerbliche Versendung zum Zwecke des Vermie-
19 tens (BVerfG NJW **82**, 1512). **d) in gewerblichen Leihbüchereien,** dh in auf Gewinnerzielung (43 vor § 52) angelegten Unternehmen, die Schriften (§ 11 III) gegen Entgelt vermieten, und zwar auch dann, wenn die Vermietung auf Erwachsene beschränkt ist (Düsseldorf ZBlJR **62**, 214; Karls-
20 ruhe MDR **76**, 948) oder **e) in gewerblichen Lesezirkeln,** dh Unternehmen, die gegen Entgelt, wenn vielleicht auch nur an Erwachsene, Schriften in der Weise vermieten, daß diese idR in Mappen bei einer Reihe von Kunden mit bestimmten Lesefristen umlaufen. Vgl. GesE BT-Drs. 11/638; unten 20 f.

20a **D. (Nr. 3a) einem** beliebigen **anderen** (wobei der „andere" nicht konkret bezeichnet zu werden braucht, sondern jeder das Ladengeschäft Betretende gemeint sein kann: Hamburg NJW **92**, 1184) **anbietet oder überläßt** (oben 13 f.), und zwar entweder **a) im Wege gewerblicher Vermietung,** dh einer Überlassung in Gewinnerzielungsabsicht (43 vor § 52), *nicht* darunter fallen das zeitweise Überlassen solcher Pornographika aus bloßer Gefälligkeit oder deren Austausch unter Privatpersonen, vgl. ferner unten
20b 20c, 20d; oder **b) im Wege vergleichbarer gewerblicher Gewährung des Gebrauchs;** damit sollen mietähnliche Umgehungsgeschäfte, namentlich

Straftaten gegen die sexuelle Selbstbestimmung § 184

auf dem Videomarkt, verhindert werden, zB der Verkauf mit Rückkaufsvorbehalt, das Überlassen an Mitglieder in einem gewerblichen Videoclub, das „Entleihen" gegen Zahlung eines Mitgliedsbeitrags u. ä. (vgl. BT-Drs. 10/ 2546, 24). **c) Ausgenommen** sind von diesem Vermietungsverbot **aa)** 20c nach Nr. 3a solche speziellen **Ladengeschäfte, die noch nicht Achtzehnjährigen nicht zugänglich** sind und von ihnen **nicht eingesehen** werden können. Hieraus folgt, daß es sich hierbei um besondere, räumlich und organisatorisch selbständige Geschäftslokale mit *eigenem* Zugang von außen (Straße, Passage, Treppenhaus) handeln muß (NJW **88**, 272; Bay NJW **86**, 1701; NStE Nr. 2, 3; LG Stuttgart MDR **86**, 424; Greger NStZ **86**, 12; JR **89**, 29; Führich NJW **86**, 1156; aM, aber unzutr. LG Essen NJW **85**, 2841; vgl. Füllkrug KR **86**, 227, hierzu GenStA Düsseldorf KR **86**, 508). Hierfür kann aber auch das selbständige Ladengeschäft im Verbund eines Ensemble von unabhängigen Einzelhandelsgeschäften genügen (NJW **88**, 272 m. Anm. Greger JR **89**, 29) oder die Trennung durch eine „Schleuse" (LG Hamburg NStZ **89**, 181; vgl. StA Konstanz MDR **90**, 742). Hingegen fehlt es hieran, wenn bei einem – wenn auch abgeschlossenen – Nebenraum zu dem allgemeinen Verkaufsraum einer Tankstelle, der nur durch diesen erreicht werden kann (LG Verden NStZ **86**, 118; zu Unrecht aM v. Hartlieb NJW **85**, 832). Auch genügt es nicht, daß Minderjährigen in solchen Geschäften nur der Blick auf die ausgelegten Pornographika verwehrt wird. Entgegen Greger aaO müssen die Ladengeschäfte oder Videotheken, um von Nr. 3a ausgenommen zu bleiben, für Minderjährige *durchgängig* gesperrt sein. Eine nur zeitweise Sperre (während der Pornographika zur Vermietung angeboten werden) hätte entgegen dem Gesetzeszweck zur Folge, daß Geschäftsinhaber die Vorschrift der Nr. 3a nach Gutdünken, etwa durch Auswechseln eines Schildes an der Eingangstüre, umgehen könnten. „Sichtmöglichkeiten", die lediglich im kurzfristigen Öffnen der Ladentüre durch Kunden besteht, machen das Ladengeschäft nicht iS der Nr. 3a „einsehbar" (Stuttgart MDR **87**, 1047); die Einsehbarkeit eines La- 20d dengeschäfts setzt nicht voraus, daß die pornographischen Schriften von außen wahrgenommen werden können (Hamburg NJW **92**, 1184); **bb) nach IV S. 2 der Geschäftsverkehr mit gewerblichen Entleihern,** dh mit solchen Personen, die Pornographika, namentlich Pornofilme, zu gewerblichen Zwecken, insbesondere zur Vorführung in Nachtlokalen usw. anmieten (BT-Drs. 10/2546, 24).

d) Die durch das JÖSchNG eingefügten Nr. 3a/IV S. 2 (oben 1; 1 zu § 131) 20e erstrebten eine Verbesserung des Jugendschutzes durch ein – beschränktes – *Verbot der Vermietung* von Pornographika, insbesondere des Verleihs von pornographischen Videokassetten. Die Nr. 3a *ergänzt* den Tatbestand der *Nr. 3* (oben 16ff.), dessen Merkmal der gewerblichen Leihbücherei nach BGH **27**, 52 (hierzu 19a der 42. Aufl.) *Videotheken* nicht erfaßt und damit gegen den immer stärker überhandnehmenden und in hohem Maße jugendgefährdenden Verleih pornographischer Videoprodukte keinen Schutz bot. Der ursprüngliche E/JÖSchNG (BT-Drs. 10/722 S. 6, 12, 13) sah daher vor, lediglich die Nr. 3 durch die Worte „oder sonst im Wege der Vermietung" zu ergänzen, um auf diese Weise – entsprechend der Regelung für Leihbüchereien – auch *jede* Form der Vermietung pornographischer Videofilme zu erfassen. Demgegenüber geht das beschränkte Vermietungsverbot der aufwendiger formulierten und weniger praktikablen Nr. 3a auf die Empfehlung des 13. BT-Ausschusses zurück, dessen (zT) verfas-

§ 184

sungsrechtliche Bedenken gegen das zunächst vorgesehene generelle Verbot (BT-Drs. 10/2546, 24) um so weniger zu überzeugen vermögen (aM SchSch 24a), als sie den gebotenen Jugendschutz gegenüber Bedürfnissen Erwachsener nach Pornographika hintanstellen. Die Neuregelung, von der Greger aaO (mwN) mit Recht meinte, daß sie außer einer gewissen Umstrukturierung des Videomarkts nichts bewirken werde, ist auch in sich nicht stimmig: zum einen ist ungereimt, in Nr. 7 die entgeltliche öffentliche Vorführung pornographischer Filme zu verbieten, in Nr. 3a hingegen die praktisch völlig unkontrollierbare Verbreitung solcher Filmaufzeichnungen zu erlauben. Zum anderen sieht die Nr. 3a für pornographische Videoprodukte nur ein beschränktes Vermietungsverbot vor, während nach der Nr. 3 der Vertrieb der – im Grunde weniger jugendgefährdenden – Pornoliteratur in Leihbüchereien generell verboten ist. Diese an sich nicht einsichtige Schlechterstellung des Printmedienverleihs möchte daher Greger aaO „verfassungskonform" dadurch ausgleichen, daß er eine „für Jugendliche gesperrte Leihbücherei" nunmehr der Nr. 3a zuordnet. Dem ist aber zu widersprechen: Eine Neuregelung, die nach allgM ausschließlich dem besseren Jugendschutz dienen sollte, kann auch im Wege einer verfassungskonformen Interpretation nicht so ausgelegt werden, daß eine unverändert gebliebene – bisher verfassungsrechtlich unangefochtene – Norm (Nr. 3) zu

20f Lasten des Jugendschutzes aufgelockert wird. **e)** Die GesInitiative des BRats der 10. WP (BR-Drs. 348/85) wurde in der 10. WP beschlossen und als E/ÄndGStGB/GjS (BT-Drs. 10/4682) eingebracht. In der 11. WP hat der BRat auf Grund der wiederholten GesInitiative der Länder BW und Bay (BR-Drs. 115/87, BR-RA 581. Sitz.; BR- Drs. 115/1/87; BR-PlenProt. 576) einen gleichlautenden GesAntrag beschlossen (BR-Drs. 111/87 Beschluß) und erneut eingebracht (BT-Drs. 11/638). Der den Ausschüssen schon am 8. 10. 1987 überwiesene Entwurf ist über die Ausschußberatungen bisher nicht hinausgekommen.

21 **D. (Nr. 4) im Wege des Versandhandels** (oben 18) in den räumlichen Geltungsbereich dieses Gesetzes **einzuführen** (§ 4 II Nr. 4 AWG) **unternimmt** (§ 11 I Nr. 6). Die Fassung der Nr. 4 kann nur so verstanden werden, daß, obwohl § 6 Nr. 6 nur III dem Weltrechtsprinzip unterstellt, auch Taten außerhalb des Geltungsbereichs nach Nr. 4 strafbar sind. Damit wird praktisch der gesamte Versandhandel von Pornographie in die BRep. hinein erfaßt. Einfuhr in den räumlichen Geltungsbereich des Gesetzes (3 zu § 3) ist jedes Verbringen über dessen Grenze in den Bereich, wobei Einführer iS der Nr. 4 jeder ist, der das Verbringen veranlaßt oder durchführt (Bay MDR **70**, 941; LG Bayreuth NJW **70**, 575; aM LG Berlin NJW **70**, 577); also sowohl der Absender im Ausland wie der Besteller im Inland (Bremen NJW **72**, 1680; aM LG Hanau NJW **69**, 2249; LK 31; SchSch 26; SK 31; M-Schroeder § 23, 16; vgl. auch 21. 4. 1982, 2 StR 260/81). Die

21a **Zollbehörden** können danach zur Verbreitung bestimmte Sendungen aus dem Ausland ohne Verletzung von Art. 10 GG kontrollieren (§ 6 VII ZollG), mangels einer dem ÜberwachungsG entsprechenden Regelung (die zu schaffen, das 4. StRG verabsäumt hat) aber nicht zur Sicherstellung und Weiterleitung an die StA, sondern nur zur Verhinderung der Einfuhr (§ 15 I Nr. 1 ZollG; Ber. II, 13; Karlsruhe NJW **73**, 208; LG Wuppertal NJW **69**, 1544; 2247; LG Hanau NJW **69**, 2249; LG Berlin NJW **70**, 577; LG Kassel NJW **70**, 1934; K. Meyer JR **73**, 381; aM Stuttgart NJW **69**, 1545; Bay MDR **70**, 941; Hamm NJW **70**, 1754; Bremen NJW **72**, 1678). Der Einführer iS der Nr. 3 begeht Bannbruch (§ 372 AO), auch wenn er nach

Straftaten gegen die sexuelle Selbstbestimmung § **184**

§ 6 I S. 2 ZollG, § 9 AZO nicht Gestellungspflichtiger ist, da § 372 AO eine vom Zollrecht unabhängige Anzeigepflicht für jedes strafbar (§ 184 I Nr. 4) verbotene Verbringen von Gegenständen begründet (BGH **25**, 137; 215), wobei die Anzeigepflicht wohl nicht für Stücke in geringer Zahl gilt, die nach den Umständen nur für den persönlichen Gebrauch des Besitzers oder Empfängers bestimmt sind (vgl. auch Evers JZ **65**, 661; sowie die unbegründeten Bedenken von Droop NJW **69**, 1521). Zur Rolle der **Post** Leinung JR **73**, 5. BGH **23**, 329 unterscheidet, ohne das exakt zu begründen, danach, ob Schriften in größerer Menge für einen einzelnen Bezieher eingeführt werden oder nur einzelne Stücke; nur im ersten Fall soll Beschlagnahme nach § 99 StPO zulässig sein; der Senat verkennt, daß Nr. 8 im Fall eines einzelnen Stückes nur eingreift, wenn es Grundlage weiterer Verbreitung sein soll (krit. auch Welp JuS **71**, 239; K. Meyer JR **71**, 162; **72**, 188; dort gegen Weber JR **72**, 187).

E. (Nr. 5; Werbeverbot) a) **öffentlich** (5 zu § 111) an einem Ort, der **22** noch nicht **Achtzehnjährigen zugänglich** ist oder von ihnen **eingesehen** werden kann (oben 15), oder b) durch **Verbreiten von Schriften** (4 zu § 74d; unten 38; Nr. 5 2. Alt. ist Presseinhaltsdelikt; Bay MDR **80**, 73), **außerhalb Geschäftsverkehrs mit dem einschlägigen Handel**, dh mit Gewerbetreibenden, die Handel mit Pornographie iS von oben 6f. in ihren Vertriebsbereich aufgenommen haben, also gegenüber *anderen* Gewerbetreibenden oder Privatleuten **anbietet** (oben 13f.), **ankündigt** oder **anpreist**. Diese 3 *Formen der Werbung* (BGH **34**, 220) müssen sich auf das pornographische Material beziehen. Hierbei kommt es weniger auf die Ausgestaltung der Werbung als solche an als darauf, wie sie von der Verkehrsanschauung verstanden wird (BGH **34**, 99 m. Anm. Greger JR **87**, 210). Auch versteckte Werbung kann genügen (BGH aaO). Entscheidend ist, ob das Angebot seinen pornographischen Charakter nach tatrichterlichem Urteil für den durchschnittlich interessierten und informierten Betrachter erkennbar macht und für ihn zufolge der Aufmachung Zweifel über den Inhalt nicht bestehen (BGH **34**, 100 [krit. B.-D. Meier NJW **87**, 1610]; NJW **89**, 409). Für das *öffentliche Anbieten* sind nach BGH **34**, 98 die zum öffentlichen Ankündigen von Pornographie entwickelten Grundsätze (NJW **77**, 1699) heranzuziehen (insoweit krit. Greger JR **87**, 210, auch gegen die unterschiedliche strafrechtliche Behandlung der nach § 5 II GjS indizierten und der iS von § 184 pornographischen Schriften, vgl. BGH **33**, 2; hierzu auch B.-D. Meier NStZ **85**, 341), wonach die Ankündigung einer „Non-Stop- Sex-Show" allein dem Werbeverbot noch nicht unterliegen soll. Soweit Stuttgart MDR **77**, 246; Karlsruhe NJW **84**, 1975; Celle MDR **85**, 693 jeweils die deutliche Erkennbarkeit des pornographischen Charakters voraussetzen (ebenso Schumann NJW **78**, 1135; Seetzen NJW **76**, 498; SchSch 31; SK 37), sind sie insoweit durch BGH **34**, 94 überholt. München (NJW **87**, 453) hält *gegenstandsneutrale* Werbung für pornographische Filme nicht nur nach §§ 5 II, 21 I Nr. 6 GjS, sondern auch nach § 184 I Nr. 5 für strafbar, während Frankfurt (NJW **87**, 454) für die Strafbarkeit nach § 184 I Nr. 5 unter Berufung auf BGH **34**, 94 voraussetzt, daß der Werbung selbst pornographischer Charakter eigen ist (zusf u. krit. Cramer AfP **89**, 611). Gegenstand der Ankündigung müssen aber Schriften pornographischen (oben 6ff.) Charakters sein (Hamburg MDR **78**, 506). Anpreisen ist Anrei-

§ 184

zen zum Erwerb durch Reklame und Empfehlung (RG **37**, 143). Die Anwendung der Nr. 5 für den Fall der Werbung für pornographische Filme ist nicht durch die Bestimmung des JÖSchG (Anh. 9) ausgeschlossen (NJW **89**, 409).

23 **F. (Nr. 6) an einen** beliebigen (unbestimmten) **anderen gelangen läßt,** ohne **von diesem** hierzu **aufgefordert** zu sein; dh zZ der Tat, so daß nachträgliches Einverständnis ohne Bedeutung ist. Gelangenlassen heißt, die Darstellung entgeltlich oder unentgeltlich so in den Verfügungsbereich eines anderen bringen (meist in dessen Besitz oder Gewahrsam), daß er Kenntnis nehmen *kann,* zB durch unbestelltes Zuschicken, u. a. von pornographischem Werbematerial (RegE 34; Prot. VI/911, das allerdings auch schon von Nr. 5 erfaßt wird); öffentliches Zugänglichmachen (unten 39), Einwerfen in Höfe von Schulen oder Kasernen, Liegenlassen im Restaurant oder Eisenbahnabteil (Ber. 61). Der Tatbestand entfällt, wenn der andere, an den die Darstellung entsprechend dem Vorsatz des Täters gelangt (also nicht etwa ein Dritter), diesen vorher dazu aufgefordert, die Darstellung insbesondere bestellt hat. Das ist nicht der Fall, wenn der Täter eine andere Darstellung als die konkret bestellte oder unaufgefordert weitere schickt oder der Täter die Einwilligung nur vermutet (Laufhütte JZ **74**, 49).

24 **G. (Nr. 7)** in einer **öffentlichen,** dh jedermann oder unbestimmt vielen Angehörigen eines persönlich nicht verbundenen Menschenkreises (zB allen Erwachsenen; vgl. 4 zu § 183a) gleichzeitig (Bay NJW **76**, 528; KG NStZ **85**, 220: Vorführung desselben Films in mehreren Einzelkabinen) zugänglichen **Vorführung** (6 zu § 74d) eines **Films zeigt,** dh der Umsetzung eines Bild- oder eines Bild- und Tonträgers in Bilder bzw. Töne (also Stumm-, Ton- oder Farbfilm; ausreichend auch Standbilder; LK 36; aM SchSch 39; SK 52), und zwar gegen ein **Entgelt** (37 zu § 11), das, wie in Lichtspieltheatern oder Wanderkinos, **ganz** oder doch **überwiegend für diese Vorführung** (wenn vielleicht auch als Klubmitgliedsbeitrag getarnt) von dem Veranstalter **verlangt** wird (hierzu KG JR **77**, 379 m. krit. Anm. Rudolphi und JR **78**, 166; Karlsruhe MDR **78**, 507; NStZ **81**, 263; ferner SchSch 38a, 41d; auch H. J. Peters DRiZ **80**, 103). „Nicht erfaßt sind Filmvorführungen in Nachtklubs, sofern die Unkosten durch die Getränkepreise abgegolten werden und der Aufschlag für die Vorführung in der Endabrechnung nicht überwiegt" (Düsseldorf OLGSt. 71; Stuttgart OLGSt. 77); diese Abgrenzungsformel in Ber. 61 führt, da es nicht auf die nominelle Deklarierung, sondern auf den tatsächlichen Anteil in einem Gesamtpreis ankommt (Karlsruhe OLGSt. 102), zu erheblichen Beweisschwierigkeiten; es kommt auf eine Gesamtbetrachtung und einen Vergleich der Leistungen im Filmbereich und des gastronomischen Angebots nach der eigenen Wertung des Richters an (BGH **29**, 70; MDR **78**, 768; Koblenz MDR **78**, 776; vgl. hierzu Seetzen NJW **76**, 497; D. Meyer JuS **79**, 251; Rogall JZ **79**, 716); die Vorschrift ist nicht grundgesetzwidrig (BVerfGE **47**, 115; NJW **77**, 2207; BGH **29**, 70). Bei einer gekoppelten unzusammenhängenden weiteren Leistung (Schallplatte) ist allein auf den (Teil-)Preis für die Filmvorführung abzustellen (BGH **29**, 72 [krit. Bottke JA **80**, 447]; Hamm MDR **78**, 775; zum Ganzen ausführlich Rogall JZ **79**, 715), auch wenn die Entgeltanteile für Warenleistung und Filmvorführung nicht

Straftaten gegen die sexuelle Selbstbestimmung § 184

sichtbar getrennt sind (Karlsruhe OLGSt. 99; Stuttgart Die Justiz **79**, 387; Koblenz OLGSt. 109). Soweit Nr. 7 noch nicht vorliegt, kann eine Ordnungswidrigkeit nach der ZugabeVO (Köln OLGSt. 79; Karlsruhe OLGSt. 102) oder, falls bei unentgeltlichen Filmvorführungen normal kalkulierte Pornomagazine in den Abendstunden verkauft werden, eine Ordnungswidrigkeit nach § 24 LadSchlG in Betracht kommen (Bay **79**, 33). Nicht erfaßt sind unentgeltliche Vorführungen oder entgeltliche in privatem Kreis oder in einem geschlossenen Klub. Nicht unbedenklich ist (was auch für II gilt), daß die gleiche pornographische Darstellung in einem öffentlichen Lokal live tatbestandslos vorgeführt werden darf. Nach BT-Drs. 11/638 (oben 20f) hat die schwer anwendbare Nr. 7 zahlreiche Streitfragen ausgelöst.

H. Nr. 8 erfaßt **Vorbereitungshandlungen** zu den Taten Nr. 1 bis 7. 25
a) Der Täter muß eine der Handlungen (unten 27 bis 31) begehen, **um** 26 die **Schrift** selbst **oder aus ihr** (zB aus Matrizen, Fotonegativen und ähnlichem Vervielfältigungsmaterial; vgl. § 74d I S. 2, § 149 I Nr. 1, § 275 I Nr. 1; aber nicht Probeexemplare, Schleswig OLGSt. 37) **gewonnene Stücke iS der Nrn. 1 bis 7** (vgl. oben 13 bis 24) entweder erst **zu verwenden** oder diese Verwendung einem anderen, insbesondere dem Adressaten einer Sendung zu ermöglichen. Die in Nr. 8 geforderte Absicht (6 zu § 15) (zB des Herstellens, unten 27) muß also darauf gerichtet sein, daß die Schrift iS der Nr. 1 bis 7 verwendet wird. Auch das Manuskript ist eine Schrift, *aus* der Vervielfältigungsstücke gewonnen werden können, BGH **32**, 6. Es ist jedoch erst dann iS der Nr. 8 hergestellt, wenn die Gefahr jederzeit möglicher Verbreitung der Schrift dadurch ganz nahe gerückt ist, daß der zu veröffentlichende Inhalt feststeht und der Täter den Weg zur Vervielfältigung freigegeben hat (BGH aaO). Nicht genügt danach die Übersendung an den Letztbezieher (Nerlich MDR **70**, 541; aM LG Bayreuth NJW **70**, 575).

b) An **Handlungsformen** nennt Nr. 8 **aa)** das **Herstellen** (vgl. oben 26), 27 also vor allem das Verfassen, Verlegen, Drucken; aber auch das Vervielfältigen, dh die Anfertigung weiterer Stücke nach einem bereits hergestellten; **bb) Beziehen,** dh das Sichbeschaffen von anderen oder durch deren Ver- 28 mittlung (also nicht etwa durch Diebstahl, aber auch nicht durch unverlangte Entgegennahme; aM MDR **58**, 441 zu § 93 aF); **cc) Liefern,** dh 29 einem anderen, der die Darstellung bestellt oder sonst erbeten hat, Besitz oder Gewahrsam verschaffen (unaufgefordertes Gelangenlassen an einen anderen ist im Gegensatz zur aF nicht mehr erfaßt); **dd) Vorrätighalten,** dh 30 das Verwahren wenn auch nur eines Stückes (RG **62**, 396); **ee)** das **Unter-** 31 **nehmen der Einfuhr** in den räumlichen Geltungsbereich des Gesetzes (oben 21). Die Nr. 8 ist zu pauschal gefaßt, gibt zT keinen Sinn (so beim Unternehmen der Einfuhr iVm Nr. 4) und stößt in den meisten Fällen (mit Ausnahme gewisser Fälle iVm Nr. 5 2. Alt. und Nr. 7) auf unüberwindliche Beweisschwierigkeiten.

J. (Nr. 9) auszuführen unternimmt (34 zu § 11), dh aus der BRep. (was 32 auch bei Durchfuhr möglich ist, vgl. Schleswig NJW **71**, 2319) über deren Grenzen in ein beliebiges fremdes Land (vielleicht zunächst nach Dänemark) in der **Absicht,** die Darstellung als solche oder aus ihr (im In- oder Ausland) gewonnene Stücke in einem (vielleicht dritten) fremden Land

§ 184

(das nach der gegenüber I Nr. 4, 8, III Nr. 3 klaren Terminologie Ausland sein muß, wozu in funktionsgerechter Auslegung hier auch die DDR zählt, LK 43; Gössel BT 1 § 28, 54) selbst zu verbreiten oder öffentlich zugänglich zu machen (unten 38, 39) oder Verbreiten bzw. Zugänglichmachen einem anderen (der noch nicht bestimmt zu sein braucht) zu ermöglichen (oben 26). Dabei muß es sich nach der (vielleicht unzutreffenden) Vorstellung des Täters um ein Land handeln, in dem das beabsichtigte Verbreiten oder öffentliche Zugänglichmachen gegen in diesem Zeitpunkt geltende Strafvorschriften verstößt (vgl. hierzu Lüttger, Jescheck-FS 170; Karlsruhe NJW 87, 1957). Nach dem Sinn der Vorschrift (oben 4f.) braucht es sich dabei nicht um Vorschriften zu handeln, die kriminelle Strafe androhen; Geldbuße genügt (vgl. 7 zu § 7).

33   4) Abs. II erfaßt das **Verbreiten** (dh hier das Ausstrahlen) einer **pornographischen** (oben 6f.) **Darbietung** (8 zu § 131) **durch Rundfunk**, dh durch Fernseh- oder Hörfunk (Ber. 61); gleichgültig, ob durch öffentlich-rechtliche Anstalten oder etwaigen privaten (Amateur-)Funk (aM SchSch 51a; SK 63), gleichgültig, zu welcher Tageszeit oder für wen die Sendung gedacht ist und wer sie empfängt (enger Laufhütte JZ 74, 47). Da sich II nur auf Live-Darbietungen bezieht (8 zu § 131), andere Darstellungen durch Bild- oder Tonträger schon durch I Nr. 2 erfaßt sind, folgt auch für die Auslegung des § 1 III GjS (Anh. 8), daß dort seltsamerweise nur Live-Darbietungen nicht erfaßt sind. Als Täter kommt jeder für die Sendung Verantwortliche in Betracht, andere in untergeordneten Funktionen können Gehilfen sein. Zur Problematik: Gewaltdarstellung und Pornographie im Rundfunk, 1972; Lange aaO.

34   5) Abs. III erfaßt das **Verbreiten harter Pornographie** (hier gilt das Weltrechtsprinzip, § 6 Nr. 6). **A. Tatgegenstand** ist eine pornographische Darstellung iS von oben 6ff. (einheitlicher Pornographiebegriff, Lackner 3d; MDR 78, 804), die zusätzlich bestimmte Formen sexueller Handlungen
35   (iS von § 184c Nr. 1) zum Gegenstand hat. Es sind das **a) Gewalttätigkeiten** (29 zu § 113; 3ff. zu § 131) sexueller Art, also die Darstellung zB von Sexualmorden, Notzucht, sexueller Nötigung, Marterungen, Abschneiden von Körperteilen, sadistischen oder sadomasochistischen Handlungen (Prot. VI/887), wobei Gewalttätigkeiten unter Einbeziehung von Tieren zugleich unter 37 fallen können. Ein gewisser körperlicher Einsatz iS oder *vis haud ingrata* (7 zu § 177) reicht noch nicht aus (vgl. Prot. VI/1033). Ob die dargestellten Handlungen nur vorgetäuscht sind oder in Wirklichkeit begangen wurden, ist ohne Bedeutung (Karlsruhe MDR 77, 864; Köln
36   NJW 81, 1457). **b) sexueller Mißbrauch von Kindern**, in erster Linie iS von § 176 (vgl. Anm. dort; Laufhütte JZ 74, 49, Anm. 39; Schroeder ZRP 90, 299); doch können ausschließlich Kinder beteiligt sein; so Fotos nackter Kinder unter anreißerischer Hervorhebung des Geschlechtsteils (Koblenz NJW 79, 1467; vgl. KG NJW 79, 1897 L); auch Mißbrauch toter Kinder kommt in Betracht (Gössel BT 1 § 28, 57; aM LK 15). Nach dem GesE der BReg. (BT-Drs. 12/3001) soll die Strafdrohung für die Verbreitung kinderpornographischer Schriften erheblich erhöht und besonders deren Be-
37   sitz mit Strafe bedroht werden (oben 3a). **c) sexuelle Handlungen** (iS von § 184c Nr. 1) von **Menschen** (jeden Alters und Geschlechts) **mit Tieren** (auch toten, aM LK 16), dh sodomistische Handlungen, die aber nicht

Straftaten gegen die sexuelle Selbstbestimmung § 184

beischlafähnlich zu sein brauchen; doch wird körperliche Berührung Voraussetzung sein.

B. Tathandlungen sind

a) nach **Nr. 1** das **Verbreiten** der Darstellungen (4 zu § 74d), insbesondere durch **Versenden** (§ 74d II; 4 zu § 74d). Verbreiten kommt auch in Betracht, wenn die Schrift einem bestimmten Kreis mit zahlreichen Mitgliedern, zB einer „Gesellschaft" zugänglich gemacht wird (BGH **13**, 257; Bay MDR **58**, 443), nicht aber bei Weitergabe nur an einzelne bestimmte Personen (RG **71**, 347). Verbreiten ist jedoch das Versenden an so zahlreiche Einzelpersonen, daß der Kreis derer, die Kenntnis erhalten, nicht mehr kontrollierbar ist (BGH **13**, 257; ungeprüft gelassen von LG Hanau NJW **69**, 2249). Als Täter kommen vor allem Verleger und Buchhändler (BGH **5**, 385) in Betracht, da Verbreiten auch ohne Veröffentlichung möglich ist; zB durch Verleihen (BGH **13**, 257), Verteilen (vgl. RG **9**, 293) oder Zugänglichmachen im Wege des Abonnements (RG JW **26**, 2541). Beim Verbreiten durch Versenden aus dem Ausland ins Inland (vgl. § 6 Nr. 6) kommt, da hier die Verletzung eines Einfuhrverbots im technischen Sinn des § 372 AO nicht gegeben ist, eine Weiterleitung der Schriften durch die Zollbehörden an die StA schon deshalb nicht in Betracht (Zweibrücken NJW **70**, 1758; Bremen NJW **72**, 1678). **38**

b) nach **Nr. 2** das **öffentliche Zugänglichmachen** der Darstellungen, insbesondere durch **Ausstellen, Anschlagen** oder **Vorführen** (6 zu § 74d). Öffentliches Zugänglichmachen ist auch durch Feilhalten oder Feilbieten, wenn vielleicht auch nur gegenüber Fachkreisen (RG LZ **21**, 750) möglich (vgl. dazu Bay NJW **62**, 166; BVerwG JZ **65**, 494). Das Zugänglichmachen muß in einer Weise geschehen, daß mindestens ein Teil des pornographischen Inhalts wahrnehmbar wird (RG **34**, 285); oder wie bei Schallplatten durch ein zur Verfügung gestelltes Gerät wahrnehmbar gemacht werden kann. Ob jemand von dem Zugänglichgemachten auch wirklich Kenntnis nimmt, ist gleichgültig (RG **11**, 285). Daß derjenige, der Kenntnis nehmen will, ein Entgelt zu entrichten hat, ist auch dann ohne Bedeutung, wenn es als Erwerb einer „Clubkarte" getarnt ist (Hamm NJW **73**, 817; OLGSt. 64). **39**

c) nach **Nr. 3** gewisse **Vorbereitungshandlungen** des Verbreitens (RG **42**, 209) oder Zugänglichmachen iS der Nr. 1, 2. Vgl. dazu oben 26, 27 ff. Weitere Vorbereitungshandlungen sind hier noch **aa)** das **Anbieten** (oben 13 f.), **Ankündigen** oder **Anpreisen** (oben 22), und zwar hier gleichgültig, wem gegenüber das geschieht, also nicht nur gegenüber dem Publikum (vgl. RG JW **27**, 902; aM RG **34**, 81), **bb)** das **Unternehmen der Ausfuhr** (oben 32). Auch hier genügt Übersendung an den Letztbezieher nicht (oben 26), selbst wenn sie ein abgeschlossenes Verbreiten iS von Nr. 1 darstellt (aM Welp JuS **71**, 239). **40**

6) Vorsatz ist als mindestens bedingter erforderlich. Er hat insoweit auch die Umstände zu umfassen, welche die Beurteilung als pornographisch begründen (BGH **37**, 65), also zB den grob sexuellen, anreißerischen Charakter einer Darstellung, braucht aber die Beurteilung selbst nicht zu vollziehen (abw. wohl Prot. VI/1942, 1946). Irrt sich der Täter in der Beurteilung, so ist das ein Subsumtionsirrtum, der zu einem Verbotsirrtum (der in solchen Fällen zu prüfen ist, BGH **29**, 73; MDR **78**, 769) führen kann (Stuttgart Die Justiz **77**, 241). Verbotsirrtum ist es auch, wenn **41**

§ 184

der Täter glaubt, pornographische Darstellungen dürfe man unter bestimmten Umständen verbreiten, etwa, weil der Gegenstand den Vermerk „Ges. geschützt" trägt (vgl. NJW **57**, 389; Hamm JMBlNW **55**, 285; Stuttgart Die Justiz **69**, 227). Bei I Nr. 9, III Nr. 2 muß der Vorsatz auch die Öffentlichkeit des Zugänglichmachens umfassen; bei I Nr. 8, 9, III Nr. 3 muß die dort bezeichnete Absicht hinzutreten (oben 26). Bei III hat sich der Vorsatz als mindestens bedingter auch auf den besonderen Gegenstand zu erstrecken; bei I Nr. 1, 2, 5 auch auf das Alter des Betroffenen (vgl. BGH **9**, 271); bei III (oben 39) auch darauf, daß es sich um Kinder iS von § 176 I handelt.

41a **7) Der Versuch** ist nicht strafbar. Anderseits gibt es auch bei den Vorbereitungshandlungen nach I Nr. 8 und III Nr. 3 keinen strafbefreienden Rücktritt, so daß tätige Reue zB durch Vernichtung der Schriften nur ein Milderungsgrund ist.

41b **8) Die Teilnahme** ist nach allgemeinen Regeln strafbar. Als notwendige Teilnehmer sind die durch I Nr. 1, 2, 5 geschützten Jugendlichen sowie der Letztbezieher anzusehen, der keinen selbständigen Tatbestand erfüllt (SchSch 67).

41c **9) Die Verjährung** solcher Tathandlungen, die **Presseinhaltsdelikte** sind (zB I Nr. 5 2. Alt.; III Nr. 1, 2; Bay MDR **80**, 73), richtet sich nach den Pressegesetzen der Länder (vgl. 8 zu § 78; NJW **77**, 1695).

42 **10) Einziehung und Unbrauchbarmachung** richten sich nach §§ 74, 74b (Entfernen pornographischer Teile einer Schrift) bis § 76a. Von Bedeutung sind vor allem § 74d sowie § 76a. Vgl. ferner §§ 430ff. StPO, vor allem § 440. Zur Problematik Seetzen NJW **76**, 497. Zur **Liste** nach § 18 GjS, 14 zu § 131. Nach dem GesE der BReg. (BT-Drs. 12/3001) ist die obligatorische Einziehung kinderpornographischer Darstellungen vorgesehen, auch wenn sie dem Besitzer nicht gehören (oben 3a).

43 **11) Konkurrenzen.** Innerhalb von § 184 wird I Nr. 8 von I Nr. 1 bis 7 und von III verdrängt; I Nr. 2, 5 1. Alt. von Nr. 1, III Nr. 3 von III Nr. 1 (NJW **76**, 720), soweit die Vorbereitungshandlungen zum Verbreiten geführt haben. Im übrigen ist Tateinheit zwischen I, II einerseits und III anderseits möglich, auch zB zwischen I Nr. 1 und Nr. 6, 7. Mehrere Begehungsformen innerhalb derselben Nummer stehen nicht in Tateinheit, da es sich um unselbständige Begehungsweisen derselben Tat handelt (vgl. BGH **5**, 381; NJW **76**, 720). Tateinheit ist möglich mit § 131; §§ 185ff. (BGH **11**, 67). § 21 GjS wird verdrängt, soweit es sich um vorsätzliche Taten handelt (Bay **79**, 49; aM SchSch 68); doch bleibt § 21 V, VI GjS anwendbar (ebenso Stuttgart NJW **76**, 529); § 21 GjS, bei dem es sich um kein Presseinhaltsdelikt (8 zu § 78; oben 41c) handelt, tritt so daß die Tat nach § 78 verjährt (BGH **26**, 40; Bay MDR **75**, 419; Stuttgart NJW **76**, 530; vgl. aber Die Justiz **71**, 147), lebt auch wieder auf, wenn die Tat nach § 184 (I Nr. 1, 2 und 5 1. Alt. sind keine Presseinhaltsdelikte, wohl aber I Nr. 5 2. Alt.) nach der kurzen Presseverjährung (8 zu § 78) verjährt ist (24 vor § 52). Handelt es sich jedoch um die Ahndung verbotener Werbeinserate für öffentlich aufgeführte Filme, so hat gegenüber dem GjS das JÖSchG als Sonderregelung Vorrang (BGH **15**, 154; Bay **79**, 49). Auch das bloße Vorrätighalten (Bay MDR **75**, 419) wie die sonstigen Vorbereitungshandlungen nach I Nr. 8, III Nr. 3 sind keine Presseinhaltsdelikte. Hinter § 184 treten weiter zurück § 183a; §§ 56 I Nr. 1i, 148 I Nr. 7 GewO. Für das Verhältnis zu § 14 JÖSchG und §§ 119, 120 OWiG gilt § 21 OWiG.

Straftaten gegen die sexuelle Selbstbestimmung § 184

12) Sonstige Vorschriften. Vertriebs- und Werbebeschränkungen § 6 Nr. 2 **44**
GjS, § 11 GjS/DVO (Anh. 8 Anm.); Beschäftigungsverbot Verurteilter § 25 I
Nr. 3, § 58 II JArbSchG; Mitteilungspflichten nach § 6 III S. 2 JÖSchG (hierzu
v. Hartlieb NJW **85**, 831.

Ausübung der verbotenen Prostitution

184 a Wer einem durch Rechtsverordnung erlassenen Verbot, der Prostitution an bestimmten Orten überhaupt oder zu bestimmten Tageszeiten nachzugehen, beharrlich zuwiderhandelt, wird mit Freiheitsstrafe bis zu sechs Monaten oder mit Geldstrafe bis zu einhundertachtzig Tagessätzen bestraft.

a) Die Blankettvorschrift (6 vor § 1) ist durch das 4. StrRG eingefügt (1 **1** vor § 174; ferner Prot. VI/1951, 1957, 2120; VII/85; BT-Drs. 11/7140). Sie geht im Anschluß an das 5. StÄG auf das **10. StÄG** zurück (BRats-Drs. 21/70; BT-Drs. VI/293; VI/410; Prot. VI/297; zuletzt sprachlich geändert durch Art. 6 Nr. 2 des 4. StrG) und wird durch § 120 I Nr. 1 OWiG (Anh. 21) ergänzt. Zusammen mit den §§ 180a, 181, 183a (vgl. BGH **20**, 203; **23**, 175) und § 184b ist die Materie der Prostitution abschließend geregelt, so daß abweichende landesrechtliche Vorschriften unzulässig sind (BGH **11**, 32; Hamm NJW **57**, 968). **Rechtsgut** ist der Schutz bestimmter Bereiche vor den mit der Prostitution **2** verbundenen Belästigungen und Gefahren (auch für die Jugend; Bay NJW **81**, 2766; vgl. Karlsruhe MDR **74**, 858). Die Tat ist keine Sammelstraftat (Prot. V/3110; 42ff. vor § 52), kann aber als fortgesetzte begangen werden (vgl. Bay MDR **56**, 119). Zur praktischen Problematik Prot. VI/1695, 1709. Vgl. auch Schatzschneider NJW **85**, 2793.

2) Tathandlung ist, daß der Täter (Mann, Frau oder Transsexueller) **der 3 Prostitution** (3 zu § 180a), auch der homosexuellen oder lesbischen, **nachgeht** (schlichtes Tätigkeitsdelikt, BGH **23**, 171). Nachgehen umfaßt iS des § 184a auch schon Handlungen, die wie die typischen Anbahnungshandlungen beim Straßenstrich unmittelbar auf sexuelle Betätigung abzielen (BGH **23**, 173; Koblenz NJW **57**, 1684; Karlsruhe MDR **74**, 858; vgl. BVerfG NJW **85**, 1767 m. Anm. Lüderssen StV **85**, 178); darauf, ob sie von Außenstehenden bemerkt werden oder werden können, kommt es nicht an, insoweit genügen nach Bay MDR **89**, 181 auch Gespräche über einen im Sperrbezirk gelegenen Telefonanschluß (krit. hiergegen Behm JZ **89**, 300). Wo die sexuelle Handlung selbst stattfindet, ist ohne Bedeutung, aaO), wenn auch vielleicht im Tatfall nur mit einer einzigen Person (Dauerverhältnis mit einem bestimmten Menschen, zB mit einem Soldaten der Stationierungsmächte, reicht aber nicht aus; aM selbst für den Fall eines Quasi-Verlöbnisses zu § 361 Nr. 6 aF Neustadt NJW **55**, 1730; Bay NJW **63**, 871), und zwar unter **Zuwiderhandlung** gegen ein durch **RechtsVO** nach Art. 297 EGStGB (Anh. 1) zum Schutze der Jugend und des öffentlichen Anstandes erlassenes **Verbot** der LandesReg. oder der von ihr ermächtigten obersten Landesbehörde (InnenMin.) oder höheren Verwaltungsbehörde (meist der RegPräs.), die Prostitution innerhalb bestimmten Gebiets oder zu bestimmter Zeit auszuüben. Der Sperrbezirk muß in dem Verbot klar bestimmt sein (BVerwG NJW **64**, 512; Frankfurt OLGSt. 7 zu § 361 aF). Das Verbot umfaßt den gesamten Bereich der Gemeinde oder des Sperrbezirks einschließlich der unbebauten Teile (BGH

§ 184a

23, 174; Stuttgart Die Justiz **64**, 125; **68**, 50). Die Tathandlung braucht in diesen Fällen weder öffentlich noch auffällig begangen zu werden. Davon abweichend ermöglicht es Art. 297 I Nr. 3 EGStGB im ganzen Gebiet oder in Teilgebieten einer Gemeinde ohne Rücksicht auf deren Größe den **Straßenstrich,** dh das Sichanbieten durch Herumstehen, -gehen oder -fahren (zB im Auto), zu verbieten und dieses Verbot, das sich auch auf einzelne öffentliche (2 zu § 315b) Straßen, Wege, Plätze, Anlagen und auf angrenzende Orte, die von den öffentlichen eingesehen werden können, innerhalb der Gemeinde oder eines Teilbereichs erstrecken kann, auf bestimmte Tageszeiten zu beschränken (Art. 297 I S. 2 EGStGB). Damit wird zB ermöglicht, den Straßenstrich um ein Dirnenwohnheim herum oder in St. Pauli während der Stunden zu verbieten, in denen Kinder dort auf dem Schulweg sind (vgl. Begr. BT-Drs. VI/293 und für Hamburg VO v. 21. 10. 1980, GVBl. 289; 450-1, ÄndVO v. 22. 12. 1981, GVBl. 389, ÄndVO v. 14. 3. 1989 (GVBl. 91); für Bremen VO v. 29. 3. 76, GBl. 109; für Bayern VO v. 26. 5. 1975, GVBl. 80; für Baden-Württemberg VO v. 3. 3. 1976, GBl. 290). Kasernierungen, dh Wohnungsbeschränkungen für Dirnen auf bestimmte Straßen oder Häuserblocks läßt Art. 297 III EGStGB auch weiterhin nicht zu.

4 3) **Vorsatz** ist mindestens als bedingter erforderlich und hat sich nicht nur auf die Prostitutionsausübung (Hamburg NJW **53**, 1482), sondern auch auf das örtliche und zeitliche Verbot zu erstrecken (vgl. BGH **23**, 167; Frankfurt NJW **66**, 1527; Hamm NJW **68**, 1976).

5 4) **Beharrlich** bedeutet, daß der Täter das Verbot aus Mißachtung oder Gleichgültigkeit immer wieder übertritt oder zu übertreten bereit ist (Bay NStE Nr. 2). Erforderlich, aber nicht genügend (Köln GA **84**, 33), ist, daß er es mindestens schon einmal verletzt hat (BGH **23**, 172f.), wofür aber Teilakte einer fortgesetzten Handlung ausreichen. Im übrigen ist gleichgültig, wieviel Verletzungen vorausgegangen sind, wie lange sie zurückliegen, ob es sich um Taten nach § 184a oder Ordnungswidrigkeiten nach § 120 I Nr. 1 OWiG handelt, ob frühere Strafen oder Geldbußen erledigt sind und ob eine Abmahnung ausgesprochen worden ist (aM LK- Laufhütte 4; SK-Horn 3; offen gelassen wistra **92**, 185); wenn nur die Gesamtwürdigung des Urteil „beharrlich" trägt. Die Beharrlichkeit, muß in der zur Aburteilung stehenden Handlung, wenn auch iVm früheren gleichartigen oder ähnlichen Handlungen (zB § 184b) zum Ausdruck kommen. Der Täter braucht dieses Urteil nicht mit zu vollziehen (vgl. 19 zu § 16). Ist Beharrlichkeit nicht festzustellen, so ist die Tat nur eine Ordnungswidrigkeit nach § 120 I Nr. 1 OWiG (keine Wahlfeststellung), der sich unter Weglassung des Wortes „beharrlich" mit § 184a deckt. Es handelt sich also bei § 184a um eine Qualifikation gegenüber jener Vorschrift, und zwar um eine **formfreie Rückfallvorschrift,** § 120 I Nr. 1 OWiG bildet zusammen mit § 184a einen unechten Mischtatbestand (Bay NJW **85**, 1566 m. Anm. Geerds JR **85**, 472), er wird von § 184a iS von § 21 OWiG verdrängt. Ist auch nur bei dem Teilakt einer fortgesetzten Handlung Beharrlichkeit gegeben, so fällt die ganze Tat unter § 184a.

6 5) **Teilnahme** ist sowohl als Anstiftung wie als Beihilfe strafbar; die Tat ist jedoch ein eigenhändiges Delikt (SK 5), so daß mittelbare Täterschaft nicht möglich ist. Der „Freier" ist als notwendiger Gehilfe straflos (Hanack

Straftaten gegen die sexuelle Selbstbestimmung **§ 184 a**

JR **80**, 435). „Beharrlich" ist ein täterbezogenes Merkmal (Bay NJW **85**, 1566; Prot. V/3107), so daß der Teilnehmer, bei dem das Merkmal fehlt, nur eine Ordnungswidrigkeit nach § 120 I Nr. 1 OWiG begeht (§ 14 IV OWiG). Ferner ist das Gewähren von Wohnung an Prostituierte in § 180 a abschließend geregelt, so daß es nicht als Beihilfe zu § 184 a strafbar ist, wenn jemand einer 20jährigen Prostituierten in einem Sperrbezirk Unterkunft gewährt (Prot. V/3104 ff.; LK 6; Lackner 7; **aM** Bay NJW **81**, 2766; SchSch-Lenckner 7; Gössel BT 1 § 28, 70), auch ist ein Bierlieferungsvertrag an den sich nach § 184 strafbar machenden Betreiber eines Bordells nicht nichtig (NStE Nr. 1).

6) Tateinheit ist möglich zB mit §§ 183 a, 184 b. § 120 I Nr. 1 OWiG 7
tritt hinter § 184 a zurück; es gilt § 21 OWiG. Beschäftigungsverbot Verurteilter § 25 I Nr. 3, § 58 II JArbSchG.

Jugendgefährdende Prostitution

184 b Wer der Prostitution
1. in der Nähe einer Schule oder anderen Örtlichkeit, die zum Besuch durch Personen unter achtzehn Jahren bestimmt ist, oder
2. in einem Haus, in dem Personen unter achtzehn Jahren wohnen,
in einer Weise nachgeht, die diese Personen sittlich gefährdet, wird mit Freiheitsstrafe bis zu einem Jahr oder mit Geldstrafe bestraft.

1) Die Vorschrift dient dem Jugendschutz; sie ist durch das 4. StrRG einge- 1
fügt worden; vgl. BT-Drs. 11/7140. Einzelheiten 1 ff. zu § 184 a.

2) Tathandlung ist, daß der Täter, gleichgültig zu welcher Tageszeit, der 2
Prostitution nachgeht (3 zu § 180 a; 3 zu § 184 a), und zwar entweder **Nr. 1** in der Nähe einer Schule (jeder Art innerhalb der Altersgrenze) oder anderen Örtlichkeit, die **zum Besuch** durch noch nicht Achtzehnjährige zur Tatzeit **bestimmt** ist (so Kindergärten, Jugendheime, kirchliche Jugendeinrichtungen, Häuser der offenen Tür, aber auch Spielplätze), wobei Nähe einen räumlichen Bereich bezeichnet, in dem die geschützten Personen wegen der besonderen Art der Örtlichkeit schon in größerer Zahl aufzutreten pflegen (Prot. V/3109). Oder **Nr. 2** in einem Haus, dh einem beliebigen Gebäude, in dem noch nicht Acht- 3
zehnjährige wohnen (3 ff. zu § 123). **In beiden Fällen** muß der Täter in einer 4
Weise handeln, daß mindestens ein noch nicht Achtzehnjähriger sittlich, dh in der Entwicklung seiner ethischen Wertvorstellungen, konkret gefährdet wird (Prot. V/3109). Es muß also die Gefahr bestehen, daß ein noch nicht Achtzehnjähriger Beobachtungen macht, die ihn entsprechend schädigen könnten (Lackner 3; aM LK-Laufhütte 5; SK-Horn 5). Das ist ausgeschlossen, wenn die Tathandlung in den Fällen von Nr. 1 zu einer Tageszeit geschieht, in der mit dem Erscheinen von Kindern nicht zu rechnen ist (vgl. Hamburg HRR **32**, 491), oder wenn im Fall der Nr. 2 Vorkehrungen gegen Beobachtungsmöglichkeiten getroffen werden (Prot. V/3108).

3) Zu Vorsatz, Teilnahme und **Konkurrenzen** vgl. 4, 6, 7 zu § 184 a. 5

§ 184c

Begriffsbestimmungen

184c Im Sinne dieses Gesetzes sind

1. **sexuelle Handlungen**
   nur solche, die im Hinblick auf das jeweils geschützte Rechtsgut von einiger Erheblichkeit sind,
2. **sexuelle Handlungen vor einem anderen**
   nur solche, die vor einem anderen vorgenommen werden, der den Vorgang wahrnimmt.

Fassung: Art. 1 Nr. 16 des 4. StrRG; vgl. 1 vor § 174 und Erläuterungen 4ff. vor § 174 und §§ 236, 237.

Beleidigung § 185

Vierzehnter Abschnitt
Beleidigung
RiStBV 209, 229–232

Beleidigung

185 Die Beleidigung wird mit Freiheitsstrafe bis zu einem Jahr oder mit Geldstrafe und, wenn die Beleidigung mittels einer Tätlichkeit begangen wird, mit Freiheitsstrafe bis zu zwei Jahren oder mit Geldstrafe bestraft.

1) Begrifflich ist Beleidigung der rechtswidrige Angriff auf die Ehre eines 1 anderen (unten 17ff.) durch vorsätzliche Kundgebung der Mißachtung oder Nichtachtung (BGH **1**, 289; **11**, 67; **16**, 63; Bay NJW **83**, 2040). § 185, der das die Strafbarkeit begründende Verhalten nicht näher umschreibt (BGH **36**, 148) und gegen den gleichwohl keine Einwände aus Art. 103 II GG erhoben werden können (*Küpper* ZRP **91**, 250; aM *Schubarth* JuS **81**, 728; *Findeisen* u. a. ZRP **91**, 245; krit. *Husmann* MDR **88**, 727), betrifft davon die sog. einfache oder Formalbeleidigung. Aus dem neueren **Schrifttum**: *Arzt*, JuS **82**, 717; *Engisch*, 1a Lange-FS 401; *Erhardt*, Kunstfreiheit und Strafrecht, 1989; *Geppert* Jura **83**, 530, 580; *Hillenkamp*, Wassermann-FS 861; *H. J. Hirsch*, Ehre und Beleidigung, 1967; *Jakobs*, Jescheck-FS 627; *Knittel*, Ansehen und Geltungsbewußtsein, 1985; *Küpper* JA **85**, 453 u. ZRP **91**, 250; *Otto*, Schwinge-FS 73; *Riklin* SchweizZSt. **83**, 29; *Schwinge* MDR **73**, 801; *Tenckhoff*, Die Bedeutung des Ehrbegriffs für die Systematik der Beleidigungstatbestände, 1974 [hierzu *Hirsch* ZStW **90**, 978] u. JuS **88**, 199, 457, 618, 787, **89**, 35 u. 198; *Tettinger* JZ **83**, 317; *E. A. Wolff* ZStW **81**, 896.

A. Die Ehre als Objekt der Beleidigung bedeutet einmal den inneren 2 Wert oder die Würde des Menschen (geschützt auch durch Art. 1 I GG); daneben die **äußere Ehre** in den Augen der anderen, nämlich die Geltung (sein Ruf) innerhalb der menschlichen Gesellschaft, Bay **86**, 192. (Vielfach wird nur der eine oder der andere Gesichtspunkt für maßgeblich erklärt; vgl. SchSch-Lenckner 1 vor § 185; Bockelmann BT/2 § 35 I; BGH **36**, 149 [m. Anm. *Otto* JZ **89**, 803, *Hillenkamp* NStZ **89**, 529 u. *Kiehl* NJW **89**, 3003] läßt die Frage offen, ob nicht nur der personale, sondern auch der soziale Geltungswert den Ehrbegriff präge). Aus diesen Wurzeln erwächst das **Ehrbewußtsein** als Vorstellung über den eigenen Wert und das **Ehrgefühl** als Wille zur Wertgeltung. Frank I 2 vor § 185. Daß sich im Ehrbegriff normative und faktische Elemente untrennbar verschlingen, hat Engisch (Lange-FS 401) gezeigt (grundlegend GrSenBGH **11**, 67). Hirsch [1a] und LK-Herdegen 1ff. vor § 185 sowie Welzel 303 stellen abw. auf den vorhandenen Ehrbestand ab. Vgl. weiter SK-Rudolphi 1 vor § 185; Gössel BT 1 § 29, 4; Tenckhoff JuS **88**, 202.

a) Eine Familienehre anerkennt die Rspr. nicht (NJW **51**, 531; Bay 3 MDR **58**, 264), ebensowenig die hM (Hirsch aaO [oben 1a], 98; LK 25, SchSch 4, SK 10, jew. vor § 185; Wessels BT-1 § 10, 13; Geppert Jura **83**, 538; Gössel BT 1 § 29, 14; M-Maiwald § 24, 19). Denn die Familie ist kein kooperativer Verband, der als Subjekt mit einheitlicher Willensbildung nach außen handelnd hervortritt. Geschützt ist nur die *Einzelpersönlichkeit*

1099

§ 185

(Bay **86**, 92). Durch die Beleidigung eines Ehegatten oder eines minderjährigen Kindes sind der andere Ehegatte oder die Eltern nicht schon mitbeleidigt (Bay MDR **58**, 264). In diesem Zusammenhang ist vor allem die neuere Rspr. zu beachten (unten 9a), wonach sexuelle Handlungen nicht schon *per se* Beleidigungen sind, sondern nur unter *besonderen Umständen* im Einzelfalle, wenn das Sexualverhalten als solches Kundgabe der Mißachtung ist (NJW **86**, 2442). Schon deswegen ist (entgegen früherer Rspr., die
4 zT überholt ist, vgl. zB NJW **52**, 476) ein **Ehegatte** durch sexuelle Handlungen oder ehebrecherische Beziehungen des anderen Ehegatten mit einem Dritten durch diesen idR nicht beleidigt (so schon Zweibrücken NJW **71**, 1225; vgl. aber unten 9a); ebensowenig sind es **Eltern** schon dadurch, daß ein Dritter an ihrem Kind ein Sexualdelikt begeht, sonst ihr Erzie-
5 hungsrecht beeinträchtigt (vgl. BGH **16**, 63) oder daß ein verheirateter Mann mit ihrer minderjährigen Tochter geschlechtlich verkehrt (LK 29 vor § 185; and. noch Stuttgart MDR **51**, 244). Hingegen können auf Grund und Art von Verbalbeleidigungen nicht nur der Adressat, sondern zugleich Familienangehörige unmittelbar mitbeleidigt sein, so wenn die Tochter als „Hurenkind" bezeichnet wird (Beleidigung von Vater, Mutter und Toch-
6 ter). **b)** Auch kann jedes einzelne Familienmitglied durch eine **Kollektivbezeichnung** (unten 22) beleidigt werden, zB durch die Äußerung „die ganze Brut ist syphilitisch verseucht".

7 **B. Mißachtung oder Nichtachtung** gehören zur Beleidigung; sie können den **ethischen Wert** eines andern betreffen, den er nach außen infolge seines sittlichen Verhaltens hat. Daneben tritt der **soziale Wert,** den jemand wegen seiner Leistungen und Eigenschaften für die Erfüllung seiner sozialen Sonderaufgaben hat (Düsseldorf OLGSt. 24 zu § 73 aF); so kraft seines Amtes oder Berufs (vgl. Arzt JuS **82**, 718; Tettinger JZ **83**, 319).

8 **a)** Ob Ehrverletzung durch Mißachtung oder Nichtachtung vorliegt, ist Tatfrage des Einzelfalles (Bay NJW **83**, 2041 zum Fall der diskriminierenden Zurückweisung in öffentlicher Gaststätte; Molketin GewArch. **89**, 86) und unter Berücksichtigung der gesamten Begleitumstände (Köln NStZ **81**, 183) wie zB der Anschauung und Gebräuche der Beteiligten, der sprachlichen und gesellschaftlichen Ebenen, auf der die Äußerung gefallen ist (Celle NdsRpfl. **77**, 88; Düsseldorf JR **90**, 345 m. Anm. R. Keller; M-Maiwald § 25, 6), zu ermitteln. Maßgebend ist nicht, wie der Empfänger, sondern wie ein verständiger Dritter die Äußerung versteht (BGH **19**, 237; Düsseldorf NJW **89**, 3030 m. Anm. Laubenthal JR **90**, 127). Bloße Nichtanerkennung eines anderen braucht noch nicht Mißachtung zu sein; der wahrheitsgemäße Vorwurf einer Straftat ist als solcher noch keine Beleidi-
8a gung (Köln NJW **64**, 2121). Auch ein **Scherz** (Fopperei) ist eine Beleidigung, falls er die Ansicht von der Minderwertigkeit des Gefoppten ausdrückt (RG JW **36**, 2997); zB die nach der Sachlage eine Verspottung darstellende Ehrenbezeugung, die Anrede des Gerichtsvollziehers (RG **41**, 82); oder eines Verkehrsteilnehmers mit „Du" (Düsseldorf NJW **60**, 1072); nicht stets aber die Erklärung an einen anderen, man wollte ihn „verhohnepipeln" (15. 1. 1965, 3 StR 39/64). Konnte der Täter annehmen, sein Tun werde nach der Lage des Falles als Scherz aufgefaßt werden, so fehlt es mindestens am Vorsatz (vgl. RG **12**, 141; Bay NJW **57**, 1607). Die **Karikatur** ist (wie der Scherz) dann nicht beleidigend, wenn der Täter nach den

Beleidigung **§ 185**

Umständen damit rechnen darf, der andere werde die Handlung nicht als schwere Kränkung, sondern nur als **Satire** auffassen, der eine Verfremdung wesenseigen ist (BVerfGE 75, 378 [hierzu Würkner JA 88, 183; Nolte EuGRZ 88, 253]; Celle NJW 53, 1764; Hamburg MDR 67, 146; AG Frankfurt StV 81, 630L; vgl. Bay Ufita 66, 356; oben 10 zu § 131; 4 zu § 166; SchSch 8; grundlegend Erhardt [oben 1 a] 114 ff.; ferner Würtenberger NJW 82, 612; 83, 1144; Otto NJW 86, 1206; Gössel BT 1 § 30, 39; aM Zechlin NJW 84, 1091, ferner in Mühleisen (Hrsg), Grenzen politischer Kunst, 1982 S. 17, dort ferner Heinz S. 61; vgl. auch VGH München NJW 84, 1136). *Nicht* durch Satire gedeckt ist zB die Darstellung eines Menschen als kopulierendes Schwein, da sie im Aussagekern eine Beleidigung (Hamburg NJW 85, 1654 m. Anm. Geppert JR 85, 430 u. Jura 85, 33; Tenckhoff JuS 88, 791) und einen Angriff auf die personale Würde enthält (BVerfGE 75, 378 m. Anm. Würkner NStZ 88, 23 u. NJW 88, 317; Henschel NJW 90, 1942; eingehend Erhardt [oben 1 a] 119 ff.; 211; vgl. auch KG NStZ 92, 386). Ebenso wenig ist nach BVerfG (NJW 92, 2073) die Bezeichnung eines querschnittsgelähmten Reserveoffiziers als „Krüppel" durch Satire gedeckt. Um so unverständlicher ist es aber, daß nach Auffassung des BVerfG dasselbe schmerzensgeldbegehrende Schmähopfer die (noch) instinktlosere Bezeichnung „geb. Mörder" sich de jure gefallen lassen muß. Hinter der schweren, als Satire nicht hinnehmbaren Diskriminierung „Krüppel" ist ein objektiver „Aussagekern" (BVerfGE 75, 378) immerhin noch aufweisbar. Wo ist ein solcher Aussagekern nach der gebotenen „*fallbezogenen*" Abwägung" vorliegend eigentlich beim „geb. Mörder"? (zutr. Kritik bei Hillgruber/Schemmer JZ 92, 946; vgl. auch 14 b, 23 b zu § 193). – Auch **bedingte Beleidigungen** sind denkbar, falls die unter einer Bedingung erwähnte Handlung ersichtlich dem anderen zugetraut wird (RG 44, 111; Celle NdsRpfl. 63, 91). Daß eine Ehrverletzung keine Beleidigung mehr sein soll, wenn sie eine adäquate Antwort auf die vorausgegangene Beleidigung durch den Verletzten ist (so Frankfurt JR 72, 515 mit zust. Anm. Hirsch; 1. WDS NZWehrr. 80, 109; SK 24), widerspricht dem System des geltenden Rechts (§§ 193, 199).

b) Kasuistik. Beleidigung ist in folgenden Fällen angenommen worden: **9** Bezeichnung des verkehrswidrig fahrenden Autofahrers als Schwein (Bay 56, 282; Hamm DAR 57, 214), aber auch das Tippen an die Stirn (Düsseldorf NJW 60, 1072; VM 72, 29; VRS 82, 121; BayOLGSt 5). Aufgeben eines kompromittierenden Zeitungsinserats unter Namen und Telefonnummer eines anderen (NStZ 84, 216, krit. hierzu Otto JK 2; Streng GA 85, 214); Ansinnen des Geschlechtsverkehrs gegen Entgelt (NStZ 92, 34 m. Anm. R. Keller JR 92, 246), gezielte Zusendung einer Schrift, in der Offiziere ua als „Wehrsklavenhalter" (LG Kaiserslautern NJW 89, 1369), Schinder, Mörder und Verbrecher bezeichnet werden, an einen Offizier (LG Baden-Baden NJW 85, 2431, hierzu Otto JK 3, 4 u. NJW 86, 1210); Übersendung einer Postkarte des Grafikers *Staeck* mit den „Konturen eines Amtsarsches" an einen Polizeibeamten), AG Hamburg NJW 89, 410 (Benützen eines von fremder Hand mit beleidigenden Parolen beschmierten Kfz. (U. Weber, Oehler-FS 84), Vergleich der Kenntnisse eines Richters mit denen eines Rechtskandidaten; Vergleich polizeilichen Vorgehens mit „Gestapo-Methoden" (LG Hechingen NJW 84, 1766); Angebot eines Geschenks an einen Beamten für eine nicht pflichtwidrige Handlung (RG 31, 184), die Bezeichnung als „Jude" (BGH 8, 325), Bezeichnung einer Fern-

§ 185

sehansagerin als „ausgemolkene Ziege" (BGHZ **39**, 124), „alter Nazi" (Düsseldorf NJW **48**, 386; **70**, 905), ein bestimmter Richter gehöre dem Volksgerichtshof zugeordnet (Hamburg NJW **90**, 1246 m. Anm. Dähn JR **90**, 516; Geppert JK 8); „Jungfaschist" (Karlsruhe MDR **78**, 421), „Faschist", „Kriegstreiber" (Hamm NJW **82**, 660; Bay NStZ **83**, 265, hierzu Otto JR **83**, 1; Würtenberger NJW **83**, 1148); „Schwuler" (vgl. KG NStZ **92**, 386; Tröndle ZRP **92**, 300), „sogenannte Rechtsanwälte" (VGH Mannheim AnwBl. **79**, 227), „Verfassungsfeind" (Koblenz OLGSt. 53); „Scheißbulle" (Oldenburg JR **90**, 128 m. Anm. Otto); Vergleich des Soldatenberufs mit einem „Folterknecht", „KZ-Aufseher" oder „Henker" (BGH **36**, 84), „Henker im Wartestand" (AG Spaichingen NJW **91**, 1496), „Soldaten sind potentielle Mörder" (Bay NJW **91**, 1494; Frankfurt NJW **89**, 1367; **91**, 2032 u. hierzu LG Frankfurt NJW **88**, 2683 u. NStZ **90**, 234; krit. u. abl. Giehring StV **92**, 194; Brackert JA **91**, 189 [vgl. hierzu 14 c zu § 193]); „Bulle" (Hamm JMBlNW **82**, 22; LG Essen NJW **80**, 1639; aM KG JR **84**, 166 m. zutr. Kritik Otto) oder „Spitzel" für einen Polizeibeamten, „Killertruppe" gegenüber der „GSG 9" (Köln OLGSt. 28, 36); „Wegelagerer" für einen Streifenpolizisten. Für die Frage, ob bei Gelegenheit der Strafverteidigung eines NS-Gewalttäters lebende Juden beleidigt worden sind oder das Andenken Ermordeter verunglimpft worden ist, kommt es auf Inhalt, Tendenz und Wortwahl des Verteidigers an (27. 1. 1984, 5 StR 866/83). *Keine Beleidigung* ist das Beobachten eines Liebespaares, das öffentlich Zärtlichkeiten austauscht (Bay NJW **62**, 1782 [hierzu Erdsiek NJW **62**, 2242; Rötelmann MDR **64**, 207], **80**, 1969 m. Anm. Rogall NStZ **81**, 102; vgl. G. Schultz MDR **81**, 198; Tenckhoff JuS **89**, 205), bloße Unhöflichkeiten, SK 11, es sei denn, daß sie als Mißachtung angesehen werden können; so das Weglassen des „Herr" (RG LZ **15**, 445); desgl. die Mahnung des Schuldners auf offener Postkarte. Fotografieren eines anderen gegen dessen Willen kann uU Beleidigung sein (nicht unzweifelhaft Oldenburg NJW **63**, 920); Werfen von Steinen an das Wohnungsfenster des Nachbarn, der dadurch geärgert werden soll, nach Bay JR **63**, 468 idR nicht.

9a **c) Sexuelle oder sexualbezogene Handlungen,** fallen, da § 185 kein „Auffangtatbestand" ist (BGH **36**, 149 m. Anm. Otto JZ **89**, 803, Hillenkamp NStZ **89**, 529 u. Kiehl NJW **89**, 3003), nur dann unter die Vorschrift, wenn *besondere Umstände* einen selbständigen beleidigenden Charakter erkennen lassen. § 185 hat keine „Lückenbüßerfunktion" (hiergegen schon BGH **16**,63). Die Strafwürdigkeitsgrenze für *sexuelle* Verhaltensweisen besagt nicht, daß eine unter der Erheblichkeitsgrenze des § 184c liegende Schamverletzung nicht über den geschlechtlichen Angriff hinausgehen und auch beleidigenden Charakter haben kann. Es ist daher zu prüfen, ob *besondere Umstände* eine über eine bloße Schamverletzung hinausgehende Ehrverletzung, insbesondere einen *Angriff auf die Geschlechtsehre* enthalten (Gössel BT 1 § 30, 9). Insoweit hebt der BGH 3. StS zutr. darauf ab, daß es zB keinen Unterschied machen könne, ob der Täter den Jugendlichen mit Worten als Dirne oder Strichjungen bezeichne oder ob er seine Mißachtung durch ein entsprechendes Sexualverhalten zum Ausdruck bringe (NJW **86**, 2442). Im übrigen weist der 3. StS – mit der hM im Schrifttum (H. J. Hirsch aaO [oben 1 a], 61; Ritze JZ **80**, 91; Arzt JuS **82**, 725; Hillenkamp aaO [oben 1 a], 870; LK 28 ff., 32 u. 25 vor § 185; SchSch 4; SK 14; Wessels BT- 1 § 10 I 5) – lediglich darauf hin, daß die Neuregelung des 4. StrRG es nicht erlaube, dem Tatbestand eines Sexualdelikts nicht unterfallende Handlungen *ohne weiteres* nach § 185 zu ahnden (so auch Lackner 6; Gössel BT 1 § 29, 19). Mit Recht hebt der 2. StS hervor (BGH **36**, 150 m. Anm. Otto JZ **89**, 803 u. Hillenkamp NStZ **89**, 529), daß § 185 nur dann erfüllt ist, wenn der Täter durch sein (sexuelles) Verhalten zum Ausdruck bringe, der Betroffene weise einen seine Ehre mindernden Mangel auf. Ein Angriff auf die sexuelle Selbstbestimmung erfüllt nur dann § 185, wenn nach den gesamten Umständen in dem Verhalten des Täters zugleich eine – von ihm gewollte – herabsetzende Bewertung des Opfers zu sehen ist (BGH u. Otto aaO; NJW **89**, 3029). Die Kritik im Schrifttum (Hillenkamp JR **87**, 126 u. NStZ **89**, 529; Laubenthal JuS **87**, 702; Geppert JK 5; Kiehl NJW **89**, 3004) verkennt, daß es nicht Absicht des Gesetzgebers war, mit der Rücknahme der Strafbarkeitsgrenze im Bereich der Sexualdelikte zugleich den nach *anderen* Grundsätzen zu beurteilenden strafrechtlichen Schutz der persönlichen Ehre zu verkürzen. Daher kann die Erheblichkeitsgrenze des § 184c Nr. 1 auch nicht die Notwehrrechte (vgl. 11 zu § 32) derer, die durch Zudringlichkeiten in ihrem sozialen Achtungsanspruch verletzt werden, beeinträchtigen. Ein strafloser Ehebruch (vgl. oben 4) kann für den anderen Ehegatten uU eine strafbare Beleidigung sein, zB wenn ein Arbeitgeber unter Ausnützung seiner Position die Ehefrau eines bei ihm Beschäftigten zum Geschlechtsverkehr drängt (vgl. Zweibrücken NJW **71**, 1225; Pauli JR **71**, 194; Gössel BT 1 § 29, 20). Der 4. StS des BGH hat daher mit Recht besondere, die Annahme einer Beleidigung rechtfertigende Umstände im Falle eines Ausbilders bejaht, der Auszubildende trotz ihrer Ablehnung sexuell ständig bedrängt hatte (NStZ **87**, 21), oder im Falle eines Täters, der minderjährige Mädchen des Diebstahls verdächtigte und daraufhin eine Leibesvisitation vornahm (BGH **35**, 76). Im übrigen hält sich der 4. StS gegenüber der neueren Rspr. des 3. StS zurück: Er befürchtet in materiellrechtlicher und prozessualer Hinsicht nachteilige Folgen im Hinblick auf das Notwehrrecht von Frauen gegenüber „bloßen" sexuellen Belästigungen (§ 184c Nr. 1) sowie im Hinblick auf die Einschränkung, sich in Strafverfahren wegen Vergewaltigung und sexueller Nötigung nur noch bei Vorliegen „besonderer Umstände" als Nebenklägerinnen anschließen zu können (so BGH NStZ **87**, 21; vgl. aber § 395 I Nr. 1a StPO idF das OpferSchG). Demgegenüber stimmt Zweibrücken (NJW **86**, 2961) dem 3. StS tendenziell zu, läßt aber die Frage der Beleidigung im Falle eines dreisten sexuellen Übergriffs offen, weil dem Täter – wie oft in solchen Fällen – nicht nachgewiesen werden konnte, daß er sich der Kundgabe einer Mißachtung bewußt war. Im Hinblick auf die noch nicht voll absehbare Entwicklung der Rspr. können ältere Entscheidungen nur noch bedingt herangezogen werden. Krit. im ganzen zur – tendenziell gebilligten – neueren Rspr. aus feministischer Sicht und mit problematischen Vorschlägen de lege ferenda Sick JZ **91**, 332. *Keine* Beleidigungen sind zB das Anbieten von empfängnisverhindernden Mittel an Eheleute und die unverlangte Übersendung von Werbeschriften, in denen Maßnahmen zur künstlichen Steigerung des geschlechtlichen Reizes und entsprechende Bücher angepriesen werden (so noch GrSenBGH **11**, 67; vgl. aber MDR/D **70**, 731; NJW **70**, 1457); zweifelhaft ist dies auch bei bloßer Zumutung unsittlicher Handlungen (so noch BGH **1**, 288; **7**, 129; **9**, 17). Ob nach strafbefreiendem Rücktritt vom Vergewaltigungsversuch eine Verurteilung wegen Beleidigung möglich ist (so StV **82**, 50), wird davon abhängen, ob das Vorgehen des Täters besondere ehrverletzende Merkmale aufweist. Weit. Nachw. 43. Aufl.

C. Die Kundgabe der Miß- oder Nichtachtung muß sich **gegen einen** 10 **anderen** richten, der sie als Beleidigung auffaßt (BGH **9**, 17), auch wenn sie nicht gerade für ihn bestimmt war (RG **26**, 202), so zB beim Diktat eines Briefentwurfs an die Sekretärin (LG Hannover NdsRpfl. **66**, 23) oder Lesen

§ 185

einer Postkarte. Monologe genügen ebensowenig wie Tagebuchaufzeichnungen, selbst wenn sie wider Erwarten des Täters an Unbefugte gelangen (Bay JZ **51**, 786). Die Person des Beleidigten muß erkennbar sein, wenn ihn auch der Täter nicht zu kennen braucht (RG **23**, 247). *Vertrauliche Äußerungen im Familienkreise* sind idR *nicht beleidigend*, hM; hierzu im einzelnen LK 11 ff.; SchSch 9 vor § 185; Geppert Jura **83**, 534; Otto BT § 32 IV 3 und Kleinknecht-FS 325; Gössel BT 1 § 30, 25; Tenckhoff JuS **88**, 788, etwas anderes kann gelten, wenn damit zu rechnen ist, daß die Äußerung über den Kreis hinausdringt (Bay MDR **76**, 1037; Schleswig SchlHA **76**, 168), oder wenn sie bei der Auseinandersetzung mit einem Beteiligten fällt (Bay MDR **56**, 182; vgl. auch MDR/D **54**, 335), insbesondere wenn die Äußerung eine Formalbeleidigung (§§ 192, 193) enthält (Hamburg NJW **90**, 1246 m. Anm. Dähn JR **90**, 516; Geppert JK 8). Ist mit Diskretion zu rechnen, so fehlt es an einer Beleidigung (Bay MDR **56**, 182; Oldenburg GA **54**, 284; Celle NdsRpfl. **64**, 174, Stuttgart NJW **63**, 119 will das nur für Äußerungen in der Familie oder unter engen Freunden gelten lassen; dagegen Rutkowsky aaO; Schultz MDR **63**, 280; Hellmer GA **63**, 129; SK 18 vor § 185); auch § 193 kann in Betracht kommen, insbesondere bei Äußerungen eines Mandanten gegenüber seinem Anwalt (zu eng Stuttgart aaO; LG Aschaffenburg NJW **61**, 1544; vgl. auch Hamm NJW **71**, 1852; Praml NJW **76**, 1968; M-Maiwald § 24, 32). Die Äußerung muß für den Kenntnisnehmenden als beleidigend verständlich sein; daher nicht ausreichend die Erklärung in einer unbekannten Sprache (Bay **16**, 21).

11   **a) Nichttätlich** kann sie sein, wörtlich, schriftlich, bildlich, symbolisch oder durch schlüssige Handlungen (vgl. LG Kiel SchlHA **67**, 57). Die Erklärung muß einen bestimmten Inhalt haben und ernst gemeint sein. Beleidigend sein können auch Unterlassungen, wie das Nichterwidern eines Grußes (hierzu SK 16, Geppert Jura **83**, 664).

12   **b) Die tätliche** Beleidigung (Qualifikationstatbestand) erfordert eine unmittelbare körperliche Einwirkung auf den anderen (NJW **51**, 368), aus der sich ihr ehrenrühriger Sinn ergibt, daß nur die Richtung des Angriffs eine tätliche ist, genügt nicht (RG **67**, 174; BGH 21. 10. 1958, 1 StR 412/58). Daher ist ein fehlgegangener Schlag keine tätliche Beleidigung, sondern eine Beleidigung durch Kundgebung der Mißachtung (LK 15; SK 21; hM; aM SchSch 18; Lackner 13); wohl aber Abschneiden des Bartes, Anspucken (Zweibrücken NJW **91**, 241), ferner das körperliche Abtasten von Mädchen aufgrund eines fingierten Diebstahlverdachts (BGH **35**, 77; vgl. aber hinsichtlich sexueller Handlungen oben 9a).

13   **D. Als Rechtfertigungsgründe** (2 ff. vor § 32) kommen in Betracht: § 193 (s. dort); Ehrennotwehr (BGH **3**, 218), wahrheitsgetreue Berichte über Bundestagsverhandlungen (§ 37; Art. 42 III GG, RG **15**, 32). Für Berichte über Gerichtsverhandlungen (RG **62**, 145) und über öffentliche Versammlungen fehlen besondere Vorschriften; doch wird hier regelmäßig § 193 eingreifen (RG **19**, 238). Wer eine Eingabe bloß dienstlich weitergibt, begeht keine Beleidigung (RG **41,** 61). Beleidigende Zeugenaussagen sind strafbar nur, wenn der Zeuge ohne sachlichen Grund über die von ihm zu beantwortenden Fragen hinausgeht (RG **41**, 254; Bay **14**, 94).

14   **Die Einwilligung** macht ebenfalls straflos; in gewissen Fällen wird sie der Tat ihren Charakter als Ehrverletzung nehmen und damit den Tatbe-

Beleidigung § 185

stand ausschließen; idR wird sie aber nur die Rechtswidrigkeit beseitigen (GrSenBGH **11**, 72; str.; vgl. LK 41; SK 19; M-Maiwald § 24, 21). Vorgängige Erlaubnis des Beleidigten, für einen bestimmten Fall sich beschimpfen zu lassen, verstößt gegen die guten Sitten. Auch sonst ist für den Grundsatz „*volenti non fit iniuria*" nur die Einwilligung des Verletzten bei der Tat selbst maßgebend (Bay **32**, 13). Ein Irrtum des Täters über die Voraussetzungen einer wirksamen Einwilligung ist Tatbestandsirrtum; die Meinung, jede Einwilligung schließe die Beleidigung aus, ist Verbotsirrtum. Wegen des **Wahrheitsbeweises** vgl. 1 zu § 190, 1 ff. zu § 192, 3 zu § 186.

E. Vollendet ist die Beleidigung, sobald sie mit Willen des Täters zur 15 Kenntnis des Beleidigten oder eines anderen kommt (RG **48**, 62), der die Äußerung als Beleidigung auffaßt (BGH **9**, 17), auch wenn sie nicht für ihn bestimmt war; die bloße Aufgabe zur Post genügt nicht (RG **41**, 64). Die bloße Sinnesänderung (ohne Verhütung des Erfolges) des Täters zwischen Absendung und Ankunft des Briefes macht ihn nicht straffrei (RG **57**, 193).

2) Täter ist der vorsätzlich Kundgebende. Die Benutzung eines Dritten, 16 der den Sinn nicht versteht, ist mittelbare Täterschaft; andererseits wird der den beleidigenden Inhalt kennende Überbringer, falls er weiß, daß der Schreiber geisteskrank ist, zum Selbsttäter.

3) Beleidigungsfähig ist A. jeder Mensch, auch ein Kind oder ein Gei- 17 steskranker (BGH **7**, 129); ein Verstorbener jedoch nur im Umfang des § 189; vgl. dort.

B. eine **Personengemeinschaft** (juristische Personen, nichtrechtsfähige 18 Vereine; aM Fischer JZ **90**, 68) mit rechtlich anerkannter sozialer Aufgabenzuweisung (BGH **6**, 186; hM; SchSch 3 vor § 185 mwN); aus § 194 folgt das für **Behörden**, so auch für die B*Wehr* (vgl. § 194 III; BGH **36**, 88 [m. Anm. Arzt JZ **89**, 467; Otto JK 7]; Hamm NZWehrr. **77**, 70 m. Anm. Hennings; Frankfurt NJW **89**, 1367 [m. Anm. Dau NStZ **89**, 361; Maiwald JR **89**, 485], **91**, 2032 u. LG Frankfurt NJW **88**, 2683 u. StV **90**, 73 [vgl. hierzu 14c zu § 193]; AG Regensburg NZWehrr. **82**, 111; Dau NJW **88**, 2652 mwN; vgl. 4 zu § 130) und politischen Körperschaften (§ 194 IV), weil sie Träger staatlicher Aufgaben sind (RG **47**, 63; KG JR **80**, 291 m. Anm. Volk; vgl. hierzu auch Arzt JuS **82**, 727; Geppert Jura **83**, 536, 663; Gössel BT 1 § 29, 12; Tenckhoff JuS **88**, 458; zusf. krit., aber abl. Giehring StV **92**, 195; ferner Fischer JZ **90**, 68; Brackert JA **91**, 193); realitäts- und rechtsfremd und in den Konsequenzen absurd Findeisen u. a. (ZRP **91**, 245), die im Hinblick auf das „Menschenrecht auf Meinungsfreiheit" den strafrechtlichen Ehrenschutz als „vordemokratisches Recht" bezeichnen (treffend hiergegen Küpper ZRP **91**, 249).

C. Andere Personengemeinschaften wie eine Ortskrankenkasse; die 20 deutsche Anwaltschaft (LG Ravensburg JW **37**, 181; nach AG Hamburg JW **36**, 751 und LG Hannover NJW **48**, 349 nur Kollektivbeleidigung).

D. Problematisch ist die Beleidigungsfähigkeit bei **privaten Vereinen** 21 und juristischen Personen, insbesondere Personenhandlungsgesellschaften (vgl. M-Maiwald § 24, 17; SchSch 3 vor § 185); die hM erkennt sie nach den Kriterien oben 18 zB auch einer Kapitalgesellschaft zu, zB einer Verleger-GmbH; oder einer Gewerkschaft (NJW **71**, 1655; ebenso Koblenz OLGSt. 3 zu § 77; sehr str.); einer gemeinnützigen Wohnungsgenossen-

§ 185

schaft (Bay NStZ **83**, 126; aM zB Krug, Ehre und Beleidigungsfähigkeit von Verbänden, 1965; Hirsch [oben 1 a] 91 ff.; LK 19, SK 9 jeweils vor § 185; vgl. auch J. Rotz, Der strafrechtliche Schutz der Ehre von Personenmehrheiten, 1974; Stuttgart NJW **76**, 630).

22   E. Mehrere Einzelpersonen und Angehörige einer Personenmehrheit können unter einer **Kollektivbezeichnung** (hierzu SchSch 5 ff. vor § 185; Geppert Jura **83**, 538; Tenckhoff JuS **88**, 459) beleidigt werden, falls nur die Beziehung der Mißachtung auf sie erkennbar und der Täter sich dessen bewußt ist (RG **52**, 160); er braucht den einzelnen Beleidigten nicht zu kennen. Doch muß es sich um eine nach äußeren Kennzeichen abgegrenzte Mehrheit handeln (Bay NJW **53**, 555). Dabei kann eine Mehrheit von Personen in ihrer Gesamtheit durch eine Äußerung verletzt werden, die der Täter ihrer Aufmachung nach auf nur eine einzige, aber nicht näher bestimmte Person dieser Gesellschaft abstellt, wenn sich der Täter vorstellt, daß der Verdacht auf alle Mitglieder der Personengesamtheit bezogen wird (BGH **14**, 48; **19**, 235). Die Zugehörigkeit des einzelnen zu den Betroffenen muß erweislich sein (RG **7**, 169), so daß ausscheidet, wer vom Täter ersichtlich ausgenommen wird. Dieses Ausnehmen kann auch aus den Umständen folgen. So, wenn der Täter einen solch großen Kreis wählt, daß er offenbar nicht alle Mitglieder gemeint hat (RG JW **32**, 3113). Doch genügt sein Wissen und Einverständnis, daß seine Äußerung auf alle Angehörigen des Kreises bezogen werden kann (RG **7**, 169); es ist also nicht erforderlich, daß der Täter alle Angehörigen des Kreises ohne jede Ausnahme gemeint haben muß (aM Bay **14**, 329). Doch müssen die verletzten Personen erkennbar sein (BGH **2**, 39; **11**, 208; Frankfurt NJW **89**, 1367; KG JR **90**, 124). Beispiele aus der ziemlich weitgehenden Praxis. **Ausreichend:** der deutsche Richterstand (R **1**, 292); die deutschen Ärzte (RG JW **32**, 3113); die Gesamtheit aller Patentanwälte (Bay NJW **53**, 554 mit abl. Anm. Bokkelmann); alle Deutschen der Grenzmark (RG **31**, 185); die Großgrundbesitzer (RG **33**, 46); alle Kriminalbeamten, die zu einer bestimmten Zeit in einem Ort Dienst taten (RG **45**, 138); die Polizei, wenn aus dem Sinn erkennbar ist, daß eine örtlich und persönlich abgrenzbare Gruppe gemeint ist (Frankfurt NJW **77**, 1353 [hierzu krit. H. Wagner JuS **78**, 674]; Bay NStZ **88**, 365 m. Anm. Volk JR **89**, 74; Geppert JK 6: an einer polizeilichen Schauveranstaltung teilnehmende Beamte); NJW **90**, 922 [m. krit. Anm. Th. M. Seibert StV **90**, 212]; KG JR **90**, 124 [durch ihre Ausrüstung gekennzeichnete, in Demonstrationen eingesetzte Polizeibeamte]; Köln OLGSt. 2 zu § 90a und 12 zu § 186; vgl. Schleswig SchlHA **84**, 86 u. KG aaO [Aufkleber]; zu weitgehend Düsseldorf [5. StS] MDR **81**, 868); die Angehörigen der „GSG 9" (Köln OLGSt. 35); alle im aktiven Dienst befindlichen [nicht aber alle ehemaligen] Soldaten (BGH **36**, 87 m. krit. Anm. Arzt JZ **89**, 647; Otto JK 7; Dau NStZ **89**, 362 u. NJW **88**, 2653; Maiwald JR **89**, 435); alle Geistlichen christlicher Religionen (RG GA Bd. **48**, 121); die deutschen Juden (NJW **52**, 1184), die Gesamtheit der jetzt in Deutschland lebenden Juden, die als solche von den Nationalsozialisten verfolgt wurden (BGH **11**, 207; NJW **63**, 2034; Hamburg MDR **81**, 71, krit. Arzt JuS **82**, 719, 727). Nach BGH **16**, 57 soll das auch gelten, wenn sich die Beleidigung auf das Judentum als Ganzes bezieht. Wer die natsoz. Judenmorde leugnet, beleidigt jeden Juden (BGHZ **75**, 160). **Nicht ausrei-**

Beleidigung § 185

chend „alle aktiv an der Entnazifizierung beteiligten Personen" (BGH 2, 38); die Polizei als solche (Düsseldorf [3. StS] JMBlNW 81, 95; Bay JZ 90, 348), auch nicht im Falle von Aufklebern mit herabsetzendem Inhalt ohne konkreten Personen- oder Sachbezug (Bay aaO), „die Christen" im Falle eines blasphemischen (§ 168) „Krippenspiels" (LG Köln MDR 89, 771); eine nicht genannte Zahl von Richtern eines sehr großen Gerichts (KG JR 78, 422, zw); mit der Behauptung, in der BRep. gebe es Polizeiterror und Polizeimorde, ist die „Nürnberger Polizei" nicht beleidigt (StV 82, 223) und gewiß nicht „ältere Frauen" durch die Verwendung des Begriffs „Altweibersommer" durch den deutschen Wetterdienst (LG Darmstadt NStE Nr. 16). Zur Problematik Lamprecht, Dolde ZRP 73, 215 217; H. Wagner JuS 78, 674; Giehring StV 92, 195. Ein GesE der Grünen (BT-Drs. 11/1040, 7) will § 185 in eine Ordnungswidrigkeit (!) umwandeln. Personengruppen sollen aufgrund ihrer Geschlechtszugehörigkeit beleidigungsfähig sein.

4) Der Vorsatz (bedingter genügt) muß das Bewußtsein umfassen, daß 23 die Äußerung nach ihrem objektiven Sinn eine Mißachtung darstellt (RG 65, 21; Bay NJW 57, 1607; 83, 2040; Köln OLGSt. 12; LK 39; weitergehend RG 63, 112), außerdem die Wahrnehmung durch den anderen. Eine besondere Beleidigungsabsicht *(animus injurandi)* wird nicht gefordert (NStZ 92, 34; Bay OLGSt. 5). Fahrlässige Beleidigung ist nicht strafbar; so, wenn der Schreiber den Brief, den er zerreißen wollte, versehentlich absendet. Ein Irrtum am Fernsprecher über die Person des Gegners *(error in Persona)* berührt den Vorsatz nicht (Bay JR 87, 431, m. Anm. Streng), anders jedoch wenn der Angesprochene den Irrtum des Täters erkennt und damit weiß, daß ein anderer gemeint ist (Bay aaO; Tenckhoff JuS 88, 793). Die fälschliche Annahme der Einwilligung kann Tatbestands- oder Verbotsirrtum sein (oben 14).

5) Tateinheit ist möglich mit § 113 (RG JW 28, 1456), mit §§ 31, 32, 36 WStG 24 (Celle NJW 61, 521), uU auch mit §§ 174 bis 174b, 176 bis 179 (BGH 35, 78; Düsseldorf GA 88, 473; SK 27; vgl. jedoch oben 9a). Zum Verhältnis zu § 182 vgl. dort 9; ferner SK 27. Hinter § 186 und § 187 (NStZ Nr. 6) tritt § 185 grundsätzlich zurück (BGH 6, 161; Bay 51, 417; Celle GA 60, 247; Stuttgart JZ 69, 1850; Köln OLGSt. 44; für ausnahmsloses Zurücktreten LK 30 vor § 185). Tateinheit ist hier nur möglich, wenn eine einheitliche Kundgebung der Behauptung ehrenrühriger Tatsachen und zugleich eine davon verschiedene formale Beleidigung enthält; desgl. wenn die beleidigende unter § 186 fallende Kundgebung nach dem Willen des Täters sowohl Dritten als auch dem Beleidigten selbst zugehen soll (BGH 6, 161; 12, 291; vgl. Tenckhoff JuS 88, 792). Doch genügt es nicht, wenn der Täter nur mit der Möglichkeit rechnet, daß der Verletzte Kenntnis erlangen werde (Celle GA 60, 247; BayNJW 62, 1120; 7 zu § 90b).

A. Werden in einem **einzigen Akt mehrere Personen** beleidigt, so liegt 25 gleichartige Tateinheit vor (RG 66, 1), bei mehrereren selbständigen Beleidigungen an verschiedenen Stellen eines Briefes oder einer Druckschrift jedoch Tatmehrheit (RG 62, 84; JW 35, 2961; LK 46), so daß auch nach Aburteilung der einen Stelle wegen der andern nochmals verurteilt werden kann (RG 21, 276; aM RG LZ 21, 272; SK 25). Ebenso kann, wer wegen Beleidigung das A freigesprochen ist, nachträglich nochmals verfolgt werden, wenn sich später herausstellt, daß sich die Beleidigung gegen B richtete (LK 30; aM RG 19, 149; vgl. 9 vor § 52).

B. Mit Körperverletzung (§ 223) kann **tätliche** Beleidigung in Idealkonkurrenz stehen (MDR/D 75, 196; LK 47).

§ 185

27 6) **Die Strafe** ist danach abgestuft, ob die Beleidigung eine tätliche ist. Zur Strafzumessung bei Angriffen auf die Geschlechtsehre BGH **8**, 357.

28 7) **Sonstige Vorschriften.** Die Verjährung solcher Tathandlungen, die Presseinhaltsdelikte sind, richtet sich nach den PresseG der Länder (8 zu § 78). Strafantrag § 194. Kompensation §§ 199, 233. Bekanntmachungsbefugnis § 200. Absehen von der Klageerhebung § 154e StPO (vgl. 19 zu § 164). Privatklage, Sühneversuch, Nebenklage § 374 I Nr. 2, §§ 380, 395 StPO.

Üble Nachrede

186 Wer in Beziehung auf einen anderen eine Tatsache behauptet oder verbreitet, welche denselben verächtlich zu machen oder in der öffentlichen Meinung herabzuwürdigen geeignet ist, wird, wenn nicht diese Tatsache erweislich wahr ist, mit Freiheitsstrafe bis zu einem Jahr oder mit Geldstrafe und, wenn die Tat öffentlich oder durch Verbreiten von Schriften (§ 11 Abs. 3) begangen ist, mit Freiheitsstrafe bis zu zwei Jahren oder mit Geldstrafe bestraft.

1 1) **Tatsachen** sind nicht nur alle Sachverhalte, die Gegenstand sinnlicher Wahrnehmung sein könnten, sondern auch innere Sachverhalte (wie Charaktereigenschaften, Beweggrund, Ziel), sobald sie zu äußeren Erscheinungen in Beziehung treten (MDR **51**, 404; vgl. auch 1ff. zu § 263; Engisch, Lange-FS 401). Den Gegensatz einer Tatsache bilden **Werturteile** und andere subjektive Wertungen, die bloße Meinungen ausdrücken, ohne daß sie durch Tatsachen belegt werden. Sie enthalten lediglich eine subjektive Meinung und fallen evtl. unter § 185 (zB Schurke, Düsseldorf NJW **48**, 386; OLGSt 7 [Nazi], Karlsruhe GA Bd. **69**, 206; Köln OLGSt. 28 zu § 185). Die **Grenze** zwischen Werturteil und Tatsachenbehauptung ist flüssig (hierzu Otto JR **83**, 5; Geppert Jura **83**, 541; Tenckhoff JuS **88**, 619; vgl. auch BVerfG **61**, 7 u. NJW **92**, 1440; 1443; StV **91**, 459) und Sache der tatsächlichen Feststellung (RG **67**, 269; Bay JZ **89**, 700; Koblenz OLGSt. 1 zu § 77; Celle NJW **88**, 353; Rasehorn JZ **77**, 674). Das gilt insbesondere für in Frageform (ggf durch rhetorische Fragen) gekleidete Aussagen (BVerfG NJW **92**, 1443). **Entscheidend** ist, ob dem Beweis zugängliche (BGHZ **3**, 273; **45**, 304) Fakten behauptet werden oder wenigstens die allgemeine Bezeichnung zu bestimmten Vorkommnissen in Beziehung gesetzt ist oder nicht (BGH **12**, 287); letzterenfalls ist § 185 anwendbar; sonst § 186, selbst wenn der Behauptung der Tatsache ein Schimpfwort beigefügt wird (Schleswig SchlHA **87**, 105). Sind beide Bestandteile gegeben, so entscheidet der überwiegende Teil (OGHSt. **2**, 310; BGH **6**, 162; NJW **52**, 1183; **55**, 311; **71**, 1656; Stuttgart JZ **69**, 78; Düsseldorf NJW **72**, 650; Hamm NJW **71**, 1852). Wenn Werturteile durch die Anführung bestimmter Tatsachen belegt werden, so trifft § 186 zu (BGH **12**, 287); auch in verschleierter Form kann die Tatsache behauptet werden (RG **41**, 286: „Haben's schon warm genug" als Behauptung der Tatsache des widernatürlichen Verkehrs). Ist dagegen das Werturteil die Hauptsache und wird es nur durch Tatsachen gestützt, die sich nicht auf Handlungen des Beleidigten beziehen, so trifft § 185 zu (RG **35**, 231); desgl. auch bei abweginger Bewertung eines ganz unverfänglichen Geschehens (NJW **55**, 311). So die Äußerung, „der schwört zehn Meineide" (Bay **12**, 177); ferner bei dem Vorwurf uneh-

Beleidigung **§ 186**

renhafter Beweggründe für politische Maßnahmen (BGH **6**, 357). Es kommt dann darauf an, ob ein Tatsachenkern zugrunde liegt oder nur stark wertende Äußerungen, vor allem politischer Art, gegeben sind (BGH **6**, 162); so die Bezeichnung eines Widerstandskämpfers als Landesverräter (NJW **52**, 1183; BGH **11**, 329); oder die Bezeichnung „alter Nazi" (Düsseldorf NJW **70**, 905; vgl. M-Maiwald § 25, 7; aber BVerfG NJW **92**, 2013). Maßgebend ist die objektive Bedeutung der Äußerung für die Adressaten, nicht der ihr vom Täter beigelegte Sinn (MDR/D **55**, 396; Bay NJW **57**, 1607; Hamm NJW **71**, 1852), es sei denn, daß der Äußernde eine abweichende Vorstellung erkennen läßt (BGH **8**, 326). Die Voraussage künftiger Ereignisse kann unter § 186 fallen, falls sie zugleich die Behauptung gegenwärtiger Tatsachen enthält (MDR/D **52**, 408).

2) **Der Wahrheitsbeweis.** Bei § 186 kann sich der Täter durch den Wahrheitsbeweis vor Strafe bewahren, bei § 185 idR nicht, RG **35**, 232 (anders SK-Rudolphi 23; Tenckhoff JuS **89**, 36), selbst wenn einer nach § 185 zu wertenden Gesamtäußerung Tatsachenbehauptungen eingefügt sind (Hamm NJW **61**, 1937, anders nur, falls die Beleidigung durch Behauptung einer ehrenrührigen Tatsache gegenüber dem Beleidigten selbst erfolgt, RG **64**, 11, vgl. 5); doch kann er auch hier für die Strafzumessung bedeutsam sein (RG JW **34**, 692; str). Wegen jenes Beweises vgl. 8 ff. und § 190. 3

3) **Tathandlung** ist das Behaupten (6) oder Verbreiten (7) nicht erweislich wahrer (8) Tatsachen, die zum Herabwürdigen oder Verächtlichmachen geeignet (13) sind. 4

A. In Beziehung auf einen anderen muß dies geschehen, dh der Beleidigte und der Empfänger der Mitteilung dürfen nicht personengleich sein (LK-Herdegen 1; Hirsch [oben 1a zu § 185] 147 ff.; str). Wird eine Tatsache iS des § 186 gegenüber dem Beleidigten selbst behauptet, so ist § 185 anwendbar (Bay NJW **59**, 57; Köln NJW **64**, 2121; Koblenz MDR **77**, 864; Schmid MDR **81**, 15; Tenckhoff JuS **88**, 621; hM). Dasselbe gilt, wenn jemand einen anderen dadurch kompromittiert, daß er unter dessen Namen ein bloßstellendes Inserat aufgibt, da in diesem Fall der für §§ 186, 187 erforderliche „Drittbezug" fehlt (NStZ **84**, 216; aM mit gewichtigen Argumenten Streng GA **85**, 214; krit. auch Otto JK 2 zu §§ 185 ff.; 16. 8. 1984, 1 StR 406/84). Daher muß bei Beleidigung einer Behörde iS des § 186 mit Willen des Täters eine Person davon Kenntnis erhalten, die nicht zur Behörde gehört (andernfalls nur § 185). Wegen der möglichen Idealkonkurrenz mit § 185 vgl. dort 24 ff. Die bloße Möglichkeit der Kenntnisnahme durch Dritte (bloßes Absenden der offenen Postkarte) genügt nicht (RG **41**, 64). 5

B. Behaupten heißt etwas als nach eigener Überzeugung richtig hinstellen, auch wenn man es von dritten Personen erfahren und nicht selbst gesehen hat (RG **38**, 368); unerheblich ist die Zufügung von einschränkenden Zusätzen, so „wie ich glaube", „wahrscheinlich". Selbst in versteckter Form kann die Behauptung erfolgen, so durch eine entsprechende Frage oder das Aussprechen eines Verdachts (RG **60**, 373; Braunschweig NJW **56**, 194; Celle NdsRpfl. **60**, 234; Hamm NJW **71**, 853; Koblenz OLGSt. 31zu § 185); durch eine öffentliche Untersuchung einer Person in einem Kaufhaus wegen Diebstahlverdachts (Hamm NJW **87**, 1034); durch bloße 6

§ 186

Schlußfolgerung (RG **67**, 270); auch zwischen den Zeilen kann behauptet werden (Köln NJW **63**, 1634); es kommt auf den objektiven Sinn an (RG **63**, 112; **65**, 1121). Zur Frage des Widerstreits zwischen Ehrenschutz und Art. 5 GG vgl. BVerfGE **43**, 130; **82**, 43, 50 u. 14b zu § 193). Für Tatsachenbehauptungen im vertraulichen Kreise gilt 11 zu § 185.

7   **C. Verbreiten** iS des § 186 (anders im Fall der Qualifikation, unten 19, und zB bei § 74 d, § 109 d; and. auch Streng GA **85**, 221) heißt eine Tatsache mitteilen, und zwar als von anderer Seite gehört, nicht als Gegenstand eigener Überzeugung (RG **38**, 368); eine öffentliche Mitteilung ist nicht erforderlich; eine solche an einen einzigen ist ausreichend (RG **55**, 277), und zwar auch dann, wenn er sie nicht weitergeben soll (Bay OLGSt. 5). Die Verbreitung eines bloßen Gerüchts als Gerücht genügt (RG **22**, 223); desgl. eine solche mit dem Zusatz, das Gerücht sei völlig unglaubwürdig (RG **38**, 368); oder: es habe sich nicht bestätigt (BGH **18**, 182; Hamm NJW **53**, 596; Hamburg NJW **67**, 213). Wer dem durch ihn mitgeteilten Gerüchte ernstlich entgegentritt, wird idR mindestens nicht rechtswidrig handeln (§ 193; aM SK 11; vgl. Hansen JR **74**, 406; Blei JA **74**, 818). Dies gilt vor allem, wenn die Presse, um die Öffentlichkeit angemessen unterrichten zu können, Gerüchte mitteilt, die sie als falsch bezeichnet. Kennt der Dritte das Gerücht schon, so scheidet § 186 aus, es sei denn, daß der Dritte mit Wissen des Täters in seinem Glauben an das Gehörte bestärkt wird (Neustadt MDR **62**, 235).

8   **D. Nicht erweislich wahr** muß die Tatsache sein. Die Strafbarkeit entfällt, falls die Tatsache als wahr erwiesen wird; vgl. 1 zu § 190. Nachforschungen nach dieser Wahrheit hat der Richter anzustellen (§ 155 II StPO); den Täter trifft *keine Beweisführungslast*, Tübingen DRZ **48**, 495 (str.), wohl aber belastet ihn das Mißlingen des Beweises. Daher liegt es in seinem Interesse, das Gericht zu unterstützen (Celle NJW **53**, 1764). Dann noch verbleibende Zweifel gehen zu seinen Lasten; es gilt hier nicht der Satz *in dubio pro reo* (MDR/D **54**, 335). Gleichgültig ist an sich, ob der Täter an die Wahrheit seiner Behauptung glaubt und warum der Wahrheitsbeweis mißlingt (Verlust eines Briefes; Tod eines Zeugen); doch kann sich daraus ein uU entschuldbarer Verbotsirrtum ergeben; sonst kann nur die Strafzumessung helfen.

9   **a)** Die **Identität** der behaupteten und der zu beweisenden Tatsache muß grundsätzlich gewahrt werden (VersR **63**, 943); auf Beweisanträge, die den Beleidigten aus anderen Gründen als unehrenhaft hinstellen wollen, ist nicht einzugehen (RG **64**, 286), sonst könnten schwere Mißstände erwachsen (MDR/D **55**, 269; vgl. RiStBV 230 und zur Aufnahme eines Indiskretionsdelikts vor § 201).

10   **b)** Der **Wahrheitsbeiweis** ist geführt, wenn der Tatsachenkern der Äußerung erwiesen ist (BGH **18**, 182; Tenckhoff JuS **89**, 38); unschädlich sind unbedeutende Übertreibungen (Hamm JMBlNW **58**, 112). Wegen Satire und Karikatur vgl. 8 zu § 185.

11   **c)** Eine **Umgehung** des Wahrheitsbeweises ist nicht durch die Erwägung möglich, daß ohne Rücksicht auf die Erweislichkeit Freisprechung nach § 193 oder Verurteilung nach § 192 zu erfolgen hätte (BGH **11**, 273). Diese ist im Interesse des Beleidigten erforderlich (RG **64**, 11), der einen Anspruch darauf hat, daß seine Ehre durch den Beweis der Unwahrheit wiederhergestellt wird.

Beleidigung § 186

d) **Nicht Tatbestandsmerkmal,** sondern objektive Bedingung der Straf- 12
barkeit ist die Unwahrheit oder Nichterweislichkeit der behaupteten Tatsache (aM zB Sax JZ 76, 81; 434) und die Beweisbarkeit Strafausschließungsgrund (BGH 11, 274; Hamm NJW 87, 1035;LK 36; Bockelmann BT/2 § 35
III 1e; Arzt JuS 82, 721; Geppert Jura 83, 583; Tenkhoff JuS 88, 622); daher
gehört zum Vorsatz nicht das Bewußtsein der Unwahrheit oder Nichterweislichkeit (Bay NJW 52, 396; LK 4; str.; aM Hirsch [1 a zu § 185], 152ff.,
der nur die vorsätzlich unwahre oder sorgfaltswidrige üble Nachrede erfassen will). Es kommt aber ein Verbotsirrtum in Betracht, vor allem, wenn
der Täter annehmen konnte, er werde seine Behauptung beweisen können
(Tod eines Zeugen; ebenso Sax JZ 76, 436; SK 15; aM Tenckhoff JuS 88,
622). Die Beweisregel des § 186 gilt nicht, wenn es in einem Falle des § 185
(vgl. oben 5) um den Beweis der Wahrheit geht (Bay NJW 59, 57; Köln NJW
64, 2121; Schmid MDR 81, 15; Gülzow Jura 83, 109; aM RG 64, 10; Hartung
NJW 59, 640; 65, 1743; Hirsch [1 a zu § 185] 204ff.; SK 4 zu § 185; Tenckhoff
JuS 89, 37).

E. **Geeignet sein** muß die Tatsache, den anderen **verächtlich zu machen** 13
(also den anderen als eine Person hinstellen, die ihren sittlichen Pflichten
nicht gerecht wird) oder in der öffentlichen Meinung **herabwürdigen,** dh
den Ruf des andern schmälern. Hierher gehört auch die Behauptung, ein
Kaufmann habe Konkurs gemacht, vgl. hierzu SK 7. Beim Herabwürdigen
ist erforderlich a) **In der öffentlichen Meinung** herabzuwürdigen, muß die 14
Tatsache geeignet sein, also in der Meinung eines größeren, nicht geschlossenen Teiles der Bevölkerung (SchSch-Lenckner 5; str). Wenn lediglich der
Behauptende ein unverfängliches Geschehen abwegig **bewertet,** so genügt
das nicht (KG JR 63 351; Koblenz OLGSt 10). b) **Die bloße Eignung** zu 15
Herabwürdigung genügt; daß diese eingetreten ist, wird nicht gefordert;
also abstraktes Gefährdungsdelikt (LK 10; SchSch 17; Hoyer 143). Die
Eignung fehlt bei der Behauptung, jemand sei Jude, sie kann aber nach ihrem
erkennbaren Sinn eine Mißachtung iSd des § 185 ausdrücken (BGH 8, 326).
Ähnliches gilt für Behauptungen wie, jemand sei impotent oder unfruchtbar
oder seine Eltern seien in einer psychiatrischen Anstalt gewesen.

F. **Rechtswidrig** muß die Tat sein. Hieran fehlt es zB bei der Zeugenaus- 16
sage; desgl. falls der Täter von einer dafür zuständigen Dienststelle eine
falsche Auskunft erhält; der bloße gute Glaube an die Wahrheit befreit aber
nicht (RG 73, 67; SK 17). Die Weitergabe einer ehrverletzenden Tatsache,
die dem Weitergeber von dem Beleidigten selbst mitgeteilt worden ist, kann
gerechtfertigt sein (KG NJW 55, 1368; Bockelmann JR 54, 329 nimmt
Ausschluß des Tatbestandes an). Ausschluß der Rechtswidrigkeit vor allem
in den Fällen des § 193; sowie nach Art. 5 III GG, der aber für Tatsachenbehauptungen nicht gilt (Stuttgart NJW 76, 628).

4) Der (zumindest bedingte) **Vorsatz** muß sich darauf beziehen, daß die 17
Tatsache ehrenrührig (13 ff.) ist, daß der Täter sie behauptet oder verbreitet
(Bay JZ 89, 700) und daß die Äußerung unmittelbar an eine dritte Person
gelangt; dazu genügt die Sendung an den Beleidigten, wenn der Täter dessen
Pflicht kennt, die Äußerung an einen Dritten weiterzugeben (RG 41, 61).
Die Kenntnis der Nichterweislichkeit ist nicht erforderlich, vgl. 12 **B. Das** 18
Aufrechterhalten der beleidigenden Tatsachenbehauptung in der Hauptverhandlung ist keine neue Beleidigung.

§ 186

BT Vierzehnter Abschnitt

19 5) **Qualifiziert** ist die Tat, wenn sie **öffentlich oder durch** Verbreitung von **Schriften,** Ton- oder Bildträger, Abbildungen oder Darstellungen (39 ff. zu § 11) begangen ist. Öffentlich ist (entsprechend 5 zu § 111) eine Beleidigung dann, wenn sie eine größere, nicht durch nähere Beziehungen zu einander verbundene Anzahl von Personen zur Kenntnis nehmen kann (RG **63**, 431); die bloße Öffentlichkeit des Ortes genügt nicht (RG **38**, 207), auch nicht ein großer, aber individuell bestimmter Personenkreis (Köln OLGSt 14). Bei einer öffentlichen Gerichtsverhandlung kommt es also darauf an, ob unbeteiligte Zuhörer anwesend sind (6. 12. 1968, 5 StR 472/68). Der **Vorsatz** des Täters muß die qualifizierte Form der Tatbegehung umfassen. Zum Begriff des Verbreitens, der ein anderer ist als der zu 7 (Bay OLGSt 5, vgl. 4 zu § 74 d).

20 6) **Gesetzeseinheit** besteht gegenüber § 185, der grundsätzlich hinter § 186 zurücktritt; vgl. 24 ff. zu § 185. Tateinheit ist möglich mit § 90 b (dort 7), sowie mit § 130, während § 186 hinter § 90 zurücktritt (dort 6).

21 7) **Sonstige Vorschriften** 28 zu § 185.

Verleumdung

187 Wer wider besseres Wissen in Beziehung auf einen anderen eine unwahre Tatsache behauptet oder verbreitet, welche denselben verächtlich zu machen oder in der öffentlichen Meinung herabzuwürdigen oder dessen Kredit zu gefährden geeignet ist, wird mit Freiheitsstrafe bis zu zwei Jahren oder mit Geldstrafe und, wenn die Tat öffentlich, in einer Versammlung oder durch Verbreiten von Schriften (§ 11 Abs. 3) begangen ist, mit Freiheitsstrafe bis zu fünf Jahren oder mit Geldstrafe bestraft.

1 1) **Eine unwahre Tatsache** muß der Täter behaupten oder verbreiten, und zugleich die Unwahrheit kennen. Dagegen geht es bei § 186 nur um eine nicht erweislich wahre Tatsache und der Täter wird bestraft, auch wenn er die Unerweislichkeit nicht kennt. Daß die Tatsache unwahr ist, muß bewiesen werden; desgl., daß der Täter wider besseres Wissen gehandelt hat; dafür genügt bedingter Vorsatz nicht. Gelingt der Beweis nicht, so kommt § 186 in Betracht. Der vom Täter beantragte Wahrheitsbeweis kann nicht deshalb abgelehnt werden, weil er Einzelheiten des von ihm behaupteten Vorgangs nachweislich unwahr dargestellt hat. Erst nach Erhebung des Beweises kann geprüft werden, ob dieses „mehr" für sich allein zur Verurteilung aus § 187 ausreicht.

2 2) **Auch die Kreditgefährdung** wird erfaßt. **Kredit** ist das Vertrauen, das jemand hinsichtlich der Erfüllung seiner vermögensrechtlichen Verbindlichkeiten genießt (LK-Herdegen 3). Auch gegen juristische Personen kann hier die Tat begangen werden; denn geschützt ist das Vermögen, nicht die Ehre, so daß die Behauptung nicht von kränkender Art zu sein braucht (RG **44**, 158; LK 3; SK-Rudolphi 9; Lampe, Oehler-FS 275 u. HWiStR „Geschäfts- und Kreditverleumdung", abw. SchSch-Lenckner 4; M-Maiwald § 25, 30 ff.). Es genügt die Eignung der Tatsache, den Kredit zu gefährden; die Gefährdung braucht aber nicht einzutreten.

3 3) zu den **sonstigen Tatbestandsmerkmalen** vgl. Anm. zu § 186.

Beleidigung **§ 187**

4) Der Vorsatz entspricht zunächst dem des § 186; vgl. dort 17f. Nur 4
muß hinsichtlich der *Unwahrheit der Tatsache* das *bestimmte* Wissen hinzukommen (Bay JZ **89**, 700; vgl. 1); die Absicht, zu beleidigen, ist nicht erforderlich.

5) Tateinheit mit § 185 ist unter den gleichen Voraussetzungen möglich wie 5
bei § 186 (vgl. 24ff. zu § 185; LK 6). Doch fällt die schärfere Kennzeichnung einer Tatsachenbehauptung durch Zufügung eines Schimpfwortes wie „Lump" nicht schon deshalb unter § 185. Fortsetzungszusammenhang zwischen einzelnen Handlungen gegen § 187 und anderen gegen § 186 ist unmöglich (RG JW **34**, 905). Doch ist Idealkonkurrenz mit § 186 denkbar, so wenn jemand einen Brief mit einem dem § 186 entsprechenden Inhalt unter dem Namen eines anderen abschickt, der damit verleumdet wird, den beleidigenden Brief geschrieben zu haben (RG GA Bd. **52**, 94), desgl. ist mit § 164 (dort 18) und § 184 Idealkonkurrenz denkbar (RG **29**, 54).

6) Die Strafe. Zur Qualifikation vgl. 19 zu § 186; doch ist hier auch der Fall 6
der Begehung in einer Versammlung (2 zu § 80a; 5 zu § 111) erfaßt.

7) Sonstige Vorschriften 28 zu § 185; ferner § 90 III. 7

Üble Nachrede und Verleumdung gegen Personen des politischen Lebens

187 a

ᴵWird gegen eine im politischen Leben des Volkes stehende Person öffentlich, in einer Versammlung oder durch Verbreiten von Schriften (§ 11 Abs. 3) eine üble Nachrede (§ 186) aus Beweggründen begangen, die mit der Stellung des Beleidigten im öffentlichen Leben zusammenhängen, und ist die Tat geeignet, sein öffentliches Wirken erheblich zu erschweren, so ist die Strafe Freiheitsstrafe von drei Monaten bis zu fünf Jahren.

ᴵᴵEine Verleumdung (§ 187) wird unter den gleichen Voraussetzungen mit Freiheitsstrafe von sechs Monaten bis zu fünf Jahren bestraft.

1) A. Die Vorschrift ist mit Art 3 I GG vereinbar, BVerfGE **4**, 352. 1
Schrifttum: *Hartung* JR **51**, 677.

B. Geschützte Personen sind nur im **politischen Leben** des Volkes ste- 2
hende Personen, nicht alle im öffentlichen Leben stehenden Verletzten, auch wenn sie das öffentliche Leben auf dem Gebiet der Weltanschauung, Wirtschaft, Wissenschaft oder der Kunst maßgebend beeinflussen. Doch schützt § 187a nicht nur Politiker, die in einer bestimmten Richtung tätig werden, sondern die Politiker der **Regierungsparteien** ebenso wie die der **Opposition**; auch Mitglieder der Landtage (NJW **52**, 194), und des BTags (BGH **3**, 74). Es genügt das Betrautsein mit politischen Aufgaben, die auch ein öffentliches Wirken mit sich bringen. In Betracht kommen der Bundespräsident, Ministerpräsident (Düsseldorf NJW **83**, 1212, hierzu Geppert JK 1), Richter des BVerfG, Bundes- und Länderrichter (§ 74a GVG), soweit sie politische Verfehlungen aburteilen (BGH **4**, 338), aber je nach der Art ihres Wirkens uU auch Geistliche, Journalisten, Gewerkschaftsführer, Vertreter von Verbänden usw.; aber nicht schon Kommunalpolitiker und Verwaltungsbeamte (Bay NJW **82**, 2511, SK-Rudolphi 3), wohl aber Landräte (aM Frankfurt NJW **81**, 1569), jedenfalls in Bayern, wo sie unmittelbar von den Kreisbürgern gewählt sind (Bay JZ **89**, 700), aber nicht Politiker des Auslandes.

§ 187a

3 2) **Die Handlung** kann eine üble **Nachrede** (§ 186) oder **Verleumdung** (§ 187), nicht aber eine einfache Beleidigung (§ 185) sein.

4 4. **Qualifikationsvoraussetzungen: Öffentliche** (vgl. 5 zu § 111) Begehung **oder** in einer nicht öffentlichen **Versammlung** (2 zu § 80a; 5 zu § 111), durch Verbreiten von Schriften, Ton- oder Bildträgern, Abbildungen oder Darstellungen (I); vgl. 39ff. zu § 11; 2, 3ff zu § 74d. **5** B. **Die Beweggründe** der Tat müssen mit der Stellung des Beleidigten im öffentlichen Leben zusammenhängen, doch brauchen Beweggründe und Ziele des Täters nicht politisch sein. So genügt es, wenn der Täter den Absatz seiner Zeitung durch eine Sensationsnachricht fördern möchte (BGH 4, 119).

6 C. **Die Tat muß geeignet sein,** das **öffentliche Wirken** des Verletzten durch Untergrabung des Vertrauens erheblich zu **erschweren**. Doch genügt die abstrakte Eignung; die Folge selbst braucht nicht eingetreten zu sein (MDR/H 80, 455; NStZ 81, 300L; vgl. Hoyer 146). So die Nachrede über einen Abgeordneten, er sei persönlich korrupt (BGH 3, 75). Nur der Inhalt der Behauptung entscheidet hier, nicht die Größe der Versammlung und die Bedeutung des Redners (NJW 54, 649).

7 3) **Täter sein** kann auch ein verantwortlicher Schriftleiter (Bay 53, 170; Hamburg NJW 53, 1766; Schleswig SchlHA 54, 63). Doch muß er selbst von den in § 187a angeführten Beweggründen geleitet sein; die Beweisvermutung nach den Vorschriften des LandespresseG (vgl. zB § 21 II LandespresseG NW) gilt insoweit nicht (BGH 9, 187).

8 4) **Vorsatz** ist erforderlich. Er muß sich darauf beziehen, daß der Täter öffentlich (5 zu § 111) handelt. Ferner muß sich der Täter der **Eignung** nach 6 bewußt sein, die Tat braucht nicht politisch motiviert zu sein, geschäftliche Beweggründe genügen, bedingter Vorsatz genügt (Bay 30. 3. 1989, RReg. 3 St 215/88 [nicht in Bay **89**, 50 mit abgedruckt]; Schmidt-Leichner NJW **51**, 860). Andernfalls gilt nur der mildere § 186 oder § 187.

9 5) **Konkurrenzen.** Mit § 90a ist **Tateinheit** möglich; ebenso mit § 90b (dort 6). Hinter § 90 tritt § 187a mit der Einschränkung des § 90 II zurück; BGH **16**, 338.

10 6) **Sonstige Vorschriften** 28 zu § 185.

11 7) Auf dem **Gebiet der früheren DDR** ist die Strafvorschrift des § 238 StGB-DDR idF des 6. StÄG/DDR über die Beeinträchtigung richterlicher Unabhängigkeit (abgedr. bei § 336) in Kraft geblieben (31 vor § 3). Sie schützt Richter und Schöffen u. a. auch gegen Beleidigungen und Verleumdungen.

§ 188 [Aufgehoben durch Art. 19 Nr. 78 EGStGB]

Verunglimpfung des Andenkens Verstorbener

189 Wer das Andenken eines Verstorbenen verunglimpft, wird mit Freiheitsstrafe bis zu zwei Jahren oder mit Geldstrafe bestraft.

1 1) **Die Vorschrift** idF der VO v. 29. 5. 1943 **schützt** das Pietätsempfinden der Angehörigen (nicht die Familienehre) und die über den Tod fortwirkende Menschenwürde (BT-Drs. 10/3358, 4; vgl. BVerfGE 30, 194). **Schrifttum:** *Rüping* GA **77**, 305; M-*Maiwald* § 25, 1; SK-*Rudolphi* 1; *Tenckhoff* JuS **88**, 201; *Tze-Lung Chen*, Die Verunglimpfung des Andenkens Verstorbener (§§ 189 und 194 II S. 2 StGB), 1986.

Beleidigung §189

A. Die Verunglimpfung des Andenkens eines Verstorbenen wird unter 2 Strafe gestellt; vgl. 2 zu § 90. Dazu wird eine Verleumdung (§ 187) immer, eine üble Nachrede (§ 186), wenn sie einiges Gewicht hat, und eine einfache Beleidigung (§ 185) nur dann ausreichen, falls sie unter besonders häßlichen Begleitumständen (Tatort, üble Schimpfworte) erfolgt (Bay JZ **51**, 786; NJW **88**, 2902; LG Göttingen NJW **79**, 1559; vgl. hierzu auch 9 aE zu § 185), § 187a scheidet aus. §§ 190, 192 sind mindestens entsprechend anwendbar. Auch durch **Gruppenbezeichnung** können Verstorbene verunglimpft werden (NJW **55**, 800; vgl. 22 zu § 185).

B. Die Beschränkung der Tatbestände der allgemeinen Beleidigung 3 durch § 189 setzt den Tod des Beleidigten vor der Beleidigung voraus. Der für tot Erklärte steht einem Toten gleich (LK-Herdegen 3; hM). Stirbt der Beleidigte nach der Tat, so ist kein Fall des § 189, sondern einer der §§ 185ff. gegeben; hat der Beleidigte keinen Strafantrag mehr stellen können, so gelten §§ 194 I S. 2, 77 II.

2) Der Irrtum über das Leben des Beleidigten hat für den Beleidiger 4 folgende **Wirkung**: Hält er ihn irrtümlich **für noch lebend**, so erfolgt Bestrafung nur, falls und soweit § 189 auf die Tat zutrifft (Verunglimpfung des Andenkens). Hält er ihn irrtümlich für tot, so kommt ihm insoweit § 16 II zugute, so daß der höhere Strafrahmen des § 187 2. Alt. ausscheidet (str.; aM SchSch-Lenckner 3; vgl. LK-Herdegen 4; SK 7; Bockelmann BT/2 § 35 VII).

3) Sonstige Vorschriften. Presseinhaltsdelikte 8 zu § 78; Strafantrag 4 zu 5 § 194, Bekanntmachungsbefugnis § 200; Privatklage, Sühneversuch, Nebenklage §§ 374, 380, 395 StPO.

Wahrheitsbeweis durch Strafurteil

190 Ist die behauptete oder verbreitete Tatsache eine Straftat, so ist der Beweis der Wahrheit als erbracht anzusehen, wenn der Beleidigte wegen dieser Tat rechtskräftig verurteilt worden ist. Der Beweis der Wahrheit ist dagegen ausgeschlossen, wenn der Beleidigte vor der Behauptung oder Verbreitung rechtskräftig freigesprochen worden ist.

1) Der Wahrheitsbeweis (8ff. zu § 186) erfordert die Identität der behaupte- 1 ten und bewiesenen Tatsache (RG **64**, 286); es genügt. daß die Behauptung im wesentlichen als richtig erwiesen wird (RG **55**, 133; vgl. 10 zu § 186). **Möglich** ist der Wahrheitsbeweis jedenfalls für §§ 186, 187 und 190. Ob auch für § 185, ist streitig, aber zu bejahen (Bay JW **31**, 1619; so die Behauptung einer ehrenrührigen Tatsache gegenüber dem Beleidigten selbst (Bay NJW **61**, 85, vgl. 5 zu § 186); aber auch in sonstigen Fällen, in denen eine Formalbeleidigung mit einer Tatsachenbehauptung zusammenhängt; jedenfalls schon wegen des Strafmaßes (RG **35**, 232; **64**, 11), während Hamm NJW **61**, 1937 den Wahrheitsbeweis bei unselbständigen Tatsachenbehauptungen versagen will (vgl. auch BGH **6**, 162; **11**, 331).

2) Eine Beschränkung der freien Beweisführung gegenüber § 261 StPO 2 enthält § 190 für die §§ 186ff., aber auch für § 185 für den Fall, daß die Tatsache eine **Straftat** darstellt. Ordnungswidrigkeiten oder Dienstvergehen scheiden aus. Die freie Beweiswürdigung wird in doppelter Hinsicht beschränkt.

A. Als erbracht anzusehen ist der Wahrheitsbeweis, wenn der Beleidigte 3 wegen dieser Tat **rechtskräftig verurteilt** worden ist, egal, ob vor oder nach

1115

§ 190

der Behauptung, ob durch Urteil oder Strafbefehl. Eine Verurteilung liegt auch trotz Straffreierklärung nach §§ 199, 233 sowie in den Fällen des Absehens von Strafe (7 zu § 23) vor. Bei Wiederaufnahme des Verfahrens beseitigt der Wiederaufnahmebeschluß nach § 370 II StPO die Rechtskraft (RG **76**, 48). Die Tilgung der Eintragung über die Verurteilung im Zentralregister ändert an der Beweiswirkung nach S. 1 nichts (vgl. § 51 II BZRG; BT-Drs. VI/1550, 22; Götz, BZRG 23 zu § 49; Stadie DRiZ **72**, 349; LK-Herdegen 7; Lackner 2; SchSch-Lenckner 3; SK-Rudolphi 5; aM Dähn JZ **73**, 51).

4   B. Ausgeschlossen ist der Beweis der Wahrheit, wenn der Beleidigte wegen dieser Tat vor der Behauptung oder Verbreitung rechtskräftig freigesprochen worden ist. Die Rechtskraft muß hier also vor der Behauptung eingetreten sein; bei der Wiederaufnahme des Verfahrens ist auch hier der Beschluß nach § 370 II StPO maßgebend, vgl. zu 3. Das Urteil muß das Nichtbegehen oder die Schuldlosigkeit feststellen oder insoweit zum Freispruch mangels Beweisen kommen (Helle GA **61**, 168; aM Tenckhoff JuS **89**, 37); die Einstellung wegen Verjährung, Amnestie, fehlenden Strafantrags, Rücktritts vom Versuch sowie die Straffreierklärung nach §§ 199, 233 sind nicht als Freispruch anzusehen, LK 8. Die Einstellung des Verfahrens wegen Mangels an Beweisen steht dem Wahrheitsbeweis nicht entgegen. Weiß der Beleidiger, daß der Beleidigte freigesprochen ist, so kann er sich in aller Regel nicht auf § 193 berufen (SK 6; zu eng Helle GA **61**, 166).

§ 191 [Aufgehoben durch Art. 19 Nr. 81 EDStGB; vgl. § 154e StPO]

Beleidigung trotz Wahrheitsbeweises

192 Der Beweis der Wahrheit der behaupteten oder verbreiteten Tatsache schließt die Bestrafung nach § 185 nicht aus, wenn das Vorhandensein einer Beleidigung aus der Form der Behauptung oder Verbreitung oder aus den Umständen, unter welchen sie geschah, hervorgeht.

1   1) Die Vorschrift gilt für die §§ 186, 187, aber auch (vgl. 1 zu § 190) für § 185 (LK-Herdegen 1). In den Fällen des § 189 ist § 185 und damit § 192 nicht unmittelbar anwendbar; doch ist Bestrafung wegen Verunglimpfung nach § 189 trotz Wahrheitsbeweises möglich (vgl. Bay NJW **59**, 58). § 192 verbietet die Behauptung oder Verbreitung in einer herabsetzenden Weise (Bay NJW **59**, 57).

2   A. Zur Beleidigung werden kann die Kundgebung entweder durch **a) die**
3 Form der Behauptung; so die Benutzung von Schimpfworten; die tendenziöse
4 Zusammenstellung der Behauptungen (Tenckhoff JuS **89**, 39) oder **b) die Umstände.** So bei Veröffentlichung der wahren Tatsache in der Presse (Bay **12**, 266; vgl. auch Frankfurt NJW **48**, 226), insbesondere, wenn es sich um Vorfälle der Intimsphäre handelt und § 193 ausscheidet. Zur Frage, ob Formulierungen in 31). Sie schützt Richter unddn Urteilsgründen den Tatbestand der Beleidigung erfüllen (Oldenburg NdsRpfl. **81**, 88). Für die Beurteilung maßgebend sind Persönlichkeit und Fähigkeiten des Täters.

5   B. Der Wahrheitsbeweis (8 ff. zu § 186; 1 zur § 190) muß zunächst erhoben werden, ehe die Prüfung erfolgen kann, ob die Form beleidigend oder auf Grund von § 193 freizusprechen ist (BGH **11**, 273; Hamm JMBlNW **53**, 139); unzulässig ist es, unter Wahrunterstellung der behaupteten Tatsache auszuführen, jedenfalls treffe § 185 zu (BGH **27**, 290).

Beleidigung § 192

C. Der Vorsatz des Täters muß sich im Falle 4 darauf erstrecken, daß Form 6
und Umstände der Kundgebung trotz des Wahrheitsbeweises ehrverletzend sind
(Bay **20**, 108).

2) **Die Absicht** der Beleidigung iS des zielgerichteten Handelns braucht 7
nicht vorzuliegen; daß die Form der Kundgebung und die Umstände nur ein
Beweisgrund für die Absicht der Beleidigung seien (RG **64**, 14; LK **5**; M-Maiwald § 26, 21), läßt sich dem Gesetz nicht entnehmen und würde den Beleidigungsschutz zu sehr einschränken. Form und Umstände allein setzen die
Grenzen, innerhalb deren es erlaubt ist, straflos ehrenrührige Wahrheiten zu
sagen (RG **60**, 335; LK 4 ff.; Lackner 3; Blei BT § 27 III; Hirsch [1 a zu § 185]
217; Oppe MDR **62**, 947). Daher scheidet auch § 193 aus, wenn § 192 gegeben
ist (RG JW **32**, 409; aM Braunschweig NJW **52**, 237).

Wahrnehmung berechtigter Interessen

193 Tadelnde Urteile über wissenschaftliche, künstlerische oder gewerbliche Leistungen, desgleichen Äußerungen, welche zur
Ausführung oder Verteidigung von Rechten oder zur Wahrnehmung
berechtigter Interessen gemacht werden, sowie Vorhaltungen und Rügen der Vorgesetzten gegen ihre Untergebenen, dienstliche Anzeigen
oder Urteile von seiten eines Beamten und ähnliche Fälle sind nur insofern strafbar, als das Vorhandensein einer Beleidigung aus der Form der
Äußerung oder aus den Umständen, unter welchen sie geschah, hervorgeht.

1) **Rechtswidrig** muß die Beleidigung sein, um strafbar zu sein. Hieran fehlt 1
es zB bei Notwehr (§ 32), beim Züchtigungsrecht, bei der Parlamentsberichterstattung (§ 37; Art 42 III GG). **§ 193** bringt **weitere Rechtfertigungsgründe**
(Roxin § 18, 33). Die (seit 1871 unverändert gebliebene) Fassung des § 193 steht
dem nicht entgegen. Denn der Gesetzgeber unterscheidet erst seit den durch die
Strafrechtsreform veranlaßten Gesetzesänderungen im Sprachgebrauch zwischen
Rechtfertigungsgründen (zB §§ 32, 34), Schuldausschließungs- (zB §§ 17, 20,
35), Strafausschließungs- (zB §§ 36, 173 III, 258 VI) und Strafaufhebungsgründen
(zB §§ 14, 31), was Bernsmann (ArbuR **89**, 12) und wohl auch Eser (R. Schmitt-FS 177) verkennen. In den Fällen von unten 8 ff. ist jedoch nicht immer ganz
zweifelsfrei (vgl. Westermann JZ **69**, 311; Roeder, Heinitz-FS 229), ob nicht
lediglich ein Schuldausschließungsgrund gegeben ist. § 193 sichert den Schutz
berechtigter Interessen; ein Handeln zu diesem Schutze gibt Befugnis, das fremde
Rechtsgut der Ehre zu verletzen; dieses Recht verleiht § 193, so daß die Rechtswidrigkeit fehlt, BGH **18**, 184. Im Grunde handelt es sich um einen Fall erlaubten
Risikos (Gallas, Welzel; aM SK-Rudolphi 1; Preuss [unten 1 a] 220), das sich aus
dem Grundrecht der freien Meinungsäußerung ableitet (BVerfGE **12**, 113; BGH
12, 293; abl. Erdsiek aaO; gegen ihn Eike Schmidt JZ **70**, 8).

Schrifttum: *Eser,* Wahrnehmung berechtigter Interessen als allgemeiner
Rechtfertigungsgrund, 1969; *Groß* DVBl. **79**, 833; *Günther* 309 ff. (gegen ihn
H. J. *Hirsch,* UniKöln-FS 412); *Helle* NJW **64**, 841; *Lenckner,* Noll-GedS 243;
Preuß, Untersuchungen zum erlaubten Risiko, 1974; *Seibert* MDR **51**, 709; *Karlheinz Schmid,* Freiheit der Meinungsäußerung und strafrechtlicher Ehrenschutz,
1972; *Günther,* Spendel-FS 196.

2) **Voraussetzung** für die Anwendung des § 193 ist das Vorliegen einer 2
Beleidigung nach der äußeren *und* inneren Tatseite (Bay NJW **83**, 2041;
Köln NJW **64**, 2121; Frankfurt NJW **89**, 1367; Maiwald JR **89**, 487; gegen
diese hM mit beachtlicher Argumentation Graul (NStZ **91**, 457), die eine

§ 193

den § 193 vorgehende Feststellung des *inneren* Tatbestandes des § 185 oder § 186 nicht für erforderlich hält). Ist der Wahrheitsbeweis erbracht und fehlt es an einer Beleidigung, so scheidet § 193 aus; er darf daher erst nach Prüfung und Scheitern des Wahrheitsbeweises angewendet werden (BGH **4**, 198; **7**, 392; **11**, 273).

3   A. Alle Arten der Beleidigung des 14. Abschnitts kommen in Frage, soweit durch den Inhalt der Äußerung und nicht durch ihre Form beleidigt wird (RG **60**, 335; KG JR **88**, 522). Für § 186 ist dies zweifellos, so insbesondere bei einer falschen Strafanzeige, die in gutem Glauben gemacht ist (vgl. unten 15). Das gleiche gilt für wörtliche Beleidigungen nach § 185 (Bay **20**, 115; aM BGH MDR **53**, 401, es sei denn, daß sie rein formal sind, vgl. den Schluß des § 193, RG **60**, 335); aber auch **für tätliche** Beleidigung (Bay **2**, 379; Frank II; Olshausen 9; str.); ebenso für § 187a (vgl. BGH **3**, 75), § 189 (Verunglimpfung!). Zweifelhaft ist die Anwendbarkeit des § 193 für § 187; sie ist nur für ganz seltene Ausnahmefälle (Bay 30. 3. 1989, RReg. 3 St 215/88 [in Bay **89**, 50 nicht mitabgedruckt]) bei nicht angriffsweisem Vorgehen zu bejahen (BGH **14**, 48; NJW **52**, 194; 18. 2. 1964, 1 StR 572/63; LK-Herdegen 5 zu § 187; Arzt/Weber LH **1**, 453; Geppert Jura **83**, 582; **85**, 28; Tenckhoff JuS 89, 199; aM SK 6 zu § 187, der § 34 anwenden will); insbesondere zugunsten des Angeklagten, der zu seiner Verteidigung andere verleumdet (vgl. aber Dähn JR **79**, 139). Nur darf er nicht darauf ausgehen, gegen einen Unschuldigen ein Straf- oder ein Disziplinarverfahren herbeizuführen (zB gegen einen Belastungszeugen, RG **58**, 39; vgl. auch 3ff. zu § 164). Dagegen darf er zum Zwecke der Verteidigung eine Tatsache **leugnen**, auch wenn er hierdurch zugleich eine Beleidigung ausspricht (RG **48**, 415); so wenn er die Aussage eines Zeugen als unwahr bezeichnet; für **angriffsweises** Vorgehen im Wege des § 187 versagt der Schutz des § 193 (Hamm NJW **71**, 853). Äußert der Täter einen ehrenrührigen Verdacht gegen sämtliche Mirglieder einer Gruppe, obwohl er Verdacht nur gegen einzelne bestimmte Mitglieder hat, so kann er sich nicht auf § 193 berufen (NJW **60**, 779).

4   B. Auf andere strafbare Handlungen findet § 193 keine Anwendung (vgl.; Geppert Jura **85**, 28; Tenckhoff JuS **89**, 199; Krey BT 1, 376; aM LK-Jähnke 82 zu § 203). So gilt § 193 *nicht* bei §§ 123, 303 (Stuttgart NStZ **87**, 122, hierzu Otto JK 1, Lenckner JuS **88**, 351) und bei § 12 UWG; bei § 164 (RG **31**, 66, zw.; Lenckner, Noll-GedS 243; vgl. 17 zu § 164). § 193 entfällt idR, wenn der Täter seine Tat mit strafbaren Mitteln (Urkundenfälschung) ausführt (RG **50**, 56).

5   C. Von Amts wegen hat der Richter zu prüfen und darzulegen, ob die Voraussetzungen des § 193 vorliegen.

6   3) Tadelnde Urteile über wissenschaftliche, künstlerische oder gewerbliche Leistungen. Die rein sachliche Kritik wäre schon an sich nicht tatbestandsmäßig; dies wird durch § 193 ausgedehnt auf Angriffe gegen die Persönlichkeit wegen der Leistungen. Auch gerichtliche Urteile können wissenschaftliche Leistungen sein, trotz ihrer Natur als hoheitlicher Akt (SK 6; hM). Wegen „ähnlicher Fälle" vgl. 19.

7   4) Äußerungen zur Ausführung oder Verteidigung von Rechten; sie nähern sich oft den Fällen zu 6. Hierher gehört die Geltendmachung von

Beleidigung § 193

Rechten durch Klagen, Einlegung von Rechtsmitteln, Rechtssicherung, Vergleichsvorschläge usw. (vgl. JZ **62**, 487; RGZ **140**, 398; Bay JR **53**, 192; **56**, 13; BVerfG NStE Nr. 6, 8). Die Verteidigung erfordert einen (mindestens erwarteten) Angriff. Der Adressat der Rechtswahrung kann ein anderer sein als die beleidigte Person; so, wenn im Unterhaltsprozeß des nichtehelichen Kindes der Beklagte den Ehemann Müller als Zeugen für dessen Verkehr mit der Mündelmutter benennt (Bay **11**, 295; vgl. Celle NJW **61**, 231 u. NStE Nr. 7).

5) Äußerungen zur Wahrnehmung berechtigter Interessen; dh rechtlich anerkannter (RG **15**, 17). Hier liegt auf der Grundlage eines erlaubten Risikos ein Fall des der Lösung von Interessenkollisionen dienenden Grundsatzes der **Güter- und Pflichtenabwägung** vor (RG **65**, 427; **66**, 2; MDR/D **53**, 408; LK 3). Die einander gegenüberstehenden *konkreten* Interessen (nicht die abstrakten Rechtsgüter!) sind gegeneinander abzuwägen (Frankfurt NJW **91**, 2032 m. Anm. Brammsen JR **92**, 83), nämlich das Interesse des Beleidigenden, das durch § 193 geschützt werden soll, und das Interesse am Schutze der Ehre des anderen (BGH **18**, 182). Hiernach ist zu entscheiden, ob das vom Beleidiger verfolgte Interesse, das ein öffentliches oder privates sein kann, höher oder mindestens ebenso hoch zu bewerten ist (aM Gössel BT 1 § 34, 10; LK 17) wie das Interesse des anderen an Vermeidung der konkreten Ehrverletzung. Die Ehrverletzung muß nach den konkreten Umständen das erforderliche und angemessene Mittel zur Wahrnehmung des Interesses sein; danach trifft den Täter eine nach den Umständen mehr oder weniger weit gehende **Informationspflicht** (BGH **14**, 51; SK 24; aM Roxin § 18, 45); bei **leichtfertigen** (ohne vorhergegangene dem Täter mögliche, Hamm NJW **54**, 441, sorgfältige Erkundigungen) Beleidigungen auf haltlose Vermutungen hin ist § 193 daher zu verneinen (MDR **53**, 401; Bay MDR **56**, 54; NJW **62**, 1120; Hamm NJW **87**, 1035; Celle NJW **88**, 354); zumal, wenn es sich um Beleidigungen in der Öffentlichkeit handelt (BGH **3**, 75; Stuttgart JZ **69**, 77); anders, falls der Täter eine unerwartete Frage zu beantworten hat (Hamm NJW **54**, 442); abgeschwächt auch in den Fällen von Petitionen, Düsseldorf NJW **72**, 652. Wer in der Erregung Tatsachen entstellt, kann leichtfertig handeln (MDR/D **54**, 335). Dem Täter, der trotz amtlicher Belehrung über die Unrichtigkeit beleidigender Behauptungen diese wiederholt, kommt § 193 nicht zustatten (Bay **49/51**, 421), es sei denn, daß er sich auf neue Umstände stützen kann (Hamm NJW **61**, 520; vgl. auch Lenckner, Noll-GedS 243).

A. Folgende allgemeine Grundsätze ergeben sich daraus:
a) Gegen das Recht oder gegen die gute Sitte darf die Interessenwahrung nicht verstoßen. Dies ist der Fall, wenn ein anderer bewußt zu Unrecht zwecks Strafverfolgung angezeigt wird (RG **34**, 222); wenn ein Dritter beleidigt wird, damit der Täter im Strafprozeß eine bestimmte Tatsache beweisen kann (RG **74**, 261; Karlsruhe 7. 8. 1980, 1 Ss 153/80); wenn bloße Sensation erregt werden soll (RG **36**, 422); wenn der Täter durch die Tat lediglich seine wirtschaftliche Lage verbessern will (RG **38**, 251); wenn er den Gegner durch Aufdeckung seines Privatlebens unmöglich machen will (RG **40**, 101); wenn er durch Beleidigungen ein Strafverfahren gegen sich selbst herausfordert, um das Unrecht seiner früheren Verurteilung zu erweisen (MDR/D **56**, 10). Anders ist es, wenn die Ehefrau durch drastische

§ 193

Schilderungen des von ihrem Mann begangenen Ehebruchs dessen ehebrecherisches Verhältnis beenden möchte (Nürnberg FamRZ **65**, 274). Über leichtfertige Behauptungen vgl. 15 und oben 8.

10   b) **Eigene Interessen** muß der Täter wahren wollen. Es muß sich in erster Linie um **persönliche** Belange des Täters handeln; oder er muß ihnen so nahe stehen, daß es nach vernünftigem Ermessen gerechtfertigt erscheint, sich als ihr Verfechter aufzuwerfen, so bei naher Verwandtschaft, enger Freundschaft oder langjährigem Arbeitsverhältnis, Bay NJW **65**, 58; dabei kommt es auf die objektive Sachlage an. In einem Rechtsstreit ist im „Kampf ums Recht" auch die Behauptung ehrverletzender Tatsachen, soweit sie aus der Sicht des Äußernden prozeßerheblich sein können, erlaubt (BVerfG StV **91**, 459). Eigene Interessen wahrt auch, wer handelt zur Abwendung des Untergrabens der rechtsstaatlichen Grundlagen des eigenen Staates, NJW **56**, 799.

11   aa) **Mittelbare eigene Interessen** können für § 193 genügen; so bei Mitgliedschaft in einem abgegrenztem Personenkreis mit übersehbarer Zusammengehörigkeit (LK 19; SK 14); bei Zugehörigkeit zu einem Verein, einer Genossenschaft, einer Gemeinde; hier kann das einzelne Mitglied die gemeinsamen Interessen wahren. So haben Gemeindeangehörige ein Interesse daran, Zweifel an der Lauterkeit eines städtischen Polizeibeamten aufzuklären (RG **59**, 172); desgl. eines Bürgermeisters (Bay **55**, 158); die Gemeinderäte an den Gemeindeangelegenheiten (Bay NJW **56**, 354); desgl. alle Bürger an der Wahl eines geeigneten Beamten (Bay DRiZ **25**, Nr. 487); an der Tarifpolitik einer Straßenbahn (RG **64**, 10); ebenso gewerbliche Schutzverbände bezüglich des Schutzes ihrer Mitglieder gegen unlauteren Wettbewerb (RG **44**, 148). Ein Parteiangehöriger ist befugt zu einer Anzeige an die Partei über ein sie schädigendes Tun eines anderen Parteimitgliedes (KG JZ **53**, 91).

12   bb) **Allgemeine Interessen,** die jeden Staatsbürger oder doch größere, durch Religion, Politik und dergl. allgemeine Gesichtspunkte verbundene Gruppen von Staatsbürgern berühren und als berechtigtes Anliegen nahe angehen, genügen nach allgemeiner Auffassung (BVerfGE **12**, 130; BGHZ **31**, 308; BGH **12**, 287; **18**, 182; Celle NJW **53**, 1764; Hamburg NJW **54**, 1297; Düsseldorf NJW **72**, 650; Frankfurt NJW **77**, 1354; SK 15). Dies gilt vor allem auch für die Presse (vgl. unten 16), aber auch die Anzeige einer Dienstverfehlung eines Staatsbediensteten bei der vorgesetzten Dienstbehörde (Düsseldorf VRS **60**, 116).

13   cc) **Fremde Interessen eines einzelnen** dürfen nur wahrgenommen werden, wenn der Täter zu ihnen in nahen Beziehungen steht (RG **30**, 41). So kraft Amtes oder Berufes; zB als Vormund, Rechtsanwalt, sowie jeder mit der Interessenwahrung Beauftragte (RG **64**, 23); der Angestellte zur Aufklärung eines Werkdiebstahls (KG JR **50**, 418); dagegen nicht Mitteilung an einen fremden Interessenverband (Bund der Steuerzahler: Köln NJW **58**, 802). Auch der **Rechtsanwalt** bedarf eines besonderen Auftrags; sein Beruf allein berechtigt ihn nicht, fremde Interessen zu wahren (NJW **71**, 285). Zur Problematik auch Walchshöfer MDR **75**, 11; Krekeler AnwBl **76**, 190; Praml NJW **76**, 1967; Köln OLGSt. 11, 13 zu § 185; SchSch 20. Er darf nicht leichtfertig (ohne besondere Nachprüfung) für seinen Mandanten ehrkränkende Schlußfolgerungen tatsächlicher Art vortragen (Hamburg MDR **80**, 953 m. Anm. Molketin AnwBl. **81**, 76) oder von sich aus oder

Beleidigung § 193

auf Grund der Mitteilung eines Dritten die Gegenpartei oder einen Zeugen verdächtigen (Hamburg NJW **52**, 903; LG Berlin MDR **56**, 758; Hamm NJW **71**, 1850; LG Köln MDR **73**, 65); ggf aber bei einer Vernehmung einen Zeugen der Lüge bezichtigen (AG Frankfurt AnwBl. **77**, 170). Andererseits haftet der Mandant für leichtfertig wahrheitswidrige Behauptungen, die er seinen Rechtsanwalt vortragen läßt (Celle NJW **61**, 231; **91**, 1190 [hierzu Otto JK 2]; Hamm aaO; Krekeler NStZ **89**, 152). Polemische, selbst standeswidrige Interessenvertretung kann, soweit sie nicht völlig sachwidrig ist, iS von § 193 berechtigt sein (LG Frankfurt AnwBl. **77**, 169; LG Hechingen NJW **84**, 1766), ebenso übertreibende Bewertungen, wie „Wucher", „erpressen" (Köln NJW **79**, 1723; vgl. auch BVerfG StV **91**, 459), idR jedoch *nicht* im Falle der Verunglimpfung ermordeter Juden (EzSt § 189 Nr. 1); nach BGH NStZ **87**, 554 kann uU aber auch in diesen Fällen das rechtsstaatliche Gebot einer ungehinderten und damit wirksamen Verteidigung den Ehrenschutz zurücktreten lassen. Ist ein Rechtsanwalt selbst Angeklagter, so dürfen an ihn insoweit keine höheren Anforderungen gestellt werden als an andere Angeklagte (KG JR **88**, 523). Ausreichend zur Wahrung fremder Interessen kann auch sein: nahe Verwandtschaft (Bay **20**, 108); vertrauliche Mitteilung an einen anderen, um Gefahren von dessen Person oder Vermögen fernzuhalten (Celle GA **69**, 477). Daher gehören auch Auskunfteien hierher (RG **38**, 131); die Aufnahme in eine schwarze Liste dürfen sie nur androhen, wenn sie selbst glauben, der Schuldner zahle böswillig nicht (RG **37**, 104). Auch dürfen sie nicht leichtfertig ohne sachgemäße Prüfung Auskünfte erteilen (RG **63**, 204; Kassel JW **22**, 1467). **Der Angestellte,** vor allem der langjährige, kann die Interessen des Betriebsinhabers wahrnehmen (Braunschweig NJW **48**, 697).

c) Der Angriffsschwere angemessen muß die eigene Interessenwahrung 14 sein, also die entsprechenden Mittel anwenden. Das einzige Mittel zur Interessenwahrung braucht der Ehrenangriff nicht zu sein (str.); die Angemessenheit des Mittels genügt. Der Täter muß danach aber das schonendste wählen, das ihm nach den Umständen zuzumuten ist (vgl. BGHZ **3**, 270; **8**, 142; MDR **56**, 734; Schleswig SchlHA **78**, 185 Nr. 37; Köln OLGSt. 13 zu § 186; R. Weber, Faller-FS 448). Erforderlichenfalls sind auch scharfe Worte (Uhlitz NJW **67**, 129; Köln VRS **53**, 348; sehr weitgehend Hamm GA **74**, 62), insbesondere bei politischen Auseinandersetzungen (BVerfGE **42**, 171; StV **92**, 265; vgl. jedoch Karlsruhe MDR **78**, 421) und die Flucht in die Öffentlichkeit angezeigt (Braunschweig NdsRpfl. **48**, 90); sei es in die Presse oder sei es in einer öffentlichen Versammlung. Bei Wahlkämpfen ist im Falle von Werturteilen über Vorstellungen und Haltungen konkurrierender politischer Parteien und Gruppierungen ein robusterer Sprachgebrauch zulässig als bei Meinungsäußerungen über Personen (BVerfGE **69**, 270, krit. Schroeder NStZ **85**, 451): gesetzwidrige Zurückweisung des Werbespots einer kleineren Partei, die sich gegen die massenweise öffentlich finanzierte Abtreibung wendet). Bei der Antwort auf einen Presseangriff hängt es auch von dessen Art und Wirkung auf die öffentliche Meinungsbildung ab, inwieweit die Antwort durch § 193 gedeckt ist. Das in diesem Bereich anerkannte (BVerfGE **12**, 113, 132) **„Recht zum Gegen-** 14a **schlag"** (vgl. R. Weber, Faller-FS 449) setzt voraus, daß derjenige, gegen den er sich richtet, sich einer vergleichbaren Sprache bedient hat (BVerfGE

§ 193 BT Vierzehnter Abschnitt

75, 380). Ein Wahlkandidat muß es hinnehmen, daß ihn seine politischen Gegner im Wahlkampf charakterlicher Mängel bezichtigen, wenn er durch sein eigenes früheres Verhalten Anlaß zu solchen Vorwürfen gegeben hat (BGH 12, 297; vgl. weiter NJW 64, 1471; 65, 1476; 66, 1617; 71, 1655; AG München StV 81, 346; Otto JR 83, 7). Herabsetzende Äußerungen im öffentlichen Meinungskampf sind gerechtfertigt, wenn sie eine adäquate Reaktion auf einen vorausgegangenen entsprechenden Vorgang sind (BVerfGE 12, 113 [mit krit. Anm. Schmidt-Leichner NJW 61, 819]; 24, 286; BVerfG NStE § 186 Nr. 3; StV 91, 459; Bay NStZ 83, 1265; Köln NJW 77, 398; Hamm NJW 82, 1656 [*Staeck*-Fall; hierzu Otto JR 83, 5, 8; Würtenberger NJW 83, 1150; vgl. ferner Frankfurt NJW 84, 1130]; AG Nürnberg StV 82, 78; vgl. auch Schwinge MDR 73, 808; aber viel zu weitgehend Hamburg NJW 84, 1131 [m. abl. Anm. Otto JR 83, 511], wo in einem Schlüsselroman eine individuell erkennbare Person als „alte Ratte" und „mieser Kerl" bezeichnet wird, was auch aus der Kunstfreiheitsgarantie des Art. 5 III GG [10 zu § 131] nicht gerechtfertigt ist; hiergegen zutr. Otto aaO; Maiwald aaO [11 zu § 184], 73; Erhardt [1 a zu § 185] 194;

14b LK 8; vgl. auch KG NStZ 92, 386). Zu einer **bedenklichen Verkürzung des Ehrenschutzes** führt BVerfGE 61, 11, wenn im Wahlkampf auch für herabsetzende Äußerungen aus **Art. 5 I GG** die Vermutung der Zulässigkeit der freien Rede gefolgert wird, (mit Recht krit. Schmitt Glaeser JZ 83, 98 u. Dürig-FS 104; v. Decken NJW 83, 1402; vgl. auch unten 23; Otto JR 83, 11; 511); ebenso BVerfGE 67, 213, wo im Falle des *„Anachronistischen Zuges"* (vgl. auch AG Kempten NJW 85, 987) das Persönlichkeitsrecht zu stark hinter die Kunstfreiheitsgarantie zurücktritt (mit Recht krit. Otto NStZ 85, 213 u. NJW 86, 1210; hierzu Würkner NJW 88, 318; Erhardt [1a zu § 185] 34; Henschel NJW 90, 1938) vgl. auch Geppert JR 85, 432; sowie BVerfGE 82, 43 u. die nur iErg. zutr. Entscheidung BVerfGE 69, 271, krit. Schroeder NStZ 85, 451; vgl. auch BVerfG NJW 92, 1444 [ehrenrührige Fragen]; 2013 [„Nazi"]; StV 92, 265); gegen die Hinnahme von Abwertungsexzessen im politischen Meinungskampf auch Arzt JuS 82, 722; ferner Otto JR 83, 7; 513; Tettinger JZ 83, 317; Würtenberger NJW 83, 1146; Tenckhoff JuS 89, 201; Brammsen JR 92, 85). Diese Autoren bezweifeln mit Recht, ob in diesem Bereich überhaupt noch ein Ehrenschutz wirkt, und beklagen die auf diese Weise durch das BVerfG geförderte Verrohung der Umgangsformen im politischen Leben (vgl. aber auch Kübler JZ 84, 543). Insbesondere führt die zu enge und wenig lebensnahe Auslegung des Begriffs der Schmähung (unten 23b) durch das BVerfG (E 82, 51 u. 283 [„*Zwangsdemokrat Strauß*"] m. krit., iErg. zu wohlwollender Anm. Tettinger JZ 90, 727, zu einer – wie München (NStZ 92, 1323) deutlich macht – Beseitigung *jeglichen* (auch zivilrechtlichen) Ehrenschutzes gegenüber schwersten Kränkungen.

14c Ebensowenig ist durch Art. 5 I GG die Äußerung gedeckt *„jeder Soldat ist ein potentieller Mörder"* (Bay NJW 91, 1494; verfehlt insoweit LG Frankfurt NJW 88, 2683 u. NStZ 90, 233 m. zutr. Kritik von Brammsen), auch nicht, wenn sie aus pazifistischer Grundüberzeugung geschieht (Bay NJW 91, 1494 m. Anm. Brammsen JR 92, 82). Dasselbe gilt, wenn der Soldatenberuf mit dem eines *„Folterknechts"*, eines *„KZ-Aufsehers"* oder eines *„Henkers"* verglichen wird (vgl. BGH 36, 83). Zwar ist das Grundrecht auf freie Meinungsäußerung für eine freiheitlich demokratische Ordnung schlechthin konstituierend (BVerfGE **5**, 205), auch ist für den politischen Meinungskampf anerkannt, daß „angesichts der heutigen Reizüberflutung aller Art einprägsame, auch starke Formulierungen hinzunehmen" sind, sofern sie nach Sachlage „nicht unverhältnismäßig erscheinen" (BVerfGE **24**, 283). Unverhältnismäßig ist ein als *Schmähkritik* (unten 23 b) zu beurteilender (Bay NJW **91**, 1495, zust. Brammsen JR **92**, 85; Küpper ZRP **91**, 250; zu Unrecht hiergegen Giehring StV **92**, 201) Abwertungsexzeß, durch den ein ganzer Berufsstand als moralisch minderwertig charakterisiert wird, der eine gesetzliche Pflicht und den verfassungsmäßigen Auftrag der Landesverteidigung erfüllt (Art. 87 a GG; vgl. Maiwald JR **89**, 488; Brammsen NStZ **90**, 235), so daß die Abwertung zugleich *alle* staatlichen Instanzen und politischen Kräfte trifft, die diesen Auftrag mittragen (was Giehring aaO unberücksichtigt läßt). Bei der gebotenen Abwägung (oben 8) kann das Interesse *des Einzelnen* an der Äußerung seiner persönlichen Meinung nicht dem *Allgemeininteresse* an der wirksamen Landesverteidigung übergeordnet werden. Ein solches Privatinteresse an einer diffamierenden Äußerung kann auch um des öffentlichen Friedens willen (vgl. hierzu DRiZ **89**, 467; ferner Dau NJW **88**, 2650) nicht als *berechtigt* anerkannt werden (iErg. ebenso Zuck MDR **90**, 681). Schließlich dienen solche Abwertungsexzesse auch nicht dem äußeren Frieden, da die Freiheit gerade durch die Verteidigung der freiheitlichen Ordnung gewährleistet wird. Der Hinweis (Frankfurt NJW **89**, 1368), im „politischen Tageskampf" werde auch die Behauptung „Abtreibung ist Mord" hingenommen, liegt neben der Sache: es verbietet sich, die Erfüllung einer gesetzlichen Pflicht dem Verhalten derer gleichzusetzen, die straffrei, jedoch einem verfassungsrechtlichen Gebot zuwider (BVerfGE **39**, 1) menschliches Leben vernichten.

B. Besondere Fälle. a) Die Anzeige von Straftaten und Dienstvergehen **15** (Düsseldorf VRS **60**, 116) steht jedem Staatsbürger frei, so daß die nicht bewußt falsche Aussage unter § 193 fallen kann, selbst wenn der Anzeigende von der Handlung gar nicht betroffen ist (Bay NJW **54**, 1011; Müller-Dietz, Tröndle-FS 579; SK 17). Es steht hier jedem Bürger die Wahrung der Interessen des Staates an der Rechtsverfolgung zu. Doch trifft den Anzeigenden eine gewisse Prüfungspflicht bezüglich der Richtigkeit des Anzeigeninhalts. Unterläßt er leichtfertig Erkundigungen, so verletzt er durch eine Anzeige den Grundsatz der Interessenabwägung (vgl. 8) und fällt nicht unter § 193 (RG **63**, 94); allerdings sind ihm nur gewisse Erkundigungen zuzumuten, wenn er sich an die untersuchungspflichtige Behörde wendet, da es deren Aufgabe ist, einen Verdacht aufzuklären (RG **66**, 1); der Anzeigende braucht auch nicht positiv überzeugt zu sein von dem Begründetsein der Anzeige, dies gilt vor allem bei der sog. *Aufklärungsanzeige,* zB der Anzeige wegen Diebstahls gegen einen Verdächtigen, wenn der Anzeigende seiner Sache nicht sicher ist, aber Anlaß zur Aufklärung durch die Polizei hat (Bockelmann NJW **59**, 1849; Müller-Dietz aaO 581). Zur Frage einer Sensorkontrolle in einem Warenhaus, Hamm NJW **87**, 1035. Entsprechendes gilt für eine *Petition* nach Art. 17 GG, die Strafbarkeit wegen Beleidigung nicht ohne weiteres ausschließt (NJW **51**, 352; 28. 2. 1958, 1 StR 277/57; Bay 13. 8. 1980, RReg. 3 St 81/80; vgl. BVerfGE **2**, 229; München NJW **57**, 793; Düsseldorf NJW **72**, 650; Kaiser NJW **62**, 236 gegen Helle NJW **61**, 1896; SchSch 19); ebenso für eine *Prozeßbehauptung;*

§ 193

sie ist leichtfertig nur, wenn der Täter für sie keine Anhaltspunkte hatte (Bay JZ **52**, 731). Zu beleidigenden Äußerungen eines früheren Mandanten gegenüber seinem Rechtsanwalt im Gebührenrechtsstreit BVerfG NJW **91**, 2074.

16 **b) Presse, Rundfunk und Film** nehmen bezüglich der Wahrung berechtigter Interessen keine Sonderstellung ein; auch nicht, wenn es sich um eine politische oder eine Fachzeitschrift handelt (BGH **18**, 182). Doch ist zu beachten, daß sie ein berechtigtes Interesse wahrnehmen, wenn sie im Rahmen ihrer öffentlichen Aufgabe, die in den meisten Ländern schon gesetzlich anerkannt ist (zB § 3 LPrG BW, Bay, Bln, Bre, Nds, NW, RhPf, Saarl. u. SchlH; Fundstellen: Göhler 619), die Öffentlichkeit unterrichten oder Kritik üben (vgl. BVerfGE **10**, 121; Düsseldorf NJW **92**, 1335; Rehbinder, Die öffentliche Aufgabe und rechtliche Verantwortlichkeit der Presse, 1962; Geiger, Arndt-FS 119; Fuhrmann JuS **70**, 70; R. Weber, Faller-FS 447; Geppert Jura **85**, 29). Demzufolge hat die neuere Rspr. (aM noch RG **65**, 360; einschränkend auch LK 20) anerkannt (vgl. oben 12), daß die Presse auch ohne unmittelbar eigene Interessen zu verfolgen, die Öffentlichkeit unterrichten und Kritik üben darf (vgl. SchSch-Lenckner 15; SK 16; M-Maiwald § 26, 44; Arzt-Weber LH **1**, 450). Mit Recht hat die Rspr. jedoch betont, daß bei den schwerwiegenden Folgen einer Presseveröffentlichung besonders streng zu beurteilen sei, ob diese das erforderliche und angemessene Mittel zur Wahrnehmung des Interesses sei und ob nicht ein anderes Mittel wie etwa eine Anzeige gewählt werden müsse (NJW **57**, 1149). Insbesondere müssen an die Prüfungspflicht der Presse, die zu wahrheitsgemäßer Berichterstattung verpflichtet ist (BGH **4**, 338; BVerfGE **12**, 130; **54**, 219; *Böll*-Beschluß, hierzu Roellecke JZ **80**, 701; W. Schmidt NJW **80** 2066; Schmitt Glaeser JZ **83**, 97; Tettinger JZ **83**, 321; Kübler JZ **84**, 545), hohe Anforderungen gestellt werden (BGH **14**, 51; Hamburg NJW **67**, 213; Stuttgart NJW **72**, 2320; SchSch 17). Unsachliche, überzogene, lediglich der Diffamierung dienende Kritik ist weder durch die Meinungs- und Pressefreiheit noch durch § 193 gedeckt (Hamm, 19. 4. 1979, 2 Ss 3004/78; bedenklich BGHZ **80**, 25; *Wallraff*-Urteil [krit. Bettermann NJW **81**, 1063; Roellecke JZ **81**, 688; W. Maier JZ **82**, 242; Geerds JR **82**, 183], das durch BVerfGE **66**, 116, 137 aufgehoben wurde; vgl. auch BVerfGE **82**, 43, 51 m. Anm. Kübler JZ **90**, 916). *Leserbriefe* genießen in gleicher Weise den Schutz des § 193 wie berufsmäßige Presseveröffentlichungen (Düsseldorf NJW **92**, 1336). Andererseits sind auch die vor allem zeitlichen Grenzen einer Informationsmöglichkeit der Presse zu berücksichtigen (vgl. BVerfG aaO; Köln NJW **63**, 1634). Gedeckt sein kann danach auch, wenn die Presse über eine öffentlich erfolgte Ehrverletzung unter gleichzeitiger Distanzierung berichtet, falls ein besonderes Informationsinteresse gegeben und rechtzeitig Aufklärung nicht möglich ist. Von den Umständen des Falles hängt es ab, ob vor der Veröffentlichung Rückfrage beim Betroffenen geboten ist (NJW **52**, 194; Köln aaO; Stuttgart NJW **72**, 2320). Entsprechendes gilt für die Frage, ob § 193 die Veröffentlichung von Namen der an ehrenrührigen Vorgängen Beteiligten deckt (vgl. BVerfGE **35**, 220; BGH NJW **63**, 484; Düsseldorf MDR **71**, 661; Stuttgart NJW **72**, 2320, vgl. zum Fall der Berichterstattung über öffentliche Gerichtsverhandlungen, Veith NJW **82**, 2225). Sensations- und bloßes Unterhaltungsbedürfnis des Publikums können jedenfalls ehrverletzende Presseveröffentlichungen

Beleidigung § 193

nicht rechtfertigen (BGHZ **24**, 208; BGH **18**, 182; bedenklich Nürnberg MDR **63**, 412: Zum Ehrenschutz im politischen Kampf vgl. Uhlitz NJW **67**, 129 gegen Roth-Stielow NJW **63**, 1860 und Hoffmann NJW **66**, 1200; vgl. auch EGMR NJW **87**, 2143; oben 14 aE). Die Verhinderung des Rückgangs der Abonnentenzahl durch beleidigende Artikel geschieht nicht zur Wahrung berechtigter Interessen (RG **38**, 253). Auch wahrheitsgetreue Berichte über Gerichtsverhandlungen (vgl. aber § 353 d) unterliegen dem gewöhnlichen Recht; anders ist es bei den Parlamentsberichten (§ 37, Art. 42 III GG; RG **46**, 356). Auch der nach den LandespresseG haftende Redakteur kann sich auf § 193 berufen (Hamburg NJW **54**, 1279). Zur strafrechtlichen Verantwortlichkeit bei Redakteurskollektiven Franke JZ **82**, 579; hierzu auch Stuttgart JR **81**, 339 m. Anm. Bottke. Das *„Impressum"* begründet nur eine widerlegbare Vermutung über die Person des verantwortlichen Redakteurs (Hamburg NJW **53**, 1766).

C. Zweck der Äußerung muß sein, Rechte auszuführen und zu verteidigen oder berechtigte Interessen wahrzunehmen (BGH **18**, 186). Hatte der Täter diese *Absicht nicht,* obwohl sie nach Lage des Falles möglich war, so entfällt § 193 (RG **50**, 321; zweifelnd für den Fall objektiver Wahrnehmung allgemeiner Interessen, insbesondere durch die Presse, Dagtoglou DÖV **63**, 636). Indessen schließen Rachsucht, Verärgerung oder sonst nicht geschützte Interessen (Düsseldorf VRS **60**, 117) § 193 nicht aus, solange der Täter daneben auch in Wahrnehmung allgemeiner öffentlicher Interessen gehandelt hat (RG **61**, 401; Hamburg JR **52**, 204; Koblenz VRS **53**, 269; vgl. BVerfGE **12**, 128; Tenckhoff JuS **89**, 202). Eine nur bei Gelegenheit der Wahrnehmung berechtigter Interessen getane Äußerung ist strafbar (RG **59**, 172; **61**, 400); so beim selbständig beleidigenden Teil einer Schrift, die im übrigen eine Strafanzeige ist (RG **29**, 54). Ebenso kann § 193 nur teilweise anwendbar sein, wenn mehrere Personen Beleidigte (RG GA Bd. **62**, 119), oder Beleidiger sind (RG **26**, 18). Die Verletzung fremder Ehre muß als das durch die Umstände gebotene Mittel zur Interessenwahrung erscheinen (RG **42**, 443; LK 25). Doch genügt die Meinung des Täters, es handle sich um ein geeignetes und gebotenes Mittel (RG **25**, 355; Bay **56**, 13; vgl. unten 20). So bei der Flucht in die Öffentlichkeit (Braunschweig NJW **48**, 697). Über Angriffe bei Wahlkämpfen vgl. oben 14, unten 19. 17

6) Vorhaltungen und Rügen der Vorgesetzten gegen ihre Untergebenen. Es sind beamtenrechtliche und sonstige Unterordnungen gemeint, doch zählen wegen der „ähnlichen Fälle" (vgl. 19) auch entsprechende andere Verhältnisse hierher, so bei Rüge des Beamten gegen Nichtuntergebene zur Wahrung der Ordnung, des Lehrers gegen die Schüler. – **Dienstliche Anzeigen oder Urteile** von seiten **eines Beamten,** nämlich alle Erklärungen, die ein Beamter gemäß einer öffentlich-rechtlichen Pflicht angibt (Bay **20**, 46). 18

7) Ähnliche Fälle. Es können sämtliche Fälle des § 193 entsprechend verwertet werden, vorausgesetzt, daß die Interessenabwägung (vgl. 8) bei ihnen zur Zulassung der Ehrverletzung führt. So Urteile über Leistungen der Landwirtschaft, der Krankenhäuser (MDR **56**, 734), der öffentlichen Verkehrsbetriebe (RG **64**, 13), der Freiwilligen Feuerwehr; Ausübung der Zeugenpflicht (RG **41**, 254; Bay **53**, 109); Mitteilung von Gerichtsurteilen 19

§ 193

zu wissenschaftlichen Zwecken (RG **19**, 238). Äußerungen in der Zeugenaussage über einen anderen (MDR **53**, 147), auch bei freiwilliger Zeugenaussage vor der Polizei (Stuttgart NJW **67**, 792 mit zust. Anm. Roxin). Aber auch die ohne Pflicht dazu erteile Auskunft an eine Prozeßpartei oder über einen Wahlkandidaten (Bay **53**, 109). Ferner eine beleidigende Kritik am Verhalten öffentlicher Beamter, es sei denn, daß ein Mißgriff in der Form vorliegt (RG **39**, 311; LK 14).

20   **8) Irrtum.** Nimmt der Träger irrig Umstände an, die den Rechtfertigungsgrund des § 193 ergeben würden (RG **59**, 414) oder hält er ein ungeeignetes Mittel für geeignet (RG **24**, 224), so entfällt § 186 (vgl. 27 zu § 16; 26. 9. 1961, 5 StR 402/61). Dies gilt nicht, wenn der Täter dem Irrtum nur infolge leichtfertiger Verletzung seiner Prüfungspflicht erlegen ist (aaO; Bay **61**, 48; vgl. Hamm NJW **82**, 661; aM Oldenburg MdsRpfl. **80**, 15; vgl. 30. 8. 1961, 2 StR 256/61; Schaffstein NJW **51**, 691; Geppert Jura **85**, 30; SK 28). Doch kann dann noch ein Verbotsirrtum gegeben sein, wie auch sonst, wenn der Täter den Begriff des berechtigten Interesses verkennt, zB irrig glaubt, sich im Rahmen der Wahrnehmung berechtigter Interessen zu bewegen (20. 12. 1963, 3 StR 52/63; Braunschweig GA **62**, 85; vgl. aber Karlsruhe 7. 8. 1980, 1 Ss 153/80). Hamburg NJW **66**, 1978 will weitergehend Verbotsirrtum annehmen. Nach der strengen Schuldtheorie ist stets Verbotsirrtum gegeben (24 zu § 16; Hartung NJW **51**, 212).

21   **9) Straflosigkeit** tritt wegen Fehlens der Rechtswidrigkeit nach § 193 ein, falls einerseits eine Beleidigung vorliegt und andererseits der Täter zur Wahrnehmung berechtigter Interessen handelt. Doch scheidet § 193 aus, falls das Vorhandensein einer Beleidigung aus der Form der Äußerung oder aus den Umständen hervorgeht.

22   **A. Das Vorhandensein der Beleidigung** bedeutet wie im Falle des § 192 nicht, daß der Ehrverletzer die Absicht der Beleidigung haben müsse (vgl. 7 zu § 192).

23   **a) Die Form der Äußerung** kann die Äußerung zur Beleidigung machen. Sie tritt zum Inhalt hinzu und bringt eine besondere Verschärfung der Ehrverletzung (RG **40**, 317); die Schwere der Ehrverletzungen gehört zum Inhalt, nicht zur Form (RG JW **22**, 1014). Der Richter hat anzugeben, welche Ausdrücke der Täter an Stelle der gebrauchten hätte benutzen sollen und nach seinem Bildungsgrad hätte benutzen können, um den Inhalt der beleidigenden Äußerung ohne die beleidigende Form wiederzugeben (Frankfurt NJW **77**, 1354; bedenklich Köln OLGSt. 11 zu § 185); hierbei ist der subjektive Standpunkt (Bildungsgrad, Erregung usw.) des Äußernden
23a zZ der Äußerung maßgebend (RG **21**, 2). Bloße **Übertreibungen** und Verallgemeinerungen stellen daher noch keine Beleidigung der Form nach dar (Düsseldorf NJW **92**, 1335; RG **40**, 317). Das gilt insbesondere, wenn in der Presse Glossen und Satiren (8a zu § 185) veröffentlicht werden (Zweibrücken GA **78**, 208). Dagegen kann die anonyme Form einer Anzeige genügen, desgl. der Gebrauch von **Schimpfworten**, zB „Faschist, Kriegstreiber" (Hamm NJW **82**, 661; Bay NStZ **83**, 265, hierzu Otto JR **83**, 4), es sei denn, daß es sich lediglich um kräftige Ausdrücke handelt (MDR/D **53**, 401; Hamm NJW **61**, 1937; Düsseldorf OLGSt. 7 zu § 185; zw. Der Ton der Äußerung kann als beleidigende Form genügen, insbe-
23b sondere im Falle einer **Schmähkritik** (Frankfurt NJW **77**, 1354; Koblenz

Beleidigung § 193

NJW 78, 1816; Düsseldo5rf NJW 92, 1336; Küpper ZRP 91, 250; SchSch 15; vgl. auch oben 14b), gehässige Ausdrucksweise (Bay 17, 43), und in polemische Ausfälle gekleidete Wertungsexzesse (Bay NStZ 83, 126; 266; zur Schmähkritik im Rahmen der Theaterkritik Eidmüller NJW 91, 1440).

b) **Die Umstände**, unter welchen die Äußerung getan wird, begleiten 24 die Handlung und stehen mit ihr in einem inneren und zeitlichen Zusammenhang (RG 34, 80). Sie können der Äußerung eine solche **Verschärfung** geben, daß sie als Beleidigung anzusehen ist (Koblenz OLGSt. 57 zu § 185). Als Umstand genügen nicht immer Vorgänge (RG GA Bd. 54, 485); desgl. nicht Äußerungen erst in der Hauptverhandlung (RG GA 41, 128).

B. **Die Bestrafung** erfolgt, falls eine Beleidigung durch die Form iS des 25 Schlusses von § 193 vorliegt, stets nach § 185, da wie bei § 192 nur eine Formalbeleidigung bleibt (Hamm JMBlNW 51, 164; NJW 61, 1937; SchSch 26, LK 33; vgl. aber § 175 III E 1962).

10) **Strafbare Teilnahme** ist ausgeschlossen, wenn der Täter kraft § 193 26 nicht rechtswidrig handelt (RG 64, 24). Denn § 193 beseitigt die Rechtswidrigkeit der Tat, nicht bloß die Schuld des Täters, so daß § 29 ausscheidet; bei mittelbarer Täterschaft des angeblichen „Anstifters" müssen die Voraussetzungen des § 193 bei ihm vorliegen (RG aaO). Hingegen ist denkbar, daß dem Verfasser eines Zeitungsartikels § 193 nicht zuzubilligen ist, wohl aber dem Redakteur, und umgekehrt (RG 64, 135; Bay 62, 93).

Strafantrag

194 ¹Die Beleidigung wird nur auf Antrag verfolgt. Ist die Tat durch Verbreiten oder öffentliches Zugänglichmachen einer Schrift (§ 11 Abs. 3), in einer Versammlung oder durch eine Darbietung im Rundfunk begangen, so ist ein Antrag nicht erforderlich, wenn der Verletzte als Angehöriger einer Gruppe unter der nationalsozialistischen oder einer anderen Gewalt- und Willkürherrschaft verfolgt wurde, diese Gruppe Teil der Bevölkerung ist und die Beleidigung mit dieser Verfolgung zusammenhängt. Die Tat kann jedoch nicht von Amts wegen verfolgt werden, wenn der Verletzte widerspricht. Der Widerspruch kann nicht zurückgenommen werden. Stirbt der Verletzte, so gehen das Antragsrecht und das Widerspruchsrecht auf die in § 77 Abs. 2 bezeichneten Angehörigen über.

ᴵᴵIst das Andenken eines Verstorbenen verunglimpft, so steht das Antragsrecht den in § 77 Abs. 2 bezeichneten Angehörigen zu. Ist die Tat durch Verbreiten oder öffentliches Zugänglichmachen einer Schrift (§ 11 Abs. 3), in einer Versammlung oder durch eine Darbietung im Rundfunk begangen, so ist ein Antrag nicht erforderlich, wenn der Verstorbene sein Leben als Opfer der nationalsozialistischen oder einer anderen Gewalt- und Willkürherrschaft verloren hat und die Verunglimpfung damit zusammenhängt. Die Tat kann jedoch nicht von Amts wegen verfolgt werden, wenn ein Antragsberechtigter der Verfolgung widerspricht. Der Widerspruch kann nicht zurückgenommen werden.

ᴵᴵᴵIst die Beleidigung gegen einen Amtsträger, einen für den öffentlichen Dienst besonders Verpflichteten oder einen Soldaten der Bundes-

§ 194

wehr während der Ausübung seines Dienstes oder in Beziehung auf seinen Dienst begangen, so wird sie auch auf Antrag des Dienstvorgesetzten verfolgt. Richtet sich die Tat gegen eine Behörde oder eine sonstige Stelle, die Aufgaben der öffentlichen Verwaltung wahrnimmt, so wird sie auf Antrag des Behördenleiters oder des Leiters der aufsichtführenden Behörde verfolgt. Dasselbe gilt für Träger von Ämtern und für Behörden der Kirchen und anderen Religionsgesellschaften des öffentlichen Rechts.

IV Richtet sich die Tat gegen ein Gesetzgebungsorgan des Bundes oder eines Landes oder eine andere politische Körperschaft im räumlichen Geltungsbereich dieses Gesetzes, so wird sie nur mit Ermächtigung der betroffenen Körperschaft verfolgt.

1 Die Vorschrift idF des Art. 19 Nr. 82 EGStGB (Einl. 10) wurde in I S. 2 bis 5, II S. 2 bis 4 durch das **21. StÄG** geändert, um solche Beleidigungen und die Verunglimpfung Verstorbener, die mit deren Verfolgung durch die nat. soz. oder eine andere Gewaltherrschaft im Zusammenhang stehen, durch den Wegfall des Antragserfordernisses wirksamer bekämpfen zu können. Diese Neuregelung blieb in der parlamentarischen Auseinandersetzung äußerst umstritten und offenbart im Ergebnis das seit geraumer Zeit feststellbare und vielbeklagte (zB Lackner 3; SchSch-Lenckner 2 vor § 123) Unvermögen der für die Gesetzgebung Verantwortlichen, sich in Kernfragen menschlichen Zusammenlebens um einen Grundkonsens zu bemühen. Auf diese Weise wurde in wichtigen Fragen die gesetzgeberische Entwicklung kurzatmig und konzeptionslos, was dem unabdingbaren Geltungsanspruch strafrechtlicher Normen in hohem Maße abträglich ist (vgl. hierzu 1 a zu § 130 a; auch Lackner, Tröndle-FS 42). Der in der *9. WP* eingebrachte E/21. StÄG blieb wegen seiner Beschränkung wider den Rechtsextremismus, aber auch außerparlamentarisch aus verschiedensten Gründen (v. Bubnoff ZRP **82**, 118; Döring ZRP **82**, 304, Eschen ZRP **83**, 11) u. a. auch im Hinblick auf die Pönalisierung von Gesinnungen (Köhler NJW **85**, 2389) umstritten. In der *10. WP* wurden auch die Opfer anderer Gewaltherrschaften einbezogen („Vertreibungslüge"; abl. Marqua DRiZ **85**, 226; zust. Vogelsang NJW **85**, 2389). Aber auch diese Lösung begegnet gewichtigen Einwänden (LK-Herdegen 1; SchSch vor 1; Lackner 3 vor § 185; Ostendorf NJW **85**, 1062; H. J. Hirsch, Kaufmann-GedS 154, zust. hingegen Vogelsang NJW **85**, 2385), da sie – ausgehend von einer Einzelfallentscheidung (BGHZ **75**, 160 m. Anm. Deutsch NJW **80**, 1100) – das herkömmliche Verständnis der Beleidigungstatbestände überdehnt und auf diese Weise den Aspekt der Störung des öffentlichen Friedens, der bei Taten der umschriebenen Art im Vordergrund steht, vernachlässigt.

1a **Gesetzesmaterialien** zum 21. StÄG: *9. WP*: BR-Drs. 382/82 (RegVorl.); BT-Drs. 9/2090; BRat 560. Sitz.; *10 WP*: BR-Drs. 158/83 (RegVorl.); BT-Drs. 10/1286; BT-Drs. 10/891; BT-Drs. 10/3242 Beschl. Empf. u. Bericht = Ber.); BT-Drs. 10/3256; 10/3255, 3260; BTag 10/4752, 10075 ff., 10089: Schlußabstimmung 25. 4. 1985. **Inkrafttreten: 1. 8. 1985.**

2 **2) Nach I** ist für alle Beleidigungstatbestände des 14. Abschnitts (§§ 185 bis 187 a, 189) grundsätzlich ein **Strafantrag** (§§ 77 bis 77 d) *als Prozeßvoraussetzung* erforderlich. Ausgenommen sind die Fälle des I S. 2 (unten 3 a bis 3 d) und des II S. 2 (unten 4 a). In den Fällen von IV tritt an die Stelle des Antrags die Ermächtigung (§ 77 e). Hingegen ist eine Ersetzung des Strafantrags durch die Bejahung eines besonderen öffentlichen Interesses nicht vorgesehen, auch eine analoge Anwendung des § 232 I ist nicht möglich (BGH **7**, 256).

Beleidigung **§ 194**

A. In den Fällen des I S. 1 ist **antragsberechtigt** grundsätzlich der Verletzte (§ 77 I), bei Kollektivbeleidigungen (22 zu § 185) jeder einzelne durch sie Gekränkte, jedoch nur für sich selbst (§ 77 IV, Hamburg MDR **81**, 71). Auch soweit Personeneinheiten (18 zu § 185) beleidigt werden, ist das vertretungsberechtigte Organ nur für die Personengesamtheit antragsberechtigt, nicht für die einzelnen Mitglieder (KG JR **80**, 290 m. Anm. Volk). Der Vorstand eines Vereins kann den Antrag wegen Beleidigung einzelner Mitglieder nur kraft besonderer Vollmacht stellen. 3

B. In den Fällen des I S. 2, die sich idR auf näher umschriebene Kollektivbeleidigungen beziehen, ist **kein Strafantrag** erforderlich, vielmehr *Strafverfolgung von Amts wegen* geboten, um dem Leugnen des unter der Herrschaft des Nationalsozialismus oder einer anderen Gewalt- oder Willkürherrschaft begangenen Unrechts strafrechtlich wirksamer begegnen zu können (Ber. 8). I S. 2 knüpft damit an die Rechtsauffassung an, wonach das Leugnen der nat. soz. Judenmorde jeden einzelnen Juden beleidige (BGHZ **75**, 160) und setzt für die näher umschriebenen Tathandlungen (unten 3 b ff.) jeweils die tatbestandlichen Voraussetzungen einer Beleidigung voraus. In diesem Sinne sind vom Antragserfordernis Taten ausgenommen, die begangen worden sind 3a

 a) **durch Verbreiten von Schriften** iS von § 11 III (dort 39 ff.; 4 zu § 74d) oder b) durch deren öffentliches **Zugänglichmachen** (6 zu § 74d), dh vor allem das Ausstellen, Anschlagen, Vorführen und Plakatieren (Ber. 10). **Öffentlich** (5 zu § 111) bedeutet, daß unbestimmt viele Personen die Schrift wahrnehmen können; auf die Öffentlichkeit des Ortes kommt es hierbei nicht an (Ber. 10); c) **in einer Versammlung** (2 zu § 80a), die nicht öffentlich zu sein braucht, aber für die die Anwesenheit von 3 oder 4 Personen nicht genügt (Ber. 10) oder d) **durch Darbietung im Rundfunk** (8 zu § 131; 33 zu § 184), worunter auch der Teilnehmer einer Gesprächsrunde fallen kann, der selbst für den Inhalt der Sendung im übrigen nicht verantwortlich ist (Lackner 5). e) *Nicht* erfaßt werden durch S. 2 solche Beleidigungen, die im persönlichen Umfeld, aber uU auch in einer *begrenzten* Öffentlichkeit, etwa bei Biertischgesprächen, geäußert werden, da es in diesen Fällen an der besonderen Breitenwirkung fehlt (Ber. 10), die den Verzicht auf das Antragserfordernis rechtfertigt (krit. hierzu Vogelsang NJW **85**, 2388). 3b

 f) Der Verletzte (oben 3) muß als **Angehöriger einer Gruppe,** dh einer durch gemeinsame Merkmale verbundenen Mehrzahl von Menschen, die sich hierdurch von der übrigen Bevölkerung abhebt und sich als solche begreift (Lackner 6; LK 5), zB Juden oder Schlesier (so Ber. 10), aber auch andere nationale, rassische, religiöse oder auch politische Gruppierungen, zufolge dieser Gruppenzugehörigkeit **unter** der nat. soz. oder einer anderen **Gewalt- oder Willkürherrschaft verfolgt** (zB Vertreibungsverbrechen) worden sein. Hierunter fallen indessen nicht schon Gesellschaftsordnungen, die wesentliche Grundsätze einer freiheitlichen Demokratie nicht anerkennen, sondern nur Herrschaftssysteme, die sich über elementare Menschenrechte hinwegsetzen (SchSch 5). **Der Verletzte** muß im übrigen **selbst** im Hinblick auf seine Gruppenzugehörigkeit verfolgt worden sein. Bei Juden, die im Machtbereich der NS-Herrschaft lebten, ist das offensichtlich der Fall, in den Fällen anderer verfolgter Gruppen nach den jewei- 3c ligen Umständen zu beurteilen (Ber. 10). Hieraus ergibt sich, daß die Regelung in ihrem I S. 2, soweit es um die strafrechtliche Bekämpfung der „Auschwitz-Lüge" (oben 1) geht, nur so lange greift, als noch unmittelbar Betroffene jener Judenverfolgung leben (Ber. 10; vgl. hierzu aber Vogelsang NJW 85, 2389). Bleiben insoweit Zweifel offen, so schafft das umstrittene Verhältnis zwischen den §§ 185ff, und § 189 für die Frage der Anwendbarkeit von II S. 2 (unter 4a) weitere Probleme (4 zu § 189; SchSch vor 1). Nicht erfaßt von I S. 2 sind ferner die Fälle, in denen der Verletzte nicht als Angehöriger der verfolgten Gruppe, sondern als Mitglied einer *nach* der Verfolgung zur Interessenwahrnehmung der Verfolgten gebildeten Organisation beleidigt wird (so SchSch 5).

3d g) Weiter ist vorausgesetzt, daß die Gruppe (2d) zZ der Tat (nicht aber schon zZ der Verfolgung) **Teil der Bevölkerung** (4 zu § 130), und zwar der inländischen (Ber. 11) ist, wenn auch nicht unbedingt in ihrer Gesamtheit (SchSch 5a). h) Schließlich muß die Beleidigung mit dieser Verfolgung **zusammenhängen.** Das muß sich zumindest aus den Umständen ergeben, so wenn die erlittene Verfolgung Anlaß, Beweggrund oder Bezugspunkt der Beleidigung ist (SchSch 6).

3e C. Nach I S. 3 **kann der Verletzte,** der kein Interesse am Strafverfahren hat, der Verfolgung **widersprechen.** Da diese Prozeßhandlung nicht rücknehmbar ist **(S. 4),** schafft der Widerspruch ein endgültiges *Prozeßhindernis* (Ber. 11), da er wie ein vor der zuständigen Stelle abgegebener Verzicht auf den Strafantrag (vgl. 30 zu § 77) zu behandeln ist. Der Widerspruch kann formlos erklärt werden. Es gilt das für die Rücknahme eines Strafantrags Entsprechende (2, 3 zu § 77d). Auch kann der Widerspruch auf einen von mehreren Tätern beschränkt werden (SchSch 6a; vgl. 25 zu § 77). Stets wirkt er aber nur für den jeweiligen widersprechenden Verletzten, so daß das Verfahren hinsichtlich anderer Tatverletzter von Amts wegen fortzuführen ist (Ber. 11; LK 8). Hieraus folgt, daß dem Widerspruchsrecht des S. 3, da Taten nach S. 2 meist in der Form von Kollektivbeleidigungen begangen werden, praktisch nur geringe Bedeutung zukommt.

3f D. **Stirbt der Verletzte** nach der Tat (sonst nur § 189), *bevor* er in den Fällen des S. 1 einen Antrag gestellt oder in den Fällen des S. 2 der Verfolgung widersprochen hat, so geht das Antragsrecht sowie das Widerspruchsrecht auf in § 77 II bezeichnete Angehörige über (dort 4ff.); sind mehrere Angehörige gleichen Ranges (vgl. § 77 II) vorhanden, so kann das Widerspruchsrecht entsprechend der Regelung über die Rücknahme des Strafantrags (§ 77d II S. 2) nur gemeinsam ausgeübt werden (Ber. 11).

4 3) Nach II ist auch die **Verunglimpfung Verstorbener (§ 189)** grundsätzlich **Antragsdelikt (II S. 1).** Das **Strafantragsrecht** steht den in § 77 II genannten **Angehörigen** (dort 4ff.) zu. § 77 II S. 4 ist in diesem Zusammenhang gegenstandslos (E 1962, 325). Stirbt ein zunächst antragsberechtigter Angehöriger *vor* Ablauf der Antragsfrist und ist kein Angehöriger derselben Ranggruppe vorhanden, so geht das Antragsrecht nach § 77 II S. 2 auf die Angehörigen der nächsten Gruppe über. Sind keine Angehörigen iS des § 77 II vorhanden, ist eine Verfolgung nur noch unter den Voraussetzungen des S. 2 möglich. **Nach II S. 2** ist bei einer Verunglimpfung verstorbener Opfer einer Gewalt- und Willkürherrschaft dann eine Verfolgung von Amts wegen vorgesehen, wenn die Tat (§ 189) damit

Beleidigung § 194

zusammenhängt, in der Form und unter den in I näher bezeichneten Umständen (oben 3b bis 3d) begangen wurde und der Antragsberechtigte nicht widerspricht (II S. 3). Der Verunglimpfte hat auch dann sein Leben als Opfer einer Gewaltherrschaft verloren, wenn er durch die Verfolgung in den Freitod getrieben wird oder erst nach der Verfolgung aber durch Spätfolgen erlittener Mißhandlungen verstorben ist (SchSch 9a). Vgl. hierzu sowie zur Widerrufsregelung **nach II S. 4** oben 3e.

4) Zu III: Ist ein **Amtsträger** (§ 11 I Nr. 2), ein für den öffentlichen Dienst **besonders Verpflichteter** (§ 11 I Nr. 4) oder ein **Soldat der Bundeswehr** der Beleidigte, dh ein durch Taten nach §§ 185, 186, 187, 187a (§ 189 scheidet aus) Verletzter, so tritt neben dessen eigenes Antragsrecht zusätzlich das des Dienstvorgesetzten (Dau NJW **88**, 2655), aber nur dann, wenn die Beleidigung entweder

A. während der Ausübung des Dienstes des Verletzten begangen ist, wobei Dienst jede, selbst die nicht rechtmäßige (RG **3**, 185) Ausübung der Funktion des Beleidigten ist (vgl. aaO, RG **27**, 176; GA Bd. **50**, 153; Düsseldorf LZ **16**, 901). Selbständige gerichtliche Gutachtertätigkeit eines Hochschullehrers fällt idR nicht darunter, Bay JZ **78**, 482. Der Inhalt der Beleidigung kann privater Art sein (SK 12); andererseits genügt es nicht, daß sich der Verletzte gerade im Dienst befindet, während dies irgendwo ein anderer gegenüber einem Dritten verleumdet; die Tat muß vielmehr in örtlicher Beziehung zur Dienstausübung stehen; ausreichend aber Beleidigung gegenüber der Sekretärin im Vorzimmer oder durch an die Dienststellenadresse gerichtetes Schreiben (RG **76**, 368; str.) oder

B. in Beziehung auf seinen Dienst begangen ist, nämlich die Tätigkeit oder die Stellung im Beruf erkennbar zum Gegenstande hat (RG **3**, 245; **39**, 362; **66**, 128; LK-Herdegen 11). Handelt es sich um einen Vorwurf wegen **außerdienstlichen Verhaltens**, so fällt er ebenfalls unter III S. 1, wenn er den Täter in Beziehung zu dem Beruf bringt, ihn zB seines Amtes unwürdig erscheinen läßt (RG **76**, 368). So, wenn der Amtsträger wegen seiner Zeugenaussage beleidigt wird, die seine dienstliche Tätigkeit betrifft, RG **30**, 350. Anders, wenn er wegen seiner Sachverständigentätigkeit beleidigt wird, die er nicht als Amtsträger ausgeführt hat (RG **32**, 273; Bay JZ **78**, 482; LK 11). In Beziehung auf den Beruf des Amtsträgers ist die Beleidigung aber nur begangen, wenn der Täter sich einer solchen Beziehung bewußt ist (zu weit insoweit RG **39**, 352; **76**, 366), auch wenn es sich bei den Voraussetzungen von III nicht um Tatbestandsmerkmale handelt (RG **27**, 179).

C. Zweck von III S. 1 ist vor allem, der in Mitleidenschaft gezogenen Behörde die Möglichkeit zu geben, sich vor ihre Amtsträger zu stellen, aber auch die Sache aufzuklären. Die Tat wird hier nicht nur im Interesse des Amtsträgers, sondern auch der Behörde verfolgt (RG **27**, 179; **67**, 49). Der Antrag nach III S. 1 ist daher nicht zugleich ein Antrag des verletzten Amtsträgers (Bay JZ **65**, 371). Ein Sühneversuch entfällt (§ 380 II StPO). Schutz der NATO-Staaten Art. 7 II Nr. 9 des 4. StÄG (Anh. 14); krit. zur Beleidigungsfähigkeit von Behörden Fischer JZ **90**, 68.

D. Der Dienstvorgesetzte des Amtsträgers hat hier ein vom Verletzten unabhängiges Antragsrecht (vgl. BGH **7**, 256; **9**, 265).

§ 194

10 a) **Vorausgesetzt ist,** daß der Amtsträger zZ der Beleidigung im Dienst ist. Für Beleidigungen in Beziehung auf sein Amt während seines Ruhestandes gilt III S. 1 nicht (RG **27**, 193); wird ein verstorbener Amtsträger beleidigt, so ist nur § 189 anwendbar, auch wenn der Vorwurf seinen Beruf betrifft (RG **13**, 95). Liegen die Voraussetzungen von III S. 1 aber vor, so bleibt das Antragsrecht des Vorgesetzten trotz späteren Ausscheidens oder des Todes des Amtsträgers (§ 77a III; E 1962, 254). Bei Amtswechsel ist der Vorgesetzte des ersten Amts maßgebend (§ 77a I, RG **19**, 23). Der bloße Sachbearbeiter hat das Antragsrecht nicht (RG **67**, 48); wohl aber der allgemein oder im Einzelfall vom Vorgesetzten zur Antragstellung Ermächtige (auf die zweite Alternative eingeschränkt Köln MDR **58**, 706).

11 b) **Der Begriff des Vorgesetzten** erfordert ein organisatorisch festgelegtes Über- und Unterordnungsverhältnis, einschließlich des Aufsichtsrechts (RG **59**, 134, Bay. **56**, 227). Es wird durch Bundes- und Landesstaatsrecht begründet. Auch **mehrere** Vorgesetzte können vorkommen, so daß sich das Antragsrecht nach dem Gebiet richtet, auf das sich die Beleidigung bezieht (RG **59**, 135). Auch der Vorgesetzte des Vorgesetzten hat selbständiges Antragsrecht, so daß dessen Fristversäumung nicht auch für ihn wirkt (E 1962, 254; RG **46**, 203; Bay **56**, 227). Scheidet ein Vorgesetzter aus, so erhält das Antragsrecht sein Nachfolger im Amte (2ff. zu § 77a). § 77a regelt im einzelnen, welcher Dienstvorgesetzte antragsberechtigt ist, wer bei Berufsrichtern, Soldaten und Regierungsmitgliedern antragsberechtigt ist und wer den Antrag stellt, wenn der Amtsträger keine Vorgesetzten hat oder gehabt hat (vgl. dort).

12 E. **Zu III S. 2:** Richtet sich die **Beleidigung gegen eine Behörde** (35 zu § 11; 18ff. zu § 185) oder eine sonst Aufgaben der **öffentlichen Verwaltung** wahrnehmende **Stelle** (zB Krankenkasse, Berufsgenossenschaft, Knappschaft; vgl. 8ff. zu § 164) als solche, nicht nur gegen ihre einzelnen Mitglieder (dann III S. 1), so ist sowohl der Leiter der Behörde als auch der Leiter der aufsichtsführenden Behörde (6 zu § 77a) selbständig (§ 77 IV) antragsberechtigt, nicht aber zB ein bloßes Mitglied der Behörde. Unter einer kaufmännischen Firma kann, da sie nicht beleidigt werden kann, auch ein Strafantrag nicht gestellt werden (RG **1**, 178); anders für Gesellschaftsfirmen (BGH **6**, 187; vgl. 21 zu § 185). Wird die als beleidigungsfähig anzusehende BReg. beleidigt, die keine Behörde iS des Verwaltungsrechts und wohl auch nicht iS von III S. 2 darstellt (offengelassen in 16. 1. 1962, 1 StR 532/61; SK 15), so ist der Strafantrag auf Grund eines Regierungsbeschlusses durch deren Bevollmächtigten zu stellen (BGH aaO; vgl. § 15 GeschOBReg). § 77a IV löst die Frage nicht. Der Strafantrag nach § 194 enthält nicht ohne weiteres eine Verfolgungsermächtigung zB nach § 90 IV (NJW **54**, 1655). Bei Beleidigungen der BWehr als Personengesamtheit (20 zu § 185) ist der BMinister der Verteidigung antragsberechtigt (vgl. Hamm NZWehrr **77**, 70).

13 F. **Zu III S. 3:** Sind Amtsträger oder Behören der **Kirchen** oder anderen **Religionsgesellschaften** des **öffentlichen Rechts** (13 zu § 132a) verletzt, so gelten nach III S. 3 oben 5ff. und 12 entsprechend (E 1962, 325).

14 6) **Nach IV** tritt die Ermächtigung an die Stelle des Strafantrages, wenn sich die Beleidigung gegen ein **Gesetzgebungsorgan** des **Bundes** oder eines **Landes** (2 zu § 105) oder eine andere **politische Körperschaft** im räumlichen

Beleidigung § 194

Geltungsbereich des Gesetzes (3 zu § 3), richtet (mit der Folge, daß Privatklage ausgeschlossen ist, § 374 I Nr. 2 StPO).

A. Eine **andere politische Körperschaft** ist jede, eine Behörde nicht darstellende (RG 7, 374) Körperschaft, die in staatsrechtlich anerkannter Weise zur Förderung staatlicher Zwecke berufen ist (RG 33, 67; **69**, 145; LK 13); so auch zB Kreistage, Stadträte, eine Stadtverordnetenversammlung (RG 40, 184), nicht aber die BReg. (16. 1. 1962, I StR 532/61) oder eine politische Partei (Düsseldorf NJW 66, 1235). Es muß die Körperschaft als *solche* beleidigt sein, nicht bloß ein Teil von ihr (RG 41, 170; Düsseldorf aaO) oder einzelne ihrer Mitglieder; doch kann in diesem Fall mittelbar auch die Körperschaft als solche beleidigt sein (RG 47, 63). Jedenfalls ist die Körperschaft beleidigt, wenn ihre Entstehung, Zusammensetzung oder verfassungsmäßige Tätigkeit angegriffen wird (RG 47, 64). 15

B. Der StA wird sich von Amts wegen um die **Ermächtigung** (§§ 77e, 77d) bemühen. Erteilt wird sie von der Körperschaft selbst; ein Ausschuß ist dazu nur kraft besonderer Betrauung durch die Körperschaft berufen. 16

§§ 195–198 [Aufgehoben § 195 durch 3. StÄG, §§ 196 bis 198 durch Art. 19 Nr. 83 EGStGB; vgl. aber §§ 194 nF, 77c]

Wechselseitig begangene Beleidigungen

199 Wenn eine Beleidigung auf der Stelle erwidert wird, so kann der Richter beide Beleidiger oder einen derselben für straffrei erklären.

1) Die **Erwiderung einer Beleidigung** (Kompensation) führt nur zur Vergünstigung, wenn beide Beleidigungen nachgewiesen sind (Bremen NJW 55, 1645; vgl. aber 9) und in Zusammenhang stehen (RG 70, 329); sie kommt auch in Betracht, wenn jemand eine Beleidigung erwidert, die eine ihm nahestehenden Person, zB seinem Ehegatten, zugefügt worden ist (Hamburg GA Bd. 75, 148; NJW 65, 1611; KG JR 57, 388; Bay NJW 91, 2032; Hamm JR 51, 694). Sind als Beleidiger oder Beleidigte mehrere beteiligt, so kommt § 199 nur in Betracht, wenn jeder der Verletzten die Beleidigung erwidert hat (RG 70, 331; LK-Herdegen 5). Die irrige Annahme, von der anderen Seite beleidigt zu sein, macht § 199 nicht anwendbar (RG 7, 102, str., aM Celle GA Bd. 47, 300; Hamburg NJW 66, 177; Hamm GA 72, 29; 74, 62; SK-Rudolphi 8; M-Maiwald § 27, 28; Deubner NJW 67, 63). Zur Gesamtproblematik Küper JZ 68, 651. 1

A. Auf der Stelle erwidert muß die Beleidigung sein, solange die Erregung infolge der ersten Beleidigung noch andauert. Ein Handeln Zug um Zug wird nicht verlangt, auch braucht die erste Beleidigung nicht der ausschließliche Anlaß zur Erwiderung zu sein (RG 38, 339). „Auf der Stelle" ist nicht lediglich zeitlich, sondern vor allem psychologisch zu verstehen (NStE § 233 Nr. 1; Bay NJW 91, 2032; Tenckhoff JuS 89, 203). Danach kommen für § 199 auch Beleidigungen durch die Presse in Betracht (LK 6). 2

B. Strafbar sein müssen beide Beleidigungen, also rechtswidrig und auch schuldhaft (RG JW 30, 919; str.; insoweit aM SchSch-Lenckner 6; SK 7); hieran fehlt es bei Schuldunfähigkeit oder jugendlichem Alter (§ 3 JGG, KG GA Bd. 74, 214); desgl. ist Aufrechnung mit einer Beleidigung ausge- 3

§ 199

schlossen, von der rechtskräftig freigesprochen ist (Frank II 3); ebenso bei Beleidigungen aus Notwehr oder zum Schutze berechtigter Interessen (RG **44**, 148; Hamburg NJW **66**, 1977; Hamm GA **74**, 62). Dagegen ist eine Aufrechnung auch nach rechtskräftiger Verurteilung des einen Teils noch möglich (Bay **13**, 24). Persönliche Strafausschließungsgründe (17 vor § 32) machen § 199 nicht unanwendbar (RG LZ **16**, 635); das gilt auch für die Strafbefreiung der Abgeordneten nach Art. 46 I GG (1 zu § 36; LK 3; SchSch 7; Küper JZ **68**, 660; Maunz-Dürig 22 zu Art. 46). Zulässig ist die Aufrechnung gegen eine Beleidigung, die wegen Versäumung der Antragsfrist nicht mehr verfolgbar ist (Braunschweig NJW **48**, 697); es ist auch unschädlich, wenn die neue Beleidigung wegen Exterritorialität des einen Teils nicht verfolgt werden kann (Olshausen 6 a).

4   **C. Auf alle Beleidigungen** des 14. Abschnitts ist § 199 anwendbar (§ 189 scheidet von selbst aus; LK 7; aM LK-Hirsch 7 zu § 233; SK 2; Gössel BT 1 § 29, 28); dagegen nicht auf sonstige Beleidigungen.

5   **D. Von Amts wegen** hat der Richter § 199 anzuwenden (Braunschweig NJW **48**, 698); eine Begründung der Versagung der Kompensation ist aber nur nötig, falls sich der Täter auf sie bezogen hat (RG **31**, 347). Das Kompensieren steht im Ermessen des Richters. Nicht erforderlich ist, daß beide Beleidigungen vor demselben Gericht oder gar im selben Strafverfahren abzuurteilen sind. Auch der zuerst Beleidigende kann für straffrei erklärt werden (RG **70**, 330).

6   **2) Auf Straffreierklärung** kann der Richter erkennen, nicht auch (wie nach § 233) die Strafe mildern; doch kann er die Gegenbeleidigung bei der Strafzumessung berücksichtigen. Eine Straffreierklärung ist nur insoweit möglich, als der Täter Angeklagter ist.

7   **A. Die Schuld des Täters** bleibt bestehen, obwohl er für straffrei erklärt ist. Etwaige **Teilnehmer** bleiben strafbar (RG **17**, 346).

8   **B. Eine Strafe fehlt** bei der Straffreierklärung. Daher ist trotz des sie aussprechenden Urteils noch die Zurücknahme des Strafantrags möglich (vgl. § 77d). Auf Bekanntgabe der Verurteilung (§ 200) und Einziehung kann nicht mehr erkannt werden, soweit sie Strafe ist (2 zu § 74; LG Bremen NJW **55**, 959). § 76 trifft andererseits nicht zu, da eine bestimmte Person verfolgt worden ist. Dagegen kommen Einziehung und Unbrauchbarmachung nach § 74 d in Betracht, soweit es sich dabei um sichernde Maßnahmen handelt (1 zu § 74 d). Wegen der Kosten vgl. § 468 StPO; wegen der Kosten der Nebenklage RG **44**, 333.

9   **C. Der Richter** entscheidet nach **pflichtgemäßem Ermessen;** (Köln OLGSt. 32 zu § 185); gegen dessen Ausübung ist Revision nicht zulässig. Anders, wenn die Aufrechnung aus Rechtsirrtum unterblieben ist (RG **38**, 342); falls ihm nämlich durch die Selbsthilfe der Strafausgleich schon erreicht erscheinet. Daher Feststellung der Straftaten, denn nicht nochmalige Ahndung (RG **70**, 330). BGH **10**, 373 sieht § 199 dagegen als Strafzumessungsgrund an und begnügt sich daher damit, daß der Täter die Gegenbeleidigung unwiderlegt behauptet (kriminalpolitische Bedenken!); vgl. 1 und Schwarz NJW **58**, 10; wie BGH aber auch Bay NJW **59**, 57; Celle MDR **57**, 535; NJW **59**, 542; Hamburg NJW **65**, 1611; SK 10; M-Maiwald § 27, 29; Tenckhoff JuS **89**, 202 und die hM.

Beleidigung § 199

3) Verfahrensrecht. Hat der Tatrichter in den Fällen des § 199 irrtümlich 10 auf Freispruch erkannt statt auf Straffreierklärung, so kann das Revisionsgericht den Urteilstenor ändern (Celle MDR **89**, 840).

Bekanntgabe der Verurteilung RiStBV 231

200 ¹Ist die Beleidigung öffentlich oder durch Verbreiten von Schriften (§ 11 Abs. 3) begangen und wird ihretwegen auf Strafe erkannt, so ist auf Antrag des Verletzten oder eines sonst zum Strafantrag Berechtigten anzuordnen, daß die Verurteilung wegen der Beleidigung auf Verlangen öffentlich bekanntgemacht wird.

ⁱⁱDie Art der Bekanntmachung ist im Urteil zu bestimmen. Ist die Beleidigung durch Veröffentlichung in einer Zeitung oder Zeitschrift begangen, so ist auch die Bekanntmachung in eine Zeitung oder Zeitschrift aufzunehmen, und zwar, wenn möglich, in dieselbe, in der die Beleidigung enthalten war; dies gilt entsprechend, wenn die Beleidigung durch Veröffentlichung im Rundfunk begangen ist.

1) Die Vorschrift idF des Art. 19 Nr. 84 EGStGB will dem Verletzten Ge- 1 nugtuung zuteil werden lassen (E EGStGB 235; BGH **10**, 310; Nürnberg NJW **51**, 124; krit. hierzu Schomburg ZRP **86**, 65). Die Anordnung ist ihrer Rechtsnatur nach eine Nebenfolge ohne Strafcharakter (str., LK-Tröndle 38 vor § 38 mwN). Gegen Jugendliche darf die Bekanntgabe nicht angeordnet werden (§ 6 I S. 2 JGG). § 200 gilt sowohl für alle Fälle des 14. Abschnitts als auch für die §§ 90 (dort 6), 90 b, 103 II. Bei Tateinheit gilt § 52 IV.

2) Öffentlich (5 zu § 111) **oder durch Verbreiten** (4 zu § 74 d) **von** 2 **Schriften** (39 ff. zu § 11) muß die Beleidigung begangen sein, dh von unbestimmt vielen, nicht durch persönliche Beziehungen verbundenen Personen wahrgenommen werden kann, wobei diese tatsächlich anwesend sein müssen; auf die Öffentlichkeit des Ortes kommt es nicht an (Celle NdsRpfl. **60**, 234; MDR **66**, 347; Düsseldorf JMBlNW **65**, 45). Zu Äußerungen in Eisenbahnabteilen und Straßenbahnen vgl. RG **65**, 112; in Gerichtsverhandlungen RG **63**, 431. Eine Beleidigung auf offener Postkarte ist öffentlich begangen (RG HRR **32**, Nr. 1798), nicht aber auf einer Postsendung in offenem Umschlag (RG **37**, 290). Späteres Lesen nicht öffentlicher Beleidigungen durch andere macht sie nicht zu öffentlichen, aaO. Der Täter muß das Bewußtsein der Öffentlichkeit haben (RG **63**, 432; Hamburg NJW **70**, 1650).

3) Zugleich auf Strafe muß erkannt sein; daher scheidet § 200 aus, falls 3 nach §§ 199, 203 von der Strafe abgesehen oder sie nur vorbehalten worden (SchSch 5 zu § 165; SK-Rudolphi 4; Schomburg ZRP **86**, 65; LK-Herdegen 2) ist, vgl. 8 zu § 199. Wird ein verantwortlicher Redakteur iS nach § 21 PresseG NW (Göhler 619) nur wegen Verletzung seiner Überprüfungspflicht bestraft, so entfällt insoweit § 200, auch wenn die nicht überprüfte Druckschrift eine Beleidigung enthielt (RG **66**, 33; **13**, 319).

4) Auf Antrag des Verletzten (2 f. zu § 77; § 194 III S. 2, 3, IV) oder eines 4 sonst zum Strafantrag Berechtigten (§ 194 I S. 1, II S. 1, 3 iVm §§ 77, 77 a), im Fall von § 103 aber auch des StA (§ 103 II S. 2), im Fall des § 194 IV der betroffenen Körperschaft (§ 77 e iVm § 77), ordnet das Gericht die Bekanntgabe an. Im Fall der Beleidigung der BReg. gilt 12 zu § 194 mit der

§ 200

Maßgabe, daß die zur Tatzeit amtierende BReg. antragsberechtigt ist (vgl. 20. 12. 1963, 3 StR 52/63). Von mehreren Berechtigten hat jeder ein selbständiges Antragsrecht. Es ist auch möglich, daß ein anderer als der, der den Strafantrag gestellt hat, den Antrag nach § 200 stellen kann, zB der inzwischen voll geschäftsfähig gewordene Verletzte (vgl. § 77 III) oder der Angehörige, auf den nach dem Tod des Strafantragstellers das Antragsrecht nach §§ 194 I S. 2, 77 II übergegangen ist (E 1962, 325).

5 **5) Nach II S. 1** bestimmt das Gericht **Art**, aber auch den **Umfang** der Bekanntgabe im Urteil oder Strafbefehl (§ 407 II Nr. 1 StPO) **nach pflichtgemäßem Ermessen** (9. 10. 1968, 2 StR 411/68). Zwischen dem Genugtuungsinteresse des Verletzten und dem Interesse des Täters, eine Bloßstellung zu vermeiden, ist abzuwägen. Schwere und Form der Tat sind zu berücksichtigen. Das Gericht kann die Mitveröffentlichung der Gründe anordnen (RG 20, 1), der sich auf Urteilskopf und Tenor beschränken. Es hat den Namen des Beleidigten (RiStBV 231) und die Veröffentlichungsart (unten 6, 7) zu bestimmen (GA 68, 84; LK 4). Zum Aushang an der Gemeindetafel vgl. Petzold MDR 62, 264. Wird noch wegen anderer Taten verurteilt, so ist die Bekanntgabe möglichst auf den die Beleidigung betreffenden Teil zu beschränken (Bay 61, 141). Bei Tateinheit muß der Täter die Veröffentlichung des ungeteilten Urteilsspruchs hinnehmen (RG 73, 29); aber (nach BGH 10, 310) nur unter Angabe der ausgesprochenen Strafe, doch ohne Benennung des anderen idealkonkurrierenden Deliktes. Also lautet sie bei Verurteilung wegen Freiheitsberaubung in Tateinheit mit Beleidigung zu 6 Monaten Freiheitsstrafe: „Der Verurteilte ist wegen Beleidigung des X, begangen mit einer anderen Straftat, zu 6 Monaten Freiheitsstrafe verurteilt" (aM SK-Rudolphi 5 zu § 165). Bei mehreren Verletzten und Angeklagten ist die Anordnung genau differenzierend zu fassen (Hamm NJW 74, 466). Unterläßt der Richter eine erforderliche Bestimmung, so steht die Revision offen (R 10, 564). Das Revisionsgericht soll nach BGH 3, 76 die Bekanntgabe anordnen können, wenn es die mildeste Form wählt.

6 **6) Nach II S. 2** hat das Gericht, wenn die Beleidigung **in einer Zeitung** oder Zeitschrift begangen ist, die periodische Druckschrift schon wegen § 463c III StPO (vgl. unten 8), im einzelnen zu bestimmen, auch ob sie zB im selben Teil der Zeitung und mit derselben Schrift zu erfolgen hat wie die Beleidigung (E 1962, 326), oder ob die Veröffentlichung auch noch in einer anderen Zeitung oder auch einschließlich der Gründe angeordnet wird (vgl. zu § 200 aF RG 14, 327; 20, 1; Stuttgart NJW 72, 2320). Das gilt
7 entsprechend, wenn die Beleidigung **durch Veröffentlichung im Rundfunk,** dh im Bild- oder Hörfunk (8 zu § 131) begangen ist. Hier ist der Sender, die Art der Sendung und vor allem die Stunde zu bestimmen, zu der die Bekanntgabe zu senden ist; aber auch der Inhalt der Bekanntgabe. Eine Bekanntmachung nach II S. 2 ist nur dann obligatorisch, wenn sich auch der Täter dieses Publikationsmittels bedient hat (BT-Drs. 10/877, 14).

8 **7) Vollstreckung** erfolgt durch die Vollstreckungsbehörde (E EGStGB 235; § 451 StPO; § 59 II StVollstrO), allerdings erst **auf** besonderes **Verlangen** (I iVm § 463c II StPO) des Antragstellers nach I oder eines an seiner Stelle Antragsberechtigten (hier gilt 4 entsprechend), das innerhalb eines Monats (§ 463c II StPO) zu stellen ist, nachdem die Anordnung der Bekanntmachung dem

Verletzung des persönlichen Lebens- und Geheimbereichs **§ 200**

Berechtigten von Amts wegen zugestellt worden ist (§ 463c I, II StPO). Wird das Verlangen nicht oder verspätet gestellt (dann ev. Wiedereinsetzung nach §§ 44ff. StPO), so entfällt die Bekanntmachung; andernfalls wird die Anordnung vollzogen. Kommt in den Fällen von 6, 7 der verantwortliche Redakteur einer periodischen Druckschrift oder der für die Programmgestaltung eines Rundfunksenders Verantwortliche seiner Verpflichtung zur Wiedergabe der Bekanntmachung nicht nach, so hält ihn das Gericht (§ 462 StPO) auf Antrag der Vollstreckungsbehörde durch Zwangsgeld bis zu 50000 DM oder durch Zwangshaft bis zu 6 Wochen dazu an; Zwangsgeld kann wiederholt festgesetzt werden (§ 463c III, IV StPO). Nach § 22 I Nr. 5 NdsPrG begeht im übrigen der Verleger oder verantwortliche Redakteur, der die Bekanntmachung unterläßt, eine Ordnungswidrigkeit.

8) Weitere Fälle einer Befugnis zur öffentlichen Bekanntgabe einer Verurteilung: § 142 IV PatG, § 111 UrhG, § 23 UWG, § 25d VI WZG, § 14 VI GeschmMG; § 25 VI GebrMG; § 10 VI HalbleiterSchG; § 35 VI SortenSchG. **9**

Fünfzehnter Abschnitt
Verletzung des persönlichen Lebens- und Geheimbereichs

Vorbemerkung

Das EGStGB (Art. 19 Nr. 85) hat nach dem Vorbild des E 1962 (§§ 182 bis 186b; Begr. 326; NdSchr. **9**, 152, 182, 195, 203, 219, 398, 515, 569; **13**, 349, 361, 391) und des AE (§§ 145ff.) das in der hochtechnisierten Massengesellschaft immer mehr bedrohte Rechtsgut des persönlichen Lebens- und Geheimbereichs, dh die jeder Persönlichkeit zukommende und gegen die Außenwelt abzuschirmende Intimsphäre (E 1962, 326; krit. Fezer JR **76**, 96). Im Zusammenhang mit Art. 1, 2 GG und Art. 8 MRK in einem besonderen Abschnitt in den §§ 201 bis 205 unter besonderen Schutz gestellt (E EGStGB 235; Prot. 7/176). Auf Vorschriften gegen die öffentliche Erörterung fremder Privatangelegenheiten (**Indiskretionsdelikt;** § 182 E 1962; § 145 AE; vgl. nunmehr § 201 II Nr. 2 idF des 25. StÄG, Lenckner, Baumann-FS 139) und das unbefugte Aufnehmen des Bildes von Menschen und die Veröffentlichung solcher Aufnahmen (§ 146 II, III AE) hat das EGStGB verzichtet (E EGStGB 235f.) **1**

Schrifttum: *Arzt*, Der strafrechtliche Schutz der Intimsphäre, 1970; *Blei*, Henkel-FS 109; *Gallas* ZStW **75**, 16; *Geppert* Jura **83**, 586; *Henkel*, 42. DJT 1957 II D 59; *Klug*, Sarstedt-FS 103; *G. Schmidt* ZStW **79**, 741; *Schünemann* ZStW **90**, 34; *R. Hauser*, Habscheid-FS 139 (Schweiz). **2**

Verletzung der Vertraulichkeit des Wortes

201 ¹Mit Freiheitsstrafe bis zu drei Jahren oder mit Geldstrafe wird bestraft, wer unbefugt

1. das nichtöffentlich gesprochene Wort eines anderen auf einen Tonträger aufnimmt oder
2. eine so hergestellte Aufnahme gebraucht oder einem Dritten zugänglich macht.

IIEbenso wird bestraft, wer unbefugt

§ 201

BT Fünfzehnter Abschnitt

1. das nicht zu seiner Kenntnis bestimmte nichtöffentlich gesprochene Wort eines anderen mit einem Abhörgerät abhört oder
2. das nach Absatz 1 Nr. 1 aufgenommene oder nach Absatz 2 Nr. 1 abgehörte nichtöffentlich gesprochene Wort eines anderen im Wortlaut oder seinem wesentlichen Inhalt nach öffentlich mitteilt.

Die Tat nach Satz 1 Nr. 2 ist nur strafbar, wenn die öffentliche Mitteilung geeignet ist, berechtigte Interessen eines anderen zu beeinträchtigen. Sie ist nicht rechtswidrig, wenn die öffentliche Mitteilung zur Wahrnehmung überragender öffentlicher Interessen gemacht wird.

III Mit Freiheitsstrafe bis zu fünf Jahren oder mit Geldstrafe wird bestraft, wer als Amtsträger oder als für den öffentlichen Dienst besonders Verpflichteter die Vertraulichkeit des Wortes verletzt (Absätze 1 und 2).

IV Der Versuch ist strafbar.

V Die Tonträger und Abhörgeräte, die der Täter oder Teilnehmer verwendet hat, können eingezogen werden. § 74a ist anzuwenden.

1 **1) Die Vorschrift** ist durch G v. 22. 12. 1967 als § 298, V durch das EGOWiG (1 zu § 74) eingefügt und inhaltlich unverändert durch das EGStGB als § 201 übernommen worden. Zur Entstehungsgeschichte vgl. § 183 E 1962 mit Begr., Ndschr. **9**, 152; 182; 219; 398; 420; 515; 529; BT-Drs. V/1492; V/1680; V/1880; V/2069; Prot. V 1353 mit Ausschußdrucks. Nr. 22. Vgl. E EGStGB 236, 282; Prot. 7/176. Weitergehende **gesetzgeberische Bemühungen** zur Verhinderung des Mißbrauchs von Sendeanlagen und des abgehörten Wortes gehen nach dem Scheitern weiterreichender Vorschläge (BT-Drs. V/1643) auf die Innenministerkonferenz 1974 zurück. Sie führten zunächst nur zu Ergänzungen der §§ 5a bis 5e iVm § 15 II, § 19a I **FAG** (Anh. 25) erst später, nämlich auf Grund des **25. StÄG** v. 20. 8. 1990 (BGBl. I 1764, III 450–2; Inkrafttreten: 26. 8. 1990) zur Erweiterung des § 201. Das StÄG geht auf die Initiative der CDU/CSU, FDP (BT-Drs. 11/6714); vgl. dazu BTag 11/16118, 17074; BR-Drs. 443/90; R-BRat 622. Sitz.; Ber. BT-Drs. 11/7414), die bereits in der 8. WP von Bayern eingebracht (BR-Drs. 36/84), von der BReg. abgelehnt, vom BRat u. in der 9. (BT-Drs. 10/719) u. 10. WP erneut eingebracht (BT-Drs. 10/1618), aber ausgeklammert wurden (R-BTag 49. Sitz.; Ber. BT-Drs. 10/5453). Über I, II Nr. 1 hinaus wird auch der mittelbare Eingriff in die Vertrauenssphäre, nämlich in II Nr. 2 auch der mittelbare Angriff auf das vertraulich gesprochene Wort durch das Offenbaren, dh durch eine Folgehandlung zu I Nr. 1, II Nr. 1, unter Strafe gestellt. **Schrifttum:** *Klug*, Oehler-FS 397; *Lenckner*, Baumann-FS 135.

2 **2) Rechtsgut** ist die Person in ihrer Privatsphäre, und zwar in der Vertraulichkeitssphäre (Schwalm), in der die Unbefangenheit der menschlichen Kommunikation (vgl. BVerfGE **34**, 245) gesichert werden soll; str.; unter die Strafdrohung fällt daher eine in Kenntnis des Sprechenden (wenn auch unerlaubt) gefertigte Tonaufnahme nicht (AG Hamburg **NJW 84**, 2111); nach SK-Samson 2 ist Rechtsgut die Kontrolle der Reichweite bestimmter Äußerungen; vom Schutz umfaßt sein dürfte auch das Interesse der Allgemeinheit daran, daß die Voraussetzung einer ungehinderten mündlichen Kommunikation – die Vertraulichkeit – gewährleistet ist. **Angriffsgegenstand** ist das **nichtöffentlich**, dh das nicht an die Allgemeinheit gerichtete, nicht über einen durch persönliche oder sachliche Beziehungen abgegrenzten Personenkreis hinaus (dazu näher Blei, Henke-FS 114; abw. SchSch-Lenckner 8; SK 5) ohne weiteres wahrnehmbare **gesprochene Wort,** dh eine lautlich wahrnehmbare Gedankenäußerung jeglichen Inhalts, nicht nur materielle Geheimnisse iS des § 203, sondern auch formelle (Karlsruhe NJW **79**, 1513), (nicht auch mechanisch aufgezeichnete Meßdaten, Gesang, Deklamation eines fremden Textes, Instrumentalmusik; str.; differenzierend SK 4; aM LK-Träger 4; SchSch 5; Wessels BT 1 § 12 II 1; Gössel BT 1 § 37, 9) eines beliebigen **anderen** (auch des Ehegatten, eines Kindes, eines Geisteskranken), egal, ob er zu einem Gegenüber spricht oder das Wort etwa auf einen privaten Tonträger aufgenommen ist; (aM LK 12; SchSch 12), ob er über Telefon (Karlsruhe NJW **79**, 1513) oder nicht öffentlichen Funk gegenüber einem anderen spricht oder ein Selbstgespräch führt; *nicht gesprochen* sind technisch eingespeicherte Daten. Eine **Vertraulichkeit** ieS wird für das gesprochene Wort also nicht vorausgesetzt. Auch die Vermittlungsphase eines eingehenden Telefonats ist umfaßt. Nicht die Zahl der Mithörenden, sondern die Abgeschlossenheit des Zuhörerkreises und die Kontrollmöglichkeit über die Reichweite der Äußerung sind entscheidend. Das Vernehmungsgespräch bei einer Beschuldigtenvernehmung ist nichtöffentlich, auch wenn es später in der Hauptverhandlung in die Öffentlichkeit dringt (Frankfurt NJW **77**, 1547 m. Anm. Arzt JR **78**, 170); ebenso idR jedes sonstige in dienstlichem oder beruflichem Zusammenhang gesprochene Wort (Frankfurt NJW **79**, 1172; Karlsruhe NJW **79**, 1514; LK 2; SchSch 6; SK 5; Arzt/Weber LH **1**, 482; zu Unrecht abl. Ostendorf JR **79**, 468, gegen ihn Albert JR **81**, 495). Für die Frage der Nichtöffentlichkeit ist nicht allein der Wille des Sprechers, sondern auch der Zweck und die Eigenart der Unterredung von Bedeutung. Auch können vom Sprecher unbemerkte Zuhörer zu einer „faktischen Öffentlichkeit" führen (Celle MDR **77**, 597 m. abl. Anm. Arzt JR **77**, 339), freilich nicht unerbetene Lauscher (M-Maiwald § 29, 54). Der mit einem gewöhnlichen Rundfunkgerät abhörbare Polizei- und Taxifunk ist öffentlich (Karlsruhe NJW **70**, 394 m. abl. Anm. Parmentier); ebensowenig erfaßt § 201 den heimlichen Mitschnitt von Beiträgen in öffentlicher Versammlung mit einem Taschendiktiergerät und den Mitschnitt eines Notrufs 110 (Kramer NJW **90**, 1761).

3) Tathandlungen sind **A. nach I Nr. 1** das **Aufnehmen,** dh das mechanische Fixieren des Wortes (oben 2) **auf einen Tonträger** (2 zu § 74 d); **nach I Nr. 2** die direkte akustische Weitergabe einer so (unbefugt) hergestellten Aufnahme, nämlich **a)** das **Gebrauchen** einer so, dh auch unbefugt (M-Maiwald § 29, 56; SchSch 15; Arzt aaO 263; SK 11; LK 13; hM) hergestellten Aufnahme, insbesondere das Vorspielen vor sich selbst oder Dritten, zB um den Wortlaut schriftlich festzuhalten (BR-Drs. 10/1618, 12), während das Übertragen auf einen weiteren Tonträger unter 3 fällt (str.; aM SK 7), oder **b)** das **Zugänglichmachen** einer so hergestellten Aufnahme als solcher, dh das Ermöglichen des Zugriffs auf die Aufnahmen **durch einen beliebigen Dritten,** (aM LK 15), vor allem durch Überlassen des Tonträgers an ihn, **B. nach II, Satz 1 Nr. 1** das **Abhören** (Lauschangriff) mit einem **Abhörgerät,** dh mit einer *verbotenen* (BGHZ NJW **82**, 1398) technischen Einrichtung, die das Wort (oben 2) über dessen natürlichen Klangbereich hinaus für den Täter hörbar macht (Mikroabhörgeräte; eingebaute Mikrofone; Anzapfen des Telefons, nicht aber im Telefon eingebaute Lautsprecher, Zweithörer oder sonstige Mithöreinrichtungen (BGHZ NJW **82**, 1398; Hamm StV **88**, 375 m. krit. Anm. Krehl; LG Regensburg NStZ **83**, 366; aM Klug, Sarstedt-FS 106; LAG Berlin JZ **82**, 258; LK 20; Gössel BT 1 § 37, 38), auch nicht das Ohr an der Wand. II S. 1 Nr. 1; erfaßt nur das Abhören des Wortes, das **nicht zur Kenntnis des Täters bestimmt** ist, also nicht Abgehörtes, das für einen Dritten bestimmt ist. Dieser braucht nicht anwesend zu sein; hört er ohne Kenntnis des Sprechenden mit, so entfällt II S. 1 Nr. 1; str.; vgl. SK 16; zur Telefonüberwachung im Betrieb Ramo-

6 novsky, Die Information über Steuer und Wirtschaft **80**, 471; C. **nach II Satz 1 Nr. 2** das **öffentliche Mitteilen** des nach I Nr. 1 aufgenommenen oder nach II Nr. 1 abgehörten nichtöffentlich gesprochenen Wortes (oben 2) eines anderen **im Wortlaut** oder seinem wesentlichen Inhalt nach. Tathandlung ist jegliches öffentliches Mitteilen (6 zu § 353d) der unbefugt nach I Nr. 1, II Nr. 1 erlangten Information (unabhängig von der Mitteilungsform) an Dritte. Auf diese Weise werden, damit sich Taten nach I Nr. 1 nicht lohnen (Lenckner [oben 1] 137), auch mittelbare Einbrüche in die Privatsphäre, nämlich die Verwertung des illegal Aufgenommenen oder Abgehörten, insbesondere durch Verbreitung der Erkenntnisse von Tätern des Lauschangriffs in den Medien erfaßt (BT-Drs. 11/6714, 3), wobei es genügt, daß die Erkenntnisse **dem wesentlichen Inhalt nach** mitgeteilt werden (Lenckner [oben 1] 151).

7   **4) Unbefugt** (27 ff. zu § 203) muß der Täter (hier und in den Fällen der §§ 202a bis 204) handeln, dh rechtswidrig, zB **ohne gesetzliche Erlaubnis** (das G 10 und die §§ 100a 100b StPO haben allerdings im wesentlichen nur Bedeutung für III; unten 11) oder **Einwilligung** des Sprechenden (Arzt aaO 266, SchSch 13 nehmen schon Tatbestandsausschluß an, sobald die Aufnahme nicht mehr heimlich gemacht wird), die auch stillschweigend erteilt werden kann; auch mutmaßliche Einwilligung kann eine Rolle spielen (Kramer NJW **90**, 1762), zB bei Aufnahmen oder Mithörenlassen von Geschäftsgesprächen nach kaufmännischer Gepflogenheit (BVerfGE **34**, 238; zu pauschal Kohlhaas NJW **72**, 238; gegen ihn Schilling NJW **72**, 854); Scherzaufnahmen in Gesellschaft; (dazu LK-H. J. Hirsch 137 vor § 32); die mit Einwilligung des Sprechenden hergestellte Aufnahme darf aber nicht ohne weitere Einwilligung Dritten gegenüber gebraucht oder weitergegeben werden (aM LK 24; Arzt aaO 298; Blei, Henkel-FS 112; Kramer NJW **90**, 1762), ebensowenig legitimiert die Einwilligung zum Mithören ohne weiteres die Aufnahme auf Tonträger (Kramer NJW **90**, 1762). Arzt (aaO 266) und SchSch 13 nehmen im Fall der Einwilligung des Sprechenden schon Tatbestandsausschluß an, sobald die Aufnahme nicht mehr heimlich gemacht wird; eingehend zur Doppelfunktion des „unbefugt" im Zusammenhang mit II Nr. 2 Lenckner [oben 1] 148. Ferner kommen allgemeine Rechtfertigungsgründe wie **Notwehr** (gegenüber Erpresser), **rechtfertigender Notstand** (LK 28; dessen Grundsätze eine Tat nach § 201 zur Verwirklichung eines Strafverfolgungsanspruchs nicht zu rechtfertigen vermag, Kramer NJW **90**, 1763), überwiegendes Interesse bei **Güter- und Pflichtenabwägung** (9 zu § 34) oder in Fällen der **Sozialadäquanz** (12 vor § 32) sogar Tatbestandsausschluß in Betracht (vgl. Karlsruhe NJW **79**, 1514; aM SK 27 ff.). **Beispiele:** Zufälliges Mitanhören fremder Gespräche durch Störung des Telefons (ein Abhörgerät ist hier entgegen der Amtl. Begr. und der hM gegeben; aM SchSch 23; SK 18); wissenschaftliche Untersuchungen von Sprachforschern oder Kinderpsychologen; Abhören ihrer kleinen Kinder durch die Eltern zu Erziehungszwecken; in beschränktem Umfang Handlungen zur Erlangung von Beweismitteln für Scheidungs- oder Strafverfahren in dem durch die Rspr. erarbeiteten Rahmen (vgl. BVerfGE **34**, 247; BGHZ **27**, 284; BGH **14**, 358; **19**, 193; 332; BVerwG NJW **64**, 607; KG NJW **56**, 26; **67**, 115; Celle NJW **65**, 1677; Stuttgart MDR **77**, 683; Evers ZRP **70**, 147; Gropp StV **89**, 222, Kramer NJW **90**, 1762); Aufnahmen von Anrufern zur Abwehr krimineller Hand-

Verletzung des persönlichen Lebens- und Geheimbereichs § 201

lungen (KG JR 81, 254 m. Anm. Tenckhoff; Geppert JK 1; ferner BGHZ NStZ 82, 255 m. Anm. Dünnebier) oder bei „Telefonterror" (Beleidigungen, schwerwiegende Belästigungen, Kramer NJW 90, 1762). Rechtswidrig ist hingegen die heimliche Tonaufnahme während eines Vernehmungsgesprächs (Frankfurt NJW 77, 1547 m. Anm. Arzt JR 78, 168), eine solche von Verhandlungen mit Behörden (Karlsruhe NJW 79, 1514; abl. Ostendorf JR 79, 468, zutr. gegen ihn Alber JR 81, 495). Zur Frage des Abhörens zur Abwehr krimineller Telefonanrufe, Klug, Sarstedt-FS 101; ferner Hillenkamp, Vorsatztat und Opferverhalten, 1981, 96.

Die Bagatellklausel des II S. 2 beschränkt den Anwendungsbereich des 7a II S. 1 Nr. 2 auf strafwürdige Fälle, so daß zB Mitteilungen lapidarsten Inhalts, etwa über das Wetter, ausscheiden. Dagegen werden Gesprächsinhalte vor Verbreitung geschützt, die ein Geheimnis im materiellen Sinne darstellen, aber auch solche, die den Verletzten in der Öffentlichkeit bloßstellen würden. Es kommt also allein darauf an, ob die Verbreitung **geeig-** 7b **net** ist, solche Beeinträchtigungen zu verursachen, ganz unabhängig davon, ob die Mitteilung ein materielles Geheimnis betrifft oder nicht. Eine Beweiserhebung darüber, ob tatsächlich berechtigte Interessen verletzt wurden, ist somit entbehrlich. **II S. 3** konkretisiert einen Rechtfertigungsgrund, der den Grundsätzen der Rspr. zu Art. 5 I GG (BGHZ 73, 124, bestätigt durch BVerfGE 66, 116) Rechnung trägt (Lenckner [oben 1] 152). Danach ist die Mitteilung rechtswidrig erlangter Informationen ausnahmsweise dann nicht rechtswidrig, wenn und soweit eine **Güter- und Pflichtenabwägung** (9 zu § 34) ergibt, daß die Bedeutung der Information für die Unterrichtung der Öffentlichkeit und die öffentliche Meinungsbildung eindeutig die Nachteile überwiegt, welche der Rechtsbruch für den Betroffenen und die Geltung der Rechtsordnung nach sich ziehen muß (BVerfGE 66, 139). Es muß sich dabei um Mißstände von erheblichem Gewicht handeln, an deren Aufdeckung ein **überragendes öffentliches Interesse** besteht (BVerfGE aaO). In diesem Umfang findet die Pressefreiheit ihre Grenze an § 201 (BT-Drs. 11/6714, 4; vgl. auch 8ff. zu § 193).

5) Abs. III ist ein **Qualifikationstatbestand. a)** Täter kann hier nur ein 8 Amtsträger (11ff. zu § 11) oder für den öffentlichen Dienst **besonders Verpflichteter** (29 zu § 11; § 48 I WStG; § 9 BArchG) sein, der **als solcher** eine Tat nach I, II begeht. Die Tat, die Offizialdelikt ist (§ 205 I), ist danach als uneigentliches Amtsdelikt Sonderdelikt, so daß für den nicht qualifizierten Teilnehmer der Strafrahmen von I gilt (8ff. zu § 28). Als Amtsträger dürfte der Täter auch handeln, wenn er außerhalb der Dienstzeit ihm dienstlich zugängliche Einrichtungen mißbraucht, um unbedingt abzuhören (aM SchSch 28; Gössel BT 1 § 37, 51). **b)** Die **Befugnis** von Amtsträgern richtet sich, soweit es um Abhören und Aufnehmen von Telefongesprächen geht, nach den §§ 100a, 100b StPO sowie dem G 10 (und den DurchführungsG der Länder; vgl. zB für NW Ges. v. 11. 3. 1969 [GV NW 146], letztes ÄndG vom 4. 11. 1986 [GV NW 679]; dazu die umstrittene, aber zutr. Entscheidung des BVerfGE 30, 1). Notwehr oder rechtfertigender Notstand können nur in ganz außergewöhnlichen Fällen in Betracht kommen (BGH 31, 307; 24 zu § 34; vgl. auch BGH 19, 333).

6) Nach IV ist **Versuch** strafbar; von Bedeutung ist vor allem der miß- 9 glückte beendete Versuch.

§ 201

10 **7) Vorsatz** ist erforderlich, bedingter genügt. Ein Irrtum über die Befugnis ist Verbotsirrtum (Karlsruhe NJW **79**, 1515; vgl. 34 zu § 203). Im Fall von 1 Nr. 2 muß sich der Vorsatz allerdings darauf beziehen, daß die Aufnahme ungefugt hergestellt worden ist (M-Maiwald § 29, 58).

11 **8) Die Strafe** ist in III erhöht; ggf. ist § 41 zu beachten.

12 **9) Konkurrenzen.** Die verschiedenen Begehungsformen nach I und II können zueinander in Tateinheit stehen. Mitbestrafte Nachtat ist es allerdings, wenn der Täter, der die Aufnahme gemacht hat, sie sich selbst vorspielt oder der Täter, der die Aufnahme einem Dritten vorgespielt hat, sie diesem überläßt (LK 36; hM; aM SchSch 39). Tateinheit ist weiter möglich mit §§ 94ff.; § 185; in den Fällen von III iVm I Nr. 2 auch mit §§ 353b I, 354.

13 **10) Einziehung** der Aufnahmen im Fall von I Nr. 1 als *producta*, der Abhörgeräte im Fall von II als *instrumenta sceleris* ist schon nach § 74 möglich. Im Fall von I Nr. 2 ermöglicht V S. 1 die Einziehung der Aufnahmen, die als bloße Beziehungsgegenstände anzusehen sind (10 zu § 74); auch dann müssen nach § 74 IV die Voraussetzungen von § 74 II oder III erfüllt sein. Einziehung gegenüber tatunbeteiligten Dritten ist nicht nur als Sicherungseinziehung (13ff. zu § 74), sondern auch nach § 74a möglich (V S. 2); selbständige Einziehung nach § 76a. In den Fällen von III scheitert die Einziehung behördeneigener Abhörgeräte an § 74 II (Prot. 7/176).

14 **11) Strafantrag** (§ 205) ist nur in den Fällen von I, II erforderlich.

Verletzung des Briefgeheimnisses

202
^IWer unbefugt

1. einen verschlossenen Brief oder ein anderes verschlossenes Schriftstück, die nicht zu seiner Kenntnis bestimmt sind, öffnet oder
2. sich vom Inhalt eines solchen Schriftstücks ohne Öffnung des Verschlusses unter Anwendung technischer Mittel Kenntnis verschafft,

wird mit Freiheitsstrafe bis zu einem Jahr oder mit Geldstrafe bestraft, wenn die Tat nicht in § 354 mit Strafe bedroht ist.

^{II}**Ebenso wird bestraft, wer sich unbefugt vom Inhalt eines Schriftstücks, das nicht zu seiner Kenntnis bestimmt und durch ein verschlossenes Behältnis gegen Kenntnisnahme besonders gesichert ist, Kenntnis verschafft, nachdem der dazu das Behältnis geöffnet hat.**

^{III}**Einem Schriftstück im Sinne der Absätze 1 und 2 steht eine Abbildung gleich.**

1 **1) Die Vorschrift** idF des EGStGB (vgl. vor § 201) und Art. 1 Nr. 6 des 2. WiKG (2 vor § 263) **schützt** nicht nur das Briefgeheimnis (Art. 10 GG), sondern auch Abbildungen (III) gegen Indiskretion (LK-Träger 2).

2 **2) Tatgegenstände** sind **A. nach I Schriftstücke,** dh Papiere oder andere Sachen, auf denen schriftlich, gedruckt oder (wenn vielleicht auch in Geheimschrift) geschrieben in beliebiger Sprache Gedanken ausgedrückt sind,
3 die keine Geheimnisse zu sein brauchen; vor allem **Briefe,** nämlich Mitteilungen von Person zu Person (RG **36**, 268; BVerwG JZ **59**, 89), aber auch Tagebücher, Dichtungen, Notizen, Abrechnungen, Aufstellungen, Pläne u. dgl.; aber nicht unbeschriftete Sachen oder solche beschriftete, bei denen

Verletzung des persönlichen Lebens- und Geheimbereichs § 202

wie zB bei einer Zigarettenpackung (E EGStGB 237), Briefmarken, Banknoten, Münzen, der Verschluß nicht darauf abzielt, die Kenntnisnahme ihres gedanklichen Inhalts zu verhindern (Blei JA **74**, 605; vgl. LK 9; anders bei § 354 II Nr. 1); **nach III Abbildungen** (43 zu § 11), aber nur solche (aM **4** LK 11), bei denen gerade sie vor Kenntnisnahme geschützt werden sollen (nicht das Bild auf der Zigarettenpackung).

B. Das Schriftstück muß **a) nach I verschlossen**, dh mit einer Vorkehrung versehen sein, die der Kenntnisnahme ein deutliches Hindernis bereitet (vgl. E EGStGB 237; RG **16**, 287). Wie II zeigt, meint I für das Schriftstück aber nur einen die Sache unmittelbar umhüllenden oder abschirmenden Verschluß wie den zugeklebten Briefumschlag oder das mit einem Schloß versperrte Tagebuch. Ob dies zutrifft, ist eine nach der Anschauung des täglichen Lebens zu entscheidende Tatfrage (RG **16**, 284; **46**, 288; LK 13). Bloßes Zusammenfalten, Zusammenhalten wie zB bei Kreuzbandsendungen, bei Umschnüren mit einer leicht aufziehbaren Schleife oder das Sichern von Musterbeuteln durch metallene Warenbeutelklammern (Stuttgart NStZ **84**, 25) reichen nicht aus; wohl aber eine Pappumhüllung mit verknotetem Bindfaden (RG **16**, 288), Zusammenkleben oder -nähen; oder **b) nach II** durch ein **verschlossenes Behältnis** (8, 10) **gegen Kenntnisnahme besonders gesichert** sein. Damit ist jedes seinerseits verschlossene (vor allem mit Hilfe eines Schlosses) Behältnis gemeint, wie zB eine Kassette, ein Tresor, eine verschließbare Aktentasche, aber auch ein Schrank, ein Spind, eine Schublade, in dem sich unverschlossene (sonst schon 5) Gegenstände iS von 2 bis 4 befinden, die auf diese Weise gegen Kenntnisnahme vom gedanklichen Inhalt der Sache oder von der Abbildung gesichert werden. Verschlossene Räume, in denen sich unverschlossene Schriftstücke befinden, werden nicht geschützt (ev. § 123). Der Verschluß im Behältnis stellt die besondere Sicherung iS des Gesetzes dar.

3) Täter kann jeder sein, nicht aber derjenige, zu dessen Kenntnis die **7** Sache zur Tatzeit bestimmt ist (negatives Sonderdelikt). Der Bestimmende ist der Verschließende oder derjenige, der den Verschluß durch einen anderen anbringen läßt; ebenso SchSch-Lenckner 11. Bei Sendungen wird Bestimmender der Adressat, sobald die Sendung in seinen Gewahrsam (9 ff. zu § 242; Briefkasten) gelangt ist und der Absender nicht ausdrücklich Öffnung nur durch den Adressaten bestimmt hat. Die Bestimmung zur Kenntnisnahme ermächtigt zur Öffnung des Verschlusses bei I, ist aber nicht mit jedem Öffnungsrecht (unten 12) gegeben. Bei II entscheidet nicht das Recht zur Öffnung des Behältnisses; so scheidet II aus, wenn ein Ehemann einen Brief an seine Frau abfängt und ihn, geöffnet oder nicht, in seinem Schreibtisch verschließt, den dann die Frau aufbricht.

4) Tathandlungen sind, daß der Täter **A.** bei **I Nr. 1** das Schriftstück auf **8** irgendeine Weise **öffnet** dh, sei es auch ohne Gewalt (RG **54**, 269) oder Verletzung des Verschlusses (RG **20**, 376), das durch ihn geschaffene Hindernis so weit beseitigt, daß er vom Inhalt Kenntnis nehmen könnte; ob er sie nimmt, ist ohne Bedeutung.

B. bei **I Nr. 2** den Verschluß zwar nicht öffnet, aber **technische Mittel 9 anwendet** (Durchleuchtungsvorrichtung, Tränken des Papiers mit bestimmten Flüssigkeiten; aber nicht bloßes Halten gegen das Licht oder gegen eine normale Lampe; E EGStGB 237) und sich **dadurch** (der Vorsatz

§ 202

BT Fünfzehnter Abschnitt

muß darauf gerichtet sein) **Kenntnis** vom **Inhalt** verschafft. Es genügt ein Teil des Inhalts.

10 C. bei II **das Behältnis** mit dem Vorsatz **öffnet** (oben 8), sich Kenntnis vom Inhalt zu verschaffen, und diesen Vorsatz auch verwirklicht. Es reicht also nicht aus, wenn jemand das Behältnis aus anderen Gründen öffnet und dann Kenntnis von unverschlossenen Schriftstücken nimmt (Fall Effi Briest; Einbrecher, E EGStGB 237).

11 D. **Nicht** unter § 202 fällt das Mitteilen des Inhalts des Schriftstücks durch den Täter an Dritte (E EGStGB 237).

12 5) **Unbefugt** (7 zu § 201; 27 ff. zu § 203) muß der Täter handeln. Spezielle Rechtfertigungsgründe ergeben sich aus den §§ 99, 100 III StPO; § 121 KO, dem G 10 (11 zu § 201), dem ZollG und dem VerbrVerbG (6 vor § 80); für den Briefverkehr von UGefangenen gelten § 119 III StPO; Nr. 28 ff. UVollzO; von Strafgefangenen §§ 28 bis 34 StVollzG; bei minderjährigen Kindern gilt § 1631 BGB. Ein Ehegatte darf die Briefe des andern nicht öffnen; doch kann generelle Bestimmung zur Kenntnisnahme oder auftragslose Geschäftsführung gegeben sein (vgl. RG GA Bd. **61**, 339).

13 6) **Vorsatz** ist als mindestens bedingter erforderlich. Der Irrtum des Täters, das Schriftstück sei zu seiner Kenntnisnahme bestimmt, schließt den Vorsatz aus. Hingegen ist der Irrtum, zur Öffnung befugt zu sein, ein Rechtfertigungsirrtum (oben 12; 20 ff. zu § 16), was vor allem bei der Teilnahme Konsequenzen hat (35 zu § 203). Motiv und Ziel des Täters sind gleichgültig (RG **54**, 296). Bei I Nr. 2, II muß sich der Vorsatz auf die Kenntnisnahme erstrecken, bei I Nr. 1 nicht (LK 38; abw. SK 11); vgl. auch oben 9, 10. Öffnet jemand versehentlich einen Brief, so kann er oder ein anderer ihn straflos lesen (E EGStGB 237).

14 7) **Teilnahme** ist strafbar (abw. SK 16). Doch handelt der Teilnehmer dessen, der zur Kenntnisnahme bestimmt ist, ebenfalls tatbestandslos. Hingegen kann dieser sich strafbar machen, wenn er einen anderen, für den der Brief nicht bestimmt ist, anstiftet. Zum Fall, daß der Teilnehmer den Täter irrig für befugt hält (35 zu § 203).

15 8) **Der Versuch** ist straflos, zB das bloße Öffnen des Behältnisses bei II.

16 9) **Konkurrenzen.** Zu §§ 242, 246 besteht Tateinheit, wenn von vornherein Zueignungsabsicht bestand (NJW **77**, 590 m. zust. Anm. Küper JZ **77**, 464 und Lenckner JR **78**, 424); str. Hinter 354 II, III tritt § 202 zurück. Hingegen wird § 303 von § 202 verdrängt, wenn die Beschädigung nicht über die Öffnungshandlung hinausgeht.

17 10) **Sonstige Vorschriften.** Strafantrag § 205; Privatklage, Sühneversuch, Nebenklage §§ 374, 380, 395 StPO.

Ausspähen von Daten

202 a ¹Wer unbefugt Daten, die nicht für ihn bestimmt und die gegen unberechtigten Zugang besonders gesichert sind, sich oder einem anderen verschafft, wird mit Freiheitsstrafe bis zu drei Jahren oder mit Geldstrafe bestraft.

II Daten im Sinne des Absatzes 1 sind nur solche, die elektronisch, magnetisch oder sonst nicht unmittelbar wahrnehmbar gespeichert sind oder übermittelt werden.

Verletzung des persönlichen Lebens- und Geheimbereichs § 202a

1) Die Vorschrift ist durch Art. 1 Nr. 7 des 2. WiKG (2 vor § 263) auf 1
Vorschlag des RA-BTag nach Anregungen von Sieber und Oertel (Prot. Nr. 26
S. 177, 182, Anl. S. 36ff., 267f. [1a zu § 263a] zum Schutz der Datenbank- und
Datenverarbeitungssysteme gegen Abhören, „Anzapfen" oder gegen sonstigen
unbefugten Zugriff eingefügt worden. **Schriftumsübersicht** bei Leicht iur **87**,
45; vgl. auch Haß [1a zu § 263a] 19ff.; Erläuterung der Begriffe und Techniken
bei v. Gravenreuth NStZ **89**, 201. *Statistik* 1987/88: wistra **90**, 56. Computergespeicherte Daten und Informationen sind zu einem der wichtigsten Träger betrieblichen Know-hows geworden (Sieber InfTechn. [1a zu § 263a], 16). Ihr
Wert gewinnt durch den zunehmenden Einsatz von Datenverarbeitungsanlagen
an Bedeutung. Zugleich mehren sich Möglichkeiten, Computerspionage durch
„Abhören" von Datenübertragungsleitungen in einer Weise zu betreiben, die in
Umfang und Wirkung weit über das Abhören von Telefongesprächen hinausgehen, weil digital übertragene Informationen ihrerseits mit Hilfe von Computern sehr viel leichter maschinell zu analysieren sind als dies etwa beim gesprochenen Wort mit Hilfe von Spracherkennungsgeräten der Fall ist (Ber. 28 nach
Sieber InfTechn. 51; Lenckner Computerkriminalität 117). § 41 BDSG schützt
nur personenbezogene Daten (im Blick auf den, über den die Daten etwas
aussagen), § 201 die Vertraulichkeit des nichtöffentlich gesprochenen Wortes und
§ 202 III aF schützte menschliche Gedanken, die auf einem „zur Gedankenübertragung bestimmten Träger" fixiert sind (Möhrenschlager wistra **86**, 139). Demgegenüber schützt nunmehr § 202a alle gespeicherten und im Übermittlungsstadium befindlichen Daten vor unbefugtem Zugriff und ergänzt damit die übrigen
neuen Tatbestände der Computerkriminalität (vgl. 2 vor § 263) in einem wichtigen Bereich. **Geschütztes Rechtsgut** ist nicht nur der persönliche- und Geheim- 2
bereich, sondern außerdem auch das (meist auch wirtschaftlichen) Interesse des
Verfügungsberechtigten, die in Daten, Dateien oder Datenbanksystemen verkörperten Informationen vor unbefugtem Zugriff zu schützen, vor allem davor,
daß Datenbestände und Programme durch Spionage ausgebeutet werden (Fälle
des sog. *„Datendiebstahls"*, vgl. hierzu Liebl/Grosch CR **85**, 162; Jaburek/Schmölzer Computerkriminalität 1985 S. 43; Möhrenschlager wistra **86**, 139; Granderath
DB **86**, Beilage 18, 1; LK-Jähnke 2; zu den Manipulationen an münzbetätigten
Spielautomaten vgl. Scheu/Kohler Münzautomat **87**, 56). Haft (NStZ **87**, 9) sieht
daher das Vermögen, soweit es in Daten seinen Niederschlag gefunden hat, als
geschütztes Rechtsgut an (hiergegen Frommel JuS **87**, 668), Lackner 1 ein „allgemein formalisiertes Interesse an der Geheimhaltung" (vgl. Bühler MDR **87**, 452).
Daten wirtschaftlicher Unternehmen sind im übrigen, soweit es sich um Geschäfts- und Betriebsgeheimnisse handelt und ohne iS des I besonders gesichert zu
sein, bereits durch § 17 II Nr. 1 UWG (Anh. 13) geschützt. Sog. **Hacker**, die sich
mit dem bloßen Eindringen in ein Computersystem begnügen (vgl. Sieber InfTechn. 19, 54; Holzner KR **84**, 589; Winklbauer CR **85**, 44; Jaburek/Schmölzer
aaO 38; Goldmann/Stenger KR **89**, 464; 468, 473; v. Gravenreuth NStZ **89**, 201;
Möhrenschlager wistra **91**, 326) und sich noch keine Daten unbefugt *verschaffen*
(unten 9; vgl. auch Tiedemann JZ **86**, 871), bleiben straflos (Ber. 28; irrig Gola
NJW **87**, 1679). Solche Handlungen können zwar eine starke Systembelastung
bewirken und Integritätsinteressen der Betreiber und Benutzer beeinträchtigen,
wurden aber, auch soweit es sich um Vorbereitungshandlungen zu Taten nach
§§ 202a I, 263a, 269 oder 303a handelt, aus allgemeinen strafrechtlichen Erwägungen straflos gelassen (krit. hierzu Granderath aaO 2; Müller-Wabnitz [2 zu
§ 264], 212; Bühler MDR **87**, 453), indessen überschreiten solche Gefährdungen
die Strafbarkeitsgrenze, wenn die Störung durch das Eindringen so stark ist, daß
Daten verändert werden oder die Anlage beschädigt wird (§§ 303 bis 303b) oder
der Täter Daten iS des § 202a abruft (Ber. 28f.).

§ 202a

3 **2) Abs. II** schränkt den **Begriff Daten** (vgl. 4 zu § 268; Haft NStZ **87**, 10) wegen seiner uferlosen Weite für § 202a (sowie für § 274 I Nr. 2, §§ 303a, 302b I Nr. 1 iVm § 303a) erheblich ein; erfaßt werden andererseits (anders als in § 43 BDSG) nicht nur personenbezogene Daten. Auch brauchen sie keine materiellen Geheimnisse iS der 2 ff. zu § 203 darzustellen (Ber. 29; Meurer, Kitagawa-FS 975).

A. Tatgegenstand sind nur solche Daten, die **elektronisch, magnetisch** verkörpert oder sonst **nicht unmittelbar wahrnehmbar** (dh mit den Sinnen nicht unmittelbar), sondern erst mittels Instrumenten, wie Mikroskop, Verstärker, Sensor, Bildschirm, Drucker, also „künstlich" wahrnehmbar sind. Da die auf Lochkarten oder -streifen codierten Informationen sichtbar, dh unmittelbar wahrnehmbar sind, scheiden sie aus (Lackner 2; Welp iur **88**, 446),

4 **a) gespeichert,** also zum Zwecke ihrer Weiterverwendung erfaßt, aufgenommen oder aufbewahrt (§ 3 V Nr. 1 BDSG), **sind.** Erfaßt sind somit alle Formen nicht unmittelbar wahrnehmbarer Speicherung, vor allem digital übertragene Informationen, auch optische und akustische Speichermedien, wie zB COM-Mikrofilmdateien (Computer Output on Microfilm), das CIM-System (Computer Input from Microfilm), Hologrammspeicher (so RegE 33 nach Sieber 2/41), Tonbänder oder Schallplatten (Möhrenschlager aaO), Geldspielgeräte-Platinen, nicht aber die in manuell erstellten Sammlungen oder mechanisch auf Lochkarten gespeicherten oder noch zu speichernden Daten (Haß [1a zu § 263a] 22; v. Grafenreuth NStZ **89**, 206; aM Gössel BT 1 § 37, 90) oder

5 **b) übermittelt werden.** Das ist nach Welp (iur **88**, 445 mwN) jede Weiterleitung von Daten, insbesondere im one-line-Verkehr von Rechner zu Rechner innerhalb eines Netzwerks oder über Fernmeldewege, nicht aber der Transport körperlicher Datenträger, da gespeicherte Daten unter 4 fallen. Die Definition des § 3 V Nr. 3 BDSG ist hier unanwendbar.

6 **c)** Die Worte **„oder sonst"** halten den Tatbestand für andere (zB CD-ROM) oder künftige Methoden der Speicherung und Übermittlung offen. Trotz Verwendung der Pluralform „Daten" ist auch das einzelne „Datum" (Sieber 2/41) erfaßt, ebenso das gespeicherte „Programm" (Ber. 29). Bereits ausgedruckte Daten erfaßt II nicht.

7 **B.** Abs. I beschränkt den Schutz der oben 3 ff. bezeichneten Daten (und Programme, hM) **zusätzlich** auf solche, die **a) nicht für ihn bestimmt** sind (negatives Sonderdelikt). Nicht erfaßt ist daher der Computerspion, der für ihn bestimmte Daten zweckwidrig verwendet. § 202a ist auch keine Urheberschutzvorschrift (v. Gravenreuth NStZ **89**, 205), schützt zB nicht die Urheberrechte des Softwareherstellers an dem zu Eigentum oder zur Nutzung übertragenen Programm, weil sich der Erwerber Daten, die er nutzen darf, nicht mehr verschaffen muß, aM Lenckner/Winkelbauer (CR **86**, 486), die verkennen, daß Kopiersicherungen gegenüber dem rechtmäßigen Erwerber keine *Zugangs*sicherungen sind (vgl. hierzu B.-D. Meier

7a JZ **92**, 662). Zusätzliche Voraussetzung des I ist nämlich, daß die Daten **b) gegen unberechtigten Zugang besonders gesichert** sind (vgl. dazu Leicht iur **87**, 45; Bühler MDR **87**, 453; Schlüchter 65; B.-D. Meier aaO). Der Verfügungsberechtigte muß durch die Zugangssicherung sein Interesse an der Geheimhaltung der Daten durch geeignete Schutzmaßnahmen zum

Ausdruck bringen, so daß der Täter daraus zZ der Tat auf den unberechtigten Zugang schließen kann. Dabei umfaßt das Merkmal **Zugang** zu Daten jede technische und physische Einwirkungsmöglichkeit auf Datenspeicher ebenso wie den physischen Zugang zum System und Sicherungsbereich (Leicht iur **87**, 46 mwN; LK 14). Ob der Zugang **unberechtigt** ist, hängt von der Bestimmung des Verfügungsberechtigten ab (oben 7), die aber allein noch keine *besondere* Sicherung ist. Die zusätzlich erforderliche Schutzmaßnahme kann eine der in 6 zu § 202 und 24 zu § 243 genannten Art sein. Häufiger werden es aber typische software- und hardwaremäßige Sicherungen sein, die jedoch nicht den erhöhten Sicherungsgrad des § 9 BDSG erfüllen müssen. Da die Sicherungsmaßnahme den *unberechtigten* Zugang ausschließen muß, greift I nur, wann a) *und* b) erfüllt sind. Die Sicherungsmaßnahme muß aber nicht so umfassend sein, daß der Kreis derer, die vom Zugang ausgeschlossen sind, mit dem Personenkreis identisch ist, für den die Daten nicht bestimmt sind, so daß zB Sicherungen gegenüber Betriebs*externen* für deren Strafbarkeit auch dann genügen, wenn Betriebs*interne* zwar unberechtigten, aber ungehinderten Zugang zu den Daten haben (aM LK 15; Lenckner/Winkelbauer aaO; Meurer, Kitagawa-FS 976). Die Sicherung braucht nicht der alleinige Zweck der Schutzvorrichtung zu sein (Bay NJW **81**, 2826 zu § 243 I Nr. 1). Es kommt darauf an, ob die Vorrichtung (physischer oder technischer Art) jeden Täter zu einer Zugangsart zwingt, die der Verfügungsberechtigte erkennbar verhindern wollte (v. Gravenreuth NStZ **89**, 206). Auch eine versteckte Sicherung (sog. logische Sperre) kann das Geheimhaltungsinteresse erkennen lassen, denn nur dieses, nicht die Sicherung muß der Täter erkennen können. Ein besonderer Sicherungsgrad ist nicht gefordert (aM Leicht iur **87**, 49). Der Täter muß nur erkennen können, daß eine besondere Zugangsvoraussetzung Sicherungsfunktion hat. Vollständigen Schutz setzt § 202a, der den Verfügungsberechtigten nicht auf Kosten treiben will, nicht voraus. Gerade versteckte Sicherungen sind besonders wirksam. *Beispiele:* Sicherheitsbereiche, die durch die Vergabe besonderer Zutrittsberechtigungen (zB Schlüssel) oder durch Identifizierungssyteme (zB Paßwörter, Kennung) gesichert sind (sog. closed-shop-Sicherung; LK 16; aM Leicht iur **87**, 48 unter Hinweis auf § 243 I Nr. 2, der *neben* dem Behältnis „eine andere Schutzvorrichtung" nennt); insbesondere aber hardware- oder softwaremäßige Sicherungen, Kennummern, Magnetkarten, Fingerabdruck-, Stimmerkennungsgeräte, Softwareschützende Mikroprozessoren, auch Datenverschlüsselungen, weil sie den Zugang zu den Originaldaten ausschließen sollen (Lenckner/Winkelbauer CR **86**, 487). Da der Gesetzgeber ausdrücklich (Drs. 10/5058, 28, 29) auch Datenübertragungen per Funk oder Kabel schützen und dabei nicht auf eine besondere Technologie abstellen wollte, Datenverschlüsselung aber die wirksamste und übliche Schutzmaßnahme darstellt, verschafft sich der Täter Zugang zu den Daten mit der Überwindung der Sicherung. Erfüllt sind dadurch die Merkmale „unbefugt", „nicht für ihn bestimmt", „besonders gesichert" und „verschafft". **Nicht tatbestandsmäßig** sind Verstöße gegen bloße Verbote und personelle Anweisungen, nicht allein oder ohne Aufsicht tätig zu sein, auch nicht gegen Maßnahmen, die nicht den Zugang hindern, sondern nur die der Beweissicherung dienen (Videokameras), oder deren Nebeneffekt zwar auch das Ausspionieren verhindert, die in erster Linie aber ganz allgemeinen Schutzzwecken dienen, zB vor Eindrin-

§ 202a

gen und Sabotage oder vor dem Ausdringen von Streustrahlungen schützen sollen (bauliche Maßnahme; vgl. Leicht iur **87**, 47). Keine Zugriffssicherung, sondern nur eine Verwendungssicherung ist der Ausschluß der Nutzungsmöglichkeit eines Programms, denn Kenntnisnahme der Daten ist nicht vorausgesetzt, wohl aber ein „Verschaffen" (aM Leicht iur **87**, 50; vgl. unten 9 und zur Kopiersicherung oben 7).

8   C. **Die Bestimmung** wird durch den Verfügungsberechtigten, der die Daten auch gegen unberechtigten Zugang zu sichern hat, getroffen (LK 12). Setzt die Zugangsberechtigung zB die Zahlung eines Entgelts und daher einen ordnungsmäßigen Anschluß voraus, so sind die Daten erst für den Abrufenden bestimmt, wenn die Zugangsvoraussetzungen erfüllt sind (Granderath aaO S. 2; Haß [1a zu § 263a] 24). Sind die Daten dagegen zu seiner Kenntnisnahme oder zu seiner Verfügung bestimmt, so ist die Tat nicht tatbestandsmäßig (Ber. 29).

9   **3) Tathandlung** ist nach I, daß der Täter **sich oder einem anderen** Daten (3 ff.) **verschafft** (2 zu § 96; krit. Bühler MDR **87**, 453), zB durch Kopieren (auch ohne Kenntnisnahme!) von Programmdisketten (Raubkopien; vgl. Schlüchter 66 u. NStZ **88**, 55; enger B.-D. Meier JZ **92**, 663 sowie unter kriminologischer und rechtspolitischer Sicht); andererseits genügt es, von den Daten (ohne sie zu kopieren) Kenntnis zu nehmen, bei verschlüsselten Texten ist dies nur möglich, wenn sie entschlüsselbar sind. Nicht vorausgesetzt ist also (insoweit abw. von § 202) Kenntnisnahme vom Inhalt der Daten (ebenso § 96 und § 17 II Nr. 1 UWG); LK 6. Beim **Computerhacker** (oben 2) ist straflos noch das Ansehen von Daten, soweit es mit dem Zugriff auf das System verbunden ist, strafbar aber das Ansehen von Daten, die *im* System gespeichert sind. Der Täter muß zudem **unbefugt** (7 zu § 201; 27 zu § 203) handeln. Waren die einem Dritten verschafften Daten zwar nicht für den Täter, aber für den Dritten bestimmt, kann die Rechtswidrigkeit wegen mutmaßlicher Einwilligung entfallen (Möhrenschlager aaO). Die Einwilligung des Betroffenen iS § 41 BDSG reicht nicht aus, da § 202a keine Datenschutzvorschrift iS des BDSG ist (Lenckner/Winkelbauer CR **86**, 485).

10   **4) Vorsatz** ist mindestens als bedingter erforderlich. Irrt der Täter darüber, daß die Daten nicht für ihn bestimmt sind, so handelt er nicht vorsätzlich (Tatbestandsirrtum). Verbotsirrtum ist indessen gegeben, wenn er lediglich den Sachverhalt rechtlich falsch beurteilt, sich zB für befugt hält (34 zu § 203). **Teilnahme** ist möglich (vgl. 14 zu § 202). Der **Versuch** ist straflos.

11   **5) Konkurrenzen.** Tateinheit ist möglich mit § 123, auch mit §§ 242, 246, wenn zuvor Zueignungsabsicht bestand, ferner mit § 17 UWG (Anh. 13), soweit die verschafften Daten Geschäfts- oder Betriebsgeheimnisse enthalten (hierzu B.-D. Meier JZ **92**, 663) und mit § 41 BDSG, soweit es sich um personenbezogene Daten handelt.

12   **6) Sonstige Vorschriften:** Strafantrag nach § 205 erforderlich; in § 205 II S. 1 ist jedoch im Falle des § 202a der Übergang auf die Angehörigen ausgeschlossen.

Verletzung von Privatgeheimnissen

203 ¹Wer unbefugt ein fremdes Geheimnis, namentlich ein zum persönlichen Lebensbereich gehörendes Geheimnis oder ein Betriebs- oder Geschäftsgeheimnis, offenbart, das ihm als

1. Arzt, Zahnarzt, Tierarzt, Apotheker oder Angehörigen eines anderen Heilberufs, der für die Berufsausübung oder die Führung der Berufsbezeichnung eine staatlich geregelte Ausbildung erfordert,
2. Berufspsychologen mit staatlich anerkannter wissenschaftlicher Abschlußprüfung,
3. Rechtsanwalt, Patentantwalt, Notar, Verteidiger in einem gesetzlich geordneten Verfahren, Wirtschaftsprüfer, vereidigtem Buchprüfer, Steuerberater, Steuerbevollmächtigten oder Organ oder Mitglied eines Organs einer Wirtschaftsprüfungs-, Buchprüfungs- oder Steuerberatungsgesellschaft,
4. Ehe-, Familien-, Erziehungs- oder Jugendberater sowie Berater für Suchtfragen in einer Beratungsstelle, die von einer Behörde oder Körperschaft, Anstalt oder Stiftung des öffentlichen Rechts anerkannt ist,
4a. Mitglied oder Beauftragten einer anerkannten Beratungsstelle nach § 3 des Gesetzes über Aufklärung, Verhütung, Familienplanung und Beratung vom 27. Juli 1992 (BGBl. I S. 1398),
5. staatlich anerkanntem Sozialarbeiter oder staatlich anerkanntem Sozialpädagogen oder
6. Angehörigen eines Unternehmens der privaten Kranken-, Unfall- oder Lebensversicherung oder einer privatärztlichen Verrechnungsstelle

anvertraut worden oder sonst bekanntgeworden ist, wird mit Freiheitsstrafe bis zu einem Jahr oder mit Geldstrafe bestraft.

IIEbenso wird bestraft, wer unbefugt ein fremdes Geheimnis, namentlich ein zum persönlichen Lebensbereich gehörendes Geheimnis oder ein Betriebs- oder Geschäftsgeheimnis, offenbart, das ihm als

1. Amtsträger,
2. für den öffentlichen Dienst besonders Verpflichteten,
3. Person, die Aufgaben oder Befugnisse nach dem Personalvertretungsrecht wahrnimmt,
4. Mitglied eines für ein Gesetzgebungsorgan des Bundes oder eines Landes tätigen Untersuchungsausschusses, sonstigen Ausschusses oder Rates, das nicht selbst Mitglied des Gesetzgebungsorgans ist, oder als Hilfskraft eines solchen Ausschusses oder Rates oder
5. öffentlich bestelltem Sachverständigen, der auf die gewissenhafte Erfüllung seiner Obliegenheiten auf Grund eines Gesetzes förmlich verpflichtet worden ist,

anvertraut worden oder sonst bekanntgeworden ist. Einem Geheimnis im Sinne des Satzes 1 stehen Einzelangaben über persönliche oder sachliche Verhältnisse eines anderen gleich, die für Aufgaben der öffentlichen Verwaltung erfaßt worden sind; Satz 1 ist jedoch nicht anzuwenden, soweit solche Einzelangaben anderen Behörden oder sonstigen Stellen für Aufgaben der öffentlichen Verwaltung bekanntgegeben werden und das Gesetz dies nicht untersagt.

§ 203

BT Fünfzehnter Abschnitt

III Den in Absatz 1 Genannten stehen ihre berufsmäßig tätigen Gehilfen und die Personen gleich, die bei ihnen zur Vorbereitung auf den Beruf tätig sind. Den in Absatz 1 und den in Satz 1 Genannten steht nach dem Tod des zur Wahrung des Geheimnisses Verpflichteten ferner gleich, wer das Geheimnis von dem Verstorbenen oder aus dessen Nachlaß erlangt hat.

IV Die Absätze 1 bis 3 sind auch anzuwenden, wenn der Täter das fremde Geheimnis nach dem Tod des Betroffenen unbefugt offenbart.

V Handelt der Täter gegen Entgelt oder in der Absicht, sich oder einen anderen zu bereichern oder einen anderen zu schädigen, so ist die Strafe Freiheitsstrafe bis zu zwei Jahren oder Geldstrafe.

1 1) **Die Vorschrift** idF des Art. 19 Nr. 85 EGStGB (vor § 201; Ber. BT-Drs. 7/1261, 15; Prot. 7/176, 1060 AE §§ 149, 150; Göhler NJW **74**, 833; Jung, JuS-Schriftenreihe, Heft 30, 120; Becker MDR **74**, 888), I Nr. 4 idF Art. 9 III KJHG (RegE BT-Drs. 11/5948, 119); I Nr. 4a eingefügt durch Art. 7 Nr. 2 des 5. StrRG, geändert durch Art. 1 Nr. 1 des 15. StÄG (1 vor § 218) und durch Art. 13 Nr. 2 SFHG (3g vor § 218). Für die Anwendung der neu geänderten Nr. 4a stehen die anerkannten Beratungsstellen nach § 218b II Nr. 1 den anerkannten Beratungsstellen nach Art. 1 § 3 SFHG gleich (BVerfG v. 4. 8. 1992, BGBl. I 1585).

1a Die Tat ist **Sonderdelikt** (unten 10 ff.). Geschütztes **Rechtsgut** ist der persönliche Lebens- und Geheimbereich, der im Individualinteresse des Betroffenen (bei Unternehmensgeheimnissen aber auch am Vermögensschutz, Rogall NStZ **83**, 3) gerade von Trägern solcher sozial bedeutsamer Berufe nicht verletzt werden soll, denen der einzelne sich weitgehend anvertrauen muß, denen aber auch die Allgemeinheit besonderes Vertrauen entgegenbringt, so daß I auch Allgemeininteressen schützt (Lackner 1; E 1962, 335; Ber. aaO; str.; vgl. LK-Jähnke 14 SchSch-Lenckner 3; Kreuzer NJW **75**, 2232; Schlund JR **77**, 269; Schünemann ZStW **90**, 27 und Faller-FS 364; Ostendorf JR **81**,448; Geppert, Die ärztliche Schweigepflicht im Strafvollzug, 1983, 11; ausführliche Lit.Angaben LK vor 1 zu § 203; Bieneck HWiStR „Geheimhaltungspflichten"). Es geht also nicht um die ungestörte Ausübung der in I genannten Berufe (Celle NJW **62**, 693), sondern um das allgemeine Persönlichkeitsrecht (Art. 2 I iVm Art. 1 I GG), das auch das *verfassungsrechtlich gesicherte* „**Recht auf informationelle Selbstbestimmung**" (BVerfGE **65**, 1, 43) einschließt, grundsätzlich *selbst zu entscheiden,* wann und innerhalb welcher Grenzen *persönliche Lebenssachverhalte offenbart werden* dürfen (hierzu Krause JuS **84**, 268; DB Beil. Nr. 23/83; G. Kaiser, K. Meyer-GedS 715). Dieses Recht ist freilich durch das verfassungsrechtlich bedenkliche datenschutzrechtliche „Medienprivileg" (§ 1 III BDSG) auf einem besonders empfindlichen Bereich illusorisch (zutr. hiergegen Sendler NJW **89**, 1763). Geheimnisse des Staates betrifft § 203 nicht unmittelbar; sie sind vor allem in den §§ 93 ff. und 353b geschützt; doch ist Überschneidung möglich (vgl. unten 38). Vgl. auch § 172 Nr. 3 GVG.

2 2) **Tatgegenstand A.** bei I, II S. 1 ist ein **Geheimnis**, das für Täter oder Tatbeteiligte **fremd** ist, das also einen anderen Menschen betrifft, und zwar, wie sich aus Überschrift und Zielsetzung des Abschnitts und des § 203 ergibt, dem persönlichen Lebens- und Geheimbereich des Betroffenen angehört. Geheimnis ist eine Tatsache, die nur einem einzelnen oder einem beschränkten Personenkreis bekannt ist und an deren Geheimhaltung der Betroffene ein schutzwürdiges Interesse hat (RegE 238; Hohmann JuS **87**, 475).

Verletzung des persönlichen Lebens- und Geheimbereichs § 203

a) Um Tatsachen (1 ff. zu § 186; genauer: personenbezogene Informa- 3
tionen, Rogall NStZ **83**, 5) muß es sich handeln, die sich auf den Betroffenen, seine Person sowie seine vergangenen und bestehenden Lebensverhältnisse. Voraussetzung ist also mehr als eine nur theoretische Identifizierungsmöglichkeit (Rogall aaO mwN; vgl. Karlsruhe NJW **84**, 676). Das Gesetz unterscheidet dabei zwischen Geheimnissen, die **zum persönlichen Lebensbereich gehören** (nur wichtig für § 205 II), dh solchen, die den Privatmann und seine Familie betreffen, und Geheimnissen **des persönlichen Geheimbereichs**, dh allen übrigen, die den äußeren Wirkungsbereich, also Beruf und Geschäft mit den in §§ 203, 204 als Beispiel genannten **Betriebs- und Geschäftsgeheimnissen** (§ 17 UWG; RG **38**, 108; **40**, 104; **42**, 394; **48**, 12; hierzu Oehler [Hrsg.], Der strafrechtliche Schutz des Geschäfts- und Betriebsgeheimnisses in den Ländern der EG sowie Österreich und Schweiz, 2 Bde. 1978/1982; vgl. Tiedemann ZStW **94**, 299; Teufel in Poerting [Hrsg.] Wirtschaftskriminalität II BKA 1985, Der Verrat von Wirtschaftsgeheimnissen S. 141 ff.; Lampe HWiStR „Geheimnisverrat"; Otto wistra **88**, 125; LK 21), aber auch das öffentliche Wirken zB in Politik, Sportverbänden usw. betreffen (M-Schroeder § 29, 4).

b) Geheim müssen die Tatsachen sein, also höchstens einem be- 4
schränkten Personenkreis bekannt. 3f. zu § 93 gilt entsprechend. Bloße Gerüchte genügen nicht zur Beseitigung des Geheimnisses (RG **26**, 7); anders beim Weiterverbreiten aus authentischer Quelle (RG **38**, 65; LK 22). Was eine Bestätigung erfordert, ist noch geheim (RG **62**, 70). Auch was einzelnen schon verraten ist, kann noch Geheimnis sein (MDR **60**, 776). Als Geheimnis ist jedoch nicht anzusehen, was Gegenstand einer öffentlichen Gerichtsverhandlung oder eines polizeilichen Ermittlungsverfahrens war, falls beliebige Dritte von seinem Vorhandensein wissen können (Koblenz OLGSt. 5; zw). Doch können schon der Name eines Patienten und die Tatsache seiner Behandlung ein Geheimnis sein (LG Köln NJW **59**, 1598); nicht aber die aus Fernsprechverzeichnissen oder amtlichen Bekanntmachungen erfahrbaren Tatsachen. Zur Frage, ob bereits die Beantwortung einer Presseanfrage die Offenbarung eines Geheimnisses beinhaltet (Schleswig NJW **85**, 1091 m. Anm. Wente NStZ **86**, 366).

c) Ein schutzwürdiges Interesse muß der Betroffene (oft schief „Ge- 5
heimnisträger" genannt) an der Geheimhaltung durch den Geheimnisinhaber (Geheimnisträger) haben (RG **26**, 5); es muß sich also objektiv und subjektiv um ein Geheimnis handeln. IdR (nicht immer) wird sich das in einem Geheimhaltungswillen des Betroffenen äußern. Im Falle 8 unten genügt jedoch auch ein mutmaßlicher Geheimhaltungswille des Betroffenen. Das Interesse kann sachlicher oder persönlicher Art sein. Doch muß es wegen der Eignung zur Beeinträchtigung schutzwürdig, dh seine Geheimhaltung unter Würdigung von Lage und Standpunkt des Betroffenen verständlich sein; Geheimniskrämerei mit Bagatellen deckt § 203 nicht (Rogall NStZ **83**, 6). Der Schutz dauert über den Tod des Geschützten fort (IV; Eb. Schmidt NJW **62**, 1746; Erdsiek NJW **63**, 632; Schünemann ZStW **90**, 57). In diesem Fall kommt es darauf an, wie die Schutzwürdigkeit nach der mutmaßlichen Einstellung des Verstorbenen unter Berücksichtigung seines Todes zu beurteilen ist (hierzu Solbach DRiZ **78**, 204).

§ 203

6   B. Das Geheimnis muß dem Täter **als** Arzt, Amtsträger usw., dh in dieser seiner Eigenschaft und Funktion (vgl. RG **66**, 274), nicht also als Privatmann, entweder

7   a) **anvertraut** worden sein. Anvertrauen ist das Einweihen in ein Geheimnis unter Umständen, aus denen sich eine Pflicht zur Verschwiegenheit ergibt (Köln NStZ **83**, 412 m. krit. Anm. Rogall). Ein gültiger Vertrag braucht nicht zugrunde zu liegen; auch ein Geisteskranker kann anvertrauen. Der Anvertrauende und der Geheimnisgeschützte brauchen nicht personengleich zu sein (vgl. RG GA Bd. **61**, 463). Kein Anvertrauen, wenn der Arzt das Geheimnis im Rahmen eines gerichtlichen Untersuchungsauftrages vom Untersuchten erfährt (OGHSt. **3**, 63; aM SchSch-Lenckner 13; Kühne JZ **81**, 651; Krauß ZStW **97**, 92; vgl. unten 29).

8   b) **bekanntgeworden** sein. Damit sind alle Fälle gemeint, in denen der Täter eine mindestens vermutlich schutzwürdige Tatsache anders als durch Anvertrauen erfährt, etwa durch Indiskretion eines anderen Patienten. Entscheidend ist nur das Bekanntwerden *kraft Berufsausübung* (vgl. auch BGH **33**, 150 m. Anm. Hanack JR **86**, 35), nicht ob der Täter die Tatsache im Rahmen einer Vertrauensbeziehung oder einer typischerweise auf Vertrauen beruhenden Sonderbeziehung erfährt (LK 31ff.; Rogall NStZ **83**, 413; aM SK-Samson 30; wohl aber SchSch 15); auch unfreiwillige Beziehungen zum Beruf des Täters (zB Amtsarzt) werden erfaßt (VG Berlin NJW **60**, 1410; SchSch 16, vgl. aber auch 13; Wimmer DVBl. **61**, 274; Müller NJW **66**, 1152; Bockelmann bei Ponsold, Lehrbuch der gerichtl. Medizin, 3. Aufl., S. 13; Kühne JZ **81**, 650; Marx GA **83**, 163; zum strafrechtlichen Schutz von Drittgeheimnissen, Köln NStZ **83**, 412 m. krit. Anm. Rogall; Ostendorf JR **81**, 444; Wagner JZ **87**, 708; aM LG Köln NJW **56**, 1112).

9   C. Durch II S. 2 (der nach Arzt/Weber LH **1**, 517 die Nachteile eines Blankettstrafgesetzes und einer Generalklausel kombiniert) sind dem Geheimnis (2 bis 5) gleichgestellt **Einzelangaben** über **persönliche** oder **sachliche Verhältnisse** eines anderen, die für Aufgaben der öffentlichen Verwaltung erfaßt, dh irgendwie (zB schriftlich in Karteien oder auf Lochkarten, Magnetbändern oder in einem Computer) festgehalten sind. Erfaßt sind sie schon, bevor eine etwaige Speicherung ihr Ende gefunden hat (RegE 242). Die Angaben müssen sich als konkrete einzelne auf einen anderen beziehen, dh auf eine bestimmte (mindestens mittelbar erkennbare) Person (Rupp wistra **85**, 140), die hier auch eine juristische sein kann. Die Einzelangaben (vgl. §§ 16, 18 BStatG und die durch das 1. StatBerG v. 14. 3. 1980, BGBl. I 294; III 29–15, geänderten Gesetze), welche die Person des anderen selbst oder seine Sachverhältnisse betreffen können, dürfen einerseits keine Geheimnisse iS von oben 2 bis 5 (sonst schon II S. 1; vgl. auch Rein VersR **76**, 119), andererseits aber auch nicht offenkundig, also jedem Verständigen bekannt oder leicht feststellbar sein (vgl. § 244 III S. 2 StPO; BGH **6**, 292). II S. 2 gilt auch nicht, wenn der Betroffene offensichtlich kein Interesse daran hat, daß der Umstand unbekannt bleibt. Für welche Aufgaben der öffentlichen Verwaltung (22 zu § 11) die Angaben bestimmt sind, ist ohne Bedeutung (statistische Zwecke spielen eine besondere Rolle; RegE 241); doch zeigt der Ausdruck „erfaßt", daß nicht alle Angaben gegenüber einer Behörde gemeint sind (RegE 243; LK 48), sondern nur solche, die festgehalten werden, um sich über die Verhältnisse des

Betroffenen auch später orientieren zu können (zB Gewerbeanzeigen). Befugt ist die Offenbarung nach II S. 2 2. Halbs. (für Tatbestandsausschluß; Lackner 15; SchSch 52; Steinbömer DVBl. 81, 342), wenn die Angaben der öffentlichen Verwaltung bekanntgegeben werden und das Gesetz dies nicht untersagt (unten 32, 32a).

Der **Datenschutz** ist weitergehend im BDSG und in den Landesdaten- 9a schutzG geregelt. *Schrifttum:* Hümmerich/Kniffka NJW 79, 1182; *Gola* MDR 80, 181; *P. Krause,* Datenverarbeitung im Recht 80, 229; krit. insbes. *Haft* NJW 79, 1194; *Tiedemann* NJW 81, 948; *Hümmerich, Gola* NJW 81, 1480; 82, 1498; 83, 915; 85, 1196; 86, 1913; 87, 1675; 88, 1637; 89, 2595; *Ruckriegel* Jura 81, 346; *Bull* Jura 87, 193; *Büllesbach,* Das neue BDSG, NJW 91, 2593; vgl. BDSG-ÄndG/E, BT-Drs. 8/3608; 8/3703; Hearing-BT v. 21./22. 4. 1980). Das BDSG ist keine abschließende Regelung; es gilt subsidiär nicht nur gegenüber spezifischen Datenschutzbestimmungen in einzelnen BundesG (§ 1 IV BDSG), sondern abweichend von Art. 31 GG bezüglich der Datenverarbeitung im öffentlichen Bereich der Länder und Gemeinden auch gegenüber den LandesdatenschutzG, § 1 II Nr. 2, §§ 12, 27 BDSG (Ruckriegel Jura 81, 349; Haft aaO 1195, Hümmerich/Kniffka aaO 1189 und Dammann NJW 78, 1906 gegen LG Kreuznach NJW 78, 1931); es schützt personenbezogene Daten, dh Einzelangaben über persönliche oder sachliche Verhältnisse einer bestimmten oder bestimmbaren natürlichen Person (§ 3 I BDSG) mit Anwendungseinschränkungen für Dateien (§§ 1 III, 3 II BDSG). Bezüglich der Tathandlung des *unbefugten Offenbarens* und **Verwertens** gehen die §§ 203, 204 als spezielle Vorschriften dem eng auszulegenden (Tiedemann NJW 81, 949; vgl. auch Dencker NStZ 82, 156) § 43 BDSG vor.

Landesrechtliche Regelungen *Baden-Württemberg* LDSG v. 27. 5. 1991 9b (GBl. 277); *Bayern,* DSG v. 28. 4. 1978 (GVBl. 165), ÄndG v. 24. 3. 1983 (GVBl. 90); EDVG v. 12. 10. 1970, GVBl. 457, letztes ÄndG v. 30. 3. 1982 (GVBl. 186); *Berlin* (Bln DSG idF v. 17. 12. 1990 (GVBl. 1991, 16, 54; BRV 205-1), letztes ÄndG v. 26. 3. 1992 (GVBl. 81); *Brandenburg* DSG v. 20. 1. 1992 (GVBl. I 2; Gl. Nr. 20061); *Bremen* DSG idF v. 14. 10. 1987 (GBl. 263); *Hamburg* DSB v. 31. 3. 1981, GVBl. 71; KrebsregisterG v. 27. 6. 1984 (GVBl. 129); *Hessen* HDSG v. 11. 11. 1986 (GVBl. I 1309; 300–28), ÄndG v. 21. 12. 1988 (GVBl. I 424); *Niedersachsen* NDSG v. 26. 5. 1978, GVBl. 421); *Nordrhein-Westfalen* DSGNW v. 15. 3. 1988 (GV NW 160; SGV NW 20 061); *Rheinland-Pfalz* LDatG v. 21. 12. 1978 (GVBl. 749; BS 2010–20), letztes ÄndG v. 21. 11. 1989 (GVBl. 240); *Saarland* SDSG v. 17. 5. 1978 (ABl. 581), *Sachsen-Anhalt* DSG-LSA v. 12. 3. 1992 (GVBl. 152) und *Schleswig-Holstein* LDSG v. 30. 10. 1991 (GVOBl. 555; GS SchlH 204-2); *Thüringen:* DSG vom 20. 10. 1991 (GVBl. 516).

3) Täter sein können (Sonderdelikt) nur

A. die in **I Nr. 1 bis 7 und II Nr. 1 bis 5** genannten Personen unter der 10 Voraussetzung von 6 bis 8. Es handelt sich um einen Abschlußkatalog (Schünemann ZStW 90, 51), so daß andere ausscheiden, auch wenn sie wie zB Geistliche ein Zeugnisverweigerungsrecht nach §§ 383 ZPO, 53 StPO haben;

B. a) die **berufsmäßig tätigen Gehilfen** eines Betroffenen nach 10. Dessen berufliche Tätigkeit muß der Gehilfe unterstützen, die Tätigkeit aber nicht notwendig als Beruf ausüben; ehrenamtliche Tätigkeit reicht aus, ohne Anstellungsvertrag. Gehilfe ist daher nicht nur der Bürovorsteher des Rechtsanwalts, der Assistent und der Buchhalter des Arztes, sondern auch dessen gelegentlich helfende Ehefrau (SchSch 64; abw., Lackner 11; SK-

§ 203
BT Fünfzehnter Abschnitt

Samson 15) der mithelfende Zivildienstleistende sowie der ehrenamtliche Sanitäter, soweit er nicht schon unter I Nr. 1 fällt. Denn auch sie sind oft in gleicher Weise in das Geheimnis eingeweiht wie der Schweigepflichtige. Gehilfen, deren Tätigkeit nicht notwendig mit der Teilhabe an dem Geheimnis verbunden ist, etwa der Chauffeur oder die Putzfrau, kommen nicht in Frage (Müller-Dietz [unten 28] 43; hM). Zum Kreis der zum Wissen Berufenen zählt auch das vom Krankenhaus organisatorisch und funktionell getrennte Rechenzentrum, das zur Unterstützung VwAufgaben durchführt (privatärztliche Verrechnungsstellen fallen unter die Spezialregelung I Nr. 6, sind aber gleichfalls empfangsberechtigt);

12 b) die **zur Berufsvorbereitung** bei den Geheimnisträgern nach 10 Tätigen, so der famulierende Medizinstudent, der Referendar in der Anwaltsstation.

13 C. **Nach dem Tode** des Geheimnisträgers (iS von 10 oder 11f.) diejenigen, die das Geheimnis vom Verstorbenen selbst oder aus dessen Nachlaß (befugt oder unbefugt) auf irgendeine Weise (Schünemann ZStW **90**, 59; enger SchSch 67) erlangt haben **(III S. 2).**

4) Die **Berufsgruppen nach I** sind

14 **Nr. 1 Heilberufe,** nämlich Ärzte, Zahnärzte, einschließlich derjenigen Dentisten, die in den Berufsstand der Zahnärzte eingegliedert worden sind, §§ 8ff. ZahnHKG; **Tierärzte** (nicht in § 300 aF; vgl. Prot. 7/1060); **Apotheker;** und **Angehörige** eines anderen Heilberufs, der für die Berufsausübung oder Führung der Berufsbezeichnung eine staatlich geregelte Ausbildung erfordert, vgl. dazu die in 2 zu § 132a genannten HeilberufsG. Nicht erfaßt werden (da keine staatliche Berufsausbildung erforderlich) die **Heilpraktiker** (HeilprG).

15 **Nr. 2 Berufspsychologen,** dh nur solche, die auf einem Hauptanwendungsgebiet der Psychologie beruflich tätig sind (RegE 239) und eine staatlich anerkannte wissenschaftliche Abschlußrüfung auf einer Universität oder gleichrangigen Hochschule mit der Graduierung als Diplompsychologe oder Dr. im Hauptfach Psychologie abgelegt haben (RegE 239; vgl. auch Kohlhaas NJW **69**, 1566; Kühne NJW **77**, 1478).

16 **Nr. 3 Rechtspflege- und Wirtschaftsberatungsberufe,** nämlich **Rechtsanwälte** (auch ausländische, soweit ihre Tätigkeit im Inland anerkannt ist, zur Anwendung der Nr. 3, III–V, §§ 204, 205, 352, 356 auf Anwälte der EG-Staaten vgl. 2 Abschn. Nr. 1 des Ges. v. 16. 8. 1980, BGBl. I 1453; BGH 17. 3. 1981, 3 StR 39/81; zur Frage der Syndikusanwälte Hassemer wistra **86**, 1), Patentanwälte, **Notare** die als Amtsträger, 18 zu § 11, unter II Nr. 1 fallen und in Nr. 3 versehentlich aufgeführt sind, Verteidiger in allen gesetzlich geordneten Verfahren, also auch in Bußgeldsachen, vor Berufs-, Disziplinar- und Ehrengerichten, ferner **Wirtschaftsprüfer, vereidigte Buchprüfer** (für beide WirtschaftsPrüfO), welche in § 134 auch die bisherigen vereidigten Buchrevisoren gleichstellt), **Steuerberater, Steuerbevollmächtigte** (StBerG) sowie Organe (Vorstandsmitglieder, Geschäftsführer, persönlich haftende Gesellschafter) oder Mitglieder eines Aufsichtsorgans einer Wirtschaftsprüfungs-, Buchprüfungs- oder Steuerberatungsgesellschaft, die nicht selbst Wirtschaftsprüfer usw. sind. Beratende Volks- und Betriebswirte (Wirtschaftsberater), Rechtsbeistände und Prozeßagenten (§ 157 ZPO) sind nicht erfaßt.

§ 203

Nr. 4 Ehe-, Familien-, Erziehungs-, Jugendberater und **Berater für Suchtfragen,** (die Einbeziehung des Familienberaters durch Art. 9 III KJHG berücksichtigt, daß vielfach die gesamte Familie in die Suche nach Konfliktlösungen einbezogen wird und daß es oft zu Überschneidungen mit anderen Einrichtungen kommt, BT-Drs. 11/5948, 119) aber nur solche, die in einer Beratungsstelle, dh einer entsprechenden Einrichtung tätig sind, die von einer Behörde (35 zu § 11) oder Körperschaft, Anstalt oder Stiftung des öffentlichen Rechts anerkannt ist, also nicht im Rahmen von Jugendgruppen, privaten Vereinigungen usw. (Ber. 15; Prot. 7/180). Zuständig für die Anerkennung sind zB in Bayern die Regierungen, Art. 5 BayRGSW. Der Gesetzgeber hat es als wünschenswert bezeichnet, daß alle Bundesländer ein solches Verfahren einrichten, jedoch können außer dem Staat auch juristische Personen des öffentlichen Rechts Beratungsstellen anerkennen (BVerfGE 44, 380 m. Anm. Knapp NJW 77, 2119). 17

Nr. 4a Mitglieder oder **Beauftragte** einer **Beratungsstelle nach Art. 1 § 3 SFHG** (3g vor § 218), die von einer Behörde oder einer Körperschaft, Anstalt oder Stiftung des öffentlichen Rechts in ihrer Funktion, Frauen iS von § 218b I Nr. 1 (Anm. dort, sowie mit Anerkennung zu Frage des Abbruchs ihrer Schwangerschaft zu beraten, anerkannt ist (vgl. 5 zu § 218b). 18

Nr. 5 Sozialarbeiter (§ 124 II BSHG) und **Sozialpädagogen** (zusammengeschlossen im Bundesverband der Sozialarbeiter/Sozialpädagogen e. V.), aber nur bei staatlicher Anerkennung, die ihrerseits eine Hochschul- oder Fachhochschulausbildung voraussetzt (Ber. 15), also Wohlfahrtspfleger und Bewährungshelfer nur unter dieser Voraussetzung, nicht aber staatlich anerkannte Erzieher, Jugendpfleger oder Kindergärtnerinnen (Ber. 15). 19

Nr. 6 Angehörige eines Unternehmens der **privaten Kranken-, Unfall- und Lebensversicherung** sowie einer **privatärztlichen Verrechnungsstelle** (Ber. 16). Nr. 6 ist insoweit eine Spezialregelung zu III S. 1 (oben 11). Angehörige sind Inhaber, Leiter, Organe, Mitglieder von Organen und Bediensteten jeder Art, die durch ihre Funktion mit Geheimnissen in Berührung kommen, so auch der Vertreter einer Versicherung und dessen Angestellte (Rein VersR 76, 117). Bei öffentlich-rechtlichen Institutionen greift II Nr. 1, 2 ein. 20

5) Die Gruppen nach II sind:

Nr. 1 Amtsträger (11 zu § 11, vgl. auch §§ 1 II; 48 I WStG und § 9 BArchG) jeder Art, so auch die Organe oder Mitglieder von Organen einer Stelle, die wie zB eine Körperschaft des öffentlichen Rechts Aufgaben der öffentlichen Verwaltung wahrnimmt (auch leitende Personen öffentlicher Banken, 22 zu § 11, Otto ZStW [Beih. 1982], 59; Bankentätigkeit 46; Bankgeheimnis!). 21

Nr. 2 für den öffentlichen Dienst besonders Verpflichtete (29 ff. zu § 11) jeder Art, so in den Fällen von II S. 2 auch in privaten Unternehmen (die zB als „sonstige Stellen" zur Datenverarbeitung von Behörden herangezogen werden) Beschäftigte, die nach § 1 I Nr. 1, 2 VerpflG (Anh. 19) mit der Folge verpflichtet sind, daß § 11 I Nr. 4b für sie gilt und damit § 203 II Nr. 1 (RegE 243). 22

Nr. 3 Personen, die Aufgaben oder Befugnisse nach dem Personalvertretungsrecht wahrnehmen, dh dem materiellen Recht, das die Interessenvertretung der Angehörigen von Dienststellen des Bundes und der Länder 23

§ 203
BT Fünfzehnter Abschnitt

(nicht auch von privaten Unternehmen) regelt (vgl. Göhler 596 „Personalvertretungen") und das mit Nr. 3 strafrechtlich vereinheitlicht wird. Erfaßt wird nicht nur das Personalvertretungsrecht des Bundes nach dem BPersVG, sondern auch das Vertretungsrecht der Richter (§§ 49, 72, 74 DRiG), Staatsanwälte (vgl. zB § 71 LRiG BW), Soldaten (vgl. §§ 35, 70 SoldG) und der Ersatzdienstleistenden (§ 37 ZDG). Aufgaben und Befugnisse sind nicht die Rechte jedes Angehörigen der Dienststelle wie das aktive Wahlrecht, aber auch nicht eine mit der Wahl des Personalrats zusammenhängende vorbereitende Tätigkeit, sondern die gesteigerte Funktion auf der Seite der Pflichten und Rechte vor allem der Mitglieder des Personalrats (RegE 241).

24   **Nr. 4 Mitglieder** oder **Hilfskräfte** (Assistenten) von **Ausschüssen** (Untersuchungsausschüssen und Räten), die **für ein Gesetzgebungsorgan des Bundes oder eines Landes** (2 zu § 36) auf Zeit oder auf Dauer tätig sind. Damit sind nicht die Ausschüsse der Parlamente gemeint (RegE 241), sondern vor allem Enquete-Kommissionen, beratende Gremien, Sachverständigenräte, die von außen die Tätigkeit der Parlamente unterstützen. Soweit Parlamentarier selbst den Gremien angehören, werden sie nicht erfaßt (vgl. Ber. 16).

25   **Nr. 5 Sachverständige,** die nach § 36 GewO **öffentlich bestellt** und auf die gewissenhafte Erfüllung ihrer Obliegenheiten verpflichtet sind (RegE 241).

26   **6) Tathandlung** ist das **Offenbaren,** dh jedes Mitteilen (auch das schlüssige Verhalten oder durch Unterlassen des Verschließens) eines zZ der Tat noch bestehenden Geheimnisses (2 ff.) oder einer Einzelangabe (9) an einen Dritten (RG **26,** 5; Köln NJW **80,** 898), der diese nicht, nicht in dem Umfange, nicht in dieser Form oder nicht sicher (RG **38,** 65) kennt; nimmt der Mitteilende das irrig an, so liegt nur ein strafloser Versuch vor. Beispiele: Veröffentlichung, Auskunfterteilung, Akteneinsichtsgewährung. Verschiedene Leistungsträger einer Verwaltungsgemeinschaft sind im Verhältnis zueinander Dritte (Pickel MDR **84,** 886). Fällt der Geheimnisgeschützte in Konkurs, so geht der Dispositionsbefugnis, soweit das Mandat Angelegenheiten der Konkursmasse betroffen hat, auf den Konkursverwalter über (§ 6 KO); im Konfliktfall geht das (konkursbedingte) Informationsinteresse des Konkursverwalters dem Geheimhaltungsinteresse des Gemeinschuldners vor (NStE Nr. 4). Auch die Mitteilung an Personen, denen ebenfalls die Pflicht zur Verschwiegenheit obliegt, ist strafbar, so eines Rechtsanwalts an einen anderen Rechtsanwalt, eines Arztes an einen anderen Arzt (LK 40; vgl. § 51 JArbSchG), es sei denn, daß der Mitteilungsempfänger dem Kreis der zum Wissen Berufenen angehört, zB Berufsgehilfe ist (oben 11) oder ärztliche Verrechnungsstelle (I Nr. 6), und die Mitteilung im Rahmen des Berufs geboten und mit Billigung des Geheimnisträgers zu rechnen ist (vgl. aber 28 a; ferner Eser ZStW **97,** 43).

27   **A. Unbefugt** bedeutet hier (wie in den §§ 127, 168, 201, 202, 202 a, 204, 324, 326, 353 b, 353 d, 354 und 355; vgl. auch 7 zu § 201; 11, 13 zu § 123), daß „nach einschlägigen gesetzlichen Regelungen und allgemeinen Rechtsgrundsätzen zu prüfen ist, ob das im übrigen tatbestandsmäßige Verhalten straflos ist" (Bay **82,** 76; E EGStGB 236), so daß die Befugnis als Rechtfertigungsgrund anzusehen ist (Schleswig NJW **85,** 1092 m. Anm. Wente

NStZ **86**, 366; Warda Jura **79**, 296; Rogall NStZ **83**, 6; Klug, Oehler-FS 401; str.; aber hM: zT aM LK 56; SchSch 21). Zum Irrtum vgl. unten 34, 35. Befugt handelt der, dessen Handeln gerechtfertigt ist durch besondere gesetzliche (BVerfGE **55**, 324; **65**, 44) Regelungen zB über Genehmigungen, Erlaubnisse, Bewilligungen, alte Rechte und Befugnisse in Gesetzen und RechtsVOen (VwV und Satzungen reichen insoweit nicht aus), aber auch bei sozialadäquetem Verhalten (12 vor § 32) oder durch allgemeine Rechtfertigungsgründe (vgl. LK 74), insbesondere durch

a) die Einwilligung (3 b vor 32) des Geheimnisgeschützten. Die Erlaubnis zur Mitteilung an einen anderen ohne Aufhebung des Geheimnisses rechtfertigt nur die an sich tatbestandsmäßige Handlung; so wenn sie zB nur zur Entlarvung des Geheimnisträgers erteilt ist (RG **57**, 13). In Betracht kommt auch eine **mutmaßliche** Einwilligung (4 vor § 32), wenn der Täter im vermeintlichen Interesse und Einverständnis des Geheimnisgeschützten zu handeln glaubt; so bei Mitteilung an das Krankenhaus, an den Hausarzt (vgl. BGH **4**, 356), oder an nahe Angehörige (vgl. Barnikel DRiZ **78**, 182), innerhalb des Krankenhauses an alle am Behandlungsgeschehen Beteiligten (LK 69; vgl. VG Münster MedR **84**, 118); sowie bei Mitteilung des Werksarztes an die Betriebsleitung, insbes. über das Ergebnis von Einstellungsuntersuchungen (vgl. Braunschweig NdsRpfl. **58**, 95; Kierski BB **64**, 395; Schöcker BB **64**, 968; Schmidt BB **68**, 954; Lenckner, in: Eser/Hirsch, Sterilisation und Schwangerschaftsabbruch, 1980, 234; Rimpel/Müller-Dietz SaarÄrzteBl. **80**, 353; Lackner 18; SK 40). Zur Stellung des Amtsarztes vgl. oben 8; des Truppenarztes, BDH WDS JZ **63**, 413 m. Anm. Eb. Schmidt; zur Stellung der Krankenhausleitung Kleinwefers/Wilts NJW **64**, 428; Niedermayer NJW **64**, 1172; zur ärztlichen Schweigepflicht in psychiatrischen Landeskrankenhäuser Kamps MedR **85**, 201; Schott DÄBl. **88**, B 1955; Müller-Dietz in: H. Jung u. a. (Hrsg.) Aktuelle Probleme und Perspektiven des Arztrechts, 1989 S. 39; zur Stellung der Krankenhausärzte gegenüber Aufsichtsbehörden Kreuzer NJW **75**, 2232; OVG Lüneburg NJW **75**, 2263. Zur Schweigepflicht der Ärzte untereinander vgl. Grömig NJW **70**, 1209 und innerhalb von Versicherungsgesellschaften Rein VersR **76**, 121. Zur Frage des Einsichtsrechts von Angehörigen und Erben eines verstorbenen Patienten in die Krankenpapiere, vgl. BGH(Z) NJW **83**, 2627 (Ergänzung zu BGHZ **85**, 327). Soweit sich die *ärztliche Praxis* entsprechend bisheriger Übung (Rieger MedR **92**, 147) in der rechtlich umstr. Einwilligungsfrage im Falle der **Weitergabe von Patientendaten** an ärztliche Verrechnungsstellen (die Voraufl. 28 hielt sie „im Rahmen des Erforderlichen" für nicht tatbestandsmäßig) oder an einen Praxisnachfolger auf das Vorliegen einer stillschweigenden, *konkludenten Einwilligung* (SK 40) berief oder idR vom Vorliegen einer *mutmaßlichen Einwilligung* ausging (Rieger ArztR 1649 mwN), *steht dem künftig die Rspr. des VIII. ZS des BGH* (NJW **91**, 2955 [zust. Anm. Taupitz MedR **91**, 330]; NJW **92**, 737 [aS] *entgegen*. Hiernach dürfen im Hinblick auf das Recht auf informationelle Selbstbestimmung (oben 1 a) – abweichend vom Urteil NJW **74**, 602 (hiergegen früher schon Kuhlmann JZ **74**, 670; Laufs NJW **75**, 1433; SchSch 27), das unter Berufung auf BVerfGE **32**, 382 den „Kreis der Wissenden" iS des § 203 auf den Praxisübernehmer erstreckte – Ärzte die Daten von Patienten *nur mit* deren *ausdrücklicher Einwilligung* an externe Rechenzentren oder an Praxisübernehmer *weitergeben* (hierzu im einzelnen

§ 203

Taupitz MDR **92**, 421, der im Hinblick auf § 3 V Nr. 1, § 4 BDSG stets sogar eine schriftliche Einwilligung voraussetzt, vgl. hierzu auch Rieger MedR **92**, 148), unbeschadet der Tatsache, daß Verrechnungsstellen (vgl I Nr. 6) und Praxisübernehmer ohnehin in dieselbe Geheimhaltungspflicht eintreten. Den drohenden strafrechtlichen Konsequenzen dieser vergleichsweise strengen zivilrechtlichen Rspr. können Angehörige der Heilberufe für den Fall der *Weitergabe* von Patientendaten *an Verrechnungsstellen* dadurch entgehen, daß sie sich von vornherein im „Aufnahmeformular" die schriftliche Einwilligung geben lassen (Taupitz MDR **92**, 423). Schwer lösbare praktische und eine sachgemäße Krankenbehandlung erschwerende Probleme schafft diese Rspr. (NJW **92**, 737 aS) aber für jeden *Praxisveräußerer* (Taupitz aaO; Rieger MedR **92**, 149). Will er mit den Problemen seiner früheren Praxis nicht mehr behelligt werden und insoweit inbesondere vor strafrechtlichen Risiken nach § 203 ganz sicher sein, wäre ihm die Vernichtung der Patientenkartei vorzuschlagen (vgl Rieger aaO), was niemandem dient, am wenigsten den geheimnisgeschützten Patienten. Die Auffassung von Narr 761, der auch Laufs (MedR **89**, 307; aM noch NJW **75**, 1433) folgt, wonach der ärztlichen Schweigepflicht Genüge getan ist, wenn die Praxisübergabe in der Tagespresse bekannt gemacht und den Patienten damit Gelegenheit gegeben wird, der Übernahme der Patientendaten durch den Praxisnachfolger ggf zu widersprechen, verdient daher den Vorzug (ebenso Rieger MedR **92**, 149, der eine solche Überstrapazierung des informationellen Selbstbestimmungsrechts als Verstoß gegen den Verhältnismäßigkeitsgrundsatz ansieht).

29   **b) Gesetzlich verboten** kann die Offenbarung in einzelnen Fällen sein. Es ist dann nach den Grundsätzen der **Pflichtenkollision** (vgl. 11 vor § 32) zu entscheiden, ob die Pflicht zum Schweigen oder die zum Offenbaren die höhere ist (RG **38**, 62); so geht § 138 dem § 203 vor (s. aber § 139 III Satz 2 sowie § 100 SGB X/Kap. 3); ebenso §§ 11 II, 12, 13, 27 GeschlKrG, §§ 3 ff., 69 BSeuchG (vgl. Kühne NJW **77**, 1479) und §§ 98, 98 SGB X/Kap. 3), uU auch die Respektierung des vorrangigen elterlichen Personensorgerechts (Art. 6 II GG), wenn für eine Kind Kontrazeptiva erbeten werden (Tröndle, R. Schmitt-FS 238). Auch kann die Schweigepflicht des hauptamtlichen oder vertraglichen Anstaltsarztes (§ 158 StVollzG) hinter die gesetzlichen gesundheitsfürsorglichen Pflichten aus §§ 56 I, 101 II StVollzG (mit der eine Unterstützungspflicht des Gefangenen korrespondiert, § 56 II StVollzG) zurücktreten. Insbesondere wenn die Pflicht nach § 56 I StVollzG ohne Mitwirkung Dritter nicht erfüllbar ist (verkannt von Zieger StV **81**, 559); vgl. für den Fall von AIDS-Erkrankungen (6 b zu § 223) Eberbach JR **86**, 233, NStZ **87**, 142 u. AIFO **87**, 289 u. AIDS IX-2.2.5 S. 8; Loschelder NJW **87**, 1468; Arloth MedR **86**, 297; Buchborn MedR **87**, 264; Spann/Penning AIFO **86**, 639; Schlund AIFO **87**, 401; Bottke RProblAIDS 234; Pfeffer [6 a zu § 223]; LK 88). Zur Berichtspflicht für HIV-Bestätigungstests, vgl. Laborbericht-VO v. 18. 12. 1987 (BGBl. I 2819; III 2126-1-8-2). Geboten sein kann im übrigen die Offenbarung durch die gesetzliche **Berichtspflicht** (unten 32), die Presseinformationspflicht (Schleswig NJW **85**, 1091 m. Anm. Wente NStZ **86**, 366; vgl. Wagner JZ **87**, 708; LK 80). Zur Pflichtenkollision eines Verteidigers, Beulke, Der Verteidiger in Strafverfahren, 1980, 120. Der gerichtliche Sachverständige muß dem Gericht mitteilen, was er bei seiner Tätigkeit

ermittelt hat (RG 66, 275; BGHZ 40, 288), nicht aber Tatsachen, die ihm ohne Zusammenhang mit seinem Gutachten freiwillig mitgeteilt worden sind (RG 61, 385; vgl. auch Schleswig SchlHA 54, 25). **Das Zeugnisver-** 30 **weigerungsrecht** für den Betroffenen ermöglicht die Geheimniswahrung nach materiellem Recht auch im Prozeß (§ 53 StPO, § 383 ZPO). Nicht nach freiem Belieben kann der Zeuge aussagen, sondern nur nach der durch § 203 gegebenen Rechtslage (eingehend Haffke, GA 73, 65; vgl. jedoch Woesner NJW 57, 692; Kohlhaas GA 58, 65; zum Ganzen Ostendorf DRiZ 81, 4; LK 9ff.) Den Angaben des vernehmenden Gerichts, es läge eine **Zeugnispflicht** konkret vor, darf der Geheimnispflichtige grundsätzlich vertrauen (RG 71, 22). Fehlt das Zeugnisverweigerungsrecht im Prozeß, so muß trotz Verschwiegenheitspflicht nach sachlichem Strafrecht ausgesagt werden. Das gilt vor allem nach der Befreiung von der Schweigepflicht sowohl für den Arzt, Rechtsanwalt usw. (§ 53 II StPO) als auch für seine Gehilfen (§ 53a StPO). Zur Entbindung des Rechtsanwalts von der Schweigepflicht im Konkurs der Handelsgesellschaft, Dahs, Kleinknecht-FS-63, Zur Problematik beim Sachverständigen vgl. Hamm VRS 35, 30. Verschwiegenheitspflicht nach § 203 und Zeugnisverweigerungsrecht korrespondieren zT miteinander. Doch hat der Geistliche ein Zeugnisverweigerungsrecht (§ 53 I Nr. 1 StPO, § 383 I Nr. 4 ZPO), obwohl er bewußt nicht in § 203 einbezogen worden ist.

c) **in anderen Fällen;** so bei rechtfertigendem Notstand (§ 34); bei Aus- 31 übung einer **beruflich** gebotenen Handlung (Zuziehung eines Gehilfen); bei Offenbarung zur **Wahrung** entgegenstehender berechtigter **eigener oder fremder Interessen** (aM SK 46; hierzu Ostendorf GA 80, 458; Rogall NStZ 83, 6), soweit die Tat nach den **Grundsätzen der Güter- und Interessenabwägung** ein angemessenes Mittel ist (bei den notwendigen Mitteilungen des Arztes an die ärztliche Verrechnungsstelle ist aber schon der Tatbestand nicht erfüllt, oben 11, 28), so bei Einklagung des Honorars, bei Verteidigung im Regreßprozeß; oder im Strafprozeß, soweit zur Selbstverteidigung erforderlich (BGH 1, 366); daher ist der Rechtsanwalt auch befugt, zur Wahrung eigener Belange unter Bruch des Berufsgeheimnisses eine falsche Aussage nach § 158 StGB zu berichten, wenn er sich der Beihilfe zu dem Aussagedelikt schuldig gemacht hat (MDR 66, 625), oder im Fall nach § 807 ZPO seine Honorarforderung gegen seinen Mandanten anzugeben (KG JR 85, 162). Der Arzt darf erforderlichenfalls Angehörige warnen, oder den zuständigen Behörden von epileptischen Anfällen seines Patienten beim Autofahren oder sonstigen die Fahrtüchtigkeit aufhebenden Krankheiten berichten (NJW 68, 2288; München MDR 56, 565; Zweibrücken NJW 68, 2301; LK 88; SchSch 31; str., vgl. Kauder StV 81, 564; M-Zipf § 27, 48ff.; Wilts NJW 66, 1837; Martin DAR 70, 302; Händel NJW 76, 840; Eberbach AIDS IX-2.5.5 S.5; Geppert [oben 1], 28); aber nicht ohne weiteres der Polzei über die Tatsache einer ambulanten Behandlung Auskunft erteilen (Bremen MedR 84, 112). Zur Aufklärungsproblematik im Versicherungsbereich Rein VersR 76, 121.

d) **Im Behördenverkehr** mit Geheimnissen (Einzelangaben nach II S. 2 32 werden diesen nur für den Strafschutz gleichgestellt; sie dürfen, soweit dies nicht ausdrücklich verboten ist, im Wege der Amtshilfe weitergegeben werden) gilt für die Offenbarungsbefugnis, daß *innerbehörliche*, zur rechtmäßigen Sachbehandlung erforderliche Mitteilungen befugt sind. Für *zwischenbehördliche* Mittei-

§ 203

lungen, die sog. **Amtshilfe** durch kompetenzgemäße Informationshilfe (hierzu Schmidt ZPR 79, 185; Steinbömer DVBl. 81, 340; Simitis NJW 86, 2795 mwN; Ostendorf DRiZ 81, 4; Rogall NStZ 83, 7), gilt, daß zwar eine grundsätzliche, aus der Einheit der Staatsgewalt abgeleitete Verpflichtung (Art. 35 I GG) zu „gegenseitiger ergänzender Hilfe" (§ 4 VwVfG) besteht. Art 35 GG begründet aber noch keine generelle Befugnis zur Offenbarung des geschützten Geheimnisses. Diese muß vielmehr grundsätzlich gesetzlich eingeräumt sein. Sie kann sich im Einzelfall aber erkennbar aus der besonderen Ausgestaltung einer gesetzlichen Aufgabenzuweisung ergeben, zB bei gesetzlichen Mitteilungspflichten (§ 163 StPO). So ist die Informationspflicht von Behörden (insbesondere von Disziplinarstellen) nur durch Sperrerklärungen und Beschlagnahmeverbote (§§ 96, 97 StPO) begrenzt (Karlsruhe NJW 86, 145; hierzu Wagner JZ 87, 708). Aus der gesetzlichen Zuweisung der Aufgaben an verschiedene Stellen folgt, daß die ersuchende Behörde diese Hilfe aber nur für Zwecke ihres Aufgabenbereichs in Anspruch nehmen darf und daß die ersuchte Behörde sich nach der für sie geltenden Vorschriften zu richten hat. Die Zulässigkeit der Amtshilfe richtet sich nach der Zuständigkeit der ersuchten Behörde; die Amtshilfe ist im übrigen für weite Bereiche der Verwaltungstätigkeiten in ihren Voraussetzungen und Grenzen in den §§ 4, 5 VwVfG (und den entsprechenden LandesG) nach dem Prinzip normiert, daß die Hilfeleistung zulässig ist, wenn sie nicht gegen gesetzliche Geheimhaltungsgebote (zB § 30 AO; Art. 10 GG, §§ 5, 6 PostG; §§ 10, 11 FAG; § 9 KWG; § 11 BStatG) verstößt oder wenn die Vorgänge nicht „ihrem Wesen nach geheimzuhalten sind". Ob § 30 VwVfG trotz seines Befugnisvorbehalts ebenso wie die bereichsspezifischen Schutzvorschriften (zB des § 30 AO, § 35 SGB I iVm §§ 67ff. SGB X) zu den „amtshilfefesten" Regelungen zählt, ist str. Fehlen klare Regelungen für die Informationsübermittlung und läßt sich die Befugnis auch nicht aus dem Funktionszusammenhang erkennen, so kann die Befugnis zur Offenbarung (analog § 30 IV Nr. 5 AO) dann im zwingenden öffentlichen Interesse liegen, wenn eine Güterabwägung ergibt, daß das Geheimhaltungsinteresse hinter noch wichtigeren andern Interessen zurücktreten muß (Begr. E/VwVfG und zu § 35 E/SGB I, Drs. 7/868). Da das Recht auf Selbstbestimmung nicht schrankenlos gewährleistet ist, muß der Einzelne gesetzliche Einschränkungen seines Rechts im überwiegenden Allgemeininteresse hinnehmen, wenn sich aus der gesetzlichen Beschränkung ihre Voraussetzung und ihr Umfang für den Bürger erkennbar ergibt und der Gesetzgeber den Grundsatz der Verhältnismäßigkeit beachtet und durch organisatorische und verfahrensrechtliche Vorkehrungen der Gefahr einer Verletzung des Persönlichkeitsrechts entgegenwirkt (BVerfGE 65, 1, 44). Allgemeine Regelungen (wie zB für den Datenschutz in § 15 BDSG iVm § 5 II S. 2 VwVfG) reichen aus, da das Erfordernis einer starren Zweckbestimmung den Staat bei unvorhersehbaren Fragestellungen handlungsunfähig werden ließe. Das Geheimhaltungsinteresse vermag also zwischenbehördliche Informationspflichten, vor deren **Erfüllung die gesetzlichen Aufgaben** abhängen, idR nicht zu verdrängen. Denn die Rechtsordnung kann keine gesetzlichen Aufgaben stellen und die zu ihrer Erfüllung erforderlichen Hilfen ausschließen. Für die Frage, ob die Vorgänge „ihrem Wesen nach" geheimgehalten werden müssen (§ 5 II S. 2 VwVfG), gilt daher grundsätzlich, daß die Amtsverschwiegenheit die Vertraulichkeit, dh die schutzwürdigen Belange des Betroffenen idR sichert. Ausnahmsweise kann sich im Einzelfall das objektive Schutzbedürfnis, das sich aus der Art des Geheimnisses und seiner Intimsphäre oder aus der besonderen Sachlage (zB der besonderen Vertrauensbeziehung) oder der besonderen Gefahrenlage ergeben kann, gegenüber dem Informationsbedürfnis als vorrangig erweisen. Letzteres kann nämlich je nach Sachbereich, Art und Umfang der rechtmäßigen Aufgabe, Erforderlich-

Verletzung des persönlichen Lebens- und Geheimbereichs § 203

keits- und Dringlichkeitsgrad, Begrenzungs- und anderweitiger Beschaffungsmöglichkeit unterschiedliches Gewicht haben (vgl. BVerfGE **27**, 6; 350; **32**, 378; **34**, 208; **35**, 219; **44**, 372; OVG Koblenz DVBl. **77**, 425). So haben zB die Mitteilungspflichten nach dem BBG oder der BDO trotz ev. nachteiliger Folgen grundsätzlich Vorrang vor dem Geheimnis- und Persönlichkeitsschutz, wenn die gesetzliche Aufgabenerfüllung ohne die Hilfe ernstlich gefährdet wäre, insbesondere wenn die Verwaltung zur Verwirklichung einer gesetzlichen Nebenfolge der Verurteilung auf die Mitteilung angewiesen ist (vgl. hierzu Franzheim ZPR **81**, 6; Ostendorf GA **80**, 445). Die MiStra ist zwar keine gesetzliche Regelung; während einer Übergangszeit ist die Regelungslücke jedoch hinzunehmen, BVerfGE **41**, 266ff. Die mitteilungspflichtige Stelle darf sich nicht Entscheidungszuständigkeiten anmaßen, da die „ergänzende Hilfe" keine Zuständigkeitsübertragung bedeutet (Göbel NJW **79**, 121). Zur Amtshilfeberechtigung und -verpflichtung von Verfassungsschutzbehörden vgl. Steinbömer DVBl. **81**, 345 mwN. Zur Frage der Datenweitergabe im strafrechtlichen Ermittlungsverfahren Groß/Fünfsinn NStZ **92**, 105 (vgl. auch oben 28a), zur Frage der Schweigepflicht im Strafvollzug Geppert [oben 1] und eines Schweigerechts im Rahmen des Behandlungsvollzugs zu weitgehend Marx GA **83**, 160; vgl. auch Arloth MedR **86**, 298.

Für **Sozialdaten** (§ 35 SGB I) sind die gesetzlichen Befugnisse zur Offenbarung an Dritte in den §§ 67ff. SGB X *abschließend* geregelt. Das selbständige, unmittelbare Auskunftsrecht von Behörden (auch der StA nach § 161 StPO; zu der des Rechnungshofes OVG Lüneburg MedR **85**, 230), das über die Amtshilferegelung des § 68 SGB X für Grunddaten hinausgeht, ist durch § 35 SGB I/ §§ 69ff. SGB X eingeschränkt. *Zusätzliche* Informationsmöglichkeiten geben die ergänzenden §§ 69ff. SGB X. Zum Datenschutz in psychiatrischen Landeskrankenhäusern Kamps MedR **85**, 203. Die Offenbarungsbefugnis nach § 69 I Nr. 1 SGB X zur sozialrechtlichen Aufgabenerfüllung (Art II § 1 SGB I) umfaßt insbesondere die zur Unterstützung von Ermittlungsverfahren wegen Unterhaltspflichtverletzung (vgl. auch § 74 SGB X), Beitragsbetrug (13a zu § 263) oder betrügerischer Schädigung der Arbeitsämter, während die Offenbarung für die Durchführung eines Strafverfahrens, das nicht mit einer sozialgesetzlichen Aufgabenerfüllung zusammenhängt, richterlicher Anordnung bedarf (§ 73 Nr. 2 SGB X), Steinbömer DVBl. **81**, 342; KK-Müller 9 zu § 161 StPO; Kerl NJW **84**, 2444, aM LG Hamburg NJW **84**, 1570, das verkennt, daß das Strafverfahren sozialgesetzlicher Aufgabenerfüllung iS § 69 I Nr. 1 SGB X dienen kann oder daß auch die StA Adressat von Auskünften zur Durchführung eines *gerichtlichen* Verfahrens sein kann; vgl. auch Frankfurt NJW **88**, 2488. Abschließende Regelungen gibt es auch für das **Meldegeheimnis** (§§ 5, 6 iVm §§ 17 bis 22 MRRG) und das Steuergeheimnis (§ 30 IV AO, Anh. 22).

B. Die Befugnis zur Offenbarung kann beschränkt sein; so in der Einwilligung hinsichtlich des Umfangs der Offenbarung oder des Personenkreises der Mitteilungsempfänger. Auch die Mitteilungsbefugnis kraft Gesetzes kann sich auf bestimmte Behörden oder Personen beschränken (LK 68); so auch bei einem Werksarzt (Braunschweig NdsRpfl. **56**, 100). 33

7) Vorsatz ist, mindestens als bedingter, erforderlich (RG **56**, 148). Der Täter muß wissen, daß es sich um ein Geheimnis oder eine Einzelangabe handelt, die ihm in seiner Stellung bekannt geworden sind, daß der Geheimnisgeschützte die Geheimhaltung kraft eigenen Interesses vermutlich will (vgl. 5) und daß der Täter das Geheimnis offenbart. Irrt er sich über seine Befugnis zur Offenbarung, so ist das ein Irrtum über einen Rechtfertigungsgrund, der, wenn er dessen Voraussetzungen betrifft, die Vorsatz- 34

32a

§ 203

strafe ausschließt (vgl. BGH 4, 355), aber Verbotsirrtum ist, wenn der Täter aus der richtigen Kenntnis der Umstände den falschen Schluß zieht, daß er zur Offenbarung befugt sei (LK 116; str.; nach Köln NJW 62, 66 Tatbestandsirrtum; dagegen Dreher MDR 62, 592; vgl. 17 zu § 132a).

35 **8) Teilnahme** ist möglich. Ist der Teilnehmer kein zur Wahrung des Geheimnisses Mitverpflichteter, so gilt für ihn § 28 I (LK 115; hM; aM SchSch 73; Gössel BT 1 § 37, 133). Ein solcher Außenstehender kann sich des gutgläubigen Schweigepflichtigen auch nicht als Werkzeug in mittelbarer Täterschaft bedienen (BGH 4, 359). Auch Anstiftung des unvorsätzlichen handelnden Schweigepflichtigen scheidet aus (BGH 9, 375; vgl. 10 vor § 25; 3 zu § 29; Welzel JZ 53, 763; Bindokat NJW 54, 865; 62, 686). Doch ist zu beachten, daß der Schweigepflichtige auch dann vorsätzlich handelt, wenn er sich irrig zur Mitteilung für befugt hält (oben 27ff., 34).

36 **9) Die Strafe.** Zusätzliche Geldstrafe neben Freiheitsstrafe nach § 41 möglich. **Qualifiziert** ist die Tat nach V, wenn der Täter gegen Entgelt (37 zu § 11; 16 zu § 180) oder in der Absicht handelt, sich oder einen anderen zu bereichern (43 zu § 263) oder einen anderen, der nicht der Geheimnisgeschützte zu sein braucht, zu schädigen (vgl. 6 zu § 274).

37 **10) Zum Strafantrag** als Prozeßvoraussetzung vgl. § 205.

38 **11) Konkurrenzen.** Treffen I und II S. 1 zusammen (zB beim beamteten Arzt), so ist nur eine einzige Tat gegeben, aM Gössel BT 1 § 37, 134. Tateinheit ist möglich mit §§ 185, 353b. Zu den Spezialvorschriften im Nebenrecht des Bundes und der Länder vgl. oben 9a (für Subsidiarität des BDSG, Arzt/Weber LH 1, 523, Becker SchlHA 80, 32; vgl. Hohmann JuS 87, 475) §§ 17, 18 UWG (Anh. 13; vgl. hierzu 17. 3. 1992, 1 StR 5/92; ferner § 17 idF des SPD/E, BT-Drs. 10/80); § 404 AktG; § 151 GenG; § 120 BetrVG; § 35 SprAuG; § 69 SchwbG.

Verwertung fremder Geheimnisse

204 ¹Wer unbefugt ein fremdes Geheimnis, namentlich ein Betriebs- oder Geschäftsgeheimnis, zu dessen Geheimhaltung er nach § 203 verpflichtet ist, verwertet, wird mit Freiheitsstrafe bis zu zwei Jahren oder mit Geldstrafe bestraft.

II § 203 Abs. 4 gilt entsprechend.

1 **1) Die Vorschrift,** durch das EGStGB (vor § 201) im Anschluß an § 186b E 1962 (Begr. 340) eingefügt, ist für das StGB neu und ergänzt § 203, vor allem dessen V. Die zahlreichen entsprechenden Vorschriften im Nebenrechts (E 1962 340) konnten gestrichen werden. Das **Rechtsgut** ist dasselbe wie bei § 203. Die Tat ist ebenfalls **Sonderdelikt**.

2 **2) Täter** kann nur sein, wer nach § 203 (vgl. auch §§ 1 III, 48 I WStG), und zwar auch nach dessen III, zur Geheimhaltung eines fremden Geheimnisses verpflichtet ist. Das Betriebs- oder Geschäftsgeheimnis ist nur als das praktisch wichtigste Beispiel genannt (RegE 244; Port. VII/181).

3 **3) Tathandlung** ist das **Verwerten** (vgl. 3 zu § 74c) des Geheimnisses (2 ff. zu § 203), dh hier das wirtschaftliche Ausnutzen zur Gewinnerzielung (Bay NStZ 84, 169), und zwar ohne Offenbaren (RegE 244; Sturm JZ 75, 10). Es muß sich danach, wenn nicht um Betriebs- und Geschäftsgeheimnisse, doch um solche handeln, die ihrer Natur nach zur wirtschaftlichen Ausnutzung geeignet

Verletzung des persönlichen Lebens- und Geheimbereichs **§ 204**

sind; so wenn zB ein Patentanwalt die Erfindung eines Mandanten zu eigener Produktion benützt (vgl. RegE 244; Prot. 7/181; LK-Träger 5). Erfaßt werden auch Einzelangaben, die nach § 203 II S. 2 den Geheimnissen selbst gleichgestellt sind (RegE 244; LK 3). Nicht erfaßt wird zB ein Verwerten für einen politischen Angriff oder ähnliche Fälle. § 203 IV gilt nach II für den Fall des Verwertens nach dem Tod des Geheimnisgeschützten entsprechend.

4) Unbefugt (7 zu § 201; 27 ff. zu § 203) muß der Täter handeln. Befugnis **4** kann hier vor allem die Einwilligung des Geschützten geben. Andere Rechtfertigungsgründe kommen kaum in Betracht.

5) Der Versuch ist straflos, **Teilnahme** möglich; doch wird, wenn der **5** Teilnehmer nicht selbst nach § 203 verpflichtet ist, nur § 203 gegeben sein, da der Täter das Geheimnis dem Teilnehmer offenbaren mußte.

6) Zum Strafantrag als Prozeßvoraussetzung § 205. **6**

7) Konkurrenzen. Tateinheit mit § 253 (Rein VersR **76**, 123) sowie §§ 17, **7** 18 UWG möglich. Hinter §§ 203, 355 I tritt § 204 zurück.

Strafantrag

205 ᴵIn den Fällen des § 201 Abs. 1 und 2 und der §§ 202 bis 204 wird die Tat nur auf Antrag verfolgt.

ᴵᴵ**Stirbt der Verletzte, so geht das Antragsrecht nach § 77 Abs. 2 auf die Angehörigen über; dies gilt nicht in den Fällen des § 202a. Gehört das Geheimnis nicht zum persönlichen Lebensbereich des Verletzten, so geht das Antragsrecht bei Straftaten nach den §§ 203 und 204 auf die Erben über. Offenbart oder verwertet der Täter in den Fällen der §§ 203 und 204 das Geheimnis nach dem Tod des Betroffenen, so gelten die Sätze 1 und 2 sinngemäß.**

1) Die Vorschrift idF des EGStGB (vor § 201), II S. 1 idF des Art. 1 Nr. 8 **1** des 2. WiKG (2 vor § 263) stellt für die §§ 201 ff. das Erfordernis des Strafantrags (§§ 77 bis 77d) auf. Vgl. §§ 1 III, 48 I WStG.

2) Verletzter und damit der zunächst **zur Antragstellung Berechtigte** **2** (§ 77 I) ist in den Fällen **A.** des § 201 derjenige, der das geschützte Wort gesprochen hat (möglicherweise mehrere; § 77 IV), nicht ein nur mittelbar Verletzter; **B.** des § 202 derjenige, dem zur Tatzeit das Bestimmungsrecht über die Sache **3** zusteht (vgl. RGZ **94**, 2); dh bei Sendungen zunächst der Absender, erst nach Empfang der Adressat (str.; aM SK-Samson 4); dies gilt auch, wenn die Sendung statt beim Adressaten fälschlich bei einem Dritten abgegeben wird (nach RG LZ **14**, 195; LK-Träger 6 bereits der Adressat); **C.** der §§ 203, 204 der **4** Geheimnisberechtigte, nicht auch der Anvertrauende, da allein jenem die Entscheidung zukommt, ob er Bestrafung fordern und eine Angelegenheit seines Geheimbereichs in einem Prozeß behandelt sehen möchte (hM; weitergehend z B SchSch-Lenckner 5).

3) Mit dem Tod des Verletzten (oben 2 ff.) geht das Antragsrecht nach § 77 **5** II (vgl. dort) idR auf die dort bezeichneten Angehörigen über (II S. 1). Eine Ausnahme gilt für die Fälle der §§ 203, 204, wenn das Geheimnis nicht zum persönlichen Lebensbereich (3 zu § 203) des Verstorbenen gehört, sondern ein anderes, wirtschaftlich verwertbares Geheimnis, vor allem ein Betriebs- oder Geschäftsgeheimnis ist; dann geht das Antragsrecht auf die Erben über, soweit sie nicht mit den Angehörigen nach § 77 II identisch sind (II S. 2). Im Falle des § 203 wird die Ausnahme praktisch stets gelten.

§ 205, Vor § 211

6 4) Bei **Begehung der Tat nach dem Tode** des Geheimnisberechtigten (§ 203 IV, § 204 II) steht das Antragsrecht sofort den in § 77 II genannten Angehörigen oder aber den Erben nach den Regeln zu 5 zu (II S. 3; vgl. Solbach DRiZ **78**, 206).

§§ **206–210** [Aufgehoben durch Art. 1 Nr. 58 1. StrRG; vgl. 7 ff. vor § 211]

Sechzehnter Abschnitt
Straftaten gegen das Leben
Vorbemerkung zu §§ 211, 212

1 1) **Schrifttum** zur neueren **Rspr.** und zur **Reform** der Tötungsdelikte: §§ 134 ff. E 1962; §§ 100 ff. AE; *P.-A. Albrecht* JZ **82**, 697; *Arzt* ZStW **83**, 1; *Beckmann* GA **81**, 337; *Eser* DJT 17 mwN u. NStZ **81**, 383, 429 (Rspr. Übers.); *Friedrich/Koch* JuS **72**, 457; *Frommel* JZ **80**, 559; *Geilen*, Bockelmann-FS 613, Schröder-GedS 235 u. JR **80**, 309; *Göppinger/Bresser* (Hrsg.) Tötungsdelikte 1980; *Gössel* DRiZ **80**, 281; *Gribbohm* ZRP **80**, 222; *Günther* NJW **82**, 353; *Heine*, Tötung aus „niedrigen Beweggründen", 1988 [Bespr. *Laubenthal* GA **90**, 373]; *Kutzer* JR **90**, 394; *Jähnke* MDR **80**, 705; *Jescheck/Triffterer* (Hrsg) Ist die lebenslange Freiheitsstrafe verfassungswidrig? 1978; *Lackner* JZ **77**, 502; *Möhrenschlager* NStZ **81**, 57; *Otto* ZStW **83**, 39; *Rengier* MDR **79**, 970; **80**, 3; *Rieß* NJW **68**, 629; *Rüping* JZ **79**, 618; *Saerbeck* Beginn und Ende des Lebens als Rechtsschutzbegriffe, 1974; *Schmidhäuser*, Reimers-FS 445; *Schmoller* ZStW **99**, 389; *Schwalm* MDR **57**, 260; *Walder* SchweizZSt. **65**, 24; **79**, 117; *Woesner* NJW **78**, 1025; *Zipf*, Würtenberger-FS 151; *Thomas*, Die Geschichte des Mordparagraphen. Eine norngenetische Untersuchung bis in die Gegenwart, 1984. **Rechtsvergleichend:** *Simson/Geerds*, Straftaten gegen die Person und Sittlichkeitsdelikte in rechtsvergleichender Sicht, 1969; insbesondere *Eser/Koch* ZStW **92**, 491; *Rengier* (Bericht) ZStW **92**, 459. **Rechtsgeschichte:** *Meurer* HRG V 286. **Kriminologie:** *LK-Jähnke* 50 f.; *Dotzauer/Jarosch*, Tötungsdelikte 1971; *Sessar*, Rechtliche und soziale Prozesse einer Definition der Tötungskriminalität, 1981; MSchrKrim **80**, 193; *Rasch/Hinz*, KR **80**, 377 zum Einfluß der Mordmerkmale auf die polizeilichen Erstvernehmungen; *Geerds* Pol. Heute/KrimPraxis **81**, 5; *Kreuzer* KR **82**, 428, 491; *Middendorff*, Kriminologie der Tötungsdelikte, 1984. **Kriminalstatistik:** *Sturm* MDR **79**, 816; *Pracejus*, NStZ **86**, 22 (Nordrhein-Westfalen 1980); *Kerner*, Tötungsdelikte und lebenslange Freiheitsstrafe, ZStW **98**, 874; in Österreich: *Mayerhofer* ÖJZ **80**, 290.

2 2) **Geschütztes Rechtsgut** ist das **Leben.** Gegenstand der Taten nach den §§ 211 ff., 222 ist nach dem objektivierten Willen des Gesetzgebers, wie er in den §§ 211 ff., 217, 218 ff. mit bindender Wirkung zum Ausdruck kommt (BVerfG NJW **88**, 2945), ein **anderer geborener Mensch** oder – bei Taten nach § 217 – ein Kind in der Geburt. **A.** Maßgebend für den strafrechtlichen Schutz ist, also anders als beim Beginn der Rechtsfähigkeit (§ 1 BGB), der Beginn des Geburtsaktes, dh bei regulärem Geburtsverlauf mit dem Einsetzen der Eröffnungswehen (BGH **32**, 194 m. Anm. Hirsch JR **85**, 335; hM; aM Saerbeck [oben 1] 95), bei atypischem Verlauf mit dem Sprung der Fruchtblase bzw. der Eröffnung des Uterus [Kaiserschnitt], (Isemer/Lilie MedR **88**, 68; vgl. auch BGH **31**, 356 [m. Anm Hirsch JR **85**, 336]; Bosch FamRZ **83**, 698; Arzt FamRZ **83**, 1019; Geppert JK 2; Koch MedR **85**, 85; Schwalm MDR **68**, 278; Kaufmann JZ **71**, 569; Lüttger JR

Straftaten gegen das Leben **Vor § 211**

71, 133; NStZ **83**, 482; Heinitz-FS 359; Zippelius JuS **83**, 659; SchSch-Eser 13ff.; str.); Lebensfähigkeit ist nicht erforderlich (BGH **10**, 292). Vor einer Lebendgeburt spricht man nach einer WHO-Definition von 1974 dann, wenn der Fetus 500 gr und mehr wiegt, nach der Scheidung vom Mutterleib entweder das Herz geschlagen oder die Nabelschnur pulsiert oder die natürliche Lungenatmung eingesetzt hat (vgl. § 29 I PStV). Zum „Schwangerschaftsabbruch" durch Schnittentbindung vgl. 11 zu § 218 a. *Pränatale* Einwirkungen auf die Leibesfrucht oder vorwerfbare Unterlassungen eines Garanten, die sich *nach* der Geburt auswirken, sind innerhalb des StGB (§§ 212, 222, 223 ff., 230) nicht geschützt, fahrlässige Schädigungen schon nicht wegen der gesetzgeberischen Wertentscheidung zu § 218, der wegen der Beschränkung auf Vorsatztaten eine Sperrwirkung entfaltet (BGH **31**, 352, 354; Karlsruhe MDR **84**, 686 [hierzu Geppert JK 3], Bamberg NJW **88**, 2964; Eser NStZ **84**, 49; ZStW **97**, 37; Jung NStZ **85**, 316; Paehler DRiZ **84**, 276; Roxin JA **81**, 548; Sternberg-Lieben JuS **86**, 675; Tepperwien, Pränatale Einwirkung als Tötung oder Körperverletzung?, 1973; zu Fragen der pränatalen Diagnostik Laufs FPflMedAR 90; vgl. 7 zu § 218; SchSch 15); aber auch bei vorsätzlichen Einwirkungen ist für die Anwendbarkeit der §§ 212, 222, 223 ff., 230 der maßgebliche Zeitpunkt nicht der Eintritt des Erfolgs, sondern der des Einwirkens (BGH **31**, 351; Lüttger NStZ **83**, 483); zu diesem Zeitpunkt ist aber der nasciturus noch nicht Objekt eines Tötungs- oder Körperverletzungsdelikts, hM. Zur Frage des Kaiserschnitts an Sterbenden oder Toten, Hanack Gynäkologe **82**, 96; Hiersche MedR **85**, 45. Einwirkungen durch Arzneimittel sind auch nach § 95 AMG zu prüfen, der auch die Leibesfrucht schützt. Zu den Tendenzen, den Embryo nicht nur iS Art. 1 I, 2 II GG (6 c vor § 218), sondern auch *strafrechtlich* als *Mensch* anzusehen (vgl. Hofmann ÖJZ **64**, 383; Meyer ÖJZ **64**, 383; dagegen ÖsterrOGH ÖJZ **65**, 215; Lüttger aaO). Diese rein strafrechtliche Abgrenzung von Abtreibungs- und Tötungsdelikten besagt nichts über die verfassungsrechtliche Schutzpflicht (BVerfGE **39**, 1) oder den Beginn des Menschseins in ethischer oder biologischer Sicht (BGH **31**, 351). Zur Frage des Embryonenschutzes außerhalb des Mutterleibes vgl. 6a vor § 218. Das Menschsein endet mit dem Tode. Der klinische **Todesbegriff** (Stillstand der Atmungs- und Kreislauftätigkeit; vgl. ausführlich LK-Dippel 8 zu § 168; ferner Geilen, Heinitz-FS 373) ist für die Fragen der ärztlichen Behandlungspflicht und Transplantation wegen der Reanimierungsmöglichkeiten problematisch geworden. Insoweit wird nach hM auf den **Hirntod**, dh auf den vollständigen und irreversiblen Zusammenbruch der *Gesamtfunktion* des Gehirns (Hirnrinde und Hirnstamm) bei noch aufrecht erhaltener Kreislauffunktion abgestellt. Zu dessen Feststellung vgl. Entscheidungshilfen des Wiss. Beirats der BÄK (DÄBl. **86**, 2940; dazu Curio/Marx, Frowein DÄBl. **87**, 1070, 1073); Eser ZStW **97**, 28; Wolfslast MedR **89**, 166; W. Böhmer, Geiger-FS 1989, 184; Matouschek [4 d vor § 218] 35; Schlingensiepen-Brysch ZRP **92**, 419; Gössel BT 1 § 1, 15; LK 10 zu § 168; vgl. ferner Antwort der BReg. BT-Drs. 10/6542; 11/3759; EzSt § 261 Nr. 14. Ein Anencephalus ist nicht schon zufolge seines Zustandes hirntot (3a zu § 218).

3

Schrifttum: LK-*Jähnke* 8ff; LK-Dippel vor 1 zu § 168; SchSch-Eser 16ff.; SK-*Horn* 5 zu § 212; M-*Schroeder* § 1, 11; ferner *Bade*, Der Arzt an den Grenzen von Leben und Recht, 1988 [Bespr. *R. Keller* GA **91**, 277]; *Bockelmann*, Straf-

3a

Vor § 211

recht des Arztes, 1968; *Fritsche,* Grenzbereich zwischen Leben und Tod, 1973; *Funck* MedR 1982 (Todeszeitpunkt als Rechtsbegriff); *Geilen* FamRZ **68**, 129, JZ **68**, 145, Heinitz-FS 373 u. in: Eser (Hrsg.) Suizid und Euthanasie, 1976 S. 301; *Giesen/Kreienburg,* Organtransplantation – wann endet das Leben?, 1969; *Gsell* ZStW **97**, 174; *Hinderling* Schweiz JZ **68**, 65; *Kohlhaas,* Sarstedt-FS 133; *Krösl-Scherzer,* Die Bestimmung des Todeszeitpunkts, Wien 1973; *Laufs* NJW **78**, 1180 u. Fortpflanzungsmedizin und Arztrecht, 1992; *Lüttger* JR **71**, 309; *Neuhaus,* Heinitz-FS 397; *Saerbeck,* Beginn und Ende des Lebens als Rechtsbegriff, 1974; *Schönig* NJW **68**, 189; *Schreiber* JZ **83**, 593 u. Klug-FS 347; *Schubarth* Komm. z. SchweizStGB 6 ff. vor Art. 112; *Stratenwerth,* Engisch-FS 528; *Walder* SchweizZSt. 79, 120; *Weißauer/Opderbecke,* Anästh. Inform. **73**, 2 mwN; *Wolfslast* MedR **89**, 113; *Zippelius* JuS **83**, 659; sowie die bei 2ff. zu § 168 Genannten.

4 **B. Selbsttötung ist straflos,** da die Tötungsdelikte sich gegen einen *anderen* richten; straflos daher auch Versuch und Teilnahme als solche (stRspr. BGH **2**, 152; 154; **13**, 167; **19**, 137; **24**, 343; **32**, 262; 371; Bottke, Suizid und Strafrecht, 1982, 13 ff. [hierzu Arzt GA **84**, 190] u. GA **82**, 346; **83**, 22; ausführlich SchSch 33 ff. mwN; SK 7 ff. zu § 212; M-Schroeder § 1, 16; M. K. Meyer Ausschluß 230 [hierzu Küper JZ **86**, 227]; Otto DJT D 18; abw. Schmidhäuser, Welzel-FS 801; Bringewat ZStW **87**, 623; gegen beide Roxin, Dreher-FS 335, 342 u. NStZ **84**, 71; ebenso H. J. Hirsch JR **79**, 429; Neumann JuS **85**, 678 u. JA **87**, 246; Charalambakis GA **86**, 487); also auch die Anstiftung in Form des amerikanische Duells (hM). Nach BGH **24**, 342 (zust. Spendel JuS **74**, 749; hierzu Bottke Suizid 67) folgt daraus, daß auch die fahrlässige Mitverursachung einer Selbsttötung oder eine sonstige fahrlässige Veranlassung des eigenverantwortlichen Handelns eines Selbstschädigers (BGH **32**, 265; NStZ **87**, 406) straflos ist. Die Straflosigkeit folgt dogmatisch daraus, daß den Mitverursacher bei einem eigenverantwortlichen Suizid (Neumann JA **87**, 244, 256) keine Sorgfaltspflicht trifft (van Els NJW **72**, 147; ähnlich Welp JR **72**, 427; Otto JuS **74**, 709; vgl. auch Blei JA **72**, 573; SK-Rudolphi 79 vor § 1; Dölling GA **84**, 71). Die Strafbarkeit beginnt erst dort, wo der Sichbeteiligende kraft überlegenen Sachwissens das Risiko besser erfaßt als der Sich-selbst-Gefährdende (BGH **32**, 262 [m. Anm. Kienapfel JZ **84**, 751; Roxin NStZ **84**, 411; Stree JuS **85**, 183; Horn JR **84**, 513; Otto Jura **84**, 536 u. Tröndle-FS 173; Dach NStZ **85**, 24; Sauer JA **84**, 533; Neumann JA **87**, 248; Bade oben 3a 129, 152]; NStZ **85**, 162; LK 21 zu § 222), dh **täterschaftlich** an der Tötung des Lebensmüden mitwirkt (BGH **32**, 265; vgl. auch Roxin TuT 572; im übrigen zur Frage der eigenverantwortlichen Selbstverletzung 19 vor § 13 u. 15a zu § 222 sowie unten 6 aE). Ein grundrechtlich garantiertes Recht auf Selbsttötung ist nicht anzuerkennen (Otto DJT D 11 mwN; Langer [unten 13] 104; H. J. Hirsch, Lackner-FS 611; Tröndle DJT M 29; Wilms/Jäger ZPR **88**, 41; zum Grundrechtsverzicht: G. Sturm, Geiger-FS 1989, 173; hM; aM Bottke GA **82**, 350; Brändel ZRP **85**, 92; Wassermann DRiZ **86**, 291; vgl. Neumann JA **87**, 253; ferner hierzu 1 a zu § 216). Die Frage, ob und wann **Mitwirkung** bei fremder Selbsttötung strafbar ist, ist im Schrifttum schon im Grundsätzlichen nach wie vor sehr str. u. zw. So tritt Klinkenberg (JR **78**, 441; gegen ihn Wellmann JR **79**, 182) im Anschluß an Schmidhäuser (aaO) für eine generelle, durch den Zumutbarkeitsgedanken begrenzte Rechtspflicht, den Suizid zu unterlassen, ein und zieht hieraus Folgerungen für die Strafbarkeit der Mitwirkung am Suizid. Hingegen sieht Sax JZ **75**, 146 im

Selbstmord keine Rechtsgutsverletzung, so daß ein Mitwirken Dritter schon deshalb sowohl als vorsätzliches wie als fahrlässiges straflos bleiben müßte; demgegenüber begreift Schilling (JZ 79, 159) die tatbestandslose Tat des Suizidenten als Grundlage für die Tatherrschaft des Mitwirkenden, dessen Strafbarkeit davon abhängen soll, ob die Einwilligung beachtlich ist oder nicht (hiergegen R. Schmitt JZ 79, 465; H. J. Hirsch JR 79, 431 u. LK 165 zu § 32; Bottke Suizid 327 ff. u. GA 83, 27; JuS 82, 378; Charalambakis GA 86, 488; Otto BT § 6 III). Zum österr. und schweiz. Recht, wo die Mitwirkung am Selbstmord (uU) strafbar ist (§ 78 öStGB; Art. 115 SchweizStGB), Zipf, Würtenberger-FS 158; Wach ÖJZ 78, 479; Walder SchweizZSt 79, 123. Im einzelnen ist der Sachstand wie folgt:

a) Die Anstiftung eines Schuldunfähigen zur Selbsttötung kann ein Tö- 5 tungsdelikt in **mittelbarer Täterschaft** sein; desgl. bei Zwang zur Tat durch eine lebensgefährliche, einen Notstand schaffende Drohung (RG 64, 30; OGH NJW 49, 598; Otto DJT D 65), ferner wenn der Bestimmende dem, der unter wahnhaften Vorstellungen Hand an sich legt, verschleiert, daß dieser eine Ursache für seinen eigenen Tod setzt (BGH 32, 41 [*Sirius-Fall*]; Roxin, Sippel NStZ 84, 71, 357; Schmidhäuser JZ 84, 195; Neumann JuS 85, 677; Charalambakis GA 86, 496; Geilen JK 1 zu § 25) oder wo der Bestimmende durch Überredung des anderen diesen töten will, wo er ihn also als *Werkzeug* zur Tötung für sich mißbrauchen will (BGH 2, 151 f.; 20. 3. 1979, 1 StR 632/78; abw. zB SchSch 38). Beihilfe zur Selbsttötung eines Straftäters ist keine Strafvereitelung (vgl. 6 zu § 258).

b) Ob sich der den Selbsttötungsentschluß respektierende **Garant** (5 zu 6 § 13) durch pflichtwidriges Geschehenlassen einer Selbsttötung strafbar macht (so BGH 2, 150) zB wenn der Ehegatte seinen am Strick hängenden Partner nicht abschneidet, ist sehr str. (vgl. NJW 60, 1821; offengelassen BGH 32, 262, aber in casu bejaht NStZ 84, 73; vgl. ferner LG Berlin JR 67, 269 mit Anm. Dreher; gegen BGH LG Bonn MDR 68, 66 mit Anm. Paehler; vgl. auch Düsseldorf NJW 73, 2215, dazu krit. Geilen NJW 74, 750; Bringewat JuS 75, 155; ZStW 87, 623; Bottke, Suizid 79 u. GA 83, 24; Herzberg JuS 75, 172 u. ZStW 91, 557; vgl. auch unten 6a). Einigkeit besteht lediglich darüber, daß schon das bloße Geschehenlassen des Suizids dann für den Garanten strafbar ist, wenn der Suizident nicht freiverantwortlich ist. Entgegen der hL (vgl. SchSch 41), der zuzustimmen ist, schränkt die uneinheitliche Rspr. des BGH die Straflosigkeit der Selbstmordbeihilfe auch **bei freiverantwortlichem Suizid** ein (vgl. hierzu Gropp NStZ 85, 98) und bejaht die Rettungspflicht bei jedem Selbsttötungsversuch (BGH 2, 150; 7, 268; 13, 166; JR 55, 104) ab dem Zeitpunkt der Hilfsbedürftigkeit des Suizidenten (BGH 6, 147 [hierzu Bottke GA 83, 34 mwN; Sowada Jura 85, 86]; 7, 272, hierzu Gallas JZ 54, 641). Maßgebend ist hiernach, ob der Garant oder (noch) der Suizident das Suizidgeschehen beherrscht (BGH 13, 166). Eine Handlungspflicht iS des § 13 (wie auch des § 323c) tritt beim freiverantwortlichen Suizidenten nach der Rspr. erst mit dessen Handlungsunfähigkeit ein (NJW 60, 1821; Bay NJW 73, 565; zutr. hiergegen München NJW 87, 2942). Indessen ist in diesen Fällen bei freiverantwortlichem Suizid die Zumutbarkeit des Eingreifens besonders zu prüfen (BGH 7, 272; 13, 169; bei Dallinger JR 68, 6; NStZ 84, 73). In der umstrittenen Entscheidung (BGH 32, 369, 375 [*Wittig-Fall*]; vgl. hierzu auch Düsseldorf JMBlNW 83, 197 und Geppert JK 1 zu § 216) hat der

Vor § 211

BGH diese Grundsätze bestätigt und den eindeutig geäußerten Suizidwillen einer schwer herzkranken Patientin für unmaßgeblich gehalten, nach Eintritt ihrer Bewußtlosigkeit einen „Tatherrschaftswechsel" angenommen, die Respektierung des Selbsttötungswillen durch den Arzt grundsätzlich als Unterlassungstäterschaft iS des § 216 umgedeutet (hiergegen München NJW **87**, 2942; Otto DJT D 68; Roxin NStZ **87**, 347; Herzberg JZ **88**, 183; H. J. Hirsch, Tröndle-FS 30) und lediglich vom Einzelfall her im Hinblick auf die ärztliche Gewissensentscheidung (zu befürchtende irreparable Schäden bei der Intensivbehandlung) eine Strafbarkeit verneint, weil keine Rechtspflicht zur Erhaltung eines verlöschenden Lebens „um jeden Preis" bestehe; in solchen äußersten Grenzsituationen sei auch die Zumutbarkeit eines Rettungsversuchs iS des § 323 c (vgl. hierzu Dölling NJW **86**, 1011) zu verneinen (BGH **32**, 380 f.). Die Begründung dieser Entscheidung ist, weil das Selbstbestimmungsrecht des Patienten nicht hinreichend beachtet worden ist, und im Hinblick auf die vom BGH vorgenommene Unterscheidung zwischen „Normal-" und „Suizidpatienten" mit Recht hart kritisiert worden, vor allem von Eser MedR **85**, 7, auch München NJW **87**, 2943; ferner Beschl. IV der Strafr. Abt. d. 56. DJT (Sitz. Ber. M 194); vgl. hierzu § 215 AE-StH (unten 13 a); ferner R. Schmitt JZ **85**, 367; Sowada Jura **85**, 75; Gropp NStZ **85**, 97; M. Schultz JuS **85**, 270; Brändel ZRP **85**, 86; Schünemann GA **85**, 379; Otto DJT D 94; H. J. Hirsch, Lackner-FS 601, 615, u. Tröndle-FS 29; Roxin NStZ **87**, 346; Uhlenbruck ZRP **86**, 215; Hiersche MedR **87**, 84; Tröndle DJT M 40, ZStW **99**, 45, EssGespr. **22** (1988), 145 u. MedR **88**, 164; Gropp ÄRP **86**, 642; Charalambakis GA **86**, 504; Ranft JA **87**, 913: Gössel BT 1 § 2, 76; Herrmann MedR **88**, 4; Frisch II 159; Bade [oben 3 a] 151; zust. Herzberg JA **85**, 267, JZ **86**, 1025 u. **88**, 184 sowie seine Kontroversen mit Baumann u. R. Schmitt (JZ **87**, 131, 400); Reis DJT M 145 u. EuGRZ **87**, 279; *aus ärztlicher Sicht* Bochnik MedR **87**, 217 u. **88**, 79; Lauter/J. E. Meyer MSchrKrim **88**, 375; hierzu ferner Schmidt LM Nr. 6 zu § 13 u. Kutzer MDR **85**, 710; vgl. auch Dölling NJW **86**, 1016 u. MedR **87**, 10. Die neuere Rspr. des BGH mißt (abw. von BGH **32**, 369) dem ernsthaft freiverantwortlich gefaßten Selbsttötungsentschluß eine größere Bedeutung zu: NJW **88**, 1532 m. krit. Anm. Rippa NStZ **88**, 553; NStZ **87**, 406; vgl. H. J. Hirsch, Tröndle-FS 30; ferner zur *eigenverantwortlichen Selbstgefährdung* 19 vor § 13; 15 b zu § 222.

6a Weiteres **Schrifttum** zur Selbsttötung: *Amelunxen,* Der Selbstmord, 1962; *Arzt/Weber* LH **1**, 203 ff.; *Bochnik* u. a. NStZ **84**, 108 u. MedR **87**, 216; *Dreher* MDR **52**, 711; *van Els* NJW **72**, 1477; *Engisch* Dreher-FS 310; *Fink,* Selbstbestimmung und Selbsttötung. Verfassungsrechtliche Fragestellungen im Zusammenhang mit Selbsttötungen, 1992 [Bespr. *Uhlenbruck* MedR **92**, 154]; *Friebe* GA **59**, 163; *Gallas* JZ **52**, 371; *Händel,* Leithoff-FS 555; *Hanack* Gynäkologe 82, 113; *Heinitz* JR **54**, 403, **55**, 105 u. **61**, 29; *Herzberg* ZStW **91**, 557 u. JA **85**, 132, 177, 265, 336; *Krey* JuS **71**, 141; *Meister* GA **53**, 166; *J. E. Meyer* MedR **85**, 210; *Roxin,* Dreher-FS 331; *Simson,* Die Suizidtat, 1976, S. 61; *Schwalm,* Engisch-FS 439; *J. Wagner,* Selbstmord und Selbstmordverhütung, 1975 u. JR **77**, 473; *Wolfslast* NStZ **84**, 105; *Zippelius* JuS **83**, 661; vgl. ferner AE-StH (unten 21) mwN. **Statistik:** *Blick/Fischer/Spann* MedR **84**, 217. **Rechtshistorisch:** *Rebbach* DRiZ **86**, 241.

6b C. Zur **Zwangsernährung bei Hungerstreiks** von *freiverantwortlichen* Häftlingen sind die Strafvollzugsbehörden nach § 101 StVollzG idF vom 27. 2. 1985

Straftaten gegen das Leben **Vor § 211**

auch bei akuter Lebensgefahr *nicht* mehr *verpflichtet.* Es gelten daher auch in diesen Fällen für die Selbstmordverhinderung die allgemeinen Grundsätze (SchSch 45). *Zulässig* bleibt die Zwangsernährung nach § 101 I S 1 StVollzG, wenn für den Gefangenen Lebensgefahr, schwerwiegende Gefahr für dessen Gesundheit oder für die Gesundheit anderer Personen besteht, ferner soweit sie für die Beteiligten zumutbar ist und sie nicht mit erheblicher Gefahr für Leben oder Gesundheit des Gefangenen verbunden ist (hierzu Tröndle, AnästhIntensivmed **87**, 95). Damit ist die Streitfrage über die Verpflichtung zur Zwangsernährung im wesentlichen entschärft. Zum früheren Meinungsstreit: RA-BTag Prot. Nr. 40 (Öff. Anhörung v. 14. 10. 1984); Tröndle, Kleinknecht-FS 411 (hierzu Lüttger JR **87**, 234) und ferner 44. Aufl.; Nöldeke/Weichbrodt NStZ **81**, 281; Geppert Jura **82**, 177; Bottke Suizid 297 ff.

D. Der Zweikampf, dh ein verabredeter Kampf zweier Beteiligter nach **7** vereinbarten oder hergebrachten Regeln (vgl. RG **52**, 65) ist, nachdem das 1. StrRG der damaligen Sondervorschriften der §§ 201 bis 210 aufgehoben hat (E 1962, Begr. 262), nach den allgemeinen Vorschriften zu beurteilen. Das bedeutet: **a)** Soweit die Beteiligten **Tötungsvorsatz** haben, kommen Tötungsdelik- **8** te, idR § 212 in Betracht. Der Versuch ist strafbar; Vorbereitungshandlungen nur im Rahmen des § 30. Einwilligung in eine etwaige Tötung durch den anderen rechtfertigt die Tat nicht. **b)** Soweit die Beteiligten **Körperverletzungs- 9 vorsatz** haben, kommen die §§ 223 ff., vor allem §§ 223a, 224, 226 in Frage. Die Vorbereitung ist nicht, der Versuch idR nicht strafbar. Ob die Tat nach § 226a gerechtfertigt ist, hängt von den gesamten Umständen ab. Bei Bestimmungsmensuren ist die Sittenwidrigkeit zu verneinen (BGH **4**, 24; abl. Eb. Schmidt JZ **54**, 371; gegen ihn Hartung NJW **54**, 1225; vgl. auch LVG Hannover NJW **54**, 1384; Sack NJW **85**, 763). Für die Austragung von Ehrenhändeln durch Schlägermensuren hat BGH **4**, 24 die Frage offen gelassen.

3) Tathandlung ist bei §§ 211 bis 213, 216, 217 das vorsätzliche Töten **10** eines Menschen. **A. Die Verursachung** des Todes kann durch aktives Tun **11** herbeigeführt werden; aber auch durch **Unterlassen,** falls den Täter eine Rechtspflicht zum Handeln (5 ff. zu § 13) traf. Wegen der Verursachung überhaupt vgl. 15 ff. vor § 13. Beschleunigung des nahe bevorstehenden Todes genügt (BGH **7**, 288; VRS **17**, 187; **25**, 42; LK 3 zu § 212; hierzu Ulsenheimer, Arzt und Krankenhaus **80**, Heft 10, 32; zur Sterbehilfe unten 13ff.). **Beihilfe** zur Tötung ist auch dadurch möglich, daß der Gehilfe die Vorkehrungen des Täters zum Morde auf ihre Wirksamkeit nachprüft (RG **71**, 188, die dortige Mitheranziehung des § 323 c ist bedenklich). **Mittäterschaft** ist auch möglich, wenn nur ein Teil die eigentliche Tötungshandlung begeht (RG JW **38**, 1879).

B. Als Rechtfertigungsgrund kommt Notwehr (§ 32) in Betracht. Hin- **12** gegen rechtfertigt die Einwilligung (3 vor § 32) des Getöteten die Tat in keinem Falle (§ 216), wohl aber kann die *Perforation* (Tötung eines Kindes *in* der Geburt) zur Rettung der Mutter gerechtfertigt sein, wenn Leben gegen Leben steht (9 b, 9 j vor § 218; vgl. SchSch 34).

4) Sterbehilfe – Euthanasie. *Anschütz* MedR **85**, 17; *Arzt* JR **86**, 309; *Auer/* **13** *Menzel/Eser,* Zwischen Heilauftrag und Sterbehilfe, 1977;*Bade,* Der Arzt an den Grenzen von Leben und Tod, 1988; *Baumann* ZPR **74**, 284 u. JZ **75**, 202; *Barnikel* MedWelt **80**, 1296; *Blaha,* Schutz des Lebens – Recht auf Tod, 1978; *Bochnik* MedR **87**, 216; *Bockelmann,* Strafrecht des Artzes, 1968 S. 24 u. AnästhInform. **73**, 232; *Böckle* EvKommentar **75**, 17; *W. Böhmer,* Geiger-FS 1989, 188; *Bottke* Zeitschr. f. ev. Ethik **81**, 109; *Bringewat* NJW **73**, 2215 u. JuS **75**, 155;

1169

Carstensen/Schreiber, Der Chirurg **87**, 303; *Catel*, Grenzsituationen des Lebens, 1962 (Vgl. hierzu *Reis* EuGRZ **87**, 277, 282); *v. Dellingshausen*, Sterbehilfe und Grenzen der Lebenserhaltungspflicht des Arztes, 1981; *Detering* JuS **83**, 418; *Ehrhardt* ArchKrim. **73**, 123; *Eibach*, Sterbehilfe und Tötung auf Verlangen, 1988; *Engisch* JZ **64**, 38, Dreher-FS 309, 329 u. Bockelmann-FS 351; *Eser* in: Suizid und Euthanasie, 1976, 392, in: Der Mensch und sein Tod, 1976, 61 u. JZ **86**, 786; *EvAkad*. Bad Boll (Hrsg.), Beim Sterben helfen – Hilfe zum Sterben, 1987 (Beitr. *Dörner, Dressen, Rutenfrans, Eibach, Koch, Herbert, v. Lutterotti;* hierzu Ber. DRiZ **87**, 334); *Fritsche* HNO **85**, 529 u. in „Menschenrechte in der mod. Medizin" (Bd. 21 Rechtsstaat in der Bewährung) 1987 S. 23; *Geiger*, Sterbehilfe – Was heißt das? KuG Heft 130 (1986); *Geilen*, Euthanasie und Selbstbestimmung 1975, Recht und Staat Heft **75**, 446, JZ **68**, 145, **74**, 145 u. Bosch-FS 277; *Giesen* JZ **90**, 929; *Goetzeler* SchweizZSt **49**, 403; *Gründel* MedR **85**, 2; *Hanack* in: Hiersche, Euthanasie 1975 u. Gynäkologe **82**, 104; *Helgerth* JR **76**, 45; *Herzberg* NJW **86**, 1635; *Hiersche* 56. DJT-Referat M 7ff.; *Hiersche/Hirsch/Graf-Baumann* (Hrsg.), Grenzen ärztlicher Behandlungspflicht bei schwerstgeschädigten Neugeborenen mit Beiträgen von *Loch, Ewerbeck, v. Loewenich, Holzschneider, Gründel, Jähnke, Ulsenheimer,* 1987; *H. J. Hirsch* Welzel-FS 795 u. Lackner-FS 597; *Hoerster* NJW **86**, 1786 u. ZRP **88**, 1, 185; *Hoff*, Therapiewoche **74**, Heft 2, 5; *H. Jäger*, Pongratz-FS 365; *Arth. Kaufmann*, JZ **82**, 481 u. MedR **83**, 121; *Kehl*, Sterbehilfe. Ethische und juristische Grundlagen, 1989; *T. Koch*, Arzt im Krankenhaus 1988 H. 3; *Kutzer* MDR **85**, 711; *Langer* in: Kruse/Wagner (Hrsg.) Sterbende brauchen Solidarität, 1986, 103 u. JR **93**, Heft 4; *Laufs* NJW **88**, 1502, **92**, 1519; **92**, 1532; *Lenckner* PraxRMed 603ff.; *Leonardy* DRiZ **86**, 281; *von Lutterotti*, Menschenwürdiges Sterben, 1985, EssGespr. **22** (1988), 12, MedR **88**, 55 u. **92**, 7 (Arzt und Tötungsverbot); *Lüttger* JR **71**, 309; *Matouschek*, [4d vor § 218] 29; *J. E. Meyer* ZRP **78**, 188; *Moor*, Die Freiheit zum Tode; 1973; *Möllering*, Der Schutz des Lebens usw. 1977 (hierzu *H. J. Hirsch* ZStW **91**, 592); *Müller* EvKommentare **75**, 168; *Neuhaus*, Heinitz-FS 397; *Oliver/Brändel* ZRP **85**, 85; *Otto* 56. DJT Gutachten D 29ff.; *Piegsa* DÄBl. **89**, C 881; *Rehbach* DRiZ **86**, 241; *Roxin*, Engisch-FS 395; *Rüping* DMW **76**, 1332; *Sax* JZ **75**, 137; *Schara*, MMW **75**, 1429; *R. Schmitt* JZ **79**, 462; Klug-FS 353, JZ **85**, 365 u. MDR **86**, 617; *Schöttler* ZRP **92**, 132; *Schreiber*, Euthanasie, Beiträge z. ger. Med. XXXIII 1975, 37 u. NStZ **86**, 337; *Schwalm* BayÄrzteBl. **75**, 565; *Simson* NJW **64**, 1153; *Trockel* NJW **75**, 1440; *Tröndle* 56. DJT Referat M 29ff. u. ZStW **99**, 25; *Uhlenbruck* NJW **78**, 566, ZRP **86**, 209 u. MedR **92**, 134; *Wagner* DÄBl. **89**, C 690; *Wassermann* DRiZ **86**, 291; *Wienau/Rosenmeier*, Tod und Sterben, 1984; *Wilms/Jäger* ZRP **88**, 41; *Wimmer* FamRZ **75**, 438; *Zippelius* AkWiss **88**, Nr. 12 S. 49. Zur „Vernichtung lebensunwerten Lebens" in der **natsoz.** *Zeit* vgl. OHG **1**, 321; **2**, 117; BGH NJW **53**, 513; **61**, 276; Frankfurt SJZ **47**, 627 m. Anm. *Radbruch*. **BT-Drs.** 7/2031 (DRiZ **74**, 394), 7/4835, 8/1288, 8/1931; BTag 7/7881, 8000/4766, 8089; RA-BTag Prot. Nr. 51 v. 15. 5. 1985 (Öff. Anhörung „Sterbehilfe"). **Richtlinien** (vgl. AE-StH 41ff.): Schweizer. Richtlinien f. d. Sterbehilfe v. 15. 11. 1976/17. 11. 1981 (hierzu *Walder* SchweizZSt. **79**, 129, *Schubarth* 42ff. vor Art. 112 u. *Heine* JR **86**, 314); Richtlinien d. BÄrztekammer (1979) MedR **85**, 38; Resolution zur Behandlung Todkranker und Sterbender – ärztliche und rechtliche Hinweise – der Dt. Ges. f. Chirurgie, 1979 (abgedr. AE-StH 44); **Rechtsvergleichend:** *Simson* NJW **64**, 1153; u. in: Suizid und Euthanasie, 1976, 322; zu Suizid und Sterbehilfe in der **DDR:** *Lammisch* MedR **87**, 90; *Reis* EuGRZ **87**, 277; in den **Niederlanden:** *Reis* EuGRZ **87**, 285; vgl. auch *Marsch* MDR **87**, 638. Weitere Schrifttumsangaben bei LK 11ff.; SchSch 20; Lackner 6.

14 **a) Aktive Sterbehilfe** (aktive Euthanasie, zu den begrifflichen Unschärfen *Langer* [oben 13] 103) *iS* einer *gezielten* schmerzlosen *Tötung* oder

Beschleunigung des Todeseintritts ist selbst im Falle einer nur geringen Lebensverkürzung (vgl. oben 11; LK 6) und, wie § 216 ergibt, auch dann *strafbar,* wenn der Sterbende seine Tötung ausdrücklich verlangt (allgM; einstimm. Beschl. der Strafr. Abt. des 56. DJT 1986 M 192; LK 14; SchSch 24, jew. mwN; Laufs NJW **92**, 1532; Giesen JZ **90**, 933 m. intern. Nachw.). Einen verfassungsrechtlich verbürgten Anspruch auf aktive Sterbehilfe gibt es nicht (BVerfGE **76**, 248; VG Karlsruhe JZ **88**, 208; krit. Herzberg JZ **88**, 188), umgekehrt begegnen Bemühungen, de lege ferenda (unten 21, 1 a zu § 216) das Fremdtötungsverbot aufzuheben oder zu lokkern, da hierdurch der Schutz des menschlichen Lebens beeinträchtigt wird, verfassungsrechtlichen Einwänden. Es kommt daher auch eine Rechtfertigung nach § 34 angesichts der Unverfügbarkeit und des hohen Rangs des Rechtsguts nicht in Betracht (H. J. Hirsch, Lackner-FS 609; SchSch 24, Lackner 7, Bade [oben 3] 180, jew. mwN; aM Simson, Schwinge-FS 108; Herzberg NJW **86**, 1639; ebenso aM Otto [oben 13] 60 u. JK § 211, SK 26 zu § 212, aber nur für extreme Ausnahmefälle, für die aber nach richtiger Auffassung lediglich ein übergesetzlicher Schuldausschließungsgrund in Frage kommt, H. J. Hirsch 610; Langer 120, 122; v. Dellinghausen 349 [jew. oben 13]).

b) Erlaubt und uU geboten ist hingegen **aa)** die **indirekte Sterbehilfe.** 15 Sie liegt vor, wenn nicht auszuschließen ist, daß die ärztlich *gebotene* schmerzlindernde oder bewußtseinsdämpfende Medikation bei einem tödlich Kranken als *unbeabsichtigte,* aber unvermeidbare *Nebenfolge* möglicherweise den Todeseintritt beschleunigt (Bade [oben 3 a] 102 ff.; vgl. Langer JR **93**, Heft 4). **bb)** die **passive Sterbehilfe.** Es sind die Fälle, in denen bei einem 16 tödlich Kranken, dessen Grundleiden mit infauster Prognose einen irreversiblen Verlauf genommen hat, die ärztliche Behandlung abgebrochen oder gar nicht begonnen wird (BGH **37**, 379; Bade [oben 3a] 140ff., 155). **cc)** Hierüber besteht inzwischen ein, auch vom 56. DJT 1986 fast einstimmig bestä- 17 tigter (Sitz. Ber. M 191/192) Grundkonsens (Schreiber NStZ **86**, 340; Eser JZ **86**, 792; H. J. Hirsch, Lackner-FS 608; G. Hirsch ZRP **86**, 240; Schöch ZRP **86**, 236; Tröndle ZStW **99**, 30; Dölling MedR **87**, 9; Reis EuGRZ **87**, 281; Carstensen/Schreiber [oben 13]; LK 15, 16; SchSch 25 ff.; Lackner 6; Wessels BT-1 § 1 III 2, 3; Giesen JZ **90**, 935; vgl. auch Jakobs, Schewe-FS 72; Laufs KuG **191** [1992] 12; aM Gössel BT 1 § 2, 30), und zwar in dem Sinne, daß eine dem wirklichen oder anzunehmenden Patientenwillen widersprechende Ausschöpfung intensiv medizinischer Technologie rechtswidrig und mit dem Anspruch des Schwerstkranken, unter Beachtung des Selbstbestimmungsrechts sterben zu dürfen, nicht vereinbar ist (BGH **37**, 378). Umstritten ist hingegen, wie dieses Ergebnis zu begründen ist (H. J. Hirsch, Lackner-FS 609; zusf. Stoffers MDR **92**, 623). Die einen verneinen in den Fällen erlaubter Sterbehilfe den Tötungsvorsatz (Engisch, Bockelmann-FS 532) oder die Schuld (Laufs 217), andere nehmen ein erlaubtes Risiko (13 vor § 32) an (SchSch 26) oder bejahen § 34 (Otto DJT D 54 mwN) oder eine rechtfertigende Pflichtenkollision (Leonardy DRiZ **86**, 289). Im Grunde fehlt es aber in diesen Fällen bereits am objektiven Tatbestand (H.J. Hirsch aaO 606; Krey BT-1, 14; Wessels BT-1 § 1 III 2; Tröndle ZStW **99**, 30; auch Roxin NStZ **87**, 350). Denn der Schutzzweck der Strafnormen der §§ 211 ff., 223 ff. greift in den Fällen *erlaubter* (15, 16) Sterbehilfe nicht ein, da in diesen Fällen nicht auf die *Kausalität* des Handelns im Hinblick auf den

Vor § 211

Todeseintritt (H. J. Hirsch aaO 606), sondern entscheidend auf den *sozialen Sinn- und Bedeutungsgehalt* des Verhaltens des Sterbehilfeleistenden *im gesamten* abzustellen ist (so richtig Wessels aaO). Im Rahmen des komplexen Geschehens einer der lex artis entsprechenden Sterbehilfe führt daher die umstrittene Frage, ob zB das Abschalten des Beatmungsgerätes bei einem Moribunden im Rechtssinn ein Tun (so Otto DJT D 43 mwN; Baumann/Weber § 18 II 1; Jescheck § 58 II 1; LK 16; SK 47 vor § 13; Stoffers MDR 92, 626) oder der Sache nach zutr. ein Unterlassen der Weiterbehandlung ist (so Engisch, Dreher-FS 325; Geilen JZ 68, 151; FamRZ 68, 121; Hanack aaO 145; M-Schroeder § 1, 40; Roxin, Engisch-FS 396; R. Zimmermann NJW 77, 2101; Haft JA 82, 474; SchSch 159a vor § 13; Lackner 8; Wessels BT-1 § 1 III 3; Krey BT-1, 11; Bade [oben 3a] 171), nicht weiter (vgl. Tröndle, Göppinger-FS 600; Giesen JZ 90, 937). In ihrem Fehlansatz schafft sie nur unnütze und „dem gesunden Menschenverstand schwer begreiflich zu machende" (so Eser JZ 86, 793) Probleme (ähnlich G. Hirsch ZRP 86, 240; klärend Volk, Tröndle-FS 225). Ein Verhalten, das das Recht des Menschen auf seinen natürlichen Tod respektiert (H. J. Hirsch, Lackner-FS 602), dem Leidenden zu Hilfe kommt *und* auf diese Weise dem verlöschenden *Leben dient,* kann umso weniger einem *Tötungstatbestand* unterfallen (Wessels BT-1 § 1 III 2) als gerade das *Unterlassen* einer solchen nach der lex artis *gebotenen* Sterbehilfe (Versagen einer möglichen Schmerzlinderung, Verlängerung des Leidens- oder Sterbeprozesses) seinerseits strafrechtlich relevant (§ 223; Bade [oben 3a] 101) und, weil dem (mutmaßlichen) Patientenwillen widersprechend, unerlaubt ist (vgl. auch Langer [oben 13] 136). Der Meinungsstreit hinsichtlich der *straf*rechtlichen Beurteilung und Rechtfertigung erlaubter Sterbehilfe (15, 16) rührt daher, daß die hRspr. die der lex artis entsprechenden ärztlichen Eingriffe und Maßnahmen sachwidrig dem äußeren Tatbestand einer – jeweils zu rechtfertigenden – Körperverletzung unterstellt (9a zu § 223) und der Gesetzgeber bisher unterlassen hat, alte Reformbestrebungen um eine sachgemäße strafrechtliche Behandlung der Heileingriffe und ärztlichen Maßnahmen (E 1911 § 279; E 1919 § 313; Radbruch-E 1922 § 235; E 1925 § 238; E 1927/30 §§ 263, 281; E 1936 §§ 419, 431; E 1960/62 §§ 161, 162; AE 1970 § 123; ebenso § 110 öStGB) zu verwirklichen. Hierdurch fehlt es immer noch an der maßgeblichen Voraussetzung für eine in sich stimmige Lösung der strafrechtlichen Problematik der erlaubten Sterbehilfe (hierzu im einzelnen Tröndle DJT M 35ff., ZStW 99, 33ff. u. Göppinger-FS 596; im wesentlichen zust. Lackner M 127, 129, *insoweit* aM H. J. Hirsch, Eser, Koch, Rieger M 68, 71, 80, 88 jew. Sitz. Ber. 56. DJT). Es würde nämlich hierdurch verdeutlicht, daß – gerade auch bei der Sterbehilfe – das Selbstbestimmungsrecht des Patienten im Vordergrund steht, das nur – insoweit freilich im strikten Sinne (§ 216) – durch das Fremdtötungsverbot (oben 14) eingeschränkt ist (Tröndle ZStW 99, 48).

18 In welchem Umfang der Arzt ein sog. **Patiententestament** zu beachten hat, ist umstritten. Es liefert jedenfalls dann ein wichtiges Indiz für den Willen des Patienten, wenn er vor Abfassung des noch nicht allzu lang zurückliegenden Patiententestaments – vergleichbar einem tödlich Erkrankten – aufgeklärt wurde und über den Krankheitszustand und die damit verbundenen Leiden im wesentlichen eine zutreffende Vorstellung hat (Tröndle DJT M 32), allerdings lassen sich solche existenzielle Entscheidungen von einem Gesunden idR nicht antizipieren (so zutr. Lauter/J. E. Meyer MSchrKrim **88**, 372; ferner Füllmich NJW **90**, 2301, der aus diesem Grunde das Institut der jederzeit widerrufbaren „Bevollmächtigung in Gesundheitsangelegenheiten" vorschlägt). Das **Schrifttum** geht zT von geringeren Anforderungen aus, vgl. im einzelnen: *Spann* MedR **83**, 15; *Detering* **83**, 421; *Uhlenbruck* NJW **78**, 566, ZRP **86**, 209 u. MedR **92**, 138; *Sternberg-Lieben* NJW **85**, 2734; *Kutzer* MDR **86**, 715; *Arzt* JR **86**, 309; *Dölling* MedR **87**, 9; *Hiersche* MedR **87**, 84 u. 56. DJT M 10; *G. Hirsch* ZRP **86**, 240.

Die **Rspr.** hat inzwischen anerkannt, daß kein Arzt verpflichtet ist, verlöschendes Leben um jeden Preis zu erhalten (BGH **32**, 379). Er ist hierzu, falls es dem (mutmaßlichen) Willen des Patienten widerspricht, nicht einmal berechtigt (BGH **37**, 378; H. J. Hirsch, Lackner-FS 600; Krey BT-1, 10). Gerade beim Todgeweihten hat der Arzt sich nicht am technisch Möglichen, sondern an der Achtung des Lebens und der Menschenwürde zu orientieren (BGH **32**, 380; **37**, 378) und insbesondere das Selbstbestimmungsrecht des Patienten zu achten (vgl. hierzu NJW **88**, 1532 m. Anm. . Rippa NStZ **88**, 553). Erst recht kann der Moribunde, wie das LG Ravensburg (NStZ **87**, 229; ausführlicher Sachverhalt MedR **87**, 196) zutr. entschieden hat, den Abbruch aller insbesondere der von ihm nicht konsentierten ärztlichen Maßnahmen verlangen. Wer einem solchen ernstlichen Verlangen eines – urteils- und einsichtsfähigen – Patienten nachkommt, handelt tatbestandslos (so auch Roxin NStZ **87**, 350; eingehend Tröndle, Göppinger-FS 600; insoweit offengelassen LG Ravensburg aaO; aM Gössel BT 1 § 2 46f.); zum Ganzen ferner Eser ZStW **97**, 32; Arth. Kaufmann, Jescheck-FS 275; Zippelius JuS **83**, 661; Stratenwerth SchweizZSt. **78**, 66; LK 16ff.; LK- H. J. Hirsch 75 zu § 34; SchSch 21ff.; SK 26 zu § 212; M-Schroeder § 1, 21ff. 19

c) Außerordentlich problematisch sind die Fälle der sog. **Früheuthanasie** oder des „Liegenlassens" **mißgebildeter Neugeborener.** Auch hier gelten zwar die Grundsätze erlaubter Sterbehilfe (15, 16). Nach der Resolution der Dt. Ges. f. Chirurgie [oben 13a] II 4 darf in diesen Fällen eine Behandlung unterbleiben oder abgebrochen werden, wenn „wegen schwerer Beeinträchtigung vitaler Funktionen offensichtlich keine Lebensfähigkeit besteht". In Fällen mißgebildeter oder schwer geschädigter Neugeborener liegen aber die Verhältnisse ungleich komplexer als in Fällen der Sterbehilfe bei verlöschendem Leben. Die daraus resultierenden besonderen Probleme sind noch nicht hinreichend geklärt. Der AE-StH [unten 21] Einf. 8 ließ sie offen. Hingegen hat die DGMR 1986 Empfehlungen über die Grenzen der ärztlichen Behandlungspflicht bei schwerstgeschädigten Neugeborenen veröffentlicht (MedR **86**, 281; Revidierte Fassung 1992: MedR **92**, 206 [„*Einbecker Empfehlungen*"]; Hiersche MedR **89**, 306; Laufs FPflMedAR 40, NJW **92**, 1532 u. KuG 191 [1992] 5). Gegen die „Früheuthanasie" Lauter/J. E. Meyer MSchrKrim. **88**, 379. Die BReg. (recht Nr. 38/84) hat sich gegen eine besondere gesetzliche Regelung dieser Fälle ausgesprochen. Zur Situation im Falle einer höchstunreifen Frühgeburt im Falle eines Spätabbruchs Hiersche MedR **91**, 312. **Schrifttum:** *Eser,* in: Auer/Menzel/Eser (oben 13) 141; *Giesen* JZ **90**, 941; *Arth. Kaufmann* JZ **82**, 481; *Laber* MedR **90**, 182 ; *R. Schmitt,* Klug-FS 329 u. JZ **85**, 369; *Hepp* in Jung/Müller-Dietz aaO [4b vor § 218] 12; *Hanack* MedR **85**, 33 u. Noll-GedS 204; *Reis* 153; *Hiersche* MedR **85**, 51; *Gründel* MedR **85**, 6; *v. Loewenich* MedR **85**, 30; LK 12; SchSch 32a; Lackner 5; M-Schroeder § 1, 46; vgl. ferner Keyserlingk ZStW **97**, 178 (Kanada und USA). 20

Vor § 211 BT Sechzehnter Abschnitt

21   d) **Der AE-StH** enthält Vorschläge für eine gesetzliche Regelung mit Begründung (vgl. hierzu auch das Sondervotum Bochnik MedR **87**, 216) und zwar für die passive Sterbehilfe (§ 214: „Abbruch oder Unterlassung lebensrettender Maßnahmen"), die indirekte Sterbehilfe (§ 214 a: „Leidensmindernde Maßnahmen") sowie für die „Nichthinderung einer Selbsttötung" (§ 215) und für die Möglichkeit eines Absehens von Strafe in den Fällen der Tötung auf Verlangen (§ 216 II). Dieser Entwurf, der in der Strafr. Abt. des 56. DJT (1986) diskutiert wurde (hierzu Hanack MedR **87**, 96; Gropp ÄRP **86**, 638) aber keine Mehrheit fand (Sitz. Ber. M 192), hat die sachlichen Voraussetzungen der indirekten und der passiven Sterbehilfe ausformuliert und hierdurch in verdienstvoller Weise dazu beigetragen, Bedenken gegen die Zulässigkeit dieser Form der Sterbehilfe zu zerstreuen, (Carstensen/Schreiber aaO; ähnlich Dölling MedR **87**, 11). Eine gesetzliche Regelung dieser Fälle hat die BReg. gleichwohl nicht erwogen; sie sollte nach den schlechten Erfahrungen mit der Indikationsregelung zu § 218 a auch nicht erwogen werden. Auch empfiehlt sich, solange der gesamte Bereich der Heileingriffe und ärztlichen Maßnahmen keiner sachgemäßen Regelung zugeführt ist (vgl. oben 17), keine Teilregelung des besonders sensiblen und nicht leicht abgrenzbaren Bereichs der Sterbehilfe zu versuchen (Tröndle DJT M 34, 46 , ZStW **99**, 46, MedR **88**, 165 u. Göppinger-FS 596; iErg. ebenso Hiersche, Hirsch, Lackner, Böttcher M 24, 101, 128, 142 jew. Sitz. Ber. 56. DJT; Ferner H. J. Hirsch, Lackner-FS 616; Opderbecke/Weißauer DÄBl. **87**, A 2528; krit. auch Laufs NJW **87**, 1451; Lauter/J. E. Meyer MSchrkrim **88**, 370; zum AE-StH und *für* eine gesetzliche Regelung; Schreiber NStZ **86**, 337; Schöch ZRP **86**, 236, wohl auch Dölling MedR **87**, 11; Roxin NStZ **87**, 347; v. Lutterotti MedR **88**, 55. Vgl. 1a zu § 216.

Mord

211 ¹**Der Mörder wird mit lebenslanger Freiheitsstrafe bestraft.**
II**Mörder ist, wer**
aus Mordlust, zur Befriedigung des Geschlechtstriebs, aus Habgier oder sonst niedrigen Beweggründen,
heimtückisch oder grausam oder mit gemeingefährlichen Mitteln oder
um eine andere Straftat zu ermöglichen oder zu verdecken,
einen Menschen tötet.

1   **1) Mord** ist die besonders verwerfliche Tötung eines *anderen* Menschen (vgl. 2, 10 ff. vor § 211). Sie ist, ohne daß minder schwere Fälle vorgesehen wären, mit **lebenslanger Freiheitsstrafe** bedroht (**I**, unten 17).

2   **A.** Die **besondere Verwerflichkeit** und Gefährlichkeit der Tat sowie der Begriff des **Mörders** werden durch die **Mordmerkmale (II)** gesetzlich umschrieben. Nach der umstr. **Rspr. des BGH** begründen sie den im Verhältnis zum Totschlag *selbständigen* Tatbestand des Mordes mit den unten 14 dargestellten Folgen. II kennzeichnet die Merkmale abschließend, dh bei deren Vorliegen greift § 211 stets ein, mag auch der konkreten Tat eine besondere Verwerflichkeit, die kein allgemeines ungeschriebenes Tatbestandsmerkmal ist (BGH **3**, 186; SchSch-Eser 10), nicht innwohnen (BGH **3**, 133; GrSen. **9**, 385 und **11**, 139; GA **71**, 155; MDR/H **78**, 804; StV **81**, 622; OGH **2**, 177; sehr str.). Umgekehrt darf, wenn Merkmale des II fehlen, nicht Mord angenommen werden. Dieses starre Verständnis von II führt wegen der absoluten Strafe namentlich bei den Merkmalen der Heim-

Straftaten gegen das Leben **§ 211**

tücke (unten 6) und des Verdeckungsmordes (unten 9) zu Unzuträglichkeiten und Problemen (unten 2 b). Die **hM des Schrifttums** (SchSch 10 mwN; 2a SK-Horn 6) vermeidet daher einen solchen „Exklusivitäts-Absolutheits-Mechanismus" (Eser), indem sie das Vorliegen von Mordmerkmalen allein nicht genügen läßt, sondern voraussetzt, daß aufgrund eine **Gesamtwürdigung** von Tat und Täter die besondere Verwerflichkeit der Tat ausdrücklich festgestellt wird (sog. *positive Typenkorrektur*, Lange, Schröder-GedS 217 mwN; vgl. Horn, Arm. Kaufmann-GedS 573) oder die Möglichkeit eröffnet wird, diese besondere Verwerflichkeit uU zu verneinen (sog. *negative Typenkorrektur*, Geilen JR 80, 310 mwN; Bertram, in: Jescheck/Triffterer aaO [1 vor § 211] 175; zusf Möhrenschlager NStZ 81, 58). Diese Auffassung scheint auch das **BVerfG** (E 45, 267) zu favorisieren, das im übrigen 2b gegen § 211 unter dem Aspekt der Tatbestandsbestimmtheit (14. 10. 1976, 2 BvR 697/76) keine Einwände erhebt, und zwar weder gegen die Mordmerkmale „grausam" oder „aus niederen Beweggründen" (BVerfGE 54, 112), noch gegen die Mordmerkmale der Heimtücke oder der zur Verdeckung einer anderen Straftat begangenen Tötung, soweit diese am verfassungsrechtlichen Verhältnismäßigkeitsgrundsatz restriktiv ausgelegt werden (BVerfGE 45, 187, 267; 2 zu § 38). Diese verfassungsgerichtliche Einschränkung, die im Schrifttum in der Zielrichtung überwiegend gutgeheißen wird (Schmidhäuser JR 78, 270; Peters JZ 78, 231; Arzt JR 79, 7; Bruns JR 79, 29; M. K. Meyer JR 79, 441 ff.; krit. Jähnke MDR 80, 706; anders Woesner NJW 78, 1026), hat für die tatrichterliche Praxis die Rechtsunsicherheit vermehrt. Der BGH reagierte uneinheitlich: die Tendenz, das bisherige Verständnis des Mordtatbestandes beizubehalten, war vorherrschend (vgl. BGH 27, 283; 28, 79; NJW 78, 2105; GA 79, 426; ähnlich Gribbohm ZRP 80, 225); der 5. StS begriff die Erwägungen des BVerfG als unverbindliche Anregungen (MDR/H 78, 805; GA 80, 143; vgl. auch LK 38 vor § 211), lediglich der 2. StS schränkte, im wesentlichen dem BVerfG aaO folgend, das Mordmerkmal der Verdeckungsabsicht nach problematischen Kriterien (unten 9 a) ein (BGH 27, 348), mit denen er sich bei den übrigen Senaten aber nicht durchsetzen konnte und gab diese Rspr. inzwischen ausdrücklich auf (BGH 35, 116; unten 9 a; zusf Laber MDR 89, 861). Noch weniger Klarheit brachte **GrSenBGH** 30, 105, der einer weiteren 2c Eingrenzung des Heimtückstatbestandes (unten 6 b) entgegentrat und selbst bei Vorliegen „außergewöhnlicher Umstände" (sich zu Unrecht auf BVerfG 45, 187 berufend) Mord bejahte, aber anstelle der absoluten Folge des I in „richterlicher Rechtsschöpfung" contra legem die Anwendung des § 49 I Nr. 1 dekretierte (unten 17).

B. Unter den **Mordmerkmalen** (Schroeder JuS 84, Kerner UniHD-FS 3 429) unterscheidet **II** drei Gruppen: **a)** die **1. Gruppe** (*Verwerflichkeit des* 4 *Beweggrundes*) der **niedrigen Beweggründe.** Solche liegen vor beim Handeln **aa)** aus **Mordlust**, wenn es dem Täter darauf ankommt, einen Menschen sterben zu sehen, wenn er aus Mutwillen, aus Angeberei oder aus Zeitvertreib tötet, die Tötung als nervliches Stimulans oder „sportliches Vergnügen" betrachtet (BGH 34, 60 m. Anm. Geerds JR 86, 519; Otto JK 15; Schroeder JuS 84, 277; LK 6; Otto BT § 4 II 1a). Kann kein Motiv des Täters festgestellt werden, so ist dies Mordmerkmal nicht gegeben, auch genügt bedingter Vorsatz hierfür nicht (26. 2. 1986, 3 StR 18/86), **bb)** zur 5

§ 211

Befriedigung des Geschlechtstriebes (Lustmord), und zwar zur geschlechtlichen Befriedigung in oder nach dem Töten (BGH **7**, 353; MDR/H **82**, 102; NJW **82**, 2565). Es ist gleichgültig, ob Befriedigung eintritt (vgl. OGH NJW **50**, 711), auch sind Fälle bedingten Tötungsvorsatzes denkbar (BGH **19**, 101; BGHR § 211 II Befr. d. GTr. 1; NStE Nr. 2 zu § 20; str.), auch wenn die Triebbefriedigung vor dem Tode des Opfers erreicht werden soll (6. 3. 1979, 1 StR 348/78; vgl. Eser NStZ **83**, 434), oder wenn der Täter auf die Frau einsticht, um den beabsichtigten Geschlechtsverkehr zu erzwingen (NStE Nr. 16). Ist dieses Mordmerkmal gegeben, kann nicht auch noch das Merkmal „*sonst aus niedrigen Beweggründen*" angenommen werden (10. 5. 1979, 4 StR 116/79); cc) aus **Habgier**, dh einem noch über die Gewinnsucht hinaus gesteigerten abstoßenden Gewinnstreben um jeden Preis (vgl. OHGSt. **1**, 81; 136; Hamburg NJW **47/48**, 350, hierzu Schmidhäuser, Reimers-FS 445; ferner Arzt/Weber LH **1**, 125 ff.), dem es ohne jede Rücksicht um den dem Opfer zustehenden Vermögensgegenstand geht (BGH **29**, 318; hierzu Alwart JR **81**, 293 und Paeffgen GA **82**, 264; Denckner NStZ **83**, 401, die freilich mit beachtlichen Gründen Habgier eines Süchtigen ablehnen, der sich durch die Tat Drogen beschafft, vgl. aber hierzu H. Schäfer, Middendorff-FS 243; NJW **81**, 933, hierzu Allwart GA **83**, 436). Dieses Gewinnstreben braucht nicht das einzige Motiv zu sein (LK 8), wohl aber muß es tatbeherrschend (BGH **29**, 319) und „bewußtseinsdominant" gewesen sein (MDR/H **86**, 97), wobei es im Falle eines Motivbündels auf eine *Gesamtbetrachtung* ankommt (NJW **81**, 933 [hierzu Franke JZ **81**, 584; Eser NStZ **81**, 384; **83**, 435]; NStZ **89**, 19 [hierzu Geppert JK 17, unten 5b]). Habgier liegt zB nahe, wenn der Täter bei einem unbeendeten Raubversuch durch die Tötung sich den noch gefährdeten Besitz der Beute sichern will (NStE Nr. 18; NJW **91**, 1189), auch im Falle eines „gedungenen Mörders" (LK 8), jedoch sind auch in einem solchen Falle nähere Feststellungen notwendig (BGHR § 211 II, Habg. 1). Beim bloßen Ziel, Aufwendungen zu ersparen, wird Habgier idR nicht vorliegen (aM LK 8). Zu weit geht daher BGH **10**, 399; 6. 11. 1979, 1 StR 546/79; 13. 11. 1979, 1 StR 526/79, wonach habgierig schon handeln soll, wer sich einer Unterhaltspflicht entziehen will (einschränkend auch SK 14). Aus Habgier tötet nicht, wer erst nach der Tötungshandlung einen Wegnahmevorsatz faßt (MDR/H **83**, 793). dd) Sonstige **Beweggründe** sind **niedrig**, wenn sie als Motive einer Tötung nach allgemeiner sittlicher Anschauung verachtenswert sind und auf tiefster Stufe stehen (BGH **2**, 63; **3**, 133; MDR/H **88**, 1001; **92**, 632; OGHSt **1**, 327; **2**, 344; LK 26, 31; Kasuistik bei Eser DJT D 39; NStZ **81**, 385; grundlegend und eingehend Heine [1 vor § 211]), so Rachsucht (BGH **1**, 369; **23**, 119; NJW **58**, 189; StV **84**, 72), wenn auch nicht stets (10. 10. 1967, 5 StR 399/67); krasse Selbstsucht (OGHSt **2**, 177) und daraus bedingtes Absprechen des Lebensrechts eines anderen (9. 2. 1982, 5 StR 573/81), Tötung des Ehegatten, um einen anderen Partner zu gewinnen (NJW **55**, 1727), mit ihm das Leben zu genießen (13. 11. 1979, 1 StR 526/79; 8. 11. 1983, 5 StR 517/83) oder um diesen „Störfaktor" zu beseitigen, auch in einem Falle, in dem das arglistig getäuschte Opfer quasi als mittelbarer Täter Selbstmord begeht (JZ **87**, 474; zust. Brandts/Schlehofer JZ **87**, 442; aM Charalambakis GA **86**, 498); Tötung der suchtkranken Ehefrau, falls der Täter ihren Persönlichkeitszerfall mitverschuldet hat (23. 10. 1979, 5 StR 529/79), ungehemmte triebhafte

5a

Straftaten gegen das Leben § 211

Eigensucht (BGH **3**, 133; VRS **17**, 187; 11. 12, 1979, 1 StR 714/79), Wut aus nichtigem Anlaß (NJW **67**, 1140; MDR/D **75**, 542), unbegründeter Ärger über die Wegnahme des Führerscheins (14. 7. 1988, 4 StR 204/88, hierzu Sonnen JA **89**, 62), „Übertrumpfen" der Mittäter durch Übergang von der Körperverletzung zur Tötung (NStE Nr. 28), Lust an einer körperlichen Mißhandlung (26. 7. 1979, 4 StR 298/79), uU Eifersucht (BGH **3**, 180; **22**, 12; 5. 10. 1982, 5 StR 687/82), aber nicht stets (OHGSt **2**, 177; BGHR § 211 II n.BewGr. 2, 15; 2. 5. 1990, 3 StR 11/90), Wut über verweigerten außerehelichen Geschlechtsverkehr (BGH **2**, 63), Enttäuschung und Ärger über ausgebliebene geschlechtliche Befriedigung (23. 3. 1984, 2 StR 84/84), verschmähte Liebe (LG Aachen NJW **62**, 2313) oder um eigenes verwerfliches Verhalten zu verdecken (1. 10. 1980, 2 StR 426/80), sich der Verurteilung, oder der gerechtfertigten Festnahme (NStE Nr. 18) wegen eines zuvor begangenen Verbrechens oder der Verantwortung für begangenes Unrecht (MDR/H **88**, 277) zu entziehen (BGHR § 211 II n. BewGr. 3), denn der „Freiheitsdrang" ist im Rahmen des § 211 nicht isoliert zu betrachten: diese Täter sind idR zu behandeln wie solche, die töten, um eine Straftat zu verdecken (vgl. unten 9a, MDR/D **71**, 722; **88**, 277). Daher kann ein niedriger Beweggrund auch darin liegen, daß der Tötungsentschluß auf der Absicht beruht, sich der Verantwortung für strafbares Verhalten zu entziehen, nicht aber eine „andere" Straftat zu verdecken (NJW **92**, 920). Niedrige Beweggründe sind uU auch bei Fehlen jeden Anlasses und nach lang erwogenem Plan gegeben (BGH **3**, 180) aber nicht ohne weiteres bei Töten „ohne jeglichen Grund" (26. 7. 1979, 4 StR 298/ 79), wohl aber, wenn der Täter einen anderen, völlig unbeteiligten Menschen zum Objekt seiner Wut und Gereiztheit macht und tötet (NStZ **81**, 1001), oder ihn tötet, um statt seiner als tot zu gelten, sich aus seiner bisherigen Umwelt zu lösen und ein „neues Leben" beginnen zu können (NStZ **85**, 454). Auch die Tötung aus Beweggründen, die speziellen Mordmerkmalen nahekommen, können als niedrige Beweggründe in Betracht kommen (6. 11. 1991, 2 StR 410/91). Es kommt auf die **Gesamtwürdigung** (GA **74**, 5b 370; NJW **81**, 1382; **91**, 1189; NStE Nr. 36; Eser DJT D 44; NStZ **81**, 385; **83**, 435; krit. Horn, Arm. Kaufmann-GedS 573) an, hierbei spielen das Mißverhältnis zwischen Anlaß und Erfolg (MDR/D **75**, 725; StV **81**, 399, 400; **83**, 504; Schroeder JuS **84**, 277; EzSt Nr. 11) eine Rolle, sowie Persönlichkeitsmängel des Täters (NJW **54**, 565; **67**, 1140), namentlich wenn es sich um ein Motivbündel handelt (MDR/H **77**, 809; vgl. Krey JuS **71**, 193), komplexe psychische Sachverhalte sind daher aufzuklären (4. 9. 1979, 5 StR 474/79) und der Anteil der einzelnen Motive (zB Wut und Verärgerung auf der einen oder Angst und Enttäuschung auf der anderen Seite) gegeneinander abzuwägen (MDR/H **80**, 985; StV **81**, 231), bei mehreren Tatmotiven müssen im Falle der Annahme von § 211 die „niedrigen" die Hauptmotive sein (NJW **81**, 1382; MDR/H **84**, 441; BGHR § 211 II, n. BewGr. 20). Läßt sich nicht feststellen, welches von mehreren Motiven tatbestimmend war, so darf ein Handeln aus niedrigen Motiven insgesamt nur angenommen werden, wenn andere, möglicherweise nicht auf tiefster Stufe stehende Motive sicher ausgeschlossen sind (MDR/H **81**, 267; vgl. auch unten 10). Bei Motiven wie Verärgerung, Eifersucht, Wut oder Haß kommt es darauf an, ob sie ihrerseits auf niedriger Gesinnung beruhen (GA **77**, 235; MDR/H **80**, 629; **89**, 1052; **92**, 632; NStZ **85**, 216; **89**, 318; StV **87**,

296; stRspr.), und inwieweit der Täter seine Lage selbst verschuldet hat (LM Nr. 25; BGH **28**, 212: Rache nehmen für eine selbst provozierte Tätlichkeit). Bei Tötung eines gefährliche Erpressers kann es zB an der Niedrigkeit fehlen (24. 9. 1974, 1 StR 405/74), ebenso wenn Verzweiflung mit im Spiel war (19. 12. 1979, 3 StR 427/79), etwa wenn der Täter anschließend eine Selbsttötung geplant hatte (NStZ **84**, 261), Kurzschlußhandlungen können aber auch niedrige Motive haben (BGH **2**, 61; NJW **67**, 1141). Die Abgrenzung bedarf bei plötzlichen Situationstaten besonderer Prüfung (GA **75**, 306; MDR/H **76**, 987) und ist meist schwierig (krit. Hassemer JuS **71**, 626). Zu weit geht es, wenn BGH **9**, 183 (ähnlich MDR/D **69**, 723) auch übersteigertes Ehrgefühl hierher rechnet (dazu Dreher MDR **56**, 498); oder andere Urteile den Drang des Gefangenen nach Freiheit (9. 10. 1964, 4 StR 239/64) oder des Verfolgten, sich der Festnahme zu entziehen (MDR/ D **71**, 722), mit Recht hat daher MDR/D **79**, 280 § 211 abgelehnt (aM EzSt Nr. 31); ebenso im Falle eines spontanen Klappmessereinsatzes durch einen Unfallflüchtigen gegenüber einem Verfolger (MDR/H **88**, 1001; NStE Nr. 35). Auch politische Beweggründe können niedrig sein (OGHSt. **2**, 180, grundsätzlich bejahend LK 29), so bei der Tötung aus Rassenhaß (BGH **18**, 37) oder wenn der Täter sich aus reiner Willkür zum Herrn über Leben und Tod aufwirft (NJW **71**, 571), jedoch nicht ohne weiteres bei Handeln auf, wenn auch vermeidbar, für verbindlich gehaltenen Befehl (7. 8. 1980, 5 StR 261/80), zum Ganzen M-Schroeder § 2 , 37; SK 16; zu natsoz. Mordtaten LK 7 zu § 212; ferner zum *politischen Attentat* als „Mord" Geilen, Bockelmann-FS 613; Kontroverse Zielke/Brocker JR **91**, 136, **92**, 13 u. 230. Bei **Ausländern** können Anschauungen ihrer Heimat eine Rolle spielen (GA **67**, 244). Daher ist die Tötung aus solchen Wertvorstellungen heraus (NJW **80**, 537 m. Anm. Köhler JZ **80**, 238; StV **81**, 399; NJW **83**, 55; ferner Jähnke MDR **80**, 709) oder aus *Blutrache* bei Tätern, die von einer solchen Vorstellungswelt durchdrungen sind, idR kein niedriger Beweggrund (28. 12. 1979, 1 StR 282/79; vgl. Schüler-Springorum NStZ **83**, 433; aber auch LK 39).

5c

6   **b) Mordmerkmale der 2. Gruppe** *(gefährliche unmenschliche Tatausführung):*

aa) Heimtückisch handelt, wer die Arg- *und* Wehrlosigkeit des Opfers bewußt (12) zur Tat *ausnutzt* (BGH **2**, 251; **3**, 183; 330; **6**, 120; **9**, 385; **11**, 139 [GrSen]; **18**, 37; JR **51**, 687; BGHR § 211 II, Heimt. 12; OGHSt. **2**, 220; **3**, 73). Nach BGH **22**, 77, **27**, 324 handelt *heimtückisch* aber auch, wer dem Opfer offen feindselig gegenübertritt, nachdem er es in den *Hinterhalt gelockt* (BGH **22**, 77; BGHR § 211 II, Heimt. 12; NStZ **89**, 365), oder ihm eine Falle gestellt hat (MDR/H **90**, 1066; NJW **91**, 1963 [m. Anm. Otto JR **91**, 382]; Willms LM Nr. 1; vgl. Spendel JR **83**, 272; StV **84**, 46; abl. Arzt/Weber LH **1**, 115; Staiger Die Justiz **77**, 285), nach NJW **80**, 793; 11. 11. 1981, 3 StR 342/81 ebenso dann, wenn das überraschte Opfer mit einem gefährlichen Angriff nicht rechnete und ihm daher auch nicht ausweichen konnte (ebenso NStZ **84**, 261; NStE Nr. 6; BGHR § 211 II, Heimt. 15; [insoweit nicht aS]). Das listige Verschaffen einer Möglichkeit, dem Opfer zu begegnen, macht den Angriff noch nicht heimtückisch, GA **87**, 129). Arg- und Wehrlosigkeit müssen zusammentreffen. Es genügt nicht, wenn wie

6a etwa bei einem Gefangenen, nur die **Wehrlosigkeit** ausgenutzt wird (BGH **19**, 321; **32**, 383 [m. Anm. Jakobs JZ **84**, 996; M. K. Meyer JR **86**, 113; Otto

JK 11]; NStZ **89**, 365; vgl. OGH NJW **50**, 711), die gegeben ist, wenn dem Opfer die natürliche Abwehrbereitschaft und -fähigkeit fehlt oder stark eingeschränkt ist (GA **71**, 114) oder wenn dem Opfer jede Möglichkeit sinnvoller Einwirkung auf den Täter genommen ist (NStZ **89**, 365; hierzu Otto JK 19). **Arglos** ist, wer sich zur Tatzeit eines Angriffs nicht versieht. Das „Tückische" liegt darin, daß der Täter sein Opfer in hilfloser Lage überrascht, so daß es dem Anschlag auf sein Leben nicht begegnen kann (BGH **20**, 302; **2**, 61, 254; **11**, 143; LM Nr. 46). Es kommt dabei auf die Lage bei *Beginn* des ersten mit Tötungsvorsatz geführten Angriffs an (BGH **7**, 221; **18**, 87; **19**, 322, **32**, 385; GA **67**, 245; **87**, 129; NJW **80**, 793; StV **81**, 523; EzSt Nr. 8; NStE Nr. 6, 7; NJW **91**, 1963 m. Anm. Otto JR **91**, 382). Einseitige Beschimpfungen seitens des Opfers können dessen Arglosigkeit nicht in Frage stellen (NStE Nr. 12), an der Heimtücke fehlt es jedoch, wenn im Zeitpunkt des Tötungsentschlusses das Opfer nicht mehr arglos ist (MDR/H **87**, 799), doch kann gegenüber einem später eingreifenden Mittäter Arglosigkeit noch dann bestehen, wenn dieser angreift (15. 10. 1969, 4 StR 383/69). Wendet der Täter verschiedene Mittel an, und zwar das erste erfolglose heimtückisch, so ist bei einheitlicher Handlung (BGH **10**, 131; **14**, 79) § 211 gegeben (vgl. JR **51**, 687; 29. 1. 1980, 1 StR 747/79). Aus bloßer Unkenntnis des Angriffsmittels folgt Arglosigkeit noch nicht (1. 3. 1977, 5 StR 114/77). Die Heimtücke ist als Mordmerkmal problematisch (Bockelmann BT/2 § 3 IV; Schmidhäuser, Würtenberger-FS 104 und JR **78**, 270; Lange, Geilen, Schröder-GedS 229, 235 und JR **80**, 312; Arzt JR **79**, 12; Rüping JZ **79**, 620; Woesner NJW **80**, 1138; Spendel JR **83**, 270; Schmoller ZStW **99**, 389; weniger krit. LK 45). Die **Rspr.** dazu (Übers. 6b Eser NStZ **81**, 387; **83**, 436; Langer JR **93**, Heft 4) ist unbefriedigend und uneinheitlich. Die Formel von der Ausnutzung der Arg- und Wehrlosigkeit schöpft einerseits die Fälle der Heimtücke nicht voll aus (oben 6), sie geht aber zum anderen zu weit (vgl. DJT D 45 f.) und zeigt daher bisher schon *einengende Tendenz:* Nach BGH **7**, 221 war arglos, wer sich keines Angriffs auf sein *Leben* versieht; nach GrSenBGH **11**, 141 und insbesondere **20**, 302 stand schon die Erwartung eines bloßen tätlichen Angriffs der Arglosigkeit entgegen, denn wer einen sonstigen schweren Angriff auf seinen Körper erwartet, ist nicht arglos (StV **85**, 235; NStE Nr. 12; BGHR § 211 II, Heimt. 7); im Anschluß an **BVerfG** (E **45**, 265) läßt BGH **27**, 324 (abw. von GA **67**, 245) nunmehr für den Ausschluß der Arglosigkeit genügen, daß der Täter dem Opfer in offener Feindschaft gegenübertritt (25. 7. 1985, 1 StR 285/85), mag es sich eines *tätlichen* Angriffs auch nicht versehen (24. 5. 1978, 2 StR 724/77, zust. Rengier MDR **79**, 973; NStZ **83**, 34; offengelassen und iErg. wohl strenger 1. Sen.: 24. 4. 1979, 1 StR 59/79; 19. 12. 1978, 1 StR 613/78; zweifelnd GrSenBGH **30**, 113; krit. zum Ganzen Geilen [oben 6a] 245). Jedoch wird in BGH **33**, 366 (in teilweiser Korrektur zu BGH **27**, 322) zutr. darauf hingewiesen, daß ein vorausgegangener verbaler Angriff die Arglosigkeit noch nicht ausschließe, wenn das Opfer, für den Täter erkennbar, gegenüber einem Angriff auf Leben oder körperliche Unversehrtheit arglos bleibt (NJW **91**, 1963 [m. Anm. Otto JR **91**, 382]; vgl. ferner Rengier NStZ **86**, 505; Frommel StV **87**, 293; Kerner UniHD-FS 442). Arglosigkeit hält der 3. Sen. auch dann für gegeben, wenn das spätere Opfer nach beendeter Auseinandersetzung (vgl. auch BGH **28**, 211; 5. 2. 1980, 1 StR 750/79; M. K. Meyer JR **79**, 443) mit

§ 211

weiteren Vorhaltungen und allgemein mit Aggressionen rechnen mußte, sich aber zur Zeit der Tat ihrer nicht versah (NJW 80, 792; NStZ 84, 261), es sei denn, daß der Täter dem Tatopfer mit Worten so feindselig gegenübertritt, daß weitere Tätigkeiten zu befürchten sind (NJW 91, 1963). Der GrSenBGH 30, 119 verschließt sich einer weiteren Einengung des Heimtücketatbestandes (ihm folgend StV 81, 622; NStZ 82, 69; 7. 7. 1981, 1 StR 206/81), möchte aber entgegen I bei Vorliegen „außergewöhnlicher Umstände" § 49 I Nr. 1 anwenden (hierzu unten 17). Sachgerecht wäre es, Heimtücke zu verneinen, wenn zB der Täter zu der Tat dadurch veranlaßt worden ist, daß das Opfer ihn oder einen nahen Angehörigen schwer beleidigt, mißhandelt und mit dem Tode bedroht hat, und die Tat nicht tückisch und hinterhältig ist (so 4. Sen. NStZ 81, 180; vgl. SK 32a; auch die zutr. Interpretation bei Spendel JR 83, 272; StV 84, 46, wonach Heimtücke nicht nur objektiv hinterhältiges Vorgehen, sondern subjektiv eine
6c tückische Gesinnung des Täters voraussetzt). Das **Schrifttum** (zB SchSch 26 mwN; Otto ZStW 83, 63 und BT § 4 II 2a; Jescheck/Triffterer [2 zu § 38] 130; Blei BT § 6 II 2a; M. K. Meyer JR 79, 445; Jakobs JZ 84, 996; Köhler JuS 84, 763; Langer JR 93, Heft 4; vgl. auch SK 32) setzt zT für die Heimtücke einen *besonderen Vertrauensbruch* voraus, jedoch ist dieser Begriff schillernd (Arzt JR 79, 11; Rengier MDR 80, 4) und es besteht heute weniger Anlaß denn je, den Meuchelmord aus dem Heimtückebegriff herauszunehmen (vgl. Geilen [oben 6a] 253; Arzt, KrimGgwFr 80, 60; Wessels BT 1, § 2 III 2; LK 50 ff.; Möhrenschlager NStZ 81, 58; Spendel JR 83, 270; Schmoller ZStW 99, 407; ebenso GrSenBGH 30, 116). Mit Recht hält daher die **Rspr.** Heimtücke auch gegenüber einem Ahnungslosen für möglich (BGH 7, 221; 28, 211 m. Anm. Willms LM Nr. 2; hierzu M. K. Meyer JR 79, 442, 486). Auch Schlafende und Bewußtlose sind stets arglos (vgl. 21. 6. 1967, 4 StR 199/67; Dreher MDR 70, 248; Lackner 7; M-Schroeder § 2, 44; Tröndle GA 73, 321; Beckmann GA 81, 345; Schmoller ZStW 99, 398; Kerner UniHD-FS 434); freilich bejaht dies der **BGH** *nur* für den *Schlafenden* (BGH 7, 221; 23, 119, 121; LM Nr. 5) und (aus wenig überzeugenden Gründen) *nicht* für den *Besinnungslosen* (BGH 23, 120; NJW 66, 1823), nach MDR/H 77, 282 selbst dann nicht, wenn die Besinnungslosigkeit auf einen mit Körperverletzungsvorsatz zuvor heimtückisch durchgeführten Angriff zurückgeht (auch Verdeckungsmord ist in einem solchen Fall zw., vgl. unten 9a), ebensowenig wird Heimtücke bejaht bei *Kleinkindern*, weil sie dem Angriff nicht entgegentreten können (BGH 4, 13; 8, 216) und auch nicht in der Lage seien, einem anderen Vertrauen entgegenzubringen und die böse Absicht des Täters zu erkennen (BGH 3, 330; vgl. auch LM Nr. 6, 29); bei einem bereits 3jährigen Kind ist das nicht ohne weiteres der Fall (NJW 78, 709; hierzu Rengier MDR 79, 971; 80, 6); auch liegt Heimtücke vor, wenn der Täter das bittere Tötungsmittel süßt, damit es das Kind nicht ausspeit (BGH 8, 218; MDR/D 73, 901; zweifelnd BVerfGE 45, 266; hierzu LK 44), oder wenn die Arg- und Wehrlosigkeit der Aufsichtsperson ausgenützt wird (BGH 3, 332; 8, 219; 18, 37; LM Nr. 6; OGHSt. 1, 90). Das kann auch bei *Gefangenen* in Betracht kommen (LM Nr. 46; anders BGH 18, 37; 32, 389, hierzu M. K. Meyer JR 86, 133; für eine gefesselte Person). Ferner können auch *Geisteskranke* (vgl. JZ 74, 512 m. krit. Anm. Baumann) oder *Betrunkene* arglos sein. Ob der Täter die Arg- und Wehrlosigkeit des Opfers herbeigeführt oder bestärkt (JR 51,

687) hat oder ob sie für ihn zufällig entstand, ist ohne Bedeutung (BGH **8**, 219; NJW **67**, 1140; LM Nr. 5; 28. 8. 1979, 1 StR 282/79). Im übrigen muß der Täter die Arglosigkeit **bewußt ausnutzen** (BGH **6**, 121; **11**, 144; NStZ **84**, 21; hierzu unten 12). Andererseits schließt Heimtücke menschlich begreifliche Motive nicht aus (BGH **2**, 60; **3**, 184). Stets ist aber eine feindselige Haltung erforderlich, an der es fehlt (MDR/H **81**, 267), wenn der Täter zum Besten seines Opfers handeln will (GrSen BGH **9**, 385; MDR/H **89**, 858; noch eingeschränkter zu Unrecht SK 33; zur Kritik Hassemer JuS **71**, 626). Am Heimtückemerkmal kann es daher bei Krankenhaustötungen aus Mitleid gegenüber Todkranken dann fehlen, wenn dem Opfer sinnlose Operationen und unnötige Schmerzen erspart werden sollten; dies gilt aber nur unter normativer Bejahung bei einer objektiv nachvollziehbaren Wertung und nicht, wenn der Täter nach eigenen Wertmaßstäben selbstherrlich „selektiert" (BGH **37**, 377 [*Michaela Roeder-Fall*]; grundlegend und krit. hierzu Langer JR **93**, Heft 4; zust. Otto JK 21).

bb) Grausam tötet, wer seinem Opfer in gefühlloser, unbarmherziger 7 Gesinnung Schmerzen oder Qualen körperlicher oder seelischer Art zufügt, die nach Stärke oder Dauer über das für die Tötung erforderliche Maß hinausgehen (BGH **3**, 180, 264; MDR/H **87**, 623; OGHSt. **1**, 99; 371, 2, 116; LK 56 ff; weiter noch RG **62**, 160; OGHSt. **2**, 175). Die innere Tatseite (hierzu 12) ist besonders sorgfältig zu prüfen. Auch aus den Umständen, unter denen die Tötung eingeleitet und vollzogen wird, kann sich die Grausamkeit ergeben (BGH **37**, 41; NJW **51**, 666; **71**, 1190), jedoch verlangt NJW **86**, 266 (m. Anm. M. Amelung NStZ **86**, 265 u. Otto JK 14), daß der Täter beim Tötungsgeschehen selbst und nicht nur bei vorausgegangenen Körperverletzungshandlungen grausam gehandelt hat, hieran fehlt es beim Handeln im „Blutrausch", (NStE Nr. 17). Das allgemeine Verhalten muß *vor* Abschluß einer den tödlichen Erfolg herbeiführenden Handlung vorliegen und vom Tötungsvorsatz umfaßt sein (BGH **37**, 41). Grausamkeit ist nicht dadurch ausgeschlossen, daß der Täter aus Motiven tötet, die das Gesetz zu Mordmerkmalen erhebt (NJW **88**, 2682 m. Anm. Frister; StV **89**, 343). Grausam kann es zB sein, wenn eine Mutter ein einjähriges Kind planmäßig verhungern läßt (MDR/D **74**, 14; NStZ **82**, 379; hierzu Eser NStZ **83**, 439).

cc) Gemeingefährlich ist ein Mittel, wenn es eine Gefahr für eine unbe- 8 stimmte Anzahl anderer Personen mit sich bringt (R **5**, 557; SchSch 29, 18; LK 59; aM SK 49); so bei Tötung durch Brandstiftung, Herbeiführung einer Überschwemmung (OGHSt. **1**, 86); Einsatz von Brandflaschen (NJW **85**, 1477 m. Anm. Horn JR **86**, 32; Rengier StV **86**, 405; Geppert JK 13); Steinwürfe von Brücken aus auf Kraftfahrzeuge bei starkem Autoverkehr (VRS **63**, 119), nicht jedoch im Falle des Ausnützens einer bereits vorhandenen gemeingefährlichen Situation (BGH **34**, 13).

c) Mordmerkmale der 3. Gruppe *(Verwerflichkeit des deliktischen Ziels der* 9 *Tötung):* eine **andere Straftat** (unten 9b) **aa)** zu **ermöglichen** (Tötung des Wachmannes vor dem Einbruch oder einem gewaltsamen Ausbruch aus einer Strafanstalt (MDR/D **70**, 560); Tötung, um die Schutzperson eines späteren Opfers auszuschalten (19. 12. 1979, 3 StR 427/79); um dem Opfer Geld abzunehmen (1. 10. 1985, 5 StR 450/85). Die Tötung muß also notwendiges Mittel zur Ermöglichung der Tat sein und nicht nur Begleiterscheinung oder Folge des Vorgehens des Täters (MDR/H **80**, 629; **88**, 277;

§ 211

hierzu Geilen, Lackner-FS 573) oder **bb)** zu **verdecken,** zB (Tötung des einzigen Tatzeugen oder eines Verfolgers, zB des festnehmenden Polizisten, um unerkannt zu entkommen (BGH **11,** 268; **15,** 291; NJW **55,** 1119; VRS **23,** 207; **37,** 28), Tötung des Opfers, damit nicht durch dessen Schreie Dritte aufmerksam werden (GA **62,** 143; vgl. auch Dreher MDR **56,** 500); selbst zur Verhütung der Aufklärung früherer Taten als Folge seiner Festnahme (OGH JR **50,** 117), auch zur Verdeckung der Straftat eines anderen (BGH **9,** 180), der Mitbeteiligung eines anderen oder der Täterschaft schlechthin (24. 10. 1978, 1 StR 404/78). Die Tötung muß das Mittel der Verdeckung und darf nicht nur die Folge eines anderen Mittels sein (BGH **7,** 287, vgl. Geilen, Lackner-FS 588). Der Täter kann nebenher auch andere Ziele verfolgen (MDR/D **76,** 15; MDR/H **84,** 276). Eine Verdeckungsabsicht liegt nicht schon darin, daß der Täter einen zeitlichen Vorsprung erhalten will, um fliehen zu können (NStZ **85,** 166; NJW **91,** 1189) oder daß er nach Erhebung der Anklage die Überführung durch Beseitigung eines Belastungszeugen erschweren will (BGHR § 211 II, Verd. 6). Jedoch kann die Verdeckungsabsicht eine andere hervorgehobene Mordqualifikation, nämlich einen niedrigen Beweggrund (oben 5a) dann begründen, wenn es an einer „anderen" Straftat fehlt, der Täter sich aber der Verantwortung für strafbares Verhalten entziehen will (NJW **92,** 920). Das

9a BVerfG (E **45,** 267) drängt, damit in Grenzfällen durch die Verhängung der lebenslangen Freiheitsstrafe nicht gegen den Verhältnismäßigkeitsgrundsatz verstoßen wird, auf eine einengende Auslegung dieses Mordmerkmals, überläßt aber der Rspr. die Wahl des Weges zu diesem Ziel (*Schrifttum* hierzu: Eser NStZ **81,** 429; **83,** 439 [Rspr. Übers.]; Köhler GA **80,** 121; Geilen JR **80,** 313; Jähnke MDR **80,** 705; ferner 2 vor § 211). Gleichwohl hat der BGH im Hinblick auf GrSenBGH **9,** 389 entgegen der Anregung des BVerfGE aaO bei Verdeckungstaten, soweit sie besonders verwerfliche Züge tragen, eine Vorausplanung nicht vorausgesetzt (BGH **27,** 282; **28,** 210). Auch *der 2. StS,* der ursprünglich – dem Hinweis des BVerfG entsprechend – einen Verdeckungsmord in den Fällen verneinte, in denen Vortat und Verdeckungstat aus einem Geschehen heraus sachlich und zeitlich eng zusammentrafen und sich der Täter *während oder sofort nach* der Vollendung der Vortat zur Tötung hinreißen ließ (BGH **27,** 348), hat inzwischen *diese Rspr. aufgegeben* (BGH **35,** 116 [m. Anm. Schmidhäuser u. Timpe NStZ **89,** 55, 70; Hohmann/Matt JA **89,** 134; Wohlers JuS **90,** 20; ferner Otto JK 16; zusf u. krit. Laber MDR **89,** 861; Geis NJW **90,** 2735]; NStE Nr. 23; 6. 3. 1992, 2 StR 619/91) und sich auf den Standpunkt gestellt, daß das Vorliegen des Mordtatbestandes weder Planung und Vorbedachtsein voraussetze, noch eine jähe Eingebung des Tötungsentschlusses einem Verdeckungsmord entgegenstehe. Vielmehr ist das Mordmerkmal der Verdeckungsabsicht als gesetzlich hervorgehobene Ausprägung des Merkmals der niedrigen Beweggründe diesem unter Wertungsgesichtspunkten gleichzusetzen. Ein Verdeckungsmord scheidet daher nicht schon aus, wenn Vortat und Tötung in der Angriffsrichtung übereinstimmen, beide Taten einer unvorhergesehenen Augenblickssituation entspringen und iS einer natürlichen Handlungseinheit (2 vor § 52) unmittelbar ineinander übergehen (6. 3. 1992, 2 StR 619/91). Daß der Täter noch Jugendlicher ist, besagt nichts darüber, ob ein Mordmerkmal vorliegt (MDR/H **80,** 106;

9b anders aber wohl NJW **66,** 1824). Die **andere Straftat** (nicht Ordnungs-

Straftaten gegen das Leben **§ 211**

widrigkeit, BGH **28**, 94; LK 9; aM M-Schroeder § 2, 34) braucht im übrigen trotz „Ermöglichens" nicht begangen zu werden (BGH **11**, 226; aM OGHSt. **1**, 190). „Andere Tat" ist aber nicht der heimtückische Raubmord, den der Täter gerade begeht, und „verdecken" will (1. 10. 1985, 5 StR 450/85), auch nicht die zunächst mit bedingtem Vorsatz begonnene Tötungshandlung, wenn der Täter die bereits begonnene Tötung mit unbedingtem Vorsatz vollenden will (NJW **90**, 2798 [m. Anm. Hohmann JR **91**, 212]; 6. 3. 1992, 2 StR 619/91; 6. 5. 1992, 5 StR 157/92). Irrtümliche Annahme, die Tötung ermögliche oder verdecke die Tat, genügt (RG **59**, 49), ebenso die irrige Annahme, eine Straftat begangen zu haben, obwohl Notwehr (BGH **11** 226) oder lediglich eine Ordnungswidrigkeit (BGH **28**, 95) gegeben war (LK 10; zw.). Beim Verdecken kann auch ein fahrlässiges oder versuchtes Delikt ausreichen (wie zB der eben fehlgeschlagene Totschlagversuch an demselben Opfer, MDR/D **74**, 366; NStZ **85**, 167; NStE Nr. 22), so daß das Tatgeschehen auch zunächst als Körperverletzung beginnen kann (BGH **7**, 327; vgl. zu diesen Fällen aber oben 9 a), aber nicht beim Ermöglichen („um zu!"); dasselbe gilt für den Versuch (OGHSt. **2**, 19). Daß die andere Tat strafbar ist, braucht der Täter nicht zu wissen (aM OHG NJW **50**, 195). Es genügt die Absicht, die eigene Täterschaft an der schon bekannten Straftat zu verdecken (JZ **52**, 240 L) auch, wenn dies bloße Selbstbegünstigung ist (BGH **9**, 182); anders, wenn der Täter weiß, daß die Tat so weit aufgedeckt ist, daß die Verfolgung gegen ihn gesichert erscheint (BGH **15**, 296; GA **79**, 108). Zur Problematik der Tötung durch Unterlassen, um eine Straftat zu verdecken (vgl. einerseits MDR/D **66**, 24; andererseits BGH **7**, 290; **15**, 296; 14. 6. 1978, 3 StR 72/78; SK 68 f.). **Realkonkurrenz** des Mordes mit der anderen Tat liegt meistens vor (RG **61**, 109); doch ist auch Idealkonkurrenz denkbar (BGH **7**, 327; JZ **52**, 240; beachte aber BGH **27**, 348 und oben 9a). Beide Delikte brauchen nicht zeitlich umittelbar einander zu folgen. Die vorläufige Einstellung des Verfahrens (§ 154 StPO) hinsichtlich der Tat, die der Täter verdecken wollte, hindert nicht daran, das Tötungsdelikt als (versuchten) Verdeckungsmord zu werten (MDR/H **83**, 622).

C. **Wahlfeststellung** zwischen den einzelnen Begehungsformen nach II **10** ist möglich (vgl. BGH **22**, 12; BGHR vor § 1, WF, TatsAlt. 3; Eser NStZ **81**, 386), zB zwischen Handeln aus niedrigem Beweggrund und Verdekkungsmord (NStE Nr. 28), sofern eine andere Fallgestaltung, bei der die Tat lediglich als Totschlag zu bewerten wäre, ausscheidet (BGHR § 211 II n. BewGr 6, 17; MDR/H **92**, 632) jedoch ist Wahlfeststellung wie auch der Übergang auf ein anderes Mordmerkmal iS des § 265 StPO hinweispflichtig (BGH **23**, 96; **25**, 287; MDR/H **81**, 102; **91**, 1025; NStZ **83**, 34; hierzu Geis NJW **90**, 2736). Kann nicht sicher festgestellt werden, welcher von mehreren möglichen Beweggründen maßgebend war (vgl. 16 zu § 1), so ist eine Verurteilung wegen Mordes aus niedrigen Beweggründen nur möglich, wenn jeder dieser möglichen Beweggründe niedrig ist (GA **80**, 23; NStE Nr. 28; 36).

2) **Der Vorsatz** besteht zunächst im Wissen und Wollen der Tötung eines **11** Menschen (VRS **46**, 106) und ist auch bei starker Erregung möglich (VRS **43**, 34). Faßt der Täter die Tötungs*handlung* aber erst bedingt ins Auge, so fehlt es überhaupt am Vorsatz (RG **68**, 341), der sich (auch als bedingter)

§ 211

auf den *Erfolg* (tödliche Wirkung der Tat) beziehen muß. Im übrigen genügt bedingter Vorsatz (NJW **68**, 660; BGHR § 13 I, Gar. St. 3; 28. 1. 1992, 5 StR 491/91; LK 22 zu § 212; vgl. 9ff. zu § 15), freilich nicht bei Mordlust (MDR/D **74**, 547; 26. 2. 1986, 3 StR 18/86), wohl aber uU bei niedrigen Beweggründen, was aber eine nähere Erörterung und Bewertung aller Umstände des Tatgeschehens voraussetzt (11. 6. 1986, 4 StR 275/86). Bedingter Tötungsvorsatz ist mit der Annahme gefühlloser unbarmherziger Gesinnung vereinbar (NStE Nr. 22). Nach NJW **82**, 2565 ist es beim Merkmal der Befriedigung des Geschlechtstriebs unerheblich, ob der Täter von vornherein mit Tötungsvorsatz handelt oder den Tötungsentschluß erst während der Tatausführung faßt, jedoch weist NStE Nr. 32 mit Recht darauf hin, daß es im Falle vorausgegangener schwerer Mißhandlungen für die Frage des Vorliegens einer Verdeckungsabsicht von Bedeutung ist, ob der Täter von vornherein mit Tötungsvorsatz gehandelt hat. In den Fällen der **Verdeckung und Ermöglichung** einer Straftat ist eine entsprechende Absicht erforderlich (24. 10. 1984, 3 StR 363/84), diese verträgt sich im Falle des Verdeckens idR mit dem bedingten Tötungsvorsatz nicht (BGH **21**, 283; NStZ **85**, 166; 28. 1. 1992, 5 StR 491/91), es sei denn, daß der Täter das ihn kennende Opfer einsperrt (NJW **88**, 2682 m. Anm. Frister StV **89**, 343) oder die Verdeckung ließe sich auch ohne Tötung erreichen (NStZ **84**, 454). Im Falle des Ermöglichens ist bedingter Vorsatz dann möglich, wenn den Täter die Aussicht nicht schreckt, später vom Opfer möglicherweise erkannt zu werden (vgl. 22. 11. 1985, 3 StR 403/85). Die Absicht allein, einen Verfolger zu beseitigen, genügt für die Verdeckungsabsicht nicht ohne weiteres (21. 10. 1977, 2 StR 182/77); ebensowenig, wenn der Täter den durch Unterlassen verursachten Todeserfolg bedingt in Kauf nimmt, der Erfolg des Verdeckens bzw. Ermöglichens aber nur durch den Tod des Opfers erreicht werden kann (GA **78**, 372); anders wenn dieser Erfolg schon durch Ausschalten des anderen mit Hilfe einer Körperverletzung möglich ist (BGH **21**, 283; NJW **78**, 1490; MDR/H **83**, 985; NStZ **84**, 116; hierzu Geilen, Lackner-FS 591; vgl. LK 24). Einem Heimtückemord steht nicht entgegen, daß der Täter vom bedingten zum unbedingten Vorsatz übergeht (1. 10. 1985, 5 StR 450/85). Fährt ein Autofahrer, ohne zu bremsen, auf einen Polizisten los, um sich seiner Kontrolle zu entziehen, so kommt bedingter Tötungsvorsatz in Betracht (BGH **15**, 291; VRS **12**, 185; **26**, 202; DRiZ **75**, 184), uU aber auch nur Gefährdungsvorsatz (DRiZ **78**, 278), in solchen Fällen hat sich der Tatrichter unter umfassender Würdigung aller erhobenen Beweise (EzSt § 261 StPO Nr. 8) mit der inneren Tatseite besonders auseinanderzusetzen (MDR/H **82**, 808; VRS **64**, 191; NStZ **84**, 19; NJW **90**, 131; BGHR § 211 II n. BewGr. 14). Will der Täter ein Sexualdelikt an seinem Opfer ermöglichen, das aber dabei noch leben soll so tötet er auch bei bedingtem Vorsatz nicht zur Ermöglichung dieser Tat (BGH **23**, 176). Die frühere Rspr. war nicht einheitlich (vgl. BGH **7**, 287; **11**, 270; **15**, 297 [dazu Jescheck JZ **61**, 752];

11a VRS **24**, 184; **37**, 28). Bei besonders **gefährlichen Gewalthandlungen** liegt bedingter Vorsatz vor, wenn sie der Täter vornimmt, ohne auf einen glücklichen Ausgang vertrauen zu können, und es dem Zufall überläßt, ob sich die erkannte Gefahr verwirklicht, NStZ **81**, 32 (hierzu Köhler JZ **81**, 35; Eser NStZ **81**, 430); VRS **63**, 119 (Steinwürfe von Autobahnbrücken aus); 7. 8. 1986, 4 StR 304/86; indessen ist auch in solchen Fällen eine

§ 211

sorgfältige Prüfung der inneren Tatseite auch dann nicht entbehrlich, wenn die Handlung generell geeignet ist, tödliche Verletzungen herbeizuführen (NJW **83**, 2268; StV **84**, 117; NStE Nr. 8; 25. 6. 1991, 1 StR 226/91). So kann es am bedingten Vorsatz fehlen, wenn der Täter bei seinen Angriffen kein freies Sichtfeld hat (10. 3. 1983, 4 StR 96/83), wenn Jugendliche ein (nur) gefährliches Spiel treiben (NStZ **83**, 364) oder über die Tat noch keine klare Vorstellung besteht (NJW **83**, 2267; MDR/H **91**, 295; NStZ **91**, 127; 24. 4. 1991, 3 StR 483/90; weit. Nachw. 11 zu § 15). Bedingt vorsätzlich durch Unterlassen tötet zB eine Mutter, die ihr totkrankes Kind mehrere Tage seinem Schicksal überläßt (11. 12. 1979, 1 StR 714/79).

Der Vorsatz muß jeweils auch die **Mordmerkmale** in ihren tatsächlichen **12** Voraussetzungen umfassen; gleichgültig ist, ob sie der Täter auch als solche einschätzt oder die Tat sich länger überlegt (OGH DRZ **50**, 186). Der Täter muß sich auch noch im Augenblick der Tat der Beweggründe und Ziele *bewußt* sein, die die Tat zum Mord stempeln, dh, daß er nicht nur das Tatunrecht allgemein, sondern auch die speziellen Umstände erkennt (7. 5. 1981, 1 StR 159/81), die die Bewertung „niedrig", „heimtückisch" oder „grausam" (BGH **3**, 180; **6**, 329; **22**, 80; MDR/D **68**, 895; **74**, 546; MDR/H **77**, 460, 638; 4. 12. 1980, 4 StR 592/80) tragen und die Beurteilung „gemeingefährlich" zulassen; im Fall der Heimtücke muß er *bewußt* die Arg- und Wehrlosigkeit des Opfers ausnützen (BGH **2**, 61f.; **6**, 121; 331; NJW **66**, 1824; 5. 9. 1984, 2 StR 444/84; Eser NStZ **81**, 387), das setzt voraus, daß er sich dessen bewußt ist, einen ahnungslosen und schutzlosen Menschen zu überraschen (BGH **34**, 358; NStZ **87**, 173), er sich der Bedeutung der Lage des Opfers vergegenwärtigt (StV **81**, 277), was auch möglich ist, wenn er auf jeden Fall zur Tötung entschlossen ist (NStZ **84**, 507; **85**, 216; MDR/H **90**, 488), einer raschen Eingebung folgt (BGH **3**, 185; NJW **78**, 709; NStZ **81**, 104; NStE Nr. 6), selbst bei heftiger Gemütserregung (GrSenBGH **11**, 139; 25. 7. 1978, 1 StR 260/78; hierzu Rengier MDR **79**, 972; LK **47**; vgl. aber auch BGH **6**, 121; MDR/D **67**, 726; GA **75**, 306; 23. 4. 1980, 3 StR 81/80), auch wenn sie zu § 21 führt. Jedoch darf die psychische Verfassung den Täter nicht daran hindern, die Vorstellung über die Arg- und Wehrlosigkeit in sein Bewußtsein aufzunehmen (MDR/H **78**, 804, 805), hieran kann es zB fehlen, wenn der Täter in plötzlich aufsteigender Verbitterung und Wut gehandelt hat (NStZ **87**, 555; StV **90**, 545), oder wenn er zugleich seinem Leben ein Ende setzen will (MDR/H **79**, 456; krit. hierzu Rengier MDR **80**, 2). Die rechtliche Bewertung als solche braucht der Täter nicht mit zu vollziehen (BGH **22**, 80; NJW **51**, 410; 13. 11. 1979, 1 StR 526/79), er muß aber die Umstände, die die Wertung „heimtückisch" begründen oder die Niedrigkeit der Beweggründe ausmachen, in ihrer Bedeutung für die Tatausführung ins Bewußtsein aufgenommen und erkannt (BGH **6**, 121; 331; NJW **67**, 1140; **80**, 793; NStZ **81**, 140, 523; **83**, 34; MDR/H **86**, 272; NStE Nr. 28, 29; stRspr.), und insbesondere bei gefühlsmäßigen oder triebhaften Regungen (NJW **81**, 1382) gedanklich beherrscht und gewollt gesteuert (BGH **28**, 212; MDR/H **80**, 629; 986; **81**, 267; **84**, 980; **89**, 1052; **92**, 17; StV **81**, 231; 338; **83**, 504; **84**, 72; **87**, 150; 296 L; NStE Nr. 13, 19, 20; NJW **89**, 1739 [m. Anm. Heine JR **90**, 299]; BGHR § 211 II, n. BewGr. 10; stRspr.; vgl. Eser NStZ **81**, 386; ferner Langer JR **93**, Heft 4, der eine menschenverachtende Gesinnung voraussetzt), oder in unduldsamer Selbstgerechtigkeit ignoriert haben (7. 6. 1978, 3 StR 67/78; krit. Engisch

§ 211

GA **55**, 161; Jescheck GA **56**, 110; Herdegen, BGH-FS 204; hierzu LK 35 ff.), hierzu muß der Täter geistig imstande sein (MDR/D **69**, 723), es kann daher hieran bei alkoholbedingter Bewußtseinsstörung (StV **84**, 465 L; 6. 3. 1992, 2 StR 551/91), starker affektiver Anspannung (MDR/D **70**, 383; StV **85**, 235), charakterologisch bedingter Egozentrizität (NStZ **81**, 258) oder niedrigem Intelligenzquotienten (4. 12. 1980, 4 StR 592/80) oder im Falle auffälliger Eigenarten der Täterpersönlichkeit oder hochgradiger Erregung (NStZ **82**, 379, MDR/H **87**, 623: für die Fälle grausamer Tatausführung) fehlen. Bei spontan gefaßtem Tötungsvorsatz (StV **84**, 465 L), situationsbedingten Jähtaten oder beim Überfahren einer Polizeisperre (MDR/H **79**, 280) bedürfen die treibenden Beweggründe besonders sorgfältiger Prüfung (NStE Nr. 7), nur ganz ausnahmsweise kann darauf verzichtet werden, wenn schlechterdings keine Zweifel bestehen können, daß die subjektiven Voraussetzungen vorliegen (MDR/H **81**, 266; zB auch NStZ **81**, 100). Zum Fall, daß der Täter nach Beginn der Tat schuldunfähig wird, 19 zu § 20. Zur Feststellung der subjektiven Mordmerkmale bedarf der Tatrichter idR nicht der Hilfe eines Sachverständigen, (18. 9. 1981, 2 StR 370/81).

13 3) **Versuch des Mordes** liegt erst vor, wenn der Entschluß zum Töten so betätigt wird, daß das gewollte Verhalten Akt des Tötens ist oder ohne Zwischenakte in das Töten des Opfers übergeht (NJW **86**, 266 m. Anm. M. Amelung NStZ **86**, 265 u. Otto JK 14, vgl. 11 zu § 22), zB bei Beibringen eines Betäubungsmittels, unter dessen Wirkung die Tat durchgeführt werden sollte (RG **59**, 157). Anlegen einer geladenen Schußwaffe, selbst wenn der Hahn nicht gespannt ist (RG **59**, 386). Hervorziehen einer Keule, um zuzuschlagen (RG JW **25**, 1495); Entführen des Opfers an den Tatort (GA **55**, 123). Einschleichen in den Raum, um das Opfer beim unmittelbar bevorstehenden Eintritt anzufallen, aber nicht schon das Öffnen der Wohnungstür, falls der Täter nicht weiß, wo und wie er das Opfer in der Wohnung vorfindet (19. 6. 1990, 2 StR 142/90). Stets muß auch die Versuchshandlung nach § 211 unter der Voraussetzung des § 211 II geschehen. – Vgl. auch 14 und 12 ff. zu § 22; LK 33 zu § 212. **Tatvollendung** ist auch gegeben, wenn der bedingte Tatvorsatz (oben 11) noch im Zustand der (verminderten) Schuldfähigkeit gefaßt, die todverursachenden Verletzungen jedoch erst im (nicht durch Fremdeinflüsse entstandenen) Zustand der Schuldunfähigkeit zugefügt worden sind (BGH **23**, 136; 11. 10. 1977, 1 StR 514/77). Glaubt der Täter irrig, der Tod sei schon eingetreten, während der Tod erst durch das Inswasserwerfen der angeblichen Leiche eintritt, so liegt vollendeter Mord vor, weil der Täter die Tötung gewollt und auch erreicht hat, 7 zu § 16.

14 4) **Teilnehmer und Mittäter** (hierzu LK 62 ff.). Die Frage, inwieweit bei den Beteiligten § 28 eingreift, wenn die Mordmerkmale nicht bei allen gegeben sind, hängt von dem umstrittenen rechtlichen Verhältnis zwischen § 211 und § 212 ab (hierzu Schünemann Jura **80**, 578; Puppe JR **84**, 233; H. J. Hirsch, Tröndle-FS 34, grundlegend gegen die BGH-Rspr. Küper JZ **91**, 761). Nach der einen Meinung, der zu folgen ist, ist § 211 gegenüber § 212 ein qualifizierter Tatbestand (so Lange JR **49**, 165; LK 43 ff. vor § 211; SchSch 5 vor § 211 mwN; M-Schroeder § 2, 6 ff.; Baumann NJW **69**, 1280; Rengier MDR **80**, 2; Gössel BT 1 § 1, 6; auch BVerfGE **45**, 187), nach einer

Straftaten gegen das Leben § 211

zweiten Meinung ist § 212 gegenüber § 211 Privilegierungstatbestand (so Eb. Schmidt DRZ **49**, 272), nach einer dritten ist § 211 ein qualifizierter, § 212 ein Privilegierungstatbestand gegenüber einem nur gedachten allgemeinen Tötungstatbestand (so Hall, Eb. Schmidt-FS 343). Der **BGH** (seit BGH **1**, 368 in strRspr.: **22**, 375; **23**, 40; **36**, 233; StV **84**, 69) ist hingegen, obwohl er anerkennt (BGH **1**, 370; **36**, 235 m. krit. Anm. Timpe JZ **90**, 98), daß die vorsätzliche Tötung des § 212 notwendig in § 211 enthalten ist, der Meinung (die spätestens seit § 50 II aF [jetzt § 28 I] unhaltbar geworden ist, Arzt JZ **73**, 681; Bockelmann BT/2 § 5 II 1bb), daß es sich um *zwei selbständige Tatbestände* handelt (was ihre mittäterschaftliche Begehung nach BGH **36**, 233 [m. Anm. Timpe JZ **90**, 98, Geppert JK 18, Beulke NStZ **90**, 278; Küpper JuS **91**, 639 u. Küper JZ **91**, 866] nicht hindert) und die zusätzlichen Merkmale des § 211 die Strafbarkeit nach dieser Vorschrift **begründen**, so daß § 28 II, gleichgültig wie diese Merkmale sonst zu beurteilen wären, von vornherein ausscheidet. Für ihn kommt es darauf an, inwieweit die Merkmale des § 211 II täterbezogen sind und dann § 28 I anzuwenden ist (BGH **22**, 375; **24**, 106; NStZ **81**, 299), während für die hier vertretene Meinung in derartigen Fällen § 28 II zur Anwendung kommt (Arzt/Weber LH **1**, 27 ff.; LK 65 ff.). **Tatbezogen** sind die Merkmale „heimtückisch" (BGH **2**, 255; **23**, 103; **35**, 351; NJW **74**, 1005; **82**, 2738; SK 37; hM) und „mit gemeingefährlichen Mitteln" (13. 5. 1971, 3 StR 337/68). Dasselbe hat für „grausam" zu gelten (BGH **23**, 123; 224; **24**, 106; M-Schroeder § 2, 50; Vogler, Lange-FS 277; abw. Langer, Lange-FS 262 u. E. Wolf-FS 340); aber auch für das Merkmal „eine andere Straftat zu ermöglichen oder zu verdecken" (Schäfer, Ndschr. **2**, 87; *anders hM,* insbesondere BGH **23**, 39; NJW **74**, 1005; MDR/H **80**, 628; SK 61; dazu krit. Dreher JR **70**, 146; gegen ihn Jakobs NJW **70**, 1089; zum Ganzen krit. Küper JZ **91**, 765, 864, 910; Langer JR **93**, Heft 4). **Täterbezogen** ist „aus Mordlust" (hM). „Zur Befriedigung des Geschlechtstriebs" und „aus Habgier" sind *entgegen der hM* als tatbezogen anzusehen (3 ff. zu § 28). Innerhalb der niedrigen Beweggründe ist zu differenzieren (aM SK 21). Eifersucht zB ist täterbezogen, die Absicht, eine Volksgruppe zu zerstören, tatbezogen. Zwischen Totschlag und anschließendem Mordversuch an demselben Opfer besteht Tatmehrheit (BGH **8**, 220). Handelt nicht der Täter, sondern nur der Teilnehmer aus niedrigen Beweggründen, so wird dieser nur wegen Teilnahme zu § 212 bestraft (BGH **1**, 369; hierzu Küper JZ **91**, 763). In 1 StR 18/63 v. 14. 5. 1963 hat der BGH allerdings in einem Falle, in dem nur der Gehilfe heimtückisch gehandelt hatte, aber das ausführende dolose Werkzeug des an der Ausführung unbeteiligten, aus niedrigen Beweggründen handelnden Täters war, Täter und Gehilfen wegen Mordes bestraft. Weiter bestraft BGH **2**, 255 wegen Beihilfe zum Mord den Gehilfen, der (ohne selbst heimtückisch zu handeln) weiß (vgl. 6. 7. 1982, 1 StR 281/82), daß der Täter heimtückisch tötet (jedoch darf dieser Umstand bei der Beurteilung der Schuldschwere nicht unberücksichtigt bleiben, NStE § 46 Nr. 16); ebenso den Teilnehmer an einer Kindestötung nicht aus § 211, falls dessen Voraussetzungen nur bei ihm gegeben sind, nicht auch bei der Mutter (NJW **53**, 1440). Andererseits läßt es BGH **23**, 40 genügen, wenn der Täter in Verdeckungsabsicht, der Gehilfe aus einem anderen niedrigen Beweggrund handelt (dann §§ 211, 27); dagegen krit. Arzt JZ **73**, 681. Für die Mittäterschaft gelten im übrigen die allgemeinen Regeln. Es genügt

§ 211

jede (körperliche oder geistige) Mitwirkung, falls gemeinschaftliche Tatherrschaft besteht (vgl. RG 63, 102; 77, 288; OGHSt. 1, 110).

15 5) **Tateinheit** ist möglich bei **Mordversuch** mit § 311 (vgl. RG **30**, 216), mit §§ 52a, 53 I Nr. 3a, 4, 7, III Nr. 1, 3, 5 bis 7 WaffG (16 zu § 244; Anh. 23) nur dann, wenn der Täter schon bei Beginn des Waffenbesitzes den Willen hatte, die Waffe zum Morde zu benutzen (8. 3. 1983, 5 StR 27/83); andernfalls (und regelmäßig) liegt Tatmehrheit vor (RG **59**, 359; Zweibrücken NJW **86**, 2842; LK 44 zu § 212; zw.; **aM** BGH **31**, 30; StV **83**, 148; 21. 4. 1982, 2 StR 657/81; Bay **75**, 8, vgl. ferner Hamm NStZ **86**, 278 m. Anm. Puppe JR **86**, 205, Grünwald StV **86**, 243, Neuhaus NStZ **87**, 138 u. Mitsch NStZ **87**, 457; ferner Kröpil DRiZ **86**, 450). Tateinheit zwischen Mordversuch und **Totschlag** ist möglich, wenn das Mordmerkmal (zB Arg- und Wehrlosigkeit des Opfers) während der Ausführung wegfällt (16. 7. 1963, 5 StR 128/63; vgl. BGH **10**, 232). Umgekehrt ist auch Tateinheit zwischen versuchtem Totschlag und Mord (beim Hinzutreten eines Mordmerkmals) möglich (MDR/H **74**, 366; LK 39 zu § 212). Tateinheit zwischen (versuchtem) Verdeckungsmord und Vergewaltigung ist nur dann gegeben, wenn der Täter den Tötungsentschluß noch während des
16 Sexualakts gefaßt hat (NStE Nr. 41). Mit **Körperverletzung** ist Tateinheit idR ausgeschlossen. Das RG meinte in seiner späteren Rspr., daß der Tötungsvorsatz den Körperverletzungsvorsatz begrifflich ausschließe (RG **61**, 375), auch bei versuchtem Mord (RG **62**, 9). Ebenso OGH NJW **50**, 756 und die bisher hM. Hingegen meinen VStSenRG **28**, 212; **44**, 323; BGH **16**, 122; **21**, 266; NJW **62**, 116; **84**, 1568; MDR/H **86**, 622; 6. 9. 1988, 1 StR 364/88; BGHR § 211 II, Konk. 1; SchSch 17 zu § 212; Schmitt JZ **62**, 389, daß der Tötungsvorsatz stets den Körperverletzungsvorsatz umfasse und die §§ 223ff. nur als subsidiär zurücktreten (Konsequenzen für den Rücktritt vom Tötungsversuch! vgl. RG DJ **38**, 723; BGH JR **52**, 414; 7. 8. 1986, 4 StR 308/86). Doch wird das nur idR so sein (vgl. Oberreichsanwalt in RG **28**, 203 und zur Einzelproblematik Schmitt aaO; zur Gesamtproblematik Jakobs, Die Konkurrenz von Tötungsdelikten und Körperverletzungsdelikten, 1967; Hirsch ZStW **81**, 928; LK-H. J. Hirsch 14ff. vor § 223; LK 43 zu § 212). Bei versuchter Tötung und vollendeter Körperverletzung (Schröder JZ **67**, 369, differenzierend BGH **22**, 248; dazu Schröder JR **69**, 265; Jakobs NJW **69**, 437; Abels 1 [vor § 52] 45ff.) und bei nur bedingtem Tötungsvorsatz ist Tateinheit anzunehmen (JR **52**, 414; **aM** BGH **21**, 265 [mit abl. Anm. Schröder JZ **67**, 708] BGHR § 223a, Konk. 2; OGH JR **51**, 86; LK 18 vor § 223), ebenso wenn bei einem Teilakt einer fortgesetzten Körperverletzung Tötungsvorsatz hinzukommt (NJW **62**, 115) oder wenn der Täter bei natürlicher Handlungseinheit erst den einen und dann den anderen Vorsatz hat (BGH **35**, 306; NJW **90**, 130 [m. Anm. Wolter JR **90**, 471]; MDR/D **69**, 902; MDR/H **77**, 282; etwas anders RG **67**, 367 sowie BGH **16**, 122; MDR/D **74**, 366; LK 20 vor § 223, wonach die zunächst gewollte Körperverletzung hinter dem Tötungsdelikt zurücktritt; MDR/H **81**, 99; NJW **85**, 1174 [insoweit nicht aS]; 7. 9. 1982, 5 StR 579/82). Tatmehrheit hingegen bei fahrlässig gesetzter Todesursache und nachher versuchter vorsätzlicher Tötung (BGH **7**, 287; hierzu auch oben 6c, 9a). Zum Verhältnis zu § 229 vgl. dort 10. Mit § 178 ist Tateinheit möglich, vgl. dort 2. Zwischen Mord an der Schwangeren und § 218 ist nach BGH **11**, 15

Straftaten gegen das Leben **§ 211**

Tateinheit gegeben (str. und zw.; vgl. Jescheck JZ **58**, 748); Tateinheit zwischen Mord und § 218, wenn das lebend geborene Kind unmittelbar darauf getötet wird (BGH **10**, 291), je nach Tatgestaltung kann aber auch Tatmehrheit gegeben sein (GA **63**, 15; LK 42 zu § 212). Tateinheit zwischen Beihilfe zu § 211 und Totschlag (so NJW **69**, 1725; LK 41 zu § 212) ist nicht möglich. Wegen der Konkurrenz mit §§ 239a, 239b vgl. 9 zu § 239a; LK 41 zu § 212; wegen der mit § 242 (GA **83**, 566) und Raub (11 zu § 249), mit § 315b (dort 10). Werden mehrere bei einer Geiselnahme (§ 239b) getötet, so stehen die Tötungsakte in Tatmehrheit (1. 3. 1978, 3 StR 24/78), es sei denn, mehrere Personen wären durch einen einzigen Schuß (BGH **1**, 22) oder die Explosion einer Handgranate getötet worden. Tateinheit mit § 240 ist gegeben, wenn die Nötigungshandlung zugleich Mittel zur Verwirklichung des Tötungsaktes ist (23. 11. 1978, 2 StR 588/78) oder wenn Nötigung und Tötung mit derselben Waffe (WaffG) begangen worden ist (24. 9. 1982, 2 StR 474/82), ferner ist Tateinheit mit § 142 möglich (NJW **92**, 584). Gesetzeskonkurrenz ist mit § 138 gegeben (RG **73**, 55).

6) Die Strafe ist die **lebenslange Freiheitsstrafe.** Sie ist **absolut** und, wenn 17 Merkmale des II gegeben sind, **zwingend,** da § 211 minder schwere Fälle nicht kennt. Gleichwohl durchbricht der **GrSenBGH 30**, 105 (hierzu Schauenburg LM Nr. 6a zu § 211 II „Heimtückisch") diese strikte Norm, setzt in einem Heimtücke-Fall das Vorliegen „außergewöhnlicher Umstände" gesetzlichen Milderungsgründen (§ 49) gleich und folgert für diese Fälle aus dem verfassungsrechtlichen Übermaßverbot die zwingende (!) Anwendung des Strafrahmens des § 49 I Nr. 1. Der GrSen. schiebt auf diese Weise die zwingende Rechtsfolge des § 211 I beiseite und greift unvermittelt nach einer allgemeinen Strafzumessungsvorschrift, die nicht analogiefähig ist (Bruns JR **81**, 362). Eine solche „richterliche Rechtsschöpfung" (GrSenBGH **30**, 121) ist *contra legem* (vgl. hierzu auch LK-Spendel 62 zu § 336 und JR **83**, 271). Es ist dem Richter versagt, einem nach Wortlaut und Sinn eindeutigen Gesetz durch verfassungskonforme Auslegung einen entgegengesetzten Sinn zu geben (so BVerfGE **8**, 28). Der GrSen. nimmt für seine Entscheidung zu Unrecht den verfassungsgerichtlichen Auftrag des BVerfGE **45**, 187, 267 in Anspruch (Kerner UniHD-FS 437; aM Rengier NStZ **84**, 22; Jähnke, Spendel-FS 537). Dort ist der Rspr. lediglich aufgegeben, den Mord*tatbestand* um „der Verhältnismäßigkeit zwischen Straftatbestand und absoluter Strafdrohung" willen *einengend* auszulegen. Diesem Petitum kommt der GrSen. nicht nach; denn er bejaht den Mordvorwurf (oben 2c) uneingeschränkt, vernachlässigt also die tatbestandliche Seite und weicht auf die *Rechtsfolgenseite* aus, wenn „außergewöhnliche Umstände" die Verhängung der absoluten Strafe verbieten. Da GrSenBGH **30**, 105 dem Gesetz widerspricht, verdient die Entscheidung, die nur im Rahmen des § 138 III GVG bindend ist, keine Nachahmung (vgl. Bamberg NJW **82**, 1715; aM SchSch 10a); sie führt zu unannehmbaren **Konsequenzen;** so wird zB in Fällen, in denen nach Auffassung des GrSen. der Mordvorwurf bestehen bleibt (vgl. oben 6b), sogar der Regelstrafrahmen des Totschlags (§ 212 I) unterschritten und somit verdrängt (vgl. Eser NStZ **81**, 384; H. J. Hirsch, Tröndle-FS 28); infolge der unveränderten Überdehnung des Heimtückebegriffs ist ferner zu befürchten, daß einerseits § 212 II seine ihm vom Gesetzgeber zugedachte Bedeutung einbüßt und daß andererseits aber alle zwar „heimtückischen", jedoch nicht höchststrafwürdigen Taten als Mord bewertet werden. Auch besteht die Gefahr, daß die Gerichte bei ähnlichen tatbestandlichen Eingrenzungsschwierigkeiten auf Strafzumessungs-

§ 211

erwägungen ausweichen (vgl. hierzu Roxin TuT 594) und so das gesetzliche Strafrahmensystem zerstören (zutr. Kritik bei Günther NJW 82, 353; JR 85, 268; abl. auch Lackner 20 vor § 211 u. NStZ 81, 348; Bruns JR 81, 360; 83, 30 u. Kleinknecht-FS 53; Jescheck SchweizZSt. 83, 27; SK 6a, 31a; Wessels BT 1 § 2 III 1, 2; Krey BT/1, 24 u. ZStW 101, 868; Schmidhäuser BT 2/5, Martens-GedS 242 u. NStZ 89, 58; Ebert JZ 83, 638; Spendel JR 83, 271; Küper GA 84, 387; Seier JA 84, 261; Otto BT § 2, 3 und JK 11; Langer, E. Wolf-FS 342 u. JR 93, Heft 4; Köhler JuS 84, 769; Fünfsinn Jura 86, 143 u. GA 88, 164; H. J. Hirsch, Kaufmann-GedS 155; Paeffgen, Peters-FG 70 u. JZ 89, 223; weniger krit. Eser NStZ 81, 384; 83, 433 und SchSch 10b, 57; Arzt/Weber LH 1, 112; P.-A. Albrecht JZ 82, 697; Heine [1 vor § 211] 128; dem GrSen. zust. Rengier NStZ 82, 225; Kratzsch JA 82, 401; Frommel StV 82, 533; Gössel BT 1 § 4, 15 u. mit neuen, vom GrSen. nicht erwähnten Sachargumenten Jähnke, Spendel-FS 536). So ist fraglich, ob die Grundsätze des GrSen. auch dann gelten, es also zu Doppelmilderungen nach § 49 kommt, wenn eine lebenslange Freiheitsstrafe schon deswegen nicht verhängt werden muß, weil ohnehin gesetzliche Milderungsgründe vorliegen, zB die Tat nur zum Versuch (§ 23 II) gediehen ist (offen gelassen NStZ 83, 554); verneint man dies (so Rengier NStZ 82, 229), so wird gerade in außergewöhnlichen Konfliktfällen Versuchstätern *insoweit* eine gesetzlich vorgesehene Kann-Milderung versagt. Freilich legen die Senate des BGH die vom GrSen., inaugurierten Grundsätze für eine außerordentliche Strafrahmenverschiebung über § 49 – insoweit zutr. – stark einengend aus. So verlangt NStZ 84, 21 (zust. Rengier aaO) nachdrücklich, daß vor einem Ausweichen auf „außergewöhnliche Umstände" die subjektiven Voraussetzungen des Heimtückebegriffs ebenso sorgfältig zu prüfen sind wie das etwaige Vorliegen von Rechtfertigungs- und Entschuldigungsgründen (Spendel StV 84, 47). Als „außergewöhnliche Umstände" iS von BGH 30, 105 werden nur solche schuldmindernden Umstände anerkannt, die in ihrer Gewichtung gesetzlichen Milderungsgründen vergleichbar sind (NJW 83, 54, wo übrigens die Rspr. des GrSen. zu einer lebenslangen Freiheitsstrafe geführt hatte, in dem nach den aufgehobenen Urteilen die Tatrichter – vgl. StV 81, 622 und NJW 83, 54 – gerade *zeitige* Freiheitsstrafen für geboten gehalten hatten; vgl. ferner 25. 10. 1984, 4 StR 578/84; hierzu Spendel JR 83, 269); nach NStZ 83, 554; NJW 83, 2456 (m. Anm. Rengier NStZ 84, 21; Hassemer JZ 83, 967; Günther JR 85, 268; Kerner UniHD-FS 440); 29. 10. 1985, 1 StR 449/85 soll die Strafrahmenverschiebung auf Tatumstände beschränkt bleiben, die „in einem Maße außergewöhnlich" sind, daß von einem „Grenzfall" (vgl. BVerfGe 45, 187, 266) gesprochen werden könne oder nach NJW 90, 2897 von einem Fall einer *unverschuldeten* als ausweglos empfundenen, notstandsähnlichen Situation. Hieran fehlt es, wenn anstelle einer umfassenden Würdigung lediglich auf ausschließlich schuldmindernde Gesichtspunkte verwiesen und Umstände nicht berücksichtigt werden, die einen unlösbaren Konflikt in Frage stellen (BGHR § 211 I, Strafm. 2). Auf diese Weise blieb bisher die praktische Bedeutung der „Rechtsfolgenlösung" begrenzt (Eser NStZ 83, 438; Rengier NStZ 86, 505; Jähnke, Spendel-FS 545) und wurde von der weiteren Rspr. nicht aufgenommen (Langer, E. Wolf-FS 342; Fünfsinn Jura 86, 138; vgl. NStZ 87, 321 [m. Anm. Blau JR 88, 210]; vgl. aber BGH 35, 127/128), sie bringt nicht allgemein einen Sonderstrafrahmen für „minder schwere Fälle des Mordes" (Mösl NStZ 84, 162; so aber, wenn auch abl. Köhler JuS 84, 720) und sie zu beschreiten bleibt für den Tatrichter ihrer Unschärfe wegen immer ein Wagnis und setzt hohe Begründungssorgfalt voraus. Gleichwohl sind systematisch gesehen die Auswirkungen einer solchen Rechts-

Straftaten gegen das Leben **§ 211**

fortbildung **unabsehbar** (Kerner UniHD-FS 440; H. J. Hirsch, Tröndle-FS 28; vgl. auch Dencker NStZ 83, 400; Seier JA 84, 261; Bruns, Kleinknecht-FS 57; hierzu Lüttger JR 87, 233; Geilen, Lackner-FS 571), denn es geht nicht nur um die Konsequenzen der „Rechtsfolgenlösung" des GrSen. für andere Mordmerkmale (auf deren Untersuchung sich Rengier und Kratzsch aaO beschränken; vgl. SK 66), sondern darum, daß die Rspr. auch sonst durch den GrSen. verleitet werden könnte, mit derartigen Verhältnismäßigkeitserwägungen und unbestimmten Wertungskriterien *gesetzliche* Strafdrohungen zu unterlaufen. *Eingriffe in das gesetzliche Strafrahmensystem sind dem Gesetzgeber vorbehalten* (vgl. auch Bamberg NJW 82, 1715).

Die lebenslange Freiheitsstrafe ist mit dem GG vereinbar (BVerfGE 45, 187; **17a** 54, 100; NStZ 92, 484; BGH 17. 4. 1984, 1 StR 20/84; vgl. Schmidhäuser JR 78, 265; Laubenthal 93ff.), uU auch unter den Voraussetzungen des § 21 (BVerfGE 50, 5; 2 zu § 38), selbst wenn es nur zu einem Mordversuch gekommen ist (14. 1. 1981, 3 StR 459/80; LG Frankfurt NJW 80, 1402), jedoch idR nur, wenn der Täter die Ursachen der verminderten Schuldfähigkeit zu verantworten hat (6. 3. 1979, 1 StR 348/78). Einen „übergesetzlichen Schuldminderungsgrund wegen Verstrickung in staatlich befohlene Verbrechen" in NSG-Sachen anerkennt der BGH – in sachlich bemerkenswertem Gegensatz zu GrSen. 30, 105 (vgl. Günther NJW 82, 354) nicht NJW 77, 1545 [aM in der Vorinstanz LG Hamburg NJW 76, 1756 m. Anm. Hanack; vgl. hierzu ferner BVerfGE 46, 202]; NJW 78, 1336; Ebert JZ 83, 640; LK 30 zu § 212). Das BVerfG (E 54, 112) erhebt hiergegen keine verfassungsrechtlichen Bedenken (hiergegen eindrucksvoll E. E. Hirsch JZ 80, 801), selbst wenn das Revisionsgericht in einem solchen Falle gegenüber einem abwesenden Angeklagten nach § 354 I StPO die lebenslange Freiheitsstrafe selbst verhängt. Maßregeln der Besserung und Sicherung sind, soweit auf sie, ggf auch neben lebenslanger Freiheitsstrafe, erkannt werden kann oder zu erkennen ist (vgl. 4 zu § 57a; 2 zu § 64; 5 zu § 66), auch dann in die Urteilsformel aufzunehmen, wenn sie neben anderen Rechtsfolgen (noch) nicht vollstreckt werden können (Kleinknecht-Meyer 30 zu § 260 StPO). Zur Frage der Aussetzung der lebenslangen Freiheitsstrafe vgl. § 57a m. Anm.

7) Sonstige Vorschriften. Androhung (§ 126 I Nr. 2), Belohnung oder Bil- **18** ligung (§ 140), Vortäuschen (§ 145 d) von Mord oder Totschlag; Bildung terroristischer Vereinigungen zur Begehung von Mord oder Totschlag (§ 129 I Nr. 1); Anzeigepflicht §§ 138, 139 III; Brandstiftung in Mordabsicht § 307 Nr. 2; vgl. auch §§ 100a, 100b, 112 III StPO; § 2 II KastrG. Ein Nebenkläger kann sein Rechtsmittel nicht damit begründen, daß der Angeklagte zu Unrecht nicht nach §§ 212, 22 verurteilt wurde, weil versuchter Totschlag der Nebenklage zugänglich ist (§§ 374, 395 StPO, 9. 9. 1986, 1 StR 352/86). Zuständigkeit § 74 II Nr. 4, 5 GVG.

Totschlag

212 ^IWer einen Menschen tötet ohne Mörder zu sein, wird als Totschläger mit Freiheitsstrafe nicht unter fünf Jahren bestraft.

^{II}In besonders schweren Fällen ist auf lebenslange Freiheitsstrafe zu erkennen.

1) Totschläger ist, wer einen Menschen vorsätzlich tötet (10ff. vor **1** § 211) **ohne Mörder** zu sein (I). Zu ergänzen ist hier: „es sei denn, daß seine Tat unter die (unechten) Sonderdelikte (BGH 1, 240) der §§ 216, 217 fällt, die in der praktischen Auswirkung im Vergleich zu §§ 211, 212 selbständi-

§ 212

ge Privilegierungstatbestände sind (vgl. LK-Jähnke 42 vor § 211). Ihre Nichtanwendbarkeit (als mildere Vorschriften) ist nachzuweisen; nicht aber das Fehlen der Voraussetzung des § 211 II (RG **31**, 332). – Totschlag ist auch durch **Unterlassen** möglicher und erfolgverheißender Rettungsmaßnahmen begehbar (OGHSt. **1**, 357). Zum Tötungsvorsatz NStE Nr. 20, 21, 22.

2   **2) Zu den Konkurrenzfragen** vgl. 15 f. zu § 211; 10 zu § 299. Abs. 1 ist milder (§ 2 III) als § 112 I StGB-DDR (7. 2. 1991, 2 StR 544/90; 24. 4. 1991, 3 StR 493/90). Ist im Zweifel davon auszugehen, daß der Täter erst nach dem Tod des Tatopfers den Entschluß gefaßt hat, dessen Barmittel an sich zu nehmen, so ist der Zweifelssatz ein weiteres Mal anzuwenden (15 vor § 52) und von Tateinheit zwischen Totschlag und Unterschlagung auszugehen (25. 6. 1992, 4 StR 227/92).

3   **3) Die Strafe.** Strafschärfend darf nach NStE Nr. 12 die „Abgebrühtheit" berücksichtigt werden, mit der eine eheliche Mutter entsprechend einem wochenlang gehegten Plan ihr Kind unmittelbar nach der Geburt eigenhändig stranguliert hat, jedoch darf bei der Strafzumessung hinreichend berücksichtigt werden, wenn eine überforderte Mutter, die ihr Kleinkind zu Tode geprügelt hatte, persönlichkeitsbedingt unfähig war, eine gedeihliche Beziehung zu ihrem Kind aufzubauen (28. 1. 1992, 5 StR 672/91). *Besonders schwere Fälle* (11 zu § 12; 43 ff. zu § 46) werden vielfach solche sein, bei denen der Täter mit Überlegung, besonders brutal (LG Berlin MDR **67**, 511) oder „mit unbedingtem Vernichtungswillen" (17. 3. 1977, 4 StR 665/76) oder zur Verdeckung eines nicht strafbaren, aber ihm sonst unangenehmen, von ihm selbst provozierten Geschehen (NStZ **91**, 432) handelt, ohne daß § 211 gegeben ist (zur Problematik Oske MDR **68**, 811; Warnken NJW **69**, 687; LK-Jähnke 45; Eser NStZ **84**, 51), freilich scheidet II aus, wenn die Tat in einer Persönlichkeitsstruktur ihre Ursache hat, die der Anwendung des § 211 entgegensteht (NStZ **81**, 258). II ist mit dem GG vereinbar, BVerfG JR **79**, 28 (zu BGH aaO) m. krit. Anm. Bruns, und kommt in Betracht, wenn das Verschulden des Totschlägers ebenso schwer wiegt wie das eines Mörders und das im Zurückbleiben hinter den Mordmerkmalen liegende Minus durch ein Plus an Verwerflichkeit ausgeglichen wird (NJW **81**, 2310 [m. Anm. Bruns MDR **82**, 65]; NJW **82**, 2265 [zust. Bruns JR **83**, 29]; NStZ **84**, 312; StV **89**, 152). Die Zubilligung von § 21 hindert die Annahme eines besonders schweren Falles nicht (25. 7. 1978, 5 StR 331/78; aM SK 37), ebensowenig ein Milderungsgrund (NJW **82**, 2265), im übrigen meint NJW **81**, 2310, daß der (vage) Maßstab des GrSenBGH **30**, 105 auch eine Grenze für II liefert (hierzu zutr. Günther NJW **82**, 355); hingegen fehlt ein solcher Hinweis im (vergleichbaren) Fall NJW **88**, 779. In minder schweren Fällen greift § 213 ein. Stat. Angaben über die Strafhöhe bei §§ 212/213 bei Theune StV **85**, 210.

4   **4) Sonstige Vorschriften** 18 zu § 211.

Minder schwerer Fall des Totschlags

213 War der Totschläger ohne eigene Schuld durch eine ihm oder einem Angehörigen zugefügte Mißhandlung oder schwere Beleidigung von dem Getöteten zum Zorn gereizt und hierdurch auf der

Straftaten gegen das Leben **§ 213**

Stelle zur Tat hingerissen worden oder liegt sonst ein minder schwerer Fall vor, so ist die Strafe Freiheitsstrafe von sechs Monaten bis zu fünf Jahren.

1) Die praktisch außerordentlich bedeutsame (vgl. Eser DJT D 58; NStZ **81**, 431; **84**, 52; Geilen JR **80**, 315; SK-Horn 14) **Strafzumessungsvorschrift** (RG **59**, 24; BGH **4**, 228; Hamm NJW **82**, 2786) des § 213 gilt nur für Fälle des § 212, nicht auch des § 211 (str.); bei der Sachlage des § 213 wird die besondere Verwerflichkeit nach § 211 II idR ohnehin fehlen. In den Fällen von § 216 gilt § 213 nicht (BGH **2**, 258). **Schrifttum:** *Bernsmann* JZ **83**, 47; *Blau*, Tröndle-FS 109; *Bresser* NJW **78**, 1190; *Diesinger*, Der Affekttäter, 1977; *Eser*, Renaissance des § 213, Middendorff-FS 65; *Geilen*, Dreher-FS 357 ff., 383, JR **78**, 342 u. **80**, 315; *Latzel* StV **87**, 553; *Haddenbrock* NJW **79**, 1237; *Herde* ZRP **90**, 458. **1**

A. Ein **minder schwerer Fall** (42 zu § 46) ist unter den Voraussetzungen der Provokation (3 bis 6) *stets* (11 zu § 12) gegeben (vgl. BGH **25**, 222; StV **81**, 524; LK-Jähnke 2; aM SchSch-Eser 14; SK-Horn 10). Es ist daher zunächst zu prüfen, ob ein solcher Fall vorliegt (MDR/H **79**, 107), und erst dann, da § 213 nicht auf solche Affekthandlungen beschränkt ist (RG **77**, 389; 31. 1. 1979, 2 StR 577/78), ob „sonst" ein (unbenannter) minder schwerer Fall gegeben (unten 9) oder, was mitzuprüfen ist (NJW **56**, 757; 2. 8. 1977, 5 StR 403/77; 42 zu § 46), ob die Strafe etwa den §§ 212, 21, 49 I zu entnehmen ist (unten 9b; LK 14). **a)** Hält der Richter einen Fall der Provokation (3 bis 6) für gegeben, so hindert ihn das grundsätzlich nicht, die Strafe, etwa im Falle des § 21, nochmals nach § 49 I zu mildern, mag auch die Beeinträchtigung der Steuerungsfähigkeit gerade in dem durch die Reizung zum Zorn ausgelösten Affekt ihre Ursache haben. Beide Milderungsgründe stehen selbständig nebeneinander (MDR/H **85**, 445). § 50 greift in einem solchen Falle nicht ein, weil der Schuldmilderungsgrund des § 21 die Annahme eines Provokationsfalles iS des § 213 weder begründet noch mitbegründet (7. 11. 1979, 2 StR 581/79). **b)** Nur wenn 2a nicht gegeben ist, kann entweder eine Strafmilderung nach §§ 212, 21, 49 I (unten 9b) oder „sonst" ein minder schwerer Fall in Betracht kommen, was jeweils zu prüfen ist (StV **84**, 283), der aber nach richtiger Auffassung idR nur dann vorliegen wird, wenn die schuldmindernden Umstände in ihrem Gewicht etwa mit denen vergleichbar sind, die § 213 benennt (Fränkel LM Nr. 4; str.; aM NStZ **85**, 310; LK 13; Eser aaO [oben 1a], 75; offengelassen 21. 12. 1976, 1 StR 416/76). Das kann bei einem verschuldeten aber verständlichen Zustand hoher Erregung (NJW **68**, 757), bei alkoholbedingter oder durch Entzugserscheinungen verursachter (11. 12. 1981, 2 StR 733/81) erheblicher Einschränkung der Steuerungsfähigkeit (MDR/H **80**, 455), beim Handeln in Bedrängnis oder Furcht (20. 12. 1978, 4 StR 635/78), beim Tod eines nahen Angehörigen im Falle des mißglückten Doppelselbstmords (StV **81**, 124; zur psychiatr. Beurteilung; U. Meier For. [1984] 61) oder dann der Fall sein, wenn der Täter Anlaß hatte zu befürchten, daß das spätere Opfer auch künftig seine Ehe stören werden (NStE Nr. 3); gleiches ethisches Gewicht wie in den Fällen 3 bis 6 ist nicht vorausgesetzt (MDR/H **76**, 633; 7. 2. 1983, 3 StR 1/83), bei Ausländern sind hierbei auch herkunftsgeprägte Vorstellungen zu berücksichtigen (StV **88**, 341). Maßgebend ist, ob der Strafrahmen des § 212 unangemessen hart (LM Nr. 8 zu § 212) oder der nach §§ 212 I, 49 gemilderte Strafrahmen **2** **2a** **2b** **5**

§ 213

nicht schuldangemessen wäre (StV 82, 28). Dies ist nach einer **Gesamtwürdigung** (MDR/H 75, 542; **78**, 280; **79**, 456; GA **80**, 143; StV **82**, 223; **84**, 284; **89**, 14; NJW **85**, 871 [m. Anm. Timpe JR **86**, 76]; EzSt Nr. 12; BGHR § 213 1. Alt., Bel. 2) zu beurteilen (krit. Horn, Arm. Kaufmann-GedS 590), wobei der Tatrichter alle für und gegen den Angeklagten sprechenden Umstände in objektiver und subjektiver Hinsicht (NStZ **85**, 310; 2. 5. 1985, 4 StR 208/85; weniger streng 6. 3. 1987, 2 StR 597/86) zu berücksichtigen hat, das Revisionsgericht diese Gesamtwürdigung aber nur auf Rechtsfehler überprüfen kann (EzSt Nr. 11). Dadurch daß die **stRspr.** des **BGH** auch bloße „mildernde Umstände" des früheren Rechts idR als minder schwere Fälle iS des § 213 ansieht (42 zu § 46; vgl. BGH **26**, 98; EzSt Nr. 4), wird dem § 213 ein zu weiter Anwendungsbereich gelassen und die durch GrSenBGH **30**, 105 (17 zu § 211) noch verschlimmerte Unausgewogenheit der Strafdrohungen der §§ 211 bis 213 (vgl. auch Arzt JR **79**, 7; Eser DJT D 37, 194; NStZ **81**, 432; Gössel DRiZ **80**, 284; tendenziell aM Herde ZRP **90**, 458) verstärkt. Der Rang des geschützten Rechtsgutes gebietet es, die Schwelle des § 213 nicht zu niedrig anzusetzen (so nun auch BGH MDR/H **91**, 483; ähnlich LK 1, 4). Die gesetzlich benannten Beispielsfälle 3 bis 6 geben Maßstab für eine tatbestandsbezogene Auslegung. Soweit das Gesetz zwischen den Strafdrohungen des § 213 und der §§ 212, 49 I die Wahl läßt (unten 9), hat der Tatrichter anders als in sonstigen Fällen des Zusammentreffens mit gesetzlichen Milderungsgründen und minder schweren Fällen (vgl. 2 zu § 50) nicht von vornherein den günstigeren, sondern nach der Gesamtwürdigung (oben) den schuldangemesseneren Strafrahmen zu wählen. Im Falle eines leugnenden Täters muß sich das Gericht auch damit auseinandersetzen, ob er sich hätte auf Provokation berufen können, ohne seine Verteidigungsposition zu gefährden (12. 6. 1981, 3 StR 186/81).

3 **B. Zwei Fälle der Provokation** (Reizung zum Zorn) sind von Gesetzes wegen als Beispiele für minder schwere Fälle anzusehen: die Mißhandlung und die schwere Beleidigung, falls sie von dem Getöteten (nicht etwa einem Dritten, MDR/D **73**, 90) dem Täter selbst zugefügt sind oder einem seiner Angehörigen (2 ff. zu § 11; vgl. 27. 10. 1981, 5 StR 503/81). Hierbei kann es auf das frühere Verhalten des Opfers und auf länger zurückliegende Vorgänge (13. 8. 1986, 2 StR 416/86), wie auch sonst auf alle Umstände für die Entstehung und Auslösung des Tatentschlusses ankommen (MDR/H **78**, 110); es ist eine Gesamtwürdigung (oben 2c; StV **83**, 199) vorzunehmen. Es genügt ein durch einen Schlag ins Gesicht hervorgerufener Erregungssturm (NStZ **83**, 555). Ist der durch die Provokation ausgelöste Affekt möglicherweise iS des § 21 schuldmindernd (dort 4), so empfiehlt sich die Zuziehung eines Sachverständigen (StV **81**, 343).

4 **a)** Als **Mißhandlungen** können nur erhebliche Beeinträchtigungen gewertet werden (MDR/H **91**, 483; vgl. im übrigen 3 ff. zu § 223). Unter einer **schweren Beleidigung** sind nicht nur Ehrverletzungen iS der §§ 185 ff., sondern schwere Kränkungen jeglicher Art zu verstehen (MDR/H **78**, 110; StV **90**, 205; einengend LK 4), jedoch muß das Tatopfer gewußt haben, daß der Täter die Kränkung wahrnahm (30. 10. 1990, 5 StR 366/90). Es kommt auf eine tatrichterliche Würdigung (28. 11. 1978, 1 StR 553/78), und zwar eine **Gesamtbetrachtung** aller dafür maßgebenden Umstände an (BGHR § 213 1. Alt. Bel. 2; StV **83**, 199; 10. 10. 1989, 1 StR 239/89); dabei ist ein *objektiver* Maßstab anzulegen (MDR/H **77**, 638; **81**, 631; **89**, 111; NStZ **81**, 301; **82**, 27; **85**, 217; StV **81**, 234; 30. 4. 1991, 4 StR 140/91; LK 6; Rasch NJW **80**, 1313; Eser NStZ **81**, 431, **84**, 52 u. Middendorff-FS 69); maßgebend sind nicht abstrakte Erwägungen, sondern der *konkrete Geschehensablauf* (MDR/H **79**, 280; **88**, 817) und Lebenskreis der Beteiligten (MDR/H **81**, 631; NJW **87**, 3143; 7. 11. 1991, 4 StR 415/91). *Verhältnismäßigkeit* zwischen der Schwere der Kränkung und dem Totschlag braucht nicht gegeben zu sein (GA **70**, 215; NStZ **85**, 217; SK 5; NStZ/T **86**, 156; aM Geilen [oben 1a] 374ff., 382; LK 8; SchSch 11 u. Eser [oben 1a] 71; Blau [oben 1a] 114 Fn. 24); es ist aber eine über das gewöhnliche Maß hinausgehende Beleidigung oder Kränkung vorausgesetzt (RG **66**, 161), was auch der Fall sein kann, wenn die der Äußerung zugrundeliegenden Tatsachen zutreffen (MDR/H **88**, 817; StV **90**, 204). Die Schwere kann sich auch aus *fortlaufenden,* für sich allein noch nicht schweren *Kränkungen* ergeben (MDR/H **81**, 631; NStZ **84**, 507), so wenn eine nachfolgende Mißhandlung die Kränkung vertieft (NStZ **85**, 217) oder die Beleidigung nach einer Reihe von Kränkungen gleichsam „der Tropfen war, der das Faß zum Überlaufen brachte" (MDR/H **79**, 456; JZ **83**, 400 [m. Anm. R. Schmitt u. Bruns JR **80**, 228]; NStZ **83**, 365; StV **84**, 284; **91**, 106; 30. 4. 1991, 4 StR 140/91; stRspr.). **Beispiele** *für* schwere Beleidigungen: Wiederholte schwere gewalttätige Mißachtung des Hausrechts (MDR/H **79**, 987), Beschimpfung wegen sexueller Leistungsunfähigkeit (25. 5. 1984, 5 StR 278/84), Ehebruch mit des Täters Ehefrau (RG JW **30**, 919), bei einem türkischen Gastarbeiter auch der Ehebruch seiner Frau (NStZ **82**, 115); *nicht aber* schon eine bloße Drohung mit einem für den Täter bedeutsamen Verhalten in der Zukunft (MDR/H **79**, 280) oder die bloße Vergrämung eines Rehbocks (RG JW **39**, 147; dazu Geilen [oben 1a] 370); an einer schwereren Beleidigung iS des § 213 fehlt es ferner, wenn die provozierende Äußerung von einem (für den Täter) erkennbar psychisch erkrankten Opfer ausgeht (NJW **87**, 3143), nicht aber ohne weiteres von einem Betrunkenen (NStZ **85**, 217; aM LK 5). Ist das Vorliegen einer Mißhandlung oder schweren Beleidigung nicht auszuschließen, so ist nach dem *Zweifelsgrundsatz* davon auszugehen, als ob insoweit absolut sichere Feststellungen bestünden (StV **85**, 146 L; 12. 2. 1991, 5 StR 590/90; vgl. StV **84**, 69; 464 L; 16. 1. 1987, 2 StR 282/86).

b) Ohne eigene Schuld des Täters muß die Provokation erfolgt sein; er 5 darf zu ihr *im gegebenen Augenblick* (NStZ **81**, 301; NJW **87**, 3143; 26. 5. 1992, 1 StR 212/92) keine genügende Veranlassung gegeben (OGH NJW **50**, 315; BGH **21**, 16; MDR/D **74**, 723; NStZ **81**, 140 L; **84**, 216; NStZ/M **84**, 495; vgl. Glatzel StV **87**, 554), selbst zur Verschärfung der Situation nicht beigetragen (BGHR § 213 1. Alt. Mißh. 2), jedoch darf dem Täter nicht ohne weiteres vorgeworfen werden, nichts gegen den Alkoholmißbrauch des Tatopfers unternommen zu haben, NJW **88**, 1153), sondern muß nach einer Ganzheitsbetrachtung (oben 2c), „im gerechten Zorn" gehandelt haben, MDR **61**, 1027; NStE Nr. 8, dh auf eine unverschuldete Provokation, MDR/H **81**, 631; vgl. NJW **83**, 293. Es ist hierbei das eigene Verhalten des Täters zu berücksichtigen (MDR/H **79**, 456; 18. 9. 1990, 5 StR 374/90). An einer eigenen Schuld des Täters an der Entstehung der Provokation fehlt es ferner, wenn er dem Opfer begründete Vorhaltungen

§ 213

gemacht (MDR/H **81**, 980) oder sich lediglich ungeschickt verhalten hat (NStZ **83**, 554) nicht aber, wenn das Verhalten des Opfers als verständliche und angemessene Reaktion auf das vorangegangene schuldhafte Tun des Täters erscheint (NStZ **81**, 479 L; MDR/H **86**, 272; NStE Nr. 9), daher muß die Reaktion des Opfers unter dem Gesichtspunkt der Angemessenheit geprüft werden, StV **85**, 367; vgl. 20. 12. 1985, 2 StR 608/85. Die Schuld des Täters kann zeitlich zurückliegen; Geilen [oben 1a] 361, 383; LK 10; dem Täter darf kein „eigensüchtiges" Verhalten angelastet werden, wenn er durch das ihn bloßstellende Verhalten des Tatopfers besonders auf sein Ansehen bedacht war (NJW **88**, 1153).

6 c) **Auf der Stelle** (nämlich alsbald) **zur Tat hingerissen worden sein** muß der Täter durch die Provokation; ob sie dazu normalerweise geeignet war, ist unerheblich (RG **66**, 161). Ausschließliches Motiv braucht sie nicht zu sein (RG HRR **39**, 653; 24. 9. 1980, 3 StR 329/80), ein Motivbündel (5b zu § 211) kann genügen (StV **83**, 60; 199), sofern andere Motive den Zorn nicht in eine unerhebliche Rolle gedrängt haben (NJW **77**, 2086 [m. Anm. Geilen JR **78**, 341]; MDR/H **79**, 107; LK 11; krit. Eser aaO [oben 1a] 74; Blau, Tröndle-FS 115). Eine besondere Erregung des Täters ist nicht vorausgesetzt (NStZ **81**, 301). „Auf der Stelle" bedeutet nicht „Spontantat" ieS, maßgebend ist vielmehr, ob der durch die Kränkung hervorgerufene Zorn noch angehalten und den Täter zur Tat hingerissen hat (NStE Nr. 20), möglicherweise also nach einer oder mehreren Stunden (MDR/D **75**, 542; StV **81**, 234; NStZ **84**, 216), wenn die Tat unter dem beherrschenden Einfluß einer anhaltenden Erregung über die Mißhandlung geschehen ist (MDR/H **88**, 1002). Ein Affekt iS des § 213 braucht nicht das Maß der §§ 20, 21 zu erreichen (StV **91**, 106L). Auch länger zurückliegende Vorgänge können eine Rolle spielen, wenn sie durch die Provokation wieder aktualisiert werden (vgl. OGHSt. **2**, 340; BGH **21**, 14; MDR **61**, 1027; MDR/D **74**, 723; MDR/H **79**, 456; StV **90**, 205; Geilen [oben 1] 367ff. und JR **78**, 344; Eser NStZ **81**, 431; **84**, 53). Doch ist eine so weite Auslegung wie bei § 199 nicht am Platze. War der Täter schon vor der Provokation zur Tat entschlossen, so ist § 213 insoweit nicht gegeben (BGH **21**, 14), vor allem fehlt es an einem „motivationspsychologischen Zusammenhang", wenn sich der Täter von vornherein auf eine tätliche Auseinandersetzung unter Inkaufnahme eines tödlichen Ausgangs eingestellt hat (NJW **91**, 1963 m. Anm. Otto JR **91**, 382).

7 2) **Der Vorsatz** muß sich auf die Voraussetzungen der Provokation (4, 5) beziehen. Voraussetzung für die Annahme einer schweren Beleidigung ist, daß das Verhalten des Opfers beleidigend gemeint war (BGH **34**, 37; BGHR § 213 1. Alt., Bel. 2), das gilt erst recht, wenn der Täter ein – an sich nicht schwer beleidigendes – Verhalten für provozierend hielt (MDR/H **89**, 111). Nimmt der Täter also irrig Umstände an, die eine Provokation wären, so ist die 1. Alt. des § 213 nicht anzuwenden, (vgl. Blau, Tröndle-FS 116), wohl aber kann „sonst ein minder schwerer Fall" (unten 9) gegeben sein (BGH **1**, 203; **34**, 38; NStZ **82**, 27; **88**, 216; LK 5; SK 4; Gössel BT-1 § 3, 29; aM SchSch 12; Eser NStZ **84**, 53).

8 3) **Die Strafe. a)** Liegt ein Fall der **Provokation** (3 bis 6) vor, so folgt die Strafe stets aus § 213 (oben 2; 11 zu § 12). Da der Richter an den Strafrahmen des § 213 gebunden ist, kann er nicht etwa bei verminderter Schuldfä-

Straftaten gegen das Leben § 213

higkeit einen minder schweren Fall verneinen und die Strafe des § 212 nur nach §§ 21, 49 I mildern (25. 4. 1979, 5 StR 114/79). Möglich bleibt hingegen, die Strafdrohung des § 213 ihrerseits nach §§ 21, 49 I zu mildern, falls in einem Provokationsfall der zu § 213 hinzutretende § 21 oder andere gesetzliche Milderungsgründe (§ 49 I; MDR/H **79**, 987) eine selbständige sachliche Grundlage haben (BGH aaO; NStZ **86**, 71; SchSch 5 zu § 50; vgl. Blau u. Salger, Tröndle-FS 116 u. 217); § 50 (dort 2, 2b) steht dem nicht entgegen (BGH **26**, 54; MDR/H **77**, 107; 12. 12. 1978, 1 StR 603/78). Eine doppelte Milderung nach § 49 (§§ 21, 23 II) ist auch möglich, wenn die Tat gesetzeseinheitlich eine Voraussetzung des § 223a mitenthält (BGH **30**, 167 m. Anm. Bruns JR **82**, 166). Kommt der Fall einer Provokation (3 bis 6) nahe, so ist eine Strafe aus der oberen Hälfte des Regelstrafrahmens nicht schuldangemessen (StV **85**, 367).

b) Kommt „*sonst* **ein minder schwerer Fall**" (oben 2b) in Betracht, so **9** bleibt dem Tatrichter die Möglichkeit, nach seinem pflichtgemäßen Ermessen im Wege einer Gesamtwürdigung (oben 2c; 42 zu § 46) zwischen den Strafdrohungen des § 213 und der §§ 212, 49 I zu wählen (2 zu § 50; BGH **21**, 59; MDR/H **79**, 280; StV **81**, 340; NStZ **82**, 200; **84**, 118; NStE Nr. 7; BGHR vor § 1 msF GesWü. unv. 7; hierzu Theune StV **85**, 168; NStZ **86**, 155; **88**, 306; NStZ/D **91**, 475). **aa)** Zwar kann schon *allein* die **9a** Tatsache, daß die Tat im Versuch stecken geblieben ist (8. 12. 1987, 1 StR 587/87; 28. 4. 1988, 1 StR 161/88; 3. 2. 1989, 3 StR 588/88) oder die (möglicherweise auch durch chronischen Alkoholismus oder akute Alkoholintoxikation bedingte, NJW **84**, 1693) erheblich verminderte Schuldfähigkeit einen minder schweren Fall nach § 213 begründen (BGH **16**, 360; **27**, 299; NJW **85**, 870 [m. Anm. Timpe JR **86**, 76]; NJW **86**, 793 m. Anm. Bruns JR **86**, 337; NStE Nr. 11; 8. 12. 1987, 1 StR 587/87; stRspr.; Eser NStZ **81**, 432; **84**, 54), ebenso wenn der Täter durch einen mit einer schweren Beleidigung vergleichbaren Vorgang (Beobachtung des Ehebruchs seiner Frau) im hohen Grade erregt worden ist (StV **91**, 106L), auch im Fall eines affektiv geladenen seelischen Ausnahmezustandes (7. 6. 1989, 2 StR 217/89), eine solche Prüfung ist unerläßlich, wenn 2 oder mehrere gesetzlich vertypte Milderungsgründe zusammentreffen (NStE § 13 Nr. 3), wenn das Tatbild aus den sonstigen Erscheinungsformen des Totschlages so herausfällt, daß auch die – nach § 49 I gemilderte – Strafe des § 212 nicht schuldangemessen erscheint (oben 2; 18. 1. 1978, 3 StR 500/77), eine weitere Milderung nach §§ 21, 49 I scheidet dann aber aus (§ 50; siehe oben 8), es sei denn, daß auch andere Umstände, für sich allein betrachtet, die Annahme eines minder schweren Falles rechtfertigen (StV **82**, 71; 2 zu § 50), hierbei ist auch die Vorgeschichte der Tat zu berücksichtigen (14. 5. 1991, 4 StR 201/91). Gerät ein Täter durch ihn bloßstellendes Verhalten des Opfers in einen seelischen Ausnahmezustand, weil er auf sein Ansehen bedacht ist, so darf ihm das nicht als „eigensüchtig" angelastet werden (NStE Nr. 10). **bb)** Der Tatrichter kann aber auch von der Anwendung des § 213 absehen **9b** und nur nach §§ 212, 21, 49 I mildern. Er wird dies tun, wenn die Umstände, die zur Schuldminderung geführt haben, zB ihrerseits dem Täter zurechenbar sind (Alkoholisierung, 9. 2. 1978, 4 StR 651/77, verschuldeter Affekt, 10b zu § 20; 16. 7. 1986, 2 StR 225/86), ihrem schuldmindernden Gewicht nach den Fällen 3 bis 6 nicht nahekommen und daher die Annahme des minder schweren Falles nicht rechtfertigen (zB bei grausamer und

§ 213

kaltblütiger Tatausführung; 26. 3. 1986, 3 StR 49/86). Hierzu sind idR nähere Erörterungen erforderlich (12. 2. 1991, 5 StR 590/90; NStZ/M **81**, 134; **83**, 164; NStZ/E **81**, 432), es sei denn, daß nach dem Tatbild ein minder schwerer Fall fernliegt (24. 11. 1981, 5 StR 590/81). Ist die verminderte Schuldfähigkeit allein Milderungsgrund nach § 49, so darf dieser (ebensowenig wie der des Versuchs oder der Beihilfe) als solcher nicht abermals strafmildernd berücksichtigt werden (§ 50); das hindert freilich nicht, mit solchen Minderungsgründen zusammenhängende Wertungsunterschiede und Abstufungen in die Strafzumessung einfließen zu lassen (BGH **26**, 311 [m. Anm. Zipf JR **77**, 158]; NStZ **84**, 548; 38 zu § 46; NStE Nr. 13; vgl. 2 zu § 50).

§§ 214, 215 [weggefallen]

Tötung auf Verlangen

216 ^IIst jemand durch das ausdrückliche und ernstliche Verlangen des Getöteten zur Tötung bestimmt worden, so ist auf Freiheitsstrafe von sechs Monaten bis zu fünf Jahren zu erkennen.

^{II}Der Versuch ist strafbar.

1 **1) Selbständiges Vergehen** ist § 216 (1 zu § 212), dessen privilegierende Wirkung gegenüber § 212 nicht auf die Straflosigkeit des Suizids, sondern die Konfliktsituation des Täters zurückzuführen ist, LK-Jähnke 1; (vgl. Bringewat ZStW **87**, 645). Daher scheidet § 213 aus (BGH **2**, 258; **13**, 165).

1a **De lege ferenda:** Für eine *Freigabe* der Tötung auf Verlangen (oder eine Lockerung des § 216): *R. Schmitt*, Maurach-FS 117, JZ **79**, 465 u. MDR **86**, 617 [hierzu *Müller-Dietz*, R. Schmitt-FS 97]; *Arth. Kaufmann* ZStW **83**, 124 u. MedR **83**, 124; *Weigend* ZStW **98**, 66; *Brändel* ZRP **85**, 92 (gegen ihn *Kutzer* MDR **85**, 715; hierzu ferner *Bollinger*, *Hauffe*, *Bollermann* ZRP **85**, 183, 232, 312); *Hoerster* NJW **86**, 1786 u. (polemisch) ZRP **88**, 1 (hiergegen *Wilms/Jäger*, *Rings*, *Britz* und *Bollinger* ZRP **88**, 41, 104, 218, 359; vgl. auch *Tröndle* DJT M 38). Auch bei AIDS-Erkrankungen wird bereits eine „ethische Rechtfertigung" der aktiven Sterbehilfe diskutiert vgl. *Walters* AIFO **88**, 326. Die Strafr. Abt. d. 56. DJT (M 193) hat sich mehrheitlich *gegen* eine tatbestandliche Lockerung des § 216 ausgesprochen, ist jedoch im Anschluß an *§ 216 II idF des AE-StH* (21 vor § 211) für die Möglichkeit des Absehens von Strafe für den Fall eingetreten, daß die Tötung zur Beendigung eines unerträglichen Leidenszustandes vorgenommen worden ist (ähnlich *Roxin*, Maihofer-FS 403), Bedenken hiergegen bei *Dölling* MedR **87**, 11, vgl. auch schon GA **84**, 85; *aus ärztlicher Sicht: Fritsche* [13 vor § 211] 531; *Hiersche* 56. DJT M 24; *Lauter/J. E. Meyer* MSchrKrim **88**, 378; ferner *gegen* jede Lockerung des § 216: BJM *Engelhard* ZRP **87**, 376; *H. J. Hirsch*, Lackner-FS 613, 618, Kaufmann-GedS 156, vgl. auch schon Welzel-FS 775; *Reis* EuGRZ **87**, 279 (aus verfassungsrechtlichen Gründen); *Tröndle* DJT M 36, 38, ZStW **99**, 38, 41 u. EssGespr. **22** (1988), 52; nachdrücklich unter Verweis auf die rechtspolitischen Konsequenzen (*Bade*, Der Arzt an den Grenzen von Leben und Recht, 1988 S. 183) und auf Parallelen zur Reform der §§ 218 ff.: *Opderbecke/ Weißauer* DÄBl. **87**, A 2528.

2 **2) Auf Verlangen** des Getöteten muß die Tötung geschehen; also auf seinen eigenen Wunsch, wenn vielleicht auch auf Anregung des Tötenden; die bloße Einwilligung genügt nicht (RG **68**, 307); desgl. nicht ein durch Vorspiegelung erschlichenes Verlangen (RG JW **33**, 961). Verlangen an die

Straftaten gegen das Leben § 216

Allgemeinheit reicht aus (aM LK 5), solches an einen bestimmten Täter kommt andern Tätern nicht zugute, LK 10. Bei irrtümlicher Annahme eines Verlangens ist § 216 anzuwenden (§ 16 II, LK 19; aM SK-Horn 3; vgl. M. K. Meyer Ausschluß 225 und hierzu Küper JZ 86, 227). Erscheint die Tat nur als Beihilfe zu dem Selbstmorde des anderen, so tritt Straflosigkeit ein (RG 70, 313; JW 21, 579; vgl. 4ff. vor § 211). Zur *Sterbehilfe* vgl. 13ff. vor § 211. Beim Versuch, **gemeinsam zu sterben**, kommt es darauf an, ob das Opfer sich auf die bloße Anstiftung beschränkt (dann § 216) oder ob es darüber hinaus aktiv mitwirkt (dann Straflosigkeit des Überlebenden), Dreher MDR 64, 337; anders die zur weitergehenden Bejahung von § 216 neigende Rspr., vgl. BGH 19, 135 (hierzu Roxin TuT 568ff.; Otto, Tröndle-FS 160); MDR/D 66, 382; nach SchSch-Eser 11, Paehler MDR 64, 647, Krey JuS 71, 143, sowie Roxin u. Otto aaO ist bloße Beihilfe zum Selbstmord gegeben, solange das Opfer noch die Entscheidung über Leben oder Tod hat (vor allem in den Fällen der Vergiftung durch Gas); aM Herzberg JuS 75, 38; ZStW 91, 568; krit. auch Bringewat JuS 75, 156. Vgl. auch LK 12ff.; SK 9; Wessels BT § 2 V 2; Witter MSchrKrim. 66, 97; Rasch Dt. Zs. f.d. ges. gerichtl. Medizin 66, 124; Ghysbrecht, Der Doppelselbstmord, 1967; Bernsmann Jura 82, 242. Durch Unterlassen kann die Tat nach BGH 13, 166 begangen werden, wenn der Täter das zum Tode führende, von dem Lebensmüden selbständig herbeigeführte Geschehen beherrschen wollte (zw.; hierzu LK 9; SchSch 10; Roxin NStZ 87, 346). Wer hingegen auf nachdrückliches Verlangen eines *Moribunden,* dessen Tod *nur* noch durch medizinische Geräte *hinausgezögert* wird, diese abschaltet und die Intensivbehandlung abbricht, *tötet nicht,* sondern leistet vielmehr in Respektierung des Selbstbestimmungswillens des tödlich Erkrankten Beistand *im* Sterben (LG Ravensburg NStZ 87, 229 zust. Roxin NStZ 87, 348; Otto JK 2; Herzberg JZ 88, 186; Jakobs, Schewe-FS 76; zum Ganzen Tröndle, Göppinger-FS 595, 603 u. Stoffers MDR 92, 621), hingegen greift § 216 ein, wenn der Täter auf Verlangen des Patienten dessen Leben durch aktive Maßnahmen *gezielt verkürzt* (vgl. hierzu 14ff. vor § 211). Nach der umstrittenen Entscheidung BGH 32, 367, 380 soll die Tat grundsätzlich auch von einem Arzt begangen werden können, der den Selbsttötungswillen eines bewußtlosen Patienten respektiert (iErg. anders und richtig München NJW 87, 2943, hierzu Solbach JA 87, 580; Herzberg JZ 88, 183; Otto JK 4), der Arzt kann aber nach BGH aaO straffrei sein, wenn er in Grenzsituationen nach ärztlicher Gewissensentscheidung handelt (hiergegen die zutr. grundsätzliche Kritik Eser MedR 85, 7, ferner 6 vor § 211). Kommt es nur zum Versuch, so ist das Opfer als notwendiger Teilnehmer straflos.

A. Ausdrücklich und ernstlich muß das Verlangen sein. Es muß auch 3 ernst genommen werden können, Bockelmann BT/2 § 4 II 2b bb. Ausdrücklichkeit (vgl. RG 57, 381) liegt auch bei eindeutigen Gebärden vor, nicht aber, wenn das Opfer (zB BtM-Abhängige) nur bedingt mit dem Tode rechnete. Nur bei fehlerfreier Willensbildung eines Einsichts- und Urteilsfähigen ist Ernstlichkeit gegeben (NJW 81, 932; Herzberg JZ 86, 1022; Brandts Jura 86, 497). Sie fehlt also, wenn das Verlangen auf arglistiger Täuschung oder Vorspiegelung eigener Selbstmordabsicht beruht (RG JW 33, 961; zutr. Brandts/Schlehofer JZ 87, 443; aM Charalambakis

§ 216

GA **86**, 51, jew. zu BGH JZ **87**, 474), ferner bei Handeln aus Augenblicksstimmung, vorübergehender Depression, in Trunkenheit oder unter Drogeneinfluß; desgl. idR beim Verlangen eines Geisteskranken oder Jugendlichen (RG **72**, 400; str. vgl. LK 7). Ein ernstliches Verlangen kann uU auch in Frageform gekleidet oder unter einer Bedingung geäußert sein, zB für den Fall des Mißlingens eines Suizids (*Scophedal-Fall:* NJW **87**, 1092 m. Anm. Kühl JR **88**, 338; Otto JK 2). Hingegen nehmen Roxin (NStZ **87**, 345) und Hohmann/König (NStZ **89**, 304) in diesem Fall, in dem der Täter dem eigenverantwortlich handelnden Suizidenten nach Eintritt dessen Bewußtlosigkeit dem ernstlichen Verlangen entsprechend eine (weitere) tödliche Spritze injiziert hatte, lediglich straflose Suizidteilnahme an (hiergegen zutr. Herzberg NStZ **89**, 559; Otto, Tröndle-FS 161; auch Lackner 3).

4 **B. Bestimmt worden sein** zur Tötung muß der Täter durch das Verlangen. Wie bei der Anstiftung ist dies ausgeschlossen, falls er ohnehin zur Tat entschlossen war (RG **68**, 307) oder falls er nicht durch das Verlangen, sondern durch andere Umstände (zB Versprechungen eines Dritten) zur Tat veranlaßt wurde (LK 8). Die durch das Verlangen geweckte Bereitschaft ist besonderes persönliches Merkmal iS des § 28 II.

5 **3) Tateinheit** mit §§ 223, 223b ist nur im Fall des Versuchs möglich (vgl. 5 zu § 211; aM Schmitt JZ **62**, 393). Das dürfte auch für § 224 gelten.

Kindestötung

217 ¹**Eine Mutter, welche ihr nichteheliches Kind in oder gleich nach der Geburt tötet, wird mit Freiheitsstrafe nicht unter drei Jahren bestraft.**
ⁱⁱ**In minder schweren Fällen ist die Strafe Freiheitsstrafe von sechs Monaten bis zu fünf Jahren.**

1 **1) Ein selbständiges Delikt** ist § 217 (1 zu § 212), das mit der Privilegierung die psychische Ausnahmesituation der Mutter berücksichtigt, egal, ob die Tat unter den Voraussetzungen des § 211 ausgeführt wird. Auch dann gilt in minder schweren Fällen § 217 II. Zuständigkeit nach § 74 II Nr. 6 GVG. Zur Gesamtproblematik *Wahle* FamRZ **67**, 542; *Bernsmann* JZ **83**, 53; *Sieg* ZStW **102**, 292 (mit verfassungsrechtlichen Einwänden); *Forster* PraxRMed 208 ff. m. histor., stat. und gerichtsmed. Angaben.

2 **2) Rechtsgut** und Angriffsgegenstand **ist ein nichteheliches Kind,** also ein solches, dessen Eltern weder zZ des Verkehrs noch der Geburt in formell gültiger Ehe miteinander leben (LK-Jähnke 4). Maßgebend ist die tatsächliche Abstammung (BGH **32**, 140; hierzu Kühl JuS **86**, 116; Sieg aaO 303). Heiratet der Erzeuger die Mutter vor der Geburt oder stirbt er nach der Erzeugung in der Ehe, aber vor der Geburt, so ist das Kind ehelich. Das Problem der Adoption ist für § 217 ohne Bedeutung, da ein Kind erst 8 Wochen nach der Geburt adoptiert werden kann (§ 1747 III BGB). Auch eine verheiratete Frau kann nichtehelich gebären. Die Täterin muß das Opfer für ihr nichteheliches Kind halten (str.). Ob die Motivation zur Tat mit der Nichtehelichkeit des Kindes zusammenhängt, ist aber ohne Bedeutung (RG **77**, 247; OGH NJW **50**, 878). Hält die Mutter ihr Kind aus tatsächlichen Gründen für nichtehelich, so gilt § 217; hält sie das nichteheliche Kind für ehelich, so ist sie wegen vollendeter Tat nach §§ 211, 212 zu

Straftaten gegen das Leben **§ 217, Vor § 218**

strafen (Jescheck § 42 III 1 a; hM). Kinder nichtiger Ehen gelten unter den Voraussetzungen des § 1591 I BGB als ehelich, wenn sie im Falle der Gültigkeit der Ehe ehelich wären. § 217 ist bei ihrer Tötung nicht anwendbar. Hält die Mutter solche Kinder für nichtehelich, so liegt ein Verbotsirrtum vor (aM SK-Horn 6).

3) **Die Handlung besteht** in dem vorsätzlichen Töten in oder gleich nach 3 der Geburt; alternative Feststellung ist zulässig (RG 62, 201). **A. Täter sein** 4 kann nur die nichteheliche Mutter; auch dadurch, daß sie die erforderlichen Geburtsvorbereitungen unterläßt und deshalb Schwierigkeiten entstehen, die zum Tode des Kindes führen (RG 72, 373). **B. In oder gleich nach der** 5 **Geburt;** über den Beginn der Geburt vgl. 2 vor § 211. Gleich nach der Geburt bedeutet die Zeit der besonderen Gemütserregung infolge der außerehelichen Geburt (RG 77, 247; aM LK 6). Der Tod kann erst später eintreten. Unterlassungen vor Beginn der Geburt können keine Tötungshandlungen iS des § 217 sein (BGH 31, 354 [m. Anm. Hirsch JR 85, 336]; GA 70, 86; 2 vor § 211). **C. Tötungsvorsatz** der Mutter ist nötig; ist er 6 nicht nachweisbar, so kann § 222 anwendbar sein (JZ 51, 759; fahrlässiges Verhalten zu Unrecht abgelehnt im Fall NStZ 89, 21).

4) **Die Teilnehmer** fallen, da die nichteheliche Mutterschaft als persönli- 7 ches Verhältnis iS von § 28 anzusehen ist (5, 10 zu § 28), nicht unter § 217, sondern je nach dem Vorsatz des Täters und je nachdem, ob auf sie und die Mutter (abgesehen von dem auf diese allein anwendbaren § 217) § 211 zutrifft oder nicht, unter § 211 oder § 212 (RG 74, 86). Ist dagegen die nichteheliche Mutter bloße Teilnehmerin an der Tötung des Kindes durch einen andern, so gilt nur für sie § 217 (RG 2, 155). Da der BGH auch hier (vgl. 14 zu § 211) daran festhält, daß der Teilnehmer nur nach den ihm bekannten Merkmalen der Haupttat zu beurteilen ist, gerät er in Schwierigkeiten und hält Bestrafung des Teilnehmers nach § 211 nur für möglich, wenn bei der Haupttäterin Mord gegeben wäre, falls nicht § 217 eingriffe (NJW 53, 1440; Näheres Arzt/Weber LH 1, 171).

5) **Tateinheit** mit der Aussetzung (§ 221) ist auch dann nicht möglich, wenn 8 der Vorsatz in einem der beiden Fälle nur ein bedingter ist, für den Fall nämlich, daß die unbedingt gewollte Tat nicht gelingt; es ist nur aus § 217 zu verurteilen (RG 62, 8; LK 14).

6) Bei der **Strafzumessung** darf der vorausgegangene außereheliche Ver- 9 kehr keine Rolle spielen (§ 46 III; GA 73, 26), wohl aber mildernd eine seelische Belastung, insbesondere infolge einer früheren nichtehelichen Geburt (NJW 60, 1869). **Zu II** (minder schwere Fälle) vgl. 11 zu § 12; 42 zu § 46.

Vorbemerkung zu den §§ 218 bis 219d
– Für die DDR vgl. Rdn. 17a –

1) **Die Reform des § 218 aF** nahm schon vor 1945 viele Anläufe (vgl. unten 1 5; LK-Jähnke 3 ff.; Roxin JA 81, 226; Koch SSA I 74 ff.). Die **Kab Vorlage 1960** 2 wollte über die von der Rspr. (RG 61, 242; unten 9d) anerkannte enge med. Indikation hinaus lediglich eine erweiterte med. Indikation und die kriminologische Indikation anerkennen. Den Anstoß zu einer weitergehenden Reform gab 1970 der **AE** BT Straftaten gegen die Person, 1. Halbbd. 1970 (= AE), der in seiner Mehrheitsmeinung eine das Schwergewicht auf die **Beratung** der Schwangeren legenden Fristenlösung, in seiner Mindermeinung eine weit ge-

Vor § 218 BT Sechzehnter Abschnitt

faßte **Indikationslösung** vorschlug. In diese Richtung ging der **RegE** eines 5. StrRG von 1972 (BT-Drs. VI/3434 = RegE; Stellungnahme BRat S. 45). Entwürfe der 7. WP: der Fraktionen der SPD/FDP **(Fristenlösung),** der Abgeordneten Müller-Emmert u. a. (weitgefaßte Indikationslösung unter Straffreistellung der Frau), der Fraktion der CDU/CSU (engere Indikationslösung) sowie der Abgeordneten Heck u. a. (engste Indikationslösung) (BT-Drs. 7/375, 443, 554, 561; BTag 7/1760); (Prot. 7/669, 1277, 1295, 1323, 1381, 1401, 1439, 1517, 1549, 1557, 1593, 1631; Sachverständigenhearing, Prot. VI/2141). Keiner der Entwürfe konnte eine Mehrheit im Ausschuß erreichen (Prot. 7/1656), so daß alle vier dem BTag (7/5729) vorgelegt wurden (Berichte BT-Drs. 7/1981 = Ber., 1982 bis 1984), der sich für den Entwurf der SPD/FDP entschied (BTag 7/
3 6331). Das **5. StrRG,** das vorgab, die Gesamtzahl der Schwangerschaftsabbrüche senken zu können (einerseits BT-Drs. VI/2025; RegE 10; Prot. VI/2180, 2240, 2278; Prot. 7/1288, 1385; BVerfGE **39**, 59; andererseits Prot. 7/1278, 1285; Ber. 11; BTag 8/4189 und KBer. V), lief aber praktisch auf eine Freigabe der Abtreibung hinaus (RegE 10; Prot. VI/2241) und war, soweit es Abtreibungen ohne gerechtfertigte Motivation für straflos erklärte, verfassungswidrig (BVerfGE **39**, 1 ff.; diese Entscheidung verletzt Art. 8 MRK nicht, EKMR EuGRZ **78**, 186, 199; vgl. auch EKMR NJW **81**, 1141; hierzu Reis JZ **81**, 738). Noch vor der
3a dadurch notwendig gewordenen Korrektur durch das 15. StÄG traf das **StREG** (§§ 200e bis 200g RVO; Reis [unten 4b] 179; zur Entstehungsgeschichte Tröndle Jura **87**, 70) sog. „flankierende Maßnahmen" (Henke NJW **76**, 1773; Franz NJW **77**, 1085; vgl. auch 27 zu § 218a). Wegen der Nichtigkeit der Fristenlösung brachten die Fraktionen der **SPD/FDP** (BT-Drs. 7/4128) sowie der **CDU/CSU** (BT-Drs. 7/4211) **eigene Entwürfe** ein (BTag 7/13876); Beratungen: StrABTag (Prot. 7/2343, 2353, 2359, 2393, 2413, 2451); Bericht BT-Drs. 7/4696 = Ber. II. Trotz zahlreicher diskutabler Kompromißvorschläge, nicht
3b zuletzt seitens des DRiB (DRiZ **75**, 397), setzte die SPD/FDP-Koalition das **15. StÄG** in Kampfabstimmungen durch (BTag 7/15319; 16656; 16659; krit. gegenüber diesem Gesetzgebungsstil in zentralen Fragen des Strafrechts Lackner NJW **76**, 1233, JVL **1**, 17; Sax JZ **77**, 326) mit der erklärten Absicht, den Rahmen für eine verfassungskonforme Lösung „voll auszuschöpfen" (vgl. BTag 7/13877, 13885, 13888, 15337, 15354). Ob dieser Rahmen durch die außerordentlich komplizierte und dem Laien nicht zugängliche Regelung (M-Schroeder § 5, 11; Roxin JA **81**, 226; LK 11) eingehalten wurde, hängt nicht nur von der Bewertung der Indikationen ab (unten 8a ff.; vgl. DRiB aaO; Lackner aaO; Gössel JR **76**, 1; Schreiber FamRZ **75**, 671; Beulke FamRZ **76**, 603; R. Schmitt FamRZ **76**, 595), sondern ist auch durch § 218 III S. 2 (8a zu § 218), vor allem aber wegen der geringen Schutzwirkung des Beratungssystems (Augstein/Koch [4b]: „Fehlschlag"; vgl. auch Nachw. 10a zu § 218b; abw., aber unrealistisch Bernsmann ArbuR **89**, 12) äußerst zw. Eine detailliert dokumentierte Gesamtdarstellung der reformpolitischen und parlamentarischen Diskussion bis zum 15. StÄG gibt der Historiker *Michael Gante,* § 218 in der Diskussion. Meinungs- und Willensbildung 1945 – 1976, Düsseldorf 1991 [Bespr. Lenzen JR **92**, 261; hierzu Otto JVL **9**, 56]; zusf. Gante in Reiter/Keller
3c [unten 4c] 146. Entgegen der Stellungnahme der BReg. zum **KBer.** (BT-Drs. 8/3630) kann nicht davon ausgegangen werden, daß die Reform der 70iger Jahre den beabsichtigten *besseren* Schutz des ungeborenen Lebens gebracht hätte. In ihren *praktischen* Auswirkungen lief sie, zumal im Hinblick auf § 218 III S. 2 (dort 8c) auf eine Schutzlosigkeit des Embryos und eine Vernachlässigung rechtsstaatlicher Grundsätze auf einem sensiblen Teilbereich des Rechtsstaates hinaus; denn angesichts der Abtreibungszahlen (unten 18) war bisher unstreitig, daß die Notlagenindikation (24 zu § 218a) mißbraucht wird (Otto BT § 13

Straftaten gegen das Leben **Vor § 218**

III 2 b cc; Lackner JVL **1**, 21; Philipp NJW **87**, 2275; Reis [4 b] 155 f.; E. v. Hippel JZ **86**, 55, 58; BRat 559. Sitz. S. 641; LTag BW Drs. 9/3817, 3; Mittenzwei AcP **187** [1987], 251 [„gesetzgeberischer Fehlschlag"], 264; vgl. Eser ZStW **97**, 39 f.; Stürner FamRZ **85**, 756, 761; JZ **86**, 122, 124, **90**, 709 u. Jura **87**, 75; Büchner JVL **1**, 5; Geiger FamRZ **86**, 5 u. Jura **87**, 60; Tröndle MedR **86**, 31 u. ZRP **89**, 54; kriminolog. Belege bei Kaiser Parl. B 14/90 S. 23, 27; aM Koch SSA I 137 Anm. 319). Die Diskussion blieb extrem kontrovers (Köhler GA **88**, 435; Jerouschek GA **88**, 483 [krit. zusf. Büchner JVL **6**, 11; auch Tröndle ZRP **89**, 59]); zur Mißachtung der staatlichen Schutzpflicht Lenzen, Tröndle-FS 723; Büchner Parl. B 14/90 S. 3; Erhard in Hoffacker [unten 4 b], 159, 167; E. v. Hippel JZ **86**, 55, 56; vgl. auch BVerfGE **69**, 259; Bamberg NJW **88**, 2964; BR-Drs. 398/85; BRat 554. Sitz., 457; LTag RhPf Drucks. 10/2732 [Antwort auf Große Anfrage]). Selbst gegen die Bereitstellung der Mittel für die Bundesstiftung „Mutter und Kind" (vgl. § 218 a) erhob sich schwer verständliche Polemik (vgl. BTag 10/11799 ff., 12061 ff.; BRat 559. Sitz, 647; weit. Nachw. Köpcke ZRP **85**, 161). Der Antrag RhPf, für öffentlich-rechtliche Kassenleistungen an Schwangere eine eingehende schriftliche Begründung durch einen Vertrauensarzt zu fordern, scheiterte schon im BRat (RA-BTag v. 13. 11. 1985 S. 41 ff.; BRat 559. Sitz., 639, 649; vgl. hierzu Isensee NJW **86**, 1645). Die Defizite an Rechts- und Sozialstaatlichkeit sowie Verfassungsgehorsam lassen sich am Untätigwerden gegenüber Meldepflichtverletzungen (BTag 11/265) und an der Nichterfüllung der Entschließungen des Gesetzgebers zur Verbesserung des Lebensschutzes, zB zum **Beratungsgesetz** (vgl. BTag 11/223, 228, 230 f., 233, 235, 6551; 9319; **3 d** 9952) und umfassenden Aufklärungsaktionen ablesen (vgl. BRat 559., 583. Sitz.; BR-Drs. 398/85; 451/87; BT-Drs. 10/1697). Die BVerfGE **39**, 1 (unten 9 a) entsprechende Formulierung des „Ziels der Beratung" im RefE/BeratG („Schutz des ungeborenen Lebens und Sorge für die Schwangere") geriet der *Regierungskoalition* zum Streitpunkt und wurde verwässert (vgl. Büchner JVL **6**, 13; Lenzen, Tröndle-FS 743). Und die *Opposition* vertrat Auffassungen, die dem diametral entgegengesetzt waren, was Vertreter der sozialliberalen Koalition im RegE/5. StrRG und 1974 im BTag zur Begründung der Rücknahme der Strafbarkeit und des „Fristenmodells mit obligatorischer Beratung" erklärt haben (hierzu Büchner JVL **5**, 9 u. Parl. B 14/90, 9; im einzelnen Tröndle ZRP **89**, 56 u. Geiger-FS 1989, 190). Die Kritik des RefE/BeratG bei Köhler JZ **88**, 904 mißachtet, daß das ungeborene Leben nicht nur einen „moralischen", sondern einen menschenrechtlichen Status hat, wie es das GG verbürgt (hierzu die Kontroverse Lenzen/Eser MDR **90**, 969; **91**, 212). Der *BeratungsG-E* scheiterte in der 11. WP trotz einer Abtreibungspraxis, die sich weit von den verfassungsgerichtlichen Geboten wegentwickelt hat (Tröndle ZRP **89**, 54); ebenso waren alle Versuche, das geltende Strafrecht anzuwenden und die Praxis an den Grundsätzen des Fristenlösungsurteils (BVerfGE **39**, 1 ff.) zu orientieren, zunehmend heftigen publizistischen Angriffen ausgesetzt; eine dem Ernst der Sache entsprechende objektive, über die eigentlichen Rechtsfragen informierende Berichterstattung unterblieb weitgehend. Beispielhaft ist hier nur der *Memminger Abtreitungsprozeß* zu erwähnen (hierzu die zeitgeschichtliche Arbeit von Rupert Hofmann, „Memmingen" – ein Zeitdokument, FS für Wilhelm Volkert, 1993; Schünemann ZRP **91**, 380, 388) oder der **Normenkontrollantrag** Bayerns zur Überprüfung des Beratungs- und Indikationsfeststellungsverfahrens vom 28. 2. 1990 (hierzu Wilms ZRP **90**, 472; Steiner in Hoffacker u. a. [unten 4 b] 156 u. in Reiter/Keller [unten 4 c] 99; polemisierend J. Fischer StV **90**, 332), der übrigens nicht alle im Schrifttum erhobenen Einwände einbezog und zB die im Schrifttum überwiegend bejahte Verfassungswidrigkeit der „verkappten Fristenlösung" des § 218 III S. 2 (dort 8 c) nur in der Begründung des Antrages rügte und auch nur dort auf das Kardinalproblem der Rechtfertigungsthese (unten 8b) hinwies, die mangelnde Präzisierung der sog. Notlagenindikation (obgleich in BVerfGE 39, 50 ausdrücklich verlangt) aber unerwähnt ließ. Die einzige obergerichtliche Entscheidung (*BayObLG NJW 90, 2328;* unten 8c), die sich an die verfassungsgerichtlichen Leitsätze BVerfGE 39, 1 hielt, blieb in den Medien weitgehend unbeachtet, so daß eine Auseinandersetzung mit den *Sach*gründen unterblieb. In den *Verhandlungen um den EV* (29, 30 vor § 3; 9 zu § 5) war die Abtreibungsproblematik eine zentrale Streitfrage: Es standen sich die DDR-Fristenregelung, die wegen ihrer vollständigen Negierung des Lebensrechts evident verfassungswidrig ist, aber als "sozialistische Errungenschaft" ausgegeben wurde, und die geltende bundesdeutsche Indikationsregelung gegenüber, die gesetzgeberisch unvollkommen geregelt und durch die Art ihrer praktischen Handhabung ineffektiv ist. Dies hat aber – was in der öffentlichen Diskussion fast unerwähnt blieb – weniger mit dem noch verbesserungsfähigen Indikationsmodell zu tun, als mit dessen völliger Nichtbeachtung. Denn die gesetzlich als Ausnahme vorgesehene Notlagenindikation wurde auf Kosten des Lebensschutzes – durch Mängel der gesetzlichen Regelung erleichtert (oben 3b, 3c) – gleich einer schrankenlosen Fristenregelung praktiziert (Tröndle, Spendel-FS 612). Mit

3e dem **Wirksamwerden des Beitritts der DDR** geriet der Gesetzgeber in Zugzwang, weil nach dem EV für eine Übergangszeit im Beitrittsgebiet die §§ 1 II bis 4 I, § 5 SUG-DDR sowie die §§ 1 bis 4 II S. 1, § 4 III bis 9 DfBest-SUG-DDR in Geltung blieben (deren Verfassungswidrigkeit offensichtlich ist [Schünemann ZRP **91**, 383; Maunz-Dürig-Scholz, 70 zu Art. 23 GG; vgl. auch 12 zu Art. 143 GG; aM, aber unhaltbar Oberlies ZRP **92**, 264], woran Art. 143 GG idF des EV, der seinerseits verfassungsrechtlich bedenklich ist [v. Campenhausen GG, 22 zu Art. 143], nichts zu ändern vermochte, Beckmann MDR **91**, 119; Reis [unten 4c] 20; vgl. Stern DtZ **90**, 291, aber auch Sachs DtZ **90**, 193) und das 5. StRG, § 5 Nr. 9 und die §§ 218 bis 219d von der Erstreckung auf das Beitrittsgebiet ausgenommen wurden (29, 30 vor § 3). Es ist nach Art. 31 IV EV "**Aufgabe des gesamtdeutschen Gesetzgebers,** spätestens bis zum 31. 12. 1992 eine Regelung zu treffen, die den Schutz vorgeburtlichen Lebens und die verfassungskonforme Bewältigung von Konfliktsituationen schwangerer Frauen vor allem durch rechtlich gesicherte Ansprüche für Frauen, insbesondere auf Beratung und soziale Hilfen besser gewährleistet, als dies in beiden Teilen Deutschlands derzeit der Fall ist". Die nunmehr im vereinten Deutschland neu entbrannte heftige öffentliche Diskussion um eine Neuregelung wurde eher "vernebelnd als erhellend" (so zutr. Lackner 8) geführt. Insbesondere wurden die verfassungsgerichtlichen Gebote des Fristenlösungsurteils (BVerfG 39, 1) zT vollständig außer acht gelassen (und auf eine Änderung der verfassungsgerichtlichen Rspr. spekuliert; vgl. Günther MedR **92**, 67) oder weitgehend in den Hintergrund gedrängt (Büchner ZRP **91**, 431; Otto JVL **9**, 57; Tröndle KuG **179** [1991], 4 u. Spendel-FS 614; vgl. Schünemann ZRP **91**, 380). Das gilt auch für den "Dritten Weg" der BTPräsidentin Süßmuth, der die evident verfassungswidrige DDR-Regelung mit der verfassungswidrig praktizierten bundesdeutschen Indikationsregelung kombiniert (vgl. Reis [unten 4c] 34; Rüfner JVL **8**, 38; Tröndle KuG **179** [1991], 11) und die nachfolgenden Gesetzesentwürfe, insbesondere auch den CDU/CSU-Mehrheitsvorschlag (unten 3f; Keller in Reiter/Keller [4c] 134; gegen ihn aus verfassungs- und strafrechtlicher Sicht Büchner, Geiger u. Otto JVL **9**, 9, 36, 59; Tröndle, Spendel-FS 616; Beckmann ALfA Beitr. 2 [1991] 51; aber auch Lenckner in Baumann u. a. § 218, 127) stark beeinflußt hat. Zur Frage der sozialen Hilfen in Schwangerschaftskonflikten vgl. 304. Sitz. des JFFG-BRat (Hearing; Prot. Nr. 20/91). Hessen forderte die BReg. – erfolglos – zu einer "gesamtdeutschen Regelung beim Schwangerschaftsabbruch" auf (BRat-Drs. 336/91, hierzu

Straftaten gegen das Leben **Vor § 218**

PlenProt. 631; JFFG-BRat Prot.Nr. 24, 34/91; R-BRat Prot. 49, 53/91), stattdessen wurden mehrere E aus der Mitte des BTags eingebracht: **a)** von der **Fraktion der FDP** (BT-Drs. 12/551: *Fristenregelung mit Beratungspflicht*), **b)** von der Abg. **3f** Schenk u. der Gruppe **Bündnis 90/Die Grünen** (BT-Drs. 12/696: *Rechtsanspruch auf SSA*), **c)** von der **Fraktion der SPD** (BT-Drs. 12/841: *Fristenregelung ohne Beratungspflicht*), **d)** von der Abg. Bläss u. der Gruppe **PDS/Linke Liste** (BT-Drs. 12/898: *Rechtsanspruch auf SSA*), **e)** von der **Fraktion der CDU/CSU** [*Mehrheitsvorschlag*] (BT-Drs. 12/1178 [neu]: *Indikationsregelung unter Einschluß psychosozialer Notlagen;* hierzu Günther MedR **92**, 69) und **f)** vom **Abg. Werner u. a.** [*CDU/CSU-Minderheitsvorschlag*] (BT-Drs. 12/1179: *Indikationsregelung bei erweiterter medizinischer Indikation;* hierzu Tröndle, Spendel-FS 623; Geis in Reiter/Keller [unten 4c] 201; abl. Lenckner in Baumann u. a. § 218, 124). Diese Ges-Entwürfe wurden im BTag am 26. 9. 1991 in 1. Lesung (BTag 12/3619ff.) und im Sonderausschuß "Schutz des ungeborenen Lebens" am 13., 14. und 15. 11. sowie am 4. und 6. 12. 1991 (Prot.Nr. 4 bis 8; abgedr. "Zur Sache" 1/92, hrsg. Dt. BTag) in einer öffentlichen Anhörung beraten. Die von den im Hearing gehörten strafrechtlichen und kriminologischen Sachverständigen (Baumann, Eser/Koch, Günther, Jähnke, Keller, Lenckner, Liebl, Nelles und Tröndle) abgegebenen Stellungnahmen sind in Baumann u. a., § 218 StGB im vereinten Deutschland, 1992 [zit. Baumann u. a. § 218] abgedruckt (ferner zu den Entwürfen: Büchner ZRP **91**, 434 u. JVL **9**, 8; Eser NJW **92**, 2914; R. Esser [unten 4c] 185; Geiger JVL **9**, 35; Geilen ZStW **103**, 842; Günther MedR **92**, 66; Otto JVL **9**, 7; Rüfner JVL **8**, 35; Schünemann ZRP **91**, 389; Steiner, Benda in Reiter/Keller [unten 4c] 101, 116). Im Verlauf der weiteren Beratungen im Sonderausschuß haben **g)** die Abg. Wettig-Danielmeier u. a. einen weiteren **E eines Schwangeren- und Familienhilfegesetzes** (SFHG-E) eingebracht (BT-Drs. 12/2605 [neu]; sog. *Gruppenantrag: Fristenregelung mit Beratungspflicht;* 1. Lesung: 93. Sitz.; hierzu Geiger JVL **9**, 52). Alle GesEntwürfe a bis g wurden in 2. und 3. Lesung in der 99. Sitz. (BTag 12/8223 bis 8456) beraten. In der Schlußabstimmung wurden der Gruppenantrag mit 357 gegen 284 Stimmen bei 16 Enthaltungen angenommen. Der BRat (Drs. 451/91 [Beschluß]) hat dem SFHG in seiner 645. Sitz. am 10. 7. 1992 nach Art. 84 I GG zugestimmt. Es wurde am 4. 8. 1992 verkündet (BGBl. I 1398). **Das SFHG** ersetzt in Art. 13 Nr. 1 die **3g** §§ 218 bis 219d durch die neuen §§ 218 bis 219b (abgedr. unten 20), ändert in Art. 13 Nr. 2 § 203 I Nr. 4a redaktionell (1 zu § 203) und hebt in Art. 16 die im Beitrittsgebiet noch geltenden Vorschriften des SUG-DDR samt DfBest. (abgedr. unten 19) auf. Das **BVerfG** hat durch Urteil vom 4. 8. 1992 (BGBl. I 1585; NJW **92**, 2343) sowohl auf Antrag der Bayer. Staatsregierung als auch auf Antrag von 248 Abgeordneten des BTags im Wege der **einstweiligen Anordnung** u. a. bestimmt, daß **Art. 13 Nr. 1** (das sind die §§ 218 bis 219b idF des SFHG) sowie **Art. 16 SFHG einstweilen nicht in Kraft treten** und für die Anwendung des § 203 I Nr. 4a die anerkannten Beratungsstellen nach § 218b II Nr. 1 denen des Art. 1 § 3 SFHG gleichstehen (BGBl. I 1585). Inzwischen haben beide Antragsteller **Normenkontrollantrag beim BVerfG** gestellt. Es wird beantragt, die Art. 13 Nr. 1, Art. 15 Nr. 2 SFHG sowie § 24b SGB V idF der Art. 2 SFHG mit Art. 2 II S. 1 iVm Art. 1 I GG für unvereinbar und daher für nichtig zu erklären. Die mündliche Verhandlung über die Anträge stand bei Redaktionsschluß noch aus. Auch wird das Urteil des BVerfG vermutlich erst nach Erscheinen des Kommentars ergehen. Die Kommentierung geht daher vom (noch) geltenden Recht aus, teilt (unten 20) nur den Text des – verfassungsrechtlich bedenklichen – SFHG sowie (unten 21) den wesentlichen, das materielle Recht betreffenden Inhalt der Begründung der Normenkontrollanträge sowie (unten 22) einige jüngst erschienene Beiträge im Schrifttum mit.

Vor § 218

4 2) Aus dem kaum übersehbaren früheren **Schrifttum:** *Baumann,* Das Abtreibungsverbot des § 218, 2. Aufl. 1972; *Böckenförde,* Stimmen der Zeit **71,** 147; *Bosch/Portmann/Blechschmidt/Büchner/Kirchhoff* FamRZ **73,** 113, 114, 116, 118; *Hofmann* [Hrsg.] Schwangerschaftsunterbrechung, 1974; *Arth. Kaufmann,* Strafrecht zwischen Gestern und Morgen, 1983, 187; *Lüttger* JR **69,** 445 u. **71,** 133; *Reis,* Geiger-FS 1974, 113; *Rudolphi* ZStW **83,** 105; *R. Schmitt* FamRZ **70,** 530 u. JZ **75,** 291; *Schroeder,* Abtreibung (Dokumentation) 1972; *Siebel,* Soziologie der Abtreibung, 1971; *Simson/Geerds,* Straftaten gegen die Person und Sittlichkeitsdelikte in rechtsvergleichender Sicht, 1969; *Spaemann* ZRP **74,** 49, 114 u. **75,** 22; *H. Wolff,* Schwangerschaftsabbruch aus medizinischer Sicht, 1973; weiteres
4a Schrifttum 45. Aufl. u. bei LK vor § 218. **Schrifttum nach und zu BVerfGE 39, 1** (hierzu 9a ff.): *Kriele* ZRP **75,** 74 u. JZ **75,** 222; *Schmitt* JZ **75,** 356; *Schreiber* FamRZ **75,** 669; *Zippelius* NJW **75,** 914; *Leisner,* Das Recht auf Leben, Schriftenreihe der Nds. Landeszentrale für pol. Bildung, 1976; *Müller-Dietz,* Dreher-FS 97 u. in Jung/Müller-Dietz (Hrsg.), § 218 StGB. Dimensionen einer Reform,
4b 1983, 77. **Schrifttum zum und nach dem 15. StÄG:** *Belling,* Ist die Rechtfertigungsthese zu § 218a haltbar? 1987 [zit. Belling]; *Beulke* FamRZ **76,** 596; *Eser/ H. A. Hirsch* (Hrsg.) Sterilisation und Schwangerschaftsabbruch, 1980 (zit. Eser/Hirsch); *Esser* ArztR **81,** 260, 295, MedR **83,** 57, SGb **87,** 453 u. Geiger-FS 1989, 207; *Gössel* JR **76,** 1; *Gropp,* Der straflose Schwangerschaftsabbruch, 1981 u. GA **88,** 1; *Jung* in Jung/Müller-Dietz [4a] 133; *Lackner* NJW **76,** 1233 u. JVL **1,** 13; *Laufhütte/Wilkitzki* JZ **76,** 329; *Lenckner,* in: Eser/Hirsch, aaO, 173; *Lüttger,* Sarstedt-FS 169; *Gerh. Müller* NJW **84,** 1798; *Müller-Emmert* DRiZ **76,** 164; *Roxin* JA **81,** 226, 542; *Sax* JZ **77,** 326; *R. Schmitt* FamRZ **76,** 595; *Reis,* Das Lebensrecht des ungeborenen Kindes als Verfassungsproblem, 1984 (krit. *Engelhardt* DRiZ **86,** 11); *Ketting/van Praag,* Schwangerschaftsabbruch, Gesetz und Praxis im internationalen Vergleich, 1985 [zit. StimezoBer.]; *Hoffacker/Steinschulte/Fietz/Brinsa* (Hrsg.) Auf Leben und Tod, Abtreibung in der Diskussion, 5. Aufl. 1991; *P. Petersen,* Schwangerschaftsabbruch und unser Bewußtsein vom Tod im Leben, 1986 u. MedR **89,** 1; *E. v. Hippel* JZ **86,** 53 u. JVL **4,** 17; *Köpcke* ZRP **85,** 161; *Lecheler* MedR **85,** 214; *Kluth* FamRZ **85,** 440, NJW **86,** 2348, ZBR **87,** 240 u. GA **88,** 545; *Geiger* FamRZ **86,** 1, JVL **2,** 1, Jura **87,** 60 u. Tröndle-FS 647; *Stürner* FamRZ **85,** 753; JZ **86,** 122, **90,** 709 u. Jura **87,** 75; *Tröndle* MedR **86,** 31, Jura **87,** 66, ZRP **89,** 54 u. Geiger-FS 1989, 190; *Spieker* Jura **87,** 57, Geiger-FS 1989, 69 u. JVL **6,** 41; *Philipp* Jura **87,** 86 u. NJW **87,** 2275; *Mittenzwei* AcP **187** (1987), 249; *H. u. R. v. Voß/Hoffacker* (Hrsg.), Chancen für das ungeborene Leben, 1988 (zit. ChLeb), dort umfassende Lit. Angaben S. 240ff.; *Geiger,* Görres-Ges. 1987, 59; *Wisser/Hepp* JVL **6,** 55 (Schmerzempfindlichkeit); ferner *Spaemann, Würtenberger* JVL **5,** 13, 31; *Bernsmann* ArbuR **89,** 10; *Jerouschek* GA **88,** 481 u. JZ **89,** 279; *W. Böhmer,* Geiger-FS 1989, 188; *Hiersche,* Tröndle-FS 669; *Lenzen,* Tröndle-FS 723; *Büchner/Frommel/G. Kaiser/Köcher/Molinski, Parl. B* 14/90 *S. 3ff.; Jähnke,* Rechtsgutvernichtung nach ärztlichem Ermessen? in: Ebert (Hrsg.) Aktuelle Probleme der Strafrechtspflege, 1991; *Frommel* ZRP **90,** 351; *Wilms* ZRP **90,** 471. **Schrifttum zum StREG** (§§ 200e bis 200g RVO): *Esser* SGb **87,** 453; *Isensee* NJW **86,** 1645; *Gerh. Müller* DB **86,** 2667; *Philipp* JVL **2,** 18; Jura **87,** 86 u. NJW **87,** 2275; *Schultz* MDR **84,**
4c 812; *Tröndle* (zur Entstehungsgeschichte): Jura **87,** 70), NJW **89,** 2990. **Schrifttum nach dem Beitritt der DDR:** *Baumann,* R. Schmitt-FS 161; *Baumann u. a.* (Hrsg.) § 218 StGB im vereinten Deutschland, 1992; *Beckmann* MDR **91,** 117 u. ALfA Beitr. **2,** 1991; *Brießmann* JR **91,** 397; *Büchner* ZRP **91,** 431 u. JVL **8,** 45; *Eser* ZRP **91,** 291, R. Schmitt-FS 171 u. Spendel-FS 475 u. *Eser/Koch,* SSA: Auf dem Wege zu einer Neuregelung, 1992; *Ruth Esser,* Der Arzt im Abtreibungsstrafrecht. Eine verfassungsrechtliche Analyse, 1992 [zit. R. Esser]; *Geiger*

Straftaten gegen das Leben **Vor § 218**

JVL **9**, 29; *Geilen* ZStW **103**, 829; *Günther* MedR **92**, 65; *Hoerster* JuS **91**, 190, JZ **91**, 503, NJW **91**, 2540 u. ZRP **91**, 398; *Otto* JVL **9**, 55, 65; *Reis,* Das Recht auf Leben und die deutsche Einheit, ALfA, Beitr. 1, 1990 u. Hoffacker u. a. [oben 4 b] 208; *Reiter/Keller* (Hrsg.), Herausforderung Schwangerschaft. Fakten, Argumente, Orientierungen, 1992; *v. Renesse* ZRP **91**, 321; *Rüfner* JVL **8**, 35; *Sachs* DtZ **90**, 193; *Schroeder* JuS **91**, 362; *Schünemann* ZRP **91**, 379; *Stern* DtZ **90**, 289; *Tröndle* Spendel-FS 611; *Vießhues* GA **91**, 455; vgl. ferner unten 22. **Schrift- 4 d tum zur rechtshistorischen Entwicklung** der Abtreibungsproblematik: *Jerouschek,* Lebensschutz und Lebensbeginn. Kulturgeschichte des Abtreibungsverbots, 1988 [Bespr. *Landau* ZStW **103**, 505]; *R. Peters,* Der Schutz des neugeborenen, insbesondere des mißgebildeten Kindes, 1988 (hierzu R. Keller GA **90**, 219); *Matouschek,* Gewandelte Auffassungen über Sterben und Tod, 1991; vgl. ferner Prot. 7/685; KBer. 11; zur **Rechtsvergleichung** grundlegendes Werk: **4 e** *Eser/Koch* (Hrsg.) Schwangerschaftsabbruch im internationalen Vergleich. Rechtliche Regelungen – Soziale Rahmenbedingungen – Empirische Grunddaten, Teil 1: Europa, 1988 [zit. SSA I]; Teil 2: Außereuropäische Länder, 1988 [zutr. krit. zum deutschen Landesbericht E. v. Hippel JZ **89**, 236]; ferner *Simson/Geerds* aaO [oben 4] 81; hinsichtlich USA und England Prot. 7/1337, 1358; mit amerik. verfassungsgerichtl. Rspr. *Brugger* NJW **86**, 896, in: Grundrechte und Verfassungsgerichtsbarkeit in den Vereinigten Staaten von Amerika, 1987 S. 119 ff. u. JZ **92**, 911; ferner *Morris* ZStW **99**, 888; im übrigen KBer. 197 und Prot. 7/1291; *E. v. Hippel* ChLeb 69 ff.; zu den Niederlanden *Scholten* JZ **85**, 1089; *Koch* ZStW **97**, 1043; *Paetow* (DiskBer.) ZStW **97**, 1074; Urt. d. SpanVerfG Madrid v. 11. 4. 1985 EuGRZ **85**, 611, hierzu *Perron* ZStW **98**, 287; ferner *Mir Puig* JZ **92**, 985; hinsichtlich Frankreich und Schweiz: *Koering/Joulin* und *Udvari* in Jung/Müller-Dietz [oben 4 b], 101, 115; *Schultz* ZStW **97**, 390; zu BVerfGE **39**, 1 und EKMR *Reis* JZ **81**, 738; zum europ. Parlament *Stürner* JZ **90**, **4 f** 716; zur **Kriminologie:** *G. Kaiser* u. *Köcher* Parl. B 14/90 S. 21 u. 32; *Häußler/Holzhauer* ZStW **100**, 817; *Holzhauer,* Schwangerschaft und SSA, 1989; *Häußler-Scepan,* Arzt und SSA, 1989 [Bespr. *Rehborn* GA **91**, 229]; *Liebl,* Ermittlungsverfahren, Strafverfolgungs- und Sanktionspraxis beim SSA, 1990; vgl. *Kaiser* (§ 72, 14 u. Einf. § 54, 2), der den SSA kriminologisch realitätsentsprechend unter die *Gewalt in der Familie* rubriziert, ebenso das Erstgutachten der Unterkommission VII der „Gewaltkommission" (Frühjahr 1989 S. 857), während sich das Endgutachten über diese Form der Gewaltausübung ausschweigt (ebenso die Berichte Schwind/Winter NStZ **90**, 105 und Baumann ZRP **90**, 103).

2) **Geschütztes Rechtsgut** der §§ 218 ff. ist das **ungeborene menschliche 5 Leben,** das wie das geborene (unten 8) unter dem Schutz der Art. 1 I und 2 II S. 1 GG steht (vgl. unten 6 c; BVerfGE **39**, 36), durch die §§ 218 ff. allerdings (vgl. § 219 d) erst *nach* Abschluß der Einnistung des befruchteten Eies in der Gebärmutter (*Nidation,* 4 zu § 218) geschützt wird (BGH **11**, 17; **18**, 15). Zum weitergehenden verfassungsrechtlichen Schutz vgl. unten 6 c. Das ungeborene Leben hat verfassungsrechtlich keine geringeren Status als das geborene, weil Art. 1 I und 2 II S. 1 GG keine Wertabstufungen zulassen (Reis, Geiger-FS 1974, 133; Geiger, Tröndle-FS 652; Ostendorf JZ **84**, 599; Graf Vitzthum JZ **85**, 208 u. ZRP **87**, 34; Sternberg-Lieben JuS **86**, 677; Laufs JZ **86**, 774; Pap MedR **86**, 233; v. Mutius Jura **87**, 108; G. Hirsch MedR **87**, 13; Günther GA **87**, 436; Beckmann ZRP **87**, 85; R. Keller u. Günther FPflMed 117 u. 147 Fn. 37 mwN; Püttner/Brühl JA **87**, 293; Würtenberger JVL **5**, 33; Kluth ZfPol **89**, 119 u. unten 6 c), was die Erfolge der vorgeburtlichen Forschung und der pränatalen Diagnostik sowie der modernen Frühgeborenenzentren eindrucksvoll verdeutlichen (Eberbach

Vor § 218

JR **89**, 266 mwN). Die nach dem Maß des Schuldvorwurfs abgestufte Höhe der angedrohten Strafe ist kein gültiger Maßstab für den Wert des geschützten Rechtsgutes, wie auch umgekehrt dieses kein selbständiger Faktor für die Strafhöhe ist, 4 zu § 46; unten 9a). Dieses verfassungsrechtlich (BVerfGE **39**, 1) anerkannte Rechtsgut der §§ 218ff. wird in Verfolg kaschierender Tendenzen (Geiger FamRZ **86**, 1; Tröndle in Baumann u. a. § 218 [oben 4c] 185; 2 zu § 218) in den Tatbestandsumschreibungen nicht erwähnt. Dieses gesetzestechnische Novum blieb von dogmatischer Seite bisher unbeanstandet (Tröndle Jura **87**, 69; wie hier nunmehr auch Günther FPflMed 149; Mittenzwei AcP **187** [1987], 268; R. Keller, Tröndle-FS 705), obwohl nach allgM gerade das Rechtsgut Ausgangspunkt und Leitgedanke für die Tatbestandsbildung ist und für den Aufbau des Tatbestandes Zentralbegriff sein sollte (vgl. Jescheck § 26 I). Nach ganz hM (bedenklich insoweit BGH **18**, 285) scheiden bevölkerungspolitische Gesichtspunkte als Rechtsgut aus; nachrangiges Rechtsgut ist die Gesundheit der Schwangeren dh ihr Schutz vor Schädigung durch Nichtärzte (ebenso SchSch 7; krit. SK Rudolphi 25: „bloßer Schutzreflex"; zurückhaltend auch BGH **28**, 15; aM Otto BT § 13 I 2a; vgl. ferner M-Schroeder § 5, 22; LK-Jähnke 16; Lackner 1 zu § 218).

6 **3) Strafschutzlücken außerhalb der §§ 218ff. A. Die Embryonenschädigung,** dh die vorsätzliche oder leichtfertige Herbeiführung einer Gesundheitsbeschädigung des später Geborenen durch Einwirkung auf den Embryo oder Foetus außerhalb des Versuchs eines Schwangerschaftsabbruchs [SSA] (§ 218 IV), ist nicht strafbar. Diese Strafbarkeitslücke (Eberbach JR **89**, 267) wollte § 1 **Diskussionsentwurf** eines Embryonenschutzgesetzes des BMJ v. 29. 4. 1986 (abgedr. mit Begr. in FPflMed [6b] 349 = **DiskE**) schließen (vgl. wegen der Fahrlässigkeitstaten 2 vor § 211). § 1 DiskE ließ jedoch mit der Strafbarkeit der leichtfertigen Schädigung der Leibesfrucht Spannung zur Straflosigkeit der leichtfertigen Abtreibungen entstehen und unerwünschte Probleme in der Abtreibungsdiskussion befürchten. Dem wollten die Verantwortlichen entgehen. Inzwischen war auch gesehen worden, daß es bei einer gegebenen Indikation von der Entscheidung der Schwangeren abhängt, ob die schädigende Handlung als straflose Abtreibung straffrei bleibt, so daß sich die Schwangere dem Druck auch des Schädigers ausgesetzt sieht, das geschädigte Kind straffrei abtreiben zu lassen (vgl. unten 6h). **Schrifttum zum DiskE** im besonderen: *Für* die gesetzliche Regelung: *Deutsch* ZRP **86**, 243 u. NJW **91**, 721; *Eser* in Gentechnologie Bd. 13 (Hrsg. V. Braun u. a., 1987) S. 120; *Günther* GA **87**, 434 u. ZStW **90**, 269; *R. Keller* u. *Günther* FPflMed 128, 238 u. GA **87**, 456; vgl. *Starck* DJT A 52; *Koch* MedR **86**, 263; *Püttner/Brühl* JA **87**, 298; *Born* Jura **88**, 230; ferner *Ramm* JZ **89**, 870; *Schick*, Göppinger-FS 617; krit. *Beckmann* ZRP **87**, 80; *Lenckner/Winkelbauer/Rössner* FPflMed **211**, 247; auch aus rechtsvergleichender Sicht: *Eser* FPflMed 269 u. Neuartige Bedrohungen ungeborenen Lebens, 1990; Geilen ZStW **103**, 823; für gesetzgeberische *Zurückhaltung oder gegen* eine gesetzliche Regelung: *Riedel* EuGRZ **86**, 477; *Zierl* DRiZ **86**, 161; *Arth. Kaufmann* JZ **87**, 843; *H. Hofmann* JZ **86**, 260; besonders eingehend *Sternberg-Lieben* JuS **86**, 676ff.; *Graf Vitzthum* FPflMed 77; *Baumann* FPflMed 190.

6a **B. Die vornidative Lebensphase,** beginnend mit der Befruchtung (in utero wie in vitro, bei der Mehrlingsbildung mit der Abspaltung eines totipotenten Bestandteils eines Embryos), endend mit Abschluß der Einnistung des befruchteten Eies (*Nidation*, 4 zu § 218, § 219d; zur extrauterinen Schwangerschaft vgl. 3 zu § 218), ist nicht nur verfassungsrechtlich (unten 6c; 2 vor § 211), sondern durch das ESchG [Anh. 26] auch (neben)strafrechtlich geschützt. Der strafrechtliche Schutz menschlichen Lebens im ersten Stadium seiner kontinuierlichen Entwicklung zum Erwachsenen ist auch geboten (Eberbach JR **89**, 267), wenn der Schutz durch die Gesamtheit anderer Schutzmaßnahmen nicht gewährleistet ist (BVerfGE **39**, 46), wenn also zB standesrechtliche Regelungen oder Satzungsrecht von Berufskörperschaften ungenügend sind (vgl. **Richtlinien** zur Durchführung von IVF und Embryotransfer [ET] als Behandlungsmethoden der menschlichen Sterilität DÄBl. **85**, 1691; dazu Hess MedR **86**, 240; weitere Richtlinien u. Empfehlungen bei Eser FPflMed [6b] 273). Davon geht der Gesetzgeber wegen der Mißbrauchsmöglichkeiten der **Fortpflanzungs- und Gentechnologie** und deren Gefahren („Verbrauchende Forschung"!) zweifellos aus (Born Jura **88**, 230; unten 6c ff.). Zu den Methoden (Insemination, In-vitro-Fertilisation und Embryotransfer [IVF/ET], Intratubarer Gametentransfer (GIFT) und Tubarer Embryotransfer (TET), Ei- und Embryospende [vgl. dazu auch BT-Drs. 11/6925], Ersatzmutterschaft, Gewinnung totipotenter Zellen, Chimären- und Hybridbildung, Gentransfer in menschliche Keimbahnzellen) vgl. Kabinettbericht BT-Drs. 11/1856). Die rechtspolitische Diskussion war Gegenstand des 56. DJT 1986 (Gutachten von *Starck* und *Coester-Waltjen;* Referate von *Krebs, Böckle* und *Giesen* [zit. DJT und Seitenzahl], Beschlüsse NJW **86**, 3069) und hält noch an. Aus dem **Schrifttum:** *Balkenohl/Reis/Schirren,* **6b** Vom beginnenden menschlichen Leben, 1987; *Benda* NJW **85**, 1730 u. Parl. B 3/ 85 S. 18; *Beckmann* ZRP **87**, 80; *Bernat* MedR **86**, 245 (statusrechtlich) u. (Hrsg.) Lebensbeginn durch Menschenhand, 1985; *Bilsdorfer* MDR **84**, 803; *BMFT* (Hrsg.) Ethische und rechtliche Probleme der Anwendung zellbiologischer und gentechnischer Methoden am Menschen, 1984; In-vitro-Fertilisation, Genomanalyse und Gentherapie (Bericht der gemeinsamen Arbeitsgruppe des BMFT und des BMJ, zit. *Benda-Ber.*), 1985; *BMJ* (Hrsg.) Der Umgang mit dem Leben. Fortpflanzungsmedizin und Recht (Informationsschrift) Dezember 1987; *Böckle* DJT K 29; *Böhme* (Hrsg.) Menschenwürde und Schutz des Lebens, 1987; *Braun/ Mieth/Steigleder* (Hrsg.) Ethische und rechtliche Fragen der Gentechnologie und der Reproduktionsmedizin, 1987; *Born* Jura **88**, 225; *v. Bülow* in „Menschenrechte in der mod. Medizin" (Bd. 21 der Reihe „Rechtsstaat in der Bewährung") 1987 S. 1; *Catenhusen/Neumeister* (Hrsg.) Chancen und Risiken der Gentechnologie, Dokumentation des Berichts der Enquete-Kommission an den Deutschen Bundestag 1987; *Classen* MedR **88**, 275 (GenTechn, VölkerR, MRK); *Däubler/ Gmelin* (Hrsg.) Forschungsobjekt Mensch: Zwischen Hilfe und Manipulation (Vorschläge der SPD), 1986 u. Simon-FS 485; *Deutsch* ZRP **85**, 73; *Eberbach* MedR **86**, 253 („Leihmutterschaft") u. Die zivilrechtliche Beurteilung der Humanforschung, 1982; *Enders* EuGRZ **86**, 241; *Eser* ZStW **97**, 35 u. Lackner-FS 930; *Eser/Koch/Wiesenbarth* (Hrsg.), Regelungen der Fortpflanzungsmedizin und Humangenetik. Eine internationale Dokumentation gesetzlicher und berufsständischer Rechtsquellen, 2 Bde. 1990; *Fahrenhorst* EuGRZ **88**, 175 (FPflTechn. u. MRK); *Fechner* JZ **86**, 653 u. FPflMed 37; *Flämig,* Die genetische Manipulation des Menschen, 1985 (hierzu *Günther* GA **87**, 329); *Flöhl* (Hrsg.) Genforschung – Fluch oder Segen? 1985; *Heuermann/Kröger* MedR **89**, 168; *Giesen* JR **84**, 221, JZ **85**, 652 u. DJT K 51; *Friedrich Naumann-Stiftung* (Hrsg.) Genforschung und Genmanipulation, 1985; Biotechnik und Gentechnologie – Freiheitsrisiko oder Zukunftschance, 1985; *Günther* MedR **90**, 161; *H. L. Günther/ R. Keller* (Hrsg.) Fortpflanzungsmedizin und Humangenetik – Strafrechtliche Schranken? 2. Aufl. 1991 [zit. FPflMed]; *G. Hirsch/A. Schmitt-Didczuhn* MedR **90**, 167; *G. Hirsch/Eberbach,* Auf dem Weg zum künstlichen Leben, 1987; *IMABE* (Hrsg.) Der Status des Embryos, Wien 1989 (interdiziplinäre Auseinandersetzung); *Jung* ZStW **100**, 1; *Jüdes* (Hrsg.) In-vitro-Fertilisation und Embryo-

Vor § 218

Transfer, 1983 (hierzu *v. Bülow* GA **85**, 242); *JustMin. BW* (Hrsg.) Gentechnologie und Recht, 1984 (TagBer.); *Arth. Kaufmann,* Oehler-FS 649 u. JZ **87**, 837; *R. Keller* JR **87**, 441, MedR **88**, 59 u. Narr-FS 1, in: *Wuermeling* (Hrsg.) Leben als Labor-Material? 1988 S. 54; *Keller/Günther/Kaiser,* ESchG Kommentar, 1992; *Kluth* ZfPol **89**, 115; *Koch* MedR **86**, 259; *Kollek/Tappeser/Altner* (Hrsg.) Die ungeklärten Gefahrenpotentiale der Gentechnologie, 1986; *Kollhosser* JA **85**, 553; *P. Langer,* Aktuelle Fragen der Fortpflanzungsmedizin und Humangenetik – Naturwissenschaftliche Erläuterungen, FPflMed 3; *Lanz-Zumstein* (Hrsg.) Embryonenschutz und Befruchtungstechnik, 1986; *Laufs* NJW **85**, 1362, **86**, 1505, **87**, 1450, **89**, 1524, **91**, 1517, **92**, 1532, JZ **86**, 769 u. EssGespr. **22** (1988), 128; *Löw R.,* Leben aus dem Labor, 1985 u. JVL **6**, 23; *Pedrazzini* SchweizJurZtg **90**, 196; *Püttner/Brühl* JA **87**, 289 (verfassungsrechtlich); *Reiter/Theile* (Hrsg.) Genetik und Moral, 1985 u. Gentechnologie oder Manipulation des Lebens, 2. Aufl. 1986; Technik verantworten in: Stimmen der Zeit **88**, 805; *Riedel* EuGRZ **86**, 469 mwN; *Seesing* (Hrsg.) Technologischer Fortschritt und menschliches Leben, 1985; *Selb,* Rechtsordnung und künstliche Reproduktionsmedizin, 1987 (hierzu *Giesen* JZ **87**, 455 u. *Köhler* GA **89**, 328); *Schick,* Strafrechtliche und kriminalpolitische Aspekte der IVF und des ET in: Bernat, s. o. u. Göppinger-FS 617; *M. Schröder* MDR **86**, 720 (Lit. Bespr.); *Steiner,* Der Schutz des Lebens durch das Grundgesetz, 1992; *Sternberg-Lieben* NStZ **88**, 1, GA **90**, 289; *Graf Vitzthum* MedR, GA **90**, 289; **85**, 249 u. FPflMed 77; *H. Thomas,* Scheidewege **20** (1990/91), 121 (zur Ethik-Diskussion); *Wehowsky* (Hrsg.) Lebensbeginn und menschliche Würde (Stellungnahmen zur Instruktion der Kongregation für die Glaubenslehre v. 22. 2. 1987, 1987; *Zierl* DRiZ **85**, 337 u. **86**, 161; *Zuck* MDR **89**, 222. **Zum EschG:** *Deutsch* NJW **91**, 722 (krit.); ferner unten 6e, 6f. **Ausland:** SchweizBGer. EuGRZ **89**, 370 (zur Verfassungsmäßigkeit von IVF/ET); *Bernat* MedR **91**, 308 (Fortpfl. Med. in Österreich, Deutschland und England).

6c a) **Verfassungsrechtlich** ist als eigenständiges Rechtsgut (vgl. Eberbach JR **89**, 266 u. ZRP **90**, 217) nach hM auch das *vor*nidative menschliche Leben anzusehen, das dem *nach*nidativen und dem geborenen in seiner Würde und Schutzbedürftigkeit gleichsteht und wie dieses nicht zum Objekt werden darf. Den menschenrechtlichen Status des Embryos verbürgen Art. 1 I, 2 II, 19 II, 79 III GG. Hätte der Embryo nur einen „moralischen Status" (so Eser FPflMed [oben 6b] 284 ff.; dazu Kontroverse Lenzen/Eser MDR **90**, 969; **91**, 212; Tröndle KuG **179** [1991], 8; treffend Schünemann ZRP **91**, 385), so wäre das Verbot der „verbrauchenden Forschung" (§ 2 ESchG [Anh. 26]) nach Art. 5 III GG unzulässig (Günther MedR **90**, 162). Der menschliche Embryo ist dasselbe Lebewesen, wie der Erwachsene, zu dem sich der Embryo entwickeln kann, wenn man seine Menschenwürde und den Wesensgehalt seines Grund- und Menschenrechts auf Leben nicht antastet; vgl. A. Suarez SchweizJZ **90**, 205, der den rationalen Beweis vorlegt, daß der menschliche Embryo eine Person ist, der man den verfassungsrechtlichen Schutz der Menschenwürde nicht absprechen kann (Laufs FPflMedAR 48), und daß das Personsein nicht von Ansichten, Macht- oder Mehrheitsentscheiden abhängt. Daß die Mehrlingsbildung der Befruchtung nachfolgt, so daß es vor der Abspaltung eines totipotenten Bestandteils eines Embryos statt eines biologischen Individuums deren mehrere gibt, mindert den Status nicht, sondern läßt nach dem „Erst-recht-Schluß" eine noch größere Achtungs- und Schutzpflicht entstehen (Lüttger JR **69**, 451). § 219 d ist auch keine Begriffsbestimmung der Schwangerschaft, sondern eine Abgrenzung des Verbotsbereichs aus der Zweckmäßigkeitserwägung, daß sich der genaue Befruchtungszeitpunkt kaum mit der für den Strengbeweis erforderlichen Sicherheit ermitteln läßt. Jedes neu entstandene konkrete artspezifische menschliche Leben hat eine unantastbare Menschenwürde (Art. 1 I GG). „Die von Anfang an im menschlichen Sein angelegten potentiellen Fähigkeiten genügen, um die Menschenwürde zu begründen" (BVerfG 39, 41; Steiner [oben 6 b] 15; Rüfner JVL 8, 33; R. Esser [oben 4c] 61) und deren Verkehrung ist es, mit „der Würde der Frau" (so v. Renesse ZRP 91, 322) die Pflicht zur Austragung der Schwangerschaft (BVerfGE 39, 44) zu bestreiten. Wenn das BVerfG (E 39, 41) auch nur über menschliches Leben *nach* der Nidation zu entscheiden hatte, so kann die naturwissenschaftliche Erkenntnis, daß jede andere Grenze als der Zeitpunkt der Befruchtung für den verfassungsrechtlichen Status des Embryos willkürlich wäre, rechtliche Beachtung beanspruchen (Günther MedR 90, 162). Die Diskussion darüber kann mit der Widerlegung der These Haeckels und der Phylogenese („Biogenetisches Grundgesetz)" und mit dem eindeutigen Bekenntnis in § 8 ESchG [Anh. 26] und in § 1 I des SPD-E [unten 6e] als abgeschlossen gelten (G. Hirsch MedR 87, 12; Hiersche, Tröndle-FS 670; Schlingensiepen-Brysch ZRP 90, 226; Günther ZStW 102, 289). Das vornidative menschliche Leben hat auch teil an der Schutzgarantie des Art. 2 II S. 1 GG, der *jedes* menschliche Leben schützt, und zwar unabhängig von der Art der Zeugung und davon, ob die Entwicklung innerhalb oder außerhalb des Mutterleibes stattfindet (Beschl. d. Ziv. rechtl. Abt. d. 56. DJT Nr. VII 2); BVerfGE 39, 36; Benda-Ber. [oben 6 b] 4; DiskE [oben 6] 8, 16; BMJ BTag 11/14167; BR-Drs. 210/86 (Beschluß); BRat 554. Sitz. 484 ff.; 564. Sitz. 319 ff.; Geiger FamRZ 86, 1ff. u. Tröndle-FS 647; Kluth [oben 6b] 137; zw. hinsichtlich der Ergiebigkeit des Würdearguments: Graf Vitzthum MedR 85, 251 u. ZRP 87, 34; Enders EuGRZ 86, 247; Fechner JZ 86, 653 u. FPflMed 37; Arth. Kaufmann JZ 87, 840; Sternberg-Lieben JuS 86, 677; Eser, Neuartige Bedrohungen... [oben 6b] 35; Classen GA 91, 211). Der tragende verfassungsrechtliche Gedanke ist die **Gleichwertigkeit** ungeborenen und geborenen Lebens (BVerfGE 39, 59; RegE 19; Prot. 7/ 1314, 1471, 1596; oben 5). Versuche, den Beginn des Lebensrechts in eine spätere Phase zu verlegen (Singer, Praktische Ethik, 1984; Hoerster JZ 91, 505 u. Universitas 1991, 19; Sass, Medizin und Ethik 1989, 167; Ramm JZ 89, 867) können, da sie willkürlich und in sich widerspruchsvoll sind, nicht überzeugen (Büchner ZRP 91, 431; R. Esser [oben 4c] 60; Geiger JVL 90, 31; Hruschka JZ 91, 507; Laufs FPflMedAR 45, 59 u. KuG 191 [1992], 5; Matouschek [4d] 33; Otto JVL 9, 66; Pöltner JVL 8, 7; Schlingensiepen-Brysch ZRP 92, 420; Schünemann ZRP 91, 385; Stürner JZ 91, 506; Tröndle KuG 179, [1991], 5; Viefhues GA 91, 457; Weiß JR 92, 183; vgl. ferner die Kontroversen Hoerster/Schroeder JuS 91, 190, 362 u. Hoerster/Tröndle NJW 91, 2540, 2542). Diese objektive Wertentscheidung des GG wird nicht dadurch realitiviert, daß der Gesetzgeber bei Ausnahmebelastungen der Schwangeren zum Schutz menschlichen Lebens anstelle des Strafrechts andere, mindestens ebenso wirksame Schutzmaßnahmen ergreifen darf (BVerfGE 39, 44 ff.). Entscheidend ist die Effektivität des Schutzes im Ganzen. Das GG kennt keinen Aufopferungsanspruch zum Wohle der Forschung, deren Freiheit (Art. 5 GG) ihre Grenzen an der Unantastbarkeit der menschlichen Würde findet (Heuermann/Kröger MedR 89, 173; Günther MedR 90, 162). Menschliches Leben darf auch keiner unterschiedlichen Bewertung oder zum Wohle der Allgemeinheit geopfert werden (BVerfGE 39, 59). Ohne rechtfertigenden Grund darf es nicht vernichtet werden (BVerfG 39, 67 mwN). Selbst ein allgemeiner Anschauungswandel, hier oder im Ausland (insoweit ist der Hinweis auf den „Fortschritt" im Ausland untauglich) würde in der verfassungsrechtlichen Schranke nichts ändern können (BVerfGE 39, 67).

b) Richtungweisende Materialien s. 45 Aufl.   6d

c) Initiativen des Gesetzgebers reichen in ganz verschiedene Bereiche hinein. Schon der E 1962 sah in § 203 eine Strafvorschrift gegen die **heterologe**   6e

Vor § 218 BT Sechzehnter Abschnitt

Insemination [HetIns] vor, die der sozialethischen Bedenklichkeit der HetIns Rechnung trug. Auch der 62. Dt. Ärztetag hielt die HetIns für sittenwidrig (anders später der 73. Dt. Ärztetag 1970 und der AE). Neuer noch anhaltender Streit um die Verwerflichkeit der HetIns entzündete sich durch den Einsatz moderner Fertilisationsverfahren (In-vitro-Fertilisation und Embryotransfer = IVF/ET; Intratubarer Gametentransfer = GIFT; Tubarer Embryotransfer = TET), die im Bereich der HetIns, über eine gespaltene Vaterschaft in menschlicher Beziehungslosigkeit hinaus auch eine, sogar mehrfach aufgespaltene Mutterschaft herbeizuführen vermag. Der 88. Dt. Ärztetag hielt die IVF bei Nichtverheirateten nur in Ausnahmefällen für vertretbar. Doch obgleich der Staat verpflichtet ist, die Lebensbedingungen zum Wohle des Kindes zu sichern (BVerfGE **56**, 363, 384; **57**, 361, 383; vgl. R. Keller, Tröndle-FS 705), blieben die gravierenden Probleme der HetIns im Bereich der IVF namentlich in Blick auf das Ausland, jedoch ohne Bemühen um eine internationale Konvention ungeregelt (näher zu den Problemen 45. Aufl. sowie zur Problematik der „Reduktion" von Mehrlingen und des unselektiven partiellen **Fetozids** G. Hirsch MedR 88, 292; Stellungnahme der BÄK DÄBl. **89**, B–1575; Hepp, Geburtsh. u. Frauenheilk. **89**, 225 u. MMW **88**, 16; Eberbach JR **89**, 268; Eser, Neuartige Bedrohungen ungeborenen Lebens, 1990, 60; H. Thomas [oben 6b] 127; Steiner [oben 6b] 28; vgl. auch Entschließungsanträge Bay und BW, BR-Drs. 361/85, 382/85 sowie Prot. JFFGA-BTag. 11. WP 82/12ff.). Obgleich es wie bei jedem medizinischen Verfahren selbstverständlich sein sollte, Wirksamkeit, Sicherheit und Kosten des Experiments einer umfassenden Erfolgskontrolle zu unterziehen, scheiterte ein **Antrag Bayerns** (BR-Drs. 535/88, Art. 2 § 1) im BRat (UA-RA 12. 1. 1989, R-BRat 640. Sitz., JFG-BRat 276. Sitz. UA-RA 29. 3. 1989: BR-Drs. 186/89, 419/5/89: 186/7/89. 186/89 [Beschluß]; BRat 640. Sitz.). Der **SPD-E** (BT-Drs. 11/5710) sah eine differenzierte Regelung mit engeren Voraussetzungen im Bereich der IVF vor, bezog aber andererseits auch „auf Dauer angelegte Partnerschaften" ein, ohne den problematischen Begriff klar zu definieren. **Das ESchG** (BT-Drs. 11/5460) klammert das Problem ganz aus, weil „die Erörterung der damit verbundenen Probleme noch nicht abgeschlossen" und die Regelung daher einem umfassenden FortpflanzungsmedizinG vorzubehalten sei (BTag 11/14167), wohl wissend, daß das Ausklammern zur Straflosigkeit führt und im Bewußtsein vieler zum Erlaubtsein; vgl. auch Prot. 82. Sitz. JFFGA-BTag, 12ff. **Schrifttum:** *Borchmann* MedR **90**, 113; *Geilen* ZStW **103**, 837; *Günther* MedR **89**, 161 u. Universitas **91**, 27; *Heuermann/Kröger* MedR **89**, 168; *G. Hirsch/A. Schmitt-Didczuhn* MedR **90**, 167; *R. Keller* MedR **91**, 12; *Kluth* ZfPol. **89**, 115; *Laufs* NJW **90**, 1512 u. FPflMedAR 71 mwN; *Matouschek* [oben 4d] 10; *Wurzel/Born* BayVBl. **91**, 705.

6f   **d) Zum Regelungsinhalt** des ESchG vgl. Anh. 26 (hierzu Keller u.a. ESchG). Das strafbewehrte Verbot der **Ersatzmuttervermittlung** enthält bereits das AdVermiG (hierzu Born Jura **88**, 230; Lüderitz NJW **90**, 1633). Die Aufspaltung in Bestimmungen über die Vermittlung (§§ 13a bis 13d AdVermiG) und solche über die Durchführung (§ 1 I Nr. 6, 7 ESchG [Anh. 26]) kritisiert die Stellungnahme des BRats (BT-Drs. 11/5460 S. 15, § 2a; vgl. auch G. Hirsch/A. Schmitt-Didczuhn MedR **90**, 168, Widerspruch der BReg. aaO S. 18); **bb)** der **SPD-E** (oben 6e) trat ebenfalls für eine umfassende Regelung der Ersatzmutterschaft ein, auch im übrigen für ein gesetzgeberisches „Gesamtkonzept" zur Lösung nicht nur der vom RegE behandelten Problembereiche, sondern auch der Probleme der heterologen und der quasi-homologen künstlichen Befruchtung (oben 6e), der Eingrenzung des „Fetozids", der Konservierung befruchteter Eizellen und der Forschung an „überzähligen" Embryonen (dazu krit. Günther MedR **90**, 163; zum weiteren Inhalt des SPD-E 45. Aufl.).

Straftaten gegen das Leben **Vor § 218**

Der Schutz des pränidativen menschlichen Lebens gegen vorsätzliche oder leichtfertige Schädigungen darf nicht wegen der massenweise tolerierten Abtreibungen vernachlässigt werden (Eser FPflMed [6b] 290; Günther GA **87**, 439), daher gilt es, *allgemeine* Konsequenzen für den Schutz ungeborenen menschlichen Lebens zu ziehen. Verfechter einer ungehemmten Fortpflanzungs- und Gentechnologie verweisen schließlich darauf: Wenn schon die Abtreibung als Tötungshandlung vom Staat finanziert wird, so müssen die *Zeugung* im Reagenzglas und die „humane" Forschung erst recht freigegeben und finanziert werden. Die gesetzgeberischen Initiativen kranken also nicht nur an den bedenklichen Ausnahmen im Lebensschutz, sondern auch an Wertungswidersprüchen und folglich an Überzeugungskraft. Zu dem schwer begreifbaren Wertungswiderspruch, daß künstlich erzeugte Embryonen umfassender geschützt werden sollen als das auf natürlichem Wege entstandene ungeborene Leben, vgl. Stürner JZ **86**, 126; ferner H. Hofmann JZ **86**, 259; Isensee NJW **86**, 1648; Fechner JZ **86**, 660 u. FPflMed 54 Fn. 43; Starck DJT K 218; G. Hirsch MedR **87**, 13; Philipp NJW **87**, 2278; Seifert, Tröndle EssGespr. **22** (1988), 57, 109; Hiersche, Tröndle-FS 670; Jähnke [oben 4b] 193; H. Thomas [oben 6b] 128; R. Keller, Baumann-FS 234 [zu § 3 ESchG]; Steiner [oben 6b] 18; vgl. aber auch Günther FPflMed 148 u. MedR **90**, 166).

C. Nidationshemmende Handlungen sind nach § 219d straflos. Vornidatives menschliches Leben im Mutterleib ist somit trotz des verfassungsrechtlichen Schutzanspruchs (oben 6c) selbst dann ungeschützt, wenn in Inkaufnahme der abtötenden Wirkung bewußt statt empfängnisverhütender nidationshemmende Mittel (4 zu § 218) benutzt werden. Zu den verfassungsrechtlichen Bedenken G. Hirsch MedR **87**, 14. 7

4) Der strafrechtliche Schutz des vorgeburtlichen Lebens entspricht der Pflicht des Staates, sich „schützend und fördernd" vor dieses Leben zu stellen (BVerfGE **39**, 1 [künftig nur noch L-Leitsatz oder Seitenzahl], vgl. auch unten 9aff.). Die Verpflichtung besteht auch gegenüber der Mutter [L 3]. Der Lebensschutz hat auch Vorrang vor dem Selbstbestimmungsrecht der Schwangeren [L 4]. Notwendig ist ein wirksamer Schutz [L 3,4] und eine rechtliche Mißbilligung des SSA [L 4], dh eine klare rechtliche Kennzeichnung dieses Vorgangs als Unrecht [46]. Ein Schutz, der auf das Mittel der rechtlichen Mißbilligung verzichtet, reicht ebensowenig aus, wie eine Mißbilligung ohne gleichzeitigen Schutz. Es gibt zwar keine absolute, sondern nur eine relative Verpflichtung zur Benutzung der Strafdrohung [47]. Entscheidend ist aber, daß die Gesamtheit der dem Schutz der ungeborenen Lebens dienenden Maßnahmen einen der Bedeutung des zu sichernden Rechtsguts entsprechenden tatsächlichen Schutz gewähren [L 4, S. 46, 65] (Kluth FamRZ **85**, 442 u. GA **88**, 550; Gick JuS **88**, 587). **A. Die rechtliche Mißbilligung** des SSA muß in der Rechtsordnung unterhalb der Verfassung deutlich in Erscheinung treten und sich auch an die Schwangere richten [48,53] und dem einzelnen sagen, was für ihn Recht und Unrecht ist [57]. Die Mißbilligung darf nicht den Eindruck erwecken, der SSA sei freigegeben, nichts rechtlich Verwerfliches, „nicht rechtswidrig, also erlaubt" [54]. Der SSA darf auch nicht einem „rechtsfreien Raum" zugewiesen werden [44]; vielmehr muß die Mißbilligung durch eine erkennbare rechtliche Sanktion zum Ausdruck kommen [58], bei einer mindestens ebenso wirksamen anderweitigen Mißbilligung aber nicht notwendig durch eine Strafnorm [L 4]. Das 15. StÄG begründet die Ausnahmen von 8 der Strafbarkeit in den schweren Konfliktfällen mit der größeren Effektivität präventiver und flankierender Maßnahmen, ohne bei den **vier Indikationen** des § 218a mehr zu sagen, als daß die Handlung unter den gesetzlich geregelten Voraussetzungen *nicht nach § 218 strafbar* ist (gegen BVerfGE **39**, 1 mit zu kurz greifenden und die Verantwortung der Eltern Ungeborener vernachlässigenden Argumenten: Ramm JZ **89**, 869 [gegen ihn Lenz VersR **90**, 1209] u. insbesondere Hoerster JuS **89**, 172 mit zT absurden [vgl. G. Hirsch JuS **89**, 775; R. Spaemann, Ethik in der Medizin 2/1990, 108] Konsequenzen; vgl. hierzu oben 6c).

8a **B. Die Rechtsnatur der Indikationen** hat der Gesetzgeber (wie schon § 160 des E 1962) **bewußt offengelassen** (Bay NJW **90**, 2330 m. Anm. Otto JR **90**, 342) und nur bestimmt, daß der SSA bei Vorliegen der in § 218a genannten Voraussetzungen *„nicht nach § 218 strafbar"* ist. Die Interpretation dieses einfachrechtlichen Begriffs erfordert *vorrangig* eine Vergewisserung, ob seine Auslegung in eine Abhängigkeit von Verfassungsnormen geraten sein könnte. Da dies im Blick auf Art. 1, 2 GG hier zutrifft, ist die Bewertung der Indikationen keine bloße strafrechtsdogmatische, sondern eine die strafrechtliche Dogmatik berührende *verfassungsrechtliche* Frage (Geiger EuGRZ **90**, 178), deren Beantwortung nicht dahingestellt bleiben kann. Aber auch nach herkömmlicher Gesetzestechnik, von der bei der Auslegung auszugehen ist, regeln die Worte „nicht strafbar" stets nur das Absehen von der Strafbarkeit der Tat. Will der Gesetzgeber hingegen den auf einer anderen Ebene des Verbrechensaufbaus angesiedelten Unrechtscharakter einer Tat verneinen, verwendet er stets die Formel „handelt nicht rechtswidrig" (vgl. zB §§ 32, 34; irrig Bernsmann ArbuR **89**, 12). Aus der Kombination von Strafdrohung und präventiven (Beratungs- und Indikationsfeststellungssystem) sowie flankierenden Maßnahmen (Sozialleistungen) kann schon wegen der verfassungsrechtlich gebotenen Mißbilligung (oben 8) auf keinen Fall ein Recht auf Abtreibung abgeleitet werden (Beckmann MedR **90**, 306 Fn. 79). Wenn das 15. StÄG in Kenntnis der Gesetzestechnik aller Entwürfe und der Bedeutung dieser Frage für die Wirksamkeit des Lebensschutzes (schon daß ein Zweifel darüber besteht, was Recht und Unrecht ist, ist eine gesetzgeberische Fehlleistung; vgl. BVerfGE **39**, 57) dennoch an der Umschreibung „nicht strafbar" festhielt, so zeigt das an, daß der Gesetzgeber sich nicht für *alle* Indikationsfälle auf einen Rechtfertigungsgrund festlegen wollte (Bay NJW **90**, 2330 m. Anm. Otto JR **90**, 342 u. Beckmann MedR **90**, 301; vgl. BVerfGE **39**, 53; **aM** BGH **38**, 158; vgl. hierzu unten 8c). Gerade weil die grundgesetzlich gebotene rechtliche Mißbilligung nach BVerfGE **39**, 1 *auch außerhalb* der Strafdrohung zum Ausdruck kommen könne, so folgert das Bay (NJW **90**, 2331) zutr., verbiete sich die Gleichsetzung von „nicht strafbar" mit „nicht rechtswidrig". Zudem gilt das verfassungsrechtliche Gebot, eine Norm stets so auszulegen, daß die in den Grundrechten zum Ausdruck kommenden Wertvor-
8b stellungen größtmögliche Wirksamkeit erlangen (BVerfGE **39**, 38). **a) Im strafrechtlichen Schrifttum** ist die Rechtsnatur der Indikationen äußerst str. (Übersicht über die Literatur **pro und contra Rechtfertigungsthese** JVL **5**, 87; **6**, 93; **7**, 65; **9**, 89). Die Auseinandersetzung leidet darunter, daß die Vertreter der Rechtfertigungsthese auf verfassungsrechtliche Einwände kaum oder gar nicht eingehen (Büchner JVL **6**, 12) und im einfachrechtlichen Bereich nur mit einem halbherzig verstandenen, alterierten (besonders deutlich M-Schroeder § 6,15; auch Jerouschek JZ **89**, 282 Fn. 40) „Rechtfertigungsgrund" argumentieren, der „keine rechtliche Billigung", „keinen positiven Wertakzent" einschließt (Horstkotte Prot. 7/683) und lediglich einen „Verzicht auf strafrechtliche Mißbilligung" (SchSch 68 zu § 218a) ausdrückt (vgl. auch Bay NJW **90**, 2332 u.

Straftaten gegen das Leben **Vor § 218**

hierzu Beckmann MedR **90**, 301). Ein solches Verständnis der Indikationen nähert sich *der Sache nach* eher einem Strafausschließungsgrund, dem man aus pragmatischen gesellschaftspolitischen Erwägungen (vgl. BVerfGE **39**, 67), lediglich das *Etikett eines Rechtfertigungsgrundes anheftet* (vgl. Kluth GA **88**, 549; Tröndle ZRP **89**, 59). **aa)** *Schrifttum pro* Rechtfertigungsthese: LK-*Jähnke* 22; LK-*H.-J. Hirsch* 85 zu § 34 u. UniKöln-FS 412; SchSch-*Eser* 12, ferner 5, 6 zu § 218a; *Lackner* 1a zu § 218a, NJW **76**, 1236 u. JVL **1**, 21; SK-*Rudolphi* 1 zu § 218a *Jescheck* § 33 I 2; M-*Schroeder* § 6, 15; *Wessels* BT 1 § 4 IV; *Arzt/Weber* LH **1**, 376; *Beulke* FamRZ **76**, 597; *Roxin* JA **81**, 229; *G. Schultz* MDR **84**, 812; *Lenckner* GA **85**, 306 u. PraxRMed 609; *Schmidhäuser*, Lackner-FS 92; *Hambüchen*, Simon-FS 821; *Gropp* GA **88**, 1; *Ramm* JZ **89**, 867; *Gössel* BT 1 § 10, 8; *Roxin* § 14, 28, alle mwN), die die vorgreifliche verfassungsrechtliche Problematik um des Anscheins einer „dogmatisch konsistenten Lösung" willen geringachten (zB Koch SSA I 117) oder BVerfGE **39**, 1 unzutr. auslegen (zB Hanebuth Jura **88**, 220, gänzlich verfehlt Frommel ZRP **89**, 351, zutr. gegen sie Wilms ZRP **90**, 475; Gartner, Kropp ZRP **91**, 74; auch Classen GA **91**, 213 Fn. 20) oder aber den von Roxin (Oehler-FS 187) „als unverbrüchlich festzuhaltenden Grundsatz, daß kein Sterblicher einen unschuldigen und an der Entstehung der Notlage unbeteiligten Menschen mit direktem Vorsatz töten darf", für das ungeborene Leben ausdrücklich – und BVerfG **39**, 42 zuwider – dispensieren (so Gropp GA **88**, 15: „Gang über den Rubikon"!; ebenso SchSch 6 zu § 218a; hiergegen Kluth GA **88**, 549; Tröndle ZRP **89**, 59; Beckmann MedR **90**, 304; Büchner ZRP **91**, 432). Ebenfalls dem BVerfG widersprechend, aber auch in sich widersprüchlich sucht Bernsmann (ArbuR **89**, 15) dem zugegebenen Begründungsdefizit der Rechtfertigungsthese dadurch zu begegnen, daß er dem „Durchlaufen des Beratungs- und Feststellungsverfahrens" „genehmigungsähnliche" Wirkung beilegt und ihm letztlich das „entscheidende Stück Rechtfertigung" zuschreibt (gegen ihn Beckmann MedR **90**, 306 Fn. 79). Soll aber das *Versagen* des Schutzsystems wirklich die *Vernichtung* des *Schutzguts* rechtfertigen können?

bb) *Schrifttum contra* Rechtfertigungsthese (vgl. auch oben 5): *Beckmann* ZRP **87**, 85; *Beitzke*, Familienrecht, 25. Aufl. 1988 S. 261; *Belling*, Ist die Rechtfertigungsthese zu § 218a StGB haltbar?, 1987 [zit. Belling]; *Bosch* FamRZ **84**, 262, 651 u. NJW **87**, 2630; *Brießmann* JR **91**, 398; *Büchner* JVL **4**, 9 u. Parl. B 14/90 S. 6; *Esser*, ArztR **81**, 260, 295, MedR **83**, 57 u. SGb **87**, 454; *R. Esser* [oben 4c] 71; *Maunz-Dürig* 21 ff. zu Art. 2 II GG; *Geiger*, Die neue Ordnung 1980, 84 in Hoffacker [4b], 123, FamRZ **86**, 3 ff., Jura **87**, 60, ChLeb 45 u. Tröndle-FS 647; *Gritschneder* MedR **84**, 100; *Günther* 314, FPflMed 261 u. Spendel-FS 197; *Häberle* FamRZ **86**, 864; *Hiersche*, Tröndle-FS 669; *Hiller-Hiersche* DÄBl. **78**, 781; *E. v. Hippel* JZ **86**, 54 u. JVL **4**, 17; *Isensee* NJW **86**, 1645; *Jescheck* ZStW **97**, 1084 u. **98**, 7; *Arth. Kaufmann*, Maurach-FS 327 [hierzu krit. *Tröndle* JR **73**, 219], JuS **78**, 361 u. in Pannenberg/Kaufmann (Hrsg.) Gesetz und Evangelium, Bayer. Akad. d. Wiss. Sitz. Ber. **86**, Heft 2, 44; *R. Keller* FPflMed 124; *Kluth* FamRZ **85**, 441, NJW **86**, 2349, JVL **4**, 49, ZBR **87**, 241, *IMABE* [oben 6b] 137; GA **88**, 547, Jura **89**, 416 u. JR **90**, 105; *Langer* JR **87**, 261; *Laufs* NJW **87**, 1451, **88**, 1500, FPflMed 94, EssGespr. **22** (1988), 116 u. FPflMedAR 129; *Lecheler* MedR **85**, 216; *Leisner*, Das Recht auf Leben [oben 4a], 49; *Lenzen*, Tröndle-FS 723; *Mittenzwei* AcP **187** (1987), 267, 271 u. MDR **88**, 701; *Gerh. Müller* NJW **84**, 1798 u. DB **86**, 2673; *Otto* BT § 13 III 2b u. NStZ **90**, 178; *Peters* JR **89**, 496 u. **50**, 742; *Philipp* in Hoffacker [4b], 137, Jura **87**, 90 u. NJW **87**, 2276; *Reis*, Das Lebensrecht usw. [4b] 162, 172, 175 (gegen ihn, verfassungsrechtlich nicht überzeugend *Engelhardt* DRiZ **86**, 11); *Sax* JZ **77**, 326; *Schild* JA **78**, 631; *R. Schmitt* JZ **75**, 356 u. Klug-FS 331; *Stürner* FamRZ **85**, 757, JZ **86**, 123, **90**, 709 u. Jura **87**,

Vor § 218

81; *Tröndle* MedR **86**, 32, Jura **87**, 69 u. ZRP **89**, 58; *Waldstein* NJW **86**, 904; *Würtenberger* JVL **5**, 44.

cc) Die hM im sozialrechtlichen Schrifttum (vgl. hierzu Reis 181), die „nicht rechtswidrig" in den Leistungstatbeständen des § 200f RVO, des § 204a RKnappschaftsG, § 31b KVLG, § 37 BSHG dem „nicht strafbar" in § 218a I S. 1 gleichsetzt, hat verfassungsrechtlich schon deshalb keinen Bestand, weil die genannten Leistungstatbestände als Art. 2 II S. 1 GG einschränkende Normen nicht dem Zitiergebot des Art. 19 I S. 2 GG genügen (Jahn/Dünisch MDR **90**, 493). Die Gleichbewertung der Begriffe geht aber auch deshalb fehl, weil die Worte „nicht rechtswidrig", mäße man ihnen keine einschränkende Funktion zu, tautologisch, somit entbehrlich wären, denn die staatliche Auferlegung von Sozialleistungspflichten für *Unrechts*handlungen wäre ohnehin unzumutbar und illegal. Das braucht nicht gesetzgeberisch geklärt zu werden. Denkt man sich aber die Worte weg, so wäre § 200f RVO uferlos weit. Vgl. aber auch zu weiteren Bedenken unten 9c und Bay NJW **90**, 2331 [cc]. Der SSA nach § 218a II Nr. 3 ist nicht beihilfefähig (VGH Mannheim NJW **84**, 1416; VG Freiburg MedR **83**, 159), da *Schwangerschaft keine Krankheit* iS des § 2 I Nr. 1 BeihVO BW ist, ebensowenig iS des § 1 I LohnFG; (vgl. unten 8c).

8c b) Die *strafgerichtliche Rspr.* hat erst in jüngerer Zeit zur Rechtsnatur der Indikationen Stellung genommen. **aa) BGH 38**, 158 folgt der Rechtfertigungsthese, ohne sich im einzelnen mit den Einwänden (unten 8h, 8i) und den verfassungsrechtlich durchgreifenden Gegenargumenten des – BVerfGE **39**, 1 ff. folgenden – BayObLG (NJW **90**, 2328) auseinanderzusetzen. Der BGH begnügt sich mit einer „apodiktischen Behauptung, die jede stichhaltige Begründung vermissen läßt" (so Lackner NStZ **92**, 332) und dem unzureichenden Hinweis, daß nach der Entstehungsgeschichte des Gesetzes die „rechtfertigende Wirkung des § 218a", auch wenn das Gesetz „den Grund dafür nicht nennt", nicht fraglich sein könne. Er folgert, statt zu differenzieren, weiterhin aus der – auch sachlich unstimmigen – Gleichsetzung aller Indikationen in § 218a II pauschal ihre rechtliche Gleichbehandlung (krit. Otto JR **92**, 211; Geiger JVL **9**, 32). Der BGH beließ es (krit. und zu den Konsequenzen des Verschweigens einer „in hohem Maße plausiblen Position" Lackner NStZ **92**, 333) bei einem bloßen Zitat der Entscheidung Bay NJW **90**, 2328, ohne sich mit den ausführlichen Gründen zu befassen, mit denen diese Entscheidung der Rechtfertigungsthese entgegentrat (aaO 2330) und unter Berücksichtigung der verfassungsrechtlichen Vorgaben aus rechtshistorischen und rechtssystematischen Gründen einen *Schuldausschließungsgrund* bejahte (zu Bay NJW **90**, 2328 iErg. zust. Otto JR **90**, 338; Bosch FamRZ **90**, 1406; Beckmann MedR **90**, 301; die abl. Kritik Esers, R. Schmitt-FS 171 u. JZ **91**, 1003 überzeugt nicht). Die Gründe des BayObLG betreffen grundlegende Fragen, die auch Gegenstand der anhängigen Normenkontrollanträge (oben 3g) sind. Überzeugend legt das Gericht dar, daß die *ärztliche Indikationsfeststellung* (4 zu § 218a) als eine „Entscheidung über die Nichtstrafbarkeit eines grundsätzlich strafbedrohten Handelns" *gerichtlich überprüfbar* sei, da die Entscheidung sich „als Ausübung staatlicher Macht" darstelle (vgl. 13 zu § 218a; offen gelassen in BGH **38**, 154), „deren verfassungsrechtliche Bindung an Recht und Gesetz (Art. 20 III GG) nicht „unterlaufen" werden dürfe (NJW **90**, 2330). Nach der Entstehungsgeschichte des § 218a gehe es nicht an, „nicht strafbar" mit „nicht rechtswidrig" gleichzusetzen. Dies widerspreche der Unrechtskennzeichnung des SSA, die das BVerfG gerade auch im echten Konfliktfall aus der staatlichen Schutzverpflichtung verlange (BVerfGE **39**, 1, 50); im Fall der Notlage könne dem Lebensrecht Ungeborener nicht „ein dieses vernichtendes stärkeres Recht gegenübergestellt" werden: Das grundsätzliche Unrecht des SSA lasse sich auch in Notlagen nicht zu einem Recht auf Abtötung der Leibesfrucht wandeln (NJW **90**, 2331). Auch tauge § 218a II Nr. 3 nach der Normgestaltung mangels objektiv umschriebener Kriterien nicht zu einem Rechtfertigungsgrund. Denn die Nichtstrafbarkeitsvoraussetzungen (Notlage und ärztliche Indikationserkenntnis) stellten sich als Bedingungen dar, die von der *subjektiven* Darstellung und Bewertung der jeweiligen Gegenseite (Schwangere und Arzt) abhängig seien (NJW **90**, 2331 [cc]). Weitere Kriterien eines Rechtfertigungsgrundes seien nicht erkennbar: Aus § 218a II Nr. 3 sei ein *Vorrang* eines Rechtsguts der Schwangeren gegenüber dem höchstrangigen Rechtsgut auf Leben *nicht* zu entnehmen. Auch habe der Gedanke, dem Arzt sei die Mitwirkung an einer straflosen, aber doch rechtswidrigen Tötung nicht zuzumuten, außer Betracht zu bleiben, weil sein Weigerungsrecht in Art. 2 5. StrRG anerkannt sei und weil „eine gebotene Mißbilligung einer Tötungshandlung nicht in ihr Gegenteil verkehrt" werden könne, vielmehr bedürfe es insoweit eigener rechtlicher Regelungen. Da der Gesetzgeber bisher hierauf verzichtet habe, sei es zu Entscheidungen von Zivil-, Arbeits- und Sozialgerichten gekommen, die Widersprüche und Systemwidrigkeiten in Kauf genommen hätten, die für das Strafrecht nicht übernommen werden könnten. Die Rechtsordnung kenne „kein Beispiel, bei dem die Vernichtung eines Rechtsguts von höchstem Verfassungsrang dadurch gerechtfertigt würde, daß die Existenz dieses Rechtsguts für einen andern nicht zumutbar" erscheine. Rechtfertigungsgründe ergeben sich auch nicht aus dem StREG (§§ 200f, 200g RVO). Diese Leistungsansprüche setzen nämlich voraus, daß nach *anderen* Rechtsvorschriften der SSA „nicht rechtswidrig" ist. Der Gesetzgeber habe in genauer Kenntnis des § 200f RVO bei der später beschlossenen Neufassung des § 218a den Terminus „nicht rechtswidrig" gerade vermieden und eindeutig darauf verzichtet, die Indikationen generell iS eines Rechtfertigungsgrundes zu regeln (NJW **90**, 2332 [dd]). Ein bloßer *Schuldausschließungsgrund* lasse die in § 218 I zum Ausdruck gebrachte Rechtswidrigkeit unberührt und schaffe daher keinen Anknüpfungspunkt für sozialversicherungsrechtliche Leistungstatbestände oder Voraussetzungen für die Lohnfortzahlung. Schließlich wendet sich das BayObLG dagegen, „die *strafrechtliche* Natur der Indikationen" „aus zivil- und sozialrechtlichen Prämissen" abzuleiten: eine „pragmatische Harmonisierung", die „straffrei" und „nicht rechtswidrig" nicht unterscheide, verschiebe die gesetzliche Unrechtskennzeichnung des SSA im Falle der allgemeinen Notlagenindikation zu Lasten des Lebensrechts Ungeborener. Die Einheit der Rechtsordnung legitimiere den Richter nicht, den Lebensschutz dienende gesetzliche Bestimmungen wortlautwidrig in widerspruchsfreie Übereinstimmung zu bringen. Zu einer Harmonisierung des *vom Gesetzgeber zu verantwortenden* widersprüchlichen und teilweise offenen Rechtszustandes beizutragen", sei nicht Aufgabe des Richters (aaO).

bb) Auch die *außerstrafrechtliche* insbesondere die *im zivilrechtlichen Bereich* im Zusammenhang mit *Haftungsansprüchen wegen mißlungenen SSA* ergangene Rspr. des VI. ZS des BGH hat, ohne auf verfassungsrechtliche Fragen einzugehen, alle Indikationen (ebenso wie inzwischen auch BGH **38**, 144 [1. StS], oben 8c) als Rechtfertigungsgründe behandelt (BGHZ [VI. ZS] **86**, 245 [m. Anm. Deutsch JZ **83**, 447; Fischer JuS **84**, 434; krit. Esser MedR **83**, 57; G. Müller NJW **84**, 1793]; **89**, 102 [m. Anm. Deutsch JZ **84**, 886; Aretz JZ **84**, 719; krit. Bosch FamRZ **84**, 258; Sick MedR **85**, 92; Fischer MedR **85**, 93]; JZ **85**, 331 [m. Anm. Giesen; krit. Stürner FamRZ **85**, 753 u. JZ **90**, 722; Kemper FamRZ **85**, 1015]; BGHZ **95**, 199; NJW **85**, 2749 [krit. Stürner JZ **86**, 122 u. Jura **87**, 76; Laufs NJW **86**, 1517, FPflMed **95** u. MedR **90**, 234; Kluth NJW **86**, 2348; zust. Grunsky JZ **86**, 173 u. Jura **87**, 83]). Die daraus folgenden bedenklichen Konsequenzen (zB „*Kind als Schaden*") sind nicht hinnehmbar (vgl. hierzu Bay NJW **90**, 2330, 2333; Tröndle MedR **86**, 32 Fn. 18 u. ZRP **89**, 60; vgl. unten 26 zu

8d

Vor § 218

§ 218a) und widerstreiten grundlegenden Rechtsprinzipien (treffend Geiger Jura **87**, 62; Belling [unten 8b] 728, 735; vgl. auch Laufs NJW **87**, 1451 u. FPflMedAR 52, 105). Von dieser Rspr. mit Recht abw. ferner Frankfurt MedR **83**, 70; AG Celle NJW **87**, 2307 m. Anm. Mittenzwei MedR **88**, 43; Diederichsen VersR **81**, 693; Zimmermann JZ **81**, 89, Lenz VersR **90**, 1210, jew. mwN; vgl. auch Harrer MedR **89**, 178 (Beweisproblematik); auch das LG Kassel (Z) NJW **84**, 1412. Mit den verfassungsrechtlichen Vorgaben setzt sich aus zivilrechtlicher Sicht Mittenzwei AcP **187** (1987) 267, 278 zutr. auseinander (vgl. hierzu ferner auch Pedrazzini SchweizJurZtg **90**, 136).

8e cc) Das *ArbG Iserlohn* (NJW **87**, 1509) hat die Fälle der sozialen Indikation in verfassungskonformer Auslegung des § 218a für straflos aber für rechtswidrig gehalten und daher eine Klage auf Lohnfortzahlung (§ 1 II S. 2 LohnFG) nach einem SSA abgelehnt (hierzu mit fragwürdiger Argumentation Bernsmann ArbuR **89**, 14 Fn. 37). Das LArbG Hamm (NJW **87**, 2326) hat dieses Urteil mit dem dogmatisch verfehlten Hinweis auf § 11 I Nr. 5 (hiergegen Tröndle NJW **89**, 299; vgl. auch Geiger FamRZ **86**, 2) aufgehoben, ohne auf die verfassungsrechtlich entscheidenden Fragen einzugehen; das BArbG (NJW **89**, 2347) hat die Aufhebung mit fehlgreifender Begründung und ohne Berücksichtigung der Gegenargumente bestätigt (hiergegen Gerh. Müller FamRZ **90**, 153; Tröndle NJW **89**, 2990; v. Maydell SAE 3/90 S. 131, Stürner JZ **90**, 722; Beckmann MedR **90**, 303 und nunmehr auch Bay NJW **90**, 2331).

8f dd) Das *SozG Dortmund* hat in seinem Vorlagebeschluß (MedR **84**, 113, hierzu Esser MedR **83**, 57; Gritschneder MedR **84**, 99) die nichtmedizinischen Indikationen für rechtswidrig und insoweit Kassenleistungen nach §§ 200f, 200g RVO für verfassungswidrig gehalten. Nachdem das BVerfG die Vorlage als unzulässig zurückgewiesen hatte (unten 8g), hat das SozG (NJW **85**, 702), ohne die Rechtsfrage selbst zu entscheiden, die Unterlassungsklage der Versicherten als unzulässig abgewiesen; das BSozG (NJW **87**, 517) hat dieses Urteil bestätigt und zur Frage der Rechtmäßigkeit der kassenärztlichen Sachleistungen nicht Stellung genommen.

8g ee) Dem **BVerfG** liegen nunmehr Normenkontrollanträge zu den noch geltenden §§ 218a ff. wie auch zu Art. 13 des vorläufig suspendierten SFHG vor (vgl. oben 3d, 3g und unten 20). In früheren Vorlagen hat das BVerfG die umstr. Frage, ob die Indikationen des § 218a Rechtfertigungsgründe sind, unbeantwortet gelassen. So hat es in BVerfGE **67**, 26 mit unzureichender Begründung (Geiger EuGRZ **84**, 409; Reis 203; Krause NVwZ **84**, 87; zust. jedoch Aretz JZ **84**, 922; vgl. auch G. Schultz MDR **84**, 812; Narr 805) die Vorlage des SozG Dortmund (oben 8f) für unzulässig gehalten. Der neuere äußerst knappe Beschluß des BVerfGE **78**, 320, mit dem eine in derselben Sache erhobene Verfassungsbeschwerde zurückgewiesen wurde, schafft mehr Probleme, als er klärt (Kluth DVBl. **88**, 1113 u. Jura **89**, 408; E. v. Hippel NJW **88**, 2940; Beckmann MedR **90**, 308; vgl. auch Classen GA **91**, 219) und erfuhr harte und durchgreifende Kritik (Geiger EuGRZ **88**, 481). Welchen Argumentationsschwächen sich selbst das BVerfG aussetzt, wenn es das Fristenlösungsurteil (oben 8, unten 9a) in der Sache nicht respektiert und der Aufgabe ausweicht, seinen verbindlichen (§ 31 BVerfGG) Rechtssätzen Geltung zu verschaffen, belegt auf beklemmende Weise der Beschluß der 1. Kammer des 1. Sen/BVerfG (NJW **90**, 241), die nicht nur eine von Grund auf fehlerhafte und zirkelschlüssige Begründung des BArbG (oben 8e) unbeanstandet läßt, sondern auch selbst die Bedeutung der rechtsgebietsübergreifenden strafrechtlichen Rechtfertigungsgründe (2 vor § 32) für das Rechtssystem im ganzen und – BVerfGE **39**, 57 zuwider – die fundamentale Unterscheidung zwischen Recht und Unrecht nicht erkennt (hierzu im einzelnen Geiger EuGRZ **90**, 173; Otto NStZ **90**, 178; Kluth

JR **90**, 104; Gerh. Müller FamRZ **90**, 158; v. Maydell SAE 3/90 S. 131, Büchner Parl. 14/90, 10; Stürner JZ **90**, 709, 717 und inzwischen grundlegend Bay NJW **90**, 2328, hierzu Beckmann MedR **90**, 309 [oben 8c], das sich in der Ablehnung der Rechtfertigungsthese dadurch bestärkt sieht, daß sich das BVerfG oder ein anderes Bundesgericht dieser These nicht rückhaltlos habe anschließen können). IErg. wird die Wirksamkeit des § 1 II LFZG im wesentlichen nur mit der Verfassungsmäßigkeit des § 218a begründet. Es hätten auch weitere Verfassungsprinzipien (zB Art. 14 GG) geprüft werden müssen, an denen § 1 II LFZG zu messen war (v. Maydell SAE 3/90 S. 134; weitgehend verfehlt Jahn JuS **91**, 106).

c) Die Einwände gegen die Rechtfertigungsthese sind begründet **8h** (Beschl. BayLTags v. 12. 6. 1986 [Drs. 10/10529]; vgl. im einzelnen Bay NJW **90**, 2328 [oben 8c]; aM BReg. BT-Drs. 8/3630; 11/4279). Von ihren (strafrechtlichen) Vertretern wird die **Wirkkraft** des Rechtfertigungsgrundes in der oben 8a dargestellten Weise eingeschränkt (vgl. hierzu Belling [4b] 102; Tröndle Jura **87**, 72 u. ZRP **89**, 59) und hervorgehoben, daß er keinen Rechtsanspruch auf SSA begründe (Koch SSA I 186), sondern „bloßen Verzicht auf strafrechtliche Mißbilligung" (SchSch 68 zu § 218a; KBer. 20) enthalte (dazu Sax JZ **77**, 330; zur Notwendigkeit der **rechtlichen** Mißbilligung oben 8). Im übrigen stellt Art. 2 des 5. StrRG klar, daß bei Vorliegen anderer als streng medizinischer Indikationen niemand verpflichtet ist, an einem SSA mitzuwirken und daß ferner die Werbung auch für die Fälle eines indizierten Schwangerschaftsabbruchs (Ber. 7) unter den Voraussetzungen des § 219b strafbar geblieben ist. Vorbereitungshandlungen für gerechtfertigte Haupttaten können aber schwerlich strafwürdiges Unrecht sein, Günther 321. Aber selbst Vertreter der Rechtfertigungsthese erheben, soweit sie auf die vorgreiflichen verfassungsrechtlichen Probleme (oben 6c, 8) überhaupt eingehen, gewichtige Einwände gegen die Verfassungsmäßigkeit der Indikationsregelung im Ganzen oder den Umfang der Straffreistellung im Einzelnen (jew. aaO Jähnke 31, Eser 49a zu § 218, Lackner, Beulke 601, Roxin JA **81**, 542). Lackner (4 zu § 218a) mißt den Einwendungen gegen die Rechtfertigungsthese erhebliches Gewicht bei, gibt aber die schwer erträglichen Widersprüche für das Normensystem zu bedenken, die eine Verneinung der Rechtmäßigkeit zur Folge hat. Aber gerade in den Indikationsfällen, in denen die Fortsetzung der Schwangerschaft *mit den Mitteln des Strafrechts* „nicht verlangt werden kann" (vgl. § 218a II Nr. 1, 3a; hierzu Kluth NJW **86**, 2350), verhält es sich so, daß das Verfassungsrecht bei Abwägung der kollidierenden Rechtsgüter die Vernichtung des einen Rechtsguts nicht erlaubt (Art. 19 II GG), sie daher also rechtswidrig bleibt (aM Classen GA **91**, 212). Ausgeschlossen ist es indessen verfassungsrechtlich nicht, diese rechtswidrige Tat straffrei zu lassen, falls der verfassungsrechtlich gebotene anderweitige Schutz die Effektivität der Strafdrohung erreicht (oben 8).

d) Bei der gebotenen (Geiger, Tröndle-FS 664 u. EuGRZ **90**, 178) **verfas- 8i sungskonformen Auslegung** gewähren die Indikationen kein Recht auf SSA; von den Indikationen geht auch nicht die Wirkkraft einer Rechtfertigung aus, weil sie weder ein Handlungsrecht eröffnen noch eine Duldungspflicht begründen (Kluth JR **90**, 105). Nach dem Wortlaut begründen die Indikationen nur einen Sanktionsverzicht, den man schon deswegen dem Erlaubtsein nicht gleichsetzen darf, weil dies dem ultima-ratio-Charakter des Strafrechts widerspräche (ähnlich Bay NJW **90**, 2331; vgl. BVerfGE **39**, 47) und weil das BVerfG für diesen Strafverzicht ausdrücklich auf *Zumutbarkeitsgesichtspunkte* (krit. hierzu Kluth GA **88**, 564) abhebt (unten 9). Daher ist es auch nicht möglich, die Indikationen als „gesetzliche Vorwegabwägung iS von § 34" (so SchSch 6, SK

Vor § 218 BT Sechzehnter Abschnitt

1, jew. zu § 218a; Gropp [4b], 170; hiergegen auch Belling 121; vgl. auch SchSch-Lenckner 23 zu § 34) oder als „gesetzliche Sonderregelung" zu 34 (so nunmehr Gropp GA **88**, 16; vgl. dazu Geiger, Tröndle-FS 651) zu begreifen. Denn die rechtstechnische Ausformung des (ohnehin verfassungsrechtlich nicht unbedenklichen) Indikationsfeststellungsverfahrens vermag *vorgreifliche* verfassungsrechtliche Mängel der Indikationen selbst nicht auszuräumen (vgl. hierzu zutr. Geiger FamRZ **86**, 3 Fn. 1; Kluth JR **90**, 104; Brießmann JR **91**, 398). Noch weniger gilt das von den Leistungsansprüchen der §§ **200f, 200g RVO** und anderer Leistungstatbestände (vgl. Kluth Jura **89**, 416), die durch das **vor** dem 15. StÄG erlassene – und daher getrennt zu beurteilende – StREG (vgl. BVerfGE **39**, 35, 93) geschaffen worden sind (hierzu eingehend Isensee NJW **86**, 1645, insbesondere aber Prot. der 21. Sitz. des Vermittlungsausschusses vom 12. 6. 1975). Das StREG ist zwar trotz der akzessorischen Natur vor der Ausformulierung der Grundtatbestände des 15. StÄG beschlossen worden, aber nicht um der Auslegung der Worte „nicht strafbar" vorzugreifen (Prot. aaO), sondern um die unstreitigen Teile (Beratung, Hilfe) in Kraft treten zu lassen. Die §§ 200f, 200g RVO konnten sich somit zum einen auf die Notlagenindikation gar nicht beziehen (Tröndle, Philipp Jura **87**, 70, 87 u. NJW **87**, 2276; Esser SGb **87**, 455; Geiger, Tröndle-FS 663), zum andern beziehen sich diese Normen ausdrücklich nur auf *„nicht rechtswidrige"* SSA und enthalten wie bei der Sterilisation selbst keinerlei Tatbestandsumschreibung für einen Rechtfertigungsgrund (Bay NJW **90**, 2332), sondern knüpfen für sozialversicherungsrechtliche Leistungs- oder arbeitsrechtliche Lohnfortzahlungsansprüche (Bay aaO [II 5 a ff]) an andere Vorschriften an, nach denen der SSA „nicht rechtswidrig" ist. Niemand ist aber früher auf den Gedanken gekommen, Sterilisationen, die überhaupt nicht strafrechtlich geregelt sind, sämtlich für „nicht rechtswidrig" zu halten, weil sie straflos sind. Aus der zeitlichen Abfolge des gesetzgeberischen Verfahrens folgt, daß der Gesetzgeber bei der Neufassung des § 218a nicht präjudiziert war. Er war schon wegen der Besorgnis erneuter Verfassungswidrigkeit nicht bereit, an den im StREG verwendeten Begriff „nicht rechtswidrig" anzuknüpfen. Auf Veranlassung der CDU/CSU-Fraktion wurden die §§ 200f, 200g RVO auch nicht in das GRG übernommen (vgl. BTag 11/7932); der Gesetzgeber sah sich also auch jetzt nicht in der Lage, die hM im sozialversicherungsrechtlichen Schrifttum zu bestätigen. Auch erlaubt das bisherige Ausbleiben einer verfassungsrechtlichen Klärung durch das BVerfG es nicht, deswegen auf eine verfassungskonforme Auslegung zu verzichten und alle Indikationen aus dem Gedanken einer gesetzlichen Harmonie als Rechtfertigungsgründe zu behandeln, weil die Wahrung der Einheitlichkeit der Rechtsordnung primäre Aufgabe des Gesetzgebers ist (Bay NJW **90**, 2332).

9 **e) Rechtlich mißbilligte Handlung** (oben 8) ist der SSA – von der streng medizinischen Indikation (unten 9c) abgesehen – auch in den anderen Indikationsfällen. Die Indikationen sind allenfalls als *Schuldausschließungsgründe* anzusehen (so inzwischen Bay NJW **90**, 2331 m. Anm. Otto JR **90**, 342; vgl. ferner Peters JR **49**, 496; **50**, 742; Baumann FamRZ **63**, 226; ferner Prot. VI/2277, 2324, 2343; 7/1469 ff.). Dafür spräche, daß der Gesetzgeber das Austragen der Schwangerschaft in diesen Fällen lediglich unter dem Gesichtspunkt der *Unzumutbarkeit* mit den *Mitteln des Strafrechts* nicht erzwingt (vgl. BVerfGE **39**, 46, 48, 50; verkannt von Bernsmann ArbuR **89**, 13 u. Jerouschek JZ **89**, 282). Andere Gegner der Rechtfertigungsthese schließen aus der Tatsache, daß in diesen Fällen der Lebensschutz nicht mit der *Straf*rechtsordnung nicht garantiert werden kann, sondern hierfür andere Hilfen einzusetzen sind, auf das Vorliegen eines *sachlichen* (objektiven) *Strafausschließungsgrundes* (Otto [8b], Reis 177, jew. aaO) oder verneinen lediglich die *Strafwürdigkeit* (Sax [8b]). Günther [8b] nimmt echte *Strafunrechtsausschließungsgründe* an (27 vor § 13; gegen ihn Reis 169),

1220

Schild [8b] bloße *Unrechtsausschließungsgründe* und geht von einem „*rechtsentlassenen Raum*" aus. Der SSA darf nicht in einen „*rechtsfreien Raum*" fallen (BVerfGE **39**, 44, 57). Arth. Kaufmann (aaO) entläßt aber nur den *indizierten* SSA in den „rechtsfreien Raum", was bedeuten soll, daß keine weitere Bewertung (rechtmäßig/rechtswidrig) vorgenommen werden soll, wenn die Voraussetzungen des § 218a erfüllt sind (JZ **92**, 981). Ein Verzicht auf die Rechtmäßigkeitskontrolle der Indikationen ist aber schon wegen der Kassenleistung, aber auch wegen der staatlichen Lebensschutzpflicht nicht möglich, weil im Interesse des Ungeborenen Mißbrauchsmöglichkeiten einzugrenzen sind (vgl. unten 18 und BR-Drs. 451/87 [oben 3c]; Philipp NJW **87**, 2276 Fn. 14; Lackner JVL **1**, 21).

f) Das Fristenlösungsurteil BVerfGE 39, 1ff. (mit der MRK vereinbar, **9a** EKMR EuGRZ **78**, 199, hierzu Reis JZ **81**, 738; krit. und rechtsvergleichend mit der amerik. verfassungsgerichtlichen Rspr.: Brugger NJW **86**, 896; Morris ZStW **99**, 888) ließ die Frage der Rechtsnatur der Indikationen offen (so ausdrücklich BVerfGE **39**, 1, 53 [künftig zit. nach bloßen Seitenzahlen], überwiegend werden jedoch Wendungen in Richtung bloßer Straflosigkeit gebraucht, so S. 44, 48, 49, 50; anders lediglich 58; vgl. Belling 81). Für die Verfassungslage (oben 6c, 8), die Auslegung des nachrangigen Rechts und die Rechtsnatur der Indikationen sind insbesondere folgende Ausführungen des BVerfG **richtungweisend: Im Wertsystem des GG** stellt **das ungeborene Leben den gleichen Höchstwert** wie geborenes Leben dar [hiervon geht auch das MindVot 79 aus], es ist wie dieses „die vitale Basis der Menschenwürde und die Voraussetzung aller anderen Grundrechte" [42]. Dem ungeborenen Leben gegenüber besteht nicht nur eine Achtungspflicht, sondern auch eine Schutzpflicht [42, 61]; AG Celle NJW **87**, 2309 [m. Anm. Mittenzwei MedR **88**, 43]; Maunz-Dürig 22 zu Art. 22 II GG; v. Mutius Jura **83**, 32; Burmeister JR **89**, 52. Ist es dem Gesetzgeber aber durch das umfassende Schutzgebot des Art. 2 II S. 1 (iVm Art. 1 I S. 2) GG verwehrt, die Vorrangigkeit des GG und des Menschenrechts auf Leben zu mißachten und nach Belieben Rechtfertigungsgründe für § 218 zu schaffen, so gilt dies für die Auslegung einfachrechtlicher Normen nicht minder. Die Höchstwertentscheidung der Verfassung für das werdende Leben gilt für alle Rechtsbereiche [41] und die von der Verfassung geforderte *rechtliche Mißbilligung* des SSA (oben 8) muß auch im sog. Einfachrecht deutlich in Erscheinung treten [53]. Zur strafrechtlichen Schutzpflicht vgl. oben 8.

Bei kollidierenden Grundrechten ist der **schonendste Ausgleich** konkurrie- **9b** render grundgesetzlich geschützter Positionen unter Berücksichtigung des Art. 19 II GG vorzunehmen [43], dh zunächst der nach der unterschiedlichen Wertigkeit. Eine **Güterabwägung** kann wegen der Gleichwertigkeit der kollidierenden Interessen nur ausgeschlossen sein, wenn Leben gegen Leben steht (Kluth GA **88**, 555; unten 9c). Außerhalb dieser strengen Form der medizinischen Indikation ist die Berücksichtigung der Höherwertigkeit des Lebens als übergeordneten Rechtsgrundsätzen zwingend geboten, denn in keinem Falle darf ein Grundrecht in seinem **Wesensgehalt** angetastet werden (Art. 19 II GG), so daß dem Lebensschutz des nasciturus Vorrang gebührt (Bay NJW **90**, 2331; Geiger FamRZ **86**, 3; Gerh. Müller DB **86**, 2673; Belling 76, 87; Wilms ZRP **90**, 471; vgl. Kluth GA **88**, 558). Es geht im Grunde um eine durch Auslegung zu ermittelnde Begrenzung des verfassungsrechtlichen Schutzbereichs der allgemeinen Handlungsfreiheit (Belling 77; Mittenzwei AcP **187**, 269). Nach BVerfG ist grundsätzlich von einer **Pflicht zur Austragung** der Schwangerschaft auszugehen [44] (Burmeister JR **89**, 52, der insoweit Art. 6 II S. 1 GG heranzieht) und der Abbruch der Schwangerschaft daher als „Unrecht" zu kennzeichnen [46]; vgl. oben 8.

Auch läßt sich aus dem **gesamten System der Rechtsordnung** eine Bewer- **9c** tung der Indikationen als Rechtfertigungsgründe nicht herleiten (Bay NJW **90**,

Vor § 218

2331 [cc] m. Anm. Otto JR **90**, 343). Die Annahme eines Strafausschließungs- oder Entschuldigungsgrundes schließt Sozialhife nicht aus, zu Recht aber staatliche Beihilfe und Leistungen der gesetzlichen Krankenkassen (*„Abtreibung auf Krankenschein"*; vgl. Bay NJW **90**, 2332 m. Anm. Otto JR **90**, 343), für deren Gewährung Mittel der gesetzlichen Krankenversicherung nicht bestimmt sind (E. v. Hippel JZ **86**, 56 u. JVL **4**, 26; Isensee NJW **86**, 1650 u. EssGespr. **22** (1988), 150; Philipp, Geiger in Hoffacker [4b], 137, 123, 182; u. FamRZ **86**, 5, Jura **87**, 65, 86; Laufs NJW **87**, 1451; Esser SGb **87**, 455; Tröndle ZRP **89**, 60; Büchner Parl. B 14/90 S. 10; Stürner JZ **90**, 722; ohne überzeugende Begründung aM Hambüchen, Simon-FS 791; oben 8e); ferner zur Problematik nach dem EV Philipp MDR **91**, 1) und die daher der Gesetzgeber auch nicht in „eine Versicherung gegen das Risiko einer unerwünschten Schwangerschaft umfunktionieren" darf (Geiger, Tröndle-FS 664; vgl. auch E. v. Hippel NJW **88**, 2940). Die Erbringung von Kassenleistungen ist dem Schutz des ungeborenen Lebens in hohem Maße abträglich (Kluth GA **88**, 548) und nährt die Fehlvorstellung eines „normalen sozialen Vorgangs" dem BVerfG zuwider [44] (vgl. die ausweichenden Antworten der BReg. BT-Drs. 11/978, 26). Außerdem kann im Beihilferecht eine Notlagenindikation im Hinblick auf die beamtenrechtliche Fürsorgepflicht des Dienstherrn, die sich auch auf die Familie und damit auf das ungeborene Kind erstreckt (§ 79 BBG, § 48 BRRG, nicht anerkannt werden (Kluth ZBR **87**, 241 u. Jura **89**, 416). Im übrigen bereitet die Rechtfertigung einer dem Arzt in Art. 2 des 5. StrRG freigestellten Mitwirkung nach den vomBVerfG [42ff.] zu § 218 und der Rspr. (unten 9i) entwickelten Grundsätzen(Peters JR **49**, 496) selbst bei der strengen medizinischen Indikation Probleme.Denn auch in diesen Fällen steht dem Leben der Schwangeren das noch ungeborene Leben gleichwertig gegenüber. Ein *Übergewicht* der Interessen der Schwangeren läßt sich auch nicht dadurch konstruieren, daß man den Belangen der Schwangeren noch die Interessen der Allgemeinheit an einer wirksamen Bekämpfung der Laienabtreibung zurechnet, um so ein Übergewicht auf der einen Seite zu erlangen (so SK 1 zu § 218a). Denn „die **pauschale Abwägung** von Leben gegen Leben, die zur Freigabe der Vernichtung der vermeintlich geringeren Zahl im Interesse der Erhaltung der angeblich größeren Zahl führt, ist nicht vereinbar mit der Verpflichtung zum *individuellen* Schutz *jedes* einzelnen konkreten Lebens" [58]. „Jedes menschliche Leben – auch das erst sich entwickelnde Leben – ist als solches gleich wertvoll und kann deshalb keiner irgendwie gearteten unterschiedlichen Bewertung oder gar zahlenmäßigen Abwägung unterworfen werden" [59], vgl. Belling 73; Beckmann ZRP **87**, 85, ebenso für den Bereich der Embryonenforschung (oben 6 ff.), überzeugend Heuermann/Kröger MedR **89**, 175. Der Rechtsschutz für das *konkrete einzelne* Leben darf nicht in einer verfassungsrechtlich unzulässigen „Gesamtrechnung" [59] zugunsten einer gesellschaftspolitischen Zielsetzung („Eindämmung der Abtreibungsseuche") geopfert werden [59]. Niemand hat seine Tötung zum Wohle anderer zu dulden. Wo Leben gegen Leben steht, verbietet sich jede Abwägung [(hiergegen MindVot. 89]. Infolgedessen ist in diesem Zusammenhang für den Gedanken der Güterabwägung kein Raum (vgl. aber unten 9j).

9d **g) Die Grundentscheidung** RG **61**, 241 (hierzu Otto Jura **85**, 298) hat als Rechtfertigungsgrund (1927) nur die strenge medizinische Indikation anerkannt; sie ist durch § 14 ErbgesundheitsG (1935) legalisiert worden (SchSch 5 zu § 218a); in der Begründung ist RG **61**, 241 aber mit den in BVerfGE **39**, 1ff. entwickelten Grundsätzen unvereinbar (Kluth GA **88**, 556). Die wertentscheidende Grundsatznorm ist nicht die Strafdrohung, sondern Art. 2 II GG. Aus ihm kann nur auf Gleichwertigkeit von geborenem und ungeborenem Leben geschlossen werden (oben 6c). Die Einschränkung der Strafbarkeit läßt daher den Höchstwert des ungeborenen Lebens unangetastet (auch R. Keller FPflMed 119). Das BVerfG erörtert die Zumutbarkeitsfrage nicht mit dem Ergebnis, daß das schutzwürdige Interesse der *Schwangeren* überwiegt, sondern allein im Hinblick darauf, ob die Rechtsordnung *unter Strafdrohung verlangen* darf, daß die Schwangere dem Recht des *Ungeborenen* unter allen Umständen den Vorrang einräumt [50]. Dabei nimmt es nichts davon zurück, daß das Tötungsverbot das schwerwiegendste ist. Abgesehen davon, daß das Gesetz auch sonst viele Fälle von Straffreiheit trotz Täterschuld kennt, ist die Argumentation des RG von 1927 gerade deshalb bei § 218a unzulässig. Denn es kommt hier für die *Wertentscheidung* nicht auf die Höhe der angedrohten Strafe an (überzeugend Reis 150; Belling 114; aM Ostendorf JZ 84, 598). Durch die – trotz des eingeschränkten Einsatzes strafrechtlicher Mittel – verfassungsrechtlich gebotene Gleichbewertung von geborenem und ungeborenem Leben wird das Sanktionensystem auch nicht willkürlich und verfassungswidrig (so aber LK 26 vor § 218).

h) Arzt und Gehilfen werden unter den Voraussetzungen der §§ 218a ff. straflos gestellt. Das Argument, eine lediglich straflos gestellte Unrechtshandlung sei dem handelnden Arzt nicht anzusinnen (LK 22 vor § 218), verkennt die verfassungsrechtliche Lage, wird der Bedeutung des durch einen SSA preisgegebenen Rechtsguts nicht gerecht und verkehrt die gebotene rechtliche Mißbilligung einer Tötungshandlung (BVerfGE 39, 53) in ihr Gegenteil (so Bay NJW 90, 2331; vgl. hierzu Belling 74, 103; Gerh. Müller DB 26, 2673; Geiger, Tröndle Jura 78, 62, 71; Kluth JVL 4, 79 u. GA 88, 562; Beckmann MedR 90, 305 u. ALfA Beitr. 2 [1991] 25). Das Gesetz ist davor zurückgeschreckt, dem Bürger die Mitwirkung an der Tötung menschlichen Lebens abzufordern und *stellt auch dem Arzt die Mitwirkung frei* (Art. 2 I des 5. StrRG; hierzu Harrer DRiZ 90, 137). Es ist ihm Straffreiheit zugesichert. Mehr darf der Rechtsstaat nicht tun. Er darf den Arzt weder zum SSA animieren noch über dessen rechtliche Beurteilung täuschen (Geiger, Tröndle-FS 657, eingehend zu berufsethischen Fragen und den uneinheitlichen Stellungnahmen ärztlicher Standesvertretungen Esser, Geiger-FS 1989, 207; Lenzen, Tröndle-FS 728). Die Nichtigkeit des Arztvertrages (§ 134 BGB; von Bay aaO; Beckmann aaO 303; Brießmann JR 91, 401 u. R. Esser [oben 4c] 44 bejaht; zur Beweislast Harrer MedR 89, 178) könnte aus gesundheitspolitischen Gründen (Bekämpfung der Kurpfuscherei) einfachrechtlich aus geschlossen werden (vgl. Stürner FamRZ 85, 754 u. JZ 90, 722; Fischer JuS 84, 435; Kluth GA 88, 560, jew. mwN; zweifelnd Bay JR 90, 340; vgl. auch Lenz VersR 90, 1214). Die Bewertung aller Indikationen als Rechtfertigungsgründe würde zudem ärztlicher Ethik widersprechen, die nicht isoliert neben dem Recht steht (BGH 32, 379), sondern mit dem Rechtlichen zusammenfließt, BVerfGE 52, 170; vgl. auch Taupitz NJW 86, 2851.

i) Einen wirksameren Lebensschutz läßt im übrigen die generelle Charakterisierung der Indikationen als Rechtfertigungsgründe gerade nicht erwarten. Vielmehr wird man das verfassungsrechtliche Gebot, auf eine Fortsetzung der Schwangerschaft hinzuwirken [63], besser erfüllen, wenn Arzt und Beratungsstelle vom Unrechtscharakter des SSA auszugehen haben. Allenfalls auf diese Weise läßt sich – dem Petitum des BVerfG [44] entsprechend – der falsche Eindruck vermeiden, „als handele es sich beim SSA um den gleichen sozialen Vorgang wie etwa den Gang zum Arzt zwecks Heilung einer Krankheit oder gar um eine rechtlich irrelevante Alternative zur Empfängnisverhütung" [44; aM MindVot. 93]. Denn gerade eine fehlende Kennzeichnung des Unrechts verschüttet in der Bevölkerung vorhandene Wertvorstellungen und verhindert den Anruf an das Gewissen des einzelnen. Das bleibt nicht ohne negative Fernwirkung [vgl. 57] auf den erstrebten [45, 53] wirksameren Schutz des ungeborenen

Vor § 218

Lebens (vgl. hierzu Hepp in Jung/Müller-Dietz [oben 4b], 3; Kluth GA **88**, 563).

9g   j) **Nothilfe zugunsten des Ungeborenen** darf bei einer Grundrechtsverletzung nicht ausgeschlossen werden (Bay NJW **90**, 2332 [m. krit. Anm. Otto JR **90**, 344, gegen ihn Beckmann MedR **90**, 309 Fn. 110 u. ALfA Beitr. 2 [1991] 26]; Belling **96**, 144; Kluth JVL **4**, 49 u. GA **88**, 560; ebenso aus zivilrechtlicher Sicht Mittenzwei AcP **187**, 271; aM Stürner JZ **90**, 722; vgl. § 1912 I S. 1 BGB; auch Arth. Kaufmann, Maurach-FS 342; Roxin JuS **88**, 430), spielt aber praktisch kaum eine Rolle (Tröndle Jura **87**, 73). Auch der Ungeborene hat als selbständiges Rechtsgut (oben 6c; 6 zu § 32) ein durch Art. 2 GG garantiertes Recht auf Leben [36] (oben 6). Eine generelle Privilegierung der Schwangeren gegenüber dem gleichwertigen Ungeborenen ist daher unzulässig. Auch Rechtsverletzungen, deren Bestrafung die Ausstrahlungswirkung des Grundrechts nach Art. 4 GG entgegensteht (BVerfGE **32**, 98), werden von der Rechtswissenschaft (Nachw. bei Lackner 32 vor § 32; 1 zu § 323c) lediglich als entschuldigt angesehen. Im übrigen wäre es seltsam, wenn § 323c sogar eine Hilfs*pflicht* bei einem (entschuldbaren) Selbstmordversuch begründet (vgl. BGH **6**, 153), die Rechtsordnung aber ein Hilfs*recht* beim Versuch der Tötung anderen (ungeborenen) Lebens versagte.

9h   k) **Defensiver Notstand** (Bemmann ZStW **83**, 92; Hruschka, Dreher-FS 207; NJW **80**, 22; Hoerster JuS **91**, 193) scheidet schon deswegen aus, weil die Schwangerschaft kein „Angriff" des Ungeborenen (vgl. Geiger FamRZ **86**, 5), die Schwangere vielmehr Schutzgarantin ist (BVerfGE **39**, 1, 43, 44).

10   5) Ein **Irrtum** über Umstände, die den Täter entschuldigen würden, ist nach hM zwar kein Verbotsirrtum, aber nach den Regeln des § 17 zu behandeln, § 35 II; vgl. dort 16 ff.; ferner LK 26 zu § 218a. Wer in der Fehlannahme, die tatsächlichen Voraussetzungen einer Notlagenindikation lägen vor, einen SSA vornehmen läßt, ohne sich beraten zu lassen, handelt nicht in einem unvermeidbaren Irrtum (Bay NJW **90**, 2334).

11   6) Die **Einwilligung der Schwangeren** ist Voraussetzung bei sämtlichen Indikationen, auch in den Fällen, in denen eine HIV-positive Schwangere mit einem virusinfizierten Kind rechnen muß (Bottke RProblAIDS 212). Die damit verbundene schwierige Problematik haben das 5. StrRG und das 15. StÄG entgegen § 219e RegE (Begr. 25, 28 ff.) sowie späteren Formulierungshilfen des BMJ (Prot. 7/1545, 1587) und den übrigen vier Entwürfen idF der Berichte BT-Drs. 7/1982 bis 1984, 4211, aber auch abw. von § 3 KastrG ungeregelt gelassen und in den kritischen Punkten zunächst mit den noch immer fehlenden Vorschriften über die Sterilisation (Ber. 14; Prot. 7/2435; Ber. II 4) und schließlich ganz allgemein lösen wollen (BT-Drs. 7/4696; KBer. 22). Es ist verfassungsrechtlich zw., ob ein Grundrechtsbereich allein der Rspr. überbürdet werden darf. Diese geht davon aus, daß die Einwilligung im strafrechtlichen Sinn zu verstehen ist und hier nicht Geschäftsfähigkeit, sondern nur Einsichts- und Urteilsfähigkeit der Schwangeren voraussetzt (vgl. 3 vor § 32; Prot. 7/1535, 1600; BGH **12**, 382; BGHZ NJW **72**, 325; LK 9 zu § 218a; Lenckner [oben 4b] 177; nach KBer. 22 ist sie bei Schwangeren bis zu 14 Jahren idR zu verneinen, bis zum 16. Lebensjahr aber von der individuellen Reife abhängig); ferner, daß es sich um eine höchstpersönliche, dem intimsten Bereich der Frau zugehörige Willensentscheidung handelt (vgl. schon RG **61**, 256). Die Einwilligung ist bis zum Eingriff frei widerruflich und die Weigerung für Dritte verbindlich; die Abrede der Kinderlosigkeit ist rechtlich unbeachtlich und verpflichtet keinesfalls zur Abtreibung, Stuttgart FamRZ **87**, 701. Daraus ergibt sich zunächst: **a)** Die Einwilligung ist grundsätzlich **von der Schwangeren selbst** zu erteilen.

Straftaten gegen das Leben **Vor § 218**

b) Auf sie verzichtet werden kann bei **medizinischer Indikation,** wenn die **12** Schwangere allein durch den Eingriff vor der Gefahr des Todes oder schwerstem Gesundheitsschaden bewahrt werden kann, sie im kritischen Zeitpunkt (zB Operation einer Bewußtlosen nach Verkehrsunfall) nicht einwilligungsfähig ist und einer mutmaßlichen Einwilligung nichts entgegensteht (vgl. § 219e II **13** RegE; 4 vor § 32; Prot. 7/1596; 9n zu § 223; LK 8 zu § 218a; Laufhütte/Wilkitzki aaO Anm. 53). Ist genügend Zeit vorhanden, so ist die Einwilligung eines etwaigen gesetzlichen Vertreters oder Pflegers und eines für die Person der Schwangeren sorgeberechtigten Dritten einzuholen, wenn dem gesetzlichen Vertreter die Personensorge nicht zusteht (§ 219e IV RegE). **c)** Bei **minderjährigen Frauen** sollte die Problematik wie folgt gelöst werden: Bei schon Sechzehnjährigen, die damit uU auch heiratsfähig sind, entscheidet in allen Fällen, wenn nicht die Ausnahme unter 12 eingreift, die Schwangere allein (vgl. § 219e IV RegE; KBer. 22; anderseits aber BGH **12,** 383; BGH [Z] NJW **72,** 325; Celle MDR **60,** 136; NJW **87,** 2308 m. Anm. Mittenzwei MedR **88,** 43). Möchte die noch nicht sechzehnjährige, einwilligungsfähige Schwangere das Kind austragen, so ist diese Entscheidung zu respektieren, es sei denn, daß bei Austragung Tod oder schwerster Gesundheitsschaden drohen; in solchen Fällen entscheidet wenn eine entsprechende Feststellung nach § 219 vorliegt, der gesetzliche Vertreter mit der Maßgabe unter 12; KBer. 22; Lenckner aaO [oben 4b] 179; aM Laufhütte/Wilkitzki JZ **76,** 331. Sollte die noch nicht Sechzehnjährige, jedoch Einwilligungsfähige in den Fällen der medizinischen und kindlichen Indikation, wenn eine entsprechende Feststellung nach § 219 vorliegt, den Eingriff wünschen, so reicht entgegen § 219e IV RegE ihre eigene Einwilligung aus (KBer. 22; Lenckner aaO [oben 4b] 179; vgl. hierzu auch US-Supreme Court EuGRZ **79,** 577 m. Am. Beyerlin), in einer solchen Lage sollten Eltern ihr Kind nicht zwingen dürfen, trotz anerkannter Indikation die Frucht auszutragen (vgl. LK 11 zu § 218a; Wille PraxRMed 232). Desselbe gilt für die kriminologische Indikation dann, wenn feststeht, daß das Mädchen vergewaltigt worden ist; in anderen Fällen sollte auf § 218e IV RegE zurückgegriffen werden. Bei der Notlagenindikation bedarf der Eingriff der Einwilligung auch des gesetzlichen Vertreters; hingegen ist der Wille des Mädchens, das Kind auszutragen, zu respektieren. Die Problematik ist sehr str:; vgl. Beulke FamRZ **76,** 597.

d) Bei **einwilligungsunfähigen Schwangeren** (Kinder, Geisteskranke, **14** Schwachsinnige) ist eine Ersatzeinwilligung äußerst problematisch, weil in Grundrechte der Schwangeren (Art. 1 I, 2 II S. 1, 4 I GG) und des Kindes (Art. 1 I, 2 II S. 1 GG) eingegriffen wird und daher nur bei Vorliegen einer anders nicht abwendbaren Gefahr des Todes oder eines völligen Verfalls der Gesundheit möglich (so schon § 219e RegE, Prot. 7/1596, 1640 und Celle MDR **60,** 130), nicht aber auch in den Fällen der kriminologischen Indikation (Eventualfassung § 218d II S. 2; Prot 7/1587) und den übrigen Fällen der medizinischen sowie der kindlichen und der Notlagenindikation (de lege ferenda weitergehend Henke NJW **76,** 1776; vgl. auch die kontroverse Diskussion FamRZ **84,** 345; 650 im Gegensatz zu Prot. 7/1534ff., 1595ff.; aM Lenckner aaO [oben 4b], 178ff.; SchSch 58, LK 10, SK 10a, jew. zu § 218a; M-Schroeder 8, 16; Koch SSA IV 148; vgl. dazu auch die Antwort der BReg. BT-Drs. 11/3951 auf die Kleine Anfrage BT-Drs. 11/3877, sowie die Große Anfrage v. 31. 10. 1989 [BT-Drs. 11/5517] zu Abschn. B). Zutr. gingen RegE (S. 29) und der Vertreter des BMJ (Prot. 7/1597) davon aus, daß hier schon das Vorliegen der Indikationsvoraussetzungen nicht festgestellt werden könne, weil maßgebend dafür auch sei, wie die Frau *selbst* ihre Lage einschätzt und zu ihrer Schwangerschaft sowie zur Frage von deren Abbruch steht, dies aber nicht ermittelt werden könne, wenn sie nicht einwilligungsfähig ist. Diese Erwägungen sind – entgegen Lenckner aaO – auch

1225

Vor § 218

für das geltende Recht maßgebend. Denn BVerfGE **39**, 48 ff. läßt, wie der Hinweis auf die Möglichkeit einer Verstrickung in schwere *innere* Konflikte (BVerfGE **39**, 49) zeigt, keinen Zweifel daran, daß das hinter jedem Indikationstatbestand stehende Erfordernis der Unzumutbarkeit einer Fortsetzung der Schwangerschaft immer *auch* danach zu beurteilen ist, wie die betreffende Frau selbst ihre Lage einschätzt und zu ihrer Schwangerschaft und zur Frage von deren Abbruch steht (so zutr. Reis aaO [13 zu § 226a], 166). Nach § 31 BVerfGG ist das auch bei der Auslegung des § 218a zu berücksichtigen. Von einer ausschließlichen objektiven Bestimmbarkeit des Vorliegens eines Indikationstatbestandes – so Lenckner aaO – kann deshalb nicht die Rede sein. **e)** Auch von einer **mutmaßlichen Einwilligung,** etwa wenn die Einwilligung aus tatsächlichen Gründen (zB wegen Bewußtlosigkeit der Schwangeren) nicht erklärt werden kann, ist allenfalls bei Vorliegen einer anders nicht abwendbaren Gefahr des Todes oder einer schweren Gesundheitsschädigung auszugehen.

15 7) **Ergänzende Vorschriften** enthalten die §§ 218b bis 219a, sowie Art. 3 des 5. StrRG idF Art. 3 Nr. 1 des 15. StÄG, und zwar einmal solche, die bei an sich gegebener strafbefreiender Indikation Verstöße gegen das vorgeschiebene Verfahren unter Strafe stellen, nämlich SSA **ohne Beratung** der Schwangeren (§ 218b) und **ohne ärztliche Feststellung** über das Vorliegen einer Indikation (§ 219); wobei § 219a die wissentlich unrichtige Feststellung mit Strafe bedroht; sowie zum anderen gegen Handlungen im Vorfeld des SSA, nämlich gegen **Werbung** (§ 219b) und Inverkehrbringen von **Mitteln** für den SSA (§ 219c). § 219d nimmt in einer für alle vorausgehenden Vorschriften geltenden Bestimmung nidationshemmende Handlungen aus dem Begriff des SSA aus. Art. 3 I des 5. StrRG setzt landesrechtliche Normen (Gesetze oder RechtsVOen) für die Zulassung von Einrichtungen zur Durchführung des SSA voraus; Art. 3 II aaO droht für den Fall des SSA außerhalb des Krankenhauses oder einer zugelassenen Einrichtung Bußgeld an. Welche Landesbehörden für die Anerkennung nach § 218b II Nr. 1 und nach § 218b II Nr. 2b sowie für die Zulassung nach Art. 3 I des 5. StrRG zuständig sind, geht aus der Übersicht KBer. 26 hervor.

16 8) **Privilegierungen** der Frau sehen die §§ 218, 218b, 219 und 219c vor. Insoweit wird zwischen Fremd- und Eigenabbruch unterschieden.

17 9) **Im Ausland** begangene Taten nach § 218 (nicht auch nach den übrigen Vorschriften) sind nach Maßgabe von § 5 Nr. 9 strafbar (9 zu § 5), so daß der „Abtreibungstourismus" keineswegs Straflosigkeit sichert (vgl. aber 8c zu **17a** § 218; Roxin JA **81**, 229). **Für die DDR** galt dies vom 21. 6. 1973 bis zum 3. 10. 1990 zumindest entsprechend (44, 45 vor § 3; 9 zu § 5), da sie in dieser Zeit „Rechts-Ausland" war. Durch die Nichterstreckung des § 5 Nr. 9 und die Fortgeltung der befristeten DDR-Fristenregelung im Gebiet der früheren DDR gilt seitdem Tatortrecht (zu den verfassungsrechtlichen Bedenken vgl. 9 zu § 5 und 35 vor § 3; Wilms ZRP **90**, 473; Büchner JVL **7**, 9).

18 10) Für die **Bundesstatistik** schreibt Art. 4 des 5. StrRG idF von Art. 3 Nr. 2 des 15. StÄG eine *Meldepflicht für Ärzte* vor, deren Verletzungen eine Ordnungswidrigkeit nach § 23 BStatG ist (vgl. Ber. 19). Die Zahl der gemeldeten straffreien SSA (1968 2858, 1986 84272) liegt sogar unter der Zahl der kassenärztlich abgerechneten SSA (BTag 11/1182; vgl. auch die Antwort auf die Große Anfrage BT-Drs. 11/7129). Dies allein aber macht die „Verwässerung des Schutzes des ungeborenen Lebens" (SozG Dortmund NJW **85**, 704) weniger deutlich als die Häufigkeitsentwicklung der Notlagenindikation (1976 45%, 1986 85,8%; vgl. BT-Drs. 8/2445, 8/3630, 32ff.; BR-Drs. 100/84; 451/87; DÄBl. **84**, 1287; Köcher (Institut f. Demoskopie Allensbach) SSA-Betroffene Frauen berichten, 1989; ferner die Große Anfrage BT-Drs. 8/3945 und Fragestunde BTag 10/2595;

11/1182; BRat 559. Sitz., 646; G. Schultz MDR **80**, 369; Roxin JA **81**, 231 Göppinger 617; Jescheck SchweizZSt. **83**, 19; Hiersche Gynäkologe **82**, 72 mit aufgegliederten stat. Angaben; LK 27ff.), zumal das Meldedefizit 70 bis 75% (vgl. BR-Drs. 398/85, 5) und die tatsächliche Aborthäufigkeit 300000 bis 350000 betragen soll (Stimezo-Ber. 233; E. v. Hippel JZ **86**, 54; Erhard in Hoffacker [4b], 163; Spieker Jura **87**, 57 u. JVL **6**, 41; BR-Drs. 398/85, 5). Selbst der KBer. (S. 69) schätzt den Wert der Beratung im Ergebnis nur gering ein (vgl. LK 28: „Fehlschlag"; Augstein/Koch 217; Hoffacker aaO [4b], 178; Koch ZStW **97**, 1066). Die Bundesstatistik weist 1989 nur noch 22 Verurteilungen nach § 218 aus. Entgegen KBer. 213 ist unbeschadet des Fehlens exakter Zahlen (in amtlichen Verlautbarungen wird für die alten Bundesländer von einer jährlichen Zahl von 200000 ausgegangen, höhere Zahlen werden für möglich gehalten, BR-Drs. 398/85, 5) ist – zumal unter Berücksichtigung des fortbestehenden Abtreibungstourismus – anzunehmen, daß die SSA seit der Reform erheblich zugenommen haben und der SSA heute an 2. Stelle der Todesursachen steht (Schlingensiepen-Brysch ZRP **90**, 225). Das folgt schon aus KBer. 49 selbst, wo die Gesamtzahl der SSA deutscher Frauen im Inland *und* im Ausland für 1977 auf 135000 geschätzt wird (freilich liegen nach Siebel aaO [oben 4] 263 die höchsten Schätzungen für 1968 zwischen 170000 bis 200000, hierzu Analyse Horstkotte Prot. 7/1449ff.), während der Stimezo-Ber. 233 für die BRep. jährlich (1981) mindestens von 260000 SSA ausgeht, eine Zahl zwischen 300000 und 350000 aber für wahrscheinlicher hält (vgl. auch E. v. Hippel JZ **86**, 55; Bräutigam ChLeb 142ff.; Würtenberger JVL **5**, 38; Lenzen, Tröndle-FS 739; vgl. zur „Falschetikettierung" durch Ärzte auch Schlingensiepen-Brysch ZRP **90**, 224). Eingehende stat. Hinweise bei Koch (SSA I 234ff., auch ZStW **97**, 1085) mit nicht durchgängig überzeugender Bewertung.

11) Die im **Beitrittsgebiet** nach EV Anl. II Kap. III C I 1, 4 u. 5 **in Geltung gebliebenen Vorschriften** (§§ 153 bis 155 StGB-DDR, §§ 1 II bis 4 I, § 5 SUG-DDR u. §§ 1 bis 4 II S. 1, §§ 4 III bis 9 DfBest-SUG-DDR; vgl. 30 vor § 3) haben folgenden Wortlaut:

Unzulässige Schwangerschaftsunterbrechung

§ 153

[I] Wer entgegen den gesetzlichen Vorschriften die Schwangerschaft einer Frau unterbricht, wird mit Freiheitsstrafe bis zu drei Jahren oder mit Verurteilung auf Bewährung bestraft.

[II] Ebenso wird bestraft, wer eine Frau dazu veranlaßt oder sie dabei unterstützt, ihre Schwangerschaft selbst zu unterbrechen oder eine ungesetzliche Schwangerschaftsunterbrechung vornehmen zu lassen. Die Strafverfolgung verjährt in drei Jahren.

§ 154

[I] Wer die Tat ohne Einwilligung der Schwangeren vornimmt oder wer gewerbsmäßig oder sonst seines Vorteils wegen handelt, wird mit Freiheitsstrafe von einem Jahr bis zu fünf Jahren bestraft.

[II] Ebenso wird bestraft, wer durch Mißhandlung, Gewalt oder Drohung mit einem schweren Nachteil auf eine Schwangere einwirkt, um sie zur Schwangerschaftsunterbrechung zu veranlassen.

Vor § 218 BT Sechzehnter Abschnitt

§ 155. Schwere Fälle

Wer durch eine Straftat nach den §§ 153 oder 154 eine schwere Gesundheitsschädigung oder den Tod der Schwangeren fahrlässig verursacht, wird mit Freiheitsstrafe von zwei bis zu zehn Jahren bestraft.

Gesetz über die Unterbrechung der Schwangerschaft

§ 1

[I] *entfällt*

[II] Die Schwangere ist berechtigt, die Schwangerschaft innerhalb von 12 Wochen nach deren Beginn durch einen ärztlichen Eingriff in einer geburtshilflich-gynäkologischen Einrichtung unterbrechen zu lassen.

[III] Der Arzt, der die Unterbrechung der Schwangerschaft vornimmt, ist verpflichtet, die Frau über die medizinische Bedeutung des Eingriffs aufzuklären und über die künftige Anwendung schwangerschaftsverhütender Methoden und Mittel zu beraten.

[IV] Die Unterbrechung einer Schwangerschaft ist auf Ersuchen der Schwangeren und nur nach den Bestimmungen dieses Gesetzes und der zu seiner Durchführung erlassenen Rechtsvorschriften zulässig. Im übrigen gelten die §§ 153 bis 155 des Strafgesetzbuches vom 12. Januar 1968 (GBl. I S. 1).

§ 2

[I] Die Unterbrechung einer länger als 12 Wochen bestehenden Schwangerschaft darf nur vorgenommen werden, wenn zu erwarten ist, daß die Fortdauer der Schwangerschaft das Leben der Frau gefährdet, oder wenn andere schwerwiegende Umstände vorliegen.

[II] Die Entscheidung über die Zulässigkeit einer später als 12 Wochen nach Schwangerschaftsbeginn durchzuführenden Unterbrechung trifft eine Fachärztekommission.

§ 3

[I] Die Unterbrechung der Schwangerschaft ist unzulässig, wenn die Frau an einer Krankheit leidet, die im Zusammenhang mit dieser Unterbrechung zu schweren gesundheitsgefährdenden oder lebensbedrohenden Komplikationen führen kann.

[II] Die Unterbrechung einer Schwangerschaft ist unzulässig, wenn seit der letzten Unterbrechung weniger als 6 Monate vergangen sind. In besonderen Ausnahmefällen kann die Genehmigung von der Fachärztekommission gemäß § 2 Absatz 2 erteilt werden.

§ 4

[I] Die Vorbereitung, Durchführung und Nachbehandlung einer nach diesem Gesetz zulässigen Unterbrechung der Schwangerschaft sind arbeits- und versicherungsrechtlich dem Erkrankungsfall gleichgestellt.

[II] *entfällt*

§ 5

[I] Dieses Gesetz tritt mit seiner Beschlußfassung in Kraft.

[II] Zugleich tritt § 11 des Gesetzes vom 27. September 1950 über den Mutter- und Kinderschutz und die Rechte der Frau (GBl I S 1037) außer Kraft.

[III] Die Einzelheiten der Vorbereitung und Durchführung der Unterbrechung der Schwangerschaft, einschließlich der Nachbehandlung, legt der Minister für Gesundheitswesen in Durchführungsbestimmungen fest.

Straftaten gegen das Leben **Vor § 218**

Durchführungsbestimmung zum Gesetz über die Unterbrechung der Schwangerschaft

§ 17

^IDas im Gesetz geregelte Recht, die Schwangerschaft durch ärztlichen Eingriff unterbrechen zu lassen, steht jeder Frau zu, die die Staatsbürgerschaft der Deutschen Demokratischen Republik besitzt oder beantragt hat oder die Ehefrau eines Staatsbürgers der Deutschen Demokratischen Republik ist. Gleichgestellt sind staatenlose Frauen, die ihren ständigen Wohnsitz in der Deutschen Demokratischen Republik haben.

^{II}Unberührt hiervon sind dringend notwendige Schwangerschaftsunterbrechungen zur Abwendung eines lebensbedrohlichen Zustandes (vitale Indikation) während eines Aufenthalts in der Deutschen Demokratischen Republik.

(Die weiteren Vorschriften der Durchführungsbestimmung [§§ 2 bis 4 II S. 1, §§ 4 III bis 9] regeln Voraussetzungen, Zuständigkeit und Verfahren sowie das Verfahren bei Vorliegen einer Gegenindikation gegen die Schwangerschaftsunterbrechung näher).

12) Die §§ 218 bis 219b idF des Art. 13 des Schwangeren- und Familienhilfegesetzes (**SFHG**) v. 4. 8. 1992 (BGBl. I 1398), die einstweilen *nicht* in Kraft getreten sind (BGBl. I 1585; oben 3 g), haben folgenden Wortlaut: **20**

§ 218. Schwangerschaftsabbruch

^I*Wer eine Schwangerschaft abbricht, wird mit Freiheitsstrafe bis zu drei Jahren oder mit Geldstrafe bestraft. Handlungen, deren Wirkung vor Abschluß der Einnistung des befruchteten Eies in der Gebärmutter eintritt, gelten nicht als Schwangerschaftsabbruch im Sinne dieses Gesetzes.*

^{II}*In besonders schweren Fällen ist die Strafe Freiheitsstrafe von sechs Monaten bis zu fünf Jahren. Ein besonders schwerer Fall liegt in der Regel vor, wenn der Täter*

1. gegen den Willen der Schwangeren handelt oder
2. leichtfertig die Gefahr des Todes oder einer schweren Gesundheitsschädigung der Schwangeren verursacht.

^{III}*Begeht die Schwangere die Tat, so ist die Strafe Freiheitsstrafe bis zu einem Jahr oder Geldstrafe.*

^{IV}*Der Versuch ist strafbar. Die Schwangere wird nicht wegen Versuchs bestraft.*

§ 218a. Straflosigkeit des Schwangerschaftsabbruchs

^I*Der Schwangerschaftsabbruch ist nicht rechtswidrig, wenn*

1. die Schwangere den Schwangerschaftsabbruch verlangt und dem Arzt durch eine Bescheinigung nach § 219 Abs. 3 Satz 2 nachgewiesen hat, daß sie mindestens drei Tage vor dem Eingriff hat beraten lassen (Beratung der Schwangeren in einer Not- und Konfliktlage),
2. der Schwangerschaftsabbruch von einem Arzt vorgenommen wird und
3. seit der Empfängnis nicht mehr als zwölf Wochen vergangen sind.

^{II}*Der mit Einwilligung der Schwangeren von einem Arzt vorgenommene Schwangerschaftsabbruch ist nicht rechtswidrig, wenn nach ärztlicher Erkenntnis der Abbruch notwendig ist, um eine Gefahr für das Leben der Schwangeren oder die Gefahr einer schwerwiegenden Beeinträchtigung ihres körperlichen oder seelischen Gesundheitszustandes ab-*

Vor § 218 BT Sechzehnter Abschnitt

zuwenden, sofern diese Gefahr nicht auf andere für sie zumutbare Weise abgewendet werden kann.

^{III}Die Voraussetzungen des Absatzes 2 gelten auch als erfüllt, wenn nach ärztlicher Erkenntnis dringende Gründe für die Annahme sprechen, daß das Kind infolge einer Erbanlage oder schädlicher Einflüsse vor der Geburt an einer nicht behebbaren Schädigung seines Gesundheitszustandes leiden würde, die so schwer wiegt, daß von der Schwangeren die Fortsetzung der Schwangerschaft nicht verlangt werden kann. Dies gilt nur, wenn die Schwangere dem Arzt durch eine Bescheinigung nach § 219 Abs. 3 Satz 2 nachgewiesen hat, daß sie sich mindestens drei Tage vor dem Eingriff hat beraten lassen, und wenn seit der Empfängnis nicht mehr als zweiundzwanzig Wochen verstrichen sind.

^{IV}Die Schwangere ist nicht nach § 218 strafbar, wenn der Schwangerschaftsabbruch nach Beratung (§ 219) von einem Arzt vorgenommen worden ist und seit der Empfängnis nicht mehr als zweiundzwanzig Wochen verstrichen sind. Das Gericht kann von Strafe nach § 218 absehen, wenn die Schwangere sich zur Zeit des Eingriffs in besonderer Bedrängnis befunden hat.

§ 218b. Schwangerschaftsabbruch ohne ärztliche Feststellung; unrichtige ärztliche Feststellung

^IWer in den Fällen des § 218a Abs. 2 oder 3 eine Schwangerschaft abbricht, ohne daß ihm die schriftliche Feststellung eines Arztes, der nicht selbst den Schwangerschaftsabbruch vornimmt, darüber vorgelegen hat, ob die Voraussetzungen des § 218a Abs. 2 oder 3 Satz 1 gegeben sind, wird mit Freiheitsstrafe bis zu einem Jahr oder mit Geldstrafe bestraft, wenn die Tat nicht in § 218 mit Strafe bedroht ist. Wer als Arzt wider besseres Wissen eine unrichtige Feststellung über die Voraussetzungen des § 218a Abs. 2 oder 3 Satz 1 zur Vorlage nach Satz 1 trifft, wird mit Freiheitsstrafe bis zu zwei Jahren oder mit Geldstrafe bestraft, wenn die Tat nicht in § 218 mit Strafe bedroht ist. Die Schwangere ist nicht nach Satz 1 oder 2 strafbar.

^{II}Ein Arzt darf Feststellungen nach § 218a Abs. 2 oder 3 Satz 1 nicht treffen, wenn ihm die zuständige Stelle dies untersagt hat, weil er wegen einer rechtswidrigen Tat nach Absatz 1, den §§ 218, 219a oder 219b oder wegen einer anderen rechtswidrigen Tat, die er im Zusammenhang mit einem Schwangerschaftsabbruch begangen hat, rechtskräftig verurteilt worden ist. Die zuständige Stelle kann einem Arzt vorläufig untersagen, Feststellungen nach § 218a Abs. 2 und 3 Satz 1 zu treffen, wenn gegen ihn wegen des Verdachts einer der in Satz 1 bezeichneten rechtswidrigen Taten das Hauptverfahren eröffnet worden ist.

§ 219. Beratung der Schwangeren in einer Not- und Konfliktlage

^IDie Beratung dient dem Lebensschutz durch Rat und Hilfe für die Schwangere unter Anerkennung des hohen Wertes des vorgeburtlichen Lebens und der Eigenverantwortung der Frau. Die Beratung soll dazu beitragen, die im Zusammenhang mit der Schwangerschaft bestehende Not- und Konfliktlage zu bewältigen. Sie soll die Schwangere in die Lage versetzen, eine verantwortungsbewußte eigene Gewissensentscheidung zu treffen. Aufgabe der Beratung ist die umfassende medizinische, soziale und juristische Information der Schwangeren. Die Beratung umfaßt die Darlegung der Rechtsansprüche von Mutter und Kind und der möglichen praktischen Hilfen, insbesondere solcher, die die Fortsetzung

Straftaten gegen das Leben   **Vor § 218**

der Schwangerschaft und die Lage von Mutter und Kind erleichtern. Die Beratung trägt auch zur Vermeidung künftiger ungewollter Schwangerschaften bei.

IIDie Beratung hat durch eine auf Grund Gesetzes anerkannte Beratungsstelle zu erfolgen. Der Arzt, der den Schwangerschaftsabbruch vornimmt, ist als Berater ausgeschlossen.

IIIDie Beratung wird nicht protokolliert und ist auf Wunsch der Schwangeren anonym durchzuführen. Die Beratungsstelle hat über die Tatsache, daß eine Beratung gemäß Absatz 1 stattgefunden hat und die Frau damit die Informationen für ihre Entscheidungsfindung erhalten hat, sofort eine mit Datum versehene Bescheinigung auszustellen.

§ 219a. Werbung für den Abbruch der Schwangerschaft

IWer öffentlich, in einer Versammlung oder durch Verbreiten von Schriften (§ 11 Abs. 3) seines Vermögensvorteils wegen oder in grob anstößiger Weise

1. eigene oder fremde Dienste zur Vornahme oder Förderung eines Schwangerschaftsabbruchs oder

2. Mittel, Gegenstände oder Verfahren, die zum Abbruch der Schwangerschaft geeignet sind, unter Hinweis auf diese Eignung

anbietet, ankündigt, anpreist oder Erklärungen solchen Inhalts bekanntgibt, wird mit Freiheitsstrafe bis zu zwei Jahren oder mit Geldstrafe bestraft.

IIAbsatz 1 Nr. 1 gilt nicht, wenn Ärzte oder auf Grund Gesetzes anerkannte Beratungsstellen darüber unterrichtet werden, welche Ärzte, Krankenhäuser oder Einrichtungen bereit sind, einen Schwangerschaftsabbruch unter den Voraussetzungen des § 218a Abs. 1 bis 3 vorzunehmen.

IIIAbsatz 1 Nr. 2 gilt nicht, wenn die Tat gegenüber Ärzten oder Personen, die zum Handel mit den in Absatz 1 Nr. 2 erwähnten Mitteln oder Gegenständen befugt sind, oder durch eine Veröffentlichung in ärztlichen oder pharmazeutischen Fachblättern begangen wird.

§ 219b. Inverkehrbringen von Mitteln zum Abbruch der Schwangerschaft

IWer in der Absicht, rechtswidrige Taten nach § 218 zu fördern, Mittel oder Gegenstände, die zum Schwangerschaftsabbruch geeignet sind, in den Verkehr bringt, wird mit Freiheitsstrafe bis zu zwei Jahren oder mit Geldstrafe bestraft.

IIDie Teilnahme der Frau, die den Abbruch ihrer Schwangerschaft vorbereitet, ist nicht nach Absatz 1 strafbar.

IIIMittel oder Gegenstände, auf die sich die Tat bezieht, können eingezogen werden."

13) Gegen die §§ 218 bis 219b idF des SFHG richten sich die **Normenkontrollanträge** der Bayer. Staatsregierung und von 248 Abgeordneten des BTags (oben 3g). Eine gedrängte Darstellung des wesentlichen Inhalts der (von Steiner, Lerche, Ossenbühl verfaßten) **Begründung** der Normenkontrollanträge wird nachfolgend – da sie weitgehend der hier bisher vertretenen Auffassung entspricht – in direkter Rede wiedergegeben: Das BVerfG hat im Urteil vom 4. 8. 1992 (NJW **92**, 2343), in dem es das Inkrafttreten der §§ 218 bis 219b idF des Art. 13 SFHG einstweilen ausgesetzt hat, die „Schutzpflicht des Staats gegenüber ungeborenen menschlichen Lebens" als „einen fundamentalen Bestandteil der Verfassungsordnung der Bundesrepublik Deutschland" bezeichnet. Mit dieser Schutzpflicht ist ein Gesetz, das den SSA durch einen Arzt auf Verlangen der Schwangeren nach Beratung innerhalb einer Frist von 12 Wochen seit der Empfängnis für „nicht rechtswidrig" erklärt, nicht vereinbar. Dem Gesetzgeber fehlt die rechtliche Macht, den SSA während einer Frist auf diese Weise generell bei Einhaltung gewisser formaler Bedingungen zu legalisieren. Denn die *generelle* staatliche Duldung oder gar Billigung der Vernichtung ungeborenen menschlichen Lebens hält einer verfassungsrechtlichen Prüfung nicht stand. Diese „unmittelbare Verfassungsfolge" ergibt sich daraus, daß das geschützte Rechtsgut der *einzelne* ungeborene Mensch ist. Er verliert durch die Neuregelung, weil er der freien Verfügung der Schwangeren ausgeliefert wird, den ihm von der Verfassung verliehenen *unmittelbaren Schutzgürtel*. Eine Neuregelung, die den einzelnen zugunsten einer (vagen) „Gesamtrechnung" aufopfert, ist verfassungsrechtlich unzulässig und stellt, weil sie den grundgesetzlichen Schutz auf breiter Front preisgibt, das Institut des Lebensschutzes überhaupt in Frage. Der Verzicht auf die Strafdrohung ist die gesetzliche Bestätigung eines unkontrollierten Bestimmungsrechts der Schwangeren über das Lebensrecht des ungeborenen Kindes. – Der Gesetzgeber geht im SFHG mit der Formulierung „nicht rechtswidrig" in § 218a I wesentlich weiter als der für verfassungswidrig erklärte § 218a idF des 5. StrRG und spricht – allen tragenden Grundsätzen des Fristenlösungsurteils (BVerfGE **39**, 1 ff.) zuwider – gerade das Gegenteil der verfassungsrechtlich unentbehrlichen rechtlichen Mißbilligung aus. Eine solche Zurücknahme des Unrechtsurteils, die Abtreibungen billigt, die vor dem Grundgesetz keinen Bestand haben können, hat einschneidende Auswirkungen auf die gesamte übrige Rechtsordnung und beschwört neue verfassungsrechtliche Konflikte herauf. Die unkontrollierbare Abbruchentscheidung der Schwangeren wird „nicht nur notgedrungen strafrechtlich toleriert, sondern sozialrechtlich prämiert". Auf diese Weise wird der SSA zum „normalen sozialen Vorgang" und schafft neuartige schwere Konflikte im ärztlichen Berufs- und Standesrecht. – Der vollständige Verzicht auf strafrechtlichen Schutz während der 12-Wochenfrist ist verfassungswidrig. Die Beratung (§ 219) und soziale Maßnahmen (Art. 2 SFHG) können den Lebensschutz nur ergänzen, nicht ersetzen. Den strafrechtlichen Schutz erst nach einer 12-Wochenfrist einsetzen zu lassen, ist sinnwidrig und begründet einen unlösbaren Widerspruch zum EschG, das einen umfassenden strafrechtlichen Schutz der extrakorporal erzeugten Embryonen gewährleistet. Die Freigabe der Abtreibung innerhalb der 12-Wochenfrist ist daher der Abschied aus der allgemeinverbindlichen Staatsethik in der zentralen Frage des Lebensschutzes. Der Staat zieht sich in die Rolle eines wertneutralen Sozialstaates zurück: Die Entscheidung der Frau *für* die Fortsetzung der Schwangerschaft wird mit Sach- und Geldleistungen gefördert, die Entscheidung der Frau *gegen* die Fortsetzung der Schwangerschaft als öffentliche Kassenleistung abgerechnet und gegen den Verlust des Arbeitsentgelts gesichert. Aus dem Unrecht der Abtreibung wird hierdurch Recht und in der weiteren Konsequenz ein Rechtsanspruch der Frau auf Abtreibung. Vorgesehene und noch weitgehend ausstehende sozialpolitische Maßnahmen können Unrecht nicht in Recht verwandeln. Strafsanktionen sind wegen ihrer rechtsethischen Signalwirkung unverzichtbar. – Auch § 219 idF des SFHG, den die Beratung regelt, ist aus mehrfachen Gründen verfassungswidrig. Denn diese Vorschrift kann die – verfassungsrechtlich gebotene – lebenserhaltende Schutzaufgabe nicht erfüllen, wenn sie zugleich die Funktion zugewiesen erhält, Voraussetzung für die Rechtmäßigkeit des SSA zu sein, der auf diese Weise als „normale Lösungsmöglichkeit" erscheint. § 219 ist in sich widersprüchlich und ungereimt.

Ihm fehlt die Vorgabe eines Beratungsziels. Die abbruchneutrale Beratung ist durch die Dominanz des Selbstbestimmungsrechts der Schwangeren gekennzeichnet. Denn die (verfassungstaktische) „Anerkennung des hohen Werts vorgeburtlichen Lebens" bringt eine Präferenz des Lebensschutzes nicht zum Ausdruck. Ganz im Vordergrund steht vielmehr die „Eigenverantwortung der Frau", die zufolge eines falschen Vorverständnisses und einer Verkennung des Art. 4 GG als „Gewissensentscheidung" etikettiert wird, um ein Denk- und Argumentationsverbot zu implizieren. Auch sonst verliert die Beratung deswegen ihre Funktion, weil die Schwangere nicht verpflichtet ist, ihre Konflikt- und Notlage darzustellen. Für deren Bewältigung können Berater daher keinen Beitrag leisten. Ob die Voraussetzungen des Beratungsauftrags erfüllt werden, bleibt also allein der Schwangeren überlassen, die zudem die formale Erfüllung ihrer Pflicht, sich beraten zu lassen, auch umgehen kann, weil auf ihren Wunsch die nicht zu protokollierende Beratung anonym durchzuführen ist. Eine so konzipierte Beratung wird von keiner Seite mehr ernst genommen. Die Neuregelung erhöht sogar den Druck des Umfeldes, dem etwa 50% der Schwangeren ausgesetzt sind, zumal die Abbruchentscheidung stets als „nicht rechtswidrig" deklariert und obendrein vom Staat finanziert wird.

14) Schrifttum zum SFHG: *Kriele,* Die nicht-therapeutische Abtreibung vor 22 dem Grundgesetz, 1992; *Otto,* Lebensschutz ohne Strafrecht, Zeitschr. f. LebensR 1/92, 3; *Reis,* Zur Mißbilligung des SSA im Recht, ALfA, Beitr. 3, 1992. Im übrigen wird das SFHG im Schrifttum unterschiedlich beurteilt: *Schroeder* (ZRP **92**, 409) bescheinigt dem SFHG – in der Sache zutr. – „Unaufrichtigkeit": Die Regel, nämlich der „nicht rechtswidrige" SSA nach § 218a, wird als Ausnahme dargestellt, Schädigungen des Kindes „gelten" als Krankheit der Mutter, der Begriff der „Eigenverantwortung" sei eine aus dem SUG-DDR stammende „legislative Irreführung", auch der entscheidende „Hebel für den Lebensschutz", nämlich das „ganze Erfordernis der Beratung", sei im Hinblick auf die Anonymität hinfällig geworden und die Beibehaltung des strafbedrohten Werbeverbots nach § 219a angesichts des nicht rechtswidrigen SSA unsinnig. *Beckmann* (MDR **92**, 1093) widerspricht denen, die das SFHG für verfassungsgerecht halten: Die formellen Voraussetzungen der Straflosigkeit (Frist, Beratungsschein, ärztliche Durchführung) verschleiern den Blick dafür, daß es sich um eine willkürliche Tötungsfreigabe handele. Nicht einmal „Massenabtreiber", die dank „Abtreibung auf Krankenschein" ein einträgliches Geschäft machen, seien nach dem SFHG strafbar, ebenso wenig Männer, die austragungswillige Schwangere zur Abtreibung drängen. Das SFHG mißbillige die Abtreibung nicht, verkehre die Unrechtskennzeichnung in ihr Gegenteil und fördere und erleichtere die Abtreibung. Die – pauschal unterstellte – „eigenverantwortliche Gewissensentscheidung" tauge nicht als Rechtfertigungselement. Unveräußerliche Menschenrechte sind von der Gewissensentscheidung anderer unabhängig. Die Beratungspflicht, die die Verfassungsmäßigkeit des Gesetzes gewährleisten soll, habe bisher schon bestanden, nach dem SFHG diene sie letztlich nicht dem Lebensschutz, sondern der Verwirklichung der Entscheidungsfreiheit der Schwangeren. Die – notwendigen – staatlichen Hilfen für die Mütter richten bei abtreibungswilligen Frauen nichts aus und rechtfertigen die Rücknahme des Strafschutzes für das einzelne konkrete menschliche Leben nicht. – *Langer* (JR **93**, 1 ff.) wendet sich gegen die Fristenlösung im Gewande eines Rechtfertigungsgrundes und liefert die strafrechtsdogmatische Begründung dafür, daß die Aufnahme eines Rechtfertigungsgrundes für eine Rechtsgutsverletzung die weitgehendste Zurücknahme des rechtlichen Schutzes überhaupt ist. Wo die Verfassung ein Verhalten verbietet, könne ein einfachrechtlicher Erlaubnissatz das Unrecht nicht ausschließen. Die Unzumutbarkeit normgemäßen Verhaltens bilde niemals einen Rechtfertigungs-

Vor § 218 BT Sechzehnter Abschnitt

grund für eine tätige Rechtsgutsverletzung. Eine von keiner Instanz überprüfbare „Selbstindikation" der Unzumutbarkeit als Grundlage der Rechtfertigung hinreichen zu lassen, bedeute die „Selbstauflösung der Rechtsordnung". Im übrigen begründe die „symbiotische Verbindung" zwischen Schwangerer und ihrem ungeborenen Kind im Hinblick auf dessen Ausgeliefertsein an einen anderen Menschen eine gesteigerte rechtliche Verantwortlichkeit der obhutspflichtigen Person. Noch weniger könne die Offenheit der Beratung, die durch Anonymität und Protokollierungsverbot jeglicher Kontrolle entzogen ist, die konkrete Tötungshandlung rechtfertigen, vielmehr erhöhe sie den Druck des Umfeldes ins Unwiderstehliche. – Auch habe der Gesetzgeber die verfassungsrechtlichen Schranken für den Erlaß von Erlaubnissätzen einzuhalten. Zwar stehe das Grundrecht auf Leben unter Gesetzesvorbehalt, dem Lebensschutz des nasciturus gebühre aber der Vorrang. Im übrigen habe der Gesetzgeber zur Gestattung der Verletzung der Menschenwürde keinerlei Befugnis. Sie werde verletzt, wenn der konkrete Mensch zum Objekt, zum bloßen Mittel herabgewürdigt werde. Die Fristen-Rechtfertigung nehme dem Ungeborenen in den ersten drei Monaten seiner Existenz jeden rechtlichen Schutz und stehe in offenem Widerspruch zur letztverbindlichen Interpretation des GG durch das BVerfG (E **39**, 1). Die Angriffe gegen diese Entscheidung seien nicht begründet, sie sei in der rechtswissenschaftlichen Diskussion auch durch keinen fundierten Einwand erschüttert worden. – Auch *Arth. Kaufmann* (JZ **92**, 981) hält „nicht rechtswidrig" in § 218a idF des SFHG wegen Verstoßes gegen Art. 2 II GG für verfassungswidrig. Er rät aber letztlich, zum „nicht strafbar" zurückzukehren, freilich im Sinne des „unverboten". Er möchte auf diese Weise für die betroffenen Frauen einen „Unrechtsmakel" vermeiden und öffentliche Hilfen nicht erschweren, eine Interpretation, die ihrerseits den verfassungsrechtlich gebotenen Lebensschutz preisgibt unter Verweis auf eine „Toleranz", die jährlich hunderttausendfach auf Kosten Schwächerer geht und die anzuwenden er übrigens in den Fällen der Euthanasie (aaO 984 Rn. 16) nachdrücklich ablehnt, in denen die Konfliktfälle uU ungleich schwerer liegen können als beim Austragen der Schwangerschaft. – Durchgängige Zustimmung findet das SFHG nunmehr bei *Eser* (NJW **92**, 2913) selbst dort, wo es sich mit seinem „notlagenorientierten Diskursmodell" (ZRP **91**, 297) nicht deckt. Er unternimmt es, mit schwer nachvollziehbarer Argumentation, das SFHG – das deutlich weitergeht und auch weitergehen soll als das 5. StrRG – mit dem Urteil BVerfGE **39**, 1 ff. in Deckung zu bringen, das jenes Gesetz aus dem Jahre 1974 gerade für verfassungswidrig erklärt hatte. Hierbei blieben freilich der rechtlich *maßgebende* Sachinhalt des SFHG ebenso verdeckt und vernebelt wie die vergleichsweise deutlich ausformulierten Sachaussagen des Fristenlösungsurteils. Dort heißt es auch, daß „gesellschaftspolitische Zweckmäßigkeitserwägungen" oder „ein allgemeiner Wandel der hierüber herrschenden Auffassungen" die verfassungsrechtlichen Schranken nicht überwinden können (BVerfGE **39**, 67). „Demgegenüber scheint eine starke Zeitströmung auf eine weitergehende ‚Liberalisierung' zu drängen. Sollte sie sich durchsetzen, wäre ein essentielles Stück Rechtsstaat in einer Gesellschaft verloren, die aufgrund ihres Wohlstandes unschwer in der Lage wäre, das für die Erhaltung menschlichen Lebens Erforderliche zu tun" (so Lackner 8 aE).

Abbruch der Schwangerschaft

218 [I]**Wer eine Schwangerschaft abbricht, wird mit Freiheitsstrafe bis zu drei Jahren oder mit Geldstrafe bestraft.**

[II]**In besonders schweren Fällen ist die Strafe Freiheitsstrafe von sechs Monaten bis zu fünf Jahren. Ein besonders schwerer Fall liegt in der Regel vor, wenn der Täter**

Straftaten gegen das Leben § 218

1. gegen den Willen der Schwangeren handelt oder
2. leichtfertig die Gefahr des Todes oder einer schweren Gesundheitsschädigung der Schwangeren verursacht.

Das Gericht kann Führungsaufsicht anordnen (§ 68 Abs. 1).

III Begeht die Schwangere die Tat, so ist die Strafe Freiheitsstrafe bis zu einem Jahr oder Geldstrafe. Die Schwangere ist nicht nach Satz 1 strafbar, wenn der Schwangerschaftsabbruch nach Beratung (§ 218b Abs. 1 Nr. 1 und 2) von einem Arzt vorgenommen worden ist und seit der Empfängnis nicht mehr als zweiundzwanzig Wochen verstrichen sind. Das Gericht kann von einer Bestrafung der Schwangeren nach Satz 1 absehen, wenn sie sich zur Zeit des Eingriffs in besonderer Bedrängnis befunden hat.

IV Der Versuch ist strafbar. Die Frau wird nicht wegen Versuchs bestraft.

1) **Die Vorschrift** (vgl. vor § 218) bestimmt die grundsätzliche Strafbarkeit 1 des SSA (8 vor § 218) mit Ausnahme von nidationshemmenden Handlungen (unten 4) sowohl für die Schwangere (unten 8) wie für den Dritten sowie mit einer auf diesen beschränkten Strafschärfung in besonders schweren Fällen (II). Auslandstaten 17 vor § 218.

2) **Tathandlung** ist ein Eingriff, der auf den Fetozid (6e vor § 218) eines 2 Embryos zielt; die Formulierung „Schwangerschaft abbricht" kaschiert, daß es sich um die *vorsätzliche Tötung vorgeburtlichen menschlichen Lebens* und eine Grundrechtsverletzung handelt (BVerfGE 39, 46; LK-Jähnke 2 vor § 218; Bockelmann BT/2 § 8 B 1a; G. Schultz MDR 80, 369; Petersen JVL 5, 57; Hiersche, Tröndle-FS 671 Fn. 7; vgl. auch 5 vor § 218), beeinträchtigt uU die natürliche Tötungshemmung (Stürner FamRZ 85, 761; Würtenberger JVL 5, 41), führt zu Zweifelsfragen (ebenso Gössel JR 76, 1235; Lüttger, Sarstedt-FS 172) und ist auch nicht geeignet, die Anwendung auf den partiellen Fetozid bei fortbestehender Schwangerschaft auszuschließen (Eser [6e vor § 218] 65). Unter **Schwangerschaft,** die später beginnt als menschliches Leben entsteht (6a vor § 218) ist eine intakte Gravidität zu verstehen. **A. Angriffsgegenstand** der Tat (5 vor § 218) ist, obwohl die 3 Tatbestandsumschreibung dies nicht erkennen läßt, eine **lebende Frucht** (Prot. 7/1619) im weiblichen Schoß (nicht in einer Retorte, 6a vor § 218; Benda-Ber. 9). Auf die Art der Zeugung (künstliche Insemination, 4 zu § 223; Vergewaltigung; vgl. für diese Fälle § 218a II Nr. 2) und auf die Entwicklungsstufe nach der Nidation kommt es nicht an (6c vor § 218; BVerfGE **39**, 37). Ob auch die (noch lebende) Leibesfrucht einer **hirntoten Frau** *("Erlanger Baby")* nach § 218 geschützt ist, kann nur zw. sein, wenn man für die Tatbestandsmäßigkeit allein an den Begriff „Schwangerschaft" anknüpft, das geschützte Rechtsgut also unberücksichtigt läßt. In verfassungskonformer Auslegung ist der „Schwangerschaftsabbruch" aber Tötungshandlung (BVerfGE **39**, 46). Ebenso ist unbestreitbar, daß die Leibesfrucht durch den Hirntod der Schwangeren die Eigenschaft als selbständiges Schutzgut nicht verliert. Bei teleologischer Interpretation wird man hiervon auch künftig auszugehen haben, was freilich die Hinnahme impliziert, daß der Gesetzgeber bei der Tatbestandsumschreibung des § 218 (auch idF des SFHG) der Bezeichnung und damit auch der Verdeutlichung

§ 218

des eigentlichen Schutzguts aus dem Wege geht (vgl. Tröndle in Baumann u. a. § 218 [3f vor § 218] 185). Zur problematischen Frage, ob und unter welchen Umständen das Herbeiführen des Todes der Frucht der hirntoten Frau durch Abschalten des Reanimators zur Strafbarkeit nach § 218 führen kann, vgl. unten 6a. Die Grenze zwischen den Bezeichnungen Embryo und Foet liegt am Ende des 3. Schwangerschaftsmonats. Doch endet der Bereich des § 218 und beginnt der der §§ 211 ff. mit dem Beginn des Geburtsakts (2 vor § 211); zur **Perforation,** dh der Notstandstötung in der Geburt 21 zu § 34, ferner Koch SSA I 108. Das krankhaft entartete Ei (die

3a Mole) ist keine lebende Frucht (LK 3). Ein **Anencephalus** dagegen ist eine durch die §§ 211 ff., 218 geschützte Leibesfrucht, bei der idR nur noch Reste des Hirnstamms vorhanden sind. Die abw. Meinung (LK 4; SchSch 4a; Hanack, Noll-GedS 205), es liege ein Gehirntod (Funktionsunfähigkeit von Hirnrinde *und* Hirnstamm) vor, beruht auf der medizinisch unhaltbaren Annahme, dem Anencephalus fehle das Gehirn gänzlich, Hansmann/ Hackelöer/Staudach, Ultraschalldiagnostik in Geburtshilfe und Gynäkologie, 1985, 177; Isemer/Lilie MedR **88**, 66; aus diesem Grunde ist die Frage einer Organentnahme bei Anencephalen auch keine Frage des Selbstbestimmungsrechts der Eltern (Wolfslast MdR **89**, 163, vgl. auch Jähnke, Spann in Hiersche u. a. [13 vor § 211] 103, 130; Hiersche, v. Loewenich, Seidler, G. Hirsch in Hiersche u. a. [4a zu § 168] 102, 106, 113, 118; Laufs FPflMedAR 38). Bei der Mole kann ein Versuch am untauglichen Objekt in Betracht kommen.

4 **B. Nicht als Schwangerschaftsabbruch** *iS des Gesetzes,* dh des 5. StrRG und des 15. StÄG, insbesondere der §§ 218 bis 219c (Prot. 7/2433f.; Ber. II 13; Müller-Emmert DRiZ **76**, 168; Günther FPflMed 149) gelten nach § 219d Handlungen, deren Wirkung vor Abschluß der Einnistung des befruchteten Eies *in der Gebärmutter* **(Nidation)** eintritt. § 219d umschreibt nicht den Begriff „Schwangerschaft", schon gar nicht den Beginn menschlichen Lebens (6 vor § 218), auch nicht den (genau gar nicht feststellbaren) Nidationszeitpunkt, wohl aber mit dem uterus den iS des § 219d (nicht der Schwangerschaft) maßgeblichen *Ort* der Nidation, so daß Handlungen mit Wirkung auf eine Extrauteringravidität nicht unter § 218 fallen. Eine Analogie im Interesse des verfassungsrechtlich gebotenen Lebensschutzes, der bei Handlungen in der pränatalen Phase Lücken aufweist (6a vor § 218), verbietet sich. Das befruchtete Ei ist im Eierstock, in der Tube und in der Bauchhöhle aus verfassungsrechtlicher Sicht und nach ärztlicher Ethik gleichwohl zu schützen (zivilrechtliche Haftung möglich). § 219d stellt auf die **nidationshindernde Wirkung** ab. Ausgenommen und damit tatbestandslos sind danach nur solche Handlungen, die nur nidationshemmend wirken können (Prot. 7/2434; Ber. II 13), so daß die §§ 218ff. Handlungen erfassen, die möglicherweise zur Abtötung der schon eingenisteten Frucht führen wie die sog. Abtreibungspille RU 486 (Mifepristone; hierzu BTag 11/136. Sitz. v. 19. 1. 1989; vgl. Prot. 7/2433; 2 zu § 219c). Unter § 219d fällt also die Verwendung nidationshemmender Mittel wie zB Tetragynon (sog. „Pille danach", „morning-after-pill") oder von Intrauterinpessaren, Schleifen Plastikspiralen u. dgl. (vgl. hierzu G. Hirsch MedR **87**, 13; Belling 143; Beckmann ZRP **87**, 86; Narr 793); auch eine „Eventualausschabung" (vgl. Prot. 7/2434), diese aber nur dann, wenn sie nicht in Wirklich-

Straftaten gegen das Leben **§ 218**

keit die bereits eingenistete Frucht zerstört (M-Schroeder § 5, 24; Roxin JA **81**, 229; Arth. Kaufmann, Oehler-FS 649; vgl. Lüttger, Sarstedt-FS 180). Zur Entstehungsgeschichte des § 219d Gante [3b vor § 218] 262. Zu den verfassungsrechtlichen Bedenken gegen § 219d G. Hirsch MedR **87**, 15; R. Esser 4c vor § 218, 95. Zum Vorsatz unten 9.

5C. Abbrechen der Schwangerschaft ist danach jede nicht auf bloße Nidationshemmung angelegte Einwirkung auf die Schwangere oder die Frucht, die final darauf gerichtet ist, das Absterben der noch lebenden Frucht im Mutterleib oder den Abgang der Frucht in nicht lebensfähigem Zustand herbeizuführen, und diesen Erfolg erreicht (vgl. BGH **10**, 5; 293; **13**, 24; MDR **53**, 597; NJW **57**, 191; Lüttger JR **71**, 138; RegE 13; Lackner NJW **76**, 1235). Ob das nach den klassischen Methoden der Dilatation und Kürretage oder nach den modernen der Vakuumaspiration (Absaugung; evtl. mit Karman-Katheter), der Injektion von Salzwasser (im 2. Trimester), der Hysterotomie (zu den einzelnen Methoden Prot. 7/1414), Einnahme von Medikamenten (vgl. RegE 14) oder nach den früheren Methoden der „Engelmacher" geschieht, ist ohne Bedeutung. Vollendet ist die Tat mit dem Absterben der Frucht im Mutterleib oder ihrer Ausstoßung in nicht lebensfähigem Zustand, beendet mit deren Tod (aM LK 6; SchSch-Eser 30; Lackner 3); von da an beginnt die Verjährung (§ 78a). Auch durch *Selbstmordversuch* kann die Tat begangen werden, wenn sich die Schwangere der Abtötung der Frucht bewußt ist (schon zur aF BGH **11**, 17; Roxin JA **81**, 543; str.). Der das Gift liefernde Arzt begeht Beihilfe, auch wenn der Selbstmord gelingt (RG DR **40**, 26; aM Jescheck JZ **58**, 749); kommt es nicht zur Tötung der Frucht, ist die Schwangere nicht wegen Versuchs strafbar (**IV S. 2**). Die *vorsätzliche Tötung* einer Schwangeren kann zugleich SSA sein (BGH **11**, 15; LK 8; SchSch 10; aM Jescheck aaO). Auch sonst setzt § 218 nicht voraus, daß die Schwangere die Abtötung des Fötus überlebt (vgl. RG **67**, 206; LK 9). Stirbt sie beim SSA, so steht § 218 in Tateinheit mit § 226 (str.; hierzu unten 20). Bei einer **Frühgeburt** ist zu unterscheiden: **a)** Ist sie (aus medizinischen Gründen) eingeleitet, um ein lebensfähiges Kind zu erhalten, das am Leben bleiben soll, so ist keine Tat iS von § 218 gegeben (RegE 13; vgl. Prot. VI/2160, 2165; LK 10). War der Vorsatz hingegen auf Abtötung der Frucht gerichtet, so gilt folgendes: **b)** Bleibt die Frucht am Leben, so liegt nur versuchter SSA vor (RG **4**, 381). **c)** Stirbt die Frühgeburt, weil sie nicht lebensfähig ist, so ist nur § 218 gegeben, selbst wenn der spätere Tod vom Täter von vornherein gewollt war, die §§ 211ff. treten zurück (BGH **10**, 5; **13**, 24, **31**, 352 [m. Anm. Hirsch JR **85**, 336]; MDR/D **53**, 597; Lenckner/Winkelbauer FPflMed 213; differenzierenden SchSch 7; Lackner 4; Roxin JA **81**, 545); **d)** Bei einem neuen Angriff auf das soeben Geborene, um es zu töten, werden außer § 218 auch die §§ 211ff, verletzt (BGH **10**, 291; **13**, 21; **31**, 352; GA **63**, 15; LK 11). Verursacht der SSA den späteren Tod mit, so ist Tateinheit zB mit § 212 anzunehmen (BGH **10**, 291). Andernfalls ist Tatmehrheit gegeben (BGH **13**, 21; LK 52). Geht der Angriff des Täters entgegen seiner Annahme gegen ein schon tot Geborenes, so ist ein versuchtes Tötungsdelikt in Tatmehrheit mit § 218 begangen (aaO). Ist nicht sicher festzustellen, ob die Frucht nach der Geburt noch gelebt hat, so kommt wahlweise Feststellung in Betracht (BGH **10**, 294). Abwegig ist es,

§ 218

die Tathandlung des § 218 als *Unterlassungsdelikt* zu interpretieren, um die Fortsetzung der Schwangerschaft dem Zumutbarkeitserfordernis (16 zu § 13) unterstellen zu können (so v. Renesse ZRP **91**, 322; hiergegen Büchner ZRP **91**, 433 mwN; Beckmann ALfA Beitr. 2 [1991] 11).

6a Hingegen ist der SSA nach den allgemeinen Vorschriften auch **durch Unterlassen** möglich, da nicht nur die Schwangere, sondern auch der Erzeuger als Beschützergarant (5b zu § 13) in Betracht kommt (LK 33; SchSch 16; Lackner 3; vgl. auch unten 8). Das Herbeiführen des Todes der Frucht einer **hirntoten Frau** durch Abschalten des Reanimators ist, soweit der Tatbestand des § 218 eingreift (oben 3), als Unterlassungstat (17 vor § 211) zu beurteilen. Auch in diesen Fällen hat das ungeborene Kind ein Recht auf Leben (6c vor § 218). Ob das Abschalten des Reanimators in diesen Fällen iS des § 13 der Verwirklichung des gesetzlichen Tatbestandes des § 218 entspricht und ob die Fortsetzung des Lebensrettungsversuchs zumutbar wäre (16, 17 zu § 13), hängt auch vom Reifegrad der Frucht und – maßgeblich – von deren Überlebenschancen ab. Die Aufrechterhaltung der Vitalversorgung verbietet sich in Fällen, in denen sie lediglich die Herauszögerung des Fruchttodes erwarten läßt oder nach der Geburt wegen schwerer Beeinträchtigung vitaler Funktionen keine Lebensfähigkeit besteht (20 vor § 211).

7 **D. Fahrlässige Tötung** der Frucht oder ihre vorsätzliche oder fahrlässige **Schädigung** ohne Abbrechungsvorsatz (zB durch Medikamente), sind innerhalb des StGB nur pönalisiert, wenn sie als Verletzung des Körpers der *Schwangeren* angesehen werden können; ebenso Karlsruhe MDR **84**, 686 (m. Anm. Jung NStZ **85**, 316; Geppert JK 3 vor § 211); Schwalm MDR **68**, 277; Lüttger JR **71**, 139; str.; vgl. 3 vor § 211; 6 vor § 218, aber auch § 95 AMG. Zu Unrecht (vgl. 3 vor § 211) sieht LG Aachen (JZ **71**, 509) unter Hinweis auf Gutachten von Maurach und Schröder die Verursachung einer Mißbildung als Körperverletzung des Kindes an, sobald dieses geboren ist (also nicht bei Tod im Mutterleib!); die Beweisführung hätte die unannehmbare Folge, daß der SSA, in der den Tod des Kindes nach der Geburt herbeiführte, entgegen oben 6c ein Tötungsdelikt wäre; berechtigte Kritik vor allem bei Armin Kaufmann JZ **71**, 569; Lüttger JZ **71**, 136; Bruns, Heinitz-FS 322; Roxin JA **81**, 548; LK 3 vor § 223; vgl. auch 1 zu § 223; Hirsch JR **85**, 337; vgl. hierzu Schlund AIFO **86**, 565; anderseits BGH(Z) NJW **72**, 1126.

8 3) Zwischen **Fremdabbruch** und **Eigenabbruch** durch die Schwangere besteht kein Unterschied im Tatbestand (16 vor § 218), sondern nur in der Straflosigkeit des Versuchs (unten 10) und in den Rechtsfolgen. **A. Mittelbare Täterschaft** sowie **Mittäterschaft** (vgl. BGH **4**, 19) sind bei beiden Formen, also mit oder ohne Beteiligung der Schwangeren möglich. Eigenabbruch kommt in Betracht, wenn die Schwangere **a)** eigenhändig unterbricht, zB durch Einnahme medikamentöser Abortivmittel **b)** als mittelbare Täterin, zB durch Einschalten eines von ihr über eine strafbefreiende Indikation getäuschten Arztes (LK 27); **c)** durch Mittäterschaft mit einem anderen; vgl. BGH **1**, 142; Düsseldorf JZ **48**, 470; **d)** durch das im Gesetz nicht mehr genannte ausdrückliche oder stillschweigende Zulassen des SSA durch einen anderen, das infolge der idR gegebenen Tatherrschaft der Frau dann Mittäterschaft, mindestens aber Anstiftung oder Beihilfe darstellt (RegE 14; Prot 7/1519; für Täterschaft in jedem Falle im Anschluß an LK

Straftaten gegen das Leben **§ 218**

27, SchSch 16; Roxin JA 81, 542; vgl. SK 9; auch RG **61**, 360). Anstiftung eines anderen wird durch Selbstbegehung aufgezehrt, RG **64**, 151. In allen Fällen unterliegt die Frau nur dem milderen Strafrahmen nach **III S. 1**, und zwar, wie schon dessen Stellung hinter II zeigt (RegE 13), auch dann, wenn sie sich selbst leichtfertig in die Gefahr des Todes oder einer schweren Gesundheitsschädigung bringt. III S. 1 stellt nur einen persönlichen Strafmilderungsgrund dar (Prot. 7/1520; SchSch 3), so daß andere Beteiligte wie zB der Ehemann (MDR/D **75**, 542) nicht in seinen Genuß kommen (§ 28 II; RegE 14; so schon BGH **1**, 142; 250). Über die Besserstellung hinaus, die schon das 5. StrRG für die Schwangere vorsah, hat das 15. StÄG in III S. 2 und S. 3 zwei weitere derartige Fallgruppen geschaffen:

B. III S. 2 sieht einen **persönlichen Strafausschließungsgrund** vor (Prot. **8a** 7/2347,2353, 2359, 2393, 2451; KBer. 21; LK 57); über die Rechtsnatur, die nach der erst in Prot. 7/2451 beschlossenen Fassung nicht ganz eindeutig ist, bestand im StrABTag Einigkeit (Ber. II 6; Müller-Emmert DRiZ **76**, 165). Sicher ist, daß *nur* die Schwangere von der Strafbarkeit freigestellt wird, und zwar auch als etwaige Anstifterin (Prot. 7/2359; LK 57), nicht aber sonstige Beteiligte wie der Schwängerer oder der abbrechende Arzt. Die Tat bleibt rechtswidrig, die Abbruchskosten werden nicht über § 200f RVO erstattet (Ber. II 6; KBer 20). III S. 2 schließt die Strafbarkeit **nur nach III S. 1** aus, so daß andere Delikte wie etwa Erpressung oder Nötigung des abbrechenden Arztes durch die Frau (Prot. 7/2451) strafbar bleiben. III S. 2 betrifft nur Fälle, die an sich nach S. 1 strafbar wären, so daß er ausscheidet, wenn die Strafbarkeit nach § 218 schon deshalb entfällt, weil eine strafbefreiende Indikation gegeben ist oder die Frau irrig die Voraussetzungen einer solchen Indikation (vor allem auf Grund einer Erklärung des abbrechenden Arztes) annimmt (10 vor § 218; irrig Vogel, BRat, Prot. 128; Wilkitzki Prot. 7/2357). III S. 2 erfaßt also nur den Fall, daß es bei einem vollendeten SSA (sonst schon IV S. 2; der Ausdruck „Die Schwangere" in III S. 2 ist ungenau) an einer Indikation nach § 218a fehlt und die Frau das mindestens billigend in Kauf nimmt. **Voraussetzungen der Straf-** **8b** **freiheit** sind nur, **a)** daß die Schwangere nach § 218b I Nr. 1, 2 beraten worden ist (irrig Müller-Emmert aaO), was auch ein einziger Arzt (der Berater nach § 218b II Nr. 2c kann mit dem Arzt nach I Nr. 2 identisch sein; ungenau Vogel aaO), zB ihr Hausarzt erledigen kann; Feststellung nach § 219 ist nicht Voraussetzung; **b)** den SSA ein Arzt (auch außerhalb eines Krankenhauses oder einer zugelassenen Einrichtung iS von Art. 3 I des 5. StrRG idF von Art. 3 Nr. 1 des 15. StÄG) vorgenommen hat, der zwar nicht derjenige sein darf, der die Beratung durchgeführt hat (sonst wegen § 218b II Nr. 2 keine ordnungsgemäße Beratung), wohl aber ein beliebiger Arzt im Ausland sein kann; vgl. LK 58; **c)** seit der Empfängnis nicht mehr als 22 Wochen verstrichen sind; diese Frist, nach der man aus medizinischen Gründen SSA ohnehin möglichst vermeidet (die Fristenlösung sah in § 218a aF 12 Wochen vor!) und deren Bestimmung unsicher ist (18 zu § 218a), rückt die Eingriffsmöglichkeit in bedenkliche Nähe des Stadiums, von dem an der Foetus lebensfähig ist (18 zu § 218a). Ebenfalls bedenklich ist, daß die Frist des III S. 2 *stets,* dh, auch bei ethisch verwerflichen Motiven, gelten soll. Mit der verfassungsrechtlichen Wertentscheidung dürfte schon die Straffreiheit bei vermeidbaren Verzögerungen eines

§ 218

8c Eingriffs unvereinbar sein. Man hat daher III S. 2 als „**verkappte Fristenlösung**" bezeichnet (DRiB DRiZ **75**, 398; Köster BTag 7/15346; vgl. Wilms ZRP **90**, 472; zurückhaltender Beulke FamRZ **76**, 602) und *verfassungsrechtliche Bedenken* gegen ihn erhoben (zB Eyrich Prot. 7/2348; ebenso SK-Rudolphi 19 vor § 218; Lackner 12; Roxin JA **81**, 229, 542; Reis 148; Würtenberger JVL **5**, 34; Gössel BT 1 § 10, 52: „ideologisch motivierter Verfassungsbruch des Gesetzgebers"). Der Hinweis (Ber. II 6; Laufhütte Prot. 7/2347, 2354; Bahlmann Prot. 7/2360; Müller-Emmert BTag 7/15330; Laufhütte/Wilkitzki JZ **76**, 330), es komme auf die Gesamtheit der Maßnahmen, die das Gesetz treffe, an und es werde der individuellen Lage der Frau Rechnung getragen, trägt die so weitgehende Strafbefreiung nicht. Gegen das illegitime Argument, ein Arzt, der den SSA vornehme, werde nicht einfach zu finden sein, weil er sich strafbar und erpreßbar mache, überzeugend Lackner NJW **76**, 1242; vor allem gilt es für den Arzt im Ausland nicht. Unrichtig ist auch, durch III S. 2 werde der Schwangeren der Weg zu der erwünschten Beratung ohne Angst vor Strafe gesichert; da sich die Frau durch einen einzigen Arzt ihres Vertrauens beraten lassen kann – oben 8b –, der überdies unter der Schweigepflicht nach § 203 steht, braucht sie Strafe ohnehin nicht zu fürchten. Gegen die übrige Argumentation mit Recht Lackner NJW **76**, 1243. Sie ändert nichts daran, daß mit III S. 2 entgegen den Forderungen des BVerfGE **39**, 1, 48 (Leitsatz 3) dem Selbstbestimmungsrecht der Frau der Vorrang vor dem Lebensschutz des Ungeborenen gegeben und die Schwangere auch dann von der Strafbarkeit ausgenommen wird, wenn sie die Frucht nach ihrem Belieben abtöten läßt. Im Hinblick auf die „*verfassungswidrige Schutzlücke*", die das ungeborene Leben gegenüber im Ausland vorgenommenen SSA ohne jeden strafrechtlichen Schutz läßt, will SK 26 in verfassungskonformer Auslegung den persönlichen Strafausschließungsgrund für die Schwangere dann nicht eingreifen lassen, wenn sie den SSA im Ausland durchführen läßt. Zu allem kommt noch, daß III S. 2 ein fragwürdiges *Wohlhabendenprivileg* (krit. Kaiser Parl. B 14/90, 25) schafft: Wer über hinreichende Mittel verfügt, kann das hohe Risikohonorar, das ein inländischer Arzt für den für ihn strafbaren Eingriff fordern würde (Seebald GA **76**, 68), zahlen, kann den Eingriff leicht und ohne Risiko für den Arzt im Ausland vornehmen lassen (Prot. 7/2353f.) und ohne Schwierigkeit auf Kostenerstattung durch einen Versicherungsträger verzichten (hierzu auch LK 35; M-Schroeder § 5, 35; Esser ArztR **81**, 265; Koch SSA I 203).

8d C. III S. 3 sieht die Möglichkeit des **Absehens von Strafe** (7 zu § 23) nach S. 1 (also nicht auch nach anderen Bestimmungen; vgl. oben 8a) durch das Gericht vor, wenn sich die Schwangere zZ eines vollendeten (sonst schon IV S. 2) und sowohl nach S. 1 wie nach S. 2 strafbaren SSA in besonderer Bedrängnis befunden hat. S. 3 kommt nur dann in Betracht, wenn eine Indikation nach § 218a fehlte und auch von der Schwangeren nicht angenommen wurde (sonst entfiele schon S. 1; oben 8a) oder der SSA (selbst bei gegebener Indikation) nicht von einem Arzt, sondern einem Laien oder der Frau selbst (soweit nicht Ärztin bei gegebener Indikation; 4 zu § 218a) vorgenommen wurde oder zwar von einem Arzt, aber ohne vorausgegangene Beratung (sonst S. 2; sehr unwahrscheinlicher Fall) oder nach Ablauf der Frist von 22 Wochen in S. 2. S. 3 gilt nur für die Schwan-

Straftaten gegen das Leben § 218

gere selbst, nicht für sonstige Tatbeteiligte, für die Frau aber in jedem Stadium der Schwangerschaft (zB SSA durch einen Heilpraktiker bei medizinischer Indikation noch später als nach 22 Wochen). Voraussetzung für das Absehen von Strafe ist, daß sich die Frau in der Zeit vor und bis zu dem Eingriff in **besonderer Bedrängnis** befunden hat (der Ausdruck „die Schwangere" in S. 3 ist unpräzis). Ob dies das Motiv für den SSA war, fordert das Gesetz nicht ausdrücklich; doch muß sie nach dem Gesetzessinn eine wesentliche Rolle für den Entschluß gespielt haben. Unter besonderer Bedrängnis ist eine Notsituation zu verstehen, die nicht den in § 218a II Nr. 3a vorausgesetzten Grad (BGH 38, 159; vgl. 26 zu § 218a) erreicht hat, aber nach § 218a II Nr. 3b auf andere Weise hätte abgewendet werden können. Müller-Emmert (DRiZ 76, 165) fordert, daß besondere Umstände der Schwangeren sowohl die Fortsetzung der Schwangerschaft als auch eine Beratung nach § 218b I besonders erschwert hätten; die nur dadurch entstandene Bedrängnis, daß die Frau keinen abbrechenden Arzt gefunden habe, reiche nicht aus. Seebald GA 76, 65 stellt auf „die durch die ungünstigen Umstände eines strafbaren SSA bei der Schwangeren hervorgerufene Angst- und Bedrängnissituation" ab. In die Abwägung einzubeziehen sind auch die Gesundheitsrisiken des Abortes selbst. Im Ergebnis wird man eine Lage zu fordern haben, durch die die Frau unter einen die durchschnittliche Situation bei einem illegalen SSA deutlich übersteigenden psychischen Druck gerät. Dieser wird idR von außen kommen (Wirtschaftliche und persönliche Lage; Einstellung der Familie; Wohnverhältnisse; Druck durch den Schwängerer), doch wird man auch den Fall des (vielleicht noch existierenden) jungen und naiven Mädchens berücksichtigen müssen, das durch das Schwangerschaftserlebnis in schwere Angst gerät, nichts von Beratungsstellen weiß und sich in ihrer Not an einen Kurpfuscher wendet. Ob das Gericht im Einzelfall von Strafe absieht, wird von den gesamten Umständen abhängen, vor allem davon, inwieweit der Täterin zum Vorwurf zu machen ist, daß sie nicht den Weg zum Arzt und zur Beratungsstelle gefunden hat (vgl. LK 65).

4) Vorsatz ist erforderlich; er hat sich als mindestens bedingter (NJW 51, 9 412) auf die Tötung einer lebenden Leibesfrucht zu richten (RG 4, 380), wobei es gleichgültig ist, ob der Erfolg im Mutterleib oder in oder nach der Geburt eintreten soll oder eintritt (vgl. BGH 10, 6; MDR/D 53, 597; oben 6). Nimmt der Täter irrig an, seine Handlung könne lediglich der Nidation wirken, so ist das ein den Vorsatz ausschließender Tatbestandsirrtum (§ 219d; oben 4; LK 44; Roxin JA 81, 543; Lüttger, Sarstedt-FS 181; Lackner 8). Fahrlässiger SSA, auch im Falle fahrlässiger pränataler Einwirkungen mit tödlichen Folgen durch einen Arzt, ist straflos, BGH 31, 353 m. Anm. Hirsch JR 85, 337.

5) Nach IV ist der **Versuch** für jeden anderen als die Frau selbst strafbar. 10 Für diese begründet IV S. 2 einen persönlichen Strafausschließungsgrund, so daß Teilnehmer an ihrem Versuch strafbar bleiben (RegE 15), auch wenn er untauglich ist, FamRZ 75, 488; AG Albstadt MedR 88, 262 m. Anm. Mitsch Jura 89, 193; LK 46. Versuch ist gegeben, wenn es nicht zum Tod der Frucht kommt (BGH 10, 5; 13, 24), sei es, daß die Mittel erfolglos blieben oder untauglich waren (vgl. RG 34, 218; 68, 13, wobei aber § 23 III zu prüfen ist), daß die Frucht bereits tot war (vgl. Hamm

§ 218

HESt. **2**, 13) oder daß gar keine Schwangerschaft bestand (RG **34**, 217); vgl. 23ff. zu § 22. Der Versuch beginnt zB mit dem Einsetzen eines Gebärmutterspiegels zum Eihautstich (Bay **53**, 155), möglicherweise auch mit einer dem Eingriff dienenden Untersuchung, der anschließend vorgenommen werden soll; vgl. MDR/D **53**, 19. Bloße Vorbereitungshandlungen sind die Aufforderung (BGH **4**, 17) oder die Bereitschaftserklärung zum SSA, Erkundigung nach einem Abbruchswilligen (RG **76**, 376) oder die Aufnahme in eine Klinik, wo der SSA vorgenommen werden soll; vgl. RG HRR **30**, 1671. Zum Rücktritt vom Versuch RG **35**, 102, **57**, 280; MDR/D **53**, 721. Gewisse Vorbereitungshandlungen stellen die §§ 219b und 219c unter Strafe.

11   6) **Die Teilnahme** folgt allgemeinen Regeln mit der Maßgabe, daß der Fremdbeteiligte stets nach I, II, die Frau stets nach III zu bestrafen ist (§ 28 II; oben 8, 10), und zwar auch bei Mittäterschaft zwischen ihr und einem anderen (vgl. RG **64**, 149), wobei dann eine vorausgegangene schwächere Beteiligungsform in der Täterschaft aufgeht; aaO. Beihilfe zB durch Verschaffen von Tatmitteln (RG **58**, 115; falls bewußt untauglich geliefert werden, nur Betrug; vgl. RG **44**, 230; **56**, 170). Auch *Berater* und *Begutachter* kommen für eine strafbare Teilnahme zB bei gesetzwidriger Beratung (vgl. 10a zu § 218b), bewußt falscher Begutachtung (Prot. 7/1609) oder bei Benennung von Adressen zur Durchführung unerlaubter SSA (im einzelnen SchSch 38a; ferner SK 16) in Betracht. Teilnahme durch *Unterlassen* ist möglich, wenn es sich um einen Garanten handelt wie den Ehemann (NJW **53**, 591; MDR/D **73**, 363; krit. Otto/Brammsen Jura **85**, 538). Der Fremdbeteiligte bleibt auch in den Fällen von III S. 2, 3, IV S. 2 strafbar (oben 8a, 8b, 10).

12   7) Zur **Rechtsnatur der Indikationen** vgl. 8a bis 9h vor § 218.

13   8) **Die Strafe** ist **A.** als **Regelstrafe** für den Fremdtäter die in I, für die Schwangere die in III angedrohte (§ 47 zu beachten); vgl. oben 11. Absehen von Strafe kommt lediglich für die Frau nach III S. 3 in Betracht (oben 8d).

14   **B. In besonders schweren Fällen** (11 zu § 12; 43ff. zu § 46) droht **II** allein dem **Fremdtäter** (oben 8) Freiheitsstrafe von 6 Monaten bis zu 5 Jah-
15   ren an. Die Regelbeispiele sind gegeben, wenn der Täter **a) gegen den** ausdrücklich oder schlüssig erklärten natürlichen **Willen** der Schwangeren handelt (**Nr. 1**). Hinnahme des innerlich nicht gebilligten SSA ohne Widerstand reicht nicht aus (LK 62); anders das Hinwegsetzen über den mutmaßlichen Willen nach Versetzen der Schwangeren in einen willensunfähigen Zustand (Narkose, Drogen); Nr. 1 gilt auch dann (!), wenn die Schwangere trotz sonst gegebener Indikation ihre Einwilligung verweigert, jedoch dann nicht, wenn es der Einwilligung nicht bedarf (12ff. vor § 218).

16   **b)** durch die Tat, möglicherweise auch den bloßen Versuch (wenigstens) **leichtfertig** (20 zu § 15; 6 zu § 18), vor allem ohne die erforderlichen Kenntnisse, Einrichtungen oder Nachbehandlung die konkrete **Gefahr** (3 zu § 34) des **Todes** oder einer **schweren Gesundheitsschädigung der Schwangeren verursacht (Nr. 2)**; darunter ist anders als zB im Falle von § 113 II S. 2 nicht nur die Gefahr einer schweren Körperverletzung (§ 224) zu verstehen, sondern auch die Gefahr, daß die Frau im Gebrauch ihrer Sinne oder ihres Körpers oder ihrer Arbeitsfähigkeit für lange Zeit erheblich beeinträchtigt wird oder in eine langwierige, ernste Krankheit verfällt

Straftaten gegen das Leben § 218

(RegE 13). Eine solche Gefahr bei Laienabtreibern stets anzunehmen (so Ber. 13), geht allerdings zu weit (wie hier SK 21). Nr. 2 gilt ihrem Sinne nach auch dann, wenn Tod oder schwere Gesundheitsschädigung tatsächlich eintreten.

c) Daß II die **gewerbsmäßige Begehung** der Tat (43 vor § 52) nicht **16a** ausdrücklich als weiteres Regelbeispiel nennt, geht auf die unverständliche Sorge zurück, daß die Gerichte bei Prüfung der Gewerbsmäßigkeit auch die legalen Abbrüche eines Arztes mit einbeziehen könnten (Ber. II 5; Müller-Emmert DRiZ **76**, 165; dagegen Lackner NJW **76**, 1236). Da es sich dabei um ein bloßes Mißverständnis des Gesetzgebers handelt, wird bei gewerbsmäßiger Begehung idR ebenfalls ein besonders schwerer Fall anzunehmen sein (LK 64), ebenso, wenn der Täter bei illegalen SSA übermäßige Gewinne macht oder die Schwangere sonst ausbeutet.

d) In den Fällen von II kann nach S. 3 **FAufsicht** nach § 68 I Nr. 2 neben **17** Freiheitsstrafe von 6 Monaten (die in Fällen von § 49 nicht erreicht zu sein brauchen) angeordnet werden (3 ff. zu § 68). Das wird vor allem gegenüber gewerbsmäßigen Abteibern in Betracht kommen.

9) Konkurrenzen. A. Innerhalb des § 218 treten schwächere Teilnahme- **18** formen hinter Täterschaft zurück (oben 8, 11). Mehrere SSA bei verschiedenen Frauen können wegen der Höchstpersönlichkeit der Rechtsgüter (6 vor § 218) keine fortgesetzte Tat sein; RG **59**, 98; **68**, 14; MDR/D **66**, 727; ebensowenig mehrmaliger SSA bei derselben Frau (RG HRR **37**, 1053; aM SchSch 58). Hingegen kann an derselben Frau hinsichtlich derselben Frucht der fortgesetzte Versuch des SSA begangen werden (MDR/D **66**, 727), der aber in der schließlich erfolgreichen Tat aufgeht, wenn der Täter nicht einen neuen Vorsatz gefaßt hatte (RG JW **24**, 1732).

B. Im Verhältnis zu den §§ 218 b ff. gilt folgendes: §§ 218b und 219 treten **19** nach ihrer Subsidiaritätsklausel hinter § 218 zurück. Mit § 219b, der wegen seines besonderen Unrechtsgehalts nicht hinter § 218 zurücktritt, besteht Tatmehrheit (ebenso LK 56; SchSch 58); dasselbe gilt für § 219c (dort 6).

C. Verhältnis zu anderen Vorschriften: Zum Verhältnis zu den Tötungs- **20** delikten vgl. zunächst oben 5, 6. Die dem SSA dienende Körperverletzung der Frau wird idR als Begleittat von § 218 aufgezehrt (BGH **10**, 312). Jedoch ist in den Fällen des § 226 nach BGH **28**, 17 (zust. H. Wagner JR **79**, 295) *Tateinheit* gegeben, da § 218, auch wenn II Nr. 2 eingreift, ein Verbrechen (§ 226) nicht verdrängen kann (so schon Wessels BT § 4 V 3); anders noch BGH **15**, 345; dasselbe muß aber auch gelten, wenn mit dem SSA die §§ 223a, 224, 225 zusammentreffen (SchSch 59; SK 30; Roxin JA **81**, 548; Geilen JK 1; zT **aM** BGH **28**, 16; Lackner 22; Abels [1 vor § 52] 43; LK 54f). Tateinheit mit § 222 kann ferner vorliegen, wenn zB der Anstifter eines SSA die lebensgefahrbegründenden Umstände nicht kennen konnte (vgl. BGH **1**, 280; MDR/D **71**, 222). Auch im Fall eines Versuchs nach § 218 liegt, wenn zugleich eine Tat nach §§ 223 bis 224 vollendet ist, Tateinheit mit den betreffenden Körperverletzungstatbeständen vor (MDR/D **71**, 896; BGH **28**, 17 m. Anm. H. Wagner JR **79**, 295, SchSch 59). Ferner ist Tateinheit möglich mit § 240 (GA **66**, 339), während *Wahlfeststellung* zwischen § 218 und § 263 unzulässig ist (MDR **58**, 739).

§ 218a

Indikation zum Schwangerschaftsabbruch

218a ¹Der Abbruch der Schwangerschaft durch einen Arzt ist nicht nach § 218 strafbar, wenn

1. die Schwangere einwilligt und
2. der Abbruch der Schwangerschaft unter Berücksichtigung der gegenwärtigen und zukünftigen Lebensverhältnisse der Schwangeren nach ärztlicher Erkenntnis angezeigt ist, um eine Gefahr für das Leben oder die Gefahr einer schwerwiegenden Beeinträchtigung des körperlichen oder seelischen Gesundheitszustandes der Schwangeren abzuwenden, und die Gefahr nicht auf eine andere für sie zumutbare Weise abgewendet werden kann.

IIDie Voraussetzungen des Absatzes 1 Nr. 2 gelten auch als erfüllt, wenn nach ärztlicher Erkenntnis

1. dringende Gründe für die Annahme sprechen, daß das Kind infolge einer Erbanlage oder schädlicher Einflüsse vor der Geburt an einer nicht behebbaren Schädigung seines Gesundheitszustandes leiden würde, die so schwer wiegt, daß von der Schwangeren die Fortsetzung der Schwangerschaft nicht verlangt werden kann,
2. an der Schwangeren eine rechtswidrige Tat nach den §§ 176 bis 179 begangen worden ist und dringende Gründe für die Annahme sprechen, daß die Schwangerschaft auf der Tat beruht, oder
3. der Abbruch der Schwangerschaft sonst angezeigt ist, um von der Schwangeren die Gefahr einer Notlage abzuwenden, die
   a) so schwer wiegt, daß von der Schwangeren die Fortsetzung der Schwangerschaft nicht verlangt werden kann, und
   b) nicht auf eine andere für die Schwangere zumutbare Weise abgewendet werden kann.

IIIIn den Fällen des Absatzes 2 Nr. 1 dürfen seit der Empfängnis nicht mehr als zweiundzwanzig Wochen, in den Fällen des Absatzes 2 Nr. 2 und 3 nicht mehr als zwölf Wochen verstrichen sein.

1 1) **Die Vorschrift** ist durch Art. 1 Nr. 4 des 15. StÄG (3a, 3b vor § 218 mwN) neu gefaßt und faßt sämtliche Indikationen für einen SSA in einer Vorschrift zusammen. Zur **Rechtsnatur der Indikationen** vgl. 8aff. vor § 218. In Anlehnung an eine Entschließung des Dtsch. Ärztetages im Oktober 1973 (Ber. II 7) geht § 218a in einer fragwürdigen Systematik (Lackner NJW **76**, 1239; Schreiber FamRZ **75**, 670; Beulke FamRZ **76**, 598; SK-Rudolphi 6; Bockelmann BT/2 § 8 B II 2bcc; Roxin JA **81**, 230 Tröndle Jura **87**, 70; Geiger, Tröndle-FS 649) zunächst in I von der medizinisch-sozialen Indikation aus. Die *Kongruenzklausel* des II („gelten auch als erfüllt"), die nicht als Fiktion, sondern als unwiderlegbare Vermutung aufgefaßt werden soll (Prot. 7/2399; Ber. II 7; Laufhütte/Wilitzki JZ **76**, 331 mit Anm. 43; vgl. aber Prot. 7/2400; Abg. Spranger BTag 7/15335; mit Recht krit. Schmitt FamRZ **76**, 596; Sax JZ **7**, 329 Anm. 27; M-Schroeder § 6, 14), und die unterschiedliche Fristenregelung des III machen deutlich, daß die drei Indikationen nicht „Unterfälle" des I Nr. 2 sind, so daß sich der Austausch der Indikationstatbestände schon von daher verbietet (Geiger aaO), die Fälle des II aber ihrem Gewicht nach so schwer wiegen (II Nr. 1, 3a) müssen wie die Gefahr in I Nr. 2 (vgl. unten 26). Insoweit strahlt I auf

Straftaten gegen das Leben § 218a

II aus. Der medizinisch-soziale Charakter der drei Indikationen wird in II dadurch bestätigt, daß für sie die „ärztliche Erkenntnis" maßgebend ist und es auch Ärzte sind, denen die Feststellung der Indikationen nach § 219 obliegt (vgl. Prot. 7/2393, 2427). Doch führen diese Festlegungen bei II Nr. 2, 3 zu Schwierigkeiten (unten 22, 26).

2) Gemeinsame Voraussetzungen für sämtliche Indikationen sind: 2

A. Die Einwilligung der Schwangeren in den Eingriff (**I Nr. 1**). Dazu 3 gilt 11 ff. vor § 218.

B. Nur ein Arzt kann die Feststellung, ob eine der Indikationen gegeben 4 ist, treffen. *Letztverantwortlich ist der abbrechende Arzt.* Gerade hiergegen richtet sich nicht nur die zentrale Kritik der Ärzte (vgl. KBer, 22; R. Schmitt FamRZ **76**, 596), es sind auch schwere verfassungsrechtliche Bedenken (Lackner NJW **76**, 1242; Schreiber FamRZ **75**, 673; Beulke FamRZ **76**, 602; Kluth NJW **86**, 2349 u. JVL **4**, 49; Tröndle Jura **87**, 72) gegen diese Regelung begründet, die neuerdings durch den Benda-Ber. 7 zusätzliches Gewicht erhalten, wonach es mit der Menschenwürde als oberstem Wert nicht in Einklang zu bringen sei, „den Umgang mit menschlichem Leben in das Belieben des einzelnen zu stellen". Zwar muß der abbrechende Arzt auch selbst prüfen, ob die Voraussetzungen der §§ 218a, 218b, 219 vorliegen (unten 13, 30), er ist aber in seiner Entscheidung und damit in der Verfügung über ein grundgesetzlich geschütztes Rechtsgut *praktisch* nicht kontrollierbar (vgl. etwa BGHZ **95**, 199 m. Anm. Tröndle MedR **86**, 31; Kluth NJW **86**, 2349 u. JVL **4**, 49; Philipp Jura **87**, 87; Jähnke aaO [4b vor § 218] 187), insbesondere wenn ein gewisser „Beurteilungsspielraum" eingeräumt wird (SchSch 16; hiergegen unten 13). Nur ein Arzt kann den eigentlichen Eingriff vornehmen, dh, wenn er in der BRep. vorgenommen wird, nur ein hier approbierter Arzt (Prot. 7/1558; 1644), also zB nicht ein bloßer Medizinalassistent oder hier nicht approbierter ausländischer Arzt (aM M-Schroeder § 6, 8); bei Eingriff im Ausland wird man die dort für den Begriff des Arztes geltenden Vorschriften zugrunde zu legen haben (sind sie nicht erfüllt, so ist § 218 gegeben, so daß es ohne Bedeutung ist, daß § 218b für Auslandstaten nicht gilt). Gynäkologe braucht der Arzt nicht zu sein (LK 17; dazu mit Recht krit. SchSch-Eser 55), jedoch ist gynäkologische Fachkenntnis Voraussetzung; ev. ist ein Anästhesist beizuziehen (vgl. Nds. Ges. über die Zulassung von Einrichtungen zur Vornahme von SSA v. 3. 3. 1992, GVBl. 61). Indizierender und abbrechender Arzt müssen personenverschieden sein (BVerfGE **39**, 63f) und dürfen auch nicht in der selben Klinik einander „zuarbeiten". Auch Schwangere und Arzt müssen nach dem Gesetzeswortlaut verschiedene Personen sein, so daß Eigenabtreibung durch eine Ärztin nicht ausreicht (LK 18; vgl. hingegen Gössel BT 1 § 10, 22 u. JR **76**, 2; Laufhütte/Wilkitzki aaO Anm. 44, die ein „Ärztinnenprivileg" hinnehmen wollen). Vom Arzterfordernis kann in den Fällen abgesehen werden, in denen die Schwangere beim Warten auf einen Arzt in die Gefahr des Todes oder eines schweren Gesundheitsschadens käme, so daß nach dem subsidiär anwendbaren § 35 die Handlung auch bei Ausführung zB durch einen Heilpraktivker nicht schuldhaft bzw. bei der streng medizinischen Indikation gerechtfertigt wäre (RegE 18; Laufhütte/Wilkitzki aaO Anm. 70; Sax JZ **77**, 334; aM SchSch 22; LK 38, jeweils zu § 218). Solche Fälle werden bei II kaum in Betracht

1245

§ 218a

kommen, sondern spielen im wesentlichen nur bei I eine Rolle. Die Frage, ob dem Arzterfordernis genügt ist, wenn die Schwangere auf Weisung des Arztes ein Abortivmittel einnimmt, ist zw., aber wohl zu bejahen; ebenso Laufhütte/Wilkitzki aaO 331; LK 19. Im übrigen ist kein Arzt verpflichtet, den Eingriff vorzunehmen (**Art. 2 I des 5. StrRG;** hierzu Sax JZ **77**, 336; Narr 804, 811; R. Esser [4c vor § 218] 87). Dieses **Weigerungsrecht** des Arztes wird bei den Indikationen nach II in vollem Umfang gegeben sein (vgl. auch Benda-Ber. 7), bei der streng medizinischen Indikation nach I hingegen durch Art. 2 II des 5. StrRG eingeengt (vgl. Prot. 7/1551, 1591, 1649); str.; hiergegen R. Esser aaO 92), da der Arzt seine Mitwirkung außer aus Gewissengründen (Art. 4 GG; BVerfGE **32**, 98) nicht verweigern darf, wenn sie notwendig ist (Fehlen eines Ersatzarztes), um von der Frau eine nicht anders abwendbare Gefahr des Todes abzuwenden (zur Garantenhaftung nach §§ 222, 223 ff., § 323 c vgl. 9e vor § 218]; aM B. Maier NJW **74**, 1405; SK 52). Steht ein Arzt in einem Anstellungsverhältnis, insbesondere gegenüber einem Krankenhaus, so können aus einer Weigerung keinerlei Rechtsnachteile gegen ihn hergeleitet werden (denn Art. 2 des 5. StrRG setzt nicht Gewissensbedenken voraus; wirtschaftliche Nachteile reichen aus); verpflichtet er sich allerdings später zur Durchführung des SSA, so kann er nachher eine Weigerung nur noch auf Art. 4 I GG stützen (zur Problematik Prot. 7/1562f., 1565, 1591; vor allem eingehend B. Maier NJW **74**, 1404; Harrer DRiZ **90**, 137; aM SchSch 69; vgl. LK 85). Auch wenn ein Arzt den SSA grundsätzlich nicht ablehnt, so muß er sich doch weigern, wenn er nicht von den Voraussetzungen einer Indikation überzeugt ist. Das Weigerungsrecht nach Art. 2 I des 5. StrRG kann nach hM von privaten und kirchlichen Krankenhausträgern in Anspruch genommen werden (SK 50), ob auch von öffentlichrechtlichen Gebietskörperschaften (zB Kreistag) ist str. (vgl. Wilkitzki/Lauritzen [4b vor § 218] 88/89; LK 86). Daß der SSA in einem Krankenhaus durchgeführt wird, ist entgegen der früheren Rspr. (BGH **1**, 331; **14**, 1) keine Voraussetzung. Doch verlangt **Art. 3 des 5. StrRG** idF von Art. 3 Nr. 1 des 15. StÄG (gegen den keine verfassungsrechtlichen Bedenken bestehen, BVerwG MedR **87**, 247) unter Androhung von Geldbuße (welche die Frau als notwendige Teilnehmerin trifft, Laufhütte/Wilkitzki aaO Anm. 157; and. LK 80) für einen Verstoß Durchführung (wenn auch nur ambulant) in einem Krankenhaus (dh einer Räumlichkeit, in der eine größere Zahl von Patienten durch Ärzte und geschultes Personal mit Hilfe der zeitgemäß erforderlichen Einrichtungen für möglicherweise längere Zeit gepflegt wird) oder in einer für solche Eingriffe nach Landesrecht zugelassenen Einrichtung, zu der eine Arztpraxis grundsätzlich nicht gehört; bloße Vorsorge, daß die Frau bei Komplikationen in ein Krankenhaus kommt, reicht nicht aus (Ber. 19; Prot. 7/1549, 1649). In Baden-Württemberg hat kein Arzt einen Anspruch auf Zulassung seiner Praxis als Einrichtung iS des Art. 3 I des 5. StrRG (BVerwG aaO). Auch die Durchführung lege artis ist nicht vorausgesetzt (RegE 18; aM LK 21; SchSch 56; SK 12), fehlt es an ihr, so kommen die §§ 222, 223 ff. in Betracht.

5   C. Nur die Strafbarkeit nach § 218 wird durch § 218a ausgeschlossen, nicht auch die nach anderen Tatbeständen, wie vor allem den §§ 218b, 219 aber auch zB nach §§ 222, 223 ff., wenn dem Arzt ein vorwerfbarer Kunst-

Straftaten gegen das Leben § 218a

fehler unterläuft (oben 3). Hinsichtlich § 218 wirkt der Strafverzicht nicht nur für Ärzte und Hilfspersonal, sondern auch zugunsten des Teilnehmers.

3) Die medizinisch-soziale Indikation nach I Nr. 2 (oben 1) geht auf die 6 medizinische Indikation zurück. Zur **Rechtsnatur** der Indikation 8 a ff. vor § 218; zu RG **61**, 242 und § 14 ErbGesG vgl. 9 d vor § 218. Durch den wissenschaftlichen Fortschritt hat dabei die rein gynäkologische Indikation an Bedeutung weitgehend verloren (Prot. VI/2179), zumal die Schwangerschaft noch nicht Vierzehnjähriger unter die kriminologische Indikation nach II Nr. 2 fällt (unten 20). Die Indikation hat sich weitgehend auf das psychiatrische Gebiet verlagert (Depressionen, Selbstmordgefahr; vgl. Prot. VI/2196, 2202f., Prot. 7/1426, 1438) und hat durch Einfügung der sozialen Komponente (oben 1), aber auch durch Hormonbehandlung und durch die IVF (Gefahr durch Mehrlinge) eine deutliche Erweiterung erfahren (vgl. Schlingensiepen-Brysch ZRP **90**, 225) und an klarer Kontur verloren (BGH **38**, 157). Die soziale Komponente wird, ohne daß damit mehr als eine Verdeutlichung gemeint wäre (Müller-Emmert DRiZ **76**, 166), durch die Worte „unter Berücksichtigung der gegenwärtigen und zukünftigen Lebensverhältnisse der Schwangeren" (vgl. schon § 219 II RegE) und „körperlichen oder seelischen" vor „Gesundheitszustands" unterstrichen. Die Voraussetzungen der Straffreiheit sind außer den unter 3, 4 genannten:

A. Nach ärztlicher Erkenntnis (nicht zu verwechseln mit „ärztlichem 7 Ermessen", krit. zu BGHZ **95**, 206 insoweit Jähnke [4 b vor § 218] 187; vgl. hierzu ferner BGH **38**, 157) muß der SSA **angezeigt** sein (zur rechtlichen Nachprüfbarkeit unten 13), dh nach den Erkenntnissen (einschließlich der Erfahrungen, RegE 20) der medizinischen Wissenschaft (in erster Linie der Schulmedizin; zur Problematik Kriele NJW **76**, 355; Schmitt JZ **75**, 359; Schreiber FamRZ **75**, 670; Hepp in Jung/Müller-Dietz [4 b vor § 218] 4; Eser JZ **91**, 1007; R. Esser [4 c vor § 218] 161) indiziert sein, um eine Gesundheitsgefahr von der Schwangeren abzuwenden; dh Fortsetzung oder Austragung der Schwangerschaft würden unter Berücksichtigung der gegenwärtigen und zukünftigen Verhältnisse der Frau aller Voraussicht nach die Frau **a)** in eine konkrete (RegE 26) **Gefahr** (3 zu § 34) mit ernst zu 8 nehmendem Wahrscheinlichkeitsgrad (RegE 21) bringen, die aber nicht schon während oder unmittelbar nach der Schwangerschaft zu drohen braucht, sondern erst für die weitere Zeit der Mutterschaft bevorstehen kann (RegE 20; aM Laufhütte/Wilkitzki JZ **76**, 332; LK 36). Die Gefahr muß entweder eine für **b)** das **Leben der Schwangeren** sein (sog. strenge 9 medizinische Indikation), so zB bei Gebärmutterkrebs oder chronisch entzündeter Restniere, vor allem aber, wenn bei schwerer Depression Selbstmordgefahr besteht (vgl. RG **61**, 258; BGH **3**, 9; Prot. VI/2203, 2273), wobei aber zu beachten ist, daß Selbstmorddrohungen Schwangerer nur selten verwirklicht werden (Prot. VI/2196; AG Celle NJW **87**, 2309; vgl. auch BGH **2**, 115). Oder es muß **c)** die Gefahr einer **schwerwiegenden** 10 **Beeinträchtigung des körperlichen oder seelischen Gesundheitszustandes** der Schwangeren bestehen. Der Begriff Gesundheitszustand ist weiter als der im wesentlichen auf das Körperliche beschränkte der Gesundheit zB in den §§ 223 ff., anderseits nicht so weit wie der in der Satzung der Weltgesundheitsorganisation vom 22. 7. 1946 (aM Arndt BTag 7/13893), der schon jede Störung des subjektiven Wohlbefindens berücksichtigt und da-

§ 218a

mit auch die normalen Belastungen durch Schwangerschaft und Geburt mit einbeziehen würde (dazu auch RegE 21; Lackner NJW **76**, 1237; M-Schroeder § 6, 17; LK 45; Hiersche, Tröndle-FS 673). Es ist vielmehr in einem engeren Sinne auf die psycho-physische Gesamtverfassung der Frau abzustellen, die aber auch nicht isoliert, sondern in Verbindung mit ihrer ganzen sozialen Situation zu sehen ist (RegE 17, 19, 21; Ber. 15; Prot. VI/ 2197, 2199, 2232, 2271, 7/1576), so daß die Indikation als medizinisch-soziale zB auch den Fall erfaßt, daß das Aufziehen eines weiteren Kindes die psycho-physische Kraft der Mutter übersteigen und ihren mindestens nervlichen Zusammenbruch befürchten ließe. In Betracht kommen danach auch „psychosomatische Persönlichkeitsverbiegungen, neurasthenische Entwicklungen mit ständigen Versagenserlebnissen und depressive Fehl-
11 entwicklungen" (RegE 20). Doch muß die zu besorgende **d) Beeinträchtigung** eine **schwerwiegende** sein. Unter dem Begriff der Beeinträchtigung, der weiter ist als der des Gesundheitsschadens (Prot. 7/1576f.), ist unabhängig von der Sicherheit der Prognose (unklar Ber. 15) eine Verschlechterung des Gesundheitszustandes zu verstehen, die zwar keine dauernde zu sein braucht, aber als schwerwiegende doch nicht ohne Spuren bleiben würde (RegE 20). Schwerwiegend ist hier als normativer Begriff dahin zu verstehen, daß das Austragen der Frucht der Frau auch zur Erhaltung des ungeborenen Lebens nicht zuzumuten ist. In Betracht kommen praktisch außer den schon erwähnten psychischen Störungen zB Herz- und Kreislaufleiden, aber kaum mehr Tbc (Prot. VI/2202; vgl. auch 2262, 2267). Der Arzt sollte sich an den Richtlinien des Wissenschaftlichen Beirates der Bundesärztekammer orientieren (Prot. VI/2196). Zu berücksichtigen sind auch Kontraindikationen (RegE 20), vor allem aber auch das Stadium der Schwangerschaft und die oft gravierenden psychischen und somatischen Spätfolgen einer Abtreibung (unten 28). Wenn auch dem Eingriff aus medizinischer Indikation nach **III** keine zeitlichen Grenzen gesetzt sind, so wird sich doch in späteren Stadien der Schwangerschaft der dann risikoreiche SSA nur noch bei Lebensgefahr oder besonders gravierenden Gesundheitsgefahren verantworten lassen (RegE 21). Der Rückgriff auf I Nr. 2 ist, wenn die Feststellung eines Anencephalus (3 zu § 218) erst nach Fristablauf (III) möglich war, nur zulässig, wenn zugleich die Voraussetzungen des I Nr. 2 gegeben sind (aM Isemer/Lilie MedR **88**, 66). Ist zur Rettung der Frau nur der SSA indiziert, so ist die Tötung eines (bei sorgfältigster medizinischer Hilfe) lebensfähigen Kindes, das infolge von Aborthandlungen vorzeitig zur Welt kommt (vgl. 2 vor § 211), zB durch Hysterotomie (Kaiserschnitt), nach Tötungsvorschriften zu beurteilen. Die durch den Eingriff für das Kind geschaffene Gefahrenlage begründet auch für denjenigen, der sie unbewußt oder unverschuldet herbeiführt oder erheblich vergrößert hat, die Rechtspflicht, sie zu beseitigen (LM Nr. 10 zu § 47ff mwN; vgl. auch 21 zu § 34). Die Feststellung des Tatrichters, daß die tatsächlichen Feststellungen einer medizinischen Indikation nicht vorgelegen haben, bindet den Revisionsrichter, 26. 2. 1980, 5 StR 681/79.

12 **B.** Die Gefahr darf **nicht auf andere, der Schwangeren zumutbare Weise abwendbar** sein. Ist die Gefahr durch medizinische Behandlung wie Stüzung des Kreislaufs, Verabreichung von Psychopharmaka zur Beseitigung von Depressionen, Einleitung einer Frühgeburt zu einem gefahrlosen

Straftaten gegen das Leben § 218a

Zeitpunkt (LK 47; SchSch 14; M-Schroeder § 6, 20) zu beseitigen, so sind solche Mittel auch zumutbar. Inwieweit Gegenvorstellungen und Zuspruch von Verwandten und Freunden (vgl. BGH 3, 12) bei depressiven Zuständen die Gefahr abwenden können, ist eine Frage des Einzelfalls, ebenso ob Psychoanalyse, Aufnahme in eine Familie oder eine Nervenheilanstalt (aaO) erfolgversprechend und zumutbar sind (vgl. LK 48). Bei der medizinisch-sozialen Indikation entstehen ähnliche Probleme wie bei der Notlagenindikation nach II Nr. 3 (vgl. unten 26 sowie RegE 22).

4) Die Indikationen des **II,** als Unterfälle von I Nr. 2 gedacht, aber in ihren Voraussetzungen eigenständig umschrieben (oben 1; zur Rechtsnatur 8 a ff. vor § 218), haben miteinander gemeinsam, daß sie gleichgewichtig sind und daß die unter oben 3, 4 behandelten Voraussetzungen erfüllt sein müssen und daß nach „ärztlicher Erkenntnis" (oben 7), keinesfalls auf das bloße Vorbringen der Schwangeren hin zu entscheiden ist, ob die in Nr. 1 bis 3 beschriebenen Indikationen gegeben sind. Der abbrechende Arzt hat hierbei (entgegen SchSch 16, Eser ZStW **97**, 40 u. in Weber/Mieth [Hrsg.], Anspruch der Wirklichkeit usw. 1980, 173, Frommel Parl. B 14/90, 17 sowie BGHZ **95**, 199; Düsseldorf NJW **87**, 2307) *keinen „gewissen Beurteilungsspielraum".* Vielmehr darf die Indikationsfeststellung, die der Sache nach *staatliche Aufgabe* ist (BVerfGE **39**, 50; Bay NJW **90**, 2329 m. Anm. Otto JR **90**, 338 u. Beckmann MedR **90**, 301; R. Esser [4 c vor § 218] 103; krit. Eser JZ **91**, 1003; aM, zT polemisierend Hülsmann StV **92**, 80; offen gelassen BGH **38**, 154) und bei der es um die *Existenz* eines grundgesetzlich geschützten *Höchstwertes* geht, auch nicht in gewissen Grenzen der Verfügbarkeit Privater überlassen und damit – wie sich schon aus der Existenz des § 219a ergibt – der *rechtlichen* Nachprüfbarkeit entzogen bleiben (BGHZ **95**, 204; Bay aaO; Philipp Jura **87**, 87; Tröndle MedR **86**, 33; Kluth NJW **86** 2349, JVL **4**, 49 u. ZBR **87**, 242; Geiger Jura **87**, 63; Stürner Jura **87**, 76; Harrer MedR **89**, 179; Büchner Parl. B 14/90, 10; Rüfner JVL **8**, 29; Beckmann ALfA Beitr. 2 [1991] 45; Gössel BT 1 § 10, 23; **aM** und BGHZ **98**, 206 folgend, aber nicht überzeugend und sich zu Unrecht auf historische Argumente berufend BGH **38**, 154 m. krit. u. zutr. Anm. Lackner NStZ **92**, 332; ferner Otto JR **92**, 210; Kluth JZ **92**, 535; R. Esser [4 c vor § 218] 155). Wo über Leben verfügt wird, können Ärzten nicht Ermessensfreiheiten zugestanden werden, die ihnen die Rspr. bei der Beurteilung des Umfangs der Aufklärungspflicht (9 o, 9 p zu § 223) verwehrt. Zur Problematik eines „Beurteilungsspielraums" vgl. im übrigen BGH **30**, 324 m. Anm. Volckart NStZ **82**, 174. Schon wegen der unterschiedlichen Fristen (III) dürfen die Indikationen nicht vertauscht werden, Geiger, Tröndle-FS 649. **II** regelt die folgenden drei Indikationen:

5) II Nr. 1: Die embryopathische (kindliche, genetische oder eugenische) **Indikation** (Fruchtschadenindikation) beruht darauf, daß es einer Schwangeren *nicht unter dem Druck des Strafrechts* (8, 8d vor § 218) zugemutet werden darf, ein auf Dauer krankes Kind zur Welt zu bringen (RegE 23; Ber. 15; vgl. Gerh. Müller NJW **84**, 1800; Seidler ZStW **97**, 71; Hanack, Noll-GedS 197; Hiersche, Tröndle-FS 676); auch diese Indikation hat nur eine bloße Straflosstellung zum Ziel. Zur Problematik der Früheuthanasie Schlingensiepen-Brysch ZRP **90**, 225; 20 vor § 211. Voraussetzungen sind im einzelnen:

§ 218a

15 A. Nach **ärztlicher Erkenntnis** (oben 7), dh lege artis, muß anzunehmen sein, daß das zu erwartende Kind **infolge einer Erbanlage** (Gen- oder Chromosomenanomalien, genbedingte Stoffwechselstörungen, Prot. VI/2182f.) oder von **pränatalen Einflüssen** (Virusinfektionen, Pharmaka wie zB Thalidomide, ionisierende Strahlen; aaO; Gefahr des Ausbruchs einer bis dahin latenten AIDS-Infektion [6b zu § 223], Eberbach JR **86**, 223 u. AIFO **87**, 287; Lang AIFO **87**, 150; Schlund AIFO **87**, 567; Zuck MDR **87**, 462, Spann/Penning AIFO **86**, 639; vgl. Laufs/Laufs NJW **87**, 2260, 2264) oder beiden Ursachen (aaO) an einer schwerwiegenden **Schädigung seines Gesundheitszustandes** (oben 10) leiden würde, die **nicht behebbar** ist, also dem Kind entweder nur kurze Überlebenschancen gibt (Zystinose, Ahornsirupkrankheit, Tay-Sachs'sche Krankheit, Prot. VI/2189) oder schwere und irreparable körperliche Schäden (Mißbildungen, Verkrüppelungen, Stoffwechselkrankheiten) oder psychische Leiden (Psychosen, Epilepsie, Idiotie) mit sich bringt. Gewisse Schädigungen wiegen nicht schwer (zur Trisomie 21 vgl. Schlingensiepen-Brysch ZRP **90**, 225; Prot. VI/2188) oder lassen sich operativ korrigieren (zB Lippen-Kiefer-Gaumenspalte, Prot. VI/2187) und scheiden daher aus, ebenso Hüftgelenkluxation, (LK 54; vgl. Hiersche MedR **89**, 305 u. Tröndle-FS 677; Laufs MedR **90**, 236). Inwieweit die Schädigung, etwa durch Medikamenten- oder Drogenmißbrauch verschuldet ist, ist ohne Bedeutung; ebenso, ob das genetisch fixierte Leiden erst nach der Geburt auftritt (Prot. VI/2190).

16 B. **Dringende Gründe** müssen für die Annahme sprechen, daß die Schädigung eintreten wird. Diese Formulierung erfordert wie die Problemlage selbst einen erheblichen Grad an Wahrscheinlichkeit, der sich auf mögliche Untersuchungen stützen muß. Risikograde, die bei 6 oder 16% (Pylorushypertrophie, Prot. VI/2182) oder auch bei 25% liegen (autosomal rezessive Erbleiden; Rötelnembryopathie [vgl. hierzu Schlingensiepen-Brysch ZRP **90**, 224], Prot. VI/2183, 2194) reichen nicht ausreichen (Degenhardt, Heinen, Prot. VI/2183f., 2306; Laufs MedR **90**, 236 u FPflMedAR 96; aM bei 25% RegE 24; Ber. 15; Prot. 7/2395; SchSch 24; SK 32; Lackner 13; M-Schroeder § 6, 21; Laufhütte/Wilkitzki JZ **76**, 332; bei 8-10% LK 56, Hiersche Gynäkologe **82**, 77; vgl. anderseits Lackner NJW **76**, 1238; Beulke FamRZ **76**, 599, Schreiber, Ber. über 92. Tag. d. nordwestdt. Gesellsch. f. Gynäk. u. GebHilfe 1983, 37, die jede prozentuale Festlegung ablehnen; ferner Hanack, Noll-GedS 201; Günther FPflMed 229; Fritsche MedR **90**, 238). Auch wenn sich Nr. 2 danach zZ auf Chromosomenanomalien und bestimmte Stoffwechselstörungen (Down-Syndrom) beschränkte (dazu Prot. VI/2183), ließe sich ein so niedriges Schädigungsrisiko mit dem hohen Rechtswert der dann mit 75% Wahrscheinlichkeit vernichteten gesunden Foeten und deren Zahl nicht vereinbaren (aaO 2184; LK 56; vgl. aber LG Lübeck NJW **85**, 2199). Der Dringlichkeitsgrad der Gründe darf auch nicht nach der Schwere der möglichen Schädigung herabgestuft werden (aM wohl Prot. 7/1578). Der Pränataldiagnostik (hierzu Eberbach JR **89**, 265) stehen mit der Chorionbiopsie (Absaugung von Chorionzottengewebe) und mit der Fruchtwasseranalyse (Amniocentese) zwei Untersuchungsmethoden zur Früherkennung möglicher Behinderungen zur Verfügung, die zwar auch für die Schwangere das Risiko (1%) einer Fehlgeburt, kaum aber eine Verletzungsgefahr, wohl aber für den Arzt eine ungeheure Belastung und für das ungeborene Leben bei Vorliegen eines krankhaften Befundes in nahezu allen Fällen (Schlingensiepen-Brysch ZRP **90**, 225) den Tod bedeuten (vgl. Eberbach JR **89**, 226); denn in fast allen Fällen ist die Schwangere hier schon vorab zum SSA bereit, während Ärzte, die nicht auf die Möglichkeiten der pränatalen Diagnostik hingewiesen haben, uU zivilrechtlich für grobe Fahrlässigkeit in Anspruch genommen werden (vgl. NJW **89**, 1536; Hiersche MedR **89**, 304; Schroeder-Kurth MedR **91**, 128). Zur Frage einer Genomanalyse bei Embryonen und Foeten zur Feststellung von Erbschäden Benda-Ber. 39; Günther FPflMed 235; 6e vor § 218.

C. Die Schädigung, die zu erwarten ist, muß **so schwer wiegen,** daß von **17** der Schwangeren **die Fortsetzung der Schwangerschaft mit strafrechtlichen Mitteln nicht verlangt werden kann;** dh hier, daß der Schwangeren eine andere Form der Gefahrabwendung nicht zugemutet werden kann. Dabei sind nicht generell abstrakte Maßstäbe anzulegen, sondern es kommt auf die gesamte psychophysische Verfassung der individuellen Schwangeren (vgl. RegE 24; SchSch 27; Hanack Noll-GedS 201) in ihrer konkreten sozialen Lage (zB Vorhandensein eines schon geschädigten Kindes) an (vgl. Prot. 7/1578; LK 53). Im übrigen hängt es von der medizinischen Wissenschaft ab, inwieweit sie in der Lage ist, ausreichende Hilfen zur Verfügung zu stellen. Durch die Aussicht auf Unterbringung des Kindes in psychiatrischen Krankenhäusern oder ähnlichen Anstalten ist das Austragen der Frucht uU noch nicht zumutbar (LK 54).

D. Bis zum Ende der 22. Woche nach der Empfängnis muß der SSA **18** durchgeführt sein (**III**). Die Feststellung dieser Voraussetzung ist, da ein Unsicherheitsfaktor von plus minus 1 Woche bei fötaler Retardierung, Fruchtwassermangel u. a. nicht auszuschließen ist, uU schwierig (vgl. Schlund, Der Frauenarzt **87**, Heft 3 S. 19). Auf die Angaben der Schwangeren ist man im allgemeinen nicht mehr angewiesen. Auch ein vorwerfbarer Irrtum des abbrechenden Arztes hat für ihn keine strafrechtlichen Konsequenzen (10 vor § 218). Die Frist rückt uU in bedenkliche Nähe an die Lebensfähigkeit heran (23. Woche, Schlingensiepen-Brysch ZRP **90**, 226); daher muß die Schwangere als Garantin für das Kind (6 zu § 13) über die Überlebenschancen auch extrem unreifer Kinder (über 50%) sowie deren rechtlicher Position (Recht auf Leben) hingewiesen werden; eingehend auch aus ärztlicher Sicht bei Hiersche, Tröndle-FS 671, v. Löwenich bei Hiersche u. a. (Hrsg.) [13 vor § 211] 67). Die Länge der Frist erklärte der GesGeber damit (Ber. 15), daß die Amniocentese, die in der 14. bis 16. Woche nach der letzten Menstruation optimal durchführbar ist, in gewissen Fällen einen Zeitraum bis zur 22. Woche nach der Empfängnis benötigt (Prot. VI/2183); damit wird gerade dem gesunden Foetus eine Chance gegeben. Gegen die 22-Wochenfrist bestehen aber verfassungsrechtliche Bedenken (vgl. hierzu Eberbach JR **89**, 268), weil mit Hilfe der Chorionbiopsie bereits in der 8. Schwangerschaftswoche Erbkrankheiten zu erkennen sind (vgl. hierzu auch Hiersche aaO 673), insbesondere aber bei einem Verzicht auf pränatale Diagnostik überhaupt. Das Fristenerfordernis iS von III iVm II Nr. 1 entfällt, wenn die kindliche Indikation zugleich eine medizinische darstellt (Ber. 16). Zur Frage des „todkranken Foetus", der zufolge Mißbildungen von vornherein nicht lebensfähig ist, Hiersche/Jähnke MDR **86**, 1; Krey ZStW **101**, 870.

§ 218a

19 II Nr. 2: **Die kriminologische (ethische) Indikation** setzt eine **rechtswidrige** (nicht notwendig schuldhafte) **Tat** voraus, die tatsächliche Unzumutbarkeit wird gesetzlich ohne Rücksicht auf die subjektive Einstellung der Schwangeren ausnahmslos unterstellt. Der Arzt ist praktisch auf die Angaben der Frau angewiesen und in der Indizienbeweisführung überfordert (Dotzauer Prot. 6/2234, 2237; de With BTag 7/1763). Der Mißbrauchsgefahr wollte § 160 E 1960 idF der KabVorl. durch ein gerichtliches Feststellungsverfahren und eine Ausschlußfrist begegnen. Bedenklich ist auch, daß die Beratung der Schwangeren und die Feststellung nach § 219 durch denselben Arzt (1 zu § 218b; 1 zu § 219), der sogar der Schwängerer selbst sein kann (Prot. 7/1618), oder durch ein sich in die Hand arbeitendes Ärztegespann durchgeführt werden kann (1 zu § 219) und es an einer Irrtumsregelung iS des § 219f RegE fehlt (10 vor § 218). **Voraussetzungen der Straffreiheit** sind lediglich die folgenden:

20 A. **Die Tat** an der Frau, die **schwanger** sein muß (sonst vielleicht §§ 223ff.), muß **nach den §§ 176 bis 179** verübt worden sein, dh sexueller Mißbrauch eines Kindes (praktisch § 176 III Nr. 1), wobei es auf das Einverständnis des Mädchens nicht ankommt (ebenso SchSch 35), Vergewaltigung (§ 177), Mißbrauch einer widerstandsunfähigen Frau zum außerehelichen Beischlaf (§ 179 II) oder eine Tat nach § 178, bei der eine sexuelle Handlung, die noch kein Beischlaf war, zu einer Schwängerung führte (vgl. Prot. 7/1594; abw. SchSch 34; Lackner NJW **76**, 1238); ähnliches kann auch bei §§ 176 I, II, 179 I in Betracht kommen. Vergewaltigung durch den Ehemann (RegE 25) oder Mißbrauch der eigenen Frau iS von § 179 scheiden aus; ebenso Taten nach § 173 oder eine gegen den Willen der Frau durchgeführte künstliche Insemination (in diesen Fällen möglicherweise II Nr. 3). Daß ein Strafverfahren wegen der Tat läuft, ist nicht Voraussetzung der Straffreiheit; ebensowenig, ob der Schwangeren das Austragen der Frucht zuzumuten ist (Prot. 7/2401 f.; Ber. II 7), zB weil mit Adoption des Kindes zu rechnen ist (Prot. 7/2399) oder weil sich die Schwangere mit dem Täter ausgesöhnt und verlobt hat (Prot. 7/2400). Erschleicht die Schwangere den SSA wider besseres Wissen, so ist sie, selbst wenn der Arzt straffrei ist, als mittelbare Täterin nach § 218 III strafbar, Lackner aaO.

21 B. **Dringende Gründe** müssen für die Annahme sprechen, daß die **Schwangerschaft auf der Tat beruht;** es muß also ein hoher Grad von Wahrscheinlichkeit gegeben sein, daß der Täter auch der Schwängerer war. Dafür ist von Bedeutung, wie alt die Schwangerschaft ist (dazu Prot. VI/2177), ob ihr Alter zeitlich mit dem Datum der Tat übereinstimmen kann, ob, wie oft und wann die Frau in der kritischen Zeit anderweit Geschlechtsverkehr hatte und ob der Täter oder andere Partner zeugungsfähig waren. In welchem Umfang Vergewaltigungen zu Schwangerschaften führen, ist str., statistisch spielt die kriminologische Indikation nur eine ganz geringe Rolle.

22 C. **Eine Prüfungspflicht,** ob 20 und 21 gegeben sind, legt das Gesetz weder dem ausführenden, noch dem beratenden Arzt (§ 218b I Nr. 1, 2) ausdrücklich auf. Doch ist im Respekt vor der Grundrechtsposition des Kindes (6c, 8 vor § 218) die Überzeugung, daß die Voraussetzungen gegeben sind, als Bedingung der Straffreiheit anzusehen, die dem ausführenden

Arzt mindestens eine Überzeugungsbildung abverlangt (vgl. oben 13; ferner JZ 77, 139 m. Anm. Schroeder; Sax JZ 77, 329; KBer. 22; Gössel BT 1 § 10, 25; aM SchSch 61; Hiersche, Tröndle-FS 679). Er muß sich mindestens durch Exploration und anderweite Erkundigungen (RegE 35) verschaffen, sonst ist die Indikationsfeststellung nicht gewissenhaft; vgl. auch 5 zu § 219a. Auch der beratende Arzt wird sich, da bei der Unterrichtung die Frage des SSA in ihrer ganzen Breite zur Erörterung steht und auch die Beratung keine nur medizinische zu sein hat (13 zu § 218b), eine Überzeugung von den Voraussetzungen zu bilden haben. Das gilt um so mehr, als nach der Eingangsklausel von II (vgl. oben 4) ärztliche Erkenntnis darüber zu entscheiden hat, ob die Indikation vorliegt; Schroeder JZ 77, 140. Mit dieser Formel kommt man allerdings bei Nr. 2 in Schwierigkeiten. Zwar kann ein Arzt, vor allem ein gerichtsmedizinisch vorgebildeter, mit Hilfe von Verletzungsspuren und anderen Anzeichen (oben 21) eine Vergewaltigung jedenfalls dann feststellen, wenn die Frau rechtzeitig zu ihm kommt (dann aber die Möglichkeit nach § 219d!). Ist das aber nicht der Fall, so nützt ärztliche Erkenntnis nur noch wenig und es werden der ausführende und beratende Arzt durch die Formel von II sowie der feststellende Arzt durch § 219 künstlich zum Richter oder Psychologen gemacht, wenn sie beurteilen sollen, ob die Angaben der Frau glaubwürdig und dringende Gründe dafür gegeben sind, daß die Schwangerschaft auf einer rechtswidrigen Tat beruht. Mit Strafverfolgungsorganen wird ohne Einwilligung der Frau allenfalls der feststellende Arzt nach § 219, nicht aber der abbrechende (aM wohl Müller-Emmert Prot. 7/ 2401) oder der beratende Arzt Fühlung nehmen dürfen; lehnt die Frau eine solche Fühlungnahme ab, obwohl bereits ein Strafverfahren läuft, so sollte der Arzt den SSA verweigern.

D. Die **Fristsetzung des III** (zur Problematik oben 14): Nicht mehr als **12 Wochen** dürfen **seit der Empfängnis** verstrichen sein. Von der Einhaltung der Frist kann abgesehen werden, wenn die kriminologische Indikation zugleich eine medizinische ist (Selbstmordgefahr; oben 9). 23

7) II Nr. 3: **Die Notlagenindikation** (mißverständlich: „soziale" Indikation) ist die bis heute am heftigsten umstrittene. Das **BVerfG** hat die Möglichkeit der Straffreiheit nur unter engen Voraussetzungen (Mahnung der Schwangeren an die Pflicht zur Achtung des Lebensrechts des Ungeborenen, Ermutigung zur Fortsetzung der Schwangerschaft, gleichgewichtiger Belastungsgrund [Kongruenz mit anderen Indikationsfällen; unten 26] BVerfGE **39**, 50) für die von Nrn. 1 oder 2 nicht erfaßbaren („sonst") Einzelfälle anerkannt, aber offensichtlich nur iS eines Absehens von Strafe, Arzt/Weber LH **1**, 389. Mit diesen Grundsätzen ist der in der Häufigkeitsentwicklung (18 vor § 218) zum Ausdruck kommende Mißbrauch der Nr. 3 (3c vor § 218; Otto BT § 13 III 2bcc; Lackner JVL **1**, 21; E. v. Hippel JZ **86**, 55, 58; Philipp NJW **87**, 2275; vgl. Reis 155f.; auch aus ärztlicher Sicht Hiersche, Tröndle-FS 681) unvereinbar. Für eine enge begriffliche Abgrenzung der Notlagenindikation Jähnke aaO [4b vor § 218] 185. Zu den Schwierigkeiten der Indikationsfeststellung vgl. KBer. 76; Jung in Jung/Müller-Dietz aaO (4b vor § 218), 138; Jähnke aaO. Die Voraussetzungen sind außer den oben unter 3, 4 genannten und der der Nr. 2 entsprechenden Frist (oben 23) die folgenden: 24

§ 218a

25 **A. Die Gefahr einer Notlage, die so schwer wiegt, daß von der Schwangeren die Fortsetzung der Schwangerschaft mit den Mitteln des Strafrechts nicht verlangt werden kann, muß der Schwangeren drohen** (Nr. 3 a); dh **a)** es muß die **Gefahr,** also eine konkrete Wahrscheinlichkeit (3 zu § 34; Bay MDR **78,** 951) bestehen, daß ohne den SSA zwar nicht unmittelbar nach der Geburt, aber in der zeitlichen Entwicklung eine im Ergebnis die Schwangere selbst belastende No*t*lage eintreten würde; sie muß eine andere sein als die in I Nr. 2, II Nr. 1, 2 beschriebene (vgl. das Wort
26 „sonst" am Anfang von Nr. 2) **b)** das **Gewicht** dieser objektiv bestehenden Notlage muß **so schwer** (nicht „ähnlich schwer", wie BGH **38,** 159 zitiert) sein und sich mit solcher Dringlichkeit geltend machen (BVerfGE **39,** 50), daß von der Schwangeren, und zwar unabhängig von der Frage, ob die Gefahr auf andere Weise abwendbar ist (unten 27 f.), die Fortsetzung der Schwangerschaft nicht verlangt werden kann. Der Gesetzgeber genügt mit der bloßen Kongruenzklausel (oben 1) nicht der Forderung des BVerfG (E **39,** 50) „den straffreien Tatbestand so (zu) umschreiben, daß die Schwere des hier vorauszusetzenden sozialen Konflikts deutlich erkennbar wird". Da § 218 III S. 3 subsidiäre Geltung hat, muß die Notlage jedoch zumindest *gewichtiger* sein *als die besondere Bedrängnis* in § 218 III S. 3 (BGH **38,** 195; Lackner 20; SK 23 zu § 218; Arzt/Weber LH 1, 393; Bockelmann BT 2 § 8 B IV 2; BT 1 § 10, 54; Laufhütte/Wilkitzki JZ **76,** 330). Bei einer Notlagenindikation sind auch die psychischen und somatischen Spätfolgen der Abtreibung zu bedenken (unten 28), insoweit verfehlt die Rspr. des VI. ZS des BGH, insbesondere BGHZ **95,** 199 (hierzu Tröndle MedR **86,** 31). Eine enge Auslegung ist um so mehr geboten, als auch hier die rechtlich nachprüfbare ärztliche Erkenntnis (oben 7, 13) den Maßstab zu setzen hat (zu weit und zu pauschal daher BGH **38,** 162 m. krit. Anm. Lackner NStZ **92,** 332: „in der revisionsgerichtlichen Praxis keine Parallele"). Verfassungsrechtlich bedenklich ist das Fehlen der Mittel der Sachverhaltsfeststellung, insbesondere eines Ermittlungsrechts und die geringe Verläßlichkeit der Befragungsergebnisse, sowie daß eine *rein* ärztliche Erkenntnis oft nicht ausreicht (RegE 35; BVerfGE **39,** 62; Jähnke aaO [4 b vor § 218] 185; Lackner NJW **76,** 1237; Beulke FamRZ **76,** 604; Lecheler MedR **85,** 215; auch aus ärztlicher Sicht verneint Hiersche Gynäkologe **82,** 77). Denn die Notlage muß bei Berücksichtigung der gesamten persönlichen und sozialen Situationen „Konflikte von solcher Schwere erzeugen, daß von der Schwangeren über ein bestimmtes Maß hinaus Opfer zugunsten des ungeborenen Lebens *mit den Mitteln des Strafrechts* (8, 8 d vor § 218; verkannt von Coester-Waltjen NJW **85,** 2176 sowie vom VI. ZS aaO) nicht erzwungen werden können" (BVerfGE **39,** 48, 50). Das „bestimmte Maß" hat dem in den drei übrigen Fällen zu entsprechen (sog. Kongruenz, BVerfGE **39,** 50; Bay MDR **78,** 951 u. NJW **90,** 2330; AG Celle NJW **87,** 2310; RegE 17; krit. Lackner NJW **76,** 1238; BGH JZ **77,** 139 m. Anm. Schroeder; LK 70; SK 43; Reis 133; Pap MedR **86,** 234; Mittenzwei AcP **187** [1987], 265; Würtenberger JVL **5,** 35; vgl. auch 8, 8 d vor § 218; Lackner 20). Nach den Vorstellungen des Gesetzgebers ist eine schwerwiegende Notlage zB anzunehmen, wenn eine durch zahlreiche Schwangerschaften „verbrauchte Mutter" (Prot. 7/1523) der Aufgabe, mehrere, darunter vielleicht kranke Kinder aufzuziehen, nicht mehr gewachsen ist (möglicherweise schon medizinische Indikation); ein schweres Leiden oder seelische Abartigkeit des

Ehemanns die Frau zu sehr in Anspruch nimmt; die Frau infolge von Epilepsie oder einem sonstigen Leiden ihrer Erziehungsaufgabe (auch gegenüber vielleicht schon vorhandenen und ebenfalls kranken Kindern) nicht gewachsen ist (vgl. RegE 26; Prot. VI/2271); auch im Falle der Schwängerung durch den eigenen Vater (RegE 25). Es muß sich also um Extremfälle handeln (vgl. Pross Prot. VI/2251 ff.). Die *Zahl* der Kinder für sich allein ist noch kein hinreichender Notlagenindiz (BGH **38**, 163). Daher sind konkrete revisionsgerichtlich überprüfbare Feststellungen darüber erforderlich, daß die Notlage – auch unter Berücksichtigung der wirtschaftlichen Hilfen des Staates, der Kirchen und sonstiger gemeinnütziger Einrichtungen – nur durch den SSA abgewendet werden kann (Bay NJW **90**, 2330). Die verfassungsrechtlich erforderliche Kongruenz mit den anderen Indikationen ist keinesfalls gewahrt bei Gründen wie Verlangen nach Auto, Ferienreise oder besserer Wohnung (bei Wohnungsnot kann es Extremfälle geben; vgl. Prot. VI/2272; aM Beulke FamRZ **76**, 600; LK 72). Sie reichen schon deshalb nicht aus, weil sie nicht einmal das mit jedem SSA verbundene Risiko für die Frau aufwiegen (unten 28); das gilt grundsätzlich auch für nicht extrem wirtschaftliche oder familiäre Schwierigkeiten sowie für eine Unterbrechung der Ausbildung oder deren Abschluß (BGH **38**, 159), es sei denn, daß der gesamte Lebensweg ernsthaft gefährdet wäre (ebenso Bay MDR **78**, 951; anders, aber verfehlt VI. ZS aaO; vgl. LK 69; SchSch 47; SK 43; Prot. VI/2257, 2292). Die mit jeder Schwangerschaft verbundene Belastung oder Gesichtspunkte der Familienplanung, aber auch die Angst vor sozialer Diffamierung bei nichtehelicher Geburt (bei Selbstmordgefahr möglicherweise I Nr. 1) oder die Erwartung einer Mehrlingsgeburt (vgl. SchlHÄrzteBl. **84**, 386; 6e vor § 218) reichen nicht aus.

B. Die Gefahr darf auf eine andere der Schwangeren zumutbare Weise nicht abwendbar sein (b). Daß Mittel zur Abwendung überhaupt fehlen, wird sehr selten sein (vgl. Prot. VI/2288); doch müssen sie auch im konkreten Fall zur Verfügung stehen; vgl. AG Celle NJW **87**, 2310. In Betracht kommen Einsatz von Familienpflegerinnen, Erholungskuren für Mütter, Hilfen nach dem MuSchG, Hilfen für behinderte Kinder, Unterbringung der schon vorhandenen Kinder in Kindergärten und ähnlichen Einrichtungen, Wohnungs- und Arbeitsplatzvermittlung, schließlich aber auch Herausnahme von Kindern aus der Familie durch Heimunterbringung oder die Freigabe zur Adoption (vgl. RegE 27; Prot. VI/2289; 7/1405; LK 76); vgl. auch §§ 38, 45, 199 SGB IV; StREG (3a vor § 218); sowie AdoptionsG und AdVermiG, ferner Ges. zur Errichtung einer Stiftung „Mutter und Kind – Schutz des ungeborenen Lebens" v. 13. 7. 1984 (BGBl. I 880; III 2172-3, letztes ÄndG v. 20. 7. 1988 (BGBl. I 1046); hierzu JZ-GD **84**, 19; BTag 10/12061; ferner BT-Drs. 10/1697 [Maßnahmenkatalog zur Verbesserung des Schutzes des ungeborenen Lebens]; BT-Drs. 11/1136; 11/1434; 11/1435; neu, BTag 11/46, 3169 ff.; BR-Drs. 528/87; BRPlenProt. 584 S. 462). Entscheidend ist, ob die Hilfen der konkreten Schwangeren in ihrer konkreten Situation nicht nur gewährt, sondern auch **zugemutet** werden können. 28 Doch wird man bei dem auch vom BVerfG immer wieder betonten Höchstwert des ungeborenen Lebens (9a vor § 218) Heimunterbringung, Unterbringung in einer anderen Familie oder Freigabe zur Adoption, idR für zumutbar halten müssen (Würtenberger JVL **5**, 36; ähnlich Bay MDR

§ 218a

78, 951; vgl. LK 76). Bay NJW **90**, 2328 weist darauf hin, daß die Strafbefreiung nach II Nr. 3 eine Gesamtwürdigung erfordere, in die das gegenüber dem Selbstbestimmungsrecht vorrangige Lebensrecht des Kindes miteinzubeziehen und abzuwägen sei, ob die Notlage durch die Adoption abgewendet werden kann, während BGH **38**, 161 den persönlichen Eindruck und die Einstellung der Schwangeren für ausschlaggebend hält (vgl. E. v. Hippel JZ **86**, 55, 57 m. stat. Angaben). Die seelischen Komplikationen einer Freigabe zur Adoption sind einer Therapie leichter zugänglich als die psychischen Folgeschäden eines SSA (Schlingensiepen-Brysch ZRP **90**, 228 mwN). Autoren, die die Zumutbarkeit kritischer beurteilen (SchSch-Eser 50a) oder gar verneinen (Arzt/Weber LH **1**, 380), verstärken damit unbeabsichtigt die durchgreifenden Bedenken gegen die Rechtfertigungsthese (8ff. vor § 218). Von Bedeutung ist auch, welche körperlichen, psychosomatischen und **psychischen Komplikationen** (vgl. Prot. VI/2161, 2167, 2206, 2218, 2361) **oder** auch **Spätfolgen** (RegE 12; Prot. 7/1326; M. Simon MedWelt **84**, 1009, **86**, 332, JVL **4**, 31 u. ChLeb 178; Schuth/Hillemanns, gynäkol. prax. **13** (1989), 325; Schlingensiepen-Brysch ZRP **90**, 226) von einem SSA, uU auch noch spät zu erwarten sind und ob etwaige Kontraindikationen (Prot. 7/1347) bestehen. Die Frage, inwieweit die Frau ihre Schwangerschaft selbst „verschuldet" hat, ist irrelevant, die Chancen des zu erwartenden Kindes für sein eigenes Leben nur insoweit von Bedeutung, wie sie einen belastenden Faktor für die Schwangere selbst darstellen (noch enger RegE 28).

29 8) **Weitere Voraussetzungen** sind zT landesrechtlich aufgestellt, so zB daß der SSA in einem Krankenhaus oder einer zugelassenen Einrichtung durchgeführt wird (zum Arzterfordernis vgl. oben 4), sowie daß Beratung nach § 218b und Feststellung nach § 219 stattgefunden haben; deren Fehlen begründet nur Strafbarkeit nach diesen Vorschriften.

30 9) **Subjektiv** muß der Arzt, dem zwar die schriftliche Feststellung eines anderen Arztes über das Gegebensein einer Indikation vorgelegen haben muß, der aber an dieser Feststellung, gleichgültig wie sie ausfällt, nicht gebunden ist (oben 4, 4 zu § 219), gerade deshalb nach *eigenem* Urteil davon überzeugt sein, daß die Indikation nicht nur möglicherweise, sondern mit Sicherheit zu bejahen ist (oben 13, 22; Gössel BT **1** § 10, 23), so daß bei nur objektivem Gegebensein der Indikation ohne Kenntnis und entsprechende Intention des abbrechenden Arztes mindestens strafbarer Versuch nach § 218 anzunehmen ist (vgl. 28 zu § 16). Für den Irrtum über das Gegebensein einer Indikation gilt 10 vor § 218 (vgl. Roxin JA **81**, 544). Allerdings spielt § 219 dabei eine Rolle. Wird nämlich in der Feststellung nach § 219 die Indikation verneint und unterläßt der abbrechende Arzt eine eigene Prüfung oder kann seine eigene Prüfung die Feststellung nicht entkräften, so wird regelmäßig bedingter Vorsatz nach § 218 anzunehmen sein, LK 23. Wird jedoch in der Feststellung die Indikation bejaht, so können an die Vergewisserungspflicht des abbrechenden Arztes keine hohen Ansprüche gestellt werden; zum mindesten wird ein vorwerfbarer Irrtum kaum festzustellen sein, KBer. 23; bei einem SSA ohne Feststellung nach § 219 trifft den Arzt eine besondere Prüfungspflicht; in jedem Fall wird er nach § 219 strafbar. Zur **Meldepflicht** des Arztes vgl. 18 vor § 218.

Straftaten gegen das Leben **§ 218 b**

Abbruch der Schwangerschaft ohne Beratung der Schwangeren

218 b ¹Wer eine Schwangerschaft abbricht, ohne daß die Schwangere

1. sich mindestens drei Tage vor dem Eingriff wegen der Frage des Abbruchs ihrer Schwangerschaft an einen Berater (Absatz 2) gewandt hat und dort über die zur Verfügung stehenden öffentlichen und privaten Hilfen für Schwangere, Mütter und Kinder beraten worden ist, insbesondere über solche Hilfen, die die Fortsetzung der Schwangerschaft und die Lage von Mutter und Kind erleichtern, und
2. von einem Arzt über die ärztlich bedeutsamen Gesichtspunkte beraten worden ist,

wird mit Freiheitsstrafe bis zu einem Jahr oder mit Geldstrafe bestraft, wenn die Tat nicht in § 218 mit Strafe bedroht ist. Die Schwangere ist nicht nach Satz 1 strafbar.

ⁱⁱBerater im Sinne des Absatzes 1 Nr. 1

1. eine von einer Behörde oder Körperschaft, Anstalt oder Stiftung des öffentlichen Rechts anerkannte Beratungsstelle oder
2. ein Arzt, der nicht selbst den Schwangerschaftsabbruch vornimmt und
   a) als Mitglied einer anerkannten Beratungsstelle (Nummer 1) mit der Beratung im Sinne des Absatzes 1 Nr. 1 betraut ist,
   b) von einer Behörde oder Körperschaft, Anstalt oder Stiftung des öffentlichen Rechts als Berater anerkannt ist oder
   c) sich durch Beratung mit einem Mitglied einer anerkannten Beratungsstelle (Nummer 1), das mit der Beratung im Sinne des Absatzes 1 Nr. 1 betraut ist, oder mit einer Sozialbehörde oder auf andere geeignete Weise über die im Einzelfall zur Verfügung stehenden Hilfen unterrichtet hat.

ⁱⁱⁱAbsatz 1 Nr. 1 ist nicht anzuwenden, wenn der Schwangerschaftsabbruch angezeigt ist, um von der Schwangeren eine durch körperliche Krankheit oder Körperschaden begründete Gefahr für ihr Leben oder ihre Gesundheit abzuwenden.

1) **Die Vorschrift** idF des 15. StÄG (3a, 3b vor § 218 mwN; vgl. dazu **1** § 218c/5. StrRG) stellt die Verletzung der Pflicht zur **Sozialberatung** (I Nr. 1) und **medizinischen Beratung** (I Nr. 2) in einem von § 218 unabhängigen Tatbestand unter Strafdrohung. *Schrifttum: Kausch,* Soziale Beratung Schwangerer, 1990 [Bespr. Lenzen JR **91**, 219]. Eine Beratungspflicht besteht nicht nur in den indizierten Fällen des § 218a; die Beratung nach § 218b ist vielmehr auch Straflosigkeitsvoraussetzung nach § 218 III S. 2 (vgl. unten 2). Kriminalpolitisch soll die Vorschrift als ein Kernstück der Gesamtregelung „im besonderen Maße der Erhaltung des ungeborenen Lebens dienen; sie soll zugleich der Schwangeren durch Aufzeigen der Unterstützungsmöglichkeiten helfen, einen Kinderwunsch zu stärken und zu realisieren" (Ber. 16; sehr krit. gegen § 218b M-Schroeder § 5, 21; vgl. 3b vor § 218). Die §§ 218b und 219, die zusammenzusehen sind, sichern, wenn ihre Voraussetzungen erfüllt sind, der Schwangeren die Fremdbestimmung über den SSA, was verfassungsrechtlich bedenklich ist, weil der Staat die Tötungsbefugnis privatisiert. Die §§ 218b, 219 sind unter dem Einfluß der durch BVerfGE **39**, 58ff. geübten Kritik (auch nach der Mindermei-

§ 218b

nung BVerfGE **39**, 86 enthielt die Regelung Schwächen) nur unzureichend (so auch der Normenkontroll-Antrag Bayern v. 28. 2. 1990) insoweit verbessert worden, als ein beratender Arzt nach I Nr. 1 (vgl. Nr. 2) und der feststellende nach § 219 nicht mehr mit dem abbrechenden Arzt identisch sein dürfen und eine Karenzzeit zwischen Beratung nach I Nr. 1 und dem Eingriff liegen muß (unten 11). Auch dürfen der feststellende und abbrechende Arzt nicht in einem dienstlichen Weisungsverhältnis (Chefarztsystem) stehen (Hirsch/Hiersche MedR **91**, 74). Wohl aber dürfen der beratende Arzt nach I Nr. 1 sowie der nach Nr. 2 und der feststellende Arzt identisch sein (vgl. Prot. 7/2421, 2423; BTag 7/15333; BRat 554. Sitz., 476), was ebenso bedenklich ist wie die (von Gerh. Müller DB **86**, 2669 bestrittene) Möglichkeit der Identität zwischen beratendem Arzt nach I Nr. 2 und abbrechendem Arzt (Müller-Emmert DRiZ **76**, 168; Laufhütte/Wilkitzki aaO Anm. 84). Die Beratung nach I Nr. 1 darf nicht von jedem beliebigen Arzt durchgeführt werden, doch stellt II Nr. 2 im Hinblick auf BVerfGE **39**, 61 f zu geringe Anforderungen (unten 9; Schmitt FamRZ **76**, 596). Auch sind die Garantien für ein zuverlässiges Verfahren unzureichend (1 zu § 219), so daß gegen die Gesamtregelung schwere verfassungsrechtliche Bedenken bleiben (dazu Lackner NJW **76**, 1239 ff.; Lenzen JR **80**, 138 Anm. 42; vgl. auch LK-Jähnke 1; Büchner JVL **1**, 3; E. v. Hippel JVL **4**, 17; Spaemann JVL **5**, 24); sie werden dadurch verstärkt, daß die Sozialversicherungsträger sich nach SozG Dortmud (NJW **85**, 704) außerstande sehen, die „Zusammenarbeit" zwischen beratendem und abbrechendem Arzt zu kontrollieren (vgl. hierzu Philipp JVL **2**, 22, 24). Nicht unbedenklich ist auch (vgl. SchSch-Eser 4, 7, 23), daß im Gegensatz zu § 219 die Tatsache, daß die Schwangere nach I beraten worden ist, nicht schriftlich niedergelegt zu werden und dem abbrechenden Arzt daher auch kein Nachweis darüber vorgelegt zu werden braucht (unten 14; Laufhütte/Wilkitzki aaO Anm. 122 erhoffen sich hier die Ausbildung gewisser Formalien in der Praxis). In welcher Reihenfolge Beratung nach § 218b und Feststellung nach § 219 stattzufinden haben, läßt das Gesetz offen, so daß die Reihenfolge, auch wenn im Regelfall das Vorausgehen der Beratung erwünscht wäre (BTag 7/15347), keine strafrechtlichen Konsequenzen hat (teilweise abw. Laufhütte/Wilkitzki JZ **76**, 333, die aber nicht beachten, daß der feststellende Arzt nach § 219 sich nicht über das Ergebnis der Beratung zu unterrichten braucht, ja es infolge von § 203 I Nr. 1, 4a vielleicht nicht einmal kann; vgl. 28 ff. zu § 203). Daß der Berater nach I Nr. 1, 2 und der feststellende Arzt identisch sein dürfen, hat zu der äußerst bedenklichen Praxis (landesrechtlich zT zugelassener) ambulanter Abtreibungskliniken geführt, wo Beratung und Feststellung uno actu erledigt werden.

2 **2) Die Subsidiaritätsklausel** stellt klar, daß bei einem SSA, der nicht nach § 218 III S. 2 oder auf Grund § 218a straflos gestellt oder nach § 34 gerechtfertigt ist, § 218 vorgeht. Denn eine Beratungspflicht besteht vor jedem SSA iS des § 219, also auch in den Fällen des § 218 III S. 2, 3 und bei
3 iS des § 218a nicht indizierten SSA. **Tathandlung** ist das Abbrechen der Schwangerschaft (5 zu § 218) ohne zuvorige Beratung iS des I Nr. 1, 2 (Ausnahme: III). Die Handlung ist bei gegebener Subsidiarität (oben 2) nur unter dem Gesichtspunkt des § 218b strafbar (vgl. auch LK 18 vor § 218; Otto BT § 13 IV 3; krit. Gössel JR **76**, 3, nach dem wohl die §§ 218b und 219 nicht die Leibesfrucht schützen, sondern nur Verwaltungsunrecht darstellen). Andere Konstruktionen wie Tatbestandswechsel oder Umdeutung des § 218c in ein Unterlassungsdelikt (was bei § 219 kaum möglich wäre) dürften ausscheiden. **C. Täter** sein kann idR allein ein Arzt, weil Laienabtreiber stets nach § 218 strafbar sind (soweit § 34 eingreift, 4 zu

§ 218a, scheidet § 218b ohnehin aus, unten 12) und die Frau durch I S. 2 von Strafe freigestellt ist. Allerdings wird man daraus nicht schließen dürfen, daß es sich bei der Tat um ein Sonderdelikt handelt (dagegen schon SchSch 25; M-Schroeder § 6, 12; Laufhütte/Wilkitzki aaO Anm. 86; Lackner NJW 76, 1239, 1241; LK 14), da § 218b keine Sonderpflicht für den Arzt normiert, so daß zB der Freund der Schwangeren, der dem abbrechenden Arzt erfolgreich eine nicht stattgefundene Beratung vorspiegelt, mittelbarer Täter nach § 218b sein kann. Der persönliche Strafausschließungsgrund für die Schwangere nach I S. 2 (Prot. 7/1475; SchSch 25) ist eingeführt worden, um die Frau nicht durch Strafdrohung zur Beratung zu zwingen, führt aber dazu, daß der Arzt für die straflose Unterlassung eines anderen bestraft wird, und verfehlt insofern sein Ziel, als die Weigerung des Arztes, den SSA ohne die Voraussetzungen des § 218b vorzunehmen, die Frau doch wieder zur Beratungsstelle zwingt. Freilich kann der Arzt allen Schwierigkeiten dadurch entgehen, daß er Beratung nach Nr. 1 und 2 selbst übernimmt (oben 1).

3) I fordert im übrigen, daß sich **die Schwangere** innerhalb einer Karenzzeit vor dem SSA (unten 11) **wegen der Frage des SSA** (dh daß diese Frage auch nach Auffassung der Frau Gegenstand der Beratung werden soll) **an einen Berater** (unten 5 ff.) gewandt hat (was auf Initiative eines Dritten und auch anläßlich eines Arztbesuches aus anderem Grund geschehen kann), den sie unter den nach II in Betracht kommenden auch örtlich innerhalb der BRep. frei wählen kann (Prot. 7/1532) und dort in der unten 10 beschriebenen Weise sowie von einem Arzt (unten 13) beraten worden ist. **Berater** kann **nach II** sein (zum Ganzen Koch SSA I 156 ff.):

A. (Nr. 1) eine von einer **Behörde,** Körperschaft, Anstalt oder Striftung des öffentlichen Rechts anerkannte **Beratungsstelle** (1, 18 zu § 203; Prot. 2407, 2414). Hierfür ist eine landesrechtliche Regelung erforderlich, die für einen Anerkennungsakt nur solche Behörden usw. vorsieht, die von der Sache her für derartige Aufgaben qualifiziert sind (Ber. II 9; Prot. 7/2415 ff; vgl. SchwangerschaftsberatungsG: Bayern SchwBerG v. 5. 8. 1977, GVBl 401, ÄndG v. 10. 8. 1982, GVBl. 682; SchBerV v. 13. 11. 1990, GVBl. 505; Berlin SchwG v. 22. 12. 1978, GVBl. 2514; HessChwBerG v. 2. 5. 1978, GVBl. 1273; II 350-50; NW VO v. 12. 12. 1978, GVBl. 632; SGVNW 212; RhPf SchwBerG v. 23. 12. 1977, (GVBl. 455; BS 2120-20); die übrigen Länder haben lediglich Richtlinien erlassen, zB BadWürtt. v. 9. 12. 1985, GABl. 1986, 309; Bremen v. 1. 9. 1976, ABl. 385 ff.; Niedersachsen v. 18. 6. 1976, MBl. 1142, v. 22. 10. 1976, MBl. 1940, v. 18. 7. 1977, MBl. 905 v. 13. 10. 1977, MBl. 1387; Saarland v. 22. 10. 1976, ABl. 1977, 41 iVm Bek. v. 19. 1., 10. 7., 28. 8., 10. 10. 19. 11. 1978, ABl. 106, 698, 786, 888, 1048; Schleswig-Holstein v. 16. 12. 1976, ABl. 708, v. 24. 5. 1977, ABl. 491 iVm Bek. v. 31. 7. 1979, Abl. 512). Doch gelten (auch ohne einen besonderen Akt) schon bestehende Stellen als anerkannt, die ihr öffentlichrechtlicher Träger traditionell mit Schwangerschaftsberatung befaßt, dh die von den Kirchen getragenen Stellen (zB Caritas, SKF; Prot. 7/2415, 2418 f.; Ber. II 9) und Stellen der Wohlfahrtsverbände oder sonstiger gemeinnütziger Einrichtungen wie Pro Familia (Prot. VI/2280, 2290) in Betracht kommen (Ber. 8, 16). Die Beratungsstellen unterliegen verwaltungsrechtlichen Bestimmungen und sind auch sonst rechtlich eingefügt (BGH **38**, 153).

B. Nr. 2) ein **Arzt,** der nach deutschem Recht approbiert sein muß (Lackner NJW **76**, 1237; während Müller-Emmert DriZ **76**, 167 zB in

§ 218b

Fällen von Grenznähe auch ausländische Ärzte einbeziehen will und Beulke FamRZ **76**, 600 überhaupt keine deutsche Approbation fordert) und nicht derjenige sein darf, der den SSA vornimmt. Im übrigen muß der Arzt
7 entweder **a) Mitglied** einer nach Nr. 1 anerkannten Beratungsstelle sein und darf dort nicht nur mit spezifisch medizinischen Aufgaben (I Nr. 2) befaßt, sondern muß ausdrücklich mit Sozialberatungen iS von I Nr. 1 betraut und nach Auffassung der betrauenden Stelle entsprechend sachkun-
8 dig sein (vgl. Prot. 7/2408f., 2413). **b)** von einer **Behörde** usw. als Berater iS von I Nr. 1 **anerkannt** sein. Hierfür bedarf es eines besonderen Verwaltungsaktes und entsprechender landesrechtlicher Regelung (Ber. II 10; Prot. 7/2408, 2418), die auch die Stellen zu bestimmen hat, denen die Anerkennung übertragen wird wie vielleicht den Ärztekammern (Laufhüt-
9 te/Wilkitzki aaO Anm. 99). **c)** sich entweder durch **eigene vorausgegangene Beratung** mit einem nach a) qualifizierten **Arzt** oder mit einer **Sozialbehörde**, dh mit einer Behörde (35 zu § 11), die sich mit sozialen Fragen befaßt oder für Gewährung sozialer Hilfen zuständig und entsprechend sachkundig ist (vor allem Sozialämter der Gemeinden, Prot. 7/2423), oder aber **auf andere geeignete Weise** (zB Beratung mit einer Beratungsstelle nach Nr. 1) über die im konkreten Einzelfall tatsächlich zur Verfügung stehenden Hilfen unterrichtet hat. Daß eine Beratung, die erst auf derart mittelbar erworbenen Kenntnissen beruht, hinter einer Beratung durch besondere Fachleute iS von II Nr. 1, Nr. 2a, b regelmäßig zurückstehen muß, liegt auf der Hand, zumal unklar bleibt, was unter „auf andere geeignete Weise" zu verstehen ist (Lektüre von Informationsschriften, vgl. BTag 7/13898; telefonischer Anruf bei einer Sozialbehörde?). c ist daher auf besondere Kritik und verfassungsrechtliche Bedenken gestoßen (Schreiber FamRZ **75**, 672; Lackner NJW **76**, 1240f.; Beulke FamRZ **76**, 601; Büchner Parl. B 14/90, 9; LK 9; SK 13; anderseits Blei JA **76**, 602), die kaum dadurch ausgeräumt werden können, daß man fordert, die Information des Arztes, die einerseits nur für den Einzelfall auszureichen braucht (Müller-Emmert DRiZ **76**, 167), müsse eine den Alternativen a und b gleichwertige „Höhenmarke" erreichen (Laufhütte/Wilkitzki JZ **76**, 335; Prot. 7/2423). Das wird idR kaum möglich sein.

10 C. Die Schwangere muß von dem Berater tatsächlich **beraten worden sein (I Nr. 1),** und zwar **dort,** dh bei dem Berater, womit mindestens ein persönlicher räumlicher Kontakt gemeint sein muß, so daß nur schriftliche oder telefonische Beratung nicht ausreicht (Ber. 16; Ber. II 9; Prot. 7/2368, 2405f.; LK 8; SchSch 7; SK-Rudolphi 9; aM Prot. 7/1644). Der Berater muß die Schwangere über die tatsächlich für ihren Fall zur Verfügung stehenden öffentlichen und privaten **Hilfen** für Schwangere, Mütter und Kinder (auch schon vorhandene, sowie über Familienhilfe, soweit die in Betracht kommt, Prot. 7/2405), vor allem über solche Hilfen informieren, die die Fortsetzung ihrer Schwangerschaft und ihre und ihres Kindes Lage nach dessen Geburt erleichtern würden. Gemeint sind damit die unter 27 zu § 218a dargestellten „flankierenden Maßnahmen" mit ihren Möglichkeiten (hierzu die „Sonstige-Hilfen-Richtlinien" v. 10. 12. 1985 [BAnz. Nr. 60a S. 10], Änd. v. 3. 7. 1987 [BAnz. Nr. 156a S. 22]; Franz NJW **77**, 1987).
10a „**Die Beratung muß** auf den konkreten Fall abgestellt sein und umfassend auf die Situation der Schwangeren eingehen" (Ber. 16; SchSch 6; Lackner

Straftaten gegen das Leben **§ 218b**

2) und **zur Fortsetzung der Schwangerschaft motivieren** (BVerfGE **39**, 45, 50, 63; und zwar auch nach dem MindVot 85, 86; Prot. 7/2403; BTag 7/15326; Müller-Emmert DRiZ **76**, 167; SK 13; Tröndle, Geiger-FS 1989, 198 u. Spendel-FS 621 mwN; Wilms ZRP **90**, 471; Brießmann JR **91**, 401; Schroeder JuS **91**, 365; vgl. Schünemann ZRP **91**, 389; Baumann R. Schmitt-FS 169; Otto JVL **9**, 64; abgeschwächt Ber. II 8; aM Gössel JR **76**, 5). Diese Wendung läßt sich zwar der Ersetzung des Wortes „unterrichten" durch „beraten" nicht entnehmen (Lackner NJW **76**, 1240; vgl. Franz NJW **77**, 1087, 1089; Hiersche Gynäkologe **82**, 78), doch kann nach der Kritik in BVerfGE **39**, 61, 63 nur eine solche Auslegung als verfassungskonform gelten. Die Beratung muß sich auf die gesamte Konfliktslage der Schwangeren (Achtung des Lebensrechts des Ungeborenen und damit auf die im Einzelfall abzuwägenden Interessen) erstrecken, auch darauf, wie einem etwaigen Drängen des Schwängerers auf Abbruch zu begegnen ist. Auch wenn das Gesetz Orientierung über künftige Empfängnisverhütung (Prot. 7/1643) oder Erörterung möglicher Indikationen (Prot. 7/1317) nicht fordert, so werden doch je nach Lage des Falles auch diese Themen in die Beratung einzubeziehen sein (Prot. 7/2403f.). Eine Bindungswirkung irgendwelcher Art hat die Beratung ebensowenig wie die ärztliche nach Nr. 2.

D. Eine Karenzfrist von mindestens 3 Tagen muß zwischen der Beratung und dem SSA liegen, damit die Schwangere die erhaltenen Informationen und ihren Entschluß in Ruhe überdenken und mit ihr nahestehenden Menschen erörtern kann. Es genügt nicht, daß sich die Schwangere 3 Tage vor dem SSA an den Berater lediglich gewandt hat; bei verfassungskonformer Auslegung des Gesetzes kann nicht zw. sein, daß die Frist erst mit der abgeschlossenen Beratung selbst beginnt (Prot. 7/2403; Ber. II 8). **11**

E. Nach III entfällt die Beratungspflicht nach I Nr. 1, nicht auch die nach I Nr. 2, wenn der SSA nach ärztlicher Erkenntnis indiziert ist (7 zu § 218a), um von der Schwangeren eine durch körperliche Krankheit oder Körperschaden (dh rein organische Sachverhalte, Prot. 7/2425) begründete konkrete Gefahr für ihr Leben oder ihre Gesundheit (im organischen Sinne) abzuwenden. Um eine Notstandssituation iS von § 34 kann es sich, braucht es sich aber noch nicht zu handeln (Prot. 7/2425). Vielmehr geht es darum, daß eine Sozialberatung nach I Nr. 1 nicht sinnvoll erscheint (Ber. II 10), wenn eine rein somatische Ursache den SSA indiziert. Das ist nicht der Fall, wenn sich die Gefahr auf andere Weise abwenden läßt. Infolge von III werden Fälle, in denen auf § 34 zurückgegriffen werden muß, nur solche sein, in denen eine ärztliche Beratung zB infolge von Bewußtlosigkeit der Frau nicht möglich, ein SSA aber, der auch die Frucht zerstört, sofort erforderlich ist (vgl. auch § 220 IV RegE; Prot. 7/1644). **12**

4) **Von einem Arzt** muß die Schwangere in jedem Falle **über die ärztlich** bedeutsamen Gesichtspunkte eines SSA **beraten worden sein (I Nr. 2).** Den Arzt kann sich die Schwangere aussuchen; fachlich braucht er nicht qualifiziert und kann derselbe sein, der sie auch nach I Nr. 1 berät (dann aber mindestens II 2. c); es kann sich aber auch ein Team zweier Ärzte mit Arbeitsteilung bilden (Prot. 7/678). Eine Form der Beratung schreibt das Gesetz zwar nicht vor, doch setzt eine ärztliche Beratung mindestens die Untersuchung der Schwangeren voraus. Inhaltlich hat die Beratung einmal **13**

1261

§ 218 b

die rein medizinische Seite des Eingriffs zu behandeln (Stadium der Schwangerschaft, Verfassung von Mutter und Frucht, mögliche Eingriffsarten, Kontraindikationen, körperliche und psychische Risiken des SSA, Prot. VI/ 2152, 2158, 2160f.; 28 zu § 218a), aber als nicht nur medizinische, sondern ärztliche Beratung auch „die gegenwärtige und künftige Gesamtsituation der Schwangeren" sowie Aufklärung darüber, daß durch den SSA menschliches Leben vernichtet wird und wie weit der Embryo oder Foetus im in Betracht kommenden Schwangerschaftsstadium entwickelt ist (Ber. 16; Prot. 7/2406f., 2417; Müller-Emmert DRiZ **76**, 167; Wille PraxRMed 231; Narr 795; Schuth/Hillemanns gynäkol. prax. **13** (1989), 321; SK 14; SchSch 18; Lackner 3). Eine Karenzfrist ist für I Nr. 2 nicht vorgeschrieben. In Fällen von § 34 (oben 12aE) entfällt die Beratungspflicht.

14 5) **Vorsatz** ist als mindestens bedingter hinsichtlich des Fehlens wenigstens einer der Nrn. 1 oder 2 trotz gegebener Indikation, die der Täter annehmen muß, erforderlich. Den Arzt trifft zwar eine Vergewisserungspflicht, ob die Schwangere sich hat beraten lassen (oben 2; Ber. 17). Doch hat auch die leichtfertig irrige Annahme der Voraussetzungen keine strafrechtlichen Folgen, da eine Fahrlässigkeitsvorschrift fehlt. Der Vorsatz ist jedenfalls dann ausgeschlossen, wenn dem abbrechenden Arzt eine Erklärung des Beraters nach I Nr. 1 und des Arztes nach I Nr. 2 (wenn vielleicht auch nur telefonisch) zugeht, daß die Beratungen stattgefunden haben, und aus der Erklärung hervorgeht, daß der Berater sich mindestens in geeigneter Weise über die im konkreten Fall zur Verfügung stehenden Hilfen unterrichtet hat. Eine Pflicht zur Nachprüfung, ob die Beratungen in allen Einzelheiten dem Gesetz entsprachen, trifft den abbrechenden Arzt nicht. Seine irrige Annahme, daß die Voraussetzungen des § 218b fehlen, ist nur ein strafloser Versuch (SchSch 23). Sieht der Arzt irrig die Voraussetzungen einer Indikation nach § 218a als gegeben an, so kann er doch nach § 218b strafbar sein (oben 3; LK 17; SchSch 24).

15 6) **Teilnahme** ist nach allgemeinen Vorschriften möglich; nur die Frau selbst ist ausgeschlossen (I S. 2). Beihilfe zB dann, wenn eine Gehilfin des Arztes weiß, daß sich dieser über § 218b hinwegsetzt, oder wenn ein anderer Arzt lediglich zur Deckung des operierenden Arztes zu Unrecht eine vorausgegangene Beratung bescheinigt (Ber. 17). Täuscht ein anderer dem abbrechenden Arzt erfolgreich vor, daß die fehlenden Beratungen stattgefunden haben, so ist er mittelbarer Täter (oben 2).

16 7) **Tateinheit** mit § 218 ist nicht möglich (oben 3), wohl aber mit § 219.

17 8) **Sonstige Vorschriften.** Geheimhaltungspflicht § 203 I Nr. 4a; Zeugnisverweigerungsrecht § 53 I Nr. 3a StPO; Beschlagnahmebeschränkungen § 97 II S. 2 StPO.

Abbruch der Schwangerschaft ohne ärztliche Feststellung

219 ¹**Wer eine Schwangerschaft abbricht, ohne daß ihm die schriftliche Feststellung eines Arztes, der nicht selbst den Schwangerschaftsabbruch vornimmt, darüber vorgelegen hat, ob die Voraussetzungen des § 218a Abs. 1 Nr. 2, Abs. 2 und 3 gegeben sind, wird mit Freiheitsstrafe bis zu einem Jahr oder mit Geldstrafe bestraft, wenn die Tat nicht in § 218 mit Strafe bedroht ist. Die Schwangere ist nicht nach Satz 1 strafbar.**

Straftaten gegen das Leben §219

II Ein Arzt darf Feststellungen nach Absatz 1 nicht treffen, wenn ihm die zuständige Stelle dies untersagt hat, weil er wegen einer rechtswidrigen Tat nach Absatz 1 oder §§ 218, 218b, 219a, 219b oder 219c oder wegen einer anderen rechtswidrigen Tat, die er im Zusammenhang mit einem Schwangerschaftsabbruch begangen hat, rechtskräftig verurteilt worden ist. Die zuständige Stelle kann einem Arzt vorläufig untersagen, Feststellungen nach Absatz 1 zu treffen, wenn wegen ihn wegen des Verdachts einer der in Satz 1 bezeichneten rechtswidrigen Taten das Hauptverfahren eröffnet worden ist.

1) **Die Vorschrift** idF des 15. StÄG (3a bis 4 vor § 218 mwN) geht davon 1 aus, daß der abbrechende Arzt meist Gynäkologe oder Chirurg ist und von den Indikationen nach § 218a II nicht genügend versteht (Ber. II 11; umso unverständlicher unten 3), unterscheidet sich von der aF vor allem dadurch, daß anstelle einer Gutachterstelle jeder beliebige Arzt, sofern er nicht der abbrechende Arzt oder durch II ausgeschlossen ist, die Feststellung treffen darf und nicht mehr gefordert wird, daß die Feststellung das Vorliegen einer Indikation bestätigt. Auch eine Gespannbildung in der Weise, daß ein einziger Arzt die Beratung nach § 218b I Nr. 1 (über II 2c) und Nr. 2 vornimmt und die Feststellung nach § 219 (Gefahr von Gefälligkeitsattesten; Seebald GA **76**, 69) trifft, während der zweite Arzt den Abbruch vornimmt, ist nicht ausgeschlossen (vgl. 1 zu § 218b; Schreiber FamRZ **75**, 669; SK-Rudolphi 23 vor § 218; Lackner NJW **76**, 1242; Beulke FamRZ **76**, 602; aM Ber. II 12; Laufhütte/Wilkitzki aaO 335 Anm. 118; v. Schoeler BTag 7/13890). Daraus resultieren im Hinblick auf BVerfGE **39**, 66 verfassungsrechtliche Bedenken bei Lackner 2 und aaO sowie Schreiber aaO, die angesichts der Handhabung in der Praxis (vgl. Wuermeling JVL **2**, 70; 12 vor § 218) besonderes Gewicht bekommen. Vgl. auch Antrag RhPf BR-Drs. 398/85; BRat 554. Sitz, 457; 559. Sitz., 639; ferner zu den Auseinandersetzungen zum gescheiterten Beratungsgesetz-E (3d vor § 218) Tröndle, Geiger-FS 1989, 193; Normenkontroll-Antrag Bayerns v. 28. 2. 1990 (3d vor § 218).

2) **Tathandlung** ist, daß der Täter eine Schwangerschaft abbricht, ohne 2 daß ihm die schriftliche Feststellung eines nicht am SSA beteiligten Arztes darüber vorgelegen hat, ob die Voraussetzungen des § 218a I Nr. 2, II, III gegeben sind. Unmittelbarer Täter kann nur ein Arzt sein, da sonst § 218 ausgeschlossen wäre und § 219 infolge seiner Subsidiaritätsklausel in I S. 1 ausschiede. Die Schwangere selbst ist niemals nach § 219 strafbar (I S. 2). Dennoch ist kein Sonderdelikt gegeben (2 zu § 218b).

A. Die Feststellung nach I S. 1 kann jeder Arzt treffen (krit. E. v. Hippel 3 JZ **86**, 58, 60 u. JVL **4**, 17; Kluth NJW **86**, 2349 u. JVL **4**, 49; Tröndle Jura **87**, 72; R. Esser [4c vor § 218] 175), der, wie sich aus II ergibt, in der BRep. approbiert ist (Ber. II 11; Müller-Emmert DRiZ **76**, 168; LK-Jähnke 1, 6; SchSch 8; aM SK 6), nicht am SSA beteiligt und nicht nach II ausgeschlossen ist, also zwar nicht ein Psychologe oder Heilpraktiker (Prot. 7/2432), auch kein Zahn- oder Tierarzt (Gegenschluß aus § 203 I Nr. 1), theoretisch aber zB ein Urologe oder Ohrenarzt. Praktisch wird das zwar ausscheiden, doch wird jeder praktische Arzt in Betracht kommen, auch wenn ihm die eugenischen, gerichtsmedizinischen oder sozialmedizinischen Kenntnisse fehlen, die zu einer Beurteilung der Indikationen nach § 218a II erforderlich sind. Bei dem vom BVerfGE **39**, 63 geforderten Umfang und Ziel sollte ein Arzt, der nicht über die nötigen Kenntnisse verfügt, standesethisch verpflichtet sein, eine derartige Feststellung abzulehnen (so Prot. 7/2407,

1263

2431; Ber. II 11; Müller-Emmert DRiZ **76**, 168; vgl. Beulke FamRZ **76**, 602).

4   **B. Die Feststellung,** die sich nicht auf die Einwilligung der Schwangeren bezieht (§ 218a I Nr. 1 ist nicht zitiert; Ber. II 12), hat sich darüber auszulassen, ob eine Indikation nach § 218a I Nr. 2 oder II vorliegt und ob die Fristen nach § 218a III gewahrt sind (Ber. II 12). Ob die Feststellung die Voraussetzungen einer Indikation und des § 218a III bejaht oder verneint, ist entgegen der aF ohne Bedeutung; auch die Möglichkeit, daß die Feststellung offen läßt, ob die genannten Voraussetzungen vorliegen, wird nicht ausgeschlossen (Beckmann MedR **90**, 306 Fn. 79). Dem abbrechenden Arzt braucht die Feststellung lediglich in schriftlicher Form (vgl. hierzu 21 zu § 265b) vorgelegen haben, wobei es ausreicht, wenn sie als solche nach § 219 klar gekennzeichnet ist und das Ergebnis (auch ohne Begründung) mitteilt. Ob der abbrechende Arzt auch von der ihm vorliegenden Feststellung Kenntnis genommen haben muß (so Müller-Emmert DRiZ **76**, 168), ist durch den Gesetzestext nicht sichergestellt (LK 8). Gebunden ist der abbrechende Arzt an die Feststellung jedenfalls nicht (Prot. 7/2426; Ber. II 11; vgl. 4 zu § 218a). Das bedeutet: Der abbrechende Arzt ist nach § 218a nicht strafbar, wenn er erkennt, daß eine negative Feststellung falsch ist (vgl. SchSch-Eser 16; Laufhütte/Wilkitzki JZ **76**, 336) oder wenn er die Voraussetzungen von § 218a irrig annimmt (vgl. aber 10 vor § 218; 30 zu § 218a). Umgekehrt ist er nach § 218 strafbar, wenn er erkennt, daß eine positive Feststellung falsch ist, und strafbar nach § 218 IV S. 1, wenn er die postive Feststellung irrig für falsch hält.

5   3) **A. Ausgeschlossen nach II** von der Berechtigung, eine Feststellung nach I zu treffen, ist ein Arzt, wenn ihm eine nach Landesrecht (vgl. 5 zu § 218b) zuständige Stelle (ev. die BezirksReg oder ein Berufsgericht) in einem förmlichen Verfahren mit Rechtsmittelmöglichkeit im Verwaltungsrechtsstreit (Ber. II 12) rechtskräftig untersagt hat, nach I tätig zu werden. Diese Entscheidung kann nur darauf gestützt werden, daß der Arzt wegen einer rechtswidrigen Tat (hinsichtlich deren Zurückliegen das Gesetz keine zeitliche Grenze setzt) nach I oder den §§ 218, 218b, 219a bis 219c oder auch wegen einer anderen rechtswidrigen Tat (es genügt in allen Fällen eine auch schuldlose Tat mit Verurteilung zB durch Anordnung einer Maßregel), die er im Zusammenhang mit einem Schwangerschaftsabbruch begangen hat, zB wegen eines Sexualdelikts oder auch eines Vermögensdelikts (Laufhütte/Wilkitzki aaO Anm. 126) wie Erpressung, Wucher, aber wohl auch wegen Betrugs bei einem der nicht schwangeren Frau nur vorgetäuschten SSA oder wegen einer Tat nach § 203, rechtskräftig verurteilt worden ist. Ob die zuständige Stelle die Untersagung verfügt, ist eine Entscheidung nach pflichtgemäßem Ermessen. Das gilt auch für die in S. 2 eröffnete Möglichkeit, vornach die nach S. 1 zuständige Stelle dem Arzt schon vor rechtskräftiger Verurteilung wegen einer in S. 1 genannten Tat ein vorläufiges Verbot nach S. 1 auferlegen kann, aber erst, wenn gegen ihn wegen Verdachts der Tat das Hauptverfahren eröffnet ist (§ 203 StPO), also weit später, als ein vorläufiges Berufsverbot nach § 132a StPO möglich ist (nicht überzeugend Ber. II 12). Trifft ein Arzt, dem das untersagt ist, dennoch eine Feststellung nach I, so ist dafür keine strafrechtliche Sanktion vorgesehen; jedoch ist

Straftaten gegen das Leben § 219

dann der abbrechende Arzt, der das Verbot kennt, nach I strafbar (Müller-Emmert DRiZ 76, 168).

B. II verliert seine Bedeutung, wenn dem betreffenden Arzt wegen 6 einer in II S. 1 genannten Tat im Strafverfahren ein **Berufsverbot** nach § 70 auferlegt wird, sowie während der Zeit eines vorläufigen Berufsverbots nach § 132a StPO, ferner aber auch dann, wenn dem Arzt deshalb die Approbation entzogen wird (§§ 5 II, 3 I S. 1 Nr. 3 BÄO; Ber. II 12); ebenso, wenn beide Maßnahmen kumulativ getroffen werden (§ 6 BÄO; NJW **75**, 2249). Von Bedeutung dafür ist, daß auch das strafrechtliche Berufsverbot auf eine Tätigkeit nach I beschränkt werden kann (10 zu § 70; and. LK 13). Im Ergebnis bedeutet das alles, daß II in Wirklichkeit keine Verstärkung des Schutzes der Leibesfrucht bedeutet, sondern dadurch, daß er eine schwächere Reaktion als Berufsverbot oder Approbationsentzug eröffnet, den Arzt besser stellt und damit den Schutz schwächt (Lackner NJW **76**, 1241; vgl. auch Bardens BTag 7/15320; Müller-Emmert DRiZ **76**, 168).

4) § 34 ist anwendbar, wenn im Falle einer streng medizinischen Indika- 7 tion die bei einem Aufschub des Eingriffs drohende Gefahr für die Schwangere so schwer wiegt, daß die Pflicht nach I zurücktreten muß, LK 10.

5) Zum **Vorsatz** (vgl. auch 30 zu § 218a), zur **Teilnahme** und zu den 8 **Konkurrenzen** gelten 14 bis 16 zu § 218b sinngemäß.

Unrichtige ärztliche Feststellung

219a ¹Wer als Arzt wider besseres Wissen eine unrichtige Feststellung über die Voraussetzungen des § 218a Abs. 1 Nr. 2, Abs. 2 und 3 zur Vorlage nach § 219 Abs. 1 trifft, wird mit Freiheitsstrafe bis zu zwei Jahren oder mit Geldstrafe bestraft, wenn die Tat nicht in § 218 mit Strafe bedroht ist.

II Die Schwangere ist nicht nach Absatz 1 strafbar.

1) Der Vorschrift, die durch Art. 1 Nr. 6 des 15. StÄG (3a bis 4 vor § 218 1 mwN; Prot. 7/2432) eingefügt worden ist, kommt nach den Vorstellungen des Gesetzgebers (Ber. II 12) eine nicht unbeträchtliche Bedeutung zu; sie ist jedoch statistisch nicht feststellbar (seit 1976 keine Verurteilung) und praktisch für den Schutz ungeborenen Lebens wirkungslos (E. v. Hippel JZ **86**, 54; Kaiser Parl. B 14/90, 24), eine Folge, die durch die verfehlte Auslegung des § 218a (dort 26) noch verstärkt wird (Tröndle MedR **86**, 31). Die Vorschrift belegt bereits durch ihre Existenz, daß die Indikationsfeststellung gerichtlich nachprüfbar (13 zu § 218a) sein muß (Beckmann MedR **90**, 301; R. Esser [4c vor § 218] 178). Der Arzt, der wider besseres Wissen eine falsche Feststellung nach § 219 trifft, zB in einem Ärzteteam ein Gefälligkeitsattest ausstellt (1 zu § 219), macht sich nämlich, wenn es mit dessen Hilfe mindestens zu einem strafbaren Versuch nach § 218 kommt, wegen Teilnahme daran strafbar, so daß § 219a wegen seiner Subsidiaritätsklausel zurücktritt (Lackner NJW **76**, 1242). Der Arzt ist auch dann wegen Teilnahme nach § 218 strafbar, wenn der abbrechende Arzt auf Grund des falschen Attestes irrig die Voraussetzungen des § 218a annimmt (16ff. zu § 35, bzw. 27 zu § 16). Werden, was sehr häufig sein wird (aM Ber. II 13), die Kosten des SSA über die gesetzliche oder eine private Krankenversicherung abgerechnet, so greift schon § 278 ein (es genügt dafür, daß die Feststellung auch der Versicherung vorgelegt werden soll; 4 zu 278), der dann in Tat-

§ 219a

einheit mit § 219a steht (Laufhütte/Wilkitzki JZ **76**, 336; aM Koch SSA I 217). § 219a hat also nur dann Bedeutung, wenn es nicht einmal zum Versuch des SSA kommt oder wenn die unrichtige Feststellung dabei keine Rolle spielt (2 zu § 27) oder wenn die Feststellung keiner Versicherung vorgelegt werden soll. Die Annahme, daß § 219a auch die Funktion habe, die Irrtumsproblematik bei § 218a zu entschärfen (so Wilkitzki Prot. 7/2438), geht fehl (10 vor § 218); bei § 219a irrt der Arzt über die Voraussetzungen des § 218a gerade nicht.

2 2) Die Tat ist **Sonderdelikt**, das nur von einem Arzt als Täter begangen werden kann, LK-Jähnke 8. Da § 219 II die Arzteigenschaft unberührt läßt, wird § 219a auch anwendbar sein, wenn der Täter eine Feststellung nach § 219 I infolge von § 219 II an sich nicht treffen durfte (LK 8; zw.; vgl. Bremen GA **55**, 277 zu § 278). Trifft ein solcher Arzt eine sachlich richtige Feststellung nach § 219 I, so ist er nicht nach § 219a strafbar; Müller-Emmert DRiZ **76**, 169. Ein anderer als der Arzt kann nur Teilnehmer sein, nicht aber die Schwangere, die niemals nach I strafbar ist (II; persönlicher Strafausschließungsgrund), wohl aber nach anderen Vorschriften strafbar sein kann, vor allem nach § 278, wenn sie zB den Arzt zu einer falschen Feststellung anstiftet, die auch einer Versicherung vorgelegt werden soll, und nach § 279, wenn sie von der falschen Feststellung entsprechenden Gebrauch macht.

3 3) **Tathandlung** ist das **Treffen einer unrichtigen Feststellung** über die Voraussetzungen des § 218a I Nr. 2, II, III. In welcher Richtung die Feststellung unrichtig ist, dh dem wahren Sachverhalt nicht entspricht, ist ohne Bedeutung; LK 7, sie ist also unrichtig, wenn sie eine nicht gegebene Indikation bejaht oder eine gegebene verneint oder in einem eindeutigen Fall die Indikation als zweifelhaft bezeichnet oder wenn sie eine Frist nach § 218a III wahrheitswidrig als noch nicht oder als bereits abgelaufen bezeichnet oder diese Frage fälschlich für offen erklärt. Unrichtigkeiten in bloßen Einzelheiten, die nicht für das Ergebnis maßgebend sind, fallen
4 nicht unter I (zw., dann aber möglicherweise § 278; dort 2). **Vollendet** ist die Tat nicht schon mit der in § 219 geforderten schriftlichen Niederlegung der Feststellung, auch noch nicht, solange der Arzt sie bei sich behält, etwa im verschlossenen Schreibtisch (Prot. 7/2433, 2450), sondern erst dann, wenn ein Dritter sie zur weiteren Behandlung erhält, etwa die Arzthilfe zum Absenden an den abbrechenden Arzt; LK 4, nicht erst mit der Herausgabe an die Schwangere selbst oder einen anderen Arzt (so wohl Ber. II 12).

5 **A. Wider besseres Wissen** muß der Täter handeln; dh er muß wissen, daß die getroffene Feststellung unrichtig ist (7 zu § 15); das ist auch dann anzunehmen, wenn der Arzt die Feststellung trifft, ohne den Fall überhaupt geprüft zu haben (Ber. II 12; 2 zu § 278), oder wenn der Feststellung eine sehr unzulängliche medizinische Untersuchung vorangegangen ist, KBer. 22. **B. Zur Vorlage nach** § 219, dh zur Vorlage an den abbrechenden Arzt muß der Täter handeln. Ob es zu der Vorlage kommt, ist ohne Bedeutung (vgl. BGH **10**, 157 zu § 278). Insoweit genügt auch bedingter Vorsatz (vgl. 2 zu § 278).

6 5) Zu den **Konkurrenzen** vgl. oben 1. Tatmehrheit mit § 263, wenn Versicherungsleistungen erschwindelt werden sollen, LK 10.

7 6) **Die Strafe.** Beachte § 41. Für nicht qualifizierte Teilnehmer gilt 28 I.

Straftaten gegen das Leben § 219 b

Werbung für den Abbruch der Schwangerschaft

219 b ⁱWer öffentlich, in einer Versammlung oder durch Verbreitung von Schriften (§ 11 Abs. 3) seines Vermögensvorteils wegen oder in grob anstößiger Weise

1. eigene oder fremde Dienste zur Vornahme oder Förderung eines Schwangerschafsabbruchs oder

2. Mittel, Gegenstände oder Verfahren, die zum Abbruch der Schwangerschaft geeignet sind, unter Hinweis auf diese Eignung

anbietet, ankündigt, anpreist oder Erklärungen solchen Inhalts bekanntgibt, wird mit Freiheisstrafe bis zu zwei Jahren oder mit Geldstrafe bestraft.

ⁱⁱ Absatz 1 Nr. 1 gilt nicht, wenn Ärzte oder anerkannte Beratungsstellen (§ 218b Abs. 2 Nr. 1) darüber unterrichtet werden, welche Ärzte, Krankenhäuser oder Einrichtungen bereit sind, einen Schwangerschaftsabbruch unter den Voraussetzungen des § 218a vorzunehmen.

ⁱⁱⁱ Absatz 1 Nr. 2 gilt nicht, wenn die Tat gegenüber Ärzten oder Personen, die zum Handel mit den in Absatz 1 Nr. 2 erwähnten Mitteln oder Gegenständen befugt sind, oder durch eine Veröffentlichung in ärztlichen oder pharmazeutischen Fachblättern begangen wird.

1) Die Vorschrift (idF von Art. 7 Nr. 3 des 5. StrRG, Art. 1 Nr. 7 des 1 15. StÄG), stellt gewisse Vorstufen der Teilnahme unter Strafe und „will verhindern, daß der SSA in der Öffentlichkeit als etwas Normales dargestellt und kommerzialisiert wird" (Ber. 17; vgl. auch Prot. 7/1646; statistisch ist § 219b bedeutungslos). Es handelt sich um abstrakte Gefährdungsdelikte (13 vor § 13; LK-Jähnke 20 vor § 218; SK-Rudolphi 1; SchSch-Eser 1). Die Werbung für Mittel gegen Geschlechtskrankheiten ist in § 21 GeschlkrG geregelt.

2) Tathandlung ist bei beiden Nrn., daß der Täter **öffentlich**, in einer 2 **Versammlung** (2 zu § 80a) oder durch **Verbreiten von Schriften** (5 zu § 111), zB mit Adressen abbrechungsbereiter Ärzte, seines **Vermögensvorteils** (40 zu § 263) wegen, dh um ihn zu erlangen (rechtswidrig braucht er nicht zu sein wie zB ein übliches Honorar, LK 7), oder in **grob anstößiger**, dh nicht nur in einer ein gesteigertes moralisches oder ästhetisches Ärgernis erregenden **Weise**, zB durch reißerische oder den SSA verherrlichende Werbung (vgl. Prot. 7/1646 f.), sondern auch schon durch Angebote von nichtindizierten SSA (Laufhütte/Wilkitzki JU 76, 337; LK 7), **anbietet** (13 zu § 184), **ankündigt** oder **anpreist** (22 zu § 184; das nicht mehr 3 genannte Ausstellen wird, soweit es nicht wie idR zugleich ein Angebot oder eine Anpreisung enthält, nicht erfaßt, RegE 16; Entsprechendes gilt für das schon früher fehlende Feilhalten; 6 zu § 319) oder **Erklärungen solchen Inhalts**, die also ein derartiges Anbieten, Ankündigen oder Anpreisen enthalten, **bekanntgibt**, dh einem größeren Personenkreis zugänglich macht, zB durch Aufnahme entsprechender Zeitungsinserate durch den dafür Verantwortlichen (RegE 16), und zwar anbietet usw. **A. im Fall I** 4 **Nr. 1 eigene** oder **fremde Dienste zur Vornahme** oder **Förderung** eines illegalen oder straffreien (Ber. 17; SchSch 1) SSA iS von 5 zu § 218 (also nicht zur Vornahme einer bloßen Nidationshemmung, 4 zu § 218); dazu gehört nicht nur das Anbieten eigener Durchführung eines SSA, zB durch Ärzte, die sich zu indizierten SSA erbieten (und damit auch standeswidrig

1267

§ 219 b

handeln), sondern jedes Angebot von eigenen oder fremden Handlungen, die einen Abbruch erleichtern können, so durch Vermittlungsbüros; und zwar auch in Fällen, in denen der Täter von demjenigen, der die Dienste leisten soll, keinen Auftrag hat (RegE 16). Nicht erfaßt wird die sachliche Information über straffreie SSA durch Behörden, Beratungsstellen usw., denen es nicht um Geld geht (Ber. 18). **B. im Fall I Nr. 2** Mittel (zB

5 Pharmaka wie Prostaglandine), **Gegenstände** (zB Absauginstrumente) oder **Verfahren** (vgl. 5 zu 218), und zwar auch nicht kunstgerechte, die **zum SSA** (5 zu § 218), also nicht nur zur bloßen Nidationshemmung objektiv (RegE 16; abw. hM zu § 219 aF) **geeignet** sind, wobei nicht nur Mittel gemeint sind, die als solche zum SSA bestimmt sind, sondern auch solche, die nur bei einer ihrer eigentlichen Bestimmung nicht entsprechenden Anwendung (zB Überdosierung von Pharmaka; vgl. Hamm NJW **56**, 482) einen SSA bewirken können (Ber. 18). In allen Fällen muß der Täter bei der Handlung offen oder versteckt (aaO) **auf die Eignung** zum SSA **hinweisen**. Nicht erfaßt wird zB eine Angebot von Medikamenten mit unerwünschten abortiven Nebenwirkungen, wenn in der Gebrauchsanweisung warnend auf diese Gefahr aufmerksam gemacht wird (LK 4; SK 5). Voraussetzung ist ferner, was auch für Nr. 1 gilt, daß auf konkrete Möglichkeiten hingewiesen wird, also zB auf die konkrete Gelegenheit zum Bezug angebotener Mittel (RegE 16; Ber. 18; Prot. 7/1647). Bloße Aufklärung über die Existenz der Mittel, ihre Anwendung und Wirkungsweise sowie über Abbruchsmethoden wird nicht erfaßt (aaO).

6 **3) Durch II, III** wird die **Rechtswidrigkeit** ausgeschlossen (R. Keller, Baumann-FS 232; aM, LK 8; SchSch 9; M-Schroeder § 7 II 2, die Tatbestandsausschluß annehmen), nicht schon der Tatbestand, der ja gerade erfüllt wird (wie auch die Wendung in III zeigt: „wenn die Tat... begangen wird"). Das kann allerdings nur gelten, wenn der Täter seines Vermögensvorteils wegen handelt. Handeln „in grob anstößiger Weise" kann, wie Wortlaut und Sinn des Gesetzes ergeben, niemals gerechtfertigt sein.

7 Rechtfertigung tritt ein, wenn **A.** im Fall **I Nr. 1** Ärzte (4 zu § 218a) oder anerkannte Beratungsstellen (§ 218c; dort 5), auch gewerbsmäßig, darüber unterrichtet werden, welche Ärzte, Krankenhäuser oder Einrichtungen (iS von Art. 3 des 5. StrRG; 6 zu § 218a) generell bereit sind (vgl. 5 zu § 218b; B. Maier NJW **74**, 1404), einen SSA unter den Voraussetzungen des § 218a vorzunehmen.

8 **B.** im Fall **I Nr. 2** die Tat gegenüber Ärzten (4 zu § 218a) oder zum Handel mit Mitteln oder Gegenständen nach Nr. 2 Befugten (zB Apotheken) begangen wird oder durch Veröffentlichung in ärztlichen oder pharmazeutischen Fachblättern (auch in der Form beigelegter Reklameschriften, LK 8).

9 **4) Einziehung** des Werbematerials als *instrumentum sceleris* nach § 74 möglich; **Verfall** des erlangten Vermögensvorteils nach § 73 vorgeschrieben.

10 **5) Konkurrenzen.** Eine fortgesetzte Tat nach § 219b ist möglich; Tateinheit mit § 111 (nicht jede Tat nach Nr. 1 oder 2 ist eine Aufforderung iS von § 111; dort 2). Mit § 218 ist Tatmehrheit gegeben (SchSch 14); ebenso mit § 219c (es sei denn, man wollte im Feilhalten entgegen 2 zu § 219c ein Inverkehrbringen sehen), der wegen des besonderen Unrechtsgehalts bei § 219b (öffentlich) auch dann nicht hinter § 219c zurücktritt, wenn dem Angebot ein entsprechendes

Straftaten gegen das Leben **§ 219 b**

Inverkehrbringen nach § 219c folgt; wegen der verschiedenen Rechtsgüter auch kein Fortsetzungszusammenhang mit § 219c.

Inverkehrbringen von Mitteln zum Abbruch der Schwangerschaft

219 c ¹Wer in der Absicht, rechtswidrige Taten nach § 218 zu fördern, Mittel oder Gegenstände, die zum Schwangerschaftsabbruch geeignet sind, in den Verkehr bringt, wird mit Freiheitsstrafe bis zu zwei Jahren oder mit Geldstrafe bestraft.

ᴵᴵ **Die Teilnahme der Frau, die den Abbruch ihrer Schwangerschaft vorbereitet, ist nicht nach Absatz 1 strafbar.**

ᴵᴵᴵ **Mittel oder Gegenstände, auf die sich die Tat bezieht, können eingezogen werden.**

1) **Die Vorschrift** idF des 5. StrRG (als § 219b; seit dem 15. StÄG § 219c) 1 soll im Vorfeld des § 218 (Vorstufe der Beteiligung) der Bekämpfung strafbarer SSA , vor allem durch Laienabtreiber dienen (Ber. 18). Die Tat ist abstraktes Gefährdungsdelikt 13 vor § 13; LK-Jähnke 20 vor § 218; SchSch-Eser 1), tritt statistisch jedoch nicht in Erscheinung.

2) **Tathandlung** ist, daß der Täter **Mittel oder Gegenstände, die zum** 2 SSA objektiv **geeignet** sind (5 zu § 219b) oder uU dazu tauglich sind (RegE 17; 5 zu § 219b), **in Verkehr bringt.** Es ist streng zu unterscheiden zwischen den empfängnisverhütenden, den nidationshindernden Mitteln (4 zu § 218; zB Intrauterinpessar; Tetragynon) und den zum SSA bestimmten Mitteln und Gegenständen (5 zu § 219b), zu denen auch die sog. Abtreibungspille RU 486 Mifepristone (BT-Drs. 11/4351; BTag 11/10021) gehört. Sie bewirkt die Abstoßung des bereits befruchteten Eies und führt zur Tötung menschlichen Lebens (Hiersche, Tröndle-FS 682; Hepp, Stimmen der Zeit **92**, 598), das unter dem Schutz der Verfassung steht (6c vor § 218). Ein wirksamer Lebensschutz läßt sich nur durch ein generelles Verbot dieses Mittels erreichen. Es ist angesichts eines Schwarzmarkthandels leichtfertig zu hoffen, eine Anwendungszulassung in den indizierten Fällen unter ärztlicher Verantwortung und Kontrolle vermöchte den Mißbrauch zu verhindern. Effizienter Lebensschutz (BVerfGE **39**, 42) und rechtsfreier Raum schließen einander aus. Auch ist der Mißbrauch der Indikationsregelung anerkannt (vgl. zum Ganzen G. Hirsch MedR **87**, 12). Der Begriff des Inverkehrbringens soll sich nach RegE 17, Ber. 18 nach den §§ 6, 7 AMG bestimmen (vgl. hierzu Horn NJW **77**, 2329), wurde aber dort bisher wie im früheren Lebensmittelrecht (BGH LRE **1**, 82; vgl. jetzt § 7 I LMBG) so weit ausgelegt, daß er jede Handlung umfaßt, welche die Möglichkeit eröffnet, daß ein anderer die tatsächliche Verfügungsgewalt über die Sache erlangt und nach Belieben damit verfahren kann (ähnlich 25. 11. 1980, 1 StR 508/80 zu § 11 Nr. 1 BtMG aF), das ist auch der Fall, wenn der Täter Gegenstände nach Einlagerung bei sich entweder an andere abgibt oder zu einer solchen Abgabe vorrätig hält, 23. 3. 1983, 3 StR 45/83. SchSch 3 und Preisedanz 3 schränken dahin ein, daß der Täter die Sache aus seinem Gewahrsam entlassen muß; ebenso Laufhütte/Wilkitzki JZ **76**, 337; LK 4; vgl. ferner Dreher JR **78**, 46. Damit sind Handlungen *ausgeschlossen,* die wie das Feilhalten (§ 319) und darüber hinaus noch das Vorrätighalten (§ 3 LMBG) als Vorbereitungshandlungen des Inverkehrbringens doch in den

1269

§ 219 c

genannten Vorschriften als dessen mögliche Erscheinungsformen angesehen werden. Ihrer Einbeziehung in § 219c steht entgegen, daß Handlungen wie das Anbieten in § 219b behandelt sind und daß III eingeschränkter gefaßt sein müßte, wenn I sich auch auf vorrätig gehaltene Sachen erstrecken würde. Auch die Auslegung, daß jedes Überlassen an einen anderen ein Inverkehrbringen sei (LK 4; so auch zu § 324 RG **3**, 119; Bay **61**, 194) begegnet Bedenken, weil der Sprachsinn enger ist und der Gesetzgeber sich des Wortes „Überlassen", das er an anderen Stellen verwendet (zB § 184 I Nr. 1) hätte bedienen können, wenn er nichts anderes gewollt hätte. Der Sprachsinn deutet auf ein Überlassen an beliebige andere, also ein Bringen in den Publikumsverkehr hin (vgl. dazu BGH **23**, 289; 5 zu § 146). Doch wird man den hier klaren Intentionen des Gesetzgebers folgen müssen, die auch durch die Existenz von II gestützt werden, so daß als Inverkehrbringen jedes Überlassen an einen anderen zu verstehen ist, auch das an eine bestimmte Schwangere, die das Mittel nur zum eigenen SSA verwenden will.

3

3) Zum Vorsatz, der sich als mindestens bedingter auf die Eignung des Mittels zu beziehen hat (kennt der Täter die Ungeeignetheit, so kommt § 263 in Betracht; nimmt er sie irrig an, ist strafloser untauglicher Versuch gegeben; SchSch 6), muß die **Absicht** treten, dh es muß dem Täter darauf ankommen, **rechtswidrige Taten nach § 218** irgendwelcher Art, die noch nicht konkretisiert zu sein brauchen (vgl. Herzberg JR **77**, 470), **zu fördern,** dh herbeizuführen oder zu erleichtern. Hinsichtlich des hier als Tatbestandsmerkmal anzusehenden „rechtswidrig" genügt bedingter Vorsatz (LK 5; vgl. 43 zu § 263). Bei Handel mit Laienabtreibern wird die Absicht idR gegeben sein; SchSch 7. Der Anwendungsbereich des § 219c ist wegen des Merkmals „rechtswidrig" ganz entscheidend davon abhängig, ob man der Rechtfertigungsthese (8 aff. vor § 218) folgt oder nicht. Die Vertreter dieser These werden zu berücksichtigen haben, daß das BVerfG auf den Strafschutz auch in den Indikationsfällen nur unter der Voraussetzung verzichtet hat, daß die Gesamtheit der außerstrafrechtlichen Schutzmaßnahmen einen der Bedeutung des Rechtsguts entsprechenden tatsächlichen Schutz gewähren (BVerfGE **39**, 46). Die anerkannt mißbräuchliche Praxis des SSA erfordert daher eine restriktive Auslegung.

4

4) Teilnahme ist nach allgemeinen Grundsätzen strafbar. Nur der Schwangeren, die ja nicht einmal wegen Versuchs nach § 218 strafbar ist (dort IV S. 2), steht, wenn sie ihren SSA durch Anstiftung oder Beihilfe

5 vorbereitet, ein persönlicher Strafausschließungsgrund zur Seite.

5) Einziehung der in den Verkehr gebrachten Sachen, die Beziehungsgegen-

6 stände sind (10 zu § 74), nach III iVm § 74 IV möglich; § 74a ist nicht anwendbar; **Verfall** der erlangten Vermögensvorteile nach § 73 vorgeschrieben.

6) Konkurrenzen. Eine fortgesetzte Tat nach § 219c ist möglich; Tateinheit mit §§ 222, 230; nicht aber mit § 218 (auch in der Form der Beihilfe), hier ist vielmehr meist Tatmehrheit gegeben (SchSch 12). Hat der Täter jedoch nur einer bestimmten Schwangeren ein Mittel zur Unterbrechung gegeben, die diese dann mindestens versucht, so tritt § 219c hinter § 218 zurück (LK 8; M-Schroeder § 7, 9). Zum Verhältnis zu § 219b vgl. dort 10.

Straftaten gegen das Leben §§ 219d, 220a

Begriffsbestimmung

219 d Handlungen, deren Wirkung vor Abschluß der Einnistung des befruchteten Eies in der Gebärmutter eintritt, gelten nicht als Schwangerschaftsabbruch im Sinne dieses Gesetzes.

Erläuterungen unter 4 zu § 218.

§ 220 [weggefallen]

Völkermord

220 a ⁱWer in der Absicht, eine nationale, rassische, religiöse oder durch ihr Volkstum bestimmte Gruppe als solche ganz oder teilweise zu zerstören,

1. Mitglieder der Gruppe tötet,
2. Mitgliedern der Gruppe schwere körperliche oder seelische Schäden, insbesondere der in § 224 bezeichneten Art, zufügt,
3. die Gruppe unter Lebensbedingungen stellt, die geeignet sind, deren körperliche Zerstörung ganz oder teilweise herbeizuführen,
4. Maßregeln verhängt, die Geburten innerhalb der Gruppe verhindern sollen,
5. Kinder der Gruppe in eine andere Gruppe gewaltsam überführt,

wird mit lebenslanger Freiheitsstrafe bestraft.

ⁱⁱIn minder schweren Fällen des Absatzes 1 Nr. 2 bis 5 ist die Strafe Freiheitsstrafe nicht unter fünf Jahren.

1) Die Vorschrift ist eingefügt durch Art. 2 des Ges. v. 9. 8. 1954 (BGBl. II 729; 1955 II 210); vgl. BT-Drs. II/23, 24, 162, 526; BTag 2/291, 304, 1764; Jescheck ZStW **66**, 193, **2) Unverjährbar** sind die Taten (§§ 78 II, 79 II). Weiteres Schrifttum und Einzelheiten in LK-Jähnke; SchSch-Eser. In Nr. 5 meint „gewaltsam" auch die Drohung mit unmittelbarer Gewalt (dazu Müller-Dietz GA **74**, 37). **Weltrechtsprinzip** § 6 Nr. 1. **3) Zu II** (minder schwere Fälle) vgl. 11 zu § 12; 42 zu § 46. **4) Sonstige Vorschriften** vgl. § 126 I Nr. 2, § 129 a I Nr. 1, §§ 140, 145d; §§ 138, 139 III (18 zu § 211); §§ 100a Nr. 2, 112 III StPO; Zuständigkeit § 120 I Nr. 8, § 142a GVG.

Aussetzung

221 ⁱWer eine wegen jugendlichen Alters, Gebrechlichkeit oder Krankheit hilflose Person aussetzt, oder wer eine solche Person, wenn sie unter seiner Obhut steht oder wenn er für ihre Unterbringung, Fortschaffung oder Aufnahme zu sorgen hat, in hilfloser Lage verläßt, wird mit Freiheitsstrafe von drei Monaten bis zu fünf Jahren bestraft.

ⁱⁱWird die Handlung von Eltern gegen ihr Kind begangen, so tritt Freiheitsstrafe von sechs Monaten bis zu fünf Jahren ein.

ⁱⁱⁱIst durch die Handlung eine schwere Körperverletzung (§ 224) der ausgesetzten oder verlassenen Person verursacht worden, so tritt Freiheitsstrafe von einem Jahr bis zu zehn Jahren und, wenn durch die Handlung der Tod verursacht worden ist, Freiheitsstrafe nicht unter drei Jahren ein.

1) Die **Vorschrift** (in II geändert durch das AdoptionsG, 9 zu § 11) schützt in **1** den beiden Begehungsformen von I vor der Gefährdung hilfloser Personen an

§ 221 BT Sechzehnter Abschnitt

Leib und Leben. Trotz der Einordnung in den 16. Abschnitt reicht im Hinblick auf III 1. Alt. eine schwere Leibesgefahr (4 zu § 35) aus (vgl. BGH 4, 113; LK-Jähnke 3, SchSch-Eser 1, M-Schroeder § 4, 5ff., u. a. beschränken auf Lebensgefährdung). **Schrifttum:** *Feloutzis,* Das Delikt der Aussetzung nach deutschem und griechischem Recht, 1984.

2   2) **Opfer** der Tat ist ein anderer, der a) **hilflos,** dh zur Zeit der Tat, verschuldet oder nicht, außerstande ist, sich ohne Hilfe anderer gegen eine sein Leben oder seine Gesundheit bedrohende Gefahr zu helfen (BGH 4, **3** 115; **21,** 45; KG JR 73, 72), und dessen Hilflosigkeit b) die Folge ist entweder von **jugendlichem Alter** (ohne feste Grenze bis zur abgeschlossenen Entwicklung), **Gebrechlichkeit,** dh stark herabgesetzter körperlicher Betätigungsmöglichkeit, oder **Krankheit,** die nicht in engem medizinischen Sinn zu verstehen ist; darunter fallen zB schwere Angetrunkenheit (BGH **26,** 35; NStZ **83,** 454; Bay NJW **53,** 556; Hamm VRS **19,** 431; KG JR **73,** 72; LK 8) oder der Zustand während der Geburt (RG **54,** 273), nicht aber die Schwangerschaft als solche. Die Ursachen können zusammenwirken, auch kann der Täter die Hilflosigkeit vor der Tat herbeigeführt haben (11. 7. 1972, 5 StR 288/72), das Opfer darf aber nicht erst durch die Tat hilflos werden (Hamm aaO).

4   3) **Täter** kann im Fall des **Aussetzens** jedermann sein, im Fall des **Verlassens** aber nur, wer den Schutzbedürftigen unter seiner **Obhut** hat oder für dessen **Unterbringung, Fortschaffung oder Aufnahme** zu sorgen verpflichtet ist; die Tat ist insoweit Sonderdelikt, str. Obhut ist ein bestehendes allgemeines Schutzpflichtverhältnis; in den übrigen Fällen geht es um spezielle Beistandspflichten. In jedem Fall muß eine Rechtspflicht gegeben sein (RG **66,** 73), für deren Begründung die Grundsätze über die Entstehung einer Garantenstellung heranzuziehen sind (BGH **4,** 22, 327; **26,** 35; NJW **73,** 1706; NStZ **83,** 454 [hierzu Geilen JK 1]; 4 ff. zu § 13; Welp JZ **71,** 434). Zu bejahen, wenn ein Gastwirt, dessen Gast sichtlich unter solcher Alkoholwirkung steht, daß er nicht mehr eigenverantwortlich handeln kann, ihn auf die Straße geleitet (BGH **26,** 35). Bloße Zechgemeinschaft reicht idR nicht aus (Bay NJW **53,** 556). Auch die Beistandspflicht nach § 323c reicht nicht aus (vgl. § 139 I Nr. 2 E 1962).

5   4) **Tathandlung** ist **A. Das Aussetzen,** dh das räumliche Verbringen des Hilflosen aus seiner bisherigen (relativ) gesicherten Lage in eine ihn gefährdende (oder erheblich mehr gefährdende) neue Lage (BGH **4,** 113; NStZ **85,** 501; KG JR **73,** 72). Das braucht nicht handgreiflich, sondern kann auch durch Täuschung oder Drohung geschehen (RG GA Bd. **45,** 357). Anderseits reicht der Zwang, in hilfloser Lage zu verharren, nicht aus. Ein Garant kann die Tat auch dadurch begehen, daß er das Fortgehen des Hilflosen oder dessen Verbringung durch einen Dritten duldet, LK 10; str. Zum Problem, inwieweit der Täter berechtigt sein kann, den Hilflosen aus der **6** bisherigen Lage zu entfernen (Schröder JR **73,** 73). Das **Verlassen in hilfloser Lage,** dh eine räumliche Trennung des Schutzpflichtigen von dem an seinem Ort bleibenden Schützling (BGH **38,** 80 m. krit. Anm. Walther NStZ **92,** 231, Schroeder JZ **92,** 378; Horn JR **92,** 248; Mitsch StV **92,** 319; Geppert JK 3). Nach RG **38,** 378 reicht es auch aus, wenn sich der Schutzpflichtige ohne Ortsveränderung den Zugang zum Schützling abschneidet oder wesentlich erschwert (offen gelassen BGH **38,** 80), zB durch Ein-

Straftaten gegen das Leben § **221**

schließen unter Beseitigung des Schlüssels. Es reicht *nicht* aus, wenn sich der Schutzpflichtige auf andere Weise Hilfe unmöglich macht, zB durch vorsätzliches Einschlafen (aM RG DR **41**, 193), oder untätiges Sitzenbleiben am Bett des Patienten (SK-Horn 9; aM SchSch 7). Im übrigen kann aber diese Tatbestandsalternative durch Unterlassen dann begangen werden, wenn der Obhutspflichtige nicht an den Aufenthaltsort des Schutzbedürftigen (BGH **38**, 81 m. Anm. Walther NStZ **92**, 231; Schroeder JZ **92**, 378; Geppert JK 3), zB eine Mutter nach Eintritt einer hilflosen Lage nicht zu ihren Kindern zurückkehrt (BGH **21**, 47; LK 13f.; SchSch 7a; van Els NJW **67**, 966; Tröndle GA **73**, 322; str.; aM LG Berlin MDR **67**, 57; SK 10; Dreher JZ **66**, 576; Gössel BT 1 § 8, 21).

5) Eine **konkrete Gefahr** oder deren Steigerung (RG **59**, 387) muß in **7** beiden Fällen der Erfolg der Tathandlung sein (13. 4. 1976, 1 StR 13/76). Das Opfer muß in eine (hilflose) Lage kommen, in der es nur ein rettender Zufall vor Tod oder schwerem Gesundheitsschaden bewahren kann (BGH **4**, 115; MDR/H **82**, 448). Ob Kleinkinder, die allein in der Wohnung eingeschlossen werden, gefährdet sind, ist Tatfrage (BGH **21**, 44). Den Eintritt eines Schadens verlangen I und II nicht. Die Tat ist mit dem Eintritt der Gefahr vollendet (BGH **4**, 115; **21**, 44). Der **Versuch** ist nur bei III strafbar (unten 10).

6) **Vorsatz** ist erforderlich, bedingter genügt (BGH **4**, 116). Der Täter **8** muß in sein Bewußtsein aufgenommen haben, daß die Ortsveränderung zu einer bedrohlichen Verschlechterung der Lage des Hilfsbedürftigen führen werde (NStZ **85**, 501 m. Anm. Ulsenheimer StV **86**, 201). Bei Verletzungsvorsatz kommen §§ 223ff., 226 in Betracht (RG **68**, 407).

7) **Strafschärfungstatbestände** sind gegeben **A. nach II**, wenn der Täter **9** ein **Elternteil** des (vielleicht schon erwachsenen) Opfers ist, also auch der nichteheliche sowie auch ein Adoptivelternteil (vgl. 9 zu § 11), nicht aber ein Stiefelternteil; **B. nach III**, wenn durch die Handlung eine **schwere** **10** **Körperverletzung** (§ 224) oder der **Tod** des Opfers schuldhaft (§ 18) verursacht wird (Zuständigkeit hier nach § 74 II Nr. 7 GVG); das ist auch beim Versuch der Aussetzung möglich, 5 zu § 18; LK 25. Beschleunigung des Erfolgseintritts reicht aus (RG JW **31**, 1482; 20. 10. 1965, 2 StR 343/65). Nicht jede fahrlässige Tötung, die mit § 221 zusammentrifft, begründet den III, dieser hat vielmehr zur Voraussetzung, daß sich im tödlichen Erfolg gerade die dem § 221 eigentümliche Gefahr niedergeschlagen hat (MDR/H **83**, 797; NStZ **85**, 501, hierzu Otto JK 2).

8) **Tateinheit** ist gegeben, wenn sich die einheitliche Tat auf mehrere Opfer **11** bezieht (BGH **21**, 49); sie kommt weiter in Betracht mit § 142 (NJW **92**, 584); § 169 (RG **10**, 86); mit Körperverletzung, wenn der Vorsatz auch die Lebensgefährdung umfaßt (BGH **4**, 116); mit § 240 (RG **30**, 165). **Gesetzeseinheit** ist gegeben mit den zurücktretenden §§ 170d (aM LK-Dippel 24 zu § 170d), 323c (str.). Auch §§ 222, 230 treten hinter III zurück; mit § 226 ist jedoch Tateinheit möglich (20. 10. 1965, 2 StR 343/65). Hingegen tritt § 221 hinter vorsätzlichen Tötungsdelikten auch bei nur bedingtem Tötungsvorsatz zurück (RG **68**, 409; Abels [1 vor § 52] 67; aM SK-Horn 19). Spannungen, die dabei durch die hohe Mindeststrafe des III eintreten, können nur im Gnadenwege beseitigt werden (LK 28; aM Krey BT/1, 47; Renzikowski GA **92**, 174). Bei Rücktritt vom versuchten Tötungsdelikt lebt die Strafbarkeit nach § 221 wieder auf (LK 26; str.).

§ 222

Fahrlässige Tötung

222 Wer durch Fahrlässigkeit den Tod eines Menschen verursacht, wird mit Freiheitsstrafe bis zu fünf Jahren oder mit Geldstrafe bestraft.

1 1) **Rechtsgut und Gegenstand der Tat** ist der lebende Mensch, auch ein Scheintoter sowie ein Kind in oder gleich nach der Geburt ohne Rücksicht auf seine Lebensfähigkeit (RG **26**, 179), jedoch muß im Zeitpunkt der Einwirkung auf den nasciturus oder im Falle des fahrlässigen Unterlassens gebotener Hilfe dieser schon Menschenqualität gehabt, der Geburtsvorgang also schon begonnen haben (BGH **31**, 352 [m. Anm. Hirsch JR **85**, 336]; BVerfG NJW **88**, 2945; 2 ff. vor § 211); was bei fahrlässiger Verletzung der Berufspflichten der Ärzte und ihres Hilfspersonals zu rechtspolitisch bedenklichen Strafbarkeitslücken führen kann (BGH aaO; Lüttger NStZ **83**, 485; BVerfG aaO; Bamberg NJW **88**, 2964). **Schrifttum:** *v. Liszt,* Fahrlässige Tötung und Lebensgefährdung VDB V, 144; *Tröndle* DRiZ **76**, 129; *Middendorff* HdbwKrim. V 89 u. BA **80**, 259, sowie *Geerds,* Middendorff-FS 81 *(kriminologisch);* ferner LK-*Jähnke* vor 1.

2 2) **Ursache des Todes** muß die Handlung des Täters sein (15 ff. vor § 13).

3 A. **Mehrere Umstände** können für den tödlichen Erfolg mitverursachend sein (17 ff. vor § 13). Ergänzend ist dazu zu bemerken: Manchmal vergrößert eine Handlung einen durch eine andere Bedingung geschaffenen Erfolg. Die Ermöglichung des Erfolges durch besondere unglückliche Umstände beseitigt die Kausalität nicht; so, wenn der Getroffene ein Bluter ist und deshalb stirbt (RG **54**, 350). Ebenso bei abnorm dünner Schädeldecke; bei starkem Blutverlust durch die Erschütterungen des Krankenwagens (RG LZ **24**, 91); bei Eintritt einer Epidemie im Krankenhaus, wohin der Verletzte gebracht wurde (vgl. Köln JMBlNW **56**, 259); oder durch ärztlichen Kunstfehler (Celle NJW **58**, 271). Doch kann in derartigen Fällen außergewöhnlichen Kausalverlaufs die Voraussehbarkeit fehlen (aaO; GA **60**, 111; BGH **3**, 64; unten 15). B. **Zur Kausalität des Unterlassens** vgl. 20 vor § 13; zum unechten Unterlassungsdelikt § 13.

5 3) **Rechtswidrig muß die Tat sein;** die Rechtswidrigkeit wird durch die Einwilligung des nachher Getöteten nicht beseitigt (vgl. MDR/H **78**, 987 m. Anm. H. J. Hirsch JR **79**, 429), denn eine dem § 226a entsprechende Vorschrift fehlt (BGH **4**, 89); das menschliche Leben wird im Allgemeininteresse geschützt (vgl. § 216; Bay **57**, 76). Anders bei Notwehr (§ 32); unbeachtlich auch Einwilligung in eine das Leben gefährdende Handlung (Wettfahrt mit einem Betrunkenen, § 226a, BGH **7**, 114). Der rechtmäßig Handelnde haftet nicht, falls erst durch nachträgliches Verhalten Dritter eine Gefahr herbeigeführt wird (JZ **52**, 730). Auch kann die Einwilligung bei vorheriger Aufklärung einer gefährlichen Handlung der Pflichtwidrigkeit nehmen (BGH **4**, 89; **7**, 115; dazu krit. LK-H. J. Hirsch 93 vor § 32).

6 4) **Die Fahrlässigkeit** muß zur Kausalität hinzukommen (Köln NJW **56**, 1848). Allgemeine Fahrlässigkeit, die nicht Erfolgsursache ist, scheidet aus (BGH **1**, 194). Die Fahrlässigkeit kann auch in einer vorsätzlichen Handlung stecken; so, wenn die verschuldete Folge nicht beabsichtigt ist (RG **23**, 381); desgl. bei schuldhaft irriger Annahme von Notwehr (RG **54**, 36, vgl. 27 zu § 32).

Straftaten gegen das Leben **§ 222**

A. Zum Begriff der Fahrlässigkeit vgl. 12 ff. zu § 15. 7

a) Das Maß der Sorgfalt richtet sich **objektiv** nach den Umständen und 8 **subjektiv** nach den persönlichen Kenntnissen und Fähigkeiten des Täters, aus ihnen entspringt die Pflicht zur Sorgfalt (RG 57, 174). So beim Amtsträger die **Amtspflicht**, zB die Einhaltung der polizeirechtlichen Vorschriften über den Schußwaffengebrauch (3. 7. 1986, 2 StR 235/86); jedoch kann eine amtliche Pflicht zum Handeln durch eine wichtigere Pflicht zum gegenteiligen Tun verdrängt werden (R 2, 658). Durch Gesetz (Unterhaltspflicht, RG 64, 316) oder RechtsVO (zB nach §§ 143 I, 148 GewO für überwachungsbedürftige Anlagen oder nach dem GerätesicherungsG; vgl. Göhler 830 C, 327); sonstige **Unfallverhütungsvorschriften** (RG JW 38, 42; 37, 2390; RG 52 42) oder Sicherheitsmaßnahmen gegen hypothetische Gefahren (vgl. zB GenRichtlinien v. 28. 5. 1986, BAnz. 7606) sind Pflichten nur für Gefahren geschaffen, die allgemein und regelmäßig eintreten können, während für die Fahrlässigkeit nach § 222 die konkrete Gestaltung entscheidet; daher kann sie fehlen trotz Übertretung (BGH 12, 78; MDR 51, 462), und gegeben sein trotz Beachtung einer Sicherheitsvorschrift (BGH 4, 185), oder trotz Fehlens einer solchen (BGH 5, 273; Oldenburg NJW 50, 555; Koblenz OLGSt. 55; Hamm OLGSt. 1 zu § 3 BauO NW). Doch wird bei Einhaltung der Unfallverhütungsvorschriften der Erfolg idR als nicht voraussehbar bezeichnet werden können (20. 4. 1977, 2 StR 85/77), während bei Nichteinhaltung regelmäßig Vorhersehbarkeit anzunehmen ist (MDR/D 51, 274; 1. 7. 1960, 4 StR 222/60). Fehlt es an spezifischen Unfallverhütungsvorschriften, trifft leitende Angestellte eine erhöhte Sorgfaltspflicht (3. 5. 1977, 1 StR 857/76). Sorgfaltspflichten können auch durch besondere Umstände (zB außergewöhnliche Gefährlichkeit der Giftanwendung zur Schädlingsbekämpfung) begründet werden, ohne daß es hierfür bestimmte Rechtsnormen oder technische Regeln gibt (BGH 37, 189). Es ist aber auch eine nur mögliche, nicht bloß eine regelmäßige Folge des fahrlässigen Verhaltens voraussehbar (BGH 4, 362; NJW 57, 1527); so der tödliche Sturz des Betrunkenen bei Wettfahrt mit ihm (BGH 7, 112). Nicht jede gefährliche Handlung ist an sich schon eine Fahrlässigkeit (RG 57, 173). Daher zwingt auch Trunkenheit des Fahrers nicht zu dem Schluß, daß er ordnungswidrig gefahren ist (Bay NJW 53, 1641; Koblenz VRS 45, 437); denn auch ein Angetrunkener kann ev. richtig fahren; doch ist mindestens bei Blutalkohol von 1,1‰ Fahruntüchtigkeit anzunehmen, 6 zu § 316. Andrerseits befreit die Erteilung der behördlichen Genehmigung nach der GewO den Unternehmer nicht von der Sorgfaltspflicht bezüglich der Anlage einer Schutzvorrichtung nach § 120a III GewO (RG 18, 73; Bay 16, 96); desgl. den Straßenbahnschaffner nicht die Einhaltung der Betriebsvorschriften (RG 74, 196). Auch können öffentlich-rechtliche Befugnisse (zB der Feuerwehr) die Nichtachtung polizeilicher Vorschriften zulassen, doch mit der Pflicht zu etwa nötigen Ersatzmaßnahmen (RG 59, 409). Auch die Beachtung gesundheitspolitischer „safer-sex-Empfehlungen" enthebt den *HIV-Infizierten* nicht von der Pflicht, den Partner über seine Infektiosität zu unterrichten (Rengier Jura 89, 231; 13 vor § 32).

b) Auch der Beruf kann eine Sorgfaltspflicht begründen. Der Unkundi- 9 ge darf nicht eine dem Berufenen zukommende Aufgabe übernehmen, von der er sich sagen muß, daß er ihr nicht gewachsen ist (BGH 10, 133; vgl. Geerds, Middendorff-FS 88).

§ 222

10   aa) **Der Arzt** (LK 10; ferner LK-H. J. Hirsch 12 zu § 230; Ulsenheimer 17 ff., MedR **84**, 161, **87**, 207 u. **92**, 128; Wille PraxRMed 570) darf nicht gegen allgemein anerkannte Regeln der ärztlichen Kunst verstoßen, selbst wenn er Anhänger eines anderen Heilverfahrens ist (Düsseldorf MedR **84**, 28; hierzu Geppert JK 5 zu § 13; ferner 9 c zu § 223). Eingriffe ohne eigene Diagnose oder nur äußere Untersuchung der Operationsstelle (Abtasten des Bauches, MedR **88**, 150, hierzu Krümpelmann JR **89**, 353) sind stets Kunstfehler. Übernimmt der Arzt eine Behandlung oder ist er als Bereitschaftsarzt behandlungspflichtig, so hat er die Notwendigkeit eines Hausbesuchs pflichtgemäß zu prüfen (BGH **7**, 211; 5. 5. 1964, 1 StR 115/64; Köln NJW **91**, 764). Eine ärztliche Anordnung, die für den Arzt einen Kunstfehler darstellt, kann seine Krankenschwester entlasten (BGH **6**, 283; **3**, 91, 99). Hilfskräfte muß er genügend überwachen (BGH **3**, 91), zB auch das Personal einer Badeabteilung, ob es die erforderlichen Vorsichtsmaßregeln gegen das Ertrinken von Epileptikern einhält (BGHR PflVerl. 1), oder Krankenschwestern ev. anweisen, das Zurückgleiten von Instrumenten in die Operationswunde zu vermeiden (NJW **55**, 1487). In einer gefährlichen Operation, falls sie nach den Regeln der ärztlichen Kunst und unter Einwilligung des aufgeklärten Patienten erfolgt, liegt noch keine Fahrlässigkeit (MDR **53**, 722). Sie kann aber darin liegen, daß der Patient bei unsicherer Diagnose nicht in eine Spezialklinik gebracht wird (MDR/D **56**, 144; NJW **79**, 1258), und daher der Tod früher eintritt (NStZ **81**, 219, zw.; m. krit. Anm. Wolfslast; hierzu Ulsenheimer, MedR **84**, 163, **87**, 213 u. **92**, 130; Wachsmuth/Schreiber NJW **82**, 2095; Scholl NJW **83**, 319; Schlüchter JA **84**, 675; Krümpelmann GA **84**, 493, 507; vgl. auch 17 ff. vor § 13). Einem Arzt, der eine gebotene Behandlung pflichtwidrig nicht veranlaßt, ist aber der Tod des Patienten nur anzulasten, wenn dieser bei pflichtgemäßem Handeln des Arztes mit an Sicherheit grenzender Wahrscheinlichkeit länger gelebt hätte (NJW **87**, 2940 [hierzu Otto JK 14 zu § 13; Brammsen MDR **89**, 124]; MDR/H **88**, 100; vgl. Düsseldorf OLGSt Nr. 4); nach BGH NStZ **85**, 26 allerdings schon bei einem um mehrere Stunden früheren Todeseintritt (krit. Ranft JZ **87**, 863; vgl. auch StV **86**, 200). Bei einer Operation oder sonstigen Heilbehandlung, bei der mehrere Ärzte und Hilfspersonen beteiligt sind, bestimmt sich das Maß der Sorgfalt jedes Beteiligten nach seinem jeweiligen Verantwortungsbereich (Lackner 40 zu § 15; Rieger NJW **79**, 583; vgl. NStZ **86**, 217 und hierzu Kahlo GA **87**, 67 u. Ranft JZ **87**, 863); beteiligte Fachärzte müssen sich grundsätzlich auf die fehlerfreie Mitwirkung des Kollegen der anderen Fachrichtung verlassen können (Vertrauensgrundsatz, NStZ **83**, 263; StV **88**, 251; vgl. zum Ganzen Wilhelm MedR **83**, 45, Jura **85**, 183; Weißauer MedR **83**, 21, 93; Ulsenheimer 146 ff., 224 ff.; vgl. schon BGH **3**, 96; insoweit zum Verhältnis Anästhesist und Chirurg NJW **80**, 649 und hinsichtlich der postoperativen Phase NJW **80**, 651; 26. 6. 1984, 5 StR 93/84; hierzu Ulsenheimer MedR **84**, 163, **92**, 132 u. Weißauer-FS 172). Über Art und Ausmaß der Sorgfaltspflicht eines Gynäkologen bei der Beurteilung des Kardiographen (CTG) JR **86**, 248 m. Anm. Ulsenheimer. Zur Abwägung des Sicherheitsgewinns durch Einsatz eines EKG-Monitors mit den Risiken einer verzögerten Operation NStZ **83**, 134. Zur Sorgfaltspflicht eines Anästhesisten hinsichtlich der Narkosefähigkeit und der Operabilität eines geschwächten Patienten LG Saar-

brückken MedR **88**, 193 und gegenüber einem an psychogener Magersucht leidenden Jugendlichen Koblenz OLGSt. 69. Der Vertrauensgrundsatz gilt jedoch nicht gegenüber unerfahrenen Assistenzärzten (19. 5. 1981, 1 StR 90/81). Zur Verantwortlichkeit eines Nervenarztes für den Selbstmord einer gefährdeten Patientin 17. 2. 1981, 2 StR 520/81; hierzu Wolfslast NStZ **84**, 106. Zur Sorgfaltspflicht ärztlicher Hilfspersonen Köln NJW **69**, 1586. Zur Frage der medizinischen Indikation, der Sorgfalts- und Fürsorgepflicht (hierzu auch MDR/H **78**, 987 m. Anm. H. J. Hirsch JR **79**, 429) bei der Verschreibung von BtM an Süchtige BGH **29**, 6 m. Anm. Kreuzer NJW **79**, 2355 (hierzu auch 9c aE zu § 223). Zum Falle einer Todesbescheinigung eines Arztes nach unsorgfältiger Leichenschau, wodurch ein weiterer unnatürlicher Tod verursacht wurde (AG Wennigsen NJW **89**, 786, hierzu zutr. Kritik Kahlo NJW **90**, 1521).

Heilbeflissene müssen die Zuziehung eines Arztes veranlassen, falls sie sehen, daß ihre Kenntnisse und Fähigkeiten für die Behandlung der festgestellten Krankheit nicht ausreichen, so insbesondere bei lebensgefährlichen Erkrankungen (RG **64**, 27: Homöopath), dann ev. Pflicht zur Verbringung in ein Krankenhaus (MDR/D **55**, 270, so auch für den Bereitschaftsarzt, BGH **7**, 211). Bei unklarem Krankheitsbild muß er für genügende Überwachung sorgen (RG JW **34**, 559). Sind jene Voraussetzungen von vornherein nicht vorhanden, so darf die Behandlung erst gar nicht übernommen werden (RG **67**, 23: *christian sciene*). Zur Sorgfaltspflicht einer **Hebamme** Düsseldorf NJW **91**, 2979 m. Anm. Meurer JR **92**, 38.

bb) Der **Kraftwagenführer** (vgl. Übersicht LK-H. J. Hirsch 18ff. zu **11** § 230) muß sich auch auf unerwartete Zufälle einrichten. Er muß zB in der kalten Jahreszeit bei Autobahnbrücken mit Glatteis rechnen und seine Geschwindigkeit danach einrichten (Koblenz VRS **63**, 354), ebenso auf eine ihm bekannte Sehbeeinträchtigung (VRS **69**, 440), im ländlichen Bereich mit Wildwechsel rechnen und darf Kleinwild nicht ausweichen (LG Verden VRS **55**, 421). Er muß ferner mit unverständigem Verhalten der Passanten rechnen (RG **65**, 136; Düsseldorf JMBlNW **49**, 189); vor allem dann, wenn die Sicht (zB durch Vorgärten) beeinträchtigt ist. Eine *„Schreckzeit"* steht einem Fahrer nur zu, wenn er unverschuldet von einem gefährlichen Ereignis überrascht worden ist (BGH **5**, 276; Stuttgart Die Justiz **77**, 242; Hamm NZV **90**, 36), im übrigen ist aber stets eine kurze *Reaktionszeit* (Erkennen des Sachverhalts bis zu körperlichen Reaktion) zu berücksichtigen (NJW **54**, 1415 L; München NJW **50**, 556; hierzu Preisendanz, Der Verkehrsunfall **80**, 209; Jagusch-Hentschel 29, 30, Mühlhaus-Janiszewski 5, jew. zu § 1 StVO). Der **Vertrauensgrundsatz** (BGH **4**, 47; VGrSenBGH **7**, 118; Böhmer MDR **64**, 100; Clauß JR **64**, 207; Krümpelmann, Lackner-FS 289; Maiwald JuS **89**, 187; Roxin § 24, 21) gilt nur für Verkehrsteilnehmer (auch für Fußgänger, VM **61**, 23), die sich ihrerseits verkehrsgerecht verhalten (Bay VRS **58**, 222). **Beispiele**: Der Kraftfahrer darf sein Recht zur Benutzung der Fahrbahn im Rahmen der Verkehrsregeln voll ausschöpfen und dabei auf das verkehrsgerechte Verhalten anderer Verkehrsteilnehmer vertrauen, solange er keine Anhaltspunkte dafür hat, daß sie sich verkehrswidrig verhalten könnten (VRS **19**, 343; Hamm VRS **55**, 351); ebenso darf der Wartepflichtige idR darauf vertrauen, daß der Berechtigte die angezeigte Fahrtrichtungsänderung tatsächlich vornimmt, Düsseldorf NStZ **82**, 117; **12**

§ 222

zu den Sorgfaltspflichten für einen rechts in ein Grundstück abbiegenden Kraftfahrer Bay VRS **80**, 341. Der Fahrer braucht sich nicht einzustellen, daß ein entgegenkommender Fahrer seine Scheinwerfer plötzlich aufblendet (BGH **12**, 81); daß sich Passanten, die nicht als „hochbetagt oder gebrechlich" erkennbar sind, verkehrswidrig verhalten (VRS **17**, 204; **23**, 373; Bay NJW **78**, 1491; Hamm VRS **56**, 28), insbesondere unerwartet die Fahrbahn betreten (VRS **14**, 296; **20**, 129; **26**, 28; **30**, 192; Köln DAR **78**, 331; enger jedoch BGH **3**, 51; VRS **11**, 225; Köln VRS **52**, 186; Bay VRS **58**, 222 [hierzu Krümpelmann aaO]; Hamm VRS **59**, 114 für einen Fall, daß ein Fußgänger nach Erreichen der Fahrbahnmitte bei Herannahen eines

12a anderen Fahrzeugs plötzlich umkehrt); Karlsruhe VRS **78**, 108; daß **Kinder,** soweit nicht besondere Umstände gegeben sind (BGH **3**, 51; **9**, 94; **13**, 176; VRS **23**, 371; Celle VRS **31**, 35; Saarbrücken VM **75**, 13), ihm unvermittelt in die Fahrbahn laufen (VM **61**, 64; 24; vgl. auch VM **62**, 64; 445, 63, 9; Düsseldorf VRS **25**, 45; VM **76**, 55; Karlsruhe NJW **74**, 156; Bay ZfS **89**, 69; Stuttgart NZV **92**, 196; *anders* jedoch für Kleinkinder (Saarbrücken VRS **30**, 352); auch wenn sie durch größere Kinder beaufsichtigt sind (Bay **74**, 16; Hamm OLGSt. 60); aber auch für 7 bis 10jährige (VRS **35**, 113; Hamm MDR **80**, 1040; VRS **59**, 260; Karlsruhe VRS **71**, 63; Bay NStE Nr. 15); zur Sorgfaltspflicht beim Überholen von 7jährigen (Oldenburg VRS **57**, 118; NStZ/J **89**, 565; unten 12c) oder 9jährigen Radfahrern unter dem Aspekt des § 3 IIa StVO (Bay NJW **82**, 346) und der eines anhaltenden oder abfahrenden Schulbusfahrers bei nebenherlaufenden Kindern (Koblenz NJW **77**, 60; Oldenburg VRS **56**, 445; Köln MDR **69**, 949; vgl. KG VRS **58**, 348; für Spielstraßen, Braunschweig NJW **63**, 2038; Siedlungsstraßen, wo gewöhnlich Kinder spielen: VM **67**, 58; insbesondere wenn ein Ball auf die Fahrbahn rollt, NJW **60**, 252; Hamburg VRS **31**, 358). Ferner

12b braucht der Kraftfahrer nicht damit zu rechnen, daß **Fußgänger,** die hinter einem Omnibus die Straße überqueren wollen, hinter diesem mehr als einen Schritt auf die Fahrbahn hinaustreten (BGH **13**, 169; enger noch DAR **55**, 223; vgl. weiter VRS **35**, 114; NJW **59**, 1547; **68**, 1532; Stuttgart NJW **60**, 2016; **65**, 644; Bay NJW **60**, 59; Celle NJW **61**, 2117; Hamm VRS **25**, 431; DAR **64**, 23; Oldenburg NJW **71**, 631; Köln VM **72**, 13); daher genügt das Einhalten eines Seitenabstandes von 2 m zu einem auf der Gegenfahrbahn haltenden Linienbus (Köln VRS **64**, 434). Ferner braucht der Kraftfahrer nicht damit zu rechnen, daß die an einer Verkehrsinsel einsteigenden und aussteigenden Straßenbahnbenutzer das Vorrecht des Verkehrs auf der Fahrbahn mißachten werden (VRS **15**, 445; VM **67**, 27); daß ein Sonntag nachts in der Nähe einer beleuchteten Gaststätte ordnungsgemäß gehender Fußgänger betrunken ist (VM **76**, 9); daß das Vorfahrtsrecht von einem nicht sichtbaren Wartepflichtigen verletzt werde (VGrSenBGH **7**, 118); daß eine Lichtsignalanlage falsche Zeichen gebe (vgl. Bay VM **75**, 57; aber auch BGH VRS **4**, 133; Köln VRS **15**, 54). Der anfahrende Linienbusfahrer, der Zeichen gibt (vgl. § 10 S. 2, § 20 II StVO), darf darauf vertrauen, daß im fließenden Verkehr das Einfädeln ermöglicht wird (BGH **28**, 222). Hingegen muß ein Kraftfahrer damit rechnen, daß an Zebrastreifen plötzlich unvorsichtige Fußgänger auftauchen (BGH **20**, 215), bei Dunkelheit ein einbiegendes Fahrzeug nicht bemerken (Hamm VRS **61**, 266), auch nach kurzem Zurücktreten erneut die Fahrbahn überqueren (Bay ZfS **82**, 187), daß andere im Verkehr erfahrungsgemäß häufige Nachlässigkeiten

Straftaten gegen das Leben § 222

vorkommen (BGH 13, 169; VRS 31, 317), daß von einem sich ohnehin verkehrswidrig verhaltenden jugendlichen **Radfahrer** weitere Verkehrsverstöße drohen (Koblenz VRS 58, 28, zum Sicherheitsabstand: Frankfurt DAR 81, 18; Bay MDR 87, 784; vgl. auch Bay DAR 81, 237; Oldenburg ZfS 91, 321), daß bei ampelgeregelten Kreuzungen Nachzügler den Kreuzungsbereich noch nicht geräumt haben (KG DAR 78, 339), oder Radfahrer das kurz vor dem Anfahren betätigte Blinklicht eines Rechtsabbiegers übersehen (Köln VRS 56, 442; vgl. auch 59, 425). Ein langsamfahrender LKW-Fahrer muß damit rechnen, daß Radfahrer ihn rechts überholen (Celle NZV 90, 481). Der rechtsabbiegende LKW-Fahrer muß schon beim vorherigen Anhalten an der Ampel beobachten, ob sich neben ihm Zweiradfahrer befinden (Hamm VRS 73, 280). Er hat sich auch auf der Überholspur darauf einzurichten, daß der zu überholende Radfahrer bei **unklarer Verkehrslage** nach links ausschert (KG VRS 53, 271). An einem durch das Herannahen eines Kraftfahrzeuges überraschten Fußgänger darf der Fahrer nur vorbeifahren, wenn er damit rechnen kann, daß der Fußgänger nicht nur kurz stutzt, sondern stehen bleibt (BGH 14, 97; Köln VRS 52, 276; bei einem 5jährigen Kind ist das nicht der Fall, Köln VRS 70, 373, auch nicht bei einem 8jährigen, Hamm 22. 2. 1980, 1 Ss 2880/79); Blickkontakt allein genügt hier nicht (Hamburg DAR 79, 335). **Weitere Beisp.:** *Sicherheitseinrichtungen* am Fahrzeug hat der Kraftfahrer zu gebrauchen, auch wenn er deren Notwendigkeit nicht durchschaut (BGH 15, 386; vgl. auch BGH 16, 89; 17, 181; NJW 60, 446; 583). Treten erhebliche *Fahrzeugmängel* unterwegs auf, so hat er die Weiterfahrt zu unterlassen, § 23 II StVO, nach Eingriffen in eine Bremsanlage ist stets eine Bremsprobe erforderlich (VRS 65, 141). Den Sorgfaltsanforderungen für die Wartung der Bremsen eines LKW wird der verantwortliche Fahrer nicht schon mit der Durchführung der vorgeschriebenen Pflicht- und Sonderuntersuchungen durch den TÜV gerecht, er muß namentlich bei älteren Fahrzeugen regelmäßig die Betriebssicherheit überprüfen (Hamm NZV 90, 36); hierzu gehört aber nicht ohne weiteres das zwischen den Achsen des Anhängers angebrachte, schwer zugängliche sog. ALB-Ventil (LG Göttingen ZfS 92, 245). Beim Verlassen des Fahrzeugs hat es der Fahrer gegen unbefugte Benutzung zu sichern (§ 14 II StVO; BGH 15, 386; 17, 289; NJW 62, 1164; 64, 404; VRS 14, 197). Für ausreichenden *Treibstoff* hat er zu sorgen, um nicht in verkehrsgefährdende Lagen zu geraten (Celle VRS 11, 228; Hamm DAR 61, 176; VRS 36, 220 f.; Karlsruhe NJW 75, 838). Auch muß er verhüten, daß er beim Fahren einschläft (RG 60, 30). Ebenso muß er auf den Verkehr aus den Seitenstraßen achten (RG 76, 42); desgl. einem unbeschrankten *Bahnübergang* mit großer Vorsicht sich nähern (Oldenburg NJW 51, 575). Das Offenstehen einer Bahnschranke befugt ihn nicht, alle Vorsicht außer acht zu lassen (RG 72, 288). Er darf nicht schneller als „auf Sicht" fahren (VRS 54, 438 [§ 3 I S. 3 StVO]; hierzu Hamm DAR 78, 8). Sind im Straßenbereich irgendwelche *Warnblinkanlagen* eingeschaltet, muß der Kraftfahrer mit plötzlichen Fahrbehinderungen rechnen (Köln VRS 68, 355); es sei denn, das betreffende Fahrzeug stünde bei fließendem Verkehr auf dem Fahrstreifen auf der Standspur (Bay DAR 86, 59). Er darf evtl. einen *Angetrunkenen* nicht mitnehmen, vor allem nicht auf dem Platz neben sich (BGH 9, 335; Hamm VRS 48, 200; 54, 197), ev. auch nicht auf dem Rücksitz (AG Recklinghausen BA 88, 339 m. Anm. Molketin). Das *Rück-*

12c

12d

12e

§ 222

wärtsfahren aus einem Grundstück muß jede Gefährdung des Straßenverkehrs ausschließen (BGH **2**, 226; zur Sorgfaltspflicht gegenüber einem Einweiser, Koblenz VRS **58**, 256). Auch die Vorfahrt ist mit Umsicht auszuüben (RG DR **41**, 2291). Auf der *Autobahn* darf man idR nicht rechts überholen (BGH **12**, 258); es sei denn, die Kolonne auf der Überholspur führe nicht schneller als 60 km/h und die Mehrgeschwindigkeit des Überholers betrüge bei äußerster Vorsicht nicht mehr als 20 km/h (BGH **22**, 137; Bay **77**, 172; vgl. § 7 StVO). Auf der Autobahn muß man ferner auch bei Dunkelheit auf Sicht fahren (BGH **2**, 190; **10**, 123; VGrSenBGH **16**, 145; vgl. jedoch § 18 VI StVO); ferner darf ein verhältnismäßig langsam fahrender LKW-Fahrer keinen Überholvorgang einleiten, wenn sich auf der Überholbahn ein anderes Fahrzeug mit 120 km/h 200 m genähert hat (§ 18 IV StVO, Koblenz VRS **59**, 36. Der *Dienstherr* darf den stark übermüdeten Fahrer nicht auf Fahrt schicken (RG JW **37**, 1348); der *Halter* das Fahrzeug einem Fahruntüchtigen nicht überlassen (Karlsruhe NJW **80**, 1859); er hat auch Vorsorge zu treffen, daß bei einer gemeinsamen Zechtour sein fahruntüchtiger Mitfahrer das Fahrzeug nicht benützt (Hamm NJW **83**, 2456); der *Gastwirt* darf dem angetrunkenen Fahrer keinen Alkohol mehr ausschenken (RG JW **38**, 1241); evtl. muß er dessen Fahrt, notfalls durch die Polizei, verhindern (BGH **4**, 20); doch erst im äußersten Notfalle (MDR/D **54**, 334; vgl. weiter 11 zu § 13), der Fahrgast ihn nicht fahren lassen (BGH **3**, 176). Zur Verantwortlichkeit des Vaters gegenüber dem Sohn in solchen Fällen VRS **17**, 346. Er braucht aber den Fahrer bei der Fahrt nicht ständig zu überwachen (BGH(Z) NJW **53**, 779). Zu den Sorgfaltspflichten von *Fahrlehrern* und Fahrschülern Hamm NJW **79**, 993. Das bloße Überlassen des Autos an einen Mann ohne Fahrerlaubnis macht im Tötungsfalle den § 222 nicht anwendbar, falls er einwandfrei fährt (Bay **55**, 96). Eine Wettfahrt mit einem Betrunkenen auf Krafträdern ist fahrlässig (BGH **7**, 115). Die Inanspruchnahme von Sonderrechten (§ 35 StVO) für Fahrzeuge der *Polizei, Feuerwehr, BWehr*, des *BGS, Katastrophen- und Rettungsdienstes* verpflichtet zu besonderer Vorsicht (RG **65**, 158; NZV **90**, 121; Braunschweig NZV **90**, 198). Baustellen (VRS **37**, 355) sowie Unfallstellen sind ausreichend zu sichern (VRS **17**, 199); andererseits sind dort Kraftfahrer zu besonderer Sorgfalt verpflichtet (Hamm VRS **58**, 258; im Falle verborgener Mängel des Fahrzeuges beachte BGH **12**, 75). Zur Sorgfaltspflicht von *Rennfahrern* gehört es, sich zuvor mit den Gefahren der Rennstrecke vertraut zu machen (VRS **62**, 127, hierzu Hürxthal DRiZ **82**, 223). Bei Fahrten auf einem *Werks- oder Baugelände* gelten die Sorgfaltspflichten des öffentlichen Straßenverkehrs entsprechend (Karlsruhe VRS **56**, 345; Koblenz VRS **58**, 256). Zur Vermeidbarkeit eines Unfalls für einen alkoholbedingt fahruntüchtigen Kraftfahrer grundlegend BGH **24**, 31; hierzu Maiwald, Dreher-FS 439, 442; oben 17c vor § 13.

13   cc) **Für Schienenbahnen** ist § 2 III StVO zu beachten. Sie haben im übrigen kein Vorrecht im Verkehr, soweit sich nicht aus ihrer Eigenschaft als schweres Schienenfahrzeug im städtischen Massenverkehr etwas anderes ergibt (BGH **1**, 195); jedoch müssen Straßenbahnführer scharfe Fahrbewegungen vermeiden (Karlsruhe VRS **53**, 273; **54**, 123). Fahrgäste dürfen die Straße zwecks Einsteigens schon unmittelbar vor dem Anhalten der Straßenbahn betreten (RG **73**, 20; Bremen NJW **54**, 404). Zur Sorgfalts-

Straftaten gegen das Leben § 222

pflicht des *Führers* eines auf besonderem Bahnkörper fahrenden *Straßenbahnzuges* vor einer Fußgängerfurt Bay NZV **91**, 78.

dd) Sonstige Berufe (vgl. Übersicht LK 10 ff.). **Der Inhaber eines Be- 14 triebes** muß die dort beschäftigten oder verkehrenden Personen gegen die Betriebsgefahren schützen (RG GA Bd. 68, 273); insbesondere gefährliche Arbeitsvorgänge absichern (3. 5. 1977, 1 StR 857/76 betr. Heißwasserunfall in Kernkraftwerk; vgl. auch RG **57**, 151) und Schutzvorschriften (zB über gefährliche Stoffe nach dem ChemG; s. auch oben 8) beachten; er muß aber nicht ohne weiteres für die sorgfältige Arbeitsleistung seiner Beschäftigten strafrechtlich einstehen (Düsseldorf VRS **66**, 30: mangelhafte Zwischenkontrolle bei der Runderneuerung von Reifen); zur Sorgfaltspflicht des Kfz.(Zubehör-)**Händlers** für den Fall des Rückrufs bei Seriendefekten Karlsruhe NJW **81**, 1054; hierzu Scholl NJW **81**, 2737; an die **Veranstalter von Autorennen** und an die Rennleiter werden besonders hohe Anforderungen hinsichtlich der Gewährleistung der Verkehrssicherheit gestellt, die auch über die geltenden Sicherheitsbestimmungen hinausgehen können, VRS **62**, 127; der **Hauseigentümer** hat für gefahrlosen Verkehr im Hause zu sorgen (Treppenbeleuchtung! RG **14**, 362); der aufsichtsführende **Lehrer** ist neben dem Fahrer dafür verantwortlich, daß beim Halten und Anfahren von Schulbussen auf dem Schulhof Kinder nicht zu Schaden kommen (Oldenburg VRS **56**, 445), dasselbe gilt bei Klassenausflügen (Köln NJW **86**, 1948). Der bauleitende **Architekt** hat Gefahren auf der Baustelle abzuwenden (BGH **19**, 289; MDR **66**, 160; Hamm NJW **69**, 2211; **71**, 442); er haftet jedoch nicht bei Mißachtung der Unfallverhütungsvorschriften durch die Arbeiter des Unternehmers (Stuttgart NJW **84**, 2897 m. krit. Anm. Henke NStZ **85**, 124); zur Verantwortlichkeit von General- und Subunternehmern Karlsruhe NJW **77**, 1930, von Gerüstbauern MDR **78**, 904, in diesen Fällen kommt es für die strafrechtliche Verantwortlichkeit nicht allein auf vertragliche Vereinbarungen, sondern uU auch auf tatsächliche Gegebenheiten an (MDR/H **83**, 985). Der **Jäger** muß vor dem Schießen sich vergewissern, ob ein Mensch in der Nähe ist (RG LZ **22**, 520); geladene Gewehre darf er (und jeder andere Besitzer von Schußwaffen) nicht in einer unverschlossenen Kammer aufbewahren (RG JW **93**, 406). Der **Gastwirt**, der einem Kraftfahrer Alkohol ausgeschenkt hat, muß ihn am Weiterfahren hindern, wenn er sich infolge von Trunkenheit nicht mehr eigenverantwortlich verhalten kann (11 zu § 13). Zur Frage, ob der Aufsteller eines Atemalkoholtestgeräts selbst strafrechtlich wegen einer Fahrlässigkeitstat haftet, wenn ein alkoholisierter Benutzer auf der Rückfahrt den Tod eines andern verursacht (vgl. die freilich zu vereinfachende Darstellung D. Meyer BA **78**, 389). Bei Herstellung von **Lebensmitteln** ist größte Sorgfalt nötig; im Mehl des Bäckers darf kein Beiz-Arsen sein (BGH **2**, 384), in Dosenblutwurst kein Botulinus-Toxin (Koblenz OLGSt. 72), jedoch trifft den **Hersteller von Produkten** (zB Hobby-Chemiekasten), die in Händen von Kleinkindern, für die sie nicht bestimmt sind, zu einer tödlichen Gefahr werden können, keine generelle strafrechtliche Verantwortlichkeit (Stuttgart NStE Nr. 11). Zu den Fällen der Produkthaftung vgl. aber 18 vor § 13, 11 zu § 13. Für den **Skifahrer** gelten Grundsätze entsprechend § 3 I StVO (Bay VRS **13**, 353; OLGSt. 15 zu § 230; Karlsruhe NJW **59**, 1589; Lossos NJW **61**, 490; vgl. Art. 24 BayLStVG; München NJW **66**, 2406; Kleppe, Die Haftung bei Skiunfällen in den Alpenländern,

1967; Pichler NJW **67**, 2193); zur Verkehrssicherungspflicht von **Skilift- und Bergbahnunternehmern** NJW **73**, 1379; Kürschner NJW **82**, 1968. Der **Hundehalter** braucht ein folgsames Tier nicht ohne besonderen Anlaß auf öffentlicher Straße anzuleinen (Bay NJW **80**, 300 [m. Anm. Volk JR **80**, 251]; **87**, 1094), auch braucht er nicht damit zu rechnen, daß ein als nicht aggressiv bekanntes, in einem umzäunten Grundstück frei laufendes Tier durch eine schadhafte Stelle am Gartentor ein Kind beißt (Bay NJW **91**, 1695), größere Sorgfaltspflichten gelten bei einem aggressiven Rottweilerrüden (Düsseldorf 10. 6. 1992, 5 Ss 442/91), indessen sind keine Feststellungen zur Führung des Hundes erforderlich, wenn ein unbeaufsichtigt, frei herumlaufender Hund einen Menschen verletzt (Bay NJW **87**, 1094), die erforderlichen Vorkehrungen zur Sicherung Dritter vor Schädigungen bestimmen sich nach dem Maß des für einen umsichtigen Hundehalter Zumutbaren (Bay VRS **74**, 370; hierzu ferner Stuttgart Die Justiz **84**, 209; vgl. auch Neustadt GA **64**, 185; Düsseldorf NJW **87**, 201; AG Hamm NStE § 230 Nr. 6).

15   B. Die **Voraussehbarkeit des Erfolges** ist weitere Voraussetzung der Fahrlässigkeit (RG **54**, 349; **67**, 12; LZ **16**, 615). Es muß der Täter bei Anwendung der Sorgfalt zu 7ff. in der Lage gewesen sein, unter den konkreten Umständen (MDR/D **73**, 18) bei seinen persönlichen Kenntnissen und Fähigkeiten (BGH **12**, 78; GA **69**, 246) den Eintritt des Todes (nicht nur einer Körperverletzung; dann § 230, LM Nr. 1; Hamm VRS **18**, 356), und zwar des tatsächlich Getöteten (NJW **73**, 1379; Saarbrücken, Karlsruhe, VM **75**, 14; 15, auch wenn er für den Täter unter mehreren möglichen zunächst nicht konkretisiert war; vgl. RG **19**, 53) als möglich vorauszusehen (RG **28**, 272; LK 6ff.; Rudolphi JuS **69**, 549). Im Falle einer *Unterlassung* ist maßgebend, ob deren Folgen vom Unterlassenden in der konkreten Situation hätten vorausgesehen werden können (2. 12. 1980, 1 StR 568/80). Beim Zusammenwirken mehrerer Umstände, müssen aber alle diese Umstände dem Täter erkennbar sein, da nur dann der Erfolg für ihn voraussehbar ist (31. 7. 1979, 1 StR 324/79). Der Erfolg darf nicht außerhalb aller Lebenserfahrung liegen (NJW **92**, 1708 m. Anm. Graul JR **92**, 344). Im übrigen genügt die Voraussehbarkeit des **Verlaufs im allgemeinen:** alle konkreten Einzelheiten brauchen nicht voraussehbar zu sein (BGH **12**, 77; **17**, 226; MDR **70**, 604; MDR/D **57**, 141; **66**, 198; **71**, 17; 722; **76**, 16; VRS **16**, 33; **17**, 37; **20**, 278; Bay NJW **56**, 355; **69**, 1583; Stuttgart NJW **56**, 1451; **59**, 2320; OLGSt. 27 zu § 230; VRS **69**, 441; Köln NJW **56**, 1848; VRS **20**, 356; Zweibrücken VRS **32**, 370; Köln NJW **67**, 1240; BA **77**, 356; Hamm MDR **73**, 601; Celle VM **75**, 58; str.; Triffterer, Bockelmann-FS 219). Ein Indiz für die Voraussehbarkeit ist zB, wenn der Täter eine Pistole herumreicht oder mit ihr hantiert, obwohl er hätte erkennen können, daß noch eine Patrone im Lauf steckt (20. 6. 1978, 1 StR 123/78), ebenso auch, wenn er die Vorschriften über Geschwindigkeitsbegrenzung (Koblenz VRS **55**, 424) oder sonst *Sicherheitsvorschriften* verletzt hat (oben 8; BGH **4**, 185; **15**, 112; GA **66**, 374; NJW **57**, 1526; VRS **5**, 393; **10**, 282; MDR/D **69**, 194), jedoch ist die Voraussehbarkeit stets unabängig davon zu prüfen, ob eine Verkehrsübertretung vorliegt oder nicht (Bay NZV **89**, 201). Doch ist der Erfolg nur voraussehbar, wenn er nach der Erfahrung des täglichen Lebens eintreten konnte, was idR auszuschließen ist, wenn

Straftaten gegen das Leben § 222

der rechtswidrige Erfolg ohne das hinzukommende Verhalten eines Dritten nicht eingetreten wäre (BGH 3, 62; 12, 78; GA 60, 111; 69, 246; MDR/ D 76, 16; NZ Wehrr 70, 231; Hamburg NJW 68, 663; Karlsruhe OLGSt. 35); oder wenn ein regelwidrig Anhaltender einem anderen plötzlich in die Fahrbahn fährt (KG VRS 61, 210). Fährt der Kraftfahrer gegen einen Baum, so ist der Tod eines Mitfahrers voraussehbar, auch wenn er nach längerem Krankenhausaufenthalt auf Grund eines nicht schweren ärztlichen Kunstfehlers stirbt (Celle MDR 57, 627; vgl. auch Stuttgart MDR 80, 951; NJW 82, 295 m. Anm. Ebert JR 82, 421); anders bei Lungenembolie nach Stichverletzung (MDR/D 76, 15). Wer sein Auto ungesichert auf der Straße stehen läßt, muß damit rechnen, daß ein Unbefugter damit fährt und einen tödlichen Unfall verursacht (VRS 20, 282; vgl. auch Köln VRS 50, 110). Sehr weit gehen Hamm VRS 21, 426 (Voraussehbarkeit einer tödlichen Gehirnblutung bei arteriosklerotischem Mitfahrer infolge von Aufregung), Saarbrücken JBl. Saar 66, 121; Hamm NJW 73, 1422 (zust., aber differenzierend Otto JuS 74, 708); sowie MDR/D 71, 16 (Voraussehbarkeit einer Streptokokkeninfektion nach zahlreichen Verletzungen). Die Voraussicht des Täters braucht sich nicht auf physische Vorgänge (extrem dünnes Schädeldach) zu erstrecken, die als Folge der Körperverletzung den Tod schließlich herbeiführen (EzSt § 226 Nr. 2). *Nicht* vorhersehbar ist Tod an Wundstarrkrampf bei harmloser Platzwunde nach Ablehnung einer Tetanusspritze (Celle MDR 68, 341), an einer Fruchtwasserembolie bei einer lege artis durchgeführten Amniocentese (Koblenz OLGSt. 57); oder nach leichtem Auffahrunfall infolge der Schockwirkung bei schwer herzkranken Beteiligten (Karlsruhe NJW 76, 1853; vgl. schon Stuttgart VRS 18, 366). Ebensowenig kann einem Unfallverursacher das grob verkehrswidrige, nicht im Rahmen gewöhnlicher Lebenserfahrung liegende Verhalten eines *anderen* Verkehrsteilnehmers als voraussehbar angelastet werden (Bay JZ 82, 731). Die bloße Unvorsichtigkeit bei einer Handlung ohne Voraussehbarkeit des Erfolges ist nicht ausreichend (Frankfurt VRS 41, 32). Zur Voraussehbarkeit eigener Bewußtlosigkeit am Steuer Hamm NJW 76, 2307, oder einer Herzattacke bei herzkrankem Kraftfahrer, LG Heilbronn VRS 52, 188. Liegt der Erfolg im Rahmen der pflichtwidrigen Handlung des Täters, so kommt es nicht darauf an, ob er mitursächliche andere Umstände ebenfalls voraussehen konnte (VRS 37, 38; 20. 7. 1983, 2 StR 180/83; vgl. anderseits 18. 5. 1954, 2 StR 139/54 bei Pfeiffer/Maul/ Schulte 5). Zur Gesamtproblematik Mühlhaus DAR 67, 229.

In den Fällen der Beteiligung an **eigenverantwortlicher Selbstverletzung oder Selbstgefährdung** scheidet § 222 nach der neueren Rspr. (BGH 32, 262 m. Anm. Roxin NStZ 84, 411; Kienapfel JZ 84, 751; Dach NStZ 85, 24; Horn JR 84, 513; Otto, Tröndle-FS 173; vgl. auch Donatsch SchweizZSt 88, 361) im Falle eines Erfolgseintritts schon vom Tatbestand her aus (Otto Jura 84, 536; hierzu im einzelnen 19 vor § 13); für den Fall eines Skatebord-Fahrers Bay NZV 89, 80 m. Anm. Molketin. Wer daher Heroin einem BtM-Abhängigen überläßt, macht sich (entgegen der früheren Rspr. NJW 81, 2015; NStZ 83, 72; MDR/H 81, 985, die durch BGH 32, 262 überholt ist; zu der bisherigen Rspr. krit. Hirsch JR 79, 429; Loos JR 82, 342; NStZ 83, 72; Schünemann NStZ 82, 60; Dölling GA 84, 71), falls der Abnehmer sich den Stoff injiziert und dadurch zu Tode kommt, nur dann nach § 222 strafbar, wenn er kraft seines überlegenen Wissens das 15a

1283

§ 222

Risiko besser erfaßt als die sich selbst gefährdende Person (NStZ **85**, 319/ 320 [m. Anm. Roxin]; vgl. auch NStZ **85**, 25; **86**, 266; LG Kempten NJW **89**, 2069; Stuttgart NJW **81**, 182; ferner Celle MDR **80**, 74). Ob BGH **32**, 262 – im Hinblick auf den Vorbehalt aaO 266 aE – allgemein für den BtM-Bereich gilt, läßt der 4. StS (BGH **37**, 181) offen, hebt aber hervor, daß für den Bereich der Vorschriften des BtMG den Regeln über die bewußte Selbstgefährdung dann, wenn bei § 30 I Nr. 3, § 29 II 2 BtMG der Tod oder die Gefährdung infolge BtM-Genusses Grund für eine Strafschärfung ist, eine die Verantwortung des Täters eingreizende Bedeutung im Hinblick auf den Schutzzweck des BtMG nicht zukommt (zust. Anm. Rudolphi JZ **91**, 572; Beulke/Schröder NStZ **91**, 393; Frisch NStZ **92**, 62; U. Weber, Spendel-FS 378 u. Baumann-FS 53; krit. Hohmann MDR **91**, 1117; Nestler-Tremel StV **92**, 275; Köhler MDR **92**, 739; differenzierend Otto Jura **91**, 444). Inzwischen hat der 2. StS klargestellt, daß der vom Täter fahrlässig verursachte Drogentod eines eigenverantwortlich tätig gewordenen BtM-Abnehmers strafschärfend zu berücksichtigen ist (NStZ **92**, 489). Von einem überlegenen Sachwissen ist im Zweifel bei einem *dopenden Arzt* (7 a zu § 226 a) auszugehen (Linck NJW **87**, 2548). Eine Strafbarkeit durch Unterlassen kommt nach der umstrittenen Rspr. aber auch dann in Betracht, wenn der an der Selbstgefährdung Mitwirkende als Garant nicht eingreift, sobald der sich selbst Gefährdende bewußtlos geworden ist (NStZ **84**, 452; MDR/S **85**, 1; mit Recht abl. Stree JuS **85**, 179; Fünfsinn StV **85**, 57; Geppert JK 2; vgl. hierzu auch BGH **32**, 367 sowie 19 vor § 13 u. vor § 211). Ob die Rechtsgrundsätze der eigenverantwortlichen

15 b Selbstschädigung (19 vor § 13) auch auf den sexuellen Umgang mit **HIV-Infizierten** anwendbar sind (verneinend Helgerth NStZ **88**, 262), läßt der BGH (**36**, 17) offen, weist aber mit der hM darauf hin, daß die Strafbarkeit eines HIV-Infizierten dort beginnt, wo er *kraft überlegenen Wissens* das Risiko besser erfasse als der nichtinformierte Partner (so schon AG München NJW **87**, 234 m. Anm. Arloth NStZ **87**, 408; Eberbach ZRP **87**, 396 u. AIFO **88**, 308; Herzberg NJW **87**, 2284; Bottke RProblAIDS 204 ff.; aM M. Bruns NJW **87**, 2282). Das gilt selbst für Angehörige sog. Risikogruppen (zB Homosexuelle, Prostituierte), falls sie ihre Infektiosität dem Partner nicht kundtun. Denn niemand, der weiß, daß von ihm Gefahr ausgeht, darf sie auf – wenn auch unvorsichtige – Gefährdete verlagern (BGH **36**, 18; ebenso Herzberg JZ **89**, 474; Schlehofer NJW **89**, 2021; B.-D. Meier GA **89**, 221; Rengier Jura **89**, 230; Wokalek/Köster MedR **89**, 289; Arzt/ Weber LH **1**, 283; Frisch JuS **90**, 369 u. NStZ **92**, 2; Meurer [6 b zu § 223] 122; krit. aber Schünemann JR **89**, 95 Fn. 67; vgl. auch RProblAIDS 481). Mit Recht haben Eberbach (AIDS IX-2.3.3 u. 4) und Schünemann (RProblAIDS 458, ebenso Stoiber AIFO **89**, 573) der Gegenmeinung (M. Bruns MDR **87**, 356 u. NJW **87**, 2282; Kreuzer ZStW **100**, 801; F. Herzog/Nestler-Tremel StV **87**, 366 [einschränkend aber bei EzSt § 223 a Nr. 4 S. 33]), wonach HIV-Infizierte aus Risikogruppen keine Pflicht zur Aufklärung über ihre Infektiosität treffen soll, entgegengehalten, daß eine solche Minderung des Rechtsgüterschutzes die gebotene Solidarität gegenüber Infizierten gesellschaftlich diskreditiert. In einem Fall, in dem eine voll informierte 16jährige Gymnasiastin einen HIV-Infizierten zum „ungeschützten" Geschlechtsverkehr gedrängt hat, ist Bay (NJW **90**, 132 [m. Anm. Dölling JR **90**, 474; Hugger JuS **90**, 972; Geppert JK 4 zu § 223 a], so schon LG

Kempten NJW 89, 2068 in der selben Sache) von einer eigenverantwortlichen Selbstgefährdung ausgegangen, hat aber mit Recht darauf hingewiesen, daß bei Minderjährigen stets besondere Feststellungen über die Verantwortungsreife für die zu treffende Einschätzung der Selbstgefährdung erforderlich sind (NStZ 85, 26; vgl. aber hierzu Helgerth NStZ 88, 262, der mit beachtlichen Gründen an die Einwilligung in eine Lebensgefährdung durch infektiösen Geschlechtsverkehr strengere Maßstäbe anlegt; so hat zB auch das Obergericht Zürich [SchweizJZ 88, 400] der Einwilligung in den Sexualverkehr mit einem infektiösen Partner keine rechtfertigende Wirkung beigemessen, nicht nur wegen des öffentlichen Gesundheitsschutzes, auch hinsichtlich des Schutzes von Individualinteressen finde die Verfügungsgewalt des Trägers dort ihre Grenzen, wo das geschützte Rechtsgut unwiderruflich zerstört oder schwerwiegend beeinträchtigt werden könnte; vgl. auch U. Weber, Baumann-FS 54).

5) Tateinheit (gleichartige) liegt vor, falls durch eine fahrlässige Handlung 16
mehrere Menschen getötet werden (RG 2, 256). Auch mit § 309 (NJW 89, 2420 m. Anm. Eue JZ 90, 765; Otto JK 4), mit §§ 315 bis 315 d ist Tateinheit möglich (vgl. RG 8, 67); ebenso mit § 218 (BGH 1, 284); § 284 b (RG 68, 218); § 53 III Nr. 1a, b WaffG (BGH 4. 10. 1978, 2 StR 318/78); mit § 30 I Nr. 3 BtMG (20. 7. 1983, 2 StR 178/83); uU mit versuchter vorsätzlicher Tötung (BGH 7, 287); zur Konkurrenz zwischen § 222 und § 19 I WStG, JugSchG Celle NZWehrr 82, 158.
Gesetzeskonkurrenz liegt gegenüber § 226 und § 239 III vor, da auch dort fahrlässige Verursachung des Todes vorausgesetzt wird (§ 18), § 222 tritt zurück (BGH 8, 54); ebenso § 24a StVG; doch ist Fahrverbot möglich (5 zu § 230). Wird ein Mensch durch einen von zwei Schüssen getötet, von denen nur einer vorsätzlich abgegeben wurde, und läßt sich nicht feststellen, welcher Schuß tödlich war, so nimmt NJW 57, 1643 nur versuchten Mord, nicht Tateinheit mit § 222 an (zw.). Bei Tötung zweier Personen ist **Fortsetzungszusammenhang** ausgeschlossen, da es ihn bei fahrlässigen Delikten (aM OGHSt. 1, 346) und bei Verletzung von Persönlichkeitsrechtsgütern nicht gibt (29 vor § 52, RG JW 34, 2145). Auch Beihilfe zur fahrlässigen Tötung ist begrifflich nicht möglich, § 27 I (BGH 1, 282).

Siebzehnter Abschnitt
Körperverletzung

Körperverletzung   RiStBV 15 Abs. 2, 233–235, 243

223 [I]Wer einen anderen körperlich mißhandelt oder an der Gesundheit beschädigt, wird mit Freiheitsstrafe bis zu drei Jahren oder mit Geldstrafe bestraft.

[II]Ist die Handlung gegen Verwandte aufsteigender Linie begangen, so ist auf Freiheitsstrafe bis zu fünf Jahren oder auf Geldstrafe zu erkennen.

Rechtsgut und Angriffsgegenstand sind Körper und Gesundheit eines 1
anderen Menschen (vgl. 2 vor § 211). Daher fallen gentechnologische Eingriffe in die befruchtete Eizelle außerhalb des Körpers (IVF, 6a vor § 218) nicht unter § 223 (Sternberg-Lieben JuS 86, 675). Doch ist die Schädigung der Frucht durch Medikamente dann als Verletzung der Schwangeren anzusehen, wenn sie auch darauf beruht, daß deren Körper durch die Medikamente außerstande gesetzt wird, die Frucht richtig zu versorgen (dagegen

§ 223

LG Aachen JZ **71**, 508). Die Selbstverletzung ist straflos. Doch kann ein Dritter eine vorsätzliche Körperverletzung in mittelbarer Täterschaft begehen, indem er einen anderen durch Zwang oder Täuschung veranlaßt, sich selbst zu verletzen (RG **26**, 242; LK-H. J. Hirsch 3). Zur *Kriminologie,* LK 21 vor § 223.

2 2) **Zwei Arten** der Körperverletzung, die sich überschneiden, unterscheidet **Abs. I:**

3 A. **Die körperliche Mißhandlung** ist ein übles, unangemessenes Behandeln, das entweder das körperliche Wohlbefinden oder die körperliche Unversehrtheit nicht nur unerheblich beeinträchtigt (BGH **14**, 269; Bay NJW **70**, 769; Hamm VRS **8**, 133; OLGSt. 7), zB eine Ohrfeige (NJW **90**, 3157) oder ein Würgegriff mit dem Ziel, dem Opfer einen Schock zu versetzen (19. 6. 1979, 5 StR 242/79). Mittelbare Einwirkung genügt; so auch durch **Unterlassung,** falls durch Gesetz oder Vertrag eine Pflicht zum Handeln begründet ist (RG **10**, 100; LK 16); so bei Vorenthaltung der Nahrung trotz Unterhaltspflicht (RG GA Bd. **58**, 172); bei Nichtzuziehung eines Arztes bei Erkrankung der Ehefrau (RG DJZ **03**, 346), oder eines Kindes (10. 2. 1982, 3 StR 9/82; Düsseldorf NStZ **89**, 269), das pflichtwidrige Aufrechterhalten von Schmerzen (RG **75**, 165; LM Nr. 6 zu § 230; Hamm NJW **75**, 605); *nicht* jedoch die bloße zeitliche Verschiebung des Geburtsvorgangs (BGH **31**, 357 m. Anm. Hirsch JR **85**, 336); andererseits setzt § 223 eine Schmerzerregung
4 nicht voraus (BGH **25**, 278; 18. 2. 1981, 3 StR 269/80). a) **Das körperliche Wohlbefinden** ist der Zustand, der vor der Einwirkung vorhanden war (RG **29**, 60); das Zufügen eines Schmerzes ist nicht unbedingt nötig (RG **19**, 139; HRR **31**, 376), es kann auch eine starke Gemütsbewegung sein, falls das körperliche Wohlbefinden erheblich beeinträchtigt wird (RG **32**, 113; BGH NJW **74**, 958; Hamm GA **73**, 347), *nicht* jedoch schon das Ekelgefühl durch Angespucktwerden, da eine besonders kränkende Behandlung die fehlende körperliche Einwirkung nicht zu ersetzen vermag (Zweibrücken NJW **91**, 241; M/Schroeder § 9, 4; aM RG GA Bd. **58**, 184), auch nicht schon das bloße Anstoßen und Zu-Fall-bringen eines anderen (Zweibrücken NStE Nr. 7). Hingegen können Schalleinwirkungen von 65 bis 90 dB (A) psychovegetative Störungen zur Folge haben (StA Hannover NStZ **87**, 176). Nur darf es keine ganz unerhebliche Einwirkung sein (Bay NJW **70**, 769), so ein leichter Schlag mit einer morschen Holzplatte (18. 7. 1986, 2 StR 330/86), oder ein leichter Tritt (Düsseldorf NJW **91**, 2919). Eine Ohrfeige kann ausreichen, MDR/D **73**, 901; 22. 11. 1991, 2 StR 225/91), ebenso das gewaltsame Hinausstoßen eines betrunkenen Gastes aus einem Wirtshaus (30. 11. 1977, 2 StR 540/77) oder die grob verkehrswidrige und rücksichtslose Fahrweise eines Kraftfahrers (Frankfurt VRS **38**, 49; Hamm DAR **72**, 190); nach Köln StV **85**, 17 nicht ein heftiger Stoß vor die Brust (zw). Unbeacht-
5 lich ist, daß der Mißhandelte gefühllos ist (RG **19**, 136). b) **Die körperliche Unversehrtheit** muß nicht ganz unerheblich beeinträchtigt sein (BGH **14**, 269; NJW **53**, 1440); ein paar blaue Flecken reichen noch nicht aus (30. 5. 1978, 5 StR 270/78; krit. SK-Horn 7); auch nicht ein kaum bemerkbares Versengen des Kopfhaars (16. 11. 1973, 2 StR 505/73); eine Entstellung ist aber nicht erforderlich. Daher gehören hierher auch unangemessenes Abschneiden von Bart, Zopf oder sonst von Haaren (NJW **53**, 1440; **66**, 1763; BVerwG NJW **72**, 1728; LK 7).

Körperverletzung § 223

B. Die Beschädigung an der Gesundheit besteht im Hervorrufen oder 6
Steigern (NJW 60, 2253) eines, wenn auch vorübergehenden (RG DR 39,
365) pathologischen Zustandes. Er kann ohne körperliche Mißhandlung
entstehen, so durch rechtswidrige Verunreinigung von Wasser oder Luft
durch Giftstoffe (MDR/D 75, 723); Ansteckung mit einer Geschlechtskrankheit (BGH 36, 6; vgl. dazu noch §§ 6 und 7 GeschlkrG) oder AIDS-Infektion (unten 6b). Eine bloß psychische Einwirkung, die lediglich das
seelische Wohlbefinden berührt (zB häufiges Aufwecken aus dem Schlaf,
18. 1. 1978, 3 StR 536/77), ist keine Gesundheitsbeschädigung; anders, falls
auch die Nerven in einen krankhaften Zustand versetzt werden (MDR 76,
565; Hamm MDR 58, 939; Köln VRS 75, 106; LK 2 vor § 223); so durch
Starten schwerer Lastzüge bei Nacht in Wohngegenden (LG Bad Kreuznach BB 57, 93); uU auch nächtliche Störanrufe (LG Hamburg MDR 54,
630; Bay JZ 74, 393; Köln OLGSt. 15; Brauner/Göhner NJW 78, 1472; vgl.
hierzu auch 1, 1a zu § 265a); durch einen Unfallschock (Koblenz VRS 42,
29); selbst durch wahrheitswidrige Schilderung des Todes eines vermißten
Soldaten (LG Aachen NJW 50, 759). Auch die Erregung einer Geisteskrankheit kommt in Betracht; desgl. von starker Trunkenheit; jedenfalls,
wenn sie Bewußtseinsverlust bewirkt (MDR/D 72, 386; NJW 83, 462,
[hierzu die Kontroverse Amelung/Weidemann und Herzberg JuS 84, 595;
937]; NStZ 86, 266, hierzu Otto JK 3). Hierher gehören daher auch das
ärztlich nicht indizierte Verabreichen von bewußtseinstrübenden Mitteln
(18. 1 1983, 1 StR 757/82) oder Betäubungsmitteln (RG 77, 18), so einer
Morphiumspritze (NJW 70, 519) sowie das Eingeben von Geständnisdrogen (vgl. § 136a StPO), das Aufrechterhalten der Tablettensucht durch
medizinisch unbegründete Verschreibungen (Frankfurt NJW 88, 2965), uU
auch die Verschreibung von Kontrazeptiva an Minderjährige (Tröndle,
R. Schmitt-FS 232), auch das Herbeiführen eines Bewußtlosigkeit auslösenden Rausches (RG DR 42, 333; 21. 12. 1971, 4 StR 494/71; LK 13), nicht
hingegen die Schwängerung als solche (vgl. LG Itzehoe FamRZ 69, 90;
vgl. aber BGHZ VersR 80, 555). Zur problematischen ambulanten Substitutionsbehandlung Drogenabhängiger unten 9c aE; zur Frage einer Körperverletzung durch Unterlassen einer Rückrufaktion beim Vertrieb verdorbener Lebensmittel NStE Nr. 5.

AIDS-Infektion. Aus dem kaum übersehbaren **Schrifttum:** *Arloth* MedR 6a
86, 295 (Arztgeheimnis, Strafvollzug); *Bachmann* MedR 87, 275; *Bock* AIFO 87,
357; *Bottke* RProblAIDS 171, AIFO 88, 628 u. 89, 468; *M. Bruns* NJW 87, 693,
2281, MDR 87, 353, 89, 199, 297 u. StV 87, 504; *Buchborn* MedR 87, 260;
A. v. Bülow ZRP 90, 21 (Drogentherapie); *Dargel* NStZ 89, 207 (Strafvollzug);
Eberbach, Rechtsprobleme der HTLV-III-Infektion (AIDS), 1986, JR 86, 230
MedR 86, 180 (ärztliche Aufklärung), AIFO 87, 281, 88, 307, 89, 283 (unlinked
testing), NStZ 87, 141, NJW 87, 1470 (heimliche Tests), ZRP 87, 395, MedR
87, 267, 89, 281 (Arzneimittelforschung) u. in: H. Jäger (Hrsg.) AIDS und HIV-Infektionen. Handbuch und Atlas für Klinik und Praxis, 1988, Rechtliche
Aspekte IX-2 (3. Erg. Lfg. 1990) [zit. Eberbach AIDS]; *Eberbach/Fuchs* DÄBl.
87, Nr. 36; *Frösner* AIFO 87, 61, 485, 89,604; *Gallwas* AIFO 86, 31, 87, 524,
NJW 89, 1516; *Gauweiler* RProblAIDS 37; *Gramm* NJW 89, 2917 (Rechtsfragen
der staatlichen AIDS-Aufklärung); *Gründel* (Hrsg.) AIDS, Herausforderung an
Gesellschaft und Moral, 1987; *Haurand/Vahle* KR 88, 492; *Helgerth* NStZ 88,
261; *Herzberg* NJW 87, 1461, 2283, AIFO 87, 52, JuS 87, 777 u. JZ 89, 470;

1287

§ 223

F. Herzog/Nestler-Tremel StV **87**, 360; *E. v. Hippel* ZRP **87**, 123 (AIDS als rechtspolitische Herausforderung, hierzu auch *Kiel* ZRP **87**, 258); *G. E. Hirsch* MedR **87**, 278 (GesInitiativen gegen AIDS) u. AIFO **88**, 157 (AIDS-Test bei Krankenhauspatienten); *J. Hofmann* NJW **88**, 1486 (verfassungs- und verwaltungsrechtlich); *Janker,* Strafrechtliche Aspekte heimlicher AIDS-Tests, Diss. Gießen 1988 [zit. Janker aaO] u. NJW **87**, 2897; *Jipp* MedR **87**, 257; *M. G. Koch,* AIDS. Vom Molekül zur Pandemie, 1987 u. AIFO **88**, 539, 603, 671; *Kreuzer* ZStW **100**, 786 u. NStZ **87**, 268; *Kunz* SchweizZSt **90**, 259; *Lang* AIFO **86**, 148; *R. Laufs/A. Laufs* NJW **87**, 2257 (AIDS und Arzt Strafrecht); *Laufs* NJW **89**, 1524, **91**, 1521; **92**, 1536; *Laufs/Narr* MedR **87**, 282; *Lesch* NJW **89**, 2309; *Lesting* StV **90**, 225; *R. Löw* AIFO **88**, 470 (ethische Problematik); *Loschelder* NJW **87**, 1467 u. RProblAIDS 153 (gesundheitsrechtliche Aspekte); *Lüderssen* StV **90**, 83; *B-D. Meier* GA **89**, 207; Memorandum der Leitenden Ärzte des Zentrums für Innere Medizin des Universitätsklinikums Essen *(Essener Memorandum)* FAZ vom 10. 3. 1987 [zit. bei Bock aaO]; *Meurer* in: Gallwas/Riedel/Schenke, Aids und Recht, 1992, S. 117; *Michel* JuS **88**, 8 u. NJW **88**, 2271; *E. v. Münch* DRiZ **87**, 159; *Penning/Spann* MedR **87**, 171 u. hierzu krit. *M. Mayer* JR **90**, 358 (Leichenöffnungen, §§ 81a, 81c StPO); *Pfeffer,* Durchführung von HIV-Tests ohne den Willen des Betroffenen, 1989; *Prittwitz* JA **88**, 427, 486, NJW **88**, 2942; *Reiter,* Stimmen der Zeit **87**, 435 (ethische und soziale Aspekte); *Rieger* DMW **87**, 736; *M. Rübsaamen* AIFO **87**, 165, 207, 276 (auch verfassungsrechtlich), *Schenke* DVBl. **88**, 165 u. RProblAIDS 103; *Seewald* NJW **87**, 2265 (seuchenrechtlich); *Simitis* AIFO **86**, 210; *G. u. Th. Solbach* JA **87**, 298, **88**, 114, MedR **88**, 241 u. **89**, 225; *Sönnichsen* AIFO **87**, 549 (ehem. DDR); *Spann* AIFO **87**, 240 u. 699; *Spann/Penning* AIFO **86**, 637; *Schlehofer* NJW **89**, 2017 u. Jura **89**, 263 (AIDS und Organspende); *Schlund* AIFO **86**, 448, 564; *Schneidewind* AIFO **88**, 106 (ehem. DDR); *Schünemann* JR **89**, 89; *Schünemann/Pfeiffer* (Hrsg.), Die Rechtsprobleme von AIDS, 1988 [zit. RProblAIDS] (hierzu *Rübsaamen* AIFO **88**, 45; E. v. Hippel JZ **88**, 915, *Hillenkamp* GA **89**, 324, *Schlund* JA **89**, 326 u. unzutr. krit. *Becker* StV **89**, 278); *G. P. Schultz* AIFO **87**, 46; *Teichner* NJW **86**, 761 (Blutspende), MedR **86**, 110 (Ätiologie, Tests); *Weißauer* MedR **87**, 272 (Bluttransfusion-AIDS); *Wellbrock* StV **87**, 507 (Strafvollzug); *Wokalek/Köster* MedR **87**, 286; *Wuermeling* MedR **87**, 265; *Zöllner* FAZ v. 23. 3. 1987; *Zuck* MDR **87**, 460. Monatlich regelmäßige stat. Angaben über AIDS-Erkrankungen in AIFO, zuletzt für 31. 7. 1992: AIFO **92**, 445. *BTag,* Öff. Anhörung der Enquete-Kommission AIDS vom 17. 9. 1987 (Ber. ZRP **87**, 413; *Antwort der BReg* BT-Drs. 11/1548 auf Anfrage der Abg. Jaunich ua und SPD (BT-Drs. 11/274); Zwischenbericht der *Enquete-Kommission* vom 16. 6. 1988 (BT-Drs. 11/2495), hierzu *Stoiber* AIFO **89**, 573; *Borchmann* MedR **90**, 117. Endbericht der *Enquete-Kommission* AIFO **91**, 139, 207, 258, 306 [Auszug]; hierzu Beckstein AIFO **91**, 171. **Rechtsvergleichend:** In Österreich wird Übertragung von HIV als abstraktes Gefährdungsdelikt nach §§ 178, 179 öStGB geahndet *(Bittmann* AIFO **88**, 192), *Merl,* 2 Jahre Österreichisches AIDS-Gesetz, MedR **88**, 217; *Frösner* AIFO **89**, 552, 597 (Kongreß-Ber. Montreal 1989) u. **90**, 423, 486 (Kongreß-Ber. San Francisco 1990); *Kunz* SchweizZSt **90**, 39 (Schweiz).

6b   Eine tatbestandsmäßige Gesundheitsbeschädigung ist im Falle einer AIDS-Infektion (vgl. *Laufs/Laufs* [oben 6a] 2257) bereits durch die Infizierung eines anderen mit dem HIV-1-Virus (allgM). Zwischen dem Zeitpunkt der Infizierung und dem vollen Ausbruch der AIDS-Erkrankung können bis zu 6 Jahre (uU auch mehr) liegen. Die eigentliche *Inkubationszeit* (Auftreten feststellbarer Antikörper im Blutserum) liegt meist zwischen 4 bis 6 Wochen nach der Infizierung (seltener auch später, vgl. Laufs/Laufs 2261, Schlund 570 jew. aaO), jedoch kann – wie im Fall **36**, 262 – ein positiver Antikörperbefund schon 10 Tage

Körperverletzung § 223

nach der Infizierung belegbar sein. Hieran schließt sich eine mehr oder minder lange (bis zu 6 Jahre und mehr) *Latenzphase* an, in der die Erkrankung zum Ausbruch kommen kann (Schlund aaO mwN; Rengier Jura **89**, 225). Da die Gesundheitsbeschädigung nicht mit Schmerzempfinden verbunden zu sein braucht (BGH **36**, 6; MDR/D **75**, 723), steht ihr nicht entgegen, daß der Infizierte während der Inkubationszeit und der Latenzphase beschwerdefrei ist und nicht feststeht, wie und wann die Krankheit bei ihm ausbricht. Denn der Betroffene ist mit dem Eintritt des Virus in seinen Organismus infektiös und bleibt es für diese bislang nicht heilbare und bei Ausbruch tödlich verlaufende Krankheit – anders als bei anderen übertragbaren Krankheiten (vgl. §§ 6, 7 GeschlKrG, § 3 BSeuchG) – für die gesamte Dauer seines Lebens (BGH **36**, 6 u. 265 jew. mwN u. allgM). Die vereinzelte irrige Gegenmeinung (Prittwitz StV **89**, 127; Nestler-Tremel Anm. zu BGH **36**, 1 bei EzSt § 223a Nr. 4 S. 18; ebenso AG Kempten NJW **88**, 2314, hiergegen zutr. krit. Bottke AIFO **88**, 629), wonach die symptomlose Infektion noch keine Gesundheitsbeschädigung darstelle, hat Eberbach (AIDS IX-2.3.6 S. 3) widerlegt. Die Infektion mit dem HI-Virus ist eine das Leben bedrohende Behandlung iS des § 223a (dort 5) und führt meist, weil der Kausalitätsnachweis erschwert (Arloth NStZ **87**, 408; Herzberg NJW **87**, 1461) und der Zeitpunkt der Infektion (zB AG Hamburg NJW **89**, 2091) nicht feststellbar ist, nur zur Verurteilung wegen *versuchter* gefährlicher Körperverletzung (BGH **36**, 1; LGe Hechingen, München I AIFO **88**, 221, 524; LG Nürnberg-Fürth NJW **88**, 2311; LG Hamburg AIFO **92**, 201; AG München NJW **87**, 2341 [m. abw. Anm. Arloth NStZ **87**, 408; hierzu ferner Herzberg NJW **87**, 2284, JuS **87**, 777 u. JZ **88**, 640; Geppert Jura **87**, 671; Bottke RProblAIDS 198; B.-D. Meier GA **89**, 209; aM M. Bruns NJW **87**, 2282; F. Herzog/Nestler-Tremel StV **87**, 365; Prittwitz JA **88**, 489], wenn nicht, wie im Falle BGH **36**, 262, die Virusübertragung durch den HIV-Infizierten feststeht, kritisierend Prittwitz NStZ **90**, 384). In solchen Fällen kann, wenn die Infektion zum Krankheitsausbruch auch § 224 (dort 9, 10) und wenn sie zum Tode geführt hat, § 226, im Falle *absichtlicher* Infektion sogar § 229 (dort 3) in Betracht kommen. Ist hingegen der in diesem Bereich besonders problematische bedingte Vorsatz (sowie dessen Erstreckung auf einen Todeserfolg, hierzu 6 zu § 223a und 9ff. zu § 15) nicht nachweisbar, so sind aber auch, falls Fahrlässigkeit bei der Infizierung wegen Verletzung der Sorgfaltspflichten (16 zu § 15) gegeben ist, die §§ 222 und 230 (Lang AIFO **86**, 149; Wokalek/Köster MedR **89**, 286) anwendbar. Stets ist jedoch zu prüfen, ob diese Tatbestände nicht wegen eigenverantwortlicher Selbstschädigung oder Selbstgefährdung des Opfers (19 vor § 13) ausgeschlossen sind (Bay NJW **90**, 131), was allerdings dann nicht der Fall ist, wenn der Täter seine Infektiösität dem Sexualpartner nicht offenbart hat (BGH **36**, 17; hierzu näher 15a zu § 222), auch kommt ein sog. erlaubtes Risiko (13 vor § 32) nicht in Betracht, wenn ein HIV-Infizierter ohne Schutzmittel Sexualverkehr ausübt (BGH **36**, 16 mwN). Zu Fragen der ärztlichen Aufklärungspflicht bei AIDS-Tests unten 9w, zu denen der ärztlichen Schweigepflicht sowie der Melde- und Berichtspflicht von Anstaltsärzten 29 vor § 203 und der Garantenstellung der Anstaltsleitung im Falle der AIDS-Infektion im Strafvollzug 6 zu § 13.

C. Zustandsdelikt ist die Körperverletzung in beiden Fällen; nicht Dauerdelikt (22. 8. 1978, 1 StR 334/78; LG Frankfurt NStZ **90**, 593; SchSch-Stree 82 vor § 52; Lüttger JR **71**, 140), das Rechtsgut muß daher im Zeitpunkt der Einwirkung vorhanden sein (Hirsch JR **85**, 337). 7

3) Rechtswidrig muß die Körperverletzung sein. Ausschluß der Rechtswidrigkeit kommt in folgenden Fällen in Betracht:

A. Bei Einwilligung des Verletzten. Dafür gilt § 226a; vgl. dort. 8

§ 223

9 B. Der ärztliche Heileingriff (vgl. hierzu auch 10 zu § 222).

Schrifttum: *Arzt/Weber* LH **1**, 56, 317ff.; *Arzt;* Baumann-FS 201 [Blanko-Einwilligung bezüglich der Person des Arztes]; *Bockelmann* NJW **61**, 945; Strafrecht des Arztes, 1968, 50; *Engisch/Hallermann,* Die ärztliche Aufklärungspflicht aus rechtlicher und ärztlicher Sicht, 1970; *Eser* ZStW **97**, 4; *Hollmann* NJW **73**, 1393; *Grünwald* ZStW **73**, 31; *Günther* in Koslowski, Maximen in der Medizin, 1992 S. 124; *Arthur Kaufmann* ZStW **73**, 341; *Niese,* Eb. Schmidt-FS 381; *Rieger* ArztR 802ff.; *Roemer* JZ **60**, 137; *Schick,* Ärztliche Behandlungsfehler, in: Die Haftung des Arztes (Hrsg. Schick) 1983, 37; *Schreiber,* Dünnebier-FS 633 u. in *Hippius/Überla/Laakmann/Hasford,* Das Placebo-Problem, 1986 S. 11; *Schroeder* NJW **61**, 591; *Schwalm,* MDR **60**, 722; **62**, 689; Engisch-FS 439; *Trockel* NJW **70**, 489; **71**, 217; **72**, 1493; **79**, 2329; *Laufs* NJW **77**, 1081; **78**, 1181 und Arztrecht, 4. Aufl. 1988; *Gaisbauer* VersR **76**, 214; *Barnikel* DMW **76**, 468; *Deutsch* NJW **78**, 1660; bei Dialysebehandlung *Rieger* NJW **79**, 586; *Opderbecke* MedR **85**, 23 (Grenzen der Intensivmedizin); Verh. d. 44. DJT (1961) mit Gutachten *Eb. Schmidt,* Bd. I 4, Bd. II; Die juristische Problematik in der Medizin, Bd. I, II, 1971; *Spann/Liebhardt* RMed 267; *Ulsenheimer* MedR **87**, 207; *Ratajczak* MedR **88**, 80; *Herrmann* MedR **88**, 1; *Wolfslast,* Psychotherapie in den Grenzen des Rechts, 1985. Zur Frage des *„Patiententestaments"* 18 vor § 211. Schrifttum zur *Aufklärungspflicht* unten 9f. Zur Problematik bei der *Anti-Baby-Pille Grömig* NJW **71**, 233. Zur Strafbarkeit des „kontrollierten Versuchs" beim Wirksamkeitsnachweis neuer Arzneimittel, *Fincke* Arzneimittelprüfung 1977 (hierzu *Jakobs* ZStW **91**, 649) und NJW **77**, 1094, gegen ihn *Wartensleben,* Bruns-FS 339; ausführlich *Samson* NJW **78**, 1182; *Deutsch* JZ **80**, 291; ferner *Plagemann,* Der Wirksamkeitsnachweis nach dem AMG vom 1976, Baden-Baden 1979 und JZ **79**, 257; *Henning* NJW **78**, 1671; *Gamerschlag* NJW **82**, 684; *Eser,* Internist **82**, 218 und ZStW **97**, 15; *Staak/Uhlenbruck* MedR **84**, 177; *Meurer* in Arzneimittel in der Gesellschaft, Sozialpolitik und Recht Bd. **9** 1985 S. 217; *K. u. J. Tiedemann,* R. Schmitt-FS 139 (kontrollierter Versuch bei der klinischen Arzneimittelprüfung); *Ulsenheimer* HWiStR „Arzneimittelprüfung, klinische"; *R. Keller* MedR **91**, 15; Zum *Humanexperiment; Eser,* Schröder-GedS 191, Chirurg **79**, 215; ZStW **97**, 14; *Trockel* NJW **79**, 2329; *Gsell* ZStW **97**, 170, *Geilen,* in: Höfer, Leben müssen – sterben dürfen, 1977, 81 (zu Foeten); im Zusammenhang mit der *Gen-Therapie: Sternberg-Lieben* JuS **86**, 674, GA **90**, 291; *Günther* ZStW **102**, 269 u. MedR **91**, 13; ; zur Aufklärungspflicht bei psychologischen und psychiatrischen Experimenten: *Eberbach/Schuler* JZ **82**, 356; *Bork* NJW **85**, 654. Zu den *Neulandoperationen* und experimentellen Heilmethoden: *Böth* NJW **67**, 1493; *Grahlmann,* Heilbehandlung und Heilversuch, 1977 (hierzu *Jakobs* ZStW **91**, 642); *Laufs* NJW **78**, 1179 mwN. Zur *Lebendspende* von Organen: *Carstens,* Das Recht der Organtransplantation, 1978; *Lilie* in: Albert (Hrsg.) Praxis der Nierentransplantation (III) 1988 S. 89. Zum *Doppelblindversuch: Deutsch* JZ **80**, 289; *Lehmann* SchweizZSt. **82**, 174.

9a a) Nach stRspr. erfüllt jede, in die körperliche Unversehrtheit eingreifende ärztliche Behandlungsmaßnahme den **äußeren Tatbestand der Körperverletzung** (seit RG **25**, 375; **38**, 34; **74**, 92; BGH **11**, 112; **16**, 309; BGHZ **29**, 33; 46; NJW **71**, 1887; **72**, 336; Hamm MDR **63**, 520), und zwar auch nach den §§ 223a bis 226 (Köln NStE Nr. 1 zu § 225), selbst die kunstgerecht durchgeführte und erfolgreiche Maßnahme. Jeder ärztliche Eingriff bedarf daher einer besonderen Rechtfertigung, und zwar idR durch die ausdrücklich oder stillschweigend erklärte (BGH **12**, 382; JZ **64**, 231; NJW **71**, 1887) **Einwilligung** des Patienten (§ 226a; RG **25**, 375; RGZ **68**, 431; **88**, 433; BGHZ **29**, 46; 176). Fehlt sie, so kann auch eine **mutmaß-**

Körperverletzung **§ 223**

liche Einwilligung in Betracht kommen (BGH **35**, 249; BGHZ **29**, 185; NJW **66**, 1885; LK-H. J. Hirsch 35 zu § 226a; SchSch-Eser 38; hierzu Steffen MedR **83**, 91; Tröndle MedR **88**, 165; Maiwald [3 vor § 32] 174; Uhlenbruck MedR **92**, 134; vgl. auch Giesen JZ **90**, 938). Der Inhalt des mutmaßlichen Willens bestimmt sich nach den persönlichen Umständen und Interessen des Betroffenen (Wünschen, Bedürfnissen, Wertvorstellungen); objektive Kriterien haben keine eigenständige Bedeutung, können aber im Zweifel auch bei der Ermittlung des individuellen hypothetischen Willens Anhaltspunkte liefern (BGH **35**, 249 m. krit. Anm. Geppert/Giesen JZ **88**, 1025, 1031; E. Fuchs StV **88**, 524; Hoyer StV **89**, 245; Müller-Dietz JuS **89**, 281). Als Zeitpunkt für die mutmaßliche Einwilligung ist der Augenblick maßgebend, in dem der Arzt vor der Frage steht, ob der von der erteilten Einwilligung nicht mehr gedeckte weitere Eingriff vorgenommen werden soll oder nicht (BGH aaO; insoweit anders noch in derselben Sache Köln NStE § 225 Nr. 1). Nimmt der Arzt irrig an, der Patient hätte für eine indizierte Operationserweiterung die Zustimmung erteilt, dann ist ein Irrtum über die tatsächlichen Voraussetzungen eines Rechtfertigungsgrundes gegeben (BGH **35**, 250 m. Anm. Geppert JZ **88**, 1028 u. JK 3; E. Fuchs StV **88**, 524; Hoyer StV **89**, 245; Müller-Dietz JuS **89**, 284; 27 zu § 16), der – soweit fahrlässiges Vorverhalten nachweisbar ist – zur Strafbarkeit nach § 230 führen kann (unten 9q). Jede Behandlung gegen den ausdrücklichen Willen des Patienten ist objektiv-tatbestandsmäßige Körperverletzung (LK-Spendel 52 zu § 323c; Tröndle, Göppinger-FS 603). Die Einwilligung bezieht sich grundsätzlich auf eine nach den anerkannten Regeln der Heilkunst (lege artis) durchgeführte Heilbehandlung (LK 32 zu § 226a). Ein **Kunstfehler** (unten 9c), aber auch eine überflüssige (vgl. unten 9e), ärztlich nicht indizierte Maßnahme (25. 3. 1982, 1 StR 674/81), ist von der Einwilligung grundsätzlich nicht gedeckt und macht den Eingriff nach der Rspr. zur rechtswidrigen Körperverletzung (vgl. RG **77**, 18). Dasselbe gilt, wenn es an einer wirksamen Einwilligung (§ 226a) deswegen fehlt, weil dem Patienten vor dem Eingriff keine **Aufklärung** (unten 9ff.) zuteil wurde, die es ihm ermöglicht hätte, sein Selbstbestimmungsrecht (Art. 1 II S. 1 GG) auszuüben.

b) Die hM im **Schrifttum** vertritt demgegenüber (in mancherlei Abweichungen im einzelnen) den Standpunkt, daß der ärztliche *Heil*eingriff dem Tatbestand der Körperverletzung nicht unterfalle (vgl. LK 3 ff. vor § 223; SchSch 30 ff.; SK-Horn 30 ff.; Lackner 8; M-Schroeder § 8, 26; Schmidhäuser BT 1/5; Bockelmann JZ **62**, 525; ZStW **93**, 105; Eser III 7 A 5; Gössel BT 1 § 13, 72; Maiwald [3 vor 32] 178; aM Schwalm Bockelmann-FS 539; Arzt/Weber LH **1**, 321), dies vielfach sogar im Falle des mißlungenen, aber lege artis durchgeführten Eingriffs (Eb. Schmidt, Der Arzt im Strafrecht, 1939; Engisch ZStW **58**, 5; aM Schröder NJW **61**, 951; Rudolphi JR **85**, 512) aus der zutreffenden Erwägung, daß eine Handlung, die tendenziell gerade auf Wiederherstellung oder Erhaltung des körperlichen Wohls angelegt sei und im Erfolgsfalle dieses Ziel auch erreiche oder zumindest körperliche Beschwerden lindere, ihrem „sozialen Sinngehalt nach das Gegenteil einer Körperverletzung" sei (Niese, Eb. Schmidt-FS 361). In der Tat haben vom Rechtsgut her (oben 1) die §§ 223 ff. in erster Linie Körper*interessen*verletzungen (Engisch ZStW **58**, 5) im Auge, freilich weist Eser (ZStW **97**, 5) mit Recht darauf hin, daß das Rechtsgut des § 223 auch die körperliche Integrität miteinschließt und damit zugleich das Selbstbestim-

9b

§ 223

mungsinteresse (vgl. unten 9i) ins Spiel kommt. Von der Rechtsguts- und Tatbestandsebene her wäre daher auch die dogmatisch freilich schwer erfaßbare (SK 34) Heileingriffsproblematik zu lösen, wie dies die Entwürfe seit langem (vgl. §§ 161, 162 E 1962, § 123 AE; ebenso § 110 öStGB; hierzu Zipf, Bockelmann-FS 577 und Bertel WienK zu § 110; ferner 44, DJT (1962) II. Teil 4; Wilts MDR **70**, 971; **71**, 4; 92; Eser ZStW **97**, 19; E. Fuchs StV **88**, 526; aM Krauß, Bockelmann-FS 589) vorschlagen. Auch eine sachgemäße juristische Bewältigung der *Sterbehilfeproblematik* (13 ff. vor § 211) setzt eine gesetzliche Regelung der ärztlichen Heil-Behandlung voraus (Tröndle M 44; Lackner M 128; aM H. J. Hirsch, Eser, Koch, Rieger M 68, 71, 80, 88 jew. Sitz. Ber. 56. DJT). Gleichwohl hält die Rspr. (oben 9 a) unbeirrt, wenn auch sachwidrig und möglicherweise sogar unter Verstoß gegen Art. 103 GG (LK 6 vor § 223; Rudolphi JR **75**, 512) an der Rechtfertigungslösung fest, da, solange ein Tatbestand der eigenmächtigen Heilbehandlung fehlt, nur auf diese Weise die Strafbarkeit dessen, der unter Verletzung des Selbstbestimmungsrechts des Patienten eigenmächtig Heileingriffe vornimmt, gewährleistet bleibt (H. J. Hirsch, Tröndle-FS 34 u. LK 6 vor § 223; SchSch 31; Jescheck § 34 III 3a).

9c c) Ein Heileingriff muß, um gerechtfertigt zu sein, kunstgerecht (lege artis) vorgenommen werden. Jeder **Kunstfehler** (Behandlungsfehler; vgl. Rieger ArztR 305 ff.; Ulsenheimer 38 ff.), der auch im Unterlassen einer gebotenen Maßnahme liegen kann, begründet eine Sorgfaltspflichtverletzung (16 zu § 15), die beim Eintritt eines schädlichen Erfolges zur Strafbarkeit nach §§ 222, 230 führt (unten 9u; zur Kasuistik vgl. 10 zu § 222; zu staatsanwaltschaftlichen Ermittlungen wegen „Kunstfehlern" Günther DRiZ **82**, 326). Unter der lex artis versteht man die „Regeln der ärztlichen Kunst" (vgl. § 81a I S. 2 StPO), das sind die aufgrund des Fachwissens und der Standards der Disziplin anerkannten Grundsätze und Methoden (Laufs 155). Sie sind freilich nicht ohne weiteres der „Schulmedizin" gleichzusetzten (RG **67**, 23). Es gilt der Grundsatz der Methodenfreiheit (Bockelmann, Strafrecht des Arztes, 1968, 86; Schwalm, Bockelmann-FS 548; Siebert MedR **83**, 217; Schreiber HNO **83**, 229; Laufs NJW **84**, 1384; H. Schmid NJW **86**, 2339). Doch ist bei der Wahl der Methoden die Besonderheit des konkreten Falles im Auge zu behalten. Auch wer kritisch zur „Schulmedizin" steht, darf sich insbesondere bei lebensgefährlichen Erkrankungen (Krebs) nicht über deren Erfahrungen hinwegsetzen (vgl. NJW **60**, 2253; **62**, 1780; LM Nr. 6 zu § 230). Der Arzt hat sich über die Fortschritte der Medizin zu unterrichten und mit neuen Heilmitteln und -verfahren vertraut zu machen (Laufs 159). Bei neuen oder Außenseitermethoden gelten erhöhte Anforderungen an die Aufklärung (unten 9 m) hinsichtlich der bestehenden Risiken (RG **67**, 24; Siebert MedR **83**, 220; Jung ZStW **97**, 57; vgl. Eser ZStW **97**, 12). Soweit die Verordnung einer *Ersatzdroge* (L-Polamidon) gegen die Regeln der Schulmedizin verstößt, liegt nach BGH **37**, 385 [hierzu Moll NJW **91**, 2334; Körner StV **91**, 580; Hellebrand ZRP **91**, 414, NStZ **92**, 13 u. MedR **92**, 71; Laufs/Reiling JZ **92**, 105; Hassemer JuS **92**, 110; Geppert JK 1 zu § 13 BtMG; Helgerth JR **92**, 170; Meurer [6a zu § 223] 124 Rn. 43) dann noch kein unerlaubtes Verschreiben (§ 29 I Nr. 6a BtMG) vor, solange der Arzt in dem von ihm zu verantwortenden Risikobereich bleibt; nach Frankfurt (NJW **91**, 763 m. Anm. Radloff NStZ **91**, 235; Geppert JK 1) kann die Verschreibung suchtfördernder Arzneimittel im Rahmen einer Heilbehandlung § 223 erfüllen. Vgl. ferner zur **Substitu-**

Körperverletzung § 223

tionsbehandlung Richtlinien der Ärzte und Krankenkassen zur Methadon-Substitutionsbehandlung AIFO **92**, 86. Weiteres *Schrifttum: Böllinger* JA **89**, 403, MedR **89**, 294; *Haffke* MedR **90**, 243; *Moll,* Substitutionsbehandlung Opiatabhängiger, 1990 [Bespr. *Rübsaamen* AIFO **91**, 333]; *Kühne* NJW **92**, 1567.

d) *Keine Heileingriffe* sind solche in die körperliche Unversehrtheit eingreifenden ärztlichen Handlungen, die anderen Zwecken dienen (SchSch 50), zB rein kosmetische Schönheitsoperationen, das wissenschaftliche Humanexperiment, der nicht medizinisch indizierte SSA oder die IVF (6e vor § 218) und andere Formen der künstlichen Befruchtung, soweit sie aus nichttherapeutischen Gründen vorgenommen werden (vgl. § 9 EschG; hierzu Keller u. a. ESchG 8 zu § 9; Giesen JR **84**, 228; aM Zierl DRiZ **86**, 162), die freiwillige Kastration oder Sterilisation (12, 13 zu § 226a) aus nichttherapeutischen Gründen; die Entnahme von Blutspenden oder eines Organtransplantats (4 zu § 168), das Doping (Linck NJW **87**, 2549; 7 a zu § 226a). Für die Wirksamkeit der Einwilligung (§ 226a, unten 9e) gelten jedoch erhöhte Anforderungen an die Aufklärungspflicht des behandelnden Arztes. 9d

e) Wirksam ist die (rechtfertigende) **Einwilligung** nur (vgl. 3 ff. vor § 32; hierzu Bockelmann JZ **62**, 525 u. Strafrecht des Arztes 54; LK 15 ff. zu § 226a) wenn sie **aa)** vom **Berechtigten,** also vom Patienten oder bei Minderjährigkeit (BGH **12**, 383; BGHZ **29**, 33; NJW **72**, 337; MedR **83**, 26; Laufs 83) vom gesetzlichen Vertreter oder Pfleger oder bei mangelnder Einsichtsfähigkeit vom Betreuer (ev. mit Genehmigung des Vormundschaftsgerichts, § 1904 BGB) erteilt und allein am therapeutischen Wohl des Betroffenen orientiert ist, (§ 1901 BGB); uU kann nach der Art des Eingriffs auch die natürliche Urteils- und Einsichtskraft genügen (vgl. SchSch 40 vor § 32); zB im Fall der Einwilligung Minderjähriger in einen *HIV-Antikörpertest* (so mit Recht Lesch NJW **89**, 2309; krit. Dargel NStZ **82**, 208; vgl. auch unten 9w), und **bb)** von **Willensmängeln** (Täuschung, Irrtum, Zwang) **nicht beeinflußt** ist (SchSch 39; vgl. Roxin § 13, 66 u. Noll-GedS 275; M. K. Meyer Ausschluß 207 ff., hierzu Küper JZ **86**, 227; Ulsenheimer 58); jedoch soll nach BGH **16**, 309 die irrige Annahme, von einem Arzt behandelt zu werden, die Einwilligung auch dann nicht unwirksam machen, wenn es sich um einen zweifelsfrei geringfügigen Eingriff handelt (zw.; krit. Bockelmann aaO 526). Eine Einwilligung „aus laienhaftem Unverstand", die aber ernsthaft und in voller Kenntnis der Situation erteilt ist, soll nach NJW **78**, 1206 nicht wirksam sein (zust. Bichlmeier JZ **80**, 53; hiergegen aber zutr. krit. Hruschka JR **78**, 519; Horn JuS **79**, 29; LK 32 zu § 226a; Roxin § 13, 57; ferner Rogall NJW **78**, 2344; Rüping Jura **79**, 90; Tröndle MDR **83**, 885; Schlüchter 176; Günther 349; M-Gössel FuL 91 u. BT 1 § 13, 76; Arzt/Weber LH **1**, 325; Hermle JuS **87**, 976; hierzu Armbrüster JuS **88**, 502; Herrmann MedR **88**, 3) **cc)** in Kenntnis der **Tragweite und Folgen** des **Eingriffs** erteilt wurde (Hamm MDR **63**, 521; Hamburg NJW **75**, 604 m. Anm. Rudolphi JR **75**, 513; Düsseldorf MedR **84**, 29; RG **77**, 20; Laufs 65); denn nur der insoweit informierte Patient kann sein Selbstbestimmungsrecht (Art. 2 II S. 1 GG) ausüben. Zur Frage der Einwilligung in eine Blutentnahme zur Vorbereitung einer Genomanalyse Sternberg-Lieben GA **90**, 297. 9e

f) Die **ärztliche Aufklärungspflicht** hat daher für die Rechtfertigung zentrale Bedeutung. 9f

§ 223

Aus dem kaum übersehbaren neueren **Schrifttum** (vgl. auch oben 9); *Laufs,* Arztrecht, 4. Aufl. 1988 (zit. nach Nr.); *Kern/Laufs,* Die ärztliche Aufklärungspflicht 1983; ferner *G. Bauer* For. 6 [1985] 197; *K. H. Bauer,* Bockelmann-FS 497; *Bodenburg* NJW **81**, 603; *Buchborn* MedR **84**, 126; Internist **81**, 162, *Damm* NJW **89**, 737; *Demling* MedR **83**, 207; *Deutsch* NJW **80**, 1305; **82**, 2585; MedR **87**, 73 (bei neuroradiologischen Untersuchungsmethoden); *Eberbach* MedR **84**, 201; **86**, 14, 180, Anästhesist **86**, 403 (jur. Aspekte des Schmerzes), AIFO **87**, 284 (bei AIDS); *Engisch,* Bockelmann-FS 519; *Eser,* Strafrecht III 7, A 18 ff.; Anästhesiologie und Intensivmedizin **79**, 211; ÄrzteBl. BadW **81**, 1; ZStW **97**, 20; *Falck* MedR **85**, 110; *Fotakis* MedR **86**, 121; *Francke/Hart,* Ärztliche Verantwortung und Patienteninformation, 1987; *Franzki,* Hefte f. Unfallkunde **153**, 278; MedWelt **82**, 3; SchlHA **81**, 57; *Giesen* Jura **81**, 10; JZ **82**, 394, 399; **87**, 282; *Giesen/Walter* Jura **91**, 182; *Günther* DRiZ **82**, 326; *G. Harrer* For. 9 (1988), 53; *Hiersche* MedR **83**, 43; *Hirsch/Weißauer* MedR **83**, 41; *Jacob* Jura **83**, 529; *Kienapfel,* in: Gramberg-Danielsen (Hrsg.) Rechtsophthalmologie 1985, 29; *Kloppenborg* MedR **86**, 18; *Kuhlendahl,* Bockelmann-FS 465; *Laufs* NJW **83**, 1345, 1349; **84**, 1388; **85**, 1366; **86**, 1520; **91**, 1523; **92**, 1533; *Laufs/Eichener,* Niederländer-FS 71 (strafrechtliche Arzthaftung, historisch); *Narr* Radiologe **83**, 241; *Niebling* MDR **82**, 193; *Proske* in Schick (Hrsg.), Die Haftung des Arztes, 1983, 101; *Rieger* ArztR 253 ff.; *Siebert* MedR **83**, 216;, *Schloßhauer-Selbach* DRiZ **82**, 361; NJW **85**, 660; *H. Schmid* NJW **84**, 2601; *Schreiber* MedKlinik **83**, 468, 503; Internist **83**, 185; HNO **83**, 228 u. RheinWestf. Ak. d. Wiss. Vorträge N 378 S. 40; *Schultz* SchweizZSt **90**, 281; *Sigel* NJW **84**, 1390; *Solbach* JA **86**, 419; *Steffen* MedR **83**, 88; *Tempel* NJW **80**, 609; *Tröndle* MDR **83**, 881; *Ulsenheimer* 53 ff. u. MedR **92**, 133; *Wachsmuth* NJW **82**, 686; DRiZ **82**, 412; Bockelmann-FS 473; *Wachsmuth/Schreiber* NJW **81**, 1985; **82**, 686; Chirurg **82**, 594; **83**, 60. Zur Frage der Aufklärungspflicht bei AIDS-Verdacht vgl. ferner oben 6 a.

9g
9h **aa) Aufzuklären** hat der **Arzt,** nicht das Pflegepersonal (NStZ **81**, 351; LK 21 zu § 226a; Köln MedR **83**, 113), α) idR durch ein **Aufklärungsgespräch,** das durch eine standardisierte Patientenaufklärung (Formblätter, Broschüren) zwar unterstützt, nicht aber ersetzt werden kann (Jacob aaO), schon weil sie der Individualität des Arztes und des Patienten und beider Grundeinstellungen zu Krankheit und Tod nicht gerecht wird (Eberbach MedR **84**, 201; **88**, 9; K. H. Bauer 500, Tempel 615, Deutsch 2588, Schloßhauer-Selbach 365, Tröndle 887; Bodenburg, Niebling, Laufs 71, jew. aaO; vgl. Rieger ArztR 272 ff.; Ulsenheimer 119), insbesondere dann nicht, wenn sie dem Patienten eine Fragelast überbürdet (sog. Stufenaufklärung, vgl. Jacob aaO 533; Laufs NJW **83**, 1349; Ulsenheimer 78, 121; überzeugend hiergegen Wachsmuth/Schreiber Chirurg aaO und Schreiber aaO). β)
9i so **rechtzeitig** vor dem Eingriff, daß dem Patienten Gelegenheit zu eigener Überlegung und Willensbildung bleibt ("**Selbstbestimmungsaufklärung**"; Stuttgart NJW **79**, 2356; LG Bremen MedR **83**, 76; LK 22 zu § 226 a; Narr
9k aaO), γ) **über Art, Chancen und Risiken** des Eingriffs. Der Patient muß selbst darüber entscheiden können, ob er zB eine Operation oder eine Bestrahlung, das Risiko einer Amputation oder einer Versteifung tragen will (vgl. LK 26 zu § 226 a). Er muß daher über im wesentlichen über den Befund unterrichtet werden *(Diagnoseaufklärung;* Herrmann MedR **88**, 4; LK 24 zu § 226a), ferner über die Methoden der Behandlung, sofern mehrere in Betracht kommen *(Behandlungsmethodenaufklärung;* SchSch 41; MedR **83**, 29; Düsseldorf MedR **84**, 29), daher uU auch über Schmerzhaftigkeit des Eingriffs (BGHZ **90**, 96 m. Anm. Laufs/Kern JZ **84**, 631) über

Körperverletzung **§ 223**

Arten und Auswirkungen der Anästhesie (NJW 74, 1422), sowie zB über die Funktionsdauer implantierbarer medizinisch-technischer Hilfsmittel (wiederverwendete Herzschrittmacher: Bringewat NStZ 81, 207; MDR 84, 93); *stets* auch über sicher oder wahrscheinlich eintretende Folgen des Eingriffs *(Sicherungsaufklärung,* LK 27 zu § 226a) und schließlich über Risiken und mögliche Nebenfolgen, mit denen bei der Art des Eingriffs zu rechnen ist (**Risikoaufklärung**; vgl. 25. 9. 1990, 5 StR 342/90; zum Ganzen: Engisch 523; Eser Anästh. 214; Franzki, jew. aaO; SchSch 41; Rieger ArztR 256). Zur Aufklärungspflicht des Arztes gegenüber einer Schwangeren in der Perinatalperiode Hiersche MedR 91, 310. Zur Aufklärung bei klinischen Therapiestudien nach einem „Zufallverfahren" *(Randomisation);* Eberbach MedR 86, 184; 88, 7). δ) **Ausnahmsweise** kann auf die Aufklärung 91 **verzichtet** werden, wenn sich der Patient dem Arzt uneingeschränkt anvertraut, was auch stillschweigend geschehen kann (NJW 61, 262; BGHZ 29, 54; Rieger ArztR 263), wenn er ihm aufgrund von Vorinformationen (NJW 73, 558; 76, 364; NStZ 81, 351) oder eigener Sachkunde (MDR 62, 45) vertraut (Tempel aaO 613; vgl. jedoch LG Duisburg MedR 84, 196: Fall eines Medizinstudenten). Jedoch kann nicht ohne weiteres von einem Aufklärungsverzicht ausgegangen werden, weil ein Vertrauensverhältnis besteht (BGHZ 29, 56; Bremen MedR 83, 76, 112; Laufs 78; Herrmann MedR 88, 5), oder weil das zu operierende Organ bereits funktionsunfähig ist (Hamm MDR 63, 520). ε) **Umfang** und Intensität der Aufklärung richtet 9m sich nach der *konkreten Sachlage* (SchSch 40). Die Aufklärungspflicht ist im Falle unklarer Diagnose entsprechend eingeschränkt (JZ 64, 232 m. Anm. Eb. Schmidt). Aufklärung über extrem seltene Risiken, die in der medizinischen Literatur nicht beschrieben sind und die der Arzt nicht kannte oder kennen mußte, kann nicht verlangt werden (Karlsruhe MedR 83, 191). Auf den *Bildungsstand* (vgl. Kern MedR 86, 176) und das Verständnisvermögen des Patienten *(Aufklärungsfähigkeit:* Eberbach MedR 86, 181) ist Bedacht zu nehmen (NJW 71, 336). Maßgebend ist, was ein *Patient* erwarten darf, um sein Selbstbestimmungsrecht (BVerfGE 52, 168) ausüben zu können, was nicht unbedingt eine Willensbildung iS des medizinisch Vernünftigen zu sein braucht (and. wohl Bichlmeier JZ 80, 54; hierzu Steffen MedR 83, 89; Laufs NJW 84, 1388; vgl. aber auch Arzt/Weber LH 1, 325).
ζ) Ist der Eingriff *per se* bedenklich (wie bei *Doping*-Maßnahmen; 7a zu § 226a; Linck NJW 87, 2550), nicht erforderlich (NStZ 81, 351), sondern nur „gegeben" (BGH 12, 379) oder sonst **aufschiebbar**, etwa rein prophy- 9n laktisch, diagnostisch (Bremen MedR 83, 75, 111; Laufs 76; Narr aaO; SchSch 40) oder gar nur aus kosmetischen Gründen veranlaßt, so ist die Aufklärungspflicht besonders ernst zu nehmen (vgl. MedR 91, 85; Ulsenheimer MedR 92, 133) und weitergehender als bei **Notfallpatienten,** bei denen idR keine Aufklärung über alternative Behandlungsmethoden, sondern nur pauschale Aufklärung erforderlich ist (NJW 82, 2121; Laufs NJW 83, 1350; Eser ZStW 97, 20; LK 20 zu § 226a). Geht es um Leben oder Tod, braucht der Arzt „mit der Einwilligung nicht viel Umstände zu machen" (so BGH 12, 382); freilich beurteilt die Rspr. im Einzelfalle, namentlich im Bereich der Risikoaufklärung (oben 9k), η) die **Anforderungen an den** 9o **Umfang der Aufklärung** (Tempel 613, Schloßhauer-Selbach jew. aaO) nicht einheitlich. Früher hielt die Rspr. die Komplikationsdichte und damit die „typischen" Folgen (vgl. BGHZ 29, 57; 182) und die der Behandlung

§ 223

„eigentümlichen" Risiken (vgl. MDR **62**, 44) für maßgebend; neuerdings hebt sie (im Ansatz zutreffend) darauf ab, ob für einen „verständigen Patienten" (hierzu Steffen, Tröndle 884 aaO) in der konkreten Situation (auch der der Klinik) das *Eingriffsrisiko* für die Einwilligungsbereitschaft von Bedeutung sein kann (BVerfGE **52**, 169; NJW **63**, 394; **71**, 1888; **72**, 337; Frankfurt NJW **73**, 1416; LK 27 zu § 226a; SchSch 41). Gleichwohl geht die (überwiegend zivilgerichtliche) Rspr. (zusf Tempel NJW **80**, 611) in ihren Anforderungen zu weit (hierzu Laufs NJW **80**, 1318; **87**, 1545; Schloßhauer-Selbach DRiZ **82**, 364; Hirsch/Weißauer aaO; Schreiber, Internist **83**, 186; Franzki aaO; Tröndle aaO 883; Ulsenheimer 55 u. MedR **92**, 133; LK 20, 25 zu § 226a; Rieger ArztR 265; krit. zur Aufklärungspflicht überhaupt: Arzt/Weber LH **1**, 325), wenn sie auch ganz selten auftretende, wenn auch „typische" (krit. Weißauer 52. DJT I 41) Risiken einbezieht, die zB nur etwa im Verhältnis 1:2000 aufzutreten pflegen, so BGH(Z) NJW **80**, 1907, oder gar 1:10000 bis 1:20000, so BGHZ **90**, 96 (vgl. LG Bremen MedR **83**, 75; Bremen MedR **83**, 111; anders und deutlich einschränkend Celle VersR **81**, 1185, hierzu Tröndle MDR **83**, 886), oder im Falle einer nachträglich indizierten Erweiterungsoperation, die von der erteilten Einwilligung nicht umfaßt ist, den Abbruch der Operation zwecks weiterer Aufklärung und Einholung der Einwilligung verlangt, falls der Abbruch nicht medizinisch kontraindiziert ist, so BGH(Z) NJW **77**, 337 (zutr. hiergegen Wachsmuth, Bockelmann-FS 476; Tempel NJW **80**, 613; LK 35 zu § 226a; vgl. unten 9q). Solche Entscheidungen können für die *strafrechtliche* Haftung nicht wegweisend sein (zu weitgehend daher BGH **11**, 116, wo die Grundsätze des 1. Elektroschock-Urteils VI. ZS NJW **56**, 1106 anerkannt werden; vgl. Hirsch/Weißauer aaO 44; Tröndle aaO 883; 884; LK 19 zu § 226a). Sie erklären sich vielmehr aus den beweisrechtlichen Besonderheiten zivilprozessualer Kunstfehlerprozesse (leichtere Beweisbarkeit der unterbliebenen oder unzureichenden Aufklärung; vgl. Hirsch/Weißauer, Franzki, Schreiber 504, Tröndle 882, Laufs 67 jew. aaO; Krümpelmann GA **84**, 493; Eser ZStW **97**, 11; Hillenkamp, Wassermann-FS 866; instruktiv: Ulsenheimer 208 ff. u. MedR **87**, 212, **92**, 33; hierzu Ratajczak MedR **88**, 80). Da aber der Umfang der ärztlichen Aufklärungspflicht nur einheitlich beurteilt werden kann, bedarf auch die Rspr. in Zivilsachen der Überprüfung (zu den nachteiligen Folgen dieser Entwicklung im Zusammenhang mit der „Defensivmedizin" und der „Formularaufklärung" oben 9h, Wachsmuth/Schreiber aaO, Jacob, Demling, Schreiber MedKlinik 504, jew. aaO; Krümpelmann GA **84**, 509). Die Pflicht des Arztes, das Selbstbestimmungsrecht des Patienten voll zu respektieren, bedeutet nicht, daß ihm Handeln wider die richtig verstandene Standesethik angesonnen werden darf. „Was die *Standesethik* vom Arzt fordert, übernimmt das Recht weithin zugleich als rechtliche Pflicht" (so BVerfGE **52**, 170 nach Eb. Schmidt, vgl. Schreiber, Dünnebier-FS 634). ϑ) Ziel einer „**therapeutischen Aufklärung**" ist es, den Patienten für eine Therapie und die notwendigen diagnostischen Maßnahmen zu motivieren (Deutsch NJW **82**, 2586; SchSch 35; zur Frage des inhaftierten Patienten: Sigel NJW **84**, 1390). Dabei hat der Arzt, will er dieses Ziel auf humane Art erreichen, auf Persönlichkeit und Zustand des Patienten Bedacht zu nehmen. Aus therapeutischen Gründen kann daher ausnahmsweise eine **Teilaufklärung** zulässig oder gar geboten sein, wenn eine volle Aufklärung den Patienten „see-

9p

lisch so schwer belasten würde, daß dadurch der Behandlungserfolg voraussichtlich erheblich beeinträchtigt würde" (so § 162 III Nr. 3 E 1962; ähnlich § 123 IV AE-BT, Begr. 79; im einzelnen sehr str.). Ein solcher ärztlicher Schonungsgrundsatz (**therapeutisches Privileg**, SchSch 41; Schreiber 188; Tröndle 886 jew. aaO; zusf Deutsch NJW 80, 1305; Ulsenheimer 90), gilt namentlich für schwere Befunde (zB bei Krebs, *nicht* jedoch bei einer *AIDS-Diagnose*, Teichner NJW 86, 761; Eberbach AIFO 87, 285, 88, 313 u. AIDS [oben 6 a] IX-2.2.3 S. 7; Laufs/Laufs NJW 87, 2264; offenbar aM Deutsch NJW 85, 2746), um den Gesundungswillen nicht zu beeinträchtigen (Engisch 528; Schreiber 187 jew. aaO) oder auch (entgegen zivilgerichtlicher Rspr.), wenn die Mitteilung nur entfernter Risiken einen sensiblen Patienten unnötig erheblich beunruhigen und Gang und Gelingen des Eingriffs in Mitleidenschaft ziehen könnte (einschränkend jedoch BGH 11, 116). Gerade wenn der Arzt seine Aufklärungs*pflicht* ernst nimmt, mag ihm mitunter zweifelhaft sein, ob angesichts des Zustands des Patienten Schonung oder im Hinblick auf die Risiken Aufklärung geboten ist (Engisch 528, Wachsmuth 416, Laufs 82, jew. aaO; zur Frage des ärztlichen Handlungsermessens, Eser, ÄrzteBl aaO 3, 7). Aus therapeutischen Gründen ganz *unterbleiben* kann eine Aufklärung nach der **Rspr.** nur äußerst selten, zB bei Suizidgefahr (RG 66, 183) oder im Falle eines drohenden Basedow-Komas. Nie darf aber die Aufklärung riskanter sein als der Eingriff selbst. ι) Gegenüber früher (vgl. RG 66, 181; RGZ 151, 349; 163, 129) hat die Rspr. ihre Anforderungen an die Aufklärungspflicht vor allem im Hinblick auf Art. 2 II S. 1 GG insbesondere in zivilgerichtlichen Entscheidungen (BGHZ 29, 46; 176; NJW 56, 1106; 77, 337; vgl. aber auch BGH 11, 111) deutlich verschärft (hiergegen aus ärztlicher Sicht eindrucksvoll Kuhlendahl, Wachsmuth, K. H. Bauer in Bockelmann-FS 465, 473, 497; letzterer insbesondere zu den Folgen ärztlich nicht indizierter Vollaufklärung bei Krebskranken, rechtlich hierzu Engisch aaO 519, 530; ferner Spann/Liebhardt/Braun, Bockelmann-FS 492; Laufs NJW 80, 317; Wachsmuth/Schreiber, Schloßhauer/Selbach, zusf Tempel, Deutsch jew. aaO). Mitunter wird als „Kehrseite freier Selbstbestimmung" (so MindVot. BVerfGE 52, 180) stets Vollaufklärung verlangt und unter dem Schlagwort „Wahrheit am Krankenbett" (hierzu Wachsmuth NJW 82, 687) von vornherein ein „therapeutisches Privileg" abgelehnt (so insbesondere Giesen aaO; zw. Narr aaO; vgl. auch Eberbach MedR 86, 183). Ein dergestalt ersichtlich aus dem Vorstellungsbild eines Gesunden (wie im MindVot. BVerfGE 52, 173) verstandenes Selbstbestimmungsrecht kann sich uU wider den Patienten wenden (ähnlich Schreiber aaO 187; Herrmann MedR 88, 3). Diese Sicht verfehlt die *ex ante* zu beurteilende (SchSch 36) wirkliche Situation des primär therapeutisch denkenden Arztes *und* des Patienten, dessen durch Art. 2 II S. 1 GG gewährleisteter Schutz nicht die Folge haben kann, daß dem Kranken Schonung versagt bleibt (Schreiber 187, Tröndle 887, Hiersche 54, jew. aaO; verkannt im MindVot BVerfGE 52, 178 und von Giesen JZ 82, 399; 87, 286; treffend gegen diese Vorstellung eines „verfassungskonformen Patienten": Franzki aaO 284 und Med-Welt 82, 6). Daher ist entgegen der vom BGH(Z) NJW 77, 337 vertretenen Rechtsauffassung der *Abbruch einer Operation*, falls eine *medizinisch indizierte* Erweiterung nicht von der erteilten Einwilligung gedeckt ist, rechtlich nicht geboten (vgl. JZ 64, 232 m. Anm. Eb. Schmidt), sondern umgekehrt der lex artis zuwider

§ 223

(vgl. zB BGH **11**, 115; LK 35 zu § 226a; Wachsmuth, Bockelmann-FS 478; Tröndle MDR **83**, 884; vgl. Ulsenheimer 100 u. MedR **92**, 133; aM Giesen JZ **82**, 353). Allerdings ist dem Arzt ein strafrechtlich relevantes Vorverhalten zurechenbar, wenn er die Operation begonnen hatte, ohne über ein naheliegendes und aufklärungsbedürftiges Operationsrisiko zu informieren (hierzu BGH **11**, 113; **35**, 250 m. krit. Anm. Geppert/Giesen JZ **88**, 1024, 1030; E. Fuchs StV **88**, 524; Hoyer StV **89**, 245; Müller-Dietz JuS **89**, 280).

9r g) Die **Form der Einwilligung** ist unerheblich, SchSch 43, sie muß lediglich nach außen deutlich werden (Unterschrift oder Vermerk in den Krankenpapieren). Sie kann aber unwirksam sein, wenn sie, etwa nach Formularaufklärung (oben 9h), zu pauschal gehalten ist.

9s h) Eine Einwilligung kann, solange dies im Hinblick auf das Fortschreiten des Eingriffs möglich ist, **widerrufen** werden (RG **25**, 382; LK 33 zu § 226a; SchSch 46).

9t i) Hat der Arzt in Fällen, in denen eine (volle) Aufklärung nicht möglich oder nicht vertretbar ist, Grund zur Annahme, daß der Patient die **Einwilligung versagen** würde (zB Bluttransfusion bei Angehörigen gewisser Sekten), so hat er den **Eingriff zu unterlassen** (vgl. aber § 101 StVollzG!; 6 vor § 211), auch um den Preis einer schweren Folge oder des Todes; denn die Beachtung des **Selbstbestimmungsrechts** des Patienten ist ein wesentlicher Teil des ärztlichen Aufgabenbereichs (BGH **32**, 378; vgl. hierzu aus medizinischer Sicht Buchborn MedR **87**, 223). Da Art. 2 II S. 1 GG (vgl. BVerfGE **52**, 170) auch nach Eintritt der Bewußtlosigkeit zu beachten ist, bleibt der Arzt an die Bestimmung gebunden, falls sich die ihr zugrundeliegenden tatsächlichen Umstände nicht wesentlich geändert haben (München NJW **87**, 2943; Kutzer MDR **85**, 712). Anders wird die rechtliche Relevanz des Willens eines bewußtlosen Selbstmörders vom BGH **32**, 378 beurteilt. Vgl. ferner BGH **11**, 114; § 162 III Nr. 4 E 1962; Franzki aaO 282; LK 37 zu § 226a; Weißauer, Frauenarzt **83**, 111; aM, aber irrig Barnikel DRiZ **76**, 149; DMW **79**, 330; vgl. 7 zu § 323c aE; ferner zum Suizidpatienten LK aaO.

9u k) **Fehlt die Einwilligung** oder ist sie, etwa wegen ungerechtfertigter Teilaufklärung (vgl. oben 9p), unwirksam, so kommt Bestrafung nach § 223, aber auch §§ 225, 226 in Betracht (BGH **12**, 385; Düsseldorf MedR **84**, 28; krit. LK 3 vor § 223; SK 38).

9v l) Hält der Arzt eine rechtlich gebotene Aufklärung aus tatsächlichen und rechtlichen Gründen nicht für erforderlich oder **irrig** die auf einer ungerechtfertigten Teilaufklärung beruhende Einwilligung **für wirksam**, so ist die Vorsatzstrafe ausgeschlossen. Es gelten die Grundsätze für den Irrtum über das Vorliegen der tatsächlichen Voraussetzungen eines Rechtfertigungsgrundes (26, 27 zu § 16; Hamburg NJW **75**, 603, zust. Rudolphi JR **75**, 513; vgl. Hruschka JR **78**, 522; Müller-Dietz JuS **89**, 284).

9w m) Umstritten und ungeklärt sind im Zusammenhang mit **AIDS-Erkrankungen** (vgl. schon oben 6b) auch zentrale *arztrechtliche* Probleme. So werden zB alle ärztlichen Untersuchungen auf HIV-Antikörper, in die der Patient nicht ausdrücklich und nach vorausgegangener besonderer Aufklärung speziell eingewilligt hat, als sog. **heimliche AIDS-Tests** für rechtswidrig und ggf, wenn allein ihretwegen Blut entnommen wird, als Körperverletzungen (oben 9a) angesehen (so StA Mainz NJW **87**, 2946; M. Bruns MDR **87**, 355; vgl. auch Eberbach MedR **86**, 182; AIFO **87**, 287 u. NJW **87**, 1470; Beckstein AIFO **90**,

342). Das ist in dieser Allgemeinheit *nicht* zutreffend (klärend und differenzierend Janker, Strafrechtliche Aspekte heimlicher AIDS-Tests, 1988, u. NJW 87, 2998; ferner Laufs/Narr MedR 87, 282). Gerade weil zur Bekämpfung der AIDS-Seuche außer einer – unzureichenden (Bock, Frösner, v. Hippel, Spann, Sönnichsen aaO [oben 6 a] – Aufklärungskampagne bisher keine wirksamen und nach Art. 2 II S. 1 GG wohl auch gebotenen (Gallwas, Rübsaamen, Schünemann 168, 208, 468 jew. aaO) gesetzgeberischen und administrativen Maßnahmen getroffen worden sind, ist davon auszugehen, daß für *HIV-Infektionen* und AIDS-Erkrankungen nicht nur in dogmatischer Hinsicht (vgl. BGH 36, 10), sondern auch arztrechtlich *keine Besonderheiten* gelten und sie wie andere schwere ansteckende Krankheiten zu behandeln sind (insoweit ebenso Eberbach JR 86, 231; Laufs/Narr MedR 87, 282; G. u. Th. Solbach JA 88, 115). Das bedeutet zwar zum einen, daß niemand – auch nicht der AIDS-Verdächtige – zwangsbehandelt oder auch nur gegen seinen Willen auf HIV untersucht werden darf, soweit nicht durch besondere gesetzliche Normen (zB §§ 31 II, 32 II, 34 I BSeuchG; vgl. VGH München NJW 88, 2318 [hierzu Seewald NJW 88, 2921 u. Gallwas NJW 89, 1516]; Gutachten NRW-Min. f. Arbeit AIFO 88, 405; Gauweiler ZRP 89, 85; M. Bruns ZRP 89, 241 [zutr. gegen ihn Klein ZRP 90, 73]; Rübsaamen [oben 6 a] 276, Bachmann MedR 87, 277; Eberbach AIFO 88, 313 u. ÖGW 88, 458; Schenke DVBl. 88, 167; J. Hofmann NJW 88, 1490) die Voraussetzungen für einen solchen Eingriff vorhanden sind oder, wie dies von sachverständiger Seite überwiegend (Essener Memorandum, Bock, Frösner, Spann, Zöllner aaO [oben 6 a]) gefordert wird, geschaffen werden. Auch *wer sich in die ärztliche Behandlung begibt*, darf nach dem derzeitigen Rechtszustand nur dann auf HIV untersucht werden, wenn aus ärztlicher Sicht ein solcher Test *angezeigt* ist, sei es zufolge der anamnestischen oder klinischen Krankheitssymptome oder der Zugehörigkeit des Patienten zu einer Hochrisikogruppe (vgl. hierzu Laufs/Laufs NJW 87, 2263; Eberbach/Fuchs DÄBl. 87 Nr. 36). In diesen Fällen gehört aber der HIV-Test zu einer der lex artis entsprechenden diagnostischen Abklärung des Krankheitsbildes; dh der Arzt ist zu diesem Test ebenso *verpflichtet* (Laufs/Narr MedR 87, 282; vgl. Strubel AIFO 88, 389; Köln NJW 88, 2306 m. Anm. Deutsch; Meurer [oben 6 b] 126) wie zu anderen Untersuchungen, die zur Ermittlung des Krankheitsbildes ärztlich geboten sind. Ist nämlich ein *HIV-Test* indiziert, so wäre es ein Sorgfaltspflichtverstoß, ihn zu unterlassen (StA Aachen DRiZ 89, 20; vgl. Jescheck § 55 I 2b; aM Langkeit Jura 90, 454). Der Arzt kann idR auch davon ausgehen, daß der Patient in alle *indizierten* Untersuchungen und Tests einwilligt, jedenfalls soweit sie, wie etwa die hierbei erforderlichen Blutentnahmen, die Befindlichkeit des Patienten kaum beeinträchtigen und daher stets zulässig und verhältnismäßig sind (Rübsaamen aaO 276). Der Arzt ist nicht gehalten, über Einzelheiten sog. Routinetests aufzuklären (Spann/Penning aaO 639), zu diesen *kann* nach dem Gesagten auch der HIV-Test gehören, den Eberbach (AIFO 87, 288; 88, 311) zutr. ins allgemeine ärztliche Untersuchungsprogramm aufzunehmen (ebenso aus ärztlicher Sicht Stille/Helm AIFO 87, 238; vgl. ferner Sönnichsen AIFO 87, 552) und hierauf "wie auf eine Selbstverständlichkeit" hinzuweisen empfiehlt, ebenso wie er insoweit zu Recht davon ausgeht (NJW 87, 1472, MedR 87, 272 u. ÖGW 88, 459; ebenso Schlund AIFO 86, 564; Weiß, Schulz AIFO 88, 148, 150; irrig M. Bruns MDR 87, 355, zutr. gegen ihn Eberbach ZRP 87, 396, 398; vgl. G. Hirsch AIFO 88, 157; zu einengend Gutachten NRW-Min. f. Arb. AIFO 88, 413), daß der Patient, falls ihm seine HIV-Infektion bekannt ist, dies auf Grund des Behandlungsvertrages dem Arzt zu offenbaren hat. Insofern verfehlt die Diskussion um sog. „heimliche AIDS-Tests" (Eberbach NJW 87, 1470, AIFO 87, 287 u. AIDS IX-2.3.4 u. S. 6) den maßgebenden Ansatz: Verweigert nämlich ein Patient den

§ 223

indizierten HIV-Test, so ist dem Arzt uU gar nicht möglich, – als wesentliche Voraussetzung jeglicher Therapie – eine verläßliche Diagnose zu stellen. Da ein auf das Unterlassen *gebotener* Untersuchungen ausgerichteter Behandlungsvertrag nach § 138 BGB nichtig wäre und daher dem Arzt nicht zugemutet werden darf, wird der verantwortliche Arzt eine (weitere) Behandlung überhaupt abzulehnen (H. Herzog MedR 88, 290; vgl. Laufs/Narr MedR 87, 282; Penning/Spann AIFO 88, 451) oder – soweit dies bei Notmaßnahmen nicht möglich ist – den Patienten wie einen positiv HIV-Infizierten zu behandeln (so auch Eberbach AIDS IX-2.2.2 S. 13, ferner ein Erl. der hess. LJV bei AIDS-Tests verweigernden Strafgefangenen, zit. nach v. Hippel ZRP 87, 128 Fn. 88; hiergegen, aber bedenklich M. Bruns StV 87, 505; zutr. hingegen Dargel NStZ 89, 207; vgl. ferner Sauer u. a. AIFO 87, 502; Schenke DVBl. 88, 165) und zu seiner Rechtfertigung auf den Krankenunterlagen *„AIDS-Test-Verweigerer"* zu vermerken haben, was unter dem Aspekt gebotener Geheimhaltung (vgl. Laufs/Laufs NJW 87, 2264) keine größeren Probleme bereitet als zB bei der Verweigerung einer Bluttransfusion aus Gewissensgründen. Ein Patient kann immer nur bestimmen, *ob* er sich behandeln lassen will. Das indizierte und erforderliche ärztliche Vorgehen zur *Erstellung der Diagnose* ist im Rahmen eines bestehenden Behandlungsvertrags nicht Gegenstand des Selbstbestimmungsrechts des Patienten, sondern Sache der ärztlichen Verantwortung (zust. G. u. Th. Solbach MedR 88, 241; 89, 225: zutr. Kritik an Verwaltungsanordnungen, die die ärztliche Aufklärung bei der HIV-Diagnostik reglementieren; vgl. auch Laufs/Laufs NJW 87, 2261; ferner Bottke RProblAIDS 227). Gegenstand der Aufklärungspflicht sind diagnostische Eingriffe idR nur im Hinblick auf Gefährlichkeit und Risiken des Eingriffs *als solchen* (vgl. zB die Fälle BGH NJW 71, 1887; 79, 1934). Insoweit bietet eine Blutentnahme, soweit sie für einen *indizierten* Test erforderlich ist, außer zB bei einem Bluter, keine besonderen Aufklärungsprobleme (zutr. hierzu im einzelnen Janker aaO 244, NJW 87, 2899 u. AIFO 88, 328; vgl. hierzu auch G. u. Th. Solbach JA 87, 298 u. 88, 115; Lesch NJW 89, 2311; Ludwig KR 88, 119; Sternberg-Lieben GA 90, 293; zusf. und differenzierend Eberbach AIDS IX-2.2.2 S. 4, 10; aber auch Buchborn MedR 87, 263; Michel JuS 88, 10). Die StA beim KG (NJW 87, 1495) hätte daher im Verfahren gegen einen wegen Körperverletzung angezeigten Arzt, der bei einem an Paradontose und Mundpilz leidenden Patienten ungefragt einen AIDS-Antikörpertest vorgenommen hat, nur zu prüfen gehabt, ob bei diesem Patienten und bei diesem Befund neben den übrigen Blutuntersuchungen auch dieser Test indiziert war (anders Sonnen JA 87, 461). Dasselbe gilt im Falle der StA Mainz (NJW 87, 2946; hiergegen zutr. auch G. u. Th. Solbach JA 88, 115), in dem ein aus den Tropen zurückgekehrter Malariakranker auf HIV getestet wurde. In beiden Fällen hätte das Verfahren, falls der Test indiziert war, dieserhalb eingestellt werden müssen und die Frage der Vermeidbarkeit eines Verbotsirrtums wäre gar nicht aufgetaucht (krit. auch Eberbach aaO). Es kann auch Fälle geben, in denen das *therapeutische Privileg*, das zwar ein Verschweigen einer *vorliegenden* AIDS-Diagnose in keinem Fall erlaubt (vgl. oben 9p), zunächst Anlaß gibt, den Patienten über den aus *diagnostischen* Gründen *vorzunehmenden* HIV-Test nicht aufzuklären (vgl. Laufs/Laufs NJW 87, 2261), wenn etwa die Virusinfektion weniger wahrscheinlich, das Krankheitsbild aber über einen negativen HIV-Test verläßlich ermittelt werden kann (*„Ausschlußdiagnostik"*; vgl. Eberbach/Fuchs DÄBl. 87, Nr. 36; Laufs NJW 88, 1503). Es besteht für den Arzt auch kein Anlaß zu vermuten, daß der Patient einen indizierten HIV-Test verweigert, da sich aus der diagnostischen Abklärung gerade für das Weiterleben des Patienten schlechthin entscheidende therapeutische Erkenntnisse für lebensverlängernde Maßnahmen ergeben könnten (vgl. hierzu Wuermeling MedR 87, 266; Eberbach AIDS IX-2.2.3; Gallwas

Körperverletzung § 223

NJW **89**, 1520; Lesch NJW **89**, 2312; Leen u. a. AIFO **90**, 293; Bock, Frösner Klin. Wochenschr. **89**, 1351). Auch ist jeder Arzt verpflichtet, den Patienten instandzusetzen, sich gegenüber Mitmenschen verantwortungsvoll zu verhalten und Ansteckungen zu vermeiden (Laufs/Laufs NJW **87**, 2264; Sönnichsen AIFO **87**, 552; G. u. Th. Solbach JA **88**, 115; R. Löw AIFO **88**, 476; M. G. Koch AIFO **88**, 541; Eberbach ÖGW **88**, 463; Stoiber AIFO **89**, 573; verkannt von Langkeit Jura **90**, 454). *„Es gibt kein Recht des Menschen, nicht zu wissen, was er zum Schaden anderer tut"* (Spaemann JVL **5**, 20), sonst würde das Konzept des „mündigen Bürgers" durch einen hedonistischen Infantilismus ersetzt" (Schünemann RProblAIDS 456). Die Tatsache, daß Gesetzgeber und Exekutive insoweit dem verfassungsrechtlichen (Art. 2 II S. 1 GG) Schutzgebot noch nicht hinreichend gerecht werden (mag dies derzeit auch verfassungsgerichtlich noch nicht beanstandet worden sein, BVerfG NJW **87**, 2287 m. krit. Anm. Gallwas AIFO **87**, 524; SchünemannRProblAIDS 464; ferner Schenke DVBl. **88**, 166; J. Hofmann NJW **88**, 1488; Rengier Jura **89**, 232; abw. Frankenberg ZRP **89**, 412), entläßt den Arzt gegenüber dem *einzelnen* Patienten nicht aus seinen arztrechtlichen Pflichten, gewiß nicht aus denen, die ihm aus der gesundheitlichen Betreuung eines HIV-Infizierten erwachsen. Andererseits ist der behandelnde Arzt dadurch, daß geeignete gesundheitspolitische und seuchenrechtliche Maßnahmen zur Abwehr von AIDS-Erkrankungen ausgeblieben (eindringlich hierzu Stellungnahme der Dt. Ges. für Innere Medizin zu AIDS v. 22. 1. 1988 [AIFO **89**, 375; Frösner AIFO **89**, 604; krit. ferner Schünemann RProblAIDS 391, 462, 455]) und bisher – abweichend von Regelungen im Ausland (Schweden, Österreich, Frankreich, Italien, Norwegen, Dänemark, Schweiz, Spanien, Griechenland, verschiedene Staaten der USA sowie die ehem. sozialistischen Länder; vgl. AIFO **87**, 551, 652; hierzu M. G. Koch AIFO **88**, 541) und ohne daß bessere rechtstatsächliche Gründe hierfür erkennbar wären – nicht einmal (anonyme) Meldepflichten vorgesehen sind (vgl. aber BR-Drs. 294/87; Eberbach ÖGW **88**, 462), nach dem derzeitigen Rechtszustand einander widerstreitenden gesetzlichen Pflichten ausgesetzt: Stellt er nämlich bei der Untersuchung eines Patienten eine herkömmliche Geschlechtskrankheit fest, so ist er unter Bußgeldandrohung meldepflichtig (§§ 1, 12, 27 II GeschlKrG), unter Strafandrohung indessen schweigepflichtig (§ 203 I Nr. 1; Gutachten NRW-Min. f. Arb. AIFO **88**, 411), wenn er etwa bei demselben Patienten (auch) die gefährlichere AIDS-Erkrankung feststellt (auch Meurer [oben 6 b] 127 Fn. 60).

C. Züchtigungsrecht 10

Schrifttum: *Bergmann* JuS **87**, L 53; *Bruns* JZ **57**, 410; *Friebe*, Strafrechtliche Verantwortlichkeit des Lehrers, 2. Aufl. 1958; *Günther*, Strafrechtswidrigkeit und Strafunrechtsausschluß, 1983, 322 ff. u. H. Lange-FS 877; *Hartmann* RdJ **65**, 228; *Jung*, Züchtigungsrecht des Lehrers, 1977 (krit. hierzu H. J. *Hirsch* ZStW **90**, 969); *Kienapfel*, Körperliche Züchtigung und soziale Adäquanz im Strafrecht, 1961; *Redelberger* NJW **52**, 1158; **55**, 1303; *Eb. Schmidt* JZ **59**, 518; *Stettner*, Die strafrechtliche Problematik der körperlichen Züchtigung, 1958; und die im Text Genannten; ferner LK 21.

Jede Züchtigung ist Körperverletzung (BGH **12**, 64). Dient sie erzieherischer Einwirkung, hält sie die Rspr. grundsätzlich für gerechtfertigt, BGH **6**, 263; Saarbrücken NJW **63**, 2380, freilich nur, soweit das Züchtigungsrecht maßvoll und angemessen (BGH **11**, 241) ausgeübt wird. Würtenberger (DRZ **47**, 291) und Redelberger (NJW **52**, 1161) nehmen sogar Tatbestandsausschluß („Sozialadäquanz") an, allerdings zu Unrecht. Am Tatbestand fehlt es aber stets dort, wo die leichte taktile Einwirkung („Klaps") nicht Schmerz zufügt, sondern lediglich Mißbilligung symbolisiert (ähn- 10a

§ 223

lich Hirsch ZStW **74**, 114; Thomas ZRP **77**, 184). Krey (BT/1, 191) und Günther aaO gehen von einem „Strafunrechtsausschließungsgrund" aus. Im übrigen ist das Ausmaß des Züchtigungsrechts (unten 16) und der Kreis derer, die es ausüben dürfen (unten 11 ff.) sehr str. Da wie dort weist die Rechtsentwicklung (vgl. NJW **76**, 1950; EKMR NJW **78**, 475; EGMR NJW **79**, 1089) einengende Tendenz auf.

11   a) **Nach Familienrecht** haben ein Züchtigungsrecht Eltern, Adoptiveltern, Vormünder und personensorgeberechtigte Pfleger sowie die nichteheliche Mutter, vgl. §§ 1626 ff., 1631, 1671, 1678, 1680, 1681, 1685, 1705, 1754, 1800 BGB; Stiefeltern als Verschwägerte (§ 1590 BGB) jedoch nur kraft ausdrücklicher Übertragung des Sorgerechts nach § 1630 III BGB (BGH **12**, 68; NStZ **87**, 174). Eltern können sie auch für den Einzelfall übertragen, nicht jedoch auf beamtete Lehrer (vgl. unten 13). Entwürdigende Erziehungsmaßnahmen sind unzulässig, so § 1631 II BGB (idF d. G v. 18. 7. 1979 (BGBl. I 1061); Spendel JR **85**, 488. Jedoch handelt es sich hier mehr um eine „programmatische Norm" in Gestalt eines „Leitbilds ohne Sanktionsbewährung, der Kreis der verbotenen Erziehungsmethoden wurde hierdurch nicht verändert (BT-Drs. 8/2788, 35). Diese Grundsätze drücken aber nicht in jedem Fall einer Züchtigung durch einen stockähnlichen Schlaggegenstand den Stempel einer entwürdigenden Handlung auf (NStZ **87**, 174, zw.; scharf krit. Gössel BT 1 § 13, 113; Rolinski StV **88**, 63; Reichert-Hammer JZ **88**, 617). Anderseits ist die Forderung nach einer gesetzlichen Abschaffung des elterlichen Züchtigungsrechts (so Petri ZRP **76**, verwirklicht in Schweden durch Ges. v. 22. 3. 1979, Kap. 6 § 3) ebenso unrealistisch (iErg. auch Thomas ZRP **77**, 184; Vormbaum RdJ **77**, 381; BT-Drs. 9/1484, 9; Günther, H. Lange-FS 886 mit Hinweis auf die Gutachten der Unterkommissionen der „Gewaltkommission") wie sachwidrig. Pädagogisch sachgerechtes Elternverhalten läßt sich nicht mit den Mitteln des Strafrechts erzwingen (LK 22), schon gar nicht durch eine Rechtsordnung, die im Bereich der Sexualdelikte mit einem „Erzieherprivileg" experimentiert (11 zu § 180, 14 zu § 184; ferner 7 zu § 131).

12   b) **Erzieher** haben, soweit sie praktisch elterliche Funktionen ausüben (in loco parentium), idR auch entsprechende Züchtigungsrechte, vgl. jedoch landesrechtliche Einschränkungen zB Art. 30 BayJugendamtsG v. 23. 7. 1965 (GVBl. 194), letztes ÄndG v. 20. 9. 1982 (GVBl. 816); dazu Erl. v. 27. 10. 1978 (AMBl. 230); § 21 BWLJWG v. 9. 7. 1963 (GBl. 99), letzte ÄndVO v. 19. 3. 1985 (GBl. 71, 73); BGH **3**, 106; vgl. ferner NJW **76**, 1950; LK 23. Gegen jedes Züchtigungsrecht von Heimerziehern unbeschadet der meist schwierigeren Erziehungssituation jedoch Vormbaum JR **77**, 496; Rüping/Hüsch GA **79**, 10. Auch in **Inernaten** und **Jugendheimen** können uU Heimerzieher an Eltern Statt Züchtigungsrecht haben (vgl. Jescheck § 35 III 2 aE), nicht jedoch in Jugendarrest- und Jugendstrafvollzugsanstalten (LK 27).

13   c) **Lehrer** dürfen ihnen anvertraute Schüler **nicht züchtigen.** Ein solcher Eingriff in die körperliche Unversehrtheit ist von der Erziehungs- und Unterrichtsaufgabe nicht gedeckt (Jescheck § 35 III 2; LK 24; SchSch 22; SK 12; Lackner 11; Wessels AT § 9 II; Jakobs 16/35; Roxin § 17, 38; Maunz-Dürig 43 ff. zu Art. 2 II GG; v. Kopp JZ **55**, 319; Vormbaum JR **77**, 492; JZ **77**, 654; JR **79**, 477; Schall NJW **77**, 113; Thomas ZRP **77**, 182; Rüping/Hüsch GA **79**, 9; Wagner JZ **87**, 662; vgl. BT-Drs 7/3318, 8/3229;

Körperverletzung **§ 223**

EGMR EuGRZ **82**, 153). Demgegenüber **bejaht** die bisherige **Rspr.** ein **Züchtigungsrecht** der Lehrer in den Grund- und Hauptschulen und den Unterklassen der höheren Schulen kraft Gewohnheitsrechts (vgl. BGH **11**, 252 ff.; GA **63**, 83; BayNJW **79**, 1373, 18. 6. 1980, RReg. 5 St 2/80; Schleswig NJW **56**, 1033; Hamm JZ **57**, 452; Zweibrücken NJW **74**, 1772). Indessen ist ein Meinungswandel erkennbar, denn der BGH ließ in NJW **76**, 1949 (m. Anm. Schall NJW **77**, 113; Vormbaum JZ **77**, 654) die Frage des Fortbestehens einer gewohnheitsrechtlichen Züchtigungsbefugnis im Hinblick auf „gewichtige Gegengründe" ausdrücklich offen (ebenso Köln OLGSt. 10; starke Bedenken schon in BGH **6**, 269). In den Vorschriften der Länder (unten 13a) über zulässige Erziehungsmaßnahmen ist die körperliche Züchtigung nicht mehr aufgeführt, zT sogar ausdrücklich verboten. Deswegen ist für ein solches Gewohnheitsrecht kein Raum mehr. BGH **6**, 268; **11**, 252 sind daher überholt (LK 24).

Landesgesetze: § 90 III S. 2 BWSchG, Art. 63 III S. 2 BayEUG, § 55 II **13a** BlnSchulG, §§ 29, 30 BremSchulG, § 36 HambSchulG, §§ 57, 58 HessSchVG, § 29 Nr. 4 MVSRG iVm § 20 I S. 3 SchulO, § 44 NdsSchulG, § 26a III SchVGNW, § 42 II Nr. 7 RhPfSchulG, § 39 Saarl-SchOG, § 39 II S. 2 Sächs-SchulG, § 44 I S. 3 SchlHSchulG.

Auch soweit lediglich *schulbehördliche* Züchtigungsverbote bestehen, die **13b** nach BGH und Bay aaO Gewohnheitsrecht nicht derogieren können, kann ein Züchtigungsrecht der Lehrer, gegen das auch verfassungsrechtliche Bedenken erhoben werden (Jescheck § 35 III 2; Maunz-Dürig 43 ff. zu Art. 2 II; H. J. Hirsch ZStW **90**, 974), angesichts der weithin gewandelten Einstellung der Bevölkerung nicht mehr anerkannt werden (aM Bay NJW **79**, 1372 m. zutr. Kritik Vormbaum JR **79**, 477; ferner aM RG **19**, 265; BGH **6**, 268; **11**, 251; **12**, 62; GA **63**, 82; LK 28 ff.; M-Schroeder § 8, 21). Überholt sind insbesondere Entscheidungen (aM Bay NJW **79**, 1373; 37. Aufl. 14), die das Züchtigungsrecht nicht nur zur Erziehung, sondern sich aus Gründen der Schulzucht zuließen (Schleswig NJW **56**, 1003; ebenso Redelberger NJW **55**, 1303; Gössel BT 1 § 13, 119), selbst gegenüber Schülern einer fremden Klasse (RG **42**, 142), und die den Eltern erlaubten, die Ausübung ihres Züchtigungsrechts auf Lehrer zu übertragen (RG **61**, 191; BGH **12**, 68). Von jeher unerlaubt war die Züchtigung von Schülern der Oberklassen höherer Schulen (RG **42**, 221), der Fortbildungsschulen (RG **35**, 182; **45**, 1) und der Berufsschulen (BGH **12**, 62), ferner die Züchtigung in Gegenwart des Vaters (Koblenz NJW **55**, 602) oder die nachträgliche Billigung einer rechtswidrigen Züchtigung (RG **61**, 394).

Das grundsätzliche **Züchtigungsverbot** für Lehrer engt allgemeine Not- **14** rechte, insbesondere Handeln in Notwehr (§ 32), im rechtfertigenden Notstand (§ 34) und in Nothilfe nicht ein (LK 24). Während es im allgemeinen geboten sein kann, vor Angriffen von Kindern und Jugendlichen auszuweichen (19 zu § 32), kann dies für Lehrer gegenüber ihren Schülern nicht gelten, umgekehrt ist dem Lehrer idR die Pflicht aufgetragen, im Wege der Nothilfe Angriffen gegen andere Schüler oder gegen öffentliches Eigentum ggf durch körperliche Gewalt in der erforderlichen Weise (vgl. BGH **14**, 53) wirksam zu begegnen (Jescheck § 35 III 2; Maunz-Dürig 46 zu Art. 2 II; enger LK 24; SchSch-Lenckner 52 zu § 32; Rüping/Hüsch GA **79**, 9; zum Ganzen Günther 355 ff.).

15 d) **Kein Züchtigungsrecht** steht **Lehrherren** gegenüber Lehrlingen (jugendlichen Arbeitnehmern, Auszubildenden) zu; vgl. § 31 JArbSchG; allgM; ebensowenig Geistlichen und Seelsorgern, RG **67**, 326.

15a e) Gegenüber **fremden Kindern** ist ein Züchtigungsrecht nicht anzuerkennen (RG **4**, 98; **33**, 32; **61**, 193; Bay **15**, 30), und zwar auch nicht, soweit es wegen grober Unart auf der Stelle in maßvoller Weise ausgeübt wird (Saarbrücken NJW **63**, 2379 mwN; hM; M-Schroeder § 8, 21; LK 28; SchSch 25; Hellmann [1 zu § 34] 186; KG GA Bd. **69**, 116; Frankfurt GA Bd. **63**, 466). Eine Berufung auf mutmaßliche Einwilligung (Hamm JW **24**, 1788), der gegenüber selbst ein entgegenstehender Wille der Eltern nach § 679 BGB unbeachtlich sein soll, geht nicht an, da Erziehungsmaßnahmen nie Fremden überlassen werden können, Jescheck § 34 VII 4 b; Schmidhäuser 9/54. Die allgemeinen Notrechte (oben 14) bleiben unberührt.

16 f) Soweit ein Züchtigungsrecht besteht (oben 11, 12), darf dessen Ausübung nicht zu Gesundheitsschäden führen, RG **23**, 161; im übrigen findet es am Sittengesetz und am Erziehungszweck seine Grenze, RG **73**, 257. Sie ist überschritten bei ungewöhnlich starken Ohrfeigen gegenüber einem 14jährigen Mädchen (Köln NJW **52**, 479) und entgegen NJW **53**, 1440 wohl auch, wenn Eltern ihrer widerspenstigen 16jährigen Tochter das Kopfhaar unregelmäßig abschneiden und sie an Bett und Stuhl festbinden (LK 29), ebenso bei Rohrstockschlägen auf das nackte Gesäß gegenüber Fürsorgezöglingen (vgl. hierzu auch EKMR NJW **78**, 475; EGMR EuGRZ **79**, 162), so daß der BGH in NJW **76**, 1949, wo die Frage des Züchtigungsrechts überhaupt offenblieb, Anlaß zur Prüfung hatte, ob dort das Züchtigungsrecht nicht ohnehin überschritten und ein Irrtum hierüber unvermeidlich war (vgl. BGH **3**, 108; ähnlich Vormbaum JZ **77**, 654; vgl. Arzt/Weber LH **1**, 286 ff.). Die Grenzen der elterlichen Züchtigungsbefugnis erfordern eine Würdigung aller objektiven und subjektiven Umstände des Tatgeschehens; BGH NStZ **87**, 174 hebt dies sogar in einem Fall besonders hervor, indem ein Vater seine schwererziehbare 8jährige Tochter mit einem 1,4 cm starken stabilen Wasserschlauch mehrfach auf das Gesäß und auf die Oberschenkel geschlagen hat (hierzu Anm. Reichert-Hammer JZ **88**, 617). Wem der Erziehungszweck bei der Züchtigung nur zum Vorwand dient, ist nie gerechtfertigt (BGH **13**, 138). Dem Erziehungswillen steht allerdings nicht entgegen, wenn bei der Züchtigung auch Ärger und Zorn mitschwingen (LK 30; SK 14). Das **Überschreiten des Züchtigungsrechts** ist je nach der inneren Tatseite vorsätzliche oder fahrlässige Körperverletzung; beim beamteten Lehrer (§ 11 I Nr. 2 a; RG **35**, 182) greift § 340 ein (18. 2. 1970, 2 StR 630/69). Stets ist es Sache des Gerichts zu entscheiden, ob der Erziehungszweck eine Züchtigung erforderte und ob sie angemessen war (anders noch für die damals übliche Züchtigung an Schulen RG **67**, 327).

16a D. Die **Beschneidung** von Knaben bestimmter Glaubensbekenntnisse (zB im Judentum), die als eine sozialadäquate (12 vor § 32) Handlung sich im Rahmen der normalen, geschichtlich gewordenen sozialen Ordnung hält, ist, auch wenn sie an einem noch nicht Einwilligungsfähigen vorgenommen wird, tatbestandslos.

17 4) **Der Vorsatz** der Körperverletzung umfaßt die Handlung und das Bewußtsein, durch sie das Wohlbefinden des Körpers oder dessen Unversehrtheit zu beeinträchtigen oder die Gesundheit zu schädigen (RG **24**,

Körperverletzung § 223

369); bedingter Vorsatz genügt (22. 3. 1990, 4 StR 133/90). Dem Vorsatz steht nicht entgegen, wenn der Täter durch die Tat dem Opfer helfen will, zB wenn ein Arzt gelegentlich einer Schnittentbindung ohne Einwilligung eine Sterilisation vornimmt, um der Patientin die Risiken einer neuen Schwangerschaft zu ersparen (29. 6. 1977, 2 StR 196/77). Nimmt der Täter irrig Umstände an, die einen Rechtfertigungsgrund, insbesondere ein Züchtigungsgrund begründen würden, so kommt nur Bestrafung wegen Fahrlässigkeit in Betracht (BGH **3**, 105; 272; Bay NJW **55**, 1848). Verbotsirrtum ist hingegen gegeben, wenn der Täter einen nicht bestehenden Rechtfertigungsgrund annimmt oder die Grenzen eines bestehenden verkennt, zB der Lehrer annimmt, er dürfe Schüler züchtigen, oder ein Heimerzieher, er dürfe Mädchen auspeitschen. Ein Irrtum über das Ausmaß des Züchtigungsrechts ist meist vermeidbar (BGH **3**, 108; M-Schroeder § 8, 24); auch sonst wird die irrtümliche Annahme einer Züchtigungsbefugnis der Lehrer meist unentschuldbar sein, nachdem solche Methoden zunehmend verpönt sind und eine Änderung der Rspr. erkennbar ist (vgl. NJW **76**, 1949; Schall NJW **77**, 114). Ein Verbotsirrtum kann indessen nahliegen, wenn der Belästigung durch ein fremdes Kind spontan mit einer maßvollen Züchtigung begegnet wird (vgl. Saarbrücken NJW **63**, 2381; 3 zu § 340; vgl. M-Zipf § 28, 26ff.; vgl. zum ganzen 23 zu § 16; zum *error in persona*, zur *aberratio ictus* und zum abweichenden Kausalverlauf vgl. 6, 7 zu § 16; RG **25**, 196).

5) Wahlfeststellung zwischen den Alternativen des I ist möglich. **Tateinheit** ist bei der vorsätzlichen Körperverletzung möglich mit § 113 (RG **41**, 84), mit § 181a I Nr. 1 (dort 17), aber auch mit den durch den Erfolg qualifizierten Delikten, da nach § 18 für jenen Erfolg die Fahrlässigkeit genügt. Zur Idealkonkurrenz mit § 211 vgl. dort 15f. Wird gegen dieselbe Person durch eine fortgesetzte Handlung eine Körperverletzung verübt, deren Akte teils unter § 223, teils unter § 223a fallen, so ist die ganze Tat nur aus § 223a zu ahnden, so daß kein Strafantrag nötig ist (RG **31**, 151). Wird eine einheitliche Verletzung teils vorsätzlich, teils fahrlässig begangen, so ist nur wegen des Vorsatzes zu bestrafen (RG **16**, 129). Bei Verletzung **mehrerer** Personen durch **eine** Handlung ist gleichartige Idealkonkurrenz gegeben; bei verschiedenen Akten Realkonkurrenz, selbst wenn es sich um **einen** Streit handelt (Olshausen 23). Trotz Gleichzeitigkeit können mehrere selbständige Handlungen vorliegen, so bei zwei Schüssen auf mehrere mit je einer Hand (RG **32**, 113). Dies gilt auch bei Mittäterschaft. Verletzung mehrerer hintereinander kann keine fortgesetzte Handlung bilden, weil es sich um Persönlichkeitsrechtsgüter handelt (RG **27**, 19; LK 35). **Gesetzeskonkurrenz** liegt mit § 218 vor (BGH **10** 312); ebenso mit § 30 WStG (MDR **70**, 603); während mit § 25 WStG Tateinheit anzunehmen ist (aM Frankfurt NJW **70**, 1333). Zum Verhältnis zu § 211 dort 16.

6) Einen Qualifikationstatbestand bildet nach **II** die Aszendentenverletzung; Verwandte aufsteigender Linie sind nicht nur solche gerader Linie (4 zu § 11), sondern auch solche in der Seitenlinie, soweit es sich um Aszendenten handelt. Ist der Täter ein adoptiertes Kind, so bewirkt das AdoptionsG (9 zu § 11), daß die Qualifikation gegeben ist, wenn er seinen Adoptivvater mißhandelt, unverständlicherweise aber nicht, wenn das Opfer sein leiblicher Vater ist (BT-Drs. 7/3061, 62).

7) Sonstige Vorschriften. FAufsicht § 228 (vgl. § 384 I S. 2 StPO); Strafantrag § 232; Kompensation § 233; Entziehung des Jagdscheins § 41 I Nr. 2

18

19

20

§ 223

BJagdG; Privatklage, Sühneversuch, Nebenklage §§ 374, 380, 395 StPO (vgl. BGH **33**, 117), jedoch nicht, soweit die Nichtanwendung des § 176 III Nr. 1 geltend gemacht wird, 25. 6. 1980, 3 StR 240/80; vgl. § 2 II KastrG.

Gefährliche Körperverletzung

223 a ^IIst die Körperverletzung mittels einer Waffe, insbesondere eines Messers oder eines anderen gefährlichen Werkzeugs, oder mittels eines hinterlistigen Überfalls oder von mehreren gemeinschaftlich oder mittels einer das Leben gefährdenden Behandlung begangen, so ist die Strafe Freiheitsstrafe bis zu fünf Jahren oder Geldstrafe.

^{II}Der Versuch ist strafbar.

1   1) **Die gefährliche Körperverletzung** ist ein qualifizierter Fall von § 223, der hauptsächlich durch die Art seiner Ausführung gekennzeichnet wird, nicht durch den Erfolg, BGH **3**, 109; VRS **32**, 355.

   A. Begangen werden kann sie:
2   a) **Mittels einer Waffe,** insbesondere eines Messers oder eines anderen gefährlichen **Werkzeugs.** Waffe ist dabei der alle gefährlichen Werkzeuge umfassende Oberbegriff, selbst wenn sie keine Waffen im technischen Sinne sind (BGH **1**, 1; **4**, 125; LK-H.J. Hirsch 6; str.). **Werkzeug** ist jeder Gegenstand, mittels dessen durch Einwirkung auf den Körper eine Verletzung zugefügt werden kann. Mit dem Gegenstand muß die Verletzung zugefügt werden. Daran fehlt es, wenn man jemanden gegen einen Felsen, eine Wand (BGH **22**, 235 [m. Anm. R. Schmitt JZ **69**, 304]; NStZ **88**, 361), den heißen Ofen stößt (RG **24**, 372), oder gegen einen eisernen Zeltpfosten mit herausragender Schraube (MDR/H **79**, 987; str.; aM LK 13; SK-Horn 14; SchSch-Stree 8 und Jura **80**, 285). Auch der Körperteil des Täters, zB dessen Faust oder dessen Knie (GA **84**, 125), ist kein Werkzeug, auch nicht der mit leichtem Schuhwerk (Turnschuhe) bekleidete Fuß (NStZ **84**, 329; Schleswig SchlHA **87**, 105), wohl aber der feste, schwere Schuh am Fuß (RMG **14**, 40; MDR/D **52**, 273; **71**, 16; VRS **32**, 355; BGHR § 223a I Leb. Gef. 1; 6. 11. 1991, 2 StR 410/91); aber auch der normale Straßenschuh im Falle heftiger Fußtritte (NStE Nr. 3), etwa beim Treten gegen Kopf oder Leib (19. 12. 1989, 1 StR 639/89; Schleswig SchlHA **81**, 172), die Gefahr erheblicher Verletzungen mit sich gebracht haben (BGH **30**, 376 (zu § 250 I Nr. 2, hierzu Hettinger JuS **82**, 895); MDR/H **79**, 988; 11. 1. 1978, 4 StR 512/77; 7. 3. 1980, 3 StR 50/80; Stuttgart NJW **92**, 851), nach Düsseldorf NJW **89**, 920 (hierzu Geppert JK 3) uU auch der Turnschuh oder der Gipsarm (Schleswig SchlHA **78**, 185); ebenso eine siedende Flüssigkeit (RG GA Bd. **62**, 321); aber auch Salzsäure (BGH **1**, 1); Brennspiritus (MDR/D **56**, 526), und andere chemisch wirkende Mittel, zB Gaspistole (BGH **4**, 125); Vitriol; ferner ein auf einen Menschen gehetzter Hund (BGH **14**, 152); das gilt nicht, wenn der Hund von sich aus zubeißt (Hamm NJW **65**, 164; vgl. Bernsmann Jura **82**, 269). Ein **gefährliches** Werkzeug ist ein solches, das nach seinen objektiven Beschaffenheit und nach der Art seiner Benutzung im Einzelfall geeignet ist, erheblichere Körperverletzungen zuzufügen (RG **4**, 397; BGH **3**, 163, üblicher Rohrstock, Weinschlauch; potentielle Gefährlichkeit); VRS **44**, 422; **56**, 190, fahrendes Kraftfahrzeug; 2. 11. 1983, 2 StR 396/83, Nunchaku = Würgegerät); durch Einschlagen eines Fensters umherfliegende Glassplitter (Köln VRS **70**, 273). Die objek-

Körperverletzung

§ 223a

tive Beschaffenheit allein ist also nicht maßgebend. So ist eine Schere kein gefährliches Werkzeug, wenn sie zum Abschneiden eines Zopfes benutzt wird (ungefährliche Anwendung!); ebensowenig die Extraktionszange eines Zahnarztes (NJW 78, 1206; Horn JuS 79, 29), oder eine lege artis eingesetzte Injektionsspritze (StA Mainz NJW 87, 2946; Janker NJW 87, 2899; Sonnen JA 87, 461); anders aber wenn sie ein nicht zugelassener Heilpraktiker verwendet (NStZ 87, 174; hierzu Wolski GA 87, 527; Sowada JR 88, 123; Geppert JK 2); zur Rasierklinge vgl. 3. 8. 1990, 4 StR 275/90. Als Schlaginstrument sind ein gefährliches Werkzeug zB ein Kleiderbügel (MDR/D 75, 367); ein Schlüsselbund (VRS 63, 206; zusf Stree Jura 80, 281). – **Mittels eines Messers;** hieran fehlt es, falls das Messer nicht zum Stechen oder Schneiden benutzt wird; doch ist es zugeklappt verwendet ein gefährliches Werkzeug (RG 30, 178). Zur Frage, ob die Qualifikation durch Unterlassen erfüllt werden kann, SchSch-Stree 9 a.

b) Mittels eines hinterlistigen Überfalls. Überfall ist ein Angriff auf den 3 Verletzten, dessen er sich nicht versieht und auf den er sich nicht vorbereiten kann (RG 65, 66). **Hinterlistig** ist der Überfall, wenn sich die Absicht des Täters, dem andern die Verteidigungsmöglichkeit zu erschweren, äußerlich manifestiert (MDR/H 81, 267); so bei freundlichem Gruß an den zu Überfallenden („guten Abend, Iwan", MDR/D 56; 526). Der plötzliche Angriff von hinten genügt noch nicht (GA 61, 241; 68, 370; 69, 62; MDR/H 89, 111; Stree Jura 80, 288); er kann aber auch in einem listigen Beibringen eines Schlafmittels liegen, das eine sexuelle Annäherung ermöglichen soll (NStZ 92, 490).

c) Von mehreren gemeinschaftlich; mindestens zwei sind erforderlich 4 (RG 16, 173). Sie müssen die Tat als gemeinschaftliche Mittäter wollen (BGH 23, 122; VRS 14, 287; LK 17); die Teilnahme als Anstifter oder Gehilfe genügt idR nicht (JZ 52, 46; 25. 10. 1978, 3 StR 379/78; Düsseldorf NJW 89, 2003 m. Anm. Otto u. Deutscher NStZ 89, 531 u. 90, 125; aM Stree Jura 80, 290 mwN); doch kann der andere Beteiligte schuldunfähig (BGH 23, 122; LK 19) oder ein dritter Mittäter abwesend sein (Düsseldorf MDR 63, 521). Die bloß gleichzeitige Begehung reicht allein nicht aus, RG 23, 196, ist aber bei gemeinschaftlichem Handeln auch nicht nötig (MDR/D 68, 201); es genügt, daß die einzelnen Akte zeitlich einander in Fortsetzung unmittelbar folgen (Schleswig SchlHA 79, 202). Es ist ausreichend, wenn mehrere Täter bewußt zusammenwirken (RG 28, 245), nicht notwendig ist, daß jeder Mittäter sich eigenhändig an der Mißhandlung beteiligt, es genügt sogar, wenn der am Tatort anwesende Mitbeteiligte den Tatausführenden im Tatwillen bestärkt (GA 86, 230, hierzu Otto JK 1).

d) Mittels einer das Leben gefährdenden Behandlung, die auch ein 5 Unterlassen sein kann (JR 56, 347; 4. 5. 1988, 2 StR 89/88). Die Behandlung braucht im Einzelfall das Leben nicht zu gefährden; es genügt, daß sie dazu geeignet ist (BGH 2, 163; BGHR Leb.Gef. 1; Köln NJW 83, 2274; Düsseldorf NJW 89, 920 [hierzu Geppert JK 3]; SK 2b; zw.; Geerds Jura 88, 46; aM zB LK 3, 21; Schröder JZ 67, 522; Stree Jura 80, 291). So kann ein Stoßen in tieferes (R 6, 282), aber auch eiskaltes Wasser genügen (LG Saarbrücken NStZ 83, 414); ein Würgegriff am Hals (GA 61, 241; 7. 10. 1981, 2 StR 356/81; 6. 11. 1991, 2 StR 410/91), ein gezielter wuchtiger Faustschlag (16. 1. 1963, 2 StR 599/62); das Hetzen eines Hundes auf einen Menschen (RG 8, 316; vgl. auch oben 2); oder sein Nichtzurückrufen

§ 223a

(Köln JMBlNW **52**, 81; das bloße freie Umherlaufen genügt aber noch nicht, Hamm NJW **65**, 164); das Hinunterstoßen eines Radfahrers vom Rade, erst recht beim Stoßen vom fahrenden Moped (MDR/D **57**, 652), oder einem anderen Kfz. (VRS **56**, 144); das Anfahren eines Menschen mit einem Auto (VRS **14**, 286); uU auch die Bedrohung mit einer Waffe und sonstigen einschüchternden Umständen eines Banküberfalls, die geeignet sind, einen Herzinfarkt eines Bankbeamten auszulösen (NStZ **86**, 166), *nicht* jedoch schon das Hervorrufen einer allgemeinen Gefahr eines schweren Verkehrsunfalls (NStE Nr. 10); wohl aber der "ungeschützte" Ge-
5a schlechtsverkehr eines **HIV-Infizierten** (6b zu § 223) mit einem unwissenden Partner (BGH **36**, 9 u. 265; LGe Hechingen, München I AIFO **88**, 221, 524; **91**, 598; LG Nürnberg-Fürth **88**, 2311; zust. Bottke AIFO **89**, 469; Helgerth NStZ **88**, 261; Rudolphi JZ **90**, 198; Frisch JuS **90**, 365; abl. Prittwitz StV **89**, 127 u. NStZ **90**, 386; Nestler-Tremel bei EzSt Nr. 4 S. 20). Mit Recht weist BGH **36**, 265 darauf hin, daß es keinen Unterschied machen kann, daß vorliegend nicht schon die "Behandlung" als solche (Sexualverkehr), sondern deren Gefährlichkeit im Hinblick auf den Erfolg (Virusübertragung) das Leben gefährdet (ebenso B.-D. Meier GA **89**, 211).

6 **B. Zum Vorsatz** gehört beim gefährlichen Werkzeug, daß der Täter die Umstände kennt, aus denen sich die Eigenschaft einer Sache als gefährliches Werkzeug ergibt. Ebenso genügt bei der Lebensgefährdung die im Zeitpunkt des Tuns oder pflichtwidrigen Unterlassens (4. 5. 1988, 2 StR 89/88) vorhandene Kenntnis der Umstände, aus denen sich die allgemeine Gefährlichkeit des Tuns in der konkreten Situation für das Leben des Opfers ergibt, auch wenn der Täter sie nicht als lebensgefährdend *bewertet* (BGH **2**, 163; **19**, 352; **36**, 15; MDR/D **56**, 526; NStZ **86**, 166; NJW **90**, 3156; Köln VRS **70**, 274; LK **23**; str.; vgl. Herdegen, BGH-FS 203), jedoch muß die Tat in der Vorstellung des Täters auf eine Lebensgefährdung "angelegt" sein (BGHR § 223a I LebGef. 6). Problematisch ist die Frage
6a des **bedingten Vorsatzes** in den Fällen des "ungeschützten" Geschlechtsverkehrs eines *HIV-Infizierten* mit einem unwissenden Partner (oben 5a) insbesondere nach der voluntativen Seite. Der BGH (**36**, 9) hält zwar an den bisherigen Abgrenzungsgrundsätzen (9 ff. zu § 15) – entgegen der Kritik im Schrifttum (Herzberg aaO 6a zu § 223; vgl. 11e zu § 15) – fest und hält daher auch eine umfassende Prüfung des voluntativen Vorsatzelements für unerläßlich, läßt aber für die Annahme eines bedingten Vorsatzes im konkreten Fall auch den Hinweis gelten, daß "selbst bei statistisch gering zu veranschlagendem Infektionsrisiko jeder ungeschützte Sexualakt derjenige von vielen sein kann, der eine Virusübertragung zur Folge hat, daß also jeder einzelne für sich in Wirklichkeit das volle Risiko einer Ansteckung in sich trägt" (BGH **36**, 11, ebenso **36**, 267; 21. 5. 1992, 4 StR 81/92; gegen diese Begründung des bedingten Vorsatzes Herzberg JZ **89**, 476; Schlehofer NJW **89**, 2018; Lüderssen StV **90**, 85; Frisch JuS **90**, 366; zweifelnd auch Rengier Jura **89**, 228; abl. überhaupt M. Bruns MDR **89**, 199; Prittwitz JA **88**, 499, StV **89**, 125 u. NStZ **90**, 386). Der BGH (**36**, 15 u. 267) hält ferner unbeschadet der mit der Ansteckung verbundenen tödlichen Gefahr idR die Annahme eines auf eine gefährliche Körperverletzung gerichteten Vorsatzes für zutreffend, weil "vor dem Tötungsvorsatz eine viel höhere Hemmschwelle" stehe als vor dem Gefährdungs- oder Verlet-

Körperverletzung § 223a

zungsvorsatz (§ 11 zu § 15) und es durchaus möglich sei, daß „der Täter alle Umstände kennt, die sein Vorgehen zu einer das Leben gefährdenden Behandlung machen, ohne doch billigend in Kauf zu nehmen, daß sein Tun zum Tode des Opfers führt (BGH **36**, 16; ferner BGHR § 212 I Vors. bed. 6, 10; ebenso LG Hechingen AIFO **88**, 222; LG München I NStZ **87**, 228). Während Schlehofer (NJW **89**, 2022 die überwiegend geteilte Auffassung des BGH im Hinblick auf die uU lange Latenzphase (6b zu § 223) iErg. mit den zeitlichen Grenzen der objektiven Zurechnung rechtfertigt (ähnlich Schünemann RProblAIDS 483; Meurer [6b zu § 223] 121; ferner differenzierend Herzberg JZ **89**, 479; Arloth NStZ **87**, 409; MedR **87**, 292), tritt eine beachtliche Mindermeinung dafür ein, daß in diesen Fällen aus dem Körperverletzungs- auch der Tötungsvorsatz folgen müsse, LG München I (das aber nach § 20 freigesprochen hatte) MedR **87**, 290 (m. Anm. Arloth); Geppert Jura **87**, 672; Bottke RProblAIDS 201 u. NJW **89**, 471; Rengier Jura **89**, 228; B.-D. Meier GA **89**, 227; Frisch JuS **90**, 366 u. K. Meyer-GedS 535, 542; H.-W. Mayer JuS **90**, 785 [hierzu v. Kiedrowski, Rohrer JuS **91**, 527, 528]; Roxin § 12, 73; tendenziell auch AG Kempten NJW **88**, 501; vgl. auch Prittwitz JW **88**, 501 u. StV **89**, 126; vgl. ferner 4 zu § 226). Das LG München I (NJW **87**, 1495) hat im Eröffnungsverfahren aus der Tatsache, daß ein HIV-Infizierter den Geschlechtsverkehr ungeschützt erzwungen (§ 177) hat, einen bedingten Tötungsvorsatz abgelehnt, aber ungeprüft gelassen, ob nicht ein bedingter Vorsatz iS des § 223a gegeben ist (vgl. hierzu Herzberg NJW **87**, 1464; Geppert Jura **87**, 669; krit. zur Vorsatzfeststellung Frisch, K. Meyer-GedS 550ff.).

2) Der Versuch (II) ist seit dem EGStGB strafbar (BT-Drs. V/4095, 49). **7** Noch kein Versuch liegt vor, wenn ein HIV-Infizierter aus 3 bis 4 m Entfernung Blut verspritzt und Beamte, die ihn festnehmen wollen, mit der Ansteckung droht (AG München AIFO **90**, 248).

3) Die Strafe kann, wenn die Voraussetzungen der 1. Alt. des § 213 und nur **7a** Körperverletzungs-, nicht aber Tötungsvorsatz vorliegt, trotz des Fehlens eines besonderen Strafrahmens für minder schwere Fälle uU nach §§ 23, 49 *und* nach §§ 21, 49 gemildert werden (BGHR § 223a I, StrZ 2); auch ist nach LG Nürnberg-Fürth (AIFO **89**, 547) zugunsten eines HIV-Infizierten zu berücksichtigen, wenn es beim ungeschützten Sexualverkehr nicht zur Ejakulation kam. Generalpräventive Erwägungen dürfen nur im Rahmen der schuldangemessenen Strafe (6a zu § 46) berücksichtigt werden. Der Hinweis zB, daß der in der Öffentlichkeit und im Schrifttum zT vertretenen (und abzulehnenden, vgl. 15b zu § 222) Meinung entgegenzuwirken sei, es sei „nur Sache der Gesunden, sich so zu verhalten, daß sie nicht infiziert werden", erlaubt eine Strafschärfung nicht, solange nicht feststeht, daß der Angeklagte diese Auffassung vertreten hat (BGH **36**, 20; zust. Bottke AIFO **89**, 475).

4) Tateinheit ist möglich mit § 178 (dort 11), § 227 I (dort 12, RG **59**, 107); **8** ferner mit § 242 (1. 2. 1984, 3 StR 565/83); mit § 340 (RG **75**, 355; str.); sowie mit unerlaubtem Waffenführen (17. 10. 1984, 2 StR 591/84; 14. 4. 1985, 3 StR 45/85; Bay **75**, 89). **Gesetzeskonkurrenz** liegt mit §§ 224 und 226 vor, so daß § 223a von ihnen aufgezehrt wird (BGH **21**, 195; NJW **67**, 297; OGHSt. **1**, 113; aM LK 32 zu § 224; SchSch 16). Jedoch ist zwischen § 223a und Versuch nach § 224 Tateinheit möglich (BGH **21**, 194; Schröder JZ **67**, 369). § 223 tritt hinter § 223a zurück (MDR/D **73**, 18). Zum Verhältnis zu den §§ 125, 125a vgl. dort 11 bzw. 9; zum Verhältnis zu § 211 dort 16.

§ 223 a

9 **5) Sonstige Vorschriften.** FAufsicht § 228 (vgl. § 384 I S. 2 StPO); §§ 232 und 233 sind nicht anwendbar. Doch ist § 223a ein Privatklagedelikt, § 374 I Nr. 4 StPO (vgl. BGH **33**, 170). Sühneversuch § 380 StPO; vgl. ferner 21 zu § 223; UHaft § 112a I Nr. 2 StPO.

Mißhandlung von Schutzbefohlenen

223 b [I]Wer Personen unter achtzehn Jahren oder wegen Gebrechlichkeit oder Krankheit Wehrlose, die seiner Fürsorge oder Obhut unterstehen oder seinem Hausstand angehören oder die von dem Fürsorgepflichtigen seiner Gewalt überlassen worden oder durch ein Dienst- oder Arbeitsverhältnis von ihm abhängig sind, quält oder roh mißhandelt, oder wer durch böswillige Vernachlässigung seiner Pflicht, für sie zu sorgen, sie an der Gesundheit schädigt, wird mit Freiheitsstrafe von drei Monaten bis zu fünf Jahren bestraft.

[II]In besonders schweren Fällen ist die Strafe Freiheitsstrafe von einem Jahr bis zu fünf Jahren, in minder schweren Fällen Freiheitsstrafe bis zu drei Jahren oder Geldstrafe.

1 **1)** Die **Vorschrift** enthält einen **qualifizierten Fall** des § 223 (BGH **3**, 20; **4**, 113; Bay **60**, 285; str. aM LK-H.-J. Hirsch 1; M-Schroeder § 10, 2; M-Zipf § 20, **2** 46), auch wenn der Tatbestand weiter reicht. **Schrifttum:** *Schaible-Fink,* Das Delikt der körperlichen Kindesmißhandlung, 1968; *G. Bauer,* Die Kindesmißhandlung, 1969; *Trube-Becker,* Gewalt gegen das Kind, 1982, ferner KR **80**, 111; **82**; 118; *Zuck,* MDR **87**, 15; *Geerds* MSchrKinderheilk **86**, 327 (kriminologisch); *Wille/Rönnau* PraxRMed 488 ff.; *Schneider,* Kriminologie 668; *Maresch/Schick* For. **9** (1988), 205; *C. Friedrich* KR **90**, 390; *V. Schmidt* KR **91**, 315; *Müther* KR **91**, 447; *U. Schneider* HdwbKrim V 324.

3 **2)** § 223b **schützt Personen unter achtzehn Jahren** sowie **Wehrlose wegen Gebrechlichkeit oder Krankheit.** Wehrlos ist, wer sich nicht zur Wehr setzen kann; er braucht nicht hilflos zu sein (2 zu § 221). So ist nicht hilflos, aber ev. wehrlos, wer fliehen kann (Frank III 2b). Die Wehrlosigkeit muß auf Gebrechlichkeit oder Krankheit (3 zu § 221) beruhen; nicht auf einem anderen Grunde, zB auf Fesselung durch den Täter (LK 4); desgl. ist die Schwangerschaft keine Gebrechlichkeit (RG **77**, 68).

4 **3) In einem Schutzverhältnis** muß der Verletzte zum Täter stehen, entweder **a)** der **Fürsorge** und **Obhut** des Täters **unterstehen.** Das Fürsorgeverhältnis kann auf dem Gesetz selbst beruhen (Eltern, Vormund, Pfleger, Betreuer, aber nicht Gegenvormund), auf Übertragung durch Behörden (solche der Jugendwohlfahrt, Vollzugsanstalt) oder auf Übernahme durch Vertrag wie beim Altenteilsvertrage, oder (stillschweigend) durch Aufnahme des vorehelichen Kindes der Ehefrau. Es ist meistens auf die Dauer berechnet und schafft die Pflicht, für das leibliche oder geistige Wohl zu sorgen, ein bloßes Gefälligkeitsverhältnis genügt insoweit nicht (NJW **82**, 2390). Zur **Obhut** vgl. 4 zu § 221; zu ihr gehört die Pflicht zur Aufsicht (LK **5** 7). **b) zum Hausstande** des Täters gehören, zB Familienangehörige oder Lehrlinge; bei freiwilliger Erziehungshilfe, Vollzeitpflege in einer Familie oder zur Erziehung in einer Einrichtung (vgl. §§ 27 ff. SGB VIII) Untergebrachte (§§ 63, 64, 69, 71 JWG). Neben dem Ehemann ist auch die Ehefrau **6** Haushaltungsvorstand (BGH **3**, 20; §§ 1626, 1629 I S. 2 BGB); **c) vom Fürsorgepflichtigen** der Gewalt des Täters **überlassen** sein. Das ist ein

1310

Körperverletzung **§ 223 b**

tatsächlicher Vorgang der vom Pflichtigen auszugehen hat oder von ihm gebilligt ist, oder **d) durch ein Dienst- oder Arbeitsverhältnis** vom Täter 7 **abhängig** sein. Auch Berufsausbildungs- und arbeitnehmerähnliche Verhältnisse nach § 5 ArbGG gehören hierzu, zB Hausangestellte, Lehrlinge und dgl., falls die Voraussetzungen von 2, 3 vorliegen. Vgl. auch 6 zu § 174.

4) **Die Handlungen** des Quälens, rohen Mißhandelns und der böswilli- 8 gen Fürsorgepflichtverletzung sind selbständige Tatmodalitäten, die im Rahmen der Modalitätenäquivalenz (16. 8. 1978, 3 StR 290/78) alle durch Unterlassen begangen werden können (NStZ **91**, 234, hierzu Otto JK 1; aM LK 17 u. 45. Aufl.). **A. Quälen** ist das Verursachen länger dauernder oder sich wiederholender Schmerzen oder Leiden (NJW **54**, 1942; 28. 2. 1979, 3 StR 22/79). Das Zufügen seelischen Leidens mit erheblichen Folgen (Verängstigung) genügt (Bay **60**, 285); so beim Versetzen in Todesangst durch kurzes Ausströmenlassen von Gas (NJW **54**, 1942; LK 12), aber nicht schon ohne weiteres das Verursachen eines Zustands der Unterernährung von Kindern (12. 6. 1979, 5 StR 178/79). Ein Quälen kann auch darin liegen, daß verabsäumt wird, länger dauernde Schmerzen als Folgen einer Verletzung durch Zuziehung eines Arztes zu lindern (so 1. 4. 1969, 1 StR 561/68; Düsseldorf NStZ **89**, 269). **B. Rohes Mißhandeln** (3ff. zu § 223) 9 setzt eine gefühllose, fremde Leiden mißachtende Gesinnung voraus (BGH **3**, 109). Hat der Eingriff erhebliches Gewicht, so braucht es nicht zu beträchtlichen Schmerzen zu kommen, insbes. dann nicht, wenn die Opfer psychisch gestörte, vermindert schmerzempfindliche Menschen sind (BGH **25**, 277 mit krit. Anm. Jakobs NJW **74**, 1829). Die Gefühllosigkeit braucht keine dauernde Charaktereigenschaft zu sein (vgl. BGH **3**, 109); es ist gleichgültig, ob sie nur unter Alkoholeinwirkung hervortritt (4. 10. 1967, 2 StR 492/67; LK 14). Nicht genügt Handeln in Aufwallung über eine Kränkung (LM Nr. 2; RG DR **44**, 330), oder in großer Erregung; die Umstände bedürfen daher näherer Prüfung (BGH **3**, 110). Quälerische Behandlung ist durch ein Züchtigungsrecht nicht gedeckt (NJW **53**, 1440).

C. Gesundheitsbeschädigung (6 zu § 223) durch **böswillige Vernachläs-** 10 **sigung** der **Fürsorgepflicht** (Unterlassungsdelikt) kann schon vorliegen, wenn der Täter die Handlungen des anderen Elternteils geschehen läßt. Es genügt für § 223b schon, wenn die Vernachlässigung der Sorgepflicht die gesunde Entwicklung des Kindes beeinträchtigt oder hemmt (RG **76**, 373; hM; abw. SK-Horn 15). Eine Erkrankung braucht noch nicht eingetreten zu sein. **a) Böswillig**, nämlich aus verwerflichen, insbesondere eigensüch- 11 tigen Beweggründen (Haß, Sadismus, Geiz, Rache, BGH **3**, 22; 12. 6. 1979, 5 StR 178/79; RG **70**, 358; **72**, 118); Vergnügungssucht der Mutter, so daß die Kinder verwahrlosen (RG DR **43**, 1179); Unterlassen aus Gleichgültigkeit (NStZ **91**, 234, hierzu Otto JK 1) oder aus Geldmangel in dürftigen Verhältnissen spricht gegen die Böswilligkeit (BGH **3**, 21); ebenso bloße Duldung aus Schwäche (RG, DJ **36**, 257); oder Überforderung wegen jugendlichen Alters oder mangels Reife (LK 18). Das Unterlassen muß aus gefühlloser und die Leiden des Schutzbefohlenen mißachtender Gesinnung geschehen (5. 2. 1986, 2 StR 682/85). Böswillige Vernachlässigung steht auf einer Stufe mit Quälen und rohem Mißhandeln (16. 8. 1978, 3 StR 290/78). Die nicht böswillige Vernachlässigung der Sorgepflicht kann

§ 223b

12 (oben 8) ein Quälen durch Unterlassen sein (NStZ **91**, 234) **b) Die Sorgepflicht** kann auf Gesetz, Vertrag, behördlicher Anordnung, Hausgemeinschaft oder sonstigen Lebensverhältnissen beruhen (RG **74**, 311); so die Pflicht, das eigene Kind gegen Mißhandlungen des anderen Ehegatten zu schützen.

13 **5) Der Vorsatz.** Der Täter hat sein Verhältnis zum Verletzten entsprechend § 223b und dessen Jugend oder Wehrlosigkeit zu kennen; desgl. im letzten Falle die Schädigung der Gesundheit (RG **62**, 160; JW **35**, 527).

14 **6) Bei der Teilnahme** findet § 28 II Anwendung, so daß für Täter, Anstifter und Gehilfen die Voraussetzungen von I besonders zu prüfen sind (hM; aM LK 22).

15 **7) Tateinheit** ist mit § 170d möglich, nicht jedoch mit § 223, § 224 oder § 226 (str.), § 223 tritt hinter § 223b, § 223b hinter § 224 (BGH **4**, 117; GA **75**, 85; 20. 10. 1980, 3 StR 395/80; str.; Bay **60**, 285; Abels [1 vor § 52] 61) und hinter § 226 (RG **70**, 359) zurück. Zum Verhältnis zu den §§ 211 ff. dort 15 f.

16 **8) Die Strafe. Zu II** vgl. 11 zu § 12, 42 ff. zu § 46; zum unstimmigen Höchstmaß der Regelstrafdrohung, Dreher, Bruns-FS 151.

17 **Sonstige Vorschriften.** § 170d; FAufsicht § 228; Entziehung des Jagdscheins § 41 I Nr. 2 BJagdG; Beschäftigungsverbot § 25 I Nr. 3, § 58 II JArbSchG; UHaft § 112a I Nr. 2 StPO; vgl. ferner § 2 II KastrG.

Schwere Körperverletzung

224 [I]Hat die Körperverletzung zur Folge, daß der Verletzte ein wichtiges Glied des Körpers, das Sehvermögen auf einem oder beiden Augen, das Gehör, die Sprache oder die Zeugungsfähigkeit verliert oder in erheblicher Weise dauernd entstellt wird oder in Siechtum, Lähmung oder Geisteskrankheit verfällt, so ist auf Freiheitsstrafe von einem Jahr bis zu fünf Jahren zu erkennen.

[II]In minder schweren Fällen ist die Strafe Freiheitsstrafe bis zu fünf Jahren oder Geldstrafe.

1 **1) Die Qualifikation** gegenüber §§ 223, 223a besteht hier in dem durch die vollendete Körperverletzung unmittelbar verursachten (NJW **71**, 152) schweren Erfolg. Nach § 18 muß insoweit mindestens Fahrlässigkeit vorliegen; anomale Körperanlage des Verletzten ist daher ev. erheblich. Ob die schwere Folge vorliegt, ist grundsätzlich für den Zeitpunkt des Urteils zu entscheiden; vgl. aber unten 8. Die erfolgreiche Operation vor dem Urteil beseitigt die Anwendbarkeit des § 224 (Frank II 5; aM LK-H. J. Hirsch 13; vgl. auch SchSch-Stree 4a). Liegt beim fortgesetzten Tun teils leichte, teils schwere Körperverletzung vor, so fällt die ganze Handlung unter § 224 (RG **57**, 81).

2 **2) Die schweren Folgen. A. Verlust eines wichtigen Gliedes.**
3 **a) Verlust** besteht im Lostrennen vom Körper; bloße Verkümmerung oder Gebrauchsunfähigkeit wie Steifwerden der Finger würden nicht ausreichen (RG **3**, 34; NJW **88**, 2622 m. Anm. Kratzsch JR **89**, 295; abw. hM; SK-Horn 8). Der Ersatz durch Prothesen genügt nicht; wegen der Operation vgl. 1. **b) Glied** ist in der Medizin ein Körperteil, der mit einem anderen durch Gelenke verbunden ist (RG **6**, 346); in der Rspr. aber auch jeder in sich abgeschlossene Körperteil mit Eigenaufgaben im Gesamtorganismus, so Nase (MDR/D **57**, 267); eine Niere (Neustadt NJW **61**, 2076; Bockel-

mann BT/2 § 10 III 1 a; Ebert JA **79**, 278; Otto/Ströber Jura **87**, 375; Velten/Mertins ARSP **90**, 529; a**M** BGH **28**, 100 m. zust. Anm. H.-J. Hirsch JZ **79**, 109; hierzu Geilen JK 1) und Ohrmuscheln (str.; aM LK 8; SK 5). Die **Wichtigkeit** eines Gliedes bestimmt sich nach seiner allgemeinen Bedeutung für den Gesamtorganismus, wobei Sondereigenschaften des Verletzten, insbesondere sein Beruf ausscheiden; so, wenn er Linkshänder ist (RG **64**, 201); str. Die Entscheidung im Einzelfalle ist Tatfrage (RG **64**, 202). Es sind als wichtige Glieder angesehen worden: die Hand, während es bei einzelnen Fingern auf die Feststellung zusätzlicher Umstände ankommt (NJW **91**, 990, hierzu Geppert JK 1 zu § 212), so zB die beiden oberen Glieder des rechten oder linken Daumens (RG GA Bd. **53**, 74); ev. auch das oberste Glied allein (RG **64**, 202); der Zeigefinger der rechten Hand (MDR **53**, 597). Nicht wichtig sind dagegen zB: der Mittelfinger der linken Hand (RG GA Bd. **52**, 91); der Goldfinger der rechten Hand (RG **62**, 161); die beiden ersten Glieder irgendeines Fingers (außer dem Daumen, RG **6**, 346).

B. Verlust des Sehvermögens auf einem oder beiden Augen, desgl. des 5 Gehörs. Sehvermögen ist die Fähigkeit, mittels des Auges Gegenstände wahrzunehmen, wenn auch nur auf kurze Entfernung (RG **58**, 173); bloße Lichtempfindlichkeit genügt nicht (RG **63**, 423). Herabminderung auf $^1\!/_{50}$ steht dem Verlust gleich (RG **71**, 119; **72**, 321); nach Hamm GA **76**, 304 möglicherweise schon bei Herabminderung auf 5 bis 10% des Normalzustandes (dazu krit. Blei JA 76, 801); nach AG Köln MDR **81**, 780 L nicht jedoch bei einer Minderung von 20%. **Gehör** ist die Fähigkeit, artikulierte Laute zu verstehen; Wahrnehmungen ohne Unterscheidung genügen nicht (LK 15). Die Fähigkeit muß im Gegensatz zu den Augen auf beiden Ohren fehlen, wenn auch auf einem aus einem anderen Anlaß. Verlust ist nicht eingetreten, wenn der Zustand nicht chronisch ist, sondern sich bald gebessert hat (RG **72**, 322).

C. Verlust der Sprache. Diese ist die Fähigkeit zum artikulierten Reden; 6 völlige Stimmlosigkeit ist zum Verlust nicht erforderlich.

D. Verlust der Zeugungsfähigkeit. Sie kann fehlen, auch wenn die Fä- 7 higkeit zum Beischlaf noch vorhanden ist (LK 17). Vor der Tat muß sie vorhanden gewesen sein. Bei Greisen und Frauen nach den Wechseljahren kommt § 224 also in diesem Punkte nicht in Betracht, bei Kindern ist die Zeugungsfähigkeit potentiell vorhanden. Auch die Empfängnisfähigkeit gehört hierher (BGH **10**, 315; **21**, 194; 29. 6. 1977, 2 StR 196/77; Köln NStE Nr. 1 zu § 225). Ein GesE der Grünen (BT-Drs. 11/1040) möchte sie ausdrücklich in § 224 erwähnen.

E. Dauernde Entstellung in erheblicher Weise. Sie besteht in einer Ver- 8 unstaltung der Gesamterscheinung; dies ist auch bei einem Alten (MDR/D **68**, 16) oder Unansehnlichen möglich (RG **39**, 419); auch bei Beeinträchtigung bloßer Körperteile; so bei Verlust des oberen Ohrdrittels (RG LZ **33**, 1339); mehrerer Vorderzähne (OGH NJW **50**, 713; BGH **17**, 161; nach 16. 12. 1964, 2 StR 414/64 noch nicht von 2 Schneidezähnen; nach Bay **54**, 115 noch nicht von 5 Zähnen, darunter einem Schneidezahn; gewisse grundsätzliche Zweifel in BGH **24**, 315); Narben am Halse (RG HRR **33** Nr. 1057); ev. starker Seitenverschiebung des Unterkiefers (RG JW **82**, 2232); auch das Abbrennen beider Brustwarzen (LG Saarbrücken NStZ **82**, 204); *nicht* jedoch gut abgeheilter Narben im Gesicht (6. 7. 1982, 5 StR 284/

§ 224

82). Die Entstellung braucht nicht stets sichtbar zu sein; es genügt, wenn sie im sozialen Leben in Erscheinung tritt, wenn auch zB nur beim Gehen (RG **39**, 419) oder beim Baden (BGH **17**, 163); daß die Entstellung idR durch Kleidung verdeckt ist, ist ohne Bedeutung (BGH **17**, 163), es muß aber zu den übrigen in § 224 genannten Folgen eine Relation bestehen (StV **92**, 115). Kommt künstliche Beseitigung durch Schönheitsoperation oder ständige unauffällige Verdeckung im sozialen Leben in Betracht (künstliche Zähne), so ist Entstellung zu verneinen, wenn der Kunstgriff mit Sicherheit durchgeführt wird oder üblich, ausführbar und zumutbar ist (vgl. Blei JA **72**, 514; zu weitgehend van Els NJW **74**, 1074; Blei JA **74**, 529; a**M** BGH **17**, 161 [aufrechterhalten in GA **68**, 120]; MDR/D **57**, 267; vgl. anderseits Bay **54**, 115; Stuttgart NJW **60**, 1399; LG Hamburg NJW **66**, 1178; 1876; Remmele NJW **63**, 22; Wegner NJW **66**, 1849; **67**, 671). NJW **67**, 297 läßt die Frage für den Fall offen, daß Schönheitsoperation mit Sicherheit durchgeführt wird. Für den Fall, daß der Kunstgriff tatsächlich durchgeführt ist, verneint BGH **24**, 315 (dazu Hanack JR **72**, 472; Ulsenheimer JZ **73**, 64); die dauernde Entstellung; insoweit sind BGH **17**, 161; GA **68**, 120 aufgegeben, hingegen kann der Ersatz durch ein Glasauge die Entstellung nicht beheben (RG **14**, 344). **Dauernd** ist die Entstellung, wenn sich ihr Ende im voraus nicht bestimmen läßt (15. 7. 1964, 2 StR 252/64).

9 F. Verfallen in Siechtum, Lähmung oder Geisteskrankheit.

a) Verfallen bedeutet einen lang andauernden (chronischen), den Gesamtorganismus erheblich beeinträchtigenden (so bei Lähmung!) Krankheitszustand, dessen Beseitigung sich zZ nicht übersehen läßt (MDR/D **68**, **10** 17; Saarbrücken OLGSt. § 223a, 1). **b) Siechtum** ist ein chronischer Krankheitszustand von nicht absehbarer Dauer, der wegen Beeinträchtigung des Allgemeinbefindens Hinfälligkeit zur Folge hat (MDR/D **68**, 17). Bei einem Mann in der Vollkraft seiner Jahre genügt dazu die Arbeitsunfä-
11 higkeit (RG **72**, 346). **c) Lähmung** ist die erhebliche Beeinträchtigung der Bewegungsfähigkeit eines Körperteils, die den ganzen Körper in Mitleidenschaft zieht (RG **21**, 223; 7. 9. 1976, 1 StR 376/76); so bei Lähmung des rechten Arms (RG JW **30**, 1596); bei Versteifung des Hüftgelenks, so daß zur Fortbewegung Krücken nötig sind (RG JR **26**, 1201); Versteifung des Kniegelenks (NJW **88**, 2622 m. Anm. Kratzsch JR **89**, 295; Geppert JK 2).
12 d) Geisteskrankheit (8, 15 zu § 20) kann auch die mittelbare Folge der Verletzung sein, zB durch eine heftige Gemütsbewegung ausgelöst werden (RG **27**, 93); bloße Gemütsbewegungen genügen nicht; desgl. nicht bloß vorübergehende Geistesstörungen (RG **44**, 59). Unheilbar braucht die Geisteskrankheit nicht zu sein.

13   3) Die **Folgen** (oben 2 ff.) müssen zumindest fahrlässig herbeigeführt sein (§ 18; StV **91**, 262); sie sind auch bedeutsam für § 113 II Nr. 2, § 121 III Nr. 3, § 125 a Nr. 3, § 220 a I Nr. 2, §§ 221 III, 227, 229 II, 233, 239, 239 b, 250 I Nr. 3, §§ 318 II, 330 IV Nr. 2, §§ 330 a I, 340 II; § 19 III Nr. 2 WStG (Anh. 16); § 146 II BBergG; Art. 2 Nr. 1 EuTerrÜbk; weitergehend § 95 III AMG. Aus der Gefährlichkeit des Handelns des Täters kann nicht auf dessen Billigung der eingetretenen Folgen geschlossen werden (NStE Nr. 1).

14   4) **Ein Versuch** des Verbrechens ist bei bedingtem Vorsatz (sonst § 225) strafbar (BGH **21**, 194; 31. 10. 1984, 2 StR 350/84; hM; vgl. Küpper [1 zu

Körperverletzung § 224

§ 226], 113 ff.; 5 zu § 18; aM Schröder JZ **67**, 368); nicht hingegen bei nur fahrlässiger Verursachung der schweren Folge (SK 18). Die einfache Körperverletzung braucht noch nicht vollendet zu sein (LK 29).

5) Bei der Teilnahme kann die schwere Folge des § 224 bei gemeinschaftlicher Ausführung der Körperverletzung auch von einem der **Mittäter** allein schuldhaft verursacht sein, so daß die übrigen wegen § 18 aus § 224 nicht mithaften (RG GA Bd. **69**, 99; LK 31). Ebenso muß dem Anstifter, der die schwere Folge nicht gewollt hat (RG **59**, 156), insoweit wenigstens Fahrlässigkeit zur Last fallen. 15

6) Tateinheit ist möglich mit Totschlagsversuch (Schmitt JZ **62**, 392; str. aM BGH **22**, 248; LK 32; vgl. 16 zu § 211); mit § 277 (RG **59**, 111); dagegen ausgeschlossen mit § 223a, dort 8; sowie mit § 223b, dort 15. Mehrfache Folgen des § 224 können zusammentreffen; andrerseits ist in Zweifelsfällen Wahlfeststellung bezüglich der Folgen zulässig (LK 7). 16

7) Zu II (wie § 225 II, 226 II eingefügt durch Art. 19 Nr. 96 EGStGB; früher § 228 aF) vgl. 11 zu § 12; 42 zu § 46. Das Höchstmaß der Strafdrohung ist im Vergleich zu I unstimmig (Dreher, Bruns-FS 151). 17

8) Sonstige Vorschriften 17 zu § 223 b. 18

Beabsichtigte schwere Körperverletzung

225 ᴵWar eine der vorbezeichneten Folgen beabsichtigt und eingetreten, so ist auf Freiheitsstrafe von zwei bis zu zehn Jahren zu erkennen.

ᴵᴵIn minder schweren Fällen ist die Strafe Freiheitsstrafe von sechs Monaten bis zu fünf Jahren.

1) Die Absicht, daß eine der Folgen des § 224 eintritt, bildet den Erschwerungsgrund; er kann auch bei einer von der Einwilligung nicht gedeckten ärztlichen Behandlungsmaßnahme eingreifen (zB im Falle einer Tubensterilisation, Köln NStE Nr. 1); im übrigen müssen alle Tatbestandsmerkmale des § 224 erfüllt sein. Absicht ist der Wille, der auf die Erreichung des Erfolges gerichtet ist (BGH **21**, 194; LK-H.J. Hirsch 2). Bedingter Tötungsvorsatz schließt die Absicht schwerer Körperverletzung nicht aus (BGHR Konk. 1). Auch der Teilnehmer muß direkten Vorsatz haben. Die Absicht ist nicht ausgeschlossen, wenn der Täter die Verunstaltung in anderer Weise erreichen wollte, als sie eingetreten ist (Bremen MDR **59**, 777). 1

2) Der Versuch des Verbrechens ist möglich (BGH **21**, 194) und scheidet nicht deswegen aus, weil nicht auszuschließen ist, daß der Täter mit Tötungsvorsatz gehandelt hat (NJW **91**, 990, hierzu Geppert JK 1 zu § 212). 2

3) Zu II vgl. 11 zu § 12 und 42 zu § 46. 3

4) Sonstige Vorschriften 17 zu § 223 b; ferner § 126 I Nr. 3 iVm §§ 140 und 145 d. 4

§ 226

Körperverletzung mit Todesfolge

226 ¹Ist durch die Körperverletzung der Tod des Verletzten verursacht worden, so ist auf Freiheitsstrafe nicht unter drei Jahren zu erkennen.

^{II}In minder schweren Fällen ist die Strafe Freiheitsstrafe von drei Monaten bis zu fünf Jahren.

1 **1) Die Vorschrift** erhebt die *vorsätzliche* (vollendete) Körperverletzung (§§ 223 bis 224, § 340; einschränkend für § 223b LK-H. J. Hirsch 1; bedingter Vorsatz genügt, 25. 3. 1986, 1 StR 125/86), durch die der Tod des Verletzten (BGH **32**, 28) mindestens fahrlässig (12 ff. zu § 15) verursacht worden ist, als **erfolgsqualifiziertes Delikt** (§ 18) zum **Verbrechen**, für dessen Aburteilung
1a die Schwurgerichtskammer zuständig ist (§ 74 II Nr. 8 GVG). Neueres **Schrifttum:** *Dornseifer*, Arm. Kaufmann-GedS 427; *Geilen*, Welzel-FS 655; *Küpper*, Der „unmittelbare" Zusammenhang zwischen Grunddelikt und schwerer Folge beim erfolgsqualifizierten Delikt, 1982; *Lorenzen*, Zur Rechtsnatur und verfassungsrechtlichen Problematik der erfolgsqualifizierten Delikte, 1981; *Wolter*, JuS **81**, 168; GA **84**, 443 (krit. gegen ihn *H.J. Hirsch*, Oehler-FS 114); *Maiwald* JuS **84**, 439.

2 **2) Die Todesfolge muß durch die Körperverletzung**, die auch in einem Unterlassen bestehen kann (MDR/H **82**, 624; zweifelnd SK-Horn 16), **a) verursacht** worden sein. Hierzu gehören auch die Fälle, in denen der Tod sofort (Durchgangskausalität) eintritt (LK-3; M-Schroeder § 9, 30). Es genügt aber für § 226 nach allgM nicht, daß überhaupt ein ursächlicher Zusammenhang (16 vor § 13) besteht, vielmehr ist eine *engere Beziehung* zwischen Tat und schwerer Folge vorausgesetzt (20. 7. 1982, 1 StR 395/82): Der Verwirklichung des Grunddelikts muß gerade eine ihm eigentümliche **(tatbestandsspezifische) Gefahr** anhaften, die sich im tödlichen Ausgang **unmittelbar** niedergeschlagen hat (BGH **31**, 98; **33**, 323 [m. Anm. Wolter JR **86**, 464 u. Krehl StV **86**, 432; Geppert JK 1 zu § 239a]; NJW **71**, 153; MDR/D **76**, 16; MDR/H **82**, 102; NStZ **86**, 226; NStE Nr. 1; BGHR TodF 3; NStZ **92**, 334 [hierzu Dencker NStZ **92**, 311; Puppe JR **92**, Heft 12]; 19. 2. 1991, 5 StR 37/91; LK 4; Hirsch JR **83**, 78). Diese engere Beziehung zum tödlichen Erfolg kann auch bei einem selbstschädigenden Panikverhalten gegeben sein, das auf eine durch Mißhandlungen verusachte Benommenheit zurückgeht (NJW **92**, 1708 m. krit. Anm. Graul JR **92**, 344). Hieran fehlt es (und es greift nur § 223 in Tateinheit mit § 222 ein, LK 4), wenn die Todesfolge erst durch das *Eingreifen Dritter* (BGH **32**, 28, hierzu Geppert JK 2; MDR/H **82**, 102; bedenklich aber 28. 8. 1962, 5 StR 297/62 und hierzu Geilen [oben 1 a] 670, 681; Maiwald [oben 1 a] 440; vgl. ferner OGH **1**, 357; **3**, 99), durch das *eigene Verhalten des Opfers*, etwa durch Ausweichen (MDR/D **54**, 150) oder durch Abstürzen bei einem Fluchtversuch (NJW **71**, 153; Küpper aaO 89; abl. Schröder JR **71**, 206; Rengier JuS **86**, 143) oder sonstwie durch ein anderes nicht vom Körperverletzungsvorsatz erfaßtes Verhalten (NJW **85**, 2598 m. Anm. Jakobs JR **86**, 380) eingetreten ist. Indessen sind diese Abgrenzungskriterien unzureichend (SK-Horn 8 ff.; Küpper aaO 12) und die Rspr. uneinheitlich (Geilen 657, Küpper 46 [jew. oben 1 a]). Sie setzt inzwischen nicht mehr voraus, daß zwischen dem eigentlichen Körperverletzungs*erfolg* und dem Todeseintritt dieser spezifische Zusammenhang besteht (so noch RG **44**, 137; OGH **2**, 335),

Körperverletzung **§ 226**

sondern bezieht die Körperverletzungs*handlung,* soweit bereits ihr das Risiko eines tödlichen Ausgangs anhaftet, in den Gefahrenzusammenhang mit ein (NStE Nr. 1; aM LK 3, M-Schroeder § 9, 30 und LK-Schroeder 24 zu § 18). So greift § 226 ein, wenn beim vorsätzlichen Schlag mit einer Pistole sich versehentlich ein Schuß löst und der Geschlagene dabei zu Tode kommt (BGH **14**, 112 m. abl. Anm. Deubner NJW **60**, 1068; MDR/D **75**, 196; LK-H. J. Hirsch 4 u. JR **83**, 79; Jakobs 9, 35) oder wenn jemand einen anderen von einem 3,5 m hohen Hochsitz hinunterstürzt, dieser sich den Knöchel bricht und der Tod nach mehreren Wochen Bettlägerigkeit durch eine Lungenembolie deswegen eintritt, weil der Arzt unterlassen hatte, ihm blutverflüssigende Mittel zu verabreichen (BGH **31**, 96). Diese Entscheidung begegnet, auch wenn man mit der hM (zB Stree GA **60**, 292 u. SchSch 5; Wolter JuS **81**, 170; GA **84**, 443; Eser III 9 A 8; hiergegen Hirsch JR **83**, 79 und Oehler-FS 131 mwN) beim Gefahrenzusammenhang nicht nur an die Verletzung, sondern an den gesamten Tatvorgang anknüpft, durchgreifender Kritik, weil es hier im Unterschied zu BGH **14**, 110 am Unmittelbarkeitserfordernis fehlt, denn im Tod des Verletzten hat sich nicht die spezifische Gefahr des Tätigkeitsakts, sondern die der kunstfehlerhaften Heilbehandlung niedergeschlagen (so richtig H. J. Hirsch JR **83**, 81 und Oehler-FS 130; abl. ferner Puppe NStZ **83**, 22; Schlapp StV **83**, 267; Schmidhäuser BT 2/50; dem BGH iErg. zust. Stree JZ **83**, 75; Maiwald JuS **84**, 444; Wessels BT-1 § 5 V 1); **b)** und zwar wenigstens **fahrlässig** (§ 18). **3** Da schon in der Begehung des Grunddelikts eine Sorgfaltsverletzung liegt, ist hier nach BGH **24**, 215; MDR/D **72**, 386; NStZ **82**, 27; **84**, 329; 8. 8. 1984, 3 StR 233/84 (ebenso Düsseldorf MedR **84**, 30; hierzu Geppert JK 5 zu § 13; Jescheck § 26 II 1 a; Geilen aaO 675; Wessels BT-1 § 5 V 2) allein die Voraussehbarkeit des Erfolges (15 zu § 222) das Kriterium der Fahrlässigkeit (hiergegen Meisenberg NJW **72**, 694; SK 4; SchSch-Stree 7; Wolter JuS **81**, 171; vgl. auch LK 5; Eser III 9 A 15). Hieran kann es bei einem stark alkoholisierten Täter fehlen (MDR/D **73**, 18; 4. 9. 1979, 5 StR 516/79). **c)** Ist die ganze Tat vorsätzlich begangen worden, so greift § 226 nicht ein, **4** sondern § 211 oder § 212. Bei lebensbedrohender Gewaltanwendung ist daher stets zu prüfen, ob bedingter Tötungsvorsatz gegeben ist (31. 10. 1979, 2 StR 407/79; 30. 8. 1983, 1 StR 159/83; vgl. 11 zu § 211; 11 zu § 15).

3) Falls einem an einer **gemeinschaftlichen Körperverletzung Beteilig- 5 ten** hinsichtlich des Erfolges Fahrlässigkeit zur Last fällt (§ 18), kommt auch für die anderen Beteiligten eine Bestrafung nach § 226 (NStZ **82**, 27; MDR/H **86**, 795) und nicht nur nach § 223a in Betracht, das gilt jedenfalls, soweit sie die zum Tode führende Körperverletzung gebilligt haben (NStZ **84**, 329; vgl. BGH **32**, 27; NStZ **92**, 334 [hierzu Dencker NStZ **92**, 311; Puppe JR **92**, Heft 12]; LK 7; SK 13; weitergehend 29. 10. 1974, 5 StR 470/74). Auch dem Anstifter und Gehilfen muß Fahrlässigkeit (oben 3) zur Last fallen (LK 7).

4) Für den Fall des **Versuchs**, vgl. 4 zu § 18; SchSch 6; Küpper [oben 1 a] **6** 114, abl. LK 6.

5) Tateinheit ist möglich mit § 227 (RG **59**, 111; 29. 6. 1983, 2 StR 150/83); **7** ebenso mit § 225; sowie mit § 218 (BGH **28**, 17 m. Anm. H. Wagner JR **79**, 295; 26. 2. 1980, 5 StR 681/79; LK 8; aM BGH **15**, 345; vgl. hierzu 20 zu § 218) und mit § 30 WStG (MDR **70**, 603). Mit § 222 (BGH **8**, 54) und mit § 223a liegt

§ 226

BT Siebzehnter Abschnitt

Gesetzeskonkurrenz vor (vgl. 8 zu § 223a); desgl. mit § 223b (dort 15, RG **70**, 359; sowie mit § 240 (RG **12**, 223). Zum Verhältnis zu den §§ 125, 125a vgl. dort 11 bzw. 9. Von den Tötungsdelikten wird § 226 idR verdrängt. Doch ist Tatmehrheit anzunehmen, wenn der Täter dem Opfer einen zum Tod führenden Schlag versetzt und es erst anschließend durch eine nicht für den Tod kausale Handlung zu töten versucht (vgl. 9. 9. 1969, 1 StR 347/69, wo offengelassen wird, ob natürliche Handlungseinheit anzunehmen ist; vgl. BGH **7**, 289). Tateinheit zu den Tötungsdelikten liegt vor, wenn der Täter zunächst mit Körperverletzungsvorsatz und dann mit Tötungsvorsatz tätig wird (MDR/H **77**, 282; 31. 10. 1979, 2 StR 470/79).

8   **6) Zu II** vgl. 11 zu § 12; 42 zu § 46. Sind die Voraussetzungen des § 213 gegeben, so *muß* die Strafe nach II gemildert werden (BGH **25**, 222; MDR/D **74**, 723; StV **81**, 524; **92**, 115; NStE Nr. 3; NStZ **83**, 555; **88**, 498; BGHR StRWahl 1; 16. 8. 1991, 3 StR 290/91), es ist aber uU auch darzutun, ob II nicht aufgrund einer Gesamtwürdigung (MDR/H **78**, 624; 11. 1. 1980, 2 StR 775/79) oder deswegen eingreift, weil die Folge durch eine körperliche Anomalität des Opfers bedingt war (EzSt Nr. 2). II kann nicht allein damit abgelehnt werden, daß die Körperverletzung „nicht gering" gewesen sei (30. 4. 1982, 2 StR 149/82; vgl. auch 2 zu § 50; 8 zu § 213). Die Tat wird ohne Antrag verfolgt (§ 232). Kompensation ist ausgeschlossen (§ 233). Vgl. auch Dreher NJW **51**, 492.

9   **7) Sonstige Vorschriften** 17 zu § 223b sowie zur Zuständigkeit § 74 II Nr. 8 GVG.

Einwilligung des Verletzten

226a Wer eine Körperverletzung mit Einwilligung des Verletzten vornimmt, handelt nur dann rechtswidrig, wenn die Tat trotz der Einwilligung gegen die guten Sitten verstößt.

1   **1) Die Einwilligung des Verletzten** nimmt unter gewissen Voraussetzungen (vgl. 9ff.) einer bestimmten noch bevorstehenden Körperverletzung durch einen anderen (BGH **17**, 359) das rechtliche Interesse am Schutz des Rechtsguts (vgl. Hamburg NJW **69**, 336) und damit die Rechtswidrigkeit (3 ff. vor § 32; für Tatbestandsausschluß gegen den ausdrücklichen Gesetzestext u. a. SK-Horn 2); diese kann aber auch infolge von anderen Rechtfertigungsgründen entfallen. Die These Reinhards (JR **64**, 368) und Roxins (JuS **64**, 373), daß § 226a wegen Verstoßes gegen Art. 103 II GG nichtig sei, geht zu Unrecht davon aus, daß auch Rechtfertigungsgründe dem Bestimmtheitsgrundsatz dieses Artikels unterlägen (vgl. 11a zu § 1); wäre es so, so wären alle gewohnheitsrechtlichen Rechtfertigungsgründe grundgesetzwidrig (Dreher, Heinitz-FS 222; zu diesem Einwand Roxin Nieders. Ärztebl. **65**, 8, Anm. 21; vgl. aber Kriminalpolitik und Strafrechtssystem 31; ferner Kratsch JuS **75**, 437 Anm. 18; Marxen, Die „sozialethischen" Grenzen der Notwehr, 1979, 27); ähnlich wie hier LK-H. J. Hirsch 2; vgl. auch Lenckner JuS **68**, 249; aM R. Schmitt, Schröder-GedS 263 u. Jescheck-FS 227, der § 226a im übrigen für überflüssig hält.

2   **A. Die Rechtswirksamkeit** der Einwilligung setzt natürliche Einsichts- und Steuerungsfähigkeit (BGH **4**, 118), nicht aber Geschäftsfähigkeit (BGH **4**, 88) voraus (3b vor § 32), wobei es auf den konkreten Fall, dh auf den individuellen Reifegrad, Bedeutung, Art und Schwere der Verletzung sowie die Aufklärung über die Risiken ankommt, und zwar insbesondere bei der **Heilbehandlung** (9aff. zu § 223). Von einer allgemeinen Regelung hat auch das BtG abgesehen (BT-Drs. 11/4528, 70ff.). Bei Einwilligungs-

Körperverletzung § 226a

unfähigen kann grundsätzlich der gesetzliche Vertreter im Rahmen seiner Vertretungsmacht die Einwilligung erteilen, bei einem Betreuten so, wie es dessen Wohl entspricht (§ 1901; vgl. zum Einwilligungsvorbehalt § 1903, zur ev. notwendigen vormundschaftsgerichtlichen Genehmigung § 1905 BGB). Sonderregelungen gelten für die Kastration und Sterilisation (unten 12, 13). **Zwangsbehandlungen** nicht einwilligungsfähiger Betreuter sind aber nach dem BtG im übrigen nicht grundsätzlich verboten, wenn die Behandlungsbedürftigkeit aufgrund psychischer Krankheit, geistiger oder seelischer Behinderung nicht erkannt werden kann (BT-Drs. 11/4528, 72). Doch darf die Ersatzeinwilligung durch den Betreuer zum SSA nur in den eng begrenzten Fällen der strengen medizinischen Indikation erteilt werden (14 vor § 218). Wenngleich sich Parallelen zur Ersatzeinwilligung bei Sterilisation (unten 13 c) zeigen, hat das BtG die Ersatzeinwilligung in den Fällen des § 218 a ungeregelt gelassen (vgl. BT-Drs. 11/3951; 11/6969 Nr. 8). Die Einwilligung kann auch durch schlüssige Handlungen erteilt werden (Bay JR **61**, 73; NJW **68**, 665, Celle NJW **64**, 736). Bloßes Mitfahren im Auto bedeutet jedoch noch keine schlüssige Einwilligung in Verletzungen bei einem Verkehrsunfall (Oldenburg NJW **66**, 2132; vgl. auch Bremen NJW **53**, 1364; Celle NJW **64**, 736). Nachträgliche Genehmigung ist keine Einwilligung (BGH **17**, 359; Frankfurt DAR **65**, 217; Oldenburg aaO; Kühne JZ **79**, 243). Bei fehlender Einwilligung des Verletzten gilt § 226a nicht; desgl.nicht, falls die Einwilligung zu einem anderen als dem vom Täter bezweckten Erfolg erteilt wird (BGH **4**, 92); ebenso, falls sie erzwungen oder erschlichen ist. Die erteilte Einwilligung in eine Venenpunktion wird nicht dadurch unwirksam, daß die Blutprobe später ohne Wissen des Patienten für einen HIV-Antikörpertest verwendet wird (allgM; vgl. im übrigen 9 w zu § 223). In besonderen Lagen kann aber auch die mutmaßliche Einwilligung rechtfertigen. Doch kann die Einwilligung für eventuelle künftige Verletzungen erteilt werden, so bei Boxkämpfen und studentischen Bestimmungsmensuren (vgl. Schild Jura **82**, 523). Die unklare Aufforderung eines Angetrunkenen „Komm, wir machen einen Gang" ist keine Einwilligung in einen blinden Schlag gegen die Schläfe (BGH **4**, 89). **Unwirksam** ist die Einwilligung in die Kastration um den 3
Preis der Freilassung aus dem KZ (BGH **4**, 113); anders bei UHaft (BGH **19**, 201) und bei rechtsstaatlicher Strafverbüßung, wenn der Verurteilte der Sicherungsverwahrung entgehen will (§ 3 II KastrG; unten 12). Das in Nr. 22 der Mindestgrundsätze für die Behandlung der Gefangenen – Entschließung (73) 5 des Ministerkomitees des Europarats v. 19. 1. 1973 – eingeführte Verbot wissenschaftlicher und medizinischer Experimente an Gefangenen bezieht sich nur auf nichttherapeutische Versuche. Operationen oder prothetische Maßnahmen, die kriminogenen Faktoren entgegenwirken, soll die Vollzugsbehörde mit Zustimmung des Gefangenen durchführen lassen (§ 63 I S. 1 StVollzG; vgl. ferner LK 47). In der Erprobungsphase befindliche Behandlungsmethoden dürften auch bei Gefangenen desto unbedenklicher sein, je mehr der Behandlungsgesichtspunkt im Vordergrund steht und umgekehrt. Zur Untersagung jeglicher klinischer Versuche eines Arzneimittels an Gefangenen oder Verwahrten vgl. jedoch § 41 AMG. Allerdings ist der Arzt, wenn das in der Entwicklung befindliche Arzneimittel lebensrettend verabreicht wird, nach § 34 gerechtfertigt. **Ge-** 4
gen ein gesetzliches Verbot darf die Einwilligung nicht verstoßen, sonst

§ 226a

BT Siebzehnter Abschnitt

ist sie unbeachtlich; nicht jedoch schon, wenn sie gegen bloßes Ordnungsrecht verstößt (Bay JR **78**, 297 m. Anm. Kienapfel). Aber auch bei einwandfreier Einwilligung kann die Tat selbst gegen die guten Sitten verstoßen (RG **74**, 95; vgl. 10); zur Frage der ärztlichen Verordnung von Drogenausweichmitteln 9c zu § 223. Vgl. Art. 7 IPbürgR.

5   **B. Alle Fälle der Körperverletzung** werden von § 226a betroffen, wie seine Stellung hinter § 226 ergibt; nicht bloß die leichte Körperverletzung nach § 223; nur wird bei ihr die Sittenwidrigkeit wohl am ehesten fehlen. Im Fall des § 226 greift dann § 222 ein, da in die Tötung nicht wirksam eingewilligt werden kann (BGH **4**, 93; Bay **57**, 75); wie auch grundsätzlich nicht in Lebensgefährdung (vgl. BGH **7**, 114; NJW **70**, 1381; str.; vgl. LK 1). § 226a ist also auch bedeutsam für die fahrlässigen, nicht bloß für die vorsätzlichen (BGH **4**, 88; **6**, 234; **17**, 359; MDR **59**, 856; **65**, 1001; Bay NJW **57**, 1245; Celle NJW **64**, 736; Frankfurt DAR **65**, 217; Köln NJW **66**, 896; Oldenburg NJW **66**, 2132; U. Weber, Baumann-FS 47; vgl. 14). Bei jener will der Einwilligende den Erfolg nicht; aber er nimmt ihn als Risiko in Kauf dadurch, daß er mit der ihn gefährdenden Handlung, deren mögliche Folgen er voraussieht, einverstanden ist (KG JR **54**, 429; Celle NJW **64**, 736; MDR **69**, 69; Karlsruhe NJW **67**, 2321; Bay NJW **68**, 655; str). Zu den
6 Körperverletzungen im **Straßenverkehr**, vgl. Schuknecht DAR **66**, 17; LK 13. Wer mit drei anderen in klarer Erkenntnis der Gefährlichkeit auf einem Motorroller fährt, willigt wirksam in fahrlässige Verletzung seines Körpers ein (MDR **59**, 856); Entsprechendes gilt für das Mitfahren bei Trunkenheit des Fahrzeugführers (BGH **6**, 233; Bay JR **63**, 27; Frankfurt VRS **29**, 460; Zweibrücken VRS **30**, 284; Hamm MDR **71**, 67 [hiergegen Schild Jura **82**, 524]; vgl. auch Hein BA **65/66**, 435; Otto JuS **74**, 710; einschränkend Hamm DAR **72**, 77; **73**, 219). Wenn demgegenüber BGHZ **34**, 355 in Abkehr von zB RGZ **141**, 262 und BGHZ **2**, 153 erklärt, die Annahme, daß der Fahrgast mit einer etwaigen Körperverletzung einverstanden sei, widerspreche offenbar der Wirklichkeit, und wenn auch im Schrifttum gewichtige Bedenken geltend gemacht werden (Geppert ZStW **83**, 947 mwN), so ist darauf hinzuweisen, daß man auch mit einem unerwünschten Erfolg einverstanden sein kann (11 zu § 15) und daß im Strafrecht anders als im Zivilrecht hinsichtlich des Einverständnisses in dubio pro reo gilt. Zur Gesamtproblematik P. Frisch, Das Fahrlässigkeitsdelikt und das Verhalten des Verletzten, 1973, mit beachtlichen Lösungsvorschlägen (vgl. auch Schaffstein, Welzel-FS 557).

7   Nach Eb. Schmidt JZ **54**, 371, 373 rechtfertigt § 226a nur bei solchen **sportlichen Betätigungen,** die der „Deutsche Sportbund" als Sport anerkannt hat; zur Problematik gefährlicher Sportarten (zB Boxkämpfe BGH **4**, 92). Maßgebend ist jedoch allein § 226a. Nach ihm rechtfertigt die Einwilligung der Mitkämpfenden in aller Regel (so auch LK 12; Blei BT § 14 II); ausgenommen nur bei zweifelsfreier Sittenwidrigkeit der Tat (BGH **4**, 32), so bei vorsätzlich schwerer Mißachtung der Regeln (Bay **60**, 269; NJW **61**, 2072; problematisch 4. 2. 1975, 1 StR 690/74), während Eb. Schmidt entgegen dem Gesetzeswortlaut die rechtfertigende Wirkung der Einwilligung nur zubilligen will (S. 371), falls die Verletzung den guten
7a Sitten entspricht. Das **Doping** (Verabreichen oder Gebrauch körperfremder oder abnorm wirkender physiologischer Substanzen an Sportler zur

Leistungssteigerung) ist, falls es erhebliche Gesundheitsschädigungen zur Folge hat oder haben kann, auch im Falle hinreichender Aufklärung (9n zu § 223) und wirksamer Einwilligung, sittenwidrig (Linck NJW **87**, 2550; Gössel BT 1 § 13, 110; U. Weber, Baumann-FS 54; einschränkend bei geringfügigeren Gesundheitsfolgen Kohlhaas NJW **70**, 1958). **Schrifttum:** **Schild** (Hrsg.), Rechtliche Fragen des Dopings, 1986; *Franz/Hartl* NJW **88**, 2277; *Körner* ZRP **89**, 418; *Vieweg* NJW **91**, 1511 (Doping u. Verbandsrecht); *Turner* MDR **91**, 569, NJW **91**, 2943 (Einwilligung) u. ZRP **92**, 121 (zur Frage eines Anti-Doping-Gesetzes); *Derleder/Deppe* JZ **92**, 116 (Verantwortung des Sportarztes); vgl. *Jung* JuS **92**, 131. Für vorsätzliche **Überschreitung** der Sportregeln ist die Einwilligung nicht erteilt; nach Bay NJW **61**, 2072 (vgl. auch München NJW **70**, 2297) ebensowenig für leichtfertig begangene Verletzungen beim Fußball (vgl. ausführlich Schroeder, Sport und Recht 1972, 21; Eser JZ **78**, 373; Schild Jura **82**, 464, 520, 585; Dölling ZStW **96**, 36; Donatsch, Gedanken zum strafrechtlichen Schutz des Sportlers, SchweizZSt **90**, 400), etwa bei einer Verletzung eines Zuschauers während einer Spielpause (Karlsruhe NJW **82**, 394, hierzu Geppert JK 1); anders aber bei fahrlässig (zB im Spieleifer) begangenen Übertretungen der Spielregeln (Bay JR **61**, 73). Zur Problematik der Mensur vgl. 7 ff. vor § 211.

2) **Gegen die guten Sitten** darf die Tat nicht verstoßen, also nicht gegen das Anstandsgefühl aller billig und gerecht Denkenden (BGH **4**, 32; zur Problematik Breithaupt JZ **64**, 283; Hanack JZ **64**, 393; Roxin JuS **64**, 373; Berz GA **69**, 145; Sack NJW **85**, 761; Weigend ZStW **98**, 64; Otto, Tröndle-FS 168; Placebo-Injektion). Dabei kommt es vor allem auf die Beweggründe und Ziele der Beteiligten (RG **74**, 94; JW **38**, 30; aM LK 7 ff.) sowie die Mittel und die Art der Verletzung an (vgl. § 152 E 1962). Nicht jede körperliche Auseinandersetzung außerhalb des Sports verstößt gegen die guten Sitten (Stuttgart MDR **72**, 623; Hamm NStE Nr. 2). Verstößt die Tat gegen die guten Sitten, so ist der Einwilligende als notwendiger Teilnehmer straflos (SchSch-Stree 13; LK 11; aM Otto, Lange-FS 213). Für den Täter kann die Einwilligung dann strafmildernd wirken. Zur Einwilligung in den HIV-infektiösen Geschlechtsverkehr Helgerth NStZ **88**, 261; U. Weber, Baumann-FS 54.

A. **Maßgebend ist** die Sittenwidrigkeit der **Tat selbst,** nicht die der Einwilligung oder des Motivs dafür (BGH **4**, 91; Bay JR **78**, 297; hM). So verstoßen Körperverletzungen bei einem Raufhandel (Hamm JMBlNW **64**, 128) oder die entstellende Körperverletzung ohne schwerwiegenden Rechtfertigungsgrund gegen die guten Sitten, ebenso ärztliche Massagebewegungen von der Scheide aus (RG **74**, 94), sowie eine kommerzielle Organentnahme am Lebenden, die kein Heileingriff ist (9d zu § 223; Kohlhaas NJW **71**, 1871), dem ärztlichen Berufsethos widerspricht (und daher von allen europ. Transplantationszentren abgelehnt wird), für den Spender gefährlich und für den Empfänger bei nicht kompatiblen Organen sinnlos ist. Genitalverändernde Operationen, bei denen die Voraussetzungen des § 8 I Nr. 2, 3 TSG (3 zu § 175) fehlen, sind im Zweifel sittenwidrig. Kommt Tateinheit mit einem anderen Delikt in Betracht, so kann sich aus diesem die Sittenwidrigkeit der Körperverletzung ergeben; es ist aber auch Rechtfertigung nach § 226 a möglich (vgl. dazu BGH **6**, 232; Bay JR **63**, 27

§ 226 a

mit zust. Anm. Martin; Frankfurt DAR **65**, 217; Celle VRS **29**, 296; Hamm MDR **71**, 67; Lilie aaO [9 zu § 223] 93). Zur Frage der Strafbarkeit sadomasochistischer Körperverletzungen Sitzmann GA **91**, 71.

11 B. Die Unfruchtbarmachung (Sterilisation und Kastration) fand ihre Regelung im Gesetz zur Verhütung erbkranken Nachwuchses v. 26. 6. 1935 (RGBl. I 773; BGBl. III 453–6), das aber zunächst in einzelnen Ländern ganz oder zT aufgehoben wurde. § 14 I, der als partielles Bundesrecht weitergalt (BGH **2**, 114), und sowohl Sterilisation wie Kastration betraf, ist insoweit durch Art. 8 Nr. 1 des 5. StrRG aufgehoben worden.

12 a) Die Kastration eines Mannes ist, soweit sie sich gegen die Auswirkungen eines abnormen Geschlechtstriebes richtet, durch das **KastrG** geregelt (im einzelnen Pelchen in Erbs K 17); zur Entstehungsgeschichte RegE BT-Drs. V/3702; Prot. V/2478, 2515, 2547, 3369; AusschlußBEr. BT-Drs. V/4235. Die Kastration ist danach als vorwiegend medizinische (§ 2 I) oder kriminologische (§ 2 II) zugelassen, wenn der Betroffene mindestens 25 Jahre alt ist, nach Aufklärung einwilligt (§ 3), wobei er mindestens verstehen muß, welche unmittelbaren Folgen eine Kastration hat (sonst Einwilligungsunfähigkeit und Kastration nur bei lebensbedrohender Krankheit), und eine nach Landesrecht einzurichtende Gutachterstelle nach Untersuchung des Betroffenen eine bestimmte Bestätigung erteilt hat (§ 5). In gewissen Fällen müssen auch Einwilligung des Betreuers (§ 3 III Nr. 2) und Genehmigung des Vormundschaftsgerichts (§ 6) vorliegen. Für medikamentöse Behandlung von Mann oder Frau gegen die Auswirkungen eines abnormen Geschlechtstriebes, die zu dauernder Funktionsunfähigkeit der Keimdrüsen führen kann, gilt § 4, der aber idR die Einschaltung der Gutachterstelle nicht vorschreibt. Für andere medizinische Methoden zur Dämpfung des Geschlechtstriebes gilt § 4 nicht, so für die stereotaktische Hypothalamotomie (Hamm NJW **76**, 2311; vgl. dazu Jung NJW **73**, 2241; Hauptmann ZRP **74**, 231; bga-Berichte 3/1978; LK 42; SchSch 55ff. zu § 223). Die rein medizinische Kastration (zB Entfernung der von Krebs befallenen Keimdrüsen) richtet sich weiter nach § 226a. In Fällen aus dem Bereich des KastrG ist, wenn dessen Vorschriften nicht eingehalten werden, § 226a in aller Regel unanwendbar, aber nicht völlig ausgeschlossen (vgl. Prot. V/2525; dazu Blei JA **70**, 29). Zum Ganzen Schwalm, Kastration, Sterilisation und Einwilligung in strafrechtlicher Sicht, in „Die juristische Problematik in der Medizin", 1971; Horstkotte, Zum neuen KastrG, Soziale Arbeit **70**, 193.

13 b) Die Sterilisation zählt trotz verbesserter Refertilisierungsmöglichkeiten (50 bis 60%; BT-Drs. 11/4528, 73) wegen der ernsthaften Gefahr dauernder Fortpflanzungsunfähigkeit zu den schwersten Eingriffen in die körperliche Integrität und die gesamte Lebensführung.

13a Schrifttum: *Brimer* DRiZ **88**, 376; *Eser/Koch* MedR **84**, 6; *Finger* MedR **88**, 231; *Die Grünen* (Hrsg.) Argumente, Sterilisation Behinderter, Hilfe statt Zwang, 1988; *Gsell* ZStW **97**, 172; *Hanack,* Die strafrechtliche Zulässigkeit künstlicher Unfruchtbarmachungen, 1959, JZ **64**, 393 u. DtMedJournal **71**, 640; *Hardwig* GA **64**, 289; *Hirsch/Hiersche* MedR **87**, 135; *Hoerster* JZ **71**, 123; *Kienzle* GA **57**, 68; *Kohlhaas* NJW **63**, 2348; *Laufs* FPflMedAR 126; *Lenckner* in Eser/Hirsch 190; *Pfäfflin*, Z. Sexualforsch. **88**, 272; *Reis;* Sterilisation einsichtsunfähiger Menschen aus verfassungsrechtlicher Sicht, in: Neur-Miebach/Krebs (Hrsg.), Schwangerschaftsverhütung bei Menschen mit geistiger Behinderung – notwendig, möglich, erlaubt?, 1987, S. 150; *Horn* ebenda S. 127; *Rieger* DMW **73**, 1781; *Roxin* JuS **64**, 393; *Eb. Schmidt* JZ **51**, 65; *Urbanczyk* NJW **64**, 425; *Weißauer/Hirsch*, Vasektomie bei geistig Behinderten, Urologe **82**, 252; *Wulfhorst* NJW **67**, 649.

Körperverletzung **§ 226a**

Eine gesetzliche Regelung der **freiwilligen Sterilisation** (auch für volljährige Nichtbetreute und einwilligungsfähige Betreute) sahen der RegE eines 5. StrRG (BT-Drs. VI/3434) und die Entwürfe BT-Drs. 7/375, 7/443 sowie der AE (AE-BT-Straftaten gegen die Person, 1. Halbb. 1970 § 112 II bis IV) vor. Die Sterilisationsproblematik wurde jedoch zurückgestellt (BT-Drs. 7/1982, 7/1983, Prot. 7/1705). Das BtG hat mit dem Verbot der elterlichen Einwilligung in eine Sterilisation des Kindes (§ 1631c BGB) bewirkt, daß **Minderjährige** nicht sterilisiert werden dürfen (BT-Drs. 11/4528, 73, 107). Die **Sterilisation geistig Behinderter** wirft zahlreiche Rechtsfragen auf (vgl. hierzu Reis[13a], ferner ZRP **88**, 318 u. 57. DJT Sitz. Ber. K 149; Petersen MMW **76**, 917; Horn ZRP **83**, 265; Mahnkopf ZRP **84**, 255; Hirsch/Hiersche MedR **87**, 135 und Hamm MDR **83**, 317; Eser, Tröndle-FS 625 [auch rechtsvergleichend aaO 637]), für die das BtG mit der Regelung über die Einwilligung des Betreuers in eine Sterilisation des Betreuten (§ 1905 BGB) eine äußerst str. Lösung anbietet (vgl. dazu die 1987 von der DGMR hrsg. sog. *Einbecker Empfehlungen* [Revidierte Fassung 1992, MedR **92**, 206], die recht deutlich werden lassen, wie problematisch es ist, die „zum Wohle" des Betreuten an dessen Stelle von anderen zu treffende Entscheidung so abzugrenzen, daß sie nicht den Grundrechten des Betreuten widerspricht und zumindest später von dem Betreuten als Zwang verstanden werden kann; vgl. zu den verfassungsrechtlichen Bedenken überzeugend Reis [13a] 150 u. BT-Drs. 11/6969 Nr. 8; oben 20 vor § 211; ferner Laufs FPflMedAR 134). Das BtG (vgl. BT-Drs. 11/4528, 75ff.) lehnt – insoweit zT abw. von einer von der BÄrztekammer erarbeiteten Entscheidungshilfe (DÄBl. **87**, B 1979) sowie den *Einbecker Empfehlungen* – eine Sterilisation geistig Behinderter *im Interesse der Allgemeinheit* ebenso ab wie *im Interesse von Verwandten oder im Interesse des ungezeugten Kindes,* ferner die Sterilisation vorübergehend Einwilligungsunfähiger und von Minderjährigen. Das BtG anerkennt den Vorrang anderer Verhütungsmethoden. Es gilt das zu 14 vor § 218 Gesagte entsprechend.

13b

13c

3) Irrtümliche Annahme der Einwilligung in solchen Fällen, die bei Einwilligung unter § 226a fallen, schließt Bestrafung wegen **vorsätzlicher** Körperverletzung aus (27 zu § 16; M. K. Meyer Ausschluß 204). Würden sie nicht unter § 226a fallen, so stellt jene irrige Annahme einen Verbotsirrtum dar (BGH **4**, 119; **16**, 313). Dasselbe gilt, wenn der Täter eine unwirksame Einwilligung für wirksam (BGH **16**, 309), oder die Tat irrig nicht für sittenwidrig hält (Hamm JMBlNW **64**, 128; LK 50; str.).

14

Beteiligung an einer Schlägerei

227 Ist durch eine Schlägerei oder durch einen von mehreren gemachten Angriff der Tod eines Menschen oder eine schwere Körperverletzung (§ 224) verursacht worden, so ist jeder, welcher sich an der Schlägerei oder dem Angriff beteiligt hat, schon wegen dieser Beteiligung mit Freiheitsstrafe bis zu drei Jahren oder mit Geldstrafe zu bestrafen, falls er nicht ohne sein Verschulden hineingezogen worden ist.

1) Die Vorschrift stellt den **Raufhandel** wegen der Gefährlichkeit von Schlägereien und der Schwierigkeit, die Einzelverantwortlichkeit der Beteiligten für schwere Folgen aufzuklären unter Strafe (BGH **14**, 132; **33**, 103 m. Anm. Günther JZ **85**, 585; NJW **65**, 1285). Sie ist ein *abstraktes Gefährdungsdelikt* (BGH **33**, 103; krit. Montenbruck JR **86**, 139). **Schrifttum:** *Hund,* Beteiligung an einer Schlägerei – ein entbehrlicher Tatbestand? Diss. Mainz 1987; *Stree,* R. Schmitt-FS 215.

1

§ 227

2   **A. Voraussetzungen sind eine Schlägerei oder ein Angriff,** der von mehreren gemacht wird. Sie werden sich meistens in mehreren Einzelakten abspielen; diese bilden einen **einheitlichen** Raufhandel wenn sie im wesentlichen gleichartige Auswirkungen ein und derselben Erregung sind (BGH **33**, 102).

3   **a) Schlägerei** ist der Streit von mindestens 3 Personen mit gegenseitigen Körperverletzungen (BGH **15**, 369; **31**, 125; **33**, 102; hierzu Henke Jura **85**, 586), auch wenn einer von ihnen ohne Schuld oder in Notwehr handelt, die sich nicht auf bloße Schutzwehr beschränkt, sondern in Trutzwehr übergeht (aaO; str.). So wird aus dem Ringen zweier Personen eine Schlägerei, falls sie trotz Miteingreifens eines Dritten ihre Kämpfe fortsetzen, obwohl sie davon abstehen konnten (RG GA Bd. **51**, 177), uU ist bei den einzelnen Beteiligten zu prüfen, ob ihnen der Rechtfertigungsgrund der Nothilfe
4   zugebilligt werden kann (15. 4. 1983, 2 StR 54/83). **b) Der Angriff** besteht in der feindlichen, unmittelbar gegen den Körper eines anderen *zielenden* Einwirkung (BGH **33**, 102; vgl. hierzu LK-H. J. Hirsch 5f.), wobei bei den Angreifenden Einheitlichkeit des Angriffs, des Angriffsgegenstandes und des Angriffswillens bestehen muß (BGH **31**, 126; **33**, 102 [m. Anm. Günther JZ **85**, 585; Henke Jura **85**, 587; Montenbruck JR **86**, 141; J. Schulz StV **86**, 250]; NJW **84**, 621). Das bloße Drohen (Abgabe eines Schreckschusses in die Luft) genügt nicht (R **10**, 505). Doch ist ein körperliches Anfassen oder gar eine Körperverletzung nicht erforderlich (RG GA Bd. **59**, 332). Insbesondere können sich die Angegriffenen auf die bloße Abwehr beschränken (anders zu 3). **Mehrere** müssen den Angriff machen; daß ein einziger zwei andere angreift, die sich bloß wehren, genügt nicht. Ausreichend aber das längere Quälen eines Geisteskranken durch mehrere Personen (BGH **2**, 160). Mittäter brauchen sie nicht zu sein (RG **59**, 264). An der Tätlichkeit braucht sich nicht jeder Angreifer zu beteiligen (aaO; BGH **3**, 163).

5   **B. Der Tod oder eine schwere Körperverletzung** eines Menschen (§ 224) ist eine Bedingung der Strafbarkeit für § 227 (BGH **14**, 132; **16**, 130; **33**, 103; Stree JuS **65**, 472; hM; aM LK 1; zu den *verfassungsrechtlichen* Einwänden gegen die Vorschrift Montenbruck JR **86**, 138); sie müssen durch die Schlägerei oder den Angriff verursacht sein, brauchen aber nicht bei einem Teilnehmer der Schlägerei oder des Angriffs einzutreten (BGH **16**, 130; **33**, 100 m. Anm. Günther JZ **85**, 585 u. J. Schulz StV **86**, 250); die Verletzung des herbeieilenden Polizisten oder eines Vorübergehenden genügt (LK 11); desgl. eine Verletzung durch eigene Unvorsichtigkeit (RG **9**, 149).

6   **a) Der ursächliche Zusammenhang** zwischen Schlägerei oder Angriff und der schweren Folge muß gegeben sein; sind jene beendigt, so fallen spätere Handlungen nicht mehr unter § 227 (RG **61**, 272). Ein Verschulden eines der Beteiligten an den schweren Folgen wird nicht erfordert (RG **59**, 112); es genügt, daß der Erfolg sich auf den „von mehreren gemachten Angriff" zurückzuführen läßt (NJW **84**, 621 m. Anm. Geppert JK 2 zu § 226). Es muß sich aber um eine „tatbestandsspezifische" Folge (ähnlich § 226, dort 2) handeln (hierzu im einzelnen Stree [oben 1] 222). Die Folgen können auch durch eine Notwehrhandlung herbeigeführt sein (Olshausen 6), und zwar auch dann, wenn einer der Angreifer (oben 4) durch einen

Körperverletzung   § 227

Angegriffenen getötet wird (BGH **33**, 103, hierzu Montenbruck JR **86**, 141). Denn die Beteiligung an Schlägerei oder Angriff wird schon als solche bestraft, und zwar wegen ihrer Gefährlichkeit (vgl. aber LK 1, 10). Daher ist es auch gleichgültig, ob die schwere Folge der Handlung eines bestimmten Täters zuzuschreiben ist (RG **61**, 272). Auch der Verletzte selbst ist der Täter (BGH **33**, 104 m. Anm. Günther JZ **85**, 585 u. J. Schulz StV **86**, 250; Stree [oben 1] 224), mag auch für ihn § 60 in Betracht kommen (Stree aaO). § 18 (vgl. dort 6) gilt hier nicht (NJW **54**, 765).

b) Bei Verschulden eines Beteiligten am Tod oder schwerer Körperverletzung liegt bei ihm Idealkonkurrenz des § 227 mit dem betr. Tötungsdelikt oder § 224 vor (BGH **33**, 104, vgl. unten 12).   7

2) Tathandlung ist die Beteiligung des Täters an der Schlägerei oder dem Angriff.   8

A. Beteiligung ist iS des gewöhnlichen Lebens zu verstehen, nicht als Teilnahme iS der §§ 25 ff. (RG **9**, 380), und schon gar nicht gemeinschaftlichen Handelns als Mittäter (BGH **31**, 127; **33**, 102 m. Anm. Günther JZ **85**, 585 u. J. Schulz StV **86**, 251). Es wird überhaupt kein Zusammenwirken verlangt (RG **59**, 264); doch müssen die Beteiligten bei der Schlägerei **anwesend** sein und physisch oder geistig dazu beitragen, daß geschlagen wird (RG **5**, 170). Nicht erforderlich ist, daß der Beteiligte mitschlägt (RG **3**, 241); auch sonstige sachliche Anteilnahme genügt wie anfeuernde Zurufe, Ziehen eines Messers, Abhalten von Hilfskräften (BGH **15**, 369; GA **60**, 213). Fehlt es an solcher Beteiligung, kann aber Beihilfe zu § 227 gegeben sein, (9. 4. 1974, 5 StR 619/73), das Nichtverhindern der Beteiligung durch einen Überwachungsgaranten ist Beihilfe durch Unterlassen an der Tat des § 227 (Stree [oben 1] 217). Nicht beteiligt ist der lediglich Angegriffene, der sich auf bloße Schutzwehr beschränkt (BGH aaO); desgl. der Abwiegler. Ob sich Einzelvorgänge (Zweikämpfe) in einer Weise isolieren lassen, daß die Teilnehmer nicht als „Beteiligte" anzusehen sind (MDR **67**, 683), ist Tatfrage. Auch nach Eintritt der schweren Folgen kann die Beteiligung noch stattfinden (BGH **16**, 130; str.; vgl. Birkhahn MDR **62**, 625; hiergegen Stree JuS **62**, 94 u. SchSch 15). Ebenso ist § 227 anzuwenden, wenn sich der Beteiligte entfernt, bevor die schwere Folge eintritt (BGH **14**, 132; str). Doch muß es sich um dieselbe Schlägerei handeln (BGH **16**, 130).   9

B. Nicht ohne sein Verschulden muß der Täter hineingezogen sein. Sein Verschulden ist nachzuweisen (25. 9. 1962, 5 StR 290/62). Das Reizen zum Angriff durch die später Angegriffenen genügt (RG **3**, 236). Alleinschuld wird nicht verlangt. Mitschuld anderer ist bei der Strafzumessung zu berücksichtigen (4. 10. 1979, 4 StR 492/79). Auch kann die Schuld des zunächst schuldlos Beteiligten nachträglich hinzukommen (RG **30**, 281). Die Schuldlosigkeit kann auch durch Notwehrlage gegeben sein (RG **65**, 163). Insoweit kann sich der Täter auch bei § 227 auf Notwehr oder Putativnotwehr berufen (zu weitgehend GA **60**, 213); mit dem Aufhören der Notwehr beginnt die Schuld iS des § 227 (Celle MDR **70**, 608). Schuld ist nicht schon deshalb gegeben, weil sich der Beteiligte an einen Ort begeben hat, wo mit Angriffen zu rechnen war (RG **65**, 163; HRR **33**, 441), kann aber gegeben sein, wenn er sich, um bei der Schlägerei Hilfe zu leisten, an den Tatort begeben hat, auch wenn er dann in Notwehr oder Nothilfe handelt (13. 10. 1959, 5 StR 358/59; 26. 2. 1964, 2 StR 501/63). Der schuldhaft   10

§§ 227, 228

Beteiligte kann sich wegen dieser Beteiligung nicht mehr auf Notwehr berufen; wohl aber insoweit, als er bei der Schlägerei aus Notwehr einen Totschlag oder eine Körperverletzung begeht, also nur hinsichtlich dieser Taten, nicht auch der Schlägerei (RG **59**, 266; Bay **54**, 115); ebenso, wenn er seinen Willen kundgetan hat, sich an der Rauferei nicht mehr zu beteiligen (RG **73**, 341; Henke Jura **85**, 588).

11 3) **Der Vorsatz** umfaßt das Wissen, daß eine Schlägerei oder ein Angriff mehrerer vorliegt und daß eine nach den Umständen schuldhafte Beteiligung stattfindet (BGH **2**, 163), hingegen braucht die schwere Folge weder vom Vorsatz noch von der Fahrlässigkeit eines Beteiligten umfaßt zu sein (BGH **33**, 103; vgl. oben 5). Bei der Strafzumessung darf das Ausmaß der schweren Folgen der Tat berücksichtigt werden (Stree [oben 1] 228).

12 4) **Tateinheit** ist möglich mit den §§ 221, 212 (RG **32**, 33); desgl. mit §§ 223a (BGH **33**, 104; hierzu differenzierend und krit. Montenbruck JR **86**, 141; NStZ **84**, 329), §§ 224, 226 (aM Gössel BT 1 § 17, 13). Dagegen liegt gegenüber dem speziellen § 340 I einerseits und der Anstiftung zu § 227 Gesetzeskonkurrenz vor; § 340 I geht vor (RG **59**, 86). – Bleiben die Folgen des § 227 aus, so kann nach Wegfall von § 367 Nr. 10 aF § 223a II bleiben (BT-Drs. V/4095, 49).

13 5) **Sonstige Vorschriften.** FAufsicht § 228, Entziehung des Jagdscheins § 41 I Nr. 2 BJagdG. Die Tat ist weder Antrags- noch Nebenklagedelikt, NJW **65**, 1285.

Führungsaufsicht

228 In den Fällen der §§ 223 bis 226 und 227 kann das Gericht Führungsaufsicht anordnen (§ 68 Abs. 1).

In sämtlichen Fällen der Körperverletzung (mit Ausnahme von § 230 und nicht im Privatklageverfahren, § 384 I S. 2 StPO) sowie in den Fällen des § 227 (aber nicht des § 229!) kann das Gericht FAufsicht anordnen (§ 68 I). Dabei ist vor allem an sog. „Schläger" gedacht (BT-Drs. V/4095, 46).

Vergiftung

229 [I]Wer einem anderen, um dessen Gesundheit zu beschädigen, Gift oder andere Stoffe beibringt, welche die Gesundheit zu zerstören geeignet sind, wird mit Freiheitsstrafe von einem Jahr bis zu zehn Jahren bestraft.

[II]Ist durch die Handlung eine schwere Körperverletzung (§ 224) verursacht worden, so ist auf Freiheitsstrafe nicht unter fünf Jahren und, wenn durch die Handlung der Tod verursacht worden ist, auf lebenslange Freiheitsstrafe oder auf Freiheitsstrafe nicht unter zehn Jahren zu erkennen.

1 1) **Die Vergiftung** ist im Fall von I ein wegen seiner Gefährlichkeit zur selbständigen Tat erhobener Versuch einer Körperverletzung (str.; hierzu LK-H. J. Hirsch 3). Bei II ist ein qualifizierter Fall der §§ 224, 226 gegeben. **Schrifttum:** *Ohm,* Der Giftbegriff im Umweltstrafrecht, 1985.

2 **A. Mittel der Tat** sind **a) Gift,** d. i. jeder anorganische Stoff, der geeignet ist, unter bestimmten Bedingungen durch chemische oder chemisch-physikalische Einwirkung nach seiner Beschaffenheit und Menge Gesundheit und Leben von Menschen zu zerstören, also zumindest wesentliche körperliche Fähigkeiten und Funktionen in erheblichem Umfang aufzuheben (BT-Drs. 8/2382, 17; Hamm HESt. **2**, 292); so auch Fliegenpilze (RG JW **36**, 513), Krankheitsgifte wie Syphilis, auch Ansteckungsstoffe wie HIV-Viren, die zur AIDS-Erkrankung führen (Lang, Schlund AIFO **86**,149, 565; Schünemann, RProblAIDS 484 u. JR **89**, 92; wohl auch BGH **36**, 266 [vgl. aber unten 9]; aM Bottke AIFO **88**, 634 u. **89**, 474; zweifelnd Herzberg JZ **89**, 480), aber auch Leuchtgas (LG Berlin MDR **64**, 1023), nicht jedoch Röntgenstrahlen (vgl. 3 zu § 330; 2 zu § 330a; LK 6; SchSch-Stree 3; aM noch BGH **15**, 115); **b) andere Stoffe**, die auf mechanischem oder 3 thermischem Wege wirken, zB gestoßenes Glas; ferner Brennspiritus von 94 Vol-% (5. 2. 1980, 1 StR 726/79). Auch Bakterien, soweit man sie nicht als Gifte zu bezeichnen pflegt, gehören hierher (vgl. hierzu Richtlinien 8 zu § 222). Es entscheidet die Eignung, eine ernstliche Erkrankung herbeizuführen (OGH NJW **50**, 713), ferner die Menge, die Art der Anwendung und die körperliche Beschaffenheit des zu Verletzenden (BGH **4**, 278). Es handelt sich um potentielle Gefährlichkeit (13a vor § 13); **c) die Gesund-** 4 **heit zu zerstören geeignet** muß das Gift oder der andere Stoff sein. Die Eignungsklausel bezieht sich auch auf das Wort Gift (seit RG **10**, 179 stRspr.). Vgl. Ohm aaO 32; Hoyer 156; **c) Wahlfeststellung** (42 vor § 1) ist zwischen 2 und 3 möglich (LK 7).

B. Die Handlung besteht im Beibringen der Gifte oder der sonstigen Stoffe.

Beibringen ist ein solches Einführen der Stoffe in den Körper des ande- 5 ren, daß sie ihre die Gesundheit zerstörende oder schädigende Eigenschaft zu entfalten in der Lage sind (BGH **15**, 113); so bei Verschlucken, Einspritzungen, Auftragen auf die Haut, Einatmenlassen. Dabei kann der andere infolge Täuschung das Mittel sich selbst beibringen (BGH **4**, 278). Ob das bloße Eingeben in den Mund vollendetes Beibringen ist, ist Tatfrage (vgl. RG **53**, 210, aber bei ¼ l Brennspiritus wohl anzunehmen, abw. 5. 2. 1980, 1 StR 726/79). Beibringen ist nicht nur in den Körper (so RG JW **36**, 513), sondern auch äußerlich möglich (zB durch Baktieren, Chemikalien wie Salzsäure, BGH **15**, 113; NJW **76**, 1851 m. krit. Anm. Stree JR **77**, 342; ferner D. Meyer JuS **77**, 517; Bockelmann BT/ 2 § 15 II 3); allerdings wohl nicht dann, wenn sich die Wirkung nur auf die Körperoberfläche erstrecken kann (Schröder JR **60**, 466); hingegen genügt die Eignung zur Zerstörung des Sehvermögens (BGH **15**, 115; **32**, 132 m. Anm. Bottke NStZ **84**, 166; Schall JZ **84**, 337; Geilen JK 2; krit. Stree JR **84**, 335). Das Beibringen genügt zur Vollendung; die Gesundheitsbeschädigung braucht dazu nicht einzutreten.

b) Ein Versuch ist bei § 229 denkbar; falls es nämlich zum Beibringen 6 des Giftes überhaupt nicht kommt (RG **59**, 1; JW **36**, 513: Mischen von Fliegenpilzen unter das Essen); oder, falls die beigebrachte Menge entgegen der Erwartung des Täters zur Eignung nicht ausreicht (BGH **4**, 278), oder wenn der Täter die beigebrachte Menge selbst noch nicht für ausreichend hält; in diesem Fall ist Rücktritt vom nicht beendeten Versuch möglich (LG Berlin MDR **64**, 1023). Hingegen ist, wenn eine geeignete Menge Gift beigebracht ist, die Tat vollendet und ein Rücktritt nach § 24 nicht mehr möglich (RG **59**, 1); Warnen des Verletzten oder Eingeben eines Gegenmit-

§ 229

tels können daher nur strafmildernd wirken (aM SchSch 11; LK 22), die §§ 83a, 316a II analog anwenden wollen.

7 **c) Zur Gesundheitszerstörung** gehört mindestens eine erhebliche, nicht bloß vorübergehende Aufhebung wesentlicher körperlicher Funktionen (BGH **4**, 278; NJW **79**, 556; 5. 2. 1980, 1 StR 726/79; enger LK 10; SK-Horn 5). Es gegnügen Ausfallerscheinungen, deren Beseitigung zeitlich nicht abzusehen ist (OGHSt. **3**, 34; BGH **15**, 113); zB Gefahr völliger Erblindung (BGH **32**, 132), nicht jedoch vorübergehende Beeinträchtigungen, wie Ohnmacht, Dauerschlaf (NJW **79**, 556; LK 9). Zur Vollendung ist erforderlich, daß das Gift im konkreten Fall zur Gesundheitszerstörung geeignet ist (MDR/H **86**, 272).

8 **C. Qualifizierte Fälle** bingt II. Die schweren Folgen müssen verschuldet sein (§ 18). Versuch ist möglich (5 zu § 18); vgl. aber LK 25f.

9 **2) Der Vorsatz.** Der Täter muß das Beibringen wollen; auch wissen, daß der Stoff geeignet ist, die Gesundheit zu zerstören (BGH **4**, 278; NJW **79**, 556; 4. 9. 1985, 3 StR 348/85). Dazu muß die **Absicht** treten, die Gesundheit des anderen, wenn auch nur vorübergehend (BGH **32**, 131 m. Anm. Bottke NStZ **84**, 166, Schall JZ **84**, 337; Stree JR **84**, 335) zu beschädigen (RG **53**, 210; 5. 2. 1980, 1 StR 726/79; NJW **76**, 1852), hieran fehlt es idR in den Fällen des „ungeschützten" Geschlechtsverkehrs eines HIV-Infizierten (BGH **36**, 264; Lackner 4; Frisch JuS **90**, 370; Meurer [6b zu § 223] 122; aM Schünemann JR **89**, 94 u. RProblAIDS 486; Herzberg JZ **89**, 480); Zerstörung braucht nicht beabsichtigt zu sein (OGH NJW **50**, 713); anderseits genügt eine vorübergehende Ohnmacht nicht als Ziel (LK 15; aM RG **53**, 210). Bedingter Vorsatz reicht nicht aus (hM).

10 **3) Tateinheit. A. Mit Tötungsdelikten** (§§ 211, 212) ist sie nicht denkbar, selbst wenn der Tötungsvorsatz nur bedingt vorhanden ist (vgl. RG **68**, 409). In diesem Fall tritt § 229 als subsidiär zurück; seine Mindeststrafe ist aber einzuhalten. Tritt der Täter von der versuchten Tötung zurück, so bleibt bei Gesundheitsbeschädigungsabsicht die Strafbarkeit nach § 229, str. Bei bloßer Absicht, die Gesundheit zu beschädigen, hat der durch die Handlung verursachte Tod die Strafschärfung nach II zur Folge; falls die Folge auf Fahrlässigkeit beruht (§ 18), liegt Gesetzeskonkurrenz von II mit § 222 vor; dieser tritt zurück.

11 **B. Mit Körperverletzung** ist Idealkonkurrenz nur beschränkt möglich. Die einfache Körperverletzung scheidet aus, da sie die regelmäßige Folge der Vergiftung ist. Den §§ 224, 226 geht die Sondervorschrift des § 229 II grundsätzlich vor. Doch ist Idealkonkurrenz uU mit § 224 (12. 8. 1960, 4 StR 294/60) sowie mit § 225 denkbar (SK 11; aM LK 28; SchSch 15; ferner mit § 311a I; § 7 DDT-G, vor allem dessen IV).

12 **4) Sonstige Vorschriften** 3 zu § 225; Zuständigkeit § 74 II Nr. 9 GVG.

Fahrlässige Körperverletzung

230 Wer durch Fahrlässigkeit die Körperverletzung eines anderen verursacht, wird mit Freiheitsstrafe bis zu drei Jahren oder mit Geldstrafe bestraft.

1 **1) Die fahrlässige Körperverletzung** hat mit der fahrlässigen Tötung des § 222 viele Berührungspunkte; es sind die dortigen Anmerkungen zu beach-

Körperverletzung **§ 230**

ten; so über die Kausalität (2 ff.); Fahrlässigkeit (6 ff.); Arzt und Kraftwagenführer (10, 11); Voraussehbarkeit des Erfolges (15).

A. Körperverletzung ist hier iS des § 223 zu verstehen, umfaßt also die Gesundheitsbeschädigung ebenso wie die Mißhandlung (RG **32**, 113; vgl. 3 bis 6 zu § 223 und zum Rechtsgut und Angriffsgegenstand 3 vor § 211, 1 zu § 223). Ob die Verletzung eine schwere oder leichte ist, kommt für § 230 nicht in Betracht, anders bei § 233 (RG **39**, 288). 2

B. Führt **Fahrlässigkeit** (12 zu § 15) zum Tode, wenn der Täter nur eine Körperverletzung, nicht jenen Erfolg voraussehen konnte, so greift § 230 ein (Köln NJW **56**, 1848). Auch vorsätzliches Handeln kann zur Bestrafung wegen Fahrlässigkeit führen, so bei fahrlässiger Überschreitung des Züchtigungsrechts (10 zu § 223, BGH **3**, 105; **14**, 52); bei irriger Annahme eines solchen (zB infolge *error in persona*, RG GA Bd. **61**, 333), wenn der Notwehrer das Risiko einer Abwehrwaffe vorwerfbar nicht gemindert hatte (BGH **27**, 314; krit. Hassemer JuS **80**, 412), oder im Falle eines vermeintlichen Notstandes; bei *aberratio ictus* (6 zu § 16, RG **54**, 350); § 33 gilt hier nicht (RG **58**, 29). Zu den Sorgfaltspflichten des Arztes 10 zu § 222. 3

2) Fortgesetzte Handlungen sind hier ausgeschlossen (vgl. 29 vor § 52); desgl. Mittäterschaft, da sie ein bewußtes Zusammenwirken erfordert (vgl. VRS **18**, 416). **Tateinheit** der fahrlässigen mit der vorsätzlichen Körperverletzung, begangen an **einer Person** und durch **eine Handlung,** ist ausgeschlossen (RG **16**, 129). Wer durch einen Stoß eine vorsätzliche Körperverletzung begeht, wird nicht aus § 230 wegen Fahrlässigkeit bestraft, wenn der Gestoßene sich beim Fallen verletzt. Hier kommt die Fahrlässigkeit, falls nicht § 224 zutrifft, nur als Strafzumessungsgrund bei der vorsätzlichen Körperverletzung in Betracht (LK-H. J. Hirsch 46). Tateinheit möglich mit § 240 (BGH **1**, 84); mit §§ 315 ff.; § 323a (BGH **2**, 18). Ist die Tat im Verkehr begangen und besteht Tateinheit zwar nicht mit § 316, aber mit § 24a StVG, so ist Fahrverbot nach § 25 StVG über § 21 I S. 2 OWiG möglich. Der Wegfall des § 47 WStG läßt die Anwendbarkeit des § 230 unberührt (LG Köln NZWehrr **82**, 110). 4

3) Sonstige Vorschriften. Strafantrag § 232, Kompensation § 233; Privatklage, Sühneversuch, Nebenklage §§ 374, 380, 395 StPO. 5

§ 231 [Aufgehoben durch Art. 19 Nr. 103 EGStGB]

Strafantrag RiStBV 234

232 [I]**Die vorsätzliche Körperverletzung nach § 223 und die fahrlässige Körperverletzung nach § 230 werden nur auf Antrag verfolgt, es sei denn, daß die Strafverfolgungsbehörde wegen des besonderen öffentlichen Interesses an der Strafverfolgung ein Einschreiten von Amts wegen für geboten hält. Stirbt der Verletzte, so geht bei vorsätzlicher Körperverletzung das Antragsrecht nach § 77 Abs. 2 auf die Angehörigen über.**

[II]**Ist die Tat gegen einen Amtsträger, einen für den öffentlichen Dienst besonders Verpflichteten oder einen Soldaten der Bundeswehr während der Ausübung seines Dienstes oder in Beziehung auf seinen Dienst begangen, so wird sie auch auf Antrag des Dienstvorgesetzten verfolgt.**

§ 232

Dasselbe gilt für Träger von Ämtern der Kirchen und anderen Religionsgesellschaften des öffentlichen Rechts.

1   **1) Strafantrag** (§§ 77 bis 77d) ist für die vorsätzlichen Körperverletzungen nach § 223 und die fahrlässigen nach § 230, nicht für die nach §§ 223a bis 226, 340 sowie nach §§ 25, 30 WStG, Prozeßvoraussetzung (2 vor § 77; zum sonstigen Verfahrensrecht vgl. 4 vor § 77). Hier wie in den 3 vor § 77 genannten Fällen handelt es sich um eine Mischform von Antrags- und Offizialdelikten.

2   **A.** Sind die **Teilakte** einer fortgesetzten Handlung teils leichte, teils schwere Körperverletzungen, so können die leichten nicht verfolgt werden, wenn es am Antrag fehlt (BGH **17**, 158). Zu beachten ist auch § 77c, der auch bei wechselseitigen fahrlässigen Körperverletzungen gilt.

3   **B. Stirbt** der Verletzte ohne Antrag gestellt zu haben, so geht das Antragsrecht in den Fällen von § 223, nicht aber von § 230 im Rahmen von § 77 II, 77b IV auf die in § 77 II bezeichneten Angehörigen über.

4   **C.** Das Antragserfordernis entfällt, wenn nach Auffassung der Strafverfolgungsbehörde ein **besonderes öffentliches Interesse** (zur verfassungsrechtlichen Unbedenklichkeit dieses Begriffs, vgl. BVerfGE **50**, 216) die Verfolgung gebietet (vgl. LK-H. J. Hirsch 8f.). Die Strafverfolgungsbehörde muß örtlich zuständig sein (§§ 7ff. StPO). Lehnt die StA des *forum delicti commissi* (§ 7) die Verfolgung ab, so kann trotzdem die StA des *forum domicilii* (§ 8) die öffentliche Klage erheben; das Gericht darf das besondere öffentliche Interesse *nicht* auch seinerseits nachprüfen (BVerfGE **51**, 176; BGH **6**, 285; **16**, 225; **19**, 381; MDR **52**, 17; Bay NJW **91**, 1765; Celle MDR **61**, 251; H. Kauffmann, Kleinknecht-FS 210; aM Köln NJW **52**, 1307; LK 16; v. Weber MDR **63**, 169; Thierfelder NJW **62**, 116; Vogel NJW **61**, 761; Havekost DAR **77**, 289; Kröpil DRiZ **86**, 19 u. NJW **92**, 654). Die StA kann auch im Ordnungswidrigkeitenverfahren nach Einspruchseinlegung durch den Betroffenen nachträglich noch das öffentliche Interesse an einer Strafverfolgung bejahen (Hamburg NStZ **86**, 81, krit. Friebe MDR **90**, 684), nach KG VRS **70**, 8 nicht jedoch die früher abgelehnte Erklärung hierüber mit dem Antrag auf Zulassung der Rechtsbeschwerde gegen das wegen der (tateinheitlich begangenen) Verkehrsordnungswidrigkeit ergangene Urteil nachholen. Zur Frage des besonderen öffentlichen Interesses bei Ermittlungsverfahren gegen Ärzte wegen Kunstfehlern Günter DRiZ **92**, 96. Ein Verletzter ist zum Anschluß als Nebenkläger seit Inkrafttreten des OpferschutzG (1 zu § 46) berechtigt, auch wenn er keinen Strafantrag gestellt hat (BGHR § 395 StPO, Anschl. 1).

5   **a)** Ist das Antragserfordernis danach entfallen, so steht zwar Verjährung der Anklageerhebung entgegen (Hamm JZ **52**, 184), nicht aber das Verstreichen der Antragsfrist (BGH **6**, 282); oder ein Verzicht des Verletzten auf sein Antragsrecht (MDR/D **56**, 270). Die StA braucht das Vorliegen des besonderen öffentlichen Interesses nicht ausdrücklich auszusprechen (NJW **64**, 1630; Karlsruhe NJW **74**, 1006). Es genügt formlose Erklärung (BGH **16**, 225; 15. 3. 1978, 2 StR 749/77), sie erfaßt die gesamte Tat iS von § 264 I StPO (Braunschweig MDR **75**, 862), auch bloße Erhebung der Anklage oder die Beantragung eines Strafbefehls genügt (BGH **6**, 282; Bay **50/51**, 577; aM Hamburg HESt. **1**, 99; Bremen MDR **61**, 167), nicht

Körperverletzung **§ 232**

jedoch, wenn die StA von einer von Amts wegen verfolgbaren Tat ausgegangen ist (LG Kempten NJW **81**, 934). In den Fällen des § 223a genügt indessen ein bloßes Zitat des § 232 als Erklärung nicht (1. 8. 1978, 5 StR 447/78). Andererseits kann die StA das öffentliche Interesse noch in der Revisionsinstanz erklären (BGH **6**, 282; **16**, 225; **19**, 381; MDR/D **74**, 546; NStE § 248c Nr. 1; § 303c Nr. 1; Bay NJW **91**, 3293). Die Erklärung ist ein im Verwaltungsrechtsweg anfechtbarer Verwaltungsakt (BVerwG NJW **59**, 448). Wird bei einer Tat nach § 230 das besondere öffentliche Interesse verneint und das Verfahren wegen der Verfolgung einer zugleich begangenen Ordnungswidrigkeit an die Verwaltungsbehörde abgegeben, so hat das Gericht auf einen Einspruch gegen einen Bußgeldbescheid in das Strafverfahren überzugehen (§ 81 I OWiG), falls § 230 gegeben ist und ein wirksamer Strafantrag gestellt ist (Bay MDR **77**, 246; vgl. auch LG Oldenburg MDR **81**, 421; hierzu Kellner MDR **77**, 626; Göhler OWiG 10 zu § 43; Preisendanz DRiZ **89**, 366 [auch zu §§ 153, 153a StPO]; LK 6).

b) Erhebung von Anklage unter einem anderen rechtlichen Gesichtspunkt als den §§ 223, 230 enthält für sich allein noch nicht die Erklärung der StA nach § 232 I (NJW **64**, 1969; Bay **55**, 126). Gibt das Gericht zu erkennen, daß eine Verurteilung nach § 223 oder § 230 in Betracht kommt, so hat sich der StA zu erklären; sagt er, er gebe keine Erklärung ab, so gilt das öffentliche Interesse als verneint (BGH **19**, 377); bloßes Schweigen ist nach MDR/D **75**, 367 nicht als Verneinung zu werten. Verneint die StA nachträglich das besondere öffentliche Interesse nach der Klageerhebung (§ 156 StPO; Düsseldorf NJW **53**, 236; zB durch „Fallenlassen" der Anklage, Düsseldorf NJW **70**, 1054, aber auch durch Zustimmungserklärung nach § 153 II StPO; aM Düsseldorf DAR **71**, 160; zulässig noch in der Revisionsinstanz, RG **75**, 342; BGH **19**, 377; Köln NJW **52**, 1308; Stuttgart JR **53**, 348; NJW **61**, 1126; Celle MDR **61**, 872) so ist das Verfahren wegen Fehlens des jetzt erforderlichen Strafantrags einzustellen, und zwar außerhalb der Hauptverhandlung durch Beschluß (§ 206a) und in ihr durch Urteil (§ 260 III StPO; KG NJW **61**, 569). Auch das Schrifttum ist uneinheitlich (vgl. LK 22).

2) Zu II gelten 5ff., 13 zu § 194 entsprechend; vgl. auch § 380 III StPO. 7

Wechselseitig begangene Straftaten

233 Wenn Körperverletzungen nach § 223 mit solchen, Beleidigungen mit Körperverletzungen nach § 223 oder letztere mit ersteren auf der Stelle erwidert werden, so kann das Gericht für beide Angeschuldigte oder für einen derselben die Strafe nach seinem Ermessen mildern (§ 49 Abs. 2) oder von Strafe absehen. Satz 1 gilt entsprechend bei fahrlässigen Körperverletzungen nach § 230, soweit nicht eine der in § 224 bezeichneten Folgen verursacht ist.

1) A. Die Wechselseitigkeit (Kompensation; vgl. hierzu zunächst 1 ff. zu 1 § 199) muß sich beziehen auf beiderseitige Körperverletzungen nach § 223 oder einseitige Körperverletzungen nach § 223 auf der einen und Beleidigungen auf der andern Seite. Auf die Reihenfolge kommt es nicht an (Bay **32**, 52). Von den vorsätzlichen Körperverletzungen gehören nur die Fälle des § 223 I, II hierher, (also nicht solche nach § 223a bis § 226 (Hamm MDR **53**, 693); oder nach § 340 (RG **61**, 192); von den fahrlässigen nur diejenigen, die nicht die schweren Folgen nach § 224 haben; S. 2. „Verursacht" ist hier iS der §§ 224, 18 zu verstehen, so daß nur ein verschuldetes Verusachen den § 223 ausschließt (LK-H. J. Hirsch 4). Es können sich auch vorsätzliche und fahrlässige Körperverletzungen gegenüberstehen (Köln MDR **73**, 688). Auch die Auslandstat des Ausländers ist einzubeziehen (aaO). Diese Einschränkungen gelten jedoch nur für die Behandlung des entsprechenden Täters, nicht für den anderen, der sich mit einer entsprechenden Körperverletzung wehrt (vgl. Koch GA **65**, 307; LK 6).

2   B) **Strafbare Handlungen** müssen auf beiden Seiten vorhanden sein; hieran fehlt es, falls die eine Tat in Notwehr begangen ist (LG Heidelberg SJZ **48**, 207).

3   a) Nicht nötig ist es, daß gegen beide Anklage erhoben ist (trotz des „beide Angeschuldigte", Bay **21**, 653; Koblenz NJW **55**, 602); noch, daß von beiden Seiten Strafantrag gestellt ist (Bay **5**, 36). Die Benutzung zur Aufrechnung ist auch zulässig, wenn ein Strafverfahren schon nach § 383 II StPO oder auf Grund einer Amnestie eingestellt ist (Bay **32**, 52), oder wenn die eine Verurteilung schon rechtskräftig ist (Hamm NJW **57**, 332). Nach Celle NJW **59**, 542 steht selbst ein rechtskräftiger Freispruch des Verletzten von der Anklage der Gegentat nicht entgegen. **b)** Auch gegen Beleidigungen oder Körperverletzungen ei-
4 nes **Strafunmündigen** ist die Aufrechnung zulässig, falls er sich der Rechtswidrigkeit seines Tuns bewußt war (RG **25**, 266; Bay **13**, 39; NJW **91**, 2032; LK 14; SchSch-Stree 2). Ein **Züchtigungsrecht** als solches gegenüber ungezogenen fremden Kindern ist damit nicht anerkannt (vgl. aber 15a zu § 223).

5   **2) Die Befugnis des Richters** geht hier weiter als bei § 199. Die Urteilsgründe müssen erkennen lassen, daß beachtet worden ist, daß der Richter die Strafe nicht nur nach seinem Ermessen zu mildern (§ 49 II), sondern auch von ihr absehen kann (BGHR, StRahmV 1). Bei Jugendlichen kann der Richter auch von Erziehungsmaßregeln und Zuchtmitteln absehen (Bay NJW **61**, 2029).

Achtzehnter Abschnitt
Straftaten gegen die persönliche Freiheit

Menschenraub

234 Wer sich eines Menschen durch List, Drohung oder Gewalt bemächtigt, um ihn in hilfloser Lage auszusetzen oder in Sklaverei, Leibeigenschaft oder in auswärtige Kriegs- oder Schiffsdienste zu bringen, wird mit Freiheitsstrafe nicht unter einem Jahr bestraft.

1   **1) Die Vorschrift** ist ein Sonderfall der Freiheitsberaubung. **Rechtsgut** ist die persönliche Freiheit, also der Zustand eines Menschen, in dem er seine natürliche Fähigkeit zur Selbstbestimmung körperlich ungehindert zur Geltung bringen kann (RG **48**, 348).

2   **2) Tathandlung** ist das **Sichbemächtigen** eines Menschen, der Täter muß die physische Herrschaft über ihn erlangen (MDR/H **78**, 987; 25. 6. 1992, 1 StR 325/92); Ortsveränderung ist nicht erforderlich (Täter und Opfer können sich an gleicher Stelle befinden; vgl. MDR **75**, 155; Blei JA **75**, 163), insbesondere nicht die Verwirklichung der in § 234 geforderten Absicht (vgl. 4). Wird sie verwirklicht, so ist § 234 trotzdem anwendbar. Die Einwilligung des Opfers berührt die Strafbarkeit nicht (LK-Vogler 15).

3   A. **Mittel** der Bemächtigung sind **List, Drohung** (15f. zu § 240) **oder Gewalt** (auch BtM, Hypnose; 5f. zu § 240); alternative Feststellung ist

Straftaten gegen die persönliche Freiheit **§ 234**

zulässig. List ist das geflissentliche und geschickte Verbergen einer wahren Absicht (Einladung zur Autofahrt, angebliche Erkrankung eines Angehörigen; Vorspiegeln besonders günstiger Lebensumstände, MDR **62**, 750, BGH **1**, 366; **16**, 62; **32**, 189; 269; NJW **89**, 917 [m. Anm. Otto JR **89**, 340; Geppert JK 3 zu § 237]; zum Ganzen Bohnert GA **78**, 353 ff.); auch Ausnutzen eines Irrtums kann genügen (BGH **10**, 376); ebenso wie Verdeckung des Sachverhalts ohne Täuschungshandlung, BGH **1**, 201; Frankfurt NStE § 235 Nr. 3; aM Bohnert aaO), Heimlichkeit ist nicht erforderlich, aber vielfach vorhanden (RG **15**, 340). Das Opfer braucht selbst seine Lage nicht zu erkennen (GA **75**, 53). Die Tatmittel können auch gegen Dritte angewendet werden, unter deren Obhut das Opfer steht (LK 10 vor § 234); also auch gegen mehrere, trotzdem nur **ein Menschenraub**, falls nur **eine** Person geraubt wird; werden mehrere geraubt, so kommt natürliche Handlungseinheit in Betracht.

B. Die Absicht des Täters muß dahin gehen, das Opfer in hilfloser Lage **4** auszusetzen oder in Sklaverei, Leibeigenschaft oder in auswärtige dh nicht zum Heimatstaat des Opfers gehörende Kriegs- oder Schiffsdienste zu bringen. Der Täter muß also diesen Erfolg anstreben, so daß bedingter Vorsatz nicht genügt. Zum Begriff des Aussetzens und der hilflosen Lage (2, 5 zu § 221). Im Gegensatz zu § 221 braucht der Geraubte vor der Tat nicht hilflos zu sein. Die spätere Hilflosigkeit braucht nicht auf Jugend, Gebrechlichkeit oder Krankheit zu beruhen.

Sklaverei, Leibeigenschaft sind Zustände, in denen Menschen in Un- **5** freiheit wie verfügbares Eigentum behandelt werden. Ergänzend hierzu findet das SklavenraubG Anwendung; dieses setzt im Unterschied zu § 234 als Täter und Geraubte eine Mehrheit von Personen voraus.

3) Ein Dauerdelikt ist die Tat; die Verjährung beginnt daher erst, sobald **6** der Geraubte nicht mehr in der Gewalt des Räubers ist.

4) Tateinheit ist möglich mit § 109h; § 169 (RG **10**, 86); § 235. Dagegen **7** wird § 239 von § 234 verdrängt.

5) Sonstige Vorschriften. Eine Anzeigepflicht für den geplanten Men- **8** schenraub begründet § 138, ein Verbot des Androhens § 126 I Nr. 4, der Belohnung oder öffentlichen Billigung nach der Ausführung § 140 und des Vortäuschens § 145d I Nr. 2, II Nr. 2. Die vorher zugesagte Belohnung fällt aber unter § 234 (als Mittel der Anstiftung). Überwachungsmaßnahmen § 100a Nr. 2 StPO.

Verschleppung

234a [1]Wer einen anderen durch List, Drohung oder Gewalt in ein Gebiet außerhalb des räumlichen Geltungsbereichs dieses Gesetzes verbringt oder veranlaßt, sich dorthin zu begeben, oder davon abhält, von dort zurückzukehren, und dadurch der Gefahr aussetzt, aus politischen Gründen verfolgt zu werden und hierbei im Widerspruch zu rechtsstaatlichen Grundsätzen durch Gewalt- oder Willkürmaßnahmen Schaden an Leib oder Leben zu erleiden, der Freiheit beraubt oder in seiner beruflichen oder wirtschaftlichen Stellung empfindlich beeinträchtigt zu werden, wird mit Freiheitsstrafe nicht unter einem Jahr bestraft.

§ 234a

BT Achtzehnter Abschnitt

^{II} **In minder schweren Fällen ist die Strafe Freiheitsstrafe von drei Monaten bis zu fünf Jahren.**

^{III} **Wer eine solche Tat vorbereitet, wird mit Freiheitsstrafe bis zu fünf Jahren oder mit Geldstrafe bestraft.**

1   1) Die **Vorschrift** idF des Ges. v. 15. 7. 1951 (BGBl. I 448; dazu BT-Drs. 1/2344, 2377; Denkschrift des BMJ BAnz. 28. 6. 1951; Maurach NJW **52**, 163; Wagner MDR **67**, 629; 709) ist ein Gefährdungstatbestand. **Rechtsgut** sind die in I genannten Persönlichkeitsrechte des Opfers (str.; vgl. BGH **14**, 107; NJW **60**, 1211). Den Anlaß zum Gesetz gaben die zahlreichen Verschleppungen aus der BRep. in die DDR (BGH **30**, 2). Das frühere Recht reichte hier (und bei § 241) zur Verurteilung nicht aus, wenn sich nicht feststellen ließ, was aus den verschleppten oder angezeigten Personen geworden war. Daher läßt § 234a (wie auch § 241a) eine konkrete Gefährdung des Opfers für die Strafbarkeit genügen. Seit dem 1. 4. 1970 gilt § 234a auch in Berlin (Art. 103 II 1. StrRG). Seit dem Beitritt der ehem. DDR sind Taten nach § 234a als sog. Alttaten (39 vor § 3) zu verfolgen (Art. 315 IV idF des EV Anl. I Kap. III C II 1b); zu den Fragen des Strafrechtsanwendungsrechts auf in der ehem. DDR domizilierte Bürger vgl. 41 vor § 3).

2   **Mittel** für die Herbeiführung der gefährlichen Lage (3 zu § 234) müssen, wie bei dem der Verschleppung verwandten Menschenraub **List, Drohung oder Gewalt** (3 zu § 234) sein.

3   2) **Gefährdungsbereich** kann das ganze Gebiet außerhalb des Geltungsbereichs des Freiheitsschutzgesetzes sein (also außerhalb des Bundesgebietes in den Grenzen vor dem Beitritt der ehem. DDR, 9 vor § 3), soweit dort die Verfolgung aus politischen Gründen zu erwarten ist (vgl. 7 ff.; KG NJW **56**, 1570; LK-Vogler 8). Taten im Ausland sind nach § 234a strafbar, wenn das Opfer ein Deutscher (2 zu § 7) ist, der im Inland seinen Wohnsitz oder gewöhnlichen Aufenthalt hat (§ 5 Nr. 6). Nach ihrem Zweck schützt die Norm alle Deutschen iS des Art. 116 GG (2 zu § 7, BGH **30**, 5; Düsseldorf NJW **79**, 61; vgl. 6 zu § 5).

4   3) **Tathandlungen** sind: **A. Verbringen in die Gefahrenzone.** Es setzt ein **tatsächliches Herrschaftsverhältnis** über das Opfer voraus. So bei dessen Befördern im Wagen, Anwendung von Gewalt, Ausnützung von Krankheit, Erschöpfung oder Angetrunkenheit, nicht aber bloß seelische Beeinflussung;

5   **B. Veranlassen,** sich dorthin zu begeben; gemeint ist die psychische Beeinflussung; so zB durch die Vorspiegelung von Geschäftsabschlüssen, Erkrankung

6   Angehöriger, behördlicher Rücksprache und dgl.; **C. Abhalten** von der Rückkunft von dort (gemeint ist, die Gefahrenzone wieder zu verlassen; der Ausdruck „Rückkehr" ist zu eng).

7   4) **Die Folge der Handlung** muß die (wenn auch später nicht verwirklichte, BGH **6**, 166) Gefahr für das Opfer sein. Es muß eine konkrete Gefahr sein, die aber keine Augenblicksgefahr zu sein braucht und keinen unmittelbar bevorstehenden Schaden voraussetzt; die bloße Möglichkeit eines Schadens reicht nicht aus (GA **62**, 198, 202; **66**, 307 Nr. 36; MDR **67**, 633; 26. 11. 1980, 3 StR 393/80; LG Koblenz NStZ **83**, 508). Das Opfer muß in Gefahr kommen, verfolgt zu werden:

8   **A. Aus politischen Gründen;** so auch aus rassischen, religiösen oder weltanschaulichen Gründen (BGH **14**, 104), auch wegen Agententätigkeit (KG NJW **57**, 684) oder politisch wichtiger Arbeit als Wissenschaftler oder Ingenieur (vgl. SchSch-Eser 9; grundsätzlich Arndt SJZ **50**, 112; vgl. Laubenthal MSchrKrim **89**, 328); sei es auch unter Vorspiegelung angeblicher Wirtschaftsverbrechen oder krimineller Verfehlungen (BGH **6**, 166); die Gründe als solche brauchen nicht rechtsstaatswidrig zu sein; str.

Straftaten gegen die persönliche Freiheit § 234a

B. Im Widerspruch zu rechtsstaatlichen Grundsätzen (so ohne Prozeß, **9** in gerichtlichem Scheinverfahren oder in einem Verfahren, in dem unabdingbare prozessuale Voraussetzungen fehlen; vgl. BGH **1**, 392), durch Gewalt- oder Willkürmaßnahmen, zB grob ungerechte Strafen (KG NJW **57**, 684; längere Haft, 26. 11. 1980, 3 StR 393/80; *nicht* jedoch im Widerspruch zur Devisengesetzgebung, BGH **33**, 239 m. Anm. Schroeder JR **86**, 162; vgl. auch BGH **14**, 104; GA **66**, 307 f.; LK 20, 21); **a) Schaden an Leib oder Leben** zu erleiden (so durch zu harte Strafvollstreckung) oder **b) der Freiheit beraubt** zu werden (KZ-Lager) oder **c)** in seiner **beruflichen oder wirtschaftlichen Stellung** empfindlich **beeinträchtigt** zu werden; so durch Einziehung des Vermögens, dauerndes Berufsverbot.

5) Der Vorsatz des Täters (bedingter genügt, ROW **61**, 22; Düsseldorf NJW **10** **79**, 60) muß sich auf die **Handlung** (Verbringen, Veranlassen, Abhalten) und auch auf die besondere Art **der Gefährdung** erstrecken. Hinsichtlich des „Widerspruchs zu rechtsstaatlichen Grundsätzen" sowie der „Gewalt- und Willkürmaßnahmen" genügt Parallelwertung in der Laiensphäre (GA **66**, 77; 11 zu § 16; LK 23; vgl. auch LG Dortmund NJW **54**, 1539).

6) Zu II (minder schwerer Fall) vgl. 11 zu § 12; 42 zu § 46. **Konkurrenz.** **11** Beim erfolgreichen Nachweis, daß die späteren Nachteile des Opfers vom Täter vorsätzlich herbeigeführt sind (so der Tod), liegt Tateinheit (evtl. mit §§ 211 oder 212) vor; SchSch 18. § 239 tritt vielfach zurück (MDR **67**, 711).

7) Zu III. Die Tat ist **selbständiges Delikt,** Versuch daher nicht strafbar. **12**

A. Hierher gehörende Fälle sind zB das Aufstellen von Listen über als **13** künftige Verschleppungsopfer in Aussicht genommene Personen; ebenso ihr bloßes Beobachten (sog. **„Beschatten"**), um Anhaltspunkte für die spätere Entführung zu gewinnen.

B. § 30 verdrängt den III (LK 30; SchSch 15); so schon, falls mehrere Perso- **14** nen das Verbrechen gegen § 234a vorbereiten (BGH **6**, 85).

C. Akte unmittelbar vor der Verschleppung, wie Warten mit dem Ent- **15** führungsauto, Beginn des Einsatzes von List (25. 5. 1965, 3 StR 5/65), Drohung oder Gewalt gehören schon zum Beginn der Ausführung und sind bereits Versuch (GA **67**, 208; MDR **67**, 711).

D. Rücktritt nach § 31 ist in den schweren Fällen, in denen § 234a III durch **16** § 30 verdrängt wird (oben 14), zulässig. Man wird daher auch in den Fällen der III die Anwendung des § 31 in Analogie zugunsten des Täters zulassen müssen (so auch BGH **6**, 85; NJW **56**, 30; LK 31; SchSch 15).

E. Teilnahme an Taten nach III ist möglich, da es sich um eine selbständige **17** Straftat handelt (vgl. Dreher zu NJW **60**, 1163).

8) Sonstige Vorschriften 8 zu § 234. Zuständigkeit nach §§ 74a, 120 II, **18** 142a GVG.

Kindesentziehung

235 ¹Wer eine Person unter achtzehn Jahren durch List, Drohung oder Gewalt ihren Eltern, ihrem Vormund oder ihrem Pfleger entzieht, wird mit Freiheitsstrafe bis zu fünf Jahren oder mit Geldstrafe bestraft.

II In besonders schweren Fällen ist die Strafe Freiheitsstrafe von sechs Monaten bis zu zehn Jahren. Ein besonders schwerer Fall liegt in der Regel vor, wenn der Täter aus Gewinnsucht handelt.

§ 235

1 **1) Die Vorschrift** ist durch das 1. StRG zugleich mit den §§ 236 bis 238 neu gefaßt; vgl. Prot. V/2375; 2477; 2871; Ber. BT-Drs. V/4094, 34; II S. 2 idF des Art. 1 Nr. 21 des 4. StRG (vor § 174); red. Änd. durch Art. 19 Nr. 109 EGStGB; krit., aber zu weitgehend SchSch-Eser vor § 235. **Schrifttum:** Geppert, Kindesentziehung beim „Kampf um das gemeinsame Kind", Kaufmann-GedS 759 (auch kriminalstatistisch). Zur Frage, ob gesetzgeberische Maßnahmen der Unterbringung des **Kinderhandels** notwendig sind, vgl. BTag 12/4042; Prot. FS-BTag Nr. 12/12.

2 **2) Geschütztes Rechtsgut** ist das Sorgerecht (12 zu § 180) der Eltern usw. (§§ 1626, 1629 BGB; BGH **1**, 364; **10**, 376; **16**, 61; NJW **63**, 1412) und nur mittelbar der junge Mensch selbst (and. M-Schroeder § 63, 53; Geppert aaO 771); er kann daher nicht strafbarer Teilnehmer sein (RG **18**, 281; LK-Vogler 27). Die Einwilligung der Sorgerechtsinhaber beseitigt dagegen den Tatbestand, es sei denn, daß die Einwilligung auf Täuschung beruht (BGH **1**, 200, 366; **3**, 66). Zum Problem der Jugendsekten vgl. BT-Drs. 8/2315; BTag 8/9427; BT-Drs. 9/1932, 10/2094, BR-Drs. 298/84 (Entschließung d. Europ. Parlaments).

3 **A. Eltern;** auch ein einzelner Elternteil ist geschützt, sofern er das Sorgerecht hat; alsdann (sowie bei gemeinschaftlichem Sorgerecht) kann der andere die Tat aus § 235 begehen (RG **48**, 427; Geppert [oben 1] 773). Außer den leiblichen sind auch die Eltern des angenommenen Kindes geschützt, da das angenommene Kind dem ehelichen gleichsteht (9 zu § 11); desgl. Pflegeeltern auf Grund des § 1630 III BGB. Bei nichtehelichen Kindern hat deren Mutter die elterliche Sorge (§ 1705 BGB nF), ist also ebenfalls geschützt. Geschützt ist auch das Recht des Elternteils, dem die Sorge für die Person des Kindes nicht zusteht, auf den Verkehr mit dem Kinde nach § 1634 BGB (BGH **10**, 376; Hamm MDR **82**, 1040 m. Anm. Oehler JR **83**, 513; aM Geppert [oben 1] 775). Das Kind braucht sich im Zeitpunkt der Tat nicht bei den Eltern zu befinden (BGH **16**, 62; NJW **63**, 1412).

4 **B. Vormund** (auch Amtsvormund) **und Pfleger** (§§ 1671 V, 1680 II S. 2, §§ 1773, 1791 c BGB). Bei Nichtigkeit ihrer Bestellung scheidet § 235 aus.

5 **C. Dritte Personen,** zB Pflegeeltern, denen die Erziehung nur tatsächlich anvertraut ist (Düsseldorf NStZ **81**, 103 m. Anm. Bottke JR **81**, 387), Heimleiter (NJW **63**, 1412) oder Verwandte, bei denen sich das Kind tatsächlich befindet, sind *nicht* geschützt (RG **29**, 409; JW **38**, 1389); es sei denn, daß sie die Erziehung in Vertretung der Eltern ausführen (RG **75**, 65), oder ihnen die elterliche Sorge übertragen ist (Düsseldorf aaO; vgl. § 1630 III BGB). Einwilligung in die Tat ist daher gleichgültig.

6 **3) Die Handlung** besteht in dem **Entziehen**, nämlich in der tatsächlichen Beseitigung des Obhutsrechts auf eine gewisse Dauer (BGH **1**, 200), nicht genügend für 10 Minuten (aM BGH **16**, 58), oder auf wenige Stunden (aM 1. 12. 1970, 5 StR 516/70; RG DR **40**, 2060; Hamm OLGSt. 1; vgl. Geppert [oben 1] 781), es sei denn, daß das Kind dem Berechtigten nur für diese kurze Zeit infolge Anordnung des Vormundschaftsgerichts zur Verfügung steht (BGH **10**, 376); die Tat ist also ein **Dauerdelikt** (RG **15**, 341; vgl. 6 zu § 234). Ein neues Gewaltverhältnis braucht nicht begründet zu werden (RG **18**, 273); das Herbeiführen der Flucht genügt (RG **18**, 281; str.). Doch ist Entziehen auch ohne Ortsveränderung möglich, wenn das Obhutsverhältnis sonstwie beeinträchtigt wird (str.; vgl. LK 4). Auch durch **Unterlassen** kann § 235 (mit dem Mitteln zu 7) verwirklicht werden; so, wenn der zurückgetretene Vormund die Angabe des Aufenthalts des Kindes verweigert (MDR/D **68**, 728; 14. 7. 1981, 1 StR 385/81; Hamburg HESt. **2**, 300; LK 11; Geppert [oben 1] 785).

Straftaten gegen die persönliche Freiheit **§ 235**

A. Mittel der Entziehung sind **List, Drohung und Gewalt** (3 zu § 234; 7
5f. zu § 240). Sie können sich gegen die Eltern, den Minderjährigen oder
gegen dritte Personen richten (BGH **16**, 58; MDR **62**, 750; **63**, 694; **68**,
728); zB gegen den abholenden Gerichtsvollzieher. Zur List vgl. Bremen
JR **61**, 107. Der Fall, daß der Täter durch List die Entziehung des Sorgerechts durch das Gericht erreicht, wird nicht von § 235 erfaßt (Stuttgart
NJW **68**, 1342; Geppert [oben 1] 772). Der Zweck der Entziehung ist ohne
Bedeutung (vgl. aber II); er kann die Eheschließung sein (dann ev. § 238
II).

B. Rechtswidrig muß die Entziehung sein. Das Recht zur Entziehung 8
kann durch Gesetz oder einstweilige Verfügung des Gerichts gegeben oder
auch entzogen sein.

4) Der Vorsatz muß sich mindestens als bedingter darauf beziehen, daß 9
ein Mensch unter 18 Jahren seinem Sorgeberechtigten durch List, Gewalt
oder Drohung entzogen wird; diese müssen bewußt als Entziehungsmittel
angewendet werden (RG **29**, 199). Irrtümliche Annahme eigenen Sorgerechts schließt den Vorsatz aus (vgl. LK 19). Er kann auch fehlen bei
sicherer Erwartung der nachträglichen Genehmigung (RG GA Bd. **60**, 82);
aber nicht bei Entziehung in guter Absicht (RG 24, 137; hierzu Geppert
[oben 1] 726).

5) Zu II vgl. 11 zu § 12; 43 zu § 46. Als Regelbeispiel nennt II Handeln 10
aus **Gewinnsucht**, dh in einem ungewöhnlichen, auf ein anstößiges Maß
gesteigerten Erwerbsstreben (BGH **1**, 389; **3**, 30; GA **53**, 154; vgl. auch 6
zu § 28). Als besonders schwer können weiter auch Fälle angesehen werden, in denen das Opfer in ein Milieu gebracht wird, wo es verwahrlost,
oder wenn zB in Deutschland lebende mohamedanische Väter auf unabsehbare Zeit oder für immer Kleinkinder ihren sorgeberechtigten deutschen
Müttern entziehen und in ihre Familien in ihr Heimatland bringen (NJW
90, 1489 [Pakistan]; LG Koblenz NStZ **88**, 312 [Libanon]), oder in denen
der Täter in der Absicht handelt, das Opfer zu sexuellen Handlungen mit
ihm oder anderen zu bringen (BT-Drs. VI/1552, 36), oder sexuelle Handlungen mit ihm vornimmt oder vornehmen läßt (aM LK 31; SK-Horn 17).
Greift hingegen für tateinheitlich gegebene §§ 178, 176 der vertypte Strafmilderungsgrund der §§ 21, 49 I ein, so scheidet II aus (21. 8. 1987, 2 StR
368/87). **Strafantrag** § 238.

6) Tateinheit ist möglich mit § 120 IV (vgl. NJW **63**, 1412), 169, 234, 239; 11
desgl. mit §§ 236, 237 (vgl. BGH **1**, 203). Doch wird § 236 von § 235 II verdrängt, wie umgekehrt § 235 von § 239a und 239b (aM LK 35; SK 15, 17; M-
Schroeder § 63, 67). Auch § 240 tritt hinter § 235 zurück. Fehlender Strafantrag
(§ 238) schließt auch eine Verurteilung nach §§ 239 I, II, 240 aus (9 zu § 237;
20. 6. 1989, 4 StR 82/89).

Entführung mit Willen der Entführten

236 Wer eine unverehelichte Frau unter achtzehn Jahren mit ihrem
Willen, jedoch ohne Einwilligung ihrer Eltern, ihres Vormunds
oder ihres Pflegers entführt, um sie zu außerehelichen sexuellen Handlungen (§ 184c) zu bringen, wird mit Freiheitsstrafe bis zu fünf Jahren
oder mit Geldstrafe bestraft.

§ 236

BT Achtzehnter Abschnitt

*Im **Gebiet der früheren DDR** ist § 236 nicht anzuwenden (Anl. I Kap. III C des EV); vgl. aber den dort fortgeltenden § 149 StGB-DDR [abgedr. bei § 182].*

1   **1) Die Vorschrift** idF des 1. StrRG (1 zu § 235)/4. StrRG (1 vor § 174) ergänzt den § 235. Auch hier ist geschütztes **Rechtsgut** das Erziehungs- und Aufsichtsrecht der Sorgeberechtigten (Bay NJW **61**, 1033; Bohnert ZStW **100**, 511). Das Opfer der Tat ist eine zur Tatzeit nicht verheiratete Frau unter 18 Jahren; sie ist als notwendige Teilnehmerin straflos. Sobald List, Drohung oder Gewalt gegenüber dem Sorgeberechtigten oder List zur Einwilligung der Entführten (vgl. BGH **1**, 201) angewendet werden, ist nur § 235 und idR dessen II gegeben. Täter kann auch eine Frau sein (Bohnert aaO 509). Zu den **Verfolgungsvoraussetzungen** vgl. § 238.

2   **2) Tathandlung** ist A. **das Entführen** der Jugendlichen, dh hier, wo Einwilligung der Entführten gegeben ist und nur die des Erziehungsberechtigten fehlt, das Verbringen an einen anderen Ort, wo zwar die Freiheit der Entführten selbst nicht beschränkt zu sein braucht (BGH **1**, 202), aber die Einflußnahme der Sorgeberechtigten (12 zu § 180) mindestens erheblich erschwert ist (NJW **66**, 1523). Vor ihnen geheimgehalten zu werden braucht der Ort nicht (vgl. RG **29**, 411). Die Entführung muß auf gewisse Dauer angelegt sein, 18. 2. 1970, 2 StR 580/69; aM SK-Horn 4; Bohnert [oben 1] 517), gemeinsames Fahren in einen einsamen Wald, um dort miteinander zu verkehren, reicht hier nicht aus (vgl. aber § 237; aM SchSch-Eser 3 vgl. auch Bohnert [oben 1] 514). Der Täter muß der betreibende Teil sein (BGH **1**, 202), tätig mithelfen (Bay NJW **53**, 1195; str.) und die Jugendliche muß dem überwiegenden Einfluß des Täters preisgegeben sein (BGHR, Entf. 1); ob die Frau selbst mit tätig wird, ist ohne Bedeutung (BGH **1**, 202). Das Betreiben durch den Täter kann darauf zurückgehen, daß sich die Jugendliche selbst der elterlichen Sorge entziehen will und dazu die Hilfe des Mannes gewinnt; auch können schon geschlechtliche Beziehungen bestanden haben (MDR/D **68**, 728; Bay NJW **53**, 1195). Wer nur dabei hilft, daß sich das Mädchen selbst von zu Hause entfernt, entführt nicht, ebensowenig wer eine ihm zugelaufene Jugendliche nicht herausgibt und ihren Aufenthaltsort verheimlicht, es sei denn, daß er sie von sich aus
3 an einen anderen Ort bringt (NStZ **81**, 62); **B. mit dem Willen** der Entführten, wobei sich die Einwilligung auch auf die beabsichtigten sexuellen Handlungen beziehen muß (sonst § 235, ggf auch § 237, BGH **1**, 199; Celle
4 HESt. **1**, 305; Bay NJW **53**, 1195; vgl. Bohnert [oben 1] 523), aber **C. ohne Einwilligung** (3 vor § 32) der Eltern, des Vormundes oder Pflegers (2 ff. zu § 235); wird sie gegeben, muß sie sich auch auf die bezweckten sexuellen Handlungen beziehen, ist dann zwar grundsätzlich sittenwidrig und setzt den Einwilligenden der Gefahr der Strafverfolgung nach § 180 aus (vgl. Stuttgart NJW **56**, 1002), läßt aber den Tatbestand des § 236 entfallen.

5   **3) Dauerdelikt** ist die Tat. Die Verjährung beginnt erst mit dem Wiedereintritt der Möglichkeit, die elterliche Gewalt usw. auszuüben, oder mit dem Erreichen des 18. Lebensjahres durch die Entführte (vgl. RG **43**, 285; aM Bohnert [oben 1] 516). Zum Beginn der Antragsfrist vgl. 2 zu § 238.

6   **4) Der Vorsatz** muß sich als mindestens bedingter darauf beziehen, daß das Mädchen noch nicht 18 Jahre alt und unverheiratet ist, daß die Einwilligung der Eltern usw. fehlt und der neue Ort ihren Einfluß erheblich er-

Straftaten gegen die persönliche Freiheit § 236

schwert. Die Beurteilung „Entführung" braucht der Täter nicht mitzuvollziehen. § 236 ist auch gegeben, wenn der Täter die vorhandene Einwilligung des Mädchens nicht kennt (LK-Vogler 15) oder umgekehrt annimmt, die fehlende Einwilligung sei gegeben (JR **71**, 511 mit zust. Anm. Schröder; Küper NJW **72**, 646); kennt er die der Eltern nicht, so ist das strafloser untauglicher Versuch (LK 14). In jedem Fall muß er die **Absicht** haben, das Mädchen zu außerehelichen sexuellen Handlungen (4ff. vor § 174) zu bringen, wenn vielleicht auch erst nach Überschreiten des Schutzalters (RG **58**, 277). Sowohl sexuelle Handlungen mit dem Täter als mit anderen werden erfaßt (vgl. BGH **12**, 30). Auch gleichgeschlechtliche Handlungen kommen in Betracht. Ob der Täter seine Absicht erreicht, ist nur für die Strafzumessung von Bedeutung.

5) Strafantrag, § 238; Beginn der Antragsfrist dort 2. **Tateinheit** ist möglich mit §§ 180, 185 (Beleidigung der Eltern); § 236 und § 237 schließen einander aus. Zum Verhältnis zu § 235 dort 11. 7

Entführung gegen den Willen der Entführten

237 Wer eine Frau wider ihren Willen durch List, Drohung oder Gewalt entführt, namentlich mit einem Fahrzeug an einen anderen Ort bringt, und eine dadurch für sie entstandene hilflose Lage zu außerehelichen sexuellen Handlungen (§ 184c) mit ihr ausnutzt, wird mit Freiheitsstrafe bis zu fünf Jahren oder mit Geldstrafe bestraft.

1) Die Vorschrift ist durch 1. StrRG (1 zu § 235)/4. StrRG (1 vor § 174) neu gefaßt. Die Tat ist ein **zweiaktiges Dauerdelikt** (BGH **29**, 235; 3. 6. 1982, 4 StR 271/82), die Kombination eines Freiheits- und eines Sexualdelikts (abl. Schröder JZ **71**, 435). **Rechtsgut** ist die Freiheit der Frau, insbesondere auch zu geschlechtlicher Selbstbestimmung (Bay NJW **61**, 1033). Täter kann jeder, eine Frau sowohl Alleintäterin (lesbische Liebe) als Mittäterin sein. Opfer kann nur eine Frau sein, gleichgültig wie ihr Alter, Stand (verheiratet oder nicht) oder Ruf ist; und zwar auch die Braut oder die Geliebte des Täters (RG **16**, 391; Bay NJW **53**, 1195), aber nicht seine Ehefrau, da „sexuelle Handlungen mit ihr" die des Täters meint (unten 6); wohl aber eine Dirne (LK-Vogler 3). **Schrifttum:** Grein, Die Entführung, 1974; Kienzle, Der Widerstreit der Tatbestandsmerkmale „List" und „wider ihren Willen" in § 237 StGB, Diss. Freiburg 1985; R. Schmitt, Lackner-FS 621 u. Jura **86**, 494. 1

2) Tathandlung ist das Entführen der Frau (zum Status Transsexueller 3 zu § 175). **A.** Der Begriff des **Entführens** muß hier, wo es um eine Handlung gegen den Willen der Frau geht, weiter ausgelegt werden als in § 236 (dort 2), wie auch das gesetzliche Beispiel **namentlich an einen anderen Ort** zeigt, das vor allem die Fälle meint, in denen der Täter die Frau im Auto an eine einsame Stelle führt, um sie dort zu mißbrauchen. Entführen ist danach das Fortbringen der Frau vom bisherigen Aufenthaltsort an einen anderen zu dem Zweck, sie in eine andere Lage zu verbringen, die sich seinem ungehemmten Einfluß preisgibt (BGH **22**, 178; **24**, 90; **29**, 237; GA **66**, 310; MDR **71**, 314; MDR/H **88**, 627; vgl. NJW **89**, 917, m. Anm. Otto JR **89**, 340; Geppert JK 3), zur Aufhebung der persönlichen Freiheit braucht es nicht zu kommen (BGH **1**, 202). Nur unter diesen Voraussetzungen genügen Aufenthaltswechsel in derselben Ortschaft (RG **29**, 404); Verbringen in ein Nebenhaus (GA **67**, 54) oder das im Gesetz genannte Wegbrin- 2

§ 237

gen mit einem Fahrzeug jeder Art (BGH **19**, 320; **22**, 178; GA **65**, 183; **68**, 246; MDR/D **66**, 382; NJW **67**, 1765; Celle NdsRpfl. **64**, 70). Bloßer Zimmerwechsel genügt nicht (RG **19**, 159; LK 5). Hindern an der Flucht vom Tatort ist kein Entführen (MDR/D **74**, 724). Ist die Lage der Frau an dem Ort, wo der Täter eingreift, ihm gegenüber nicht wesentlich besser als an dem Ort, wohin er sie bringt, scheidet Entführen aus (GA **66**, 310; **68**, 246). Auf längere Dauer braucht die Entführung nicht angelegt zu sein (NJW **69**, 1774; Celle HESt. **1**, 305). Bei der Entführung muß der Täter der bestimmende Teil sein, kann sich aber bei der Ausführung eines Dritten bedienen, sogar der Frau selbst, wenn diese zB den Wagen nach den sie
3 irreführenden Angaben des Täters lenkt (vgl. RG **39**, 214); **B. durch List** (3 zu § 234), **Drohung** (15 f. zu § 240) oder **Gewalt** (5 f. zu § 240), die auch gegenüber einer Bewußtlosen möglich ist (BGH **25**, 237; krit. Geilen JZ
4 **74**, 540; Meyer Gerhards JuS **74**, 566; vgl. dazu Blei JA **74**, 751). **C. wider den Willen** der Frau. In den Fällen der List genügt es (wie die Zusammenstellung mit „wider ihren Willen" zeigt), daß die Frau zwar infolgedessen mit der Ortsveränderung als solcher einverstanden ist, infolge der List aber nicht erkennt, wohin sie wirklich gebracht werden soll; insoweit genügt ein entgegenstehender mutmaßlicher Wille. Dasssselbe gilt, wenn die Frau bewußtlos ist (BGH **25**, 237; 3. 6. 1982, 4 StR 271/82; dazu Geilen aaO). Ihre Einwilligung, zu der natürliche Willensfähigkeit genügt (BGH **23**, 1; zust. Peters JR **70**, 68; LK 11), muß sich nicht nur auf die Entführung als solche beziehen, um den Tatbestand entfallen zu lassen (NStZ **88**, 71; 3 vor § 32), sondern auch auf etwaige spätere Sexualhandlung (BGH **32**, 269, hierzu Geppert JK 2; SchSch 16; hM krit. R. Schmitt aaO 624; aM LK
5 12). **D. Eine hilflose Lage** muß durch die Entführung (deren Begriff dadurch auch eine gewisse Färbung erhält) für die Frau eintreten; eine Lage, in der sie sich nach Ort und Umständen sowie ihrer persönlichen Verfassung dem ungehemmten Einfluß des Täters nicht entziehen und auch fremde Hilfe nicht rechtzeitig oder nicht ohne großes Risiko für sich selbst erlangen kann (einsamer Ort, fremdes Auto, vgl. aber Koblenz VRS **49**, 347, fremdsprachiges Ausland, Dorfmädchen in fremder Großstadt; vgl. BGH **1**, 199). Stehen zwei Frauen einem Mann gegenüber, kann es daran fehlen (BGH **22**, 178; vgl. ferner NJW **89**, 917 m. Anm. Otto JR **89**, 340). § 237 scheidet auch aus, wenn die Frau an einen Ort gebracht wird, wo sie zunächst nicht hilflos ist und es erst durch den Weggang anderer Menschen
6 wird (6. 11. 1974, 1 StR 482/74). **E. daß der Täter** (und darin liegt der 2. Akt der Tathandlung) die hilflose Lage der Frau **zu außerehelichen sexuellen Handlungen mit ihr ausnutzt.** An der sexuellen Handlung (4 vor § 174) muß er selbst, wie die sprachliche Fassung und die Entstehungsgeschichte (Prot. V/2872 f.) zeigen, mindestens teilnehmen. Eine Sexualhandlung nur mit einem Dritten genügt nicht (SK-Horn 12; aM SchSch-Eser 13); doch ist Mittäterschaft in der Form denkbar, daß planmäßig der eine Täter die Frau an den Ort bringt und der andere sie dort mißbraucht (aM SK 12). Sexualhandlung mit der Frau bedeutet, daß es zu körperlicher Berührung kommen muß. Auftretenlassen als Nackttänzerin (so BGH **12**, 29 zu § 236 aF) genügt nach Einfügung der Worte „mit ihr" nicht; LK 15; auch nicht der Versuch eines Sexualdelikts, der noch keine sexuelle Handlung ist (NJW **72**, 647; NStZ **88**, 71). Ausnützen muß der Täter die Lage zu den sexuellen Handlungen, sie sich also bewußt zunutzemachen, um sein

Straftaten gegen die persönliche Freiheit **§ 237**

Ziel zu erreichen. Das ist namentlich dann der Fall, wenn die Frau mit Rücksicht auf ihre Hilflosigkeit sich nicht zu verteidigen wagt, so daß §§ 177, 178 ausscheiden (vgl. RG **41**, 396; BGH **1**, 201). Die sexuelle Handlung braucht also nicht wider den Willen der Frau vorgenommen zu werden (MDR/D **74**, 724); doch fehlt es an der Ausnutzung, wenn die Frau ohne Rücksicht auf ihre hilflose Lage einwilligt.

3) Der **Vorsatz** (bedingter genügt) muß sich darauf beziehen, daß die **7** Frau wider ihren Willen mit den besonderen Mitteln entführt, in eine hilflose Lage gebracht und diese zu sexuellen Handlungen ausgenützt wird. Der Täter braucht nicht von vornherein die Absicht zu haben, die durch die Ortsveränderung entstehende hilflose Lage zu sexuellen Handlungen mit der Frau auszunutzen (BGH **24**, 90 [2. StS]; **29**, 235 [3. StS]; NStZ **92**, 34 [1. StS] m. Anm. R. Keller JR **92**, 246; 24. 3. 1992, 5 StR 64/92; Dreher NJW **72**, 1641; JZ **73**, 278; Tröndle GA **73**, 324; LK 18; M-Schroeder § 18, 53; Wessels BT 1 § 9 I 2; R. Schmitt aaO 623; aM MDR/D **70**, 197; NJW **72**, 647 [1. StS]; SchSch 6; offen gelassen 3. 10. 1972, 1 StR 407/72; differenzierend Hruschka JZ **73**, 276). Ein solcher Vorsatz ist auch noch während oder nach der Entführung möglich, die freilich ihrerseits voraussetzt, daß der Täter mit der Ortsveränderung den Zweck verfolgt hat, die Frau seinem ungehemmten Einfluß auszuliefern (BGH **29**, 233; MDR/H **88**, 627).

4. **Vollendet** ist die Tat erst, wenn es zu einer sexuellen Handlung ge- **8** kommen ist (vorher nur strafloser Versuch), die ihrerseits der Versuch eines Sexualdelikts sein kann (NJW **72**, 647; enger Schröder JZ **72**, 289; anderseits braucht die Sexualhandlung als solche nicht strafbar zu sein; MDR/D **73**, 18; vgl. BGH **18**, 34); beendet aber erst mit dem Ende des rechtswidrigen Zustandes der Entführung (nicht stets schon der hilflosen Lage), so daß ein Dauerdelikt gegeben ist (BGH **18**, 31; NStZ **84**, 262; 3. 6. 1982, 4 StR 271/82). **Verjährung** und **Antragsfrist** (§ 238, dort 2, 3) beginnen daher erst mit diesem Zeitpunkt.

5) **Tateinheit** ist möglich mit §§ 177 bis 179 (BGH **29**, 239; NStZ **84**, 135; **9** 262; 408; BGHR § 52 I, Kl.Wirk. 1; vgl. BGH **18**, 29; GA **67**, 21), wenn einerseits die hilflose Lage ausgenützt, anderseits die Frau durch Gewalt oder Drohung mit gegenwärtiger Gefahr für Leib oder Leben zu sexuellen Handlungen genötigt wird. Im Falle eines solchen Ausnutzens ohne Gewalt oder Drohung ist lediglich § 237, im Fall der Anwendung von Gewalt oder Drohung, ohne daß bis dahin eine hilflose Lage vorlag, ist lediglich § 178 verwirklicht (NJW **89**, 917 m. Anm. Otto **89**, 340; Geppert JK 3). §§ 181 Nr. 2, 185 (vgl. Celle JR **48**, 348) und 235 (dort 11). § 236 und § 237 schließen einander aus (vgl. hierzu Puppe JR **84**, 232). Tateinheit mit § 239 ist möglich, soweit § 237 keine Freiheitsberaubung voraussetzt (oben 2; anders bei Entführung mit Gewalt, MDR/D **71**, 722; NStE § 177 Nr. 14), so daß auch § 239 II, III eingreifen. Hingegen treten §§ 239, 240 hinter § 237 zurück, wenn die Frau mit Gewalt oder Drohung entführt oder ihrer Freiheit beraubt wird; wird Strafantrag nach § 238 I nicht gestellt, so darf daher auch nicht nach § 239 oder § 240 bestraft werden (BGH **19**, 320; **28**, 19; MDR/H **66**, 382; MDR/H **80**, 455; **91**, 1021; BGHR § 239 I, StrA 1; Düsseldorf NStZ **81**, 103 m. Anm. Bottke JR **81**, 389; aM Händel NJW **64**, 1733); dies gilt jedoch im Hinblick auf die erhöhte Mindeststrafandrohung in den Fällen des § 239 III nicht (BGH **28**, 18); auch nicht hinsichtlich einer begangenen Körperverletzung (21. 7. 1981, 1 StR 219/81;

§§ 237, 238 BT Achtzehnter Abschnitt

Vogler, Bockelmann-FS 730). § 237 kann § 177 und Fahren ohne Fahrerlaubnis zur Tateinheit verbinden (MDR/D **73**, 556; **82**, 102; VRS **65**, 134; 20. 7. 1982, 1 StR 343/82; ferner § 179 und § 315b, JR **83**, 210 m. Anm. R. Keller); dasselbe gilt für §§ 315c, 316 (VRS **60**, 294; DAR **82**, 200).

Voraussetzungen der Verfolgung

238 ¹In den Fällen der §§ 235 bis 237 wird die Tat nur auf Antrag verfolgt.

II Hat ein Beteiligter in den Fällen der §§ 235 bis 237 die Person, die er entzogen oder entführt hat, geheiratet, so wird die Tat nur dann verfolgt, wenn die Ehe für nichtig erklärt oder aufgehoben worden ist und das Antragsrecht nicht vor Eingehung der Ehe erloschen war.

1) **Die Vorschrift** ist durch das 1. StrRG neu gefaßt (1 zu § 235) sowie durch § 1 Nr. 2c des EGStGB-ÄndG terminologisch geändert worden.

2) Nur auf **Antrag** wird die Tat in den Fällen der §§ 235 bis 237 verfolgt; fehlt er, so entfällt auch eine Verurteilung nach §§ 239 I, II, 240 (Düsseldorf NStZ **81**, 103 m. Anm. Bottke JR **81**, 387; vgl. NStZ **88**, 70). Antragsberechtigt sind **a)** in den Fällen der §§ 235, 236 bei Personensorgeberechtigten, bei Eltern jeder Teil (Bay NJW **61**, 1033), uU (3 zu § 235) auch der nicht Sorgeberechtigte (vgl. Stuttgart NJW **56**, 101); die nichteheliche Mutter sowie die sonst in 3, 4 zu § 235 Genannten (vgl. 11ff. zu § 77); aber nicht der noch nicht Achtzehnjährige (NStZ **81**, 479); **b)** in den Fällen des § 237 nur der Entführte oder ihr gesetzlicher Vertreter nach § 77 III; aber nicht die Eltern oder der Ehemann (RG **18**, 284). In allen Fällen kann der Antrag zurückgenommen werden (§ 77d); die Antragsfrist beginnt erst mit dem Ende des rechtswidrigen Zustandes (Dauerdelikt, RG **43**, 285). Im Falle der **Eheschließung (II)** beginnt, falls nicht das Antragsrecht schon vorher erloschen ist (II letzter Halbsatz), mit der Nichtigerklärung oder Aufhebung der Ehe der rechtswidrige Zustand von neuem, so daß erst dessen Ende die Antragsfrist wieder in Lauf setzt (RG **43**, 286).

3) Die **Eheschließung** eines Beteiligten, dh des Täters oder eines Teilnehmers (§ 28 II) im Falle des § 235 mit der Person unter 18 Jahren (also auch einer Frau mit dem noch nicht Achtzehnjährigen, den sie dem Sorgeberechtigten entzogen hat), im Falle der §§ 236, 237 mit der Entführten (und zwar auch erst nach Erreichung der Altersgrenze von 18 Jahren in den Fällen der §§ 235, 236), bildet nach II ein auflösend bedingtes Verfolgungshindernis gegenüber allen an der Tat Beteiligten, und zwar auch in allen Fällen der Mittäterschaft (aM SchSch-Eser 6). Es entfällt nicht schon durch Scheidung, sondern nur dann, wenn die Ehe für nichtig erklärt (§§ 16ff. EheG) oder aufgehoben (§§ 28ff. EheG) worden ist. Bis zur Rechtskraft dieser Entscheidung ruht die Verjährung (§ 78b I S. 1; 4 zu § 78b). Zur Antragsfrist in diesen Fällen oben 2.

Freiheitsberaubung

239 ¹Wer widerrechtlich einen Menschen einsperrt oder auf andere Weise des Gebrauchs der persönlichen Freiheit beraubt, wird mit Freiheitsstrafe bis zu fünf Jahren oder mit Geldstrafe bestraft.

II Wenn die Freiheitsentziehung über eine Woche gedauert hat oder wenn eine schwere Körperverletzung (§ 224) des der Freiheit Beraubten durch die Freiheitsentziehung oder die ihm während derselben widerfahrene Behandlung verursacht worden ist, so ist auf Freiheitsstrafe von

Straftaten gegen die persönliche Freiheit § 239

einem Jahr bis zu zehn Jahren zu erkennen. **In minder schweren Fällen ist die Strafe Freiheitsstrafe bis zu fünf Jahren oder Geldstrafe.**

III **Ist der Tod des der Freiheit beraubten durch die Freiheitsentziehung oder die ihm während derselben widerfahrene Behandlung verursacht worden, so ist auf Freiheitsstrafe nicht unter drei Jahren zu erkennen. In minder schweren Fällen ist die Strafe Freiheitsstrafe von drei Monaten bis zu fünf Jahren.**

1) Die **Vorschrift** schützt die persönliche **Fortbewegungsfreiheit** („Freiheit zur Ortsveränderung": BGH **32**, 189); und zwar die potentielle (BGH **14**, 314; Köln NJW **86**, 334; LK-Schäfer 2), jedoch nicht die häusliche Willensbetätigungsfreiheit (H. J. Hirsch JR **80**, 115). Auch ein Geisteskranker ist geschützt, soweit die Art seiner Freiheitsbeschränkung nicht durch die Art seiner Krankheit geboten ist (RG **62**, 160), nicht aber das Kleinstkind, das keine Selbstbestimmung über seinen Aufenthalt hat (Bay JZ **52**, 237; str.); desgl. Ohnmächtige, tief Schlafende, sinnlos Betrunkene, denen die Fähigkeit fehlt, sich frei zu bewegen (str.; vgl. LK 7; Geppert JuS **75**, 387; Jura **85**, 221; aM Bockelmann BT/2 § 18 A I 1 c); wohl aber ein hochgradig Schwachsinniger (BGH **32**, 187 m. Anm. Herzberg/Schlehofer JZ **84**, 481; Geerds JR **84**, 430) oder ein Kranker (Gelähmter), sobald er von seinem Pflegeorgan getrennt wird; auch ein Kriegsgefangener durch weitere Freiheitsbeschränkung (LM Nr. 2 zu § 3 aF; RG **17**, 127). Nur der objektive Zustand der Freiheitsberaubung entscheidet; der Betroffene braucht sich dieses Zustandes nicht bewußt zu sein (RG **61**, 241; BGH **14**, 314; Köln NJW **86**, 334; Bloy ZStW **96**, 710). Die Tat eines Amtsträgers kann nach Aufhebung des § 341 (dazu krit. Wagner ZRP **75**, 273) strafschärfend wirken (LG Mainz MDR **83**, 1044). Läßt er eine widerrechtliche Festnahme vornehmen, so wird er idR nicht bloßer Gehilfe (so Wagner aaO 275), sondern Täter oder mittelbarer Täter sein.

2) **Tathandlung** ist ein Eingriff in die mögliche persönliche Bewegungsfreiheit, durch den ein Mensch des Gebrauchs der persönlichen Freiheit beraubt, also in seine persönliche Bewegungsfreiheit eingegriffen wird (MDR/H **79**, 281); es muß ihm, sei es auch nur vorübergehend (RG **33**, 233; Hamm JMBlNW **64**, 31), die Möglichkeit genommen werden, sich nach seinem Willen fortzubewegen, insbesondere einen Raum zu verlassen (RG **6**, 232; NStE § 177 Nr. 16). Eine Hinderung nur für einen minimalen Zeitraum reicht allerdings nicht aus (15. 5. 75, 4 StR 147/75). Der Raum kann auch eine bewegliche Sache sein, Schiff, Wagen (RG **25**, 147), Auto (BGH **21**, 188; Koblenz VRS **49**, 347). Zur Problematik bei der Entführung von Flugzeugen JA **69**, 725. Die Freiheitsberaubung ist ein **Dauerdelikt** (vgl. 6 zu § 234; BGH **20**, 228; **36**, 257).

A. **Formen** der Freiheitsberaubung können sein, a) die **Einsperrung**, dh das Festhalten in einem umschlossenen Raum durch äußere Vorrichtungen, so daß der Betroffene objektiv gehindert ist, sich von der Stelle zu bewegen, wenn er das wollte (RG **61**, 239). Ob er es will oder nicht, ist ohne Bedeutung (BGH **14**, 314). Es können die Ausgänge versperrt oder durch Bewachung verschlossen sein. Ist ein nicht geschlossener Ausgang vorhanden, den das Opfer nicht kennt, so ist es eingesperrt (LK 17; hM), desgl. wenn ihm die besondere Konstruktion des Schlosses nicht bekannt ist (RG **27**, 360); ebenso, wenn die Benutzung eines Auswegs gefährlich ist. Bildet sich jemand nur ein, eine Tür sei verschlossen oder er könne sie nicht öffnen, so fehlt die Einsperrung (RG LZ **15**, 695); denn der Betreffende glaubt nur, eingesperrt zu sein, ist es aber nicht (LK 17).

§ 239 BT Achtzehnter Abschnitt

4 **b) Andere Weisen**, zB List, Drohung, Gewalt (Hamm JMBlNW **64**, 31), Betäubung (RG **61**, 241); Hinderung am Verlassen des Wagens durch schnelles Fahren (NStZ **92**, 34); Nichtöffnen der Tür durch den Zugführer (RG DJZ **08**, 764); Anbinden (RG **17**, 127; JW **25**, 973); politische Verdächtigung (Düsseldorf NJW **79**, 60; vgl. auch § 241a); Zwang zum Besteigen eines Wagens (OGHSt. **1**, 311; LK 19).

5 **B. auch durch Unterlassen** kann eine Freiheitsberaubung begangen werden, falls der Unterlassende Garantenstellung hat (§ 13). So muß jemand, der einen anderen versehentlich eingeschlossen hat, für seine Freilassung sorgen, sobald er vom Einschließen erfährt (RG **24**, 339; anderseits RG GA Bd. **62**, 348); ebenso ein Zeuge seine falsche Aussage berichtigen, auf Grund derer jemand festgenommen ist; dies auch auf die Gefahr der eigenen Strafverfolgung aus § 164 I hin (RG HRR **35**, 471; LM Nr. 6).

3) Widerrechtlich muß die Freiheitsentziehung sein.

6 **A. Kein Tatbestandsmerkmal** ist die Widerrechtlichkeit. Das RG sah sie zwar noch als solches an (RG **41**, 82). Nach der Rspr. des BGH (LM Nr. 6; ebenso Wessels BT § 8 II 2) ist die Widerrechtlichkeit allgemeines Verbrechensmerkmal, so daß folgendes gilt:

7 Nimmt der Täter irrig **Umstände** an, die ihm nach dem Gesetz ein Recht zum Eingreifen in die Freiheit des anderen geben würden, so steht dieser Irrtum dem Irrtum über Tatumstände iS des § 16 rechtlich gleich (BGH **3**, 105), so daß er keine vorsätzliche Freiheitsberaubung begeht (BGH **3**, 357). Nimmt er aber irrtümlich Tatumstände an, die ihm nach der Rechtsordnung kein Recht zum Eingreifen gewähren, so befindet er sich im bloßen Verbotsirrtum (BGH **3**, 271; 357). Nimmt ein Polizist jemand auf der Straße fest, den er irrtümlich für den verfolgten Dieb hält, so schützen ihn § 127 StPO und § 16 StGB gegen Strafe aus § 239. Für Freiheitsentziehungen aufgrund Bundesrechts ist wegen der nach Art. 104 GG notwendigen gesetzlichen Regelung (vgl. FrhEntzG) für § 34 kein Raum (vgl. Celle JZ **53**, 154; zw.). – Bei staatlichen Maßnahmen, die offensichtlich gegen Gerechtigkeit und Menschlichkeit verstoßen, ist nicht nur die Widerrechtlichkeit gegeben, sondern auch das Bewußtsein der Widerrechtlichkeit offensichtlich (JZ **52**, 376).

8 **B. Es fehlt die Widerrechtlichkeit** zB bei Ausübung des Sorgerechts, bei erlaubter Selbsthilfe (§§ 229, 561 BGB; RG **41**, 82), auch im Rahmen der Familienpflege (BGH **13**, 197); bei vormundschaftsgerichtlicher Genehmigung nach § 1631b BGB (Sack/Denger MDR **82**, 972), bei amtlicher oder bei vorläufiger Festnahme nach § 127 StPO (RG **34**, 443); Ingewahrsamnahme nach Selbstmordversuch (Krüger NJW **73**, 3 Anm. 25); bei wahren Aussagen (NJW **58**, 874). Bewußte Überschreitung des Rechts ist aber widerrechtlich (RG **17**, 127); so die Erstattung einer inhaltlich wahren Anzeige, die unter totalitären Verhältnissen zu einem rechtswidrigen Urteil führt (BGH **3**, 110); *nicht* aber die sachlich gerechtfertigte Maßnahme der Freiheitsentziehung durch einen vom Richteramt ausgeschlossenen Haftrichter (MDR/H **78**, 624); oder durch einen falschen Arzt (Schleswig NStZ **85**, 74 m. Anm. Otto und Amelung/Brauer JR **85**, 474; Geppert JK 1); auch nicht ein Abschiebungsversuch durch Anwendung einfachen unmittelbaren Zwangs (BVerwG DVBl. **81**, 1108); wohl aber die polizeirechtlich nicht gedeckte Verbringung eines Stadtstreichers „aufs Land" (LG Mainz

Straftaten gegen die persönliche Freiheit § 239

MDR 83, 1044). Die **Einwilligung** des Verletzten schließt bereits den Tatbestand aus, nicht jedoch das erschlichene Einverständnis (LK 26; vgl. Bloy ZStW **96**, 713).

C. Der mittelbare Täter kann widerrechtlich handeln, der Tatmittler 9
aber rechtmäßig (BGH **10**, 307); so beim Verhaftenlassen durch Täuschung eines Polizisten (BGH **3**, 4); eines Psychiaters (vgl. auch JZ **52**, 153).

4) Vorsatz ist erforderlich, bedingter genügt (RG **7**, 261). Der Täter 10
muß die Bewegungsfreiheit völlig aufheben wollen (RG **6**, 231). Wegen des Bewußtseins der Rechtswidrigkeit vgl. 6 ff.

5) Qualifizierte Fälle bringen II und III. Das Überschreiten der einen 11
Woche muß nach § 18 (vgl. BGH **10**, 310; hM; LK 35; M-Schroeder § 14, 17) verschuldet sein; ebenso Tod oder schwere Körperverletzung iS des § 224; zB durch den ungesunden Aufenthalt des eingesperrten; evtl. durch dessen Selbstmord (LM Nr. 4); oder beim Fluchtversuch (BGH **19**, 382; dazu abl. Widmann MDR **67**, 972). Führt der Täter die Folge vorsätzlich herbei, ist Tateinheit mit §§ 211, 212, 225, 241a möglich (BGH **9**, 135; **28**, 19; BGHR § 239 I Konk. 6; KG NJW **89**, 1373; 6 zu § 18; vgl. Küpper [1 zu § 226], 55); bei Fahrlässigkeit aber Gesetzeskonkurrenz mit § 230. Zu den **minder schweren Fällen** nach II, III vgl. 11 zu § 12; 42 zu § 46.

6) Der Versuch nach I ist nicht strafbar, kann aber evtl. versuchte Nöti- 12
gung sein (vgl. 15 zu § 240; LK 34). Nach II ist ein Versuch denkbar, falls eine längere als einwöchige Dauer gewollt war (GA **58**, 304; str.; vgl. LK 39 ff.).

7) Tateinheit ist möglich mit § 113, § 132 (RG **59**, 298); § 164; § 185 (GA **63**, 13
16; NStE § 178 Nr. 5); §§ 223 ff. (RG **62**, 160; vgl. auch oben 11). Soweit bei anderen Delikten die Freiheitsberaubung nur das tatbestandsmäßige Mittel zu ihrer Begehung bildet, kommt § 239 als das allgemeine Delikt nicht zur Anwendung; so bei §§ 177, 178, 239a, 239b, 249 ff. (RG LZ **21**, 659; BGHR § 177 I, Konk. 5, 7; 21. 3. 1990, 2 StR 102/90; 29. 5. 1991, 3 StR 152/91), anders, wenn die Freiheitsberaubung über das hinausgeht, was zur bloßen Tatbestandsverwirklichung gehört (BGH **18**, 27; **28**, 18; NJW **55**, 1327; **64**, 1630; MDR/H **88**, 627; **91**, 1021; NStE § 177 Nr. 14; BGHR § 177 I Konk. 9), so liegt Tateinheit zwischen § 239 und 240 vor, uU auch zu § 177 (NStE § 177 Nr. 16), §§ 223a, 315c (NJW **89**, 1228), wenn die Freiheitsberaubung zugleich der Erzwingung eines weiteren strafbaren Verhaltens dient, so zB zu einer Geiselnahme (9. 4. 1987, 4 StR 128/87), es sei denn, die Voraussetzungen des § 23 I S. 1 lägen vor (21. 6. 1979, 4 StR 241/79). Soll Gewaltanwendung nur zur Freiheitsberaubung führen, so wird § 240 von § 239 verdrängt (BGH **30**, 236 m. Anm. Jakobs JR **82**, 206; Koblenz VRS **49**, 347; LK 49). Ist die aus der Nötigung sich ergebende Beeinträchtigung der Bewegungsfreiheit lediglich notwendige Begleiterscheinung, so kommt § 239 keine eigenständige Bedeutung zu (18. 1. 1983, 1 StR 689/82). Von III wird § 222 verdrängt (dort 16). Zum Verhältnis zu §§ 235, 237 vgl. dort 11 bzw. 9; ferner 17 zu § 240; 13 zu § 241a; 17 zu § 253; 35 zu § 267; 10 zu § 145 d.

8) Sonstige Vorschriften. Entziehung des Jagdscheins § 41 I Nr. 2 BJagdG. 14
Zuständigkeit in den Fällen des III nach § 74 II Nr. 10 GVG.

1345

§ 239a

Erpresserischer Menschenraub

239 a ^IWer einen anderen entführt oder sich eines anderen bemächtigt, um die Sorge des Opfers um sein Wohl oder die Sorge eines Dritten um das Wohl des Opfers zu einer Erpressung (§ 253) auszunutzen, oder wer die von ihm durch eine solche Handlung geschaffene Lage eines anderen zu einer solchen Erpressung ausnutzt, wird mit Freiheitsstrafe nicht unter fünf Jahren bestraft.

^{II}In minder schweren Fällen ist die Strafe Freiheitsstrafe nicht unter einem Jahr.

^{III}Verursacht der Täter durch die Tat leichtfertig den Tod des Opfers, so ist die Strafe lebenslange Freiheitsstrafe oder Freiheitsstrafe nicht unter zehn Jahren.

^{IV}Das Gericht kann die Strafe nach § 49 Abs. 1 mildern, wenn der Täter das Opfer unter Verzicht auf die erstrebte Leistung in dessen Lebenskreis zurückgelangen läßt. Tritt dieser Erfolg ohne Zutun des Täters ein, so genügt sein ernsthaftes Bemühen, den Erfolg zu erreichen.

1   1) **Die Vorschrift** geht in ihrer Neufassung auf das **12. StÄG** und das StÄG 1989 zurück (unten 3), das ua den II einführte (bisherige II, III jetzt III, IV).
2   **Materialien:** BT-Drs. VI/2139 (BR-E); Prot. VI/1547, 1565ff., 1571, 1577; BT-Drs. zum 12. StÄG: VI/2722 (Ber.); BTag-PlenProt. 11 Anl. 7, 8 **Schrifttum:** *Blei* JA **75**, 91; *Bohlinger* JZ **92**, 230; *Hansen* GA **74**, 353; *Jescheck* GA **81**, 64; *Middendorff,* Menschenraub, Flugzeugentführungen, Geiselnahme, Kidnapping, 1973; *Müller-Emmert/Maier* MDR **72**, 97; *Rengier* GA **84**, 315; *Schultz/Richter* JuS **85**, 798; *Wolter* JR **86**, 465 (krim. stat. Angaben zu §§ 239a, 239b).
3   **Das StÄG 1989** korrigiert das 3. StrRG (1 vor § 111), das 14. StÄG (1 zu § 86) sowie das StGBuaÄndG (1 zu § 129a) und war wie diese Gesetze heftig umstritten (vgl. Oppositionsanträge BT-Drs. 11/17; 11/4396). Einmal mehr hielt der Gesetzgeber Maßnahmen zur Terrorismusbekämpfung, die zT schon mit dem 11. StÄG (1 zu § 316c) und 12. StÄG (oben 1) sowie dem WaffG eingeleitet waren, für erforderlich, so zB Änderungen des VersammlG (Anh. 11), nämlich der §§ 17a, 27 II, 29 I Nr. 1a (Vermummung und passive Bewaffnung), der §§ 12a und 19a (Bild- und Tonaufzeichnungen von Versammlungen) sowie des § 23 (Aufforderung zur Teilnahme an einer verbotenen Versammlung); in Art. 4 eine Kronzeugenregelung bei terroristischen Straftaten (12a zu § 129a). In § 112a StPO wurde der Haftgrund der Wiederholungsgefahr auf § 125a (vgl. dort 10) erweitert. **Die StGB-Änderungen** betr. § 125 II (vgl. dort 1), § 239a (vgl. unten 5, 8a, 8b), § 239b (vgl. dort 3, 4, 5a, 6), § 243 I Nr. 7 (vgl. dort 36a, 41) und § 316b III (vgl. dort 10). Die Pönalisierung der Befürwortung von Straftaten (§ 130b RegE) wurde ebenso abgelehnt (vgl. 1c zu § 130a) wie eine Ergänzung des § 125; (Antrag BW und Bayerns BR-Drs. 345/87; BRat 580. Sitz.; UAR-BRat 13. 10. u. 25. 11. 1987; 588. u. 590. Sitz. R-BRat; 576. u. 579. Sitz. I-BRat; vgl. auch R-BTag 9. Sitz.; BRat 11/2364), frühere Anträge Bayerns (BR-Drs. 409/86; 563/86) sowie die Erfassung von Vor-
3a bereitungshandlungen; vgl. hierzu Kunert/Bernsmann NStZ **89**, 449. **Materialien** zum StÄG 1989: *RegE:* BR-Drs. 238/88 u. BT-Drs. 11/2834; *BRat:* BR-Drs. 238/1 bis 12/88; UAR-BRat 14. 6. 1988, R-BRat 597. Sitz., I-BRat 586. Sitz.; 591. Sitz. BRat; Stellungnahme: BR-Drs. 238/88 (Beschluß) = BT-Drs. 11/2834 Anl. 2; *BTag:* PlenProt. 11/95; R-BTag 30., 33., 38. (Hearing), 40. bis 44. Sitz.; I-BTag 25. 1. u. 8. 3. 1989; Ber.: BT-Drs. 11/4359; PlenProt. 11/138; *BRat:* UAR-BRat 18. 4. 1989; BR-Drs. 222/89; R-BRat 607. Sitz., BR-Drs.

Straftaten gegen die persönliche Freiheit **§ 239a**

222/1/86 u. 222/89 (Beschluß); PlenProt. 600; Ges. v. 9. 6. 1989 (BGBl. I 1057), **Inkrafttreten: 16. 6. 1989. Statistik:** BT-Drs. 8/295; 11/692, 11/1932; recht Nr. 60/80; DRiZ **88**, 317. **Schrifttum** zum StÄG 1989: *Übersicht* JZ-GD **89**, 45; *Stellungn. DRiB* DRiZ **89**, 152; *Achenbach* KR **89**, 633 mwN in Fn. 7; *Amelung/ Hassemer/Rudolphi/Scherer* StV **89**, 72; *Zuck* MDR **89**, 1065; *Kunert/Bernsmann* NStZ **89**, 449. 3b

Rechtsgut sind primär die Freiheit und Unversehrtheit des Entführten, dh seine psycho-physische Integrität, aber daneben auch die der in Sorge Gebrachten (12. 3. 1974, 1 StR 580/73), die regelmäßig mindestens in Gefahr kommen, und sekundär das Vermögen. Zu den Unterschieden zu § 239b vgl. dort 1. Insoweit ist die Tat nach I abstraktes Gefährdungsdelikt; durch die Kombination des Angriffs ergibt sich der hohe Unrechtsgehalt (ähnlich LK-*Schäfer* 2; *Lackner* 1; aM SchSch-*Eser* 3). Tatopfer kann jeder beliebige Mensch, auch ein Kleinkind (Ber. 2; vgl. BGH **26**, 70; Bay JZ **52**, 237), auch das eigene sein (GA **75**, 53), gleichgültig, ob es seine Lage erkennt. 4

2) Abs. I enthält einen Entführungs- (5) und einen Ausnutzungstatbestand (7). **Tathandlungen** sind **A. nach I 1. Alternative a)** das **Entführen** eines anderen wider dessen Willen (2 zu § 237) oder das **Sichbemächtigen** (2 ff. zu § 234; BGH **26**, 70 mit krit. Anm. *Lampe* JR **75**, 424), das sich weitgehend mit dem „Entführen" überschneidet, aber keine Ortsveränderung (Geiselnahme eines Angestellten in der Bank), auch keine Freiheitsberaubung voraussetzt. Auf die angewandten Mittel kommt es nicht an; auch eine Drohung braucht nicht ausgesprochen zu werden, wird aber idR mindestens konkludent mit der Tathandlung als solcher verbunden sein (vgl. hierzu *Rengier* GA **85**, 314; 2. 5. 1984, 2 StR 80/84), da der Täter die Sorge des Opfers oder eines Dritten ausnutzen will (LK 9; aM BGH **25**, 35; vgl. ferner Prot. VI/1551), wo die abweichende Formulierung in § 239b nicht beachtet wird. Gefahr für den Entführten braucht jedoch objektiv nicht zu entstehen. So kann § 239a anwendbar sein, wenn der geschiedene Ehemann sein der Frau zugesprochenes Kind entführt, um eine Ermäßigung seiner Unterhaltsleistungen zu erreichen (Ber. 2; vgl. BGH **26**, 70; zur Problematik *Lange* NJW **53**, 1164; *Nüse* JR **53**, 277). Mit dem Entführen oder Sichbemächtigen in Erpressungsabsicht ist die Tat vollendet (BGH **16**, 317). Wenn sich jemand freiwillig zur Verfügung stellt, um einem getäuschten Dritten Geld abzupressen, so kommt Mittäterschaft nach §§ 253, 255, 250 I Nr. 2 in Betracht (LK 5). Dagegen scheidet „Sichbemächtigen" nicht dadurch aus, daß ein Sorgeberechtigter seine Zugriffsmöglichkeit auf sein willensunfähiges Kleinkind mißbraucht (BGH **26**, 70). 5

b) Vorsatz ist erforderlich; darüber hinaus muß der Täter zugleich mit dem Entführen oder Sichbemächtigen (sonst 7) die **Absicht** haben, die **Sorge des Opfers um sein Wohl** oder die Sorge eines Dritten **um das Wohl des Opfers** zu einer Erpressung auszunutzen. Das StÄG 1989 (oben 3) bezog abw. vom RegE auf eine Anregung aus der Praxis (R-BTag 38. Sitz.) in § 239a auch die Erpressung und in § 239b die Nötigung des Entführten ein. Diese Harmonisierung der §§ 239a, 239b ist folgerichtig, wenngleich der Entführte idR nicht alleiniges Nötigungsobjekt sein wird, weil der Täter auch Dritte veranlassen wird, seinen Forderungen nachzukommen; erfaßt werden aber über die von § 239b erfaßte Abnötigung eines bestimmten Verhaltens hinaus auch die Fälle, in denen dem Entführten selbst eine Geldleistung abgepreßt wird (zB Ausstellung eines Schecks, 6

1347

§ 239 a

Preisgabe eines Geldverstecks; zum alten Recht NStZ **90**, 57). Im übrigen genügt der zielgerichtete Wille, bei **irgendeinem Dritten** (Backmann/Müller-Dietz JuS **75**, 41) Sorge um das körperliche, geistige oder sittliche Wohl des Opfers (auch vor sexuellen Zumutungen, Verwahrlosung eines Kindes, Prot. VI/1550) zu erregen (objektiv kann sie fehlen). Der Täter muß beabsichtigen, die Sorge **zu einer Erpressung** auszunutzen, dh letzlich zur Erlangung eines rechtswidrigen Vermögensvorteils (11 zu § 253). Meist wird allerdings der durch das Klammerzitat mitgemeinte qualifizierte Fall des § 255 beabsichtigt sein. Denn idR wird die in der Festhaltung des Opfers liegende Gewalt gegen dessen Person als Nötigungsmittel in Aussicht genommen (vgl. aber BGH **16**, 318); vielfach wird auch eine Drohung mit gegenwärtiger Gefahr für Leib oder Leben des Opfers geplant sein; Hansen aaO 369 will nur eine solche ausreichen lassen. **Nötigungsadressat** ist (nach der offenen Formulierung „*einer*" Erpressung) jeder, der Sorge um das Wohl des Opfers trägt, Angehörige (bei mehreren Entführten kann Konkretisierung des Opfers der Entführung nachfolgen, Backmann/Müller-Dietz aaO), Freunde, aber auch Personen ohne Beziehung zum Opfer (zB Bankangestellter, Staat, Kirchen oder die Allgemeinheit oder irgendeine Stelle mit humanitärem Verantwortungsbewußtsein, auch der Entführte selbst (zB ein Millionär, wenn aus dessen Vermögen, nicht auch dem seiner vielleicht unvermögenden Angehörigen, das Lösegeld gezahlt werden soll). Auf einen bestimmten Adressaten muß die Nötigungsabsicht noch nicht gerichtet sein (LK 13; wohl auch Hansen GA **74**, 363; Blei JA **75**, 93; vgl. Rengier GA **85**, 319; offen gelassen BGH GA **87**, 309; aM Horn StV **87**, 484; Müller-Emmert/Maier MDR **72**, 97). § 239 a ist dann nicht gegeben, wenn sich der Täter auch anderer bemächtigt, sich den Taterfolg aber gerade vom bedrohenden Einfluß auf den Verfügenden selbst verspricht (MDR/H **89**, 305). Rechtswidrig wird die Tat stets sein; denn die Tathandlung ist als Mittel zu ungerechtfertigter Bereicherung ausnahmslos verwerflich. Hat der Täter einen Anspruch auf die erstrebte Leistung, so entfallen sowohl § 253 als auch § 239 a (R. Schmitt Jura **85**, 270; BGH **16**, 320 ist durch nF überholt). Der Täter muß weiter den Vorsatz des Erpressers sowie die Absicht ungerechtfertigter Bereicherung für sich oder einen Dritten, zB eine politische Untergrundorganisation, haben (12 ff. zu § 253). Glaubt der Täter an den Bestand seiner Forderung, so entfällt sein Vorsatz (aaO); dafür reicht allerdings nicht aus, wenn ein Angehöriger radikaler Gruppen einen Anspruch zu haben meint, aber weiß, daß die geltende Rechtsordnung ihn nicht anerkennt.

7 B. nach I 2. Alternative das **Ausnützen** einer von dem Täter oder einem Tatbeteiligten (wenn andere die geschaffene Lage als angebliche Entführer zu einer Erpressung auszunutzen suchen, so ist nur § 255 gegeben, BGH **23**, 294) durch eine Tathandlung nach 5, 6 ohne Erpressungsabsicht (Prot. VI/1550; Ber. 2; das Wort „solche" bezieht sich nicht auf die Absicht), sondern aus anderen, zB sexuellen Motiven geschaffenen, aber noch fortdauernden Lage auf Grund eines nachträglich gefaßten Vorsatzes zu einer Erpressung wie im Falle 5, 6. Hier ist die Tat allerdings nicht schon mit dem Fassen des Vorsatzes, sondern, wie auch der Gesetzeswortlaut zeigt, erst dann ein Fall des § 239 a und als solcher vollendet, wenn der Täter mindestens einen Versuch nach § 253 oder § 255 begeht (21. 7. 1976, 2 StR

Straftaten gegen die persönliche Freiheit § 239 a

340/76). Zum Vorsatz gilt dann das unter 6 zur Absicht Gesagte entsprechend.

C. In beiden Fällen ist der Tatbestand auch dann erfüllt, wenn der Täter 8 das Opfer nicht herausgeben, es zB töten will (BGH **16**, 316); anders, wenn das nicht in Erpressungsabsicht entführte Kind vor dem Erpressungsversuch getötet worden ist (LK 16; vgl. Blei JA **72**, 180).

D. Der Regelstrafrahmen des I wurde durch das StÄG 1989 aufgrund 8a spektakulärer Entführungsfälle sowohl in § 239a als auch in § 239b durch die Erhöhung der Mindeststrafe von 3 auf 5 Jahre angehoben, um die generalpräventive Wirkung der Vorschriften zu verstärken, was aber wegen der gleichzeitig eingeführten Flexibilisierung der Untergrenze (unten 8b) fraglich erscheinen muß. Der Kritik (R-BTag 38. Sitz. S. 331, 510; Kunert/Bernsmann NStZ **89**, 451), die auf die mit der Erhöhung der Mindeststrafe zu anderen Vorschriften aufgetretenen Spannungen hinweist, kann nur durch die ohnehin notwendige Harmonisierung der Strafrahmen begegnet werden. Entscheidend ist, daß die Erhöhung dem Unrechtsgehalt der Taten (§§ 239a und 239b) entspricht und notwendig erscheint, um das Vertrauen der Öffentlichkeit in einen wirksamen Rechtsgüterschutz zu stärken (Ber. 13).

3) Abs. II idF des StÄG 1989 führt (trotz der Möglichkeiten nach IV, 8b unten 12) **für minder schwere Fälle** eine Strafrahmenuntergrenze von 1 Jahr ein, für die zur Begründung die Sorge der polizeilichen Praxis (RBTag 38. Sitz. S. 277, 350) angeführt wird, durch die Erhöhung der Mindeststrafe in I könnten die Verhandlungen zwischen Polizei und Geiselnehmern erschwert werden (Ber. 13; krit. Achenbach KR **89**, 634). II ist das mildere Gesetz iS des § 2 III (dort 10, 12, StV **90**, 111 L).

4) **Qualifiziert** ist der Fall **nach III,** wenn der Täter oder ein Teilnehmer 9 *durch die Tat* (BGH **33**, 322 m. Anm. Küpper, Fischer NStZ **86**, 117, 314; Wolter JR **86**, 465 und Krehl StV **86**, 432; Geppert JK 1; NStZ **86**, 166), dh durch irgendeinen Akt, der Bestandteil des erst mit Empfang des Vermögensvorteils und Freilassung des Opfers beendeten Dauerdelikts ist, wenigstens (6 zu § 18) leichtfertig (20 zu § 15) den Tod des Opfers, also nicht den eines Dritten. Der zB einen Befreiungsversuch unternimmt, verursacht. Da zum Dauerdelikt auch dessen Modalitäten gehören, wird man auch die Behandlung des Opfers als Bestandteil anzusehen haben; § 239 III, der nicht von der Tat selbst spricht, sondern zwischen Freiheitsentziehung und Behandlung unterscheidet, steht nicht entgegen. Da III auf die Tat abstellt, genügt es auch im Fall 5, 6, wenn der Tod durch den Versuch des Entführens oder Sichbemächtigens verursacht wird (5 zu § 18; vgl. aber LK 36 zu § 239; SK-Horn 27), im Fall 7, bei dem das Aufrechterhalten der Lage zur Tat gehört, kann III allerdings erst eingreifen, sobald der Erpressungsversuch begonnen hat (ebenso Maurach, Heinitz-FS 408). Zum Tod des Opfers bei Fluchtversuch gilt 11 zu § 239. Wird das Opfer durch die Tat vorsätzlich getötet, so ist Tateinheit mit §§ 211, 212 anzunehmen (6 zu § 18; BGH **9**, 135). Andernfalls ist Tatmehrheit anzunehmen (BGH **16**, 320; LK 22); auch dann sollte, wenn in einem Ausnahmefall nur § 212 gegeben sein sollte, mindestens auf 10 Jahre erkannt werden. Die ohne Direktive wahlweise angedrohte lebenslange Freiheitsstrafe (daß sie an erster Stelle angedroht ist, ist ohne Bedeutung) kommt in schweren Fällen

§ 239 a

von III in Betracht, zB bei hohem Grad von Leichtfertigkeit, grausamem Vorgehen, Tod einer hervorragenden und dadurch besonders exponierten Persönlichkeit (LK 23; aM SK 31).

10 5) Der stets strafbare **Versuch** beginnt im Fall 5, 6 mit dem Anfang des Entführens oder Sichbemächtigens (25. 6. 1992, 1 StR 325/92), im Fall 7 mit dem Anfang des Erpressungsversuchs (and. SK 18).

11 6) Für die **Teilnahme** reicht es aus, wenn ein Teilnehmer bei Kenntnis des anderen die Erpressungsabsicht hat (5, 6) oder die Erpressung unternimmt (7). Für die Teilnahme im Fall III gilt 4 zu § 18.

12 7) **Abs. IV** sieht abw. von den übrigen Rücktrittsvorschriften auch bei unfreiwilliger (6 a zu § 24) **tätiger Reue** nach Tatvollendung **Strafmilderung** vor (Bohlinger JZ **72**, 232; hM), allerdings nur **nach § 49 I**. Der Täter kann sie dadurch erreichen, daß er das Opfer, wenn auch vielleicht nicht unversehrt (Ber. 3), in dessen Lebenskreis, dh idR den Wohn- oder Aufenthaltsort, zurückgelangen läßt, dh die Rückkehr ermöglicht, so daß Aussetzen zB in fremdem, unwegsamen Gebiet nicht ausreicht (Prot. VI/1550 mit § 116 Österr. E 1968 mit Begr. 244), und außerdem auf die **erstrebte Leistung** verzichtet, dh sie nicht mehr unter den Voraussetzungen des § 239b fordert (NStE Nr. 2; LG Mainz MDR **84**, 687; LK 28). Hat er noch nichts erhalten, so kann das schlüssig durch Freilassen des Opfers geschehen. Hat er weniger als die erstrebte Leistung oder eine andere erhalten, so genügt es, wenn er das Erhaltene zurückgibt und auf das übrige verzichtet. Kann er die erhaltene Leistung oder ein Äquivalent nicht zurückerstatten, so ist IV unanwendbar (aM SK 23; SchSch 39). Wollte man mit Prot. VI/1550, 1580 und der hM das Nichtzurückgebenkönnen dem Zurückgeben gleichsetzen, so würde das dem Wortsinn von IV widersprechen und müßte über *in dubio pro reo* zu einer nicht vertretbaren Aushöhlung von I führen. Das zeigt sich besonders deutlich bei § 239 b II (dort 6). Allenfalls kann man IV mit Ber. 3 noch dann eingreifen lassen, wenn der Täter lediglich einen geringen Teil der Leistung nicht zurückgeben kann; wie hier Lackner 10. Wenn ohne Zutun des Täters das Opfer zurückkehrt oder das erpreßte Geld wiedererlangt wird (Polizei findet das Versteck), so genügt für IV S. 1 sein ernsthaftes Bemühen, diesen Erfolg zu erreichen. Sind die Voraussetzungen von IV gegeben, so hat das Gericht alle für das Tat- und Täterbild wesentlichen Umstände zu berücksichtigen und darzutun (18. 7. 1979, 2 StR 303/79) und zu entscheiden, ob es den milderen Strafrahmen nach § 49 I (6 Monate bis 2 Jahre) anwenden will (Ablehnung möglich, wenn der Täter das Opfer mißhandelt, an der Gesundheit geschädigt, in Todesgefahr gebracht oder ungewöhnlich lange der Freiheit beraubt hat), um bejahendenfalls in diesem Rahmen die Strafe zu finden.

13 8) **Konkurrenzen.** Tateinheit ist möglich mit §§ 223ff. und 221, 212 (oben 9); ebenso idR mit § 239b wegen der verschiedenen Zielrichtung und des besonderen Tatmittels dort (Lackner 4 zu § 239b); für § 239a als *lex specialis* Wulf Prot. VI/1552. Bei mehreren Opfern kommt natürliche Handlungseinheit nach § 239a in Betracht (vgl. 21. 7. 76, 2 StR 340/76). § 239b tritt zurück, wenn die Geiselnahme nur den Zweck unrechtmäßiger Bereicherung verfolgt (BGH **25**, 386; **26**, 24; 23. 7. 1992, 4 StR 260/92; aM LK-Lackner 34 zu § 253), und zwar auch in den Fällen der §§ 22 und 27 (26. 2. 1980, 5 StR 9/80). Die §§ 235, 239 werden ebenso verdrängt wie die §§ 253, 255, und zwar auch im Fall 5, 6, da Konkurrenz nur möglich wird, wenn der Täter wenigstens einen Erpressungsversuch begeht (anders insoweit wohl eine Fortführung von BGH **16**, 316; **23**, 294; **26**, 24; sowie GA **75**, 53; NStZ **86**, 166; NStE Nr. 3; vgl. auch LK 31;

Straftaten gegen die persönliche Freiheit § 239a

SchSch 47; Lackner 10; Krey BT/2, 103; Maurach JZ **62**, 562). § 222 tritt hinter III zurück (Lackner 10).

8) Sonstige Vorschriften 8 zu § 234 und § 139 III sowie § 129a I Nr. 2; **14** FAufsicht § 239c; Zuständigkeit § 74 II Nr. 11, 12 GVG.

Geiselnahme

239b ¹Wer einen anderen entführt oder sich eines anderen bemächtigt, um ihn oder einen Dritten durch die Drohung mit dem Tod oder einer schweren Körperverletzung (§ 224) des Opfers oder mit dessen Freiheitsentziehung von über einer Woche Dauer zu einer Handlung, Duldung oder Unterlassung zu nötigen, oder wer die von ihm durch eine solche Handlung geschaffene Lage eines anderen zu einer solchen Nötigung ausnutzt, wird mit Freiheitsstrafe nicht unter fünf Jahren bestraft.

II § 239a Abs. 2 bis 4 gilt entsprechend.

1) Zur Vorschrift idF des 12. StÄG und des StÄG 1989 sowie zum **Rechts-** **1** **gut** vgl. 1 ff. zu § 239a; in § 239b tritt jedoch die körperliche Integrität des Opfers in den Vordergrund; vgl. auch Ges. zum Übk. gegen Geiselnahme v. 15. 10. 1980 (BGBl. II 1361; 1983 II 461). Der entscheidende Unterschied zum parallelen § 239a besteht darin, daß Tatziel nicht die Bereicherung mittels Erpressung ist, sondern die Beeinträchtigung der Entscheidungsfreiheit. Die hohe Strafdrohung (Mindeststrafe seit dem StÄG 1989 5 Jahre) erfordert aber, weil nach § 239b jede beliebige Absicht der Nötigung ausreicht, eine tatbestandliche Einschränkung in Form einer besonders qualifizierten Drohung (vgl. zu den Drohmitteln unten 3; vgl. auch Prot. VI/1555; Müller-Emmert/Maier MDR **72**, 97; Backmann JuS **77**, 445). Die Tat nach I ist konkretes Gefährdungsdelikt (LK-Schäfer 2; aM Backmann aaO, M-Schroeder § 15, 19; SK-Horn 2). § 239b erfaßt auch Fälle aus dem familiären und nachbarlichen Bereich (LG Mainz MDR **84**, 687). **Schrifttum:** *Stocker*, Geiselnahme von Polizisten, KR **91**, 62.

2) Abs. I enthält wie § 239a einen Entführungs- und einen Ausnutzungs- **2** tatbestand (vgl. 5, 7 zu § 239a). **Tathandlungen** sind **A. nach I 1. Alternative** das **Entführen** oder **Sichbemächtigen**, das auch bei einem Geiselaustausch, zB mit einem freiwillig sich anbietenden Polizisten, gegeben ist (BGH **26**, 70 mit krit. Anm. Lampe JR **75**, 424; LK 2; SchSch-Eser 9 zu § 239a); Backmann (aaO 449) setzt ferner noch das ungeschriebene Tatbestandsmerkmal des Vorliegens einer abstrakten Gefährdung voraus. Mit dem **Vorsatz** muß eine doppelte **Absicht** verbunden sein, nämlich **a) durch** **3** **die Drohung** (15 zu § 240) das Entführungsopfer („ihn", Fassung StÄG 1989) oder einen Dritten mit dem Tode, dh einer vorsätzlichen Tötung, oder einer schweren Körperverletzung iS des § 224 des Opfers oder (seit dem StÄG 1989 gleichgestellt) mit dessen Freiheitsentziehung von über 1 Woche Dauer zu nötigen. Die Mindestdauer (*über* 1 Woche) entspricht der des § 239 II; die Tatbestandseinschränkung ist mit dem hohen Strafmaß zu erklären. Es muß sich also um eine Drohung handeln, durch die eine der genannten Nötigungsfolgen, wenn auch vielleicht durch Unterlassen, vorsätzlich herbeigeführt werden soll (zB Blendung des Opfers, Prot. VI/1551). Drohung mit anderen Mitteln reicht nicht aus (NJW **90**, 57). Die Einbeziehung des Nötigungsmittels des länger andauernden Freiheitsent-

§ 239 b

zuges berücksichtigt hier geübte Kritik (vgl. Kunert/Bernsmann NStZ **89**, 451) und somit Fallgestaltungen (zB Geiselnahme eines Diplomaten oder Politikers, um ihm die Entlassung eines Gefangenen, also ein bestimmtes Verhalten abzupressen), bei denen der Nötigungsdruck besonders stark ist, weil häufig nicht nur die persönliche Freiheit, sondern in hohem Maße
4 auch die Unversehrtheit des Opfers gefährdet ist (RegE 9); **b) die Nötigungsabsicht,** dh die Absicht, durch die Drohung mit den vorgenannten Nötigungsmitteln den Entführten selbst (vgl. 5 zu § 239a) oder einen beliebigen anderen, zB einen Angehörigen, sonst eine Privatperson, die Regierung, eine Partei, eine Gewerkschaft oder sonst einen Verband (Prot. VI/1551) zu einer Handlung, Duldung oder Unterlassung irgendwelcher Art (1 ff., 11 zu § 240, 11 zu § 253) zu nötigen, also zB Rücktritt eines Ministers, Freilassung von Gefangenen, Gewährung freien Geleits an Bankräuber, Verteilung von Lebensmitteln an die unbemittelte Bevölkerung, Verlesen eines politischen Manifests im Rundfunk. Der Täter kann hier, anders als bei § 239a, einen Anspruch auf die Handlung haben oder zu haben glauben, oder sie kann sonst dem Recht entsprechen (zB gesetzmäßige Behandlung von UHäftlingen; Prot. VI/1559; irreführend Ber. 2); dies wirkt allerdings strafmildernd. § 240 II ist unanwendbar (Bohlinger JZ **72**, 233).

5 **B. nach I 2. Alternative** das **Ausnutzen** einer von dem Täter oder einem Teilnehmer durch eine Tathandlung nach 2 ff., aber ohne Nötigungsabsicht geschaffenen, fortdauernden Lage auf Grund eines nachträglich gefaßten Vorsatzes (7 zu § 239a) zu einer Nötigung wie im Falle 2 ff. Nutzen Dritte, zB Gesinnungsgenossen des Täters die Lage entsprechend aus, so greift § 239b nur dann ein, wenn sie selbst die Lage mit aufrechterhalten und damit zu Teilnehmern der Entführung werden; die bloße Möglichkeit des Einflusses auf die Täter reicht dafür noch nicht aus. Die Tat ist nicht schon mit dem Fassen des Nötigungsvorsatzes, sondern erst mit dem Beginn der Nötigung (BGH **26**, 309) zugleich versucht und vollendet (7 zu § 239a). Zu Vorsatz und Absicht gilt 2 ff.

5a **C. Der Regelstrafrahmen** des I wurde durch das StÄG 1989 (3 zu § 239a) wie in § 239a angehoben; vgl. dort 8a.

6 **3) Nach II** gilt der durch das StÄG 1989 eingeführte § 239a II (obligatorische Strafmilderung in **minder schweren Fällen**; vgl. 8b zu § 238a) und § 239a III (vgl. dort 9) sowie § 239a IV (vgl. dort 12) entsprechend. Die **Erfolgsqualifizierung** kann wegen der für Geiselnahmen typischen Zwangslagen auch in Fällen verwirklicht sein, in denen der Tod des Opfers *nur mittelbar* durch die Geiselnahme, unmittelbar aber auf das Eingreifen Dritter (zB eine Befreiungsaktion) herbeigeführt worden ist, soweit dieses Eingreifen Dritter als Teil des qualifikationsspezifischen Gefahrenzusammenhangs erscheint (BGH **33**, 324 m. Anm. Küpper, Fischer NStZ **86**, 117, 214; Wolter JR **86**, 465 und Krehl StV **86**, 432), woran es jedoch nach BGH aaO fehlen soll, wenn Geiseln durch Verfolgungsmaßnahmen der Polizei, die sie für die Straftäter hielt, zu Tode kamen (krit. Geppert JK 1 zu § 239a). Für **Versuch** und **Teilnahme** gelten 10, 11 zu § 239a entsprechend, grundsätzlich ebenso für die **tätige Reue** 12 zu § 239a. Da hier die von dem Täter angestrebte Leistung, wenn er sie einmal erreicht hat, in aller Regel nicht zurückerstattet werden kann (Entlassung von Gefangenen

Straftaten gegen die persönliche Freiheit **§§ 239b, 239c**

usw.; oben 4), wird besonders deutlich, daß man das Nichtzurückerstattenkönnen dem Zurückerstatten nicht gleichsetzen kann (aM Prot. VI/1559; LK 9; unklar Müller-Emmert/Maier MDR 72, 99).

4) Konkurrenzen. Tateinheit mit §§ 105, 106, 223 ff. und 211, 212 (9 zu **7** § 239 a) sowie mit § 239 a (dort 13), § 255 (BGH NJW 86, 437) und §§ 24, 27 WStG ist möglich. Die §§ 235, 239, 240 werden verdrängt. **Sonstige Vorschriften** 14 zu § 239 a.

Führungsaufsicht

239 c In den Fällen der §§ 239a und 239b kann das Gericht Führungsaufsicht anordnen (§ 68 Abs. 1).

Vgl. Anm. zu § 68 ff.

Nötigung

240 ¹Wer einen anderen rechtswidrig mit Gewalt oder durch Drohung mit einem empfindlichen Übel zu einer Handlung, Duldung oder Unterlassung nötigt, wird mit Freiheitsstrafe bis zu drei Jahren oder mit Geldstrafe, in besonders schweren Fällen mit Freiheitsstrafe von sechs Monaten bis zu fünf Jahren bestraft.

ᴵᴵRechtswidrig ist die Tat, wenn die Anwendung der Gewalt oder die Androhung des Übels zu dem angestrebten Zweck als verwerflich anzusehen ist.

ᴵᴵᴵDer Versuch ist strafbar.

Schrifttum: *Arzt,* Welzel-FS 823 u. Lackner-FS 641; *Arzt/Weber* LH **1**, 568; **1** *Baumann* NJW **87**, 36 u. ZRP **87**, 265; *Bergmann,* Das Unrecht der Nötigung, 1983 (hierzu *Jakobs* ZStW **95**, 690) u. Jura **85**, 457; *BKA* (Hrsg.) Was ist Gewalt? BKA-Forschungsreihe, 3 Bde., 1986–1989 [zit. BKA I–III]; *Blei* JA **70**, 19, 77, 141; *Bohnert* JR **82**, 397; *Brohm* JZ **85**, 504; *Calliess,* Der Begriff der Gewalt usw., 1974 NJW **85**, 1509 u. NStZ **87**, 209; *Dearing* StV **86**, 125; *Dreher* MDR **88**, 19; *Eser,* Jauch-FS 35; *Ermer,* Politisch motivierte Sitzblockaden als Problem der strafbaren Nötigung, 1987; *Fezer* JZ **74**, 599; GA **75**, 353 u. JR **76**, 95; *Geilen,* H. Mayer-FS 455; *Günther,* Baumann-FS 213; *Haffke* ZStW **84**, 37; *Hansen,* Die tatbestandliche Erfassung von Nötigungsunrecht, 1972; *Helmken* NZV **91**, 372 (Straßenverkehr); *Horn* NStZ **83**, 497; *Jahr* GA **87**, 346; *Jakobs,* Peters-FS 69, Kaufmann-GedS 791 u. JZ **83**, 1063 (Urt. Anm.); *R. Keller,* Strafrechtlicher Gewaltbegriff und Staatsgewalt, 1982 (hierzu *Jakobs* ZStW **95**, 684) u. JuS **84**, 109; *Klein* in Rüthers/Stern (Hrsg.), Freiheit und Verantwortung im Verfassungsstaat, 1984, 189; *Knodel,* Der Begriff der Gewalt im Strafrecht, 1962; *Köhler,* Leferenz-FS 511; *Krauß* NJW **84**, 905; *Krey* JuS **74**, 418 u. *Krey* BKA (s. o.); *Kühl* StV **87**, 122; *Meurer/Bergmann* JR **88**, 49; *M. K. Meyer,* Ausschluß der Autonomie durch Irrtum, 1984; *Michale,* Recht und Pflicht zur Zwangsernährung usw., 1983; *Müller-Dietz* GA **74**, 33 u. in Böhme (Hrsg.) Ziviler Ungehorsam? 1984 S. 16; *Nußstein* StV **87**, 223; *Offenloch* JZ **86**, 12, **88**, 12 u. **92**, 438; *Ostendorf,* Kriminalisierung des Streikrechts, 1987 (Auftragsgutachten; Bespr. *Geerds* GA **88**, 241); *Otto* BT § 27 I 2d u. NStZ **87**, 212; *Prittwitz* JA **87**, 17; *Reichert-Hammer,* Politische Fernziele und Unrecht, 1991; *Sommer* NJW **85**, 769; *Schmitt Glaeser* BayVBl. **88**, 455 u. Dürig-FS 91; *Schroeder* JuS **82**, 491 u. NJW **85**, 2392; *Schubarth* JuS **81**, 726; *Schürmann,* Der Begriff der Gewalt im

1353

§ 240

schweizStGB, 1986 [hierzu *Schultz* SchweizZSt **86**, 468]; *Seiler,* Pallin-FS 381; *Starck* JZ **87**, 145 (Anm. zu BVerfGE **73**, 206); *Tiedemann* JZ **69**, 717; *Timpe,* Die Nötigung, 1989[Bespr. *U. Weber* ZStW **104**, 419]; *Volk* JZ **81**, 274; *Tröndle,* Lackner-FS 627 [zit. Tröndle I] u. Rebmann-FS 481 [zit. Tröndle II]; *Wessels* BT 1, § 8 III 2a; *Wolter* NStZ **85**, 193, 245; *Zuck* MDR **87**, 636; ferner BT-Drs. 10/
1a 3845. **Schrifttum zur Frage der Vergewaltigung in der Ehe** vgl. 1b zu § 177. **Zur historischen Entwicklung:** *Schaffstein,* Lange-FS 893; *Jakobs,* Kaufmann-GedS 791. **Zur Reform:** § 170 E 1962 u. § 116 AE (hierzu ausführlich LK-*Schäfer* 62– 64); *H. Mayer* Mat. 1270; *Fezer* JR **76**, 95; *Wolter* NStZ **86**, 248; *Baumann* ZRP **87**, 266; *Dreher* MDR **88**, 20. **Rechtsvergleichung:** *Weingärtner,* Demonstration und Strafrecht, 1986.

2 2) **Die Vorschrift** idF des 3. StÄG (2 vor § 102) und Art. 1 Nr. 65 des 1. StrRG (BT-Drs. 5/4094, 36) regelt die Nötigung. Sie ist als Erfolgsdelikt (15 vor § 13) ausgestaltet (BGH **37**, 353). Geschütztes **Rechtsgut** ist die **Freiheit der Willensentschließung und Willensbetätigung** (BVerfGE **73**, 237; RG **48**, 346; LK-Schäfer 2; SchSch-Eser 1; Lackner 1; M-Schroeder § 12, 10); nach Jakobs (Kaufmann-GedS 791) jedoch nur, soweit es sich um eine „rechtlich garantierte Freiheit" handelt (ebenso SK-Horn 3, 29, 39; Timpe 186; zu weiteren abw. Auffassungen SchSch 1a).

2a a) Die **Verfassungsmäßigkeit** des § 240 ist trotz ihrer Anerkennung (BVerfGE **73**, 206) nicht unumstritten, jedoch bestehen insoweit *keine begründeten* Bedenken. Das BVerfG hat a) festgestellt, daß das Tatbestandsmerkmal der Gewalt (unten 5) den Anforderungen des Art. 103 II GG genüge und die Verfassung nicht gebiete, die Teilnahme an Sitzblockaden (unten 12, 25) sanktionslos zu lassen, jedoch b) in diesen Fällen eine verfassungskonforme Auslegung in dem Sinne für geboten erachtet, daß die nötigende Gewalt bei Sitzblockaden nicht zugleich die Rechtswidrigkeit indiziere. Im übrigen hat das BVerfG wegen Stimmengleichheit (§ 15 III S. 3 BVerfGG) Grundrechtsverstöße nicht festgestellt, aber auch zur Klärung der Probleme nichts beigetragen, weil das Urteil weitere verbindliche (§ 31 I BVerfGG) Aussagen nicht enthält. Im Gegenteil: die bestehende Rechtsunsicherheit wurde durch die ungewöhnliche Art der Urteilsbegründung (vgl. hierzu Kühl StV **87**, 123) verstärkt. Ihr rechtlicher Inhalt erschließt sich nur schwer (so Stark JZ **87**, 145 u. Geck-GedS 795), die Argumentation bleibt weitgehend an der Oberfläche (so Meurer/Bergmann JR **88**, 49), Aufnahme und Interpretation des Urteils war daher zwiespältig (vgl. zB Calliess, Kühl, Prittwitz, Zuck, Otto, jew. aaO). Die für die Sachentscheidung *tragenden* Gründe werden nur „spartanisch knapp" (so Kühl StV **87**, 135) und strafrechtlich unzulänglich mitgeteilt (Starck JZ **87**, 146). Dagegen erfuhren die nichttragenden und *rechtlich* gerade *zurückgewiesenen* Gründe in Umfang und Sorgfalt der Darlegung eine „seltsame Überbetonung" (so Lackner[18] 1b; Tröndle II 497; vgl. auch Otto NStZ **87**, 212; Schmitt Glaeser, Dürig-FS 93). Die für die Sachentscheidung unerhebliche (BVerfGE **73**, 252) Erörterung von Fragen des *zivilen Ungehorsams* (10a vor 32), dem demokratiefremde und der rechtliche Ordnung störende (U. H. Schneider JZ **87**, 696), nämlich anarchische und totalitäre Vorstellungen (Wassermann JZ **84**, 265; Karpen JuS **87**, 598) eigen sind, ist geeignet, der Verbindlichkeit des Rechts abträgliche Entwicklungen (Tröndle II 507; Schmitt Glaeser aaO 96; vgl. die Hinweise bei Otto NStZ **87**, 212; Rudolph DRiZ **88**, 131) zu begünstigen, und verunsichert zunächst eine bislang gefestigte Rechtsprechung (unten 25). Seit alters her (RG **45**, 153) bestanden nämlich – unbeschadet der dem § 240 innewohnenden Auslegungsprobleme im übrigen – in der Rspr. *keine* Zweifel darüber, daß *Sitzblockaden* (Bildung von menschlichen Barrieren) iErg. nötigende Gewalt sind (LK 65; Starck JZ **87**, 146; Gewaltkommission 38, ebenso das überwiegende Schrifttum, unten 12). Soweit das

Ergebnis dieser Subsumtion in jüngerer Zeit zunehmend problematisiert wurde, ging es weniger um eine tatbestandsbestimmtere Kontur des § 240 als um die gezielte Restriktion des Gewaltbegriffs, um auf diese Weise tagespolitisch intendierte Formen von Sitzblockaden der Reichweite des § 240 zu entziehen (LK 36; Krey BKA I 240; Tröndle II 494; unten 12). Indessen besteht rechtspolitisch kein Anlaß, Sitzblockaden, die auch weniger respektablen Zielen dienen können, zu entkriminalisieren (vgl. LK 36; Offenloch JZ **88**, 13 u. **92**, 438). Das BVerfG hat die grundlegende Bedeutung des dem Freiheitsschutz *aller* dienenden § 240 gar nicht in den Blick genommen, sondern das Problem in BVerfGE **73**, 206 auf die von Nachrüstungsgegnern veranstalteten Blockaden verengt und für diese Fälle nicht nur die Verwirrung in der hRspr. vergrößert, sondern auch seiner eigenen, wenig hilfreichen Entscheidung im *Bastian-Beschluß* (BVerfGE **76**, 216/217) mit der „Weder-noch-Erklärung" eine Ausdeutung gegeben, die Wortlaut und Sinn des § 15 III S. 3 BVerfGG nicht gerecht wird (Starck, Geck-GedS 798, 800; Schmitt Glaeser, Dürig-FS 92; im einzelnen Tröndle II 487 ff.). Schadenbegrenzend verdeutlicht daher **BGH 35**, 270 [1. StS] Gegenstand und Inhalt der **Rechtswidrigkeitsprüfung des II** aus der Struktur der Vorschrift mit dem Hinweis, daß Fernziele *hierbei nicht* zu berücksichtigen sind (unten 24, 27), stets aber bei der Strafzumessung. Dem folgt die Rspr. inzwischen (Stuttgart NJW **89**, 1871; Koblenz 20. 10. 1988, 1 Ss 443/88; Bay 28. 11. 1989, RReg. 2 St 180/89; Zweibrücken StV **90**, 267; LG Mannheim NStE Nr. 30). *Die Einwände gegen BGH* **35**, 270 im Schrifttum sind nicht stichhaltig. Sie betreffen zT die Sachentscheidung gar nicht, so wenn H. J. Hirsch (Tröndle-FS 22) an der Auslegung des Gewaltbegriffs (um die es gar nicht ging) und wenn Arth. Kaufmann (NJW **88**, 2581) an der Unbestimmtheit der Norm Anstoß nimmt. Gerade weil BGH **35**, 270 den § 240 aus der Normstruktur begreift und in herkömmlicher Weise (vgl. BGH **5**, 245) auslegt, kann die Entscheidung vor einer Kritik bestehen, die mit zT neben der Sache liegender, aufwendiger Argumentation (Ostendorf StV **88**, 488; Roggemann JZ **88**, 1108; Bertuleit JA **89**, 16 u. ZRP **92**, 46) die Rechtswidrigkeitsklausel (II) aus tagespolitischem (inzwischen überholtem) Anlaß von der eigentlichen Tathandlung (I) ablöst und sinnwidrig subjektiviert (vgl. Stuttgart NStZ, 130; Tröndle I 634; unten 27). BGH **35**, 270 kommt das Verdienst zu, die Voraussetzungen für eine Einheitlichkeit der Rspr. wieder hergestellt (Isensee, Sendler-FS 62) und eine gesetzgeberische Klarstellung entbehrlich gemacht zu haben (§ 121 II GVG). Der *BVerfG* setzt freilich seine die strafrechtliche Praxis irritierende (vgl. Stuttgart NJW **92**, 995) und die Fachgerichte in einfachrechtlichen Fragen präjudizierende (vgl. Offenloch JZ **92**, 442; Krey Bd. 1, 363 c) Rspr. fort. So verlangt die 3. Kammer des 1. Sen. (NJW **91**, 971 u. NStZ **91**, 279) auch in Fällen des bloßen Flugblattaufrufs zu Sitzblockaden (§ 111) in der Verwerflichkeitsfrage iS des § 240 II ebendieselben tatrichterlichen Feststellungen, wie sie für die Beurteilung *begangener* Sitzblockaden vorausgesetzt sind, aber in der gebotenen Konkretheit überhaupt erst *nach* Tatbegehung getroffen werden können. Die Kammer verkennt damit nicht nur den Sinn des § 111, sie verlangt von den Strafgerichten bei der Rechtsanwendung objektiv schlechterdings nicht Erfüllbares (zutr. Schmitt Glaeser JR **91**, 16), weil eine Tat, zu der aufgerufen wird, nicht mit der Konkretheit einer tatsächlichen geschehenen „festgestellt" werden kann. Das BayObLG (27. 2. 1992, RReg. 3 St 52/91) hat nach der Zurückverweisung des unlösbaren Dilemmas dadurch entzogen, daß es den – sachlich begründeten (!) – Revisionen der StA im Hinblick auf die verfassungsgerichtliche Entscheidung „letztlich ein Erfolg versagt" hat, weil „eine weitere Fortführung dieses Verfahrens für keinen Beteiligten mehr zumutbar" war (!). Bei dieser nicht unbedenklichen und in der StPO nicht vorgesehenen, aber rücksichtsvollen Prozeßbeendigung konnte die naheliegende Prüfung

2b unterbleiben, ob verfassungsgerichtliche Entscheidungen auch Bindung in solchen Situationen entfalten können, in denen im bürgerlichen Recht Vertragspartner sich auf § 306 BGB berufen könnten. **b)** *Forderungen nach einer grundlegenden* **Neuregelung der Nötigungsvorschrift** *verdienen keinen Beifall.* Mit Recht hat der DRiB den in der Sache mit BGH **35**, 370 im wesentlichen übereinstimmenden Gesetzesvorschlag des BMJ (DRiZ **88**, 385) im Hinblick auf die erwähnte BGH-Entscheidung, an der sich die Rspr. zu orientieren hat, für entbehrlich gehalten (ebenso Krey u. König BKA III 42, **62**, 76; zweifelnd R. Jahn **88**, 149; aM Ostendorf StV **88**, 488). Im übrigen besteht derzeit kein Anlaß, die durch die Geschichte überholten Gesetzesvorschläge aus der Zeit der „Friedensdemonstrationen" (vgl. hierzu Tröndle II 482) weiterzuverfolgen. Sie waren zudem nicht geeignet, die *herkömmliche* Schutzfunktion des Nötigungstatbestandes, die in einer freiheitlichen Ordnung unabdingbar ist, *zugunsten jedermann* zu gewährleisten, vielmehr bergen jene Entwürfe die Gefahr in sich, daß sie die Möglichkeiten des Staates schwächen, den zunehmend aufkommenden rechtsradikalen Umtrieben entgegenzutreten. Insoweit ist es wenig verständlich, daß die SPD-Fraktion einen GesE (BT-Drs. 12/2166) eingebracht hat (ähnlich Bündnis 90/Die Grünen: BT-Drs. 12/2366), wonach in einem Abs. 3 des § 240 die Strafbarkeit von Verkehrsblockierungen und Veranstaltungsstörungen eingeengt werden und davon abhängen soll, daß sie „in hohem Maße als verwerflich anzusehen" sind. Dieser Entwurf beseitigt keine Auslegungsprobleme, sondern vermehrt sie. Auch die Gewaltkommission (S. 136, 216) rät in ihrem Vorschlag Nr. 118 davon ab, eine Sonderregelung für Sitzblockaden zu treffen. Weiter tritt sie in ihrem Vorschlag Nr. 119 – ohne eine Gesetzesfassung vorzuschlagen – für einen § 240 II ein, nach dem „politische, religiöse, weltanschauliche und wirtschaftliche Ziele nicht zur Rechtfertigung für Eingriffe in die Freiheit anderer herangezogen werden können", „unangemessene Eingriffe in die Freiheit des Betroffenen strafbar bleiben" und (ebenso wie unten 23 gefordert) die Verwerflichkeitsklausel durch einen „neutralen Terminus" ersetzt wird. Diesen Vorschlägen der Gewaltkommission wird eine Rspr., die sich an die grundlegende Entscheidung BGH **35**, 270 hält, besser gerecht als jede Änderung des Gesetzes, die neue Auslegungsprobleme schafft.

3 **3) Tathandlung** ist das **Nötigen.** Hierzu gehört, daß der Täter einem oder mehreren anderen ein bestimmtes Verhalten (Handeln, Dulden oder Unterlassen) aufzwingt (hM, enger Bergmann, Jakobs, Timpe, jew. aaO [oben 1]), was auch durch vis absoluta (unten 13) geschehen kann (hM) und dessen Tatbestandsmäßigkeit nicht von vornherein dadurch entfällt, daß der Genötigte an *unerlaubtem* Handeln gehindert wird (Bay NStZ/J **86**, 541). Das Einverständnis des Betroffenen schließt den Tatbestand aus (3a vor § 32).

4 **4) Nötigungsmittel** sind Gewalt (13) oder Drohung mit einem empfindlichen Übel (15, 17). Die Eignung des Nötigungsmittels, den Genötigten iS des Täterverlangens zu motivieren, ist nicht nur faktische, sondern normative Tatbestandsvoraussetzung (BGH **31**, 201; **32**, 174). Die uU schwierige Abgrenzung zwischen Gewalt und Drohung (zB Schreckschüsse; vgl. unten 11) hat insoweit für die Praxis keine wesentliche Bedeutung mehr, als durch BVerfGE **73**, 206, 256 klargestellt ist, daß stets in beiden Nötigungsmodalitäten die Verwerflichkeitsprüfung nach II (unten 22) vorzunehmen ist (SK 22). Eine sachliche Annäherung der beiden Nötigungsmittel will das LG Münster (StV **87**, 442) dadurch erreichen, daß es entsprechend dem Nötigungsmittel der Drohung auch für das der Gewalt die *Zufügung* eines empfindlichen Übels voraussetzt.

Straftaten gegen die persönliche Freiheit § 240

A. Gewalt *ist der physisch vermittelte Zwang zur Überwindung eines geleiste-* 5
ten oder erwarteten Widerstandes. Diese Kurzdefinition (Krey BT/1, 342 u.
BKA I 136) gibt die wesentlichen Merkmale des umstrittenen Gewaltbegriffs wieder, von dem die die Entscheidung tragenden Gründe des BVerfGE **73**, 243, iErg. aber auch die hRspr. (zuletzt BGH wistra **87**, 212; Bay NJW **88**, 719; Düsseldorf StV **87**, 393) ausgehen und der mit mancherlei Unterschieden im Ganzen auch im Schrifttum überwiegend (LK 28; LK-Herdegen 4 zu § 249; SchSch 7ff. vor § 234; SK 9, 11; Lackner 5; M-Schroeder § 13, 11ff.; Otto BT § 27 I 2a, NStZ **87**, 213 u. JK 11; Wessels BT-1 § 8 III 2a; Gössel BT 1 § 18, 37f.; Brohm; Starck, jew. aaO u. a.; abl., aber aus methodisch verschiedensten Ansätzen u. a. Bergmann, Blei, Calliess, Geilen, Haffke, Müller-Dietz, Krauß, Sommer, Timpe, Wolter, jew. aaO) gebilligt wird. Auch das umstrittene *Laepple-Urteil* (BGH **23**, 46) steht obiger Begriffsbestimmung in der Sache nicht entgegen und es weicht *iErg.* ebensowenig von der früheren Rspr. ab, sondern hebt lediglich in der Begründung – auf anfechtbare Weise – in erster Linie auf unwiderstehlichen *psychischen* Zwang ab, obwohl es dessen gar nicht bedurfte (LK 35; Krey BKA I 57, III 36), weil Sitzblockaden auf Straßenbahnschienen nicht anders beurteilt werden können wie sonstige menschliche Barrieren (vgl. BGH **37**, 353), die nach alter Rspr. (RG **45**, 153; RG DJZ **23**, 372) als Gewalt iS eines körperlich vermittelten Zwangs angesehen wurden (Tröndle I 630; II 495; Jakobs, Kaufmann-GedS 796, 801; Voß-Broemme NZV **88**, 2; aM H. J. Hirsch, Tröndle-FS 25). Die hinnehmbaren (LK 29) Rechtsunsicherheiten, die der Gewaltbegriff – im übrigen wie jedes normative Merkmal – bietet, traten daher bei der Sitzblockadenproblematik (unten 12) am wenigsten hervor (Tröndle aaO; vgl. auch Offenloch JZ **88**, 13).

a) Ursprünglich hat das RG Gewalt als die *Anwendung physischer Kraft* 6
zur Überwindung geleisteten oder erwarteten Widerstandes definiert (RG **46**, 404; **64**, 115; **69**, 330). Aber schon früh hat das RG unter Zugrundelegung dieser Definition an die Kraftentfaltung des Täters nur geringe Anforderungen (Umdrehen des Schlüssels) gestellt, umsomehr aber auf die vom Opfer zu erbringende Kraft abgehoben, die zB ein in einem Raum Eingeschlossener zur Befreiung aufbringen muß (RG **27**, 406), um sich des Hindernisses zu erwehren. Noch mehr gilt dies in Fällen, in denen sich eine Menschenmenge durch geschlossenes Zusammenstehen als Hindernis entgegenstellt (RG **45**, 153), dessen Überwältigung für den Genötigten – da er mit menschlicher Gegenwehr rechnen muß – noch bedrohlicher und risikoreicher ist (Krey BKA I 174; Starck JZ **87**, 146). Für eine Auslegung, die das Schutzgut der Vorschrift berücksichtigt, gehört zum Begriff der Gewalt auch der Fall des (zur Beseitigung eines körperlich wirkenden Hindernisses erforderlichen) *Aufzwingens von Gegengewalt* (Eb. Schmidt JZ **69**, 396; Lackner 10; aM Arth. Kaufmann NJW **88**, 1583, gegen ihn Tröndle II 496 Fn. 85), eine solche Form der Gewaltanwendung mißachtet vornehmlich die Freiheitsrechte der Schwächeren oder der Friedfertigeren, die jeder Gegenwehr abhold sind oder denen sie gar nicht möglich oder unzumutbar ist (ähnlich LK 35; SK 26; Otto BT § 27 I 2e u. JK 11). *Die Verlagerung* des Schwerpunkts des Gewaltbegriffs vom (äußeren) Täterverhalten *auf die* (körperliche) *Zwangswirkung beim Tatopfer* (SchSch 8 vor § 234; Krey BKA I 152; Jakobs aaO 800; aM Meurer/Bergmann JR **88**, 49; Velten/Mertens ARSP **90**, 531), entspricht sachgemäßer Gesetzesauslegung (Otto NStZ **87**, 211 u.

§ 240

JK 11) – sie erklärt aber auch die vorhandenen Unterschiede in der Auslegung des Gewaltbegriffs (vgl. zB BGH **32**, 169) in weiteren Tatbeständen mit anderem Schutzgut (zB §§ 113, 177, 178, 205, 206, 249, 255) –; mit verbotener Analogie hat dies nichts zu tun (LK 35; BVerfGE **73**, 243 u. Krey, König BKA II, 12 ff., III 63). Vielmehr vernachlässigt die Gegenmeinung (unterlegene Richter BVerfGE **73**, 244 mwN) bewährte Auslegungsgrundsätze. Denn aus historischen („crimen vis", vgl. Jakobs aaO), aus sprachlichen (das Wort „Nötigung" kennzeichnet die Not des *Tatopfers,* widerstehen oder der *Gewalt weichen* zu müssen) und aus teleologischen, den Schutzzweck der Norm berücksichtigenden Gründen kann die **Zwangswirkung** auf der Opferseite beim richtigen Verständnis des Gewaltbegriffs nicht außer acht gelassen werden, zumal eine lange Rechtsprechungstradition sie in den Gewaltbegriff miteinschließt und dem Nötigen mittels Brachialgewalt aus kriminologischer Sicht eine geringere Bedeutung zukommt als raffinierteren Formen der Willensbeugung, mit denen auf effizientere Weise *körperliche* Zwangswirkungen erzielt werden (LK 35; vgl. auch Baumann NJW **87**, 37).

7 **b) Kasuistik. aa) Gewalt** ist daher zufolge einer sachgemäßen Interpretation dieses Begriffs (und nicht seiner „Vergeistigung", hierzu unten 11) zu **bejahen** (zutr. Starck JZ **87**, 146) in den Fällen des *Einsperrens* in einen umschlossenen Raum (RG **13**, 49; **27**, 405; **73**, 344; BGH **20**, 194) oder Unterlassen des Aufsperrens (Bay NJW **63**, 1261), des *Aussperrens* durch Verschließen der Tür (RG **41**, 82; **69**, 330; BGH **18**, 134), des *Versperrens* des Weges (RG DJZ **23**, 371; Köln VRS **75**, 104), des Durchgangs (RG **45**, 153), einer Ausfahrt (Krey BKA I 219, II 495; vgl. Bay MDR **88**, 517); ferner im Falle des *Hinderns* eines Kraftfahrers *am Weiterfahren* (Bay NJW **70**, 1803; aM, aber irrig AG Frankfurt StV **83**, 374), des Zufahrens mit einem Kraftwagen auf einen anderen, um ihn zum Beiseitespringen zu bewegen (Jakobs aaO 805; Janiszewski 562; vgl. unten 26; ferner 2a vor § 52), des *Hinderns am Betreten* eines Gebäudes oder Arbeitsplatzes (Düsseldorf NJW **86**, 943); ferner aber auch im Falle der Erschwerung des Zugangs zur Fabrik durch *Streikposten* im Falle des *„Spießrutenlaufenlassens"* oder im Falle ähnlicher durch das Streikrecht nicht gedeckter Ausschreitungen (Bay NJW **55**, 1806; LK 104; SchSch 25 mwN; Krey BKA I 193, 256 ff.). In solchen Fällen haften nicht nur die unmittelbar beteiligten Streikposten, sondern im Falle des Geschehenlassens auch die ortsabwesende Streikleitung, und zwar nicht nur arbeitsrechtlich (ArbG Köln **84**, 1297); sondern nach den Grundsätzen BGH **32**, 178, 181 auch strafrechtlich (ebenso LK 104). Zu den Fällen körperlicher Zwangswirkung gehören daher auch *Betriebsbesetzungen* und *Betriebsblockaden* (Löwisch RdA **87**, 221; v. Hoyningen-Huene JuS **87**, 513; Müller-Roden ZRP **88**, 161), ferner das von einem *streikenden Fluglotsen* ausgesprochene Landeverbot gegenüber einem zur Landung bereiten Flugzeug (Krey JuS **74**, 422; vgl. LK 104; aM Wolter NStZ **85**, 249), alle Formen der *Sitzblockaden* (unten 12), *Verkehrsblockaden,* sowie das Vereiteln von Überholversuchen (unten 28); aber auch *Vorlesungsstörungen* durch Niederschreien, Brüllen und Gebrauchen von Lärmwerkzeugen mit dem Ziel, zum Abbruch einer Lehrveranstaltung zu zwingen (NJW **82**, 189 [m. Anm. Dingeldey NStZ **82**, 161]; KG JR **79**, 162; zust. LK 21b; Koblenz MDR **87**, 162; SchSch 13 vor § 234; Wessels BT-1 § 8 III 2b; Schroeder JuS **82**, 112; Krey BT 1, 351 u. BKA I 254;

Straftaten gegen die persönliche Freiheit § 240

Geilen JK 1; Brendle NJW **83**, 727; Gössel BT 1 § 18,, 57; aM Köhler NJW **83**, 10; R. Keller JuS **84**, 112; Wolter NStZ **85**, 247 u. AK-Wolter 15 zu § 105), das Werfen von *Stinkbomben* in einem Kino, BGH **5**, 245. **bb)** Zufolge der körperlich überwältigenden Zwangswirkung hat der BGH (anders früher RG **56**, 87; **58**, 98; **64**, 113; **72**, 349) in extensiver, aber zulässiger Auslegung auch als Gewalt angesehen: die *gewaltlose Beibringung* von **Betäubungsmitteln** (NJW **53**, 351; vgl. NStZ **92**, 490); von Chloroformdämpfen (12. 2. 1980, 1 StR 769/79), ferner Narkose und Hypnose (BGH **1**, 1; 145), falls der andere nicht einwilligt (vgl. § 11 II E 1962; Prot. V/239 ff.; Gössel BT 1 § 18, 42). **cc)** Auch fällt **Gewalt gegen oder an Sachen**, soweit sie sich mittelbar physisch auf die Person des Genötigten auswirkt (körperlich vermittelter Zwang, gegen diese Einschränkung allerdings SK 11 b), seit altersher unter den Gewaltbegriff. So das *Aushängen der Fenster* (RG **7**, 269), das *Ausräumen der Wohnung* (RG **61**, 157; vgl. aber RG **20**, 354) oder des Verkaufsladens (BGH wistra **87**, 212 m. Anm. Otto JK 11; krit. Meurer/Bergmann JR **88**, 49), um den Mieter zum Aufgeben der Räume zu zwingen, oder das *Sperren der Wasser- und Stromzufuhr* (Karlsruhe MDR **59**, 233; LK 44; aM Neustadt MDR **57**, 309; Bay NJW **59**, 496) oder das *Zudrehen der Heizung* im Winter, um Mieter zur Zahlung rückständiger Miete oder Heizungskosten zu zwingen (Hamm NJW **83**, 1505), das *Besetzen eines Daches*, um die Einstellung des Abbruchs des Hauses zu erzwingen (Köln NJW **85**, 2434), oder die *Wegnahme von Krücken*, Rollstühlen oder ähnlichen Hilfsmitteln Schwerbehinderter (Krey BKA I 203; Timpe [oben 1] 53); keine Gewalt ist die eigenmächtige Inpfandnahme einer Sache (Köln StV **90**, 266, hierzu Otto JK 12). **dd)** Auch **Gewalt gegen Dritte** *("Dreiecksnötigung")* ist ausreichend jedenfalls dann, wenn die zu nötigende Person dem Opfer der Gewalt so nahesteht, daß sie sich dadurch beeinflussen läßt (GA **62**, 82; LK 39; SK 11 c; SchSch 19 vor § 234), zB die Mutter gegenüber dem Kleinkind (Bay JZ **52**, 237), der Dienstherr gegenüber dem Kutscher (RG **17**, 82; weitergehend SchSch 6; Krey BKA I 209; zum Ganzen Bohnert JR **82**, 397; aM Timpe [oben 1] 120), jedoch ist stets vorausgesetzt, daß der zu Nötigende die dem Opfer angetane Gewalt überhaupt als Zwang empfindet (vgl. BGH **23**, 50; LK 40). **ee)** Von einem *"entmaterialisierten" Gewaltbegriff* geht die Rspr. allerdings in solchen Fällen aus, in denen die Zwangswirkung zwar psychisch vermittelt wird, wegen der psychosomatischen Auswirkungen aber auch körperlich empfunden werden kann (Welzel 325; abl. Krey BKA 163, Wolter aaO). **Beispiele:** Abgabe von *Schreckschüssen* (RG **60**, 158; **66**, 355) oder Warnschüssen (GA **62**, 263), im Richten einer durchgeladenen und entsicherten Pistole mit dem Finger am Abzugsbügel auf den Genötigten (BGH **23**, 127, zust. Backmann/Müller-Dietz JuS **75**, 39; Schroeder JuS **82**, 492; krit. SchSch 16 vor § 234; abl. Geilen JZ **70**, 524; AK 21 zu § 105); *Erzwingung des Überholens* durch dicht bedrängendes Auffahren auf der Autobahn (BGH **19**, 265; Karlsruhe NJW **72**, 962; DAR **79**, 308; Köln VRS **61**; 426). Die Übergänge zu einer lediglich psychischen Zwangswirkung, die nach hM für den Gewaltbegriff nicht ausreicht, sind in diesen Fällen flüssig und die Abgrenzung ist problematisch (vgl. SchSch 17 vor § 234). Die Ausweitung des Gewaltbegriffs erscheint jedoch insoweit vertretbar: Der Unterschied zwischen den Nötigungsmitteln, zB einem scharfen Schuß, der fehlgeht, aber unstreitig Gewalt ist, und einem Schreck- oder Warnschuß, ist

§ 240

auf der Opferseite ununterscheidbar (LK 32; vgl. auch Starck JZ **87**, 146). Die neuere Rspr., die in den Fällen psychischer Zwangswirkung für den Gewaltbegriff stets physische Kraftentfaltung voraussetzt (NStZ **81**, 218 zu § 177), läßt offen (BGH **32**, 169 zu § 105), ob im Falle eines *Massen- und Generalstreiks* eine Zwangswirkung ohne Vorliegen körperlicher Kraftentfaltung für den Begriff der Gewalt iS des § 81 ausreicht (so BGH **8**, 103; ebenso AK 32 zu § 105). Im Bereich des § 240 haben diese Unschärfen des Gewaltbegriffs praktisch geringe Bedeutung (SchSch 16), weil Nötigungen mit rein psychischer Zwangswirkung idR Drohungen mit einem empfindlichen Übel (unten 15, 17) sind (Krey BKA I 165; Bergmann Jura **85**, 461 [krit. hierzu Jakobs ZStW **95**, 694]; Meurer/Bergmann JR **88**, 49, ebenso hilfsweise auch BGH **23**, 54) und in beiden Nötigungsalternativen die Verwerflichkeitsfrage (II) geprüft werden muß (unten 22). **ff)** *Sitzblockaden* (vom BVerfGE **73**, 206 euphemistisch und verschleiernd, da es zT um „Ankettungsaktionen" ging [vgl. Tröndle I 629], als „Sitzdemonstrationen" bezeichnet, krit. hierzu Kühl StV **87**, 124; Krey I BKA 250) iS von „Menschenmauern" und lebenden Barrieren, die Kraftfahrer zum Halten zwingen, sie am Weiter- oder Fortfahren hindern, den öffentlichen Verkehr partiell lahmlegen oder den Zugang oder Ausgang – in diesen Fällen ist uU auch § 239 gegeben (Köln NJW **86**, 334) – von Kasernen oder öffentlichen Gebäuden versperren, *fallen* seit alters her (oben 2a, 6) *unter den Gewaltbegriff*, weil sie eine *körperliche* Zwangswirkung auf den Genötigten ausüben (oben 6). Dies entspricht absolut hRspr. und der überwiegenden Auffassung im Schrifttum (BGH **23**, 46; **35**, 274; **37**, 352; Bay JZ **86**, 404; NJW **88**, 719 u. NStZ **90**, 281; KG NJW **85**, 209; Köln NJW **86**, 30, 335; Koblenz NJW **85**, 2433; **88**, 720; Düsseldorf [2. StS] NJW **86**, 942; [5. StS] StV **87**, 393; GA **87**, 407; Schleswig SchlHA **87**, 101; Zweibrücken NJW **86**, 1055; **88**, 717; Stuttgart NJW **89**, 1620; LG Münster NJW **85**, 815; LG Koblenz StV **85**, 151; LG Bad Kreuznach NStE Nr. 15; AG Schwäbisch-Gmünd NJW **85**, 211; ebenso auch das Schweiz. Bundesgericht BGE 108, Band (1982) IV S. 165 im Fall einer sog. „Gewaltfreien Aktion Menschenteppich"; ferner Eb. Schmidt JZ **69**, 369 u. ZStW **82**, 7; Krey JuS **74**, 422, BT 1, 350c u. BKA I 237, 239; Arzt/Weber LH **1**, 596 u. JA **82**, 269; Martin BGH-FS 211; Geppert JK 9; Brohm JZ **85**, 505; Offenloch JZ **86**, 12 u. **88**, 13; Starck JZ **87**, 147; Dreher MDR **88**, 20; Gössel BT § 18, 48; Schroeder NJW **85**, 2319 (der freilich bei jedem einzelnen Blockierten den Nachweis des *eigenen* [Weiter]Fahrwillens voraussetzt [hiergegen zutr. Stuttgart NJW **89**, 1621; LK 27g; SK 7a; Jakobs aaO 800 Fn 31], was aber dann angesichts des absichtsvollen Tuns der Blockierer zur Versuchsbestrafung [unten 32] führen müßte). Diese Subsumtion geht also nicht auf die vielzitierte „Vergeistigung" des Gewaltbegriffs zurück, vielmehr ist dessen zunehmende Problematisierung im Zusammenhang mit Blockaden von Friedensdemonstranten und Kernkraftgegnern allein aus dem Bestreben erklärbar, diese Fälle aus dem Tatbestand des § 240 herauszulösen. Soweit Calliess, Dearing, Sommer, Wolter [jew. aaO] Gewalt bei Sitzblockaden mit der verharmlosenden und der Blockierung von Motorfahrzeugen nicht gerecht werdenden (Starck JZ **87**, 146) Interpretation verneinen, daß das „schlichte" Sitzen und Sitzenbleiben keine Gewalt sein könne, lassen sie außer acht, daß Tathandlung im Falle demonstrativer Sitzblockaden das *aktive* und das die Grundrechte anderer mißachtende, absichtsvolle *Sichhinsetzen* ist

Straftaten gegen die persönliche Freiheit **§ 240**

(Brohm JZ **85**, 504; Tröndle I 636; Ermer [oben 1] 37), das dem Genötigten nur die Möglichkeit läßt, sich fremdem Willen zu beugen, also der *Gewalt* zu *weichen*, oder unter erheblicher körperlicher Kraftanstrengung die Blockierer wegzutragen.

c) Zu den **Erscheinungsformen** der Gewalt gehört nicht nur die beeinflu- 13 ßende willensbeugende Gewalt **(vis compulsiva)**, die den Willen des Genötigten in eine gewünschte Richtung treibt, zB durch Schläge, Schreckschüsse (RG **60**, 157), durch Erzwingen eines Überholvorgangs (BGH **19**, 263; oben 11), sondern insbesondere auch die überwältigende Gewalt **(vis absoluta)**, die den Willen des Tatopfers völlig ausschaltet (Festhalten, RG **4**, 429; Hinauswerfen aus der Wohnung, RG **7**, 269; Betäuben, NJW **53**, 351). Die Abgrenzung dieser beiden Gewaltformen, die uU auch in *einem* Gewaltakt zusammentreffen können (vgl. LK 6), ist mitunter schwierig (SchSch 16 vor § 234; SK 26). Schon aus diesem Grunde ist die abw. Auffassung von Köhler (Leferenz-FS 516) abzulehnen, der die *vis absoluta* aus der nötigenden Gewalt ausnehmen (und § 240 auf den Schutz der Willens*entschließungs*freiheit ieS beschränken) will. Sie widerspricht der seit über hundert Jahren (RG **4**, 429) stRspr. und führt zu seltsamen und nicht hinnehmbaren Ergebnissen (Wolter NStZ **85**, 248; Krey BKA I 146). *Unwiderstehlich* braucht die *vis compulsiva* nicht zu sein (LK 38; SchSch 24 vor § 234), es braucht auch kein Widerstand gegen sie geleistet zu werden (SchSch 22 aaO), die Eignung, fremden Willen zu beugen, genügt. Hingegen hält es BGH **4**, 211 nicht für geboten, daß das Tatopfer die Gewalt auch bemerkt oder empfindet (Gewaltanwendung gegenüber Bewußtlosen), zT aM Wolter NStZ **85**, 247. Von der *Drohung* (unten 15) unterscheidet sich die *vis compulsiva* dadurch, daß bei jener eine rein psychische Beeinflussung stattfindet und ein Übel erst in Aussicht gestellt, während es bei der *vis compulsiva* schon zugefügt wird, RG **64**, 116; zum Ganzen Sommer NJW **85**, 769. Die Ankündigung, eine *Hausbesetzung* (5a zu § 123) fortzuführen, ist nach Hamm NJW **82**, 2677 lediglich Drohung (hiergegen SchSch 16 vor § 234); LG Münster NStZ **82**, 202 verneint Gewalt bei Hausbesetzungen im Falle der Räumungswilligkeit bei Polizeieinsatz. Gewalt kann, insbesondere von Rädelsführern und Hintermännern, auch **durch Dritte**, z.B. bei der Organisation unfriedlicher Demonstrationen, ausge- 14 übt werden, BGH **32**, 180 m. Anm. Willms JR **84**, 120. Schließlich kann die Gewaltanwendung auch in einem **Unterlassen** liegen (RG **13**, 50; BGH **18**, 133; Bay NJW **63**, 1261; Düsseldorf VRS **73**, 284; LK 48; einschränkend Lackner 9; vgl. Timpe [oben 1] 92), nicht aber im Falle einer kurzfristigen Verhinderung der Weiterfahrt, Düsseldorf aaO.

b) Die **Drohung** ist das Inaussichtstellen eines künftigen Übels, auf des- 15 sen Eintritt der Drohende Einfluß hat oder zu haben vorgibt, BGH **16**, 386. Sie braucht nicht ausdrücklich, sondern kann auch schlüssig (zB durch bereits vorher verübte Gewalt, NJW **84**, 1632; **90**, 1055; Wessels BT-1 § 8 III 3), versteckt (27. 8. 1985, 4 StR 436/85; RG **34**, 19; **54**, 237; Bay **60**, 299), sogar uU (vgl. BGH **16**, 387) bedingt ausgesprochen werden, soweit das Übel genügend erkennbar gemacht ist (MDR/H **87**, 281; NJW **89**, 1289), hierüber hat der Tatrichter nähere Ausführungen zu machen (NStE Nr. 3 zu § 316a). Sie muß sich aber gegen die Person richten, deren Willen gebeugt werden soll (RG **53**, 283). Gleichgültig ist, ob die Drohung zu verwirklichen ist (RG **3**, 263; BGH **23**, 296 m. Anm. Küper NJW **70**, 2253; LK 55; SK 18), ob dies der Drohende irrig annimmt oder nicht (NJW **57**, 598), solange er nur will, daß der Bedrohte, wenn auch erst nach einer Überlegung (RG **64**, 16) ihre Verwirklichung für möglich hält, BGH **23**,

§ 240

295; **26**, 310 (hierzu Backmann JuS **77**, 444); 5 S. 1981, 5 StR 81/81, oder sie ernst nimmt (RG **2**, 286; Hamm OLGSt. 23 zu § 113); nach BGHR § 255, Droh. 2 braucht er sich persönlich nicht bedroht gefühlt zu haben. Eine Vorstellungsdiskrepanz über Art und Verwirklichungsweise des angedrohten Übels hindert die Annahme einer vollendeten Nötigung nicht (EzSt Nr. 2). Das Übel muß wenigstens mittelbar als vom Willen des Drohenden abhängig dargestellt werden, sei es auch mit Hilfe einer Behörde, RG **34**, 279 (Erstreiten eines unbegründeten Schuldtitels). Auch sonst kann mit
16 dem Tun eines **Dritten** gedroht werden, falls der Täter ihn beeinflussen kann oder dies vorgibt (BGH **7**, 197; Bay JZ **51**, 25; Koblenz OLGSt. 25), und zwar auch dann, wenn der Täter seinen Einfluß schon vor der Drohung auf den Dritten ausgeübt hat, RG **27**, 308. Fehlt es an einer solchen Einflußmöglichkeit, so ist eine bloße **Warnung** gegeben, RG **34**, 19, hinter der sich freilich auch eine wirkliche Drohung verbergen kann, RG **54**, 236; SK 17. Auch genügt eine Drohung, deren Verwirklichung sich **gegen einen Dritten** richtet, der keine nahestehende Person zu sein braucht (NStE Nr. 23), falls die Drohung auch dem Bedrohten als ein Übel erscheint (RG **17**, 82; BGH **16**, 318; **23**, 295; GA **61**, 82; NStZ **85**, 408 [m. Anm. Zaczyk JZ **85**, 1059; Geppert JK 7 zu § 255]; **87**, 223 [m. Anm. Jakobs JR **87**, 340; Otto JK zu § 253]; NJW **92**, 703; vgl. NStZ **82**, 286; Bohnert JR **82**, 398; Seelmann JuS **86**, 203; LK 54), es kann auch ein seelisches sein, MDR **54**, 530 (Drohung mit Ablehnung der Zustimmung zur Operation des Kindes gegenüber der Ehefrau). Ferner genügt, daß der Bedrohte fähig ist, den Willen des über sein Vermögen verfügenden Dritten maßgebend zu beeinflussen, RG **63**, 165, daß das angedrohte Übel anders (durch Einschaltung der Polizei) abgewendet werden kann, beseitigt den Drohungscharakter nicht (wistra **84**, 23; hierzu Otto Jura **88**, 606). *Keine Drohung* liegt vor, falls dem andern eine Entschließungsfreiheit bleiben soll; so bei bloßen Vorschlägen, deren Ablehnung dem andern freisteht, RG **64**, 381.
17 c) Mit einem **empfindlichen Übel** wird gedroht, wenn der in Aussicht gestellte Nachteil von einer Erheblichkeit ist, daß seine Ankündigung geeignet erscheint, den Bedrohten iS des Täterverlangens zu motivieren (NStZ **87**, 223 m. Anm. Jakobs JR **87**, 340), es sei denn, daß gerade von diesem Bedrohten in seiner Lage erwartet werden kann, daß er der Drohung in besonnener Selbstbehauptung standhält (BGH **31**, 201; NStZ **92**, 278; ähnlich Bay **55**, 12; Schleswig SchlHA **78**, 185; LK 52; SK 10; SchSch 9), daher beseitigt der Umstand, daß ein besonnener Mensch der Drohung standgehalten hätte, den Drohungscharakter nicht ohne weiteres (so zutr. BGH wistra **84**, 23; Otto Jura **88**, 606). Für ausreichend gehalten wurde in der Rspr. das Unterbinden einer Heizöllieferung in ein Miethaus im Winter (Hamm NJW **83**, 1506), das Drohen mit Entlassung, mit der Aufnahme in schwarze Listen (Hamburg HESt. **2**, 294), der öffentlichen Bekanntgabe gewisser Tatsachen (München NJW **50**, 714), der Nichtrückgabe eines Schmuckstücks von beträchtlichem ideellen Wert (Düsseldorf 7. 9. 1990, 5 Ss 268/90), einer Strafanzeige (BGH **5**, 254), uU auch mit einer wahrheitsgemäßen Veröffentlichung in der Presse (Hamm NJW **57**, 1081), *nicht* jedoch schon die Ankündigung einer Presseveröffentlichung (NStZ **92**, 278; Bremen NJW **57**, 151), die Drohung, die „Freundschaft aufzukündigen" oder Beziehungen (zu einem Mädchen) abzubrechen (NStZ **82**, 287),

Straftaten gegen die persönliche Freiheit § 240

ebensowenig das Drohen mit Dienstaufsichtsbeschwerden (Koblenz VRS 51, 208) oder mit sonstigen bloßen Unannehmlichkeiten, Schwierigkeiten oder Weiterungen, NJW 76, 760; RG JW 35, 864, wohl aber die Drohung, Häuser weiterhin besetzt zu halten, Köln NJW 82, 2678, abl. Schön NJW 82, 2650.

d) Auch die **Drohung mit einem Unterlassen** (nicht zu verwechseln mit 18 der nach § 13 zu beurteilenden Drohung *durch* Unterlassen) kann ein empfindliches Übel sein, falls es iS von 17 für den Bedrohten motivierende Kraft hat, aus dessen Sicht der Täter in dem Sinne *Herr des Geschehens* ist, daß Herbeiführung und Verhinderung des angekündigten Nachteils (wenn auch nur scheinbar) in seiner Macht steht und nach den Umständen die Verquickung von Mittel und Zweck *verwerflich* (vgl. 23) ist, so BGH 31, 195, 201 (Fall eines Warenhausdetektivs, der einer 16jährigen Ladendiebin mit der Nichtverhinderung der Anzeigeerstattung drohte, falls sie sich sexuell nicht mit ihm einlasse). Am Verwerflichkeitserfordernis fehlt es, falls durch die Tat nur der Handlungsspielraum des Bedrohten erweitert und die Autonomie seiner Entschlüsse nicht in strafwürdiger Weise angetastet wird (BGH aaO; iErg. zust. und präzisierend Roxin JR 83, 333; Arzt JZ 84, 429, MSchKrim. 84, 113 u. Lackner-FS 641; Krey BT 1, 387; Mitsch JA 89, 486; zusf. Stoffers JR 88, 492; ferner Michale aaO 146; LK 81e; bisher schon wie BGH: Stuttgart NStZ 82, 161; iErg. auch RG 10, 217; 72, 76; SchSch 20; Volk JR 81, 274 u. Tröndle-FS 228; Gössel BT 1 § 18, 68; Bergmann [oben 1], 132; vgl. Dencker NStZ 82, 462; Puppe JZ 89, 597). Hiermit hat sich der BGH zutr. von der früheren Rspr. abgewandt, wonach die Drohung mit einem Unterlassen nur ausreiche, wenn der Drohende eine Pflicht zum Handeln habe (so GA 60, 278; NStZ 82, 287; Hamburg MDR 74, 330; NJW 80, 2592; Ostendorf aaO und Schubarth JuS 81, 726; Timpe [oben 1] 160; SK 16), eine Auffassung, die verkennt, daß dort, wo *mit* einem Unterlassen gedroht wird, für die Frage der Nötigung nicht der sich aus der Unterlassungsdogmatik ergebende Pflichtenkreis des Täters maßgebend ist, (ebenso SchSch 20), sondern die Wirkung der Drohung auf den Bedrohten, der sich möglicherweise schon in einer Notlage befindet. Versetzt ihn der Täter durch eine inadäquate Androhung einer Unterlassung in eine (neue) Pression (vgl. RG 64, 381), so steht das von Roxin entwickelte „Autonomieprinzip" (JuS 64, 378; JR 83, 334) einer strafbaren Nötigung dann nicht entgegen, wenn wie im Falle BGH 31, 195 der Täter mit der angekündigten Unterlassung ein auf die bedrohte Person bereits zukommendes Übel, das abzuwenden er in der Lage wäre, sich auch wenn nicht verpflichtet war, sich zunutze macht (Roxin aaO 336; aM Schroeder JZ 83, 286; Wessels BT-1 § 8 III 3, die nicht hinreichend berücksichtigen, daß es nicht um Angebot von „Vorteil" und „Hilfe" für das Opfer geht, sondern um die Berühmung des Täters, die Macht zu haben, ein bereits drohendes Übel abzuwenden; auch die krit. Anm. Schubarth NStZ 83, 312; Frohn StV 83, 365 greifen zu kurz, ein Aspekt, den auch Horn (NStZ 83, 497; SK 43) in seiner abl. Stellungnahme zu BGH 31, 195 vernachlässigt und sich letztlich, ebenso wie Schroeder aaO gegen die gesetzliche Regelung des II wendet (zum Ganzen LK 81-81i; Stoffers JR 88, 492).

e) Erst recht genügt die **Zufügung** eines **empfindlichen Übels**, wenn sie 19 auf den Willensentschluß nötigend wirkt, insbesondere wenn das Übel selbst fortwirkt oder rückgängig gemacht werden kann (SchSch 17 vor

§ 240

§ 234; Dreher NJW **70**, 1157 u. MDR **88**, 20; dazu Koffka JR **64**, 39; LK 56; SchSch 16 vor § 234; SK 9, 11a; Lackner 12; hiergegen H. J. Hirsch, Tröndle-FS 23; eingehend Sommer NJW **85**, 770).

20 **5) Rechtswidrig** ist die Tat, wenn allgemeine Rechtfertigungsgründe (27 vor § 13; 2ff. vor § 32 fehlen *und* die Voraussetzungen des II vorliegen (unten 22). II ist eine *spezielle* Rechtswidrigkeitsregel (BGH **2**, 195; Bay NJW **63**, 824; Braunschweig NJW **76**, 62; LK 66; Lackner 18; Gössel BT 1 § 19, 20; Krey BT 1, 357; str.; aM SchSch 16 u. Eser, Jauch-FS 38 [Tatbestandsergänzung]; Wessels BT-1 § 8 III 6 [Tatbestandsergänzung *und* Rechtswidrigkeitsregel]; ferner ausführlich zum Streitstand: LK-H. J. Hirsch 19ff. vor § 32; Sax JZ **76**, 82; Armin Kaufmann, Klug-FS 283; vgl. auch Offenloch JZ **88**, 15), die sich aber nicht nur auf das *Straf*unrecht beschränkt (so aber Günther 332 u. Baumann-FS 222; Otto BT § 27 III 1b). Sie schafft keinen eigenständigen Rechtswidrigkeitsbegriff, sondern ist nach den allgemeinen Grundsätzen, für die objektive Kriterien maßgebend sind, auszulegen (BGH **35**, 279), allerdings ist II *erst und nur* zu prüfen, wenn kein allgemeiner Rechtfertigungsgrund greift (BGH **5**, 247; LK 68; Lackner 17; Wessels BT-1 § 8 III 6; Bergmann Jura **85**, 462), da gerechtfertigte Handlungen nicht *iS des II* verwerflich sein können (SK 51); die Einwände Esers (aaO 41) richten daher gegen BGH **35**, 276 nichts aus.

21 **a) Allgemeine Rechtfertigungsgründe** können insbesondere in den Fällen der Selbsthilferechts gegeben sein (§§ 229, 561, 859 BGB; vgl. 9. 5. 1984, 3 StR 163/84), ferner wenn die Voraussetzungen der vorläufigen Festnahme (§ 127 StPO), der Notwehr oder des Notstandes (§§ 32, 34) vorliegen, aber auch in den Fällen des Erziehungsrechts, ebenso wenn Amtsträger ggf durch Zwang Störungen des Verwaltungs- und Dienstbetriebs verhindern (Schleswig OLGSt. 11 zu § 163a StPO), wobei sich die Beschränkung dieser Befugnisse aus dem Verhältnismäßigkeitsgrundsatz (zB Verbot des Rechtsmißbrauchs) ergibt und die Rechtswidrigkeit nach II zu beurteilen ist (LK 68; SchSch 33). Eine analoge Anwendung des § 193 (dort 1) kommt nicht in Betracht (LK-H. J. Hirsch 167, SchSch-Lenckner 80, jew. vor § 32; Krey JuS **74**, 422 u. BT 1, 376, 378 mwN; aM Tiedemann JZ **69**, 721), jedoch können dessen Gesichtspunkte für die Entscheidung nach II bedeutsam sein, Krey aaO. Auch ein Anspruch auf die erzwungene Handlung (Rückzahlung von Darlehen, Lieferung einer Kaufsache) berechtigt den Täter nach bürgerlichem Recht nicht, sie durch Nötigung zu erzwingen. Zum Irrtum über die Rechtmäßigkeit vgl. unten 33 bis 35.

22 **b) Nach II** hängt die Rechtswidrigkeit jeder Nötigung davon ab, daß die Anwendung der Gewalt oder die Androhung des Übels zu dem angestrebten Zweck verwerflich ist. Nach dieser **„Verwerflichkeitsklausel"** (LK 68; vgl. Günther, Spendel-FS 198) sind Nötigungsmittel (4) und Nötigungszweck (24) in ihrer Verknüpfung (sog. **Mittel-Zweck-Relation**) in einer Gesamtwürdigung in Beziehung zu setzen. Diese Klausel ist in der Reformgeschichte als Korrektiv entwickelt worden, um den tatbestandlich auf alle Rechtsbereiche ausgedehnten Schutz der Freiheit der Willensentschließung und Willensbestätigung auf die strafwürdigen Fälle einzugrenzen (vgl. BGH **35**, 276; Roxin JuS **68**, 375). Sie wurde noch in jüngeren Gesetzesberatungen als „zutreffendes und ausreichendes Korrektiv" angesehen (Tiedemann Prot. VI/205) und ist auch im reformierten österreichischen Strafrecht (§ 105 öStGB) und in der schweizerischen Praxis (BGE 108, Bd. VI S. 165) für die Eingrenzung der Nötigungsvorschrift maßgebend (Tröndle I 631). Die bisherigen Versuche einer tatbestandsbestimmteren Fassung (Lit. Nachw. 1a) überzeugen nicht (Lenckner JuS **68**, 307) und werden dem erforderlichen Rechtsschutz der persönlichen Freiheit nicht gerecht. Verfassungsrechtliche Einwände gegen die Verwerflichkeitsklausel sind unbegründet (BVerfGE **73**, 239) und werden von der hM nicht anerkannt (BGH **35**, 273; Köln StV **85**, 458; LK 74; Lenckner JuS **68**, 307; Brohm JZ **85**, 505; Offenloch JZ **86**, 13; Krey BKA I 269ff.; a**M** AG Hagen MDR **85**, 601; Calliess NJW **85**, 1506 mwN), dies um so weniger, als im Bereich der Rechtfertigungsgründe Art. 103 II GG nicht gilt (Bergmann aaO 198 mwN; Krey BKA I 269; str.). Das BVerfG (E **73**, 253) deutet die Klausel allerdings als Ausdruck des Grundsatzes der Verhältnismäßigkeit und des daraus folgenden Verbots unangemessenen Strafens falsch (Starck JZ **87**, 147: „schwer nachvollziehbar"; ebenso Offenloch JZ **92**, 442). Denn der Verhältnismäßigkeitsgrundsatz ist weder ein maßgebendes gesetzgeberisches Kriterium für das *Ob* des Strafens, noch gibt er den gültigen Maßstab für die Abgrenzung von *Rechts*positionen der Bürger untereinander. Nach BGH **35**, 276 kennzeichnet die Verwerflichkeitsklausel vielmehr den für die Beurteilung der Mittel-Zweck-Relation (24) maßgebenden Bewertungsmaßstab (23), für den auf der Opferseite vor allem die Entscheidung darüber von Bedeutung ist (hierzu Arzt JZ **88**, 776), wo der strafrechtliche Schutz der individuellen Freiheit des Betroffenen und damit sein Recht zur Notwehr (vgl. 17 zu § 32) zu enden hat (vgl. hierzu Doehring DRiZ **87**, 8).

c) **Verwerflich** bedeutet nach einer in der Rspr. üblich gewordenen 23
Formel einen „erhöhten Grad sittlicher Mißbilligung", BGH **17**, 329; **18**, 391; **19**, 268; VRS **40**, 107; Bay NJW **71**, 768; Saarbrücken NJW **68**, 458; Hamburg NJW **68**, 663; Hamm NJW **70**, 2075; Köln NJW **86**, 2443; Günther, Baumann-FS 219 und ihm folgend Stuttgart NJW **91**, 994 heben auf Grade und Abstufungen des Unrechts ab). Bei diesem gesteigerten Unwerturteil darf jedoch nicht auf moralische oder Gesinnungsmaßstäbe abgestellt werden, vielmehr ist ein erhöhter Grad **sozialwidrigen Handelns** gemeint (Tröndle I 633). Das Wort „verwerflich" hat insoweit das sachgemäße Verständnis der Vorschrift erschwert und heftige Angriffe dann ausgelöst, wenn der (sozialwidrige) Rechtsverstoß ein *moralisches* Unwerturteil nicht verdient. Mit Recht fordern daher Bergmann (Jura **85**, 465) und Kühl (StV **87**, 126) „verwerflich" durch einen treffenderen, moralisch nicht negativ belegten Ausdruck zu ersetzen (ähnlich Baumann ZRP **87**, 267; R. Jahn JuS **88**, 949; Krey BT 1, 362), in dem deutlich wird, daß in den Fällen des § 240 häufig Anlaß besteht, die Rechtswidrigkeitsproblematik besonders zu prüfen, und der Zweck allein die eingesetzten Mittel nicht heiligt. Eine solche Klarstellung entspräche auch dem mit II von vornherein verfolgten gesetzgeberischen Zweck, der Rechtswidrigkeitsklausel eine enge und objektivierbare Fassung zu geben. Von jeher hat Dreher (JZ **53**, 428 u. 37. Aufl.) auf dem Boden der damaligen gesetzgeberischen Arbeiten die Fassung des II als eine „objektivere Vorwerfbarkeit" iS eines vom Richter festzustellenden sozialwidrigen Unwerturteils verstanden, das nicht in „subjektive Vorwerfbarkeit" verschoben werden dürfe. Mit Recht hat auch Roxin (JuS **64**, 373) dargetan, daß die Verwerflichkeit iS des II als **Sozialwidrigkeit des Handelns** zu begreifen sei (ihm folgend LK 70, 74; SK 39; Lackner 18; Krey BT 1, 383ff. u. BKA 265; VGT **88**, 11; Ermer [oben 1] 120) und für dessen Beurteilung objektivierbare und aus der ge-

samten *Rechts*ordnung abgeleitete Prinzipien entwickelt (Rechtswidrigkeit des abgenötigten Verhaltens, Güterabwägung, Geringfügigkeitsprinzip, Vorrang staatlicher Zwangsmittel und Autonomieprinzip, aaO 375/376). Sie gewinnen für die Rechtswidrigkeitsformel des II ebenso Bedeutung wie Vorgaben der Verfassung, des Schutzes der Betroffenen sowie andere unabdingbare Grundsätze rechtlich geordneten Zusammenlebens (vgl. hierzu Gössel BT 1 (19, 24). Inzwischen hebt auch die Rspr. bei der Auslegung des II zunehmend (so schon BGH **18**, 392; ebenso **35**, 277) auf das **„sozial unerträgliche" Verhalten** ab (Bay JZ **86**, 405; NJW **88**, 719; **92**, 521; Düsseldorf NJW **86**, 943 u. NStZ/J **87**, 401; Stuttgart NStZ **88**, 130; Köln VRS **75**, 107; AG Schwäbisch Gmünd NJW **85**, 212; aM Zweibrücken StV **87**, 441). Nach richtiger Auffassung kommt es *entscheidend* hierauf an und nicht auf den Vorwurf „sittlicher Mißbilligung" (mag er bei nötigendem Verhalten auch oft begründet sein), krit. gegenüber „Sozialwidrigkeit": Stuttgart NStZ **87**, 539, wo zu Unrecht „sozialwidrig mit lediglich „rechtswidrig" ineinsgesetzt und außer acht gelassen wird, daß das *erhöhte* Unwerturteil *nicht* auf das *sittlich* Anstößige, sondern auf das *sozial* Unerträgliche zu stützen ist.

24 **d) Die Mittel-Zweck-Relation** (oben 22) bedeutet, daß die Rechtswidrigkeit der Nötigung sich nicht einseitig nach dem angewandten Mittel oder dem angestrebten Zweck bestimmt, sondern aus dem Verhältnis zueinander (BGH **2**, 196). Es kommt daher jeweils auf die Lage des Einzelfalles an (vgl. Schleswig SchlHA **87**, 105; Düsseldorf VRS **73**, 286). Unter dem **angestrebten Zweck** kann, wie BGH **35**, 276 aus der Struktur und dem Sinn der Vorschrift ableitet (bisher iErg. ebenso schon Lackner 18; Vorauft.; vgl. auch Stuttgart NStZ **88**, 109: „handlungs- und opfernahe Betrachtung"), **nur „das in I genannte** – das Ziel der Zwangsausübung bildende – **Handeln, Dulden oder Unterlassen"** verstanden werden, das der Täter vom *Opfer* erzwungen hat oder erzwingen will (zust. Arzt JZ **88**, 776; Schmitt Glaeser BayVBl. **88**, 457; krit. zT unsachlich Ostendorf StV **88**, 488; gegen verfehlte Einwände von Arth. Kaufmann NJW **88**, 2583, aber auch von Roggemann JZ **88**, 1110; vgl. Tröndle II 481 ff. Fn. 13 u. 107), andere Ziele des Täters (vgl. unten 27) sind, wie sich aus der früheren Rspr. (BGH **5**, 246) ergibt, für die Rechtswidrigkeit ohne Bedeutung (aM Eser, Jauch-FS 42, der verkennt, daß eine Nötigungshandlung – solange man den Rechtsgüterschutz im Auge behält – danach zu beurteilen ist, was dem *Opfer* widerfährt, und nicht danach, was der Täter zu demonstrieren trachtet). Aus dem Wortlaut folgt ferner, daß II für beide Nötigungsmittel zu prüfen ist. Für die **Anwendung von Gewalt** hat dies das BVerfG (E **73**, 206) in den Fällen nötigender Sitzblockaden (unten 25) besonders hervorgehoben; sie ist für die Rechtswidrigkeit nicht „idR indiziell" (so noch BGH **23**, 55; anders aber früher schon Dreher NJW **70**, 1157; LK 67; SchSch 16; Krey JuS **74**, 423). So handelt iS von II nicht von vornherein rechtswidrig, wer mit mäßiger Gewalt vorgeht, um zB sich aus einer Lage zu befreien, die der andere möglicherweise durch Nötigung geschaffen hat (Frankfurt DAR **67**, 222), um zu seinem vermeintlichen Recht zu kommen (BGH **17**, 331), oder, ohne ein Selbsthilferecht zu haben, einen fälligen Rechtsanspruch durchzusetzen (LK 69; vgl. aber Bremen NStE Nr. 26) aber auch nicht, wer gewaltsam eine Selbsttötung (BGH **6**, 152; vgl. 4 vor § 211) oder eine Straftat verhindert (vgl. jedoch Bay NStZ **86**, 541); insbe-

sondere kann das Geringfügigkeitsprinzip (uU auch bei Sitzblockaden, vgl. unten 25; ferner LK 75) oder das Rechtsprinzip der Wahrnehmung berechtigter Interessen (1 zu § 193), das nach I keinen allgemeinen Rechtfertigungsgrund bietet (oben 21), dem Nötigungsunrecht entgegenstehen. Stets ist aber bei der Beurteilung der Mittel-Zweck-Relation zu beachten, daß jede Entscheidung zugunsten dessen, der Zwang iS des § 240 ausübt, den Freiheitsraum des Betroffenen, sein Recht zur Notwehr und seine übrigen Schutzrechte verkürzen kann (BGH **34**, 77; **35**, 279; Lenckner JuS **68**, 310; Doehring DRiZ **87**, 8; Tröndle I 636), was gerade durch den hiergegen erhobenen Einwand (Ostendorf StV **88**, 481; vgl. auch Bertuleit JA **89**, 21), der Verzicht einer *strafrechtlichen* Sozialkontrolle ändere nichts an der Rechtswidrigkeit nach den Vorschriften des Straßenverkehrs- oder Versammlungsrechts, bestätigt wird: denn die durch diese Normen geschützten Rechtsgüter sind nicht notwehrfähig (vgl. unten 28 a; SchSch 5 a, 9 zu § 32; insoweit and. Günther, Baumann-FS 218). Daher hält BGH **35**, 278 dem Hinweis des BVerfG (E **73**, 238), das Korrektiv der Verwerflichkeitsregel beschränke die Strafbarkeit und wirke sich zugunsten des Täters aus, mit Recht entgegen, daß damit zugleich auch die Abwehrrechte des durch die Tat Beeinträchtigten und die strafrechtliche Relevanz etwaiger Abwehrmaßnahmen festgelegt würden, was die Anknüpfung an *objektive* Kriterien voraussetze. Für einen Teilbereich, hier den der **Straßenblok-** 25 **kaden** könne von diesen Grundsätzen nicht abgewichen werden, ohne damit unkalkulierbare Rückwirkungen auf das Strafrechtssystem im ganzen zu provozieren (BGH **35**, 280; Stuttgart NJW **89**, 1871; zust. Arzt JZ **88**, 775; Otto JK 3; Krey BT 1, 380 a; Tröndle II 501; Müller-Roden ZRP **88**, 411; aM aber nicht überzeugend Ostendorf StV **88**, 489; Bertuleit JA **89**, 21; Bick BKA III 54; Eser, Jauch-FS 44; LG Zweibrücken StV **89**, 397). Mit Recht hat daher Bay (NJW **88**, 719; ebenso Schmitt Glaeser, Dürig-FS 94) der Meinung der unterlegenen Verfassungsrichter (BVerfGE **73**, 239) widersprochen, nach denen bei Verkehrsblockaden eine verwerfliche Nötigung nur ganz ausnahmsweise „(zB Behinderung von Krankentransporten, Einkesseln Dritter oder andere besonders intensive Behinderungen)" in Betracht kommen soll. Umgekehrt: „*Nötigende Gewalt ist nicht ausnahmsweise strafbar, sondern ausnahmsweise straffrei*" (Bay aaO) und bei der Darlegung der für die Verwerflichkeitsprüfung wesentlichen Umstände (Umfang, Intensität, Dauer, Auswirkungen der Blockade; vgl. hierzu auch Düsseldorf [5. StS] StV **87**, 394 u. GA **87**, 408; LG Heilbronn MDR **87**, 430) ist insbesondere auf das Gewicht gewaltsamer Eingriffe in die individuellen Rechte dritter Personen abzuheben, falls sie – gewissermaßen als Werkzeug und Objekt des Handelns Andersdenkender – gezwungen werden, an der Verbreitung fremder politischer Auffassungen mitzuwirken (Bay aaO und schon JZ **86**, 405). Es ist anerkannt, daß „niemand befugt ist", „die öffentliche Aufmerksamkeit durch gezielte und absichtliche Behinderung zu steigern" (so BVerfGE **73**, 250; ebenso BGH **23**, 56; Bay, Düsseldorf, jew. aaO; Stuttgart NStZ **88**, 130; LK 99; Lackner 22). Die Grundrechte der Meinungs- und Versammlungsfreiheit (Art. 5, 8 GG) erlauben Verkehrsbehinderungen nur, soweit sie als sozialadäquate *Nebenwirkungen* rechtmäßiger Demonstrationen unvermeidbar und daher hinzunehmen sind (BVerfGE **73**, 249). Zwangseinwirkungen, die darüber hinausgehen oder – wie etwa Verkehrsblockaden und Sitzstreiks – allein darauf *abzielen*, gestei-

§ 240

gertes Aufsehen in der Öffentlichkeit zu erregen (BVerfGE aaO), andere dem Zwang auszusetzen, fremde Meinungsäußerungen anzuhören (Bay NJW **69**, 1127; 22. 9. 1992, 4 StR 130/92; Celle NJW **70**, 206), ihnen größere Resonanz zu geben (Stuttgart NStZ **88**, 130; LG Ellwangen NStE Nr. 11; Maunz-Dürig [Herzog] 62 zu Art. 8 GG) oder bestimmte Interessen (zB die Herabsetzung des Straßenbahntarifs) durchzusetzen (BGH **23**, 46), hindern andere an der Ausübung ihrer Freiheitsrechte und sind daher durch Art. 5, 8 GG nicht gedeckt (Zeidler, Politik und Zeitgeschichte 1969 B 10 S. 9; Tröndle I 638; Schmitt Glaeser, Dürig-FS 99; LK 99, vgl. hierzu auch Kühl StV **87**, 132; Timpe [oben 1] 96). Art. 8 GG schafft auch nicht etwa bis zur rechtmäßigen Auflösung nach § 13 I Nr. 4 VersammlG für solche Verkehrsblockaden einen Rechtfertigungsgrund (Stuttgart 18. 9. 1987, 3 Ss 369/87; Krey BT 1, 373a ff. u. BKA III 39; offen gelassen BVerfGE **73**, 250). Diese Grundrechte werden auf diese Weise vielmehr in ihrem Wesen verfälscht und diskreditiert, denn sie schließen Gewalt und Zwang zur Durchsetzung politischer Ziele und als Mittel des Meinungskampfs gerade aus und sind allein die Freiheit der *geistigen* Auseinandersetzung (BVerfGE **25**, 266; Maunz-Dürig [Herzog] 62 zu Art. 8) zu schützen bestimmt (Celle NJW **70**, 207; Düsseldorf NJW **86**, 944; LG Ellwangen NStE Nr. 11; Lackner 22; Tröndle I 637). Die Sitzblockaden sind daher **idR**
26 **iS von II (oben 22) verwerflich** (Stuttgart NJW **84**, 1910; KG NJW **85**, 211; Koblenz NJW **85**, 2433; NJW **88**, 721; Düsseldorf 2. StS NJW **86**, 943 u. StV **87**, 394; LG Münster NJW **85**, 816; AG Schwäbisch Gmünd NJW **85**, 211). *Ausnahmen* können sich aus dem *Geringfügigkeitsprinzip* ergeben, zB bei einer *ganz kurzfristigen* Straßenblockade durch Friedensdemonstranten von weniger als einer Minute (Bay 26. 8. 1992, 4 St RR 86/92) oder während einer Ampelphase (Koblenz NJW **85**, 2432; zust. Krey BT 1, 382 u. BKA I 282; LK 75, 101), nach LG Stuttgart (StV **84**, 28) bei einer 5 bis 10-minütigen Verkehrsbehinderung, nach Bay (NJW **92**, 521) auch noch bei einer auf 10 Minuten beschränkten Sitzblockade (zw.) und nach Zweibrükken (NJW **91**, 55) – zu weitgehend – bei einer 15minütigen Teilnahme an einer auf 30 bis 40 Minuten geplanten Sitzblockade (ähnlich auch Stuttgart 4. 10. 1991 – 3 Ss 432/90). Ferner haben LG Heilbronn (MDR **87**, 430) und nunmehr auch Stuttgart (NJW **91**, 994 m. krit. Anm. Otto NStZ **88**, 334) – nur iErg zutr. – Verwerflichkeit von 15- bis 20-minütigen Sitzblokkaden vor Raketenstationen in casu deswegen verneint, weil die Blockierer selbst in deren unmittelbarer Nachbarschaft wohnten und sich im Hinblick auf unzureichende Information über dort geschehene Unglücksfälle selbst gefährdet fühlten. Zu Unrecht bezweifelt aber Stuttgart (18. 9. 1987, 3 Ss 369/87), ob – von solchen Ausnahmefällen abgesehen – eine gezielt herbeigeführte Verkehrsblockade, solange die anwesenden Polizeibeamten sie dulden, nach II verwerflich ist. Im übrigen hebt Bay NJW **88**, 719 zutr. darauf ab, daß in Fällen, in denen der nötigenden Gewalt von dritter Seite nach kurzer Behinderung ein Ende gemacht wurde (zB durch Wegtragen), deren *beabsichtigtes* Ausmaß nicht unberücksichtigt bleiben kann; unrichtig LG Zweibrücken StV **87**, 206, das bei einer mehrstündigen Sitzblockade, die iS des VersammlG nicht ordnungsgemäß angemeldet, sondern nur den mutmaßlichen Betroffenen angekündigt war, die Verwerflichkeit verneint.
27 **Sog. Fernziele** (also Tatmotive, Beweggründe oder politische Ziele, die dem nötigenden Verhalten zugrundeliegen) sind aus den oben 24 dargeleg-

Straftaten gegen die persönliche Freiheit § 240

ten Gründen *bei der Rechtswidrigkeit* (II) **nicht zu berücksichtigen** (Jakobs JZ **86**, 1064; Baumann NJW **87**, 36 u. ZRP **87**, 265; Arzt JZ **88**, 776; Günther, Baumann-FS 224; zur Abgrenzung von „Fernzielen" und dem angestrebten Zweck oben 24 vgl. Zweibrücken GA **91**, 323). So können ein Eintreten für die Sittlichkeit nicht das Sprengen einer Filmvorführung durch Stinkbomben (BGH **5**, 243), die „Verkehrserziehung" nicht die gewaltsame Verhinderung des Überholens auf der Autobahn (BGH **18**, 393; Bay NStZ/J **86**, 541; Helmken NZV **91**, 373), die Friedens- und Abrüstungsappelle nicht Verkehrsblockaden rechtfertigen, wie BGH **35**, 270 mit überzeugender Argumentation (24) klargestellt hat (zu der bisher kontroversen Rspr. und zum Meinungsstreit vgl. 44. Aufl.). Der BGH verdeutlichte hierbei, daß die von den unterlegenen Verfassungsrichtern (BVerfGE **73**, 258) für die Fernziele empfohlene, aber schon im Ansatz verfehlte (Schmitt Glaeser BayVBl. **88**, 458 u. Dürig-FS 106) Unterscheidung zwischen „eigennützigem" und „gemeinwohlorientiertem" Handeln (der Düsseldorf NStZ **87**, 363 u. GA **87**, 409 und Zweibrücken NJW **88**, 717 [inzwischen aufgegeben StV **90**, 264 m. abl. Anm., aber ohne Sacharumente Kramer] gefolgt sind) in der Sache nicht weiterhilft (BGH **35**, 281 f.; iErg. schon bisher Bay JZ **86**, 405; 22. 9. 1992, 4 St RR 130/92; Stuttgart NJW **84**, 1910; NStZ **88**, 130; KG NJW **85**, 209; Koblenz MDR **87**, 162), übrigens auch deswegen nicht, weil sie auf die Gesinnung abstellt und schon das Grundrecht der Meinungsfreiheit (Art. 5 GG) es nicht gestattet, die **Strafbarkeit** eines Demonstrationsverhaltens von einer solchen Unterscheidung abhängen zu lassen (hierzu Tröndle I 635, II 503 mwN; ferner Starck JZ **87**, 148; Schmitt Glaeser BayVBl. **88**, 457; Isensee HdbStaatsR III 28 zu § 57 Fn. 36 u. Sendler-FS 44, 62; Günther, Baumann-FS 224; Ermer [oben 1] 104; die scharfe BGH-Kritik Esers [aaO 47] geht gerade diesem Punkt aus dem Wege). Zutr. hebt der BGH auch darauf ab (aaO 282/283), „daß niemand das Recht zu gezielten und bezweckten Verkehrsbehinderungen durch Sitzblockaden" habe und die „Friedenssicherungspflicht des Staates" gerade in „Auseinandersetzungen über hochpolitische Streitfragen" (BVerfGE **73**, 246) es verbiete, solche Zwangsmittel mit irgendwelchen Fernzielen zu rechtfertigen (zust. Krey BT 1, 380a u. BKA III 42, 69; Otto JK 3; Müller-Roden ZRP **88**, 411; Schmitt Glaeser BayVBl. **88**, 459; Tröndle II 503; ähnlich Dreher MDR **88**, 19; Wassermann, Rechtsstaat ohne Rechtsbewußtsein, 1988 S. 50, 124).

e) Auch andere **Behinderungen im Straßenverkehr** können, wenn die **28** Nötigungsmittel nach 5 bis 19 eingesetzt werden und wenn der Beweggrund der Behinderung feststellbar ist (Bay NJW **89**, 1621), iS von II verwerflich sein (so auch VGT **88**, 11; zusf Voß-Broemme NZV **89**, 2; Haubrich NJW **89**, 1197; Krey BKA II 225 ff.), so die Drohung eines **Kraftfahrers** „ich fahre Euch über den Haufen", um die Verkehrsflucht zu erzwingen, MDR/D **55**, 145; aber auch das gefährliche Zufahren auf einen anderen, um sich den Weg freizumachen (VRS **51**, 209; KG VRS **45**, 35; Koblenz VRS **46**, 31); das willkürliche scharfe Abbremsen aus hoher Geschwindigkeit, um nachfolgende Kraftfahrer zu einer Vollbremsung zu zwingen (Düsseldorf VRS **73**, 42; **82**, 121; NZV **89**, 441; NStZ/J **87**, 401; Voß-Broemme NZV **88**, 4), uU auch das „Schneiden" eines anderen Verkehrsteilnehmers (Celle NdsRpfl. **62**, 68; Hamm VRS **22**, 50; NJW **63**, 608; vgl. H. W. Schmidt DAR **62**, 351), uU auch das Zeigen, „was der Wagen

§ 240

unter der Haube hat", Köln OLGSt. 27; insbesondere im Falle des Erzwingens oder Verhinderns des Überholens (hierzu auch § 315c I Nr. 2b) vgl. zB BGH **18**, 389; **19**, 264; **25**, 306; Bay NJW **53**, 1723; **70**, 1805; **71**, 768; DAR **81**, 245; JZ **86**, 407; NStZ/J **80**, 976; **86**, 541; Köln NJW **63**, 2383; **68**, 1892; **70**, 1803; VRS **61**, 425; **67**; 224; Celle und AG Mannheim NJW **59**, 1597; Karlsruhe NJW **72**, 962; VRS **55**, 354; **57**; 21; 415; Celle NdsRpfl. **63**, 189; VRS **68**, 44; Hamm VRS **26**, 296; **27**; 30; 276; **45**, 360; **57**, 347; NJW **72**, 1826; Schleswig VM **73**, 84; SchlHA **81**, 90; Frankfurt VRS **71**; 425; **56**, 286; KG VRS **63**, 120; Düsseldorf VRS **66**, 356; Koblenz MDR **75**, 243 (Blockieren der Fahrbahn); VRS **55**, 280, 357; Düsseldorf VM **69**, 94 (Fußgänger tritt Auto auf Gehweg entgegen); **79**, 63 (Fußgänger hintert Kraftfahrer nach verbotswidrigem Parken an der Wegfahrt); zur Frage der *Gewaltanwendung* und der physischen Spürbarkeit in solchen Fällen BGH **19**, 263; KG VRS **35**, 437; Düsseldorf VM **71**, 76; Haubrich NJW **89**, 1198; zum Ganzen grundlegend u. krit. Helmken NZV **91**, 373. Im übrigen ist die Freiheit, sich ohne verkehrsfremde Beeinträchtigung im Straßenverkehr zu bewegen, ein notwehrfähiges Rechtsgut (Schleswig NJW **84**, 1471; Bay 14. 8. 1992, 2 St RR 128/92). Für die Frage der *Verwerflichkeit* (oben 23) spielt eine Rolle, inwieweit das Verhalten zu einer *Gefährdung des andern* führt (Köln NJW **68**, 1892; Stuttgart VM **73**, 68; Bay NStZ/J **86**, 541; **92**, 271), doch braucht es nicht zu einer Gefährdung zu kommen (BGH **18**, 389; KG JR **69**, 389). *Nicht* unter § 240 fallen bloßes Hupen, um ein stehendes Fahrzeug zum Weiterfahren zu veranlassen (Schleswig VM **74**, 14) oder einmalige kurze Verkehrsvorgänge (Hamm NJW **91**, 3230), wie Vorfahrtsverletzungen, das Erzwingen des Zurücksetzens eines nachfolgenden Fahrzeugs (Köln NZV **89**, 157) oder die Weigerung des Zurücksetzens (Düsseldorf VRS **73**, 286), ferner kurzfristiges nahes Auffahren (Düsseldorf NJW **89**, 51; Saarbrücken NJW **91**, 3299, aber ev. Fahrverbot nach § 25 StVG!) unter Betätigung der Lichthupe (Köln NStE Nr. 25; Hamm DAR **90**, 393), das Verhindern des Einscherens eines Überholers in einer Fahrzeugkolonne (Celle NZV **90**, 239) oder das Überholen mit anschließendem verkehrsbehinderndem Rechtsabbiegen (Düsseldorf NZV **89**, 317; ferner Bay DAR **79**, 238; NZV **90**, 238; NStZ/J **88**, 120; Haubrich NJW **89**, 1197); das Blockieren der rechten Fahrspur in einem Stau durch Abstellen und Verlassen des Fahrzeugs, ohne daß der Beweggrund dieses Verhaltens festzustellen ist (Bay NStE Nr. 29, zw.); nach BGH **34**, 241 auch nicht das dem Rechtsfahrgebot (§ 2 II StVO) zuwiderlaufende Befahren der Überholspur und das damit verbundene Hindern nachfolgender Kraftfahrer am Überholen (Stuttgart MDR **91**, 467), allerdings weist Janiszewski (NStZ **86**, 541) mit Recht darauf hin, daß es befremdlich sei, daß in diesen Fällen der BGH und das BayObLG [1. SenBußG] – abweichend vom Standpunkt des GBA (BGH **34**, 240) nicht einmal eine Behinderung (§ 1 II StVO) bejahen, während Bay NStZ/J aaO ein ensprechendes Verhalten uU als verwerfliche Nötigung behandelt (vgl. auch Voß-Broemme NZV **88**, 3/4; Helmken NZV **91**, 375).

28a   In den Fällen des **Streits um eine Parklücke** wendet sowohl der *Fußgänger,* der dem Parkwilligen die Einfahrt versperrt, Gewalt an (Bay NJW **63**, 823; Köln NJW **79**, 2057; Hamm VRS **59**, 427; SchSch 14 vor § 234), wie auch der *Kraftfahrer,* der die Einfahrt erzwingt (oben 6, 7). Der *Fußgänger* handelt aber unbeschadet des Verstoßes nach § 1 II StVO nach der zutr.

Straftaten gegen die persönliche Freiheit § 240

hM idR *nicht verwerflich* iS des II (Köln NJW **79**, 2057 [hiergegen M. J. Schmid DAR **80**, 81]; Hamm VRS **59**, 427; aM Schleswig SchlHA **68**, 265), und zwar zufolge des Geringfügigkeitsprinzips (oben 23); *anders jedoch* wegen der damit verbundenen Gefahren idR *der Kraftfahrer,* der die Einfahrt erzwingt und – wenn auch nur langsam fahrend – den Fußgänger wegdrückt (Hamm NJW **70**, 2075; LK 89; Lackner 23; Jagusch/Hentschel 62 zu § 12 StVO; aM Jakobs 12, 4; Hamburg NJW **68**, 663; Stuttgart NJW **66**, 748 [m. krit. Anm. Bockelmann aaO, Berz JuS **69**, 367, Möhl JR **66**, 229]). Das gilt auch im Falle eines *vorrangigen* (§ 12 V StVO) *Parkrechts* (Bay NJW **61**, 2075), das kein notwehrfähiges subjektives Recht begründet (Stuttgart NJW **66**, 748 m. Anm. Bockelmann; Jescheck § 32 II 1 a; Wessels BT 1, § 8 III 7; Krey BT 1, 367; Voß-Broemme NZV **88**, 5; vgl. auch einerseits Düsseldorf NJW **61**, 1783 und andererseits Schleswig NJW **84**, 1471 und hiergegen NJW/H **85**, 320), bzw. in dessen Erzwingung nach anderer Meinung (Bay NJW **63**, 825; Hamm NJW **72**, 1827) ein Notwehrmißbrauch läge. Einen Vorrang nach § 12 V 2 StVO hat nur, wer eine *freiwerdende* Parklücke zuerst unmittelbar erreicht, nicht schon dort auf *irgendeinen* freiwerdenden Parkplatz wartet (Düsseldorf NZV **92**, 200). *Keine Nötigung* liegt vor, wenn ein Kraftfahrer einem wartenden Parkwilligen mit der Einfahrt in die freiwerdende Parklücke, ohne ihn zu gefährden, zuvorkommt (Düsseldorf bei Voß-Broemme NZV **88**, 5 mwN). **Schrifttum:** *Busse,* Nötigung im Straßenverkehr, 1968 S. 141; *Seib* DAR **78**, 99; *Fuchs-Wissemann* DRiZ **84**, 397; *Allgaier* DAR **87**, 371.

f) In den Fällen der **Drohung mit einem empfindlichen Übel** (5, 5 a, 6) **29** kann die *Rechtswidrigkeit fehlen,* falls der Täter einen Anspruch auf die erzwungene Handlung hat. Dann ist die Drohung mit einer der Sachlage entsprechenden Strafanzeige zulässig (BGH **5**, 261; NJW **57**, 598; Bay **56**, 282; krit. Fezer JR **76**, 98). Desgl., *falls* der Gläubiger dem sich vor der Bezahlung ständig drückenden Schuldner droht, die Forderung öffentlich auszubieten (RG GA Bd. **57**, 209; Hamburg DRiZ 33 Nr. 122; vgl. § 193); ferner, wenn das Einzugsbüro droht, die Nichtzahlung durch Eintragung in die den Mitgliedern mitzuteilenden Schuldnerlisten bekanntzugeben, RG **6**, 405. *Anders* jedoch, wenn die Forderung zweifelhaft ist (Koblenz OLGSt. 24), die Form der angedrohten Bekanntmachung die Absicht der Beleidigung ergibt (Bay **32**, 15), oder wenn wahrheitswidrig mit Vorladung zur Abgabe einer eidesstattlichen Versicherung nach § 807 ZPO wegen nicht ausgeklagter alter Forderung gedroht wird (Köln JMBlNW **62**, 34), oder mit Vollstreckung einer erschlichenen Entscheidung (RG **26**, 305; **34**, 279), oder wenn der Täter einen vermeintlichen Rechtsanspruch mit brutaler Gewalt durchsetzen will (MDR/D **68**, 200), oder wenn er treuwidrig und ohne sich an die eigene Zusage über die Höhe des Schadensersatzes zu halten, ein Zurückbehaltungsrecht ausübt (Stuttgart VRS **78**, 206), oder wenn der Amtsträger einer Stadt, die mit einer Prozeßpartei einen für diese günstigen Prozeßvergleich abgeschlossen hat, diesen Vergleich zu widerrufen droht, falls diese (wirtschaftlich bedrängte) Partei ihren Einspruch gegen einen von derselben Stadt erlassenen hohen Bußgeldbescheid nicht zurücknimmt (Düsseldorf JMBlNW **84**, 56). Andererseits ist die bloße Drohung nicht schon deshalb verwerflich, weil die Verwirklichung rechtswidrig wäre (Bay **63**, 22; NJW **71**, 768). Zur Problematik sog. **„Fangprä-**

§ 240

mien", die Geschäftsinhaber Ladendieben abfordern, 14 zu § 253, der ausscheidet, wenn der Täter einen Anspruch auf die Prämie zu haben glaubt, so daß dann uU § 240 zu prüfen ist. Ferner darf man durch Androhung einer Körperverletzung von einer strafbaren Handlung (Einbruchdiebstahl) oder einer Ordnungswidrigkeit (VRS **40**, 104) abhalten; vgl. aber SK 46; desgl. vom Selbstmord; LK-Jähnke 33 vor § 211; vgl. Saarbrücken VRS **17**, 26; von einer bloß unsittlichen Handlung aber nur in Ausnahmefällen. Die *Drohung mit Selbstmord* ist idR nicht verwerflich (str.; vgl. LK 82–82b; Lackner 13; Bohnert JR **82**, 397; M. K. Meyer Ausschluß 147). Anders ist es wohl, wenn Häftlinge durch **Hungerstreik** ihnen nicht zustehende Haftbedingungen erzwingen wollen (Kühne NJW **75**, 676; Böhm JuS **75**, 288; Bottke JR **85**, 123; LK-Spendel 56 zu § 323c; SchSch 31; aM Rudolphi, Bruns-FS 324; Ostendorf, Das Recht zum Hungerstreik, 1983 [hierzu Jakobs ZStW **95**, 677; Jekewitz GA **84**, 335] und JZ **79**, 256; GA **84**, 308; Timpe [oben 1] 104; vgl. 6 vor § 211), das gilt nach § 101 I StVollzG (hierzu Herzberg ZStW **91**, 559; Nöldeke/Weichbrodt NStZ **81**, 281; Geppert Jura **82**, 184; Weichbrodt NJW **83**, 311; Michale aaO 138; Kerner in Müller-Dietz Einführung 233; Tröndle, Kleinknecht-FS 411) mindestens dann, wenn die Häftlinge akute Lebensgefahr für sich herbeiführen wollen, offengelassen BGH **27**, 329. Zur Problematik auch J. Wagner, Selbstmord und Selbstmordverhinderung, 1975 u. JR **77**, 473; Bemmann, Klug-FS 563; Husen ZRP **77**, 289; Baumann ZRP **78**, 35; Winiger SchweizZSt. **78**, 386; 3 zu § 323c. Zur Frage der Zwangsbehandlungen bei AIDS-Erkrankungen im Strafvollzug Loschelder NJW **87**, 1469; auch Herzberg NJW **87**,

30 1461. **Verwerflich** iS des II (oben 23) kann es ferner sein, Wanderer an der gutgläubigen Benutzung eines nicht mit einem Verbotsschild versehenen Privatweges durch Drohung mit Hundehetzen und Schußwaffen zu hindern (Bay NJW **65**, 163), Reiter durch Androhung von Schußwaffengebrauch aus dem Jagdrevier zu vertreiben (Koblenz VRS **68**, 207; LK 83), verwerflich ist es ferner, wenn Hausbesetzer androhen, Gebäude weiter besetzt zu halten (Köln NJW **82**, 2678; abl. Schön NJW **82**, 2650), oder wenn Studenten eine Lehrveranstaltung nur zu Störzwecken aufsuchen (KG JR **79**, 162; Mertins GA **80**, 62; Geilen JK 1; vgl. auch oben 7), dies ist auch nicht im Falle von Vorlesungs„streiks" gerechtfertigt (NJW **82**, 198). Verwerflich ist die Drohung eines Rechtsanwalts mit einer Strafanzeige, um einen Rechtsmittelverzicht zu erzwingen (AnwBl. **55**, 69; vgl. auch Düsseldorf AnwBl. **73**, 316; LK 77) oder die einer Arbeitgeberin, einen Schöffen wegen seines Sitzungsdienstes zu entlassen (vgl. BGH **27**, 346). Desgl. die Nötigung zu einer Aussage, selbst wenn sie der Wahrheit entspricht (MDR **55**, 526), sowie die Nötigung zum Eintritt in eine Gewerkschaft (vgl. Bay **60**, 296), oder zum Austritt aus ihr durch Androhung wirtschaftlicher Nachteile.

31 **g) Die Nötigung von Amtsträgern** (auch im Falle des § 121 I Nr. 1) ist nach § 240 zu beurteilen (BGH **24**, 266). Doch sind folgende Besonderheiten zu beachten (vgl. Dreher NJW **70**, 1157; LK 94, 95; LK-v. Bubnoff 3 zu § 113). Nötigt der Täter zur Vornahme einer nicht rechtmäßigen Diensthandlung, so ist seine Tat grundsätzlich nach II verwerflich (Bay **88**, 9). Nötigt er zur Aufhebung einer nicht rechtmäßigen Diensthandlung, so wird die Tat mindestens bei bloßer Drohung mit einem empfindlichen Übel grundsätzlich rechtmäßig sein. Bei Gewalt oder Drohung mit Gewalt

Straftaten gegen die persönliche Freiheit § 240

wird es auf die konkrete Fallgestaltung, u. a. auch darauf ankommen, ob dem Täter der Weg des Rechtsbehelfs zuzumuten ist. Wird zur Vornahme einer rechtmäßigen Diensthandlung genötigt, so spricht die Vermutung für Rechtswidrigkeit, da die Freiheit amtlicher Entschließung grundsätzlich gesichert sein muß (hierzu SK 46). Ein Irrtum des Täters in dem behandelten Bereich ist Verbotsirrtum. Leistet der Täter einer Vollstreckungshandlung Widerstand, aber nur durch Androhung eines empfindlichen Übels, so daß die Tat lediglich deshalb nicht unter den Privilegierungstatbestand des § 113 fällt, ist, wenn II nicht zu entsprechenden Ergebnissen führt, § 113 III, IV analog zugunsten des Täters anzuwenden (LK 3 zu § 113; vgl. M-Schroeder § 70 I 3); ein durch die Konfrontation mit der Staatsgewalt etwa entstandener Affekt ist strafmildernd zu berücksichtigen. Das angedrohte Übel kann auch ein Nachteil sein, der nicht den Beamten persönlich, sondern seine dienstlichen Interessen betrifft (RG **56**, 226), sein Eintritt braucht erst in späterer Zukunft zu liegen (RG **34**, 206) oder kann von einer Bedingung abhängig sein (BGH **16**, 386). Eine bloße Warnung reicht nicht aus (RG **54**, 236; Bay **55**, 12). An die Eignung seiner Drohung, den Amtsträger zu nötigen, muß der Täter glauben (RG **54**, 236). Die Androhung kann, für sich gesehen, erlaubt sein (RG **60**, 343), so die Drohung mit Dienstaufsichtsbeschwerde (RG **56**, 47; Bremen NJW **57**, 151; Koblenz VRS **51**, 208) oder mit Presseveröffentlichung (Frankfurt NJW **53**, 1363); doch wird die Tat in diesen Fällen idR nicht rechtswidrig sein (vgl. NJW **76**, 760; Neustadt GA **60**, 251; 286; Hamm NJW **65**, 1495; AG Köln MDR **72**, 164), das kann anders sein, wenn der Täter eine entstellte Darstellung androht (vgl. Celle NJW **57**, 1847; vgl. LK 96).

h) *Auf dem **Gebiet der ehem. DDR** ist die Strafvorschrift des **§ 238 StGB-DDR** idF des 6. StÄG/DDR über die Beeinträchtigung richterlicher Unabhängigkeit [abgedr. bei § 336] in Kraft geblieben. Sie stellt u. a. die Bedrohung und Beeinflussung eines Richters oder Schöffen unter Anwendung oder Androhung von Gewalt oder eines erheblichen Nachteils unter Strafe.* 31a

6) Vollendet ist die Tat, wenn der Genötigte als Folge des auf ihn ausgeübten Druckes mit der ihm aufgezwungenen Handlung (dh einem Tun; vgl. 3 ff. vor § 13), Duldung (dh einem Geschehenlassen; RG **60**, 429) oder sonstigen Unterlassung (4 ff. zu § 13; hierzu Schaffstein, Dreher-FS 159) *beginnt* (RG **64**, 16; MDR/H **79**, 281; NStZ **87**, 71 [hierzu Otto JK 10]; aM SK 27; KG JR **79**, 163, LK 58) oder sich über einen nicht ganz unbedeutenden Zeitraum dem Zwang entsprechend verhält (so 18. 4. 1991, 4 StR 181/91), hierunter fällt aber nicht schon das erzwungene kurzfristige Verhalten, das nicht Zweck sondern lediglich Mittel ist, um das vom Täter gewollte abnötigende Verhalten zu ermöglichen (NStE Nr. 1 zu § 178). Strebt der Täter zwei Handlungen an, so ist § 240 vollendet, wenn er auch nur eine erreicht (MDR/D **72**, 386). Bei *Sitzblockaden* (12) kommt es für die Abgrenzung von Versuch und Vollendung darauf an, ob der für eine Nötigung mit Gewalt erforderliche *spezifische Zusammenhang* zwischen Nötigungshandlung (Hindernisbereiten) und dem Nötigungserfolg (Anhalten der Kraftfahrer) als gewahrt erscheint. Dies hat BGH **37**, 354 (auf die Vorlage von Bay NJW **90**, 59; NStZ **90**, 281) bejaht und (abw. von Bay; SchSch 14a, 26; Zweibrücken NJW **91**, 55) mit Recht eine *vollendete* Nötigung in den Fällen angenommen (zust. Otto JK 14), in denen die Polizei im 32

§ 240

unmittelbar örtlich-zeitlichen Zusammenhang mit der Sitzblockade die Kraftfahrer, gegen die sich die Blockade richtete, angehalten hat (so bisher schon Stuttgart MDR **86**, 602; SK 7a; krit. zu BGH **37**, 354 aber Wohlers NJW **92**, 1432; die bisher abw. Rspr. 45. Aufl. 26 ist überholt).

33   **7) Zum Vorsatz** (bedingter genügt, BGH **5**, 246) gehört **A.** die Kenntnis, mit Gewalt oder durch Drohung mit einem Übel das Verhalten eines anderen zu erzwingen, sowie der Wille zu diesem Zwang (RG GA Bd. **47**,
34   378). **B.** die Kenntnis der Umstände, die das Übel als empfindlich und das Vorgehen des Täters als verwerflich und rechtswidrig erscheinen lassen (LM Nr. 3; NJW **54**, 480; Bay NJW **61**, 2074; **92**, 521; Frankfurt DAR **67**, 222; Hamburg NJW **68**, 663; Karlsruhe NJW **73**, 380; Arzt/Weber LH **1**,
35   588; LK 105). **C.** jedoch *nicht* das Bewußtsein der Rechtswidrigkeit. Der **Irrtum** hierüber, veranlaßt etwa durch die irrige Annahme einer zivilrechtlichen Befugnis (Bay **61**, 1), ist Verbotsirrtum (GrSenBGH **2**, 194; Hamburg NJW **72**, 1290; Braunschweig NJW **76**, 62; vgl. LG Bremen NStE Nr. 1 zu § 111). Dasselbe gilt für die irrige Annahme, das Übel sei nicht empfindlich (LK 106; wohl auch BGH 3. 6. 1964, 2 StR 431/63; M-Schroeder § 13, 42) oder das Verhalten sei nicht verwerflich (Subsumtionsirrtum); vgl. SK 53. Je nachdem, ob man II als Tatbestandsergänzung (so SchSch 16) oder als Rechtswidrigkeitsmerkmal (BGH **2**, 196) ansieht (vgl. SaxJZ **76**, 82), liegt im Falle eines Irrtums über den Sachverhalt (oben 34), der der Wertung des II zugrunde liegt, ein Tatbestandsirrtum (§ 16) oder ein als solcher zu behandelnder Irrtum über rechtfertigende Umstände (20 ff. zu § 16) vor, was für die Rechtsfolge gleich bleibt (Lackner 6 b; Arzt/Weber LH **1**, 588; Eisenberg/Müller JuS **90**, 124).

36   **8) Versuch (III)** liegt vor, wenn der Täter mit der Anwendung der Nötigungsmittel beginnt, ohne daß diese zum Erfolg führen, der Genötigte zB noch nicht einmal einen Entschluß faßt, RG **48**, 351. An der Kausalität fehlt es aber auch, wenn der Genötigte die Handlung nicht infolge der Nötigung, sondern aus anderen Gründen ausführt (MDR/D **53**, 722; BGH **37**, 353; Hamburg MDR **74**, 330), insbesondere freiwillig, etwa um den Täter zu überführen. Zur Frage einer versuchten Nötigung im Falle von *Sitzblockaden* oben 32. Nach Bay (NJW **92**, 951) ist kein Versuch gegeben, wenn die Polizei die Blockade – dem Vorstellungsbild der Täter entsprechend – nach kurzer Zeit beendet. Die versuchte Freiheitsberaubung (§ 239) ist an sich nicht strafbar, kann es aber sein, falls sie in Form der versuchten Nötigung (mit Gewalt oder Bedrohung mit einem empfindlichen Übel) begangen wird (BGH **30**, 236 m. Anm. Jakobs JR **82**, 206; Otto Jura **89**, 497; aM SK 13 zu § 239).

37   **9) Konkurrenzen. Gesetzeskonkurrenz** ist in all den Fällen gegeben, wo die Nötigung zum Tatbestande gehört; diese Spezialdelikte gehen dann vor, so §§ 105 (dort 5), 106, 107, 113 (BGH VRS **35**, 174; 1 zu § 113, 114, 121 I Nr. 1, §§ 177; vgl. RG **24**, 188), 178, 181, 239 a, 239 b, 249 (RG **54**, 164). Auch mit § 253 liegt idR Gesetzeskonkurrenz vor, bei der § 253 vorgeht (RG **41**, 276; vgl. 17 zu § 253). Umgekehrt tritt § 241 hinter § 240 zurück (RG **41**, 276; vgl. 17 zu § 253). Umgekehrt tritt § 241 hinter § 240 zurück (RG **36**, 133,; **54**, 289; BGH JR **53**, 192; 31. 10. 1989, 1 StR 560/89; Koblenz MDR **84**, 1040; LK 108), ebenso hinter §§ 240, 22 (GA **70**, 373; MDR/H **79**, 281; 3. 10. 1980, 3 StR 359/80; BGHR § 240 III, Konk. 2; Koblenz OLGSt. Nr. 1 zu § 241), **Idealkonkurrenz**

Straftaten gegen die persönliche Freiheit **§ 240**

ist möglich mit der Anstiftung zu einer abgenötigten strafbaren Handlung (LK 111), ebenso mit § 132 (RG **59**, 298), § 176 (vgl. RG **11**, 387); §§ 211, 212 (16 zu § 211); § 223 (5. 5. 1981, 1 StR 487/80; Hamm VRS **27**, 30); § 239 (RG **31**, 301), es sei denn, daß die Gewalt lediglich zur Unterlassung einer Ortsveränderung angewendet wird, BGH **30**, 236 (nur § 239, BGHR § 239 I, Konk. 1; vgl. Otto Jura **89**, 497). Auch mit §§ 235 ff. kann Idealkonkurrenz vorliegen (RG **33**, 339; vgl. aber 11 zu § 235, 9 zu § 237), ferner mit § 315 b (BGH **22**, 365); §§ 315 c, Celle VRS **38**, 431).

10) Besonders schwere Fälle (11 zu § 12; 43 ff. zu § 46) können zB bei **38** Nötigung unter Mißbrauch der Amtsgewalt in Betracht kommen, aber auch bei Nötigung im sexuellen Bereich, nicht aber ohne weiteres unter Ehegatten (NStZ **83**, 72; vgl. hierzu 1 b zu § 177; LK 107).

11) Sonstige Vorschriften. Absehen von Strafe § 154 c StPO, Entziehung **39** des Jagdscheins § 41 I Nr. 2 BJagdG.

Bedrohung

241 ¹Wer einen anderen mit der Begehung eines gegen ihn oder eine ihm nahestehende Person gerichteten Verbrechens bedroht, wird mit Freiheitsstrafe bis zu einem Jahr oder mit Geldstrafe bestraft.

ⁱⁱ Ebenso wird bestraft, wer wider besseres Wissen einem anderen vortäuscht, daß die Verwirklichung eines gegen ihn oder eine ihm nahestehende Person gerichteten Verbrechens bevorstehe.

1) Die Vorschrift ist, nachdem das EGStGB (Einl. 10) eine Verschärfung **1** des Strafrahmens gebracht hatte, durch Art. 1 Nr. 8 des 14. StÄG (1 zu § 86; ferner Prot. 7/2298, 2381) dahin umgestaltet worden, daß in I (Sturm JZ **76**, 351) die nahestehende Person eingefügt und II neu angefügt worden ist. **Schrifttum:** *Laufhütte* MDR **76**, 441; *Stree* NJW **76**, 1177; *F. C. Schroeder*, Lackner-FS 665 (auch rechtshistorisch); *Spendel*, R. Schmitt-FS 205.

Rechtsgut ist in erster Linie der Rechtsfrieden des einzelnen (vgl. RG **32**, **2** 102; Bay **4**, 278; Schroeder aaO 670), damit aber auch seine abstrakt gefährdete Handlungsfreiheit (Prot. 7/2298; LK-Schäfer 2; Laufhütte MDR **76**, 443 Anm. 38). § 241 enthält zwei Tatbestände. Bei dem ersten ist

2) Tathandlung (I), daß der Täter einen anderen Menschen (nicht eine **3** Organisation als solche) mit einem Verbrechen **A. bedroht** (hierzu 15 f. zu § 240). Es genügt, daß der Bedrohte die Drohung ernst nehmen soll (Bedrohung mit einer Gaspistole; Bay **33**, 130); ob der Drohende sie verwirklichen will (RG **32**, 102) oder kann, ist ohne Bedeutung. Beginnt er bereits mit der Verwirklichung, so scheidet § 241 aus (NStZ **84**, 454). Die Drohung, die in jeder Form möglich ist (4 zu § 126), muß den Bedrohten erreichen (sonst nur strafloser Versuch). Ob er sie ernst nimmt, ist ohne Bedeutung; eine Störung seines Rechtsfriedens braucht also nicht einzutreten (MDR/D **75**, 22). Doch muß die Drohung geeignet sein, den Rechtsfrieden des Bedrohten zu stören, so daß bloße Verwünschungen und Prahlereien ebensowenig ausreichen (RG **32**, 102; Schleswig SchlHA **87**, 106) wie die Androhung von übernatürlichen Handlungen wie Totbeten u. dgl. (KG JW **30**, 3433). **B. Mit der Begehung eines Verbrechens** muß der Täter **4** drohen, dh mit einem bestimmten tatsächlichen Verhalten (EzSt Nr. 1), das nach § 12 I als Verbrechen (BGH **17**, 307; MDR/H **86**, 795), und zwar als rechtswidrige und schuldhafte Handlung zu werten ist (aM Stree NJW

§ 241

BT Achtzehnter Abschnitt

76, 1182; LK 4; Gössel BT 1 § 20, 5) und das entweder gegen den Bedrohten selbst (so daß dieser im Rechtssinne Verletzter wäre) oder gegen eine ihm nahestehende Person (7c zu § 35) gerichtet ist (zu eng wohl Schleswig SchlHA **78**, 185 Nr. 44).

5 3) **Tathandlung bei II** ist, daß der Täter einem anderen (oben 3) **vortäuscht**, daß die Verwirklichung, dh Begehung eines gegen ihn oder eine ihm nahestehende Person gerichteten **Verbrechens** (oben 4; auch hier reicht in unverständlichem Gegensatz zu § 126 II eine nicht schuldhafte rechtswidrige Tat nicht aus; das Gesetz, das sich in neueren Vorschriften in diesem Punkt präzise ausdrückt, mit Stree aaO sinnvoll korrigieren zu wollen, geht nicht an) **bevorstehe**. Es gilt 8 zu § 126 entsprechend. Wie dort gilt II nur für den Fall, daß der Täter die bevorstehende Tat als von ihm unabhängig darstellt; sonst gilt auch bei wissentlicher Vortäuschung I (Sturm aaO). II erfaßt nicht etwa nicht ernstgemeinte Drohungen, die ungeeignet sind, den Bedrohten in seinem Rechtsfrieden zu stören (Laufhütte aaO).

6 4) **Vorsatz** ist erforderlich. Der Täter braucht zwar die Einordnung der angedrohten Tat als Verbrechen nicht zu kennen; doch reicht es entgegen BGH **17**, 307 auch nicht aus, wenn er nur die Tatsachen kennt, die zu der rechtlichen Bewertung führen; er muß sich bewußt sein (11 zu § 16), daß es sich um eine schwere Straftat handelt (LK 11). Bei der Täuschungshandlung nach II muß der Täter wider besseres Wissen (7 zu § 15) handeln. Sonst genügt allenthalben bedingter Vorsatz.

7 5) **Tateinheit** ist möglich zB mit § 126 sowie mit § 145 d. Hinter § 113 (dort 31), § 177 (dort 11), 240 (dort 37), 253, 255 (RG **41**, 276), § 23 WStG tritt § 241 zurück; jedoch lebt § 241 wieder auf, wenn zB Strafbarkeit nach § 255 wegen § 24 entfällt (21. 6. 1977, 5 StR 310/77).

8 6) **Sonstige Vorschriften**. Privatklage, Sühneversuch, Nebenklage §§ 374, 380, 395 StPO.

Politische Verdächtigung RiStBV 202 bis 205

241 a ^I**Wer einen anderen durch eine Anzeige oder eine Verdächtigung der Gefahr aussetzt, aus politischen Gründen verfolgt zu werden und hierbei im Widerspruch zu rechtsstaatlichen Grundsätzen durch Gewalt- oder Willkürmaßnahmen Schaden an Leib oder Leben zu erleiden, der Freiheit beraubt oder in seiner beruflichen oder wirtschaftlichen Stellung empfindlich beeinträchtigt zu werden, wird mit Freiheitsstrafe bis zu fünf Jahren oder mit Geldstrafe bestraft.**

^{II}**Ebenso wird bestraft, wer eine Mitteilung über einen anderen macht oder übermittelt und ihn dadurch der in Absatz I bezeichneten Gefahr einer politischen Verfolgung aussetzt.**

^{III}**Der Versuch ist strafbar.**

^{IV}**Wird in der Anzeige, Verdächtigung oder Mitteilung gegen den anderen eine unwahre Behauptung aufgestellt oder ist die Tat in der Absicht begangen, eine der in Absatz 1 bezeichneten Folgen herbeizuführen, oder liegt sonst ein besonders schwerer Fall vor, so kann auf Freiheitsstrafe von einem Jahr bis zu zehn Jahren erkannt werden.**

Straftaten gegen die persönliche Freiheit § 241a

1) **Politische Verdächtigung** (vgl. hierzu und zu den sog. „Alttaten" von 1
dem Beitritt der ehem. DDR 1 zu § 234a; Wagner MDR 67, 797) liegt vor, falls
der Täter einen anderen durch eine Anzeige oder Verdächtigung, dh eine belastende Mitteilung tatsächlicher Art, der Gefahr der Verfolgung aus politischen
Gründen (BGH 6, 166; 14, 104; 30, 2) aussetzt. Das ist bei einer Verfolgung
wegen Devisenvergehen nicht der Fall (BGH 33, 239 m. Anm. Schroeder JR 86,
162). Es handelt sich um ein Gefährdungsdelikt, zu einer Verfolgung braucht es
nicht gekommen zu sein (Düsseldorf NJW 79, 59); zum Verjährungsbeginn
(§ 78a) vgl. BGH 32, 294. Auch ein für den Westen tätiger Agent genießt den
Schutz (KG NJW 57, 684). Die Verdächtigung kann sich auf kriminelle Taten
beziehen, wenn eine Strafe zu erwarten ist, die außer Verhältnis zum Unrechtsgehalt steht (10. 1. 1963, 3 StR 57/62). Sie ist auch in versteckter Form möglich
(GA 62, 202).

A. Empfänger der Anzeige oder Verdächtigung können auch Parteien, 2
Organisationen und Einzelpersonen (insbesondere Funktionäre und ihre Mittelsmänner) sein. – **Bei Behörden** ist zu unterscheiden: **a) Behörden der Bun-** 3
desrepublik scheiden als Empfänger aus (aM LK-Schäfer 2; SK-Horn 5). Gegen politische Willkürakte ihrer Amtsträger schützen die Strafvorschriften über
die Amtsdelikte. **b) Bundesfremde Behörden** können die **Adressaten** der 4
Verdächtigung sein; sie kann inhaltlich wahr sein. Ist der Täter nach Tatortsrecht zur Anzeige verpflichtet, so kann er nach § 34 gerechtfertigt oder durch
Notstand entschuldigt sein (vgl. KG GA 62, 207; Wagner MDR 67, 798).

B. Zum Tatort gilt § 5 Nr. 6, vgl. 3 zu § 234a. 5

C. Zu den Einzelheiten der Gefährdung 7ff. zu § 234a. 6

2) **Gefährdende Mitteilungen (II).** Im Gegensatz zu der förmlichen Anzei- 7
ge oder Verdächtigung nach I genügt hier die **einfache**, möglicherweise heimliche, vielleicht nur gelegentliche **Mitteilung** über einen anderen oder deren
Weitergabe (Übermittlung); dies selbst ohne nachweisbare Absicht, dem anderen eine politische Verfolgung zuzuziehen; vgl. IV; zB Mitteilungen über eine
geplante Fluchthilfe (Düsseldorf NJW 79, 59; vgl. Schroeder JZ 74, 117). Die
Mitteilung kann inhaltlich wahr sein. Doch ist die bloße wahrheitsgemäße Bestätigung einer belastenden Tätigkeit eines anderen auf Befragen eines Polizisten
keine „Mitteilung"; hält der Gefragte seine Antwort irrig für wahr, so fehlt es
am Vorsatz (BGH 11, 91; vgl. § 167 E 1962). Auch ist ein Zeuge nicht zur
falschen Aussage vor einem rechtsstaatliche Grundsätze verleugnenden Gericht
verpflichtet, um einen Dritten vor der Verhaftung zu schützen (NJW 58, 874;
bei Wagner GA 62, 200).

A. Die Grenzen zwischen I und II sind flüssig. Gerade politische Agenten 8
werden zur eigenen Sicherung die harmlosere Mitteilung wählen. Die Vorschrift von II gewährt auch Schutz gegen systematische Bespitzelung durch
Beauftragte einer autoritären Macht.

B. Die Gefährdung entspricht der in I. 9

3) **Der innere Tatbestand.** Der Vorsatz hat sich auf die Gefährdung und 10
ihre Art zu erstrecken (vgl. insoweit 10 zu § 234a).

4) **Besonders schwere Fälle** (IV; vgl. 43ff. zu § 46). **Zwei Beispiele** gibt 11
das Gesetz: **a)** Die Behauptung ist unwahr (dazu GA 62, 203); oder **b)** der Täter
beabsichtigt, die schweren Folgen von I für das Opfer herbeizuführen. Diese
„zwingenden Beispielsfälle" ändern an dem Vergehungscharakter der Tat nichts
(§ 12 III; vgl. 11 zu § 12). **Der Vorsatz** muß hier zu a die **Unwahrheit** umfassen und zu b die dort erwähnte **Absicht** enthalten.

5) **Versuch** ist zB gegeben, falls die Anzeige abgefangen wird. 12

§ 241a

13 **6) Konkurrenzen.** Es kommen in Betracht: **Tateinheit** mit §§ 94 bis 96 (vgl. GA **62**, 204), §§ 98, 99 (vgl. KG NJW **57**, 684); bei IV mit §§ 164, 186, 187, 187a; ebenso mit der Straftat als Folge der Anzeige, falls der Zusammenhang nachweisbar ist, mit § 239 II (KG NJW **89**, 1373), jedoch tritt versuchte Freiheitsberaubung (§§ 239 II, 23) hinter § 241a zurück (NJW **60**, 1211; str.).

14 **7) Zuständigkeit** §§ 74a, 120, 142a GVG.

Neunzehnter Abschnitt
Diebstahl und Unterschlagung

Diebstahl

242 ^IWer eine fremde bewegliche Sache einem anderen in der Absicht wegnimmt, dieselbe sich rechtswidrig zuzueignen, wird mit Freiheitsstrafe bis zu fünf Jahren oder mit Geldstrafe bestraft.

^{II}Der Versuch ist strafbar.

1 **1) Die Vorschrift** ist, auch soweit sie den Diebstahl geringwertiger Sachen (§ 248a) unter Strafe stellt, mit dem GG vereinbar (BVerfGE **50**, 212). **Gegenstand des Diebstahls** ist eine fremde (4) bewegliche (3) Sache (2), die in eines anderen Gewahrsam (9ff.) steht, geschütztes **Rechtsgut** das Eigentum (vgl. BGH **10**, 400), nach hM zusätzlich der Gewahrsam (vgl. zB Eser IV, 1 A 8). Neueres **Schrifttum:** *Heubel* JuS **84**, 445; *Lenckner/Winkelbauer* wistra **84**, 8; *Otto* Jura **89**, 138; *Sonnen* JA **84**, 569 (auch krim. stat. Angaben).

2 **A. Der strafrechtliche Begriff Sache** ist als selbständiger, vom Zivilrecht (§ 90a S. 1 BGB idF des Ges. v. 20. 8. 1990, BGBl. I 1762) unabhängiger öffentlichrechtlicher Begriff nur dem Strafrecht selbst zu entnehmen (RG **32**, 179). Er hat zwar wie § 90 BGB die Körperlichkeit des Gegenstandes zur Voraussetzung (RG **29**, 111), weicht aber zB von § 90a, § 119 II, § 459 BGB und § 265 ZPO ab. Der Sachbegriff ist dem Zweck des *StGB* und *seinem* natürlichen Wortsinn gemäß auszulegen, so daß zB iS des § 242 auch ein Tier eine Sache ist, es iS des § 1 I AbfG aber nicht ist (vgl. § 326, Sack 2 zu § 326). Die Herausnahme des Tiers aus dem zivilrechtlichen Sachbegriff (§ 90a S. 1 BGB) hat also auf das Strafrecht keinen Einfluß („im Sinne des Gesetzes" bedeutet in § 90 BGB iS des BGB). Daran ändert auch § 90a BGB nichts (Lorz MDR **89**, 201). Forderungen und sonstige (zB Urheber-) Rechte kann man nicht stehlen (RG **3**, 349); ebensowenig *Giralgelder* (München JZ **77**, 409 m. Anm. Sieber mwN; Tiedemann **2**, 155; Sieber 196f.; Pikart WM **80**, 513; vgl. Kienapfel ÖJZ **85**, 487; **86**, 338; Haft NStZ **87**, 8), anders die solche Rechte verkörpernden Urkunden, wie Wechsel, Schuldscheine, Sparkassenbücher (über sie 19, RG **61**, 127); Grundschuldbriefe (NJW **78**, 710 m. Anm. Lackner/Müller JR **78**, 345), Vertragsformulare (19. 3. 1984, 3 StR 83/84), und zwar selbst dann, wenn die Urkunde ohne das verbriefte Recht nicht übertragen werden kann. Der Aggregatzustand der Sache ist gleichgültig; erfaßt werden also auch Gase und Dämpfe (RG **44**, 335), Flüssigkeiten (RG **14**, 121), aber *nicht* die Elektrizität, RG **32**, 165 (daher das Ges. v. 9. 4. 1900, RGBl. 228, jetzt § 248c; vgl. Bockelmann BT/1 § 3 I 1; Heubel JuS **84**, 445); auch *nicht* computergespeicherte Informationen („software") als solche (v. zur Mühlen NJW **71**,

Diebstahl und Unterschlagung **§ 242**

1642; Lampe GA **75**, 19, 23; Vogt JuS **80**, 860), wohl aber beim *„Datendiebstahl"* das Magnetband oder der sonstige Datenträger (hierzu Liebl/Grosch CR **85**, 162; vgl. auch § 202a) und bei der unbefugten Benutzung von Datenverarbeitungsanlagen, dem sog. *Zeitdiebstahl* (vgl. 8 zu § 263a; 22 zu § 266) das output-Papier (Steinke NJW **75**, 1869; aM wohl Lampe GA **75**, 23; Tag-Ber. XII aaO [1 zu § 264] Anl. 3, 33 und Sieber aaO Anl. 2, 96; vgl. Tiedemann WM **83**, 1329; vgl. zum Ganzen ferner Sieber BB **81**, 1547; v. Gravenreuth BB **83**, 1742; Göppinger 670); ferner auch wertlose Sachen (MDR **60**, 689), wobei jedoch meist das Bewußtsein der Rechtswidrigkeit fehlen wird (RG **44**, 207), erst recht Sachen mit bloßem Liebhaberwert, wie Familienbilder. Auch Teile einer beweglichen Sache können gestohlen werden, sobald sie aus der Verbindung gelöst werden. *Keine Sache* ist der *lebende Menschenkörper* (samt den *mit ihm verbundenen* therapeutischen Hilfsmitteln, zB Zahnbrücken, Herzschrittmacher; vgl. jedoch unten 6a).

B. Beweglich im natürlichen Sinne muß die Sache sein; so auch Teile 3 von unbeweglichen Sachen, die zum Zwecke der Wegnahme losgelöst werden (RG **5**, 42, hier oft Tateinheit mit Sachbeschädigung); wie Getreide auf dem Halm (RG **23**, 74), Torf (RG **21**, 27). Ebenso mit dem Boden verbundene Sachen nach Trennung; so Stecklinge (RG **35**, 67), Zaunholz (RG **26**, 368). Grenzverrückungen (§ 274 Nr. 3) sind kein Diebstahl.

C. Fremd ist eine Sache, die nach bürgerlichem Recht einem anderen 4 gehört (BGH **6**, 377; Otto Jura **89**, 139). Bei Spezifikation für einen andern erwirbt dieser das Eigentum trotz § 950 BGB (RG **37**, 330), bei offener Stellvertretung sofort der Vertretene (RG **19**, 432, so der Kellner für den Wirt [RG **34**, 41], denn der Gast begleicht seine Kaufschuld an den Wirt); bei der verdeckten nur, falls der Vertreter alsbald ein Besitzkonstitut in sich zugunsten des Vertretenen abschließt (§§ 930, 868, 181 BGB). Wegen Vermischung vgl. § 948 BGB. Das Entwickeln eines Films ändert nichts an dessen Eigentumsverhältnissen (Düsseldorf NJW **89**, 115). Das Gaswerk erwirbt Eigentum an den in den Münzgaszähler geworfenen Münzen (Stuttgart Die Justiz **63**, 211; Düsseldorf NJW **83**, 2153 m. Anm. Bottke JR **84**, 35). Ein zum Wechseln auf den Ladentisch gelegter Schein wird Eigentum des Wechselnden, sobald er das Kleingeld auf den Ladentisch gelegt hat, § 854 II BGB (Köln MDR **54**, 695; Celle NJW **59**, 1981; Saarbrücken NJW **76**, 66; zusf. Otto JZ **85**, 22). Ein Mann, der sich mit dem Geld entfernt, das ihm ein anderer in der Hoffnung auf homosexuellen Verkehr zugesteck hat, ist Eigentümer geworden (Düsseldorf MDR **69**, 862; vgl. BGH **6**, 377; Köln MDR **54**, 695; Hamburg NJW **66**, 1525). Auch die Prostituierte erwirbt Eigentum am Dirnenlohn (BGH **6**, 377; 8. 12. 1967, 4 StR 440/67; Köln MDR **54**, 695; Hamburg NJW **66**, 1525; Saarbrücken NJW **76**, 65; Ranft JA **84**, 5), nicht jedoch beim Handeltreiben mit BtM der Verkäufer am Erlös (§ 134 BGB; BGH **31**, 147 m. Anm. Schmid JR **83**, 432). BtM sind nicht schon deswegen, weil sie ohne Erlaubnis des BGA nicht erworben werden dürfen, „eigentumsunfähig", wie Engel (NStZ **91**, 520) meint, vielmehr können auch illegal erworbene Drogen Gegenstand von Eigentumsdelikten sein (Marcelli, Vitt NStZ **92**, 220, 221). Zur Frage des Eigentums an einem historischen Grenzstein Frankfurt NJW **84**, 2303. Zum Eigentumserwerb nach dem FlurbG vgl. Bay **67**, 24. Auch das Landesrecht kann über Eigentumserwerb entscheiden, so zB für die Aneig-

§ 242

nung von Pflanzen und Früchten § 43 BW NatSchG; für Tauben (unten 7); im Wasserrecht (Art. 65), Bergrecht (Art. 67 EG BGB). Bei nachweisbar fremder Sache ist die Feststellung unnötig, wer Eigentümer ist.

5 **a) Eigene Sachen** kann man nicht stehlen, anders bei Miteigentum (RG 21, 273, so nach Vermischung von mehreren Eigentümern gehörigen Geldern, RG 56, 123); desgl. bei Eigentum zur gesamten Hand, wie bei der OHG (RG GA Bd. 55, 229) oder einer KG (NJW 92, 250). Auch die Entnahme eines der Mitbeteiligung entsprechenden Anteils ist Verletzung der Teilrechte der anderen (RG 7, 20), doch wird hier meistens das Bewußtsein der Rechtswidrigkeit fehlen. Auch der einzige Gesellschafter einer Einmann-GmbH kann an deren Sachen Diebstahl begehen (RG 71, 355), da sie ihm rechtlich (wenn auch nicht wirtschaftlich) fremd sind. Konkurseröffnung beseitigt das Eigentum des Gemeinschuldners nicht (RG 39, 414; vgl. aber §§ 136, 283 I Nr. 1). Persönliche Verpflichtungen zur Übereignung berühren bis zu deren Erfüllung das Eigentum nicht (RG 9, 276), können aber den Vorsatz ausschließen.

6 **b) Herrenlose Sachen** scheiden aus. Das sind solche, an denen Eigentum entweder noch nie bestanden hat (zB wilde Tiere und ausziehende Bienenschwärme, unten 7, bergbaufreie Mineralien) oder aufgegeben worden (unten 8) oder sonst erloschen ist (§§ 960 II, III, 961 BGB) oder deren Aneignung unzulässig ist und an denen Eigentum nicht begründet werden

6a kann, so am **Leichnam** (aM Peuster, Eigentumsverhältnisse an Leichen und ihre transplantationsrechtliche Relevanz, 1971), es sei denn, daß er nicht mehr zur Bestattung bestimmt ist; so in Anatomien, Museen (Mumie; vgl. 2ff. zu § 168). Auch ins Grab mitgegebene Sachen sind eigentumsfähig. Teile des menschlichen Körpers sowie fest mit ihm verbundene therapeutische Hilfsmittel fallen mit der Trennung ohne weiteres in das Eigentum ihres Trägers (SchSch-Eser 20; SK-Samson 4; M-Schroeder § 32, 19; str.; zur Explantation von Herzschrittmachern unter dem Aspekt der §§ 242, 246, Bringewat JA 84, 63; Gropp JR 85, 181; Otto Jura 89, 138), aber nicht menschliches Sperma und Ovum bei der IVF [6a vor § 218], Arth. Kaufmann, Oehler-FS 649; aM Bilsdorfer MDR 84, 802. Es liegt aber Raub vor, wenn einem Häftling gewaltsam eine Goldplombe ausgebrochen und weggenommen wird (MDR/D 58, 739), und Diebstahl, wenn jemandes Zopf abgeschnitten und mitgenommen wird. Entspre-

6b chendes kann bei **Leichenteilen** (2 zu § 168) gelten, wenn Eigentumsrechte durch Abtrennung wiederaufleben und von Erben geltend gemacht werden (str.; vgl. SK 16 mwN). Auch die Natur einer Sache kann das eigentumsmäßige Beherrschen ausschließen, so bei der freien Luft oder der Wasserwelle, falls nicht das Landesrecht (Art. 65 EG BGB) Eigentum an ihr

7 anerkennt. Sachen des Gottesdienstes stehen im Eigentum der Kirche. **Wilde Tiere und Fische** in der Freiheit sind herrenlos (§ 960 I S. 1 BGB); auch an Tierarten, die dem Jagdrecht unterliegen (vgl. § 2 BJagdG), besteht nur ein ausschließliches Aneignungsrecht des Jagdrechtsinhabers (§ 1 I BJagdG, § 958 II BGB), das ein Aneignen durch Wilderer verhindert. Auch der bösgläubige Dritterwerber vom Diebe erwirbt kein Eigentum (RG 39, 427). Das Entwenden des Wildes bei ihm ist höchstens am untauglichen Objekt versuchter Diebstahl (RG 39, 427; vgl. 20 zu § 292). Sobald sich das Tier in der Schlinge (bei Tierarten, die dem Jagdrecht unterliegen, aber nur soweit vom Berechtigten aufgestellt) verfängt, ist Eigentum erworben

Diebstahl und Unterschlagung **§ 242**

(vgl. RG **29**, 216; **63**, 35). Wissen des Schlingenstellers vom Fang ist unnötig (RG **29**, 216). Erlangt das gefangene Tier die Freiheit, so wird es mangels unverzüglicher Verfolgung durch den Eigentümer herrenlos (§ 960 II BGB); entsprechend beim ausziehenden Bienenschwarm (§ 961). Wilde Tiere in **Tiergärten** und Fische in **Teichen** sind nicht herrenlos (§ 960 I S. 2, RG **39**, 427); das kann auch für Enten in Teichen gelten (Hamm OLGSt. 21). Ein Tiergartern setzt, entsprechend den Teichen, beschränkten Umfang voraus (KG DJZ **11**, 221), nicht jede Einzäunung genügt (aM zu Unrecht RG **60**, 273; JW **34**, 3204), im Einzelfall Tatfrage, ob Wild in Gefangenschaft (RG **42**, 75). **Gezähmte Tiere** werden herrenlos, wenn sie die Gewohnheit zur Rückkehr ablegen (§ 960 III). **Zahme Tiere** werden durch Entlaufen nicht herrenlos. Fremde **Tauben** im Freien können landesrechtlich einem besonderen Aneignungsrecht unterliegen (Art. 130 EGBGB; vgl. zB § 2 HessFlugsperrZG v. 5. 10. 1956 [GVBl. I 145; II 882–12], ÄndG v. 16. 3. 1970 [GVBl. I 243] und § 28 II NdsFForstOG). **Besitz-** 8 **aufgabe mit Eigentumsverzichtsabsicht** macht eine Sache herrenlos (§ 959 BGB). Ob solche Dereliktion vorliegt, ist Tatfrage; idR zu verneinen bei von Soldaten zurückgelassenen Ausrüstungsgegenständen (RG **49**, 194); bei zurückgelassenem Flüchtlingsgut (Kiel MDR **47**, 271); bei in erreichbarer Tiefe gesunkenen Schiffen; zu bejahen bei am Kriegsschluß liegen gebliebenem Heeresgut (NJW **53**, 1271); bei verschossener Munition, auch auf Übungsplätzen (RG **39**, 26; **57**, 337; Schleswig SchlHA **53**, 265; Celle NdsRpfl. **56**, 114; Hamm JMBlNW **63**, 145); bei Hausmüll, bereitgestellt zur Abfuhr (RG **48**, 121), *nicht* aber auf dem Gehsteig zur Abholung bereitgestelltes Sammelgut (Bay MDR **87**, 75; vgl. aber JZ **70**, 36). Verlorene oder vergessene Sachen sind nicht derelinquiert. Derelinquieren kann nur der Eigentümer (RG **49**, 194). Mit der **Okkupation** durch einen Dritten erhält auch die herrenlose Sache wieder einen Eigentümer, § 958 I (vgl. aber II) BGB.

D. Gewahrsam eines anderen. Der andere braucht nicht der Eigentümer 9 zu sein (RG **77**, 239). Gewahrsamsfragen sind **nach den Umständen des einzelnen Falles** und den Anschauungen des Verkehrs (BGH **22**, 182) oder des täglichen Lebens (BGH **16**, 271; **23**, 255; NStE Nr. 17; 16. 10. 1990, 4 StR 427/90) zu beantworten (vgl. GA **62**, 78; M-Schroeder § 33, 12ff.; Heubel JuS **84**, 446; Otto Jura **89**, 140; Laubenthal JA **90**, 39; krit. Gössel ZStW **85**, 591, der den Gewahrsam als vom Herrschaftswillen getragene tatsächliche Verfügungsmöglichkeit definiert, die sozial manifest innerhalb einer bestimmten Schutzsphäre besteht; aaO 650). Dies ist nicht nach dem BGB zu beurteilen (Samson JA **90**, 6), das auch Besitz ohne tatsächliche Herrschaft kennt. So hat der **Besitzdiener** (§ 855 BGB) wie die Hausangestellte keinen Besitz, aber (Mit-)Gewahrsam, vgl. unten; der **Erbe** hat Besitz (§ 857 BGB), aber nicht Gewahrsam, so daß an Sachen des Erblassers vor tatsächlicher Inbesitznahme durch einen anderen Unterschlagung, nicht Diebstahl möglich ist (RG **58**, 228). Auch der mittelbare Besitzer (§ 868 BGB) hat keinen Gewahrsam (RG **56**, 115); so insbesondere bei Übergabe von sog. **Traditionspapieren** (§§ 424, 450 HGB, RG GA Bd. **61**, 126). Die Möglichkeit tatsächlicher Herrschaft **fehlt** beim Käufer vor Übergabe (RG **23**, 71); dem Inhaber des Hauptgeschäfts bezüglich einer weit entfernten Filiale (RG **60**, 271); dem Eigentümer am Auto, das

§ 242

Fremde zur (ungenehmigten) Schwarzfahrt benutzen (MDR/D **54**, 398). Dagegen hat der Autofahrer an dem geparkten Wagen (GA **62**, 78) oder an den an bekannter Stelle zurückgelassenen Resten seines ausgebrannten Wagens (Köln GA **58**, 284) Gewahrsam. Auch hat der Wohnungsinhaber den Gewahrsam an seiner Wohnung selbst bei einer Reise (BGH **16**, 271), der Landwirt an dem Pflug auf seinem Felde (BGH aaO), an den frei umherlaufenden Haustieren (so an dem Hund in der Nähe seines Gartens, BGH aaO und MDR/D **54**, 398), an der in der Nähe des Hofes weidenden Herde (14. 5. 1963, 1 StR 165/63), da die Gewaltausübung nur vorübergehend behindert ist (RG **50**, 184); der Frachtführer an den seinen Rollkutscher mitgegebenen Sachen, es sei denn, daß dieser verbotene Wege fährt (RG **54**, 33); anders aber bei der Übergabe an einen selbständigen Frachtführer, RG **56**, 116; die Bahnverwaltung an Sachen, die von anderen auf dem Bahnsteig liegen gelassen sind (RG **54**, 232); die Bundespost an im öffentlichen Münzfernsprecher zurückgelassenen Geldmünzen (Düsseldorf NJW **88**, 1336), der Geschäftsherr an Sachen, die der Kunde im Laden besichtigt (RG GA Bd. **59**, 459), der Kleinhändler bei Barkauf auch noch an den Kleidern, die der Käufer im Laden angezogen hat (LM Nr. 11 zu § 249), desgl. am Kaufgeld, das seinem Angestellten im Laden übergeben wird, selbst wenn dieser es sogleich für sich behalten will (RG **30**, 88), es sei denn, daß der Gehilfe den Kassenschlüssel hat (Frank IV); der Ladeninhaber an Waren aus dem Schaufenster, die nach Zertrümmerung der Fensterscheibe auf dem Erdboden liegen (GA **62**, 77); die Anstalt an Gas und Wasser der geschlossenen Leitung selbst innerhalb der Wohnung eines Dritten (RG **47**, 324); desgl. das Gaswerk am Geldinhalt eines in der Wohnung eines Beziehers aufgestellten Gasautomaten (RG **45**, 249; aM NJW **68**, 2069 für einen beweglichen Fernsehautomaten). Auch *unrechtmäßig* kann der Gewahrsam sein, so der des Betrügers, des Diebes (NJW **53**, 1358). Auch am Dirnenlohn ist Diebstahl möglich (Köln MDR **54**, 695).

10 **a)** Auch **Mitgewahrsam** ist fremder Gewahrsam (BGH **14**, 40; NJW **60**, 1357), sei es, daß er zu gleichem Rechte (Gesellschafter!) oder vom Herrn und Besitzdiener (Hausangestellte, Handlungsgehilfen) gemeinsam ausgeübt wird (BGH **16**, 271; krit. Bittner, Der Gewahrsamsbegriff und seine Bedeutung für die Systematik der Vermögensdelikte, 1972; Haffke GA **72**, 225). Im letzten Fall kann ausnahmsweise aber auch **Alleingewahrsam** eines der beiden Teile vorliegen. So hat Alleingewahrsam der Angestellte, der Waren zum Kunden zur Ansicht bringt (RG GA Bd. **59**, 459), der selbständige Frachtführer (RG **56**, 116), der Fahrer einer Transportfirma (BGH **2**, 318; Düsseldorf wistra **85**, 110), im übrigen ist Tatfrage (vgl. BGH **16**, 273), ob Fernfahrer Alleingewahrsam an zu transportierenden Containern haben, das Vorhandensein von Fahrtschreibern in den Lastzügen genügt für eine tatsächliche Sachherrschaft des Unternehmers nicht (GA **79**, 390; vgl. ferner RG **54**, 34). Alleingewahrsam haben auch der Packmeister am Bahngut, RG **46**, 376, der Bahnpostschaffner an der Paketpost (hingegen Mitgewahrsam am Expreßgut der Zugführer und der Ladeschaffner, GA **56**, 318), der Postschalterbeamte an den ihm übergebenen, von den Postboten eingezogenen Nachnahmebeträgen (RG **26**, 43); der Kassierer in Bank oder Warenhaus, wenn er allein den Schlüssel hat (BGH **8**, 275; MDR **89**, 111; BGHR § 242 I, Gew. 4); und zwar auch dann, wenn er verpflichtet ist, das Geld seinem Dienstherrn herauszugeben (RG HRR

35, 765; 22. 10. 1969, 3 StR 179/69; SK 26), die Garderobenfrau an der vom Gast abgegebenen Garderobe (RG HRR **39**, 1281), der Gastwirt an von den Gästen benutztem Tafelgeschirr (Bay **9**, 376); der Geschäftsinhaber an seinem Lager (Köln OLGSt. 50: mindestens Mitgewahrsam); der Mieter an den Mietsräumen (RG **5**, 42); anders, wenn der Vermieter das Zimmer jederzeit betreten kann (RG **3**, 358; LK-Ruß 28), so bei Hotelzimmern (RG GA Bd. **68**, 276) Pensionen (NJW **60**, 1357), Studentenwohnungen und bei in Sammelgaragen eingestellten Wagen (BGH **18**, 221, Mitgewahrsam!), sowie bei auf bewachten Parkplätzen abgestellten Fahrrädern (verkannt von Köln VRS **30**, 180). Es kommt auf die konkreten Verhältnisse des Einzelfalles an (vgl. Celle JR **68**, 431 mit Anm. Schröder). Mitgewahrsam hat der Mandant an seinen dem Steuerberater übergebenen Belegen (LG Aachen NJW **85**, 338). Bruch des untergeordneten Mitgewahrsams durch den übergeordneten Mitgewahrsamsinhaber ist keine Wegnahme (Hamm JMBlNW **65**, 10; vgl. Eser IV, 2 A 36; Seelmann JuS **85**, 201), wohl aber im umgekehrten Fall (NStZ **83**, 455). Bei Tod eines Mitinhabers wird der andere Alleininhaber des Gewahrsams (RG **47**, 210).

b) Beherrschungswille ist für den Gewahrsam nötig (BGH **8**, 273; LK **11** 21, anders SK 35); doch nicht in der Form des Eigentümerwillens. Der Wille setzt auch ein Wissen, also Kenntnis vom Entstandensein des Herrschaftsverhältnisses voraus, hingegen nicht ständiges Bewußtsein der Sachherrschaft (BGH **4**, 211; vgl. aber KG GA **79**, 428). Auch braucht sich der Herrschaftswille nicht auf die einzelne Sache zu erstrecken; er kann auch **allgemein bekundet** sein oder sich aus den Umständen ergeben (RG **50**, 46); so bei Sachen im Briefkasten, Münzen im Münzfernsprecher (Düsseldorf NJW **83**, 2153 [m. Anm. Bottke JR **84**, 35; Seier JA **83**, 673] u. **88**, 1336); beim Wild in den Schlingen; bei Sachen, die dem Wohnungs- oder Ladeninhaber zur Empfangnahme vor die Tür gestellt worden sind (NJW **68**, 662; dazu Schmitt JZ **68**, 307). Daher stehen auch in Geschäftsräumen (Hamm NJW **69**, 620; dazu krit. Bittner MDR **70**, 291; SK 35) oder auf dem Bahnsteig zurückgelassene Sachen im Gewahrsam des Inhabers (der Behörde oder Eisenbahn, RG **54**, 232; **53**, 196; vgl. aber GA **69**, 25); so auch vom Eisenbahnzug auf den Bahnsteig geworfene Kohlen (MDR **52**, 658). Auch Betrunkene oder Schlafende (BGH **20**, 33), sowie **Kinder** und Geisteskranke können Gewahrsamsinhaber sein (RG **2**, 334); wobei allerdings Ausnahmen gelten; ob auch bei Kranken, die die Fähigkeit, einen Willen zu fassen und zu äußern, bis zu ihrem Tode verloren haben (so Bay JR **61**, 188 mit abl. Anm. Schröder), ist zw. (Krey BT/2, 6). Keinen Gewahrsam haben juristische Personen als solche, vielmehr ihre gesetzlichen Vertreter (RG **60**, 271), oder deren Angestellte, die für die juristische Person die tatsächliche Gewalt ausüben (RG **14**, 307).

c) Der Verlust des Gewahrsams tritt mit dem Aufhören der Möglich- **12** keit, die Sache zu beherrschen, ein (BGH **4**, 210). Tote haben keinen Gewahrsam mehr (BGHR § 242 I, Gew. 1; 17. 7. 1992, 2 StR 268/92), hingegen ist Gewahrsam eines erheblich Verletzten an seinen neben ihm liegenden Sachen nicht schon deswegen zu verneinen, weil er nichts mehr zu deren Schutz zu unternehmen vermag (NJW **85**, 1911, hierzu Otto JK 5; Lampe JR **86**, 294; Seelmann/Pfohl JuS **87**, 199, hierzu Begemann JuS **87**, 592). Der bloße Zuschlag an der Ersteher in der Zwangsvollstreckung (RG **20**, 428), und die Konkurseröffnung (RG GA Bd. **37**, 177) genügen dazu

§ 242

nicht; desgl. nicht das Verlegen oder Verstecken (RG **53**, 175), einer Sache in einem bekannten Raum (RG **3**, 201; vgl. aber BGH **4**, 132). Auch das Vergessen einer Sache an einem bekannten Ort beseitigt den Gewahrsam nicht, falls sie noch ohne äußere Hinweise zurückerlangt werden kann (RMG **2**, 278). Dies gilt auch für das Liegenlassen im Eisenbahnzug, falls die Sache alsbald angefordert wird (RG **38**, 444). Zum mindesten hätte hier die Bahn den Gewahrsam erlangt, vgl. 11. Hat der Tankwart Benzin in den Tank des Wagens des Käufers gefüllt, so hat er den Gewahrsam verloren, daher Betrug, falls der Täter *von vornherein* nicht bezahlen wollte, sonst kann allenfalls Betrugsversuch in Frage kommen (NJW **83**, 2827; DAR **85**, 185; Schroeder JuS **84**, 846; Herzberg JA **80**, 386; Seelmann JuS **85**, 202; auch 7 zu § 263). An **verlorenen Sachen** (vgl. § 956 BGB) ist der Gewahrsam weggefallen. Dies gilt auch für entlaufene Haustiere, falls der Gewahrsamsinhaber ihren Aufenthalt nicht kennt (RG **50**, 183; vgl. auch unten 15).

13 2) **Tathandlung** ist das **Wegnehmen** der Sache, das ist der Bruch fremden und die gleichzeitige oder spätere Begründung neuen Gewahrsams (unten 18) für den Dieb oder einen Dritten; damit ist die Tat **vollendet**. Die Wegnahme braucht nicht heimlich zu geschehen (MDR/H **87**, 281). Auch die Wegnahme aus unberechtigtem Gewahrsam (zB eines Diebes) genügt (NJW **53**, 1358; RG **60**, 278), anders, falls ein Dieb seinem Mittäter die ganze ungeteilte Diebesbeute nochmals wegnimmt, da hier kein neuer Angriff auf fremdes Eigentum vorliegt (RG **11**, 441). Das Mittel des Bruches des fremden Gewahrsams ist gleichgültig; er kann auch durch ein Tier oder einen gutgläubigen Dritten erfolgen, also in **mittelbarer Täterschaft** (RG **53**, 180; selbst so, daß dem gutgläubigen Dritten leicht zugängliche Sachen (Gänse im Stall) verkauft werden und dieser sie sich dann holt (nicht bloßer Betrug! vgl. 28, RG **70**, 213; vgl. M-Schroeder § 33, 28 ff.). Ebenso durch Vorspiegelung einer polizeilichen Beschlagnahme und dadurch erzwungene Aushändigung (vgl. dazu und zur Abgrenzung vom Betrug 45 zu § 263). Auch der Bruch von bloßem Mitgewahrsam ist Wegnahme (BGH **2**, 317). Im Falle von Mitgewahrsam wird Gewahrsam auch gebrochen, wenn nur der eine Gewahrsamsinhaber in die Wegnahme einwilligt (BGH **8**, 276), es sei denn, daß der Einwilligende allein verfügen darf (BGH **18**, 221). Der Gewahrsam des Dritten ist auch erlangt, falls jemand an einer bestimmten, einem Dritten bekannte Stelle Sachen aus dem Zuge wirft, die der Dritte sich später abholt (RG 11. 12. 1922, 6 D 949/22; aM LK 75, nur Versuch!); desgl., wenn ein Gütervorsteher einen Waggon durch Ausstellung eines gefälschten Frachtbriefs aus dem regelmäßigen Beförderungswege herausnimmt und auf einen falschen Beförderungsweg schickt (RG 2. 6. 1924, 2 D 484/24; Olshausen 20b), ebenso, wenn jemand gestattet, daß eine Frau in seiner Bar seine Armbanduhr anlegt und sich auf die Toilette des ihm unbekannten Lokales begibt (29. 10. 1959, 2 StR 446/59).

14 A. **Die Ansichnahme** des Gewahrsamserwerbers muß ihn nach Anschauung des täglichen Lebens die tatsächliche Herrschaft über die Sache, und zwar die ganze Sache (Karlsruhe Die Justiz **72**, 361), ausüben lassen, **Apprehensionstheorie** (BGH **16**, 271; NJW **81**, 997; BGHR § 242 I, Wegn. 6), das bloße Berühren **(Kontrektation)** eines Gegenstandes genügt hierzu nicht. Das Wegschaffen vom Tatort **(Ablation)** ist nicht erforderlich (Tübingen HESt. **2**, 17), also auch nicht die Bergung **(Illation)**. Handlungen

Diebstahl und Unterschlagung §242

vor der Gewahrsamserlangung können Versuch oder nur vorbereitende Handlungen sein; im Einzelfall Tatfrage, ob Wegnahme bloß vorbereitet, begonnen (Versuch), vollendet oder beendet ist (RG 27, 396). Das Erlangen durch eine Mittelsperson genügt zur Vollendung (RG 53, 181). Gegen die genannten Theorien unter Hinweis auf die weitgehend davon abw. Rspr. Gössel ZStW 85, 591; vgl. Eser IV, 2 A 57ff.

a) Vollendet kann die Wegnahme sein schon beim Verstecken in den Räumen des Bestohlenen (RG 12, 355; Schleswig SchlHA 78, 185 Nr. 45), desgl. beim Verbergen des in einem Warenhaus Gestohlenen unter der eigenen Kleidung, selbst wenn der Bestohlene den Diebstahl beobachtet hat (RG 52, 76; Stuttgart NStZ 85, 76 [m. Anm. Kadel JR 85, 386; Seier JA 85, 387]; Düsseldorf NJW 90, 1492; LG Stuttgart NStZ 85, 28; Dölling JuS 86, 690); während RG 66, 314; 396; 76, 133 darauf abstellen, ob der Beobachtende die Herrschaft des Täters über die Sache verhindern kann (vgl. auch BGH 4, 199; MDR/D 55, 145; 57, 141; GA 63, 147; 66, 78; Hamm NJW 54, 523; 60, 285; Hamburg NJW 60, 1920; vgl. SK 25). Nach BGH 16, 271 entscheidet die Verkehrsauffassung, ob bereits Gewahrsam erlangt ist (StV 84, 376 L). In den Fällen konkreter polizeilicher *Überwachung* ist das idR nicht der Fall (StV 85, 323), im Falle der *Beobachtung* des Diebstahls ist für die Gewahrsamserlangung maßgebend die räumliche Nähe des Eigentümers oder seines Beauftragten, die Schnelligkeit ihres Eingreifens, Umfang und Gewicht des Diebesguts und Vorhandensein von Alarmeinrichtungen (StV 85, 323). Bei unauffälligen, leicht beweglichen Sachen genügt idR schon ein Ergreifen und Festhalten als Wegnahmehandlung, selbst im Falle einer planmäßigen und anhaltenden Beobachtung (NStZ 87, 71, hierzu Otto JK 10; Sonnen/Hansen-Siedler JA 88, 24; aM SchSch 40); *nicht jedoch* im Falle eines im Wege elektronischer Warensicherung an der Ware angebrachten Sicherungsetiketts (vgl. auch 23 zu § 243). Im *Selbstbedienungsladen* erlangt bereits Gewahrsam, wer mit Zueignungsabsicht Waren in die Tasche steckt (EzSt Nr. 3), zum Verkauf angebotene Lebens- oder Genußmittel ißt oder trinkt (Köln NJW 86, 392), auch wenn ihn das Personal beobachtet (hierzu Geilen JK 12 zu § 22; Seelmann JuS 85, 203), *nicht jedoch* wenn er sie offen in den Einkaufswagen legt (Düsseldorf NJW 86, 2266, hierzu Geppert JK 8; Sonnen/Hansen-Siedler JA 88, 26; ebenso Welzel GA 60, 257; NJW 61, 328; Köln NJW 61, 1136; OLGSt. 55; KG JR 61, 271; Braunschweig NJW 66, 1527; Celle JZ 67, 503; aM Hamm NJW 61, 328 und Düsseldorf NJW 61, 1368, das mit Hruschka NJW 60, 1189 zu Unrecht Betrugsversuch annimmt; dagegen BGH 17, 205; Welzel GA 61, 350; Cordier NJW 61, 1340; mit Recht differenzierend Wimmer NJW 62, 609), wenn er die Ware aus einem Präsentationskorb vor dem Geschäft entnimmt und alsbald angehalten wird (AG Braunschweig NJW 88, 2055) oder wer entwendete Waren im Einkaufswagen mit einem Kleidungsstück überdeckt, sie dort so verstaut, daß sie den Blicken des Kassenpersonals entzogen sind (Bay MDR 89, 376), oder sie in einem ordnungsgemäß gekauften Behältnis vor dessen Bezahlung versteckt (Düsseldorf NJW 88, 923) und den Kassenbereich verlassen hat (Köln NJW 84, 810). Es gibt auch keinen allgemeinen Rechtssatz, wonach *vollendeter* Diebstahl vorliegt, sobald der Täter die jeweilige Abteilung eines Kaufhauses mit einer dort entnommenen Sache, ohne sie zu bezahlen, verlassen hat (Köln StV 89, 156 m. krit. Anm. Freund StV 91, 63). Gewahrsam erlangt auch die Hausange-

§ 242

stellte, die das im Hause Gestohlene in ihre Kammer bringt. Andererseits genügt das bloße Einfüllen von Hafer oder Kartoffeln in Säcke durch den Dieb nicht zur vollendeten Wegnahme (RG **27**, 396; GA Bd. **60**, 102), ebenso nicht das sonstige Zurechtlegen oder Verpacken des Diebesgutes zur Vorbereitung der Mitnahme (BGH **16**, 271), auch wenn es versteckt ist, die Sicherung aber mit Schwierigkeiten verbunden ist (NJW **55**, 71; Celle MDR **65**, 315), wohl aber das Verladen der Beute auf das Transportfahrzeug (GA **61**, 346; aM NJW **81**, 997), nicht jedoch schon das Herausschaffen eines 300 kg schweren Tresors aus dem Gebäude (NStZ **81**, 435; Kühl JuS **82**, 112; Geilen JK 6 zu § 22). Der Einsteigedieb, der in der fremden Wohnung Sachen in die Tasche steckt, hat nach NJW **60**, 542; JR **63**, 466 noch keinen Gewahrsam (ebenso Grünwald JuS **65**, 311; zw.; dazu krit. Geilen JR **63**, 446; **aM**, BGH **23**, 255; MDR/D **67**, 896; **69**, 359; NJW **75**, 1176; 15. 10. 1981, 4 StR 538/81). Nach 12. 9. 1967, 1 StR 356/67, hat der Dieb, der in einem Kassenraum mit einem Geldbündel fest in der Hand dem Ausgang zustrebt, bereits Gewahrsam (ähnlich der Fall 23. 1. 1968, 1 StR 577/67; BGH **26**, 24 [krit. Blei JA **75**, 165]; NJW **81**, 997); *nicht* jedoch, wenn er vom Ladenangestellten beobachtet und gestellt wurde (Koblenz OLGSt. 9 zu § 249). Abstrakt sind Grenzen schwer zu ziehen; es kommt auf die konkreten Einzelumstände an (vgl. Bamberg HESt. **2**, 18; Hamburg NJW **60**, 285; KG JR **66**, 308; Hamm OLGSt. 7; H. Mayer JZ **62**, 617). Bei *kleinen*, leicht beweglichen *Gegenständen* kann Wegnahme angenommen werden, wenn sie der Täter ergriffen hat und festhält (BGH **23**, 254; GA **87**, 307), zB bei einer Damenhandtasche (Köln MDR **71**, 595); ebenso, wenn der Täter in einem Kaufhaus von einem Laufständer eine Lederjacke heruntergenommen und angezogen (NStZ **88**, 270) oder in der Kabine eines Kaufhauses den Anzug, den er stehlen will, angezogen hat und im Begriff ist, das Haus zu verlassen (Düsseldorf OLGSt. 27: ähnlich Hamm MDR **69**, 862). Bei einem *Fahrzeug* ist hingegen der Gewahrsam erst gebrochen, wenn der Täter es wegführt und der Einwirkungsmöglichkeit des Gewahrsamsinhabers entzieht (BGH **18**, 69; VRS **13**, 350; MDR/D **72**, 752; 925; **75**, 367; 24. 6. 1986, 1 StR 269/86; Koblenz OLGSt. 45). Wann das geschehen ist, ist Tatfrage (vgl. Hamburg MDR **70**, 1027; unten 24; zur Abgrenzung zu § 248b, dort 2, 8). Liegt vollendeter Diebstahl vor, so ist das *spätere Abholen* des Diebesgutes unter den erschwerenden Umständen des § 243 I Nr. 1 (Einsteigen oder Einbruch) kein schwerer Fall des Diebstahls, sondern höchstens ein Vergehen gegen §§ 123, 303 (RG **12**, 357); auch ist die Empfangnahme der Sache durch einen Dritten dann nicht mehr Beihilfe zum Diebstahl, sondern Hehlerei (BGH **8**, 390); beides anders, falls die Wegnahme noch nicht beendet ist (RG **54**, 34). Die Wegnahme ist vollendet, aber noch nicht beendet, wenn der Täter die erlangte Sachherrschaft noch festigen und sichern muß (vgl. BGH **4**, 133; **6**, 251; **20**, 196; NJW **54**, 477; GA **69**, 347; JZ **89**, 759).

16 **b) Für Versuch spricht,** daß Fortschaffen erst nach besonderen Vorbereitungen oder nach Beseitigung erheblicher Schwierigkeiten möglich ist; für Vollendung: die Wegnahme durch einen gewalttätigen und körperlich überlegenen Menschen (RG **66**, 396). Soll ein nicht abgesonderter Teil einer Wagenladung, die als Ganzes noch im bisherigen Gewahrsam bleibt (so auf einer Fuhre des bisherigen Inhabers), entwendet werden, so ist dies mangels vorausgehender Absonderung des Teiles erst geschehen, sobald

Diebstahl und Unterschlagung **§ 242**

die ganze Menge dem Gewahrsamsinhaber entzogen ist (RG 54, 34). Bei bloßem Beginn der Wegnahme (schon beim Schaffen der nahen Möglichkeit des Gewahrsamsbruches, RG 54, 255) liegt Versuch vor, bei bloß vorbereiteter eine **vorbereitende Handlung**. Diese ist gegeben, wenn sich der Täter nur in die Nähe des Tatorts begibt (RG 47, 27); desgl. beim Betreten des Hauses durch eine offene Tür (RG 43, 332). Dagegen schon **Versuch** das Öffnen des Schrankes (RMG 13, 293), das In-die-Hand-Nehmen einer Sache, um sie zu entwenden (RG 55, 244); das Überwinden eines Grabens und Annäherung an einen Stall, aus dem Hühner gestohlen werden sollen (3. 6. 1960, 4 StR 171/60); das Begehren um Einlaß, falls der Täter den Wohnungsinhaber zu unbewußter Preisgabe des Aufbewahrungsorts stehlenswerter Sachen veranlassen will (MDR/H 85, 627, zw.). Zum Versuch genügt, daß der Täter mit dem bestimmten Willen, zu stehlen, was sich ihm bieten werde, in fremdes Besitztum eingedrungen ist und den fremden Gewahrsam bereits beeinträchtigt oder ernstlich gefährdet, selbst wenn er seinen Willen noch nicht auf die Wegnahme bestimmter Sachen gerichtet hat, RG 70, 201; das Beschaffen von Nachschlüsseln in diebischer Absicht oder das Ausbauen des Tankschlosses eines Autos, um in derselben Absicht Nachschlüssel herstellen zu können (StV 92, 62; hierzu Otto JK § 22, 15), ist dagegen nur vorbereitende Handlung (BGH 28, 162); ebenso die Beseitigung des Wachhundes oder die versuchte Bestechung des Pförtners. Versuch hingegen das Ausprobieren, dem die Wegnahme unmittelbar folgen soll (GA 58, 191); ferner ist nur Versuch mangels Zueignungsabsicht gegeben, wenn jemand ein Behältnis wegnimmt, erbricht und dieses samt dem vorgefundenen Kleingeld liegenläßt oder wegwirft (StV 87, 245; 8. 11. 1988, 1 StR 609/88; vgl. 15, 16 zu § 22).

B. Im Falle der **Einwilligung** des Verletzten ist zu unterscheiden: Willigt **17** der Gewahrsamsinhaber lediglich in die Wegnahme ein, so fehlt es bereits am Tatbestand (*tatbestandsausschließendes Einverständnis*; 3 vor § 32; Jeschek § 34 I 1 b; Eser I, 8 A 4; str.), so daß Versuch vorliegt, wenn der Täter vom Einverständnis nichts weiß (Bay JR **79**, 297). Die Einwilligung des Eigentümers in die Zueignung (unten 18), also in die Gesamthandlung, schließt die Rechtswidrigkeit aus (str.), jedoch ist der Täter nur straffrei, wenn er die Einwilligung kennt (28 zu § 16; 3 vor § 32). Bezieht sich die Einwilligung (Einverständnis) nur auf die Wegnahme, nicht auf die Zueignung (zB *Diebesfalle*, BGH 4, 199; StV 85, 323; Bay JR **79**, 297 [hierzu Maaß Jura 81 516]; Celle JR **87**, 253 [m. Anm. Hillenkamp, Geppert JK 11]; Düsseldorf NJW **88**, 83; NJW **92**, 2041 m. Anm. Janssen NStZ **92**, 237; ferner Geppert JK 15), so kann neben (untauglichem) Diebstahlsversuch (vollendete) Unterschlagung in Betracht kommen (Paeffgen JR **79**, 299; Otto Jura **89**, 204; unten 22). Im übrigen muß in den Fällen des Einverständnisses der Zustimmende die natürliche Willensfähigkeit haben, die zur Begründung des Gewahrsams nötig ist (vgl. 11); daher bei Zustimmung eines neunjährigen Kindes (oder eines Betrunkenen, RG JW **39**, 224) nur Unterschlagung (RG **2**, 332). *Bloßes Dulden* der Wegnahme ist noch keine Zustimmung (NJW **53**, 73, 753); so wenn Polizeibeamte die Tat beobachten (MDR/D **57**, 741), wohl aber, wenn ein in Verdacht gekommener Postbeamter einen „Fangbrief" wegnimmt (aM Hamm JMBlNW **57**, 176). Zu den Fällen des *Mißbrauchs* einer fremden *Codekarte* vgl. unten 19 a, ferner 8 ff. zu § 263 a. Zu den Fällen der Einwilligung infolge von Täuschung vgl. 45 zu § 263. **Übertragungswille** ist bei äußerlich ordnungsmäßiger Betätigung eines Geld- oder Warenautomaten (zB Selbstbedienungstankstelle) stets anzunehmen (dagegen Diebstahl, wenn Waren mittels Aufbrechens bzw. § 265a bei regelwidrigem Einwirken auf die Mechanik des Automaten erlangt werden). Eine Orientierung allein am Willen des Gewahrsamsinhabers scheidet aus, weil sein innerer Vorbehalt, Gewahrsam nur bei einem von ihm gewünschten Bedienungsverhalten übertragen zu wollen, unbeachtlich ist. Somit ist das unfaire Spielen an Glücksspielautomaten kein Diebstahl (Neumann JuS 90, 538; vgl. 8c zu § 263a). Diebstahl ist gegeben, wenn der Täter den Gewahrsams-Inhaber von der Sache *weglockt* und sie dann wegnimmt (Hamburg HESt. 2, 19). Eigenmächtiger Verkauf für Rechnung des Geschäftsinhabers unter Preis ist Untreue; Fortnehmen und Selbstverfügung aber Diebstahl in Tateinheit mit Untreue (JZ 52, 89).

3) Auf rechtswidrige Zueignung ist der Diebstahl gerichtet.

18 **A. Die Zueignung besteht** in der Begründung des Eigenbesitzes unter Ausschluß des Berechtigten mit dem Willen, wie ein Eigentümer über die Sache zu verfügen, sie insbesondere wirtschaftlich zu nutzen (BGH 1, 264; 4, 236; 5, 205; 14, 43; 16, 192; 24, 115; GA 69, 306; Celle JR 64, 266; MDR 68, 777), wozu nicht die Absicht gehört, die Sache dauernd zu behalten (NJW 52, 1184; 85, 812 [m. Anm. Gropp JR 85, 518]; wistra 88, 186). Der Dieb, der rechtlich nicht Eigentümer werden kann, maßt sich damit eine eigentümerähnliche Stellung an (vgl. Lampe GA 66, 225). Dazu genügt das Zueignen der Sache selbst (**Substanztheorie**) oder auch ihres wirtschaftlichen Wertes (**Werttheorie**, RG 57, 199), der aber nur erfaßt ist, wenn er sich schon in der entwendeten Sache verkörpert. Das ist anerkannt zB für Sparbücher, Biermarken, Benzinmarken, nicht aber für **codierte Scheckkarten**, die nur eine Gelderlangungsaussicht begründen, aber keinen bestimmten Vermögenswert verlautbaren (BGH 35, 157 [m. krit. Anm. R. Schmitt/Ehrlicher JZ 88, 364; Otto JK § 246, 6; Sonnen JA 88, 464]; 38, 122; Achenbach Jura 91, 226; vgl. 19a). Seit RG 61, 233 folgt die Rspr. der (kombinierten) **Vereinigungstheorie** (BGH 24, 119; NJW 85, 812; NStZ 81, 63; GA 69, 306), wobei freilich dem Sachwert, damit die Grenzen zwischen Zueignungs- und Bereicherungsdelikten nicht verwischt werden (Wessels BT-2 § 2 IV 2b), nur subsidiäre Bedeutung zukommt (Tenckhoff JuS 80, 725). Im Schrifttum [18a] ist das Verhältnis der Theorien noch str. (hierzu Lackner 22; SchSch 49; SK 57ff.; LK 49; M-Schroeder § 33, 44ff.; krit. Arzt/Weber LH 3, 153; Seelmann JuS 85, 289; Fricke MDR 88, 538). Der Zueignungswille muß **nach außen erkennbar** sein (RG 65, 147). Die Erklärung eines des Diebstahls Beschuldigten im Ermittlungsverfahren, die Sache gehöre ihm, genügt dazu nicht (Frankfurt SJZ 47, 676). Anders bei Hingabe fremden Geldes als Darlehen in eigenem Namen, RG 67, 334); beim Einziehen eines fremden Kassenschecks zu eigenem Nutzen (RG 54, 188).

18a **Schrifttum:** *Baumann* GA 71, 306; *Bloy* JA 87, 187; *Bockelmann* ZStW 65, 575; *Ebel* JZ 83, 175; *Heubel* JuS 84, 449; *Maiwald*, Der Zueignungsbegriff im System der Eigentumsdelikte, 1970; *Otto* JuS 80, 491; *Paulus*, Der strafrechtliche Begriff der Sachzueignung, 1968; *Ranft* JA 84, 277; *Roxin*, Mayer-FS 467; *Rudolphi* GA 65, 33; JR 85, 252; *Schmidhäuser*, Bruns-FS 351; *Tenckhoff* JuS 80, 723;

Diebstahl und Unterschlagung § 242

Ulsenheimer Jura 79, 174; *Wessels* NJW 65, 1153; *Otto* JZ 85, 23; *Seelmann* JuS 85, 288; *Kleb-Braun* JA 86, 249.

a) Die Ausschließung des Berechtigten vom Genuß des Wertes oder der 19 Substanz der Sache gehört zur Aneignung (NJW 85, 812 m. Anm. Gropp JR 85, 518; Düsseldorf JZ 86, 204 [hierzu Bloy JA 87, 187]; Lampe GA 66, 225; Tenckhoff JuS 80, 724). Die bloße Benutzung durch den Täter genügt dazu nicht (RG 40, 12); bloße Wertminderung durch Abnutzung reicht auch noch nicht aus (RMG 8, 151), vielmehr ist ein Genuß fremden Vermögens mit dauernder *Nachteilswirkung* für den Eigentümer erforderlich; so beim Gebrauch dann, wenn er einen Verbrauch darstellt (RG 44, 335; zu weit Celle NJW 67, 1921 mit abl. Anm. Deubner, krit. auch Schröder, JZ 67, 390; Widmann MDR 69, 529; LK 54; vgl. ferner Gribbohm NJW 68, 1270; Androulakis JuS 68, 409). An dieser Nachteilswirkung fehlt es, wenn der Täter die Sache dem Berechtigten zurückgeben will und sei es auch nur, um eine Strafanzeige zu vermeiden (NJW 85, 1564 m. Anm. Rudolphi JR 85, 252; hierzu Joerden Jura 86, 80), anders, falls der Täter der Sache inzwischen den wirtschaftlichen Wert, wenn auch nur teilweise entzogen hat oder er als Quasieigentümer auftritt: Ein Kellner stiehlt dem Wirt Biermarken und gibt sie ihm dann in Zahlung (RG 40, 12); der Entwender verkauft die Sache dem Bestohlenen wieder (RG 57, 199, Krey 2, 35; str.; aM Maiwald aaO 111). Jemand hebt auf ein entwendetes Sparkassenbuch eine Summe ab und legt es dann wieder an die alte Stelle (RG 61, 127; str.; vgl. Maiwald aaO 162; die Zueignung eines Sparkassenbuches kann im übrigen nicht nur durch Abhebung des Guthabens, BGH 8, 276, sondern schon vorher durch nach außen erkennbare Akte begangen werden, RG 67, 73); das Abheben selbst ist kein Betrug (aM Kleb-Braun JA 86, 255), sondern eine mitbestrafte Nachtat (vgl. 26) zum Diebstahl (RG 49, 407), anders dann, wenn das Sparbuch aus einer gestohlenen Kassette stammt und der Täter sich erst später zum Abheben des Geldes entschloß (Hamm 7. 9. 1978, 6 Ss 927/78). Ähnlich liegt der Fall der Rückgabe einer entwendeten Fahrkarte nach ihrer Benutzung; Entsprechendes ist für alle Inhaber- und Legitimationszeichen (§§ 807, 808 BGB) anzunehmen. In der funktionsgerechten Benutzung einer Codekarte am *Bankomaten* liegt kein Diebstahl (BGH 35, 158; vgl. unten 19a). Die Wegnahme einer Sache in der Absicht, sie alsbald dem Eigentümer zurückzugeben, um dadurch die vorangegangene Unterschlagung einer gleichen Sache zu verdecken (Koblenz OLGSt. 5 zu § 246), ist ebensowenig Zueignung wie die Wegnahme einer Sache, um sie lediglich als Pfand oder sonst zur Durchsetzung anderer Ansprüche (6. 5. 1980, 1 StR 103/80) in Besitz zu nehmen (NJW 55, 1764 L; MDR/D 68, 18; Celle NJW 70, 1139; Hamm MDR 72, 706). Zur Frage einer Wegnahme von Bargeld unter gleichzeitiger Zurücklassung wertgleichen Wechselgeldes Bollweg Jura 85, 605. Auch die bloße Zerstörung ist, falls sie nicht der Gewinnung eines wirtschaftlichen Wertes für den Täter dient (Holz zum Heizen!), keine Zueignung (RG 64, 250); so nicht das Entwenden von Strafakten (NJW 77, 1460 m. Anm. Lieder NJW 77, 2272; Geerds JR 78, 172; M-Schroeder § 33, 40) oder Urkunden, um sie als Beweismittel unmittelbar zu vernichten, das Entwenden eines Briefes, um ihn zu lesen und dann zu vernichten (aM Celle JR 64, 266 mit zust. Anm. Schröder), oder das bloße Wegwerfen oder die Preisgabe einer Sache

§ 242

(MDR/D **76**, 16; GA **54**, 60; **61**, 172; Hamburg GA **61**, 121), auch nicht das Wegnehmen eines entlaufenen Hundes bei dem Finder, um sich vom Eigentümer den Finderlohn zu erschleichen (RG **55**, 59; Stuttgart NJW **70**, 672 mit abl. Anm. Widmaier), zur Frage der Zueignung eines unausgefüllten Lottoscheins krit. auch Blei JA **70**, 338.

19 a Zum **Codekartenmißbrauch** vgl. oben 18 und für den Meinungsstreit vor dem 2. WiKG [2 vor § 263] 44. Aufl.; BGH **35**, 152 [hierzu Otto Jura **89**, 142; **204**; Spahn Jura **89**, 513; U. Weber, Krause-FS 429]; **38**, 122) und 18 zu § 263 a.

20 b) **Die Zuwendung des Gutes an einen Dritten** seitens des Täters schließt einen Diebstahl nicht aus, wenn der Täter wenigstens den wirtschaftlichen Wert der Sache seinem Vermögen einverleibt und als Quasieigentümer über sie verfügt (RG **74**, 2). Das ist auch bei unentgeltlicher Zuwendung der Sache an einen Dritten möglich (BGH **4**, 236; GA **53**, 84; **59**, 373; wistra **88**, 186), wenn er damit dessen Schadensersatzansprüche abwenden will (Düsseldorf JZ **86**, 204, hierzu krit.) Bloy JA **87**, 188) oder mindestens sonst einen Vorteil im weitesten Sinne erstrebt, der nicht Geldwert zu haben braucht (NJW **54**, 1295; **70**, 1753 mit Anm. Schröder). Es genügt, daß der Täter als freigebig erscheint (18. 4. 1978, 1 StR 73/78; hierzu Otto JuS **80**, 492), oder einer Anstandspflicht entsprechen will (BGH **17**, 87 mit krit. Anm. Schröder JR **62**, 347). Anders aber, wenn der Täter über die fremde Sache nicht im eigenen Namen, sondern namens und in Vertretung eines Dritten und zu dessen Nutzen verfügt, da der Täter dann die Sache nicht für *sich* wirtschaftlich ausnutzt (BGH **4**, 236; 5. 9. 1990, 2 StR 394/90; Stuttgart NJW **70**, 66). Ob es Diebstahl ist, wenn ein Unbefugter als angeblicher Bote des Verkäufers dem Käufer die gekauften Sachen bringt und sich den Kaufpreis zahlen läßt, um ihn für sich zu behalten (Bay MDR **64**, 776; Wessels NJW **65**, 1153; Tenckhoff JuS **80**, 723), ist zw. (Unterschlagung des Geldes; Schröder JR **65**, 27 nimmt Betrug an). Das eigenmächtige Verfügen über eine fremde Sache ist für sich allein noch kein Diebstahl (GA **53**, 83). Möglich ist es sogar, daß der Dieb einen Dritten veranlaßt, den Gewahrsam der Sache unmittelbar zu erwerben (MDR/D **54**, 398). Die Verwendung der entwendeten Sache für den wahren Eigentümer ist kein Diebstahl (RG GA Bd. **52**, 397), es sei denn, daß sie gegen Entgelt (Verkauf!) erfolgt (RG **57**, 199, hierzu Ranft JA **84**, 282; Seelmann JuS **85**, 290). Der Soldat, der einem Kameraden die Mütze wegnimmt, um sie für sich auf der Kammer abzugeben, begeht nicht Diebstahl (BGH **19**, 387; Celle NdsRpfl. **64**, 230; Stuttgart NZWehrr. **70**, 238; NJW **79**, 277; Küppers NZWehrr. **64**, 103; **65**, 87; Eser JuS **64**, 477; Rudolphi GA **65**, 38; Seelmann JuS **85**, 290; aM Frankfurt NJW **62**, 1879 mit insoweit zust. Anm. Kohlhaas; Hamm NJW **64**, 1427; LG Aachen JMBlNW **63**, 231; Wackerbauer NZWehrr. **63**, 21), sondern Betrug (Westermann NJW **62**, 2216; dagegen Wessels JZ **65**, 631). Beim Vertauschen scheidet Diebstahl aus, wenn die eingetauschte Sache im Interesse des Eigentümers verwendet werden soll (MDR/D **58**, 139). Die Verpfändung einer zu diesem Zwecke entwendeten Sache ist kein Zueignen, wenn begründete Aussicht der Einlösungsmöglichkeit und der Einlösungswille besteht (BGH **12**, 299; str.; Maiwald Paulus 207; Maiwald [oben 18a] 181). Ähnlich liegt es bei der der Verpfändung verwandten Sicherungsübereignung (vgl. Maiwald aaO 182), für Zueignung in jedem Fall Rudolphi GA **65**, 38.

Nimmt der Täter sich eigenmächtig ein Pfand, so fehlt die Zueignung, es sei denn, daß er die Sache von vornherein auch eigenmächtig verkaufen will (NJW 55, 1764).

B. Objektiv rechtswidrig muß die Zueignung sein. Rechtswidrigkeit 21 bedeutet hier: vom Recht nicht zugelassener Eingriff in die Eigentumsordnung durch Zueignung (RG 44, 42, zur subjektiven Seite unten 22 ff.). Eine Verletzung der gesetzlichen Eigentumsregelung fehlt zB, wenn der Täter ein gesetzliches Aneignungsrecht oder einen fälligen Anspruch auf Übereignung bestimmter Sachen hat; es wird hier nur die allgemeine Rechtsordnung verletzt (RG 64, 212; str.; vgl. Schröder DRiZ 56, 69; aM Hirsch JZ 63, 149; gegen ihn Mohrbotter GA 67, 199). Dagegen verletzt bei Gattungsschulden die Wegnahme einer entsprechenden Zahl von Gattungssachen (Geld!) die Eigentumsordnung; sie ist also objektiv rechtswidrig, doch wird subjektiv das Bewußtsein der Rechtswidrigkeit fehlen (BGH 17, 87; MDR/H 87, 281; str.). Maiwald aaO 162 lehnt Diebstahl in jedem Fall ab (ausführlich Ebel JZ 83, 178 ff.). Roxin [oben 18a] will bei Erlangung von Geld die Verschaffung einzelner Stücke schlechthin erst dann strafrechtlich relevant werden lassen, wenn sich der Täter damit zugleich die Summe verschaffen will (vgl. auch Welzel-FS 462; Sax JZ 75, 144; Celle NJW 75, 144). Gribbohm NJW 68, 240 will diesen Gedanken auch auf andere vertretbare Sachen ausdehnen (hiergegen Ebel JZ 83, 184). Die Pflicht zur Herausgabe von Geldstücken entfällt, wenn der Schuldner mit einem gleich hohen Geldanspruch aufrechnet. Die Fortsetzung der einmal begonnenen Verletzung der Eigentumsordnung ist kein neuer Diebstahl; so bei Entwendung des Diebesgutes aus dem gemeinsamen Versteck durch einen der Mittäter (RG 11, 438). Anders, falls inzwischen die Sache wieder in die Gewalt des Bestohlenen oder ausnahmsweise (vgl. § 935 BGB) durch gutgläubigen Erwerb in das Eigentum eines Dritten gelangt ist (RG 50, 50). Die Rechtswidrigkeit der Zueignung fehlt vor allem auch bei Einwilligung des Eigentümers (RG 44, 42), die anders als die zur Wegnahme (17) volle Geschäftsfähigkeit voraussetzt (Olshausen 27 bb).

4) Der Vorsatz.

A. Auf Verletzung fremden Gewahrsams und fremden Eigentums 22 muß er sich richten sowie auf Begründung neuen Gewahrsams und eigene Zueignung. Es fehlt also, wenn der Täter irrtümlich Tatumstände annimmt, die seine Annahme rechtfertigen würden, er sei selbst Eigentümer (RG 14, 112; Bay 73, 15), oder Gewahrsamsinhaber (RG 53, 302), oder wegnahmebefugt; oder wenn er die Sache für herrenlos oder für gewahrsamslos hält; oder wenn er annimmt, der Berechtigte (Eigentümer oder Gewahrsamsinhaber) sei einverstanden. Nimmt der Täter irrig an, er sei zur Wegnahme befugt, so ist das nicht nur dann ein Tatbestandsirrtum, wenn er irrig einen Sachverhalt annimmt, der ihn zur Zueignung berechtigte, sondern auch dann, wenn er den wahren Sachverhalt kennt, aber rechtlich falsch beurteilt (BGH 17, 87 [mit Anm. Schröder JR 62, 347]; MDR 56, 10; GA 62, 144; 66, 211; 68, 121; NStE § 253 Nr. 6 [hierzu Otto JK 13]; StV 88, 527; 529; 90, 546; 5. 9. 1990, 2 StR 394/90; SK 83, 88 f.; Warda Jura 79, 77; aM Hirsch JZ 63, 149), es genügt aber, wenn der Täter die Rechtswidrigkeit billigend in Kauf nimmt (RG 49, 143), denn die Absicht bezieht sich nur auf Zueignung, nicht auch auf deren Rechtswidrig-

§ 242

keit. Wer Geldschulden eigenmächtig eintreibt, begeht kein Zueignungsdelikt (Schleswig StV **86**, 64, hierzu Geppert JK 7; Otto Jura **89**, 144). Glaubt der Wegnehmende im umgekehrten Irrtum, der Gewahrsamsinhaber sei mit der Wegnahme nicht einverstanden, während dieser eingewilligt hat *(Fangbrieffälle)*, so liegt, da es am Tatbestand der Wegnahme fehlt (oben 17), untauglicher Versuch vor (BGH **4**, 200; Bay JR **79**, 296 m. Anm. Paeffgen; Köln NJW **61**, 2360; Celle JR **87**, 253 [m. Anm. Hillenkamp; Geppert JK 11]; Düsseldorf NJW **88**, 83), hingegen wäre eine vollendete Tat zu bejahen, falls man in diesen Fällen die Einwilligung lediglich als Rechtfertigungsgrund ansähe, ihr aber die rechtfertigende Kraft nur bei Kenntnis des Täters zubilligte, vgl. 28 zu § 16. Untauglicher Versuch ist ferner gegeben, wenn der Täter die eigene Sache irrig für eine fremde hält (BGH **3**, 255; Stuttgart NJW **62**, 65; Baumann NJW **62**, 16).

23 **B. Die Absicht der Zueignung** muß schon bei der Wegnahme vorhanden sein (StV **91**, 106 L); wird sie erst später gefaßt, so nur Unterschlagung (VRS **14**, 199). Doch schließt das bloß spätere Abholen des Entwendeten den schon früher ausgeführten Diebstahl nicht aus (RG **53**, 180). Daß die Absicht Erfolg hat, verlangt das Gesetz nicht. Die Absicht besteht daher auch, wenn der Täter die Zueignung vom Eintritt einer Bedingung abhängig macht (vgl. SchSch 61; Mohrbotter NJW **70**, 1857), etwa davon, ob die weggenommene Sache seinen Erwartungen entspricht (vgl. RG **65**, 148; aM RG **52**, 147; **54**, 229). Unerheblich ist der Vorbehalt, sich der Sache nach Gebrauch zu entledigen, oder zunächst zu behalten und erst später darüber schlüssig zu werden, wie mit ihr verfahren wird (NJW **85**, 812 [m. Anm. Gropp JR **85**, 518; hierzu Otto Jura **89**, 143]; 14. 5. 1992, 1 StR 233/92). Wer an einem weggenommenen Fahrzeug fremde Kennzeichenschilder anbringt, läßt Zueignungsabsicht erkennen (18. 2. 1992, 1 StR 815/91), ebensowenig ist der Rückführungswille des Täters beachtlich, wenn die Wiedererlangung durch den Berechtigten mit erheblichen Risiken, Unwägbarkeiten und Schwierigkeiten verbunden ist (Hamm 11. 5. 1978, 6 Ss 177/78). Wer sich ohne Zueignungsabsicht am Diebstahl beteiligt, kann nicht Mittäter (NJW **85**, 812; MDR/H **86**, 273), sondern nur Anstifter oder Gehilfe (absichtsloses, doloses Werkzeug) sein, (StV **88**, 527; **89**, 250 L; Bay 24. 1. 1988, RReg. 3 St 243/88; Köln JMBlNW **54**, 27; Celle MDR **65**, 315; Hamm MDR **75**, 772), jedoch genügt für die Mittäterschaft, wenn irgendein – wenn auch nur mittelbarer – wirtschaftlicher Nutzen für sich erstrebt wird (BGH **17**, 93; wistra **87**, 252, hierzu Otto Jura **89**, 144), oder wenn mehrere Tatgenossen sich jeweils die Dinge verschaffen, die sie gerade gebrauchen können (3. 10. 1979, 3 StR 351/79). Zur Frage der Absicht rechtswidriger Zueignung bei eigenmächtiger Pfandnahme StV **83**, 330, hierzu Geilen JK 3 zu § 249.

24 **a) Absicht** bedeutet, daß es dem Täter auf die Herstellung einer eigentümerähnlichen Verfügungsgewalt ankommt, so daß insoweit bedingter Vorsatz nicht genügt (VRS **22**, 206; Hamburg NJW **64**, 736). Hinsichtlich der Ausschließung des Berechtigten (oben 19) genügt jedoch bedingter Vorsatz (Schaffstein GA **64**, 97; str.). Der Endzweck des Täters kann über die eigene Zueignung hinausgehen, zB auf Zuwendung der Sache an einen Dritten gerichtet sein (RG **44**, 207; vgl. 20). Die Absicht fehlt bei notwendigerweise der Tat anhaftenden Begleitumständen, die der Täter hin-

Diebstahl und Unterschlagung   § 242

nimmt, aber nicht wünscht; so bei Mitnahme der Anstaltskleidung durch den flüchtigen Gefangenen (R **6**, 443; ebenso LK 55; M-Schroeder § 33, 35; nicht eindeutig der Fall Celle NZWehrr. **62**, 178); anders bei einem Schlüssel, den der Gefangene braucht, um sich zu befreien (MDR **60**, 689, es sei denn, der Täter hätte sich über den weiteren Verbleib der Schlüssel keine Gedanken gemacht, NStZ **81**, 63, Ranft JA **84**, 277), beim Verbrauch des Benzins infolge Benutzung eines Autos (Celle NJW **53**, 37; Köln JMBlNW **54**, 204; aM RG **64**, 260; vgl. 9 zu 248b). Nimmt jemand eine Sache weg, um einen anderen zu ärgern (Bay NJW **92**, 2040 m. Anm. Meurer JR **92**, 347) oder zu reizen (MDR/H **82**, 810; NJW **85**, 812; Frankfurt StV **84**, 248) oder um von der Polizei festgenommen zu werden, so kann Zueignungsabsicht fehlen (GA **69**, 307); anders wenn der Täter die Sache nach einmaligem Gebrauch wegwerfen will (BGH **16**, 192; Hamburg MDR **54**, 697). Kommt es dem Dieb nur auf den Inhalt des Behältnisses an, das er nach Entnahme des Inhalts wegwerfen will, so eignet er sich das Behältnis nicht zu (GA **62**, 145; MDR/D **68**, 372; **76**, 16; NJW **85**, 812; BGHR § 249 I, ZueigAbs. 1; GA **89**, 171; NStE § 250 Nr. 12; 12. 6. 1990, 1 StR 253/90; stRspr.; Meyer-Goßner NStZ **86**, 106, Dieb wirft ungeeignete Sachen weg); anders möglicherweise, wenn er es als Transportmittel verwenden will (MDR/D **75**, 22; aM Blei JA **75**, 101). Findet er das Erwartete nicht in dem Behältnis, so kommt versuchter Diebstahl des Inhalts in Frage (BGH **4**, 58; MDR/D **75**, 543; NJW **90**, 2569; StV **90**, 408; 28. 1. 1992, 1 StR 761/91). Zum **Diebstahl von Autos,** der idR ein besonders schwerer Fall ist, vgl. 17 ff. zu § 243. Diebstahlsvoraussetzung ist das selbstherrliche, eigentümerähnliche Verfügen und **endgültige** Brechen fremden Gewahrsams, also ohne Willen zur Rückführung des Fahrzeugs (NStZ **82**, 420; 16. 1. 1990, 4 StR 652/89; Düsseldorf 1. 4. 1985, 5 Ss 10/85; hierzu Ranft JA **84**, 280). Bei später gefaßtem Entschluß liegt Unterschlagung vor. Maßgebend für die Abgrenzung *zur unbefugten Ingebrauchnahme (§ 248b)* kommt es daher auf den wesentlichen Willen zur Rückführung des Fahrzeugs in den Herrschaftsbereich des bisherigen Gewahrsamsinhabers an; dh, bei § 248b muß der Wille des Täters *im Zeitpunkt der Wegnahme* dahin gehen, den Berechtigten in die Lage zu versetzen, die ursprüngliche Verfügungsgewalt ohne besondere Mühe wieder auszuüben (NJW **87**, 266 [m. Anm. R. Keller JR **87**, 343; Zielinski EzSt Nr. 4]; 13. 8. 1991, 4 StR 353/91; stRspr.; Otto JK 2 zu § 248a; DRiZ **87**, 228). Für die Zueignungsabsicht können Beweisanzeichen sprechen (die im Einzelfalle, insbesondere bei Spazierfahrten, eine umfassende Prüfung der inneren Tatseite erfordern, BGH aaO mwN), so zB das Stehenlassen nach Gebrauch des Fahrzeuges an einer Stelle, an der es dem Zugriff Dritter preisgegeben ist (dazu genügt in größeren Mittelstädten uU das Stehenlassen in einer anderen Straße, VRS **19**, 441; vgl. aber Celle NdsRpfl. **62**, 168), vorausgesetzt, daß der Täter die spätere Preisgabe schon zu der Zeit vorhatte, als er es wegnahm (BGH **22**, 45; GA **60**, 82; **182**; VRS **24**, 213; 24. 8. 1978, 4 StR 449/78; dazu krit. Schaudwet JR **65**, 413; Rudolphi GA **65**, 50; Otto Jura **89**, 207; SK 78; LK 57; vgl. auch Stuttgart Die Justiz **73**, 396; Hamm VRS **59**, 39). Ob das auch für Fahrzeuge gilt, die sehr auffällig sind (VRS **51**, 210) oder bei denen nicht mit einer Wegnahme durch Dritte zu rechnen ist, zB bei einem Feuerwehrauto (bejahend Koblenz OLGSt. 7 zu § 248b), ist zw. Auch aus häufigem wertmindernden Gebrauch eines Fahrzeuges kann auf Zueignungsabsicht geschlos-

§ 242

sen werden (Hamm JMBlNW **60**, 230). Wird ein Auto entwendet mit der Absicht, es lediglich als Pfand zu nehmen und nach Zahlung der Schuld alsbald wieder zurückzugeben (MDR/H **80**, 106), es nach einmaligem Gebrauch dem Eigentümer wieder zugänglich zu machen, so ist kein Diebstahl gegeben (MDR **87**, 154), anders, falls es nach Verwertung für die Zwecke des Entwenders (so bei völligem und vor der Wegnahme geplanten Ausschlachten des Autos, VRS **14**, 199) dem Zufall überlassen wird, ob es der Eigentümer wiederbekommt (BGH **5**, 205, MDR/D **54**, 398).

25 **b) Keine Bereicherungsabsicht** braucht der Dieb zu haben (GA **69**, 306; NJW **85**, 812 m. Anm. Gropp JR **85**, 518). Daher auch Diebstahl, falls der Wert in Geld zurückgelassen wird (RG 13. 1. 1922, 3 D 537/21).

26 **5) Mitbestrafte Nachtat.** Verfährt der Dieb nach der Wegnahme mit der Sache so, wie er es als Eigentümer könnte, so liegt keine neue Straftat, sondern eine mitbestrafte Nachtat vor, so bei Verwertung oder Beschädigung der Sache (RG **49**, 407), bei der Geldabhebung vom gestohlenen Sparbuch (StV **92**, 272; 4. 3. 1992, 3 StR 20/92) oder beim Versuch hierzu (7. 1. 1983, 2 StR 720/82), bei Anstiftung des Hehlers (Bay NJW **58**, 1597), oder bei bloßer Beseitigung von Motor- und Fahrgestellnummer am gestohlenen Auto (NJW **55**, 876). Anders beim Waffendiebstahl hinsichtlich des nachfolgenden Dauerdelikts des Waffenbesitzes, §§ 28 I, 53 III Nr. 1a WaffG (insoweit ist Tateinheit anzunehmen, Hamm NJW **79**, 118); oder wenn sonst durch die Nachtat ein anderes Rechtsgut verletzt wird; in den letzteren Fällen ist Realkonkurrenz mit dem vorausgegangenen Diebstahl gegeben, selbst wenn die nachfolgende Handlung schon bei Begehung des Diebstahls beabsichtigt war (Frank X); so bei Fälschung eines Indossaments auf dem gestohlenen Scheck (RG **60**, 371); bei Ausfüllung vorher gestohlener Freifahrscheinsformulare (RG **43**, 60). Gleiches gilt, falls eine gestohlene Sache einem gutgläubigen Dritten gegen Entgelt veräußert wird, da er nach § 935 BGB nicht Eigentümer wird (Betrug). Zum Fall einer mitbestraften Vortat 49 vor § 52; ferner 50 zu § 263.

6) Konkurrenzen

27 **A. Gesetzeskonkurrenz** ist gegeben, soweit gesetzlich qualifizierte diebstahlsähnliche Verfehlungen vorliegen. Hier kommen *nur* die Sondervorschriften der §§ 249, 250, 252 (Karlsruhe MDR **78**, 244; aM RG **60**, 380, 291) in Frage. Die besonderen Vorschriften der Länder über Feld- und Forstdiebstahl sind durch Art. 4 IV EGStGB (Anh. 1) grundsätzlich beseitigt worden und nur insoweit unberührt geblieben, wie sie gewisse unbedeutende Fälle von der Strafbarkeit oder der Strafverfolgung ausnehmen. Im übrigen gilt jetzt § 248a, der wie § 247 bestimmte Fälle von Diebstahl zum Antragsdelikt macht.

28 **B. Tateinheit** kann gegeben sein mit § 132 (RG **54**, 256); desgl. mit § 133 (RG **54**, 122); ferner mit § 211 (Betäubung als Beginn der Wegnahme, OGH NJW **50**, 831); mit § 223, wenn der Diebstahlsvorsatz der Gewaltanwendung nachfolgte (NStZ **83**, 365); mit § 259 (Frank 5 Aa); mit § 263 (RG **70**, 212: Verkauf an einen gutgläubigen Dritten, der die Sache dann fortnimmt; vgl. auch Gribbohm JuS **64**, 233; Köln OLGSt. 11); sowie mit § 266 (MDR/D **54**, 399; Köln JMBlNW **58**, 208), mit § 267 im Falle eines Diebstahls zum „Umfrisieren" der Motor- und Fahrgestellnummer (MDR/H **81**, 452), im Falle des Diebstahls von Scheckformularen und des

Diebstahl und Unterschlagung §242

nachfolgenden Scheckmißbrauchs (MDR/H **85**, 283), mit § 303 im Falle des Öffnens und „Antrinkens" einer Schnapsflasche im Selbstbedienungsladen (Köln NJW **86**, 392), mit § 316 (Wegfahren zur Sicherung des Diebesguts, Bay MDR **83**, 247); ebenso mit Fahren (des gestohlenen Autos) ohne Fahrerlaubnis (§ 21 StVG, MDR/D **58**, 13; BGH **18**, 66; GA **71**, 39; DRiZ **81**, 338; DAR **85**, 189; 3. 8. 1987, 4 StR 350/87; vgl. NStZ **84**, 135), anders nach GA **61**, 346 beim Wegfahren der Beute nach beendetem Gewahrsamsbruch; anders, wenn das Wegfahren den Gewahrsamsbruch erst beendet (vgl. GA **62**, 77; BGH **8**, 391; VRS **13**, 350; **30**, 283); beim Waffendiebstahl mit § 28 I, § 53 III Nr. 1a WaffG (vgl. oben 26); beim Diebstahl von BtM mit § 29 I Nr. 1 BtMG (BGH **30**, 360); beim Abhören des Polizeifunks während einer Diebestour mit § 15 IIa FAG (Anh. 25, 13. 6. 1979, 2 StR 793/78), ebenso beim Einsetzen von Funkgeräten zu Einbruchsdiebstählen (17. 6. 1992, 3 StR 96/92). Der Dieb als Fahrer eines Kfz. ist zwar durch das PflVG in den Kreis der mitversicherten Personen einbezogen worden, er wird aber nicht ohne weiteres Halter des Kfz., so daß ein gleichzeitiges Vergehen gegen §§ 1, 6 PflVG regelmäßig ausscheidet (vgl. RGZ **138**, 320; BGHZ **5**, 270; **28**, 143). In Betracht kommt aber Hinterziehung von Kraftfahrzeugsteuer nach § 1 KraftStG 1979 (6. 12. 1960, 1 StR 520/60).

C. Fortgesetzte Handlung, zB beim Diebstahl einer Sache, um damit 29 einen bestimmten weiteren Diebstahl zu begehen, ist, auch wenn das Eigentum oder der Gewahrsam verschiedener Personen verletzt wird, möglich, da es sich um bloße Verletzung von Vermögensrechten handelt (MDR/D **67**, 12; **83**, 621; GA **68**, 337; vgl. im übrigen 25 ff., 34 vor § 52). Fortsetzungszusammenhang mit § 243 ist nicht möglich, da es sich dort nur um einen besonders schweren Fall des Diebstahls handelt; vielmehr kann nur die gesamte fortgesetzte Tat einen solchen Fall darstellen, zB beim PKW-Diebstahl zum Zwecke eines Einbruchsdiebstahls (2. 9. 1981, 2 StR 239/81). Fortsetzungszusammenhang mit § 244 ist hingegen möglich (vgl. BGH **10**, 230; MDR/D **58**, 564). Zwischen vollendetem Diebstahl nach § 242 (§ 243) und Versuch nach § 244 ist Tateinheit möglich (vgl. 19. 7. 1967, 2 StR 287/67), desgl. mit Beihilfe zu § 244 (dort 16, BGH **25**, 18; **33**, 53).

D. Wahlweise Feststellung zwischen Diebstahl und anderen Taten, ins- 30 besondere Hehlerei, ist zulässig (vgl. dazu 18 zu § 1).

7) Sonstige Vorschriften. Strafantrag in den Fällen der §§ 247, 248a. 31 FAufsicht § 245.

Besonders schwerer Fall des Diebstahls

243 ¹In besonders schweren Fällen wird der Diebstahl mit Freiheitsstrafe von drei Monaten bis zu zehn Jahren bestraft. Ein besonders schwerer Fall liegt in der Regel vor, wenn der Täter

1. zur Ausführung der Tat in ein Gebäude, eine Wohnung, einen Dienst- oder Geschäftsraum oder in einen anderen umschlossenen Raum einbricht, einsteigt, mit einem falschen Schlüssel oder einem anderen nicht zur ordnungsmäßigen Öffnung bestimmten Werkzeug eindringt oder sich in dem Raum verborgen hält,

§ 243

2. eine Sache stiehlt, die durch ein verschlossenes Behältnis oder eine andere Schutzvorrichtung gegen Wegnahme besonders gesichert ist,
3. gewerbsmäßig stiehlt,
4. aus einer Kirche oder einem anderen der Religionsausübung dienenden Gebäude oder Raum eine Sache stiehlt, die dem Gottesdienst gewidmet ist oder der religiösen Verehrung dient,
5. eine Sache von Bedeutung für Wissenschaft, Kunst oder Geschichte oder für die technische Entwicklung stiehlt, die sich in einer allgemein zugänglichen Sammlung befindet oder öffentlich ausgestellt ist,
6. stiehlt, indem er die Hilflosigkeit eines anderen, einen Unglücksfall oder eine gemeine Gefahr ausnutzt oder
7. eine Handfeuerwaffe, zu deren Erwerb es nach dem Waffengesetz der Erlaubnis bedarf, ein Maschinengewehr, eine Maschinenpistole, ein voll- oder halbautomatisches Gewehr oder eine Sprengstoff enthaltende Kriegswaffe im Sinne des Kriegswaffenkontrollgesetzes oder Sprengstoff stiehlt.

II In den Fällen des Abs. 1 Nr. 1 bis 6 ist ein besonders schwerer Fall ausgeschlossen, wenn sich die Tat auf eine geringwertige Sache bezieht.

1 **1) A. Die Vorschrift** ist durch das 1. StrRG und das EGStGB (Einl. 7 ff.) in Anlehnung an § 236 E 1962 (Begr. 401) neu gefaßt und durch Art. 1 Nr. 3 StÄG 1989 (durch Einfügung der Nr. 7 und der Beschränkung der Ausschlußklausel des II) geändert worden (Prot. V/2457; BT-Drs. V/4094, 36; BT-Drs. 7/1261, 16; Dreher, Bruns-FS 152; zu Nr. 7 vgl. 3 zu § 239 a).

2 **B. Schrifttum.** *Corves* JZ 70, 156; *Bittner* MDR 71, 104; *Löbbecke* MDR 73, 374; *Gribbohm* NJW 75, 1153. Zur Kritik an der Neufassung der §§ 242 ff. vgl. *Arzt* JuS 72, 385, 515, 576; *Blei,* Heinitz-FS 419; *Calliess* JZ 75, 112; *Hirsch* ZStW 84, 380, 385; zur Regelbeispieltechnik die in 11 zu § 12, zu II die in 41 Genannten. Zur Kriminologie des Einbruchdiebstahls *A. Böhm,* Göppinger-FS 537.

3 **C. Vergehen** ist die Tat (8 ff. zu § 12); denn § 243 ersetzt den früheren Qualifikationstatbestand durch gesetzliche Strafbemessungsregeln, die keinen Tatbestand bilden, sondern als **Wertgruppe des besonders schweren Falles mit Regelbeispielen** (11 zu § 12; 41, 43 ff. zu § 46) idR zur Strafrahmenverschiebung führen (so schon Lange, Mat. I, 69; M-Schroeder § 33, 69, u. a.; Schleswig NJW 79, 2057; str.; für bloße Zumessungsregel BGH 23, 254; NJW 70, 2120; 6. 10. 1988, 1 StR 569/88 u. a.; abw. Jakobs 6/99; irrig für Tatbestand Calliess JZ 75, 112). § 244 a idF des Art. 1 Nr. 15 OrgKG (2 zu § 43 a) erhebt die **bandenmäßige Begehung** von Diebstählen unter den erschwerenden Umständen des I S. 2 zu Verbrechenstatbeständen.

4 **D. Die Rspr.** zu § 243 aF behält für die Feststellung, ob eines der Regelbeispiele gegeben ist, weiterhin Bedeutung; denn die früheren Merkmale des Qualifikationstatbestandes entsprechen weitgehend denen, die in Indiz für das Vorliegen eines besonders schweren Falles sind.

5 **E. Ein besonders schwerer Fall** (11 zu § 12; 43 ff. zu § 46) führt idR zur Anwendung des verschärften Strafrahmens aus § 243. Nach der dem E 1962 entnommenen Regelbeispielstechnik besteht, wenn ein Beispielsfall gegeben ist, die widerlegbare Vermutung dafür, daß er als besonders schwerer anzusehen ist. Die Beispiele entfalten neben der Regelwirkung (44 zu § 46) eine Analogiewirkung (45 zu § 46, so daß die von der Rspr. zu § 243 aF entwickelten feineren Differenzierungen keine Rolle mehr spielen)

Diebstahl und Unterschlagung § 243

und eine Gegenschlußwirkung (46 zu § 46). Zur rechtlichen Bedeutung der Regelbeispiele, zB für die Tenorierung, den Versuch, die Teilnahme und die Konkurrenzen, vgl. 47 ff. zu § 46.

2) Die Regelbeispiele des Abs. I. Nr. 1: Diebstahl unter **Verletzung des** 6 **Schutzbereichs eines umschlossenen Raumes. A.** GrSenBGH 1, 158 definiert den umschlossenen Raum als jedes Raumgebilde, das dazu bestimmt ist, von Menschen betreten zu werden, und das mit mindestens teilweise künstlichen Vorrichtungen zur Abwehr des Eindringens Unbefugter umgeben ist (Prot. V/2460; StV 83, 149). Hiernach fallen sowohl Teile eines Gebäudes wie Zimmer, abgeschlossene Keller oder Bodenräume darunter als auch bewegliche Raumgebilde wie Schiffe, Eisenbahnwagen, Wohnwagen, Bürowagen und vor allem Autos (BGH 2, 214); auch noch ein Schaufenster oder eine Ausstellungsvitrine, die von Menschen betreten werden können (26. 9. 1961, 1 StR 335/61). Als bloß illustrierende Beispiele nennt das Gesetz **Gebäude**, dh ein durch Wände und Dach begrenztes, mit dem Erdboden fest – wenn auch nur durch die eigene Schwere (Zirkuszelt RG 10, 103) – verbundenes Bauwerk, das den Eintritt von Menschen gestattet und das Unbefugte abhalten soll (GrSenBGH 1, 163; anders bei §§ 305, 308; BGH 6, 107). Halbfertige Bauten oder solche, die im Abbruch begriffen sind, sind Gebäude (als Beispielsfall des umschlossenen Raumes) nur, soweit sie schon oder noch die nötigen Vorrichtungen zur Abwehr Unbefugter haben. Unter dieser Voraussetzung nennt Nr. 1 weiter **Wohnungen** (3 zu § 123) sowie **Dienst-** und **Geschäftsräume** (4, 6 ff. zu § 123). Eine nur natürliche Abschließung (Insel) genügt nicht. Die Umschließung muß den Zweck haben, Unbefugte fernzuhalten. Lücken in der Einschließung können bestehen, so zB bei einem Loch im Stacheldraht oder sonst schadhaften Stellen (MDR/D 54, 16) oder bei Gleisöffnungen eines Güterbahnhofes (RG 53, 174; 54, 20). Der umschlossene Raum braucht auch nicht verschlossen zu sein, NJW 54, 1898. Anders ist es hingegen, wenn der Raum jederzeit von jedermann betreten werden kann (RG 56, 97), so ein Tunnel (19. 5. 1961, 4 StR 138/61), eine öffentliche Telefonzelle (Hamburg NJW 62, 1438) oder Bedürfnisanstalt (AG Neumünster SchlHA 68, 53). Überdacht braucht der umschlossene Raum nicht zu sein, so ein Hof (RG 39, 105), ein Lagerplatz, ein Friedhof (NJW 54, 1897), auch wenn eine Seite nur durch ein Gewässer begrenzt ist (MDR/D 55, 145). Ein normaler Mensch muß den Raum betreten können (RG 50, 76). Trinkhallen (RG 70, 362) und Buden (Bau-, RG 53, 268; Geschirr-, RG 14, 226; Kleider-, RG 10, 103; Marktbuden, R 1, 252) können darunter fallen; auch ein Zelt auf einem Campingplatz (Prot. V/2469).

B. Tathandlungen sind Diebstahl mit Hilfe von **a) Einbrechen** in den 7 Raum, dh. der Aufhebung einer Umschließung durch gewaltsame Beseitigung eines dem Diebstahl entgegenstehenden Hindernisses. Dazu gehört die Aufwendung nicht unerheblicher körperlicher Kraft (RG 13, 200), oder die Verletzung der Substanz, so bei Zerschneiden eines Gazefensters oder eines verschließenden Bindfadens, vor allem mit einem Werkzeug (R 8, 536), auch wenn nur Splitter eines zerbrochenen Fensters damit entfernt werden (5. 7. 1961, 2 StR 264/61). Es genügt danach, wenn eine vorhandene Öffnung erweitert wird, um leichter eindringen zu können (29. 1. 1974, 1 StR 560/73). Anstelle einer Substanzverletzung genügt es (RG 60, 379),

1397

wenn entsprechende Kraft entfaltet werden muß (22. 5. 1963, 2 StR 144/63), so das Auseinanderbiegen eines Autolüftungsfensters, NJW **56**, 389 (Bedenken u. a. bei Lackner 10; Eser IV, 7 A 21); von Torflügeln (RG **4**, 353; Hamm JR **52**, 287); gewaltsame Trennung nur durch die Schwerkraft verbundener Gegenstände (R **3**, 361); gewaltsames Wegrücken eines die Tür versperrenden Schrankes (RG **60**, 379). Einbruch ist es auch, falls der ordnungsgemäße Zugang erzwungen wird (Beseitigung der Latten, mit denen eine Tür vernagelt ist, RG GA Bd. **54**, 70); *nicht* hingegen das Hineingreifen mit der Hand durch einen Türspalt und Wegschieben des Riegels (16. 5. 1961, 5 StR 52/61). Von **außen her** muß der Täter sich Zugang verschaffen, während die Beseitigung des Verschlusses auch von innen erfolgen kann (RG **41**, 66); der von innen mit der Beute ausbrechende Dieb begeht keinen Einbruch (RG **55**, 211; vgl. aber unten 12). Der Eintritt des Diebes ist nicht erforderlich (Düsseldorf JZ **84**, 684); auch das Hineinlangen mit der Hand, mit Werkzeugen (RG **54**, 211), selbst Hineinleuchten, um Tiere herauszulocken, genügt (RG **56**, 48 zw.).

8   b) **Einsteigen** in den Raum; dh über den engeren Sprachsinn hinaus jedes nur unter Schwierigkeiten mögliche Eindringen durch eine zum ordnungsgemäßen Eintritt nicht bestimmte Öffnung (RG **4**, 176; HRR **42**, Nr. 194); so durch Steigen über eine höhere Mauer (RG GA Bd. **53**, 448); Erklimmen eines 1 m über dem Boden liegenden Fensterbretts (17. 2. 1970, 1 StR 616/69). Ein- oder Abstieg (R **7**, 348), Einkriechen (NJW **53**, 992; **57**, 638) oder Überspringen eines Hindernisses; *nicht* aber das bloße Hineinbiegen des Oberkörpers oder bloßes Herausangeln (BGH **10**, 132; NJW **68**, 1887; Bay JZ **73**, 324, der Täter muß sich innen wenigstens einen Stützpunkt geschaffen haben, Hamm NJW **60**, 1359); das einfache Eintreten durch Lücken einer Umfriedung (MDR/H **82**, 810; StV **84**, 204; vgl. RG HRR **39**, Nr. 263; BGH **10**, 132), zB durch ein großes Loch im Maschendraht (10. 12. 1969, 4 StR 489/69); durch Aufstoßen eines angelehnten Türflügels (RG **13**, 258); Benützung eines verbotenen, aber offenen Eingangs (12. 3. 1969, 4 StR 46/69); das Hinübertreten von einem Boot ans Ufer (BGH 6. 9. 1960, 5 StR 250/60) oder das bloße Überschreiten einer niedrigen Mauer (R **1**, 470). Ein Einsteigen, das auch der Berechtigte zum Zwecke des **regelmäßigen** Zugangs vornehmen muß, ist nicht ausreichend, so bei Benutzung der stets zum Steigen dienenden Leiter (R **2**, 46); anders, falls sie nur ausnahmsweise dazu benutzt wurde (RG **59**, 171); desgl. falls zwar die ordnungsmäßige Zugangsöffnung, aber mit ordnungswidrigem Zugangsmittel (zB einer eigenen Leiter) benutzt wird (RG **53**, 174). In das Innere muß der Täter gelangt sein; der bloße Aufstieg durch Klettern und das Entwenden durch Hineingreifen genügen nicht (JR **57**, 187); ausreichend aber das Betreten des Innern nur mit einem Fuß (Frank III 2 b); Hineinkriechen mit Hineinbiegen des Oberkörpers in den Raum (RG GA Bd. **53**, 448). **Von außen** muß der Täter einsteigen (RG **8**, 102), wenn vielleicht auch nur von einem Raum in den anderen (BGH **1**, 160).

9   c) Eindringen in den Raum mit einem **falschen Schlüssel** oder einem anderen nicht zur ordnungsmäßigen Öffnung bestimmten Werkzeug; dh daß der Täter einen Verschluß, der nur mit dem richtigen Schlüssel oder einem anderen dafür bestimmten Werkzeug geöffnet werden soll, unter Verwendung des falschen Instruments öffnet und auf diese Weise ein-
10   dringt. **aa) Falsch** ist ein Schlüssel, der zZ der Tat nicht vom Berechtigten

Diebstahl und Unterschlagung § 243

zur Öffnung bestimmt ist (Hamburg VRS **31**, 362), wenn ihn also der Berechtigte überhaupt nicht, nicht mehr oder nicht als Zubehör zum Schloß betrachtet (BGHR § 243 I Nr. 1 Schl. f. 1). Berechtigter ist nicht stets der Eigentümer, so zB der Wohnungsmieter (RG **53**, 101); evtl. auch der Dieb eines Schlüssels, der ihn dann für sich selbst verwendet (RG **6**, 157). Die Bestimmung muß ein bestimmtes Schloß und einen bestimmten Schlüssel betreffen (RG GA Bd. **49**, 128, mehrere echte Schlüssel möglich, Celle HannRpfl. **46**, 121). Sie kann befristet sein, so für die Dauer eines Rechtsverhältnisses (RG **40**, 80); erst in Aussicht genommen sein, so für einen Ersatzschlüssel, falls der richtige Schlüssel verlorengehen sollte. Dagegen wird ein Reserveschlüssel schon durch gelegentliche aushilfsweise Verwendung zum richtigen Schlüssel (RG GA Bd. **39**, 57). Die Bestimmung kann auch enden, sei es infolge der Begleitumstände oder nach dem Willen des Berechtigten; so bei heimlich unterlassener Rückgabe eines Schlüssels (RG **11**, 436); zB beim Auszug des Mieters, der den Schlüssel ohne Wissen des Vermieters behält (NJW **59**, 948). Die einem neuen Mieter (BGH **13**, 15) oder Pächter (6. 8. 1970, 4 StR 272/70) nicht mit übergebenen Schlüssel sind von der Übernahme des Objekts an falsche. Das bloße Verlegen oder Verlieren (selbst bei Diebstahl) genügt aber noch nicht (RG **52**, 84; Karlsruhe Die Justiz **84**, 212), es muß Entwidmung durch den Berechtigten hinzukommen; so durch das Anschaffen eines neuen Schlüssels (RG LZ **18**, 572). Daher ist der Diebstahl mit dem gestohlenen Schlüssel nicht ohne weiteres ein Nachschlüsseldiebstahl (RG DJZ **21**, 692). Die Entwidmung muß nach außen erkennbar sein (RG GA Bd. **59**, 455), nach BGH **21**, 189 genügt schon die bloße Entdeckung des Schlüsseldiebstahls durch den Berechtigten (vgl. Bay NJW **87**, 664). Die irrige Annahme des Täters, er benütze den richtigen Schlüssel, schließt seinen Vorsatz aus; anders, wenn er damit rechnet, den falschen zu benützen (vgl. BGH **21**, 190; EzSt Nr. 3). **bb) Andere Werkzeuge,** die nicht zur ordnungsgemäßen **11** Öffnung bestimmt sind, sind nur solche, die, ohne Schlüssel ieS zu sein, doch auf den Schließmechanismus wirken, wenn auch nicht gerade unter Benutzung des Schlüssellochs (BGH **5**, 207), das bloße Aufbrechen ist Erbrechen (NJW **56**, 271). Hierher gehören Dietriche, Schraubenschlüssel beim Aufdrehen des Leitungshahnes (RG GA Bd. **50**, 105); Kneifzange, die den von innen steckenden Schlüssel umdreht (RG **29**, 388), Haken (RG **3**, 360).

d) Sichverborgenhalten in dem Raum; dh jedes Sichverstecken in dem **12** Raum in einer Weise, die den Täter den Blicken arglos Eintretender entzieht. Wie der Täter in dem Raum kommt und zu welcher Tageszeit er sich versteckt und wann er stiehlt, ist ohne Bedeutung (E 1962, 403). Verborgenhalten scheidet aus, wenn der Täter zu dieser Zeit den Raum benutzen darf. Im übrigen ist Verborgenhalten auch durch Täter möglich, die im gleichen Gebäude (RG **32**, 310) oder derselben Wohnung leben, ja auch durch solche, die den Raum zu anderer Zeit betreten dürfen, so zB den Besucher oder Angestellten eines Warenhauses, der sich dort über Ladenschluß hinaus versteckt.

C. Zur Ausführung der Tat muß der Täter die in Nr. 1 beschriebene **13** Handlung begehen. Sie muß nach seiner (vielleicht irrigen) Vorstellung das Mittel zur Vollendung des Diebstahls sein (RG GA Bd. **40**, 446; 30. 6.

§ 243

14 1982, 2 StR 56/82). **a)** Daher kommt es nicht darauf an, wo sich die gestohlene Sache befindet. Der Raum, in den der Täter einbricht usw., braucht nicht derselbe zu sein wie der, aus dem er stiehlt (Hamm MDR **76**, 155). Es genügt, wenn der Täter über den Zaun eines von zwei benachbarten Grundstücken steigt, von dort durch eine offene Tür an der Grenzhecke zwischen beiden Grundstücken geht und auf dem zweiten stiehlt (NJW **59**, 948). Es genügt auch, wenn der Täter in ein Gebäude einbricht und aus dem Garten dahinter stiehlt (vgl. dazu RG **39**, 105; **43**, 332, wonach ein Gebäude Teil der Umfriedung eines umschlossenen Raumes sein konnte); der Garten braucht auch nicht umschlossen zu sein. Bricht der Täter in einen umschlossenen Raum ein und findet er dort einen ordnungsmäßigen Schlüssel, mit dem er dann andere Räume öffnet und aus ihnen stiehlt, so ist Nr. 1 gegeben, auch wenn es sich um verschiedene Gebäude handelt (zu § 243 aF vgl. BGH **19**, 360). Zur Ausführung der Tat handelt der Dieb hingegen nicht, wenn er mit den Mitteln der Nr. 1 eindringt, um die in seinen Gewahrsam übergegangene Beute einstweilen zu verwahren (M-

15 Schroeder § 33, 79; aM LK-Ruß 6; zweifelnd Lackner 8). **b)** Vor seiner Handlung muß der Täter sie als Ausführungsmittel planen; faßt er den Diebstahlsvorsatz erst später, so ist Nr. 1 nicht gegeben. Doch sind die Schwierigkeiten, die sich hier aus der früheren Tatbestandsfassung ergeben, mit Hilfe einer Gesamtwürdigung des Falles zu lösen; so, wenn der Täter eine Öffnung für den Einbruch schafft, danach den Entschluß aufgibt, dann aber einen neuen faßt (RA GA Bd. **63**, 119); oder nach dem Einbruch seinen Entschluß aufgibt, ihn dann aber wieder faßt (RG **14**, 318); oder eine bestimmte Sache stehlen will, dann aber eine andere nimmt (BGH **22**, 350; MDR **53**, 272). Auch soweit in diesen Fällen Rücktritt vom Versuch und selbständiger vollendeter Diebstahl anzunehmen wäre, liegt

16 es nahe, dann einen besonders schweren Fall anzunehmen. **c)** Auch wenn der Täter in dem umschlossenen Raum wohnt oder sich sonst berechtigt darin aufhält, ist in den Fällen des Einbruchs oder Einsteigens das Regelbeispiel gegeben (für § 243 aF BGH **15**, 146; NJW **68**, 1886). Im Fall des Nachschlüsseldiebstahls, der voraussetzt, daß dem Täter der Zutritt gerade versperrt ist, hat dasselbe zu gelten. Zum Fall des Sichverborgenhaltens vgl. oben 12.

17 **D.** Für den Diebstahl **von und aus Autos** (unter *kriminologischem* Aspekt: Schuster KR **87**, 401; Allgaier KR **92**, 263) ergibt sich aus dem Gesagten folgendes: **a) Einbruch** ist gegeben, wenn der Täter den Personenteil oder einen für Menschen betretbaren Laderaum des Wagens (BGH **4**, 16) aufbricht oder sich mit Gewalt Zugang dazu verschafft (Auseinanderbiegen des Lüftungsfensters). Es ist gleichgültig, ob er aus dem Personenraum stiehlt, daraus Teile abmontiert oder lose Sachen nimmt oder ob er das ganze Auto stiehlt; gleichgültig ist es im Ergebnis auch (oben 15), ob er erst nur Sachen aus dem Auto stehlen wollte und dann das ganze Auto nimmt oder umgekehrt. Bricht der Täter nur den vom Personenteil abgetrennten Kofferraum eines PKW auf und stiehlt daraus, so ist Nr. 2 gegeben (vgl.

18 BGH **4**, 16). **b) Nachschlüsseldiebstahl** ist gegeben, wenn der Täter einen falschen Schlüssel, etwa einen dem Eigentümer beim Verkauf nicht überlassenen Ersatzschlüssel (EzSt Nr. 3), oder nicht zur ordnungsmäßigen Öffnung bestimmte Werkzeuge wie Schraubenzieher usw. (BGH **5**, 205;

NJW **56**, 271) zum Öffnen des Schlosses verwendet; so zB auch, wenn er an der Gummieinfassung des Fensters vorbei einen Draht einschiebt und damit die Türverriegelung löst. **c) Einsteigediebstahl** kommt in Betracht, **19** wenn der Täter durch ein offenes Fenster oder ein offenes Schiebedach einsteigt. **d) Sichverborgenhalten** ist bei größeren Wagen, LKW oder **20** Omnibussen nicht ausgeschlossen. **e)** Wendet der Täter, um sich Zugang **21** zu einem verschlossenen Auto zu verschaffen, **andere Methoden** an, die nicht unter 17 bis 20 fallen, so liegt es nahe, bei entsprechendem Wert des Gestohlenen analog (45 zu § 46) einen besonders schweren Fall anzunehmen. Dies gilt schließlich auch, wenn der Täter ein offen gebliebenes Auto stiehlt.

Nr. 2: Diebstahl einer durch **Schutzvorrichtung besonders gesicherten** **22** Sache **A.** Als Beispiel einer Schutzvorrichtung (Oberbegriff, Bay NJW **81**, 2826) nennt Nr. 2 ein **Behältnis**, dh „ein zur Aufnahme von Sachen dienendes und sie umschließendes Raumgebilde, das nicht dazu bestimmt ist, von Menschen betreten zu werden" (GrSenBGH **1**, 163). Es muß verschließbar sein, also ein Schloß oder ihm vergleichbare Vorrichtung haben, und muß zZ der Tat auch verschlossen sein. Das Behältnis kann unbeweglich (Wandschrank, RG **30**, 390), Taubenschlag, Briefkasten, Münzgaszähler (Stuttgart Die Justiz **63**, 211), Automat (BGH **9**, 173 vgl. 9. 7. 1985, 4 StR 331/85), Schaukasten (BGH **15**, 134) oder beweglich sowie verschließbare Möbel, Koffer, Kisten, Container, Säcke (Hamm NJW **78**, 769), geschlossene Registrierkasse (Frankfurt NJW **88**, 3028), Kassetten, Aktentaschen oder auch eine Sammelbüchse, *nicht* jedoch eine unverschlossene Registrierkasse (NJW **74**, 567). **B.** Auch **andere Schutzvorrichtungen,** **23** soweit sie nicht schon unter Nr. 1 fallen (Bay JZ **73**, 324), kommen in Betracht. Eine Sicherung, die sich aus der Natur der Sache, etwa ihrem schweren Gewicht, ergibt, reicht dafür nicht aus; es muß sich um eine besondere Vorrichtung handeln, die geeignet und bestimmt ist, die Wegnahme einer Sache zu erschweren, so zB jedes Autoschloß, auch das Lenkradschloß, insb. das Kofferraumschloß; das Fahrradschloß; die verschließbare Kette an einem Ruderboot; die Befestigung einer Schreibmaschine, die dem Publikum im Postamt zur Verfügung steht; Schutzvorrichtungen an Museumsstücken; auch die Walzen des Spielwerks eines Spielautomaten, da die Sicherung nicht der alleinige Zweck der Schutzvorrichtung zu sein braucht (Bay NJW **81**, 2826 m. krit. Anm. Meurer JR **82**, 292), *nicht* aber die mit einem Zählwerk verbundene Abfüllanlage eines Tanklastwagens, da hierdurch nicht die Entnahme schlechthin, sondern nur die unkontrollierte Entnahme verhindert werden soll (Zweibrücken NStZ **86**, 411), auch nicht das Sicherungsetikett an einem Kleidungsstück in einem Warenhaus (Stuttgart NStZ **85**, 76; aM LG Stuttgart NStZ **85**, 28, das nach der Zurückverweisung, wie von Kadel JR **85**, 384 vorhergesehen, einen dem Regelfall gleichkommenden besonders schweren Fall angenommen hat, NJW **85**, 2489, hierzu Seier JA **85**, 387; Dölling JuS **86**, 692; Borsdorff JR **89**, 4) oder die Umzäunung eines Grundstücks (Bay JZ **73**, 324 m. Anm. Schröder JR **73**, 508). **C. Gegen Wegnahme besonders gesichert** sein muß **24** die Sache durch die Vorrichtung (vgl. Corves JZ **70**, 158). Bei einem verschlossenen Behältnis wird das, wenn nicht gerade der Schlüssel steckt, stets gegeben sein (aM hinsichtlich mühelos wegzunehmender Behältnisse Schröder NJW **72**, 778; Krüger NJW **72**, 648; Lackner 16). Dabei wird übersehen, daß das Behältnis die darin befindliche Sache gegen eine Wegnahme schützen soll, die bei offenem Daliegen leichter möglich wäre; Wegnahme des ganzen Behältnisses ist oft riskant. Allerdings wird man bei einer zugeknöpften Tasche oder einem zugeklebten Brief (E 1962, 403; Köln NJW **56**, 1932; Stuttgart NJW **64**, 738; Deubner JuS **67**, 469; aM RG **54**, 295) aber auch einem eingebauten Autoradio (Schleswig NJW **84**, 67) die Eigenschaft als Behältnis oder die **besondere** Sicherung gegen Wegnahme zu verneinen haben; vielfach wird hier auch die Gesamtwürdigung zur Verneinung eines besonders schweren Falles führen. Eine Schnur, mit der ein Gegenstand auf dem Gepäckträger eines Fahrrades angebunden ist, wird man nicht als besondere Sicherung ansehen können (E 1962, 403). Bei verschnürten Paketen ist das Tatfrage (Versiegelung!); zu bejahen jedenfalls bei einem mit Klebestreifen verschlossenen Karton, der seinerseits in einem mit einer Schnur verschlossenen Postsack liegt (Hamm NJW **78**, 769); Sicherheitsvorrichtungen an Halsketten und Armbändern dürften nur gegen Verlieren schützen (vgl. aber Prot. V/2469). Auch sonst scheiden Vorrichtungen gegen Verlust oder Auseinanderfallen von Sachen aus, ebenso Vorrichtungen gegen das Entweichen von Flüssigkeiten oder Gasen wie zB Rohre.

25   **D.** Ohne Bedeutung ist, wo sich das Behältnis oder die Sache befindet, ob der Täter auch das Behältnis mit entwendet (BGH **24**, 248; LK 18; Bittner MDR **71**, 104; Tröndle GA **73**, 326; aM SchSch-Eser 25; SK 22; Schröder NJW **72**, 778; Krüger NJW **72**, 648; Blei JA **71**, 177; **72**, 373; differenzierend Eser IV Nr. 7 A 32a) und ob und wo der Täter das Behältnis öffnet oder die Schutzvorrichtung beseitigt und ob er zum Öffnen des Behältnisses einen falschen oder den richtigen Schlüssel verwendet (E 1962, 403; aM Hamm NJW **82**, 777 m. abl. Anm. Schmid JR **82**, 119), insbesondere wenn sich der Täter den richtigen Schlüssel durch eine Straftat verschafft hat (vgl. Bay NJW **87**, 666, krit. Otto JR **87**, 225 u. Jura **89**, 200). Nimmt der Täter nur das Behältnis und läßt nach dessen Öffnung den Inhalt zurück, so ist Nr. 2 nicht erfüllt. Ist das verschlossene Behältnis wider Erwarten leer, so scheidet Nr. 2 ebenfalls aus; da die Tat nach § 243 nur ein besonders schwerer Fall des § 242 ist, kommt Tateinheit zwischen untauglichem Versuch nach § 243 mit vollendetem § 242 nicht in Frage; doch ist möglich, daß die Tat durch Hinzutreten anderer Umstände zum besonders schweren Fall wird.

26   **Nr. 3: Gewerbsmäßiger Diebstahl** liegt vor, wenn sich der Täter aus wiederholten Diebstählen, möglicherweise auch solchen nach § 244 eine nicht nur vorübergehende Einnahmequelle verschaffen möchte (43 vor § 52). Inwieweit die Regelwirkung (44 zu § 46) für die gewohnheitsmäßige Tatbegehung und Rückfall gilt, ist bei 47 zu § 46 dargelegt. In den Fällen der Gewerbsmäßigkeit wird § 243 I zu verneinen sein, wenn es sich um eine erste Tat ohne größeren Wert handelt (vgl. EzSt Nr. 3), die bloße Absicht der Veräußerung des Diebesguts genügt hierfür nicht (Köln NStZ **91**, 585), anders bei fortgesetzter Tat mit einer Serie von in der Summe beträchtlichen Einzelakten. Ist der Täter Bandendieb, so tritt § 242 mit § 243 I Nr. 3 hinter § 244 I Nr. 3 zurück.

27   **Nr. 4: Kirchendiebstahl** liegt vor, wenn die Sache (unten 28) **A.** aus einer **Kirche,** dh einem mindestens ganz überwiegend dem Gottesdienst

Diebstahl und Unterschlagung § 243

gewidmeten Gebäude, einem anderen der **Religionsausübung dienenden** Gebäude (oben 6), also zB einer Kapelle, in der keine Gottesdienste stattfinden, Gläubige aber zu beten pflegen; oder einem solchen **Raum**, also zB dem Betsaal in einem Gemeindehaus oder einem der Religionsausübung einer Sekte dienenden Zimmer in einem Mietshause gestohlen wird (§ 242). Auf die Art der Religion kommt es nicht an. Es braucht sich nicht um eine im Inland bestehende Kirche oder Religionsgesellschaft (§ 166 II) zu handeln. Zur Tatzeit müssen Gebäude oder Raum die genannte Funktion haben, nicht aber benützt sein (RG **45**, 243). Die Sachen müssen aus dem geschützten Gebäude gestohlen werden, müssen sich also in ihm befinden, wenn auch in einem profanen Raum des insgesamt geschützten Gebäudes, so zB aus der Sakristei (BGH **21**, 65; 3. 2. 1983, 1 StR 697/82). Die Tat kann vollendet sein, ohne daß die Sache aus dem Raum geschafft wird (15 zu § 242). **B.** Die Sache muß **dem Gottesdienst gewidmet** sein; es sind dies Sachen, an oder mit denen gottesdienstliche Handlungen vorgenommen werden, LM Nr. 1; dabei entscheidet die Anschauung der betreffenden Glaubensgemeinschaft (BGH **21**, 64), zB Altäre, Monstranzen, Kruzifixe, Kreuze, Kelche, Leuchter, Abendmahlsgerät und bei den Katholiken die ewige Lampe (RG GA Bd. **67**, 444), sowie Altarkerzen (RG **53**, 144), ferner Sachen, die **Gegenstand religiöser Verehrung** sind wie Reliquien, Madonnen- oder Heiligenbilder, Statuen oder Votivtafeln in einer Wallfahrtskirche (BGH **21**, 64); geweiht oder gesegnet brauchen die Sachen nicht zu sein (RG GA Bd. **67**, 444). Nicht unter Nr. 4 fallen Opferstöcke (NJW **55**, 1119), Gebetstühle, Gesangbücher der Kirchenbesucher, das Inventar (zB die Kanzel, Bay **7**, 284; LK 23). **C. Kein besonders schwerer Fall** liegt vor (auch wenn die Tat grundsätzlich das religiöse Empfinden verletzt und idR an Sachen verübt wird, die dem Zugriff eines jeden schutzlos ausgesetzt sind, E 1962, 404), wenn es sich um geringfügige Werte handelt (Altarkerze; II; Prot. V 2467). Auf der anderen Seite wird **in gewissen Fällen Analogie** (45 zu § 46) in Betracht kommen, zB bei in einer Kirche aufgestellten wertvollen Werken von kunsthistorischer Bedeutung, die nicht religiöser Verehrung dienen, aber auch nicht iS von Nr. 5 ausgestellt sind; oder bei einem nicht innerhalb eines Raumes stehenden Kruzifx, das als Gegenstand religiöser Verehrung weithin bekannt ist oder hohen künstlerischen Wert hat (E 1962, 402); oder bei Sachen, die für Feierlichkeiten einer Weltanschauungsvereinigung bestimmt sind und sich in einem entsprechenden Raum befinden (45 zu § 46; Lackner 19; M-Schroeder § 33, 96; Corves JZ **70**, 158).

Nr. 5: Diebstahl einer **Sache A. von Bedeutung** für **Wissenschaft, Kunst, Geschichte** oder für die **technische Entwicklung;** also nicht schon jedes Buch in einer Bibliothek, jedes Bild in einer Galerie oder jeder Stein in einer Mineraliensammlung (E 1962, 404). Von Bedeutung ist die Sache, wenn ihr Verlust eine spürbare Einbuße für die aufgeführten Disziplinen darstellen würde, wenn vielleicht auch nur in einem lokalen Bereich oder für eine Teildisziplin. Für die Kunst ist das nicht nur der Fall, wenn es sich um Werke von gewissem Rang handelt, sondern auch dann, wenn das Stück für die künstlerische Entwicklung dokumentarische Bedeutung hat (Prot. V 2472f.). Bedeutung für die technische Entwicklung heißt sowohl Bedeutung für den bisherigen Gang als auch für die kommende Entwick-

§ 243

lung (Prot. V 2473). Gegenstände gewerblicher Art sind nur geschützt, wenn sie auch für diese Entwicklung oder für die Wissenschaft Bedeutung
32 haben (E 1962, 404). Die Sache muß entweder **B.** in einer **allgemein zugänglichen Sammlung** sich befinden. Ob sie im Eigentum des Staates oder einer öffentlichen Körperschaft oder im Privateigentum steht, ist ohne Bedeutung, BGH **10**, 286. Allgemein zugänglich ist sie auch dann, wenn Zutritt oder Benutzung von einem üblichen Entgelt, dem Nachweis bestimmter persönlicher Voraussetzungen oder einer besonderen Erlaubnis abhängt, wenn diese aber regelmäßig gewährt wird (BGH **10**, 286). Bei einer Gerichtsbücherei, die nur einem bestimmten Personenkreis zugänglich ist, ist das nicht der Fall. Nr. 5 ist dann auch gegeben, wenn die Sache selbst im Einzelfall nicht allgemein zugänglich ist (so zB in Bibliotheken, nicht im Lesesaal; im Magazin einer Galerie). **C.** oder **öffentlich ausgestellt** sein; also Sachen in Ausstellungen, die allgemein zugänglich sind (BGH **10**, 285), oder aber einzelne Stücke an öffentlichen Orten, etwa in einem Rathaus, vor einer Schule oder in einem Park (E 1962, 404). Die Sache muß sich zur Besichtigung an ihrem Ort befinden, also ausgestellt, nicht nur aufgestellt sein oder sich sonst an einem öffentlichen Ort befinden.

33 Nr. 6: Diebstahl unter **Ausnutzung von Hilflosigkeit oder Bedrängnis**.
34 Der Täter muß sich bewußt zunutzemachen entweder **A.** die **Hilflosigkeit** eines anderen (2 zu § 221), wobei es ohne Bedeutung ist, welche Ursachen die Hilflosigkeit hat. Es brauchen nicht die in § 221 I genannten zu sein; in Betracht kommen vor allem Ohnmacht, Trunkenheit, Krankheit, Blindheit (Bay NJW **73**, 1808; zust. Schröder JR **73**, 427; krit. M-Schroeder § 33, 99); nicht jedoch der Schlaf anderer, soweit er nicht mit einer krankhaften Störung zusammenhängt (NJW **90**, 2569), auch nicht die Hilflosigkeit eines sprachunkundigen Ausländers in einer ihm fremden Großstadt (möglicherweise Analogie; 45 zu § 46; LK 32; aM SchSch 40); auch nicht die bloße Wahrnehmung einer günstigen Gelegenheit zum Diebstahl (NStZ **85**, 215). Der Hilflose braucht nicht Gewahrsam oder Alleinge-
35 wahrsam an der gestohlenen Sache zu haben (betrunkener Wächter). **B.** einen **Unglücksfall** (3 zu § 323c; weitergehend LK 33; SchSch 40), zB einen Verkehrsunfall, wobei das Opfer zugleich auch hilflos sein kann. In Betracht kommt aber auch ein größerer Ungkücksfall, etwa in einem Bergwerk, der viele Menschen an der Unglücksstelle zusammenströmen läßt. Der Täter kann dann die Menschenansammlung zu Taschendiebstählen ausnutzen oder aber den Umstand, daß Häuser menschenleer sind, zu Diebstählen benutzen (NStZ **85**, 215). In Betracht kommt aber auch, daß der Täter einen mit Helfen beschäftigten anderen bestiehlt oder aus einem
36 in Brand geratenen Gebäude stiehlt. **C.** eine **gemeine Gefahr**, dh eine konkrete Gefahr für eine unbestimmte Zahl von Menschen oder zahlreiche Sachen von mindestens insgesamt hohem Wert, so zB Überschwemmungen, Brände von Gebäuden mit der Gefahr des Umsichgreifens, Waldbrände, Gefahr durch Wolken giftiger Gase oder radioaktiver Verseuchung. Im übrigen gilt 35, zumal gemeine Gefahr idR zugleich ein Unglücksfall sein wird. Hier wie bei 35 muß bei der Prüfung, ob ein besonders schwerer Fall vorliegt, ggf. auch berücksichtigt werden, wenn sich der Täter selbst auch in einer extremen, insbesondere notstandsähnlichen Situation befindet (Prot. V/2463).

Diebstahl und Unterschlagung **§ 243**

Nr. 7: Diebstahl besonders gefährlicher Waffen und von **Sprengstoff.** 36a
Die durch das StÄG 1989 (3 zu § 239a) in Nr. 7 und in § 316b III eingeführten Regelbeispiele betr. typische Erscheinungsformen terroristischer Kriminalität. Nr. 7 und § 316 III wurden zur Stärkung der generalpräventiven Wirkung und im Hinblick darauf eingeführt, daß bei diesen Tathandlungen (beim Waffen- und Sprengstoffdiebstahl trotz der Strafbarkeit zB nach § 52a I Nr. 1 WaffG und ggf. dem KriegswaffG) ein überdurchschnittlicher Unrechts- und Schuldgehalt vorliegt (ReGE 10; krit. Ausschußempfehlungen BR-Drs. 221/1/89 S. 3–5; Achenbach KR **89**, 634; Kunert/Bernsmann NStZ **89**, 451). Einbezogen in Nr. 7 sind nur **Handfeuerwaffen** (§ 1 IV WaffG, Anh. 23), zu deren Erwerb (Erlangung der tatsächlichen Gewalt, § 4 I WaffG) es der Erlaubnis (§§ 7, 28 WaffG) bedarf; ferner das **Maschinengewehr**, die **Maschinenpistole** (vgl. 3 zu § 244), das **voll- oder halbautomatische Gewehr** (§ 1 V WaffG; § 1 KriegswaffG iVm der Kriegswaff-Liste) sowie eine **Sprengstoff enthaltende Kriegswaffe** iS des KriegswaffG und **Sprengstoffe** (§ 1 SprengG), so daß auch selbstgefertigte Waffen, wie sie in der terroristischen Gewaltkriminalität verwendet werden, erfaßt sind. Obgleich die Taten meist auch nach Nrn. 1 oder 2 strafbar oder über die Analogie (45 zu § 46) erfaßbar gewesen wären (vgl. unten 37), beseitigt die Nr. 7 doch die Diskrepanz, die sich aus den Mindeststrafdrohungen bei Diebstahl und unerlaubtem Waffenerwerb ergibt. Nr. 7 wird von den Taten, die sich auf geringwertige Sachen beziehen (**II**, unten 41) ausdrücklich ausgenommen.

3) Als weitere Beispiele für besonders schwere Fälle, die § 243 nicht 37 nennt, können vor allem in Betracht kommen, (einschränkend SK 34): **A. Diebstahl von Sachen mit hohem Wert** (BGH **29**, 322 m. Anm. Bruns JR **81**, 336; EzSt § 266 Nr. 4; E 1962, 405; Prot. V/2463). Ein entsprechender Fall ist nur deshalb nicht in den Katalog aufgenommen worden, weil sich eine feste Grenze nicht ziehen läßt. Es kann auch nicht nur auf den objektiven Wert ankommen, sondern auch darauf, in welchem Maße das Opfer getroffen wird. Hierher gehören auch Fälle, in denen durch einen **fortgesetzten** Diebstahl ein hoher Schaden angerichtet wird, ferner der Fall des Eindringens mit einem „richtigen", aber entwendeten Schlüssel (11. 7. 1986, 2 StR 352/86). **B. Amtsdiebstahl**, dh Diebstahl durch einen Amtsträ- 38 ger (§ 11 I Nr. 2) an einer Sache, die ihm in seiner Eigenschaft als Amtsträger anvertraut (BGH **29**, 323) oder zugänglich geworden ist. Die entsprechende Nr. 6 des § 236 E 1962 ist mehr aus technischen Gründen nicht aufgenommen worden (Prot. V/2463). Entsprechend dem Amtsdiebstahl können auch sonst Diebstähle als besonders schwere Fälle angesehen werden, bei denen sich der Täter einen schweren Vertrauensbruch zuschuldenkommen läßt (BGH **29**, 323 m. Anm. Bruns JR **81**, 337). **C.** Diebstahl von **Maschinen** oder **Betriebsmitteln**, der die ordnungsgemäße Fortführung 39 des Betriebes stört oder erheblich gefährdet. Wegen der schweren Abgrenzbarkeit ist von der Aufnahme eines entsprechenden Regelbeispiels abgesehen worden (Prot. V/2463). Doch wird, wenn sich der Vorsatz des Täters auf die Folge bezieht, ein besonders schwerer Fall vielfach anzunehmen sein. **D.** Diebstahl einer zum **öffentlichen Nutzen dienenden Sache** 40 (§ 304 I) wird nicht oft ein besonders schwerer Fall sein, da hier sehr häufig nur geringe Sachwerte in Betracht kommen und dann II eingreift. Ist das

§ 243

anders, so kann der hinzutretende Gesichtspunkt der Beeinträchtigung des öffentlichen Nutzens zur Annahme eines besonders schweren Falles führen. **E.** Zum Problem des **Rückfalls** vgl. 47 zu § 46.

41 **4) Abs. II** idF des StÄG 1989 (3 zu § 239a) schließt ohne Ausnahme und Ermessensspielraum für den Richter, jedoch nur für I Nr. 1 bis 6 (ebenso nach §§ 263 IV, 266 III), also **nicht für Nr. 7** einen besonders schweren Fall dann aus, wenn sich die Tat auf eine **geringwertige Sache** iS von § 248a (dort 5 ff.) bezieht, wozu die ohne meßbar objektiven Substanzwert nicht gehören (NJW **77**, 1460; insoweit irrig Düsseldorf NJW **89**, 116; vgl. Hamm OLGSt. 51 zu § 318 StPO; Otto Jura **89**, 202). Es gelten dann vielmehr §§ 242, 248a (vgl. Ber. BT-Drs. 7/1261, 17; aus kriminalpolitischer Sicht mit Recht krit. gegen II: Zipf, Dreher-FS 399 ff.; ferner SchSch 3). II normiert der Sache nach einen Fall der Verminderung von Unrecht und Schuld (Karlsruhe MDR **76**, 335; BT-Drs. 11/2834, 10). Bei gleichbleibend auf eine geringwertige Sache gerichtetem Vorsatz ist II stets anzuwenden, und zwar auch bei Versuch. Bricht aber zB der Täter ein, um geringwertige Sachen zu stehlen, nimmt dann aber wertvolle, so ist das Regelbeispiel nach I Nr. 1 erfüllt (vgl. zu § 370 Nr. 5 aF; BGH **9**, 253; ferner SK 48f.; M-Schroeder § 33, 102). Will er hingegen wertvolle Sachen, begnügt sich dann aber mit geringwertigen, so ist nach 48ff. zu § 46 zu prüfen, ob schon der Versuch die Voraussetzungen eines besonders schweren Falls erfüllt; ist das zu bejahen, so ist der gesamte vollendete Diebstahl ein solcher Fall (ebenso BGH **26**, 104; MDR/D **75**, 543; Gribbohm NJW **75**, 1154; Zipf aaO 395; Wessels BT 2, § 3 III 3a; Seelmann JuS **85**, 456; zum Vorsatzwechsel bei II Zipf aaO 394; SK 50). Hat der Täter noch keine bestimmten Vorstellungen, was er stehlen möchte, so ist II gegeben, wenn er nur geringwertige Sachen nimmt, andernfalls ist das Regelbeispiel I Nr. 1 erfüllt. Nimmt der Täter irrig an, die gestohlene Sache sei geringwertig (er hält ein wertvolles Schmuckstück für eine billige Imitation), so bezieht sich die Tat zwar nicht auf eine geringfügige Sache; auch greift § 16 nicht unmittelbar ein, weil es sich um kein Tatbestandsmerkmal handelt, doch sind Handlungsunrecht und Schuld so herabgemindert, daß nach allgemeinen Grundsätzen (8 zu § 16) idR ein besonders schwerer Fall ausscheiden wird (vgl. hierzu Zipf aaO 397; aM Gribbohm NJW **75**, 1153). Entdeckt der Täter nachträglich den Wert der Sache, kann § 246 unter Ausscheiden von § 248a nicht angewendet werden, weil sich der Täter die Sache schon strafbar zugeeignet hatte (vgl. GrSenBGH **14**, 38; zw.). Kennt der Täter den Wert der Sache, hält er ihn aber irrig für gering, so ist dieser Irrtum für II ohne Bedeutung (Zipf aaO 396). Sind bei Diebstahl mehrerer Sachen natürliche Handlungseinheit oder fortgesetzte Tat gegeben, so sind die Werte für II zusammenzurechnen (Düsseldorf NJW **87**, 1958; aM Bremen JZ **60**, 331), für die jedoch nur das wirklich Gestohlene, nicht das darüber hinaus Erstrebte entscheidend (vgl. BGH **5**, 263); doch kann, wenn sich Teilakte, die einen Versuch darstellen, auf wertvolle Sachen richten, insgesamt ein besonders schwerer Fall gegeben sein. Eine fortgesetzte Tat kann jedenfalls insgesamt nur entweder ein Fall des § 243 oder des § 242 (§ 248a) sein (Karlsruhe GA **76**, 150; vgl. Zipf aaO 398 f.). Auch bei Mittäterschaft entscheidet die Gesamtmenge und deren Wert, nicht der Anteil jedes Täters (vgl. zu § 370 I Nr. 5 aF NJW **64**, 117;

Diebstahl und Unterschlagung **§ 243**

69, 2210; Hamm NJW **71**, 1954; Köln OLGSt. 19; Zipf aaO 399; andererseits Schröder JR **72**, 255).

10) Vorsatz muß hinsichtlich der Merkmale der Nr. 1, 2, 4 bis 7 gegeben **42** sein, wenn ein Regelbeispiel vorliegen soll (27. 5. 1980, 3 StR 197/80; Bay 20. 9. 1990, RReg. 4 St 113/90 [zu § 29 III BtMG]; Jescheck § 29 II 3 b; vgl. aber RG JW **36**, 1677; **38**, 504). Im Fall der Nr. 3 muß der Plan des Täters, sich aus der Begehung derartiger Taten eine Einnahmequelle zu schaffen (oben 26), festgestellt werden. Im übrigen genügt bedingter Vorsatz. Bei dem Merkmal „Bedeutung für Wissenschaft" usw. in Nr. 5 ist entsprechende Parallelwertung in der Laienspähre (11 zu § 16) erforderlich. Zu Nr. 1 vgl. oben 13 ff.

11) Auch der **Versuch eines Diebstahls** *kann* ein besonders schwerer Fall **43** sein. Die Regelwirkung (44 zu § 46) setzt jedoch *entgegen BGH* **33**, 370 voraus, daß die objektiven und subjektiven Voraussetzungen des Regelbeispiels erfüllt sind; vgl. hierzu im einzelnen 48 ff. zu § 46.

12) Für die **Teilnahme** und Mittäterschaft vgl. 49 zu § 46. Ob die Teil- **44** nahme ein besonders schwerer Fall ist, muß an Hand der Regelbeispiele in einer eigenen Gesamtbewertung festgestellt werden.

13) Konkurrenzen, Wahlfeststellung vgl. 50, 51 zu § 46; 18 zu § 1. Eigene **45** Konkurrenzen des § 243 mit anderen Vorschriften kann es nicht geben. Vielmehr gilt 27 ff. zu § 242. Nach hM werden die §§ 123, 303, obwohl die Regelbeispiele keine Tatbestandsmerkmale sind (41 zu § 46), von Nr. 1 iVm § 242 verdrängt (5. 2. 1982, 3 StR 33/82; Bay NJW **91**, 3293; SchSch 59; LK 43; Lackner 25; SK 52; aM M-Schroeder § 33, 109; Gössel, Tröndle-FS 366), es sei denn, ein Regelbeispiel wäre verwirklicht, ohne daß der Richter die Strafe nach I schärft (KG JR **79**, 249 m. zust. Anm. Geerds). Die Konsumtion der §§ 123, 303 rechtfertigt sich nach Lackner (19 zu § 46) daraus, daß die im Regelbeispiel zum Ausdruck kommende Typisierung das Gesamtgeschehen zu einer Bewertungseinheit zusammenfaßt.

14) Sonstige Vorschriften. FAufsicht §§ 245, 68 I Nr. 2; UHaft § 112a I **46** Nr. 2 StPO; zur Fassung des Urteilstenors bei § 243 52 zu § 46.

Diebstahl mit Waffen; Bandendiebstahl

244 ^IMit Freiheitsstrafe von sechs Monaten bis zu zehn Jahren wird bestraft, wer

1. **einen Diebstahl begeht, bei dem er oder ein anderer Beteiligter eine Schußwaffe bei sich führt,**
2. **einen Diebstahl begeht, bei dem er oder ein anderer Beteiligter eine Waffe oder sonst ein Werkzeug oder Mittel bei sich führt, um den Widerstand eines anderen durch Gewalt oder Drohung mit Gewalt zu verhindern oder zu überwinden, oder**
3. **als Mitglied einer Bande, die sich zur fortgesetzten Begehung von Raub oder Diebstahl verbunden hat, unter Mitwirkung eines anderen Bandenmitglieds stiehlt.**

^{II}**Der Versuch ist strafbar.**

^{III}**In den Fällen des Absatzes 1 Nr. 3 sind die §§ 43a, 73d anzuwenden.**

1) Die Vorschrift ist in ihren Abs. I, II in wörtlicher Übereinstimmung in **1** der Tatbestandsbeschreibung mit § 237 E 1962 durch das 1. StrRG (Einl. 7, 10) eingefügt worden (vgl. Ndschr. **6**, 34, 37 ff.; Prot. V/2473; Ber. 36). III wurde durch Art. 1 Nr. 14 OrgKG (2 zu § 43a) eingefügt, das außerdem in dem nachfolgenden **§ 244a** die **bandenmäßige Begehung** von Diebstählen unter den Voraussetzungen des § 243 I S. 2 (besonders schwere Fälle) und in den Fällen des § 244 I Nr. 1, 2 zu Verbrechenstatbeständen erhebt. Im Gegensatz zu § 243 (dort 3 ff.) handelt es sich hier um drei echte Qualifikationstatbestände (8. 3. 1979, 2 StrR 337/78).

2 2) **I Nr. 1, 2** beschreibt den **Diebstahl mit Waffen.** Darunter sind die Fälle der §§ 242, 243 zu verstehen, aber auch des § 244 I Nr. 3 (dann Tateinheit) sowie der §§ 247, 248a (dann aber Antragsdelikt), während § 252 als Sondertatbestand ausscheidet. Der **Täter** oder ein anderer Beteiligter, dh Mittäter, Anstifter oder Gehilfe, muß die Waffe bei sich führen. Danach ist der Dieb auch dann strafbar, wenn nicht er selbst, sondern nur sein Gehilfe die Waffe bei sich führt. Doch muß der Täter das wissen (BGH **3**, 233; **27**, 57; Haft JuS **88**, 370). Der Gehilfe wird damit nicht zum Täter,
3 aber zum Gehilfen einer Tat nach Nr. 1 **A. Nr. 1: Diebstahl mit Schußwaffen,** dh einer Waffe, bei der ein Geschoß durch einen Lauf getrieben wird (§ 1 I WaffG; vgl. auch WaffVwV; ferner Anl. I A EuWaffKontrÜbkG v. 16. 8. 1980, BGBl. II 953; NJW **65**, 2115; zum Schußwaffenbegriff des StGB und dem des WaffG NStZ **89**, 476). Danach sind auch *Flobert- und Luftgewehre* Schußwaffen (MDR/D **74**, 547). Das gilt nach der Rspr. des BGH auch für *Gaspistolen,* weil sie den Gegner über eine nicht unbeachtliche Reichweite hinweg auf chemischem Wege körperlich nicht unerheblich verletzen können, sofern das Gas nach vorne verschossen wird, also nicht seitlich austritt (NStZ **81**, 301; **89**, 476; MDR/H **76**, 813, so schon zur Rechtslage vor dem 1. 1. 1973 BGH **24**, 136; Karlsruhe Die Justiz **71**, 146; vgl. auch Koblenz NJW **73**, 1759; Tröndle GA **73**, 327; aM Bay NJW **71**, 392, SK-Samson 5; Geilen Jura **79**, 333; Geppert Jura **92**, 499; hM im Schrifttum; vgl. Schneider NJW **71**, 1663; Schröder JR **71**, 382; Blei JA **71**, 591; 720; Haft JuS **88**, 366; zw. auch LK-Herdegen 3 zu § 250). Nach Düsseldorf NStZ **91**, 40 ist eine Gaspistole eine Schußwaffe *iS des § 244 I Nr. 1* unabhängig davon, ob das Gas nach vorne (durch die Lauföffnung) oder seitlich oder nach oben austritt. *Schreckschußpistolen* fallen nicht unter Nr. 1 (NJW **65**, 2115; **76**, 248; NStE Nr. 8 zu § 250; 19. 5. 1988, 2 StR 22/88). Vorausgesetzt ist, daß die Schußwaffe funktionstüchtig ist und zumindest **schußbereit** gemacht werden kann, also geeignete Munition zur Verfügung steht, StV **87**, 67; vgl. unten 4. Für Maschinenpistolen vgl. § 6 III WaffG, gegenüber dem das KriegswaffG verdrängt wird (NStZ **81**, 104; StV **84**, 75; 21. 8. 1985, 4 StR 410/85; vgl. auch 19. 2. 1985, 5 StR 780/84; Schleswig NStZ **83**, 271 m. abl. Anm. Richter). Bei Bolzenschußapparaten zum Töten von Tieren wird es auf die Konstruktion im einzelnen ankommen (Bay MDR **75**, 420). Gewisse Einschränkungen ergeben sich aus § 1 der 1. WaffV. **B. Bei sich führt** die Waffe, wer sie bewußt gebrauchsbereit bei sich hat (BGH **3**, 232; **13**, 260; **24**, 136; **30**, 44; NJW **65**, 2115); am eigenen Körper braucht er sie nicht zu tragen; es genügt, wenn sie sich in Griffweite befindet oder er sich ihrer jederzeit ohne nennenswerten Zeitaufwand bedienen kann (BGH **13**, 260; **29**, 185; **31**, 105 [m. Anm. Kühl JR **83**, 423]; MDR/H **80**, 106; **90**, 294; NStZ **84**, 216; vgl. LK 8 zu § 250), unmaßgeblich insoweit § 4 IV WaffG (Anh. 23). Das kann auch dann der Fall sein, wenn die Waffe noch nicht geladen bzw. durchgeladen (NStZ **81**,

Diebstahl und Unterschlagung **§ 244**

301) oder nur mit Schreckschuß- oder Platzpatronen geladen ist, der Täter oder ein anderer Beteiligter aber scharfe Munition mit sich führt (BGH **3**, 232; NStZ **85**, 547), ist das nicht der Fall, so ist, da es bei Nr. 1 auf die gegenüber Nr. 2 objektiv erhöhte Gefährlichkeit ankommt (vgl. BGH **3**, 232; **13**, 260) nur Nr. 2 anwendbar. Die Frage der Schußbereitschaft kann für alle Schußwaffen nur gleich beantwortet werden, somit auch für Gaspistolen iS oben Nr. 3, wenn zwar nur sie mit Platzpatronen geladen sind, der Täter aber Gaspatronen mit sich führt. Der Täter oder der Führer der Schußwaffe brauchen im Gegensatz zu Nr. 2 in keiner Phase der Tat den Vorsatz haben, sie zu verwenden (BGH **24**, 137; NStZ **84**, 216 [m. Anm. Zaczyk; ferner Streng JZ **84**, 652; Geppert Jura **92**, 497 u. JK **3** zu § 250]; **85**, 547, hierzu Seier JA **86**, 166), es genügt, daß der Täter sie im Bedarfsfalle oder ggf einsetzen will (MDR/H **86**, 623), oder nach 18. 12. 1982, 1 StR 484/82 das Bewußtsein der Benutzungsmöglichkeit hat; jedoch fallen *berufsmäßige Waffenträger* (zB Soldaten, Polizisten), die während ihres Dienstes einen Diebstahl begehen, nicht schon deswegen unter Nr. 1, weil sie gerade die zum Dienstanzug gehörende Waffen tragen, Solbach NZ Wehrr. **77**, 161, wenn das Waffentragen keinerlei Tatbeziehung hat (SchSch-Eser 8; Schünemann JA **80**, 355; Grebing Jura **80**; 93; Geilen JK **1**, 2; Kotz JuS **82**, 97; Scholderer StV **88**, 431 (vgl. auch Lackner 5; Haft JuS **88**, 368); **aM** BGH **30**, 44 m. Anm. Lenckner JR **82**, 424; Köln NJW **78**, 652 [m. abl. Anm. Hruschka NJW **78**, 1338; Steinke KR **79**, 532]; LK 13 zu § 250; Wessels BT-2 § 4 I 1; NZWehrr. **78**, 36; OLGSt. 9; Sonnen JA **78**, 468; Peterson NZWehrr. **78**, 134; Kratzer NStZ **82**, 236; Hettinger GA **82**, 525; Seelmann JuS **85**, 457; Eger Jura **87**, 492; Otto Jura **89**, 202; Geppert Jura **92**, 498; vgl. aber auch RG **32**, 403). Die hRspr. führt, wie die Fälle Köln aaO zeigen, insbesondere bei Kleindiebstählen, da § 248a (dort 4) ausgeschlossen ist, zu unbilligen Ergebnissen (Kotz aaO). **C. Bei dem** **5** **Diebstahl** muß die Waffe geführt werden, dh in irgendeinem Zeitpunkt *während* des eigentlichen Tatherganges (BGH **13**, 260; NStE § 250 Nr. 10), hierzu gehört *nicht* die Fahrt zum Tatort oder die Flucht nach mißglücktem Überfall (BGH **31**, 106 m. zust. Anm. Hruschka JZ **83**, 217, Kühl JR **83**, 423; Wessels BT-2 § 4 I 1; Otto JZ **85**, 25; Haft JuS **88**, 367; Geppert Jura **92**, 496; insoweit aM noch GA **71**, 82), denn im letzten Fall war die Tat *beendet*. Hingegen ließ der BGH aaO 107 offen, ob im Fall eines vollendeten Raubs die Zeit zwischen Vollendung und Beendigung zum Tathergang zu rechnen ist und das Beisichführen nur während dieses Zeitraums für die Anwendung der Nr. 1 genügt (so BGH **20**, 194; MDR/H **80**, 106; hiergegen mit beachtlichen Gründen Isenbeck NJW **65**, 2326; Hruschka JZ **69**, 609; Schünemann JA **80**, 394; Kühl JuS **82**, 192; LK-Herdegen 11 zu § 250; Lackner 2). Ausreichend ist es aber, wenn sich der Täter erst während der Tat (BGH **13**, 259; **20**, 194; NJW **75**, 1177; NStZ **85**, 547) oder sogar erst aus der Beute mit der Schußwaffe versieht. Doch wird der Versuch des Diebstahls durch das vorherige Mitführen der Waffe nicht vorverlegt.

3) **Nr. 2: Diebstahl mit Waffen** ist gegeben, **a)** wenn der Täter einem **6** Diebstahl (oben 2) begeht, bei dem (oben 5) er oder ein anderer Beteiligter (oben 2) bei sich führt (oben 4) keine Schußwaffe (oben 3), sondern entweder eine **andere Waffe** im technischen Sinne, also insbesondere eine Hieb-,

§ 244

Stoß- oder Stichwaffe (vgl. § 1 VII WaffG), aber auch eine Handgranate, einen Molotow-Cocktail oder Schlagring, eine Waffe im nichttechnischen
7 Sinne (zB ein Auto, 28 zu § 113; vgl. ferner 10 zu § 250), ein **Werkzeug**, insbesondere, aber nicht stets (NJW **89**, 2549) ein gefährliches (2 zu § 223a; uU genügt auch der Schuh am Fuß, vgl. BGH **30**, 376), oder ein Fesselungs- oder Knebelungsmittel (MDR/H **92**, 18), einen Plastiksack, um dem Tatopfer den Mund zuzuhalten (25. 8. 1987, 4 StR 224/87), oder sonst ein **Mittel**, nämlich eine (vielleicht flüssige) Sache (Mitsichführen! Hypnose scheidet also aus), um möglichem Widerstand gewaltsam zu begegnen, also zB einen Stab zur Erzeugung von Elektroschocks (Prot. V 2474), ein äthergetränktes Taschentuch (19. 9. 1978, 5 StR 42/78), Chloroform (11. 11. 1970, 2 StR 520/70), Vitriol oder andere Säuren, versprühbare Mittel, Pfeffer, aber auch Mittel, die dem Opfer heimlich in ein Getränk gegeben werden sollen, um es zu betäuben, zB Nulodar. Alkohol, der nur dazu bestimmt ist, das Opfer dadurch, daß man mit ihm zecht, betrunken zu machen, scheidet aus (Ndschr. **6**, 38), ebenso der Körper des Täters und seine Fähigkeit zur Täuschung des Opfers (NStZ **85**, 547; hierzu Otto JK 4 zu § 250). Im übrigen kommt es bei der subjektiven Fassung der Nr. 2 nicht auf die objektive Eignung des Mittels zur Brechung von Widerstand
8 an; es genügt, wenn der Täter das Mittel für geeignet hält. **b)** Denn **um den** möglichen **Widerstand eines anderen,** sei es des Opfers oder eines beliebigen Dritten, der den Täter oder einen anderen Beteiligten an der Tat hindern, ihn festhalten oder ihm die Beute wieder abnehmen will, zu verhindern (noch bevor er einsetzt) oder **zu überwinden**, dh einen etwa geleisteten zu brechen, müssen Waffe, Werkzeug oder Mittel mitgeführt werden. Und zwar muß derjenige, der sie mitführt, entschlossen sein, damit möglichem Widerstand durch **Gewalt** (5f. zu § 240) oder durch **Drohung** (15f. zu § 240) mit Gewalt, die sich möglicherweise nicht gegen den Widerstandleistenden, sondern eine ihm nahestehende Person richtet, zu begegnen (vgl auch 4, 5 zu § 249). Daraus folgt, daß Werkzeuge oder Mittel solche sein müssen, die der Täter dafür geeignet hält, Gewalt zu üben oder mit ihnen zu drohen (NJW **89**, 2549, hierzu Hillenkamp JuS **90**, 456; Geppert Jura **92**, 501; LK-Herdegen, 17, 22 zu § 250). Nach BGH **24**, 339; **38**, 117 sind damit auch Gegenstände erfaßt, die nur **scheinbar eine Waffe** oder eingefährliches Werkzeug sind (NJW **76**, 248; NStZ **81**, 436 [m. abl. Anm. Küper NStZ **82**, 28 u. Jura **83**, 209]; **85**, 408 m. Anm. Zaczyk JZ **85**, 1058 [diese Rspr. verletzt Art. 7 MRK *nicht*, EKMR NJW **85**, 2076 L; MDR/H **79**, 281; **90**, 97; LG Stuttgart JZ **81**, 789). Es soll hiernach genügen, wenn der Täter den Gegenstand als ein geeignetes Mittel ansieht, um durch die Drohung mit dessen Einsatz möglichen Widerstand auszuschalten (aM mit gewichtigen Gründen LG Hamburg NJW **77**, 1931; ebenso die hM im Schrifttum: zusf Geppert Jura **92**, 500; ferner Bockelmann BT/1 § 8 IV; LK 19; SchSch-Eser 16; Lackner 4; Braunsteffer NJW **75**, 623; Geilen Jura **79**, 389; Otto JZ **85**, 27 u. Jura **89**, 203; Seelmann JuS **86**, 208, jew. mwN). Daher genügen nach der Rspr. nicht nur die nichtgeladene oder unbrauchbare Schußwaffe (oben 4), sondern ebenso eine Schreckschußpistole, die Attrappe eines Revolvers, eine Kinderpistole u. dergl. (LK-Ruß 9; Schünemann JA **80**, 355 [beide zu § 250]; sehr zw.; aM Lackner 4; Corves JZ **70**, 158; Blei JA **70**, 278, **71**, 177, **72**, 374, 574; **74**, 233, **76**, 737 u. Henkel-FS 122; SchSch 14; M-Schroeder § 33, 118 u. § 35, 27; Schröder NJW **72**, 1833;

Küper NJW **72**, 1059, JuS **76**, 645, NJW **78**, 956 u. NStZ **82**, 28; Tröndle GA **73**, 327; Eser JZ **81**, 761; Haft JuS **88**, 365). Es kommt nur darauf an, daß der mögliche Widerstandleistende die Drohung ernst nehmen soll (5 zu § 249). Nach NJW **90**, 2570 (m. Anm. Herzog StV **90**, 547; Geppert Jura **92**, 500 u. JK 6 zu § 250) ist Nr. 2 auch anzuwenden, wenn das Opfer das Drohungsmittel als Scheinwaffe erkennt, denn der Erschwerungsgrund der Nr. 2 liegt bereits in der besonderen Absicht des Täters und in seiner Annahme, das Opfer werde die Drohung ernst nehmen. Entsprechendes gilt für den Vorsatz des Beteiligten, der das Mittel nicht selbst führt. Jedoch müssen nach BGH **38**, 116 (m. Anm. Graul JR **92**, 297; Geppert Jura **92**, 501) auch Scheinwaffen und Werkzeuge iS der Nr. 2 nach dem *äußeren* Erscheinungsbild Gegenständen entsprechen, die – wenn auch objektiv ungefährlich – den Eindruck erwecken, zur Gewaltanwendung eingesetzt werden zu können: ein unter der Jacke verdecktes und diese etwas ausbeulendes Plastikrohr genügt daher auch dann nicht, wenn der Täter behauptet, bewaffnet zu sein (BGH **38**, 118 [m. Anm. Mitsch u. Kelker NStZ **92**, 435, 539]; vgl. auch NStZ **85**, 547). Setzt der Täter unmittelbar dazu an, zu drohen oder Gewalt anzuwenden, so besteht Tateinheit zwischen vollendeter Nr. 2 und Versuch nach § 250 I Nr. 2 (vgl. unten 16; hierzu Kühl JuS **80**, 509). Vorher kann versuchter Raub bei nur bedingtem Vorsatz der Anwendung von Drohung oder Gewalt nicht angenommen werden, weil der Täter zur Tatbestandsverwirklichung noch nicht unmittelbar ansetzte (vgl. Arzt JuS **72**, 578; Artz/Weber LH **3**, 321; Berz Jura **82**, 320; 7 zu § 249; 4 zu § 250).

4) Nr. 3: Bandendiebstahl (zur Einführung eines *speziellen*, nur auf die **9** Bekämpfung der OrgK ausgerichteten Verbrechenstatbestandes des Bandendiebstahls durch Art. 1 Nr. 15 OrgKG [2 zu § 43a], vgl. 1 zu § 244a; ferner BGH **38**, 30). **A. Bande** ist eine *lose* Gruppe (6. 2. 1985, 2 StR 750/84) von mehr als 2 Mitgliedern (Dreher NJW **70**, 1802; Tröndle GA **73**, 328; 7 zu § 88; SK 19; Geilen Jura **79**, 446; Schünemann JA **80**, 395; Otto Jura **89**, 203; **aM** BGH **23**, 239; StV **84**, 245 L; BGHR § 250 I Nr. 4, Bande 1; 19. 5. 1992, 1 StR 204/92 **und** die **hM** auch zu § 30 BtMG I Nr. 1 (BGH **38**, 27; 4. 6. 1992, 4 StR 170/92; 19. 5. 1992, 1 StR 162/92), die 2 Mitglieder (RG **66**, 239), also auch ein Ehepaar genügen ließ (MDR/D **67**, 369); ebenso LK 14; Lackner 6; Corves JZ **70**, 158; Schröder JR **70**, 388; Blei JA **70**, 738; **71**, 173; zweifelnd Eser IV, 7 A 59; grundlegend zum Ganzen Schild GA **82**, 55); vgl. aber BGH **28**, 147 [m. Anm. Volk JR **79**, 426], **31**, 205, wo die hier vertretene Auffassung im Falle der Vereinigung iS der §§ 85, 129, 129a, obwohl die Problematik nicht grundlegend anders liegt, bestätigt wird, oder eine kriminelle Vereinigung (§ 129), die sich ausdrücklich oder stillschweigend (MDR/D **73**, 555; 6. 2. 1985, 2 StR 750/84) zur Verübung fortgesetzter (unten 11), im einzelnen noch ungewisser (2. 8. 1978, 2 StR 158/78) Diebes- und Raubtaten (dh §§ 242/243; § 244 Nr. 1, 2; §§ 249 bis 252, 255) verbunden hat. Gegenseitig verpflichtet brauchen sie sich nicht zu haben (GA **74**, 308); wechselnde Besetzung schadet nicht (31. 8. 1977, 2 StR 276/77). Der bandenmäßigen Begehung ist nur schuldig, wer den Willen hat, sich mit anderen zusammenzutun, um künftig für eine gewisse Dauer Straftaten zu begehen (BGHR § 30 I 1 BtMG, BandMitgl. 1) Zu den Anforderungen an die Urteilsgründe in den Fällen des Bandendieb-

§ 244

10 stahls JR **88**, 475 m. Anm. G. Schäfer. **B.** Mit **fortgesetzter Begehung** ist *nicht* eine fortgesetzte Tat im technischen Sinn gemeint (NStZ **86**, 408 [hierzu Geppert JK 5; Jähnke GA **89**, 379]; StV **91**, 519; 4. 6. 1992, 4 StR 170/92), sondern Begehung mehrerer selbständiger, im einzelnen noch ungewisser Taten (RG **47**, 340; **52**, 209, die auch noch von einer Bedingung abhängen können, GA **74**, 308), so daß die Teilakte einer fortgesetzten Tat nicht genügen (GA **57**, 84; MDR/D **67**, 369; **72**, 752; BGH **35**, 378 [m. Anm. Jung StV **89**, 530]; **38**, 27; 19. 5. 1992, 1 StR 162/92), wohl aber mehrere fortgesetzte Taten (25. 7. 1972, 1 StR 252/72), Beschränkung der geplanten Taten nach Zeit und Ort (wähend der Herbstmesse in X) oder nach Gegenständen (Autodiebstähle), ist ohne Bedeutung (MDR **78**, 624), die auf denselben Eigentümer jedoch nur dann, wenn er immer wieder an verschiedenen Orten und unter verschiedenen Möglichkeiten bestohlen werden kann (RG **52**, 211). Besteht die Verbindung, so genügt eine einzige Tat (MDR/D **67**, 269); eine auf wenige Stunden begrenzte Verabredung genügt aber nicht (Hamm NJW **81**, 2207, zust. Tenckhoff JR **82**, 208). Die bandenmäßige Verbindung nimmt den begangenen ein-
11 zelnen Taten ihre Selbständigkeit nicht (RG JW **39**, 33). **C. Als Mitglied der Bande** muß der Täter einen Diebstahl begehen (oben 2; aM SK 28). Er muß sich also der Verbindung mit ihrer Planung tatsächlich eingegliedert haben und die Tat muß in die Kette der fortlaufenden Begehung derartiger Taten gehören (MDR/D **72**, 925). Ferner muß er **unter Mitwirkung eines anderen Bandenmitglieds** (also nicht bloß eines Extraneus) stehlen, dh hier in einem örtlichen und zeitlichen, wenn auch nicht notwendig körperlichen Zusammenwirken mit ihm (BGH **25**, 18; **33**, 52 [hierzu krit. Geppert JK 4; Jakobs JR **85**, 342, Joerden StV **85**, 329; J. Meyer JuS **86**, 190; zust. Taschke StV **85**, 367]; MDR/D **72**, 571; StV **84**, 245 L; BGHR § 250 I Nr. 4, Bande 1; Otto Jura **89**, 203 gegen SchSch 27; Schünemann JA **80**, 395). **D. Täter** nach Nr. 3 kann also nur das in dieser Form mit einem anderen Mitglied zusammenwirkende Bandenmitglied sein (BGH **8**, 205), nicht also Mittäter auch ein abwesendes Mitglied (LK-Herdegen 32 zu § 250; aM SchSch 27; Arzt JuS **72**, 580; Eser IV 7 A 63). Hingegen muß das mitwirkende Bandenmitglied nicht stets Täter (so noch BGH **3**, 45), sondern kann auch Gehilfe sein (vgl. BGH **4**, 32; **8**, 73; **12**, 220), so daß dann § 27 II S. 2 anwendbar ist. Das nicht anwesende Bandenmitglied kann Anstifter (BGH **33**, 52) oder Gehilfe sein und ist dann nach Nr. 3 iVm §§ 26, 27 zu bestrafen; ein Nichtmitglied hingegen ist, gleichgültig ob es anwesend oder abwesend ist, nur nach §§ 242/243 (evtl. § 244 Nr. 1, 2) zu bestrafen, und zwar je nach Fallgestaltung als Mittäter, Anstifter oder Gehilfe. Denn nach der Fassung der Nr. 3 ist die Eigenschaft als Mitglied der Bande (aM noch BGH **8**, 72; 208) ein besonderes persönliches Merkmal iS von § 28 II (Ndschr. **6**, 35; E 1962, 407; Prot. V 2474; Corves JZ **70**, 158; aM SchSch 28; Vogler, Lange-FS 278; differenzierend Schünemann JA **80**, 396).

14 5) **Vorsatz** ist erforderlich; bedingter genügt; doch muß im Fall der Nr. 2 die dort genannte Absicht bestehen (oben 8), im Fall der Nr. 1 braucht der Täter nur die tatsächlichen Umstände zu kennen, welche die Waffe zur Schußwaffe machen.

15 6) **Der Versuch (II)** ist strafbar, vgl. oben 5

Diebstahl und Unterschlagung § 244

7) Die Strafe kann **nach III** beim bandenmäßigen Diebstahl (I Nr. 3) 15a
zusätzlich **Vermögensstrafe** nach § 43a sein. In den Fällen des I Nr. 3 kann
zudem **Erweiterter Verfall** nach § 73d angeordnet werden.

8) Konkurrenzen. Die §§ 242, 243 werden grundsätzlich von § 244 und 16
§ 244a verdrängt (BGH **23**, 239; 19. 11. 1981, 4 StR 598/81; vgl. aber 29 zu
§ 242). Innerhalb des § 244 schließen Nr. 1 und 2 einander aus. Nr. 1 oder 2
können mit Nr. 3 in Tateinheit stehen, (MDR/D **71**, 363) ebenso §§ 242, 243, 25
II und § 244 I Nr. 3, § 27 (BGH **33**, 53). Von §§ 244a, 249 ff., auch § 255 wird
§ 244 verdrängt (BGH **20**, 235). Doch besteht zwischen vollendeter Tat nach
Nr. 1 oder 2 und versuchtem Raub Tateinheit (BGH **21**, 78). Tateinheit ist
möglich mit § 123; zwischen Nr. 3 auch mit §§ 129, 129a; ebenso zwischen
Nr. 1, 2 mit §§ 52a, 53 I Nr. 3a, 4, 7, III Nr. 1, 3, 5 bis 7 WaffG (BGH **29**, 185;
17. 10. 1985, 1 StR 497/85); mit den sonstigen Tatbeständen des § 53 WaffG idR
Tatmehrheit; zum Verhältnis des WaffG zum KriegsWaffG vgl. oben 3 und
ferner 2 b vor § 52.

9) Sonstige Vorschriften. FAufsicht §§ 245, 68 I Nr. 2. Strafantrag im Falle 17
des § 247; § 248a gilt für § 244 nicht; vgl. Köln OLGSt. 9; Überwachungsmaß-
nahmen §§ 98a ff., 100a I Nr. 2, § 110a StPO; UHaft § 112a I Nr. 2 StPO.

Schwerer Bandendiebstahl

244a ¹Mit Freiheitsstrafe von einem Jahr bis zu zehn Jahren wird
bestraft, wer den Diebstahl unter den in § 243 Abs. 1 Satz 2
genannten Voraussetzungen oder in den Fällen des § 244 Abs. 1 Nr. 1
oder 2 als Mitglied einer Bande, die sich zur fortgesetzten Begehung von
Raub oder Diebstahl verbunden hat, unter Mitwirkung eines anderen
Bandenmitglieds begeht.

ᴵᴵIn minder schweren Fällen ist die Strafe Freiheitsstrafe von sechs
Monaten bis zu fünf Jahren.

ᴵᴵᴵDie §§ 43a, 73d sind anzuwenden.

ᴵⱽAbsatz 1 gilt nicht, wenn sich die Tat auf eine geringwertige Sache
bezieht.

1) Die Vorschrift wurde als *spezieller,* nur auf die Bekämpfung der OrgK 1
ausgerichteter Verbrechenstatbestand zusätzlich zum *allgemeinen* Vergehenstat-
bestand des Bandendiebstahls (§ 244 I Nr. 2) durch Art. 1 Nr. 15 des OrgK
(Schrifttum und Materialien 1, 2 zu § 43a) eingefügt, weil es systemwidrig
wäre, § 244 I Nr. 3, der eine Qualifikation des Vergehens des § 242 darstellt,
ohne zusätzliche Merkmale als Verbrechen auszugestalten (vgl. aber § 30 I Nr. 1
BtMG) und weil § 244 I Nr. 6 den Straftätern vorbehalten bleiben soll (zB
Jugendbanden), die nicht dem Bereich der OrgK zuzurechnen sind (RegE BT-
Drs. 12/989, 25). § 244a ist gegenüber § 243 I S. 2 (iVm § 242) und § 244 I
Nr. 1, 2 ein echter Qualifikationstatbestand.

2) Abs. I soll bestimmten Erscheinungsformen der organisierten Vermö- 2
genskriminalität entgegenwirken, und zwar **A.** durch eine **Verschärfung
der Strafdrohung** gegenüber § 243 I S. 2 und § 244 I Nr. 1, 2. Getroffen
werden sollen durch I insbesondere die aus dem Ausland reichenden Verbindun-
gen reisender Verbrecherbanden (RegE BT-Drs. 12/989, 25). I erhebt des-
halb die Begehung von Diebstählen, die unter den in **§ 243 I S. 2,** insbeson-
dere dessen Nr. 3 (für besonders schwere Fälle des Diebstahls in 6 ff. zu
§ 243) und den in **§ 244 I Nr. 1, 2** (für den Diebstahl mit Waffen in 2 bis 8

1413

§§ 244a, 245

zu § 244) umschriebenen Voraussetzungen zu Verbrechenstatbeständen, wenn der Täter den Diebstahl unter diesen Voraussetzungen **als Mitglied einer Bande** (9, 11 zu § 244), die sich zur fortgesetzten Begehung von Raub oder Diebstahl verbunden hat (10 zu § 244), **unter Mitwirkung eines anderen Bandenmitglieds** (11 zu § 244) begeht. B. Mit der **Aufstufung zum Verbrechen** wird eine Vorverlagerung der Strafbarkeitsschwelle erreicht, nämlich die **Anwendung des § 30** ermöglicht, so daß dessen Begehungsweisen und damit das Vorfeld der Tatbegehung erfaßt ist. Das bedeutet zB, daß schon die Verabredung von Bandenmitgliedern zum Diebstahl und seine Planung vom Ausland her (§ 7 I) geahndet werden kann. C. **Abs. IV** schließt jedoch die Anwendung des I zwingend aus, wenn sich die Tat auf **geringwertige Sachen** iS von 5 ff. zu § 248a bezieht (vgl. 41 zu § 243).

3 3) **Zum Vorsatz** des Diebstahls unter den Voraussetzungen des § 243 I S. 2 vgl. 42 zu § 243; zum Vorsatz des Diebstahls mit Waffen (§ 244 I Nr. 1, 2) vgl. 8, 14 zu § 244. **Der Versuch** ist strafbar (§ 23 I). Zur **Täterschaft und Teilnahme** vgl. 11 zu § 244. Zu den **Konkurrenzen** vgl. 16 zu § 244.

4 4) **Die Strafe** ist Freiheitsstrafe von 1 Jahr bis zu 10 Jahren; zusätzlich kann **nach III** eine **Vermögensstrafe** (§ 43a) verhängt und der **erweiterte Verfall** (§ 73d) angeordnet werden. In **minder schweren Fällen** ist die Strafe Freiheitsstrafe von 6 Monaten bis zu 5 Jahren (**II**).

5 5) **Verfahrensrecht:** Überwachungsmaßnahmen nach §§ 98a ff. § 100a ff., § 110a ff. StPO.

Führungsaufsicht

245 In den Fällen der §§ 242 bis 244a kann das Gericht Führungsaufsicht anordnen (§ 68 Abs. 1).

Führungsaufsicht kann das Gericht nach § 245 (idF des Art. 19 Nr. 119 EGStGB und Art. 1 Nr. 16 OrgKG, 2 zu § 43a) in sämtlichen Fällen des Diebstahls nach §§ 242 bis 244a im Rahmen des § 68 I Nr. 2 anordnen, nicht also in den Fällen der §§ 246, 248b, 248c. In den Fällen der §§ 248a, 243 II ist FAufsicht gesetzlich nicht ausgeschlossen, wird aber mit Rücksicht auf die in § 68 I Nr. 2 vorausgesetzte Freiheitsstrafe von mindestens 6 Monaten praktisch ausscheiden. Auch bei § 247 wird FAufsicht kaum in Betracht kommen. Hauptanwendungsfälle werden solche nach den §§ 243 I Nr. 1, 3, 244 (vor allem Nr. 3) und § 244a I sein. Vgl. im übrigen §§ 68 ff. mit Anm.

Unterschlagung

246 Wer eine fremde bewegliche Sache, die er in Besitz oder Gewahrsam hat, sich rechtswidrig zueignet, wird mit Freiheitsstrafe bis zu drei Jahren oder mit Geldstrafe und, wenn die Sache ihm anvertraut ist, mit Freiheitsstrafe bis zu fünf Jahren oder mit Geldstrafe bestraft.

II Der Versuch ist strafbar.

1 1) Geschütztes **Rechtsgut** ist bei der Unterschlagung nur das **Eigentum**, nicht auch (wie beim Diebstahl) der Gewahrsam (RG **49**, 198, wichtig für den Verletztenbegriff in § 247); sie ist rechtswidrige Zueignung ohne Ge-

Diebstahl und Unterschlagung § 246

wahrsamsverletzung. Bleibt in Zweifelsfällen die Wegnahme unaufgeklärt, so ist nur wegen Unterschlagung zu verurteilen (RG 53, 302). Eine Bereicherung des Täters wird nicht vorausgesetzt (RG 62, 15). **Schrifttum:** *Charalambakis,* Der Unterschlagungstatbestand, 1985 (Bespr. *Maiwald* ZStW 102, 323); *Kargl* ZStW 103, 136.

A. Gegenstand der Unterschlagung ist eine fremde (2a) bewegliche (3 zu § 242) Sache (2 zu § 242), die in keines andern Gewahrsam (9) steht. Forderungen kann man nicht unterschlagen (auch nicht in den Fällen eines verlängerten Eigentumsvorbehalts, Düsseldorf NJW 84, 811), wohl aber die über sie lautenden Urkunden (2 zu § 242); desgl. das zu ihrer Erfüllung Gegebene. Hebt der Notar unbefugt von einem Konto „für fremde Gelder" ab, so kann Untreue vorliegen, aber nicht Unterschlagung (RG JR 34, Nr. 354; LK-Ruß 6). **Fremd** muß die Sache sein, also im Eigentum eines Dritten stehen, vgl 4ff. zu § 242; was nach dem bürgerlichen Recht am Tatort zu entscheiden ist (RG 39, 414, bezüglich des Gemeinschuldners im Konkurse). Hebt jemand Geld, das versehentlich auf sein Konto überwiesen war, für sich ab, so unterschlägt er es daher nicht (MDR/D 75, 22, zum ebenfalls abgelehnten Betrug 7 zu § 263). *Miteigentum* (MDR/D 53, 402; Braunschweig JR 66, 393) und Gesamthandsgemeinschaft (wie bei den Gesellschafter einer OHG, RG 18, 123) machen die Sache bezüglich des Anteils der anderen zu einer fremden (Düsseldorf NJW 92, 61). Doch darf der Täter nicht den Gewahrsam der anderen verletzten, andernfalls Diebstahl, (RG 58, 49, vgl. 9ff.). Eine Sicherungsübereignung macht den Fiduziar zum Eigentümer (RG 61, 65). Die **dingliche** Rechtslage ist maßgebend, nicht ein obligatorischer Anspruch auf die Sache (RG 9, 276). Der voll bezahlte Wechsel kann von dessen Gläubiger nicht unterschlagen werden (nur Pflicht zur Rückgabe! RG 7, 93); anders beim aufschiebend bedingt übereigneten Depotwechsel (R 1, 244). Der Abzahlungskäufer unter Eigentumsvorbehalt des Verkäufers kann ebenfalls unterschlagen.

a) Mängel des Kausalgeschäfts, zB seine Anfechtung, berühren die 3 Übereignung im allgemeinen nicht (RGZ 54, 340), ausgenommen bei Wucher (RGZ 94, 244). Ist ausnahmsweise die Übereignung selbst anfechtbar, so behält diese ihre Wirkung bis zur Anfechtung; doch kann die Übereignung selbst durch Betrug veranlaßt sein (RG 46, 380). Erst nach der Anfechtung ist Unterschlagung möglich (RG 53, 303); die Anfechtung wirkt gegenüber dem Erwerber, falls er die Anfechtbarkeit kannte oder kennen mußte (§ 142 II BGB). Wenn jemand aus Irrtum zu viel Geld auszahlt, so bildet die Annahme vor der Anfechtung noch keine Unterschlagung; anders bei Ableugnen des Mehrbetrages nach erfolgter Anfechtung (RG 27. 4. 1923, 1 D 241/23), letzterenfalls wird aber meistens Betrug mit der Unterschlagung als mitbestrafte Nachtat vorliegen (RMG 18, 17; Olshausen 6b). Bei verstecktem Dissens geht das Eigentum nicht über, falls er die Übereignung betrifft (§ 155 BGB). Doch wird meist der Vorsatz der Unterschlagung fehlen, bis der Täter den Mangel erfährt; behält er letzterenfalls das ganze Geld, obwohl er sogleich gemerkt hat, man habe ihm das Diebesgut zu übereignen versucht, so liegt Hehlerei in Gesetzeseinheit mit Unterschlagung vor (RG 64, 327). Wegen Eigentumserwerbs an Wertpapieren vgl. § 18 III DepotG.

b) Bei offener Stellvertretung erwirbt der Vertretene alsbald Eigentum; 4 so beim Geld, das der Schalterbeamte der Eisenbahn einnimmt (RG LZ 25,

§ 246

443), selbst trotz geheimen Vorbehalts, für sich zu erwerben, § 116 BGB; Olshausen 4 c. Hat andererseits bei einer Veräußerung der Vertreter den Willen, den Erlös zu behalten, so liegt schon in der Veräußerung eine Unterschlagung in Tateinheit mit Untreue (RG **62**, 32); ebenso ist die Geltendmachung eines fremden Schecks in eigenem Namen eine Unterschlagung des Schecks, nicht des Geldes (RG **54**, 188).

5 c) **Bei der stillen Stellvertretung** wird zunächst der Vertreter Eigentümer (dann evtl. § 266); der Vertretene aber dann, wenn zu seinen Gunsten ein Besitzkonstitut (§§ 930, 868 BGB) geschlossen ist; und zwar durch vorausgegangenen Konstituts-Vertrag zwischen Vertreter und Vertretenem und durch Kontrahieren des Vertretenen mit sich nach § 181 BGB (RGZ **100**, 192; RG **62**, 59). Bei Postanweisungsgeld entscheidet die Absicht des Absenders darüber, auf wen die Post das Eigentum überträgt, ohne Rücksicht darauf, wer äußerlich als Adressat der Postsendung angegeben ist (RG **63**, 407). Der Kommissionär kann im eigenen Namen auftreten und Geld erwerben (§ 383 HGB), so daß dann nur Untreue in Betracht kommt (Hamm NJW **57**, 1773).

6 d) **Ein vorweggenommenes Besitzkonstitut** (vgl. oben) liegt zB vor, falls mit dem Verkaufskommissionär vereinbart wird, der Erlös solle sofort Eigentum des Kommittenten werden; hier ist dem § 930 BGB genügt, da eine Verwahrung zu treuen Händen (§ 868 BGB) vereinbart ist (RG **62**, 32; Düsseldorf NJW **84**, 811), ein rein abstraktes Konstitut genügt dagegen nicht (RG GA Bd. **62**, 137), ausreichend ist ein Handelsagenturverhältnis (RG GA Bd. **59**, 339). Dagegen ergibt sich aus den Umständen eine Stellvertretung beim Verhältnis des Kellners zum Wirt (RG **34**, 41); der Zeitungsfrau zum Verleger (wegen des Bezugsgeldes gegen Quittung des Verlegers, RG **33**, 80); des geschäftsführenden Gesellschafters im Verhältnis zu den Mitgesellschaftern; also Möglichkeit der Unterschlagung der Gesamthandanteile (RG **43**, 56). Trotz erfolgten Eigentumserwerbs kann dieser auf einem Betrug des Erwerbers beruhen (RG **60**, 311). Die Übereignung unter einer Bedingung überträgt vor deren Eintritt noch kein Eigentum, so bei Geldhingabe zum Wechseln (RG GA Bd. **48**, 445).

7 e) **Die Einwilligung** des Eigentümers in die Zueignung macht diese rechtmäßig. Sie kann sich aus den Umständen ergeben (zB im Falle des erlaubten Weiterverkaufs durch den Vorbehaltskäufer, Düsseldorf NJW **84**, 811; hierzu Sonnen JA **84**, 379), wenigstens können diese den Vorsatz des Täters beseitigen. Bedingung der Einwilligung wird aber, falls der Täter die Sachen (zB Geld!) zu einem bestimmten Zwecke erhalten hat, vielfach sein, daß er gewillt und imstande ist, an Stelle der entnommenen gleichwertige andere Sachen zu setzen (RG **60**, 312; **66**, 156).

8 f) **Herrenlose Sachen** (6 ff. zu § 242) können nicht unterschlagen werden (RG **42**, 43); hält der Täter sie für fremde, so liegt versuchte Unterschlagung vor (RG **39**, 433; vgl. 26 zu § 22). Wer als Vertreter für einen anderen eine herrenlose Sache okkupiert hat, kann sie unterschlagen (RG **13**, 195); ist die Zueignungsabsicht beim Wilde aber von vornherein gegeben, so ist nur Verstoß gegen § 292 möglich (RG **13**, 195; vgl. weiter 20 zu § 292).

9 **B. Im Besitz oder Gewahrsam des Täters** muß die Sache stehen; dabei ist Besitz nicht bürgerlich-rechtlich zu nehmen, sondern iS von Gewahrsam (RG **37**, 198; 9 zu § 242), es sind also die tatsächlichen Verhältnisse maßgebend (18. 10. 1978, 2 StR 219/78). Die Zueignung des alleinigen mittelbaren Besitzes reicht nicht aus (Schleswig NJW **79**, 882 m. Anm. Ostendorf; krit. Seier JA **79**, 488). Doch kann im Einzelfalle auch der mittelbare Besitzer (§ 868 BGB) die tatsächliche Gewalt an der Sache haben (RG JW **37**, 1334; vgl. Louven MDR **60**, 268); ebenso der Besitzdiener (9. 1. 1979, 5 StR 755/78); jedoch wird durch eine ganz kurze Hilfstätigkeit ohne Herrschaftswillen der Besitztatbestand noch nicht erfüllt (BGH **26**, 117; 12. 2. 1980, 5 StR 47/80)

a) Den Gewahrsam an der Sache schon haben muß (nach dem Gesetzeswortlaut) der Täter, wenn er sie unterschlägt, so daß zB im bloßen Ansichnehmen einer gefundenen Sache in Zueignungsabsicht noch keine Unterschlagung läge, sondern erst in einer nachfolgenden Handlung (Verstecken, Ableugnen, BGH **2**, 317; vgl. auch BGH **4**, 286; **8**, 273; NJW **53**, 33; Hamm JR **52**, 204; Bockelmann MDR **53**, 3 und BT/1 § 4 II; SK-Samson 17ff.; Eser IV, 5 A 8a; Paeffgen JR **79**, 297; Otto Jura **89**, 205; Samson JA **90**, 7; 18ff. zu § 242). Diese Auslegung entspricht zwar dem Wortlaut, nicht dem Sinn des Gesetzes; es genügt, daß Gewahrsamserlangung und Zueignung gleichzeitig erfolgen *("kleine berichtigende Auslegung")*, damit ist die Tat vollendet (ebenso auch BGH **4**, 76; **13**, 44; Bremen MDR **48**, 260; LK 10; SchSch-Eser 1, 10; Otto JZ **85**, 26; aM Ranft JA **84**, 285; Tenckhoff JuS **84**, 777; Seelmann JuS **85**, 699). Nach der *"großen berichtigenden Auslegung"* genügt jede „Zueignung ohne Gewahrsamsbruch" (so LK 10; M. Schroeder § 34,2; Haft § 21 II 2; Schmidhäuser StudB BT 8/42; Blei BT § 56 I). Diese Auslegung ist wegen des Analogieverbots (10 zu § 1) nicht haltbar (BGH **2**, 317; Kassel HESt. **2**, 233; Schleswig NJW **79**, 882; hM; zusf. Geppert/Bartl Jura **84**, 615). Ferner zum Ganzen Charalambakis, Der Unterschlagungstatbestand de lege lata und de lege ferenda, 1985. Bei bloßem Mitgewahrsam des Täters kann er nur Diebstahl begehen (MDR/H **88**, 1002, hierzu Otto JK 14 zu § 242), es sei denn, daß die anderen Mitgewahrsamsinhaber der Zueignung zustimmen (BGH **8**, 273).

b) Die Art der Erlangung des Gewahrsams ist gleichgültig. Nur kann man eine Sache nicht mehr unterschlagen, die man durch ein Zueignungsdelikt (zB Betrug oder Helerei, RG **56**, 335) erlangt hat (RG **62**, 62 [mitbestrafte Nachtat]; NJW **83**, 2827 [zum Fall des Tankens ohne zu zahlen, hierzu krit. Borchert/Hellmann NJW **83**, 2799; ferner 2 zu § 242, 7 zu § 263]. GrSenBGH **14**, 38; ferner BGH **16**, 281; 9. 5. 1984, 2 StR 228/84; Saarbrücken NJW **76**, 66 haben hingegen die Rspr. des RG, wonach die Unterschlagung mitbestrafte Nachtat sei (so RG **68**, 204; **73**, 6), abgelehnt und erklärt, daß nach dem Zueignungsakt durch den Betrug ein weiterer strafrechtlich relevanter Zueignungsakt nicht mehr folgen könne (abl. Schröder JR **60**, 308; Bockelmann, JZ **60**, 621; M-Schroeder § 34, 20; krit. auch Baumann NJW **61**, 1141; ferner Deubner NJW **64**, 94, der in Zweifelsfällen Wahlfeststellung für zulässig hält; vgl. auch unten 22). Behält der Erbe eine im Nachlaß vorgefundene gestohlene Sache, so begeht er eine Unterschlagung (Celle HRR **25**, 125). Ist der Gewahrsam vom Dritten infolge Irrtums oder Täuschung übertragen, so kann der Empfänger an ihr Unterschlagung begehen, falls er sich nicht damals schon den Gewahrsam in Zueignungsabsicht verschafft hat (RG **62**, 62). Nimmt ein Postbeamter im Postgebäude ein Päckchen irrig als eigenes an sich und behält es nach

10

11

Aufklärung des Irrtums, so hat er Alleingewahrsam erlangt, so daß Unterschlagung vorliegt (RG 76, 132). Wer in Kenntnis des Sachverhaltes ein gestohlenes, aber vom Dieb aufgegebenes Kraftfahrzeug an sich bringt, um es zu benutzen und später an beliebiger Stelle stehen zu lassen, begeht Unterschlagung (BGH 13, 43; vgl. auch MDR/D 75, 196; 10. 11. 1981, 5 StR 544/81). Nur § 248b ist aber gegeben, wenn jemand ein Kraftfahrzeug unbefugt in Gebrauch nimmt, es aber nur wenige Stunden in dessen Standort benutzen will (Stuttgart OLGSt. 42 zu § 242) oder wenn er erst nach Verbrauch des Benzins sich dazu entschließt, es an beliebiger Stelle stehen zu lassen (Bay NJW 61, 280; vgl. weiter unten 17 sowie 24 zu § 242).

12 2) Die **Handlung** besteht in der rechtswidrigen (21 zu § 242) Zueignung (unten 13 und 18 zu § 242), dh darin, daß der Täter die Sache oder den in ihr verkörperten Sachwert mit Ausschlußwirkung gegenüber dem Eigentümer seinem Vermögen einverleibt (BGH 1 BGH 1, 264; **4**, 236; **5**, 205; **16**, 192; GA **54**, 60; **61**, 172; NJW **70**, 1753), damit über die fremde Sache wie ein Eigentümer verfügt (RG **64**, 415) und sich zum Scheineigentümer macht (RG **4**, 404; Haberkorn MDR **62**, 704).

13 A. **Die Zueignung** muß im Gegensatz zum Diebstahl zur Vollendung kommen. Dazu reicht der Entschluß als solcher nicht aus; dieser muß vielmehr durch eine **nach außen** erkennbare Handlung betätigt werden (BGH **1**, 264; **14**, 39 [dazu Schünemann JuS **68**, 114]; Braunschweig NJW **50**, 158; JR **66**, 393; Düsseldorf JZ **85**, 592 [hierzu Otto JK 4 u. Jura **89**, 205]; StV **90**, 164 [für den Fall der Nichtrückgabe eines gemieteten Kfz]; zusf. Tenckhoff JuS **84**, 778; 18 zu § 242), so uU durch Verschweigen des Besitzes auf ausdrückliches Nachfragen nach der Sache (RG **72**, 382; Bay **55**, 72); abredwidrige Verwendung von Diebesgut (3. 7. 1986, 4 StR 182/86), durch Annahme von Geld durch einen Dritten unter Erteilung einer gefälschten Quittung (Köln NJW **63**, 1992); oder durch Erteilung eines Verkaufsauftrages (MDR/D **54**, 398); nicht aber durch abredewidrige Weiterbenutzung einer Mietsache (NStE Nr. 2), auch nicht wenn die angebotene Menge aus einer Gesamtheit noch nicht abgesondert ist (aM RG **73**, 253; vgl. unten 15); Antritt des Weges zum Hehler (aM RG **67**, 75), da der verbrecherische Zweck des Hingehens nach außen erkennbar sein müsse. Es muß aber genügen, daß der Strafrichter den Sinn einer nach außen erkennbaren Handlung nachher (zB auf Grund eines Geständnisses) ermittelt (vgl. Bockelmann, JZ **60**, 621; Schmidhäuser, Bruns-FS 357; vgl. zum Ganzen SK 30ff.). Bei Sparkassenbüchern genügt auch hier die Verminderung ihres wirtschaftlichen Wertes durch Abhebungen (RG **61**, 127; vgl. 19 zu § 242). Das bloß eigenmächtige Verfügen ist nicht Zueignung, da Zueignungsabsicht fehlt (BGH **4**, 239; GA **53**, 83; NJW **70**, 1754; Bay NJW **61**, 280; **90**, 462), hieran fehlt es auch bei bloßer Preisgabe oder Zerstörung der Sache (Düsseldorf NJW **87**, 2526 m. Anm. R. Keller JR **87**, 521), es sei denn der Zueignungswille wäre zuvor betätigt worden (MDR/H **77**, 461). Das bloße Kopieren und Verwerten von Daten, die auf einer Diskette gespeichert sind, ist keine Manifestation der Zueignung hinsichtlich der Diskette, auch nicht ihrem Wert nach, wenn der Täter sie dem Berechtigten wieder unverändert zurückzugeben beabsichtigt (Bay NJW **92**, 1778). Auch die Feststellung, der Täter habe sich einen geleasten Gegenstand zugeeignet, rechtfertigt die Verurteilung wegen Unterschlagung nicht

(Düsseldorf NStZ **92**, 299). Ob die bloße Behauptung des Beschuldigten bei seiner polizeilichen Vernehmung, die betreffende Sache gehöre ihm, ausreicht (so Hamm JR **52**, 204), ist zw. (vgl. SK 42). Zur Übereignung durch Unterlassen Ranft JA **84**, 287; Otto JZ **85**, 25

B. Folgende Fälle der Zueignung (hierzu Samson JA **90**, 8) seien hervorgehoben:

a) **die Vermengung** oder Vermischung von Sachen, falls sie in Zueignungsabsicht geschieht (RG **71**, 96; Celle JZ **74**, 555; Koblenz OLGSt. 8), dies, obwohl der Berechtigte hier Miteigentum erhält. Anders, wenn der Vermengende nur die Verfügung über seinen Mitanteil beabsichtigt; oder bei Vermischung von Geld, wenn sowohl Wille wie Fähigkeit zur Rückzahlung gegeben sind, Celle NJW **74**, 1833. Ferner **die Spezifikation** an fremder Sache, obwohl sie dem Täter Eigentum nach § 950 BGB verschafft.

b) **Der Abschluß von Verträgen über die Sache**, und zwar auch ohne das Erfordernis der Übergabe, (RG **17**, 59; aM SK 42), es sei denn, daß ein ehrlicher Verkauf einer fremden Sache beabsichtigt ist (RG JW **17**, 366), so auch beim Abschluß eines Pfandvertrages über die Sache (RG **66**, 156), aber nur, wenn er die rechtzeitige Wiedereinlösung des Pfandes ausschließt (BGH **12**, 299; Karlsruhe Die Justiz **72**, 319), unter dieser Voraussetzung auch dann, wenn die Verpfändung auf den Namen des Eigentümers, aber in gewinnsüchtiger Absicht geschieht, (RG GA Bd. **47**, 294), bei einem Schenkungsversprechen (RG GA **51**, 54; Braunschweig JBl. **47**, 269; LG Offenburg MDR **53**, 693); ja schon beim Erteilen eines Verkaufsauftrages (RG **58**, 230; vgl. oben); beim Fortbringen der Sache zwecks Veräußerung, (RG GA Bd. **68**, 281). Der bloße Abschluß eines Kaufvertrages über einen noch nicht abgesonderten Teil einer Sachmenge dürfte keine vollendete Zueignung sein (RG JW **34**, 614; LK 3; aM RG **73**, 253). Veräußerung einer unter Eigentumsvorbehalt gekauften Sache braucht nicht stets Zueignung zu sein (Oldenburg NdsRpfl. **60**, 236); insbes. dann nicht, wenn der Veräußerer mit dem Dritten vereinbart, daß dieser die restlichen Raten an den Eigentümer zahlt (Hamm JMBlNW **61**, 44). Der dingliche Vollzug von Verträgen enthält ebenfalls die Zueignung, selbst wenn der Akt nichtig ist; so evtl. die wiederholte Sicherungsübereignung (RG **61**, 65); doch muß der Aneignungswille nachweisbar sein (RG **67**, 72). **Mehrfache Sicherungsübereignung** kann Betrug oder Unterschlagung sein (vgl. 31 zu § 263). Ferner ist Unterschlagung die Hingabe fremden Geldes zum Wechseln (RG **8**, 433); das Befriedigen einzelner Gläubiger durch den Gerichtsvollzieher mit Geldern, die er für andere Gläubiger empfangen hat (RG **62**, 173). Wer auftragsgemäß für F einen Scheck einzulösen hat, unterschlägt, falls er das Geld sofort für sich empfängt, den Scheck; dagegen das Geld, falls er es zunächst für F empfängt (MDR **53**, 21). Auch die Gestattung der Wegnahme der Sache durch einen Dritten zur eigentumsähnlichen Ausnutzung genügt, falls der Täter dadurch einen Gegenwert seinem Vermögen zuführt (RG **62**, 17); so evtl. auch die Duldung der Pfändung einer fremden Sache zur Tilgung eigener Schuld (Oldenburg NJW **52**, 1267; Schleswig SchlHA **53**, 216; Karlsruhe Die Justiz **72**, 319; D. Meyer MDR **74**, 809; vgl SK 44; str). Die Gestattung oder die Übergabe an den Dritten muß aber im eigenen Namen und zu eigenem Nutzen geschehen (BGH **4**, 236; NJW **70**,

§ 246

1753 [mit Anm. Schröder]; VM **70**, 25; MDR/D **70**, 560; Hamm NJW **68**, 1940); die bloße Anmaßung der Herrenstellung, also das Handeln im eigenen Namen ohne Rücksicht auf den eigenen Nutzen genügt nicht (aM RG **74**, 2; LG Offenburg MDR **53**, 693), daher begeht der Bankbeamte Untreue und nicht Unterschlagung, falls er die der Bank anvertrauten Papiere in deren Namen und Nutzen veräußert (RG **62**, 15. Vgl. auch RG **61**, 233; **67**, 335; 20 zu § 242).

16 c) **Das Verbrauchen;** die bloße Zerstörung (RG **61**, 233) oder der bloße Gebrauch genügt nicht, da er keine zueignende Verwertung enthält (RG **65**, 215), wohl aber dann, wenn der (längere) Gebrauch den Wert der Sache erheblich vermindert (BGH **34**, 312; hierzu Geppert JK 5). Der Verbrauch bewirkt mindestens, daß die Sache ihre wirtschaftliche Bestimmung für den Eigentümer nicht mehr so erfüllen kann wie bisher (RG **44**, 335). Dies kann auch vorliegen, falls der Täter die äußerlich unversehrte Sache dem Berechtigten zurückgibt; zB sie ihm verkauft; so auch, wenn der Kellner beim Wirt die unterschlagenen Biermarken einwechselt (RG **40**, 13); ebenso beim Zurücklegen des Sparkassenbuchs nach teilweiser Abhebung (RG **43**, 19; vgl. 19 zu § 242), das Buch ist hier bezüglich seines Gläubigerrechts durch dessen Ausübung entwertet; anders liegt es aber, wenn Sparkassenbeamte auf dem von Gläubiger eingereichten Buch durch Täuschung anderer Beamter einen Betrag abbuchen lassen und ihn für sich erheben (RG **61**, 127, bloßer Betrug!).

17 d) **Das Vorenthalten der Sache** kann Zueignung darstellen; das bloße Unterlassen der Herausgabe genügt aber nicht (Koblenz StV **84**, 288 [hierzu Geilen JK 3]; LK 20; BGH **34**, 312; vgl. die Kontroverse Schmid/Schürmann MDR **81**, 806; **82**, 374). Es muß eine Rechtspflicht zur Herausgabe vorliegen *und* (RG **4**, 404), deren Nichterfüllung zu dem Zwecke geschehen, das bisherige Eigentum nicht mehr anzuerkennen; so bei Nichtablieferung einer geliehenen (bedenklich MDR/D **74**, 367, wo zu Unrecht nur Schädigung des Entleihers angenommen wird) oder zur Ansicht gesandten Sache trotz Rückforderung, insbesondere bei der Erklärung, die Sache behalten zu wollen (R **9**, 291); auch bei Benützung eines nur kurzfristig gemieteten Autos weit über die Zeit in weit entfernter Großstadt (KG VRS **37**, 438); oder bei rechtswidrigem Benützen des Autos (12. 2. 1986, 3 StR 26/86) mit von vornherein geplantem Stehenlassen an beliebiger Stelle, (Celle OLGSt. 21 zu § 259; vgl. auch KG VRS **37**, 438; GA **72**, 277; Köln VRS **37**, 438). Anders bei bloßem Behalten eines für einen anderen bestimmten Briefes (Hamm JMBlNW **60**, 230). Auch kann gesetzlich eine Herausgabe- oder Anzeigepflicht vorgeschrieben sein, so daß deren Nichterfüllung eine Aneignung darstellen kann (RG **63**, 376; Schleswig SchlHA **76**, 168), so zB beim Nichtabführen des bei Gästen einkassierten Geldes durch einen angestellten Kellner (Düsseldorf NJW **92**, 60). Eine Aneignung fehlt beim Schatzerwerb (§ 984 BGB); daher noch keine Unterschlagung an der Schatzhälfte nach hM, falls jemand einen in einer fremden Sache gefundenen Schatz behält (RG GA Bd. **46**, 34). Dagegen besteht eine Pflicht zur Anzeige bei größeren **Funden** über 10 DM Wert (§ 965 II S. 2 BGB) und bei allen Funden in öffentlichen Räumen und Verkehrsmitteln (§ 978 BGB); ihr Unterlassen kann Unterschlagung sein, es sei denn, daß sie aus bloßer Nachlässigkeit geschieht (RG **16**, 163; Hamm JR **52**, 204). Das bloße In-

Diebstahl und Unterschlagung § 246

gebrauchnehmen fällt evtl. noch nicht unter § 246; wohl aber das Verwerten (Schleswig SchlHA **53**, 217).

e) Das Verheimlichen oder Ableugnen des Besitzes stellt Zueignung **18** dar, falls sie mit Zueignungswillen erfolgen (RG **72**, 382; Bay **55**, 72). Auch das Verheimlichen des Ortes, wo sich die Sache befindet, kann ausreichen (Celle NJW **74**, 2326). Es ist noch keine Zueignung, falls ein Beamter amtliche Gelder zur Deckung eines Fehlbetrages zurückhält (RG **17**, 322); anders bei endgültiger Verwendung amtlicher Gelder zur Deckung eines Fehlbetrages. BGH **9**, 348 bejaht im Bereich der *Amtsunterschlagung* (des aufgehobenen § 350) eine Zueignung bereits in den Fällen der – vorübergehenden – Verdeckung von Fehlbeträgen (hiergegen zutr. Koch NJW **57**, 150; Tenckhoff JuS **84**, 778; Seelmann JuS **85**, 701; SchSch 12).

3) Der Versuch ist nach **II** strafbar (vgl. 13 und RG **55**, 145), wonach **19** schon das Anbieten zum Verkauf zur Vollendung genügt (aM Frank V; vgl. ferner SK 40). Auch der **Versuch** setzt nach der hM (vgl. 10) zunächst vorangehenden Erwerb des Gewahrsams voraus. Ist der Täter noch unentschlossen, ob er sich die Sache zueignen solle, da er zunächst sich über den Gegenstand oder dessen Wert vergewissern will (RG **65**, 148), so ist sein Tun nur eine **vorbereitende Handlung**; ist die Handlung zum Zwecke der Zueignung soweit gediehen, daß die Sache (so durch Begründung von Eigenbesitz) dem eigenen wirtschaftlichen Vermögen einverleibt ist, so liegt vollendete Unterschlagung vor (OGHSt. **1**, 259). Ist mit der gewollten Zueignung erst begonnen, so durch Öffnen eines Briefes mit Geldinhalt, so ist Versuch gegeben (RG **65**, 147). So ist auch Versuch das bloße Vorzeigen des Sparkassenbuchs zur Abhebung eines Teilbetrages, falls er zur Auszahlung nicht kommt (soll die gesamte Einlage abgehoben werden, ist vollendete Unterschlagung des Buches anzunehmen, vgl. oben; Bay NJW **67**, 361); desgl. falls der Täter sich irrig eine eigene oder herrenlose Sache als fremde zueignet (RG **39**, 433; vgl. 22 zu § 242 aE). **Vollendet** ist die Tat, wenn sich der Täter die Sache nach außen erkennbar zueignet (Düsseldorf VRS **69**, 286).

4) Die Teilnahme ist auch als **Mittäterschaft** möglich. Der Mittäter **20** braucht nicht Mitgewahrsam zu haben (aM überwiegend der BGH; vgl. 9ff.). Daß Anstifter und Gehilfen keinen Mitgewahrsam zu haben brauchen, ist nicht str. (RG **72**, 327). Beihilfe ist die Mitwirkung bei der Zueignungshandlung; geschieht diese erst durch den Verkauf, so ist auch der Käufer Gehilfe bei der Unterschlagung (RG **5**, 218). Ist die Unterschlagung aber schon vor dem Ankauf verübt (so durch Ableugnen oder Anbieten zum Kauf, vgl. 15), so ist nur Hehlerei gegeben, nicht auch Beihilfe zur Unterschlagung in Idealkonkurrenz (RG **67**, 70; vgl. RG **56**, 336; str). Zur Grenzziehung zwischen Teilnahme an Unterschlagung und Hehlerei in der neueren Rspr. vgl. 26ff., 30 zu § 259. Das „Anvertrautsein" iS von I (Schluß) ist ein besonderer Umstand iS von § 28 II und ist daher den anderen Teilnehmenden nicht zuzurechnen (RG **72**, 328; 6. 8. 1991, 4 StR 274/91).

5) Der Vorsatz besteht in dem bewußten Willen des Täters, sich wider- **21** rechtlich eine fremde Sache anzueignen, an der er Gewahrsam hat; das Bewußtsein, gegen ein im Interesse der Gesamtheit erlassenes Verbot zu verstoßen, ist nicht erforderlich (RG **61**, 208); desgl. nicht die Kenntnis der

Person des Eigentümers. Der Vorsatz in jenem Sinne muß bei der Zueignung vorliegen. Es muß sich auf die **Widerrechtlichkeit** erstrecken, die hier Tatbestandsmerkmal ist. Der Täter muß wissen, daß er durch die Zueignung wider das Recht verstößt, vgl. 22 zu § 242; hieran kann es fehlen, wenn er einen Anspruch auf die Sache zu haben glaubt (Hamm MDR **69**, 499), die Einwilligung des Eigentümers annimmt oder glaubt, sicherungsübereignete Sachen sich wieder zueignen zu dürfen, weil der Gläubiger anderweitig gesichert sei (Bay **60**, 228 nimmt hier Verbotsirrtum an); ebenso bei vorhandener Aufrechnungsbefugnis (RG **6**, 125, aber nicht bei amtlichen Geldern, RG **61**, 209), bei vertretbaren Sachen und der jederzeitigen Ersatzbereitschaft und -fähigkeit (RG **21**, 364; **65**, 215; vgl. 15); die bloße Absicht, Ersatz zu leisten, beseitigt den Vorsatz nicht (RG **60**, 312; vgl. aber BGH **13**, 299). Nach Karlsruhe Die Justiz **75**, 314 Unterschlagung möglicherweise auch, wenn Vereinsvorstandsmitglieder Vereinseigentum veräußern und die erlangten Vermögenswerte dem Verein zuführen. Anderseits ist die Absicht, sich durch die Unterschlagung zu bereichern, nicht erforderlich (RG **62**, 17). Bedingter Vorsatz genügt (RG **61**, 209). Der Vorsatz muß sich darauf erstrecken, daß die Sache einem anderen gehört (Bay NJW **63**, 310); gleichgültig wie der Täter zu diesem Schluß kommt (str.; LK-Schroeder 45 zu § 16). Den **Zueignungsvorsatz** muß der Täter endlich haben (RG **61**, 208), also nicht die Absicht wie im Falle des § 242. Zum Vorsatz gehört auch das Wissen, daß die Sache beweglich ist, ohne daß der Täter die rechtliche Bezeichnung zu kennen braucht (Olshausen 19); ebenso, daß er die Sache, mindestens zugleich mit der Tat, in seinem Gewahrsam hat. Die Unterschlagung wird durch die irrige Annahme des Täters ausgeschlossen, sein Vormann habe die Sache gestohlen; hier liegt versuchte Hehlerei vor (vgl. § 259 III und dort 4, 24), nach RG **57**, 43 aber Unterschlagung.

22   **6) Mitbestrafte Nachtat.** Die einmal unterschlagene Sache kann der Täter durch weitere Handlungen nicht mehr unterschlagen, (BGH **6**, 316; 6. 9. 1991, 2 StR 355/91; Celle NJW **74**, 2328); so insbesondere nicht durch ein Verwertungsdelikt, oder durch nachfolgende Veräußerung oder Verpfändung an einen gutgläubigen Dritten (RG **49**, 18). Auch dieser erleidet keinen Schaden, da er kraft guten Glaubens Eigentümer wird, § 932 BGB (aM MDR **55**, 17). Anders, wenn der Täter zum Zwecke der Veräußerung noch eine Urkunde fälscht (RG **60**, 371). Tateinheit mit Betrug kommt in Betracht, wenn der Täter erst mit der Veräußerung unterschlägt und zugleich betrügt (GA **65**, 207; MDR/D **67**, 173; aM BGH **1**, 262); oder durch die Täuschung ein weiterer Schaden zugefügt werden soll (Koblenz OLGSt. 5). Betrug gegenüber dem Eigentümer ist mitbestrafe Nachtat, falls der Täter die Vorspiegelung nur macht, um seine schon begangene Unterschlagung zu vertuschen (GA **61**, 83; Celle NJW **74**, 2328); anders, falls der Täter den Empfang des (schon) unterschlagenen Geldes ableugnet, um den gefährdeten Vermögensvorteil sich zu erhalten und den Eigentümer von der Geltendmachung seiner Rechte abzuhalten (RG **10**, 77); so insbesondere bei gleichzeitiger Fälschung einer Quittung. Mehrfache Abhebungen von Teilbeträgen eines Sparkassenbuches sind selbständige Unterschlagungen, falls jeweils ein besonderer Vorsatz gefaßt wurde (RG **29**, 415). – Auch der **Gehilfe** bei einer Unterschlagung kann, falls die Sache in

Diebstahl und Unterschlagung **§ 246**

der Zwischenzeit nicht etwa zum Eigentümer zurückgekehrt ist (RG **50**, 50), an ihr keine Unterschlagung begehen (RG **57**, 43). Über die Unterschlagung als mitbestrafte **Nachtat** vgl. 11. Hat sich der Betrug nur auf Erlangung des Fremdbesitzes an der Sache gerichtet, so ist die nachfolgende Unterschlagung keine mitbestrafte Nachtat (BGH **16**, 280). Zum Fall einer mitbestraften Vortat 49 vor § 52.

7) Konkurrenzen. A. Gesetzeskonkurrenz mit § 259 liegt vor, falls 23 der Hehler im Einverständnis mit dem Vortäter eine Sache in sein Vermögen überführt, hier geht § 259 vor (RG **64**, 327, anders, wenn er kraft neuen Vorsatzes die Sache eigenmächtig an sich nimmt, dann § 246! RG **70**, 8). Vorschriften mit Subsidiaritätsklausel wie zB § 34 DepotG treten zurück (Koblenz OLG St. 11 zu § 46 nF; vgl. auch 26, 30 zu § 259).

B. Tateinheit kann gegeben sein mit § 133, falls ein Entziehen vor- 24 liegt (RMG **8**, 79); desgl. auch mit § 136; § 145 d (dort 10); mit Betrug (vgl. 22); mit § 202, (dort 17); mit § 266 (RG **62**, 32; vgl. im einzelnen 29 zu § 266); mit § 267 RG LZ **18**, 999 (vgl. aber zu 25); mit § 268; mit § 212, wenn nicht feststeht, wann der Täter das Geld des getöteten Opfers an sich nahm (MDR/H **87**, 978). **Ausgeschlossen** ist sie im Verhältnis zu § 290 (RG **15**, 147) zu § 303 (R **10**, 488).

C. Tatmehrheit ist auch mit § 267 möglich (vgl. aber 24), falls die 25 Urkundenfälschung der Unterschlagung nachfolgt (zB beim Fälschen einer Quittung beim Geldabheben auf das unterschlagene Buch, RG GA Bd. **52**, 248) oder ihr vorgeht, um dadurch die Unterschlagung zu erleichtern (RG **9**, 240).

D. Eine fortgesetzte Handlung zwischen § 246 und § 242 ist unmög- 26 lich, da es sich um zwei verschiedene Begehungsformen handelt (RG **58**, 228; BGH GA **62**, 78; str.).

8) Ein qualifizierter Fall der Unterschlagung ist die **Veruntreuung.** Sie 27 liegt vor, wenn die unterschlagene Sache dem Täter anvertraut ist, sei es vom Eigentümer oder einer sonstigen Person, nur darf das Anvertrauen nicht dem Rechte des Eigentümers zuwiderlaufen, wie bei Übergabe durch den Dieb, (RG **40**, 222; BGH 7. 11. 1962, 2 StR 277/62). **Anvertrauen** ist die Hingabe oder das Belassen in dem Vertrauen, der Besitzer werde mit der Sache nur iS des Anvertrauenden verfahren (RG **29**, 239); so beim Auftrag, Leihvertrag (RG **6**, 117), bei der Miete eines Kraftwagens (BGH **9**, 90); bei unter Eigentumsvorbehalt gelieferten Sachen vor vollständiger Bezahlung (BGH **16**, 280), bei „zu getreuen Händen angedienten Dokumenten" vor vollständiger Kaufpreiszahlung, (Timmermann MDR **77**, 534) und bei der Vermögensverwaltung des Vormundes, (RG **9**, 337); dies auch, wenn der Vertrag nichtig ist, (RG GA Bd. **48**, 435); so beim Gelde, das zum Ankauf von Falschgeld empfangen ist (NJW **54**, 889). Untreue nur deshalb nicht, weil Täter keine selbständigen Befugnisse hatte (vgl. BGH **8**, 259). Das Anvertrautsein bildet einen besonderen Umstand iS des § 28 II, (RG **72**, 328); es fehlt bei einseitigem Gewahrsamerwerb, wie beim Zulaufen eines Hundes. – Der **Vorsatz** muß hier das Wissen umfassen, daß ein Anvertrauen vorliegt (LK 27).

1423

§ 246

28   9) **Sonstige Vorschriften.** § 246 ist Antragsdelikt in den Fällen der §§ 247, 248a. Zuständigkeit in Wirtschaftsstrafsachen § 74c I Nr. 6 GVG. § 34 DepotG (oben 23).

Haus- und Familiendiebstahl

247 Ist durch einen Diebstahl oder eine Unterschlagung ein Angehöriger, der Vormund oder der Betreuer verletzt oder lebt der Verletzte mit dem Täter in häuslicher Gemeinschaft, so wird die Tat nur auf Antrag verfolgt.

1   Die Vorschrift idF des EGStGB (vgl. RegE 247), geändert durch Art. 7 § 34 Nr. 2 BtG (1 zu § 77), stellt, um bestimmte persönliche Beziehungen (3, 4) durch Eingreifen von Amts wegen nicht zu stören (BGH **10**, 403; **18**, 126; **29**, 56), für **Diebstahl** und **Unterschlagung** (in allen ihren Formen, also auch der §§ 243, 244; vgl. RG **74**, 374; sowie der Veruntreuung nach 27 zu § 246; nicht aber des § 252) das **Antragserfordernis** auf. Entsprechend anzuwenden ist § 247 bei Hehlerei (§ 259 II), Betrug (§ 263 IV) Computerbetrug (§ 263a II iVm § 263 IV), Erschleichen von Leistungen (§ 265a III) und Untreue (§ 266 III). Bleibt offen, ob ein persönliches Verhältnis iS der Vorschrift besteht, so ist sie zugunsten des Täters anzuwenden (vgl. Bay NJW **61**, 1222; Löffeler JA **87**, 82; aM OGH NJW **50**, 151).

2   **2) Strafantrag** (§§ 77 bis 77d; 77 II gilt nicht) des Verletzten (unten 5) ist
3   erforderlich, wenn **A.** ein **Angehöriger** (2ff. zu § 11) des Täters, sein **Vormund** (und zwar auch der Gegenvormund, LK-Ruß 5; str.) oder sein **Be-**
4   **treuer** (§§ 1896ff. BGB) verletzt ist; oder **B.** eine **häusliche Gemeinschaft** besteht, in der der Verletzte mit dem Täter lebt und zwar zZ der Tat (2 vor § 77). Ihr späterer Wegfall berührt das Antragrecht nicht (Celle JR **86**, 385 [m. Anm. Stree]; Hamm NStE Nr. 2). Darunter ist vor allem die Familiengemeinschaft (der Familienpfleger nach § 1630 III BGB ist idR Angehöriger; vgl. 10 zu § 11) zu verstehen, aber auch eine sonstige auf einem freien Entschluß beruhende Gemeinschaft mit gemeinsamem Haushalt für eine gewisse Dauer (BGH **29**, 57; NStE Nr. 3), oder gemeinsames Wohnen, so daß auch Insassen eines Internats, Klosters oder Altersheims hierher gehören, aber auch ehegleich oder in Kommunen Zusammenlebende, nicht aber die Soldaten in der Kaserne, die in einem Flüchtlingslager Untergebrachten, in einer Strafanstalt Aufgenommenen (E EGStGB 247) oder Personen, die das Zusammenleben allein dazu ausnutzen wollen, um strafbare Handlungen gegenüber Mitgliedern der Gemeinschaft zu begehen (BGH **29**, 57; vgl. Seelmann JuS **85**, 703).

5   **C. Verletzter** ist sowohl bei der Unterschlagung (auch in der Form der Veruntreuung, RG **49** 198; str.) als auch beim Diebstahl der Eigentümer, wenn er die persönlichen Eigenschaften hat (SchSch-Eser 11; aM LK 3; Wessels BT-2 § 6 I). Hat nur der Gewahrsamsinhaber diese Eigenschaften so entfällt § 247 (RG **73**, 153); hat sie aber der Eigentümer, nicht hingegen ein fremder Gewahrsamsinhaber, so ist § 247 anzuwenden, es sei denn, daß der Fremde ein durch den Gewahrsam vermitteltes dingliches Recht (zB Vermieterpfandrecht, RG **4**, 346) an der Sache hat (BGH **10**, 400; MDR/D **55**, 143; aM M-Schroeder § 33, 130). Ist ein Fremder Miteigentümer, so entfällt § 247 (RG **50**, 46). Dem Eigentümer wird man den Käufer nach

Diebstahl und Unterschlagung § 247

dem Gefahrübergang gleichzustellen haben (Bay NJW 63, 1464; vgl. RG 63, 77; str.).

D. Ein Irrtum des Täters über die Voraussetzungen des Antragserfor- 6 dernisses ist als Irrtum über die Verfolgbarkeit der Tat bedeutungslos (BGH **18**, 123), so daß er ihm weniger nützt, zB wenn er irrig glaubt, die Sache gehöre einem Angehörigen (RG **73**, 153), noch schadet, wenn er zB verkennt, daß ein Angehöriger Eigentümer ist (vgl. Stree FamRZ **62**, 55).

3) Für Teilnehmer am Diebstahl oder an der Unterschlagung gilt § 247, 7 wenn zwischen ihnen und dem Verletzten das bestimmte persönliche Verhältnis besteht; dh auch dann, wenn der Haupttäter nicht in einem solchen Verhältnis steht; anderseits dann nicht, wenn zwar der Haupttäter, nicht aber der Teilnehmer in diesem Verhältnis steht (E 1962, 411). Für Begünstigung und Strafvereitelung gelten §§ 257 IV, 258 VI, 258a III.

§ 248 [Aufgehoben durch Art. 19 Nr. 122 EGStGB]

Diebstahl und Unterschlagung geringwertiger Sachen

248 a Der Diebstahl und die Unterschlagung geringwertiger Sachen werden in den Fällen der §§ 242 und 246 nur auf Antrag verfolgt, es sei denn, daß die Strafverfolgungsbehörde wegen des besonderen öffentlichen Interesses an der Strafverfolgung ein Einschreiten von Amts wegen für geboten hält.

Schrifttum zur Problematik der Bagatelldelikte: *Ahrens*, Die Einstellung in 1 der Hauptverhandlung gem. §§ 153 II, 153a II StPO, 1978; *Baumann* JZ **72**, 3 u. ZRP **72**, 273; *Dencker* JZ **73**, 150; *Dreher*, Welzel-FS 917; *Ebert* ZStW **90**, 377; *Eckl* JR **75**, 99; *Geerds*, Dreher-FS 533; *Hanack*, Gallas-FS 339; *H. J. Hirsch* ZStW **92**, 218; *Hünerfeld* ZStW **90**, 905; *Kaiser* ZStW **86**, 364 u. **90**, 877; *Krümpelmann*, Die Bagatelldelikte, 1966; *Lange*, Jahrreiß-FS 1974, 123; *Mertins* GA **80**, 44; *Meurer*, Die Bekämpfung des Ladendiebstahls, 1976; *Roos*, Entkriminalisierungstendenzen 322; *Schmidhäuser* JZ **73**, 529; *M-Schroeder* § 33, 4ff. mwN; *Vogler* ZStW **90**, 157; *J. Wagner*, Staatliche Sanktionspraxis beim Ladendiebstahl, 1979; ferner *E eines Ges. gegen Ladendiebstahl (AE-GLD)*, 1974 und hierzu: *Arzt* JuS **74**, 693; zust. u. a. *Rössner* Bagatelldiebstahl und Verbrechenskontrolle, 1976 u. ZRP **76**, 141; *Kramer* NJW **76**, 1604; mit Recht krit. *Blei* JA **75**, 44; *Lange* JR **76**, 177; *Dt. Richterbund* DRiZ **76**, 176; *Schultz* MDR **76**, 722 u. **81**, 373; *Berckhauer* DRiZ **76**, 229; *Geerds* DRiZ **76**, 225; *Schoreit* JZ **76**, 49 u. 167; gegen ihn *Arzt* JZ **76**, 54; *Sommer* DRiZ **75**, 42; ferner die Gutachten *Naucke, Deutsch* (D, E) zum 51. DJT (Sanktionen für Kleinkriminalität) und dessen Verhandlungen, die zu einer Ablehnung des AE-GLD führten (dazu krit. *Baumann* ZRP **76**, 268 u. Schröder-GedS 523. *Rechtsvergleichend*: *Driendl* ZStW **90**, 1017; *Kapteyn* MSchrKrim. **90**, 405; *Roxin*, Pallin-FS 345 (§ 42 öStGB); *kriminologisch*: *H. U. Lange/Engelmeier/Pach* MSchrKrim **80**, 140; *de Boor/Kohlmann*, Obsessionsdelikte, 1980; *Kaiser* § 83; *Loitz* KR **84**, 379; **87**, 192 (professionelle Ladendiebe); *Meinberg*, Geringfügigkeitseinstellungen von Wirtschaftsstrafsachen. Eine empirische Untersuchung zur staatsanwaltschaftlichen Verfahrenserledigung nach § 153a I StPO, 1985; *Geerds* HdwbKrim V 347 Ladendiebstahl [auch kriminologisch und kriminalstatistisch, Stand Febr. 1988]; *Osburg* MSchrKrim **92**, 10 (psychiatrisch begutachtete Ladendiebe); *kriminalpolitisch*: *Denzlinger* KR **81**, 509.

1) Die Vorschrift idF des Art 19 Nr. 131 EGStGB (RegE 247, 297; Prot. 7/ 2 183, 402, 495; Ber. BT-Drs. 7/1261; 17, 26) ist nicht als selbständiger Tatbe-

§ 248a

stand, sondern prozessual ausgestaltet und daher nicht in die Urteilsformel, wohl aber in die Liste der angewendeten Vorschriften (§ 260 V S. 1 StPO) aufzunehmen (Düsseldorf NJW **87**, 1958; m. zutr. krit. Anm. Naucke NStZ **88**, 220). § 248a wird **ergänzt** durch die §§ 153 I S. 2, 153a StPO (unten 11), die die verfahrensrechtlichen Befugnisse der StA erweitern. Verfassungsrechtlich ist § 248a unbedenklich, (BVerGE **50**, 213). § 248a gilt sinngemäß in den übrigen Fällen der Bagatellkriminalität im Bereich der Begünstigungs- und Bereicherungsdelikte (vgl. §§ 244a IV, 257 IV S. 2, 259 II, 263 IV, 263a II, 265a III, 266 III) und soll sie im Zusammenspiel mit den bedeutsamen §§ 153 I S. 2, 153a StPO (unten 11 f.) befriedigender lösen; krit. Naucke JuS **89**, 865.

3 2) Der **Diebstahl** darf weder ein besonders schwerer Fall nach § 243 I (gleichgültig, ob es sich um einen Regel- oder Analogiefall handelt, BGH **26**, 104 m Anm. Braunsteffer NJW **75**, 1570) noch ein qualifizierter Fall nach § 244 (19. 8. 1983, 1 StR 521/83; Köln NZWehrr **78**, 35), § 244a oder § 252 sein (MDR/D **75**, 543); jedoch ist § 243 II zu beachten (vgl. dort 41). Diebstahl und **Unterschlagung** geringwertiger Sachen (4 ff.) werden (auch im Fall der Veruntreuung, 27 zu § 246 und auch in den Fällen des Versuchs, Hamm NJW **79**, 117) nur unter bestimmten Prozeßvoraussetzungen (unten 8 ff.) verfolgt.

4 3) **Geringwertigkeit** der Sache ist vorausgesetzt. Der Sachverhalt muß auch in bezug auf diesen Begriff noch in der Revisionsinstanz nachprüfbar sein (vgl. auch 41 zu § 243).

5 **A. Der Begriff** (dessen Unbestimmtheit verfassungsrechtlich unbedenklich ist, BVerfGE **50**, 216) deckt sich mit dem der Sache von unbedeutendem Wert in § 370 I Nr. 5 aF (hM), so daß die dazu ergangene Rspr. heranzuziehen ist. Entscheidend ist in erster Linie der objektive Wert der Sache (Prot. 7/192; Ber. 27; BGH **6**, 41) nämlich der Verkehrswert (RG **76**, 66), dh der Verkaufswert der Sache (Hamm NJW **71**, 1954) zu Tatzeit (RG GA Bd. **64**, 118). Der BGH gibt keine starren Regeln, sondern dem tatrichterlichen Ermessen Raum (MDR/D **75**, 543), jedoch ist nicht entscheidend, ob der Wert über die wöchentliche Arbeitslosenunterstützung des Täters hinausgeht (BGH **5**, 265; Celle NJW **66**, 1931), da eine solche Unterstützung sehr beträchtlich sein kann. Überhaupt treten die Verhältnisse der Beteiligten (zB Armut des Verletzten; besonderer Affektionswert) zurück, können jedoch nicht ganz außer Betracht bleiben (BGH **6**, 41; Celle NJW **66**, 1932; Lackner 5; str.; aM SchSch 7; vgl. Naucke, Lackner-Fs 704). Die **Grenze der Geringwertigkeit** wird man angesichts der Teuerung nunmehr etwa **bei 50 DM** anzunehmen haben (Düsseldorf NJW **87**, 1958; LG Kempten NJW **81**, 933; AG Köln MDR **81**, 780: Kiste Apfelsinen im Wert von 50 DM; Wessels BT-2 § 6 II, Eb. Kaiser NJW **81**, 322; LK-Ruß 5; SchSch 10; M-Schroeder § 33, 101).

5a Die **Rspr.** ist im übrigen nicht einheitlich, auch muß das jeweilige Preisgefüge berücksichtigt werden. Geringwertigkeit wurde **bejaht:** bei 46 Heringen, RG **10**, 308 (1884); je 1 Ztr. Kalk und Zement (7–8 DM wert), GA **57**, 17; Zement im Wert von 15 DM, 16. 6. 1964, 3 StR 209/64; 1 Flasche Kognak (15 DM wert) und 3 Flaschen Bier, Hamburg NJW **53**, 396; je nach Qualität 2 bis 3 Flaschen Schnaps, 19. 2. 1977, 3 StR 17/77; ein Stück Kunstleder (8 DM wert), Frankfurt NJW **63**, 2086; 8 Eimer Kohle, MDR **52**, 147; 15 l Benzin, Celle NJW **66**, 1931; Lebens- und Genußmittel (15 DM wert), 1 Huhn (5 DM wert), MDR/

Diebstahl und Unterschlagung § 248a

D **54**, 336; 3 bis 4 Hühner, 14. 1. 1966, 4 StR 593/65; 8 Schnitzel (15 DM wert), Hamm NJW **70**, 2306; Betrag von 24 DM, 5 Pfd. Sauerbraten (20 DM wert), Hamm MDR **70**, 607, OLGSt. 9; 100 Zigaretten (nicht jedoch 200), 29. 8. 1973, 2 StR 210/73; Pralinen (20 DM wert) BGH **21**, 244; 1 Kasten Bier und 10 Flaschen Wein, 30. 6. 1982, 2 StR 56/82; 7 Flaschen Wein (je 5 DM wert), 17. 3. 1992, 4 StR 83/92; Zinnteller (36,90 DM wert), Bay JR **77**, 387; 3 Pakete Fleisch (37 DM wert), Geldbörse (29,95 DM wert), Christbaumschmuck (52,85 DM wert), AG Köln MDR **79**, 777; **82**, 772 L; **84**, 687 L; 8 Ztr. Rüben (20 bis 24 DM wert), Bay NJW **83**, 406; **verneint:** Würste (23 DM wert) MDR/D **54**, 336; Kuchen (23,30 DM wert), Celle JZ **68**, 72; Betrag von 27 DM, ferner von 35,60 DM, Hamm NJW **71**, 1954; MDR **77**, 424

Nicht „geringwertig" sind Gegenstände ohne meßbaren objektiven Verkehrswert dann, wenn deren Bedeutung für den Dieb in dem mit der Sachherrschaft verknüpften Wert funktioneller Möglichkeiten (Lackner 3a) liegt (NJW **77**, 1461 m. Anm. Lieder NJW **77**, 2272 und Geerds JR **78**, 172), zB bei entwendeten Strafakten, beim Führerschein oder Personalausweis (Bay NJW **79**, 2218 m. Anm. Paeffgen JR **80**, 300; vgl. Otto Jura **89**, 202), bei der codierten Scheckkarte (25. 8. 1987, 4 StR 224/87; Huff NStZ **85**, 439; aM Bieber WM Beil. 6/87, 17; Jungwirth MDR **87**, 538) und bei einzelnen Briefbogen mit Firmenkopf (NStZ **81**, 62).

B. Besondere Fälle: § 248a entfällt, wenn sich die Tat sowohl auf ge- 6 ringwertige als auch auf höherwertige Sachen bezieht (BGH **26**, 104; NStZ **87**, 71). Bei natürlicher Handlungseinheit, fortgesetzter Tat und Mittäterschaft gilt 41 zu § 243 entsprechend. Beim Versuch kommt es darauf an, ob die angestrebte Sache geringwertig ist. Hat der Täter eine geringwertige Sache stehlen wollen, hat er aber dann eine höherwertige genommen, so scheidet § 248a aus. Hat er hingegen eine hochwertige stehlen wollen, sich aber dann mit einer geringwertigen begnügt, so ist § 248a anzuwenden, es sei denn, daß die Tat nach den Grundsätzen unter 41 zu § 243 ein besonders schwerer Fall nach § 243 ist (ebenso NJW **75**, 1286; Gribbohm NJW **75**, 2213; aM Eser IV, 7 A 72). Ist nicht auszuschließen, daß die Sache geringwertig war, ist § 248a zugunsten des Täters anzuwenden. Bei Teilnehmern kommt es darauf an, ob sich ihr Beitrag nur auf eine geringwertige Sache bezieht; das ist vor allem dann möglich, wenn die Beteiligung nur den Teilakt einer fortgesetzten Handlung betrifft, der sich auf eine geringwertige Sache bezieht, während bei der fortgesetzten Tat insgesamt die Grenze der Geringwertigkeit überschritten ist (vgl. 37 vor § 52).

C. Ein Irrtum des Täters über die Geringwertigkeit ist als Irrtum über 7 die Verfolgbarkeit der Tat in jeder Hinsicht bedeutungslos (6 zu § 247), gleichgültig ob der Täter eine geringwertige Sache für hochwertig hält oder umgekehrt, oder ob er den Begriff der Geringwertigkeit und deren Grenze falsch beurteilt; vgl. Naucke, Lackner-FS 705.

4) Prozeßvoraussetzungen sind **A. ein Strafantrag** (§§ 77 bis 77c; § 77 II 8 gilt nicht) des (oder von mehreren, § 77 IV) Verletzten, der sowohl der Eigentümer als auch bei § 242 der Gewahrsamsinhaber wie auch der Käufer nach Gefahrübergang sein kann (Bay **63**, 153); oder **B. daß die Strafverfolgungsbe-** 9 **hörde** ein Einschreiten von Amts wegen für geboten hält, und zwar wegen des **besonderen öffentlichen Interesses** an der Strafverfolgung. Insoweit gilt 4ff. zu § 232. Das besondere Interesse wird vor allem bei Rückfall und bei gewerbsmäßigem Diebstahl in Betracht kommen, wenn § 243 II einen besonders schwe-

§ 248a

ren Fall ausschließt, oder in entsprechenden Fällen von § 243 I Nr. 1, 2; außerdem aber bei Diebstählen, die wie Ladendiebstähle (vgl. Dreher, Welzel-FS 919ff. mwN; ferner J. Wagner NJW **78**, 2002) die Allgemeinheit in Mitleidenschaft ziehen; kaum hingegen, wenn der Verletzte wegen seiner persönlichen Verhältnisse oder seines Affektionsinteresses den Verlust der Sache hart empfindet, denn gerade hier muß es grundsätzlich dem Verletzten überlassen bleiben, ob er Bestrafung will (abw. Prot. 7/192, Ber. 27).

11 5) §§ 153, 153a StPO (vgl. RiStBV 93; Hobe, Leferenz-FS 629) ergänzen (auf verfassungsrechtlich unbedenkliche Weise, BVerfGE **50**, 214) § 248a dahin, daß die StA vor Anklageerhebung **A.** in den Fällen von oben 9 das öffentliche Interesse an der Verfolgung verneinen und auch ohne Zustimmung des Gerichts (§ 153 I S. 2) von Verfolgung absehen kann, wenn die Schuld des Täters für den Fall ihrer Feststellung als gering anzusehen wäre und der durch die Tat verursachte Schaden gering ist; diese Voraussetzungen werden bei § 248a in aller Regel gegeben sein (geringe Schuld kann zB fehlen, wenn der Täter den wert-
11 vollen Schmuck mit dem billigen Double verwechselt hat). **B.** sowohl in den Fällen von oben 9 als auch 10, wenn an sich öffentliches Interesse an der Strafverfolgung besteht, unter den Voraussetzungen von § 153 I S. 2 StPO (oben 11) auch ohne Zustimmung des Gerichts, aber mit der des Beschuldigten vorläufig von Klageerhebung absehen und dem Beschuldigten Auflagen und Weisungen erteilen, die denen in § 56b II und § 56c II Nr. 5 entsprechen, wenn diese geeignet sind, das öffentliche Verfolgungsinteresse zu beseitigen (§ 153a I StPO; zu dessen *Erweiterung* vgl. den Vorschlag des BRats BT-Drs. 10/1313, 49; Stellungen. d. BReg. aaO 59). Erfüllt der Beschuldigte innerhalb der ihm von der StA gesetzten Fristen, während deren die Verjährung ruht (§ 153a III StPO), das ihm Auferlegte, so kann die Tat nicht mehr als Vergehen verfolgt werden. Andernfalls kann Klage erhoben werden. Von den Auflagen darf die auf Wiedergutmachung des durch die Tat verursachten Schadens (§ 153a I Nr. 1 StPO) dann nicht erteilt werden, wenn sie die Feststellung der strafrechtlichen Schuld des Täters voraussetzte, dieser sie aber bestreitet (Dreher [oben 1] 938; aM Kleinknecht/Meyer 15 zu § 153a StPO; für andere Fälle Prot. 7/185). Zur Frage der Zumessung der Geldauflage nach § 153a I Nr. 2 StPO Fünfsinn NStZ **87**, 97.

13 6) Im **Schrifttum** beurteilen das Verfahren nach § 153a StPO positiv *Dreher,* Welzel-FS 917; *Jescheck* SchweizZSt, **75**, 20; DRiZ **83**, 389; *Hünerfeld* ZStW **90**, 922; *Eckl* JR **75**, 99; *Geerds* DRiZ **76**, 225; *Böttcher* DRIZ **83**, 129; *Wolter* GA **85**, 74; *Kerl* ZRP **86**, 312 (gegen ihn *Hohendorf* ZRP **87**, 218); *Berckhauer* KR **87**, 79; *Rieß* NStZ **81**, 6, der mit Recht darauf hinweist, daß im Grund der § 153a StPO den ultima-ratio-Charakter des materiellen Strafrechts konsequent weiterentwickelt, zust. LK-Dippel 77 zu § 170b; **statistische Angaben** bei *Rieß* ZRP **83**, 93; **85**, 212 und *Heinz* ZStW **94**, 644, 664 und Jescheck-FS 970; *Waller* DRiZ **86**, 47; Schöch DJT C **34**, 127; zu Unrecht krit. und abl. aber die hM im Schrifttum zB *Vogler* ZStW **77**, 786; *Schöch, H.J. Hirsch* ZStW **92**, 180, 224 mwN u. Kaufmann-GedsS 141, 161; *Naucke,* Lackner-FS 708; einschränkend und nur für § 153 II StPO positiv LR-Meyer-Goßner 108ff. zu § 153a, vgl. auch KK-*Schoreit* 7 zu § 153a StPO; ferner *Kausch,* Der Staatsanwalt. Ein Richter von dem Richter 1980; *Roos,* Entkriminalisierungstendenzen 309; *Denzlinger* KR **81**, 512; *Herrmann* ZStW **96**, 467; *Blau/Franke* ZStW **96**, 488; *Heunecke/Schinkel* MSchrKrim. **84**, 157; *Kaiser/Meinberg* NStZ **84**, 343; *Füllkrug* KR **86**, 319; *Hohendorf* NJW **87**, 1177; zum Geringfügigkeitsprinzip als *materiellrechtliche* teleologischer Auslegungsregel *Ostendorf* GA **82**, 333. *De lege ferenda:* Wolter GA **89**, 397; *Dähn,* Baumann-FS 349 (beschleunigtes Verfahren bei Bagatelldelikten).

Zur Behandlung der Bagatelldelikte **im Ausland:** *Österreich: Nowakowski* ZStW **92**, 255; *Burgstaller,* Der Ladendiebstahl und seine Bekämpfung im österr. Strafrecht, 1981 (hierzu Maiwald ZStW **96**, 88); *Triffterer* ÖJZ **82**, 617; *Müller-Dietz,* Constantinesco-GedS 517; *Moos* ZStW **95**, 153; *Weigend* KrimJ **84**, 8; *Schweiz:* R. *Hauser* ZStW **92**, 295, *Driendl* SchweizZSt. **80**, 1; *Schweden/Niederlanden: Cosmo, Hulsman* ZStW **92**, 561, 568; *Beckmann* (Disk. Ber. ZStW **92**, 592).

Unbefugter Gebrauch eines Fahrzeugs

248 b ^IWer ein Kraftfahrzeug oder ein Fahrrad gegen den Willen des Berechtigten in Gebrauch nimmt, wird mit Freiheitsstrafe bis zu drei Jahren oder mit Geldstrafe bestraft, wenn die Tat nicht in anderen Vorschriften mit schwererer Strafe bedroht ist.

^{II}Der Versuch ist strafbar.

^{III}Die Tat wird nur auf Antrag verfolgt.

^{IV}Kraftfahrzeuge im Sinne dieser Vorschrift sind die Fahrzeuge, die durch Maschinenkraft bewegt werden, Landkraftfahrzeuge nur insoweit, als sie nicht an Bahngleise gebunden sind.

1) Die Vorschrift idF des 3. StÄG (2 vor § 102) iVm Art. 19 Nr. 124 **1** EGStGB (Einl. 10) geht auf die NotVO v. 20. 10. 1932 (RGBl. I 496) zurück. Sie will Schwarzfahrten und der damit verbundenen Gefährdung der öffentlichen Sicherheit entgegentreten (BGH **11**, 49). **Kraftfahrzeuge** iS des § 248b sind **nach IV** alle durch Maschinenkraft bewegten Fahrzeuge, also auch Wassermotorboote und Flugzeuge. Ausgenommen sind Fahrzeuge, die wie zB Anhänger, von der Maschinenkraft anderer Fahrzeuge abhängig sind (RG JW **37**, 3095) und die an Bahngleise gebundenen Landkraftfahrzeuge, also zB die meisten Straßenbahnen. Zu den Kfz. treten nach I die **Fahrräder.**

2) Ingebrauchnehmen. Gemeint ist das *vorübergehende* (sonst § 242, dort **2** 24a) eigenmächtige Benutzen des Fahrzeugs unter *zeitweiliger* Brechung fremden Gewahrsams (NStZ **82**, 420; hierzu Geilen JK 3 zu § 242, Schwab DAR **83**, 388) zur selbständigen Fahrt.

A. Zu dem bestimmungsgemäßen Zweck, dh als Fortbewegungsmittel **3** muß der Täter das Fahrzeug ingangsetzen oder inganghalten, so daß nicht jede beliebige Art der Benutzung unter § 248b fällt, zB nicht, wer ohne Fahrschein den Autobus benutzt oder sich an ein fahrendes Auto anhängt (ev. §§ 263, 265a); desgl. nicht der Feund des Chauffeurs, den dieser auf einer an sich befugten Fahrt unbefugt mitnimmt, auch nicht das bloße Schlafen im parkenden Fahrzeug (BGH **11**, 47; NJW **60**, 1068); ev. § 123, wenn es sich um einen für den öffentlichen Dienst oder Verkehr bestimmten Wagen handelte. Dagegen fällt unter § 248b die Benutzung eines Motorrades im Leerlauf (bergab!); BGH **11**, 44; siehe I „oder ein Fahrrad" (Bay NJW **59**, 111).

B. Gegen des Berechtigen Willen (Tatbestandsmerkmal) muß das Inge- **4** brauchnehmen geschehen. Hieran fehlt es, wenn ein Dritter das Fahrzeug wieder an den Eigentümer zurückführt (Düsseldorf NStZ **85**, 413, hierzu Otto JK). Berechtigter ist jeder, der als Eigentümer, Fahrzeughalter (16. 7. 1970, 4 StR 203/70; Düsseldorf VM **72**, 62) oder sonst kraft dinglichen, obligatorischen oder sonstigen Rechts befugt ist, das Fahrzeug als Fortbewegungsmittel zu benutzen (BGH **11**, 51; Schleswig SchlHA **76**, 168); der

§ 248b

angestellte Fahrer jedoch nicht bei Schwarzfahrten. Ist zZ der Tat ein Dritter über den Wagen zu verfügen befugt (Nießbraucher, Mieter), so ist nur er der Berechtigte. Gibt dieser den Wagen an einen Dritten, ohne zur Weitergabe befugt zu sein, und weiß das der Dritte, so ist dieser nach § 248b strafbar (Neustadt MDR **61**, 708; Düsseldorf VM **72**, 62). Der entgegenstehende Wille kann sich aus den Umständen ergeben. Benutzt ein Miteigentümer das Fahrzeug abredewidrig, so scheidet § 248b aus (VRS **39**, 199, nicht jedoch, wenn der Mieter eines Fahrzeugs dessen Gebrauch unbefugt fortsetzt, Schleswig NStZ **90**, 340 m. abl. Anm. Schmidhäuser, ferner aM LG Mannheim NJW **65**, 1929; AG München NStZ **86**, 458 m. krit. Anm. Schmidhäuser; Otto Jura **89**, 206). Zum Recht des ehrlichen Finders vgl. Köln JMBlNW **64**, 91. Bedingter Vorsatz des Täters genügt.

5 **Irrige Annahme,** der Berechtigte sei einverstanden (so, falls der Täter den erlaubenden Nachbarn für den Eigentümer hält), schließt den Vorsatz aus (BGH **11**, 52). Irrige Annahme, der Berechtigte sei nicht einverstanden, ist strafbarer Versuch am untauglichen Objekt (BGH **4**, 200). Widerruft der Berechtigte seine Erlaubnis, so macht auch die unbefugte Fortsetzung des befugt begonnenen Gebrauchs strafbar. Denn entscheidend ist nicht nur die Ingebrauchnahme (so aber Bay NJW **53**, 193; Franke NJW **74**, 1803; vgl. auch Blei JA **74**, 819), sondern auch das Inganghalten (BGH **11**, 47; GA **63**, 344; Zweibrücken VRS **34**, 444; Düsseldorf VM **75**, 59 u. hM); so zB, wenn der Mieter eines Autos die vereinbarte Kilometerzahl überschreitet (offen gelassen in 12. 12. 1962, 2 StR 522/62; aM GA **63**, 344; KG GA **72**, 277; Düsseldorf VM **75**, 59; vgl. aber AG Nienburg NdsRpfl. **63**, 70).

6 **3) Täter sein** kann auch, wer als angestellter Chauffeur eigenmächtig oder wer unerlaubt den zur Reparatur überlassenen oder den vom Dieb ausgeliehenen Wagen fährt (SchSch-Eser 5). Zur Strafbarkeit des bloßen Mitfahrers vgl. VRS **19**, 288; Hamm DAR **61**, 92; Bay **63**, 111.

7 **4) Versuch (II)** liegt vor, wenn der Täter an den Vorderrädern rüttelt, um festzustellen, ob das Lenkrad durch ein Schloß versperrt ist (BGH **22**, 81 str.), oder wenn er einsteigt, um den Motor anzulassen. **Vollendet** ist die Tat mit dem Ingangsetzen des Fahrzeugs zur Fahrt (BGH **7**, 316), beim unbefugten Inganghalten aufgrund eines späteren Entschlusses mit dessen Ausführung; aber **beendet** erst mit der Beendigung der Fahrt (RG **68**, 217; Düsseldorf NStZ **85**, 413).

8 **5) Strafantrag (III,** §§ 77 bis 77d). Verletzter ist der Berechtigte (oben 4). Die Antragsfrist beginnt mit Wiedererlangung des Fahrzeuges, vgl. RG **43**, 287.

9 **6) Konkurrenzen.** Die in I bestimmte **Subsidiarität** gilt nach hM nur für Vorschriften mit gleichem oder ähnlichem Schutzzweck (Lackner 6), zB für § 242, der idR vorgeht (GA **60**, 182; Celle NJW **53**, 37; 24 zu § 252); jedoch sind §§ 242, 246 gegenüber § 248b insoweit subsidiär, als bei Gelegenheit des unbefugten Gebrauchs des Fahrzeugs Benzin und Schmiermittel verbraucht werden (SchSch 15 mwN; Seelmann JuS **85**, 288). Wegen der Frage des Autodiebstahls vgl. auch 17 ff. zu § 243 (Seibert DAR **55**, 298; NJW **58**, 1222). Bei wilder Flucht mit durch Einbruchdiebstahl erlangtem Diebesgut im unbefugt benutzten Auto steht der Diebstahl selbständig den anderen Delikten gegenüber, wobei § 248b hinter § 315c I Nr. 2 zurücktritt (vgl. MDR **55**, 528). Auch gegenüber § 246 tritt § 248b zurück (vgl. 11 zu § 246; Celle VRS **41**, 271). Bei Vorschriften mit

Diebstahl und Unterschlagung § 248 b

ähnlicher Schutzrichtung liegt dagegen Tatmehrheit oder Tateinheit vor; so zB Tateinheit mit §§ 222, 230, 315c, 316 oder mit § 21 StVG bei teilidentischem Zusammentreffen (21. 7. 1983, 2 StR 811/82; 3 vor § 52); ferner ist Tateinheit mit § 21 StVG und mit § 242 möglich, wenn der unbefugt Fahrende das unbefugt benützte Fahrzeug zum Abtransport der Diebesbeute benötigt (BGHR § 52 I, Hdlg. dies. 3); auch bei fahrlässiger Tötung liegt Tateinheit vor, nich Gesetzeseinheit; denn hier ist die schwere Strafe nicht für dieselbe „Tat" (Ingebrauchnahme) angedroht (vgl. auch 5; RG 68, 218). Auch Tateinheit mit Kraftfahrzeugsteuerhinterziehung kommt in Betracht; 28 zu § 242.

Entziehung elektrischer Energie

248 c ¹Wer einer elektrischen Anlage oder Einrichtung fremde elektrische Energie mittels eines Leiters entzieht, der zur ordnungsmäßigen Entnahme von Energie aus der Anlage oder Einrichtung nicht bestimmt ist, wird, wenn er die Handlung in der Absicht begeht, die elektrische Energie sich rechtswidrig zuzueignen, mit Freiheitsstrafe bis zu fünf Jahren oder mit Geldstrafe bestraft.

ⁱⁱ **Der Versuch ist strafbar.**

ⁱⁱⁱ **Wird die in Absatz 1 bezeichnete Handlung in der Absicht begangen, einem anderen rechtswidrig Schaden zuzufügen, so ist die Strafe Freiheitsstrafe bis zu zwei Jahren oder Geldstrafe. Die Tat wird nur auf Antrag verfolgt.**

1) Die Vorschrift idF des 3. StÄG (2 vor § 102) iVm Art. 19 Nr. 125 EGStGB (Einl. 10) ergänzt die §§ 242, 246 (vgl. 2 zu § 242). Eine **Anlage** dient der Erzeugung und Fortleitung, eine Einrichtung der Ansammlung und Aufbewahrung von Strom (RG GA Bd. 55, 314); zum Begriff der Einrichtung BGH 31, 1. 1

2) Entziehung fremder elektrischer Energie; sie ist die einseitig bewirkte Entnahme von Energie, über die zu verfügen dem Täter nicht zusteht (RG 54, 233; Celle MDR 69, 597); die Stromzuführung kann auch von einem Dritten bewerkstelligt sein, wenn nur der Täter den ihm stetig zufließenden Strom für eigene Zwecke ausnutzt (Hamburg MDR 68, 257). Ein Schaden braucht nicht zu entstehen. 2

A. Mittels eines Leiters muß der Täter entziehen, unbefugtes Mitfahren mit der Straßenbahn oder unbefugtes Telefonieren (Mahnkopf JuS 82, 886) genügt also nicht. **Leiter** ist jede Einrichtung, die vermöge ihrer physikalischen Eigenschaften den Strom weiterleitet (RG GA Bd. 57, 213; 63, 123); sei es auch nur im Wege der Induktion (aM Ranft JA 84, 3). Zum Schwarzhören 4 zu § 265a. 3

B. Nicht zur **ordnungsmäßigen** Energieentnahme muß der Leiter bestimmt sein; die vertragswidrige Benutzung eines ordnungsmäßigen Leiters ist nicht strafbar (so bei unbefugtem Stromverbrauch mittels vorhandener Energiequellen). Anders beim Einschrauben einer eigenen Lampe; desgl. bei Anlegung eines nicht genehmigten Fernsprechanschlusses (RG GA Bd. 56, 67); oder eines nicht zur Anlage gehörenden Kabels (GA 58, 369) oder eines ohne Einverständis des Verfügungsberechtigten angebrachten Verlängerungskabels, Düsseldorf NStE Nr. 1; ebenso bei Entnahme des (billigeren) Kraftstroms zu Beleuchtungszwecken (RG 45, 230); durch 4

1431

§ 248c

Verbindung eines gesperrten Stromanschlusses mit einem ebenfalls auf den Namen des Täters laufenden nicht gesperrten Stromkreis (Celle MDR **69**, 597). Auch das Verlegen der Leitung zur Umgehung des Zählers fällt unter I (RG 16. 2. 1928, 3 D 872/27). Einwurf eines Metallstücks in einen Fernsprechautomaten fällt nicht unter § 248c, sondern unter § 265a (RG **68**, 69). Dasselbe gilt für den Einwurf in einen Stromautomaten (Bay MDR **61**, 619; krit. zu hM SK-Samson 8).

5 3) **Die Absicht der Zueignung** muß der Täter haben. **A. Der Wille,** den Strom zu entziehen, genügt. Nicht ausreichend ist es, wenn der Täter nicht selbst entzieht, sondern nur Entziehung durch andere in seiner Wohnung duldet; ob hier Mittäterschaft gegeben sein kann ist Tatfrage (vgl. Hamburg MDR **68**, 257). Gleichgültig ist, in wessen Gewahrsam die Energie sich befindet, so daß I sowohl dem § 242 als auch dem § 246 entspricht.

6 **B. Rechtswidrig ist** eine Zueignung, auf die man kein Recht hat. Irrtum darüber ist Tatbestandsirrtum.

7 4) **Abs. II** erklärt nur den Versuch nach I für strafbar.

8 5) **Nach III** milder als nach I wird der Täter bestraft, wenn er nicht wie nach I in Zueignungsabsicht, aber in der **Absicht handelt, einem anderen Schaden zuzufügen,** und zwar rechtswidrig. Die Tat muß auch hier mittels eines nicht ordnungsgemäßen Leiters begangen werden. In Betracht kommen Ableitung zugunsten eines Dritten, wenn Täterschaft nach I ausscheidet, Kurz- und Erdschluß (vgl. SchSch 17, 18; SK 13). Bedingter Schädigungsvorsatz reicht nicht aus. **Strafantrag** (III S. 2; §§ 77 bis 77d) ist erforderlich.

9 6) **Konkurrenzen.** Als Sondervorschrift geht I dem § 242 vor; desgl. dem § 263 (GA **58**, 369). Bloße Veränderungen am Zähler zur Täuschung des Stromlieferers stellen aber einen Betrug (§ 263) dar (RG **35**, 314); so auch das bloße Anhalten des Zählers (RG **74**, 243). Täuschungen nach der Stromentnahme zur Sicherung des Vorteils sind mitbestrafte Nachtat (GA **58**, 370). In den Fällen des § 265a scheidet § 248c praktisch aus. Die §§ 247, 248a sind in den Fällen des § 248c analog anzuwenden (Düsseldorf NStE Nr. 1; LG Schweinfurt NJW **73**, 1809; zu § 370 I Nr. 5 aF); SchSch-Eser 16; M-Schroeder § 33, 142; Krey BT/2, 58). **Tateinheit** zwischen III und I, wenn der Täter Zueignungs- und Schädigungsabsicht zugleich hat.

Zwanzigster Abschnitt
Raub und Erpressung

Raub

249 ᴵWer mit Gewalt gegen eine Person oder unter Anwendung von Drohungen mit gegenwärtiger Gefahr für Leib oder Leben eine fremde bewegliche Sache einem anderen in der Absicht wegnimmt, sich dieselbe rechtswidrige zuzueignen, wird mit Freiheitsstrafe nicht unter einem Jahr bestraft.

ᴵᴵIn minder schweren Fällen ist die Strafe Freiheitsstrafe von sechs Monaten bis zu fünf Jahren.

Raub und Erpressung § 249

Schrifttum: *kriminologisch: Büchler/Leineweber,* Bankraub und technische 1
Prävention, BKA 1986; *Servay/Rehm,* Bankraub aus der Sicht des Täters, BKA
1986.

1) Ein **selbständiges Delikt** ist der Raub, nämlich ein durch Nötigung 1a
ermöglichter Diebstahl; er richtet sich gegen das Vermögen (Eigentum und
Gewahrsam) und gegen die persönliche Freiheit (NJW **68**, 1292; LK-Herdegen 1; SchSch-Eser 1; M-Schroeder § 35, 6). Folglich sind die §§ 247,
248 a unanwendbar; auch bei ihrer Sachlage ist Raub gegeben (ganz hM;
M-Zipf § 8, 42; abw. Burkhardt JZ **73**, 110; NJW **75**, 1687; gegen ihn zutr.
Schünemann JA **80**, 350). Fortsetzungszusammenhang zwischen Raub und
Diebstahl ist ausgeschlossen (NJW **68**, 1292).

A. Die Merkmale des Diebstahls bilden den einen Teil des Tatbestandes 2
des Raubes. Vgl. die Anm. zu § 242. Insbesondere ist die Wegnahme der
Sache nötig sowie die Absicht, die Sache sich, und nicht einem anderen (8. 7.
1970, 3 StR 87/70) zuzueignen. Gibt das Opfer die Sache unter dem Druck
der Drohung heraus, dann ist die Tat räuberische Erpressung (§ 255, BGH
7, 252). Der Räuber kann auch Mitgewahrsam haben (Braunschweig
NdsRpfl. **47**, 24). Wird einem Ermordeten eine Sache weggenommen, so
liegen in Tateinheit vollendeter Mord und vollendeter Raub vor, falls die
Tötung (Gewalt gegen eine Person) das Mittel der Wegnahme war, RG **63**,
105; wird der Wegnahmevorsatz erst nach der Tötung gefaßt, so ist vollendeter Mord in Tatmehrheit mit vollendeter Unterschlagung gegeben (vgl.
11). Ob der Täter Gewahrsam schon vor der Gewaltanwendung erlangte, ist
Tatfrage (vgl. BGH **20**, 194; GA **66**, 244; 14 ff. zu § 242). Zum gewaltsamen
Herausbrechen und Wegnehmen einer Goldplombe vgl. 2 zu § 242.

B. Zum Zwecke der Wegnahme müssen Gewalt gegen eine Person oder 3
Drohung mit gegenwärtiger Gefahr für Leib und Leben eines anderen
angewendet werden (BGH **4**, 210; NStZ **82**, 380), alternative Feststellung
ist zulässig (LK 3). Diese Mittel sollen das Dulden der Wegnahme erzwingen. Sie können sich gegen jeden richten, der nach Meinung des Täters
(BGH **4**, 211; Eser NJW **65**, 378; SchSch 6 a; zu weit Müller-Dietz JuS **71**,
417) den Gewahrsam an der Sachen wahren will, so den Gewahrsamsinhaber oder seinen Begleiter (BGH **3**, 297), den hinzueilenden Helfer. Doch
braucht der Beraubte im Augenblick der Wegnahme nicht mehr anwesend
zu sein (MDR/D **73**, 555); zB wenn er die dann weggenommene Sache
fallengelassen (BGH **18**, 329; 2. 5. 1967, 1 StR 161/67) oder wenn der
Taxiräuber den Fahrer zum Aussteigen gezwungen hatte (NStZ **81**, 301).
Auch Kinder und Geisteskranke können in ihrem Willen vergewaltigt werden, soweit sie einen natürlichen Willen haben (17 zu § 242); der Umstand,
daß der Beraubte die Sache freiwillig herausgegeben hätte, schließt Raub
nicht aus; es kommt auf Vorstellung und Willen des Täters an (BGH **4**,
211). Die bloße Ausnutzung einer ohne Wegnahmevorsatz geschaffenen
Zwangslage oder Wehrlosigkeit ist kein Raub (NJW **69**, 619; DRiZ **72**, 30),
es genügt jedoch, wenn eine vor Fassen des Raubvorsatzes angewendete
Gewalt andauert (BGH **20**, 32) oder zwar nicht mehr andauert, aber fortwirkt (BGH **21**, 300; GA **74**, 219; **aM** BGH **32**, 92 m. Anm. Otto JZ **84**,
145; Jakobs JR **84**, 385; MDR/D **68**, 17; LK 13), instruktiv zur Frage des
Zusammenhangs zwischen Nötigungshandlung und Wegnahme, Schünemann JA **80**, 351.

§ 249

4 a) Die Gewalt (vgl. 3f. zu § 240; LK 4) muß sich **gegen eine Person** richten, um geleisteten Widerstand zu brechen oder erwarteten zu verhindern (MDR/H 80, 455; 1. 12. 1981, 4 StR 604/81), sie muß sich auf den Körper richten; dazu genügen evtl. auch bloße Schreckschüsse (RG 60, 157; **66**, 335; BGH **1**, 145), Bewachung durch einen scharfen Hund (5. 12. 1984, 2 StR 594/84; GA **62**, 145). Körperlicher Berührung bedarf es also nicht (BGH **23**, 126; hierzu Seelmann JuS **86**, 202). Bedenklich ist es jedoch, wenn diese Entscheidung bereits das Vorhalten einer entsicherten Waffe aus unmittelbarer Nähe als Gewalt und nicht erst als Drohen mit Gewalt ansehen will, mit der Folge, daß § 251 eingreift, wenn ein leichtfertig gelöster Schuß das Opfer tötet (Tröndle GA **73**, 328; abl. Geilen JZ **70**, 521; LK 9). Auch gegen einen Schlafenden ist Gewalt möglich (RG **67**, 186); ebenso gegen unbewußte Abwehrhandlungen des Gewahrsamsinhabers (BGH **16**, 341) oder gegen einen sinnlos Betrunkenen, der zur Ausplünderung an einen einsamen Ort verschleppt wird (BGH **4**, 210; LK 7). Der Angegriffene braucht nicht zu merken, daß er beraubt werden soll (RG **67**, 168; BGH **4**, 210; **20**, 32; MDR/D **72**, 16). Benutzung mechanischer Kraft genügt; auch die Tötung kann „Gewalt" sein (RG **63**, 105). Ob sie zur Wegnahme wirklich erforderlich ist, ist unerheblich (BGH **4**, 211; vgl. Geilen Jura **79**, 109). Der **Kraftaufwand** braucht nicht erheblich, BGH **1**, 145, muß aber wesentlicher Bestandteil der Wegnahme sein (NJW **55**, 1404; MDR/H **90**, 296) und muß von einem Wachenden als körperlicher Zwang empfunden werden (BGH **18**, 329; MDR/D **71**, 896; bedenklich GA **74**, 219). **So erheblich** muß die Kraftentfaltung sein, daß sie geeignet ist, den erwarteten Widerstand gegen die Wegnahme zu brechen (NStE Nr. 6; LK 8), und vom Opfer als körperlicher Zwang empfunden wird (NJW **55**, 1404; NStZ **86**, 218; BGHR § 249 I, Gew. 2). *Keine* Wegnahme mit Gewalt liegt vor, wenn nicht die eingesetzte Kraft, sondern List und Schnelligkeit das Tatbild prägen (MDR/H **90**, 296), das bloße Beseitigen des gewöhnlichen Haltens, etwa einer Handtasche durch blitzschnelle Wegnahme, genügt idR nicht (NStE Nr. 2; StV **90**, 208; **aM** BGH **18**, 329; dagegen mit Recht Knodel JZ **63**, 701; M-Schroeder § 35, 14; Bockelmann BT/1 § 8 IIIc; Geilen Jura **79**, 109; zurückhaltend MDR/D **68**, 17; **75**, 22; 543; GA **68**, 337; 19. 7. 1983, 5 StR 405/83; vgl. aber Saarbrücken OLGSt. 1; ferner Hamm MDR **75**, 772; hierzu Schünemann JA **80**, 350; Wolter NStZ **85**, 250; Seelmann JuS **86**, 202); anders, falls die Überfallene die Tasche mit beiden Händen festhält (vgl. 19. 12. 1979, 3 StR 432/79) und sie mit solcher Wucht weggerissen wird, daß sich die Tragriemen lösen (NJW **55**, 1404), fällt dabei die Tasche zu Boden und hebt der Täter sie auf, so ist das Wegnahme mit Gewalt (NJW **55**, 1238). Ist das Opfer mit der Wegnahme von vornherein einverstanden (fingierter Raub), so scheidet § 249 aus; für einen nicht eingeweihten Helfer kommt § 242 in Betracht (MDR/D **74**, 724). Zur Anwendung von Narkose und Hypnose vgl. 3f. zu § 240. Gewalt **gegen Sachen** genügt nur, wenn sie auch als physische Einwirkung auf die Person empfunden wird (RG **45**, 156).

5 b) Die Drohung (5, 5a zu § 240) muß **mit gegenwärtiger Gefahr** (3, 4 zu § 34) **für Leib oder Leben** (3, 4 zu § 35) verbunden sein; sie kann sich auch gegen einen Dritten richten (5a zu § 240) richten, LK 11. Es genügt daher die Bedrohung mit einer in Wirklichkeit ungeladenen (13. 10. 1970, 1 StR 311/70) oder sonst nicht brauchbaren Schußwaffe (RG **66**, 355; BGH 14. 4.

§ 249

Raub und Erpressung

1964; 1 StR 95/64; vgl. BGH **15**, 322) nicht hingegen die Drohung mit einer unerheblichen Körperverletzung (RG **72**, 229). Untauglicher Versuch ist es, wenn der Täter einem Bewußtlosen droht, den er für wahrnehmungsfähig hält (vgl. DRiZ **72**, 30).

c) Das Mittel zur Wegnahme der Sache oder deren Duldung müssen **6** Gewalt oder Drohung sein (10. 10. 1985, 4 StR 335/85). Daher kein Raub, falls der Wegnahmewille erst nach einer Vergewaltigung gefaßt wird (vgl. oben 3 ff.; OGHSt. **3**, 114); oder umgekehrt, falls die Gewalt oder die Drohung der Wegnahme nachfolgt (aber hier ev. § 252!; RG JW **32**, 2433; vgl. Geilen Jura **79**, 165), ebensowenig wenn der Täter glaubt, einen fälligen Übereignungsanspruch zu haben (wistra **87**, 136; 31. 8. 1987, 3 StR 349/87). Es genügt aber, wenn der Täter die Gewalt neben anderen Zwecken auch zur Wegnahme einsetzt (2. 10. 1973, 1 StR 422/73) oder die Wegnahmeabsicht erst während der zunächst anderen Zielen dienenden Gewaltanwendung faßt (BGH **20**, 32; NStZ **82**, 380; vgl. BGH **32**, 92 [m. Anm. Otto JZ **84**, 142; **85**, 26; Jakobs JR **84**, 385]; StV **83**, 460, hierzu Geilen JK 4; Joerden JuS **85**, 20; Seelmann JuS **86**, 203; Otto Jura **87**, 500). Es genügt auch, wenn der allein Gewalt anwendende Mittäter seinem Komplizen Gewahrsam verschaffen will (Stuttgart NJW **66**, 1931). Eine Wegnahme mit Gewalt fehlt, falls diese nur dazu dient, ein Mittel zur Wegnahme ohne Gewalt zu gewinnen (so zur Angabe des Verstecks, Hergabe des Schlüssels, vgl. SK-Samson 23).

2) Die Tat (Nötigung *und* Wegnahme) ist **vollendet**, wenn der Täter **7** die Herrschaft über die Beutestücke derart erlangt hat, daß er sie gegenüber dem bisherigen Gewahrsamsinhaber unbehindert ausüben und dieser nicht mehr über sie verfügen kann (BGH **20**, 195; NStE Nr. 12; vgl. **21**, 378). Sie ist **beendet**, wenn der Täter eine ausreichend sichere Verfügungsgewalt über die Beute erlangt hat (22. 11. 1990, 4 StR 456/90; Dreher MDR **76**, 531) oder der Angriff auf das betroffene Rechtsgut schon vorher seinen unabänderlichen Abschluß gefunden hat (NJW **85**, 814, hierzu Laubenthal Jura **85**, 630; Küper JuS **86**, 862); der Zeitpunkt darf um der Abgrenzung der Beihilfe zur Hehlerei willen nicht zu weit hinausgesetzt werden (StV **81**, 127). Der **Versuch** des Raubes liegt vor, sobald mit der Vergewaltigung des Willens oder mit der Wegnahme begonnen ist, die durch Gewalt oder Drohung erreicht werden soll (vgl. RG **69**, 329, LK 19). Das Lauern auf das Opfer ist idR noch kein unmittelbares Ansetzen zur Tatbestandsverwirklichung (§ 22; dort 16), keinesfalls, wenn das Opfer sich dem Tatort noch nicht nähert (so schon NJW **54**, 567); wohl aber Versuch (nach § 249 oder § 255), wenn die Täter in Überfallabsicht an der Haustüre des Opfers klingeln (11. 7. 1984, 2 StR 249/84), ebenso der tätliche Angriff auf den Begleiter des zu Beraubenden (BGH **3**, 297), oder wenn das geraubte Behältnis das Gewünschte nicht enthält (StV **83**, 460 [hierzu 24 zu § 242; Otto JK 9 zu § 242]; **90**, 208; 15. 7. 1992, 2 StR 294/92). Auch in Handlungen nach § 243 I Nr. 1 kann schon ein Versuch liegen (48 zu § 46). Versuch auch, falls sich die Frau an dem Rade die Tasche entreißenden Radfahrers festhält (MDR/D **55**, 145). Wie sich aus § 244 I Nr. 2 ergibt, ist es nur eine Tat nach dieser Vorschrift und kein Versuch nach § 249/§ 250 I Nr. 1, wenn der Täter einen Diebstahl versucht, bei dem er eventuellen Widerstand

1435

§ 249

mit einer Waffe brechen will (aM wohl 7. 9. 1972, 4 StR 385/72); anders bei direktem Vorsatz der Gewaltanwendung (vgl. 8 zu § 244).

8   3) **Der Vorsatz** ist entsprechend der Doppelnatur des Raubes doppelten Inhalts; er muß sowohl Diebstahlsvorsatz (22 ff. zu § 242) als auch Nötigungsvorsatz sein (RG GA Bd. **47**, 284). Das gilt jeweils auch für Mittäter (MDR/H **89**, 858; LK 20). Dagegen ist die Absicht, sich zu bereichern (25 zu § 242), auch für den Raub nicht erforderlich; wohl aber für die räuberische Erpressung nach § 255 (MDR **55**, 17). Die Absicht rechtswidriger Zueignung ist wie beim Diebstahl erforderlich (dort 23 ff.; BGH **17**, 87; MDR/D **68**, 18; **76**, 16; GA **62**, 144; **66**, 211; **68**, 121; 338; StV **88**, 527; 529; **90**, 546; **91**, 515; NJW **90**, 2837; NStE § 25 Nr. 10; BGHR § 249 I ZEignAbs 7; 5. 9. 1990, 2 StR 394/90; 2. 6. 1992, 5 StR 225/92; Hamm MDR **75**, 772), und zwar auch für jeden Mittäter (MDR/H **89**, 1052), hieran fehlt es hinsichtlich eines Behältnisses, wenn es dem Täter nur auf dessen Inhalt ankommt (12. 12. 1980, 3 StR 463/80; vgl. auch den Fall Stuttgart NJW **70**, 66; 16 aE zu § 242). Das Nötigungsmittel muß nach der Vorstellung des Täters mit der vom Willen der rechtswidrigen Zueignung getragenen Wegnahme ursächlich verknüpft sein (StV **91**, 516). Nimmt der Täter mehr weg, als er bei der Gewaltausübung beabsichtigt hat, so liegt nur ein einziger Raub und nicht hinsichtlich des Mehrbetrages § 242 in Tateinheit mit § 249 vor (BGH **22**, 350; NStZ **82**, 380; hierzu Geilen JK 2). Nimmt der Dieb die gestohlene Sache dem Dritten mit Gewalt weg, der sie ihm zugunsten des Eigentümers abgenommen hat, so begeht der Dieb einen Raub (RG **60**, 277).

9   4) **Die Strafe.** Für minder schwere Fälle (11 zu § 12; 42 zu § 46) gilt **II**, etwa wenn sich das Maß der Gewalt in Grenzen hielt und der Entschluß zur Gewalt erst gelegentlich der Wegnahme gefaßt wurde, Koblenz OLGSt. 9, die Drohung eine geringere Intensität hat (MDR/H **83**, 91; 15. 10. 1985, 5 StR 612/85), oder im Falle des § 21 (StV **81**, 180). Ggf zu beachten sind § 41, §§ 45 ff.; § 256 (FAufsicht). Rückfall qualifiziert nicht, ist jedoch bei der Zumessung zu beachten (26. 5. 1971, 3 StR 278/70).

10   5) **Konkurrenzen. Gesetzeseinheit** liegt zwischen § 249 und §§ 242/243, 244, 244 a vor, die von § 249 verdrängt werden (aM Vogler, Bockelmann-FS 723); Gleiches gilt idR für § 239 (BGH **32**, 93), ebenso für § 240 und für § 253. Auch § 255 wird regelmäßig durch § 249 ausgeschlossen (BGH **14**, 390; MDR **55**, 17; MDR/H **82**, 280; **92**, 18), wo mit Recht darauf hingewiesen wird, daß (entgegen BGH **5**, 280) Wahlfeststellung zwischen § 249 und § 255 nicht in Betracht kommt; auch kann versuchter Raub mitbestrafte Vortat zu räuberi- **11** scher Erpressung sein (NJW **67**, 60; zur Abgrenzung Grebing Jura **80**, 95; Rengier JuS **81**, 654; hierzu Schlehofer, Einwilligung und Einverständnis. Dargestellt an der Abgrenzung zwischen Raub und räuberischer Erpressung, 1985), soweit Gewaltanwendung in den Dienst der Wegnahme gestellt wurde und zwischen beiden örtlicher und zeitlicher Zusammenhang besteht, liegt *ein* Raub vor (MDR/H **84**, 276, hierzu Geilen JK 5), während 23. 2. 1984, 4 StR 41/84 den umfassenderen Tatbestand des § 255 annimmt, wenn nicht feststeht, ob § 250 oder § 255 gegeben ist. **Tateinheit** kann für § 249 gegeben sein bei vollendetem Diebstahl und versuchtem Raub (BGH **21**, 78), auch zwischen § 250 und § 249 im Falle einer unterschiedlichen Begehung gegenüber mehreren Personen (BGHR § 249 I Konk. 1), ferner mit §§ 223, 223a, da nicht jede Gewalt in einer Körperverletzung besteht, vgl. 4; und zwar auch dann, wenn die Körperverlet-

Raub und Erpressung § 249

zung nach Vollendung, aber vor Beendigung des Raubes begangen wird (GA **69**, 347; 3 vor § 52). Ebenso mit § 222, wenn nur einfache Fahrlässigkeit vorliegt (sonst kommt § 251 in Betracht), mit §§ 177, 178, wenn nach einem Raub dieselbe Gewaltanwendung einer nachfolgenden Vergewaltigung als Nötigungsmittel dient (MDR/H **79**, 106; BGHR § 177 I, Konk. 1; 4. 2. 1992, 5 StR 14/92; 13. 2. 1992, 4 StR 549/91; vgl. jedoch MDR/H **79**, 987; 2 zu § 255). Ferner ist Tateinheit mit Mord und Totschlag (§§ 211, 212) möglich (MDR/H **90**, 676; 14. 7. 1992, 5 StR 304/92; vgl. 2). Dabei ist es gleichgültig, ob die ganze oder teilweise Wegnahme sich vor oder nach dem Tode des Opfers vollzog (RG **72**, 351). Nur muß der Täter die Tötung zum Zwecke der Wegnahme vorgenommen haben (vgl. 2; BGH **9**, 136; OGHSt, **1**, 133 und 86). Ein Raub mit Nötigung von zwei Personen ist nur *eine* einzige Handlung (RG DJ **35**, 1460; LK 28). Tateinheit ist auch mit § 316a möglich (NJW **63**, 1413), mit § 239, wenn die Freiheitsberaubung über das hinausgeht, was zur Verwirklichung des Raubes erforderlich ist (15. 12. 1983, 4 StR 640/83), wie auch mit einer Handlung, die der Beendigung eines bereits vollendeten Raubes dient (BGH **26**, 24; StV **83**, 413) oder vor dessen Beendigung vorgenommen wird (NStZ **84**, 409; BGHR § 52 I, Hdlg. dies. 13), ferner mit § 21 StVG (DRiZ **87**, 227). Zum Verhältnis zu § 307 Nr. 2 und § 316a vgl. dort 4 bzw 7.

6) Sonstige Vorschriften. § 126 I Nr. 5 (auch iVm §§ 140, 145d I Nr. 2, 13 II Nr. 2); Nichtanzeige § 138 I Nr. 8; Überwachungsmaßnahmen § 100a Nr. 2 StPO; UHaft § 112a I Nr. 2 StPO.

Schwerer Raub

250 ^I**Auf Freiheitsstrafe nicht unter fünf Jahren ist zu erkennen, wenn**

1. **der Täter oder ein anderer Beteiligter am Raub eine Schußwaffe bei sich führt,**
2. **der Täter oder ein anderer Beteiligter am Raub eine Waffe oder sonst ein Werkzeug oder Mittel bei sich führt, um den Widerstand eines anderen durch Gewalt oder Drohung mit Gewalt zu verhindern oder zu überwinden,**
3. **der Täter oder ein anderer Beteiligter am Raub durch die Tat einen anderen in die Gefahr des Todes oder einer schweren Körperverletzung (§ 224) bringt oder**
4. **der Täter den Raub als Mitglied einer Bande, die sich zur fortgesetzten Begehung von Raub oder Diebstahl verbunden hat, unter Mitwirkung eines anderen Bandenmitglieds begeht.**

^{II}**In minder schweren Fällen ist die Strafe Freiheitsstrafe von einem Jahr bis zu fünf Jahren.**

1) Der schwere Raub ist in seiner Tatbestandsfassung durch das EGStGB 1 in seinen Nummern 1, 2, 4 weitestgehend § 244 I angeglichen. Lediglich Nr. 3 ist ein nicht in § 244 auftretendes Merkmal. Da § 250 eine echte Qualifikation darstellt, ist der Täter wegen schweren Raubes zu verurteilen (MDR/D **73**, 191; 9. 4. 1992, 1 StR 152/92).

2) Raub mit Schußwaffen (Nr. 1) ist gegeben, wenn der Täter einen 2 Raub nach § 249 begeht oder mindestens versucht und er selbst oder ein anderer Beteiligter eine Schußwaffe bei sich führt. Hierzu 3 bis 5 zu

§ 250

§ 244 (gegen eine völlig parallele Auslegung der I Nr. 1, 2, 4 mit § 244 I Nr. 1 bis 3 Schünemann JA 80, 353; vgl. ferner Geilen Jura 79, 221).

3   3) **Raub mit Waffen (Nr. 2)** entspricht dem § 244 I Nr. 2 (vgl. dort 6 ff.) mit der Maßgabe, daß hier der Tatbestand des Raubes verwirklicht oder
4   versucht werden muß. **A. Beisichführen** (vgl. 4, 5 zu § 244) muß der Täter die **Waffe** (6 zu § 244), das **Werkzeug oder Mittel** (7 zu § 244), **um** den möglichen **Widerstand eines anderen** zu überwinden (8 zu § 244), und zwar durch **Gewalt** (5 f. zu § 240) oder durch **Drohung** (15 ff. zu § 240). Es genügt nach der umstr. Rspr. – wie bei § 244 1 Nr. 2 (dort 5) – ein Beisichführen in irgendeinem Stadium des Tatherganges bis zur Beendigung der Wegnahme (NJW 75, 1177; StV 88, 429 [m. Anm. Scholderer u. hierzu Kontroverse m. Salger StV 89, 60; 153]; Geppert Jura 92, 498; enger Schünemann JA 80, 394; zu § 250 I Nr. 1 aF auch BGH 20, 194; Weber JZ 65, 418; Isenbeck NJW 65, 2326; hierzu Hruschka JZ 83, 218), uU sogar der „Schuh am Fuß des Täters" (BGH 30, 376; krit. Hettinger JuS 82, 899; Geilen JK 2). Allerdings ist eine *Abgrenzung zwischen Nr. 2 und § 244 I Nr. 2* in den Fällen, in denen der Versuch der Tat schon vor dem Beginn von Gewaltanwendung oder Drohung zum Stillstand kommt oder Gewalt oder Drohung auf andere als die geplante Weise eingesetzt werden, unter Berücksichtigung des parallelen Wortlauts beider Vorschriften nur so möglich, daß bei der Absicht, das Mittel nur eventuell anzuwenden, allein § 244 I Nr. 2 oder § 249 gegeben ist, bei der Absicht unbedingten Gebrauchs aber § 250 I Nr. 2 (vgl. 6 ff. zu § 244; aber auch NJW 75, 1177 aE; Berz Jura 82, 320). Das gilt auch für die Fälle, in denen der Täter bloß den Rückzug decken will (1. 9. 1981, 5 StR 117/81; vgl.
5   BGH 22, 230, krit. LK-Herdegen 11, 16). **B. Der BGH** folgert aus der Gesetzesfassung in stRspr., daß die Nr. 2 (anders als die Nr. 1) als Gewalt- und Drohmittel keine an sich gefährlichen Gegenstände voraussetzt und daher zB ein Tuch zum Knebeln oder ein Kabel zum Fesseln genügen läßt (NJW 89, 2549 mwN [hierzu Hillenkamp JuS 90, 454 u. Geppert JK 5]; MDR/H 92, 18; and. die hM im Schrifttum). Im Fall des Einsatzes ungefährlicher Tatmittel könne dem geminderten Unrechtsgehalt durch die Annahme eines minder schweren Falles Rechnung getragen werden (aaO). Demzufolge läßt die Rspr. – ebenso in § 244 I Nr. 2 (dort 8; BGH 24, 340) – auch ausreichen, wenn der vom Täter bei sich geführte Gegenstand nur **scheinbar eine Waffe** oder ein gefährliches Werkzeug ist (vgl. hierzu im einzelnen 8 zu
6   § 244). **C.** Auch im übrigen gilt 6 ff. zu § 244 entsprechend.

7   4) **Gefährlicher Raub (Nr. 3).** Vgl. dazu 29 zu § 113; 4 zu § 125 a. Der andere braucht weder der Beraubte noch der zu sein, gegen den sich Gewalt oder Drohung richtet, es kann sich um einen Unbeteiligten handeln, den der Täter zB durch Schießen vorsätzlich gefährdet (Schünemann JA 80, 394). Die konkrete Gefahr (14 zu § 315) muß durch die Tat herbeigeführt werden, dh durch eine Handlung, die angefangen mit dem Beginn des Versuchs bis zur Beendigung der Tat Bestandteil der Tatbestandsverwirklichung ist, zB die Gefährdung von Straßenpassanten durch Davonrasen in einem durch die Polizei verfolgten Auto (LK 26). Es genügt bedingter Vorsatz, nicht jedoch Fahrlässigkeit (MDR/H 77, 638; StV 91, 262; ebenso BGH 26, 176, 244 zu § 113 II Nr. 2 und § 11 IV Nr. 2 BtMG aF; Geilen Jura 79, 446). Dabei reicht aus, daß der eine Beteiligte mit der Gefährdung einverstanden ist, die der andere möglicherweise herbeiführt.

§ 250

5) Bandenraub (Nr. 4). Es gilt 9 ff. zu § 244 entsprechend. Unter „Tä- **8** ter" ist hier jeder Beteiligte zu verstehen (Blei JA **74**, 236). Es reicht aus, wenn sich die Verbindung zunächst nur auf Diebstähle bezog (OGH NJW **49**, 910; LK 31).

6) Zum Versuch vgl. 7 zu § 249. Ein **minder schwerer Fall (II**; 11 zu **9** § 12, 42 zu § 46, 2 zu § 50) **kann** (wenn auch nicht stets, 26. 11. 1985, 1 StR 393/85), selbst wenn das Opfer die Drohung ernst genommen hat (StV **86**, 19L; GA **90**, 316) **angenommen werden:** bei Verwendung einer *Scheinwaffe* (StV **81**, 68; **82**, 71; **83**, 279; **84**, 335L; **90**, 403; **91**, 107; MDR/H **83**, 91; **90**, 97; NStE Nr. 4; 27. 11. 1990, 1 StR 663/90; 18. 10. 1991, 3 StR 339/91; 24. 6. 1992, 5 StR 272/92; vgl. NJW **89**, 2549 [aM, aber bedenklich LG Stuttgart JZ **81**, 789, bestätigt durch BGH 14. 5. 1981, 1 StR 89/81, hiergegen Eser JZ **81**, 821; Hettinger JZ **82**, 582]), insbesondere wenn das Opfer den nicht gebrauchsbereiten Zustand eines Gasrevolvers erkennt (NStE Nr. 14), uU auch im Falle der Bedrohung mit einer Gaspistole (NStE Nr. 7), *nicht* jedoch wegen der tödlichen Verletzungsgefahr im Falle aufgesetzter Schußabgabe (MDR/H **90**, 97). Ferner kann II angewendet werden, wenn der Schlag keine schwere Verletzung befürchten ließ (8. 9. 1981, 1 StR 326/81), bei krassem Mißverhältnis zwischen Tat und Beute (3. 4. 1980, 4 StR 115/80, Beisp. bei Eser JZ **81**, 822), oder wenn die Wahl des Tatobjekts nur eine geringe Beute verspricht (NStE Nr. 13), ferner wenn der Täter versucht hatte, einen Mitbeteiligten von der Tat abzuhalten (StV **81**, 343), wenn die Tat einem plötzlichen Bedürfnis entsprang (EzSt Nr. 7), das Opfer den Täter provoziert hatte (StV **82**, 575), ferner bei Schuldeinsicht, finanzieller Notlage, Rückerlangung der Beute (EzSt Nr. 2), im Fall des § 21 (2. 9. 1983, 3 StR 308/83, vgl. 7 zu § 21) oder bei nur kurzer Lebenserwartung (StV **87**, 101), nach LG Köln (NStE § 249 Nr. 7) auch bei überlanger Verfahrensdauer. Es ist stets eine Gesamtwürdigung vorzunehmen (StV **88**, 249). Andererseits **kann** ein minder schwerer Fall **ausgeschlossen** sein, wenn der Täter die Schußwaffe scharf geladen hatte (23. 5. 1978, 5 StR 235/78), er zwar nur eine Scheinwaffe verwendet, mit ihr aber mehrere Personen bedroht hatte (26. 11. 1985, 5 StR 676/85), bei dem bewaffneten Überfall maskiert vorging (5. 8. 1987, 2 StR 315/87) oder alsbald begangene späteren Taten Rückschlüsse auf die innere Einstellung des Täters zulassen (NStE Nr. 16). Zur Konkurrenz des II mit § 49 krit. Horn, Arm. Kaufmann-GedS 590. **FAufsicht** § 256.

7) Konkurrenzen. Innerhalb von I schließen Nr. 1 und Nr. 2 einander aus **10** (MDR/H **80**, 986), der Einsatz derselben Schußwaffe (Nr. 1) zur Bedrohung des Tatopfers erfüllt nicht zugleich Nr. 2 (BGHR § 46 I GesKonk 1); die fehlerhafte Annahme von Nr. 1 anstelle der Nr. 2 kann sich auf die Strafzumessung ausgewirkt haben, StV **82**, 574; im übrigen ist zwischen den einzelnen Nummern, die selbständige Qualifikationstatbestände darstellen, Tateinheit möglich (aA SchSch 27; SK-Samson 14). Tateinheit zwischen I Nr. 3 und §§ 224; 225 (NStE Nr. 12), während die Nr. 3 von § 251 verdrängt wird, ebenso wird § 230 von I Nr. 3 konsumiert (LG Köln MDR **90**, 1134). Vgl. im übrigen 13 zu § 239, 16 zu § 244, 11 zu § 249 und zum Verhältnis § 307 Nr. 2 und § 316a, dort 4 bzw. 7.

8) Sonstige Vorschriften vgl. 13 zu § 249; für I Nr. 1 auch § 111 StPO. **11**

§ 251

Raub mit Todesfolge

251 Verursacht der Täter durch den Raub (§§ 249 und 250) leichtfertig den Tod eines anderen, so ist die Strafe lebenslange Freiheitsstrafe oder Freiheitsstrafe nicht unter zehn Jahren.

1 **1) Die Vorschrift** idF des Art. 19 Nr. 128 EGStGB entspricht in ihrem Aufbau dem § 177 III. Das dort unter 9 Gesagte gilt hier sinngemäß.

2 **A.** Der Tod des anderen muß hier **durch den Raub** (3 zu § 249; 1. 3. 1983, 5 StR 652/82), dh durch irgendeine Tathandlung nach den §§ 249, 250 (8. 3. 1984, 1 StR 826/83) wenigstens (6 zu § 18) leichtfertig (20 zu § 15) verursacht sein, also nicht nur unmittelbar durch die tatbestandsmäßige Gewalt iS von § 249 (so noch BGH **16**, 316; **22**, 362 zu § 251 aF), die Drohung mit Gewalt, die zB zu einem Schocktod des anderen führt, oder eine Handlungsweise nach § 250 I Nr. 3, sondern durch sämtliche zur Tatbestandsverwirklichung gehörende Handlungen vom Beginn des Versuchs bis zur Beendigung der Tat, das gilt insbesondere beim bewaffneten Bankraub, dessen tatspezifische Gefährlichkeit sich auch auf die anschließende Flucht und Beutesicherung erstreckt (BGH **38**, 298; vgl. ferner 9 zu § 250; Geilen Jura **79**, 557; enger Blei JA **74**, 236; Schünemann JA **80**, 396; LK-Herdegen 2, 7; SchSch-Eser 4; vgl. Küpper [1 zu § 226], 57; Seelmann JuS **86**, 205). Hingegen genügt eine für den Todeserfolg ursächliche Unterlassung für § 251 nicht (10. 2. 1977, 4 StR 652/76). Auch eine durch einen Verkehrsunfall leichtfertig verursachte Tötung bei der Anfahrt zum Tatort oder der Abfahrt nach bereits gesicherter Wegnahme gehört nicht hierher. Ist der Tod nur durch einfache Fahrlässigkeit verursacht, so kommt § 250 I Nr. 3 in Tateinheit mit § 226 in Betracht (MDR/D **75**, 543; Nürnberg NStZ **86**, 556).

3 **B. der getötete andere** kann wie bei § 250 I Nr. 3 ein Unbeteiligter sein (dort 7; Geilen aaO; RG **75**, 54).

4 **2) Versuch** ist in der Weise möglich, daß durch eine Tathandlung der Tod des anderen verursacht wird, bevor die Wegnahme vollendet ist (RG **62**, 423; **75**, 54) oder daß die vom Vorsatz umfaßte schwere Folge nicht eintritt (Schünemann JA **80**, 397; LK 15).

5 **3) Die Beteiligten haften** aus § 251, wenn auch nur *einer* die Todesursache setzt, die anderen aber insoweit ebenfalls Leichtfertigkeit trifft (vgl. 4 zu § 18). Der Anstifter wird, wenn ihm hinsichtlich der Todesfolge Leichtfertigkeit zur Last fällt nach § 251 bestraft, auch wenn der Täter ohne Verschulden gehandelt hat (BGH **19**, 339; dazu Cramer JZ **65**, 32) Mittäter und Gehilfen müssen die zum Tod führende Handlung allerdings mindestens bedingt gewollt haben (MDR **51**, 274; NJW **73**, 377; 10. 2. 1977, 4 StR 652/76).

6 **4) Konkurrenzen. Gesetzeskonkurrenz** liegt mit dem verdrängten § 222 vor; ebenso mit § 226 (NJW **65**, 2116; Widmann MDR **66**, 554; Hruschka GA **67**, 51; aM RG JW **37**, 1328; Fuchs NJW **66**, 868); desgl. in allen Begehungsformen mit § 250; BGH **21**, 183; MDR **51**, 274; OGH JR **50**, 561 (str.; aM Vogler, Bockelmann-FS 724). **Tateinheit** ist, falls die Folge mindestens bedingt gewollt ist, möglich mit den §§ 211, 212 (BGH **9**, 135). Hieran hat sich seit der Neufassung des § 251 (oben 1) nichts geändert, BGH **35**, 257 [5. StS] [m. zust. Anm. Laubenthal JR **88**, 335; Alwart NStZ **89**, 225; Geppert JK 2a/b; ebenso LK 14,

Raub und Erpressung § 251

LK-Jähnke 41 zu § 212; SchSch 9; Wessels BT-2 § 8 II 2; Geilen Jura **79**, 558, 613; abl. Anm. Rudolphi JZ **88**, 880; Arzt StV **89**, 57]; NStZ **92**, 203 u. 28. 4. 1992, 1 StR 593/91 [Vorleg. Beschl.]. Gegenüber dieser der gesetzgeberischen Entwicklung entsprechenden (im einzelnen 6 zu § 18) *„Konkurrenzlösung"*, die den Vorzug verdient, wird die Auffassung vertreten, daß § 251 nur noch Fälle *leichtfertiger* Todesverursachung erfasse (so BGH **26**, 175 [4. StS]; NStZ **84**, 454 [3. StS]; MDR/D **76**, 15 [2. StS zu § 177 III]; ebenso SK 10; M-Schroeder § 35, 34). Diese *Exklusivitätslösung* führt jedoch zu unerträglichen Wertungswidersprüchen (hierzu u. a. LK 14), denen nicht dadurch begegnet werden kann (so aber Lackner 4 u. Tenckhoff ZStW **88**, 914), daß der Strafdrohung des § 251 eine Sperrwirkung beigemessen wird (hiergegen LK 14; Geppert aaO).

5) Die Strafe ist in besonders schweren, zB dem Mord nahekommenden 7 Fällen lebenslange Freiheitsstrafe. Voraussetzung ist dafür nach BGH 27. 8. 1969, 4 StR 268/69 eine Tat in voller Verantwortung; FAufsicht § 256.

6) Sonstige Vorschriften vgl. 13 zu § 249; Zuständigkeit § 74 II Nr. 13 8 GVG.

Räuberischer Diebstahl

252 Wer, bei einem Diebstahl auf frischer Tat betroffen, gegen eine Person Gewalt verübt oder Drohungen mit gegenwärtiger Gefahr für Leib oder Leben anwendet, um sich im Besitz des gestohlenen Gutes zu erhalten, ist gleich einem Räuber zu bestrafen.

1) Die Vorschrift, idF seit 1871 unverändert, umschreibt einen **selbständi-** 1 **gen, raubähnlichen Tatbestand** (Lackner 1; Otto BT § 46 V; hM; and. Kratzsch JR **88**, 399 [„Sonderform des Raubes"] und eingehend zur Struktur des § 252 Perron GA **89**, 169). Bei § 252 dient der Einsatz der Nötigungsmittel (8) nicht – wie bei § 249 – der Wegnahme (3), sondern der Sicherung des Weggenommenen, folgt der Vortat (3) also zum Zweck der Verteidigung und Sicherung der Beute (8) unmittelbar (5) nach. Aus dem **Schrifttum:** *Dreher* MDR **76**, 2 529 u. **79**, 529; *Fezer* JZ **75**, 609; *Geilen* Jura **80**, 43; *Geppert* Jura **90**, 554; *Kratzsch* JR **88**, 397; *Perron* GA **89**, 145; *Schnarr* JR **79**, 314; *Seier* JuS **79**, 336 u. NJW **81**, 2152.

2) Als Vortat nennt § 252 einen **Diebstahl**, erfaßt ist damit nach hM jede 3 Form der Wegnahme in Zueignungsabsicht (LK-Herdegen 4, 5), also auch ein Raub (BGH **21**, 379 [hierzu Eser IV 9, A 6]; **38**, 299), ebenso die privilegierten Fälle der §§ 247, 248a (MDR/D **75**, 543; aM Burkhardt NJW **75**, 1687; früher sogar die nach § 370 I Nr. 5ff, BGH **3**, 77; NJW **68**, 2387; Köln MDR **67**, 512).

3) Vollendet muß die Vortat (oben 3) sein (BGH **9**, 256; **16**, 277; MDR/ 4 D **67**, 897). Werden Nötigungsmittel *zuvor,* nämlich zur Erlangung der Sache, eingesetzt, so greifen bereits die §§ 249ff. ein. **Bei einem Diebstahl** bedeutet, daß nur die Fälle erfaßt sind, in denen die Nötigungsmittel *nach* Vollendung, spätestens aber *bei* **Beendigung** der Vortat (oben 3) eingesetzt werden (BGH **22**, 230 [m. Anm. Hruschka JZ **69**, 607]; **28**, 225 [m. Anm. Schnarr JR **79**, 314; zust. Seier JuS **79**, 336; Geppert JK 1; krit. Dreher MDR **79**, 529]; MDR/D **67**, 897). Die Beendigung (6 zu § 22) der Vortat ist der letztmögliche Zeitpunkt für die Verwirklichung des Tatbestandes (StV **87**, 196), hernach ist für § 252 kein Raum mehr (MDR/H **87**, 95; **88**, 628; insoweit aM SchSch-Eser 4; Lackner 4). Die im Anschluß an Dreher

1441

§ 252

BT Zwanzigster Abschnitt

(MDR **76**, 529; **79**, 529 unter Berufung auf BGH **20**, 194) vertretene *abw. Auffassung* hat keine Gefolgschaft gefunden, da sie den *Raub*tatbestand (und damit die §§ 250, 251) auf die Fälle ausgedehnt hatte, in denen beim Einsatz der Nötigungsmittel der Diebstahl bereits vollendet war, wodurch der Anwendungsbereich des § 252 iErg. auf die (seltenen) Fälle beschränkt wurde, in denen *nach* einem *beendeten* Diebstahl noch *in raumzeitlichem Zusammentreffen* (unten 5) zur Beutesicherung Nötigungsmittel eingesetzt werden.

5 **4) Auf frischer Tat** betroffen ist der Täter, der in Tatortnähe und alsbald nach Tatausführung wahrgenommen wird (BGH **9**, 257; **26**, 96). Dieses Tatbestandsmerkmal sichert – im Hinblick auf die Gleichstellung mit § 249 (unten 13) – die Eingrenzung des § 252 (Perron GA **89**, 157; Wessels BT-2 § 9 I 2) auf die Fälle des *raumzeitlichen Zusammentreffens* (BGH **28**, 230 [hierzu Seier JuS **79**, 338]; NJW **87**, 2687 [hierzu Kratzsch JR **88**, 397; Herzog EzSt Nr. 2; Otto JK 3; Perron GA **89**, 145; Geppert Jura **90**, 556]). Hieran fehlt es nicht nur *nach Beendigung* des Diebstahls und nach Begründung eines gesicherten Gewahrsams (JZ **88**, 471; MDR/H **87**, 95; insoweit aM Lackner 4; SchSch 4 u. Eser IV 9 A 16b; Dreher MDR **79**, 531), sondern uU auch beim vollendeten Diebstahl schon *vor* dessen Beendigung, falls die Tat auf einer Fahrt mit einem modernen Verkehrsmittel begangen wurde (BGH **28**, 229; aM Dreher MDR **79**, 531; anders wohl
6 auch noch BGH **21**, 377; **22**, 229). **Betroffen** ist der Täter stets dann, wenn er am Tatort (oben 5) wahrgenommen, also durch Sehen oder Hören (LM Nr. 1) bemerkt worden ist (BGH **9**, 257; LK 11). Dieses Merkmal schließt bei sprachlicher und sinngemäßer Auslegung (vgl. Perron GA **89**, 162) nicht nur ein Betroffen*werden* (durch einen anderen), sondern auch ein Betroffen*sein* des Täters selbst in dem Sinne ein (LK 12), daß er, weil er sich für „betroffen" *hält*, dem unmittelbar bevorstehenden Bemerktwerden durch schnelles Zuschlagen zuvorkommt (BGH **26**, 96; LK 12; SchSch 4; Lackner 4; M-Schroeder § 35, 41; Wessels BT-2 § 9 I 2c; Bockelmann BT/1 § 8 VI 2; Schünemann JA **80**, 398; Blei BT § 58 III 1; Schnarr JR **79**, 314; Perron GA **89**, 163; Geppert Jura **90**, 556; krit. Fezer JZ **75**, 609; abl. Dreher MDR **76**, 529 u. **79**, 529; R. Schmitt, Jescheck-FS 233; Seelmann JuS **86**, 206; Krey ZStW **101**, 849; SK-Samson 5; 44. Aufl. 5). „Betroffen werden" kann der Täter nicht nur von einem Dritten, sondern auch vom Gewahrsamsinhaber selbst (RG **73**, 345), und zwar auch bei einem „offenen Diebstahl" (NJW **58**, 1547), wobei es nach hM nicht darauf ankommt, ob der Täter als Tatverdächtiger oder von einem Ahnungslosen betroffen wird (SchSch 4; Wessels BT-2 § 9 I 2c; Blei BT § 58 III 1; zw.; offen gelassen BGH **9**, 258; aM Schnarr JR **79**, 316). § 252 greift auch ein, wenn der Dieb
7 nach der Tat während der **Nacheile** aufgespürt wird und erst dann, uU nach längerer Verfolgungsjagd (GA **62**, 145; LK 14), Nötigungsmittel einsetzt (BGH **9**, 257; NJW **52**, 1026; LM Nr. 1; M-Schroeder § 35, 41). Voraussetzung hierfür ist, daß der Dieb noch nicht im gesicherten Besitz der Beute ist (Hamm MDR **69**, 238) und daß er noch im engen örtlichen und zeitlichen Zusammenhang mit der Tat betroffen und sogleich verfolgt wird, wobei der Nacheilende nicht mit der Person identisch zu sein braucht, die den Dieb betroffen hat (LK 14). Jedoch ist nach LG Köln (MDR **86**, 340L) ein Täter nicht mehr auf frischer Tat betroffen, der erst

Raub und Erpressung § 252

nach längerer Verfolgung gestellt werden kann, in deren Verlauf ihn der Verfolger zweimal aus den Augen verloren hatte.

5) Nötigungsmittel sind die des § 249 (dort 4, 5), sie können auch bei **8** der Nacheile (oben 7) und gegenüber jedem Verfolger, der dem Berechtigten das Diebesgut sichern will, eingesetzt werden (Köln MDR 67, 511), nicht aber gegen einen Mitdieb, der die Beute für sich haben will (Celle NdsRpfl 48, 120).

6) Die innere Tatseite setzt **Vorsatz** voraus, der sich auf den Diebstahl **9** und – idR erst nachfolgend (BGH 3, 78) – auf die Nötigungshandlung bezieht. Ferner muß der Täter in der **Absicht** (6 zu § 15) handeln, eine Gewahrsamsentziehung zu verhindern, die – sei es in Wirklichkeit, sei es nach seiner Annahme – gegenwärtig ist oder unmittelbar bevorsteht (BGH **13**, 65; **28**, 231; MDR/D **72**, 17; StV **87**, 196 [hierzu Perron GA **89**, 145; Geppert Jura **90**, 557]; SchSch 6), was nach BGH **9**, 162 nicht der Fall sein soll, wenn der Täter lediglich die Feststellung seiner Person und einen späteren Verlust des Diebesguts verhindern will (zutr. krit. hiergegen LK 17). Demgegenüber hat BGH **13**, 65 mit Recht klargestellt, daß die Verteidigung des Diebesguts nicht der einzige Beweggrund für die Gewaltanwendung zu sein braucht (ebenso BGH **26**, 97; NStZ **84**, 455). Nach Köln (NJW **67**, 739) greift § 252 auch, wenn der Täter sich, um seine Überführung zu verhindern, nachher der Beute rasch entledigen will (zust. M-Schroeder § 35, 43; abl. Schröder NJW **67**, 1335; Geilen Jura **80**, 45; LK 17; SK 11). Nach MDR **87**, 154 soll an der erforderlichen Absicht fehlen, wenn der Täter bei der Gewaltanwendung „an die Beute nicht gedacht" hat, was freilich unwiderlegbare Schutzbehauptungen provoziert (so M-Schroeder § 35, 43). Wendet der Täter erst Gewalt an, nachdem er die Beute weggeworfen hat, scheidet § 252 aus (Wessels BT-2 § 9 I 3), andererseits kann aus der Tatsache, daß er die Beute nicht weggeworfen hat, noch nicht auf das Vorliegen einer Gewahrsamsbehauptungsabsicht geschlossen werden (Zweibrücken NStE Nr. 6 m. Anm. Perron JR **91**, 384).

7) Vollendet ist § 252 im Gegensatz zum Raub bereits mit dem auf eine **10** Gewahrsamserhaltung abzielenden Einsatz der Nötigungsmittel. Es kommt nicht darauf an, ob es dem Täter gelingt, sich den Besitz des gestohlenen Guts zu erhalten. Da § 252 bereits eine vollendete Wegnahme voraussetzt (oben 4), ist ein **Versuch** nur möglich, wenn der Einsatz des Nötigungsmittels im Versuch stecken bleibt (BGH **14**, 115; Karlsruhe MDR **78**, 244) oder wenn die abgeschlossene Wegnahmehandlung (3) sich zB auf eine dem Täter gehörende oder herrenlose Sache bezog.

8) Täter (oder Mittäter) kann nach der Struktur des § 252 nur sein, wer **11** sich bereits an der Vortat täterschaftlich beteiligt hat, da § 252 voraussetzt, daß der Täter nach vollendetem Diebstahl (oben 4) nicht nur weiterhin in Zueignungsabsicht (vgl. Perron GA **89**, 159), sondern auch handelt, „um *sich* im Besitze des gestohlenen Guts zu erhalten" (MDR/D **67**, 727; MDR/H **91**, 105 [hierzu Otto JK 4; Ennuschat JR **91**, 500]; LK 18, SchSch 10, SK 13 und Lackner 6, je. mwN und hM; **aM** BGH **6**, 250, wonach Täter des § 252 auch sein kann, wer als Gehilfe an der Vortat betroffen wurde und Gewahrsam an der Diebesbeute erlangt hat, ebenso noch 44. Aufl.). Mittäter der Vortat kann auch, wenn er nicht im Besitz der Beute ist, Täter nach § 252 sein (Stuttgart NJW **66**, 1913). Für alle übrigen Beteiligten kommt

1443

§ 252

nur **Teilnahme** am Delikt des § 252, Täterschaft uU nach § 240, in Betracht (SchSch 11). Gehilfe nach § 252 kann aber nur sein, wer weiß, daß die Nötigungsmittel zur Sicherung des durch die Vortat erlangten Gewahrsams eingesetzt werden (LK 18; Blei BT § 58 IV 2e; Geppert Jura **90**, 558).

12 **9) Konkurrenzen. Gesetzeseinheit** besteht mit §§ 242, 244 sowie §§ 239, 240. Auch geht § 252 im Raub auf, wenn die Raubmittel gleichermaßen zur Wegnahme *und* später zur Sicherung des Gewahrsams eingesetzt werden (aM SchSch 13; SK 18). Wird aber nur die Tathandlung des § 252 unter den erschwerenden Voraussetzungen des § 250 I begangen, so wird auch der Raub (§ 249) als Vortat (oben 3) durch §§ 252, 250 I aufgezehrt, ebenso wie dies umgekehrt für eine nicht erschwert begangene Tat nach § 252 gilt, der ein schwerer Raub (§§ 249, 250 I) als Vortat vorausgegangen ist (GA **69**, 348; vgl. BGH **21**, 380; SK 17; Dreher MDR **76**, 532; zT aM SchSch 13). Nach *beendetem* Diebstahl (vgl. oben 4) ist die Sicherung des Diebesguts mit Nötigungsmitteln unter dem Blick der Vermögensschädigung mitbestrafte Nachtat und nur Nötigung nach § 240 (MDR/H **87**, 95). Blieb es trotz abgeschlossener Wegnahmehandlung bei einem Versuch nach § 252 (oben 10), so ist **Tateinheit** zwischen dem vollendeten einfachen und dem versuchten räuberischen Diebstahl gegeben (LK 21; Lackner 8; aM Karlsruhe MDR **78**, 244; SchSch 13). Tateinheit kann weiter vorliegen mit § 113 (Hamm JMBlNW **50**, 50), mit § 211 (MDR/H **82**, 101), mit §§ 223, 223a (NJW **68**, 2386; **75**, 1177; GA **69**, 358), mit § 255 (MDR/H **84**, 981, hierzu Geppert JK 2; LK 23; Seelmann NJW **81**, 2152).

13 **10) Die Strafe.** Der Täter ist **gleich einem Räuber** zu bestrafen (hierzu krit. Kratzsch JR **88**, 399; Perron GA **89**, 150). Es gelten also für § 252 auch die Erschwerungsgründe der §§ 250, 251 unter der Voraussetzung, daß sie erst bei der Tathandlung des § 252 verwirklicht worden sind (BGH **17**, 180; Celle HESt **1**, 12), im Falle eines Raubs als Vortat (oben 3) greifen sie über § 249 unmittelbar ein (LK 25). Beziehen sich die Erschwerungsgründe nicht auf die Nötigungs-, sondern (bereits und lediglich) auf die Wegnahmehandlung, so darf die Strafe für den räuberischen Diebstahl nicht nach § 250 I geschärft werden (BGH aaO).

14 **11) Sonstige Vorschriften.** FAufsicht § 256; UHaft § 112a I Nr. 2 StPO; Zuständigkeit bei Todesfolge § 74 II Nr. 14 GVG.

Erpressung

253 ^{I}Wer einen anderen rechtswidrig mit Gewalt oder durch Drohung mit einem empfindlichen Übel zu einer Handlung, Duldung oder Unterlassung nötigt und dadurch dem Vermögen des Genötigten oder eines anderen Nachteil zufügt, um sich oder einen Dritten zu Unrecht zu bereichern, wird mit Freiheitsstrafe bis zu fünf Jahren oder mit Geldstrafe, in besonders schweren Fällen mit Freiheitsstrafe nicht unter einem Jahr bestraft.

^{II}Rechtswidrig ist die Tat, wenn die Anwendung der Gewalt oder die Androhung des Übels zu dem angestrebten Zweck als verwerflich anzusehen ist.

^{III}Der Versuch ist strafbar.

1 **1) Die Vorschrift** idF des 3. StÄG (2 vor § 102) iVm Art. 19 Nr. 129 EGStGB schützt vor Erpressung. Sie besteht in einer Nötigung (§ 240), durch die der Täter einen anderen zu einer Vermögensverfügung bestimmt, durch die dem Vermögen des Genötigten oder eines anderen Nachteil zugefügt wird, um

§ 253

sich oder einen Dritten zu Unrecht zu bereichern. Der Vorteil muß durch den Schaden vermittelt werden; zwischen Schaden und Nutzen muß also „**Stoffgleichheit**" bestehen (RG 71, 291; wie beim Betrug, vgl. 39 zu § 263). Die gewaltsame Inpfandnahme von Gegenständen für eine Forderung, die der Täter als bestehend betrachtet, ist mangels Stoffgleichheit zwischen Vermögensnachteil und erstrebter Bereicherung nicht als Erpressung strafbar (4. 7. 1991, 4 StR 277/91). Zur Vollendung ist nötig, daß der Nachteil eintritt; die Bereicherung braucht dagegen nicht einzutreten (vgl. 15). Die Erpressung ist also Vermögensdelikt und zugleich ein Angriff gegen die freie Willensbildung (NJW 87, 510; 28. 4. 1992, 1 StR 148/92). Vom Betrug unterscheidet sie sich nur im Mittel, das dort Täuschung, hier Nötigung ist (Hamburg MDR 66, 1018; LK-Lackner 1; offen gelassen in BGH 19, 342). **Kriminologie:** Zur Schutzgelderpressung *Fundermann* KR 85, 350.

A. Ein Vermögensdelikt ist die Erpressung; sie bezweckt die eigene (oder des Dritten) **rechtswidrige** (8, 14) **Bereicherung,** dh jede Verbesserung der Vermögenslage (VRS 42, 110; Bay 55, 14; vgl. auch 22 zu § 259) auf dem Wege der Vermögensschädigung eines andern (BGH 1, 20). Fehlt die Absicht der Vermögensbeschädigung, wenn etwa der Täter den anderen nur zu einem Gespräch über Geschäftsangelegenheiten zwingen wollte (MDR/H 78, 625) oder wenn er glaubt, gegen ihn einen entsprechenden Anspruch zu haben (25. 1. 1983, 5 StR 5/83), den er durch das Druckmittel der Inpfandnahme eines Fahrzeugs durchzusetzen versuchte (NStE Nr. 6), so ist Erpressung nicht gegeben. Die Nichtausübung eines Vollstreckungsrechts ist dann keine Vermögensbeschädigung, falls die Vollstreckung überhaupt nicht zur Befriedigung geführt hätte (RG 67, 202). Zum Begriff des Vermögens und des Vermögensschadens vgl. 26ff. zu § 263; ferner Hamburg MDR 66, 1018; Schröder JR 66, 471; Lenckner JZ 67, 106. Gleichgültig ist, ob der Genötigte zugleich der Geschädigte ist (entspr. 38 zu § 263, RG 71, 291). Hingegen muß der Genötigte zugleich der Verfügende sein (vgl. unten 11; RG 63, 165).

B. Mittel der Tat sind Gewalt oder Drohung mit einem empfindlichen Übel. Durch sie muß die freie Willensbetätigung in einer bestimmten Richtung beschränkt werden, sei es auch mit Hilfe eines gutgläubigen Dritten, so einer Behörde (Hamburg JR 50, 629).

a) Gewalt (5 f. zu § 240) kann hier nur *vis compulsiva* sein, da die abgenötigte Handlung eine Vermögensverfügung sein muß (vgl. unten 11; LK 3, 9; aM Lüderssen GA 68, 257; SK-Samson 3). *Vis compulsiva* gegen eine Person fällt unter § 255; in § 253 ist also nur die Gewalt gegen Sachen (9 zu § 240) gemeint, die den Willen des andern beugen soll.

b) Als Drohung (15, 16 zu § 240) genügt anders als in § 255 die mit einem **empfindlichen Übel** (17 zu § 240), das auch auf ein **Unterlassen** (18 zu § 240) gerichtet sein kann. Sie muß sich an die Person wenden, von deren Willen die Gewährung des Vorteils abhängt (RG 53, 283). Wer in Bereicherungsabsicht vorspielt, er selbst werde erpreßt, begeht Betrug und nicht Erpressung (BGH 7, 197).

C. Abs. II ist zur **Rechtswidrigkeitsprüfung** erst heranzuziehen, wenn allgemeine Rechtfertigungsgründe (2ff. vor § 32; 27 vor § 13; 20, 21 zu § 240; zum Streikrecht: 8 zu § 81, 9 zu § 88, SchSch-Eser 11, Franke JuS 80, 891) fehlen (hM). Die sog. **Verwerflichkeitsklausel** des II entspricht der

8 des § 240 II (dort 22). **a) Als Mittel** ist in diesem Sinne **verwerflich** ein iS der Zivil- oder Strafgesetze vorsätzliches deliktisches Verhalten; so das Drohen mit einer beleidigenden (§ 185 StGB, RG **28**, 64), oder mit einer entehrenden, an sich nicht verbotenen Veröffentlichung (§ 826 BGB), sog. Chantage (RG **64**, 383), auch wenn deren Inhalt wahr ist, (3. 6. 1964, 2 StR 431/63); bei einer Drohung mit Schädigung in den Einnahmen des zu
9 Erpressenden (RG **72**, 76). **Der Zweck** ist unzulässig bei Drohen mit Klage ohne Bestehen eines Anspruchs (RG **49**, 356) oder bei bestehendem Anspruch, um durch die Klageandrohung etwas anderes (zB Darlehnshingabe) durchzusetzen, worauf kein Anspruch besteht und das zu verlangen verwerflich ist (vgl. RG GA Bd. **46**, 318; LK 25). Der Verletzte darf dagegen den Ersatz seines Schadens durch Androhung der Anzeige erzwingen (RG **36**, 384), aber nicht in übertriebener Höhe (RG GA Bd. **38**, 207). Ebenso ist nicht rechtswidrig die Androhung der Meineidsanzeige für den Fall der Vollstreckung eines durch den Meineid erschlichenen Urteils (RG **20**, 56). Der Verletzte kann auch vom Verletzer Ersatz seines immateriellen Schadens (§ 847 BGB) erzwingen, dazu noch die Zahlung einer Geldbuße an eine gemeinnützige Einrichtung; jedoch darf dies ein Rechtsanwalt nicht schon aufgrund einer ungeprüften Mandanteninformation tun (Karlsruhe
10 Die Justiz **81**, 212). **b) Zulässig ist** dagegen die Androhung an den Gegner, Rechte aus einem Rechtsverhältnis geltend zu machen; so der Kündigung, falls nicht der Lohn erhöht wird. Auch der legale Streik zur Druchsetzung besserer Arbeitsbedingungen ist keine Erpressung (oben 8).

11 **2) Die Folge der Nötigung** muß ein Handeln, Dulden oder Unterlassen und der Eintritt des Nachteils sein; also Kausalität nötig (RG **3**, 426); andernfalls liegt höchstens Versuch vor, (RG **15**, 333; Frankfurt NJW **70**, 343). Nicht notwendig ist, daß der Bedrohte die von ihm verlangte Handlung sogleich nach der Bedrohung ausführt, es genügt das Fortwirken der Drohung (16. 5. 1973, 2 StR 140/73). § 253 greift auch ein, wenn nach vorangegangener Täuschung nachfolgend Gewalt eingesetzt wird, um das Opfer zu nötigen, die erzwungene Schädigung hinzunehmen (BGH **32**, 92 m Anm. Kienapfel JR **84**, 388; hierzu Geilen JK 4 zu § 255; Seier JA **84**, 321; Joerden JuS **85**, 24) nicht jedoch, wenn die Nötigungshandlung erst nach Schadenseintritt begangen wird (MDR/H **84**, 625, hierzu Otto JK 6 zu § 255). Handlung setzt ein eigenes Tun, Dulden ein passives Geschehenlassen (RG **60**, 429) des Tuns des Täters (oder seiner Teilnehmer) und Unterlassen ein Nichtstun des Genötigten (zB Verjährenlassen einer Forderung) voraus. Alle drei müssen sie geeignet sein, das Vermögen des Genötigten oder eines Dritten (RG **53**, 283; **63**, 165) zu schädigen; sie müssen eine **Vermögensverfügung** darstellen (RG **33**, 409; 16. 5. 73, 2 StR 140/73; Rengier JuS **81**, 661). Das ergibt sich aus dem Wesen der Erpressung als eines Vermögensdelikts (hM). Die abw. Rspr. (BGH **7**, 252; **25**, 224; ebenso Geilen Jura **80**, 51; hiergegen LK 7 ff.; SK 16 ff. vor § 249; Krey BT/2 95; 5. 12. 1984, 2 StR 593/84) führt dazu, als Erpressung auch anzusehen, wenn jemand einen anderen nötigt, seine Wohnung zu verlassen, damit ein Dritter dort stehlen kann, (zusf. Geppert/Kubitza Jura **85**, 276; vgl. oben 1, 4; differenzierend Tenckhoff J **74**, 489; ihm gegenüber krit. Blei JA **75**, 42; 100). Zur Frage der *„Dreieckserpressung" im Vergleich zum Dreiecksbetrug* (24 zu § 263) *Rengier* JZ **85**, 563. **Der Vermögensnachteil** (= Vermögensschaden in § 263; dort 26 ff.; wistra **87**, 21) **fehlt,** falls nur zur Hergabe von Lebensmittelkarten genötigt wird, die beim Ernährungsamt zur Vernichtung lagern (BGH **4**, 259), oder wenn nur der vorübergehende Besitz erstrebt wird, falls er weder Bereicherung noch Vermögensnachteil verursacht (NJW **92**, 703). Die Drohung des Diebes, er werde die gestohlene Sache nur gegen Zahlung eines unter dem Wert des Gestohlenen liegenden Betrages an den Eigentümer zurückgeben, ist nicht nur versuchte Nötigung (so Hamburg MDR **74**, 330), sondern Erpressung (BGH **26**, 346 m. Anm. Gössel JR **77**, 32; Blei JA **74**, 386; Jakobs JR **74**, 474; Mohrbotter JZ **75**, 102; Schünemann JA **80**, 491; Seelmann JuS **82**, 916; vgl. M-Maiwald § 42, 15; aM Trunk JuS **85**, 944, hierzu Borell/Link JuS **86**, 832, **87**, 592). Im Falle des gewaltsamen „Mieterrückens" durch zahlungsunfähige Mieter kann nach BGH **32**, 88 (hierzu Joerden JuS **85**, 24) ein Vermögensnachteil allenfalls darin liegen, daß das gesetzliche Pfandrecht (§ 704 BGB) des Gastwirts beeinträchtigt wird.

3) Der Vorsatz hat die Nötigung und die Bereicherungsabsicht durch **12** Schädigung des fremden Vermögens zu umfassen.

A. Für die Nötigung gilt das in 32 ff. zu § 240 Gesagte; auch bezüglich **13** der Kenntnis der Empfindlichkeit des Übels und der Rechtswidrigkeit der Tat. Der Täter muß ferner den mindestens bedingten Vorsatz haben, daß seine Tat zu einer nachteiligen Vermögensverfügung des Genötigten führt.

B. Die Absicht des Täters muß weiter hinzukommen, durch die Tat **sich 14 oder einen Dritten** zu Unrecht **zu bereichern;** insoweit ist bedingter Vorsatz nicht ausreichend (RG **27**, 219), der Täter muß die Bereicherung erstrebt haben, NJW **88**, 2623 (hierzu Otto JK 3). Doch braucht sie nicht das ausschließliche Ziel des Täters zu sein (BGH **16**, 4; NJW **53**, 1400; **61**, 1172, MDR/D **72**, 197; NStE Nr. 5; Frankfurt NJW **70**, 342); bloßes Inkaufnehmen der Bereicherung als einer als zwangsläufig erkannten Nebenfolge (24. 2. 1967, 4 StR 496/66) oder als notwendige Folge eines ausschließlich anderen Zwecks (NJW **88**, 2623) genügt nicht, wohl aber der mehrtägige Gewahrsam an der zT verwerteten Beute (MDR/H **92**, 18). Die Absicht muß im Zeitpunkt der Nötigung vorliegen; doch reicht es aus, wenn die aus anderem Grund begonnene Nötigung bei Hinzutreten der Bereicherungsabsicht aufrechterhalten wird (NJW **53**, 1400, Frankfurt NJW **70**, 342), hingegen muß ein finaler Zusammenhang zwischen Einsatz des Nötigungsmittels und dem erlangten Vorteil vorliegen (MDR/H **88**, 1002); hieran fehlt es, wenn ein Zechpreller unter Gewaltanwendung das Lokal verläßt (MDR/H **88**, 453). Hingegen reicht hinsichtlich der **Unrechtmäßigkeit** der Bereicherung bedingter Vorsatz aus (BGH **32**, 92; 13. 9. 1990, 4 StR 376/90; StV **91**, 20). Die Formel „zu Unrecht zu bereichern" stimmt sachlich voll mit der des § 263 „sich einen rechtswidrigen Vermögensvorteil zu beschaffen" überein (NJW **88**, 2623; 40 f. zu § 263; LK 20). Dieses Unrechtmäßige ist als materielles, nicht als formales Unrecht gemeint (vgl. RG **44**, 203). Im Gegensatz zur Rechtswidrigkeit des Nötigungsaktes, die allgemeines Verbrechensmerkmal ist (BGH **2**, 194), ist die Rechtswidrigkeit der Bereicherung Tatbestandsmerkmal (BGH **3**, 99; **4**, 105; wistra **83**, 29; 25. 2. 1986, 1 StR 669/85). Glaubt der Täter aus tatsächlichen oder rechtlichen Gründen (20. 2. 1963, 2 StR 22/63) an den Bestand seiner Forderung, so erstrebt er keine unrechtmäßige Bereicherung (BGH **17**, 87;

§ 253

NJW **82**, 2265; **86**, 1623; MDR/D **68**, 18; VRS **42**, 111; MDR/H **79**, 107; **88**, 453; NStZ **88**, 216; StV **84**, 422; **90**, 205; NStE Nr. 1; 23. 11. 1989, 2 StR 540/89; Meyer-Goßner NStZ **86**, 106; vgl. Bernsmann NJW **82**, 2216; Hamm MDR **72**, 706; vgl. aber LG Flensburg MDR **80**, 248 L). Ebenso, wenn er sich Quittungen über die Tilgung nicht bestehender Forderungen verschaffen will (BGH **20**, 136), oder sich gegen eine rechtsgrundlose Forderung durch eine angebliche Gegenforderung zur Wehr setzen will (BGHR § 253 I, BerAbs. 5). Auch BGH **4**, 105 billigt dem Zuhälter einen die Erpressung ausschließenden Tatbestandsirrtum zu bei seiner Annahme, seine Frau habe einen Anspruch auf den vom Freier zugesagten Liebeslohn. Zur Problematik, wenn dem Gewinner nach verbotenem Glückspiel der Gewinn wieder abgenommen werden soll (MDR **68**, 938). Zur kontroversen Problematik sog. „**Fangprämien**", die sich Geschäftsinhaber von ertappten Ladendieben unter Androhung von Anzeige zahlen lassen (vgl. u. a. AG München NJW **72**, 2038; **73**, 1044; AG Mainz MDR **74**, 506; zivilrechtl. AG Essen; AG Mettmann; AG Bielefeld, NJW **76**, 55ff.; Wälde NJW **72**, 2294; Müller NJW **73**, 358; Creutzig NJW **73**, 1593; Canaris NJW **74**, 521; BMJ DRiZ **74**, 167; Braun MDR **75**, 629; Wollschläger NJW **76**, 12; Kramer NJW **76**, 1607; Meurer JuS **76**, 300; Musielak JuS **77**, 531; Mertins GA **80**, 47; Ostendorf JuS **80**, 664; G. Schultz MDR **81**, 373). Doch wird man Koblenz OLGSt. 23 zu § 240, NJW **76**, 63 und Braunschweig NJW **76**, 60, wonach kein Rechtsanspruch auf eine Fangprämie bestehen soll, kaum folgen können; überzeugend dagegen Lange JR **76**, 177; vor allem die eingehende Analyse von Schäfer in Staudinger 10./11. Aufl. 474ff. zu § 823 BGB; krit. auch Roxin JR **76**, 71; Meier NJW **76**, 584; Braun/Spiess MDR **78**, 356; abw. Blei JA **76**, 159; 390. In jedem Fall fehlt es am Vorsatz, wenn der Täter einen Anspruch auf die Fangprämie zu haben glaubt; die Problematik verlagert sich dann auf § 240 (dort 24; 24. 11. 1981, 5 StR 669/81). **Bereicherung** ist jede Besserung der Vermögenslage; so Erhalten eines lohnenden Auftrags (RG **33**, 407); der Besitz an der Sache (BGH **14**, 386; EzSt § 250 Nr. 7); *nicht* aber das bloße Erbringen einer Beweisurkunde für eine bestehende Forderung (BGH **20**, 136; vgl. weiter 40 zu § 263).

15   4) **Versuch (III)** ist gegeben, falls der Täter den Bedrohten zu nötigen begonnen hat, ohne daß die Nötigung gelang (RG **34**, 279), so auch, wenn der Angegriffene iS des Angreifers handelt, aber nicht, weil er sich gezwungen fühlt (vgl. LK 30). Zur **Vollendung** ist aber erforderlich, daß die geplante Vermögensbeschädigung, nicht jedoch auch die Bereicherung tatsächlich eingetreten ist (BGH **19**, 342; Bay **55**, 14). Es ist Vollendung, falls der Bedrohte nur einen Teil der verlangten Summe hergibt (RG **33**, 78; BGHR § 253 I, Vollend. 1), mag es auch zu einer endgültigen Vermögensverschiebung nicht kommen, (MDR/H **82**, 280), Versuch indessen, wenn der Täter von vornherein fest entschlossen ist, einen geringeren Betrag als der geforderte sogleich zurückzuweisen (BGHR § 253 I, Vollend. 1) oder wenn er Drohbriefe abgesandt hat, um Geldbeträge vom Bedrohten zu erhalten (BGH **34**, 333), wenn dieser anstelle der verlangten Sache eine andere herausgibt (3. 6. 1980, 1, StR 30/80) oder etwa nur ein leeres Behältnis (GA **89**, 171), oder wenn der Täter sich eine Tasche nur geben ließ, um an den Inhalt heranzukommen (GA **83**, 411), oder wenn er an Stelle des

Raub und Erpressung **§ 253**

allein erstrebten Geldes etwas anderes erhält (29. 9. 1981, 1 StR 506/81), desgl., wenn der Nötigende das an sich zur Willensbeeinflussung ungeeignete Mittel für dazu geeignet (RG **34**, 15) oder den erstrebten Vermögensvorteil irrig für rechtswidrig hält oder wenn er zweifelhafte Forderungen durch Selbstjustiz gewaltsam durchzusetzen beginnt (MDR/H **80**, 106; hierzu Bernsmann NJW **82**, 2214), oder wenn die gesamte Tatausführung durch Polizeibeamte beobachtet wurde und es daher von vornherein ausgeschlossen war, sie erfolgreich auszuführen (StV **89**, 149).

5) Die Teilnahme. Bei Mittäterschaft kann bei einem Mittäter nur Nötigung (§ 240) vorliegen, falls ihm die Bereicherungsabsicht fehlt (RG **54**, 153). Schweigendes Dabeisein kann bereits *tätiges* Fördern der Erpressung und nicht nur Beihilfe durch Unterlassung sein (JZ **83**, 462 m. Anm. Rudolphi StV **82**, 518 und grundlegend Sieber JZ **83**, 431). Anstiftung ist möglich, auch wenn der Anstiftende keine eigene Bereicherung will, denn der Eintritt der Bereicherung gehört nicht zur Vollendung der Erpressung (RG **56**, 171). Mittelbare Täterschaft ist auch durch Einschalten einer Amtsstelle möglich, Hamburg JR **50**, 630. Beruht die Drohung auf Täuschung und weiß der Gehilfe nur von dieser, so ist er nur nach § 263 strafbar (BGH **11**, 66). Zu **besonders schweren Fällen** vgl. 11 zu § 12; 43 ff. zu § 46; zu FAufsicht § 256. 16

7) Konkurrenzen. Gesetzeskonkurrenz liegt meistens mit § 240 und mit § 241 vor (RG **41**, 276), so daß nur § 253 anwendbar ist, jedoch ist nur § 240 gegeben, wenn der Vermögensschaden bereits durch den vorausgegangenen Betrug zugefügt worden ist (NJW **84**, 501 m. Anm. Kienapfel JR **84**, 388; Seier JA **84**, 321; Geilen JK 4 zu § 255). Tateinheit mit § 240 ist aber möglich, sobald die Drohung zwei verschiedene Zwecke verfolgt, von denen der eine § 253, der andere § 240 entspricht (RG GA Bd. **48**, 451) oder wenn vollendete Nötigung mit versuchter Erpressung zusammentrifft (MDR/D **72**, 386), oder der räuberischen Erpressung eine Nötigung nachfolgt (BGH **37**, 259 hierzu Geppert JK 3 zu § 316a). Raub und Diebstahl einerseits sowie Erpressung andererseits schließen grundsätzlich einander aus; denn wenn der Täter wegnimmt, so fehlt es an der für § 253 nötigen Vermögensverfügung des Genötigten (BGH **7**, 254; anders früher RG **4**, 432), doch Tateinheit denkbar, falls die Nötigung zur Wegnahme der einen und zur Herausgabe der anderen Sache führt (8. 5. 1985, 2 StR 145/85; RG **55**, 240; vgl. LK 35). Zwischen § 242 und § 253 besteht im Fall oben 11 aE Tatmehrheit (Pelchen LM Nr. 1 nF). **Tateinheit** ist möglich mit § 263, falls neben die Drohung selbständig noch eine Täuschung tritt (BGH **9**, 245; Hamburg JR **50**, 629), anders, wenn die Täuschung die Drohung lediglich verstärkt (BGH **11**, 67; **23**, 294; dazu Küper NJW **70**, 2253), oder wenn umgekehrt die Täuschung durch die Drohung nur verstärkt wird (22. 4. 1964, 2 StR 88/64). Nur nach §§ 240, 263 ist zu bestrafen, wenn die Nötigung nur den durch vorausgegangenen Betrug erlangten Vermögensvorteil sichern soll (NJW **87**, 910 [hierzu Otto JK 2 vor § 52]; Schöder JZ **50**, 98; MDR **50**, 400). Zur Kombination von Täuschung und Drohung eingehend Günther ZStW **88**, 960. Auch mit § 249 ist Tateinheit möglich (StV **83**, 413), und zwar dann, wenn dieselben Nötigungsmittel zur Erpressung der einen und zur Wegnahme einer anderen Sache eingesetzt werden (13. 2. 1992, 4 StR 549/91), ferner mit § 239b (NJW **86**, 438), nicht mit § 239 (str.; vgl. 13 zu § 239a); desgl. mit § 302a (RG GA Bd. **46**, 318), mit § 223a (11. 7. 1978, 5 StR 370/78); mit § 259 (RG **35**, 278) mit § 315b (NJW **84**, 501) mit § 332, (dort 13). Erpressungen gegen mehrere Personen stehen in Tatmehrheit, nicht in Fortsetzungszusammenhang (BGH **26**, 40; 15. 8. 17

1449

§ 253

1990, 3 StR 143/90; JR **54**, 189; zum Ganzen Schünemann JA **80**, 490). Zum Verhältnis zu den §§ 125, 125a vgl. dort 11f. bzw. 9

18 8) **Zum Schutze des Opfers** der Erpressung ermöglicht § 154c StPO der StA ein Absehen von der Verfolgung einer Straftat des Erpreßten, mit deren Offenbarung er bedroht worden ist. **Sonstige Vorschriften.** Überwachungsmaßnahmen § 100a Nr. 2 StPO; UHaft § 112a I Nr. 2.

§ 254 [weggefallen]

Räuberische Erpressung

255 Wird die Erpressung durch Gewalt gegen eine Person oder unter Anwendung von Drohungen mit gegenwärtiger Gefahr für Leib oder Leben begangen, so ist der Täter gleich einem Räuber zu bestrafen.

1 1) Die **Vorschrift** ist ein **Qualifikationstatbestand** zu § 253. Die Anwendung von Gewalt (5f. zu § 240; 4 zu § 253) muß unmittelbar *gegen eine Person* gerichtet sein, nicht gegen Sachen. Die Drohungen (15 zu § 240) müssen hier mit gegenwärtiger *Gefahr* (3, 4 zu § 34) *für Leib oder Leben* vorbunden sein, nicht jedoch die Gewalt (BGH **18**, 75); es ist nicht erforderlich, daß der Genötigte die Bedrohung des Dritten selbst als Drohung mit gegenwärtiger Gefahr für Leib oder Leben empfindet (so allerdings Zaczyk JZ **85**, 1061), es genügt vielmehr, daß die Bedrohung des Dritten mit Leib- und Lebensgefahr für den Erpreßten selbst ein Übel ist (NStZ **85**, 408; **87** 223 m. Anm. Jakobs JR **87**, 340; Otto JK 1 zu § 253). Die Drohung mit einer Waffe ist auch ursächlich, wenn sich der Kassierer einer Bank nicht bedroht fühlt und er das Geld nur aufgrund interner Bankanweisung herausgibt, NStE Nr. 2. Gegenwärtig ist auch eine Dauergefahr (4 zu § 34) oder eine solche, deren Verwirklichung der Täter erst für den nächsten Tag in Aussicht stellt (MDR **57**, 691). Im Falle des § 255 gibt der Geschädigte selbst die Sache hin; beim Raub wird sie ihm weggenommen (BGH **7**, 252; NJW **67**, 61; 4. 7. 1985, 1 StR 252/85; Geilen Jura **80**, 51; Schünemann JA **80**, 491; Rengier JuS **81**, 654; vgl. hierzu einerseits LK-Lackner 5ff. zu § 253, andererseits LK-Herdegen 21ff. zu § 249), jedoch läßt 30. 10. 1986, 4StR 499/86 [nicht in BGH **34**, 309 abgedruckt] genügen, daß das Tatopfer die Sache aus Schreck fallen läßt. Die hier vertretene Auffassung, daß die Erpressung eine Vermögensverfügung des Genötigten verlangt (11 zu § 253), führt dazu, daß auch bei § 255 *vis absoluta* ausscheidet (offen gelassen in BGH **19**, 344; aM 17. 8. 1971, 1 StR 304/71). Die dadurch entstehenden Lücken sind aber im wesentlichen ohne praktische Bedeutung, da es Raub ist, wenn sich der Täter einer Sache mit *vis absoluta* bemächtigt. BGH **14**, 386 (auch 24. 8. 1978, 4 StR 449/78) will § 255 auch anwenden, wenn jemand ohne Zueignungsabsicht, aber um sich rechtswidrig zu bereichern, mit den Mitteln des Raubes einen anderen nötigt, die Wegnahme einer Sache zu dulden (vgl. 20. 3. 1984, 1 StR 782/83; LK 3; Seelmann JuS **82**, 914; abl. Schnellenbach NJW **60**, 2154; ebenso NJW **67**, 60; LK 21 zu § 249) § 255 greift ferner ein, wenn der Täter erst während einer fortdauernden Todesdrohung in Bereicherungsabsicht nötigt (VRS **55**, 263), wenn sich bei länger andauernder Drohung die Gesamtsituation äußerlich entspannt, die Zwangslage selbst indessen fortbesteht (14. 12. 1978, 4 StR 582/78),

Begünstigung und Hehlerei **§ 255**

oder wenn es dem Täter darum ging, eine auch ihm zweifelhafte Forderung durch Selbstjustiz mit Gewalt durchzusetzen (2. 3. 1984, 3 StR 37/84). Der Täter muß sich der Wirkung des Nötigungsmittels bewußt gewesen sein oder sie in Kauf genommen haben (16. 3. 1981, 3 StR 472/ 80). Will der Teilnehmer nur Wegnahme ohne Nötigung, so haftet er lediglich aus § 242 (RG **67**, 344). Zum **Versuch** vgl. 15 zu § 253.

2) **Tateinheit** ist möglich mit §§ 211, 212 (RG **44**, 338; BGH 23. 9. 1980, 5 StR 398/80) mit der Plünderung von Sachen nach § 125a Nr. 4; (vgl. RG **56**, 247); mit § 113, wenn die Tat der Beutesicherung dient (MDR/H **88**, 453); mit § 177, wenn die Gewaltanwendung die Begehung beider Straftaten bezweckt (24. 8. 1983, 2 StR 473/83), nach MDR/H **79**, 987 jedoch nur dann, wenn wenigstens eine teilweise Identität der Ausführungshandlungen vorliegt; mit Körperverletzung (VRS **55**, 263; LK-Lackner 29 zu § 253), nicht mit § 239a (str.; vgl. 13 zu § 239a); wohl aber mit §§ 239 und 240 (NStE Nr. 1), mit § 239b (NJW **86**, 438), mit Raub (JZ **52**, 240; vgl. 17 zu § 253; 35a zu § 267; 10 zu § 178). IdR schließen jedoch Raub und § 255 einander aus (vgl. 10 zu § 249; 17 zu § 253; anders 23. 10. 1980, 1 StR 560/80). Tateinheit ist auch mit § 263 nicht ausgeschlossen (vgl. Herzberg JuS **72**, 570; andererseits BGH **23**, 294; Küper NJW **70**, 2254; Otto ZStW **79**, 99; Seelmann JuS **82**, 915). Ferner ist Tateinheit mit Dauerstraftaten nach dem WaffG möglich (BGHR § 52 I, Hdlg. dies. 14; 14. 1. 1992, 5 StR 657/91; 1. 7. 1992, 2 StR 271/92). Zum Verhältnis zu § 252 dort 10, zu § 307 Nr. 2 dort 4 und zu § 316a dort 7. Zur Wahlfeststellung mit § 249 dort 10. 2

3) **Die Strafe** trifft den Täter **gleich einem Räuber** (§§ 249–251, 45ff., 256; RG **55**, 239). Nach NStZ **92**, 275 begegnet es, wenn die bedrohliche Kriminalitätsform der organisierten Schutzgelderpressung auf das Inland übergegriffen hat, keinen rechtlichen Bedenken, im Rahmen der Schuldangemessenheit (6a zu § 46) auch den Gesichtspunkt der Generalprävention zur Strafschärfung heranzuziehen. 3

4) **Sonstige Vorschriften** § 126 I Nr. 5 (auch iVm §§ 140, 145d I Nr. 2, II Nr. 2), Nichtanzeige § 138 I Nr. 8; Überwachungsmaßnahmen § 100a Nr. 2 StPO; UHaft § 112a I Nr. 2 StPO; Zuständigkeit bei Todesfolge § 74a II Nr. 15 GVG. 4

Führungsaufsicht

256 In den Fällen der §§ 249 bis 255 kann das Gericht Führungsaufsicht anordnen (§ 68 Abs. 1).

Fassung des EGStGB (Art. 19 Nr. 130). Vgl. Anm. zu §§ 68ff.

Einundzwanzigster Abschnitt
Begünstigung und Hehlerei
Vorbemerkung

1) **Die Fassung** des Abschnitts (Art. 19 Nr. 131 bis 133 EGStGB) entspricht weitgehend den §§ 286ff., 447f. E 1962 (Begr. 455; 630; Ndschr. **5**, 123, 245, 258, 284, **6**, 105, 289, 329). Vgl. E EGStGB (= RegE) 248ff.; Ber. BT-Drs. 7/ 1261, 18; Prot. 7/195f. 418, 1061; Göhler NJW **74**, 833; Geerds GA **88**, 243. Auf § 288 E 1962 (Beteiligung an der Beute) hat das EGStGB verzichtet. Zur Einführung der Strafvorschriften gegen Bandenhehlerei (durch Erweiterung des 1

Vor § 257 BT Einundzwanzigster Abschnitt

§ 260), gewerbsmäßige Bandenhehlerei und Geldwäsche durch Art. 1 Nr. 17, 18 OrgK (2 zu § 43 a) vgl. die §§ 260, 260 a und § 261.

2 **2) Das Rechtsgut** der §§ 257 ff. ist uneinheitlich und str. Während die Hehlerei eine Tat gegen das Vermögen ist (1 zu § 259), richtet sich die Strafvereitelung (und zwar auch die im Amt, bei der noch Elemente der Amtsdelikte, 1 ff. vor § 331, hinzukommen) gegen die deutsche staatliche Rechtspflege in ihrer Aufgabe, den Täter einer rechtswidrigen Tat zu bestrafen oder einer Maßnahme zu unterwerfen (vgl. RG **76**, 123; Müller-Dietz Jura **79**, 244; Rudolphi JuS **79**, 861; §§ 447 f. E 1962, die in den Titel „Gefährdung der Rechtspflege" eingestellt waren). Bei der (sachlichen) Begünstigung ist das Rechtsgut str. Während die Rspr. überwiegend (BGH **2**, 362; NJW **71**, 1572) wie auch die hM im Schrifttum (LK-Ruß 2 zu § 257 mwN; Lenckner, Schröder-GedS 340) ebenfalls die Rechtspflege in ihrer Aufgabe, die Wirkungen von Straftaten zu beseitigen, als Rechtsgut ansieht (ähnlich NStZ **87**, 22), betrachtet eine beachtliche Mindermeinung (Zweibrücken OLGSt. 2 zu § 257 und wohl auch BGH **23**, 361; **36**, 280 [m. Anm. R. Keller JR **90**, 480]; Bockelmann NJW **51**, 621; Miehe, Honig-FS 91) die Begünstigung als gegen das Vermögen und dasselbe Rechtsgut wie die Vortat gerichtetes Delikt. Der Struktur der Tat wird man am besten gerecht, wenn man als Rechtsgut sowohl das durch die Vortat verletzte als auch die Rechtspflege ansieht (hierzu Amelung JR **78**, 230; Geppert Jura **80**, 270; Zipf JuS **80**, 25; Geerds GA **88**, 262, auch *de lege ferenda* 267; aM SK-Samson 4 zu § 257).

Begünstigung

257 ^IWer einem anderen, der eine rechtswidrige Tat begangen hat, in der Absicht Hilfe leistet, ihm die Vorteile der Tat zu sichern, wird mit Freiheitsstrafe bis zu fünf Jahren oder mit Geldstrafe bestraft.

^{II}Die Strafe darf nicht schwerer sein als die für die Vortat angedrohte Strafe.

^{III}Wegen Begünstigung wird nicht bestraft, wer wegen Beteiligung an der Vortat strafbar ist. Dies gilt nicht für denjenigen, der einen an der Vortat Unbeteiligten zur Begünstigung anstiftet.

^{IV}Die Begünstigung wird nur auf Antrag, mit Ermächtigung oder auf Strafverlangen verfolgt, wenn der Begünstiger als Täter oder Teilnehmer der Vortat nur auf Antrag, mit Ermächtigung oder auf Strafverlangen verfolgt werden könnte. § 248 a gilt sinngemäß.

1 **1) Die Vorschrift** (vgl. zur Fassung und zum Rechtsgut vor § 257) erfaßt die **sachliche Begünstigung.** Die Tat ist eine zum selbständigen Delikt erhobene (BGH **4**, 224) nachträglich versuchte Beihilfe zur Vortat (ähnlich RegE 248; krit. Vogler, Dreher-FS 415 und LK 100 vor § 22), verjährt selbständig und hat ihren eigenen Tatort (RG **43**, 84); § 9 II gilt nicht. Andererseits besteht eine innere Abhängigkeit zur Vortat (BGH **14**, 156), wie sie in II, IV, aber auch in III S. 1 zum Ausdruck kommt. *Schrifttum: Geerds* GA **88**, 250 (auch kriminologisch).

2 **2) Abs. I** setzt eine **Vortat** voraus, und zwar die **rechtswidrige Tat** eines anderen, also eine mit Strafe bedrohte Handlung jeder Art (vgl. RG **43**, 84), die dem Vortäter Vorteile gebracht hat oder bringen soll, so daß nicht nur Vermögensdelikte (Sturm JZ **75**, 11) in Betracht kommen, sondern auch Taten zB nach §§ 108 b II, 136, 146 ff., 180 a, 181 a, 184, 203; 235, 267 ff., 331 ff.; §§ 106 ff. UrhG (U. Weber, K. Meyer-GedS 633). Ordnungswidrigkeiten scheiden aus (RG **75**, 234); §§ 257 und 259 (dort 1)

§ 257

Begünstigung und Hehlerei

haben, obwohl von einer Vortat abhängig, jeweils einen eigenen Unrechtsgehalt (Bay StV **88**, 530).

A. Die Vortat muß **rechtswidrig** sein (33 zu § 11), doch kann die Schuld des Vortäters fehlen (BGH **1**, 48). Auch die persönliche Strafbarkeit des Vortäters spielt keine Rolle (RG **75**, 234). Es ist gleichgültig, ob ein persönlicher Strafausschließungsgrund oder -aufhebungsgrund bei ihm vorliegt; so bei Tod, Verjährung oder Verbüßung (LK-Ruß 8). Die Vortat kann eine fahrlässige Tat, aber auch ein Sonderdelikt sein, das der Begünstiger als Täter nicht begehen könnte (RG Recht **09** Nr. 2866; LK 4), sie braucht nicht nach deutschem Recht verfolgbar zu sein (JZ **54**, 671; LK 9; aM Stree JuS **76**, 138; differenzierend SK 14). Die Vortat ist auch im Verfahren gegen den Begünstiger selbständig (also evtl. auch trotz Freispruchs des Vortäters im Vorprozeß, MDR/D **69**, 194) nachzuprüfen (Bay 26. 6. 1986, RReg. 2 St 163/86). Die Vortat kann wahlweise festgestellt werden, zB als Unterschlagung oder Untreue (RG **58**, 290; MDR/D **69**, 194). 3

B. Die Vortat muß **begangen**, dh mindestens in mit Strafe bedrohter Form vorbereitet oder versucht sein. Im Stadium des noch nicht beendigten Versuchs, bei dem nach RG **50**, 220 nur Beihilfe möglich ist, und der zwar vollendeten, aber noch nicht beendeten Tat, inbesondere bei Dauerstraftaten und fortgesetzten Taten ist sowohl Beihilfe als auch Begünstigung möglich (BGH **4**, 133), sie können bei fortgesetzter Vortat in Tatmehrheit (RG **50**, 219), aber auch in Tateinheit zusammentreffen (RG **58**, 13), es kommt auf die Fallgestaltung, vor allem den Vorsatz an (VRS **16**, 267; vgl. LK 5; Furtner MDR **65**, 431; Geppert Jura **80**, 274). Allerdings wird eine nur vorbereitete oder versuchte Tat als Vortat praktisch geringe Bedeutung haben, weil sei dem Vortäter idR noch keine Vorteile bringen kann (vgl. BGH **4**, 133). Vortat kann auch die strafbare Beteiligung an einer Tat sein (RegE 248). Ob der Vortäter bestraft worden ist, ist ohne Bedeutung (13. 5. 75, 1 StR 138/75). 4

3) Tathandlung ist, daß der Täter dem Vortäter nach dessen Tat (über die Abgrenzung zur Beihilfe oben 4) in bestimmter Absicht (unten 9) 5

A. Hilfe leistet, dh eine Handlung vornimmt, die objektiv geeignet ist und mit der Tendenz vorgenommen wird, die durch die Vortat erlangten oder entstandenen Vorteile gegen Entziehung zu sichern (BGH **4**, 224; NJW **71**, 526; LK 13; SchSch-Stree 15; Lackner 3; SK-Samson 18; Vogler, Dreher-FS 421; Geerds GA **88**, 259; vgl. hierzu Seelmann JuS **83**, 34). Im Ergebnis braucht die Handlung den Vortäter nicht besserzustellen (NJW **71**, 526; aM noch BGH **2**, 376). In Betracht kommen zB die Bergung des Gestohlenen, dessen Aufbewahrung (RG **1**, 110), das Verheimlichen, das Irreführen des nachfragenden Beamten (die Ablehnung der Antwort genügt nicht, RG **54**, 41); die Erhebung des Betrages eines gestohlenen Sparkassenbuches (RG **39**, 236), die Einlösung des gestohlenen Pfandscheins (RG LZ **15**, 1383; vgl. weiter RG **60**, 278; **76**, 33; ferner Geppert Jura **80**, 274; Zipf JuS **80**, 26). Bloßes **Unterlassen** genügt (Tenckhoff, Spendel-FS 355), wenn der Begünstiger Garant ist; so der Gastwirt, in dessen Räume gestohlene Sachen gebracht sind (vgl. § 4 I Nr. 1 GaststG; RG **58**, 300). Für die Eltern minderjähriger Kinder ist dieselbe Pflicht durch §§ 1627, 1631 BGB geschaffen, soweit Verhinderung möglich ist (vgl. Braunschweig GA **63**, 211). Der Ehemann ist indessen nicht verpflichtet (vgl. hierzu 6 zu § 13) 6

§ 257

zu verhindern, daß seine Frau laufend Waren in die Wohnung bringt und damit Handel treibt.

7 B. **Einem anderen** muß die Hilfe geleistet werden. Die **Selbstbegünstigung,** dh eine Begünstigungshandlung, die der Vortäter oder ein Vortatbeteiligter nur sich selbst leistet (wenn vielleicht auch als mittelbarer Täter; vgl. Tübingen DRZ **48,** 257) erfüllt, da sie keinem **anderen** geleistet wird, bereits den Tatbestand nicht (BGH **5,** 81; **9,** 72; **14,** 174); doch kann sie eine andere, dann strafbare Tat sein wie zB nach §§ 154, 259, 263 (BGH **2,** 378; **5,** 81; **15,** 54).

8 C. **Vorsatz** ist erforderlich, der sich als mindestens bedingter (vgl. RG **55,** 126; Düsseldorf NJW **64,** 2123) zunächst darauf zu beziehen hat, daß der Vortäter, den der Täter der Person nach nicht zu kennen braucht, eine rechtswidrige Tat begangen hat, von der der Täter aber nur so viele Umstände zu kennen braucht, daß sich eine solche Tat abzeichnet; im einzelnen braucht er weder tatsächlich noch rechtlich eine zutreffende Vorstellung davon zu haben (zu § 257 aF; Hamburg NJW **53,** 1155). Die irrige Annahme eines Schuldausschließungsgrundes (§ 20), eines persönlichen Strafausschließungsgrundes oder der Verjährung bei dem Vortäter ist ohne Bedeutung. Dazu muß der Vorsatz treten, eine Handlung der Hilfeleistung vor-
9 zunehmen, sowie **die Absicht** (iS des *dolus directus,* Geppert Jura **80,** 327), hierdurch dem Vortäter die **Vorteile der Vortat zu sichern;** dh es muß ihm, ohne daß dies der einzige Zweck zu sein brauchte (BGH **4,** 107; MDR/H **85,** 447, hierzu Otto JK 2), darauf ankommen, die Wiederherstellung des gesetzmäßigen Zustandes zu verhindern oder zu erschweren (Düsseldorf NJW **79,** 2321 zum Fall der Vermittlung eines Rückkaufs von Diebesgut, hierzu Zipf JuS **80,** 27; Hruschka JR **80,** 222; Geppert aaO 328; Geilen JK 1; Seelmann JuS **83,** 35). Das setzt voraus, daß der Vortäter den Vorteil noch nicht eingebüßt hat (BGH **24,** 166 [zust. Maurach JR **72,** 69; krit. Blei JA **72,** 237; Seelmann JuS **83,** 34]; NJW **85,** 814 [hierzu Laubenthal Jura **85,** 630; Küper JuS 86, 862], Bay 26. 6. 1986, RReg. 2 St. 163/86). Die Hilfeleistung gegen Naturgewalten oder gegen widerrechtliche Wegnahme von anderer Seite ist keine Begünstigung (RG **60,** 278). Unter Vorteilen sind nicht nur Vermögensvorteile zu verstehen (RegE 248), sondern jede Besserstellung für den Vortäter (RG **54,** 134). Doch müssen die Vorteile *unmittelbar* durch die Straftat erlangt sein (BGH **24,** 166; **36,** 281 [m. Anm. R. Keller JR **90,** 480; Geppert JK 4]; NJW **86,** 1185). Hieran fehlt es beim Verkauf des Erlangten oder im Falle dessen Anlage in einem Bausparvertrag (NStZ **87,** 22, hierzu Geppert JK 3), doch kann die Hingabe der Sache zum Verkauf an einen Dritten die Sicherung eines Vorteils darstellen (RG **58,** 129). Sicherung kann auch, selbst wenn der Vortäter dadurch die Sache als solche aufgibt, im Mitwirken zum Absatz liegen, wenn der Täter beabsichtigt, den Vortäter vor einem Eingreifen des Eigentümers oder die Polizei zu schützen (BGH **2,** 362; **4,** 122; NJW **71,** 62; Zweibrücken OLGSt. 2). Nach Braunschweig (GA **63,** 211) soll sogar der Verzehr verbrauchbarer Sachen ausreichen; zw. Unmittelbar aus der Vortat stammende Vorteile sind auch die Banknoten, die der Vortäter von seinem Bankkonto abhebt, auf das er seinen Erlös aus der Vortat eingezahlt hatte (NStZ **87,** 22). Denn § 257 spricht nur von „Vorteilen", nicht wie § 259 von „Sachen", die durch die Vortat erlangt sind (RG **76,** 32; Hamm

Begünstigung und Hehlerei **§ 257**

HESt. **2**, 35; Geppert Jura **80**, 272; LK 10; str). Einer Ehefrau, die das von ihrem Mann Gestohlene im Haushalt verwendet, wird es vielfach an der Sicherungsabsicht fehlen. Ob der Täter sein Ziel der Vorteilssicherung erreicht, ist nur für die Strafzumessung von Bedeutung.

4) Abs. III S. 1 nimmt den **an der Vortat Beteiligten** (vgl. zum Ganzen 10 Fahrenhorst JuS **87**, 707) von der Strafbarkeit aus; denn wer Täter, Mittäter, Anstifter oder Gehilfe der Vortat war und deshalb strafbar ist (Sturm JZ **75**, 11; anders wenn bei ihm Schuldausschließungs- oder persönliche Strafausschließungsgründe eingreifen oder *in dubio pro reo* die Bestrafung ausschließt), kann nicht auch noch wegen Begünstigung eines anderen Vortatbeteiligten oder Teilnahme an einer solchen Tat bestraft werden; außerdem aber grundsätzlich auch dann nicht, wenn er sich an einer Begünstigung beteiligt, die zu seinen gunsten ein anderer Vortatbeteiligter oder ein Dritter begeht (*straflose Nachtat;* vgl. RegE 248). Er kann also auch straflos Mittäter oder Gehilfe einer solchen Tat sein und auch einen Vortatbeteiligten dazu anstiften. III hindert eine Bestrafung nach § 257 nicht, wenn dem Begünstiger bei der Vortatbeteiligung qualifizierende oder deliktsändernde Umstände unbekannt waren und er hiervon bei der späteren Begünstigungshandlung Kenntnis hat (MDR/H **81**, 454; SchSch 32a). Ferner macht III **S. 2** eine Ausnahme für den Fall, daß ein Vortatbeteiligter einen Unbeteiligten anstiftet, ihn oder einen anderen Vortatbeteiligten zu begünstigen (Hereinziehen eines Außenstehenden ohne die bei § 258 gegebene notstandsähnliche Lage, RegE 249; Korrumpierung, Sturm JZ **75**, 11; LK 22; dazu krit. und einschränkend Stree JuS **76**, 138; dem Blei JA **76**, 309 zust.; Geppert Jura **80**, 331; R. Keller, Baumann-FS 233). Der Außenstehende ist in jedem Fall strafbar, auch wenn er nur an der straflosen Selbstbegünstigung des Vortatbeteiligten teilnimmt (vgl. 48 ff. vor § 52).

5) Für die **Teinahme** gelten die allgemeinen Grundsätze. Jedoch ist eine 11 vor der Vortat zugesagte Begünstigungshandlung idR (dazu BGH **11**, 317; zur Kenntnis von der Haupttat JR **54**, 350) psychische Beihilfe zur Vortat; möglicherweise auch Anstiftung (RG **49**, 385), gleichgültig, ob es später zu der Handlung kommt. Die Zusage muß den Entschluß des Täters stärken (vgl. RG **49**, 386). Erschwerende Umstände sind dem Zusagenden zuzurechnen, wenn er sie vor Beendigung der Vortat erfährt. Ist die Zusage nicht als Teilnahme an der Vortat strafbar (zB weil es am Strafantrag fehlt; vgl. RG **57**, 206) und kommt es dann zu der Handlung, so greift § 257 ein, aM SK 39. Ist der Zusagende aber wegen Beihilfe zur Vortat strafbar, so gilt für seine Begünstigungshandlung oben 10. Zum Ganzen ferner Lenckner, Schröder-GedS 305 f.; Geppert Jura **80**, 330.

6) Vollendet ist die Tat mit der Hilfeleistung, mag sie erfolgreich sein 12 oder nicht. Eine Rücktrittsmöglichkeit sieht das Gesetz nicht vor; demgegenüber wollen Lenckner (aaO 349), Geppert (aaO 334) und Stree (SchSch 27 und JuS **76**, 139) Vorschriften wie die §§ 83a, I, 316a II analog anwenden (hiergegen LK 19). Beendet ist die Begünstigung im Falle des Verfügens über die Tatvorteile (EzSt Nr. 1).

7) Abs. II bestimmt, daß die (in § 257 selbständig angedrohte) **Strafe** 13 nicht schwerer sein darf als die für die Vortat selbst angedrohte Strafe. Es ist also der Strafrahmen nicht für die wirklich begangene (so aber SchSch 36; Vogler, Dreher-FS 420), sondern für die vorgestellte Vortat zu ermit-

§ 257

teln (RG **54**, 96). Bleibt die Höchststrafe für die Vortat hinter 5 Jahren zurück, zB um 3 Jahre, so bedeutet II nicht nur, daß 2 Jahre nicht überschritten werden dürfen, sondern daß die Strafe von vornherein nach dem Rahmen bis zu 2 Jahren zuzumessen ist. Die Schwere der Vortat ist ein wichtiger Zumessungsfaktor (Schroeder NJW **76**, 980). Der Umstand, daß bei dem Begünstiger persönliche Merkmale vorliegen, die ihn als Vortatbeteiligten straffrei machten oder Absehen von Strafe oder Strafmilderung zuließen, kann nur strafmildernd berücksichtigt werden; auf eine § 290 I, II E 1962 entsprechende Vorschrift hat das EGStGB verzichtet (RegE 249).

14 **8) Nach IV S. 1** sind **Strafantrag,** Ermächtigung oder Strafverlangen (§§ 77 bis 77e) dann Prozeßvoraussetzung (2 vor § 77), wenn der Begünstiger als Täter oder Teilnehmer der Vortat *nur* auf Antrag usw. verfolgt werden könnte. Wird Strafantrag nach § 257 gestellt, so ist es aber gleichgültig, ob auch wegen der
14a Vortat Antrag gestellt ist (E 1962, 461). **IV S. 2,** der § 248a für sinngemäß anwendbar erklärt, wird auch für die §§ 259 II, 263 IV, 263a II, 265a III und 266 III praktisch. Satz 2 beschränkt die Strafverfolgung aber dann nicht, wenn die Strafverfolgungsbehörde in den genannten Fällen ein besonderes öffentliches Interesse annimmt (vgl. 4ff. zu § 232). Satz 2 bedeutet außerdem, daß die Vortat ein geringfügiges Vermögensdelikt sein muß (Ber. 18; SchSch 38; wie hier Stree JuS **76**, 139; Blei JA **76**, 309; aM mit beachtlicher Argumentation Lackner 10; LK 27; SK 48; Vogler aaO 405, 420; M-Schroeder § 101, 13); daß die zu sichernden Vorteile geringfügig sind, reicht allein nicht aus (aM Stree; Blei; Vogler aaO).

15 **9) Konkurrenzen.** Tateinheit ist möglich mit §§ 258, 258a oder mit Beihilfe zur Vortat, falls der Helfer das bisher Erlangte sichern (Begünstigung) und dem Haupttäter einen Mehrerwerb ermöglichen will (Beihilfe, RG **58**, 14; LK 28). Wegen § 145d vgl. dort 6. Mit § 259 kann § 257 ideel konkurrieren, falls nur der innere Tatbestand beider Vorschriften erfüllt ist (BGH **2**, 363; vgl. 27 zu § 259); ebenso mit §§ 153ff. (RG **60**, 346). Zum Verhältnis zu § 120 vgl. 9 zu § 258. Für die Begünstigung von Steuerstraftätern, vgl. § 369 I Nr. 4, § 375 I Nr. 4 AO (Anh. 22). Eine **fortgesetzte Handlung** kann vorliegen, falls mehrfacher Beistand dem gleichen Täter bezüglich der gleichen Tat geleistet wird (RG **57**, 307); desgl. auch bei mehrfachem Beistand zu mehreren selbständigen Taten. Denn das geschützte Rechtsgut ist auch der staatliche Strafanspruch. Er ist nicht höchstpersönlicher Natur, so daß Fortsetzungszusammenhang möglich ist (RG **43**, 134; **57**, 353), doch kann auch in beiden Fällen (also auch im ersten) Realkonkurrenz vorliegen, RG **57**, 307, für Tateinheit NJW **89**, 1490. **Wahlfeststellung** mit §§ 242, 258 ist möglich (BGHR § 259 I, AbsHilfe 1; LK 29; 18 zu § 1).

Strafvereitelung

258 [I]Wer absichtlich oder wissentlich ganz oder zum Teil vereitelt, daß ein anderer dem Strafgesetz gemäß wegen einer rechtswidrigen Tat bestraft oder einer Maßnahme (§ 11 Abs. 1 Nr. 8) unterworfen wird, wird mit Freiheitsstrafe bis zu fünf Jahren oder mit Geldstrafen bestraft.

[II]Ebenso wird bestraft, wer absichtlich oder wissentlich die Vollstreckung einer gegen einen anderen verhängten Strafe oder Maßnahme ganz oder zum Teil vereitelt.

[III]Die Strafe darf nicht schwerer sein als die für die Vortat angedrohte Strafe.

Begünstigung und Hehlerei § 258

IV Der Versuch ist strafbar.

V Wegen Strafvereitelung wird nicht bestraft, wer durch die Tat zugleich ganz oder zum Teil vereiteln will, daß er selbst bestraft oder einer Maßnahme unterworfen wird oder daß eine gegen ihn verhängte Strafe oder Maßnahme vollstreckt wird.

VI Wer die Tat zugunsten eines Angehörigen begeht, ist straffrei.

1) Die Vorschrift (vgl. vor § 257) behandelt unter der Bezeichnung **Strafvereitelung** die sog. persönliche Begünstigung, und zwar die Verfolgungsvereitelung (I) und die Vollstreckungsvereitelung (II). Die Tat ist anders als § 257 ein Erfolgsdelikt mit Strafbarkeit des Versuchs (RegE 249), der Anwendungsbereich der Vorschrift ist daher gegenüber der aF eingeschränkt (BGH **31**, 12; 29. 9. 1982, 2 StR 214/82). Die Tat ist ein selbständiges Delikt (vgl. RG **63**, 375; hierzu M-Schroeder § 100, 6); abw. von § 257 IV ist sie auch dann kein Antragsdelikt, wenn die Vortat eines ist; die Tat kann auch ohne Kenntnis des Vortäters oder gegen seinen Willen begangen werden (RG **36**, 78). Doch bestehen gewisse Zusammenhänge mit der Vortat (III, V). *Kriminolog. und stat. Hinweise* Geerds Jura **85**, 627. **Schrifttum:** *Beulke,* Die Strafbarkeit des Verteidigers, 1989 [zit. Beulke; Bespr. *Wasserburg* GA **91**, 234; *U. Weber* ZStW **104**, 408]; *Siepmann,* Abgrenzung zwischen Täterschaft und Teilnahme im Rahmen der Strafvereitelung, Diss. Münster 1988; *U. Weber,* Probleme der Strafvereitelung (§ 258) im Anschluß an Urheberstraftaten (§§ 106 ff. UrhG), *K. Meyer*-GedS 633. 1

2) Abs. I setzt bei der **Verfolgungsvereitelung** wie § 257 **die rechtswidrige Vortat eines anderen** voraus. 2 ff. zu § 257 gilt mit der Maßgabe entsprechend, daß es bei § 258 gleichgültig ist, ob die Vortat dem Vortäter einen Vorteil gebracht hat, so daß auch strafbarer Versuch und strafbare Vorbereitung praktisch eine Rolle spielen. Andererseits ist bei § 258 Voraussetzung, daß zZ der Tat ein staatlicher Anspruch auf *Strafe* oder Anordnung einer *Maßnahme* (§ 11 I Nr. 8), vor allem einer Maßregel der Besserung und Sicherung, aber auch von Verfall, Einziehung oder Unbrauchbarmachung besteht (Zweibrücken OLGSt. 8, andernfalls untauglicher Versuch möglich; unten 14). Das bedeutet bei zu erwartender 2

A. Strafe, daß nicht nur eine rechtswidrige und tatbestandsmäßige (33 zu § 11), sondern auch eine verschuldete Tat (RegE 250) gegeben sein muß, bei der weder ein persönlicher Strafausschließungsgrund noch ein Verfahrenshindernis eingreift (RegE 250; Bay **6**, 94); also zB weder § 24 noch Verjährung, Amnestie, Begnadigung (RG **76**, 122) oder Verstreichen der Strafantragsfrist gegeben sind. Während des Fristenlaufs ist vor Antragstellung Strafvereitelung möglich (aM SK-Samson 13), doch kann sie erst nachher verfolgt werden (LK-Ruß 4; vgl RG **75**, 234). Nach NJW **60**, 1163 mit krit. Anm. Dreher scheidet Strafvereitelung auch aus, wenn der Vortäter wegen § 2 III nicht mehr bestraft werden könnte (ebenso Mazurek JZ **76**, 236), die Straftat verjährt ist (Düsseldorf NStE Nr. 1) oder falls Jugendstrafrecht anzuwenden ist, nicht feststeht, ob die Verhängung von Jugendstrafe in Betracht kommt (BGHR § 258 I Bestr. 1). Unter Bestrafung versteht § 258 jede Art von Strafe, so auch Nebenstrafen wie das Fahrverbot oder das Verbot der Jagdausübung (§ 41a BJagdG) sowie Nebenfolgen (§ 45; insoweit aM LK 2; SK 19); *nicht* jedoch Disziplinarmaßnahmen, Ahndung mit einer Geldbuße (vgl. Bay NJW **81**, 772) oder bloße Beschlagnahme oder Sicherstellung eines Gegenstands (16. 9, 1981, 3 StR 234/81), 3

1457

§ 258

auch nicht Auflagen und Weisungen iS von §§ 153, 153a StPO (Momberg ZRP **82**, 70; LK 2).

4   **B. Maßnahme** (36 zu § 11; Jugendarrest fällt nicht darunter, anders § 447 VII E 1962), daß es auf deren Voraussetzungen im Einzelfall ankommt, so daß zB bei § 66 auch eine verschuldete Tat gegeben sein muß, nicht aber bei §§ 63, 64, 68 II, 69, 70, wenn § 20 eingreift (vgl. § 71; U. Weber. K. Meyer-GedS 635). Auch bei Verfall (§ 73; gegen dessen Einbeziehung krit. Stree JuS **76**, 140; Blei JA **76**, 310; gegen die Einbeziehung des § 73d, dort 3, 4) und Sicherungseinziehung (§ 74 III) kann die Schuld fehlen. Strafausschließungsgründe oder Verfahrenshindernisse dürfen auch hier nicht bestehen, so steht Verjährung auch der Anordnung von Maßnahmen entgegen (§ 78 I). Das kann allerdings in den Fällen von § 76a anders sein (dort 7); auch im objektiven Verfahren wird ein anderer, insbesondere der Eigentümer der Sache (anders bei herrenlosen Sachen) einer Maßnahme unterworfen. Die rechtswidrige Tat braucht nicht von dem durch die Einziehung Betroffenen begangen zu sein, so daß auch die Vereitelung einer Dritteinziehung nach § 74a unter § 258 fällt (RegE 249).

5   **C. Tathandlung** ist, daß der Täter den staatlichen Anspruch auf Verhängung der Strafe oder Anordnung der Maßnahme gegen den anderen ganz oder zT **vereitelt** (BGH **31**, 12; hierzu Lenckner, Schröder-GedS 342ff.; Beulke NStZ **82**, 331). Dabei bedeutet Vereitelung jede Besserstellung des Täters in dieser Hinsicht (NJW **84**, 135 m. Anm. Rudolphi JR **84**, 338; Seier JA **84**, 57; Beulke 132; Zweifel bei Lackner 3 und UniHD-FS 42) also nicht nur das endgültige tatsächliche oder rechtliche Verhindern der Aburteilung etwa durch Verbergen im Ausland bis zum Eintritt der Verjährung, sondern auch eine Verzögerung auf geraume Zeit (RegE 249; NJW **59**, 495; MDR/H **81**, 631; KG JR **85**, 25; Karlsruhe NStZ **88**, 504; OGHSt. **2**, 224; LG Hannover NJW **76**, 979; zur Problematik Stree JuS **76**, 140; Schroeder NJW **76**, 980; Blei JA **76**, 309; LK 10; Müller-Dietz, Jura **79**, 246; Ostendorf JZ **87**, 340; Beulke 133; jedoch problematisierend SK 26 ff.). Kehrt der ins Ausland geflohene Begünstigte freiwillig zurück, so ändert das an der Strafbarkeit des Fluchthelfers nichts (Stuttgart NJW **76**, 2048). Eine teilweise Vereitelung ist es auch, wenn der Täter erreicht, daß der Vortäter entgegen dem wahren Sachverhalt nur wegen eines Vergehens statt eines Verbrechens bestraft (anders, wenn der schwerere Fall tatsächlich nicht vorlag, Bay JR **74**, 73 mit zust. Anm. Ruß) oder nur ein Teil des Gewinns aus der Tat für verfallen erklärt wird.

6   **a) Beispiele** für Tathandlungen: Beseitigen von Tatspuren, Verbergen des Täters, Fluchthilfe durch Rat oder Überlassung eines Fahrzeugs (OGH **2**, 224; Stuttgart NJW **76**, 2084 L), Verbergen von Überführungsstücken (RG GA Bd. **39**, 426), Überlassen eines Verstecks an einen Täter zur Fahndungsvereitelung (Stuttgart NJW **81**, 1569; Beulke 74), *nicht* aber schon das schlichte Gewähren von Obdach (vgl. 5. 2 1985, 1 StR 833/84; Schubarth, FestG Schultz 158; Küpper GA **87**, 401) oder das ärztliche Versorgen eines Flüchtigen, auch nicht ohne weiteres die bloße Weiterbeschäftigung Entwichener (hierzu unten 9), zum Ganzen Frisch JuS **83**, 915 und NJW **83**, 2471 (krit. gegen ihn Rudolphi, Kleinknecht-FS 390, der zutr. darauf hinweist, daß iS des § 258 tatbestandsmäßig nur ein Sonderverhalten ist, das dem Begünstigten gerade im Hinblick auf seine Straftäterschaft zuteil wird;

§ 258

Begünstigung und Hehlerei

hierzu Küpper GA **87**, 396). Mit Recht hat daher NJW **84**, 135 (m. Anm. Rudolphi JR **84**, 338; Geilen JK 4) im bloßen Zusammenleben mit dem Täter eine Strafvereitelung verneint. Tathandlungen sind ferner begünstigende Falschaussagen, auch die wahrheitswidrige Angabe vor der Polizei, nichts zu wissen (Bay NJW **66**, 2177; vgl. RG **60**, 346; LK 16). Beiseitigen von Ermittlungsakten, die unberechtigte Zeugnisverweigerung (vgl. RG **54**, 41); Hinausschmuggeln von Briefen eines U-Gefangenen (Schleswig SchlHA **84**, 87), hingegen *nicht* der Versuch, einen Zeugnisverweigerungsberechtigten zur Zeugnisverweigerung (BGH **10**, 393) oder einen Antragsberechtigten zur Unterlassung der Stellung eines Strafantrags zu bestimmen (RG **40**, 393; Beulke 54), ebensowenig das Unterlassen (OGH **2**, 101) oder Hintertreiben einer Anzeige, es sei denn, es bestünde eine Anzeigepflicht, wie in § 116 AO oder § 6 SubvG (Anh. 20). Ein Dienstvorgesetzter ist, soweit er nicht unter den Personenkreis des § 258a fällt, nach BGH **4**, 169 (hierzu LK 18) nur dann verpflichtet, Straftaten seines Untergebenen anzuzeigen, wenn ihm dies nach pflichtgemäßem Ermessen geboten erscheint; nach richtiger Auffassung (so zutr. Rudolphi NStZ **91**, 361) ist er aber nur dann als Garant für die gesetzmäßige Strafverfolgung des Untergebenen nach §§ 258, 13 verantwortlich, wenn sein Ermessen auf null reduziert ist und seine öffentlichrechtliche Anzeigepflicht demselben Rechtsgut dient wie § 258 (zB § 40 WStG). Zum Problem der Anzeigepflicht für Amtsträger von Umweltbehörden Papier NJW **88**, 1115. Ein Arzt, der sich weigert, bei einem Trunkenheitsfahrer eine Blutprobe zu entnehmen, fällt nicht unter § 258 (Händel BA **77**, 193; Blank BA **92**, 86), zur Frage der Offenbarungspflicht bei ärztlicher Fehlbehandlung Gubernatis JZ **82**, 363.

6a Problematisch sind die Fälle der **Zusage** und der **Aufforderung** oder des **Bestimmens zu einer Falschaussage**. Geht die *Zusage* in Richtung einer (sachlichen) Begünstigung, so ist (ev. neben § 30 iVm § 154) stets § 257 (dort 6) gegeben. Wird hingegen eine Strafvereitelung (§ 258) erstrebt, so kommt die bloße Zusage oder das gegenseitige Absprechen, falsche Angaben zu machen (unbeschadet einer etwaigen Strafbarkeit nach §§ 30, 154), über eine Vorbereitungshandlung nicht hinaus, da die auf den Vereitelungserfolg gerichtete Tathandlung erst mit der zugesicherten Aussage beginnt (BGH **30**, 334; KG JR **84**, 250; hierzu Geilen JK 5; LK 17; Düsseldorf NJW **88**, 84). Den Fall der *Aufforderung* zu einer eine Strafvereitelung erstrebenden Falschaussage entscheidet hingegen der BGH widersprüchlich: während BGH **31**, 12 (unbeschadet einer Strafbarkeit nach §§ 30, 154, 159) einen Versuch der Strafvereitelung verneint (vgl. auch Schleswig SchlHA **84**, 87), geht derselbe Senat ohne die Vergleichbarkeit anzuerkennen, von einer versuchten Strafvereitelung aus (NJW **83**, 2712). Der letzteren Entscheidung ist zuzustimmen. Wie Beulke zutr. dargelegt hat (NStZ **82**, 330; **83**, 504; ebenso KG JR **84**, 250), beginnt in diesen Fällen beim Auffordernden, falls (nicht Anstiftung, sondern) täterschaftliche Strafvereitelung in Betracht kommt, die Tathandlung und damit die Strafbarkeit bereits mit dem Auffordern und nicht etwa erst mit der späteren Aussage des Aufgeforderten (aM BGH **31**, 10; Lenckner NStZ **82**, 402; Otto Jura **87**, 331; LK 17; SchSch 31; Lackner 6; Krekeler NStZ **89**, 150; auch KG JR **84**, 250, das die Versuchsgrenze erst überschritten sieht, wenn der zur Falschaussage Auffordernde die Vernehmung des Zeugen beantragt). Allein diese Ausle-

§ 258

gung entspricht der Sachlage und den Vorstellungen des Gesetzgebers, der insoweit keine Änderung des geltenden Rechts beabsichtigt hatte (E EGStGB 249). Sie vermeidet unverständliche Spannungen zu § 257 (zum Ganzen Beulke 164ff.; vgl. auch Lenckner NStZ **82**, 403) und unerträgliche Konsequenzen im Prozeßrecht. Denn in den Fällen der Aufforderung zur Falschaussage sollte (wie bisher vgl. BGH **27**, 74; MDR/D **69**, 724) nicht nur das Vereidigungsverbot des **§ 60 Nr. 2 StPO** greifen (so iS einer *versuchten* Strafvereitelung Lenckner JR **77**, 74; Müller-Dietz Jura **79**, 246; vgl. aber auch JR **81**, 476; Bay JZ **91**, 316; *anders:* keine versuchte Strafvereitelung, uU über Strafbarkeit nach §§ 30 II, 154; Hamburg NJW **81**, 771 m. Anm. Rudolphi JR **81**, 160; ferner Lenckner NStZ **82**, 402, der auch eine analoge Anwendung des § 60 Nr. 2 StPO ablehnt und mit BGH **30**, 334 und KG NStZ **81**, 450 darauf hinweist, daß es in diesen Fällen an einer Konfliktlage fehle, weil der Zeuge sie durch wahrheitsgemäße Aussage lösen könne!). Es ist ferner nicht hinnehmbar (so richtig NJW **83**, 2712) daß ein Verteidiger (hierzu auch unten 7) nach **§ 138a I Nr. 3 StPO** nicht von Verfahren ausgeschlossen werden kann, wenn er die Vernehmung eines Zeugen, den er zuvor zur Falschaussage veranlaßt hat, beantragt hat (so aber Bremen NJW **81**, 2711 zust. Müller-Dietz JR **81**, 475; krit. Geilen JK 3; vgl. auch KG JR **84**, 251).

7   **b) Der Rechtsanwalt ist als Verteidiger** nach §§ 1, 31 BRAO unabhängiges Organ der Rechtspflege. Sein Beruf ist staatlich gebundener Vertrauensberuf, der ihm eine auf Wahrheit und Gerechtigkeit verpflichtete amtsähnliche Stellung zuweist (so BVerfGE **38**, 119; hierzu Beulke 11ff.; krit. Krekeler NStZ **89**, 146), die er freilich unter Wahrung der Schweigepflicht und Treuepflicht gegenüber seinem Auftraggeber (RG **70**, 393) auszuüben hat (Pfeiffer DRiZ **84**, 342; zu den Gegenmeinungen zusf. und krit. Bottke ZStW **96**, 730ff.). Ordnungsgemäßes und pflichtentsprechendes Verteidigerhandeln ist iS des § 258 daher nicht tatbestandsmäßig (grundlegend BGH **29**, 102; KG NStZ **88**, 178 [hierzu H. Schneider Jura **89**, 344]; AG Köln StV **88**, 256 [hierzu Krekeler NStZ **89**, 149]; Düsseldorf NJW **91**, 996; LK 19; Bottke JA **80**, 448; zutr. hierzu Kuckuk NJW **80**, 298; Müller-Dietz JR **81**, 76; Pfeiffer DRiZ **84**, 348; Beulke 1ff.; Liemersdorf MDR **89**, 207; vgl. 4 zu § 129; ebenso, wenn auch mit unterschiedlicher Begründung Müller-Dietz Jura **79**, 254; SK 38; Ostendorf NJW **78**, 1346; Seier JuS **81**, 808; Paulus NStZ **92**, 310; vgl. auch BGH **10**, 394; Düsseldorf StV **87**, 288; für Rechtfertigungsgrund Seibert JR **51**, 679 und wohl auch I. Müller StV **81**, 96), daher darf der Verteidiger seinen Mandanten über die Rechtslage allseitig aufklären, RG **37**, 321; hierbei darf er auch mitteilen, was er aus den Akten erfahren hat, ihm idR auch Aktenauszüge oder -abschriften aushändigen, soweit dies nicht den Untersuchungszweck gefährdet oder verfahrensfremder Mißbrauch zu befürchten ist (BGH **29**, 103; Beulke 39ff.; Kleinknecht/Meyer 15 zu § 147; Bottke ZStW **96**, 757; Otto Jura **87**, 330; vgl. auch Welp, Peters-FG 317), eigene Ermittlungen vornehmen (Frankfurt NStZ **81**, 144; Beulke 84ff.), von einer Selbstanzeige (BGH **2**, 378) oder von Angaben des Beschuldigten zur Sache (MDR/H **82**, 970) kann er abraten (Beulke 27; Krekeler NStZ **89**, 148, 150). Auch kann er im Falle des Nichterscheinens bei notwendiger Verteidigung nicht wie als Garant (§ 13) für die Durchsetzung des staatlichen Strafanspruchs angesehen werden (H. Schneider Jura **89**, 343). Belastendes darf er gegen seinen

Mandanten nicht vortragen; insoweit entfällt seine Offenbarungspflicht nach § 138 I ZPO (BGH **3**, 134). Auch kann er einen aussageverweigerungsberechtigten Zeugen veranlassen, die Aussage zu verweigern (Beulke 57; vgl. 6); nur darf er hierzu nicht unsaubere Mittel verwenden (so auch BGH **10**, 393; vgl. aber 8. 8. 1979, 2 ARs 231/79); er darf nach Karlsruhe StV **91**, 519 seinem Mandanten auch raten, zur Veränderung seines Äußeren die Haare schneiden zu lassen (zw.); er kann die Freisprechung seines Mandanten wegen *non liquet* beantragen, obwohl er seine Schuld aus einem vertraulichen Geständnis kennt (BGH **2**, 375; **29**, 107; MDR/D **57**, 267; Köln NJW **75**, 459). Sofern er nicht wider besseres Wissen handelt, darf er auch zweifelhaftes Vorbringen seines Mandanten vortragen (16. 9. 1981, 3 StR 234/81; Beulke 33), jedoch hat er *kein „Recht auf Lüge"* (hierzu Beulke 18, 30, auch 64), er muß sich jeder aktiven Verdunkelung und Verzerrung des Sachverhalts enthalten (BGH 1. 9. 1992, 1 StR 281/92 aS), so darf er zB weder Beweismittel verfälschen noch meineidsentschlossenen Zeugen benennen (BGH aaO), er darf nicht einen meineidsentschlossenen Zeugen benennen (RG **66**, 323; Beulke 93), auf Zeugen nicht mit dem Ziele einwirken, daß sie falsch aussagen und sie hernach als Beweismittel benennen (NJW **83**, 2712 m. Anm. Beulke NStZ **83**, 504; Bottke JR **84**, 300; ZStW **96**, 758; Pfeiffer DRiZ **84**, 345; Ostendorf JZ **87**, 340; Otto Jura **87**, 331; vgl. hierzu auch Rudolphi, Kleinknecht-FS 387; Krekeler NStZ **89**, 150), nicht belastende Beweisstücke beseitigen (RG 24. 6. 1924, 1 D 161/24), etwa den Zugriff der Polizei auf einen alkoholbeeinflußten Kraftfahrer zur Entnahme der Blutprobe erschweren (vgl. Hamm DAR **60**, 19; Krekeler NStZ **89**, 151), zur Einsicht überlassene Strafakten nicht zum Zwecke der Verfahrensverschleppung zurückhalten (vgl. Koblenz JR **80**, 478; Beulke 102), nicht an Zeugen Suggestivfragen stellen, um wahrheitswidrige Aussagen zu erreichen (RG **70**, 391), den Angeklagten nicht zu falschen Angaben oder zum Widerruf eines Geständnisses veranlassen (BGH **2**, 378; hiergegen Otto Jura **87**, 330); ihm wegen Gefährdung des Untersuchungszwecks von geheimgehaltenen Maßnahmen, insbesondere der bevorstehenden Verhaftung oder Wohnungsdurchsuchung, von der er zufällig oder aus den Akten erfahren hat, keine Mitteilung machen (BGH **29**, 103; KG NStZ **83**, 556 [abl. Anm. Mehle]; Pfeiffer DRiZ **84**, 347; LR-Dünnebier 15; KK-Laufhütte 8, jew. zu § 147 StPO; krit. Krekeler NStZ **89**, 149; aM Tondorf StV **83**, 257) keine Geschäfte mit der „Unterwelt" machen und den Anschein vermeiden, Ansprechpartner für kriminelle Kontakte zu sein (EzSt Nr. 1 zu § 161a BRAO; vgl. auch 4. 3. 1985, AnwSt(R) 21/84); nicht durch Übermittlung von Informationen begünstigende Absprachen unter verhafteten Mitangeklagten herbeiführen (zu weitgehend Frankfurt NStZ **81**, 144 [ebenso Beulke 83], wonach nur die absichtliche Herbeiführung von Falscheinlassungen unter § 258 falle, hierzu Ernesti JR **82**, 227; Seier JuS **81**, 806; Geppert JK 1), nicht Zeugen wider besseres Wissen verdächtigen (RG GA Bd. **73**, 352), den Untersuchungsgefangenen nicht durch Hinausschmuggeln von Briefen die Verdunkelung ermöglichen (Schleswig SchlHA **84**, 87; LG Hamburg JW **38**, 448; Krekeler NStZ **89**, 151), erst recht nicht an einem Info-System mitwirken, das den Zusammenhalt terroristischer Gewalttäter fördert (4 zu § 129) und den gemeinsamen Hungerstreik organisiert (BGH **32**, 247 [m. Anm. Bottke JR **85**, 121], 24. 3. 1982, 3 StR 28/82; Hamburg JZ **79**, 218 und von Ostendorf JZ **79**, 252

§ 258

unter dem sie kennzeichnenden Titel, „Verteidigung am Scheideweg"; auch NJW **78**, 1345; GA **84**, 325; ferner I. Müller StV **81**, 98 [gegen ihn Beulke 1]). Legt der Verteidiger ihm vom Mandanten zur Verfügung gestellte Beweismittel vor, so folgt hieraus – selbst bei erheblichen Zweifeln an deren Richtigkeit und Zuverlässigkeit – nicht schon, daß er strafbares Verhalten seines Mandanten iS eines bedingten Vorsatzes billigt, es sei denn, er hätte Informationen darüber, daß das Vorbringen erlogen oder die Beweismittel gefälscht sind. Auf der anderen Seite lassen sich die zu § 258 entwickelten Grundsätze über „verteidigerspezifisches Verhalten" nicht ohne weiteres auf andere Tatbestände (zB §§ 153ff., 267ff.) übertragen, für deren Strafbarkeit bedingter Vorsatz genügt (BGH 1. 9. 1992, 1 StR 281/92 aS). Zum Ausschluß des Verteidigers vgl. §§ 138a ff. StPO.

7a **Schrifttum:** *Ackermann* NJW **54**, 1385; *Müller-Dietz* Jura **79**, 251; *Dahs*, Handbuch des Strafverteidigers, 5. Aufl. 1983, 39ff.; *Kalsbach*, Standesrecht des Rechtsanwalt, 1956; 260ff.; *Isele*, BRAO, 1976, 724, 756; *Beulke*, Die Strafbarkeit des Verteidigers. Eine systematische Darstellung der Beistandspflicht und ihrer Grenzen, 1989 [zit. Beulke], u. Der Verteidiger im Strafverfahren, 1980, 218; *M-Schroeder* § 100, 20; *Arzt/Weber* LH **4**, 258; *Bottke* ZStW **96**, 726; *Wassmann*, Strafverteidigung und Strafvereitelung, 1982; *Otto* Jura **87**, 329; *Krekeler* NStZ **89**, 146; *H. Schneider* Jura **89**, 343.

8 3) Abs. II erfaßt die **Vollstreckungsvereitelung. A. Voraussetzung** ist eine rechtskräftig (RegE 250; vorher I) gegen einen anderen verhängte und mindestens zum Teil noch nicht vollstreckte Strafe (3) oder Maßnahme (4). Ob die der Verurteilung zugrundeliegende Vortat wirklich begangen ist, ist bei dem Rechtspflegedelikt nach II ohne Bedeutung (auch für den Vorsatz) und vom Gericht im Verfahren nach § 258 auch nicht nachzuprüfen (RegE 250; Sturm JZ **75**, 11; RG **73**, 333). Vollstreckung von Strafe und Maßnahme können zur Bewährung ausgesetzt sein. Doch muß zur Tatzeit Vollstreckung noch möglich sein, so zB bei Vollstreckungsverjährung (§ 79; beachte dort IV S. 1) oder Amnestie ausgeschlossen ist.

9 **B. Tathandlung** ist, daß der Täter die **Vollstreckung** ganz oder zT **vereitelt** (5). Darunter ist auch hier jede Besserstellung des Verurteilten hinsichtlich des Ob und Wann der Vollstreckung zu verstehen, so daß ihre Verzögerung genügt, aber auch, wenn der Täter erreicht, daß ein Strafrest nicht vollstreckt wird. Durch welche Handlung der Täter den Erfolg erreicht, ist gleichgültig, doch darf es keine rechtmäßige sein wie zB ein wahrheitsgemäßes Gnadengesuch. Erfaßt von II sind zB ein bewußt täuschendes Gesuch um Gnade (RG **35**, 128) oder Strafaufschub (RG **16**, 204); ein derartiger Wiederaufnahmeantrag (vgl. BGH **17**, 303) fällt vor Vollstreckungsende ebenfalls unter II (nachher unter I); das Weiterbeschäftigen eines aus dem Hafturlaub nicht in die Strafhaft zurückgekehrten Gefangenen, den er zugleich vor der Polizei abgeschirmt hat (Koblenz NJW **82**, 2785, einschränkend und beachtlich Frisch NJW **83**, 2471); das Verschaffen eines Scheinarbeitsverhältnisses für einen Freigänger (LG Berlin NStZ **88**, 132) oder die Verbüßung einer Freiheitsstrafe für den Verurteilten (meist Idealkonkurrenz mit § 271), RG **8**, 366; oder die Verletzung der Meldepflicht nach § 35 III BtMG im Falle des Abbruchs (nicht jedoch bei Nichtantritt) der Behandlung (Bay NStZ **90**, 85 m. Anm. Kreuzer). Die **Bezahlung einer Geldstrafe** durch Dritte ist nach BGH **37**, 226 *keine Vollstrek-*

§ 258

kungsvereitelung (zust. Krey JZ **91**, 889; Müller-Christmann JuS **92**, 380; Geppert JK 7; so bisher schon SK 35; Arzt/Weber LH **4**, 379; Otto BT § 96 II 2 a; Engels Jura **81**, 381). Der BGH hat damit die umstr. Frage – entgegen der bisher hM (Nachw. 45. Aufl.; and. noch Frankfurt StV **90**, 112 m. abl. Anm. Noack) – eindeutig, aber kriminalpolitisch bedenklich (Lackner 13) entschieden. Zwar ist einzuräumen (BGH aaO 231), daß eine Auslegung des II wenig überzeugt, die das Bezahlen der Geldstrafe durch Dritte oder deren spätere Erstattung verbietet (vgl. RG 30, 235), das darlehensweise Vorstrecken des Geldbetrages (RG GA Bd. **44**, 253) und einen späteren Erlaß der Rückzahlung (BGHZ **23**, 224) aber erlaubt. Die Einwände Hillenkamps (JR **92**, 74; vgl. auch schon Lackner-FS 455) und Wodickas (NStZ **91**, 487) gegen BGH **37**, 226 haben jedoch erhebliches Gewicht. Abgesehen davon, daß sich die Auffassung des BGH – entgegen Krey (JZ **91**, 189) – nicht auf das Wortsinnargument (Art. 103 II GG) stützen läßt (Wodicka aaO), entwertet die Entscheidung der Geldstrafe (SchSch 28) und den am Tagessatzsystem orientierten Richterspruch. Daß die „persönliche Betroffenheit" des Verurteilten nicht stets durchsetzbar ist (BGH aaO 230), rechtfertigt nicht, Dritten, die an bestimmten Straftaten oder Rechtsverletzungen interessiert sind, zu erlauben, durch konkludentes Verhalten die (künftige) „persönliche Betroffenheit" späterer Täter von vornherein auszuschalten. Ob das vor der Tat dem Täter gegebene Versprechen, diese Geldstrafe zu bezahlen, künftig Beihilfe zur Vortat sein kann, erscheint nunmehr zw. Die Herausnahme der Geldstrafe aus dem Schutz des § 258 II beeinträchtigt den Schutz *aller* Rechtsgüter, soweit er üblicherweise durch Geldstrafen verwirklicht wird. Es kennzeichnet die Situation, daß als Reaktion auf BGH **37**, 226 im Umweltstrafrecht bereits ein neuer Straftatbestand „Strafvereitelung durch Zahlung fremder Geldstrafe" gefordert wird (Vierhaus ZRP **92**, 162).

4) Vorsatz ist als **mindestens bedingter** (Düsseldorf NJW **64**, 2123) **10** hinsichtlich der **Vortat** (I) bzw. der rechtskräftigen Verurteilung (II) erforderlich, aber ausreichend, LK 22. Auf diese Voraussetzungen kann sich ein Begriff wie absichtlich nicht beziehen (nicht klar RegE 250). Der Täter muß sich danach bei I Umstände vorstellen, welche möglicherweise eine rechtswidrige Tat bedeuten (vgl. Hamburg NJW **53**, 1155; Düsseldorf aaO), wobei es auf exakte tatsächliche oder rechtliche Einordnung nicht ankommt; 8 zu § 257 gilt entsprechend. **Dazu** muß entweder **a)** die **11 Absicht** treten, Verhängung von Strafe oder Maßnahme (I) oder ihre Vollstreckung (II) mindestens zum Teil zu vereiteln (vgl. RG **8**, 368). Hier genügt nicht das Bewußtsein, diese Folge werde eintreten (RG **57**, 75), bedingter Vorsatz scheidet daher aus (Zweibrücken OLGSt. 11). Es muß dem Täter auf den Erfolg ankommen (27. 2. 1992, 1 StR 754/91; vgl. RG **55**, 126). Dies braucht aber nicht der einzige Zweck zu sein (BGH **4**, 108; NJW **58**, 1244; KG JR **85**, 25; LG Hannover NJW **76**, 979). Dabei reicht es aus, wenn der Täter das Erreichen des Erfolges nur für möglich hält; oder **b) Wissentlichkeit**. Das bedeutet umgekehrt, daß es **12** dem Täter zwar nicht auf den Vereitelungserfolg anzukommen braucht, daß er ihn aber als sichere Folge seiner Handlung voraussieht und er ferner im Hinblick auf die Strafvereitelung handelt (NJW **84**, 135; KG JR **85**, 25; so Lenckner, Schröder-GedS 357).

§ 258

13 **5) Einem anderen** muß die Vereitelungshandlung gelten. Begeht ein an der Vortat (auch als Hehler oder als Begünstiger) Beteiligter die Vereitelungshandlung nur für sich selbst **(persönliche Selbstbegünstigung),** so ist sie tatbestandslos (hM; vgl. 7 zu § 257). Will er dagegen **allein** zugunsten eines anderen Vortatbeteiligten sachlichen Beistand zur Abwendung drohender strafrechtlicher Folgen leisten, so sind I und II anwendbar (hM). **Abs. V** (persönlicher Strafausschließungsgrund) ist aber auch anzuwenden, wenn die Vereitelungshandlung nicht allein dem anderen, sondern **zugleich auch dem Täter** gilt, wobei es gleichgültig ist, welche Zweckrichtung überwiegt und ob die Handlung zugunsten eines anderen und die zugunsten des Täters selbst verschiedene Vortaten betreffen (MDR/H **81**, 99; NJW **84**, 136 m. Anm. Rudolphi JR **84**, 338; 5. 2. 1985, 1 StR 833/84; RegE 250; Karlsruhe OLGSt. 1 nF). Die notstandsähnliche Lage, die V honoriert, war schon in der Rspr. zu § 257 aF anerkannt (BGH **2**, 378, **9**, 73; NJW **52**, 754; Hamm NJW **58**, 1246). V greift, weil die notstandsähnliche Lage die gleiche ist, auch ein, wenn der Täter irrig annimmt, er sei Mittäter der Vortat (BGH **2**, 375), insoweit ist ein Schuldausschließungsgrund anzunehmen, RG **60**, 103; **63**, 236 (für Rechtfertigungsgrund BGH **9**, 73; für Strafausschließungsgrund BGH **9**, 182; Fahrenhorst JuS **87**, 707; LK 33). Jedoch greift V nicht ein, wenn der Täter sich an einer zeitlich nachfolgenden Tat der Vortäter beteiligt (Karlsruhe NStZ **88**, 504 m. Anm. Geerds JR **89**, 212; Otto JK 2 zu § 258a). Die Ausnahme, die § 257 III S. 2 macht, gilt hier nicht, so daß der Vortäter straflos auch einen nicht Vortatbeteiligten zur Vereitelung anstiften darf (RegE 250f.); stiftet er gleichzeitig zu Begünstigung und Vereitelung an, so ist er nur nach § 257 III S. 2 strafbar (LK 34), aber straflos, wenn die Vereitelung nicht anders erreichbar ist. Die Straflosigkeit gilt im übrigen nur für die Strafvereitelung als solche, nicht auch für andere mit ihr in Tateinheit stehende Taten wie zB Meineid (BGH **15**, 53), Vortäuschen einer Straftat (Bay NJW **78**, 2563 [m. Anm. Stree JR **79**, 258; Rudolphi JuS **79**, 862]; Hamm VRS **67**, 32), aber auch Fremdbegünstigung, es sei denn, daß der Täter die Vereitelung nicht ohne die Begünstigung erreichen zu können glaubt (str.; vgl. einerseits Lackner 16; andererseits Stree JuS **76**, 140).

13a **Teilnahme** vgl. Rudolphi, Kleinknecht-FS 379; im übrigen 11 zu § 257. Keine **Wahlfeststellung** zwischen § 258 und § 111 Nr. 4 BtMG aF (BGH **30**, 77 m. Anm. Günther JR **82**, 81).

14 **6) Der Versuch (IV)** ist auch als untauglicher strafbar. Doch ist Rücktritt nach § 24 möglich. Der Versuch setzt mit dem Beginn der Handlung ein, die den Vereitelungserfolg unmittelbar erreichen soll (Absenden des täuschenden Gnadengesuchs, aber noch nicht dessen Schreiben, wohl aber das Einreden auf den Vortäter, daß er fliehen möchte; oder das Stellen eines Antrags auf Vernehmung eines „präparierten" Zeugen (NJW **83**, 2714 m. Anm. Beulke NStZ **83**, 504; Bottke JR **84**, 300; BGHR § 258 IV, Verss-Beg. 1); nicht jedoch die bloße Zusage oder Verabredung einer Falschaussage, sondern erst deren Beginn (BGH **30**, 333; **31**, 12; NJW **82**, 1602 [and. StV **82**, 356]; Bay NJW **86**, 203 [m. Anm. Krümpelmann/Heusel JR **87**, 41]; Hamburg, Bremen NJW **81**, 771, 2711); vgl. aber oben 6a mwN; LK 28), im Falle der Aushändigung einer inhaltlich falschen schriftlichen Erklärung dann, wenn die Aushändigung im ungestörten Fortgang unmittelbar zur Tatbestandsverwirklichung hätte führen sollen (NJW **92**, 1635).

Begünstigung und Hehlerei **§ 258**

Strafloses **Wahnvergehen** liegt vor, wenn die Vereitelungshandlung des Täters sich in Wahrheit auf eine Ordnungswidrigkeit bezieht, die er irrig für eine Straftat hält (Bay NJW **81**, 772; LK 29; ebenso und ausführlich Burkhardt JZ **81**, 681; zu Unrecht abl. Stree JR **81**, 297; vgl. ferner Geilen JK 4 zu § 22).

7) Nach III gilt für die **Strafe** 13 zu § 257 entsprechend. Soweit es um 15
Vereitelung von Maßnahmen geht, paßt III, der vor allem auf Strafvereitelung nach I zugeschnitten ist, nicht; doch ist ihm zu entnehmen, daß das Gewicht der Maßnahme bei der Strafzumessung zu berücksichtigen ist. Bei dem qualifizierten Fall nach § 258a gilt III nicht (dort III).

8) Abs. VI enthält einen **persönlichen Strafausschließungsgrund** (LK 16
37; str.; aM zB SK-Rudolphi 10, 14 vor § 19) für den Fall, daß der Täter zugunsten eines Angehörigen (2 ff. zu § 11) handelt (anders bei § 257 und § 258a; dort III); gleichgültig ist, ob der Täter nur Gehilfe der Strafvereitelung ist (BGH **9**, 73) oder ob der Angehörige nur Teilnehmer an der Vortat war. Auch der Angehörige, der einen Dritten zur Strafvereitelung anstiftet, ist straflos (BGH **14**, 172; RegE 251; str.). Es kommt nur darauf an, ob das Angehörigenverhältnis besteht; die irrige Annahme der Beziehung nützt dem Täter nichts, wenn sich nicht ein Verbotsirrtum daraus ergibt, und die Nichtkenntnis des tatsächlichen Vorhandenseins schadet ihm nichts, RG **61**, 271 (zw.; aM Stree JuS **76**, 141; Schünemann [28 vor § 13] 164). Handelt der Täter gleichzeitig zugunsten eines nicht Angehörigen, so ist er insoweit strafbar, es sei denn, daß die Vereitelung zugunsten des Angehörigen nach der Vorstellung des Täters nicht anders erreichbar ist (vgl. zu § 257 aF Celle NJW **73**, 1937; LK 39; Ruß JR **74**, 164; Blei JA **74**, 462; aM RG JW **36**, 1606; Kratzsch JR **74**, 186). Ist die Vereitelung zugleich eine andere Tat, so gilt VI für diese nicht (Celle NJW **80**, 2205 m. Anm. Geerds JR **81**, 35; Köln VRS **59**, 32), dh also auch im Fall gleichzeitiger Begünstigung (vgl. RG HRR **28**, Nr. 87), zB durch Beiseiteschaffen der Beute, um sie dem Vortäter zu sichern und zugleich die Tatspuren zu beseitigen (BGH **11**, 343). Doch wird man auch nach Trennung von § 257 aF mit der Rspr. zu § 257 II aF mit Rücksicht auf die notstandsähnliche Situation daran festzuhalten haben, daß auch die Strafe nach § 257 entfällt, wenn der Täter den Vereitelungserfolg ohne die Begünstigung nach seiner Vorstellung nicht erreichen kann (BGH **11**, 343; Geppert Jura **80**, 332; ebenso Amelung JR **78**, 227; aM Lackner 16).

9) **Konkurrenzen.** I und II schließen sich bei demselben Vortäter aus. Tat- 17
einheit ist mit § 257 und mit § 259 (dort 27) möglich; hinter § 258a tritt § 258 zurück, LK 42. Ob § 120 mit II in Tateinheit steht (so RG **57**, 302) oder ob § 120 trotz niedrigerer Strafdrohung lex specialis ist, erscheint zw. Vgl. ferner 9 zu § 257. Gegenüber § 145d (vgl. dort 10) geht § 258 vor.

Strafvereitelung im Amt

258a ¹Ist in den Fällen des § 258 Abs. 1 der Täter als Amtsträger zur Mitwirkung bei dem Strafverfahren oder dem Verfahren zur Anordnung der Maßnahme (§ 11 Abs. 1 Nr. 8) oder ist er in den Fällen des § 258 Abs. 2 als Amtsträger zur Mitwirkung bei der Vollstreckung der Strafe oder Maßnahme berufen, so ist die Strafe Freiheitsstrafe

§ 258a

von sechs Monaten bis zu fünf Jahren, in minder schweren Fällen Freiheitsstrafe bis zu drei Jahren oder Geldstrafe.

II Der Versuch ist strafbar.

III § 258 Abs. 3 und 6 ist nicht anzuwenden.

1 **1) Die Vorschrift** (vgl. vor § 257) ist ein qualifizierter Fall des § 258 und damit ein uneigentliches Amtsdelikt (RegE 250; Sturm JZ **75**, 11); zugleich ist sie Sonderdelikt, so daß für außenstehende Teilnehmer § 28 II gilt.

2 **2) Täter** kann nur sein, wer **A. als Amtsträger** (11 ff. zu § 11) zur **Mitwirkung** bei einem bestimmten Verfahren, auf das sich seine Tat nach § 258 I bezieht (das aber noch nicht eingeleitet zu sein braucht, MDR/H **80**, 630) oder zur Mitwirkung bei der Vollstreckung in diesem Verfahren (die noch nicht eingeleitet zu sein braucht), auf die sich seine Tat nach § 258 II bezieht, berufen ist (auch durch Ausübung der Dienstaufsicht oder der Weisungsbefugnis; vgl. I. Müller StV **81**, 93). **Verfahrensarten** sind die in 3 zu § 343 genannten Strafverfahren iwS; nicht jedoch die dort in 3 genannten anderen Verfahren, insbesondere nicht Bußgeldverfahren (Karlsruhe NJW **55**, 1200; Hamm NJW **79**, 2115; LK-Ruß 2; offen gelassen in BGH **15**, 210). Für Soldaten, auch wenn sie Offiziere oder Unteroffiziere sind, gilt der mildere § 40 WStG. Unter § 258a fällt auch der Amtsträger, der nur zur Mitwirkung bei der Verhängung der Strafe berufen ist, dann aber die Vollstreckung dieser Strafe im Rahmen seiner dienstlichen Tätigkeit vereitelt, zB wenn der Richter nach dem Urteil die Akten verschwinden läßt (LK 3). Nicht unter § 258a (möglicherweise aber unter § 258) fallen die nach § 6 SubvG (Anh. 20) zur Anzeige verpflichteten Amtsträger.

3 **B. Beispiele** für solche Amtsträger sind Richter und Staatsanwälte; Polizeibeamte (so der Bürgermeister in Baden-Württemberg als Ortspolizeihörde, BGH **12**, 277); und zwar auch bezüglich des ersten Zugriffs nach § 163 StPO, jedoch genügt bei einem Kriminalbeamten insoweit nicht die allgemeine Pflicht zur Erforschung von Straftaten, er muß vielmehr mit der Sache tatsächlich befaßt sein (Karlsruhe NStZ **88**, 504 m. Anm. Geerds JR **89**, 212; Otto JK 2), was auch dann der Fall sein kann, wenn die Sache im Einzelfall bereits einem Kollegen zugewiesen ist (so Bay JZ **61**, 453 mit abl. Anm. Geerds), ferner Finanzbeamte (RG **58**, 79), evtl. der Registrator einer Strafabteilung (RG **73**, 297), in beschränktem Maße auch Eisenbahnpolizeibeamte (RG **57**, 20), uU der Innenminister (LM Nr. 3 zu § 346 aF) oder der Justizminister, LK 3. In erster Linie kommen der mit der Sache tatsächlich befaßte zuständige Amtsträger und dessen Vorgesetzte in Betracht (vgl. Braunschweig GA **64**, 24), aber auch der Amtsträger, der dienstlich eingreifen darf (Bay **60**, 257). Nur vorbereitende Tätigkeit reicht jedoch nicht aus (RG **73**, 297; **76**, 395; LK 3; aM SchSch 4).

4 **C. Die Tathandlungen** sind die gleichen wie bei §§ 257 (dort 5 ff.), 258 (dort 5 ff., 9); zB **a) nach I** iVm § 258 I Einreichen einer Anzeige gegen „Unbekannt" trotz Kenntnis des Täters (MDR **54**, 17); die Entfernung einer Anzeige aus dem Dienstgange seitens der polizeilichen Vorgesetzten (MDR/D **56**, 563), Liegenlassen der Sache (vgl. BGH **15**, 21; GA **59**, 178). Läßt ein Polizeibeamter Strafanzeigen wegen unverschuldeter Arbeitsüberlastung liegen, so handelt er nicht rechtswidrig, wenn er seinen Vorgesetzten rechtzeitig unterrichtet (BGH **15**, 18). Es genügt auch eine Handlung,

Begünstigung und Hehlerei § 258a

die gesetzwidrig auf Freispruch oder auf zu milde Strafe hinzielt. Eine Strafanzeige hat der Polizeibeamte auch vorzulegen, wenn er Zweifel an ihrer Richtigkeit hat (LM Nr. 10 zu § 346 aF). Zur Frage eines polizeilichen V-Manns, der mit der Verfolgung einzelner Delikte zuwartet, um Hintermänner fassen zu können (Kleinknecht/Meyer 6 zu § 152; Füllkrug KR **84**, 592). Ein Vorgesetzter, der eine Straftat seines Untergebenen nicht anzeigt, kann sich nur bei besonderer Anzeigepflicht oder Ermessensmißbrauch strafbar machen (vgl. BGH **4**, 170; LK 8; irrig SK-Samson 47 zu § 258). Die Beamten der StA und der Polizei sind aber nicht verpflichtet, alle ihnen auf privatem Wege bekannt gewordenen Straftaten zu verfolgen (BGH **5**, 229; **12**, 281), wohl aber bei überwiegendem öffentlichen Interesse, also zB nicht in den Fällen des § 180 I Nr. 2 (NJW **89**, 916 [m. Anm. Bottke JR **89**, 432; Geppert JK 4 zu § 332]; Köln NJW **81**, 1794 [hierzu Wagner JZ **87**, 711; Geppert JK 1]; Karlsruhe NStZ **88**, 504 [m. Anm. Geerds JR **89**, 212]; zutr. LK 7); für ausnahmslose Verpflichtung Stuttgart NJW **50**, 198; gegen jegliche Verpflichtung insoweit SK 14; Krause GA **64**, 110; JZ **84**, 548. Die Verzögerung eines Verfahrens, dessen Einstellung nach einer unmittelbar bevorstehenden Amnestie zu erwarten ist, erfüllt den Tatbestand jedoch nicht (zur Problematik Schultz MDR **69**, 538; Hohler NJW **69**, 1228; Wulf NJW **69**, 1611; Dahs ZRP **70**, 3; Kaiser ZRP **70**, 51).

b) nach I iVm § 258 II pflichtwidriges Nichtbetreiben der Vollstreckung 5 der ausgesprochenen Strafe oder Maßnahme. Eine dauernde Entziehung braucht nicht beabsichtigt zu sein (RG **21**, 427) noch erreicht zu werden (RG **70**, 254). Vollstreckung einer leichteren als der verhängten Strafe oder Maßregel, so Abkürzung oder Ersetzung der schweren (Freiheitsstrafe iS von § 38) durch eine leichtere Strafe (Strafarrest) reichen aus; die bloße Gewährung unzulässiger Vergünstigungen bei der Vollstreckung oder von materiell rechtmäßigen, aber fehlgeschlagenen Vollzugslockerungen gehört idR nicht hierher (LK 5); jedoch kommt eine Tat nach I iVm § 258 II dann in Betracht, wenn Vollzugslockerungen rechtswidrig gewährt werden; mißbraucht sie den Vollzugslockerungen zu einer neuen Straftat, so ist eine Beteiligung des für die Lockerung verantwortlichen Amtsträgers, ggf auch iS einer Fahrlässigkeitstat zu prüfen (LG Göttingen NStZ **85**, 410; zum Ganzen Kusch NStZ **85**, 392; Schaffstein, Lackner-FS 796; Wagner JZ **87**, 709; Laubenthal JuS **89**, 831).

3) Der Vorsatz erfordert das Wissen des Täters, daß er, obwohl zum Tun 6 amtlich verpflichtet, jemanden der gesetzlichen Strafe oder Maßnahme rechtswidrig entzieht. Hierzu gehört auch der Wille zur Verwirklichung des Tatbestandes (BGH **19**, 80), zB wenn der Täter von vornherein vorhatte, rückständige Verfahren nicht mehr zu fördern (DRiZ **77**, 88). Bedingter Vorsatz reicht insoweit nicht aus (BGH **15**, 21; **19**, 80). Hingegen genügt für die Kenntnis der Vortat bedingter Vorsatz (JZ **52**, 241; Braunschweig NJW **49**, 436). Für die Tathandlung selbst sind **Absicht** oder **Wissentlichkeit** erforderlich (11 f. zu § 258). Motiv (BGH **15**, 21), oder Ziel des Täters (Oldenburg HESt. **2**, 62) sind ohne Bedeutung. Hält der Täter eine strafbare Handlung nicht für strafbar, so fehlt es am Vorsatz; umgekehrt ist strafbarer Versuch gegeben, wenn er strafloses Verhalten für strafbar hält (vgl. zu § 346 aF BGH **15**, 210 [abl. Weber MDR **61**, 426]; vgl. hierzu Herzberg JuS **80**, 473; Burkhardt JZ **81**, 681; Stree JR **81**, 297, LK 10).

1467

§ 258a

7 4) **Zur Teilnahme** vgl. 11 zu § 257, oben 1.

8 5) **Einen anderen** muß die Vereitelungshandlung begünstigen. Die Vereitelung **zu eigenen Gunsten** ist auch hier tatbestandslos. Im übrigen gilt § 258 V (dort 13). Der Amtsträger braucht daher den Haupttäter nicht anzuzeigen, falls er an der Haupttat als Täter, Teilnehmer, Hehler oder Begünstigter beteiligt war (BGH **6**, 20; Freiburg HESt. **2**, 59). Dies gilt aber nicht, wenn schon vorher seine Dienstpflicht entstanden war, die Täter der strafbaren Handlung zu verfolgen (BGH **4**, 169; **5**, 167; LK 12), ferner soweit eine sonstige Tat oder die bloße Dienstverfehlung in Frage steht (RG **70**, 253), er seine Kenntnis von der Tat zu einer eigenen Straftat ausnutzen will (BGH **5**, 155), oder sich gerade zur Unterlassung der Anzeige durch die Annahme der gehehlten Sache hat bestechen lassen (BGH **4**, 167; 21. 12. 1977, 3 StR 404/77). Nach BGH 20. 7. 1962, 4 StR 189/62 ist BGH **6**, 20 so zu verstehen, daß der Fall ausgeschlossen werden soll, in dem der Amtsträger erst nach der Tat straffällig geworden ist.

9 6) Nach III ist die **Angehörigenbegünstigung** strafbar, da § 258 VI nicht gilt; doch kann dann ein minder schwerer Fall in Betracht kommen (LK 14) *Stree* JuS **76**, 142 will weitergehend für gewisse Unterlassungen Ausnahmen machen.

10 7) **Der Versuch** ist strafbar (II); vgl. 14 zu § 258; oben 6 aE.

11 8) **Die Strafe** ist danach gestaffelt, ob ein minder schwerer Fall (41 zu § 46) gegeben ist. Nach III gilt § 258 II nicht, so daß die Strafe stets dem Rahmen des § 258a zu entnehmen ist. Im Vordergrund der Strafzumessung steht die Schwere der Dienstpflichtverletzung (RegE 251); doch spielt dafür das Gewicht der Vortat oder der verhängten Strafe oder Maßregel eine wichtige Rolle.

12 9) **Konkurrenzen**. § 258 tritt zurück, ebenso § 145d (dort 10). Tateinheit ist zB mit §§ 257, 336, 345 möglich; Tatmehrheit mit Diebstahl (vgl. BGH **5**, 167) oder Steuerhehlerei (vgl. BGH **4**, 167). Vgl. auch 17 zu § 258.

Hehlerei

259 ^IWer eine Sache, die ein anderer gestohlen oder sonst durch eine gegen fremdes Vermögen gerichtete rechtswidrige Tat erlangt hat, ankauft oder sonst sich oder einem Dritten verschafft, sie absetzt oder absetzen hilft, um sich oder einen Dritten zu bereichern, wird mit Freiheitsstrafe bis zu fünf Jahren oder mit Geldstrafe bestraft.

^{II}Die §§ 247 und 248a gelten sinngemäß.

^{III}Der Versuch ist strafbar.

1 1) **Die Vorschrift** idF des Art. 19 Nr. 132 EGStGB (vor § 257; RegE 252; Ber. 19; Prot. 7/196) erfaßt als **Hehlerei** die Aufrechterhaltung des durch die Vortat (2ff.) geschaffenen (10) rechtswidrigen Vermögenszustandes (6) durch einverständliches Zusammenwirken (16) mit dem Vortäter (4). § 259 folgt der *Perpetuierungstheorie* und ist kein Rechtspflege- sondern ein **Vermögensdelikt**
1a (BGH **27**, 46; **33**, 52; NJW **79**, 2621). **Schrifttum:** *Arzt* NStZ **81**, 10; *Eich* MDR **73**, 817; *Knauth* NJW **80**, 2666 für die Nutznießungstheorie im Falle unredlichen Gelderwerbs [zutr. gegen ihn *Sippel* NStZ **85**, 348; *Roth* NJW **85**, 2242 u. JA **88**, 193, 258]; *Miehe*, Honig-FS 104; *Otto* Jura **85**, 148; *Rudolphi* JA **81**, 1, 90; *Seelmann* JuS **88**, 39; *Schröder* MDR **52**, 68; *Stree* JuS **61**, 52; GA **61**, 36 u. **76**, 142;

Begünstigung und Hehlerei § 259

kriminologisch u. *de lege ferenda: Geerds* GA **88**, 245, 264. *Kriminalistik: Mladek* KR **85**, 458; *Rebscher* KR **85**, 529; *Pahl* KR **86**, 114; *Kreuzer/Oberheim*, Die Praxistauglichkeit des Hehlereitatbestandes. Die Reform der §§ 259 bis 262 StGB und ihre Auswirkungen in der Strafverfolgungspraxis, BKA 1986; U. Weber, Lochner-FS 431. *Ausländisches Recht: Walder* SchweizZSt **86**, 233. **Eine Sache** (2 zu **1b** § 242) ist Gegenstand der Sachhehlerei, uU auch eine unbewegliche Sache (RG **56**, 336) oder eine **eigene Sache** (vgl. § 289) des Vortäters (RG **20**, 222; Roth JA **88**, 197) oder des Hehlers (RG **18**, 303; wistra **88**, 25), desgl. eine herrenlose Sache (6 zu § 242), wie bei Verletzung eines fremden Aneignungsrechts (RG **20**, 223), aber *nicht* ein Bankguthaben (9. 5. 1961, 1 StR 130/60; Düsseldorf NJW **90**, 1493) oder ein Geldwert (vgl. Roxin, Mayer-FS 467; D. Meyer MDR **70**, 377); wohl aber geldwerte Papiere (22. 7. 1980, 1 StR 804/79).

2) **Durch einen Diebstahl** (§§ 242 bis 248a) oder **ein anderes Vermö-** 2 **gensdelikt** muß die Sache erlangt sein, wobei der Vortäter den äußeren und inneren Tatbestand dieses Vermögensdelikts erfüllt haben muß (15. 11. 1982, 2 StR 274/82). Ein Disziplinarvergehen oder eine Ordnungswidrigkeit reicht nicht aus, sondern nur eine kriminelle Handlung, wenn auch des Landesrechts (LK-Ruß 4). Welche rechtswidrige Tat es im einzelnen ist, braucht, wenn unten 3 gegeben ist, nicht festgestellt zu werden (RG **50**, 200), auch nicht der durch die Vortat Verletzte (RG **44**, 249). Daher ist auch alternative Feststellung zwischen verschiedenen Delikten als Vortat möglich (RG GA Bd. **68**, 281; MDR/H **91**, 483, hierzu Otto JK 13 zu § 1), desgl. die wahlweise Feststellung, daß der Täter die Vortat als Dieb oder daß er Hehlerei begangen habe, unter Bestrafung nach dem milderen Gesetz (VStSenRG **68**, 257; Hamm OLGSt. 8; vgl. 18 zu § 1).

A. Die Vortat muß eine **gegen fremdes Vermögen gerichtete rechts-** 3 **widrige Tat** (33 zu § 11; 3 zu § 29) sein.

a) Der Vortäter muß danach mit mindestens „natürlichem" Vorsatz 4 handeln (BGH **4**, 78; vgl. auch BGH **9**, 370). Schuldfähig braucht er also nicht zu sein (BGH **1**, 47; Oldenburg NJW **53**, 1237; Neustadt NJW **62**, 2313; Berz Jura **80**, 58), doch muß Zusammenwirken mit ihm möglich sein (Stree JuS **76**, 143). Umstritten (aber wohl zu bejahen) ist (aM Hamburg NJW **66**, 2228), ob Hehlerei möglich ist, wenn der Vortäter in unvermeidbarem Verbotsirrtum handelt (vgl. M-Schroeder § 39, 18). Nimmt der Täter irrig Tatumstände an, welche die Vortat zu einer strafbaren machen, so liegt (strafbarer, III) Versuch vor (RG **64**, 130). Hehlerei ist möglich, auch wenn der Vortäter nur wegen Fehlens des Strafantrags nicht verfolgt werden kann (RG GA Bd. **65**, 537), oder wegen Verjährung (LK 4), oder weil die Vortat für ihn mitbestrafte Nachtat ist (NJW **59**, 1377), desgl. wegen eines persönlichen Strafausschließungsgrundes (vgl. RG **50**, 199). Gleichgültig ist es bei Auslandsdelikten als Vortaten auch, ob sie nach der StPO in der BRep. nicht verfolgt werden, wenn sie nur in der BRep. strafbar sind (RG **55**, 234; LK 4).

b) Fremdes Vermögen muß die Vortat verletzen (RG **54**, 133). Hieran 5 fehlt es bei der Verletzung rein polizeilicher Vorschriften, wie Verbot des Erlegens nicht dem Jagdrecht unterliegender Tiere (RG **37**, 230), bei Verletzung steuer- oder waffenrechtlicher Vorschriften (MDR/D **75**, 543), beim Dirnenlohn (BGH **6**, 377), bei dem durch Bestechung Erworbenen (19. 5. 1961, 5 StR 556/60). Doch braucht die Vortat kein Vermögens- oder Eigentumsdelikt ieS zu sein (RG **37**, 230), in Betracht kommen u. a.

§ 259

§ *154* (RG **32**, 328), § *240* (MDR/D **72**, 571), § *257* (RG **39**, 237), *Hehlerei selbst* (GA **57**, 177; MDR/H **77**, 283; NJW **79**, 2621; Roth JA **88**, 198), § *267* (RG **55**, 281; NJW **69**, 1261; hiergegen Sippel NStZ **85**, 349; vgl. Zweibrücken OLGSt. 35), § *283* (GA **77**, 145), *nicht* jedoch §§ *133, 136* (Rudolphi JA **81**, 3), §§ *106, 108* UrhG (Friedrich MDR **85**, 367; vgl. auch LK 5; Otto Jura **85**, 150; U. Weber, Locher-FS 438; vgl. auch LK 5).

6   c) **Rechtswidriges Aufrechterhalten** der durch die Vortat geschaffenen Vermögenslage ist es auch, wenn der Täter formal Eigentümer wird, aber zu Unrecht, so bei Gelderwerb durch Betrug (RG **53**, 167; **61**, 247), ebenso bei anfechtbarem Erwerb während der Dauer der Anfechtungsmöglichkeit (SchSch-Stree 8; Roth NJW **85**, 2243 u. JA **88**, 199; Friedrich MDR **85**, 367), wenn der unmittelbare Vormann gutgläubigen Besitz hatte (R **6**, 451), oder wenn gestohlene Aktien inzwischen durch neue Zertifikate ersetzt werden (22. 7. 1980, 1 StR 804/79). Anders aber, wenn er durch guten Glauben Eigentümer geworden ist, § 932 (vgl. jedoch auch § 935 I BGB), RG GA Bd. **53**, 450, oder über § 950 BGB (Rudolphi JA **81**, 3). Dann hört die bisherige Rechtswidrigkeit der Vermögenslage auf. Auch aus anderen Gründen kann sie geheilt werden (vgl. RG **33**, 121; LK 7). *Keine* Aufrechterhaltung einer rechtswidrigen Besitzlage liegt im Falle des Erwerbs von *Raubkopien* vor (KG NStZ **83**, 561 m. Anm. Flechsig, auch ZRP **80**, 313; ferner Friedrich MDR **85**, 366), jedoch sind die §§ 106, 108, 108a UrhG zu prüfen (AG Mainz NJW **89**, 2637; vgl. ferner Stenger KR **89**, 479 *[Softwarepiraterie]*); Hehlerei kommt aber in Betracht, wenn der strafbar erworbene Software*träger* weitergegeben wird (Rupp wistra **85**, 137; NStZ/A **88**, 105).

7   aa) **Durch Spezifikation** nach § 950 BGB wird auch der Dieb Eigentümer der gestohlenen Sache, es sei denn, daß der Wert der Umbildungsarbeit gering ist (RG GA Bd. **49**, 117), eine bis dahin schon begangene Hehlerei wird dadurch nicht beseitigt (RG **53**, 167), jedoch kann eine Sache, an der der Dieb nach § 950 BGB Eigentum erworben hat (zB an unechten Ausweisen, die er aus gestohlenen Vordrucken hergestellt hat), kein tauglicher Gegenstand einer Hehlerei sein (Bay NJW **79**, 2218 m. krit. Anm. Paeffgen JR **80**, 300). Das bloße Zerschneiden eines Bildes in Teilbilder genügt zum Eigentumserwerb nicht (RG **57**, 159). Bildet der Vortäter Miteigentum durch Vermischung von Geld (§§ 947, 948 BGB), so hören die gestohlenen Geldstücke nicht auf, durch eine strafbare Handlung erlangt zu sein (NJW **58**, 1244, Hehlerei möglich, soweit der empfangene Betrag den Miteigentumsanteil des Vortäters übersteigt).

8   bb) **Der Ersatz** für den gestohlenen Gegenstand ist der durch die Vortat erlangten Sache nicht gleichzustellen (BGH **9**, 139; NJW **69**, 1260; ganz hM). Denn das Wesen der Hehlerei ist nicht (wie bei § 257) die Sicherung der Vorteile der Vortat schlechthin, sondern der durch sie erlangten **Sache** (RG **76**, 32). Es tritt also für die Strafbarkeit nicht der Erlös an die Stelle des Diebesgutes (RG **57**, 159), desgl. nicht die mit dem gestohlenen Gelde erworbene Sache, das dafür eingewechselte Geld; das mit dem gestohlenen Sparkassenbuch abgehobene Geld, es sei denn, daß sich das Abheben selbst als Delikt darstellt (RG **39**, 236), so bei dem auf den gefälschten Postscheck erhobenen Geld (NJW **69**, 1260; LK 14). An diesen Ersatzstücken ist eine (Ersatz-)Hehlerei ausgeschlossen, da sie keine Fortsetzung der rechtswidrigen Vermögenslage am Gute der Vortat darstellt. Damit steht nicht in

Begünstigung und Hehlerei **§ 259**

Widerspruch, daß man sich nach BGH **27**, 160 (m. Anm. D. Meyer JR **78**, 253; abl. jedoch Schall NJW **77**, 2221) durch Ankauf eines Pfandscheins eine Pfandsache verschaffen kann.

d) Die Ersatzhehlerei (vgl. hierzu Bockelmann BT/1 § 19 VIII) fällt also **9** nicht unter § 259 (§ 288 E 1962 ist nicht übernommen). Folgender (oft übersehener) Gesichtspunkt wird aber vielfach eingreifen: Eine strafbare **Hehlerei am Ersatzgeschäft** wird die Ersatzhehlerei an der ersten Vortat meist sein. Verkauft der Dieb den gestohlenen Pelz, so begeht er einen Betrug gegenüber dem Käufer (wegen § 935 I BGB), daher die mit dem Erlös beschenkte Braut eine Hehlerei (mit Betrug als Vortat). Kauft er mit gestohlenem Geld einen Pelz für die Braut, so wird der Verkäufer zwar Eigentümer des Geldes (§§ 932 I, 935 II BGB), aber die Braut kann beim Absatz des gestohlenen Geldes helfen, indem sie bewußt dazu beiträgt, daß ihr Freund das Geld rascher los wird (BGH **9**, 139, LK 15). Ob das im Fall BGH **10**, 1 zu Recht bejaht worden ist, erscheint zweifelhaft (LK 30). Beim Erwerb von Wechselgeld versagt diese Möglichkeit allerdings idR (Braunschweig NJW **57**, 557; vgl. aber Roxin, Meyer, Rudolphi [oben 1 b, 1 c]).

B. Erlangt durch die rechtswidrige Tat (33 zu § 11) muß der Vortäter **10** die Sache haben; sie muß für die Erlangung, dh die körperliche Verfügungsgewalt (RG **23**, 28), *kausal* sein. Ein Erlangtsein fehlt bei den durch eine Handlung erzeugten Sachen wie gefälschten Urkunden und Münzen (RG **70**, 384). Das Erlangen muß dem Hehlen vorausgehen (RG **72**, 328; MDR/H **90**, 98); dazu genügt, falls der Vortäter schon im Besitz der Sache ist, deren Unterschlagung (RG **58**, 230; Braunschweig NJW **49**, 477; Hamburg NJW **52**, 636; Köln JMBlNW **53**, 9). Auch beim Erlangen durch Betrug muß die Sache zunächst der Vortäter erhalten (RG **59**, 128). Ist die Vortat noch nicht vollendet, so ist nicht Hehlerei, sondern Beihilfe zur Vortat anzunehmen (RG **67**, 72; Stuttgart NStZ **91**, 285 [mit krit. Anm. Stree, Otto JK 11 zu § 1]; RegE 252; vgl. auch RG **58**, 230; Köln JMBlNW **53**, 9), anders bei einer fortgesetzten Handlung hinsichtlich des vom Vortäter schon Erlangten (RG **30**, 163). Die gegenteilige Meinung, wonach Hehlerei schon gegeben sein soll, wenn die Vortat, etwa eine Unterschlagung, im Veräußerungsgeschäft an den „Hehler" liegt (so noch NJW **59**, 1377; Stuttgart JZ **60**, 289 mit abl. Anm. Maurach; SchSch 18; Eser IV, 18 A 30; Berz Jura **80**, 60; Rudolphi JA **81**, 7) verwischt die Grenzen zwischen Beihilfe und Hehlerei (LK 12) und führt zu einer unangebrachten Tateinheit zwischen beiden Fällen (GrSenBGH **7**, 134). BGH **13**, 403 versucht, den Grundsatz durchzuhalten, daß die Vortat vollendet sein müsse, ehe Hehlerei möglich ist (auch JZ **81**, 596; 9. 1. 1985, 3 StR 514/84; Düsseldorf NJW **90**, 1493; hierzu Otto JK 10). Hamburg NJW **66**, 2227 fordert mit Recht, daß die Vortat schon beendet sein müsse, ehe Hehlerei möglich sei (aM Berz aaO 59; vgl. hierzu LK 11; Otto Jura **85**, 151; Roth JA **88**, 199).

3) Die Tathandlungen des I, die **wahlweise** (RG **56**, 61; BGH 15. 1. **11** 1970, 4 StR 522/69), aber auch **kumulativ** festgestellt werden können (RG **59**, 397), ermöglichen dem Revisionsrichter, den tatsächlichen Feststellungen des Vorurteils eine andere Begehungsform zu entnehmen, falls § 265 StPO das zuläßt (RG JW **24**, 1603). In jedem Fall muß Zusammenwirken mit dem Vortäter gegeben sein (oben 1; Sturm JZ **75**, 11).

§ 259

Die einzelnen Tathandlungen sind, daß der Täter die Sache (vgl. NJW 76, 1950)

13 **A. sich oder einem Dritten verschafft.** Nur als Beispiel dafür ("sonst") nennt das Gesetz das **Ankaufen**, woraus sich ergibt, daß der schuldrechtliche Vertrag (auf dessen Gültigkeit es nicht ankommt, RG **4**, 184) wie auch in anderen Fällen (Verpfändungsvertrag) erst ausreicht, wenn es zur Übertragung des Besitzes (GA **54**, 58; Rudolphi JA **81**, 90) und Verfügungsgewalt des Hehlers kommt (5. 12. 1990, 2 StR 287/90; EzSt Nr. 3). Denn
14 **Sichverschaffen** ist die Herstellung einer vom Vortäter abgeleiteten tatsächlichen Herrschaftsgewalt über die Sache im einverständlichen Zusammenwirken mit dem Vordermann, vgl. RG **64**, 326; Celle OLGSt. 21 (sonst ev. § 246, BGH **15**, 57; NStZ **92**, 36). Unbeschadet des Einvernehmens mit dem Vortäter bleibt das Sichverschaffen Einzeltat (5. 12. 1990, 2 StR 287/90). Bloße Verwahrung einer entwendeten Sache ist noch kein
15 Sichverschaffen (StV **92**, 65). Der Hehler muß die Sache zur **eigenen Verfügungsgewalt** bekommen (RG **64**, 21), und zwar in dem Sinne, daß er den Willen hat, über die Sache als eigene oder zu eigenen Zwecken zu verfügen (GrSenBGH **7**, 137; **10**, 151; **15**, 56; **27**, 46, 163; NJW **76**, 1698; GA **65**, 374; vgl. aber unten 17). Dazu ist der Erwerb des Gepäck- oder Pfandscheins durch den Hehler ausreichend (BGH **27**, 160 m. Anm. D. Meyer JR **78**, 253; Berz Jura **80**, 62; Rudolphi JA **81**, 91; LK 19; zw., aber hM; aM Schleswig NJW **75**, 2217, das Hehlerei am Pfandschein annimmt, wenn dieser durch Betrug erworben wurde; krit. Blei JA **76**, 35 und mit beachtlichen Gründen; Schall NJW **77**, 2221; vgl. SK-Samson 20; Roth JA **88**, 202); ebenso das Aufstapeln beim Hehler zu späterem gemeinsamen Verbrauch (MDR/D **75**, 368). Es genügen aber nicht Entgegennahme nur zur Ansicht (23. 11. 1973, 2 StR 494/73), Entleihen, Mieten und Ingewahrsamnehmen (MDR/D **58**, 13; **69**, 723; 16. 11. 1976, 1 StR 424/76; wohl aber der Empfang als Darlehen, NJW **58**, 1244), Mitbenutzen (6. 12. 1979, 1 StR 609/79), oder das gemeinsame Benutzen eines gestohlenen Fahrzeugs für eine Spritztour (StV **87**, 197), die Entgegennahme zur Verkaufskommission ist Absatzhilfe (unten 19, RG **70**, 8), auch Mitbesitz genügt nicht, wohl aber selbständige Mitverfügungsbefugnis (BGH **33**, 47 m. Anm. Arzt JR **85**, 212; Stuttgart NJW **73**, 1386; D. Meyer MDR **77**, 373), sofern der Mitverfügungsberechtigte unter Ausschluß des anderen Teils verfügen darf (BGH **35**, 175, hierzu Geppert JK 8), etwa im Falle einverständlicher Zugriffsmöglichkeit innerhalb einer Kommune (Schleswig SchlHA **78**, 186 Nr. 51), dagegen *nicht* der bloße Mitgenuß (BGH **9**, 137, NJW **52**, 754; 30. 10. 1990, 1 StR 570/90; Saarbrücken DRZ **48**, 68; Braunschweig GA **63**, 211; Geerds GA **88**, 256; LK 21; SK 21; str. aM M-Maiwald § 39, 24; Roth JA **88**, 203). Gibt der Ehemann der Frau gestohlene Gegenstände zur Verwendung im Haushalt, so wird sie vielfach nur nach § 1357 BGB in seiner Vertretung handeln; doch kann sie die Sachen auch zur eigenen Verfügungsgewalt bekommen (vgl. RG **52**, 203), oder beim Absatz an andere helfen (RG **53**, 104; OGHSt. **1**, 179). Nach BGH **21**, 267 ist es schon Versuch, wenn die Mutter die von ihrem Sohn gestohlene Geldtasche auf dem Tisch in der Erwartung ausleert, am Inhalt beteiligt zu werden. Hat der Täter die Sache schon in Gewahrsam, so kann er sie später in seine eigene Verfügungsgewalt bringen (BGH **5**, 49; **15**, 58; Celle MDR

65, 761; vgl. auch RG **55**, 220; **56**, 335). Wer eine Sache, die ihm heimlich zugesteckt worden ist, nach Entdeckung sofort zu vernichten sich entschließt, bringt sie hingegen nicht an sich, BGH **15**, 53. Der Hausherr bringt gestohlene Sachen, die seine Frau oder Kinder ins Haus schaffen, an sich, wenn er sie wissentlich im Haushalt verwenden läßt (RG **52**, 203; GA Bd. **59**, 353; Celle HESt. **1**, 110). **Auf abgeleitetem Wege** muß der Hehler 16
die Sache an sich bringen, nämlich – wenn vielleicht auch über einen möglicherweise gutgläubigen Mittelsmann (vgl. hierzu den zw. Fall Düsseldorf NJW **78**, 713 und krit. Paeffgen JR **78**, 466; Rudolphi JA **81**, 6; Seelmann JuS **88**, 39; vgl. LK 10, 17) – *mit Einverständnis des Vortäters* (BGH **7**, 137; **10**, 152; 6. 6. 1991, 1 StR 279/91; Hamm NJW **72**, 835; krit. Hruschka JR **80**, 221). Andernfalls kann Diebstahl (§ 242) oder Unterschlagung (§ 246, BGH **10**, 151), vorliegen, zB wenn der Dieb die gestohlene Sache an beliebiger Stelle hat stehen lassen und er andrer sie ohne dessen Kenntnis an sich bringt (vgl. BGH **13**, 43; 27. 2. 1980, 2 StR 635/79). Das Einverständnis ist auch stillschweigend möglich; doch reicht die bloße Vermutung des Hehlers, es sei vorhanden, nicht aus (RG **57**, 203; **64**, 327; LM Nr. 19; LK 17). Es genügt, daß einer der Mittäter einverstanden ist (RG 10. 4. 1924, 2 D 310/24). Ob der Vortäter durch Täuschung oder Nötigung zur Übertragung der Verfügungsgewalt bestimmt wurde, ist ohne Bedeutung (RG **35**, 281; Berz Jura **80**, 61; hM; aM SK 33; Rudolphi JA **81**, 6; Roth JA **88**, 207). Auch daß die Sachen unmittelbar vom Vortäter zum Hehler kommen, ist nicht erforderlich, es genügt auch Erwerb vom Zwischenhehler (BGH **15**, 57; LM Nr. 2), es sei denn, daß es bei diesem schon zu einem unanfechtbaren Erwerb gekommen ist (vgl. Waider GA **63**, 326; oben 6 ff.).

Einem Dritten (unter 22) verschafft (iS von oben 16) der Täter die 17
Sache, wenn er zB die Diebesbeute unmittelbar vom Vortäter an den Dritterwerber vermittelt oder bei der Post zur Überweisung an ihn einzahlt (21. 12. 1988, 2 StR 508/88). Von § 259 miterfaßt sind ausdrücklich (RegE 252) die Fälle des **Gewerbegehilfen** (zur aF BGH **2**, 267, 355; **6**, 59) ebenso wie der Erwerb für Ehegatten. Für die problematische Abgrenzung einer solchen „fremdnützigen Hehlerei" (hierzu krit. Arzt JA **79**, 574) von einer bloßen Beihilfe des Gewerbegehilfen ist maßgebend, ob er selbständig vorgeht oder sich dem Geschäftsherrn unterordnet (M-Schroeder § 50 II 1e aa; im einzelnen Arzt aaO).

B. absetzt (und absetzen hilft, unten 19), dies bedeutet dasselbe wie 18
„Mitwirken zum Absatz" iS von § 259 aF (BGH **26**, 361 [m. Anm. D. Meyer JR **77**, 80, 126]; NJW **90**, 2898 [hierzu Geppert JK 11]; E 1962, 457; Ndschr. **6**, 131, 342; krit. Lackner, UniHD-FS 40), nämlich im Einverständnis mit dem Vortäter oder Zwischenhehler und in dessen Interesse, im übrigen aber selbständig (vgl. E EGStGB 253; BGH **27**, 49) durch rechtsgeschäftliche Weitergabe (RG **67**, 431) an einen gut- oder bösgläubigen Dritten gegen Entgelt wirtschaftlich verwertet (BGH **2**, 135; **9**, 137; **10**, 1; Hamm NJW **72**, 835). Absetzen und Absatzhilfe (19) setzt ein Handeln für einen andern voraus (28. 8. 1985, 3 StR 195/85, zu § 124 I BranntwMonG). Bloß vermutetes Einverständnis des Vortäters genügt nicht (NJW **55**, 350). Wer Schecks einlöst, denen durch Fälschung auf gestohlenen Formularen der Anschein der Echtheit gegeben wurde, „setzt" nicht „ab" (NJW **76**, 1950; M-Maiwald § 39, 8; hierzu krit. D. Meyer

§ 259

MDR **77**, 373). Auch nicht, wer Diebesgut verschenkt (RG **32**, 214; aM Roth JA **88**, 204), wohl aber, wer es tauscht (NJW **76**, 1950), oder verpfändet (RG **17**, 392). Tatvollendung setzt ebensowenig wie in § 259 aF (BGH **22**, 207 mwN) und wie in § 374 AO (Anh. 22; BGH **29**, 240) voraus, daß es zum Absatz gekommen ist (BGH **27**, 49; NJW **79**, 2621; 22. 7. 1980, 1 StR 804/79; GA **83**, 472), denn Absetzen meint nach dem Gesetzeszweck (auch) das bloße Tätigwerden beim Absatz (BGH **27**, 50 m. Anm. D. Meyer JR **77**, 126; 1. 2. 1978, 2 StR 400/77; aM LK 26; Lackner 13; Küper JuS **77**, 58; Franke NJW **77**, 857; SK 26; Berz Jura **80**, 65; Lackner/Werle JR **80**, 214; Rudolphi JA **81**, 92; SchSch 32; Otto BT § 58 I 3b; Krey ZStW **101**, 849).

19   **C. absetzen hilft,** dh den Vortäter oder Zwischenhehler beim Absetzen der Sache iS von 18 *unmittelbar* (2. 7. 1980, 2 StR 260/80) unterstützt. Absatzhilfe ist keine bloße Beihilfehandlung, sondern im Verhältnis zu 18 gleichgeordnete selbständige Tatbestandsalternative. Denn der Absatzhelfer unterstützt den Vortäter und nicht den Absetzer; wird dieser unterstützt, so liegt hierin Beihilfe zu dessen Tat (BGH **26**, 362; **27**, 48 [m. Anm. D. Meyer JR **77**, 81, 126]; NJW **78**, 2042; **79**, 2621; **90**, 2898; MDR/H **82**, 970; GA **84**, 427; StV **89**, 435; 5. 12. 1990, 2 StR 287/90; Zweibrücken OLGSt. 38; Düsseldorf wistra **89**, 197; Bockelmann BT/1 § 19 II 3b; Berz Jura **80**, 66; Otto Jura **85**, 154; vgl. NJW **75**, 2110). Wird die Unterstützung vor dem Erwerb zugesagt, so liegt hierin eine Beihilfe zum Sichverschaffen, die später bei einer Einhaltung der Zusage in täterschaftliche Absatzhilfe einmündet (BGH **33**, 48 [m. Anm. Arzt JR **85**, 212]; MDR/H **86**, 793). Im übrigen ist Helfen jede vorbereitende, ausführende oder nur unterstützende Tätigkeit zum Zwecke des Absatzes, selbst wenn dieser nicht gelingt (BGH **26**, 359; **27**, 49; **29**, 242; **33**, 47; D. Meyer MDR **75**, 721; Fezer NJW **75**, 1982; Blei JA **77**, 142; vgl. oben 18; aM [nur versuchte Absatzhilfe] Köln NJW **75**, 987; Lackner 13; Küper JuS **75**, 633 u. NJW **77**, 59; Stree JuS **76**, 143; Franke NJW **77**, 857; Rudolphi JA **81**, 93; Seelmann JuS **88**, 41; Roth JA **88**, 205; LK 30; SchSch 38; SK 31; Krey BT/2, 182). Absatzhilfe ist zB möglich durch Umwechseln (BGH **9**, 138; GA Bd. **48**, 450), oder Ausgeben des erbeuteten Geldes (GA **65**, 374; 16. 4. 1985, 5 StR 147/85), oder den bloßen Rat, in welcher Weise der Täter das Geld ausgeben solle, BGH **9**, 139; durch eigennütziges Anmieten von Lagerräumen oder Transportfahrzeugen für das Diebesgut (2. 7. 1980, 2 StR 660/79), das mit dem Vortäter einvernehmliche Übernehmen des Transports des Diebesguts zum Umsatzort (NJW **90**, 2897, hierzu Geppert JK 11), ferner das Umschlagen von Motor- und Karosserienummern bei gestohlenen Fahrzeugen, die Fälschung von Fahrzeugpapieren, das Zerlegen und Umschleifen gestohlener Schmuckstücke (BGH **26**, 362). Gewahrsam braucht der Täter nicht zu haben (RG GA Bd. **67**, 438). Es genügt zB Übernahme zum kommissionsweisen Verkauf (RG **70**, 8; BGH 6. 11. 1978, 2 StR 587/78), oder das sonstige Übernehmen des Absatzes (RG **57**, 70), es sei denn, daß der Täter keine entsprechende Tätigkeit entfaltet (BGH **2**, 135); die Benennung eines Käufers, das Hinschaffen der Sache zum Trödler (RG **53**, 179; Hamm OLGSt. 5). Hilfe bei der Erlangung des Kaufpreises (RG **58**, 154; BGH 14. 5. 1964, 4 StR 184/65), aber auch das Dulden des Absatzes trotz der Pflicht zur Unterbindung, so durch den Kaschemmenwirt gegenüber seinen kriminellen Gästen (RG **58**, 299). Hin-

Begünstigung und Hehlerei **§ 259**

gegen ist Mitgenuß von mit Diebesgut bezahlten Speisen auf Einladung des Diebes keine Absatzhilfe (BGH **9**, 137; aM Hamm NJW **54**, 1380). Auch das bloße Verwahren oder vorübergehende Einlagern (NJW **89**, 1490 m. Anm. Stree JR **89**, 384, Otto JK 9) der Sache ist kein Mitwirken bei deren Absatz, BGH **2**, 136 (oben 15). Sehr weit geht BGH **10**, 1, wenn es im Aussuchen und Anprobieren eines Pelzes, der mit dem gestohlenen Gelde bezahlt werden soll, Absatzhilfe sieht (vgl. oben 9). Nach 24. 7. 1963, 2 StR 220/63 kann das Abschreiben einer Preisliste für gestohlene Waren noch nicht als Mitwirken angesehen werden; anders beim Sortieren zahlreicher wertvoller Brillanten (27. 10. 1970, 1 StR 282/70). Absatz an die durch die Vortat verletzte Person genügt, es sei denn, daß sie den Sachverhalt kennt (RG **54**, 124; str.). Ebenso der Mißbrauch der vom Staat offengestellten Möglichkeit der staatlichen Versteigerung (RG **67**, 430). Stets aber muß der Hehler im Interesse des Verkäufers handeln, nicht im eigenen Interesse (BGH **9**, 137), oder zur Unterstützung des Käufers (StV **84**, 285). Dann kann aber Beihilfe zur Hehlerei des Käufers vorliegen (RG **40**, 199; Düsseldorf NJW **48**, 491; 27. 6. 1962, 2 StR 49/62).

4) Der innere Tatbestand fordert:

A. Das Bewußtsein, *daß die Sache durch eine rechtswidrige Tat erlangt ist* **20** (MDR/H **80**, 629). Welche Tat das im einzelnen dann ist, braucht der Täter nicht zu wissen (NStZ **92**, 84), ebenso ist gleichgültig, ob er schuldhaftes Handeln des Vortäters annimmt oder nicht (vgl. 2ff.). Bedingter Vorsatz reicht aus, etwa wenn sich Vorstellung und Billigung des Täters, was die Herkunft der Sache anbelangt, auf mehrere Möglichkeiten erstrecken, von denen zumindest eine die Voraussetzung einer strafbaren Vortat erfüllt (NStZ **83**, 264), es genügt, wenn er mit der Möglichkeit einer Tat des Vortäters rechnet, die in fremdes Vermögen eingriff (RG **57**, 43). BGH 9. 5. 1984, 2 StR 228/84 setzt insoweit offenbar positive Kenntnis voraus. Erfährt er erst nach Erlangung des Gewahrsams von der Tat, so kommt Hehlerei dann in Betracht, wenn der Täter den Gewahrsam zunächst zwar zu eigener Verfügungsgewalt, aber ohne seinen Willen erlangt hat und die Sache erst dadurch „an sich bringt", daß er sie nun behält (BGH **2**, 138; **15**, 58; GA **67**, 315) oder wenn er die Sache nach erlangter Kenntnis durch eine entsprechende Handlung absetzt oder absetzen hilft (29. 11. 1966, 1 StR 488/66), oder wenn er Kenntnis von der Vortat zwar erst nach der Weitergabe der Diebesbeute an den Käufer erlangt, dann aber in Kenntnis der Vortat den Kaufpreis einzieht (Zweibrücken OLGSt. 39). Sonst kommt nur Unterschlagung in Frage, auch in den Fällen, in denen der Täter die Sache nicht zu eigener Verfügungsgewalt erhielt (BGH **10**, 151), § 246 scheidet jedoch nach gutgläubigem Eigentumserwerb nach §§ 932, 935 II BGB aus (MDR/H **80**, 629; vgl. jedoch oben 6). Der Tatrichter muß sich mit allen Tatsachen auseinandersetzen, die für den inneren Tatbestand von indizieller Bedeutung sein können (12. 6. 1979, 1 StR 158/79), zB bei Barabrechnung ohne Lieferschein bei großen Warenmengen zu Unterpreisen (17. 12. 1982, 2 StR 83/82).

B. Das Bewußtsein, eine der Tathandlungen (13ff.) zu begehen und **21** *dadurch* die rechtswidrige Vermögenslage *aufrechtzuerhalten* (RG **54**, 281; Bay MDR **71**, 1029).

§ 259

22 C. **Die Absicht,** sich oder einen Dritten (oben 17) zu **bereichern,** dh einen *Vermögensvorteil* zu erlangen (40, 43 zu § 263; 2 zu § 253). Sie ist tatbezogen, § 28 I gilt nicht (JR **78**, 344). Andere Vorteile reichen nicht aus (MDR/H **77**, 283; Roth JA **88**, 258). Auch der bloße Besitz ist kein Vermögensvorteil (MDR/H **83**, 92 [hierzu Geilen JK 6]; GA **86**, 559; Bay NJW **79**, 2219 m. Anm. Paeffgen JR **80**, 301), sonst geschähe jedes Sichverschaffen in Bereicherungsabsicht (Otto Jura **85**, 155). Ebenso fehlt es nach 20. 9. 1979, 4 StR 472/79 beim Erwerb von BtM zum Eigenverbrauch an der Bereicherungsabsicht (zw), hingegen steht nach NStZ **92**, 36 der Umstand, daß drogen- und medikamentenabhängige Täter an Entzugserscheinungen litten und sich daher strafbar verschafftes Valium injizierten, einer Bereicherungsabsicht nicht entgegen. Bei illegalem Erwerb zum Zwecke des Eigenbesitzes ist Bereicherungsabsicht nur gegeben, wenn der Täter keinen oder einen hinter dem Schwarzmarktwert zurückbleibenden Preis gezahlt hat (19. 2. 1982, 3 StR 39/82; vgl. LK 36). Rechtswidrig braucht der Vorteil als solcher nicht zu sein (LK 37; Roth JA **88**, 259; aM Arzt NStZ **81**, 13). Ob er erlangt wird, ist für den Tatbestand ohne Bedeutung (GA **69**, 62; MDR/H **81**, 267). **Dritter** (vgl. schon oben 17) ist in keinem Falle der Vortäter (Lackner 17). Wer bloß ihn bereichern will, begünstigt (§ 257) ihn nur. Die **abw.** Auslegung des **BGH** (NJW **79**, 2621; ebenso SchSch 50), die sich weder auf die Entstehungsgeschichte noch auf Wortlaut oder Sachsinn des Tatbestandes berufen kann, macht die durch § 259 erstrebte schärfere Abgrenzung der §§ 257 und 259 wieder zunichte (überzeugend Lackner/Werle JR **80**, 216; Lackner 17; LK 38; Roth JA **88**, 258).

23 Am **Vorteil fehlt** es beim Erwerb gestohlener Sachen, die sich der Täter unter keineswegs schwereren Bedingungen, insbesondere zum gleichen Preis, auf einwandfreiem Wege hätte verschaffen können (MDR/D **67**, 369; GA **69**, 62; Düsseldorf StV **91**, 110), auch beim Transport des Diebesgutes gegen die übliche Vergütung (RG 29. 4. 1927, 1 D 355/27). Anders schon, wenn der Täter mit Hilfe der Sache auch nur den üblichen Geschäftsgewinn machen will (GA **78**, 372 L), desgl. wenn er durch den Kauf anderweitigen Vorteil für die Zukunft erwartet (RG **53**, 179), oder, wenn er sich sein gefährdetes Einkommen für die Zukunft erhalten will (BGH **6**, 59); desgl. bei Inpfandnahme von Diebesgut für ein Darlehen, wenn die Forderung bis dahin ungesichert und unsicher war (MDR/D **54**, 16), bei Verwendung des Diebesgutes im gemeinsamen Haushalt (RG JW **34**, 39). Zur inneren Tatseite bei der Hehlerei eines Grundschuldbriefes (29. 11. 1977, 1 StR 582/77). Der Täter muß (parallel zu § 263; dort 39) den Vorteil aus der gehehlten Sache zu erreichen suchen (Stoffgleichheit; Arzt NStZ **81**, 13; Arzt/Weber LH **4**, 321; LK 37; Wessels BT-2 § 20 IV 2; Seelmann JuS **88**, 42; **abw. hM;** MDR/H **77**, 283; Bay NJW **79**, 2219; vgl. Stree JuS **76**, 144; Blei JA **76**, 310; M- Maiwald § 39, 38; SchSch 48; Rudolphi JA **81**, 94; SK 39; Otto JZ **85**, 77; Roth JA **88**, 259); daß er sich die Gunst des Vortäters nicht verscherzen will, reicht zB nicht aus (NJW **58**, 678).

24 5) **Der Versuch III** ist, auch als untauglicher (NStZ **83**, 264; Oldenburg NJW **53**, 1404; Freiburg HESt. **1**, 10; str.) bei allen Tatformen strafbar, zB dann, wenn es entgegen der Vorstellung des Täters an den tatsächlichen Voraussetzungen einer geeigneten Vortat fehlt (NStZ **92**, 84). Die Abgrenzung zwischen Vorbereitung und Versuch ist schwierig; sehr weit gehen BGH **21**, 267 (oben 13 ff.), Hamm JMBlNW **48**, 228 und Braunschweig

Begünstigung und Hehlerei § 259

NJW **49**, 477. Eintreten in Ankaufsverhandlungen genügt jedoch (MDR/D **71**, 546, Koblenz VRS **64**, 22; aM Roth JA **88**, 202).

6) Nach II gelten die §§ 247 (Hehlerei in Haus und Familie) **und 248a** 25 (Hehlerei geringwertiger Sachen) sinngemäß, dh daß die Tat im ersten Falle nur auf Antrag verfolgt wird (1 ff. zu § 247), im letzteren Fall sowohl Antrags- als auch Offizialdelikt sein kann (4 ff. zu § 232). § 248a ist gegeben, wenn nicht nur die gehehlte Sache geringwertig (5 zu § 248a) ist (RegE 253), sondern auch die angestrebte Bereicherung (vgl. 55 zu § 263; Lackner 22; LK 44; aM SK 46; Stree JuS **76**, 145; Blei JA **76**, 310). Ist in sonstigen Fällen die Vortat nur auf Antrag verfolgbar (zB § 248c), ist § 259 kein Antragsdelikt.

7) Konkurrenzen. A. Eine mehrfache Hehlerei an den durch die Vortat 25a erlangten Sachen ist mindestens dann möglich, wenn es sich um mehrere Sachen handelt (RG **15**, 364), an derselben Sache, wenn ein neuer Entschluß zugrundeliegt (RG **50**, 197). Spätere andere Tatformen werden durch das Absetzenhelfen nicht ausgeschlossen (RG DRiZ **26** Nr. 80), das auch vorausgegangen sein kann (RG **50**, 194). Ob für die verschiedenen Akte Tateinheit oder -mehrheit oder eine fortgesetzte Handlung anzunehmen ist, bestimmt sich nach der Willensrichtung des Täters (RG **57**, 307). Hat der Täter die Sache aber zu seiner alleinigen Verfügungsgewalt an sich gebracht, so ist ein späteres Absetzenhelfen (RG **56**, 319) eine mitbestrafte Nachtat (RG **51**, 183; NJW **75**, 2109; 5. 12. 1990, 2 StR 287/90; LK 46; für Tatbestandsausschluß RG **56**, 9; **69**, 200; BGH **23**, 38; Hübner NJW **75**, 2110); aber auch hier nur, solange die erworbene Verfügungsgewalt aufrechterhalten bleibt (RG **50**, 197).

B. Mit Vortat und Begünstigung.
a) Für Anstifter und Gehilfen an der Vortat (Hamburg NJW **53**, 1604) ist 26 Hehlerei möglich an Sachen, die andere Teilnehmer an der Vortat durch diese erlangt haben (BGH **5**, 378; **8**, 392; **13**, 403; Rudolphi JA **81**, 5; LK 42), dies auch dann, wenn sie von vornherein einen Anteil an der Beute haben wollten (GrSenBGH **7**, 134; MDR/H **84**, 626; aM Oellers GA **67**, 6; Roth JA **88**, 200). Außer in den Fällen natürlicher Handlungseinheit ist idR Tatmehrheit anzunehmen sein (BGH **13**, 403; **22**, 206 [zust. Schröder JZ **69**, 32]; MDR/H **86**, 293); Der *Alleintäter* der Vortat kann schon tatbestandsmäßig (BGH **8**, 392) nicht Hehler oder Anstifter zur Hehlerei sein, da die Hehlerei die Vortat eines anderen voraussetzt (RegE 252), im übrigen aber hier mitbestrafte Nachtat ist (BGH **7**, 135 und Bay NJW **58**, 1597). Gleiches gilt für den *Mittäter* (GrSenBGH **7**, 392; BGH **8**, 392; Hamm OLGSt. 8), auch beim Zuerwerb des Anteils eines anderen Mittäters nach Verteilung der Beute; LK 41; SchSch 54; Lackner 7; Otto Jura **85**, 152; Seelmann JuS **88**, 42 (vgl. aber für Postpendenzfälle 19a zu § 1), sowie für den *am Bandendiebstahl* bloß *Beteiligten*, soweit er hinsichtlich des einfachen oder erschwerten Diebstahls Mittäter ist, BGH **33**, 52 (m. Anm. Jakobs JR **85**, 352; Joerden, Taschke StV **85**, 329, 367; J. Meyer JuS **86**, 192; Roth JA **88**, 201); vgl. auch Bay 26. 6. 1986, RReg. 2 St 163/86. **Wahlfeststellung** zwischen §§ 242 und 259 ist möglich, 18 zu § 1. Zu den Postpendenzfeststellungen 19 zu § 1. **b)** Mit 27 der **Begünstigung** kann § 259 real konkurrieren (RG **47**, 220), doch ist auch Idealkonkurrenz bei Einheit der Handlung denkbar (BGH **2**, 363), da § 259 ein selbständiges Delikt ist. Auch die Absatzhilfe kann in Tateinheit mit § 257 oder § 258 (8. 10. 1980, 3 StR 336/80) stehen, falls nämlich die Sache durch Verbringen zum Hehler für den Vortäter noch zeitweilig sichergestellt wird (vgl. 18), RG **58**, 129. **c) Fortsetzungszusammenhang** zwischen Hehlerei und Begünstigung ist 28 nicht möglich (NJW **51**, 451; LK 47). **d)** Zur Steuerhehlerei § 374 AO (Anh. 22), 29 zur Monopolhehlerei § 124 BranntwMonG.

§ 259

30 **C. Mit sonstigen Gesetzen.** Mit **Unterschlagung** (§ 246) liegt Gesetzeskonkurrenz vor, so daß allein § 259 anwendbar ist, RG **56**, 335; **64**, 327; vgl. § 13 ff., es sei denn, daß die Hehlerei in der Absatzhilfe bei anderen besteht und der Unterschlagungsvorsatz nachträglich hinzukommt (RG **70**, 8). Anders auch, falls die Hehlerei der Anstiftung zur Unterschlagung nachfolgt (RG **72**, 328). Mit **Erpressung** (§ 253) ist Idealkonkurrenz möglich (RG **35**, 278; Roth JA **88**, 260), ebenso mit **Urkundenfälschung** (RG **69**, 203) im Falle des „Umfrisierens" der Motor- und Fahrgestellnummer gehehlter Fahrzeuge (MDR/H **81**, 452), aber Tatmehrheit mit § 267, wenn der Täter nach dem Erwerb gestohlener Scheckkarten und Euroschecks diese bei Postämtern einlöst (4. 11. 1987, 2 StR 383/87). Ferner ist Tateinheit möglich mit Fälschung **technischer Aufzeichnungen** (§ 268) und mit **Betrug** (RG **50**, 254; KG JR **66**, 307), an dem der Hehler zugunsten des Vortäters teilnehmen kann; es wäre hier aber auch je nach den Umständen Realkonkurrenz möglich, RG **59**, 131. Möglicherweise auch mit **Untreue** des Hehlers, der dem Dieb nicht die Abrede einhält, das Diebesgut in bestimmter Weise zu verwerten; vgl. BGH **8**, 254, 9 zu § 266. Tateinheit kommt auch mit § 21 StVG in Betracht; vgl. LM Nr. 3.

31 **8) Gewerbsmäßige** Hehlerei und **Bandenhehlerei** ist nach § 260, gewerbsmäßige Bandenhehlerei nach § 260a, **fahrlässige Hehlerei** nur nach § 148b GewO strafbar.

32 **9) Die Strafe** ist dem Rahmen des § 259 zu entnehmen, auch wenn der der Vortat milder ist; auch sonst ist die Strafzumessung von der Vortat unabhängig (vgl. RG DRW **40**, 286), doch spielt sie dabei eine gewisse Rolle. Andererseits ist der Strafrahmen des § 259 auf die generelle Gefährlichkeit der Tat zugeschnitten (vgl. Stree JuS **76**, 142), FAufsicht § 262.

33 **10) Zuständigkeit** in Wirtschaftsstrafsachen nach § 74c I Nr. 6 GVG.

Gewerbsmäßige Hehlerei, Bandenhehlerei

260 ^IMit Freiheitsstrafe von sechs Monaten bis zu zehn Jahren wird bestraft, wer die Hehlerei

1. gewerbsmäßig oder
2. als Mitglied einer Bande, die sich zur fortgesetzten Begehung von Raub, Diebstahl oder Hehlerei verbunden hat,

begeht.

^{II}Der Versuch ist strafbar.

^{III}Die §§ 43a, 73d sind anzuwenden.

1 **1) Die Vorschrift** wurde durch Art. 1 Nr. 17 OrgKG eingefügt. Schrifttum und Materialien vgl. 1, 2 zu § 43a. Sie ist Qualifikationstatbestand zu § 259, entspricht in Nr. 1 § 260 aF und wurde um den Tatbestand der bandenmäßigen Hehlerei (I Nr. 2) erweitert, für den der neue III die Anwendbarkeitsvoraussetzung für die §§ 43a (Vermögensstrafe) und 73d (erweiterter Verfall) schafft.

2 **2) Abs. 1 Nr. 1** erfaßt die **gewerbsmäßige Begehung** der Hehlerei. **A. Die Gewerbsmäßigkeit** (43 vor § 52) ist ein persönliches Merkmal iS des § 28 II (6, 9 zu § 28; NJW **53**, 955; Roth JA **88**, 260), so daß der Gehilfe nur nach § 259 zu bestrafen ist, falls der Erschwerungsgrund nicht auch bei ihm vorliegt (BGH **3**, 191; **4**, 43; hM). Bei der gewerbsmäßigen Beihilfe braucht der Nutzen des Gehilfen mit der gewerbsmäßigen Hehlerei des Täters nur in einem mittelbaren Zusammenhang zu stehen (RG **61**, 268).

Die Gewerbsmäßigkeit erfordert nicht nur, daß der Täter bei der Tat seines Vorteils wegen handelt, sondern darüberhinaus, daß er, wenn vielleicht auch nur durch eine einzige Tat (18. 3. 1982, 4 StR 636/81; hiergegen SK-Samson 3) Die Absicht betätigt, durch wiederholte Begehung von Hehlerei aus deren Vorteilen sich eine fortlaufende Einnahmequelle von einigem Umfang (MDR/D **75**, 724; 30. 1. 1991, 3 StR 396/90) und einiger Dauer zu verschaffen (43 vor § 52). Die Bestellung und Entgegennahme einer großen Menge von BtM zum Zwecke der Weiterlieferung begründet noch keine Gewerbsmäßigkeit (17. 1. 1992, 2 StR 566/91 zu § 29 III Nr. 1 BtMG ergangen). § 260 ist *auf den Gehilfen* nur anwendbar, wenn dieser selbst gewerbsmäßig gehandelt hat (§ 28 II iVm § 14 I; BGHR gew. 2). **B. In fortgesetzter Handlung** kann gewerbsmäßige Hehlerei ebenfalls begangen werden (vgl. BGH **26**, 8; 29. 10. 1980, 3 StR 323/80; Köln OLGSt 45 zu § 259). Es können der Gesamtvorsatz und der Vorsatz, durch wiederholte Begehung sich fortlaufende Einnahmen zu verschaffen, nebeneinander bestehen (vgl. dazu LK-Ruß 2, andererseits MDR/D **66**, 24). Die Einzeltaten der gewerbsmäßigen Begehung sind rechtlich selbständig (BGH **1**, 384; NJW **53**, 955; vgl. 42 ff. vor § 52).

3) Abs. I Nr. 2 stellt mit der **Bandenhehlerei** eine weitere Erscheinungsform der OrgK unter die verschärfte Strafe des § 260. Erfaßt werden soll insbesondere die Großhehlerei an bestellungsgemäß entwendeten Gegenständen (zB Kfz, Autoradios). In Anlehnung an die Abstufung vom einfachen Diebstahl (§ 242) über den Diebstahl unter erschwerenden Umständen (§ 243 I S. 2 Nr. 3) zum schweren Bandendiebstahl (§ 244a) wurde auch der Hehlereitatbestand des § 259 ergänzt, und zwar um den Vergehenstatbestand des § 260 I Nr. 2 und in § 260a um den neuen Verbrechenstatbestand der gewerbsmäßigen Bandenhehlerei, der ebenso wie § 244a an gewerbsmäßiges und bandenmäßiges Handeln anknüpft (E-BRat BT-Drs. 12/989, 25). I Nr. 2 erfaßt sowohl den Fall, daß mehrere Hehler sich zu einer Bande zusammenschließen, als auch das Handeln eines Hehlers als Mitglied einer Räuber- oder Diebesbande. Wegen der Tatbestandsmerkmale des I Nr. 2 vgl. 9 bis 11 zu § 244, 8 zu § 250.

4) Nach **II** ist der **Versuch** strafbar; zB auch dann, wenn der Hehler irrtümlich eine Vortat annimmt (RG **64**, 130). Auch untauglicher Versuch mit bedingtem Vorsatz ist möglich (KG JR **66**, 307).

5) Nach **III** sind im Falle der Bandenhehlerei (I Nr. 2) § 43a (Vermögensstrafe) und § 73d (Erweiterter Verfall) anzuwenden; dieser auch in den Fällen der gewerbsmäßigen Begehung (I Nr. 1).

6) Wahlfeststellung zwischen § 260 und Diebstahl ist zulässig (BGH **11**, 26; NJW **54**, 931; JR **59**, 305; 18 zu § 1; LK 5).

7) Sonstige Vorschriften: FAufsicht § 262; Überwachungsmaßnahmen §§ 98a ff., 100a I Nr. 2, 110a StPO; UHaft § 116a I Nr. 2 StPO; Zuständigkeit in Wirtschaftsstrafsachen § 14c I Nr. 6 GVG.

§ 260a

Gewerbsmäßige Bandenhehlerei

260a ᴵMit Freiheitsstrafe von einem Jahr bis zu zehn Jahren wird bestraft, wer die Hehlerei als Mitglieder einer Bande, die sich zur fortgesetzten Begehung von Raub, Diebstahl oder Hehlerei verbunden hat, gewerbsmäßig begeht.

ᴵᴵIn minder schweren Fällen ist die Strafe Freiheitsstrafe von sechs Monaten bis zu fünf Jahren.

ᴵᴵᴵDie §§ 32a, 73d sind anzuwenden.

1   1) **Die Vorschrift** wurde durch Art. 1 Nr. 18 OrgKG eingefügt. Schrifttum und Materialien 1, 2 zu § 43a. Zur Abstufung der Hehlereivorschriften vgl. 4 zu § 260. Neben diesem ist § 260a ein weiterer echter Qualifikationstatbestand zu § 259 I.

2   2) Abs. I setzt zunächst voraus, daß die äußeren Tatbestandsmerkmale der **Hehlerei** (1b bis 19 zu § 259) vorliegen und in subjektiver Hinsicht die Bereicherungsabsicht (20 bis 23 zu § 259) gegeben ist. Zudem muß der Täter die Hehlerei **gewerbsmäßig** (43 vor § 52, 2 zu § 260) begehen, so daß für die Beteiligung mehrerer auch hier § 28 II gilt (6, 8, 9 zu § 28). Schließlich muß der gewerbsmäßig handelnde Hehler (2, 3 zu § 260) die Tat **als Mittel einer Bande** (9 zu § 244) begehen, die sich zur **fortgesetzten Begehung** (10 zu § 244) von Raub oder Diebstahl (8 zu § 250) oder von Hehlerei verbunden hat (vgl. 2 bis 4 zu § 260). I knüpft also ebenso wie § 244a an gewerbsmäßiges bandenmäßiges Handeln an, dessen Hochstufung zum **Verbrechen** es wie bei § 244a ermöglicht, die Angriffe auf das Vermögen über § 30 bereits im Vorfeld der Tatbegehung zu erfassen (vgl. 2 B zu § 244a).

3   3) Abs. II sieht für **minder schwere Fälle** (42 zu § 46) einen milderen Strafrahmen vor.

4   4) Abs. III sieht für die gewerbsmäßige Bandenhehlerei zusätzlich zur Freiheitsstrafe die Vermögensstrafe (§ 43a) und die Anordnung des erweiterten Verfalls (§ 73d) vor.

Geldwäsche

261 ᴵWer einen Gegenstand, der aus einem
1. Verbrechen eines anderen,
2. Vergehen eines anderen nach § 29 Abs. 1 Nr. 1 des Betäubungsmittelgesetzes oder
3. von einem Mitglied einer kriminellen Vereinigung (§ 129) begangenen Vergehen

herrührt, verbirgt, dessen Herkunft verschleiert oder die Ermittlung der Herkunft, das Auffinden, den Verfall, die Einziehung oder die Sicherstellung eines solchen Gegenstandes vereitelt oder gefährdet, wird mit Freiheitsstrafe bis zu fünf Jahren oder mit Geldstrafe bestraft.

ᴵᴵEbenso wird bestraft, wer einen in Absatz 1 bezeichneten Gegenstand

1. sich oder einem Dritten verschafft oder

2. verwahrt oder für sich oder einen Dritten verwendet, wenn er die Herkunft des Gegenstandes zu dem Zeitpunkt gekannt hat, zu dem er ihn erlangt hat.

III Der Versuch ist strafbar.

IV In besonders schweren Fällen ist die Strafe Freiheitsstrafe von sechs Monaten bis zu zehn Jahren. Ein besonders schwerer Fall liegt in der Regel vor, wenn der Täter gewerbsmäßig oder als Mitglied einer Bande handelt, die sich zur fortgesetzten Begehung einer Geldwäsche verbunden hat.

V Wer in den Fällen des Absatzes 1 oder 2 leichtfertig nicht erkennt, daß der Gegenstand aus einer in Absatz 1 genannten rechtswidrigen Tat eines anderen herrührt, wird mit Freiheitsstrafe bis zu zwei Jahren oder mit Geldstrafe bestraft.

VI Die Tat ist nicht nach Absatz 2 strafbar, wenn zuvor ein Dritter den Gegenstand erlangt hat, ohne hierdurch eine Straftat zu begehen.

VII Gegenstände, auf die sich die Straftat bezieht, können eingezogen werden. § 74a ist anzuwenden. Die §§ 43a, 73d sind anzuwenden, wenn der Täter als Mitglied einer Bande handelt, die sich zur fortgesetzten Begehung einer Geldwäsche verbunden hat. § 73d ist auch dann anzuwenden, wenn der Täter gewerbsmäßig handelt.

VIII Den in den Absätzen 1, 2 und 5 bezeichneten Gegenständen stehen solche gleich, die aus außerhalb des räumlichen Geltungsbereichs dieses Gesetzes begangenen Taten herrühren, wenn die Taten auch am Tatort mit Strafe bedroht sind.

IX Wegen Geldwäsche wird nicht bestaft, wer

1. die Tat freiwillig bei der zuständigen Behörde anzeigt oder freiwillig eine solche Anzeige veranlaßt, wenn nicht die Tat in diesem Zeitpunkt ganz oder zum Teil bereits entdeckt war und der Täter dies wußte oder bei verständiger Würdigung der Sachlage damit rechnen mußte, und
2. in den Fällen des Absatzes 1 und 2 unter den in Nummer 1 genannten Voraussetzungen die Sicherstellung des Gegenstandes bewirkt, auf den sich die Straftat bezieht.

X Das Gericht kann in den Fällen der Absätze 1 bis 5 die Strafe nach seinem Ermessen mildern (§ 49 Abs. 2) oder von Strafe nach diesen Vorschriften absehen, wenn der Täter durch die freiwillige Offenbarung seines Wissens wesentlich dazu beigetragen hat, daß die Tat über seinen eigenen Tatbeitrag hinaus oder eine in Absatz 1 genannte rechtswidrige Tat eines anderen aufgedeckt werden konnte.

1) Die Vorschrift wurde durch Art. 1 Nr. 19 OrgKG v. 15. 7. 1992 (BGBl. I 1302, Inkrafttreten: 22. 9. 1992) eingefügt. **A. Materialien:** *Aus der 11. WP:* E-BRat BT-Drs. 11/7663 S. 24 ff. u. Stellungnahme der BReg. dort S. 49; Prot. RA-BTag Nr. 75 v. 15. 3. 1990 (öffentliche Anhörung). *Aus der 12. WP:* E-BRat BT-Drs. 12/989 S. 26 ff. u. Stellungnahme der BReg. dort S. 53; Ber. BT-Drs. 12/2720 S. 55, 63; SPD-E BT-Drs. 12/731; Prot. RA-BTag Nr. 31 nebst Anlagen v. 22. 1. 1992 (öffentliche Anhörung) samt Anlage [zit. „Prot." nach Seitenzahl des Prot. und der Anlage]. Vgl. zu den weiteren Materialien des OrgKG 2 zu § 43a. Der am 14. 8. 1992 eingebrachte E eines Vertragsgesetzes Suchtstoff-

§ 261
BT Einundzwanzigster Abschnitt

übereinkommens 1988 (vgl. BT-Drs. 12/3533) sieht eine Folgeänderung des BtMGÄndG vor, die **I Nr. 2** folgende Fassung geben wird: „Vergehen eines anderen nach § 29 I Nr. 1, 11 oder 13 des BtMG oder". Im übrigen ist der E des
2 Vertragsgesetzes durch das OrgKG überholt. **B. Schrifttum:** *Arzt* NStZ **90**, 1, SchweizZSt. **89**, 190 u. SchweizJZ **90**, 189; *Carl* wistra **91**, 288; *Graber,* Geldwäscherei, 1990; *Haas* MDR **91**, 212; *R. Hauser* SchweizZSt. **92**, 193; *Krauskopf* SchweizZSt. **91**, 385; *Krey* JR **92**, 353; *Möhrenschlager* wistra **92**, 286; *Obermüller* KR **92**, 361; *Pieth* StV **90**, 558; *Rieß* NJ **92**, 492; zur Gewinnabschöpfung im allgemeinen und zum OrgKG vgl. im übrigen 1 zu § 43a.

3 **C. Kriminalpolitisch** ist der Tatbestand der Geldwäsche eine zentrale Vorschrift des materiellen Strafrechts zur wirksamen Bekämpfung der organisierten Kriminalität (OK). Sie entspricht auch aus internationaler Sicht einem dringenden praktischen Bedürfnis (Pieth StV **90**, 559; Carl wistra **91**, 288) und trägt dem Übk. der UN von 1988 gegen den unerlaubten Verkehr von Suchtstoffen und psychotropen Stoffen Rechnung, das dazu verpflichtet, einen Straftatbestand gegen das Geldwaschen zu schaffen. Im Ausland (USA, Großbritannien, Frankreich, Schweiz) ist dies, wenn auch in unterschiedlicher Weise, schon geschehen (Nachw. BT-Drs. 12/989, 26). Unter **Geldwaschen** ist die **Einschleusung von Vermögensgegenständen** aus OK in den legalen Finanz- und Wirtschaftskreislauf zum Zwecke der Tarnung zu verstehen (vgl. Krey JR **92**, 353). Der Finanz- und Wirtschaftsverkehr wird in allen seinen Formen zum Geldwaschen mißbraucht. In der BRep. geschieht dies insbesondere im Zusammenhang mit BtM-Straftaten, idR durch baren und unbaren Transfer von Geld aus BtM-Geschäften vom Ausland ins Inland, aber auch durch Einzahlung von Bargeld aus Kleinverkäufen von Kontoinhabern (vgl. hierzu Carl wistra **91**, 289). Da das Geldwaschen den Schnittpunkt von illegalen Erlösen aus Straftaten und legalem Finanzkreislauf darstellt, können die Strafverfolgungsbehörden durch Aufklärung der Geldwaschvorgänge und deren Bekämpfung in die Strukturen der OK eindringen und der OK die finanziellen Grundlagen („Nerv der OK") entziehen (vgl. Krauskopf SchweizZSt. **91**, 387). Freilich wird hierbei zu wenig beachtet, daß *allein* die Schaffung von *neuen materiellrechtlichen Straftatbeständen* oder *schärferen Sanktionen* (§§ 43a, 73d) noch *keine hinreichende* und erfolgreiche *Bekämpfung der OK* zu bewirken vermag. Ungleich bedeutsamer ist der Ausbau und die Verbesserung *verfahrensrechtlicher Maßnahmen* (zu den zT unzulänglichen prozessualen Regelungen des OrgKG Krey JR **92**, 309 mwN), insbesondere – angesichts des hohen Abschottungsgrades der OK – die Regelung des Einsatzes verdeckter Ermittler, technischer Mittel, der Rasterfahndung samt polizeilicher Beobachtung sowie eines besseren Zeugenschutzes; vor allem aber ist eine Verbesserung der polizeilichen Informationsgewinnung erforderlich; die gebotenen Vorfeldermittlungen dürfen insoweit durch Datenschutzgesetze nicht behindert werden (Tröndle Prot. 136 u. Anl. 297 ff.). Die hiergegen erhobenen Einwände (zB Schoreit StV **91**, 588; Ostendorf JZ **91**, 64) sind wenig sachgerecht und wirklichkeitsfremd (Tröndle aaO). Die Effizienz des Geldwäschetatbestandes hängt weitgehend davon ab, in welchem Umfang ein in Vorbereitung befindliches Gewinnaufspürungsgesetz (BT-Drs. 12/2704, 2747; vgl. hierzu Obermüller KR **92**, 361) für die Kreditinstitute Aufzeichnungs-, Identifizierungs- und Meldepflichten einführt und solche Pflichten unter näher zu regelnden Voraussetzungen straf- oder bußgeldbewehrt (hierzu Carl wistra **91**, 288; ferner Hauser SchweizZSt. **92**, 193 zu Art. 305ter SchweizStGB, der die „mangelnde Sorgfalt bei Geldgeschäften" durch berufsmäßige Vermögensverwalter mit Strafe bedroht; hierzu Arzt SchweizZSt. **89**, 160; Kreuskopf SchweizZSt. **91**, 390; Trechsel 20 zu Art. 305; krit. Haas MDR **91**, 212). Mit den
3a **bisherigen Tatbeständen** des StGB ist gegen das Geldwaschen nichts Effekti-

ves auszurichten (vgl. Arzt NStZ **90**, 2), und zwar weder **a)** durch den Hehlereitatbestand (§ 259), der nur an körperlichen Sachen (nicht in bezug auf Geldwerte oder Bankguthaben) begehbar ist, sich nur gegen fremdes Vermögen richtet, ein einverständliches Zusammenwirken mit einem bestimmten Vortäter voraussetzt und Fälle der Ersatzhehlerei (9 zu § 259) nicht erfaßt (im einzelnen Krey JR **92**, 354), noch **b)** durch § 258, der zum einen voraussetzt, daß der Täter absichtlich oder wissentlich die Bestrafung einer *bestimmten* Person hinsichtlich einer *konkreten* Tat vereitelt und Entsprechendes auch in den Fällen der Verfallsvereitelung (§ 11 I Nr. 8, §§ 73 ff.) gilt (Arzt NStZ **90**, 3). Schließlich hilft **c)** auch die Begünstigungsvorschrift des § 257 letztlich nicht weiter, weil auch dann, wenn der Tatbestand Fälle der Geldwäsche erfassen könnte, eine Bestrafung idR am Nachweis einer – auf den Vortäter bezogenen – Absicht der Vorteilssicherung scheitert (Arzt NStZ **90**, 4; Krey JR **92**, 355). Auch sonst ist für die sachgemäße Verfolgung der komplexen Geldwaschvorgänge der Begünstigungstatbestand wenig geeignet. Das OrgKG schuf daher einen Tatbestand, der iErg. nicht nur deutlich über den in früheren Gesetzentwürfen vorgesehenen, aber stets gescheiterten Tatbestand der *Ersatzhehlerei* hinausgeht (unten 13), sondern zugleich – insoweit auch in Übereinstimmung mit weltweit erhobenen Forderungen (Pieth StV **90**, 559) – eine Regelung, die die in diesem Bereich typischen Beweisschwierigkeiten berücksichtigt. Bereits das **leichtfertige Nichterkennen** der strafbaren Herkunft des inkriminierten Gegenstandes (V) soll für die Strafbarkeit ausreichen (unten 17). Das **geschützte Rechtsgut** entspricht dem der Begünstigung (2 vor § 257). Diese Frage wird zwar in Rspr. und Schrifttum nicht einheitlich beurteilt. Aber ebenso wie bei § 257 (vgl. BGH **36**, 280) kommt es der Struktur des § 261 am nächsten, wenn man als Rechtsgut sowohl das durch die Vortat verletzte als auch die staatliche Rechtspflege ansieht (ebenso BT-Drs. 12/989 S. 27). Der **SPD-E** (BT-Drs. 12/731 Art. 1 Nr. 2 § 257a) wollte den unbestreitbaren Beweisschwierigkeiten über eine verdeckte Beweislastumkehr, nämlich dadurch Rechnung tragen, daß er auf die Fassung des § 259 fF *vor* dem EGStGB 1974 (Geld ... „von dem er weiß oder annehmen muß") zurückgriff, eine Regelung, die auch das schweizerische StGB in seinem Geldwäscherei-Tatbestand (§ 305bis) gewählt hat (Hauser SchweizZSt. **92**, 193). In der Sache handelt es sich hierbei wie in § 259 fF nach der herrschenden, wenn auch umstritten gewesenen Auffassung um eine *widerlegbare gesetzliche Beweisregel* zu Ungunsten des Angeklagten (BGH **2**, 146), nach der es genügt, daß der Richter solche äußeren Umstände feststellt, die dem Täter die *Überzeugung* (also nicht den bloßen Verdacht) auf die strafbare Herkunft der Sache *aufdrängen* mußten (Dreher, 33. Aufl. 1972, 4 A c zu § 259). Es ist davon auszugehen, daß auch den Anhängern des SPD-E eine solche Auslegung des § 257a SPD-E vorschwebte, die im Gewand einer materiellen Strafnorm auf eine *Umkehr der Beweislast* hinausläuft. Die Einbeziehung der *fahrlässigen* Geldwäscherei entspricht einer auch international erhobenen Forderung (vgl. Eser, J. Meyer Prot. 96, 116, 192). Der Leichtfertigkeitstatbestand des § 261 V verdient daher gegenüber der im SPD-E vorgesehenen (verdeckten) Beweislastumkehr den Vorzug (Tröndle Prot. 224 u. Anl. 319).

2) A. Tatobjekt der Geldwäsche ist nicht nur Geld iS eines vom Staat als **4** Wertträger beglaubigten Zahlungsmittels (2 zu § 146), sondern jeder für die Tat geeignete **Gegenstand,** soweit er einen Vermögenswert darstellt; das sind Sachen und Rechte, also nicht nur Geld (Bargeld, Buchgeld in inländischen und ausländischen Währungen), Wertpapiere und Forderungen, sondern auch andere bewegliche Sachen, wie Edelmetalle, Edelsteine, aber auch unbewegliche Sachen, wie Grundstücke und Rechte an solchen

§ 261

(BT-Drs. 12/989, 27). **B. Aus einer der in I Nr. 1 bis 3 benannten Straftaten
5 (unten 6ff.) muß der Gegenstand herrühren.** Damit sollen alle für die
Geldwäsche typischen Fälle erfaßt werden, in denen der aus der betreffenden Straftat stammende ursprüngliche Gegenstand unter Beibehaltung seines Werts durch einen anderen ersetzt wird, sei es mittels eines Waschvorganges oder einer ganzen Kette von Verwertungshandlungen. Dem Sinn
der Vorschrift entsprechend, die insoweit allen denkbaren wirtschaftlichen
Transaktionen entgegentreten will (vgl. Krey JR **92**, 354), verlieren die
Tatobjekte das Merkmal des „Herrührens" nicht schon mit *einem* „Waschvorgang". Die Grenze soll aber dort liegen, wo der Wert des betreffenden
Gegenstandes „durch Weiterverarbeitung" auf eine spätere Leistung zurückzuführen ist (BT-Drs. 12/989 aaO). Zw. erscheint freilich, ob nur im
Falle der „Weiterverarbeitung" des Gegenstandes „der Rückgriff auf die
Herkunft seine Grenze" findet (so BT-Drs. aaO). Die Einschränkung des
VI (unten 15) bezieht sich nur auf die Fälle des II (unten 13). In der Praxis
werden indessen die hierdurch entstehenden Auslegungsprobleme zu meistern sein: Ein Täter, der die kriminelle Herkunft des Gegenstandes kennt,
wird sich nicht auf die Zahl der Zwischenstationen berufen können, ist
hingegen die kriminelle Herkunft nach Sachlage für andere nicht erkennbar, wird sich auch ein Leichtfertigkeitsvorwurf nicht begründen lassen
(Tröndle Prot. Anl. 315).

6 3) Als **Vortaten** für eine strafbare Geldwäsche kommen nach I Nr. 1 bis
3 in Betracht: **a) Verbrechen** (§ 12 I) eines anderen, gleichgültig, ob es sich
7 gegen fremdes Vermögen oder andere Rechtsgüter richtet; **b) Vergehen**
eines anderen **nach § 29 I Nr. 1 BtMG**; das sind praktisch alle Straftaten, die
sich auf illegalen BtM-Verkehr beziehen, insbesondere das Handeltreiben
mit BtM, aber auch das Herstellen, das Ein- und Ausführen, das Inverkehrbringen, Veräußern, Abgeben und Erwerben sowie das sonstige Sich-
8 verschaffen von BtM, und ferner **c) Vergehen, die von einem Mitglied
einer kriminellen Vereinigung (§ 129) begangen** wurden. Auf diesem
Wege werden als Tatobjekte nicht nur Gegenstände erfaßt, die aus sachlich
abgegrenzten Straftaten herrühren, sondern auch Gegenstände aus jedweder Straftat, sofern sie Taten eines Mitglieds einer kriminellen Vereinigung
entstammen. Hierdurch fallen sämtliche Vermögensvorteile, die dieser
Personenkreis auf strafbare Weise erlangt hat, in den Bereich inkriminierter, praktisch „verkehrsunfähiger" Gegenstände. Das ist eine für die Bekämpfung der OK äußerst wirksame und verhältnismäßig weitgehende
Konsequenz, die freilich – da auf schwere oder für die OK typische Vortaten beschränkt – nicht so weit geht, wie der SPD-E (BT-Drs. 12/731; vgl.
oben 3c), der durch seinen Geldwäschetatbestand (§ 257a) alles, aus irgendwelchen rechtswidrigen Taten (§ 11 I Nr. 5) stammende Geld inkriminieren und verkehrsunfähig machen wollte (vgl. hierzu Tröndle Prot.
9 Anl. 318). **d) Nach Abs. VIII** werden im Interesse der Bekämpfung der
internationalen OK auch Gegenstände erfaßt, die aus **Auslandstaten** (vgl. 8,
18 vor § 3) herrühren. Voraussetzung ist, daß eine solche Vortat auch am
Tatort mit Strafe bedroht ist (7 zu § 7).

10 4) Als **Tathandlungen** umschreiben I und II Verhaltensweisen, die darauf abzielen, die inkriminierten Gegenstände unter Verdeckung ihrer Herkunft in den Finanz- und Wirtschaftskreislauf einzuschleusen (vgl. hierzu

Krey JR **92**, 354). Sie lassen sich untereinander nicht scharf abgrenzen und überschneiden sich in vielfacher Weise. **A. Nach Abs. I** gehören hierzu **a)** das **Verbergen** des Gegenstandes, zB um ihn dem Zugriff der Strafverfolgungsbehörden zu entziehen und ihn für spätere wirtschaftliche Transaktionen (zB Wechseln „schmutziger" Gelder in andere Wertträger, Geldtransfer in andere Staaten u. ä.) zur Verfügung zu halten, ferner **b)** das **Verschleiern der Herkunft** des Gegenstandes, womit irreführende Machenschaften gemeint sind (vgl. 31 zu § 283), die den Nachweis erschweren oder unmöglich machen, daß der Gegenstand aus einer Straftat stammt (zB durch das Einfließenlassen „schmutziger" Gelder in Unternehmen mit hohem Bargeldaufkommen, weitere Beisp. bei Krey aaO) und **c)** alle weiteren Tathandlungen, die den Zugriff der Strafverfolgungsbehörden auf die inkriminierten Gegenstände dadurch behindern, daß der Täter die *Ermittlung der Herkunft,* das *Auffinden,* den *Verfall,* die *Einziehung* oder die *Sicherstellung* eines solchen Gegenstandes entweder **aa) vereitelt** oder **bb) gefährdet.** Im Falle des Vereitelns ist der Tatbestand ein *Erfolgsdelikt,* wobei uU auch eine nur teilweise Vereitelung den Tatbestand erfüllt (vgl. 5 zu § 258). Im Falle des Gefährdens liegt ein *konkretes Gefährdungsdelikt* (13a vor § 13) vor (BT-Drs. 12/989 aaO). Die Vorschrift erfaßt damit praktisch alle konkret aufweisbaren Aktivitäten, die den Zugriff der Strafverfolgungsbehörden auf einen nach dieser Vorschrift inkriminierten Gegenstand zu verhindern trachten, und geht in seiner Reichweite wohl über II (unten 13) hinaus, den die Entwurfsbegründung (aaO) – *insoweit* wohl zu Unrecht – als Auffangtatbestand bezeichnet.

B. Abs. II erfaßt – internationalen Vorbildern folgend – das Sichverschaffen, Verwahren und Verwenden von Gegenständen iS des I, um auf diese Weise Vortäter zu isolieren und die inkriminierten Gegenstände praktisch verkehrsunfähig zu machen. Insoweit geht der Gesetzgeber – insbesondere im Hinblick auf den Leichtfertigkeitstatbestand des V (unten 17) – ungleich weiter als frühere Gesetzesentwürfe, die auch die Ersatzhehlerei (9 zu § 259) – freilich nur in beschränktem Umfang (vgl. § 288 StGB-E 1962: „Beteiligung an der Verbrechensbeute") – mit Strafe zu bedrohen beabsichtigte, aber damit erfolglos blieben (Tröndle Prot. Anl. 313). Nunmehr geht aber der Gesetzgeber mit Recht davon aus, daß ohne eine entsprechende Vorschrift die Einschleusung von Vermögensgegenständen aus der OK in den legalen Finanz- und Wirtschaftskreislauf erfolgreich nicht verhindert werden kann. II erfaßt den Täter, der **a)** Gegenstände iS des I (oben 5) **sich oder einem Dritten verschafft.** Hierunter ist wie in § 259 (dort 13ff.) die Verschaffung eigener Verfügungsgewalt auf abgeleitetem Wege gemeint; **b)** solche Gegenstände **verwahrt;** dh in seinem Gewahrsam (9 zu § 242) hat, oder **c) für sich oder einen Dritten verwendet;** hierunter fallen jede Form des Gebrauchs dieser Vermögensgegenstände, insbesondere die vielfältigen Geldgeschäfte (BT-Drs. 12/989 aaO). Vorausgesetzt ist aber in den Fällen b) und c), daß der Täter die Herkunft des Gegenstandes zu dem Zeitpunkt kannte, in dem er ihn erlangt hat. **d)** Im Interesse des allgemeinen Rechtsverkehrs nimmt **Abs. VI** die Fälle des II stets dann aus der Strafbarkeit aus, wenn *ein Dritter zuvor* den Gegenstand erlangt hat, *ohne* hierdurch *eine Straftat* zu begehen. Dieser Fall ist insbesondere für Geldgeschäfte gutgläubiger Erwerber (vgl. § 935 II BGB) von Bedeutung. Freilich

§ 261

entstehen Spannungen zu I, der von der Strafbarkeitseinschränkung des VI ausdrücklich ausgenommen ist. Denn iS des I inkriminierte Gegenstände, insbesondere Geldbeträge, kann hiernach jedermann, ohne sich strafbar zu machen, sich verschaffen oder sie verwahren, falls ein Dritter sie zuvor gutgläubig erlangt hat; will er sie aber – falls er ihre Herkunft kannte oder leichtfertig nicht erkannte (V) – verbergen oder an ihnen sonstige Verschleierungshandlungen iS des I begehen, so bleibt er unbeschadet der Tatsache, daß ein gutgläubiger Zwischenmann die Sache straffrei erlangt hatte, strafbar.

16 5) **Vorsatz** ist hinsichtlich aller Tathandlungen erforderlich; bedingter genügt. Der Täter muß wissen oder billigend in Kauf nehmen, daß er zB durch seine Verschleierungshandlungen den Vereitelungserfolg herbeiführt oder die Ermittlung des Gegenstands gefährdet. Hinsichtlich
17 des inkriminierten Gegenstandes genügt es **nach Abs. V**, daß der Täter lediglich leichtfertig (20 zu § 15) nicht erkennt, daß dieser Gegenstand aus einer in I bezeichneten Straftat herrührt. Diese Ausdehnung der Strafbarkeit durchbricht – ähnlich wie in § 264 III (dort 24) – den sonst vom Gesetzgeber eingehaltenen Grundsatz, fahrlässiges Verhalten im Bereich der Vermögensdelikte im Interesse eines freien Wirtschaftsverkehrs nicht mit krimineller Strafe zu bedrohen. Es entspricht aber – auch international – einer hM, daß eine wirksame Strafverfolgung der Geldwäsche ohne einen Leichtfertigkeitstatbestand oder eine sonstige Erleichterung des Nachweises der Herkunft des inkriminierten Gegenstandes nicht möglich ist.

18 6) **Nach Abs. III** ist der **Versuch** strafbar. Soweit er sich auf den zT als konkretes Gefährdungsdelikt (oben 12) ausgestalteten I bezieht, geht dies, da in diesen Fällen die Tat bereits bei Eintritt der Gefahr vollendet ist, sehr weit. Soweit sich die Entwurfsbegründung (aaO) hierfür auf entsprechende Regelungen in § 258 IV und § 259 III beruft, bleibt außer acht, daß die herangezogenen Tatbestände keine Gefährdungs- sondern Erfolgsdelikte sind und im Fall des § 258 – bezogen auf die Tathandlungen – Absichtlichkeit oder Wissentlichkeit vorausgesetzt ist.

19 7) **Täterschaft und Teilnahme** ist nach allgemeinen Regeln möglich. Daher kann Täter oder Teilnehmer jeder sein (nicht nur Personen, die der OK zuzurechnen sind), der Tathandlungen begeht oder an ihnen teilnimmt. Es ist gerade der Sinn der Vorschrift, gegenüber jedermann die „Verkehrsunfähigkeit" der Gegenstände, die aus Vortaten nach I herrühren, dadurch zum Ausdruck zu bringen, daß auf sie bezogene Tathandlungen stets strafbar sind. Besondere Bedeutung gewinnt die Vorschrift – gerade im Hinblick auf den Leichtfertigkeitstatbestand – gegenüber Personen, die beruflich mit dem Geld- und Kreditverkehr befaßt sind, insbesondere leitende Angestellte und Sachbearbeiter von Bank- und Kreditinstituten. Da sie im Geld- und Kreditverkehr zivilrechtlich ohnedies für grob fahrlässiges Verhalten einzustehen haben, werden sie mit der strafrechtlichen Haftung für leichtfertiges Nichterkennen der kriminellen Herkunft von Vermögenswerten nicht überfordert (Bedenken hiergegen bei Obermüller KR **92**, 364).

20 8) **Die Strafe** ist nach Schuldform und Schuldumfang abgestuft. Für **Vorsatztaten** nach I, II gilt die Regelstrafdrohung (Freiheitsstrafe bis zu 5 Jahren oder Geldstrafe). **Abs. IV** sieht für **besonders schwere Fälle** (11 zu § 12) einen erhöhten Strafrahmen vor (Freiheitsstrafe von 6 Monaten bis zu 10 Jahren). Regelfälle sind die **gewerbsmäßige Begehung** (43 vor § 52, 2 zu § 260) oder das

Begünstigung und Hehlerei § 261

Handeln als **Mitglied einer Bande** (9, 11 zu § 244), die sich zur fortgesetzten Begehung einer Geldwäsche verbunden hat (vgl. 10 zu § 244). Falls der Täter die Herkunft des inkriminierten Gegenstandes **leichtfertig** nicht erkannt hat, ist die Strafe **Abs. V** zu entnehmen (Freiheitsstrafe bis zu 2 Jahren oder Geldstrafe). Nach **Abs. VII** wird die **Einziehung** der inkriminierten Gegenstände, auf die 21
sich die Geldwäsche bezieht („Beziehungsgegenstände": 10 zu § 74), auch unter den erweiterten Voraussetzungen des § 74a (vgl. dort) ermöglicht. Außerdem kann gegen Täter, die als *Mitglied einer Bande* iS des Regelfalls des besonders schweren Falls (IV S. 2) gehandelt haben, eine **Vermögensstrafe** (§ 43a) verhängt werden, ferner ist der **Erweiterte Verfall** des § 73d, falls dessen Voraussetzungen vorliegen, anzuordnen, letzteres auch, falls der Täter *gewerbsmäßig* gehandelt hat.

9) In den **Abs. IX und X** werden die Fälle der **tätigen Reue** geregelt. Auf 22
diese Weise soll zur wirksamen Bekämpfung der OK ein Anreiz für die Anzeige strafbarer Geldwaschvorgänge geschaffen und nicht nur zur Aufklärung der Geldwäsche selbst, sondern auch zu der der Vortat sowie zur Sicherstellung der inkriminierten Gegenstände beigetragen werden (BT-Drs. 12/989, 28). **a)** Hier- 23
nach tritt ein **Strafaufhebungsgrund** nach IX dann ein, wenn der Täter die Tat *freiwillig* (6, 8ff., 14 zu § 24) bei der zuständigen Behörde (§ 158 I S. 1 StPO) anzeigt oder eine solche Anzeige veranlaßt. Auf diese Weise kann die Vergünstigung zB auch anderen Tatbeteiligten zugute kommen, die den späteren Anzeigeerstatter informiert haben. Nach dem Vorbild des § 391 II Nr. 2 AO ist aber weiter vorausgesetzt, daß die Geldwäsche im Zeitpunkt der Anzeige *noch nicht entdeckt* war und der Täter dies wußte oder er nach verständiger Würdigung keinen Anlaß hatte anzunehmen, daß die Tat entdeckt war (hierzu Meyer in Erbs 5c bb zu § 391 AO mwN). Für eine Strafaufhebung im Falle *leichtfertigen* Handelns genügt das Vorliegen der Voraussetzungen der **Nr. 1**. Hat der Täter iS von I oder II *vorsätzlich* gehandelt, so ist nach **Nr. 2** für die Erlangung der Straffreiheit weiter erforderlich, daß er durch die Anzeigeerstattung zugleich die *Sicherstellung* des inkriminierten Gegenstandes *bewirkt*. Hierauf wird bei leichtfertigem Handeln verzichtet, um eine Strafaufhebung auch noch nach längeren Geschäftsverbindungen dann zu ermöglichen, wenn durch Zeitablauf oder „Abverfügung des betreffenden Kontoinhabers" das gewaschene Geld nicht mehr sichergestellt werden kann (BT-Drs. 12/989, 28). **b)** Eine **Strafmilderung** 24
(§ 49 II) oder ein **Absehen von Strafe** ist in allen Fällen der Geldwäsche (I bis V) unter den Voraussetzungen des X dann möglich, wenn der Täter freiwillig (6, 8ff., 14 zu § 24) sein Wissen offenbart *und* damit dazu beigetragen hat, daß die Tat über seinen eigenen Tatbeitrag hinaus *oder* eine iS des I bezeichneten Vortat eines anderen aufgedeckt werden konnte (sog. *„kleine Kronzeugenregelung"*).

10) **Konkurrenzen.** Innerhalb von I und II ist Tateinheit möglich. Oft wird 25
bei Vorliegen mehrerer tendenziell gleichgerichteter Tathandlungen eine natürliche Handlungseinheit (2 vor § 52) gegeben sein. Tateinheit ist ferner möglich mit §§ 257, 258, 259, aber auch mit § 263 und § 267.

Führungsaufsicht

262 In den Fällen der §§ 259 bis 261 kann das Gericht Führungsaufsicht anordnen (§ 68 Abs. 1).

Die Vorschrift wurde durch Art. 1 Nr. 20 OrgKG (2 zu § 43a) auch auf § 260 I Nr. 2, § 260a und § 261 erstreckt. Zur **FAufsicht**, siehe §§ 68 ff.

Zweiundzwanzigster Abschnitt
Betrug und Untreue

Vorbemerkung

1 1) Zur wirksameren **Bekämpfung der Wirtschaftskriminalität** (zur geschichtlichen Entwicklung Tiedemann JuS **89**, 690) schuf das **1. WiKG** (1 zu § 264) in den §§ 264 und 265b Vorfeldtatbestände des Betruges, ergänzte den § 265a, faßte die Vorschriften gegen Wucher in § 302a zusammen, führte die Konkursstraftatbestände in das StGB (§§ 283 bis 283d) zurück, schuf das SubVG (Anh. 20) und änderte schließlich auch andere Vorschriften des Wirtschaftsrechts (Art. 4: HGB; Art. 6 Nr. 7: MOG).

2 2) Das **2. WiKG** (Inkrafttreten: 1. 8. 1986) trägt neueren Entwicklungen im Wirtschaftsleben Rechnung und begegnet den dabei aufgetretenen neuen Formen der Wirtschaftskriminalität, die insbesondere durch den zunehmenden Einsatz von Datenverarbeitungsanlagen in Wirtschaft und Verwaltung aufgetreten sind und die bisher nicht ausreichend geahndet werden konnten. Zur **Computerkriminalität** (zu diesem Begriff Tiedemann WM **83**, 1326; Sieber InfTechn. 14; Steinke NStZ **84**, 295; Sieg Jura **86**, 352; Haft NStZ **87**, 6; vgl. ferner 1a zu § 263a) rechnet man Taten, die bei ihrer Ausführung die Kenntnis oder den Einsatz von Computer- oder Kommunikations- und Informationstechnologie voraussetzen, das Eigentum an Sachwerten, das Verfügungsrecht an immateriellen Gütern verletzen oder die Funktionsfähigkeit dieser Technologien beeinträchtigen. Zu ihrer Bekämpfung schuf das 2. WiKG insbesondere Vorschriften über den *Computerbetrug* (§ 263a) und die *Fälschung beweiserheblicher Daten* (§ 269). Hierdurch wurden Strafbarkeitslücken im Bereich des Betrugs (1 zu § 263a) und der Urkundenfälschung (1 zu § 269) geschlossen. Ferner wurde die Anwendbarkeit der §§ 271 und 348 auf alle Dateien, des § 273 auf den Fall der Datenspeicherung und des § 274 auf den Fall des unbefugten Löschens gespeicherten Daten erweitert und durch § 270 der Täuschung im Rechtsverkehr die „fälschliche Beeinflussung einer Datenverarbeitungsanlage" gleichgestellt, ferner wurde § 303 durch die Vorschriften über die rechtswidrige *Datenveränderung* (§ 303a) und der *Computersabotage* (§ 303b) ergänzt sowie zur Bekämpfung der Computerspionage der Tatbestand des *Ausspähens von Daten* (§ 202a) mitaufgenommen und § 266b (*Scheck- und Kreditkartenmißbrauch*) zum besseren **Schutz des Zahlungs- und Kreditverkehrs** und § 152a (*Fälschung von Vordrucken für Euroschecks und Euroscheckkarten*) beschlossen. Im Anschluß an die §§ 264, 265b des 1. WiKG hat das 2. WiKG die Vorschrift über den **Kapitalanlagebetrug** (§ 264a) geschaffen, um Manipulationen bei Anlagegeschäften im Vorfeld des § 263 strafrechtlich besser erfassen zu können. § 266a – **Vorenthalten und Veruntreuen von Arbeitsentgelt** – dient dem besseren Schutz des Interesses der Solidargemeinschaft an der Sicherstellung des Aufkommens der Mittel für die Sozialversicherung sowie den Schutzinteressen der Arbeitnehmer. Das 2. WiKG enthält neben einer Reihe von Folgeänderungen in den Vorschriften der §§ 6, 14, 78c, 138 zahlreiche Änderungen von nebenstrafrechtlichen und verfahrensrechtlichen Bestimmungen, vor allem des OWiG; Änderungen des UWG (hierzu Otto wistra **88**, 125) und des BörsG stehen im Zusammenhang mit dem neuen § 264a; ferner wurden zahlreiche andere Gesetze ua die GewO, das KWG, AÜG, GmbHG geändert. Der *Ausschreibungsbetrug* (§ 264a des GesE der SPD-Fraktion BT-Drs. 10/119), der in den Beratungen des RA-BTag um-

Vor § 263

stritten war, wurde *nicht* in das Gesetz aufgenommen (vgl. hierzu Otto Jura 89, 33, Baumann, Oehler-FS 291 u. NJW 92, 1663; auch 33 zu § 263). **GesMaterialien:** Vgl. zunächst 1 zu § 264; eingehende Darstellung bei Möhrenschlager wistra 86, 123. Schlußbericht der Sachverständigenkommission zur Bekämpfung der Wirtschaftskriminalität (Hrsg BMJ 1980 = SVKomm. SchlußBer.) **9. WP:** BR-Drs. 219/82; BT-Drs. 9/2008 (RegE); **10. WP:** GesAntrag des Landes Hessen BR-Drs. 215/83, 215/1 bis 4/83; BRat 522. Sitz. S. 143; RA-BRat 523. Sitz.; BRat PlenProt. 524 S. 189 ff.; BR-Drs. 215/83 (Beschluß: Ablehnung); **b)** GesE der **SPD**-Fraktion BT-Drs. 10/119; BT-Drs. 10/5100 (Ausschreibungsbetrug; § 10 AÜG), für erledigt erklärt am 27. 2. 1986; **c) RegE** BR-Drs. 150/83; BRat 521. Sitz.; BT-Drs. 10/318; RA-BTag 11., 14., 16., 26. (öff. Anhörung vom 6. 6. 84), 37., 42., 47., 63., 68., 69., 71. Sitz.; BT-Drs. 10/5058 (**Ber.**); BTag: 10/15433 ff., 15444 (Schlußabstimmung); BR-Drs. 155/86 (GesBeschl.); RA-BRat 564. Sitz.; BR-Drs. 155/1/86; BR-Drs. 155/2/86 (Antrag He, NW, Saarl: Ausschreibungsbetrug); BRat 563. Sitz. v. 18. 4. 1986 (Zustimmung des BRats); BGBl. 1986 (I 721). **Neueres Schrifttum zur Wirtschaftskriminalität:** *Albrecht* ZStW **89**, 1088 (Tag. Ber.); *Arzt/Weber* LH 4,3 ff.; *Bandekow,* Strafbarer Mißbrauch des elektronischen Zahlungsverkehrs, 1989; *Baumann/Dähn,* Studien zum Wirtschaftsstrafrecht, 1972; *Berkhauer* ZStW **89**, 1015, 1088; Die Strafverfolgung bei schweren Wirtschaftsdelikten, 1981 und in *Poerting* Wirtschaftskriminalität II aaO [unten] 497 ff.; *Bottke* wistra **91**, 1, 5, 81; *Buchholz* wistra **90**, 207 (Erfahrungen in der DDR); *Franzheim* KR **80**, 278 u. **87**, 237; *D. Geerds,* Wirtschaftsstrafrecht und Vermögensschutz, 1990; *Götz,* Bekämpfung der Subventionserschleichung, 1974; Recht der Wirtschaftssubventionen, 1976; *Hack,* Probleme des Tatbestands Subventionsbetrug, § 264 StGB, 1982; *Heinz,* Wirtschaftskriminologische Forschungen in der BRep., wistra **83**, 128 u. ZStW **96**, 417; *Katholnigg,* Die Beteiligung von Laien in Wirtschaftsstrafsachen, wistra **82**, 91; *Montenbruck* u. a. JuS **87**, 213, 803, 967 (Staatsanwalt in Wirtschaftsstrafsachen); *Rudolf Müller,* Wirtschaftskriminalität, 1982; *Otto* ZStW **96**, 339, Jura **89**, 26 u. BT § 60; *Sannwald,* Rechtsgut und Subventionsbegriff § 264 StGB, 1982; *Schäfer,* Wirtschaftskriminalität/Weiße-Kragenkriminalität, 1974 (Sammelwerk); *Schünemann,* Unternehmenskriminalität und Strafrecht, 1980, 169 ff.; *Schwind/Gehrich/Berckhauer/Ahlborn* JR **80**, 228; *Tiedemann,* Subventionskriminalität in der Bundesrepublik, 1974; Die Verbrechen in der Wirtschaft, 1970 (Sammelwerk); Gutachten zum 49. DJT, Bd. I 4, 1972; ZStW **87**, 253; ZRP **76**, 50; Dünnebier-FS 519, JuS **89**, 682 u. Arm. Kaufmann-GedS 629 (Alternative Kontrolle der Wirtschaftskriminalität); *Tiedemann* (Hrsg.) Multinationale Unternehmen und Strafrecht, 1980; *Wassermann* KR **84**, 20. *U. Weber* ZStW **96**, 376; *Zuleeg,* Die Rechtsform der Subventionen, 1965. **Kriminologie und Statistik:** Ergebnisse der Bekämpfung der Wirtschaftskriminalität; Bull. d. BReg. **83**, 1242; *Bottke* wistra **91**, 2; *Gemmer, Berck* KR **83**, 605, 623; *Hillenkamp,* in: Recht und Wirtschaft Bd. der Osnabrücker rechtswiss. Abh. 1985 S. 238 u. Wassermann-FS 868; *G. Kaier,* Anschluß- und Vertiefungsuntersuchungen zur bundesweiten Erfassung von Wirtschaftsstraftaten usw. Bd. I (Betrug, Untreue, Wucher, Vorteilsgewährung und Bestechung als Wirtschaftsstraftaten), Bd. II (Subventions- und Kreditbetrug), Bd. III (§ 153 a Abs. 1 StPO bei Wirtschaftsstraftaten), hrsg. BMJ 1984; *Kaiser* Einf. § 62; *Kube/Plate/Störzer* KR **83**, 600 (BKA-Tag. Ber.); *Liebl,* Die bundesweite Erfassung von Wirtschaftsstraftaten nach einheitlichen Gesichtspunkten, Ergebnisse und Analysen für die Jahre 1974 bis 1981, ForschBer. MPI Freiburg 1984 u. wistra **88**, 83; *Meinberg,* Geringfügigkeitseinstellungen von Wirtschaftsstrafsachen. Eine empirische Untersuchung zur staatsanwaltschaftlichen Verfahrenserledigung nach § 153 a I StPO, 1985; *Poerting* (Hrsg.), Wirtschaftskriminalität I (1983), II

(1985) BKA Schriftenreihe Bd. 52/53 WirtschKrim I/II; *Sieber* ZStW **96**, 259 (Tag. Ber.); *Steinke* NStZ **84**, 295; *Vogel,* Verbraucherschutz durch strafrechtliche Produkthaftung, GA **90**, 241. *Rechtsvergleichung: Sieber* ZStW **96**, 259 (Tag. Ber.). **Schrifttum zum 2. WiKG:** *Achenbach* NJW **86**, 1835 u. JuS **90**, 605; *Bühler* MDR **87**, 448; *Granderath* DB **86**, Beil. 18; *Jaath,* Dünnebier-FS 583; *Joecks* wistra **86**, 142; *Kolz* wistra **82**, 167; *Martens* wistra **85**, 81 u. **86**, 154; *Möhrenschlager* wistra **86**, 123, 128; *Otto* wistra **86**, 150; *H. Schäfer* wistra **82**, 96; *Schroth* wistra **86**, 158; *Stahlschmidt* wistra **84**, 304; *Tiedemann* JZ **86**, 865 u. NJW **88**, 1169 ("Bebußung" von Unternehmen); *U. Weber* NStZ **86**, 481; zur Computerkriminalität im besonderen vgl. 1a zu § 263a.

4   3) **Die Produktpiraterie** als neue Form der Wirtschaftskriminalität, begangen durch planmäßige gezielte und massenhafte Schutzrechtsverletzungen im Bereich des geistigen Eigentums, bekämpft das **PrPG** in der Form eines ArtikelG mit wesentlich gleichlautenden Änderungen des WZG, UrhG, GeschmMG, PatentG, GebrMG, HalbleiterSchG u. des SortenschutzG u. a. auch durch Strafschärfungen, insbesondere in den qualifizierten Fällen der gewerbsmäßigen Begehung, und erweiterte Einziehungsmöglichkeiten.

5   4) **Organisierte Kriminalität** beeinflußt auch immer weitere Teile des Wirtschaftslebens; sie verursacht Gesamtschäden von nahezu 10% des Bruttosozialprodukts (BR-Drs. 100/89). Ihrer wirksamen Bekämpfung soll das **OrgKG** (2 zu § 43a) dienen.

Schrifttum zum OrgKG und den Neuregelungen im einzelnen: 1 zu § 43a, 1 zu § 73, 1 zu § 73d u. 1 zu § 261. *Weiteres,* auch rechts- und kriminalpolitisches sowie kriminologisches *Schrifttum: Bäumler* (Datenschutz) KR **92**, 75; *Boll* KR **92**, 81; *Dörmann/Koch/Risch/Vahlenkamp,* Organisierte Kriminalität – wie groß ist die Gefahr?, BKA-Sonderband, 1990; *Eisenberg/Ohder* JZ **90**, 574; *Hilger* NStZ **92**, 457; *Krey/Dierlamm* JR **92**, 353; *Krey/Haubrich* JR **92**, 309; *Lenhard* KR **91**, 506; *Ostendorf* JZ **91**, 62; *Poerting/Störzer* KR **92**, 2; *Rebscher/Vahlenkamp,* Organisierte Kriminalität in der Bundesrepublik Deutschland, BKA-Sonderband, 1988; *Schoreit* StV **91**, 535; *H. Weigend* KR **92**, 143 (Zeugenschutz).

Betrug   RiStBV 236–238

263 [I] **Wer in der Absicht, sich oder einem Dritten einen rechtswidrigen Vermögensvorteil zu verschaffen, das Vermögen eines anderen dadurch beschädigt, daß er durch Vorspiegelung falscher oder durch Entstellung oder Unterdrückung wahrer Tatsachen einen Irrtum erregt oder unterhält, wird mit Freiheitsstrafe bis zu fünf Jahren oder mit Geldstrafe bestraft.**

[II] **Der Versuch ist strafbar.**

[III] **In besonders schweren Fällen ist die Strafe Freiheitsstrafe von einem Jahr bis zu zehn Jahren.**

[IV] **§ 243 Abs. 2 sowie die §§ 247 und 248a gelten entsprechend.**

[V] **Das Gericht kann Führungsaufsicht anordnen (§ 68 Abs. 1).**

1   Neueres **Schrifttum:** *Fabricius,* Betrug, Betrugsbegriff und gesellschaftliche Entwicklung, 1985 [hierzu *Weidemann* GA **87**, 36; *Maiwald* ZStW **103**, 686]; *Geerds* NStZ **91**, 57 (Baubetrug, auch kriminologisch); *Gerhold,* Zweckverfehlung und Vermögensschaden, 1988 [Bespr. *Graul* GA **91**, 285]; *Kindhäuser* ZStW

103, 398; *Ranft* Jura **92**, 66; *Riemann*, Vermögensgefährdung und Vermögensschaden, 1989; *Schmoller* JZ **91**, 117 u. ZStW **103**, 92; *Turner/Gallandi* JuS **88**, 258.

1) Die Vorschrift ist mehrfach geändert durch Art. 2 Nr. 41 des 3. StÄG (2 **1a** vor § 102), Art. 1 Nr. 76 des 1. StrRG und Art. 19 Nr. 134 EGStGB, das den IV neu faßte und V anfügte (Einl. 9, 10). Zu den Reformbemühungen vgl. LK-Lackner 341 mwN. § 263 schützt nicht die Verfügungsfreiheit des Vermögensinhabers (NJW **83**, 1917) und daher auch nicht vor der Vereitelung einer Vermögensvermehrung (NJW **91**, 2573; NStE Nr. 49), sondern ist ein ausschließlich gegen das **Vermögen** gerichtetes (BGH **16**, 221; 30. 7. 1980, 3 StR 265/80) Verschiebungsdelikt. Während Angriffsgegenstand und primäres Rechtsgut das Individualvermögen (auch des Staates) ist, werden mittelbar auch wirtschaftliche Allgemeininteressen geschützt (6 zu § 265b). Str. ist, ob insoweit privates und öffentliches Vermögen grundsätzlich zu unterscheiden ist (so Tiedemann ZStW **86**, 911; krit. SchSch-Lenckner 1 zu § 264; offen gelassen BGH **31**, 95 m. Anm. Tiedemann JR **83**, 212). **Aufbau** des § 263: Der Täter, dem es darauf ankommt, sich einen rechtswidrigen Vermögensvorteil zu verschaffen (41 ff.), nimmt eine Täuschungshandlung (6 ff.) vor, ruft dadurch bei einem anderen einen Irrtum (18 ff.) hervor und erreicht damit, daß dieser über sein Vermögen (27 ff.) oder das eines anderen, über das er verfügen kann, eine Verfügung vornimmt (23 ff.), durch die er das Vermögen schädigt (30 ff.). Damit ist die Tat vollendet, jedoch noch nicht beendet (3 zu § 78a). Zwischen allen Gliedern der Kette muß Kausalität bestehen (19). Der Vermögensvorteil, den der Täter anstrebt, muß aus dem angerichteten Schaden kommen (39). Im Vorfeld des § 263 stehen die Spezialvorschriften der §§ 263a, 264, 264a, 265 sowie die gegenüber § 263 subsidiäre Vorschrift des § 265b (dort 6).

2) Die Tathandlung ist die Täuschung (6 ff.) über **A. Tatsachen.** Dies **2** sind gegenwärtige oder vergangene Verhältnisse, Zustände oder Geschehnisse (MDR/D **73**, 18; Koblenz NJW **76**, 63), dagegen grundsätzlich nicht, was noch in der Zukunft liegt (RG **56**, 227, 232), wie die künftige Zahlungsfähigkeit (17. 5. 1960, 1 StR 28/60; Braunschweig NdsRpfl. **62**, 24), das Zukünftige wird zur Tatsache erst mit dem späteren Eintritt (RG **20**, 143). Doch ist die Absicht, etwas in der Zukunft zu tun (zB eine Schuld zu bezahlen), schon eine gegenwärtige Tatsache (RG **66**, 58), ebenso eine schon gegenwärtig bestehende Chance oder Wahrscheinlichkeit (vgl. Loos NJW **80**, 847; str.), zB eine gegebene Heilungsaussicht (aM 18. 5. 1965, 1 StR 175/65). Aus der Tatsache, daß der Täter bei der Warenbestellung zahlungsunfähig ist und immer nur liquide Mittel zur Tilgung der ältesten und dringendsten Forderungen hat, kann nicht auf Zahlungsunfähigkeit hinsichtlich der konkreten Bestellung geschlossen werden (StV **91**, 419).

B. Auch über innere Tatsachen kann getäuscht werden, so über Zah- **3** lungs- und Erfüllungswilligkeit (7. 11. 1991, 4 StR 252/91), die Ernsthaftigkeit eines Geschäftsabschlusses (RG **24**, 405), das Wissen vom Wert einer Sache (RG GA Bd. **46**, 323), die Überzeugung des Täters, trotz gegenwärtiger Zahlungsunfähigkeit eine Leistung termingemäß erbringen zu können (Braunschweig NJW **59**, 2175; NdsRpfl. **62**, 24; Bockelmann BT/1 § 11 II 1b; vgl. auch Koblenz NJW **76**, 63: berechtigte Kritik an diesem Urteil, das sich auf den Fall des Forderns einer „Fangprämie" von einer Ladendiebin bezieht, bei Lange JR **76**, 177; Meurer JuS **76**, 300; Blei JA **76**, 387; D. Meyer MDR **76**, 980); das Vorhandensein bestimmter Kenntnisse.

§ 263

Die Annahme einer bloßen Möglichkeit reicht hier aber nicht aus (RG **30**, 336; Celle GA **57**, 220).

4   C. **Bloße Werturteile** (Meinungsäußerungen, Rechtsauffassungen, Auffassungen persönlicher Art) sind als solche keine Tatsachen (JR **58**, 106), so nicht die Angabe eines Prozeßagenten, er verteidige so gut wie ein Rechtsanwalt; anders, wenn darin zugleich ein greifbarer und nachprüfbarer Kern tatsächlicher Art steckt (RG **56**, 231); auch nicht die Berühmung eines Rechtsanspruches (Geltendmachung des Ehemaklerlohns, Stuttgart NJW **79**, 2573, zw.; vgl. Anm. Loos NJW **80**, 847; Seelmann JuS **82**, 269; Geppert JK 5; Otto JZ **85**, 69; Ranft JA **84**, 729; sowie die Kontroverse B. Müller/Heid JuS **81**, 255; **82**, 22; vgl. auch unten 22). Daher genügen allgemeine Redewendungen und reklamehafte Anpreisungen über künftige geschäftliche Entwicklungen oder über eine Marktlücke (wistra **92**, 255) *nicht* (BGH **34**, 201; Köln OLGSt. 126), es sei denn, daß die Redensart auf bestimmte Eigenschaften schließen läßt; so wenn die Ware als erstklassig, ein Schuldner als sicher (R **5**, 395), ein Geschäft als gutgehend (RG Recht **13** Nr. 3207), ein Patent als eines mit guten Ausnützungsmöglichkeiten (RG **70**, 152) bezeichnet wird. Eine nicht genügend substantiierte Tatsachenbehauptung kann Gegenstand einer Täuschung sein, wenn sie einen konkreten Tatsachenkern enthält (Zweibrücken JR **89**, 390 m. Anm. R. Keller, hiergegen krit. Seier ZStW **102**, 563).

5   D. **Wahrnehmbare Tatsachen** liegen auch vor, wenn zu ihrer Erfassung zu den sinnlichen Wahrnehmungen noch geistige Schlußfolgerungen nötig sind (RG GA Bd. **46**, 323; JW **14**, 890), so die Nähe der Verwandtschaft, der Stand oder die Personengleichheit jemandes; seine Kreditfähigkeit (R **5**, 395), das Vorliegen von Rechtsverhältnissen (RG **4**, 229), die rechtliche Natur einer Urkunde (RG **3**, 142). Bloße Rechtsausführungen ohne (falschen) tatsächlichen Hintergrund genügen für § 263 nicht (JR **58**, 106).

6   3) **Die Täuschung** ist ein Verhalten (positives Tun oder pflichtwidriges Unterlassen), das irreführen oder den Irrtum unterhalten und damit auf die Vorstellung eines andern einwirken soll (LK 17). Die bloße Tatsachenveränderung (ohne Einwirken auf die Vorstellung eines andern, auch wenn die richtige Vorstellung des andern tatsächlich unrichtig wird) genügt nicht (hM; LK 18). Daher handelt der blinde Passagier dann nicht tatbestandsmäßig, wenn er sich heimlich einschleicht (unten 37). Als **Täuschungsarten** nennt § 263 in sich überschneidenden Formulierungen (LK 9, 21; SchSchCramer 7; hierzu Volk JuS **81**, 881; Maaß GA **84**, 265; Ranft Jura **92**, 66):

6a   A. **Das Vorspiegeln falscher Tatsachen,** dh solcher, die in Wirklichkeit nicht gegeben sind. Das ist in erster Linie (LK 23) **ausdrücklich**, vor allem durch bewußt unwahre Behauptungen möglich; **zB bei:** Erhebung nicht geschuldeter Schreibgebühren für Abschriften (RG **65**, 52), Einsetzung falscher Posten in eine Rechnung, selbst wenn andere, tatsächlich geschuldete Beträge dort fehlen (RG **64**, 347), Berechnung zu hoher Umzugskosten (RG **60**, 294), Vorspiegelung der Vornahme einer Bestechungshandlung (BGH **29**, 300, zu Unrecht abl. Maiwald NJW **81**, 2780, hierzu 17 aE zu § 331); Vorlegung fingierter Unterlagen bei Steuerbehörden zur Erlangung von Vorsteuervergütungen (Bay NJW **88**, 2550; vgl. auch unten 48), Verschweigen von Preisnachlässen bei der Geltendmachung von Investitionskosten nach § 9 I KrankenhausG (wistra **84**, 24), wahrheitswidriger

Zusicherung von Gewinngarantien beim Erwerb von Optionen auf *Warenterminkontrakte* (hierzu unten 32 a); Weitergabe von Briefmarken-Tauschheften nach Ersetzung der hoch- durch minderwertige Marken (RG **59**, 38), Verkauf verfälschter Auslandsbutter als deutscher Markenbutter (BGH **12**, 347), Vortäuschen eines echten Verkehrsunfalls, der künstlich herbeigeführt wurde (Fleischer NJW **76**, 878), Abschluß von Lebensversicherungen (Geerds, Lebensversicherungsmedizin **82**, 25; **86**, 70 u. HWiStR „Versicherungsbetrug", auch *kriminologisch*), Krankfeiern (Franke JuS **82**, 67 a), Erschleichen einer Beamtenanstellung durch Vortäuschung einer tadellosen Persönlichkeit (RG **65**, 52), Täuschung eines Kreditinstituts über Vermögensverhältnisse zur Erlangung einer Scheckkarte (MDR/H **91**, 105), Erschleichen einer Pfarrstelle durch einen erheblich Vorbestraften (Kiel SchlHA **46**, 502; vgl. auch unten 34). Auch bei solchen Tatsachen, die nicht gegeben sein können, so bei der angeblichen Fähigkeit des Hexens, des Wahrsagens (RG JW **16**, 1200; HRR **26**, 199), Vorspiegeln der Erfüllungsbereitschaft oder -fähigkeit im Falle der Leistung von „Opfern" zur Unheilabwehr (wistra **87**, 255), uU kann auch mit *wahren* Tatsachen getäuscht werden, wenn der Täter es darauf anlegt, gerade hierdurch Mißverständnis und Irrtum hervorzurufen (Schröder, Peters-FS 153; Tröndle JR **74**, 224; LK 24; aM Schumann JZ **78**, 588), so kann zB eine Täuschung durch ein Rückgaberecht mit der „Geldzurückgarantie" noch verstärkt werden (BGH **34**, 201 m. Anm. Bottke JR **87**, 428; Otto JK **22**; Müller-Christmann JuS **88**, 108) oder es kann beim Vertrieb von Haushaltsware aus Behindertenwerkstätten zu überhöhtem Preis in casu verschwiegen werden, daß er diesen nicht zugutekommt (LG Osnabrück MDR **91**, 468, hierzu ausführlich H.-W. Mayer Jura **92**, 238).

Auch durch schlüssige Handlungen, nämlich durch irreführendes Verhalten, das nach der Verkehrsanschauung als stillschweigende Erklärung zu verstehen ist (LK 28), kann man vorspiegeln; **zB durch:** Abschluß eines Spielvertrages trotz Ausschaltung des Zufalls (RG **62**, 416), Verkauf von Lotterielosen, obwohl der Haupttreffer zurückgehalten wird (BGH **8**, 289), Abschluß einer Rennwette, obwohl man den Ausgang des Rennens schon kennt (RG **62**, 415; Mittelbach JR **61**, 506; Bockelmann NJW **61**, 1934; Wersdörfer JZ **62**, 451; **aM** BGH **16**, 120; Ordemann MDR **62**, 623, der nur Ausnutzung eines Irrtums annimmt; hierzu U. Weber in: Pfister [Hrsg.] Rechtsprobleme der Sportwette S. 55) oder dabei verschweigt, daß man zuvor Rennreiter bestochen hat (BGH **29**, 165; krit. Klimke JZ **80**, 581; Geilen JK 6); Abheben eines Guthabens, das dem eigenen Konto durch eine *Fehlbuchung* (Köln NJW **61**, 1735; Karlsruhe Die Justiz **78**, 173) gutgeschrieben war (dazu krit. Blei JA **75**, 102), bei *Fehlüberweisungen* kann allenfalls versuchter Betrug gegeben sein (Stuttgart NJW **79**, 2321 m. Anm. B. Müller JR **79**, 472; Geppert JK 4); Verschweigen der zweckwidrigen Verwendungsabsicht hinsichtlich eines Investitionsdarlehens (JZ **79**, 75), Erregung des Anscheines des Taxpreises (JZ **52**, 46), falsche Etikettierung (BGH **12**, 347), falschen Aufdruck auf Geschäftspapieren; durch irreführende Bezeichnung, zB von Kirschwasserverschnitt als „Schwarzwälder Kirschwasser" (GA **66**, 311); Verwendung des Wappens eines Fürstenhauses, um Bonität und Seriösität vorzutäuschen (7. 12. 1979, 2 StR 315/79), Hinweis auf einen nicht vorhandenen Stamm von Beteiligten bei einem

§ 263

Briefbund (Bay OLGSt. 67), Vorlegen abgewerteter Banknoten zum Wechseln unter Verschweigen der Abwertung (Hamm MDR **68**, 778; zT abw. Frankfurt NJW **71**, 527; dazu Böhm NJW **71**, 1143); Vorzeigen manipulierter und daher ungültiger Fahrausweise (Düsseldorf JR **83**, 423), Lieferung vertragswidriger Ware mit Vortäuschung der Vertragsmäßigkeit (außen gutes, innen schlechtes Holz, R **9**, 15; milder Bay **58**, 66); Verkauf nachgemachter Butter (MDR **69**, 497); oder verfälschten Weins (Koblenz NJW **72**, 1907), Vorspiegelung der Zahlungsbereitschaft (R **4**, 89; BGH 6. 8. 1965, 4 StR 387/65), schlüssige, aber wider besseres Wissen abgegebene Erklärung, bei Fälligkeit zahlen zu können (Bay **57**, 146; Braunschweig NJW **59**, 2175; Köln NJW **67**, 740), wie zB bei der Inanspruchnahme von Hotelleistungen (GA **72**, 209; vgl. aber unten 13); so beim Nehmen eines Taxis (17. 8. 1971, 1 StR 304/71), bei Warenbestellung auf Kredit durch einen Kaufmann (19. 8. 1981, 2 StR 307/81), oder beim *Bedienenlassen an einer Tankstelle, ohne zu zahlen* (NJW **83**, 2827 m. Anm. Gauf und Deutscher NStZ **83**, 505; hierzu Schroeder JuS **84**, 846; DAR **85**, 185; 30. 7. 1987, 2 StR 304/87; Düsseldorf NStZ **82**, 249; **85**, 270; Herzberg JA **80**, 388; JR **82**, 344; **85**, 209; NStZ **83**, 251; NJW **84**, 896; DAR/S **84**, 185; Charalambakis MDR **85**, 975; R. Schmitt, Spendel-FS 580; aM Hamm NStZ **83**, 266, Deutscher JA **83**, 125; Ranft JA **84**, 5; Borchert/Hellmann NJW **83**, 2799, die § 246 annehmen); desgl. Annahme der Zahlung seitens des früheren Gläubigers trotz vorheriger Zession (R **3**, 476), Veränderungen des Elektrizitätszählers (RG **35**, 311), *nicht* hingegen das bloß vertragswidrige Liefern (RG **20**, 145; vgl. auch Köln OLGSt. 117); die bloße schweigende Entgegennahme eines als zu hoch erkannten Betrages beim Geldwechsel (Köln NJW **80**, 2366; aM Kaiser NJW **71**, 601), mögen auch die Übergänge zu (strafbarem) schlüssigem Verhalten iS des Unterhaltens eines Irrtums (vgl. MDR/D **53**, 527; wistra **92**, 298) nicht immer leicht feststellbar sein (Volk JuS **81**, 880; Geilen JK 9). Hingegen kann im bloßen Bestellen einer wertvollen Ware trotz Fehlens von Mitteln das Vorspiegeln der Zahlungsabsicht stecken (NJW **54**, 1414; GA **65**, 208), doch nicht stets (Stuttgart NJW **58**, 1833; Köln NJW **68**, 1294: Bestellung auf Besicht). IdR erklärt, wer einen Vertrag schließt, *Erfüllungsfähigkeit und -willigkeit* (NJW **54**, 1414; 7. 11. 1991, 4 StR 252/91; wistra **92**, 146; Saarbrücken OLGSt. 137; Maaß GA **84**, 270). Der Täter spiegelt sie vor, wenn er damit rechnet, daß seine wirtschaftlichen Verhältnisse eine künftige Erfüllungsfähigkeit nicht erwarten lassen (4. 11. 1980, 1 StR 470/80), nach StV **85**, 188 kommt es darauf an, mit welcher Sicherheit er den Geldeingang erwarten konnte. Bürgschaftsübernahme ist noch keine Erklärung der Zahlungsfähigkeit (17. 5. 1960, 1 StR 28/60). Bei der **Scheckhingabe** kann je nach Lage des Falles (zB bei gleichzeitigem Empfang der Gegenleistung) vorgespiegelt werden, daß die Deckung schon bei Hingabe vorliegt, nicht erst bei Scheckvorlegung gegeben sein soll (BGH **3**, 69; JZ **52**, 282). Dies gilt aber nicht für jeden Fall der Scheckhingabe (BGH **3**, 70; LK 44; aM Oldenburg MDR **51**, 309). Mindestens erklärt der Scheckgeber konkludent, daß er einlösungswillig ist und der Scheck bei Vorlage Deckung hat (NJW **69**, 1260; MDR **55**, 528; MDR/H **82**, 811; wistra **84**, 223, hierzu Otto/Brammsen Jura **85**, 598; Karlsruhe NStE Nr. 9; LK 44 mwN), dem bargeldlosen Zahlungsverkehr und nicht etwa im Wege der vorläufigen Gutschrift der unerlaubten Geldschöpfung dient (Köln NJW **81**, 1851; Otto HWiStR

Betrug und Untreue **§ 263**

„Scheckbetrug"); Entsprechendes gilt auch für die Einlösung eines Postsparschecks (Köln NJW **91**, 1122). Für den **Scheck- und Kreditkartenmißbrauch** gilt der durch das 2. WiKG (2 vor § 263) eingefügte § 266b (dort 9); für die Fälle des *Codekartenmißbrauchs* vgl. 8 ff., 18 zu § 263a und 1 zu § 266b, für die einer *„goldenen Kundenkarte"* 5 zu § 266b. Wer einer Bank einen *Wechsel* zur Diskontierung einreicht, erklärt damit schlüssig, daß es sich nicht um einen bloßen Finanz-(Keller-), sondern einen Handelswechsel handle (NJW **76**, 2028; hM vgl. LK 44; Otto, Zahlungsverkehr, 41 ff., Bankentätigkeit 118 u. Jura **83**, 24; 28; Maaß GA **84**, 279; Tiedemann GmbHG 40 vor § 82; Müller/Wabnitz 1 ff.). Der *Inkassobevollmächtigte* spiegelt nach 26. 9. 1961, 5 StR 392/61 dem Zahlenden nicht vor, daß es das Geld an den Vollmachtgeber abliefern werde (zw.); auch ist der Inkassobevollmächtigte nach NJW **53**, 1924 nicht verpflichtet, dem Zahlenden eine gegenteilige Absicht zu offenbaren. Spiegelt der Täter eine nicht bestehende Inkassovollmacht vor, so kann Betrug gegenüber dem Zahlenden ausscheiden, wenn eine sog. Anscheinsvollmacht besteht (NJW **68**, 1148). Im *Lastschrift-Einzugsverfahren* behauptet der Auftraggeber gegenüber der Inkassostelle schlüssig, eine entsprechende Forderung einziehen zu dürfen (Hamm NJW **77**, 1834; LG Oldenburg NJW **80**, 1176; Putzo NJW **78**, 689; LK 44, 249; Müller/Wabnitz 14 ff.; Otto HWiStR „Lastschriftbetrug"). Auch das *Fordern eines überhöhten Preises* ist für sich allein kein Vorspiegeln eines entsprechenden Wertes der Kaufsache (RG **50**, 340; Stuttgart NJW **66**, 990; NStZ **85**, 503 m. krit. Anm. Lackner/Werle; LK 46; vgl. Jecht GA **63**, 41), anders, wenn besondere Umstände hinzutreten (LM Nr. 5; JZ **52**, 46; Celle OLGSt. 21). Zum Betrug beim Eintreiben überhöhter Forderungen *Lausen* wistra **91**, 284. Ein Verteidiger, der in standesrechtlich unstatthaftes Erfolgshonorar verlangt, erklärt nicht konkludent die Zulässigkeit seines Verhaltens, er ist auch nicht Garant für die Offenbarung einer Standeswidrigkeit gegenüber dem Mandanten (KG JR **84**, 292). Zum Betrug bei Vorspiegelung eines *Glücksspiels* Karlsruhe Die Justiz **70**, 265; zum Betrug bei *Versteigerungen,* vor allem durch vorher vereinbarte Scheingebote, Baumann NJW **71**, 23; Locher/Blind NJW **71**, 2290; Otto NJW **79**, 684; Weidemann, Kompensationsproblem beim Betrug, 1972, 264; LK 25; bedenklich Miklos NJW **71**, 650. Zum Betrug bei Kartellabsprachen unten 32b.

Auch innere Tatsachen kann man vorspiegeln (25. 4. 1989, 1 StR 97/ **8** 89), sei es unmittelbar, sei es durch schlüssige Handlungen, so die Kenntnis von einer Tatsache (RG **24**, 144), die eigene Absicht, etwas zu tun, zB eine Verpflichtung zu übernehmen (NStZ **82**, 70), Zahlungsabsicht (OGHSt. **2**, 260; Köln NJW **67**, 836; LK 11; Otto Bankentätigkeit 105). Das Verschweigen der Verkaufsabsicht durch den Bergmann, der kraft Tarifvertrags billigere Deputatkohle zum angeblichen Eigenverbrauch bezieht (BGH **2**, 325), nach Hamm JMBlNW **57**, 82 aber nur, falls die Zeche die Einhaltung des Eigenverbrauches streng überwacht. Durch Schweigen wird vorgespiegelt, falls es die Verletzung einer Pflicht zum Reden darstellt (RG **59**, 305).

In **mittelbarer Täterschaft** (Benutzung eines gutgläubigen Dritten) ist **9** Vorspiegelung ebenfalls möglich (RG **64**, 422). Es reicht auch aus, wenn sich der zu Täuschende die irreführende Information, wie der Täter es will, selbst beschafft (Stuttgart NJW **62**, 502; 28. 7. 1970, 1 StR 585/69; LK 297).

§ 263

10   B. Die Entstellung wahrer Tatsachen. Sie geschieht durch Zusätze, Auslassungen oder Verzerrungen eines Sachverhalts; vgl. LK 9.

11   C. Die Unterdrückung wahrer Tatsachen. Gemeint ist das Unterlassen gebotener Aufklärung, und zwar nicht nur durch das bloße Schweigen (15. 1. 1980, 1 StR 777/79), sondern jegliches Verhindern der Kenntnisnahme von einer Tatsache (wistra **91**, 306; LK 9). Bestehen kann es in einem *Handeln*, das den anderen am Erkennen eines Umstandes hindert (RG **31**, 208). Ein *heimliches Tun* ist nötig, da ohne solches der andere an der Benutzung der wahren Tatsache nicht gehindert werden kann (RG **22**, 284), so beim Fortlassen eines Einnahmepostens in der gelegten Rechnung. Die allgemeine Verweigerung der Rechnungslegung stellt aber noch kein Unterdrücken der Tatsache dar, daß Eingänge erfolgt sind (RG **37**, 62).

12   a) Auch durch Unterlassen ist die Unterdrückung möglich, wenn eine Garantenpflicht zur Aufklärung besteht, das Unterlassen der Verwirklichung des § 263 durch ein Tun entspricht (17 zu § 13) und die Aufklärung zumutbar ist (16 zu § 13; hM; 1. 8. 1984, 2 StR 106/84; vgl. Ranft JA **84**, 726 u. Jura **92**, 67; Lampe GA **87**, 257; LK 52 ff. mwN).

12a   Schrifttum: *Grünwald,* Mayer-FS 291; *Kühne,* Geschäftstüchtigkeit oder Betrug? 1978; *Maaß,* Betrug verübt durch Schweigen, 1982 [hierzu *J. Meyer* GA **84**, 484; *Maiwald* ZStW **103**, 681] u. GA **84**, 264; *Naucke,* Zur Lehre vom strafbaren Betrug, 1964; *Riggert* MDR **90**, 203; *Runte* Jura **89**, 128; *Tiedemann,* Der Vergleichsbetrug, Klug-FS 405 u. HWiStR „Vergleichsbetrug".

13   b) Eine solche **Rechtspflicht zum Offenbaren** läßt sich je nach Lage des Falles für § 263 oft aus Treu und Glauben herleiten (BGH **6**, 199, eingeschränkt Strafkammer Bremerhaven JZ **67**, 370 mit zust. Anm. Naucke; vgl. weiter Düsseldorf NJW **69**, 527; Frankfurt NJW **71**, 527; Deubner NJW **69**, 623), insbesondere bei besonderem Vertrauensverhältnis (RG **66**, 58), aus der vertraglichen Beziehung der Beteiligten (RG **69**, 284), oder wegen sonstiger Sonderumstände des Einzelfalles (RG **70**, 158), zB im Falle des Wegfalls des Eigenbedarfs nach Erhebung einer hierauf gestützten Räumungsklage des Vermieters (Bay NJW **87**, 1654 m. krit. Anm. Otto JZ **87**, 628; Seier NJW **88**, 1620; Hillenkamp JR **88**, 301; Hellmann JA **88**, 73; Runte Jura **89**, 129; Rengier JuS **89**, 802), auch Rechtspflicht einer Bank, ihre Kunden auf Gefahren hinzuweisen (RG **70**, 47), oder eines fachmännischen Vermittlers im *Optionshandel,* Kaufinteressenten die für die Entscheidung maßgebenden Umstände (zB über Gewinnchancen minimalisierende Aufschläge) zu offenbaren (BGH **30**, 181 m. Anm. Scheu JR **82**, 121; zT anders Seelmann NJW **81**, 2132; NJW **83**, 1917; München NJW **80**, 795, 786; aM Hamburg NJW **80**, 2593; SchSch 31 b; vgl. unten 32a). Pflicht des entschädigten Versicherten zur Anzeige vom Wiederauffinden des versicherten Gegenstandes (RG **70**, 227). Ebenso ev. Pflicht des Kassierers, einen nicht aufgeklärten Fehlbetrag nicht zu verheimlichen (RG **76**, 170). Auch erwächst bei *nachträglichem* Eintritt der Sachlage des § 321 BGB noch keine Pflicht zur Mitteilung (RG JW **34**, 1052; Stuttgart Die Justiz **80**, 154). Aus der Tatsache, daß sich nach Auftragserteilung herausstellt, daß Zahlung nicht werde erfolgen können, folgt noch keine strafbewehrte Aufklärungspflicht (StV **88**, 386), auch schuldet ein Verkäufer keine Aufklärung darüber, ob die Ware anderswo billiger zu haben ist, es sei denn, ein bestimmtes Entgelt wäre festgesetzt (NJW **90**, 2006, hierzu Otto JK 30).

Auch hat ein Vermieter gegenüber ungewandten Gastarbeitern keine weiteren Aufklärungspflichten, falls er sie über die Mietsache wahrheitsgemäß unterrichtet hat (wistra 83, 190). So ist auch der Mieter eines Hotelzimmers nicht verpflichtet, eine erst nach der Anmietung eingetretene Zahlungsunfähigkeit dem Vermieter mitzuteilen (GA 74, 284; MDR/H 87, 623; Hamburg NJW 69, 335 [zust. Schröder JR 69, 108; Trifftterer JuS 71, 181; Seelmann JuS 82, 269; abl. G. E. Hirsch NJW 69, 853]; Bay OLGSt. 59; Stuttgart NJW 89, 2553). Zur Frage der schweigenden Entgegennahme eines Zuvielbetrages bei Geldauszahlungen Köln NJW 80, 2366; 87, 2527 m. Anm. Joerden JZ 88, 103; zur Frage der erforderlichen Feststellungen für die Abgrenzung zwischen [straflosem] Ausnutzen eines Irrtums und dessen [strafbaren] Unterhaltens Volk JuS 81, 880 und oben 7. Der Käufer auf Kredit ist nicht zur Mitteilung verpflichtet, daß er die Sache alsbald verpfänden wolle (RG 20, 142; vgl. aber unten); der Wechselgeber im normalen Geschäftsverkehr (für die Hingabe an die Bank gilt oben 7) nicht ohne weiteres zu der Erklärung, daß es sich nicht um Warenwechsel handle (14. 6. 68, 4 StR 91/68; LK 45). Zur unbefugten Überziehung eines Postgirokontos AG Tiergarten NJW 89, 846 u. NStE Nr. 31.

Die Garantenpflicht kann **durch Gesetz** auferlegt sein (vgl. §§ 264 I **13a** Nr. 2, 265 b I Nr. 2 StGB, §§ 666, 713 BGB; § 60 SGB I; § 143 AFG; ferner § 28 a SGB IV iVm §§ 2 ff.; 19 der 2. DEVO; BGH 13. 4. 1976, 1 StR 45/76, zum Ganzen Maaß aaO [oben 12], 53); so daß im Falle der Irrtumserregung auch durch bloßes Unterlassen der Anmeldung nach § 28 a SGB IV usw. **Beitragsbetrug** (hierzu H. Schäfer wistra 82, 96 mwN; Stahlschmidt wistra 84, 209; Franzheim HWiStR „Arbeitnehmerüberlassung"; NStZ/A 88, 102) begangen werden kann (§ 111 SGB IV tritt nach § 21 OWiG zurück; der BGH spricht mißverständlich von Tateinheit); fehlt es an einer Irrtumserregung, so liegt ein vollendeter Betrug nicht vor (MDR/H 90, 296), es ist aber eine Ordnungswidrigkeit nach § 111 gegeben (KG JR 86, 469 m. Anm. Martens JR 87, 211), außerdem ist § 266 a (dort 11) zu prüfen. Die bloße Nichterfüllung einer gesetzlichen Meldepflicht gegenüber einem Versicherungsträger bewirkt für sich allein bei Fehlen jeglicher konkreter Beziehungen zwischen den Beteiligten keinen Irrtum (wistra 92, 141; Lackner 19). Für die Fälle des **illegalen Arbeitskräfteverleihs** bestimmt § 10 III AÜG, daß nicht nur der Entleiher (so früher BGH) Arbeitgeber iS des § 266 a ist, sondern *neben* ihm auch der Verleiher als solcher gilt (RegE 53; Ber. 42; Tiedemann JZ 86, 874). Beide haften hinsichtlich ihrer sozialversicherungsrechtlichen Zahlungspflicht als Gesamtschuldner (§ 10 III S. 2 AÜG). Damit ist die Rspr. des BGH 31, 33; 32, 238; MDR/H 83, 794 zT überholt. Der nunmehr für das Steuerrecht allein zuständige 3. StS des BGH hat sich – in Abweichung von BGH 32, 238 m. Anm. Weidemann NStZ 87, 224 u. wistra 87, 104 m. Anm. Franzheim aaO 105 – inzwischen auf den Standpunkt gestellt (NStZ 87, 454 m. Anm. Seibert NStZ 88, 30, Franzheim wistra 87, 313; MDR/S 88, 898; NStZ/A 89, 502), daß der illegale Verleiher von Arbeitskräften durch Täuschung über die Zahl der beschäftigten Leiharbeitnehmer gegenüber der für ihn als Einzugsstelle zuständigen Krankenkasse, die hierdurch in einen Irrtum versetzt und zu einer vermögensschädigenden Verfügung veranlaßt wird, einen *vollendeten* Betrug begeht. Entsprechende Meldepflichten sind in § 111 I Nr. 2 SGB IV und § 307 Nr. 1 SGB V bußgeldbewehrt (vgl. Möhrenschlager HWiStR

§ 263

„Arbeitnehmerüberlassung"). Arbeitnehmer müssen auch noch am Ende ihrer Beschäftigung gemeldet werden, wenn dem Arbeitgeber oder Entleiher der Arbeitskräfte erst nachträglich die Voraussetzungen für die Meldepflicht bekannt werden (Stuttgart wistra **90**, 109). Auch der Empfänger einer Arbeitslosenhilfe oder von Arbeitslosengeld hat anzuzeigen, daß er bezahlte Arbeit gefunden hat (ob der Arbeitgeber bei Verletzung dieser Pflicht wegen Beihilfe zum Betrug strafbar ist, ist str.; verneinend Braunschweig NJW **62**, 314); desgl. ein Ruhegehaltsempfänger, wenn er wieder im öffentlichen Dienst verwendet wird (RG **67**, 292), ein früherer Beamter, wenn ihm irrtümlich seine Bezüge weitergezahlt werden (Köln JMBlNW **83**, 184), ebenso der Empfänger von Sozialhilfe (RG DRiZ **34** Nr. 686), wenn er anderweit (selbst durch eine strafbare Handlung) Mittel zum Lebensunterhalt bekommen hat und ein besonderer Verpflichtungsgrund zur Offenbarung vorliegt; desgl. bei Auferlegung der Pflicht zur Anzeige einer Besserung der Vermögensverhältnisse durch Vertrag oder auch durch einseitige Anordnung der Behörde (RG **73**, 396), jedoch hat ein Arbeitsloser, der seiner Anzeigepflicht nach § 60 I Nr. 2 SGB I nachgekommen ist, keine weiteren Rechtspflichten gegenüber dem Arbeitsamt (Köln NJW **84**, 1979; vgl. ferner MDR/H **86**, 443; StV **85**, 17); sein Barvermögen ist bei der Gewährung der Arbeitslosenhilfe dann nicht zu berücksichtigen, wenn es zur Tilgung fälliger Schulden dienen soll (Düsseldorf StV **92**, 77). Zu den tatbestandlichen Erfordernissen im Falle des Erschleichens von Mutterschaftsgeld (Karlsruhe NJW **86**, 2519). Ein Beamter hat ferner die Beihilfestelle zu unterrichten, wenn er die Behandlungskosten nur zum Teil zu tragen hat (Düsseldorf OLGSt. 164). Ob ein Sozialhilfeempfänger, der eigene Einkünfte verschweigt, sich des Betruges schuldig macht, hängt davon ab, ob er über seine Pflicht nach § 60 I Nr. 2 SGB I, Änderungen seiner unterstützungserheblichen Verhältnisse mitzuteilen, informiert worden ist (Düsseldorf StV **91**, 520). In allen diesen Fällen liegt idR nicht bloß Täuschung durch Unterlassung vor, denn durch das Abheben der Unterstützung, Rente usw. spiegelt der Empfänger durch schlüssige Handlung vor, daß die Voraussetzungen für die Unterstützung usw. noch vorliegen. Das Gericht braucht sich dann mit der Frage der Offenbarungspflicht gar nicht zu befassen (vgl. hierzu auch Köln JMBlNW **79**, 224). Hingegen begeht keinen Betrug, wer als Kontobevollmächtigter Rentenbeträge abhebt, die irrtümlich nach dem Tod des Berechtigten überwiesen worden sind (Hamm MDR **79**, 692; Düsseldorf NJW **87**, 853, krit. Möhlenbruch NJW **88**, 1894; Ranft Jura **92**, 67); anders jedoch, wenn im Hinblick auf die Behinderung des Leistungsempfängers zwischen dem Kontobevollmächtigten und der auszahlenden Stelle ein besonderes Vertrauensverhältnis besteht (Hamm NJW **87**, 2245; hierzu Otto JK 24), uU liegt Untreue gegenüber den Erben vor (Köln NJW **79**, 278 m. Anm. Kühl JA **79**, 682).

14   c) **Ein besonderes Vertrauensverhältnis** kann die Aufklärungspflicht begründen (hM; vgl. LK 63). So ist, wer einen Vertrag schließt, zur Offenbarung der für seine Kreditfähigkeit maßgebenden Verhältnisse verpflichtet, wenn es sich um ein schon bestehendes oder anzubahnendes Vertrauensverhältnis handelt und wenn angesichts seines vorherigen oder gleichzeitigen Tuns Schweigen Unterdrückung der Wahrheit bedeuten (GA **65**, 208; **67**, 94; MDR/D **68**, 202; Bay **64**, 122; Schleswig SchlHA **76**, 169; differenzierend MDR/H **80**, 106; 13. 7. 1983, 3 StR 149/83, vgl. Otto JZ

85, 70 u. Bekämpfung 62; bejahend für den Fall eines auf längere Dauer angelegten Kreditkartenvertrags BGH **33**, 246; hierzu Bringewat NStZ **85**, 537; Offermann wistra **86**, 57; krit. Labsch NJW **86**, 105; Otto JZ **85**, 1008; Geppert JK 20; Ranft Jura **92**, 69; vgl. auch die besondere Regelung in § 265 b). Grundsätzlich braucht der Darlehensnehmer seine Zweifel an der pünktlichen Rückzahlung nicht anzugeben (MDR **55**, 528; differenzierend Köln NJW **67**, 740). Hat er allerdings keine Aussicht auf künftige Rückzahlungsmöglichkeit, so unterdrückt er die Wahrheit, wenn er den anderen vorleisten läßt und schweigt (BGH **6**, 199). Entsprechendes gilt, wenn ein überschuldeter Besteller ohne jede Aussicht bezahlen zu können sich Waren liefern läßt (StV **90**, 19 L; 24. 2. 1989, 1 StR 685/88), anders bei nur vorübergehenden Zahlungsschwierigkeiten (MDR/D **68**, 202; Stuttgart MDR **78**, 336 m. Anm. Beulke JR **78**, 390). Wer sich freiwillig äußert, muß das auch vollständig tun und nicht bloß das Günstige betonen (R **5**, 395), daher darf der Käufer der auf Kredit entnommenen Ware, der sie verpfänden will, dem Verkäufer nicht beim Kauf von einem ganz anderen Verwendungszweck erzählen (RG **42**, 181). Wer Wohnungen in einem geplanten Neubau vermietet, darf nicht verschweigen, daß die Baugenehmigung noch fehlt (GA **67**, 94; vgl. München NJW **78**, 335). Der Verkäufer eines Bildes, der es unter Hinweis auf ein Gutachten als Werk eines alten Meisters anbietet, darf nicht verschweigen, daß ein anderer Gutachter erhebliche Bedenken gegen die Echtheit hat (RG **68**, 213). Es kann also schon vorausgegangenes Tun zur Offenbarung verpflichten, insbesondere, falls es eine Gefahr heraufbeschworen hat (Stuttgart NJW **69**, 1975; abw. RG **31**, 108), so Anzeigepflicht des Versicherten, der die Versicherungssumme fordert, daß er selbst den Brand verursacht (RG **17**, 62), oder die als verbrannt gemeldete Sache wiedergefunden habe (RG **70**, 227; vgl. Maaß aaO [oben 12a], 47); des Verkäufers über das Vorhandensein von Schwamm, falls er die Schwammstelle zur Beabsichtigung des Verkaufs unsichtbar gemacht hat (RG **20**, 144, sonst bei Schwamm keine Offenbarungspflicht RG GA Bd **41**, 143); des Autoverkäufers, daß der Wagen nach schwerem Unfall wiederhergestellt worden ist (Nürnberg MDR **64**, 693), des Schreibers eines Testaments, der beim Vorlesen ein von ihm unbefugt eingefügtes Vermächtnis verschweigt (RG **42**, 171). Zum Verkauf von Gebrauchtwagen vgl. weiter Düsseldorf JMBlNW **64**, 283; Hamm VRS **43**, 188; Maaß aaO [oben 12a], 134; unten 35.

d) Auch vertraglich vereinbart kann die Aufklärungspflicht sein (BGH NJW **54**, 1414; LK 62), zB bei Abschluß mehrerer Unfallversicherungen (NJW **85**, 1563, m. Anm. Seelmann JR **86**, 346; zum Ganzen Maaß aaO [oben 12a] 87). Das gilt allerdings nicht, wenn der schon befriedigte Gläubiger nochmals Zahlung annimmt (RG **46**, 416), oder wenn jemand zuviel erhaltenes Wechselgeld stillschweigend annimmt (Köln NJW **61**, 1735; Frankfurt NJW **71**, 527; LG Bremen JZ **67**, 370). Kein Betrug, wenn der Schuldner (außerhalb des Prozesses, vgl. 20 ff.) seine Schuld bestreitet; anders nur, falls ein vorausgegangenes Tun (vgl. oben) eine Offenbarungspflicht begründet; so, wenn jemand die starke Betrunkenheit eines anderen ausnützt, ihn anborgt und ihm dann die Schuld verheimlicht (aM Maaß aaO 51), diesen Gesichtspunkt übersieht RG **23**, 244 (vgl. auch 20 ff.); ebenso kein Betrug, wer im Selbstbedienungsladen stiehlt und an der Kasse nichts davon sagt (BGH **17**, 209; KG JR **61**, 271; Bay NJW **62**, 224; aM

Düsseldorf GA **61**, 348). Auch ist ein Apotheker nicht verpflichtet, der AOK mitzuteilen, daß er von einem Versicherten Medikamente, deren Preis die AOK erstattet hatte, zurückgekauft hat (Celle NJW **74**, 615). Zur Problematik der Schadensermittlung bei kassenärztlichen Abrechnungen auf Grund vertraglicher Besonderheiten BGHR § 263 I Täusch. 9; vgl. ferner BGH **36**, 320; wistra **92**, 296; LG Hagen MedR **91**, 209; Hempler HWiStR „Liquidationsbetrug"; NStZ/A **91**, 411.

16 **D. Die bloße Benutzung eines Legitimationspapieres** durch einen Dritten (so ein Sparkassenbuch) ist weder Vorspiegelung noch Unterdrückung einer Tatsache. Denn der Auszahlende wird idR an den Dritten als Inhaber (nicht an ihn als Gläubiger oder als dessen Bevollmächtigten) zahlen (RG **39**, 239), zum mindesten wird der Vorzeigende dies annehmen (vgl. 19 zu § 242; aM zur Prüfungspflicht des Getäuschten LK 88 mwN; ferner Kleb-Braun JA **86**, 254). Dagegen liegt eine falsche Vorspiegelung gegenüber dem gutgläubigen Kassenbeamten vor, falls sein Kollege das zum Zinsenzuschreiben vom Gläubiger eingereichte Buch mit Abhebungsvermerk versehen und sich das Geld auszahlen läßt (RG **61**, 127).

17 **E. Liegt zugleich Unterdrücken** neben **Vorspiegelung** einer falschen Tatsache vor, so ist nicht Tateinheit gegeben, sondern der Mischtatbestand eines Betruges (RG **3**, 142).

18 4) **Ein Irrtum** muß durch die Täuschung erregt oder unterhalten werden. Er ist selbständiges Betrugsmerkmal (LK 73) und nach hM jeder Widerspruch zwischen einer Vorstellung und der Wirklichkeit (SchSch 33). Einbezogen ist die Vorstellung über das Bestehen einer Möglichkeit, Chance oder Wahrscheinlichkeit (Koffka ZStW **54**, 49; Seelmann JuS **82**, 270; Otto Jura **83**, 22; enger Giehring GA **73**, 1). Ein Irrtum ist auch gegeben, wenn der Getäuschte trotz gewisser Zweifel die Verfügung trifft, die Möglichkeit der Unwahrheit aber für geringer hält (wistra **90**, 305; LK
18a 79). Die **Erregung** des Irrtums geschieht durch Hervorrufen seines Entstehens; die bloße Unkenntnis, daß die Ware anderswo billiger zu haben ist, genügt nicht (NJW **90**, 2006, hierzu Otto JK 30), denn das bloße Nichtwissen ist nach RG **42**, 40 und hM (vgl. LK 75) kein Irrtum. Doch ist dieser Standpunkt zu eng (auch Franzheim wistra **87**, 314) und wird auch von der Rspr. praktisch nicht durchgehalten (vgl. BGH **2**, 326; Celle MDR **57**, 436; SchSch 36; andererseits LK 75, 76 zum Irrtumsbegriff der *ignorantia facti* [Fehlen der Vorstellung einer wahren Tatsache; hierzu Seelmann JuS **82**, 270]; zur Frage des Zweifels, Tiedemann, Klug-FS 411; Kurth [unten 18 b], 140; Otto, Bankentätigkeit 109). Der Irrtum bedarf nach Hamm 7. 9. 1978, 6 Ss 927/78 ausdrücklicher Feststellung, wenn ein Schalterbeamter aufgrund eines gestohlenen Sparbuchs (Düsseldorf NJW **89**, 2003) oder unter Überschreitung eines Postgirokredits (Köln NJW **91**, 1122; AG Tiergarten StV **88**, 256) Geld auszahlt. Leichtgläubigkeit des Getäuschten und Erkennbarkeit der Täuschung bei hinreichend sorgfältiger Prüfung sind für den Irrtum ohne Belang (BGH **34**, 201; BGHR § 263 I Täusch. 9). Hinsichtlich des Irrtums eines Lieferanten, der einem wirtschaftlich in Bedrängnis geratenen Besteller weiterliefert *(Lieferantenbetrug),* bedarf es besonders sorgfältiger Feststellungen (BGHR § 263 I, Irrt. 2; wistra **88**, 26), ob der Geschäftspartner Kenntnis von der Zahlungssäumigkeit hatte und er gleichwohl Bestellungen angenommen und geliefert hat (MDR/H **88**, 817). Im

Betrug und Untreue § 263

Sinne von § 263 ist Irrtum, wie das Hervorheben der Unterdrückung von Tatsachen zeigt, auch die durch die Täuschung erreichte Nichtkenntnis der Wahrheit, und zwar auch dann, wenn sie eine unbewußte ist (vgl. hierzu Herzberg GA 77, 289). Beim heimlichen Einsteigen des blinden Passagiers oder beim Automatenmißbrauch fehlt schon die Täuschungshandlung; daher ist § 265a erforderlich. Werden einem **Computer** unrichtige Daten eingegeben oder dessen Ergebnisse verfälscht (hierzu auch 5 ff. zu § 263a; 3 aE zu § 265a; 13a zu § 268; 4ff. zu § 269), so greift bei solchen Input- oder Outputmanipulationen § 263 dann ein, wenn bei der Vorbereitung der Manipulation oder hernach kontrollierende Personen getäuscht und in Irrtum versetzt worden sind (München JZ 77, 409 m. Anm. Sieber; Tiedemann 2, 156; Steinke NJW 75, 1868; Sieber 200, 215 ff.; 234f.; BB 82, 1433; vgl. Kunz JuS 77, 607; Stratenwerth SchweizZSt. 81, 229; v. Gravenreuth BB 83, 1744; Lenckner, Computerkriminalität aaO [1a zu § 263a], 26; zT aM Lampe GA 75, 3). Soweit es in Fällen von Computermanipulationen an der Irrtumserregung einer Kontrollperson fehlt, ist § 263a (dort 7 ff., 16) zu beachten (vgl. auch § 269). Das **Unterhalten** des Irrtums erfordert, daß der 18b Unterhaltende den von ihm nicht herbeigeführten Irrtum aufrechterhalten hilft (RG 39, 80), ihn also bestärkt (LK 92), vergrößert oder wenigstens verlängert (vgl. SK 39); die bloße Ausnutzung eines schon vorhandenen Irrtums genügt dazu nicht (MDR/D 53, 21; JZ 89, 550; Köln NJW 61, 1736; Düsseldorf NJW 69, 623), vielmehr ist eine besondere, die Unterhaltung darstellende Tätigkeit nötig. Bloßes Schweigen verursacht oder unterhält einen Irrtum nur in Garantenstellung; so ist die Rspr. in den oben 12, 13 erwähnten Fällen dazu übergegangen, auch die Nichtaufklärung eines Irrtums dann als „Unterhalten" zu behandeln, wenn der Täter zur Aufklärung verpflichtet ist (dagegen Bockelmann, Eb. Schmidt-FS 437; Naucke JZ 67, 370; vgl. Ndschr. 8, 33 ff.; Ranft JA 84, 730), zB wenn sich ein Strafvollzugsbeamter durch den Anstaltshandwerker Sachen ohne Wissen der Vollzugsverwaltung kostenlos ausbessern läßt (RG GA Bd 77, 282). Die Alternativfeststellung „Erregung oder Unterhaltung eines Irrtums" ist zulässig (RG 39, 80). Ist das Opfer nicht sicher, ob der Täter die Wahrheit sagt, so ist Betrug gegeben, wenn das Opfer verfügt (unten 23), weil es die Wahrheit praktisch unterstellt.

Schrifttum: *Amelung* GA 77, 1; *Ellmer*, Betrug und Opfermitverantwortung, 1986; *Frisch*, Bockelmann-FS 657 ff.; *Hassemer*, Schutzbedürftigkeit des Opfers und Strafrechtsdogmatik, 1981 (hierzu *Maiwald* ZStW **96**, 70; *Schünemann*, Faller-FS 363); *Herzberg* GA 77, 289; *Hillenkamp*, Vorsatztat und Opferverhalten 1981, 21; *Kratzsch*, Oehler-FS 75; *Kurth*, Das Mitverschulden des Opfers beim Betrug, 1984; *Ranft* JA 84, 732; *Röhmel* JA 77, 584; *Tischler* Jura 88, 122; vgl. ferner LK 79 f.; SK 47 b.

A. **Ursachenzusammenhang** muß bestehen, und zwar muß der Irrtum 19 durch die Täuschung verursacht sein, die Vermögensverfügung durch den Irrtum (23) und die Vermögensschädigung durch die Verfügung (26), Bay NJW 55, 1568; Stuttgart VRS 76, 365; RG 58, 216. Es gilt die Bedingungstheorie (LK 91); für Anwendung der Adäquanztheorie, um leicht vermeidbare Täuschungen auszuscheiden, Naucke, Peters-FS 109, hiergegen Tröndle JR 74, 224; SK 62; auch Hillenkamp 88; Kurth 160 aaO; differenzierend Hansen Jura 90, 514. An der Verursachung fehlt es meistens bei *Reklameangaben* üblicher Art (RG **25**, 184); desgl. beim *Betteln*, da hier der Gebende den üblichen Angaben des Bettlers meist kein Gewicht beilegen wird (RG **6**, 361; Gerhold [oben 1] 51), anders evtl., falls der Spender durch Vorspiegelung hoher Spenden anderer Personen zur eigenen Spende bestimmt wird (Bay JZ **52**, 377; vgl. auch Mohrbotter GA **69**, 225; Seelmann JuS **82**, 511; Küpper/Bode JuS **92**, 643; str; ausführlich zum *Spendenbetrug*, Rudolphi, Klug-FS 315; Gerhold aaO 47; Schmoller JZ **91**, 118; ferner Kindhäuser ZStW **103**, 412). Nach dem Gesetz braucht der Irrrtum sich nicht darauf zu beziehen, daß die folgende Verfügung zu einem Vermögensschaden führt (BGH **7**, 197; Bay NJW **52**, 798; Cramer JZ **71**, 415; Lenckner NJW **71**, 600; Herzberg MDR **72**, 93; aM Schröder NJW **62**, 721; SchSch 41, 110 ff.; LK 168 ff. mwN, die einen *funktionalen* Zusammenhang der Betrugsmerkmale fordern; dazu Mohrbutter GA **75**, 46). Ob ein Versandhaus, das mit einem Käufer, der aus einem vorausgegangenen Kauf mit mehreren Raten im Rückstand ist, einen neuen Ratenkaufvertrag abschließt, über die Zahlungsfähigkeit des Kunden im Irrtum ist, kann zw. sein (Köln JZ **68**, 340). Auch wird sich das Krankenhauspersonal im Falle einer Notaufnahme eines Patienten über die Kostendeckung keine Gedanken machen (1. 10. 1980, 3 StR 352/80; Düsseldorf MDR **88**, 252). Bei einem betrügerischen *Leasing-Geschäft* bedarf es Erörterungen darüber, im welchem Umfange der Geschädigte den Besitz der geleasten Sache weiterhin überlassen hätte (MDR/H **88**, 817). Die Täuschung braucht nicht einzige Ursache des Irrtums zu sein (RG HRR **40**, 474); mitwirkende Fahrlässigkeit des Getäuschten ist bedeutungslos (aaO; BGH **34**, 201; MDR/D **72**, 387; Hamburg NJW **56**, 392; Celle NdsRpfl **72**, 281). Für den *Scheck- und Kreditkartenmißbrauch* gilt als Sondernorm der durch das 2. WiKG (2 vor § 263) eingefügte § 266b (dort 9); zum *Codekartenmißbrauch* vgl. 8ff., 18 zu § 263a.

20   **B. Die Person des Getäuschten** braucht mit der des Geschädigten nicht personengleich zu sein (BGH **18**, 223), wenngleich jener die schädigende Vermögensverfügung treffen, also zu ihr auch tatsächlich in der Lage sein muß (RG **58**, 216; D. Hartmann, Die Vermögensverfügung bei Personenverschiedenheit des Getäuschten und Geschädigten, Diss. 1972). Rechtlich befugt zu sein, braucht er zu der Verfügung nicht (RG **64**, 226; Bay MDR **64**, 343; aM Stuttgart JR **66**, 29). So kann zB die Täuschung gegenüber einem Vertreter des Geschädigten verübt werden (R **9**, 114), selbst wenn dieser keine Vertretungsmacht hat (GA **62**, 213), desgl. gegenüber einem Polizeibeamten bei Abholung einer Fundsache (vgl. ferner RG **64**, 228). Der Verfügende kann sich sogar durch die Verfügung strafbar machen, zB wegen Untreue (vgl. RG **44**, 249; Düsseldorf MDR **47**, 267). Täuschung ist auch über einen gutgläubigen Dritten möglich (Stuttgart NJW **62**, 502 m. krit. Anm. Merkert NJW **62**, 1023). Zum Betrug an einer Körperschaft genügt Täuschung eines tatsächlich zur Verfügung Befugten; also nicht bloß eines Organes (MDR/D **57**, 652; Hamburg JR **50**, 629; vgl. hierzu Gössel/Borchers wistra **85**, 134; **87**, 86, 89). Hierher gehört auch die Täuschung des Richters im Prozeß.

21   **C. Der Prozeßbetrug** (vgl. LK 304 ff.; Lenckner, Der Prozeßbetrug, 1957 u. HWiStR „Prozeßbetrug"; Seier ZStW **102**, 561) iwS ist der Betrug im Prozeßverkehr jeder Art durch Täuschung des Prozeßgegners; ieS ist es

die Täuschung des Gerichts (Richter, Rechtspfleger, Gerichtsvollzieher), um so die rechtswidrige Bereicherung auf Kosten der anderen Partei zu erreichen (LK 305). Die **Täuschungshandlung** muß alle Tatbestandsmerkmale des § 263 erfüllen; denn die Anerkennung des Prozeßbetruges bedeutet noch nicht die strafrechtliche Mißbilligung der Prozeßlüge als solcher (LK 305). Beide Parteien trifft die Rechtspflicht, ihre Erklärung über tatsächliche Umstände vollständig und wahrheitsgemäß abzugeben (§ 138 I ZPO, RG **72**, 150, 113 [für Alimentenprozeß]; JW **38**, 1711 [für Interventionsklage], zum Ganzen Maaß aaO [oben 12a], 79). Im *Mahnverfahren* (vgl. § 692 I Nr. 2 ZPO; zu der weiterbestehenden Verpflichtung des Gerichts, erkennbar ungerechtfertigte Ansprüche zurückzuweisen, vgl. BT-Drs. 7/5250, 13, 22; BTag 7/17614; 8/6394, 6999) kommt ein Prozeßbetrug idR nicht mehr in Betracht (aM Düsseldorf NStZ **91**, 586 [hierzu Pasker JA **92**, 191; mit Recht krit. Geppert JK 36]; vgl. auch oben 4); das gilt insbesondere im automatisierten Mahnverfahren (dazu Dästner ZRP **76**, 36), wo allenfalls noch ein Prozeßbetrug iwS zB dann möglich ist, wenn der Täter es darauf anlegt, einem Rechtsunkundigen durch den Mahnbescheid die gerichtliche Anerkennung seiner Forderung vorzutäuschen (Düsseldorf NStZ **91**, 586; RG **65**, 33; LK 304, 319). Im übrigen hat im Prozeß aufgrund der Pflicht zur Redlichkeit jeder Teil wahrheitsgemäß die Tatsachen vorzutragen, für die er beweisbelastet ist, und sich ebenso über die Behauptungen des Gegners zu erklären (RG DJ **35**, 1741). Darüber hinaus darf keine Partei Tatsachen verschweigen (vor allem nicht bei ihrer eidlichen Parteivernehmung, RG JW **36**, 880), die ihrem Vorbringen *ipso jure* die Rechtsgrundlage entziehen (vgl. RG HRR **40**, 580). So darf der Kläger nicht eine schon bezahlte Forderung einklagen; auch nicht das in einem unrichtigen Schuldschein bestätigte Darlehen (MDR/D **56**, 10), der Beklagte nicht eine nachträglich rückgängig gemachte Stundung vorschützen oder einen inzwischen weggefallenen Eigenbedarf bei einer Räumungsklage verschweigen (Zweibrücken NJW **83**, 694 m. Anm. Geppert JK 13; krit. Werle NJW **85**, 2913). Für Einreden, die erst bei ihrer Geltendmachung wirken (Verjährung), gilt dies vor ihrem Vorbringen nicht. Die *vorsätzliche* Verletzung der Wahrheitspflicht in obigen Fällen verstößt gegen § 263; der Versuch beginnt bereits mit dem Einreichen bewußt unwahren Parteivorbringens (Bamberg NStZ **82**, 247 m. Anm. Hilger; aM LK 319: erst mit der Bezugnahme in der Verhandlung). § 263 greift hingegen nicht ein, wenn der Vorspiegelnde einen rechtmäßigen Anspruch hat oder wenigstens an die Rechtmäßigkeit glaubt (30. 8. 1988, 5 StR 325/88; unten 41). Ein Betrugsversuch ist in diesen Fällen mit der ablehnenden Entscheidung beendet (MDR/D **75**, 197), im Fall des § 149 ZPO aber schon mit der Aussetzung der Verhandlung (RG **75**, 225). Zur Problematik im Falle des Prozeßvergleichs Bay MDR **69**, 500. Der *Rechtsanwalt* hat auf Befragen des Gerichts eine wahrheitsmäßige und vollständige Auskunft zu erteilen, es sei denn, daß er dadurch einen von seinem Mandanten durch früheres unwahres Vorbringen verübten Prozeßbetrug offenbaren würde (NJW **52**, 1148).

5) **Eine Vermögensverfügung vornehmen** (ungeschriebenes Tatbestandsmerkmal, RG **64**, 228; krit. Schmidhäuser, Tröndle-FS 306; gegen ihn Hansen Jura **90**, 515) muß der Getäuschte (RG **49**, 16), und zwar

§ 263

infolge des Irrtums, wenn auch nicht ausschließlich wegen des Irrtums (RG **70**, 255; **76**, 86; Hamburg HESt. **2**, 317; Celle OLGSt. 95; vgl. auch Weidemann GA **67**, 238). Daher kein Kausalzusammenhang zwischen Irrtum und Schädigung, wenn der Getäuschte dieselbe Verfügung auch ohne den Irrtum vorgenommen hätte (Schleswig SchlHA **87**, 106). So beim Ankauf angeblicher Blindenhandarbeit (zugleich § 4 UWG, BGH **4**, 44); das BliwaG enthält in § 11 nur Ordnungswidrigkeiten. Es genügt, daß nur einer von mehreren Verfügenden getäuscht wurde (Hamburg JR **50**, 629). Während das RG den Irrtum nur dann als Ursache der Vermögensverfügung anerkannt hat, wenn bei dessen Hinwegdenken die Verfügung entfiele (RG **76**, 87), läßt der BGH es ausreichen, daß der Irrtum tatsächlich motivierend gewirkt hat, selbst wenn der Getäuschte die Vermögensverfügung auch ohne den Irrtum aus einem anderen *mit*wirkenden Motiv vorgenommen hätte (BGH **13**, 13; MDR/D **58**, 139; Köln OLGSt. 187; zust. SchSch 77; Sieber 213; iErg. auch Heinitz JR **59**, 386; M-Schroeder § 41, 82; vgl. auch KG JR **64**, 350; Klauser NJW **59**, 2245; Busch, Prinzing, Klauser NJW **60**, 950 ff.; Engisch, v. Weber-FS 247; Cramer JZ **71**, 415; Lenckner NJW **71**, 599; 18 vor § 13), kein Betrug jedoch, wenn der Getäuschte das Vorgespiegelte für wahr, aber für seine Vermögensverfügung als unerheblich erachtet (25. 3. 1980, 5 StR 59/80; LK 117). Die unmittelbare Folge der Verfügung über das Vermögen muß dessen Schädigung sein (vgl. 26 ff.). Schmidhäuser (Tröndle-FS 305) sieht in der Vermögensverfügung und der Vermögensminderung ein einheitliches Ereignis, das nur unter zwei Aspekten beurteilt wird. Zum Ganzen Joecks, Zur Vermögensverfügung beim Betrug, 1982 (hierzu Gössel GA **84**, 531).

24   **A. Verfügung** ist jedes Handeln, Dulden oder Unterlassen, das sich **unmittelbar** vermögensmindernd auswirkt (BGH **14**, 171; Bay MDR **64**, 343; Celle NJW **74**, 2326), wenn der Verfügende, von seinem Irrtum abgesehen, in seiner Willensentschließung frei war (BGH **7**, 255; **18**, 223); so zB Dienstleistungen (unten 27b), Buchungen in den Handelsbüchern (RG JW **26**, 586), das Unterlassen wirtschaftlicher Maßnahmen (RG JW **34**, 1053), eine behördliche Zwangsräumung (RG JW **50**, 629), die Verhängung von UHaft (BGH **14**, 170), Erschwindeln der UHaft durch Vortäuschen einer Straftat (Eser IV, 12 A 8; zw.; vgl. Mittelbach JR **60**, 384) und andere behördliche Akte (aaO). Die Erteilung einer gewerblichen Genehmigung ist keine Vermögensverfügung (RG **47**, 151). Rein tatsächliches (nicht rechtsgeschäftliches) Verhalten, auch eines Geschäftsunfähigen, reicht aus (RG **64**, 226). Der Verfügende braucht sich nicht notwendig in vollem Umfang bewußt zu sein, daß er auf das Vermögen einwirkt (BGH **14**, 170; stRspr; LK 98; aM mit beachtlichen Gründen Hansen MDR **75**, 533). Die Erteilung einer Blankounterschrift ist noch keine Verfügung (Düsseldorf NJW **74**, 1833; BGHZ **40**, 67; vgl. auch Saarbrücken NJW **68**, 262; Köln MDR **74**, 157; LK 104; aM SchSch 61; Oexmann NJW **74**, 2296). An einer Verfügung fehlt es auch, wenn die Täuschung es dem Täter nur ermöglichen soll, sich durch eine eigene Handlung einer fremden Sache zu bemächtigen (BGHZ **5**, 365; GA **66**, 212; MDR **68**, 772; MDR/D **66**, 199; Hamm NJW **69**, 620 [dazu krit. Wedekind NJW **69**, 1128; ferner Geppert JuS **77**, 71]; Köln MDR **73**, 866 [krit. Bittner JuS **74**, 156; gegen ihn Blei JA **74**, 319]; Stuttgart OLGSt. 42 zu § 242). In den Fällen der Anscheinsvollmacht verfügt der getäuschte Schuldner durch seine Zahlung unmittelbar über das Vermögen des geschädigten Gläubigers (wistra **92**, 299). Schaltet der Täter *einen Dritten* ein, den er täuscht, um durch ihn eine fremde Sache zu erlangen (sog. **Dreiecksbetrug**), so kommt es nicht so sehr darauf an, ob der Dritte Mitgewahrsam an der Sache hat (so BGH **18**, 221; Bay MDR **64**, 343; Stuttgart JR **66**, 29; Seelmann JuS **82**, 272), als darauf, ob der Dritte Werkzeug für den Täter ist (dann Diebstahl) oder an Stelle des Eigentümers die Sache herausgibt (dann Betrug), Dreher JR **66**, 29 (gegen ihn Herzberg ZStW **89**, 392); Haffke GA **72**, 232; Kienapfel ÖJZ **75**, 654 (Garderobenfrau läßt sich falschen Mantel herauslocken; ebenso ÖsterrOGH aaO); LK-Heimann-Trosien 25 zu § 242; Hamm NJW **74**, 1957; aM Lenckner JZ **66**, 319; Schünemann GA **69**, 46; gegen ihn Dreher GA **69**, 56; hierzu Herzberg ZStW **89**, 406; vgl. weiter Gribbohm JuS **64**, 233; NJW **67**, 1897; Otto ZStW **79**, 59; Eser IV, 12 A 43; Rengier JZ **85**, 565; Backmann, Die Abgrenzung des Betrugs vom Diebstahl, 1974 (dazu krit. Gössel JA **76**, 463; Geppert JuS **77**, 71; Herzberg ZStW **89**, 370); zusf Haas GA **90**, 201; LK 113; SchSch 67; SK 91ff.; Wessels BT 2 § 14 I, II; bedenklich MDR/D **74**, 15; zust. Blei JA **74**, 241. So ist es versuchter Diebstahl in Tateinheit mit Betrug, wenn der Täter dem hinzukommenden Parkplatzwächter erfolgreich vorschwindelt, das Fahrrad, das er gerade stiehlt, sei sein eigenes (Köln VRS **30**, 180). Vgl. weiter unten 45.

B. Auch in einer Unterlassung kann eine Verfügung liegen; wenn näm- 25 lich der Getäuschte (beim **Beitragsbetrug**, oben 13a, zB der Sozialversicherungsträger) ohne die Täuschung eine bestimmte Vermögensverfügung getroffen, zB eine Beitragsforderung oder einen sonstigen Anspruch (wistra **84**, 226 m. Anm. Labsch StV **84**, 514) geltend gemacht hätte (hM; LK 97; NJW **55**, 508; Celle NdsRpfl **58**, 162), so bei der Nichtausübung des Rechts auf Zwangsversteigerung (RG **67**, 200) oder beim Nichtweiterbetreiben eines Zwangsvollstreckungsverfahrens (vgl. Stuttgart NJW **63**, 825), Hinauszögerung eines Rückforderungsanspruchs (Karlsruhe NStE Nr. 9), dabei wird es sich vielfach um unbewußte Verfügungen handeln (BGH **14**, 172; Stuttgart MDR **62**, 235; **69**, 949; Köln JMBlNW **66**, 210; **83**, 185; Seelmann JuS **82**, 270), deren Möglichkeit überwiegend anerkannt ist (oben 24; Hansen aaO), daher auch zw., ob der „Maschinenzeitdiebstahl" (2 zu § 242) idR Betrug durch Unterlassen ist (so aber Steinke NJW **75**, 1869).

6) Ein Vermögensschaden muß die unmittelbare Folge der Vermögens- 26 verfügung sein (VRS **15**, 112; Hamm wistra **82**, 152; Düsseldorf NJW **91**, 1842; Mohrbotter GA **75**, 33), er kann beim Getäuschten (und Verfügenden) selbst eintreten oder bei einem Dritten; auch wenn dessen Person nicht genannt wird (RG GA Bd. **22**, 265). Die Höhe des Schadens kann und braucht nicht immer festgestellt zu werden (vgl. RG **51**, 204; **75**, 62). Es reicht nicht aus, wenn der Getäuschte dem Täter nur die Möglichkeit gibt, durch eine weitere Handlung einen Schaden auszulösen (Saarbrücken NJW **68**, 262; Düsseldorf NJW **75**, 1839; Celle NJW **75**, 2218). Es ist idR auch kein Schaden, wenn Gäste einer Bar für Animierdamen einen von diesen getrunkenen Apfelwein, der billiger ist als Sekt, mit dem billigeren Preis in der Annahme bezahlen, es handle sich um Sekt (vgl. Köln OLGSt. 144). Auch die Vereitelung einer Vermögensvermehrung ist kein Betrug (BGH

§ 263

16, 220), nach Stuttgart MDR **81**, 422 mangels eines Vermögenswertes auch nicht die Abwehr einer Strafe (Nebenstrafe) vor rechtskräftigem Abschluß des Strafverfahrens.

27 **A. Vermögen** ist der Inbegriff der geldwerten Güter einer Person (BGH **3**, 102; **15**, 83; **16**, 221; *Wirtschaftliche Vermögenstheorie*, von der Rspr. und hL vertreten; zu den verschiedenen Theorien vgl. oben 1; LK 120 ff.).

Schrifttum: *Arzt*, Noll-GedS 169 (Schadensberechnungsproblem); *Bockelmann*, Kohlrausch-FS 247, Mezger-FS 378 u. BT/1 § 11 II 3e; *Cramer*, Vermögensbegriff und Vermögensschaden im Strafrecht, 1968; *Gallas*, Eb. Schmidt-FS 401; *Hardwig*, GA **56**, 17; *Hirschberg*, Der Vermögensbegriff im Strafrecht, 1934; *Kühl* JuS **89**, 505; *Mohrbotter* GA **69**, 225; *Otto*, Die Struktur des strafrechtlichen Vermögensschutzes, 1970 u. Bekämpfung 67 ff.; *Riemann* [oben 1] 9 ff; *Samson* JA **89**, 510; *Seelmann* JuS **82**, 509, 749; *Stoll*, Begriff und Grenzen des Vermögensschadens, 1973; *Weidemann*, Das Kompensationsproblem beim Betrug, 1972; ferner LK 123; SchSch 79 ff.; SK 112 ff. u. M-*Schroeder* § 41, 86 ff., wo wie bei *Cramer, Gutmann* u. *Lenckner* JZ **67**, 105 ein vermittelnder juristisch-ökonomischer Begriff vertreten wird; vgl. auch unten 29.

27a Eine Vermögensbeschädigung erfordert also eine **Wertminderung** des Vermögens (RG **16**, 1), und zwar in seinem funktionalen Gesamtbestand (BGH **16**, 321), so zB durch eine unentgeltliche Leistung (RG **53**, 225), evtl. durch Warenverkauf zum Erzeugerpreis (RG **66**, 337), oder zum Großhandelspreis (RG **77**, 348). Der Hinweis auf irgendeine Minderung genügt nicht, stets ist anzugeben, in welchem Maße der erworbene Wert hinter der Gegenleistung zurückbleibt (13. 1. 1981, 5 StR 414/80). Auch **Vermögensrechte** wie der Besitz und der Gewahrsam einer Sache (Bay NJW **87**, 1656 [hierzu Otto JZ **87**, 630; Hellmann JA **88**, 73]; Düsseldorf NJW **88**, 922, hierzu Geppert JK 28) gehören zum Vermögen (BGH **8**, 256; **14**, 389; **16**, 281; Hamm MDR **72**, 706; Zweibrücken NJW **83**, 694 [hierzu Werle NJW **85**, 2913]; Herzberg ZStW **89**, 373, das Ablisten einer wertlosen Sache ist nur nach der juristischen Vermögenstheorie strafbar), so auch das gesetzliche Pfandrecht an eingebrachten Sachen nach § 704 BGB (BGH **32**, 91 m. Anm. Otto JZ **84**, 144; Jakobs JR **84**, 385; vgl. aber Joerden JuS **85**, 22), ebenso Forderungen und sonstige Ansprüche; selbst klaglose Forderungen (RG **68**, 380; vgl. §§ 222, 390 Satz 2 BGB, RG **40**, 29), ebenso der Besitz von Beweismitteln (RG **16**, 11), dies jedenfalls, soweit sie nichtbestehende Verbindlichkeiten zugunsten des Betrügers erweisen (Bay **55**, 7). Das nur ganz vorübergehende Fehlen der Dispositionsmöglichkeit über eine Sache begründet aber noch keinen Vermögensschaden (wistra **82**, 148). Ein Vorkaufsrecht enthält nur dann einen Vermögenswert, wenn dessen Ausübung zu einem Vermögenszuwachs führt, zw. (so NJW **77**, 155 m. krit. Anm. Schudt und Lackner/Werle JR **78**, 299). Verbindlichkeiten mindern das Vermögen, selbst nur bedingte (RG **16**, 3), desgl. vollstreckbare Urteile, selbst wenn der dem Gläubiger zugesprochene Anspruch nicht besteht (RG JW **27**, 905), dagegen nicht die nichtigen Verbindlichkeiten (RG **65**, 108; formlose Verbürgung). Wer eine lediglich schwer beweisbare, aber bestehende Verbindlichkeit erfüllt, erleidet keinen Schaden (BGH **20**, 136; vgl. **31**, 180). An einem Schaden fehlt es, wenn die öffentliche Hand eine Leistung erbringt, zu der sie verpflichtet ist (NJW **83**, 2648; Köln StV **91**, 210). Im Falle der Vereinbarung einer Zug-um-Zug-

Lieferung ist, solange sich der Verkäufer an die Vereinbarung hält, dessen Schädigung und damit auch ein versuchter Betrug ausgeschlossen (19. 8. 1981, 2 StR 393/81). Ein Schaffner, der schon abgefahrene Scheine nochmals als gültig verkauft, kann Betrug gegenüber den Gästen und der Straßenbahn (in Tatmehrheit) begehen (RG 64, 394). Auch sonst kann Doppelverkauf einer Sache Betrug sein (Düsseldorf, OLGSt. 41). Ein Arzt, der (kostenlose) Ärztemuster an einen Patienten ausgibt und sie sich von der Krankenkasse vergüten läßt, betrügt diese (Bay NJW 77, 1501). Wer ein fremdes von ihm verwahrtes Rad an einen Gutgläubigen veräußert, begeht diesem gegenüber keinen Betrug (RG 49, 16), da dieser nach § 932 BGB Eigentum erworben hat, es sei denn, daß der Erwerber vorzuleisten hat (RG JR 25 Nr. 1079), oder daß der gutgläubige Erwerber durch den Ankauf sonstige wirtschaftliche Nachteile erleidet (RG 73, 63; DJ 39, 1908: wie durch Sperren eines veruntreuten Schecks, Verzögerung seiner Einlösung und dgl., BGH 1, 92; Verpfändung einer fremden Sache, BGH 3, 370). Daß die Sache „mit einem *sittlichen Makel* behaftet" ist, reicht für die Annahme einer schadensgleichen Vermögengefährdung (unten 31) *nicht* aus (GA 56, 181; 22. 2. 1963, 4 StR 503/62), wohl aber, wenn der Erwerber nach den Umständen des Einzelfalles mit der Geltendmachung eines Herausgabeanspruchs oder sonstigen wirtschaftlichen Nachteilen zu rechnen hatte (BGH 1, 93; 15, 87 [m. abl. Anm. Mittelbach JR 61, 69]; JR 90, 517 [m. Anm. R. Keller, Otto JK 33]; Hamburg NJW 56, 362; vgl. Riemann [oben 1] 104ff.). Der Veräußerer wird auch nicht wegen Betrugs an dem früheren Eigentümer bestraft, obwohl dieser durch die Veräußerung sein Eigentum verloren hat; denn diese ist, wenn nicht schon tatbestandslos (GrSenBGH 14, 38), nur eine mitbestrafte Nachtat zu der Unterschlagung der Sache, die schon vollendet war, als die Verkaufsabsicht nach außen erkennbar wurde (RG 49, 18). Betrug ist hingegen möglich durch Verkauf einer mit einem gesetzlichen Pfandrecht belasteten Sache (RG 71, 86), oder bei Veräußerung eines abredewidrig ausgefüllten Wechselakzepts, da durch den gutgläubigen Erwerb des Abnehmers (des Getäuschten) der Akzeptant haftbar wird (RG 64, 228). Verfügender ist der Erwerber, nicht der Veräußerer (RG 64, 228). Im Fall des erfüllungshalber hingegebenen ungedeckten Schecks liegt ein Vermögensschaden nur vor, wenn der Empfänger statt dessen die sofortige zwangsweise Befriedigung betrieben hätte (NJW 83, 461). Im Erbringen von **Dienstleistungen** (die Maklertätigkeit nach § 652 BGB jedoch nur bei einem Vergütungsanspruch, der erst durch das wirksame Zustandekommen des Geschäfts erworben wird (BGH 31, 179, krit. Lenckner NStZ 83, 409; Maaß JuS 84, 25; Bloy JR 84, 123; Pfanne JuS 84, 240; Riemann [oben 1] 108) kann ein Vermögensschaden liegen, wenn dafür üblicherweise oder vertraglich ein Entgelt geschuldet wird (MDR/H 81, 268; vgl. unten 37). Die **Arbeitskraft** eines Menschen ist eine seiner Fähigkeiten, nicht aber Bestandteil seines Vermögens (str.; Lampe, Maurach-FS 386; LK 140; SK 124).

a) Unbestimmte Aussichten und Hoffnungen bilden keinen Vermögenswert (RG 73, 384; hM), die bloße Vereitelung einer erhofften Vermögensvermehrung ist grundsätzlich kein Betrug (BGH 16, 223; GA 78, 332), auch nicht die täuschungsbedingte, unerfüllt gebliebene Erwartung, einen höheren Gewinn zu erzielen (MDR/H 80, 273), anders bei Gefährdung ganz konkreter Erwerbsaussichten bei starrer Marktlage (MDR/H 81, 100) 28

§ 263

oder wenn sonst ein wahrscheinlich zu erwartender Vermögenszuwachs vereitelt wird (BGH **2**, 367; **17**, 147; Saarbrücken OLGSt. 138; stRspr.; zur Kritik aus der Sicht anderer Vermögenslehren vgl. LK 136), oder ein Gewinnanspruch nicht so sicher ist, wie der getäuschte Kunde erwarten durfte (7. 12. 1979, 2 StR 315/79). Gleiches gilt für den entgangenen Gewinn bei der Sachlage des § 252 BGB (RG **41**, 373), hierher gehört der Fall, daß eine Forderung dadurch wertlos wird, daß die pfändbaren Sachen des Schuldners entfernt werden (RG **21**, 236). Auch bloße Anwartschaften sind ein Vermögenswert (BGH **17**, 147; Stuttgart NJW **62**, 502; Hamburg NJW **62**, 1407; aM noch NJW **55**, 1526). Ein solcher Wert ist auch die bereits vorhandene Kundschaft (RG **26**, 227; **71**, 334; **74**, 316), eine vertraglich eingeräumte wirtschaftliche Monopolstellung (Saarbrücken JBl. Saar **66**, 44), die Gewinnchance durch Losbesitz in einer Lotterie (RG **33**, 193), die ordnungsmäßige Losverteilung bei einer Lotterie (MDR **56**, 116). In den Fällen, in denen ein Anwärter dadurch geschädigt wird, daß der Getäuschte aus seinem Vermögen etwa an den Täuschenden leistet (zB Täuschung einer öffentlichen Vergabestelle von Aufträgen durch einen Bewerber, so daß einem redlichen Mitbewerber der Auftrag entgeht), ist Betrug (zw.; bejahend BGH **17**, 147; **19**, 37; **34**, 390; wistra **89**, 101; Mohrbotter GA **71**, 321; verneinend Hamburg JR **62**, 430; SK 121). Die bloße Erschleichung der Zulassung zum Studium bei *numerus clausus* bewirkt noch keinen Vermögensschaden (NJW **55**, 1526).

29 **b) Auch bei beiderseits unsittlichen Rechtsgeschäften** kann ein Vermögensschaden nach § 263 eintreten (so seit VStSenRG **44**, 230; krit. Cramer JuS **66**, 472); zB, wenn eine Frau ein zum Abbruch der Schwangerschaft ungeeignetes Mittel gegen Hingabe von 10 DM erhält; die Schädigung steckt hier in dem Verlust des Geldes durch die Vorleistung, so daß es auf die Unsittlichkeit des Vertrages nicht ankommt. Folgerichtig ist ein Betrug auch gegenüber einem Dieb möglich (RG **44**, 232), desgl. gegen einen Betrüger (RG **65**, 3). Auch bei verbotenem Spiel ist Betrug denkbar (RG **40**, 21), desgl. bei Schwarzmarktgeschäften (OGH **2**, 201; 252; Celle NdsRpfl. **47**, 25), bei Handeltreiben mit BtM (MDR/H **79**, 806; 29. 4. 1980, 1 StR 132/80), beim Prellen um den vorausgezahlten Dirnenlohn (Hamburg NJW **66**, 1525; MDR/D **75**, 23; Karlsruhe NJW **76**, 904; vgl. auch Köln NJW **72**, 1823). Nach RG **65**, 100 kann der Vermögensschaden aber nur durch den Verlust von Sachwerten eintreten, nicht auch durch bloßes Eingehen einer schuldrechtlichen nichtigen Verpflichtung; zu ihr müsse die Leistung hinzukommen. Hiergegen mit Recht BGH **2**, 364: Nach wirtschaftlicher, nicht rein bürgerlich-rechtlicher Betrachtungsweise könne auch eine nichtige Forderung ausnahmsweise einen Wert haben; so bei sonstigen Bindungen der Parteien aneinander, Leistungsfähigkeit des Schuldners und dgl. (vgl. BGH **8**, 221; 256; Hamburg NJW **66**, 1525; krit. Schröder JR **66**, 471; Lenckner JZ **67**, 105). Nach dieser wirtschaftlichen Vermögenstheorie (BGH **1**, 264), erscheint es allerdings kaum folgerichtig (aM SchSch 93; Renzikowski GA **92**, 174), wenn BGH **4**, 373 (ebenso NStZ **87**, 407 m. Anm. Tenckhoff JR **88**, 126 u. krit. Barton StV **87**, 485; Otto JK 23); wistra **89**, 142 beim Prellen der Dirne um ihren Lohn Betrug ablehnt (Kohlhaas JR **54**, 97; vgl. aber auch 20. 5. 1981, 2 StR 784/80). Auch das Nichtbezahlen eines vereinbarten Entgelts bei „Telefonsex" ist wegen Nichtigkeit der Vereinbarung (aM AG Offenbach NJW **88**, 1097)

Betrug und Untreue **§ 263**

kein Betrug (Hamm NJW **89**, 2551; hiergegen Wöhrmann NStZ **90**, 342). Zum Ganzen vgl. Bruns, Mezger-FS 335 und JR **84**, 139; Franzheim GA **60**, 269; Bergmann/Freund JR **88**, 189; Kühl JuS **89**, 506; LK 240 ff.; SK 123.

B. Der Vermögensschaden iS von § 263 ist die Vermögensminderung 30 infolge Täuschung, somit der Unterschied zwischen dem Wert des Vermögens vor und nach der Vermögensverfügung des Getäuschten (BGH **30**, 388; wistra **85**, 23 m. krit. Anm. Naucke StV **85**, 187; 21. 12. 1983, 2 StR 495/83). Der Schaden tritt ein, wenn die Verfügung zu einer nicht durch Zuwachs ausgeglichenen Minderung des wirtschaftlichen Gesamtwertes führt (Gesamtsaldierung; vgl. BGH **3**, 102; **16**, 221; 321; **34**, 201 m. Anm. Bottke JR **87**, 428; Otto JK 22; Müller-Christmann JuS **88**, 108). Der hierfür **maßgebliche Zeitpunkt** ist der der Verfügung (unten 36), bei Risikogeschäften (zB *Warenterminoptionen,* unten 32 a) der Vertragsschluß.

a) Auch die Gefährdung eines einzelnen Vermögensstückes kann die 31 Minderung des ganzen Vermögens zur Folge haben, falls sie dieses verschlechtert (RG **16**, 11; JW **34**, 837; krit. LK 152 ff.; Naucke StV **85**, 187; Otto JZ **85**, 72, Jura **91**, 494, Lackner-FS 723 u. JK 19; H. J. Hirsch, Tröndle-FS 32; gegen sie Riemann [oben 1] 24). Allerdings reicht dafür nur die Möglichkeit einer Gefahr nicht aus; es muß eine konkrete eingetreten sein (BGH **3**, 372; **15**, 83; **21**, 112; MDR/H **79**, 636; wistra **87**, 21; StV **89**, 478 [m. Anm. Sonnen]; NStE Nr. 7 zu § 266), dh bei lebensnaher Betrachtung muß sie einer Wertminderung gleichkommen (Bay NJW **88**, 2550); in diesen Fällen muß auch der Umfang des Gefährdungsschadens festgestellt werden (20. 9. 1988, 1 StR 392/88), das Fehlen einer bei Vertragsschluß ausbedungenen Sicherheit braucht zu keiner Vermögensgefährdung zu führen, wenn der Ausgleichsanspruch auf andere Weise hinreichend gesichert ist (3. 11. 1987, 1 StR 292/87). Die Gefährdung kann aber auch in einem durch ein Risiko bedingten Minderwert liegen (MDR/H **79**, 988; **80**, 273), zB im Falle eines fragwürdigen Rückerstattungsanspruches gegenüber einem zahlungsunfähigen oder zahlungsunwilligen Darlehensnehmer (MDR/H **81**, 810), im Falle der Geldanlage bei unsicherer Chance auf Rückzahlung und Zinsgewinn (wistra **91**, 308), die Hingabe eines Schuldscheins für eine nicht bestehende Forderung (BGH **34**, 395, hierzu Otto JK 2 zu § 253). Zumindest eine schadensgleiche Vermögensgefährdung tritt bereits durch den Erlaß eines nicht rechtskräftigen, aber vorläufig vollstreckbaren Urteils ein (RG **75**, 399; NStZ **92**, 234), nicht aber schon durch jedes Risiko, einen Prozeß führen zu müssen (3. 8. 1979, 5 StR 359/79; zu weitgehend LG Mannheim NJW **77**, 160, abl. Beulke NJW **77**, 1073: Mietwertminderung durch Vermietung als Callgirl); doch kann es nicht ausreichen, wenn der Getäuschte in Gefahr ist, von sich aus eine schädigende Handlung vorzunehmen (LK 153; abw. BGH **16**, 327; **17**, 259). Eine derartige Gefahr kommt insbesondere beim **Kreditbetrug** iS des § 263 (hierzu Lampe, Der Kreditbetrug, 1980; Geerds FLF **88**, 99) in Betracht, nämlich bei solcher Unsicherheit des Schuldners (RG **9**, 168), daß die Forderung im Wert gemindert wird (RG **3**, 392), bei Hingabe eines Blankoakzepts (RG JW **36**, 3002; Bay **55**, 8), gefälschter oder wertloser Akzepte zur Krediterlangung (GA **65**, 149; MDR **52**, 408; anders, wenn es nur darum geht, den Passivsaldo eines Bankkontos zu verbessern, 9. 12. 1970, 2 StR 189/70);

§ 263

von Finanzwechseln, die als Warenwechsel ausgegeben werden (15. 3. 1979, 4 StR 652/78; NStE Nr. 20; NStZ/A **89**, 499; vgl. RG **12**, 395; **17**, 77; Otto, Zahlungsverkehr 11 ff., Bankentätigkeit 118, HWiStR „Wechselbetrug" und Jura **83**, 16; Vollmer HWiStR „Warenkreditbetrug"; Müller/Wabnitz 10), wenn dem Gläubiger die Existenz seiner Forderung verschleiert wird (RG **65**, 100; **70**, 227; Stuttgart NJW **69**, 1975), wenn eine ursprünglich eindeutige Forderung mit einem Prozeßrisiko belastet wird (NJW **68**, 1147; vgl. 21. 11. 1978, 1 StR 346/78), Sicherheiten nur mit besonderen Schwierigkeiten zu realisieren sind (RG **74**, 130; vgl. 27. 11. 1979, 1 StR 643/79), wenn die an sich ausreichenden Sicherheiten (sicherungsübereigneter Pkw) in der Hand des (zahlungsunwilligen) Darlehensnehmers bleiben (BGH **15**, 24 [mit krit. Anm. Bockelmann NJW **61**, 183]; 9. 1. 1981, 2 StR 766/80; vgl. Otto Jura **83**, 20). Ein Minderwert kann fehlen, wenn der Anspruch auf Darlehensrückzahlung durch ausreichende, das Risiko voll abdeckende Sicherheiten wettgemacht ist (wistra **92**, 142), was freilich idR nicht schon durch die persönliche Mithaftung Dritter (Bürgschaft, Schuldbeitritt) der Fall ist (NJW **86**, 1183). Maßgebend ist der Zeitpunkt des Vertragsschlusses (RG JW **35**, 2963), bzw. der Kreditgewährung (21. 12. 1979, 2 StR 768/78). Die bloße Kontogutschrift genügt als Schaden nur ausnahmsweise; so, wenn sie dem Täter die jederzeitige Abhebung ermöglicht oder ihm ein Beweismittel für einen künftigen Prozeß gibt (BGH **6**, 116). Fehlt bei einem Zahlungsfähigen nur der Zahlungswille, so ist dies nur unter besonderen Umständen eine Schädigung des Gläubigers; so bei gleichzeitiger Absicht, das Vermögen alsbald zu verschieben (RG **43**, 172; vgl. aber NJW **53**, 836). Zechprellerei kann daher entfallen, wenn der Wirt die geschuldete Leistung mit Sicherheit erzwingen kann (GA **72**, 209; Bay NJW **57**, 1566). Vermögensverfügung auf Grund einer Täuschung bedeutet an sich noch keinen Vermögensschaden (BGH **3**, 99; **16**, 321; vgl. auch Karlsruhe NJW **68**, 560). Doch genügt die Absicht, später eine minderwertige Ware zu liefern (RG GA Bd. **47**, 283), oder bei einem Maklervertrag, wenn aus der Vermittlung des Geschäfts ein minderwertiger Vergütungsanspruch besteht (BGH **31**, 180, krit. Lenckner NStZ **83**, 409; Maaß JuS **84**, 27; Bloy JR **84**, 123). Ein Schaden tritt auch für einen Käufer ein, der an den Vermittlungsvertreter eine höhere Anzahlung leistet, als dieser zu kassieren berechtigt ist (dazu Hamm GA **74**, 26). Die *Stundung* einer Forderung ist eine Vermögensverschlechterung nur und nur insoweit, als dadurch die Aussichten für die Einziehung der Forderung verschlechtert werden (BGH **1**, 264; wistra **86**, 170; Stuttgart NJW **63**, 825; Hamm JMBlNW **65**, 142), hieran fehlt es, falls der Schuldner schon bei der Stundung zahlungsunfähig war (RG JW **27**, 1488; Otto Jura **83**, 20; vgl. abw. § 265b I, III Nr. 2). Auch im Erschleichen eines falschen Beweismittels (RG **58**, 183) oder Vollstreckungstitels (RG **59**, 104), und in der betrügerischen Verschlechterung der Prozeßlage der anderen Partei (RG **72**, 139), liegt eine Gefährdung. Ebenso im Abschluß eines Mietvertrages über ein Auto, wenn man die dem Vermieter vorgespiegelte Fahrerlaubnis gar nicht besitzt (Hamm JMBlNW **69**, 158), im Verkauf einer Ware, die beschlagnahmt oder ersatzlos eingezogen werden könnte (GA **66**, 311; MDR **69**, 497), nach MDR/D **53**, 21 auch in der Hingabe eines Scheckbuches durch eine Bank an einen faulen Kunden (vgl. auch BGH **17**, 254; unten 32); in der Eröffnung eines unwiderruflichen Akkreditivs (StV **85**, 189 L),

Betrug und Untreue § 263

in der Eintragung eines Nichtberechtigten im Grundbuch (Stuttgart NStZ **85**, 365), bei betrügerischen Steuervergütungsanträgen, wenn der Sachbearbeiter die Zustimmungserklärung abzeichnet und zur kassenmäßigen Erledigung weitergibt (Bay NJW **88**, 2550). Ein Vermögensschaden kann auch in einer langfristigen Liquiditätsbeschränkung liegen (KG JR **66**, 391). Betrug ist es auch, wenn der Getäuschte bei Offenbarung des wahren Sachverhalts ebenfalls geschädigt worden wäre (Stuttgart NJW **71**, 632; zw.; krit. dazu Lenckner NJW **71**, 599; Cramer JZ **71**, 415; Herzberg JuS **71**; 516). *Doppelte Sicherungsübereignung* ist nur dann Betrug, wenn der zweite Gläubiger bei sofortiger Vollstreckung wenigstens teilweise befriedigt worden wäre (vgl. BGH **1**, 264) und Unterschlagung nur, wenn der Übereigner dem zweiten Gläubiger Eigentum verschaffen (21. 10. 1959, 2 StR 401/59), mindestens aber den ersten Sicherungsnehmer ausschalten will (17. 3. 1964, 1 StR 60/64). Hingegen können Doppelvermietung (26. 1. 1961, 2 StR 314/60) und doppelter Abschluß eines „Exklusivvertrages" mit zwei Illustrierten (MDR/D **70**, 197) Betrug sein. Zum Betrug beim Manipulieren des Ergebnisses von Sportveranstaltungen Trifftterer NJW **75**, 612; vgl. M-Maiwald § 45, 38.

b) Der gesamte Vermögenswert muß gemindert sein. Dabei ist zu 32 unterscheiden, ob der Betrug beim Abschluß des gegenseitigen Vertrages (Eingehungsbetrug) oder erst durch die Erfüllungshandlung (Erfüllungsbetrug, unten 33) begangen wurde. **Beim Eingehungsbetrug** (vgl. LK 222 ff.; SK 165; Seelmann JuS **82**, 511; Tenckhoff, Lackner-FS 678; Riemann [oben 1] 75 ff.) ergibt sich der Vermögensschaden durch Vergleich des Vermögensstandes des Verletzten vor und nach dem Vertragsschluß (BGH **3**, 99; **15**, 24; **16**, 220; 321; 367; **22**, 88; **23**, 300; **30**, 389; NJW **85**, 1563 [m. Anm. Seelmann JR **86**, 346; Ranft Jura **92**, 75]; **91**, 2573 [Otto JK 35]; wistra **87**, 24; **92**, 25; 7. 11. 1991, 4 StR 252/91; Bay **55**, 9; Hamm GA **57**, 121; KG JR **64**, 350; Hamburg GA **68**, 281), so wenn der Wert der eingegangenen Verpflichtung nach objektiv individuellem Maßstab den Wert des zu erlangenden Gegenstandes übersteigt (MDR/H **80**, 273), bei Beredung durch den Agenten zum Eintritt in eine Krankenkasse durch Vorspiegelung günstiger Versicherungsbedingungen (MDR **52**, 409), bei einem durch Täuschung erschlichenen Beitritt eines Kommanditisten zu einer KG (18. 10. 1977, 5 StR 291/77), bei einem Verlagsvertrag über ein Werk, das in Wirklichkeit ein Plagiat ist (Betrug durch Verkauf von Plagiaten an getäuschte Käufer kommt nur ausnahmsweise in Betracht; weitergehend Deumeland, Archiv für Presserecht **73**, 491). Gleichgültig ist dabei die Anfechtbarkeit oder schwebende Unwirksamkeit des Vertrages (BGH **21**, 384; **22**, 89; **23**, 300; KG JR **72**, 28; Bay NJW **73**, 633; aM Lenckner JZ **71**, 320; JR **74**, 337; vgl. auch Köln MDR **75**, 244) und die Entwicklung der Dinge nach dem Vertragsschluß (RG **77**, 402), so, wenn der Verkäufer von vornherein mangelhafte Waren liefern will (NJW **53**, 836), *anders* wenn etwa nachträglich unter Täuschung des Vertragspartners eine andere als die zugesagte, aber ebenfalls übertuerte Ware geliefert wird (18. 7. 1973, 3 StR 124/73), wenn der Mieter einer Sache, die er schon im Besitz hat, eine weitere Mietvorauszahlung vorspiegelt (NJW **85**, 2428). Bei der Schadensermittlung ist auf das gesamte Geschäft abzustellen; so wenn eine Sache mit in Zahlung gegeben wird (Koblenz VRS **46**, 283). Vollendeter Betrug scheidet stets dann aus, wenn der Getäuschte auf Vorleistung des Täu-

§ 263

schenden bestehen kann und dadurch gesichert ist (MDR/D **75**, 196; EzSt Nr. 13). Zum finanzierten Abzahlungskauf Nöcker DB **72**, 370. Ein Schaden entfällt auch nicht ohne weiteres dann, wenn eine Lieferfirma, die mit unlauteren Methoden ihrer Vertreter rechnet, Bestellungen bei Beanstandung stets storniert (BGH **23**, 300; Hamm NJW **69**, 2256; zust. Graba NJW **70**, 2221; Schröder JR **71**, 74; krit. Lenckner JZ **71**, 320; D. Meyer MDR **71**, 718; LK 216), insbesondere liegt dann Betrug vor, wenn marktschreierisch angespriesene wirkungslose Präparate im Großversand vertrieben werden, ein Rücktrittsrecht ändert an dem durch die Geldhingabe eingetretenen Schaden nichts, denn das Vermögen des Getäuschten ist gemindert, weil nicht alle Geschädigten einen vollwertigen Ausgleich erhalten und ihnen das Risiko aufgebürdet ist, vom Vertrag loszukommen (BGH **34**, 202 m. Anm. Bottke JR **87**, 432; Otto JK 22; Müller-Christmann JuS **88**, 108). Hingegen scheidet mindestens vollendeter Betrug aus, wenn sich der getäuschte Vertragspartner ein Rücktrittsrecht vorbehalten (MDR/D **71**, 546; vgl. auch Köln MDR **75**, 244) oder sonst gegen einen Schadenseintritt bei der Erfüllung des Vertrages abgesichert hat (MDR/D **73**, 370; **75**, 196; StV **92**, 117; Köln JZ **67**, 576 mit zust. Anm. Schröder, der im Eingehungsbetrug überhaupt nur Versuch sieht, vgl. hierzu SchSch 130 ff.; LK 222; Lenckner JZ **71**, 320; JR **74**, 337) oder solange bei einem Vertrag die Willenserklärung des Getäuschten nach § 7 VerbrKrG noch frei widerrufbar ist (Bay MDR **86**, 1046, Sonnen/Hansen-Siedler JA **88**, 26), oder im Falle einer erschlichenen Krankenhausaufnahme, falls ein Vermögensschaden nicht festgestellt werden kann (Düsseldorf NJW **87**, 3145). Beim Handel mit **Rohstoffoptionen auf Warenterminkontrakte** (vgl. hierzu nunmehr auch § 89 BörsG idF des 2. WiKG 2, vor § 263) liegt bereits ein Eingehungsbetrug vor, wenn der Täter von vornherein beabsichtigt, von den Kundengeldern nichts zurückzuzahlen (23. 11. 1983, 3 StR 300/83; vgl. Jaath, Dünnebier-FS 591; Worms, Kapitalanlagebetrug aaO [1 zu § 264a], 176 ff.), wenn er hohe Gewinnchancen in Aussicht stellt, entsprechende Deckungsgeschäfte an der Londoner Börse zusichert, aber überhaupt nicht vornimmt (BGH **29**, 154; **30**, 178; Worms wistra **84**, 125), oder die Optionen zwar bei der Börse placiert, aber ohne dies offenbart zu haben (oben 13), so hohe Aufschläge auf die Börsenpreise nimmt, daß die Option ihre reale Werthaftigkeit verliert (BGH **30**, 181; 389; **31**, 116; NJW **83**, 292; Scheu JR **83**, 121; vgl. Lackner/Imo MDR **83**, 970; Otto BT § 51 VI 8; Otto/Brammsen Jura **85**, 598; NStZ/A **88**, 89; Riemann [oben 1] 116; zu den Täuschungshandlungen ferner Füllkrug KR **85**, 268; auch 3. 10. 1989, 5 StR 237/89). Der maßgebende Zeitpunkt für die Feststellung von Vermögensgefährdung und Schadenseintritt ist der Vertragsschluß (oben 30); die Kunden sind über die Risiken von Warentermin-Optionsgeschäften im einzelnen zu unterrichten (wistra **89**, 20, 223; NStE Nr. 36), für die Schadensberechnung soll es nach BGH **30**, 388 [m. Anm. Sonnen NStZ **83**, 73]; **32**, 24; NJW **83**, 292; 1918; 8. 9. 1983, 1 StR 185/83 [1. und 5. StS]; 18. 1. 1985, 2 StR 689/84 auf den Unterschied zwischen dem vereinbarten Preis und dem wirklichen Wert der Optionen (Marktpreis) ankommen (iErg. ebenso München NJW **80**, 794 m. abl. Anm. Hohenlohe-Oehringen BB **80**, 230), wobei jeder Prämienaufschlag die Gewinnchancen mindert und daher betrugsrelevant ist (Lackner/Imo MDR **83**, 976); bei höheren Aufschlägen ist es jedoch sachgemäßer, angesichts der dadurch bedingten

Wertlosigkeit der Option den gesamten bezahlten Betrag als Schaden anzusehen (BGH **30**, 181; **31**, 117; StV **86**, 299; wistra **91**, 25; BGHR § 263 I VermSch. 35; NStZ/Ä **91**, 410; München NJW **80**, 794; Rochus JR **83**, 338; Scheu MDR **81**, 469; Füllkrug KR **85**, 269; aM Seelmann NJW **80**, 2545; **81**, 2132; Worms wistra **84**, 126; Hamburg NJW **80**, 2593, zust. Sonnen NStZ **81**, 24; StV **84**, 175; differenzierend Lackner/Imo MDR **83**, 969), die im Falle versteckter Aufschläge des Vermittlers zwischen spekulationsuntauglichen Optionen (Aufschlag beseitigt die Gewinnchance; vgl. unten 35) und spekulationstauglichen (bloße Verminderung der Gewinnchance durch Aufschläge) unterscheiden; bei letzteren hänge der Schaden davon ab, in welchem Umfange die Aufschläge die Vergütung überschreiten, die einem seriösen Makler zustehen (SchSch 31 b), das Ausmaß etwaiger Gewinne ist bei der Strafzumessung zu berücksichtigen (17. 5. 1982, 2 StR 54/82; vgl. auch wistra **84**, 61). Zur Frage des Marktpreises und eines etwaigen Schadens im Falle von Geldanlagen im amerik. OTC-Markt (Over-the-Counter-market) und dem Handel mit Billigaktien (penny-stocks; vgl. München NStZ **86**, 169 m. Anm. Schlüter u. Otto JK 21; NStZ/A **88**, 98; eingehender Otto, Pfeiffer-FS 71 mwN). *Schrifttum: Basel, Krieglsteiner* in Poerting (Hrsg.) Wirtschaftskriminalität II, 1984 S. 9, 13 ff. Zu den Fragen des *Kapitalanlagebetrugs* vgl. § 264a; Otto, Bekämpfung 31 ff., Winkelbauer HWiStR „Warentermingeschäfte". Zu den Fällen *progressiver Kundenwerbung* vgl. § 6c UWG (Anh. 13) und 9 zu § 286. Dem *Erwerber von Geschäftsanteilen* einer GmbH kann auch bei unentgeltlicher Übertragung ein Vermögensschaden allein aus der Gesellschafterstellung in Form einer Haftung gegenüber der Gesellschaft entstehen, wenn dieser Haftung kein gleichwertiger Zuwachs an aktiven Werten gegenüber steht (BGHR § 263 I VermSch. 29, Otto JK 34).

Weiteres **Schrifttum:** *Koch* JZ **80**, 704; *U. Schmidt* KR **81**, 18; *Rochus* NJW **81**, 736; *Möhrenschlager* wistra **83**, 19; *Sonnen* wistra **82**, 123; StV **84**, 175; *Lackner/Imo* MDR **83**, 969; *Worms* wistra **84**, 123; *Füllkrug* KR **85**, 267; *Felber* KR **84**, 112 (für die Schweiz).

Im Fall von Submissionsabsprachen (vgl. zum *Ausschreibungsbetrug* 32b § 270 E 1962 u. 2 vor § 263) kann es durch die Ausschaltung des Wettbewerbs – auch bei Vergabe zu sonst angemessenen Preisen – zur Schädigung des Auftraggebers kommen. Hierbei ist nach BGH **38**, 186 (insoweit entgegen der Vorinstanz [LG Frankfurt NStZ **91**, 86; NStZ/A **91**, 410] und im vorausgegangenen Beschwerdeverfahren [Frankfurt NJW **90**, 1057; hierzu Ranft Jura **92**, 73] u. iErg. sachlich von BGH **16**, 372 abweichend) der über Angebot und Nachfrage gebildete Marktpreis (*Wettbewerbspreis*) maßgebend, der nach den Umständen des Einzelfalls hinsichtlich derselben Ware und der Dienstleistung unterschiedlich sein kann. Dieser im Fall von Submissionsabsprachen zu Grunde zu legende „hypothetische Wettbewerbspreis" kann nicht durch behördliche Vorkalkulation oder Sachverständigenberechnung festgestellt werden, er ergibt sich vielmehr aus dem (nach Auffassung des BGH aaO 193) feststellbaren Preis, der sich bei ordnungsgemäßer Durchführung des Ausschreibungsverfahrens, also ohne Kartellabsprache und ohne Täuschung des Auftraggebers, gebildet hätte (aaO 196). Der Schaden liegt in der Differenz zwischen Zuschlag und Wettbewerbspreis. Für dessen Festlegung hält der BGH (aaO 193) die Überzeu-

§ 263

gung des Tatrichters auf Grund von – allgemeineren – Indizien (Tatsache der Absprache zur Erzielung eines höheren als des Wettbewerbspreises, Bekanntgabe der übrigen Mitbieter, Zahlung von Präferenzen an Mitbewerber und Ausgleichszahlungen an Außenseiter) für ausreichend. Auf diese Weise gibt der BGH (aaO) dem Tatrichter bei Submissionsabsprachen einen vergleichsweise weiten Auslegungsraum für die Schadensfeststellung und dessen Schätzung (Tiedemann ZRP **92**, 150; krit. hierzu D. Geerds DWiR **92**, 122; Joecks wistra **92**, 247; enger bisher LK 195; SchSch 110) und versucht auf diese Weise bereits durch die Auslegung des geltenden § 263 illegalen Submissionsabsprachen entgegenzuwirken, deren Pönalisierung in einem *besonderen* Tatbestand (vgl. 2 vor § 263) bisher immer wieder gescheitert ist (zust. und informativ Baumann NJW **92**, 1661; ferner Müller-Gugenberger WiStR § 47, 14).

Weiteres **Schrifttum:** *Baumann,* Oehler-FS 291 u. HWiStR „Submissionsbetrug"; *Bruns* NStZ **83**, 385; *Eichler* BB **72**, 1349; *Jaath,* Schäfer-FS 89 mwN; *Möhrenschlager* NStZ **81**, 21; *Otto* NJW **79**, 681 u. Jura **89**, 34; *R. Th. Schmid* wistra **84**, 4; *Tiedemann* JZ **86**, 867; *Weinmann,* Pfeiffer-FS 93.

33 **Beim Erfüllungsbetrug** (der aber bloße mitbestrafte Nachtat sein kann, Lenckner JR **74**, 339, so bei Lieferung verkaufter Gattungssachen, RG GA Bd. **50**, 392; vgl. zum Verhältnis zwischen Eingehungs- und Erfüllungsbetrug LK 292; Tenckhoff, Lackner-FS 678) ist der Schaden zu ermitteln mittels Vergleichens des vor der Täuschung vom Verletzten besessenen Vertragsrechts mit dem, was er tatsächlich durch die Erfüllung erlangt hat (RG **16**, 10; **40**, 27; Hamm NJW **60**, 642; dazu Lenckner MDR **61**, 652; NJW **62**, 59; LK 227; SK 168), zB bei Lieferung einer Nachprägung statt einer echten Münze (Hamm BB **62**, 1355; vgl. auch BGH **12**, 347). Ob die vertragsgemäße Ausführung ein „gutes" oder ein „schlechtes" Geschäft ist, bleibt gleichgültig, da § 263 keine ausgewogenen Vertragsverhältnisse, sondern den Schutz gegen vermögensschädigende Täuschungen gewährleisten soll (Stuttgart NStZ **81**, 481, m. Anm. Bloy JR **82**, 471). Ein Vermögensschaden ist nur dann zu bejahen, wenn der Gläubiger Nachteile erleidet, die über die bloße Schlechterfüllung hinausgehen (NStE Nr. 33). Das bloße Fehlen zugesicherter Eigenschaften braucht noch keinen Schaden zu bedeuten (Hamm JMBlNW **71**, 201). Wird der Schaden durch den Wert des unmittelbar Erlangten ausgeglichen, so fehlt der Vermögensschaden (RG **16**, 1; BGH **3**, 102; **16**, 220; 7. 7. 1981, 1 StR 222/81; Schleswig SchlHA **87**, 107), es sei denn, daß die Marktpreise verschieden sind (BGH **8**, 49), daß es sich um Vorleistungen handelt, die ohne Erfüllung des ganzen Vertrages ohne entsprechenden Nutzen sind (Stuttgart OLGSt. 105), oder daß jemand über den Umfang einer vertraglich zu erbringenden Leistung täuscht, um auf diese Weise eine höhere Gegenleistung zu erlangen (BGH **32**, 213 m. Anm. Puppe JZ **84**, 531; Otto JK 16 u. Bekämpfung 21; Löffeler JA **87**, 107; vgl. Tenckhoff, Lackner-FS 688). Ein Vermögensschaden fehlt ferner, falls die infolge der Täuschung gewählte Versicherungsgesellschaft gleichwertig ist (RG **28**, 310), wenn der Vertreter ohne Vertretungsmacht leistungsfähig ist (Hamm JMBlNW **65**, 172), falls jemand trotz der Täuschung, er sei im Kundendienst der Herstellerfirma tätig, die Reparatur fachgemäß ausführt (aM Hamm JMBlNW **63**, 93), oder trotz der vertragswidrig fehlenden Sicherheit weitere Sicherheiten ausreichen (RG **65**, 110; **74**, 130; BGH NJW **64**, 874; GA **66**, 51; 30. 1. 1979, 1 StR 452/78;

vgl. auch MDR/D **69**, 533; Bay NJW **73**, 633), möglicherweise auch die gesetzlichen Pfandrechte (Hamm JMBlNW **69**, 101; Arzt JuS **74**, 698; Amelung NJW **75**, 624; D. Meyer MDR **75**, 357; aM Bay JZ **74**, 189; Lenckner JR **74**, 337; vgl. auch Blei JA **75**, 379; anders aber, wenn der Verwertung Schwierigkeiten entgegenstehen, Amelung, D. Meyer, Blei aaO); falls der Gläubiger die ausreichende Sicherheit trotz mangelnden Zahlungswillens des Schuldners ungefährdet verwerten kann (BGH **15**, 24; Stuttgart; Hamburg; Hamm, OLGSt. 3; 47; 75). In die Gesamtsaldierung zur Berechnung des Betrugsschadens kann nur ein Vermögenszuwachs gutgebracht werden, der dem Geschädigten unmittelbar durch den Eingriff des Täters zugute gekommen ist (3. 4. 1985, 2 StR 791/84). **Im Fall von Submissionsabsprachen** *(Ausschreibungsbetrug)* kann, falls nicht schon ein Eingehungsbetrug (oben 32b) zu bejahen ist, Erfüllungsbetrug gegeben sein, weil der unter Ausschaltung des Wettbewerbs vereinbarte Preis nach §§ 5 III, 7, 9 VO PR 1/72 automatisch auf den Selbstkostenpreis reduziert wird oder auch weil der BRep. wegen der Preisabsprache Darlehensansprüche entstanden sind, deren Geltendmachung durch Täuschung bei Angebotsabgabe, Vertragsabschluß und Einforderung der Werklohnforderung zeitweilig verhindert wurde (NJW **92**, 923 [insoweit in BGH **38**, 186 nicht mitabgedruckt]). Beim sog. **Anstellungsbetrug,** der Eingehungsbetrug ist, 34 LK 235; ergibt sich der Schaden durch einen wertmäßigen Vergleich des vom Dienstherrn gezahlten Entgelts mit der vom Bewerber zugesagten Dienstleistung. Ein Schaden ist hier anzunehmen, wenn der Täter der erschwindelten Stellung nicht gewachsen ist (BGH **1**, 14), oder sonst erforderliche Voraussetzungen nicht erfüllt (RG **64**, 36; **75**, 268; Bay OLGSt. 61), im Falle des Beamten, wenn er zB ein höheres Besoldungsdienstalter oder eine fehlende berufliche Vorbildung vortäuscht (BGH **5**, 358; MDR/D **58**, 564; vgl. auch Celle NdsRpfl. **72**, 281). Nach GA **56**, 121 auch bei sittlichen und charakterlichen Mängeln, auf die 27. 9. 1960, 5 StR 323/60 auch bei politischer Belastung und Celle MDR **60**, 696 sogar beim Erschleichen eines Privatdienstvertrages abstellen will (str.; vgl. M-Maiwald § 41, 49; LK 239; SK 178; Otto JZ **85**, 72; Maaß aaO [oben 12a], 109), E 1962 sah statt dessen einen neuen Tatbestand „Erschleichen eines Amtes" in § 468 vor. Nach 8. 7. 1955, 5 StR 155/55 liegt in der charakterlichen Ungeeignetheit nur dann ein Vermögensschaden, wenn der Beamte deshalb überhaupt nicht angestellt werden dürfte. Offen gelassen für Dienste eines Rechtskonsulenten gegenüber denen eines Rechtsanwalts ist die Frage in RG **56**, 230. Täuschung über Vorbildung und berufliche Bewährungszeit reicht im Fall eines Nichtbeamten idR nicht (NJW **61**, 2027; vgl. aber BGH **17**, 254), das bei Verschweigen erheblicher Vorstrafen wegen Vermögensdelikten Vermögensschaden durch Gefährdung für möglich hält (ebenso NJW **78**, 2042; krit. Miehe JuS **80**, 261). In den Fällen von § 53 I BZRG scheidet § 263 jedenfalls aus. In der Täuschung allein darf die Ungeeignetheit keinesfalls gesehen werden (22. 1. 1963, 5 StR 558/62; Köln NZWehrr. **63**, 177; vgl. Bockelmann JZ **52**, 465; Sarstedt JR **52**, 308; Haupt NJW **58**, 938). Wer von einem Schwindler fest angestellt wird, ist schon deshalb geschädigt, weil er seine Dienste ohne Aussicht auf Entschädigung zur Verfügung halten muß; gleichgültig, ob er sonst anderswo eine Stelle bekommen hätte (RG **68**, 379). Bei Rechnungslegung genügt es nicht, falls einzelne ausgelassene Einnahmen durch ebenfalls weggelassene Ausgabe-

§ 263

posten ausgeglichen werden, wenn diese jederzeit wieder geltend gemacht werden können (RG **64**, 347). Geht der Eingehungsbetrug in dem sich anschließenden von vornherein beabsichtigten Erfüllungsbetrug auf, so liegt nur ein einfacher, kein fortgesetzter Betrug vor (Hamm GA **57**, 121).

35 **c) Die objektive Sachlage** entscheidet über die Vermögensbeschädigung; gleichgültig ist die bloße Tatsache, ob der Getäuschte ohne die Täuschung die Verfügung nicht vorgenommen hätte (BGH **3**, 99; **16**, 222; 321; **22**, 88; wistra **86**, 169; Stuttgart NJW **60**, 2264; **71**, 633; Zweibrücken OLGSt. 79), zur Frage des Vermögensschadens bei einer täuschungsbedingten Grundstücksveräußerung gegen Ratenzahlung (wistra **89**, 347), bei „Medizinschädengutachten" durch Juristen ohne zureichende ärztliche Sachkenntnis (wistra **87**, 221). Doch ist auch der sog. **persönliche Schadenseinschlag** zu berücksichtigen, dh es kommt darauf an, welchen Wert für die individuellen wirtschaftlichen Verhältnisse des Verletzten (vgl. LK 156ff.; Seelmann JuS **82**, 509) die Vermögensverschiebung hat (BGH **16**, 321; **23**, 300; NJW **53**, 836; MDR/D **52**, 408; GA **63**, 208; **66**, 51; 23. 1. 1979, 1 StR 634/78; Düsseldorf OLGSt. 29; Köln NJW **68**, 1893; Schmoller ZStW **103**, 95), ein Schaden liegt nur vor, wenn der Wert der vertraglich eingegangenen Verpflichtungen nach objektiv individuellem Maßstab den Wert des erlangten Gegenanspruchs übersteigt (EzSt Nr. 10), bei Verkauf eines Bungalowbaugrundstücks unter Verschweigung von Hochbauplanungen in unmittelbarer Nachbarschaft (München NJW **78**, 435), von qualitätsgleicher Auslandsbutter bei geringerem Inlandsmarktwert (BGH **12**, 352), von gleichwertigen Hopfen aus weniger bekanntem Anbaugebiet (BGH **8**, 49), von Badesalz zu überhöhtem Preis, das in der behaupteten Beschaffenheit und Herkunft gar nicht auf den Markt kommt (NJW **80**, 1760), bei Fehlen einer vertraglich zugesicherten Eigenschaft (Köln NJW **59**, 1980), etwa das Kilometerstandes eines gebrauchten Wagens (MDR/D **72**, 571; wistra **88**, 348; Bay MDR **62**, 70, Hamm NJW **68**, 903), oder seiner Unfallfreiheit (Stuttgart Die Justiz **67**, 56; Düsseldorf NJW **71**, 158), wobei nach Hamm NJW **60**, 643 einseitige Zusagen außerhalb eines schriftlichen Vertrages außer Betracht zu bleiben haben; auch reicht nach Hamm JMBlNW **71**, 201; BGH 6. 12. 1977, 1 StR 495/77; Karlsruhe NJW **80**, 1762; Bay NJW **87**, 2452 [hierzu Otto JK 27]; Schleswig SchlHA **87**, 107 die Täuschung nicht aus, wenn der Preis des Wagens dem Marktwert entspricht (zw. vgl. zB Koblenz VRS **46**, 281); bei zu hoher Geldausgabe gerade dieses Getäuschten (so RG **68**, 214; **76**, 51); desgl. bei Übernahme einer zu großen Warenmenge (RG HRR **35**, 1351), bei Kauf eines für das Geschäft kaum verwendbaren Warenautomaten (KG JR **66**, 391), bei Festlegung des Vermögens einer Zentrale für satzungswidrige Zwecke (BGH **3**, 102), bei unbefugter Inanspruchnahme staatlicher Umschuldungsgelder (RG JW **36**, 513), Einlösung von Bedarfsdeckungsscheinen durch den Staat von jemand, der die Ware nicht verkauft hat (RG **70**, 35), Fehlleitung gesetzlich gebundener staatlicher oder sozialer Mittel (BGH **19**, 37; **31**, 93 [m. Anm. Tiedemann JR **83**, 212]; NJW **55**, 1526; KG JR **62**, 26; Hamm GA **62**, 219; dazu Tiedemann ZStW **86**, 897 mit grundsätzlichen Ausführungen zum Subventionsbetrug). Erwerb einer Blitzschutzanlage infolge der Täuschung, daß sie gesetzlich vorgeschrieben sei (5. 9. 1961, 5 StR 301/61, anders bei vorgeschriebenem Feuerlöscher, Bay **55**, 8); Verkauf von Abdeckereifett an eine gutgläubige Speisefettfabrik (RG **69**, 283). Doch ist

Betrug und Untreue **§ 263**

es nicht Aufgabe des Strafrichters, sorglose Menschen gegen die Folgen ihrer eigenen Sorglosigkeit zu schützen (BGH **3**, 103). BGH **16**, 321 (dazu Schröder NJW **62**, 721; Eser GA **62**, 289; Gutmann MDR **63**, 3; 91; Schönfeld JZ **64**, 206) versucht, die bisher nicht einheitliche Rspr. dahin zu klären, daß Beeinträchtigung der wirtschaftlichen Bewegungsfreiheit nur dann ein Vermögensschaden sein kann, wenn der Getäuschte entweder die angebotene Leistung nicht oder nicht in vollem Umfang zu dem vertraglichen Zweck oder in anderer Weise verwenden kann; (zB als Ungebildeter ein umfangreiches Lexikon, Köln NJW **76**, 1222; hierzu Jakobs JuS **77**, 228); oder durch die eingegangene Verpflichtung zu vermögensschädigenden Maßnahmen genötigt wird; oder infolge der Verpflichtung nicht mehr über die Mittel verfügen kann, die zur ordnungsmäßigen Erfüllung seiner Verbindlichkeiten oder sonst für eine seinen persönlichen Verhältnissen angemessene Wirtschafts- oder Lebensführung unerläßlich sind (ebenso GA **66**, 52; 28. 11. 1967, 5 StR 556/67; vgl. weiter RG **76**, 51; JW **27**, 1693; Köln OLGSt. 10; Düsseldorf OLGSt. 55; Celle OLGSt. 73; Bay NJW **73**, 633; Schleswig SchlHA **76**, 169; **79**, 203; krit. Mohrbotter GA **75**, 33); in allen Fällen kommt es dabei auf die konkreten Umstände an (vgl. auch Stuttgart GA **73**, 249) wollte weiter eine Ausnahme für den Fall machen, daß die Unterschrift unter einem Bestellschein mit der Behauptung erschlichen wird, daß es sich um gar keine Bestellung handle (ebenso Schlüchter MDR **74**, 617; vgl. weiter Knappmann NJW **65**, 1931; abl. BGH **22**, 88; KG JR **72**, 29; Köln MDR **74**, 157; dazu Eser GA **62**, 289; Heinitz JR **68**, 386; Franzheim/Krug GA **75**, 97, die darauf abstellen, ob der Getäuschte die Sache zum Marktwert der letzten Handelsstufe ohne Mühe wieder veräußern kann. Zum Verkauf eines Buches mit Hilfe der Täuschung über dessen Verwendung an einer bestimmten Schule (Köln JR **57**, 351; Stuttgart NJW **80**, 1177; hierzu Geppert JK 7). Zur Zeitschriftenwerbung oder Werbung für einen Bücherbund unter unwahren Angaben vgl. Just-Dahlmann MDR **60**, 270; Lampe NJW **78**, 679; Endriß wistra **89**, 30; sowie die uneinheitliche Judikatur; BGH **23**, 300; AG Mannheim MDR **60**, 945; Hamm JMBlNW **64**, 32; NJW **69**, 1778; Celle MDR **69**, 158; KG JR **72**, 28; Köln MDR **74**, 157; GA **77**, 188; NJW **79**, 1420 (abl. Steinke KR **79**, 568); Düsseldorf NJW **90**, 2397 (hierzu Endriß wistra **90**, 335; Otto JK 31; Küpper/Bode JuS **92**, 642; Ranft Jura **92**, 74); LK 197, 200; Achenbach Jura **84**, 603; Bohnenberger, Betrug durch Vertrauenserschleichung, 1990; zum Erschwindeln von Volkswagenaktien, Hamburg JR **62**, 431; BGH JR **63**, 347; beide mit abl. Anm. Schröder; Celle NJW **63**, 263; BGH **19**, 37; GrSenBGH **19**, 206 (zust. Schröder JZ **64**, 467); Maurach NJW **61**, 626; Schäfer, KR **62**, 385; Bode NJW **63**, 238; Müller DRiZ **63**, 55; Schäfer/Seyler GA **63**, 338.

d) Nachträgliche Veränderungen des Vermögenswertes sind ohne Bedeutung (LK 144). So wird durch die nachträgliche **Schadensbeseitigung** *(reparatio damni),* mag sie auch von vornherein beabsichtigt gewesen sein (10. 12. 1980, 3 StR 410/80), der entstandene Schaden nicht aus der Welt geschafft (GA **79**, 143), so nicht durch Verzicht des Betrügers auf den erlangten Vorteil (RG LZ **21**, 723), nicht durch nachträglichen Abschluß des von einem Provisionsschwindler zunächst nur vorgetäuschten Kaufvertrages (Saarbrücken JBl. Saar **66**, 67), desgl. nicht durch nachträgliche **Werterhöhung**, etwa spätere Deckung eines ungedeckten Schecks (JZ **52**, 36

§ 263

282), durch erfolgreichen Weiterverkauf (BGH **8**, 49; **12**, 353), oder durch Erhöhung der Gewinnbeteiligung (8. 9. 1981, 1 StR 200/81). Auch die gleichzeitig entstehenden Schadens- und anderen Gewährleistungsansprüche verhindern die Vermögensbeschädigung nicht (MDR/D **70**, 13; KG NJW **65**, 705), dies, selbst wenn jene Haftung besonders übernommen ist (RG GA Bd. **60**, 427). Ob das ausnahmslos zu gelten hat, ist zw. (vgl. Schröder JR **61**, 286). Ebensowenig relevant sind nachträgliche **Werteinbußen,** etwa die spätere Verringerung des Verkaufswertes eines gebrauchten PKW (MDR/D **73**, 370), oder die unfallbedingte Wertminderung des durch Täuschung erlangten PKW (VRS **15**, 112; LK 145).

37   e) **Wer ohne Eintrittskarte** einen Raum, zB einen Konzertsaal betritt, begeht keinen Betrug (jedoch § 123 und § 265a), falls er dies durch eine Hintertür tut; denn hier fehlt es regelmäßig an einer Täuschung (oben 6); anders, falls er die Kontrollperson in den Glauben versetzt, er habe eine Karte. Die Vermögensbeschädigung besteht hier darin, daß dem Veranstalter der Gewinn (vgl. 27 ff.) entgeht, vgl. SK 177. Beide Fragen (Täuschung und Vermögensschaden) kommen auch beim *„blinden Passagier"* vor. Beim heimlichen Einschleichen in den Wagen fehlt die Täuschung (RG **42**, 41); anders, wenn der Täter den Beamten an der Sperre oder den Schaffner, der nach der Karte fragt (vgl. 12), im Glauben hält, er besitze einen Fahrschein (BGH **16**, 1), oder sein erschlichener Fahrtausweis sei einwandfrei erworben worden (RG 25. 7. 1932, 1 D 876/32). Der Vermögensschaden der Bahn besteht darin, daß die beschränkte Zahl der Plätze um eine verringert wird, ohne daß die Bahn den Fahrpreis als Entgelt erhält (RG **59**, 383). Daher Vollendung schon mit dem Einsteigen (RG **77**, 33). Auch wer auf dem Trittbrett mitfährt, schädigt die Bahn, da sie Anspruch auf den Fahrpreis gegen alle Mitfahrenden hat (RG **24**, 319). Beim Besitz einer Karte, die im Einverständnis mit dem Schaffner nicht entwertet wird, trifft auf den Reisenden § 263 nicht zu (RG **17**, 217), es sei denn, daß ein Kontrollbeamter getäuscht wurde (RG 25, 414), zB durch Auftragen einer Wachsschicht auf einer Fahrkarte, um den Aufdruck des Entwerters wieder abwischen zu können (Düsseldorf NJW **90**, 924; **92**, 924). Dem Fahren ohne Karte steht das Fahren mit fremder (nicht übertragbarer) Karte gleich, RG **58**, 171.

38   f) **Nicht personengleich** brauchen der Getäuschte und der Geschädigte zu sein (vgl. oben 20 ff., RG **71**, 292). Doch muß der Vorteil aus dem Vermögen des durch die Täuschung Geschädigten (sei es des Getäuschten oder eines Dritten) herrühren (BGH **6**, 116; NJW **54**, 1008).

39   7) **Stoffgleichheit** zwischen dem erstrebten Vermögensvorteil und dem Schaden des Opfers ist nach hM (wie bei der Erpressung, vgl. 1 ff. zu § 253) erforderlich; dh dieselbe Vermögensverfügung des Getäuschten, die der Täter, um sich zu bereichern, veranlaßt, muß den Vermögensschaden unmittelbar herbeiführen (BGH **6**, 116; **34**, 379 [hierzu Geppert JK 25; Lipps NJW **89**, 503; NStZ/A **89**, 498]; NStE Nr. 49; Hamm OLGSt. 148; krit. Mohrbotter, Die Stoffgleichheit beim Betrug, 1966; Weidemann, Das Kompensationsproblem beim Betrug, 1972, 152; LK 274; SK 188; zum Meinungsstand im Schrifttum vgl. LK 266). Auch der Wille des Täters muß dahin gehen, gerade durch die Vermögensverfügung des Getäuschten einen Vermögensvorteil zu erhalten (RG **64**, 435). Beim Scheck- und Kre-

ditkartenmißbrauch ist die Frage der Stoffgleichheit im Hinblick auf § 263 a gegenstandslos. Selbst wenn der Getäuschte mit dem Bewußtsein handelt, daß er sich selbst schädige, fehlt es nicht an der Kausalität (RG 70, 256). Erschwindelt ein *Provisionsvertreter* Bestellungen, so begeht er mindestens Betrug zugunsten seines Auftraggebers (NJW 61, 684; Braunschweig NJW 61, 1272; Saarbrücken NJW 68, 262; Düsseldorf NJW 74, 1833). BGH 21, 384 nimmt Betrug auch gegenüber dem Auftraggeber an. Aus der Rspr.: Hamm NJW 58, 513; Karlsruhe und Celle NJW 59, 398, 399; Köln NJW 60, 209; Oldenburg NJW 60, 2205; KG JR 66, 391; Karlsruhe NJW 68, 560; Bay NJW 73, 633, 1337 [Anm. Berz]; 87, 1656 [m. Anm. Hillenkamp JR 88, 301]; Stoffgleichheit bei Besitzverlust und -erlangung im Falle einer Räumungsklage). Der **mittelbare Schaden,** den der Getäuschte dadurch erleidet, daß er infolge des Vermögensschadens weitere Handlungen vornimmt, oder Folgeschäden, die durch die erschwindelte Gebrauchsüberlassung entstanden sind (NJW 89, 918) fallen nicht unter § 263, da es hier an der Stoffgleichheit fehlt (VRS 15, 112; BGHR § 263 I, Stoffgl. 2), so bei Prozeßkosten (Bay 55, 10), Wechselunkosten (BGH 6, 115), Beschädigungen bei Benutzung der Sache (Hamburg LZ 19, 447).

8) Der Vorsatz hat zu umfassen: **A. Ein dreifaches Bewußtsein:** einmal, 40 durch *Täuschung einen Irrtum* hervorzurufen, die vorgespiegelte Tatsache muß der Täter für unwahr halten; hält er eine wahre Tatsache für unwahr, so liegt Versuch mit untauglichen Mitteln vor (RG 50, 35). Ferner muß das Bewußtsein hinzukommen, gerade durch die Irrtumserregung eine Vermögensverfügung des Getäuschten und dadurch eine unmittelbare Vermögensbeschädigung hervorzurufen (RG 19, 93), der Täter muß daher die wesentlichen Umstände erkennen, die den Minderwert der Gegenleistung ausmachen (EzSt Nr. 10; wistra 91, 308), auf die Einzelheiten braucht sich der Vorsatz nicht zu erstrecken; zB darauf, wer der wirkliche Geschädigte ist (MDR/D 72, 571; Stuttgart Die Justiz 64, 269). Zum Vorsatz beim Kreditbetrug MDR/D 72, 197. Zum Schädigungsvorsatz und dessen Nachweis MDR/H 81, 100; Stuttgart MDR 78, 336 m. Anm. Beulke JR 78, 390. Im Falle der Hingabe ungedeckter Schecks genügt es für den Schädigungsvorsatz, daß der Täter weiß, daß die Bank sie nicht einlöst (wistra 89, 62), für den Betrugsvorsatz im Falle einer Vermögensgefährdung, wenn der Täter die Umstände kennt, die die Vermögensgefährdung begründen, mag er auch darauf vertrauen, daß die Gefährdung nicht zu einem Verlust führen werde (MDR/H 81, 810; BGHR § 263 I, Vors. 1), im Falle der Vereinbarung einer Zug-um-Zug-Lieferung muß der Täter davon ausgegangen sein, er werde die Auslieferung der Sache auch ohne Bezahlung erhalten (19. 8. 1981, 2 StR 393/81). Schließlich muß der Täter das Bewußtsein haben, daß er auf den angestrebten Vermögensvorteil kein Recht hat; denn „rechtswidrig" ist insoweit Tatbestandsmerkmal (BGH 3, 123; 4, 106; NJW 53, 1479; 14. 10. 1980, 1 StR 439/80). In jeder Hinsicht genügt bedingter Vorsatz (wistra 91, 181; krit. SK 185).

B. Die Absicht, sich oder einem Dritten einen Vermögensvorteil zu 41 verschaffen. Es muß dem Täter darauf ankommen, den Vermögensvorteil zu erlangen (vgl. RG 15, 10; 6 zu § 15). Motiv oder letzter Zweck (nach KG NJW 57, 882 „maßgebendes Ziel") braucht er hingegen nicht zu sein (BGH 4, 107; 16, 1; BGHR § 263 I Täusch. 9; Braunschweig NJW 57, 600;

§ 263

Oldenburg NJW **60**, 2207; Köln JR **70**, 468 mit zust. Anm. Schröder; SchSch 176; vgl. Gundlach MDR **81**, 194; Rengier JZ **90**, 321). Keinen Vermögensvorteil erstrebt, wem das Bewußtsein fehlt, daß er auf Sozialhilfeleistungen zumindest teilweise keinen Anspruch hatte (StV **92**, 106). Nach Köln NJW **87**, 2095 (hierzu Geppert JK 26) fehlt es an einer solchen Absicht, wenn die Vorteilserlangung nur eine notwendige, dem Täter höchst unerwünschte Nebenfolge eines von ihm erstrebten anderen Erfolges ist. Hinsichtlich der Rechtswidrigkeit ist Absicht nicht erforderlich, insoweit genügt (bedingter) Vorsatz (BGH **31**, 181; MDR/D **75**, 22; oben 40).

9) Verschaffung rechtswidrigen Vermögensvorteils.

42 **A. Vermögensvorteil** ist als genaues Gegenstück zum Vermögensschaden (LK 264) die günstigere Gestaltung der Vermögenslage (RG **50**, 277), selbst wenn später Ersatz zu leisten ist (RG **12**, 395), so daß also genügen: die Erlangung bloßen Kredits oder einer Stundung (RG **3**, 332), des Besitzes einer Sache (RG **1**, 55) und nach BGH **14**, 170 die Vorteile der UHaft (vgl. oben 24); *nicht* jedoch die Abwendung einer Freiheitsstrafe (Braunschweig NJW **57**, 600), oder verwirkten Geldstrafe (RG **76**, 279; **71**, 281; Karlsruhe NStZ **90**, 282; aM RG **33**, 333; JW **34**, 2977; LK-Tröndle 38 vor § 40), oder einer Geldbuße (Schleswig SchlHA **78**, 59; Saarbrücken VRS **75**, 348, hierzu Wenzel DAR **89**, 455) oder Abwehr eines Verwarnungsgeldes (Bay JR **91**, 433 m. krit. Anm. Graul; Otto JK 1 zu § 265 a), ein Strafaufschub, selbst wenn hierdurch zugleich der Verfall der Sicherheit abgewendet wird (BGH 1. 9. 1992, 1 StR 281/92), die Erhaltung der Früchte einer Straftat (RG **63**, 187), das Nichterbringen einer geschuldeten Leistung (Stuttgart NJW **62**, 502), das Erhalten von Sachen an Stelle einer bestrittenen Geldforderung (RG **57**, 370; insbesondere bei Warenknappheit, JZ **51**, 376); die Abwendung des Verlusts eines Vermögensstücks (RG **10**, 76; **34**, 22; **50**, 423; **53**, 111; **59**, 41; **73**, 286), die Anstellung (RG **65**, 281), insbesondere auch als Beamter (RG **64**, 39), die reiche Heirat, deren Erreichen aber Betrug nur ist, falls der Täter das Vermögen des Ehegatten allein für sich, nicht auch für die Zwecke der Ehe verwenden will (RG **14**, 137; vgl. aber RG **34**, 86), das Erlangen eines Bezugsscheins (RG **74**, 292), selbst wenn der Täter auf ihn eine wahrscheinliche Anwartschaft hatte (RG **74**, 384), nicht aber das Erlangen eines fremden Reisepasses (MDR/D **72**, 17 (dazu krit. Bittner MDR **72**, 1000). Der Beischlaf mit einer Dirne ist zwar kein Vermögensvorteil, ein Vermögensvorteil ist es aber nach der wirtschaftlichen Vermögenstheorie des BGH, wenn der „Freier" dem unsittlichen Anspruch der Dirne auf ihren Lohn entgeht, den sie infolge Täuschung nicht geltend macht (darin liegt ihre Verfügung); nicht folgerichtig daher BGH **4**, 373 (vgl. oben 29). Das bloße Pfändungspfandrecht ist kein Vermögensvorteil, falls die ihm zugrunde liegende Forderung nicht besteht (Hamm NJW **56**, 194). Wer unter einem falschen Namen Waren bestellt und an Dritte schicken läßt, um ihnen einen Schabernack zu spielen oder Unannehmlichkeiten zu machen, erlangt und erstrebt für sich selbst keinen Vermögensvorteil (aM Bay JZ **72**, 25 mit abl. Anm. Schröder; zust. LK 261; krit. auch Blei JA **72**, 173; Maurach JR **72**, 345; Puppe MDR **73**, 12; problematisch Herzberg JuS **72**, 185, der den Vermögensvorteil in den Dienstleistungen der Lieferanten sehen will; dazu Blei JA **72**, 308; 435). Zur Stoffgleichheit zwischen Vorteil und Schaden, oben 39.

B. Rechtswidrig ist jeder Vermögensvorteil, auf den man kein Recht 43
hat (BGH 19, 216). Das gilt auch für die Eingehung und Durchsetzung
einer vertraglichen Verpflichtung (Bay OLGSt. 67) oder bei Inanspruchnahme einer Kaskoversicherung, wenn der Geschädigte bereits vom Schädiger Ersatz erhalten hat (Stuttgart MDR 67, 233). Hat jemand ein Recht
auf den Vermögensvorteil (so auf Bezahlung eines fälligen Geldanspruchs,
einen Anspruch auf öffentliche Förderungsmittel oder einen öffentlichrechtlichen Anspruch auf Abnahme von Abfall in einer städtischen Deponie), so wird der Vermögensvorteil nicht dadurch zu einem rechtswidrigen, daß der Gläubiger, um ihn zu erlangen, den Schuldner oder die Behörde täuscht (GA 66, 52; MDR/H 82, 281; NJW 83, 2648; NJW 90, 2476
[hierzu Otto JK 10 zu § 1]; Bremen NJW 62, 2312; Mohrbotter GA 67,
199), anders nach der älteren Rspr. im Prozeß, wenn in solchem Falle ein
Urteil durch erdichtetes Vorbringen erschlichen wird; dies selbst dann,
wenn der Gegner das Vorgetragene irrtümlich nicht bestreitet (RG 72, 137
[vgl. auch 20ff.]; dagegen mit Recht BGH 3, 161; vgl. auch 20, 137), die
bloße Annahme, den Anspruch zu haben, schließt infolgedessen den Vorsatz aus (MDR/D 56, 10; Bay GA 69, 215; Bamberg NJW 82, 778), hält
sich jedoch jemand im Geschäftsverkehr für befugt, ein Zurückbehaltungsrecht seines Geschäftspartners zu unterlaufen, so ist Verbotsirrtum (§ 17)
gegeben (MDR/H 81, 100). Der Gläubiger, der von seinem Schuldner ein
Darlehen aufnimmt, darf ihm verheimlichen, daß er es durch Aufrechnung
mit seiner Forderung tilgen will (NJW 53, 1479; MDR/H 82, 281; aM RG
57, 370; 77, 184), anders, wenn er baldige Rückzahlung verspricht (BGH
aaO). Der Gläubiger einer bestrittenen Geldforderung hat dagegen kein
Anrecht, für sie Waren zu erlangen (RG 63, 187). Ein Vermögensvorteil,
der einer Abwehr von Ansprüchen mit rechtswidrigen Mitteln entspricht,
ist nicht deswegen schon rechtswidrig (Bay StV 90, 165).

10) Der Versuch (II) erfordert die Vornahme einer auf Täuschung und 44
der Verwirklichung *aller* Tatbestandsmerkmale (Karlsruhe NJW 82, 59 und
hierzu Burkhardt JuS 83, 426) abzielenden, aber nicht zum Erfolg gelangenden Handlung (BGH 2, 380; 4, 272; NJW 89, 1436 [in BGH 36, 124
nicht mit abgedruckt]), sei es, daß der zu Täuschende von der Täuschung
keine Kenntnis erlangt, daß er sich nicht täuschen ließ (RG 40, 10), insbesondere das Verlangte nur hergab, um den Täter zu überführen (R 8, 98),
sei es, daß keine Vermögensbeschädigung eintrat (RG 42, 174), so bei
Gutschrift „Eingang vorbehalten" (MDR 51, 658) oder wenn der Getäuschte auf Zug-um-Zug-Leistung bestehen und dadurch den Schaden
abwenden kann (StV 83, 330 L) oder wenn der Täter zwar Vertragsabschluß durch einen Minderjährigen, nicht aber die Genehmigung durch
den Inhaber der elterlichen Gewalt erreicht (Neustadt MDR 60, 944). Denn
vollendet ist der Betrug erst mit dem mindestens teilweisen Eintritt eines
Vermögensschadens (RG 42, 174). Der erstrebte Vorteil braucht noch
nicht erlangt (BGH 19, 342; 32, 243) oder gesichert zu sein (1. 7. 1983,
2 StR 305/83; Düsseldorf NJW 82, 2268). So ist es *Versuch,* wenn der
Verkäufer Waren mit Mindergewicht zum sofortigen Abtransport an den
Käufer aufgeladen hat (Köln NJW 52, 1066), hingegen *noch nicht,* wenn bei
einer Bank wechselseitig ungedeckte Schecks zur Kreditbeschaffung eingereicht werden (18. 10. 1977, 1 StR 496/77), wenn ein leistungsschwacher

§ 263

Partner sich zum Austausch einer gleichwertigen Leistung verpflichtet (2. 3. 1983, 3 StR 7/83), wenn Täuschungshandlungen denjenigen Irrtum noch nicht hervorzurufen vermögen, der zur Verfügung und zum Schadenseintritt geführt hätte (BGH **37**, 296 m. Anm. Kienapfel JR **92**, 122 u. im einzelnen Küper JZ **92**, 338) oder wenn ein Versicherungsschwindler einen Einbruch oder sonstigen Versicherungsfall fingiert hat, aber noch nicht an die Versicherung herangetreten ist (NJW **52**, 430; 16. 1. 1992, 4 StR 509/91; Koblenz VRS **53**, 27), wohl aber dann, wenn er einen solchen „Schaden" bei der Versicherung angemeldet hat (15. 12. 1982, 2 StR 429/82; vgl. auch RG **70**, 157; Köln NJW **52**, 1066). Wer hingegen einen nach seiner Vorstellung rechtmäßigen Anspruch mit dem Mittel der Täuschung durchsetzen will, begeht keinen Betrugsversuch (Düsseldorf wistra **92**, 74). Der versuchte Prozeßbetrug dauert an, solange der Angeklagte zur Irreführung des Gerichts Täuschungsakte vornahm (BGHR § 52 I, Hdlg. dies. 12; LK 319). Betrugsversuch ist gegeben, wenn der Täter an einer Selbstbedienungstankstelle tankt, ohne daß es bemerkt wird (NJW **83**, 2827 m. Anm. Gauf und Deutscher NStZ **83**, 505). Versuch am untauglichen Objekt liegt vor, falls die „Täuschung" der Wahrheit entspricht (RG **50**, 35) oder durch die Täuschung ein nur vermeintlich vorhandener Vermögensvorteil erlangt werden soll (RG **74**, 318). Zur **Beendigung** des Betrugs vgl. 3 zu § 78a und LK 291.

45 **11) Die Abgrenzung zu Unterschlagung und Diebstahl,** die ebenfalls wie der Betrug Vermögensdelikte sind, kann schwierig sein (zum Ganzen Backmann, Die Abgrenzung des Betrugs von Diebstahl und Unterschlagung, 1974; Geppert JuS **77**, 69; Herzberg ZStW **89**, 370; Rengier JuS **81**, 655). Sie hat nach dem Gesichtspunkt zu erfolgen, daß der Betrug stets eine *eigene Vermögensverfügung* des Getäuschten (BGH **7**, 254; GA **87**, 307; Bay MDR **64**, 343; vgl. R. Schmitt, Spendel-FS 580), also eines Dritten erfordert, die andern beiden Delikte dagegen eine schädigende Handlung des Täters selbst (BGH **17**, 209). Daher ist es kein Betrug, sondern Unterschlagung, wenn der Bankvorsteher ein Wertpapier der Bank durch einen gutgläubigen Angestellten seinem Konto zuschreiben läßt (RG JR **25**, Nr. 1933). Andererseits liegt Diebstahl oder räuberische Erpressung vor und nicht Betrug, falls der Gewahrsamsinhaber die Wegnahme lediglich duldet, so bei „Beschlagnahme" durch angebliche Kriminalbeamte (BGH **18**, 221 [hierzu Geppert JuS **77**, 71]; NJW **52**, 782; **53**, 73; 753; BGHZ **5**, 365; Hamburg HESt. **2**, 20), denn hier fehlt die Vermögensverfügung des Getäuschten (Betrug aber, wenn der Geschädigte die Sache infolge eines freien, nur durch den Irrtum beeinflußten Entschlusses herausgibt, BGHZ **5**, 365; NJW **52**, 796; GA **60**, 277; 212; MDR **63**, 512). Das gleiche gilt, wenn der Täter den Inhaber des Gewahrsams an einer Sache durch List von ihr fortlockt und sie dann wegbringt (RG LZ **24**, 299; Hamburg HESt. **2**, 19; Hamm OLGSt. 165), oder die Täuschung lediglich dazu dient, einen gegen den Willen des Berechtigten gerichteten eigenmächtigen Gewahrsamsbruchs zu ermöglichen oder wenigstens zu erleichtern (GA **87**, 307; Bay MDR **89**, 376; Düsseldorf NJW **90**, 923, hierzu Otto JK 31; Ranft Jura **92**, 70). Vgl. ferner oben 24; zum Tanken ohne zu zahlen, oben 7. Zur sog. „Wechselgeldfalle" Bay JR **92**, Heft 12 m. Anm. Graul. Spiegelt A dem B vor, er könne ihn mit Hilfe eines Freundes vor einem Steuerstrafverfahren

§ 263

bewahren, so ist das eine Täuschung (Betrug) und keine Drohung (Erpressung), wenn eine Pflicht des A zum Vorgehen gegen B nicht besteht (RG **72**, 75).

12) Teilnahme ist zB sowohl als Mittäterschaft (BGH **24**, 286) wie als mittelbare Täterschaft (RG **64**, 425) möglich und kann bis zur Beendigung der Tat (3 zu § 78 a) geleistet werden (RG JW **34**, 837; LK 297). Selbst Nebentäterschaft im Blick auf dieselbe Vermögensverfügung ist nicht ausgeschlossen (RG GA Bd. **47**, 295).

13) Konkurrenzen.

A. Mit Delikten des StGB, Tateinheit ist möglich zB mit §§ 98, 99, GA **62**, 23; § 132 (vgl. BGH **12**, 30); § 132 a (21. 1. 1992, 1 StR 782/91); mit § 145 c (dort 7); mit § 145 d (dort 10); zum Verhältnis zu §§ 146 ff. vgl. 12 zu § 146; 6 zu § 147; 10 zu § 148; mit § 154 (Zeugen- oder Parteieid) Tateinheit, da der Richter im Urteil (§ 453 ZPO) auch die Parteiaussage frei würdigt und danach seine Verfügung trifft (RG **73**, 148; **75**, 21), mit § 156 (NJW **81**, 2132); mit § 164 Tateinheit (RG **53**, 206), ebenso mit § 178 (20. 7. 1982, 1 StR 343/82), mit § 242 (vgl. dort 28), mit § 246 (vgl. dort 22), mit § 253 (vgl. dort 17), mit § 259 (dort 30); mit § 263 a (dort 16); zum Verhältnis zum Subventionsbetrug 5 zu § 264; zum Versicherungsbetrug 1 ff. zu § 265; mit § 265 a (dort 4) Gesetzeskonkurrenz; zum Kreditbetrug 6 zu § 265 b; mit § 266 Tateinheit (RG **73**, 8; vgl. 28 ff. zu § 266), mit § 266 a, BGH **32**, 241 (zu §§ 529 I, 1428 I RVO, § 225 I AFG jew. aF); uU auch mit § 266 b (dort 9); mit § 267, § 268, § 269; und § 283 (Böhle, 17 zu § 283) sowie §§ 284 ff. Tateinheit (RG **61**, 12; LK 331 mwN); ebenso mit § 302 I Nr. 3 (Lackner/Werle NStZ **85**, 504); mit § 248 c Gesetzeskonkurrenz (RG GA Bd. **57**, 213), ebenso mit § 352 (25. 7. 1978, 5 StR 130/78), es sei denn, daß zur Gebührenerhebung noch eine sonstige Täuschung hinzutritt (RG JW **36**, 2143), dasselbe gilt für § 353, der § 263 idR verdrängt (BGH **2**, 35; NJW **61**, 1171; Köln NJW **66**, 1374), Tateinheit ist jedoch zB mit § 353 II möglich, wenn bestimmte Tatsachen vorgespiegelt werden, auf die dann die Abzüge gestützt werden (LK-Träger 26 zu § 353), mit § 332 idR Tatmehrheit (MDR/H **85**, 627; vgl. 13 zu § 332). Bei Rentenbetrug liegt idR fortgesetzte Handlung vor. Der Betrug ist mit der Erlangung der ersten Zahlung vollendet, beendet jedoch erst mit der letzten Zahlung (RG **62**, 418; Köln MDR **57**, 371; aM Stuttgart MDR **51**, 373), vgl. wegen der Verjährung 3 zu § 78 a.

B. Mit Nebengesetzen:
a) Die Abgabengesetze bilden regelmäßig ein Sonderstrafrecht, das dem § 263 vorgeht, so zB Steuerhinterziehung (§§ 370, 371 AO, Anh. 22; BGH **36**, 101 [m. Anm. Kratzsch JR **90**, 249]; MDR/S **90**, 384; NJW **74**, 804; MDR **75**, 947; wistra **87**, 177; **90**, 58; Bay NJW **89**, 2143; Felix NJW **68**, 1219; Gössel/Borchers wistra **85**, 133; **87**, 86, 89; LK 332) und Monopolhinterziehung (§§ 119 ff. BranntwMonG, RG **63**, 144 unter Preisgabe von RG **60**, 238). Will der Täter aber nicht nur einen Steuer-, sondern noch einen sonstigen Vorteil erschleichen, so die Kinderzulage zum Lohn, so ist Tateinheit mit § 263 möglich (RG **60**, 163; Koblenz OLGSt. 25 zu § 392 AO aF). Ist der gesamte Steuervorgang nur zu Täuschungszwecken erfunden, so ist nur § 263 gegeben (NJW **72**, 1287; wistra **87**, 177; Bay wistra **88**, 35; MDR/S **88**, 901; aM E. Müller NJW **77**, 746; zum Ganzen Fuhrhop

§ 263

NJW **80**, 1263). Erschleichung von Wohnungsbausparprämien ist Betrug (1. 10. 1963, 5 StR 267/63; Köln JMBlNW **62**, 176), soweit nicht § 264 in Betracht kommt; § 88 BörsG, §§ 399, 400, 403 AktG (hierzu Geilen AktStrR 182 zu § 399) und § 333 HGB treten hinter § 263 zurück; zum Gründungs- und Sanierungsschwindel durch verschleierte Sacheinlagen, Tiedemann, Lackner-FS 737 u. HWiStR „GmbH-Strafrecht".

49 **b) Tateinheit** ist auch mit Funkvergehen möglich (RG **62**, 415), doch ist das *Schwarzhören* kein Betrug, da weder ein Irrtum erregt, noch ein Vermögen beschädigt wird (LK 324; zur Strafbarkeit 4 zu § 265 a). Zum Verhältnis zu § 283 dort 42. Tateinheit ferner möglich mit § 4 UWG (Anh. 13; Bay OLGSt. 71; vgl. BGH **27**, 295; Otto GRUR **79**, 90); mit den Sondervorschriften zum Schutze gegen *Produktpiraterie* (4 vor § 263): § 25 d WZG, §§ 106 bis 108 a UrhG, § 14 GeschmMG, § 142 PatentG, § 25 GebrMG, § 10 HalbleiterSchG, § 35 SortenSchG; mit § 96 Nr. 3, 5 AMG (6. 1. 1981, 5 StR 681/80), mit §§ 51 und 52 LMBG (BGH **8**, 49; **12**, 347; 19. 2. 1969, 1 StR 617/68), mit § 67 WeinG (Koblenz OLGSt. 109); mit § 29 BtMG (Anh. 4); mit § 1 II, § 5 I HeilprG (BGH **8**, 237), mit § 98 BVFG (BGH **9**, 30; 18. 10. 1979, 2 StR 368/78), § 7 GeschlKrG (LK 333), §§ 148, 148 a GewO (wistra **92**, 185; LK 333), § 89 BörsG (Otto ZStW Beih. 1982, 50); § 53 I WaffG (21. 2. 1985, 2 StR 52/85); *nicht* jedoch mit § 18 I Nr. 3 TierSchG (24. 7. 1979, 5 StR 354/79).

50 **14) Mitbestrafte Nachtat** kann der nach einem anderen Vermögensvergehen begangene Betrug sein, falls er die durch die erste Tat geschaffene Vermögenslage nur aufrechterhält (sog. **Sicherungsbetrug**; GA **57**, 410; **58**, 369; **61**, 83); so, wenn der Täter durch Verfügung über die Sache erneut in das schon durch den Diebstahl verletzte Eigentum eingreift (BGH **6**, 67; wistra **89**, 60 [hierzu Otto JK 9 zu § 266], 3. 6. 1992, 3 StR 418/91; vgl. 26 zu § 242). Betrug als mitbestrafte Nachtat liegt auch vor, falls ihn der Täter begeht, um den Anspruch des Geschädigten auf Wiedererlangung zu vereiteln und sich den Besitz der (gestohlenen) Sachen zu sichern (vgl. RG **24**, 410; Schröder SJZ **50**, 99; MDR **50**, 398; anderseits Wimmer NJW **48**, 241; vgl. zum Ganzen LK 334 ff.).

51 **A. Zusammenfallen** müssen also die durch beide Straftaten verübten Schäden, so bei Abhebung auf ein gestohlenes Sparkassenbuch (MDR/D **57**, 652). Anders, wenn eine neue Verletzung eines Rechts, sei es des schon durch die Vortat Geschädigten, sei es eines Dritten hinzukommt, so, wenn Scheckvordrucke gestohlen und hernach gefälschte Schecks eingelöst werden (MDR/H **82**, 280), wenn der Dieb eines Hypothekenbriefes sich nachträglich vom Geschädigten einen Ausweis erschwindelt, der ihn als Gläubiger legitimiert (RG **64**, 283), desgl., wenn Dieb und Hehler die gestohlene Sache dem Eigentümer verkaufen (RG **57**, 199), oder an einen Dritten (dieser wird wegen § 935 BGB nicht Eigentümer (RG **51**, 8), dies gilt auch bei Verkauf einer gefälschten Eisenbahnfahrkarte (RG JW **36**, 662), wegen der Veräußerung einer unterschlagenen Sache vgl. 23 ff.; ebenso, wenn der Dieb einer schon quittierten Postanweisung sich das Geld von einem anderen getäuschten Beamten auszahlen läßt (RG **49**, 405).

52 **B. Der Betrug als Vortat** kann eine spätere Handlung zur mitbestraften Nachtat machen, falls sie nur denselben Vermögenswert desselben Verletzten schädigt (BGH **6**, 67; NJW **55**, 508; Celle MDR **73**, 242), so, wenn die

Betrug und Untreue § 263

durch den Betrug erlangte Urkunde vernichtet wird; also nicht auch § 274 I Nr. 1 (RG GA Bd. **50**, 121), desgl., wenn der Täter die durch Betrug erlangten Gelder verbraucht (BGH **8**, 259), im Prozeß bestreitet, sie erlangt zu haben (13. 1. 1983, 4 StR 709/82), oder durch Einreichung eines Reitschecks einen zuvor betrügerisch erlangten Kredit ausnutzt (27. 3. 1979, 5 StR 836/78). GrSenBGH **14**, 38 nimmt hier nicht einmal mitbestrafte Nachtat an (vgl. 11 zu § 246). Anders aber, falls der Täter sich durch den Betrug nur den Besitz einer Sache verschafft, die er nachher unterschlägt; hier liegt in Tatmehrheit auch Unterschlagung vor (GA **57**, 147; BGH **16**, 280; Braunschweig GA **54**, 315), desgl., wenn der Täter das für einen anderen erschwindelte Geld nachher für sich verbraucht. Wenn ein Beamter, der amtlich Gelder an Dritte zu zahlen hat, ihnen geringere Beträge, aber gegen Vollquittung, zahlt und auf Grund der Quittungen die Mehrbeträge aus der Kasse für sich entnimmt, so begeht er Betrug und Unterschlagung in Tatmehrheit (RG **61**, 37).

15) Die Strafe. Ggf ist § 41 (dort 3) zu beachten. Ein **besonders schwerer** 53 **Fall** (III; 11 zu § 12; 43, 43a zu § 46) ist bei hohem Schaden (NJW **91**, 2575: 630 000 DM; wistra **92**, 213; vgl. 31 zu § 266; wistra **84**, 25) aber *nicht* schon *allein* hierwegen (4. 10. 1983, 1 StR 625/83), wobei es auch darauf ankommt, wie weit er eingetreten ist (wistra **86**, 108), bei außergewöhnlichem Tatumfang, aber auch gewerbs- und bandenmäßiger Begehung (Fleischer NJW **76**, 878; **79**, 249) im Rahmen einer Gesamtwertung (NStZ **84**, 413; wistra **88**, 304) stets zu prüfen. Es bedarf daher stets der Angabe der Höhe des Schadens (10. 4. 1986, 4 StR 99/86). Wurde dem Täter mangels Kontrollen die Tat besonders leicht gemacht, können die Voraussetzungen von III fehlen (wistra **86**, 172). Bezieht sich die Tat auf eine geringwertige Sache iS von § 248a (dort 5 ff.; vgl. auch 41 zu § 243), so ist nach IV ein besonders schwerer Fall ausgeschlossen (Naucke, Lackner-FS 700). **a) Nach IV** wird der Betrug gegenüber einem **Angehörigen** 54 (§ 11 I Nr. 1), dem **Vormund** oder einem **Hausgenossen** zum relativen **Antragsdelikt** (vgl. Anm. zu § 247). Gegen sie richtet sich der Betrug, falls sie in ihrem Vermögen geschädigt sind. Dagegen ist die Person des Getäuschten gleichgültig, falls er nicht mit dem Geschädigten personengleich ist (RG **74**, 167). Ein Verlöbnis fehlt, falls der (Heirats-)Betrüger schon verheiratet (RG JW **37**, 3302), oder noch nicht geschieden ist. Verwandtschaft liegt auch vor, obwohl der Täter (zB der nichteheliche Vater im Unterhaltsprozeß) die Verwandtschaft bestreitet (BGH **7**, 245; NStZ **85**, 407). Der Antrag ist auch bei besonders schweren Fällen (III) nötig. Er ist unnötig, falls auch nur ein Teil einer fortgesetzten Handlung nicht antragsbedürftig ist (RG **71**, 286). **b)** In den Fällen 55 **Bagatellbetruges,** dh einer Tat, bei der sowohl der angerichtete Vermögensschaden als auch der erstrebte Vermögensvorteil (nicht etwa nur der erlangte; zur Problematik Dreher, Welzel-FS 917, 929; Naucke, Lackner-FS 697) iS von § 248a als geringwertig anzusehen ist (vgl. dort), kann die Tat Antrags- oder Offizialdelikt sein (vgl. 4 ff. zu § 232), dh daß die StA die Strafverfogung von Amts wegen einleiten kann. Der Betrug braucht sich nicht nur auf Sachen, er kann sich auch auf Rechte und Vermögensvorteile jeder Art beziehen, wie zB das Fahren ohne Fahrkarte, soweit es Betrug ist (oben 30 ff.); so schon die Rspr. zu § 264a aF (BGH **5**, 267; MDR **54**, 16; Unterkunft, Dienstleistungen, ärztliche Versorgung; Bay NJW **53**, 837: Verschaffen einer Wohnung).

16) Sonstige Vorschriften. FAufsicht §§ 263 V, 68 I. Verjährung 3 ff. zu 56 § 78a. Zuständigkeit in Wirtschaftsstrafsachen § 74c I Nr. 6, § 74e Nr. 2 GVG iVm § 103 II JGG. UHaft § 112a I Nr. 2 StPO. Ferner bringen die RiStBV

Nr. 236 bis 238 wichtige Hinweise für die Verfolgung von Unterstützungs- und Vermittlungsbetrug, betrügerischen Bankgeschäften und Kunstwerkfälschungen. Zur illegalen Einschleusung ausländischer Frauen, zum „Schlepperunwesen" vgl. §§ 47, 47a AuslG [Anh. 12]; BGH **36**, 125.

Computerbetrug

263 a [I] Wer in der Absicht, sich oder einem Dritten einen rechtswidrigen Vermögensvorteil zu verschaffen, das Vermögen eines anderen dadurch beschädigt, daß er das Ergebnis eines Datenverarbeitungsvorgangs durch unrichtige Gestaltung des Programms, durch Verwendung unrichtiger oder unvollständiger Daten, durch unbefugte Verwendung von Daten oder sonst durch unbefugte Einwirkung auf den Ablauf beeinflußt, wird mit Freiheitsstrafe bis zu fünf Jahren oder mit Geldstrafe bestraft.

[II] § 263 Abs. 2 bis 5 gilt entsprechend.

1 **1)** Die Vorschrift ist durch Art. 1 Nr. 9 des 2. WiKG (2 vor § 263) eingefügt worden. Ihr kommt bei der Bekämpfung der Computerkriminalität (hierzu Sieber InfTechn. [unten 1a], 14) neben dem § 269 die zentrale Bedeutung zu. Der steigende Einsatz von DVAnlagen hat auch die Gefahren ihrer mißbräuchlichen Verwendung vermehrt, der mit den bisherigen Straftatbeständen nicht begegnet werden konnte. § 263a soll Strafbarkeitslücken ausfüllen (zu den Abgrenzungsproblemen und verfassungsrechtlichen Zweifeln hinsichtlich hinreichender Bestimmtheit, die BGH **38**, 123 nicht anerkennt, vgl. Bieber WM Beil. 6/87, 22; Thaeter JA **88**, 551), weil es für die Anwendbarkeit des § 263 an einer Irrtumserregung fehlt und Eingriffe in die Arbeitsweise von DVAnlagen auch möglich sind, ohne daß es zur Täuschung einer Kontrollperson kommt (Tiedemann WM **83**, 1329; Möhrenschlager wistra **82**, 202). § 266 scheidet bei fehlender Treupflicht aus. Bereits von der Sachverständigenkommission (SVKomm. Schlußber. 152 [unten 1a]) wurde eine selbständige Vorschrift (krit. Sieber InfTechn. [unten 1a], 37, 43) vorgeschlagen, von beiden RegE [2 vor § 263] übernommen und zunächst als lückenausfüllende Ergänzung parallel zu § 263 gefaßt (RegE 19), in den Beratungen aber durch die Einbeziehung der „unbefugten Verwendung von Daten" (unten 8, 10) in teilweise von § 263 abweichender Ausgestaltung erweitert, um neu aufgetretene Manipulationsmöglichkeiten zu erfassen. Damit wurde aber die Gefahr der Einbeziehung auch betrugs*un*spezifischer Verhaltensweisen heraufbeschworen. Zum Meinungsstreit über das gesetzgeberisch Gewollte bzw. Versäumte vgl. Lackner, Tröndle-FS 41, 49 mwN und unten 8.

1a **A. Schrifttum zum 2. WiKG** (2 vor § 263) **und zur Computerkriminalität:** *Lampe* GA **75**, 1; *v. zur Mühlen,* Computerkriminalität, 1973 S. 41ff.; *Betzel,* Sicherung des Rechnungswesens, 1974; *Bieber* WM Beil. 6/87, 21; *Rohner,* Computerkriminalität, 1976; *Sieber,* Computerkriminalität und Strafrecht, 2. Aufl. 1980 (grundlegend) [= Sieber]; Informationstechnologie und Strafrecht, 1985 [= InfTechn.]; Schlußbericht der Sachverständigenkommission zur Bekämpfung der Wirtschaftskriminalität (Hrsg. BMJ 1980 [= SVKomm. Schlußber.]); *Lenckner* Computerkriminalität und Vermögensdelikte, 1981; *Zimmerli/Liebl,* Computermißbrauch, Computersicherheit, 1984; *Engelhard,* DV im Recht **85**, 165; *Meurer,* Kitagawa-FS 971; *Möhrenschlager* wistra **82**, 201; **86**, 128 u. **91**, 321; *Tiedemann* WM **83**, 1330; *Lenckner/Winkelbauer* wistra **84**, 83 u. CR **86**, 654; *Steinke* NStZ **84**, 295; *Liebl/Grosch* Datendiebstahl als Form der Computerkriminalität CuR **85**, 162; *Winkelbauer,* Computerkriminalität und Strafrecht CR **85**, 40; *Granderath* DB **86** Beil. 18; *Sieg* Jura **86**,

352; *Haft* NStZ **87**, 6; *Haß*, Der strafrechtliche Schutz von Computerprogrammen, in Lehmann (Hrsg.), Rechtsschutz und Verwertung von Computerprogrammen, 1988 (zit. nach Rdn.); *Scheu/Kohler* Münzautomat **87**, 63; *Frommel* JuS **87**, 667; Protokoll der 26. Sitz. RA-BTag v. 6. 7. 1984 (Öff. Anhörung) [= Prot.]; *Tiedemann* JZ **86**, 868; *Thaeter* JA **88**, 547; *Bühler* MDR **89**, 22; *Baumann/Bühler* JuS **89**, 49 und hierzu zutr. krit. *Bieber* JuS **89**, 475; *Lackner*, Tröndle-FS 43; *Arzt/Weber* LH 4, 64ff.; *v. Gravenreuth* NStZ **89**, 201; *Zielinski*, Arm. Kaufmann-GedS 605; *Uthemann* HdwbKrim V 265; *U. Weber*, Krause-FS 429, *Schrifttum* **zum ausländischen Recht**: *Stratenwerth* SchweizZSt **81**, 229; *N. Schmid* SchweizZSt **87**, 129 u. **92**, 98 [Streitgegenstand „Computerurkunde"]; *Jenny/Stratenwerth* SchweizZSt **91**, 197; *Jaburek/Schmölzer*, Computerkriminalität, 1985 (Österreich auch stat. Angaben); *Schmölzer* ÖRiZ **86**, 178 u. Göppinger-FestG 235; *Möhrenschlager* wistra **85**, 63 (zu USA); **86**, 129; OECD, Computer-Related Crime, Analysis of Legal Policy, 1986; *Zimmerli* KR **87**, 247, 398 (Schweiz); *Sonoda* wistra **88**, 169 (Japan). **Rechtsvergleichung**: *Tiedemann* Fernadez-Albor-FS 1989 S. 689. **Kriminologie**: *Holzner* KR **84**, 587; *Pfiszter*, Der Kriminalist **86**, 504; *Poerting/Pott*, Computerkriminalität, 1986; *Poerting* KR **86**, 595; *Möhrenschlager* wistra **91**, 322; *Mrozek* KR **86**, 280; *Steinke*, Bunde KR **87**, 73; **88**, 565; **91**, 131; *Zimmerli* KR **87**, 247, 333; Füllkrug KR **88**, 587; *W. Schreiber* KR **88**, 615; *Goldmann/Kreitzberg* KR **89**, 442, 453; *Dierstein/Goldmann/Riedel* KR **89**, 489, 517 (Computerviren), *Naumann* KR **92**, 51 (Mißbrauchsmöglichkeiten des POS-Systems); Statistik 1987/88: wistra **90**, 56. Vgl. ferner Schrifttum zur Wirtschaftskriminalität 2 zu § 264. **B. Geschütztes Rechtsgut** ist wie bei § 263 (dort 1) **das Individualvermögen**. Als Reflexwirkung ergibt sich daraus, daß, nicht zuletzt im Hinblick auf die Bedeutung des Einsatzes von Computern in weiten Bereichen der Wirtschaft und Verwaltung, auch wirtschaftliche Allgemeininteressen geschützt sind, Haß [oben 1a] 6.

2) Schutzgegenstand ist das (unbeeinflußte) **Ergebnis eines vermögensrelevanten Datenverarbeitungsvorgangs**. Dieses Tatbestandsmerkmal erfaßt anstelle des Ergebnisses des irrigen *menschlichen* Denk- und Entscheidungsprozesses (Täuschung, Irrtum, Vermögensverfügung, 6, 18, 41 zu § 263), alle technischen (automatischen) Vorgänge (Arbeitsweisen), bei denen durch Aufnahme von Daten und ihre Verknüpfung nach Programmen Arbeitsergebnisse erzielt werden, die von denen abweichen, die ohne die Tathandlung erzielt worden wären, dh „falsch" sind. Die Beeinflussung muß außerdem zu einer schädigenden Vermögensdisposition führen (26 ff. zu § 263). Wobei Geschädigter auch ein anderer als der Systembetreiber, zB dessen Kunde, sein kann (vgl. Lenckner/Winkelbauer CR **86**, 658; Möhrenschlager wistra **86**, 133). Die DVVorgänge sollen während ihrer ganzen Dauer vor manipulierenden Einwirkungen der unten zu 6 bis 9 genannten Art gesichert werden, insbesondere vor *Programm-Manipulationen* (6), *Input-Manipulationen* (7) und *Ablaufmanipulationen* (9), wobei entweder in das Verarbeitungsprogramm, also in die Arbeitsanweisung für die DV, eingegriffen oder auf den Ablauf dieses Programms selbst dadurch eingewirkt wird, daß, zB über die Konsolschreibmaschinen, mit falschen Arbeitsanweisungen das Ergebnis manipuliert wird (RegE 18; vgl. Sieg Jura **86**, 354). Kriminologisch bedeutsam ist auch die *Output-Manipulation;* diese Machenschaften, die die Ausgabe falscher Daten (zB den Druck) bewirken oder die Ausgabe zT oder überhaupt verhindern, erlangen aber für § 263a keine Bedeutung, weil entweder Input- (7) oder Ablaufmanipulationen (9) oder die Fälle des § 263 vorliegen (vgl. Tiedemann JZ **86**, 869).

4 3) **Täter** kann jedermann sein, jedoch können die gefährlicheren und schwerer aufklärbaren Ablaufmanipulationen idR nur von (betriebsinternen) Programmierern, Operatoren oder anderen Personen begangen werden, die über spezielle Sachkunde und Informationen verfügen. Nicht unterschätzt werden dürfen daneben auch Möglichkeiten, die außenstehenden Tätern durch *Datenverbundnetze* (Btx usw.) gegeben sind. Täter kann auch sein, wer falsche Daten an Dritte zur Verarbeitung gibt (Möhrenschlager wistra **86**, 132), weil § 263a durch Einsatz von Datenerfassungspersonal nicht unanwendbar wird.

5 4) **Zwischenerfolg aller Tathandlungen** (unten 6 bis 8) ist das **Beeinflussen** des Ergebnisses eines DVVorgangs. Damit ist gemeint, daß Daten (4 zu § 268) programmwidrig in den DVVorgang Eingang finden (Input) und/oder (sonstige) Einwirkungen ihn – programmwidrig – mitbestimmen (Möhrenschlager wistra **86**, 133). Die Handlung als solche braucht also *nicht* schon *unmittelbar* die beabsichtigte Vermögensdisposition auszulösen (RegE 19), vielmehr kann diese, auch deren Umfang, noch vom (späteren) Arbeitsergebnis des Computers (Output) abhängen, etwa dadurch, daß auf den Zeitpunkt des Programmablaufs eingewirkt und ein Ergebnis – programmwidrig und in vermögenserheblicher Weise – verzögert oder beschleunigt wird (vgl. RegE 20; Möhrenschlager wistra **82**, 203). Die **Tathandlungen,** dh die **verschiedenen Manipulationsweisen,** die „sich an empirische Erscheinungsformen und an der Eigenart vermögensschädigender Computermanipulationen orientieren" (so Ber. 30), sind kaum voneinander abgrenzbar und überlagern sich zT erheblich (krit. Bieber WM Beil. 6/87, 24). **6** **a)** Die **unrichtige Gestaltung des Programms** *(Programm-Manipulation)*. Das Programm ist eine durch Daten fixierte Arbeitsanweisung an den Computer, Haft NStZ **87**, 7. „Unrichtig" ist eine Programmgestaltung (abw. vom RegE 20) nur, wenn die Arbeitsanweisung auf betrugsrelevante Tatsachen bezogen ist und wenn sie bewirkt, daß die Daten zu einem Ergebnis verarbeitet werden, das inhaltlich unrichtig ist, den Computer also „täuscht" (Haft NStZ **87**, 7; Lackner 10; Haß 12; M-Maiwald § 41, 227). Die Programm-Manipulation ist also, da auch Programme Daten sind, ein Unterfall der Verwendung unrichtiger Daten (unten 7; RegE 20; Möhrenschlager wistra **86**, 132; Haft NStZ **87**, 7). Maßgebend ist nicht die Abweichung von der Verwendungsabsicht (so Lenckner/Winkelbauer CR **86**, 655), sondern ein Abweichen vom Ergebnis, wie es nach der Aufgabenstellung der DV im Blick auf das Verhältnis zwischen den Beteiligten erstrebt war (vgl. Lackner, Tröndle-FS 55). Der korrekte Programmierer, der eigenmächtig ein Programm, das zB eine Falschberechnung zu Lasten eines Dritten bewirken soll, wider den Willen des Verfügungsberechtigten auf ein korrektes Ergebnis korrigiert, fügt keinen **7** Vermögensschaden zu. **b)** Die **Verwendung unrichtiger oder unvollständiger Daten** (4 zu § 268) erfaßt Fälle, in denen eingegebene Daten in einen anderen Zusammenhang gebracht oder unterdrückt werden (RegE 20; sog. *Input-Manipulationen).* Anders als bei § 202a (dort 4) ist der Anwendungsbereich nicht auf unmittelbar wahrnehmbare Daten begrenzt, um vor allem auch die Eingabe noch nicht gespeicherter Daten erfassen zu können. *Unrichtig* und *unvollständig* sind objektive Begriffe (Möhrenschlager wistra **86**, 132; Haft NStZ **87**, 8), die am Täuschungsbegriff des § 263 orientiert sind und sich auf *Tatsachen* beziehen. Unrichtig sind Daten, wenn der durch sie bezeichnete Sachverhalt in Wahrheit gar nicht oder anders gegeben ist; unvollständig sind sie, wenn sie ihn nicht ausreichend erkennen lassen (vgl. 20 zu § 264; 20 zu § 265 b; Bühler MDR 87, 450). Das **Verwenden** besteht in der Einführung von Daten in den DVProzeß (zB als Operator, Datentypist, Locher), auch soweit das Datenerfassungspersonal in mittelbarer Täterschaft Daten einführt, selbst wenn es Kontrollmöglichkeiten- oder -pflichten hat, aber selbst arglos ist, also unvorsätzlich handelt (Haß 11; Lackner 9; aM Lenckner/Winkelbauer CR **86**, 656). Der Antragsteller, der im automatisierten **Mahnverfahren** nach § 689 I S. 2 ZPO einen in Wahrheit nicht gegebenen Anspruch geltend macht, verwendet Daten, die außerhalb des Schutzzwecks der Norm liegen (Haß 10; Lenckner/Winkelbauer aaO; Bieber WM Beil. 6/87, 26; Lackner 20; SchSch 2; aM Haft NStZ **87**, 8; Möhrenschlager wistra **86**, 132; Granderath DB **86**, Beil. 18, 4). § 263a setzt im Fall der Input-Manipulation durch **Unterlassen** einen DVVorgang voraus, ist also zB anwendbar, wenn pflichtwidrig bestimmte Daten nicht eingegeben oder erforderliche Betriebshandlungen nicht vorgenommen werden, unanwendbar aber, wenn es infolge des Unterlassens (zB pflichtwidriges Nichtingangsetzen) überhaupt nicht zu einem DVVorgang kommt (Lenckner/Winkelbauer aaO mwN). c) Die **unbefugte Verwendung von Daten** würde in *weiter* Auslegung des Tatbestandsmerkmals unbefugt (4 zu § 132) nicht nur „betrugsspezifische" Verhaltensweisen, sondern zB auch Untreuehandlungen umfassen. Die Auslegung des Merkmals **„unbefugt"** hat sich daher, um zu einer Eingrenzung auf betrugsspezifisches Verhalten zu gelangen (Köln NJW **92**, 126 [hierzu Otto JK 5]; SchSch 2; Wessels BT 2 § 13 V 1), an der Auslegung des § 263 zu orientieren (Ber. 30); verfassungsrechtliche Bedenken bestehen hiergegen nicht (BGH **38**, 123 hierzu Otto JK 6; Bay NJW **90**, 414; Köln NJW **92**, 125; Berghaus JuS **90**, 981; vgl. Lackner 12 u. Tröndle-FS 51; SchSch 2). Die unbefugte Datenverwendung muß somit Täuschungswert iS des § 263 haben. Dieser ist unter der Voraussetzung gegeben, daß die Befugnis des Täters zur Inanspruchnahme der Computerleistung zur Geschäftsgrundlage gehört, so daß sie auch beim Schweigen der Beteiligten als selbstverständlich vorausgesetzt werden kann. So „täuscht" zB, wer die Verwendungsberechtigung dadurch schlüssig vorspiegelt (7 zu § 263), daß er über einen Mangel der Befugnis schweigt oder über das Fehlen der allgemeinen Voraussetzung für einen wirksamen Geschäftsabschluß (Zahlungsfähigkeit) nicht aufklärt, also den Eindruck vermittelt, er sei zur Erfüllung der allgemeinen Wirksamkeitsvoraussetzungen in der Lage. Die Befugnis muß somit so schlüssig vorgespiegelt werden wie vergleichsweise bei einer Rechtshandlung, die gegenüber einem Menschen vorgenommen worden ist. Denn der Gesetzgeber strebte insoweit für § 263 und § 263a Strukturgleichheit an. Erfaßt sind unter dieser Voraussetzung nicht nur der **Bankomatenmißbrauch** durch die Datenverwendung (zum „Verwenden" vgl. oben 7) eines nicht Verwendungsberechtigten (zB des Scheckkartendiebes), sondern auch die (im Bankomatenfall von § 266b nicht erfaßte, 1, 3 zu § 266b) eines Berechtigten (Kontoinhabers), der die Grenzen seiner Berechtigung überschreitet (zB beim Gebrauch seiner durch einen Magnetstreifen codierten *eurocheque-Karte* oder dadurch, daß beim *Home-banking* über das Btx-System der zahlungsausführende Angestellte seine Zugriffs-

§ 263a

möglichkeit mißbraucht), Otto wistra **86**, 153; Tiedemann JZ **86**, 869; Möhrenschlager wistra **86**, 133 u. **91**, 325; Achenbach NJW **86**, 1838; Granderath DB **86**, Beil. 18, 4; Haft NStZ **87**, 8; Haß 14; Schlüchter 91; Bühler MDR **87**, 450; Thaeter JA **88**, 550; differenzierend Berghaus JuS **90**, 982; Meurer [oben 1a] 978; aM Ranft wistra **87**, 83; Weber JZ **87**, 217; ferner Lenckner/Winkelbauer CR **86**, 654; SchSch 11; M-Maiwald § 45, 73; SK-Samson 8, die Unterschlagungsfälle annehmen (hiergegen BGH **38**, 125). Obgleich der Gesetzgeber (Ber. 30) die *Fälle des Mißbrauchs durch den Berechtigten* nicht erörtert hat, kann dieser Fall wegen der gegebenen Kongruenz mit § 263 als erfaßt angesehen werden. Das betrugsspezifische Verhalten ist hier deshalb anzuerkennen, weil die Befugnis des Kontoinhabers zur Geldabhebung bei der Bankomatengeschäftsbeziehung selbstverständliche Geschäftsgrundlage ist und die Handlung insofern Täuschungswert hat, als sie einer schlüssigen Erklärung, befugt zu sein, gleichsteht; so und zum Ganzen vgl. Lackner, Tröndle-FS 53; ferner Möhrenschlager, Otto wistra **86**, 133, 153; Tiedemann JZ **86**, 869; Wessels BT 2 § 13 V 2; **aM** Stuttgart NJW **88**, 982; Köln NJW **91**, 126; LG Göttingen NJW **88**, 2489; Arzt/Weber LH 4, 82; zur Rechtslage vor dem 2. WiKG vgl. BGH **35**, 152 (m. Anm. Schmitt/Ehrlicher JZ **88**, 364; Huff NJW **88**, 981; Otto JK § 246, 6; Thaeter JA **88**, 548; NStZ/A **89**, 500; U. Weber, Krause-FS 429), ferner 44. Aufl., 19 a zu § 242 und unten 18. Für die Einbeziehung des Bankomatenmißbrauchs durch den Berechtigten spricht auch schon, daß der Gesetzgeber Gesetzeslücken vermeiden wollte; vgl. Granderath [oben 1a] 5; Lackner 11 ff.; Haß 15; Bay NJW **87**, 664, hierzu Geppert JK 1a, 1b; Stuttgart NJW **87**, 666. Die „Ergänzungsfunktion" des § 263a ist aber, wie oben dargelegt, nur in bezug auf „betrugsspezifische" Verhaltensweisen anzunehmen; der Kritik von Kleb-Braun (vgl. Möhrenschlager wistra **86**, 133 Anm. 49; Haft NStZ **87**, 8; Schlüchter 92; Otto JR **87**, 224) ist entgegenzuhalten, daß das „*Beeinflussen* des Ergebnisses eines DV*Vorgangs*" nur Tatzwischenergebnis der Tathandlungen oben 6 bis 8 ist. Beeinflußt wird das Ergebnis der automatischen DV, wenn die Handlungen 6 bis 8 zu dem DVVorgang mitbestimmend Eingang finden; das ist auch dann der Fall, wenn der Täter den DVVorgang, dessen Ergebnis er beeinflussen will, selbst in Gang setzt (BGH **38**, 121 [m. Anm. Cramer JZ **92**, 1032]; Köln NJW **92**, 126 [m. Anm. Otto JR **92**, 252]; Otto JR **87**, 224; Haß 17; Thaeter JA **88**, 550; Arzt/Weber LH 4, 76; M-Maiwald § 41, 229; Lackner, Tröndle-FS 58; Berghaus JuS **90**, 981; Achenbach Jura **91**, 228; U. Weber, Krause-FS 432; SchSch 10; aM LG Wiesbaden NJW **89**, 2552 [hierzu Otto JK 4]; hiergegen ferner Jungwirth MDR **87**, 543; vgl. Bühler MDR **87**, 452; vgl. auch LG Köln **87**, 668). Hebt jemand an einem Bankomat vom Konto eines andern mit fremder Codekarte und fremder Geheimnummer Geld ab, so ist nach Köln (NJW **92**, 125 m. krit. Anm. Otto JR **92**, 252) § 263a nur gegeben, wenn er durch verbotene Eigenmacht in den Besitz der Daten gelangt ist, nicht aber dann, wenn ihm die Daten vom Kontoinhaber überlassen worden sind und er hernach absprachewidrig Geld abhebt. Wer sich hingegen die Bankautomatenkarte eines Dritten aushändigen läßt und vorgefaßter Absicht entsprechend absprachewidrig am Bankomat Geld abhebt, begeht Betrug und keine Tat nach § 263a oder 246 (BGHR § 263 I

8b Konk. 6; SchSch 19). Ob das systematische **Leerspielen von Glücksspielautomaten** (hierzu Fullkrug KR **88**, 587 u. zur Technik der Spielautomaten

Betrug und Untreue **§ 263 a**

Achenbach Jura **91**, 225) von der 3. Alternative erfaßt ist, hängt von der Auslegung der Tatbestandmerkmale **aa) „unbefugt"** ab, die sich nicht nur am Willen des Verfügungsberechtigten (Celle NStZ **89**, 367), sondern an der allgemeinen Verkehrsanschauung über die Wirksamkeitsvoraussetzungen des Automaten-Benutzungsvertrages zu orientieren und zu prüfen hat, ob die Nichtverwertung vorerworbener Kenntnisse über den Ablauf des DVVorgangs und die Wahrung des Gerätecharakters als Glücksspiel nach *allgemeiner* Auffassung Geschäftsgrundlage für die Benutzung des Automaten ist und die Bereitschaft des Täters, den Glückspielcharakter zu wahren, Störungen des Gewinnausschüttungsprogramms also zu unterlassen, somit bei der Benutzung stets als schlüssig miterklärt angesehen werden kann (vgl. Lackner 14; Lampe JR **88**, 438; Otto JK 2; U. Weber, Krause-FS 434). Das ist höchst zw. (so iErg. aber Bay NJW **91**, 438 [m. Anm. Schmucker, Bühler NStZ **91**, 343; Schlüchter CR **91**, 105; Herzog StV **91**, 215; Neumann JR **91**, 298]). Denn der Schutz des § 263 a ist auf „betrugs-" und computerspezifische Vorgänge beschränkt. Die Gegenmeinung (Celle NStZ **89**, 367 [hierzu Otto JK 3, Neumann JuS **90**, 535; Lampe JR **90**, 347]; LG Göttingen NJW **88**, 2488; LG Aachen JR **88**, 436; LG Duisburg wistra **88**, 180; LG Stuttgart NJW **91**, 441; LG Ravensburg StV **91**, 214 [m. Anm. Herzog]; Flum/Wieland JuS **91**, 951) verdient den Vorzug. Die Anwendbarkeit des § 263 a läßt sich nicht schon aus einer „umfassenden" Pönalisierungsabsicht (so Granderath [oben 1 a], 4; Lampe JR **90**, 347) entnehmen. Entscheidend wird vielmehr die Art der Erlangung der Kenntnisse sein (zB durch Raubkopie), die Grenzziehung wird man ähnlich wie beim Computerhacker (2,9 zu § 202 a) vornehmen müssen. Bei legal erworbenen Kenntnissen ist daher § 263 a nicht anwendbar (zutr. rechtspolitische Hinweise zur Frage der Strafwürdigkeit bei Achenbach Jura **91**, 229, vgl. ferner den Hinweis bei Weber, Krause-FS 433 Fn. 22, wonach die Hersteller in die neuen Geldspielautomaten Zufallsgeneratoren einbauen und die bereits aufgestellten Geräte entsprechend umrüsten). Bei unbefugter Verwertung der Kenntnis über Einzelheiten des Programms kommt, wenn sie sich der Täter unbefugt verschafft hat, § 17 II Nr. 2 UWG in Betracht (so Celle NStZ **89**, 368 [m. Anm. Lampe JR **90**, 347]; LG Stuttgart NJW **91**, 447; weit. Rspr. Nachw. NStZ/A **89**, 501; **91**, 413; U. Weber, Krause-FS 434 u. im einzelnen Achenbach Jura **91**, 229; Meurer, Kitagawa-FS 984; Flum/Wieland JuS **91**, 952; ferner Schlüchter NStZ **88**, 95 u. CR **91**, 106; Füllkrug/Schnell wistra **88**, 177; vgl. LG Freiburg NJW **90**, 2635 m. Anm. Hildner NStZ **90**, 598); **bb) Verwendung** von Daten ab, das von der 2. und 3. Alternative *gleichermaßen* vorausgesetzt wird (aM Lampe JR **90**, 347). „Verwendung" bedeutet die *Einführung* von Daten in den DVProzeß (oben 7). Daran fehlt es, wenn eine gegen den Willen des Verfügungsbefugten erlangte Programmkenntnis nicht durch *Dateneingabe,* sondern durch eine äußerlich ordnungsgemäße Bedienung des Automaten (zB gezieltes Drücken auf die Risikotaste aufgrund bereits vorher erlangter Informationen, nicht also durch irreguläre *Eingabe* derselben) verwertet wird, LG Aachen JR **88**, 436; Celle NStZ **89**, 367; Neumann CR **89**, 719 u. JuS **90**, 535. Hier ist auch die 4. Alternative (unten 9) unanwendbar, weil durch die der Bedienungsanleitung entsprechende Anweisung an den Automaten der vom Hersteller bestimmte Programmablauf, dh der Sollzustand des DVSystems nicht iS von oben 6 inhaltlich „unrichtig" wird; die

Daten bleiben unverändert; dh der Computer wird nicht mit einer der Wirklichkeit nicht entsprechenden Erklärung beschickt (Neumann JuS **90**, 537; vgl. Lackner 13; aM Lampe JR **90**, 347). Entgegen Kleb-Braun (aaO)
8c besteht keine Gefahr, daß der sog. „**Zeitdiebstahl**" (Lampe TagBer. XII Bd. Anl. 3 S. 33; Lenckner Computerkriminalität 20; Tiedemann WM **83**, 1329; Sieber InfTechn. [oben 1a], 59; Jaburek/Schmölzer 35; vgl. 2 zu § 242) entgegen der gesetzgeberischen Absicht (RegE 17) unter die Vorschrift fallen könnte. Zeitdiebstahl ist nämlich kein Fall des Manipulierens von DV*Ergebnissen,* sondern stellt nur unberechtigten Maschinen- und evtl. Softwaregebrauch dar (Möhrenschlager wistra **86**, 133). Evtl. Schäden sind daher auch nicht auf das manipulierte Arbeitsergebnis zurückzu-
9 führen (unten 11). **d)** Die Beeinflussung **sonst durch unbefugte Einwirkung auf den Ablauf** erfaßt als letzte Alternative mit Auffangfunktion („sonst", wodurch sich aber die Vorschrift von der Tatbestandsbestimmtheit entfernt) solche strafwürdigen Manipulationen, die nicht unter 6 bis 8 fallen (so zB die Verhinderung des Ausdrucks), darüber hinaus noch nicht bekannte, dh neue Techniken, insbesondere Hardware-Manipulationen (RegE 30). Die Worte „Einwirkung auf den Ablauf" (dh auf das Programm oder den Datenfluß) erfassen zB die besonders gefährlichen Konsolmanipulationen (3), die nicht stets unrichtige Daten voraussetzen, bei denen vielmehr sonstwie auf die Anweisung für den Verarbeitungsvorgang eingewirkt oder der maschinelle Ablauf des Programms verändert wird (Möhrenschlager wistra **82**, 202; krit. Haft NStZ **87**, 8). Zur notwendigen
9a Eingrenzung des Merkmals „unbefugt" vgl. oben 8. **Folge** der Einwirkung muß die Beeinflussung (5) des Ergebnisses eines vermögensrelevanten (11) DVVorgangs sein (RegE 19; oben 3), das sich **unmittelbar** vermögensschädigend (5) auswirkt und das auf dem betrugsspezifischen (8) Verhalten beruht. Zum unbegründeten Antrag auf Erlaß eines Mahnbescheids vgl. oben 7; zum Leerspielen von Glücksspielautomaten 8b. Bei einer mehraktigen Tathandlung genügt es, daß der DVVorgang letzter Teilakt (zB Ausdruck) ist. Die Unmittelbarkeit der Vermögensminderung ist aber nur gegeben, wenn es nur noch vom Zufall abhängt, ob die Manipulation vor Eintritt des konkreten Schadens entdeckt wird. Muß der DVVorgang erst noch von einem Menschen in eine Vermögensdisposition umgesetzt werden, so fehlt es an der Unmittelbarkeit der Vermögensminderung (SchSch 24; Lackner 17; SK 13). Das gilt erst recht, wenn das Verarbeitungsergebnis nur den Zugriff auf das Vermögen lockert und die Schädigung erst durch eine weitere Straftat herbeigeführt wird (SK 13). Für den **Dreieckscomputerbetrug** gilt 24 zu § 263. Der Vermögensschaden wird seltener beim Systembetreiber als bei einem Dritten eintreten (Haft NStZ **87**, 8).

10 **e) Erhebliche Spannungen** schafft § 263a nicht nur zum verwandten § 268 (unten 17), sondern von der Unrechtsbewertung her im Verhältnis zu § 266b. Denn § 263a droht für Kreditüberschreitungen durch den Kontoinhaber beim Bankomatenmißbrauch eine höhere Strafe an als § 266b sie für den *berechtigten* Karteninhaber bei der Überschreitung der Kredite vorsieht. Die Versuche, das Problem zu lösen, sind sehr unterschiedlich: zT folgt man den Erwägungen oben 8 und wendet nur § 263a an (so auch Lackner 13); zT will man den milderen § 266b anwenden (SchSch 19; U. Weber JZ **87**, 215; Stuttgart NJW **88**, 981; LG Göttingen NJW **88**, 2489;

Bühler MDR **88**, 22; Huff NJW **87**, 815), während SchSch-Lenckner (8 zu § 266 b) bei Abhebungen aus dem Automaten des die Karte ausgebenden Kreditinstituts weder § 263 a noch § 266 b als erfüllt ansieht. Mit der sehr zufälligen und jederzeit auflösbaren Doppelfunktion der **ec-Karte** als Scheck-, Kredit- und Codekarte läßt sich der Wertungswiderspruch nicht überzeugend begründen (aM Stuttgart NJW **88**, 982; LG Köln NJW **87**, 669); vgl. Lackner, Tröndle-FS 59 mwN. Nach Wessels (BT 2 § 13 V 2) liegt der über § 266 b hinausragende Unrechtsgehalt des § 263 a im Untergraben des allgemeinen Vertrauens in die Zuverlässigkeit der technischen Einrichtungen. Damit läßt sich die Nähe zum Betrug nicht begründen. Ausweglos ist die enge Auslegung des § 263 a iVm einer weiten des § 266 b schon deshalb, weil der Inhaber einer ec-Karte bei mißbräuchlicher Verwendung noch nach Rückforderung durch die Bank sowohl nach § 266 b als auch nach § 263 a bestraft werden müßte.

5) Einen **Vermögensschaden** (26 ff. zu § 263) muß die Beeinflussung des **11** Ergebnisses des Datenverarbeitungsvorgangs zur Folge haben; konkrete Gefährdung reicht aus (31 zu § 263). Bei der Prüfung des Ursachenzusammenhangs (19 zu § 263) ist also nicht die Tathandlung als solche (oben 5), sondern das durch sie („dadurch") manipulierte Arbeitsergebnis des Computers zur Schadensfolge in Beziehung zu setzen (Schlüchter 93). Zu dem durch die Tathandlung verursachten Vermögensschaden gehören – auch nicht für den Fall, daß der Täter mit solchen Folgeschäden seiner Tat gerechnet hat – nicht der Aufwand, der erforderlich wird, um Schäden zu beheben, die durch die Manipulationen am Computer, an der Hardware oder Software entstanden sind, und um die Anlage wieder für den programmgerechten Einsatz zuzurichten (Lackner 25; SchSch 24, 29; Möhrenschlager wistra **86**, 133; Lenckner/Winkelbauer CR **86**, 660).

6) Nach der **inneren Tatseite** sind erforderlich **a) Vorsatz** (bedingter **12** genügt). Er muß sich auf alle Tatbestandsmerkmale, zu denen auch „unbefugt" gehört, dh auch auf die Voraussetzungen erstrecken, die das „betrugsspezifische" des Merkmals „unbefugt" ausmachen. Hält der Täter sich zur Verwendung der Daten (oben 8) für berechtigt, so ist ein Tatbestandsirrtum gegeben, Lackner 24; SchSch 33; vgl. 40 zu § 263). Liegt auch Betrugsvorsatz vor, so geht § 263 vor (unten 15). Verwirklicht der Täter objektiv den einen der beiden Tatbestände (zB die Betrugsform, weil er tatsächlich einen Menschen mit inhaltlicher Prüfungskompetenz täuscht), subjektiv aber den anderen (zB § 263 a, weil er möchte, daß die Vermögensdisposition über den DVVorgang getroffen wird), so liegt (wegen der Gleichwertigkeit des Unrechts) eine unwesentliche Abweichung des Kausalverlaufs vor (7 zu § 16), so daß (in einem Fall) Versuch und (im anderen Fall) Versuch gegeben sind (Lackner 24; SchSch 35). Will der Täter beide Tatbestände verwirklichen, so liegt, wenn er nur einen verwirklicht, *dolus alternativus* (11 h zu § 15) vor. **b) die Absicht, sich oder einem Dritten 13 einen Vermögensvorteil** zu verschaffen (41 ff. zu § 263). Zur **Stoffgleichheit** zwischen Vorteil und Schaden vgl. 39 zu § 263. Folgeschäden der Vermögensdisposition (vgl. MDR **88**, 980) reichen nicht aus (Lackner 25; oben 5).

7) Nach II iVm § 263 II ist der Versuch strafbar. Er ist gegeben, wenn **14** der Täter unmittelbar zu einer der Handlungen 5 bis 9 ansetzt oder in

§ 263 a

betrügerischer Absicht (13) Handlungen begeht, die in solche Tatbestandshandlungen unmittelbar einmünden (11 zu § 22). **Vollendet** ist die Tat mit dem mindestens teilweisen Eintritt des Vermögensschadens (44 zu § 263). Zur Beendigung 3 zu § 78 a.

15 8) **Konkurrenzen** a) **Gesetzeskonkurrenz** besteht beim Zusammentreffen der §§ 263, 263a, zB wenn durch die Tathandlungen 5 bis 9 zugleich eine in den DVVorgang eingeschaltete prüfungsberechtigte Person getäuscht wird. Die hier vorliegende **Subsidiarität** (19 vor § 52) ergibt sich aus der Auffangfunktion des § 263a (oben 1), wenn derselbe Schaden sowohl durch die Manipulationsweisen 5 bis 9 als auch durch Täuschung bewirkt wird, Lackner 27; M-Maiwald § 41, 234; SK 16 (tatbestandliche
15a Exklusivität). Zu den abw. Lösungen vgl. oben 10. Zu § 246 besteht dagegen keine Konkurrenz, weil die Unterschlagung erst nach Gewahrsamsbegründung begangen werden kann (10 zu § 246), der Tatbestand des § 263a aber mit Eintritt des Vermögensschadens vollendet ist (14). Eine durch Betrug erlangte Sache kann man aber nicht mehr unterschlagen (11 zu
15b § 246; Lackner 29). Gesetzeskonkurrenz besteht ferner zu § **370 AO,** der dem § 263a (ebenso wie dem § 263, dort 48) als *lex specialis* dann vorgeht (Ber. 30 aE; Lackner 29), wenn der erstrebte Vermögensvorteil sich in der
16 Verkürzung von Steuereinnahmen erschöpft. b) **Tateinheit** ist hingegen mit § 370 AO gegeben, wenn neben der Steuerverkürzung auch Vermögensvorteile zu Lasten anderer erstrebt werden, ferner mit §§ 267, 269, 274 I Nr. 1, 2, sowie mit §§ 303, 303a und uU mit § 303b; im übrigen gilt das in 47ff. zu § 263 für den Betrug Ausgeführte entsprechend. Tateinheit
17 ist schließlich gegeben mit § **268,** insbesondere in Hinblick auf seinen III. Der Gesetzgeber hat entgegen der Empfehlung der SVKomm. (Schlußber. 155) unbegreiflicherweise unterlassen, das Verhältnis des ohnehin mißglückten und schwer handhabbaren § 268 (dort 2) zu § 263a zu klären, und belastet auf diese Weise die Praxis zusätzlich (vgl. oben 8) mit schwierigen Abgrenzungsfragen: Zum einen fällt der gesamte Bereich der DV unter das „ganz oder zum Teil selbsttätig Bewirken" iS des § 268 II (Sieber 313), soweit solche Anlagen nicht für schlichte Programme eingesetzt sind. Zum andern fallen aber solche Computerprodukte, denen es an der „Erkennbarkeit des Gegenstandes der Aufzeichnung" (§ 268 II) fehlt, aus dem Tatbestand des § 268 heraus. Das ist insbesondere der Fall, wenn der Output (vgl. 3c) nicht erkennen läßt, auf Grund welcher Input-Information und welcher Verarbeitungsregel er zustande gekommen ist, wenn zB diese Informationen nicht mehr ausgedruckt werden (Sieber 316). Während Input-Manipulationen (3a) von vornherein nicht von § 268 erfaßt sind (13a zu § 268), sind bei Ablauf- und Output-Manipulationen (3b, c) idR nicht nur „Einwirkungen auf den Ablauf" eines DVVorgangs (§ 263a), sondern auch „störende Einwirkungen auf den Aufzeichnungsvorgang (§ 268 III) gegeben (LK-Tröndle 50 zu § 268), so daß der Praxis die mühsame Überprüfung des tateinheitlichen Zusammentreffens dieser beiden Tatbestände nicht erspart bleibt, obwohl beide Vorschriften unbeschadet ihrer sachlich abweichenden Umschreibung und der Unterschiede im Schutzgut (oben 3 und 2 zu § 268) – jedenfalls soweit Computermißbrauch in Frage steht – im wesentlichen übereinstimmen, dieselbe Strafdrohung aufweisen und mit einem etwaigen tateinheitlichen Zusammentreffen irgendein zusätzliches

Betrug und Untreue **§ 263 a**

Unwerturteil nicht korrespondiert (vgl. hierzu auch Sieber InfTechn. 34, 37). Der Praxis kann daher, um nutzlose Subsumtionsarbeit zu vermeiden, nur empfohlen werden, falls neben § 263a auch § 268 in Betracht kommt, nach § 154a I StPO zu verfahren. **c) Wahlfeststellung** zwischen § 263 und § 263a ist möglich (Lackner 29; Lenckner/Winkelbauer CR **86**, 660; aM SchSch 41). **d) Vor Inkrafttreten des 2. WiKG** (2 vor § 263) war zu unterscheiden zwischen **aa)** der *Wegnahme der codierten Karte* in Benutzungs- und Rückgabeabsicht an den Berechtigten. Die unterschiedliche rechtliche Bewertung dieses Sachverhalts (dargestellt in der 44. Aufl. 19a zu § 242 und im einzelnen Bandekow [3 vor § 263] 119ff.; vgl. auch Otto JR **87**, 221) ist durch BGH **35**, 152 (krit. hierzu Huff NJW **88**, 981; Schmitt/Ehrlicher JZ **88**, 364; Otto JK § 246, 6; Thaeter JA **88**, 548; NStZ/A **89**, 500; Wessels BT 2 § 2 IV 4f) überholt. Danach ist eine straflose Gebrauchsanmaßung (furtum usus) gegeben; *und* **bb)** der unberechtigten *Ansichnahme des Geldes* aus dem Automaten nach Benutzung der codierten Karte und der Geheimnummer. Für diesen Sachverhalt, für den BGH **35**, 152 Unterschlagung annahm, gilt nunmehr § 263a (oben 8a; aM LG Wiesbaden NJW **89**, 2551). **e) Fortgesetzte Tat** ist auch möglich, 19 wenn sie an verschiedenen DVAnlagen begangen wird, verschiedene Betreiber geschädigt werden. 18

9) Die Strafe entspricht der des § 263. Ggf ist § 41 (dort 3) zu beachten. 20 Ein **besonders schwerer Fall** (**II iVm § 263 III;** 11 zu § 12; 43, 43a zu § 46) kommt ua bei hohem Schaden oder außergewöhnlichem Tatumfang in Betracht (53 zu § 263; 31 zu § 266).

10) Nach **II iVm § 263 IV** ist die Tat, sofern sie gegenüber einem Angehörigen (§ 11 I Nr. 1), dem Vormund oder einem Hausgenossen begangen wird, ein **Antragsdelikt;** auch im Falle des „Bagatell-Computerbetrugs" hängt die Strafverfolgung von einem Antrag ab, es sei denn, daß die StA die Strafverfolgung für geboten erachtet (zum Ganzen 54, 55 zu § 263; 4ff. zu § 232). 21

11) Sonstige Vorschriften: FAufsicht **II iVm § 263 V, § 68 I.** Verjährung 3ff. zu § 78a. Zuständigkeit in Wirtschaftsstrafsachen nach § 74a I Nr. 5 GVG (idF des Art. 8 Nr. 2 zu 2. WiKG) iVm § 74e Nr. 2 GVG, § 103 II JGG. 22

Subventionsbetrug

264 [1] Mit Freiheitsstrafe bis zu fünf Jahren oder mit Geldstrafe wird bestraft, wer

1. einer für die Bewilligung einer Subvention zuständigen Behörde oder einer anderen in das Subventionsverfahren eingeschalteten Stelle oder Person (Subventionsgeber) über subventionserhebliche Tatsachen für sich oder einen anderen unrichtige oder unvollständige Angaben macht, die für ihn oder den anderen vorteilhaft sind,

2. den Subventionsgeber entgegen den Rechtsvorschriften über die Subventionsvergabe über subventionserhebliche Tatsachen in Unkenntnis läßt oder

§ 264

3. in einem Subventionsverfahren eine durch unrichtige oder unvollständige Angaben erlangte Bescheinigung über eine Subventionsberechtigung oder über subventionserhebliche Tatsachen gebraucht.

^{II} In besonders schweren Fällen ist die Strafe Freiheitsstrafe von sechs Monaten bis zu zehn Jahren. Ein besonders schwerer Fall liegt in der Regel vor, wenn der Täter

1. aus grobem Eigennutz oder unter Verwendung nachgemachter oder verfälschter Belege für sich oder einen anderen eine nicht gerechtfertigte Subvention großen Ausmaßes erlangt,

2. seine Befugnisse oder seine Stellung als Amtsträger mißbraucht oder

3. die Mithilfe eines Amtsträgers ausnutzt, der seine Befugnisse oder seine Stellung mißbraucht.

^{III} Wer in den Fällen des Absatzes 1 Nr. 1 oder 2 leichtfertig handelt, wird mit Freiheitsstrafe bis zu drei Jahren oder mit Geldstrafe bestraft.

^{IV} Nach den Absätzen 1 und 3 wird nicht bestraft, wer freiwillig verhindert, daß auf Grund der Tat die Subvention gewährt wird. Wird die Subvention ohne Zutun des Täters nicht gewährt, so wird er straflos, wenn er sich freiwillig und ernsthaft bemüht, das Gewähren der Subvention zu verhindern.

^V Neben einer Freiheitsstrafe von mindestens einem Jahr wegen einer Straftat nach den Absätzen 1 und 2 kann das Gericht die Fähigkeit, öffentliche Ämter zu bekleiden, und die Fähigkeit, Rechte aus öffentlichen Wahlen zu erlangen, aberkennen (§ 45 Abs. 2). Gegenstände, auf die sich die Tat bezieht, können eingezogen werden; § 74a ist anzuwenden.

^{VI} Subvention im Sinne dieser Vorschrift ist eine Leistung aus öffentlichen Mitteln nach Bundes- oder Landesrecht oder nach dem Recht der Europäischen Gemeinschaften an Betriebe oder Unternehmen, die wenigstens zum Teil

1. ohne marktmäßige Gegenleistung gewährt wird und

2. der Förderung der Wirtschaft dienen soll.

Betrieb oder Unternehmen im Sinne des Satzes 1 ist auch das öffentliche Unternehmen.

^{VII} Subventionserheblich im Sinne des Absatzes 1 sind Tatsachen,

1. die durch Gesetz oder auf Grund eines Gesetzes von dem Subventionsgeber als subventionserheblich bezeichnet sind oder

2. von denen die Bewilligung, Gewährung, Rückforderung, Weitergewährung oder das Belassen einer Subvention oder eines Subventionsvorteils gesetzlich abhängig ist.

1) **A. Die Vorschrift** idF des **1. WiKG** soll der besseren Bekämpfung der Wirtschaftskriminalität (zum Begriff Volk JZ **82**, 86; Otto ZStW **96**, 339) dienen (vgl. vor § 263). **Materialien:** Tagungsberichte der durch das BMJ berufenen Sachverständigenkommission zur Bekämpfung der Wirtschaftskriminalität (= SVKomm. TagBer. Bd. I bis IV); AE, Straftaten gegen die Wirtschaft (Prot. 7/2605); BT-Drs. 7/3441 (= RegE); BTag 7/17727. Prot. 7/2467 (Hearing); BT-Drs. 7/5291 (Ber.). In das Gesetz eingearbeitet (Art. 2) wurde zugleich das für § 264 bedeutsame **Subventionsgesetz** (SubvG; Anh. 20), das als „kleine Sub-

ventionsvergabeordnung" (Göhler/Wilts, DB **76**, 1610) für Subventionen auch nach Landesrecht gilt, da die Länder es übernommen haben (Übersicht über die LandessubventionsG bei Göhler 802 B; LK 85), für die Subventionen nach dem Recht der Europ. Gemeinschaften jedoch nur dann, wenn sich der Subventionsgeber in der BRep befindet, und auch dann nur hinsichtlich der Verfahrensvorschriften der §§ 2, 6 SubvG (Prot. 7/2471, 2501; Ber. 21). § 264 ist kein Fiskalgesetz iS des Art. 3 III des schweiz. RHilfeG (IRSG) v. 20. 3. 1981 (schweizBBl. 1981 S. 791), SchweizBundesgericht wistra **86**, 177.

Schrifttum zum 1. WiKG: *Blei* JA **76**, 741; 807; *Diemer-Nicolaus,* Schmidt- 2 Leichner-FS 31; *Dreis/Eitel-Dreis,* Erstes Gesetz zur Bekämpfung der Wirtschaftskriminalität mit Erläuterungen (1977); *D. Geerds* [3 vor § 263] 243ff.; *Göhler/Wilts* DB **76**, 1609; 1657; *Heinz* GA **77**, 210, 225; *Jung,* Die Bekämpfung der Wirtschaftskriminalität als Prüfstein des Strafrechtssystems, 1979 und JuS **76**, 757; *Löwer* JZ **79**, 621; *Müller-Emmert/Maier* NJW **76**, 1657; *Müller/Wabnitz,* Wirtschaftskriminalität, 2. Aufl. 1986; *Otto* MSchrKrim **80**, 397; *Gerold Schmidt* DVBl. **78**, 200 (= Schmidt); GA **79**, 121; *Schultz* ZRP **76**, 76; *Stöckel* ZRP **77**, 134.

B. Kriminalpolitisch wird § 264, der eine gewisse Parallele in § 370 AO hat 3 (Ber. 4; vgl. auch § 31 MOG) und der auch bei Begehung im Ausland gilt (§ 6 Nr. 8; vgl. dort 8a), damit gerechtfertigt, daß § 263, der auf den Schutz individuellen Vermögens abstelle, einmal den Unrechtskern des Subventionsbetruges nicht erfasse, der sich gegen das **Rechtsgut** der Planungs- und Dispositionsfreiheit der öffentlichen Hand im Wirtschaftsbereich richte (Karlsruhe NJW **81**, 1383; Hamburg NStZ **84**, 218; Ber. 3, 5; ähnlich Göhler-Wilts aaO 1610; Achenbach JR **88**, 251; Otto Jura **89**, 29; LK-Tiedemann 8 mwN, der mit SchSch-Lenckner 4 stärker auf die Wirtschaftslenkung und die mit ihr verfolgten Zwecke abhebt; abw. abeι Gössel Prot. 7/2614; wistra **85**, 129). Zur Zweckverfehlungslehre und zur Frage, inwieweit auch das Vermögen des Subventionsgebers geschützt ist (vgl. Lackner 1 und LK-Lackner 171, 176 zu § 263; SchSch 1; LK 9; Ranft JuS **86**, 447; Gerhold [1 zu § 263] 78ff.). Zum anderen sei § 263 nicht geeignet, Subventionserschleichungen wirksam zu erfassen. Ob die dazu aufgestellten Thesen zutreffen, daß Täuschungshandlung, Vorsatz und Irrtumserregung schwer feststellbar seien (RegE 16; Ber. 4; Prot. 7/2484), während die Zweckverfehlungstheorie bei § 263 (BGH **19**, 45) fragwürdig sei (Prot. 7/2469, 2503, 2511; Ber. 3), erscheint angesichts der weitgreifenden Rspr. zu diesen Fragen und der Auslegungsfähigkeit des § 263 (11 ff., 18 zu § 263) nicht zuletzt schon deshalb zw., weil die nichtwirtschaftsfördernden Subventionen nach hM weiterhin von § 263 erfaßt bleiben (LK 164 zu § 263; LK 9), doch macht mindestens der Fall des Täters, der nachträglich einen Subventionsvorteil mißbraucht, Schwierigkeiten (RegE 16; vgl. Arzt/Weber LH **4**, 16ff.). Allerdings hätte eine exakte Bestimmung der Mitteilungspflichten bei der Vergabe von Subventionen die meisten Schwierigkeiten beseitigen können, die gerade durch eine bisher unzulängliche Vergabepraxis (Ber. 3; Prot. 7/2483, 2613; Müller-Emmert/Maier NJW **76**, 1657) entstanden oder doch verstärkt waren. Dem hilft § 264 iVm dem SubvG ab, das in § 6 auch eine Anzeigepflicht von Gerichten und Behörden bei Verdacht einer Tat nach § 264 begründet (6 zu § 258). Insgesamt wäre statt des überperfektionierten (Tiedemann ZStW **87**, 296; vgl. auch HWiStR „Subventionsbetrug") und kaum durchschaubaren § 264 ein eigenständiges strafbewehrtes SubvG vorzuziehen gewesen (vgl. Lampe Prot. 7/2512).

C. Dogmatisch ist § 264 abw. von § 370 AO ganz außergewöhnlich nicht 4 ein Verletzungs- oder Unternehmensdelikt mit dem Erfolg der Gewährung einer unberechtigten Subvention, sondern verselbständigtes Versuchsdelikt im

§ 264

Vorfeld des Betruges. Im Fall von I Nr. 1, 3 wird selbst die versuchte Beihilfe zur vollendeten Tat gemacht (vgl. BGH **34**, 268), wobei aber die Tat, wie II Nr. 1 und V S. 2 zeigen, aber auch IV nahelegt (RegE 25), das Erlangen eines nicht berechtigten Subventionsvorteils mit umfaßt (Ber. 6; krit. dazu Tiedemann, Lampe, Gössel, Prot. 7/2476, 2511, 2616; anders, wenn ein berechtigter Vorteil erlangt wird); nur so läßt sich auch die mit § 263 übereinstimmende Strafdrohung erklären (RegE 26). Dogmatisch läßt sich dieses Ergebnis nicht dahin auslegen, daß das Erlangen der Subvention mit zum Tatbestand gehöre (so aber Ber. 6; anders Göhler/Wilts aaO Anm. 28a), denn dieser wird nicht durch die in I beschriebenen Tathandlungen abgegrenzt, sondern lediglich damit, daß die Tat zwar mit dem Abschluß dieser Handlungen vollendet ist (unten 20), beendet aber erst dann, wenn die Subvention gewährt worden ist (unten 26; Heinz GA **77**, 213). Der Tatbestand selbst fordert weder den Eintritt eines Erfolges, noch den einer konkreten Gefahr; auch der „untaugliche Versuch" ist danach strafbar, so wenn die Angaben des Täters ungeeignet sind, eine Subvention zu erhalten, oder wenn er richtige Angaben mit falschen untermauert, die aber für die dann gewährte berechtigte Subvention nach der Sachlage ohne Bedeutung sind (vgl. Gössel Prot. 7/2616; aM Schmidt-Hieber NJW **80**, 325; Findeisen JR **81**, 225; SchSch 47 mwN; vgl. Kohlmann/Brauns wistra **82**, 61); oder wenn die Täuschung des SubvGebers nicht gelingt. Nach alledem ist die Tat weder ein konkretes (so Ber. 5), noch ein abstrakt-konkretes (so Göhler/Wilts aaO 1613), sondern ein **abstraktes Gefährdungsdelikt** (RegE 25; Gössel Prot. 7/2615; Wilts Prot. 7/2751; SchSch 5; Lackner 1 u. LK 164 zu § 263; aM LK 13: I Nr. 1, 3 = Tätigkeitsdelikt; I Nr. 2 = echtes Unterlassungsdelikt; vgl. auch Ranft JuS **86**, 449). Der Versuch der Tat ist, zumal es sich um ein verkapptes Versuchsdelikt handelt, nicht strafbar (vgl. hierzu die irrtümliche Antwort einer parlamentarischen Anfrage BT-Drs. 9/2409). Da die Tat auch das Gewäh-

5 ren einer nicht gerechtfertigten Subvention mit umfaßt, ist § 264 als eine **lex specialis** gegenüber § 263 konstruiert; (Bay NJW **82**, 2203; LK 134; hM), den sie auch dann verdrängt, wenn die Tat zugleich dessen Tatbestand verwirklicht (Ber. 6; Prot. 7/2650, 2683; krit. M-Maiwald § 41, 162; Gössel wistra **85**, 128; Achenbach JR **88**, 251; für Tateinheit Schmidt-Hieber NJW **80**, 324; hierzu BGH **32**, 206 m. Anm. Otto JR **84**, 475; Ranft JuS **86**, 449; NJW **82**, 2453 m. Anm. Tiedemann JR **83**, 212); es verhält sich hier wie bei der Vorschrift der Steuerhinterziehung, durch die § 263 ebenfalls verdrängt wird (48 zu § 263) und die auch den § 264 verdrängt (unten 39). § 264 ist Schutzgesetz iS des § 823 II BGB (wistra **89**, 193 u. **92**, 210). Die tragenden Merkmale des Tatbestandes sind vor allem:

6 2) **A.** die **Subvention** (= Subv.). Da dieser Begriff wissenschaftlich str. ist und keine exakten Konturen aufweist (RegE 22 mwN; SchSch 7; aM Schmidt GA **79**, 121; vgl. Sannwald, oben 2), bringt **VI** eine für das gesamte öffentliche Recht maßgebliche Definition, die entgegen § 264 VI RegE („durch Gesetz als Subvention bezeichnete Leistung") mit § 2 E SubvG keine formelle (RegE 23), sondern in Anlehnung an den AE (Ber. 10; Prot. 7/2605) eine materielle ist (Ber. 9ff.; LK 20; Löwer JZ **79**, 624; vgl. 8. SubvBer. BT-Drs. 9/986), die strafrechtlich auszulegen ist (Schmidt DVBl. **78**, 202; GA **79**, 123) und sich aus folgenden Elementen zusammensetzt (hierzu SK-Samson 24ff.; LK 22ff.; vgl. auch Hack [oben 2], 148). Es

7 muß sich **a)** um eine **Leistung aus öffentlichen Mitteln,** dh eine geldwerte direkte Zuwendung (RegE 17, 25; vgl. Jarass JuS **80**, 115) an den Empfänger handeln, die aus Mitteln der öffentlichen Hand, sei es von Bund, Ländern oder Gemeinden oder aber den Europäischen Gemeinschaften er-

Betrug und Untreue **§ 264**

bracht wird (wobei auch Mittel aus einem zweckgebundenen Sondervermögen erfaßt werden, in die private Mittel auf Grund öffentlich-rechtlicher Verpflichtung eingebracht werden, LK 23; Heinz GA **77**, 211) und für die **b) Leistungsgrundlage** das Recht von Bund (zB BerlinFG, FFG, MOG, 8 dazu Göhler 525 C, D; BauGB, II. WoBauG, ZonenrandFG), Ländern (zugleich für die Gemeinden) oder den Europäischen Gemeinschaften (zB Ausfuhrerstattungen für Drittwarenexporte nach den EWG-Marktordnungsvorschriften, NStZ **90**, 35) ist, wobei es sich nicht um Gesetze zu handeln braucht, sondern auch auf Gesetz beruhende Haushaltsansätze genügen (RegE 5; vgl. zB Vorl.VV-BHO). Ist Recht der Gemeinschaften die Leistungsgrundlage (vgl. §§ 6, 7 MOG), so ist es gleichgültig, ob die Mittelverwaltung Sache der Gemeinschaft oder der Mitgliedstaaten ist (Ber. 10; LK 24). **c) ohne marktmäßige Gegenleistung** muß die Leistung 9 ganz (etwa verlorene Zuschüsse an die Landwirtschaft) oder wenigstens teilweise (Darlehen zu verbilligten Zinsen, verbilligte Preise für landwirtschaftliche Produkte; Fälle einer sog. Gemengelage, in denen die Leistung über dem Marktwert der Gegenleistung liegt; Prot. 7/2500; Müller-Emmert/Maier NJW **76**, 1658 f.; Heinz GA **77**, 211; Schmidt GA **79**, 132) gewährt werden. Zu Ausfuhrerstattungen, die beim Export landwirtschaftlicher Produkte an Drittländer gezahlt werden, Tiedemann NJW **90**, 2227. Die Erfüllung des SubvZwecks ist keine Gegenleistung (NStZ **90**, 35). Hieran fehlt es ferner beim Wintergeld nach § 80 AFG, MDR/H **81**, 268. Fehlt für eine öffentliche Leistung ein Markt wie zB bei Kredithilfen (LK 27), Realförderungen (LK 29), Garantien und Bürgschaften des Bundes für Auslandsgeschäfte, so wird es darauf ankommen, ob die dafür geforderten Gegenleistungen im Ergebnis kostendeckend sind oder sogar Überschüsse erbringen (wie bei den Hermes-Garantien, Prot. 7/2717; wie hier LK 28, jedoch ist die Frage zw.; vgl. SK **31**, 32; Ber. 10; Göhler/Wilts [oben 2] 1612; Schmidt GA **79**, 135; zur Problematik der sog. Schadenssubventionen vgl. LK 30). **d) der Förderung der Wirtschaft** hat die Leistung 10 wenigstens zum Teil (Ber. 11) zu dienen, wobei Wirtschaft im weitesten Sinn zu verstehen ist und nicht nur Agrar- und Forstwirtschaft umfaßt (Ber. 10; ein erheblicher Teil aller Subventionen entfällt auf die Landwirtschaft, Prot. 7/2470), sondern zB auch die Filmwirtschaft (Ber. 10; FFG; BGH **34**, 113). Entgegen dem RegE (23 mit Art. 2 § 2 I) wird die Förderung von Bildung und Kultur ebensowenig erfaßt wie das Gesundheitswesen (NJW **83**, 2649) oder der soziale Sektor (Ber. 10, 12; SchSch 15), während im Bereich der Forschung wohl die marktnahe, wirtschaftsorientierte einbezogen ist, nicht aber die reine Grundlagenforschung (Ber. 11; hierzu krit. SK 33 ff.). Auch Subventionen im Steuerbereich scheiden idR aus, auch wenn es sich um direkte handelt wie beim Aufwertungsausgleich oder den Berlinpräferenzen (Müller-Emmert/Maier NJW **76**, 1658), da das Steuerrecht als Spezialmaterie auch strafrechtlich dem § 264 vorgeht (Ber. 11; hierzu Fuhrhop NJW **80**, 1261). **e) Betriebe oder Unternehmen** 11 (zu den noch nicht eindeutig geklärten Begriffen 8 zu § 14) müssen die Leistungsempfänger sein, öffentliche Betriebe und Unternehmen (vgl. § 130 III OWiG; dazu Göhler dort 7; LK 33) sind nach VI S. 2 ausdrücklich eingeschlossen; damit sind Organisationsformen der öffentlichen Verwaltung gemeint, die als Erzeuger oder Verteiler von Gütern am Wirtschaftsleben teilnehmen, gleichgültig ob sie öffentlich- oder privatrechtlich orga-

§ 264

nisiert sind, zB kommunale Verkehrsbetriebe, Gas- und Elektrizitätswerke oder Wohnungsbaugesellschaften (Ber. 12; LK 33). Privatpersonen (zB Rentner, Sparer, Kinderreiche) und damit die sog. Sozialsubventionen scheiden somit aus. Die bloße Subventionsvermittlung in Fällen, in denen Betriebe oder Unternehmen Adressat von Leistungen sind, die nur weitergeleitet werden dürfen (zB das auf Antrag der Arbeitnehmer gezahlte Schlechtwettergeld), macht den Vermittler noch nicht zum Sub-
12 ventionsempfänger (LK 34). **f)** eine ausführliche Liste der bisherigen Subv. nach Bundesrecht findet sich bei Göhler/Wilts [oben 2] 1612f. und bei LK 42.

13 **B.** Das **Subventionsverfahren** (I Nr. 1, 3), das im Gesetz nicht definiert ist. Es ist das in erster Linie auf Gewährung einer Subv. gerichtete, weitgehend formlose Verfahren (vgl. aber § 2 SubvG), das mit einem Antrag auf Bewilligung der Subv. (§ 2 I SubvG) beginnt und grundsätzlich mit der Gewährung oder mit dem endgültig ablehnenden Bescheid des SubvGebers endet. In den Fällen der Weitergewährung einer Subv., in denen der SubvNehmer immer wieder an den SubvGeber herantreten muß, erstreckt sich das SubvVerfahren bis zur letzten Leistung des SubvGebers. Ein Subv-Verfahren ist schließlich auch das von einem SubvGeber eingeleitete Verfahren, das auf Rückforderung (vgl. VII Nr. 2) einer Subv. gerichtet ist. Von den in I beschriebenen Tathandlungen braucht jedoch nur die unter I Nr. 3 in einem SubvVerfahren, also während eines solchen Verfahrens begangen zu werden. I Nr. 2 wird idR nach dem Verfahren begangen werden, I Nr. 1 regelmäßig in einem solchen Verfahren; die Wendung „in das Subventionsverfahren eingeschaltete Stelle" bedeutet jedoch nicht, daß die Tat während des Verfahrens begangen werden muß. I Nr. 1 erfaßt auch den Fall, daß ein dem Antragsteller Zuarbeitender noch vor dem Eingang des Antrags dem SubvGeber unrichtige Angaben über subv.erhebliche Tatsachen macht (str.; aM Lackner 16; LK 61).

14 **C. Subventionsgeber** (I Nr. 1; § 2 I SubvG) ist die im konkreten Fall für die Bewilligung der erstrebten Subv. sachlich wie örtlich **zuständige Behörde** (35 zu § 11), nach Sachlage auch eine der Europ. Gemeinschaften, und/oder eine andere, u.a. durch zivilrechtlichen Vertrag, Ber. 6) auf der Geberseite (also nicht zB der vom SubvNehmer für sich eingeschaltete Anwalt oder seine Bank), insbesondere durch die zuständige Behörde „in einer der vielfältigen Formen einer Subventionsvermittlung" (RegE 26) in das konkrete SubvVerfahren von vornherein oder nachträglich **eingeschaltete Stelle oder Person** (zB ein Bankinstitut, eine dafür ins Leben gerufene GmbH, eine Privatperson), die damit für die Entgegennahme entsprechender Angaben zuständig wird (Müller-Emmert/Maier NJW **76**, 1660; LK
15 57). Den Begriff des **Subventionsnehmers** kennt § 264 selbst nicht; er wird aber in § 2 I SubvG mit mittelbarer Wirkung für § 264 dahin definiert, daß es sowohl derjenige ist, der für sich oder einen anderen (dh nach VI stets für einen Betrieb oder ein Unternehmen) eine Subv. beantragt, als auch derjenige, der eine Subv. oder einen mittelbar aus der Subv. erwachsenden Vorteil in Anspruch nimmt, also auch, wer einen Vorteil iS von § 5 SubvG erlangt. Er wird damit zum Verpflichteten nach I Nr. 2 (vgl. auch § 3 SubvG; Bay NJW **82**, 2203, hierzu Ranft NJW **86**, 31/0). Täter nach I Nr. 1, 3 können auch andere als SubvNehmer sein.

Betrug und Untreue **§ 264**

D. Die subventionserheblichen Tatsachen (= SubvTatsachen), wie sie **16**
VII in zwei Gruppen definiert. Wenn dort von „Gesetz" und „gesetzlich"
gesprochen wird, so ist jeweils ein Gesetz im materiellen Sinne, also auch
eine RechtsVO (Art. 80 GG; Ber. 13; RegE 27) und die Satzung (SchSch
33; LK 46) gemeint, eingeschlossen die rechtsverbindlichen Regelungen
der Europ. Gemeinschaften (RegE 29; Ber. 13; vgl. MOG und Göhler 525
D; hierzu Löwer JZ **79**, 627). SubvTatsachen (zu ihnen gehören auch „innere Tatsachen", zB die Absicht, keinen von der Filmförderung ausgeschlossenen [§ 19 FFG] Film herzustellen, BGH **34**, 114) sind danach solche
a), die durch Gesetz (vgl. dazu LK 47) als subv.erheblich bezeichnet sind **17**
(Nr. 1, 1. Alt.). Es muß sich um eine ausdrückliche Bezeichnung handeln
(zu den Anforderungen an eine solche Bezeichnung, LG Düsseldorf NStZ
81, 223), so daß bisherige Gesetze, die den Ausdruck nicht verwenden,
nicht in Betracht kommen; aber auch nicht die §§ 3 bis 5 SubvG, die keine
solchen Tatsachen bezeichnen (§§ 4, 5) oder solche Tatsachen nur voraussetzen (§ 3). **b) die von dem** im konkreten Fall maßgebenden **SubvGeber 18**
(oben 14) **auf Grund eines Gesetzes** (dh infolge gesetzlicher Ermächtigung
oder Verpflichtung) ausdrücklich als in diesem konkreten Fall **subv.erheblich bezeichnet** sind **(Nr. 1, 2. Alt)**, vgl. Bay NJW **82**, 2203; Ranft NJW
86, 3170). Als Gesetz kommen vor allem das SubvG selbst und die SubvG
der Länder (Göhler 802 B), die das SubvG für anwendbar erklären, in
Betracht (vgl. wistra **86**, 68). § 2 I verpflichtet den SubvGeber, dem SubvNehmer (oben 15) vor Bewilligung oder Gewährung einer Subv. diejenigen Tatsachen zu bezeichnen, die nach dem SubvZweck (zB Sicherung des
Steinkohleneinsatzes in der Elektrizitätswirtschaft), nach dem Vergaberecht (Rechts- und Verwaltungsvorschriften sowie Richtlinien) und den
sonstigen Vergabevoraussetzungen des konkreten Falles für die Bewilligung, Gewährung, Rückforderung, Weitergewährung oder das Belassen
einer Subv. (die sich überschneidenden Begriffe sind gewählt, um keinerlei
Lücke zu lassen, RegE 29) oder eines aus einer Subv. gezogenen mittelbaren Vorteils (RegE 29) erheblich sind, so zB die Eigenkapitalausstattung
des SubvNehmers (wistra **92**, 257). Darüber hinaus hat der SubvGeber
nach § 2 II SubvG dem SubvNehmer, wenn im Verfahren Zweifel auftauchen, auch die noch klärungsbedürftigen Tatsachen als subv.erheblich zu
bezeichnen (Ranft NJW **86**, 3163). Da zu den Rechtsvorschriften, die für
die Bewilligung usw. einer Subv. erheblich sind, auch die §§ 3 bis 5 SubvG
gehören, so hat der SubvGeber auch die dort bezeichneten Tatsachen dem
SubvNehmer mitzuteilen. Bezeichnet der SubvGeber dem SubvNehmer
Tatsachen als subv.erheblich, die es nach § 2 SubvG oder sonst in Betracht
kommenden Vorschriften gar nicht sind, so sind das iS von VII keine
subv.erheblichen Tatsachen. Im übrigen ist von Bedeutung, daß die Bezeichnungspflicht nach § 2 SubvG, die Klarheit über die subv.erheblichen
Tatsachen schaffen soll, nur gegenüber dem SubvNehmer besteht, nicht
aber gegenüber jedem, der Angaben nach I Nr. 1 macht oder machen will
(zum Ganzen verfassungsrechtliche Einwände Löwer JZ **79**, 629). **c) von 19
denen die Bewilligung einer Subv.** usw. (wie oben 18) **gesetzlich abhängig ist (Nr. 2).** Auch hier ist als Gesetz auch das SubvG anzusehen, vor
allem dessen §§ 3 bis 5, so daß eine Überschneidung mit der eben erörterten Nr. 1, 2. Alt. eintritt, die sich folgendermaßen löst: Soweit das SubvG
gilt und der SubvGeber seiner Verpflichtung nach Nr. 1 nachkommt, läuft

1541

§ 264

Nr. 2 leer. Soweit es sich jedoch um Subv. der Europ. Gemeinschaften handelt, für welche die §§ 3 bis 5 SubvG nicht gelten (oben 1), spielt Nr. 2 eine selbständige Rolle, die durch das Recht der Europ. Gemeinschaften näher bestimmt wird. Nr. 2 greift aber auch dann ein, wenn der SubvGeber seiner Bezeichnungspflicht nach Nr. 1 iVm § 2 SubvG nicht oder nicht vollständig nachkommt (München NJW **82**, 458; hierzu Ranft NJW **86**, 3165) oder wenn derjenige, der Angaben macht, gar kein SubvNehmer ist, und ihm gegenüber keine Bezeichnungspflicht besteht (oben 18); die §§ 3 bis 5 SubvG beschreiben auch in diesen Fällen gesetzliche SubvTatsachen (hierzu Schmidt [oben 2] 203). Diese Konsequenz steht allerdings dem Bestreben des Gesetzgebers, für den SubvNehmer und jeden, der Angaben nach I Nr. 1 macht, durch eine präzise Bezeichnung volle Klarheit über die subv. erheblichen Tatsachen zu schaffen (Ber. 8; Müller-Emmert/Maier NJW **76**, 1659 f.; Göhler/Wilts [oben 2] 1614), entgegen und kann dazu führen, daß dem Täter hinsichtlich ihm nicht bekannter Tatsachen der Vorsatz fehlt. Gesetzlich abhängig (nämlich nach VI) ist die Bewilligung auch davon, daß die Subv. einem Betrieb oder Unternehmen gewährt wird; täuscht der Täter daher Betrieb oder Unternehmen nur vor, so macht er unrichtige Angaben iS von I Nr. 1 (Ber. 12).

20 3) Der **SubvBetrug** ist bereits **vollendet**, sobald die falschen Angaben dem SubvGeber gegenüber gemacht sind (BGH **34**, 267; LK 68; SK 60). Die **Tathandlungen** des **I**, die sich zT überschneiden, sind **A.** im Falle von **I Nr. 1**, daß der Täter, der jedermann sein kann (kein Sonderdelikt; LK 16), dem in seinem Fall zuständigen oder eingeschalteten SubvGeber (oben 14) **für sich** (dh den Täter, seinen Betrieb oder sein Unternehmen, die als SubvNehmer – oben 15 – in Betracht kommen) oder (zB als Auskunftsperson oder Sachbearbeiter) **für einen** anderen (nämlich den Antragsteller, einen Betrieb, ein Unternehmen, eine natürliche Person, in erster Linie für den SubvNehmer; der Sache nach vielfach nur Beihilfe) über **SubvTatsachen** (oben 16ff.) schriftlich oder mündlich **Angaben** macht, die entweder **unrichtig oder unvollständig** sind (vgl. AG Hamburg wistra **84**, 151). Unrichtig sind Angaben, die mit der Wirklichkeit nicht übereinstimmen (BGH **34**, 115; Bay MDR **89**, 1014), also auch wenn ein Amtsträger solche Angaben des SubvNehmers wider besseres Wissen als richtig bestätigt und der genehmigenden Stelle vorlegt, BGH **32**, 205 m. Anm. Otto JR **84**, 475; Ranft JuS **86**, 448. Es muß sich also um Angaben tatsächlicher Art handeln (2 ff. zu § 263; 1, 2 zu § 186), die mindestens in solchen Teilen, die für die SubvErheblichkeit von Bedeutung sind, der Wahrheit nicht entsprechen, oder die unvollständig sind, dh Tatsachen, die subv.erheblich sind oder für die SubvErheblichkeit Bedeutung haben, neben gemachten Angaben, die falsch oder an sich richtig sein können, verschweigen (zB LG Hamburg wistra **88**, 362). Dabei ist § 4 SubvG zu beachten, nach dessen I S. 1 **Scheingeschäfte und Scheinhandlungen** (vgl. dazu LK 84 ff.; SK 47 a, b zu § 263) unerheblich sind, so daß ihre Ausgabe als Nichtscheingeschäfte eine unrichtige Angabe ist (vgl. Koblenz wistra **85**, 82), wie auch das Verschweigen des durch die Scheinhandlung verdeckten Sachverhalts nach § 4 I S. 2 SubvG eine unvollständige Angabe ist, zB scheinbares *Neu*bestellen einer inzwischen subventionierten Ware, Koblenz JZ **80**, 736 (zust. Findeisen JR **81**, 225 mwN), das hierin auch eine Täuschungshandlung iS des

§ 264

§ 263 (vgl. dort 6) sieht; ferner Schmidt-Hieber NJW **80**, 326; Ranft NJW **86**, 3168; aM Tiedemann NJW **80**, 1557, der nur ein nichtstrafbares „Umgehungsverhalten" annimmt; vgl. auch HWiStR „Umgehung"; iErg. ebenso AG Alsfeld NJW **81**, 2588; vgl. die Kontroverse Wahl/Hohl KR **81**, 244, 427). Auch ein geplanter Mißbrauch iS von § 4 II SubvG ist mitzuteilen, wenn die Angaben nicht unvollständig sein sollen. Das Machen unvollständiger Angaben kann zugleich ein Inunkenntnislassen iS von Nr. 2 sein (vgl. Stöckel ZRP **77**, 137). Doch wird Nr. 1 allein anzuwenden sein, wenn der Täter positive (vielleicht an sich richtige) Angaben macht und daneben über subv.erhebliche Tatsachen schweigt, LK 65; Bruns GA **86**, 24. Im Tatbestand nicht ausdrücklich erwähnt, aber als ungeschriebenes Tatbestandsmerkmal ist es anzusehen, daß der Täter mit seinen Erklärungen **vorspiegeln** muß, daß die gemachten falschen Angaben richtig seien, bzw. daß die unvollständigen Angaben vollständig seien; ebenso LK 69. Wer erklärt, er müsse bestimmte (objektiv falsche) Angaben noch auf ihre Richtigkeit prüfen oder seine Angaben seien noch ergänzungsbedürftig, handelt nicht tatbestandsmäßig. Ob die Vorspiegelung zum Erfolg führt, ist hingegen ohne Bedeutung. Die Unrichtigkeit oder Unvollständigkeit der Angaben muß schließlich für den Täter oder den anderen, der als SubvNehmer in Betracht kommt, **vorteilhaft** sein, dh die Aussicht verbessern (BGH **34**, 270 m. Anm. Achenbach JR **88**, 251; NStZ/A **89**, 500; hierzu Meine wistra **88**, 13), daß die Subv. in der angestrebten Weise bewilligt wird. Die in BGH **34**, 271 (hierzu Ranft NJW **86**, 3166; Tiedemann, Dünnebier-FS 534) offen gelassene Frage, ob es hieran bereits dann fehlt, wenn die SubvVoraussetzungen schon anderweit vorliegen (so Karlsruhe NJW **81**, 1383) oder wenn eine Besserstellung des SubvNehmers nicht eintrat, weil die falschen Angaben ein bestimmtes Ereignis lediglich vorwegnehmen und die Verwaltungsbehörde dies ständig duldet (so BGH 5. StS wistra **85**, 150), hat inzwischen der 2. StS des BGH gegen die hM in dem Sinne entschieden, daß unrichtige Angaben auch dann „vorteilhaft" und durch sie erlangte Subventionen ungerechtfertigt sind, soweit „schon auf Grund von anderen Tatsachen die Subventionsvoraussetzungen erfüllt" sind (BGH **36**, 374; krit. hierzu Kindhäuser JZ **91**, 492; Otto JK 2).

B. im Fall von **I Nr. 2**, daß der Täter den in seinem Fall zuständigen oder 21 eingeschalteten **SubvGeber** (oben 14) über **SubvTatsachen** (oben 16ff.) entgegen den **Rechtsvorschriften** über die SubvVergabe **in Unkenntnis läßt**, dh Tatsachen nicht mitteilt, die dem SubvGeber unbekannt und subv. erheblich oder für die Erheblichkeit von Bedeutung sind (vgl. Stöckel ZRP **77**, 137). Die Tat ist danach ein echtes Unterlassungsdelikt und, da Täter nur der nach den Vergabevorschriften zur Mitteilung Verpflichtete sein kann, auch ein **Sonderdelikt** (Bay NJW **82**, 2202 [hierzu Ranft NJW **86**, 3169]; LK 17; Tiedemann JR **81**, 470). Die **Verpflichtung** basiert weitestgehend, soweit nicht zusätzliche Pflichten vor allem nach § 2 I Nr. 3 SubvG begründet sind, auf § 3 I SubvG, der Mitteilungspflichten für den SubvNehmer normiert; wenn dieser ein Betrieb oder Unternehmen ist, richtet sich die strafrechtliche Haftung, da die Eigenschaft als SubvNehmer ein besonderes persönliches Merkmal iS des § 14 ist, nach dieser Vorschrift. Da das Verschweigen von subv.erheblichen Tatsachen im Zusammenhang mit positiven Angaben unter die Unvollständigkeitsklausel nach

§ 264

Nr. 1 fällt, findet Nr. 2 von der Sache her erst Anwendung, wenn ein Antrag mit positiven Angaben gestellt ist, vor allem aber nach Abschluß des SubvVerfahrens, wenn die Voraussetzungen von §§ 3 II, 4, 5 SubvG eintreten, die den SubvNehmer, also auch den, der nachträglich einen SubvVorteil erlangt, nach § 3 I SubvG zu Mitteilungen verpflichtet (RegE 26; Stuttgart MDR **92**, 788; vgl. Göhler/Wilts aaO 1614; SchSch 57 ff.; SK 70 ff.; LK 71 ff.) Hier kommen vor allem sog. Luft- und Karussellgeschäfte in Frage (Prot. 7/2470 f., 2476), bei denen formelle SubvVoraussetzungen dem SubvZweck zuwider künstlich geschaffen werden (§ 4 II S. 3 SubvG).

22   C. im Fall von **I Nr. 3**, daß der Täter **in einem SubvVerfahren** (oben 13), dh nicht nur während eines solchen Verfahrens, sondern als ein in das Verfahren eingeführtes Mittel, eine **Bescheinigung über eine SubvBerechtigung,** also eine von einem SubvGeber (oben 14) ausgestellte Bewilligungsbescheinigung (LK 81), oder eine von irgendeiner dazu bestimmten Stelle (RegE. 26; die nicht der SubvGeber im konkreten Verfahren sein kann, LK 79) ausgestellte **Bescheinigung über eine** im konkreten Verfahren **subv.erhebliche Tatsache** gebraucht (24 zu § 267), und zwar so, daß die Bescheinigung in dem Verfahren berücksichtigt werden kann (krit. zur Fassung Lackner 22; SchSch 58; LK 79). Die Bescheinigungen müssen jeweils **durch unrichtige oder unvollständige Angaben** (oben 20) gegenüber der bescheinigenden Stelle **erlangt** sein. Ob das vorsätzlich oder leichtfertig geschehen ist, ist ohne Bedeutung (abw. wohl Ber. 6), wenn der Gebrauchmachende nur erkennt (Leichtfertigkeit scheidet bei Nr. 3 nach III aus), daß die Bescheinigung nicht ohne die falschen Angaben erteilt worden wäre. Als ungeschriebenes Tatbestandsmerkmal ist es auch hier (vgl. oben 20) anzusehen, daß der Täter die Tatsache, daß die Bescheinigung nicht einwandfrei erlangt ist, verschweigen und den Eindruck zu erwecken suchen muß, es handle sich um eine durch richtige und vollständige Angaben erlangte Bescheinigung. Ist derjenige, der diese Bescheinigungen erlangt hat, derselbe, der von ihnen Gebrauch macht und ist er damit schon nach Nr. 1 strafbar, so ist seine Tat nach Nr. 3 mitbestrafte Nachtat; anders, wenn die Bescheinigung von einem anderen erlangt worden ist, der Täter aber selbst davon Gebrauch macht. Im selben SubvVerfahren ist das möglich, wenn etwa ein Angestellter des Antragstellers (Ber. 6) den SubvBewilligungsbescheid erlangt hat, der bösgläubige Antragsteller ihn dann aber gebraucht, um sich die Subv. gewähren zu lassen. Soweit es sich um die Bescheinigung über eine SubvTatsache handelt, braucht das Erlangen keine Tat nach Nr. 1 zu sein, da die Bescheinigung von einer Stelle erteilt sein kann, die nicht in das SubvVerfahren eingeschaltet ist. Derjenige, der Gebrauch macht, braucht auch nicht der SubvNehmer in dem konkreten Verfahren zu sein; es kann sich um eine Auskunftsperson handeln. Würde sie sich durch die Tat zugleich als Täter oder Mittäter nach Nr. 1 strafbar machen, so würde Nr. 3 verdrängt; wäre sie nur Gehilfe nach Nr. 1, so ginge Nr. 3 vor. Hätte sie die Tat nach Nr. 1 und 3 nur leichtfertig begangen, die zweite also straflos, so wäre in jedem Falle nur Nr. 1 anzuwenden.

23   4) **A. Vorsatz** in allen drei Fällen setzt die in I angedrohte Strafe voraus. Das bedeutet, daß der Täter in seinen (wenn auch nur bedingten, LK 98) Vorsatz insbesondere aufnehmen muß, daß er in den Fällen von Nr. 1

gegenüber einem SubvGeber (oben 14) handelt und daß seine Angaben SubvTatsachen betreffen und unrichtig oder unvollständig sind (oben 20), daß er in den Fällen von Nr. 2 durch die Vergabevorschriften zur Mitteilung verpflichtet ist und daß er in den Fällen von Nr. 3 eine Bescheinigung gebraucht, die durch unrichtige oder unvollständige Angaben erlangt ist. In den Fällen von Nr. 1 muß er vorspiegeln, daß die gemachten Angaben richtig und vollständig seien (oben 20), in den Fällen von Nr. 3, daß die Bescheinigung durch richtige und vollständige Angaben erlangt sei (oben 22). Hinsichtlich der SubvErheblichkeit können Schwierigkeiten auftreten, wenn dem Täter die entsprechenden Tatsachen nicht nach § 2 SubvG vollständig mitgeteilt worden sind (oben 19). Irrt der Täter nur über die Begriffe des SubvGebers oder der SubvTatsachen, so ist das nur ein Subsumtionsirrtum. Nicht zum Vorsatz gehört, daß der Täter für sich oder einen anderen eine nicht gerechtfertigte Subv. anstrebt. **B. In den Fällen von I Nr. 1, 2,** nicht aber im Fall von I Nr. 3 (oben 22) macht sich der Täter auch strafbar, wenn er **leichtfertig** handelt, dann aber nach dem in III vorgesehenen milderen Strafrahmen. Diese Ausdehnung der Strafbarkeit, die von den Initiatoren der Vorschrift für geradezu entscheidend gehalten wird (Tiedemann Prot. 7/2469, 2474, LK 101, ZStW **92**, 193 u. JZ **86**, 868; Ber. 8; Müller-Emmert/Maier NJW **76**, 1661; Göhler/Wilts [oben 2] 1615), verstößt gegen den bisher (abw. jetzt auch §§ 283 IV, V, 283b II) im StGB und besonders noch im E 1962 weitestgehend durchgehaltenen Grundsatz, Fahrlässigkeit im Bereich der Vermögensdelikte im Interesse eines freien Wirtschaftsverkehrs nicht mit krimineller Strafe zu bedrohen (Ber. 8; Blei Prot. 7/2505, 2507; Wirtschaftsverbände Prot. 7/2520, 2621 f.), wie denn auch die früher strafbare leichtfertige Steuerverkürzung konsequent zur Ordnungswidrigkeit herabgestuft worden ist (krit. Lampe Prot. 7/2512, 2519; Diemer-Nicolaus, Schmidt-Leichner-FS 49; SK 16; Schmidt-Hieber NJW **80**, 322; vgl. Hack [oben 2], 122; Otto ZStW **96**, 368; Hillenkamp aaO [oben 2], 239 und Wassermann-FS 868). Die in der Ber. 8 gegebene Begründung für III, die darauf basiert, daß die Erkennbarkeit der SubvTatsachen für den Antragsteller gewährleistet sei, trifft nicht allenthalben zu (oben 19; träfe sie zu, so hätte man sich erst recht auf die Bestrafung des Vorsatzes beschränken können; Blei Prot. 7/2506, 2510) und ist insofern illegitim, als sie die Funktion von III auch damit begründet, daß auf diese Weise wahrheitswidrige Schutzbehauptungen des Täters aufgefangen werden könnten (dh also Verdachtsstrafe! vgl. Blei Prot. 7/2506; SK 16 ff.; Schubarth ZStW **92**, 100). Die Leichtfertigkeit kann sich vor allem auf die Richtigkeit und Vollständigkeit der Angaben, auf die SubvErheblichkeit von Tatsachen und auf die Voraussetzungen der Mitteilungspflicht nach I Nr. 2 beziehen. Wo die Grenze von der einfachen Fahrlässigkeit zur Leichtfertigkeit (20 zu § 15) verläuft (für restriktive Auslegung Tiedemann Prot. 7/2479), ist schwer zu bestimmen. Leichtfertig wird der Täter handeln, der sich um die Vergabevoraussetzungen gar nicht oder nur ganz oberflächlich kümmert, über die Frage der Vollständigkeit keinerlei Gedanken macht oder die Vorarbeit eines unzuverlässigen oder unerprobten Mitarbeiters ungeprüft übernimmt (vgl. Hamburg NStZ **84**, 219; hierzu Ranft NJW **86**, 3172).

5) Tätige Reue ist nach **IV** ein Strafaufhebungsgrund, und zwar auch für leichtfertige Taten nach III (wenn der Täter nachträglich seinen Fehler entdeckt) und für besonders schwere Fälle nach II (LK 108), nicht aber hinsichtlich anderer Delikte wie zB § 267 (Ber. 9), während § 263 unanwendbar bleibt. Die Rücktrittsvorschrift ist mit Rücksicht darauf geschaffen worden, daß § 264 gegenüber dem dahinter stehenden materiellen Tatbestand des „Subventionsbetruges" als ein Versuchsdelikt konstruiert ist, das allerdings erst mit Gewährung der Subv. beendet ist (oben 4); um Diskrepanzen zu § 263 zu vermeiden, wo ein Rücktritt vom Versuch möglich ist, ist IV daher erforderlich (Ber. 8). Voraussetzungen der Straffreiheit sind, daß der Täter entweder

26 A. **freiwillig** (6, 8 ff. zu § 24) und erfolgreich **verhindert**, daß auf Grund, dh infolge der Tat, die Subv. gewährt wird (IV S. 1). Durch welche aktive Handlung der Täter diesen Erfolg herbeiführt (Berichtigung unrichtiger Angaben, Nachholen einer Mitteilung nach I Nr. 2, Antragsrücknahme), ist ohne Bedeutung (vgl. 7 zu § 24). Rücktritt ist noch nach Bewilligung (abw. RegE IV), aber nicht mehr nach Gewähren der Subv. möglich (Ber. 9); so daß er auch bei Weitergewährung ausgeschlossen ist, sobald der erste Gewährungsakt abgeschlossen ist (anders wenn es sich um ein neues Verfahren handelt). Nicht erfaßt sind daher entgegen IV RegE auch die Fälle, in denen der Täter nach der Gewährung eintretende Pflichten zB nach § 3 II, §§ 4, 5 SubvG verletzt (aM Stuttgart MDR 92, 788); denn hier steht ihm die Mitteilungsmöglichkeit nach § 3 I SubvG offen (Ber. 9; LK 108 mwN). Trotz der Formel „auf Grund der Tat" wird man nach allgemeinen Grundsätzen auch den Fall des „untauglichen Versuchs" unter IV S. 1 zu bringen haben, daß der Täter unvollständige Angaben nachholt, obwohl sie für die Bewilligung der berechtigten Subv. keine ausschlaggebende Bedeutung hatten (oben 4).

27 B. **sich freiwillig und ernsthaft bemüht, das Gewähren** der Subv. **zu verhindern (IV S. 2)**, jedoch nur dann (abw. RegE IV), wenn die Subv. ohne sein Zutun, dh unabhängig von seinen Bemühungen **nicht** gewährt wird (Ber. 9; LK 109). Es gilt 14 zu § 24 entsprechend, so daß auch der Fall des „untauglichen Versuchs" mit erfaßt wird, bei dem die Angaben des Täters ohnehin keine Aussicht hatten, zum Erfolg zu führen (vgl. oben 4).

28 C. **Bei mehreren Tatbeteiligten** gilt für den **Rücktritt** des einzelnen Beteiligten § 24 II (dort 15, 16) entsprechend (Ber. 9; Prot. 7/2903; LK 107).

29 6) **Die Strafe** ist A. im Fall des **Vorsatzes** bis zur Grenze eines schweren Falles dem Regelrahmen nach I, im Fall der **Leichtfertigkeit** stets dem Rahmen nach III zu entnehmen. Bei der Zumessung ist neben der Bedeutung der angestrebten und erlangten Subv. (vgl. II Nr. 1) und der Art des Vorgehens (vgl. II Nr. 1 bis 3) zu beachten, daß die Tat ihrem Charakter nach verschiedene Stadien erreichen, nämlich im (möglicherweise untauglichen) Täuschungsversuch stecken bleiben, nur versuchte Beihilfe sein kann (oben 4), zu einer Bewilligung, aber nicht Gewährung einer Subv. führen kann, möglicherweise aber auch zu einer Gewährung, die trotz der falschen Angaben gerechtfertigt ist (oben 4), sowie schließlich auch in von vornherein geplanten üblen Machenschaften iS von § 4 II SubvG enden kann (vgl. die Fälle Prot. 7/2608 ff.)

30 B. Für **besonders schwere Fälle einer Vorsatztat** nach I droht II ähnlich wie in § 370 III AO aber mit einer sachlich bedeutsamen (BGH **35**, 378

m. Anm. Jung StV **89**, 530) Abweichung eine verschärfte Strafe an. Als Regelbeispiele (vgl. 43 ff. zu § 46), deren Merkmale schon nach dem Gesetzesinhalt vom Vorsatz umfaßt sein müssen (LK 117), nennt II, daß der Täter **a)** eine **nicht gerechtfertigte,** nämlich mit den Vergabevoraussetzungen nicht im Einklang stehende **Subv. großen Ausmaßes,** dh einen entsprechenden SubvVorteil (bei Berücksichtigung durchschnittlicher Subv-Beträge etwa in einer Größenordnung ab 100 000 DM) für sich oder einen anderen erlangt (vgl. BGH **34**, 270) **und dabei** entweder **aus grobem Eigennutz,** dh einem Gewinnstreben handelt, das deutlich über dem üblichen kaufmännischen Maß liegt (NStZ **90**, 497 [zu § 370 III Nr. 1 AO]; wistra **91**, 106), aber den Grad der Gewinnsucht (die § 264 II Nr. 1 RegE vorgeschlagen hatte; zum Begriff 10 zu § 235) noch nicht erreicht (vgl. Ber. 7, 26; LK 119; wistra **84**, 28; vgl. hierzu; NJW **85**, 208; wistra **84**, 227; NStZ **85**, 459; MDR/H **85**, 980; 7. 11. 1986, 2 StR 280/86; vgl. wistra **87**, 148 u. StV **91**, 21 [zu § 370 III Nr. 1 AO]); **oder** die Subv. unter **Verwendung nachgemachter oder verfälschter Belege** erlangt (Nr. 1). „Verwendung" bedeutet das unmittelbare Vorlegen der Belege bei der Tatbegehung, also hinsichtlich Subv. großen Ausmaßes (wistra **91**, 106), es genügt nicht, daß Scheinrechnungen Eingang in die Buchführung finden (BGH **31**, 225; BGHR § 370 III 4 AO, Bel. 3). Wer die Belege (auch technische Aufzeichnungen, LK 120) verfälscht oder nachgemacht hat, ist ohne Bedeutung. Unter Nachmachen wird man nicht jedes Herstellen einer unechten Urkunde iS von § 267, sondern nur den Fall zu verstehen haben, daß echte Belege imitiert werden; die Verfälschung entspricht der 2. Alt. des § 267 (dort 19). Doch wird auch die Verwendung gefälschter, aber nicht nachgemachter Belege zur Annahme eines besonders schweren Falles führen können, während das bloße Ausmaß der Subv. ohne die in Nr. 1 genannten zusätzlichen Erschwerungsgründe nur dann einen besonders schweren Fall begründen kann (46 zu § 46), wenn es noch weit über der untersten Grenze eines „großen Ausmaßes" liegt.

b) als Amtsträger (11 ff. zu § 11) **seine Stellung** als solche oder die ihm durch sie rechtlich gegebenen Befugnisse **mißbraucht** (Nr. 2). Erfaßt ist uU (vgl. Lackner 5 a) auch ein in das Bewilligungsverfahren eingeschalteter Amtsträger, der, ohne entscheidungsbefugt zu sein, falsche Angaben dadurch macht, daß er eine ihm bewußte Unrichtigkeit in seinem Prüfungsergebnis an den Entscheidungsbefugten weitergibt. Er ist bei einer solchen Täuschungshandlung (entsprechend dem Steuerbeamten, § 370 I Nr. 1 AO) uU nicht nur Gehilfe, sondern Mittäter (BGH **32**, 205 m. krit. Anm. Otto JR **84**, 475; Schünemann NStZ **85**, 73; Geilen JK 1; Ranft JuS **86**, 445 u. NJW **86**, 3172; Wagner JZ **87**, 712; Hamburg NStZ **84**, 218; RegE Prot. 7/2700; Ber. 7; LK 70; SchSch 77). Eine Tat nach I Nr. 2 scheidet für II Nr. 2 aus. Hinsichtlich I Nr. 3 erscheint Täterschaft möglich, idR wird aber ebenfalls nur Beihilfe in Betracht kommen. In den Beihilfehandlungen liegt, wenn sie dem Amtsträger durch Stellung oder Befugnisse möglich werden, stets ein Mißbrauch. Mit Rücksicht auf § 27 II S. 2 erscheint zw., ob die Beihilfe eines Amtsträgers regelmäßig einen besonders schweren Fall begründet, zumal jener abw. von II Nr. 2 RegE nicht zu seinem Vorteil zu handeln braucht (Ber. 7); anders ist das, wenn der Amtsträger sich hat bestechen lassen. Ein Fall der Täterschaft nach Nr. 2 ist allerdings dann möglich, wenn der Amtsträger als Angehöriger eines öf-

§ 264

fentlichen Unternehmens (VI S. 2; oben 11), das öffentlich-rechtlich organisiert ist, eine Subv. für dieses Unternehmen mit unrichtigen Angaben beantragt; ob darin allerdings regelmäßig ein besonders schwerer Fall zu sehen wäre, ist zw.; denn bei privatrechtlicher Organisation des Unternehmens wäre der Unrechtsgehalt der Tat eines Angestellten kaum ein anderer.

33 c) **die Mithilfe eines Amtsträgers ausnutzt** (Nr. 3), der seine Befugnisse oder seine Stellung mißbraucht. Nr. 3 setzt also den eben erörterten Fall der Nr. 2 voraus und trifft den außenstehenden Täter, der die Beihilfe des (idR bestochenen) Amtsträgers ausnutzt. Ausnutzen wird stets gegeben sein, wenn sich der Täter der Beihilfe des ungetreuen Amtsträgers bedient.

34 d) **Außerhalb der Regelbeispiele** wird als besonders schwerer Fall zB bei ganz ungewöhnlichem Ausmaß der Subv. (oben 31; LK 118), besonderem Raffinement der Durchführung und auch dann in Betracht kommen, wenn der Täter iS von II Nr. 4 RegE „unter Verwendung nachgemachter oder verfälschter Belege fortgesetzt nicht gerechtfertigte Subventionen erlangt" (Die Streichung dieser Nr. begründet Ber. 7 nur mit Bedenken gegen die Strafschärfung bei einer bloßen Fortsetzungstat). Das Fehlen einer dem § 263 IV iVm § 243 II entsprechenden Vorschrift ist vertretbar (aM SK 20), weil Wirtschaftssubv. von nur geringem Wert idR nicht vorkommen, SchSch 72. Zur Strafzumessung in Wirtschaftsstrafsachen MDR/H 76, 812; 19. 3. 1985, 5 StR 210/84.

35 C. a) Als **Nebenstrafe** sieht V S. 1 (entsprechend § 375 I AO) vor, daß das Gericht dem Täter oder Teilnehmer in den Fällen von I und II, nicht also bei einer Leichtfertigkeitstat nach III, neben einer Freiheitsstrafe von mindestens einem Jahr die in § 45 I bezeichneten Fähigkeiten aberkennen **36** kann; vgl. die Anm. dort. b) die Möglichkeit, **Beziehungsgegenstände** einzuziehen (10, 19 zu § 74), zB verbilligt abgegebene Butter, die anschließend entgegen der vorausgesetzten Beschränkung verwendet wurde, eröffnet V S. 2; wobei auch § 74a anzuwenden ist (vgl. dort), ih daß die Einziehung nicht nur der durch die Falschangaben erlangten Gegenstände, sondern zB auch der verbilligten Butter auch gegenüber dem nicht tatbeteiligten Käufer möglich ist, wenn die Voraussetzungen von § 74a erfüllt sind.

37 c) Die Anordnung des **Verfalls** des aus der Tat erlangten Vermögensvorteils ist nach §§ 73 ff. vorgeschrieben (vgl. dort).

38 7) **Täterschaft und Teilnahme** ist nach allgemeinen Regeln möglich. Dabei ist zu beachten, daß durch I Nr. 1 und 3 gewisse Beihilfeformen (oben 4, 20, 22) zur selbständigen Tat erhoben sind, wobei die Nr. 1 auch dadurch begangen werden kann, daß ein mittelbarer Täter durch schlüssiges Verhalten einen gutgläubigen Tatmittler täuscht (NJW **81**, 1744 [m. Anm. Tiedemann JR **81**, 470]; BGHR § 98 BVFG, Erschl. 1; LK 113; Dünnebier-FS 535 und Delitala-GedS 2154; krit. Ranft NJW **86**, 3173), auch kann bei dem Sonderdelikt nach I Nr. 2 ein Extraneus nur Teilnehmer sein; ferner ist Beihilfe zur Tat bis zu deren Beendigung (oben 4), dh bis zur Gewährung der Subv. möglich. Erst danach kommt Begünstigung in Betracht.

39 8) **Konkurrenzen.** Innerhalb von I wird Nr. 2 von Nr. 1 („unvollständige Angaben") verdrängt (oben 20). Zum Verhältnis von Nr. 1 zu Nr. 3 vgl. oben

Betrug und Untreue § 264

22. § 263 (der allerdings bei Taten vor dem 1. 9. 1976 regelmäßig das mildere Gesetz iS von § 2 III ist; vgl. Schmidt-Hieber NJW **80**, 325) tritt hinter § 264 zurück (oben 5). Das gilt auch (anders als beim Verhältnis von Steuerhinterziehung und Betrug, NJW **72**, 1287) dann, wenn der Täter den gesamten Subv-Sachverhalt erfindet, zB die Existenz eines subv.berechtigten Unternehmens (oben 19) und den Plan subv.begünstigter Geschäfte nur vorspiegelt. Ist allerdings § 264 aus irgendeinem Grund nicht gegeben, zB infolge von unzureichender Bezeichnung der SubvTatsachen nach VII Nr. 1 (vgl. Müller-Emmert/Maier [oben 2] Anm. 15), wird § 263 anwendbar (BGH **32**, 208 m. Anm. Otto JR **84**, 475; Ranft JuS **86**, 450 u. NJW **86**, 3164 [m. zutr. Kritik an LG Düsseldorf NStZ **81**, 223]; NJW **82**, 2454 [m. Anm. Tiedemann JR **83**, 212]; wistra **87**, 23; 6. 11. 1990, 1 StR 726/89; 24aa vor § 52; LK 134; SchSch 88). Anderseits ist § 370 AO (auch iVm § 29a BerlinFG) gegenüber § 264 lex specialis (oben 5, 10) und verdrängt ihn ebenso (Ber. 6; Göhler/Wilts [oben 2] 1615; vgl. SK 30) wie § 31 MOG, der für bestimmte Abgaben im Bereich der Europ. Gemeinschaften die Strafvorschriften der AO für entsprechend anwendbar erklärt (vgl. Heinz GA **77**, 213). Tateinheit ist zwischen § 264 (II Nr. 1 bis 3) und §§ 267, 269 möglich (aM SK 104), mit § 332 (dort 13) und § 334 idR Tatmehrheit. §§ 264 und 265b schließen sich regelmäßig aus.

9) Sonstige Vorschriften. Auslandstaten § 6 Nr. 8. Zuständigkeit § 74c I **40** Nr. 5, § 74e Nr. 2 GVG; § 102 JGG; § 20 BerlinFG, jeweils iVm §§ 385 ff. AO; Befugnisse der Zollbehörden § 33 MOG. Anzeigepflicht § 6 SubvG.

Kapitalanlagebetrug

264 a   ^I Wer im Zusammenhang mit

1. **dem Vertrieb von Wertpapieren, Bezugsrechten oder von Anteilen, die eine Beteiligung an dem Ergebnis eines Unternehmens gewähren sollen, oder**

2. **dem Angebot, die Einlage auf solche Anteile zu erhöhen,**

in Prospekten oder in Darstellungen oder Übersichten über den Vermögensstand hinsichtlich der für die Entscheidung über den Erwerb oder die Erhöhung erheblichen Umstände gegenüber einem größeren Kreis von Personen unrichtige vorteilhafte Angaben macht oder nachteilige Tatsachen verschweigt, wird mit Freiheitsstrafe bis zu drei Jahren oder mit Geldstrafe bestraft.

^{II} **Absatz 1 gilt entsprechend, wenn sich die Tat auf Anteile an einem Vermögen bezieht, das ein Unternehmen im eigenen Namen, jedoch für fremde Rechnung verwaltet.**

^{III} **Nach den Absätzen 1 und 2 wird nicht bestraft, wer freiwillig verhindert, daß auf Grund der Tat die durch den Erwerb oder die Erhöhung bedingte Leistung erbracht wird. Wird die Leistung ohne Zutun des Täters nicht erbracht, so wird er straflos, wenn er sich freiwillig und ernsthaft bemüht, das Erbringen der Leistung zu verhindern.**

1) Die Vorschrift idF des 2. WiKG (2 vor § 263) geht auf Empfehlungen der **1** SVKomm. (Schlußber. 81), des AE (§ 188) und des StrABTag (BT-Drs. 7/5291, 16) zurück. **A. Schrifttum:** *Brenner* KR **87**, 86; *Cerny* MDR **87**, 271; *Flanderka/Heydel* wistra **90**, 256; *Gallandi* wistra **87**, 316; *D. Geerds*, Wirtschaftsstrafrecht und Vermögensschutz, 1991, 196 ff.; *Granderath* DB **86**, Beil. 18, 6;

§ 264a

BT Zweiundzwanzigster Abschnitt

Jaath, Dünnebier-FS 582; *Joecks* wistra **86**, 142; vgl. ferner *Joecks*, Praxis der steuerbegünstigten Kapitalanlagen, Bd. XVII, Der Kapitalanlagebetrug, 1987 [Bespr. *Otto* GA **88**, 380]; *Knauth* NJW **87**, 28; *Krieglsteiner*, Anlegerbetrug, in Poerting (Hrsg.) Wirtschaftskriminalität II 1985 S. 9 ff.; *Möhrenschlager* wistra **82**, 204 (zum RegE); *Otto*, Pfeiffer-FS 69, Jura **89**, 31, Bekämpfung 90 ff. u. WM **88**, 729; *H. Richter*, in: Vorteilhafte Geldanlagen **9** (1986) S. 4/1309 ff., wistra **87**, 117 u. HWiStR „Kapitalanlagebetrug"; *Schlüchter* StBerat 8; *W. Schmid* WiStR § 23, 62; *Teske* wistra **87**, 130; *Tiedemann*, Wirtschaftsstrafrecht und Wirtschaftskriminalität, 1976 S. 133 ff. u. JZ **86**, 872; *v. Ungern-Sternberg*, Wirtschaftskriminalität beim Handel mit ausländischen Aktien, ZStW **88**, 251 ff.; *U. Weber* **86**, 485; *Worms*, Anlegerschutz durch Strafrecht. Eine kritische Analyse des neuen Tatbestandes „Kapitalanlagebetrug" (§ 264a StGB) 1987 [Bespr. *Gössel* GA **89**, 270] u. wistra **87**, 242, 271. Statistik 1987/88: wistra **90**, 56.

2 **B. Kriminalpolitisch** dient § 264a der Vorverlagerung des Strafschutzes. Die Auffächerung der Anlageformen und Umstrukturierung der Anlegerseite (vgl. Jaath [1] 585) machte einen besseren Schutz des meist unerfahrenen Anlegers erforderlich (RegE 21; vgl. auch Jaath aaO 587). Denn die bisherigen sondergesetzlichen Schutznormen reichten hierfür nicht aus (aM Weber NStZ **86**, 486) und waren – entsprechend dem Geltungsbereich des jeweiligen Gesetzes – nur beschränkt wirksam. Die praktische Bedeutung des § 399 I Nr. 1 und des § 400 I Nr. 1, 3, 4 AktG ist gering (Möhrenschlager wistra **82**, 205), beim Kauf ausländischer Aktien bietet das AktG keinen Schutz. Der deutsche Anleger kann seine ihm nach fremdem Recht zustehenden Aufsichts- und Kontrollrechte meist nicht wahrnehmen. Die sondergesetzlichen Vorschriften des KAGG und des AuslInvestmG ebenso § 34 c I Nr. 1 b GewO decken nur Teilbereiche ab. Dasselbe gilt vom § 4 UWG sowie dem § 88 I Nr. 2 aF BörsG (Jaath [oben 1] 593). Zwar können uU in den Fällen schwindelhafter Kapitalanlagenangebote die Voraussetzungen des § 263 iS eines Eingehungsbetruges (vgl. 32, 32a zu § 263) vorliegen (hierzu im einzelnen v. Ungern-Sternberg ZStW **88**, 670 ff.; Jaath [oben 1] 590). Indessen begegnet in solchen Fällen die Schadensfeststellung, die Kausalität des Täterverhaltens und der Vorsatznachweis großen Schwierigkeiten (Möhrenschlager aaO). Auch der zivilrechtliche Schutz geht, insbesondere nach Firmenzusammenbrüchen, oft ins Leere (RegE 21; vgl. Joecks [oben 1] 143; Cerny MDR **87**, 272; Worms [oben 1] 148 u. wistra **87**, 243). § 264a ist Schutzgesetz iS des § 823 II BGB (BGHZ NJW **92**, 242 aS).

3 **C.** Um den Strafschutz von Kapitalanlegern zu erhöhen und Störungen der Funktionsfähigkeit des Kapitalmarkts zu begegnen (Jaath [oben 1] 589), verlegt ihn § 264a ins Vorfeld des § 263 (krit. SK-Samson 6; im Ganzen ablehnend Gallandi wistra **87**, 316). Die Strafbarkeit setzt nicht die Verursachung eines Vermögensschadens voraus, vielmehr knüpft die Vorschrift schon an die Gefährdung der Vermögensinteressen des Anlegers an (vgl. hierzu Hillenkamp [1 zu § 265b], 248) und pönalisiert unter bestimmten Voraussetzungen Falschangaben (das „betrügerische Manöver an sich", Jaath [oben 1] 606) auf dem Kapitalanlagemarkt. § 264a soll den Bereich des *Prospektbetrugs* (§ 88 I Nr. 2 aF BörsG) abdecken. Das Delikt ist bereits vollendet, wenn der Täter die näher umschriebenen falschen Angaben gemacht hat (vgl. BGH **30**, 291). Die Täuschung eines individuellen Anlegers oder eine Irrtumserregung ist ebensowenig erforderlich wie ein Schadenseintritt (vgl. RegE 22). § 264a ist – wie § 265b – ein **abstraktes Gefährdungsdelikt** (13 vor § 13; Weber NStZ **86**, 405; Cerny MDR **87**, 277; Worms [oben 1] 350), im Vergleich zum Betrug ein zum selbständigen Tatbestand erhobenes Versuchsdelikt. Beendet ist die Tat, wie sich aus III ergibt, erst mit der Erbringung der Leistung des Anlegers. Gegenüber § 263 ist § 264a keine *lex specialis*, stets ist daher zu prüfen, ob § 263 bei dem einen oder anderen

Anleger, gegenüber dem falsche Angaben gemacht worden sind, vorliegt. Insoweit tritt § 264a hinter § 263 zurück (Worms [oben 1] 351; aM Cerny MDR **87**, 278; Richter wistra **87**, 120; Otto Jura **89**, 31 u. WM **88**, 739; vgl. hierzu 6 zu § 265b; Granderath [oben 1] 7; Knauth NJW **87**, 32; für Tateinheit U. Weber NStZ **86**, 485). D. **Geschütztes Rechtsgut** ist in erster Linie das **Vertrauen der Allgemeinheit in den Kapitalmarkt** (Otto Jura **89**, 31, Bekämpfung 91 u. WM **88**, 736; aM SK 7; Joecks [oben 1] 143; Worms [oben 1] 316 u. wistra **87**, 245: lediglich ein „vom Vermögensschutz ausgehender Schutzreflex"; zum Ganzen D. Geerds [oben 1] 204). Dessen Funktionsfähigkeit ist eine entscheidende Voraussetzung für die Entfaltung und Nutzung wirtschaftlicher Produktivkräfte (Jaath [oben 1] 607). Die Vorschrift dient aber gleichermaßen dem Schutz **individueller Vermögensinteressen von Kapitalanlegern** (vgl. zum Ganzen RegE 22, 23, 46; Cerny MDR **87**, 272).

2) **Abs. I** beschränkt sich auf Tathandlungen (10ff.), die begangen werden im Zusammenhang mit bestimmten **Anlageobjekten,** nämlich **in Nr. 1** mit dem Vertrieb von **a) Wertpapieren,** das sind Urkunden, in denen ein privates Recht in einer Weise verbrieft ist, daß zur Ausübung des Rechts die Innehabung der Urkunde erforderlich ist, zB Aktien, Schuldverschreibungen, Industrieobligationen, Investmentzertifikate; **b) Bezugsrechten,** die unverbrieft vertrieben werden (die verbrieften fallen schon unter a) und **c) Anteilen,** die **eine Beteiligung** an dem Ergebnis eines Unternehmens **gewähren** sollen (und sich somit auch mit den Fällen zu a und b überschneiden können), das sind zB partiarische Darlehen (aM Cerny MDR **87**, 274), der Erwerb eines Kommanditanteils, insbesondere bei als KG organisierten sog. Abschreibungsgesellschaften (hierzu Worms [oben 1] 31ff. u. wistra **87**, 246), aber auch Anteile an ausländischen Aktiengesellschaften oder anderen Kapitalgesellschaften (RegE 22; Möhrenschlager wistra **82**, 205, 206; Knauth NJW **87**, 28; Cerny MDR **87**, 273; SK 13ff.). Der Unternehmensbegriff ist daher hier enger als in II (unten 14). Noch ungeklärt ist, in welchem Umfange Bauherren-, Bauträger- und Erwerbermodelle als Anteile iS der Nr. 1 zu behandeln sind, Flanderka/Heydel (wistra **90**, 258) setzen insoweit voraus, daß das Modell eine Beteiligung an einem Mietpool einbezieht, der als Außengesellschaft selbständig als Vermieter auftritt (vgl. Richter wistra **87**, 118; SchSch 12; SK 15; Otto WM **88**, 737; W. Schmid WiStR § 23, 67 mwN). **d)** Beim Merkmal **Vertrieb** der Rechte zu 5 ist nicht ein solcher im engeren Sinne der betriebswirtschaftlichen Absatzlehre gemeint, wohl aber muß (ebenso wie im AuslInvestmG) eine auf den Absatz einer Vielzahl von Stücken gerichtete Tätigkeit vorliegen. Es werden also offene Werbe- und Angebotaktionen erfaßt, die sich an einen *unbestimmten* „größeren Kreis von Personen" (unten 13) wenden und von denen ferner eine Täuschung des Kapitalmarkts ausgehen kann. *Nicht* hingegen erfaßt sind Einzelangebote und individuelle unrichtige Einzelberatung (vgl. RegE 24), auch nicht Warenterminoptionen (32a zu § 263), Knauth NJW **87**, 30; **in Nr. 2** mit dem **Angebot, solche Anteile (5) zu erhöhen.** Angebote in diesem Sinne können nur an solche Personen gerichtet werden, die bereits Anteile erworben haben. Dieser Personenkreis sieht sich nach vorangegangenem Engagement oft gezwungen, die Einlage zu erhöhen, und ist daher vermehrt schutzbedürftig. Durch das Wort „solche" iVm Nr. 1 ergibt sich, daß es sich auch hier nicht um Einzelangebote handeln darf, sondern um eine

§ 264a

neue Kapitalsammelmaßnahme gegenüber Anteilseignern bereits vertriebener Anteile (RegE 24; Knauth [oben 1]).

8   **C. Im Zusammenhang** mit dem Vertrieb (6) und der erwähnten Angebote (7) muß die Tathandlung stehen (krit. SK 21). Sie muß sich also sachlich und zeitlich hierauf beziehen. Dieses Zusammenhangsmerkmal bezieht auch Fälle mit ein, in denen der Täter als werbende Person mit dem Emittenten der genannten Objekte und Rechte nicht identisch ist. Damit sind auch kriminelle Machenschaften unseriöser Vertriebsgesellschaften erfaßt, aber auch außerhalb des Vertriebs stehende Personenkreise, die über individuelle unrichtige Anlageberatungen hinaus tätig werden (Möhrenschlager [oben 1] 206).

9   **3) Tatgegenstand** sind a) **Prospekte**. Damit sind nicht nur solche nach § 36 III Nr. 2 iVm § 38 BörsG iS eines Informationspapiers für einzuführende Wertpapiere gemeint (vgl. zum Prospektinhalt §§ 13 ff. BörsZulV), sondern *jedes* Schriftstück, das die für die Beurteilung der Geldanlage erheblichen Angaben enthält oder den Eindruck eines solchen Inhalts erwecken soll. I erwähnt aber nicht nur die durch ihren Werbecharakter gekennzeichneten Prospekte (vgl. hierzu Jaath [oben 1] 586; Joecks [oben 1] 144; Knauth NJW **87**, 31), sondern erstreckt den Anlegerschutz auch auf b) **Darstellungen und Übersichten über den Vermögensstand.** Damit wird an dieselben Merkmale, wie sie § 400 I Nr. 1 AktG verwendet (vgl. Geilen 42 ff., Klug 11, jew. zu § 400 AktG), angeknüpft. *„Übersichten über den Vermögensstand"* bedeutet hierbei dasselbe wie „Vermögensübersichten" in § 265 b I Nr. 1 a (dort 20). Der *ergänzend* verwendete Begriff der Darstellungen ist untechnisch zu verstehen, schließt *mündliche* mit ein und ist insoweit weiter auszulegen als in § 11 III (dort 44). Das ergibt sich daraus, daß in I den „Darstellungen oder Übersichten über den Vermögensstand" – anders in § 400 I Nr. 1 AktG – die „Vorträge und Auskünfte in der Hauptversammlung" nicht gegenübergestellt werden (RegE 23; Cerny MDR **87**, 274). Der Tatbestand erfaßt auch Prospekte usw., die ein bloßes Vertriebsunternehmen ausgibt, es ist – entgegen dem Vorschlag des § 188 AE – nicht vorausgesetzt, daß die Prospekte für Beteiligungen am *eigenen* Unternehmen werben (RegE 23).

10   **4) Tathandlungen** begeht, wer in Prospekten usw. (oben 9) seiner Informationspflicht zuwider (Jaath aaO 607) **A. unrichtige vorteilhafte Angaben macht.** Diese Umschreibung knüpft an § 265 b I Nr. 1 (dort 21) an: Unrichtig ist eine Angabe, wenn mit ihr nicht vorhandene Umstände als vorhanden oder vorhandene Umstände als nicht vorhanden bezeichnet werden (so RegE 24). Erfaßt werden damit auch die vielfach in Prospekten enthaltenen Liquiditätsberechnungen, Prognosen usw. (Joecks [oben 1] 145; Cerny MDR **87**, 276). Wer die Angaben unvollständig macht, verschweigt (unten 11). I hebt – insoweit abw. von § 88 BörsG (RegE 46) –, hervor, daß die unrichtigen Angaben „vorteilhaft" (und beim Unterlassenstatbestand unten 11 „nachteilig") sein müssen, damit nicht auch abwertende Angaben zum Anlageangebot oder ein Boykottaufruf erfaßt werden

11   (RegE 24); **B. nachteilige Tatsachen verschweigt,** zB durch unvollständige Angaben fehlinformiert und hierdurch dem Interessenten Kenntnisse vorenthält, die ihn vom Erwerb oder einer Erhöhung abhalten könnten

12   (vgl. Jaath [oben 1] 588; Cerny MDR **87**, 276; Otto WM **88**, 738). **C.** Die unrichtigen Angaben und die verschwiegenen Tatsachen (oben 10, 11) müssen **a)** sich auf für die Entscheidung über den Erwerb oder die Erhöhung **erheblichen Umstände** beziehen (SK 31 ff.; Joecks [oben 1] 146; Tiedemann JZ **86**, 873; D. Geerds [oben 1] 213). Da der mit § 264a bezweckte Anlegerschutz rechtsformunabhängig ist, vermochte der Gesetzgeber den Tatbestand insoweit nicht konkreter zu fassen (RegE 24). Verfassungsrechtliche Bedenken (Art. 103 II GG) bestehen gegen dieses Erheblichkeitsmerkmal nicht (Jaath [oben 1] 608; Granderath [oben 1] 7; Cerny MDR **87**, 275; Worms [oben 1] 331 u. wistra **87**, 272; Otto WM **88**, 738; aM Joecks [oben 1] 145, der deswegen § 264a als potentielles Gefährdungsdelikt [13 vor § 13] einengend ausgelegt, indem er voraussetzt, daß für jedes Anlageprojekt die jeweils „erheblichen" Umstände konkret zu bestimmen sind); Möhrenschlager ([oben 1] 206 mwN) hält es zutr. auch für handhabbar, zumal es nicht nur § 399 I AktG (vgl. Geilen 55 zu § 399 AktG) in ähnlichem Zusammenhang verwendet, sondern auch gegen die entsprechende Fassung in § 265b I Nr. 1 keine Einwände zu erheben sind und der BGH **30**, 292 für die Auslegung dieses Merkmals das Urteil des „verständigen, durchschnittlich vorsichtigen" Anlegers für maßgebend hält (23 zu § 265b; ebenso RegE 24; Knauth NJW **87**, 31; anders SK 48); **b) gegenüber einem** 13 **größeren Kreis von Personen** abgegeben werden. Diese Wendung wird auch in § 4 I UWG (dort neben dem Merkmal der „öffentlichen Bekanntmachung") gebraucht (vgl. Fuhrmann in Erbs 5b zu § 4 UWG; krit. SK 28). Im Hinblick auf den Schutzzweck ist darunter „eine solch große Zahl potentieller Anleger zu verstehen, daß deren Individualität gegenüber dem sie zu einem Kreis verbindenden potentiell gleichen Interesse an der Kapitalanlage zurücktritt" (so RegE 23; Joecks [oben 1] 144; krit. Cerny MDR **87**, 274). Diesen Personenkreis brauchen keine Gruppenmerkmale zu verbinden. Erfaßt ist auch der „Tür-zu-Tür-Verkauf", das Auslegen von Werbematerial in öffentlich zugänglichen Räumen, die Tätigkeit von „Telefonverkäufern" (vgl. hierzu Worms [oben 1] 95 ff. u. wistra **87**, 274), die aus Adreß- und Fernsprechbüchern mutmaßliche Interessenten heraussuchen, um sie gezielt anzusprechen (RegE 23/24). Bei der Nr. 2 (oben 7) führt diese Tatbestandseinschränkung dazu, daß der Tatbestand nur bei Publikumsgesellschaften praktisch wird (Möhrenschlager 206, Knauth 31, jew. [oben 1]).

5) Nach II gilt I entsprechend, wenn sich die Tat (10 ff.) **auf solche** 14 **Anteile** (5) **an** einem **Vermögen** bezieht, **das ein Unternehmen im eigenen Namen,** jedoch **für fremde Rechnung** verwaltet; so wenn ein **Treuhandverhältnis** zwischen dem Unternehmen und den Anlegern vorliegt, das ihnen idR schuldrechtliche Ansprüche einräumt. Das Treuhandgut kann entweder in Vermögenswerten bestehen, zu deren direktem Erwerb die Mittel der Anleger bestimmt sind, oder auch in einem Recht, kraft dessen sich das treuhänderisch tätige Unternehmen für die Anleger eine Beteiligung am Ergebnis eines anderen Vermögens (zB des Erwerbs von Geschäftsanteilen) verschafft. In Betracht kommen zB die sog. Treuhandkommanditisten bei Immobilienfondsgesellschaften, hierzu gehören auch die Bauträger von Wohnbesitzwohnungen (§ 12a II des II. WoBauG), aber auch bei anderen wirtschaftlichen Betätigungen (zB Reedereien und Flugzeuggesellschaften), bei denen es den Anlegern darum geht, als Mitunter-

§ 264a

nehmer *steuerlich* anerkannt zu werden. Zivilrechtlich kommt ihnen keine Gesellschafterstellung zu. In II ist daher beim Begriff des Unternehmens – anders als in I – das des Treuhänders zu verstehen (8 zu § 14), und zwar auch dann, wenn er seinerseits Vermögensanteile verwaltet, die aus Beteiligungen an anderen Unternehmen (oben 5) bestehen (RegE 22/23; Möhrenschlager 205/206, Knauth 32, jew. [oben 1]). Bauherren- und Erwerbermodelle (Worms [oben 1] 57 ff.) werden von § 264a nur erfaßt, wenn sie in der nach II vorausgesetzten Form des Treuhandvermögens konstruiert sind, was idR nicht der Fall ist (Joecks [oben 1] 144; Granderath [oben 1] 6 mwN; aM Richter, Wirtschaftskriminalität **86**, 161; wistra **87**, 118), da sie keine Beteiligung *am Ergebnis eines Unternehmens* gewähren, sondern Eigentum an dem Sondereigentum der Eigentümerwohnung angestrebt wird, vgl. auch Tiedemann JZ **86**, 873.

15   6) **Vorsatz** ist hinsichtlich aller Tatbestandsmerkmale erforderlich. Bedingter genügt (Otto WM **88**, 739). Er hat sich vor allem darauf zu richten, daß die in den Prospekten usw. mitgeteilten vorteilhaften Angaben unrichtig und die verschwiegenen Tatsachen nachteilig sind (Joecks [oben 1] 147). Das wird zumindest iS des bedingten Vorsatzes der Fall sein, wenn der Täter die Unrichtigkeit der Angaben kennt. Er muß weiter davon ausgehen, daß der Anleger auf die Richtigkeit und Vollständigkeit der Angaben vertraut. Der **Irrtum** über den Umfang der dem Täter in diesem Zusammenhang auferlegten Informationspflicht ist ein Gebotsirrtum (12 zu § 16), vgl. auch 23 zu § 264; 27 zu § 265b.

16   7) **Nach III** ist der Strafaufhebungsgrund der **tätigen Reue** nur für Taten nach I und II, nicht für andere Delikte vorgesehen. § 263 ist unter den Voraussetzungen von III unmittelbar nach § 24 I ausgeschlossen (Otto Bankentätigkeit 102). III folgt dem Vorbild der §§ 264 IV, 265b II (RegE 25; krit. Worms wistra **87**, 275); 25 bis 28 zu § 264 gelten daher sinngemäß. An die Stelle der Gewährung der Subvention tritt in III die durch den Erwerb oder die Erhöhung (I) bedingte Leistung, vgl. Cerny MDR **87**, 278; Richter wistra **87**, 120 u. im übrigen auch 28 zu § 265 b.

17   8) **Zur Teilnahme,** die bis zum Erbringen der Leistung möglich ist, gilt 38 zu § 264 sinngemäß (vgl. Cerny MDR **87**, 278).

18   9) **Konkurrenzen.** Innerhalb von I können die Fälle des aktiven Tuns und des Verschweigens (10, 11) eine natürliche Handlungseinheit (2 vor § 52) bilden oder auch in Tateinheit (§ 52) stehen. Sie ist auch zwischen I Nr. 1 und Nr. 2 möglich. Zum Verhältnis zu § 263 vgl. oben 3. § 4 UWG tritt insoweit zurück, als § 264a die dort geregelten Tatformen miterfaßt, er behält insoweit aber seine Bedeutung – dann ist auch Tateinheit mit § 264a möglich – als zB unwahre Mitteilungen in der Form eines Prospekts, einer Darstellung oder einer Übersicht über den Vermögensstand gemacht werden (RegE 22; vgl. Richter, Worms wistra **87**, 120, 275). § 88 BörsG idF des Art. 3 des 2. WiKG (Kursbetrug) tritt gegenüber § 264a zurück, hingegen ist mit § 89 BörsG idF des 2. WiKG (Verleiten zur Börsenspekulation) Tateinheit möglich.

Versicherungsbetrug   RiStBV 242

265 ¹ Wer in betrügerischer Absicht eine gegen Feuersgefahr versicherte Sache in Brand setzt oder ein Schiff, welches als solches oder in seiner Ladung oder in seinem Frachtlohn versichert ist, sinken

§ 265

oder stranden macht, wird mit Freiheitsstrafe von einem Jahr bis zu zehn Jahren bestraft.

II In minder schweren Fällen ist die Strafe Freiheitsstrafe von sechs Monaten bis zu fünf Jahren.

1) Der **Versicherungsbetrug** ist **selbständiges Delikt,** und zwar die Vor- 1 bereitungshandlung zum Betrug (vgl. BGH **35,** 326) und nicht ein qualifizierter Fall des § 263 (str.). *Schrifttum: Geerds,* Versicherungsmißbrauch. Strafrechtliche, kriminologische und kriminalistische Probleme dieser sozialbetrügerischen Praktiken, 1991, Welzel-FS 841, HWiStR „Versicherungsbetrug" u. Jura **89,** 296; *D. Geerds* [3 vor § 263] 259ff.; *Otto* Jura **89,** 28. Der **Zweck** der (durch 2 Art. 19 Nr. 136 EGStGB geänderten) Vorschrift ist, auch im Interesse der Allgemeinheit die gesunde Entwicklung der Feuer- und Schiffsversicherung zu sichern (BGH **11,** 400; **25,** 262; SchSch-Lenckner 2; Arzt/Weber LH **2,** 190; aM SK-Samson 1; vgl. Bockelmann BT/1 § 12 I); sowie eine bei derartigen Taten regelmäßig drohende Gemeingefahr abzuwenden (Schroeder JR **75,** 74; LK-Lackner 1; abl. BGH **1,** 210; **11,** 398). Zwar wird auch hier eine betrügerische Absicht gefordert, doch ist eine Täuschungshandlung, etwa das Einfordern der Versicherungssumme, zur Vollendung nicht nötig (RG **60,** 129).

2) In **betrügerischer Absicht** muß der Täter (der Versicherte oder jeder 3 Dritte, RG **23,** 426) handeln, nämlich zu dem Zwecke, dem Versicherten (sich oder einem Dritten) eine Versicherungssumme zu verschaffen, auf die er keinen Anspruch hat (RG **62,** 298). Dabei kommt es allein auf die Vorstellung des Täters vom Bestehen oder Nichtbestehen des Versicherungsanspruchs an (MDR/H **88,** 1002 m. Anm. Ranft StV **89,** 303); die betrügerische Absicht ist nicht dadurch ausgeschlossen oder in Frage gestellt, daß der Täter für die Zerstörung seines in Brand gesetzten, auch gegen Feuergefahr versicherten Pkw eine Versicherungssumme aus der Brandversicherung oder der Diebstahlversicherung erstrebt (BGH **35,** 325 m. Anm. Geerds Jura **89,** 294; Ranft StV **89,** 303). Vollendung ist auch dann gegeben, wenn sich der Täter bei der Brandlegung irrig vorstellt, der Versicherte habe keinen Anspruch auf die Versicherungsleistung (NStZ **86,** 314 [hierzu Otto JK 2]; **87,** 505 [m. Anm. Ranft StV **89,** 301]). In betrügerischer Absicht kann auch der Käufer eines Grundstücks handeln, der das ihm übergebene Gebäude vor dem Eigentumserwerb in Brand setzt, um die vom Verkäufer abgeschlossene Versicherung in Anspruch zu nehmen (NJW **92,** 1635). Ist ein Dritter der Täter und der Versicherte gutgläubig, so kommt § 265 nur bei Überversicherung in Frage, da nur hier die Auszahlung an den Versicherten rechtswidrig wäre (BGH **1,** 210). Diese Lücke füllt § 256 II E 1962 aus (zu den Bemühungen der Rspr., die Lücke mit dem Begriff der „Repräsentantenhaftung" zu füllen, vgl. einerseits Celle SJZ **50,** 682 [hierzu Ranft Jura **85,** 398]; HRR **37,** 1354; anderseits RG JW **27,** 2701; **35,** 2817; HRR **37,** 1622). Der BGH, der die Frage in BGH **1,** 211 offen ließ, bejahte in NJW **76,** 2271 (hierzu Gössel JR **77,** 391; Wagner JuS **78,** 161; Ranft Jura **85,** 400; Arth. Kaufmann JuS **87,** 307) Repräsentantenhaftung im Falle eines Mannes, der de facto Mitinhaber eines nur formal von seiner verstorbenen Ehefrau geführten Geschäftes war, bloße familienrechtliche Verbundenheit von Ehegatten genügt zur Begründung der Repräsentanteneigenschaft allein nicht (NStZ **87,** 505 m. Anm. Ranft Jura **89,** 302; Geppert JK 3). Es reicht allerdings noch nicht aus, wenn der Täter im Falle der Gutgläubigkeit des

§ 265 BT Zweiundzwanzigster Abschnitt

Versicherten an der Versicherungssumme wirtschaftlich in erster Linie interessiert ist (BGH **1**, 209). Ist der Versicherte selbst der Täter, so kommt § 265 auch dann in Betracht, wenn der Wert der versicherten Sache höher ist als die Versicherungssumme. Andererseits muß eine *Überversicherung* (vgl. § 55 VVG) nicht zwingend auf rechtswidrige Absichten hinweisen (24. 11. 1981, 5 StR 522/81; vgl. Ranft Jura **85**, 394; **89**, 302). Nicht nötig ist es, daß die betrügerische Absicht in einer weiteren Handlung als dem Anzünden zur Ausführung kommt (RG **60**, 129). Andererseits braucht sie nicht schon bei Abschluß des Versicherungsvertrages bestanden zu haben, Olshausen 3. Die betrügerische Absicht muß sich gerade auf die angezündete Sache und auf Erlangung der Versicherungssumme für sie erstrecken (RG **69**, 2; SchSch 13; Ranft Jura **85**, 397; aM BGH **6**, 252; LK 7).

4 3) Der **Brandversicherungsbetrug**. **A. Gegenstand** des Delikts kann jede gegen Feuersgefahr versicherte Sache irgendwelcher (nicht bloß von der in §§ 306, 308 aufgezählten) Art sein; auch bewegliche Sachen, zB Kraftfahrzeuge (Ranft Jura **85**, 395), desgl. ein Schiff, falls es gegen Feuersgefahr
4a versichert ist (Koblenz NJW **66**, 1669). **B. Versichert** ist die Sache, wenn der Versicherungsvertrag formell gültig ist; die materielle Gültigkeit ist unerheblich (BGH **8**, 343; StV **85**, 59 L; Ranft Jura **85**, 393); desgl. die zeitweilige Befreiung des Versicherers von der Zahlungspflicht wegen Verzuges des Versicherungsnehmers (BGH **35**, 262 m. Anm. Ranft StV **89**, 301; LK 2). Die Beschädigung oder Zerstörung der Sache durch Inbrandsetzung muß das durch die Versicherung abgedeckte Schadensrisiko sein (vgl. BGHR § 265 I, InvVers. 1); hierzu gehören Verluste aus einer durch Feuer verursachten Betriebsunterbrechung nicht (BGH **32**, 138 m. Anm. R. Keller JR **84**, 434; Geerds Jura **89**, 296 Fn. 27; krit. Meurer JuS **85**, 443; Ranft Jura **85**, 396). Bei Gesamtheitsverhältnissen (OHG) führt die vorsätzliche Herbeiführung des Versicherungsfalls durch einen Gesamthänder gemäß § 61 VVG zum Ausschluß der Zahlungspflicht des Versiche-
5 rers (NStZ **92**, 437). **C.** Die **Handlung** besteht in dem Inbrandsetzen der versicherten Sache selbst (RG **60**, 129; BGH 13. 1. 1970, 1 StR 530/69; vgl. 6 zu § 306). Damit ist die Tat vollendet, so daß ein **Rücktritt** nach § 24 nicht mehr in Frage kommt (Frank I). Auch ist § 310 (tätige Reue) unanwendbar (RG **56**, 95; LK 9). Der Täter muß die Absicht haben, durch Täuschung über die Ursache des Brandes Leistung gerade aus der Brandversicherung zu erhalten (BGH **35**, 327). Ist zur Inbrandsetzung der versicherten Sache zunächst eine neben ihr befindliche unversicherte Sache angesteckt, so ist der Rücktritt von diesem Versuch (RG JW **27**, 2701) denkbar (gegen Zulassung des Rücktritts Olshausen 7 b); so bei Inbrandsetzung eines Gebäudes, um das versicherte Mobiliar anzuzünden (RG JW **33**, 779). Anzünden einer nichtversicherten Sache, um durch das Löschen die versicherte Sache zu vernichten, genügt für § 265 nicht (BGH **6**, 252); ebensowenig das Inbrandsetzen einer Sache, um sie als gestohlen zu melden und eine Diebstahlsversicherung in Anspruch zu nehmen (BGH **25**, 261; StV **83**, 504; Zweibrücken VRS **81**, 437), im Falle einer verbundenen Versicherung (zB Diebstahlsversicherung und Brandversicherung) schützt § 265 nur das Brandrisiko (Düsseldorf wistra **82**, 116; hierzu Geilen JK 1), dieses aber ohne Rücksicht darauf, in welchem Umfange die Versicherung auch andere Risiken abdeckt (BGH **35**, 327). Stürzt das Haus, ohne wie geplant in

Brand zu geraten, infolge Explosion des Zündstoffs ein, so ist nur Versuch des § 265 gegeben (MDR **65**, 841).

4) Der Seeversicherungsbetrug hat zum Gegenstand nicht nur ein **Schiff** iS 2 zu § 4, sondern auch ein Schiff jeder Art und Größe (zB auch ein kleines Sportboot, Koblenz NJW **66**, 1669), welches als solches, in seiner **Ladung** oder seinem **Frachtlohn** versichert ist; gemeint ist eine Versicherung gegen die Gefahren der Schiffahrt (vgl. §§ 778 ff. HGB, Olshausen 2; vgl. auch oben zu 5). Täuscht der Täter einen Diebstahl des Schiffes vor, so greift § 265 auch dann nicht ein, wenn die Versicherung die Gefahr des Abhandenkommens einbezieht (MDR **74**, 413 [krit. Schroeder JR **75**, 71]; LG Braunschweig NJW **56**, 962). Denn die **Tathandlung** besteht im „sinken oder stranden machen" (RG **35**, 399). Es ist alternative Feststellung zulässig; daher genügt zur Vollendung die Strandung auch dann, wenn Sinkenmachen beabsichtigt war (LK 4; aM RG **61**, 226). Eine tatsächliche Schädigung ist auch zur Vollendung der Tat nicht nötig (RG **68**, 435).

5) Beihilfe zu § 265 kann der Versicherungsnehmer begehen, der entgegen § 62 VVG vorsätzlich das Löschen eines Brandes unterläßt, den ein anderer angezündet hat (JZ **51**, 120, NJW **51**, 204; Ranft Jura **85**, 395).

6) Konkurrenzen. Geschieht das Einfordern mit Erfolg, so ist insoweit keine mitbestrafte Nachtat, sondern Realkonkurrenz mit § 263 gegeben (BGH **11**, 398; NJW **51**, 205; str.; 16. 1. 1992, 4 StR 509/91; vgl. LK 11; Ranft Jura **85**, 402; Arth. Kaufmann JuS **87**, 308); für Tateinheit NkSchN 16; Arzt/Weber LH **2**, 206. Strafantrag ist nicht erforderlich. Gegenüber der Brandstiftung, §§ 306 ff., ist § 265 ebenfalls ein selbständiges Delikt, da beide Tatbestände einander kreuzen. Daher ist Tateinheit möglich (BGH **1**, 209).

7) Zu II (minder schwerer Fall) vgl. 11 zu § 12; 42 zu § 46.

Erschleichen von Leistungen

265 a ^I Wer die Leistung eines Automaten oder eines öffentlichen Zwecken dienenden Fernmeldenetzes, die Beförderung durch ein Verkehrsmittel oder den Zutritt zu einer Veranstaltung oder einer Einrichtung in der Absicht erschleicht, das Entgelt nicht zu entrichten, wird mit Freiheitsstrafe bis zu einem Jahr oder mit Geldstrafe bestraft, wenn die Tat nicht in anderen Vorschriften mit schwererer Strafe bedroht ist.

^{II} **Der Versuch ist strafbar.**

^{III} **Die §§ 247 und 248 a gelten entsprechend.**

1) Die Vorschrift ist mehrfach geändert durch das 3. StÄG (2 vor § 102), Art. 19 Nr. 137 EGStGB (Einl. 9, 10) und Art. 1 Nr. 3 des 1. WiKG (1 zu § 264). Dem Vorschlag Siebers InfTechn. 42 [1 a zu § 263 a], die Vorschrift zu streichen, ist das 2. WiKG nicht gefolgt; ob dem GesAntrag RhPf (BR-Drs. 676/92) gefolgt wird, bleibt abzuwarten. Er sieht für die „Einmalfälle" der Beförderungserschleichung einen Bußgeldtatbestand (§ 118 a E) und für § 265 a eine Beschränkung auf „gröbliche oder wiederholte" Verstöße vor. *Schrifttum:* Schall, Der Schwarzfahrer auf dem Prüfstand des § 265 a, JR **92**, 1 ff. Gegenstand des Erschleichens können sein:

A. Die Leistung eines Automaten, und zwar sowohl eines Warenautomaten (anders hM; die früher zT vorgenommene Beschränkung auf Lei-

§ 265a

stungsautomaten hat indessen durch § 248a ihre Berechtigung verloren, vgl. LK 2) wie eines Leistungsautomaten (zu denen auch die Münzzähler, MDR/H **85**, 795, und die Münzsammler an Gas- und Stromanlagen gehören (Bay MDR **61**, 619), nicht jedoch Parkuhren (Saarbrücken VRS **75**, 347 [krit. hierzu Wenzel DAR **89**, 455]; Bay JR **91**, 434 m. Anm. Graul; Otto JK 1), so beim Benutzen eines Fernsprechautomaten mit Selbstschluß durch Einwurf eines Bleistücks (etwa zur nächtlichen Störung durch bloßes Ertönenlassen des Rufzeichens, LG Hamburg MDR **54**, 630; Herzog GA **75**, 262; aM LK-Lackner 8); dasselbe gilt beim Benutzen eines Gewichtsautomaten; aber auch eines vom Täter gekauften Fernsehgeräts, das bis zur Abzahlung nur nach Einwurf einer Münze benutzt werden darf (Stuttgart MDR **63**, 236). Zum münzbetätigten Geldspielgerät vgl. Scheu/Kohler Münzautomat **87**, 66. Dagegen ist die entsprechende Leerung eines Warenautomaten **nach hM** nur als Diebstahl anzusehen (MDR **52**, 563 m. abl. Anm. Dreher; Stuttgart NJW **82**, 1659 m. Anm. Seier JR **82**, 509; Koblenz NJW **84**, 2424; Geilen JK 2 zu § 242; Albrecht JuS **83**, 101; Ranft JA **84**, 6; SK-Samson 3; Otto JZ **85**, 23; aM AG Lichtenfels NJW **80**, 2206 [zust. Geppert JK 1; abl. Seier JA **80**, 680; J. Schulz NJW **81**, 1351]; Bockelmann BT/1 § 13 I; SchSch-Lenckner 9; vgl. Meurer JR **82**, 292). § 243 ist (vgl. dort 23) nur verletzt, falls zur Ausleerung eine Seitenwand angebohrt (Bay NJW **55**, 1448); oder Geld mit einer Drahtschlinge herausgeholt wird (vgl. Köln OLGSt. 51 zu § 242). Zum Geldautomatenmißbrauch vgl. unten 3.

1b   **B. Die Leistung eines öffentlichen Zwecken dienenden Fernmeldenetzes.** Diese Alternative meint nicht den schon durch A abgedeckten Fall eines Telefonautomatenmißbrauchs, sondern erfaßt Fälle, in denen Täter mit Hilfe von Geräten und besonderen Methoden bei Ferngesprächen die Schaltsignale zur Steuerung der Übertragungs- und Vermittlungssysteme simulieren oder illegale, gebührenmäßig nicht erfaßte Anschlüsse von Fernsprechapparaten an Schaltpunkte des öffentlichen Fernsprechnetzes herstellen (RegE 1. WiKG, 29; Prot. 7/2753), zB der Mißbrauch der Breitbandkabelnetze der DBP TELEKOM zur Verteilung von Fernseh- und Hörfunkprogrammen (Krause/Wuermeling NStZ **90**, 527). **Störanrufe** (unter Ausnutzung des Rufzeichens) werden durch § 265a nicht erfaßt (LK 3; vgl. aber 6 zu § 223), nicht nur weil es an der Entgeltlichkeit der Leistung fehlt); aM Brauner/Göhner NJW **78**, 1469; Herzog GA **75**, 261), sondern vor allem deswegen, weil das bloße Ausnützen einer technischen, jedermann gebotenen Möglichkeit kein Erschleichen ist. § 265a ist Vermögensdelikt und dient nicht dazu, Belästigungen abzuwehren.

2   **C. Die Beförderung durch ein** (öffentliches oder privates, LK 4) **Verkehrsmittel,** in dem der Täter als „blinder Passagier" die Beförderung erschleicht; so als „Schwarzfahrer" (hierzu Schall JR **92**, 1) bei der Straßenbahn oder der Eisenbahn; vgl. Bilda MDR **69**, 434; 37 zu § 263. Die Tat ist ein mindestens bis zum Beförderungsende reichendes Dauerdelikt (8. 8. 1974, 4 StR 264/74). **D. Der Zutritt** zu einer **Veranstaltung** (Theater, Konzert, Vortrag, Kino, Sportveranstaltung) oder **Einrichtung** (Museum, Badeanstalt, Kurpark; vgl. BGH **31**, 1; *nicht* jedoch ein Bahnsteig, Hamburg NJW **81**, 1281 m. abl. Anm. M.J. Schmid JR **81**, 391) oder eine öffentliche Parkfläche (Bay JR **91**, 434).

Betrug und Untreue **§ 265 a**

2) **Erschleichen** bedeutet das unbefugte und ordnungswidrige Erreichen 3
der Leistung oder des Zutritts, so zB Benutzen eines Verkehrsmittels, ohne
zuvor den erforderlichen Fahrausweis zu erwerben (Hamburg NJW **87**,
2688 u. NStZ **91**, 587 [hierzu eingehend Schall JR **92**, 1]; Stuttgart NJW **90**,
924; aM Alwart JZ **86**, 563; NStZ **91**, 588; Th. Fischer NJW **88**, 1829 u.
NStZ **91**, 41; Albrecht NStZ **88**, 222) oder ihn zu entwerten (Düsseldorf
NStZ **92**, 84), denn Heimlichkeit ist nicht Voraussetzung. Jedoch schließt
ein offenes demonstratives Verhalten den Tatbestand aus (Bay NJW **69**,
1042). Aufbrechen des Automaten und damit zusammenhängende Manipulationen sind kein Erschleichen (MDR/H **85**, 795). Die **Entgeltlichkeit**
der Leistung muß vom Vorsatz (bedingter genügt) umfaßt sein (LK 9). In
der Absicht muß der Täter handeln, das Entgelt für Leistung oder Zutritt
nicht zu entrichten. Es muß ihm also auf diesen Erfolg ankommen, wenn
auch vielleicht zu einem anderen Zweck. Wer einen Fahrausweis (Tageskarte) gelöst und entwertet hat, fährt nicht ohne Entgelt, wenn er den
Fahrausweis vorschriftswidrig gerade nicht bei sich führt (Bay NJW **86**,
1504; AG Lübeck NJW **89**, 407). Hat der Täter auch gegen Entgelt kein
Anrecht auf Zutritt, täuscht er aber zB die zum Eintritt berechtigende
Vereinszugehörigkeit vor, so ist § 265 a unanwendbar (doch ev. § 123!);
wenn der Zutritt durch Bestechung der Aufsichtsperson erreicht wurde,
liegt bei einverständlichem Handeln Teilnahme am Betrug oder an der
Untreue vor (LK 14). Auch Geldautomatenmißbrauch durch unbefugte
Dritte unter Benützen fremder **Codekarten** an *Bankautomaten* fällt aus
mehrfachen Gründen (iS des § 265 a weder Automat noch „Entgeltlichkeit", noch „Erschleichen") nicht unter § 265 a (allgM; Steinhilper GA **85**,
116; Bieber WM Beil. 6/87, 15; vgl. BGH **38**, 122 und im einzelnen 18 zu
§ 263 a), in diesen Fällen ist ebenso wie bei sonstigen *Computermanipulationen* der durch das 2. WiKG (2 vor § 263) eingeführte § 263 a zu prüfen (dort
8 ff.).

3) **Konkurrenzen. Tateinheit** ist möglich mit §§ 123, 146, 147 und mit 4
§§ 267, 269 (Fälschung der Eintrittskarte). § 248 c scheidet in den Fällen des
§ 265 a praktisch aus. **Gesetzeskonkurrenz** liegt vor, soweit „die Tat" nach
anderen Vorschriften mit *schwererer Strafe* bedroht ist. Daher ist nur § 263 anwendbar, falls das Erschleichen durch Täuschung erzielt wird (Düsseldorf JR
83, 428; vgl. Dylla-Krebs NJW **90**, 888); desgl. nach hM § 242 beim Warenautomaten (vgl. 1). Die **Schwarzhörer** des Rundfunks erschleichen sich zwar den
Zutritt zum Kreise der Radiohörer (§ 263 liegt nicht vor, vgl. 49 zu § 263), doch
ist § 265 damit noch nicht erfüllt (SchSch 5, 11; LK 15). § 15 I FAG (Anh. 25)
ist, da dieser ein Handeln „entgegen den Vorschriften" des FAG voraussetzt, seit
der Allgemeinen Genehmigung v. 23. 5. 1979 (ZustimmungsG der
Länder bei Göhler 677). Mit Bußgeld bedroht ist danach 1. die Verletzung der
Pflicht, das **Bereithalten** eines Rundfunkgerätes zum Empfang innerhalb eines
Monats anzuzeigen, 2. solches Bereithalten, wenn die Gebühr länger als 6 Monate ganz oder zT nicht gezahlt wurde. Beim Mißbrauch eines Fernsprechautomaten sind zwar beide Alternativen des I erfüllt, doch liegt nur eine Gesetzesverletzung vor (LK 12). Vgl. zum Problem der Konkurrenz Bilda MDR **69**, 434;
LK 12ff. Zum Radarwarngerät BGH **30**, 15.

§ 265a

5 **4) Der Versuch** ist strafbar **(II)**. Hält der Täter irrig eine unentgeltliche Leistung für entgeltlich, so kommt untauglicher Versuch in Frage.

6 **5) Zu III** vgl. 54, 55 zu § 263 iVm 4 ff. zu § 232.

Kreditbetrug

265 b ᴵ Wer einem Betrieb oder Unternehmen im Zusammenhang mit einem Antrag auf Gewährung, Belassung oder Veränderung der Bedingungen eines Kredits für einen Betrieb oder ein Unternehmen oder einen vorgetäuschten Betrieb oder ein vorgetäuschtes Unternehmen

1. über wirtschaftliche Verhältnisse

   a) unrichtige oder unvollständige Unterlagen, namentlich Bilanzen, Gewinn- und Verlustrechnungen, Vermögensübersichten oder Gutachten vorlegt oder

   b) schriftlich unrichtige oder unvollständige Angaben macht,

   die für den Kreditnehmer vorteilhaft und für die Entscheidung über einen solchen Antrag erheblich sind, oder

2. solche Verschlechterungen der in den Unterlagen oder Angaben dargestellten wirtschaftlichen Verhältnisse bei der Vorlage nicht mitteilt, die für die Entscheidung über einen solchen Antrag erheblich sind,

wird mit Freiheitsstrafe bis zu drei Jahren oder mit Geldstrafe bestraft.

ᴵᴵ Nach Absatz 1 wird nicht bestraft, wer freiwillig verhindert, daß der Kreditgeber auf Grund der Tat die beantragte Leistung erbringt. Wird die Leistung ohne Zutun des Täters nicht erbracht, so wird er straflos, wenn er sich freiwillig und ernsthaft bemüht, das Erbringen der Leistung zu verhindern.

ᴵᴵᴵ Im Sinne des Absatzes 1 sind

1. Betriebe und Unternehmen unabhängig von ihrem Gegenstand solche, die nach Art und Umfang einen in kaufmännischer Weise eingerichteten Geschäftsbetrieb erfordern;

2. Kredite Gelddarlehen aller Art, Akzeptkredite, der entgeltliche Erwerb und die Stundung von Geldforderungen, die Diskontierung von Wechseln und Schecks und die Übernahme von Bürgschaften, Garantien und sonstigen Gewährleistungen.

1 **1) Die Vorschrift** idF des 1. WiKG (vor § 263; 1, 2 zu § 264) ist verfassungsrechtlich unbedenklich (BGH **30**, 286; Lampe JR **82**, 430). An Materialien sind noch bedeutsam: SVKomm. TagBer. [1 zu § 264] Bd. V mit Referaten Prost, Raisch und Klein, sowie Prot. 7/2748, 2761, 2784, 2843. **Schrifttum:** *Bockelmann* ZStW **79**, 34; Eb. Schmidt-FS 437; *Franzheim* GA **72**, 353; *D. Geerds* [3 vor § 263] 232 ff.; *Göhler/Wilts*, DB **76**, 1658; *Haft* ZStW **88**, 369; *Heinz* GA **77**, 214; *Hillenkamp* in Recht und Wirtschaft, Bd. 1 Osnabrücker rechtsw Abh. 1985, S. 233; *Kießner*, Kreditbetrug und § 265b StGB. Eine Untersuchung zur Einführung und Anwendung des Sondertatbestandes zur Bekämpfung der betrügerischen Erschleichung von Krediten, 1985; *Lampe*, Der Kreditbetrug (§§ 263, 265b StGB), 1980 (hierzu *Maiwald* ZStW **96**, 85); *Müller* ZRP **70**, 110; *Otto* Jura **83**, 16, **89**, 29; ZStW **96**, 364 u. FLF **88**, 95; *Prost* JZ **75**, 18; *Schlüchter* StBerat 12;

Schubarth ZStW **92**, 80; *Tiedemann/Sasse,* Delinquenzprophylaxe, Kreditsicherung und Datenschutz in der Wirtschaft, 1973.

2) A. **Kriminalpolitisch** beruht die Vorschrift darauf, daß der spezifischen 2 Gefahr, die durch die Erschleichung von Krediten in der Wirtschaft nicht nur dem Kreditgeber (= KGeber), sondern mittelbar auch den Einlegern der Kreditinstitute, den Geschäftspartnern des Kreditnehmers (= KNehmer), der durch den erschlichenen Kredit kreditwürdiger scheint, als er ist, dessen Arbeitnehmern und letztlich der gesamten Kreditwirtschaft (1972 gesamtes Kreditvolumen 150 Milliarden DM; Prot. 7/2749; 1975 300 Millionen DM Ausfall bei Konsumentenkrediten) droht (RegE 17; Ber. 14), wirksamer vorgebeugt werden kann als bisher durch § 263, dessen Anwendung vor allem auf die Schwierigkeit 3 stößt, den Vorsatz hinsichtlich Vermögensschaden oder -gefährdung dann festzustellen, wenn der KNehmer seine Lage und deren Entwicklung zu optimistisch beurteilt (RegE 18; Prot. 7/2472, 2505; 2743; Ber. 14; Müller-Emmert/ Maier NJW **76**, 1661). Das ist allerdings theoretisch zw., da bei falschen krediterheblichen Angaben die Bonität der Kreditforderung grundsätzlich geschmälert und damit eine Vermögensgefährdung schon in der Form des Eingehungsbetruges mit bedingtem Vorsatz (wozu sonst falsche Angaben?) gegeben sein wird (31, 32 zu § 263; Haft ZStW **88**, 390; aM LK-Tiedemann 7), doch hat § 265b angesichts der praktischen Schwierigkeiten in diesem Bereich seine Berechtigung (vgl. wistra **90**, 228; Bottke wistra **91**, 7). Anderseits nötigt der für einen Teilbereich abdeckende § 265b nicht dazu, die Rspr. zu § 263 in bestimmten Punkten einzuschränken (abw. wohl Tiedemann, Wilts Prot. 7/2481 f.; 2753).

B. Kriminalpolitisch nicht befriedigend (LK 17) erscheint allerdings die **Be-** 4 **schränkung** des § 265b auf bestimmte **Betriebe und Unternehmen** (III Nr. 1) sowohl als KGeber wie als KNehmer, die dazu führt, daß der Unternehmer nicht unter I fällt, wenn er als Privatmann einen Renditehäuserkomplex auf Kredit baut (vgl. Prot. 7/2537, 2763), wohl aber der Inhaber eines Architekturbüros, wenn er dasselbe tut, und daß die wohlhabende, geschäftsunerfahrene Witwe, die ihr Geld auf Zinsen ausleihen will, einen geringeren Schutz genießt als eine Bank mit ihrem routinierten Personal (Bedenken hinsichtlich des Gleichheitsgrundsatzes in Prot. 7/2528, 2624; vgl. auch Lampe [oben 1] 53). § 265b will hingegen (RegE 30; Ber. 15f.; Prot. 7/2761; TagBer. V, 40) grundsätzlich nur Kredite in einer gewissen Größenordnung treffen (dazu aber unten 12) und geht davon aus, daß die finanziellen Verhältnisse privater KNehmer leichter durchschaubar seien, während für private KGeber, die in erster Linie Beteiligungen erwürben, ein andersartiger Schutz zu prüfen sei (RegE 30; vgl. Hopt, Gutachten G zum 51. DJT, 1976). C. Die **erhoffte Effektivität** (Tiede- 5 mann Prot. 7/2482) ist ebenso wie § 48ff. KWG (vgl. TagBer. V, Anl. 3, 11; Anl. 4, 2, 21; Prot. 7/2526f., 2531) auch § 265b versagt geblieben. Es kam nur vereinzelt zu Verurteilungen (Nachw. bei Otto Jura **89**, 30).

D. § 265b ist ein **abstraktes Gefährdungsdelikt** (Bay NJW **90**, 1678; Göh- 6 ler/Wilts [oben 1] 1657; Heinz GA **77**, 214; Lackner 1 und LK 212 zu § 263; Lampe [oben 1] 42; Otto Jura **83**, 22, Bankentätigkeit 101 u. Bekämpfung 84; aM LK 12; Tätigkeitsdelikt), das für einen begrenzten Bereich im Vorfeld des § 263 liegt und das mit der Vorlage der falschen Unterlagen oder Angaben vollendet ist (BGH **30**, 291; Bay aaO), ohne daß es auf Irrtumserregung, Kreditgewährung (= KGewährung) oder Schadenseintritt ankommt (Ber. 16). Dem Betrugserfolg gegenüber handelt es sich wie im Falle von § 264 (dort 4) um ein zum selbständigen Tatbestand erhobenes Versuchsdelikt (möglicherweise nur versuchte Beihilfe). Doch wird man wie bei § 264 IV (dort 4) aus II schließen

§ 265 b

dürfen, daß die Tat erst mit der KGewährung beendet ist. Anderseits ist § 265 b anders als § 264 (dort 4), wie schon der niedrigere Strafrahmen in § 265 b und das Fehlen besonders schwerer Fälle zeigt, keine lex specialis gegenüber § 263 (so schon TagBer. V, 45), der anzuwenden ist, wenn seine Voraussetzungen (auch im Fall des Versuchs; dann aber hinsichtlich § 263 der § 154 a StPO möglich) gegeben sind, so daß die Strafverfolgungsorgane grundsätzlich auch § 263 zu prüfen haben (Prot. 7/2772). Aus dieser Rechtslage folgt, daß die These, § 263 schütze allein individuelle Vermögensinteressen (Ber. 14), während das **Rechtsgut** in § 265 b die Kreditwirtschaft als solche sei (TagBer. V, 20; Tiedemann Prot. 7/2482; Ber. 16; Lampe [oben 1] 37; Krey BT/2, 164; Arzt/Weber LH **4**, 37), nicht zutrifft; denn sonst könnte § 263 wegen eines andersartigen Schutzzwecks seiner Norm nicht auf § 265 b übergreifen. Beide Vorschriften schützen vielmehr unmittelbar individuelle Vermögensinteressen, darunter auch solche des Staates (1 zu § 263), mittelbar aber beide Kollektivinteressen wie das, den Kredit als Instrument des Wirtschaftsverkehrs dh in seiner volkswirtschaftlichen Funktion zu schützen; LK 10 (vgl. Lampe Prot. 7/2513; Gössel Prot. 7/2618; Blei JA **76**, 807; SK-Samson 2; Schubarth ZStW **92**, 91). Daraus folgt, daß zwischen § 263 und § 265 b nicht Tateinheit möglich ist (für Tateinheit LK-Tiedemann 13, 89; Blei BT § 62 III; SchSch-Lenckner 51; Berz BB **76**, 1439; Tiedemann Prot. 7/2482 und Dünnebier-FS 523; Wilts Prot. 7/2772; TagBer. V, 45; Arzt/Weber LH **4**, 45; Otto Jura **83**, 23 und Bankentätigkeit 110), sondern § 265 b als subsidär hinter § 263 zurücktritt (BGH **36**, 130 [m. Anm. Kindhäuser JR **90**, 520; Otto JK 1]; Sturm Prot. 7/2765; Heinz GA **77**, 216, 226; SK 28 und LK-Lackner 331 zu § 263 mwN). Ein praktisch unwesentlicher (aM LK 14) Unterschied zwischen § 263 und § 265 b liegt übrigens noch darin, daß dort (anders noch RegE V) die §§ 247, 248 a mit Rücksicht auf die besondere Lage bei Betriebskrediten (BRat RegE 51; Ber. 16) nicht gelten. Während die Tat nach I Nr. 1 von jedermann begangen werden kann, ist sie im Falle des I Nr. 2 Sonderdelikt (vgl. unten 17, 26).

3) Tragende Merkmale des Tatbestandes sind:

7 **A. Nur Betriebe oder Unternehmen** (8 zu § 14; 11 zu § 264), die – soweit sie nicht vorgetäuscht werden – bereits bestehen (Bay NJW **90**, 1678), kommen als KGeber und KNehmer in Betracht (Betriebskredit), und zwar nach der für beide Teile geltenden Definition in **III Nr. 1** nur solche, „die nach Art und Umfang einen in kaufmännischer Weise eingerichteten Geschäftsbetrieb erfordern". Diese § 2 HGB entlehnte Formel erfaßt einerseits Mußkaufleute nach § 1 HGB und Sollkaufleute nach § 2 HGB (vgl. auch §§ 262, 263 HGB), scheidet aber andererseits Minderkaufleute nach § 4 HGB aus, während sie, da sie nicht auf die Kaufmannseigenschaft abstellt, mit der Formel „unabhängig von ihrem Gegenstand" auch Betriebe und Unternehmen außerhalb des Handels erfaßt, etwa solche der Land- und Forstwirtschaft (Prot. 7/2766), der Urproduktion (Ber. 15) sowie freier Berufe (zB Architektenbüros, Rechtsanwaltskanzleien, Wirtschaftsprüfergesellschaften) entsprechender Größenordnung (RegE 32). Auch wenn III Nr. 1 im Gegensatz zu § 264 VI S. 2 darüber schweigt, kommen auch öffentliche Unternehmen sowohl als KGeber (Sparkassen) wie als KNehmer (öffentliche Verkehrsbetriebe) in Betracht; LK 24. Die maßgebliche Formel, die nicht darauf abstellt, daß das Unternehmen über einen kaufmännisch eingerichteten Geschäftsbetrieb verfügt (Schlegelberger HGB, 5. Aufl., 7 zu § 2), sondern nur darauf, daß ein solcher Betrieb erforderlich ist (LK 26), hat mit den dafür maßgebenden Kriterien, nämlich

Betrug und Untreue **§ 265 b**

der Art, dh Gegenstand (wobei es hier anders als bei § 2 HGB nicht auf kaufmännische Geschäfte ankommt) und Betriebsweise sowie den Umfang, nämlich Höhe des Anlage- und Betriebskapitals, Höhe von Umsatz und Gewinn, Zahl und Art der Beschäftigten und der Geschäftsvorgänge, wenig feste Grenzen und ist im Einzelfall schwer feststellbar (LK 27 mwN). Auch kann im Einzelfall die Feststellung schwierig sein, ob der begehrte Kredit von einem Betriebsinhaber für seinen Betrieb oder für sich selbst als Privatmann (dann nicht § 265 b) beantragt wird (Prot. 7/2765, 2768; vgl. auch LK 20, der als Indiz für die Zweckbestimmung die Art der bestellten oder erwogenen Sicherheiten ansieht); der KGeber wird hier Klarheit zu schaffen haben. Im übrigen reicht es aus, wenn der Täter (auch nur mündlich) vortäuscht, daß der Kredit für ein Unternehmen iS von III Nr. 1 bestimmt ist, während es in Wirklichkeit überhaupt nicht existiert oder die Voraussetzungen von III Nr. 1 nicht erfüllt (auf die letzte Alt. beschränkt zunächst RegE II; erweitert auf Vorschlag des BRates RegE 51; Prot. 7/2784; Ber. 15). Im Ergebnis kann also sowohl KGeber wie KNehmer jedes Unternehmen iS von III Nr. 1 sein, ein Kreditinstitut braucht der KGeber nicht zu sein (anders noch TagBer. V, 54), vielmehr werden Kredite beliebiger Unternehmer entsprechender Größenordnung untereinander erfaßt, wobei die KGewährung kein Handelsgeschäft zu sein braucht (abw. AE).

B. Der Begriff des Kredits wird durch **III Nr. 2** für § 265 b abw. von § 19 KWG bestimmt und ist trotz dessen Erweiterung durch das Ges. v. 20. 12. 1984 (BGBl. I 1693) teils enger (nicht übernommen sind § 19 I Nr. 6, 7 KWG), teils erheblich weiter als § 19 KWG, der nur für Kreditinstitute (§ 1 KWG) gilt, während nach III Nr. 1 für § 265 b Betriebe und Unternehmen jeder Art in Betracht kommen (oben 7). Kredite sind danach 8

a) Gelddarlehen aller Art, dh der vertragsmäßige (LK 30) Empfang von Geld, das nach einer Frist als Geld zurückgezahlt werden soll, also auch im Falle von § 607 II BGB und iVm Pfandbestellung (Lombardgeschäfte) oder anderen Sicherheiten wie Hypotheken oder Grundschulden. 9

b) Akzeptkredite, dh Kredite, die eine Bank durch einen von ihr als Hauptschuldner unterschriebenen und dann regelmäßig von ihr diskontierten Wechsel einem Kunden gewährt (wobei die Rechtsnatur: Darlehen oder Geschäftsbesorgung für § 265 b ohne Bedeutung, LK 32, zivilrechtlich aber str. ist (BGHZ **19**, 288). 10

c) der entgeltliche Erwerb von Geldforderungen (RegE 33), womit vor allem die sogen. Factoring-Geschäfte erfaßt werden (Glomb, Finanzierung durch Factoring, 1969; Otto, Bankentätigkeit 123), bei denen der eine Partner Geldforderungen des anderen an Dritte gegen Entgelt erwirbt und sich offen oder still zedieren läßt. Dabei unterscheidet man unechtes Factoring, bei dem der Erwerber das Risiko der Einbringlichkeit nicht übernimmt, und echtes Factoring, bei dem der Erwerber auch dieses Risiko trägt. Während das unechte Factoring zweifelsfrei ein Kreditgeschäft darstellt, handelt es sich beim echten der Sache nach um ein Umsatzgeschäft (vgl. TagBer. V, Anh. 5, 20); doch wird man nach der Gesetzesfassung auch dieses unter Nr. 2 zu rechnen haben (unrichtige Angaben über die Bonität der Schuldner; LK 33). 11

d) Jede **Stundung von Geldforderungen** beliebiger Art, also auch von Forderungen aus Veräußerung von Waren und aus Dienstleistungen 12

§ 265 b

(Werk- und Dienstvertragsforderungen; TagBer. V, 20; RegE 30; Ber. 14; Prot. 7/2508), auch wenn die Forderung nicht über die handelsübliche Frist hinaus gestundet wird. Der entscheidende Unterschied zu § 19 I Nr. 3 KWG ist nicht nur darin zu sehen, daß die dortige Ausnahme für Forderungen aus dem Warengeschäft von Kreditgenossenschaften für III Nr. 2 nicht gilt, sondern daß der strafrechtliche Kreditbegriff praktisch den gesamten Bereich der Wirtschaft erfaßt und der Erwartung des Gesetzgebers, § 265 b werde auch ohne ausdrückliche Begrenzung auf eine Mindestsumme (so der AE mit 20000 DM; vgl. Ber. 15) praktisch nur bei größeren Krediten eine Rolle spielen (ebenso Lampe [oben 1] 45; vgl. Ber. 15; Prot. 7/2472, 2513, 2515, 2517, 2527, 2533, 2763; Blei JA **76**, 809), den Boden entzieht; ebenso LK 36. Denn I Nr. 1 b ist schon erfüllt, wenn der Käufer einer Ware den Verkäufer in einem Briefe mit der unrichtigen Behauptung, er habe demnächst Außenstände zu erwarten, um die Stundung eines Kaufpreises von 1000 DM um drei Wochen bittet; zw. ist nur, ob in solchen Fällen Anzeige erstattet wird, wenn der Käufer schließlich zahlt (oben 5).

13 e) die **Diskontierung von Wechseln und Schecks,** dh der Erwerb eines noch nicht fälligen Wechsels durch den Diskontgeber (regelmäßig eine Bank) unter Abzug von Zwischenzins, Unkosten und Provision vom Diskontnehmer (Baumbach-Hefermehl Anh. 9 zu Art. 11 WG); ebenso der (praktisch seltene) Erwerb eines Schecks, der nicht einer Bank zum Einzug eingereicht wird (aaO Anh. 19 zu Art. 28 ScheckG; LK 39).

14 f) die **Übernahme von Bürgschaften** (§ 765 BGB), **Garantien** (Gewährverträgen, BGHZ NJW **58**, 1483; **60**, 1567; zB die Ausbietungsgarantie für eine Hypothek) und sonstigen Gewährleistungen (zB Kreditauftrag, § 778 BGB; Wechselbürgschaft, Art. 30 ff. WechselG; Schuldmitübernahme, RGZ **135**, 107; zu Gunsten Dritter gestellte Sicherheiten für fremde Verbindlichkeiten, vgl. § 19 I Nr. 4 KWG); nicht aber solche, die aus der Scheckkartenausgabe entstehen, hM; LK 40.

15 C. Der **Kreditantrag** (KAntrag) **nach I,** dh der „Antrag auf Gewährung, Belassung oder Veränderung der Bedingungen eines Krediteres" ist nicht formbedürftig; er kann auch mündlich gestellt werden, LK 44; eine Bitte um Stundung genügt; wohl aber muß es sich um ein festes, endgültiges Begehren handeln (vgl. Prot. 7/2766 f.; LK 45 f.), so daß ein bloßes Sondieren oder Vorverhandlungen nicht ausreichen (Ber. 14; Prot. 7/2767). Gewähren ist das Erbringen der erbetenen Kreditleistung (zB Bewilligung der Stundung, LK 47); Belassen der Verzicht auf die an sich mögliche sofortige Rückforderung der Leistung (nicht eine nichtberechtigte Kündigung oder Kürzung eines gewährten Kredits: Frankfurt StV **90**, 213), die Veränderung der Bedingungen umfaßt auch den Fall, daß mit einer Verbesserung (längere Laufzeit) eine gewisse Verschlechterung (höherer Zinssatz) verbunden ist (RegE 31; Müller-Emmert/Maier NJW **76**, 1662).

16 4) A. **Gemeinsame Voraussetzungen nach I** sind, daß der Täter im Zusammenhang mit einem KAntrag handeln muß; dh **a)** daß er nicht unmittelbar in oder mit dem KAntrag selbst zu handeln braucht; es genügt ein **sachlicher** (Prot. 7/2766; die Tat muß sich auf einen bestimmten KAntrag oder mehrere solche beziehen) und **zeitlicher Zusammenhang** (Ber. 15), für den es ausreicht, wenn zB Unterlagen, die nach dem erkennbaren Willen des Antragstellers berücksichtigt werden *sollen* (LK 48), schon vor

Betrug und Untreue **§ 265 b**

Antragstellung (Prot. 7/2776f.) oder aber erst danach, aber vor der Entscheidung des KGebers über den Antrag vorgelegt werden. **b)** daß der **17** **Täter** nicht der Antragsteller zu sein braucht, sondern im Fall von I Nr. 1 **jedermann** sein kann (RegE 31), gleichgültig ob er auftragslos oder im Auftrag des KNehmers handelt, also vor allem vertretungsberechtigte Angehörige des Unternehmens, ein Angestellter des Antragstellers, aber auch ein an dem Kredit interessierter Bürge (Prot. 7/2767; NJW 57, 1288 zu § 48 aF KWG). **c) Gegenüber einem Betrieb oder Unternehmen,** die als **Geber** **18** eines Kredits iS von III Nr. 2 tätig werden sollen, muß der Täter handeln, also zB gegenüber einem Unternehmen, das eine Bürgschaft für den KNehmer übernehmen soll (SchSch-Lenckner 23; aM LK 49). Falschangaben gegenüber einem Privatmann, der eine Bürgschaft übernehmen und dessen Erklärung dem KGeber vorgelegt werden soll, erfaßt I nicht. Wohl aber kann ein solcher Privatmann selbst Erklärender oder Bote des Erklärenden sein.

B. Tathandlungen nach I Nr. 1 sind, daß der Täter über wirtschaftliche **19** Verhältnisse unrichtige Unterlagen vorlegt oder falsche Angaben macht, die für den KAntrag entscheidungserheblich sind. Die Begriffe sind hinreichend tatbestandsbestimmt umschrieben (BGH **30**, 286 m. Anm. Lampe JR **82**, 430). Wie in den parallelen Fällen des § 264 (dort 20, 22) ist auch hier ungeschriebenes Tatbestandsmerkmal, daß der Täter vorspiegelt, daß die Unterlagen und Angaben richtig seien. **Wirtschaftliche Verhältnisse** sind Umstände nicht rein persönlicher Natur, die für die Sicherheit des Kredits Bedeutung haben, also je nach Sachlage einerseits nicht der gesamte Vermögensstand des KNehmers, möglicherweise aber Verhältnisse eines Dritten, zB eines in Aussicht genommenen Bürgen oder solche der Schuldner des KNehmers und deren Bonität (vgl. RegE 31); rechtliche Verhältnisse kommen nur insoweit in Betracht, wie sie zugleich wirtschaftliche Auswirkungen haben. Die Tathandlungen selbst sind, daß der Täter **a) unrichtige** **20** **oder unvollständige Unterlagen vorlegt,** (dh dem KGeber, so daß die Tat mit dem Eingang bei ihm vollendet ist; BGH **30**, 291), namentlich Bilanzen (26 zu § 283), Gewinn- und Verlustrechnungen, Vermögensübersichten oder Gutachten, aber zB auch Unterlagen über Sicherungsmöglichkeiten, Bankauskünfte, Mietenverzeichnisse und dgl. *nicht* jedoch ungedeckte Schecks oder Finanzwechsel (Otto Jura **83**, 27, 29). Unrichtig sind die Unterlagen, wenn ihre tatsächlichen Angaben nicht dem wahren Sachverhalt entsprechen, aber auch dann, wenn die darin enthaltenen Bewertungen und Prognosen, vor allem im Fall der praktisch wichtigen Gutachten, den tatsächlichen Grundlagen widersprechen. Die bei der Beurteilung der Unrichtigkeit auftretenden Schwierigkeiten, zB bei Bilanzen (Prot. 7/2521, 2528), kommen dem Täter bei der Vorsatzfrage (unten 27) zugute. Unvollständig sind die Unterlagen mindestens dann, wenn sie das wirtschaftliche Verhältnis, auf das sie sich beziehen, nicht ausreichend erkennen lassen. Wer nur eine komplette Aufstellung seiner Außenstände vorlegt, macht grundsätzlich keine unvollständigen Angaben, wenn er keine Liste seiner Schulden beifügt (enger Göhler/Wilts [oben 1] 1658; Prot. 7/2769); das kann aber nach der Sachlage anders sein (unten 24).

b) schriftlich (Tatbestandsmerkmal, vgl. EzSt § 283 Nr. 2 u. § 302 **21** StPO Nr. 4; es soll sicherstellen, daß die Erklärung wohlüberlegt und un-

§ 265 b

mißverständlich abgegeben wird, uU ist diese Form gewahrt, obgleich die Erklärung nicht unterschrieben wurde) **unrichtige oder unvollständige Angaben macht,** dh dem potentiellen KGeber zugehen läßt (womit die Tat vollendet ist). Tatsächlicher Art wie im Fall von § 263 brauchen die Angaben nicht zu sein (LK 53); es genügt zB die Behauptung, daß der KNehmer bei Fälligkeit des Kredits zur Rückzahlung imstande sein werde; daß er vor Fälligkeit eine Erbschaft zu erwarten habe; daß die von ihm hergestellten Produkte erheblich im Preis steigen würden (krit. Lampe [oben 1] 48). Solche Angaben sind unrichtig, wenn sie nach den gegebenen Fakten nicht zutreffen können (SchSch 39; LK 54). Zur Unvollständigkeit gilt oben 20 und unter 24. Die Tat kann gemeinsam mit a) begangen werden, auch ist Überschneidung zwischen a) und b) möglich (RegE 31). Doch brauchen die Angaben anders als bei a) keinen Beweismittelcharakter zu haben; einfache Behauptungen genügen. Selbstauskünfte, die ein Dritter zu Papier gebracht hat, sind Unterlagen nach a), wenn der Dritte dafür einstehen will, sonst aber nur Angaben nach b).

22   c) **Für den KNehmer** (hierzu BGH **31**, 289; vgl. auch **34**, 267) **vorteilhaft** müssen die Unterlagen oder Angaben sein; dh sie müssen für den Fall ihrer Richtigkeit und Vollständigkeit geeignet sein, die Chance, daß der beantragte Kredit bewilligt wird, zu verbessern. Vgl. auch 20 zu § 264; SK-Samson 22; LK 68.

23   d) **Für die Entscheidung über einen solchen KAntrag** müssen die Unterlagen und Angaben **erheblich** sein; dh sie müssen, falls sie unrichtig oder unvollständig sind, als mögliche Ursache oder Mitursache der erstrebten Kreditentscheidungen in Betracht kommen (BGH **30**, 289 m. Anm. Lampe JR **82**, 430). Was als erheblich anzusehen ist, ist zw. (Prot. 7/2528). Sicher ist zwar, daß entscheidungsirrelevante Angaben und Bagatellunrichtigkeiten ausscheiden (hM; LK 69). Im übrigen will Ber. 16 die Erheblichkeit nach objektiven Kriterien beurteilt wissen; allein ausschlaggebend soll sein, „was nach der Art des Geschäfts im konkreten Fall von einem verständigen, durchschnittlich vorsichtigen Dritten für erheblich gehalten wird" (BGH **30**, 291; **34**, 267; Prot. 7/2770; Müller-Emmert/Maier NJW **76**, 1662; Göhler/Wilts [oben 1] 1658; LK 69). Man hat daher in Nr. 1 die Worte des RegE „für die Entscheidung über den Antrag erheblich sein können" (in Nr. 2 des RegE stand allerdings bereits „entscheidungserhebliche") durch „für die Entscheidung über einen solchen Antrag erheblich sind" ersetzt, um dadurch klarzustellen, „daß es nicht auf die konkreten Verhältnisse des Einzelfalls, sondern auf die abstrakte Beurteilung dieser Frage ankommt" (Wilts Prot. 7/2770). Dem kann in dieser Schärfe nicht zugestimmt werden. Gewiß scheiden Umstände aus, die von einem objektiven Standpunkt aus nicht als erheblich anerkannt werden können (wie zB das Religionsbekenntnis oder die politische Einstellung des KNehmers); auf der anderen Seite muß es gerade darauf ankommen, was nach den konkreten Umständen des Einzelfalls für den KGeber wesentlich ist, beide Seiten für wesentlich halten und der KGeber dem Antragsteller verständlicherweise als für ihn wesentlich bezeichnet (vgl. Eyrich Prot. 7/2770 f.), jedoch kommt es nicht darauf an, ob die vorgelegten Unterlagen die Entscheidung über die weitere Kreditbelassung tatsächlich beeinflußt haben (LG Mannheim wistra **85**, 158). Für den KNehmer vorteilhaft können auch nur solche Unterlagen usw. sein, die zugleich auch entschei-

Betrug und Untreue § 265 b

dungserheblich sind, und wenn er unrichtige vorlegt, bringt er damit zum Ausdruck, daß er sie für entscheidungserheblich hält; sie werden es idR dann auch sein.

e) Auch die **Frage der Unvollständigkeit** in a) und b) ist unter diesem 24 Aspekt abschließend wie folgt zu sehen: Unvollständig sind Unterlagen und Angaben nicht nur dann, wenn sie in sich, dh zum behandelten Einzelpunkt, nicht vollständig sind (oben 20), sondern auch dann, wenn der Täter zu einem nicht behandelten Punkt, dessen Entscheidungserheblichkeit er erkennt oder zu dem der KGeber verständlicherweise Aufklärung erbittet, schweigt. Es kommt dann die Rspr zur Offenbarungspflicht beim Abschluß von Verträgen (14 zu § 263) zur Anwendung (vgl. auch LK 55; LK-Lackner 63, 65 zu § 263).

f) **Ohne Bedeutung** ist aa), ob der KGeber die Unrichtigkeit oder Un- 25 vollständigkeit des ihm Vorgelegten erkennt oder nicht (Prot. 7/2754). Erkennt sie etwa ein Angestellter des KGebers, ohne daraus Konsequenzen zu ziehen, so kommt, vor allem bei Kollusion mit dem Täter, Teilnahme in Frage (Prot. 7/2754f.). Sie kann auch gegeben sein, wenn ein Steuerberater bei den Testaten für die eingereichten Unterlagen keine Eigenverantwortung erkennen läßt, LG Mannheim wistra **85**, 158. bb) ob der Kredit ohne Rücksicht auf die Falschangaben im Gesamtergebnis wirtschaftlich vertretbar ist und ob ihn der KGeber etwa trotz Erkennens der Unrichtigkeiten gewährt (vgl. einerseits Prot. 7/2513, 2520, 2762; andererseits 2516f.).

C. **Tathandlung nach Nr. 2** ist, daß derjenige, der die Unterlagen oder 26 Angaben vorlegt und der damit allein verpflichtet wird (Sonderdelikt; abw. RegE 30; Müller-Emmert/Maier NJW **76**, 1662), es **bei der Vorlage** an den KGeber **unterläßt** (echtes Unterlassungsdelikt, LK 75; vgl. SK 25; für Umdeutung in ein Begehungsdelikt), **entscheidungserhebliche** (oben 23) **Verschlechterungen** der in den Unterlagen und/oder Angaben dargestellten wirtschaftlichen Verhältnisse mitzuteilen. Nr. 2 bezieht sich danach nur auf die Punkte, die in den Unterlagen und Angaben behandelt sind, also nicht auf weggelassene Punkte (Unvollständigkeit), und nur auf solche Verschlechterungen, die zeitlich zwischen dem Sachstand der Unterlagen und dem Zeitpunkt ihrer Vorlage eingetreten sind (Prot. 7/2771). Bei den Angaben nach Nr. 1 b) ist das, da sie sich auf den Zeitpunkt ihrer Vorlage, dh auf den Zeitpunkt, zu dem sie gemacht werden, beziehen müssen, nur denkbar, wenn mehrmals Angaben vorgelegt werden. Kommt der Täter seiner Pflicht nach Nr. 2 nach, so sollte er es schriftlich tun, braucht es aber nach dem Gesetz nicht. Die nachträgliche Mitteilung von Verschlechterungen, die nach der Vorlage von Unterlagen und Angaben eintreten, verlangt § 265 b nicht; doch kann ein solches Unterlassen nach § 263 relevant sein (12 ff. zu § 263).

5) **Vorsatz** ist hinsichtlich aller Tathandlungen erforderlich; bedingter 27 genügt. Er hat sich insbesondere darauf zu richten, daß KGeber und KNehmer Betriebe oder Unternehmen iS von III Nr. 1 sind oder daß eine solche Eigenschaft dem KNehmer vorgetäuscht wird; nimmt der Täter irrig an, daß der KGeber oder KNehmer die Voraussetzungen von III Nr. 1 erfüllt, so ist das ein strafloser untauglicher Versuch; ferner darauf, daß Unterlagen oder Angaben über wirtschaftliche Verhältnisse für den KNeh-

§ 265 b

BT Zweiundzwanzigster Abschnitt

mer vorteilhaft, aber unrichtig oder unvollständig, wiewohl entscheidungserheblich sind (I Nr. 1; oben 19 bis 24); letzteres wird regelmäßig mindestens in Form des bedingten Vorsatzes der Fall sein, wenn der Täter die Unrichtigkeit kennt (krit. dazu LK 77). Der Täter muß weiter wollen, daß der KGeber die Unterlagen und Angaben als richtig und vollständig ansieht (oben 19). Im Fall von I Nr. 2 muß sich der Vorsatz darauf erstrecken, daß eine entscheidungserhebliche Verschlechterung der dargestellten wirtschaftlichen Verhältnisse eingetreten ist (oben 26; LK 79); der Irrtum über die daraus resultierende Mitteilungspflicht ist nur ein Gebotsirrtum (12 zu § 16; LK 79).

28 6) **Tätige Reue** ist nach II ein Strafaufhebungsgrund für eine Tat nach I, nicht jedoch hinsichtlich anderer Delikte wie zB § 267. § 263 wird unter den Voraussetzungen von II ebenfalls ausgeschlossen sein, und zwar unmittelbar nach § 24 I (vgl. Lampe aaO 26; Otto, Bankentätigkeit 102). Die Rücktrittsvorschrift ist nach abw. Fassung in IV RegE (dort 33) parallel mit § 264 IV konstruiert (Prot. VII/2785 ff.; 2843; Ber. 16), so daß 25 bis 28 zu § 264 sinngemäß gelten. An die Stelle der Gewährung der Subvention tritt in II das Erbringen der Leistung iS von III Nr. 2, also das Gewähren des entsprechenden Kredites, zB die Bewilligung einer Stundung. Wie der Täter das Erbringen der Leistung verhindert oder sich darum bemüht, ist gleichgültig. Schriftlich braucht es nicht zu geschehen; Anruf genügt (LK 81).

29 7) Zur **Teilnahme**, die bis zum Erbringen der Leistung möglich ist (oben 6) gilt 38 zu § 264 sinngemäß. Vgl. auch oben 25.

30 8) **Konkurrenzen.** Innerhalb von I können Nr. 1. a, b eine natürliche Handlungseinheit bilden oder in Tateinheit stehen. Tateinheit ist auch zwischen Nr. 1 und Nr. 2 möglich (Vorlage unter gleichzeitigem Verschweigen von Verschlechterungen). Zum Verhältnis zu § 263 gilt oben 6. Tateinheit ist mit §§ 267, 269 möglich; mit §§ 332 (dort 13) und 334 idR Tatmehrheit. §§ 264 und 265 b schließen sich regelmäßig aus.

31 9) **Zuständigkeit** in Wirtschaftsstrafsachen nach § 74 c I Nr. 5, § 74 e Nr. 2 GVG; § 103 II JGG.

Untreue

266 I Wer die ihm durch Gesetz, behördlichen Auftrag oder Rechtsgeschäft eingeräumte Befugnis, über fremdes Vermögen zu verfügen oder einen anderen zu verpflichten, mißbraucht oder die ihm kraft Gesetzes, behördlichen Auftrags, Rechtsgeschäfts oder eines Treueverhältnisses obliegende Pflicht, fremde Vermögensinteressen wahrzunehmen, verletzt und dadurch dem, dessen Vermögensinteressen er zu betreuen hat, Nachteil zufügt, wird mit Freiheitsstrafe bis zu fünf Jahren oder mit Geldstrafe bestraft.

II In besonders schweren Fällen ist die Strafe Freiheitsstrafe von einem Jahr bis zu zehn Jahren.

III § 243 Abs. 2 sowie die §§ 247 und 248 a gelten entsprechend.

1 1) **Die Vorschrift** ist mehrfach geändert durch Art. 1 Nr. 26 des 3. StÄG (2 vor § 102), Art. 1 Nr. 78 des 1. StrRG und Art. 19 Nr. 138 EGStGB (Einl. 7 ff.; zur Entstehungsgeschichte LK-Hübner vor 1 und 5 ff.; Arzt/Weber LH 4, 50 ff.). Neueres **Schrifttum**: *Arloth* NStZ **90**, 570 [Abgrenzung zwischen § 266

Betrug und Untreue **§ 266**

und § 283]; *Dunkel*, Erfordernis und Ausgestaltung des Merkmals „Vermögensbetreuungspflicht" im Rahmen des Mißbrauchstatbestandes der Untreue, 1976; ferner *U. Weber*, Dreher-FS 555; *Sax* JZ **77**, 663, 702, 743 (gegen ihn LK 12, 76); *Sieber* 244. *De lege ferenda:* LK 119 ff.; *Kohlmann/Brauns*, Zur strafrechtlichen Erfassung der Fehlleitung öffentlicher Mittel, 1979 *(Amtsuntreue);* G. *Schultz* MDR **81**, 372; *Nelles*, Untreue zum Nachteil von Gesellschaften, 1991; *Neye*, Untreue im öffentlichen Dienst, 1981 und NStZ **81**, 369; *Labsch*, Untreue (§ 266 StGB); Grenzen und Möglichkeiten einer neuen Deutung, 1983, 217 ff. [zit. Labsch aaO] u. Jura **87**, 343, 411; *Weinmann*, Pfeiffer-FS 98; *Gössel* wistra **85**, 136 (strafrechtliche Haftung Angehöriger von Finanzbehörden bei verdeckten Parteispenden); *Schmidt-Hieber* NJW **89**, 558 u. *Schmidt-Hieber/Kiesewetter* NJW **92**, 1790 (Strafbarkeit der Ämterpatronage); *Ulmer* Pfeiffer-FS 853 (Rspr. zu § 266 u. GesRecht); *Firgau* HWiStR „Untreue"; ferner *Göppinger* 668.

Untreue ist die vorsätzliche Verletzung der Pflicht zur Betreuung fremder Vermögensinteressen durch Benachteiligung des zu Betreuenden und damit ein **Vermögensdelikt** (BGH **8**, 255; **14**, 47). Bereicherung braucht der Täter allerdings weder zu erreichen noch zu wollen (24. 3. 1981, 1 StR 688/80). – Zwei Fälle unterscheidet § 266: den **Mißbrauchstatbestand** (2 ff.) und den **Treubruchstatbestand** (8 ff.). Jener besteht im Mißbrauch einer nach außen wirkenden Vertretungsmacht, indem der Täter etwas tut, was er nach außen kann, nach innen aber nicht darf (BGH **5**, 63; wistra **90**, 305). Dieser bedeutet die Verletzung einer dem Treugeber gegenüber bestehenden Treuepflicht zur Wahrnehmung fremder Vermögensinteressen ohne Vertretungsmacht nach außen. Im ersten Fall kommen nur rechtsgeschäftliche oder hoheitsrechtliche (RG **69**, 333; LK 63) Tathandlungen in Frage, im zweiten auch rein tatsächliche. Das **Verhältnis** des Mißbrauchs- und des Treubruchstatbestandes **zueinander** ist sehr str., weil die Bedeutung des einschränkenden Merkmals des Treubruchstatbestandes *Wahrnehmung fremder Vermögensinteressen* (vgl. unten 9, 14) für den Mißbrauchstatbestand unklar ist (LK 16). Die einen sehen den Mißbrauchstatbestand als „ausgestanzten Unterfall" (LK 17; Labsch [oben 1] 69) des Treubruchstatbestandes an (RG **73**, 284; Hamm NJW **68**, 1940), andere gehen von selbständigen Tatbeständen aus (NJW **53**, 1601; **54**, 1616; JR **85**, 28; SchSch 2; Arzt, Bruns-FS 371; Gribbohm JuS **65**, 390; Tiedemann JZ **75**, 693; Otto JR **89**, 210), wieder andere halten den Treubruchstatbestand für umfassender (zB BGH **5**, 62) oder für subsidiär (Celle NJW **59**, 597; wieder anders Sax JZ **77**, 702; zum Ganzen auch Lackner 3; Steinhilper Jura **83**, 407). Stets ist zunächst der (engere) Mißbrauchstatbestand zu prüfen (BGH **5**, 62; **13**, 316); bei nicht eindeutig auszugrenzenden Formen ist letztlich von einem Treubruchstatbestand auszugehen (NJW **83**, 461 m. Anm. Keller JR **83**, 516). Die beiden Tatbestandsformen (hinsichtlich deren die Rspr. auch eine Hinweispflicht nach § 265 StPO annimmt [NJW **54**, 1616; GrSenBGH **26**, 174; str.; vgl. LK 18]; nicht jedoch, wenn zum angeklagten Mißbrauchstatbestand bei unveränderter Sachlage die Verletzung des Treubruchstatbestandes hinzutritt, NJW **84**, 2540 m. Anm. Otto JR **85**, 29) unbeschadet ihrer gemeinsamen Merkmale als selbständig zu begreifen, kommt einer fallbezogenen Auslegung entgegen.

1a

1b

2) Der **Mißbrauchstatbestand** schützt vor dem Mißbrauch einer rechtlichen Befugnis, über fremdes Vermögen zu verfügen oder einen anderen zu verpflichten. **A. Die Befugnis,** über fremdes Vermögen zu verfügen, setzt

2

§ 266

eine Rechtsmacht voraus, die ihren Ursprung in dem rechtlichen Verhältnis zwischen ihrem Träger und demjenigen hat, zu dessen Lasten sie wirksam werden kann. Denn der Zweck des Mißbrauchtatbestandes besteht in dem Schutz von Rechtsbeziehungen, durch die einem Beteiligten rechtliches Können gewährt wird, das über das rechtliche Dürfen hinausgeht (BGH 5, 63; MDR 84, 953; wistra 88, 191). Die **Verfügungsbefugnis** kann gegeben sein:

3 **a) durch Gesetz oder behördlichen Auftrag.** Hierher gehören Vormünder, Betreuer (§ 1896, BGB; Otto Jura 91, 49) der Beistand (§ 1690 BGB; Braunschweig NJW 61, 2030, dort Treubruchstatbestand); Pfleger (§§ 1630 III, 1671 V, 1909ff. BGB, Bremen NStZ 89, 228), einschließlich des Pflegers für das nichteheliche Kind (§ 1706 Nr. 2 BGB) und des Nachlaßpflegers (§ 1960 II BGB, BGH 35, 227 m. Anm. Otto JZ 88, 883), desgl. der Testamentsvollstrecker (§§ 2205, 2216 BGB), Konkursverwalter (§ 6 KO), Nachlaßverwalter (§ 2062 BGB); ferner die Eltern hinsichtlich des Kindesvermögens (§ 1626 II BGB); die nichteheliche Mutter (§ 1705 BGB); zahlreiche Beamte kraft öffentlichen Rechts (RG 73, 6); zB der Bürgermeister (RG 65, 402; Bay JR 89, 299 m. Anm. Seebode), der Gerichtsvollzieher (BGH 13, 276, jedoch nicht hinsichtlich der Kostenerhebung, Köln NJW 88, 503 m. Anm. R. Keller JR 89, 77); der Schalterkassenbeamte (BVerwG DÖD 79, 197); Mitglieder des AStA (BGH 30, 248; Hamm NJW 82, 190; hierzu Gepppert JK 2). Der behördliche **Auftrag** kann Dauer- oder Sonderauftrag sein (RG 69, 336). Beispiele: ein Liquidator (RG 19, 184), der Postbeamte bei Einzug von Rundfunkgebühren (RG 73, 236). Die Verfügungsbefugnis muß **rechtswirksam** eingeräumt sein; so ist nichtig die Betreuung außerhalb des Aufgabenkreises (§ 1896 II BGB), die Genehmigung zweckwidriger Verwendung öffentlicher Mittel durch die Verbandsversammlung einer Körperschaft des öffentlichen Rechts (7. 11. 1990, 2 StR 439/90 [in BGH 37, 226 nicht abgedruckt]), die Ernennung eines Geschäftsunfähigen zum Vormund (§ 1780 BGB, RG 45, 311); die Bestellung durch ein *sachlich* unzuständiges Gericht. Wirksam ist dagegen die versehentliche Einleitung einer Vormundschaft über einen Ausländer (RG 45, 312). Bedeutungslos ist die Verletzung der örtlichen Zuständigkeit und von Sollvorschriften. Regelmäßig ist eine Verpflichtung des Vormundes oder Pflegers nötig; doch genügt ein Bestellungsbeschluß des Vormundschaftsgerichts, durch den er die tatsächliche Verfügungsbefugnis erlangt (RG JW 33, 175). Ist die Verfügungsbefugnis nicht rechtswirksam eingeräumt, so kommt der Treubruchstatbestand in Betracht. **Nach Beendigung der Aufsichtsstellung** ist § 266 noch anwendbar, soweit die Verfügungsberechtigten zB mangels Kenntnis von der Beendigung noch weiter tätig sein dürfen (vgl. §§ 1698a, 1698b, 1893 I BGB; RG 45, 434). Der *Beistand eines Elternteils* (§§ 1685ff. BGB) gehört nur hierher, wenn er nach § 1690 BGB die Stellung eines Pflegers hat (RG 35, 338). Soweit ein Pfleger für eine Einzelaufgabe bestellt ist, zB zur Beitreibung einer Schuld des Vormundes, kann letzterer sich nicht nach I vergehen (RG 13, 333).

4 **b) Durch Rechtsgeschäft.** Die dadurch geschaffene Befugnis, zu verfügen oder zu verpflichten, ist die Vollmacht. Es gehören hierher also der **Bevollmächtigten**, aber auch der einzige Gesellschafter einer Einmann-GmbH (NJW 81, 1793; wistra 87, 216); zu Privatentnahmen des geschäftsführenden Gesellschafters einer GmbH in einer GmbH & Co. KG (vgl. LG

Betrug und Untreue **§ 266**

Bonn NJW **81**, 469 [hierzu H. Schäfer NJW **83**, 2850]; ferner Tiedemann GmbHG 17 zu § 82); oder der stillschweigend bestellte, wenn auch im Handelsregister noch nicht eingetragene Geschäftsführer (23. 10. 1979, 1 StR 156/79; vgl. auch BGH **3**, 39). Die Pflicht, die Vermögensinteressen eines anderen wahrzunehmen, kann auch durch Vertrag mit einem Dritten geschaffen werden (BGH **2**, 324). **Das Innenverhältnis** kann Auftrag sein 5 oder auch (RG **65**, 401) zB der einen Handlungsgehilfen oder Handelsvertreter (§§ 54, 55 HGB; RG **43**, 432) anstellende Dienstvertrag (RG **68**, 373); desgl. der Gesellschaftsvertrag einer OHG für die Gesellschafter, soweit ihnen die Vertretungsbefugnis nicht entzogen ist (RG **43**, 55). Es genügt jedes Rechtsverhältnis zwischen zwei Personen, durch das die eine zur offenen oder verdeckten rechtsgeschäftlichen Vertretung des anderen bestellt ist und hierdurch die in der Natur des Verhältnisses begründete rechtliche Möglichkeit der Verfügung über das Vermögen der anderen Person besitzt und von ihr Gebrauch macht; dabei muß nach BGH **24**, 387 (LK 5, 16, 25 und Hübner JZ **73**, 407) die Befugnis so viel Bedeutung haben, daß von einer Betreuung von Vermögensinteressen gesprochen werden kann (aM aber NJW **54**, 1616; Braunschweig NJW **47**, 71 und hM; vgl. Heimann-Trosien JZ **76**, 549). Das Rechtsgeschäft muß zivilrechtlich gültig sein (vgl. hierzu jedoch Arzt, Bruns-FS 368; gegen ihn LK 59ff.). Andernfalls kann der Treubruchstatbestand Platz greifen (RG **70**, 9; vgl. unten 9); die Übertragung einer rein tatsächlichen Tätigkeit, zB die eines Boten, reicht für den Mißbrauchstatbestand nicht aus. Hingegen genügt Erteilung von Untervollmacht (RG **61**, 174). **Erlischt** die Vollmacht, kann der bisherige Bevollmächtigte Untreue noch so lange begehen, wie er herausgabepflichtig ist (RG JW **33**, 1593; RG **45**, 434; Stuttgart NStZ **85**, 366, hierzu Otto JK 5). Gleichgültig ist, ob der Täter seine Verfügungen im **eigenen Namen** oder in dem des Auftraggebers vornimmt. **Beispiele für** 6 **Bevollmächtigte:** der *Treuhänder,* der auf die ihm zu treuen Händen abgetretenen Grundschulden Geld besorgen soll (RG **61**, 174; JW **33**, 2339); der *Verkaufs-Kommissionär,* der das Holz des Kommittenten nicht nur in eigenem Namen verkauft, sondern auch den Erlös abredewidrig für sich einzieht (RG **61**, 342); desgl., wenn er von vornherein die Absicht hat, den Erlös zu behalten (LM Nr. 11; RG **63**, 252, str.); *Vorstand der Sparkasse* (NJW **84**, 2540 m. Anm. Otto JR **85**, 29; Labsch Jura **87**, 414); der *Gerichtsvollzieher,* der einen Vollstreckungsauftrag erhält (RG **61**, 228; vgl. auch oben 3); desgl. beim amtlichen Auftrag zu einer freiwilligen Versteigerung (RG **56**, 101); daher Untreue möglich durch eigenmächtige Verfügung des Gerichtsvollziehers über die von ihm eingesparten Zeitungsrabatte (BGH **13**, 274); durch Verschweigen der Tatsache, daß er fruchtlos von ihm gepfändete Sachen verheimlicht (RG **71**, 31; aM LK 72; Labsch Jura **87**, 349). Dagegen vertritt beim *Leasing* eines Pkw der Leasingnehmer nicht die Vermögensinteressen der Finanzierungsbank (Köln StV **89**, 66), auch hat der bloße **Verwahrer** einer Sache und des für sie erzielten Erlöses keine Verfügungsbefugnis (RG **63**, 336); wohl aber die gewählte Person, die satzungsmäßig zur Vertretung einer juristischen Person berufen ist. Ebenso der **Rechtsanwalt** gegenüber seinem Mandanten (NJW **57**, 597; **60**, 1629; NStZ **86**, 361 [hierzu Tiedemann, Tröndle-FS 327; Otto JK 6; Franzheim StV **86**, 409]; Karlsruhe NStZ **90**, 83 [hierzu Otto JK 10]; vgl. hierzu 29. 11. 1985, 3 StR 326/85).

§ 266

6a Die Frage, ob der **Inhaber einer Scheckkarte oder einer Kreditkarte** Bevollmächtigter iS von 4 ist und bei Überschreitung seines Guthabens oder Dispositionskredits den Mißbrauchstatbestand erfüllen kann, ist durch § 266b gegenstandslos geworden (vgl. 1, 8 zu § 266b). Zur Frage des sonstigen Mißbrauchs von **Codekarten** bei Bankomaten vgl. 8ff., 18 zu § 263a. Wer als Einzugsberechtigter im **Lastschrift-Einzugsverkehr** nichtbestehende Forderungen einzieht, fällt nach Hamm NJW **77**, 1835 (m. Anm. Winterberg BB **77**, 1627; zust. Otto, Zahlungsverkehr 112ff.) nur unter § 263, nicht unter § 266 (zw.); vgl. Labsch [oben 1] 123 u. Jura **87**, 352, ferner NJW **86**, 109; Müller/Wabnitz 14ff.

7 B. Die **Handlung** (der Mißbrauch) muß eine rechtsgeschäftliche, und zwar rechtswirksame (MDR/H **83**, 92) im Rahmen der Machtbefugnisse des Täters sein, BGH **8**, 149 (wobei nach Arzt, Bruns-FS 378, eine vorsätzliche Schädigung ausreicht), zB eine Subventionsbewilligung, wenn die Voraussetzungen für die Gewährung nicht vorlagen (13. 11. 1990, 5 StR 373/90), sie kann auch in einem pflichtwidrigen Unterlassen bestehen (Bremen NStZ **89**, 228). Sie muß sich gegen das Vermögen richten, auch wenn die Aufsicht lediglich eine Person betrifft (RG **23**, 280). Bei Widerstreit von persönlichen und von Amtspflichten haben im Zweifel diese den Vorrang (RG **72**, 349); dies selbst dann, wenn sich der Täter durch die Pflichterfüllung der Gefahr der Strafverfolgung wegen früherer eigener Delikte aussetzt (BGH **5**, 190).

8 3) **Der Treubruchstatbestand,** weit gefaßt (Sax JZ **77**, 664), aber mit Art. 103 II GG noch zu vereinbaren (LK 20; Labsch [oben 1] 177ff.; vgl. § 263 E 1962), ist durch die Rspr. dahin eingeengt worden, daß der Täter innerhalb eines nicht unbedeutenden Pflichtenkreises – bei Einräumung von Ermessensspielraum, *Selbständigkeit* und *Bewegungsfreiheit* – zur fremdnützigen Vermögensfürsorge verpflichtet ist (BGH **3**, 294; **32**, 208 [Prüfungsbeamter im SubvVerfahren]; NStZ **82**, 201; wistra **87**, 137; Hamm NJW **73**, 1809, hierzu Burkhardt NJW **73**, 2190; LK 31ff.); und daß Verträge als Grundlage nur in Frage kommen, wenn die Treupflicht wesentliche und nicht nur beiläufige Vertragspflicht ist (BGH **1**, 188; **4**, 170; **5**, 64; 187; **6**, 318; **8**, 272; **13**, 317; wistra **87**, 137; MDR/H **89**, 111; Hamm NJW **72**, 301). Im Bereich der Dienstverhältnisse ist, da die Vermögensschädigung (16ff.) innerhalb der durch das Treueverhältnis begründeten Vermögensfürsorgepflicht (10) liegen muß, nicht schon bei jeder Verletzung der Vermögensinteressen des Treugebers eine Untreue gegeben, so zB nicht im Fall eines Bürgermeisters, der gegen eine ohne seine Mitwirkung von den Gemeinderatsmitgliedern beschlossene, ihm zugute kommende gesetzwidrige finanzielle Vergünstigung nichts unternimmt (Bay JR **89**, 299 m. Anm. Seebode). Zum Factoring vgl. unten 11. Vorausgesetzt ist

9 A. ein **Treueverhältnis** qualifizierter Art. Für eine wesentliche Verpflichtung in diesem Sinne ist Inhalt und Umfang der getroffenen Treueabrede maßgebend (wistra **92**, 66). Die Bestimmung des Inhalts der sich hieraus ergebenden Treuepflicht ist zunächst außerstrafrechtlich vorzunehmen (Tiedemann, Tröndle FS 326). Nicht jede Pflicht rechtsgeschäftlicher oder gesetzlicher Art schafft schon ein Treueverhältnis. Dies zeigen schon die Worte „wahrzunehmen, betreuen, Vermögensinteressen" (hierzu LK

23 f.; Labsch [oben 1] 126 ff., RG **69**, 280), die auf die selbständige Bewegungsfreiheit innerhalb eines gewissen Spielraums hinweisen (BGH **13**, 317; NStZ **82**, 201; **83**, 455; 25. 7. 1985, 3 StR 192/84; Karlsruhe NStE Nr. 6), die Raum für eigenverantwortliche Entscheidungen belassen (NJW **91**, 2574), zB bei der Befugnis zur Auftragsvergabe bedeutenden Umfangs (wistra **89**, 225). Ausreichend ist zB aber auch die Tätigkeit des Verwalters eines Eisenbahnfahrkartenschalters (BGH **13**, 315 hierzu Seelmann JuS **83**, 32), einer eigenverantwortlichen Lohnbuchhalterin (GA **79**, 144), „der Griff" des Gerichtsvollziehers in die Dienstkasse (Celle MDR **90**, 846), eines Verkehrspolizisten, der gebührenpflichtige Verwarnungen erteilt (Köln NJW **63**, 1992), eines Kassierers, der mit eigenverantwortlicher Kontrolle und Abwicklung von Warenverkäufen betraut ist (Hamm NJW **73**, 1809; Köln OLGSt. 39); oder eines Postassistenten, der Gelder einzunehmen und auszugeben, dies buchmäßig nachzuweisen und darüber Kassenabschlüsse zu fertigen hat (BGH 6. 11. 1959, 4 StR 418/59), der sachbearbeitende Amtsträger der Steuerverwaltung (wistra **8**, 183), aber auch der Beauftragte des erzbischöflichen Ordinariats als Stiftungsaufsichtsbehörde hinsichtlich des Stiftungsvermögens (NJW **83**, 1807; vgl. Sax JZ **77**, 748). **Die rein tatsächliche Möglichkeit** zu einer rechtsgeschäftlichen Tätigkeit reicht für den Treuebruch aus (BGH **6**, 67; Bay GA **69**, 308; 29. 9. 1982, 2 StR 360/82, aber nicht mehr nach Erlöschen der Machtbefugnisse des Täters; problematisch Stuttgart NJW **73**, 1386 mit krit. Anm. Lenckner JZ **73**, 794). Dadurch wird der Mißbrauchstatbestand (zu 2 ff.) ergänzt, der eine wirksame behördliche Bestellung oder Bevollmächtigung voraussetzt (Braunschweig NJW **50**, 656). Für den Treubruchstatbestand ist nicht nötig, daß ein bürgerlich-rechtlich gültiges Geschäft zugrunde liegt (RG 6. 10. 1932, 2 D 427/31, Bevollmächtigung durch einen Geisteskranken), wenn nur das Verpflichtungsverhältnis tatsächlich vorhanden ist (BGH[Z] NJW **84**, 800; RG **63**, 406; Hamm NJW **54**, 1092; oben 5). Solch schutzwürdiges Treueverhältnis rein tatsächlicher Art hatte die Rspr. früher verneint, wenn es sich um ein **sitten- oder gesetzwidriges Verhältnis** handelte. So, wenn der Hehler unter Verletzung seiner Zusage die Diebessache für sich verkauft, nicht für den Dieb (RG **70**, 9); oder das zum Einkauf von Falschgeld bestimmte Geld behält (NJW **54**, 889); ferner bei Schwarzmarktgeschäften (Braunschweig NJW **50**, 656); bei Devisenschiebungen (RG HRR **42**, 612); eine gewisse Ausnahme machte schon RG **73**, 157 im Falle eines Rechtsanwaltes, der für seinen Auftraggeber Devisenvergehen verüben sollte. Mit BGH **8**, 254 hat sich der BGH zu der hM (LK 79; aM M-Maiwald § 45, 27) bekannt, wonach auch in derartigen Fällen Untreue möglich ist. Vgl. auch schon RG **41**, 265; Kiel NJW **49**, 797; Hamburg NJW **66**, 1525; AG Siegen wistra **85**, 196; Bruns NJW **54**, 858; JR **84**, 136, 139 und weiter Luthmann NJW **60**, 419; aM SchSch 32; SK 32; zum Ganzen einengend Sax JZ **77**, 744.

Die **Vermögensfürsorgepflicht** (BGH **15**, 344) kann gegeben sein (alph. Übersicht LK 35 ff., 40 ff., 53 ff.): 10

a) Kraft Gesetzes oder behördlichen Auftrags. Hierher gehören zunächst die oben 3 genannten Verfügungsberechtigten. Ferner kommen in Betracht: der Notar gegenüber seinen Mandanten (BGH **13**, 333; NJW **90**, 3220), Nachlaßrichter und Nachlaßrechtspfleger (BGH **35**, 228 m. Anm. Otto JZ **88**, 883), der Konkursverwalter (wistra **88**, 192; NStZ/A **89**, 499), 10a

§ 266

der Kassenbeamte, der Geld an die Gerichtskasse abzuführen hat (RG **73**, 8); der Polizeibeamte, der Verwarnungsgeld zu kassieren hat (Köln NJW **63**, 1992; Koblenz GA **75**, 122); Verwalter des AStA-Vermögens (23. 10. 1981, 2 StR 477/80; Hamm NJW **82**, 192); der zur Verteilung verbilligten Saatgetreides beauftragte Gemeindevorsteher (RG **73**, 212); die *Gewerbetreibenden nach behördlicher Verpflichtung,* kraft deren das einen Auftrag erteilende Publikum dem Gewerbetreibenden erhöhtes Vertrauen entgegenbringt (RG **44**, 68); auch die vereidigten Buchprüfer, vereidigten Chemiker, Markscheider, Landmesser zB gehören hierher. Dagegen ist die Pflicht des Arbeitgebers zum Lohnsteuerabzug keine für § 266 genügende Treuepflicht (BGH **2**, 343; Hamburg NJW **53**, 478);

11   **b) Kraft eines Rechtsgeschäfts;** wobei es auf dessen materiellen Gehalt ankommt (6. 1. 1981, 5 StR 637/80; Stuttgart NJW **68**, 1340). **Beispiele:** ein entgeltlicher Geschäftsbesorgungsvertrag (wistra **91**, 218), ein Rechtsanwalt, der die ordentliche Buchführung unterläßt und eingegangene Gelder dem Mandanten weder auszahlt noch mitteilt (RG **73**, 287; BGH NJW **60**, 1629; wistra **88**, 192), oder eine einzuklagende Forderung verjähren läßt (NJW **83**, 461 m. Anm. Keller JR **83**, 516); von der Versicherung erstattete Anwaltsgebühren vertragswidrig seinem Mandanten nicht zurückzahlt (wistra **87**, 65); der Makler mit Alleinauftrag oder der „Vertrauensmakler" (NJW **64**, 1468; **66**, 1406; vgl. auch NJW **53**, 1601; **68**, 151; **69**, 1626; GA **71**, 210); ein Reisevertreter, der Abschlüsse mit Kunden des Chefs nicht für diesen schließt, sondern für sich selbst (RG **71**, 333); ein Handlungsgehilfe (doch nur *während* der Anstellung, RG **75**, 75); ein Mitgesellschafter (RG **73**, 300); ein Steuerberater, der treuwidrig über ein Treuhandkonto verfügt (29. 8. 1978, 1 StR 179/78); über Umfang und Pflicht zur Betreuung des Vereinsvermögens durch den Vereinsvorsitzenden NStE Nr. 30; zum Fall eines „Sanierers" konkursgefährdeter Unternehmen Stuttgart wistra **84**, 114 und Richter aaO 97; zur Frage der „Unternehmensaushöhlung" Lampe GA **87**, 241, die „neuerliche Gestaltungsmöglichkeit" eines Treuhandvertrages nach dem Bauherrenmodell (wistra **91**, 266, hierzu Otto JK 11). Die Grundsätze von RG **71**, 333 müssen auch für den Handelsvertreter nach § 84 I HGB gelten (MDR **54**, 606; Hamm JMBlNW **64**, 139; Koblenz MDR **68**, 779; aM Braunschweig NJW **65**, 1193; dazu krit. Gribbohm JuS **65**, 389; Sax JZ **77**, 749; offengelassen NStZ **83**, 74; hingegen bejahend für einen besonderen Fall Köln NJW **67**, 1923; differenzierend auch GA **71**, 37). Vgl. Franzheim HWiStR „Architektenuntreue". Ein echtes oder unechtes *Factoring* (hierzu Blaurock JA **89**, 273) begründet weder für das Factoring-Unternehmen noch für den Factoring-Kunden eine Vermögensfürsorgepflicht (NStZ **89**, 72 m. Anm. Otto JR **89**, 208); eine solche des *Vorstandsmitglieds einer AG* erstreckt sich nicht auf ein ihm gegenüber bestehendes Eintrittsrecht der AG (§ 88 II S. 2 AktG; MDR **88**, 512). Bei Pflicht des Arbeiters, die Interessen des Arbeitgebers zu wahren, muß diese Pflicht gerade den wesentlichen Inhalt des sie begründenden Treueverhältnisses ausmachen (BGH **5**, 187). Die Treupflicht gegenüber dem Betreuten kann auch durch Vertrag zwischen dem Verpflichteten und einem Dritten begründet werden (BGH **2**, 324).

12   **c) Kraft eines sonstigen Treueverhältnisses;** zB Inhaber eines Wechsels, der einen Prolongationswechsel nicht zur Aufbringung von Mitteln verwendet, die unmittelbar zur Einlösung jenes Erstwechsels dienen (Celle

NJW **59**, 496, unter Ablehnung des Mißbrauchstatbestandes gegen BGHZ **8**, 280; hierzu LK 39); der Prokurist gegenüber den Bankkunden (BGH **2**, 324). Andererseits kann nach Lage des Falles auch der Sicherungsübereignende verpflichtet sein, die Vermögensinteressen des Sicherungseigentümers wahrzunehmen (BGH **5**, 63; MDR/H **78**, 625; NStZ **90**, 436 [krit. LK 51]; vgl. 28. 2. 1984, 1 StR 902/83). Die Möglichkeit, Gutgläubigen Rechte zu verschaffen, gibt keine Verfügungsbefugnis (BGH **5**, 61); daher greift § 266 nicht ein, wenn „zu getreuen Händen angediente Dokumente" vor Kaufpreiszahlung weiter veräußert werden (Timmermann MDR **77**, 533). Auch Geschäftsführung ohne Auftrag reicht nicht aus (BGH **8**, 149), wohl aber Einwirkungsmöglichkeiten auf fremdes Vermögen auf Grund eines rechtlich unwirksamen Betreuungsverhältnisses (26. 6. 1991, 2 StR 24/91). Die tatsächlichen Unterlagen des Treueverhältnisses sind darzulegen (RG **69**, 16). Vorausgesetzt ist ein Handeln des Täters innerhalb eines nicht unbedeutenden Pflichtenkreises bei Einräumung von Ermessensspielraum, Selbständigkeit und Bewegungsspielraum (NJW **92**, 251); rein mechanische Tätigkeit genügt nicht (vgl. oben 9), so desgl. nicht die Empfangnahme von Vorauszahlungen auf eine einzelne Warenbestellung durch den Verkäufer (RG **69**, 148) oder von Barkautionen (evtl. § 263!), NJW **55**, 71; *anders* jedoch bei Barkautionen (§ 550 b BGB) eines Mieters durch den Vermieter (LG Hamburg wistra **90**, 71), bei „Aussteuer-Kaufverträgen" mit langjähriger Laufzeit (NJW **91**, 371) oder im Falle von Vorauszahlungen, falls der Verkauf mit Auftrag gemischt ist (RG **77**, 393); so, die Anzahlungen nur zum Ankauf zu verwenden (BGH **1**, 190; Bay wistra **89**, 114); zur Vermittlung von Erholungsfahrten für die Abonnenten anderer Unternehmen, NJW **53**, 1601 (vgl. BGH **12**, 207, 208 darüber, wann Untreue gegenüber solchem Unternehmen vorliegt und wann gegenüber dem Einzelkunden des Vermittlers; ferner BGH **28**, 21; LK 49); bei Annahme eines Baukostenzuschusses durch den Vermieter vom Mieter zu unmittelbarer Verwendung zum Wohnungsbau (MDR **54**, 495; BGH **8**, 271; **13**, 330; 21. 12. 1979, 2 StR 768/78); so auch, wenn der Vermieter selbst in die dem Mieter gegen dessen Baukostenzuschuß zugesagte Wohnung einzieht (Braunschweig JZ **54**, 300); ebenso bei Überlassung von Geld an einen Makler, der einen Grundstückskauf vermitteln und das Geld zur Anzahlung verwenden soll (Stuttgart NJW **68**, 1340); im Falle eines Auftrags (§ 662 BGB) zur Grundstücksveräußerung (wistra **84**, 225 m. Anm. Labsch StV **84**, 514); oder bei der Übernahme der Finanzierung im Zusammenhang mit der Einrichtung eines Geschäfts (Bay GA **69**, 308). Desgl., falls bei einer *Tototippgemeinschaft* irgendein Gewinn auf verschiedene selbständig gezeichnete Scheine zu gleichen Teilen gehen soll (Bay NJW **71**, 1664; aM LM Nr. 19 für den Fall einer lockeren Gemeinschaft ohne fortlaufende Zahlungsverpflichtung); vgl. auch Blei JA **71**, 721). Dagegen genügt *nicht* die bloße Pflicht, eine geschuldete Leistung zu erfüllen (BGH **28**, 23; MDR **88**, 512; EzSt § 12 UWG Nr. 1), so nicht die Pflicht des Schuldners zur Bezahlung (RG **73**, 299; **77**, 404), die vertragswidrige Verfügung des Vermieters über die Mietkaution (Düsseldorf NJW **89**, 1171; aM AG Frankfurt NJW **88**, 3029; LG München NStZ **91**, 134); die zweckwidrige Verwendung der Einlage eines stillen Gesellschafters vor der Gründung der Gesellschaft (Karlsruhe wistra **92**, 233), die Pflicht eines Kreditnehmers, eine Bankgarantie zu beschaffen (MDR/H **76**, 987), oder den Kredit zu-

§ 266

rückzuzahlen (wistra **84**, 143 m. Anm. Schomburg; Labsch Jura **87**, 414), des Arbeitgebers, dem Arbeiter dessen Lohn zu zahlen (Bay NJW **57**, 1683), oder Urlaubsmarken für ihn zu kleben (BGH **6**, 317); oder Leistungen nach dem 5. VermBG für den Arbeitnehmer zu entrichten (Braunschweig NJW **76**, 1903); auch *nicht* Nichtabführung des Lohnes trotz dessen Pfändung (Celle MDR **58**, 706); oder die Pflicht, Lohnteile an einen Gläubiger des Arbeitnehmers abzuführen (Köln NJW **67**, 836); die Pflicht des Käufers, auch bei Eigentumsvorbehalt des Verkäufers und der Verpflichtung, den Kauferlös getrennt aufzubewahren (BGH **22**, 190, zust. Schröder JR **69**, 191; wistra **87**, 137, 292); auch nicht die Abrede über den Weiterverkauf von Waren zu einem bestimmten Preis (wistra **90**, 305; vgl. BGH **28**, 23); anders aber, wenn noch die Verpflichtung hinzukommt, die Ware getrennt aufzubewahren und besondere Versicherungen abzuschließen (2. 12. 1969, 5 StR 587/69; vgl. auch NJW **68**, 885 sowie RG **67**, 273 zum Fall des Sicherungseigners, der den Erlös aus einer ihm zur Sicherung abgetretenen Forderung behält) oder bei der Abrede, die Forderungen aus dem Weiterverkauf abzutreten und den Gläubiger davon zu benachrichtigen (MDR/D **67**, 173; 174); das kann bei länger dauerndem Vertrauensverhältnis anders sein (vgl. Hamm NJW **54**, 1091). Der Täter muß auf Grund eines Treueverhältnisses fremde Vermögensinteressen zu betreuen haben (RG **71**, 91; **74**, 3); so der Direktor als Verwaltungsleiter einer Schule (NStZ **86**, 455), der Spediteur (BGH **1**, 189; RG **77**, 404); ein Vermittlungsagent zwischen Versandhaus und Käufern (MDR/D **67**, 174); ein Architekt, dem neben Planung und Beaufsichtigung auch Ausschreibung, Vergabe und Schlußabrechnung mit den Handwerkern oblieg (MDR/D **69**, 534; **75**, 23); ein Darlehensnehmer, wenn das Darlehen in bestimmter Weise zweckgebunden ist (BGH **13**, 330); zw.); möglicherweise auch gegenüber seinem Arbeitgeber ein Taxifahrer mit weitgehender Verfügungsbefugnis (Schleswig OLGSt. 19); aber *nicht* der Minderheitsaktionär gegenüber der AG (LG Köln wistra **88**, 279; NStZ/A **89**, 498), der Werkvertragsunternehmer (RG **77**, 150), der Mieter (RG **71**, 90; Oldenburg NJW **52**, 1267), oder im Falle eines Kontokorrentverhältnisses (NStZ **84**, 119, hierzu Labsch JuS **85**, 602). Zur **Amtsuntreue** vgl. auch die SVKomm.(1 zu § 264) TagBer. XII 23ff. und das im Auftrag des Bundes der Steuerzahler erstattete Gutachten von Kohlmann (Wiesbaden 1979) sowie das im Auftrag des BMJ erstattete Gutachten von Volk, HWiStR „Haushaltsuntreue" (ferner oben 1). Ein Kassenbeamter, der den Kostenschuldnern Geld statt Kostenmarken zur Abführung an die Gerichtskasse übernimmt, steht zu jenen in keinem Treueverhältnis, wohl aber zum Staat. Behält er das Geld für sich, so sind zwar die Schuldner dem Staat noch haftbar, doch ist der staatliche Anspruch gefährdet; daher § 266 (vgl. 16ff., RG **73**, 8). Die Treue hat dem Staate auch der Beamte zu halten, der Sachen bearbeitet, die ihm nicht übertragen sind (RG **72**, 348).

12a d) Dagegen scheiden aus zB **mehr mechanische Leistungen** (wie als Bote) oder ganz untergeordnete Dienste (zB solche einer mit Schreibarbeiten betrauten Angestellten, BGH **3**, 289) oder eines gewöhnlichen Arbeiters (BGH **4**, 170; **5**, 187; Hamm NJW **72**, 301); zu Lochern, Operatoren und Programmierern bei der EDV (Vogt JuS **80**, 862); auch das Rückführen eines Hundes (RG HRR **41**, 472), das Austragen der Brötchen (RG **69**, 60) oder von Zeitungen (RG **42**, 211), aber auch bloße Kontrollfunktionen

Betrug und Untreue **§ 266**

(NStZ **82**, 201), soweit die zu erfüllenden Pflichten in allen Einzelheiten vorgegeben sind (NStZ **83**, 455); zB im Falle eines in der Buchhaltung ohne eigene Dispositionsbefugnis Beschäftigten (StV **86**, 203 L), oder eines Steuerhauptsekretärs bei der Finanzkasse (wistra **87**, 27).

B. Die **Handlung** (Treubruch) besteht in der *Verletzung der* dem Täter **13** im Innenverhältnis obliegenden *Pflicht, fremde Vermögensinteressen wahrzunehmen.* Zwischen der Vermögensbetreuungspflicht und dem Handeln des Täters muß ein innerer Zusammenhang bestehen (NJW **92**, 251). In Betracht kommen hier „Verfügungen" und (im Gegensatz zu 2 ff.) auch Handlungen tatsächlicher Art (RG **61**, 2), die der Täter pflichtwidrig begeht oder unterläßt (BGH **36**, 228 m. Anm. Timpe JR **90**, 428), so, wenn der Vormund das Haus eines Mündels verfallen läßt; desgl., wenn der Täter sich Geld aus der verwalteten Kasse zueignet (BGH **8**, 255; **13**, 316), wenn er sich eine im Rahmen eines entgeltlichen Geschäftsbesorgungsvertrages bestellte Grundschuld treuwidrig abtreten läßt (wistra **91**, 219) oder wenn der staatliche Förster aus seinem Revier Holz stiehlt (MDR **54**, 399). Treubruch kann es auch sein, wenn der Täter den Geschäftsherrn treuwidrig zu einer nachteiligen Vermögensverfügung veranlaßt (RG **38**, 366; BGH 27. 11. 1962, 1 StR 381/62), zB die ihm eingeräumte Kreditierungsbefugnis weit überschreitet (wistra **88**, 305, zu den notwendigen Feststellungen in einem solchen Fall wistra **92**, 26), nicht aber schon, wenn er gegen die bloße Schuldnerverpflichtung, verwahrtes Geld herauszugeben, verstößt (NStZ **86**, 361 [hierzu Tiedemann, Tröndle-FS 327; Otto JK 6]; 16. 12. 1988, 3 StR 497/88; vgl. auch NJW **88**, 2485; oben 12). Eine vertragliche Beziehung iS des § 266 kann auch Verpflichtungen enthalten, deren Einhaltung nicht von § 266 geschützt ist, maßgebend sind Inhalt und Umfang der Treuabrede (NJW **91**, 1069; wistra **91**, 266).

4) Eine Pflichtwidrigkeit des Täters wird **in beiden Tatbeständen** der **14** Untreue (zu 2 ff., 8 ff.) erfordert. Die zu betreuenden Vermögensinteressen müssen von einiger Bedeutung sein und die darauf gerichtete Fürsorgepflicht muß eine vertragliche Hauptpflicht darstellen (Köln NJW **88**, 3220). Umfang und Grenzen der Pflichten des Täters richten sich nach den zugrundeliegenden Verhältnissen rechtlicher (zu 2 ff.) oder tatsächlicher (zu 8 ff., vgl. Labsch [oben 1] 157 ff.) Art. Im letzteren Falle (zu 8 ff.) sind die konkreten Verhältnisse des Einzelfalles aufzuklären mit ihren Übungen und Bräuchen im täglichen Leben (RG **69**, 16). Die Pflichtwidrigkeit kann entfallen, wenn das Unterlassen der Handlung eine Schädigung des Rufes des Treugebers zur Folge haben könnte (BGHZ **13**, 66; 13. 12. 1960, 5 StR 86/60; vgl. aber auch 9). Im Abschluß verbotener Geschäfte durch einen Angestellten braucht Pflichtwidrigkeit nicht zu liegen, wohl aber im Nichtabführen des Erlöses aus solchen Geschäften (BGH **20**, 143; vgl. auch MDR/D **69**, 534; MDR **88**, 513). Einverständnis des Treugebers läßt den Tatbestand (LK 87) und nicht nur die Rechtswidrigkeit entfallen (so aber BGH **3**, 24; **9**, 216). Ist Treugeber eine juristische Person oder eine Personenhandelsgesellschaft, so läßt die Einwilligung ihres vertretungsberechtigten Organs oder Gesellschafters die Pflichtwidrigkeit nur dann nicht entfallen, wenn die Tat über die bloße Vermögensschmälerung hinaus gegen zwingendes Recht oder die Grundsätze eines ordentlichen Kaufmannes verstößt (BGH **3**, 39; wistra **83**, 71; vgl. für die GmbH BGH **9**, 216; zur

§ 266

„verdeckten Gewinnausschüttung" unten 20; ferner Düsseldorf wistra **87**, 354; Hamm NJW **82**, 192 für AStA-Vermögen). Pflichtwidrig sind ferner Verfügungen, die mit kaufmännischen Grundsätzen unvereinbar, insbesondere wenn sie geeignet sind, der GmbH Betriebsmittel zu entziehen, ihre Liquidität zu gefährden oder wenn sie einen Eingriff in das Stammkapital bedeuten (24. 10. 1990, 3 StR 16/90). Die Sorgfaltspflichten des Geschäftsführers einer privatrechtlich strukturierten Stadtwerke-GmbH bestimmen sich nach dem Zweck des Unternehmens und nach den gemeinderechtlichen Grundsätzen sparsamer Wirtschaftsführung (Hamm NStZ **86**, 119 m. Anm. Molketin NStZ **87**, 369; Labsch Jura **87**, 417; LG Paderborn MDR **86**, 952). Eine Pflichtwidrigkeit scheidet hingegen aus, wenn der Geschäftsführer einer Gesellschaft weniger günstig einkauft, der Abschluß eines günstigeren Kaufs jedoch verboten oder sittenwidrig ist (MDR/H **79**, 456), *nicht* aber, wenn der Beauftragte einer Stiftung Möglichkeiten eines günstigen Grundstückerwerbs nicht wahrnimmt (NJW **83**, 1808). Wer als Treupflichtiger vereinnahmte Beträge pflichtwidrig nicht auf einem Sonderkonto verwahrt, begeht Untreue, wenn er nicht ständig flüssige Mittel bereithält, um stets den Ausgleich für die vereinnahmten Gelder herzustellen (BGH **15**, 344; wistra **90**, 21). Auch satzungswidrige Verfügung eines Vereinsvorsitzenden über das Vereinsvermögen ist eine pflichtwidrige Untreuehandlung (NJW **75**, 1234; NStE Nr. 30, hierzu Weise, Finanzielle Beeinflussungen von sportlichen Wettkämpfen durch Vereinsfunktionäre und Überlegungen zur Amtsuntreue auf der Grundlage des sog. Bundesligaskandals, Diss. Gießen 1982). Jedoch ist es zu weitgehend, wenn Schünemann (InstKonfl. **11**, 63) dies auch bei *Parteispenden* (13 zu § 2) von Gesellschafter-Geschäftsführern von Kapitalgesellschaften annimmt.

15 **5) Täter** der Untreue kann nur sein, wer in dem besonderen Pflichtenverhältnis steht. Die Untreue ist daher ein **Sonderdelikt** (BGH **13**, 330), so daß Außenstehende nur als Teilnehmer in Betracht kommen (NStE Nr. 29; München JZ **77**, 411); für sie gilt § 28 I (14. 11. 1978, 4 StR 576/78; SK 45; Arzt/Weber LH **4**, 132; aM SchSch 52), jedoch kommt dann eine doppelte Milderung nicht in Betracht (SK **26**, 53). Möglich ist, daß sich das Treuverhältnis auf eine vom Verpflichteten zugezogene Hilfsperson erstreckt (BGH **2**, 324; **9**, 217; Hamburg JR **63**, 392). Ist ein Strohmann vorgeschoben, so kommt als der Täter der wirklich Verpflichtete in Frage (BGH **12**, 207; **13**, 330). Bei juristischen Personen und Personenhandelsgesellschaften richtet sich die Verantwortlichkeit nach § 14 I (26. 6. 1980, 1 StR 785/79; vgl. 2 zu § 14; LK 80). Dasselbe gilt, wenn der gesetzliche Vertreter des Verpflichteten handelt.

16 **6) Ein Nachteil für das zu betreuende** (NJW **83**, 462 m. Anm. Keller JR **83**, 516) **Vermögen** muß durch die Tathandlungen in beiden Tatbeständen dem Treugeber oder dem Vermögensinhaber (LK 94) zugefügt werden (wistra **88**, 305). Doch muß auch die Schädigung eines vom Treugeber verwalteten Vermögens genügen (Schröder JZ **63**, 395). Als Nachteil genügt nach I („oder einen andern zu verpflichten"!) auch die bloße Belastung des Vermögens mit einer Verbindlichkeit, zB die Überziehung eines Kassenkredits (20. 2. 1981, 2 StR 644/80). So belastet der Besteller einer Grundschuld oder eines Pfandrechts ein Vermögensstück (RG **61**, 174);

Betrug und Untreue § 266

auch der Besitz ist ein Teil des Vermögens (RG GA Bd. 59, 458). Einem Nachteil steht nicht entgegen, wenn ein Schuldirektor das durch pflichtwidriges Verhalten erlangte Geld im Interesse der Schule ausgegeben hat (NStZ 86, 455). Die **Gefährdung** eines Anspruchs (vgl. hierzu 31 zu § 263; selbst eine vorübergehende: 26. 6. 1980, 1 StR 785/79) genügt zur Vermögensbeschädigung (RG 73, 8; 77, 228; Bay GA 69, 308); so die Verwendung von Fremdgeldern zur Sicherung für eigene Kredite (wistra 88, 192), es muß sich aber um eine konkrete Vermögensgefährdung handeln (wistra 88, 26; NStZ/A 89, 499), so die Vermögensgefährdung eines Eigentümers durch Abtretung einer Grundschuld an einen gutgläubigen Zessionar (NJW 91, 3220), so durch Bildung *schwarzer Kassen* (GA 56, 154; 20. 2. 1981, 2 StR 644/80: auch wenn später die Gelder ihrem ordentlichen Verwendungszweck zugeführt werden; RG 71, 157; nach RG 75, 227 genügt sie nicht schlechthin); desgl. die Einräumung eines Zurückbehaltungsrechts (RG 26, 111); der Verzicht auf ein Pfandrecht durch Herausgabe der Sache (Olshausen 9a; vgl. auch wistra 86, 69); ein gesteigertes Prozeßrisiko (wistra 86, 108). Auch das Aufstellen bewußt unbegründeter Forderungen für den Treugeber kann Untreue sein (18. 4. 1961, 1 StR 602/60). Ob schon eine verzögerte Vertragserfüllung eine Vermögensgefährdung darstellt, ist näher darzulegen (24. 7. 1979, 5 StR 131/79). Das Eingehen eines gewissen, sorgfältig kalkulierten wirtschaftlichen Wagnisses ist nicht grundsätzlich unerlaubt, wohl aber Spekulations- oder Risikogeschäfte (wistra 91, 219). Geschädigt kann immer nur ein mit dem Täter nicht identischer Träger fremden Vermögens sein (2. 10. 1981, 2 StR 544/81; MDR/H 84, 277; wistra 84, 226; Hamm wistra 85, 159 zum Fall einer KG; hierzu Schulte NJW 84, 1671). Zur Frage der Vermögensgefährdung im Falle Gewährung riskanter Großkredite durch Bankleiter (Nack NJW 80, 1600; zusf Riemann [1 zu § 263] 158). Die Handlung kann auch im **Unterlassen** einer rechtlich gebotenen Handlung bestehen (Bremen NStZ 89, 228; LK 88); so, wenn der Täter drohende Gefahren nicht abwendet (BGH 5, 190); gebotenes Einschreiten unterläßt (BGH 9, 120); der Gerichtsvollzieher die ihm vom Gläubiger aufgetragene Pfändung unterläßt (RG 61, 228); desgl., wenn der Bevollmächtigte die einzuklagende Forderung absichtlich verjähren läßt (RG 11, 412); wenn ein Notar Verwahrungsgelder auf dem eigenen Geschäftskonto beläßt, statt sie auf ein Anderkonto zu überweisen (NStZ 82, 331 und hierzu in derselben Sache wistra 84, 71), oder wenn der Vormund das Mündelgeld nicht rechtzeitig verzinslich anlegt (RG GA Bd. 36, 400); ebenso, wenn der Vormund verschweigt, daß er selbst das nichteheliche Kind erzeugt hat (RG 30, 191); wenn ein Universitätslehrer geschuldete Nutzungsentgelte aus Nebentätigkeiten nicht abführt (NJW 82, 2882); wenn eine ordentliche Buchführung unterlassen wird (RG 73, 284). In den Fällen des Unterlassens ist die innere Tatseite besonders sorgfältig zu prüfen (RG 77, 228), das Unterlassen des Führens von Aufzeichnungen genügt für § 266 nicht (3. 2. 1983, 1 StR 697/82).

A. Der Begriff des Vermögens bestimmt sich nicht lediglich nach dem 17 bürgerlichen Recht (RG 63, 407) und ist weiter zu ziehen als im Falle des Betruges (M-Maiwald § 45, 2; aM SchSch 39; SK 37). Es gehört zum Vermögen des Auftraggebers iS des § 266 alles, was seiner Obhut mit der

Befugnis zur alleinigen rechtlichen Verfügung unterworfen ist, so daß durch die Untreue sein wirtschaftlicher Machtbereich geschmälert wird (RG **39**, 414); erfaßt wird alles, was nach wirtschaftlicher Betrachtungsweise in Geld meßbar ist (NJW **75**, 1234); so auch rechtlich nicht durchsetzbare (§ 817 S. 2 BGB) Ansprüche bei Erfüllungsbereitschaft des Schuldners (MDR/H **80**, 986), ferner Ansprüche aus rechtlich mißbilligten Geschäften (NJW **65**, 771); die begründete Aussicht auf Erfüllung eines Auftrages (BGH **17**, 147; Köln NJW **67**, 1923), oder Anwartschaft auf Bezug von Waren durch die Stammkunden (RG **71**, 334); das eigennützige Abzweigen eines Teils des gewährten Lieferantenrabatts (29. 11. 1983, 1 StR 401/83); das Vereiteln der Möglichkeit eines dem betreuten Vermögen vorteilhaften Vertragsabschlusses, um bei Äquivalenz von Leistung und Gegenleistung den Betrag für sich zu erlangen (wistra **84**, 109; Bremen NStZ **89**, 229); jedoch *nicht* eine bloße Chance (Hamm GA **58**, 250; NJW **68**, 1940); auch nicht Verlust einer mehr oder minder gesicherten Aussicht eines Geschäftsabschlusses (BGH **31**, 234, hierzu Tiedemann, Tröndle-FS 332, vgl. auch NJW **66**, 261). Auch Gegenstände der Konkursmasse sind als Vermögensstücke des Konkursverwalters anzusehen (RG **39**, 414), so daß der mit der Geschäftsfortführung beauftragte Gemeinschuldner an ihnen Untreue begehen kann (RG **26**, 106; aM LK 22). Das Offenbaren seiner Lieferfirmen bedeutet für einen Kaufmann nicht notwendig einen Vermögensschaden

18 (RG **74**, 317). **a)** Inwieweit bei **offener** oder **verdeckter Stellvertretung** der Treunehmer Eigentum für den Treugeber oder für sich selbst erwirbt (dazu 4 ff. zu § 246), ist für § 266 nicht von entscheidender Bedeutung.

19 Denn **b) auch trotz formellen Eigentumserwerbs** des Täters kann er Untreue begehen, falls er das Empfangene pflichtwidrig für sich selbst erwirbt oder verwendet. Es greift dann der Treubruchstatbestand ein.

20 **B. Die Zufügung eines Nachteils** ist erforderlich, und zwar im Fall des Mißbrauchstatbestandes durch Ausübung der rechtlichen Verfügungsmacht (wistra **89**, 142), während im Fall des Treubruchstatbestandes Handlungen jeder Art möglich sind, zB privateigene Nutzung eines vereinseigenen Kraftwagens in erheblichem Umfang ohne jede Vergütung (29. 11. 1983, 1 StR 401/83). Nachteil ist hier gleichbedeutend mit Vermögensschaden iS des § 263 (RG **73**, 285; LK 90, 95), so daß auch schon der Verlust einer Anwartschaft (BGH **17**, 147; Hamm JMBlNW **64**, 139) oder eine Gefährdung des Vermögens ein Nachteil sein kann, GA **56**, 121; MDR/H **79**, 636 (Ankauf von Finanzwechseln); **79**, 988 (Risiko der Beanstandung vorschriftswidrig hergestellter Weine, §§ 52, 54 WeinG); 4. 12. 1979, 1 StR 397/79 (Nichtübertragbarkeit der Verwendung anvertrauter Gelder); vgl. 26 ff. zu § 263, andererseits weist BGH 22. 7. 1983, 3 StR 179/83 daraufhin, daß eine Ermittlung der Schadenshöhe nach freiem Ermessen (§ 287 ZPO) nicht genüge. Wird ein zivilrechtlicher Anspruch nicht geltend gemacht, so ist ein Vermögensnachteil gegeben, wenn bei Erfüllung des Anspruchs die Vermögenslage des Gläubigers günstiger wäre als es infolge des Verhaltens des Treunehmers der Fall ist (BGHR § 266 I, Nacht. 10). Falls ein angestellter Verkäufer Belege für Forderungen seines Arbeitgebers an den Schuldner herausgibt, fehlt es insoweit an einem Nachteil, als sie sich auf wertlose Forderungen beziehen (wistra **86**, 218). Desgl. fehlt es an einem rechtswidrigen Nachteil falls der *geschäftsführende*

Betrug und Untreue   **§ 266**

Gesellschafter dem Vermögen der *GmbH* mit Zustimmung aller Mitgesellschafter bereits *erzielten Gewinn* entnimmt, und zwar selbst dann (insoweit anders noch BGH **34**, 379), wenn diese Gewinne durch Falschbuchungen zum Zwecke der Steuerhinterziehung verschleiert wurden (*„verdeckte Gewinnausschüttung"*), BGH **35**, 336 (hierzu Lipps NJW **89**, 502; Otto JK **7**, 8; Reiß u. Hellmann wistra **89**, 81 u. 314; NStZ/A **89**, 499; Brammsen DB **89**, 1609; Arloth NJW **90**, 572; Rowedder/Fuhrmann 5 vor § 82 GmbHG). Allerdings sind insoweit einverständlich handelnde Gesellschafter (auch ein Alleingesellschafter) nur in den Grenzen des § 30 GmbHG frei (BGHZ **95**, 340; wistra **90**, 99); sind diese nicht eingehalten oder ist die GmbH sonst durch die einverständlichen Entnahmen in ihrer Existenz oder Liquidität gefährdet (BGH **35**, 338), ist Untreue gegeben. Die zu betreuenden und die verletzten Vermögensinteressen müssen identisch sein (NStZ **87**, 279 m. Anm. Gössel JR **88**, 256; LK 94), ferner kann, zB bei einer KG, Geschädigter nur ein mit dem Täter nicht identischer Träger fremden Vermögens sein (wistra **92**, 25); die Schädigung des Gesamthandvermögens einer KG muß zugleich das Vermögen der einzelnen – damit nicht einverstandenen – Gesellschafter berühren (wistra **91**, 183). Zur Frage des Nachteils des Fiskus bei verschwenderischer Verwendung öffentlicher Gelder durch öffentliche Bedienstete, Neye aaO (oben 1) 37 ff. und NStZ **81**, 369; SchSch 43.

a) Verfügung ist im rechtsgeschäftlichen Sinne des bürgerlichen Rechts 21
gemeint (RG **69**, 59); dazu kann die bloße unrichtige (zB zu niedrige) Buchung einer Forderung genügen (RG **66**, 292; zw.; aM Labsch Jura **87**, 348), der Auftrag an den Angestellten zur Zahlung und Überweisung (RG **61**, 6). Auch Befriedigung einer Schuld, die der Vollmachtgeber bestreitet, kann ausreichen (RG **66**, 206); auch die Einziehung einer Forderung (mit dem Willen, das Empfangene für sich zu verwenden, RG **38**, 266). Das gilt auch dann, wenn der Einziehende keine Inkassovollmacht hat und der Treugeber nochmals Zahlung fordern kann, weil dieser dann Prozessen mit dem Schuldner ausgesetzt ist (9. 3. 1965, 1 StR 43/65). So schädigt zB der Verkauf von Antiquitäten unterhalb des vom Auftraggeber gesetzten Limits (Köln JMBlNW **59**, 138), aber auch das bloße Verleihen (RG **46**, 144). Doch enthalten nicht nur rechtliche Anordnungen (RG **39**, 337) eine Verfügung (vgl. 2 ff.).

b) Vielmehr genügt im Falle des Treubruchstatbestandes jedes **schädi-** 22
gende Verhalten (vgl. zu den Grenzen RG **73**, 300); so das Beschädigen oder Sichaneignen einer Sache des Vollmachtgebers; es kann dann Idealkonkurrenz zwischen Untreue und Unterschlagung vorliegen (R **10**, 201). Ausreichend ist auch das vertragswidrige Benutzen jener Sachen (RG **68**, 373); die mißbräuchliche Verwendung eines Computers (*„Zeitdiebstahl"*, 2 zu § 242; 8 zu § 263a) des Treugebers (v. zur Mühlen NJW **71**, 1642), vorausgesetzt, daß der Täter nicht nur „Locher" oder „Operator" ist (Lampe GA **75**, 5, 14; Tiedemann WM **83**, 1330; vgl. Lenckner, Computerkriminalität usw. 1981, 32), sondern etwa als Sachbearbeiter einen gewissen Ermessensspielraum hat (München JZ **77**, 410 m. Anm. Sieber und eingehender Sieber 246 ff.; InfTechn. 38; LK 41); desgl. evtl. die Hingabe einer Ware in Zeiten der Warenknappheit gegen Geld (LM Nr. 1 zu § 335 aF); das Abspenstigmachen von Stammkunden (RG **71**, 333), oder das Vereiteln eines sicher bevorstehenden Geschäftsabschlusses (BGH **20**, 145, nicht jedoch der Verlust einer unsicheren Expektanz, 28. 4. 1981, 5 StR 131/81);

1581

§ 266

das Veranlassen des Treugebers zu einer nachteiligen Vermögensverfügung (GA **71**, 209); eine lückenhafte Abrechnung, wodurch die Geltendmachung begründeter Ansprüche unterbleibt (15. 12. 1981, 5 StR 603/81); die Bildung *schwarzer Kassen* (GA **56**, 154; vgl. LK 98); möglicherweise auch schon liederliche Buchführung (GA **56**, 121; 154; 29. 4. 1983, 2 StR 765/82; anders aber BGH **20**, 304; dazu krit. Schröder JR **66**, 185). Zu haushaltswidrigen Transaktionen studentischer Bediensteter (NStZ **84**, 550, hierzu Otto JK 4; Labsch Jura **87**, 416). Zum Mißbrauch von Insider-Informationen Ulsenheimer NJW **75**, 2004. Das Bewirken einer geschuldeten Leistung ist auch dann kein Schaden, wenn der Handelnde sich dabei unerlaubter Mittel bedient (BGH **3**, 160); dasselbe gilt von einer unterlassenen Vermögensvermehrung, wenn sie sich nur über ein verbotenes Geschäft erreichen ließ (28. 4. 1981, 5 StR 131/81; vgl. oben 14 aE). Im bloßen Verzögern einer Abrechnung braucht noch keine Untreue zu liegen (Stuttgart NJW **71**, 64). Einwilligung des voll unterrichteten Treugebers läßt den Tatbestand entfallen.

23 **c) Bei fahrlässiger Verursachung** eines Schadens durch den Treuepflichtigen ist er durch § 266 nicht zur Beseitigung des Schadens verpflichtet (RG **71**, 273).

24 **C. Der Vermögensschaden fehlt,** falls der *Schaden* durch gleichzeitige Vorteile *ausgeglichen* wird (NJW **75**, 1234; Bremen NStZ **89**, 229), so durch eine erklärte, zulässige Aufrechnung (Bay JZ **73**, 325; aM BGH 18. 8. 1970, 1 StR 213/70, der einen Ausgleich von Vor- und Nachteilen nur zulassen will, wenn beide unmittelbar durch das treuwidrige Verhalten herbeigeführt werden); *nicht* jedoch, wenn der Schadensausgleich durch andere rechtlich selbständige Handlungen herbeigeführt wird (NStE Nr. 23; 4. 2. 1992, 5 StR 622/91; LK 91). Es genügt, wenn der Verfügende eigene flüssige Mittel *ständig* zum Ersatz bereit hält (BGH **15**, 342 [dazu Schröder JR **61**, 268]; MDR/D **75**, 23; MDR/H **83**, 281; wistra **88**, 225; Stuttgart NJW **68**, 1340; Bay GA **69**, 308; Celle MDR **90**, 846; LK 93; aM SchSch 42; Labsch wistra **85**, 6). Wertpapiere sind flüssige Mittel, soweit sie ausreichende Sicherheit bieten (Bay NJW **66**, 116). Hingegen *bleibt* es *bei einem Schaden,* wenn der Täter eine zulässige Aufrechnung nicht erklärt, sondern verhindert, daß der Betroffene rechtzeitig von der Ausgleichsforderung erfährt (Bay JZ **73**, 325 mit zust. Anm. Schröder JR **73**, 339); oder lediglich in der Lage ist, Ersatz zu leisten (wistra **90**, 352; KG NJW **72**, 218) oder, ohne dazu in der Lage zu sein, nur die Absicht hat, den (bereits entstandenen) Schaden später wiedergutzumachen (RG **62**, 33); ebensowenig genügt die Ersatzbereitschaft eines Dritten (BGH **15**, 376); oder daß die augenblickliche Verfügung, die das Vermögen des Auftraggebers mindestens gefährdet, zu dem Zwecke geschieht, dessen Schuldner zu sanieren (RG **61**, 212). Dasselbe gilt, falls der Nachteil durch den Erfolg einer groben Unredlichkeit gegen einen Dritten, die mit der Untreuehandlung verbunden ist, „ausgeglichen" wird (RG **71**, 346), oder wenn Entnahmen für den geschädigten Gesellschafter einer Abschreibungsgesellschaft Steuervorteile in Form von Verlustzuweisungen bringen (2. 10. 1981, 2 StR 544/81); anders jedoch, wenn Ausgaben für Repräsentationszwecke die haushaltsrechtlichen Grenzen nicht überschreiten (24. 8. 1982, 5 StR 76/82). Ein Vergütungs- oder Erstattungsanspruch gibt dem Täter kein Recht, eigenmächtig dem Vermögen des Treugebers Nachteil zuzufügen (NJW **83**, 1808). Nachträgliche Schadenswiedergutmachung ist nur für die Strafzumessung von Bedeutung (BGH **17**, 149; **20**, 144; LK 92).

D. Das Risikogeschäft (Hillenkamp NStZ **81**, 162), das zum Nachteil **25** des Treugebers ausgeht, braucht nicht immer Untreue zu sein (vgl. MDR/H **79**, 636). In gewissen Bereichen ist es dem Betreuer allerdings untersagt, riskante Geschäfte einzugehen, so dem Testamentsvollstrecker gegenüber dem Erben (GA **77**, 342) und dem Vormund gegenüber dem Mündel. In anderen Bereichen des Wirtschaftslebens stellt hingegen das Eingehen von riskanten Geschäften weder einen Mißbrauch rechtlicher Verfügungsmacht noch eine Pflichtwidrigkeit dar (vgl. LK 84; M-Maiwald § 45, 39; Bringewat JZ **77**, 669); wohl aber dann, wenn zB bei Avalkrediten die dem Handelnden gezogenen Grenzen nicht eingehalten werden (wistra **85**, 191; NStZ/A **88**, 99), auch sind bei Gewährung von Großkrediten durch Bankleiter idR die Grundsätze des KWG einzuhalten (Nack NJW **80**, 1600; Otto ZStW Beih. 1982, 64). Zur Frage des Nachteils des Geschädigten beim sog. Durchhandeln durch Rentenhändler (1. 3. 1983, 5 StR 784/82). Der Nachteil, der in der Vermögensgefährdung liegen kann, kann durch die Erwartung künftiger Vorteile schon bei seiner Entstehung ausgeglichen werden (RG **65**, 430), etwa im Falle des Erreichens der „Aufmerksamkeit und Geneigtheit" einer angesehenen Persönlichkeit (so 22. 6. 1983, 3 StR 467/ 82). Ähnlich kann auch die „Bestechung" von Spielern eines gegnerischen Vereins aus den Mitteln eines Bundesligavereins dann keinen Nachteil bedeuten, wenn die dadurch erreichte Chance, in der oberen Spielklasse zu bleiben, wirtschaftlich wertvoller ist als das hingegebene Geld (NJW **75**, 1234, und nach Zurückverweisung LG Bielefeld JZ **77**, 692; hierzu abl. Bringewat JZ **77**, 667; ferner Schreiber/Beulke JuS **77**, 656; Seelmann JuS **82**, 917; hierzu LK 86). § 266 liegt vor, wenn der Täter nach der Art eines Spielers entgegen den Regeln kaufmännischer Sorgfalt eine Verlustgefahr auf sich nimmt und nach einer Gesamtbetrachtung ein Schaden wahrscheinlicher ist als ein Gewinnzuwachs (MDR/H **82**, 624).

7) Der Vorsatz des Täters muß die Pflichtwidrigkeit umfassen. Dazu **26** gehört, daß er das Vorhandensein aller Tatbestandsmerkmale von I kennt; er muß sich auch seines Mißbrauchs oder seiner Pflichtwidrigkeit bewußt sein (BGH **3**, 24; MDR/H **86**, 97; NStZ **86**, 455), nicht jedoch der Rechtswidrigkeit (BGH **2**, 194; Verbotsirrtum; LK 104). Der Täter muß wissen, daß sein Tun das Vermögen des Auftraggebers schädigt (vgl. „zum Nachteile"), und er muß dies auch wollen (RG HRR **38**, 1323; 29. 5. 1981, 2 StR 30/81). Nicht nötig ist, daß er auch den Erfolg erstrebt (RG **53**, 194; **66**, 261), so daß auch Eventualdolus genügt (RG **33**, 5; Bay GA **69**, 308). Doch sind bei dem weitgesteckten Tatbestandsrahmen des § 266 an den Nachweis des inneren Tatbestandes *strenge Anforderungen* zu stellen (MDR/D **75**, 543; NJW **90**, 3220); dies gilt vor allem für Fälle des bedingten Vorsatzes und der Unterlassung, wenn der Täter nicht eigennützig gehandelt hat (NJW **83**, 461 m. Anm. Keller JR **83**, 516; wistra **87**, 138; NStE Nr. 12); BGH(Z) NJW **84**, 801 (bei Warentermingeschäften); RG **71**, 92 (beim Verkäufer auf Abzahlung); BGH **3**, 25; GA **54**, 155; **56**, 121; 154; zum Bundesligaskandal NJW **75**, 1234; problematisch Trifftterer NJW **75**, 614, jedoch steht ein kurzfristig günstiger Kontostand der billigenden Inkaufnahme,

§ 266

einen Überweisungsbetrag nicht abführen zu können, nicht entgegen (wistra **90**, 21). Der Leiter einer Bank handelt jedoch (bedingt) vorsätzlich, wenn er in der Hoffnung eines späteren guten Ausgangs eine gegenwärtige Benachteiligung der Bank in Kauf nimmt (NJW **79**, 1512 m. Anm. Otto NJW **79**, 2414; hierzu Nack NJW **80**, 1602 mwN; Hillenkamp NStZ **81**, 161; Müller/Wabnitz 21). Beim nicht vertretbaren Risikogeschäft muß der Täter hinsichtlich der Nichtvertretbarkeit mindestens bedingten Vorsatz haben (RG **61**, 20; **69**, 205). Das Motiv des Täters ist für den Vorsatz gleichgültig; so auch beim Handeln zur Vermeidung der eigenen strafrechtlichen Verfolgung (RG **30**, 191). Nimmt der Täter, insbesondere mit Rücksicht auf seinen Willen und seine Bereitschaft zum Ersatz, das Einverständnis des Treugebers mit seinem Vorgehen an, so fehlt ihm der Vorsatz (BGH **3**, 25; 4. 10. 1960, 5 StR 390/60; str.; wie hier LK 103; M-Maiwald § 45, 48 und Welzel 389 nehmen Verbotsirrtum an), nicht aber schon, wenn er erst nach der schädigenden Verfügung glaubt, der Treugeber werde sie billigen (BGHZ **8**, 277). Die vermutete Einwilligung des Treugebers ist ein Rechtfertigungsgrund, ein Irrtum darüber ein (meist vermeidbarer) Verbotsirrtum (Stuttgart Die Justiz **83**, 265). Doch können Pflichtwidrigkeit und das Bewußtsein von ihr gegeben sein trotz formal gültiger Ermächtigung, falls deren Ausnutzung mit der Wirtschaftslage des Geschäftsherrn nicht vereinbar ist (RG JW **34**, 2773). Die Einwilligung des Gesellschafters einer Einmann-GmbH rechtfertigt die Untreue des sorgfaltswidrig handelnden Geschäftsführers nicht, ein Irrtum hierüber ist Verbotsirrtum (Stuttgart MDR **78**, 593).

27   **8) Vollendet** wird die Untreue schon mit einer als Schaden anzusehenden Gefährdung (oben 16ff.; BGH **20**, 305). Zur **Wahlfeststellung** 18 zu § 1.

28   **9) Konkurrenzen** (ausführlich LK 107ff.). **A. Bei mitbestrafter Nachtat** ist Tateinheit oder -mehrheit nicht gegeben; so kann, wenn die Untreue an einer Forderung begangen wird (Einziehung mit der Absicht, das Eingezogene für sich zu behalten), an dem Eingezogenen nicht noch nachträglich eine Unterschlagung begangen werden, selbst wenn der Täter als offener Stellvertreter einzieht, so daß sein Auftraggeber das Eigentum erwirbt (BGH **6**, 316; **8**, 260; GA **55**, 272; Köln NJW **67**, 1924; Stuttgart NJW **73**, 1386; dazu Lenckner JZ **73**, 796). Nach BGH **14**, 47 ist nicht einmal mitbestrafte Nachtat anzunehmen. Mitbestrafte Nachtat liegt hingegen vor, falls der Täter sich durch Betrug ein Akzept beschafft und es dann zum Nachteil des Hingebenden verwertet (BGH **6**, 67); entsprechend im umgekehrten Falle: der Täter verschafft sich einen Gegenstand durch Untreue und täuscht zwecks Verwertung seinen Auftraggeber (kein neuer Betrug!); dagegen Tatmehrheit möglich, wenn sich der Täter die Sache durch die Untreue noch nicht zueignen wollte (vgl. wistra **84**, 225 m. Anm. Labsch StV **84**, 514, jedoch gegen ihn BGH wistra **91**, 219, hierzu Otto JK 11); ebenso wenn der Täter durch neue Handlungen den durch frühere entstandenen Schaden verdeckt (NJW **53**, 1924; MDR/D **57**, 652).

29   **B. Tateinheit** ist möglich **a)** mit **Diebstahl,** so, wenn Ladenangestellte Waren an sich nehmen (MDR/D **54**, 399) und in eigenem Namen verkaufen; und zwar auch dann, wenn auch eine nicht in einem Treueverhältnis stehende Person den Diebstahl hätte begehen können (BGH **17**, 360; aM

Köln JMBlNW **58**, 208); erfolgt der Verkauf unter Preis, aber lediglich im *Namen des Geschäftsherrn,* so wird nur Untreue begangen (RG LZ **23**, 138); **b)** mit **Unterschlagung** einer Sache oder ihres Erlöses (BGH **13**, 315; **18**, 312; GA **55**, 272; Koblenz GA **75**, 122), wenn der Zueignungsvorsatz erst später gefaßt wird; sonst wird § 246 von § 266 mit abgegolten (vgl. oben 28); **c)** mit **Betrug,** falls Untreue und die Vorspiegelungshandlung zusammenfallen (BGH **8**, 260; GA **71**, 84; wistra **91**, 219 [hierzu Otto JK 11]; 3. 6. 1992, 3 StR 418/91; strRspr.; Braunschweig NJW **51**, 932) oder die Schädigung durch die Täuschung eines Dritten erreicht worden ist (28. 11. 1978, 1 StR 490/78) und nicht eine der Taten als mitbestraft wegfällt (Hamm MDR **68**, 779; München JZ **77**, 410; oben 28); **d)** mit **Urkundenfälschung** (11. 7. 1980, 2 StR 242/80) sowie §§ 268, 269, § 274 I Nr. 1, 2 (vgl. BGH **18**, 313) und **e)** mit § 352 (NJW **57**, 59; vgl. ferner 42 zu § 283). **Tatmehrheit** ist gegeben mit § 332 (NJW **87**, 1341) und mit § 12 II UWG (wistra **89**, 225); vgl. auch 5 vor § 52.

C. **Fortgesetzte Handlung** ist auch dann möglich, wenn verschiedene 30 Personen geschädigt werden (BGH **1**, 186; aM Schröder JR **59**, 270); möglich auch zwischen Mißbrauchs- und Treubruchstatbestand (LK 18).

10) Die Strafe. Ein den Vermögensnachteil überwiegender Vermögens- 31 vorteil wirkt strafmildernd, wenn er nicht auf dieselbe Handlung zurückzuführen ist und deshalb die Tatbestandsmäßigkeit nicht berührt (4. 2. 1992, 5 StR 622/91; LK 91). Ein **besonders schwerer Fall** (**II**; 11 zu § 12) ist bei hohem Schaden (MDR/H **76**, 16; NStZ **83**, 455; NJW **84**, 2540) und außergewöhnlichem Tatumfang sowie ungewöhnlich gesteigertem Gewinnstreben (wistra **84**, 28) stets zu prüfen (43, 43a zu § 46; vgl. auch 53 zu § 263); aber nicht schon *allein* aus diesem Grunde (wistra **83**, 71) oder *allein* schon bei Mißbrauch einer Amtsstellung zu bejahen (18. 12. 1980, 4 StR 509/80), oder wenn der Täter die Früchte seiner Tat „bewußt genießt, anstatt sich mit Skrupeln zu plagen" (wistra **89**, 100), es kommt vielmehr auf eine Gesamtwürdigung an (JZ **88**, 472; wistra **91**, 214), ggf ist § 41 (dort 3) zu beachten. Aus der Tatsache, daß § 266 keine Bereicherung voraussetzt, folgt nicht, daß eine durch die Tat erzielte persönliche Bereicherung kein Strafschärfungsgrund sein müsse, so daß das Fehlen strafmildernd berücksichtigt werden dürfe (wistra **87**, 27). Die Vollstreckung einer unter der aF (vor 1. 1. 1975) verhängten obligatorischen Geldstrafe (Ersatzfreiheitsstrafe) bleibt zulässig (München GA **84**, 187). Zu III vgl. 41 zu § 243 und unten 33.

11) Ein Sonderfall der Untreue findet sich noch in § 34 DepotG (hierzu 32 Otto ZStW Beih. 1982, 48 und Bankentätigkeit 28). Zur aktienrechtlichen Untreue Fuhrmann in Erbs A 116,4 vor § 1 AktG; Geilen AktStrR 5, 9 vor § 399 AktG.

12) Zu III vgl. 54, 55 zu § 263 iVm 4ff. zu § 232. **Zuständigkeit** in Wirt- 33 schaftsstrafsachen nach § 74c I Nr. 6, § 74e Nr. 2 GVG; § 103 II JGG.

Vorenthalten und Veruntreuen von Arbeitsentgelt

266 a [I] Wer als Arbeitgeber Beiträge des Arbeitnehmers zur Sozialversicherung oder zur Bundesanstalt für Arbeit der Einzugsstelle vorenthält, wird mit Freiheitsstrafe bis zu fünf Jahren oder mit Geldstrafe bestraft.

§ 266a BT Zweiundzwanzigster Abschnitt

^{II} Ebenso wird bestraft, wer als Arbeitgeber sonst Teile des Arbeitsentgelts, die er für den Arbeitnehmer an einen anderen zu zahlen hat, dem Arbeitnehmer einbehält, sie jedoch an den anderen nicht zahlt und es unterläßt, den Arbeitnehmer spätestens im Zeitpunkt der Fälligkeit oder unverzüglich danach über das Unterlassen der Zahlung an den anderen zu unterrichten. Satz 1 gilt nicht für die Teile des Arbeitsentgelts, die als Lohnsteuer einbehalten werden.

^{III} Wer als Mitglied einer Ersatzkasse Beiträge zur Sozialversicherung oder zur Bundesanstalt für Arbeit, die er von seinem Arbeitgeber erhalten hat, der Einzugsstelle vorenthält, wird mit Freiheitsstrafe bis zu einem Jahr oder mit Geldstrafe bestraft.

^{IV} Dem Arbeitgeber stehen der Auftraggeber eines Heimarbeiters, Hausgewerbetreibenden oder einer Person, die im Sinne des Heimarbeitsgesetzes diesen gleichgestellt ist, sowie der Zwischenmeister gleich.

^V In den Fällen des Absatzes 1 kann das Gericht von einer Bestrafung nach dieser Vorschrift absehen, wenn der Arbeitgeber spätestens im Zeitpunkt der Fälligkeit oder unverzüglich danach der Einzugsstelle schriftlich

1. die Höhe der vorenthaltenen Beiträge mitteilt und
2. darlegt, warum die fristgemäße Zahlung nicht möglich ist, obwohl er sich darum ernsthaft bemüht hat.

Liegen die Voraussetzungen des Satzes 1 vor und werden die Beiträge dann nachträglich innerhalb der von der Einzugsstelle bestimmten angemessenen Frist entrichtet, wird der Täter insoweit nicht bestraft. In den Fällen des Absatzes 3 gelten die Sätze 1 und 2 entsprechend.

1 1. **Die Vorschrift** idF des 2. WiKG (2 vor § 263) faßt die früheren §§ 529, 1428 RVO, § 225 AFG, § 150 AngVersG, § 234 RKnappschaftsG wegen der Bedeutung der Vorschrift für die soziale Sicherung des größten Teils der Arbeitnehmer (= ANehmer) und für die Erfüllung wichtiger sozialpolitischer Aufgaben des Staates zusammen, auch um die präventive Wirkung des Strafschutzes zu verbessern (RegE 12; krit. Martens wistra **85**, 51, 53). Sie ist aber nicht milder iS des § 2 III (wistra **88**, 354). I und III enthalten die im wesentlichen sachlich übereinstimmenden Regelungen der Vorläuferbestimmungen. Neu ist die Strafbarkeit des Arbeitgebers (= AGeber) nach II (unten 11), wenn er die Abführung anderer als der in I oder II S. 2 genannten Teile des Arbeitsentgelts unterläßt und den ANehmer hiervon nicht unterrichtet. IV erweitert den Täterkreis und V sieht (fakultatives) Absehen von Strafe und Straffreiheit vor.
2 **A. Geschütztes Rechtsgut** ist das **Interesse der Solidargemeinschaft** (Ber. 31; Martens wistra **86**, 155) **an der Sicherstellung des Aufkommens der Mittel für die Sozialversicherung** sowie in II das **Schutzinteresse der Arbeitnehmer an der treuhänderischen Verwaltung von Teilen ihres Arbeitseinkommens** (Celle NJW **92**, 190; vgl. auch Lackner 1, SK-Samson
3 2ff.). B. Neueres **Schrifttum**: *Granderath* DB **86**, Beil. 18, 10; *Marburger* DÖD **87**, 128; *Martens/Wilde*, Strafrecht und Ordnungsrecht in der Sozialversicherung, 4. Aufl. 1987, 73ff.; *K. Meyer* in Erbs, Kommentierung zum früheren § 529 RVO; *Möhrenschlager* wistra **82**, 201 u. HWiStR „Arbeitsentgelt"; *Rienhardt* HWiStR „Vermögenswirksame Leistungen"; *H. Schäfer* wistra **82**, 96; *Schlüchter* 2. WiKG, 1987; *Stahlschmidt* wistra **84**, 209; *Tiedemann* JZ **86**, 873; *U. Weber* NStZ **86**, 487.

2) § 266 a ist ein **Sonderdelikt** (35 vor § 13; U. Weber NStZ 86, 487) und ein Schutzgesetz iS des § 823 II BGB (wistra 92, 144). **Täter** können nur sein **A.** in den Fällen der **I und II a**) der **Arbeitgeber**. Das ist bei öffentlichrechtlichen wie privatrechtlichen Arbeitsverhältnissen der nach §§ 611 ff. BGB Dienstberechtigte, also derjenige, dem der ANehmer Dienste leistet und zu dem er im Verhältnis persönlicher Abhängigkeit steht, die sich vornehmlich in seiner Eingliederung in den Betrieb des AGebers äußert (so BSozG NJW 67, 2031; BSGE 26, 282; **34**, 113). Bei mehreren versicherungspflichtigen Arbeitsverhältnissen haften die AGeber gesamtschuldnerisch für die vollen Beiträge (§ 396 RVO). AGeber ist auch, wer die Löhne unmittelbar durch einen Dritten zahlen läßt, mit fremden Betriebsmitteln arbeitet oder den Betrieb für fremde Rechnung führt (Meyer [oben 3] II 2 b mwN), ferner der gewerbsmäßige Verleiher von ANehmern (§ 3 I Nr. 2 AÜG) und in den Fällen des illegalen Arbeitskräfteverleihs nach § 9 Nr. 1, § 10 III S. 2 AÜG der Verleiher und der Entleiher (vgl. hierzu 13 a zu § 263). Die AGebereigenschaft verliert nicht, wer einen Strohmann vorschiebt (Meyer [oben 3] mwN), sie kann einem Kreditgeber zuwachsen, wenn er ein Mitbestimmungsrecht erlangt, das sich auf die Beziehungen zu den ANehmern erstreckt (BSozG NJW 67, 2032); auch ein Konkursverwalter oder gerichtlich bestellter Sequester kann AGeber sein (Martens wistra 86, 156); **b)** die **für den Arbeitgeber** iS des § 14 **verantwortlich Handelnden**. Das sind **aa)** die vertretungsberechtigten Organe einer juristischen Person, bei mehreren das zuständige Mitglied dieses Organs oder der vertretungsberechtigte Gesellschafter einer Personenhandelsgesellschaft (§ 14 I Nr. 1, 2). Sie können uU auch strafrechtlich haften, wenn sie für Personal- und Beitragsangelegenheiten an sich nicht zuständig sind, aber vom Verstoß nach § 266 a I, II Kenntnis erhalten und ihn nicht hindern (5 zu § 14; ferner Meyer [oben 3] mwN); **bb)** gesetzliche Vertreter iS des § 14 I Nr. 3: Eltern, Vormünder, aber auch Konkurs-, Vergleichs- und Nachlaßverwalter; **cc)** Beauftragte iS des § 14 II (9 ff. zu § 14; vgl. ferner Meyer [oben 3] mwN); **c)** die dem AGeber **nach IV Gleichgestellten**, das sind **aa)** Auftraggeber eines Heimarbeiters („wer in selbstgewählter Arbeitsstätte allein oder mit seinen Familienangehörigen im Auftrag von Gewerbetreibenden oder Zwischenmeistern erwerbsmäßig arbeitet"), eines Hausgewerbetreibenden („wer in eigener Arbeitsstätte mit nicht mehr als 2 Hilfskräften oder Heimarbeitern im Auftrag von Gewerbetreibenden oder Zwischenmeistern Waren herstellt, bearbeitet oder verpackt, . .") oder einer Person, die iS des HeimArbG diesen gleichgestellt ist (vgl. §§ 1 II, 2 I, II HeimArbG). Der Begriff „Auftraggeber" entspricht dem des „Arbeitgebers des Hausgewerbetreibenden" in § 12 III SGB IV und § 529 I aF RVO; **bb) Zwischenmeister** ist, „wer ohne Arbeitnehmer zu sein, die ihm von Gewerbetreibenden übertragene Arbeit an Heimarbeiter oder Hausgewerbetreibende weitergibt" (§ 12 IV SGB IV; § 2 III HeimArbG). **B.** In den Fällen des III können Täter nur **Mitglieder einer Ersatzkasse** sein, also Personen, die der Mitgliedschaft einer Pflichtkrankenkasse befreit und nach § 168 SGB V in eine Ersatzkasse aufgenommen worden sind.

3) Nach I sind Handlungsobjekt **Beiträge** des ANehmers zur Sozialversicherung oder zur Bundesanstalt für Arbeit. Gemeint sind die *ANehmeranteile*, für deren Zahlung gegenüber der Einzugsstelle *allein* der AGeber haftet (§ 28 e SGB IV) und die er bei der Auszahlung des Lohns dem Versicherungspflichtigen abzuziehen berechtigt ist (§ 28 g SGB IV). Zur Beitragsabführungspflicht vgl. §§ 28 d ff. SGB IV. Jede Lohnauszahlung ist mithin „Nettozahlung" iS des stillschweigenden Abzugs der ANehmeranteile. Neben den Beiträgen zur Sozialversicherung (Kranken- und Rentenversicherung) sind auch die Beiträge zur Bundesanstalt für Arbeit genannt,

§ 266a

die wie jene zu den Gesamtsozialversicherungsbeiträgen iS des § 28 d SGB IV gehören. Zu den Beiträgen der ANehmer gehören auch solche, die der AGeber nicht nach § 28 a SGB IV der Krankenkasse gemeldet hat (Hamm BB **69**, 1482; Meyer [oben 3] II 3 a mwN). Die jeweils geschuldeten Beträge hat der Tatrichter, um die revisionsgerichtliche Nachprüfung zu ermöglichen, – gesondert für die jeweiligen Fälligkeitstermine – nach Anzahl, Beschäftigungszeiten und Löhnen der ANehmer und nach der Höhe des Beitragssatzes der örtlichen AOK anzugeben (BGHR Soz.Abg. 3). Insoweit gelten die Grundsätze entsprechend, die die Rspr. bei Taten nach § 370 AO für die Darlegung der Berechnungsgrundlagen der verkürzten Steuern ermittelt hat (26 d vor § 52). Bei sog. *Geringverdienern* sind deren ANehmeranteile ausschließlich vom AGeber zu tragen (§ 381 I RVO), deren Nichtabführung fällt nicht unter § 266a I (BGHR Soz.Abg. 3; SchSch

10 4; Lackner 7). **a)** Die Tathandlung besteht im **Vorenthalten** von **fälligen** (§ 23 I SGB IV) Gesamtsozialversicherungsbeiträgen gegenüber der Einzugsstelle (§§ 28h, 28i SGB IV). Eine Stundung durch die Einzugsstelle schiebt die **Fälligkeit** hinaus. § 266a setzt anders als die erwähnten Vorläuferbestimmungen nicht voraus, daß der AGeber Beiträge *„einbehält oder*

11 *erhalten hat"*, da § 266a kein **Einbehalten** mehr voraussetzt, ist er auch anwendbar, wenn der AGeber trotz fälliger Abführungspflicht den Lohn nicht auszahlt (KG NStZ **91**, 187 [hierzu Bente wistra **92**, 177]; AG Berlin-Tiergarten wistra **89**, 318, zB bei verschuldeter Zahlungsunfähigkeit; krit. SK 21), ihn gutschreibt, nur zT oder mit dem ANehmeranteil oder nur Trinkgelder statt des Lohnes ausbezahlt, sowie dann, wenn die Nichtabführung des ANehmeranteils mit dem ANehmer vereinbart wurde (vgl. NJW **87**, 786; SK 16; Ber. 31; Granderath [oben 3], 10); denn jede Auszahlung enthält stillschweigend eine Kürzung um den ANehmeranteil (BGH **30**, 265 m. Anm. Martens NStZ **82**, 471; Meyer [oben 3] mwN). Wirken AGeber und ANehmer einvernehmlich zur Hinterziehung von Lohnsteuer und Sozialversicherungsbeiträgen zusammen, so liegt keine *Nettolohnvereinbarung* vor (BGH MDR **92**, 686 aS [m. Anm. Franzheim JR **93**, Heft 2]; aM noch BGH **34**, 166), da Sozialversicherungsbeiträge (und Lohnsteuer) gerade nicht abgeführt werden sollen und damit die Rechtsfolge einer Nettolohnvereinbarung (Befreiung des ANehmers von seiner Beitragslast) gerade nicht eintreten soll (vgl. BFH 21. 2. 1992, VI R 41/8; BSGE **64**, 110). Die **Fälligkeit** tritt aber spätestens am 15. des der entgeltauslösenden Beschäftigung folgenden Monats ein (§ 23 I SGB IV). Verfügt der AGeber über den einbehaltenen Beitrag zwischen Lohnabzug und Fälligkeitstermin anderweitig, entrichtet er aber den entsprechenden Betrag gleichwohl rechtzeitig an die Einzugstelle, so ist § 266a nicht gegeben (vgl. Meyer [oben 3] II 3d aa mwN). Beiträge, die dem AGeber *vor* ihrer Fälligkeit von der Einzugsstelle rechtswirksam *gestundet* worden sind, enthält der AGeber nicht vor (Meyer [oben 3] II 3d ee). Leistet er am Fälligkeitstage weniger als die geschuldete *Summe* der ANehmer- *und* AGeberanteile, so wird die Zahlung zunächst auf die ANehmeranteile angerechnet (wistra **91**, 267; Bay JR **88**, 478 m. Anm. Stahlschmidt; NStZ/A **89**, 502), so daß eine Straftat nach § 266a ausscheidet, wenn der bezahlte Betrag die abzuführenden ANehmeranteile erreicht (Düsseldorf NJW **56**, 802; Meyer [oben 3] II 3d cc mwN). Demzufolge definiert auch § 14 II SGB IV das „Nettoarbeitsentgelt" als „die Einnahmen des Beschäftigten einschließlich der darauf

Betrug und Untreue **§ 266a**

entfallenden Steuer und der seinem gesetzlichen Anteil entsprechenden Beiträge zur Sozialversicherung und seines Beitrags zur Bundesanstalt für Arbeit". § 266a erfaßt – entgegen BGH wistra **82**, 111 zu § 529 I aF RVO (auch Meyer [oben 3] II 3b bb) – nunmehr auch Fälle, in denen der AGeber das Arbeitsverhältnis nach § 28a SGB IV überhaupt nicht meldet (oder zu niedrige Löhne angibt) und den (überschießenden) Lohn ohne Abzüge auszahlt. In diesen Fällen hat die bisherige Rspr. uU *Beitragsbetrug* (13a zu § 263) für gegeben gehalten (zum Ganzen Schäfer aaO 97; Martens wistra **85**, 52, 53; vgl. hierzu aber auch § 10 III AÜG). In den Urteilsgründen ist die Höhe der geschuldeten Sozialversicherungsbeiträge, und zwar für die jeweiligen Fälligkeitszeitpunkte gesondert anzugeben (MDR/H **92**, 321).

b) Das Vorenthalten ist ein echtes **Unterlassungsdelikt** (wistra **92**, 23), **12** dessen Rechtswidrigkeit bei Unmöglichkeit der Erfüllung der Beitragsschuld oder deren Schuldvorwurf wegen Unzumutbarkeit der Abführung ausnahmsweise entfallen können (Martens/Wilde [oben 3] 85; Winkelbauer wistra **88**, 17; vgl. Lackner 10). Einen Ausgleich in Härtefällen schafft V (unten 25). Sie wird gegenüber den **Einzugsstelle** begangen. Der gesamte Sozialversicherungsbeitrag ist an die Krankenkasse zu zahlen (§§ 28h, 28i SGB IV), die über die Weiterleitung und Abstimmung der Beiträge nach § 28k SGB IV befindet.

4) II betrifft das **Verheimlichen des Nichtabführens eines Teils des Ar-** **13** **beitsentgelts,** den der AGeber für den ANehmer einem anderen zu zahlen hat. II hat im bisherigen Recht kein Vorbild. Er ist anzuwenden, wenn der AGeber Lohnbestandteile, die nicht unter I oder II S. 2 (Lohnsteuer) fallen, einzubehalten hat und nicht ordnungsgemäß abführt. Das ist zB der Fall, wenn der AGeber die Zahlung der von ihm nach dem 5. VermBG zu erbringenden ANehmer-Sparzulage in der Lohnabrechnung zwar ausweist, aber in Wirklichkeit nicht abführt (RegE 26, 29), wenn er die privat- oder öffentlichrechtliche Pflicht hat, anderweitig Teile des Arbeitsentgelts an andere Stellen abzuführen (zB Pfändung, Abtretung, Vereinbarungen zwischen AGeber und ANehmer, wonach Abzüge für eine freiwillige Rentenversicherung zu machen und an den Versicherungsträger abzuführen sind; Vereinbarungen, wonach der AGeber für den ANehmer die von diesem an eine Ersatzkasse zu entrichtenden Beiträge zu zahlen hat, ferner die Abführung von Beiträgen an eine Direktversicherung oder eine Pensionskasse). In diesen Fällen ist nicht wie in I regelmäßig nur die Solidargemeinschaft der Versicherten geschädigt (vgl. Martens wistra **85**, 52), sondern der ANehmer selbst, weil ihm Lohn einbehalten wird, ohne daß seine Verbindlichkeit insoweit getilgt wird (Martens aaO). II erfaßt sämtliche Fälle der Verletzung treuhänderischer Pflichten des AGebers, die im Nichtabführen einbehaltener Teile des Arbeitsentgelts bestehen (RegE 30). Der Unrechtsgehalt solcher Taten ist dem eines Betrugs und Untreue ähnlich (RegE 29), wenn auch von diesen Vorschriften idR nicht erfaßt (RegE 27), aber im Hinblick auf die Sozialpflichtigkeit, die sich aus der Stellung des AGebers ableitet, strafwürdig (RegE 29). Hinsichtlich des **Tatverhaltens** setzt II voraus, daß der AGeber a) bestimmte Teile des **14** Arbeitsentgelts (13) **einbehalten,** also an den ANehmer nicht den vollen, sondern einen (um den abzuführenden, in der Lohnabrechnung meist ausgewiesenen Betrag) gekürzten Lohn ausgezahlt hat, was anders als bei I

§ 266a

(oben 11) eine Lohnauszahlung voraussetzt. Weitere Voraussetzung ist,
15 daß er b) den einbehaltenen Betrag an den anderen **nicht abgeführt** hat. In den Fällen der vom AGeber nach dem 4. VermBG zu erbringenden vermögenswirksamen Leistungen fällt freilich die Nichtzahlung an den Dritten mit dem Einbehalten zusammen, was nach RegE 29 die Anwendbarkeit des II nicht hindert. Schließlich setzt II voraus, daß der AGeber – neben
16 dem zu beanstandenden Unterlassungsverhalten zu 15 – **c) es unterläßt, den ANehmer über das Unterlassen der Zahlung an den anderen zu unterrichten.** II S. 1 fordert also *zusätzlich* (RegE 29) zur bloßen Nichtabführung der Lohnbestandteile die Nichtunterrichtung des ANehmers. II S. 1 unterscheidet sich wesentlich dadurch von I und II S. 2, daß die Geldleistungspflicht bei II S. 1 uU nur auf vertraglicher Grundlage beruht. Während also das Verhalten nach I idR die Solidargemeinschft trifft, richtet sich der Kern des strafbaren Unrechts bei II S. 1 gegen den ANehmer selbst. Das kommt nicht nur in der unterschiedlichen Strafdrohung zum Ausdruck, sondern auch dadurch, daß II S. 1 das bloße Nichtabführen von Lohnbestandteilen erst dann ahndet, wenn es gegenüber dem ANehmer „verheimlicht" wird, einerlei aus welchen Gründen. „Heimlich" muß dies nicht geschehen; Gleichgültigkeit genügt. Jedoch ist mindestens bedingter Vorsatz erforderlich. Die von I abw. Fassung soll dem Unterschied in den Positionen des ANehmers Rechnung tragen, die in den Fällen I sicherer ist, weil sein Versicherungsanspruch erhalten bleibt, während er in den Fällen des II S. 1 ein besonderes Interesse an einer strafrechtlich abgesicherten Aufklärungspflicht des AGebers haben muß, wenn er vor weiteren Schädigungen geschützt sein soll. Ob die Sicherung privatrechtlicher Ansprüche es allerdings rechtfertigen, den AGeber mit den Mitteln des Strafrechts zur ehrlichen Erfüllung seiner vertraglichen Pflichten anzuhalten, erscheint zw.
17 **d)** Die Informationspflicht nach 16 obliegt dem AGeber **„spätestens" im Zeitpunkt der Fälligkeit oder unverzüglich danach.** In dieser auch in V gebrauchten Wendung kommt dem Wort „spätestens" kein Sinn zu, da auch eine Unterrichtung „unverzüglich danach", also „ohne schuldhaftes Zögern" (§ 121 I BGB) nach der Fälligkeit, ausreicht (vgl. hierzu aber RegE 31). Für den Zeitpunkt der Fälligkeit ist das der Abführungspflicht
18 zugrundeliegende Rechtsverhältnis maßgebend. **e)** Nach II S. 2 gilt Satz 1 nicht für **Nichtabführung der Lohnsteuer,** da hierdurch dem ANehmer ein Schaden nicht entsteht und die Verletzung der Pflichten nach § 38 III S. 1, § 41a EStG bereits durch §§ 370, 378, 380 AO straf- oder bußgeldbedroht sind (hierzu im einzelnen RegE 29/30; vgl. R. Keller, Baumann-FS 233).

19 **5)** III regelt das **Vorenthalten von Beiträgen zur Sozialversicherung oder zur Bundesanstalt für Arbeit durch Ersatzkassenmitglieder** (oben 8) und faßt die früheren §§ 529 II, 1428 II RVO, § 225 II AFG, § 150 II AngVersG ohne sachliche Änderung in einer einheitlichen Vorschrift zusammen, obwohl der RegE 30 selbst die praktische Bedeutung der Vorschrift bezweifelt (vgl. oben 11; abl. auch Martens wistra **85,** 52; krit. auch Granderath aaO 11). Zum Verfahren bei der Beitragszahlung vgl. § 28d ff. SGB IV.

20 **6)** In allen Fällen des I bis III ist **Vorsatz** erforderlich, bedingter genügt (wistra **92,** 145; Martens wistra **86,** 157). Die Absicht, sich einen Vermö-

Betrug und Untreue § 266a

gensvorteil zu verschaffen oder die Einzugsstelle zu schädigen, ist nicht erforderlich (MDR **60**, 917). Gleichgültig ist auch, ob der AGeber den Vorsatz schon beim Einbehalten der Anteile oder erst später gefaßt hat (Meyer [oben 3] II 5a mwN). Vorsätzlich handelt insbesondere der AGeber, der seine sämtlichen verfügbaren Mittel für die Lohnzahlung verwendet, ohne eine Rücklage für die abzuführenden Beitragsteile zu machen (RG **40**, 237), es sei denn, er kann damit rechnen, daß ihm bis zur Fälligkeit die erforderlichen Mittel zufließen (RG **28**, 255). Der **Irrtum** des AGebers, 21 die Einzugsstelle habe die Zahlung gestundet, schließt den Vorsatz aus. Ein Irrtum über das Vorliegen und den Umfang der Pflicht, die Beitragsteile abzuführen, ist **Verbotsirrtum**, der idR vorwerfbar ist (9 zu § 17; Schäfer 100; Meyer II 5b; Martens/Wilde [jew. oben 3] 87 mwN).

7) AGeber und die nach § 14 verantwortlich Handelnden (oben 6) kön- 22 nen **Mittäter** (§ 25) sein; bei Büroangestellten (Personalbearbeiter, Lohnbuchhalter) des AGebers kann **Beihilfe** (§ 27) in Betracht kommen (Meyer [oben 3] II 6).

8) Konkurrenzen. Eine **natürliche Handlungseinheit** (2 vor § 52) ist ge- 23 geben, wenn der AGeber es unterläßt, die einbehaltenen Beiträge für mehrere ANehmer und mehrere Versicherungszweige an die Einzugsstelle abzuführen (str.; vgl. Meyer [oben 3] II 8a mwN); vielfach wird **Fortsetzungszusammenhang** gegeben sein, da es genügt, daß der Gesamtvorsatz vor Beendigung des ersten Teilakts gefaßt wird, und es nicht erforderlich ist, daß Umfang und Zeitdauer der Tat von vornherein bestimmt sind (26a, 26b vor § 52). Gegenüber § 266 ist § 266a lex specialis. **Tatmehrheit** ist gegeben, wenn der AGeber neben der Unterlassungstat des § 266a auch Steuerhinterziehung (Lohn- und Umsatzsteuer) nach § 370 AO begeht (BGH MDR **92**, 686 aS; Zweibrücken NJW **75**, 129). § 263 (Beitragsbetrug) geht bei Schadensidentität vor (Lackner 20; Martens/Wilde [oben 3] 94).

9) Die Strafe ist in den Fällen I und II (wie in §§ 263 I und 266 I) Freiheits- 24 strafe bis zu 5 Jahren oder Geldstrafe, in den Fällen der wesentlich leichteren Straftat des II Freiheitsstrafe bis zu einem Jahr oder Geldstrafe. **Nach V** besteht 25 die Möglichkeit, durch rechtzeitige **Offenbarung** der **Zahlungsunfähigkeit** persönliche Straffreiheit zu erlangen (krit. zu V Samson SK 38; zusf. Winkelbauer wistra **88**, 16). Die Einzugsstelle wird vor dem Gericht zu prüfen haben, ob der Beitragsschuldner ohne bewußte Vernachlässigung seiner Mitwirkungspflichten akzeptable Gründe für die Zahlungsunfähigkeit anführen kann; die Gründe, weshalb der Täter in der Zeit zwischen Fälligkeit des Lohns und der im Folgemonat eintretenden Beitragsfälligkeit andere Dispositionen treffen mußte, können also schon bei einer Betriebsprüfung auf ihre Stichhaltigkeit geklärt werden. Daher dürfte V selten anzuwenden sein (Winkelbauer wistra **88**, 17). Bei geringerem Verschulden oder bei Nachzahlung kommt Verfahrenseinstellung in Betracht (Martens/Wilde [oben 3] 89; vgl. auch RiStBV Nr. 93). Andererseits erscheint es verständlich, wenn der AGeber sich in Extremsituationen (vgl. Winkelbauer wistra **88**, 18) für die Sicherung des Existenzminimums des ANehmers entscheidet. V soll daher in einer *flexiblen Regelung*, ohne die strafrechtliche Sicherung des Beitragsaufkommens zu gefährden, aber auch um einer Gefahr von Arbeitsplatzverlusten und Betriebsschließungen entgegenzuwirken, dem in einem wirtschaftlichen Engpaß befindlichen AGeber eine „goldene Brücke" bauen (RegE 26). So kann nach V **Satz 1** das Gericht in den Fällen von I 26 und III (vgl. V *Satz 3*) **von einer Bestrafung** nach diesen Vorschriften **absehen,** wenn der Täter sich der Einzugsstelle gegenüber rechtzeitig (oben 17) und

§ 266a
BT Zweiundzwanzigster Abschnitt

vollständig, und zwar schriftlich, offenbart und sie auf diese Weise in die Lage setzt, auf zutreffender Basis ihre weiteren Entscheidungen zu treffen (RegE 30; krit. SK 42). Hierzu gehört **nach Nr. 1** die Angabe der **Höhe** der vorenthaltenen (dh der am Tage der Fälligkeit bereits geschuldet gewesenen und die zu diesem Zeitpunkt abzuführenden) Beiträge und **nach Nr. 2** eine begründete Erklärung darüber, warum trotz ernsthaften Bemühens (14 zu § 24) eine fristgerechte Zahlung nicht möglich war. Das kann zB der Fall sein, wenn der AGeber mit schlüssigen und triftigen Gründen darlegt, daß er sich auch nicht durch Kreditaufnahme die notwendigen Mittel beschaffen kann, die vorhandenen Mittel für die Aufrechterhaltung des Betriebes unumgänglich sind und unter kaufmännischen vernünftigen Gesichtspunkten begründete Aussicht für eine spätere Nachentrichtung der Beiträge besteht. Auf diese Weise soll dem Mißbrauch des V vorgebeugt werden und seine Rechtswohltat nur Tätern zugute kommen, die ein Absehen von Strafe „verdienen" (RegE 31). Nach V **Satz 2** erlangt der Täter **Straffreiheit,** wenn er die vorenthaltenen Beiträge innerhalb der ihm von der Einzugsstelle im Wege der Stundung bestimmten angemessenen Frist entrichtet (Bay JR **88,** 479 m. Anm. Stahlschmidt). Die Regelung knüpft an § 371 III AO an (RegE 31; Winkelbauer wistra **88,** 19). Der Strafanspruch des Staates ist gegenüber einem Täter, dem eine Frist nach Satz 2 bewilligt ist, auflösend bedingt (vgl. BGH **7,** 341), und zwar durch die Nachzahlung der vorenthaltenen Beiträge innerhalb der gesetzlichen Frist (vgl. Franzen-Gast-Samson 131 zu § 371 AO). V gilt auch für Teilnehmer (Winkelbauer wistra **88,** 18). Liegen indessen die Voraussetzungen von V nicht vor, so hebt der nachträgliche Eingang geschuldeter Beträge die eingetretene Strafbarkeit nicht rückwirkend auf (NStZ **90,** 588).

Mißbrauch von Scheck- und Kreditkarten

266 b ^I Wer die ihm durch die Überlassung einer Scheckkarte oder einer Kreditkarte eingeräumte Möglichkeit, den Aussteller zu einer Zahlung zu veranlassen, mißbraucht und diesen dadurch schädigt, wird mit Freiheitsstrafe bis zu drei Jahren oder mit Geldstrafe bestraft.

^{II} § 248a gilt entsprechend.

1 **1) Die Vorschrift,** eingefügt in Anlehnung an die Mißbrauchsalternative des § 266 durch den Art. 1 Nr. 11 des 2. WiKG (2 vor § 263), fehlte im RegE/ 2. WiKG der 9. und der 10. WP (BT-Drs. 9/2008, 10/318). Im RA-BTag wurde indessen ein besonderer strafrechtlicher Schutz vor Mißbrauch von Scheck- und Kreditkarten angesichts deren weltweiter Bedeutung (Möhrenschlager wistra **85,** 217; stat. Angaben bei Otto HWiStR bei „Scheckkartenbetrug", „Kreditkartenbetrug"), namentlich im Hinblick auf BGH **33,** 251, für dringlich gehalten (ebenso Lenckner/Winkelbauer wistra **84,** 84; Offermann wistra **86,** 51, 57; demgegenüber weisen Bringewat NStZ **85,** 537; Otto JZ **85,** 1009; Labsch NJW **86,** 108; H. J. Hirsch, Kaufmann-GedS 152; Ranft JuS **88,** 673; Tiedemann JZ **86,** 872; N. Schmid SchweizZSt **87,** 129; R. Schmitt Jura **87,** 640 darauf hin, daß eine sachgemäße Auslegung des Mißbrauchstatbestandes, die vom BGH nicht geleistet wurde [unten 2 und 6a zu § 266], den § 266b entbehrlich gemacht hätte; krit. auch Achenbach NJW **86,** 1835). **Die Geldautomatenfälle** fallen – obwohl eine Einbeziehung nach dem objektiven Wortlaut möglich – trotz fehlender sachlicher Unterschiede nach der Entstehungsgeschichte (krit. Bieber WM Beil. 6/87, 27) *nicht* unter § 266b (NStZ **92,** 279; Granderath DB **86,**

Beil. 18, 9; Otto wistra **86**, 153; Bernsau [unten 1a] 134ff., 157; Berghaus JuS **90**, 982; Möhrenschlager wistra **91**, 325; Meurer, Kitagawa-FS 981; aM Müller/ Wabnitz [2 zu § 264], 17; ferner U. Weber NStZ **86**, 484, JZ **87**, 217 u. Krause-FS 436; Huff NJW **87**, 818; M-Maiwald § 45, 73; Schulz/Tscherwinka JA **91**, 124, die verkennen, daß bei Codekarten, die auch bloße Bankkundenkarten sein können, die für Scheck- und Kreditkarten tatbestandstypische [unten 4, 5] Garantiefunktion nicht vorzuliegen braucht); vgl. hierzu ferner 8ff., 18 zu § 263a. **Schrifttum:** *Badekow* [3 vor § 263]; *Bernsau,* Der Scheck- oder Kreditkartenmißbrauch durch den berechtigten Karteninhaber, 1990; *Bühler* MDR **89**, 22; *Labsch* NJW **86**, 104; *Offermann* JA **85**, 601 u. wistra **86**, 50; *Otto* wistra **86**, 150; *Ranft* JuS **88**, 673; *Steinhilper* NJW **85**, 300; *U. Weber* NStZ **86**, 481 u. JZ **87**, 215. *Kriminologie: Frühauf* in Poerting (Hrsg.) Wirtschaftskriminalität I BKA 1985 S. 169ff.; *Steinke* KR **87**, 62; **91**, 424; *Reichinger* KR **88**, 574. *Rechtsvergleichung: Möhrenschlager* wistra **85**, 219 (USA). **Geschütztes Rechtsgut** ist in erster Linie 2 das **Vermögen** (Otto wistra **86**, 152), daneben auch die *Funktionsfähigkeit des bargeldlosen Zahlungsverkehrs* in seiner volkswirtschaftlichen Bedeutung (hierzu schon U. Weber, Dreher-FS 563; aM SK-Samson 1; Lackner 2; M-Maiwald § 45, 67; Ranft JuS **88**, 675). § 266b schützt nicht vor jeder Art von Mißbräuchen von Scheck- und Kreditkarten, sondern richtet sich nur gegen (an sich berechtigte) Scheck- oder Kreditkartennehmer, soweit sie unter Verwendung der Karte Waren kaufen und Dienstleistungen in Anspruch nehmen, wohlwissend, daß sie zu einer späteren Zurückerstattung der verauslagten Beträge an die Kreditinstitute nicht in der Lage sein werden (Ber. 32; NStZ **92**, 279). Eine solche Tat war im Falle des *Kreditkarten*mißbrauchs nach BGH **33**, 244 (m. Anm. Otto JZ **85**, 1004; hierzu Bringewat NStZ **85**, 535; Labsch NJW **86**, 104 u. Jura **87**, 345; Offermann wistra **86**, 52; Geppert Jura **87**, 162 u. JK 20 zu § 263); wistra **86**, 171 weder als (vollendeter) Betrug noch als Untreue strafbar, während im Falle des Scheckkartenmißbrauchs die Frage des Ob und Wie der Strafbarkeit äußerst umstritten war und BGH **24**, 386; **33**, 248 unter Verkennung der Gegebenheiten des Scheckkartenverkehrs und allgemeiner Ablehnung des Schrifttums Betrug bejahte (zum früheren Streitstand 42. Aufl. 6a zu § 266; vgl. ferner Offermann wistra **86**, 52, 58; Labsch NJW **86**, 106); § 266b ist gegenüber § 263 das **mildere Gesetz** (NStZ **87**, 120; GA **87**, 263; Hamm MDR **87**, 514; Stuttgart NJW **88**, 982 [hierzu Otto JK 1]; U. Weber JZ **87**, 216).

2) **Täter** kann nur sein, wer berechtigter **Karteninhaber** ist, das sind 3 Personen, denen nach I *durch Überlassung einer Scheck- oder Kreditkarte die Möglichkeit eingeräumt* ist, *den Aussteller,* also das betreffende Kreditinstitut, *zu einer Zahlung zu veranlassen.* Die Tat ist daher ein Sonderdelikt (35 vor § 13; U. Weber NStZ **86**, 454 u. JZ **87**, 217; Ranft JuS **88**, 677), und die Täterschaft ein besonderes persönliches Merkmal iS des § 28 I (Lackner 2; M-Maiwald § 45, 70), ferner ist damit auch die **Garantieerklärung** umschrieben, zufolge der das Kreditinstitut auf Grund der Anweisung des Karteninhabers einzustehen hat. **Zahlung** ist hierbei nicht nur rein technisch iS der Hingabe von Bargeld zu verstehen, sondern es ist jegliche Geldleistung gemeint, insbesondere im Verrechnungswege. Die Begriffe Scheck- und Kreditkarte setzt die Vorschrift als feststehend und bekannt voraus (Ber. 32). Andere Personen als Karteninhaber kommen nur als Teilnehmer in Betracht. *Nicht* unterfällt vom Tatbestand sind *nichtberechtigte* Besitzer von Scheck- oder Kreditkarten. Benützen solche Täter die Karten zur Geldbeschaffung, so sind die §§ 263, 267 einschlägig (hierzu aus *kriminologischer* Sicht Stüllenberg, Lüddes KR **86**, 43, 99), ebenso § 263a bei

§ 266 b

Codekarten- und **Bankomatenmißbrauch** (vgl. oben 1 und ferner 8, 18 zu § 263a).

4 3) Das **Scheckkartensystem,** in Europa in der Form der Euroschecks gebräuchlich (vgl. hierzu 1 zu § 152a), beruht darauf, daß das kartenausstellende Kreditinstitut die Zahlung des auf dem Euroscheck angegebenen Betrags (derzeit bis zum Höchstbetrag von 400 DM) jedem Schecknehmer garantiert. Er erhält insoweit einen eigenen Anspruch gegen das Kreditinstitut, wenn gewisse formelle Voraussetzungen beim Ausstellen des Schecks eingehalten sind (Verwendung von Euroscheckformularen, Unterschrift des Scheckausstellers, Eintragung der Euroscheckkartennummer auf der Scheckrückseite). Hierzu Offermann wistra **86,** 57; R. Schmitt Jura **87,** 640.

5 4) Bei der **Kreditkarte** iS des § 266b (zB Visa-Karte, Eurocards) liegt dem Kreditgeschäft ein „Drei-Partner-System" zugrunde, während bei der Kundenkarte (zB *„goldene Kundenkarte"* der Kaufhäuser oder Autovermieter) nur ein „Zwei-Partner-System" vorliegt (Lackner 3; M-Maiwald § 41, 72). Beim Mißbrauch der Kundenkarte ist § 266b nicht anwendbar, es kann aber § 263 gegeben sein (MDR/H **89,** 112; BGH **38,** 283, aM Ranft JuS **88,** 680). Das Kreditkartengeschäft dagegen folgt ähnlichen Grundsätzen wie das Scheckkartensystem: Der Kreditkarteninhaber ist berechtigt, unter Vorlage der Kreditkarte bei dem Vertragsunternehmen des Kreditkartenausstellers gegen bloße Unterschrift auf einem Abrechnungsbeleg Waren oder Dienstleistungen in Anspruch zu nehmen. Mit dieser Unterschrift anerkennt der Karteninhaber die sachliche Richtigkeit des Betrages und verpflichtet den Kartenaussteller unter Belastung des Kontos des Karteninhabers an das Vertragsunternehmen zu zahlen. Die Einlösungsgarantie gegenüber dem Vertragsunternehmen hängt beim Kreditkartengeschäft uU von der Einhaltung interner Obergrenzen ab, die für einzelne Vertragsunternehmen verschieden hoch sind (hierzu Offermann JA **85,** 602 u. wistra **86,** 50; Ranft JuS **88,** 475 u. Jura **92,** 96) und deren Überschreitung uU genehmigungspflichtig ist.

6 5) **Tathandlung** ist der **Mißbrauch** der dem Täter (2) eingeräumten rechtsgeschäftlichen Möglichkeit, das Kreditinstitut zu verpflichten (vgl. hierzu 7 zu § 266). Er liegt vor, wenn sich der Täter zwar im Rahmen seines rechtlichen Könnens hält, im Innenverhältnis jedoch die Grenzen seines Dürfens überschreitet (NStZ **92,** 279). Indessen folgt schon aus dem Sinn des Wortes „Mißbrauch", daß nicht jede Hingabe eines (zZ) ungedeckten Euroschecks oder jede Inanspruchnahme eines Kredits, für den (zZ) ein Ausgleich nicht möglich ist, dieses Tatbestandsmerkmal erfüllt (zu weitgehend Ber. 33; ihm folgend jedoch Otto wistra **86,** 152; Granderath [oben 1], 9; Tiedemann JZ **86,** 872). § 266b gibt den Kreditinstituten nicht die Möglichkeit, ihre Kunden unter Strafdrohung zur peinlichen Einhaltung ihrer Vertragspflichten anzuhalten, sondern soll lediglich den bargeldlosen Zahlungsverkehr im Hinblick auf seine volkswirtschaftliche Bedeutung strafrechtlich schützen. Dieses Rechtsgut wird nicht schon durch jede vertraglich nicht gedeckte Inanspruchnahme von Überziehungskrediten oder durch jeden verzögerten Kontoausgleich beeinträchtigt (vgl. hierzu Lenckner/Winkelbauer wistra **84,** 88; Sieber InfTechn. 40; Otto wistra **86,** 152; Ranft **88,** 678; SK 6), sondern erst dann, wenn durch die Art und

Weise des Vorgehens (zB Kreditschöpfung trotz ausdrücklicher Untersagung) oder im Hinblick auf den Umfang der in den Verkehr gebrachten Schecks oder des in Anspruch genommenen Kredits in absehbarer Zeit nicht mit einem Kontoausgleich gerechnet werden kann. Die Überschreitung bestimmter Höchstgrenzen ist beim Kreditkartenmißbrauch jedoch nicht Voraussetzung (Granderath [oben 1]). Eine einschränkende Auslegung folgt auch daraus, daß die Tathandlung weiter

6) zu einer **Schädigung des Kreditinstituts** (vgl. 20 zu § 266) führen muß, 7 was nicht nur iS eines selbständigen Tatbestandsmerkmals zu verstehen ist, sondern insoweit auch die Tathandlung selbst charakterisiert, der die Eignung einer solchen Schädigungsfolge innewohnen muß (ähnlich Ber. 33). Das Erfordernis der Schädigung des Kartenausstellers stellt auch Parallelen zu den Tatbeständen des Betrugs und der Untreue her (Ber. 33), deren Anwendbarkeit in den Fällen des Scheck- und Kreditkartenmißbrauchs nicht gesichert war. Es ist also ein **Vermögensschaden** iS dieser Tatbestände (30 zu § 263; 16 zu § 266) vorausgesetzt, freilich wird man nach dem Sinn der Vorschrift eine bloße Vermögensgefährdung nicht ausreichen lassen können (Meurer, Kitagawa-FS 982). Eine andere Frage ist, ob bei einer durch Täuschung erlangten Kreditkarte eine Vermögensgefährdung iS des § 263 gegeben ist (so BGH 33, 246; Offermann wistra 86, 57; krit. Bringewat NStZ 85, 536; Labsch NJW 86, 105; für Vorliegen eines Vermögensschadens: Otto JZ 85, 1008).

7) Der **Vorsatz** des Täters muß alle Tatbestandsmerkmale, also auch den 8 Mißbrauchscharakter seiner Tat, umfassen. Wer bei der Tat (noch) nicht wußte, daß er seinen Verpflichtungen nicht werde nachkommen können, handelt nicht tatbestandsmäßig, auch fehlt es am Mißbrauchsvorsatz, wenn der Täter davon überzeugt ist, in kurzer Zeit zum Kontoausgleich in der Lage zu sein (vgl. Ber. 33). *Bedingter Vorsatz* ist hinsichtlich des Schädigungsmerkmals ausreichend. Der **Versuch** ist nicht strafbar.

8) **Konkurrenzen.** § 266b ist gegenüber den §§ 263 und 266 die speziellere 9 Norm (NStZ 87, 120; GA 87, 263; KG JR 87, 257; Hamm MDR 87, 514; Stuttgart NJW 88, 982 [hierzu Otto JK 1]; Granderath [oben 1], 10; Otto wistra 86, 153; Weber NStZ 86, 484; JZ 87, 216; Geppert Jura 87, 165; Lackner 9; M-Maiwald § 45, 76; Bühler MDR 89, 24; vgl. BGH 32, 206). Die Rspr. vor § 266b ist überholt (Offermann wistra 86, 50). Indessen ist **Tateinheit** mit § 263 und mit § 266 dann möglich, wenn deren Merkmale bereits aus anderen Gründen vorliegen, zB, wenn die Kreditkarte bereits durch Täuschung erlangt wurde (BGH 33, 246 [U. Weber JZ 87, 216; krit. Labsch NJW 86, 105; vgl. Arzt/Weber LH 3, 480; aM Ranft JuS 88, 678]; MDR/H 91, 105; NStZ 92, 279), der Kreditkarteninhaber sie nicht zum Erhalt von Waren oder Dienstleistungen, sondern von vornherein zur „Bargeldbeschaffung" einzusetzen trachtete (BGH 33, 247, ebenso Offermann wistra 86, 57; Labsch NJW 86, 105; Otto JZ 85, 1008; krit. aber Geppert JK 20 zu § 263; differenzierend Küpper NStZ 88, 60) oder zum Nachteil des Vertragsunternehmens Einkäufe tätigte oder Dienstleistungen in Anspruch nahm, die die Garantiesumme überstiegen (Steinhilper NJW 85, 302). Gleiches wird zu gelten haben, wenn Kreditkarten im *Zwei-Parteien-System* mißbräuchlich verwendet werden, da die Betrugsvoraussetzungen sich schon aus der Zweier-Beziehung ablesen lassen (vgl. oben 5; vgl. Otto Zahlungsverkehr 105). Zum Codekartenmißbrauch vgl. 8ff., 18 zu § 263a. **Fortgesetzte Tat** ist auch möglich, wenn mehrere Kreditinstitute geschädigt wurden.

§§ 266 b, 267

10 **9) Die Strafe.** Beachte § 41. Nach II ist bei geringem Schaden entsprechend § 248 a ein Strafantrag erforderlich, jedoch wird es in solchen Fällen am Mißbrauchserfordernis regelmäßig fehlen.

Dreiundzwanzigster Abschnitt
Urkundenfälschung

Urkundenfälschung

267 ^I Wer zur Täuschung im Rechtsverkehr eine unechte Urkunde herstellt, eine echte Urkunde verfälscht oder eine unechte oder verfälschte Urkunde gebraucht, wird mit Freiheitsstrafe bis zu fünf Jahren oder mit Geldstrafe bestraft.

^II Der Versuch ist strafbar.

^III In besonders schweren Fällen ist die Strafe Freiheitsstrafe nicht unter einem Jahr.

1 **1) Die Vorschrift** (idF der VO v. 29. 5. 1943 iVm Art. 19 Nr. 139 EGStGB) unterscheidet nicht mehr zwischen öffentlichen und privaten Urkunden (anders bei §§ 271, 348); Fälschen und Gebrauchen, die früher zusammen erst den Tatbestand verwirklichten, sind zu selbständigen Begehungsformen geworden (vgl. dazu unten 17 ff.). Neueres **Schrifttum** (vgl. LK-*Tröndle* vor § 267 mwN); *Geppert* Jura **88**, 158; *H. J. Hirsch*, Tröndle-FS 31; *Kienapfel*, Urkunden im Strafrecht, 1967 (Urkunden I); Urkunden und andere Gewährschaftsträger, 1979 (Urkunden II); SchweizZSt. **81**, 25 u. Tröndle-FS 817 (rechtsvergleichend); *Mosiek*, Das Bestandteilsprinzip im Urkundenstrafrecht, 1972; *Otto* JuS **87**, 761; *Puppe* JZ **86**, 938; *Rheineck*, Fälschungsbegriff und Geistigkeitstheorie, 1979; *Samson*, Urkunden und Beweiszeichen, 1968; *Schilling*, Reform der Urkundenverbrechen, 1971; *Schroeder*, Urkundenfälschung mit Auslandsberührung, NJW **90**, 1406 u. JuS **91**, 301 [entwertete Fahrkarten]; *Steinmetz*, Der Echtheitsbegriff im Tatbestand der Urkundenfälschung (§ 267), 1990. **Rechtsgut** ist die Sicherheit und Zuverlässigkeit des Rechtsverkehrs (BGH **2**, 52; **9**, 45; Saarbrücken NJW **75**, 659; KG wistra **84**, 235; hierzu Samson JuS **70**, 370; Sieber 268; krit. Puppe Jura **79**, 630; **80**, 18; **86**, 22 mwN; Rheineck aaO 112). Von Kienapfel (Urkunden II, 119, 163; vgl. auch Jura **83**, 186 sowie WienK vor und zu § 223) ist im Rahmen eines differenzierten Gewährschaftsträgerprinzips die „Institution der Urkunde" als Rechtsgut herausgearbeitet worden. § 267 ist kein Schutzgesetz iS des § 823 II BGB (BGHZ **100**, 13).

2 **2) Urkunde** ist die verkörperte (dh mit einer Sache fest verbundene), allgemein oder für Eingeweihte verständliche, menschliche Gedankenerklärung, die geeignet und bestimmt ist, im Rechtsverkehr Beweis zu erbringen, und ihren Aussteller (den Erklärenden) erkennen läßt (BGH **3**, 85; **4**, 285; **13**, 239; **16**, 96; **18**, 66; vgl. § 303 III, § 304 E 1962; abw. [auf Schriftstücke begrenzt] zB M-Schroeder § 65, 13; Samson JuS **70**, 372; JA **79**, 528; sowie Kienapfel, Urkunden I 218, 349; GA **70**, 213; JZ **72**, 394; Urkunden II 3, 205; Maurach-FS 431 [schriftlich verkörperte Erklärung, die ihren Aussteller erkennbar macht]. Aussteller der Urkunde ist der geistige Urheber (BGH I **13**, 385, Hamm NJW **73**, 634; sog. *Geistigkeitstheorie;* LK-Tröndle 16 ff.; Puppe Jura **79**, 637; Steinmetz [oben 1] 26 ff.).

Urkundenfälschung § 267

A. Die Erklärung eines menschlichen Gedankens muß die Urkunde 3 enthalten (RG 53, 141). Hieran fehlt es, wenn der Aussteller lediglich zur Gedächtnisstütze Namen notiert (Karlsruhe Die Justiz 81, 482). Auch ohne eine solche Erklärung kann ein Gegenstand zum Beweise dienen, so bezüglich seiner Existenz, seiner natürlichen Eigenschaften; dann aber nur als *Augenscheinsobjekt*, nicht als Urkunde (Fahrspuren, Blutflecke, Einschüsse, RG 42, 97, Fingerabdrücke; zu den *technischen Aufzeichnungen*, die ebenfalls keine Urkunden sind, vgl. § 268; zu *Daten* vgl. §§ 202 II, 269, 303 a). Zur Urkunde wird er dadurch, daß ihn ein Mensch derart verändert (durch Schriftzüge), daß er erkennbar einen Gedanken ausdrückt (RG 17, 106). Die Urkunde erklärt also etwas, was über ihr körperliches Dasein hinausgeht (RG 64, 49). Das gilt auch für nach Diktat geschriebene Rechtschreibungsklassenarbeiten in der Schule (BGH 17, 297). Auch Erklärungen auf Druckerzeugnissen (Ausdrucken) eines *Computers*, zB die in Datenverarbeitungsanlagen gefertigten Rechnungen und Verwaltungsakte, soweit sie sich eine Person oder Behörde zu eigen macht, sind Urkunden (Sieber JZ 77, 412 und insbesondere Sieber 276 ff.; 290; 2/20 mwN; Puppe Jura 79, 636; Winkelbauer CR 85, 42; M-Schroeder § 65, 18; 1 zu § 269; str.; weitergehend u. zusf Wegscheider CR 89, 923, 996). Auch können Eingabebelege (input) Urkundencharakter haben (München JZ 77, 410), ebenso mindestens zT ausgefüllte Fahrtenschreiberschaublätter, nicht jedoch solche Diagramme ohne jeden Eintrag (Stuttgart VRS 74, 438). Auf Schriftstücke allein ist der Begriff nicht beschränkt; vgl. aber oben 1. Zum Erklärungs- und Begebungswillen vgl. unten 11 und LK 12 ff.

a) Beweiszeichen sind nach der hRspr. in den Urkundenbegriff einbezogene Zeichen, die nach Gesetz, Herkommen oder Vereinbarung der Beteiligten erkennbar eine Gedankenäußerung des Urhebers darstellen, bestimmt und geeignet sind, für sich oder mit Hilfe anderer Auslegungsmittel Beweis im Rechtsverkehr zu erbringen (BGH 2, 370, unten 8 ff.), und mit einem Gegenstand fest verbunden sind, Köln OLGSt. 22, (aber nicht durch bloße Büroklammern, RG JW 37, 1067); so Eichzeichen; Prägezeichen; Ohrenmarken bei Tieren; Stempel des Fleischbeschauers (RG 74, 26), Siegelabdrücke des Weinprüfers (RG 41, 315), der Korkbrand „Originalabfüllung" mit Namensangabe in Verbindung mit der Flasche Wein (BGH 9, 238), das Künstlerzeichen des Malers (RG 34, 53; 56, 355, 76, 29; Frankfurt NJW 70, 673; Lampe, Ufita 78, 19; Würtenberger HWiStR „Kunstwerkfälschung" mwN); Geldrolle, die mit Ziffern und Namenszeichen versehen ist (RG 13, 71), uU auch Verschlußplomben, falls sie über die Sicherung hinaus eine Gedankenerklärung bekunden (RG 50, 191; 64, 48; 75, 307; hierzu krit. Kienapfel Urkunden II 151, 210; ÖJZ 84, 85; aM ferner SK-Samson 20; Puppe Jura 80, 21); Preisauszeichnungen an Waren (RG 53, 237; 327; Hamm NJW 68, 1894), kundenbezogene Kontrollnummern über die Verpackung von Markenwaren (Tiedemann Markenartikel 87, 413), „Gema"-Aufdruck bei Tonträgern (Steinberg-Lieben NJW 85, 2123), desgl. das amtliche Kennzeichenschild des Kraftfahrzeuges (BGH 11, 165; 16, 94; 18, 70; MDR/D 70, 731; VRS 39, 95; DAR/S 89, 242; Bay GA Bd. 73, 208; VRS 53, 351; DAR 81, 247; Hamburg NJW 66, 1827; bei ungestempelten oder entstempelten Kennzeichenschildern je-

§ 267

doch nur § 22 StVG, BGH **11**, 167; **18**, 66; NJW **89**, 3104; 6. 6. 1991, 1 StR 279/91, ebenso bei der unberechtigten Verwendung roter Kennzeichen nach § 28 StVZO, BGH **34**, 376, hierzu Puppe JZ **91**, 447) sowie die Prüfplakette nach § 29 StVZO (BGH **26**, 9; Bay NJW **66**, 748), allerdings nur im Verein mit der korrespondierenden Eintragung im Kraftfahrzeugschein (Celle NZV **91**, 319), die Fabriknummer auf dem Fahrgestell (BGH **9**, 235; **16**, 98), oder am Motor (NJW **55**, 876), das Versicherungskennzeichen an einem Kleinkraftrad (Bay JR **77**, 467 [abl. Anm. Kienapfel]; Koblenz VRS **60**, 437 [hierzu Puppe JZ **86**, 940]), und Typenschilder (BGH VRS **5**, 135), Entwertungsstempel auf einem Fahrausweis (Puppe JR **83**, 430, hierzu Schroeder JuS **91**, 301). Zur Problematik Samson, Urkunde und Beweiszeichen, 1968; GA **69**, 353; JA **79**, 530; Kienapfel, Maurach-FS 442; Urkunden II 105; Geppert Jura
5 **88**, 161; LK 70. **Keine Urkunden** sind aa) bloße **Kenn- und Unterscheidungszeichen** (auch Erkennungs-, Identitäts-, Merk-, Aufzählungs- oder Kontrollzeichen genannt), die lediglich Ordnungs- oder Unterscheidungsaufgaben dienen oder ihre Herkunft angeben (RG **58**, 17; Puppe Jura **80**, 19), zB Warenzeichen (vgl. aber 4 vor § 263; 49 zu § 263), die Biermarke, Garderobennummern, Ziffern von Holzhaufen (MDR/D **58**, 140; vgl. aber auch zu 7); Dienststempel der Schutzpolizei in Dienstthosen (RG GA Bd. **77**, 202), Firmenaufdruck auf Kopierstiften u. dgl. (BGH **2**, 370; vgl. aber hierzu Samson JA **79**, 529), Plomben, wenn die Voraussetzungen von 4 fehlen; abgelöste gestempelte Briefmarken (RG **58**, 136), Diktatzeichen einer Schreibkraft (MDR/H **79**, 806). Die Abgrenzung zu den Beweiszeichen ist theoretisch fragwürdig;
6 LK 69ff.; SK 17ff., **bb) Wertzeichen**, obwohl sie zur Herstellung einer Urkunde dienen können (so bezüglich Gerichtsmarken, RG **59**, 326); zB nicht die Post-, Beitrags- und Steuermarken, da sie keine urkundliche Beweiskraft haben, vielmehr ihrem Wesen nach nur Zahlungsmittel sind, RG GA Bd. **77**, 200; KG OLGSt. 1 zu § 259; RG **62**, 204; ebensowenig Rabattmarken (Bay NJW **80**, 196 m. Anm. Kienapfel JR **80**, 123; Puppe JZ **86**, 939) oder Beitragsmarken, die noch nicht in das Mitgliedsbuch eingeklebt sind (RG JW **35**, 1786), **cc) technische Aufzeichnungen** (§ 268 II) und **Daten** (§ 202a II), da sie keine Gedankenerklärung enthalten (sie werden ggf durch §§ 268, 274 I Nr. 1 und durch §§ 202a, 269, 274 I Nr. 2, §§ 303a, 303b geschützt; vgl. aber oben 3) und bloße **Augenscheinsobjekte** (oben 3). Urkundencharakter fehlt auch dem Zeitstrich auf der Kontrolluhr (RG **64**, 98 [anders, wenn sie gestochen wird, RG **34**, 436]; vgl. auch RG **75**, 314).

7 b) **Erklärung und Erklärender** müssen aus der Urkunde **erkennbar** sein, mindestens für Beteiligte und Eingeweihte (BGH **5**, 79; **13**, 235; 384; GA **63**, 16; § 268 II). Ist das Verständnis lediglich unter Zuhilfenahme von Umständen, die völlig außerhalb der Urkunde liegen, möglich, so fehlt es am Urkundenbegriff (RG **59**, 40), so beim undatierten Entwertungsvermerk (RG **59**, 324), desgl. bei Spielmarken (RG **55**, 98), insbesondere dann, wenn der Aussteller aus der Urkunde nicht ersichtlich ist (RG **40**, 217), so die bloß mit einem Buchstaben gezeichnete Blutprobe (BGH **5**, 75). Dasselbe muß für Tonträger gelten (§ 304 E 1962). Auch die Erkennbarkeit mit Hilfe nicht fest verbundener Be-

Urkundenfälschung § 267

gleitgegenstände reicht nicht aus (RG **76**, 79). Doch ist die Unterschrift nicht wesentlich; es genügt auch die Erwähnung des Ausstellers im Texte (RG **59**, 38). Es können aber auch hier (vgl. zu 4 ff.) Gesetz, Herkommen oder Vereinbarung der Parteien (RG **64**, 49; **76**, 206; **77**, 277), den gedanklichen Inhalt der Urkunde und ihren Aussteller erkennbar machen, mindestens für die zunächst Beteiligten (RG **40**, 218), dann können sogar bloße Zeichen genügen (RG **64**, 49; vgl. zu 4). Daher sind auch Urkunden der Eichstempel der Waage (RG **56**, 355; vgl. EichG); die Fahrkarte (RG **20**, 7), die Scheckkarte (Steinhilper Jura **83**, 413), der Kontrollstreifen einer Registrierkasse (RG **55**, 107), Inventurlisten einer AG (BGH **13**, 382), das Inventarverzeichnis einer Handelsfirma (GA **63**, 16), *nicht* hingegen der Stimmzettel in der Wahlurne (BGH **12**, 112; Koblenz NStZ **92**, 134; aM RG **22**, 182; Stuttgart NJW **54**, 486). Dagegen ist die Gesamtheit aller Stimmzettel im Zusammenhang mit der Wählerliste eine *Gesamturkunde* (unten 13; BGH **12**, 112; Koblenz aaO; str.). Nach Lage des Falles: Waldhammeranschlag, RG **25**, 244; **39**, 147; MDR/D **58**, 140; die Striche des Wirts auf dem Bierfilz, RG DStrZ **3**, 77; angebrachte Plomben, RG **64**, 49 (vgl. aber zu 4 ff.); Stempelung von abgenommenen Eisenbahnschienen (RG **17**, 352), in den letzten drei Fällen nur kraft Parteiabrede. Weitere Fälle: Anschrift auf einem Briefumschlag in Verbindung mit dem Poststempel (RG **63**, 366); Anschriften auf Paketen (RG **56**, 329), und auf Expreßgut (RG **56**, 240); der Poststempel auf der Briefmarke (RG **62**, 12); Einschreibebriefe mit Kontrollnummer und Stempel (Bremen NJW **62**, 1455); Markenhefte einer Tauschvereinigung (RG **59**, 38; wegen des Goldstempels vgl. RG **76**, 205).

B. Bestimmt und geeignet, Beweis zu erbringen muß die Urkunde 8 sein (BGH **4**, 61; 285; **5**, 296; **16**, 96), und zwar über eine Tatsache, die nicht lediglich in der Gedankenäußerung selbst besteht, sondern außer ihr liegt (BGH **24**, 141; GA **71**, 180), wobei Beweis außerhalb oder innerhalb eines Prozesses als Urkundenbeweis oder nach §§ 372 ff. ZPO in Betracht kommt.

a) Die Beweisbestimmung kann die Urkunde von vornherein erhal- 9 ten, also in erster Linie durch den Aussteller (sog **Absichtsurkunden**; besser: originäre Urkunden). Dies trifft nicht nur bei den *Zeugnisurkunden* (Beweis- und Berichtsurkunden), RG **62**, 218; **67**, 177; sondern auch bei den *dispositiven Urkunden* (zB Testament, schriftliche Warenbestellung) zu, da auch bei ihnen nicht nur die Äußerung, sondern auch die Existenz des Willensaktes, also etwas außerhalb des Schriftstücks Liegendes, bewiesen werden soll (RG **17**, 107), ebenfalls für *Deliktsurkunden* (zB beleidigender Brief), die von vornherein für den Rechtsverkehr bestimmt sind, LK 52 mwN. Doch auch nachträglich kann die Beweisbestimmung der Urkunde gegeben werden (sog. **Zufallsurkunden**, besser: nachträgliche Urkunden; BGH **13**, 382, **17**, 297), so durch einen nach außen erkennbaren Akt des Ausstellers oder eines dritten Besitzers der Urkunde; auch durch Berufung auf die im Besitz Dritter befindliche Urkunde, vor allem im Prozeß, kann genügen (zw. bei privaten Notizen, vgl. BGH **3**, 85). So können Liebesbriefe im Scheidungsprozeß zu Urkunden werden (BGH **13**, 235; str.). Daher braucht

§ 267

die Urkunde auch nicht gerade für den Beweis bestimmt zu sein, für den sie nachher erheblich ist (RG **19**, 113). Die Beweisbestimmung kann sich ändern oder nachträglich wieder wegfallen, so bei historischen Urkunden (vgl. RG **16**, 266; **76**, 30; BGH **3**, 85; **4**, 284). Beachtliche Einwendungen gegen die Unterscheidung von Absichts- und Zufallsurkunde bei Schilling [oben 1] 53 ff.; SK 32; Puppe Jura **79**, 633 u. JZ **86**, 938; sowie Kienapfel GA **70**, 193, der die Problematik dem subjektiven Tatbestand zuweist; Maurach-FS 431.

10 b) **Die Eignung** zum Beweise einer Tatsache gehört nach hRspr. ebenfalls zum Urkundenbegriff; also die objektive **Beweisfähigkeit** (RG **66**, 366; **67**, 119; dazu krit. Kienapfel GA **70**, 209; LK 66; SK 29). So bietet der Namenszug des Künstlers den Beweis dafür, daß der Künstler ein Bild als sein Werk anerkennt (RG **76**, 29), das gleiche gilt für sein Künstlerzeichen (RG **56**, 358, aber nicht für bloße Autogramme, da sie ihren Wert in sich tragen und nicht außerhalb Liegendes beweisen, RG **76**, 30). Zur Beweisfähigkeit ist zwingende Beweiskraft nicht nötig; es genügt die Eigenschaft, auf die Bildung einer Überzeugung überhaupt, namentlich beim Richter, mitbestimmend einzuwirken (RG **53**, 109; **57**, 75; Saarbrücken NJW **75**, 659). Auch Auskünfte über die Kreditfähigkeit sind beweisfähig (RG **31**, 59). In Betracht kommen ferner der Absendervermerk auf einer Postpaketadresse (RG **55**, 269), Expreßgutkarte und Paketanhänger (MDR/D **75**, 544), Prämienkarten einer Versicherung (6. 4. 1972, 2 StR 612/71), Angaben über das Kfz-Kennzeichen in einer Genehmigungsurkunde für den internationalen Güterkraftverkehr (Bay NZV **91**, 481). Ebenso die kaufmännischen Briefausgangstagebücher; nimmt der Kaufmann auf sie zum Beweis im Prozeß Bezug, so darf er von da ab ihren Inhalt nicht mehr ändern (RG **67**, 245; vgl. dazu 19). Auch Preisangaben für Waren nach der PAngV sind zum Beweis geeignet (vgl. BGH **31**, 92; Hamm OLGSt. 1 ff. zu § 274); ebenso Beklebezettel auf Eisenbahnfrachtgütern mit Empfängeranschrift (RG DRiZ **34**, Nr. 301); der Absendervermerk auf einer Postsendung (RG GA Bd. **51**, 185, zu Anschriftenvermerken RG **55**, 269; **76** 386); entwertete Fahrkarten (RG **55**, 161), private Zeugnisse (RG **67**, 118), zur Glaubhaftmachung geeignete Schriftstücke (RG GA Bd. **77**, 109).

3) **Sonderfälle.**

11 A. **Bloße Entwürfe** einer Urkunde sind grundsätzlich noch keine Urkunden, da der Aussteller die in sie aufzunehmende Erklärung noch gar nicht abgegeben hat, sondern erst abgeben will (RG **11**, 259; vgl. auch BGH **3**, 85). Die Unterschrift ist aber für die endgültige Urkunde nicht wesentlich; diese liegt vor, wenn sie zwecks Abgabe in den Verkehr fertiggestellt ist (RG **64**, 136); so bei Mahnungen der Steuerbehörde (RG **61**, 162). Die Unterschrift kann auch von einem Vertreter herrühren (aaO), es sei denn, daß vom Gesetz Eigenhändigkeit verlangt wird (RG **57**, 236; vgl. unten 18 ff.). Dem bloßen Entwurf ähnelt der Fall, daß der Aussteller bei der Ausstellung den Erklärungswillen überhaupt nicht (auch nicht für die Zukunft) hat; so bei Schreibübungen und meistens bei Schüleraufsätzen (vgl. aber oben 3 ff.). Doch genügt bei Zufallsurkunden (oben 9) der bloße Wille, einen Gedanken zu ver-

Urkundenfälschung § 267

körpern (LK 14). Die Nichtigkeit des Geschäfts, das die Urkunde bezeugt (§§ 134, 138 BGB), berührt ihren Urkundencharakter nicht (GA **71**, 180; krit. Kienapfel JZ **72**, 394). **Formblätter** sind vor Ausfüllung keine Urkunden, so die frühere Reichskleiderkarte (RG **75**, 318), nicht unterschriebene Vordrucke für Bezugskarten (BGH **13**, 235), Ablieferungsscheine (Rückscheine) der Post (Bremen NJW **62**, 1455) oder Führerscheinformulare (MDR/H **78**, 625), ebensowenig Euroscheck-Vordrucke, selbst wenn ihnen die Kontonummer aufgedruckt würde (18. 10. 1978, 2 StR 219/78; LG Berlin wistra **85**, 242; vgl. aber § 152a).

B. Die Abschrift ist idR keine Urkunde, da sie die Erklärung selbst **12** nicht enthält und daher nicht beweiskräftig ist (BGH **1**, 17), *anders* bei **Durchschriften** (RG **40**, 179; SK 38) oder bei Abschriften (RG **46**, 290; **60**, 187; BGH **2**, 38; Geppert Jura **90**, 271), falls sie nach maßgeblichen Vorschriften das Original vertreten (Kienapfel Urkunden II 8), so Ausfertigungen oder die dem Gericht überreichte Klageabschrift (RG **59**, 16), desgl. das Frachtbriefdoppel (RG **60**, 187), Abschriften der Handelsbriefe eines Vollkaufmanns, da sie Dritte (§ 810 BGB) einsehen können (RG **35**, 145). Wer sie falsch anfertigt, verfälscht also an ihnen das Original (BGH **2**, 35; **24**, 140). Stellt jedoch der Aussteller des Originals eine angebliche Durchschrift mit einem vom Original abweichenden Inhalt her, so ist das nur eine schriftliche Lüge (Hamm NJW **73**, 1809; BGH **2**, 38). Die **beglaubigte Abschrift** (oder beglaubigte **12a** Übersetzung) ist idR keine Urkunde (RG **76**, 333), kann es aber sein, wenn sie an die Stelle der Urschrift treten soll (RG **59**, 15). Wer eine Urkunde als Abschrift einer anderen, sei es auch zu Unrecht, ausgibt, begeht also keine Urkundenfälschung, auch wenn es sich um gar keine oder um eine falsche Abschrift handelt (RG **26**, 271), und diese unechte Abschrift einen echten Beglaubigungsvermerk trägt (BGH **1**, 118), anders, wenn er die Abschrift als Original ausgibt. Urkunde ist die Abschrift dann, wenn sie einen Originalvermerk enthält; so bei einer (selbst privaten) Beglaubigung (RG GA **56**, 223), bei Angabe der Behörde und des Tages der Ausstellung der Abschrift (RG JW **34**, 1238), wenn die (angeblich) echte Unterschrift des Vertragsgegners auf die Abschrift gesetzt wird (RG **40**, 179; zusf Geppert Jura **90**, 272). Die **Fotokopie** ist nach der Rspr. und hM keine Urkunde (BGH **5**, 293; **24**, **12b** 140; MDR/H **76**, 813; Stuttgart MDR **87**, 253; Köln StV **87**, 297, hierzu Geppert JK 10; SK 36; D. Meyer MDR **73**, 9; Puppe Jura **79**, 635 u. JZ **91**, 448; aM Schröder JR **65**, 232; **71**, 469), ebensowenig die Fotografie einer Urkunde (AG Augsburg NStZ **87**, 76 m. Anm. Kappes) oder die Fotokopie als Ergebnis einer fototechnischen Manipulation (Bay NJW **90**, 3221, hierzu krit. Freund JuS **91**, 723), doch kann ihre Vorlegung ein Gebrauchen von der gefälschten Urkunde sein (unten 24; Kienapfel NJW **71**, 1781). Jedoch liegen Urkunden vor, wenn Schreiben, die als Originale erscheinen sollen, im Wege der Fotokopie hergestellt werden (Bay NJW **89**, 2553 m. Anm. Lampe StV **89**, 207; Zaczyk NJW **89**, 2515; Otto JK 11; LG Paderborn NJW **89**, 179; zusf. Geppert Jura **90**, 273). Zur *Rezeptfälschung* durch Fotokopien Fortun wistra **89**, 177. Das gedruckte **Inserat** steht der Abschrift gleich; Ur-

§ 267

kundenfälschung an ihm ist nicht möglich (RG **23**, 249). Hat ein Kassenbeamter über Zahlungen zwei gleichlautende Belege (für Kasse und Zahlenden) herzustellen und bewirkt er, daß sie verschiedenen Inhalt haben, so liegt nicht Urkundenfälschung, sondern Falschbeurkundung im Amt (§ 348) vor (RG **64**, 249).

13   C. **Gesamturkunden,** nämlich die bezweckte, auf Rechtssatz, Geschäftsgebrauch (RG **67**, 245) oder Vereinbarung beruhende (RG **43**, 54), feste und dauerhafte Zusammenfassung mehrerer Einzelurkunden zu einem übergeordneten Ganzen, das einen über die Einzelurkunden hinausgehenden Gedankeninhalt auch in negativer Hinsicht beweisen kann (BGH **4**, 61; NStZ **84**, 74), werden von der Praxis neben den Einzelurkunden anerkannt (hierzu Lampe GA **64**, 321), der in NJW **65**, 1746 zutreffend zwischen Gesamturkunde, **zusammengesetzter** (Verbindung zwischen Urkunde und Bezugsobjekt, LK 87; Lampe JR **79**, 215; Geppert Jura **88**, 160; Schroeder JuS **91**, 302, zB amtliche Kennzeichen nach § 23 StVZO [BGH **18**, 70], Schaublatt von EG-Kontrollgeräten mit Eintragung des Fahrers und Datum der Fahrt [Bay VRS **82**, 348], *nicht* jedoch rote Kennzeichen nach § 28 StVZO, BGH **34**, 376) und **abhängiger Urkunde** (auf einander zugeordnete, aber selbständig begreifbare Urkunden, die zT auch als zusammengesetzte Urkunden bezeichnet werden, Nachw. bei LK 89) differenziert (vgl. Bay NStZ **88**, 316). Der Zweck muß sein, gewisse zwischen den Beteiligten bestehenden rechtlichen Beziehungen, die sich aus einer Reihe von Einzelakten zusammensetzen, erschöpfend anzugeben, und so über einen ganzen Kreis von Rechtsbeziehungen eine vollständige Auskunft zu geben, die auch über das, was zwischen den Beteiligten hinsichtlich dieses Kreises *nicht* geschehen ist, Beweis liefern kann (BGH **4**, 61). Demgemäß muß jedem Beteiligten ein Anspruch auf Benutzung der neuen Gesamturkunde zu Beweiszwecken erwachsen (RG **69**, 399).

14   a) **Fälle dieser Art** sind zB die Handelsbücher des Kaufmanns (RG **69**, 398), das Strafprozeßregister (RG **38**, 46), die Personalakte (Düsseldorf NStZ **81**, 26), die Sparkassenbücher (BGH **19**, 19), das Depotbuch einer Sparkasse (RG **63**, 259), der Frachtbrief nach vollständiger Ausfüllung (RG **65**, 433), die Wählerliste mit den abgegebenen Stimmzetteln eines Wahlbezirks (BGH **12**, 108; Bay OLGSt. 3 zu § 348; Greiser NJW **78**, 927, Briefwahlunterlagen); das Posteinlieferungsbuch (RG LZ **31**, 259), aber nicht eine ausgefüllte Postanweisung (BGH **4**, 60; Köln OLGSt. 9 zu § 271; krit. Puppe Jura **80**, 22). Die Gesamturkunde reicht bis zur endgültigen Fertigstellung der Bucheinträge; *spätere* Abschreibungen sind daher keine Urkundenfälschung (RG JW **33**, 2522).

15   b) **Keine Gesamturkunde** ist die mit dem Lichtbild des Inhabers **durch diesen selbst** zu vereinigende Monatskarte, RG **65**, 51 (anders, wenn die Verbindung durch die Bahn selbst erfolgt, RG **46**, 412; oder wenn die Behörde auf das Bild hinweist, RG **65**, 317); wohl aber eine zusammengesetzte Urkunde (oben 13; LK 87), für die aber die dauerhafte Verbindung zu einer Sacheinheit erforderlich ist (vgl. MDR/H **76**, 813; Köln NJW **79**, 729 m. krit. Anm. Kienapfel, Lampe JR **79**, 214; Schleswig SchlHA **80**, 172; Düsseldorf NJW **82**, 2268, Geilen JK 5); die Zusammenlegung von Angeboten in dem Vergebungsprotokoll (RG

Urkundenfälschung § 267

60, 21), der ärztliche Befundbericht mit beigefügter beschrifteter Blutprobe, der auch keine zusammengesetzte Urkunde darstellt (BGH **5**, 75), für die Gesamturkunde ist eine gewisse Festigkeit der Verbindung nötig (RG **51**, 38). Auch die Handakten eines Rechtsanwalts sind keine Gesamturkunde (BGH **3**, 395), auch nicht ein Überführungskennzeichen zusammen mit dem Auto, an dem es angebracht ist (Stuttgart VRS **47**, 25), ebensowenig ein *Reisepaß*, soweit er Einträge unterschiedlicher Herkunft enthält, die jeweils selbständige Urkunden darstellen und gesonderten strafrechtlichen Schutz genießen (Bay NJW **90**, 264, hierzu Geppert JK 14).

D. Der Begriff der **öffentlichen Urkunde** kommt nur noch in den 16 §§ 271, 348 vor, vgl. Anm. dort.

4) Die Tathandlungen sind das Herstellen einer unechten Urkunde 17 (20ff.), das Verfälschen einer echten Urkunde (19) und das Gebrauchen einer unechten oder verfälschten Urkunde (23ff.) jeweils zur Täuschung im Rechtsverkehr (26). Jede der 3 Handlungen genügt zur Vollendung. **Wahlfeststellung** ist zulässig (RG **35**, 299; LK 121). Gegenstand der Urkundenfälschung können private wie öffentliche, inländische wie ausländische Urkunden sein.

A. Die beiden **Fälschungsalternativen**, von denen das Verfälschen 18 (19) der Sache nach auch ein Herstellen einer unechten Urkunde (20) ist (MDR/D **75**, 23; LK 119), richten sich gegen die **Echtheit** der Urkunde, die darin besteht, daß die Urkunde in der gegenwärtigen Gestalt vom angegebenen Aussteller herrührt oder von der Person, die er *befugterweise* zur Leistung seiner **Unterschrift** ermächtigt hat (RG **29**, 359, hierzu Puppe Jura **79**, 638; krit. Rheineck [oben 1] 60), wofür ein *vermutetes* Einverständnis nicht genügt (Bay NStZ **88**, 313 m. Anm. Puppe). Zulässig ist diese Ermächtigung nur für rechtsgeschäftliche Erklärungen, also nicht für öffentlich-rechtliche Befugnisse (RG **75**, 215). Unzulässig ist sie in den aus dem Gesetz ersichtlichen Fällen, wie beim eigenhändigen Testament (RG **57**, 235), bei der schriftlichen eidesstattlichen Versicherung (RG **69**, 119), einem eigenhändigen Lebenslauf (Oldenburg JR **52**, 410). Unzulässig ist die Ermächtigung ferner, falls sich der Vertreter als Träger des Namens ausgibt (RG **22**, 377; **26**, 220, so, wenn er die Schriftzüge des Vertretenen nachmalt, RG **37**, 196), oder falls die Unterschrift gerade zur Täuschung über die Person des Ausstellers selbst (vgl. RG **75**, 46) benutzt werden sollte (RG **76**, 127), zB bei einer Prüfungsarbeit (RG **68**, 240, nicht aber, wenn der Täter einen fremdgefertigten Lösungsvorschlag mit seiner Platznummer versieht und abgibt, Bay NJW **81**, 773; hierzu Schroeder JuS **81**, 417; Puppe JR **81**, 443 u. JZ **86**, 940; Otto JuS **87**, 364; SK 58); desgl., wenn die Ermächtigung auf einem dem Täter bekannten Willensmangel beruht (RG **75**, 285), so, wenn sich der Namensinhaber gar nicht mit Wirkung für sich persönlich vertreten lassen will (13. 3. 1984, 1 StR 883/83; Bay NJW **88**, 1401, hierzu Puppe JuS **89**, 361 u. JZ **91**, 449; Otto JK 11; Stuttgart NJW **51**, 206; Hamm NJW **73**, 634 mit krit. Anm. Puppe NJW **73**, 1870). Der **unwahre Inhalt** einer Urkunde berührt deren Echtheit nicht (so bei falschen Angaben bezüglich der Zeit oder des Ortes der Ausstellung, BGH **9**, 44); es liegt nur eine (bei Privat-Urkunden an sich straflose, vgl. aber §§ 271, 348) **schriftliche Lüge** (hierzu Samson JA **79**, 658) vor, so wenn zB

§ 267 BT Dreiundzwanzigster Abschnitt

jemand unter seinem richtigen Namen bewußt etwas Falsches erklärt (RG **48**, 406), eine fremdgefertigte Prüfungsarbeit abgibt (Bay NJW **81**, 773), der zuständige Beamte eine falsche Eintragung auf dem Kraftfahrzeugschein vornimmt (BGH **26**, 9), der Halter einen Falscheintrag auf der Tachographenscheibe (Karlsruhe DAR **87**, 24), der Fahrer als Aussteller Falscheinträge auf dem Schaublatt des Kontrollgeräts (Art. 15 V b VO [EWG] Nr. 3821/85), Bay NJW **88**, 2190, ein Brief mit einem falschen Diktatzeichen versehen wird (MDR/H **79**, 806), der zur Ausstellung von Rechnungen berufene Angestellte eine fingierte Rechnung zur Vorlage an die Versicherung fertigt (Stuttgart NJW **81**, 1223, hierzu Puppe JZ **86**, 943), oder wenn in einem Geschäftsbuch hinter den früheren Einträgen ohne deren Veränderung nachträglich inhaltlich falsche Einträge gemacht werden (RG JW **35**, 2966), nach RG JW **33**, 436 auch, wenn der frühere Geschäftsführer einer GmbH mit dem Namen der Firma unter Beifügung seines eigenen Namens zeichnet (bloße Vorspiegelung der Vertretungsmacht; zw.). Dies gilt jedoch nicht in den Fällen, in denen der Aussteller Änderungen nicht mehr vornehmen darf (unten 19 aE) oder wenn der faktische Inhaber eines Betriebes, um eine Identitätstäuschung zu bewirken den Namen des scheinbaren Betriebsinhabers gebraucht (BGH **33**, 161 m. Anm. Paeffgen JR **86**, 114; Puppe Jura **86**, 22). Eine unechte Urkunde stellt auch her, wer zum Schein zu Täuschungszwecken unter einem fremden Namen, wenn auch mit Gestattung des Namensträgers, auftritt (Bay NJW **89**, 2142 m. Anm. Otto JR **90**, 252; Puppe JZ **91**, 450). Eine durch körperliche Gewalt erzwungene Unterschrift ist unecht (RG JW **31**, 2249), anders bei bloßer Drohung oder Täuschung (§ 123 BGB); vgl. aber RG **50**, 180; Schroeder will in gewissen derartigen Fällen mittelbare Täterschaft annehmen (GA **74**, 225; dazu krit. Blei JA **74**, 673, Rheineck 66ff.). Durch bloßes Unterlassen (etwa der Einnahmebuchung auf dem Kontrollzettel der Registrierkasse, RG **77**, 37) kann man keine Urkundenfälschung begehen.

19   **a) Die Verfälschung** einer echten Urkunde erfordert die Veränderung der gedanklichen Erklärung in eine andere (GA **63**, 17; Köln NJW **67**, 742; Koblenz VRS **47**, 23). Es muß sich also vor- und nachher um eine Urkunde iS des § 267 handeln; nur ihre *Beweisrichtung* ist *geändert* (RG **46**, 12; Saarbrücken NJW **75**, 659; Bay NStE Nr. 17). Ist dies nicht der Fall, die gedankliche Erklärung noch die gleiche, so liegt Urkundenfälschung nicht vor, RG **62**, 12; (Ausradieren der lediglich für den Innenverkehr einer Bank bestimmten Striche auf einem erledigten Scheck; Ausradieren der Klassenbezeichnung aus dem Führerschein, Braunschweig NJW **60**, 1120; Bay 15. 5. 1986, RReg. 2 St 36/86); desgl., falls der Rest der Urkunde gar nicht mehr beweisfähig ist (RG JW **24**, 311). Das Ausradieren einer fremden Unterschrift und Ersetzen durch die eigene fällt nur unter § 274 I Nr. 1 (NJW **54**, 1375; SchSch-Cramer 72), ebenso das Entfernen eines nicht vom Urkundenaussteller stammenden Stempels (Bay NJW **80**, 1057, hierzu Oehler JR **80**, 486). Macht die Fälschung den Inhalt der Urkunde wahr (zB beim Ersetzen einer falschen durch die richtige Zahl in einer Quittung), so fällt auch diese Richtigstellung unter § 267 (RG **5**, 259), nur wird hier meist das Unrechtsbewußtsein fehlen. Auch durch teilweises Überkleben (RG JW **27**, 1696; DAR/S **89**, 242), Radieren (RG **52**, 104), oder Wegschneiden kann eine Urkunde verfälscht werden (RG **3**, 370; Köln VRS **59**, 342, hierzu Puppe JZ **86**, 944); desgl. durch Lochung (als angebliches Zeichen

§ 267

der Fahrtunterbrechung) einer Fahrkarte (RG JW 35, 2966). Auch der **Aussteller** der Urkunde selbst **kann** diese **verfälschen,** sobald er unbefugt handelt (stRspr.; BGH 13, 383; LK 153 ff). mwN; Saarbrücken NJW 75, 658; zust. Blei JA 75, 383; 76, 103; Paeffgen Jura 80, 487; zusf. Geppert Jura 88, 158; 90, 272; krit. Kienapfel JR 75, 515; Jura 83, 191; Samson JA 79, 662; Geerds Jura 86, 440; abl. SK 74; Puppe Jura 79, 640; Otto JuS 87, 769); nämlich, sobald er sie dem Rechtsverkehr zugänglich gemacht oder sonst die Verfügungsgewalt über sie verloren hat (BGH 13, 385), so mit der Abstempelung des Frachtbriefdoppels (RG 60, 188). Oder, sobald ein anderer einen Anspruch auf Unversehrtheit der Urkunde hat (RG 74, 341), sich zB im Prozeß auf sie berufen hat (RG 67, 247), oder das Beweisinteresse an unveränderten Fahrtdiagrammen manifest geworden ist (Stuttgart NJW 78, 715 [m. krit. Anm. Puppe JR 78, 206; zust. Kühl JA 78, 527; Otto JuS 87, 765]; VRS 74, 440). Seine Handelsbüchereintragungen kann der Kaufmann ändern, solange er sie nicht in den Rechtsverkehr einführt, zB durch Bezugnahme auf sie im Prozeß (RG 52, 88), oder solange ein anderer noch nicht ein rechtliches Interesse (§ 810 BGB) daran hat, das Handelsbuch unverändert einzusehen (GA 63, 16). Die Abschriften von schon abgeschickten Handelsbriefen darf er wegen des Rechts Dritter auf Einsichtnahme (§ 810 BGB), nicht mehr ändern (RG 35, 145). Das gleiche gilt für Bücher, die amtlich geprüft und mit entsprechendem Vermerk versehen sind (RG GA Bd. 37, 193), so auch für Inventurlisten einer AG, die der Vorstand ausgestellt hat, wenn der auf Grund dieser Listen errechnete Bestandswert der Warenvorräte in eine vorläufige Bilanz eingesetzt und diese dem Vorsitzenden des Aufsichtsrates mitgeteilt worden ist (BGH 13, 382), ferner das Anbringen von Urkundenbescheinigungen auf Rechnungsdurchschriften nach Abschluß einer steuerlichen Kassenprüfung (KG wistra 84, 234; krit. Otto JK 6 u. JuS 87, 762; Puppe JZ 86, 944). Nach diesen Grundsätzen sind auch unrichtige Eintragungen in das eine Gesamturkunde darstellende Geschäftsbuch für den Gebrauchtwaren- und Edelmetall- oder Altmetallhandel erst nach Anbringung von Sichtvermerken der kontrollierenden Behörde Urkundenfälschung (MDR 54, 309; Stuttgart MDR 60, 242). Im übrigen kann eine **Gesamturkunde** (oben 13) auch dadurch verfälscht werden, daß der Sinn der Gesamterklärung durch Änderung eines Teiles (Saarbrücken NJW 75, 658; krit. Kienapfel JR 75, 515), Austausch von Stimmzetteln (Koblenz NStZ 92, 134), Entfernen (BGH 12, 112; wobei § 274 Nr. 1 verdrängt wird) oder Zufügen von Blättern verändert wird (RG 60, 157; SchSch 71 a; aM SK 69), das pflichtwidrige Unterlassen einer Eintragung oder der Zufügung oder Entfernung eines Blattes reicht jedoch nicht aus (aM LK 160), ebensowenig die Entnahme einer Einzelurkunde, wenn dies in einem Vermerk aktenkundig gemacht wird (Düsseldorf NStZ 81, 26). **Zusammengesetzte Urkunden** (oben 13) können im Falle fester Verbindung mit dem Bezugsobjekt durch dessen Auswechselung gefälscht werden (BGH 16, 95; Köln NJW 79, 729 [m. abl. Anm. Kienapfel; zust. Lampe JR 79, 216]; KG wistra 84, 233; LK 148, 150ff.; aM SK 61), nach Köln NJW 83, 769 aber noch nicht durch leichtes Aufkleben eines die Zielorteintragung überklebenden Ausschnitts. Nimmt die Änderung einem Schriftstück die Eigenschaft als Urkunde völlig, so liegt Urkundenunterdrückung vor (§ 274 Nr. 1, RG 65, 318), nicht Urkundenfälschung. In der Lehre wird auch der Standpunkt vertreten, daß

19a

19b

19c

§ 267

das „Verfälschen" einer Urkunde durch den Aussteller rechtlich Urkundenunterdrückung sei (SchSch 68; Kaufmann ZStW **71**, 411; Lampe JR **64**, 14; Kienapfel Jura **83**, 190; dagegen LK 158). Verfälschen ist auch das Verbinden eines **Beweiszeichens** (oben 4) mit einer nicht dazu gehörigen Sache (RG **75**, 306; BGH **9**, 235; **18**, 66; Celle NdsRpfl. **49**, 162; Düsseldorf GA **82**, 556 L; dazu Lampe NJW **65**, 1747; Samson GA **69**, 353; Sax, Peters-FS 137; LK 151).

20 b) **Das Herstellen einer unechten Urkunde** ist das Ausstellen mit dem Ansehen, als sei sie von einer anderen Person ausgestellt, mithin echt (*Identitätstäuschung*, BGH **33**, 160; 7. 8. 1986, 4 StR 405/86: Unterzeichnung mit dem Namen des Vaters identischen Namens). Sie liegt nicht schon vor, wenn sich hinter der Urkunde eine Täuschung anderer Art verbirgt (wistra **86**, 109, hierzu krit. Otto JK 8); zB im Falle einer falschen Anschrift (27. 5. 1992, 2 StR 218/92). Eine Identitätstäuschung kann aber auch durch die Benutzung eines durch Fotomontage hergestellten fremden Kopfbogens geschehen (Zweibrücken NJW **82**, 2268; Schleswig SchlHA **82**, 100). Der Täter verändert also keine vorhandene Urkunde, sondern stellt eine neue her; dabei täuscht er über die Person des Ausstellers (BGH **1**, 121; EzSt Nr. 1), so daß es Urkundenfälschung auch dann ist, wenn der Inhalt der Urkunde wahr ist (RG **17**, 200), dasselbe gilt, wenn durch Beidruck des Behördenstempels zur *eigenen* Unterschrift der Anschein der Ausstellung durch eine Behörde erweckt wird (BGH **7**, 150; vgl. auch BGH **9**, 44), ebenso, wenn jemand mit seinem richtigen Namen unter Beidruck des Firmenstempels für eine Firma zeichnet, ohne vertretungsberechtigt zu sein (RG **55**, 173; BGH **17**, 11, hierzu SK 47; Samson JA **79**, 660; Rheineck [oben 1] 89; Steinmetz [oben 1] 222). Eine unechte Urkunde stellt auch her, wer ohne Einwilligung des Halters einen falschen Namen auf ein Fahrtenschreiberschaublatt setzt (Bay NJW **81**, 774). Dagegen genügt für § 267 nicht die sog. *schriftliche Lüge* (oben 18). Die Herstellung eines privatschriftlichen Testaments, das der Erblasser § 2247 I BGB zuwider lediglich unterzeichnet, verletzt § 267 auch dann nicht, wenn das Ganze als eigenhändiges Testament ausgegeben werden soll (LK 22; SchSch 59; M-Schroeder § 65, 50; Steinmetz [oben 1] 194; aM Düsseldorf NJW **66**, 749; Ohr JuS **67**, 255; Mohrbotter NJW **66**, 1421).

21 aa) Der angebliche **Aussteller** der Urkunde braucht für § 267 nicht zu existieren (RG **46**, 298), auch seine Ermittlung nicht möglich zu sein (Meier, Müller, BGH **5**, 187). Hingegen ist es keine Urkundenfälschung, wenn der Täter nicht über seine Identität, sondern nur über seinen Namen täuscht (BGH **33**, 160 m. krit. Anm. Paeffgen JR **86**, 114; Puppe Jura **86**, 22 u. JZ **86**, 942; Weidemann NJW **86**, 1976; LK 129; anders SchSch 51; SK 44), also zB mit seinem Künstlernamen unterzeichnet (RG **48**, 238; vgl. auch RG **30**, 44; **74**, 292; BGH **1**, 121; Frankfurt NJW **70**, 673; unten 26). Die Urkunde braucht keine Unterschrift zu haben, wenn nur der Aussteller aus dem sonstigen Inhalt ersichtlich ist (RG **4**, 4). Dagegen genügt ein bloß **anonymes** Schriftstück nicht (RG **38**, 250; **40**, 218), wohl aber eine absichtlich unleserlich abgegebene Unterschrift (insbesondere, falls mit Zusatz einer falschen Firma versehen, Bremen NJW **50**, 880); RG JW **22**, 1019; HRR **37**, 420; es sei denn, daß es sich um einen bloßen absichtlichen Schnörkel handelt (RG **41**, 425. Zum Ganzen Seier JA **79**, 134).

Urkundenfälschung § 267

bb) Die sog. Blankettfälschung fällt ebenfalls unter § 267 (BGH **5**, 295; **22**
RG **42**, 40; **57**, 71). Sie liegt vor, falls der Täter ein mit der Unterschrift
eines anderen versehenes Papier gegen dessen Willen ausfüllt. Zur Urkunde muß das Blankett durch das unbefugte Ausfüllen werden; so bei
Eintragen eines höheren Betrages in das Blankoakzept als vereinbart (RG
51, 166). Zum Beginn des Versuchs NJW **65**, 595.

B. Gebrauchen der möglicherweise nicht strafbar geschaffenen (LK 164) **23**
Falschurkunde (unechten oder verfälschten) zum Zwecke der Täuschung
(unten 30) bedeutet: Zur sinnlichen Wahrnehmung Zugänglichmachen
(BGH **36**, 65 m. Anm. Puppe JZ **89**, 576; Otto JK 13; KG wistra **84**, 235;
Frankfurt wistra **90**, 271), sei es durch Vorlegen, Übergeben, Hinterlegen,
Veröffentlichen, Verlesen, Verweisen, ggf sogar Bereitstellen (vgl. LK
173); der bloße Hinweis auf die Existenz einer Urkunde ist noch kein
Gebrauchen (BGH aaO); andererseits ist aber auch nicht notwendig, daß
derjenige, gegenüber dem von der Urkunde Gebrauch gemacht werden
soll, von deren Inhalt Kenntnis nimmt (28. 4. 1992, 1 StR 188/92).

a) Die Urkunde selbst muß der Täter **gebrauchen** (GA **63**, 16), so daß **24**
zwar das Vorlegen einer Durchschrift genügt, einer Abschrift aber nur,
wenn sie im Rechtsleben als Ersatz der Urschrift dient (RG **69**, 229), wohl
aber Vorlegen der Fotokopie einer unechten oder verfälschten Originalurkunde (BGH **5**, 293; **24**, 140; NJW **65**, 642; **78**, 2043; 17. 10. 1979, 2 StR 79/
79; Bay NJW **91**, 2163; KG JR **80**, 516; Köln StV **87**, 297; zw. Miehe JuS
80, 262; aM M-Schroeder § 65, 69; SK 36, 83; D. Meyer MDR **73**, 9;
Puppe Jura **79**, 640 und für § 281 BGH **20**, 17, vgl. 12); anders, wenn es
eine Originalurkunde gar nicht gibt (MDR/H **76**, 813; Bay NJW **90**, 3221,
hierzu Freund JuS **91**, 723). Zum Gebrauchen gehört, daß der zu Täuschende in die Lage versetzt wird, von der Urkunde Kenntnis zu nehmen (BGH
1, 120; **2**, 52). Ist er aber dazu schon in der Lage (unechte Urkunde in den
Akten!), so ist die bloße Bezugnahme auf sie noch kein Gebrauchen
(Braunschweig JZ **51**, 185; aM Hamm JMBlNW **57**, 68). Anderseits ist zur
Vollendung des Delikts die Einsichtnahme des zu Täuschenden in die Urkunde nicht erforderlich (RG **64**, 398). Nicht ausreichend ist die Berufung
des Täters auf die in seinem Besitz befindliche Urkunde (RG GA Bd. **45**,
273), desgl. nicht, daß er sich bereit erklärt, sie vorzulegen (RG **16**, 230),
wohl aber das Zurverfügungstellen an einen Prüfer zur Einsichtnahme
(MDR/H **80**, 814), das Hinlegen an einen Platz, auf dem die Einsichtnahme
stattfinden soll (RG **60**, 162), desgl. das bloße Vorzeigen (RG **58**, 212),
ebenso die Vorlage des gefälschten Originals zur Beglaubigung von Abschriften (RG **64**, 41), oder gefälschter Rechnungsdurchschriften bei der
Steuerprüfung (KG wistra **84**, 235), der Gebrauch des Autos mit verfälschter Nummer im öffentlichen Verkehr (RG **72**, 370; BGH **18**, 70). Der
Kraftfahrer, der einen gefälschten Führerschein bloß bei sich trägt, gebraucht ihn noch nicht (GA **73**, 179; MDR/H **76**, 987; DRiZ **78**, 85; **80**,
144; StV **89**, 304), auch Versuch (II) liegt idR nicht vor (14 zu § 22; U. Weber Jura **82**, 73; aM D. Meyer MDR **77**, 445). Die Beschlagnahme der
Urkunde durch eine Behörde ist kein Gebrauchen durch den bisherigen
Besitzer (RG **19**, 215), wohl aber das Vorlegen in Erfüllung einer entsprechenden Pflicht (Hamm GA **73**, 184). Gebrauchen ist auch durch Unterlassen möglich (RG HRR **25**, 1591).

25   **b) Adressat des Gebrauchens** ist der im Rechtsverkehr zu Täuschende (RG **59**, 395; BGH 24. 4. 1979, 1 StR 88/79). Wird eine Mittelsperson, die nicht nur Bote ist, zur Weitergabe der Urkunde an den endgültig zu Täuschenden benutzt und soll sie selbst getäuscht werden, so enthält schon die Hingabe an sie das Gebrauchen; so bei Hingabe gefälschter Papiere an einen Rechtsanwalt zur Einklagung (RG **5**, 437). Ist sie aber eingeweiht oder ist ihre eigene Täuschung gar nicht beabsichtigt, so liegt keine Urkundenfälschung in der Form des Gebrauchens vor (BGH **36**, 66 m. Anm. Puppe JZ **89**, 596; Otto JK 13). Wer eine verfälschte Urkunde in seiner Funktion als Überbringer oder Bote vorlegt, gebraucht sie nicht (Stuttgart NJW **89**, 2553). Auch die Täuschung einer Behörde genügt, zB einer Universität (RG **60**, 375), aber auch des Publikums (RG **72**, 370).

26   **c) Zur Täuschung** muß die Urkunde gebraucht werden, und zwar unter Ausnützung der ihr innewohnenden Beweiskraft (RG **62**, 222), daneben können noch andere Täuschungsmittel angewendet werden (R **4**, 428). Beim Herstellen einer unechten Urkunde soll **über die Identität** des Ausstellers mit einem bestimmten anderen getäuscht werden (RG **56**, 330), bloße Täuschung über den Namen (Decknamen), wobei die Persönlichkeit selbst feststeht, genügt nicht, sondern ist nur eine schriftliche Lüge (20 ff.); so, wenn jemand unter falschem Namen einen Schuldschein unterschreibt und den Darlehensbetrag mit Postanweisung unter demselben Namen zurückschickt; desgl., wenn die Mieterin ihren Namen falsch angibt, so als Ehefrau des bei ihr wohnenden Freundes (RG JW **34**, 3064; Celle NJW **86**, 2772, m. Anm. Kienapfel NStZ **87**, 28; Puppe JuS **87**, 275; Otto JK 9 u. JuS **87**, 767). Ebenso, wenn jemand mit seinem allgemein bekannten Spitz- oder Künstlernamen unterzeichnet (RG **13**, 245; **48**, 238; **68**, 2; Steinmetz [oben 1] 103). Will der Täter nur über Tatsachen täuschen, die außerhalb des Urkundeninhalts liegen (so über die Befugnis zur Unterzeichnung mit dem fremden Namen), so liegt ein Gebrauchen nicht vor (RG JW **40**, 1826; vgl. auch Hamm NJW **73**, 634). Anderseits kann Unterzeichnung mit dem *richtigen* Namen Urkundenfälschung sein, falls sie zum Zwecke der Identitätsfälschung erfolgt; so bei Namensgleichheit (RG **55**, 173) oder, wenn ein Kaufmann eine Firma mit abweichendem Namen führt (RG JW **36**, 659; vgl. oben 20 ff.).

27   **d) Beim Fälschen von Telegrammen** ist zu unterscheiden zwischen Aufgabe- und Ankunftstelegramm. Bei jenem wird nicht nur der als „Bote" des eigentlichen Ausstellers tätige Annahmebeamte getäuscht (RG **8**, 92), sondern auch der Empfänger; dies auch, wenn der Täter durch telefonische Aufgabe den Beamten zu seinem (gutgläubigen) Gehilfen macht (RG **57**, 321). Wegen § 127 BGB ist es unerheblich, wenn der Empfänger das Aufgabetelegramm nicht im Original erhält. Auch die telefonische Angabe einer falschen Nr. der Anschlußstelle, von welcher der Sprechende ein Telegramm aufgibt, zum Vermerk auf dem Aufgabetelegramm genügt zur Urkundenfälschung (RG **66**, 367, 369). Beim *Ankunftstelegramm* ist zu unterscheiden der vom Aussteller stammende Text nebst Anschrift und der öffentlich-urkundliche Vermerk der Post über Zeit, Ort, Leitung usw. Wird dieser verfälscht, so liegt die Fälschung einer öffentlichen Urkunde vor (RG **46**, 286).

28   **5) Der Vorsatz** muß sich neben der Handlung des Fälschens, Verfälschens oder Gebrauchens auf alle Merkmale der Urkundeneigenschaft richten. Hält er trotz Kenntnis aller Merkmale eine Urkunde nicht für gegeben, so ist dies bloßer Verbotsirrtum (vgl. 11 zu § 16). Ergeben die dem Täter bekannten Umstände keine Urkunde, nimmt es der Täter aber irrigerweise an, so begeht er keine Urkundenfälschung (Wahndelikt!), RG 66, 124; so auch BGH 13, 235, nachdem in BGH 7, 53 untauglicher Versuch angenommen worden war.

a) Für das Merkmal der **Täuschung,** wobei die Herbeiführung eines 29 Irrtums des zu Täuschenden und dessen Veranlassung zu rechtserheblichem Verhalten gemeint ist, genügt es, wenn dies der Täter als sichere Folge seines Verhaltens iS des **direkten Vorsatzes** voraussieht (LK 198; SchSch 91; Lenckner NJW 67, 1890; U. Weber Jura 82, 72). Bay NJW 67, 1476 hingegen verlangt für alle 3 Handlungen Absicht ieS (offen gelassen bei BGH 5, 152; 24. 4. 1979, 1 StR 88/79). Das entspricht aber nicht dem Sinn des § 267, zumal dann die Bestrafung von Tätern, die berufsmäßig auf Vorrat fälschen, nicht mehr sichergestellt wäre (Lenckner aaO, Cramer JZ 68, 30; LK 199).

b) Zur Täuschung im Rechtsverkehr muß der Täter handeln, und zwar 30 sowohl beim Fälschen als auch bei dem Gebrauchen. Es genügt nicht, über die Echtheit der Urkunde täuschen zu wollen; vielmehr muß der Täter mittels der Urkunde im Rechtsverkehr täuschen, dh einen Irrtum erregen (18 ff. zu § 263) und dadurch ein rechtlich erhebliches Verhalten erreichen wollen (BGH 5, 151; Bay MDR 58, 264; NJW 67, 1476). Das ist der Fall, wenn der Täter mit der falschen Namensnennung sich der Beweiswirkung der Urkunde auf seine Person entziehen wollte (BGH 33, 160 [m. krit. Anm. Paeffgen JR 86, 114; Puppe Jura 86, 22; Weidemann NJW 86, 1976]; Bay NJW 89, 2142 m. Anm. Otto JR 90, 252). Hieran fehlt es, wenn der Einsender eines Aufsatzes unter falschem Namen annimmt, daß sein Aufsatz ohne Rücksicht auf den Einsendernamen rein sachlich nach Inhalt und Wert geprüft werde (RG 68, 2). Dasselbe gilt, wenn jemand nur im gesellschaftlichen Verkehr oder innerhalb zwischenmenschlicher Beziehungen täuscht (24. 4. 1979, 1 StR 88/79; LK 192), zB wenn der Täter nur seine Angehörigen beruhigen (RG 47, 199), eine Frau gegenüber ihrem Liebhaber jünger erscheinen will (Bay MDR 58, 264; LK 197), ein Mann ein Mädchen bestimmen will, des Nachts bei ihm zu bleiben (RG 64, 96), oder eine nur gegen innerdienstliche Anordnungen seiner Behörde verstoßende Nachlässigkeit verheimlichen will (RG JW 31, 660; 35, 3389; Celle NJW 61, 1880), ferner wenn der Täter den ursprünglichen Zustand der Urkunde alsbald wieder herstellen und nur die Wiederholung einer solchen Manipulation vorbereiten will (Köln NJW 83, 770, zw.), idR auch nicht beim Zusenden einer beleidigenden Postkarte (sog. Deliktsurkunde), wobei es dem Schreiber meist nur auf die Beleidigung ankommen wird (RG 8, 195), anders wenn er dem Empfänger zugleich ein Beweismittel für ein etwaiges Strafverfahren gegen den angeblichen Aussteller in die Hand spielen will (aaO; RG 7, 47; vgl. auch 56, 115; aM RG 32, 56). Wer jedoch einen in Klasse 2 verfälschten Führerschein der Klasse 3 bei einer Polizeikontrolle vorzeigt, täuscht, weil er ein Falsifikat als echt ausgibt, auch dann im Rechtsverkehr, wenn für den Wagen, den er fährt, die Klasse 3 ausreicht (BGH 33, 108; hierzu Otto JK 7 u. JuS 87, 770; Kühl JR 86, 297; Puppe JZ 86, 947; Köln NJW 81, 64; D. Meyer MDR 77, 444; Blei JA 77, 94; zum Ganzen U. Weber Jura 82, 76). Auch sonst genügt der Wille, die Polizei bei

§ 267

der Strafverfolgung irre zu führen (NJW **53**, 955), sonst dienstliche Maßnahmen zu verhindern (BGH **5**, 151; MDR/D **75**, 544), die Auflösung eines Verlöbnisses zu verhindern (5. 10. 1965, 5 StR 391/65), oder das bloße Betreten einer Spielbank (Bay MDR **80**, 951). Auch Grenzkontrollen gehören zum Rechtsverkehr (KG JR **81**, 37). Nicht erforderlich ist, daß der vom Täter erstrebte Erfolg als solcher rechtswidrig ist (RG **60**, 188). Ob den Täter eine Rechtspflicht zur Vorlegung der Urkunde trifft, ist ohne Bedeutung (RG **70**, 17). Der Täuschung im Rechtsverkehr steht, wie § 270 klarstellt, die fälschliche Beeinflussung einer Datenverarbeitungsanlage gleich (vgl. hierzu schon LK 189).

31 c) Beabsichtigt werden muß die Täuschung durch den **gedanklichen Inhalt** der Urkunde, nicht durch deren sonstige Eigenschaften, wie angeblich hohes Alter, Seltenheitswert (RG **46**, 224). Ist nur der Teil einer Urkunde verfälscht, so muß gerade dieser Teil das rechtlich erhebliche Verhalten auslösen sollen (Bay MDR **58**, 264). Wird der Führerschein der Klasse 3 in einen der Klasse 2 verfälscht, so liegt keine Teil-, sondern eine Totalfälschung vor (D. Meyer MDR **77**, 446; U. Weber Jura **82**, 74; irrig Hamm NJW **76**, 2222).

32 **6) Vollendet** ist die Urkundenfälschung, sobald der Täter die Urkunde zum Zwecke der Täuschung herstellt oder von ihr Gebrauch macht. Hat der Täter sowohl gefälscht als auch Gebrauch gemacht, so ist die Tat erst mit dem zweiten Akt oder im Falle mehrfachen Gebrauchs nach dem letzten Akt beendet (BGH **5**, 293; GA **55**, 246; MDR/H **80**, 105; **89**, 306). Zum Verhältnis zwischen den beiden Akten vgl. oben 17ff. Nicht erforderlich ist, daß die geplante Täuschung gelingt (RG **59**, 395; EzSt Nr. 1). Der **Versuch (II)** einer Ausweisfälschung liegt schon beim Beginn des Herstellens entsprechender Vordrucke (MDR/H **78**, 626; DRiZ **79**, 311; hierzu Kühl JuS **80**, 650; Paeffgen Jura **80**, 489).

33 **7)** Der eigenhändige Fälscher ist idR **Täter** (GA **65**, 149). Stiftet der später Gebrauchende zur Herstellung an, so ist er nur wegen seines späteren Gebrauchs als Täter (ev. als Mittäter) zu bestrafen (Bamberg HESt. **2**,
34 325). **Mittäterschaft** liegt vor, wenn aufgrund einer Abrede der eine die Urkunde herstellen läßt und der andere sie gebraucht (MDR/H **89**, 306). Doch kann je nach Willensrichtung und Tatherrschaft der Hersteller bloßer Gehilfe des Gebrauchenden sein (14. 6. 1972, 2 StR 3/72; vgl. auch MDR/D **67**, 548), ebenso aber auch Anstifter (neben der Gehilfentätigkeit).

35 **8) Konkurrenzen. A. Verhältnis der Begehungsformen des § 267 untereinander.** Fälscht derselbe Täter und macht er dann auch von der Fälschung Gebrauch, so liegt nur *eine* Tat vor (GA **55**, 245; 4. 9. 1990, 1 StR 301/90; Braunschweig GA **54**, 316; SK 93), während Nürnberg MDR **51**, 53; Düsseldorf JMBlNW **51**, 208 das Gebrauchmachen als mitbestrafte Nachtat ansehen und OGHSt. **1**, 161; Bamberg HESt. **2**, 325 Fortsetzungszusammenhang annehmen (dazu krit. Niese DRiZ **51**, 177; Sax MDR **51**, 587). Nach BGH **17**, 97 (vgl. auch Hamm NJW **76**, 2222; U. Weber Jura **82**, 72) ist eine einzige Tat nur anzunehmen, wenn der Täter bei der Fälschung einen Gesamtvorsatz hinsichtlich des Gebrauchens hat; das gilt auch, wenn der Täter mehrere Urkunden fälscht, aber sie in einem Akt gebraucht (23. 7. 1965, 4 StR 340/65), faßt er hingegen einen neuen Entschluß, so ist Tatmehrheit zwischen Fälschen und Gebrauchen anzuneh-

Urkundenfälschung **§ 267**

men (BGH **5**, 291); Häußling JZ **63**, 69 will hier Subsidiarität annehmen. Miehe GA **67**, 270 weist nach, daß Fälschen und nachfolgendes Gebrauchen nur eine einzige Tat im Rechtssinn sein können, will aber für weitere Gebrauchsakte selbständige Taten annehmen (zusf. Geppert Jura **88**, 162; LK 210 ff.; SK 94). **B. Verhältnis zu anderen Tatbeständen.** Hervorgehoben seien: mit §§ 146 ff. (Geld- und Wertzeichenfälschung) Gesetzeseinheit; Tateinheit ist möglich mit § 107a (Köln NJW **56**, 1609; Hamm NJW **57**, 638), mit § 109a (AG Bochum MDR **67**, 852), mit § 133 (vgl. BGH **5**, 296), § 142 (DRiZ **74**, 351), § 154 (RG **60**, 353), mit § 156 (RG **52**, 74), mit § 164 (RG **7**, 47), mit §§ 185 ff. (RG **50**, 55), mit § 239 und § 253, wenn solche Taten unter Benützung eines mit falschen Kennzeichen versehenen Fahrzeugs (oben 4) begangen werden (DRiZ **78**, 85), mit § 242 (vgl. aber auch dort 28) Tatmehrheit uU denkbar; mit § 255 Tateinheit (14. 10. 1982, 4 StR 549/82), desgl. mit § 263 (JZ **52**, 88; 6. 3. 1986, 4 StR 82/86), mit § 263a; mit § 266 ist zwar Tatmehrheit möglich (RG LZ **15**, 1026), aber idR Tateinheit ist gegeben, wenn die Tat zur Ermöglichung oder Verdeckung des Untreueakts begangen wurde (11. 7. 1980, 2 StR 242/80). Mit § 269 und mit § 271 ist Tateinheit (RG **61**, 412; EzSt § 271 Nr. 1), mit § 277 ist Gesetzeseinheit gegeben. Zum Verhältnis zu § 136 grundsätzlich und gegenüber der Rspr. krit. Kienapfel Urkunden II 151, 158. Zum Verhältnis zu § 268 dort 18. **C. Mitbestrafte Nachtat** liegt nicht vor, wenn ein Orderscheck nach dessen Unterschlagung gefälscht wird, vielmehr zwei selbständige Vergehen (RG **60**, 372. Ebenso kann es sein, falls die Urkundenfälschung die Vortat ist und ein Diebstahl ihr nachfolgt (RG **51**, 4; LK 224). **D. Zu Nebengesetzen.** Die Abgabengesetze, soweit sie einen Fälschungstatbestand enthalten, gehen meistens als Sonderrecht vor; anders aber, falls noch andere Beeinflussungen des Rechtslebens durch die Fälschung erstrebt (RG **60**, 161; BGH 18. 12. 1981, 2 StR 526/81), zB durch gefälschte Rechnungen erhöhte Vorsteuern geltend gemacht werden (wistra **88**, 345; MDR/S **90**, 384). Die Strafbarkeit der Fälschung von Belegen nach § 267 wird durch § 379 AO nicht berührt, der nur eine Bußgeldvorschrift ist. Sonderregelungen enthalten auch die zum Schutze gegen Produktpiraterie verschärften Strafbestimmungen (vgl. 49 zu § 263, 4 vor § 263). § 402 AktG tritt hinter § 267 zurück. Wegen der **Pässe** vgl. 2 zu § 275. Wer einen unechten oder verfälschten Paß benutzt, ist strafbar nach § 267, nicht nach dem PaßG (NJW **57**, 472). Tatmehrheit mit § 21 StVG, wenn der Täter, der keinen Führerschein besitzt, auf einer Fahrt einem Polizeibeamten einen gefälschten Führerschein vorzeigt (VRS **30**, 185; Köln VRS **61**, 349; BGHR § 267 I, Konk. 1); Tateinheit mit § 21 I Nr. 1 StVG jedoch, wenn der Täter ohne Fahrerlaubnis mit „umfrisiertem" PkW fährt (4. 9. 1990, 1 StR 301/90), hingegen tritt § 22 StVG zurück, wenn ein Kennzeichenmißbrauch § 267 erfüllt, oben 13. Melderechtliche Strafbestimmungen sind gegenüber § 267 leges speciales (aM MDR/D **73**, 556), ebenso landesrechtliche Vorschriften zum Schutz von Feld und Forst (Art. 4 V EGStGB; Anh. 1).

35a

35b

36

9) Die Strafe. III (11 zu § 12; 43 ff. zu § 46; vgl. MDR/D **75**, 197) kann vorliegen, wenn der Täter als Amtsträger gehandelt hat, ferner im Hinblick auf den durch die Urkundenfälschung verursachten Vermögensschaden sowie die Qualität der Falsifikate (11. 6. 1986, 3 StR 10/86), nicht aber *allein* wegen der großen Anzahl der gefälschten Urkunden (BGHR § 267 III, Vern. 1). Einen Privilegierungstatbestand enthält § 277. Einziehung § 282. Ggf. ist § 41 zu be-

37

§ 267

achten, Erbunwürdigkeit, wenn sich die Tat auf letztwillige Verfügungen bezieht (§ 2339 I Nr. 4 BGB).

Fälschung technischer Aufzeichnungen

268
I Wer zur Täuschung im Rechtsverkehr
1. eine unechte technische Aufzeichnung herstellt oder eine technische Aufzeichnung verfälscht oder
2. eine unechte oder verfälschte technische Aufzeichnung gebraucht,

wird mit Freiheitsstrafe bis zu fünf Jahren oder mit Geldstrafe bestraft.

II Technische Aufzeichnung ist eine Darstellung von Daten, Meß- oder Rechenwerten, Zuständen oder Geschehensabläufen, die durch ein technisches Gerät ganz oder zum Teil selbsttätig bewirkt wird, den Gegenstand der Aufzeichnung allgemein oder für Eingeweihte erkennen läßt und zum Beweis einer rechtlich erheblichen Tatsache bestimmt ist, gleichviel ob ihr die Bestimmung schon bei der Herstellung oder erst später gegeben wird.

III Der Herstellung einer unechten technischen Aufzeichnung steht es gleich, wenn der Täter durch störende Einwirkung auf den Aufzeichnungsvorgang das Ergebnis der Aufzeichnung beeinflußt.

IV Der Versuch ist strafbar.

V § 267 Abs. 3 ist anzuwenden.

1 1) **Die Vorschrift** ist durch das 1. StrRG in Anknüpfung an § 306 E 1962 eingefügt worden. Zur Entstehungsgeschichte Ndschr. **6**, 156 bis 178; **8**, 16, 23, 25, 258 bis 262, 487ff.; **13**, 783; E 1962, 481; Prot. V/2396, 2409, 2618, 3161; BT-Drs. V/4094, 37 (= Ber.); Armin Kaufmann ZStW **71**, 409; im einzelnen LK-Tröndle 2ff. Weiteres **Schrifttum:** *Kienapfel* JZ **71**, 163 und Maurach-FS 431; *Kunz* JuS **77**, 604; *Lampe* NJW **70**, 1097, GA **75**, 1; *Lenckner*, Computerkriminalität und Vermögensdelikte, 1981; *Puppe*, Die Fälschung technischer Aufzeichnungen, 1972 (= Puppe), MDR **73**, 460, NJW **74**, 1174; *Schilling*, Fälschung technischer Aufzeichnungen, 1970 (= Schilling); *Schneider* JurA **70**, 241; *Sieber*, Computerkriminalität und Strafrecht, 2. Aufl. 1980 (hierzu *Maiwald* ZStW **96**, 99); *Steinke* NJW **75**, 1867; *Widmaier* NJW **70**, 1358; *Zielinski*, Arm. Kaufmann-GedS 605.

2 2) § 268 soll der **Sicherheit und Zuverlässigkeit des Rechts- und Beweisverkehrs** mit Aufzeichnungen aus technischen Geräten dienen. **Rechtsgut** ist die Sicherheit der Informationsgewinnung durch solche Geräte (Sieber 303; str.; aM Lackner 2). Deren Aufzeichnungen sollen in ihrer Entstehung vor gerätefremden Machinationen geschützt (BGH **28**, 304; 5. 7. 1990, 1 StR 135/90; Kienapfel JZ **71**, 163; JR **80**, 347) und ihre Herkunft aus einem ordnungsgemäß arbeitenden Gerät verbürgt werden (vgl. E 1962, 482). Die Vorschrift ist im Hinblick auf die sachwidrige Angleichung an den Urkundenbegriff und -tatbestand nach allgM mißglückt (vgl. auch Haft NStZ **87**, 7) und hat zu zahlreichen Streitfragen und uferlosen Kontroversen geführt. Sie wurde bisher nur in Fahrtschreiberfällen praktisch, blieb im übrigen bedeutungslos und insbesondere für die Bekämpfung der Computerkriminalität unzureichend (LK 7ff., 8a), so daß das 2. WiKG (2 vor § 263) zu diesem Zweck Sondertatbestände (§§ 263a, 269, 303a, 303b; vgl. auch §§ 270ff., 303c) geschaffen hat (vgl. LK 48).

§ 268

3) Nach II sind technische Aufzeichnungen A. Darstellungen, womit 3
(anders als in § 11 III, dort 43) Aufzeichnungen gemeint sind, bei denen die
Information in einem selbständigen und dauerhaft verkörperten vom Gerät
abtrennbaren Stück enthalten ist (BGH **29**, 205; Kienapfel JR **80**, 429; Puppe
JZ **86**, 949; Düsseldorf VM **75**, 54; LK 11; Hirsch ZStW **85**, 715; Eser IV 19
A 78; Wessels BT 1, § 18 VI 2 a; aM noch MDR/H **78**, 988; Frankfurt NJW
79, 118; LG Marburg MDR **73**, 65; SchSch-Cramer 9; SK-Samson 12), also
zB das Fahrtschreiberschaublatt (Düsseldorf MDR **90**, 73 m. Anm. Puppe
NZV **89**, 477) oder auf einem Papier oder Streifband oder im Bereich der
EDV einer elektromagnetisch ablesbaren Fixierung. *Nicht* hierher gehört
der Kilometerstand eines Tachometers (BGH **29**, 204) oder selbständige
Wertangaben an Zählwerken oder der Zeigerausschlag einer Meßuhr. Im
einzelnen geht es um Darstellungen von **a) Daten** (vgl. Prot. V/3162).
Nach Haft NStZ **87**, 8 sind das „codierte, auf einen Datenträger fixierte 4
Informationen über eine außerhalb des verwendeten Zeichensystems be-
findliche Wirklichkeit" (vgl. zum Datenbegriff auch Welp iur **88**, 444). Die
Information muß in einer für die DVA erkennbaren Weise codiert sein,
egal ob und auf welche Weise die Daten tatsächlich verarbeitet werden
(Rösler iur **87**, 413). Soweit von Computer errechnete Daten automatische
Gebührenabrechnungen, Steuerbescheide oder Lohnabrechnungen mit au-
tomatisch hergestellten Schecks zum Gegenstand haben, liegen idR jedoch
Urkunden vor (3 zu § 267; aM Lampe GA **75**, 6; str.). Der Begriff der
Daten umfaßt Eingabe-, Ausgabe-, Stammdaten und Zwischenergebnisse
und ist der Oberbegriff für **b) Meß- oder Rechenwerte**, zB bei Längen-, 5
Geschwindigkeits-, Schallpegel-, Temperaturmeßgeräten oder automati-
schen Waagen (vgl. EichO). **c) Zustände**, zB bei Materialprüfungen, Wär- 5a
memessungen durch Thermographen, medizinischen Untersuchungen
durch Strahlenschutz-Meßsysteme für Röntgen-, Gamma-, Photonen-
strahlen (vgl. 2. MeßGerEichPflV); **d) Geschehensabläufe**, d. i. die Dar- 6
stellung von Zuständen in ihrer zeitlichen Abfolge, insbesondere auf
Fahrtschreiberaufzeichnungen bei Kraftfahrzeugen (§ 57a StVZO) und Lo-
komotiven; aber auch in der Medizin (zB EKG, EEG).

B. Die Darstellung muß durch ein **technisches Gerät** ganz oder zum Teil 7
(hierzu krit. Kienapfel JZ **71**, 163; Puppe 192, 232; vgl. LK 19) **selbsttätig
bewirkt** werden, deren Entstehung und Gestalt also dem technischen Prin-
zip der Automation verdanken. Als solche Geräte kommen außer den unter
3 bis 6 genannten zB in Betracht Radarkontrollgeräte für Geschwindig-
keitsüberschreitungen, Flüssigkeitsmeßgeräte, Registriergeräte für Ver-
rechnung von Energie, aber auch Filmplaketten für diesen Zweck, ferner
EDV-Anlagen (Sieber 312, Kunz JuS **77**, 604; Lackner 4; aM Puppe 220),
da idR der output gegenüber dem input ein Mehr liefert (LK 21). Aus
diesem Grunde gehören *nicht* hierher elektrische Schreibmaschinen,
Schreibautomaten, Stechuhren (aM Franke JuS **82**, 679), auch Tonbandträ-
ger nicht für sich allein, sondern allenfalls im Verbund mit einer umfassen-
deren automatisch arbeitenden Anlage; ebensowenig **Fotokopien** (BGH
24, 142; Köln StV **87**, 297, hierzu Geppert JK 10 zu § 267. Sieber 311; aM
Schröder JR **71**, 470; SchSch 17; SK 9), Fotografien oder Filme, da sie keine
neuen Informationen erzeugen, sondern vorhandene reproduzieren (LK 23;
Tiedemann Markenartikel **87**, 413), bei automatischen Kameras zur Ver-
kehrsüberwachung liegt dies freilich anders, auch bei Infrarot-Fotografien,

§ 268

möglicherweise auch bei Informationsspeicherungen durch Mikrofiches (LK 24 a).

8 C. Die Darstellung muß den **Gegenstand der Aufzeichnung** (hierzu Puppe 101, 235; JR 78, 124), d. i. nach hM dessen *Bezugsobjekt* (SchSch 19; Lackner 3c) **erkennen lassen,** und zwar allgemein, dh für jedermann (zB bei Wiegestreifen) oder auch nur für Eingeweihte (zB Fahrtschreiberdiagramme, EKG), uU auch nur über technische Hilfsmittel (zB bei Mikrofilmen oder Lochkarten; im einzelnen Schilling 25; LK 25 b); krit. Puppe 238; Sieber 314). Das aufzeichnende Gerät braucht nicht bestimmbar zu sein (SchSch 23 a), wohl aber muß der Gerätetyp feststehen (LK 25 b, 29; aM SchSch 32).

9 D. Zum **Beweis** einer **rechtlich erheblichen Tatsache** muß die Aufzeichnung **bestimmt** sein (hierzu 9 zu § 267; krit. Kienapfel Urkunden II 192; Puppe 148), und zwar von vornherein *(Absichtsbeweismittel),* zB bei Strom- und Gaszählern für die Gebührenberechnung, oder erst später *(Zufallsbeweismittel),* zB wenn ein während einer Heilbehandlung aufgenommenes EKG verfälscht wird, um Voraussetzungen für den Abschluß eines günstigeren Versicherungsvertrags zu schaffen (E 1962, 483). An die Beweisbestimmung sind, da auch behördlich nicht geprüfte und nicht geeichte Geräte erfaßt sind, strenge Anforderungen zu stellen (Lackner 3d), Aufzeichnungen zu rein technischen, innerbetrieblichen oder wirtschaftlichen Zwecken fallen nicht darunter.

10 E. **Gesamtaufzeichnungen** sind ebenso wie Gesamturkunden (13 ff. zu § 267) denkbar, wenn mehrere Aufzeichnungen zu einem übergeordneten Ganzen mit selbständigem Beweisgehalt verbunden werden.

11 4) **Tathandlungen** sind nach I Nr. 1 A. das **Herstellen** einer **unechten** Aufzeichnung, d. i. das Anfertigen einer Aufzeichnung, die ihre Herkunft aus dem *ordnungsgemäßen* Arbeitsgang eines für solche Aufzeichnungen bestimmten Geräts *vortäuscht,* sei es, daß der Täter eine Aufzeichnung manuell nachmacht (zB unter Verwendung von entsprechendem Papier und Farbstoff eine Kurvenzeichnung fertigt), sich hierfür technischer oder mechanischer Hilfsmittel bedient oder zu diesem Zweck das technische Gerät selbst mißbräuchlich einsetzt oder, wie **III** ausdrücklich erwähnt, durch störende Einwirkung auf den Vorgang der Aufzeichnung deren Ergebnis beeinflußt. Zu Unrecht wollen Schilling 57 das Fälschen iS von I Nr. 1 auf manuelle Nachahmungen beschränken und umgekehrt Lampe NJW 70, 1101 gerade diese Fälle von I Nr. 1 ausnehmen. Gespeicherte *Daten* (§ 202a II) sind gegen Ausspähung, Fälschung und Veränderung nach den §§ 202a, 269, 274 I Nr. 2, §§ 303a, 303b (vgl. 1 zu § 269) strafrechtlich geschützt. **Unecht** iS des § 268 ist somit eine Aufzeichnung dann, wenn sie überhaupt nicht aus einem technischen Gerät oder nicht aus dem Aufzeichnungsvorgang eines solchen in seiner Selbsttätigkeit ungestörten (manipulationsfreien) Gerät stammt, obwohl sie nach Aussage und Inhalt einen

11a solchen Eindruck erweckt. Der **Begriff der Echtheit im Sinne des § 268** stimmt, da es hier keinen Aussteller und keine Erklärung gibt, mit dem des § 267 (dort 18) nicht überein. Er ist vielmehr auf die Herkunft aus einem Herstellungsvorgang bezogen, „der in seinem Ablauf durch die selbsttätige Arbeitsweise des betreffenden technischen Geräts zwangsläufig vorgegeben ist und der bei richtig inganggesetztem und ordnungsgemäß arbeiten-

Urkundenfälschung § 268

den Gerät die Zuverlässigkeit der Aufzeichnung verbürgt" (so E 1962, 482; Bay **73**, 156; VRS **55**, 425). § 268 schützt auf diese Weise die *Authentizität* des automatisierten Herstellungs*modus,* der freilich bei intaktem Gerät auch die sachliche Richtigkeit des Ergebnisses gewährleistet, so daß der Sache nach ein – allein auf das maschinell-gerätetypische und manipulationsfreie Herstellungsverfahren bezogener – **sachlicher Richtigkeitsschutz** vorliegt (LK 29). Im Bereich der EDV ist eine unechte Aufzeichnung gegeben, wenn hinsichtlich der Ausgangsinformation, der gerätespezifischen Verarbeitungsregel und der Endinformation die tatsächlichen Werte den sich für den Betrachter ergebenden scheinbaren Werten nicht entsprechen (hierzu im einzelnen Sieber 322 ff.). **Kein Herstellen** einer unechten Aufzeichnung 11 b (sondern ggf § 263) liegt in deren täuschenden Verwendung, zB wenn sie ausgewechselt, unterschoben oder mit einer anderen Sache in einen irreführenden Beweisbezug gebracht wird, etwa durch falschen Namenseintrag auf einem Fahrtschreiberdiagramm (KG VRS **57**, 122; AG Langen MDR **86**, 603) oder das Verfälschen eines Patientennamens auf einem EKG (LK 29 b; SchSch 34), es sei denn, es würde ein Beweisbezug zu einer anderen Sache dadurch herbeigeführt, daß in den perpetuierten selbsttätig hergestellten Beweisbezug einer zunächst echten Aufzeichnung eingegriffen wird (LK 30; SchSch 37; Schneider JurA **70**, 253). Kein Herstellen einer unechten Aufzeichnung ist ferner das *Weiterarbeitenlassen* eines (infolge Verschleißes, geräteimmanenter Mängel oder Unfalls) *defekten Geräts* (vgl. BGH **28**, 306, 308, hierzu Puppe JZ **86**, 950). In diesen Fällen können Aufzeichnungen „unrichtig" sein, die sind aber nicht „unecht" (Bay VRS **55**, 426), anders jedoch im Falle manipulatorischer Störungen (unten 13); **B. das Verfälschen einer** bereits vorhandenen (Bay **73**, 156, echten oder 12 unechten) **Aufzeichnung** (Unterfall von 10), dh Veränderung in rechtserheblicher Weise, die vortäuscht, als trüge sie im veränderten Zustand die Gestalt, in der sie nach ordnungsgemäßem Herstellungsvorgang das Gerät verlassen hat (E 1962, 482), zB durch Zusätze oder Radieren, und zwar an der Aufzeichnung selbst oder auf deren *perpetuierten* Beweisbezug (SchSch 42) und nicht etwa nur auf einem nichtautomatisch hergestellten Bezugsvermerk (Eser IV 19 A 87). Das Trennen einer Gesamtaufzeichnung (oben 10) kann hiernach unter § 274 I Nr. 1 fallen. Veränderungen von sachlich unrichtigen Aufzeichnungen *zum Richtigen hin* sind auch tatbestandsmäßig, es wird aber idR am Unrechtsbewußtsein und an der Täuschungsabsicht fehlen.

C. Abs. III stellt die **störende Einwirkung auf den Aufzeichnungsvor-** 13 **gang** (sachlich verfehlt) ausdrücklich der Tathandlung des I Nr. 1 gleich. Dessen bedurfte es nicht (LK 32; str.), da nach dem richtig verstandenen Echtheitsbegriff des § 268 (oben 11 a) der Sache nach nichts anderes als ein Unterfall von 10 vorliegt (vgl. auch BGH **28**, 303), der allein, und zwar im Zusammenhang mit Fahrtschreiberdiagrammen praktisch bedeutsam ist (vgl. schon Lampe NJW **70**, 1103). Es handelt sich also nicht um einen tatbestandserweiternden Annex im Sinne einer durch die Gesetzesform entschärften Analogie (so Kienapfel JR **80**, 347; ähnlich SchSch 46), sondern um einen entbehrlichen Annex im Sinne einer legislatorischen Auslegungshilfe (LK 32). Eine abweichende Auslegung des Echtheitsbegriffs in I und III ist sachwidrig und macht § 268 vollends unklar. Stets setzt aber III voraus, daß die Tat das Aufzeichnungsergebnis beeinflußt, also einen fehlerfreien Funktionsablauf des Geräts in Mitleidenschaft zieht (BGH **28**, 305), für das Verstellen einer zum EG-Kontrollgerät gehörenden Zeituhr (Hamm NJW **84**, 2173; Bay MDR **86**, 688; SchSch 48, 51), Reparatureingriffe fallen daher nicht unter den Tatbestand (LK 35; SchSch 51; SK 25).

13a **a)** *Nicht* hierher gehört ferner das *„täuschende Beschicken"* des Geräts (5. 7. 1990, 1 StR 135/90), zB das Füttern des Computers mit falschen Daten, sog. input-Manipulation (Prot. V/2412, 2415, Lampe GA **75**, 4; Kunz JuS **77**, 606; Sieber 324; Kienapfel JR **80**, 347; Antognazza KR **83**, 389; Tiedemann WM **83**, 1330; LK 33; SchSch 39, 48; M-Schroeder § 65, 85; vgl. insoweit jedoch § 263 a dort 3, 9, 17 und § 269 dort 4 ff.); ebensowenig die Fälle des Unterschiebens oder Austauschens von Aufzeichnungen (oben
13b 11b). **b)** Hingegen sind im *EDV-Bereich* sog. Programm- und Konsolmanipulationen, weil hierdurch über den Verarbeitungsmechanismus auf den output eingewirkt wird, Fälle des III (hierzu im einzelnen Sieber 54, 60, 325; ferner Lampe GA **75**, 17; Winkelbauer CR **85**, 42; LK 33 c; 3, 9 zu
13c § 263a). **c)** Außerdem ist III zu bejahen, wenn im Rahmen des Aufzeichnungsvorgangs *gerätefremde Diagrammscheiben* verwendet werden, so wenn ein Kraftfahrer ein Schaublatt für eine Höchstgeschwindigkeit von 105 km/h anstelle eines solchen für 120 km/h verwendet, um eine niedrigere Geschwindigkeitsangabe zu bewirken (LK 33b; Lackner 8; M-Schroeder § 65, 85; Schneider JurA **70**, 250; H. J. Hirsch ZStW **85**, 726; Puppe 253), **aM** Bay **73**, 155; Jagusch/Hentschel 9 zu § 57a StVZO; Eser IV 19 A 84, die verkennen, daß ggf die *gerätespezifische* Diagrammscheibe zu einem ord-
13d nungsgemäßen Aufzeichnungsvorgang gehört. **d)** Auch *Abschaltungen* des Geräts sind dann störende Einwirkungen, wenn sie nur zeitweilig oder mehrfach vorgenommen werden, um den kontinuierlichen Aufzeichnungsfluß zu stören und sein Ergebnis zu beeinflussen, so wenn ein Kraftfahrer zu diesem Zweck den Deckel des Fahrtschreibers mehrfach öffnet (LK 33d; Lackner 8; M-Schroeder § 65, 85; Puppe NJW **74**, 1174; Eser IV 19 A 84; Full/Möhl/Rüth 11 zu § 57a StVZO; **aM** Bay NJW **74**, 325; SchSch 48; Schilling 65; Jagusch/Hentschel aaO), jedoch greift III *nicht*, wenn durch die Abschaltung das Gerät gar nicht in Gang gebracht oder der Aufzeichnungsvorgang abgebrochen, also eine brauchbare Aufzeichnung überhaupt verhindert wird (Bay NJW **74**, 325). Es sind daher im Fall von Manipulationen am Kontrollgerät eines Kfz. nicht nur Angaben über Zeit und Ort, sondern auch über die Art und Weise des unerlaubten Eingriffs Feststellungen erforderlich (Düsseldorf VRS **77**, 355). Auf das „Nachlaufen" des Geräts nach dem Abschalten kommt es entgegen Bay aaO nicht
13e an, LK 33 d. **e)** Str. ist, ob das **Unterlassen der Entstörung** eines defekten Geräts durch den Verantwortlichen unter III fällt, ob sich zB ein Kraftfahrer schon dadurch nach III strafbar macht, daß er mit einem defekten Fahrtschreiber (§ 57a StVZO) fährt und es unterläßt, ihn zu „entstören" oder durch einen intakten zu ersetzen (grundlegend BGH **28**, 300). Keinesfall ist in diesen Fällen das bloße Fahrzeugingangsetzen bereits eine Tatbestandsverwirklichung iS des III durch positives Tun (Hamm VRS **52**, 279, LK 36; and. wohl Kienapfel JR **80**, 348), denn es müßte sich auf die Störung als solche beziehen (BGH I **28**, 306; Lackner 9; M-Schroeder § 65, 86). Für die Frage, ob eine Tatbegehung iS des III durch Unterlassen vorliegt, ist zu
13f unterscheiden: **aa)** ist der Fahrtschreiber durch Verschleiß, Unfallschaden

Urkundenfälschung **§ 268**

oder durch sonstige unvorsätzliche Einflüsse (Eigendefekt) schadhaft, so entspricht (§ 13) das Unterlassen der Entstörung einer störenden Einwirkung nicht (Bay VRS **55**, 427), denn § 268 setzt stets eine Simulierung oder die manipulatorische Störung des Funktionsablaufs des Geräts voraus (BGH **28**, 307). Fehlt es daran, so haftet der Kraftfahrer für die Entstörung *strafrechtlich nicht* (vgl. jedoch § 57 a II S. 1 iVm § 69 a III Nr. 25, V Nr. 6, 6a, 6c StVZO), er trägt insoweit nur Verantwortung für die Störung des Aufzeichnungsvorgangs, nicht für das gestörte Gerät (Kienapfel JZ **74**, 653). Die unterlassene Entstörung kann in diesen Fällen auch nie unter I Nr. 1 fallen, denn das *bloße* (wenn auch vorsätzliche) *Ausnützen* eines defekten Geräts ist *nicht tatbestandsmäßig* (Ber. 37; BGH **28**, 307; LK 36).

bb) Daher ist mangels Vorsatzes auch nicht strafbar, wer nicht weiß, daß **13g** der Defekt auf eine Manipulation zurückgeht (BGH aaO); ein Unterlassungsdelikt nach § 13 iVm § 268 I Nr. 1, III liegt aber vor (offengelassen in BGH **28**, 307), wenn der Kraftfahrer weiß, daß der Defekt des Fahrtschreibers manipulationsbedingt (wenn auch von dritter Hand) war, denn der verantwortliche Fahrer ist Garant für das ordnungsgemäße Funktionieren des Fahrtschreibers, § 57 a II StVZO, § 23 I StVO (Hamm VRS **52**, 279; LG Stade NJW **74**, 2018; LK 36 b; Jagusch 9 zu § 57 a StVZO).

D. nach **I Nr. 2** das **Gebrauchen** einer unechten oder verfälschten Auf- **14** zeichnung (vgl. zunächst 24 bis 26 zu § 267). Darunter fallen alle nach 10 bis 13 f auf strafbare Weise entstandene Aufzeichnungen, nicht aber solche, die ausgewechselt, unterschoben, im Beweisbezug verändert worden (oben 11 b), aber *nicht* solche, die zufolge Eigendefekts des Geräts (oben 13 f) unrichtig sind (Prot. V/2412 ff.; Bay **73**, 155; VRS **55**, 427; Frankfurt NJW **79**, 119; LG Stade NJW **74**, 2017 m. insoweit zust. Anm. Kienapfel JZ **74**, 653; LK 38a mwN; SchSch 63; Lackner 9; Sturm NJW **69**, 1610; Puppe 261; aM Ndschr. **8**, 31, 260, 263; Hamm VRS **52**, 278). Demnach ist auch nach I Nr. 2 strafbar, wer von einer störenden Einwirkung erst nachträglich erfahren hatte und die Aufzeichnung aus einem solchen Gerät gebraucht (LK 38 a), aber auch wer ein Falsifikat iS des § 268 in Fotokopie vorlegt (vgl. BGH **5**, 292).

5) Vollendet ist die Tat nicht erst dann, wenn die mit ihr bezweckte **15** Täuschung erreicht ist. Es genügt, daß der Täter eine unechte Aufzeichnung herstellt (I Nr. 1, III), verfälscht (I Nr. 1) oder ein solches Falsifikat gebraucht (I Nr. 2). Tätige Reue ist auch nicht durch analoge Anwendung der §§ 31, 311 b, 316 a II möglich (LK 41; aM SchSch 66). Hat der Täter gefälscht *und* gebraucht, so gilt 17 ff. zu § 267 entsprechend. Beendet ist die Tat mit dem Gebrauchen (vgl. BGH **5**, 293; GA **55**, 246) oder mit der Täuschung im Rechtsverkehr, wenn sie gelingt. Der **Versuch** ist nach **IV** strafbar.

6) Vorsatz ist erforderlich, bedingter genügt (BGH **28**, 304). Er muß **16** sich auf alle Merkmale der technischen Aufzeichnung (oben 3 ff.) sowie auf die der jeweiligen Tathandlungen (oben 11 ff.) beziehen, im Falle des I Nr. 2 insbesondere auf das manipulatorische Zustandekommen der Aufzeichnung (oben 14). Stets ist Handeln zur Täuschung im Rechtsverkehr erforderlich (26, 29 ff. zu § 267).

7) In besonders schweren Fällen (**V**; 11 zu § 12; 43 ff. zu § 46) gilt § 267 III. **17 Einziehung** § 282.

1617

§ 268

BT Dreiundzwanzigster Abschnitt

18 **8) Konkurrenzen.** Es gilt im wesentlichen dasselbe wie bei § 267 (dort 35 f.), Tateinheit ist also zB möglich mit §§ 107a, 109a, 153 ff., 164, 263, 271; § 370 AO; aber auch mit §§ 267, 269 und zwar nicht nur dann, wenn Urkunden mit technischen Aufzeichnungen oder mit beweiserheblichen Daten gekoppelt sind (vgl. oben 8), sondern auch wenn die Aufzeichnung oder die Daten mit Vermerken oder Unterschrift versehen werden (KG VRS **57**, 177; vgl. auch Stuttgart JZ **77**, 725) oder ein Aussteller sie autorisiert (3 zu § 267; LK 20; ebenso LK 45; SchSch 72; Lackner 12; Puppe 264; Sieber 318). Die Ordnungswidrigkeit des § 57a II S. 1 iVm § 68a III Nr. 25 StVZO, § 24 StVG tritt gegenüber § 268 zurück.

Fälschung beweiserheblicher Daten

269 ^I Wer zur Täuschung im Rechtsverkehr beweiserhebliche Daten so speichert oder verändert, daß bei ihrer Wahrnehmung eine unechte oder verfälschte Urkunde vorliegen würde, oder derart gespeicherte oder veränderte Daten gebraucht, wird mit Freiheitsstrafe bis zu fünf Jahren oder mit Geldstrafe bestraft.

^{II} Der Versuch ist strafbar.

^{III} § 267 Abs. 3 ist anzuwenden.

1 **1) Die Vorschrift** idF des 2. WiKG (2 vor § 263) wurde nach allgM zur Bekämpfung der Computerkriminalität neben dem neu eingeführten § 263a für erforderlich und für besonders bedeutsam gehalten, um Strafbarkeitslücken im Bereich der Urkundendelikte zu schließen (Sieber 2/40; Möhrenschlager wistra **82**, 203; **86**, 134; Tiedemann WM **83**, 1330, JZ **86**, 869 u. Markenartikel **87**, 413; vgl. Zielinski, Arm. Kaufmann-GedS 605). Zwar sind auch Druckerzeugnisse aus DVAnlagen insoweit Urkunden im Rechtssinne und daher insoweit gegen Fälschung strafrechtlich geschützt, als ihr sachlicher Inhalt von Personen oder Behörden als eigene Erklärung autorisiert wird (3 zu § 267). Indessen kann der Strafschutz des § 267 dann nicht eingreifen, wenn in den Computer bereits eingespeiste Daten verändert und in der Ausgangsphase unmittelbar maschinell datenmäßig weiter verarbeitet werden, ohne daß die Veränderung *visuell* erkennbar wäre (vgl. RegE 32; Möhrenschlager wistra **82**, 203; **86**, 134; Bieber WM Beil. 9/87, 28). Solche Computerdaten werden, insbesondere wenn sie für eine Vielzahl von Arbeitsvorgängen in DVAnlagen von Großrechenzentren gespeichert sind, im Rechtsverkehr als Beweisdaten für rechtlich erhebliche Tatsachen verwendet (RegE 33), sie haben (später), zB als Ausdrucke des Computers urkundengleiche Bedeutung und ihre Verfälschung kann uU folgenschwerer sein als die herkömmlicher Urkunden. Auf dem Boden des Vorschlags der SVKomm. (Schlußber. 155 [1 a zu § 263 a]) stellten beide RegE in einer selbständigen Vorschrift das *„unbefugte"* Verändern" näher bezeichneter Daten und das „Gebrauchen" solcher unbefugt veränderter Daten unter Strafe. Der RA-BTag hat sich ebenfalls – entgegen der Anregung von Haft (Prot. Nr. 26 S. 164, Anl. S. 208 [1 a zu § 263 a]) – nicht mit einer bloßen Ergänzung des § 267 begnügt (Ber. 33), aber die Fassung des § 269 unter Streichung des Merkmals „unbefugt" enger an den Tatbestand des § 267 mit dem Ziele angeglichen, keine Fälle zu erfassen, die im Urkundenbereich als „schriftliche Lüge" (18 zu § 267) bezeichnet werden, und um den Tatbestand nicht von der Garantiefunktion und der Ausstellererkennbarkeit zu lösen (Ber. 34; Möhrenschlager wistra **91**, 326). Dieser Einschränkungsversuch des RA-BTag hält zwar zu einer einengenden Auslegung der Vorschrift an, ist aber gleichwohl nicht gelungen, weil § 269 *computerspezifische* Fälschungsvorgänge in erster Linie am Tatbestand der Urkundenfäl-

Urkundenfälschung **§ 269**

schung mißt, dessen Struktur durch Merkmale gekennzeichnet ist, die computerisierte Arbeitsvorgänge gerade nicht aufweisen. Erst mit Hilfe einer problematischen „urkundengerechten" Umsetzung der DVVorgänge, die der Richter hypothetisch vorzunehmen hat, ist festzustellen, ob die Computermanipulation nach § 269 strafbar ist. Hierdurch bleibt die Abgrenzung der Vorschrift auch in ihrer einengenden Tendenz unsicher, und es ist zw., ob in diesem Tatbestand solche Datenfälschungen in ihrer computerspezifischen Eigenart sachgemäß getroffen und umgrenzt sind (weniger krit. Achenbach NJW **86**, 1835, Tiedemann JZ **86**, 870; Haft NStZ **87**, 9). Hinzu kommt, daß auch das Verhältnis zu § 263a problematisch bleibt, dessen Tathandlungen – freilich nicht lediglich zur Täuschung im Rechtsverkehr, sondern in Bereicherungsabsicht – zT auch Fälschungsmodalitäten mitenthalten (vgl. 9f. zu § 263a). Völlig offen und ungeklärt ist vor allem das Verhältnis zu § 268, der schon nach dem 1. StrRG „ein durch die technische Entwicklung bedingtes erhöhtes Schutzbedürfnis, zB auf dem Gebiet der Datenverarbeitung" (so 1. Ber. BT-Drs. V/4094 S. 3; vgl. ferner E 1962 Begr. 481f., Corves Prot. V/2397f.; SK-Samson 17) durch Ausdehnung des (urkundengleichen) Strafschutzes auf sog. technische Aufzeichnungen befriedigen sollte. Nachdem aber § 268 *praktische* Bedeutung nur für Fahrtschreiberdiagramme zu erlangen vermochte, er aber u. a. auch den Schutz von Computerausdrucken angestrebt hatte (7 zu § 268) und gerade wegen der urkundenähnlichen Ausgestaltung unbestritten als mißlungen gilt (2 zu § 268 mwN), hätte, wenn man schon von einer Streichung des § 268 absah (so aber Tröndle LK 50 zu § 268), das Verhältnis der §§ 268, 269, die in ihrer Ausformung unbeschadet ihrer engen Anlehnung an § 267 grundlegende Unterschiede aufweisen und die gleichwohl fast übereinstimmenden gesetzgeberischen Anliegen dienen, unbedingt geklärt werden müssen (vgl. hierzu auch 17 zu § 263a).

2) Geschütztes Rechtsgut ist, ebenso wie in §§ 267, 268, die **Sicherheit** 2 **und Zuverlässigkeit des Rechts- und Beweisverkehrs,** soweit er sich im Zusammenhang mit DVVorgängen beweiserheblicher Daten bedient (Bühler MDR **87**, 453; Rösler iur **87**, 412; Wegscheider CR **89**, 998).

3) Schutzgegenstand sind **Daten** (4 zu § 268), aber nur **beweiserhebli-** 3 **che.** Was mit dieser im Gegensatz zum RegE (vgl. Ber. 8) stark verkürzten Umschreibung gemeint ist, soll nach dem Ber. 34 bereits „durch die Konstruktion eines hypothetischen Vergleichs mit Fällen der Urkundenfälschung iS des § 267" durch den Zusatz „beweiserheblich" verdeutlicht sein, da auf diese Weise „nur solche Daten erfaßt werden", die (nach der „Formulierung der Entwürfe") „dazu bestimmt sind, bei einer Verarbeitung im Rechtsverkehr als Beweisdaten für rechtlich erhebliche Tatsachen benutzt zu werden". Ferner soll sich „aus der den Tatbestand des § 267 ergänzenden Funktion des § 269 wie aus seiner Ausgestaltung ergeben, „daß nur solche beweiserheblichen Daten betroffen sind, die ‚elektronisch, magnetisch oder sonst nicht unmittelbar wahrnehmbar' gespeichert werden bzw bei Tatbegehung schon entsprechend gespeichert waren" (so Ber. 34; vgl. Mürbe Jura **92**, 325). Zwar mag der uferlose und vom Gesetz – wie in § 263a – nicht definierte Datenbegriff (3 zu § 202a) durch den Zusatz „beweiserheblich" und durch die Anlehnung (dafür auch Möhrenschlager wistra **86**, 134) an den zwar nicht gesetzlich bestimmten, aber von der hRspr. seit langem entwickelten Begriff der Urkunde (2 zu § 267) eine eingeschränkte Auslegung dahin nahelegen, daß „beweiserhebliche Daten" nur solche nicht lesbaren Daten sein sollen, deren Einsatz die Verwendung von Urkunden ersetzt (Haß [1a zu § 263a] 43), nicht aber daß sie „elektronisch

§ 269

oder magnetisch" gespeichert sein müssen. Auch optische Speicherung kommt wie bei § 263a in Betracht (Ber. 34; Haß [1a zu § 263a] 43; Möhrenschlager wistra **86**, 134; Granderath DB **86**, Beil. 18, 5; Wegscheider CR **89**, 1001). Der fehlende Hinweis auf § 202a II erklärt sich aus der Notwendigkeit, die Daten bereits in der Eingabephase zu schützen (Ber. 34).

4 4) Auch die **Tathandlungen** „speichert oder verändert" gewinnen erst Kontur durch die vom Gesetz vorausgesetzte *hypothetische* Subsumtion: Maßgebend ist, ob der Täter durch seine Tat eine unechte oder verfälschte Urkunde produziert hätte, *falls die Daten,* auf die er eingewirkt hat, *wahrnehmbar,* also sichtbar (weitergehend auch für Einbeziehung von Tonbandaufzeichnungen, Möhrenschlager wistra **86**, 134; Granderath [1a zu § 263a]), *wären.* Das setzt voraus, daß das Falsifikat mit Ausnahme der Erkennbarkeit des Ausstellers (für [gelockerte] Erkennbarkeit bei hypothetischer Wiedergabe, Möhrenschlager wistra **86**, 135; Granderath [1a zu § 263a]) alle Urkundenvoraussetzungen erfüllt und einen sachlichen Aussagegehalt enthält, der als eine von einem bestimmten Aussteller (zB dem für das Computerprogramm Verantwortlichen und dem hierüber Verfügungsberechtigten, vgl. 6 zu § 263a) herrührende oder von ihm autorisierte Erklärung erscheint. Die Tathandlung besteht somit darin, daß der Täter beweiserhebliche Daten entweder **a) so speichert,** dh in einer Weise auf einem Datenträger zum Zwecke ihrer weiteren Verwendung erfaßt, aufnimmt oder aufbewahrt (§ 3 V Nr. 1 BDSG; Möhrenschlager wistra **86**, **5** 135; Bühler MDR **87**, 454), oder **b) so verändert,** dh diese beweiserheblichen gespeicherten oder übermittelten (Möhrenschlager aaO) Daten in einer Weise inhaltlich umgestaltet (§ 3 V Nr. 2 BDSG), daß hierdurch ein Falsifikat entsteht, das – von der Wahrnehmbarkeit abgesehen – im besagten Sinne die Merkmale einer falschen Urkunde aufweist. Die Tathandlung des Speicherns entspricht hierbei der des Herstellens einer unechten Urkunde, die des Veränderns der des Verfälschens einer echten Urkunde (§ 267 I, dort 18 ff.); der Wortlaut des § 269 erlaubt – anders als bei § 267 (LK 163) – auch die Verfälschung unzulässig gespeicherter Daten zu erfassen (Möhrenschlager, Bühler, Rösler, jew. aaO). **c)** Weitere Tathandlung ist (entsprechend der 3. Tatmodalität des § 267; dort 23 ff.) das **Gebrauchen** derart gespeicherter oder veränderter Daten.

Ob diese enge Anlehnung der Vorschrift an den Urkundenbegriff zur Bekämpfung der Computerkriminalität allenthalben sachgemäß ist, muß bezweifelt werden. Schon die Frage, wer bei DVVorgängen als **„Aussteller"** zu gelten hat, ist schwieriger zu beantworten als bei einer Urkunde. So sind Inhaber oder Betreiber der DVAnlage und der für das Programm Verantwortliche und Verfügungsberechtigte (6 zu § 263a) idR nicht personengleich (vgl. Möhrenschlager wistra **86**, 135; krit. SK 26). Der computertechnisch nicht sachverständige Betriebsinhaber wird nicht immer eine hinreichende Vorstellung über den (urkundengleich zu behandelnden) Aussagegehalt der Arbeitsergebnisse der in seiner Firma installierten DVAnlagen haben. Damit wird zweifelhaft, ob die für die Anwendbarkeit des § 269 vorausgesetzten Merkmale einer falschen Urkunde schon vorliegen, wenn ein ungetreuer, aber im übrigen über die Daten Verfügungsberechtigter beweiserhebliche Daten fälscht. Ist hingegen der Inhaber oder Betreiber einer DVAnlage im wesentlichen technisch sachkundig und ver-

Urkundenfälschung **§ 269**

anlaßt er *selbst* eine Datenfälschung in einem von seiner Firma betriebenen Computer zu Täuschungszwecken, so greift § 269 nicht ein, weil das Fälschungsergebnis keiner falschen Urkunde, sondern einer „schriftlichen Lüge" (18 zu § 267) entspräche. Freilich werden solche Fälle idR durch § 263a erfaßt sein, da der Täter in Bereicherungsabsicht handeln wird und er den DVVorgang auch iS dieser Vorschrift beeinflußt hat. Aus der Sicht der Bekämpfung der Computerkriminalität fehlt es aber an einem inneren Grund, den computer-verfügungsberechtigten Fälscher aus dem Fälschungstatbestand auszunehmen (vgl. Zielinski, Arm. Kaufmann-GedS 620).

5) Nach der **inneren Tatseite** setzt die Vorschrift *Vorsatz* (bedingter genügt) voraus. Der Täter muß alle tatsächlichen Umstände kennen, aus denen sich ergibt (oben 4), daß im Wahrnehmungsfalle eine unechte oder verfälschte Urkunde vorläge (vgl. 28 zu § 267). **Zur Täuschung im Rechtsverkehr** (30 zu § 267) muß der Täter ferner handeln. Nach der ausdrücklichen Regelung des § 270 ist diese Voraussetzung bereits dann erfüllt, wenn es dem Täter lediglich darum geht, im Rechtsverkehr die fälschliche Beeinflussung einer DV zu bewirken. 6

6) Für die **Vollendung** der Tat gilt das in 32 zu § 267 Gesagte entsprechend. **Nach II ist der Versuch strafbar.** 7

7) **Konkurrenzen:** Im Verhältnis der verschiedenen Begehungsformen des § 269 untereinander gilt das 35 zu § 267 Gesagte. Im übrigen wird oft **Tateinheit** mit § 263a gegeben sein, ferner ist Tateinheit mit §§ 263, 266, 267, 268, 274 I Nr. 1, 2, §§ 303, 303a und uU auch mit § 303b möglich. 8

8) **Die Strafe** entspricht der des § 267. Ein **besonders schwerer Fall (III iVm § 267 III; 11 zu § 12; 43, 43a zu § 46)** kann bei außergewöhnlichem Tatumfang oder bei Handeln als Amtsträger vorliegen. Ggf ist § 41 zu beachten. 9

Nummerierung: 6, 7, 8, 9, 10

Täuschung im Rechtsverkehr bei Datenverarbeitung

270 Der Täuschung im Rechtsverkehr steht die fälschliche Beeinflussung einer Datenverarbeitung im Rechtsverkehr gleich.

Diese Gleichstellungsvorschrift ist durch Art. 1 Nr. 12 des 2. WiKG eingefügt worden. Zwar wurde im Schrifttum für das Merkmal der „Täuschung im Rechtsverkehr" schon bisher für ausreichend gehalten, daß Daten nicht einer Person zugeleitet, sondern maschinell in einen Computer eingelesen werden (LK-Tröndle 189 zu § 267). § 270 sichert dieses Auslegungsergebnis durch eine gesetzliche Klarstellung (vgl. Haft NStZ **87**, 9). Die Vorschrift hat nicht nur für § 269, sondern für alle Urkundentatbestände mit dem Merkmal „zur Täuschung im Rechtsverkehr" (§§ 152a III, 267, 268, 273, 281; vgl. Möhrenschlager wistra **82**, 204; **86**, 135; Winkelbauer CR **85**, 41; Bühler MDR **87**, 454) insoweit Bedeutung, als beim Einsatz von DVAnlagen eine menschliche Kontrolle der eingegebenen Daten nicht stattfindet und ein täuschungsgleicher Effekt durch die fälschliche Beeinflussung der DV geschieht. Auf die Art und Weise der fälschlichen Beeinflussung kommt es hierbei nicht an. Die DV (3 zu § 263a) selbst muß sich aber im konkreten Fall auf den Rechtsverkehr beziehen (RegE 34).

§ 271

Mittelbare Falschbeurkundung

271 ᴵ Wer bewirkt, daß Erklärungen, Verhandlungen oder Tatsachen, welche für Rechte oder Rechtsverhältnisse von Erheblichkeit sind, in öffentlichen Urkunden, Büchern, Dateien oder Registern als abgegeben oder geschehen beurkundet oder gespeichert werden, während sie überhaupt nicht oder in anderer Weise oder von einer Person in einer ihr nicht zustehenden Eigenschaft oder von einer anderen Person abgegeben oder geschehen sind, wird mit Freiheitsstrafe bis zu einem Jahr oder mit Geldstrafe bestraft.

ᴵᴵ Der Versuch ist strafbar.

1 1) **Schrifttum:** *F. Meyer,* Dreher-FS 425; *Haefliger* SchweizZSt. **59**, 401; *Schmid* SchweizZSt. **78**, 274; *Schnitzler* MDR **80**, 813; *Vogel* NJW **62**, 998; *Walder* SchweizZSt. **82**, 70; vgl. auch 7 zu § 267.

2 2) **Die Vorschrift** (geändert durch Art. 1 Nr. 80 des 1. StrRG, Art. 19 Nr. 140 EGStGB und Art. 1 Nr. 13 des 2. WiKG) will mit § 348, der die Falschbeurkundung durch zuständige Amtsträger selbst betrifft (für Soldaten gilt § 48 WStG), verhindern, daß in öffentlichen Urkunden inhaltlich Falsches aufgenommen wird, und dient daher nicht wie § 267 dem Echtheits-, sondern dem **Wahrheitsschutz,** und zwar dem Schutz der besonderen Beweiskraft öffentlicher Urkunden, RG **66**, 408.

3 3) **In öffentlichen Urkunden** (auch öffentlichen Büchern, Dateien oder Registern, unten 12 ff.) muß die Beurkundung bewirkt (unten 15) werden. Für den Begriff (hierzu F. Meyer [oben 1] 425; Kienapfel JBl. **82**, 505) beruft sich die Rspr. (BGH **19**, 21; NStZ **86**, 550 m. Anm. Schumann JZ **87**, 523; hierzu Otto JK 3 zu § 348) meist auf §§ 415, 417, 418 ZPO. In Wahrheit verstehen aber die §§ 271, 348 den Begriff enger (unten 4, 9, LK 21). Er umfaßt auch ausländische Urkunden (KG JR **80**, 516), wenn (auch) deutsche Rechtsgüter durch sie geschützt oder (beim Mißbrauch) beeinträchtigt sind (Düsseldorf NStZ **83**, 221; LK-Tröndle 4a; vgl. § 438 ZPO; RG **68**, 300; KG JR **80**, 516 und dort auch Oehler; hM; aM SchSch-Cramer 1; Wiedenbrüg NJW **73**, 301). Voraussetzungen sind Aufnahme

4 A. **durch eine öffentliche Behörde** (35 zu § 11) oder eine mit **öffentlichem Glauben versehene Person** wie Notare (BGH **8**, 289), Urkundsbeamte der Geschäftsstellen der Gerichte; Standesbeamte; Fleischbeschauer (RG **74**, 30), uU Gerichtsvollzieher (RG **63**, 151; Hamm NJW **59**, 1333; anderseits Frankfurt NJW **63**, 773), Postbeamte; Amtsärzte; und zwar diese innerhalb des ihnen rechtlich generell zugewiesenen Geschäftskreises, die Behörde innerhalb ihrer sachlichen und örtlichen Zuständigkeit (hierzu näher LK 11). So muß die Beglaubigung von Abschriften zu den Amtsbefugnissen der Stelle gehören; es ist grundsätzlich die Stelle, die die Urschrift verwahrt; im selbständigen Beurkundungsgeschäft ist es der Notar (§§ 20, 114, 115 BNotO). Weitere Zuständigkeiten ergeben sich zB aus § 34 FGG, § 9 HGB, § 37 VAktG, §§ 11, 156 GenG, §§ 66, 79, 1563, 2273 BGB, §§ 4, 12 GBO, § 170 ZPO. Zu den landesrechtlichen Vorbehalten vgl. § 63 BeurkG.

5 B. **In der vorgeschriebenen Form,** soweit sie nach Gesetz (vgl. zB §§ 8 ff., 36 ff., 39 ff. BeurkG; § 762 II ZPO), VO oder Üblichkeit wesentlich ist (RG **46**, 290). Fehlt ein wesentliches Formerfordernis (vgl. zB

Urkundenfälschung § 271

§§ 128, 129 BGB, das VwVfG sowie die landesrechtlichen VwVfGe, Nachw. in LK 15 Fn. 43), so kommt keine öffentliche Urkunde zustande (RG **63**, 126). Mindestens muß sich aus der Urkunde ergeben, welche Stelle sie ausgestellt hat (RG **58**, 280). Unterschrift und Beidrücken des Stempels sind nur erforderlich, wenn sie vorgeschrieben sind (RG **61**, 161). Ist das der Fall, so ist eine mechanisch hergestellte Unterschrift zulässig, wenn nichts anderes vorgeschrieben ist (RG **57**, 69). Erforderlich ist zB die Unterschrift des Rechtspflegers auf dem Mahnbescheid (RG **23**, 205), bei Urteilsausfertigungen noch das Hinzufügen des Siegels (RG **30**, 369), ebenso beim Paß (RG **60**, 153). In Posteinlieferungsbüchern ist die Unterschrift des Postbeamten wesentlich (RG **30**, 369). Ein Formerfordernis kann durch ständige Übung nur dann beseitigt werden, wenn sie von der vorgesetzten Behörde gebilligt wird, die die Vorschrift erlassen hat (RG **58**, 282).

C. Öffentliche Urkunden iS des Strafrechts sind nur solche **mit Beweiskraft** 6 **für und gegen jedermann,** denn nur sie genießen Wahrheitsschutz iS der §§ 271, 348 (LK 21).

Frühere Unterscheidungen zwischen Privaturkunden und öffentlichen Urkun- 7 den (im allgemeineren Sinne) ohne Beweiswirkung nach 6 gehen auf § 267 aF (hierzu 1 zu § 267) zurück und sind daher *überholt*. Sog. *schlichte amtliche Urkunden,* die nur zur Prüfung, Ordnung oder Erleichterung des inneren Dienstes, zur Überwachung der Beamten und amtlichen Stellen untereinander und nicht für den Verkehr nach außen bestimmt sind (RG **49**, 33), also innerdienstliche Register (Einwohnermeldekartei, JR **54**, 308; 24. 3. 1981, 3 StR 84/81; Bundeszentralregister, Hamm NJW **77**, 594), innerdienstliche Aktenvermerke, behördliche Auskünfte und Bescheinigungen (BGH **17**, 66 zu § 7c EStG 1953; Fundempfangsbescheinigung Bay **78**, 139), Bescheinigung einer Ausländerbehörde über einen Asylantrag (AG Hamburg StV **92**, 381) oder verwaltungsmäßig Urkunden (zB Kraftfahrzeugbrief, NJW **57**, 1889) sind *keine* öffentlichen Urkunden iS des § 271 (weitere Nachw. LK 20 und 40. Aufl.).

4) Diese **erhöhte Beweiswirkung** (öffentliche Beweiswirkung) nach 6, 8 die die §§ 271, 348 voraussetzen, ist stets im einzelnen (LK 23ff.), insbesondere auch in ihrer Reichweite (unten 10), zu bestimmen (vgl. BGH **6**, 381; **20**, 187; **22**, 203). Sie folgt von alters her (vgl. RG **10**, 243) aus einer dem Schutzzweck des § 271 entsprechenden einengenden Auslegung (so mit Recht F. Meyer [oben 1] 428) und nicht aus den §§ 415, 417, 418 ZPO, wie die Rspr. immer wieder angenommen hat (zB RG **64**, 331; BGH **7**, 96; offengelassen in **17**, 68; vgl. auch BGH **8**, 293; **19**, 21; **26**, 49; Bay **78**, 138). Die §§ 415ff. ZPO geben zwar eine notwendig, aber noch nicht hinreichend begriffliche Abgrenzung und regeln in erster Linie (prozeßrechtlich) Möglichkeiten eines Gegenbeweises und den sachlichen Umfang der Beweiskraft (F. Meyer [oben 1] 427). Hinzu kommen muß die erwähnte *erhöhte* Beweiswirkung iS des § 271. Sie muß sich nicht ausdrücklich aus dem Gesetz (zB § 60 PStG; vgl. BGH **6**, 381) ergeben (so aber RG **59**, 19; BGH **20**, 294), auch nicht aus besonderen behördlichen Anordnungen (so aber RG **49**, 62). Es genügt, wenn eine solche Beweiswirkung unter Berücksichtigung der Verkehrsanschauung dem Sinn und Zweck des Gesetzes entspricht (GrSenBGH **22**, 203; **26**, 11; Bay wistra **89**, 314; vgl. ferner BGH **17**, 68; **20**, 314; LK 27). Hiergegen bestehen auch keine Bedenken aus Art. 103II GG (F. Meyer [oben 1] 432). Freilich ist diese erhöhte Beweiswirkung nicht so zu verstehen, daß die Urkunde von vornherein für jeder-

§ 271

mann zum Beweis bestimmt sein müßte, es reicht vielmehr aus, daß sie nicht nur für und gegen den Aussteller, sondern gegen jeden Dritten für die in ihr konstatierten Tatsachen Beweis erbringt (RG **17**, 78; Bay wistra **89**, 315; F. Meyer [oben 1] 434; LK 23). Soweit § 271 auf Beurkundungen

9 abhebt, **welche für Rechte oder Rechtsverhältnisse von Erheblichkeit sind**, bringt auch diese tautologische Formel (LK 53) die Beschränkung auf die besondere Beweiskraft zum Ausdruck, die sich nicht auf die gesamte Urkunde zu beziehen braucht (BGH **6**, 380; **19**, 22; **22**, 203). Dies bedeutet innerhalb der zT widersprüchlichen Rspr. (vgl. Puppe JR **79**, 257) im einzelnen:

10 A. Welche **Teile öffentlicher Urkunden** von der Beweiskraft erfaßt werden, ist zu ermitteln. So wird zB bei vielen Registeranmeldungen, so zum Handelsregister (§§ 8ff. HGB), zwar bewiesen, wer die Erklärung abgegeben hat (RG **66**, 356), aber nicht deren inhaltliche Richtigkeit (RG **18**, 150), Entsprechendes gilt für das Vereinsregister (§ 55 BGB, RG **61**, 304), sowie die Handwerksrolle (Bay NJW **71**, 634). Der Paß beweist den Namen der abgebildeten Person (GA **67**, 19), aber auch ihr Recht, einen bestimmten Titel zu führen (NJW **55**, 839). Die Krankenversicherungskarte (§ 291 SGB V) beweist auch, daß der Inhaber zu den versicherungsberechtigten bzw. -verpflichteten Personen gehört (vgl. RG **23**, 178), das Grundbuch bezeugt dingliche Rechte an einem Grundstück (Stuttgart NStZ **85**, 365), das Sparbuch einer öffentlichen Sparkasse nur die Ein- und Auszahlungen (BGH **19**, 201), das Ursprungszeugnis nach dem TierSG die Herkunft des Viehs (RG **70**, 229; GA Bd. **62**, 483), die Begleiturkunde der Siegelhallen nach dem HopfenherkunftsbezG die Herkunft des Hopfens (BGH **8**, 46). Die Richtigkeit des vom Inhaber geführten Namens beweist der Fahrzeugschein nicht (BGH **20**, 188; GrSenBGH **22**, 201; DRiZ **79**, 150; Vogel NJW **62**, 998; aM Bay NJW **58**, 1938; Stuttgart VRS **28**, 368). Der *Führerschein* (BGH **33**, 192) beweist, daß dem Inhaber nach Ablegen der Fahrprüfung (aM Bay VRS **15**, 280) die Fahrerlaubnis erteilt (BGH **37**, 209) und er mit der im Führerschein bezeichneten Person identisch ist (NJW **55**, 840; VRS **15**, 424; Hamm VRS **21**, 363; Köln NJW **72**, 1337), dazu gehört auch sein Geburtsdatum (BGH **34**, 300 m. Anm. Ranft JR **86**, 382; Geppert JK 4 zu § 348); nicht aber sein Titel, NJW **55**, 839; auch nicht, ob und unter welchen Umständen er die gesetzlichen Voraussetzungen für die Erlangung des Führerscheins erfüllt, zB die theoretische Prüfung bestanden hat oder nicht (Hamm NStZ **88**, 26); Entsprechendes gilt für den Ersatzführerschein (dahingestellt in 29. 8. 1973, 3 StR 47/73; aM Köln aaO). Der vorläufige Fahrausweis beweist nicht einmal die Erteilung der Fahrerlaubnis; Köln aaO; auch nicht der Vermerk im Führerschein, daß die Fahrerlaubnis nach § 15 StVZO erteilt ist, den Besitz einer ausländischen Fahrerlaubnis (BGH **25**, 96 [mit zust. Anm. Tröndle JR **73**, 204]; **33**, 191 m. Anm. Marcelli NStZ **85**, 100; Otto JK 1 zu § 133 StGB; Puppe JZ **86**, 950) wohl aber der Vermerk der Zulassungsstelle im Kraftfahrzeugschein den Termin der nächsten Hauptuntersuchung (BGH **26**, 9; zw. vgl. LK 44), anders jedoch für die Abmeldebescheinigung der Zulassungsstelle über eine vorläufige Kraftfahrzeugstillegung (§ 27 IV S. 2 StVZO, Bay VRS **57**, 284). Der Kraftfahrzeugschein beweist auch nicht die Fabrikationskennzeichen des Fahrzeugs (BGH **20**, 186). Nach Hamburg NJW **64**, 935 beweist

Urkundenfälschung § 271

die Bestätigung der Handelskammer auf Zollpapieren für den Warenexport nicht die Richtigkeit der auf den Lieferantenrechnungen vermerkten Preise (dazu Schröder JR **64**, 352). Ebensowenig sind die Angaben im Zollbefund nach § 19 ZollG Beurkundungen iS des § 271 (BGH **20**, 309), oder im Wege der Amtshilfe abgegebene schriftliche Bestätigungen eines Amtsträgers an eine andere Behörde (Celle NStZ **87**, 282). Dasselbe gilt für den von einer Zollstelle ausgestellten Kraftstoffausweis (Köln NJW **59**, 1981; Düsseldorf MDR **64**, 945). Die sog. Ahnenpässe dienten schon nach früherem Recht allein dem Nachweis der Abstammung, waren aber ohne Beweiskraft iS des § 60 PStG, ersetzten somit keine Personenstandsurkunden. Die Beweiskraft des Aufgebotsprotokolls erstreckt sich nicht auf die Angabe des Familienstandes (NStE Nr. 1 zu § 169), die einer amtlichen Beglaubigung beschränkt sich nach § 65 S. 2 BeurkG auf den im Beglaubigungsvermerk genannten Verwendungszweck. Nach § 65 BeurkG vorgenommene Beglaubigungen von Unterschriften oder Handzeichen erfüllen aber nicht die Form der öffentlichen Beglaubigung iS der §§ 129, 126 BGB. Auch soweit Urkunden sonst in der Weise gemischt sind, daß ein Teil öffentlicher, ein Teil privater Natur ist (so bei Frachtbriefen, RG **65**, 433, und Frachtbriefduplikaten, RG **60**, 187, oder Postanweisungen, BGH **4**, 60; Köln NJW **67**, 742), kommt nur dem öffentlichen die besondere Beweiskraft zu (vgl. auch NJW **53**, 1840).

B. Im **Justizbereich** haben erhöhte Beweiskraft (oben 6) die konstitutiven Zivilurteile (zB §§ 629, 636a, 640h ZPO; RG **59**, 19), hingegen fehlt sie zB Strafurteilen und Strafbefehlen dafür, daß der Verurteilte mit dem in der Urkunde genannten Namensträger personeneins ist (RG **41**, 201), bewiesen wird nur, daß das Gericht Identität angenommen hat; Entsprechendes gilt für gerichtliche Protokolle über die Vernehmung des Beschuldigten (RG **11**, 188), für das Hauptverhandlungsprotokoll in Strafsachen samt eines darin befindlichen Rechtsmittelverzichts (Hamm NJW **77**, 592, offengelassen aber für den Protokollteil mit der verkündeten Urteilsformel), zivilprozessuale Protokolle hinsichtlich der als anwesend bezeichneten Parteien (RG **46**, 112; Hamm NJW **77**, 593), sowie für das Gerichtsvollzieherprotokoll (Hamm NJW **59**, 1333), aber auch für die Erklärung des Notars, daß die Vertragsparteien geschäftsfähig seien (GA **64**, 309). Dagegen beweist die Beurkundung rechtsgeschäftlicher Vorgänge, so auch eines Vergleichs, daß die Parteien die betreffenden Erklärungen abgegeben haben, nicht aber daß sie inhaltlich richtig sind (NStZ **86**, 550 m. Anm. Schumann JZ **87**, 523; Otto JK 3 zu § 348), bewiesen sind aber auch die Personalien der Beteiligten (RG **72**, 228), das gilt auch bei einem notariellen Kaufvertrag (Bay NJW **55**, 1567; krit. F. Meyer [oben 1] 432). Eingangsvermerke sind regelmäßig keine öffentlichen Urkunden (RG **75**, 402). 11

5) **Zu den Büchern, Dateien** oder **Registern** (oben 3ff.) gehören vor allem

A. Das **Heirats-, Geburten-** und **Sterbebuch** und die Auszüge aus diesen Büchern (nicht aber sog. Ahnenpässe, oben 10) beweisen die angemeldeten und eingetragenen Heiraten, Geburten und Todesfälle sowie gewisse dazu gemachte nähere Angaben (§ 60 PStG). Danach wird nicht nur die Anmeldung bewiesen, sondern auch zB die Geburt selbst (RG **4**, 198). Beurkundet werden bei der Eheschließung die Angaben nach § 11 I Nr. 1 bis 5 PStG 12

§ 271

(NJW **55**, 839), nicht aber auch etwaige sonstige Angaben (BGH **6**, 381), so nicht das Alter der Trauzeugen (BGH **12**, 88). Im Geburtenbuch werden bewiesen die Angaben nach § 21 I Nr. 1 bis 4 PStG, nicht aber die Identität des Anmeldenden nach Nr. 5 (NJW **52**, 1425), auch nicht, wer der Vater eines nichtehelichen Kindes ist oder daß der nichteheliche Vater unbekannt ist (13. 10. 1959, 5 StR 379/59; vgl. RG **41**, 303). Die nichteheliche Vaterschaft (§§ 29, 29a PStG) oder Mutterschaft (§ 29b PStG) wird auch bei Anerkennung vor dem Standesbeamten nicht bewiesen; bewiesen wird nur die Tatsache, nicht auch die Richtigkeit des Anerkenntnisses (RG **70**, 238; §§ 1600a ff. BGB). Im Sterbebuch werden bewiesen die Angaben des § 37 I Nr. 1 bis 3 PStG; für Nr. 4 gilt das zum Geburtenbuch Gesagte.

13   B. **Weitere Bücher** sind das Gefangenenbuch (Nr. 63, 66 VGO, LM Nr. 7), soweit es um Angaben zur Identifizierung des Gefangenen geht, so zB das Geburtsjahr (11. 3. 1954, 3 StR 84/53; RG **52**, 140; Hamm NJW **56**, 602; LK 26), *nicht* aber das Glaubensbekenntnis (GA **66**, 280), ferner Sparkassenbücher der öffentlichen Sparkassen (BGH **19**, 19), Postannahmebücher über Wertsendungen (RG **67**, 271), das Tagebuch des Fleischbeschauers (RG **40**, 341), amtliche Wiegebücher (MDR/D **58**, 140), **öffentliche Dateien oder Register** sind das Vereins- und das Handelsregister (§ 55 BGB, § 12 HGB), *nicht* aber (vgl. oben 7) Einwohnermeldekartei und Zentralregister; das Zustellungsbuch der Post (BGH **7**, 96), das Pfändungsbuch (RG JW **34**, 490), Rückstandsregister des Finanzamts (RG **71**, 46), Eichbücher des Eichmeisters (RG **73**, 328), das Eisenbahnversandbuch, RG **61**, 36. Das 2. WiKG (2 vor § 263) hat hier den Begriff der „Dateien" mitaufgenommen, um Strafbarkeitslücken zu vermeiden, wenn zB das Grundbuch oder andere öffentliche Register auf das DVSystem umgestellt und beurkundete Daten in Datenträger eingespeichert werden (BT-Drs. 10/318, 32, 34; Möhrenschlager wistra **82**, 204; **86**, 135).

14   **6) Beispiele für öffentliche Urkunden:** Aufenthaltsbescheinigungen und -erlaubnisse (LM Nr. 8 zu § 348 II aF; RG **68**, 252), Anmeldebestätigung des Einwohnermeldeamts (EzSt Nr. 1), Abschiebungsaussetzung (Duldung) nach § 17 I AuslG (Anh. 12) und Aufenthaltsgestattung nach §§ 55 ff. AsylVfG (MDR/H **77**, 283; Hamm NStE Nr. 3), Personalausweise (24. 3. 1981, 3 StR 84/81), ausländische Reisepässe (KG JR **80**, 516), Flüchtlingsausweise (LG Frankfurt NJW **55**, 267, nicht aber hinsichtlich der Personalien als solcher, NJW **55**, 840); das Grundbuch (Stuttgart NStZ **85**, 365), das abgestempelte Kraftfahrzeugkennzeichen (BGH **11**, 167; Hamburg NJW **66**, 1828), Erbschein- und Hoffolgezeugnis (BGH **19**, 87; MDR **63**, 941), Fahrkarten der Bundesbahn und von Privatbahnen, wenn sie auch für Bundesbahnstrecken gelten (RG **60**, 139), Posteinlieferungsscheine (RG **69**, 29; JW **33**, 1594), der für den Postscheckkunden bestimmte Zahlkartenabschnitt (RG **67**, 90), Bahngepäckscheine (RG **37**, 318), Invalidenversicherungskarten (RG **23**, 178), Lohnsteuerkarten (RG **60**, 162; BGH 19. 7. 1966, 1 StR 165/66), Steuerbescheide (RG **72**, 378), auch durch EDV-Anlage hergestellte (LK 47), amtliche Bescheinigungen in Tabaksteuerbüchern (RG **64**, 328), Zollbegleitscheine (RG HRR **34**, 355), Ursprungs- und Gesundheitszeugnisse für das Vieh (RG **70**, 229), Ursprungszeugnisse der Industrie- und Handelskammern (§ 1 III IHKG); amtliche Verwiegungsbescheinigungen (RG **71**, 370, JW **38**, 1882), Eichstempel (RG **56**, 355), der Stempel des Fleischbeschauers auf dem Fleisch (RG **64**, 136; LM Nr. 2, nicht aber Gewichtsangaben in Schlachtsteuerbescheiden, RG **72**, 378); Pfandscheine der städtischen

Urkundenfälschung § 271

Leihämter (RG **36**, 363), Sparkassenbücher der öffentlichen Sparkassen (BGH **19**, 19), Melde- und Kontrollkarten der Arbeitsämter (RG JW **37**, 2393), Reifezeugnisse höherer Schulen (RG **60**, 375), Wehrmachtsentlassungsscheine (NJW **55**, 840), die Beurkundung eines Notars bei einer Lotterie (BGH **8**, 289), Protokolle des Wahlvorstandes über das Wahlergebnis (RG **56**, 390), von Polizeibeamten über mündlich erstattete Strafanzeigen (§ 158 I StPO), RG **57**, 56; jedoch nicht Polizeiprotokolle im übrigen (Düsseldorf NJW **88**, 217), Pfändungs- und Räumungsprotokolle des Gerichtsvollziehers (RG **6**, 184; JW **34**, 490; Bay NJW **92**, 1842; auch nach § 291 AO; vgl. RG **60**, 27 zu § 338 AbgO aF), aber nicht, soweit sie freiwillige Tilgungsleistungen des Schuldners betreffen (Frankfurt NJW **63**, 773), auch nicht unfertige, ersichtlich noch vervollständigungsbedürftige Protokolle (RG **63**, 125), es sei denn, daß sie als fertig in den Verkehr gegeben werden, ohne daß der Aussteller sie zurückzieht (RG DRiZ **34**, Nr. 116), das Gerichtsvollzieherprotokoll über die Verhaftung eines Schuldners nach §§ 901 ff. ZPO (Hamm NJW **59**, 1333), Zeugengebührenberechnungen der Urkundsbeamten, einschließlich der Gebührenbescheinigung des Vorsitzenden (RG **71**, 145), aber auch Zweitausfertigungen, soweit sie dieselbe Beweiswirkung wie Originalurkunden haben (Hamm NJW **77**, 640; vgl. oben 10).

7) Tathandlung ist das **Bewirken** einer in tatsächlicher Hinsicht (vgl. 15 RG **63**, 127) **unrichtigen Beurkundung** (vgl. 5 ff. zu § 348), auch in der Form der Speicherung unrichtiger Daten (oben 13 aE), dh jede Verursachung dazu (BGH **8**, 294; Köln NJW **67**, 742), und zwar Eintragung durch den als Werkzeug dienenden (BGH **8**, 294) zuständigen gutgläubigen Amtsträger (11 ff. zu § 11; vgl. BGH **12**, 110; Bay OLGSt. 3 zu § 348), nicht durch den Täter (sonst § 267 oder § 348). Ob jener fahrlässig handelt, ist ohne Bedeutung (RG Recht **29**, 1376; Köln NJW **67**, 742). Handelt hingegen der Amtsträger vorsätzlich im Einverständnis mit dem anderen, so verstößt er gegen § 348; der andere ist Anstifter oder Gehilfe dazu, während § 271 ausscheidet (RG **63**, 148). Entsprechendes gilt, wenn der Amtsträger ohne Wissen des anderen geisteskrank ist (§ 20). Gegen § 271 verstößt aber der Täter, wenn er weiß, daß der Amtsträger gutgläubig oder schuldunfähig ist. § 271 ist insoweit „die Umkehrung des § 348" (RG **66**, 137; BGH 29. 8. 1973, 3 StR 337/72). Meist wird der Amtsträger oder eine Mittelsperson getäuscht werden (vgl. RG **55**, 282). Doch setzt das Gesetz das nicht voraus. Daraus folgt, daß § 271 auch anzuwenden ist, wenn der Täter den Amtsträger irrig für gutgläubig oder bösgläubig hält (RG **13**, 56; Hruschka JZ **67**, 212; LK 61; aM RG **13**, 370; Arzt/Weber LH **4**, 461). Ist der Täter selbst ein zuständiger Amtsträger, so kommt statt § 271 der § 348 in mittelbarer Täterschaft in Betracht (29. 8. 1973, 3 StR 47/73; vgl. auch 5 vor § 32). Außenstehende, die in öffentliche Dateien eindringen und dort tatbestandsmäßig falsche Daten speichern oder verändern, sind jedoch nicht nach § 271, sondern nach § 269 strafbar (Lackner 8; Wessels BT-1 § 19 II 3; aM Möhrenschlager wistra **86**, 136).

8) Der Vorsatz. Der Täter muß wissen, daß das zu Beurkundende un- 16 richtig ist, wobei bedingter Vorsatz genügt (RG **18**, 309). Die Rspr. verlangt ferner, daß er die Tatsachen kennt, aus denen sich die Beurkundung zu öffentlichem Glauben ergibt (RG **64**, 334), und ihm auch deren Rechtserheblichkeit iS des § 271 bewußt war (NJW **55**, 840). Dies setzt aber diffizile Rechtskenntnisse voraus (oben 9 ff.) und geht daher zu weit. Eine gesonderte Feststellung, daß der Täter sich der besonderen Rechtserheb-

1627

§ 271　　　　　　　　　　　　　　　　　　BT Dreiundzwanzigster Abschnitt

lichkeit der Beurkundung bewußt war, sollte daher nicht gefordert werden, es genügt, wenn er in der Laiensphäre über die Relevanz der Beurkundung iS der erhöhten Beweiswirkung eine Vorstellung hatte (LK 60; F. Meyer [oben 1] 435; **aM** hM).

17　**9) Der Versuch (II)** beginnt mit dem Anfang des Bewirkens (5 zu § 272). Betrifft die vom Täter erstrebte Beurkundung nicht eine öffentliche Urkunde (wie die Beglaubigungen von Abschriften durch Gemeindebehörden), so liegt nicht einmal ein Versuch vor (RG **60**, 215). Anders, wenn alle Merkmale einer öffentlichen Urkunde hergestellt werden sollten, es aber, zB infolge von Ungeschicklichkeit nicht dazu kam (vgl. RG **44**, 90). **Vollendet** ist die Tat mit der Beendigung der Beurkundung ohne Rücksicht auf ein späteres Gebrauchmachen von der Urkunde (RG **58**, 34), von da ab beginnt auch die Verjährung (RG **21**, 228). Das nachträgliche Gebrauchmachen ist, wenn nicht § 273 eingreift, idR mitbestrafte Nachtat (RG **58**, 34).

18　**9) Konkurrenzen. Tateinheit** ist möglich mit § 169 (RG **25**, 188); § 171 (Hamm HESt. **2**, 328); § 246 (Köln NJW **67**, 742); § 263 (BGH **8**, 50); 293; aber auch mit § 267, falls die Falschbeurkundung mittels gefälschter Papiere erzielt wird, oder falls der Täter die unter einem falschen Namen abgegebene Erklärung auch mit diesem Namen unterschreibt (RG **72**, 228), desgl. mit §§ 263a, 269; mit § 370 AO (Köln NJW **59**, 1981), sowie § 372 AO (RG **68**, 94 und § 47 I Nr. 6 AuslG [Anh 12], MDR/H 77, 283). **Tatmehrheit** ist mit § 273 denkbar (RG **58**, 35). **Gesetzeseinheit** ist im Verhältnis zu §§ 348, 26 (RG **66**, 137) sowie § 82 GmbHG gegeben (RG GA Bd. **51**, 187). Auch § 22 StVG tritt hinter § 271 zurück (Hamburg NJW **66**, 1827).

19　**10) Erbunwürdigkeit,** wenn sich die Tat auf letztwillige Verfügungen bezieht, § 2339 I Nr. 4 BGB.

Schwere mittelbare Falschbeurkundung

272 ¹ Wer die vorbezeichnete Handlung in der Absicht begeht, sich oder einem anderen einen Vermögensvorteil zu verschaffen oder einem anderen Schaden zuzufügen, wird mit Freiheitsstrafe von drei Monaten bis zu fünf Jahren bestraft. Der Versuch ist strafbar.

II In minder schweren Fällen ist die Strafe Freiheitsstrafe bis zu zwei Jahren oder Geldstrafe.

1　**1) Die Vorschrift** idF des 1. StrRG/EGStGB betrifft einen durch eine bestimmte **Absicht** qualifizierten Fall des § 271 (Bay VRS **57**, 284). Es muß dem Täter bei der 1. Alt. darauf ankommen (41 zu § 263), einen bestimmten Erfolg zu erreichen (6 zu § 15); allerdings braucht der Erfolg nicht das Endziel oder der ausschließliche Beweggrund zu sein (BGH **16**, 1). Hierfür genügt, daß die Tat als Mittel zur Erlangung des Vermögensvorteils dient (BGH **34**, 302, m. Anm. Ranft JR **88**, 383; Geppert JK 4 zu § 348). Bedingter Vorsatz genügt nicht. Doch ist Absicht auch gegeben, wenn der Täter den Eintritt des erstrebten Erfolges nur für möglich hält. Ob er eintritt (RG **50**, 77; 278) oder erreichbar ist (RG **31**, 288), ist gleichgültig. Die Absicht muß der Täter haben, wenn er die Beurkundung bewirkt. Sie kann alternativ (**Wahlfeststellung** zulässig, RG **39**, 107) darauf gerichtet sein:

A. Sich oder anderen einen Vermögensvorteil zu verschaffen.

2　**a) Vermögensvorteil** (42 zu § 263) ist auch die Erhaltung eines schon (so durch eine vorangegangene andere Straftat, zB Unterschlagung) erlangten

1628

Urkundenfälschung **§ 272**

Vorteils (RG **59**, 41), desgl. die Einsparung der Kosten einer neuen Führerscheinprüfung (BGH **34**, 302), die Abwendung eines Schadens, selbst wenn er nur vermeintlich droht (RG **73**, 296), auch die Zusage einer Tatbelohnung reicht aus (RG **18**, 147; LK-Tröndle 5; str.), aber nicht die Vermeidung einer Geldstrafe (RG **76**, 279), oder der Strafverbüßung, die Voraussetzung für einen späteren Vermögenserwerb ist (Hamm NJW **56**, 602). Die Absicht, durch die Urkundenfälschung ein bloßes Beweismittel für den Prozeß zu schaffen, genügt nicht (RG **53**, 109). Einen Vermögensvorteil erhält auch die Gemeinde durch Darlehensempfang von ihrer eigenen Sparkasse (RG **63**, 148). Der Vermögensvorteil braucht nicht erst vom Gebrauchmachen der Urkunde erwartet zu werden (RG **72**, 257). Will der Täter nur die Erfüllung eines ihm zustehenden Anspruchs erreichen, wird es regelmäßig am Vermögensvorteil fehlen, weil mit der Erfüllung der gleichwertige Anspruch verloren geht (RG **53**, 102), anders bei Unsicherheit des Anspruchs (RG **11**, 155). Die irrige Annahme, der erstrebte Vorteil sei kein Vermögensvorteil, ist Subsumtionsirrtum.

b) Rechtswidrig braucht im Gegensatz zu § 263 der erstrebte Vorteil **3** nicht zu sein (RG **52**, 93; hM; aM SchSch-Cramer 3; offen gelassen Frankfurt wistra **90**, 271). Dem Vorteil braucht auch kein Schaden zu entsprechen.

B. Einem anderen Schaden zuzufügen. Damit ist nicht nur ein Vermö- **4** gensschaden, sondern jeder Nachteil gemeint, hM. Es genügt also auch die Absicht, den anderen an Freiheit oder Ehre zu schädigen (RG **53**, 268), ihn zu verspotten und in seiner gesellschaftlichen Stellung herabzusetzen (RG **33**, 137). Der Schaden braucht nicht rechtswidrig zugefügt zu werden (RG **53**, 268; hM). Die hM zu § 274 (dort 6) müßte dazu führen, als Absicht wie in § 274, anders als oben 1 das Bewußtsein genügen zu lassen, daß der Schaden notwendige Folge der Tat ist (LK 13; vgl. aber Köln JR **70**, 470 mit Anm. Schröder).

2) I S. 2 dient der Klarstellung. Der Versuch beginnt bereits mit der **5** Einwirkung auf die Urkundsperson (hM) oder auch auf deren Gehilfen (Hamm NJW **77**, 641), nicht erst mit dem Beginn der Beurkundung.

3) Die Teilnehmer brauchen den Bereicherungs- oder Schädigungswil- **6** len nicht zu haben; es genügt, daß sie die Absicht des Täters kennen (RG HRR **34**, 766), denn es handelt sich nicht um einen straferhöhenden Umstand iS des § 28 II (LK 19; aM SK-Samson 5).

4) Zu II (minder schwere Fälle) vgl. 11 zu 12; 42 zu § 46. **7**

5) Tateinheit ist möglich mit § 263 (BGH **8**, 50), desgl. mit Zollhinterzie- **8** hung, Bannbruch und Vergehen gegen das TierSG (RG **70**, 231). Erbunwürdigkeit 18 zu § 271.

Gebrauch falscher Beurkundungen

273 Wer von einer falschen Beurkundung oder Datenspeicherung der in § 271 bezeichneten Art zum Zweck einer Täuschung Gebrauch macht, wird nach § 271 und, wenn die Absicht dahin gerichtet war, sich oder einem anderen einen Vermögensvorteil zu verschaffen oder einem anderen Schaden zuzufügen, nach § 272 bestraft.

§ 273

1 **1) Die Vorschrift** idF des Art. 19 Nr. 142 EGStGB wurde durch Art. 1 Nr. 14 des 2. WiKG (2 vor § 263) um die Fälle der Datenspeicherung (13 zu § 271; hierzu Möhrenschlager wistra **86**, 136) ergänzt. **Voraussetzung der Tat** ist eine inhaltlich falsche Urkunde iS des § 271. Entgegen seinem Wortlaut haben Rspr. und Schrifttum (vgl. LK-Tröndle 2) § 273 dahin ausgelegt, daß die Urkunde nicht durch eine Tat nach § 271 entstanden zu sein braucht (RG **68**, 302). Die Urkundsperson kann sie selbständig irrtümlich hergestellt haben (RG **10**, 68), aber auch vorsätzlich (§ 348!), RG **68**, 302. Benutzt sie der Täter des § 271 selbst, so liegt gewöhnlich eine mitbestrafte Nachtat vor; bei neu gefaßtem Vorsatz aber Tatmehrheit (RG **58**, 35; vgl. LK 8, 9). Zum Zwecke der Täuschung bedeutet unbeschadet der abweichenden Fassung dasselbe wie in § 267 (dort 30), fälschliche Beeinflussung einer Datenverarbeitung im Rechtsverkehr steht der Täuschung im Rechtsverkehr gleich (§ 270). Auch die Irreführung im Inland mit einer im Ausland erschlichenen öffentlichen ausländischen Urkunde fällt unter § 273 (RG **68**, 300; KG JR **80**, 516; 12. 6. 1990, 5 StR 614/89; Frankfurt wistra **90**, 271), ebenso das Gebrauchmachen (24 zu § 267) von einem nach § 271 erlangten falschen Paß oder Personalausweis. Im Fall der 2. Alt. muß der Täter dieselbe Absicht haben wie bei § 272 (dort 1ff.); im übrigen genügt bedingter Vorsatz.

2 **2) Der Versuch** ist in allen Fällen strafbar (§ 271 II; 2 zu § 272; LK 7).

3 **3) Einziehung** § 282. Erbunwürdigkeit 18 zu § 271.

Urkundenunterdrückung; Veränderung einer Grenzbezeichnung

274 [I] Mit Freiheitsstrafe bis zu fünf Jahren oder mit Geldstrafe wird bestraft, wer

1. **eine Urkunde oder eine technische Aufzeichnung, welche ihm entweder überhaupt nicht oder nicht ausschließlich gehört, in der Absicht, einem anderen Nachteil zuzufügen, vernichtet, beschädigt oder unterdrückt,**
2. **beweiserhebliche Daten (§ 202a Abs. 2), über die er nicht oder nicht ausschließlich verfügen darf, in der Absicht, einem anderen Nachteil zuzufügen, löscht, unterdrückt, unbrauchbar macht oder verändert oder**
3. **einen Grenzstein oder ein anderes zur Bezeichnung einer Grenze oder eines Wasserstandes bestimmtes Merkmal in der Absicht, einem anderen Nachteil zuzufügen, wegnimmt, vernichtet, unkenntlich macht, verrückt oder fälschlich setzt.**

[II] **Der Versuch ist strafbar.**

1 **1) Die Vorschrift** idF des 1. StrRG wurde durch Art. 1 Nr. 15 des 2. WiKG (2 vor § 263) um den Fall der Datenunterdrückung (I Nr. 2) ergänzt. Sie regelt nunmehr in I Nr. 1, 2 die mit §§ 267 bis 269 korrespondierenden Unterdrückungstatbestände und in I Nr. 3 (bisher Nr. 2) die Veränderung einer Grenzbezeichnung (Grenzverrückung).

1a **2) Nach I Nr. 1** sind **Urkunden** iS des § 267 (Celle NJW **60**, 880; Köln VRS **50**, 421) und **technische Aufzeichnungen** (3ff. zu § 268) geschützt, soweit sie als Beweismittel in Betracht kommen (RG **20**, 414), jedoch dürfen sie nicht unecht sein, da ihnen dann kein Bestandsschutz zukommt (Kienapfel Jura **83**,

… Urkundenfälschung § 274

188; LK-Tröndle 4; SchSch-Cramer 4; aM Lampe JR **64**, 14; vgl. ferner SK-Samson 79 zu § 267), hat die Urkunde nur Sammelwert, so fällt sie nicht unter Nr. 1. Die Handlung geht hier im Gegensatz zu § 267 idR nicht auf Erlangung, sondern auf Beseitigung eines Beweismittels (RG **3**, 370), beim Unterdrücken kann das anders sein (RG **20**, 413).

A. Voraussetzung ist, daß das Beweismittel (oben 1a) dem Täter **überhaupt nicht** oder nicht ausschließlich **gehört,** dh wenn er nicht das alleinige Verfügungsrecht hat (RG HRR **38**, 491; Bay NZV **89**, 81 [hierzu Geppert JK 8]; vgl. BGH **6**, 254). Dies ist schon gegeben, wenn er nur Miteigentum hat; desgl. wenn die Sache mit einem dinglichen Recht belastet oder einem anderen mit der Abrede übergeben ist, daß unter gewissen Umständen das Eigentum auf ihn übergehen solle (RG **38**, 37). Auch genügt, daß ein Dritter einen Anspruch auf die Beweisbenutzung (so beim gemeinschaftlichen Testament, RG GA Bd. **56**, 217; anders noch RG **33**, 290) oder auf Vorlegung der Urkunde hat (Celle NJW **66**, 557; Bay NJW **68**, 1896), zu den Fällen der kundenspezifischen Codierung von Markenwaren (Tiedemann Markenartikel **87**, 414). Nach Braunschweig NJW **60**, 1120 gehört der Führerschein dem Inhaber ausschließlich, ebenso der Reisepaß (Köln JMBlNW **58**, 114; Bay NJW **90**, 264). Gesetzliche Vorlegungspflichten (so zB solche nach §§ 72 III, 88 III, 144 I AFG; §§ 11, 19 I, 60 I Nr. 3 SGB I, BGH **29**, 194, hierzu Puppe JZ **86**, 948) reichen für Nr. 1 nur aus, wenn sie die Rechnungslegung iwS und damit allein (idR bußgeldrechtlich abgesicherte) öffentlichrechtliche Überwachungsmaßnahmen erleichtern sollen, so zB § 31a StVZO (Fahrtenbuch; Schrader DAR **74**, 40); § 28 II GüKG, Zweibrücken GA **78**, 317 (Wiegekarte); Düsseldorf NJW **85**, 1232 (hierzu Otto JK 3); MDR **90**, 73 (m. Anm. Puppe NZV **89**, 478) [Fahrtschreiberschaublatt]; NStZ/J **89**, 566; LK 6; aM AG Elmshorn NJW **89**, 3295. Ein Kraftfahrer, der ein Fahrtschreiberschaublatt vernichtet, um den Nachweis einer Geschwindigkeitsüberschreitung zu verhindern, erfüllt den Tatbestand der Nr. 1 nicht, da die Vereitelung des Straf- oder Bußgeldanspruchs kein Nachteil iS der Vorschrift ist (Düsseldorf JR **91**, 250 m. Anm. Bottke).

B. Tathandlungen sind:
a) Das Vernichten. Es führt wie das Zerstören (10 zu § 303) zur Aufhebung der Gebrauchsfähigkeit, die bei einer Urkunde gegeben ist, wenn ihr gedanklicher Inhalt völlig beseitigt ist, so daß sie als Beweismittel nicht mehr vorhanden ist (RG **3**, 370), so bei Ausradieren einer Notiz (RG **35**, 331), Entfernen eines Stempelaufdrucks (Bay NJW **80**, 1058, hierzu Oehler JR **80**, 485), bei Unleserlichmachen der Unterschrift einer öffentlichen Urkunde (RG **34**, 114), bei Ersetzen der Unterschrift durch eine andere (NJW **54**, 1375). Es genügt die völlige Vernichtung des Urkundeninhalts trotz Unversehrtheit des Urkundenkörpers (R **4**, 670). So auch die bloße Wegnahme eines Zeichens, das nur in örtlicher Verbindung mit einer anderen Sache eine Urkunde darstellt; zB Grubenortszeichen an einem Förderwagen (RG **67**, 232; str.; vgl. unten 4). Es genügt aber auch, daß eine Urkunde nicht in ihrem Beweismittelwert vernichtet, sondern deshalb beseitigt wird, um einem anderen die Einsichtnahme unmöglich zu machen und ihn so an der Vornahme von Rechtshandlungen zu hindern (RG **20**, 415). Das Löschen von Tonbändern fällt nicht unter § 274, da Tonbänder weder

1631

§ 274

Urkunden noch technische Aufzeichnungen sind (LK 10; hM; aM SK 6; vgl. aber § 304 E 1962).

4   b) **Das Beschädigen** (5 zu § 303) ist gegeben, wenn an der Urkunde (nämlich an ihrem Körper oder Inhalt) Veränderungen vorgenommen werden, die sie in ihrem Wert als Beweismittel beeinträchtigen (vgl. RG **67,** 299), was beim Überkleben mit durchsichtigem Klebestreifen nicht der Fall ist (Düsseldorf JR **83,** 428), daß die Beschädigung rückgängig gemacht werden kann, ändert nichts (RG **10,** 43). Dagegen beschädigt das Loslösen einer Kostenmarke nicht die Urkunde (RG **59,** 322). Das Beschädigen ohne Beeinträchtigung der Beweiskraft fällt lediglich unter § 303 (LK 15). Wenn es den Beweisinhalt der Urkunde nur ändert, so kann bei entsprechendem Vorsatz ein Verfälschen der Urkunde iS des § 267 vorliegen; so ev. bei Abtrennung eines Urkundenteils (RG **20,** 9; vgl. auch RG **65,** 318; 19a zu § 267), doch kann auch Tateinheit gegeben sein (LK 27; Kienapfel Jura **83,** 196; zu weitgehend Schilling [1 zu § 267] 27 ff.).

5   c) **Das Unterdrücken** liegt vor, wenn die Urkunde der Benutzung des Berechtigten zu Beweiszwecken entzogen wird. Ein dauerndes Vorenthalten (RG **39,** 81) oder eine besondere Heimlichkeit, wie durch Verstecken, wird nicht verlangt (RG **57,** 312; Hamburg NJW **64,** 737), auch nicht eine örtliche Entfernung, wie beim Beiseiteschaffen nach § 288. Unterdrücken ist auch das Vorenthalten eines Briefes, den ein Dritter versehentlich ausgehändigt erhielt (RG **49,** 144), oder das Entfernen eines Wahlzettels aus der Wahlurne (RG **22,** 182), eines Zettels mit der Anschrift des Schädigers, den er an die Windschutzscheibe des beschädigten Autos gesteckt hatte (Celle NJW **66,** 557; Bay NJW **68,** 1896), nicht hingegen das Entfernen eines Preisauszeichnungszettels von einer Ware und Anbringen an einer anderen im selben Geschäft (Hamm NJW **68,** 1894 mit abl. Anm. Peters; vgl. auch Samson GA **69,** 363; abw. für den Fall, daß der Dieb der Ware das Preisschild mitgehen läßt, Köln NJW **73,** 1807). Will der Täter nur vorenthalten, so trifft nur Nr. 1 zu (RG **64,** 250), will er die Urkunde nur sich zueignen, so greifen §§ 242, 246 Platz. Will er zugleich vorenthalten und sich zueignen, so treten beide Vorschriften in *Tateinheit* (RG **47,** 215; GA Bd. **59,** 122; Köln NJW **73,** 1807). SchSch 20; RG **35,** 64 wollen nur § 242 anwenden; so bei Entwendung der eigenen (ungünstigen) Personalakten, um in den Staatsdienst zu kommen (Köln NJW **50,** 959). Nr. 1 kann allerdings auch mitbestrafte Nachtat nach § 242 oder § 263 sein (NJW **55,** 876).

5a   3) Nach I Nr. 2 sind **beweiserhebliche Daten** (3 zu § 269) geschützt, die aber zT schon I Nr. 1 („technische Aufzeichnungen", 4 zu § 268) unterfallen. Wenn I Nr. 2 sich (anders als § 269), wie sich aus dem Klammerhinweis ergibt, auf den Schutz von Daten iS des § 202a II (dort 4 ff.) beschränkt, so deshalb, weil hier nur existente gespeicherte oder übermittelte
5b   Daten geschützt werden. **A. Voraussetzung** für den Strafschutz ist ferner, daß der Täter über die Daten überhaupt **nicht** oder nicht ausschließlich **verfügen darf,** was dasselbe bedeutet wie die entsprechende Wendung in
5c   Nr. 1 (oben 2). **B. Tathandlungen** sind – ebenso (Möhrenschlager wistra **86,** 136) wie in § 303a (dort 5 ff.) – a) das **Löschen,** dh das Unkenntlichmachen gespeicherter Daten (§ 3 V Nr. 5 BDSG), es entspricht dem Vernichten einer Urkunde (oben 3) und dem Zerstören einer Sache (10 zu § 303); b) das **Unterdrücken** (oben 5); c) das Unbrauchbarmachen (10 zu § 133; 7

Urkundenfälschung **§ 274**

zu § 303a) und **d)** das **Verändern,** dh das inhaltliche Umgestalten gespeicherter Daten (§ 3 V Nr. 2 BDSG; 8 zu § 303a).

4) Zum **Vorsatz** in den Fällen I **Nr. 1, 2** gehört es zunächst, daß der Täter 6
die betreffende Handlung an der Urkunde oder den Daten in ihrer Eigenschaft als Beweismittel vornehmen will. Die **Absicht** einem anderen **einen Nachteil** zuzufügen, tritt dazu. Absicht bedeutet hier das Bewußtsein, daß der Nachteil die notwendige Folge der Tat ist (NJW **53,** 1924; MDR/D **58,** 140; Bay NJW **68,** 1896; Hamburg NJW **64,** 737; Celle NJW **66,** 557; Düsseldorf NJW **89,** 116; str. und zw.; SchSch 15; Schröder JR **64,** 230; **70,** 471), dh das Benutzen des gedanklichen Inhalts der Urkunde in einer aktuellen Beweissituation vereitelt wird (BGHR, Nacht. 1). Der Nachteil braucht nicht einzutreten (RG **50,** 216), er braucht auch nicht vermögensrechtlicher Natur zu sein (BGH **29,** 196; Bay NZV **89,** 81), es genügt aber nicht die Beeinträchtigung irgendeines Rechtsguts außerhalb des Rechts- oder Beweisverkehrs, zB nicht jede Beeinträchtigung der Persönlichkeit oder die Störung des Verkehrs der Ehegatten miteinander (LK 24; aM RG **55,** 75; str.), oder die Vereitelung des staatlichen Straf- oder Bußgeldanspruchs (Bay NZV **89,** 81 [hierzu Geppert JK 4]; aM AG Elmshorn NJW **89,** 3295). Der zu Benachteiligende braucht nicht der Eigentümer der Urkunde (RG **39,** 80) oder Verfügungsberechtigter über die Daten zu sein. Glaubt der Täter, der Eigentümer der Urkunde oder der Verfügungsberechtigte über die Daten sei mit seinem Tun einverstanden, so fehlt ihm der Vorsatz (RG **33,** 288). Bei **Einwilligung** des Berechtigten in die nicht 7
sittenwidrige (BGH **6,** 252) Vernichtung ist der Tatbestand ausgeschlossen (LK 19; str.), nach hM hingegen nur die Rechtswidrigkeit.

5) Konkurrenzen. Tateinheit ist möglich mit § 267 (oben 4), mit §§ 268, 8
269 (SchSch 22g; B.-D. Meier Jura **91,** 145; aM Lackner 8), wenn das Verfälschen einer echten technischen Aufzeichnung oder beweiserheblicher Daten zugleich ein beweisbeeinträchtigendes Beschädigen oder Verändern ist; ferner mit §§ 242, 246 (oben 5), mit § 133 (München JZ **77,** 410), mit § 136 (krit. und grundsätzlich hierzu Kienapfel Urkunden II 159 und Jura **83,** 194), mit § 107a (RG **22,** 182), aber nicht mit § 303 (RG **31,** 143), auch nicht mit § 303a, da diese Vorschrift durch I Nr. 2 (Nachteilszufügungsabsicht!) qualifiziert wird (Möhrenschlager wistra **86,** 136). Unter den Tathandlungen 3 bis 5 und denen von 5c ist Wahlfeststellung möglich (RG **40,** 114). Zu § 2339 I Nr. 4 BGB vgl. 18 zu § 271.

6) I Nr. 3 behandelt die **Grenzverrückung.** 9

A. Gegenstand der Tat können sein, ohne daß es auf das Eigentum an der 10
betr. Sache ankommt: **a) Ein Grenzstein oder ein anderes Merkmal,** das der 11
Bezeichnung einer Grenze **dienlich,** RG **3,** 410, und zur Grenzbezeichnung von befugter Stelle (RG **23,** 254) **bestimmt** ist (RG **6,** 199). Es kann sich um künstliche oder naturgegebene Merkmale (Grenzbach, Hecke) handeln. Die Bestimmung kann erfolgen durch die zuständige Behörde (§ 919 II BGB) oder durch den übereinstimmenden, selbst stillschweigend erklärten (RG **3,** 410) Willen der Beteiligten (RG **56,** 193), während die einseitige Bestimmung durch nur einen Teil oder eine solche durch einen unzuständigen Beamten nicht genügt (RG **41,** 94). Unerheblich ist, ob private oder öffentlich-rechtliche Verhältnisse (Gemeindegrenzen!) abgegrenzt werden sollen (RG **48,** 252), ob die Grenzabmarkung richtig ist oder nicht. Auch vorläufige Bezeichnung einer festgestellten Grenze ist geschützt (RG **31,** 148), anders, wenn die Grenze noch nicht endgül-

§ 274

tig festgestellt ist (RG **56**, 193). Das Grenzzeichen kann der Abgrenzung des Eigentums oder sonstiger dinglicher (zB Wege-)Rechte (RG **20**, 196), dienen, während nur persönliche Rechte, zB aus einem Pachtvertrag, ausscheiden (RG

12 **20**, 196; str.). **b) ein zur Bezeichnung eines Wasserstandes** bestimmtes Merkmal. Gemeint sind solche, die Nutzungsrechte abgrenzen sollen, nicht auch die allgemeinen Wasserpegel und Erinnerungsmarken an hohe Fluten (LK 38; vgl. RG **31**, 143).

B. Tathandlungen (Wahlfeststellung zulässig, RG LZ **21**, 113) sind:

13 **a) Wegnehmen** (dh von seiner Stelle entfernen; vgl. Laubenthal JA **90**, 43), **Vernichten** (dh ihre Substanz als Sache völlig beseitigen; oben 3; vgl. RG **3**, 370), **Unkenntlichmachen** (9 zu § 90a), **Verrücken** (dh an eine andere Stelle setzen). In den ersten drei Fällen ist es unerheblich, ob die Grenze noch anderweit ermittelt werden kann (RG GA Bd. **42**, 406). Zur Wegnahme genügt schon das Ausgraben und Umlegen des Grenzzeichens (RG GA Bd. **54**, 71). Beim Verrücken kommt zu dem Entfernen des bestimmungsgemäßen Grenzzeichens der Wille hinzu, den Anschein zu erwecken, es handle sich um ein richtiges

14 Grenzmerkmal. **b) Beim fälschlichen Setzen** eines bisher nicht bestehenden Zeichens (RG **16**, 280) kommt lediglich dieser Wille in Betracht. Das Grenzmal muß **äußerlich** als solches erscheinen.

15 **C. Täter sein** kann der Nachbar, aber auch jeder Dritte (RG **48**, 254).

16 **D. Zum Vorsatz** des Täters gehört, daß er die Eigenschaft der Grenzmerkmale als solche gekannt hat. Dazu muß die *Absicht* kommen, einem anderen Nachteil zuzufügen, zB die Beweislage zu verschlechtern, vgl. 6. Die irrige Annahme, den Grenzstein an die richtige Stelle zu setzen (vgl. RG GA Bd. **46**, 51), kann diese Absicht ausschließen oder einen Verbotsirrtum begründen.
E. Erbunwürdigkeit 18 zu § 271.

Vorbereitung der Fälschung von amtlichen Ausweisen

275 **I** Wer eine Fälschung von amtlichen Ausweisen vorbereitet, indem er

1. **Platten, Formen, Drucksätze, Druckstöcke, Negative, Matrizen oder ähnliche Vorrichtungen, die ihrer Art nach zur Begehung der Tat geeignet sind, oder**
2. **Papier, das einer solchen Papierart gleicht oder zum Verwechseln ähnlich ist, die zur Herstellung von amtlichen Ausweisen bestimmt und gegen Nachahmung besonders gesichert ist,**

herstellt, sich oder einem anderen verschafft, feilhält, verwahrt, einem anderen überläßt oder in den räumlichen Geltungsbereich dieses Gesetzes einführt, wird mit Freiheitsstrafe bis zu zwei Jahren oder mit Geldstrafe bestraft.

II § 149 Abs. 2 und 3 gilt entsprechend.

1 **1) Die Vorschrift** idF des EGStGB ersetzt und erweitert im Anschluß an § 318 E 1962 (Begr. 494), §§ 275 Nr. 2, 360 I Nr. 4, 5 aF, soweit sie sich auf Pässe und sonstige Ausweispapiere bezogen (RegE 254).

2 **2)** § 275 bedroht die **Vorbereitung der Fälschung von amtlichen Ausweisen,** dh von solchen Urkunden, die von einer Behörde oder sonstigen Stelle, die Aufgaben der öffentlichen Verwaltung wahrnimmt, ausgestellt sind, um die Identität einer Person oder ihre persönlichen Verhältnisse nachzuweisen (vgl. Schlosky DR **42**, 711), also vor allem von Pässen, Personalausweisen, Geburts-

Urkundenfälschung **§ 275**

urkunden (RG **12**, 385), Dienstausweisen und Führerscheinen (10 zu § 271), Jagdscheinen, Waffenscheinen, Flüchtlingsausweisen, Blindenwaren-Vertriebsausweisen, ferner Studenten-, Schüler- und Werksausweisen, soweit sie nicht nur von privaten Stellen ausgestellt werden, nicht jedoch von Kraftfahrzeugscheinen (zw.) und Kraftfahrzeugbriefen (so Koblenz VRS **55**, 428; hierzu Kühl JuS **80**, 651). Auch ausländische Ausweise werden erfaßt. Nicht erfaßt werden, wie das Fehlen einer dem § 281 II entsprechenden Vorschrift zeigt, die nicht primär als Ausweispapiere ausgestellten Urkunden, die lediglich im Verkehr praktisch als Ausweise verwendet werden (2 zu § 281). Die Einordnung in die beiden Kategorien ist str.; vgl. LK-Tröndle 1, 2 zu § 281. Bei Ausweisen geringerer Dignität kommt idR nur Nr. 1 in Betracht, da die in diesen Fällen verwendeten Papiere gegen Nachahmung nicht besonders gesichert sind, LK 6.

3) Die Tathandlungen entsprechen fast ganz denen in § 149, der auch im 3 übrigen beinahe wörtlich mit § 149 übereinstimmt und auch hinsichtlich der **tätigen Reue** entsprechend gilt **(II)**. Es kann daher auf die Anm. ZU § 149 verwiesen werden. Bedingter **Vorsatz** genügt auch hier. Abweichend müssen lediglich die Vorrichtungen nach I Nr. 1 zur Begehung einer Ausweisfälschung geeignet sowie das Papier nach I Nr. 2 einer Papierart entsprechen, die zur Herstellung von amtlichen Ausweisen bestimmt ist. Als Tathandlung tritt das **Einführen** in den räumlichen Geltungsbereich des Gesetzes (21 zu § 184) hinzu. Zur Frage, wann Taten, die sich auf andere Urkundenpapiere als amtliche Ausweise iS von 2 beziehen, Beihilfe zur versuchten Urkundenfälschung sein können, vgl. Koblenz VRS **55**, 428.

4) Konkurrenzen. Tateinheit möglich mit §§ 83, 87, 149, Tatmehrheit mit 4 § 281. Für den ergänzenden § 127 OWiG, der jedoch bei tätiger Reue (9) unanwendbar ist (LK 11), gilt § 21 OWiG. **Einziehung** § 282.

§ 276 [Aufgehoben durch Art. 19 Nr. 144 EGStGB; vgl. jetzt § 148 II]

Fälschung von Gesundheitszeugnissen

277 Wer unter der ihm nicht zustehenden Bezeichnung als Arzt oder als eine andere approbierte Medizinalperson oder unberechtigt unter dem Namen solcher Personen ein Zeugnis über seinen oder eines anderen Gesundheitszustand ausstellt oder ein derartiges echtes Zeugnis verfälscht und davon zur Täuschung von Behörden oder Versicherungsgesellschaften Gebrauch macht, wird mit Freiheitsstrafe bis zu einem Jahr oder mit Geldstrafe bestraft.

1) Drei Fälle der Fälschung von Gesundheitszeugnissen betrifft § 277: 1 Die Ausstellung des Zeugnisses mit der nicht zutreffenden Bezeichnung als Arzt oder als eine andere approbierte Medizinalperson (LK-Tröndle 5 f.); die unberechtigte Ausstellung eines solchen Zeugnisses unter dem Namen einer solchen Person; endlich der Verfälschung eines derartigen an sich echten Zeugnisses. Die Tat ist also zum Teil ein Spezialfall der Urkundenfälschung, zum Teil eine schriftliche Lüge. § 277 verlangt im Gegensatz zu § 267 das Anfertigen und das Gebrauchmachen (**zweiaktiges Delikt**). § 277 trifft auch zu, wenn der Täter ein besseres Fortkommen beabsichtigt (RG **31**, 296). Nicht unter § 277 fällt es, wenn ein Arzt sein eigenes Zeugnis später ändert (Celle HRR **33**, 286; zw.; vgl. LK 11).

§ 277 BT Dreiundzwanzigster Abschnitt

2 **A. Zur Approbation** vgl. die in 14 zu § 203 genannte Berufsgruppe und die in 2 zu § 132a angeführten HeilberufsG.

3 **B. Gesundheitszeugnisse** können den gegenwärtigen Körperbefund eines Menschen betreffen (wie Krankenscheine, BGH **6**, 90), aber auch überstandene Krankheiten und deren Folgen, RG **33**, 293 (daher auch Impfscheine, RG **24**, 284); das Ergebnis einer Blutalkoholuntersuchung (BGH **5**, 75), gutachtliche Äußerungen (BGH **10**, 159), auch über die künftigen Aussichten (Arbeitsfähigkeit), nicht aber die Todesursache (wie Selbstmord, RG **65**, 78); die Ausstellung einer unrichtigen Bescheinigung über die Todesursache kann aber durch Landesrecht unter Strafe oder Bußgelddrohung gestellt sein (vgl. § 49 III BWBestattG; vgl. Göhler 514 II). Gleichgültig ist es, ob die Zeugnisse richtig oder unrichtig sind (RG **20**, 138).

4 **C. Das Gebrauchmachen** gehört zum Tatbestand des (vollendeten) Vergehens, und zwar zum Zwecke der Täuschung von **Behörden**, auch Schulbehörden, Ortskrankenkassen (BGH **6**, 90), ausländischen Behörden (BGH **18**, 333) oder **Versicherungsgesellschaften** und zwar auch von privaten; daß die Täuschung (6 zu § 263) gelingt, ist nicht erforderlich. Die Täuschungsabsicht erstreckt sich lediglich auf die Originalität des Zeugnisses, nicht auf seine Richtigkeit (RG **20**, 138). Eine Täuschung über den Gesundheitszustand braucht nicht beabsichtigt zu sein (RG **30**, 140). Vorlegen einer Fotokopie des Falsifikats ist wie bei § 267 (BGH **20**, 142) eine Form des Gebrauchmachens (MDR/D **75**, 197).

5 2) **Tateinheit** mit § 263, sowie § 13 BÄO und beim Zahnarzt mit § 18 Nr. 2 ZahnHKG ist denkbar, falls der Täter mit seinem richtigen Namen unterschreibt, aber unter unbefugter Zufügung des Arzttitels (LK 14). § 267 tritt hinter § 277 zurück (RG **6**, 1; **31**, 298; anders RG **67**, 117).

Ausstellen unrichtiger Gesundheitszeugnisse

278 Ärzte und andere approbierte Medizinalpersonen, welche ein unrichtiges Zeugnis über den Gesundheitszustand eines Menschen zum Gebrauch bei einer Behörde oder Versicherungsgesellschaft wider besseres Wissen ausstellen, werden mit Freiheitsstrafe bis zu zwei Jahren oder mit Geldstrafe bestraft.

1 1) **Tathandlung** ist, daß ein Arzt oder eine andere approbierte Medizinalperson (1 ff. zu § 277; Sonderdelikt) ein inhaltlich **unrichtiges Zeugnis** über den Gesundheitszustand eines Menschen (3 zu § 277) ausstellt; ist der Aussteller nicht approbiert, so kommt nur § 277 in Frage, ist er Amtsarzt, § 348. Auch wenn der Aussteller offensichtlich die Grenzen seiner Berufsbefugnis überschreitet, scheidet § 278 aus (Bremen GA **55**, 277). **Schrifttum:** *Jung,* Aktuelle Probleme und Perspektiven des Arztrechts, 1989 S. 76.

2 **A. Wider besseres Wissen** muß das Zeugnis ausgestellt sein; es liegt ein Fall der schriftlichen Lüge vor, so auch idR ein Zeugnis über einen Befund, ohne daß eine Untersuchung stattgefunden hat (BGH **6**, 90; Frankfurt NJW **77**, 2128). Ganz ausnahmsweise ist auch die Ausstellung ohne eigene Untersuchung zulässig; so auf Grund von Befragung urteilsfähiger Angehöriger durch den behandelnden Arzt (Düsseldorf MDR **57**, 377; aM München NJW **50**, 796). Das Zeugnis ist auch unrichtig, wenn Blutproben

Urkundenfälschung § 278

vertauscht (Oldenburg NJW 55, 761), oder bei richtigem Gesamtbefund falsche Einzelheiten angegeben werden (BGH 10, 157). Eine unterlassene Blutuntersuchung, die eine sicherere Beurteilungsgrundlage gegeben hätte, macht ein Zeugnis noch nicht unrichtig (Zweibrücken, NStZ 82, 467 m. krit. Anm. Otto JR 82, 294). Bezüglich der Unrichtigkeit des Zeugnisses genügt bedingter Vorsatz nicht, wohl aber hinsichtlich des Gebrauchszwecks (vgl. 4).

B. Das bloße Ausstellen zum Zwecke des Gebrauchs genügt; das Gebrauchmachen selbst gehört nicht zum Tatbestand, ebensowenig das Begeben (LK-Tröndle 3; aM SK-Samson 4). Auch ist nur das private Ausstellen gemeint (wenn auch durch eine Medizinalperson). Beim amtlichen Handeln geht die Spezialvorschrift des § 348 vor. 3

2) Zum Gebrauch bei einer Behörde (35 zu § 11; 4 zu § 277) oder Versicherungsgesellschaft muß die Ausstellung erfolgen. Nicht nötig ist, daß wirklich Gebrauch gemacht wird oder daß der Täter ungerechtfertigte Maßnahmen der Behörde oder Gesellschaft erreichen will (BGH 10, 157). Es genügt auch, wenn das Zeugnis wie zB eine Feststellung nach § 219 I zunächst zum Gebrauch an anderer Stelle ausgestellt ist. 4

3) Tateinheit möglich mit §§ 133, 136 I, 219a; § 258 (Oldenburg NJW 55, 761), mit § 263 Tatmehrheit, da die Tat insoweit nur Vorbereitungshandlung ist (vgl. aber 1 zu § 279). 5

4) Die Strafe. Beachte § 41. Für nicht qualifizierte Teilnehmer gilt § 28 I. 6

Gebrauch unrichtiger Gesundheitszeugnisse

279 Wer, um eine Behörde oder eine Versicherungsgesellschaft über seinen oder eines anderen Gesundheitszustand zu täuschen, von einem Zeugnis der in den §§ 277 und 278 bezeichneten Art Gebrauch macht, wird mit Freiheitsstrafe bis zu einem Jahr oder mit Geldstrafe bestraft.

Ein objektiv unrichtiges Zeugnis genügt hier; nicht nötig ist, daß es wider besseres Wissen unrichtig ausgestellt ist (BGH 5, 84; LK-Tröndle 1). Nur muß der Täter die Unrichtigkeit kennen, doch genügt bedingter Vorsatz. Daß das Zeugnis von vornherein zum Gebrauch bei einer Behörde oder Versicherungsgesellschaft ausgestellt wurde, ist nicht erforderlich, hM. Im übrigen müssen aber die Voraussetzungen des §§ 277, 278 gegeben sein (Bremen GA 55, 278). Die Behörde kann auch eine ausländische im Inland sein (BGH 18, 333). Tateinheit mit § 263 möglich. Ist der Täter derselbe, der schon die §§ 277, 278 hinsichtlich des Zeugnisses verletzt hat, so gelten 17 ff. zu § 267 entsprechend; str. **Einziehung** nach § 282.

§ 280 [Aufgehoben durch Art. 8 des 1. StrRG]

Mißbrauch von Ausweispapieren

281 [1] Wer ein Ausweispapier, das für einen anderen ausgestellt ist, zur Täuschung im Rechtsverkehr gebraucht, oder wer zur Täuschung im Rechtsverkehr einem anderen ein Ausweispapier über-

§ 281

BT Dreiundzwanzigster Abschnitt

läßt, das nicht für diesen ausgestellt ist, wird mit Freiheitsstrafe bis zu einem Jahr oder mit Geldstrafe bestraft. Der Versuch ist strafbar.

II Einem Ausweispapier stehen Zeugnisse und andere Urkunden gleich, die im Verkehr als Ausweis verwendet werden.

1 1) **Die Vorschrift** idF des StÄG v. 4. 9. 1941 (RGBl. I 549) wurde durch das 1. StrRG in der Strafdrohung geändert (Ber. 38). **Schrifttum:** *Cramer* GA **63**, 363; *Schlosky* DR **42**, 710; *R. Schmitt* NJW **77**, 1811.

2 2) **Ausweispapiere** iS 2 zu § 275 betrifft **I.** Diesen Papieren stellt **II** solche gleich, die im Verkehr praktisch auch *als Ausweis* verwendet werden, so Reisegewerbekarte, Waffenbesitzkarte, Arbeitsbücher, Lohnsteuer- und Versicherungskarte, *nicht* jedoch Kredit- und Scheckkarten (Lackner 2; Otto HWiStR „Scheckkartenbetrug" 7; Steinhilper GA **85**, 130; Bieber WM Beil. 6/87, 16). Es muß sich um echte Papiere handeln. Sind sie gefälscht, so greift § 267 ein (NJW **57**, 472), sind sie falsch iS von § 271, so ist allein § 273 gegeben (SchSch-Cramer 2; aM GA **56**, 182, das Tateinheit mit § 267 für möglich hält).

3 3) **Tathandlungen** sind: **A. Das Gebrauchen** eines für einen anderen ausgestellten Papieres iS von 2. Der Täter muß eine vom Berechtigten verschiedene Person sein (RG **10**, 262). Die Benutzung eines gerade für den Benutzer, aber unter falschem Namen ausgestellten Zeugnisses fällt nicht unter § 281 (RG **10**, 262). Unrichtigkeit des sonstigen Inhalts ist ohne
4 Bedeutung. Hier kann aber § 271 in Betracht kommen (RG **42**, 79). **B. Das Überlassen** eines Papieres iS von 2 an einen anderen, für den es nicht ausgestellt ist. Es handelt sich um eine selbständige Delikt erhobene Beihilfehandlung zu 3 (LK-Tröndle 5; R. Schmitt NJW **77**, 1811). Das Papier braucht nicht auf den Überlassenden zu lauten. Strafbarer Versuch
5 ist bereits ein bestimmtes Übergabeangebot (KG NJW **53**, 1274). **C. Zur Täuschung im Rechtsverkehr** muß der Täter in beiden Fällen handeln, und zwar zur Identitätstäuschung oder mit deren Hilfe (vgl. BGH **16**, 33; MDR/D **69**, 360), nicht genügt, daß er das fremde Papier lediglich zum Nachweis vorlegt, für den Inhaber verfügungsbefugt zu sein (MDR/H **82**, 280). Die fälschliche Beeinflussung einer Datenverarbeitung im Rechtsverkehr steht der Täuschung im Rechtsverkehr gleich (§ 270). **D. Mittäterschaft** liegt vor, falls sich A mit Willen des B auf fremden Ausweis ein Scheckkonto errichten läßt, um dadurch mit B zusammen gemeinsam Betrügereien zu begehen (MDR **55**, 18). Im Fall 4 muß der Täter handeln, damit der andere oder ein Dritter das Papier zur Täuschung im Rechtsverkehr benutzen kann. **E. Versuch (I S. 2)** ist strafbar. Hierfür kann genügen, daß jemand eine Fotokopie vorlegt (was für § 281 an sich nicht ausreichen würde (BGH **20**, 17; vgl. aber 24 zu § 267), falls er zugleich die Vorlage der Urschrift verspricht (BGH **20**, 20; LK 8).

6 4) **Konkurrenzen.** Zum Verhältnis von 3 und 4 R. Schmitt NJW **77**, 1811. Tateinheit ist mit solchen Delikten möglich, bei denen das Papier als Täuschungsmittel benutzt wird, so mit § 263. Hinter §§ 267, 269, 273, 277 tritt § 281 zurück (oben 2). Mit § 21 StVG ist Tatmehrheit möglich (VRS **30**, 185; LK 10; aM SchSch 12). Für § 111 OWiG gilt § 21 OWiG.

Konkursstraftaten **§ 282, Vor § 283**

Einziehung

282 Gegenstände, auf die sich eine Straftat nach den §§ 267, 268, 273 oder 279 bezieht, können eingezogen werden. In den Fällen des § 275 werden die dort bezeichneten Fälschungsmittel eingezogen.

Die Vorschrift idF des EGOWiG/1. StrRG/EGStGB ist erforderlich, weil bei den hier in Betracht kommenden Tatbeständen zwar anzunehmen ist, daß die unechten und verfälschten Urkunden oder technischen Aufzeichnungen und die falschen Beurkundungen oder Gesundheitszeugnisse *producta sceleris* sind, soweit die Tathandlung das Herstellen ist, unsicher aber zum mindesten, soweit es sich um das Gebrauchmachen und Verwenden handelt; insoweit können die Sachen als Beziehungsgegenstände angesehen werden (10 zu § 74; Begr. EGO-WiG 69). Ihre Einziehung richtet sich dann über § 74 IV nach dessen II und III. § 74a ist nicht anwendbar. Selbständige Einziehung nach § 76a. Das gilt auch für die Fälschungsmittel nach § 275, deren Einziehung S. 2 vorschreibt (vgl. § 74b II; 1 zu § 74b).

Vierundzwanzigster Abschnitt
Konkursstraftaten

Vorbemerkung

1) Das Konkursstrafrecht, zunächst in die KO (§§ 239ff.) überführt (daneben allerdings die jetzt noch geltenden Sondervorschriften §§ 401 AktG; 84 GmbHG; 148 Nr. 2 GenG), ist mit Rücksicht auf seine allgemeine Bedeutung (hohe Insolvenzverluste), seine Korrespondenz mit § 288 (dort 1; §§ 271ff. E 1962) und seine auch in das Vergleichsverfahrensrecht ausstrahlende Wirkung (§ 283d I Nr. 2; RegE 34) durch Art. 1 Nr. 5 des 1. WiKG wieder an seine ursprüngliche Stelle zurückgeführt worden. Zur Entstehung des **1. WiKG** (1 zu § 264), zu §§ 283ff. ferner E 1962, 444; Ndschr. **8**, 81; Ndschr. Bd. 3 über die Sitzungen der III. Unterkommission der großen Strafrechtskommission, 262 (= UK); §§ 283b ff. E EGStGB; AE BT, Straftaten gegen die Wirtschaft, Konkursdelikte §§ b 1ff. (= AE) TagBer. III. Bd. 49, 77 mit Referaten Tiedemann, Richter, Eulencamp, Pfeiffer, Anl. 3 bis 6 und Fassungsentwurf 99; StrABTag Prot. 7/ 2473, 2480, 2505, 2509, 2524, 2542, 2549, 2555 (bis dahin Hearing), 2815, 2836; zum Ganzen LK-Tiedemann 38ff. **Schrifttum:** *Bieneck* wistra **92**, 89; *Biermann,* Die Überschuldung als Voraussetzung der Konkurseröffnung, 1963; *Böhle-Stamschräder* KTS **57**, 177; *Däubler,* Vom Sinn und Unsinn der Insolvenzdelikte, 1972; *Franzheim/Haack* NJW **80**, 2500, **81**, 1353; *Gössweiler-Saiko,* Die Insolvenzkriminalität im Lichte marktwirtschaftlicher Kriterien, Arch-Krim. **170**, 35; *Gallandi* wistra **92**, 10; *Hammerl,* Die Bankrottdelikte, 1970; *Haß* ZRP **70**, 196; KTS **71**, 161; *Heinz* GA **77**, 216; Hoffmann MDR **79**, 93, 713 u. in Gnam, Handbuch der Bilanzierung 1960/1979; *Labsch* wistra **85**, 1, 59; *Lüderssen,* Arm. Kaufmann-GedS 675 (Überschuldung in § 84 GmbHG); *Mathieu* GA **54**, 225; *Müller/Wabnitz* 48ff.; *Otto,* Rud. Bruns-GedS 265; *Renkl* JuS **73**, 611; *Schlüchter* StBerat. 32; *Teufel,* Betrügerischer Bankrott und Kriminalistik, 1972; *Tidow,* Wirtschaftsdelikte aus der Sicht des Konkurs- und Vergleichsrichters (BKA), 1957; *Tiedemann* Kommentierung in LK, ferner ZRP **75**, 129; NJW **77**, 777; KTS **84**, 539; HWiStR „Konkursstraftaten"; *Winkelbauer* wistra **86**, 17. *Rechtsvergleichung:* Ausführliche Nachweise über ausländisches Recht LK 164 bis

Vor § 283

209. Der RegE einer **Insolvenzordnung** (BT-Drs. 12/2443) vereinigt Konkurs- und Vergleichsverfahren zu einem einheitlichen Insolvenzverfahren (vgl. zum Inhalt des E/InsO recht **92**, 63 und zum E EG/InsO recht **92**, 64).

3 2) **Rechtsgut** der Konkursdelikte ist zunächst der Schutz der etwaigen Konkursmasse vor unwirtschaftlicher Verringerung, Verheimlichung und ungerechter Verteilung (§ 283 c) zum Nachteil der Gesamtgläubigerschaft (BGH **28**, 373 [möglicherweise auch nur eines einzigen Gläubigers, RG **41**, 314]; NStZ **87**, 23; ähnlich hM; vgl. Klug 1 vor § 239 KO; auch BGH **9**, 84). Dahinter steht aber neben dem Schutz der Arbeitnehmer des Täters (§ 283 a Nr. 2; dort 5) die Funktionsfähigkeit der Kreditwirtschaft (so schon die Motive zur KO 1874; vgl. UK der Komm. 78 Nr. 4; Tiedemann LK 43 ff.; TagBer. Anl. 3, 10; ZRP **75**, 133; ZIP **83**, 520; Eulencamp Anl. 5, 12; Otto Jura **89**, 32; aM Richter Anl. 4, 8; M-Maiwald § 48, 8; SK-Samson 3). Das Rechtsgut wird als Angriffsobjekt verletzt
4 durch einzelne sog. **Bankrotthandlungen** (= BHandlungen), die je nach ihrer Art Erfolgsdelikte (§ 283 I Nr. 1, teilweise auch Nr. 2 bis 4, 8; § 283 d), abstrakte (§ 283 I Nr. 5 bis 7, § 283 b) oder auch potentielle (nach Tiedemann ZRP **75**, 134 – abw. Prot. 7/2473 –; Eitel Prot. 7/2543 unter Bezug auf Schröder JZ **67**, 522 abstrakt-konkrete) Gefährdungsdelikte (13 vor § 13; so teilweise § 283 I Nr. 2, 4, 8) darstellen (vgl. Tiedemann NJW **77**, 781, LK 5 zu § 283).

5 3) **Die Reform** durch das 1. WiKG hatte zum Ziel, das Konkursstrafrecht einerseits wirksamer zu gestalten und es andererseits mit dem Schuldgrundsatz
6 besser in Einklang zu bringen (RegE 19). **A. Die bisherige Regelung** war **wenig effektiv** (bei mindestens 50% aller Insolvenzen bestand Tatverdacht, weit mehr noch in den Fällen der Ablehnung mangels Masse, die ihrerseits 80% aller Insolvenzen ausmachen (recht **90**, 7); hingegen kam es nur bei 3 bis 4% aller eröffneter Konkursstrafverfahren zur Verurteilung, Eitel Prot. 7/2542; Prot. 7/2815). Das lag einerseits an Verfolgungsschwierigkeiten, die durch Einrichtung der Wirtschaftsstrafkammern (§ 74 c GVG mit Art. 6 Nr. 1 des 1. WiKG) und ihnen korrespondierender Dezernate der Staatsanwaltschaften zT behoben sind, aber auch fF, die die BHandlungen nur unvollkommen erfaßte, den schwierigen Nachweis der Gläubigerbenachteiligungsabsicht in § 239 KO forderte (Prot. 7/2542) und Fahrlässigkeitsdelikt nur im Umfang von § 240 II KO kannte. Dem hilft die nF dadurch ab, daß sie zwar abw. von §§ 239, 242 KO keine Verbrechenstatbestände mehr vorsieht, aber die BHandlungen weit umfassender beschreibt (RegE 33), vor allem in § 283 I Nr. 1, 6, 8, II und in § 283 d, die Fahrlässigkeitstatbestände erheblich ausweitet (§ 283 IV, V, § 283 b II) und an die Stelle der Gläubigerbenachteiligungsabsicht in dem die §§ 239, 240 KO
7 zusammenfassenden § 283 das Handeln während einer **Krisensituation** (unter bedingtem Vorsatz) setzt (schärfer noch in §§ 283 c und 283 d). Mit dieser Formel wird **B. der Schuldgrundsatz** gewahrt, dem die §§ 239 ff. KO aF nicht hinreichend Rechnung trugen (Nachw. 44. Aufl.). Voraussetzung ist nunmehr für die BHandlungen nach § 283 I, IV Nr. 1, V Nr. 1 (krit. Schlüchter MDR **78**, 979 f.) sowie in abgewandelter Form für die §§ 283 c, 283 d das Handeln des
8 Täters während einer **Krise.** Auf diese Weise erhalten die BHandlungen eine schon als solche strafwürdige Unrechtsmaterie. Wenn das Gesetz dennoch zusätzlich in sämtlichen Vorschriften an dem Erfordernis der Konkurseröffnung **(KE),** der Zahlungseinstellung **(ZE)** oder der Abweisung des Eröffnungsantrages mangels Masse (= Abw.) festhält, so handelt es sich zwar dabei auch um eine objektive Strafbarkeitsbedingung (RegE 33; Heinz GA **77**, 218), aber um eine echte iS von Gallas (UK 261), die nur einen Teilverzicht auf Bestrafung einer an sich strafwürdigen Handlung aus praktischen Gründen bedeutet, die bei den §§ 283 ff. vor allem darin liegen, daß schwach gewordene Unternehmen vor

Konkursstraftaten **Vor § 283**

Eintritt der Bedingung nicht unnötig existenzbedrohenden Strafverfahren ausgesetzt werden sollen (Ndschr. **8**, 82; E 1962, 271; RegE 33; Pfeiffer TagBer. 19). Problematisch bleibt die Strafbarkeitsbedingung allerdings dort, wo der Tatbestand ein Handeln in der Krise nicht voraussetzt, nämlich in den Fällen von § 283 II und § 283 b, vor allem bei der Fahrlässigkeitsform dieser Taten (§ 283 IV Nr. 2, V Nr. 2, § 283 b II), wonach zB eine fahrlässig unübersichtliche Buchführung bei einem gesunden Zulieferungsunternehmen zu Strafbarkeit führt, wenn die Firma infolge des überraschenden Zusammenbruchs eines Großkunden selbst die Zahlungen einstellen muß (hierzu Dreher MDR **78**, 724; aM Tiedemann, Schröder-GedS 290; vgl. LK 85, 87).

4) Die Krise wird in § 283 I in der Weise beschrieben, daß der Täter **9** handeln muß entweder **A.** bei nicht nur drohender (anders noch RegE; vgl. Prot. 7/2817 bis 2821), sondern bereits **eingetretener Überschuldung** (= ÜSch, obwohl ein Konkursgrund darin nur nach § 92 II AktG, § 64 II GmbHG, § 98 I Nr. 2 GenG und seit dem 1. WiKG nach § 130a HGB, § 209 I S. 3 KO auch für OHG und KG liegt, bei denen keiner der persönlich haftenden Gesellschafter eine natürliche Person ist, also vor allem für die GmbH & Co KG), dh daß das Vermögen die Schulden nicht mehr deckt (§ 92 II S. 2 AktG; § 130a I S. 1 HGB), die Passiven der Bilanz also die Aktiven übersteigen (10. 2. 1981, 1 StR 625/80; vgl. Biermann [oben 2] 31). Die Feststellung kann auf Schwierigkeiten stoßen, zumal die Bewertungsmaßstäbe für die Aktiva bisher nicht voll geklärt sind (Prot. 7/2558), der Tatrichter muß daher Art und wirtschaftlichen Wert des Aktivvermögens im einzelnen feststellen (2. 12. 1980, 1 StR 156/80; Düsseldorf wistra **83**, 131), er bedarf insoweit eines sog. Überschuldungsstatus (wistra **87**, 28; BGHR § 283 I, Übersch. 2; hierzu im einzelnen Schlüchter MDR **78**, 265 u. wistra **84**, 41; Tiedemann, Schröder-GedS 289, NJW **79**, 254 u. LK 140; Franzheim NJW **80**, 2500, wistra **84**, 212; Haack NJW **81**, 1353; Otto [oben 2] 268; Reulecke KR **84**, 84; Müller/Wabnitz 59; insb. über die Berücksichtigung von Rückstellungen Hoffmann MDR **79**, 93, 715). **B.** bei drohender oder eingetretener **Zahlungsunfähigkeit** (= **ZU**), dh dem nach außen **10** in Erscheinung tretenden (WM **57**, 68), auf dem Mangel an Zahlungsmitteln beruhenden, voraussichtlich dauernden Unvermögen des Täters, seine sofort zu erfüllenden Geldschulden noch im wesentlichen zu befriedigen (BGHR § 64 I GmbHG, Übersch. 1; Stuttgart NStZ **87**, 460; Düsseldorf NJW **88**, 3167; Bay wistra **88**, 363; NStZ/A **89**, 503; vgl. LK 118; Böhle; Mentzel, beide 2 zu § 102 KO). ZU ist durch eine stichtagbezogene Gegenüberstellung der fälligen (12. 6. 1990, 1 StR 123/90) und eingeforderten Verbindlichkeiten und der zu ihrer Tilgung vorhandenen oder herbeizuschaffenden Mittel (wobei es auf deren Herkunft nicht ankommt, MDR/H **87**, 624) festzustellen (MDR/H **90**, 1067; Hoffmann MDR **79**, 716 und in Gnam [oben 2] 43 ff. zu 148a), uU genügen auch Feststellungen über wirtschaftskriminalistische Beweisanzeichen, wie Häufigkeit der Wechsel- und Scheckproteste, fruchtlose Pfändungen, Ableistung der eidesstattlichen Versicherung (MDR/H **90**, 1067). ZU liegt vor, wenn fällige, ernsthaft eingeforderte Verbindlichkeiten nicht beglichen werden können (NStZ **87**, 279 m. Anm. Gössel JR **88**, 256. ZU und ZE sind nicht identisch (unten 13). **C. Es droht die ZU**, wenn sie sich als nahe bevorstehend darstellt **11** (MDR/H **90**, 1067; RG **31**, 24; **44**, 253 zu § 288; 17. 10. 1984, 2 StR 713/84; vgl. v. Schoeler Prot. 7/2818; Hoffmann MDR **79**, 714 und aaO 23 ff.,

1641

Franzheim NJW **80**, 2503; Otto [oben 2] 278 u. Jura **89**, 33; abw. Göhler/ Wilts DB **76**, 1660), dh wenn die Wahrscheinlichkeit ihres nahen Eintritts besteht (Pfeiffer aaO 17), und zwar bei (und nicht erst nach) Vornahme der BHandlung (Tiedemann NJW **77**, 782; vgl. Ndschr. **8**, 83 f.; LK 129; Schlüchter MDR **78**, 268; Reulecke KR **84**, 80; die Formel „naheliegende Wahrscheinlichkeit", die RegE 34; Ber. 17; Müller-Emmert/Maier NJW **76**, 1663 gebrauchen, ist schief). In der Praxis wird das anzunehmen sein, wenn sich zB ein Unternehmen in raschem Ertragsverfall ohne ausreichende Reserven befindet, keinen Bankkredit mehr erhält, wenn es zu Wechselprotesten, erfolglosen Pfändungen, Ladung zur Abgabe der Versicherung nach § 807 ZPO kommt, je nach Sachlage auch schon in einem früheren Stadium, zB wenn ein Unternehmer eine nicht mehr zu deckende hohe Steuernachforderung oder Schadensersatzforderung zu erwarten hat, wenn nicht einlösbare hohe Altschuldenwechsel zahlbar gestellt werden (JZ **79**, 77, hierzu Otto [oben 2] 280) oder ein wichtiger Kunde zusammengebrochen ist (vgl. Ber. 17; Prot. 7/2544; LK 132). Die Schwierigkeiten der Feststellung (Ber. 17) in diesem praktisch wichtigsten Fall gehen zugunsten des Täters. Bei Verstößen gegen die Buchführungs- und Bilanzierungspflichten *im Vorraum* der Krise oder bei Unkenntnis der Krisensituation kommt § 283 b (dort 1) in Betracht (2. 12. 1987, 3 StR 375/87).

12   **5) Die objektive Bedingung der Strafbarkeit** ist nach § 283 VI (der auch für § 283 a und nach §§ 283 b III, 283 c III, 283 d IV – dort allerdings in entsprechender Variante – auch für die übrigen Vorschriften gilt) dann gegeben, wenn entweder der Täter (oder das Unternehmen, für das er nach § 14 handelt, unten 21), gleichgültig, ob ihn daran ein Verschulden trifft

13   (anders bei § 283 II), **A. seine Zahlungen eingestellt hat.** Die ZE ist nicht dasselbe wie die ZU (oben 10, RG **14**, 241); wenn diese auch idR die Ursache für sie ist. Während die ZU die wirtschaftliche Lage des Täters darstellt, ist die ZE zwar kein formeller Akt von seiner Seite (RG **41**, 309), wohl aber ein faktisches Verhalten, nämlich das generelle Aufhören mit der Begleichung seiner Schulden (RG **41**, 312; RGZ **100**, 65), deren Erfüllung seine Gläubiger ernsthaft, aber erfolglos fordern (LM Nr. 6 zu § 30 KO). Die ZE ist danach auch ohne ZU möglich, nämlich dann, wenn der Täter ZU irrig annimmt oder trotz Zahlungsfähigkeit sich zu zahlen weigert (GA **53**, 73; 14. 1. 1976, 2 StR 592/75; RegE 37; Hoffmann MDR **79**, 716; Bieneck wistra **92**, 89; LK 134). Nichtbegleichen einzelner Schulden begründet die ZE noch nicht (RG **41**, 309; 17. 2. 1981, 1 StR 546/80), ebensowenig eine bloße, vorübergehende Zahlungsstockung (RGZ **50**, 39; LK 125), wohl aber die Unfähigkeit, trotz Zahlungswilligkeit auch nur einzelne Gläubiger zu befriedigen (3. 5. 1961, 2 StR 407/60), so schon möglicherweise bei Nichteinlösung eines fälligen Wechsels durch einen Kaufmann (RG **3**, 190), doch nicht stets (RG JW **35**, 128). Das vereinzelte Leisten von Zahlungen braucht die ZE nicht auszuschließen (RGZ **132**, 281). Für die Frage, wer die Zahlungen eingestellt hat, ist der wirkliche Sachverhalt maßgebend, nicht ein ihm widersprechender Schein (LK 68). Es genügt, daß jemand das Geschäft tatsächlich als eigenes betreibt, wenn es auch zum Schein auf den Namen eines anderen in das Handelsregister eingetragen ist (GA **53**, 73, JR **60**, 104), oder wenn der Eingetragene bloß Mitinhaber, nicht Alleininhaber ist (RG **65**, 414). Dann haben nicht nur der formelle,

Konkursstraftaten Vor § 283

sondern auch der wirkliche Inhaber die Zahlungen eingestellt (RG 65, 414).
Ob ZE gegeben ist, hat der Strafrichter selbständig zu prüfen (vgl. BGH 7, 146).

B. über sein Vermögen **das Konkursverfahren eröffnet worden ist,** dh 14
durch entsprechenden Gerichtsbeschluß (§ 108 KO; § 19 VerglO); ohne
Bedeutung ist, ob die nachträgliche Einstellung (§§ 202, 204 KO) in Betracht kommt (GA 55, 364), oder eintritt. Dagegen wird die KE durch
erfolgreiche Beschwerde beseitigt (§ 23 KO); RG 44, 52. Der Strafrichter
darf die Berechtigung der KE nicht nachprüfen (RG 26, 37; LK 150). Hier
bestimmt sich auch die Person des Gemeinschuldners nach dem KE-Beschluß, nicht danach, wer wirklich Geschäftsinhaber ist (5. 5. 1970, 4 StR
50/70; anders oben 13). Doch wird fast stets zugleich ZE gegeben sein, so
daß insoweit auch die Grundsätze oben 13 gelten (RG 65, 413) und der
Täter schon deshalb strafbar ist (RG 49, 322). Auch ein Anschlußkonkurs
(§§ 19, 102 VerglO) erfüllt die Strafbarkeitsbedingung (LK 151).

C. der **Eröffnungsantrag mangels Masse abgewiesen** worden ist, näm- 15
lich durch den nach Ermessen des AG (Stuttgart JW 34, 571) gefaßten
Beschluß nach § 107 I S. 1 KO, an den der Strafrichter gebunden ist; doch
kann der Beschluß durch Beschwerde beseitigt werden und löst dann die
Strafbarkeitsbedingung nicht aus. Spätere Einstellung des KVerfahrens
nach § 204 KO ist ohne Bedeutung. Die in den §§ 239 ff. KO aF fehlende
Bedingung hat das 1. WiKG praktisch nur zur Klarstellung hinzugefügt
(RegE 37; Prot. 7/2828), da in derartigen Fällen gleichzeitig ZE vorliegen
wird und die Strafbarkeit schon deshalb eintritt (vgl. BGH 7, 146).

6) Mit der Krise wird zugleich A. der **Zeitraum** beschrieben, innerhalb 16
dessen eine BHandlung nach § 283 I, VI strafbar ist. Er beginnt mit dem
frühesten Ereignis der Krise, also je nach Sachlage mit dem Eintritt der
ÜSch oder mit der drohenden ZU. Der zeitliche Endpunkt wird (die Wendung „bei" in § 283 I meint „während dieses Zustandes") nicht durch ZE
oder KE bestimmt, sondern erst durch den Abschluß des KVerfahrens, dh
dessen Aufhebung nach § 163 KO oder die rechtskräftige Abw. mangels
Masse (oben 15), so daß zwar BHandlungen auch nach ZE oder KE erfaßt
werden (BGH 1, 191), es aber nicht mehr strafbar ist, wenn der Schuldner
nach KBeendigung seine Bücher vernichtet (RG 9, 134) oder erst nach KE
erworbene Vermögensstücke beiseite schafft, zumal diese nicht konkursbefangen (3 zu § 283) sind (RG 55, 30). BGH 7, 146, das ein Beiseiteschaffen
noch nach Abw. mangels Masse nach § 239 KO bestrafen wollte, kann
nicht gefolgt werden, da es die Möglichkeit eines Konkursdelikts an nicht
konkursbefangenen Sachen zulassen, diese Möglichkeit bis zum Wiedereintreten der Zahlungsfähigkeit des Schuldners hinausschieben und damit
Rechtsunsicherheit schaffen würde; in solchen Fällen kommt, wenn nicht
schon vorher Verheimlichen gegeben war, nur § 288 in Betracht. B. Zwi- 17
schen den BHandlungen und der ZE bzw. KE muß danach ein gewisser
zeitlicher und tatsächlicher Zusammenhang bestehen, während ein Kausalzusammenhang fehlen kann (BGH 1, 191; GA 53, 73; 71, 38; MDR/H
81, 454; Düsseldorf NJW 80, 1292; RegE 20; Tiedemann NJW 77, 782; LK
88; anders bei § 283 II). So genügt es grundsätzlich, wenn Forderungen, die
zZ der BHandlung bestanden, bis zur ZE noch nicht getilgt waren (GA 53,
73). Doch ist der erforderliche Zusammenhang unterbrochen, wenn der

Vor § 283

Schuldner während einer Krise eine BHandlung begeht, diese Krise aber überwindet und ZE oder KE erst wegen eines späteren Zusammenbruchs eintreten (BGH **28**, 233 m. Anm. Schlüchter JR **79**, 513; vgl. JZ **79**, 77, hierzu Tiedemann NJW **79**, 254; LK 86; Bieneck wistra **92**, 91), *in dubio pro reo* gilt hier (objektive Strafbarkeitsbedingung!) *nicht* (Hamburg NJW **87**, 1344; Tiedemann NJW **77**, 783; Dünnebier-FS 538). Eine vorübergehende Erzielung von Gewinn begründet freilich noch keine Überwindung der Krise (MDR/H **81**, 454). Die Tat nach §§ 283 ff. ist beendet (vollendet ist sie schon früher; 34 zu § 283), sobald zur BHandlung die Strafbarkeitsbedingung tritt; von da ab läuft die Verjährung (RG **16**, 190; hM). Auch für eine Amnestie kommt es auf diesen Zeitpunkt an (GA **55**, 82; aM SchSch-Stree 70 zu § 283).

18   7) **Sonderdelikte** sind die Taten nach §§ 283 ff. mit Ausnahme von § 283d (LK 56; Vormbaum GA **81**, 129). Zwar kann „wer" iS von § 283 I
19 an sich jedermann sein. **A.** Auf **Kaufleute** als Täter, nämlich Voll- und Sollkaufleute (§§ 2, 262 HGB), nicht aber auf Minderkaufleute, sind lediglich die Taten nach §§ 283 I Nr. 5, 7 (auch iVm II, IV, V), 283b beschränkt (LK 56), so daß es sich schon insoweit um Sonderdelikte handelt. Im Fall von Gesellschaften sind unter „wer" bei einer Gesellschaft des bürgerlichen Rechts (vgl. RG **65**, 414), bei einer OHG (vgl. RG **46**, 78) und der Vorgesellschaft einer GmbH (BGH **3**, 25) die einzelnen Gesellschafter zu verstehen, bei der KG und der KG auf Aktien nur die persönlich haftenden Gesellschafter (vgl. RG **69**, 69), bei einer GmbH & Co KG also nur die GmbH (BGH **19**, 176), *nicht* die Kommanditisten und Prokuristen (vgl. RG **69**, 69; LK 59; Winkelbauer wistra **86**, 20; vgl. 4 aE zu § 283). Bei der AG (§ 207 KO), der GmbH und der eingetragenen Genossenschaft sind unter „wer", soweit es um die Befangenheit in der Krise geht, die Gesellschaften selbst zu verstehen. Da diese jedoch nicht deliktsfähig sind (34 vor § 13), greift insoweit § 14 I Nr. 1, 2 ein (unten 21; Binz NJW **78**, 802; abw. Fleischer NJW **78**, 96), so daß der in der Krise Befindliche und der persönlich handelnde strafbare Täter auseinanderfallen. Anderseits wird durch den persönlichen Konkurs eines Gesellschafters die Gesellschaft selbst nicht
20 betroffen (GA **59**, 48). **B.** Abgesehen von den schon erwähnten Fällen sind die Taten nach § 283 I, IV Nr. 1, V Nr. 1, § 283c auch deshalb **Sonderdelikte,** weil Täter nur sein kann, wer sich **in der Krise** (oben 9 ff.) befindet. Schließlich sind die Taten nach §§ 283 ff. mit Ausnahme von § 283 d, wo jedermann Täter sein kann, auch deshalb Sonderdelikte, weil Täter nur derjenige sein kann, für den **die Strafbarkeitsbedingung** eingetreten ist. Mittäterschaft ist dann nur möglich, wenn es sich zB um Mitgesellschafter handelt, bei denen ZE oder KE vorliegt (vgl. 28. 11. 1972, 1 StR 399/72)
21 und sie gemeinschaftlich BHandlungen begehen (RG **31**, 407). **C.** Ein **besonderes persönliches Merkmal** iS von § 14, das die Strafbarkeit begründet (oben 19), stellt nicht nur die Krise dar, in der sich der „Täter" in den Fällen von § 283 I, IV Nr. 1, V Nr. 1, § 283c befindet, sondern auch der Umstand, daß jemand von der Strafbarkeitsbedingung nach § 283 VI getroffen wird (Bay NJW **69**, 1495; Mentzel 10 zu § 239 KO; LK 58; LK-Roxin 22 zu § 14). VI ist daher in den Fällen, in denen der in der Krise Befindliche und der strafrechtlich Haftbare auseinanderfallen (oben 19) sinngemäß so zu lesen, daß es auf den Eintritt der Strafbarkeitsbedingung bei dem Krisenbe-

Konkursstraftaten **Vor § 283**

fangenen, nicht bei dem strafrechtlich haftbaren Handelnden ankommt (vgl. Tiedemann NJW **77**, 780, GmbHG 19 vor § 82, Dünnebier-FS 535 und LK 61; hierzu krit. Labsch wistra **85**, 4). Das bedeutet, daß nach § 14 I zB der Geschäftsführer einer GmbH strafrechtlich haftet, der in dieser Eigenschaft eine BHandlung begeht (BGH **30**, 127; NJW **69**, 1494; 21. 12. 1979, 2 StR 768/78; vgl. aber BGH **31**, 122) oder durch derartige Handlungen die GmbH, die dann in Konkurs geht, in die Krise bringt (§ 283 II); oder daß nach § 14 II Nr. 2 strafrechtlich der Buchhalter eines Betriebes nach § 283 I Nr. 5, 6, § 283b I Nr. 1, 2 oder der mit der Bilanzierung beauftragte Steuerberater nach § 283 I Nr. 7, § 283b Nr. 3 oder gesetzliche Vertreter eines Unternehmens oder Mutterunternehmens nach §§ 5, 11 RechnLegG haftet, wenn das Unternehmen von der Strafbarkeitsbedingung betroffen wird. Die Haftung des Betriebsinhabers kann daneben bestehen, vor allem nach § 283 V oder § 283b II, möglicherweise auch nach § 130 OWiG. Bei einem Widerstreit der Interessen der Gesellschafter und des organschaftlichen Vertreters ist § 14 nicht erfüllt, handelt jedoch der Geschäftsführer im Einvernehmen mit dem Komplementär (Gemeinschuldner), so fehlt es an einem Interessenwiderstreit, das Handeln des Geschäftsführers liegt dann im Interesse des Gemeinschuldners und wird dann wie dessen Handeln beurteilt, dh so, wie das des Inhabers einer Einzelfirma, der unter den Voraussetzungen des § 283 I Nr. 1 Bestandteile des Vermögens beiseite schafft (BGH **34**, 223 [m. Anm. Winkelbauer JR **88**, 33 u. U. Weber StV **88**, 16]; NStZ/A **89**, 502; BGHR § 283 I, Konk. 1; H. Schäfer wistra **90**, 81). Nach § 14 I haften auch der Konkursverwalter oder Liquidatoren von Personengesellschaften (3 zu § 14; Mentzel 10 zu § 239 KO).

8) Systematisch sind die §§ 283 ff. so **aufgebaut**, daß die eigentlichen 22 BHandlungen, die in der Krise begangen werden oder sie herbeiführen, in der Kernvorschrift des § 283 unter Aufgabe der Unterscheidung zwischen dem Verbrechen des betrügerischen und dem Vergehen des einfachen Bankrotts zusammengefaßt sind, während die Strafschärfung für besonders schwere Fälle dem § 283 a vorbehalten ist. § 283 b bedroht Verletzungen der Buchführungspflicht außerhalb einer Krise (im einzelnen 1 zu § 283b) mit Strafe. § 283 c stellt im Grund die Privilegierung einer BHandlung nach § 283 dar (2 zu § 283c); § 283 d hat eine Tat nach § 283 I Nr. 1 durch einen Außenstehenden mit eigener Tatherrschaft zum Gegenstand (1 zu § 283 d). Bei der Anwendung der §§ 283 c und 283 d ist zwischen dem Konkursstraftäter und dem Konkursgläubiger scharf zu trennen (BGH **34**, 226; **35**, 359).

9) Sonstige Vorschriften. Bedeutsam sind §§ 283 I bis III und § 283 a für 23 den Zwangsvergleich (§§ 175, 197 KO) und das Vergleichsverfahren (§ 17 Nr. 3, § 79 Nr. 2; § 88 I VerglO) sowie für die Versagung der Reisegewerbekarte (§ 57 I Nr. 3 GewO) und für § 6 II GmbHG (Ausschließung als Geschäftsführer bei Verurteilung wegen einer Straftat nach §§ 283 bis 283d). Zuständigkeit in Wirtschaftsstrafsachen in den Fällen der §§ 283, 283a, 283c, 283d nach § 74c I Nr. 5, § 74 e GVG; § 103 II JGG.

§ 283

Bankrott

283 ^I Mit Freiheitsstrafe bis zu fünf Jahren oder mit Geldstrafe wird bestraft, wer bei Überschuldung oder bei drohender oder eingetretener Zahlungsunfähigkeit

1. Bestandteile seines Vermögens, die im Falle der Konkurseröffnung zur Konkursmasse gehören, beiseite schafft oder verheimlicht oder in einer den Anforderungen einer ordnungsgemäßen Wirtschaft widersprechenden Weise zerstört, beschädigt oder unbrauchbar macht,

2. in einer den Anforderungen einer ordnungsgemäßen Wirtschaft widersprechenden Weise Verlust- oder Spekulationsgeschäfte oder Differenzgeschäfte mit Waren oder Wertpapieren eingeht oder durch unwirtschaftliche Ausgaben, Spiel oder Wette übermäßige Beträge verbraucht oder schuldig wird,

3. Waren oder Wertpapiere auf Kredit beschafft und sie oder die aus diesen Waren hergestellten Sachen erheblich unter ihrem Wert in einer den Anforderungen einer ordnungsgemäßen Wirtschaft widersprechenden Weise veräußert oder sonst abgibt,

4. Rechte anderer vortäuscht oder erdichtete Rechte anerkennt,

5. Handelsbücher, zu deren Führung er gesetzlich verpflichtet ist, zu führen unterläßt oder so führt oder verändert, daß die Übersicht über seinen Vermögensstand erschwert wird,

6. Handelsbücher oder sonstige Unterlagen, zu deren Aufbewahrung ein Kaufmann nach Handelsrecht verpflichtet ist, vor Ablauf der für Buchführungspflichtige bestehenden Aufbewahrungsfristen beiseite schafft, verheimlicht, zerstört oder beschädigt und dadurch die Übersicht über seinen Vermögensstand erschwert,

7. entgegen dem Handelsrecht
   a) Bilanzen so aufstellt, daß die Übersicht über seinen Vermögensstand erschwert wird, oder
   b) es unterläßt, die Bilanz seines Vermögens oder das Inventar in der vorgeschriebenen Zeit aufzustellen, oder

8. in einer anderen, den Anforderungen einer ordnungsgemäßen Wirtschaft grob widersprechenden Weise seinen Vermögensstand verringert oder seine wirklichen geschäftlichen Verhältnisse verheimlicht oder verschleiert.

^{II} Ebenso wird bestraft, wer durch eine der in Absatz 1 bezeichneten Handlungen seine Überschuldung oder Zahlungsunfähigkeit herbeiführt.

^{III} Der Versuch ist strafbar.

^{IV} Wer in den Fällen

1. des Absatzes 1 die Überschuldung oder die drohende oder eingetretene Zahlungsunfähigkeit fahrlässig nicht kennt oder

2. des Absatzes 2 die Überschuldung oder Zahlungsunfähigkeit leichtfertig verursacht,

wird mit Freiheitsstrafe bis zu zwei Jahren oder mit Geldstrafe bestraft.

§ 283

V Wer in den Fällen
1. des Absatzes 1 Nr. 2, 5 oder 7 fahrlässig handelt und die Überschuldung oder die drohende oder eingetretene Zahlungsunfähigkeit wenigstens fahrlässig nicht kennt oder
2. des Absatzes 2 in Verbindung mit Absatz 1 Nr. 2, 5 oder 7 fahrlässig handelt und die Überschuldung oder Zahlungsunfähigkeit wenigstens leichtfertig verursacht,

wird mit Freiheitsstrafe bis zu zwei Jahren oder mit Geldstrafe bestraft.

VI Die Tat ist nur dann strafbar, wenn der Täter seine Zahlungen eingestellt hat oder über sein Vermögen das Konkursverfahren eröffnet oder der Eröffnungsantrag mangels Masse abgewiesen worden ist.

1) **Die Vorschrift** ist die zentrale Bestimmung des KStrafrechts (1, 9 bis 23 vor § 283) und enthält in I und II zwei Gruppen von Vorsatztatbeständen, denen in IV eine Kombination mit einem Fahrlässigkeitselement und in V reine Fahrlässigkeitstatbestände folgen.

2) Abs. I setzt eine **Krise** (9 bis 11 vor § 283) voraus (zum zeitlichen Zusammenhang zwischen BHandlung und Krise 17 vor § 283), in der der Täter

Nr. 1: Bestandteile seines Vermögens, die im Fall der KE **zur KMasse gehören** (§ 1 KO; Prot. 7/2816; Ber. 18; nicht ganz identisch mit dem der Zwangsvollstreckung unterliegenden Vermögen; vgl. Mentzel 11 ff. zu § 1), dieser in bestimmter Weise entzieht, so daß Gegenstände, die nicht gepfändet werden sollen, ausscheiden (§ 1 IV KO; § 812 ZPO; so schon RG 73, 128 auch hinsichtlich des Anspruchs auf Lieferung einer unpfändbaren Sache), im übrigen aber sämtliche geldwerten (nicht wertlosen, 22. 1. 1980, 1 StR 561/79; LK-Tiedemann 16) beweglichen und unbeweglichen Sachen (RG 62, 152) sowie Forderungen und sonstige Rechte erfaßt werden (BGH 3, 35; 5, 120), auch unrechtmäßig, zB durch Betrug erworbene (GA 55, 149), oder stark belastete (RG DRiZ 34, Nr. 315), sowie zur Sicherung übereignete Sachen, selbst wenn ihr Wert unter dem der gesicherten Forderung bleibt (BGH 3, 35; 5, 121; GA 60, 376), da dem Gläubiger hier nur ein Absonderungsrecht zusteht (§ 48 KO; Mentzel dort 13, 11 zu § 239). Hingegen *scheiden* unter Eigentumsvorbehalt des Verkäufers stehende Sachen hier *aus* (GA 55, 150; anders bei Nr. 3), während das Anwartschaftsrecht auf Eigentumsübertragung erfaßt sein kann (BGH 3, 33; BB 57, 274), wobei es nur auf die Höhe der Kaufpreisrestforderung im Verhältnis zum Sachwert ankommt (GA 60, 375; vgl. auch 62, 146; 24. 8. 1978, 4 StR 396/78; LK 21). Ferner *scheiden aus:* die Arbeitskraft und der den Familiennamen des Gemeinschuldners enthaltende Firmenname (Düsseldorf NJW 82 1712), nach der KE erworbene Vermögensbestandteile (RG 55, 30), ebenso die vom KVerwalter freigegebenen (vgl. RGZ 94, 55). Eine Bagatellklausel (vgl. Ndschr. 8, 90) enthält Nr. 1 nicht; hier kommt nur § 153 StPO in Betracht, LK 17. Die Handlung selbst besteht darin, daß der Täter einen Vermögensbestandteil

A. beiseite schafft, dh dem Gläubigerzugriff entzieht (RG 64, 140) oder den Zugriff wesentlich erschwert (RG 66, 131), nicht nur durch räumliches Verschieben (GA 55, 149), sondern auch durch Verbringen eines Bestandteils in eine rechtliche Lage, in der den Gläubigern ein alsbaldiger Zugriff

§ 283

unmöglich gemacht wird (RG **64**, 140; LK 25), zB durch Überweisung eines Betrages von einem Geschäfts- auf ein Privatkonto; durch rechtswirksame Veräußerung ohne Empfang eines entsprechenden Gegenwerts (RG **66**, 131), oder in der Absicht, den Gegenwert den Gläubigern alsbald wieder zu entziehen (NJW **53**, 1153; 14. 1. 1976, 2 StR 592/75), ferner durch eine nichtgerechtfertigte Sicherungsübereignung (MDR/H **79**, 457), durch Scheinabtretung (RG 20. 6. 33, 1 D 1518/32), möglicherweise auch durch Einziehung von Forderungen (RG **66**, 88). Vor Eintritt einer wirksamen dinglichen Rechtsänderung liegt nur Versuch vor (14. 1. 76, 2 StR 592/75), so bei bloßem Abschluß des obligatorischen Veräußerungsvertrages (aM LK 194), nimmt der Täter dann von der Herbeiführung der dinglichen Rechtslage Abstand, so kommt Rücktritt nach § 24 in Betracht (RG **61**, 109). Die Eintragung einer nicht valutierten Hypothek für einen Dritten ist noch kein vollendetes Beiseiteschaffen, da eine Eigentümerhypothek entsteht, deren Verschweigen gegenüber dem KVerwalter allerdings Verheimlichen darstellt (RG **67**, 365). Einziehung einer Forderung nach KE und Verbrauch des Geldes für geschäftliche Zwecke oder zum angemessenen Lebensunterhalt ist kein Beiseiteschaffen (GA **59**, 340; 29. 3. 1977, 1 StR 794/76), ebensowenig die Bezahlung von Prozeßkosten eines Gesellschafters, die in unmittelbarem Zusammenhang mit der für die Gesellschaft ausgeübten Tätigkeit standen (wistra **87**, 216), wohl aber, wenn der Schuldner Gelder auf ein seiner Verfügung nicht unterliegendes Konto eines Dritten leitet, um damit Gläubiger bereits bestehender Forderungen von der Befriedigung auszuschließen (BGH **34**, 310; NStZ/A **89**, 503). Die Befriedigung des angemessenen Unterhalts aus der Masse ist dem Schuldner jedoch nur als natürlicher Person erlaubt (10. 3. 1981, 1 StR 539/80), er darf sich jedoch nicht im voraus für längere Zeit mit Unterhaltsmitteln aus der Masse versorgen und auch nicht ohne weiteres aus ihr Mittel für das Absetzen ins Ausland entnehmen (NStZ **81**, 259); für den Geschäftsführer einer GmbH kommt es nicht auf den angemessenen Unterhalt, sondern auf fällige Gehaltsansprüche an (10. 3. 1981, 1 StR 539/80). Die bevorzugte Befriedigung eines einzelnen Gläubigers ist nur eine Tat nach § 283c (Hendel NJW **77**, 1945). Zur Frage der Tatbegehung durch Unterlassen (LK 43). Unter Nr. 1 fällt das Veruntreuen von Gesellschaftsgeld durch den Geschäftsführer einer GmbH, der sämtliche Geschäftsanteile besitzt, nur, wenn er für die Gesellschaft und (wenigstens auch) in **deren Interesse** tätig wird (BGH **6**, 316; **28**, 374; **30**, 127; **34**, 385; MDR/H **79**, 457; **80**, 107; Hamm wistra **85**, 159), dies gilt jedoch nicht, wenn der persönlich haftende Gesellschafter einer KG einerseits, deren faktischer Geschäftsführer (wozu – entgegen § 164 HGB – uU auch ein Kommanditist schlüssig bestellt worden sein kann) andererseits einvernehmlich zusammenwirken (BGH **34**, 222 m. Anm. Winkelbauer JR **88**, 33 u. U. Weber StV **88**, 16; vgl. 21 vor § 283). Handelt der Geschäftsführer eigennützig, so sind die §§ 266, 246 maßgebend, MDR/H **79**, 806; **84**, 277 (krit. hierzu Labsch JuS **85**, 602; wistra **85**, 6, 59; Winkelbauer wistra **86**, 17; Lampe GA **87**, 251; Arloth NStZ **90**, 571); wistra **86**, 69; EzSt Nr. 1; vgl. ferner H. Schäfer wistra **90**, 83. Vgl. im übrigen auch 10 zu § 288.

5   **B. verheimlicht,** dh das Vorhandensein des Vermögensbestandteils der Kenntnis der Gläubiger oder nach KE des KVerwalters zu entziehen sucht

(RG **67**, 365). Das Ableugnen von Vermögensstücken genügt (zw. LK 42). Ebenso das Vorschützen eines den Gläubigerzugriff hindernden Rechtsverhältnisses (RG JW **36**, 3006). Auch Verschweigen entgegen einer Rechtspflicht reicht aus (BGH **11**, 146), sowie das heimliche Einziehen einer versehentlich nicht in das Vermögensverzeichnis aufgenommenen Forderung (GA **56**, 123). Ob das Verheimlichen zum Erfolg führt (17. 5. 56, 4 StR 94/56) oder ob Nachforschungen eines Gläubigers oder des KVerwalters eingesetzt haben (vgl. RG **56**, 63 zu § 259), ist ohne Bedeutung (aM LK 38). Zur Frage der Tatbegehung durch Unterlassen LK 43 und KTS **84**, 544.

C. **zerstört** (10 zu § 303, vgl. LK 45), **beschädigt** (5 ff. zu § 303) oder **6 unbrauchbar macht** (7 zu § 316b), wobei nur Sachen iS von § 303, darunter auch Wertpapiere in Betracht kommen, die Handlung aber einer **ordnungsgemäßen Wirtschaft widersprechen** muß, so daß zB der Verbrauch dazu bestimmter Sachen, das Zerstören von Investitionsgütern im Zusammenhang mit ihrer Ersetzung (RegE 34) oder der Abbruch einer baufälligen Lagerhalle ausscheiden und im Grunde nur mutwillige Handlungen bleiben, die der in §§ 239, 240 KO aF nicht enthalten gewesenen Alternative kaum praktische Bedeutung geben (krit. Eulencamp, TagBer. Bd. III, Anl. 5, 45; Tiedemann ZIP **83**, 520, KTS **84**, 546 und LK 49).

Nr. 2: A. a) Verlustgeschäfte, dh solche Geschäfte, die schon von vornherein nach der Vorauskalkulation von Ausgaben und Einnahmen zu einer Vermögensminderung führen müssen (LK 54; vgl. RegE 35); womit bereits eine Generalklausel für Nr. 3 aufgestellt wird; **b) Spekulationsgeschäfte,** dh gewagte Geschäfte (RG **15**, 281), bei denen ein besonders hohes Verlustrisiko in der Hoffnung eingegangen wird, einen besonders großen Gewinn zu erzielen (vgl. RegE 35), der aber vielfach vom Zufall abhängt (RG **16**, 238); **c) Differenzgeschäfte mit Waren oder Wertpapieren,** dh nicht nur Geschäfte iS von § 764 BGB (vgl. RG **14**, 85), sondern auch die nach §§ 50ff. BörsG iVm BörsTermZulV statthaften Termingeschäfte (aM LK 57), wobei als Waren auch ausländische Geldsorten anzusehen sind (Ber. 18; Prot. 7/2822), **eingeht,** und zwar in einer **unwirtschaftlichen,** nämlich den Anforderungen einer ordnungsgemäßen Wirtschaft widersprechenden Weise, so daß Geschäfte ausscheiden, die auch ein seriöser Kaufmann in einer Ausnahmesituation eingehen kann, etwa um während eines Konjunkturtiefs Arbeitsplätze zu erhalten (RegE 35; aM LK 62), während der bloße Versuch, das dem Zusammenbruch zutreibende Unternehmen durch riskante Geschäfte noch eine Zeit über Wasser zu halten, den Tatbestand erfüllt (4. 9. 1979, 3 StR 242/79). Die Tat ist vollendet, wenn das Geschäft **eingegangen,** dh abgeschlossen ist (LK 61), so daß es auf den Erfolg an sich nicht ankommt; doch wird man Spekulations- und Differenzgeschäfte, die günstig ausgehen und die Gläubigerposition verbessern, auszuscheiden haben (Schutzzweck der Norm nicht verletzt; LK 61; vgl. BGH **22**, 361; oder ungeschriebenes Tatbestandsmerkmal; vgl. Stree JuS **65**, 471; Pfeiffer TagBer. Bd. III Anl. 6, 10).

B. durch **unwirtschaftliche Ausgaben, Spiel** oder **Wette übermäßige Beträge verbraucht oder schuldig wird. a) Unwirtschaftlich** sind die das Notwendige und Übliche übersteigenden Ausgaben, die für den in Betracht kommenden Wirtschaftszeitraum (28. 11. 1972, 1 StR 399/72) zum

§ 283
BT Vierundzwanzigster Abschnitt

Vermögen des Täters in keinem angemessenen Verhältnis stehen (RG **70**, 261; BGH **3**, 26; NJW **53**, 1480; 21. 12. 1979, 2 StR 768/78), nicht jedoch die Entnahme angemessenen Unterhalts (NStZ **81**, 259 m. Anm. Schlüchter JR **82**, 29; vgl. oben 4; ferner Tiedemann, Dünnebier-FS 528; KTS **84**, 549). Maßgebend ist eine Gesamtbetrachtung anhand der gesamten Vermögens- und Liquiditätslage und nicht nur nach einzelnen Gewinnergebnissen (10. 2. 1981, 1 StR 625/80). Sanierungsbemühungen, die nicht erfolgssicher sind, sind damit noch nicht in diesem Sinne „unwirtschaftlich" (4. 9. 1979, 3 StR 242/79). Gleichgültig ist es, ob die Ausgaben für private oder für Geschäftszwecke gemacht werden (BGH aaO; GA **64**, 119; **74**, 61; LK 65), zB für Werbungskosten (RG **73**, 230), oder die Errichtung einer Zweigniederlassung (4. 9. 1979, 3 StR 242/79). Auch für solche Ausgaben seiner Familienangehörigen und Angestellten haftet der Täter, wenn er die mögliche Beaufsichtigung unterläßt. In Betracht kommen aussichtslose Investitionen (GA **54**, 311), Luxusanschaffungen (Sportflugzeug, 4. 11. 1975, 1 StR 592/75; Luxusjacht), überhöhter Spesenverbrauch (5. 7. 1955, 5 StR 236/55; LK 67), nicht hingegen übliche Löhne oder Betriebskosten (GA **58**, 47) oder angemessene Lebensversicherungsprämien (RG JW **34**, 2472). **b) Spiel** und **Wette** sind iS von § 762 BGB zu verstehen; auch die Beteiligung an einer Lotterie wird erfaßt (RG **27**, 180; LK 63), während Spekulations- und Differenzgeschäfte unter oben 8, 9 fallen. **c) Übermäßige Beträge** sind verbraucht, wenn sie die Leistungsfähigkeit des Täters in unvertretbarer Weise übersteigen, BGH **3**, 26; 21. 6. 1978, 2 StR 165/78 (Anschaffung eines Luxuswagens). Ob dies vorliegt, entscheidet sich nach dem Vermögensstand des Täters zur kritischen Zeit (22. 7. 1954, 3 StR 474/53), erst in zweiter Linie nach seinem Einkommen (RG **14**, 87). Der Beurteilung ist die gesamte Vermögenslage des Täters zugrunde zu legen, auch wenn er mehrere selbständige Geschäftsbetriebe hat (RG **70**, 261), dabei ist ein Vergleich mit Umsatz, Roheinkünften, Unkosten und Unternehmenschancen anzustellen (NJW **53**, 1480; **74**, 61). **Schuldigwerden** bedeutet die Belastung des Vermögens mit Verbindlichkeiten; klagbar brauchen sie nicht zu sein (RG **22**, 12; aM LK 69), wie die ausdrückliche Erwähnung von Spiel und Wette zeigt. Zu eng ist es daher, wenn BGH **22**, 360 (zust. Schröder JR **70**, 31) ein Schuldigwerden durch Spiel erst annehmen will, wenn die Spielschuld in ein verbindliches Rechtsverhältnis umgewandelt ist.

Nr. 3: Waren oder Wertpapiere (oben 9) **auf Kredit,** dh ohne sofortige Bezahlung (auch bei 30 Tagen Ziel; LK 76; der Fall sofortiger Bezahlung mit Hilfe eines Kredits kann unter Nr. 8 fallen) **beschafft,** dh (ev. im Wege des Kreditbetrugs, RG **66**, 179 oder auf sonst anfechtbare Weise) so an sich bringt (RG **62**, 258; LK 75), daß er über sie verfügen kann (was auch bei unter Eigentumsvorbehalt gelieferten Waren möglich ist, BGH **9**, 84) und dann die Gegenstände oder aus ihnen hergestellte Sachen – wobei auch anderes Material mit verarbeitet sein kann – vor ihrer Bezahlung (RG **72**, 190) erheblich unter ihrem dann bestehenden Marktwert (der Einkaufspreis ist nicht entscheidend, RG **47**, 61; LK 78) veräußert (dh verkauft, vertauscht oder anderweit entgeltlich übereignet; aM LK 77) oder sonst abgibt, zB verpfändet (RG **48**, 217). Doch muß es sich jeweils um ein **Verschleudern** handeln, das den Anforderungen einer ordnungsgemäßen Wirtschaft widerspricht, so daß zB Räumungsverkäufe, um Waren für die

Konkursstraftaten **§ 283**

neue Saison Platz zu machen (Prot. 7/2550), sog. Lockvogelangebote (Göhler/Wilts aaO 1660), vor allem bei sog. Mischkalkulation (LK 79; TagBer. 92), Verkäufe, um einen neuen Markt zu gewinnen, einen Konkurrenzkampf durchzustehen oder einem Preissturz zuvorzukommen (Mentzel 8 zu § 240 KO), ausscheiden. Bei der Beschaffung der Waren braucht der Verschleuderungsvorsatz noch nicht gegeben zu sein. Im übrigen werden die einschränkenden Merkmale von Nr. 3 dadurch entwertet, daß Nr. 2 (Verlustgeschäfte, oben 7) und Nr. 8 (unten 31) Generalklauseln enthalten, bei denen es auf solche Einschränkungen nicht ankommt.

Nr. 4: Rechte anderer vortäuscht oder erdichtete Rechte anerkennt, 17
und zwar Rechte jeder Art, auch dingliche (NJW **54**, 1655; LK 82), wobei sich die Tat auch auf ein teilweises Bestehen (RegE 35) oder das Fingieren eines KVorrechts (LK 82) beziehen kann. Es geht um eine fiktive Vermehrung der Passiven und damit eine Verkürzung der Befriedigungsquote der Gläubiger (GA **58**, 48). Ohne Bedeutung ist, ob das Recht im KVerfahren später geltend gemacht wird (RG **62**, 288; LK 87) oder nachteilige Rechtswirkungen entstehen (LM Nr. 2 zu § 239 KO). **Vortäuschen** (das dem 18 Aufstellen in § 239 I Nr. 2 KO aF entspricht, RegE 35) ist gegeben, wenn der Täter nach außen, zB durch eine falsche eidesstattliche Versicherung nach § 125 KO (RG **64**, 43; LK 84), insbesondere gegenüber dem KVerwalter, ein nicht oder nicht in dieser Form bestehendes Recht, mit Erfolg oder nicht, als bestehend ausgibt (GA **53**, 74; LK 84), zB durch Zurückdatierung eines Arbeitsvertrages (18. 11. 1969, 1 StR 338/69). **Anerkennen** 19 bedeutet im Zusammenspiel mit dem angeblichen Gläubiger (GA **53**, 74; LK 85) jedes auch formlose Bestätigen (RG **62**, 288) eines **erdichteten Rechts,** dh eines erfundenen, das nie bestanden hat, so daß (entgegen § 283b I Nr. 4 E EGStGB) nicht darunter fällt, wenn der Täter aus Kulanz verjährte Forderungen (RegE 35; LK 83) oder solche aus Spiel oder Wette anerkennt. Auch die bloße Erfüllung einer Nichtschuld fällt nicht unter Nr. 4 (vgl. 19. 3. 1953, 5 StR 902/52), wohl aber unter Nr. 1 (LK 86). Meldet der Geschäftsführer einer GmbH eine eigene erdichtete Gehaltsforderung zur KMasse an, so handelt er nicht als Vertreter der Gesellschaft, so daß nicht Nr. 4, sondern nach Wegfall von § 242 I Nr. 2 KO nur § 263 in Betracht kommt (vgl. GA **71**, 36; LK 86; anderseits GA **56**, 347). Die Tat nach Nr. 4 ist der Sache nach vielfach nur eine Vorbereitungshandlung zu Nr. 1 (LK 81).

Nr. 5: Handelsbücher, zu deren Führung er gesetzlich verpflichtet ist, 20
nicht oder unübersichtlich führt. **A. Handelsbücher** haben gesetzlich, dh handelsgesetzlich zu führen Mußkaufleute (§§ 1, 238 ff. HGB), Sollkaufleute, wenn sie nach § 2 S. 2 HGB verpflichtet sind, sich in das Handelsregister eintragen zu lassen, und zwar vom Zeitpunkt der Verpflichtung an (§ 262 HGB), Kannkaufleute nach Registereintragung (§§ 3 II, 238 ff. HGB), sämtliche Handelsgesellschaften (§ 6 HGB, eine als GmbH gegründete Gesellschaft schon vor ihrer Eintragung im Handelsregister, BGH **3**, 23), nicht aber Minderkaufleute (§ 4 I HGB), zB kleine Gastwirte (GA **56**, 356), Hausierer, Blumenverkäuferinnen. Je nach der Entwicklung eines Geschäfts kann die Buchführungspflicht entstehen (RG **45**, 6) oder entfallen (RG JW **12**, 951). Keine Handelsbücher sind das Tagebuch des Handelsmaklers (§ 100 HGB), das Aktienbuch (§ 67 AktG) und das Baubuch des Unternehmers nach § 2 BauforderG, wohl aber das Depotnummernbuch

nach § 14 DepotG (LK 91; Maul HWiStR „Buchführungspflicht"; vgl.
21 unten 42). **B.** Wer **buchführungspflichtig** ist, ergibt sich aus dem Handelsrecht (vgl. §§ 238 ff. HGB). Bei einer GmbH ist strafrechtlich verantwortlich (§ 14; 19 vor § 283) idR der Geschäftsführer; bei den Handelsgesellschaften alle persönlich haftenden Gesellschafter (OHG, KG, KAG), selbst wenn vertragsmäßig die Buchführung nur einzelnen von ihnen übertragen ist (RG 45, 387), dagegen nicht die von der Geschäftsführung ausgeschlossenen Gesellschafter (R 5, 359), auch nicht die Kommanditisten, da sie keine Kaufleute sind (RG 69, 69; LK 98). Gibt eine Ehefrau nur ihren Namen her, damit ihr Ehemann unter ihrer Scheinfirma ein eigenes Geschäft betreibe, so ist sie selbst buchführungspflichtig (RG 49, 321), es kommt nicht auf förmlich übertragene Rechte, sondern auf die tatsächliche Verfügungsmacht an. Normadressat iS von § 84 I Nr. 2, § 64 I GmbHG ist nicht nur der förmlich bestellte Geschäftsführer, sondern auch, wer eine solche Tätigkeit – etwa im Hinblick auf einen früheren Konkurs und der in diesem Zusammenhang abgegebenen eidesstattlichen Versicherung – lediglich de facto übernommen hat (BGH 31, 120; wistra 84, 178 [m. Anm. Otto StV 84, 462]; 86, 108; ferner Bruns JR 84, 133; Kaligin BB 83, 790; K. Schmidt, Rebmann-FS 427; Rowedder/Fuhrmann 5 zu § 84 GmbHG). Zu beachten ist weiter § 14, nach dessen II Nr. 2 auch ein Buchhalter oder beauftragter Steuerberater strafbar werden kann (21 vor § 283; Prot. 7/2824; aM LK 101). Daneben kann der Geschäftsinhaber nach Nr. 5, auch iVm V Nr. 1 strafbar sein, wenn er die beauftragten Kräfte nicht gehörig auswählt und beaufsichtigt (21 vor § 283; RegE 38; LK 101). Die *eigene Unfähigkeit* zur Buchführung *entschuldigt nicht* (RG 4, 418), ebensowenig Krankheit, sobald andere Kräfte gefunden werden könnten; anders bei Behinderung an der ordentlichen Buchführung infolge Täuschung durch einen Mitgesellschafter (RG 1, 49). Die Buchführungspflicht des Geschäftsführers endet mit seinem Ausscheiden (MDR/H 81, 100, LK 99), aber nicht schon im Falle des Niederlegens des Amtes des Geschäftsführers, so lange er noch tatsächlicher Geschäftsführer ist (13. 7. 1983, 3 StR 132/83). Ein Irrtum über das Bestehen der Buchführungspflicht ist Tatbe-
22 standsirrtum (SchSch-Stree 56). **C. Welche Bücher** zu führen sind und nach welchem System (vgl. BGH 14, 264; NJW 55, 394), sagt das HGB im einzelnen nicht; doch fordert es, daß die Handelsgeschäfte und die Lage des Vermögens nach den Grundsätzen ordnungsmäßiger Buchführung ersichtlich gemacht wird (§ 238 I HGB) und daß die Führung dem § 239 HGB entspricht. Die geordnete Ablage von Belegen genügt (§ 239 IV HGB), auch Aufzeichnungen auf Datenträger und Lieferblocks können uU als
23 Bücher genügen (NJW 55, 394). Tathandlungen sind, daß der Täter **D. das Führen von Handelsbüchern** schlechthin **unterläßt** (echtes Unterlassungsdelikt; LK 103), also überhaupt kein Buch führt (GA 61, 359; MDR/H 80, 455; 30. 9. 1980, 1 StR 407/80; vgl. H. Schäfer wistra 86, 201). Führt er nur einzelne Bücher nicht, so kommt nur die zweite Tathandlung in Betracht
24 (BGH 4, 274), nämlich daß der Täter **E. die Bücher so führt** (dh durch Art und Form der Eintragungen, Weglassungen, Behandlung der Belege usw.) oder so **verändert** (vor allem an vorher vorgenommenen Eintragungen, so daß auch Verfälschen erfaßt wird, vgl. 19 zu § 267), daß der von § 238 I HGB geforderte klare **Überblick über die Geschäftsvorfälle und** über die **Lage des Unternehmens** (bei Einzelkaufleuten braucht der private Stand

Konkursstraftaten **§ 283**

nur in Bilanz und Inventar dargestellt sein (GA 63, 107), Nr. 5 schließt daher die neue Nr. 7a, der somit nur klarstellende Bedeutung zukommt, ein) zur Zeit der ZE oder KE (RG 40, 106; BGH 18. 12. 1974, 3 StR 493/74) **erschwert wird,** dh auch nicht von einem sachverständigen Dritten innerhalb angemessener Zeit festgestellt werden kann (BGH 4, 274; MDR/H 80, 455; 10. 2. 1981, 1 StR 625/81). Unübersichtlichkeit kommt danach zB in Betracht, wenn Geschäftspartner oder Art von Geschäften verschleiert (GA 61, 358), falsche Wertangaben gemacht werden (vgl. BGH 30, 289), die Geschäftsbelege (§§ 238 II, 257 HGB) nicht ordentlich aufbewahrt sind (vgl. GA 61, 358), einzelne Bücher nicht (oben 23 aE) oder für eine gewisse Zeit nicht geführt werden (RG 49, 277) oder die ziffernmäßigen Eintragungen das zugrundeliegende Geschäft nicht erkennen lassen (RG GA Bd. 59, 124). Nr. 5 ist von praktisch besonderer Bedeutung, da 90% der ZE und KE mit unordentlicher Buchführung verbunden sind, Eulencamp TagBer. 22.

Nr. 6: Handelsbücher (oben 21 ff.) **oder sonstige Unterlagen, zu deren** 25 **Aufbewahrung ein Kaufmann nach Handelsrecht verpflichtet ist,** nämlich Inventare und Bilanzen, die Handelskorrespondenz (empfangene und abgesandte Handelsbriefe, §§ 238 II, 257 I Nr. 2, 3 HGB) sowie die Buchungsbelege (§ 257 I Nr. 4 HGB; die letzten beiden auch in Form von Mikrokopien, §§ 257 III, 261 HGB) **vor Ablauf der** für Buchführungspflichtige bestehenden **Aufbewahrungsfristen** (da danach die Führungspflicht erlischt, Böhle 9b zu § 239 KO; Prot. 7/2823 f.), nämlich von 10 Jahren für Handelsbücher, Inventare, Bilanzen und Lageberichte sowie die zu ihrem Verständnis erforderlichen Arbeitsanweisungen und sonstigen Organisationsunterlagen und von 6 Jahren für die sonstigen Unterlagen, jeweils vom Schluß des Kalenderjahres an gerechnet, in dem die Unterlagen entstanden sind (§ 257 IV, V HGB), **beiseite schafft** (oben 4), **verheimlicht** (oben 5), **zerstört** (10 zu § 303; zB auch durch irreparable Auflösung einer Loseblattsammlung, RegE 35) oder **beschädigt** (5 ff. zu § 303) und **dadurch** (Kausalität) **die Übersicht über seinen Vermögensstand erschwert** (oben 24). Eine Beschädigung kommt also nicht in Betracht, wenn sie nur die Substanz der Unterlage betrifft, deren Inhalt aber unberührt läßt, LK 124, oder wenn der beiseitegeschaffte oder verheimlichte Beleg keine Rolle für den Gesamtüberblick spielt. Die von § 283 b I Nr. 2 abw. Formulierung „zu deren Aufbewahrung ein Kaufmann nach Handelsrecht verpflichtet ist" soll klarstellen, daß Nr. 6 iS der Rspr. zu § 239 Nr. 4 KO (BGH 2, 386; 4, 275; ebenso die hM) auch den Fall erfaßt, daß jemand Bücher, die er ohne handelsrechtliche Verpflichtung freiwillig führt, die ein Kaufmann aber führen müßte, zerstört usw. (RegE 35; LK 120). Bei freiwillig geführten Handelsbüchern erscheint zwar ein solches Vernichtungsverbot für den Krisenfall sinnvoll, problematisch aber die Erweiterung der Aufbewahrungspflicht von sonstigen Unterlagen über § 257 HGB hinaus auf Nichtkaufleute, insbesondere von „empfangenen Handelsbriefen", die der Empfänger unfreiwillig erhält und deren Begriffsbestimmung bei einem Privatmann kaum möglich ist. Hier ist Nr. 6 einschränkend auszulegen, vor allem in den Fällen von IV Nr. 1 (LK 120).

Nr. 7: entgegen dem Handelsrecht, dh unter Verletzung der §§ 243 ff. 26 HGB, eine Bilanz unübersichtlich aufstellt (eine bereits von Nr. 5 erfaßte

1653

Handlung, oben 24) oder die Aufstellung von Bilanz oder Inventar in der vorgeschriebenen Zeit unterläßt (Neuhäuser, Bilanzkriminalität, 1974; Sieben/Matschke/Neuhäuser, Bilanzdelikte, 1974; Knorr/Gernhardt, Zur Bilanz als Instrument der Insolvenzprophylaxe, 1969; vgl. auch Herber BB **82**, 959). **A. Die Bilanz** (Eröffnungsbilanz und Jahresabschluß, § 242 HGB) ist ein das Verhältnis des Vermögens und der Schulden darstellender, dh das Reinvermögen zeigender „Abschluß" der Buchführung auf der Grundlage des Inventars, in dem die Wirtschaftsgüter in Gruppen zusammengefaßt, Aktiva und Passiva summarisch gegenübergestellt und die Endsummen durch Ausbalancierung gleich sind. Die Bilanz ist ein rechtsgeschäftliches Anerkenntnis, das dem Sachkundigen einen sicheren Einblick in die Vermögenslage gewährt (RG **47**, 312). Außer der Bilanz ist für den Schluß eines jeden Geschäftsjahres eine Gegenüberstellung seiner Aufwendungen und Erträge aufzustellen. Diese **Gewinn- und Verlustrechnung** (vgl. auch §§ 275 ff. HGB) bildet mit der Bilanz den **Jahresabschluß** (unten 28, § 242 III, IV HGB); vgl. hierzu Tiedemann HWiStR „Bilanzstrafrecht" u. LK 128. Nur der Vollkaufmann (nicht der Minderkaufmann, § 4 HGB) hat eine Bilanz aufzustellen, LK 127. Auch das nicht zum Handelsgeschäft gehörige Vermögen ist aufzunehmen (RG **41**, 41), wenn auch ohne Nennung des Namens der Gläubiger und Schuldner (RG JW **17**, 859; LK 135; vgl. oben 24). Die Bilanz ist unter Angabe des Datums zu unterzeichnen (§ 245 HGB); doch kann das Fehlen der Unterschrift für Nr. 7 ohne Bedeutung sein (vgl. RG **8**, 424; LK 134; anderseits Prot. 7/2841). Eine Straftat nach 7 b entfällt, wenn der Täter sich zur Erstellung der Bilanz der Hilfe eines Steuerberaters bedienen muß und hierfür die erforderlichen Kosten nicht aufbringen kann (NStZ **92**, 182). Zur Strafbarkeit von Inhaber, Steuerberater oder Buchhalter vgl. 21 vor § 283. **B. Eine Eröffnungsbilanz** wird von § 242 I HGB vorgeschrieben, nämlich „zu Beginn seines Handelsgewerbes"; doch genügt Aufstellung „innerhalb der einem ordnungsmäßigen Geschäftsgang entsprechenden Zeit" (vgl. LK 146), § 242 I S. 2 iVm § 243 III HGB. Eine Verpflichtung dazu besteht auch beim Erwerb eines Geschäfts (auch durch Erbschaft, RG **28**, 428); auch beim Eintritt eines Gesellschafters in das Geschäft eines Einzelkaufmanns (RG GA Bd. **43**, 387) oder beim Austritt des einzigen Mitgesellschafters (RG **26**, 222; LK 129), beim Übergang vom Vollkaufmann zum Kleingewerbebetrieb (Abschlußbilanz, NJW **54**, 1854). Verpflichtet ist auch der volljährig Gewordene, der ein Handelsgeschäft bis dahin ohne Zustimmung seines gesetzlichen Vertreters betrieben hat (RG **45**, 3). Sind bei Beginn des Geschäfts weder Aktiven noch Passiven vorhanden, so ist trotzdem eine Eröffnungsbilanz aufzustellen (RG LZ **15**, 897; LK 130). **C. Der Jahresabschluß** (oben 26) ist für den Schluß eines jeden Geschäftsjahres (nicht notwendig des Kalenderjahres, R **1**, 129) innerhalb der einem ordnungsmäßigen Geschäftsgang entsprechenden Zeit aufzustellen (§ 243 III HGB; vgl. § 33 GenG). Für die AG, die KAG und für die GmbH, die den Jahresabschluß um einen **Anhang** zu erweitern haben, der mit der Bilanz und der Gewinn- und Verlustrechnung eine Einheit bildet, und einen **Lagebericht** aufzustellen haben, gilt § 264 HGB (Frist 3 Monate, bei kleinen Kapitalgesellschaften nach § 267 I HGB bis zu 6 Monaten), für eGen die §§ 336 ff. HGB (5 Monate für Jahresabschluß und Lagebericht). Das **Inventar** erfordert idR alle 3 Jahre eine körperliche Bestandsaufnahme (§ 240 III S. 2

§ 283

HGB). Für Einzelkaufleute und Personenhandelsgesellschaften (OHG, KG) fehlt es an bestimmten gesetzlichen Fristen, doch ist die Bilanz nach § 243 III HGB „innerhalb der einem ordnungsmäßigen Geschäftsgang entsprechenden Zeit aufzustellen". Leitbild ist dabei die kleine GmbH als ein typisch mittelständisches Unternehmen (BR-Drs. 61/82, 64), also § 264 I S. 3 HGB. Tathandlungen sind, daß der Täter **D. eine Bilanz** zwar rechtzeitig aufstellt, aber so, **daß die Übersicht über seinen Vermögensstand erschwert wird (Nr. 7a;** vgl. oben 24), so zB durch Einstellen fiktiver Beträge, Weglassen von Posten, falsche Wertansätze, Bilanzieren erfolgswirksamer Umgehungshandlungen wie Konzernschiebungen, fehlerhafte oder ungenaue Bezeichnung und Vermischung von Posten u. dgl. (Uhlenbruck Prot. 7/2840; vgl. LK 140), Verletzungen der §§ 238ff. HGB, wobei die Grenze zwischen zulässigem und unzulässigem „Frisieren" einer Bilanz schwer zu ziehen ist (aaO; Weber Prot. 7/2558). Das Fertigen von Schriftstücken zur Übervorteilung von Geschäftspartnern erfüllt, solange Bücher und Bilanzen ordnungsgemäß geführt sind, den I Nr. 7 nicht (BGH **30**, 186; krit. H. Schäfer wistra **86**, 200; LK 143). **E. es unterläßt** (echtes Unterlassungsdelikt), **die Bilanz oder das Inventar in der vorgeschriebenen Zeit aufzustellen (Nr. 7b),** dh innerhalb der gesetzlichen Fristen (oben 28) oder bei Einzelkaufleuten oder Personenhandelsgesellschaften nach den Grundsätzen des § 243 HGB (oben 28; 22. 6. 1982, 1 StR 249/81). Abgestellt wird für die Verpflichtung auf die Entstehung und Abwicklung der Geschäftsvorfälle und die Lage des Unternehmens und für den Zeitpunkt auf einen „ordnungsgemäßen Geschäftsgang", dh daß Zahlungsschwierigkeiten die unverzügliche Aufstellung erforderlich machen können, umgekehrt aber auch längere Aufstellungsfristen bei solider Vermögenslage noch einem ordnungsgemäßen Geschäftsgang entsprechen können. Für den Jahresabschluß der Kapitalgesellschaften gilt zusätzlich zur Fristbestimmung (oben 28), daß „besondere Umstände" zusätzliche Angaben im Anhang erforderlich machen können (§ 264 II S. 2 HGB, vgl. Großfeld NJW **86**, 958). Mögliche Bedenken gegen die Tatbestandsbestimmtheit der Nr. 7b hielt das BVerfGE **48**, 48 für den ähnlich formulierten früheren § 240 I Nr. 4 KO nicht für begründet (auch GA **81**, 518; 22. 6. 1982, 1 StR 249/81). Der Richter muß versuchen, an Hand aller Einzelheiten des konkreten Falles die Frist zu ermitteln, in der die Bilanz, auch für den Täter klar erkennbar, ohne besondere Schwierigkeiten aufgestellt werden konnte (vgl. GA **61**, 356). Sicher ist, daß eine bloße Scheinbilanz einer nicht aufgestellten Bilanz gleichsteht (RG **12**, 82; JW **35**, 2061). Die Frist für die Erstellung der letzten Jahresabschlußbilanz einer aufgelösten GmbH beginnt für den Liquidator nicht erst mit dessen Bestellung, vielmehr tritt er in die Pflichten des bisherigen Geschäftsführers ein (Bay wistra **90**, 201). Der Rspr. des BGH zu § 240 I Nr. 4 KO, wonach ein Schuldner danach auch bestraft werden sollte, wenn er vor Ablauf der Bilanzierungsfrist seine Zahlungen einstellte und keine Vorbereitungen für die Bilanz getroffen hatte (GA **56**, 356; GA **59**, 49; **71**, 38; SchSch 47; Tiedemann GmbHG 35 vor § 82; LK 149; so auch Mentzel 14 zu § 240 KO), kann nicht gefolgt werden; denn das Unterlassen ist vor Ablauf der zur Verfügung stehenden Zeit nicht strafbar und die ZE eine bloße Strafbarkeitsbedingung (vgl. wistra **91**, 267). Muß sich der Täter zur Erstellung einer Bilanz oder ihrer Vorbereitung der Hilfe eines Steuerberaters bedienen, so entfällt eine Straf-

§ 283

barkeit nach I Nr. 7, falls der Täter die erforderlichen Kosten nicht aufbringen kann (NStZ **92**, 182). Bei Einzelkaufleuten und Personenhandelsgesellschaften kommt es auf die besonderen Umstände des Einzelfalles an. Das rechtzeitige Aufstellen einer mangelhaften Bilanz fällt nicht unter Nr. 7b, möglicherweise aber unter Nr. 7a (vgl. RGJW **17**, 859; BGH 12. 3. 1954, 1 StR 625/53; LK 150), zu Konkurrenzen vgl. unten 40.

31 Nr. 8: **seinen Vermögensstand verringert** oder **seine geschäftlichen Verhältnisse verheimlicht oder verschleiert**, und zwar anders, als in Nr. 1 bis 7 beschrieben, aber in einer den Anforderungen einer ordnungsgemäßen Wirtschaft **grob** widersprechenden Weise (hierzu Tiedemann KTS **85**, 553). Diese als Auffangtatbestand gedachte Generalklausel für möglicherweise in Nr. 1 bis 7 nicht erfaßte Fälle (RegE 33, 36), für die der RegE kein Beispiel nennt, mag im Tatbestand noch genügend bestimmt erscheinen, auch wenn die Wendung „in einer anderen .... Weise" und die Hinzusetzung von „grob" entgegen RegE 36 in dieser Hinsicht wenig fördern (hierzu Heinz GA **77**, 217, 226). Die Klausel führt zu einer gewissen Aushöhlung der in Nr. 1ff. genannten Tatbestände (vgl. Tiedemann aaO 552). So kann es zB ein Verringern iS von Nr. 8 sein, wenn der Täter anders, als in Nr. 3 vorausgesetzt, nicht auf Kredit beschaffte Waren oder Wertpapiere oder Produkte eigener, zB landwirtschaftlicher Gewinnung (oder sonstiger Urproduktion) oder Rechte wie zB Patentrechte in grob unwirtschaftlicher Weise verschleudert (möglicherweise schon Verlustgeschäfte nach Nr. 2; LK 161). Als Verheimlichen oder Verschleiern kommen etwa das verheimlichte Unterhalten eines Tochterunternehmens im Ausland (LK 171), die Umwandlung eines notleidenden Unternehmens in eine „Auffang- oder Sanierungsgesellschaft" (Uhlenbruck Prot. 7/2838) oder Kapitalanwerbung durch Prospekte mit falschen oder irreführenden Angaben in Betracht (LK 171). Ob das Beispiel von Eitel (Prot. 7/2547, Ber. 18), daß Angestellte vor einem Zusammenbruch rückwirkend Gehaltserhöhungen bekommen oder daß Geschäftsführer künstlich zu Arbeitnehmern gemacht werden, um entsprechendes KAusfallgeld zu erhalten, hierzu gehört, ist zw. (vgl. Eitel aaO 2548). Handelte es sich um Scheingeschäfte, griffe wohl schon Nr. 4 ein. Zur sog. Pool-Bildung, Tiedemann ZIP **83**, 518.

32 **3) Abs. II** hat nicht zur Voraussetzung, daß sich der Täter in einer Krise befindet; vielmehr ist es hier der Tathandlungserfolg, daß der Täter **durch eine BHandlung** oder mehrere davon nach I Nr. 1 bis 8 eine **Krise,** nämlich ÜSch oder ZU (9, 10 vor § 283) vorsätzlich herbeiführt (vgl. RegE 36). Das Herbeiführen einer nur drohenden ZU reicht nicht aus. Doch greift von diesem Durchgangsstadium an auch I ein. Die Tat ist nur deshalb **Sonderdelikt,** weil die **Strafbarkeitsbedingung** nach VI als besonderes persönliches Merkmal hinzutreten muß (20, 21 vor § 283). Während in den Fällen von I Kausalität zwischen BHandlung und Krise nicht zu bestehen braucht (17 vor § 283), ist es für II gerade wesentlich, daß eine oder mehrere BHandlungen für die Krise kausal sind. Allerdings können andere Umstände mitwirken, vor allem weitere BHandlungen, die der Täter begeht, nachdem bereits die ZU droht, und die als solche auch unter I fallen. Als BHandlungen, welche die Krise herbeiführen, kommen nach dem Gesetz sämtliche unter I Nr. 1 bis 8 genannten in Betracht (dazu oben 3ff.). Für

Konkursstraftaten **§ 283**

deren Voraussetzungen irgendwelche Abstriche zu machen, ist nicht am Platze, da es sich bei der Vorsatztat nach II praktisch um den skrupellosen Geschäftemacher handelt, der bewußt einen Zusammenbruch inszeniert, um dabei unlautere Gewinne zu erzielen (vgl. JZ **79**, 76). Allerdings werden entgegen RegE 37 die Nrn. 5 bis 7, bei denen es im wesentlichen um Beweiserschwerungsdelikte geht und eine Veränderung im Vermögensstand des Täters nicht eintritt, praktisch ausscheiden (vgl. Eulencamp Tag-Ber. 26; Heidland Prot. 7/2553; aM LK 176). Auch in dem Fall, daß der Täter durch derartige Verschleierungshandlungen erreicht, daß die wahre Lage des Geschäfts nicht rechtzeitig bekannt wird und Maßnahmen der Gläubiger unterbleiben, ja dem Täter vielleicht noch weiterer Kredit gewährt wird, wird man keine Kausalität annehmen können.

4) Vorsatz, wenn auch nur als bedingter (10. 2. 1981, 1 StR 625/80), ist 33 für die Taten **nach I, II** erforderlich. Bei I muß sich der Vorsatz darauf beziehen, daß schon eine Krise besteht, bei II darauf, daß sie als Taterfolg eintritt. Auch die BHandlungen selbst müssen bei I und II vorsätzlich begangen werden (vgl. RG **45**, 88), was bei gewissen Handlungen wegen ihrer finalen Natur ohnehin nicht anders möglich ist, so zB beim Verheimlichen in Nrn. 1, 7, 8 (Schlüchter 135 und MDR **78**, 978), beim Eingehen von Differenzgeschäften in Nr. 2, beim Verschleiern in Nr. 8 (vgl. LK 184). Vom Vorsatz umfaßt sein muß auch die Pflicht zum Führen und Aufbewahren von Handelsbüchern mit ihren Einzelheiten (oben 21), die Pflicht zum Aufbewahren der Unterlagen iS von Nr. 6 und zur Aufstellung einer Übersicht gewährenden Bilanz nebst Inventar „in der vorgeschriebenen Zeit" (vgl. oben 21; zur Problematik im letzten Fall oben 30). Bei Nr. 6 gehört es zum Vorsatz des Täters, der selbst nicht Kaufmann ist, daß er, wenn er Kaufmann wäre, die Aufbewahrungspflichten hätte und daß sie ihn selbst treffen, wenn er sich in der Krise befindet (LK 183). Bei den normativen Merkmalen „in einer ordnungsgemäßen Wirtschaft (grob) widersprechende Weise" (Nrn. 1 bis 3, 8) und „unwirtschaftliche" in Nr. 2 genügt es, wenn der Täter die diese Beurteilung tragenden Tatsachen kennt; seine abweichende Beurteilung ist nur ein Subsumtionsirrtum, der zu einem Verbotsirrtum führen kann (vgl. aber 25. 11. 1980, 5 StR 356/80 insoweit in aS nicht abgedruckt). Es kann aber auch Fahrlässigkeit (unten 36) in Betracht kommen (MDR **81**, 511 m. Anm. Schlüchter JR **82**, 29). Gläubigerbenachteiligungsabsicht braucht der Täter nicht zu haben. Die Strafbarkeitsbedingung nach VI (12 ff. vor § 283) braucht nicht vom Vorsatz umfaßt zu sein (BGH **1**, 191), bei ihrem Eintritt kann der Täter sogar schuldunfähig sein (RG GA Bd. **47**, 170).

5) Der Versuch (III) ist sowohl bei I wie II strafbar. Allerdings ist die Tat 34 entgegen RG **16**, 190; JW **36**, 3007; Mentzel 27 zu § 239 KO nicht erst mit dem Eintritt der Strafbarkeitsbedingung nach VI vollendet, sondern schon mit der Vollendung der BHandlung selbst, während der Bedingungseintritt erst die Beendigung der Tat und den Beginn der Verjährung (§ 78a S. 1; 17 vor § 283) darstellt. Versuch nach III ist also nur in den Fällen des Versuchs einer BHandlung gegeben, der nicht immer feststellbar sein mag, aber durchaus möglich ist (vgl. Prot. 7/2826); so zB wenn im Fall von Nr. 1 (RG **61**, 107) oder Nr. 2 erst ein schuldrechtlicher Vertrag über das Beiseiteschaffen oder über das Beschaffen von Waren geschlossen wird, der

1657

aber nicht ausgeführt wird (oben 4); wenn der KVerwalter den Täter dabei ertappt, wie er einen Vermögensbestandteil beiseitezuschaffen beginnt; wenn der Täter ein erdichtetes Recht gegenüber einem Dritten anzuerkennen versucht, dieser aber ablehnt (vgl. LK 192). Auch untauglicher strafbarer Versuch ist möglich, so wenn der Täter einen Vermögensbestandteil beiseiteschafft, den er für konkursbefangen hält, der aber in Wirklichkeit unpfändbar ist. Zum Fall eines versuchten Beiseiteschaffens durch einen absonderungsberechtigten Schuldner (wistra **88**, 193).

6) Abs. IV, V lassen **Fahrlässigkeit** (12ff. zu § 15) hinsichtlich einzelner Merkmale oder des gesamten Tatbestandes zur Strafbarkeit ausreichen, und zwar unter folgenden Voraussetzungen: **A. In den Fällen von I** ist
35 a) nach **IV Nr. 1** strafbar, wer zwar eine BHandlung nach I Nr. 1 bis 8 oder mehrere solche **vorsätzlich** begeht, aber die eingetretene ÜSch oder die drohende oder eingetretene ZU (9ff. vor § 283) **fahrlässig** nicht kennt. Es handelt sich dabei insgesamt um eine Fahrlässigkeitstat, da § 11 II nicht eingreift und ein entscheidendes Tatbestandsmerkmal nicht vom Vorsatz umfaßt wird, so daß Versuch und Teilnahme nicht möglich sind. Da der Täter die Krise hier nicht kennt, wird man, auch wenn das Gesetz insoweit schweigt, hinsichtlich der BHandlungen mindestens folgende Einschränkungen machen müssen: Die nach §§ 50ff. BörsG statthaften Termingeschäfte (oben 9) können den Tatbestand der Nr. 2 nicht begründen; eine vorsätzliche Tat eines Nichtkaufmanns iS von Nr. 6 ist nicht denkbar, denn wenn der Täter seine Krise nicht kennt, kann er auch nicht feststellen, daß ihn jetzt besondere Aufbewahrungspflichten treffen, die er außerhalb einer Krise nicht hat. Fahrlässige Nichtkenntnis der Krise wird vor allem bei Taten nach Nr. 5, 7 anzunehmen sein, wenn der Täter sich dadurch selbst die Erkenntnis seiner wahren Lage verbaut oder sonst elementare kaufmännische Grundsätze außer Acht läßt (25. 11. 1980, 5 StR 356/80,
36 insoweit nicht in aS abgedruckt). **b)** nach **V Nr. 1** strafbar, wenn er die ÜSch oder die drohende oder eingetretene ZU zwar **kennt** oder **fahrlässig nicht kennt** und eine **BHandlung nach I Nr. 2, 5 oder 7** fahrlässig begeht (dazu krit. Eitel Prot. 7/2548; Pfeiffer TagBer. 26; Schlüchter MDR **78**, 980). Allerdings ist bei Nr. 2, wenn man wie oben 33 die normativen Merkmale hinsichtlich ihrer Bewertung nicht als Tatbestandsmerkmale ansieht, fahrlässiges Handeln beim Eingehen von Spekulations- und Differenzgeschäften nur bei fahrlässiger Verkennung der die Beurteilung tragenden Fakten denkbar und die Einbeziehung fahrlässiger Verlustgeschäfte fragwürdig, weil das Tatunrecht hier gerade im bewußten Eingehen von Geschäften liegt, die von vornherein auf Verlust angelegt sind. Bei Nr. 5 ist ein fahrlässiges Unterlassen der Führung von Handelsbüchern wohl nur denkbar, wenn der Täter fahrlässig gar nicht erkennt, daß er führungspflichtig ist. Im übrigen kann die Fahrlässigkeit bei Nr. 5 und Nr. 7 darin bestehen, daß der Täter vorwerfbar nicht erkennt, daß die Übersicht über seinen Vermögensstand erschwert wird oder daß er die vorgeschriebene Zeit zur Bilanzierung überschreitet (vgl. aber oben 30) oder daß er Buchhalter oder Steuerberater nicht gehörig auswählt oder beaufsichtigt (vgl.
37 RG **58**, 304; 21 vor § 283, LK 210). **B. In den Fällen von II** ist a) nach **IV Nr. 2** strafbar, wer durch Begehen **vorsätzlicher BHandlungen** nach I Nr. 1 bis 8 die ÜSch oder ZU (9f. vor § 283) **leichtfertig** (20 zu § 15)

Konkursstraftaten § 283

verursacht (oben 32). Die Einschränkungen unter 35 gelten auch hier. Die Tat ist nach § 11 II Vorsatztat, so daß auch strafbare Teilnahme möglich ist (38 zu § 11); der Versuch ist jedoch nicht strafbar, da sich III nur auf I, II bezieht, LK 204. **b)** nach **V Nr. 2** strafbar, wer **fahrlässig** eine BHandlung nach I Nr. 2, 5 oder 7 (dazu oben 36) begeht und die eingetretene ÜSch oder ZU wenigstens **leichtfertig** verursacht (oben a). Danach käme auch vorsätzliches Verursachen in Betracht (so auch Müller-Emmert Prot. 7/2827), doch ist nicht vorstellbar, wie man durch fahrlässiges Verhalten vorsätzlich einen Erfolg soll herbeiführen können (LK 207).

7) Teilnahme ist bei I, II und IV Nr. 2 (oben 37) nach allgemeinen 38 Regeln möglich (RG **44**, 409); § 283 d steht dem nicht entgegen und greift nur ein, wenn ein Außenstehender im Fall von § 283 I Nr. 1 die Tatherrschaft hat (1 zu § 283 d). An den Sonderdelikten nach I kann Mittäter allerdings nur sein, wer selbst von derselben ÜSch oder ZU betroffen ist, also etwa ein Mitgesellschafter, und gemeinsam mit dem anderen eine BHandlung vornimmt (vgl. RG **31**, 407, LK 219). Sonst sind für den Außenstehenden nur Anstiftung oder Beihilfe oder eine Tat nach § 283 d möglich. An den Taten nach II und IV Nr. 2 kann sich hingegen jedermann, auch als Mittäter (zw.), beteiligen (LK 219). Soweit ein Teilnehmer an einer Tat nach I nicht in der Pflichtstellung des Krisenbefangenen steht, ist § 28 I anzuwenden (vgl. Renkl JuS **73**, 614; LK 221; SK-Samson 8; aM SchSch 65; Arzt/Weber LH **4**, 230; Vormbaum GA **81**, 133); anders ist das bei Beteiligung an einer Tat nach II oder IV Nr. 2. VI hat auch für die Beteiligten in allen Fällen nur die Bedeutung der Strafbarkeitsbedingung (vgl. RG **45**, 90), auch wenn sie sich unmittelbar nur auf den Haupttäter bezieht.

8) Zu Abs. VI (objektive Bedingung der Strafbarkeit) vgl. 7 bis 17 vor 38a § 283.

9) Die Strafrahmen sind zwischen I, II einerseits und IV, V anderseits 39 abgestuft, nicht aber zwischen I und II, obwohl die Tat nach II die eines skrupellosen Konkursmachers ist (oben 32), während bei I Fälle bewußt liederlicher Unterlagenführung ohne Böswilligkeit in Betracht kommen (Nr. 5, 7), wie auch die Versuche eines in der Krise stehenden Kaufmanns, sein Unternehmen durch riskante Geschäfte für sich, seine Arbeitnehmer und seine Gläubiger doch noch zu retten (Nr. 2, 3). Auch zwischen IV und V differenziert das Gesetz entgegen § 283 V RegE, wo nur Freiheitsstrafe bis zu einem Jahr vorgesehen war (erst in Prot. 7/2832 geändert), nicht, obwohl es sich bei IV um Delikte handelt, deren Kern aus vorsätzlichen BHandlungen besteht, während es bei V um reine Fahrlässigkeitsdelikte geht. Bei der Strafzumessung wird in den genannten Fallgruppen präziser zu differenzieren und die Strafe dem konkreten Fall und dem konkreten Täter mit seiner Motivation (vgl. § 283 a Nr. 1) und dem von ihm angerichteten Schaden (der im Vergleich zur Gesamtschuldenhöhe nicht relativiert werden darf, 2. 12. 1980, 1 StR 156/80; vgl. auch § 283 a Nr. 2) anzupassen sein. Die bloße Nichtzulassung titulierter Forderungen darf nicht strafschärfend herangezogen werden (17. 2. 1981, 1 StR 546/80). Für besonders schwere Fälle sieht § 283 a einen erhöhten Strafrahmen vor, wobei die Regelbeispiele an den zuletzt genannten Gesichtspunkten orientiert sind.

§ 283 BT Vierundzwanzigster Abschnitt

40 **10) Konkurrenzen. A. Innerhalb des § 283** schließen I, II einerseits und IV, V anderseits einander aus; ebenso wird V von IV ausgeschlossen (LK 225), während zwischen I und II Tateinheit bestehen kann, wenn der Täter nach II in drohende ZU gerät und weitere BHandlungen begeht, die mit den vorher begangenen im Fortsetzungszusammenhang stehen. Mehrere BHandlungen sind allerdings regelmäßig als selbständige Taten anzusehen (BGH **1**, 186; **3**, 26; GA **71**, 38; **73**, 133); doch kann auch natürliche Handlungseinheit (Nr. 3); Fortsetzungszusammenhang (JZ **54**, 56; GA **54**, 312; **59**, 49; MDR/H **79**, 806; 2. 12. 1987, 3 StR 375/87), auch bei Taten nach Nr. 2 und zwischen § 240 I Nr. 3, 4 KO aF und § 283 I Nr. 5, 7b (wistra **87**, 61; NStZ **87**, 506, vgl. auch 4 zu § 283b); mitbestrafte Nachtat (Beiseiteschaffen nach vorherigem Verheimlichen BGH **11**, 146; vgl. LK 227; abermaliges Verheimlichen eines schon einmal verheimlichten Gegenstandes, 3. 11. 1978, 3 StR 387/78); Dauerstraftat (Unterlassen der Buchführung, 22. 6. 56, 1 StR 199/56) und Tateinheit (GA **73**, 133), zB zwischen I Nr. 1 und Nr. 6 (6. 7. 56, 1 StR 98/56) in Betracht kommen. *Eine Tat* nach I Nr. 7b (§ 283b I Nr. 3b) liegt vor, wenn der Täter hinsichtlich mehrerer, miteinander zusammenhängender Gesellschaften seiner Bilanzie-
41 rungspflicht nicht nachkommt, GA **81**, 518. **B. Gegenüber den §§ 283b bis 283d** gilt: § 283b I tritt hinter § 283 I Nr. 5 bis 7, II iVm I Nr. 5 bis 7 (NStZ **84**, 455), § 283b II hinter § 283 V zurück (LK 228). Zum Verhältnis zu § 283c und
42 § 283d vgl. dort jeweils 1, sowie 13 zu § 283c. **C. Im Verhältnis zu anderen Delikten** ist Tateinheit möglich zB mit § 156 bei Abgabe der eidesstattlichen Versicherung nach § 807 ZPO (MDR/H **82**, 969; EzSt Nr. 1), mit § 246 (ev. auch § 266) im Fall des Verheimlichens oder Beiseiteschaffens von Eigentumsanwartschaften (BGH **3**, 36; BB **57**, 274), mit § 263 (RG LZ **23**, 142), insbesondere zwischen Nr. 3 und § 263 (RG **66**, 180; nichr aber zwischen I Nr. 5 und § 263, 8. 10. 1963, 1 StR 553/62); zwischen I Nr. 1, 2 und § 266 (BGH **3**, 27; **28**, 373; **30**, 127; wistra **82**, 148 [hierzu Arloth NStZ **90**, 571]; **86**, 262; **87**, 100; vgl. 21. 10. 1980, 1 StR 407/80), I Nr. 5 mit § 267; mit § 288 (RG **20**, 214), nicht jedoch mit § 37 DepotG (oben 20), der als *lex specialis* vorgeht (aM SchSch 67). Tatmehrheit ist mit § 263 gegeben, wenn der Täter betrügerisch erlangte Vermögensbestandteile später beiseiteschafft (GA **55**, 149; GA **55**, 365; LK 230). § 283 ist im Verhältnis zu zuvor begangener Tat nach § 370 AO auch dann keine mitbestrafte Nachtat, wenn die Finanzbehörden die einzigen Konkursgläubiger wären (NStZ **87**, 23). Vgl. ergänzend § 334 HGB, § 20 RechnLegG.

43 **11) Übergangsregelung** für Taten vor dem 1. 9. 1976, vgl. 37. bis 39. Aufl. **Sonstige Vorschriften** 23 vor § 283.

Besonders schwerer Fall des Bankrotts

283 a In besonders schweren Fällen des § 283 Abs. 1 bis 3 wird der Bankrott mit Freiheitsstrafe von sechs Monaten bis zu zehn Jahren bestraft. Ein besonders schwerer Fall liegt in der Regel vor, wenn der Täter

1. aus Gewinnsucht handelt oder
2. wissentlich viele Personen in die Gefahr des Verlustes ihrer ihm anvertrauten Vermögenswerte oder in wirtschaftliche Not bringt.

1 **1) Die Vorschrift** (vgl. zunächst vor § 283), die sich an § 272 E 1962 anlehnt, erweitert den in § 283 I, II vorgesehenen Regelstrafrahmen für **besonders schwere Fälle** (11 zu § 12; 43 ff. zu § 46) so, daß die Tat zwar Vergehen bleibt, Geldstrafe nach § 47 aber regelmäßig ausgeschlossen ist. Der einbezogene

Konkursstraftaten § 283a

§ 283 III bestätigt, daß es keinen Versuch eines besonders schweren Falles gibt, wohl aber der Versuch einer Tat ein besonders schwerer Fall sein kann (48 zu § 46; wohl mißverstanden bei SK-Samson 2). Für § 283a ist bedeutsam, daß die Regelwirkung auch in den Fällen von § 283 III unmittelbar eingreift (anders bei § 243), der allerdings für § 283a Nr. 2 keine Bedeutung hat.

2) Regelbeispiele sind, daß der Täter 2
Nr. 1: aus Gewinnsucht handelt (dazu 10 zu § 235; LK-Tiedemann 3). Das wird vor allem in den Fällen von § 283 II, aber auch von I Nr. 1, 4 und 8 in Betracht kommen (vgl. aber LK 4); **Nr. 2: wissentlich** (dh Ausschluß 3
des bedingten Vorsatzes) **viele Personen** (wofür eine exakte Zahl nicht angegeben werden kann, zumal auch die sonstigen Umstände des Einzelfalls nicht unberücksichtigt bleiben können; vgl. 12 zu § 330) entweder **a) in die konkrete Gefahr** (Verlust braucht noch nicht eingetreten zu sein) 4
des Verlusts (auch ein hoher Teilverlust kann genügen) **ihrer** dem Täter **anvertrauten** (27 zu § 246; LK 6) **Vermögenswerte bringt.** Hier kommen vor allem Geldeinlagen bei Kreditinstituten, Genossenschaftskassen, Bausparkassen und ähnlichen Instituten (RegE 37) in Betracht, deren Insolvenz (zB der Herstatt-Bank) die Einlagen, und zwar auch der Klein- und Kleinstsparer gefährdet (vgl. Eulencamp TagBer. 14; LK 7). Es geht aber nicht nur um Geldeinlagen, sondern auch zB um Kapitalbeteiligungen, etwa an einer GmbH & Co KG (RegE 37 f.; Prot. 7/2828). Gläubiger, die Forderungen aus Warenlieferungen haben, werden idR nicht erfaßt, doch kann je nach Fallgestaltung ein Anvertrauen von Vermögenswerten auch in anderen als den genannten Fällen gegeben sein. **b) in wirtschaftliche Not** 5
bringt (36 zu § 302a). Diese Alternative kann sich mit der ersten überschneiden, wobei diese dann als das Gefährdungsdelikt hinter dem Erfolgsdelikt der zweiten zurücktritt. Doch kommen hier auch andere Personengruppen als Betroffene in Betracht, vor allem Gläubiger in größerer Zahl, die durch die Insolvenz des Täters selbst zusammenbrechen (LK 10), sowie die Arbeitnehmer des zusammengebrochenen Unternehmens, die ihre Arbeitsplätze verlieren (RegE 38). Die Regelung ist nicht nur kriminalpolitisch problematisch (vgl. die Diskussion Prot. 7/2828 f.); es ist dabei nicht nur zu berücksichtigen, daß die Arbeitnehmer Konkursausfallgeld erhalten, in gewissen Fällen kann sie auch eine Mitschuld treffen, welche die Regelwirkung entfallen lassen kann (Prot. 7/2830). Sie kann auch sowohl bei dieser wie auch schon bei der 1. Alternative dann entfallen, wenn ZE oder KE gar nicht durch BHandlungen, sondern etwa dadurch ausgelöst werden, daß wichtige Schuldner des Täters plötzlich zusammenbrechen. Doch sind derartige Fälle schon dogmatisch nicht unter Nr. 2 zu bringen (LK 5). Denn der „Täter" bringt nur dann in Not, wenn er es durch die Tat, dh durch seine BHandlungen tut, so daß zwischen diesen und der Not (was unmittelbar kaum in Betracht kommt; eher bei der 1. Alternative) bzw. zwischen BHandlung, ZE oder KE und Not eine oft schwer nachweisbare Kausalkette laufen muß. So ist es auch kein Fall von Nr. 2, wenn ein Unternehmer, dem ZU droht, einerseits eine BHandlung begeht und andererseits, davon unabhängig, Arbeitnehmer entläßt und in Not bringt, um die ZU abzuwenden.

3) Außerhalb der Regelbeispiele wird § 283a in Frage kommen bei 6
Großkonkursen mit erheblichen Schäden für andere, ohne daß Nr. 1 oder 2

§ 283a

BT Vierundzwanzigster Abschnitt

vorliegt (4. 4. 1979, 3 StR 488/78); bei raffinierter Begehungsweise der BHandlungen (LK 12), bei von vornherein auf Begehungsweise der lauteren Gewinn hinarbeitenden Tätern (32 zu § 283); uU auch schon bei immenser Schädigung auch nur eines Gläubigers (Prot. 7/2545; 2828; Ber. 19); nicht hingegen (abw. von § 283c Nr. 1 E EGStGB) schon beim Handeln in Kenntnis der ZU, denn ein solcher Fall ist, da § 283 I Vorsatz fordert, ein bereits dort erfaßter Regelfall für den Grundstrafrahmen. **Sonstige Vorschriften** 23 vor § 283.

Verletzung der Buchführungspflicht

283 b ^I Mit Freiheitsstrafe bis zu zwei Jahren oder mit Geldstrafe wird bestraft, wer

1. Handelsbücher, zu deren Führung er gesetzlich verpflichtet ist, zu führen unterläßt oder so führt oder verändert, daß die Übersicht über seinen Vermögensstand erschwert wird,

2. Handelsbücher oder sonstige Unterlagen, zu deren Aufbewahrung er nach Handelsrecht verpflichtet ist, vor Ablauf der gesetzlichen Aufbewahrungsfristen beiseite schafft, verheimlicht, zerstört oder beschädigt und dadurch die Übersicht über seinen Vermögensstand erschwert,

3. entgegen dem Handelsrecht
   a) Bilanzen so aufstellt, daß die Übersicht über seinen Vermögensstand erschwert wird, oder
   b) es unterläßt, die Bilanz seines Vermögens oder das Inventar in der vorgeschriebenen Zeit aufzustellen.

^{II} Wer in den Fällen des Absatzes 1 Nr. 1 oder 3 fahrlässig handelt, wird mit Freiheitsstrafe bis zu einem Jahr oder mit Geldstrafe bestraft.

^{III} § 283 Abs. 6 gilt entsprechend.

1 **1) Die Vorschrift** (vgl. zunächst vor § 283), die 273 E 1962 entspricht und verfassungsrechtlich unbedenklich ist (BGH **28**, 234; zw. Dreher MDR **78**, 724), ergänzt § 283 I Nr. 5 bis 7 (sowie II iVm I Nr. 5 bis 7) für die Fälle, in denen der Täter Buchführungspflichten verletzt, die noch nicht in der von § 283 I vorausgesetzten Krise (9 bis 11 vor § 283; 2 zu § 283) oder von einem Täter begangen werden, der die eingetretene Krise ohne Fahrlässigkeit nicht kennt (sonst schon § 283 IV Nr. 1, BGH **28**, 233; 2. 12. 1987, 3 StR 375/87), und der weder ÜSch noch ZU vorsätzlich oder leichtfertig verursacht (sonst schon § 283 II bzw. IV Nr. 2 oder V Nr. 2, soweit es sich um Verletzungen von I Nr. 5 oder Nr. 7 handelt). § 283b tritt daher als subsidiäre Vorschrift hinter § 283 zurück (NStZ **84**, 455), der auch allein eingreift, wenn bei einer fortgesetzten Tat oder Dauertat zunächst nur § 283b, dann aber § 283 selbst verletzt wird. Auch bei § 283b muß die **objektive Strafbarkeitsbedingung** nach § 283 VI (7 bis 16 vor § 283) eintreten (III). Die Parallelvorschrift des § 273 E 1962 fand in der Großen Kommission keine Mehrheit (Ndschr. **8**, 106). Die Bedeutung der Buchführungspflichtverletzungen für das Konkursstrafrecht (24 zu § 283) läßt die Vorschrift jedoch in einem anderen Licht erscheinen. Allerdings war II noch im RegE des 1. WiKG weggelassen, da der Vorwurf eines nur fahrlässigen Verstoßes gegen die Buchführungspflichten außerhalb einer Krise nicht so schwer wiege, um sie mit Strafe zu bedrohen (RegE 38). Doch hat der StrABTag

Konkursstraftaten **§ 283 b**

Bedenken der Praxis nachgegeben und II iS von § 240 II KO eingefügt (Ber. 19), obwohl unter dessen Geltung Vorschriften nach Art des § 283 IV, V fehlten. § 283 b kommt nur zur Anwendung, wenn die BHandlungen *irgendeine Beziehung* zu den in § 283 VI umschriebenen Umständen haben, die den Zusammenbruch kennzeichnen (BGH **28**, 234; BGHR Krise 1; Schlüchter JR **79**, 513; Hamburg NJW **87**, 1343 vgl. Dreher MDR **78**, 724; H. Schäfer wistra **90**, 86), das ist uU näher zu erörtern (12. 6. 1990, 1 StR 123/90). Die Tat ist in allen Fällen Sonderdelikt (vgl. 18 bis 21 vor § 283; LK-Tiedemann 5).

2) Abs. I Nr. 1, 3 stimmt in der **Tathandlungsbeschreibung** mit § 283 I **2** Nr. 5 und 7 überein (abgesehen vom Handeln in der Krise), so daß 20 bis 24 bzw. 26 bis 30 zu § 283 entsprechend gelten. **I Nr. 2** stimmt mit folgender Ausnahme mit der in § 283 I Nr. 6 beschriebenen BHandlung überein. Statt dort „zu deren Aufbewahrung ein Kaufmann nach Handelsrecht verpflichtet ist", heißt es hier „zu deren Aufbewahrung er **nach Handelsrecht verpflichtet** ist". Das bedeutet, daß die Tat nach I Nr. 2 anders als die nach § 283 I Nr. 6 nicht auch von Tätern begangen werden kann, die an sich keine Aufbewahrungspflicht nach dem HGB trifft (25 zu § 283), sondern nur von Kaufleuten, für die § 257 HGB unmittelbar gilt (RegE 38); freiwillig geführte Bücher zB werden daher von § 283 b I Nr. 2 nicht erfaßt. Im übrigen gilt für I Nr. 2 25 zu § 283 entsprechend. Ein Deutscher, der die Buchführungspflicht im Ausland verletzt (§ 7 II Nr. 1), ist nach I Nr. 1 strafbar (Karlsruhe NStZ **85**, 317; aM AG Lörrach, NStZ **85**, 221; hierzu krit. Liebelt NStZ **89**, 182).

3) Fahrlässigkeit (II) ist in den Fällen von I Nr. 1 und 3 strafbar; vgl. dazu 36 **3** zu § 283; 8 vor § 283.

4) Zu Vorsatz, Teilnahme und **Konkurrenzen** vgl. 33, 38, 40 bis 42 zu **4** § 283, zum Verhältnis zu § 283 oben 1. Zwischen I Nr. 3 b und Nr. 1 ist Fortsetzungszusammenhang (MDR/H **80**, 455; **81**, 100; wistra **84**, 144; **87**, 61; NStZ **87**, 506; 29. 11. 1983, 5 StR 819/83) und Tateinheit dann möglich, wenn das schuldhafte Verhalten aufgrund einer einzigen Entschließung (Beauftragung eines unzuverlässigen Steuerberaters), beruht (GA **78**, 186; LK 18). Der **Versuch** ist nicht strafbar.

Gläubigerbegünstigung

283 c ^I Wer in Kenntnis seiner Zahlungsunfähigkeit einem Gläubiger eine Sicherheit oder Befriedigung gewährt, die dieser nicht oder nicht in der Art oder nicht zu der Zeit zu beanspruchen hat, und ihn dadurch absichtlich oder wissentlich vor den übrigen Gläubigern begünstigt, wird mit Freiheitsstrafe bis zu zwei Jahren oder mit Geldstrafe bestraft.

^{II} **Der Versuch ist strafbar.**

^{III} **§ 283 Abs. 6 gilt entsprechend.**

1) Die Vorschrift (vgl. zunächst vor § 283), die wörtlich mit § 274 E 1962 **1** übereinstimmt, ist ein Erfolgsdelikt: es muß zum Erfolg der Gläubigerbegünstigung kommen (RegE 38; Prot. 7/2832; Vormbaum GA **81**, 101; LK-Tiedemann 2). Dafür ist der Versuch strafbar (unten 11). **Gegenüber** § 283 I Nr. 1 ist **2** § 283 c eine Privilegierung (BGH **8**, 56; **34**, 225; **35**, 359; MDR/H **79**, 457; Hendel NJW **77**, 1945; Vormbaum GA **81**, 123), soweit der Täter lediglich die gleichmäßige Befriedigung der Gesamtgläubiger beeinträchtigt und die KMasse

§ 283 c

nicht darüber hinaus schädigt. Im ersten Fall tritt § 283 I Nr. 1 hinter § 283 c auch dann zurück, wenn dessen Tatbestand nicht erfüllt ist (BGH **8**, 56; RegE **3** 39); vgl. im übrigen unten 13). Die Tat ist ein **Sonderdelikt** (18 bis 21 vor § 283, da Täter nur sein kann, wer zahlungsunfähig ist und bei dem die Strafbarkeitsbedingung nach **III** iVm § 283 VI eintritt (10, 12 bis 15, 20 vor § 283; LK 1); hinsichtlich des Zeitraums, in dem die Tat begangen werden kann (ab eingetretener ZU, aber sowohl vor ZE oder KE, RG **4**, 67, wie danach), sowie hinsichtlich des Zusammenhangs zwischen Tat und Strafbarkeitsbedingung und zum **4** Verjährungsbeginn 16 f. vor § 283. **Gläubiger** kann nach BGH **35**, 361 uU auch jemand sein, der erst nach Eintritt der ZU einen begründeten Anspruch erlangt hat (ebenso LK 8; SchSch-Stree 12; H. Schäfer wistra **90**, 89; aM Vormbaum GA **81**, 107; Lackner 2; Otto JK 1 zu § 283 b) und zwar nicht nur Konkursgläubiger, sondern auch Absonderungsberechtigte und Massegläubiger (RG **40**, 105; 10. 3. 1981, 1 StR 539/80; LK 6), sowie ein bedingt berechtigter Gläubiger (zB ein Bürge, RG **30**, 73; LK 7); nicht dagegen die Inhaber von Mitgliedsrechten im Konkurs der Handelsgesellschaften (hierzu Hendel NJW **77**, 1946; insbesondere zu kapitalersetzenden Gesellschafterdarlehen; LK 9). Es fällt unter § 283 I Nr. 1 und nicht unter § 283 c, wenn sich der ZU-Betroffene selbst Sondervorteile aus der Masse verschaffen will; so wenn sich im Nachlaßkonkurs der Erbe wegen einer eigenen Forderung an den Nachlaß aus diesem bevorzugt befriedigt (RG **68**, 370), oder der (geschäftsführende) Kommanditist (vgl. 4 zu § 283) sich nach der ZU ein in die KG eingebrachtes Darlehen zurückzahlen läßt (BGH **34**, 226 m. insoweit krit. Anm. Winkelbauer JR **88**, 33 u. U. Weber StV **88**, 16; aM Renkl JuS **73**, 613; Hendel NJW **77**, 1945; vgl. weiter unten 10).

5 2) **Die Tathandlung** besteht im Gewähren von Sicherheit oder Befriedigung an einen Gläubiger, die dieser überhaupt nicht oder nicht in der Art oder nicht zu dieser Zeit zu beanspruchen hat (RG **30**, 362). Damit wird die sog. inkongruente Deckung verboten (entspr. § 30 Nr. 2 KO); doch nur, soweit es sich um Vermögen handelt, das sonst den KGläubigern zur Verfügung gestanden hätte (MDR/H **79**, 457), daher ist es auch nicht strafbar, wenn der Schuldner einen Dritten veranlaßt, zugunsten eines Gläubigers zu handeln, zB dessen Bürge zu werden.

6 **A. Auch ein Unterlassen** kann den Tatbestand erfüllen, wenn den Täter eine Handlungspflicht trifft. Passives Verhalten gegenüber der eigenmächtigen Verrechnung durch einen Gläubiger reicht allerdings nicht aus (BGH bei Herlan GA **58**, 48), anders, wenn der Täter in kollusivem Einverständnis mit dem Gläubiger es diesem ermöglicht, sich aus dem konkursbefangenen Vermögen zu befriedigen; so bei kollusivem Anerkenntnis eines Klageanspruchs, Hinnehmen eines Versäumnisurteils (RG **30**, 47). Doch genügt es zur Tatvollendung noch nicht, wenn sich der Gläubiger einen Vollstreckungstitel verschaffen kann; es muß die Befriedigung aus dem Tätervermögen hinzukommen (RG **30**, 46; vgl. LK 16). Der Gläubiger hat in jedem Fall bei dem Gewähren durch Annahme des Vorteils mitzuwirken (RG **62**, 280; LK 14; str. und zw.; aM SchSch 6). Ohne Bedeutung ist, ob die Gesamtgläubiger später (zB infolge Anfechtung) vollen Ersatz erhalten (RG JW **05**, 761).

7 **B. Befriedigung** erhält der Gläubiger durch Erfüllung seiner Forderung oder Annahme einer Leistung als Erfüllung oder an Erfüllungs Statt (§§ 363 f. BGB). **Sicherheit** kann gewährt werden durch Pfandhingabe, Begründung eines Zurückbehaltungsrechts, Sicherungsübereignung (RG

JW 10, 679); Bestellung eines Grundpfandrechts an einem überlasteten Grundstück (21. 11. 1978, 1 StR 346/78; LK 11); selbst durch einen im Ergebnis unwirksamen Vertrag, wenn er zur Begünstigung des Gläubigers führt (Vormbaum GA 81, 109; vgl. RG JW 34, 1289); sonst ev. Versuch. Es genügt, daß der Gläubiger eine Rechtsstellung erhält, die ihm die *Möglichkeit* eröffnet, eher, besser oder gewisser befriedigt zu werden, als er zu beanspruchen hat; hinreichend ist auch eine Sicherung, die nur uU wirksam wird (BGH aaO; LK 11).

C. Inkongruente Deckung ist gegeben, wenn der Gläubiger den Vorteil 8
nicht (so bei Leistungsverweigerungsrecht, Anfechtbarkeit, verjährtem Anspruch), nicht in der Art (Hingabe von Waren für eine Geldschuld) oder nicht zu der Zeit (Befriedigung vor Fälligkeit, RG 4, 62) zu beanspruchen hat (Vormbaum GA 81, 111 ff.; LK 18; zweifelnd SK-Samson 9). Inkongruente Deckung zB bei Hingabe an Erfüllungs Statt (RG 5, 116; LK 19), etwa von Kundenschecks (BGH 16, 279) oder von Akzepten Dritter (RG JW 27, 1106). Dagegen genügt die Hingabe eines eigenen Schecks (BGH aaO) oder Wechselakzepts erfüllungshalber nicht, da dadurch das Tätervermögen noch nicht vermindert wird (RG GA Bd. 39, 230); doch kommt Versuch in Betracht; ebenso wenn eine Briefhypothek nur eingetragen, der Brief aber noch nicht übergeben wird (vgl. zu § 242 KO RG 45, 416; LK 12). Der Gläubiger A wird nicht begünstigt, wenn die Forderung des Gläubigers B getilgt und dadurch die dafür haftende Pfandsache des A frei wird (RG 62, 279). Inkongruente Deckung kann auch schon darin liegen, daß der Täter den Konkursantrag hinauszögert, um einem Gläubiger noch Pfändungen zu ermöglichen (RG 48, 20).

D. Kongruente und daher zulässige **Deckung** ist gegeben, wenn dem 9
Gläubiger zivilrechtlich gerade diese Deckung und zu dieser Zeit einredefrei geschuldet wird (vgl. BGH 8, 55; LK 17). Dazu genügt es schon, wenn der Schuldner vertragsmäßig berechtigt ist, *bei Fälligkeit* statt des an sich geschuldeten Geldes Waren (auch ohne vorherige Festlegung von Art und Menge) zu liefern (GA 56, 348), es sei denn, daß die Abrede gerade in Erwartung des Konkurses getroffen wurde (RG 63, 79; 10. 3. 1981, 1 StR 539/80; LK 20). Auch auf die Wechselsicherung nach Art. 34 WechselG hat der Wechselinhaber Anspruch (RG 3, 195). Bei solcher Kongruenz scheidet auch § 283 I Nr. 1 aus (vgl. BGH 8, 56).

3) Der Vorsatz muß sich zunächst auf die eigene ZU des Täters beziehen, 10
und zwar in Form bestimmter Kenntnis, so daß bedingter Vorsatz insoweit nicht genügt (LK 27). Dieser genügt hingegen hinsichtlich der Gewährung einer inkongruenten Befriedigung oder Sicherheit für den Gläubiger, wenn der Täter den Gläubiger **absichtlich** begünstigt, dh wenn es ihm darauf ankommt, daß dieser vor den übrigen Gläubigern bevorzugt wird (Vormbaum GA 81, 119). Denn Absicht kann man in neueren Gesetzen, zumal wenn sie durch die Alternative der Wissentlichkeit ergänzt wird, nicht mehr iS der Rspr. zu § 241 KO aF dem bloß direkten Vorsatz gleichsetzen. **Wissentlich** hingegen begünstigt der Täter den Gläubiger dann, wenn er sichere Kenntnis hat, daß dieser Erfolg eintritt (vgl. RG 7, 142; LM Nr. 2 zu § 241 KO); dann muß er aber auch wissen, daß er dem Gläubiger eine inkongruente Deckung gewährt (vgl. GA 59, 341; 10. 3. 1981, 1 StR 539/80); die Begünstigungsabsicht hingegen kann dann

§ 283 c

fehlen (RegE 38; Vormbaum GA **81**, 122; LK 28; Wessels BT-2 § 12 III 5 c). Verschafft der Täter nur sich selbst einen Vorteil, so zB der Geschäftsführer einer GmbH hinsichtlich seiner privaten Forderungen gegen die Gesellschaft, so scheidet § 283 c aus (NJW **69**, 1494 [dazu krit. Renkl JuS **73**, 611]; RG **68**, 368; oben 4).

11 **4) Der Versuch** ist strafbar **(II)**. Er setzt mit dem Beginn der Begünstigungshandlung, zB mit einem Überweisungsauftrag an die eigene Bank ein (LK 31), während die Tat mit Gutschrift für den Gläubiger bei dessen Bank vollendet ist. Zu weiteren Versuchsfällen vgl. oben 7, 8. Auch untauglicher Versuch ist strafbar, so wenn der Täter irrig annimmt, zahlungsunfähig zu sein, oder wenn er eine Forderung befriedigt, deren Bestehen er nur irrig annimmt (LK 32).

12 **5) Zur Teilnahme** gilt 38 zu § 283 entsprechend; ein Außenstehender kann nur Anstifter oder Gehilfe sein. Das gilt auch für den begünstigten Gläubiger (BGH **17**, 239; GA **67**, 265; 21. 9. 1976, 1 StR 528/76), zwar nicht schon durch die Annahme der inkongruenten Deckung (RG **61**, 315; LK 35), wohl aber, wenn er darüber hinaus eine Teilnahmehandlung begeht (RG **65**, 416 [Anstiftung]; **61**, 314 [Beihilfe]; 21. 11. 1978, 1 StR 346/78; vgl. Tiedemann ZIP **83**, 515 und LK 35).

13 **6) Konkurrenzen.** Mehrere Begünstigungshandlungen unter derselben ZE oder KE stellen idR verschiedene Taten dar (40 zu § 283). Tateinheit ist mit § 288 (RG **20**, 215), sowie mit §§ 5, 6 BaufordG (RG **48**, 90) und § 283 b möglich (vgl. RG **40**, 106). Hingegen liegt mit § 283 I Nr. 1 Gesetzeseinheit mit Vorrang von § 283 c (oben 2) vor, wenn der Täter den Gläubiger lediglich begünstigt (LK 37; vgl. RG **68**, 369), anders hingegen, wenn der Täter an Wert mehr hingibt, als er schuldet (BGH **8**, 55; NJW **69**, 1494; GA **53**, 76; EzSt § 283 Nr. 1; Hendel NJW **77**, 1945). Tateinheit kann auch gegeben sein, wenn Bankrott und Begünstigung durch zwei verschiedene Handlungen begangen werden (R **7**, 399). Wahlfeststellung zwischen § 283 I Nr. 1 und § 283 c ist zulässig (vgl. 10. 5. 1955, 5 StR 27/55).

14 **7) Sonstige Vorschriften** 23 vor § 283.

Schuldnerbegünstigung

283 d **I Mit Freiheitsstrafe bis zu fünf Jahren oder mit Geldstrafe wird bestraft, wer**

1. in Kenntnis der einem anderen drohenden Zahlungsunfähigkeit oder

2. nach Zahlungseinstellung, in einem Konkursverfahren, in einem gerichtlichen Vergleichsverfahren zur Abwendung des Konkurses oder in einem Verfahren zur Herbeiführung der Entscheidung über die Eröffnung des Konkurs- oder gerichtlichen Vergleichsverfahrens eines anderen

Bestandteile des Vermögens eines anderen, die im Falle der Konkurseröffnung zur Konkursmasse gehören, mit dessen Einwilligung oder zu dessen Gunsten beiseite schafft oder verheimlicht oder in einer den Anforderungen einer ordnungsgemäßen Wirtschaft widersprechenden Weise zerstört, beschädigt oder unbrauchbar macht.

II Der Versuch ist strafbar.

Konkursstraftaten **§ 283 d**

III In besonders schweren Fällen ist die Strafe Freiheitsstrafe von sechs Monaten bis zu zehn Jahren. Ein besonders schwerer Fall liegt in der Regel vor, wenn der Täter
1. aus Gewinnsucht handelt oder
2. wissentlich viele Personen in die Gefahr des Verlustes ihrer dem anderen anvertrauten Vermögenswerte oder in wirtschaftliche Not bringt.

IV Die Tat ist nur dann strafbar, wenn der andere seine Zahlungen eingestellt hat oder über sein Vermögen das Konkursverfahren eröffnet oder der Eröffnungsantrag mangels Masse abgewiesen worden ist.

1) Die Vorschrift (vgl. zunächst vor § 283), die sich weitgehend an § 275 E 1962 anlehnt, ergänzt § 283 I Nr. 1 für den Fall, daß nicht der in der Krise Befindliche, sondern ein **Außenstehender** für ihn handelt und selbst (mindestens gemeinsam mit dem Täter nach § 283 I Nr. 1) die Tatherrschaft hat (kein Sonderdelikt; LK-Tiedemann 5). Hat er sie nicht, sondern der in der Krise Befindliche, so ist dieser Täter nach § 283 I Nr. 1, jener nur Teilnehmer (RegE 39); das kann er, selbst wenn er hinsichtlich einer BHandlung Täter nach § 283 d ist, auch hinsichtlich einer anderen BHandlung sein (22. 5. 1958, 1 StR 1/58, LK 23). Umgekehrt kann der Krisenbefangene Anstifter oder Gehilfe zu der Tat nach § 283 d sein. Der Täter nach der Sondervorschrift des § 283 d kann jedoch nicht zugleich Beihilfe zu § 283 I Nr. 1 leisten (SchSch-Stree 15); haben der Täter nach § 283 I Nr. 1 und der nach § 283 d gemeinsam die Tatherrschaft, so werden dieser nach § 283 d, jener nach § 283 I Nr. 1 als Täter bestraft. § 283 d trifft im übrigen nur den Fall, daß der Täter im Interesse des Krisenbefangenen diesem auf Kosten der Gesamtgläubigerschaft einen Sondervorteil zuwenden will (15. 5. 62, 1 StR 463/61) und nicht Handlungen, wie sie in § 283 c umschrieben sind und einvernehmlich zwischen Schuldner und Gläubiger vorgenommen werden (BGH **35**, 359; Vormbaum GA **81**, 130; LK 4; SchSch 2; Otto JK 1; aM SK-Samson 5). Diese sind beim Schuldner nach § 283 c und beim Gläubiger nach Teilnahmegrundsätzen zu beurteilen (BGH **35**, 361; LK 35 zu § 283 c).

2) Die Tathandlung ist als solche dieselbe wie in § 283 I Nr. 1 (dort 3 bis 2
6). Hinzutreten muß, daß der Täter entweder **A.** mit **Einwilligung** des in 3
der Krise Befindlichen handelt, dh hier mit dem im voraus ausdrücklich oder mittelbar erklärten faktischen Einverständnis, das aber nicht so weit gehen darf, daß der Krisenbefangene zum Täter, der andere zum bloßen Gehilfen wird (oben 1; LK 15). Willigt der Krisenbefangene ein, so braucht der Täter nicht zu dessen Gunsten zu handeln (sonst wäre schon unten 4 gegeben und die Hervorhebung neben „zu dessen Gunsten" ohne Sinn); vgl. oben 1. Oder der Täter handelt **B.** zwar ohne die Einwilligung, aber 4
(zB der Ehegatte, vgl. Renkl JuS **73**, 614; ein Verwandter, Freund oder Angestellter) **zugunsten** des in der Krise Befindlichen, dh in dessen Interesse, also vor allem, um ihm die beiseite geschafften oder verheimlichten Vermögensbestandteile zu erhalten. Auch das Zerstören, Beschädigen oder Unbrauchbarmachen muß, mindestens in der Vorstellung der Täters, zugunsten des Krisenbefangenen geschehen.

3) Zeitlich muß die Tathandlung begangen werden entweder **A.** wäh- 5
rend dem anderen, mit dessen Einwilligung oder zu dessen Gunsten der Täter handelt, die **ZU droht** (**Nr. 1**; 11 vor § 283). Diesem Fall muß man, auch wenn das Gesetz ihn nicht ausdrücklich nennt, denjenigen gleichsetzen, daß die ZU beim anderen bereits eingetreten ist (10 vor § 283; LK 7), aber noch nicht die ZE. **B.** (**Nr. 2**) **nach der ZE** des anderen (13 vor § 283) 6

1667

§ 283 d

oder in einem den anderen betreffenden Verfahren (wobei „in" iS von „während" zu verstehen ist und nicht etwa einen Verfahrensakt meint), und zwar entweder im **Konkursverfahren**, dh während des mit der KE (14 vor § 283) beginnenden und mit der Aufhebung nach § 163 KO endenden Verfahrens (LK 7); während eines gerichtlichen **Vergleichsverfahrens**, das mit dessen Eröffnung (§§ 20 f. VerglO) beginnt und mit dessen Aufhebung oder Einstellung endet (§§ 98 ff. VerglO); oder während eines Verfahrens zur **Herbeiführung der Entscheidung über die Eröffnung a)** des KVerfahrens, das mit dem Antrag auf Eröffnung (§§ 103 ff. KO) beginnt und mit dessen Abweisung, insbesondere mangels Masse (§ 106 II, 107 KO), oder mit der KE endet, **b)** des gerichtlichen **Vergleichsverfahrens**, das ebenfalls mit dem Eröffnungsantrag beginnt (§ 2 VerglO) und mit der Eröffnung oder Ablehnung des Vergleichsverfahrens (§§ 16, 20, 17 f. VerglO) oder der KE (§ 19 VerglO) endet.

7   **4) Vorsatz** ist erforderlich. Im Fall I Nr. 1 muß der Täter bestimmte Kenntnis von der drohenden (oder eingetretenen) ZU des anderen haben. Im übrigen genügt bedingter Vorsatz. Er hat sich bei I Nr. 2 auf die dort beschriebene Lage zu erstrecken, wobei es ohne Bedeutung ist, ob der Täter zB ein Vorverfahren zur Entscheidung über die KE annimmt, während diese in Wirklichkeit schon verfügt ist. Der Vorsatz hat weiter die Merkmale der Tathandlung zu umfassen, dazu auch die Einwilligung des Krisenbefangenen; oder der Täter muß zu dessen Gunsten handeln wollen, kann aber außerdem auch die Einwilligung annehmen. Vgl. 33 zu § 283.

8   **5) Der Versuch** ist strafbar (II); 34 zu § 283 gilt entsprechend.

9   **6) Teilnahme** ist nach allgemeinen Regeln strafbar, da die Tat kein Sonderdelikt ist. Zum Zusammenwirken von Täter und dem in der Krise Befindlichen vgl. oben 1.

10   **7) Die objektive Bedingung der Strafbarkeit** ist in IV sinngemäß dahin abgewandelt, daß sie sich nicht auf den Täter, sondern auf den anderen bezieht, für den der Täter handelt. In den Fällen von I Nr. 2 hat IV praktische Bedeutung nur in den seltenen Fällen, in denen ohne vorausgegangene ZE ein Vergleichsverfahren oder ein Verfahren zur Entscheidung über die KE oder die Eröffnung des Vergleichsverfahrens läuft. Soweit ZE (die auch im Fall der Ablehnung der KE mangels Masse stets gegeben sein wird) und KE in I Nr. 2 Tatbestandsmerkmale sind, müssen sie vom Vorsatz umfaßt sein. Vgl. im übrigen 12 ff. vor § 283.

11   **8) Der Strafrahmen** entspricht idR dem des § 283 I, II, in besonders schweren Fällen (**III;** vgl. dazu 11 zu § 12; 43 ff. zu § 46) dem des § 283 a, mit dem III sachlich voll übereinstimmt; die Erläuterungen zu § 283 a gelten daher auch hier entsprechend.

12   **9) Konkurrenzen.** Innerhalb des § 283 d schließen I Nr. 1 und Nr. 2 einander aus. Zum Verhältnis zu § 283 vgl. oben 1. Mehrere Handlungen nach § 283 d unter derselben Voraussetzung nach I Nr. 1 oder Nr. 2 sind idR mehrere Taten (vgl. RG **66**, 268); es gilt insoweit 40 zu § 283. Handelt der Täter sowohl mit Einwilligung wie zugunsten des Krisenbefangenen, so ist das nur eine Tat; Wahlfeststellung zwischen „mit Einwilligung" oder „zu dessen Gunsten" ist möglich (LK 27). Tateinheit ist mit Begünstigung (R **9**, 684) sowie mit § 288 möglich (LK 28).

13   **10) Sonstige Vorschriften** 23 vor § 283.

Fünfundzwanzigster Abschnitt
Strafbarer Eigennutz

Unerlaubte Veranstaltung eines Glücksspiels RiStBV 240

284 ^I **Wer ohne behördliche Erlaubnis öffentlich ein Glücksspiel veranstaltet oder hält oder die Einrichtungen hierzu bereitstellt, wird mit Freiheitsstrafe bis zu zwei Jahren oder mit Geldstrafe bestraft.**

^{II} **Als öffentlich veranstaltet gelten auch Glücksspiele in Vereinen oder geschlossenen Gesellschaften, in denen Glücksspiele gewohnheitsmäßig veranstaltet werden.**

^{III}**Wer in den Fällen des Absatzes 1**
1. **gewerbsmäßig oder**
2. **als Mitglied einer Bande handelt, die sich zur fortgesetzten Begehung solcher Taten verbunden hat,**

wird mit Freiheitsstrafe von drei Monaten bis zu fünf Jahren bestraft.

1) **Die Vorschrift** will die staatliche Kontrolle einer Kommerzialisierung der natürlichen Spielleidenschaft sichern (BGH **11**, 209; aM SchSch-Eser 2: Schutz gegenüber Vermögensgefährdung; vgl. M-Schroeder § 44, 2; LK-v. Bubnoff 4 vor § 284). Für **Jugendliche** unter 16 Jahren enthält § 8 JÖSchG (Anh. 9) ein Spielverbot. Die Bestimmungen über Glücksspiele, Lotterien und Ausspielungen sind gesammelt bei Astl/Rathleff, Das Glücksspiel, 1965. Die geltende Fassung erhielten die §§ 284 ff. durch das Ges. v. 23. 12. 1919; dazu Ausführungsvorschriften der ReichsReg. v. 27. 7. 1920, RGBl. 1482. Das EGStGB hat die früheren §§ 285 (Art. 19 Nr. 148) und 285a (Art. 19 Nr. 149) aufgehoben (krit. hierzu R. Lange, Dreher-FS 577; Meurer/Bergmann JuS **83**, 668). *Kriminologie*: G. Meyer KR **86**, 212; Füllkrug KR **90**, 101; Schneider Kriminologie 506. III wurde durch Art. 1 Nr. 21 OrgKG (2 zu § 43a) angefügt. 1

2) **Das Glücksspiel** ist vom bloßen Unterhaltungsspiel (4), vom Geschicklichkeitsspiel (5) und von der Wette (6) zu unterscheiden. **A. Beim Glücksspiel** wird die Entscheidung über Gewinn und Verlust nach den Vertragsbedingungen nicht wesentlich von den Fähigkeiten und Kenntnissen und vom Grade der Aufmerksamkeit der Spieler bestimmt, sondern allein oder hauptsächlich vom Zufall, nämlich vom Wirken unberechenbarer, dem Einfluß der Beteiligten in ihrem Durchschnitt entzogener Ursachen (BGH **9**, 37). Erforderlich ist außerdem ein Einsatz, durch den die Aussicht auf einen von einem Zufall abhängigen Vorteil erlangt wird (BGH **34**, 175 [m. Anm. Lampe JR **87**, 383; NStZ/A **89**, 504]; Bay NJW **90**, 1862; vgl. ferner Richter wistra **87**, 276, der offen läßt, ob der Einsatz bei ungünstigem Ausgang zu einem Vermögensverlust führen muß; so Köln NJW **57**, 721; Hamm JMBlNW **57**, 250 gegen RG **45**, 424; **64**, 360). Unerheblich ist, wenn einzelne Spieler die erforderliche Geschicklichkeit zur Ausschaltung des Zufalls haben (BGH **2**, 274; **29**, 156; BVerwGE **2**, 111). **Einsatz** ist jede nicht ganz unbeträchtliche Leistung, die in der Hoffnung auf Gewinn bzw. Wiedererhalt und mit dem Risiko des Verlusts an 2 3

den Gegenspieler oder Veranstalter geleistet wird (BGH **34**, 176 m. krit. Anm. Lampe JR **87**, 383; Richter wistra **87**, 276; P. Granderath wistra **88**, 173). Spielberechtigungsbeiträge (zB Eintrittsgeld), die stets verloren sind, scheiden aus, nach BGH aaO (mit zw. Begründung) auch die Vorleistungen bei *Kettenbriefaktionen*. Erlauben die Spielregeln verschiedene Setzarten, von denen möglicherweise nur einige Glücksspiele sind, so ist das Ganze ein Glücksspiel (BGH **2**, 276; **11**, 209). Entscheidend sind dabei die Bedingungen, unter denen gespielt werden soll; ist es nach ihnen ein Glücksspiel, so wird dieser Charakter nicht dadurch beseitigt, daß ein Mitspieler durch Machenschaften den Zufall zu seinen Gunsten ausschaltet; vielmehr liegt dann Glücksspiel in Tateinheit mit Betrug (§ 263) vor (RG **61**, 15). Eine gewinnsüchtige Absicht ist nicht erforderlich (RG **33**, 237).

Beispiele: Je nachdem mehr die Geschicklichkeit oder mehr der Zufall die Entscheidung bringt, können nach Lage des Einzelfalles Glücksspiel sein: das Mauscheln (RG **61**, 356), das Kümmelblättchen (RG **61**, 12), Gottes Segen bei Kohn (RG **12**, 388), Meine Tante, deine Tante [Tempeln] (RG **21**, 162), das Kasinospiel (BVerwG NJW **55**, 1451; OVG Hamburg MDR **53**, 505; Celle NJW **69**, 2250), das Ramso-Spiel (BVerwG 28. 11. 1963, BVerwG I C 69), das Tivolibillard (R **7**, 17), das Roulette (RG **14**, 28; vgl. Klenk GA **76**, 364); das Spiralo-Roulette (BGH **2**, 274), die Gratisroulette (BGH **11**, 209), das „Sektorenspiel" (BVerwG NJW **60**, 1684), das Hütchenspiel (BGH **36**, 75 [m. Anm. Herzog EzSt Nr. 2]; Karlsruhe Die Justiz **71**, 61), das Würfeln um Geld (RG **10**, 252), das Benutzen gewisser Geldspielautomaten; so bei den Bajazzo- (RG **62**, 163), Hansa- (RG **64**, 219) und den sog. Mintautomaten (RG **64**, 355; vgl. auch Köln NJW **57**, 721; Hamm JMBlNW **57**, 250).

4 B. Das Unterhaltungsspiel ist Glücksspiel ohne bedeutenden Gewinn. Beim Glücksspiel muß der Gewinn einen Vermögenswert haben, der nach der Verkehrsauffassung ins Gewicht fällt, also nicht unbedeutend ist (RG **6**, 74; Braunschweig NJW **54**, 1778). Entscheidend ist dabei die *Verkehrsauffassung* unter Beachtung der Vermögensverhältnisse des Durchschnitts der Spieler (Bay GA **56**, 385; str.; RG **79**, 253 und LK 6 stellen auf die allgemeinen gesellschaftlichen Anschauungen, SchSch-Eser 6 und andere auf die Vermögensverhältnisse der Spieler ab).

5 C. Beim Geschicklichkeitsspiel hat es nach den Spieleinrichtungen und Spielregeln, namentlich nach der Beschaffenheit des Apparats und der Übung der Mitspielenden der Durchschnitt der Teilnehmenden mit hoher Wahrscheinlichkeit in der Hand, durch Geschicklichkeit den Ausgang des Spiels zu bestimmen; so beim Schach- und Billardspiel; ferner beim Geschäft mit Doppel-Optionen (BGH **29**, 157), daß vereinzelten Spielern die Geschicklichkeit fehlt, ist unerheblich (BGH **2**, 276). Es entscheidet der Durchschnitt, so daß der Charakter des Spiels nur einheitlich beurteilt werden kann (RG JW **33**, 2146; Karlsruhe NJW **72**, 1964). Ob das *Hütchenspiel* Geschicklichkeits- oder Glücksspiel ist, hängt von den Verhältnissen ab, unter denen gespielt wird (BGH **36**, 80; vgl. Vorinstanzen Frankfurt NJW **87**, 854; NStZ **88**, 459; ferner Sack NJW **92**, 2540).

6 D. Die Wette ist verwandt mit dem Spiel; beide sind Schuldverträge, bei denen Gewinn und Verlust von streitigen oder ungewissen Ergebnissen abhängig gemacht werden (§§ 762 ff. BGB). Objektiv ist der Sachverhalt

Strafbarer Eigennutz **§ 284**

bei beiden gleich, obwohl die Wette meistens etwas Vergangenes oder Gegenwärtiges betrifft, das Spiel aber etwas Zukünftiges (RGRKomm. 1 zu § 762 BGB; vgl. auch Stuttgart NJW **64**, 366). Der begriffliche Unterschied beider liegt in der subjektiven Seite. Bei der Wette ist der Zweck des Vertrages die Erledigung eines Meinungsstreits; das Spiel dagegen geschieht aus Unterhaltungs- oder Gewinnsucht (RG **40**, 32), und zwar, ohne daß eine wirtschaftliche Tätigkeit entfaltet wird (RGZ **60**, 383). Die reine Wette ist im Gegensatz zum Spiel stets straflos. Zum Ganzen Höpfel ÖJZ **78**, 421, 458.

E. Die **Rennwetten** sind zwar trotz ihres Namens reines Glücksspiel (RG **7** **57**, 190), sie erfuhren aber eine Sonderregelung. Durch das RennwG wurden bei behördlicher Erlaubnis die gewerbsmäßigen Buchmacher zugelassen (Bay GA **63**, 346). Vgl. jetzt auch die landesrechtlichen Vorschriften über Sportwetten, Zahlenlotto und Zusatzlotterien (Göhler 515 II), zB Hess-SportWettG v. 16. 2. 1949 (GVBl. 17; II 316–9), HessLottoG v. 29. 6. 1956 (GVBl. 117; II 316–11), beide zuletzt geändert durch Ges. v. 7. 6. 1984 (GVBl. I 155). *Schrifttum: Pfister* (Hrsg.) Rechtsprobleme der Sportwette, 1989 [Bespr. *Geerds* GA **90**, 375].

F. **Lotterie und Ausspielung** sind Sonderformen des Glücksspiels (BGH **8** **34**, 179; vgl. dazu die Sonderregelung in § 286).

G. Die Veranstaltung **anderer Spiele** mit Gewinnmöglichkeit (soweit es sich **9** nicht um die Zulassung und den Betrieb von Spielbanken, unten 10, und die in § 286 geregelten Veranstaltungen handelt), die gewerbsmäßige Aufstellung von **mechanischen Spielen** und **Spieleinrichtungen** zur Gewinnerzielung sowie das Betreiben von Spielhallen regeln die §§ 33c bis 33i, 60a, 144, 145 GewO; dazu die SpielV idF v. 11. 12. 1985 (BGBl. I 2245; III 7103–1). Vgl. ferner § 56 I Nr. 3f, § 145 II Nr. 2c GewO).

3) Die **Tathandlungen** des Abs. I sind das Veranstalten oder Halten eines **10** Glücksspiels oder das Bereitstellen der Einrichtungen hierzu, und zwar ohne **behördliche Erlaubnis**. Vgl. hierzu das **SpielbankenG** v. 14. 7. 1933 (RGBl. I 480), das zT als Landesrecht fortgilt (vgl. zB für Baden-Württemberg letztes ÄndG v. 27. 10. 1981, GBl. 509; für Bayern BayBSErgB 8, letztes ÄndG v. 24. 7. 1974, GVBl. 354, oder durch SpielbG ersetzt wurde, vgl. zB für Berlin SpielbKG v. 13. 4. 1973 (GVBl. 646), ÄndG v. 26. 11. 1974 (GVBl. 2746); für Bremen SpielbkG v. 20. 2. 1978 (GBl. 67), ÄndG v. 19. 10. 1981 (GBl. 169); für Niedersachsen NdsSpielBG v. 10. 11. 1989 (GVBl. 375); SpielO v. 13. 4. 1992 (GVBl. 101); für Rheinl.Pfalz SpielbG v. 19. 11. 1985 (GVBl. 260), ferner die **SpielbankenVO** v. 27. 7. 1938 (RGBl. I 955; BGBl. III 7136–3), geändert durch VO v. 31. 1. 1944 (RGBl. I 60), deren § 7 entweder als Landesrecht fortgilt (BVerfG BGBl. 1970 I 841), vgl. zB letzte ÄndVO für Baden-Württemberg v. 4. 10. 1982, GBl. 470, für Bayern BayBS ErgB 8, letztes ÄndG v. 23. 12. 1976, GVBl. 566) oder ersetzt wurde, vgl. zB für Berlin SpielO idF v. 9. 6. 1983 (GVBl. 946); für Bremen SpielO v. 23. 11. 1979 (GBl. 753), letzte ÄndVO v. 27. 5. 1983 (GBl. 413); für Hamburg vgl. SpielO v. 19. 4. 1977 (GVBl. 93; 7136–1–1), letzte ÄndVO v. 21. 4. 1987 (GVBl. 97); für RhPf vgl. SpielbankenVO v. 23. 5. 1986 (GVBl. 130); SpielO v. 23. 5. 1986 (GVBl. 131), ÄndVO v. 25. 3. 1987 (GVBl. 100); für das Saarland idF BSSaar 2185–6–1, letzte ÄndVO v. 5. 4. 1990 (ABl. 483). Die Alternativen des § 284 sind begrifflich nicht exakt zu unterscheiden, sie überschneiden sich weitgehend und sind nicht wesensverschieden (Düsseldorf 14. 5. 1990, 2 Ss 133/90).

§ 284

11 **A. Das Veranstalten** bedeutet ein Unternehmen, ein Glücksspiel idR auf eigene Rechnung (Bay NJW **79**, 2258; krit. Meurer/Bergmann JuS **83**, 670) ins Werk zu setzen; es genügt zur Vollendung schon die Aufstellung und Zugänglichmachung eines Spielplans, also das Vertragsangebot (RG **61**, 15; Düsseldorf aaO), das Zustandekommen von Spielverträgen ist nicht erforderlich (RG **62**, 166; Bay **56**, 76; str.). Insbesondere braucht der Veranstalter nicht mitzuspielen. Es genügt, daß er dem Publikum Gelegenheit zur Beteiligung am Glücksspiel gibt (BGH **11**, 209).

12 **B. Halter eines Glücksspiels** ist der Unternehmer, der die Spieleinrichtungen zum Spiel (Roulette, Spielkarten usw.) zur Verfügung stellt (RG **29**, 378; Düsseldorf aaO), er braucht nicht der Bankhalter zu sein (Frank I 3), aber auch nicht jeder Croupier ist Halter (Bay NJW **79**, 2258; Meurer/Bergmann aaO). Ist der Halter oder Veranstalter eine juristische Person oder Personengesellschaft, so gilt § 14 I (krit. AK-Marxen 20 zu § 14).

13 **C. Das Bereitstellen von Einrichtungen** zum Glücksspiel. Es steht neben dem Veranstalten und Halten und ist das Zugänglichmachen von Spieleinrichtungen (Würfel, Karten, Spieltische, Spielmarken, Chips, Jetons) sowie die Hergabe von Räumen, Stühlen und Tischen zum Spielen (RG **56**, 117, 246; Düsseldorf aaO). Danach ist auch der Wirt nach § 284 strafbar, wenn er das Glücksspiel in seinen Räumen duldet; er ist also selbst Täter, nicht bloß Gehilfe bei der Veranstaltung eines andern (Meurer/Bergmann aaO; LK 13; SchSch 17; str.).

14 **D. Als öffentliches Glücksspiel** muß die Veranstaltung geplant sein. Dieses Merkmal ist nur erfüllt, wenn die Veranstaltung dem Publikum als solchem, also einem nicht festgeschlossenen Personenkreise nach außen erkennbar (RG **57**, 193; Bay GA **56**, 385), zugänglich gemacht wird, so auch in einer öffentlichen Wirtschaft, solange sie beliebigen Dritten offensteht (Düsseldorf GA **68**, 88), Öffentlichkeit ist auch gegeben, wenn der Personenkreis zwar begrenzt, aber nicht durch Beziehungen verbunden ist (BGH **9**, 42; Bay **78**, 105, ehem. Kursteilnehmer einer Tanzschule); sie fehlt jedoch beim sog. Kettenbrief (Stuttgart NJW **64**, 365), oder bei dem geschlossenen Eisenbahnabteil eines Zuges (RG **63**, 45). Die Öffentlichkeit wird **nach II**, der viel zu weit geht (vgl. Rich. Lange, Dreher-FS 581), ohne weiteres angenommen beim Spielen in Vereinen und geschlossenen Gesellschaften (dh in der Teilnahme begrenzten, aber nicht nur verwandtschaftlich verbundenen Gruppen; vgl. RG **59**, 349), in denen Glücksspiele *gewohnheitsmäßig* (sei es auch in Privaträumen) veranstaltet werden; es muß zu den Gepflogenheiten der Personengruppe gehören, „dem Glücksspiel eine Stätte zu bereiten"; das kann schon bei einem Stammtisch zutreffen (Stuttgart ZStW **44**, 620). Darin sieht RG **56**, 246 einen durch Übung ausgebildeten Hang, während Hamburg NJW **54**, 933 das Erfordernis eines Hanges überhaupt ablehnt.

14aa Abs. III, als **Qualifikationstatbestand** zu I mit einem Strafrahmen von 3 Monaten bis zu 5 Jahren durch Art. 1 Nr. 21 OrgKG (2 zu § 43a) eingefügt, soll iVm § 285b weiteren Erscheinungsformen der OrgK, nämlich der gewerbs- oder bandenmäßigen illegalen Veranstaltung von Glücksspielen entgegenwirken. **Nr. 1** erfaßt **gewerbsmäßiges Handeln.** Die Gewerbsmäßigkeit (43 vor § 52) ist persönliches Merkmal iS von § 28 II mit den in 6, 9 zu § 28 dargestellten Folgen (vgl. auch 2 zu § 260).

Strafbarer Eigennutz **§ 284**

Nr. 2 verschärft die Strafe, wenn der Täter **als Mitglied einer Bande** (9, 11 zu § 244) handelt, die sich zur fortgesetzten Begehung einer Tat nach I verbunden hat (10 zu § 244).

5) Der **Vorsatz** muß alle Tatbestandsmerkmale des § 284 umfassen; so 15 auch die für den Spielausgang wesentlichen Eigenschaften eines Spielautomaten; hält der Täter trotz dieser Kenntnis den Automaten für keinen Glücksspielautomaten, so ist dies ein Verbotsirrtum (RG **62**, 171), ebenso, wenn er die behördliche Erlaubnis für nicht erforderlich erachtet (RG JW **31**, 2791). Anders, wenn der Täter irrig annimmt (selbst fahrlässig), die zuständige Behörde habe die Erlaubnis erteilt (RG JW **30**, 3857), da die fehlende Erlaubnis negatives Tatbestandsmerkmal ist (vgl. RG **29**, 378; Gülzow Jura **83**, 103; anders BVerfGE **28**, 119, 148 und hM, die Ausschluß der Rechtswidrigkeit annehmen). Das ergibt sich daraus, daß Sinn der §§ 284 ff. nur ist, die Spielleidenschaft unter Kontrolle zu nehmen (BGH **11**, 209; MDR **68**, 938; Stuttgart NJW **64**, 365; str.; vgl. BVerfGE **28**, 119; 148). Erst das Fehlen der Erlaubnis begründet also den Unrechtstatbestand. Demgegenüber nehmen Karlsruhe NJW **53**, 1642, Celle NJW **69**, 2250 Verbotsirrtum an.

6) **Tateinheit** mit § 263 (RG **61**, 16) ist möglich, § 284a tritt, falls sich der 16 Täter des § 284 zugleich am Spiel beteiligt, zurück (aM RG **62**, 172).

7) **Die Strafe.** Zusätzliche Geldstrafe neben Freiheitsstrafe nach § 41; FAufsicht nur nach § 68 I Nr. 1; Vermögensstrafe, erweiterter Verfall und Einziehung nach § 285 b. 17

Beteiligung am unerlaubten Glücksspiel

284 a Wer sich an einem öffentlichen Glücksspiel (§ 284) beteiligt, wird mit Freiheitsstrafe bis zu sechs Monaten oder mit Geldstrafe bis zu einhundertachtzig Tagessätzen bestraft.

1) **Öffentliches Glücksspiel;** wegen dieses Begriffs verweist das Gesetz auf § 284, vgl. dort 3, 14.

A. **Die Beteiligung** an einem solchen Spiel wird bestraft. Der Täter muß 1 also an dem Spiel als **Spieler** teilnehmen, nämlich an der Gewinn- und Verlustchance (RG **67**, 397), Täter kann auch der Veranstalter (§ 284) sein, wie zB beim Roulette. Doch tritt dann § 284a hinter § 284 zurück (Gülzow Jura **83**, 103). Nur die Öffentlichkeit wird verlangt, die nach § 284 II recht weit gezogen ist; nicht mehr ist, wie früher, die Gewerbsmäßigkeit des Spielens erforderlich. Es macht also auch die bloße Gelegenheitsteilnahme an einem öffentlichen Glücksspiel strafbar, falls die behördliche Erlaubnis fehlt; so auch das „Wetten" beim nicht konzessionierten Buchmacher auf der Rennbahn (RG **57**, 191).

B. **Mehrere Personen** können am Vergehen gegen § 284a in Form der 2 Mittäterschaft wie der Beihilfe beteiligt sein, wobei jedoch die Sondertatbestände des § 284 zu beachten sind. Spielt jemand mit fremdem Gelde für Rechnung eines anderen, so ist er nach RG **57**, 191 je nach dem Vorsatze der beiden Mittäter oder Gehilfe. Nach heutiger Auffassung wird es vor allem darauf ankommen, ob der Spielende die Tatherrschaft hat. Das Spiel beginnt bereits mit der Hingabe des Einsatzes (RG **47**, 363).

§ 284a
BT Fünfundzwanzigster Abschnitt

3 C. **Die behördliche Erlaubnis** beseitigt bereits die Tatbestandsmäßigkeit, nicht erst die Rechtswidrigkeit (LK-v. Bubnoff 4; SchSch-Eser 3; allgM, aber zw.), da § 284a dieses Merkmal nicht enthält (vgl. 15 zu § 284).

4 2) **Der Vorsatz** muß auch hier die Kenntnis von der Öffentlichkeit des Spiels, von dessen Eigenschaft als Glücksspiel (vgl. 3, 4 zu § 284) und vom Fehlen der behördlichen Erlaubnis umfassen.

5 3) **Strafe.** Vgl. 17 zu § 284.

§§ 285, 285a Aufgehoben durch Art. 19 Nr. 148, 149 EGStGB.

Vermögensstrafe, Erweiterter Verfall und Einziehung

285 b [I] In den Fällen des § 284 Abs. 3 Nr. 2 sind die §§ 43a, 73d anzuwenden. § 73d ist auch in den Fällen des § 284 Abs. 3 Nr. 1 anzuwenden.

[II] In den Fällen der §§ 284 und 284a werden die Spieleinrichtungen und das auf dem Spieltisch oder in der Bank vorgefundene Geld eingezogen, wenn sie dem Täter oder Teilnehmer zur Zeit der Entscheidung gehören. Andernfalls können die Gegenstände eingezogen werden; § 74a ist anzuwenden.

1 1) **Die Vorschrift** idF des EGOWiG (1 zu § 74) iVm Art. 19 Nr. 150 EGStGB, der Art. 1 Nr. 22 OrgKG (2 zu § 43a) den neuen I voranstellte, sieht
1a in Abs. I zur Abschöpfung der erzielten erheblichen Gewinne in den Fällen der **bandenmäßigen Begehung** (§ 284 III Nr. 2) die zusätzliche Verhängung einer Vermögensstrafe nach § 43a und die Anordnung des erweiterten Verfalls nach § 73d vor, der außerdem auch in den Fällen der **gewerbsmäßigen Begehung** anzuordnen ist. **Abs. II** regelt über § 74 hinaus die Einziehung bei Handlungen, die in den §§ 284 und 284a mit Strafe bedroht sind, hinsichtlich der *Spieleinrichtungen* (3 zu § 284) und des bei einem Einschreiten von Strafverfolgungsorganen auf dem Spieltisch oder in der Bank befindlichen *Bargeldes*. Die Spielbank muß als solche erkennbar sein; auch das Geld in einem Bajazzoapparat wird getroffen, RG HRR **28**, 691. Es genügt, wenn irgendeine Spieleinrichtung
2 vorhanden ist. **A. Vorgeschrieben** wird in II S. 1 die Einziehung (§ 74 IV), soweit die Sachen einem Tatbeteiligten gehören; §§ 74b II, 74c sind anzuwenden, nicht hingegen der die Sicherungseinziehung betreffende § 74e II S. 2, 3.
3 B. **Dritteinziehung** ist nach II S. 2 nicht nur als Sicherungseinziehung nach § 74 II Nr. 2 III zugelassen, sondern auch in den Fällen des § 74a; § 74b gilt in vollem Umfang, nicht hingegen § 74c; § 74e II S. 2, 3 ist nur bei Sicherungseinziehung anzuwenden. Selbständige Einziehung in den Fällen von 2 und 3 nach § 76 I, in den Fällen der Sicherungseinziehung auch nach § 76a II.

4 2) §§ **74ff.** gelten selbständig, soweit es sich nicht um die in II S. 1 bezeichneten Gegenstände handelt, also etwa um Sachen, die zur Herstellung der Spieleinrichtungen bestimmt gewesen oder gebraucht worden sind (7, 8 zu § 74), aber auch um das für das Spielen bestimmt gewesene Geld (RG **35**, 391), so, wenn es sich noch nicht auf dem Spieltisch, aber in der Hand des Spielers befindet (RG **57**, 128). Im übrigen kann der Spielgewinn nicht eingezogen werden (RG **39**, 78).

Strafbarer Eigennutz § 286

Unerlaubte Veranstaltung einer Lotterie und einer Ausspielung
RiStBV 241

286 ⁱ Wer ohne behördliche Erlaubnis öffentliche Lotterien veranstaltet, wird mit Freiheitsstrafe bis zu zwei Jahren oder mit Geldstrafe bestraft.

ⁱⁱ Den Lotterien sind öffentlich veranstaltete Ausspielungen beweglicher oder unbeweglicher Sachen gleichzuachten.

1) Der Veranstalter einer behördlich nicht genehmigten öffentlichen Lotterie ist Täter, der Spieler, der sich an einer solchen Veranstaltung beteiligt, ist straflos (BGH **34**, 179). Landesgesetzliche Verbote des Spielens in ausländischen Lotterien sind zulässig (RG **37**, 19; KGJ **32**, C 58; Bay **8**, 216; Braunschweig NJW **54**, 1777). 1

Landesrechtliche Vorschriften (vgl. Göhler 515 II) gibt es zB für Baden-Württemberg LoG v. 4. 5. 1982 (GBl. 139); für Bayern LoG idF v. 31. 7. 1970 (GVBl. 345, 356), für Hessen LoOWikG v. 4. 9. 1974 (GVBl. I 361, 368; II 316–21); für Rheinland-Pfalz Art. 62 3. LStrafGÄndG v. 5. 11. 1974 (GVBl. 469 BS 452–12); für Schleswig-Holstein LoG v. 29. 8. 1904 (GS 255), ÄndG v. 9. 12. 1974 (GVOBl. 453; GSSchl.-H II 450–2).

Über Veranstaltung vgl. 11 zu § 284; es genügt die Gewährung der Beteiligungsmöglichkeiten (RG **35**, 44), nicht aber die bloße Ankündigung der künftigen Lotterie (RG **9**, 202). Begonnen hat die Veranstaltung bereits, wenn der Unternehmer alles seinerseits Erforderliche getan hat, auch wenn noch kein Los verkauft ist (RG **63**, 238). Ist der Veranstalter eine juristische Person oder Personenhandelsgesellschaft, so gilt § 14 I (krit. AK-Marxen 20 zu § 14).

A. Die Lotterie ist, wie die Ausspielung nach II, eine besondere Art des Glücksspiels, vgl. 8 zu § 284. Sie liegt vor, wenn eine Mehrzahl von Personen vertragsgemäß die Möglichkeit hat, nach einem bestimmten Lotterieplan gegen bestimmten **Einsatz** einen bestimmten Geldgewinn zu machen, dessen Erzielung, den Mitspielern erkennbar, vom Zufalle abhängig ist (RG **67**, 398; BGH 18. 1. 1977, 1 StR 643/76; Braunschweig NJW **54**, 1778, krit. Klenk GA **76**, 363). Das ist bei einer einfachen Kettenbriefaktion nicht der Fall (BGH **34**, 179 [m. Anm. Lampe JR **87**, 383; Richter wistra **87**, 276; P. Granderath wistra **88**, 173; NStZ/A **89**, 504]; Bay NJW **90**, 1862; BFH BStBl. **77** II 495), wohl aber beim sog. amerikanischen Roulette (Karlsruhe NJW **72**, 1963). Voraussetzungen sind: 2

a) Eine Mehrzahl beliebiger Personen muß die Möglichkeit haben, sich an der Lotterie als Spieler zu beteiligen (RG **67**, 397; Karlsruhe NJW **72**, 1963). Daß die Möglichkeit voll ausgenutzt wird, ist nicht erforderlich; es können Lose übrig bleiben; sie kann ev. der Veranstalter auf eigene Rechnung spielen; es reicht, wenn nur eine Person spielt (RG **10**, 245). 3

b) Ein Spielplan muß ferner vom Veranstalter der Lotterie aufgestellt werden, in dem die möglichen Gewinne und Verluste nach Zahl und Höhe und deren Verteilung an die Mitspieler festgelegt sind (RG **62**, 393), nach RG JW **34**, 3204; BGH 28. 5. 1957, 1 StR 339/56 genügt es, wenn sich Anzahl und Höhe der Gewinne nach bindenden Regeln bestimmen, sobald die auszuschüttende Geldsumme feststeht (Zahlenlotto). 4

c) Der Einsatz der Spielenden ist ferner für die Lotterie wesentlich, und zwar ein solcher mit Vermögenswert (BGH **3**, 103; Hamburg MDR **51**, 492), doch kommen auch „versteckte" Einsätze vor; so, wenn jemand den 5

§ 286

Käufern seiner Waren Freilose gibt (der Einsatz steckt, wie regelmäßig, RG **65**, 198, im Warenpreis!), RG **60**, 128; Bay **33**, 111; oder Gutscheine in den Waren versteckt (RG 6. 5. 1927, 1 D 141/27), desgl. bei der Auslosung unter Abonnenten einer Zeitung (RG **42**, 430; Düsseldorf NJW **58**, 760; dazu krit. Klenk GA **76**, 365); oder bei *Preisrätseln*, falls die Löser auch Geld miteinsenden müssen (RG **25**, 256), und zugleich dem Zufallserfordernis (vgl. zu 6) genügt ist. Für § 3 ZugabeVO gilt § 21 OWiG. Lotterie ist auch das Prämienschießen um Geld in Schießbuden (RG JW **11**, 508). Die **Höhe** des Einsatzes muß der Spielplan, nicht die Willkür des Spielenden bestimmen, andernfalls Glücksspiel (R **5**, 285).

6 **d) Der Zufall** muß die Gewinne unter die Spieler verteilen (RG **67**, 398), dies muß den Spielenden erkennbar sein, weil sie nur dann einen Lotterievertrag schließen (RG **60**, 387). Meistens wird die Losziehung entscheiden. Doch kann die Gewinnverteilung auch vom Ergebnis einer anderen Lotterieziehung abhängig gemacht werden (RG **37**, 440), aber auch von der Priorität des Todes (RG **36**, 123). Erforderlich ist Auslosung nicht (Karlsruhe NJW **72**, 1963). Ein Zufall entscheidet auch, wenn die Willkür des Unternehmers für die Verteilung der Gewinne maßgebend sein soll (RG **27**, 94), desgl. wenn die Ankunftszeiten der Lösungen über die Reihenfolge der Gewinner entscheiden sollen (RG **27**, 95). Entscheidet aber bei einem Preisrätsel die Denkleistung der Beteiligten, so scheidet § 286 aus (RG **60**, 389), anders, wenn es hieran fehlt (RG **25**, 256).

7 **B. Die Ausspielung ist** der Lotterie wesensverwandt; sie hat insbesondere auch einen Spielplan (RG **62**, 394), mit offenem oder verstecktem
8 Einsatz (BGH **3**, 99). **a) Sie unterscheidet sich** aber dadurch, daß bei ihr nicht Geld ausgespielt wird, sondern andere Gegenstände (Tombola!, RG **64**, 219; LK-v. Bubnoff 2); so selbst der bloße Zeitpunkt des Besitzerwerbs an einem Gegenstand (RG **59**, 350, Fahrradhilfe!), ein Kuraufenthalt (RG **64**, 219), Pralinen und Kognak für Gewinne im (genehmigten) Spiel (BGH **9**, 40). Spielunternehmung und die entgeltlichen Geschäfte müssen zusammenhängen, und zwar kraft des Spielplans (RG **67**,
9 397), so auch bei Glücksbuden auf Jahrmärkten (RG **10**, 245). **b) Der Zufall** ist auch bei der Ausspielung maßgebend. Die umstr. Frage, ob die Fälle der nach dem *Schneeballsystem* angelegten sog. *progressiven Kundenwerbung* und der progressiven Anwerbung von *Franchisenehmern* straffrei oder nach § 286 II, nach § 263 oder nach § 4 UWG zu bestrafen sind, ist durch § 6c UWG (Anh. 13; Ber. BT-Drs. 10/5058, 38; ferner LK 13 vor § 284), der diese Fälle als Sondernorm mit Strafe bedroht, überholt (zum bisherigen Streitstand 45. Aufl.). § 6c UWG ist allerdings auf die Veranstaltung von *Kettenbriefaktionen* außerhalb des geschäftlichen Verkehrs nicht anwendbar, BGH **34**, 179 [hierzu P. Granderath wistra **88**, 173], nach Bay NJW **90**, 1862 [hierzu Richter wistra **90**, 216] auch nicht auf geschäftlich betriebene Kettenbriefsysteme; hierzu ferner Stuttgart
10 wistra **90**, 165 m. Anm. Richter; Otto, Bekämpfung 53). **c) Der Einsatz des Spielers** ist ebenfalls erforderlich. Er fehlt, wenn der Ausspieler an dem Verkauf nichts verdient und es ihm nur auf Kundenwerbung für die Zukunft ankommt (RG **67**, 400). Anders, falls der Ausspieler am Gewinn prozentual beteiligt ist (NJW **56**, 639). Am Einsatz fehlt es nach

Strafbarer Eigennutz **§ 286**

LG Tübingen NJW **60**, 1359 bei einem Kaugummiautomaten, der neben dem Kaugummi, der die eingeworfene Münze wert ist, vereinzelt noch wertvollere Zugabeartikel abgibt.

2) Tathandlung ist das Veranstalten einer öffentlichen Lotterie (vgl. dazu RG **8**, 292; **42**, 433; hierzu im einzelnen Schoene NStZ **91**, 469) oder Ausspielung ohne behördliche Genehmigung. Dazu genügt auch der Verkauf des erhofften Gewinns, sog. Promessengeschäft (RG **37**, 440), dagegen keine Lotterie, wenn wie bei der Losgesellschaft zugleich der Anteil am gemeinschaftlich gespielten Lose übereignet wird (RG **27**, 237). Der Spielplan ist den Spiellustigen zugänglich zu machen, so daß sie die *Möglichkeit* der Beteiligung am Spiel haben (RG **59**, 352), nicht nötig ist, daß Spielverträge tatsächlich abgeschlossen werden (RG **19**, 257; **35**, 44; Bay **56**, 67). Vor der Möglichkeit ist nur straflose Vorbereitung gegeben (RG **9**, 204; Hamburg OLGSt. 1). Doch dauert die Tat einheitlich bis zur Beendigung der Ausspielung fort (RG **30**, 397). Wegen der Mittäterschaft vgl. 2 zu § 284a. Der lediglich die Lose verkaufende Kollekteur ist nur Gehilfe oder je nach Lage des Falles Begünstigter des Veranstalters (RG **5**, 39; LK 14). 11

A. Öffentlich muß die Lotterie oder die Ausspielung veranstaltet werden; sie muß also jedermann aus dem Publikum, oder zwar einem begrenzten, aber nicht durch persönliche Beziehungen verbundenen Personenkreise zugänglich gemacht werden (RG **15**, 274), wie bei den Zufallsgästen in einem Gasthaus (RG **1**, 414). Den Gegensatz bildet der „Privatzirkel". Das ist ein fest abgeschlossener Personenkreis, dessen Mitglieder durch Beruf, gemeinsame Interessen oder in ähnlicher Weise, einschließlich des Veranstalters, innerlich miteinander verbunden sind (RG **59**, 349; zum Ganzen Schild NStZ **82**, 446). 12

B. Die behördliche Genehmigung muß fehlen. Ist sie zwar gegeben, doch unter gewissen Bedingungen, so ist bei deren Nichteinhalten ein Veranstalten ohne Genehmigung anzunehmen (RG **28**, 236), zB wenn der Unternehmer das Los für den Hauptgewinn zurückhält (BGH **8**, 289). Eine Erklärung der Behörde, daß es keiner Genehmigung bedürfe, steht einer Genehmigung gleich (vgl. Celle DStR **34**, 78). Zur Genehmigung vgl. die LotterieG der Länder (Übersicht und Fundstellen Göhler 515 II). Für alle *Inlandsveranstaltungen* ist die Genehmigung erforderlich. Dabei ist zu beachten, daß für die Lotterieverbote der einzelnen Länder (vgl. 1 ff.) auch ein anderes deutsches Land Ausland ist (Braunschweig NJW **54**, 1779). *Ausländische Lotterien* sind im Inlande schon dann veranstaltet, falls dem Publikum durch besondere Einrichtungen im Inlande die Beteiligung daran ermöglicht wird (RG **42**, 433). 13

3) Der innere Tatbestand verlangt Vorsatz; Fahrlässigkeit genügt nicht; § 15. Der Täter muß die Merkmale der öffentlich veranstalteten Lotterie oder Ausspielung kennen (RG **63**, 324). Weiß er nichts von dem Erfordernis der obrigkeitlichen Erlaubnis oder glaubt er, keine zu benötigen, so ist das ein Verbotsirrtum. Glaubt er hingegen irrig, die Erlaubnis erhalten zu haben (weil zB die erteilende Behörde unzuständig war), so ist das ein Tatbestandsirrtum (RG **60**, 362). 14

4) Tateinheit mit § 263 ist möglich, falls der Veranstalter arglistig vom Spielplan zum Nachteil der Spielteilnehmer abweicht, indem er die besten Ge- 15

1677

§ 286

winnlose herausnimmt. Dann schädigt er sie bei Erfüllung des Spielvertrages, da sie gutgläubig die Ausspielung als ordnungsmäßig hinnehmen (BGH **8**, 289), Tateinheit ist weiter möglich mit § 148 GewO (RG **14**, 386), § 4 UWG (BGH **2**, 139), § 23 RennwG (KG HRR **25**, 1397). Hingegen tritt § 284 hinter § 286 zurück (BGH **34**, 179; Braunschweig NJW **54**, 1778; Karlsruhe NJW **72**, 1963). § 286 tritt hinter § 56 I Nr. 3 f/§ 145 II Nr. 2 c GewO zurück; str. Beim Spielen in ausländischen Lotterien kann ein Verstoß gegen Landesrecht vorliegen, vgl. 1. Für das Verhältnis zu § 144 I Nr. 1 d GewO gilt § 21 OWiG.

16   **5) Die Strafe.** Zusätzliche Geldstrafe neben Freiheitsstrafe nach § 41. Die Einziehung der Einsätze und Gewinne ist nach § 74 möglich; sie versagt aber, wenn das Geld schon Eigentum der Spieler geworden ist, da diese nicht Teilnehmer iS des § 74 sind und § 74 a nicht anwendbar ist.

§ 287 [Ersetzt durch §§ 25 d ff. WZG]

Vereiteln der Zwangsvollstreckung

288   **¹ Wer bei einer ihm drohenden Zwangsvollstreckung in der Absicht, die Befriedigung des Gläubigers zu vereiteln, Bestandteile seines Vermögens veräußert oder beiseite schafft, wird mit Freiheitsstrafe bis zu zwei Jahren oder mit Geldstrafe bestraft.**

II Die Tat wird nur auf Antrag verfolgt.

1   **1) Die Vorschrift** (II idF des Art. 19 Nr. 152 EGStGB) schützt – im Gegensatz zu den §§ 283 ff., die dem Schutz der *Gesamt*vollstreckung (Konkurs) dienen, – die *Einzel*vollstreckung, dh das Recht des einzelnen Gläubigers auf Befriedigung aus dem Schuldnervermögen (RG **71**, 230; BGH **16**, 334).

2   **A. Ein begründeter Anspruch** des Gläubigers ist Voraussetzung des Delikts (RG **13**, 292; Bay **2**, 224; Hamburg NJW **56**, 194), das Bestehen des Anspruchs ist Tatbestandsmerkmal nur bloße Bedingung der Strafbarkeit (RG **63**, 341; BGH 7. 7. 1964, 1 StR 180/64). Bei nichtigen Rechten ist § 288 ausgeschlossen, desgl. bei nur vorläufig vollstreckbaren, später aufgehobenen Titeln (RG **31**, 22), ebenso, falls der Täter handelt, um die Befriedigung einer erst künftig entstehenden Schuld zu vereiteln (RG **32**, 298), so bezüglich der Unterhaltsansprüche noch nicht geborener Kinder (RG **44**, 251; str.). Doch braucht sein schon bestehender Anspruch noch nicht fällig zu sein (RG **24**, 238; **71**, 230). Jedes vollstreckungsfähige Recht vermögensrechtlicher Art ist geschützt, gleichgültig ob es öffentlicher oder privater Natur ist (RG **68**, 109). Es genügt, daß die Vollstreckung des Anspruchs mittelbar erzwungen werden kann (RG **38**, 227). Auf Zwangsgeld nach dem Verwaltungsvollstreckungsverfahren (LG Bielefeld NStZ **92**, 284), auf Geldstrafe und Einziehung ist § 288 allerdings nicht anzuwenden, wohl aber auf Verfahrenskosten (LK-Schäfer 7, 8).

3   **B. Eine Zwangsvollstreckung** muß dem Täter drohen, also die zwangsweise Durchsetzung des Anspruchs durch das zuständige Vollstreckungsorgan, wie Gericht, Gerichtsvollzieher, Verwaltungsbehörde. Auch die Zwangsverwaltung gehört hierher, während der Vollzug eines Arrestes zwar noch keine Zwangsvollstreckung iS des § 288 ist, aber dem Schuldner
4 deutlich macht, daß eine solche droht (RG **26**, 10). **a) Drohen muß die Zwangsvollstreckung** dem Täter; es muß objektiv anzunehmen sein, daß

Strafbarer Eigennutz § 288

der Gläubiger demnächst zur zwangsweisen Durchsetzung seines Anspruchs schreiten wird (RG 63, 341), ein vorübergehender Vollstreckungsschutz beseitigt das „Drohen" der Zwangsvollstreckung nicht (Bay 32, 48), sie braucht also noch nicht begonnen zu haben; es ist nicht einmal erforderlich, daß eine vollstreckbare Forderung vorliegt oder Klage erhoben wurde (MDR/H 77, 238). Es handelt sich um eine Tatfrage (aaO; RG 31, 24), so bei einer Mahnung (RG 20, 256). Oft folgt schon aus der Natur des Anspruchs, daß ihn der Gläubiger notfalls durch Zwangsvollstreckung durchsetzen wird; die bloße Fälligkeit reicht jedoch nicht aus (RG 20, 258), nach RG LZ 32, 1071 auch noch nicht ein Wechselprotest; zum Anfechtungsanspruch wegen Gläubigerbenachteiligung (vgl. RG 63, 341; Bieneck WiStR § 74, 8). Auch eine schon begonnene Zwangsvollstreckung kann noch drohen, wenn weitere Vollstreckungshandlungen bevorstehen (RG 35, 62; Geppert Jura 87, 428). **b) Dem Täter drohen** muß die Zwangsvollstreckung; Täter kann regelmäßig nur der Vollstreckungsschuldner sein (RG 68, 108). Ist der Schuldner eine juristische Person oder Personenhandelsgesellschaft oder handelt der gesetzliche Vertreter des Schuldners, so greift § 14 ein. Handelt ein gewillkürter Vertreter, so versagt § 288. Zur Rechtslage vor Inkrafttreten des § 14 vgl. RG 60, 234; Rimmelspacher JZ 67, 698; 700; Schmitt JZ 67, 698; 68, 123. Läßt sich jemand vom Schuldner in dessen Interesse eine Scheinhypothek auf dem Grundstück des Schuldners eintragen, so begeht er nur Beihilfe zur Tat des Schuldners (RG 63, 133).

2) Bestandteile seines Vermögens muß der Täter veräußern oder beiseite schaffen; alternative Feststellung bezüglich dieser beiden Handlungen ist zulässig (RG 6, 100). Zum Vermögen des Täters in diesem Sinne gehört alles, was der Vollstreckung unterliegt (BGH 16, 332), so auch der Besitz fremder Sachen, wenn sich die Vollstreckung auf den Besitz richtet, RG 61, 408; oder wenn es sich um Besitz des Vorbehaltskäufers handelt, gegen den der Verkäufer Vollstreckung seines Herausgabeanspruchs oder Geldvollstreckung in seine eigene Sache betreibt (BGH 16, 330 vgl. weiter BGH GA 65, 310; KG JW 31, 2138; BGHZ 15, 171; 241; Geppert Jura 87, 429), desgl. (nach Lage des Falles) ein überschuldetes Grundstück (RG JW 32, 3625), sowie künftige Forderungen (RG 71, 230; aM Haas wistra 89, 260). Dagegen nicht dem Schuldner nur zur Einziehung abgetretene Forderungen (RG 72, 252), oder unpfändbare Stücke (RG 61, 408; Bay 52, 245), so nicht die Geschäftsbücher des Schuldners (RG HRR 36, 456). 6

A. Veräußern ist jede Rechtshandlung, durch die ein dem Gläubiger 7 haftender Vermögenswert aus dem Vermögen des Schuldners ausgeschieden wird (NJW 53, 1152), ohne daß der volle Gegenwert in das Schuldnervermögen gelangt (RG 71, 230), so daß sie *rechtlich* der Vollstreckung entzogen sind (RG 66, 131; zum Ganzen Geppert Jura 87, 429). **a) Hierher** 8 **gehören:** Die Bestellung einer Hypothek (RG 66, 131), eines Pfandrechts an Mobilien (BGH 16, 331), die Eintragung einer Vormerkung auf Auflassung (RG 59, 314), einer Dienstbarkeit (hiergegen Haas wistra 89, 260). Ebenso genügen Abtretung, Verzicht auf Nießbrauch (RG GA Bd. 40, 145), Erlaß von Forderungen (RG 7, 239), das Verschleudern eines Hypothekenanteils (NJW 53, 1152), oder die Dereliktion von Sachen. Endlich auch die Verpachtung, weil sie das Eigentum an den Früchten ändert (RG 6, 100). **b) Dagegen nicht:** der bloße Verkauf ohne Übergabe (RG 32, 20), 9 das bloße Vermieten oder Verleihen, da hier der Rückgabeanspruch pfändbar bleibt (vgl. aber zu 10), das bloße Ausschlagen einer noch nicht angetretenen Erbschaft (LK 22); endlich nicht die bloß *kongruente* Erfüllung; wenn nämlich der befriedigte Gläubiger nur gerade das erhält, worauf er einen unanfechtbaren Anspruch hat (SchSch-Eser 16). Wegen kongruenter Deckung vgl. 8f. zu § 283c; RG **71**, 230. Seine fällige Schuld bei einem anderen Gläubiger darf also der Schuldner stets befriedigen.

10 **B. Beiseiteschaffen** ist jede Handlung, durch welche ein Gegenstand der Zwangsvollstreckung tatsächlich entzogen wird (GA **65**, 309), so das Verstecken (RG **35**, 63), das Zerstören einer Sache (RG **19**, 25), die Scheinveräußerung (RG **27**, 213), die Eintragung einer Scheinhypothek (RG **63**, 133), das heimliche Vermieten; das Einziehen einer Forderung vor Fälligkeit (RG **71**, 229). Dagegen genügt *nicht:* das bloße Beschädigen einer Sache (RG **42**, 62; Arzt/Weber LH **4**, 202; str.), das Ableugnen ihres Besitzes, etwa gegenüber dem Gerichtsvollzieher (9. 12. 1959, 4 StR 289/59).

11 3) **Der Vorsatz** des Täters hat sich, wenn auch nur als bedingter, darauf zu erstrecken, daß er der ihm drohenden Zwangsvollstreckung einen Befriedigungsgegenstand entzieht (vgl. RG **59**, 316). Glaubt der Täter irrig, zu seiner Handlung rechtlich verpflichtet zu sein, so ist das ein Verbotsirrtum (str.; aM Geppert Jura **87**, 431). Der Täter muß weiter die Absicht **12** haben, die Befriedigung des Gläubigers zu vereiteln. **A. Absicht** bedeutet hier nur soviel wie bestimmter Vorsatz (RG **59**, 315). Diese Absicht fehlt, wenn der Täter weiß oder annimmt, die Sache werde aus rechtlichen (Unpfändbarkeit!) oder tatsächlichen Gründen (Überschuldung!) dem Gläubiger keine Befriedigung bringen (RG **59**, 315; Frank III). Eine auf zeitweilige Befriedigungsvereitelung gerichtete Absicht genügt (MDR/H **77**, 238). Nicht erforderlich ist, daß die beabsichtigte Vereitelung auch gelingt (RG **38**, 233). Tätige Reue gibt es nicht (Eckels NJW **55**, 1827; aM Ottow NJW **13** **55**, 1546; vgl. auch LK 30). **B. Eine Vereitelung der Befriedigung** des Gläubigers muß der Schuldner wollen. Bleiben noch genügend Befriedigungsstücke übrig, so fällt die Entziehung eines bestimmten Gegenstandes nicht unter § 288, es sei denn, daß der Anspruch gerade auf diesen Gegenstand ging (RG **71**, 230).

14 4) **Beihilfe** erfordert die Kenntnis aller Tatbestandsmerkmale beim Täter, insbesondere auch von dessen Vereitelungsabsicht; der Gehilfe selbst braucht nicht vereiteln zu wollen (RG JW **30**, 2537). Beihilfe ist zB der Erwerb der Sache durch einen Dritten (RG **20**, 214). Für den Teilnehmer gilt § 28 I, da die Eigenschaft des Täters als Vollstreckungsschuldner ein täterbezogenes Merkmal iS dieser Vorschrift ist (LK-Roxin 39 zu § 28; SK-Samson 25; Bockelmann BT/1 § 18 V; str.; aM Lackner 2; M-Schroeder § 47, 11; Arzt/Weber LH **4**, 208; Otto BT § 50 II 3; Geppert Jura **87**, 431).

15 5) **Zum Strafantrag** (**II**; §§ 77 ff.) berechtigt ist in erster Linie der Gläubiger, gegen dessen Zwangsvollstreckung sich die Tat richtet (RG **17**, 44). Gerät der Gläubiger in Konkurs, so wird neben ihm sein Konkursverwalter antragsberechtigt (RG **35**, 149). Bei einer städtischen Sparkasse ist neben dem Bürgermeister im Zweifel auch deren Vorstand antragsberechtigt (RG **68**, 305). Der Antragsteller muß zZ der Vereitelung einen sachlich begründeten Anspruch gehabt haben (RG JW **37**, 1336).

6) Tateinheit ist möglich mit § 136, wenn zu der schon begonnenen 16
Zwangsvollstreckung noch weitere Vollstreckungsakte zu erwarten sind (vgl.
RG **17**, 42 zu § 137 aF), desgl. mit § 246 (GA **65**, 309; vgl. 6 ff.), ferner mit
§ 283 c (RG **20**, 214), ebenso mit §§ 283, 283 c, wenn zum Tatbestande des § 288
nachträglich Zahlungseinstellung oder Konkurseröffnung hinzukommt.

Pfandkehr

289 ⁱ Wer seine eigene bewegliche Sache oder eine fremde bewegliche Sache zugunsten des Eigentümers derselben dem Nutznießer, Pfandgläubiger oder demjenigen, welchem an der Sache ein Gebrauchs- oder Zurückbehaltungsrecht zusteht, in rechtswidriger Absicht wegnimmt, wird mit Freiheitsstrafe bis zu drei Jahren oder mit Geldstrafe bestraft.

ᴵᴵ **Der Versuch ist strafbar.**

ᴵᴵᴵ **Die Tat wird nur auf Antrag verfolgt.**

1) Die Vorschrift, geändert durch Art. 8 des 1. StrRG und Art. 19 Nr. 153 1
EGStGB (vgl. BT-Drs. 7/1261, 19), **schützt** bewegliche Sachen in der Hand
des Nichteigentümers, an denen jemand ein Nutznießungs-, Pfand-, Gebrauchs- oder Zurückbehaltungsrecht hat. **Nutznießungsrechte** sind in
§§ 1030 ff., 1417 III S. 2, 1649 II, das **Pfandrecht** in §§ 1204 ff. BGB geregelt; es
kann vertraglicher oder gesetzlicher Art sein (§ 1257 BGB); so das Pfandrecht
des Vermieters (§ 559 BGB; Bay NJW **81**, 1745 m. Anm. Otto JR **82**, 32;
Bohnert JuS **82**, 256) sowie des Verpächters (§§ 581 II, 585 BGB), des Pächters
(§ 590 BGB), des Unternehmers (§ 647 BGB; Düsseldorf NJW **89**, 116), des
Gastwirts (§ 704 BGB). Das **Gebrauchsrecht** kann dinglicher oder persönlicher
Art sein (RG **37**, 129), so auch das des Mieters (§§ 536 ff. BGB) und des Entleihers (§ 603 BGB), RG **17**, 358; das **Zurückbehaltungsrecht** kann kraft Gesetzes (§ 273 BGB; §§ 369 ff. HGB) oder kraft Vertrages entstehen (RG **32**, 15).
Zum Fall eines Rücktritts vom Abzahlungsvertrag vgl. Braunschweig NJW **61**,
1274. Zurückbehalten kann man vertraglich nur, was man im **Besitz** hat; ohne
Besitz kein gültiges Zurückbehaltungsrecht (RGZ **109**, 107). Daher ist die Annahme des RG in RG **63**, 210 irrig, der Vermieter könne ein Zurückbehaltungsrecht an Sachen seines Mieters vereinbaren, obwohl die Sachen im Besitz des
Mieters verbleiben (hM; LK-Schäfer 7; Bockelmann BT/1 § 18 I; wie das RG
SchSch-Eser 6; M-Schroeder § 37, 16; vgl. Geppert Jura **87**, 432). Jedenfalls
bindet die Vereinbarung eines obligatorischen Zurückbehaltungsrechts durch
einen Nichteigentümer nicht den Eigentümer (RG **63**, 210).

A. Die Handlung besteht nach dem Wortlaut des § 289 in dem Wegneh- 2
men, nach der *ratio legis* aber in der **Vereitelung** der Ausübung des entsprechenden Rechtes für die Zukunft durch Entfernung aus dem Machtbereich
des Berechtigten. Dies wird idR durch den Bruch des Gewahrsams des
Berechtigten geschehen, niemals durch bloßes Zerstören der Sache (RG **15**,
434; Laubenthal JA **90**, 40). Begründung eigenen Gewahrsams ist nicht
erforderlich. In den Fällen aber, in denen das Gesetz die durch § 289 geschützten Rechte auch ohne Gewahrsam des Berechtigten anerkennt, genügt auch eine sonstige Vereitelung der Ausübung des Rechts; so insbesondere beim gesetzlichen Pfandrecht des Vermieters an den pfändbaren Sachen des Mieters (§ 559 BGB), falls dieser seine Ausübung durch „Rücken"
vereitelt (RG **38**, 174; Bay NJW **81**, 1745, m. abl. Anm. Otto JR **82**, 321;

§ 289

JZ **85**, 27; Bohnert JuS **82**, 256; vgl. auch Geppert JK 1 u. Jura **87**, 433; LK-Schäfer 12; hM; str.; aM SchSch 8; SK-Samson 10). Es bedarf also hier nicht der verschwommenen Konstruktion eines besitzähnlichen Verhältnisses (so RG **25**, 117). Ein Vergehen gegen § 289 an gepfändeten Sachen, die der Gerichtsvollzieher im Besitz des Schuldners beläßt, ist deshalb nicht möglich, weil § 136 als *lex specialis* vorgeht (SchSch 4; str.; vgl. Tiedemann JuS **67**, 27; Würtenberger JuS **69**, 129), hat jedoch der Gläubiger Gewahrsam (§ 809 ZPO), ist Tateinheit zwischen § 136 und § 289 gegeben. § 289 ist nicht anzuwenden, wenn der Hypothekenschuldner Zubehörstücke des Grundstücks veräußert; denn nach § 1121 I BGB werden sie von der Hypothekenhaftung frei, falls sie vor der Beschlagnahme veräußert und vom Grundstück entfernt werden, so iErg. auch RG **25**, 116.

3   B. **Zugunsten des Eigentümers der Sache** muß die Wegnahme geschehen. Dabei kann Täter der Eigentümer selbst oder in dessen Interesse auch ein Dritter sein (RG **17**, 358, Sonderregelung gegenüber § 14; vgl. LK 17). Dagegen darf der dritte Täter nicht in erster Linie in eigenem Interesse handeln (RG **7**, 325), sonst kann evtl. § 242 Platz greifen.

4   2) **Der Vorsatz** erfordert das Bewußtsein, ein fremdes Recht der in § 289 genannten Art zu vereiteln (RG JW **31**, 542; Düsseldorf NJW **89**, 116). Außerdem muß der Täter **in rechtswidriger Absicht** handeln. Sie setzt das Wissen des Täters voraus, mit seiner Handlung das Recht zu verletzen. Bedingter Vorsatz genügt insoweit *nicht* (RG **34**, 160; hM), vgl. jedoch LK 23; Braunschweig NJW **61**, 1274, das zu Unrecht eine Parallele zu §§ 242, 253 und 263 zieht.

5   3) **Der Versuch** ist strafbar (**II**). Er liegt beim Beginn der Wegnahme vor (vgl. RG **38**, 174).

6   4) Berechtigt zum **Strafantrag** (**III**; §§ 77 ff.) ist die Person, deren Rechtsausübung vereitelt wird; vgl. weiter 15 zu § 288.

7   5) **Tateinheit** ist möglich mit § 136 (dort 12); § 223 (RG **13**, 399), §§ 240, 249, 288; ob auch mit § 253 (so RG **25**, 436) und § 263 (so RG HRR **41**, 739), ist zw. (vgl. SchSch 13), offen gelassen BGH **32**, 92 (hierzu Joerden JuS **85**, 23).

Unbefugter Gebrauch von Pfandsachen

290 Öffentliche Pfandleiher, welche die von ihnen in Pfand genommenen Gegenstände unbefugt in Gebrauch nehmen, werden mit Freiheitsstrafe bis zu einem Jahr oder mit Geldstrafe bestraft.

1   1) **Öffentliche Pfandleiher** sind Personen, die ein allgemein zugängliches Pfandleihgeschäft betreiben, ohne Rücksicht darauf, ob es behördlich (§ 34 GewO) konzessioniert ist (RG **8**, 270; hM; vgl. PfandlV).

2   2) **Die verbotene Handlung** ist das unbefugte Ingebrauchnehmen (furtum usus), dh jede mit der Beschaffenheit des Gegenstandes verträgliche nutzbare Verwendung (BGH **11**, 48). Geht der Gebrauch in Zueignung über, so liegt lediglich Unterschlagung (§ 246) vor (RG **15**, 147). Als Gebrauch iS des § 290 hat auch die mit der Absicht der Wiedereinlösung erfolgende Verpfändung zu gelten (RG **8**, 269). **Unbefugt** (4 zu § 132) ist der rechtswidrige Gebrauch, namentlich der ohne Einwilligung des Verpfänders. Zum Irrtum darüber, vgl. 17 zu § 132a.

Strafbarer Eigennutz § **290**

3) Konkurrenzen. Für die Ordnungswidrigkeiten nach § 144 GewO und 3
§ 12a PfandlV gilt § 21 OWiG (Anh. 21). § 290 tritt hinter § 246 zurück, Tateinheit möglich mit §§ 148 Nr. 1, 144 I Nr. 1 GewO.

§ 291 [Aufgehoben durch KRG Nr. 11]

Jagdwilderei

292 ¹ Wer unter Verletzung fremden Jagdrechts dem Wild nachstellt, es fängt, erlegt oder sich zueignet oder eine Sache, die dem Jagdrecht unterliegt, sich zueignet, beschädigt oder zerstört, wird mit Freiheitsstrafe bis zu fünf Jahren oder mit Geldstrafe bestraft.

II In besonders schweren Fällen, insbesondere wenn die Tat zur Nachtzeit, in der Schonzeit, unter Anwendung von Schlingen oder in anderer nicht weidmännischer Weise oder von mehreren mit Schußwaffen ausgerüsteten Tätern gemeinsam begangen wird, ist auf Freiheitsstrafe von drei Monaten bis zu fünf Jahren zu erkennen.

III Wer die Tat gewerbs- oder gewohnheitsmäßig begeht, wird mit Freiheitsstrafe von drei Monaten bis zu fünf Jahren, in besonders schweren Fällen mit Freiheitsstrafe von einem Jahr bis zu fünf Jahren bestraft.

1) Die Verletzung fremden Jagdrechts und Jagdausübungsrechtes hat 1
§ 292 zum Inhalt. Dahinter steht aber der Schutz eines durch Hege erhaltenen Wildbestandes (LK-Schäfer 2ff.; Wessels JA 84, 221; aM SK-Samson 1; str.). Das Jagdrecht einschließlich des Jagdschutzes wird ausschließlich durch das BJagdG und die in seinem Rahmen erlassenen landesgesetzlichen Vorschriften (§ 1 VI BJagdG) geregelt.

A. Gegenstand der Wilderei sind die Gegenstände des Jagdrechts, vor 2 allem wildlebende Tiere, die dem Jagdrecht unterliegen und ausschließlich dem Aneignungsrecht bestimmter Personen unterstehen (§ 1 I BJagdG), sowie Sachen, die dem Jagdrecht unterliegen (§ 1 V BJagdG; Bay NJW 55, 32; Hamm OLGSt. 1).

a) Wild und **herrenlos** muß das Tier sein; ein gezähmtes Tier wird 3 wieder wild, wenn es die Gewohnheit aufgibt, zu den Menschen zurückzukehren, § 960 III BGB. Die Herrenlosigkeit endet, wenn der Jagdberechtigte das Tier in Aneignungsabsicht in Besitz nimmt; ein Nichtberechtigter kann an dem Wild durch Besitzergreifung kein Eigentum erwerben, § 958 II BGB. Ein gefangenes wildes Tier, das entkommt, wird wieder herrenlos, falls es nicht unverzüglich verfolgt wird (§ 960 II BGB) oder der Eigentümer die Verfolgung aufgibt (Bay JR 87, 128 m. Anm. R. Keller). Jedoch kann ein in fremdem Gewahrsam (zB auch von einem Wilderer) gehaltenes Tier nicht mehr Gegenstand der Jagdausübung und damit der Wilderei sein; denn es lebt nicht mehr wild (RG 63, 36; aM RG 39, 427; Bay NJW 55, 32; LK 36). Wer es bösgläubig erwirbt, verletzt nicht § 292, sondern § 259; so aber auch LK 37. Über die Tiere in Tiergärten und sonstigen Gehegen vgl. 7 zu § 242 und § 6 S. 3 BJagdG.

b) Die dem Jagdrecht unterliegenden Tierarten werden in § 2 I BJagdG 4 und in den nach § 2 II BJagdG erlassenen landesrechtlichen Vorschriften bestimmt; dazu zählen zB Wildkaninchen (§ 2 I Nr. 1 BJagdG), nicht aber

§ 292

Hochbrutflugenten, Hamm OLGSt. 21 zu § 242. Auch das *Fallwild* und verendetes Wild gehören nach § 1 V BJagdG dazu, ohne Rücksicht darauf, aus welchem Grunde es eingegangen ist (RG **18**, 226, Hamm NJW **56**, 881), auch wenn das Tier, von einem Kraftwagen erfaßt, tot auf der Straße liegt (§ 1 V BJagdG; BGH 24. 2. 1960, 2 StR 22/60); anders nur, wenn das Tier gänzlich in Verwesung übergegangen ist (Bay **9**, 47), es genügt, daß noch das Geweih mit dem Schädel verbunden ist (RG **13**, 84). Aber auch an schon getrennten Teilen des Tieres ist Wilderei möglich, soweit sich das Jagdrecht auf solche Teile (Abwurfstangen)! § 1 V BJagdG) erstreckt (RG **13**, 89); eine Ausnahme ist nur für solche Teile des Tierkörpers anzuerkennen, die von ihm künstlich abgetrennt und so von ihm entfernt worden sind, daß die Zugehörigkeit zum Tierkörper als Ganzem völlig aufgehoben ist, RG **63**, 37. Handelt es sich um Teile von Tieren in Tiergärten (vgl. RG JZ **11**, 221), so stehen sie, wie das ganze Tier, im Eigentum des Tiergarteninhabers (RG **60**, 276). Hingegen kann an toten Tieren und anderen dem Jagdrecht unterliegenden Sachen, die ein Wilderer an sich gebracht hat, nochmals Wilderei begangen werden (Bay NJW **55**, 32; aM Furtner JR **62**, 415). Das Jagdrecht umfaßt auch die Befugnis, sich der *Jungen* und der *Eier* des Federwildes zu bemächtigen (§ 1 V BJagdG); auch an ihnen ist daher Wilderei iS des § 292 möglich. **Die nicht dem Jagdrecht unterliegenden Tierarten** sind, soweit sie nicht in fremdem Eigentum stehen, für den Fang frei. Doch sind das BNatSchG (§§ 20 ff.) und die NatSchG der Länder zu beachten.

5 **B. Dem Eigentümer** steht das Jagdrecht zu auf seinem Grund und Boden als untrennbare Eigentumsbefugnis (§ 3 I BJagdG). An dem Meeresstrand, den Küstengewässern, den Haffs, Wasserläufen und auf Flächen, an denen kein Eigentum begründet ist, steht das Jagdrecht den Ländern zu (§ 3 II BJagdG).

6 **C. Nur in Jagdbezirken** darf das Jagdrecht gemäß §§ 4ff. BJagdG ausgeübt werden (§ 3 III BJagdG). In befriedeten Bezirken steht dem Jagdpächter **7** kein Jagdausübungsrecht zu (Bay NStZ **92**, 187 mwN). **a) Einen Eigenjagdbezirk** besitzt der Eigentümer einer zusammenhängenden Grundfläche von mindestens 75 ha. Dort ist er selbst jagdberechtigt oder an seiner Stelle der Nutznießer am ganzen Eigenjagdbezirk (§ 7 I, IV BJagdG). Zulässig ist die Verpachtung des Jagdrechts in seiner Gesamtheit an einen Dritten. Durch den Pachtvertrag wird im Zweifel (§ 11 I Satz 2 BJagdG) das Jagdrecht des Verpächters ausgeschlossen; doch darf der Vertrag nicht nichtig sein (RG **49**, 83). Ob mehrere Mitpächter das Jagdgebiet unter sich zur ausschließlichen Jagdnutzung der einzelnen aufteilen können, ist nach dem Pachtvertrag zu entscheiden (RG **24**, 122; zw.; aM LK 28). Auch im Einzelfalle kann nach Maßgabe des Landesrechts (§ 11 I Satz 3 BJagdG) **8** durch Erlaubnis die Jagdbefugnis entstehen (Jagd-Gast!). **b) Einen gemeinschaftlichen Jagdbezirk** bilden die übrigen Grundflächen einer Gemeinde, die nicht zu einem Eigenjagdgebiet gehören (§ 8 I BJagdG). An ihm steht die Ausübung des Jagdrechts der **Jagdgenossenschaft** zu, die von der Gesamtheit der Eigentümer gebildet wird (§ 9 BJagdG). Sie kann die Jagdausübung verpachten oder durch angestellte Jäger ausüben (§ 10 **9** BJagdG). **c) Die Jagdausübung ruht** auf Grundflächen, die zu keinem Jagdbezirk gehören (sog. Enklaven) und auf befriedeten Bezirken (zB Gebäude, abgeschlossener Hofraum und Hausgarten (vgl. Hamm GA **61**, 89;

Strafbarer Eigennutz **§ 292**

Bay NStE Nr. 1); hier hat das Jagdrecht nur der Eigentümer, darf es aber (ohne Sondererlaubnis) nicht ausüben.

2) Das Jagdausübungsrecht wird durch § 292 geschützt. **10**

A. Die Tathandlung besteht in der Verletzung der Befugnisse des Jagd- **11** berechtigten durch einen Nichtjagdberechtigten, indem er dem Wilde nachstellt, es fängt, erlegt oder sich zueignet (hier also nur lebendes Wild (Bay NJW **55**, 33). a) **Das Nachstellen** (unechtes Unternehmensdelikt) ge- **12** nügt, so das Auf-dem-Anstand-Stehen, selbst mit ungeladenem Gewehr, wenn es nur leicht schußfertig zu machen ist (RG **20**, 4), das Heranpirschen, das Verfolgen, das Treibenlassen durch Treiber, das Auslegen vergifteter Köder (RG **14**, 419). Nachstellen, um das Wild nur zu verletzen oder Hirsche zum Abwerfen des Geweihs zu veranlassen (sog. Hirschsprengen), reicht nicht aus (LK 43; aM RG **40**, 7). Zweifelhaft ist die Abgrenzung von der **vorbereitenden Handlung.** Sicher ist schon Ausführung das Legen von Schlingen, selbst wenn mit dem Legen erst begonnen ist (RG **11**, 249), das Durchstreifen des Gebiets in Jagdausrüstung, um zu wildern (R **7**, 184). Das Zutreibenlassen von Wild aus fremden in eigenes Gebiet (Bay GA **55**, 247). Bloße Vorbereitung ist aber gegeben, wenn der Täter sich mit der Schlinge erst zum Ort des Legens hinbegibt, es sei denn, daß er das fremde Revier schon betreten hat (RG **70**, 220), desgl. im Hingehen zur Lagerstelle des Fallwildes (LK 68). **Vollendet** ist die Tat jedenfalls dann, wenn der Täter das Wild aus dem Jagdgebiet entfernt hat (R **9**, 502), hilft ihm von da ab ein anderer, so liegt Begünstigung, zugleich aber je nach Willensrichtung Beihilfe vor, wenn ohne die Tat noch nicht beendet ist; Frank II 4 sieht das Fortschaffen innerhalb des Jagdbezirkes stets als Fortsetzung der Wilderei an, so auch RG 23. 10. 1928, 1 D 828/28; zu weitgehend Furtner MDR **63**, 98; der Wilderei noch außerhalb des Reviers annimmt. Gerät das Wild in die Schlinge, die ein Wilderer aufgestellt hat, so ist die Tat erst beendet, wenn er von dem Tier wirklich Besitz ergreift (RG **23**, 90), war dagegen der Jagdberechtigte der Schlingenleger, so ist das Tier schon okkupiert, wenn es sich unlöslich in der Schlinge verfangen hat (RG **32**, 164), im letzteren Falle kann es nicht mehr Gegenstand einer weiteren Wilderei, sondern nur eines Diebstahls sein. b) Das **Erlegen** und die **Inbe- 13 sitznahme** des Wildes brauchen nicht notwendig zusammenzufallen; so bei dem bloßen Töten des jagdbaren Raubzeugs (RG **14**, 419). Auch die Inbesitznahme ist ohne Erlegung denkbar, so bei Fallwild (RG **19**, 49). **Zueignung** für einen anderen genügt (Hamm NJW **56**, 881; OLGSt. 1; BGH 24. 7. 1958, 1 StR 269/58); oder indem er eine Sache, die dem Jagdrecht unterliegt, sich zueignet, beschädigt oder zerstört. c) **Trotz erteilter Jagd- 14 erlaubnis** kann Wilderei vorliegen, soweit die Erlaubnis überschritten wird (RG **63**, 36), so beim Jagdgast (RG DR **41**, 2059), auch kann der Grundstückseigentümer, wenn er das Jagdausübungsrecht verpachtet hat, Wilderei begehen. Die Erlaubnis zum bloßen Erlegen berechtigt nicht ohne weiteres zur Aneignung (RG DJZ **02**, 152). Fehlt an dem betreffenden Ort ein Jagdrecht, wie auf offenem Meer, so ist Wilderei ausgeschlossen. **Ruht** das an sich dem Grundstückseigentümer verbliebene Jagdrecht (vgl. § 6 BJagdG), so ist seine Jagdtätigkeit dort keine Wilderei, sondern eine Ordnungswidrigkeit (§ 39 I Nr. 1 BJagdG), RG **8**, 405; LK 13; aM Furtner MDR **63**, 98; vgl. 18. Ein anderer, vor allem der Jagdpächter, kann aber auch auf einem solchen Gebiet Wilderei begehen, da das Jagdausübungsrecht trotz des Ruhens weiter besteht (Hamm GA **61**, 89). Weder § 292 noch § 39 I Nr. 1 BJagdG liegt vor, wenn der Inhaber eines Damwildgeheges einen eigenen Damhirsch tötet, um einem eingedrungenen herrenlosen Hirsch das Bleiben als neuem Platzhirsch zu ermöglichen (Bay NStE Nr. 1).

15 **B. Der Ort der Tat** muß auf fremdem Jagdgebiet liegen; entscheidend ist daher der Standort des Wildes, nicht der des Jägers; das Schießen aus fremdem Gebiet nach Wild auf eigenem Gebiet ist daher keine Wilderei, sondern eine Ordnungswidrigkeit nach § 39 II Nr. 6 BJagdG (vgl. RG **25**, 120; anders im umgekehrten Fall (RG **4**, 263), so auch beim Zutreibenlassen von Wild aus fremdem auf eigenes Gebiet (Bay GA **55**, 247). Das Recht der **Wildfolge,** nämlich zur Verfolgung von angeschossenem Wild auf fremdes Gebiet hat der Jagdberechtigte nur an Schalenwild und nur, wenn es ihm ein schriftlicher Vertrag mit dem Nachbarn zuspricht (vgl. § 1 III, VI BJagdG), RG **72**, 389. Steht oder verendet das Wild gerade auf der Jagdgrenze, so entscheidet der Jagdbrauch.

16 **3) Keine Jagdwilderei** (§ 292) stellen (abgesehen von den Zusatzregelungen durch das Landesrecht, § 42 BJagdG) folgende beiden Gruppen von
17 Verstößen des Jagdberechtigten gegen das BJagdG dar. **A. Die Straftaten** nach § 38 BJagdG: das Erlegen von Wild entgegen einem Schußverbot auf Grund der Abschußregelung (§ 21 III BJagdG) und die Verletzung der Vorschriften über die **Jagdzeit** (§ 22 BJagdG). Beide Taten sind seit dem
18 EGStGB Vergehen. **B. Bloße Ordnungswidrigkeiten** hat das BJagdG ferner in § 39 auch für das Jagdrecht eingeführt; sie werden nicht mit kriminellen Strafen bestraft, sondern können nur mit Geldbußen geahndet werden; vgl. Göhler OWiG. So: die Jagdausübung in befriedeten Bezirken; auf Grund eines nichtigen Pachtvertrages; das Nichtbeisichführen des erteilten Jagdscheins; das bloße Beunruhigen des Wildes.

19 **4) Die Widerrechtlichkeit.** Es bleiben die Rechtfertigungsgründe des BGB auch hier in Geltung; so § 228 BGB, falls jemand vom Wild angegriffen wird (RG **34**, 296), desgl. falls das Tier Haushühner angreift (RG JW **02**, 306; Bay GA **64**, 120), oder Unglück auf der Straße droht (vgl. ferner § 26 BJagdG). Doch kann der Notstand nur das Erlegen des Wildes rechtfertigen, nicht auch dessen Okkupation (RG JW **02**, 307). Wer ein von ihm angefahrenes Wild, das schwer leidet, ohne die Einwilligung des nicht rechtzeitig erreichbaren Jagdberechtigten nur deshalb tötet, um ihm weitere Qualen zu ersparen, wildert nicht (keine Verletzung des Schutzzwecks der Norm; aM AG Öhringen NJW **76**, 580). Zur Problematik bei der Wildfolge, oben 15; LK 51.

20 **5) Der Vorsatz** muß, mindestens als bedingter (RG **10**, 234), das Bewußtsein des Täters umfassen, daß er in ein fremdes Jagdrecht eingreift (RG **6**, 376). Er muß also wissen, daß ihm kein Jagdrecht zusteht (vgl. KG JW **35**, 2386) und daß das von ihm verfolgte Tier ein herrenloses Wild ist (RG **10**, 234; Bay **54**, 118). Nachstellen ist auch gegeben, wenn der Täter das verfolgte Tier für ein Wild hält (LK 45; str.). Anderseits fehlt der Vorsatz, wenn er es irrig nicht für Wild hält (vgl. RG **22**, 148). Ebenso ist es ein Tatbestandsirrtum, wenn der Täter glaubt, ein durch Zusammenstoß mit einem Kraftwagen getötetes Wild unterliege nicht mehr dem

Jagdrecht und jeder dürfte es sich aneignen (24. 2. 1960, 2 StR 22/60). Doch genügt es für den Vorsatz, wenn der Täter annimmt, das Fallwild sich nicht aneignen zu dürfen. Glaubt der Täter irrtümlich, das Wild sei nicht herrenlos, während es noch keinen Eigentümer hat, sondern dem Jagdrecht des Berechtigten unterworfen ist, zB beim Wilde in der Schlinge eines anderen Wilderers, vgl. 13, so begeht er mit der Wegnahme in Zueignungsabsicht einen Diebstahlsversuch am untauglichen Objekt (RG **39**, 427). Glaubt er umgekehrt irrtümlich, das Wild in der Schlinge sei nicht von dem Aneignungsberechtigten, sondern von einem anderen Wilderer okkupiert, so scheidet Diebstahlsversuch und wegen der Straflosigkeit des Versuchs auch untauglicher Versuch der Wilderei aus (RG JW **02**, 298), wenn man nicht mit Welzel 363 einen für Diebstahl und Wilderei gleichartigen Zueignungsvorsatz annehmen will (vgl. auch Bay NJW **55**, 32; LK 75; SK 20; Waider GA **62**, 183; Wessels JA **84**, 224).

6) Die Treiber des wildernden Schützen sind je nach Tatherrschaft und Willensrichtung Mittäter oder Gehilfen, also regelmäßig Gehilfen (RG GA Bd. **54**, 480). Die Mitwirkung beim Fortschaffen der Jagdbeute kann Mittäterschaft, Beihilfe oder Begünstigung sein (vgl. 13).

7) Konkurrenzen. Tateinheit kommt in Betracht mit §§ 52a, 53 I Nr. 3a, 4, 7, III Nr. 1, 3, 5 bis 7 WaffG (vgl. RG **71**, 42). Für eine gleichzeitige Ordnungswidrigkeit nach § 39 BJagdG, insbes. die Jagdausübung ohne Jagdschein, gilt § 21 OWiG. § 39 I Nr. 3 BJagdG steht im Verhältnis der Spezialität zu § 292 (Bay NStZ **90**, 441 m. Anm. Rüping NStZ **90**, 341), nicht jedoch Art. 54 I Nr. 8b iVm Art. 37 III 4 BayJagdG, falls sich der Täter das Wild zueignet. Tateinheit mit § 38 BJagdG scheidet aus, da sich die §§ 21, 22 BJagdG nur an Jagdberechtigte wenden (vgl. Celle GA **56**, 325). Fortgesetzte Wilderei ist möglich, selbst wenn sich die Tat über mehrere Jagdbezirke erstreckt; denn bei einem Vermögensdelikt wie der Wilderei steht die Verschiedenheit der Verletzten der Annahme einer fortgesetzten Tat nicht entgegen (RG **43**, 135).

8) Die Strafe. Zusätzliche Geldstrafe nach § 41; Einziehung nach § 295. Entziehung des Jagdscheins nach § 41 BJagdG; Verbot der Jagdausübung nach § 41a BJagdG. Wegen des Strafantrags in den Fällen des § 294 vgl. dort. Eine analoge Anwendung des § 248a kommt nicht in Betracht, da eine Bestimmung nach der Art der §§ 259 II, 263 IV, 265a III, 266 III fehlt und § 292 nicht etwa bloßes Vermögensdelikt ist (oben 1; Krey BT/2, 92; Wessels JA **84**, 226; aM SchSch-Eser 9).

9) Zu II vgl. 11 zu § 12; 43 ff. zu § 46.

A. Fünf „zwingende" (11 zu § 12) **Beispielsfälle** (43 ff. zu § 46) nennt II. Ist ein Beispielsfall gegeben, so muß das Gericht II anwenden (BGH **5**, 211; Bay **63**, 87; Braunschweig NJW **53**, 1528; Hamm NJW **62**, 601; Wessels JA **84**, 226; aM Koblenz JZ **53**, 278; SchSch 22). **a) Nicht weidmännisch** sind nur solche Arten unüblicher Jagdausübung, die eine empfindliche Schädigung des Wildbestandes bedeuten oder geeignet sind, dem Wild besondere Qualen zu verursachen (Bay NJW **60**, 446), also zB die Anwendung von Schlingen; Netze und Fallen (RG **43**, 166) können ihnen gleichstehen, LK 86. Der Täter braucht die Schlingen nicht selbst gestellt zu haben; es genügt, daß er von ihrem Vorhandensein weiß und sie aufsucht, um sie zu berauben (RG DJZ **05**, 220; aM Bay **63**, 88; LK 86). Ferner ist nicht weidmännisch zB das Legen vergifteter Köder (RG **14**, 419). Das bloße Erschla-

§ 292 BT Fünfundzwanzigster Abschnitt

gen eines Wildschweins (Bay NJW **60**, 446), oder das Verwenden von Heugabeln genügt dagegen nicht (LK 88). Ist gleichzeitig Tierquälerei gegeben, so tritt sie hinter II zurück (Bay NJW **57**, 720). **b) Während der gesetzlichen Schonzeit.** Die Schonzeit ergibt sich, soweit nicht abweichende landesrechtliche Vorschriften bestehen, aus § 22 BJagdG mit der JagdzeitV. Auf die Zueignung von Fallwild bezieht sich das Beispiel nicht (RG **15**, 268). **c) Zur Nachtzeit,** dh der Zeit vom Ende der Abend- bis zum Beginn der Morgendämmerung (vgl. Köln GA **56**, 300; BGH GA **71**, 336), also nicht der Zeit der üblichen Nachtruhe. Gleichgültig ist es, ob der Mond scheint. Das Beispiel erfaßt auch die Zueignung von Fallwild (RG **15**, 268), nicht jedoch, wenn das Fallwild bereits vor der Zueignung geborgen war (Bay **63**, 86). **d) Gemeinsam von mehreren** mit Schußwaffen ausgerüsteten Tätern. Mindestens zwei müssen Mittäter sein (RG **4**, 262), und zwar auch subjektiv (RG **17**, 413; aM SK 26); es reicht nicht aus, wenn jemand, der nur für seine Person jagdberechtigt ist, einen anderen mitnimmt, von dem beide wissen, daß er kein Jagdrecht hat (Hamburg GA Bd. **44**, 402).

27

28

29

30 B. Zum **Vorsatz** iS von 20 muß die Kenntnis der Tatsachen hinzukommen, welche die erschwerenden Umstände von II begründen (Celle MDR **56**, 54). Im Falle zu 26 erfordert er eine über die Kenntnis der Tatsachen hinausgehende Vorstellung unjagdlichen Verhaltens (Celle MDR **56**, 54). Im Falle zu 27 muß er das Bewußtsein umfassen, es werde zur gesetzlichen Schonzeit gejagt (Bay **56**, 51; Celle NJW **54**, 1618).

31 **10) Gewerbs- oder gewohnheitsmäßige Wilderei** (III; 42ff. vor § 52), sei es auch in den Formen von II (zB gewerbsmäßiges Schlingenlegen), ist ein **Qualifikationsgrund.** Im Fall der Gewerbsmäßigkeit kann der Gewinn durch Verkauf oder durch Verwendung im Haushalt des Täters erstrebt werden (R **9**, 91; LK 10a). Wer mehrfach auf denselben Bock pirscht, handelt deshalb noch nicht gewohnheitsmäßig (Bay **56**, 56). Gewerbs- oder Gewohnheitsmäßigkeit, welche die Einzeltaten nicht zu einem sog. Kollektivdelikt verbindet (RG **72**, 401), ist ein straferhöhender Umstand nach § 28 II, so daß nur derjenige Beteiligte nach III bestraft wird, bei dem der Umstand vorliegt; bloße **Kenntnis** vom gewerbs- oder gewohnheitsmäßigen Handeln des (Mit-)Täters genügt daher nicht (RG **25**, 266). Die Vorteile des gewerbsmäßigen Gehilfen können aber andere sein als die des gewerbsmäßigen Täters (RG **61**, 268). Die erschwerenden Umstände von II (zB zur Nachtzeit) sind für III nur ein Strafzumessungsgrund, so daß das Gericht etwa im Falle gewohnheitsmäßigen Schlingenstellens nicht gezwungen ist, einen besonders schweren Fall anzunehmen (BGH **22**, 44; Bay NJW **57**, 720; Bay **56**, 287).

32 **11) Sonstige Vorschriften.** Entziehung des Jagdscheins bei § 41 BJagdG. Verbot der Jagdausübung bei § 41a BJagdG. Strafantrag § 294. Einziehung § 295.

Fischwilderei

293 ¹ Wer unter Verletzung fremden Fischereirechts fischt oder eine Sache, die dem Fischereirecht unterliegt, sich zueignet, beschädigt oder zerstört, wird mit Freiheitsstrafe bis zu zwei Jahren oder mit Geldstrafe bestraft.

Strafbarer Eigennutz **§ 293**

II In besonders schweren Fällen ist auf Freiheitsstrafe bis zu fünf Jahren oder auf Geldstrafe zu erkennen. Ein besonders schwerer Fall liegt namentlich vor, wenn die Tat zur Nachtzeit, in der Schonzeit, durch Anwendung von Sprengstoffen oder schädlichen Stoffen begangen oder wenn der Fischbestand eines Gewässers durch den Fang von Fischen gefährdet wird, die das für die Ausübung des Fischfangs festgesetzte Mindestmaß noch nicht erreicht haben.

III Wer die Tat gewerbs- oder gewohnheitsmäßig begeht, wird mit Freiheitsstrafe von drei Monaten bis zu fünf Jahren bestraft.

1) **Das Fischereirecht** ist landesrechtlich geregelt; vgl. Art. 69 EGBGB und die **Landesfischereigesetze und Fischereiordnungen** (Göhler 245 II), zB für *Baden-Württemberg* FischG v. 14. 11. 1979 (GBl. 466), letztes ÄndG v. 25. 11. 1985 (GBl. 385); LFischVO v. 10. 12. 1980 (GBl. 630), letzte ÄndVO v. 3. 11. 1988 (GBl. 375); BodFischVO v. 13. 11. 1984 (GBl. 630), letzte ÄndVO v. 17. 11. 1990 (GBl. 408); UnterseefischereiO v. 25. 4. 1978 (GBl. 210), letztes ÄndG v. 11. 2. 1992 (GBl. 81); *Bayern* FischereiG v. 15. 8. 1908 (Bay BS IV 453), letztes ÄndG v. 29. 7. 1986 (GVBl. 200); AVFiG v. 4. 11. 1987 (GVBl. 404), ÄndVO v. 16. 3. 1992 (GVBl. 53); BoFiV v. 28. 8. 1984 (GVBl. 324), letzte ÄndVO v. 7. 5. 1990 (GVBl. 143); *Bremen:* BremFiG v. 17. 9. 1991 (GBl. 309); BinnenfischereiO v. 10. 3. 1992 (GBl. 51); *Hamburg* FischereiG v. 22. 5. 1986 (GVBl. 95), letztes ÄndG v. 9. 4. 1990 (GVBl. 63); *Hessen* HeFischereiG v. 19. 12. 1990 (GVBl. I 776; II 87-26), ÄndG v. 5. 2. 1992 (GVBl. I 61); VO v. 5. 11. 1991 (GVBl. I 346; II 87-27); *Niedersachsen* FischG v. 1. 2. 1978 (GVBl. 81), letztes ÄndG v. 22. 3. 1990 (GVBl. 101); BiFischO v. 6. 7. 1989 (GVBl. 289); KüFischO v. 27. 4. 1978 (GVBl. 386), ÄndVO v. 12. 7. 1982 (GVBl. 289); *Nordrhein-Westfalen* FischGNW v. 11. 7. 1972 (GVNW 226; SGVNW 793), letztes ÄndG v. 3. 4. 1992 (GV NW 124); LFischereiO v. 4. 6. 1987 (GVNW 206; SGVNW 793); vgl. auch Lorz in Erbs F 83 Vorbem. 3, II. BT. Die Ausübung der Binnen- und Küstenfischerei ist an den Besitz eines **Fischereischeines** geknüpft; vgl. z. B. §§ 31 ff. BWFischG (oben); §§ 13–15 NdsFischG, FischereischeinG Meckl. Vorp. v. 22. 1. 1992 (GVBl. 14), BiFischO, KüFischO (oben). Das FischereischeinG v. 19. 4. 1939 wurde durch das Ges. v. 30. 7. 1981 (BGBl. I 778) aufgehoben; hierzu Lorz in Erbs F 83 Vorbem. 2 C. Fische in **Teichen** und sonstigen geschlossenen **Privatgewässern** stehen im Eigentum (§ 960 I BGB), so daß an ihnen nur Diebstahl möglich ist (vgl. Bay **1**, 269; KG DJ **37**, 1363).

A. Durch zwei Tätigkeiten kann sich der Fischwilderer gegen fremdes Fischereirecht vergehen, nämlich durch **a) das Fischen** der (nach Landesrecht) fischbaren lebenden Tiere, wie Fische und Krebse (stets) sowie evtl. Frösche, Austern (RG **17**, 161), Miesmuscheln, Schildkröten, Perlmuscheln. Hier genügt jede auf Fang oder Erlegen gerichtete Tätigkeit, auch wenn sie keinen Erfolg hat (vgl. RG GA Bd. **40**, 210; **43**, 152); noch nicht jedoch das Montieren und Beködern der Angel am Gewässer (Frankfurt NJW **84**, 812), **b) Sichzueignen,** Beschädigen oder Zerstören sonstiger Sachen, die nach Landesrecht dem Fischereirecht unterliegen; so evtl. Muschelschalen, tote Tiere, Seemoos, aber nicht Fischereigeräte (RG DR **45**, 47).

B. Unberechtigt fischt, wem das Fischereirecht zu eigenem Recht oder kraft Erlaubnis nicht zusteht (RG **13**, 195), oder wer den Umfang des ihm übertragenen Fischereirechts überschreitet (KG JW **32**, 1589), so auch, wer

§ 293

BT Fünfundzwanzigster Abschnitt

entgegen der sich auf das Alleinfischen beziehenden Erlaubnis mit noch einem unberechtigten anderen fischt (RG DRiZ **29**, Nr. 80). Das Fischen zur **Schonzeit** durch den Fischereiberechtigten fällt nicht unter § 293, unterliegt aber landesrechtlichen Strafvorschriften. Auch das Fischen ohne Fischereischein durch den Fischereiberechtigten ist lediglich nach Fischereirecht zu ahnden; vgl. zB § 62 I Nr. 14 NdsFischG (oben 1).

5 C. **Der innere Tatbestand** erfordert mindestens bedingten Vorsatz; der Täter muß wissen, daß er in das Fischereirecht eines anderen ohne Berechtigung eingreift (Bay **6**, 393).

6 2) **Tateinheit** möglich mit Nichtführen eines Fischereischeins (KG JFG Erg. 5, 168), während die Vorschriften über den Nichtbesitz des Fischereierlaubnisscheins zurücktreten; KG aaO 170.

7 3) **Zu II** vgl. 11 zu § 12, 43ff. zu § 46 und DJ **43**, 124.

8 A. **Zur Nachtzeit;** vgl. 28 zu § 292. Es genügt, daß die Netze bei Tage gelegt werden und die Nacht über im Wasser bleiben; desgl. umgekehrt (RG **37**, 117). Während der gesetzlichen **Schonzeit** für Fische und Krebse.

9 B. **Mit schädlichen oder mit Sprengstoffen.** Schädlich muß der Stoff für die Fische sein, indem er sie betäubt oder tötet (vergiftete Stoffe; wohl auch Elektrizität); seine Wirkung auf Menschen ist gleichgültig. Zum Begriff des Sprengstoffes 3 zu § 311; nicht darunter fallen heiße Wasserdämpfe (RG **22**, 305). Tateinheit ist möglich mit § 40 I Nr. 1 SprengG.

10 C. **Fischbestand gefährdet;** nämlich durch das Fischen untermaßiger Fische und Krebse, idR auch durch das Fischen in Fischschonbezirken.

11 4) **Gewerbs- und Gewohnheitsmäßigkeit** (III; 31 zu § 292).

12 5) **Die Strafe.** Zusätzliche Geldstrafe nach § 41. Einziehung nach § 295. Strafantrag in den Fällen des I im Bereich des § 294 erforderlich. Entziehung des Jagdscheins nach § 41 I Nr. 3 BJagdG; Versagung des Fischereischeins, zB nach § 59 III Nr. 2 NdsFischG (oben 1).

Strafantrag

294 In den Fällen des § 292 Abs. 1 und des § 293 Abs. 1 wird die Tat nur auf Antrag des Verletzten verfolgt, wenn sie von einem Angehörigen oder an einem Ort begangen worden ist, wo der Täter die Jagd oder die Fischerei in beschränktem Umfang ausüben durfte.

1) **Voraussetzungen** des Strafantrags (§§ 77 bis 77c)

1 A. **Als Taten** kommen nur die einfache Jagd- und Fischwilderei nach § 292 I, § 293 I in Frage. Die besonders schweren Fälle werden stets ohne Antrag verfolgt. Wird Antrag nicht gestellt, so kann die Tat uU wegen Tierquälerei oder Verstoß gegen das WaffG, nicht aber nach § 39 BJagdG geahndet werden.

2 B. **Der Täter** muß entweder **a)** ein Angehöriger (§ 11 I Nr. 1) des Verletzten (also des Jagd- oder Fischereiberechtigten) sein. Sind mehrere Verletzte berechtigt und auch nur einer von ihnen nicht „Angehöriger" des Täters, so bedarf es keines Antrages (RG **4**, 158), oder **b)** am Tatort immerhin in beschränktem Maße (so hinsichtlich der Zahl oder der Art der Tiere) jagd- bzw. fischereiberechtigt gewesen sein, je nachdem es sich um ein Jagd- oder ein Fischereidelikt handelt; so, wenn ein Jagdgast die ihm gestattete Abschußzahl überschreitet (vgl. RG **43**, 493; KG JW **32**, 1589; Oldenburg NdsRpfl. **61**, 37).

Strafbarer Eigennutz § 295

Einziehung

295 Jagd- und Fischereigeräte, Hunde und andere Tiere, die der Täter oder Teilnehmer bei der Tat mit sich geführt oder verwendet hat, können eingezogen werden. § 74a ist anzuwenden.

1) **Die Vorschrift**, die durch das EGOWiG neu gefaßt und das EGStGB 1 lediglich redaktionell geändert worden ist (1 zu § 74), erweitert den im übrigen anwendbaren § 74 (RG 42, 316) mit seinen Folgevorschriften, soweit es sich in den Fällen der §§ 292, 293 handelt um

A. Jagd- und Fischereigeräte; das sind leblose Gegenstände, die nach ihrer 2 Beschaffenheit zur Verwendung bei der Jagd oder Fischerei objektiv geeignet und dazu subjektiv dauernd bestimmt sind (RG 22, 15, unter Einschränkung gegenüber RG 12, 306; Celle NJW 60, 1873; GA 65, 30; str.), so Gewehre, Schlingen, Jagdtaschen, Jagdmesser, Jagdmunition, Patronentaschen und auch Jagdferngläser (RG GA Bd. 52, 247), Fischkästen, Angeln, möglicherweise auch ein Kleinkalibergewehr für die Fischwilderei (Celle GA 65, 30), dagegen nicht Stöcke, Schaufeln und regelmäßig Wagen, es sei denn, daß sie als Jagdwagen besonders eingerichtet sind (RG 22, 15). Über die Einschränkung dieser Entscheidung geht es hinaus, wenn BGH **19**, 123, Karlsruhe NJW **53**, 354 und Bay NJW **58**, 1984 Kraftwagen, die so aufgestellt werden, daß die Scheinwerfer das Wild blenden, oder an deren Batterie zu diesem Zweck ein Handscheinwerfer angeschlossen ist, als Jagdgerät ansehen. Sie können nur als *instrumenta sceleris* eingezogen werden. Auch den Kraftwagen, der nur zur Wegschaffung der Beute benutzt wird, ist kein Jagdgerät (Celle NJW **60**, 1873; GA **65**, 30; aM Bay NJW **58**, 1984; Mitzschke NJW **53**, 354; zur gesamten Problematik LK-Schäfer 16ff.).

B. Hunde und andere Tiere, dh für die Jagd objektiv geeignete und gene- 3 rell dazu bestimmte Tiere wie Frettchen und Jagdfalken, nicht aber etwa ein nur im Einzelfall verwendetes Pferd oder ein zum Abtransport der Beute bestimmtes Tier (str.; vgl. LK 24).

2) **Die Erweiterung** gegenüber § 74 liegt, nachdem die Einziehung im Ge- 4
gensatz zu § 295 aF nicht mehr vorgeschrieben ist, lediglich darin, daß **A.** die 5
Sachen unter 2 und 3 auch dann eingezogen werden können, wenn sie nicht *instrumenta sceleris* waren, sondern von einem Tatbeteiligten *nur bei sich geführt* wurden, RG **1**, 28 (zu weit Oldenburg MDR **55**, 122); der Fall ist weitgehend theoretisch, da die mitgeführten Sachen in aller Regel entweder zu Tatmitteln bestimmt waren oder nicht als Jagd- oder Fischereigeräte festgestellt werden können; **B. Dritteinziehung** nicht nur als Sicherungseinziehung nach § 74 II 6
Nr. 2, sondern auch unter den Voraussetzungen des § 74a zulässig ist, wenn ein Tatbeteiligter die Sachen mit sich geführt oder als *instrumenta sceleris* verwendet hat; vielfach werden die Sachen jedoch schon wie gewisse zusammenlegbare und schalldämpfende Wilderergewehre oder Schlingen generell gefährlich oder aber wie Gewehre in der Hand gewerbs- oder gewohnheitsmäßiger Wilderer individuell gefährlich sein (15 f. zu § 74), so daß nur Sicherungseinziehung nach § 74 II Nr. 2 (13ff. zu § 74, 1 zu § 74a) in Betracht kommt. Scheidet sie aus, so ist § 74a anwendbar, der vor allem eingreift, wenn jemand sein Gewehr einem ihm bekannten Wilderer geliehen hat. In allen Fällen ist § 74b (Entfernung des Spezialscheinwerfers vom Kraftwagen), bei Dritteinziehung zu Sicherungszwecken auch § 74f zu prüfen; außerdem greift § 74e II, S. 2, 3 ein. Selbständige Einziehung nach § 76a I, nach II nur bei Sicherungseinziehung.

3) **Die Jagdbeute** selbst oder ihre Teile, das Wild, die Fische, Eier, Abwurf- 7
stangen usw. können schon deshalb weder nach § 74 noch nach § 295 eingezogen werden, weil sie nicht *producta sceleris* sondern Beziehungsgegenstände sind

1691

§ 295

(10 zu § 74; RG **70**, 94; **72**, 390). Ihre Einziehung nach § 40 BJagdG oder nach landesrechtlichen Fischereigesetzen (vgl. zB für die bei Ordnungswidrigkeiten benutzten Geräte und Mittel § 62 III NdsFischG, 1 zu § 293) scheidet für den Fall der Wilderei aus (LK 25).

§ 296 [Aufgehoben durch Art. 1 Nr. 86 des 1. StrRG]

§ 296a [Aufgehoben durch § 12 des Seefischereigesetzes vom 12. 7. 1984, BGBl. I S. 876]

Schiffsgefährdung durch Bannware

297 Ein Reisender oder Schiffsmann, welcher ohne Vorwissen des Schiffers, desgleichen ein Schiffer, welcher ohne Vorwissen des Reeders Gegenstände an Bord nimmt, welche das Schiff oder die Ladung gefährden, indem sie die Beschlagnahme oder Einziehung des Schiffes oder der Ladung veranlassen können, wird mit Freiheitsstrafe bis zu zwei Jahren oder mit Geldstrafe bestraft.

1 1) Die **Vorschrift** schützt das **Eigentum** des Reeders (str.), dessen Schiffen durch den Transport von Bannware Beschlagnahme oder Einziehung droht (vgl. Schroeder ZRP **78**, 12 mwN, der gesetzgeberisch für eine Ausdehnung der Vorschrift auf Lastkraftwagen eintritt; eine Erstreckung auf Luftfahrzeuge sieht § 349 E 1962 vor; vgl. LK-Schäfer 14).

1a Täter der Schiffsgefährdung können sein: **A. Ein Schiffer,** der ohne Vorwissen des Reeders die fraglichen Gegenstände an Bord nimmt; also der Kapitän oder sein Stellvertreter (§ 2 SeemannsG). Der eigenen Tat steht das wissentliche
2 Dulden gleich. **B. Reisende.** Zu ihnen gehören alle mit dem Schiff fahrenden Personen, soweit sie nicht zu den Schiffsoffizieren oder zur Schiffsbesatzung gehören, einschließlich des blinden Passagiers (hM). Die Befrachter, welche, ohne selbst Mitreisende zu sein, das Schiff gefährden, fallen nicht unter § 297; desgl. nicht ein nicht mitreisender Mitreeder, selbst wenn er ohne Wissen der anderen Mitreeder handelt. Der Alleinreeder untersteht dem § 297 nie, selbst
3 wenn er Mitreisender ist. **C. Schiffsmannschaft.** Zu ihr gehören mit Ausnahme des Schiffers und der Schiffsoffiziere alle auf dem Schiff angestellten Personen, auch die weiblichen (§ 6 SeemannsG). Dagegen gehören die Lotsen, Dockarbeiter und Organe der Hafenpolizei nicht hierher.

4 2) **Die Handlung** besteht in dem Anbordbringen von Gegenständen, welche das Schiff oder die Ladung in bestimmter Richtung gefährden, sog. Bannware oder Konterbande. Das Schiff braucht kein Seeschiff zu sein (hM). Staatsschiffe
5 scheiden jedoch aus. **A. Das Anbordbringen** schon vollendet die Tat, da das Schiff mit den gefährlichen Gegenständen abfahren kann; das Schicken durch einen Boten genügt (RG **42**, 294). Es liegt ein Dauerdelikt vor, das erst mit dem Verschwinden des gefährlichen Gegenstandes von Bord aufhört. Wer die Sachen dem Täter zum Anbordbringen liefert, kann Gehilfe sein (RG **42**, 294). Geschieht das Anbordbringen bei einem deutschen Schiff im Auslandshafen, so
6 ist die Tat im Inland begangen (vgl. § 4). **B. Gegenstand** der Gefährdung sind **Schiff** oder **Ladung.** Nicht nur Schiffe iS 2 zu § 4, sondern auch ausländische Schiffe sind geschützt; sie aber erst, sobald die Tat bis ins Inland fortdauert; das Erreichen der hohen See aus einem Auslandshafen genügt noch nicht; vgl. zu 5.
7 **C. Beschlagnahme oder Einziehung** des Schiffes oder der restlichen Ladung **muß drohen;** die drohende Wegnahme der die Gefahr verursachenden Gegen-

Strafbarer Eigennutz **§ 297**

stände selbst genügt nicht. Die nicht ganz entfernte Möglichkeit der Beschlagnahme ist ausreichend. Gleichgültig ist es, ob es sich um Kriegs- oder Friedens- (Zoll-) Bannware handelt; zu letzterer genügt auch die Hinterziehung von Ein- oder Ausfuhrabgaben (RG GA Bd. **52**, 90). **D. Ohne Wissen des Reeders** 8 bzw. **des Schiffers** muß die Handlung geschehen; unerheblich ist es, woher ihre Kenntnis stammt; Kenntniserlangung erst nach Anbordnahme ist ohne Bedeutung. Gleichgültig ist die Kenntnis der anderen Ladungsbeteiligten.

3) Der innere Tatbestand verlangt mindestens bedingten **Vorsatz.** Der 9 Täter muß wissen, daß Schiff oder Ladung durch die an Bord genommenen Gegenstände in der zu 4 ff. geschilderten Weise gefährdet werden (RG **43**, 383), desgl., daß der Schiffer nichts von der Tat weiß. Der Glaube des Täters, der Reeder werde die Tat billigen oder die Gefahr durch Zahlung der Zollstrafe abwenden, macht ihn nicht straffrei (RG JW **11**, 246).

4) Tateinheit ist mit § 263 möglich, da § 297 die von § 263 verlangte Berei- 10 cherungsabsicht nicht erfordert; ferner mit § 34 AWG iVm § 70 I Nr. 1 AWV; mit § 16 II KriegswaffG. Für § 10 GBG und die ausfüllenden Vorschriften hierzu (vgl. Göhler 318 C) sowie für § 24 GGVSee, § 26 I Nr. 8 ChemG iVm § 25 ArbStoffV gilt § 21 OWiG.

§§ 298 bis 302 [Aufgehoben durch Art. 19 Nr. 158, 159 EGStGB seit 9. 4. 1974].

Wucher RiStBV 239

302 a

[I] Wer die Zwangslage, die Unerfahrenheit, den Mangel an Urteilsvermögen oder die erhebliche Willensschwäche eines anderen dadurch ausbeutet, daß er sich oder einem Dritten

1. für die Vermietung von Räumen zum Wohnen oder damit verbundene Nebenleistungen,

2. für die Gewährung eines Kredits,

3. für eine sonstige Leistung oder

4. für die Vermittlung einer der vorbezeichneten Leistungen

Vermögensvorteile versprechen oder gewähren läßt, die in einem auffälligen Mißverhältnis zu der Leistung oder deren Vermittlung stehen, wird mit Freiheitsstrafe bis zu drei Jahren oder mit Geldstrafe bestraft. Wirken mehrere Personen als Leistende, Vermittler oder in anderer Weise mit und ergibt sich dadurch ein auffälliges Mißverhältnis zwischen sämtlichen Vermögensvorteilen und sämtlichen Gegenleistungen, so gilt Satz 1 für jeden, der die Zwangslage oder sonstige Schwäche des anderen für sich oder einen Dritten zur Erzielung eines übermäßigen Vermögensvorteils ausnutzt.

[II] In besonders schweren Fällen ist die Strafe Freiheitsstrafe von sechs Monaten bis zu zehn Jahren. Ein besonders schwerer Fall liegt in der Regel vor, wenn der Täter

1. durch die Tat den anderen in wirtschaftliche Not bringt,

2. die Tat gewerbsmäßig begeht,

3. sich durch Wechsel wucherische Vermögensvorteile versprechen läßt.

1) Die Vorschrift ist durch Art. 1 Nr. 6 des 1. WiKG eingefügt. Vgl. zu- 1 nächst 1, 2 zu § 264; ferner Ndschr. **7**, 316; 407; AE (Prot. 7/2607); TagBer.

§ 302a BT Fünfundzwanzigster Abschnitt

Bd. VI, 96 mit Referaten Kohlmann (Anl. 5) und Schachtschabel (Anl. 6); RegE BT-Drs. 7/3441 (RegE) mit Stellungnahme des BRats S. 52; Prot. 7/2473, 2478, 2560, 2568, 2572, 2575, 2625, 2628 (bis hierhin Hearing); 2791, 2846; Sturm JZ **77**, 84. **Schrifttum** zu den verschiedenen Wucherformen unten 3, 5, 6. Zur historischen Entwicklung der Wuchervorschriften TagBer. VI Anl. 5 S. 7; zur Rechtsvergleichung TagBer. VI Anl. 8; *Rühle,* Das Wucherverbot, 1978; *Hohendorf,* Das Individualwucherstrafrecht, 1982 (hierzu *Geerds* GA **84**, 191); *Arzt,* Zwischen Nötigung und Wucher, Lackner-FS 641. § 138 II BGB ist durch Art. 3 des 1. WiKG dem neuen § 302a angepaßt worden, allerdings unter Verzicht auf die Additionsklausel in I S. 2 (Prot. 7/2843); vgl. auch BT-Drs. 9/132; *Sickenberger,* Wucher als Wirtschaftsstraftat. Eine dogmatisch-empirische Untersuchung, 1985; *D. Geerds* [3 vor § 263] 267 ff.; *Scheffler* GA **92**, 1.

2 **A.** § 302a faßt **die gesamte Materie des Wuchers** (§§ 302a bis 302f aF) in einer Vorschrift zusammen, wobei allerdings die verschiedenen Formen des Wuchers, nämlich Miet-, Kredit-, Leistungs- und Vermittlungswucher noch besonders genannt sind, um die Vorschrift anschaulicher zu machen (RegE 40; Ber. 20). Doch ergeben sich für die verschiedenen Formen auch besondere Gesichtspunkte (unten 23 ff.). Der praktisch unbedeutende sog. Nachwucher (§ 302c aF) wird von § 302a nicht mehr erfaßt (TagBer. VI 120; RegE 41; Prot. 7/2567). Aber auch § 302a hat, mit Ausnahme des Mitwuchers, vor allem wegen der Scheu der Bewucherten vor Anzeigeerstattung (vgl. Otto MSchKrim **80**, 405) weder früher (Kohlmann aaO 4; Tröndle Prot. 7/2561; Sturm JZ **77**, 85), noch heute (Nack MDR **81**, 621; Arzt/Weber LH **4**, 151; vgl. Tiedemann, Dünnebier-FS 524) praktische Bedeutung erlangt (Otto Jura **89**, 302; Scheffler GA **92**, 2).

3 **B.** Das **Wesen des Wuchers** liegt darin, daß der Täter eine individuelle Schwächesituation seines Opfers materiell ausbeutet, um für eine eigene Leistung eine deren Wert weit übersteigende Gegenleistung zu gewinnen. § 302a trifft daher den sog. **Individualwucher.** Schutz einer bedrängten Einzelperson oder einer Gruppe von ihnen (RG **76**, 193), zB von Soldaten der Stationierungsmächte (BGH **11**, 182; **13**, 235), vor krasser wirtschaftlicher Übervorteilung ist das **Rechtsgut** der Vorschrift (aM Otto Jura **89**, 32). Doch spielt der **Sozialwucher,** dh die Ausbeutung einer allgemeinen Mangellage, mindestens beim Mietwucher, ebenfalls eine gewisse Rolle (LG Darmstadt NJW **75**, 549; vgl. im übrigen einerseits SchSch-Stree 2; Sasserath WoM **72**, 3; NJW **72**, 1870; Tröndle Prot. 7/2561; Bernsmann GA **81**, 142; andererseits Schmidt-Futterer NJW **72**, 135; Wohnraumschutzgesetze, 2. Aufl. 1975; eingehend Scheffler GA **92**, 6); wie überhaupt beide Formen ineinander übergehen können und eine scharfe Grenze nicht gezogen werden kann (Bohnert, K. Meyer-GedS 523). Allerdings stellt eine die gesamte Bevölkerung treffende Mangellage, zB in Krisenzeiten auf dem Lebensmittelsektor, keine Zwangslage iS des § 302a dar, RG **76**, 193. Die Tat, die jedermann begehen kann, ist ein Vermögensgefährdungsdelikt (LK-Schäfer 7), da es zu einer Schädigung des Opfers nicht zu kommen braucht.

4 **2) Abs. I** nennt die **Leistungen,** die von der Seite des Täters in Aussicht gestellt oder erbracht werden, in Nr. 1 bis 4. Doch stehen sie alle, wie die Generalklausel in Nr. 3 zeigt, unter dem **Oberbegriff** der Leistung, und zwar auch hinsichtlich der Nr. 4, die ebenfalls eine Leistung beschreibt, so daß die exakte Abgrenzung der Formen in Nr. 1, 2 und 4 deshalb keine entscheidende Bedeutung hat, weil Nr. 3 die möglicherweise herausfallenden Formen auffängt. Die Leistung braucht nicht der Täter selbst zu erbringen; tut er es, so kann er das mit fremden Mitteln tun (vgl. RG **8**, 17), die Leistung kann aber auch ein Dritter erbringen, dem der Vermögens-

Strafbarer Eigennutz § 302a

vorteil versprochen wird. Als Vermittler braucht der Täter dabei rechtlich nicht aufzutreten; tut er es, so kann er nach Nr. 4, aber auch unmittelbar wegen Beihilfe zu Nr. 1 bis 3 strafbar sein (unten 33). Die Leistung des Täters braucht noch nicht erbracht zu sein. Die Tat ist bereits mit dem Versprechen des wucherischen Vermögensvorteils durch das Opfer vollendet (Heinz GA 77, 220). Vorher kommt nur strafloser Versuch in Frage. Daß die Rechtsgeschäfte, die auch die Leistungen einschließen, wegen des Wuchers (§ 138 II BGB) oder schon aus einem anderen Grunde (Formfehler; fehlende Einwilligung des gesetzlichen Vertreters, RG Recht **15** Nr. 2413) nichtig sind, ist strafrechtlich ohne Bedeutung (RG **35**, 113).

Nr. 1: die Vermietung von Räumen zum Wohnen oder damit verbun- 5
dene Nebenleistungen, dh für die Herbeiführung eines Mietverhältnisses iS der §§ 535ff. BGB, und zwar auch eines Untermietverhältnisses (hingegen nicht eines Pachtverhältnisses) in bezug auf Räume, dh mehrdimensionale, umschlossene und abgegrenzte Gebilde, die zum Betreten von Menschen bestimmt sind und beweglich sein können (zB Wohnwagen; vgl. 6 zu § 243) zum Zwecke des Wohnens (3 zu § 123), also auch zB Hotelzimmer; so daß es genügt, wenn Wohnen ein Ziel der Vermietung ist und es nicht darauf ankommt, ob der Raum an sich zum Wohnen bestimmt, zugelassen oder geeignet ist (also zB auch eine Garage); oder/und in bezug auf mit der Vermietung verbundene **Nebenleistungen** (zB Garage, Heizung, Licht, Reinigung), gleichgültig, ob sie üblich sind oder nicht. Auch Mischmietverhältnisse (Wohnungs- und Geschäftsraum) werden erfaßt.

Nr. 2: die Gewährung eines Kredits (dazu Kohlmann, Wirksame straf- 6
rechtliche Bekämpfung des Kreditwuchers, 1974; Rühle aaO 43; Haberstroh NStZ **82**, 265; A. Wahl in Poerting [Hrsg.] Wirtschaftskriminalität II BKA 1985 S. 95 ff.; Otto HWiStR „Kreditwucher"); was unter Kredit zu verstehen ist, sagt das Gesetz im Gegensatz zu § 265b II Nr. 3 nicht; doch wird man die dort gegebene Definition (vgl. 8 bis 14 zu § 265b; anderseits § 19 KWG) auch für Nr. 2 heranziehen können (enger wohl Kohlmann aaO, oben 1, 25), zumal Formen, die Nr. 2 nicht erfaßt, unter Nr. 3 fallen. In jedem Fall ist ein Kredit iS von Nr. 2 gegeben, wenn einem anderen Geld oder Geldeswert mit der Verpflichtung überlassen oder belassen werden, den Wert nach einem gewissen Zeitraum zuzüglich eines weiteren Betrages (Zinsen, Provision und dgl.; vgl. RG **27**, 191) zurückzuerstatten. In erster Linie kommen Gelddarlehen aller Art in Betracht, möglicherweise gekoppelt mit einem anderen Geschäft wie zB einem Lebensversicherungsvertrag (RG **31**, 239), Akzeptkredite (vgl. II Nr. 3), Wechseldiskontierung (so schon RG **28**, 135), ferner Stundung von Forderungen, die durch ein vorausgegangenes Rechtsgeschäft (vielleicht mit einem anderen) begründet waren (vgl. schon RG **39**, 127), vor allem auch im Wege der Wechselprolongation. Nicht unter Nr. 2, sondern unter die Generalklausel fallen Geschäfte, wie zB Ankauf eines Gegenstandes oder einer Forderung unter Wert bei sofortiger Bezahlung (RG **35**, 112); Ankauf einer Erbschaft (RG Recht **15** Nr. 737); Errichtung einer stillen Gesellschaft (RGZ JW **00**, 556). Vgl. BT-Drs. 10/307 (Änderung des § 138 BGB) BT-Drs. 10/308.

Nr. 3: eine sonstige Leistung. In Betracht kommen weiter das Vermie- 7
ten von Geschäftsräumen (NJW **51**, 397; **57**, 1274) oder Sachen (bei Wohn-

1695

räumen Nr. 1), Verpachtungen, Rechtsberatung (RG **45**, 197), Heilbehandlung (Recht **16** Nr. 1419), Sicherungsübereignung mit Rückvermietung (RG Recht **14** Nr. 1644); Viehkauf; dagegen für Lohnwucher, abgesehen von illegalen Arbeitsverhältnissen (vgl. hierzu § 227a AFG, § 15a AÜG; vgl. auch 13a zu § 263), kaum mehr von Bedeutung, Prot. 7/2562. Eine Rolle spielen können weiter Tauschgeschäfte, Verkauf von Antiquitäten oder sonstigen Sammelgegenständen (vgl. aber unten 25) sowie von Pornomaterial oder von Getränken in Nachtlokalen (vgl. Tröndle, Göhler Prot. 7/2562 f.; 2792; Sturm JZ **77**, 85). Die im AE vorgesehene Beschränkung auf wirtschaftliche Leistungen hat das Gesetz nicht übernommen (Prot. 7/2793), so daß auch Leistungen wie Hilfe zur Flucht aus der DDR, Ehevermittlung (Prot. 7/2794) oder übersetzte Forderungen von Prostituierten nicht auszuschließen sind (Prot. 7/2473), es sei denn, daß hier die Vergleichsmaßstäbe für die Feststellung eines auffälligen Mißverhältnisses fehlen (Prot. 7/2793).

8 **Nr. 4: die Vermittlung einer der in Nr. 1 bis 3 genannten Leistungen,** die an sich schon eine Leistung iS von Nr. 3 wäre (E 1962, 438), die Nr. 4 aber zur Klarstellung (RegE 40) besonders hervorhebt, zumal die Kreditvermittlung (gewerbsmäßige Darlehensvermittlung ist nach § 34c GewO erlaubnispflichtig) praktisch eine erhebliche Rolle spielt (vgl. Prot. 7/2570). Im übrigen kommt die Vermittlung von Rechtsgeschäften jeder Art, insbesondere von Anstellungen, in Betracht (RG **29**, 78; vgl. NStZ **83**, 172 zu § 16 I KWKG).

3) Tathandlung ist nach I S. 1, daß der Täter

9 **A. eine bestimmte Schwäche** (Oberbegriff, vgl. I S. 2), die in der Person des Opfers oder in dessen besonderer Lage besteht, in bestimmter Weise ausbeutet. Läßt sich der die Leistung Anstrebende vertreten, so beurteilt sich die Zwangslage nur nach der Person des Vertretenen, Unerfahrenheit, Mangel an Urteilsvermögen und Willensschwäche aber auch nach der Person des Vertreters (vgl. RG Recht **15** Nr. 736). Als Schwächezustände iS des Gesetzes, die der Betreffende verschuldet oder nicht verschuldet haben kann (vgl. BGH **11**, 186) nennt I a) die **Zwangslage** eines ande-
10 ren. Der Begriff ersetzt den der Notlage (§ 302a aF), der sich als zu eng erwiesen hat (RegE 40; Prot. 7/2563). Zwangslage ist zwar auch die Notlage, dh die dringende wirtschaftliche Not (BGH **12**, 390), die zwar noch nicht den völligen Zusammenbruch gleichzustehen braucht (RG **5**, 15), die angemessene wirtschaftliche Lebenshaltung aber fühlbar einengt (BGH **11**, 186) oder doch eine den Betroffenen stark bedrängende, wenn auch vielleicht vorübergehende Geldknappheit bedeutet, RG **28**, 288. Der Begriff der Zwangslage, der, wie auch das Regelbeispiel in II Nr. 1 zeigt, weiter ist als der der Notlage (BGH **11**, 185), umfaßt aber darüber hinaus eine wirtschaftliche Bedrängnis, die zwar des Betroffenen nicht bedroht, aber schwere wirtschaftliche Nachteile mit sich bringt (BT-Drs. VI/1549, 10) oder befürchten läßt. So genügt es, daß der Betroffene seine Mittel nicht flüssig machen kann, daß ihm die Zwangsversteigerung eines Grundstücks droht (Prot. 7/2795), daß er nach einem Brand gezwungen ist, Mobiliar zu veräußern, oder daß ihm die Mittel zur Verwertung eines Patents oder zu einer geplanten Ausbildung fehlen. Aber auch

Strafbarer Eigennutz § 302a

Zwangslagen, die keine wirtschaftliche Bedrängnis bedeuten (so auch Sasserath WoM **72**, 5) können genügen, so wenn der Betroffene auf Wohnung in einer bestimmten Gegend angewiesen ist (Prot. 7/2795; Sturm JZ **77**, 86) oder überhaupt Wohnraum braucht, sich aber infolge eines unzureichenden Angebots nicht in der Lage sieht, den gestellten ungünstigen Bedingungen auszuweichen. **b) Unerfahrenheit,** nämlich den Mangel an Geschäftskenntnis und Lebenserfahrung allgemein oder auf bestimmten Gebieten, welche die Fähigkeit beschränkt, gewisse Lebensverhältnisse richtig zu beurteilen (BGH **11**, 186; **13**, 233; GA **71**, 209; RG **60**, 222; Köln OLGSt. 129 zu § 263; Prot. 7/2799), so auch fehlende Sprachkenntnisse, die keinen Überblick gestatten (vgl. Köln ZMR **75**, 367; TagBer. VI 112; Nack MDR **81**, 624). Die Unkenntnis über die Bedeutung des abzuschließenden Geschäfts allein oder das Fehlen der Kenntnisse von Spezialisten reichen hingegen nicht aus (BGH **13**, 233; NJW **83**, 2781 m. Anm. Nack NStZ **84**, 23 und Otto JR **84**, 252 aE). Das gilt auch für die bloße Unkenntnis der Wohnungsmarktverhältnisse und der Miethöhen (ZMR **57**, 333; LG München ZMR **63**, 177; LG Frankfurt wistra **84**, 238). Hingegen kann ein weitreichender Mangel an Informationen über wirtschaftliche Fragen zu Unerfahrenheit führen (Otto NJW **82**, 2749; vgl. ferner Prot. 7/2796). **c) Mangel an Urteilsvermögen** (RegE 41), dh einen intellektuellen, nicht durch bloße Erfahrung ausgleichbaren Leistungsmangel (Prot. 7/2799), der es dem Betroffenen nicht möglich macht oder doch erheblich erschwert, bei einem Rechtsgeschäft Leistung und Gegenleistung richtig gegeneinander abzuwägen und das Unseriöse eines vielleicht komplizierten und die wirkliche Belastung verschleiernden Angebots zu durchschauen. Schwachsinn iS von § 20 braucht noch nicht gegeben zu sein; doch sind Fälle geistiger Defekte mit erfaßt (Kohlmann aaO, oben 1, 38). **d) Willensschwäche** (RegE 41; Prot. 7/2799 f.), die aber abw. von § 265 I E 1962 und RegE eine **erhebliche** sein muß (Bay NJW **85**, 873 m. Anm. Otto JR **85**, 169; Ber. 20; krit. Rühle aaO 54), so daß die Schwäche des Betroffenen etwa denselben Grad erreicht wie in den Fällen unter 10 bis 12 (Ber. 20; Prot. 7/2802). Es handelt sich dabei um eine gravierende und häufig, wenn auch nicht immer krankhafte (Ber. 20; Prot. 7/2801) oder Krankheitswert erreichende angeborene oder erworbene Schwächung der Widerstandsfähigkeit gegenüber Trieben oder Verlockungen, welche die Fähigkeit des Betroffenen, sich einem wucherischen Geschäft zu entziehen, das etwa gefährliche Augenblicksvorteile verspricht, beträchtlich herabsetzt. In Betracht kommt zB die Labilität eines Drogensüchtigen (Sturm JZ **77**, 86), während bloße Anfälligkeit gegenüber den Verführungen durch eine moderne Werbung idR nicht ausreicht (Ber. 20). Nicht mehr unter den Schwächezuständen genannt ist im Gegensatz zu § 302a aF der **Leichtsinn,** der gestrichen wurde, weil er praktisch keine Bedeutung gehabt haben soll und vielfach zugleich ein Fall der im Gesetz genannten Schwächezustände ist (RegE 41; krit. Tröndle Prot. 7/2563).

B. Ausbeuten muß der Täter einen der genannten Schwächezustände des anderen, wobei eine alternative Feststellung dieser möglicherweise gemeinsam gegebenen Zustände zulässig ist (RG **17**, 440). Der Begriff des Ausbeutens hat dadurch, daß I S. 2 ihn entgegen einer Formulierungshilfe des BMJ (Prot. 7/2813) und einer noch kurz vor dem Beschluß des StrAB-

§ 302 a

Tag vorgeschlagenen Formulierung (Prot. 7/2810) nicht verwendet, sondern durch „ausnutzt" ersetzt, einen besonderen Akzent erhalten. Danach ist Ausnutzen als schlichtes Sichzunutzemachen zu verstehen (anders noch Kohlmann aaO, oben 1, 42; vgl. hingegen E 1962, 522; Prot. 7/2802), während Ausbeuten nach TagBer. VI 102, 104 gewisse parasitäre, qualifizierte und anstößige Formen des Ausnützens meint (vgl. auch Tröndle Prot. 7/2563; besonders intensives Ausnützen; Scheu JR **82**, 474; offen gelassen Karlsruhe NJW **88**, 1158, hierzu Gallandi wistra **89**, 126). Man wird danach zwar nicht eine besondere Absicht des Täters zu fordern (so schon RG JW **11**, 576; LK 28; str.), Ausbeuten aber als das rücksichtslose und anstößige Ausnutzen des Schwächezustandes zur Erlangung eines übermäßigen Vermögensvorteils zu verstehen haben (Sturm JZ **77**, 86; aM LK 28; M-Schroeder § 43, 20; Otto NJW **82**, 2749). Bloßes Streben nach Vermögensvorteilen reicht jedenfalls nicht aus (10. 9. 1968, 1 StR 304/68).

16 C. **Dadurch** beutet der Täter die Schwäche des anderen aus, daß er sich oder einem Dritten Vermögensvorteile versprechen oder gewähren läßt. Das Wort „dadurch" meint nicht das Mittel, sondern bringt zum Aus-
17 druck, daß sich die Ausbeutung auf diese Weise realisiert. **a) Vermögensvorteil** ist iS von § 263 (dort 42; RG **20**, 279) als jede günstigere Gestaltung der Vermögenslage zu verstehen; doch muß es sich um einen Vorteil handeln, der in ein wertmäßiges Verhältnis zur Leistung des Täters gesetzt werden kann. Es genügt aber zB eine Vollmacht, über fremdes Vermögen zu verfügen; ebenso die bedingte Zuführung von Vermögensvorteilen, RG
18 JW **20**, 114. **b) Sichversprechenlassen** bedeutet die Entgegennahme einer vielleicht bedingten (RG JW **91**, 114) Verpflichtungserklärung mit dem Willen, sich das Versprochene gewähren zu lassen (RG **15**, 333); späteres Aufgeben dieses Willens oder Rücktritt vom Vertrag beseitigen die Straf-
19 barkeit aber nicht (R **6**, 655). **c) Das Sichgewährenlassen** hat selbständige Bedeutung nur, wenn im Versprechen nicht vorausgegangen ist (RG **32**, 145) oder wenn ein ursprünglich nicht wucherischer Vertrag durch Änderung der Verhältnisse im Zeitpunkt der Erfüllung diesen Charakter annimmt (RG JW **26**, 2187; Recht **30** Nr. 1222). Im übrigen verschmelzen Sichversprechen- und -gewährenlassen zu einer einzigen Tat (vgl. RG DStrR **38**, 244), die mit dem Gewähren beendet ist (Beginn der Verjährung nach § 78 a S. 1; Karlsruhe NJW **88**, 1156; RG **32**, 146). Ob das Opfer die rechtliche Tragweite, insbesondere die Nichtigkeit der Verpflichtung er-
20 kennt, ist ohne Bedeutung (RG LZ **18**, 1085; GA Bd. **60**, 439). **d)** Der Täter kann die Vorteile **sich selbst,** aber **auch einem** beliebigen **Dritten** versprechen oder gewähren lassen, so zB das Vorstandsmitglied einer AG
21 dem Unternehmen selbst. **e) Der Bewucherte** braucht mit dem Schuldner nicht identisch zu sein; auch ein Bürge oder Bevollmächtigter kann es sein (RG Recht **15** Nr. 736). Auch eine Personengesamtheit (juristische Person oder Personengesellschaft) kann bewuchert werden (RG **38**, 365).

22 D. **Ein auffälliges Mißverhältnis** muß zwischen der angebotenen oder erbrachten Leistung iS von Nr. 1 bis 4 und den versprochenen oder gewährten Vermögensvorteilen bestehen, und zwar derart, daß deren Wert den der Leistung so beträchtlich übersteigt, daß das Ausmaß, wenn vielleicht auch erst nach genauer Prüfung des oft verschleierten Sachverhalts (RG JW **36**, 1291) für den Kundigen ins Auge springt (Stuttgart wistra **82**,

36; Bay NJW **85**, 873; Haberstroh NStZ **82**, 266; Otto NJW **82**, 2746; JR **85**, 169). Dabei ist die Differenz der objektiven (LM Nr. 1 zu § 138 BGB) Werte (wie die Worte „zu seiner Leistung" in § 302a aF zeigten, wobei aber übersehen war, daß die Leistung nicht nur von dem Täter erbracht zu werden braucht; oben 4) vom Standpunkt des Gläubigers her zu beurteilen (RG **74**, 349; E 1962, 438; Schmidt GA **79**, 131; Lenckner JR **80**, 164), so daß die Gesamtheit der Leistungen mit der Gesamtheit der dem Täter oder dem Dritten zugeflossenen oder versprochenen Vermögensvorteile zu vergleichen ist (RG **60**, 219) und es nicht darauf ankommt, welche Vorteile das Opfer aus dem Geschäft zieht (RG **39**, 129; Bay NJW **85**, 873 m. Anm. Otto JR **85**, 169), zB durch Verwertung erhaltener Lotterielose (RG **20**, 279). Der für die Bewertung maßgebende Zeitpunkt ist nicht nur der des Geschäftsabschlusses (vgl. Prot. 7/2567; 2625), sondern auch der der Realisierung (vgl. oben 19; Karlsruhe NJW **88**, 1158). Bei kombinierten Geschäften sind die Gesamtleistungen des Gläubigers mit seinen Gesamtvorteilen zusammenzuziehen (RG **20**, 281; Recht **15** Nr. 2412; zu einem Fall der Koppelung von Darlehensgewährung und Lebensversicherungsvermittlung Karlsruhe JR **85**, 167 m. zutr. Krit. Otto); anders bei mehreren selbständigen Geschäften unter denselben Beteiligten (RG **60**, 219); doch ist stets zu prüfen, ob sich hinter scheinbar selbständigen Geschäften der Sache nach ein Kopplungsgeschäft verbirgt. Nach einer BR-GesInitiative für eine Neufassung des § 138 BGB soll schon das Vorliegen eines auffälligen Mißverhältnisses für die Nichtigkeit von Kreditgeschäften genügen (BT-Drs. 9/132; BR-Drs. 201/83). Zu den einzelnen Wucherformen ist im übrigen zu beachten:

a) Beim **Mietwucher** (I Nr. 1; oben 5) ist bei preisbindungsfreien Räumen ein *auffälliges Mißverhältnis* zwischen der Miete und der Leistung des Vermieters nach der Rspr. (BGH **30**, 281 m. krit. Anm. Scheu JR **82**, 474; Braunschweig ZRM **68**, 157; Bay WoM **71**, 157; Düsseldorf GA **75**, 310; Köln NJW **76**, 119; LG Darmstadt NJW **72**, 1244; **75**, 549 m. krit. Anm. Göthling; LG Frankfurt wistra **84**, 238; Schmidt-Futterer NJW **72**, 136; NStZ/A **88**, 101; aM Sasserath NJW **72**, 1870) in Anlehnung an § 5 WiStG (Anh. 17; hierzu Bohnert, K. Meyer-GedS 519) anzunehmen, wenn die in § 2 I S. 1 Nr. 2 MHG neu definierte sog. **Vergleichsmiete** (vgl. Möhrenschlager wistra **83**, Heft 1, IV) um mehr als 50% (Wuchergrenze) überschritten wird, und zwar selbst dann, wenn das geforderte Entgelt lediglich die laufenden Aufwendungen des Vermieters deckt. § 5 I S. 3 letzter Halbsatz WiStG stellt sicher, daß durch die Einfügung des Satzes 3 in § 5 WiStG der Anwendungsbereich des § 302a nicht eingeschränkt wird. Die von der Rspr. (Köln NJW **76**, 120; LG Darmstadt NJW **72**, 1244; LG Mannheim MDR **77**, 159) praktizierte und im Schrifttum anerkannte (SchSch 15; M-Schroeder § 43, 15; Schmidt-Futterer JR **72**, 134) Wuchergrenze gilt also selbst dann, wenn die sog. Kostenmiete (§§ 8ff. WoBindG, § 18 II. BV) infolge ungünstiger Bewirtschaftungskosten (§ 24 II. BV: Abschreibung, Verwaltungs-, Betriebs-, Instandhaltungskosten, Mietausfallwagnis) und Kapitalkosten (§§ 20ff. II. BV) darüber liegt, aM Schlüchter 132. Auch wenn es nicht unbedenklich ist, parallel zu § 5 WiStG auf die üblichen Entgelte abzustellen (weil diese selbst unangemessen sein können), vgl. BGH **11**, 184; Stuttgart GA **57**, 189) und § 302a stets auch bei einer nur kostendeckenden Miete, die 50% der Vergleichsmiete überschreitet, anzu-

§ 302a BT Fünfundzwanzigster Abschnitt

wenden, wird man für I Nr. 1 von dieser Berechnungsgrundlage ausgehen müssen, nachdem der Gesetzgeber (Ges. v. 20. 12. 1982, BGBl. I 1912) seinen dahingehenden Willen in § 5 I S. 3 WiStG eindeutig (BT-Drs. 9/2284, 5) zum Ausdruck gebracht hat. Allerdings können die für eine bestimmte Mietergruppe (zB Soldaten der Stationierungsmächte, BGH **11**, 184, farbige Studenten oder Ausländer, Köln NJW **76**, 120) möglicherweise üblichen Entgelte auch iS von § 5 WiStG unangemessen sein, da dort nicht auf die Person des Mieters und dessen Umstände abgestellt wird. Das schließt auf der anderen Seite bei § 302a nicht aus, daß zugunsten des Täters Umstände in der Person des konkreten Mieters (Gefahr besonders starker Abnützung von Räumen oder Möbeln; Gefahr besonderer Mißhelligkeiten; LG Darmstadt NJW **72**, 1244; zB asiatischer Asylanten, NJW **82**, 896; möglicherweise auch finanzielle Leistungsfähigkeit des Mieters; vgl. BGH **11**, 184; LG Mannheim MDR **77**, 160; vgl. SchSch 13) zu berücksichtigen sind (zur Vermietung an Prostituierte 11 zu § 180a; daß I Nr. 1 für diesen Fall unanwendbar ist, wie Hamm NJW **72**, 1874 zu § 302f aF meint, ist sehr zw.). Beim Wohnraum mit gesetzlicher Preisbindung (NMV 1970) ist eine noch niedrigere Wuchergrenze anzunehmen (Schmidt-Futterer JR **72**, 134). Für die Bußgeldvorschrift des § 5 WiStG bleibt auch außerhalb des § 302a ein selbständiger Anwendungsbereich, so bei vorsätzlichem Handeln, wenn die übrigen Tatbestandsmerkmale des § 302a nicht vorliegen, sowie bei leichtfertigem Handeln. Zum üblichen Entgelt iS § 5 WiStG vgl. auch Richtlinien der Wirtschaftsmin. der Länder v. 1978 (MBlRhPf. 397; Erbs W 98 Anh. zu § 5). Nach diesen Richtlinien (aaO 4.b) liegt erst bei 20% eine „nicht unwesentliche" Überschreitung iS § 5 WiStG vor.

24   b) Beim **Kreditwucher** (I Nr. 2; oben 6) hat § 302a nF im Gegensatz zur aF die Bezugnahme auf den üblichen Zinsfuß mit Recht fallen lassen (RegE 41), da die Besonderheiten der Einzelfalls gerade im Bereich von I Nr. 2, wo es sich idR um Schuldner handelt, die von Banken keinen Kredit mehr erhalten, so groß sein können, daß der bei Normalkrediten übliche Zinsfuß außer Betracht bleiben muß und sich auch das Abstellen auf dessen Überschreitung um ein bestimmtes Maß (vgl. im AE Abs. 3 Nr. 4; Tiedemann Prot. 7/2478; Schachtschabel TagBer. VI Anl. 6 S. 26, der als Grenze das Eineinhalbfache des üblichen Satzes vorschlägt, für das Doppelte: Nack MDR **81**, 624; vgl. ferner BGHZ **80**, 153), verbietet (so auch Lenckner JR **80**, 162). So hat schon RG **3**, 220 bei einem Kleinstkredit auf weniger als drei Wochen einen Satz von 210% p.a. nicht als wucherisch beanstandet. Anderseits kann ein auffälliges Mißverhältnis im Einzelfall schon bei nur wenigen Prozent über dem Bundesbankdiskontsatz gegeben sein. Die StA Stuttgart hat es bei einer Effektivverzinsung von 30% p.a. bejaht, JR **80**, 161 m. Anm. Lenckner. Es ist zwar erforderlich, die für einen Kredit geforderten Vermögensvorteile, die vielfach in zahlreiche Einzelposten wie Zinsen, Provisionen, Bearbeitungsgebühren, Restschuldversicherung, Auskunfts- und Inkassospesen aufgefächert werden, auf einen einzigen effektiven Jahreszins zu bringen (dazu Lenckner aaO; Schachtschabel aaO 18), zumal § 4 PAngV die Angabe dieses Zinses bei der Gewährung von Krediten fordert (bußgeldbewehrt nach § 8 PAngV iVm § 3 WiStG). Dann aber ist dieser Zinssatz an allen Umständen des Geschäfts zu messen; zu berücksichtigen sind dabei vor allem die Lage des Geldmarktes, die Gestehungskosten (NJW **83**, 2780 m. Anm. Nack NStZ **84**, 23 u. Otto JR **84**,

1700

Strafbarer Eigennutz § 302a

252; NStZ/A **88**, 101; Prot. 7/2572), die persönlichen Verhältnisse des Kreditnehmers (Prot. 7/2575), der Zweck des Geschäftes (RG **60**, 218), die Anlagedauer (RG **4**, 390; Prot. 7/2802), das Risiko des Geldgebers (NJW **83**, 2780; Köln JMBlNW **69**, 93) und die ihm gegebenen Sicherheiten (Gehaltszessionen, Bürgschaft, Pfand, Sicherungsübereignungen usw.; RG GA Bd. **52**, 403). Erst eine Gesamtbewertung aller dieser Umstände kann zu dem Ergebnis führen, ob zwischen Vermögensvorteilen und effektivem Zinssatz (zu dessen Berechnung Nack/Wiese wistra **82**, 135) ein auffälliges Mißverhältnis besteht (Karlsruhe NJW **88**, 1156); es kommt auf den Marktvergleich iS des gesamten Marktes an (Stuttgart wistra **82**, 37; hierzu im einzelnen Otto, Bankentätigkeit 87 und NJW **82**, 2746).

c) Beim **Leistungswucher** (I Nr. 3; oben 7) entscheidet sich die Frage des 25 auffälligen Mißverhältnisses allein nach dem Verkehrswert der gesamten Leistung im Vergleich zum Verkehrswert der gesamten Vermögensvorteile. Als Leistung des Gläubigers gilt dabei alles, was er vertragsgemäß zu geben hat, nicht das, was er tatsächlich gewährt (RG **29**, 84); doch kann ein Geschäft durch nachträgliche Leistungsminderung wucherisch werden (oben 19). Nr. 3 wirft das Problem des „gerechten Preises" auf (RG **74**, 345), der aber in einer freien Marktwirtschaft entgegen der Rspr. (BGH **11**, 184; Stuttgart GA **57**, 189; LK 40) nicht durch eine Berechnung der Kosten und ähnlicher Faktoren unter Hinzurechnung eines „angemessenen" Gewinns gefunden werden kann, sondern sich marktmäßig nach Angebot und Nachfrage bildet (Bay NJW **85**, 873 m. Anm. Otto JR **85**, 169; NStZ/A **88**, 101). Wo bestimmte Marktpreise bestehen wie zB bei Grundstücken, Brillanten, Edelmetallen und marktgängigen Waren läßt sich ein Vergleich ohne besondere Schwierigkeiten durchführen, so auch bei Löhnen, Vermietung von Geschäftsräumen, meist auch bei Erwerb von Forderungen oder Erbschaften. Hingegen wird es bei Objekten mit Liebhaberwert wie Kunstgegenständen, Antiquitäten und anderen Sammelgegenständen häufig an exakten Maßstäben fehlen, soweit sie nicht durch die Ergebnisse regelmäßiger Auktionen geliefert werden (zum Ganzen Bernsmann GA **81**, 148, und zwar auch zu illegalen und sittenwidrigen Leistungen aaO 158 ff.; mit Recht krit. hierzu SchSch 18). Wo Preisregeln (Gebührenordnungen) oder Preisbindungen bestehen, ist von diesen auszugehen (aM BGH **11**, 183 für preisgebundenen Wohnraum).

d) Beim **Vermittlungswucher** (I Nr. 4; oben 8) kommt es nicht darauf 26 an, ob die vermittelte Leistung wucherisch ist (dann ev. Beihilfe zu I Nr. 1 bis 3), sondern ob der Vermögensvorteil, in idR die Provision (zuzüglich Nebenforderungen), die der Vermittler sich für seine Vermittlungsleistung versprechen oder zahlen läßt, so übersetzt ist, daß ein auffälliges Mißverhältnis gegeben ist. Es geht im wesentlichen um den Mäklerlohn von Zivilmäklern (§§ 652 ff. BGB), insbesondere Immobilienmaklern, sowie von Handelsmaklern (§§ 93 ff. HGB), in der Praxis des § 302a in erster Linie um Kreditvermittler. Für Wohnungsvermittler enthält § 6 WiStG (Anh. 17) eine Vorschrift, die das Nehmen unangemessener Entgelte mit Geldbuße bedroht; unangemessen hoch sind danach solche, „die infolge der Ausnutzung eines geringen Angebots an vergleichbaren Räumen die ortsüblichen Entgelte nicht unwesentlich übersteigen". Diesen Maßstab wird man auch bei andersartigen Vermittlungen anlegen können (vgl. auch § 653 II BGB), wobei allerdings eine nicht unwesentliche Überschreitung

§ 302a

noch kein auffälliges Mißverhältnis bedeutet. Für den Wert der Vermittlungsleistung kommt es auf die gesamten Umstände, hier vor allem darauf an, welche Bedeutung sie für das die eigentliche Leistung suchende Opfer hat. Tut ein Kreditvermittler nichts anderes, als daß er seinen Kunden zu einer Bank bringt, wo er auch ohne die Vermittlung Kredit erhalten hätte, so ist ein auffälliges Mißverhältnis häufig anzunehmen. Denn auch die Schwierigkeit einer erfolgreichen Vermittlung ist ein maßgeblicher Faktor.

27   **4) Abs. I S. 2** erfaßt mit der sog. **Additionsklausel** (hierzu krit. Sturm JZ **77**, 87; LK 42ff.; Lackner 9; M-Schroeder § 43, 19; SK-Samson 26ff.; Lenckner JR **80**, 164; Rühle aaO 59; vgl. auch Bender NJW **80**, 1133; Rittner DB **80**, Beil. Nr. 16/80 S. 8) die in der Praxis vor allem des Kreditgeschäfts nicht seltenen Fälle, in denen bei einem nach wirtschaftlicher Betrachtung einheitlichen Geschäftsvorgang auf der Gläubigerseite mehrere als Leistende, Vermittler oder in anderer Weise mitwirken und ein auffälliges Mißverhältnis erst durch eine Addition sämtlicher Leistungen einerseits und sämtlicher Vermögensvorteile anderseits entsteht (RegE 21, 40; Ber. 20; Prot. 7/2804). Das ist zB der Fall, wenn bei einem Kreditgeschäft ein Vermittler Provision und Bearbeitungsgebühr, der Kreditgeber Zinsen und ein Versicherungsagent Versicherungsleistungen fordert (Ber. 20; Prot. 7/2570). Keine Rolle spielt dann I S. 2, wenn die mehreren Mitwirkenden als Tatbeteiligte iS von § 28 II, also auch als Mittäter, zusammenarbeiten, da dann bereits die Teilnahmevorschriften eingreifen (RegE 40; Ber. 20); die Vorschrift spielt aber dann und nur dann eine Rolle, wenn mehrere an dem konkreten Gesamtgeschäft mitwirken, aber nicht als Tatbeteiligte, wie das in der Praxis häufig vorkommt (Prot. 7/2564, 2570), zB im Zusammenhang mit einem gesetzwidrigen Schneeballsystem (Prot. 7/2576). I S. 2 schafft dafür eine eigentümliche Form der **Nebentäterschaft,** bei der der Gesamterfolg den darüber unterrichteten Mitwirkenden zugerechnet wird, so daß jeder von ihnen zum Täter („so gilt Satz 1 für jeden") wird (Kohlmann Prot. 7/2571; aM Lenckner JR **80**, 164, der der Additionsklausel in den Fällen der obligatorischen Restschuldversicherung eine wesentlich geringere Bedeutung beimißt; vgl. hierzu Haberstroh NStZ **82**, 268). Die Voraussetzungen von I S. 2 sind im übrigen die folgenden:

28   **A. Erst durch die Mitwirkung der mehreren** Personen ergibt sich ein auffälliges Mißverhältnis (oben 22 bis 26) bei dem Vergleich **sämtlicher Leistungen** und **sämtlicher Vermögensvorteile,** die jeweils zu addieren sind (aM LK 51). Bei Geldforderungen und Leistungen mit bestimmtem Geldwert entstehen dabei keine Schwierigkeiten. In anderen Fällen muß ein Geldnenner gesucht werden. Seinem Wortlaut nach entfällt I S. 2, wenn zwischen einer der Leistungen und dem korrespondierenden Vermögensvorteil bereits ein auffälliges Mißverhältnis besteht; doch wird man die Vorschrift auch anzuwenden haben, wenn durch das Hinzutreten weiterer Mitwirkender das Mißverhältnis, das für sie allein nicht bestanden hätte, noch vergrößert wird und die Voraussetzungen von I S. 2 auch für die
29   anderen Mitwirkenden erfüllt sind (LK 51). **B.** Satz 1 gilt dann für jeden Mitwirkenden, der sich für Leistungen iS von I S. 1 Nr. 1 bis 4 Vermö-
30   gensvorteile hat versprechen oder gewähren lassen, wenn er **a) eine Schwäche** des anderen iS von oben 9 bis 13 für sich oder einen Dritten zwar nicht unbedingt ausbeutet, aber mindestens **ausnutzt** (oben 15), und zwar

Strafbarer Eigennutz **§ 302a**

b) zur Erzielung eines übermäßigen Vorteils für sich oder den Dritten. 31
Der Vorteil muß den angemessenen nicht unwesentlich übersteigen, doch
braucht noch kein auffälliges Mißverhältnis erreicht zu sein (Ber. 20; sonst
möglicherweise von I S. 1). Auf der anderen Seite scheidet derjenige Mitwirkende aus, der für seine Einzelleistung einen angemessenen Vermögensvorteil anstrebt, selbst wenn er weiß, daß bei dem Gesamtgeschäft ein
auffälliges Mißverhältnis zustandekommt (Ber. 20; BRat RegE 52; vgl.
auch AE Abs. 2 S. 2; aM Tröndle Prot. 7/2564).

5) Vorsatz ist hinsichtlich aller Merkmale erforderlich, idR genügt je- 32
doch bedingter (vgl. RG **71**, 326; hierzu Haberstroh NStZ **82**, 269); nur im
Fall von I S. 2 muß es dem Täter darauf ankommen, einen übermäßigen
Vermögensvorteil zu erzielen. Der Vorsatz muß die Umstände umfassen,
welche die Schwächelage des Opfers begründen (vgl. RG **29**, 82; der Vorschlag von Kohlmann aaO (oben 1) 47, insoweit Leichtfertigkeit ausreichen zu lassen, hat sich nicht durchgesetzt, Prot. 7/2570), braucht aber die
Wertungen des Gesetzes wie „Zwangslage", „erheblich" oder „ausbeutet"
nur unter Parallelwertung in der Laiensphäre mitzuvollziehen (vgl. 11 zu
§ 16; auch LG Darmstadt NJW **72**, 1245; aM M-Schroeder § 43, 22; SK
38). Wenn der Täter im Fall des Kreditwuchers auf eine sogen. Selbstauskunft des Opfers verweist, wonach es sich nicht in einer Zwangslage befunden habe, wird aus den gesamten Umständen, vor allem aus der Tatsache, daß sich das Opfer auf wucherische Bedingungen einließ, vielfach
doch ein bedingter Vorsatz hergeleitet werden können. Zum Vorsatz gehört weiter, daß der Täter die Schwäche des Opfers bewußt iS des oben
Gesagten ausbeuten und dadurch sich oder einen anderen bereichern will
(RG **18**, 421; JW **34**, 1124; vgl. oben 15) und daß er zunächst nur versprochene Vorteile auch zu realisieren vorhat (RG **15**, 333; oben 18). Ferner
muß er die Umstände kennen, aus denen sich das auffällige Mißverhältnis
zwischen Leistung und Vermögensvorteil ergibt (RG **74**, 345), im Fall von
I S. 2 also auch die Umstände, die durch die Addition zu einem auffälligen
Mißverhältnis führen (Ber. 20; Prot. 7/2564, 2566); vollzieht er das Urteil
„auffälliges Mißverhältnis" nicht mit, so ist das nur ein Subsumtionsirrtum, der zu einem Verbotsirrtum führen kann (11 zu § 16; vgl. auch Haberstroh NStZ **82**, 270).

6) Teilnahme. Täter ist, wer nicht nur sich selbst, sondern auch einem 33
Dritten die Vermögensvorteile versprechen oder gewähren läßt. Er
braucht bei der Gegenleistung nicht sein eigenes Geld verwenden oder das
Geschäft im eigenen Namen schließen oder selbst die Vorteile aus dem
Geschäft zu ziehen; so wenn der Vorstand einer juristischen Person das
Geschäft für diese schließt; oder der gesetzliche Vertreter für sein Mündel
(RG **35**, 113), hier sind die Vertreter Täter. Es kann aber auch Mittäterschaft zwischen dem Vertretenen, der das Geld gibt, und dem Vertreter
bestehen, der das Versprechen entgegennimmt (RG **36**, 226); so, wenn sich
im Innenverhältnis mehrere als Gesellschafter zu einem wucherischen Geschäftsbetrieb zusammenschließen, nach außen aber nur einer in der Rolle
des Vermittlers auftritt (RG JW **36**, 3003). Der bloße Vermittler, der selbst
nicht Vertragspartei wird, kann, soweit er nicht Täter nach I Nr. 4 ist,
nicht selbst Täter, sondern nur Anstifter oder Gehilfe sein (RG **35**, 114).
Die Nebentäter nach I S. 2 können untereinander nicht Teilnehmer sein;

§ 302a

wohl aber ist Teilnahme an der Nebentäterschaft möglich (oben 27). Das Opfer selbst bleibt als notwendiger Teilnehmer straflos. Im übrigen ist Teilnahme nach allgemeinen Regeln möglich.

34 **7) Die Strafe.** Neben Freiheitsstrafe ist Geldstrafe nach § 41 möglich. Verfall
35 scheidet wegen der Ansprüche des Verletzten idR aus. **A. Abs. II** nennt für **besonders schwere Fälle** (11 zu § 12, 43 ff. zu § 46) drei Regelbeispiele, näm-
36 lich daß der Täter **Nr. 1:** durch die Tat den anderen (Schuldner) in **wirtschaftliche Not** bringt. Das trifft nicht zu, wenn die Tat „eine schon bei Geschäftsabschluß bestehende Not des Bewucherten lediglich verschärft hat. Zu verlangen ist vielmehr, daß der Bewucherte als Folge der Tat in eine Mangellage gerät, die im geschäftlichen Bereich seine Daseinsgrundlage gefährdet oder auf Grund deren im persönlichen Bereich der notwendige Lebensunterhalt ohne Hilfe Dritter nicht mehr gewährleistet ist" (BT-Drs. VI/1549, 10). Bloße wirtschaftliche Bedrängnis genügt dafür noch nicht (aM Schmidt-Futterer JR **72**, 134). Vorsatz
37 ist erforderlich (Ndschr. **7**, 319); **Nr. 2:** die Tat **gewerbsmäßig** begeht (43 vor
38 § 52; BGH **14**, 187). Für gewohnheitsmäßige Begehung vgl. 47 zu § 46; **Nr. 3: sich** (oder dem anderen) **durch Wechsel wucherische** (dh in auffälligem Mißverhältnis zur Leistung stehende; oben 22 ff.; aM LK 74) **Vermögensvorteile versprechen läßt**; dh, daß die wucherischen Vorteile selbst in Form eines Wechsels (RG JW **35**, 532), wenn auch nur durch Hingabe eines Blankoakzepts, versprochen werden (gleichgültig wem), so daß es nicht ausreicht, wenn sich der Gläubiger nur für die Darlehenssumme, für die er wucherische Zinsen erlangte, einen Wechsel akzeptieren läßt (BGH bei Pfeiffer/Maul/Schulte 1 zu § 302b aF) oder wenn bei einer Wechselprolongation wucherische Zinsen außerhalb des Wechsels vereinbart werden (R **7**, 486). Hingegen ist Nr. 3 gegeben, wenn für eine wucherische Forderung nachträglich ein Wechsel ausgestellt wird; LK 14; oder wenn einzelne Unterschriften auf dem Wechsel unecht sind.

39 **B. Außerhalb der Regelbeispiele** können besonders schwere Fälle in Betracht kommen bei außergewöhnlichem Ausmaß (vgl. AE Abs. 3 Nr. 4: mehr als 50% über Wert) oder sehr langer Dauer der Bewucherung, Gewohnheitsmäßigkeit oder besonderer Gewissenlosigkeit des Täters, besonderer Hilflosigkeit des Opfers; ferner bei Versprechenlassen durch Scheck (Prot. 7/2665, 2810) oder bei erheblicher Verschärfung einer schon bestehenden Notlage (Prot. 7/2798; LK 71); nicht hingegen bei nur leichtfertigem in Not Bringen.

40 **8) Konkurrenzen.** Fortgesetzte Tat ist auch gegenüber mehreren Bewucherten möglich (BGH **11**, 187). Geht das Sichversprechenlassen in das Gewähren über, so ist eine einzige Tat gegeben, die mit Annahme der Leistung beendet ist (oben 19). Innerhalb von § 302a schließen sich I S. 1 und S. 2 grundsätzlich aus. I Nr. 3 wird von Nr. 1, 2 und 4 verdrängt (anders LK 77). Zwischen Nr. 1 und Nr. 2 ist Tateinheit möglich, ebenso zwischen Nr. 4 und Teilnahme an Nr. 1 bis 3. Doch ist zwischen einem wucherischen Kreditgeschäft nach Nr. 2 und späterer wucherischer Stundung des Kredits auch Tatmehrheit möglich (RG **4**, 390). Tateinheit ist möglich zB mit § 253 (RG GA Bd. **46**, 318), § 263 (RG LZ **17**, 1173; ausführlich Lackner/Werle NStZ **85**, 504), § 89 BörsG; zur Abgrenzung von Nötigung und Wucher, Arzt, Lackner-FS 641. Beim Zusammentreffen mit §§ 3, 5, 6 WiStG gilt § 21 OWiG.

41 **9) Zuständigkeit** in Wirtschaftsstrafsachen nach § 74c I Nr. 6, § 74e Nr. 2 GVG, § 103 II JGG.

Sechsundzwanzigster Abschnitt
Sachbeschädigung

Sachbeschädigung

303 ^I **Wer rechtswidrig eine fremde Sache beschädigt oder zerstört, wird mit Freiheitsstrafe bis zu zwei Jahren oder mit Geldstrafe bestraft.**

^{II} **Der Versuch ist strafbar.**

1) Die Vorschrift. I, II idF des Art. 19 Nr. 161 EGStGB; III wurde zunächst 1 durch das 22. StÄG (unten 1 a) geändert, später durch das 2. WiKG (2 vor § 263) gestrichen, dessen Inhalt aber sachlich unverändert in § 303 c übernommen. Das 22. StÄG hat auf Antrag des BRats das Antragserfordernis in dem Sinne aufgelockert, daß (ebenso wie zB bei § 232 I S. 1, vgl. 3 zu § 77) es eines Strafantrags nicht bedarf, wenn die Strafverfolgungsbehörde wegen des besonderen öffentlichen Interesses an der Strafverfolgung ein Einschreiten von Amts wegen für geboten hält. Damit ist sichergestellt, daß Sachbeschädigungen als Begleiterscheinungen unfriedlicher Demonstrationen auch dann verfolgt werden können, wenn Eigentümer beschädigter Sachen aus Angst vor Vergeltungsmaßnahmen oder unter dem Druck massiver Einschüchterungsversuche keinen Strafantrag stellen (BT-Drs. 10/308,4). Dagegen in den Beratungen vorgebrachte Gegengründe haben geringes Gewicht, obgleich die Rechtsänderung nur gegen eine starke Minderheit durchgesetzt werden konnte. **Materialien:** GesE des BRats BT-Drs. 10/308; BTag 10/4213; RA-BTag Prot. 47., 49., 55. Sitz.; RA-BRat 553. Sitz.; BT-Drs. 10/3538 (Beschlußempfehlung und Bericht; BTag 10/11260; BR-Drs. 325/85 (Ges. Beschl.); BRat Prot. 553. Sitz. S. 379; BR-Drs. 325/1/85; 325/85 (Beschluß). BGBl. I 1985, 1510.

Schrifttum: *Behm,* Sachbeschädigung und Verunstaltung, 1984 (hierzu **1b** *Geerds* GA **86**, 39; *Maiwald* ZStW **102**, 318); *Bohnert* JR **88**, 446; *Disse,* Die Privilegierung der Sachbeschädigung gegenüber Diebstahl und Unterschlagung, 1982 (hierzu *Maiwald* ZStW **96**, 931; *Geerds* GA **84**, 134); *Stree* JuS **88**, 187; zur *Kriminologie* und *Kriminalstatistik* besonders aufschlußreich: *Geerds,* Sachbeschädigung. Formen und Ursachen der Gewalt gegen Sachen usw., 1983 u. HdbwbKrim V 362 (auch kriminologisch und kriminalstatistisch, Stand Febr. 1988); *Niggli,* Das Verhältnis von Eigentum, Vermögen und Schaden [Schweiz], 1992.

2) Gegenstand der Tat nach § 303 (idF des EGStGB) ist eine **Sache,** also **1c** ein körperlicher Gegenstand (vgl. 2 zu § 242; RG **32**, 190), an der Leiche gibt es keine Sachbeschädigung; die eigenmächtige Sektion eines im Krankenhaus Verstorbenen durch den dortigen Arzt fällt daher nicht unter § 303 (RG **64**, 313; vgl. aber 2 ff. zu § 168). Auf den Aggregatzustand der Sache kommt es nicht an, desgl. nicht darauf, ob sie beweglich oder unbeweglich ist. Daher fällt unter § 303 auch das Ausstreuen von Unkrautsamen auf ein roggenbestelltes Feld (KGJ **46**, 368), nicht jedoch eine Langlauf-Loipe (Bay JZ **79**, 734 m. Anm. M. Schmid JR **80**, 430). Auch kann man den Rest eines zerstörten Hauses beschädigen (RG **27**, 420). **A.** Einen **Vermögens-** 2 **wert** braucht die Sache **nicht** zu haben; der Schutz knüpft vielmehr an die funktionale und soziale Sinnbedeutung der Sache für den Berechtigten an, sein irgendwie geartetes und zu respektierendes Gebrauchs- oder Affektionsinteresse genügt, daher ist das *Herausschneiden* der Kennziffer auf den

§ 303

Volkszählungsfragebogen eine Straftat nach § 303, da sie weit über einen Pflichtenverstoß nach §§ 15, 23 BStatG (hierzu Düsseldorf NJW **89**, 1941) hinausgeht (Bay **88**, 59; 158; Celle NJW **88**, 1101 [m. Anm. Geerds JR **88**, 435]; Köln NJW **88**, 1102; Düsseldorf MDR **89**, 665; NStE Nr. 11; Stuttgart NJW **89**, 1940; LG Koblenz [1. StK] MDR **87**, 1047; LG Bonn NJW **87**, 2825; LG Trier NJW **87**, 2826; LG Kreuznach StV **88**, 156 m. Anm. Zaczyk; Engelage NJW **87**, 2801; Solbach JA **87**, 528; verkannt von den LGen Lübeck, Osnabrück, Aachen, Koblenz [9. StK], Göttingen, StV **87**, 298, 398, 443, NJW **87**, 2828, NStZ **87**, 558, und den AGen Hannover, Stadthagen StV **87**, 444; **88**, 157 L; iErg. unrichtig auch Frister NJW **88**, 954; vgl. LK-Wolff 2). Oft wird in solchen Fällen jedoch der Vorsatz des Täters fehlen. Ausnahmsweise kann die Beschädigung sogar das Vermö-
3 gen vermehren (RG **33**, 180). **B. Fremd** (4ff. zu § 242) muß die Sache sein. Fremd ist für den einen Miteigentümer der Anteil des anderen (RG **12**, 377). Irrtümliche Annahme des Täters, die Sache sei eine fremde, führt zu untauglichem Versuch. Wird der Eigentümer von einem Dritten durch Täuschung zur Beschädigung veranlaßt, so kann der Dritte mittelbarer Täter sein.

4 **3) Die Handlung** besteht im Beschädigen oder Zerstören. Beide können auch im Falle einer Garantenstellung (4ff. zu § 13) durch Unterlassen begangen werden; so durch Nichtfüttern von Tieren. Die Möglichkeit der Wiederherstellung beseitigt die Tat nicht (RG LZ **14**, 1393).

5 **A. Die Beschädigung** ist eine nicht ganz unerhebliche (BGH **13**, 207; NJW **80**, 603; NStZ **82**, 508) Verletzung der Substanz, der äußeren Erscheinung oder der Form einer Sache, durch welche die Brauchbarkeit der Sache zu ihrem bestimmten Zweck beeinträchtigt wird (RG **66**, 205). So wird eine Brücke in ihrer Substanz beschädigt durch Wegnahme einer Bohle (RG **20**, 353), Oberleitung eines Bahnkörpers durch Werfen eines Metallbügels, der einen Kurzschluß herbeiführt (NStZ **88**, 178), eine Maschine durch Einklemmen eines Gegenstandes, der sie außer Betrieb setzt (Sabotage, RG **20**, 182); eine Turbine durch Wegnahme eines Rades (RG JW **22**, 712). Auch das Abmontieren eines fest eingebauten Spülbeckens fällt unter § 303 (Hamm GA **66**, 187). Äußerlich wahrnehmbar braucht die Beschädigung nicht zu sein; so beim Nervösmachen eines Pferdes (RG **37**, 411). *Das Löschen von Daten* iS des § 202a II auf einem Tonband (nicht das kopierende Überspielen ohne Löschung, vgl. Vogt JuS **80**, 862) wird nach den speziellen Normen der §§ 303a, 303b bestraft (aM Haft NStZ **87**, 10, der § 303a nur auf Fälle anwenden will, in denen Daten ohne Angriff auf die Substanz eines Datenträgers während der Übermittlungsphase vernichtet oder verändert werden, weitergehend Bühler MDR **87**, 455). Beim Ausströmenlassen von Gas oder Flüssigkeit oder beim mutwilligen Versprühen des Inhalts eines Feuerlöschers (Bay VRS **73**, 47) werden diese Sachen zugleich beschädigt. Das Ablassen der Luft aus der Bereifung eines Kraftfahrzeugs oder eines Fahrrades (Bay NJW **87**, 3271 m. abl. Anm. Geerds JR **88**, 218; Behm NStZ **88**, 275) kann Beschädigung des Fahrzeugs sein (BGH **13**, 207 m. Anm. Klug JZ **60**, 226 gegen Düsseldorf NJW **57**, 1246).

6 **a) Das Beschmutzen** der Sache kann Beschädigung sein, auch ohne daß die eigentliche Sachsubstanz verletzt ist, zB das Verunreinigen eines Brief-

Sachbeschädigung § 303

kastens (Darmstadt GA Bd. **43**, 135), oder des Dienstthemdes eines Polizisten (Frankfurt NJW **87**, 389 hierzu Stree JuS **88**, 187), Verschmutzen eines Brunnens mit Kot (R **9**, 171). Es genügt auch eine belangreiche Veränderung der äußeren Erscheinung und Form (RG **20**, 182; **43**, 204, Besudelung eines Denkmals mit Farbe, selbst wenn sie leicht zu beseitigen ist), auch das Beschmieren von Wänden mit Parolen (was auch durch Art. 5 GG nicht gedeckt ist, Hamburg NJW **75**, 1982; **79**, 1615; Hamm NJW **76**, 2173) oder das Bemalen von Bäumen eines Stadtparks (LG München NStE Nr. 1 zu § 304) mit schwer entfernbarer Ölfarbe (NJW **80**, 603; NStZ **82**, 509; 13. 10. 1983, 4 ARs 17/83; Hamburg JZ **51**, 727 L; Celle NStZ **81**, 223 [m. Anm. Rollhäuser StV **81**, 129]; Düsseldorf NJW **82**, 1167 [m. Anm. Behm StV **82**, 596]; Haas JuS **78**, 17), da hierdurch die Oberflächenfarbe des besprühten Gegenstandes beschädigt wird (Oldenburg NJW **83**, 57 [m. Anm. Dölling JR **84**, 37]; LG Bremen NJW **83**, 56; vgl. auch AG Freiburg NStZ **83**, 136), ferner das Bemalen eines Asphaltfußbodens einer Fußgängerunterführung (Karlsruhe [1. StS] Die Justiz **78**, 323); wie auch anderes Verunstalten; insbesondere kann das **Ankleben von Plakaten** zB auf Brük- 6a kenpfeilern (Hamburg NJW **75**, 1981 m. Anm. Schroeder JR **76**, 338), Schaltkästen (Schleswig OLGSt. 8; SchlHA **77**, 179; Oldenburg JZ **78**, 72; Köln OLGSt. 19), Sichtbeton (Karlsruhe JR **76**, 336), Stirnwand eines Kellereingangs (Bremen MDR **76**, 773), Werbefläche eines Wartehäuschens (Düsseldorf MDR **79**, 74) oder auf eine Einfriedungsmauer (Hamburg **79**, 1614) Sachbeschädigung sein, und zwar nicht nur, wenn die Tat die Substanz der Sache verletzt oder seine funktionsmäßige Brauchbarkeit beeinträchtigt (so aber BGH **29**, 129; NJW **80**, 603; 17. 8. 1984, 3 StR 283/84; ähnlich Karlsruhe [3. StS] MDR **77**, 774; JZ **78**, 72; Frankfurt NJW **90**, 2007; LG Bremen StV **81**, 181; Katzer NJW **81**, 2036; dagegen Oldenburg JZ **78**, 450; Hamburg NJW **79**, 1614); was im Falle äußerer Veränderung des Erscheinungsbildes bei Gegenständen künstlerischer Gestaltung stets der Fall ist (allgM), sondern ohne Rücksicht darauf, ob die Sache eine eigene Ansehnlichkeit hat (BGH **29**, 134; aM 28. 11. 1978, 5 StR 372 u. 469/78; Köln OLGSt. 20; Karlsruhe aaO), insoweit **abw.** von BGH **29**, 129 immer schon dann, wenn durch das Beschmieren oder Überkleben der Gestaltungswille des Eigentümers (Hamburg NJW **79**, 1614; **82**, 395 m. Anm. Maiwald JR **82**, 298) oder das vernünftige Interesse des Sachherrn am jeweiligen Zustand der Sache (Schroeder JR **76**, 339; Rudolphi Jura **80**, 261) beeinträchtigt und ihm nicht unerheblicher Instandsetzungsaufwand verursacht wird (Celle MDR **78**, 507; NStZ **81**, 223; Oldenburg JZ **78**, 72 m. zust. Anm. Schroeder; Karlsruhe 1. StS NJW **78**, 1636 m. Anm. Joecks JA **78**, 592; Düsseldorf MDR **79**, 74; ebenso Schmid NJW **79**, 1581, wenn im Ergebnis auch einschränkend; teilw. abw. SK-Samson 8; aM AG Freiburg StV **82**, 582). Dieser (überwiegenden) Rspr. der Obergerichte ist gegenüber der Entscheidung des BGH **29**, 129, die nicht zu überzeugen vermag und den Schutz des Eigentümers verkürzt (hierzu Maiwald JZ **80**, 256; JR **82**, 298; Gössel JR **80**, 188; Dölling NJW **81**, 207; JR **84**, 38; SchSch-Stree 8; Krey BT/2, 80; Otto JZ **85**, 28 u. Jura **89**, 208 und die Kontroverse Schroeder/Behm JR **87**, 359; **88**, 360, 363; vgl. auch Wessels BT-2 § 1 I 3a), der Vorzug zu geben, da sie das Eigentum in seinem funktionalen und sozialen Sachsinn begreift (ebenso Maiwald aaO; vgl. oben 2). Eine Beschmutzung oder Verunstaltung einer Sache kann das

Eigentum als Rechtsgut stärker beeinträchtigen und einen höheren Instandsetzungsaufwand verursachen als manche Beschädigung, die in die Substanz unmittelbar eingreift (Dölling NJW **81**, 208; aM Katzer NJW **81**, 2036; Seelmann JuS **85**, 199; polemisierend Thoss NJW **78**, 1612 u. SchweizZSt. **83**, 215 gegen die zutr. schweiz. Judikatur zum *Sprayer von Zürich*; vgl. hierzu 13. 10. 1983, 4 ARs 17/83 u. EKMR NJW **84**, 2753; BVerfG NJW **84**, 1293, hierzu ausführlich J. Hoffmann NJW **85**, 237). Eine Sachbeschädigung entfällt bei minimalen Eingriffen (NStZ **82**, 509; Frankfurt MDR **79**, 693; Haas JuS **78**, 17; Maiwald JZ **80**, 259; Gössel JR **80**, 188; aM Schmid aaO); das kann uU auch bei bloßem **Überkleben** der Fall sein (vgl. Gössel JR **80**, 189; anders LG Bochum MDR **79**, 74; Karlsruhe MDR **77**, 775; hiergegen Haas JuS **78**, 18), nicht aber schon ohne weiteres beim Plakatieren an abgelegener Stelle, so aber Hamburg NJW **76**, 2174 für eine Nische eines S-Bahnhofs; hiergegen mit Recht Oldenburg JZ **78**, 70, 450, da sich der Sachherr auch dort keine Beeinträchtigungen gefallen zu lassen braucht. Strafbar ist das Überkleben stets bei allein Werbezwecken dienenden Stellschildern (Hamburg NJW **82**, 395, zust. Maiwald JR **82**, 298, der freilich mit Recht darauf hinweist, daß Vollendung erst vorliegt, wenn bereits eine feste Verbindung mit dem überklebten Plakat eingetreten ist, ebenso NStZ **82**, 509). Nach Oldenburg NJW **82**, 1166 soll auf städtischen Plakatflächen das Überkleben von Wahlplakaten durch andere Parteien nicht strafbar sein, zw. Bei unbefugtem Plakatieren kommen neben § 118 OWiG auch landesrechtliche PolVOen in Betracht (vgl. Karlsruhe, Stuttgart, Hamburg NJW **78**, 1637ff.; vgl. § 21 OWiG).

7   **b) Das Ausbessern** eines Fehlers ist grundsätzlich keine Sachbeschädigung, es sei denn, daß der Berechtigte ein besonderes Interesse an der Erhaltung des bisherigen Zustandes hat (Bockelmann BT/1 § 21 I; aM Schsch 10); so bei beschädigten alten Briefmarken, bei Schwammstellen für den Beweis im Schwammprozeß; nur wird hier oft der Vorsatz fehlen (RG **33**, 180).

8   **c) Bei zusammengesetzten Sachen** ist eine Beschädigung schon durch Beseitigung des Zusammenhanges der einzelnen Teile möglich, falls die Wiederzusammensetzung eine gewisse Mühe erfordert; so beim Zerlegen einer Maschine (RG **13**, 27; **20**, 353), beim Wegwerfen einzelner Teile (Bay **1**, 195), beim Herausheben eines Steins aus dem Boden (RG **31**, 329), beim Entfernen einer Reklametafel (Bay JW **26**, 2764), durch Umsetzen eines Wegweisers (§ 304!, RG **31**, 329); beim Entfernen und Beseitigen des Fahnentuchs von der Stange (RG **64**, 250; **65**, 356). Es reicht jedoch nicht aus, wenn der Täter die Radkappen von einem Pkw abmontiert und neben das Fahrzeug legt (Hamm VRS **28**, 437).

9   **d) Keine Sachbeschädigung** liegt vor beim bloßen Entziehen der Sache, wie durch bloße Ableitung eines Wasserlaufs (RG **39**, 328). So ist das Wegwerfen einer Sache oder Fliegenlassen eines einheimischen Vogels keine Sachbeschädigung (RG **13**, 27; str.; aM M-Schroeder § 36, 19; vgl. § 251 E 1962; zum Ganzen Bloy Oehler-FS 559). Anders wird man aber zu entscheiden haben, wenn die Entziehungshandlung, wenigstens nach einer gewissen Zeit, zur Beschädigung der Sache führt, so durch Rost (RG GA Bd. **51**, 182), durch Inswasserwerfen eines Fahnentuchs (RG **64**, 251).

10 **B. Das Zerstören** ist eine so weitgehende Beschädigung einer Sache, daß ihre Gebrauchsfähigkeit völlig aufgehoben wird (RG **8**, 33; **39**, 224), wie

Sachbeschädigung **§ 303**

zB beim Töten eines Tieres. Das Zerstören umfaßt hier auch das Vernichten, dh die Beseitigung der Sachsubstanz zB durch Verbrennen (vgl. RG **57**, 294). Auch der zweckwidrige Verbrauch von an sich zum Verbrauch bestimmten Sachen kann Zerstörung sein (Blei JA **73**, 811). Teilweises Zerstören (2 zu § 305) ist Beschädigung iS von § 303.

4) Die Rechtswidrigkeit, die nicht Tatbestandsmerkmal ist (vgl. 12), **11** wird beseitigt zB durch die selbst stillschweigend mögliche Einwilligung des Eigentümers, auch wenn die Tat sittenwidrig ist (RG **27**, 420), durch zivilrechtliche Rechtfertigungsgründe (so §§ 228, 229, 904 BGB), RG **34**, 296. Daneben sind einzelne landesrechtliche Bestimmungen in Geltung. So bezüglich der Tötung von Tauben (Art. 130 EG BGB; vgl. 7 zu § 242). Das Tötungsrecht bezüglich wildernder Hunde und Katzen bestimmt sich nach §§ 23, 25 BJagdG (befugt zur Tötung der Jagdschutzberechtigte!); vgl. dazu Köln NJW **54**, 1617; Hamm MDR **60**, 865.

5) Der Vorsatz erfordert das Bewußtsein des Beschädigens oder Zerstö- **12** rens einer fremden Sache (RG **15**, 13; **33**, 178). Die Rechtswidrigkeit ist jedoch allgemeines Verbrechensmerkmal, so daß der Irrtum darüber nur Verbotsirrtum ist. Für den Irrtum über die Voraussetzungen eines Rechtfertigungsgrundes gilt 27 zu § 16. Die *fahrlässige* Sachbeschädigung ist straflos, auch nach Landesrecht, da das StGB die Sachbeschädigung erschöpfend regelt; Ausnahme nur gemäß Art. 4 V EGStGB.

6) Konkurrenzen. A. Tateinheit ist möglich mit § 133; § 185 (RG HRR **13** **36**, 853), § 223a (RG GA Bd. **60**, 66), § 242 (dort 28), § 289; §§ 306ff. (RG **54**, 1; JW **35**, 2372), mit Tierquälerei. Zum Verhältnis zu §§ 125, 125a vgl. dort 11 bzw. 9. **B. Gesetzeseinheit** liegt vor mit § 145 II, der wegen spezieller Subsidiarität hinter die §§ 303, 304 zurücktritt; mit § 243 Nr. 1 (44 zu § 243), durch § 303 verdrängt wird (vgl. wegen der Sachbeschädigung als mitbestrafter Nachtat bei Diebstahl und Unterschlagung 26 zu § 242, 22 zu § 246); § 202 und § 274 I Nr. 1, 2 (RG GA Bd. **57**, 399), gehen vor. § 23 BStatG verdrängt nicht § 303 (Bay **88**, 60). Zum Verhältnis zu § 311a vgl. dort 7. **C. Die Feld- und Forstpolizeivorschriften** der Länder gehen gemäß Art. 4 V EGStGB dem § 303 vor; Stuttgart OLGSt. 1 zu Art. 4 V 1 EGStGB (§ 28 I Nr. 8, 9 BWLLG v. 14. 3. 1972, GBl. 74, letzte ÄndVO v. 19. 3. 1985, (GBl. 71); vgl. zu § 2 II EG aF RG **48**, 212; Bay **55**, 161.

7) Sonstige Vorschriften. Strafantrag § 303c. Privatklage, Sühneversuch, **14** Nebenklage §§ 374, 380, 395 StPO.

Datenveränderung

303a ^I Wer rechtswidrig Daten (§ 202a Abs. 2) löscht, unterdrückt, unbrauchbar macht oder verändert, wird mit Freiheitsstrafe bis zu zwei Jahren oder mit Geldstrafe bestraft.

^{II} Der Versuch ist strafbar.

1) Die Vorschrift, durch Art. 1 Nr. 17 des 2. WiKG (2 vor § 263) eingefügt, **1** im RegE aber nicht enthalten, hat ausländische Vorbilder. Sie wurde von sachverständiger Seite in der öffentlichen Anhörung angeregt (Ber. 34), um dem hohen wirtschaftlichen Wert der Computerdaten und der zunehmenden Abhängigkeit von ihnen in Wirtschaft und Verwaltung Rechnung zu tragen (vgl.

§ 303a

Möhrenschlager wistra **86**, 140 u. **91**, 312). § 303a verstärkt den strafrechtlichen Schutz der als Daten dargestellten Informationen. Die Sachbeschädigungsvorschrift (§ 303) bietet nur für den körperlichen Datenträger Strafschutz, nicht aber für die unkörperlichen Daten und Informationen. So war es bisher umstritten, ob zB das Löschen eines Tonbandes unter § 303 fällt (vgl. 5 zu § 303). Werden Daten während einer Übermittlungsphase vernichtet oder gelöscht, greift § 303 nicht ein (Ber. 34; Bieber WM Beil. 6/87, 29). § 303a stellt nunmehr alle Fälle rechtswidriger Datenveränderung unter Strafe. Statistik 1987/88: wistra **90**, 56.

2 **2) Geschütztes Rechtsgut** ist das **Interesse an der Verwendbarkeit der in den gespeicherten Daten enthaltenen Informationen.** Die Vorschrift dient dem Interesse des Verfügungsberechtigten (Unternehmen, Behörden und Einzelpersonen) am Schutz der in gespeicherten Daten, Dateien und Datenbeständen enthaltenen Informationen vor unbefugten Veränderungen und Unterdrückung (vgl. auch 2 zu § 202a). Hingegen halten Haft (NStZ **87**, 10) und Welp (iur **88**, 448) das Vermögen „in seiner spezialisierten Ausprägung in Daten" für das in §§ 303a, 303b geschützte Rechtsgut (hiergegen Bühler MDR **87**, 455; Frommel JuS **87**, 668).

3 **3) Schutzgegenstand** sind **Daten** iS des § 202a II (dort 3 bis 6).

4 **4) Tathandlungen**, die sich zT überschneiden, damit alle Beeinträchti-
5 gungen der Verwendbarkeit von Daten erfaßt werden (Ber. 34), sind **a)** das **Löschen** (Aufhebung der Verkörperung) von Daten, dh das unwiederbringliche Unkenntlichmachen der *konkreten* Speicherung (Haß [1a zu § 263a], 51; Beispiele bei Möhrenschlager wistra **86**, 141; Bühler MDR **87**, 455; Welp iur **88**, 435); es entspricht dem Zerstören einer Sache in § 303 (dort 10; Ber. 34) und kann auch durch die vorsätzliche Installierung von
6 Virusprogrammen bewirkt werden (näher Welp iur **88**, 437); **b)** das **Unterdrücken** von Daten. Es bedeutet, daß sie dem Zugriff des Berechtigten auf Dauer oder zeitweilig (Haß aaO 52) entzogen werden und er sie deshalb nicht mehr verwenden kann (Ber. 35; vgl. 5 zu § 274), zB die Entziehung
7 des Daten*trägers;* **c)** das **Unbrauchbarmachen** von Daten. Es entspricht dem Beschädigen und ist die Aufhebung der bestimmungsgemäßen Verwendbarkeit (Ber. 35; vgl. 10 zu § 133; v. Gravenreuth NStZ **89**, 206). Dies kann zB durch zusätzliche Einfügungen oder Verfälschung von ver-
8 knüpften Datensätzen geschehen, (Ber. 35) und schließlich **d)** das **Verändern** von Daten, wozu jede Form inhaltlichen Umgestaltens gespeicherter Daten (§ 3 V Nr. 2 BDSG) gehört, aber auch der Austausch von Klarheit und Code oder die Übersetzung in den Code einer anderen Programmiersprache ohne inhaltliche Änderung (näher Welp iur **88**, 435). Die Tathandlungen können auch durch **Unterlassen** begangen werden, zB dann, wenn ein Operator als Garant (§ 13) für den programmgemäßen Ablauf eines Datenverarbeitungsvorgangs im Falle einer Störung das drohende Unbrauchbarwerden oder die Veränderung nicht hindert.

9 **5) Rechtswidrig** muß die Tat sein. Es handelt sich hierbei um ein einschränkendes Tatbestandsmerkmal (str., für Deliktsmerkmal Lenckner/Winkelbauer CR **86**, 828; Welp iur **88**, 447), das die Verletzung einer fremden Rechtsposition voraussetzt (Lackner 4; Haß [1a zu § 263a], 50). Insbesondere ist zu beachten, daß das Eigentum am Datenträger zum Verfügungsrecht über die gespeicherten Daten nichts besagt (vgl. zu einer ähnlichen Problematik 2 zu § 274). Das gilt insbesondere, wenn der Eigen-

Sachbeschädigung § 303a

tümer einer Datenverarbeitungsanlage auch Daten und Datenbestände anderer Personen oder Unternehmen speichert oder verarbeiten läßt. Die Rechtswidrigkeit der Tat kann sich sowohl aus einer Verletzung des Verfügungsrechts des Speichernden als auch aus einer Verletzung von Interessen des vom Inhalt der Daten Betroffenen (vgl. § 41 BDSG) ergeben (Ber. 34; Möhrenschlager wistra **86**, 141; Granderath DB **86**, Beil. 18, 3; Bühler MDR **87**, 455; Schlüchter 71).

6) Der **Vorsatz** (bedingter genügt) muß sich auf alle Merkmale des Tatbestandes beziehen. Irrt der Täter über die Rechtswidrigkeit der Tat, so liegt ein Verbotsirrtum (§ 17) vor. Im Falle eines Irrtums über die Voraussetzungen eines Rechtfertigungsgrundes gilt 27 zu § 16. **10**

7) Nach II ist der **Versuch** strafbar. **Strafantrag** ist erforderlich, falls die Strafverfolgungsbehörde nicht ein Einschreiten von Amts wegen für geboten hält (§ 303c). **11**

8) Konkurrenzen: Tateinheit ist möglich mit § 303, aber zB auch mit §§ 263a, 269. § 303b I Nr. 1 enthält einen Qualifikationstatbestand zu § 303a. Gegenüber § 274 I Nr. 2 (dort 8) tritt § 303a zurück (Möhrenschlager wistra **86**, 136; Schlüchter 75; Meurer, Kitagawa-FS 980). **12**

Computersabotage

303 b ^I Wer eine Datenverarbeitung, die für einen fremden Betrieb, ein fremdes Unternehmen oder eine Behörde von wesentlicher Bedeutung ist, dadurch stört, daß er

1. **eine Tat nach § 303a Abs. 1 begeht oder**

2. **eine Datenverarbeitungsanlage oder einen Datenträger zerstört, beschädigt, unbrauchbar macht, beseitigt oder verändert,**

wird mit Freiheitsstrafe bis zu fünf Jahren oder mit Geldstrafe bestraft.

^{II} **Der Versuch ist strafbar.**

1) Die Vorschrift über die Computersabotage ist durch Art. 1 Nr. 17 des 2. WiKG (2 vor § 263) eingefügt (vgl. Lampe HWiStR „Wirtschaftssabotage") worden mit der Begründung, daß Wirtschaft und Verwaltung zunehmend auf ein störungsfreies Funktionieren der Datenverarbeitung (**DV**) angewiesen seien, Computersabotage vorkäme (Sieber InfTechn. 18; Holzner KR **84**, 588; Möhrenschlager wistra **86**, 141 u. **91**, 326) und sie zB Buchführung und Lohnabrechnung für Kundenunternehmen und Kundenbetriebe in Großrechenzentren lahmlegen, außerordentlich hohe Schäden verursachen und sogar zum wirtschaftlichen Ruin des Rechenzentrumbetreibers oder der mit ihm zusammenhängenden Unternehmen führen könne (Ber. 35; Mohr Prot. 181; Jaburek/Schmölzer [1 a zu § 263a] 33). Zwar ist, wenn zB die Computerhardware zerstört wird, stets § 303 anwendbar, nach überwiegender Meinung auch, wenn beim Löschen der Daten die Substanz des Trägers nicht angegriffen wird (5 zu § 303), indessen wird § 303 angesichts der hohen Sachwerte, die durch eine solche Tat bedroht sind, dem Unrechtsgehalt derartiger Sabotageakte nicht gerecht (Winkelbauer CR **85**, 44; aM insoweit noch Tiedemann WM **83**, 1329; Sieber InfTechn. 60; ferner Lenckner Computerkriminalität 19; Holzner KR **84**, 588; Bühler MDR **87**, 457). Andererseits fertigen die Betriebe seit langem Kopien der gespeicherten Informationen und sichern damit den Datenbestand. **1**

§ 303 b

2 **2) Geschütztes Rechtsgut** ist das **Interesse** von Wirtschaft und Verwaltung **am störungsfreien Funktionieren der DV,** Möhrenschlager wistra **86,** 142; Granderath DB **86,** Beil. 18, 3; Bühler MDR **87,** 456; Volesky/Scholten iur **87,** 280; vgl. 2 zu § 303 a.

3 **3) Schutzgegenstand** ist eine **Datenverarbeitung** (DV), womit in weiter Auslegung nicht nur der einzelne DVVorgang gemeint ist, sondern „auch der weitere Umgang mit Daten und deren Verwertung" (Ber. 35). Auf der **4** anderen Seite erfaßt der Tatbestand nur eine DV, die **von wesentlicher Bedeutung** für einen fremden Betrieb, ein fremdes Unternehmen (iS von § 14; Möhrenschlager, Granderath aaO; vgl. Volesky/Scholten iur **87,** 281) oder eine Behörde sind. Mit diesem unbestimmten Begriff, der größere Gewichtigkeit als die „erhebliche" Bedeutung (§ 330 II Nr. 2) voraussetzt (Haß [1a zu § 263a], 56; Volesky/Scholten iur **87,** 283), sollen untergeordnete DVVorgänge in Kleincomputern und Beeinträchtigungen des Funktionierens elektronischer Schreibmaschinen oder Taschenrechner nicht tatbestandsmäßig sein (Ber. 35). I schützt lediglich solche DVen, welche die für die Funktionsfähigkeit von Unternehmen und Behörden zentralen Informationen enthalten, also zB die grundlegenden Daten und Arbeitsvorgänge in Rechenzentren, aber auch in dem einzigen Personalcomputer eines Handwerksbetriebs (Möhrenschlager aaO).

5 **4) Tathandlung** ist das **Stören** einer DV iS oben 3. Eine bloße Gefährdung der DV reicht nicht aus (Ber. 35), vielmehr muß ihr reibungsloser Ablauf nicht unerheblich beeinträchtigt sein (Beispiele bei Volesky/Scholten iur **87,** 284). Auf den Betrieb im Gesamten, in dem die DVAnlage installiert ist, braucht sich die Störung – abweichend von § 316b – nicht zu beziehen (Ber. **6** 35). Sie kann dadurch geschehen, daß der Täter **a) nach I Nr. 1** eine **Tat nach § 303a I begeht,** also mit Störungswirkung iS von 5 rechtswidrig Daten (4 zu § 202a) löscht, unterdrückt, unbrauchbar macht oder verändert (3ff. zu § 303a). Bei Nr. 1 handelt es sich also um einen Qualifikationstatbestand zu **7** § 303a (Möhrenschlager, Granderath aaO); **b) nach I Nr. 2** die maschinentechnische Ausstattung (Hardware) einer **DVAnlage** (zB Rechen- und Steuerwerk, Eingabe-, Ausgabe-, Speicher- und Dialoggeräte) oder einen **Datenträger** (zB Magnetbänder, -platten, -Cassetten) **zerstört** (10 zu § 303), **beschädigt** (5 zu § 303), **unbrauchbar macht,** dh in ihrer Gebrauchsfähigkeit so stark beeinträchtigt, daß sie nicht mehr ordnungsgemäß verwendet werden können (Ber. 36; vgl. 10 zu § 133), **beseitigt,** dh sie aus dem Verfügungs- und Gebrauchsbereich des Berechtigten entfernt (Ber. 36; 8 zu § 315), oder **verändert,** dh einen Zustand herbeiführt, der vom bisherigen abweicht (Ber. 36; Bühler MDR **87,** 456). Das kann neuerdings auch durch das Einsetzen von sog. *Sabotageprogrammen, die* durch das Auslösen eines Kennwortes aktiviert werden können (vgl. hierzu im einzelnen Volesky/Scholten iur **84,** 286 mwN) oder durch sog. **Computerviren** geschehen, die Kopien ihres eigenen Programmcodes erzeugen und ihn in andere Computerprogramme einpflanzen, ohne die „infizierten" Programme zu zerstören (im einzelnen Volesky/Scholten aaO 287 mwN; v. Gravenreuth NStZ **89,** 201; Dierstein NJW-CoR 4/90 S. 8).

8 **5) Täter** nach § 303b kann jedermann sein, ausgenommen derjenige, dessen Tat sich gegen die eigene DV richtet. Anders ausgedrückt: Täter ist nur derjenige, der die für einen *fremden* Betrieb (ein fremdes Unternehmen,

Sachbeschädigung § 303 b

eine Behörde) wesentliche (oben 4) DV stört. Wird nur die DV eines dem Täter gehörenden Betriebes (usw.) gestört, so kommt Strafbarkeit nach § 303a bzw. § 303 in Betracht, sofern der Täter hierbei in fremde Rechte eingreift. Bedeutsam ist daher für die Täterfrage, daß zunächst die Eigentums-, Gebrauchs- und Verfügungsrechte geprüft werden, und zwar sowohl der Computerhardware (DVAnlage, Datenträger, oben 7) als auch der Software, bei der wiederum zwischen der *System-Software* (dem für den Betrieb der Zentraleinheit erforderlichen Betriebssystem) und der problemorientierten *Anwendungs-Software* (dem Anwendungs- und Programmsystem, insbesondere dem Programm; vgl. Sieber 11). So kommt zB, insbesondere bei der DV in Rechenzentren, für die Hardware Zeit-Leasing in Betracht, wobei meist mit der Hardware zugleich die System- Software zur Verfügung gestellt wird. Es können als Eigentums- und Verfügungsrechte verschiedenen Personen zustehen, die Anwendungs- Software zB im Eigentum des Störers liegen, dieser sich aber dennoch strafbar machen, wenn er die Nutzungsrechte daran einem fremden Betrieb überlassen hat. Bewußt wurde I Nr. 2 daher nicht nur als qualifizierte Sachbeschädigung ausgestaltet (Ber. 36), um auch Tathandlungen zu erfassen, die sich gegen eigene DV*Anlagen* oder Datenträger richten. Entsprechend auszulegen ist auch I Nr. 1: Eine Datenverarbeitung (§ 303a), die zunächst von einem insoweit verfügungsberechtigten Täter vorgenommen wurde, kann daher auch dadurch iS der Nr. 1 rechtswidrig werden, daß sie mit der Störwirkung iS des § 303b in eine (fremde) Datenverarbeitung, die für ein fremdes Unternehmen oder eine Behörde wesentliche Bedeutung hat, eingespeist wird (vgl. Ber. 36 zu § 303b I aE).

6) Der Vorsatz (bedingter genügt) muß sich auf alle Tatbestandsmerkmale beziehen. Hinsichtlich der Datenverarbeitung genügt es, daß der Täter die tatsächlichen Umstände kennt, aus denen sich ihre wesentliche Bedeutung ergibt. 9

7) Nach II ist der **Versuch** strafbar. **Strafantrag** ist dann erforderlich, wenn nicht die Strafverfolgungsbehörde, was in den Fällen des § 303b meist der Fall sein wird, von Amts wegen ein Einschreiten wegen des besonderen öffentlichen Interesses an der Strafverfolgung für geboten hält (**§ 303c**). 10

8) Konkurrenzen I Nr. 1 ist ein Qualifikationstatbestand zu § 303a. Im übrigen ist **Tateinheit** meist mit § 303 gegeben (Möhrenschläger wistra **86**, 142), uU auch mit § 304 (vgl. dort 9, 11), ferner mit §§ 263a, 269, mit §§ 87, 88, 109e, 316b, 316c I Nr. 2, § 317 (Volesky/Scholten iur **87**, 282). 11

Strafantrag

303 c In den Fällen der §§ 303 bis 303b wird die Tat nur auf Antrag verfolgt, es sei denn, daß die Strafverfolgungsbehörde wegen des besonderen öffentlichen Interesses an der Strafverfolgung ein Einschreiten von Amts wegen für geboten hält.

1) Die Vorschrift, durch Art. 1 Nr. 17 des 2. WiKG (2 vor § 263) eingefügt, ersetzt den bisherigen § 303 III (idF der 22. StÄG; 1a zu § 303) und stellt auch für die neuen §§ 303a und 303b das Erfordernis des **Strafantrages** (§§ 77 bis 77d) auf, schafft aber entsprechend der Regelung des § 232 I auch 1

§ 303 c

für diese Fälle die Möglichkeit eines **Einschreitens von Amts wegen** (unten 3; vgl. ferner 3 vor § 77).

2   **2) Strafantragsberechtigt** ist jeder durch die Tat unmittelbar Verletzte (2 zu § 77), mag er Eigentümer, dinglicher (Bay **11**, 1) oder persönlicher Berechtigter sein (RG **1**, 306; **63**, 77; Bay NJW **63**, 1464; str.); so der Entleiher (RG **4**, 326), der Mieter (RG JW **35**, 204), jedoch nur im Rahmen seines Nutzungsinteresses (Hamm 21. 9. 1978, 4 Ss 2211/78; Düsseldorf VRS **71**, 31; Frankfurt NJW **87**, 390; hierzu Stree JuS **88**, 187), der Träger der Versandgefahr (RG **63**, 78), der Unternehmer bis zur Abnahme des Werks (RG **63**, 76; str.; vgl. SchSch-Stree 15 zu § 303); ferner beim Überkleben von Plakaten der Nutzungsberechtigte einer Wand oder einer Litfaßsäule (Karlsruhe NJW **79**, 2056; aM SK-Samson 12 zu § 303), nicht jedoch schon der Auftraggeber einer Plakatierung (Bay NJW **81**, 1053 m. Anm. Rudolphi JR **82**, 27); in anderen Fällen ebensowenig die nicht unmittelbar verletzte Versicherungsgesellschaft, RG GA Bd. **50**, 287. Verletzt ist *in den Fällen der §§ 303a, 303b* auch, wer über die Daten, über die DV und über die DVAnlage verfügungsberechtigt ist, wer die Daten zur Speicherung und Verarbeitung in ein Rechenzentrum gegeben hat, aber auch der bei personenbezogenen Daten (§ 3 I BDSG) von ihnen Betroffene, soweit es sich um Daten iS des § 202a II handelt (vgl. 9 zu § 303a). Ein einmal entstandenes Antragsrecht geht nicht durch Aufgabe des verletzten Rechts (Räumung einer Werkswohnung) verloren (RG **71**, 137), ebensowenig dadurch, daß ein über Daten Verfügungsberechtigter nach deren Löschung oder nach Zerstörung des Datenträgers diese Rechte nicht mehr weiter wahrnimmt. Mehrere Eigentümer, dinglich oder persönlich Berechtigte oder Verfügungsberechtigte haben jeweils ein selbständiges Antragsrecht (KG DJZ **25**, 1811). § 303c sieht keinen Übergang des Antragsrechts auf Angehörige vor (§ 77 II). Bei Staatseigentum ist antragsberechtigt die zur Verwaltung des Eigentums berechtigte Person oder Stelle (RG **65**, 357). Entsprechendes gilt, wenn staatliche Stellen über Daten, Datenträger und Datenverarbeitungsanlagen verfügungsberechtigt sind.

3   **3)** Das Antragserfordernis entfällt, wenn nach Auffassung der Strafverfolgungsbehörde ein **besonderes öffentliches Interesse** die Verfolgung gebietet (vgl. 4ff. zu § 232). Diese Möglichkeit des Einschreitens von Amts wegen kommt in Betracht, wenn die Tat den öffentlichen Frieden empfindlich gestört hat oder wenn Anhaltspunkte dafür sprechen, daß die Entscheidungsfreiheit des Verletzten beeinträchtigt ist (Lackner 4), und kann auch konkludent im Rahmen eines staatsanwaltschaftlichen Schlußvortrags dadurch erklärt werden, daß zB vom angeklagten Offizialdelikt abgerückt und eine Verurteilung wegen Sachbeschädigung beantragt wird (Bay NJW **90**, 462). In den Fällen erheblicherer Taten nach § 303b wird ein besonderes öffentliches Interesse an der Strafverfolgung meist gegeben sein (vgl. Möhrenschlager wistra **86**, 142).

Gemeinschädliche Sachbeschädigung

304 [1] Wer rechtswidrig Gegenstände der Verehrung einer im Staat bestehenden Religionsgesellschaft oder Sachen, die dem Gottesdienst gewidmet sind, oder Grabmäler, öffentliche Denkmäler, Naturdenkmäler, Gegenstände der Kunst, der Wissenschaft oder des Ge-

Sachbeschädigung § 304

werbes, welche in öffentlichen Sammlungen aufbewahrt werden oder öffentlich aufgestellt sind, oder Gegenstände, welche zum öffentlichen Nutzen oder zur Verschönerung öffentlicher Wege, Plätze oder Anlagen dienen, beschädigt oder zerstört, wird mit Freiheitsstrafe bis zu drei Jahren oder mit Geldstrafe bestraft.

II Der Versuch ist strafbar.

1) **Das öffentliche Interesse** an der Unversehrtheit gewisser Gegenstände schützt § 304 (idF des 1. StrRG/EGStGB/18. StÄG) § 303 ein solches privates Interesse. Die besondere Sacheigenschaft nach § 304 muß und braucht nur im Augenblick der Tat gegeben zu sein (RG **34**, 2; **43**, 244). § 304 (idF 1. StrRG/EGStGB/18. StÄG) ist eine Straftat eigener Art. Strafantrag ist nicht erforderlich (krit. zu der Strafdrohung Bohnert JR **88**, 446). Weitere Folgerungen sind: **A. Fremd** braucht die Sache **nicht** zu sein; sie kann auch dem Täter gehören (RG **43**, 240). Selbst an möglicherweise herrenlosen Sachen ist die Tat denkbar (Bay **20**, 150). **B. Der besondere Zweck,** dem öffentlichen Interesse zu dienen, muß durch die Beschädigung **beeinträchtigt** werden, so schon das Begießen einer Litfaßsäule mit Petroleum (RG **66**, 205), nach Karlsruhe Die Justiz **78**, 323 das Bemalen des Asphaltfußbodens einer Fußgängerunterführung, während sonstige Beeinträchtigungen der Sache nur einfache Sachbeschädigung nach § 303 sind (RG **43**, 32; **65**, 134; Hamburg NJW **75**, 1982). So fallen nur unter § 303 das Abpflücken von Zierpflanzen (RG **7**, 191; **9**, 219), das Einritzen von Namen in Ruhebänke (RG GA Bd. **43**, 135; Bay **5**, 352). **C. Eine Widmung** für den bestimmten Zweck ist ferner erforderlich; sie ist stillschweigend möglich (Ausnahme unten 8a) und kann auf der längeren Übung einer Personengesamtheit beruhen; ein bloß tatsächlicher Zustand reicht nicht aus (RG **58**, 347; Celle NJW **74**, 1291).

2) **Gegenstand** der schweren Sachbeschädigung können sein:

A. Gegenstände der Verehrung einer im Staate bestehenden Religionsgesellschaft; vgl. dazu 5 ff. zu § 166, 28 zu § 243 Nr. 4, wo es hingegen nicht darauf ankommt, um welche Religion es sich handelt; andererseits ist das Kruzifix in einem privaten Wohnzimmer durch § 304 nicht geschützt (Bay **7**, 284).

B. Dem Gottesdienste gewidmete Sachen (28 zu § 243). Auch die Fensterscheiben einer Kapelle gehören hierher (RG GA Bd. **67**, 226). Über § 243 Nr. 4 hinaus werden hier auch unbewegliche Sachen wie Kirchen und Kapellen geschützt (RG GA Bd. **53**, 441; **57**, 226).

C. Grabmäler, solange damit erkennbar (zB bei fortdauerndem Schmücken) ein Pietätsinteresse verknüpft ist (RG **42**, 116). Grabmäler sind die einen Teil des Grabes (vgl. 7 zu § 168) bildenden Zeichen zur Erinnerung an den Begrabenen (RG GA Bd. **53**, 441), dazu kann auch eine Kreuzigungsgruppe gehören (BGH **20**, 186).

D. Öffentliche Denkmäler (Kultur-, Bau- und Bodendenkmäler) sind Erinnerungszeichen und Bauwerke, die wegen ihrer wissenschaftlichen, geschichtlichen oder landeskundlichen Bedeutung, Eigenart oder Schönheit schützenswert sind, so zB Standbilder, Säulen, zweckgerichtete Bauwerke, die zur Erinnerung an Personen oder Begebenheiten erstellt und erhalten werden, aber auch vorhistorische Grabstätten (RG GA Bd. **51**, 49) wie ein Hünengrab (Celle NJW **74**, 1291) oder Erinnerungszeichen an einen früheren Kulturabschnitt (RG **43**, 243; LG Bamberg NJW **53**, 998: Würzburger

Festung Marienburg). Der Denkmalbegriff entspricht dem der DenkmalschG, vgl. Göhler Nr. 188. Der Schutz hängt hier jedoch zT von der Eintragung in das Denkmalbuch ab (insoweit ist § 304 zT Blankettgesetz, also eine gespaltene Norm, U. Weber, Tröndle-FS 342f.; sehr zw.; hierzu Hettinger JZ **92**, 244). Sie müssen öffentlich sein, also sich an einem öffentlichen Ort befinden, so daß sie unmittelbar zugänglich sind (RG **43**, 244; U. Weber, Tröndle-FS 339). Durch das 18. StÄG ist der Strafschutz auf **Naturdenkmäler** ausgedehnt worden (hierzu Rogall JZ-GD **80**, 107). Vorausgesetzt ist allerdings hier in jedem Falle eine rechtsverbindliche Festsetzung durch die zuständige Behörde (Blankettgesetz). Begrifflich ist das Naturdenkmal nach § 17 BNatSchG eine Einzelschöpfung der Natur, die aus den obengenannten Gründen schutzbedürftig ist. Der Schutz erstreckt sich bei einer entsprechenden Festsetzung auch auf die **unmittelbare Umgebung** des Denkmals, sofern dies für die Erhaltung der Eigenart oder Schönheit erforderlich ist (vgl. § 2 I Nr. 13 BNatSchG).

9   **E. Gegenstände der Kunst, der Wissenschaft oder des Gewerbes,** welche in öffentlichen, dh allgemein zugänglichen Sammlungen aufbewahrt werden oder öffentlich, dh an einem öffentlichen Ort aufgestellt sind (vgl. auch 30ff. zu § 243). Staats- und Universitäts-Bibliotheken sind öffentliche Sammlungen iS des § 304, nicht aber Gerichtsbibliotheken, da ihr Benutzerkreis von vornherein begrenzt wird (BGH **10**, 285).

10   **F. Gegenstände,** welche zum **öffentlichen Nutzen oder zur Verschönerung** öffentlicher Wege, Plätze oder Anlagen dienen. **a) Dem öffentlichen Nutzen** dienen Sachen, die dem Publikum **unmittelbaren** Nutzen bringen, sei es durch ihren Gebrauch, sei es in anderer Weise (RG **58**, 348; **66**, 204; BGH **10**, 286; **31**, 186; NJW **90**, 3029; zusf. Loos JuS **79**, 699), daneben können noch andere Zwecke bestehen (RG **34**, 3; **66**, 204), es genügt eine *unmittelbar bevorstehende* öffentliche Nutzung (NStE Nr. 6), wird die Sache nur vorübergehend nicht bestimmungsgemäß verwendet, ohne der Öffentlichkeit entzogen zu werden, so verliert sie den Schutz des § 304 nicht (Hamm JMBlNW **58**, 8). In Betracht kommen zB öffentliche Feuermelder (RG **65**, 134), in einem U-Bahnhof angebrachter und allgemein zugänglicher Feuerlöscher (Bay NJW **88**, 837), Parkuhren (AG Nienburg NdsRpfl. **61**, 232), die Wassermarkierungszeichen (RG **31**, 143), die Wahlurnen der öffentlichen Wahlen (RG **55**, 60), Spritzenhaus der Feuerwehr (RG GA Bd. 52 399), Windenergieanlage zur städtischen Stromversorgung (NStE Nr. 6), Straßenbahnwagen (RG **34**, 1), Krankenwagen [in BGH **31**, 187 offengelassen]; für Rettungswagen mit Recht bejaht (Düsseldorf NJW **86**, 2123), Fensterscheiben im Abort eines Eisenbahnwagens (MDR **52**, 532), Wasserleitungen (RG **34**, 250), Briefkasten der Post (Darmstadt GA Bd. **43**, 134), öffentliche Ruhebänke (Bay **5**, 352), die öffentlichen Straßen (RG **28**, 117), oder Wege (Hamm JMBlNW **72**, 71; bei Privatwegen kommt Landesrecht in Betracht); ihr Pflaster (RG Recht **12** Nr. 1408), und ihre Wegweiser; Leitpfosten (Bay JZ **85**, 856), Litfaßsäulen (RG **66**, 204), Skilanglaufloipen (LG Kempten NJW **79**, 558 L; SchSch-Stree 6; aM Bay NJW **80**, 132; m. abl. Anm. M. Schmid JR **80**, 430); nach Seier JA **85**, 25 wegen § 23 WHG, §§ 5f. WaStrG auch fließende Gewässer, die im Gemeingebrauch stehen, zw.; dagegen *nicht* (wegen Fehlens des *unmittelbaren* Nutzens für das Publikum) Polizeistreifenwagen, Funkstreifenwagen

Sachbeschädigung **§ 304**

(BGH **31**, 186; Stree JuS **83**, 836; Loos JR **84**, 169; aM Hamm NStZ **81**, 31; vgl. aber nunmehr § 305a I Nr. 2), sog. Wegmacherhütten der Straßenmeistereien (NJW **90**, 3029), die der Blütenbestäubung dienenden Bienenvölker (aM RG **72**, 1). Ebenso *nicht* Wahlplakate (LG Wiesbaden NJW **78**, 2107; hierzu Loos JuS **79**, 699), der Schreibtisch im Amtszimmer (RG GA Bd. **60**, 443), die Einrichtungsgegenstände einer Bahnhofsgaststätte (AG Euskirchen MDR **77**, 335 L), oder einer Stadthalle (EzSt Nr. 1), die Betten oder sonstiges Mobiliar einer Vollzugsanstalt (RG HRR **26**, 2309), wohl aber die Fenstergitter und sonstige der Sicherheit dienende Einrichtungen, zB die Außenwand (LG Koblenz MDR **81**, 956) oder das Glasdach (Koblenz NStZ **83**, 29 L) einer solchen Anstalt, es sei denn, Sacheingriffe der für die Sicherheit verantwortlichen Instanzen (zB *„Celler Aktion"*) beeinträchtigen die dem öffentlichen Nutzen dienenden Sicherheitsinteressen offensichtlich nicht (ähnlich Kühne JuS **87**, 190; hierzu ferner Evers NJW **87**, 153; aM Dodegge JuS **87**, 591; Velten StV **87**, 548). **b) Zur Verschönerung öffentlicher Wege** usw. dienen uU aufgestellte Fahnen (vgl. RG **65**, 357); Ehrenpforten (Celle GA Bd. **60**, 301); Bäume und sonstige Anpflanzungen (RG **5**, 320), wenn sie über die ökologische Funktion hinaus konkreten Zwecken als Alleebäume (Bay **77**, 23) oder als Bestandteile öffentlicher Anlagen, zB Bäume eines Stadtparks (LG München NStE Nr. 1) dienen (Oldenburg NJW **88**, 924 m. Anm. Molketin/Weißenborn UPR **88**, 426). Es genügt das Abreißen einer kostbaren, die ganze Anlage schmückenden Blüte (RG **9**, 219), aber nicht das bloße Abrupfen von Sträuchern (RG **7**, 190; vgl. 3). Fehlen feld- oder forstpolizeiliche Vorschriften der Länder im Rahmen des Art. 4 V EGStGB, so ist nur § 304 anwendbar; vgl. aber auch 15. **12**

3) Zur Tathandlung (4 ff. zu § 303). Die **Rechtswidrigkeit** (11 zu § 303) wird nicht dadurch ausgeschlossen, daß der Eigentümer der Sache Täter ist oder einwilligt (RG **43**, 242). **13**

4) Der Vorsatz erfordert das Bewußtsein, daß der Gegenstand die besondere Sacheigenschaft des § 304 hat; bedingter Vorsatz genügt (Bay **24**, 15). Der Irrtum des Eigentümers, verfügen zu dürfen, ist Verbotsirrtum. **14**

5) Konkurrenzen. A. Tateinheit ist möglich mit § 136 (RG **65**, 135), mit § 168, soweit die beschädigende Handlung nicht nur das Grabmal betrifft (RG GA Bd. **56**, 76), oder es sich auch um die Verübung beschimpfenden Unfugs handelt (RG **39**, 155), sonst wird § 168 verdrängt (Celle NdsRpfl. **66**, 225; str.); Tateinheit auch mit § 274 I Nr. 2 (LK-Wolff 14; anders hM); sowie mit § 311a (dort 7) und mit § 53 III Nr. 1a WaffG (BGHR § 53 III WaffG, Konk. 2). Zum Verhältnis zu §§ 125, 125a vgl. dort 11 bzw. 9. **B. Gesetzeskonkurrenz** ist gegeben mit § 303, der von § 304 verdrängt wird (str.; aM SchSch 14; Ranft Jura **86**, 214). § 145 II tritt hinter § 304 zurück (Subsidiarität). Im Verhältnis zu den Bußgeldvorschriften der NatSchG und der Denkmalschutzgesetze gilt § 21 OWiG. Den Strafvorschriften des Landesrechts gehen die §§ 303, 304 vor, soweit die beschädigenden Handlungen durch sie erfaßt werden (BT-Drs. 8/2382, 13). § 34 NdsDenkmalschG ist wegen der abschließenden Regelung des § 304 (vgl. Art. 4 EGStGB und 1 vor § 1 sowie U. Weber, Tröndle-FS 344) nichtig (zum zulässigen Umfang ordnungswidrigkeitenrechtlicher Erfassung S. 348). **15**

§ 305

Zerstörung von Bauwerken

305 ¹ Wer rechtswidrig ein Gebäude, ein Schiff, eine Brücke, einen Damm, eine gebaute Straße, eine Eisenbahn oder ein anderes Bauwerk, welche fremdes Eigentum sind, ganz oder teilweise zerstört, wird mit Freiheitsstrafe bis zu fünf Jahren oder mit Geldstrafe bestraft.

ᴵᴵ Der Versuch ist strafbar.

1   1) Der **Qualifikationstatbestand** zu § 303 schützt wie dieser (vgl. 2 zu § 304) fremdes Eigentum (RG 8, 399). Wie nach § 304 sind nur bestimmte Gegenstände geschützt, vgl. 3 ff. Strafantrag ist nicht erforderlich.

2   **A. Als Handlung** genügt nicht bloßes Beschädigen, sondern nur die **Zerstörung** (10 zu § 303). **Teilweise** Zerstörung liegt vor, wenn entweder einzelne Teile der Sache, die zur Erfüllung ihrer Bestimmung dienten, unbrauchbar gemacht sind oder wenn die ganze Sache zur Erfüllung von einzelnen Aufgaben unbrauchbar geworden ist (vgl. RG 39, 223; OGH 1, 53). Teilweise zerstörte Sachen können noch weiter zerstört werden (BGH 6, 107; OGH 2, 210). In Betracht kommen Wegnahme des Geländers einer Brücke, so daß sie nur noch für Fußgänger geeignet bleibt (R 7, 274), Beiseitedrücken der Eisenbahnschienen (teilweise Zerstörung einer Eisenbahn, RG 55, 169), Beseitigung einer Gebäudewand (RG GA Bd. 41, 137). Dagegen genügen nicht: das Zerstören des Gebäudeinventars (OGH 1, 201), das Aufbrechen eines Türschlosses (RG 54, 205).

3   **B. Geschützte Gegenstände** sind: a) **Gebäude** (vgl. 3 zu § 306) und **Schiffe.** Zu diesen sind anders als in § 265 (dort 6) nur Fahrzeuge von einiger Größe und Bedeutung zu rechnen, so daß sie den Bauwerken
4   gleichzusetzen sind (vgl. 7). **b) Brücken.** Sie müssen im Gegensatz zum Steg Bauwerke von einer gewissen Größe, einiger Tragfähigkeit und inne-
5   rer Festigkeit sein (RG 24, 26). **c) Dämme und gebaute Straßen,** zu denen auch die Kanäle gehören. **Gebaut** ist eine Straße, wenn sie im wesentlichen
6   von Menschenhand planmäßig angelegt ist. **d) Eisenbahnen,** nämlich der Bahnkörper mit den Schienen, nicht die Bahnwagen, da nur jener einem Bauwerk gleichsteht (RG 55, 169). **Kleinbahnen** mit den Schienen im
7   Straßenkörper sind mindestens Bauwerke. **e) Andere Bauwerke.** Gemeint sind hier (mit Ausnahme der besonders genannten Schiffe) unbewegliche selbständige Werke, die von Menschenhand auf eine gewisse Dauer errichtet sind (RG 33, 391; 64, 77). *Beispiele:* Fischzuchtanlagen (RG 15, 263), die steinerne Grenzmauer (R 6, 477), ein Hoftor (R 2, 140). Dagegen sind keine Bauwerke mehr die Schornsteine eines abgebrannten Hauses (RG 27, 420). Gebäude sind auch Rohbauten und beschädigte Gebäude (BGH 6, 107).

8   2) Für den **Vorsatz** gilt 12 zu § 303. Weiter muß der Täter die besonderen Sacheigenschaften kennen, die den Schutz des § 305 begründen.

9   3) **Konkurrenzen.** § 303 tritt hinter § 305 zurück (oben 1 ff.); ebenso hinter § 308 (BGH 6, 107; NJW 54, 1335). Tateinheit möglich mit § 304 (LK-Wolff 13), desgl. mit § 306 (RG 57, 296). Alsdann gilt der persönliche Strafausschließungsgrund des § 310 nicht mehr für die Sachbeschädigung, vgl. 5 zu § 310. Zum Verhältnis zu § 87 vgl. dort 16, zu §§ 125, 125a vgl. dort 11 bzw. 9.

Sachbeschädigung **§ 305 a**

Zerstörung wichtiger Arbeitsmittel

305 a ^IWer rechtswidrig

1. ein fremdes technisches Arbeitsmittel von bedeutendem Wert, das für die Errichtung einer Anlage oder eines Unternehmens im Sinne des § 316 b Abs. 1 Nr. 1 oder 2 oder einer Anlage, die dem Betrieb oder der Entsorgung einer solchen Anlage oder eines solchen Unternehmens dient, von wesentlicher Bedeutung ist, oder
2. ein Kraftfahrzeug der Polizei oder der Bundeswehr

ganz oder teilweise zerstört, wird mit Freiheitsstrafe bis zu fünf Jahren oder mit Geldstrafe bestraft.

^{II}Der Versuch ist strafbar.

1) Die Vorschrift idF des TerrorBG (1 b zu § 130a) wurde nach dem Ergebnis der Sachverständigenanhörung für erforderlich gehalten, um Anschlägen auf Anlagen im Energieversorgungsbereich und auf öffentliche Verkehrsunternehmen entgegenzuwirken, bei denen immer wieder wertvolle Baufahrzeuge sowie Einsatzfahrzeuge der Polizei, aber auch Fahrzeuge der Bundeswehr sowie der in der BRep. stationierten ausländischen Streitkräfte zerstört oder auf andere Weise unbrauchbar gemacht wurden (Ber. 13). Der Unrechtsgehalt derartiger Erscheinungsformen gewalttätigen Verhaltens wird von den Tatbeständen der Sachbeschädigung und denen des 27. Abschnitts (insbesondere von § 316b, der nur den Betrieb bereits bestehender gemeinschaftswichtiger Anlagen, Unternehmen und Einrichtungen schützt) nicht voll erfaßt. § 305a erstreckt den strafrechtlichen Schutz auf die *Errichtung* solcher Anlagen und Unternehmen (zB Entsorgungs- und Wiederaufbereitungsanlagen, Flughäfen usw.), also auf das Stadium, in dem sie sich noch im Bau befinden (vgl. auch 1 zu § 129a). Einwände, die aus systematischer Sicht gegen die Vorschrift und ihre tatbestandliche Ausgestaltung erhoben wurden (Lackner 1; Kühl NJW 87, 746 und insbesondere Dencker StV 87, 122) verlieren bei sachgemäßer (einengender) Auslegung an Gewicht. 1

2) § 305 a ist ebenso wie § 305 ein **Qualifikationstatbestand** zu § 303. 2

3) Tatgegenstand sind **A.** in den Fällen **I Nr. 1** fremde **technische Arbeitsmittel**. Das sind „verwendungsfertige Arbeitseinrichtungen, vor allem Werkzeuge, Arbeitsgeräte, *Arbeits- und Kraftmaschinen, Hebe- und Fördereinrichtungen* sowie *Beförderungsmittel*" (§ 2 I GerätesicherungsG); unter den letzteren versteht man wie in § 315 I Nr. 1 (dort 8) der Beförderung selbst dienende bewegliche Einrichtungen, vor allem Fahrzeuge einschließlich der Zugmaschinen (Ber. 14). Diese Arbeitsmittel müssen **a) fremd** (4 zu § 242) und **b) von bedeutendem Wert** sein. Für die Art und Weise der Bestimmung des Werts sind die zu § 315 (dort 16) entwickelten Grundsätze heranzuziehen, so daß die Mindestgrenze wie bei § 315 (dort derzeit 1200 DM) anzusetzen ist (aM SK-Samson 2). Eine Wertkongruenz zwischen den in Nr. 1 und 2 bezeichneten Tatgegenständen setzt das Gesetz nicht voraus, wohl aber sollen nach dem Willen des Gesetzgebers (BT-RA Prot. 103/40) einfachere Maschinen und Gerätschaften, zB „schlichte Betonmischer", nicht unter die geschützten Gegenstände fallen. Die Überschrift des § 305 a („wichtige Arbeitsmittel"), die Fahrzeuge iS der Nr. 2 nicht erwähnt *(pars pro toto),* schafft noch keine Kongruenz. Denn alle 3

4

1719

§ 305a, Vor § 306

einschränkenden Merkmale beziehen sich nicht auf die Fahrzeuge der
5 Nr. 2, sondern allein auf die wichtigen Arbeitsmittel. Diese müssen **b)** zusätzlich **von wesentlicher Bedeutung** (4 zu § 303 b) sein **für die Errichtung
aa)** von Verkehrseinrichtungen oder Versorgungsanlagen iS des § 316 b I
Nr. 1, 2 (dort 2 bis 4) oder **bb)** von Anlagen, die dem Betrieb oder der
Entsorgung einer Anlage oder eines Unternehmens iS aa dienen, dh, daß
zum einen selbst wertvolle technische Arbeitsmittel dann ausscheiden,
wenn sie von untergeordneter Bedeutung sind (Ber. 14) und außerdem nur
Arbeitsmittel erfaßt werden, deren Ausfall den störungsfreien Ablauf der
für die Anlage und das Unternehmen vorgesehenen Errichtungsmaßnahmen im ganzen beeinträchtigen würden (Lackner 2a; Haß aaO [1a zu
§ 263a], 56). Arbeitsmittel, die nicht der Errichtung, sondern dem *Betrieb*
solcher Anlagen und Unternehmen dienen, sind nicht durch § 305 a, son-
6 dern durch §§ 303, 304 und ggf. durch § 316 b geschützt (SK 3); **B.** in den
Fällen I Nr. 2 **Kraftfahrzeuge** (1 zu § 248 b) der **Polizei** oder der **Bundeswehr**, dh auch Wassermotorboote und Hubschrauber (aM Dencker StV
87, 122). Auf die Eigentumsverhältnisse oder auf ihre Kennzeichnung
kommt es nicht an, es genügt, wenn die Fahrzeuge für den dienstlichen
Einsatz bereitgestellt sind (Lackner 3).

7 **4) Tathandlung** ist das ganz oder teilweise (2 zu § 305) **Zerstören** (10 zu
§ 303).

8 **5) Die Rechtswidrigkeit** ist wie in § 303 (dort 12) nur allgemeines Verbrechensmerkmal. Wie dort erfordert der **Vorsatz** (bedingter genügt) lediglich das Bewußtsein des Zerstörens fremder Arbeitsmittel. In den Fällen
I Nr. 2 scheidet der verfügungsberechtigte Amtsträger oder Soldat aus dem
Tatbestand aus (Lackner 5). Der **Versuch** ist strafbar **(II).**

9 **6) Konkurrenzen.** Gegenüber § 303 geht § 305 a vor. Tateinheit ist möglich mit § 316 b, aber auch mit §§ 125, 125 a, 306 ff.

Siebenundzwanzigster Abschnitt
Gemeingefährliche Straftaten

Vorbemerkung

1 **1) Der Abschnitt,** den das 7. StÄG (1 zu § 311), das EGStGB (jeweils 1 zu
§§ 311, 311a, 311b, 311c) und das 18. StÄG (1 vor § 324; jeweils 1 zu §§ 311d
und 311e) erweitert haben, stellt sehr verschiedenartige Delikte zusammen, die
zu einem großen Teil nur deshalb als gemeingefährliche angesehen werden können, weil der Täter Kräfte, insbesondere Naturgewalten in Bewegung setzt (RG
56, 96), deren Auswirkung auf eine unbestimmte Vielzahl von Menschen oder
Sachwerte er nicht in der Hand hat (RG **5**, 309). Auch bei einer derartigen
Begriffsbestimmung können einzelne Delikte des Abschnitts ihrer Art nach
nicht als gemeingefährliche angesehen werden wie zB die der §§ 315 c, 316, 323 a
und 323 b. Daß auch bei derartigen Taten der Eintritt einer Gefahr zum Tatbestand gehöre, kann aus der Abschnittsüberschrift nicht geschlossen werden (RG
9, 233; **11**, 347). Der Begriff der **gemeinen Gefahr** (RG **75**, 70) wird (außer in
§ 243 Nr. 6; dort 36) nur noch in den §§ 312 bis 314 sowie in § 323 c verwendet.

Gemeingefährliche Straftaten § 306

Trotz der anders lautenden Überschrift setzen nicht alle Tatbestände dieses Abschnitts eine Gemeingefahr voraus (Horn/Hoyer JZ 87, 965), vielmehr handelt es sich zT um **konkrete** (zB §§ 310b, 311e, 315 bis 315c), **abstrakte** (zB §§ 306, 307, 311a) oder **potentielle** (zB. §§ 308, 311d) **Gefährdungsdelikte** (13 vor § 13), wobei Kombinationen mit erfolgsqualifizierten Delikten vorkommen (zB § 307 Nr. 1; § 311 I); doch sind auch schlichte Tätigkeitsdelikte vertreten (zB §§ 316, 323b). Dauerdelikte brauchen die konkreten Gefährdungsdelikte nicht zu sein (RG 9, 152; aM RG 14, 214), doch sind sie erst mit dem Wegfall der Gefahr beendet. Die Materie der gemeingefährlichen Straftaten ist auch nach Einführung der §§ 310b, 311a im StGB nicht abschließend geregelt, insbesondere sind auch Delikte außerhalb dieses Abschnitts als gemeingefährlich anzusehen (vgl. §§ 327 I, 328). Zum Verbot von *biologischen und chemischen Waffen* sowie von *Atomwaffen* vgl. § 18 KriegswaffG; zum Begriff der Atomwaffen Kriegswaffenliste Teil A I 1 (BGH **38**, 208; vgl. ferner Karlsruhe NJW **92**, 1057). Zum strafrechtlichen Schutz von Pflanzenbeständen gegen Gefährdung vgl. § 39 PflSchG.

2) Sonstige Vorschriften enthalten zum Geltungsbereich § 6 Nr. 2 sowie 2 bezüglich ev. konkurrierender Delikte § 87 II Nr. 1, §§ 126, 140, 145d I Nr. 2, II Nr. 2, § 129a I Nr. 3; vgl. für die Nichtanzeige § 138 I Nr. 9 und verfahrensrechtlich § 100a Nr. 2, § 112a I Nr. 2 StPO sowie § 74 II Nr. 16ff. GVG und Art. 2 I Nr. 3 EGGVGÄndG.

Schwere Brandstiftung RiStBV 242

306 Mit Freiheitsstrafe nicht unter einem Jahr wird bestraft, wer in Brand setzt

1. ein zu gottesdienstlichen Versammlungen bestimmtes Gebäude,

2. ein Gebäude, ein Schiff oder eine Hütte, welche zur Wohnung von Menschen dienen, oder

3. eine Räumlichkeit, welche zeitweise zum Aufenthalt von Menschen dient, und zwar zu einer Zeit, während welcher Menschen in derselben sich aufzuhalten pflegen.

1) Gegenstand der Brandstiftung sind in den Fällen der einfachen Brand- 1 stiftung (§ 308) nicht nur Gebäude, sondern auch andere leicht brennbare Sachen, in den Fällen der schweren (§ 306; Änderung durch Art. 19 Nr. 164 EGStGB) und besonders schweren Brandstiftung (§ 307) jedoch nur gewisse Räumlichkeiten, in denen sich Menschen aufzuhalten pflegen. Das Eigentum daran kann auch dem Täter zustehen (RG **60**, 137), da es sich um Schutz von Menschen gegen Gefährdung handelt. Nicht nötig ist, daß sich zZ des Brandes wirklich Menschen in den Räumen befinden (30. 7. 1984, 3 StR 242/84), die *abstrakte* Gefährdung genügt (hM; BGH **26**, 121; **34**, 118 [hierzu H. Schneider Jura **88**, 464, 469]; **35**, 285 [m. Anm. Kindhäuser StV **90**, 162]; **36**, 223 [hierzu Geppert JK 1]; NJW **82**, 2329 [m. Anm. Hilger NStZ **82**, 421]; **87**, 141; StV **84**, 246; NStZ **85**, 409; ferner hierzu Bohnert JuS **84**, 182; Kratzsch, Oehler-FS 67 u. JR **87**, 360; Geppert Jura **89**, 418). Rudolphi (Maurach-FS 59) will im Anschluß an Volz (Unrecht und Schuld abstrakter Gefährdungsdelikte, 1968) eine Ausnahme machen, wenn der Täter sich vergewissert, daß eine konkrete Gefährdung ausscheidet (NJW **82**, 2329 hält diese Frage nur für die Strafzumessung für bedeutungsvoll); für den Fall absoluter Gewißheit, der aber bei größeren Gebäuden ausscheidet (auch BGH **26**, 121; vgl. auch Schünemann JA **75**, 797; Brehm JuS **76**, 22; Blei JA **76**, 99; Geppert Jura **89**, 424; SchSch-Cramer 3a, 4 vor § 306;

§ 306

Arzt/Weber LH **2**, 160 ff.). Von den drei Gruppen von Gegenständen der Nr. 1 bis 3 schließt je die vorhergehende Nummer die folgende aus. Sind mehrere Gegenstände angezündet, die unter verschiedene Nummern fallen, so kann Tateinheit vorliegen. Im einzelnen kommen in Frage:

2 **Nr. 1: Ein Gebäude, das zu gottesdienstlichen Versammlungen bestimmt ist;** vgl. dazu 27 ff. zu § 243; LK-Wolff 4; uU trifft diese Bestimmung nur für einen einzelnen Raum zu. Unerheblich ist die Zeit der Brandstiftung.

3 **Nr. 2: Zur Wohnung von Menschen dienende Gebäude, Schiffe oder Hütten.** a) Zum Begriff des **Gebäudes** vgl. 6 zu § 243. Doch ist er hier nach dem Sinn der Vorschrift, der den abstrakten Gefährdungsbereich weit ausdehnt (BGH **34**, 119; hierzu krit. Kratzsch JR **87**, 360), dahin auszulegen, daß es auf die Eignung zur Abhaltung Unbefugter nicht ankommt; ein bis auf Türen und Fenster fertiger Neubau genügt daher (BGH **6**, 108), ebenso ein teilweise schon zerstörtes Gebäude (RG JW **28**, 2463; OGH JR **50**, 404), falls es noch einen Zweck verkörpert oder auch nur wiederhergestellt werden soll (MDR/H **77**, 810), doch nicht dann, wenn Bewohnbarkeit und Gefahr der Feuerübertragung ausscheiden (vgl. 4. 2. 1975, 1 StR 698/74). **Hütten** haben kleinere Maßverhältnisse als die Gebäude (RG **32**, 128), auf ihre Größe kommt es nicht an (RG **73**, 205). Sie müssen aber ein selbständiges unbewegliches Ganzes bilden, eine nicht geringfügige Bodenfläche bedecken und gegen äußere Einwirkungen genügend dauerhaft und fest (so durch Wand und Dach) abgeschlossen sein (RG **17**, 179; JW **36**, 262; **38**, 505), wie zB Wochenendhäuschen (OGH **1**, 244), Baubuden und auf Blökken stehende „Bauwagen" (Karlsruhe NStZ **81**, 482), uU auch Jahrmarktsbuden, falls sie einen fest abschließbaren Raum darstellen (RG **73**, 205), nicht aber bloße Buswartehäuschen, die keinen Schutz gegen das Eindringen Unbefugter bieten (Bay NJW **89**, 2704). Bei den **Schiffen** kommt es nicht auf die Größe, sondern nur darauf an, daß sie Menschen als Wohnung

4 dienen. b) Ob die Gebäude usw. dazu **bestimmt** und geeignet sind, zur Wohnung, dh als Mittelpunkt des Aufenthalts, insbesondere zum Übernachten von Menschen zu dienen, ist unerheblich; erforderlich und genügend ist die bloße Tatsache des Dienens im Zeitpunkt der Tat (StV **90**, 548 L; RG **60**, 137). Leerstehende Häuser kommen nicht in Betracht; auch nicht ein geschlossenes Hotel (NStZ **84**, 455), hingegen ist das nur teilweise Bewohntsein eines Gebäudes oder eines damit zusammenhängenden Nebenhauses (7. 4. 1981, 4 StR 136/81) ausreichend (GA **69**, 118), zZ der Tat braucht niemand im Gebäude anwesend zu sein (RG **23**, 103; OGH **1**, 245; vgl. aber oben 1). Auch ist eine bloß vorübergehende (NJW **82**, 2329 m. Anm. Hilger NStZ **82**, 421; auch Kratzsch JA **83**, 428; Bohnert JuS **84**, 182; zusf. Geppert Jura **89**, 420), wenn auch monatelange Abwesenheit des Bewohners bedeutungslos (BGH **26**, 121; NStZ **85**, 409; H. Schneider Jura **88**, 464). Schließlich braucht hier (im Gegensatz zu 5) die Tat nicht zu einer Zeit begangen zu werden, zu der sich Menschen dort aufzuhalten pflegen (OGH **1**, 244; RG **23**, 102). Doch kann das Dienen zur Wohnung, da es ein nur tatsächliches Verhältnis darstellt, ebenso tatsächlich wieder aufgehoben werden, so auch durch Inbrandsetzen des Gebäudes durch den einzigen bisherigen Bewohner (BGH **10**, 215), auch wenn er nur besitzberechtigter Fremdbesitzer ist (LG Düsseldorf NStZ **81**, 223; zw.), und zwar auch ohne vorherige Entfernung der beweglichen Habe (BGH **16**, 394; **26**, 122;

MDR/H 81, 981; NStE Nr. 8; bedenklich RG 60, 136), dasselbe gilt, wenn die beiden Mittäter das Gebäude bisher allein bewohnten (BGHR § 306 Nr. 2, Wohn. 2), jedoch kann ein Täter den Wohnzweck einer Familienwohnung nicht von sich aus auch für andere Familienmitglieder aufgeben (NJW 88, 1276, hierzu Otto JK 3). Hingegen scheidet Nr. 2 aus, wenn der einzige Bewohner gestorben ist, selbst dann, wenn er vom Täter kurz vor der Brandstiftung getötet worden ist (BGH 23, 114). Zündet der Täter einen mit einem Wohngebäude zusammenhängenden Anbau oder eine damit zusammenhängende Scheune an, so kommt es auf die Art der Verbindung an, mit der Anbau und Hauptbau verbunden sind (NStZ 91, 433), und ob nach natürlicher Auffassung ein einheitliches Gebäude gegeben ist; gemeinsames Dach oder gemeinsamer Durchgang allein reichen, etwa wenn eine Brandmauer vorhanden ist, dafür nicht aus (GA 69, 118; 12. 4. 1984, 4 StR 160/84), wohl aber ein gemeinsames Treppenhaus (BGH 34, 170; NStZ 91, 433), indessen können unter einem einzigen Dach mehrere Gebäude stehen, zum anderen schließen mehrere Dachstühle, Treppenaufgänge, unterschiedliche Baugeschichte oder feuerbeständig abgetrennte Gebäudetrakte eine Gebäudeeinheit iS des § 306 nicht aus (30. 7. 1984, 3 StR 242/84), es genügt, daß irgendein zum bestimmungsgemäßen Gebrauch wesentlicher Bestandteil des Gebäudes in Brand gesetzt wird (NStZ 85, 455), beim Inbrandsetzen des Wirtschaftsteils also, wenn das Feuer sich auch auf den Wohnteil ausbreiten kann (26. 6. 1985, 3 StR 132/85).

c) Bei einem **gemischt genutzten Gebäude** (zB Erdgeschoß gewerblich 4a genutzt, Obergeschoß Wohnungen) ist Nr. 2 bereits dann erfüllt, wenn der Brand sich auch nur auf Teile des Gebäudes im Erdgeschoß erstreckt, die lediglich zu seinem bestimmungsgemäßen Gebrauch als Gewerberaum von wesentlicher Bedeutung sind (BGH 34, 117 [hierzu H. Schneider Jura 88, 460; Geppert Jura 89, 425]; 35, 285; NJW 87, 141 [hierzu krit. Kratzsch JR 87, 360]) setzt weiter voraus, daß nicht auszuschließen ist, daß das Feuer auf den Wohnbereich übergreifen kann (vgl. NStZ 85, 455).

Nr. 3: Eine Räumlichkeit, welche zeitweise zum Aufenthalt von Men- 5 **schen dient**, zu einer Zeit, während der in ihr Menschen sich aufzuhalten pflegen, was näher darzutun ist (BGH 36, 222; hierzu Geppert JK 1). Hierunter fällt jeder abgeschlossene Raum beweglicher oder unbeweglicher Art, so Theater, Museen, Werkstätten, Lagerhallen, in denen Arbeiter tätig sind (3. 10. 1973, 2 StR 373/73), Büroräume (RG 69, 150), Hüterhütten (RG JW 30, 136; 835), eine Scheune, in der Landstreicher zu übernachten pflegen (BGH 23, 62; 13. 10. 1983, 1 StR 492/83; Geppert Jura 89, 421), aber auch Fähren, Eisenbahnwagen, Autobusse, doch weder ein PKW (BGH 10, 208), anders, wenn er ständig als Schlaf- und Wohnstätte verwendet wird (Spöhr MDR 75, 193; Stuttgart OLGSt. 3: ausgeschlachtete Karosserie), noch eine Telefonzelle (MDR/H 77, 638; aM Düsseldorf MDR 79, 1042 L), falls sie *innerhalb* eines Gebäudes ist (vgl. auch Braunschweig NdsRpfl. 63, 138). Nr. 3 ist auch dann erfüllt, wenn ein einheitliches Gebäude *nur zu einem Teil* Räumlichkeiten enthält, die zum zeitweisen Aufenthalt von Menschen dienen und ein nicht hierzu dienender Teil in Brand gesetzt wird (BGH 35, 286 m. Anm. Kindhäuser StV 90, 162). Das **Dienen** ist auch hier (vgl. zu 3 f.) in rein tatsächlichen Sinne zu nehmen (MDR 69, 943). Es genügt das Anstecken während der gewöhnlichen Aufenthaltszeit; nicht nötig ist, daß sich dann gerade ein Mensch in dem Raum befindet (RG **23**, 102). Das bloße Betreten zur Vornahme von Verrichtungen (Scheune und Ställe zum Futterholen und Viehbesorgen) genügt für Nr. 3 nicht (vgl. aber § 308, RG **69**, 149; aM Bay NJW **67**, 2417; str. und zw.; vgl. LK 11).

6 2) **Die Handlung** besteht in dem **Inbrandsetzen** eines der drei Gegenstände; das kann mittelbar durch Anzünden benachbarter Sachen geschehen (RG GA Bd. **48**, 352). Dazu ist erforderlich ein Inbrandsetzen in einer Weise, daß der Brand auch nach Entfernung des Zündstoffs sich an der Sache weiter auszubreiten vermag (BGH **7**, 38; **18**, 363; **36**, 222; NJW **87**, 141; BGHR § 306 Nr. 2, Inbr. 1; NStE Nr. 6; Geppert Jura **89**, 422; vgl. auch BGH **34**, 120). Es genügt nicht festzustellen, *wo* es gebrannt hat, sondern *was* gebrannt hat und welche Teile von den Brandzehrungen betroffen waren (NStZ **91**, 433). Das Brennen mit heller Flamme ist aber nicht erforderlich (RG **25**, 329), es genügt selbständiges Brennen eines für den bestimmungsgemäßen Gebrauch *wesentlichen* (12. 1. 1977, 2 StR 638/76) *Gebäudeteils* (EzSt Nr. 2, wobei nicht das bürgerliche Recht, sondern die Verkehrsanschauung entscheidet, BGH **16**, 109; 4. 4. 1989, 1 StR 131/89); hierzu gehören zB Fußböden, Fensterrahmen, Zimmerwände und Treppen (BGH **6**, 107; 7. 11. 1986, 2 StR 515/86; Hamburg NJW **53**, 117), eine Deckenverkleidung (NStZ **91**, 433) oder ein Nadelfilzteppich, soweit diese mit dem Untergrund fest verbunden sind (wistra **88**, 304) oder die fest eingebaute Holztüre des Beichtstuhls in einer Kirche (23. 7. 1985, 5 StR 125/85), *nicht* aber ein an die Wand einer Baracke genageltes Regal (BGH **16**, 109), ein Schrank (27. 3. 1981, 2 StR 94/81), eine Tapete (NStZ **81**, 221, **82**, 201, **84**, 74; 18. 10. 1983, 5 StR 760/83), eine Plastiktischdecke und verschiedene Kleidungsstücke (7. 10. 1986, 1 StR 523/86), oder die Lattentür eines Kellerraums (BGH **18**, 363 [zust. Schmitt JZ **64**, 189]; NStE Nr. 10), auch nicht eine fest installierte Theke, es sei denn, sie wäre fest in den Boden vermauert (NStE Nr. 6); vgl. zu Bauten mit unbrennbaren Bauteilen, SK-Horn 10. Heizöl hat einen Flammpunkt von + 5°C und kann daher nicht mittels eines Streichholzes angezündet werden (NStE Nr. 7). *Vollendetes* Inbrandsetzen ist nur gegeben, wenn der Brand Teile des Gebäudes erfaßt hat, die für dessen bestimmungsgemäßen Gebrauch wesentlich sind (BGH **18**, 365; 8. 1. 1992, 3 StR 486/91 mwN). Hat der Täter alles seinerseits zur Tat Erforderliche getan (Legen der Leitung zur Zündstelle), so daß die Brandstiftung durch bloßen Hinzutritt eines anderen Umstandes (Kurzschluß!) bewirkt wird, so liegt beendeter **Versuch** vor, nicht bloß eine vorbereitende Handlung (RG **66**, 141). Ebenso ist lediglich Versuch gegeben, wenn durch den Brand nur einzelne Holzteile des Gebäudes angekohlt (RG **64**, 273) und durch Hitzeeinwirkung Wand- und Deckenputz abgesprungen sind (NStZ **81**, 221; 1. 10. 1981, 4 StR 423/81), ferner wenn der Täter Benzin ausschüttet, um es sofort anzuzünden (OGH **2**, 346), oder es im Falle der Installierung einer funktionstüchtigen Brandanlage sich entzündet (NStZ **81**, 99), oder wenn das Gebäude, statt zu brennen, durch Explosion der Zündmittel zerstört wird (BGH **20**, 230, Tateinheit mit § 311). Auch durch **Unterlassen** ist Brandstiftung möglich, wenn der Unterlassende Garantenstellung und die Möglichkeit zur Erfolgsabwendung hat (4ff. zu § 13; EzSt § 13 Nr. 6), so beim Versicherten (RG **64**, 277), möglicherweise auch seinen Angehörigen (RG **71**, 194), oder

Gemeingefährliche Straftaten **§ 306**

in den Fällen von Ingerenz (11 zu § 13; OGH **3**, 1; BGHR § 306 Nr. 2, Inbr. 2). Versehentlich vorzeitiges Inbrandsetzen ist die vollendete Tat. Auch an einem schon brennenden Gebäude ist noch eine Tat nach § 306 möglich (OGH JR **50**, 404; enger Bay NJW **59**, 1885; Hamm NJW **60**, 1874; dazu Stratenwerth JZ **61**, 95; Klussmann MDR **74**, 187, der vorsätzliche Brandstiftung durch Unterlassen annehmen will, wenn der Täter eine fahrlässige Brandstiftung begangen hat und nichts gegen den dann erkannten Brand unternimmt, Geppert Jura **89**, 423; vgl. 3 zu § 309).

3) Der Täter muß **den Vorsatz** haben, einen der in Nr. 1 bis 3 genannten Gegenstände in Brand zu setzen (oben 6), hieran fehlt es, wenn er nur ein Inventarstück in Brand setzen will, etwa um Bewohnern einen Schrecken einzujagen (BGH **16**, 110; NStE Nr. 10), auch genügt die bloße Feststellung einer Brandgefahr für den bedingten Vorsatz nicht (20. 12. 1983, 4 StR 697/83). Im Falle zu 3 muß er auch wissen, daß es sich um die gewöhnliche Aufenthaltszeit handelt (BGH **36**, 222). Hält der Täter irrtümlich jene Voraussetzung für gegeben, so liegt Versuch am untauglichen Objekt vor (RG **60**, 138). Erkennt er die Voraussetzung vorwerfbar nicht, so begeht er fahrlässige Brandstiftung. Den Vorsatz, Menschen zu gefährden (RG **23**, 102), oder das Gebäude im ganzen zu verbrennen (RG JW **30**, 835), braucht der Täter nicht zu haben, es genügt, daß er einen Teil der in Nr. 1 bis 3 genannten Gegenstände in Brand setzt (9. 2. 1984, 4 StR 75/83), nicht notwendig ist die Vorstellung, daß sich das Feuer auf den Wohnteil ausbreiten kann (BGH **34**, 119). Verkennt er den Begriff des Gebäudes, so liegt darin nur ein Subsumtionsirrtum (vgl. 11 zu § 16).

4) Tateinheit ist möglich mit §§ 211, 212 (RG GA Bd. **59**, 338), desgl. mit § 265 (RG **60**, 129; **62**, 299), mit §§ 303, 305 (RG **57**, 296) und, da es bei § 306 auf das Eigentum an der Sache nicht ankommt, mit § 308 (dort 12), § 311 (vgl. dort 8).

5) Sonstige Vorschriften 2 vor § 306. FAufsicht § 321. Tätige Reue § 310.

7

8

9

Besonders schwere Brandstiftung

307 Die schwere Brandstiftung (§ 306) wird mit lebenslanger Freiheitsstrafe oder mit Freiheitsstrafe nicht unter zehn Jahren bestraft, wenn

1. der Brand den Tod eines Menschen dadurch verursacht hat, daß dieser zur Zeit der Tat in einer der in Brand gesetzten Räumlichkeiten sich befand,

2. der Täter in der Absicht handelt, die Tat zur Begehung eines Mordes (§ 211), eines Raubes (§§ 249 oder 250), eines räuberischen Diebstahls (§ 252) oder einer räuberischen Erpressung (§ 255) auszunutzen, oder

3. der Täter, um das Löschen des Feuers zu verhindern oder zu erschweren, Löschgerätschaften entfernt oder unbrauchbar gemacht hat.

1) Qualifizierte Fälle der schweren Brandstiftung nach § 306 erfaßt § 307 (Änderung durch Art. 19 Nr. 165 EGStGB). Zum Tatbestand des § 306 müssen die Voraussetzungen einer Nr. 1 bis 3 (die untereinander in Tateinheit stehen können) treten, nämlich:

1

1725

§ 307

2 **Nr. 1: Verursachung des Todes eines Menschen.** Nach § 18 ist ein Verschulden des Täters erforderlich. Ist der Tod gewollt, so liegt Tateinheit mit §§ 211 oder 212 vor (RG GA Bd. **59**, 338; aM SK-Horn 5, wonach **3** § 211 die Nr. 1 verdrängt). **Dadurch** muß der Tod verursacht sein, daß sich der Getötete *zur Zeit der Tat* (nämlich der Inbrandsetzung) in einer der in Brand gesetzten *Räumlichkeiten* befunden hat. Ob das rechtmäßig geschah oder nicht (Dieb), ist gleichgültig. Nicht erforderlich ist ein Tod durch Verbrennen; doch muß er durch den Brand und das Verweilen im Raum verursacht sein, so bei Tod durch einen herabstürzenden Balken; durch Schock (str.); durch kopfloses Hinabspringen; aber auch durch Verletzung mit dem Zündstoff bei einem Brandstiftungsversuch (BGH **7**, 39; LK-Wolff 3; SchSch-Cramer 5; SK 3; Geppert Jura **89**, 475; aM RG **40**, 321; Lackner 2; Laubenthal JZ **87**, 1067; vgl. 5 zu § 18; Küpper [1 zu § 226], 60). Kommt es überhaupt nicht zum Brand und stürzt das Haus durch eine Explosion ein, die den Tod eines Menschen zur Folge hat, so scheidet Nr. 1 aus (BGH **20**, 230; str.). Das Verunglücken eines Feuerwehrmannes (RG **40**, 321) oder eines Retters, der den Raum erst nach der Brandstiftung betritt, genügt nicht, auch wenn er sich vorher im Hause aufgehalten hat (RG **5**, 202). Der Täter braucht nicht zu wissen, daß sich ein Mensch im Hause befindet (BGH **7**, 37), fahrlässiges Nichtwissen genügt.

4 **Nr. 2: Zur Absicht** vgl. 6 zu § 15. Der Täter muß die Lage **ausnutzen** (oben 2); es muß dem Täter darauf ankommen, begünstigt durch die Brandstiftung (dh durch sie erleichtert), eine der in Nr. 2 genannten Taten zu begehen, und zwar muß die geplante Tat einen konkreten Bezug zur akuten Brandsituation haben (BGH **38**, 309). Tateinheit mit diesen Delikten, wenn es mindestens zu deren Versuch kommt (BGH **20**, 246; SK 10). Die Tat ist jedoch schon mit der Brandstiftung vollendet, wenn sie von der besonderen Absicht getragen war.

5 **Nr. 3: Das Entfernen oder Unbrauchbarmachen von Löschgeräten** durch den Brandstifter, um das Löschen des Feuers zu verhindern oder zu erschweren. Es kann vor, bei oder nach der Brandstiftung geschehen; und zwar durch den Täter, einen Gehilfen oder ein gutgläubiges Werkzeug. Das Betrunkenmachen der Löschmannschaft und dgl. sind keine Unbrauchbarmachung von Löschgeräten; möglicherweise aber (insoweit abw. SK 15) das Abstellen der Wasserleitung.

6 **2) Sonstige Vorschriften** 2 vor § 306; §§ 310, 321.

Brandstiftung

308 [I] Mit Freiheitsstrafe von einem Jahr bis zu zehn Jahren wird bestraft, wer Gebäude, Schiffe, Hütten, Bergwerke, Magazine, Warenvorräte, welche auf dazu bestimmten öffentlichen Plätzen lagern, Vorräte von landwirtschaftlichen Erzeugnissen oder von Bau- oder Brennmaterialien, Früchte auf dem Feld, Waldungen oder Torfmoore in Brand setzt, wenn diese Gegenstände entweder fremdes Eigentum sind oder zwar Eigentum des Täters sind, jedoch ihrer Beschaffenheit und Lage nach geeignet sind, das Feuer einer der in § 306 Nr. 1 bis 3 bezeichneten Räumlichkeiten oder einem der vorstehend bezeichneten fremden Gegenstände mitzuteilen.

Gemeingefährliche Straftaten **§ 308**

II **In minder schweren Fällen ist die Strafe Freiheitsstrafe von sechs Monaten bis zu fünf Jahren.**

1) Gegenstand der Tat nach § 308 (Änderungen durch Art. 19 Nr. 166 EGStGB) sind bestimmte Sachen, die nicht unter § 306 fallen. Scheiden §§ 306, 308 aus, wie zB bei Luftfahrzeugen (!), so kann Anzünden Sachbeschädigung sein. Zur *Entstehungsgeschichte* der Vorschrift Geppert, R. Schmitt-FS 190 und de lege ferenda aaO 199.

A. Zwei Fälle des Inbrandsetzens (6 zu § 306) werden unterschieden. **a) Bei der unmittelbaren Brandstiftung** (sog. Brandsachbeschädigung) muß der Gegenstand fremdes Eigentum sein, so zB auch Miteigentum des Ehegatten (RG **11**, 345). Hingegen muß es an einer auch nur potentiellen Gefährlichkeit fehlen (sonst 3). Die Tat ist ein Eigentumsdelikt iS einer speziellen Sachbeschädigung (1. 6. 1989, 1 StR 228/89; Geppert Jura **89**, 477 u. R. Schmitt-FS 187). Die Einwilligung des Eigentümers ist daher Rechtfertigungsgrund (RG **11**, 348; **12**, 138; wistra **86**, 173; MDR/H **89**, 493; 29. 11. 1989, 2 StR 264/89 [insoweit nicht aS]; 1. 6. 1989, 1 StR 228/89), die Schutzwürdigkeit der Eigentümerposition ist auch dann geringer, wenn der Täter – etwa als Nacherbe – sich als Eigentümer fühlt (MDR/H **88**, 101). **b) Bei der mittelbaren Brandstiftung** gehören die Sachen hingegen dem Täter (oder sind herrenlos, RG JW **30**, 924; vgl. auch Geppert Jura **89**, 478 u. R. Schmitt-FS 189), sind jedoch ihrer **Beschaffenheit und** (nicht „oder"!) **Lage nach** geeignet, das Feuer auf eines der Objekte der §§ 306, 308 übergreifen zu lassen, was mit Tatsachen zu belegen ist (8. 1. 1992, 3 StR 486/91), Wind und Wetter gehören nicht zur Lage (RG JW **34**, 171). Es entscheidet die potentielle, nicht die konkrete Gefahr (NJW **51**, 726). Die Tat ist potentielles Gefährdungsdelikt (13 vor § 13; str.; 1. 6. 1989, 1 StR 228/89; vgl. Arzt/Weber LH **2**, 176; Hoyer 181).

B. Die einzelnen Gegenstände (zwischen ihnen ist alternative Feststellung zulässig (RG **35**, 285); **a) Gebäude** (3 zu § 306); **b) Schiffe**, doch nur größere Fahrzeuge. **c) Hütten** (3 zu § 306); **d) Bergwerke; e) Magazine** sind Räumlichkeiten nach der Bestimmung, Vorräte von Waren oder sonstigen Gebrauchsgegenständen von größerem Umfang und erheblichem Wert für längere Zeit zu bergen, und zwar einschließlich der aufbewahrten Gegenstände (RG **13**, 407), zB Scheunen; nicht aber der zweirädrige Geräte- und Materialwagen einer Baufirma (24. 11. 1965, 2 StR 410/65; vgl. auch Braunschweig NdsRpfl. **63**, 138). **f) Warenvorräte**, welche auf dazu bestimmten öffentlichen Plätzen lagern. Warenvorräte sind vereinigte Gegenstände von erheblicher Menge, die zu Gebrauchszwecken dienen (RG **62**, 28), und zwar zur künftigen Verwendung (RG **35**, 285). Die Warenvorräte müssen auf öffentlichen Plätzen (2 zu § 315b) liegen; **g) Vorräte von landwirtschaftlichen Erzeugnissen oder von Bau- oder Brennmaterialien** (Kohlenmeiler, RG **62**, 30); sie müssen einen gewissen Umfang und Wert haben (RG **73**, 206), sind aber überall geschützt (anders zu 6), auch auf dem Transport (RG **39**, 22). Landwirtschaftliche Erzeugnisse sind hier nur die Rohprodukte (RG **39**, 22), die Gewächse des Bodens (auch des unbearbeiteten, zB Rohr, RG **27**, 14), aber nicht dessen Substanzteile; also nicht Sand und Torf (RG JW **06**, 791). Die landwirtschaftlichen Erzeugnisse behalten den vom Ort unabhängigen Schutz zu 7 auch, falls sie Warenvorräte werden (RG **39**, 22), aber nicht mehr der Dung (RG GA Bd. **66**,

§ 308

BT Siebenundzwanzigster Abschnitt

299). Baumaterialien sind auch ein Haufen von Brettern und Balken zum
8 Zusammensetzen einer mittleren Jahrmarktshalle (RG **73**, 205). **h) Früchte auf dem Felde;** auch schon vom Boden abgetrennte (RG **10**, 186). Nach der Aberntung sind sie landwirtschaftliche Erzeugnisse (RG **38**, 141). *Nicht* aber Grasstoppeln der abgemähten Wiese (Geppert, R. Schmitt-FS 196; and. noch RG **38**, 140; JW **39**, 545; LK 13; 45. Aufl.). Die Substanzteile, wie Torf, scheiden auch hier aus. **i) Waldungen.** Es handelt sich um einen strafrechtlichen Begriff (BGH **31**, 83). Erfaßt ist nicht schon wie in § 2 I S. 1 BWaldG „jede mit Forstpflanzen bestockte Grundfläche" unter Einschluß von Blößen und Lichtungen, sondern nur das auf einer Bodenfläche wachsende Holz und der Waldboden mit dem diesen bedeckenden Gras, Moos, Laub und Strauchwerk (BGH aaO). Der Brand muß die Fläche als solche erfaßt haben, so daß zur Vollendung uU schon das Brennen des Laubes genügt (RG **6**, 22). **k) Torfmoore.** Ein Teil des Moorlandes kann auch mit Heide bestanden sein (RG HRR **39**, 474).

11 **2) Der Vorsatz.** Der Täter muß wissen, daß er einen der Gegenstände des § 308 ansteckt (11. 6. 1982, 5 StR 282/82), wobei die Verwechslung zweier gleichwertiger Objekte gleichgültig ist (RG **35**, 285), ebenso, daß die Sache in fremdem Eigentum steht (bei der unmittelbaren) bzw., daß sie ihrer Beschaffenheit und Lage nach geeignet ist, das Feuer weiterzuverbreiten. Kennt er diese Eignung, so kommt es auf das eigene Eigentum und dessen Kenntnis gar nicht an (RG DJ **40**, 549). Vorsichtsmaßregeln gegen das Ausbreiten des Feuers auf die anderen Gegenstände sind für die Schuldfrage ohne Bedeutung (LK-Wolff 22; aM Celle NdsRpfl. **52**, 57), bedingter Vorsatz genügt (16. 7. 1981, 4 StR 371/81).

12 **3) Tateinheit** ist möglich mit § 265 (wobei mit Rücksicht auf § 321 die Strafe dem § 308 entnommen werden sollte); desgl. im Fall 2 mit §§ 306, 307 (RG **64**, 279), jedoch nur dann, wenn das Feuer noch auf ein weiteres Gebäude übergreifen sollte (MDR/H **84**, 443; BGHR § 306 Nr. 2, Konk. 1; NStE Nr. 9 zu § 306; vgl. Geppert Jura **89**, 482), und *nicht* dann, wenn das Gebäude ausschließlich zur Wohnung von Menschen dient (11. 3. 1987, 2 StR 63/87), mit § 304; mit § 311 (vgl. dort 8), §§ 303, 305 werden jedoch regelmäßig von § 308 verdrängt (LM Nr. 1); ebenso stets § 87 (Subsidiarität). Zum Landesrecht Göhler 122 II. **Zu II** vgl. 11 zu § 12; 42 zu § 46. **Sonstige Vorschriften** 2 vor § 306. **Verfahrensrecht.** Kommt anstelle der angeklagten Tat nach I 1. Alt. die 2. Tatbestandsalternative in Betracht, so ist § 265 StPO zu beachten (BGHR § 265 I StPO, Hinw. 4).

Fahrlässige Brandstiftung

309 Wer einen Brand der in den §§ 306 und 308 bezeichneten Art fahrlässig verursacht, wird mit Freiheitsstrafe bis zu drei Jahren oder mit Geldstrafe und, wenn durch den Brand der Tod eines Menschen verursacht wird, mit Freiheitsstrafe bis zu fünf Jahren oder mit Geldstrafe bestraft.

1 **1) Die Vorschrift** wurde durch Art. 19 Nr. 167 EGStGB neu gefaßt. Ein Brand von der Art der § 306 oder 308 muß verursacht werden (vgl. Anm. zu §§ 306, 308; Braunschweig NdsRpfl. **63**, 138).

2 **A. Verursacht** muß der Brand durch den Täter sein (RG **40**, 321). Das ist nicht der Fall, wenn der Täter nur zur Vergrößerung eines Brandes bei-

Gemeingefährliche Straftaten **§ 309**

trägt, wohl aber, wenn dadurch weitere der in §§ 306, 308 genannten Gegenstände in Brand geraten (Bay NJW **59**, 1885).

B. Durch Fahrlässigkeit des Täters muß der Brand verursacht sein; so uU durch Verkauf von Streichhölzern an kleine Kinder (RG **76**, 1), durch Verletzung der Pflicht des Betriebsleiters zur regelmäßigen Überprüfung eingelagerter, zur Selbstentzündung neigender Ernteerzeugnisse (Bay **78**, 45; Geppert Jura **89**, 480), durch Außerachtlassung der nach Brandverhütungsvorschriften (zB § 5 III 1 BayVO über die Verhütung von Bränden, BayRS 215-2-1-I) gebotene Sorgfaltspflichten (Bay NJW **90**, 3032, hierzu Otto JK 16 zu § 13), das fahrlässige Handeln (RG **65**, 158) muß für den Brand kausal sein; wobei jede Art von Handlung ausreicht und das Mitwirken anderer Personen den Kausalzusammenhang nicht unterbricht (RG **6**, 146). Die Fahrlässigkeit kann eine Pflicht zum Löschen begründen, deren Nichterfüllung zum vorsätzlichen Täter machen kann (RG **60**, 77; vgl. 6 zu § 306 aE). Sie kann auch darin bestehen, daß der vorsätzlich seine eigene Sache anzündende Täter übersieht, daß sie nach Beschaffenheit und Lage das Feuer weiterleiten kann; desgl., falls der Täter aus Fahrlässigkeit nicht weiß, daß ein Gebäude bewohnt ist. 3

2) Ein qualifizierter Fall liegt vor, wenn durch den Brand der Tod eines Menschen verursacht wird; ein Verschulden nach § 18 ist dafür erforderlich; dagegen braucht sich der Getötete in dem Raum zZ der Tat nicht aufgehalten zu haben (anders § 307 Nr. 1). Es genügt, daß er in den von ihm schon verlassenen Raum nochmals zurückkehrt und dabei umkommt, RG **5**, 202. Doch muß der Tod durch den Brand selbst verursacht sein, nicht gelegentlich des Brandes durch andere Umstände (RG **40**, 321). 4

3) Tateinheit ist möglich mit vorsätzlicher Brandstiftung (RG DRiZ **18** Nr. 314), ebenso mit Sachbeschädigung (RG **54**, 1). Im erschwerten Fall wird § 222 von § 309 verdrängt (MDR/H **88**, 1003), jedoch ist Tateinheit mit § 222 gegeben, wenn der Tod nicht die spezifische Folge des Brandes ist (NJW **89**, 2480 m. Anm. Eue JZ **90**, 765; Küpper JuS **90**, 184). Zu den bußgeldbewehrten Brandschutzvorschriften der Länder vgl. Göhler 122 II. 5

Tätige Reue

310 Hat der Täter den Brand, bevor derselbe entdeckt und ein weiterer als der durch die bloße Inbrandsetzung bewirkte Schaden entstanden war, wieder gelöscht, so wird er nicht wegen Brandstiftung bestraft.

1) Tätige Reue nach § 310 ist für die vollendete vorsätzliche und fahrlässige Brandstiftung jeder Art ein persönlicher Strafaufhebungsgrund, in dessen Bereich § 24 ebensowenig eine Rolle spielt wie § 31 (hierzu Geppert Jura **89**, 480; vgl. 14. 3. 1972, 5 StR 18/72). Voraussetzungen sind: **A. Ein weiterer Schaden** als der durch die Brandstiftung verursachte darf noch nicht entstanden sein. Es darf sich vor allem das Feuer nicht schon über den Anzündungsort hinaus verbreitet haben (RG **57**, 294; vgl. auch Hamm NJW **63**, 1561), doch genügt ev. schon starkes Ausdehnen des Brandes in *einem* Raum (Hamburg NJW **53**, 117), es handelt sich um eine Tatfrage (14. 3. 1972, 5 StR 18/72). In den Fällen des § 308 I 2. Alt. ist ein weiterer Schaden nicht erst dann anzunehmen, wenn das Feuer auf eine in § 306 Nr. 1 bis 3 genannte Sache übergegriffen hat (Oldenburg NJW **69**, 1779; aM SchSch-Cramer 4c). **B. Noch nicht entdeckt** darf der 1

1729

§ 310

Brand sein; nämlich der Brand als solcher, nicht bloß der Rauch (RG **57**, 294; Geppert Jura **89**, 481). **Entdeckt** (8ff. zu § 24) ist der Brand, sobald ihn ein unbeteiligter Dritter ohne Beiziehung durch den Täter wahrgenommen hat (RG **19**, 395). **C. Der Täter muß den Brand löschen;** und zwar gewollt (RG JW **30**, 3412), dies gilt auch im Falle der fahrlässigen Brandstiftung (RG **19**, 394). Der bloße Wille allein genügt jedoch nicht (RG **18**, 355), wohl aber das Herbeiholen von Gehilfen durch den Täter, die dann den Brand löschen (RG **57**, 296; Hamm NJW **63**, 1561), hierbei muß er aber seine Möglichkeiten ausschöpfen und darf es nicht dem Zufall überlassen, ob der Brand sachgemäß bekämpft wird (NStZ **86**, 27). War der Brand **erloschen,** bevor der Täter seinen Löschungswillen betätigen konnte, so bleibt er strafbar (RG JW **28**, 508), doch genügt es, wenn er sich freiwillig und ernsthaft bemüht hat, der Brand aber aus anderen Gründen erloschen ist (analoge Anwendung von § 24 I S. 2; M-Schroeder § 52, 32; Arzt/Weber LH **2**, 186). Bei **Teilnahme** scheidet § 310 für die Teilnehmer aus, die nicht mitgelöscht haben.

5   2) **Der Strafaufhebungsgrund** erstreckt sich nicht auf zugleich begangene andere Taten, zB eine Sachbeschädigung; einen Verstoß gegen § 310a (LM Nr. 1 zu § 310a; Schleswig SchlHA **55**, 99; zw.; aM SK-Horn 9 zu § 310a; Arzt/Weber LH **2**, 187; Otto Jura **86**, 53; vgl. SchSch 9), oder gegen § 265 (RG **56**, 95). Bei Tateinheit mit §§ 310b, 311 vgl. 7 zu § 311c.

Herbeiführen einer Brandgefahr

310a ^I Wer

1. feuergefährdete Betriebe und Anlagen, insbesondere solche, in denen explosive Stoffe, brennbare Flüssigkeiten oder brennbare Gase hergestellt oder gewonnen werden oder sich befinden, sowie Anlagen oder Betriebe der Land- oder Ernährungswirtschaft, in denen sich Getreide, Futter- oder Streumittel, Heu, Stroh, Hanf, Flachs oder andere land- oder ernährungswirtschaftliche Erzeugnisse befinden,

2. Wald-, Heide- oder Moorflächen, bestellte Felder oder Felder, auf denen Getreide, Heu oder Stroh lagert, durch Rauchen, durch Verwenden von offenem Feuer oder Licht oder deren ungenügende Beaufsichtigung, durch Wegwerfen brennender oder glimmender Gegenstände oder in sonstiger Weise

in Brandgefahr bringt, wird mit Freiheitsstrafe bis zu drei Jahren oder mit Geldstrafe bestraft.

^{II} Verursacht der Täter die Brandgefahr fahrlässig, so ist die Strafe Freiheitsstrafe bis zu einem Jahr oder Geldstrafe.

1   1) **A. Geschützt sind:** Feuergefährdete Betriebe und Anlagen (auch solche des Täters selbst, RG **77**, 121), gewisse Anlagen und Betriebe der Land- oder Ernährungswirtschaft (I Nr. 1); ferner Wald-, Heide-, Moorflächen, Felder mit Getreide, Heu oder Stroh (I Nr. 2). Es genügt, wenn ein mit dem ganzen
2   Betrieb zusammenhängender Teil feuergefährdet ist (BGH **5**, 190). **B. Tathandlung** ist jedes vorsätzliche (I) oder fahrlässige (II) Verursachen einer **konkreten Brandgefahr** für den in I genannten geschützten Gegenstand. Die unter I Nr. 2 genannten einzelnen Handlungen sind nur Beispiele, die als solche noch nicht ausreichen, auch wenn sie abstrakt gefährlich sind (vgl. BGH **5**,

Gemeingefährliche Straftaten § 310a

190). Explosionsgefahr bedeutet nicht ohne weiteres Brandgefahr (2. 2. 1971, 5 StR 585/70).

2) Konkurrenzen. Es ist zu unterscheiden: **A. Bei Brandausbruch** an Wäldern oder Torfmooren greift allein das Verletzungsdelikt nach § 309 (§ 308) Platz, so daß § 310a ausscheidet (Celle NdsRpfl. **52**, 57). Anders aber, wenn die §§ 308, 309 wegen § 310 ausscheiden (vgl. 5 zu § 310). **B. Fehlt die konkrete Gefährdung,** so sind lediglich die landesrechtlichen Brandverhütungsvorschriften anwendbar, vgl. Göhler Nr. 122 sowie 1 und 16 zu § 308. Andererseits geht diesen der § 310a vor.

Herbeiführen einer Explosion durch Kernenergie

310 b I Wer es unternimmt, durch Freisetzen von Kernenergie eine Explosion herbeizuführen und dadurch Leib oder Leben eines anderen oder fremde Sachen von bedeutendem Wert zu gefährden, wird mit Freiheitsstrafe nicht unter fünf Jahren bestraft.

II Wer durch Freisetzen von Kernenergie eine Explosion herbeiführt und dadurch fahrlässig eine Gefahr für Leib oder Leben eines anderen oder für fremde Sachen von bedeutendem Wert verursacht, wird mit Freiheitsstrafe von einem Jahr bis zu zehn Jahren bestraft.

III In besonders schweren Fällen ist die Strafe bei Taten nach Absatz 1 lebenslange Freiheitsstrafe oder Freiheitsstrafe nicht unter zehn Jahren, bei Taten nach Absatz 2 Freiheitsstrafe nicht unter fünf Jahren. Ein besonders schwerer Fall liegt in der Regel vor, wenn der Täter durch die Tat leichtfertig den Tod eines Menschen verursacht.

IV Wer in den Fällen des Absatzes 2 fahrlässig handelt und die Gefahr fahrlässig verursacht, wird mit Freiheitsstrafe bis zu drei Jahren oder mit Geldstrafe bestraft.

1) Die Vorschrift ist bei I ein Unternehmensdelikt, im übrigen ein konkretes Gefährdungsdelikt (2 zu § 311). Die Tat ist ohne Rücksicht auf den **Tatort** strafbar (§ 6 Nr. 2). **Materialien:** E 1962, 501; Ndschr. **8**, 642; **9**, 243; Art. 19 Nr. 169 EGStGB (Einl. 10); vgl. BT-Drs. 8/3119. **Schrifttum:** *Breuer* NJW 77, 1121; *Mattern-Raisch,* Atomgesetz, 1961; *Fischerhof,* Deutsches Atomgesetz u. Strahlenschutzrecht, 1962; *Schäfer* in Dalcke B II 16; *Schmatz-Nöthlichs,* Strahlenschutz, 2. Aufl. 1977; *Winters,* Atom- und Strahlenschutzrecht, 1978.

2) Tathandlung ist das **Herbeiführen einer Explosion** (3 zu § 311) durch **Freisetzen von Kernenergie,** dh der „in den Atomkernen gebundenen Energie, die durch Kernspaltungs- oder Kernvereinigungsvorgänge freigesetzt wird" (E 1962, 501). Die Explosion entsteht hier anders als bei der von Sprengstoffen (3 zu § 311) durch das detonationsartige Freiwerden von Energie bei der Kernspaltung oder -verschmelzung, die Druckwellen, Wärmestrahlung und radioaktive Strahlung auslöst. Das ist auch in kleinerem Maßstab möglich. Die kontrollierten Vorgänge in einem Atomreaktor scheiden aus (aM SK-Horn 3); anders beim sog. „Durchgehen" eines Reaktors. **A. Nach I** genügt es, daß der Täter es **unternimmt** (34 zu § 11), dadurch **Leib oder Leben** (3, 4 zu § 35) eines beliebigen **anderen** (also nicht eines Tatbeteiligten) oder **fremde Sachen von bedeutendem Wert** (16 zu § 315) in konkrete **Gefahr** (3 zu § 34) zu

§ 310 b   BT Siebenundzwanzigster Abschnitt

4 bringen (es genügt also schon Gefährdung durch den Versuch). **Vorsatz** ist als mindestens bedingter in vollem Umfang erforderlich.

5 B. Abs. II bestraft den Täter milder, wenn er zwar die Explosion wie bei I vorsätzlich tatsächlich herbeiführt, die Gefahr nach oben 3 aber nur fahrlässig verursacht. Der Versuch, der auch hier möglich (vgl. 5 zu § 18) und strafbar ist (Verbrechen), fällt unter §§ 22, 23, so daß anders als bei I Rücktritt nach § 24 möglich ist (aM SK-Horn 8); außerdem aber wie auch bei I tätige Reue nach § 311 c. Die Tat ist eine vorsätzliche iS von § 11 II. § 30 ist wie bei I anwendbar. C. Abs. IV ist abw. von I, II als Vergehen der rein fahrlässigen Begehung ausgestaltet.

6 **4) Die Strafe** ist nach der **Schuldform** in I, II und IV abgestuft. Dazu
7 sieht **Abs. III** für **besonders schwere Fälle** (11 zu § 12; 43 ff. zu § 46) erhöhte, aber abgestufte Strafrahmen für I und II vor. Ein solcher Fall liegt idR vor, wenn der Täter durch die Tat (möglicherweise schon deren Versuch; 5 zu § 18) den Tod eines Menschen (wobei auch hier die Tatbeteiligten ausscheiden sollten) leichtfertig oder gar vorsätzlich (6 zu § 18) verursacht. Sonst kommt III zB bei Gefährdung einer großen Zahl von Menschen oder Zerstörung bedeutender Sachwerte in Betracht.

8 **5) Rechtfertigung** der Tat durch Einwilligung ist ausgeschlossen, auch wenn sie von sämtlichen möglicherweise Gefährdeten erteilt wird (Mattern-Raisch, 8; aM Fischerhof 19; alle zu § 40 AtG); LK-Wolff 8; SK 4); denn hinter dem konkreten Gefährdungsdelikt steht auch die abstrakte Gefährlichkeit der Tat. Völkerrechtliche oder innerstaatliche Normen können rechtfertigend wirken (vgl. Fischerhof 15 zu § 40 AtG); ebenso die Genehmigung an Forscher für gewisse Experimente; verstoßen sie dabei grob pflichtwidrig gegen Schutzvorschriften zB den RöV oder der StrlSchV oder gegen Auflagen und Anordnungen und verursachen dadurch eine Gefahr iS von II, so kommt nicht II, sondern § 311 d (falls eine Gefahr iS von II verursacht wird) oder § 46 I Nr. 4 AtG in Betracht (Mattern-Raisch 8 zu § 40 AtG; Ndschr. 9, 244; andererseits 244/245; aM SK 4; auch 5 zu § 311).

9 **6) Konkurrenzen.** § 310 b ist lex specialis gegenüber § 311. Tateinheit möglich mit Körperverletzungs- und Tötungsdelikten, vgl. 8 zu § 311; aber auch §§ 303 ff., 306 bis 309, 312 bis 314. Ferner treten § 311 b I Nr. 1 hinter § 310 b I und §§ 326 II–IV, 327 I, III hinter § 310 b zurück.

10 **Sonstige Vorschriften.** Anzeigepflicht nach § 138 I Nr. 9; Agententätigkeit (§ 87 II Nr. 1), Androhung (§ 126), Begehung durch terroristische Vereinigungen (§ 129a I Nr. 3; vgl. auch EGGVGÄndG); Belohnung und Billigung (§ 140), Vortäuschen (§ 145 d), Vorbereitung (§ 311 b), Tätige Reue (§ 311 c), FAufsicht (§ 321), Einziehung (§ 322); Zuständigkeit nach § 74 II GVG; vgl. auch § 100 a Nr. 2 StPO. Zum Atomwaffenverbot vgl. §§ 17, 19, 21 KriegswaffG.

Herbeiführen einer Sprengstoffexplosion

311 ¹ Wer anders als durch Freisetzen von Kernenergie, namentlich durch Sprengstoff, eine Explosion herbeiführt und dadurch Leib oder Leben eines anderen oder fremde Sachen von bedeutendem Wert gefährdet, wird mit Freiheitsstrafe nicht unter einem Jahr bestraft.

Gemeingefährliche Straftaten **§ 311**

II In besonders schweren Fällen ist die Strafe Freiheitsstrafe nicht unter fünf Jahren, in minder schweren Fällen Freiheitsstrafe von sechs Monaten bis zu fünf Jahren.

III Ein besonders schwerer Fall liegt in der Regel vor, wenn der Täter durch die Tat leichtfertig den Tod eines Menschen verursacht.

IV Wer in den Fällen des Absatzes 1 die Gefahr fahrlässig verursacht, wird mit Freiheitsstrafe bis zu fünf Jahren oder mit Geldstrafe bestraft.

V Wer in den Fällen des Absatzes 1 fahrlässig handelt und die Gefahr fahrlässig verursacht, wird mit Freiheitsstrafe bis zu zwei Jahren oder mit Geldstrafe bestraft.

1) Die Vorschrift idF des Art. 1 Nr. 1 des **7. StÄG** (Entwurf BT-Drs. IV/ 1817; Ber. BT-Drs. IV/2186; Prot. 269 ff., 317, 349 ff.; BTag IV/4912, 5974) ist durch Art. 19 Nr. 170 EGStGB (Einl. 10) geändert worden. Durch das 7. StÄG ebenfalls neu gefaßt wurden die §§ 311a bis 311c aF. Die früheren §§ 311a und 311b haben durch das EGStGB die Zahlen § 311b und 311c erhalten. § 311c aF, der die Einziehung betraf, ist seit dem EGOWiG (1 zu § 74) in § 322 aufgegangen. Der Text idF des EGStGB stellt klar, daß § 311 nur Explosionen betrifft, die keine der von § 310b erfaßten Explosionen durch Kernenergie sind. Zum SprengG vgl. auch 1. bis 5. SprengV und SprengVwV. **Schrifttum:** *Cramer* NJW **64**, 1835; *Lackner* JZ **64**, 674; *Potrykus,* Die Polizei **65**, 249. 1

2) Das Delikt setzt sich aus der Handlung und dem Eintritt einer **konkreten Gefahr** (14 zu § 315) zusammen. Nur in den Fällen von I bis III ist die Tat Verbrechen und der Versuch sowie die Vorbereitung nach § 30 und 311b strafbar. Soweit I bis IV Vorsatz (vgl. 18 zu § 315) voraussetzen, reicht bedingter aus. In den Fällen von I bis III ist die Tat ohne Rücksicht auf den Tatort strafbar (§ 6 Nr. 2). 2

3) Tathandlung ist das **Herbeiführen einer Explosion,** dh im Sinne der Vorschrift die plötzliche Auslösung von Druckwellen außergewöhnlicher Beschleunigung, namentlich durch Sprengstoff, dh einem Stoff, der bei Entzündung zu einer plötzlichen Ausdehnung von Flüssigkeiten oder Gasen und dadurch zu einer Sprengwirkung führt (RG **67**, 37; vgl. § 1 I, II 2, 3 SprengG und seine Anlagen I, II), zB Dynamit (RG GA Bd. **55**, 332), als Sprengstoff verwendetes Schießpulver (RG **58**, 276), aber auch durch Luftunterdruck (sog. Implosionen), Luftdruckstoß oder Schallwellen (vgl. Begr. E 1962, 502; hM; aM SK-Horn 4). Darunter fallen auch Gas- und Wasserdampfexplosionen, ferner nach LG Braunschweig NStZ **87**, 231 die menschen- und sachgefährdende Explosion von selbstgebastelten unkonventionellen Spreng- und Brandvorrichtungen (zw.), während die Verwendung eines Selbstlaborats aus einem unverdämmten explosionsfähigen Gemisch von Natriumchlorat und Zucker als Übertragungsladung (Initialzündung) für einen Brandsatz (KG NStZ **89**, 369) oder das Abbrennen kleinster Feuerwerkskörper nicht unter den Begriff fällt (bei anderen kommt Rechtfertigung infolge sozialer Adäquanz in Frage). Eine Explosion führt herbei, wer sie selbst oder in mittelbarer Täterschaft auslöst; wer dazu anstiftet, führt nicht herbei. 3

4) Zu einer konkreten **Gefahr für Leib und Leben** (3 zu § 34; 3, 4 zu § 35) eines anderen (3 zu § 310b) oder für ihm nicht gehörende **Sachen** 4

§ 311 BT Siebenundzwanzigster Abschnitt

von bedeutendem Wert (16 zu § 315) muß die Handlung führen. Gefährdung allein des Sprengstoffes reicht nicht aus.

5 **5) Gerechtfertigt** ist die Tat, soweit sie sich bei Verwendung von explosiven Stoffen in Industrie, Gewerbe und Forschungsunternehmen in den Grenzen polizeilicher Vorschriften oder der sozialen Adäquanz hält. Der Vorwurf der Fahrlässigkeit entfällt idR bei der Einhaltung von Sicherheitsvorschriften; bei deren Verletzung ist er aber meist gegeben (vgl. GA **66**, 374). Wird Sprengstoff, für dessen Besitz der Täter keine Erlaubnis nach §§ 7ff. SprengG hat, verwendet, so kommt § 311 in Betracht; hat er die Erlaubnis, verletzt er aber Auflagen für die Anwendung des Sprengstoffes, so kann § 311, aber auch nur ein Verstoß gegen diese Vorschriften gegeben sein (vgl. E 1962, 501 f.). Im übrigen rechtfertigt eine Erlaubnis nach § 7 SprengG als solche eine Tat nach § 311 nicht.

6 **6) Teilnahme** ist möglich; im Fall von IV gelten die Regeln unter 4 zu § 18 entsprechend.

7 **7)** Die **Strafe** ist, je nachdem, ob der Täter hinsichtlich beider Akte vorsätzlich (I bis III) oder nur fahrlässig (V) handelt (27. 8. 1991, 1 StR 438/91) oder ob er zwar die Tathandlung vorsätzlich begeht, die Folge aber fahrlässig verursacht (IV) abgestuft (vgl. MDR/H **84**, 982). **Zu II** vgl. 11 zu § 12; 43 ff. zu § 46; 7 zu § 310b (besonders schwere Fälle); 42 zu § 46 (minder schwere Fälle, solche können bei weniger gefährlichen Explosivstoffen naheliegen, 16. 3. 1982, 1 StR 684/81).

8 **8) Tateinheit** möglich u. a. mit §§ 303 ff., mit §§ 306 bis 309; wenn die Explosion zum Brand führt (MDR **65**, 841; beachte dann § 307 Nr. 1 und § 309!): mit §§ 223 ff.; war der Tod, wenn auch nur bedingt, gewollt, so ist Tateinheit mit § 211 oder § 212 gegeben (vgl. BGH **19**, 101). Zum Verhältnis zu § 311b vgl. dort 11; zu § 316c dort 14. § 40 I Nr. 1, 4 2. Alt., II, III SprengG wird von § 311 verdrängt; mit den übrigen Nummern kommt Tatmehrheit in Betracht.

9 **9) Sonstige Vorschriften** 10 zu § 310b; UHaft § 112 III StPO.

Mißbrauch ionisierender Strahlen

311 a [I] Wer in der Absicht, die Gesundheit eines anderen zu schädigen, es unternimmt, ihn einer ionisierenden Strahlung auszusetzen, die dessen Gesundheit zu schädigen geeignet ist, wird mit Freiheitsstrafe von einem Jahr bis zu zehn Jahren bestraft. In minder schweren Fällen ist die Strafe Freiheitsstrafe von sechs Monaten bis zu fünf Jahren.

[II] Unternimmt es der Täter, eine unübersehbare Zahl von Menschen einer solchen Strahlung auszusetzen, so ist die Strafe Freiheitsstrafe nicht unter fünf Jahren.

[III] In besonders schweren Fällen ist die Strafe bei Taten nach Absatz 1 Freiheitsstrafe nicht unter fünf Jahren, bei Taten nach Absatz 2 lebenslange Freiheitsstrafe oder Freiheitsstrafe nicht unter zehn Jahren. Ein besonders schwerer Fall liegt in der Regel vor, wenn der Täter durch die Tat leichtfertig den Tod eines Menschen verursacht.

[IV] Wer in der Absicht, die Brauchbarkeit einer fremden Sache von bedeutendem Wert zu beeinträchtigen, sie einer ionisierenden Strahlung

Gemeingefährliche Straftaten § 311a

aussetzt, welche die Brauchbarkeit der Sache zu beeinträchtigen geeignet ist, wird mit Freiheitsstrafe bis zu fünf Jahren oder mit Geldstrafe bestraft. Der Versuch ist strafbar.

1) Die Vorschrift idF des EGStGB (vgl. auch 1 zu § 310b, 1 zu § 311), stellt Delikte im Vorfeld von Körperverletzung, fahrlässiger Tötung und Sachbeschädigung unter Strafe (Unternehmensdelikte mit überschießender Innentendenz), die wegen der Art der möglicherweise heimlich angewendeten oder als Heilbehandlung getarnten Mittel mit ev. schwerwiegender Spätwirkung besonders gefährlich sind. Die Tat ist ein potentielles Gefährdungsdelikt (13 vor § 1; aM SK-Horn 2). Zu einer konkreten Gefahr braucht es nicht zu kommen (die Gefahr, von der § 311c iVm § 311a spricht, ist keine tatbestandsmäßige und braucht noch gar nicht eingetreten zu sein; aM SK 3; vgl. hierzu Hoyer 173). Die Taten nach I bis III sind Verbrechen, die nach IV ist ein Vergehen.

2) Tathandlung ist, daß **A.** der **Täter** es unternimmt (I bis III; § 11 I Nr. 6), Menschen oder Sachen einer **ionisierenden Strahlung** (vgl. Art. 74 Nr. 11a GG; § 1 Nr. 2 AtG) auszusetzen, dh einer Strahlung, „die von natürlichen oder künstlichen radioaktiven Stoffen ausgeht" (E 1962, 502), zB einer bei Spaltung von Kernbrennstoffen entstehenden Neutronenstrahlung (so auch durch Zerstörung der Sicherheitshülle eines Natriumbrüters), vor allem aber Röntgenstrahlen. Während bei I bis III schon das Unternehmen (34 zu § 11) die vollendete Tat ist, so daß § 24 ausscheidet und nur tätige Reue nach § 311c in Betracht kommt, muß es bei IV zum vollendeten Aussetzen kommen, so daß hier außer § 311c II Nr. 2 auch schon Rücktritt von dem nach IV S. 2 strafbaren Versuch möglich ist. **Aussetzen** ist jedes Bewirken (auch durch Mittelsmänner oder durch Unterlassen), daß die Strahlung den **Angriffsgegenstand** erreicht. **B.** In den Fällen **a)** von **I** ist das ein beliebiger **anderer,** der ein bestimmter einzelner sein kann, nicht aber ein Tatbeteiligter. **b)** von **II** ist es eine **unübersehbare Zahl von Menschen** (vgl. auch 12 zu § 330), dh eine so große Zahl, „daß sie auch für einen objektiven Beobachter nicht ohne weiteres übersehbar, also in ihrer ungefähren Zahl zu bestimmen ist" (E 1962, 503). **c)** von **IV** eine **fremde Sache von bedeutendem Wert** (16 zu § 315). **C.** Die **Strahlung** (vgl. hierzu Berichte über „Umweltradioaktivität und Strahlenbelastung" BT-Drs. 7/4706; 8/311; 8/1682; 8/3119) muß **geeignet** sein in den Fällen **a)** von **I–III**, die **Gesundheit** des Angegriffenen zu **schädigen** (6 zu § 223); dazu gehören auch genetische Schäden, die, auch wenn sie erst bei Nachkommen erkennbar werden, die körperliche Verfassung des Betroffenen erheblich beeinträchtigen (Fischerhof 3; aM Mattern-Raisch 8; beide zu § 41 AtG). **b)** von **IV**, die **Brauchbarkeit,** dh die bestimmungsgemäße Verwendbarkeit **der Sache zu beeinträchtigen,** dh herabzusetzen, was zB dadurch geschehen kann, daß die Sache selbst radioaktiv wird oder daß Filme unbrauchbar werden. Ob es zum Schaden oder zur Beeinträchtigung kommt, ist nur für die Strafzumessung von Bedeutung.

3) Vorsatz ist als mindestens bedingter zB hinsichtlich der Eignung der Strahlung, der unübersehbaren Zahl von Menschen oder dem Wert der Sache erforderlich. Hinzutreten aber muß die **Absicht,** dh es muß dem Täter darauf ankommen, in den Fällen **a)** von **I–III,** die **Gesundheit eines anderen zu schädigen** (oben 4), wobei es bei II genügt, wenn sich die Absicht (deren Notwendigkeit sich hier aus dem Ausdruck „Täter" ergibt)

§ 311a BT Siebenundzwanzigster Abschnitt

auf einzelne aus der Menge bezieht (Dalcke 4 zu § 41 AtG); **b)** von **IV**, die **Brauchbarkeit der Sache zu beeinträchtigen** (oben 4). Endziel braucht die Absicht nicht zu sein.

6 **4) Die Strafe** ist für I und II mehrfach abgestuft, während es bei IV nur einen einzigen Rahmen gibt. I S. 2 sieht für I S. 1 **minder schwere Fälle** (11 zu § 12; 42 zu § 46) III für I und II **besonders schwere Fälle** (43ff. zu § 46; 7 zu § 310b) vor. Tätige Reue nach § 311c; FAufsicht nach § 321.

7 **5) Konkurrenzen.** Tateinheit möglich mit Körperverletzungs- und Tötungsdelikten (str.). § 303 tritt hinter IV zurück (aM SK 12), während mit § 304 Tateinheit möglich ist. §§ 326 II, 327 I treten zurück; Einziehung § 325a. **Sonstige Vorschriften** 10 zu § 310b.

Vorbereitung eines Explosions- oder Strahlungsverbrechens

311b ^I Wer zur Vorbereitung

1. **eines bestimmten Unternehmens im Sinne des § 310b Abs. 1 oder des § 311a Abs. 2 oder**

2. **einer Straftat nach § 311 Abs. 1, die durch Sprengstoff begangen werden soll,**

Kernbrennstoffe, sonstige radioaktive Stoffe, Sprengstoffe oder die zur Ausführung der Tat erforderlichen besonderen Vorrichtungen herstellt, sich einem anderen verschafft, verwahrt oder einem anderen überläßt, wird in den Fällen der Nummer 1 mit Freiheitsstrafe von einem Jahr bis zu zehn Jahren, in den Fällen der Nummer 2 mit Freiheitsstrafe von sechs Monaten bis zu fünf Jahren bestraft.

^{II} **In minder schweren Fällen des Absatzes 1 Nr. 1 ist die Strafe Freiheitsstrafe von sechs Monaten bis zu fünf Jahren, in minder schweren Fällen des Absatzes 1 Nr. 2 Freiheitsstrafe von drei Monaten bis zu drei Jahren.**

1 **1) Die Vorschrift,** die, ursprünglich als § 311a aF durch das 7. StÄG eingefügt (Entstehungsgeschichte 1 zu § 311), nur den Fall von I Nr. 2 behandelte, ist durch Art. 19 Nr. 172 EGStGB unter Überführung von § 42 AtG aF um den Fall von I Nr. 1 erweitert und entsprechend umgestaltet worden. Vgl. auch § 326 E 1962 (Begr. 503; Ndschr. 9, 264). Schrifttum zu I Nr. 1 vgl. 1 zu § 310b.

2 **2) Vorbereitungshandlungen** zu den in I Nr. 1, 2 genannten Taten bedroht § 311b als selbständiges Delikt mit Strafe. Die Tat ist im Fall von Nr. 1 Verbrechen, im Fall von Nr. 2 Vergehen. In beiden Fällen ist sie auch im **Ausland** strafbar (§ 6 Nr. 2).

3 **A. Tathandlungen** sind das **a) Herstellen,** dh die tatsächliche Fertigstellung (ob darunter schon das Schärfen von Sprengpatronen bei Nr. 2 fällt, so OGH NJW **50**, 879, ist zw.), **b) das Sichverschaffen,** dh die Herstellung der tatsächlichen Verfügungsgewalt für den Täter, gleichgültig auf welchem Wege (Kauf, Diebstahl usw.; BGH **2**, 116; **3**, 154), **c) das einem anderen Verschaffen,** dh die Herstellung der tatsächlichen Herrschaftsgewalt eines anderen durch Vermittlung Dritter (sonst ist Überlassen gegeben), **d) das Verwahren,** dh in Gewahrsam haben (vgl. 9ff. zu § 242), **e) das einem anderen Überlassen,** dh die Übertragung der tatsächlichen

1736

Herrschaftsgewalt des Täters auf einen anderen (RG **43**, 15), gleichgültig auf welchem Wege (RG GA Bd. **54**, 80; Bd. **57**, 40: Übersendung des Konnossements); auch Zulassen der Wegnahme genügt (RG **59**, 214). Nicht genannt sind das Einführen, Ausführen, Inverkehrbringen und Vermitteln. Derartige Vorbereitungsformen fallen unter b, c und e. Die Tathandlung muß sich beziehen auf **B.** im Fall von **Nr. 1 Kernbrennstoffe** 4 (§ 2 I Nr. 1 AtG) oder sonstige **radioaktive Stoffe** (§ 2 I Nr. 2 AtG) sowohl natürlichen wie künstlichen Ursprungs, bei deren Zerfall ionisierende Strahlen ausgesendet werden (vgl. 2 ff. zu § 311a); zB Atommüll (vgl. aber § 2 II AtG); **C.** im Fall von **Nr. 2 Sprengstoffe** (3 zu § 311); **D.** in 5 beiden Fällen darüber hinaus auf **besondere Vorrichtungen**, die zur Aus- 6 führung der Tat erforderlich sind. Damit sind Gegenstände gemeint, die nach ihrer Art, Zubereitung oder Zusammenfügung zu einer Gesamtapparatur spezifische Vorrichtungen für die Tat darstellen, im Fall der Nr. 1 zB ein Röntgenapparat, im Fall der Nr. 2 vor allem „Höllenmaschinen", aber nicht Gegenstände, die wie zB eine Papphöhre, ein Wecker oder eine Taschenbatterie erst nach einem Zusammenbau für ein Sprengstoffdelikt geeignet werden (vgl. Ber. 3; Cramer NJW **64**, 1837; hierzu SK-Horn 3).

3) Zur Vorbereitung entweder **(Nr. 1) eines bestimmten Unterneh-** 7 **mens** (2 zu § 83) iS des § 310b I oder des § 311a II oder **(Nr. 2) einer** 8 **Straftat nach § 311 I,** die nach der Vorstellung des Täters durch Sprengstoff begangen werden soll, muß er handeln; dh er muß die Absicht haben, durch seine Handlung in die Aussicht genommene Tat zu fördern (aM Bay NJW **73**, 2038; SchSch-Cramer 9, gegen sie spricht die abw. Fassung in §§ 149, 275). Ob es sich bei ihr um einen besonders schweren Fall nach §§ 310b III, 311a V, III oder einen minder schweren nach § 311 II handeln würde, ist nur für die Strafzumessung von Bedeutung; würde ein minder schwerer Fall nach § 311 II in Betracht kommen, wird idR § 311b II anzuwenden sein. Die in Aussicht genommene Tat, die auch als Tat eines Schuldunfähigen geplant sein kann, muß auch bei Nr. 2 hinsichtlich des Angriffszieles, der Angriffsmittel und des Zeitpunktes schon bis zu einem gewissen Grad in der Vorstellung des Täters konkretisiert sein (NJW **77**, 540 m. krit. Anm. Herzberg JR **77**, 469; 12. 10. 1977, 3 StR 333/77; SK 7; vgl. E 1962, 504; 7 zu § 30; hM; anders Bay NJW **73**, 2038 mit zust. Anm. Fuhrmann JR **74**, 476 und hM zu § 7 f SprengstG). Dafür genügt es, wenn ein Bombenhersteller, der mit der geplanten Explosion Leib und Leben vieler unbeteiligter Personen zumindest gefährden will, vorhat, den Sprengkörper an irgendeinem „bewohnten Ort", wo er gezündet werden soll, abzulegen (MDR/H **78**, 805). Der Täter braucht aber nicht selbst die Tat begehen zu wollen (RG Recht **26**, 38; hM). Ob seine Handlung geeignet ist, die geplante Tat zu fördern, ist ohne Bedeutung (aM SchSch-Cramer 7). Der andere, dem radioaktiver Stoff, Sprengstoff oder die Vorrichtung verschafft oder überlassen wird, braucht nichts vom Tatplan zu wissen. Soweit Absicht nicht erforderlich ist, reicht bedingter Vorsatz aus.

4) Teilnahme an der Tat ist auch in der Form der Beihilfe strafbar, da 9 es sich bei § 311b um ein selbständiges Delikt handelt. Bei dem Verbrechen nach Nr. 1 greift auch § 30 ein. Der **Versuch** hingegen ist straflos (aM LK-Wolff 2; SK 8; Lackner 4; Sack 17).

§ 311b

10 **5) Die Strafe** ist in minder schweren Fällen (11 zu § 12; 42 zu § 46) aus II zu entnehmen; FAufsicht § 321; Einziehung § 322.

11 **6) Konkurrenzen.** Gegenüber §§ 310b, 311, 311a tritt § 311b regelmäßig als subsidiär zurück (RG 58, 298), doch sind die Mindeststrafen des § 311b einzuhalten (23 vor § 52). Daß die Strafrahmen aus § 311 I, II bei Versuch und Beihilfe (vgl. RG DJZ 26, 378) niedriger sein können als die des § 311b, muß in Kauf genommen werden. Ob Tatmehrheit gegeben ist, wenn der Täter nur eine fremde Tat vorbereiten wollte, dann aber selbst teilnimmt (so Stenglein zu § 7 SprengstG), ist zw. Mit §§ 30/311 ist Tateinheit gegeben, da es sich um einen verschiedenen Unrechtsgehalt handelt; ebenso mit § 83. Von § 316c III wird § 311b verdrängt. § 40 I, II SprengG wird von § 311b verdrängt (vgl. Bay NJW 73, 2038). Mit § 40 III, IV SprengG ist Tateinheit möglich.

12 **7) Sonstige Vorschriften.** Anzeigepflicht § 138 I Nr. 9. Überwachungsmaßnahmen § 100a Nr. 2.

Tätige Reue

311 c ^I Das Gericht kann die in § 310b Abs. 1 und § 311a Abs. 2 angedrohte Strafe nach seinem Ermessen mildern (§ 49 Abs. 2), wenn der Täter freiwillig die weitere Ausführung der Tat aufgibt oder sonst die Gefahr abwendet.

^{II} Das Gericht kann die in den folgenden Vorschriften angedrohte Strafe nach seinem Ermessen mildern (§ 49 Abs. 2) oder von Strafe nach diesen Vorschriften absehen, wenn der Täter

1. in den Fällen des § 311a Abs. 1 freiwillig die weitere Ausführung der Tat aufgibt oder sonst die Gefahr abwendet oder

2. in den Fällen des § 310b Abs. 2, des § 311 Abs. 1 bis 4 und des § 311a Abs. 4 freiwillig die Gefahr abwendet, bevor ein erheblicher Schaden entsteht.

^{III} Nach den folgenden Vorschriften wird nicht bestraft, wer

1. in den Fällen des § 310b Abs. 4 und des § 311 Abs. 5 freiwillig die Gefahr abwendet, bevor ein erheblicher Schaden entsteht, oder

2. in den Fällen des § 311b freiwillig die weitere Ausführung der Tat aufgibt oder sonst die Gefahr abwendet.

^{IV} Wird ohne Zutun des Täters die Gefahr abgewendet, so genügt sein freiwilliges und ernsthaftes Bemühen, dieses Ziel zu erreichen.

1 **1) Die Vorschrift** idF des EGStGB (dazu Schrifttum 1 zu § 310b) regelt die tätige Reue in allen Fällen der §§ 310b bis 311b, wozu auch § 310b III und § 311a III gehören, da sie keine Qualifikationstatbestände sind. In den Fällen der §§ 310b II, 311 I und § 311a IV ist vor Vollendung der Tat (in den beiden ersten Fällen vor allem vor Eintritt der Gefahr) der in den übrigen Fällen ausgeschlossene § 24 anwendbar.

2 **2) Die tätige Reue** hat darin zu bestehen, daß der Täter freiwillig (6 zu § 24) **A.** in den Fällen der §§ 310b I, 311a I, II, 311b die weitere Ausführung der Tat aufgibt (5 zu § 24), so daß eine konkrete Gefahr gar nicht entstehen kann, oder sonst, wenn die Möglichkeit dazu besteht, die Gefahr abwendet, dh ihre Entstehung verhindert oder aber eine bereits entstandene Gefahr vor einem Schadenseintritt beseitigt. Unter Gefahr ist dabei entweder die tatbestandsmäßige (§ 310b I, auch iVm § 311b I Nr. 1, sowie § 311b I Nr. 2) oder die aus der Tathandlung

Gemeingefährliche Straftaten **§ 311 c**

zu erwartende spezifische Gefahr (§ 311a I, II, auch iVm § 311b I Nr. 1) zu verstehen. **B.** in den Fällen der §§ 310b II, IV, 311, 311a IV die Gefahr abwendet, nämlich die spezifische bei § 311a IV, sonst die tatbestandsmäßige, die hier regelmäßig schon entstanden ist (sonst in den oben 1 genannten Fällen § 24); und zwar abwendet, bevor ein erheblicher Schaden entsteht. Der nicht völlig belanglose Schaden iS des § 142 (dort 3ff.) ist noch nicht erheblich, der bedeutende Wert iS von §§ 311, 315 (dort 16) ist wesentlich mehr als erheblich; die Grenze dürfte etwa bei 500 DM liegen; ebenso LK-Wolff 9; aM LK-Rüth 52 zu § 315; SchSch-Cramer 9. Ein nicht erheblicher Schaden kann danach bereits eingetreten sein. Es geht also um Abwendung der dann noch bestehenden Gefahr. Besteht keine mehr, so gilt IV. **C.** In allen Fällen zu 2 und 3 reicht es auch aus 4 (IV), wenn der Täter sich freiwillig und ernsthaft, also nicht nur zum Schein, aktiv bemüht, die Gefahr abzuwenden (oben 2, 3), aber nur dann, wenn sie ohne sein Zutun auf andere Weise abgewendet wird.

3) Folge der tätigen Reue ist, daß **A.** der Richter in den Fällen der §§ 310b I 5 und 311a II die Möglichkeit hat, die Strafe nach seinem Ermessen zu mildern (§ 49 II). **B.** In den Fällen der §§ 310b II, 311 I bis IV und 311a I, IV tritt dazu die Möglichkeit, von Strafe abzusehen (7 zu § 23), aber nur nach diesen Vorschriften, nicht etwa auch zB nach § 303 oder § 40 SprengG. **C.** In den Fällen der §§ 310b IV, 311 V und 311b wird der Täter nicht nach diesen Vorschriften bestraft (persönlicher Strafaufhebungsgrund). **D. Bei Teilnehmern** gilt 15 ff. 6 zu § 24 entsprechend.

4) Bei Tateinheit zwischen § 311 und Brandstiftung sind § 310 und § 311c 7 gesondert zu prüfen. Scheiden § 311 V oder § 311b infolge der tätigen Reue aus, so kommt Strafbarkeit nach § 40 SprengG oder § 326 II oder § 327 I in Betracht.

5) Einziehung ist nach §§ 325a, 74 II Nr. 2, III, 76a (dort 10) als Sicherungs- 8 einziehung trotz der tätigen Reue in allen Fällen möglich.

Freisetzen ionisierender Strahlen

311d ᴵ Wer unter Verletzung verwaltungsrechtlicher Pflichten
1. **ionisierende Strahlen freisetzt oder**
2. **Kernspaltungsvorgänge bewirkt,**
die geeignet sind, Leib oder Leben eines anderen oder fremde Sachen von bedeutendem Wert zu schädigen, wird mit Freiheitsstrafe bis zu fünf Jahren oder mit Geldstrafe bestraft.

ᴵᴵ **Der Versuch ist strafbar.**

ᴵᴵᴵ **Handelt der Täter fahrlässig, so ist die Strafe Freiheitsstrafe bis zu zwei Jahren oder Geldstrafe.**

ᴵⱽ **Verwaltungsrechtliche Pflichten im Sinne des Absatzes 1 verletzt, wer grob pflichtwidrig gegen eine Rechtsvorschrift, vollziehbare Untersagung, Anordnung oder Auflage verstößt, die dem Schutz vor den von ionisierenden Strahlen oder von einem Kernspaltungsvorgang ausgehenden Gefahren dient.**

1) Die **Vorschrift** idF des 18. StÄG (1 vor § 324) ist, um den Strafschutz 1 angesichts der Gefährlichkeit der Tathandlungen vorzuverlagern, von einem konkreten in ein potentielles Gefährdungsdelikt (13 vor § 1; LK-Steindorf vor 1 und 11; Lackner 1; aM SchSch-Cramer 1), das lediglich auf die Eignung zur

§ 311 d

Herbeiführung von Schäden abstellt, umgestaltet worden, die Strafbarkeit wurde jedoch auf grob pflichtwidrige Rechtsverletzungen (IV) beschränkt. **Geschützte Rechtsgüter** sind Leben und Gesundheit sowie fremde Sachen von bedeutendem Wert. § 311 d I, II, IV gelten nach Art. 2 Ges. v. 24. 4. 1990 (5 zu § 126) mit der Maßgabe, daß einer Rechtsvorschrift usw. iS des IV eine außerhalb des räumlichen Geltungsbereichs des Ges. erlassene Rechtsvorschrift usw. gleichsteht. Zur Änderung des § 311 d durch Art. 1 Nr. 5 E/2. UKG vgl. 10 vor § 324.

2   2) Nach I ist A. Tathandlung a) in Nr. 1 das **Freisetzen von ionisierenden Strahlen** (vgl. Art. 74 Nr. 11 a GG; § 1 Nr. 2 AtG; 2 zu § 210 b; LK 4, Fischerhof 4, jeweils zu § 311 a), worunter die vom Täter verursachten Fälle zu verstehen sind, in denen solche Strahlen künstlich erzeugt werden und sich frei ausbreiten, dh unkontrollierbar im Raum ausdehnen (Bamberg MDR **92**, 687), wie auch die Fälle, in denen die Schutzvorrichtung gegenüber einer (künstlichen) Strahlenquelle, zB einem in Verwahrung befindlichen radioaktiven Stoff oder einem in Betrieb befindlichen Strah-
3 lengerät beseitigt wird (Ber. 24; vgl. LG München NStZ **82**, 470); **b)** in Nr. 2 das **Bewirken von Kernspaltungsvorgängen**, das Fälle erfaßt, in denen die Gefahren nicht von dem Freisetzen ionisierender Strahlen ausgehen (Ber. 24). **B.** Voraussetzung der Strafbarkeit ist weiter, daß die Tat (2,
4 3) **a) unter Verletzung bestimmter verwaltungsrechtlicher Pflichten** (3 zu § 325; LK 6) begangen ist. Das bedeutet nach **IV**, daß der Täter grob pflichtwidrig (7 zu § 315 a) gegen eine Rechtsvorschrift, vollziehbare Untersagung, Anordnung oder Auflage verstößt, die dem Schutz vor den von ionisierenden Strahlen oder von einem Kernspaltungsvorgang ausgehenden Gefahren dient. Es handelt sich hierbei um diejenigen Vorschriften, die in § 46 I Nr. 2 bis 5 AtG aufgeführt sind (Ber. 24), einschließlich der ausfüllenden Vorschriften, insbesondere der StrlSchV und der RöV (vgl.
5 hierzu Bamberg MDR **92**, 687), sowie **b)** daß die Tat **geeignet** ist (potentielles Gefährdungsdelikt, 13 vor § 13; 11 zu § 325), **Leib oder Leben** (3, 4 zu § 35; 6 zu § 325) eines anderen oder **fremde Sachen von bedeutendem Wert** (16 zu § 315) **zu schädigen,** was mehr ist als gefährden (Rogall JZ-GD **80**, 107).

6   3) **Vollendet** ist die Tat, sobald der Täter ionisierende Strahlen freisetzt oder Kernspaltungsvorgänge bewirkt hat, jedoch ist auch, abweichend vom bisherigen § 47 AtG, der **Versuch** strafbar **(II)**, der beginnt, sobald der Täter zu einer Tathandlung unmittelbar ansetzt (11 zu § 22).

7   4) Die **Strafe** ist nach der Schuldform abgestuft. Schädigungseignung und Pflichtverstoß (IV) müssen vom **Vorsatz** (I) umfaßt sein (Kenntnis der Pflichten und Bewußtsein ihrer Verletzung); jedoch genügt bedingter Vorsatz. Die **Fahrlässigkeit** (III) kann sich auf die Tathandlung selbst beziehen, aber auch darauf, daß der Täter aus Unachtsamkeit seine verwaltungsrechtlichen Pflichten verkannt hat (vgl. LG München NStZ **82**, 470).

8   5) **Konkurrenzen.** Tateinheit ist möglich mit § 311 und, wenn ein Verletzungserfolg eintritt, mit Körperverletzung und Tötungsdelikten, aM Fischerhof 3 zu § 47 AtG, der die §§ 222, 230 vorgehen läßt. Gegenüber §§ 310 b, 311 a ist § 311 d subsidiär (SchSch 11; Lackner 7; Sack 48; aM SK 7).

9   6) **Sonstige Vorschriften.** Einziehung § 322. Vgl. Nr. 268 RiStBV.

Gemeingefährliche Straftaten § 311 e

Fehlerhafte Herstellung einer kerntechnischen Anlage

311 e ⁱ Wer wissentlich eine kerntechnische Anlage (§ 330 d Nr. 2) oder Gegenstände, die zur Errichtung oder zum Betrieb einer solchen Anlage bestimmt sind, fehlerhaft herstellt oder liefert und dadurch wissentlich eine Gefahr für Leib oder Leben eines anderen oder für fremde Sachen von bedeutendem Wert herbeiführt, die mit der Wirkung eines Kernspaltungsvorgangs oder der Strahlung eines radioaktiven Stoffes zusammenhängt, wird mit Freiheitsstrafe von sechs Monaten bis zu fünf Jahren bestraft.

ⁱⁱ Der Versuch ist strafbar.

ⁱⁱⁱ In besonders schweren Fällen ist die Strafe Freiheitsstrafe von einem Jahr bis zu zehn Jahren. Ein besonders schwerer Fall liegt in der Regel vor, wenn der Täter durch die Tat leichtfertig den Tod eines Menschen verursacht.

ⁱᵛ Wer die Gefahr in den Fällen des Absatzes 1 nicht wissentlich, aber vorsätzlich oder fahrlässig herbeiführt, wird mit Freiheitsstrafe bis zu fünf Jahren oder mit Geldstrafe bestraft.

1) Die **Vorschrift** idF des 18. StÄG (1 vor § 324; zur Änderung durch den 1
E/2. UKG vgl. 10 vor § 324) ist ein konkretes Gefährdungsdelikt (13 vor § 13).
Zum geschützten Rechtsgut 1 zu § 311 d.

2) **Tatgegenstände** sind kerntechnische Anlagen (§ 330 d Nr. 2, hierzu 2 2
zu § 327) und Gegenstände, die zur Errichtung oder zum Betrieb einer
solchen Anlage bestimmt sind (vgl. Fischerhof zu § 48 AtG).

3) Nach I ist **A. Tathandlung a)** das fehlerhafte **Herstellen,** hierzu gehört 3
die Auswahl und Verwendung des Rohstoffs oder Halbfertigfabrikats sowie
dessen Verarbeitung und Gestaltung, oder **b)** das fehlerhafte **Liefern** von 4
Anlagen oder Gegenständen zu 2; hier ist das rechtsgeschäftliche Überlassen
eines Gegenstandes zum bestimmungsgemäßen Gebrauch gemeint (LK-
Schroeder 13 zu § 109 e). **Fehlerhaft** bedeutet, daß die bereitgestellten Gegenstände hinter der erforderlichen und vorausgesetzten Güte oder Menge
zurückbleiben (aM LK-Steindorf 6), aber auch eine aliud-Lieferung erfüllt
den Tatbestand, Sack 13. **B. Voraussetzung** der Strafbarkeit ist außerdem 5
ein Ausmaß an Fehlerhaftigkeit, daß durch sie **a)** eine **Gefahr für Leib oder
Leben** (3, 4 zu § 35) eines andern oder **für fremde Sachen von bedeutendem
Wert** (16 zu § 315) herbeigeführt wird, **und** daß diese Gefahr **b)** mit der
Wirkung eines **Kernspaltungsvorgangs** oder der **Strahlung** eines radioaktiven Stoffes **zusammenhängt,** es genügt also nicht, daß durch irgendeinen
sonstigen Mangel des gelieferten Gegenstands eine Gefahr oder ein Schaden
eintritt. **C.** Der **innere Tatbestand** setzt voraus, daß der Täter nicht nur 6
wissentlich (7 zu § 15) gehandelt, sondern auch die Gefahr (oben 5) wissentlich herbeigeführt hat. Bedingter Vorsatz scheidet also nach beiden Richtungen aus. Auch in **IV** ist stets vorsätzliches Handeln vorausgesetzt, während
bei gleicher Strafdrohung (unten 8) die Gefahr vorsätzlich oder fahrlässig
herbeigeführt sein kann. Den Fall, daß jemand die Tatgegenstände fahrlässig
fehlerhaft herstellt oder liefert, erfaßt der Tatbestand nicht.

4) **Vollendet** ist die Tat, sobald der Herstellungsvorgang abgeschlossen 7
(oben 3) oder die Anlage abgenommen oder der Gegenstand abgeliefert ist

1741

§ 311 e

und die konkrete Gefahr eingetreten ist (SchSch 11; SK-Horn 6; Sack 31; and. LK 13). Auch der **Versuch** ist strafbar **(II)**. Er kann praktisch große Bedeutung haben, da zB die Tathandlung des Herstellens nach der Art des Tatgegenstandes geraume Zeit in Anspruch nehmen und das Fehlerhaft-Herstellen früh erkennbar sein kann.

8 5) Die **Strafe** ist nach Schuldform und Schuldumfang dreifach abgestuft. Neben der Regelstrafdrohung (I) ist in III für **besonders schwere Fälle** (11 zu § 12) eine erhöhte Strafdrohung mit demselben Regelbeispiel wie in § 310 b vorgesehen (hierzu dort 7). Eine mildere einheitliche Strafdrohung (IV) gilt für den Fall, daß der Täter die Gefahr nicht wissentlich, sondern nur vorsätzlich oder, was nach § 46 zu berücksichtigen ist, fahrlässig herbeigeführt hat.

9 6) **Konkurrenzen.** Tateinheit ist möglich mit §§ 109 e, 263, den Körperverletzungs- und den Tötungstatbeständen (and. LK 20).

Herbeiführen einer lebensgefährdenden Überschwemmung

312 Wer mit gemeiner Gefahr für Menschenleben eine Überschwemmung herbeiführt, wird mit Freiheitsstrafe nicht unter drei Jahren und, wenn durch die Überschwemmung der Tod eines Menschen verursacht worden ist, mit lebenslanger Freiheitsstrafe oder mit Freiheitsstrafe nicht unter zehn Jahren bestraft.

1 1) **Eine Überschwemmung** muß herbeigeführt werden, nämlich das bestimmungswidrige Überfluten einer größeren Fläche oder Raumes (Bergwerk)
2 durch eine Wassermenge (vgl. R **7**, 577). **A. Mit gemeiner Gefahr,** dh hier mit einer konkreten Gefahr für das Leben einer unbestimmten Vielzahl von Menschen (vgl. RG **5**, 309; aM SK-Horn 4: Gefahr für das Leben eines bestimmten Menschen genügt) muß die Überschwemmung herbeiführt, dh verursacht werden; wobei Vergrößerung einer schon bestehenden Überschwemmung ge-
3 nügen kann (RG JW **33**, 700). **B. Zum Vorsatz** gehört als mindestens bedingter (RG **71**, 43) die Kenntnis von der gemeinen Gefahr (oben 2; hM).

4 2) **Ein qualifizierter Fall** liegt vor, falls durch die Überschwemmung der **Tod** eines Menschen **verursacht** und nach § 18 verschuldet ist; das ist auch bei nur versuchter Tat möglich (vgl. RG **69**, 332).

5 3) **Tateinheit** im qualifizierten Fall möglich §§ 211, 212. § 222 wird von § 312 verdrängt. **Sonstige Vorschriften** vgl. 10 zu § 310 b.

Herbeiführen einer sachengefährdenden Überschwemmung

313 ^I Wer mit gemeiner Gefahr für das Eigentum eine Überschwemmung herbeiführt, wird mit Freiheitsstrafe nicht unter einem Jahr bestraft.

^{II} Ist jedoch die Absicht des Täters nur auf Schutz seines Eigentums gerichtet gewesen, so ist auf Freiheitsstrafe von sechs Monaten bis fünf Jahren zu erkennen.

1 1) **Für das Eigentum,** nicht für Menschenleben wird hier die gemeine Gefahr herbeigeführt; nämlich für verschiedene ihrer Zahl nach unbestimmte Gegenstände (R **7**, 577). Sie müssen nach der Entstehungsgeschichte verschiedenen Eigentümern gehören (RG JW **33**, 700; LK-Wolff 2; aM SchSch-Cramer 2; SK-Horn 3). Aus dem Begriff „das Eigentum" und aus der Strafdrohung ergibt

Gemeingefährliche Straftaten **§ 313**

sich, daß es sich um Sachen von bedeutendem Wert iS von 16 zu § 315 handeln muß.

2) Bei beabsichtigtem Schutz des eigenen Eigentums tritt, wenn die Tat nicht nach § 34 gerechtfertigt ist, nach II ein milderer Strafrahmen ein; er ist durch das 1. StrRG so ermäßigt worden, daß die Tat weiterhin nur Vergehen und der Versuch straflos ist.

3) Der Vorsatz muß sich als mindestens bedingter (RG JW **28**, 409) auf die gemeine Gefahr erstrecken; **Tateinheit** möglich mit Sachbeschädigung (§§ 303 ff.), mit § 312. **Sonstige Vorschriften** § 87 II Nr. 1; § 138 I Nr. 9 (Anzeigepflicht); § 126 (auch iVm §§ 140, 145 d); verfahrensrechtlich § 100 a Nr. 2 StPO.

Fahrlässiges Herbeiführen einer Überschwemmung

314 Wer eine Überschwemmung mit gemeiner Gefahr für Leben oder Eigentum durch Fahrlässigkeit herbeiführt, wird mit Freiheitsstrafe bis zu einem Jahr oder mit Geldstrafe und, wenn durch die Überschwemmung der Tod eines Menschen verursacht worden ist, mit Freiheitsstrafe bis zu fünf Jahren oder mit Geldstrafe bestraft.

1) Eine Überschwemmung mit gemeiner Gefahr für Leben oder Eigentum Dritter (vgl. 2 zu § 312; 1 zu § 313) bedroht § 314 mit niedriger Strafe, wenn der Täter nur fahrlässig handelt; doch greift § 314 auch ein, wenn der Täter zwar die Überschwemmung vorsätzlich herbeiführt, die gemeine Gefahr aber nur fahrlässig verursacht (vgl. RG JW **28**, 409).

2) Bei Verursachung des Todes eines Menschen greift ein härterer Strafrahmen Platz. Erforderlich ist nach § 18, daß der Täter auch insoweit fahrlässig handelt. Deshalb ist **Idealkonkurrenz** mit fahrlässiger Tötung (§ 222) nicht möglich; § 314 ist allein anzuwenden.

Gefährliche Eingriffe in den Bahn-, Schiffs- und Luftverkehr
RiStBV 245–247

315 I Wer die Sicherheit des Schienenbahn-, Schwebebahn-, Schiffs- oder Luftverkehrs dadurch beeinträchtigt, daß er

1. Anlagen oder Beförderungsmittel zerstört, beschädigt oder beseitigt,
2. Hindernisse bereitet,
3. falsche Zeichen oder Signale gibt oder
4. einen ähnlichen, ebenso gefährlichen Eingriff vornimmt,

und dadurch Leib oder Leben eines anderen oder fremde Sachen von bedeutendem Wert gefährdet, wird mit Freiheitsstrafe von drei Monaten bis zu fünf Jahren bestraft.

II Der Versuch ist strafbar.

III Handelt der Täter in der Absicht,

1. einen Unglücksfall herbeizuführen oder
2. eine andere Straftat zu ermöglichen oder zu verdecken,

so ist die Strafe Freiheitsstrafe nicht unter einem Jahr, in minder schweren Fällen Freiheitsstrafe von sechs Monaten bis zu fünf Jahren.

§ 315

IV Wer in den Fällen des Absatzes 1 die Gefahr fahrlässig verursacht, wird mit Freiheitsstrafe bis zu fünf Jahren oder mit Geldstrafe bestraft.

V Wer in den Fällen des Absatzes 1 fahrlässig handelt und die Gefahr fahrlässig verursacht, wird mit Freiheitsstrafe bis zu zwei Jahren oder mit Geldstrafe bestraft.

VI Das Gericht kann in den Fällen der Absätze 1 bis 4 die Strafe nach seinem Ermessen mildern (§ 49 Abs. 2) oder von einer Bestrafung nach diesen Vorschriften absehen, wenn der Täter freiwillig die Gefahr abwendet, bevor ein erheblicher Schaden entsteht. Unter derselben Voraussetzung wird der Täter nicht nach Absatz 5 bestraft. Wird ohne Zutun des Täters die Gefahr abgewendet, so genügt sein freiwilliges und ernsthaftes Bemühen, dieses Ziel zu erreichen.

1 **1) Die Vorschrift** idF des 2. StraßenverkehrssichG (1 zu § 44) wurde durch Art. 1 Nr. 89 des 1. StrRG und Art. 19 Nr. 175 EGStGB (Einl. 7ff.) geändert. Sie hat im wesentlichen verkehrsfeindliche Eingriffe zum Gegenstand und bezieht sich mit Ausnahme des Straßenverkehrs (§§ 315b, 315c) auf alle Verkehrsarten.

2 **2) Konkretes Gefährdungsdelikt** ist die Tat; geschütztes **Rechtsgut** ist die Sicherheit des öffentlichen oder privaten (RG **13**, 380) Schienenbahn-, Schwebebahn-, Schiffs- und Luftverkehrs (aM SK-Horn 2; M-Schroeder § 53, 21) und zudem Leib, Leben und Eigentum. Täter kann jedermann sein. Das Delikt ist **3** **dreistufig** zusammengesetzt; die eigentliche Tathandlung muß zu einem doppelten Erfolg führen, nämlich zunächst zu einer Beeinträchtigung der Verkehrssicherheit und dadurch (nicht umgekehrt, BGH **5**, 297) zu einer konkreten Gefahr. Aus der Möglichkeit, daß Vorsatz oder Fahrlässigkeit hinsichtlich aller Stufen gegeben sind oder der Täter zwar vorsätzlich handelt, aber nur fahrlässig gefährdet, ergeben sich die verschiedenen Strafdrohungen in I, IV und V. Einen Qualifikationstatbestand enthält III; die Tat ist nur in diesen Fällen Verbrechen.

4 **3) Die Verkehrsarten,** auf die sich § 315 bezieht, sind der **A. Schienenbahnverkehr,** dh der Verkehr von Beförderungsmitteln, die sich durch Motorkraft auf Schienen bewegen (vgl. Köln VRS **15**, 50), also vor allem der Eisenbahn (hierzu 7a zu § 315a; RG **16**, 431), auch der Klein- und Werksbahnen, schienengebundener Drahtseil- und Zahnradbahnen (RG **35**, 12), der Hoch- und Untergrundbahnen, der Alweg-Bahnen und Schienenbusse, nicht hingegen von Schienenbahnen, soweit sie am Straßenverkehr **5** teilnehmen (§ 315d); für diese gelten §§ 315b, 315c. **B. Schwebebahnverkehr,** dh der auf der Fahrt die Erde nicht berührenden Beförderungsmittel, die sich insbesondere an Drahtseilen bewegen, zB der Bergkabinenbahnen und Sessellifte, während Schlepplifte ausscheiden (vgl. VRS **6** **19**, 12; Kürschner NJW **82**, 1967). **C. Schiffsverkehr,** und zwar sowohl der See- als auch der Binnenschiffsverkehr (7b, 7c zu § 315a), wobei der gesamte Verkehr (Oldenburg MDR **51**, 630; Schleswig SchlHA **59**, 23) von Schiffen jeder Art, dh von Wasserfahrzeugen ohne Rücksicht auf ihre Größe erfaßt wird (Schleswig SchlHA **62**, 275; enger Schmidt NJW **63**, 1861; gegen ihn Jackel NJW **64**, 285; vgl. auch Specht Ztschr. f. Binnenschiffahrt **66**, 20; ZVerkehrssicherheit **66**, 147; 163; 183; Hoppe DAR **68**, 76; Krause Ztschr. f. Binnenschiffahrt **76**, 337; BGH NJW **72**, 539; zum Ganzen Geppert BA **87**, 263). **D. Luftverkehr,** dh des Verkehrs mit Luftfahrzeugen (5ff. zu § 109g; 7c zu § 315a; vgl. Rudolf ZLR **65**, 118; R. Schmid NZV

§ 315

88, 125). Zur Anwendung des § 315 bei Flugzeugentführungen JA **69**, 725; NJW **70**, 399.

4) Tathandlung nach I. ist das Vornehmen eines *gefährlichen Eingriffes,* wofür Nr. 1 bis 3 Leitbeispiele nennt, nämlich:

Nr. 1: Zerstören (10 zu § 303), **Beschädigen** (5 ff. zu § 303; vgl. auch RG **20**, 182) oder **Beseitigen,** dh die Verhinderung des bestimmungsgemäßen Gebrauchs durch örtliche Veränderung, von *Anlagen,* dh von dem Verkehr dienenden festen und auf Dauer berechneten Einrichtungen mit ihrem Zubehör, oder von *Beförderungsmitteln,* dh der der Beförderung selbst dienenden beweglichen Einrichtungen, vor allem der Fahrzeuge, einschließlich der Zugmaschinen.

Nr. 2: Bereiten von Hindernissen für die Beförderungsmittel, dh das Herbeiführen eines Vorgangs, der geeignet ist, durch körperliche Einwirkung den regelmäßigen Verkehr zu hemmen oder zu verzögern (BGH **6**, 224; **13**, 69; VRS **8**, 274), zB das Legen einer Gleissperre auf die Schienen (RG **71**, 42), das Verursachen eines Kurzschlusses durch Werfen eines Metallbügels auf die Oberleitung eines Bahnkörpers (NStZ **88**, 178), das Legen eines Drahtseils zwischen Boje und Anker im Zusammenhang mit einem Stapellauf (Oldenburg VRS **30**, 110), es reicht aus, daß sich der Vorgang auf der Fahrbahn auswirkt (BGH **13**, 68), anders als bei § 315b (BGH **11**, 152; **21**, 173; DAR **54**, 211; Bay MDR **61**, 1034; vgl. 5 zu § 315b) kann das Hindernis hier auch durch einen Verkehrsvorgang jeder Art bereitet werden, so durch Ingangsetzen eines sich selbst überlassenen Güterwagens (RG **31**, 198), das Überqueren der Gleise durch einen Kraftwagen (BGH **6**, 224; VRS **8**, 272), die Unterbrechung der Luftdruckbremsleitung eines fahrenden Zuges (OGH **1**, 391), das Kreuzen der Fahrbahn eines anderen Schiffes (Oldenburg MDR **51**, 630; Schleswig SchlHA **59**, 23); das Verlassen des einem Piloten zugewiesenen Luftraums, Versperren der Landebahn, flugbehinderndes Aufsteigenlassen von Ballons (R. Schmid NZV **88**, 126). Das bloße Heranfahren an einen Bahnübergang, auch wenn es zu einer Notbremsung des Zuges führt, ist noch kein Hindernisbereiten (BGH **13**, 66; aM Hamm VRS **15**, 357; Düsseldorf NJW **71**, 1850; SchSch-Cramer 11 und hM), kann aber unter Nr. 4 fallen (SK 6; vgl. BGH **13**, 69).

Nr. 3: Geben falscher Zeichen oder Signale (typisierter optischer oder akustischer Zeichen; Not-, Warn- und Ansteuerungssignale im Luftverkehr, R. Schmid aaO), dh von solchen, welche Verkehrsvorgänge beeinflussen sollen, der Verkehrslage aber widersprechen; ob dadurch ein Hindernis bereitet wird, ist ohne Bedeutung.

Nr. 4: Ähnliche, ebenso gefährliche Eingriffe, dh Verhaltensweisen, die unmittelbar auf Verkehrsvorgänge einwirken (BGH **10**, 405), den Eingriffen nach Nr. 1 bis 3 ihrer Art nach verwandt und außerdem ebenso abstrakt gefährlich, dh gefahrträchtig sind (vgl. BGH **24**, 231; VRS **40**, 105; **43**, 34). Verstöße geringen Gewichts scheiden aus (5. 11. 1970, 4 StR 349/70). Verfassungsrechtliche Bedenken, daß dieses Tatbestandsmerkmal nicht genügend bestimmt sei (so Isenbeck NJW **69**, 174; Stöckel ZRP **77**, 136; Bruns GA **86**, 15), sind nicht begründet (BGH **22**, 366; Hamm NJW **55**, 114). Aus der Begriffsbestimmung und aus § 315a I Nr. 2 ergibt sich, daß Nr. 4 enger auszulegen ist als § 315 I aF („ähnliche Eingriffe"; BGH **24**, 231). Grob pflichtwidriges Verhalten gegen Rechtsvorschriften zur Ver-

§ 315 BT Siebenundzwanzigster Abschnitt

kehrssicherung als solches reicht noch nicht aus, sondern fällt grundsätzlich unter § 315a I Nr. 2; bei pflichtwidriger Geschwindigkeitsüberschreitung beim Fahren auf Sicht ist daher Nr. 4 nicht mehr gegeben (anders BGH **8**, 8; GA **58**, 240 für § 315 I aF), wohl aber, wenn ein Lokführer eine Zugentgleisung verursacht, weil er in zu schneller Fahrt ein Hauptsignal übersah (Hamm VRS **61**, 268), das unberechtigte Ziehen der Notbremse (DAR **85**, 188). Zw. ist hingegen, ob das Überfahren eines Haltesignals (BGH **8**, 12) oder das „Auflösen" der Fahrstraße eines Zuges (Neustadt VRS **14**, 56; vgl. auch LK-Rüth 30) noch als Eingriffe angesehen werden können; hier kann allerdings Hindernisbereiten in Betracht kommen. Als Beispiele für Nr. 4 nennt die Begr. (S. 22f.) Behinderung des Personals bei der Führung von Fahrzeugen (Steinwürfe auf das Zugpersonal sah RG **61**, 362 als Hindernisbereiten an) oder bei der Bedienung von Sicherheitsanlagen, Unterbrechen der Stromversorgung für solche Anlagen, Verdecken von Signalen, Störung des die Flug- und Wasserwege sichernden Funkverkehrs und Radarempfangs (R. Schmid NZV **88**, 127). Der Eingriff braucht nicht von außen zu kommen, sondern kann ein betriebsinnerer Vorgang sein (GA **58**, 240; Bremen MDR **62**, 840). In Betracht kommt zB vorschriftswidrige Vornahme von Gleisarbeiten mit der Gefahr der Gleisverwerfung (BGH **24**, 231).

12 **Ein Unterlassen** kann, obwohl in § 315 nicht mehr die Rede davon ist, unter den Voraussetzungen des unechten Unterlassungsdelikts (BGH **8**, 11; Hamburg VRS **21**, 433; im einzelnen § 13) einem Eingriff iS der Nr. 1 bis 4 gleichstehen (Begr. S. 22); es muß aber nach Art und Bedeutung den aktiven Eingriffen ähnlich und ebenso gefährlich sein (vgl. BGH **8**, 11; Nüse JR **65**, 42). Hierher gehören zB die pflichtwidrige Nichtbeseitigung von Schäden an Anlagen und Beförderungsmitteln (Nr. 1; RG **74**, 274); die pflichtwidrige Nichtbeseitigung eines entstandenen Hindernisses (Nr. 2; Schleswig SchlHA **83**, 85; vgl. BGH **7**, 311); das Unterlassen von Sicherungen (Oldenburg VRS **30**, 110) oder notwendigen Signalen (Nr. 3; BGH **11**, 163); Nichtschließen der Schranken bei schienengleichen Bahnübergängen (Frankfurt NJW **75**, 840; hierzu Wolter JuS **78**, 748); nicht hingegen das Unterlassen einer Betriebsprüfung durch den Sachbearbeiter der Aufsichtsbehörde (BGH **10**, 404).

13 **5) Zu einer Beeinträchtigung der Sicherheit des Verkehrs** muß die Tathandlung führen. Dazu genügt die Beeinträchtigung der Sicherheit des einzelnen Beförderungsmittels, des Bedienungspersonals oder der Fahrgäste (BGH **6**, 1). Der störende Eingriff muß aber Menschen oder Einrichtungen betreffen, die in Beziehung zu dem konkreten Verkehrsvorgang stehen (BGH **6**, 1; aM SK 2), er darf sich nicht nur auf Außenstehende beziehen, etwa die Streckenarbeiter zwischen den Gleisen (RG **42**, 301; Braunschweig NdsRpfl. **52**, 157). Beeinträchtigt ist die Verkehrssicherheit, wenn die normale abstrakte Verkehrsgefahr gesteigert worden ist (BGH **11**, 164; **13**, 69), und zwar so, daß konkrete Gefahren deutlich wahrscheinlicher geworden sind (Schleswig SchlHA **62**, 275), das Entstehen einer konkreten Gefahr ist dafür ein wesentliches Indiz; insbesondere ist die Notwendigkeit einer Schnellbremsung regelmäßig ein Zeichen für eine Beeinträchtigung (BGH **6**, 1; **13**, 69).

14 **6) Eine konkrete Gefahr,** die nachzuweisen ist (VRS **69**, 127 Bay NJW **54**, 42; 1090; 1258), muß die Folge von Tathandlung und Beeinträchtigung

Gemeingefährliche Straftaten **§ 315**

sein (Celle MDR **70**, 1027), also keine Gemeingefahr (NJW **89**, 1227; vgl. Lackner, Das konkrete Gefährdungsdelikt im Verkehrsstrafrecht, 1967; Dedes MDR **84**, 100; Horn/Hoyer JZ **87**, 965; Berz NZV **89**, 409; Jähnke DRiZ **90**, 425; ferner 12 zu § 330). Die Gefahr (3 zu § 34) muß eintreten für

A. Leib oder Leben (3, 4 zu § 35) eines beliebigen andern, also nicht des 15 Täters selbst und nicht eines Tatbeteiligten (so schon für § 315 aF die ältere Rspr., BGH **6**, 100; 232; Bay NJW **54**, 1258), wohl aber eines Insassen des Fahrzeugs (Celle DAR **61**, 313; Schleswig VM **58**, 11), eines mitgenommenen Freundes oder Verwandten (KG VRS **36**, 107; Düsseldorf VRS **36**, 109). Der Gefährdete braucht nicht am Verkehrsvorgang beteiligt zu sein (BGH **6**, 1). Ob der Gefährdete die Gefahr erkennt und in Kauf nimmt, ist ohne Bedeutung (BGH **6**, 232), ebenso seine Einwilligung, da Rechtsgut die Verkehrssicherheit ist.

B. fremde Sachen von bedeutendem Wert, dh Sachen, die in fremdem 16 Eigentum stehen, also idR nicht eine Leiche (Celle NJW **60**, 2017) und nicht Sachen im Eigentum eines Tatbeteiligten; wohl aber, wenn fremdes Eigentum besteht, sowohl betriebsfremde Sachen als auch Betriebs- und Beförderungsgegenstände sowie das Beförderungsmittel selbst, von dem die Gefahr ausgeht (BGH **6**, 1), eine Unterscheidung danach, ob das vom Täter geführte Fahrzeug nur Mittel der Tat, aber nicht selbst Schutzgegenstand ist (so BGH **11**, 148 für § 315a aF, aber wohl nicht für § 315 aF; str.), ist hier idR nicht durchführbar, da auch das einzelne Beförderungsmittel grundsätzlich Schutzgegenstand ist (oben 13; LK 38; Krause oben 6). Der bedeutende Wert ist bei einem Grundstück nicht nach dessen Wert, sondern nach dem Umfang des ihm drohenden Schadens (NJW **90**, 195 [m. Anm. Laubenthal JR **90**, 513; Rengier, Spendel-FS 568]; Hamm VRS **40**, 192), und zwar nach dem Verkehrswert der gefährdeten Sache (Köln VRS **64**, 114) und nicht nach dem Wiederherstellungsaufwand (Hamm DAR **64**, 25; **73**, 104; KG VRS **14**, 23) zu bestimmen (vgl. Bremen NJW **62**, 1409; KG JR **56**, 71; VRS **14**, 123; Bay NJW **69**, 2026; Celle MDR **75**, 949), und nicht nach deren Funktionswert (Düsseldorf VM **77**, 25). Das Ausmaß der Gefährdung braucht sich mit dem eingetretenen Schaden nicht zu decken, dieser kann hinter der Gefährdung erheblich zurückbleiben (Bremen VRS **62**, 276). Es genügt nicht, daß eine Sache von bedeutendem Wert in unbedeutendem Umfang gefährdet wird (Frankfurt StV **85**, 111), vielmehr muß der bei dem konkreten Verkehrsvorgang drohende Schaden bedeutend sein (Bay DAR **85**, 241 zu 8a). Die **Mindestgrenze** für einen bedeutenden Sachwert wird inzwischen bei etwa **1200 DM** (Schleswig VRS **54**, 35) angesichts der Teuerung uU auch höher liegen (vgl. NStZ/J **85**, 258; 88, 264), aber de facto oft hinter dem „bedeutenden Schaden" iS von § 69 II Nr. 3 zurückbleiben, da dort zwar von demselben Wertbegriff auszugehen ist, aber im Gegensatz zu hier auch Reparatur-, Abschlepp- und Bergungskosten einzubeziehen sind (13 zu § 69; Rengier, Spendel-FS 562). Ein nahezu schrottreifes Fahrzeug ist in dem Sinne kein bedeutender Wert (allgM); zw. ist hingegen, ob dies auch für ein gebrauchsfähiges, aber älteres Fahrzeug gilt, dessen Verkehrswert unter der Mindestgrenze liegt. Hamm (NJW **60**, 880 L) meint, daß in diesen Fällen ein bedeutender Sachwert ohne Rücksicht auf Alter, Beschaffenheit und Zeitwert anzunehmen sei (aM KG VRS **12**, 356; Celle VRS **6**, 381; Hentschel-Born 388; vgl. LK 39, Jagusch/Hentschel

8 zu § 315b; SchSch 15 vor § 306). Im übrigen genügt, wenn der Wert aller gefährdeten Sachen bedeutend ist (Karlsruhe NJW **61**, 133), nicht aber, wenn eine Sache von bedeutendem Wert nur in unbedeutendem Umfang gefährdet wird (7. 10. 1983, 3 StR 397/83; Celle MDR **55**, 373; KG JR **57**, 307; Schleswig VRS **29**, 266; Zweibrücken VRS **32**, 277; Koblenz DAR **73**, 48). Ist Schaden eingetreten, so kann die Gefahr zwar nicht geringer, wohl aber größer gewesen sein (Hamm VRS **39**, 201; **43**, 174; Saarbrücken DAR **60**, 53; **61**, 92; Karlsruhe DAR **62**, 302; Koblenz OLGSt. 81 zu § 315c; 3. 5. 1973, 4 StR 117/73). Für Grad und Umfang der Gefährdung kommt es auf die Fahrweise des Täters an (Koblenz VRS **52**, 350).

16a Im übrigen hält sich die **Rspr.** in der Frage, ab welchem Betrag eine Sache einen bedeutenden Wert im Rechtssinne (oben 16) verkörpert, zurück und beschränkt sich idR auf Aussagen darüber, wann dies nicht der Fall ist (Hentschel-Born 387), so *fehlt* es nach der (uneinheitlichen) Rspr., hinsichtlich der auch das jeweilige Preisgefüge zu berücksichtigen ist, an einem *bedeutenden Sachwert* bei Werten bis 450 DM (Hamburg VM **60**, 81; **68**, 61; Düsseldorf VM **62**, 88; **77**, 25; Hamm DAR **64**, 25; VRS **34**, 445; **63**, 51; Bay NJW **69**, 2026), von 550 DM bzw. 595 DM (Hamm VRS **36**, 421; **43**, 179), von 1000 DM (Köln VRS **64**, 114). Ältere, aber überholte Entscheidungen (Karlsruhe NJW **61**, 33; weit. Nachw. 40. Aufl.) hatten die Wertgrenze noch bei 500 DM gezogen; Schleswig DAR **84**, 122 zieht sie (für § 315c) heute noch bei 600 DM (vgl. NJW/H **85**, 1319), Celle MDR **75**, 949 und Frankfurt VRS **52**, 116 ziehen sie bei 1000 DM (ebenso Jagusch/Hentschel 8 zu § 315b; Hentschel-Born 387; Janiszewski 291).

17 7) **Vollendet** ist die Tat mit dem Eintritt der konkreten Gefahr. Ob sie zu einem Schaden führt (die Hindernisse werden rechtzeitig weggeräumt, RG **31**, 198; HRR **39**, 270; der gefährdete Passant bringt sich in Sicherheit, Celle VRS **7**, 459), ist, abgesehen von VI, nur für die Strafzumessung von Bedeutung; vgl. VRS **45**, 38. Der **Versuch**, der bei I und III (aber nicht bei IV) strafbar ist (II), beginnt mit dem Anfang der Tathandlung; tritt die Gefahr ein, ist die Tat vollendet.

18 8) **Die innere Tatseite** unterscheidet die Fälle von I, III, IV und V mit ihren unterschiedlichen Strafdrohungen. **A. Vorsatz** hinsichtlich sämtlicher Tatbestandsmerkmale ist in den Fällen von I (BGH **22**, 67) erforderlich. Er umfaßt das Bewußtsein, die Verkehrssicherheit zu beeinträchtigen *und* die konkrete Gefahr herbeizuführen (7. 3. 1986, 2 StR 77/86 „Gefährdungsvorsatz", VRS **69**, 127; NStZ/J **85**, 541; 11h zu § 15), bedingter Vorsatz reicht aus (RG **71**, 43); auf den Eintritt eines Schadens braucht sich der Vorsatz nicht zu erstrecken (BGH **22**, 67; NZV **92**, 325). Die Annahme vorsätzlichen Handelns muß sich nachprüfbar auf tragfähige
19 Erwägungen stützen (Köln NZV **92**, 81). **B.** Tritt eine bestimmte **Absicht** zum Vorsatz nach I hinzu, so ist die Tat **nach III Verbrechen**, nämlich
20 dann, wenn es dem Täter darauf ankommt (6 zu § 15), entweder **a) einen Unglücksfall** dadurch herbeizuführen, daß sich die konkrete Gefahr verwirklicht. Für den Begriff des Unglücksfalls kann hier anders als bei § 323c (dort 2ff.) eine bloße, wenn auch erhebliche Gefahr nicht ausreichen; vielmehr muß es sich um den plötzlichen Eintritt des durch die Gefahr drohenden Schadens handeln (NZV **92**, 325; Bremen VRS **62**, 266); welche weiteren Ziele der Täter verfolgt (Sabotage, Diebstahl), ist hier ohne Bedeutung; jedoch ist ein *absichtlich* herbeigeführter „Unfall" kein Unfall im Rechtssin-
21 ne (NJW **91**, 1120), oder **b) eine andere Straftat zu ermöglichen** (NZV **92**,

Gemeingefährliche Straftaten **§ 315**

325) **oder zu verdecken;** vgl. dazu 9, 14 zu § 211. Auch die Tat, die verdeckt werden soll, braucht im Zeitpunkt der Tathandlung nach § 315 noch nicht begangen zu sein. Um eine Straftat (zB § 316, BGH **28**, 94 m. Anm. Rüth JR **79**, 516; VRS **56**, 144) oder zumindest um eine vermeintliche Straftat (BGH **28**, 95; VRS **62**, 191) muß es sich handeln und nicht um eine bloße Ordnungswidrigkeit (DRiZ **74**, 352). In **minder schweren Fällen** (11 zu § 12; 42 zu § 46) bleibt die Tat Verbrechen (§ 12 III); die Begr. (S. 25) nennt als Beispiel zu Nr. 1 den Fall eines unreifen Täters, der aus bloßer Neugierde handelt, zu Nr. 2 notstandsähnliche Konfliktslagen; vgl. auch Koblenz VRS **65**, 25. **C.** Umfaßt der **Vorsatz** nur die Tathandlung und die Beeinträchtigung der Verkehrssicherheit, während der Täter die konkrete Gefahr nur **fahrlässig** verursacht (vgl. VRS **16**, 432; **17**, 40), so ist der Strafrahmen niedriger **(IV)**. Den im Gesetz nicht ausdrücklich geregelten Fall, daß nur die Tathandlung vorsätzlich begangen wird, hinsichtlich der Beeinträchtigung der Verkehrssicherheit aber ebenso wie hinsichtlich der Herbeiführung einer Gefahr bloße Fahrlässigkeit gegeben ist, wird man ebenfalls hierher zählen müssen, da Beeinträchtigung und Gefahrherbeiführung praktisch weitgehend zusammenfallen. Dasselbe dürfte hinsichtlich des seltenen Falles gelten, daß Tathandlung und Herbeiführung der Gefahr zwar vom Vorsatz umfaßt sind, hinsichtlich der Beeinträchtigung der Verkehrssicherheit aber nur Fahrlässigkeit vorliegt (vgl. hierzu Köln NZV **91**, 320). Die Tat ist, da nur Handlungsfolgen im Bereich der Fahrlässigkeit liegen, als Vorsatztat anzusehen (NJW **85**, 1036 [m. Anm. Geppert NStZ **85**, 264]; § 11 II; Begr. S. 25; E 1962, 518; 19 zu § 315c; Seib DAR **71**, 231; VRS **57**, 271), zB bei §§ 48, 65, 66. Teilnahme ist strafbar, soweit auch der Teilnehmer hinsichtlich des Gefahreneintritts fahrlässig handelt. **D.** Der **Fahrlässigkeitsstrafrahmen** des **V** greift nur ein, wenn hinsichtlich sämtlicher Tatbestandsmerkmale lediglich Fahrlässigkeit vorliegt und daher bei bewußt verkehrsfeindlichem Verhalten begrifflich ausgeschlossen, VM **79**, 9.

9) Tätige Reue ist nach **VI** möglich, wenn die Tat bereits vollendet ist. Bei I, II, III kommt vor Vollendung § 24 in Betracht. Im übrigen gilt das unter 2 bis 6 zu § 311c (vgl. Düsseldorf NJW **71**, 1850; dazu krit. Meyer-Gerhards JuS **72**, 508) und 6 bis 8 zu § 49 sowie in 7 zu § 23 Gesagte in den in Betracht kommenden Fällen entsprechend. Eine Ordnungswidrigkeit kann bleiben.

10) Konkurrenzen. Hinter § 315 treten zurück: § 315a I Nr. 2 (BGH **21**, 173; **24**, 231; GA **71**, 246; aM für den Schiffsverkehr Krause Ztschr. f. Binnenschiffahrt **75**, 337; Schaberg VGT **80**, 323); § 87; ferner § 59 LuftVG (SchSch-Cramer 23; aM Meyer 7 zu § 59 LuftVG in Erbs L 213), für § 61 SeeSchStrO gilt § 21 OWiG. Tateinheit möglich mit § 315a I Nr. 1, § 315b (vgl. 2 zu § 315d), § 316 sowie mit Sachbeschädigungs-, Körperverletzungs- und Tötungsdelikten. Androhung (§ 126), Vortäuschen (§ 145d); Anzeigepflicht § 138 I Nr. 9; vgl. auch § 100a Nr. 2 StPO.

22

23

24

25

26

Gefährdung des Bahn-, Schiffs- und Luftverkehrs RiStBV 245–247

315a ¹ Mit Freiheitsstrafe bis zu fünf Jahren oder mit Geldstrafe wird bestraft, wer

1. ein Schienenbahn- oder Schwebebahnfahrzeug, ein Schiff oder ein Luftfahrzeug führt, obwohl er infolge des Genusses alkoholischer Ge-

§ 315a

tränke oder anderer berauschender Mittel oder infolge geistiger oder körperlicher Mängel nicht in der Lage ist, das Fahrzeug sicher zu führen, oder

2. als Führer eines solchen Fahrzeugs oder als sonst für die Sicherheit Verantwortlicher durch grob pflichtwidriges Verhalten gegen Rechtsvorschriften zur Sicherung des Schienenbahn-, Schwebebahn-, Schiffs- oder Luftverkehrs verstößt

und dadurch Leib oder Leben eines anderen oder fremde Sachen von bedeutendem Wert gefährdet.

II In den Fällen des Absatzes 1 Nr. 1 ist der Versuch strafbar.

III Wer in den Fällen des Absatzes 1

1. die Gefahr fahrlässig verursacht oder

2. fahrlässig handelt und die Gefahr fahrlässig verursacht,

wird mit Freiheitsstrafe bis zu zwei Jahren oder mit Geldstrafe bestraft.

1   **1) Die Vorschrift** idF des 2. StraßenverkehrssichG (1 zu § 44; 1 zu § 315) schützt die in 1 zu § 315 genannten Rechtsgüter. Zu den geschützten Verkehrsarten 4 bis 7 zu § 315.

2   **2) Konkretes Gefährdungsdelikt** ist die Tat, deren Tatbestand zweistufig aufgebaut ist; die Tathandlung muß zu einer konkreten Gefahr führen; sind beide Stufen vom Vorsatz umfaßt, so ist I gegeben, in allen übrigen Fällen II.

3   **3) Eigenhändiges Delikt** ist die Tat nach I Nr. 1, **Sonderdelikt** die Tat
4   nach I Nr. 2. Täter kann nur sein **A. Der Führer** eines Schienenbahn-, Schwebebahn- oder Luftfahrzeuges oder eines Schiffes in den Fällen von I Nr. 1 und 2. Im Falle von § 315 d scheidet § 315 a aus, Fahrzeuge sind alle technischen Vorrichtungen zum ortsverändernden Fahren, Jagusch 2 zu § 23 StVO; der Begriff des Luftfahrzeuges ist in § 1 II LuftVG definiert (5 zu § 109g); zum Begriff des Schiffes vgl. 6 zu § 315. Führer ist, wer das Fahrzeug unter Verwendung von Antriebskräften unter eigener Verantwortlichkeit in Bewegung setzt und lenkt (BGH **14**, 187; **18**, 8; Celle MDR **73**, 335); der Führer braucht sich nicht immer im Fahrzeug selbst zu befinden (Sessellifte; ferngesteuerte Flugkörper); ein Schiffsführer kann das Ruder durch einen Rudergänger führen lassen (Oldenburg OLGSt. 8). Ein Fahrzeug kann gleichzeitig mehrere Führer haben (BGH **13**, 227; KG VRS **12**, 10; Schleswig DAR **56**, 132; str.); wer nicht Führer ist, kann auch nicht (fahrlässiger) Nebentäter, sondern nur Anstifter oder Gehilfe sein (BGH
5   **18**, 6). **B. der sonst für die Sicherheit Verantwortliche** neben dem Fahrzeugführer in den Fällen von I Nr. 2. Damit ist nicht nur der für die Sicherheit eines einzelnen Fahrzeuges Verantwortliche gemeint, sondern jeder, der nach seiner Stellung oder nach der tatsächlichen Lage dafür einzustehen hat, daß bestimmte Verkehrsvorgänge sicher, dh unter Beschränkung auf die im normalen Verkehrsablauf liegende sozialadäquate Gefahr ablaufen. Hierzu gehören zB beim Betrieb der Bundesbahn auch Personen, die für die Auswahl persönlich und charakterlich geeigneter Schrankenwärter die Verantwortung tragen (2. 2. 1978, 4 StR 518/77).

6   **4) Tathandlung nach I ist Nr. 1: Das Führen eines Fahrzeugs im Zustand der Fahruntüchtigkeit.** Zum **Führen** (§ 21 StVG) vgl. 3 zu § 315c; zum Führen eines *Wasserfahrzeugs* Geppert BA **87**, 264. Der Unrechtsgehalt

§ 315a

liegt darin, daß der Täter das Fahrzeug führt, während er nicht in der Lage, dh **nicht fähig** ist, es **richtig zu führen** (3 zu § 315c), und zwar entweder infolge geistiger oder körperlicher Mängel (3 zu § 315c) oder infolge des Genusses alkoholischer Getränke oder anderer berauschender Mittel. Die zu §§ 315c, 316 entwickelten Höchstgrenzen (6ff. zu § 316) gelten für § 315a nicht. Für den Luftverkehr liegen sie erheblich niedriger, und zwar für die *absolute Flugtüchtigkeit* bei 0,5‰, für die relative bei 0,2‰ (vgl. R. Schmid NZV **88**, 128). Für den Schienen- und Schiffsverkehr fehlt es an festen Werten. Hamm ist bei einem *Triebwagenfahrer* der Bundesbahn mit 2,65‰ (NJW **69**, 192) und bei einem *Führer eines Binnenschiffs* mit 2,3‰ (BA **83**, 77), Oldenburg (OLGSt. 7) bei einem solchen mit 2,4‰, Köln (NJW **90**, 847) bei einem solchen mit 1,7‰ von absoluter Fahrunsicherheit ausgegangen (vgl. 4, 6 aE zu § 316; zum Ganzen Geppert BA **87**, 269). Seinen früheren Standpunkt, daß die Tat Dauerstraftat sei (VRS **9**, 353; BGH **22**, 67), hat der 5. StS des BGH in BGH **23**, 148 mit Rücksicht darauf aufgegeben (auch VRS **62**, 192), daß die Tat erst in dem Augenblick begangen ist, in dem die konkrete Gefahr (unten 8) eintritt; das schließt nicht aus, daß mehrere Verstöße eine fortgesetzte Tat oder eine natürliche Handlungseinheit bilden können. Dem schließe ich mich mit der Maßgabe an, daß die Tat so lange andauert, wie eine konkrete Gefahr besteht.

Nr. 2: Ein Verstoß gegen Rechtsvorschriften zur Verkehrssicherung in 7 den vier Verkehrsbereichen (hierzu Lenzen JR **80**, 136). Es muß sich um Rechtsvorschriften, dh um formelle inländische Gesetze oder Rechtsverordnungen, nicht bloße VwVorschriften, Art. 84 II GG), Allgemeinverfügungen oder Einzelweisungen handeln, (anders bei dem § 315a insoweit ergänzenden § 59 LuftVG). Die Vorschrift, gegen die verstoßen wird, muß mindestens auch zur Sicherung des Verkehrs in dem betreffenden Bereich erlassen sein (GA **71**, 246; vgl. BGH **32**, 351). Der Verstoß braucht als solcher nicht mit Strafe oder Geldbuße bedroht zu sein. In Betracht kommen vor allem für den öffentlichen **Eisenbahnverkehr** die EVO, EBO 7a (Karlsruhe VRS **57**, 412), ESBO, ESO und die BOStrab; zu den Pflichten der Schrankenwärter (vgl. NJW **60**, 2013; LG Mainz MDR **82**, 597), für den **Binnenschiffsverkehr** insbesondere die BinSchStrO, RheinSchPV, 7b DonauSchPV, MoselSchPV, nebst EinfVOen, RheinfährenO, FährenVO, BinnSchUO, WasserskiVO; für den **Seeschiffsverkehr** insbesondere die 7c SeeSchStrO, VSeeStrO, SchSV (Hamburg VRS **53**, 113); für den **Luftverkehr** das LuftVG, die LuftVO (GA **71**, 246), die LuftVZO und die LuftPersV. *Nicht* hierher gehören die Unfallverhütungsvorschriften der Berufsgenossenschaften, die nach hM keine Rechtsvorschriften sind (Begr. 27). Der Verstoß gegen die Rechtsvorschrift muß durch ein Verhalten (Tun oder Unterlassen) begangen werden, durch das der Täter eine ihm durch die verletzte Rechtsvorschrift oder sonst auferlegte Pflicht verletzt, und zwar grob, dh in besonders schwerem Maße (GA **71**, 246; Hamm VRS **6**, 152), wobei es sich um die besonders schwere Verletzung einer Pflicht, aber auch um Verletzung einer besonders ernst zu nehmenden Pflicht handeln kann (LG Mainz MDR **82**, 597; R. Schmid NZV **88**, 128).

5) Eine konkrete Gefahr für **Leib oder Leben** eines anderen oder für 8 **fremde Sachen von bedeutendem Wert** muß die Tathandlung auslösen, dazu 14ff. zu § 315. Die Gefährdung der Insassen des vom Täter geführten

§ 315a

Fahrzeugs reicht aus. Der Gefährdete braucht nicht selbst am Verkehrsvorgang beteiligt zu sein (BGH **6**, 4; GA **71**, 194). Die Gefahr braucht erst nach dem Führen (Abstellen) des Fahrzeugs einzutreten (LK 17; vgl. BGH **19**, 371; aM Stuttgart NJW **60**, 1484; KG DAR **61**, 145).

9   **6) Die innere Tatseite** unterscheidet die Fälle von I und III mit ihren unterschiedlichen Strafdrohungen. **A. Vorsatz** hinsichtlich sämtlicher Tatbestandsmerkmale muß bei I gegeben sein. Zum Vorsatz in den Fällen von I Nr. 1 vgl. 18 zu § 315c und 9 zu § 316. In den Fällen von I Nr. 2 muß der mindestens bedingte Vorsatz (GA **71**, 246) das die Rechtsvorschrift verletzende Verhalten, die Vorschriftswidrigkeit dieses Verhaltens, die Herbeiführung der konkreten Gefahr und die Umstände umfassen, die das Verhalten zu einem grob pflichtwidrigen machen; der Täter braucht sein Verhalten nicht selbst so zu beurteilen (19 zu § 16). Der **Versuch** ist nur in den Fällen
10   von I Nr. 1 strafbar **(II)**. **B. Fahrlässigkeit** auch nur hinsichtlich eines Tatbestandsmerkmals läßt die Tat unter III fallen. Doch wird bei der Strafzumessung zu berücksichtigen sein, wenn die Tathandlung vorsätzlich begangen worden ist **(III Nr. 1)**. Ob der Verstoß gegen die Rechtsvorschrift als solcher nur bei Vorsatz mit Strafe oder Geldbuße bedroht ist, ist ohne Bedeutung.

11   **7) Tätige Reue** nach vollendeter Tat bleibt anders als bei §§ 315, 315b ohne gesetzliche Vergünstigung, weil bei Vorgängen im fließenden Verkehr, um die es sich in aller Regel bei § 315a handelt, die herbeigeführte Gefahr meist abgewendet wird und der Täter, weil regelmäßig selbst mit gefährdet, sich schon um seiner selbst willen um Abwendung bemüht; in Fällen des I Nr. 2, die nach ihrer Struktur Taten nach § 315 gleichartig sind, kommt analoge Anwendung von § 315 VI zugunsten des Täters in Betracht (Begr. 27; ebenso SchSch-Cramer 16; SK-Horn 14).

12   **8) Konkurrenzen.** I Nr. 2 tritt hinter § 315 zurück, dort 11, 26; hingegen werden § 315c I Nr. 1 und § 316 von I Nr. 1 verdrängt. Hinter I Nr. 2 treten Strafvorschriften in den unter 7 genannten Rechtsvorschriften zurück. Zwischen I Nr. 2 und § 59 LuftVG ist keine Überschneidung möglich. Tateinheit möglich zwischen I Nr. 1 und § 315, sowie zwischen I Nr. 2 und § 142, sowie mit Verletzungsdelikten.

Gefährliche Eingriffe in den Straßenverkehr

315b   ^I Wer die Sicherheit des Straßenverkehrs dadurch beeinträchtigt, daß er

1. Anlagen oder Fahrzeuge zerstört, beschädigt oder beseitigt,

2. Hindernisse bereitet oder

3. einen ähnlichen, ebenso gefährlichen Eingriff vornimmt,

und dadurch Leib oder Leben eines anderen oder fremde Sachen von bedeutendem Wert gefährdet, wird mit Freiheitsstrafe bis zu fünf Jahren oder mit Geldstrafe bestraft.

^{II} **Der Versuch ist strafbar.**

^{III} **Handelt der Täter unter den Voraussetzungen des § 315 Abs. 3, so ist die Strafe Freiheitsstrafe von einem Jahr bis zu zehn Jahren, in minder schweren Fällen Freiheitsstrafe von sechs Monaten bis zu fünf Jahren.**

^{IV} **Wer in den Fällen des Absatzes 1 die Gefahr fahrlässig verursacht, wird mit Freiheitsstrafe bis zu drei Jahren oder mit Geldstrafe bestraft.**

Gemeingefährliche Straftaten **§ 315 b**

ᵛ Wer in den Fällen des Absatzes 1 fahrlässig handelt und die Gefahr fahrlässig verursacht, wird mit Freiheitsstrafe bis zu zwei Jahren oder mit Geldstrafe bestraft.

ᵛᴵ § 315 Abs. 6 gilt entsprechend.

1) Die Vorschrift ist durch das 2. StraßenverkehrssichG eingefügt; vgl. 1 zu **1**
§ 44; und zum Aufbau 1 zu § 315.

2) Die Sicherheit des Straßenverkehrs ist geschütztes Rechtsgut (VRS **61**, **2**
123; abw. SK-Horn 3), jedoch nur die des öffentlichen Verkehrs, dh des Verkehrs von Fahrzeugen, Radfahrrern (BGH **34**, 325) und Fußgängern (auch auf der linken Fahrbahnseite, VRS **43**, 34; sowie in öffentlichen Parks, Hamm VRS **62**, 48) auf allen Wegen, Plätzen, Durchgängen und Brücken, die jedermann, oder wenigstens allgemein bestimmten Gruppen von Benutzern (Autobahn, Radwege, Anlieger, Fußgänger, BGH **22**, 365; Schleswig VM **71**, 66), wenn auch nur vorübergehend oder gegen Gebühr (Bremen NJW **67**, 990; Düsseldorf VRS **39**, 204) zur Verfügung stehen (BGH **4**, 189; **13**, 13; **14**, 384; **22**, 365; NJW **63**, 152; **67**, 1238; VM **57**, 14; **72**, 76; VRS **61**, 123; Düsseldorf NJW **56**, 1651; GA **76**, 247; Karlsruhe NJW **56**, 1649; Frankfurt VRS **28**, 423; **31**, 186; Hamm VM **56**, 26; **67**, 70; NJW **65**, 2310); wobei es nicht auf die Eignung für bestimmte Verkehrsarten (11. 11. 1952, 1 StR 462/52) oder auf die Eigentumsverhältnisse ankommt (LM Nr. 10 zu § 250 aF), so daß es genügt, wenn ein Privatmann seinen Privatweg (NJW **53**, 754) oder sonstiges Gelände für den Verkehr freigibt (RG **33**, 373; Bay VM **56**, 20), so etwa ein Gastwirt einen Parkplatz für seine Gäste (BGH **16**, 7; LG Krefeld VRS **70**, 13), und zwar ohne Rücksicht auf die Öffnungszeit (Düsseldorf NZV **92**, 120 m. Anm. Pasker; Anm. Hentschel JR **92**, 300), ein Einkaufscenter einen Parkplatz für seine Kunden (Saarbrücken NJW **74**, 1099; Stuttgart OLGSt. 75 zu § 142), eine Tankstelle ihr Gelände für ihre Kunden (Bay JR **63**, 192; Hamm VRS **26**, 457; **30**, 452; Hamburg VRS **37**, 278), der Inhaber ein in der Allgemeinheit offenstehendes Parkhaus (Düsseldorf VRS **39**, 204; ZfS **82**, 316). Freigabe kann schon in nicht nur kurzfristiger Duldung liegen (BGH **17**, 159), sie kann im allgemeinen durch ausdrücklichen Widerruf des Eigentümers aufgehoben werden (RG GA Bd. **56**, 210). Außerhalb der normalen Betriebszeit ist ein Parkhaus kein öffentlicher Verkehrsraum (Stuttgart NJW **80**, 68), nach Düsseldorf NJW **82**, 2390 auch nicht eine aus dem öffentlichen Verkehrsraum durch Metallpoller ausgegrenzte nichtöffentliche Parkfläche, auch Kasernengelände ist nicht öffentlich (Celle NJW **58**, 1739; Bay VRS **24**, 304), es sei denn, der Zutritt sei vorübergehend für jedermann freigegeben (Karlsruhe VRS **60**, 440), zu Parkplätzen im Bereich von Gebäuden der Stationierungsmächte (Zweibrücken VRS **44**, 439), zu kontrolliertem Betriebsgelände (Bremen MDR **80**, 421 m. Anm. Brede). Straßengräben sind nicht für den Verkehr bestimmt (Hamm VRS **39**, 270; Stuttgart Die Justiz **83**, 310), noch weniger das angrenzende Getreidefeld (VRS **61**, 123), aber auch nicht der Leinpfad am Mittellandkanal (LSG Niedersachsen NdsRpfl. **81**, 177; zum Ganzen Horn/Hoyer JZ **87**, 967). Die Sicherheit des Straßenverkehrs kann durch Zusammenstöße nicht gefährdet werden, die die Tatteilnehmer selbst einvernehmlich herbeigeführt und auf diese Weise nur sich selbst und ihre Sachen gefährdet haben (NJW **91**, 1120 [hierzu Geppert JK 4]; NStZ **92**, 233).

3) Konkretes Gefährdungsdelikt ist die Tat (vgl. 2, 3 zu § 315). Wesentliche Unterschiede zu § 315 ergeben sich daraus, daß § 315 b nach seiner Grundkonzeption im Hinblick auf die abschließende Regelung des § 315 c idR (Ausnahmen unten 5) **von außen kommende verkehrsfremde Eingriffe** erfaßt. **3**

§ 315 b

4   **4) Tathandlungen** sind nach I Nr. 1 das **Zerstören** (10 zu § 303), **Beschädigen** (5 ff. zu § 303) oder **Beseitigen** (8 zu § 315) von a) **Anlagen,** das sind vor allem Verkehrsschilder und -zeichen, Leitplanken und dgl., Brücken und die Straßen selbst, und b) **Fahrzeugen,** das sind sämtliche im öffentlichen Verkehr vorkommenden Beförderungsmittel ohne Rücksicht auf die Antriebsart (nicht nur Kraftfahrzeuge, sondern auch Straßenbahnen, Fahrräder, Fuhrwerke usw.); zB Beschädigen durch Steinwürfe (Schleswig VM **67**, 21) oder durch Rammen (VRS **50**, 96); Abreißen der Bremsleitung am PKW (NJW **85**, 1036 m. Anm. Geppert NStZ **85**, 265; Hentschel JR **85**, 434; vgl. NStZ/J **85**, 257). Nr. 1 kommt nur in Betracht, wenn erst die Beschädigung die Beeinträchtigung der Sicherheit des Straßenverkehrs begründet, stellt hingegen die Fahrzeugbeschädigung schon die Realisierung einer durch eine Tathandlung nach Nr. 2 oder 3 (unten 4 a, b) verursachten Gefahr dar, so sind allein diese Tatbestände anzuwenden (NJW **91**, 1120,
4a hierzu Geppert JK 4); **Nr. 2** das **Hindernisbereiten** (9 zu § 315). Hierunter fällt, wer eine Straßensperre errichtet (Frankfurt VRS **28**, 423; Hamm NJW **65**, 2167), wer über die Straßen eine Telegraphenstange legt (VRS **13**, 125) oder einen Draht spannt (Hamm NJW **65**, 2167), Holzscheite auf die Straße wirft (VRS **45**, 38), Schafe auf die Autobahn treibt (LG Lübeck SchlHA **62**, 202), verkehrsgefährdend eine Bahnschranke schließt (NJW **60**, 2013), nach Straßeneinmündungen oder Ampelanlagen unvorhersehbar und ohne Anlaß bremst, um nachfolgende Verkehrsteilnehmer auffahren zu lassen (NZV **92**, 325) oder ein fremdes Fahrzeug auf die Fahrbahn schiebt (Bay **79**, 40); *nicht* aber wenn als „Geschwindigkeitsbremse" zur Verkehrsberuhigung sog. „Kölner Teller" in die Fahrbahn eingelassen werden (Frankfurt
4b NZV **92**, 38 m. Anm. Molketin). **Nr. 3 ähnliche, ebenso gefährliche Eingriffe** (11 zu § 315). Hierunter fällt das *Geben falscher Zeichen oder Signale* (das anders als in § 315 I Nr. 3 nicht erwähnt ist, um im fließenden Verkehr das falsche Betätigen des Winkers nicht zu erfassen, Begr. 28) dann, wenn sie als verkehrsfremde Außeneingriffe gegeben werden, zB wenn jemand ein Einbahnschild in entgegengesetzter Richtung anbringt. Unter Nr. 3 fällt ferner, wer dem Kraftfahrer unterwegs den Zündschlüssel abzieht, die Lenkradsperre auslöst und so die Steuerungslosigkeit des Fahrzeugs bewirkt (Karlsruhe NJW **78**, 1391), wer ihm als Beifahrer plötzlich ins Steuer greift, um einen Unfall herbeizuführen (VRS **36**, 267) oder wer mit Vollgas anfährt, um sich einer in der offenen Beifahrertüre stehenden Person zu entledigen (DAR **83**, 194), aber wohl auch um den Fahrer zu einer anderen Fahrweise oder zum Anhalten zu veranlassen (aM für alkoholisierte Beifahrer, Hamm NJW **69**, 1975; Köln NJW **71**, 670), erst recht aber, wer in Sabotageabsicht ein Fahrzeug in schadhaften Zustand versetzt oder es so beläßt (Bay JR **75**, 28 m. Anm. Rüth); uU auch, wer absichtlich Altöl auf die Straße schüttet (vgl. DAR **78**, 148), schließlich auch, wer als Führer eines Polizeistreifenwagens einen alkoholisierten und eine Einbahnstraße in Gegenrichtung durchfahrenden Motorradfahrer bewußt zu Fall bringt (Bay NStZ **88**, 518 m. Anm. Molketin NStZ **89**, 488), *nicht* aber, wer durch Los- und Weiterfahren versucht, einen Mitfahrer am bereits begonnenen Verlassen des Fahrzeugs zu hindern (NJW **89**, 918 m. Anm. Otto JR **89**, 341).
4c   Die Tathandlungen nach I Nr. 1 bis 3 können unter den Voraussetzungen des § 13 (12 zu § 315) auch **durch Unterlassen** begangen werden, und

zwar auch durch den Kraftfahrer selbst, insbesondere dann, wenn er ein Hindernis nicht beseitigt (Nr. 2), das durch einen eigenen Unfall oder eigenes Fahrverhalten auf die Fahrbahn geraten ist (BGH 5, 394; 6, 224; 7, 311; Bay NJW 69, 2026; Karlsruhe NJW 60, 2018; Celle NdsRpfl. 70, 46; Hamm VRS 51, 103; Ranft Jura 87, 612), zB wenn er die Leiche eines Unfalltoten liegen läßt (Oldenburg VRS 11, 53), eine breite Öl- oder Benzinspur auf der Fahrbahn hinterläßt (Stuttgart NJW 59, 254; Hamm DAR 60, 76; Bay NZV 89, 443), uU auch schon, wenn er sie mit Dung beschmutzt (abl. Hamm NJW 55, 193); aber auch wer als Verantwortlicher eine Straßenbaustelle nicht absichert (VRS 16, 28; KG VRS 12, 376), daß ein abgestelltes und ungenügend gesichertes Fahrzeug in die Fahrbahn rollt, genügt hingegen noch nicht (Bay OLGSt. 5 zu § 315; ebensowenig, wenn bei verkehrsunsicherem LKW ein Rad abspringt (Stuttgart VRS 29, 193).

Obwohl § 315b bei **bloß vorschriftswidrigem Verkehrsverhalten** 5 grundsätzlich **unanwendbar** ist, da solche (verkehrsüblichen) Verstöße im ruhenden und fließenden Verkehr durch § 315c abschließend geregelt sind, greift § 315b im ruhenden und fließenden Verkehr in (nicht ganz seltenen) **Ausnahmefällen auch dann** ein, wenn der Täter nicht nur einen (grob) verkehrswidrigen Verstoß iS des § 315c I Nr. 2 (dort 4ff.) begeht, sondern einen **verkehrsfremden** (verkehrsfeindlichen) **Eingriff** iS der Nr. 1 bis 3 vornimmt, dh als Verkehrsteilnehmer einen „Verkehrsvorgang" zu einem Eingriff in den Straßenverkehr pervertiert (VRS 77, 359 m. Anm. Molketin NZV 90, 35; NZV 90, 77; Hamm NJW 69, 1976; Cramer 4). Das ist jedenfalls dann der Fall, wenn der Verkehrsteilnehmer die **Absicht** hat, dh wenn es ihm darauf ankommt, durch sein Verhalten ein Fahrzeug zu beschädigen, ein Hindernis zu bereiten oder sonstwie auf erhebliche Weise verkehrsfremd auf den Verkehr einzuwirken. Diese Rspr. (BGH 21, 301; 22, 366; 23, 4; 26, 178; VRS 65, 361; NStZ 85, 267; DAR/S 87, 195; DAR/G 90, 252; Hamm NJW 65, 2167; Oldenburg VRS 32, 276; Düsseldorf VRS 68, 449) entspricht sinngemäßer Auslegung und ist entgegen Solbach/Kugler (JR 70, 121) gutzuheißen (Fleischer NJW 76, 880; Ranft Jura 87, 610). Auf eine allgemein verkehrsfeindliche Einstellung kommt es hierbei nicht an (VM 72, 41), schon gar nicht darf auf sie aus dem Verhalten des Täters in der Hauptverhandlung geschlossen werden (Köln NZV 92, 80). Unter **Nr. 2** fällt zB wer absichtlich scharf bremst, um einen Auffahr- 5a unfall zu verursachen (VRS 53, 355; NZV 92, 325; Koblenz VRS 50, 203; Celle VRS 68, 44), den nachfolgenden Kraftfahrer zu einer Vollbremsung zu zwingen (Düsseldorf VRS 73, 41; NZV 88, 149; 89, 441), und zwar auch im Fall einer Unfallprovokation durch scharfes Abbremsen bei Gelblicht (NStZ 92, 182 m. Anm. Seier NZV 92, 158), ferner wer einem anderen Verkehrsteilnehmer mit seinem Fahrzeug absichtlich den Weg abschneidet (BGH 21, 301; 22, 72), so daß dieser am Weitergehen gehindert ist (VRS 64, 268), oder den ihn verfolgendes Polizeifahrzeug durch Abdrängen von der Fahrbahn abzuschütteln sucht (DRiZ 79, 150 dort 18; Köln NJW 68, 1247; Hamm GA 74, 181; Koblenz VRS 73, 61); *nicht* jedoch schon, wer auf der Fahrbahn haltende oder liegengebliebene Fahrzeuge nicht ausreichend kenntlich macht (vgl. § 315c I Nr. 2g, dort 11); unter **Nr. 3** fällt, wer 5b aus einem fahrenden Fahrzeug einen ungezielten Schuß abgibt (BGH 25, 306) oder auf ein anderes Fahrzeug schießt (DRiZ 80, 144; DAR 82, 199),

§ 315 b

wer einen andern auf der Kühlerhaube seines Autos, auf die jener geraten ist, bei hoher Geschwindigkeit mitnimmt (BGH **26**, 51 [abl. Solbach DRiZ **75**, 216; Cramer 17]; VRS **71**, 194, ebenso Düsseldorf VM **79**, 63; Köln VRS **53**, 184; ähnlich VRS **56**, 144), wer willentlich auf ein vorausfahrendes Fahrzeug auffährt (Bay DAR **78**, 209 dort 9a), wer durch gezieltes Zufahren ein anderes Fahrzeug beschädigt (VRS **65**, 361; NZV **90**, 77), mit Vollgas auf eine Menschengruppe oder mit voller Geschwindigkeit auf einen Sicherungsposten (AG Homburg VRS **80**, 347) zufährt (BGH **22**, 366; VRS **69**, 126), auf eine Person auf dem Bürgersteig gezielt zufährt, sofern er hierdurch deren Gefährdung bewußt in Kauf nimmt (VRS **64**, 268; ZfS **83**, 317; BGH **34**, 54 m. Anm. Kadel JR **87**, 117), und zwar auch dann, wenn die Geschwindigkeit nur 20 km/h beträgt und das Opfer noch hätte beiseite treten können (NJW **83**, 1624 [m. krit. Anm. Cramer JZ **83**, 812]; Koblenz VRS **74**, 198; vgl. Hentschel NJW **84**, 1516; Ranft Jura **87**, 611). Wer auf einen zu Fall gekommenen Zweiradfahrer aus Verärgerung mit seinem Traktor in Verletzungsabsicht zufährt (NStE Nr. 3), oder wer einen anderen, der sich am Fahrzeug festhält, dadurch abzuschütteln sucht, daß er mehrere 100 m in scharfem Tempo und in Zickzacklinien fährt (VRS **56**, 190), oder in derselben Absicht wechselweise Vollgas gibt oder abrupt bremst (DRiZ **78**, 277), *nicht jedoch*, wer den kontrollierenden, sich am Fahrzeug festklammernden Polizisten nur einige Meter mitzieht (BGH **28**, 91; Rüth JR **79**, 519), ruckweise hin- und herfährt, um sich eines anderen, der sich auf Kotflügel gestützt hatte, zu entledigen (VRS **45**, 183), wer aus sehr hoher Geschwindigkeit ohne Rücksicht auf ein ihn verfolgendes Polizeifahrzeug bis zum Stillstand bremst, seinen Wagen zurücksetzt, um in einen Seitenweg einzufahren (Düsseldorf JZ **88**, 427), oder wer mit geringer Geschwindigkeit auf Fußgänger zufährt (NStZ **87**, 225), die ihm den Weg versperren (Stuttgart VM **73**, 68) oder ihn aufhalten wollen (VRS **40**, 104; **44**, 437; DRiZ **87**, 228; StV **92**, 420), oder auch wer einen Fußgänger, wenn auch möglicherweise verkehrsgefährdend, mit seinem Fahrzeug verfolgen will (VRS **55**, 126; **63**, 41; VM **81**, 41), und sei es auch durch Verlassen der Fahrbahn (VRS **63**, 207), oder wenn auf einer Fahrbahn ein Fußgänger einem anderen einen Stoß gibt und einen nachfolgenden Kraftfahrer zur Notbremsung zwingt (Köln VRS **69**, 30; vgl. Ranft Jura **87**, 609). Im übrigen greift Nr. 3 bei Taten bei Gelegenheit einer sog. **„Polizei-**

5 c **flucht"** (2a vor § 52) dann ein, wenn der Täter gezielt auf einen ihn anhaltenden Polizisten zufährt, um ihn zu zwingen, den Weg freizugeben (BGH **22**, 6, 72; **26**, 176 [hierzu Meyer-Gerhards JuS **76**, 228]; **28**, 88; GA **71**, 312; VRS **28**, 361; **48**, 191; **50**, 424; **53**, 109; **66**, 20; DRiZ **75**, 184; **79**, 150; **80**, 143; MDR/H **79**, 984; DAR **85**, 190; stRspr.; Bay DAR **78**, 209 dort 9b; Koblenz DAR **73**, 219; Meyer-Goßner NStZ **86**, 52; Bringewat 24), aber nur, wenn hierdurch der Beamte konkret gefährdet wurde (VRS **50**, 43), was freilich auch im Falle „äußerst knappen" Vorbeifahrens (Düsseldorf VRS **56**, 31) sowie dann der Fall ist, wenn der Täter dem Bedrohten erst im letzten Augenblick ausweichen (BGH **26**, 176), oder lediglich fliehen will (VRS **65**, 429). In diesen Fällen scheidet daneben eine Fahrlässigkeitstat nach § 315c aus, NStE Nr. 3. *Nr. 3 ist in Fällen dieser Art hingegen nicht* gegeben, wenn der Täter nur fahrlässig auf den Beamten zugefahren ist (VRS **57**, 271), oder nicht auf ihn zufahren, sondern wenn er, sei es auch in einem gefährlichen Ausweichmanöver, nur an ihm *vorbei*fahren (VRS **53**,

31; **55**, 185; NStZ **85**, 267; Koblenz VRS **69**, 379; vgl. Karlsruhe VRS **68**, 453; NStZ/J **85**, 404), zwischen ihm und einem Hindernis hindurchfahren (Düsseldorf NJW **82**, 1111, zutr. krit. Geppert JK 2; Schwab NJW **83**, 1100; Ranft Jura **87**, 611), oder ihn lediglich durch lautes Motorengeräusch zum Beiseitespringen veranlassen wollte (DRiZ **78**, 279 dort 9b), nach Koblenz (VRS **56**, 40) auch nicht, wenn der Täter nur langsam auf den Polizisten zugefahren ist.

5) Zu einer Beeinträchtigung der Sicherheit des Straßenverkehrs muß 6 die Tathandlung führen. Es gilt das unter 13 zu § 315 Gesagte entsprechend. Die Beeinträchtigung darf nicht erst außerhalb des öffentlichen Verkehrsraums eintreten (Düsseldorf NJW **82**, 2391; zw.; aM LG Bonn NStZ **83**, 223 m. Anm. Landsberg).

6) Eine konkrete Gefahr muß die Folge von Tathandlung und Beein- 7 trächtigung der Verkehrssicherheit sein (BGH **5**, 297; **18**, 272; VM **76**, 25; NJW **85**, 1036 [m. Anm. Geppert NStZ **85**, 265; Hentschel JR **85**, 434; Horn/Hoyer JZ **87**, 966]; VRS **69**, 126; NZV **90**, 77; NJW **91**, 1120; NStZ/J **85**, 541; Frankfurt NJW **75**, 840), solange die konkrete Gefahr noch nicht eingetreten ist, kommt nur Versuch in Betracht (NZV **89**, 119 m. Anm. Berz: Fall der vorsätzlichen Beschädigung der Bremsleitung eines Kfz.); zusf. und einengend Berz NZV **89**, 412; vgl. ferner Jähnke DRiZ **90**, 427; vgl. im übrigen 14ff. zu § 315. Als Gefährdete kommen hier auch Polizisten in Betracht, die ein Fahrzeug anhalten wollen (oben 5 aE; NJW **68**, 456; VRS **34**, 120; **37**, 430; **46**, 106), aber auch beim absichtlichen Bremsen ohne Anlaß (I Nr. 2) die Insassen des nachfolgenden Fahrzeugs (NZV **92**, 325). Im Bereich des § 315b wird man annehmen müssen, daß das Fahrzeug, das der Täter im Verkehr absichtlich als Hindernis einsetzt (oben 5), auch dann nicht als fremde Sache von bedeutendem Wert anzusehen ist, wenn es dem Täter nicht gehört (NStZ **92**, 233); denn in diesen Fällen ist es nur Tatwerkzeug (vgl. BGH **11**, 148).

7) Die innere Tatseite unterscheidet die Fälle von I, III, IV und V mit 8 ihren unterschiedlichen Strafrahmen; das unter 18ff. zu § 315 Gesagte gilt entsprechend. Jedoch ist die Anwendung von IV und V auf eine Tathandlung nach I Nr. 3 kaum denkbar, da I Nr. 3 (oben 5b) eine bewußte Zweckentfremdung des Fahrzeugs und eine bewußt inkauf genommene tatsächliche Gefährdung voraussetzt (Köln NZV **91**, 390). Ein zumindest bedingt vorsätzlicher Eingriff iS des I und eine dadurch fahrlässig verursachte Gefahr iS der I, IV eröffnet auch die Strafbarkeit wegen Anstiftung und Beihilfe (NStZ **92**, 234).

8) Zur Strafschärfung nach III vgl. 19ff. zu § 315. **Tätige Reue** ist nach 9 VI möglich; vgl. dazu 25 zu § 315; 2 bis 9 zu § 311b und § 49 II mit Anm. sowie 7 zu § 23.

9) Konkurrenzen. Hinter § 315 tritt § 315b idR zurück (vgl. aber 2 zu 10 § 315d); es kommt auch natürliche Handlungseinheit in Betracht (BGH 23. 9. 1971, 4 StR 378/71); bei Gefährdung mehrerer Personen verwirklicht der Täter § 315b nur *einmal* (NJW **89**, 2550, ebenso bisher schon Bay NJW **84**, 68; Engelhardt DRiZ **82**, 106; anders, aber aufgegeben [gleichartige Tateinheit] VRS **55**, 185); **Tateinheit** ist jedoch möglich mit § 315c (BGH **22**, 67; VRS **65**, 361), *nicht* jedoch mit § 315c III Nr. 2 (NStE § 315c Nr. 1), mit § 316 (VRS **56**, 40), mit § 316a, ebenso mit §§ 240, 253 (NJW **84**, 501), mit § 113 (VRS **38**, 104),

§ 315b

§§ 303 (der allerdings von I Nr. 1 verdrängt wird, VRS **65**, 361; Braunschweig MDR **67**, 419), 305, 318, 323c (Oldenburg VRS **11**, 53) sowie mit Tötungs- und Körperverletzungsdelikten (29. 2. 1972, 1 StR 585/71), insbesondere mit §§ 211, 22 (VRS **63**, 119); mit § 179 und § 237 (dort 9); mit Fahren ohne Fahrerlaubnis (BGH **22**, 76); mit § 29 I BtMG (MDR/H **80**, 455). Mit § 142 wird idR **Tatmehrheit** gegeben sein (vgl. VRS **36**, 354). § 87 tritt zurück. Zum Verhältnis zu §§ 125, 125a vgl. dort 11 bzw. 9. Zum Verhältnis zu § 263 NZV **92**, 325; 16. 1. 1992, 4 StR 509/91; Fleischer NJW **76**, 881.

11   10) **Sonstige Vorschriften.** Einziehung der Tatwerkzeuge ist nach § 74 möglich; dazu gehört auch das Fahrzeug des Täters, wenn er es absichtlich als Hindernis einsetzt (oben 5 aE); BGH **10**, 28 steht nicht entgegen. Nichtanzeige § 138 I Nr. 9. § 126 I Nr. 6 (Androhen), § 140 (Belohnung) und § 145d (Vortäuschen); Überwachungsmaßnahmen § 100a Nr. 2 StPO.

Gefährdung des Straßenverkehrs   RiStBV 243

315c   I Wer im Straßenverkehr

1. ein Fahrzeug führt, obwohl er
    a) infolge des Genusses alkoholischer Getränke oder anderer berauschender Mittel oder
    b) infolge geistiger oder körperlicher Mängel
    nicht in der Lage ist, das Fahrzeug sicher zu führen, oder
2. grob verkehrswidrig und rücksichtslos
    a) die Vorfahrt nicht beachtet,
    b) falsch überholt oder sonst bei Überholvorgängen falsch fährt,
    c) an Fußgängerüberwegen falsch fährt,
    d) an unübersichtlichen Stellen, an Straßenkreuzungen, Straßeneinmündungen oder Bahnübergängen zu schnell fährt,
    e) an unübersichtlichen Stellen nicht die rechte Seite der Fahrbahn einhält,
    f) auf Autobahnen oder Kraftfahrstraßen wendet, rückwärts oder entgegen der Fahrtrichtung fährt oder dies versucht oder
    g) haltende oder liegengebliebene Fahrzeuge nicht auf ausreichende Entfernung kenntlich macht, obwohl das zur Sicherung des Verkehrs erforderlich ist,

und dadurch Leib oder Leben eines anderen oder fremde Sachen von bedeutendem Wert gefährdet, wird mit Freiheitsstrafe bis zu fünf Jahren oder mit Geldstrafe bestraft.

II In den Fällen des Absatzes 1 Nr. 1 ist der Versuch strafbar.

III Wer in den Fällen des Absatzes 1

1. die Gefahr fahrlässig verursacht oder
2. fahrlässig handelt und die Gefahr fahrlässig verursacht,

wird mit Freiheitsstrafe bis zu zwei Jahren oder mit Geldstrafe bestraft.

1   1) **Die Vorschrift** ist durch das 2. StraßenverkehrssichG eingefügt und durch das EGStGB in I Nr. 2f und das OWiGÄndG erweitert (E EGStGB 266); vgl. weiter 1 zu § 44; 1 zu § 315; Middendorff HdwbKrim V 437ff.

2   2) Sie ist **konkretes Gefährdungsdelikt,** jedoch steht als gesetzgeberischer Grund hinter der Ausgestaltung des Tatbestands der Gedanke der abstrakten

Gemeingefährliche Straftaten § 315 c

Gefahr für eine bestimmte Zahl von Menschen und Sachen (Bay NJW **84**, 68), § 315 c ist jedoch anders als der §§ 315 (dort 3) und 315 b nicht dreistufig, sondern nur zweistufig aufgebaut, da auf das Merkmal der Beeinträchtigung der Sicherheit des Straßenverkehrs bewußt verzichtet ist (VRS **61**, 123; Begr. 28). Danach ist zweifelhaft, ob als **Rechtsgut** noch die Sicherheit des Straßenverkehrs angesehen werden kann (so NJW **89**, 1228 u. 2550 m. Anm. Geppert u. Becker NStZ **89**, 321 u. **90**, 125; ferner Seier NZV **90**, 130; hM) oder ob es nicht allein die konkret gefährdeten Rechtsgüter sind. Dafür spricht, daß die Sicherheit des Straßenverkehrs durch § 316 und die einschlägigen Vorschriften der StVO geschützt ist. Umfaßt der **Vorsatz** sämtliche Tatbestandsmerkmale, so ist I gegeben, liegt hingegen auch nur hinsichtlich eines Merkmals **Fahrlässigkeit** vor, so kommt wie bei § 315 a nur III in Betracht. Im Gegensatz zu § 315 b bezieht sich § 315 c ausschließlich auf verkehrswidriges Verhalten von Verkehrsteilnehmern (vgl. dazu 3, 4 f. zu § 315 b), und zwar mit Ausnahme von I Nr. 2 g nur von Fahrzeugführern. Die Tat ist insoweit **eigenhändiges Delikt** wie § 315 a I Nr. 1; ganz hM (Rudolphi GA **70**, 358); näher Cramer 89 ff.; vgl. weiter sowie zum Begriff des **Fahrzeugführers** 3 ff. zu § 315 a; zum Begriff des **Straßenverkehrs** 2 zu § 315 b, wobei jedoch der Schutzbereich des § 315 c abweichend von § 315 b nicht auf den öffentlichen Verkehrsraum beschränkt bleibt (VRS **61**, 123). Der Begriff des **Fahrzeugs** (4 zu § 315) ist hier der des § 24 StVO; doch ist der ein Fahrzeug mit sich führende Fußgänger kein Fahrzeugführer (LK-Rüth 4), das gilt auch für den, der nur schiebt (KG VRS **12**, 110; Köln VRS **27**, 233; aM BGH GA **61**, 362).

3) Tathandlung ist bei

Nr. 1 das Führen eines Fahrzeuges im Zustand der Fahruntüchtigkeit. Der Begriff des **Führens** eines Fahrzeugs (§ 21 StVG) ist enger als die Teilnahme am Verkehr (Hamm NJW **84**, 137). Zum Führen ist erforderlich, daß jemand das Fahrzeug *in Bewegung setzt oder* es unter Handhabung seiner technischen Vorrichtungen während der Fahrbewegung *lenkt* (BGH **35**, 390; **13**, 226; **14**, 185; **36**, 343; NJW/H **90**, 1461). Es genügt also, wenn ein Fahrzeug von Menschenhand in Bewegung gesetzt wird, um den Motor in Gang zu bringen (Oldenburg DAR **55**, 165; Celle NJW **65**, 63), wenn ein Mofa unter Zuhilfenahme der Motorkraft geschoben wird (Bay VRS **66**, 203; NJW/H **85**, 1329; aM AG Winsen NJW/H **85**, 692), wenn der Täter, auf dem Fahrsattel sitzend, sich mit den Füßen vom Erdboden abstößt (Düsseldorf VRS **62**, 193), wenn ein Beifahrer in das Steuer greift, um das Fahrzeug zielbestimmt zu lenken (Köln JMBlNW **82**, 274). Betätigt jemand das Steuer eines Kraftfahrzeugs, während ein anderer Kupplung und Gashebel bedient, führen beide (BGH **13**, 226; **36**, 343 [m. Anm. Hentschel JR **91**, 113]; aM Celle NJW **65**, 1773, das nur den als Führer ansieht, der am Steuer sitzt). Ein Fahrzeug führt ferner, wer außerhalb des öffentlichen Verkehrs (im Kasernenbereich) fährt (Oldenburg VRS **55**, 120), wer ein Fahrzeug ohne Einschaltung des Motors über eine Gefällstrecke abrollen läßt (BGH **14**, 185; **35**, 393; Bay NJW **59**, 111) oder wer auf abschüssiger Straße ein Fahrzeug ungesichert abstellt (BGH **19**, 371), ebenso im Falle des Betätigens von Lenkung und Bremsen beim Abschleppen (Bay VRS **62**, 42; NJW **84**, 878, jedoch hat in einem solchen Fall der PkW die Eigenschaft als *Kraft*fahrzeug verloren, BGH **36**, 343, Frankfurt NJW **85**, 1516), anders jedoch beim bloßen Schieben des Fahrzeugs (Oldenburg MDR **75**, 421; Koblenz VRS **49**, 366; Düsseldorf VRS **50**, 426).

§ 315 c

Entgegen der *bisherigen hRspr.* (zB BGH **7**, 315 und noch Braunschweig VRS **74**, 363; LG Hamburg VRS **74**, 273; weit. Nachw. 44. Aufl. 6 zu § 315a) *genügt* für das Führen *nicht* das bloße Anlassen des Motors, das Lösen der Bremsen oder das Einschalten des Abblendlichts in der Absicht, alsbald wegzufahren (BGH **35**, 392 [m. krit. Anm. Hentschel JR **90**, 32, zust. Geppert JK 4 zu § 316]; so bisher schon Hamm NJW **84**, 137; Celle NStZ **88**, 411; LG Hamburg VRS **73**, 273; SchSch 7 zu § 316; SK 5; Lackner 3a; NStZ/J **84**, 113; **87**, 271, 546 u. **88**, 265), jedoch kommt uU Versuch (II) in Betracht, der allerdings bei § 316 (dort 4) straflos ist. Ferner genügt für das Führen *nicht* die bloße Inbetriebnahme des Motors, ohne den Bewegungsvorgang willentlich auszulösen (weil der Gang bereits eingelegt ist: Düsseldorf NZV **92**, 197) oder um lediglich das Rücklicht in Betrieb zu nehmen (Bay DAR **85**, 242), das Herausrangieren eines Kraftrades mit Hilfe der Beine aus einer Parklücke, damit ein anderer wegfahren kann (Bay NZV **88**, 74), das Bedienen des Fahr- oder Triebwerks, wenn die beabsichtigte alsbaldige Fortbewegung objektiv nicht möglich ist (Bay NJW **86**, 1822), alkoholtrinkend oder schlafend bei laufendem Motor hinter dem Lenkrad zu sitzen (Bay DAR **79**, 239; Schleswig VM **74**, 56; Hamm NJW **84**, 137; NStZ/J **84**, 113 u. **85**, 404), das Öffnen des Zahlenschlosses eines Mofas (Bay VM **75**, 20). Ein Fahrzeug führt ferner nicht, wer ohne seinen Willen sein Fahrzeug (Anlassen bei eingelegtem Gang) in Bewegung setzt (Frankfurt NZV **90**, 277), wer als Beifahrer nur die Gangschaltung bedient (KG VM **57**, 26), ebensowenig, wen dem Fahrer gegen seinen Willen plötzlich ins Steuer greift (Hamm NJW **69**, 1975; Köln NJW **71**, 670) oder wer einen Baggerarm lediglich schwenkt (Bay VRS **32**, 127). Das „Führen" eines *Fahrrades* genügt (Düsseldorf NJW **92**, 992), es beginnt, wenn der Radfahrer sich in Bewegung setzt (vgl. BGH **35**, 394).

3a Fahruntüchtigkeit ist gegeben, wenn der Führer nicht fähig ist, eine längere Strecke so zu steuern, daß er den Anforderungen des Straßenverkehrs, und zwar auch bei plötzlichem Auftreten schwieriger Verkehrslagen so gewachsen ist, wie es von einem durchschnittlichen Fahrzeugführer zu erwarten ist (ähnlich BGH **13**, 83; **19**, 244; **21**, 157; Hamm VRS **33**, 24; krit. zB Haffke JuS **72**, 448; zum Begriff der Fahruntüchtigkeit im Sinne der *Fahrunsicherheit* Hentschel NZV **91**, 329). Es handelt sich um einen unbestimmten Rechtsbegriff (Hamburg VRS **47**, 318). Unauffälliges vorhergehendes Fahrverhalten steht einer später zutage getretenen Fahruntüchtigkeit nicht entgegen (BGH **13**, 90; VRS **55**, 187). Die Fahruntüchtigkeit darf nicht auf mangelnde technische Beherrschung oder Ungeschick

3b zurückgehen, sondern muß die Folge **geistiger oder körperlicher Mängel** (Nr. 1b) sein, zB auch *Übermüdung* wegen Überschreitung der Lenk- und Ruhezeiten (hierzu M. Meyer ArchKrim **185** [1990] 65). Der in Nr. 1a genannte Fall, daß Ursache der Fahruntüchtigkeit der Genuß **alkoholischer Getränke oder anderer berauschender Mittel** ist (dazu im einzelnen 4 ff. zu § 316), ist der Sache nach nur ein Unterfall von Nr. 1b (Düsseldorf NJW **57**, 1567), der aber wegen seiner außergewöhnlichen praktischen Bedeutung und seiner sozialethisch abweichenden Beurteilung (Ausschußbericht S. 4) besonders hervorgehoben ist. Bei Nr. 1b kommen sowohl dauernde (Amputation, Schwerhörigkeit, Farbblindheit, die nicht stets ausschließt, BVerwG VM **66**, 58; Star-Leiden, Hamm VM **59**, 24) wie vorübergehende Mängel (Fieber, Heuschnupfen, LG Gießen NJW **54**, 612; Einwirkung von

Medikamenten, Stuttgart VRS **29**, 36, Ermüdung, DRiZ **80**, 144 unter 9) in Betracht. Sowohl bei a (dazu näher 6 zu § 316) wie bei b kann die Fahruntüchtigkeit eine **absolute** sein, dh eine derartige, daß sie sicheres Führen ausschließt, ohne daß Feststellungen über weitere Umstände, insbesondere die Fahrweise des Führers im konkreten Fall getroffen zu werden brauchen, vor allem bei dauernden Mängeln, die zum Entzug der Fahrerlaubnis führen müßten (schwere Sehstörungen, Epilepsie, Geisteskrankheit). Ob auch die Übermüdung hierher gehört (so VRS **14**, 282), die bei Nr. 1b eine praktisch wichtige Rolle spielt, ist eine Frage ihres Grades; eine den Fahrer ohne vorherige Anzeichen überfallende Übermüdung gibt es nur in Krankheitsfällen (BGH **23**, 156). Ergibt erst die Feststellung des Mangels und der weiteren Umstände im konkreten Fall, daß der Täter nicht sicher zu führen in der Lage ist, so ist **relative Fahruntüchtigkeit** gegeben. Gleicht der Führer den bestehenden Mangel durch besondere Vorsorge (Prothese, Hörgerät, Brille, Mitnahme eines Beifahrers) so aus, daß er nicht fahruntüchtig ist, so entfällt Nr. 1. Das Gesetz erwähnt daher im Gegensatz zu § 315a I Nr. 3 aF diese Möglichkeit nicht mehr (Begr. 28). Zur Fahrtüchtigkeit aus psychiatrischer Sicht und bei Epilepsie Payk MedR **85**, 143; Krämer/Besser MedR **86**, 186; Gramberg-Danielsen For. **7** (1986), 88 (ophtalmologische Aspekte; R. Peters MDR **91**, 487).

Nr. 2 ein abstrakt besonders gefährlicher Verkehrsverstoß aus dem gegenüber § 315a aF erweiterten Katalog der „Todsünden", den der Täter im Verkehr grob **verkehrswidrig und rücksichtslos** begeht. 4

A. Diese Verstöße sind unter Berücksichtigung der neugefaßten StVO 5 (vgl. Demuth JurA **71**, 383) **a) Nichtbeachten der Vorfahrt** (vgl. insbesondere §§ 8, 9, 18 III, 41, 42 StVO, auch § 9 I S. 2 StVO, BGH **12**, 21; **34**, 129) durch den Wartepflichtigen, wozu zB das Überfahren von Rot (Bay VM **59**, 78), aber auch das vorzeitige Linkseinbiegen vor dem Gegenverkehr gehört (BGH **11**, 219; Hamm NJW **57**, 1528; KG VRS **46**, 192), das Verletzen des Vortritts an einer Engstelle (Oldenburg VRS **42**, 35) sowie das vorzeitige Einfahren vom Parkplatz in den fließenden Verkehr oder von der Standspur der Autobahn in die Fahrbahn (BGH **13**, 129, vgl. aber Stuttgart VM **72**, 36); nicht aber das unvorsichtige Abbiegen aus der linken über die rechte Fahrspur (Stuttgart VRS **43**, 274). Auch das Vorrecht des Fußgängers nach § 9 III S. 3 StVO gehört hierher (aM Düsseldorf NJW **84**, 1246; LK 38; SchSch-Cramer 16; SK-Horn 10). **b) Falsches Fahren beim** 6 **Überholvorgang,** womit vor allem eine Verletzung des § 5 StVO (nicht aber schon jedes leicht behindernde Ausscheren auf der Autobahn, Bay **81**, 140) gemeint ist, aber auch jeder sonstige mit dem Überholvorgang in innerem Zusammenhang stehende (NJW **68**, 1244; DAR/S **89**, 247; Hamm DAR **55**, 307; Stuttgart DAR **65**, 103; Bay VM **68**, 33; NJW **88**, 273) Verkehrsverstoß (Neustadt VRS **9**, 263; Köln VM **58**, 32; Düsseldorf VM **62**, 57; **77**, 88; VRS **62**, 46; Schleswig VM **67**, 5) beim Überholen, dh beim Vorbeifahren an einem anderen fahrenden oder nur im Verkehrsvorgang kurz haltenden Fahrzeug (BGH **22**, 139; **25**, 293; VRS **17**, 45; Hamm DAR **56**, 108; VRS **27**, 69; **28**, 127; **32**, 449; Köln MDR **56**, 353; Bay **73**, 23), und zwar sowohl seitens des Überholenden (zB Schneiden, VRS **18**, 36; Hamm DAR **63**, 277), rechts Überholen auf der Autobahn (Düsseldorf VM **57**, 72; VRS **66**, 357; Braunschweig VRS **32**, 372), wozu grundsätzlich auch das Vorbeifahren auf der Kriechspur oder Standspur (BGH **30**, 85) an den links

§ 315c

die Normalspur benützenden Fahrzeugen gehört (BGH **23**, 129; Bay VM **72**, 51) als auch des Überholten selbst (zB durch Geschwindigkeitserhöhung; § 5 VI S. 1 StVO; Begr. 28f.; Düsseldorf VRS **58**, 29) vom dichten Heranfahren unter entsprechenden Signalen (Celle VRS **38**, 431; Karlsruhe NJW **72**, 962; Frankfurt VRS **56**, 288; Düsseldorf NZV **89**, 441) und Ausscheren angefangen (Hamburg VM **66**, 68) bis zum Abschluß des Überholens, dh bis sich der Überholende vor den Überholten gesetzt hat (Stuttgart VRS **4**, 618; Karlsruhe GA **58**, 157; Schleswig VM **71**, 79; vgl. auch Braunschweig NdsRpfl. **64**, 184; VRS **32**, 372; Düsseldorf VM **66**, 44), hierzu gehört auch das nichtbehindernde Einordnen nach dem Überholen (Düsseldorf VM **78**, 61), nicht aber das anschließende (verkehrsbehindernde) Rechtsabbiegen (Düsseldorf NZV **89**, 317), Wiedereinordnen auf die ursprüngliche Fahrbahnseite ist dafür nicht begriffsnotwendig (BGH **25**, 293), doch gilt das nur in Ausnahmefällen (Booß NJW **74**, 1879). Zum Auffahren „in einem Zug" von der Beschleunigungsspur auf die Überholspur einer befahrenen Autobahn BGH (Z) NJW **86**, , 1044; LG Bonn VRS **79**, 18. Vorbeifahren an einer vor Rot haltenden Fahrzeugschlange innerhalb einer Überholverbotszone ist unzulässiges Überholen nach § 5 III Nr. 2 StVO (BGH **26**, 73). Rechtsüberholen ist nur in den Fällen von § 5 VII StVO gestattet; kein Rechtsüberholen ist es, wenn nach Bildung von Fahrzeugschlangen in einer Richtung rechts schneller gefahren wird als links (gestattet durch § 7 StVO; mißverständlich Düsseldorf VM **75**, 3 mit Anm. Booß; vgl. auch NJW **68**, 1533; Frankfurt NJW **72**, 548; Düsseldorf
7 VM **76**, 13 mit krit. Anm. Booß); **c) Falsches Fahren an Fußgängerüberwegen,** insbesondere durch Verletzung von §§ 26, 41 III Nr. 1 (Zeichen 293) StVO, wobei die Begr. 29 den Fall hervorhebt, daß ein Fahrzeug links von einem anderen noch vorbeifährt, das schon hält, um dem Fußgänger den Weg frei zu machen. Vgl. auch Hamburg NJW **66**, 681, Mächtel NJW **66**, 641. In den Schutzbereich der Nr. 2c fällt auch, wer den Fußgängerüberweg mit dem Fahrrad rollend überquert (Stuttgart VRS **74**, 186). Nr. 2c gilt nach Hamm NJW **69**, 440; Düsseldorf VRS **66**, 135 nicht, wenn der Zebrastreifen durch eine Lichtsignalanlage gesichert ist (aM mit Recht
8 Koblenz VM **76**, 12). **d) Zu schnelles Fahren** (§ 3 StVO), dh eines, das die Geschwindigkeitsgrenzen verletzt oder der konkreten Verkehrssituation zuwiderläuft (vgl. VRS **15**, 346; **46**, 344), und zwar an Straßenkreuzungen (Bay HRR **34**, 847; Stuttgart DAR **70**, 133), Straßeneinmündungen (MDR **51**, 412), beschrankten oder vor allem unbeschrankten Bahnübergängen sowie ganz allgemein **an Stellen, die** infolge der Örtlichkeit, wegen Dunkelheit (VRS **3**, 249; Bay **55**, 241), Nebel (Bay **52**, 46; NZV **88**, 110), Bewuchs (Celle VRS **31**, 34), parkender Fahrzeuge (Bay **52**, 253), nicht aber nur wegen unklarer Verkehrslage (vgl. Hamm VM **71**, 8), Gegenverkehrs (BGH **13**, 169), Blendung (aM VRS **19**, 124) oder weil der Fahrer vereiste Scheiben hat (SK 13; aM Bay VM **68**, 34), **unübersichtlich sind** (Bay VRS **5**, 147; Frankfurt VM **56**, 6; Hamm DAR **69**, 275; Düsseldorf VRS **79**, 370). Hierzu gehört auch das zu schnelle Heranfahren an solche Stellen (Bay VRS **61**, 212), nicht jedoch, wenn das schnelle Fahren zum
9 Eintritt der konkreten Gefahr nicht beigetragen hat (unten 15). **e) Das Nichteinhalten der rechten Fahrbahnseite** (§ 2 StVO) an derartigen Stellen, dh die Inanspruchnahme mindestens eines Teils der linken Fahrbahn (VRS **44**, 422), so daß der Gegenverkehr unmittelbar in Mitleidenschaft

Gemeingefährliche Straftaten § 315 c

gezogen wird, zB an Bergkuppen, vor allem aber durch Kurvenschneiden (Begr. 29), ist die Sicht lediglich beeinträchtigt, so greift I Nr. 2e nicht ein (Düsseldorf VM **79**, 13). Ist die Kurve übersichtlich, so ist nicht § 315c, sondern nur § 2 StVO verletzt (vgl. BGH **23**, 313). **f) Auf der Autobahn** 10 (einschließlich des Bereichs der Zu- und Abfahrten, auch von Parkplätzen, Bay **80**, 28) oder auf Kraftfahrstraßen (§ 18 StVO) das **Wenden** (KG VM **75**, 78) und **Rückwärtsfahren** oder der Versuch dazu (§ 18 VII StVO; vgl. 5e zu § 315b; Frankfurt VM **73**, 46; Dvorak DAR **79**, 35). Mit Rückwärtsfahren ist nur das Fahren nach hinten im Rückwärtsgang, nicht auch das in falscher Richtung nach vorwärts gemeint (Stuttgart NJW **76**, 2224 m. zust. Anm. Rüth aaO; VRS **58**, 204 m. Anm. Kürschner JR **80**, 472; Celle VM **83**, 88; AG Cochem DAR **80**, 185; Karlsruhe VRS **65**, 470, hierzu Geilen JK 4 zu § 16; Full/Möhl/Rüth 62). Wer infolge Schleuderns auf einer Autobahn in die entgegengesetzte Fahrtrichtung gerät, „wendet" nicht (Rüth JR **77**, 256; aM Stuttgart 3. StS NJW **76**, 2224). Das **Fahren entgegen der** 10a **Fahrtrichtung** (sog. *Geisterfahrer*), das seit dem OWiGÄndG (oben 1) nicht allein gegen § 2 I StVO verstößt, sondern unter Buchst. f fällt, ist nicht als „Rückwärtsfahren" anzusehen; es setzt auch nicht stets ein „Wenden" voraus, etwa wenn der Fahrer die richtige Auffahrt verfehlt, versehentlich auf die falsche Fahrbahn gerät, spitzwinklig nach links abzweigend über die Verbindungsstraße zwischen Ein- und Ausfahrt aus dem Autobahnbereich herausfährt (BGH **31**, 71) oder sonst nach links abbiegend, Mittelstreifen und Gegenfahrbahn überquerend auf das Gelände neben der Autobahn fährt (LG Lübeck SchlHA **81**, 149). Die Rechtslage ist durch das OWiG-ÄndG auch insoweit geklärt. **g) Das Unterlassen der Kenntlichmachung** 11 von Fahrzeugen, die im öffentlichen Verkehrsbereich nicht nur ganz kurz halten oder die (infolge von Motorschaden, Unfall, Glatteis) liegen geblieben sind, obwohl eine solche Kenntlichmachung nach den örtlichen Umständen und dem zu erwartenden Verkehr erforderlich ist; und zwar Kenntlichmachung auf eine Entfernung, die es anderen Fahrzeugen ermöglicht, sich rechtzeitig einzurichten (vgl. §§ 15, 17 StVO). Die Pflicht besteht vor allem nachts, aber auch am Tage, insbesondere auf schnell und viel befahrenen Straßen und für schwere Kraftfahrzeuge (BGH **16**, 89; VRS **11**, 1; VM **64**, 82; Köln NJW **66**, 934; 5 zu § 315b). Täter kann hier nicht nur der Führer, sondern jeder nach Sachlage Verantwortliche, vor allem der mitfahrende Halter sein (VersR **59**, 994). Die Tat ist echtes Unterlassungsdelikt. § 323c kann der Pflicht vorgehen (vgl. Stuttgart DAR **58**, 222).

B. Grob verkehrswidrig und rücksichtslos muß der Täter handeln; nur 12 eines dieser Merkmale reicht nicht aus, auch wenn der Täter bei mehreren Verstößen einmal grob verkehrswidrig und das andere Mal rücksichtslos handelt (VRS **16**, 132; vgl. auch Karlsruhe NJW **57**, 1567; Ranft Jura **87**, 612), praktisch überschneiden sich die Merkmale allerdings häufig (Köln NJW **54**, 732). **Grob verkehrswidrig** ist ein besonders schwerer Verstoß 13 gegen eine Verkehrsvorschrift (Schleswig SchlHA **54**, 257; **55**, 338; zu eng, wenn Hamm VRS **6**, 152 auf die Beeinträchtigung der Verkehrssicherheit abstellt), zB doppelte Überschreitung der Höchstgeschwindigkeit (Karlsruhe NJW **60**, 546; aber nicht bei offensichtlich „unsinnigem" 20 km-Schild, Jagusch 25; SchSch 26), Kolonnenspringen (LG Bochum DAR **57**,

§ 315c BT Siebenundzwanzigster Abschnitt

302), Überholen bei außerordentlich schlechter Sicht (Bay VM **68**, 33; vgl. auch Stuttgart DAR **70**, 133; Koblenz VRS **46**, 344; **47**, 31; **52**, 39), zu schnelles Heranfahren an Zebrastreifen (Düsseldorf VM **74**, 37; oder in Tateinheit mit § 240, Köln VRS **44**, 16; vgl. auch Frankfurt VRS **46**, 191).

14 **Rücksichtslos** handelt, wer sich aus eigensüchtigen Gründen über seine Pflichten gegenüber anderen Verkehrsteilnehmern hinwegsetzt (vgl. Bay NJW **88**, 274) oder aus Gleichgültigkeit von vornherein Bedenken gegen sein Verhalten nicht aufkommen läßt und unbekümmert drauflosfährt (BGH **5**, 392; VRS **13**, 28; **15**, 346; vgl. Bay DAR **83**, 248; Braunschweig NJW **54**, 486; VRS **32**, 372; Köln NJW **54**, 732; VRS **33**, 283; OLGSt. 90; Celle NJW **57**, 1568; Karlsruhe NJW **60**, 546; Zweibrücken VRS **33**, 201; Stuttgart NJW **67**, 1766; **68**, 1792; OLGSt. 47; Schleswig VM **71**, 79; Koblenz VRS **64**, 126; NZV **89**, 241; Düsseldorf NZV **88**, 150; NJW **89**, 2764 [m. Anm. Werny NZV **89**, 441]; VRS **79**, 371; Scheweling ZStW **72**, 464; Mollenkott BA **85**, 298; Zimmermann MDR **87**, 364; eingehend Haubrich NJW **89**, 1199), so beim blinden Hineinfahren in eine unübersichtliche Linkskurve mit hoher Geschwindigkeit (Köln VRS **48**, 205), beim Überholen einer aufgeschlossenen, langsam fahrenden Kolonne bei Gegenverkehr, und zwar auch bei breiterer Fahrbahn (Bay DAR **78**, 209 dort 10c), bei zweimaligem Ausscheren zum Überholen unter Mißachtung nachfolgenden Überholverkehrs (Koblenz NStE Nr. 6), zur Rücksichtslosigkeit am Fußgängerüberweg (Köln VRS **59**, 123). Das äußere Tatgeschehen allein reicht jedoch für die Beurteilung nicht aus (VRS **20**, 51; Braunschweig VRS **30**, 286). Vielmehr spielen die Verkehrslage (VRS **50**, 342) eine wesentliche Rolle; idR jedoch nicht die Motive des Täters (Karlsruhe VM **80**, 18; LK 33; Bay JR **60**, 70; vgl. auch DAR **78**, 209 dort 10d). Zu weitgehend jedoch Stuttgart, VM **77**, 88, wonach nur äußerst verwerfliche Verfehlungen von „allgemein unverständlicher Nachlässigkeit" die Rücksichtslosigkeit begründen können. Es fehlt aber jedenfalls an ihr bei Fehlverhalten infolge von Unaufmerksamkeit oder sonstigem menschlichen Versagen (BGH **5**, 396; AG Homburg ZfS **83**, 285), aus Bestürzung, Schrecken, sonstiger Erregung (VRS **14**, 305; **23**, 291; NJW **62**, 2165; Zweibrücken VRS **61**, 434) oder falscher Lagebeurteilung (VRS **13**, 28; Hamm DAR **69**, 275; Düsseldorf VM **72**, 29; Stuttgart DAR **76**, 23). möglicherweise auch bei Rücksichtnahme auf einen Dritten (Stuttgart OLGSt. 65). Auch grobe Nachlässigkeit allein genügt nicht (Stuttgart Die Justiz **71**, 310), noch weniger Freude am zügigen Fahren (Düsseldorf VM **79**, 14). Verständliche Motive schließen Rücksichtslosigkeit nicht stets aus (KG VRS **40**, 268), idR aber bei nach § 35 StVO Sonderberechtigten (LG Köln ZfS **83**, 284). Ob ein Arzt, der rasche Hilfe bringen soll (vgl. 9ff., 22 zu § 34), rücksichtslos handelt (so Stuttgart Die Justiz **63**, 37), hängt vom Gesamtsachverhalt ab. Die von R. Peters (DAR **80**, 45) vertretene ersatzlose Streichung des Merkmals „rücksichtslos" dehnt die Strafbarkeit unvertretbar aus (vgl. auch Arzt/Weber LH **2**, 312).

15 **4) Eine konkrete Gefahr** für *Leib oder Leben* eines anderen *oder Sachen von bedeutendem Wert* (14ff. zu § 315) muß die **Folge** der Tathandlung, im Fall von I Nr. 1 die Folge der Fahruntüchtigkeit (VRS **65**, 360; Karlsruhe GA **71**, 214; VRS **58**, 142; NStZ/J **88**, 120), nicht etwa erst eines verursachten Unfalls sein (BGH **5**, 297; **6**, 226; **7**, 310; **8**, 32; VRS **31**, 36; Bay NJW **69**,

2026; DAR **74**, 275; Stuttgart NJW **60**, 1484; DAR **74**, 106; KG DAR **61**, 145; Celle NJW **69**, 1184; **70**, 1091; Hamm DAR **73**, 247; AG Bochum BA **90**, 234 [m. Anm. Benz]; str.) und muß als solche festgestellt werden (Bay NJW **54**, 1090; Stuttgart NJW **55**, 114; Düsseldorf NJW **56**, 1044; DAR **57**, 160; **80**, 190; Hamm NJW **58**, 1359; Karlsruhe GA **71**, 214), und zwar in dem Sinne, daß eine auf festgestellte Tatsachen gegründete Wahrscheinlichkeit eines schädigenden Ereignisses gegeben war (Schleswig MDR **89**, 1122); zB beim Geraten auf die Gegenfahrbahn (Koblenz VRS **47**, 349). Bei einer Tat nach § 315b I folgt die Gefahr aus dem Hindernisbereiten oder dem gefährlichen Eingriff, kommt Alkoholisierung hinzu, greift nicht § 315c I Nr. 1, sondern lediglich § 316 ein (NStE Nr. 1; Koblenz VRS **73**, 61), denn die Gefahr muß ihren Grund gerade in der im Gesetz typisierten Verhaltensweise haben und darf nicht nur gelegentlich eines solchen Verhaltens eintreten (Bay **50**, 425; **64**, 372; JZ **76**, 291; NZV **89**, 359 [m. krit. Anm. Deutscher u. R. Peters NZV **90**, 260]); NStZ/J **89**, 566; NJW/H **90**, 1462; Hamm NJW **55**, 723; DAR **57**, 215). Sie kann in einem zu geringen Sicherheitsabstand zwischen zwei Fahrzeugen liegen (BGH **22**, 345; Bay NJW **88**, 273; Karlsruhe NJW **71**, 1818; **72**, 962; vgl. Stuttgart VRS **46**, 36; Düsseldorf VM **74**, 37), aber nicht schon darin, daß sich Menschen oder Sachen von bedeutendem Wert in der „Gefahrenzone" befinden (Düsseldorf NZV **90**, 80; Hamm NZV **91**, 158). Unterschiedlich wird in der Rspr. die Frage beantwortet, ob für *Fahrzeuginsassen* eine konkrete Gefahr schon darin liegt, daß der *Fahrer alkoholbedingt absolut fahrunsicher* ist. Der BGH [**4. StS**] hat dies gegen Bay (MDR **88**, 985) grundsätzlich bejaht (NJW **89**, 1228; früher schon zu § 315b: NStZ **85**, 263) und darauf hingewiesen, daß die Fahrzeuginsassen wegen der verminderten Gesamtleistungsfähigkeit des Führers stärker gefährdet seien als andere Verkehrsteilnehmer. Da aber der 4. StS in seinem *obiter dictum* offen gelassen hat (NJW **89**, 1228; 21. 5. 1992, 4 StR 81/92), ob und inwieweit sich die Fahruntüchtigkeit des Fahrers im einzelnen „indiziell nach außen gezeigt" haben müsse, bringt diese Rspr., die keine Vorlagepflicht (§ 121 II GVG) begründet, keine Klärung. Denn Bay (NJW **90**, 133) hält an seiner Auffassung fest (zust. Berz NStZ **90**, 237; Knollmann/Lampe JuS **90**, 708). Die gegen BGH NJW **89**, 1128 erhobenen Einwände (Köln NJW **91**, 3291; hierzu NJW/H **92**, 1083; Geppert NStZ **89**, 322; Werle JR **90**, 74; Ströber DAR **89**, 414; Becker NStZ **90**, 125; Seier NZV **90**, 130; NStZ/J **89**, 258; **91**, 578 u. umfassend Puhm, Strafbarkeit gemäß § 315c StGB bei Gefährdung des Mitfahrers, Diss. Passau 1990; auch früher schon NStZ/J **85**, 257; Hentschel JR **85**, 434; NJW/H **89**, 1845; **90**, 1461; Hentschel/Born 380) greifen durch. Denn der BGH überdehnt für die Fälle der Mitnahme von Fahrzeuginsassen durch Trunkenheitsfahrer nicht nur den Rechtsbegriff der konkreten Gefahr (hierzu zutr. Berz NZV **89**, 414; hierzu aber auch Jähnke DRiZ **90**, 430), sondern er läßt damit zugleich in diesen Fällen den (subsidiären) § 316 idR zugunsten des schwereren § 315c I Nr. 1a zurücktreten.

A. Aus der **abstrakt gefährlichen Tathandlung** allein darf nicht auf den 16 Eintritt einer konkreten Gefahr geschlossen werden (BGH **13**, 83; Bay NJW **54**, 42; Hamm NJW **54**, 85; Köln MDR **56**, 693). Es muß vielmehr festgestellt werden, welche bestimmten Menschen oder Sachen konkret gefährdet worden sind (so schon BGH **8**, 32; Zweibrücken VRS **32**, 376).

§ 315 c

Das gilt vor allem auch für die Fälle von Nr. 1 a und b. Hier reicht es nicht aus, daß bei nicht zu beanstandender Fahrweise des fahruntüchtigen Führers Menschen oder Sachen in den Gefahrenbereich seines Fahrzeugs geraten sind (so Oldenburg NJW **54**, 1945; Köln DAR **54**, 92; Straube NJW **55**, 407; aM Bay NJW **54**, 730; 1090; Stuttgart NJW **55**, 114; Karlsruhe DAR **54**, 187; Hartung JZ **54**, 486; Schmidt-Leichner, NJW **55**, 1297); der fehlerhafte Fahrvorgang selbst muß festgestellt werden, der die Gefahr herbeiführte. Der vermittelnde Lösungsversuch in BGH **8**, 28 ist nicht geglückt, aber auch angesichts § 316 kriminalpolitisch nicht mehr erforderlich.

17 **B. Die gefährdeten Menschen oder Sachen** brauchen sich nicht im Bereich des Straßenverkehrs zu befinden, wie zB Bauern auf dem Felde (Begr. 28; Nüse JR **65**, 42), Häuser (Karlsruhe NJW **60**, 546) u. dgl. (VRS **11**, 61; Düsseldorf JMBlNW **59**, 195); auch reicht die Gefährdung der Insassen des vom Täter geführten Fahrzeugs aus, soweit diese nicht Teilnehmer der Tat sind (NJW **89**, 1227; Karlsruhe NJW **67**, 2321; Stuttgart NJW **76**, 1904, das sogar Teilnehmer einbezieht; hierzu Hillenkamp JuS **77**, 166 u. D. Otto NZV **92**, 309). Die Einwilligung eines Mitfahrers in die Gefährdung seiner körperlichen Unversehrtheit durch den Trunkenheitsfahrer schließt die Rechtswidrigkeit der Tat nach I nicht aus (BGH **23**, 261; hierzu Otto Jura **91**, 444; U. Weber, Baumann-FS 52; aM Roxin § 13, 33 Fn. 59). Die Gefährdung des geführten, dem Täter aber nicht gehörenden Fahrzeugs scheidet hingegen aus dem Schutzbereich aus (BGH **27**, 40; VRS **42**, 97; DRiZ **76**, 143; VRS **69**, 436; NStZ **92**, 233; Bay DAR **78**, 209 dort 10a; NJW **83**, 2828 m. Anm. Seier JA **83**, 553; Schleswig NJW **65**, 1727; Hamm NJW **67**, 943; OLGSt. 23; Stuttgart NJW **66**, 2280; Celle MDR **67**, 853; NJW **70**, 1091; Braunschweig VRS **32**, 443; Hamburg VM **68**, 61; Lackner 25 u. JZ **65**, 124; Jagusch/Hentschel 4; Mühlhaus/Janiszewski 6, alle zu § 315 c; M-Schroeder § 50, 25; Ranft Jura **87**, 615; aM Warda MDR **65**, 6; Hartung NJW **66**, 15 u. **67**, 909; SK 10 vor § 306; 44. Aufl.). Fällt I Nr. 1 a auf diese Weise weg, so bleibt aber § 316; ebenso Oellers NJW **70**, 2121.

18 5) **Die innere Tatseite** unterscheidet die Fälle von I und III mit ihren unterschiedlichen Strafdrohungen. **A. Vorsatz** hinsichtlich sämtlicher Tatbestandsmerkmale muß bei **I** gegeben sein. Er hat sich bei *Nr. 1* auf die Fahruntüchtigkeit und ihre Ursächlichkeit (Bay VRS **64**, 368; Düsseldorf NJW **56**, 1043; Saarbrücken NJW **63**, 1685; KG VRS **80**, 449), bei *Nr. 2* auf den Verkehrsverstoß sowie auf die Umstände zu erstrecken, die den Verstoß zu einem grob verkehrswidrigen und rücksichtslosen machen; dieses Urteil braucht der Täter nicht selbst zu vollziehen (19 zu § 16; Bay NJW **69**, 565; VRS **36**, 363; DAR **83**, 248; **85**, 241; str.; vgl. Lackner NJW **54**, 486; Hartung JR **54**, 309), er muß sich aber der mit seiner Fahrweise verbundenen Gefährlichkeit als solcher bewußt sein (Bay JZ **83**, 401). Der Vorsatz muß weiter, mindestens als bedingter die konkrete Gefährdung umfassen (BGH **22**, 67; MDR/H **86**, 98; Düsseldorf VRS **35**, 29; hierzu SK 14 vor § 306). Selbstgefährdung schließt Vorsatz nicht aus; denn wer darauf vertraut, den Schaden vermeiden zu können, kann sehr wohl mit einer Gefahr auch für sich selbst einverstanden sein (VRS **12**, 185; DAR **55**, 282; Celle NJW **54**, 612; KG VM **56**, 26; vgl. hingegen Bay NJW **56**, 1449; Köln NJW **60**, 1213 mwN), die Praxis weicht viel zu häufig in den Fahrlässig-

Gemeingefährliche Straftaten   **§ 315 c**

keitstatbestand aus (vgl. Spiegel bei Rittmann JZ 75, 453). Bei einer BAK von weit über 1,3‰ liegt Vorsatz nahe (VRS **65**, 361), andererseits kann der Täter infolge des Genusses von Alkohol in seiner Erkenntnisfähigkeit eingeschränkt gewesen sein (NZV **91**, 117). Bedingter Vorsatz reicht allenthalben aus (vgl. Hamm DAR **72**, 334; Köln VRS **45**, 436). In den Fällen von I Nr. 1 und 2f ist der **Versuch** der Vorsatztat strafbar; er beginnt mit dem Einstecken des Zündschlüssels, setzt aber mindestens bedingten Vorsatz hinsichtlich der konkreten Gefährdung voraus (vgl. Düsseldorf NJW **56**, 1043; zu weitgehend LG Lüneburg NJW **55**, 919). Wegen Versuchs ist daher nicht strafbar, wer zwar willentlich den Motor anläßt, nicht aber willentlich den Bewegungsvorgang auslöst, weil er übersehen hat, daß der Gang eingelegt ist (Düsseldorf NZV **92**, 197). **B. Fahrlässigkeit** auch nur 19
hinsichtlich eines Merkmals läßt die Tat **unter III** fallen (BGH **5**, 396; VRS **30**, 340; **50**, 342; Köln NJW **54**, 732). Anderseits muß der Täter hinsichtlich aller Tatbestandsmerkmale mindestens fahrlässig handeln. Im Fall III Nr. 1 ist eine Vorsatztat mit fahrlässig herbeigeführtem Erfolg gegeben (§ 11 II; vgl. 23 zu § 315). Auch eine grobe Verkehrswidrigkeit kann man fahrlässig begehen, ebenso ist Rücksichtslosigkeit auch fahrlässig möglich, und zwar sowohl bei bewußter Fahrlässigkeit (VRS **16**, 356; **23**, 289) als auch dann, wenn man sich aus Gleichgültigkeit keinerlei Gedanken macht (oben 12 ff.; BGH **5**, 396; VRS **17**, 46; Stuttgart MDR **67**, 852; Köln VRS **33**, 283; VM **72**, 35; Koblenz VRS **53**, 188; VRS **71**, 279; Haubrich NJW **89**, 1200; hM; zu eng LG Essen MDR **65**, 503). Zur Frage der Fahrlässigkeit im Falle einer Fahruntauglichkeit durch Verschlechterung des Gesundheitszustandes während der Fahrt Bay NZV **90**, 399. Der Versuch ist auch bei III Nr. 1 nicht strafbar (Düsseldorf OLGSt. 29). Bei Vorsatztat mit fahrlässig herbeigeführtem Erfolg ist auch Fortsetzungszusammenhang möglich (vgl. BGH **22**, 67).

6) Teilnahme ist möglich in den Fällen von I, II und III Nr. 1 (Stuttgart 20
NJW **76**, 1904), hierbei ist eine zumindest bedingt vorsätzliche Tat iS des I und eine dadurch fahrlässig verursachte Gefahr iS der I, III Nr. 1 notwendig (NStZ **92**, 234, weitergehend Rudolphi GA **70**, 358); mittelbare Täterschaft hingegen weitestgehend ausgeschlossen (oben 2). Zur Verantwortlichkeit von Mitfahrern vgl. Bödecker DAR **70**, 309; ferner 10 zu § 316.

7) Bei der Strafzumessung (vgl. hierzu näher 11 zu § 316) ist § 44 I S. 2 21
und § 69 II Nr. 1 zu beachten (3 zu § 44; 10 zu § 69).

8) Konkurrenzen. A. Zwischen den **Begehungsformen des § 315 c** ist 22
grundsätzlich Tateinheit möglich; LK 73 (Bay VRS **63**, 275; **73**, 379 und SchSch 40 nehmen einheitliche vorsätzliche Tat an, auch wenn ein Tatteil nur fahrlässig begangen ist, Geerds BA **65**, 128 nimmt durchweg unselbständige Begehungsweise eines einzigen Tatbestandes an), nicht jedoch zwischen Nr. 1 a und b, wobei a vorgeht (VM **71**, 81), sowie zwischen Nr. 2 g und den übrigen Fällen; auch Fortsetzungszusammenhang oder Handlungseinheit, etwa bei mehreren Fällen möglich; str.). Die Tat ist keine Dauerstraftat (6 zu § 315 a); sie ist mit Eintritt der Gefahr vollendet und mit deren Beseitigung beendet (vgl. Bay **57**, 109). Beginnt der Täter eine neue Fahrt, so scheidet natürliche Handlungseinheit aus (vgl. VRS **9**, 353; Koblenz VRS **37**, 190; vgl. aber auch VRS **47**, 178). Fortsetzungszusammenhang ist jedoch möglich. Werden bei einer Trunkenheitsfahrt nach I Nr. 1 a mehrere Personen gleichzeitig oder nacheinander gefährdet, so liegt nur *ein* Vergehen nach § 315 c vor (NJW **89**, 1228 [insow. zust.

1767

§ 315 c

Geppert NStZ **89**, 320; krit. Werle JR **90**, 74]; Bay NJW **84**, 68; NStZ/J **84**, 112; **87**, 546; Engelhardt DRiZ **82**, 106; ebenso jetzt auch für § 315b NJW **89**, 2550
23 [VRS **55**, 185 ist aufgegeben]; aM aber noch Horn/Hoyer JZ **87**, 965). **B.** Mit § 315b ist **Tateinheit** möglich (BGH **22**, 76; VRS **53**, 356; **65**, 361), § 316 wird von § 315c I Nr. 1 verdrängt (VRS **62**, 192; NJW **83**, 1744), kann aber, wenn die Gefahr nicht Folge der Trunkenheit ist, mit I Nr. 2 in Tateinheit stehen. Erkennt der Täter während einer Trunkenheitsfahrt, daß er fahruntauglich ist, so liegt, unbeschadet des Wechsels der Schuldform (LK-Vogler 17 vor § 52), nur *eine* Tat vor, wenn der Täter hernach einem Gesamtplan entsprechend weiterfährt (Bay MDR **80**, 867), es kommt daher kein Teilfreispruch in Betracht, wenn der mitangeklagte § 142 nicht erweislich ist (Bay VRS **60**, 107). Mit § 142 ist sowohl Tateinheit (VRS **13**, 135; Braunschweig NJW **54**, 933; Bay **55**, 73; Neustadt NJW **60**, 546; KG DAR **61**, 145; Hamm VRS **25**, 193; **35**, 349; Oldenburg NJW **65**, 117) als auch *Tatmehrheit* möglich (BGH **21**, 203; **23**, 141; DAR **55**, 282; VRS **26**, 347; Frankfurt NJW **62**, 456; Stuttgart NJW **64**, 1913; Hamm VRS **32**, 32; JMBlNW **73**, 271). § 142 wird aber durch III mit damit in Tateinheit stehender fahrlässiger Tötung nicht zu einer Tat verbunden (VRS **8**, 49; **21**, 341; 423; **22**, 124; **26**, 347; Stuttgart NJW **64**, 1913; str.; vgl. auch Oldenburg NdsRpfl. **63**, 18). Tateinheit auch mit Körperverletzungs- und Tötungsdelikten sowie §§ 177, 178, 22 und mit § 239 (NStZ **88**, 70; NJW **89**, 1228). Zur sog. Polizeiflucht 2 vor § 52.

Schienenbahnen im Straßenverkehr

315 d Soweit Schienenbahnen am Straßenverkehr teilnehmen, sind nur die Vorschriften zum Schutz des Straßenverkehrs (§§ 315b und 315c) anzuwenden.

1 **1) Die Vorschrift** ist durch das 2. StraßenverkehrssichG eingefügt; zur Entstehungsgeschichte vgl. 1 zu § 44.

2 **2) Schienenbahnen** (4 zu § 315) fallen grundsätzlich unter die Vorschriften der §§ 315, 315a, jedoch unter die §§ 315b, 315c, soweit sie am Straßenverkehr teilnehmen. Die Abgrenzung in § 315 aF, die auf das Vorhandensein eines besonderen Bahnkörpers abstellte, hat zu Schwierigkeiten geführt. Das Gesetz stellt jetzt darauf ab, ob die Bahn am Straßenverkehr teilnimmt, dh ob sie ihr Fahrverhalten allgemein und nicht etwa nur bei besonderen Gefahrenlagen nach dem sie umgebenden Straßenverkehr zu richten hat (Begr. 29). Das gilt vor allem für Straßenbahnen, für Eisenbahnen grundsätzlich nicht; doch kommt es nicht darauf an, ob die Bahn gewerberechtlich als Eisenbahn oder Straßenbahn zugelassen ist (Begr. 30). Schwierigkeiten machen die Bahnen, die streckenweise oder auch nur auf Kreuzungen anderen Verkehrsteilnehmern gleichgestellt sind (BGH **15**, 15; Bay VRS **17**, 127; Braunschweig VRS **28**, 122), auf anderen Strecken aber nicht, insbesondere an Kreuzungen durch Schranken oder Warnkreuze (BGH **15**, 9; VRS **19**, 442; Köln VRS **13**, 288; **15**, 50; Stuttgart VM **72**, 93) dem Straßenverkehr gegenüber bevorrechtigt sind; der besondere Bahnkörper (§ 11 BOStrab) wird idR eine solche Herausnahme aus dem Straßenverkehr bedeuten (Begr. 29). Bei derart gemischten Bahnen kommt es nicht darauf an, bei welcher Form ihr Schwergewicht liegt, sondern, wie der Ausdruck „soweit" ergibt, auf welchem Streckenteil die Tat begangen ist. Fallen dabei Tathandlung, Gefährdung und Schadenseintritt auseinander, so kommt es darauf an, wo die Gefahr eingetreten ist (BGH **11**, 162; **13**, 66; Köln VRS **15**, 53; Bay VRS **17**, 125; aM BGH **15**, 15 f.), das auf den Ort der Tathandlung abstellt. Wird ein gefährlicher Eingriff im Depot der Bahn begangen und führt er zu

Gemeingefährliche Straftaten **§ 315d**

einer konkreten Gefahr sowohl im Bereich der Bahn, in dem sie am Straßenverkehr teilnimmt, wie in dem, wo das nicht der Fall ist, so ist Tateinheit zwischen § 315 und § 315b gegeben (SK-Horn 6). Cramer JZ **69**, 412 stellt entgegen dem Wortlaut des Gesetzes darauf ab, ob der Grund für die eingetretene Gefahr in den typischen Gefahren des Straßenverkehrs oder des Bahnverkehrs liegt und kommt so zu weitgehend abweichenden Ergebnissen; gegen ihn LK-Rüth 5.

Trunkenheit im Verkehr

316 [I] Wer im Verkehr (§§ 315 bis 315d) ein Fahrzeug führt, obwohl er infolge des Genusses alkoholischer Getränke oder anderer berauschender Mittel nicht in der Lage ist, das Fahrzeug sicher zu führen, wird mit Freiheitsstrafe bis zu einem Jahr oder mit Geldstrafe bestraft, wenn die Tat nicht in § 315a oder § 315c mit Strafe bedroht ist.

[II] Nach Absatz 1 wird auch bestraft, wer die Tat fahrlässig begeht.

1) Die Vorschrift ist durch das 2. StraßenverkehrssichG neu gefaßt; zur Entstehungsgeschichte vgl. 1 zu § 44; zur Systematik 1 zu § 315.   1

A. Geschütztes **Rechtsgut** ist die Sicherheit des Verkehrs. Es handelt sich um ein **abstraktes Gefährdungsdelikt** (Bay NJW **68**, 1732; Hamm NJW **84**, 137). Eine praktisch wichtige Ergänzung zu § 316 ist **§ 24a StVG** mit seinem festen Grenzwert von 0,8‰ (dazu BT-Drs. 7/133, 7/692; Bürgel NJW **73**, 1356; zum Verhältnis des § 316 zu § 24a StVG, SchSch-Cramer 1; Bremen MDR **82**, 773), der allerdings im Beitrittsgebiet [37 vor § 3] nicht gilt (Anl. I Kap. IX B III 1a zum EV), vielmehr ist dort nach § 7 II iVm § 47 I–III StVO-DDR das als Ordnungswidrigkeit bußgeldbewehrte 0,00‰-Gebot maßgebend (Anl. II Kap. XI B III 4b EV). Ist § 316 gegeben, so gilt § 21 OWiG, so daß § 24a StVG praktisch ausscheidet. Sind Zweifel, ob § 316 oder § 24a StVG vorliegt, so kommt Wahlfeststellung nicht in Betracht; es greift nur § 24a StVG ein (*in dubio pro reo*; Stufenverhältnis; Köln VRS **63**, 284; 14 zu § 1); zur Frage der Rückwirkung einer Rechtsprechungsänderung, 11c zu § 1; für die Einführung eines festen Grenzwertes von 0,6: Schneble BA **81**, 197; E. Müller, Heifer VGT **81**, 81, 116; Hentschel DAR **81**, 79, oder 0,5‰: D. Schultz BA **77**, 357; vgl. auch Claussen BA **87**, 361. **Schrifttum** de lege ferenda und zur Frage des Alkohols im Verkehr oben 1 zu § 69, ferner bei *Jagusch/Hentschel* 73 zu § 316; LK-*Rüth* vor 1; DRiZ **79**, 280; *Hessel* BA **81**, 1; *H. J. Hirsch* und *Schewe*, ZStW Beih. 1981, 27 und 38ff.; *Janiszewski* DAR **88**, 253, **90**, 415 (zur Frage der 0,5‰-Grenze); *Müller, Bode* BA **90**, 116, 417 (zur medizinisch-psychologischen Untersuchung bei Trunkenheitsersttätern); *Schöch* NStZ **91**, 11 (auch kriminologisch und kriminalstatistisch); *Heifer/Pluisch* ZRP **91**, 421. **Kriminologie:** *Middendorff* BA **87**, 37; *Sporer* For. **8** (1987), 19; *Legat* BA **87**, 391 (Charakteristik der Trunkenheitsfahrer); *Stephan* BA **88**, 201. **Kriminalstatistik:** umfassende verkehrsstatistische Angaben (Fahrzeugbestand, Unfälle, §§ 44, 69, 316) bei *Barth* GA **90**, 73; zum Alkoholgenuß bei Straßenverkehrsunfällen *A. Müller* BA **84**, 501; **87**, 109; *Legat* BA **85**, 272; zur Dunkelziffer *Kunkel* BA **82**, 15; zur Unfallstatistik *Händel* BA **89**, 319.   2

B. Eigenhändiges Delikt ist die Tat wie bei § 315a I Nr. 1 und § 315c I Nr. 1a. Gegenüber diesen Vorschriften tritt § 316 als subsidiär zurück. Die Tat kann in allen Verkehrsbereichen, also im Schienenbahn-, Schwebebahn-, Schiffs- oder Luftverkehr (4ff. zu § 315), vor allem aber im Straßenverkehr (2 zu § 315b) begangen werden.   3

1769

§ 316

4   2) **Tathandlung** ist das **Führen** eines Fahrzeugs (vgl. 3 zu § 315c; zu beachten ist, daß die Versuchshandlungen des Anlassens des Motors, um das Fahrzeug in Bewegung zu setzen, mangels Versuchsstrafbarkeit bei § 316 straflos sind, BGH **35**, 390); **im Zustand der** (rauschbedingten) **Fahruntüchtigkeit** (3 zu § 315c), die infolge des Genusses von Alkohol in jeder Form (zB auch von Klosterfrau-Melissengeist, Oldenburg DAR **56**, 253) oder anderer berauschender Mittel (3a zu § 64; 3a zu § 323a; LK-Spendel 83 zu § 323a), also nicht von nicht unter diesen Begriff fallenden Medikamenten (vgl. 3 zu § 323a; aM Schleswig SchlHA **77**, 180), eingetreten ist; vgl. einerseits Stuttgart VRS **29**, 36; andersseits KG VRS **19**, 111. Einatmen alkoholischer Dämpfe kann die BAK (unten 6, 8) nur in der 2. Dezimale des Promillewerts beeinflussen (Hamm NJW **78**, 1210). Wird die Annahme der Fahruntüchtigkeit auf den Genuß anderer berauschender Mittel gestützt, so ist darzutun, daß sie in ihren Auswirkungen mit dem Alkohol vergleichbar sind (Köln NZV **91**, 158); im übrigen fehlt es an Erfahrungswissen, um die Beeinträchtigung der Fahrtüchtigkeit nach Cannabiskonsum und anderer BtM exakt zu beschreiben. Es muß daher auf Grund von Anknüpfungstatsachen wie Ausfallerscheinungen die relative Fahruntüchtigkeit (7ff.) bewiesen werden (Köln NJW **90**, 2945, hierzu Trunk NZV **91**, 258). Die Tat ist **Dauerstraftat**, die regelmäßig erst mit dem Abschluß der Fahrt beendet ist (NJW **73**, 336; Bremen NJW **54**, 45; 933; Düsseldorf VRS **3**, 352; KG VRS **10**, 352; Hamburg VM **68**, 61; Hamburg OLGSt. 54; Hamm VRS **35**, 349; vgl. auch Celle MDR **58**, 708; Bay NJW **57**, 1485; **63**, 168), und zwar auch bei Motivänderung (VRS **48**, 354; NJW **83**, 1744), doch kann bei Fahrtunterbrechung und neuem Entschluß zur Weiterfahrt, vor allem zu Unfallflucht, eine zweite Tat gegeben sein (BGH **21**, 203; VRS **13**, 121; Stuttgart NJW **64**, 1913; OLGSt. 28 zu § 142; Celle VRS **33**, 113; JR **82**, 79 m. Anm. Rüth; Hamm VRS **42**, 21; Bay NJW **73**, 1657; Koblenz VRS **47**, 340), und zwar auch im Falle einer Weiterfahrt nach späterer Kenntnisnahme vom Unfall (Bay MDR **81**, 1035 m. Anm. Hentschel JR **82**, 250; zum Ganzen Seier NZV **90**, 131). *Actio libera in causa* (19 zu § 20) kommt in Betracht, wenn der Alkoholgenuß zu Schuldunfähigkeit führt (9 zu § 20). Die Tat kann nach § 34 gerechtfertigt sein (vgl. dort 9ff., 22).

5   **A. Die Fahruntüchtigkeit** hängt vom Ausmaß der alkoholbedingten Änderung der Leistungsfähigkeit und der Beeinträchtigung der Gesamtpersönlichkeit des Fahrzeugführers ab, aber auch vom Ausmaß der von ihm ausgehenden Gefährdung anderer Verkehrsteilnehmer (BGH **25**, 361; **34**, 135), denn für die Wirkungen des Alkohols ist es typisch, daß einerseits das subjektive Leistungsgefühl und die Wagnisbereitschaft gesteigert werden, die psychotechnische Leistungsfähigkeit anderseits aber abnimmt, nämlich Aufmerksamkeit, Auffassungsfähigkeit, Konzentration, Umstellungsfähigkeit, Geschicklichkeit und Reaktion. Ob außer der Fahruntüchtigkeit gleichzeitig die Voraussetzungen des § 21 vorliegen, ist für den Tatbestand ohne Bedeutung; **ist hingegen § 20 gegeben** (zu den hier in Betracht kommenden Promillesätzen 9b zu § 20), so kommt § 316 nur nach den Grundsätzen der *actio libera in causa* (19 zu § 20) in Betracht, sonst aber allein § 323a (vgl. NJW **55**, 1037; VersR **67**, 125; Braunschweig VRS **7**, 123; Hamm VRS **12**, 119; **15**, 362; KG VRS **19**, 111). Bei einem Kraftfahrer, der trinkt, obwohl er noch fahren will und keine Sicherungsvorkehrungen getroffen hat, ist idR *actio libera in causa* anzunehmen (vgl. Hamm VRS **17**, 61; Ranft For. **7** [1986], 68). Ob der Täter den Rauschzustand verschuldet herbeigeführt hat, ist, anders als bei § 323a, bei 316 sonst ohne Bedeutung. Die Fahruntüchtigkeit ist auch dann Folge des Alkoholgenusses oder der Rauschmittel, wenn andere Ursachen mitwirken wie Nikotingenuß (Hamm JMBlNW **60**, 166), Einnahme von Drogen (Celle NJW **63**, 2385; Düsseldorf VRS **23**, 100; 443; Frankfurt VRS **29**, 476; Oldenburg DAR **63**, 304; Hamburg DAR **65**, 27; NJW **67**, 1522; Hamm VRS **17**, 61; **32**, 278; Köln VRS **32**, 349; Stuttgart DAR **65**, 135; Händel NJW **65**, 1999; Merkblatt der Bundesärztekammer; Arnold KR **66**, 499; Dotzauer/Wieck DAR **66**, 174; Osterhaus BA **64**, 395; 413; Gaisbauer NJW **67**, 1504; eingeschränkt Schröder NJW **66**, 488); Alkoholüberempfindlichkeit (Bremen VRS **20**, 439), Diabetes (Düsseldorf DAR **81**, 29), technisches Ungeschick, vor allem aber die praktisch wichtige Übermüdung (VRS **5**, 541; **14**, 282; **31**, 107; KG VRS **26**, 116; Düsseldorf NJW **57**, 1567; Hamm NJW **67**, 1332; Köln VRS **51**, 33; vgl. auch 3ff. zu § 315c, 6 zu § 323a). Aus der generellen Eignung von Heroin, Bewußtseinsstörungen hervorzurufen, kann nicht auf das Vorliegen von absoluter Fahruntüchtigkeit geschlossen werden (Frankfurt NJW **92**, 1570).

B. **Absolute Fahruntüchtigkeit** (3 zu § 315c) ist bei **allen Kraftfahrern** 6 mit einer **BAK von mindestens 1,1‰** gegeben (BGH **37**, 89 [hierzu Berz NZV **90**, 359; Heifer, Schneble, v. Mutius BA **90**, 374; Otto JK 5; DAR/G **91**, 251; Hüting/Konzak NZV **92**, 136 u. Jura **91**, 241; Schöch NStZ **91**, 11; R. Peters MDR **91**, 487]; Bay NJW **90**, 2833 [hierzu Ranft JuS **92**, 468]; Düsseldorf MDR **91**, 171). BGH **21**, 157 und die auf den absoluten Grenzwert von 1,3‰ gestützte *frühere Rspr.* (vgl. 44. Aufl.) sind *überholt* (vgl. aber unten 6a). Der absolute Grenzwert von **1,1‰** gilt daher auch für Fahrer von *Krafträdern,* Motorrollern und *Mopeds,* sowie für Fahrer von *Mofas* und *Mofas* 25. Werden Zweiradfahrzeuge jedoch unter Zuhilfenahme der Motorkraft *geschoben,* gelten die Grundsätze über die absolute Fahruntüchtigkeit nicht (Bay VRS **66**, 203; hierzu NStZ/J **84**, 255), wohl aber für den Führer eines *geschleppten* PKW (BGH **36**, 341 [m. Anm. Hentschel JR **91**, 113, ferner NZV **91**, 334]; Bay NJW **84**, 878; Celle NZV **89**, 318; LG Hannover NStE Nr. 8; aM Frankfurt NJW **85**, 2962; Bremen VRS **33**, 205, 44. Aufl.), und für einen *Baggerführer* (Düsseldorf VRS **64**, 115). Beim *Beifahrer* auf Kraftrad oder Roller zogen die OLGe die Grenze verschieden (Stuttgart VM **60**, 64: 1,66‰; Karlsruhe NJW **60**, 1684: 1,8 ‰). Für **Radfahrer** galt bisher nach BGH **34**, 133 auf der Grundlage der experimentellen Untersuchungen von Schewe (BA **80**, 298; **84**, 97) der Grenzwert von 1,7‰; ebenso für *„Leichtmofas"* (LG Oldenburg BA **90**, 163 m. Anm. Grohmann; nunmehr ist im Hinblick auf BGH **37**, 89 [m. Anm. Berz NZV **90**, 359] auch in diesen Fällen der Grundwert zu korrigieren und insbesondere von einem niedrigeren Sicherheitszuschlag (unten 6a) und von einem Grenzwert von **1,5‰** auszugehen (LG Verden NZV **92**, 293; vgl. Düsseldorf NJW **92**, 992; Hentschel NZV **91**, 333); für 1,6‰ hingegen: Hamm NZV **92**, 198; Celle NJW **92**, 2169; LG Hildesheim NZV **92**, 44; Grohmann BA **91**, 89; Janiszewski NStZ **92**, 269; nach Bay NJW **92**, 1906 [m. Anm. Molketin BA **92**, 284], jedoch nicht bei weniger als 1,6‰; Bei *Führern von Schienenfahrzeugen* und *Pferdefuhrwerken* (Möhl DAR **71**, 4) sowie bei *Fußgängern* sind keine absoluten Grenzwerte festgesetzt, für *Pferdekutscher* gilt der Grenzwert von 1,7‰ nicht ohne weiteres (AG Köln NJW **89**, 921). Der Führer eines *Sportmotorboots* (70 kW) ist in aller Regel bei einer BAK von 2‰, jedenfalls aber bei 2,5‰ absolut fahruntüchtig (Schiffahrts-

§ 316

obergericht Berlin VRS **72**, 111), nach Schleswig (SchlHA **87**, 108) uU schon bei 1,3‰, jedenfalls aber bei 1,92‰ (hierzu Geppert BA **87**, 269; vgl. auch 6 zu § 315a) und bei dem verantwortlichen *Steuermann eines Binnenschiffs* jedenfalls bei einer BAK von „deutlich mehr als 1,7‰" (so Köln als SchiffahrtsOG BA **90**, 380). Absolute und relative (unten 7) Fahruntüchtigkeit unterscheiden sich allein in der Art des Nachweises der Fahrunsicherheit (Hentschel NJW **84**, 350).

6a Der **Festsetzung des absoluten Grenzwerts** für Kraftfahrer (hiergegen Strate BA **83**, 188; gegen ihn K. H. Schmid BA **83**, 422) von früher 1,3‰ (BGH **21**, 157) lag ein Gutachten des BGA (1966) zugrunde, das von einem Grundwert zwischen 1,0‰ und 1,1‰ und einem Sicherheitszuschlag von 0,15‰ ausging. Zufolge neuerer Ergebnisse der Alkoholforschung hat das BGA 1989 das Gutachten nach Auswertung eines Ringversuchs der Dt. Gesellschaft für klinische Chemie ergänzt (NZV **90**, 104). Hiernach ist der Grundwert der alkoholbedingten absoluten Fahruntüchtigkeit bereits bei 1,0‰ anzusetzen und ein Sicherheitszuschlag von 0,1‰ als ausreichend zu erachten, woraus sich der in BGH **37**, 89 festgesetzte absolute Grenzwert von 1,1‰ ergibt (so bereits LG Dortmund BA **90**, 445, LG Lübeck BA **90**, 232, LG Münster BA **90**, 303 u. LG Landau NZV **90**, 243, Zweibrücken BA **90**, 441; AG Osterholz-Scharmbeck BA **90**, 229 ging von 1,0‰, LG Bielefeld NZV **90**, 242 u. LG Bonn GA **90**, 382 von 1,2‰ aus; hingegen hatten Bay VRS **79**, 115, LG Aachen NZV **90**, 242, LG Mönchengladbach ZfS **90**, 248 unbeschadet der Ankündigung von Salger NZV **90**, 1 u. DRiZ **90**, 16 am alten Grenzwert von 1,3‰ festgehalten, vgl. auch Werny NZV **90**, 137; NStZ/J **90**, 273 u. 495; Berz NZV **90**, 359; Grohmann BA **91**, 84; Hentschel NZV **91**, 333). Allerdings setzt der neue Grenzwert von 1,1‰ voraus, daß das mit den BA-Analysen befaßte Institut an dem Ringversuch, auf dem das Gutachten 1989 des BGA basiert, erfolgreich teilgenommen hat und das Institut die bei einem Sicherheitszuschlag von 0,1‰ eingeräumten Meßtoleranzen nicht überschreitet (vgl. hierzu Dietz/Wehner NZV **91**, 460; Rüdell BA **91**, 252; Konzak/Hüting Jura **91**, 244; LG Göttingen ZfS **92**, 27). Das ist in der schriftlichen Mitteilung der Analysenergebnisse zu versichern. Bei BA-Analysen durch Institute, die diese Voraussetzungen noch nicht erfüllen, ist – um den rechtsmedizinischen Einwänden von Heifer/Brzezinka NZV **90**, 134, 374 und Grüner/Bilzer BA **90**, 175, 225; vgl. auch Krüger BA **90**, 182) Rechnung zu tragen – *für eine Übergangszeit* von einem *Grenzwert von 1,15‰* (Grundwert 1,0‰ + 0,15‰ Sicherheitszuschlag) auszugehen (BGH aaO). Absolut fahruntüchtig ist auch ein Kraftfahrer, dessen BAK zur Tatzeit hinter dem festgesetzten Grenzwert zurückbleibt, der diesen aber später erreicht (BGH **25**, 246; **31**, 43; unten 7c); entsprechendes gilt für Radfahrer, in deren absolutem Grenzwert von 1,5 ‰ auch ein Sicherheitszuschlag von 0,1‰ enthalten ist (oben 6). Die Problematik der Rückrechnung (unten 8) hat mit der Festsetzung des absoluten Grenzwerts nichts zu tun. Er hat die Bedeutung einer prozessualen *Beweisregel für die im Falle einer Änderung der* Grenzwerte durch die Rspr. *das Rückwirkungsverbot nicht gilt* (VRS **32**, 229; KG VRS **32**, 264; Bay NJW **90**, 2833 [hierzu Ranft JuS **92**, 468]; Düsseldorf MDR **91**, 171; NStZ/J **91**, 269; LG Hildesheim NZV **92**, 45; Salger NZV **90**, 4; Tröndle, Dreher-FS 117; Hentschel-Born NZV **91**, 334; 11c zu § 1 mwN). Einen Verstoß gegen Art. 103 II GG hat daher das BVerfG (NJW **90**, 3140) verneint (hiergegen unzutr. Krahl NJW

6b **91**, 808; Hüting/Konzak NZV **91**, 255 u. **92**, 136). **Ist der absolute Grenzwert festgestellt,** so ist der Gegenbeweis, daß der Täter noch fahrtüchtig sei, *unzulässig* (BGH **10**, 266), das gilt auch im Falle erhöhter Alkoholverträglichkeit trinkfester Menschen (zB Weinprüfer, Bierfahrer), anders bei

Gemeingefährliche Straftaten § 316

krankheitsbedingter außergewöhnlicher Alkoholtoleranz (vgl. Arbab-Zadeh NJW 67, 275; krit. Haffke JuS 72, 448). Umgekehrt ist eine Herabsetzung des absoluten Grenzwertes mit Rücksicht auf konkrete Umstände (Nacht, Nebel, Glatteis, Großstadtverkehr) abzulehnen (BGH 31, 44; VRS 33, 118; Hamm DAR 56, 261; BGA), dies gilt auch bei Krankheit oder Ermüdung (VRS 31, 108; Bay NJW 68, 1200; Düsseldorf VM 76, 13; Köln OLGSt. 100), jedoch kann absolute Fahruntüchtigkeit dann gegeben sein, wenn die BAK unter 1,3‰ liegt, aber eine entsprechende Medikamentenbeeinflussung (3a zu § 323a) hinzutritt (Bay BA 80, 220 m. krit. Anm. Hentschel).

C. Relative Fahruntüchtigkeit (3 zu § 315c) ist gegeben, wenn eine 7 BAK unter den absoluten Grenzwerten festgestellt ist und erst weitere Umstände erweisen, daß der Alkoholgenuß zur Fahruntüchtigkeit geführt hat (BGH 31, 44; NStZ/J 82, 370; R. Peters MDR 91, 487). Es gibt keine für die Fahrleistung unerhebliche BAK. Schon bei 0,3‰ (BGH 19, 243; VRS 19, 296; 21, 54; Schleswig SchlHA 77, 80; Hamm BA 78, 378; 80, 224), nicht aber darunter (Köln NZV 89, 358; Jagusch/Hentschel 15; Schwerd, Spendel-FS 586), kann Fahruntüchtigkeit in Betracht kommen; **0,5‰** sind bereits eine **kritische Grenze** (BGH 13, 281; VM 62, 31; VRS 7a 24, 369; Hamm OLGSt. 33), bei 0,8‰ ist bei der Mehrheit der Kraftfahrer eine Gefährdung anderer im Straßenverkehr zu befürchten (BGA). Im Bereich der relativen Fahruntüchtigkeit können objektive Umstände wie ungünstige Straßen- oder Wetterverhältnisse, Dunkelheit usw. schon bei einer niedrigeren BAK Fahruntüchtigkeit begründen (BGA; BGH 13, 89; VRS 22, 121; vgl. andererseits Saarbrücken DAR 63, 336). Dasselbe gilt bei subjektiven Umständen wie Alter, Übermüdung, Erkrankung (vgl. Hamm VRS 30, 119; NJW 63, 405; 67, 1332; 73, 569 [dazu Mayer NJW 73, 1468]; VRS 21, 56; 31, 107; Gaisbauer NJW 68, 191), sowie bei altersbedingter Alkoholempfindlichkeit eines Heranwachsenden oder bei schmächtiger körperlicher Konstitution (Köln VRS 34, 46). Nach Zweibrücken (VRS 80, 349) ist aber die falsche Einschätzung der Verkehrssituation für sich allein noch keine alkoholbedingte Ausfallerscheinung. Die Umstände, welche außer der BAK die Fahruntüchtigkeit zeigen, können einmal in der Person des Täters liegen, wobei äußerlich erkennbare *Ausfallerscheinungen* grundsätzlich auf Fahruntüchtigkeit schließen lassen (BGA; zur relativen Wertigkeit solcher Erscheinungen Hamm OLGSt. 31; GA 69, 186; zur Bedeutung eines Nystagmus der Augäpfel, der nur verwertet werden kann, wenn der Nüchternbefund einen solchen nicht erkennen läßt, Köln VM 65, 14; NJW 67, 310; VRS 65, 440; Zweibrücken VRS 66, 205 m. Anm. Heifer BA 84, 535; Hamm OLGSt. 27; eingehend VRS 53, 117; LG Bonn NJW 68, 208; AG Tecklenburg NZV 89, 83; auch DAR 81, 22; Klinkhammer DAR 68, 43; krit. Boetzinger MDR 89, 511); dabei ist zu beachten, daß das klinische Erscheinungsbild in der **Phase der Resorption** 7b **des Alkohols** aus dem Magen-Darm-Kanal, deren Dauer vom Füllungszustand des Magens, Art des Getränkes, Trinkzeit und Trinkgeschwindigkeit abhängig ist (vgl. aber auch Hamm VRS 21, 279; 59, 40; Kaufmann NJW 68, 1172), die aber idR 1 Stunde nach Trinkende abgeschlossen ist (Braunschweig DAR 60, 270; vgl. aber Janiszewski 374), weit schwerer erscheint als in der nachresorptiven Phase (Hamm NJW 63, 405; Hamburg VM 66, 61), so daß bei noch fast gleicher BAK 90 Min. nach Trinkende die groben Trunkenheitssymptome sprunghaft abklingen (BGA; BGH 13, 85; 21,

157); tatsächlich ist die Gefährdung der Fahrtüchtigkeit durch den Restalkohol auch nach Schlaf und längeren Zeiträumen (VRS **34**, 360) noch erheblich, vor allem bei neuem Alkoholgenuß (Braunschweig NdsRpfl. **53**, 48; Oldenburg VRS **23**, 47). Daß die Ausfallerscheinungen bei demselben Promillegehalt im aufsteigenden Ast der Blutalkoholkurve allgemein stärker sind als im abfallenden, ist anerkannt. Der BGH hat sich auf Grund des Gutachtens von Heifer (BA **70**, 383) zunächst auf den Standpunkt

7c gestellt, daß bei einem sog. **Schluß-Sturztrunk** (vgl. Hamm VRS **46**, 134; Koblenz VRS **46**, 443; Düsseldorf MDR **82**, 871; meist nur eine Schutzbehauptung), der schon als solcher Indiz für Fahruntüchtigkeit sein könne, absolute Fahruntüchtigkeit schon dann anzunehmen ist, wenn der Blutalkoholgehalt zur Tatzeit geringfügig unter 1,3‰ liege, danach aber nicht unerheblich überschritten werde (BGH **24**, 200 mit Anm. Händel NJW **71**, 1997; BA **72**, 1; **73**, 353; krit. Kempgens DAR **72**, 13; vgl. Hentschel NZV **91**, 330). Seit BGH **25**, 246 nimmt der BGH jedoch Fahruntüchtigkeit schon dann an, wenn der Fahrer eine Alkoholmenge im Körper hat, die zu einer Konzentration von 1,3‰ führt (MDR **82**, 683; ebenso Bay NJW **72**, 2234; Hamburg NJW **72**, 1146; Hamm NJW **72**, 1526, 1529; VRS **44**, 35; AG Homburg/Saar VRS **77**, 67; ähnlich NJW **72**, 2233; Schleswig VM **72**, 85; vgl. auch SchlHA **73**, 158). Diese Rspr. findet ihre Bestätigung in § 24a I StVG (oben 2), wonach demjenigen, der 0,8 Promille Alkohol im Blut hat, derjenige gleichgestellt wird, der eine Alkoholmenge im Körper, dh im Magen-Darm-Trakt hat, die zu einer solchen BAK führt (dazu BT-Drs. 7/692, 2f.). Zur Problematik des Sturztrunks Brettel NJW **76**, 353; Schewe aaO (oben 2a), 51, bedenklich Düsseldorf VRS **64**, 437, zutr. hiergegen NStZ/J **83**, 404; Hentschel DAR **83**, 261. Weiter kann aus der (möglicherweise bewußt verkehrswidrigen, Düsseldorf VRS **49**, 38; VM

7d **77**, 28) **Fahrweise** auf Fahrtüchtigkeit geschlossen werden (BGH **13**, 89; **31**, 45; Bay NJW **73**, 572; vgl. hierzu Groth NJW **86**, 759; R. Peters MDR **91**, 490), und zwar auch, wenn sich die Alkoholisierung nicht aus einer Blutprobe, sondern aus anderen Beweisanzeichen ergibt (zu eng Düsseldorf BA **82**, 378 m. krit. Anm. Middendorff), zB Vereitelung der Auswertung der entnommenen Blutprobe (Koblenz VRS **67**, 256); bei ungewöhnlichen Fahrfehlern (VRS **5**, 550; **14**, 284; **19**, 29; **32**, 40; VersR **67**, 1142; DRiZ **74**, 352; Koblenz VRS **50**, 355; Köln VRS **56**, 447; Düsseldorf VRS **59**, 243; LG Kiel BA **88**, 130; NJW/H **81**, 1080), leichtsinnigem Fahren (VRS **33**, 118; Köln VRS **37**, 200), überhöhter Geschwindigkeit (Bay DAR **90**, 187) und gleichzeitigem Übersehen von Fußgängern (Koblenz VRS **63**, 361), Fahren in Schlangenlinien (Hamburg MDR **74**, 772), aus Nichteinhalten des Sicherheitsabstandes und Überholens trotz ungeklärter Verkehrslage, aber nur dann, wenn solche Fehler Folgen des Alkoholgenusses sind (BGH **8**, 32; VRS **21**, 56; **29**, 185; **34**, 211; 360; Karlsruhe DAR **58**, 252; Neustadt VRS **16**, 41; Saarbrücken VRS **24**, 31; NStZ/J **87**, 271); KG NJW **62**, 1783; Hamburg OLGSt. 54; Hamm NJW **73**, 1422; BA **82**, 565; Karlsruhe VM **75**, 36), das muß bewiesen werden (NStE Nr. 3 zu § 315c; Zweibrücken VRS **48**, 104; vgl. jedoch Koblenz VRS **54**, 124; Hamm BA **78**, 378). Daß gleichartige Fehler auch nüchternen Fahrern unterlaufen, schließt ihre Heranziehung nicht aus (Düsseldorf VM **72**, 63; **77**, 29), die theoretische Möglichkeit, daß ein erhebliches Fahrversagen auch bei Nüchternheit möglich ist, scheidet aus, (VRS **49**, 429; Koblenz VRS **46**, 351;

Gemeingefährliche Straftaten **§ 316**

NZV **88**, 70), es ist der Gesamtsachverhalt zu würdigen (Düsseldorf VM **77**, 29; A. Mayer BA **66**, 277; R. Peters MDR **91**, 488). Besonders vorsichtiges und langsames Fahren mit Rücksicht auf den Alkoholgenuß kann dem Fahrer nicht zur Last gelegt werden (Düsseldorf VM **68**, 81; vgl. auch Hamm DAR **75**, 249; R. Peters aaO 490). Auch die Tatsache, daß jemand mit wesentlich überhöhter Geschwindigkeit zur Nachtzeit bei einer BAK von 1,11‰ fährt (so AG Köln ZfS **90**, 35) oder daß der Fahrer sich entschließt, trotz widriger Straßenverhältnisse die Fahrt fortzusetzen, enthält allein noch kein Beweisanzeichen für eine relative Fahruntüchtigkeit, es sei denn, jeder nüchterne Fahrer hätte von einer Weiterfahrt Abstand genommen (Bay NZV **90**, 37 m. Anm. Loos JR **90**, 438). Ausfallerscheinungen, die bei ärztlicher Untersuchung nach dem Unfall festgestellt werden, können nicht zuungunsten des Täters verwertet werden, wenn die BAK zur Tatzeit niedriger war (BGH **31**, 45; Hamm VRS **36**, 49; anders bei Sturztrunk; vgl. oben). Je höher die BAK, desto geringere Anforderungen sind an den Nachweis durch weitere Umstände zu stellen (VRS **36**, 174; Saarbrücken DAR **62**, 133; Oldenburg VRS **28**, 466; Hamm VRS **30**, 120; **33**, 24; **40**, 362; Hamburg VM **68**, 61; Koblenz VRS **46**, 349; Schleswig SchlHA **76**, 169; Düsseldorf VM **77**, 28; VRS **81**, 450). Ein nachträglicher Alkoholtest ist für die Prüfung relativer Fahruntüchtigkeit zur Zeit der Tat idR ohne Bedeutung (vgl. VRS **28**, 190), doch kann uU relative Fahruntüchtigkeit auch ohne Feststellung des Blutalkohols nachgewiesen werden (Koblenz VRS **50**, 288; OLGSt. 117; Schleswig SchlHA **76**, 169; Hamm VRS **59**, 40; Düsseldorf ZfS **82**, 188). Zur Beweisproblematik Möhl DAR **71**, 4. Alkoholgenuß, der nicht zu Fahruntüchtigkeit führt, kann bei einem Verkehrsdelikt strafschwerend wirken (MDR/D **73**, 16; Bay MDR **73**, 153).

D. Nachweis der Blutalkoholkenzentration (BAK). Schrifttum: *Zink/* **8** *Reinhardt* (Ermittlung der Tatzeit-BAK bei noch nicht abgeschlossener Resorption) BA **72**, 353, (Nachtrunkbehauptungen) NJW **82**, 2108; *Osterhaus* NJW **72**, 2206; **73**, 550; *Forster/Joachim*, BA und Straftat, 1975; *Macri*, Schluß und Nachtrunk beim Fahren in angetrunkenem Zustand, 1976; *Grüner/Rentschler*, Manual zur BA-Berechnung, 1976; *Spann, Geppert* (Stellung des med. Sachverständigen) DAR **81**, 309, 315; *Staak/Berghaus* NJW **81**, 2500; *Sorgo* (Alkoholbegutachtung) For. **4** (1983), 25; *Gerchow* BA **83**, 541 (Urt. Anm.); *Brandenberger*, Zürcher, BA-Analytik, KR **83**, 548; *M. O. Keller*, Rückrechnungsproblematik, KR **83**, 573; *Iffland/Skolik* (zu Nachtrunkbehauptungen) KR **84**, 446; *Ulrich/Cramer/ Zink* (über die Methoden der BA-Analyse) KR **86**, 131; *Rengier/Forster* BA **87**, 161; *Hentschel/Born* 52 ff.; *Schwerd* RMed 110; *Brettel* PraxRMed 434.

a) Zur Feststellung der BAK dienen chemische Untersuchungen von **8a** Blutproben nach dem *Widmark*-Verfahren *und* nach der *ADH*(Alkoholdehydrogenase)-*Methode*, in jüngerer Zeit auch nach dem exakteren *gaschromatographischen* (GC-)*Verfahren*, das zunehmend eines der erstgenannten Verfahren (meist das nach Widmark) verdrängt (hierzu Hentschel/Born 52 ff.; *Brettel* PraxRMed 434).

Auch die in der US-Armee eingeführte Methode *Kingsley-Current* ist zuverlässig (LG Bamberg NJW **66**, 1176). Hingegen sind **Atemalkoholtestgeräte** (Grohmann DAR **87**, 8; Geppert Jura **86**, 535; Krämer/Haffner/Cramer/Ulrich BA **87**, 49; Alck BA **88**, 396; Sutton BA **89**, 15; Schoknecht/Fleck/Kophamel BA **89**, 71; 137; Grüner/Bilzer BA **92**, 98; Denkschrift Dt. Ges. f. RMed BA **92**, **8b**

108; Clasing u. a. BA **92**, 130 Alcotest 7410; Geppert, Spendel-FS 655 u. BA **92**, 289; Fleck/Schoknecht BA **89**, 376 [Frankreich]), die neuerdings anstelle Alcotest-Prüfröhrchen verwendet werden, noch nicht soweit entwickelt, daß sie für den Nachweis einer bestimmten BAK geeignet wären (Bay NZV **88**, 150 m. Anm. Grüner JR **89**, 80; Zweibrücken NJW **89**, 2765; Heifer NZV **89**, 13; NJW/H **89**, 1844; Köln VRS **67** [1984], 246; NStZ/J **84**, 544; NJW/H **85**, 1318; Grüner/Penners NJW **85**, 1377; Heifer, Schneble, Stark/Berghaus BA **86**, 229, 315, 418; aM Arbab-Zadeh NJW **84**, 2617), jedoch ließ AG Hannover (BA **85**, 338) eine Atemalkoholbestimmung mittels eines „Alcomaten" von 1,87 bzw. 1,97‰ für den Nachweis einer BAK von mindestens 1,3‰ genügen. Auch aus der Harnalkoholkenzentration (HAK) ist unter günstigen Umständen ein Rückschluß auf die Mindest-BAK möglich (Hentschel/Born 109 mwN; vgl. Düsseldorf VM **71**, 79).

8 c **b)** Zur BAK-Feststellung nach den Verfahren zu 8a sind aufgrund Nr. 15 des von den Bundesländern vereinbarten Gemeinsamen Erl. über die Feststellung von Alkohol im Blut bei Straftaten und Ordnungswidrigkeiten (abgedr. bei Mühlhaus/Janiszewski 40) jeweils **mehrere Analysen** durchzuführen, und zwar 3 nach Widmark und 2 nach ADH (BGH **21**, 167), für das GC-Verfahren genügen, auch wenn es an die Stelle des Verfahrens nach Widmark tritt, stets 2 Analysen (Bay NJW **76**, 1802; Hamburg NJW **76**, 1162; Köln NJW **76**, 2308). Aus den 5 (bzw. 4) Einzelanalysen ist nicht der niedrigste, sondern der **arithmetische Mittelwert** zugrunde zu legen (BGH **28**, 2), und zwar nicht getrennt nach Verfahren, sondern der gemeinsame Mittelwert aller Einzelwerte (Düsseldorf VRS **67**, 35; BA **80**, 174). Hierin liegt kein Verstoß gegen den Zweifelsgrundsatz (Hamburg VRS **36**, 282; Hamm VRS **36**, 423; Stuttgart NJW **81**, 2525; Haffke NJW **71**, 1874; Hentschel/Born 76; aM SchSch 5b), andererseits darf der Analysenmittelwert, auch wenn er den absoluten Grenzwert nur ganz geringfügig unterschreitet (zB bei 1,2975‰ oder 0,7975‰), nicht aufgerundet werden (Hamm NJW **75**, 2252; **76**, 2309; VRS **56**, 147; BGH **28**, 1 m. Anm. Schwerd/Lundt BA **78**, 298; Lundt BA **76**, 158; Meurer JR **76**, 454; NJW/H **79**, 964; krit. Staak/Berghaus NJW **81**, 2500). Der Mittelwert ist aber nur verwertbar, wenn die einzelnen Analysenwerte nicht mehr als 10%, bei Mittelwerten unter 1,0‰ gleichbleibend nicht mehr als um 0,1‰ von ihm abweichen (Bremen VRS **49**, 105; Hamburg VRS **49**, 137; Hentschel/Born 79). Hingegen kommt mit Rücksicht auf die Streuungsbreite der Untersuchungsergebnisse ein **Sicherheitszuschlag**, da ein solcher beim absoluten Grenzwert bereits berücksichtigt ist, nicht in Betracht (Bay MDR **74**, 1042; Koblenz NJW **74**, 1433; Celle MDR **74**, 777; Bürgel NJW **73**, 1356; **74**, 594; irrig Held NJW **73**, 2243; vgl. BT-Drs. 7/133, 5). Die exaktere GC-Methode hat der Rspr. noch keine Veranlassung gegeben, den Sicherheitszuschlag des absoluten Grenzwerts (6a) herabzusetzen (Düsseldorf NJW **73**, 572; vgl. auch BGH **34**, 137). Sie erlaubt es auch nicht, auf die Kontrolluntersuchung nach ADH zu verzichten (Hamburg VRS **51**, 65) oder sich bei der BAK-Bestimmung auf die GC-Werte zu beschränken (Düsseldorf VRS **57**, 445; LG Hanau VRS **76**, 25), da 2 Einzelanalysen nicht genügen, gleichgültig, ob sie nach dem GC-Verfahren (Stuttgart VRS **66**, 450) oder nach der ADH-Methode (BGH **21**, 167; Bay NJW **82**, 2131 [m. Anm. Krauland BA **83**, 76]; Stuttgart MDR **84**, 688; AG Gmünden DAR **77**, 49) gewonnen sind, ebenso wenig reichen 3 Widmark-

Analysen aus (Hamm BA **81**, 262), sie haben lediglich indiziellen Charakter (Hamm VRS **41**, 42). Hingegen hat LG Mönchengladbach (MDR **85**, 428) 4 Analysen, die allesamt nach der GC-Methode durchgeführt worden sind, für ausreichend gehalten, LG Kiel (SchlHA **83**, 196) und AG Langen (NZV **88**, 233 m. Anm. Hentschel und Grüner BA **89**, 210; NJW/H **89**, 1844) sogar bereits zwei (aM Stuttgart DAR **84**, 294; vgl. hierzu NStZ/J **84**, 405; **91**, 269; NJW/H **85**, 1318, NZV **88**, 234 und Jagusch/Hentschel 53). Zur Frage der BA-Bestimmung bei nur geringer Blutmenge (0,2 ml) Düsseldorf BA **87**, 350; zur forensischen Verwertbarkeit der Analysenergebnisse von weniger als 5 BA-Bestimmungen Grüner/Ludwig BA **90**, 316. Zur Frage der Berücksichtigung eines nicht meßbaren Acetonwertes bei Diabetikern Hamm BA **80**, 288. Die Angabe des Mittelwerts der BAK genügt (BGH **28**, 239; Köln VRS **57**, 23). Analyseneinzelwerte brauchen auch in Grenzwertnähe (aM Karlsruhe NJW **77**, 1111; Bremen BA **75**, 329; Köln BA **76**, 238; Strate BA **78**, 405) nicht mitgeteilt zu werden (Düsseldorf NJW **78**, 1208; BA **79**, 61; Schleswig NJW **78**, 1209 m. Anm. Händel BA **78**, 214 u. JR **78**, 427; NJW/H **79**, 963 u. Jagusch/Hentschel 58).

c) Die **Tatzeit-BAK** ist, soweit ein *Blutprobenwert vorliegt*, im Wege der **Rückrechnung** (Brettel PraxRMed 444; Salger DRiZ **89**, 174) festzustellen. Sie geschieht, falls das Ende der Resorptionsphase (7b) feststeht (BGH **25**, 249), durch Hochrechnung. Hierbei ist, da es um die *Ermittlung der Fahrtüchtigkeit* geht (anders bei der Prüfung der Schuldfähigkeit, vgl. 9f zu § 20), als günstigster gleichbleibender stündlicher Abbauwert 0,1‰ zugrundezulegen, jedoch sind, um bei längerer Resorptionsdauer jede Benachteiligung des Täters auszuschließen, die ersten 2 Stunden nach Trinkende „bei normalem Trinkverlauf" grundsätzlich von der Rückrechnung auszunehmen (BGH **25**, 250 [m. Anm. Händel, D. Meyer NJW **74**, 247, 613]; 21. 3. 1990, 4 StR 114/90; Mayr DAR **74**, 64; Köln StV **84**, 516; Hamm VRS **47**, 269; BA **80**, 77; LG Kiel BA **88**, 130; dasselbe gilt auch für § 24a StVG: Köln BA **81**, 57). Will der Tatrichter mit sachverständiger Hilfe von diesen Richtwerten abweichen, so ist dies näher zu begründen (Hamm NJW **74**, 1433). Bei außerordentlichem Gewicht des Restalkohols bedarf die Auswirkung des aufgestockten zusätzlichen Alkohols einer besonderen Prüfung (VRS **50**, 115). Entbehrlich ist die Rückrechnung, wenn die BAK bereits bei der Blutentnahme wenigstens 1,3‰ beträgt oder sonst der zur Tatzeit im Körper befindliche Alkohol bei noch nicht abgeschlossener Resorption diesen Grenzwert später erreicht (BGH **25**, 251; Hamm VRS **47**, 270; Koblenz VRS **47**, 272). Für die Beantwortung dieser Frage aber auch für die Rückrechnung selbst bedarf der Tatrichter – von einfacheren Fragen der Rückrechnung abgesehen (vgl. Jessnitzer BA **78**, 350) – der Hilfe eines Sachverständigen (VRS **65**, 360; Hamm VRS **43**, 110; Karlsruhe GA **71**, 215; Hamburg VRS **45**, 45; BA **78**, 208 [m. Anm. Händel]; Celle NZV **92**, 247), dasselbe gilt erst recht, wenn der Täter unwiderlegbar einen sog. **Nachtrunk** (Brettel PraxRMed 448; Schwerd, Spendel-FS 590) nach der Tat behauptet (Koblenz VRS **55**, 130). In solchen Fällen kommt eine sog. Begleitstoffanalyse (Bonte u. a. NJW **82**, 2109), die inzwischen wissenschaftlich gesichert ist (Celle DAR **84**, 121), in Betracht. Aber auch eine 2. Blutprobenentnahme in etwa 30 Minuten (Grüner u. a. BA **80**, 26; Zink/Reinhardt BA **81**, 377; NJW **82**, 2108; Bär BA **86**, 304; aM Iffland u. a. BA **82**, 245) kann angezeigt sein. Zum Problem der Differenz zwischen den hierbei ermittelten Werten Bay NJW **76**, 382; Hentschel/Born 69ff., 109a. Unterblieb im Falle eines Nachtrunks eine 2. Blutentnahme, so ist die sich aus dem Nachtrunk ergebende BAK zu berechnen (Alkoholmenge in g dividiert durch das mit dem niedrigstmöglichen Reduktionsfaktor multiplizierten Körpergewicht in kg) und von der – ohne Ansehung der Nachtrunkmenge – durch Rückrechnung ermittelten Tatzeit-BAK abzuziehen (Köln VRS **66**, 353; BA **85**, 75).

8f d) Die Tatzeit-BAK ist, falls eine **Blutprobe fehlt**, aus der gesamten Trinkmenge zu errechnen (Bay DAR **84**, 241; vgl. Hamburg NJW **68**, 215 m. Anm. Gaisbauer NJW **68**, 1206) und hierbei – da es um die *Fahrtüchtigkeit* geht (anders bei der Prüfung der Schuldfähigkeit, vgl. 9g zu § 20) – ein *maximaler* stündlicher *Abbauwert* von 0,2 ‰ für die 2 Stunden übersteigenden Zeiträume zuzüglich eines einmaligen Sicherheitszuschlages von 0,2‰ zugrundezulegen (VRS **71**, 363; vgl. auch 9f zu § 20). Zu den Voraussetzungen einer Verurteilung nach § 316 bei Fehlen einer Blutprobe *und* bei Bestreiten des Alkoholkonsums Düsseldorf NZV **90**, 198. Falls eine Blutprobe fehlt und die BAK auch nicht durch Rückrechnung (8d) ermittelt werden kann, kann der Tatrichter ausnahmsweise auch in freier Beweiswürdigung anhand festgestellter zuverlässiger Beweisanzeichen zur Feststellung gelangen, daß der Täter zur Tatzeit alkoholbedingt fahruntüchtig gewesen ist (Düsseldorf NZV **92**, 82).

8g e) Alle **Anknüpfungstatsachen** für die festgestellten BAK-Werte zu 8d bis 8f (vgl. 9e zu § 20; 8 zu § 21) müssen für die Revision nachprüfbar sein (BGH **12**, 314; **34**, 31; MDR/H **80**, 453; Köln BA **83**, 534; **84**, 369; VRS **61**, 140; **64**, 294; **65**, 368; **66**, 353; Hamm BA **78**, 379; **84**, 538; **88**, 198; Hamburg MDR **79**, 693).

9 3) **Vorsatz** muß gegeben sein, soweit es sich um das Führen eines Fahrzeuges handelt; eine derartige finale Tätigkeit ist nur vorsätzlich denkbar. Hingegen unterscheidet das Gesetz hinsichtlich der Fahruntüchtigkeit zwischen *Vorsatz* und *Fahrlässigkeit*, ohne aber den Strafrahmen zu ändern; der Unterschied kann nur bei der Strafzumessung innerhalb dieses Rahmens zum Ausdruck kommen (Saarbrücken NJW **74**, 1392). Im Tenor und in den Urteilsgründen ist die Schuldform aber festzustellen (VRS **35**, 106; Celle VRS **38**, 261; Saarbrücken NJW **74**, 1391; Hamm BA **77**, 434, zur Wahlfeststellung zwischen Vorsatz und Fahrlässigkeit 14, 19 zu § 1). Der Täter muß sich entweder der Möglichkeit seiner Fahruntüchtigkeit bewußt sein und sich dennoch zum Fahren entschließen (Hamm VRS **37**, 198), ein derartiger Vorsatz muß begründet werden (Bay DAR **78**, 209; **81**, 246), er liegt aber bei einem weit über 1,3 ‰ liegenden Blutalkoholgehalt nahe (NJW **68**, 1787; Düsseldorf VM **74**, 60; Hamm NJW **75**, 660); gleichwohl werden auch in diesen Fällen „auffallend selten" (so BGH **22**, 200) Vorsatztaten als erwiesen angesehen und selbst bei hohen Alkoholwerten übertriebene Anforderungen (so zB Hamm BA **79**, 230 bei 2,57‰; ferner BA **78**, 59, 376; VRS **54**, 45; Köln ZfS **82**, 187; VRS **64**, 196; **67**, 226; **72**, 368; StV **84**, 516; Bay VRS **64**, 190; DAR **82**, 251; **83**, 249; **84**, 242; **85**, 242; Koblenz VRS **70**, 11; Celle StV **88**, 144; NZV **92**, 247 [bei 2,41‰]; Zweibrücken ZfS **90**, 33; **91**, 428; VRS **82**, 34; Karlsruhe NZV **91**, 239; VRS **81**, 25; AG Maulbronn ZfS **92**, 102; gegen diese Rspr. Seib BA **78**, 61; Haubrich DAR **82**, 285; ferner auch Düsseldorf VM **79**, 69 und ausführlich Celle VRS **61**,

35, hierzu NStZ/J **81**, 336; **84**, 112; **92**, 271; Salger DAR **86**, 389; Mühlhaus/Janiszewski 29; Gegenkritik bei Zink/Reinhardt/Schreiber BA **83**, 503; Teyssen BA **84**, 175; wiederum hiergegen beachtlich Schneble BA **84**, 281) an den Nachweis des Vorsatzes gestellt (vgl. NJW/H **85**, 1319; Grohmann DAR **85**, 371; Ranft For. 7 [1986], 66), bei dem es freilich auf die Umstände des Einzelfalls (KG VRS **80**, 449), insbesondere auf die Intelligenz und Selbstkritik des Fahrers ankommt (Bay VRS **59**, 338; Hamm DAR **69**, 302; VRS **37**, 367; 447; **39**, 345; **40**, 360; **48**, 275; Saarbrücken NJW **71**, 1904; Köln DAR **87**, 157; BA **87**, 225; Frankfurt ZfS **89**, 141), auch wird in den Fällen von „Restalkohol" eine sorgfältige Prüfung der Vorsatzfrage am Platze sein (Zweibrücken VRS **66**, 136 m. Anm. Reinhardt BA **84**, 274). Der Vorsatz kann auch durch die Steigerung des subjektiven Leistungsgefühls (oben 5) nach Abschluß der Resorptionsphase (oben 7; Karlsruhe NJW **65**, 361), durch Trinken bis zur Schuldunfähigkeit (Hamm JMBlNW **70**, 11) oder bei Mitwirkung anderer Ursachen (oben 5), insbesondere von Medikamenten (Oldenburg DAR **56**, 253; Celle NJW **63**, 2385) ausgeschlossen sein (vgl. auch VRS **37**, 365; Hamm VRS **33**, 436; **37**, 198), in letzteren Fällen ist die innere Tatseite besonders sorgfältig zu prüfen (Hamm BA **78**, 455; Düsseldorf VM **78**, 84). **Fahrlässige Unkenntnis** der Fahruntüchtigkeit wird hingegen, wenn der Täter den Alkohol bewußt zu sich genommen hat (vgl. Hamm OLGSt. 35; VRS **40**, 447; DAR **73**, 23; Koblenz VRS **44**, 199), regelmäßig festgestellt werden können, da jedem Kraftfahrer die Gefahren des Alkohols bekannt sind oder bekannt sein müssen und er sich auch grundsätzlich über die Bedeutung des Restalkohols (vgl. DAR **52**, 43; Bay VRS **66**, 281; Stuttgart NJW **56**, 1044; Braunschweig DAR **60**, 270; Bremen DAR **59**, 211; Hamm DAR **70**, 192; VM **68**, 29; Hamburg VM **61**, 59; **66**, 61; KG VRS **33**, 265; Hamm DAR **70**, 192; Koblenz OLGSt. 59 zu § 315c; Gaisbauer NJW **64**, 2198; anderseits Frankfurt DAR **53**, 244; VRS **29**, 476; Saarbrücken NJW **63**, 1685; Hamm JMBlNW **65**, 119) und von Drogen sowie von Medikamenten und Tinkturen zu vergewissern hat (LG Flensburg BA **84**, 454; zu zurückhaltend Celle BA **81**, 176, m. krit. Anm. Recktenwald, NJW/H **82**, 1080; vgl. ferner Frankfurt VM **76**, 14; Hartung DAR **53**, 141; einschränkend Stuttgart VRS NJW **66**, 410; zur Gesamtproblematik Koch DAR **74**, 37). Die Benutzung eines sog. Atemalkoholtestgeräts kann ein Indiz für Vorsatz sein (zu vereinfachend hierzu D. Meyer BA **78**, 386). Wer ihm unbekannte Tabletten einnimmt, hat mit schädlichen Wirkungen in Verbindung mit Alkohol zu rechnen (Hamm VRS **42**, 281). Gebrauchsanweisungen für Medikamente hat der Kraftfahrer daher zu lesen (Braunschweig DAR **64**, 170; Köln JZ **67**, 183; Oldenburg OLGSt. 17; Hamm BA **74**, 214; Düsseldorf VM **78**, 84; vgl. auch Händel NJW **65**, 1999). Daß dem Täter heimlich hochprozentiger Alkohol zB ins Bier gegossen worden ist, schließt seine Schuld nicht immer aus (vgl. Hamm DAR **60**, 84; JMBlNW **64**, 42; NJW **74**, 2058), im übrigen sind solche Einlassungen, insbesondere bei höheren BAKen (Köln BA **78**, 302), nicht selten Schutzbehauptungen und bedürfen sorgfältiger Überprüfung (vgl. Hamm BA **78**, 458); wer sich von einem Mitzecher unkontrolliert Alkohol in ein anderes Getränk hineingießen läßt, handelt von vornherein fahrlässig (aM Köln BA **79**, 230 [m. abl. Anm. Dittmer]; Oldenburg BA **83**, 364 [m. abl. Anm. Middendorff], es ist in solchen Fällen idR ein Sachverständiger anzuhören, Hamburg VRS **54**, 438).

10 4) **Teilnahme** an der Vorsatztat nach I (für Strafbarkeit auch bei II u. a. Rudolphi GA **70**, 360) ist möglich, insbesondere durch Verabreichung von Alkohol an den späteren Täter, von dem man weiß, daß er noch fahren will, so durch den Gastwirt (BGH **4**, 20; enger **19**, 152; dazu krit. Geilen JZ **65**, 469; MDR/D **54**, 334; Düsseldorf VM **60**, 17), den Gastgeber, der die Bewirtung nicht rechtzeitig abbricht (Oldenburg DAR **57**, 300), der bloß Mitzechende haftet hingegen grundsätzlich auch dann nicht, wenn er später mitfahren will (NJW **54**, 1047; Bay NJW **53**, 556; Düsseldorf MDR **55**, 674; VRS **30**, 355; Oldenburg VRS **22**, 444; vgl. aber KG JR **56**, 150), auch nicht ohne weiteres die Aufsteller von Atemalkoholtestgeräten hinsichtlich der Tat eines Benutzers (aM D. Meyer BA **78**, 388). Mittelbarer Täter oder Nebentäter kann ein anderer nicht sein, da die Tat eigenhändiges Delikt ist (BGH **18**, 6).

11 5) Zur **Strafzumessung** bei § 316 vgl. zunächst aus dem **Schrifttum:** *Tröndle* MDR **72**, 461; *Schöch,* Strafzumessungspraxis und Verkehrsdelinquenz, 1973 u. Übersicht nach dem neuesten Stand: NStZ **91**, 14; *D. Schultz* BA **77**, 307; *Middendorff* BA **81**, 331; *Schneble* BA **82**, 385; *R. Hassemer* MSchrKrim. **86**, 21; *Zabel/Noss* BA **90**, 260, und die Nachgenannten. **a)** Es gilt der Vorrang der **Geldstrafe** (vgl. § 47; Düsseldorf NJW **70**, 767; Zweibrücken MDR **70**, 434). Ausgehend von Empfehlungen des 8. VGT (k+v **70**, 39) und aufgrund der Antragspraxis der StAen hat sich in der BRep. zumindest für § 316 eine ziemlich gleichmäßige Strafzumessungspraxis entwickelt, die sich bei Ersttätern zwischen 25 und 50 Tagessätzen bewegt (näher D. Schultz BA **77**, 310). Solche Empfehlungen dürfen im konkreten Fall nicht schablonenhaft angewendet werden (4 zu § 40), sie haben aber den Weg für eine einheitliche Strafzumessung gegenüber
11a Trunkenheitstätern geebnet. **b)** Eine **Freiheitsstrafe** von 6 Monaten bis zu 1 Jahr wird bei § 316 nur bei mehrfachen unbelehrbaren Wiederholungstätern in Betracht kommen; eine solche unter 6 Monaten nur unter den sehr engen Voraussetzungen des § 47 (dort 2ff.). **Besondere Tatumstände** iS des § 47 können zB darin liegen, daß der Täter vorsätzlich mit hohem Blutalkoholgehalt gefahren ist und in Fahrbereitschaft getrunken hat; besondere Umstände in der Person können gegeben sein, wenn der Täter rückfälliger Trunkenheitsfahrer ist (vgl. dazu Koblenz NZV **88**, 230; KG JR **68**, 194; NStZ/J **89**, 259) oder wenn Geldstrafen bisher ohne jede Wirkung blieben. Doch darf hierbei nicht schematisch verfahren werden (Hamm JMBlNW **70**, 265; Düsseldorf VM **71**, 58; Frankfurt DAR **72**, 48; Bay DAR **78**, 207 dort 2b; Karlsruhe Die Justiz **81**, 133). Solche besonderen Umstände müssen ferner die Verhängung einer Freiheitsstrafe unerläß-
11b lich machen (9 zu § 47), und zwar **aa)** zur **Einwirkung auf den Täter,** etwa bei einem Wiederholungstäter, der 12 Tage nach Zustellung einer Anklageschrift wegen einer einschlägigen Straftat wieder alkoholisiert gefahren ist (Koblenz VRS **54**, 31; vgl. Köln BA **73**, 268; Bay DAR **78**, 207 dort 2a),
11c oder **bb)** angesichts der hohen abstrakten Gefährlichkeit solcher Taten zur **Verteidigung der Rechtsordnung,** etwa wenn das stetige Ansteigen von Trunkenheitsfahrten auf eine regional begrenzte Fehleinstellung schließen läßt, was freilich näher darzulegen ist (Koblenz BA **71**, 69; Hamm VRS **40**, 342; KG VRS **44**, 94; vgl. ferner Hamm VRS **38**, 257; **39**, 330; 414; Frankfurt NJW **71**, 669; Celle VRS **38**, 336). Liegen die Voraussetzungen des § 47 vor, so ist es nach dem Sinn der Vorschrift auch geboten (SchSch-

Gemeingefährliche Straftaten **§ 316**

Stree 19 zu § 47), Freiheitsstrafe zu verhängen und die Gründe hierfür darzulegen (vgl. § 267 III S. 2 StPO!). Ob sie zur Bewährung ausgesetzt werden kann oder muß, richtet sich nach § 56 (dort 7). c) Im übrigen gelten die **allgemeinen Strafzumessungsgrundsätze** (9 zu § 46; 4 zu § 40). **11d** Vorsätzliches Handeln wird trotz desselben Strafrahmens idR strafschärfend wirken (Schleswig VM **67**, 12; Saarbrücken NJW **74**, 1392). Unbewußte Fahrlässigkeit ist nicht schlechthin ein Milderungsgrund gegenüber bewußter (Karlsruhe DAR **68**, 220), ebensowenig eine der Fahrt vorausgegangene geschäftliche Besprechung (KG DAR **68**, 216), oder die Rückfahrt auf „Schleichwegen" (LG Verden DAR **76**, 137; zw.; aM Cramer 49). Zur Beurteilung des alkoholbedingten auffälligen Langsamfahrens R. Peters MDR **91**, 490. Für das Ausmaß der abstrakten Gefahr und den Schuldumfang kommt es weniger auf die Höhe der BAK als auf die Fahrweise, die Verkehrsverhältnisse und die zurückgelegte Fahrstrecke an (Karlsruhe VRS **79**, 200). Eine Strafmilderung wegen alkoholbedingter beschränkter Schuldfähigkeit nach §§ 21, 49 I kommt bei Trinken in Fahrbereitschaft nicht in Betracht (Hamm BA **80**, 294; vgl. aber Karlsruhe NZV **90**, 277; NStZ/J **85**, 112). Auch das Verhalten nach der Tat kann uU von Bedeutung sein und straferschwerend wirken, wenn es einen Schluß auf die zu mißbilligende Einstellung des Täters zuläßt (Hentschel-Born 455 ff. mwN), dies gilt auch vom sog. Nachtrunk (str.; einschränkend Cramer 49; Schäfer StrZ 295; vgl. BGH **17**, 143; NJW **62**, 2070; Oldenburg NJW **68**, 1293), es können uU auch außerstrafrechtliche Konsequenzen einer Tat nach § 316 für die Strafzumessung von Bedeutung sein (hierzu Schneble BA **84**, 110). d) Eine Tat nach § 316 zieht idR die **Entziehung der Fahrer- 11c laubnis** nach sich (§ 69 II Nr. 2; dort 10, 12). Unterbleibt sie, so ist idR ein **Fahrverbot** auszusprechen (§ 44 I S. 2; dort 3). Es ist zulässig, bei der Strafzumessung zu berücksichtigen, welche spezialpräventiven Wirkungen von der Anordnung der Maßregel des § 69 oder der Nebenstrafe des § 44 auf den Täter ausgehen (Frankfurt NJW **71**, 669; 1 zu § 69). Zur Unzuverlässigkeit iS § 5 II WaffG vgl. OVG Münster v. 20. 1. 1984, 20 A 2555/83.

6) Konkurrenzen. Hinter § 315a I Nr. 1, § 315c I Nr. 1 tritt § 316 zurück **12** (23 zu § 315c), mit § 315, 315a I Nr. 2, 315c I Nr. 2 ist Tateinheit möglich; ebenso mit § 113 (VRS **49**, 117), § 142, (hierzu 23 zu § 315c), § 237 (dort 9), § 323a (16. 10. 1973, 1 StR 428/73) sowie mit Tötungs- und Körperverletzungsdelikten. Mit §§ 52a, 53 I Nr. 3a, 4, 7, III Nr. 1, 3, 5 bis 7 WaffG besteht Tatmehrheit (DRiZ **75**, 283). Zum Verhältnis zu § 24a StVG vgl. oben 2.

Räuberischer Angriff auf Kraftfahrer

316a ^IWer zur Begehung eines Raubes (§§ 249, 250) oder eines räuberischen Diebstahls (§ 252) oder einer räuberischen Erpressung (§ 255) einen Angriff auf Leib, Leben oder Entschlußfreiheit des Führers eines Kraftfahrzeugs oder eines Mitfahrers unter Ausnutzung der besonderen Verhältnisse des Straßenverkehrs unternimmt, wird mit Freiheitsstrafe nicht unter fünf Jahren bestraft. In besonders schweren Fällen ist die Strafe lebenslange Freiheitsstrafe, in minder schweren Fällen Freiheitsstrafe nicht unter einem Jahr.

^{II} **Das Gericht kann die Strafe nach seinem Ermessen mildern (§ 49 Abs. 2) oder von einer Bestrafung nach dieser Vorschrift absehen, wenn**

§ 316a

der Täter freiwillig seine Tätigkeit aufgibt und den Erfolg abwendet. Unterbleibt der Erfolg ohne Zutun des Täters, so genügt sein ernsthaftes Bemühen, den Erfolg abzuwenden.

1 **1) Die Vorschrift** idF des 1. StraßenverkehrsichG und des 11. StÄG sowie Art. 19 Nr. 177 EGStGB (vgl. Günther JZ **87**, 376) enthält einen eigenständigen (BGH **18**, 172; NJW **71**, 766) verfassungskonformen (BGH **24**, 173) Unternehmenstatbestand (unten 5), dessen hohe Strafdrohung die Zuverlässigkeit und Funktionsfähigkeit des Straßenverkehrs und das Vertrauen der Bevölkerung in dessen Sicherheit schützen soll (MDR/H **91**, 105). **Schrifttum:** *Roth-Stielow* NJW **69**, 303; *Peyer* NJW **71**, 872; *Meurer-Meichsner*, Untersuchungen zum Gelegenheitsgesetz im Strafrecht, 1974; *Günther* JZ **87**, 369; *Geilen* LdR 8/1215.

2 **2) Die Tat** besteht in dem Angriff auf Leib, Leben (5 zu § 102) oder Entschlußfreiheit des Führers (3 ff. zu § 315a) eines Kraftfahrzeuges oder eines Mitfahrers (BGH **13**, 29), bloße Drohungen genügen nicht, NStE Nr. 2. Für den Angriff auf die Entschlußfreiheit genügt jede Form der Nötigung, die nicht mittels Gewalt gegen Leib oder Leben begangen wird (NStE Nr. 3; DAR/S **89**, 241). Die Handlung als solche kann sich unmittelbar gegen die Genannten oder das Auto selbst (Hindernisse auf der Fahrbahn, Autofallen!) richten, und zwar unmittelbar vor, nach oder während der Fahrt; so durch das Auftreten als „harmloser" Fahrgast (RG **73**, 74). Sowohl der Angegriffene (BGH **5**, 280), als auch der Täter können sich innerhalb oder außerhalb des Kraftfahrzeuges befinden, der Täter auch als dessen Führer, wenn er einen Mitfahrer angreift (NJW **71**, 765; dazu krit. Beyer NJW **71**, 872; VRS **55**, 263; vgl. Blei JA **71**, 443; zum Ganzen krit. Günther JZ **87**, 370, 378) oder sich am Angriff eines Mitfahrers auf einen anderen beteiligt (BGH **13**, 27), und zwar auch dann, wenn der Tatentschluß erst während der Fahrt gefaßt wird (BGH **15**, 322; NJW **64**, 1630), oder erst nach Beginn des tätlichen Angriffs (BGH **25**, 315 mit zust. Anm. Hübner JR **75**, 201), stets muß der Tatentschluß vor Beendigung der Fahrt gefaßt sein (VRS **55**, 263; StV **85**, 415 L), es muß ein Zusammenhang zwischen dem Straßenverkehr und dem erpresserischen Angriff vorliegen (BGH **37**, 258, hierzu Geppert JK 3). Schon die bloße Beförderung von Fahrgästen mit dem Plan, sie zu berauben, kann das Unternehmen, nämlich der Versuch des Angriffs sein (BGH **6**, 84; **18**, 173).

3 **A. Unter Ausnutzung der besonderen Verhältnisse** des Straßenverkehrs muß der Täter handeln, dh unter Ausnutzung einer sich aus dem fließenden Straßenverkehr ergebenden, ihm eigentümlichen Gefahrenlage für den Kraftfahrzeugverkehrsteilnehmer (BGH **13**, 27; **18**, 170; **37**, 258). Das ist auch möglich bei einem Überfall während eines Haltens (BGH **6**, 83; **18**, 170; MDR/D **75**, 725; NJW **92**, 989 m. Anm. R. Keller JR **92**, Heft 12), etwa wenn der Täter sein Opfer abseits lockt, um es zu berauben (BGH **5**, 282; BGHR § 316a I, StrVerk. 3), oder wenn der Täter, um an ungestörtem Ort zum Ziele zu kommen, die Weiterfahrt und seine Mitfahrt erzwingt (MDR/H **77**, 638; aM SK-Horn 5), nicht aber bei planmäßig weiter Entfernung vom Auto (BGH **22**, 114; **33**, 381 [m. Anm. Geppert NStZ **86**, 552 u. JK 2a; Hentschel JR **86**, 428; krit. Günther JZ **87**, 19, 370]; NStZ **89**, 477; vgl. Roth-Stielow NJW **69**, 303; NStZ/J **86**, 255), bei einem Überfall auf einen neben seinem Fahrzeug stehenden Mann (MDR/H **76**,

Gemeingefährliche Straftaten **§ 316a**

988), auch nicht, wenn jemand zu Fuß an ein zufällig haltendes Kraftfahrzeug in Raubabsicht herantritt (GA **79**, 466; EzSt Nr. 1), selbst wenn der Fahrer es bei laufendem Motor verlassen hat (MDR/H **80**, 629) oder bei einem Überfall in der Garage oder beim Aufenthalt im Gasthaus oder wenn der Entschluß zum Überfall erst während des Haltens gefaßt wird (BGH **19**, 191), anders jedoch, wenn der Täter nach dem Raubüberfall mit Hilfe des Fahrzeugs schnell und unerkannt entkommen will (NStE Nr. 3). Ausnutzung auch bei Verbergen eines Mittäters im Kofferraum, bei dem Plan unerkannten Entkommens mit Hilfe des Fahrzeuges (BGH **13**, 27; **18**, 170; 27. 8. 1991, 5 StR 297/91), jedoch nur, wenn das Fahrzeug unmittelbar in das Tatgeschehen einbezogen wird, zB in geringer Entfernung abfahrbereit steht oder ein Tatbeteiligter am Tatort für die Fahrt bereit hält (BGH **22**, 114). Daran kann es fehlen, wenn ein mit dem Kraftwagen Verfolgter gestellt wird und sich dann zum Raub gegen den Verfolger entschließt (vgl. NJW **69**, 1679), oder wenn der Täter erst nach dem Halten auf den Gedanken kommt, den Fahrer zu erpressen (VRS **55**, 263) oder zu berauben und dann mit dessen Wagen flüchtet (BGH **24**, 320). Wird ein Raub in der Schlafkoje eines geparkten LKW begangen, wo der Täter mit dem Opfer Geschlechtsverkehr hatte, so ist Ausnutzung nicht gegeben (11. 2. 1970, 2 StR 600/69). Die besonderen Straßenverkehrsverhältnisse kann der Täter auch ausnutzen, wenn er für das Verbringen des Opfers an den Tatort auch noch dessen Gutgläubigkeit ausnutzt (NJW **71**, 765).

B. Zur Begehung von Raub, räuberischem Diebstahl oder räuberischer Erpressung muß der Täter handeln; und zwar auf Grund eines spätestens während der Fahrt oder des tätlichen Angriffs (oben 2) gefaßten Entschlusses (BGH **15**, 322; NJW **71**, 769; **72**, 913). Auf sonstige Straftatbestände ist die Vorschrift nicht anwendbar (NJW **70**, 1381; AG Köln MDR **81**, 158 L). Der Angriff kann bereits die Gewaltanwendung des § 249 sein. Ob auch der Fall gedeckt ist, daß der Täter einen Diebstahl begehen, sich aber erforderlichenfalls mit Gewalt im Besitz der Beute halten will, ist nach Einfügung des § 252 durch das EGStGB nicht mehr zw. (1. Ber. 20). Raub oder räuberische Erpressung brauchen in der Planung noch nicht fest umrissen zu sein (vgl. BGH **15**, 324; **18**, 173). Bei geplantem Raub kann Täter nach § 316a nur sein, wer beim Raub nicht nur Gehilfe, sondern Täter sein würde, dh sich selbst zueignen will (BGH **24**, 284, ebenso bei § 252, anders insoweit bei § 255, Blei JA **72**, 375). Der Täter muß sich (in den Fällen des § 255) bereichern wollen, wobei der bloße Kraftstoffverbrauch bei der erzwungenen Fahrt nicht genügt (DAR **81**, 186).

C. Wer es unternimmt (34 zu § 11). Es genügt zur Vollendung also schon der Versuch des Angriffs (vgl. NJW **54**, 521), dh der Beginn der Angriffshandlung (NStZ **89**, 477; zB der erste Spatenstich zur Autofalle; insoweit zweifelnd SK 4), selbst wenn der Überfall erst später ausgeführt werden soll und vielleicht gar nicht stattfindet. Maßgebend ist, was der Täter im Augenblick des Unternehmens *plant* (BGH **33**, 381 [m. Anm. Geppert NStZ **86**, 552 u. JK 2a; Hentschel JR **86**, 428; Günther JZ **87**, 16, 369]; NStZ **89**, 119). Schon das Platznehmen im Auto mit dem Angriffsvorsatz ist Vollendung (BGH **6**, 82; **18**, 170; NJW **57**, 431; **71**, 766), ebenso das Aufblinken der Lichthupe, wenn dies das vereinbarte Zeichen zum Überfall war (MDR/H **77**, 808; krit. Küper JZ **79**, 776). Auch der untaugli-

1783

§ 316a BT Siebenundzwanzigster Abschnitt

che Versuch fällt unter § 316a (GA **65**, 150; Günther JZ **87**, 18; hM). Soll die geplante Raubtat erst an einem Ort begangen werden, der keine zum Straßenverkehr wesenseigene Beziehung aufweist, so ist § 316a nicht erfüllt (BGH **33**, 378, NStZ **89**, 119).

5a **D. Zu I Satz 2** (besonders schwere und minder schwere Fälle) vgl. 11 zu § 12; 41 ff. zu § 46.

6 **3) Tätige Reue** kann der Täter nach II, da § 24 nicht eingreift (34 zu § 11), mit der Folge üben, daß das Gericht von Strafe nach § 316a (nicht zB nach §§ 240 oder 223) absehen (7 zu § 23) oder die Strafe nach seinem Ermessen mildern kann (§ 49 II mit Anm.; hierzu Bergmann [1 zu § 49] 163). Voraussetzung ist, daß der Täter freiwillig (6, 8 zu § 24) seine Tätigkeit und damit auch sein Vorhaben aufgibt und sich ernsthaft und freiwillig bemüht, den (möglicherweise noch durch Mittäter angestrebten) Erfolg der Tat abzuwenden. Erfolg ist dabei nicht der geplante Raub, sondern der Angriff auf Leib, Leben oder Entschlußfreiheit des Fahrers (BGH **10**, 320; hM; hierzu M-Schroeder § 35, 60; SK 11 f.), so daß II nicht erst entfällt, wenn es zu dem geplanten Überfall kommt (Tübingen DRZ **49**, 43), sondern bereits dann, wenn der Täter zB dem Angegriffenen die Pistole vorhält (VRS **21**, 206). Ob der Erfolg infolge des Bemühens des Täters (er entfernt das über die Straße gespannte Drahtseil) oder aus anderen Gründen ausbleibt (es kommt kein Auto), ist ohne Bedeutung; entscheidend ist die Bemühung des Täters. Gibt der Täter seine Tätigkeit freiwillig nach der Tatvollendung auf, so kann hierin ein „besonderer Umstand" iS des § 56 II liegen (StV **85**, 504 L).

7 **4) Konkurrenzen.** Mit §§ 249, 250, 252, 255, deren Vollendung nicht zum Tatbestand des § 316a gehört, sowie mit § 223a liegt Tateinheit vor (BGH **14**, 391; **15**, 323; NJW **63**, 1413; **64**, 1630; **69**, 1679; VRS **29**, 199), ebenso ist sie mit §§ 211, 212 und mit § 177 (VRS **60**, 103) möglich, sowie mit §§ 315, 315b, vor allem mit deren Abs. 3 (LK-Schäfer 40; str.). Doch tritt Versuch nach §§ 249, 252, 255 hinter § 316a zurück (BGH **25**, 373; Cramer 21).

8 **5) Sonstige Vorschriften:** § 138 I Nr. 9 (Nichtanzeige), § 126 (Androhung), § 140 (Belohnung und Billigung), § 145d (Vortäuschen); vgl. auch § 100a Nr. 2, § 112a I Nr. 2 StPO.

Störung öffentlicher Betriebe

316b I Wer den Betrieb
1. einer Eisenbahn, der Post oder dem öffentlichen Verkehr dienender Unternehmen oder Anlagen,
2. einer der öffentlichen Versorgung mit Wasser, Licht, Wärme oder Kraft dienenden Anlage oder eines für die Versorgung der Bevölkerung lebenswichtigen Unternehmens oder
3. einer der öffentlichen Ordnung oder Sicherheit dienenden Einrichtung oder Anlage

dadurch verhindert oder stört, daß er eine dem Betrieb dienende Sache zerstört, beschädigt, beseitigt, verändert oder unbrauchbar macht oder die für den Betrieb bestimmte elektrische Kraft entzieht, wird mit Freiheitsstrafe bis zu fünf Jahren oder mit Geldstrafe bestraft.

II Der Versuch ist strafbar.

III In besonders schweren Fällen ist die Strafe Freiheitsstrafe von sechs Monaten bis zu zehn Jahren. Ein besonders schwerer Fall liegt in der

Gemeingefährliche Straftaten **§ 316 b**

Regel vor, wenn der Täter durch die Tat die Versorgung der Bevölkerung mit lebenswichtigen Gütern, insbesondere mit Wasser, Licht, Wärme oder Kraft beeinträchtigt.

1) Die Vorschrift, deren III durch Art. 1 Nr. 4 des StÄG 1989 (3 zu § 239a) angefügt wurde, ist als *abstraktes Gefährdungsdelikt* ausgestaltet (vgl. aber unten 10). § 316b schützt gemeinschaftswichtige Einrichtungen und Anlagen **in ihrem Betrieb** gegen Sabotageakte; vgl. auch § 88. **Schrifttum:** *Bernstein,* § 316b – Störung öffentlicher Betriebe, 1989.

2) Abs. I nennt als geschützte Gegenstände öffentlichen Zwecken dienende **Einrichtungen und Anlagen,** und zwar **in Nr. 1 Eisenbahnen** (auch Privatbahnen, zB Fabrikbahnen, Celle VRS **68,** 129; Lackner 2a; aM SchSch-Cramer II); **Post** sowie **dem öffentlichen** (Bahn-, Schiffs-, Luft- oder Straßen)-**Verkehr dienende Unternehmen** (8 zu § 14) **oder Anlagen** (2 zu § 325); wie Straßenbahn, Draht- und Zahnradbahnen (RG **35,** 12), Autobuslinien, Schiffahrt (auch deren Schleusen, Schafheutle JZ **51,** 618), Luftfahrtunternehmen; **in Nr. 2 Energieversorgungsanlagen** und lebenswichtige **Versorgungsunternehmen,** nämlich **a)** der öffentlichen Versorgung mit Wasser, Licht, Wärme (auch Fernheizung) oder Kraft dienende Anlagen. Nicht die Größe oder Bedeutung des Betriebes ist entscheidend, sondern ob er der öffentlichen Versorgung dient; **b)** ein für die Versorgung der Bevölkerung lebenswichtiges Unternehmen wie zB ein Krankenhaus, Milchhof, Schlachthof; wohl auch das Müllabfuhrunternehmen einer Gemeinde. Es genügt also (im Gegensatz zu 2, 3) nicht jedes private Versorgungsunternehmen; **in Nr. 3** der **öffentlichen Ordnung oder Sicherheit dienende Einrichtungen oder Anlagen,** zB der Polizei oder des Grenzschutzes; etwa ein Computer, eine Radaranlage, ein Feuermelder oder ein Feuerwehrauto (Koblenz OLGSt. 7 zu § 248b), nicht jedoch eine einzelne Maschinenpistole, wohl aber eine für den Einsatz bestimmte Polizeieinheit, BGH **31,** 1, 188; Stree JuS **83,** 839; Loos JR **84,** 169).

3) Die Handlung besteht im **Verhindern,** dh mindestens im Unterbrechen des gesamten Betriebes, oder im **Stören,** dh in der Beeinträchtigung des reibungslosen ordnungsgemäßen Ablaufs in seiner Gesamtheit, vgl. RG **65,** 133; Celle VRS **28,** 129. **A. Tatmittel** sind: Zerstören (2 zu § 305), Beschädigen (5 ff. zu § 303), Beseitigen (= von ihrem Ort entfernen), Verändern (= Herbeiführen eines von den bisherigen abweichenden Zustandes, RG **37,** 53; Celle VRS **28,** 129) oder Unbrauchbarmachen (= Aufheben der Funktionsfähigkeit) einer dem Betrieb dienenden Sache oder Entziehung der elektrischen **Kraft,** die für den Betrieb bestimmt ist. Geschieht das durch einen legalen Streik, so ist die Tat nicht rechtswidrig. **B. Vorsatz** ist mindestens als bedingter (vgl. RG **22,** 393) erforderlich; nicht aber eine politische Absicht. So genügt auch das Erstreben einer Lohnerhöhung oder der Entfernung eines unbeliebten Aufsehers.

4) Abs. II bestimmt die Strafbarkeit des Versuchs.

5) Abs. III idF des StÄG 1989 (3 zu § 239a) wurde aus den in 36a zu § 243 genannten Gründen eingefügt. III führt zu einer Verdoppelung der angedrohten Höchststrafe (krit. Ausschußempfehlung BR-Drs. 222/1/89 S. 5). Gemeint sind zB Fälle, in denen durch Unterbrechung der Stromzu-

§ 316b

fuhr die medizinische Versorgung in Krankenhäusern oder im Winter die Wärmeversorgung ganzer Stadtteile oder sonst die Versorgung mit lebenswichtigen Gütern für eine Vielzahl von Menschen verhindert wird, dh Fallgestaltungen, in denen die Sabotageakte zu ganz erheblichen Beeinträchtigungen der Bevölkerung führen, die auf das reibungslose Funktionieren der geschützten Gegenstände angewiesen ist. Die Folgen der Tat dürften zwar idR ohne schwierige Beweiserhebungen festzustellen sein (zB beim Stromausfall einer ganzen Gemeinde), doch dürfte die Umschreibung der Tathandlung als **beeinträchtigen** den Tatrichter uU zu aufwendigen Beweiserhebungen zwingen, was mit der Konzeption des § 316b als abstraktes Gefährdungsdelikt unvereinbar ist und durch die vom DRiB (DRiZ **88**, 153) vorgeschlagene Umschreibung mit „gefährdet" oder „nicht nur kurzfristig unterbricht" vermieden worden wäre (krit. auch Achenbach KR **89**, 635; Kunert/Bernsmann NStZ **89**, 452).

11 **6) Tateinheit** mit § 88 ist möglich (vgl. dort 1, 11) sowie mit § 315 und § 315b, vor allem mit deren III bei Gefährdung und Sabotierung des Transports, § 304 wird von § 316b ebenso verdrängt wie § 87. Hingegen verdrängt § 109e den § 316b (str.; aM LK-Rüth 15; SchSch 10). Das Androhen einer Tat nach I wird nach § 126 I Nr. 7 bestraft.

Angriff auf den Luft- und Seeverkehr

316c [I] Mit Freiheitsstrafe nicht unter fünf Jahren, in minder schweren Fällen mit Freiheitsstrafe nicht unter einem Jahr wird bestraft, wer

1. Gewalt anwendet oder die Entschlußfreiheit einer Person angreift oder sonstige Machenschaften vornimmt, um dadurch die Herrschaft über
   a) ein im zivilen Luftverkehr eingesetztes und im Flug befindliches Luftfahrzeug oder
   b) ein im zivilen Seeverkehr eingesetztes Schiff zu erlangen oder auf dessen Führung einzuwirken, oder
2. um ein solches Luftfahrzeug oder Schiff oder dessen an Bord befindliche Ladung zu zerstören oder zu beschädigen, Schußwaffen gebraucht oder es unternimmt, eine Explosion oder einen Brand herbeizuführen.

Einem im Flug befindlichen Luftfahrzeug steht ein Luftfahrzeug gleich, das von Mitgliedern der Besatzung oder von Fluggästen bereits betreten ist oder dessen Beladung bereits begonnen hat oder das von Mitgliedern der Besatzung oder von Fluggästen noch nicht planmäßig verlassen ist oder dessen planmäßige Entladung noch nicht abgeschlossen ist.

[II] Ist durch die Tat leichtfertig der Tod eines Menschen verursacht worden, so ist auf lebenslange Freiheitsstrafe oder auf Freiheitsstrafe nicht unter zehn Jahren zu erkennen.

[III] Wer zur Vorbereitung einer Straftat nach Absatz 1 Schußwaffen, Sprengstoff oder sonst zur Herbeiführung einer Explosion oder eines Brandes bestimmte Stoffe oder Vorrichtungen herstellt, sich oder einem anderen verschafft, verwahrt oder einem anderen überläßt, wird mit Freiheitsstrafe von sechs Monaten bis zu fünf Jahren bestraft.

Gemeingefährliche Straftaten **§ 316c**

IV Das Gericht kann in den Fällen der Absätze 1 und 3 die Strafe nach seinem Ermessen mildern (§ 49 Abs. 2), wenn der Täter freiwillig sein Vorhaben aufgibt und den Erfolg abwendet, bevor ein erheblicher Schaden entsteht. Unterbleibt der Erfolg ohne Zutun des Täters, so genügt sein freiwilliges und ernsthaftes Bemühen, den Erfolg abzuwenden.

1) Die Vorschrift idF des 11. StÄG iVm Art. 19 Nr. 179 EGStGB und 1 Art. 2 Nr. 2 Ges. v. 13. 6. 1990 (BGBl. II 493) zu dem Übk. v. 10. 3. 1988 zur Bekämpfung widerrechtlicher Handlungen gegen die Sicherheit der Seeschiffahrt und zum Prot. v. 10. 3. 1988 zur Bekämpfung widerrechtlicher Handlungen gegen die Sicherheit fester Plattformen, die sich auf dem Festlandsockel befinden, dient der Bekämpfung der Luft- und Seepiraterie (vgl. JA **69**, 725; NJW **70**, 399) und geht zurück auf den E BRat BT-Drs. VI/1478 mit Begr., das LuftBekÜbk (zu I Nr. 1; vgl. 9 zu § 6), das Übk. v. 10. 3. 1988 (vgl. dazu RegE BT-Drs. 11/4946; Ber. BT-Drs. 11/6294) und Entschließungen der Interparlamentarischen Union (BT-Drs. VI/1430); vgl. auch LuftStrÜbk sowie LuftSiÜbk). Vgl. Prot. VI/1167, 1582, 1591, 1593; Ber. BT-Drs. VI/2721. **Schrifttum:** *Kunath* JZ **72**, 199; *Schmidt-Räntsch* JR **72**, 146; *Alex Meyer*, Luftpiraterie, 1972; *Middendorff*, 4 zu § 239a; *Wille*, Die Verfolgung strafbarer Handlungen an Bord von Schiffen und Luftfahrzeugen, 1974; *Pötz* ZStW **86**, 489; *Gusy* NJW **78**, 1717; *Jescheck* GA **81**, 65; *Krause*, Flugunfälle und kriminelle Eingriffe in den Luftverkehr, BKA 1990. Die Tat ist in I als Begehungsdelikt mit überschießender Innentendenz konstruiert; sie ist insoweit abstraktes Gefährdungsdelikt (M-Schroeder § 54 IV 3). Strafbar ist die Tat, auch in den Fällen von III, ohne Rücksicht auf **Tatort** und Staatsangehörigkeit des Täters (§ 6 Nr. 3; beachte aber § 153c StPO).

2) A. Rechtsgut ist die Sicherheit des Luft- und Seeverkehrs, namentlich der 2 an ihm teilnehmenden Menschen, deren Freiheit und Integrität (etwas abw. Ber. 2).

B. Angriffsgegenstände sind **a) ein im zivilen Luftverkehr** eingesetztes, 3 dh im konkreten Fall verwendetes, also nicht im Staats-, Militär-, Zoll- oder Polizeidienst eingesetztes **Luftfahrzeug** (LF) jeder Art (5 zu § 109 g), also auch Ballons, Hubschrauber, Sport- und Privatflugzeuge, aber wie I S. 2 erkennen läßt, nur solche, die Menschen betreten können (Prot. VI/1587). Da allein der Verwendungszweck, nicht das Eigentum entscheidet, kann auch ein dem Staat gehörendes LF zivilen Zwecken dienen. Es muß sich entweder im Flug oder Start befinden oder vor dem Start von mindestens einzelnen Besatzungsmitgliedern oder Fluggästen bereits zum Flug betreten sein oder es muß die Beladung mit Fracht oder Gepäck der Gäste (nicht mit Ausrüstungsgegenständen, Treibstoff oder Verpflegung, Ber. 3) begonnen haben; oder es muß nach der Landung planmäßiges Verlassen oder Entladung noch nicht beendet sein, so daß Notlandungen oder erzwungene Zwischenlandungen (Prot. VI/1169, 1587; Ber. 3; *Kunath* JZ **72**, 200; abw. SchSch-Cramer 11; SK-Horn 5; vgl. auch LK-Rüth 11), zufälliges oder außergewöhnliches Zurückbleiben oder ein Wiederbetreten außer Betracht bleiben. Erfaßt werden auch LF ohne Fluggäste und Ladung, so bei Überführungs-, Schau-, Werbe- und Arbeitsflügen. Die Tathandlung kann, wenn sie nur in die geschilderten Stadien weiterwirkt (Prot. VI/1174, 1587), schon vorher und außerhalb des LF begangen sein; ebenso *Wille* aaO 227. **b) ein im zivilen Seeverkehr eingesetztes Schiff** (Sch), dh „ein nicht dauerhaft am Meeresboden befestigtes Wasserfahrzeug jeder Art und Größe" (BT-Drs. 11/4946, 6), wobei der Schutzbereich wie beim LF (oben 3) auf den zivilen Bereich beschränkt und allein der konkrete Verwendungszweck, nicht das Eigentums-

1787

§ 316c

verhältnis entscheidend ist, so daß auch ein Fischereiforschungsschiff, das dem Staat gehört, da es zivilen Zwecken dient, geschützt ist, nicht aber Kriegs-, Zoll- und Polizeischiffe, wohl aber Sport- und Versorgungsfahrzeuge (BT-Drs. 11/4946, 6). Obgleich das Prot. v. 10. 3. 1988 (oben 1) Plattformen in internationalen Gewässern den Sch gleichstellt, sind Plattformen nicht in den Schutz des § 316c einbezogen (Ber. BT-Drs. 11/6294, 3). Im (zivilen) Seeverkehr **eingesetzt** ist das Sch auch bei Fahrten auf Binnenschiffahrtsstraßen, wenn diese im Zusammenhang mit dem Einsatz im Seeverkehr (zB zum Laden, Löschen) durchgeführt werden (vgl. Art. 4 Übk. oben 1); und c) irgendwelche **Menschen**, nicht nur Flug- oder Schiffsgäste oder Besatzung; d) **LF, Schiff und Ladung** (I Nr. 2).

4 3) **Tathandlungen** sind **nach I Nr. 1 (Flugzeug- oder Schiffsentführung):** a) Anwendung von **Gewalt** (3 f. zu § 240) gegen Personen oder Sachen (zB Blockieren des Abflugs durch quergestellten LKW, Ber. 3; Ausschalten der für die Landung bestimmten Hilfsmittel; abw. Prot. VI/1176), die sich auch außerhalb des LF oder Sch befinden können wie zB Flugsicherungslotsen, Einwinker; aber auch Politiker, Diplomaten (Prot.
5 VI/1169, 1175, 1177). b) **Angreifen der Entschlußfreiheit** (vgl. § 316a I) eines auch hier möglicherweise nicht im LF oder Sch befindlichen Menschen, wobei vor allem Drohungen mit irgendeinem Übel, insbesondere mit Gewalt, wenn auch nur mit einer Waffenattrappe (Bohnert JuS **83**,
6 944), in Betracht kommen. c) **Machenschaften** (3 zu § 109a; Ber. 3; das Wort „sonstige" ist irreführend) vornimmt, wobei vor allem Beeinflussung der Kommunikations- (Funk-) und Navigationsgeräte durch technische Mittel in Frage kommt (Ber. 3), während einfache Lügen und Bestechungen ausscheiden (SchSch 16; Wille aaO 226; aM Kunath JZ **72**, 201; Maurach, Heinitz-FS 411; anders, wenn zB ein Bordmechaniker bestochen wird, den Piloten durch eine erfundene Schadensmeldung zu einer außerplanmäßigen Landung zu bringen). In allen drei Fällen ist es gleichgültig,
7 ob die Tathandlung irgendeinen Erfolg hat. Doch muß der Täter d) außer dem **Vorsatz**, der sich als mindestens bedingter auf alle Tatmerkmale zu erstrecken hat, noch die **Absicht** haben, dh es muß ihm darauf ankommen, entweder (allein oder mit Beteiligten) die Herrschaft über das LF oder Sch zu erlangen (eigene Führung oder Befehlsgewalt über Besatzung und Passagiere) oder mindestens auf dessen Führung (Höhe und Kurs, Zeitpunkte und örtliche Ziele; zB Verhinderung der Landung an einem bestimmten Ort, Ber. 3) **einzuwirken** (Der Pilot oder der SchFührer selbst können also nicht Täter sein). Erfaßt werden danach zB die Fälle, daß der Täter einen beliebigen Piloten oder SchFührer zwingen will, mit ihm an Bord eines noch teilweise beladenen LF oder Sch zu gehen und das Fahrzeug nach seinen Weisungen zu fahren, oder daß er den Start eines LF oder das Auslaufen eines Sch verhindern (anders Prot. VI/1179) oder ein schon teilweise beladenes LF oder Sch in seine Gewalt bringen will (vgl. Prot. VI/1179); Einschränkungen der Strafbarkeit sind hier nur denkbar, wenn die Sicherheit des Luft- oder Schiffsverkehrs nicht gefährdet werden kann. **Nach I
8 Nr. 2 (Flugzeug- oder Schiffssabotage):** a) das **Gebrauchen** einer **Schußwaffe** (3 zu § 244; wobei sich gewisse Einschränkungen aus der Absicht des Täters ergeben) als solcher (nicht als Schlagwaffe), dh das Schießen innerhalb oder außerhalb des LF, in der Regel auf dieses selbst oder die Ladung
9 an Bord b) das **Unternehmen** (34 zu § 11), eine **Explosion** (3 zu § 311)

Gemeingefährliche Straftaten **§ 316 c**

oder einen **Brand** herbeizuführen, dh das In- Brand-Geraten des LF bzw. Sch oder einer Sache an Bord oder in den Fällen von I S. 2 auch einer beweglichen oder unbeweglichen Sache außerhalb des LF oder Sch, wenn die Wirkung übergreifen soll. Auch hier braucht die Tathandlung keinen Erfolg zu haben, doch muß der Täter c) außer dem **Vorsatz** (oben 7) noch **10** die **Absicht** (oben 7) haben, das LF, Sch oder die Ladung an Bord, die ihm nicht gehören (oben 3), zu zerstören oder zu beschädigen (10, 5 ff. zu § 303).

4) Der Versuch ist, soweit er in den Fällen des Unternehmens (oben 9) **11** nicht schon der Vollendung gleichsteht, stets strafbar. Ob das Einschmuggeln einer Waffe durch die Flugplatz- oder Hafenkontrolle bereits Versuch von I Nr. 1 ist (so Kunath JZ **72**, 200; LK 35), ist nach § 22 zw.

5) Für die Teilnahme reicht es im Fall von Mittätern aus, wenn einer **12** von ihnen die Absicht nach Nr. 1 oder 2 oder einer von ihnen die nach Nr. 1, der andere die nach Nr. 2 hat (aM SK-Horn 15).

6) Die Strafe. Der Fehler des Gesetzes, daß in minder schweren Fällen (11 zu **13** § 12; 42 zu § 46; achtenswertes Motiv, notstandsähnliche Lage, Prot. VI/1167, 1175; Wille aaO 236) nur die Mindeststrafe auf 1 Jahr, nicht aber die Höchststrafe herabgesetzt ist, ist bei der Strafzumessung auszugleichen. In den Fällen von I Nr. 2 (auch iVm II) ist nach § 231 FAufsicht im Rahmen des § 68 I Nr. 2 möglich. Der **qualifizierte Fall (II),** daß durch die vielleicht nur versuchte Tat (5 zu § 18) der Tod eines beliebigen, vielleicht außerhalb des LF oder Sch befindlichen Menschen, auch eines Mittäters (Prot. VI/1171, aber auch 1589; aM LK 33) leichtfertig (20 zu § 15; Herzinfarkt eines älteren Passagiers infolge Bedrohung mit Revolver, aber nicht infolge bloßer Kursänderungsdurchsage; Ber. 4; Prot. VI/1589; vgl. Backmann/Müller-Dietz JuS **75**, 43) oder auch vorsätzlich (6 zu § 18) verursacht wird (vgl. Kunath JZ **72**, 201; andererseits SchSch 30), ist wahlweise (ohne gesetzliche Direktive; Reihenfolge der Strafdrohungen ohne Bedeutung) mit lebenslanger (zB besonders hoher Grad von Leichtfertigkeit; grausames Vorgehen; mehrere Opfer) oder zeitiger Freiheitsstrafe bedroht. Für den Teilnehmer gilt 4 zu § 18.

7) Konkurrenzen. Tateinheit besteht mit Körperverletzungs- und Tötungs- **14** delikten sowie mit Freiheitsberaubung, vor allem des §§ 239a, 239b, ferner mit §§ 52a, 53 I Nr. 3a, 4, 7, III Nr. 1, 3, 5 bis 7 WaffG; § 60 I Nr. 5 LuftVG, soweit I Nr. 1 in Betracht kommt; von Nr. 2 werden sie verdrängt (aM SK 19). Verdrängt werden auch die §§ 240, 310b, 311, (aM SK 25, Bohnert JuS **83**, 945), 311b, 315; Zusammentreffen mit den §§ 306–310a scheidet praktisch aus, da sie LF, Sch und deren Ladung nicht betreffen (teilweise abw. LK 41). Hinter II tritt § 222 zurück (str.); bei einfacher Fahrlässigkeit ist hingegen Tateinheit mit § 316c möglich.

8) III bedroht gewisse **Vorbereitungshandlungen** als selbständiges De- **15** likt mit Strafe. Tathandlungen sind das Herstellen, Beschaffen usw. (3 ff. zu § 311b; das nicht genannte Einführen wird idR unter die anderen Formen fallen) von Schußwaffen (oben 8 ff.), Sprengstoffen (3 zu § 311) oder von Stoffen oder Vorrichtungen (zB Höhenmesser, der bei bestimmter Flughöhe Explosion auslöst), die vom Täter oder einem Beteiligten zur Herbeiführung einer Explosion oder eines Brandes (oben 9; Höllenmaschine) bestimmt, aber auch objektiv geeignet sind. Da, anders als in § 311b, nicht auf besondere Vorrichtungen abgestellt ist, genügt auch der Einkauf von Benzin und Streichhölzern. Zur **Vorbereitung** einer Tat nach I Nr. 1

1789

§ 316 c

oder 2 oder 1 und 2 muß der Täter handeln (7 ff. zu § 311 b). Für Teilnahme und Versuch gilt 9 zu § 311 b. **Einziehung** der Schußwaffen, Sprengstoffe usw. ist, auch soweit sie Beziehungsgegenstände sind (9 zu § 74), nach § 322 möglich. Für die **Konkurrenzen** gilt 6 zu § 311 b, sowohl was das Verhältnis zwischen III und I betrifft, als auch im übrigen, entsprechend.

16 9) **Gerechtfertigt** sein kann die Tat insbesondere **A.** durch Notwehr oder Amtsrechte, wenn Luft- oder Seepiraten sich des Fahrzeugs bemächtigt haben und ihnen die Herrschaft wieder abgenommen werden soll; **B.** völkerrechtlich zB, wenn ein widerrechtlich über fremdes Hoheitsgebiet geratenes LF durch Warnschüsse zum Landen gezwungen werden soll; **C.** möglicherweise durch rechtfertigenden Notstand, wenn dem Täter, dem in einem totalitären Herrschaftsbereich unmittelbare, schwerwiegende Willkürmaßnahmen drohen, keine andere Fluchtmöglichkeit bleibt und er schonend, zB unter Verwendung einer Schußwaffenattrappe vorgeht und Leib und Leben anderer nicht verletzt (LK 37; Zweifel bei Wille aaO 235).

17 10) **Tätige Reue** kann der Täter **nach IV** mit der Folge üben, daß in sämtlichen Fällen die Strafe nach dem Ermessen des Gerichts gemildert werden kann (6 bis 8 zu § 49). Die tätige Reue besteht darin, daß der Täter freiwillig das Vorhaben der Vorbereitung sowie das der Tat endgültig aufgibt und den Erfolg abwendet, bevor ein erheblicher Schaden (3 zu § 311 c) entsteht. Das bedeutet
18 A. bei den **Unternehmensdelikten** nach I Nr. 2, 2. Alt., daß Explosion oder Brand als tatbestandsmäßige Erfolge noch nicht eingetreten sein dürfen (recht-
19 zeitige Mitteilung, wo die Höllenmaschine versteckt ist, Ber. 4); **B.** bei den **übrigen Delikten nach I,** wo beim Rücktritt vom Versuch § 24 unmittelbar eingreift, daß IV unanwendbar ist, da es sich durchweg um schlichte Tätigkeitsdelikte ohne tatbestandsmäßigen Erfolg handelt (aM SK 18); vgl. Maurach, Heinitz-FS 409. Das vom Täter angestrebte Ziel kann man ebensowenig wie bei den Unternehmensdelikten als solchen Erfolg ansehen (anders SchSch 32; vgl.
20 BGH 10, 320). **C.** bei den **Vorbereitungsdelikten** nach III, bei denen es zu einer Tat nach I gar nicht kommt, so daß deren Erfolg gar nicht abgewendet werden kann, die Vorschrift so zu lesen ist, daß es genügt, wenn der Täter die etwa bestehende Gefahr, daß ein anderer die Tat weiter vorbereitet oder begeht, abwendet (vgl. § 311 c; § 31 I Nr. 1). In den Fällen von 18 und 20 genügt das freiwillige und ernsthafte (2 zu § 311 c) Bemühen des Täters, den Erfolg (in den Fällen von 20 die Begehung der Tat) abzuwenden, wenn dieser schon aus anderen Gründen ausbleibt.

21 11) **Sonstige Vorschriften:** 10 zu § 310 b.

Störung von Fernmeldeanlagen

317 I Wer den Betrieb einer öffentlichen Zwecken dienenden Fernmeldeanlage dadurch verhindert oder gefährdet, daß er eine dem Betrieb dienende Sache zerstört, beschädigt, beseitigt, verändert oder unbrauchbar macht oder die für den Betrieb bestimmte elektrische Kraft entzieht, wird mit Freiheitsstrafe bis zu fünf Jahren oder mit Geldstrafe bestraft.

II Der Versuch ist strafbar.

III Wer die Tat fahrlässig begeht, wird mit Freiheitsstrafe bis zu einem Jahr oder mit Geldstrafe bestraft.

Gemeingefährliche Straftaten § 317

1) Fernmeldeanlagen sind nach § 1 FAG Telegrafenanlagen für die Übermittlung von Nachrichten, Fernsprech- und Funkanlagen (Sende- und Empfangseinrichtungen, auch für den Fernsehdienst; selbst solche auf Schiffen), insbesondere der Rundfunk; auch optische Signalanlagen gehören hierher, aber nicht Klingelanlagen (Bay JW **32**, 208). **Öffentlichen Zwecken muß die Anlage dienen;** sei es öffentlichen im Gebrauch des Publikums, der öffentlichen Behörden (selbst für bloßen Innenverkehr) oder Beamten (RG **29**, 244; hierzu eingehend und mwN Hahn, Archiv für Post und Telekommunikation **92**, 37). Hierher gehören die Einrichtungen des Fernmeldewesens, insbesondere das öffentliche Telekommunikationsnetz und die im Rahmen dieses Netzes von der Post ermöglichten öffentlichen Telekommunikationsdienste (Telefon-, Telex-, Teletext-, Telefax-, Bildschirmtext-, Datenübermittlungs-, Funkruf-, Telegraf- und Bildübermittlungsdienst, die Übermittlungsdienste für Presseinformationen und für den Warendienst, der Dienst „Funknachrichten an einen oder mehrere Empfänger" sowie der besondere Funkdienst für die Seeschiffahrt). Geschützt ist auch das Eigentum einer *Privatperson,* falls es öffentlichen Zwecken dient (RG **34**, 250), dies fehlt bei den privaten Radioempfangsanlagen. Andererseits genügt auch, daß die Anlage dem *öffentlichen Interesse* dienen soll, selbst wenn sie dem Publikum verschlossen ist; so die Fernsprechanlage einer Straßenbahn-AG (RG GA Bd. **51**, 50). Auch der an das öffentliche Fernsprechnetz angeschlossene Privatanschluß dient öffentlichen Zwecken (RG **29**, 244; JW **20**, 1036; Hamm JMBlNW **66**, 94; BGH **25**, 370 mit zust. Anm. Krause JR **75**, 380; aM Bay NJW **71**, 528; SK-Horn 5). § 317 ist jedoch kein Schutzgesetz (§ 823 II BGB) zugunsten der einzelnen Fernsprech- und Fernschreibteilnehmer (NJW **77**, 1147). Verbotswidrig eingerichtete Anlagen dienen nicht dem öffentlichen Interesse, sind daher nicht geschützt. 1

2) Die Handlung besteht in der Sabotage, nämlich im Verhindern oder Gefährden des Betriebes der Anlage; anders als im Fall des § 316b braucht es nicht einmal zu einer Störung zu kommen. Die **Tatmittel** entsprechen dem § 316b, vgl. dort 7. Eines Eingriffes in die Substanz der Anlage bedarf es nicht stets (aaO.; aM Hamm VRS **36**, 53; vgl. auch Bay NJW **71**, 528); doch muß unmittelbar auf die Anlage eingewirkt werden, so daß die Verhinderung eines Beamten an einer Telegrammweitergabe nicht genügt, desgl. *nicht* der eigenmächtige Anschluß an das Breitbandkabelnetz der DBP TELEKOM (Krause/Wuermeling NStZ **90**, 526) oder das ordnungsgemäße und nur unbefugte Benutzen der Anlage, so eines Feuermelders nach Zerschlagen der Schutzscheibe (RG **65**, 134), oder eines Telefons (Mahnkopf JuS **82**, 886). Die Tat kann auch an einer nur vorübergehend nicht betriebsfähigen Anlage begangen werden (Hamm JMBlNW **67**, 68), hingegen setzt nach Düsseldorf MDR **84**, 1041 die Tat eine betriebsbereite Anlage voraus. Das bloße Blockieren eines Anschlusses mit anderen als den in I genannten Mitteln reicht nicht aus, Herzog GA **75**, 259 (**aM LG Bielefeld** ArchPostFernmWes **83**, 99 für das Nichtauflegen des Telefonhörers), auch nicht jede Manipulation, Düsseldorf aaO. Der Versuch (**II**) ist strafbar. 3

3) Der innere Tatbestand erfordert: **A. Vorsatz,** wenn auch nur bedingten (RG **22**, 393) in den Fällen I, II. Er hat nicht nur die Beschädigung oder Änderung der Anlage zu umfassen, sondern auch die Verhinderung oder Gefährdung des Betriebes. Eine politische Zielsetzung ist auch hier nicht nötig. Strafbarer Versuch ist zB das erfolglose Werfen von Steinen nach den Isolatoren der Telegrafenleitung (RG Recht **15** Nr. 2777). **B. Fahrläs-** 4 5

§ 317

sigkeit (III). Die Pflichtwidrigkeit (16 zu § 15) kann sich auch aus der Mißachtung von Verkehrsvorschriften ergeben (BGH **15**, 112). Die Voraussehbarkeit (15 zu § 222) ist zB bei einem Kraftfahrer grundsätzlich gegeben, wenn er nicht nur Fernsprechleitungsmasten als solche erkennen, sondern mit der Möglichkeit ihrer Beschädigung durch fehlerhafte Fahrweise rechnen mußte (BGH **15**, 112 mwN).

6 **4) Tateinheit** möglich zwischen III und §§ 303, 304 (str.); § 304 tritt hinter § 317 I, II zurück (RG **34**, 251), ebenfalls § 87. § 19 I FAG geht als *lex specialis* vor.

7 **5) Androhen** in den Fällen des § 317 I: § 126 I Nr. 7.

Beschädigung wichtiger Anlagen

318 ^I Wer Wasserleitungen, Schleusen, Wehre, Deiche, Dämme oder andere Wasserbauten oder Brücken, Fähren, Wege oder Schutzwehre oder dem Bergwerksbetrieb dienende Vorrichtungen zur Wasserhaltung, zur Wetterführung oder zum Ein- und Ausfahren der Arbeiter zerstört oder beschädigt und durch eine dieser Handlungen Gefahr für das Leben oder die Gesundheit anderer herbeiführt, wird mit Freiheitsstrafe von drei Monaten bis zu fünf Jahren bestraft.

^{II} Ist durch eine dieser Handlungen eine schwere Körperverletzung (§ 224) verursacht worden, so tritt Freiheitsstrafe von einem Jahr bis zu fünf Jahren und, wenn der Tod eines Menschen verursacht worden ist, Freiheitsstrafe nicht unter fünf Jahren ein.

1 **1) Die Vorschrift** des § 321 aF ist durch Art. 1 Nr. 9 des 18. StÄG (1 vor § 324) § 318 geworden. Die **Handlung** besteht im vorsätzlichen Beschädigen oder Zerstören (4ff. zu § 303); zum Beschädigen genügt auch das Bereiten eines außergewöhnlichen und besonders gefährlichen Hindernisses (RG **74**, 14; HRR **40**, 1216; aM SchSch-Cramer 5; SK-Horn 5).

2 **A. Gegenstände der Tat** können 3 Gruppen von Sachen sein, wobei es
3 gleichgültig ist, ob sie dem Täter gehören; **a) Wasserbauten.** Besonders hervorgehoben werden Wasserleitungen, Schleusen, Wehre, Deiche und Dämme. Dazu gehören auch die Wasserleitungen der einzelnen Häuser, nicht nur offene oder geschlossene Kanäle (str.; vgl. LK-Wolff 2). Zu
4 welchem Zwecke sie Wasser führen, ist unerheblich. **b) Brücken, Fähren, Wege und Schutzwehre.** Sie brauchen nicht öffentliche, noch gebaute Wege zu sein (RG **20**, 393). Auch der Leinpfad ist geschützt; desgl. ein ohne Berechtigung nur tatsächlich bestehender Weg (zB ein Notweg, RG **27**, 363), doch steht es dem Eigentümer des Bodens frei, den Weg abzusperren. Vorher darf auch er ihn nicht im Umfange des § 318 beschädigen (RG **27**,
5 363; str.). **c) Bergwerksbetriebsvorrichtungen** zur Wasserhaltung, Wetterführung oder zum Ein- und Ausfahren der Arbeiter.

6 **B. Die Folge** der Handlung zu 2 ff. muß sein, daß durch sie eine **konkrete Gefahr** (14 zu § 315) **für das Leben oder die Gesundheit** anderer herbeigeführt wird; die Gefahr für eine Person genügt (RG **74**, 15; hM).

7 **2) Der Vorsatz** des Täters hat sich als mindestens bedingter auch auf die Gefährdung zu erstrecken (RG **35**, 53; hM). Bei Fahrlässigkeit gilt § 320.

8 **3) Der qualifizierte Fall nach** II setzt nach § 18 Verschulden voraus.

Gemeingefährliche Straftaten **§ 318**

4) Tateinheit mit §§ 304, 305, 312, mit §§ 315, 315b, 316a; mit §§ 223ff. **9**
(RG **74**, 15), 211, 212. II verdrängt §§ 222, 230. Vgl. 16 zu § 87.

5) Sonstige Vorschriften: § 126 I Nr. 6, 7 (Androhen), § 140 (Belohnung **10**
und Billigung), § 145d I Nr. 2, II Nr. 2 (Vortäuschen). Zuständigkeit § 74 II
Nr. 22 GVG.

Gemeingefährliche Vergiftung

319 Wer Brunnen- oder Wasserbehälter, welche zum Gebrauch anderer dienen, oder Gegenstände, welche zum öffentlichen Verkauf oder Verbrauch bestimmt sind, vergiftet oder denselben Stoffe beimischt, von denen ihm bekannt ist, daß sie die menschliche Gesundheit zu zerstören geeignet sind, desgleichen wer solche vergifteten oder mit gefährlichen Stoffen vermischten Sachen mit Verschweigung dieser Eigenschaft verkauft, feilhält oder sonst in Verkehr bringt, wird mit Freiheitsstrafe von einem Jahr bis zu zehn Jahren und, wenn durch die Handlung der Tod eines Menschen verursacht worden ist, mit lebenslanger Freiheitsstrafe oder mit Freiheitsstrafe nicht unter zehn Jahren bestraft.

1) Die **Vorschrift** des § 324 aF ist durch Art. 1 Nr. 10 des 18. StÄG (1 vor **1**
§ 324) § 319 geworden. **Zwei Gruppen** von Tatbeständen unterscheidet § 319.
Bei beiden genügt die abstrakte Gemeingefährlichkeit, ohne daß die konkrete
Gefährdung auch nur einer Einzelperson hinzukommen braucht. **Schrifttum:** *Horn* NJW **86**, 153; *Ohm,* Der Giftbegriff im Umweltstrafrecht, 1985;
Geerds, Tröndle-FS 241 mwN (auch de lege ferenda und kriminologisch).

A. Im Falle der Vergiftung sind a) Tatgegenstände, **Brunnen- oder 2
Wasserbehälter,** die zum Gebrauch anderer dienen; also zum privaten oder
öffentlichen Gebrauch von Menschen, sei es auch nur zum Waschen oder Baden, aber nicht ausschließlich zum Viehtränken (Geerds aaO 243; hM). In Wirklichkeit ist Schutzgegenstand das darin befindliche Wasser (vgl. § 329 E 1962).
Fließendes Wasser gehört idR nicht hierher; wohl aber in gefaßter Quelle. Bei
fließendem, stehendem oder aus Quellen wild abfließendem Wasser und beim
Grundwasser (§ 1 WHG) greift § 324 ein. **Gegenstände,** die **zum öffentlichen 3
Verkauf oder Verbrauch bestimmt sind.** Zum öffentlichen Verkauf bestimmt sind Gegenstände, sobald sie dem Erwerb einer nicht bestimmten Käuferzahl zugänglich gemacht werden. Zum öffentlichen Verbrauch bestimmt
sind Sachen, die zum Verbrauch durch einen unbegrenzten Personenkreis bestimmt sind. Es gehören nicht nur zum Verzehr bestimmte Gegenstände hierher, sondern auch Bedarfsgegenstände wie Kosmetika, (giftige) Spielsachen,
Tapeten und Stoffe (Horn NJW **86**, 153; Geerds aaO 253; vgl. § 5 LMBG).
b) Tathandlung das **Vergiften** der Gegenstände zu 2, 3 oder das **Beimischen 4**
von Stoffen, von denen der Täter bekannt ist, daß sie die menschliche Gesundheit zu **zerstören** (7 zu § 229) geeignet sind (RG **67**, 361). Eine bloße Beschädigung an der Gesundheit (6 zu § 223; § 30 LMBG) reicht nicht aus. Zu den
Begriffen „Gift", „andere Stoffe" und „Eignung zur Gesundheitszerstörung"
(vgl. 2 bis 4 zu § 229; Hoyer 159).

B. Im Falle des Inverkehrbringens sind a) **Tatgegenstände** vergiftete **5**
oder mit gefährlichen Stoffen vermischte Sachen iS von 2f. Sie müssen also,
wenn auch nicht vorsätzlich oder rechtswidrig, durch menschliche Tätigkeit in
diesen Zustand gebracht worden sein, nicht zB durch inneren Verderb. Reine
Gifte scheiden aus (offengelassen in RG **67**, 361). Bei Arzneien, die ihrer Natur
nach giftig sind, entfällt bei ordnungsgemäßer Behandlung mindestens die

§ 319

Rechtswidrigkeit (Geerds, Tröndle-FS 247). **b) Tathandlung** das Verkaufen, Feilhalten oder sonstige, wenn auch unentgeltliche **Inverkehrbringen** (RG 3, 119; Bay **61**, 194; vgl. 2 zu § 219 c). Feilhalten ist das äußerlich als solches erkennbare Bereitstellen zum Zweck des Verkaufs an das Publikum (RG **4**, 274; **63**, 420). Bloßes Ankündigen genügt dazu noch nicht (BayJW **30**, 1603; KGJ **42**, C 426). Hingegen neigt BGH **23**, 286 dazu, es ausreichen zu lassen, wenn der Täter zwar keine Verkaufsabsicht hat, es aber entweder billigend in Kauf nimmt, daß die Sachen verkauft werden, oder das fahrlässig geschehen läßt; str. Das Anbieten gegenüber unbestimmten Personen ist ein strafbarer Versuch des Inverkehrbringens (vgl. zum Ganzen Horn NJW **77**, 2329). Der Täter muß unter **Verschweigen** der gefährlichen Eigenschaft handeln, so daß die Mitteilung hierüber an den Zwischenhändler straffrei macht (RG **6**, 121; vgl. Geerds aaO 246), andererseits aber nicht nur Produzenten, sondern auch Händler unter die Vorschrift fallen (Horn NJW **86**, 153).

7   2) **Der Vorsatz** muß also mindestens bedingter (RG **16**, 363) die Zweckbestimmung der Sachen umfassen, desgl. den gefährlichen Charakter der zugefügten Stoffe. Beim zweiten Fall müssen die Voraussetzungen von 6 hinzutreten. Seit dem EGStGB (Art. 19 Nr. 181) genügt jedoch hinsichtlich der gefährlichen Eigenschaft bedingter Vorsatz. Im Falle von Fahrlässigkeit greift § 320 ein (vgl. ferner Horn NJW **77**, 2335; **86**, 155).

8   3) **Qualifiziert** ist der Fall, wenn durch die Handlung (wobei auch Genuß oder Gebrauch der vergifteten Sachen usw. einbezogen ist), mindestens fahrlässig der Tod eines Menschen verursacht wird (§ 18).

9   4) **Tateinheit** ist möglich mit §§ 51, 52, Art. 3 III LMBG; mit § 44 AMG; im Falle 3 mit §§ 211, 212 (vgl. aber Horn NJW **86**, 157). Für § 11 WRMG gilt § 21 OWiG.

10   5) **Sonstige Vorschriften**: § 322 Einziehung; § 138 I Nr. 9 (Anzeigepflicht); § 126 I Nr. 6 (Androhung), § 129a (terroristische Vereinigungen; vgl. auch EGGVGÄndG), § 140 (Belohnung), § 145d (Vortäuschen); vgl. auch § 100a Nr. 2 StPO und § 74 II Nr. 23 GVG.

Fahrlässige Gemeingefährdung

320 Ist eine der in den §§ 318 und 319 bezeichneten Handlungen aus Fahrlässigkeit begangen worden, so ist, wenn durch die Handlung ein Schaden verursacht worden ist, auf Freiheitsstrafe bis zu einem Jahr oder auf Geldstrafe und, wenn der Tod eines Menschen verursacht worden ist, auf Freiheitsstrafe bis zu fünf Jahren oder auf Geldstrafe zu erkennen.

1   1) **Die Vorschrift** (§ 326 aF) ist durch Art. 1 Nr. 11 des 18. StÄG (1 vor § 324) geändert worden. Die **Fahrlässigkeit** tritt bei den Tatbeständen der §§ 318 und 319 an die Stelle des Vorsatzes. Auch die Gefährdung bzw. Gefährlichkeit muß von der Fahrlässigkeit umfaßt sein (NJW **66**, 1570; Horn NJW **86**, 157; vgl. auch MDR **59**, 675).

2   2) **Ein Schaden**, der über die Tatbestandsverwirklichung der §§ 318, 319 hinausgeht, muß ferner durch die fahrlässige Handlung verursacht sein. Er kann beliebiger Art sein, braucht also nicht der in der betr. Vorschrift vorgesehenen Gefährdung zu entsprechen (RG **49**, 100; hM; aM SK-Horn 5). Für den Schaden genügt die **bloße Verursachung** (Geerds, Tröndle-FS 248). § 18 ist insoweit nicht anzuwenden, da der Erfolgseintritt hier nicht strafschärfend, sondern strafbegründend wirkt (LK-Wolff 6; nach Lackner 1 zw.; aM SchSch-Cramer

Gemeingefährliche Straftaten § 320

2). Hingegen muß der Tod des Menschen fahrlässig herbeigeführt sein, da es sich um eine Strafschärfung gegenüber dem Grundtatbestand handelt (aM SK 10).

Führungsaufsicht

321 In den Fällen der §§ 306 bis 308, des § 310b Abs. 1 bis 3, des § 311 Abs. 1 bis 4, der §§ 311a, 311b und 316c Abs. 1 Nr. 2 kann das Gericht Führungsaufsicht anordnen (§ 68 Abs. 1).

Die Vorschrift (§ 325 idF des Art. 19 Nr. 182 EGStGB, durch Art. 1 Nr. 12 des 18. StÄG § 321 geworden) ermöglicht FAufsicht bei gemeingefährlichen Taten nicht nur in den Fällen des Rückfalls (§ 68 I Nr. 1), sondern auch nach § 68 I Nr. 2 in dessen Rahmen (Anm. dort).

Einziehung

322 Ist eine Straftat nach den §§ 310b bis 311b, 311d, 311e, 316c oder 319 begangen worden, so können
1. **Gegenstände,** die durch die Tat hervorgebracht oder zu ihrer Begehung oder Vorbereitung gebraucht worden oder bestimmt gewesen sind, und
2. **Gegenstände,** auf die sich eine Straftat nach den §§ 311b, 311d, 311e, 316c oder 319 bezieht,

eingezogen werden.

1) Die Vorschrift, die durch das EGOWiG (1 zu § 74) unter Einbeziehung **1**
des aufgehobenen § 311c als § 325a eingefügt, durch Art. 19 Nr. 182 EGStGB ergänzt und durch Art. 1 Nr. 13 des 18. StÄG (1 vor § 324) als § 322 neu gefaßt worden ist, erweitert den im übrigen auch hier geltenden § 74 in zwei Richtungen: **A.** Auch bei einer **Fahrlässigkeitstat** nach §§ 310b IV, 311 V, 311d III ist **2**
Einziehung der *instrumenta sceleris* zulässig (Nr. 1). **B.** In den Fällen der §§ 311b, **3**
311d, 311e, 316c und 319 ist auch dann, wenn die Sachen nicht wie beim Herstellen (§ 311b), Vergiften oder Vermischen (§ 319) *producta sceleris* oder wie bei den Schußwaffen in § 316c I Nr. 2 *Instrumenta sceleris,* sondern **Beziehungsgegenstände** (10 zu § 74) sind, Einziehung zulässig.

2) Die weiteren Voraussetzungen der Einziehung nach 1ff. sind, wie § 74 **4**
IV ergibt, die des § 74 II, III, so daß bei der Sicherungseinziehung (13ff. zu § 74) eine „Straftat" nicht Voraussetzung ist, sondern eine mit Strafe bedrohte Handlung genügt. Gegenüber tatunbeteiligten Dritten ist, da § 74a nicht für anwendbar erklärt ist, nur die hier idR gegebene Sicherungseinziehung nach § 74 II Nr. 2, III möglich; in diesen Fällen selbständige Einziehung auch nach § 76a II, sonst nur nach I zulässig; ev. Entschädigung nach § 74f. Zu beachten weiter §§ 74b, 74c, 74e II S. 2, 3.

Baugefährdung

323 ^I Wer bei der Planung, Leitung oder Ausführung eines Baues oder des Abbruchs eines Bauwerks gegen die allgemein anerkannten Regeln der Technik verstößt und dadurch Leib oder Leben eines anderen gefährdet, wird mit Freiheitsstrafe bis zu fünf Jahren oder mit Geldstrafe bestraft.

^{II} Ebenso wird bestraft, wer in Ausübung eines Berufs oder Gewerbes bei der Planung, Leitung oder Ausführung eines Vorhabens, technische

§ 323

Einrichtungen in ein Bauwerk einzubauen oder eingebaute Einrichtungen dieser Art zu ändern, gegen die allgemein anerkannten Regeln der Technik verstößt und dadurch Leib oder Leben eines anderen gefährdet.

III Wer die Gefahr fahrlässig verursacht, wird mit Freiheitsstrafe bis zu drei Jahren oder mit Geldstrafe bestraft.

IV Wer in den Fällen der Absätze 1 und 2 fahrlässig handelt und die Gefahr fahrlässig verursacht, wird mit Freiheitsstrafe bis zu zwei Jahren oder mit Geldstrafe bestraft.

V Das Gericht kann von Strafe nach den Absätzen 1 bis 3 absehen, wenn der Täter freiwillig die Gefahr abwendet, bevor ein erheblicher Schaden entsteht. Unter denselben Voraussetzungen wird der Täter nicht nach Absatz 4 bestraft.

1   **1) Die Vorschrift,** die wörtlich § 330 idF des Art. 19 Nr. 185 EGStGB entspricht (Einl. 10; vgl. § 337 E 1962, Begr. 513; Ndschr. **5,** 293; **8,** 644; **9,** 287, 554, 561; **12,** 621 und Art. 1 Nr. 14 des 18. StÄG), schützt vor Baugefährdung. Sie enthält zwei Tatbestände **konkreter Gefährdungsdelikte** (I, II) und ist hinsichtlich der Schuldformen nach dem Muster von zB § 315 dreifach differenziert (I, II sowie III, IV). **Schrifttum:** *Gallas,* Die strafrechtliche Verantwortlichkeit der am Bau Beteiligten, Heidelberg 1963, *Hammer* MDR 66, 977; *Scherer,* Die Bauverwaltung **66,** 89; *Nickusch* NJW 67, 811; *Schünemann,* Grundfragen der strafrechtlichen Zurechnung im Tatbestand der Baugefährdung ZfBR 80, 4, 113, 159 u. LdR 8/170.

2   **2) Täter** ist bei **I,** wer einen **Bau** oder den **Abbruch eines Bauwerks** (so schon RG 28, 318) plant, leitet oder ausführt. Die Tat ist **Sonderdelikt.** § 14 ist zu beachten (Schünemann aaO 118).

3   **A.** Ein **Bau** ist jedes in das Gebiet des Baugewerbes fallende Unternehmen (RG **25,** 92; **56,** 347), also sowohl Hochbau wie Tiefbau, Wasserbau, Straßen- und Bergbau (E EGStGB 267). Dazu gehören schon die Ausschachtung, Bau eines Bahndammes (RG **23,** 277), Reparaturen, soweit sie selbst einen Bau darstellen (RG **21,** 142), Anlegen von Sandgruben auf dem Baugrundstück zur Sandgewinnung (RG **47,** 426), mindestens dann, wenn sie die Baufundamente in der Nähe gefährden (RG **29,** 71).

4   **B.** Unter **Planen** eines Baues ist nicht das Vorhaben als solches zu verstehen, sondern die konkreten Planungsarbeiten, die Grundlage des Baues werden sollen und Ursache späterer Gefährdung sein können, vor allem die Anfertigung des Bauplanes und der Bauzeichnungen (Köln MDR 63, 186) sowie die statischen Berechnungen (E EGStGB 267).

5   **C.** Einen Bau **leitet** iS des § 323 (nicht der Bauordnung), wer technisch die Einrichtung des Baues als eines Ganzen nach seinen Anordnungen dergestalt tatsächlich bestimmt, daß seine Anweisungen für die Ausführenden maßgebend sind (RG **57,** 205; Bay **58,** 227; NJW 59, 900; Frankfurt MDR 58, 425; Hamm NJW 69, 2211), insbesondere also der Bauunternehmer (RG **43,** 326), oder dessen Beauftragter; möglicherweise aber auch ein Laie, der im Wege der Selbsthilfe baut (Hamm GA **66,** 250; hierzu Schünemann ZfBR 80, 7). Überwachung allein reicht nicht aus, so daß auch der überwachende Architekt damit noch nicht Bauleiter wird (NJW 65, 1340), die Vergebung von Einzelarbeiten im Akkord beseitigt noch nicht die Bauleitung und damit die Aufsichtspflicht des Bauleiters, die Anordnung nebensächlicher Arbeiten begründet sie andererseits nicht (RG GA Bd. **50,** 390). Der den Bauplan fertigende Architekt ist nicht ohne

Gemeingefährliche Straftaten **§ 323**

weiteres Bauleiter (Bay JR **58**, 468; vgl. aber oben 4), ebensowenig der Bauherr (RG GA Bd. **50**, 390), er ist es aber dann, wenn er in Eigenregie baut (Hamm GA **66**, 250), oder eine Behörde ist, die den ganzen Bau durch einen (damit nach § 323 verantwortlichen) Beamten leiten läßt (RG **57**, 205). Bei Fertighäusern ist Leiter, wer die Zusammensetzung des Hauses aus den Teilen tatsächlich leitet (vgl. Bay NJW **55**, 681). Der Bauunternehmer braucht den Bau nicht ständig zu überwachen (RG **19**, 206), er hat aber seine Angestellten sorgsam auszuwählen und aus besonderem Anlaß zu kontrollieren und zu belehren (RG **46**, 343). Auch der den Bau betreuende Baumeister ist Bauleiter (vgl. NJW **65**, 1340; Bay **55**, 22).

D. Einen Bau **führt aus,** wer die Durchführung im einzelnen betreut oder **6** sonst bei der Herstellung in irgendeinem Teile mitwirkt (RG **23**, 277; Hamm GA **66**, 251), so ein Polier (Koblenz GA **74**, 87); Bauhandwerker; Bauarbeiter, Aufseher, Hersteller des Baugerüstes (R **10**, 242); uU auch Bauherr oder Architekt (vgl. aber 5); Ausführung auch die (selbst lose) Aufstellung von Leitern zur Ersteigung des Baues (RG **39**, 417), die Anwendung von Maßregeln zum Schutze des Publikums, so von Absteifungen (RG GA Bd. **56**, 219), das Unterlassen der Absperrung (RG **46**, 347; zum Ganzen Schünemann ZfBR **80**, 9). Das bloße Anfertigen von Bauzeichnungen ist keine Mitwirkung bei der Bauausführung (RG GA Bd. **50**, 390; Bay MDR **54**, 312; vgl. aber oben 4). Der die ihm erteilte Anordnung technisch richtig ausführende Bauhandwerker haftet nicht für die Fehlerhaftigkeit der Anordnung.

3) **Täter** ist bei **II,** wer **in Ausübung eines Berufs oder Gewerbes** (§ 70) **7** plant, leitet oder ausführt (4 bis 6 oben gelten entsprechend) das Vorhaben, **A. technische Einrichtungen** in ein schon bestehendes oder im Bau befindli- **8** ches (dann möglicherweise schon I) **Bauwerk einzubauen** (dh unter fester Verbindung mit dem Bau; § 337a E 1962 ist nicht Gesetz), also zB Maschinen, Aufzüge, Heiz- und Klimaanlagen, Gasrohre, elektrische Anlagen wie Boiler, eingebaute Kühlschränke u. dgl. (vgl. E EGStGB 268); oder **B. eingebaute, 9** also bereits fest mit dem Bau verbundene, **Einrichtungen** dieser Art (8) zu **ändern,** wozu möglicherweise auch Reparaturen gehören, nicht aber das Ausbauen (anders LK-Wolff 11 zu § 330 aF).

4) **Tathandlung** ist bei I und II, daß der Täter **A.** bei seiner Tätigkeit **10** gegen die für sie geltenden **allgemein anerkannten Regeln der Technik verstößt** (anders SK-Horn 3). Die Regeln (zur Zulässigkeit der Verweisung auf sie (BVerfGE **49**, 89; Tiedemann Jura **82**, 377; grundlegend zum Ganzen Schünemann, Lackner-FS 367; krit. Michalke ZRP **88**, 274) müssen bei den vorgebildeten Praktikern allgemein bekannt und anerkannt sein (RG **44**, 79; BayOLGSt. 7), während bloße Billigung durch die Theorie nicht genügt (RG **56**, 346), desgl. nicht ohne weiteres die Aufnahme in baupolizeiliche Vorschriften (RG **56**, 346; Bay Bd. **30**, 40). Nach § 3 IV BauO NW gelten als solche die von der obersten Bauaufsichtsbehörde eingeführten technischen Baubestimmungen des Deutschen Normenausschusses (vgl. auch Hamm JMBlNW **62**, 246; Koblenz GA **74**, 87). Auch hygienische Regeln genügen (E EGStGB 267), so solche zur Verhütung des Hausschwammes (RG **27**, 388), desgl. Regeln über die Feuersicherheit. Die Zuwiderhandlung kann bestehen in **a) einem Tun;** so durch Benutzung mangelhafter Geräte (RG **39**, 417), nicht jedoch schon durch Lieferung schlechten Materials (SK 5; Schünemann ZfBR **80**, 9, 114), oder **b) einem Unterlassen;** so Nichtanbringen von Absperrvorrichtungen (RG **56**, 347), von Warnungstafeln, von Schutzdächern (RG GA Bd. **56**, 219), Nichtein-

§ 323

schreiten gegen Abweichungen vom Bauplan (Bay **64**, 1; hierzu im einzelnen Schünemann aaO). **B.** durch seine Handlung eine konkrete **Gefahr für Leib oder Leben** (3 zu § 34; 3, 4 zu § 35; 14f zu § 315; Gefahr für Sachwerte reicht nicht aus) eines anderen herbeiführt. Die Gefahr muß wirklich eintreten (RG **31**, 180), braucht aber nicht bis in die Zukunft fortzudauern (RG JW **26**, 589). Eine bloß künftig drohende Gefahr reicht nicht aus (RG **31**, 180), doch ist sie schon vorhanden, falls das fertige, feuergefährliche Haus noch nicht bezogen ist (RG **6**, 130; str.). Für andere muß die Gefahr bestehen, also nicht für Mittäter oder sonst an der Tat Beteiligte, wohl aber zB für die Hausbewohner (RG **27**, 388), oder die an der Tat unbeteiligten Arbeiter und Handwerker (RG **31**, 180; E EGStGB 268).

12   5) **Vorsatz** ist, als mindestens bedingter, bei I und II in vollem Umfang erforderlich; in den Fällen von I, II und III muß der Regelverstoß ein vorsätzlicher sein, während die Gefahr nur fahrlässig verursacht wird (die Tat nach III ist eine vorsätzliche iS von § 11 II); in den Fällen von I, II und IV handelt der Täter in vollem Umfang fahrlässig. Die Strafrahmen sind entsprechend abgestuft. IV kommt zB in Betracht bei Übernahme eines Baues trotz fehlender Kenntnis der Regeln der Baukunst (RG GA Bd. **38**, 439). Die irrige Annahme des Täters (trotz Kenntnis aller Tatumstände), er sei nicht Bauleiter, ist Subsumtionsirrtum; vgl. 11 zu § 16.

13   6) **Zur tätigen Reue** nach **V,** wobei S. 1 dem § 311c II Nr. 2 und S. 2 dem § 311c III Nr. 1 entspricht, vgl. Anm. zu § 311c.

14   7) **Tateinheit** mit §§ 222, 230 ist möglich (RG DJ **40**, 707; LK 20), aber auch mit §§ 223ff.; 311 V. II wird von § 318 verdrängt. Ergänzende Vorschriften bringen die Bauordnungen der Länder (vgl. Göhler Nr. 83).

15   8) **Die Verjährung** beginnt mit dem Eintritt der Gefahr, § 78a S. 2 (Bay JR **58**, 468), ein Dauerdelikt liegt nicht vor (RG **26**, 261).

Vollrausch

323 a   ^I Wer sich vorsätzlich oder fahrlässig durch alkoholische Getränke oder andere berauschende Mittel in einen Rausch versetzt, wird mit Freiheitsstrafe bis zu fünf Jahren oder mit Geldstrafe bestraft, wenn er in diesem Zustand eine rechtswidrige Tat begeht und ihretwegen nicht bestraft werden kann, weil er infolge des Rausches schuldunfähig war oder weil dies nicht auszuschließen ist.

^{II} Die Strafe darf nicht schwerer sein als die Strafe, die für die im Rausch begangene Tat angedroht ist.

^{III} Die Tat wird nur auf Antrag, mit Ermächtigung oder auf Strafverlangen verfolgt, wenn die Rauschtat nur auf Antrag, mit Ermächtigung oder auf Strafverlangen verfolgt werden könnte.

1   1) **Die Vorschrift,** die wörtlich § 330a idF des Art. 19 Nr. 185 EGStGB (vgl. 351 E 1962; § 122 OWiG; Art. 1 Nr. 15 des 18. StÄG) entspricht, ist kriminalpolitisch ebenso wichtig und unentbehrlich wie sie dogmatisch, vor allem unter dem Gesichtspunkt des Schuldstrafrechts, problematisch und umstritten ist (LK-Spendel 1; vgl. unten 9). Das Delikt ist eine selbständige Straftat (vgl. GrSenBGH **9**, 397); ausführlich zur Rechtsnatur LK 47ff. **Rechtsgut** ist nur sekundär das durch die im Rausch begangene rechtswidrige Tat (die sog. **Rauschtat**) verletzte Gut, in erster Linie der Schutz der Allgemeinheit vor den

Gemeingefährliche Straftaten **§ 323a**

von Berauschten erfahrungsgemäß ausgehenden Gefahren (so ausschließlich BGH **16**, 128; Bay **86**, 8; vgl. hierzu LK 70); der Vollrausch ist nach hM ein **abstraktes Gefährdungsdelikt** (sehr str.; vgl. LK 55 ff., 66: „Gefährdungsdelikt eigener Art"; Otto Jura **86**, 480: „eigenständiges, als Schuldzurechnungsregel zu interpretierendes abstraktes Gefährdungsdelikt"; aM H. J. Hirsch ZStW Beih. 1981, 16: „konkretes Gefährdungsdelikt"; krit. ferner Streng JZ **84**, 116 u. ZStW **101**, 317; vgl. unten 9). Wolter (NStZ **82**, 54) will die Vorschrift in zwei weitgehend unabhängige Tatbestände mit rechtlich unterschiedlichen Strafrahmen aufspalten, was de lege ferenda erwägenswert, de lege lata aber nicht erreichbar ist. Einen ähnlichen Vorschlag macht Paeffgen ZStW **97**, 538. Krit. zu § 323a auch Hruschka 291 ff. Zum Verhältnis zu § 66 vgl. dort 14. Neueres **Schrifttum:** *Kusch,* Der Vollrausch, 1984; [Bespr. *U. Weber* ZStW **104**, 415]; *Wolter,* Wahlfeststellung und in dubio pro reo, 1987 S. 75 ff. Zur *Kriminalstatistik:* LK 16 ff.; *Wolter* NStZ **82**, 54; *Neumann,* Zurechnung und „Vorverschulden", 1985 (hierzu *Müller-Dietz* GA **87**, 458); *Brettel* PraxRMed 470; *Foth* DRiZ **90**, 419 u. NJ **91**, 389; vgl. auch *Paeffgen* aaO 513.

2) **Tathandlung** ist, daß sich ein (mindestens vermindert: BGHR § 323a II StZ 4; 4. 2. 1992, 1 StR 808/91; 7. 5. 1992, 4 StR 136/92) **Schuldfähiger in** einen **Rausch,** dh in den Zustand einer akuten Intoxikation (8, 9 ff. zu § 20; LK 112 ff.; Horn JR **82**, 5; Puppe Jura **82**, 281; Lackner, Jescheck-FS 653; Paeffgen NStZ **85**, 8; ZStW **97**, 527; Forster/Rengier NJW **86**, 2871; Gerchow For. 7 [1986], 159; Otto Jura **86**, 481; Burmann DAR **87**, 135; krit. gegenüber einer Definition Schewe BA **76**, 92; **83**, 382; 527; Ranft JA **83**, 193; Tröndle, Jescheck-FS 682; Bresser For. 5 [1984], 50; Gerchow BA **87**, 240; Brettel PraxRMed 479) **versetzt,** und zwar entweder **A.** durch Zusichnehmen **alkoholischer Getränke** (4 ff. zu § 316) oder **B.** 3 von **anderen berauschenden Mitteln** (3a zu § 64; LK 88 ff., auch durch Spritzen), zu denen aber nur zum Schmerzstillen geeignete und dazu eingenommene Mittel nicht gehören (Bay **58**, 110), anders, wenn sich der Täter damit berauschen will (21. 3. 1978, 4 StR 104/78; Celle NJW **86**, 2385; NStZ/J **86**, 402; vgl. KG VRS **19**, 113). **C.** Auch durch **Zusammenwirken** 3a von Alkohol und anderen berauschenden Mitteln oder auch Medikamenten, welche die Alkoholwirkung steigern, kann der Rausch herbeigeführt werden (Bay **58**, 109; Düsseldorf VRS **23**, 444; Köln JZ **67**, 183; BA **87**, 295; Oldenburg DAR **63**, 304; Hamm NJW **73**, 1424; BA **78**, 460; Hamburg MDR **82**, 598 [m. Anm. Horn JR **82**, 347 und Geilen JK 1]; Schewe BA **76**, 89; Cramer JZ **71**, 767; LK 147; Hentschel-Born 282 ff.; Brettel PraxRMed 460), was nicht voraussetzt, daß der Täter die Mittel auch zur Herbeiführung lustbetonter Empfindungen oder Vorstellungen zu sich genommen hat (Bay NJW **90**, 2334; Frankfurt BA **79**, 407; Schewe BA **79**, 60; Gerchow BA **79**, 99, Sarstedt-FS 4 u. For. 7 [1986], 157; Salger DAR **86**, 386; Otto Jura **86**, 481; Burmann DAR **87**, 137; Janiszewski BA **87**, 246; aM Karlsruhe NJW **79**, 611; vgl. auch Celle NJW **86**, 2386). So genügt eine Kumulation mit BtMitteln, wenn sie die Wirkung der Droge verstärkt oder erträglicher macht, ohne daß ein „mit Euphorie verbundener Erregungszustand" erreicht wird (Gerchow aaO), so das Spritzen von Psychopharmaka um ihrer betäubenden Wirkung willen (vgl. Schleswig SchlHA **77**, 180). Es genügt ferner, wenn eine schuldhaft herbeigeführte Alkoholisierung bis zur Tatzeit durch Medikamenteneinnahme verlängert wurde (Oldenburg MDR **85**, 516). Doch muß in allen Fällen das gesamte Erschei-

nungsbild das eines Rausches sein (BGH **26**, 363 [m. Anm. Horn JR **77**, 210]; **32**, 53; DAR **74**, 117; LK 114; hierzu Puppe Jura **82**, 287; Forster/Rengier NJW **86**, 2869; Bresser For. **5** [1984], 55), das bedarf bei der bloßen Einnahme von Schmerzmitteln oder Psychopharmaka besonderer Feststellung (MDR/H **84**, 90). Zum Zusammenwirken von Rausch und Affektzustand MDR/H **86**, 624 m. Anm. Neumann StV **87**, 247; vgl. unten 7. Ein **Schuldunfähiger**, zB krankhaft Drogensüchtiger (17. 4. 1984, 5 StR 234/84; Hamm NJW **73**, 1424), *chronischer Alkoholiker* (Bay JR **79**, 289) kann die Tat nicht begehen, nach Bay aaO sich aber, falls er sich in Phasen der Nüchternheit seines Fahrzeugs nicht entäußert, wegen einer Unterlassungstat (§ 13) schuldig machen (mit Recht abl. Horn JR **79**, 291 und SK 9a zu § 316; SK-Rudolphi 30, 34a zu § 13), uU kann auch durch Auswirkungen einer hirnorganischen Schädigung und Alkoholabusus eine Schuldunfähigkeit iS einer „schweren anderen seelischen Abartigkeit" nach § 20 vorliegen (dort 12), StV **84**, 419 (LK 73 verneint für solche Fälle schon taugliche Täterschaft), oder der Täter kann durch Alkoholsucht von einem so unwiderstehlichen Drang beherrscht sein, daß seine Fähigkeit, den übermäßigen Genuß alkoholischer Getränke zu unterlassen, erheblich vermindert (**§ 21**) war (StV **84**, 154; **92**, 230; MDR/H **86**, 441; NStE Nr. 3, 7; hierzu LK 75; vgl. ferner Grüner BA **79**, 304; Sorgo For. **83**, 36). Zur Medikamenteneinnahme in Selbsttötungsabsicht Bay MDR **90**, 742.

4 3) **Der Rausch** muß positiv festgestellt sein (4. 2. 1992, 1 StR 808/91; unten 5c) und (wie I aE ergibt) dazu führen, daß der Täter entweder *schuldunfähig* (§ 20) wird oder doch in einen Zustand gerät, der Schuldunfähigkeit *nicht ausschließen* läßt.

5 A. § 323a ist als **Auffangtatbestand** formuliert (NJW **92**, 1520). Er erfaßt nicht nur die Fälle, in denen die Schuldunfähigkeit (§ 20) erwiesen ist, sondern auch die, in denen sie nach dem Grundsatz *in dubio pro reo* nicht auszuschließen ist. Indessen greift die Vorschrift, was oft übersehen wird, auch in Fällen, in denen Schuldunfähigkeit in Betracht kommen kann, dann *nicht* ein, wenn der Täter bereits nach den Grundsätzen einer vorsätzlich oder fahrlässig begangenen *actio libera in causa* (19 zu § 20; LK 21, 24) für seine Rauschtat (unten 8, 9) einzustehen hat. Auch scheidet § 323a aus, wenn allenfalls eine erheblich verminderte Schuldfähigkeit, nicht aber Schuld*un*fähigkeit in Betracht kommt, da in diesen Fällen der Täter aus dem Tatbestand der im alkoholisierten Zustand begangenen Tat ggf – iVm § 21 – haftet (BGH **32**, 55). § 323a trifft also nur den *nicht vorverantwortlichen* (19 zu § 20), *(möglicherweise) schuldunfähigen Rauschtäter.* Die Ausdehnung des Tatbestands auf die Fälle nicht eindeutig nachweisbarer Schuldunfähigkeit wird nach dem Vorbild des § 351 E 1962 – einem „unabweisbar kriminalpolitischen Bedürfnis" entsprechend (Begr. 538) – in I aE mit den Worten **„oder weil dies nicht auszuschließen ist"** erreicht. Die sachliche Bedeutung dieses Kausalsatzes ist umstritten (vgl. LK 109). Der BGH (**32**, 48 [m. Anm. Schewe BA **83**, 526; Geppert JK 2; LK 154ff.; Lackner, Jescheck-FS 645; sehr krit. Dencker JZ **84**, 453; Paeffgen NStZ **85**, 9; Streng ZStW **101**, 318]; NStZ **89**, 365) entschied, daß jedenfalls auch **der in seiner Schuldfähigkeit erheblich verminderte Täter,** falls er während der Tatzeit nicht ausschließbar schuldunfähig war, nach § 323a zu bestrafen ist. Damit hat der BGH der sach- und sinnwidrigen Auslegung, die diese

Gemeingefährliche Straftaten §323a

Formel durch Karlsruhe NJW 79, 1945 (ebenso durch Hansen JA 80, 192; Hirsch ZStW Beih. 1981, 19; vgl. aber Paeffgen NStZ 85, 9) erfahren hat, wonach bei jeder der als möglich in Betracht kommenden BAKen der „sichere Bereich des § 21" zum Bereich des § 20 überschritten sein müsse (hiergegen bereits M-Schroeder § 96, 17; LK 152; Dencker NJW 80, 2161; Puppe Jura 82, 283; Schewe BA 83, 370) den Boden entzogen.

Offengelassen hat der BGH 32, 48, 54, ob ein tatbestandsmäßiger Rausch iS 5a des § 323a auch „bei möglicher **voller Schuldfähigkeit,** aber nicht ausgeschlossener Schuldunfähigkeit" vorliegen kann, ob der Auffangtatbestand des § 323a also auch eingreift, wenn zwar ein Rauschzustand aufweisbar, weder aber § 20 ausschließbar, noch die Voraussetzungen des § 21 sicher festzustellen sind. *In diesem Sinne bejahend:* LK-Spendel 154 und JR 85, 293; LK-Tröndle 99 zu § 1 und Jescheck-FS 665; SK-Horn 16; Hentschel-Born 278 ff.; Schmidhäuser BT 15/31; M-Schroeder § 96, 18; Jakobs 17/62; H. Schultz SchweizZSt 87, 336; Otto BT § 81 II 1 u. Jura 86, 483; Schewe BA 83, 370, 526; Göhler 7 zu § 122 OWiG; ebenso Montenbruck, Wahlfeststellung und Werttypus, 1976, 376 und GA 78, 265 (der freilich den Rausch nach der BAK bestimmt und bei 1,3‰ beginnen läßt, und der den § 323a als Erfolgsdelikt begreifen will). **Anders** 5b demgegenüber die hM und die (bisherige) Rspr. des BGH (VRS 50, 358; NJW 79, 1370; JR 80, 32; EzSt Nr. 1; vgl. auch 7. 10. 1983, 3 StR 404/83; Bay NJW 78, 957 m. Anm. Montenbruck JR 78, 209; MDR 79, 777; Schleswig MDR 77, 247; SchlHA 78, 186 Nr. 53; 79, 203 Nr. 24; DAR 85, 242 zu 10; Stuttgart JR 85, 292 (m. krit. Anm. Spendel); Hamm NJW 77, 344; Köln VRS 60, 41; 68, 39 m. zutr. Anm. Seib BA 85, 245; Zweibrücken ZfS 88, 370; Blei BT § 94 II und JA 77, 192; SchSch-Cramer 8, Lackner 4 und Jescheck-FS 648; Wessels BT-1 § 23 I 2; Arzt/Weber LH 2, 445; Meyer in Erbs O 187 6a zu § 122 OWiG; Dencker NJW 80, 2159; JZ 84, 453; Wolter JuS 83, 775 u. aaO [oben 1], 84; Ranft JA 83, 197; Paeffgen NStZ 85, 8; Forster/Rengier NJW 86, 2869; Ranft For. 7 [1986], 72), wonach für § 323a verlangt wird, daß der Täter sich schuldhaft bis zu dem Grade in einen Rausch versetzt haben muß, daß er den **„sicheren Bereich des § 21 überschritten"** hat. Dem ist **nicht zuzustimmen.** Denn diese Formel ist in sich unklar (Schewe BA 83, 370), im Grunde sinnwidrig (LK 152). Sie geht von einem tautologischen Gesetzesverständnis aus (Otto Jura 86, 482) und unterliegt daher auch unterschiedlicher Deutung (vgl. Nachw. bei BGH 32, 49). Sie geht auf BGH 16, 189 zurück und diente der Eingrenzung der richterrechtlichen (und insoweit bedenklichen) Ausweitung des § 330a aF als Auffangtatbestand. Sie für die Auslegung der nF des I (aE) zu übernehmen, bestand um so weniger Anlaß, als sie, wie Horn (JR 82, 6), Schewe (ZStW Beih. 1981, 65; BA 83, 369; 526) und Jakobs (17/60) zutr. dargetan haben (vgl. auch Gerchow u. a. BA 85, 77; 156), schon im theoretischen Ansatz verfehlt, in der Sache unerheblich (im einelnen LK 110 f.) und unergiebig ist (zum Ganzen auch Puppe Jura 82, 281). Inzwischen hat dies auch der 4. StS in BGH 32, 53 (hierzu Lackner-FS 652) ausdrücklich anerkannt: er ist von der bisherigen Rspr. deutlich abgerückt und hat in den Gründen weiter darauf hingewiesen, daß sich aus dem Gesetzeswortlaut gerade nicht entnehmen lasse, daß der Berauschte erheblich vermindert schuldfähig gewesen sein müsse. Zwar blieb diese Einsicht für die Beantwortung der der Entscheidung zugrunde liegenden Vorlegungsfrage als solchen ohne unmittelbaren Einfluß. Der Senat hat aber in seiner Entscheidung, in der er klarstellte, daß nach § 21 erheblich verminderte schuldfähige, möglicherweise aber schuldunfähige Täter nach § 323a bestraft werden können, zugleich das Verhältnis der Gefährdungsnorm des § 323a zur jeweiligen Verletzungsnorm der Rauschtat allgemein als sog. *normativ-ethische Stufenverhältnisse* („Verhältnis

§ 323a

des Schwächeren zum Stärkeren") gekennzeichnet (zust. NStZ/J **83**, 547; Geppert JK 2; so auch Düsseldorf NJW **89**, 2409) und – unter Billigung der übrigen Senate (BGH **32**, 57) – den Grundsatz *in dubio pro reo* auch für die Fälle maßgebend gehalten, in denen nicht geklärt werden kann, ob der Berauschte die Rauschtat in schuldunfähigem oder (nur) vermindert schuldfähigem Zustand begangen hat (ebenso früher schon Dreher MDR **70**, 370; Otto, Peters-FS 382 u. Jura **86**, 483; Heiß NStZ **83**, 67; Tröndle, Jescheck-FS 677). Damit ist incidenter aber auch die Frage beantwortet, die der Senat im konkreten Falle offen lassen konnte (oben 5a), denn in den nicht seltenen Fällen, in denen bei einem Rauschtäter die nicht praktikable Unterscheidung (vgl. Schewe BA **83**, 373; 526) zweifelhaft bleibt, ob bereits der „sichere Bereich des § 21" erreicht ist, ist der erwähnte Schluß aus dem normativ-ethischen Stufenverhältnis noch stringenter (aM Köln VRS **68**, 40; krit. hiergegen Seib BA **85**, 247). Der Täter ist dann aus der milderen Norm zu bestrafen und der Zweifelsgrundsatz *nicht* – in entgegengesetztem Sinne – denkfehlerhaft auf ein und denselben Sachverhalt *doppelt* an-

5c zuwenden (vgl. LK 149; Tröndle aaO 679). Wo freilich sogar das **Ob der Berauschung** zweifelhaft bleibt, ist nach allgM eine *unmittelbare* Anwendung des § 323a, der einen Rausch voraussetzt, nicht möglich (BGH **32**, 54/55; BGHR § 323a I, Rausch 1; LK 111). Allerdings öffnet das in BGH **32**, 48 entwickelte Verständnis des Vollrauschtatbestandes auch den Weg, nach dem Grundsatz *in dubio pro reo* (für den mit Recht ein weiterer Anwendungsbereich gefordert wird, oben 14 zu § 1 aE; Jescheck § 16 II 2; KK-Hürxthal 69 zu § 261 StPO; Tröndle aaO 688) den Täter, der zur Tatzeit in bezug auf eine bestimmte erwiesene Tat nur *möglicherweise* berauscht war, nach § 323a zu verurteilen, so iErg. Dreher MDR **70**, 371; ausführlich Schewe BA **83**, 384f.; 528, 531; ferner Heiß NStZ **83**, 67 (gegen ihn Schuppner/Sippel NStZ **84**, 67); Otto Jura **86**, 487; krit. u. aM Wolter aaO [oben 1], 85; vgl. hierzu LK 149, nachdem die durch GrSenBGH **9**, 390 eingeleitete und zu Recht kritisierte (zB Dreher MDR **57**, 180; Jescheck GA **58**, 4; Heinitz JR **57**, 128; Welzel § 68 II 4c; R. Lange JR **57**, 246; LK 333; Seib BA **85**, 245; Tröndle aaO 686) Entwicklung zur reinen Wahlfeststellung (17ff, zu § 1) keinen Raum ließ und eine problemangepaßte Lösung verfehlt wurde. Denn niemand, von dem feststeht, daß er eine mit Strafe bedrohte Handlung begangen hat, wird dadurch, daß er so für sie einzustehen hat, als ob er sie im Vollrausch begangen hätte, zu seinem Nachteil ungerecht behandelt (Tröndle aaO 682).

6   **B. Infolge des Rausches** (oben 2, 3) muß der Zustand der – zumindest nicht ausschließbaren – Schuldunfähigkeit eintreten, LK 133. Hierfür ist nicht erforderlich, daß er die einzige (so noch RG **70**, 87; RG HRR **39**, 1561; KG NJW **72**, 1529) oder auch nur die vorwiegende Ursache gewesen ist; es ist unter den Mitursachen auch nicht zwischen den in der Person des Täters liegenden (BGH **4**, 75) und den von außen auf ihn einwirkenden Ursachen (so aber RG **73**, 136) zu unterscheiden (noch offengelassen NJW **75**, 2250). Vielmehr ist seit BGH **26**, 363 (m. zust. Anm. Horn JR **77**, 210; LK 138, 145) klargestellt, daß einer Tatbestandsmäßigkeit nach § 323a andere, für den Täter erkennbare (NStZ **82**, 116) Mitursachen einer (nicht ausschließbaren) Schuldunfähigkeit nicht entgegenstehen, sofern sich dieser Zustand, was vorab zu prüfen ist, nach seinem ganzen Erscheinungsbild als Rausch darstellt (BGH **26**, 366; **32**, 53; MDR/H **84**, 90; Horn aaO; Gerchow, Sarstedt-FS 8), was nicht unbedingt voraussetzt, daß dieser Zustand durch Rauschmittel*genuß* ieS hervorgerufen wurde (oben 3a; aM Karlsruhe NJW **79**, 611; insoweit wohl auch BGH **26**, 364). Es war schon für die aF anerkannt, daß starke Erregung (NJW **67**, 298), Einnahme von

Gemeingefährliche Straftaten **§ 323 a**

Medikamenten (Hamburg NJW **67**, 1523) oder eine durch Vorverhalten zurechenbare Gehirnerschütterung (Celle MDR **71**, 860, hierzu Cramer **71**, 766) die Schuldunfähigkeit mitverursachen können und § 323 a nicht entgegenstehen (vgl. Zweibrücken BA **91**, 189), ebensowenig Alkoholüberempfindlichkeit, epileptoide Rauschzustände oder alkoholbedingte Schlaftrunkenheit (RG **73**, 12; BGH **4**, 73; **22**, 8; MDR **51**, 463; Bay NJW **68**, 1201; Zweibrücken OLGSt. 67).

C. Vorsätzlich oder fahrlässig muß sich der Täter in den Rausch versetzen. Er muß hierbei dessen jeweiligen Schweregrad (aM SK 7) voraussehen oder voraussehen können (Lackner 13; abw. BGH **16**, 187; SchSch 11; vgl. Puppe GA **74**, 111). Der Tatrichter muß in den Urteilsgründen die Schuldform im Hinblick auf die Schwere des Schuldvorwurfs angeben (StV **92**, 232 L). Bedingter Vorsatz genügt (BGHR § 323 a I, Sichber. 1). Der Schuldvorwurf muß während der gesamten Dauer des Sichberauschens fortbestehen (GA **66**, 375). Soweit erst rauschmittelfremde Faktoren die (nicht ausschließbare) Schuldunfähigkeit mitverursacht haben (oben 6), müssen gerade diese mit von der Schuld umfaßt sein. Das setzt voraus, daß der Täter beim Rauschmittelgenuß vor Eintritt der Schuldunfähigkeit mit solchen Umständen gerechnet und sie billigend in Kauf genommen (*vorsätzlicher* Vollrausch; BGHR § 323 a I, Vors. 2; Düsseldorf NZV **92**, 328) oder das Hinzutreten solcher ähnlicher weiterer Umstände in vorwerfbarer Weise nicht bedacht hat (*fahrlässiger* Vollrausch), NStE Nr. 2; BGHR § 323 a I, Rausch 1; 22. 5. 1990, 1 StR 110/90. Dies wird bei Krankheiten und konstitutionellen Schwächen (NJW **67**, 298) oder sonst zurechenbarem Vorverhalten (zB Medikamenteneinnahme: Hamburg NJW **67**, 1523; Hamm BA **78**, 461; Bay NJW **90**, 2334; Salger DAR **86**, 390) eher der Fall sein als bei von außen kommenden Ursachen (BGH **26**, 366; NJW **75**, 2250; **80**, 1806; Celle MDR **71**, 860). Ist ein durch ein von außen hinzutretendes Ereignis ein affektiver Erregungszustand durch Alkoholisierung *mit*bedingt, so ist für einen Täter vorhersehbar, daß weiterer Alkoholgenuß den Affekt erheblich steigern und zur (nichtausschließbaren) Schuldunfähigkeit führen kann (StV **87**, 246 m. Anm. Neumann), ist im übrigen ein solcher Affektzustand nur eine typische Folge vorausgegangenen erheblichen Alkoholkonsums, so handelt es sich um eine vom vorgestellten Geschehensablauf nur unwesentliche Abweichung des nach allgemeiner Lebenserfahrung Vorhersehbaren (NJW **79**, 1370; vgl. aber AG Lampertheim VM **80**, 95). Nimmt der Täter als sicher an, daß die Einnahme der Rauschmittel unmittelbar zu seinem Tode führen werde, ist § 323 a zw. (vgl. den Fall Hamm NJW **75**, 2252). Gesamtvorsatz ist ohne Rücksicht darauf möglich, ob die Rauschtaten höchstpersönliche Rechtsgüter verletzen, aber nicht schon dann gegeben, wenn der Täter sich entschließt, sich fortwährend zu betrinken (BGH **16**, 124).

D. Auf die Rauschtat, dh die im Rauschzustand begangene rechtswidrige Tat, dürfen sich Vorsatz oder Fahrlässigkeit nicht beziehen; denn sonst ist bereits eine *actio libera in causa* gegeben (19 zu § 20), die zur unmittelbaren Bestrafung wegen der Rauschtat selbst führt (RG **70**, 88), so daß § 323 a ausscheidet.

E. Bloße Bedingung der Strafbarkeit ist die Begehung der Rauschtat (BGH **16**, 124; **17**, 333; DAR **79**, 181; Bay NJW **74**, 1520; Zweibrücken VRS **32**,

7

8

9

§ 323 a

455; Koblenz OLGSt. 71; vgl. 10 vor § 13). Die Frage ist außerordentlich umstritten (vgl. Lange JZ **51**, 460; **57**, 242; Heinitz JR **57**, 126; 347; Bruns JZ **58**, 105; Hardwig, Eb. Schmidt-FS 459; GA **64**, 140; Bemmann GA **61**, 65; Cramer, Der Vollrauschtatbestand als abstraktes Gefährdungsdelikt, 1962; Arth. Kaufmann JZ **63**, 425; v. Weber MDR **52**, 641; GA **58**, 257; Stock-FS 59; Ranft MDR **72**, 737; Puppe GA **74**, 98; Hentschel-Born 297ff.; Haft JA **79**. 657; H. J. Hirsch ZStW Beih. 1981, 12). Der BGH hat zunächst erklärt, daß keinerlei subjektive Beziehung des Täters zur Rauschtat zu bestehen brauche: insbesondere brauche er nicht wissen, daß er im Rausch zu Straftaten irgendwelcher Art neige (BGH **1**, 124; **2**, 18; **16**, 124; 187; **20**, 284; ebenso Schleswig SchlHA **69**, 165; OLGSt. 53 [abw. aber SchlHA **76**, 169]; Zweibrücken VRS **32**, 454; Frankfurt OLGSt. 31), § 18 finde keine Anwendung (BGH **6**, 89). Der GrSen. hat das in BGH **9**, 936 als schuldstrafrechtlich problematisch bezeichnet. Später hat der 5. Sen. erklärt (BGH **10**, 247; JR **58**, 28; VRS **7**, 309; **17**, 340; ebenso Köln NJW **66**, 412; ähnlich Welzel 474f.; Braunschweig NJW **66**, 679; Hamm VRS **36**, 264; NJW **75**, 2253; Bay NJW **74**, 1520; Celle NJW **69**, 1916), der Täter müsse wissen, er könne, falls er nicht sichere Vorbeugungsmaßnahmen treffe (dazu Celle VRS **28**, 210; NJW **68**, 759; **69**, 1588; Köln VRS **34**, 127; Gollner MDR **76**, 182; Blei JA **76**, 312), im Rausch irgendwelche Ausschreitungen begehen; solche Schuld verstehe sich aber eigentlich auch ohne Feststellungen von selbst! Mit dieser Entscheidung, die mit einem bedenklichen Begriff des Verschuldens ohne konkrete Voraussehbarkeit arbeitet (so ganz bewußt Hardwig aaO; Schweikert ZStW **70**, 394; vgl. auch BGH **10**, 259), nähert sich der 5. Sen. der Theorie, die in § 323a ein konkretes Gefährdungsdelikt sieht (Lange; ähnlich Cramer, Ranft). LK 61 ff., 161ff. begreift die Rauschtat als eine „unwiderlegliche Beweistatsache für die Gefährlichkeit des Sichberauschens", als „die schon hinreichende, aber auch notwendige Bedingung für die Feststellung der Gefährlichkeit und Strafwürdigkeit des Vollrauschs" (LK 65). § 323a ist mit dem Schuldstrafrecht vereinbar (BGH **1**, 124). Denn in unserer von technischen Gefahren aller Art durchzogenen Zeit stellt schon der schuldhafte Vollrausch materielles Unrecht dar (BGH **16**, 124; Celle JZ **71**, 790; Bay NJW **74**, 1520; Hamburg MDR **82**, 598 m. Anm. Horn JR **82**, 347; Lackner JuS **68**, 215; Puppe GA **74**, 110). Die Bedingung der Strafbarkeit engt also den Bereich des Strafwürdigen ein (BGH aaO; Dreher JZ **53**, 426; str.).

10 4) **Eine rechtswidrige Tat** (33 zu § 11), dh eine Tat, die den Tatbestand eines Strafgesetzes verwirklicht (vgl. dort; Lange ZStW **59**, 595, Bruns JZ **64**, 473) muß die Rauschtat sein; dazu genügt eine tatbestandsmäßige Vorbereitungshandlung oder ein entsprechender **Versuch** (NJW **53**, 1442; MDR **71**, 362), nach Bay NJW **89**, 1685 (m. krit. Anm. R. Keller JR **89**, 343; Miseré Jura **91**, 2998; iErg. zust. Küper NJW **90**, 209; Paeffgen NStZ **90**, 365 u. Geppert JK 15 zu § 142) auch eine Tat nach § 142 I (vgl. hierzu 40 zu § 142); zur Frage des Rücktritts Ranft JA **83**, 243. Ist die Rauschtat eine Ordnungswidrigkeit, so gilt § 122 OWiG (LK 163). Die Rauschtat braucht nicht durch den Rausch verursacht zu sein (3. 11. 1970, 1 StR 298/70). Auch wenn die Rauschtat als solche ein Verbrechen wäre, bleibt die Tat stets ein Vergehen; und zwar ein einziges, auch wenn der Täter im Rausch mehrere Taten begeht (BGH **13**, 225). Für die rechtswidrige Tat gilt im übrigen:

11 **A. Eine Handlung,** dh ein gesteuertes Verhalten, **muß** gegeben sein; fehlt es an ihr, zB wegen sinnloser Trunkenheit (BGH **1**, 275), so entfällt § 323a (BGH **1**, 126; **3**, 287; NJW **52**, 194; Celle GA **56**, 360; Bay NJW **74**,

Gemeingefährliche Straftaten § 323a

1520; DAR **79**, 239; hierzu Schewe ZStW Beih. 1981, 68; LK 168). Die Handlung kann jedoch auch ein **Unterlassen** sein, wenn Steuerungsfähigkeit noch besteht (vgl. Bay aaO [LK 175, 183; krit. Kurbjuhn NJW **74**, 2059; Blei JA **74**, 465; **76**, 29; Lenckner JR **75**, 31; Backmann JuS **75**, 698]; Ranft JA **83**, 240; Otto Jura **86**, 483; hM; zum Ganzen Streng JZ **84**, 114; LK 170).

B. Der äußere Tatbestand einer strafbaren Handlung muß vorliegen. **12** Die Tat müßte strafbar sein, wenn der Täter schuldfähig wäre.

C. Der innere Tatbestand der Rauschtat ist deshalb ebenfalls festzustel- **13** len, wobei nur die Schuldunfähigkeit außer Betracht bleibt, RG JW **36**, 3003 (weitergehend RG **70**, 160, wonach der Täter Begleitumstände seines Tuns nicht zu kennen braucht; so nicht das Vorliegen der Öffentlichkeit oder des Ärgerniserregens nach § 183a). Denn sonst läßt sich nicht feststellen, ob eine Rauschtat (vorsätzliche oder nicht mit Strafe bedrohte fahrlässige Sachbeschädigung?) und welche Rauschtat vorliegt; etwa vorsätzliche oder fahrlässige Tötung, wenn ein Volltrunkener einen anderen erschießt, RG JW **36**, 436; 1911; vgl. weiter BGH **1**, 126; **14**, 114; **18**, 235 (bedenklich dagegen BGH **3**, 287); NJW **52**, 194; **53**, 1442; **67**, 579; ausführlich und krit. LK 185ff., 198, 202. Bei **vorsätzlichen** Straftaten liegt dann nach der finalen Handlungslehre echter Vorsatz, nach der Rspr. sog. natürlicher Vorsatz vor (RG **73**, 16). Dieser unter Einschluß einer etwa tatbestandlich vorausgesetzten Absicht muß festgestellt werden, so beim Diebstahl (NJW **67**, 579), beim Betrug (BGH **18**, 235; Otto Jura **86**, 484; vgl. AG Burg SchlHA **59**, 199), bei versuchter Vergewaltigung (vgl. RG **69**, 188; LK 205), bei der Unfallflucht (Köln NJW **60**, 1264; Hamm NJW **67**, 1523), bei § 323a (Bay NJW **74**, 1520; 22. 5. 1986, RReg. 2 St 111/86; NStZ/J **92**, 272; oben 11). Ein Trunkener, der Rohre auf die Straße wälzt, kann die Absicht haben, die Autofahrer vorsätzlich zu töten oder nur zu verletzen; oder eine Straftat zu verdecken (VRS **41**, 93; vgl. LK 187, 206), er kann auch die Gefährlichkeit eines Werkzeuges iS des § 223a erkennen (21. 4. 1961, 2 StR 104/61), es kann aber auch nur Fahrlässigkeit vorliegen (RG DStR **36**, 52). Es ist zu prüfen, in welcher Richtung bei unbefangener Beurteilung **nach seiner äußeren Betätigung** der Wille des Rauschtäters gegangen ist (RG **73**, 16; Bay **62**, 264), nicht etwa, wie seine Tat zu beurteilen gewesen wäre, wenn er nüchtern gewesen wäre (RG HRR **36**, 448). Auch rauschbedingte Tatbestandsirrtümer schließen den (natürlichen) Vorsatz aus (BGH **18**, 237; Otto Jura **86**, 485; sehr str.; aM BGH NJW **53**, 1442; zum Ganzen Ranft JA **83**, 241; LK 197ff.; Krümpelmann ZStW **99**, 200), jedoch können rauschbedingte Verbotsirrtümer den Täter nicht entlasten (Otto aaO).

a) **Rechtfertigungs-, Schuldausschließungs- und Strafausschließungs- 14 gründe** gelten auch hier. So kann auch der Trunkene eine Notwehrhandlung begehen, die dann nicht rechtswidrig ist: und nicht bloß „nicht schuldhaft"; auch § 33 kommt in Betracht (22. 10. 1953, 4 StR 797/52; Otto Jura **86**, 485). Ebenso sind einem Schuldunfähigen für § 323a der Schutz des § 35 und sonstige Schuldausschließungsgründe zuzubilligen, wie etwa ein Verbotsirrtum (Stuttgart NJW **64**, 413). Doch kann das für einen Verbotsirrtum nicht gelten, der die Schuldunfähigkeit des Täters iS von § 20 1. Alt. herbeigeführt hat; denn einen solchen Verbotsirrtum setzt § 323a in diesem Falle geradezu voraus (Lenckner JR **75**, 32). Der Trunke-

§ 323 a

ne kann auch nach §§ 24, 31 zurücktreten (vgl. RG HRR **36**, 1149; MDR/D **71**, 362; Ranft MDR **72**, 737; Otto aaO). Bei Verjährung der Rauschtat kann auch nicht mehr nach § 323 a bestraft werden (vgl. Köln NJW **58**, 1984; KG VRS **20**, 50; Hamm MDR **67**, 320). Allein durch den Rausch hervorgerufene Falschvorstellungen über das Vorliegen von Rechtfertigungs- und Schuldausschließungsgründen sind unbeachtlich (Blei BT § 94 III 3 a; vgl. NJW **53**, 1442). Zur Problematik Lange, Bruns oben 9.

15 **b)** Bei **fahrlässigen** Taten muß es genügen, wenn der Täter die von jedermann geforderte Sorgfalt nicht beachtet und der Erfolg für einen Nüchternen vorauszusehen wäre (str.; vgl. SK 13; SchSch 19; Ranft JA **83**, 242; LK 201; M-Schroeder § 96, 14; Otto Jura **86**, 484; aM Arzt/Weber LH **2**, 439; RG **76**, 16; Hamburg MDR **67**, 854); zum Fall eines Vollrausches durch Tabletteneinnahme in Selbsttötungsabsicht Bay NStE Nr. 8.

16 **D. Die Teilnahme.** Mittäterschaft ist für die Tat begrifflich ausgeschlossen; auch mittelbare Täterschaft scheidet aus, da die Tat ein eigenhändiges Delikt ist. Sehr str. und zw. ist hingegen, ob Anstiftung und Beihilfe hinsichtlich des bloßen Sichberauschens strafbar sind (so wohl BGH **10**, 248; hinsichtlich des animierenden Gastwirtes: Schmidt NJW **52**, 1122; aM Redelberger NJW **52**, 921; zum Streitstand Ranft JA **83**, 244; Otto Jura **86**, 486). An der Rauschtat ist hingegen strafbare Teilnahme möglich; insbesondere kann ein mittelbarer Täter den Trunkenen als Werkzeug benutzen. Auch ein Schuldfähiger, mindestens wenn er von der Schuldunfähigkeit des Rauschtäters nicht weiß, kann Mittäter sein, § 29 (LK-Roxin 117 zu § 25; hM; aM BGH **23**, 122; LM Nr. 2 zu § 223 a).

17 **E. Konkurrenzen.** Mit der „rechtswidrigen Tat" einerseits und § 323 a andererseits ist keine Konkurrenz (selbst nicht Gesetzeskonkurrenz) möglich, weil § 323 a die Schuldunfähigkeit voraussetzt (BGH **2**, 18). Auch die *actio libera in causa* (oben 8 u. 19 ff. zu § 20) schließt den § 323 a idR aus (BGH **10**, 251; **17**, 335; NJW **55**, 1037; Braunschweig NdsRpfl. **62**, 71; LG Lübeck SchlHA **62**, 106; Köln NJW **67**, 307; LK 21, 42; aM Hettinger GA **89**, 13); doch ist ausnahmsweise Tateinheit denkbar (BGH **2**, 15; **17**, 333; Hamm VRS **40**, 192; DAR **74**, 23 gegen RG **70**, 87; BGH VRS **23**, 435; MDR/D **69**, 903; Köln NJW **60**, 1264; Hardwig, Eb. Schmidt-FS 485; Cramer JZ **68**, 273; Hentschel-Born 245; Otto Jura **86**, 487; LK 43 f.). Auch ist Tateinheit mit einem Dauerdelikt (zB bei unerlaubtem Sprengstoffbesitz, § 40 I Nr. 4 SprengG) möglich, wenn ein und dieselbe Handlung ohne Zäsur von der Straftat zur Rauschtat übergeht (NJW **92**, 584). Ist die Rauschtat Diebstahl, soll die nach Ernüchterung folgende Unterschlagung (vgl. Celle NJW **62**, 1833 mitbestrafte Nachtat sein (zw.); vgl. auch MDR/D **71**, 546. Bei mehreren Rauschtaten im selben Rausch ist nur eine einzige Tat nach § 323 a gegeben (BGH **13**, 225; MDR/H **90**, 489; StV **90**, 404 L; Ranft JA **83**, 243), eine Konkurrenz zwischen den Rauschtaten nach §§ 52 ff. gibt es nicht, zu unerlaubtem Waffenbesitz besteht Tatmehrheit (29. 3. 1983, 5 StR 135/83). Fortsetzungszusammenhang zwischen mehreren Taten nach § 323 a ist möglich (BGH **16**, 124). Zur Frage, wenn im Zusammenhang mit einer Fortsetzungstat nur einzelne Handlungen im Vollrausch begangen sind (Karlsruhe VRS **67**, 117; Hein NStZ **82**, 235; Ranft JA **83**, 245).

18 **5) Die Strafe** steht unter der Schranke nach II und III, die auf die Rauschtat Rücksicht nimmt (BGH **10**, 247; **17**, 333; NJW **55**, 1037; NJW **92**, 1519, hierzu Foth DRiZ **90**, 419 u. NJ **91**, 389; NStZ/D **92**, 172; LK 286 ff.), was auch für die Strafzumessung ieS von Bedeutung ist (Bruns, Lackner-FS

Gemeingefährliche Straftaten § 323 a

442). Diese Regelung ist verfassungsrechtlich unbedenklich (BVerfG DAR **79**, 181). Nach II darf die Strafe, dh der anzuwendende Strafrahmen, nicht schwerer sein als der für die Rauschtat, so gilt zB, wenn im Rausch eine gefährliche Körperverletzung fahrlässig begangen wird, nur der Strafrahmen des § 230 (aM LK 86). Auch ist eine zwingende (uU selbst eine lediglich fakultative) Strafrahmenverschiebung auch im Rahmen des II zu beachten (NJW **92**, 1519). Verlangt die Rauschtat Strafantrag (zB § 248a!), Ermächtigung oder Strafverlangen, so gilt das nach III auch für § 323a. Dabei kommt es auf die Rechtslage zur Zeit der Rauschtat an (Braunschweig NJW **66**, 1878). Von den Schranken nach II und III abgesehen, darf die Strafe Art und Schwere der Rauschtat nicht berücksichtigen (aM zB 8. 1. 1965, 2 StR 465/64; Hamm VRS **32**, 21; **36**, 264; Celle NJW **69**, 1588), sondern nur die Umstände des Sichbetrinkens, vor allem aber die Gefahr, die der Täter verschuldet herbeiführte (NStE Nr. 4; vgl. BGH **16**, 187; VRS **34**, 349; **41**, 96; MDR/D **71**, 722; andererseits Braunschweig NJW **54**, 1052). Doch erkennt MDR/D **72**, 198 an, daß die Rauschtat nicht zu generalpräventiver Schärfung führen darf (Bruns, Lackner-FS 445; bedenklich Karlsruhe NJW **75**, 1936). Daß der Täter keine Vorsorge gegen die Rauschtat getroffen hat, kann nur strafschärfend wirken, wenn er irgendwelche Taten (bei konkreter Voraussehbarkeit *actio libera in causa;* oben 8 u. 19 zu § 20) voraussehen konnte (BGHR § 323a II StrZ 3), nicht ganz präzis Stuttgart NJW **71**, 1815. Nach BGH **23**, 375 sind zwar iS von BGH **16**, 127 die Folgen der Rauschtat (MDR/H **82**, 811; NStE Nr. 5), nicht aber Motive und Gesinnungen des Täters heranzuziehen, die zu den Folgen geführt haben (dazu krit. Blei JA **71**, 243; Theune StV **85**, 163; NStZ/T **89**, 215; Streng ZStW **101**, 320; SK 23; vgl. auch MDR/D **74**, 15); keinesfalls dürfen jedoch Verhaltensweisen berücksichtigt werden, die lediglich mit der Rauschtat selbst, nicht jedoch mit dem Sichberauschen zusammenhängen (DAR **79**, 181; MDR/H **82**, 811; Bruns, Lackner-FS 450). Ist die Rauschtat eine Verkehrsstraftat, so wollen Oldenburg NJW **62**, 693, Celle NJW **68**, 759; **69**, 1588, Karlsruhe NJW **75**, 1936 und Köln OLGSt. 81 die für diese Taten geltenden Grundsätze für Strafaussetzung und Entziehung der Fahrerlaubnis entsprechend anwenden; doch kann es Fälle geben, die mildere Beurteilung verdienen (Hamm JMBlNW **57**, 164; VRS **32**, 21; hierzu Haubrich DAR **80**, 359; Wolter NStZ **82**, 58). Ist für die Rauschtat Absehen von Strafe möglich, so gilt das auch für § 323a (vgl. Stuttgart NJW **64**, 413). Für die Strafaussetzung ist ebenfalls nicht von der Rauschtat, sondern dem vorwerfbaren Sichbetrinken auszugehen (3. 11. 1970, 1 StR 298/70; Schleswig SchlHA **77**, 180; vgl. jedoch 12 zu § 183). § 41 scheidet aus; hingegen sind §§ 73 ff. anwendbar; insbesondere auch § 74 III bei einem Tatmittel der Rauschtat (BGH **31**, 81 [13 zu § 74]; aM für § 74 I: MDR/H **76**, 812; 8. 3. 1978, 2 StR 68/78). **Entziehung der Fahrerlaubnis** ist, wenn sich die Rauschtat auf §§ 315c, 316, 142 bezieht, idR (10 zu § 69) angebracht, LK 302. Voraussetzungen der Unterbringung § 64. Zur Unzulässigkeit iS § 5 II WaffG vgl. OVG Münster vom 20. 1. 1984, 20 A 2555/83.

6) Prozessuales. Im Urteilsspruch, der die Verurteilung nicht wegen der 19 Rauschtat, sondern wegen Vollrausch auszusprechen hat (22. 4. 1986, 4 StR 170/86), ist anzugeben, ob das Vergehen vorsätzlich oder fahrlässig begangen ist

§ 323a

(NJW **69**, 1589). Das Vergehen bildet mit der im Rausch begangenen rechtswidrigen Tat dieselbe „Tat" (dasselbe historische Geschehnis) iS des § 264 StPO. Ist der Täter also von einer rechtswidrigen Tat rechtskräftig freigesprochen, so liegt *res judicata* auch bezüglich des Vergehens gegen § 323a vor (RGJW **36**, 519; LK 353). Billigt das RevGericht die Beurteilung der Rauschtat durch den Tatrichter nicht, so ist in aller Regel nicht nur der Strafausspruch, sondern das gesamte Urteil aufzuheben (MDR **60**, 517), da die Schuldunfähigkeit für verschiedene Taten abweichend beurteilt werden kann (vgl. BGH **14**, 114), hingegen bloße Aufhebung des Strafausspruchs, wenn von zwei Rauschtaten eine wegfällt (VRS **36**, 37; Oldenburg VRS **40**, 29). **Wahlfeststellung** zwischen verschiedenen Rauschtaten ist zulässig. Zur Frage der Reichweite des Auffangtatbestandes des § 323a, oben 5. Eine Tat nach § 323a kann auch dann nicht im Wege der **Privatklage** verfolgt werden, wenn sich die Rauschtat auf ein Nebenklagedelikt (374 I StPO) bezieht, der in diesen Fällen durch die Rauschtat Verletzte ist auch nicht nach § 395 I StPO zur **Nebenklage** berechtigt (Bay **86**, 8).

Gefährdung einer Entziehungskur

323 b Wer wissentlich einem anderen, der auf Grund behördlicher Anordnung oder ohne seine Einwilligung zu einer Entziehungskur in einer Anstalt untergebracht ist, ohne Erlaubnis des Anstaltsleiters oder seines Beauftragten alkoholische Getränke oder andere berauschende Mittel verschafft oder überläßt oder ihn zum Genuß solcher Mittel verleitet, wird mit Freiheitsstrafe bis zu einem Jahr oder mit Geldstrafe bestraft.

1   **1) Die Vorschrift,** die wörtlich § 330b idF des Art. 19 Nr. 185 EGStGB entspricht (vgl. § 352 E 1962; Art. 1 Nr. 16 des 18. StÄG), **schützt** die Durchführung einer behördlich angeordneten Entziehungskur vor Störungen. Ob eine konkrete Gefährdung der Kur eintritt, ist ohne Bedeutung. Trotz der Überschrift ist die Tat **abstraktes Gefährdungsdelikt** (LK-Spendel 5).

2   **2) Die Tat** bezieht sich auf einen **in einer Anstalt** (vor allem, aber nicht ausschließlich in einer Entziehungsanstalt) **Untergebrachten** beliebigen Alters und Geschlechts, der entweder auf **behördliche Anweisung** (zB nach §§ 64, 63, nach § 126a StPO, auf gerichtlich für zulässig erklärte Anordnungen von Verwaltungsbehörden auf Grund der landesrechtlichen Unterbringungsgesetze; 9 vor § 61) oder **ohne** seine rechtserhebliche **Einwilligung** (kann sich, nachdem BVerfGE **10**, 302 auch bei einem volljährigen Entmündigten außer der Zustimmung des Vormundes richterliche Bestätigung nach Art. 104 II GG für erforderlich erklärt hat – vgl. auch Franke NJW **62**, 1755 –, nur auf Minderjährige, von Eltern oder Vormund Untergebrachte beziehen, wobei deren zusätzliche Einwilligung nach E 1962, 539; E EGStGB 269 keine rechtserhebliche iS von § 323b ist; vgl. LK 11) **zu einer Entziehungskur** untergebracht ist. Die Kur muß mindestens einer der Unterbringungszwecke sein (nach E 1962, E EGStGB aaO soll es genügen, wenn sich die Kur im Rahmen des Zweckes einer angeordneten Unterbringung hält), vgl. LK 15. Wer sich in der Anstalt freiwillig oder noch nach Aussetzung der Unterbringung (§ 67d II) aufhält, fällt nicht unter § 323b.

3   **3) Tathandlung** ist, daß der Täter, der auch ein Angestellter oder Insasse der Anstalt sein kann, dem Untergebrachten entgeltlich oder nicht (LK 22)

Gemeingefährliche Straftaten § 323 b

alkoholische Getränke (4 ff. zu § 316) oder andere **berauschende Mittel** (3 a zu § 64; 3 zu § 323 a) **verschafft, überläßt** (7 zu § 87; RG **69**, 86) oder ihn zum Genuß solcher Mittel *verleitet* (1 zu § 160), und zwar **ohne Erlaubnis** (negatives Tatbestandsmerkmal; nachträgliche Zustimmung reicht nicht aus) des *Anstaltsleiters* oder seines zur Erteilung einer solchen Erlaubnis ermächtigten *Beauftragten*. Unter § 323 b fällt, wenn einem Rauschgiftsüchtigen Alkohol oder einem Alkoholiker ein Rauschgift gebracht wird.

4) Wissentlich muß der Täter handeln; bedingter Vorsatz reicht nicht aus 4 (E 1962, 540; E EGStGB aaO; hM; LK 31).

5) Tateinheit mit § 258 II (aM SK-Horn 13; vgl. LK 40 ff.), § 223 möglich. 5 Für das Verhältnis zu § 115 OWiG gilt § 21 OWiG.

Unterlassene Hilfeleistung

323 c Wer bei Unglücksfällen oder gemeiner Gefahr oder Not nicht Hilfe leistet, obwohl dies erforderlich und ihm den Umständen nach zuzumuten, insbesondere ohne erhebliche eigene Gefahr und ohne Verletzung anderer wichtiger Pflichten möglich ist, wird mit Freiheitsstrafe bis zu einem Jahr oder mit Geldstrafe bestraft.

1) Die Vorschrift entspricht wörtlich § 330 c idF des 3. StÄG (2 vor § 102; 1 Art. 1 Nr. 17 des 18. StÄG), die klärte, daß Strafgrund nicht schlechte Gesinnung (so noch RG **74**, 200), sondern die Verletzung der Hilfspflicht bei Unglücksfällen oder allgemeiner Gefahr ist (Düsseldorf NJW **91**, 2979; vgl. BGH **1**, 269; **2**, 296; **14**, 216; JZ **52**, 116). Ihr Zweck und Rechtsgrund ist die strafrechtliche Sicherung der Nothilfe (LK 26). Die Tat ist **echtes Unterlassungsdelikt**, konkretes Gefährdungsdelikt und Dauerdelikt (Tenckhoff, Spendel-FS 353; LK 19, 20, 25), § 323 c ist ein Schutzgesetz iS des § 823 II BGB; LK 196. Neueres **Schrifttum:** *Dütz* NJW **70**, 1822 (zur zivilrechtlichen Bedeutung); *Frellesen*, Die Zumutbarkeit der Hilfeleistung, 1980; *Frisch* II, 313 ff.; *Geilen* Jura **83**, 78, 138; *Klückmann* NZWehr **77**, 164; *Naucke*, Welzel-FS 761 (zur Systematik); *Schwind/Gietl/Zwenger* KR **91**, 233 (non-helping bystander-Effekt); LK-*Spendel* vor 1 u. 1 bis 18 (eingehende rechtshistorische kriminalstatistische und außerstrafrechtliche Nachw.) u. 188 ff. (zur zivilrechtlichen Bedeutung); *Vermander*, Unfallsituation und Hilfspflicht im Rahmen des § 330 c, 1969.

A. Unglücksfälle, gemeine Gefahr oder Not müssen vorliegen. Die 2 Notsituation muß für ein beliebiges Rechtsgut gegeben sein. Auf die Art des verletzten Gutes kommt es nicht an; es braucht auch nur einer einzigen Person zu gehören. In hilfloser Lage braucht sie nicht zu sein (RG **75**, 359). **a) Unglücksfall** (LK 36 ff.) ist ein plötzlich eintretendes (ev. auch vom 3 Gefährdeten selbst verursachtes, aber *kein* von ihm *absichtlich* herbeigeführtes, NJW **91**, 1120) Ereignis, **das erhebliche Gefahr** für ein Individualrechtsgut (Sachgefahr reicht aus, LK 43; Lackner 2; aM SK-Rudolphi 5: nur bei Sachen von bedeutendem Wert; SchSch-Cramer 5: nur wenn die Voraussetzungen einer gemeinen Gefahr vorliegen) mit sich bringt (BGH **3**, 66; **6**, 152; **11**, 135; JA **87**, 210; hierzu Ranft JZ **87**, 915, zum Ganzen Geilen Jura **83**, 80 ff.) oder zu bringen droht (NStZ **85**, 410 [m. Anm. Frellesen StV **87**, 22; Ranft JZ **87**, 914]; NStE Nr. 1), zB das Zusammenbrechen eines Betrunkenen auf verkehrsbelebter Straße (Bay NJW **63**, 62; Köln VRS **24**, 54), das Niederschlagen und Verlassen eines Betrunkenen (NStZ

1809

§ 323 c

83, 454, hierzu Geilen JK 1 zu § 221), oder des Opfers einer gefährlichen Körperverletzung (EzSt § 265 StPO Nr. 3), nicht schon jede Körperverletzung (BGHR Ungl. F. 1; Düsseldorf NJW **91**, 2979), idR aber die Verletzung eines Verkehrsteilnehmers (BGH **11**, 135; GA **56**, 120, auch der Verursacher, der ordnungsgemäß gefahren ist, muß helfen, § 34 I Nr. 4 StVO, Celle MDR **71**, 773; zum Problem, inwieweit in diesen Fällen ein Tötungsakt als unechtes Unterlassungsdelikt in Betracht kommt, Welzel JZ **58**, 494 gegen BGH **7**, 287); die Vergewaltigung einer Frau (BGH **3**, 66; **30**, 397; GA **71**, 336; Düsseldorf NJW **83**, 768; LK 45), gleichgültig ist, ob das Ereignis von außen her einwirkt oder ob (zB bei Absprung vom Auto, MDR/D **56**, 144) der Betroffene das Unglück absichtlich herbeigeführt hat. Der Unglücksfall mit seinen Schadensfolgen darf noch nicht zu Ende sein (vgl. unten 6 a). Ob ein Unglücksfall vorliegt, ist aus der ex-ante-Sicht eines verständigen Beobachters zu beurteilen (Rudolphi NStZ **91**, 239; aM AG Tiergarten NStZ **91**, 2336, hierzu Otto JK 3). Schwere Krankheit als solche genügt noch nicht; vgl. Bay NJW **53**, 556; Köln OLGSt. 22; auch nicht eine normal verlaufende Schwangerschaft (Düsseldorf NJW **91**, 2979 m. Anm. Meurer JR **92**, 38); anders jedoch bei einer plötzlichen Wendung einer Krankheit oder Verschlimmerung (BGH **6**, 152; **21**, 50; NJW **83**, 351 [hierzu Geiger JZ **83**, 153; Lilie NStZ **83**, 314; Kreuzer JR **84**, 294]; NStZ **85**, 122; 409; Bay NJW **53**, 556; Hamm NJW **61**, 1648; **75**, 604; vgl. Geilen Jura **83**, 89); jedoch ist hier ggf das Selbstbestimmungsrecht des Patienten zu beachten (Bade [3 a vor § 211] 149). Nach GrSenBGH **6**, 147; **13**, 162;

3a **32**, 375 ist auch jede durch einen **Selbsttötungsversuch** verursachte Gefahrenlage ein Unglücksfall (aM BGH **2**, 150, das mit Recht nur unter besonderen Umständen einen Unglücksfall annimmt; so vor allem bei Geisteskrankheit oder Sinneswandel des Selbstmörders; vgl. dazu 4 ff. vor § 211; Weber NJW **59**, 134; Kauczor NJW **62**, 479; van Els NJW **72**, 1476; Bringewat NJW **73**, 543; Kühne NJW **75**, 672; Sax JZ **76**, 80; eindrucksvoll LK 48 ff.; SK-Horn 8; M-Schroeder § 55, 16; Arzt/Weber LH **2**, 384; Bottke, Suizid 90 ff., 434 und GA **83**, 25, R. Schmitt JZ **85**, 368 u. MDR **86**, 619; Neumann JA **87**, 254; Otto DJT D 76; Dölling NJW **86**, 1016 u. MedR **87**, 10, der einen „Unglücksfall" grundsätzlich bejaht und die Hilfeleistungspflicht von der Zumutbarkeit [unten 7] abhängen lassen will, hierzu Otto DJT D 80). Andernfalls wäre es ungerecht, aktive Beihilfe zum Selbstmord straflos zu lassen (aM Gallas JZ **60**, 686; Wessels BT § 1 IV 4). Allerdings weist Geilen JZ **74**, 145 nach, daß bei den allermeisten Selbstmordversuchen besondere Umstände bestehen. Zur Problematik bei der Übernahme der Behandlung von Suicidpatienten durch einen Arzt, 6 vor § 211; vgl.

3b auch München NJW **87**, 2945 [hierzu Otto JK 2]. **Hungerstreik** eines Häftlings, um andere Haftbedingungen zu erzwingen, ist, auch wenn er zum Tode führen kann, kein Unglücksfall, solange das Verhalten selbstverantwortlich gesteuert wird (LK 56; SK 9); zur Problematik auch Linck NJW **75**, 18; MDR **75**, 714; Weis ZRP **75**, 83; Arndt/v. Olshausen JuS **75**, 143; Böhm JuS **75**, 287; J. Wagner ZRP **76**, 1; Selbstmord und Selbstmordverhinderung, 1975; Weichbrodt NJW **83**, 311. Zur Zwangsernährung ist die Vollzugsbehörde nur verpflichtet, wenn nicht mehr von einer freien Willensbestimmung des Häftlings ausgegangen werden kann oder wenn akute Lebensgefahr besteht (§ 101 I S. 2 StVollzG; Koblenz JR **77**, 471 m. krit. Anm. J. Wagner; ferner Husen ZRP **77**, 289; Baumann ZRP **78**, 35; Wini-

Gemeingefährliche Straftaten § 323 c

ger SchweizZSt. **78**, 386; vgl. ferner dazu BRats-Drs. 449/77; BT-Drs. 8/ 1727, hierzu Herzberg ZStW **91**, 586; Nöldeke/Weichbrodt NStZ **81**, 281; Geppert Jura **82**, 177; Michale, Recht und Pflicht zur Zwangsernährung usw. 1983, 189; Ostendorf GA **84**, 326; vgl. 6b vor § 211). **b) Gemeine** **4** **Gefahr** ist hier wie in § 243 Nr. 6 zu verstehen (dort 36; LK 58 ff.). Sie kann wegen der Gefahr für den Verkehr gegeben sein, wenn ein Toter mit seinem Fahrrad bei Dunkelheit auf der Straße liegt (BGH **1**, 269; LK 67). **c) Gemeine Not** ist eine die Allgemeinheit betreffende Notlage, zB plötzlicher Ausfall der Wasserversorgung in einer Gemeinde (vgl. Geilen Jura **83**, 139; ausführlich 70 ff.). **5**

B. Die Hilfe muß nach den Umständen im Zeitpunkt der Kenntnisnahme vom Unglücksfall (BGH **17**, 166; VRS **25**, 42), nicht aus der Rückschau (NStZ **85**, 501) **a) objektiv erforderlich** sein (NJW **54**, 728; Bay NJW **73**, 770; Geilen Jura **83**, 142; LK 81 ff.). Bei Autounfällen gebietet § 323 c schnelle Hilfe; auch durch den Mitfahrer (VRS **32**, 437), ev. auch durch die Ehefrau des Fahrers (BGH **11**, 135). **Die Pflicht entfällt, wenn sichere** **6a** **Gewähr für sofortige anderweitige Hilfe besteht** (BGH **2**, 298; NJW **52**, 394; GA **56**, 120; VRS **32**, 440; Hamm NJW **68**, 212; 17. 11. 1978, 1 Ss 2183/78, zum Problem der Anwesenheit mehrerer Hilfswilliger am Unfallort vgl. Bay NJW **57**, 354) oder wenn Hilfe von vornherein aussichtslos und offensichtlich nutzlos, insbesondere, wenn der Verunglückte tot ist (BGH **14**, 216; **16**, 203; **32**, 381; AG Tiergarten NStZ **91**, 237 [m. Anm. Rudolphi; LK 87). Auf die Erfolgsaussichten der Hilfeleistung kommt es nicht an (NStZ **85**, 409, m. Anm. Frellesen StV **87**, 22; Ranft JZ **87**, 914), ebensowenig auf die Folgen des Unterlassens (RG **74**, 200), etwa, ob es die Lage des Verunglückten verschlimmert (26. 5. 1964, 1 StR 122/64), oder dessen Tod letztlich nicht abzuwenden ist (JR **56**, 347; NJW **61**, 1982). Doch muß der Verpflichtete prüfen, ob Hilfe wirklich aussichtslos ist (vgl. VRS **14**, 194). Es bleibt uU dann die Pflicht, die Hindernisse auf der Fahrbahn als „gemeine Gefahr" für andere zu beseitigen (BGH **1**, 267; NJW **54**, 729; hierzu Geilen Jura **83**, 80). **Kraft Gesetzes** ist die zur Rettung **6b** erforderliche Hilfe zu leisten. So muß jeder ein Kind retten, das er in gasgefüllter Küche schlafend vorfindet oder im flachen Wasser vorbeitreiben sieht. Eine polizeiliche Aufforderung zur Hilfeleistung ist nicht erforderlich. Bei einer rechtlich zulässigen Trennung von Eheleuten ist der Ehemann allerdings nicht zum Bleiben verpflichtet, wenn die Frau mit Selbstmord droht (BGH **7**, 272). Art und Maß der Hilfe richten sich auch nach den Fähigkeiten und Möglichkeiten des jeweiligen Hilfspflichtigen (NJW **83**, 351). § 323 c schafft keine Sonderpflicht für den **Arzt**, so daß der Nichtbesuch eines schwer Erkrankten nicht ohne weiteres unter § 323 c fällt (RG **75**, 68), doch wird ein Arzt bei Unfällen meist am ehesten zur Hilfeleistung geeignet und daher dazu auch verpflichtet sein (BGH **2**, 297), das gilt vor allem für einen Bereitschafts(Notdienst-)Arzt (Hamm NJW **75**, 604; hierzu LK 109 ff.). Er muß bei plötzlicher Verschlimmerung einer Krankheit uU eine unaufschiebbare Operation vornehmen (RG **75**, 160), oder veranlassen, ggf muß er – soweit möglich – wirksame therapeutische Maßnahmen ergreifen oder dem Kranken wesentliche Erleichterung verschaffen und kann sich nicht damit begnügen, die Einweisung in ein Krankenhaus zu empfehlen (Karlsruhe NJW **79**, 2360 [m. Anm. Bruns JR **80**, 297]; AG

§ 323 c

Groß Gerau NJW **82**, 709; Arzt/Weber LH **2**, 381; Ulsenheimer MedR **84**, 164 u. **92**, 131). Ein diensthabender Krankenhausarzt hat einer eingewiesenen verunglückten Person die ihm zumutbare bestmögliche Hilfe sofort zu leisten (BGH **21**, 50; dazu krit. Kreuzer NJW **67**, 278; Ärztliche Hilfeleistungspflicht bei Unglücksfällen 1963; Wille PraxRMed 578), auch wenn kein Bett mehr frei ist (Köln NJW **57**, 1609). Die Pflicht darf bei Ärzten nicht zu weit ausgelegt werden (vgl. BGH **2**, 296; **17**, 166; Köln NJW **57**, 1609; LK 107). Ein Bereitschaftsarzt ist hingegen im Rahmen des ihm Zumutbaren stets zur Hilfe verpflichtet (BGH **7**, 212; Hamm NJW **75**, 604), auch bei einem AIDS-Infizierten (AIFO **87**, 284; oben 3). Auch die rechtlich notwendige Zustimmung zur Bluttransfusion bei einem Dritten kann erforderlich sein (Hamm NJW **68**, 212; dazu krit. Kreuzer NJW **68**, 1201; Ulsenheimer FamRZ **68**, 568). Ein wirksamer **Verzicht** des Bedrohten auf Hilfe beseitigt die Rechtswidrigkeit des Unterlassens (JR **56**, 347; M-Schroeder § 55, 3), ebenso der erklärte und beachtliche Wille eines schwer Erkrankten, keinen Arzt zu rufen oder eine Einweisung in die Klinik zu unterlassen, NStZ **83**, 118 (hierzu Eser NStZ **84**, 56; Ulrich MedR **83**, 138; LK 131), dies gilt jedoch dann nicht, wenn der Erkrankte sich in einer psychischen Ausnahmeverfassung von Krankheitswert erklärt hat (Tröndle MDR **83**, 885; vgl. aber NJW **83**, 351, wo der BGH unzutreffend auf den lebensbedrohenden Zustand des Kranken abhob, hierzu krit. Geiger JZ **83**, 153; Ulrich MedR **83**, 137; Eser NStZ **84**, 57; Kreuzer JR **84**, 294; Herrmann MedR **88**, 3; LK 132; wiederum and. Lilie NStZ **83**, 314; vgl. auch Geilen JK 1). Eingreifen gegen den Willen des Verunglückten kann Nötigung oder Freiheitsberaubung sein (auch durch einen Arzt, der sich zum Eingreifen verpflichtet fühlt, Ebert JuS **76**, 322; zw.; zum mindesten schließt der Irrtum, daß andernfalls die Voraussetzungen des § 323 c gegeben seien, Vorsatzstrafe aus).

7 b) **Zumutbar** nach den Umständen muß für den Täter die Hilfeleistung sein. Es kommt dabei nach allgemeinen sittlichen Maßstäben (BGH **11**, 136; 354; Hamm NJW **68**, 212; krit. SK 26; Frellesen [oben 1], 156 ff.; Geilen Jura **83**, 145) an auf seine Persönlichkeit, seine physische und geistigen Kräfte im kritischen Augenblick (Trunkenheit kann entgegenstehen; problematisch Bay NJW **74**, 1520; in einer psychischen Ausnahmesituation aber auch die Unfähigkeit zu überlegtem Handeln, 20. 12. 1977, 4 StR 577/77; vgl. Eisenberg Jura **83**, 272), auf seine Lebenserfahrung und seine Vorbildung (vgl. BGH **17**, 166). Er muß die für ihn bestmögliche Hilfe leisten (BGH **21**, 50). Auch geistig-seelischer Beistand (Stuttgart MDR **64**, 1024) sowie Sach- und Arbeitsleistungen können zugemutet werden (RG JW **20**, 846; vgl. aber AG Bremervörde NdsRPfl. **61**, 255). Die Gefahr einer Strafverfolgung befreit nicht von der Pflicht zu Hilfe (BGH **11**, 353; GA **56**, 120; **71**, 433; VRS **10**, 222; **32**, 440; LK 127; SK 27; str.), vor allem nicht, wenn der Täter den Unglücksfall fahrlässig verschuldet hat (BGH **1**, 269; **14**, 286; **19**, 167; JZ **58**, 508; str.). Auch demjenigen, der den Unglücksfall durch Notwehr verursacht hat, ist Hilfe grundsätzlich zuzumuten (NStZ **85**, 501 m. Anm. Ulsenheimer StV **86**, 201). Die Ehefrau braucht ihren Mann durch ihre Hilfe zwar strafrechtlich (§ 142!) nicht zu gefährden, muß aber (ev. ohne Namensnennung) die Polizei zum Beistand anrufen (BGH **11**, 135). **Ohne erhebliche eigene Gefahr** muß die Hilfeleistung möglich sein; unvorsichtiges Draufgängertum oder eine aussichtslose Hilfeleistung

Gemeingefährliche Straftaten **§ 323 c**

zugunsten eines von einer Übermacht Angegriffenen wird nicht verlangt (27. 3. 1979, 5 StR 59/79), ein Nichtschwimmer braucht nicht in das tiefe Wasser zu springen. Der Gefahr schwerer Erkrankung braucht man sich nicht auszusetzen (RG DR **44**, 726). Zur Frage der Zumutbarkeit der Hilfeleistung wegen Gefahr einer HIV-Infektion Spengler DRiZ **90**, 259. Eine **Verletzung anderer wichtiger Pflichten** kann ebenfalls nicht verlangt werden (vgl. 11, 15 vor § 32). Wer mit seinem kleinen Kind am Abgrund steht, braucht es nicht allein zu lassen (Geilen Jura **83**, 146; vgl. LK 120 ff., 134 ff.). Einem Ehemann, dessen Ehefrau aus **religiöser Überzeugung** Krankenhausbehandlung ablehnt, ist, wenn er diese Überzeugung teilt, nicht zuzumuten, daß er sie von ihrem Verzicht abzubringen sucht (vgl. BVerfGE **32**, 98; aM Stuttgart MDR **64**, 1025; dazu Peters JZ **72**, 85; Händel NJW **72**, 327; Deubner NJW **72**, 814; Blei JA **72**, 232; 303; 369; Dreher JR **72**, 342; v. Blumenthal MDR **72**, 759; Schwabe JuS **72**, 380; Ranft, Schwinge-FS 111; Roxin, Maihofer-FS 402; LK-Jähnke 31 zu § 212). Zur Problematik bei entgegenstehenden religiösen Überzeugungen vgl. im übrigen Hamm NJW **68**, 212; LG Mannheim NJW **90**, 2212; Ulsenheimer FamRZ **68**, 568; Ebert JuS **76**, 319; Lisken, M. Hirsch-FS 541; ferner 9 zu § 223. **c) Vorangegangenes Tun** begründet aber ev. die Pflicht, **8** eine Gefahr in Kauf zu nehmen (MDR/D **56**, 144). Hilfspflichtig ist danach der Verursacher bei Verletzung eines Verkehrsteilnehmers oder (bei vorsätzlicher Körperverletzung) wer einen anderen unbeabsichtigt in Lebensgefahr bringt (BGH **14**, 282). Erwächst dem Unterlassenden eine Pflicht zum Eingreifen nicht erst aus § 323 c, sondern aus einer Garantenstellung gegenüber dem bedrohten Rechtsgut, so ist er wegen des echten Unterlassungsdelikts des § 323 c nur zu bestrafen, wenn Bestrafung wegen eines unechten Unterlassungsdelikts (zB Körperverletzung, Tötung) ausscheidet (vgl. BGH **14**, 285; LK 127 ff.; SchSch-Cramer 34; str.), indessen kann es nach BGH **32**, 381 in äußersten Grenzfällen aus Gewissensgründen an der Zumutbarkeit fehlen; **d) Sofort** (BGH **14**, 213) muß der Hilfspflichtige **8a** handeln (VM **57**, 19) und zwar **in wirksamster Weise** (vgl. Geilen JZ **73**, 324), hierzu gehört auch eine eindeutige Aufklärung über eine etwa einzig gebotene Maßnahme (NStZ **85**, 409 m. Anm. Frellesen StV **87**, 22). **e) Vollendet** ist die Tat nach BGH **14**, 213; **21**, 55, wenn der Verpflichtete **9** seinen Entschluß kundgibt (aM Lackner 10 u. Schaffstein, Dreher-FS 157, die auch auf die Kundgabe verzichten), nicht zu helfen. *Nach Vollendung des Unterlassungsdelikts, die bei Untätigbleiben sofort eintritt, falls sofortige Hilfe geboten ist, scheidet* ein strafbefreiender *Rücktritt aus* (BGH **14**, 217). In anderen Fällen halten Geilen (Jura **83**, 147) sowie LK 97 ff. und SK 17 für die Vollendung des Delikts erst den Zeitpunkt für maßgebend, an dem der Unterlassungstäter die Chance einer möglichst erfolgreichen Schadensabwehr durch sein zögerliches Verhalten endgültig versäumt hat. Der **Versuch**, der auch als untauglicher denkbar ist (vgl. Bay NJW **73**, 770), ist nicht strafbar.

2) Nur vorsätzlich kann die Tat begangen werden; bedingter Vorsatz **10** genügt (BGH **5**, 126; VRS **24**, 191; MDR/D **68**, 552), nicht aber grobe Fahrlässigkeit (DRiZ **78**, 86; LK 141). Wer fahrlässig die tatsächlichen Voraussetzungen seiner Hilfspflicht verneint, ist nicht nach § 323 c strafbar; kann es aber wegen eines Fahrlässigkeitsdelikts sein (RG **75**, 164), so, wenn

1813

§ 323 c

er den scheinbar Getöteten ins Wasser wirft und der Tod erst durch Ertrinken eintritt (MDR **54**, 182). Ebenso, wenn der Täter annimmt, er habe nur eine Sachbeschädigung verursacht (NJW **54**, 729). Der Vorsatz hat sich vor allem auf die Gefahrenlage zu beziehen (Celle GA Bd. **59**, 358). Nach BGH NJW **58**, 957; Bay NJW **57**, 354 gehört zum Vorsatz auch das Bewußtsein, zur Hilfe verpflichtet zu sein. Doch dürfte die Kenntnis der Umstände genügen, welche die Pflicht begründen, während im übrigen nur ein Verbotsirrtum vorliegt (Hamm NJW **68**, 214; LK 153f.). Die Erforderlichkeit der Hilfe ist hingegen Tatbestandsmerkmal (MDR/D **68**, 552; Stuttgart MDR **64**, 1026; Bay OLGSt. 17; NJW **73**, 770; Hamm NJW **75**, 605; LK 146 f.), während es genügt, wenn der Täter die Umstände kennt, welche die Zumutbarkeit begründen, da es sich nicht um ein Tatbestandsmerkmal, sondern um ein Schuldelement handelt (BGH **6**, 57; LK 149, 159; **abw.** BGH **17**, 171; Janiszewski 612; **hM;** vgl. Warda, Lange-Festschr. 122; LK 174ff.), meint er trotzdem, daß ihm Hilfe nicht zuzumuten sei, so ist das ein Verbotsirrtum (Bay OLGSt. 17).

11   3) **Konkurrenzen. Gesetzeskonkurrenz** liegt mit einer den Unglücksfall herbeiführenden Begehungsstraftat vor, wobei diese den Vorrang hat (BGH **3**, 65; MDR/H **82**, 448). Beim Zusammentreffen mit § 138 oder § 221 gehen diese Tatbestände als leges speciales vor (LK 197, 207; SchSch 33). § 323c bedroht das bloße Unterlassen der Hilfeleistung mit Strafe, also ohne Rücksicht auf die Folgen. Wer die Begehungsstraftat unterstützt, kann daher nicht wegen der Unterlassung der Hilfeleistung aus § 323c bestraft werden (MDR **80**, 769; vgl. 12), so auch nicht der Mörder oder Raufbold, falls sie nach versuchter Tat keine Samariterdienste leisten (Frankfurt NJW **57**, 1848; LK 200ff.), es sei denn, daß für den Verletzten ein über den gewollten Verletzungserfolg hinausgehender Schaden droht, zB der Tod in einem Falle, in dem der Täter nur eine Körperverletzung gewollt hat (BGH **14**, 282; **16**, 200; EzSt § 265 StPO Nr. 3; str.; vgl. Pfannmüller MDR **73**, 725). Da die Hilfspflicht in derartigen Fällen erst nach Abschluß der vorausgegangenen Tathandlung entstehen kann, ist dann **Tatmehrheit** gegeben (Celle NJW **70**, 341). Zu § 323c als Rauschtat (§ 323a), Streng JR **84**, 114. Hinsichtlich der landesrechtlichen Bußgeldvorschriften über die Hilfeleistungspflichten bei Bränden gilt § 21 OWiG (vgl. GB § 45 HessBrSHG v. 5. 10. 1970, GVBl. I 585; II 312–5, letztes ÄndG v. 10. 3. 1988, GVBl. I 79; § 32 NW FSHG v. 25. 2. 1975 (GV NW 182; SGV NW 213, letztes ÄndG v. 6. 11. 1984 (GVNW 663); vgl. Göhler 122 II). **Tateinheit** auch mit § 142 möglich (GA **56**, 120; LK 198); desgl. mit § 315b I (vgl. Oldenburg VRS **11**, 53; LK 206), nicht jedoch mit § 53 III Nr. 1a, b WaffG (4. 10. 1978, 2 StR 318/78).

12   4) **Die Strafe** wird verhängt wegen des bloßen Unterlassens der Hilfeleistung, also nur aus § 323c (echtes Unterlassungsdelikt); die Folgen des Unterlassens sind für die Schuldfrage aus § 323c (BGH **3**, 67) gleichgültig (RG **77**, 303; krit. LK 185). Insbesondere macht es den Täter nach § 323c nicht straflos, wenn ein Dritter dem Verletzten nachträglich Hilfe bringt (BGH **2**, 300; GA **56**, 121). Ist hingegen schon vorher für ausreichende Hilfe gesorgt, ohne daß der Unterlassende es weiß, so kann er nur einen straflosen untauglichen Versuch begehen (vgl. JZ **52**, 116).

Straftaten gegen die Umwelt **Vor § 324**

Achtundzwanzigster Abschnitt
Straftaten gegen die Umwelt

Vorbemerkung

1) Das Umweltschutzstrafrecht, dessen wichtigste Strafvorschriften durch 1
das **18. StÄG** in dem neuen 28. Abschnitt zusammengefaßt sind, steht in engem Zusammenhang mit den verwaltungsrechtlichen Regelungen (unten 4b), insbesondere dem WHG, AbfG, BImSchG und dem AtG, denen die Strafvorschriften unter erheblicher Änderung weitgehend entnommen wurden. Die Initiative zur Reform, die zahlreiche Umweltschutzvorschriften (zB in der GewO, im AltölG, BBauGB, BJagdG, BSeuchG, BWaldG, ChemG, BNatSchG, LMBG, PflSchG, TierSG) unberührt läßt (vgl. RegE 11), ging von dem RegE eines 16. StÄG (Jahn BAnz. v. 13. 2. 1974; Bulletin d. BReg. v. 8. 9. 1978, 907) aus. Das 18. StÄG brachte eine Ausdehnung des strafrechtlichen Schutzes (hierzu krit. Salzwedel ZfW **80**, 211; Gässler ZfW **80**, 217) zB in § 311d (gegenüber § 47 AtG), durch die Erweiterung der Versuchsstrafbarkeit (zB §§ 324 II, 326 III) und die Verschärfung von Strafdrohungen (zB § 324). Auch wurde der strafrechtliche Umweltschutz durch Schaffung oder Ausdehnung abstrakter (§§ 326 bis 329 I, II) oder potentieller Gefährdungstatbestände (§§ 311d, 325; 13a vor § 13) verstärkt und vorverlagert. **Materialien** a) des **BRats:** 723/73 (Beschluß), Drs. 399/78, Stellungnahme 463. Sitz.; 2. Durchgang: Drs. 85/8 (Beschluß); 484. Sitz.; b) des **BTages:** Drs. 8/2382 (= RegE), 1. Berat. BTag 8/10047; Rechtsausschuß 59., 60., 62., 67., 71., 73. (Hearing, zit. Prot.), 75., 77., 78., 80., 81., 83.–85. Sitz.; Bericht (Drs. 8/3633 = Ber.); 2., 3. Berat. BTag 8/16029 ff. (weit. Nachw. Rogall JZ-GD **80**, 101 Anm. 3). Das 18. StÄG trat am 1. 7. 1980 in Kraft.

1a) Schrifttum: *Albrecht* MSchKrim. **83**, 278; *Backes* JZ **73**, 337 u. ZRP **75**, 2
229; *Bauer* HdwbKrim. V 105; *Baumann* ZRP **72**, 51; ZfW **73**, 63; *Breuer*, Öffentliches und privates Wasserrecht, 2. Aufl. 1987, S. 555 ff. u. AöR **90**, 449; *Buckenberger*, Strafrecht und Umwelt 1975; *Czychowski* Dok. (unten) 64 ff.; *Dahs/Redeker* DVBl. **88**, 803; *Diez/Gneiting* MSchrKrim **89**, 190; *57. DJT 1988: Heine/Meinberg*, Empfehlen sich Änderungen im strafrechtlichen Umweltschutz, insbesondere in Verbindung mit dem Verwaltungsrecht? Gutachten für den 57. DJT, Referate von *R. Keller, Ossenbühl* und *Hamm*, SitzBer. L 1 ff., *Odersky/Brodersen* ZRP **88**, 475 (Verh. Ber.); *Dölling* JZ **85**, 461; *Franzheim* wistra **86**, 253 (Gewinnabschöpfung), **89**, 87 u. JR **88**, 319; *Geisler* NJW **82**, 11; *Geulen* ZRP **88**, 323; *Hansmann* Dok. (unten) 70 ff.; *Heine/Meinberg* in Eser/Kaiser (Hrsg.) 3. dt.-sowj. Koll. über Strafrecht und Kriminologie, 1987 S. 67, 103; *Heinz* NStZ **81**, 253 mwN; *Herrmann* ZStW **91**, 281; **92**, 1054; *Hohmann* GA **92**, 76; *Horn*, Welzel-FS 719, NJW **81**, 1 u. UPR **83**, 362; *Horn/Hoyer* JZ **91**, 703; *Hümbs/Krusche* ZRP **84**, 61; *Just-Dahlmann*, Sarstedt-FS 81; *Kaiser* Einf. § 63; *Kube/Seitz* DRiZ **87**, 41 („Rentabilität" von Umweltdelikten); *Kühl*, Lackner-FS 815; *Laufhütte/Möhrenschlager* ZStW **92**, 912; *Leibinger* ZStW Beih. 1978, 69 mwN; *Lotz* in *Poerting* (Hrsg.) Wirtschaftskriminalität II BKA 1985 S. 195 ff.; *Meinberg* NJW **86**, 2220 u. KR **89**, 17; *Meurer* NJW **88**, 2065; *Möhrenschlager* NuR **83**, 209, ZfW **80**, 214, Wirtschaft und Verwaltung **84**, 47 u. HWiStR „Umweltstraftaten"; *Murswiek* JZ **88**, 985; *Oehler* GA **80**, 241; *Otto* Jura **91**, 308; *Papier*, Gewässerverunreinigung, Grenzwertfestsetzung und Strafbarkeit, 1984; *Rengier*, Das moderne Umweltstrafrecht im Spiegel der Rechtsprechung – Bilanz

Vor § 324 BT Achtundzwanzigster Abschnitt

und Aufgaben, 1992; *Richter* WiStR § 44; *Rogall* JZ-GD **80**, 101 u. UniKöln-FS 505; *Rudolphi* ZfW **82**, 197, NStZ **84**, 193, Dünnebier-FS 561 u. Dok. (unten) 16 ff.; *Sack*, Umweltschutz-Strafrecht, 3. Aufl. 11. Lfg. 1988 (Loseblattkommentar); *Samson* ZStW **99**, 617 (Kausalitäts- und Zurechnungsprobleme); *Schall*, in Recht und Wirtschaft, Osnabrücker Abhandlungen Bd. 1 S. 1 ff., NJW **90**, 1263, NStZ **92**, 209, 265 u. wistra **92**, 1; *Schild* Jura **79**, 421; *Schroeder* ZStW Beih. 1982, 1, 16; *Schulze/Lotz* (Hrsg.), Polizei und Umwelt I, BKA 1986; *Seelmann* NJW **90**, 1257; *Sieder/Zeitler* WHG Anh. III 4 (Kommentierung der §§ 324, 329, 330, 330a, 330d); *Schwind/Steinhilper* (Hrsg.), Umweltschutz und Umweltkriminalität, 1986 (hierzu *Meinberg* GA **87**, 570); *Steinke* KR **82**, 521 u. **85**, 361; *Tiedemann*, Die Neuordnung des Umweltstrafrechts 1980 (zit. Tiedemann UmweltstrafR); *Triffterer* Umweltstrafrecht, 1980 (zit. Triffterer); Dokumentation zur 7. wiss. Fachtagung der Ges. für Umweltrecht e. V. 1983 (zit. Dok.); *Wegscheider* DRiZ **83**, 56 u. NuR **88**, 318; *Winkelbauer*, Zur Verwaltungsakzessorietät des Umweltstrafrechts, 1985 (hierzu Bloy GA **86**, 528); vgl. weit. Nachw. unten 5; *Bericht* der interministeriellen Arbeitsgruppe „Umwelthaftungs- und Umweltstrafrecht" – *Arbeitskreis Umweltstrafrecht* – v. 19. 12. 1988 [zit. BerAK]. Zur **Rechtsgeschichte:** *Heine* in Lübbe/Strócker (Hrsg.), Ökologische Probleme im kulturellen Wandel S. 116 u. GA **89**, 116; *Bloy* ZStW **100**, 486; zum Umweltschutz im **EG-Recht** *Krämer* EuGRZ **88**, 285; *Timm* KR **92**, 87 (Europäisierung und Umweltkriminalität); *Martin* ZRP **92**, 19 (Grenzüberschreitende Umweltbeeinträchtigungen). Zur Regelung im **Ausland:** *Wegscheider* Österreichisches Umweltstrafrecht, 1987; *Triffterer* ÖJZ **88**, 550; *Tiegs* wistra **89**, 41 (Österreich); *Heine/Catenacci* ZStW **100** (1989), 163 (Italien); *Heine/Waling* JR **89**, 402 u. *Oudijk* wistra **91**, 161 (Niederlande); *Rácz* NuR **85**, 138 (Ungarn). **Rechtsvergleichung:** *Heine* UPR **87**, 281 u. ZStW **101**, 722. Umfassende Lit. Angaben LK-*Steindorf* vor 1. **Kriminologie:** *A. Braun* ArchKrim **185**, 4; *Wittkämper/Wulf-Nienhüser*, Umweltkriminalität – heute und morgen, 1987 (BKA Bd. 20). Zur **Statistik** *international:* *Heine* GA **86**, 67 u. UPR **87**, 286; *national:* *Meinberg* NuR **86**, 52 u. ZStW **100**, 112; BerAK 9a ff. (umfassende Angaben 1973–87); ferner bei *Rogall*, Die Strafbarkeit von Amtsträgern im Umweltbereich, 1991; *Rüther*, Ursachen für den Anstieg polizeilich festgestellter Umweltschutzdelikte, 1986; BT-Drs. 11/1555.

3 2) **Geschütztes Rechtsgut** ist nach der Abschnittsüberschrift die **Umwelt als Ganzes** (Bay **87**, 64), jedoch nicht um ihrer selbst willen (Lackner 4), auch nicht umfassend, sondern in ihren Medien (Boden, Luft, Wasser) und Erscheinungsformen (Tier- und Pflanzenwelt), RegE 10; Ber. 19. Sie ist **eigenständiges Rechtsgut** nur in bezug auf das gegenwärtige und zukunftsorientierte menschliche Interesse an der Erhaltung humaner Umweltbedingungen [ökologisch-anthropozentrische Rechtsgutauffassung], insbesondere des Landschaftshaushalts (Naturhaushalts; vgl. 9 zu § 330) in seinen Wirkungsbeziehungen zwischen den einzelnen Landschaftsfaktoren, zB Boden, Wasser, Klima, Pflanzen- und Tierwelt, Menschen (Vogel BTag 8/16037 B; Tiedemann UmweltstrafR 18; Leibinger ZStW Beih. 1978, 83; Triffterer ZStW **89**, 335; Möhrenschlager ZRP **79**, 98; Schild Jura **79**, 423; Rogall JZ-GD **80**, 104 u. UniKöln-FS 510; Bottke JuS **80**, 539; Schittenhelm GA **83**, 311; Meurer NJW **88**, 2067; Bloy ZStW **100**, 493; BerAK 29; LK 12 ff.; Papier aaO [oben 2], 5; SchSch-Cramer 8; Lackner 7; SK-Horn 2; M-Schroeder § 58, 18; differenzierend Rengier NJW **90**, 2506 u. aaO [oben 2] 10; für eine personale Rechtsgutbestimmung Hohmann GA **92**, 80). Der 28. Abschnitt dient dem Umweltschutz in Teilbereichen

1816

(§§ 324, 325: Gewässer, Luft) oder im gesamten (§§ 326 bis 328), zT beschränkt auf immissionsempfindliche Regionen (§ 329) oder umweltempfindliche Schutzobjekte (im Falle des § 330 II S. 1 Nr. 1 dürften außer ökologischen auch wirtschaftliche Eigentumsinteressen am Boden geschützt sein) und – bei §§ 330, 330a – erweitert auf das Rechtsgut von Leben und Gesundheit der Menschen (vgl. hierzu Breuer NJW **88**, 2075), in diesen Zusammenhang gehören ferner die §§ 311d, 311e, die aus dem AtG übernommen und des Sachzusammenhangs wegen in den 27. Abschnitt eingestellt worden sind (Ber. 19). Vgl. auch § 148 GewO, §§ 63ff. BSeuchG, § 74 TierSG, §§ 51, 52 LMBG, § 17 TierSchG, § 38 BJagdG, §§ 40, 42 SprengG; § 39 PflSchG, § 7 DDT-G sowie die Naturschutz- und LandschaftspflegeG (Göhler 552 I), hierzu Tiedemann/Kindhäuser NStZ **88**, 338.

3) Mit der **Übernahme** der wichtigsten **Umweltstrafnormen in das StGB** **4** wollte der Gesetzgeber generalpräventiv wirken und das Umweltbewußtsein der Bevölkerung stärken (BT-Drs. 8/2382, 1; Herrmann, Triffterer ZStW **91**, 283, 310). Er hat damit zwar weitgehend Zustimmung gefunden (Laufhütte/Möhrenschlager [oben 2] Anm. 9, 10; Triffterer ZStW **91**, 313, 334; Herrmann ZStW **91**, 297; Schild Jura **79**, 423; Möhrenschlager ZRP **79**, 99 u. Umwelt **79**, 476; Kühl [oben 2] 817; Rogall [oben 2] 506; Dölling ZRP **88**, 336; Tiedemann/Kindhäuser NJW **88**, 339; Schall NJW **90**, 1265), indessen aber die Reformerwartungen nicht annähernd erfüllt (Salzwedel ZfW **80**, 211; Albrecht MSchKrim **83**, 289; Albrecht/Heine/Meinberg ZStW **88**, 943 u. GA **90**, 2; Kohlmann/Ostermann wistra **90**, 121). Die Kritik am 18. StÄG (Hümbs/Krusche ZRP **84**, 61; Rogall, UniKöln-FS 506; Heine/Meinberg GA **90**, 4; Krusche JR **89**, 490) bemühte sich um eine Verbesserung des Strafrechts (vgl. unten 10), bedenkt aber zu wenig, daß in den *strafrechtlichen* Schutz zu hohe Erwartungen gesteckt werden (ähnlich 57. DJT Strafr. Abt. Beschluß A 11), weil ein wirksamer Umweltschutz – insbesondere angesichts von Umweltbelastungen, denen strafrechtlich schwer begegnet werden kann, weil sie auf Summations-, Kumulations- oder synergetischen Effekten beruhen (Samson ZStW **99**, 619; Lackner 4; Meurer NJW **88**, 2068) – in erster Linie von Planung und Vorsorge abhängt, der Umwelt*verwaltung* obliegt und durch das Umweltverwaltungsrecht zu regeln ist, Strafnormen hingegen – wie auch auf anderen Gebieten – nur ultima ratio sein (Heine/Meinberg GA **90**, 10; Schall NJW **90**, 1273) und auch im Umweltbereich nur ihren eigenen strafrechtlichen Grundsätzen folgen können. Die inzwischen im Umweltstrafrecht zutage getretenen, zT noch ungeklärten Probleme offenbaren, daß die Harmonisierung des Umweltrechts mit Umweltstrafbestimmungen *im Kernstrafrecht* wohl nie voll gelingen kann. So hat die Übernahme der Umweltstrafnormen in 28. Abschnitt in einem sonst unbekannten Umfang (Bloy ZStW **100**, 499) zu einer Häufung von unbestimmten Rechtsbegriffen geführt. Außerdem wurde der enge Sachzusammenhang zwischen Umweltverwaltungsrecht und Umweltstrafrecht, wie er im Nebenstrafrecht bestand, mit der Folge aufgelöst (krit. Nadler JZ **77**, 297; Sack NJW **80**, 1427; Sander DB **80**, 1249; Arzt KR **81**, 120; LK-Steindorf 4; Lackner 2), daß nunmehr in das Kernstrafrecht Blankettstrafnormen mit komplizierten und in sich nicht voll verständlichen Tatbestandsfassungen Eingang fanden, die aus verfassungsrechtlicher Sicht nicht in jeder Hinsicht unbedenklich sind (4a) und die Praxis vor weitere Probleme in der Frage der vw-rechtlichen Akzessorietät (5) und der Amtsträgerhaftung (6ff.) stellen.

a) Dem hier erhobenen Einwand, daß sich der *Strafgesetzgeber* durch diese **4a** Regelung unter Mißachtung der Gewaltenteilung (Art. 20 II GG) selbst entmachtet habe (Bedenken in dieser Richtung auch bei Lackner 2a; Rudolphi NStZ **84**, 249; vgl. Albrecht MSchrKrim **83**, 279; Winkelbauer [oben 2] 32; R. Keller JR **88**, 173), wurde zwar im Schrifttum widersprochen (Breuer NJW **88**, 2077; Meurer NJW **88**, 2067; Dölling ZRP **88**, 335; Schall NJW **90**, 1266; BerAK 43). Auch das BVerfG (E **75**, 329) hat die Blankettnorm des § 327 II Nr. 1 im Verein mit §§ 4 I, 15 I S. 1 BImSchG für hinreichend bestimmt und sie als Fall der Verwaltungs*rechts*akzessorietät auch im übrigen für verfassungsrechtlich unbedenklich gehalten, zu der ungleich problematischeren Frage aber, wie es sich damit verhält, wenn die Strafbarkeit allein von einem *einzelnen* Vw-Akt abhängt (Verwaltungs*akt*akzessorietät), nicht ausdrücklich Stellung genommen. Gerade aber in solchen Fällen wird die in das Kernstrafrecht eingestellte Blankettnorm, ohne daß ein dem Art. 80 I GG entsprechender Ermächtigungsrahmen gesetzt ist, allein von einer außerstrafrechtlichen Fachkompetenz, nämlich der Verwaltung (zT sogar landesrechtlich unterschiedlich), ausgefüllt (vgl. Lenzen JR **80**, 136; Lackner 3), was allerdings von der hM hingenommen wird, obwohl die hierfür geltend gemachten Gründe (Breuer NJW **88**, 2078; Winkelbauer [oben 2] 35; Kühl [oben 2] 834ff.; Dölling ZRP **88**, 335; Schall NJW **90**, 1266; BerAK 44; vgl. auch Bamberg MDR **92**, 687) nicht alle verfassungsrechtlichen Einwände ausräumen. Aus diesem Grunde sind auf dem 57. DJT (Beschluß A 5) von Keller (SitzBer. L 19) starke Bedenken gegen die Abhängigkeit des Strafrechts von Einzelfallentscheidungen von Amtsträgern mit Ermessens- oder Beurteilungsspielraum mit der Empfehlung erhoben worden zu versuchen, auf Fälle der Verwaltungs*akt*akzessorietät nach Möglichkeit zu verzichten, während der BerAK (46) dies nicht durchgängig für möglich hält.

4b **b)** Die **Verwaltungsakzessorietät des Umweltstrafrechts** ist nach allgM (57. DJT Beschluß A 4) notwendig und von der Sache her geboten. Sie war daher auch nach Übernahme der Umweltstrafnormen in das Kernstrafrecht beizubehalten (Laufhütte/Möhrenschlager NStW **92**, 919; Horn UPR **83**, 363; Kühl, Lackner-FS 815; Rogall, UniKöln-FS 522; Odersky, Tröndle-FS 292; Heine/Meinberg GA **90**, 16; Heine NJW **92**, 2425 u. ÖJZ **91**, 370; R. Keller BWVP **90**, 30; Breuer AöR **90**, 454; Horn/Hoyer JZ **91**, 703; Otto Jura **91**, 309; Schall wistra **92**, 4). In den verschiedenen Tatbeständen des Abschnitts – § 330a ausgenommen – hat die VwAkzessorietät eine sprachlich und auch in ihren rechtlichen Auswirkungen unterschiedliche Ausprägung erfahren (Tiedemann/Kindhäuser NStZ **88**, 342; Schall NJW **90**, 1265). So wirkt sie sich in bestimmten Fällen, zB in § 324 („unbefugt") nur auf die Rechtswidrigkeitsebene in dem Sinne aus, daß innerhalb der tatbestandlichen Verbotsmaterie den verschiedenen Formen einer behördlichen Gestattung lediglich die Bedeutung eines Rechtfertigungsgrundes zukommt (vw-rechtlich: *„repressives Verbot mit Befreiungsvorbehalt"*). In anderen Fällen, zB in § 325 gehört die „Verletzung verwaltungsrechtlicher Pflichten" hingegen selbst zur Verbotsmaterie iS eines zusätzlichen Tatbestandsmerkmals (vw-rechtlich: *„präventives Verbot mit Erlaubnisvorbehalt"*), schließlich gibt es auch Fälle, in denen die Verletzung vw-rechtlicher Pflichten („ohne die erforderliche Genehmigung", „entgegen einer vollziehbaren Untersagung") den Deliktstatbestand *allein* ausmacht. Eine solche Pönalisierung bloßen *Verwaltungsungehorsams,* wie sie zB § 327 vorsieht (vgl. Horn NJW **88**, 2337 u. NuR **88**, 64), ist allerdings auf solche Fälle beschränkt, in denen, wie zB in den strafbewehrten VwVorschriften des Atomrechts, schon jeder Verwaltungsungehorsam eine hochgradig ab-

Straftaten gegen die Umwelt

Vor § 324

strakte Gefährdung in sich birgt. **aa)** Aus der Vw-Akzessorietät folgt nach hM, daß es lediglich auf die formelle vw-rechtliche **Wirksamkeit** eines VwAkts (§ 43 I VwVfG) und nicht auf dessen materiellrechtliche Richtigkeit ankommt (Horn NJW 81, 2, UPR 83, 365 u. NuR 88, 66; Rudolphi ZfW 82, 202, NStZ 84, 197 u. Lackner-FS 880; Odersky, Tröndle-FS 300). So kann sich die Strafbarkeit auch auf einen *fehlerhaft belastenden VwAkt* (Versagen einer Erlaubnis) stützen (BGH 31, 315 [zu § 47 I Nr. 5 AuslG]; 23, 86 [Verkehrszeichen]), solange er nicht aufgehoben (§ 43 II VwVfG) ist (BerAK 48). Str. und ungeklärt ist, wie im Falle eines Verstoßes gegen einen strafbewehrten sofortig vollziehbaren VwAkt, der später als rechtswidrig aufgehoben wurde, zu verfahren ist (hierzu Dahs/Redeker DVBl. 88, 810); zT wird von einem außergesetzlichen Strafaufhebungsgrund (Frankfurt GA 87, 549 [zu § 47 I Nr. 2 AuslG]) ausgegangen (SchSch 19), zT die Wiederaufnahme des Verfahrens empfohlen (BVerfGE 22, 27; abl. aber BGH 23, 94). **bb)** Auf der anderen Seite kann sich der Adressat eines fehlerhaft ergangenen oder fehlerhaft gewordenen *begünstigenden VwAkts* unter dem Gesichtspunkt des Vertrauensschutzes im Strafrecht auf dessen Wirksamkeit verlassen (Frankfurt NJW 87, 2756 [m. Anm. R. Keller JR 88, 172]; Rogall, UniKöln-FS 526; hM; aM Winkelbauer NStZ 88, 205; Geulen ZRP 88, 325; Schall NJW 90, 1268; vgl. hierzu Bloy ZStW 100, 504). **cc)** Dies gilt hingegen nicht, wenn der begünstigende VwAkt, zB nach § 44 II Nr. 5, 6 VwVfG, **nichtig** ist, mag er, falls zB die Erlaubnis durch arglistige Täuschung, Drohung oder Bestechung erlangt ist, nach § 48 II S. 3 Nr. 1 VwVfG auch nur rücknehmbar sein (Rudolphi NStZ 84, 197; Seier JA 85, 27; Weber [unten 6] 40; Schünemann wistra 86, 240). Neben erschlichener Erlaubnis wird im VwAkt-Bereich (einschränkend Lenckner, Pfeiffer-FS 27ff.; krit. Rogall, UniKöln-FS 526; Schall NJW 90, 1267) auch in anderen Fällen die Ausnützung rechtsfehlerhaft begünstigender VwAkte als **rechtsmißbräuchlich** beurteilt, etwa in den Fällen kollusiven Zusammenwirkens oder einer völlig veralteten Genehmigung (Dölling JZ 85, 469; Bloy ZStW 100, 504; R. Keller, Rebmann-FS 249 u. BWVP 90, 33; LK 57; Heine NJW 90, 2430; Otto Jura 91, 313; aM Rogall [unten 5] 178). Das LG Hanau (NJW 88, 574) hat ferner – freilich zu Unrecht (Winkelbauer JuS 88, 691; Horn NJW 88, 2336; Tröndle, K. Meyer-GedS 624; Breuer AöR 90, 456) – einen gegen die guten Sitten verstoßenden (§ 44 II Nr. 6 VwVfG) Rechtsmißbrauch durch den Adressaten einer fehlerhaft erteilten *„Vorabzustimmung"* (3 zu § 327) dann angenommen, wenn ihm der Verstoß der VwBehörde gegen § 7 AtG bekannt war (hiergegen Breuer NJW 88, 2083; Dolde NJW 88, 2334; Horn NJW 88, 2338; vgl. R. Keller, Rebmann-FS 249). Nach SchSch-Lenckner (63 vor § 32) soll aber das Argument des Rechtsmißbrauchs nur im Falle rechtfertigender (oben 4b), nicht jedoch tatbestandsausschließender Erlaubnisse der strafrechtlichen Beachtung fehlerhaft VwAkte entgegenstehen (aM Rengier ZStW 101, 889). **dd)** Die bloße materielle **Genehmigungs- oder Erlaubnisfähigkeit** einer konkreten Umweltbeeinträchtigung wirkt nicht tatbestandsausschließend oder rechtfertigend (Dölling JZ 85, 468; Breuer NJW 88, 2079; Tiedemann/Kindhäuser NJW 88, 2079; Rogall, UniKöln-FS 525; Winkelbauer [oben 2] 60; Rengier ZStW 100, 902; SchSch 19, SK 7; Lackner 10 zu § 324; hM; vgl. Bloy ZStW 100, 505). Irrt sich ein Anlagenbetreiber bei ungenehmigtem Handeln hierüber, so liegt ein Tatbestandsirrtum (27 zu § 16) vor. Rudol-

4c

4d

phi (Dünnebier-FS 528) und Winkelbauer (NStZ **86**, 152) halten in einem solchen Falle allerdings eine Garantenpflicht des zuständigen Amtsträgers
4e zum Einschreiten nicht für gegeben. **ee) Die behördliche Duldung** hat grundsätzlich keine genehmigungsgleiche oder rechtfertigende Wirkung (BGH **37**, 28; Laufhütte/Möhrenschlager ZStW **92**, 932). Das ist in den Fällen *schlichter Duldung* iS bloßen Untätigbleibens der Behörde allgM. Hingegen werden die Fälle sog. **aktiver Duldung** (Rudolphi, Dünnebier-FS 570; krit. Breuer NJW **88**, 2082), in denen die Behörde, zB in schwebenden Genehmigungsverfahren, ein Verhalten oder einen bestimmten Zustand bewußt hinnimmt, als gerechtfertigt iS einer *konkludent erklärten Erlaubnis* angesehen (Stuttgart JR **78**, 294; Celle ZfW **87**, 127; StA Mainz NStE § 324 Nr. 13; LG Bonn NStZ **88**, 225 [zust. Dahs/Pape NStZ **88**, 393; Rengier ZStW **101**, 907]; vgl. BGH **37**, 28; Rudolphi NStZ **84**, 198; Heine NJW **90**, 2433; Schall NStZ **92**, 214; LK 89, Lackner 12 jew. zu § 324), zT mit der Einschränkung, daß die Behörde zu dieser Form informellen Verwaltungshandelns ermächtigt ist (Rogall, UniKöln-FS 525; vgl. Schünemann wistra **86**, 242; speziell zum geduldeten Betrieb iS des § 327 Winkelbauer JuS **88**, 696; zum „genehmigungsgleichen Duldungsakt" im einzelnen Rengier ZStW **101**, 906) oder sich das Behördenverhalten als nach VwRecht wirksamer Genehmigungsakt darstellen läßt (so SK 8; ähnlich Sack 111 zu § 324; Breuer NJW **88**, 2082). Auch Odersky (Tröndle-FS 301) anerkennt eine rechtfertigende Wirkung nur für die Fälle, in denen die aktive Duldung als gestaltender VwAkt anerkannt werden kann, was nur unter engen Voraussetzungen, etwa für die Zeit zwischen Anordnung und Fristablauf einer behördlichen Aufforderung zur Beseitigung von Mängeln (aaO 302) zutrifft. Soweit der Täter irrig von einer rechtfertigenden behördlichen Duldung ausgeht, kommt ein (uU unvermeidbarer, StA Mannheim NJW **77**, 586) Verbotsirrtum in Betracht (7 ff. zu § 17; Lackner 12 zu § 324; Otto Jura **91**, 313). **Schrifttum:** *Gentzke,* Informales Verwaltungshandeln und Umweltstrafrecht, 1990; *Hallwaß,* Die behördliche Duldung als Unrechtsausschließungsgrund im Umweltstrafrecht, 1987 u. NuR **87**, 296; *Randelzhofer/Wilke,* Die Duldung als Form flexiblen Verwaltungshandelns, 1981; *Rogall* [unten 5] 162; im einzelnen u. zusf. *Wasmuth/Koch* NJW **90**, 2434.

5   **4) Strafrechtliche Verantwortlichkeit von Amtsträgern im Umweltbereich.**

Schrifttum: *Dahs* NStZ **86**, 97; *Faure* u. a. wistra **92**, 121; *Frank,* Strafrechtliche Relevanz rechtswidrigen begünstigenden Verwaltungshandelns – erläutert am Beispiel der Gewässerverunreinigung (§ 324 StGB), 1985; *Geisler* NJW **82**, 11; *Gröger,* Die Haftung des Amtsträgers nach § 324 StGB, 1985; *Horn* NJW **81**, 1 u. NuR **88**, 66; *Horn/Hoyer* JZ **91**, 704; *Immel,* Strafrechtliche Verantwortlichkeit von Amtsträgern im Umweltstrafrecht. Umweltuntreue, 1987 u. ZRP **89**, 105; *R. Keller,* Rebmann-FS 241; *Meinberg* NJW **86**, 2220; *Möhrenschlager* in Schwind/Steinhilper [oben 20]; *Odersky,* Tröndle-FS 291; *Papier* NJW **88**, 1113; *Rengier* [oben 2] 37 ff.; *Rogall,* Die Strafbarkeit von Amtsträgern im Umweltbereich, 1991 [Bespr. *Rengier* JZ **92**, 459]; *Rudolphi,* Dünnebier-FS 561; *Sangenstedt,* Garantenstellung und Garantenpflicht von Amtsträgern, 1988; *Schall* NJW **90**, 1268 u. NStZ **92**, 267; *Schünemann* wistra **86**, 235; *Tröndle,* K. Meyer-GedS 607 = NVwZ **89**, 913; *U. Weber,* Strafrechtliche Verantwortlichkeit von Bürgermeistern und Leitenden Verwaltungsbeamten im Umweltrecht, 1988; *Winkelbauer* NStZ **86**, 149.

Straftaten gegen die Umwelt **Vor § 324**

Das Gesetz enthält aus sachgerechten Erwägungen (Ber. 20) zur strafrechtli- **5a** chen Amtsträgerhaftung keine besonderen Vorschriften (zust. auch *de lege ferenda* Meinberg NJW **86**, 2227; Keller 57. DJT L 14 mwN; Rebmann-FS 242, 257 u. BWVP **90**, 34; Tröndle [oben 5] 625; Otto Jura **91**, 314; aM iS Strafbarkeitsausdehnung: Triffterer 133 ff.; Immel [aaO] 227 ff.; Laufhütte DRiZ **89**, 339; Sack MDR **90**, 289; für einen Sondertatbestand im Bereich der §§ 325, 327, 328 für Amtsträger, die fehlerhafte Genehmigungen erteilen: Tiedemann/Kindhäuser NStZ **88**, 345; für Strafbarkeitseinengung hingegen Ossenbühl 57. DJT L 55; vgl. Odersky/Brodersen ZRP **88**, 478). Auch der RegE/2. UKG (unten 10) verzichtet daher – entgegen einem früheren Referentenentwurf aus dem BMJ – mit Recht hierauf, während § 329a des SPD-E/2. UKG (unten 10; vgl. iErg. zust. Sack MDR **90**, 289; hierzu auch die wenig klare Stellungnahme BerAK 59; vgl. auch Breuer AöR **90**, 470) fehlerhaftes Verwaltungshandeln von Amtsträgern der Erlaubnisbehörden der Umweltverwaltung mit nicht überzeugender Begründung pönalisieren will. Denn bei der im genannten Entwurf beklagten „Ungleichbehandlung" (aaO S. 27) handelt es sich, soweit öffentliche Anlagenbetreiber und Amtsträger der Umweltverwaltung gegenübergestellt werden, um eine gebotene Differenzierung von grundlegend Verschiedenem: für „Bedienstete öffentlicher Anlagenbetreiber" müssen nämlich grundsätzlich dieselben allgemeinen strafrechtlichen Normen gelten wie für die Verantwortlichen für Anlagen, die nicht in öffentlicher Hand betrieben werden (BGH **38**, 330; Papier NJW **88**, 1113; Tröndle [oben 5] 608; im einzelnen zur strafrechtlichen Verantwortlichkeit der Bediensteten kommunaler Anlagen Odersky, Tröndle-FS 292; vgl. hierzu Saarbrücken NJW **91**, 3045 u. krit. Kühne NJW **91**, 3020; Groß/Pfahl NStZ **92**, 119; Hoyer NStZ **92**, 387; Schall NStZ **92**, 367; Otto JK § 13, 17), jedoch besteht für kommunale Amtsträger jedenfalls insoweit keine strafrechtliche Verantwortlichkeit, als die Gemeinde mangels entsprechender Einrichtungen und mangels einer rechtmäßigen Verhaltensalternative von Eigentümern „übernommene" Abwässer nicht selbst vorklären konnte (BGH **38**, 330). Für Bürgermeister als Gemeindeorgan besteht aber eine strafrechtliche Garantenhaftung insoweit, als ihnen eine im Rahmen der kommunalen Selbstverwaltung vorzunehmende Pflichtaufgabe obliegt, die in ihrem Gebiet anfallenden Abwässer durch kommunale Einrichtungen zu beseitigen (Rengier [oben 2] 38; Rogall aaO 117). Insoweit gehört es zur Garantenpflicht des Bürgermeisters, zB Eigentümer, die nicht vorgereinigte Abwässer in die Gewässer gelangen lassen, zu ermitteln und gegen sie vorzugehen. Ein Bürgermeister, der dies verabsäumt und hierdurch den tatbestandsmäßigen Erfolg verursacht, hat § 324 durch Unterlassen verwirklicht (BGH **38**, 332). Eine andere Frage ist hingegen, ob die mit den Aufgaben der *Umweltverwaltung* und der *Bewirtschaftung der Umweltgüter* betrauten Amtsträger durch eine strafrechtliche *Sondernorm* – abweichend von Ermessensbeamten anderer Bereiche der Staatsverwaltung – *in ihrem speziellen Verwaltungshandeln* (auch) strafrechtlich verantwortlich sein sollen. Mit Recht weist Rogall (JZ-GD **80**, 105) darauf hin, daß sich eine solche Regelung nicht auf den Umweltschutz beschränken ließe. Amtsdelikte des geltenden Rechts knüpfen nämlich (insoweit verkannt von Sack MDR **90**, 289) an den *Mißbrauch* einer öffentlichen Position an (§§ 331 ff.) oder als Qualifikationstatbestände (zB § 258a) an einen *erhöhten* Unrechtsgehalt (R. Keller BWVP **90**, 34). Der Gesetzgeber hat daher iErg. aus zutr. Erwägungen abgelehnt (vgl. hierzu auch die Einwände bei Heine/Meinberg GA **90**, 30; Hamm StV **90**, 225), im Umweltstrafrecht Fehlgriffe von Ermessensbeamten zu pönalisieren, allerdings hierbei den fragwürdigen Hinweis (Ber. 20) beigefügt, daß die Möglichkeiten, die bereits das geltende Recht für die strafrechtliche Verfolgung von Pflichtverletzungen von Amtsträgern biete, „mehr als bisher auszuschöpfen" seien (ähn-

Vor § 324

lich auch LK 54 zu § 324). Der Gesetzgeber hat aber diese Möglichkeiten überschätzt und auf diese Weise die insoweit ohnehin bestehenden Unklarheiten eher vergrößert, da nach der geltenden Regelung Amtsträger von Erlaubnisbehörden der Umweltverwaltung nach richtiger Auffassung nur im Bereich einzelner Tatbestände und bei ganz bestimmten nicht häufig vorkommenden Sachgegebenheiten strafrechtlich zur Verantwortung gezogen werden können (zum Ganzen Tröndle, K. Meyer-GedS 607 ff.).

6 In der Frage der strafrechtlichen Haftung der Amtsträger von Erlaubnisbehörden der Umweltverwaltung ist zu unterscheiden zwischen Delikten, die von jedermann, also auch von Amtsträgern, begangen werden können (**Allgemeindelikte**), es sind dies die §§ 324, 326 I (330 I Nr. 1), 330a (BGH 19. 8. 1992, 2 StR 86/92 aS) und zwischen **Sonderdelikten** (35 vor § 13), die bestimmte Tätermerkmale voraussetzen, so das Betreiben bestimmter Anlagen (§§ 325, 327, 329 I, II) oder die Verletzung vw-rechtlicher Pflichten durch den Adressaten (§§ 326 II, 328, 329 III). In letzteren Fällen scheidet eine Strafbarkeit des Amtsträgers von Erlaubnisbehörden – von den seltenen Fällen einer Nichtigkeit des begünstigenden VwAkts (§ 44 I, II VwVfG) einmal abgesehen (U. Weber [oben 5] 38; R. Keller, Rebmann-FS 247; Rogall, UniKöln-FS 524; Rengier ZStW 101/896; Schall NJW **90**, 1267 u. NStZ **92**, 267) – deswegen aus, weil ihnen die erforderliche Täterqualität mangelt und eine Teilnahme des Amtsträgers – da auch fehlerhafte Erlaubnisakte vw-rechtlich wirksam sind und es daher an einer Haupttat fehlt – wegen des Akzessorietätserfordernisses nicht in Betracht kommt (Meurer NJW **88**, 2070; Papier NJW **88**, 1114; Breuer NJW **88**, 2083; Tiedemann/Kindhäuser NStZ **88**, 345; Dölling ZRP **88**, 338; R. Keller, **6a** Rebmann-FS 253, 255; Schall NJW **90**, 1269). Eine **Strafbarkeit der Amtsträger** von Umweltbehörden im Rahmen ihres Verwaltungshandelns ist daher grundsätzlich nur bei den Tatbeständen, die als **Allgemeindelikt** (oben 6) ausgestaltet sind, möglich, freilich nicht in einem Umfange, wie die hM dies unter Heranziehung der Rechtsfigur der mittelbaren Täterschaft oder der Grundsätze strafbaren Unterlassens glaubt annehmen zu können (Breuer NJW **88**, 2084; Otto Jura **91**, 314; hierzu im einzelnen Tröndle, K. Meyer-GedS 608 ff.). Folgende Fälle sind zu unterscheiden: **a) Durch das Erteilen einer fehlerhaften**, aber vw-rechtlich wirksamen **Erlaubnis** wird ein Amtsträger idR nicht schon zum *mittelbaren Täter* in dem Sinne, daß er sich des Erlaubnisempfängers als rechtmäßig handelndem Werkzeug zur Tatbegehung bedient, wie dies Frankfurt (NJW **87**, 2787) im Falle einer Gewässerverunreinigung (§ 324) im Anschluß an Horn (NJW **81**, 4), aber auch Steindorf (LK 59 zu § 324), Lackner (10); Rudolphi (Dünnebier-FS 566), R. Keller (JR **88**, 174 u. Rebmann-FS 252) und Winkelbauer (NStZ **86**, 151) angenommen haben (zust. offenbar auch Heine/Meinberg GA **90**, 29). Diese Auffassung verkennt (im einzelnen Tröndle [oben 5] 614), daß in der Erlaubniserteilung liegende „Öffnen der Verbotsschranke" durch den Amtsträger nichts darüber besagt, wer das nachfolgende Geschehen beherrscht, das letztlich allein durch den Willen des Erlaubnisempfängers bestimmt ist (Otto Jura **91**, 314; Rogall [oben 2] 196; ähnlich SchSch-Cramer 35; U. Weber [oben 5] 43; Papier NJW **88**, 1114; Breuer NJW **88**, 2084). Nur ganz ausnahmsweise, wenn den Amtsträger gegenüber dem Erlaubnisempfänger überlegenes Wissen (Schünemann wistra **86**, 240; Schall NJW **90**, 1269) oder eigenes täterschaftliches

Interesse kennzeichnet, kann eine mittelbare Täterschaft des Amtsträgers in Betracht kommen. Wohl aber kann sich der Amtsträger eines *Fahrlässigkeitsdelikts* (zB §§ 324 III, 326 IV) dann strafbar machen, wenn ihm die durch eine fehlerhafte Erlaubniserteilung verursachten Unrechtsfolgen zurechenbar sind und ihn der Vorwurf der Pflichtwidrigkeit trifft, für die er nach den Grundsätzen der strafrechtlichen Fahrlässigkeitshaftung (16 zu § 15) nach seinen persönlichen Kenntnissen und Fähigkeiten einzustehen hat (Tröndle [oben 5] 617; Otto Jura **91**, 315; aM Immel [oben 5] 166).

b) Ob ein Amtsträger wegen **Nichtrücknahme einer fehlerhaften** (oder fehlerhaft gewordenen) **Erlaubnis** als Unterlassungstäter einzustehen hat, hängt zunächst davon ab, ob ihn insoweit eine strafrechtliche Garantenpflicht trifft. Solche Garantenpflichten sind jedoch durch die VwAkzessorietät des Umweltstrafrechts beschränkt (Düsseldorf MDR **89**, 932), da auch im Rahmen der strafrechtlichen Zielsetzungen der §§ 324 ff. zunächst die vw-rechtlichen Regelungen mit ihren sich aus der Bewirtschaftungsaufgabe ergebenden Beurteilungs- und Ermessensspielräumen zu beachten sind. Soweit nämlich der Amtsträger vw-rechtlich gehindert ist, eine fehlerhafte Erlaubnis zu beseitigen oder soweit die Entscheidung in seinem Ermessen steht, tritt auch keine strafrechtliche Garantenpflicht ein (Rogall, UniKöln-FS 521). Strafbar ist niemals, was vw-rechtlich erlaubt oder geboten ist (allgM). Es kann aber auch nicht – entgegen der hM (Frankfurt NJW **87**, 2757 m. Anm. R. Keller JR **88**, 174 u. BWVP **90**, 33; Düsseldorf MDR **89**, 923; LG Hanau NStE § 324 Nr. 10; AG Lübeck MDR **89**, 930; GenStA Celle NJW **88**, 2395; Winkelbauer NStZ **86**, 152; LK 64 zu § 324; Otto Jura **91**, 315; Rengier [oben 2] 43; 44. Aufl.) bei Amtsträgern der Umweltverwaltung allein schon auf Grund ihrer beruflichen oder ihrer staatlichen Stellung ohne weiteres auf das Vorliegen einer **Beschützergarantenstellung** (5b zu § 13) geschlossen werden. Wasserbehörden haben zB zufolge ihrer Bewirtschaftungsaufgabe (§ 1a I WHG) zum Rechtsgut „reines Wasser" (1 zu § 324) kein solches Obhutsverhältnis, wie es für einen Beschützergaranten vorausgesetzt ist (Tröndle aaO 619; Rudolphi, Dünnebier-FS 550, 580; U. Weber aaO 56; Immel aaO 191; Tiedemann UmweltstrafR 45; aM Horn NJW **81**, 6; AG Hanau wistra **88**, 200 für einen Fall fahrlässigen Unterlassens [§ 324 III] behördlichen Einschreitens; vgl. unten 6c). Soweit die hM in diesem Zusammenhang von einer Beschützergarantenstellung ausgeht, begrenzt sie die daraus folgende Garantenpflicht nach den Grundsätzen der Zumutbarkeit: Hiernach sollen bloße Ermessensfehler die Garantenpflicht nicht verletzen, es sei denn, der Amtsträger verfehle in den Fällen der *„Ermessensreduzierung auf Null"* die nach vw-rechtlichen Grundsätzen einzig mögliche Entscheidung (GenStA Celle NJW **88**, 2396; LK 67 zu § 324). Aber auch als **Überwachergaranten** (5c zu § 13) könnten Amtsträger *von Umweltbehörden* – im Gegensatz zu den nach § 14 II S. 3 für kommunale Anlagen verantwortlichen Amtsträger (Köln NJW **88**, 2119; Odersky, Tröndle-FS 294; Iburg NJW **88**, 2341) – nur haften, falls sie die für eine solche Garantenhaftung vorausgesetzte allgemeine Verantwortlichkeit für das Verhalten der zu beaufsichtigenden Person träfe (ähnlich wie zwischen Eltern und Kindern oder zwischen dem zuständigen Aufseher gegenüber Geisteskranken oder Strafgefangenen), was idR nicht der Fall ist. Denn rechtliche Eingriffsmöglichkeiten oder -pflichten schaffen allein noch keine solche – vom Delinquenzfall unabhän-

Vor § 324

gige − Aufsichts- und Befehlsgewalt (Horn NJW **81**, 9; Immel ZRP **89**, 108; iErg. ebenso SK Rudolphi 36 a zu § 13; Heine/Meinberg [oben 2] D 58; Otto Jura **91**, 315). Etwas anderes kann nur für die der Überwachergarantenschaft zugeordneten Fälle der **Ingerenz** gelten, in denen eine Garantenstellung aus dem vorausgegangenen gefährdenden Tun abgeleitet wird (11 zu § 13). So kann zB die Fehlerhaftigkeit einer Erlaubnis, Abwässer in einen Vorfluter einzuleiten, eine strafrechtliche Handlungs- und Erfolgsabwendungspflicht begründen, diese Erlaubnis wieder zu beseitigen, falls der Amtsträger hieran vw-rechtlich nicht gehindert ist und die hierdurch eingetretene Gewässerverunreinigung wieder behoben werden kann (Frankfurt NJW **87**, 2757; aM Immel [oben 5] 104). Garant kann aber immer nur (insoweit zutr. Immel aaO 103; Otto Jura **91**, 315) der *Amtsträger selbst* sein, der die fehlerhafte Erlaubnis erteilt hat, und nicht etwa die Wasserbehörde als solche, die ihren nach der innerbehördlichen Organisation zuständigen Amtsträger jeweils in die Garantenstellung einrücken läßt (so aber SK-Rudolphi 40 b zu § 13 u. Dünnebier-FS 578; Horn NJW **81**, 6; U. Weber [oben 5] 52; Winkelbauer NStZ **86**, 151), denn der Amtsnachfolger eines Ingerenten tritt zwar vw-rechtlich in dieselbe Rechtsposition und Pflichtenstellung ein wie sein Vorgänger, für *dessen pflichtwidriges* Vorverhalten muß er aber *nicht strafrechtlich als vorsätzlicher Unterlassungstäter* einstehen (Tröndle [oben 5] 622; allerdings geht BGH **37**, 120 in den − etwas anders gelagerten − Fällen der Produkthaftung [11 zu § 13] in der Frage des Rückrufs gesundheitsgefährdender Produkte davon aus, daß ein später in den produzierenden Betrieb Eintretender in die Garantenstellung des Vorgängers einrückt). Ob, wenn ein eigenes gefährdendes Vorverhalten nicht feststellbar ist, eine *Fahrlässigkeitshaftung* eintritt, richtet sich wiederum nach den allgemeinen Grundsätzen (Tröndle [oben 5] 623; vgl. Schünemann wistra **86**, 244; LG Hanau NStE § 324 Nr. 10; LG Bremen NStZ **82**, 164; StA Mannheim NJW **76**, 587; Rogall [oben 2] 199). Soweit eine Garantenstellung besteht, hängt eine Garantenpflicht weiter davon ab, ob ein Tätigwerden zur Verhinderung der Unrechtsfolge geführt hätte (GenStA Celle NJW **88**, 2395). **c)** Auch im Falle des **Nichteinschreitens** von Amtsträgern **gegen rechtswidrige Umweltbeeinträchtigungen durch Dritte** gilt das zu 6b Gesagte: Zu Unrecht beurteilt Frankfurt (NJW **87**, 2757, zust. aber R. Keller JR **88**, 174; Rogall [oben 2] 223; ebenso Düsseldorf MDR **89**, 932) daher die Amtsträger der Umweltbehörden als Beschützergaranten (5 b zu § 13). Allerdings hat der BGH, worauf BerAK 56 in seiner abw. Stellungnahme hinweist, im Falle des Leiters eines Ordnungsamtes, ohne dies näher zu begründen, die öffentlichrechtliche Pflicht zum Schutze strafrechtlich geschützter Rechtsgüter mit der strafrechtlichen Garantenpflicht (§ 13) gleichgesetzt (hiergegen Rudolphi JR **87**, 336 u. SK 54 b zu § 13; Wagner JZ **87**, 713; Ranft JZ **87**, 914; Otto JK § 13/12; dem BGH zust. Winkelbauer JZ **86**, 1120), dies allerdings in einer Sachsituation, die sich von der des Nichteinschreitens von Amtsträgern der Umweltverwaltung deutlich unterscheidet (Tröndle aaO 619).

7   6) Ausgenommen vom 18. StÄG sind **Immissionen**, die **von Verkehrsfahrzeugen** ausgehen (§ 325 I S. 2, § 329 I S. 3, § 330 I S. 2). Diese Einschränkung ist problematisch und gesetzgeberisch nicht zwingend (vgl. Rogall JZ-GD **80**, 105; Dölling ZRP **88**, 336 Fn. 35; Heine/Meinberg GA **90**, 22). Das VLärmSchG (BT-Drs. 8/1671, BR-Drs. 3/78; Ber. BT-Drs. 8/3730; BR-Drs.

Straftaten gegen die Umwelt   Vor § 324

126/80; BTag 8/16371; BRat-Pl. Prot. 485; BT-Drs. 8/4360, 4410; auch BT-Drs. 9/739; 9/1458; 10/566, 17), das nicht die Verminderung des Verkehrslärms, sondern Lärmschutz in wenig umweltfreundlicher Art anstrebte, ist gescheitert. Die VerkehrslärmschutzVO (16. BImSchG) gilt nur für den Bau oder die wesentliche Änderung von öffentlichen Straßen und Schienenwegen. Lärmbelästigungen durch tieffliegende Düsenflugzeuge werden gar nicht, die durch Kraftradfahrer (Aufheulenlassen des Motors, Ausbau von Schalldämpfern, Fahren mit defekten Auspuff) nur mit unzureichenden Bußgeldvorschriften bekämpft (vgl. §§ 30, 45, 49 I Nr. 25 StVO; §§ 49, 69 a III Nr. 17 StVZO).

7) Änderung des internationalen Strafrechts. § 5 Nr. 11 (dort 11) dehnt   8
das Strafanwendungsrecht in den Fällen der §§ 324, 326, 330 und 330 a nach dem Schutzprinzip (1 zu § 3) aus, wenn die Tat im Bereich des deutschen Festlandsockels (10 vor § 3) begangen wurde. **Sonstige Vorschriften.** Für Straftaten,   9
die im Bereich des Meeres begangen sind und für die kein Gerichtsstand begründet ist, ist Hamburg Gerichtsstand und zuständiges Amtsgericht das AG Hamburg, § 10 a StPO.

8) Auf dem **Gebiet der früheren DDR** blieb § 191 a StGB-DDR idF des   9a
6. StÄG-DDR in Kraft. Die Vorschrift hat idF der Anl. II C II EV folgenden Wortlaut:

„**§ 191 a Verursachung einer Umweltgefahr**
I Wer unter Verletzung verwaltungsrechtlicher Pflichten eine Verunreinigung des Bodens mit schädlichen Stoffen oder Krankheitserregern in bedeutendem Umfang verursacht, wird mit Freiheitsstrafe bis zu fünf Jahren oder mit Geldstrafe bestraft.
II Der Versuch ist strafbar.
III Handelt der Täter fahrlässig, so ist die Strafe Freiheitsstrafe bis zu zwei Jahren oder Geldstrafe.
IV Verwaltungsrechtliche Pflichten im Sinne des Absatzes 1 verletzt, wer gegen eine Rechtsvorschrift, eine vollziehbare Untersagung, Anordnung oder Auflage verstößt, die dem Schutz des Bodens vor Verunreinigungen dient."

9) Erweiterung des Umweltstrafrechts (2. UKG)   10
Schrifttum: *Laufhütte* DRiZ **89**, 337; *Heine/Meinberg* **90**, 1; *R. Keller* BWVP **90**, 33; *Kohlmann/Ostermann* wistra **90**, 121; *Sack* MDR **90**, 286; *Hamm* StV **90**, 219; *Hohmann* GA **92**, 86; *Vierhaus* ZRP **92**, 161.

Die Bemühungen um eine Verbesserung des Umweltstrafrechts (vgl. oben 4) haben – im wesentlichen auf der Grundlage der Verhandlungen des 57. DJT (1988) und des Berichts einer interministeriellen Arbeitsgruppe „Arbeitskreis Strafrecht" (BerAK, oben 2) – in der 11. WP zu Gesetzesentwürfen für ein 2. Ges. zur Bekämpfung der Umweltkriminalität geführt, und zwar zum GesE der CDU/CSU und FDP (BT-Drs. 11/6453), gleichlautend mit dem RegE/2. UKG (BT-Drs. 11/7101), und zum GesE der SPD (BR-Drs. 11/6449) [SPD-E/2. UKG]; vgl. ferner hierzu die Empfehlungen der BR-Ausschüsse [R, In, U] v. 26. 3. 1990 (BR-Drs. 126/1/90) und die Stellungnahme des BRats v. 6. 4. 1990 (BT-Drs. 11/7071 Anl. 2). Die weiteren Beratungen kamen im Hinblick auf vordringliche gesetzgeberische Arbeiten, die durch die gesamtdeutsche Entwicklung bedingt waren, in der 11. WP nicht mehr zum Abschluß. In der 12. WP wurden die GesEntwürfe gleichlautend wieder eingebracht, und zwar der RegE am 8. 2. 1991 (BR-Drs. 77/91; BT-Drs. 12/192) und der SPD-E am 17. 4. 1991 (BT-Drs. 12/376), und nach 1. Beratung an die zuständigen Ausschüsse verwiesen. Bei Redaktionsschluß waren die Beratungen noch nicht mit einem Bericht abgeschlossen.

1825

Vor § 324

Der **RegE/2**. **UKG** beschränkt sich im wesentlichen auf solche Änderungen und Ergänzungen des materiellen Umweltstrafrechts, die als Reformanliegen (vgl. oben 4) überwiegend anerkannt und weniger umstritten waren (abl. u. krit. oben 4) überwiegend anerkannt und weniger umstritten waren (abl. u. krit. aber Hamm StV **90**, 219). So erstrebt der Entwurf insbesondere einen gleichwertigen Schutz von Wasser, Luft und Boden durch Schaffung eines Tatbestandes gegen **Bodenverunreinigung** (§ 324a; vgl. aber insoweit für das Gebiet der früheren **DDR** den dort fortgeltenden § 191a StGB-DDR (vgl. oben 9a), und durch die Verselbständigung und Erweiterung der Tatbestände über *Luftverunreinigung* (§ 325; vgl. Rengier, Spendel-FS 573) und *Lärmschutz* (§ 325a). Er bringt u. a. Verbesserungen im Bereich der Strafbarkeit ungenehmigter *Transporte gefährlicher Abfälle* (§ 326), *unerlaubten Betreibens von Anlagen* (§ 327), *unerlaubten Umgangs mit gefährlichen Stoffen und Gütern* (§ 328 II, III), sowie eine Erweiterung des *Schutzes von Naturschutzgebieten* (§ 329 II, III). Er vereinfacht schließlich die Vorschrift über die *schwere Umweltgefährdung* (§ 330; vgl. Möhrenschlager JR **91**, 343) und weitet die *Einziehungsvorschrift* (§ 330c) aus. Die Vw-Akzessorietät des Umweltstrafrechts (oben 4b) behält er bei und überläßt es ausdrücklich der Rspr., in welchem Umfange bei gravierenden Umweltverstößen oder bei Rechtsmißbrauch (oben 4c) insoweit Einschränkungen in Betracht kommen.

Demgegenüber faßt der **SPD-E/2**. **UKG** u. a. den gesamten 28. Abschnitt neu. Er geht auch sonst dadurch deutlich über den RegE hinaus, daß er neben dem neuen Bodenschutztatbestand (§ 325a) und einer Erweiterung der übrigen Tatbestände davon absieht, Luftverunreinigungen (§ 325) und Lärm (§ 325b), die von Fahrzeugen ausgehen (oben 7), auszuklammern (was zu begrüßen ist). Ferner lockert er die enge Anbindung des Strafrechts an das VwRecht auf und schafft einen *Sondertatbestand* (§ 329a) *für Amtsträger* im Umweltschutzbereich, denen eine Kriminalstrafe droht, wenn sie vorsätzlich oder leichtfertig ermessensfehlerhaft entweder Erlaubnisse erteilen oder gebotenes Einschreiten unterlassen. Die hiergegen zu erhebenden Einwände (oben 5a) finden in der in sich unstimmigen Entwurfsbegründung ihre Bestätigung: Man kann nicht auf die „ultima-ratio-Funktion des Strafrechts" (S. 11) abheben und zugleich mit dem Hinweis, „auch Strafrechtler sind in der Lage, Recht anzuwenden" (S. 28), im weiten Bereich der staatlichen und einer Fachaufsicht unterliegenden Verwaltung allein für die Amtsträger im Umweltbereich eine strafrechtliche Sanktionierung ermessensfehlerhaften Verwaltungshandeln vorsehen. Ein solcher Vorschlag ist auch im Rahmen der angestrebten Umweltunion unpassend und sachwidrig angesichts der außergewöhnlichen Schwierigkeiten und Probleme, denen Amtsträger auf dem bisherigen Gebiet der DDR nach Art. 16 des Staatsvertrages vom 18. 5. 1990 (BT-Drs. 11/771 S. 58) gegenüberstehen, wenn die Umweltanforderungen der BRep. und der DDR „so schnell wie möglich auf hohem Niveau angeglichen und weiterentwickelt" werden.

Der BRat hat trotz einer dahingehenden Empfehlung seines Rechtsausschusses (BR-Drs. 126/1/90, 29) in seiner Stellungnahme (BT-Drs. 11/7071 Anl. 2) davon abgesehen, einen solchen Amtsträgersondertatbestand vorzusehen, wohl aber unter Rückgriff auf einen früheren Referentenentwurf aus dem BMJ einen Tatbestand über die *„ Verletzung der Aufsichtspflicht in Betrieben und Unternehmen"* (§ 261) vorgeschlagen, den beide Entwürfe nicht enthielten. Hiernach sollen in Anlehnung an § 130 OWiG die Verantwortlichen in Betrieben und (auch öffentlichen) Unternehmen pönalisiert werden, soweit sie vorsätzlich oder leichtfertig erforderliche Aufsichtsmaßnahmen unterlassen haben und es hierdurch zu strafbaren Pflichtverletzungen (etwa im Bereich der Unfallverhütungs- oder Umweltschutzvorschriften) gekommen ist, die durch gehörige Aufsicht (wozu auch die sorgfältige Auswahl von Aufsichtspersonen gehört) hätten verhindert

Straftaten gegen die Umwelt

werden können. Hiergegen begründete Einwände in der Gegenäußerung der BReg. (BT-Drs. 11/7071 Anl. 3) und bei Kohlmann/Ostermann wistra 90, 121 u. Hamm StV 90, 221.

Verunreinigung eines Gewässers

324 I Wer unbefugt ein Gewässer verunreinigt oder sonst dessen Eigenschaften nachteilig verändert, wird mit Freiheitsstrafe bis zu fünf Jahren oder mit Geldstrafe bestraft.

II **Der Versuch ist strafbar.**

III **Handelt der Täter fahrlässig, so ist die Strafe Freiheitsstrafe bis zu zwei Jahren oder Geldstrafe.**

1) Die **Vorschrift** idF des Art. 1 Nr. 18 des 18. StÄG (1 vor § 324; dazu Laufhütte/Möhrenschlager ZStW 92, 922); zur Verschärfung der Strafdrohung in III durch den E/2. UKG vgl. 10 vor § 324, ersetzt, erweitert und harmonisiert § 38 fF WHG (die hierzu ergangene Rspr. hat ihre Bedeutung behalten) und die durch Art. 9 bis 11 des 18. StÄG aufgehobenen Vorschriften. Sie ist innerhalb der Tatbestände dieses Abschnitts die praktisch bedeutsamste (Herrmann ZStW **91**, 302) und wird überwiegend als Verletzungs- und Erfolgsdelikt angesehen (NJW **92**, 123; Saarbrücken NJW **91**, 3045; Möhrenschlager NuR **83**, 211 u. HWiStR „Gewässerverunreinigung"; Sack 6; Rudolphi NStZ **84**, 194 u. Lackner-FS 864; SK-Horn 2; krit. hierzu Kuhlen GA **86**, 398: „*Kumulationsdelikt*", d. i. eigenständige Tatbestandsart, bei der eine Verletzung oder Gefährdung erst eintritt, wenn Einzelhandlungen in großer Zahl vorgenommen werden; hiergegen Rogall (UniKöln-FS 519), der § 324 als potentielles Gefährdungsdelikt (13 vor § 13) ansieht und unter Zurechnungsaspekten Samson (ZStW **99**, 629). **Rechtsgut** (3 vor § 324) ist die Reinhaltung **nationaler Binnengewässer** sowie der **Meeresgewässer** (Rudolphi ZfW **82**, 198; Möhrenschlager NuR **83**, 211; VGT 1984, 313) iS der Erhaltung ihres naturgegebenen Zustandes und zwar nicht als Selbstzweck, sondern im Interesse der Allgemeinheit (Rudolphi NStZ **84**, 194; vgl. Kuhlen GA **86**, 393; Rengier NJW **90**, 2507; and. LK-Steindorf 5; Hohmann GA **92**, 80) nach Maßgabe eines *ökologischen* (und nicht wasserwirtschaftlichen) Rechtsgutsbegriffs (AG Frankfurt/M MDR **88**, 338; unten 6). **Schrifttum:** *Papier*, Gewässerverunreinigung, Grenzwertfestsetzung und Strafbarkeit, 1984. Vgl. SPD-E/2. UKG Art. 1 Nr. 2 (10 vor § 324).

2) **Geschützt** sind Gewässer. § 330d Nr. 1 dehnt den im WHG verwendeten Begriff des Gewässers auf fremde Küstengewässer (nicht aber auf ausländische Flüsse; krit. Wegscheider DRiZ **83**, 59) und die Hohe See aus (ohne jedoch die von den Ländern nach § 1 II WHG erlassenen Ausnahmeregelungen zu erfassen). Gewässer sind danach

a) **oberirdische Gewässer**, das sind das im Bundesgebiet ständig oder zeitweilig in Betten fließende oder stehende oder aus Quellen wild abfließende Wasser (§ 1 I Nr. 1 WHG), also *nicht* das in Leitungen (Wasserversorgungs- und Abwasserleitungen), in Behältnissen oder sonst gefaßte Wasser (Schwimmbecken, Kläranlagen, Kanalisation, Koblenz OLGSt. Nr. 2 m. Anm. Möhrenschlager; Bay JR **88**, 354 m. Anm. Sack; abw. LG Ellwangen NStZ **82**, 468 m. krit. Anm. Möhrenschlager) oder anderes Wasser, dem ein Gewässerbett fehlt, zB Wasseransammlungen in Baugruben (Möhrenschlager NuR **83**, 211). Eindohlungen und Durchleitungen

§ 324

von Bächen und Flüssen durch Rohre und Tunnel lassen die Eigenschaft als oberirdische Gewässer unberührt (RegE 26; Gieseke 2, Sieder/Zeitler 8, beide zu § 1 WHG; Laufhütte/Möhrenschlager ZStW **92**, 929; LK 13). Auch das Gewässerbett wird mitgeschützt (Wernicke aaO; Czychowski ZfW **72**, 159), soweit dessen Verunreinigung die Wassergüte mittelbar beeinträchtigt (Salzwedel ZfW **72**, 153; Sack 13a; vgl. LK 10).

3 **b)** das **Grundwasser** (§ 1 I Nr. 2 WHG; dazu Steindorf in Erbs, 1c zu § 1 WHG u. LK 7), nämlich das gesamte unterirdische Wasser (BVerwG ZfW **69**, 116), also auch stehende und fließende Gewässer in Erdhöhlen (LK 17), wobei unter 2 und 3 nur Gewässer fallen, die **im räumlichen Geltungsbereich dieses Gesetzes** liegen (vgl. § 330d Nr. 1), nicht also Binnengewässer und Grundwasser fremder Staaten, wohl aber Grenzgewässer, soweit ein Gewässerteil auf dem Gebiet der BRep. liegt (RegE 13), ferner

4 **c)** das **Meer**, und zwar nicht nur nationale Küstengewässer (wie § 1 I Nr. 1a WHG), sondern auch fremde und die Hohe See. Diese Ausdehnung des Schutzbereichs, die zwar über internationale Vereinbarungen hinausgeht, ist völkerrechtlich unbedenklich (Tiedemann Prot. I/129; Möhrenschlager ZfW **80**, 215; VGT **84**, 313; LK 18ff.; krit. Oehler GA **80**, 242; Triffterer Prot. I/54, 126; II 96), zumal sie sich umfassend nur im Bereich des deutschen Festlandsockels auswirkt (11 zu § 5) und im übrigen eine Verfolgung von Auslandstaten in fremden Küstengewässern und auf Hoher See nur bei Vorliegen von Anknüpfungspunkten iS der §§ 3ff. (dort 1) möglich ist (Ber. 22f., 25; Rogall JZ-GD **80**, 106, 108; SK-Horn 1).

5 **3)** Die **Tathandlungen** sind wie in § 38fF WHG und anderen Vorläuferbestimmungen (oben 1) **a)** das unbefugte (7) **Verunreinigen**, dh die Beeinträchtigung der Benutzungsmöglichkeiten und Verschlechterung der physikalischen, chemischen, biologischen Eigenschaften des Gewässers, hM, abl. zur Kritik aus vw-rechtlicher Sicht Möhrenschlager in Schwind/Steinhilper [2 vor § 324], 15. Hierunter fallen *alle* Handlungen und Unterlassungen, die für die Verunreinigung ursächlich (Düsseldorf NJW **91**, 1124; Horn/Hoyer JZ **91**, 706; Rengier [2 vor § 324] 12; StA Stuttgart wistra **87**, 305) sind, nicht nur die in § 3 WHG aufgeführten Benutzungsarten (Bay MDR **82**, 1041 m. Anm. Sack JR **83**, 123; JR **88**, 344 m. Anm. Sack; BT-Drs. 7/888, 21; Gieseke 3, Sieder/Zeitler 9, beide zu § 38 WHG; Wernicke NJW **77**, 1663; Laufhütte/Möhrenschlager ZStW **92**, 930; einschränkend Bickel ZfW **79**, 140; zur Frage der aus *Altlasten* herrührenden Verunreinigungen Saarbrücken NJW **91**, 3045; hierzu krit. Kühne NJW **91**, 3020; Groß/Pfohl NStZ **92**, 119; Hoyer NStZ **92**, 387; Otto JK § 13, 17; ferner Franzheim ZfW **87**, 10). Strafbar ist nicht nur, wer Schadstoffe unmittelbar in ein Gewässer einleitet oder einbringt, sondern auch wer mit derselben Wirkung Altöl in einen Sickerschacht abläßt (Düsseldorf OLGSt. 17 zu § 38 fF WHG) oder in die Kanalisation einleitet (LG Ellwangen NStZ **82**, 468 m. krit. Anm. Möhrenschlager), seinen Öltank überlaufen oder Benzin aus dem Tankfahrzeug auslaufen läßt oder wer mittelbar über die Gemeindekanalisation Gewässern Schadstoffe zuführt (RegE 13; Hamm NJW **75**, 747; Saarbrücken OLGSt. 3 zu § 38 fF WHG; Czychowski ZfW **80**, 206; Rspr. Nachw. bei Steindorf in Erbs W 17 Anh.), mag hierbei auch nur ein Teil des Gewässers verunreinigt werden (NStZ **91**, 282; LG Kleve NStZ **81**, 266 m. Anm. Möhrenschlager). Die eingebrachten Schadstoffe dürfen allerdings nicht ganz geringfügig sein (NStZ **91**, 282; LK 37; SchSch 8; Lackner 4; SK 3; anders Sack 51 a; vgl. Samson ZStW **99**, 624). Vielmehr ist in einengender Auslegung (Rogall JZ-GD **80**, 108) eine *nachteilige* Beeinträchtigung, wie auch unten 6 ergibt, vorausgesetzt. Ob sie gegeben ist, hängt von der Größe und Tiefe des Gewässers, der Wasserführung, der Fließgeschwindigkeit aber auch von der Menge und dem Konzentrat des Schadstoffes ab. So kann dieselbe Menge, die im offenen Meer nicht ins Gewicht fällt, einen Teich verunreinigen (RegE 14; LK 26; aM Stuttgart NJW **77**, 1408). Eine sich an der Wasseroberfläche bewegende schadstoffbelastete Flüssigkeitsschicht kann aber genügen (NStZ **91**, 282). Der Tatbestand ist nach hM hinreichend bestimmt (BVerwG ZfW **65**, 115 zu § 38 fF WHG; Tiedemann, UmweltstrafR 15; LK 25; SchSch 2; krit. Sturm MDR **77**, 618; Lackner 3 c). Feste Grenzwerte für eine Verunreinigung hat das Gesetz (entgegen Knöpp Prot. I 8; II 5; Salzwedel ZfW **80**, 212) entsprechend der bisherigen Regelung mit Recht (Rogall aaO) nicht bestimmt (Ber. 25). Solche lassen sich zum einen (zB für einen Gebirgsbach, einen Badestrand und den Unterlauf eines Stroms) nicht einheitlich bestimmen (vgl. Ber. 26), zum andern muß es auch strafbar bleiben, wenn ein bereits stark verschmutztes Gewässer, wenn auch nur geringfügig (so LG Kleve ZfW **72**, 151), weiter verunreinigt wird (AG Frankfurt MDR **88**, 338; LG Hanau NStE Nr. 10; vgl. ferner Horn UPR **83**, 364) oder sonst erst das Verhalten mehrerer zur Verunreinigung führt (vgl. Stuttgart NJW **77**, 1406; LK 31). Nach Karlsruhe (JR **83**, 339) soll schon das Einleiten von mit aufgewirbeltem Sand versetztem und stark milchig eingetrübtem Grundwasser, wenn es keine „unnatürlichen" Stoffe enthält, genügen, zw.; zust. Trifftterer/Schmoller JR **83**, 341. Einen Katalog wassergefährdender Stoffe enthält die Bek. BMI v. 1. 3. 1985 (GMBl. 175), ÄndBek. v. 26. 4. 1987 (GMBl. 294, 422). **b)** das **sonst nachteilige Verändern** eines Gewäs- 6 sers in seinen Eigenschaften. Damit sind in *ökologisch* (nicht wasserwirtschaftlich) *orientierter* Auslegung (NStZ **87**, 324 [m. Anm. Rudolphi u. Hallwaß NJW **88**, 880]; Köln NJW **88**, 2120; Stuttgart NStZ **89**, 123; GenStA Celle NJW **88**, 2394; Tiedemann/Kindhäuser NStZ **88**, 341; vgl. ferner Kuhlen GA **86**, 394; Samson ZStW **99**, 621; Geulen ZRP **88**, 326; U. Weber [6 vor § 324] 36; Rogall, UniKöln-FS 510; Schall NStZ **92**, 209) Beeinträchtigungen gemeint, die keine Verunreinigungen ieS sind, sondern Verschlechterungen der physikalischen, chemischen, biologischen oder thermischen Beschaffenheit des Wassers in einer für die Benutzungsmöglichkeiten (vgl. § 3 II Nr. 2 WHG; LG Kleve NStZ **81**, 266 m. Anm. Möhrenschlager zu § 38 WHG aF; Salzwedel ZfW **72**, 151; Wernicke NJW **77**, 1665) oder in einer für die natürliche Biozönose (dynamisches Gleichgewicht der natürlichen Lebensgemeinschaft von Pflanzen und Tieren in einem Gewässer) erheblichen Weise (die über unbedeutende vernachlässigbare kleine Beeinträchtigungen hinausgeht, NStZ **87**, 324 m. Anm. Rudolphi; Sack NJW **87**, 1248; Schmoller JR **87**, 473; ferner Kuhlen GA **86**, 390; vgl. Koppe ZfW **72**, 155), zB die Erwärmung durch Einleiten von Kühlwasser eines Kraftwerks oder radioaktive Kontaminierungen (RegE 14); ein erheblicher Entzug von Sauerstoff (weitere Beispiele bei Wernicke NJW **77**, 1665 und Czychowski ZfW **80**, 207; Gieseke 7, Sieder/Zeitler 14 ff., beide zu § 38 WHG; Sack 29, 35); die schrittweise einhergehende Beeinträchtigung der Gewässereigenschaften durch Absenken des Wasser-

§ 324 BT Achtundzwanzigster Abschnitt

spiegels (Oldenburg NStE Nr. 14). Konkrete Nachteile (zB ein Fischsterben) brauchen noch nicht eingetreten zu sein, es genügt, wenn bei einer Gegenüberstellung vor und nach der Tathandlung ein Minus an Wassergüte festzustellen ist (Frankfurt NJW **87**, 2754 [m. Anm. R. Keller JR **88**, 173]; Köln NJW **88**, 2120), wenn objektive Benutzungsmöglichkeiten des Gewässers beeinträchtigt werden oder sonst Nachteile zu befürchten sind (Stuttgart NJW **77**, 1406 krit. hierzu Gässler ZfW **80**, 218; Bay BayVBl. **74**, 590; RegE 14; Möhrenschlager ZfW **80**, 215; Schall NStZ **92**, 210; SchSch 9; Sack 42), wenn zB das Eindringen von Nitratmengen in das Grundwasser wahrscheinlich ist (Celle NJW **86**, 2327), durch die Immissionen Fische abwandern oder etwa in einem Naturschutzgebiet seltene Wassertiere oder Pflanzen nach und nach aussterben oder durch Versenken scharfkantiger Gegenstände, die Badende oder die Schiffahrt gefährden (LK 42; Sack 35; Rengier [2 vor § 324] 17; aM SchSch 8; Michalke 19). Jedoch wird der Tatbestand nicht erfüllt sein, wenn zB wegen einer Immission Trinkwasser aus einem Gewässer nicht mehr gewonnen werden könnte, dieses aber ohnehin für eine solche Nutzung nicht in Betracht kommt (vgl. Salzwedel ZfW **72**, 151; ferner Papier [2 vor § 324] 28; aM Sack 28a). **c)** Die beiden Tathandlungen sind nicht scharf abgrenzbar und können ineinander übergehen (Köln NJW **88**, 2120; LK 39).

7   4) Unbefugt muß der Täter handeln, dh rechtswidrig (27 ff. zu § 203; LK 77; SK 8; vgl. Oehler GA **80**, 247; M-Schroeder § 58,7; Triffterer 82; Winkelbauer [2 vor § 324] 16; Schall NStZ **92**, 213). Hieran fehlt es namentlich, wenn die Tat aufgrund einer nach dem WHG oder den Landeswassergesetzen erteilten Bewilligung oder Erlaubnis (§§ 7 bis 9a, 31 WHG; vgl. dazu 1. bis 15. AbwasserVwV, GenStA Zweibrücken NStZ **84**, 555; hierzu Rudolphi ZfW **82**, 207) oder aufgrund von inländischen Ausnahmeregelungen nach den Gesetzen zum Schutze des Meeres [oben 1] oder gewohnheitsrechtlich (Bay MDR **82**, 1041: Einleitung nichtölhaltiger Schiffsabwässer in eine Wasserstraße) oder – ausnahmsweise – nach § 34 (dort 22) gerechtfertigt ist (RegE 14). Zur sanktionsrechtlichen Bedeutung einer Grenzwert- und Frachtmengenbestimmung in Zulassungsbescheiden, vgl. Imhoff (69), Möhrenschlager (7 mwN), Schuster (53) in Schwind/Steinhilper [2 vor § 324]; Papier [2 vor § 324], 49. Inwieweit neben wasserrechtlichen auch abfallrechtliche Bestimmungen zu beachten sind, ist str. (vgl. Breuer, Die Abgrenzung zwischen Abwasserbeseitigung und Reststoffverwertung, 1985). Stoffe, die in Gewässer oder Abwasseranlagen eingeleitet oder eingebracht werden, sind keine Abfälle iS des AbfG (§ 1 III Nr. 5 AbfG). Im Fall einer *wasserrechtlichen Einleitungsbefugnis* (§§ 2, 3, 7 WHG) für Abwässer ist unbefugt die Überschreitung von im Bescheid festgesetzten „Höchstwerten" (differenzierend Rudolphi, Lackner-FS 886; Papier [2 vor § 324] 29), hingegen ist nach LG Bonn (NStZ **87**, 461) die Überschreitung des – sich aus dem arithmetischen Mittel von 5 Untersuchungen ergebenden – sog. „Überwachungswerts" im Hinblick auf Art. 103 II GG nicht iS des § 324 unbefugt (zust. Dahs NStZ **87**, 440; ebenso Schünemann wistra **86**, 241; Rudolphi aaO 887; abl. hingegen Franzheim NStZ **87**, 437; **88**, 208; Breuer NJW **88**, 2081; vgl. Keller 57. DJT L 21). Auch Gewässerverunreinigungen, die mit dem *zulässigen* Betrieb der Schiffahrt auf Bundeswasserstraßen verbunden sind, sind nicht

Straftaten gegen die Umwelt § 324

unbefugt (aM Kuhlen StV **86**, 544), wohl aber dann, wenn das Schiff nicht zum Transport von Personen und Waren eingesetzt, sondern nur *stationär* als Restaurations- oder Hotelschiff verwendet wird, Köln NStZ **86**, 225 m. Anm. Kuhlen StV **86**, 544; Möhrenschlager JR **87**, 299. Bei den wasserrechtlichen Einleitungserlaubnissen kommt es auf die verwaltungsrechtliche Wirksamkeit und nicht auf die materiellrechtliche Richtigkeit des VwAkts an, vgl. hierzu im einzelnen, auch zur Frage *fehlerhafter Gestattung* und zur *rechtsmißbräuchlichen Ausnützung* von Erlaubnissen 4b, 4c vor § 324. Auch alte Rechte und Befugnisse (§ 15 WHG) können ausnahmsweise in Betracht kommen, ferner allgemeine Rechtfertigungsgründe, zB § 34 (vgl. dort 22; MDR/D **75**, 723; Bay MDR **82**, 1041 m. krit. Anm. Sack JR **83**, 123; Möhrenschlager VGT 1984, 327; Kuhlen StV **86**, 544; Stuttgart NJW **77**, 1406; LG Bremen NStZ **82**, 164 [m. krit. Anm. Möhrenschlager]; Herrmann ZStW **89**, 300; Czychowski ZfW **80**, 208; vgl. Franzheim ZfW **85**, 148), nicht aber schon ohne weiteres, sondern nur bei nichtvorhersehbaren Not- und Katastrophenfällen, Rudolphi NStZ **84**, 196 mwN; Möhrenschlager NuR **83**, 215; hierzu im einzelnen LK 100; Schall [2 vor § 324], 6; zur Frage der rechtfertigenden Wirkung einer *behördlichen Duldung,* vgl. 4e vor § 324; vgl. zum Fall, daß eine bisher schon unbefugte Verschmutzung quantitativ und qualitativ herabgesetzt wird, AG/LG Bremen NStZ **81**, 268; **82**, 164 m. Anm. Möhrenschlager. Eine dem § 326 V entsprechende Vorschrift hat der Gesetzgeber nicht für notwendig gehalten. Eine an sich berechtigte Wassernutzung wird allerdings unbefugt, wenn Auflagen nicht eingehalten werden *und* die konkrete (zusätzliche) Verunreinigung gerade auf den Auflagenverstoß (mit-) zurückzuführen ist (RegE 14; LK 80ff. und 133ff. mit ausführlicher Kasuistik; SchSch 12; Sack 111; Salzwedel ZfW **72**, 149; Sack NJW **77**, 1407; Wernicke NJW **77**, 1664; Gieseke 11, Sieder/Zeitler 19, beide zu § 38 WHG; Schuck MDR **86**, 811; aA Stuttgart NJW **77**, 1406; Franzheim ZfW **85**, 147; Rudolphi ZfW **82**, 204, NStZ **84**, 197 u. Lackner-FS 882 (der freilich verkennt, daß auch hier nur „verunreinigungsrelevante" Auflagenverstöße die rechtfertigende Wirkung der Erlaubnis entfallen lassen; abwegig AG Frankfurt NStZ **86**, 72 [durch Frankfurt NJW **87**, 2753 aufgehoben] m. zutr. Anm. Wernicke/Meinberg). Die behördliche Erlaubnis rechtfertigt lediglich die durch die erlaubte Abwassereinleitung bewirkte Gewässerverunreinigung als solche, nicht jedoch irgendwelche durch sie bewirkten Risiken für Gesundheit und Eigentum der Bürger, Einleiter und zuständige Bedienstete bleiben insoweit strafrechtlich verantwortlich, Rudolphi, Lackner-FS 882.

5) Vollendet ist die Tat, sobald das Gewässer, wenn auch nur zu einem 8 Teil (oben 5) verunreinigt oder nachteilig verändert ist, LK 120. Der **Versuch** ist entgegen § 38 III fF WHG nicht nur beim Handeln gegen Entgelt und in Bereicherungs- und Schädigungsabsicht, sondern in allen Fällen strafbar (**II**), zB wenn der Täter im Gewässerbereich an Abladen verunreinigenden Mülls gehindert wird oder wenn er Öl in die Abwasserleitung gießt (vgl. Sieder/Zeitler 30 zu § 38 fF WHG). II kann aber auch bedeutsam werden, wenn der Kausalitätsnachweis scheitert (Lackner 15).

6) Täter innerhalb eines Unternehmens ist die für den Gewässerschutz 9 letztlich verantwortliche oder die von ihr bevollmächtigte Person („entscheidende Stelle" iS des § 21e WHG), Frankfurt NJW **87**, 2754; vgl. Ru-

§ 324

dolphi, Lackner-FS 870, *nicht* jedoch der *„Gewässerschutzbeauftragte"* (§ 21 c WHG) allein kraft seiner Bestellung (Frankfurt NJW **87**, 2756; [hierzu Truxa ZfW **80**, 220; vgl. auch Vierhaus NStZ **91**, 466]; LK 49; SchSch 17; vgl. auch Leibinger ZStW Beih. 1978, 84), es sei denn, es wären ihm zugleich innerbetriebliche Entscheidungsbefugnisse übertragen worden (Frankfurt aaO; Dahs NStZ **86**, 98; Rudolphi, Lackner-FS 879; Sack 196), stets kann er aber auch Gehilfe (ggf durch Unterlassen, Frankfurt aaO) sein oder, im Falle pflichtwidriger Fehlinformation, mittelbarer Täter (3 zu § 25; Bickel ZfW **79**, 148; Czychowski ZfW **80**, 205; LK 49; vgl. auch Salzwedel ZfW **80**, 213). Der innerhalb eines Unternehmens für den Gewässerschutz Verantwortliche (§ 24e WHG) haftet auch für ein **Unterlassen,** soweit ihn eine Erfolgsabwendunspflicht trifft (§ 13); hierbei kommt es auf seine konkrete Stellung im Betrieb an (NJW **92**, 122). Dabei versteht es sich nicht von selbst, daß er auch für *„Altlasten"* verantwortlich ist. Für sie ist in erster Linie der Verursacher, dann auch der Inhaber der tatsächlichen Gewalt als „Zustandsstörer" haftbar. Wie weit solche Pflichten zur Beseitigung der von Altlasten ausgehenden Gefahren übertragen werden können (§ 14 II), läßt sich nur anhand der konkreten Gegenstände entscheiden (NJW **92**, 122; vgl. ferner Schall NStZ **92**, 212).

10 7) Die **Strafe** ist nach der **Schuldform** in I und III abgestuft. In den Fällen von **I** genügt bedingter Vorsatz (Salzwedel ZfW **72**, 153; SK 7), in den Fällen einer konkreten Gefährdung iS von § 330 I (vgl. dort 6) erhöht sich der Strafrahmen (im Regelstrafrahmen jedoch nur im Mindestmaß, dort 11). **Fahrlässig** iS von **III** (hierzu 14 zu § 15) handelt der Täter, wenn er zB einen Verkehrs- oder sonstigen Unfall oder einen Schiffskollision (Hamburg NStZ **83**, 170) schuldhaft verursacht, der zu einer Gewässerverunreinigung führt (Czychowski ZfW **80**, 206, 209; aA Wernicke NJW **77**, 1663; Bickel ZfW **79**, 140) oder auf eine andere ihm zurechenbare Weise einen solchen Erfolg bewirkt (Rudolphi, Lackner-FS 872) oder wenn ein überwachungspflichtiger Amtsträger vorwerfbar Gewässerverunreinigungen nicht erkennt (AG Hanau wistra **88**, 200; LG Hanau NStE Nr. 10), wobei ein strenger Sorgfaltsmaßstab (der eines „umweltbewußten Rechtsgenossen") anzulegen ist (Stuttgart NStZ **89**, 123; Celle NStE Nr. 15; Düsseldorf NJW **91**, 1123 m. Anm. Möhrenschlager JR **91**, 342; Schall NStZ **92**, 266; LK 123). Hat er sich bereichert oder zu bereichern versucht, ist § 41 (dort 3) zu beachten. *Einzelbeispiele* für gerichtliche Strafzumessung bei Sack 255a. Heine/Meinberg 57. DJT D 133 treten *de lege ferenda* für eine Beschränkung der Strafbarkeit auf Leichtfertigkeit ein, aM (zutr.) Tiedemann/Kindhäuser NStZ **88**, 341; hiergegen wiederum Heine/Meinberg GA **90**, 20.

11 8) **Konkurrenzen.** Tateinheit ist möglich mit §§ 303ff., 313, 314, 316b I Nr. 2, §§ 318 (nF), 319 (nF), 326, 329 II, III, 330a; LK 129; vgl. Sieder/Zeitler 33 zu § 38 WHG.

12 9) **Sonstige Vorschriften:** RiStBV Nr. 268.

Luftverunreinigung und Lärm

325 ¹ Wer beim Betrieb einer Anlage, insbesondere einer Betriebsstätte oder einer Maschine, unter Verletzung verwaltungsrechtlicher Pflichten

1. Veränderungen der natürlichen Zusammensetzung der Luft, insbesondere durch Freisetzen von Staub, Gasen, Dämpfen oder Geruchs-

Straftaten gegen die Umwelt § 325

stoffen, verursacht, die geeignet sind, außerhalb des zur Anlage gehörenden Bereichs die Gesundheit eines anderen, Tiere, Pflanzen oder andere Sachen von bedeutendem Wert zu schädigen, oder

2. Lärm verursacht, der geeignet ist, außerhalb des zur Anlage gehörenden Bereichs die Gesundheit eines anderen zu schädigen,

wird mit Freiheitsstrafe bis zu fünf Jahren oder mit Geldstrafe bestraft. Satz 1 gilt nicht für Kraftfahrzeuge, Schienen-, Luft- oder Wasserfahrzeuge.

II Der Versuch ist strafbar.

III Handelt der Täter fahrlässig, so ist die Strafe Freiheitsstrafe bis zu zwei Jahren oder Geldstrafe.

IV Verwaltungsrechtliche Pflichten im Sinne des Absatzes 1 verletzt, wer grob pflichtwidrig gegen eine vollziehbare Anordnung oder Auflage verstößt, die dem Schutz vor schädlichen Umwelteinwirkungen dient, oder wer eine Anlage ohne die zum Schutz vor schädlichen Umwelteinwirkungen erforderliche Genehmigung oder entgegen einer zu diesem Zweck erlassenen vollziehbaren Untersagung betreibt.

1) Die Vorschrift idF des Art. 1 Nr. 18 des 18. StÄG (1 vor § 324; dazu **1** Laufhütte/Möhrenschlager ZStW **92**, 968; Offermann-Clas BAnz. 1985 Nr. 25a; zum E/2. UKG 10 vor § 324) ist ein Blankettstraftatbestand. Die Tatbestandsmäßigkeit hängt somit ab von der Umschreibung der näheren Erfordernisse des VwRechts und in weiten Bereichen einem entsprechenden vollziehbaren untersagenden VwAkt. Die Effizienz des § 325 wird somit von der Verwaltungspraxis bestimmt. § 325 verstärkt den Immissionsschutz durch zwei Straftatbestände. **Rechtsgut** (3 vor § 324; unten 6 ff.) ist (in I Nr. 2 allein die **Gesundheit des Menschen** und (in I Nr. 1) daneben eigenständig zwar auch die **Umwelt** (Tiere und Pflanzen von besonderer ökologischer oder materieller Bedeutung sowie andere Sachen von bedeutendem Wert, zB Gebäude), die durch § 325 vor sie beeinträchtigenden Immissionen (Verursachung von Luftverunreinigung und übermäßigem Lärm) geschützt werden soll, nicht jedoch die Reinheit der Luft (in I Nr. 1) oder die „rekreative Ruhe" (in I Nr. 2; Laufhütte/Möhrenschlager ZStW **92**, 971 mwN; aM LK-Steindorf 3; SchSch-Stree 1). Das 18. StÄG hat hierbei nicht nur das konkrete Gefährdungsdelikt des bisherigen § 64 aF BImSchG übernommen (§ 327 II Nr. 1, §§ 329 I, 330 I Nr. 2), sondern in Anlehnung an den Tatbestand der Gewässerverunreinigung (§ 324) eine – wenn auch weniger umfassende – Vorschrift gegen Verursachungen von Luftverunreinigung und von Lärm geschaffen und diese als potentielles Gefährdungsdelikt (13 vor § 13) ausgestaltet (Wessels BT 1 § 24 I 4; Rogall, UniKöln-FS 515; hiergegen Hartmann BTag 8/16031; SchSch 9 vor § 324 [„Spielart der abstrakten Gefährdungsdelikte"]), bei der hinsichtlich der Tat eine Schädigungseignung genügt und der Eintritt einer konkreten Gefahr nicht vorausgesetzt ist (RegE 15, 34; Möhrenschlager NuR **83**, 215 u. HWiStR „Luftverunreinigung"; vgl. Heinz NStZ **81**, 256; Rudolphi NStZ **84**, 250).

2) Einschränkende Kriterien enthält I (krit. hiergegen Tiedemann, Um- **2** weltsstrafR 34 u. Tiedemann/Kindhäuser NStZ **88**, 342; Just-Dahlmann Ber. 27), der nur eingreift, wenn die Tathandlung (4 ff.) unter zwei Voraussetzungen begangen wird, nämlich **a) beim Betrieb einer Anlage, insbesondere einer Betriebsstätte oder einer Maschine.** Den Begriff **Anlage** (vgl. dazu Möhrenschlager NuR **83**, 215; nach Lackner 2 ist dies eine „auf gewisse Dauer vorgesehene, als Funktionseinheit organisierte Einrichtung

1833

§ 325

von nicht ganz unerheblichen Ausmaßen, die der Verwirklichung beliebiger Zwecke dient") hat der Gesetzgeber bewußt (RegE 15; BT-Drs. 8/2382, 30, 34) abweichend von § 3 V BImSchG bestimmt. In seiner strafrechtlichen Auslegung ist er außer durch S. 2 und die Schädigungseignung (6) weiter dadurch eingeschränkt, daß die Anlage zu betreiben sein muß. Auch § 4 BImSchG versteht unter „Betrieb von Anlagen" nicht den gewerblichen (genehmigungsbedürftigen) Betrieb, sondern das Betreiben von Anlagen (und zwar auch nicht genehmigungspflichtiger, §§ 4, 22 BImSchG), Lackner 2a. Doch sind Anlagen, die nicht gewerblichen Zwecken dienen und nicht im Rahmen wirtschaftlicher Unternehmungen Verwendung finden, ebenfalls der Genehmigung bedürftig, wenn sie in besonderem Maße geeignet sind, schädliche Umwelteinwirkungen durch Luftverunreinigungen oder Geräusche herbeizurufen (§ 4 I S. 2 BImSchG). Deren Kreis ist durch die 4. BImSchV festgelegt; ob für die strafrechtliche Bewertung verbindlich, ist nach Abkehr von § 3 V BImSchG ebenso zw. wie die Verbindlichkeit der Geltungsbereichsvorschrift des § 2 II BImSchG. Anlagen iS des I sind vor allem Großfeuerungsanlagen (vgl. 13. BImSchV), in strafrechtlicher Auslegung aber auch Flugplätze, öffentliche Verkehrswege (Laufhütte/Möhrenschlager ZStW **92**, 941) und Grundstücke, soweit auf ihnen Stoffe gelagert oder abgelagert oder immissionsträchtige Arbeiten durchgeführt werden (SchSch 4; Sack 14; Rudolphi NStZ **84**, 251), zB auch Müllverbrennungsanlagen, Autofriedhöfe, auch Areale, auf denen Autowracks ständig gewerblich gelagert und ausgeschlachtet werden (Bay **81**, 198; **84**, 48), Großfeuerungsanlagen iS der 13. BImSchV, Feuerungsanlagen iS der 1. BImSchV, Oberflächenbehandlungs-, Chemischreinigungs-, Textilausrüstungs- und Extraktionsanlagen iS der 2. BImSchV; Hochöfen, Trockenöfen oder sonstige Betriebsstätten oder Einrichtungen, ferner Maschinen, (zB Rasenmäher; vgl. 8. BImSchV; Baumaschinen, zB Betonmischer, Transportmischer, Motorkompressoren, Turmdrehkräne, Schweiß- oder Kraftstromerzeuger, handbediente Betonbrecher, Planierraupen, Bagger, Drucklufthämmer, vgl. 15. BImSchV und 3. BImSchVwV v. 10. 6. 1976, BAnz. Nr. 112), Geräte (nach Laufhütte/Möhrenschlager ZStW **92**, 941 auch Tonübertragungsgeräte und Musikinstrumente, ebenso LK 23; Lackner 2; zw.; nach StA Hannover NStZ **87**, 176, *nicht* jedoch Tonwiedergabegeräte und Verstärkeranlagen auf Sportplätzen) und sonstige ortsveränderliche technische Einrichtungen sowie Fahrzeuge, *ausgenommen* jedoch Verkehrsfahrzeuge, selbst wenn sie mit Giftfässern beladen sind, Koblenz MDR **86**, 162 (vgl. § 3 V

3 Nr. 1, 2 BImSchG), **und b) unter Verletzung verwaltungsrechtlicher Pflichten.** Hierin liegt ein Tatbestandsmerkmal (Tiedemann, UmweltstrafR 25; LK 26; SchSch 13 vor § 324; Sack 120) und für den Adressaten ein Merkmal iS des § 14 (SchSch 30 u. 28 vor § 324), wohl auch des § 28 (aM insoweit Lackner 12; LK 40; SchSch 27 vor § 324), es bedeutet nach **IV,** der den Tatbestand erheblich und sinnwidrig (Rudophi NStZ **84**, 251) einschränkt, daß I nur eingreift, wenn der Täter entweder **aa) grob pflichtwidrig** (7c zu § 315a) gegen einen **vollziehbaren Verwaltungsakt** (BGH **23**, 91; vgl. Karlsruhe MDR **81**, 163; LK 10 zu § 311d) verstößt, dh gegen eine von der Verwaltungsbehörde getroffene hoheitliche Maßnahme (hier **Anordnung** oder **Auflage,** bei §§ 311d IV, 327ff. auch Untersagung), die unmittelbar der rechtlichen Regelung einer Angelegenheit dient und in die

Straftaten gegen die Umwelt **§ 325**

Rechtsverhältnisse des Betroffenen gestaltend eingreift (§ 42 I VwGO). Die behördlichen Anordnungen, Auflagen und Gebote werden idR auf dem BImSchG, können aber auch auf anderen Verwaltungsgesetzen beruhen (RegE 34); stets müssen sie aber umweltbezogen sein und dürfen nicht etwa (nur) dem (innerbetrieblichen) Arbeitsschutz dienen (vgl. RegE 16; und zu den grundsätzlichen Einwendungen gegen diese Gesetzestechnik, 4 vor § 324). **Vollziehbar,** dh verbindlich gegenüber dem Betroffenen sind 3a VwAkte, wenn ein Suspensiveffekt der Anfechtung (§ 80 I VwGO) nicht besteht. Das ist nicht nur bei anfechtbaren VwAkten der Fall, sondern gilt auch, wenn die aufschiebende Wirkung der Anfechtung ausgeschlossen ist, weil ein Fall des Ausnahmekatalogs des § 80 II Nr. 1 bis 4 VwGO vorliegt (zB bei unaufschiebbaren Maßnahmen von PolVollzBeamten); in den Fällen des § 80 II Nr. 4 VwGO muß die sofortige Vollziehung jedoch besonders angeordnet sein. Im Falle der Zuwiderhandlung gegen eine vollziehbare Maßnahme ist dem Strafrichter der Prüfung der Rechtmäßigkeit der Maßnahme untersagt, vgl. BGH **23,** 92; Karlsruhe NJW **78,** 116; Schleswig SchlHA **81,** 52; vgl. hierzu Heinz NStZ **81,** 255; eine spätere Aufhebung eines (rechtswidrigen) VwAkts läßt daher eine etwaige Strafbarkeit der Zuwiderhandlung bestehen (BGH **23,** 93; Rogall JZ-GD **80,** 115; Laufhütte/Möhrenschlager ZStW **92,** 921; Rudolphi NStZ **84,** 253; Seier JA **85,** 25, klärend Lackner 8; ferner SchSch 21 f. vor § 324; Richter WiStR § 44, 12; Breuer NJW **88,** 2083; Odenthal NStZ **91,** 418; aM Kühl, Lackner-FS 846; Wüterich NStZ **87,** 106). Schließlich muß die Anordnung oder Auflage **dem Schutz** vor schädlichen Umwelteinwirkungen **dienen,** eine wenig 3b sinnvolle weitere Einschränkung des Tatbestandes, wie Triffterer S. 198 nachweist. Im übrigen ist die Rechtmäßigkeit der Anordnung oder Auflage keine Strafbarkeitsvoraussetzung (BGH aaO; hM; vgl. zu Zuwiderhandlungen gegen Duldungsbeschränkungen nach § 17 I iVm § 7 I AuslG, wonach zwischen dem vom Tatrichter zu beurteilenden Inhalt und Rechtmäßigkeit eines VwAkts streng zu unterscheiden ist, BGH **31,** 315; vgl. Arnhold, Die Strafbewehrung rechtswidriger Verwaltungsakte, 1978 mwN; Langemann, Der Ungehorsam gegenüber sanktionsbewehrten Verwaltungsakten, Diss. 1977, 131 ff.); **oder bb)** eine Anlage **ohne** die zum Schutze vor schädlichen Umwelteinwirkungen erforderliche **Genehmigung** oder entgegen einer zu diesem Zweck erlassenen vollziehbaren Untersagung **betreibt** (3 zu § 327). Insoweit ist § 325 Qualifikationstatbestand zu § 327 II, III.

3) Tathandlung ist das **Verursachen** von Luftverunreinigungen und 4 Lärmimmissionen, das außerhalb der Anlage (oben 2) bestimmte Schäden bewirken **kann,** zB durch Unterlassen des Einbaus eines Schmutzfilters oder Schalldämpfers. **A.** Luftverunreinigungen sind nach **I Nr. 1 Veränderungen der natürlichen Zusammensetzung der Luft** (auch weiteres Verändern schon nicht mehr „reiner" Luft; krit. zu Nr. 1 Gelbert Ber. 28; Sack NJW **80,** 1425), **insbesondere durch Freisetzen von Staub, Gasen, Dämpfen oder Geruchstoffen** in der Außenluft; hierzu gehören nach der ähnlichen Begriffsbestimmung in § 3 IV BImSchG auch Rauch, Ruß und Aerosole (Landmann-Rohmer GewO III 22 zu § 3 BImSchG; vgl. hierzu BT-Drs. 9/691), auch Sauerstoffentzug, SchSch 2. Der Tatbestand setzt Immissionen von einer Dauer oder Stärke voraus, daß sie (generell) folgende

§ 325

Rechtsgüter **zu schädigen geeignet** sind; a) die **Gesundheit** eines anderen; hierbei ist nicht der – zu weite – Gesundheitsbegriff der Weltgesundheitsorganisation (vgl. hierzu 10 zu § 218a), sondern der strafrechtliche Gesundheitsbegriff (6 zu § 223; LK 9; Sack aaO; Rengier NJW **90**, 2511) maßgebend, so daß gerade bei diesem Tatbestand auch Hustenreiz, Übelkeit und Kopfschmerzen gesundheitsschädigend sein können (LK 9), uU auch psychische Beeinträchtigungen, falls sie sich körperlich auswirken (RG **64**, 119; Ber. 27f.; Möhrenschlager NuR **83**, 216 mwN; SchSch 14; Lackner 13; Sack 22); etwa bei länger dauernden erheblichen Schalleinwirkungen, StA Hannover NStZ **87**, 176. Bloße Belästigungen reichen allerdings nicht aus (RegE 16). b) **Tiere und Pflanzen;** hier sind ökologische Schäden gemeint, die nicht erst dann vorliegen, wenn gewisse Arten eingehen, sondern im natürlichen Wachstum verkümmern oder abwandern (Sack 23; insoweit aM SchSch 15); c) andere (nicht notwendig fremde) **Sachen von bedeutendem Wert** (vgl. auch 16 zu § 315); es kommen Gebäude, zB Kunstdenkmäler in Betracht, die Korrosionen erfahren, wenn sie Immissionen ausgesetzt sind (Rengier, Spendel-FS 570).

7

8

9 **B. Lärm** iS von **I Nr. 2** bedeutet eine beträchtliche Geräuschentwicklung, die normal lärmempfindliche Menschen belästigt (Sack 111; ähnlich SchSch 21; RegE sprach noch vom Verursachen „nicht nur vorübergehenden erheblichen Lärms") und der eine Schädigungseignung wie oben 6 zukommt. Es kommt hier nicht erst die Krankheit der Lärmschwerhörigkeit, die bei Dauerschallpegeln von 80 Dezibel – dB(A) – und mehr auftreten kann, in Betracht, sondern auch andere psychophysiologische Störungen des menschlichen Organismus, die durch solche Lärmimmissionen hervorgerufen werden können (Ber. 28; zu den einzelnen Erscheinungsformen der Lärmbeeinträchtigung, Moench, Lärm als kriminelle Umweltgefährdung, 1980; vgl. BT-Drs. 10/566, 5, 11). Heine/Meinberg 57. DJT D 166 [6.6.1] treten *de lege ferenda* dafür ein, es hinsichtlich des Lärmschutzes bei § 117 OWiG bewenden zu lassen, hiergegen mit Recht Tiedemann/Kindhäuser NStZ **88**, 342; Dölling ZRP **88**, 336. Zu den Immissionsgrenzwerten für den Bau oder die wesentliche Änderung von Straßen und Schienenwegen vgl. 16. BImSchG.

10 C. Die Immissionen 5 bis 9 sind nur tatbestandsmäßig, wenn sie **außerhalb des zur Anlage gehörenden Bereichs** auftreten, wenn also die Nachbarschaft oder die Allgemeinheit betroffen ist. Schädliche Wirkungen *innerhalb* dieses Bereichs, d. i. die Anlage, auf die sich die verwaltungsrechtlichen Pflichten (IV) beziehen, worunter auch die Betriebsstätte insgesamt verstanden sein kann (RegE 16), fallen nicht unter den Tatbestand und beurteilen sich nach dem Arbeitsschutzrecht.

11 D. Der Tatbestand setzt weder den Eintritt eines Schadens, noch das Vorliegen einer *konkreten* Gefährdung voraus (liegt sie vor, greift § 330 I Nr. 2b ein). Es genügt, wenn die Immissonen bei objektiver Beurteilung ex ante (Rogall, UniKöln-FS 516) **geeignet** sind, **Schäden** nach 5 bis 10 **herbeizuführen** (potentielles Gefährdungsdelikt, 13 vor § 13), also ihrer Natur nach *generell* solche Schäden zu bewirken in der Lage sind, wobei freilich auch spezielle Tatumstände, wenn auch nicht generalisierend, berücksichtigt werden können (vgl. RegE 16). Im Gegensatz zum Nachweis der konkreten Verursachung eines Schadens ist eine solche Schädigungs*eig-*

Straftaten gegen die Umwelt § 325

nung mit sachverständiger Hilfe bei Tieren und Pflanzen ohne weiteres und bei Menschen idR (vgl. Dolgner Prot. I/17), wenn auch nicht bei einer bestimmten Einzelperson, feststellbar (Ber. 28; vgl. auch Tiedemann, UmweltstrafR 32; Laufhütte/Möhrenschlager ZStW **92**, 942; Hoyer 163). Hierbei können norminterpretierenden VwV (Übersicht bei Offermann-Clas BAnz. 1985 Nr. 25a) wie die TA Luft (vgl. dazu MBl. NW 1984, 886) und die TA Lärm (hierzu auch BT-Drs. 9/691; ferner 2. ImSchBericht BT-Drs. 9/1458; 13. BImSchV, BR-Drs. 95/83), die zwar keine unmittelbare Außenwirkung haben, wegen der nach dem Stand der Technik (Begriff: § 3 VI BImSchG; vgl. ferner §§ 7a, 18b, 19g III WHG; BVerfGE **49**, 89; Feldhaus DVBl. **81**, 165; Franzheim JR **88**, 321), festgelegten Grenzwerte als „antizipierte Sachverständigengutachten" (Breuer DVBl. **78**, 34) in das Gerichtsverfahren eingebracht werden. (OVG Münster NJW **76**, 2363; Rudolphi NStZ **84**, 251; SchSch 19; **aM** BVerwG NJW **76**, 1763; **78**, 1451; vgl. Herrmann ZStW **91**, 304). Auf die gesetzliche Festlegung von festen Immissionsgrenzwerten hat der Gesetzgeber mit Recht (abw. Tiedemann, UmweltstrafR 23; Sack NJW **80**, 1425) im wesentlichen aus denselben Gründen wie bei § 324 (dort 5) verzichtet (Dölling ZRP **88**, 336).

E. **Ausgenommen** vom Tatbestand sind nach **I Satz 2** (ebenso § 329 I **12** S. 3, § 330 I S. 3), entsprechend § 3 V Nr. 2 iVm § 38 BImSchG **Kraftfahrzeuge, Schienen-, Luft- und Wasserfahrzeuge,** also Verkehrsfahrzeuge, nicht etwa Baumaschinen, mobile Pumpen und Hebewerke (RegE 16; vgl. 7 vor § 324 u. Übersicht bei Göhler 511; R. Keller, Baumann-FS 233).

4) Vollendet ist die Tat mit der Verursachung der Luftverunreinigung **13** und des Lärms, jedoch ist auch der **Versuch** strafbar (**II**), zB wenn der Täter an einer Anlage die vorgeschriebenen Schmutzfilter entfernt, wodurch verunreinigende Stoffe in die Außenluft treten. Als **Täter** scheiden Amtsträger aus (§ 6 vor § 324; StA Hannover NStZ **87**, 176; LK 60).

5) Die Strafe ist nach der Schuldform in I und III abgestuft. In den Fällen **14** von **I** muß auch IV vom **Vorsatz** umfaßt sein, hinsichtlich der Tathandlung und der Schädigungseignung genügt bedingter Vorsatz. In den Fällen einer konkreten Gefährdung iS von § 330 I (vgl. dort 6) erhöht sich der Strafrahmen (§ 330 I Nr. 2a, b), im Regelstrafrahmen jedoch nur im Mindestmaß (11 zu § 330). **Fahrlässig** iS von **III** (hierzu 14 zu § 15) handelt, wer aus Unachtsamkeit seine vw-rechtlichen Pflichten in der in IV beschriebenen Weise vernachlässigt und dadurch schädliche Immissionen verursacht oder wer bei bewußter Verletzung dieser Pflichten nicht bedenkt, daß solche Folgen verursacht werden. Vgl. auch § 41.

6) Konkurrenzen. Tateinheit ist mit §§ 223, 230, 303, 304, 326, 327 II, **15** 329 I möglich, LK 71. Für das Verhältnis zu § 117 OWiG gilt § 21 OWiG. Landesrechtliche Bußgeldvorschriften (vgl. Göhler 511 II) gehen dem Auffangtatbestand des § 117 OWiG vor.

§ 326

Umweltgefährdende Abfallbeseitigung

326 [I] Wer unbefugt Abfälle, die
1. Gifte oder Erreger gemeingefährlicher und übertragbarer Krankheiten bei Menschen oder Tieren enthalten oder hervorbringen können,
2. explosionsgefährlich, selbstentzündlich oder nicht nur geringfügig radioaktiv sind oder
3. nach Art, Beschaffenheit oder Menge geeignet sind, nachhaltig ein Gewässer, die Luft oder den Boden zu verunreinigen oder sonst nachteilig zu verändern,

außerhalb einer dafür zugelassenen Anlage oder unter wesentlicher Abweichung von einem vorgeschriebenen oder zugelassenen Verfahren behandelt, lagert, ablagert, abläßt oder sonst beseitigt, wird mit Freiheitsstrafe bis zu drei Jahren oder mit Geldstrafe bestraft.

[II] Ebenso wird bestraft, wer radioaktive Abfälle, zu deren Ablieferung er nach dem Atomgesetz oder einer auf Grund des Atomgesetzes erlassenen Rechtsverordnung verpflichtet ist, nicht abliefert.

[III] In den Fällen des Absatzes 1 ist der Versuch strafbar.

[IV] Handelt der Täter fahrlässig, so ist die Strafe Freiheitsstrafe bis zu einem Jahr oder Geldstrafe.

[V] Die Tat ist dann nicht strafbar, wenn schädliche Einwirkungen auf die Umwelt, insbesondere auf Menschen, Gewässer, die Luft, den Boden, Nutztiere oder Nutzpflanzen, wegen der geringen Menge der Abfälle offensichtlich ausgeschlossen sind.

1 1) Die **Vorschrift** idF des Art. 1 Nr. 18 des 18. StÄG (1 vor § 324; dazu Laufhütte/Möhrenschläger ZStW **92**, 952 ff.; zum E/2. UKG vgl. 10 vor § 324) ersetzt und erweitert § 16 aF AbfG und § 45 aF AtG und schafft für alle Fälle einer unzulässigen Ablagerung und Beseitigung gefährlicher Abfälle einen einheitlichen **abstrakten Gefährdungstatbestand** (BGH **36**, 257; NJW **92**, 123; AG Lübeck NJW **91**, 1123; LK-Steindorf 1; SchSch-Lenckner 1; 13 vor § 13; Schittenhelm GA **83**, 317; Rogall NStZ **92**, 362). **Rechtsgut** (3 vor § 324) ist neben der menschlichen **Gesundheit** über § 16 fF AbfG hinausgehend auch die Reinhaltung der ökologischen **Umwelt**, namentlich des Bodens, der Gewässer und der Luft (SchSch 1; Rengier NJW **90**, 2512). **Schrifttum:** *Hoschützky/Kreft*, Recht der Abfallwirtschaft, 1974–79; *Steindorf* in Erbs, AbfG und WHG (zit.: Steindorf); *Iburg* NJW **88**, 2338 (Unterlassungstäterschaft); *Möhrenschlager* HWiStR „Abfallbeseitigung"; *Rogall* NStZ **92**, 360).

2 2) **Tatgegenstand** sind flüssige und feste **Abfälle**. Der strafrechtliche Abfallbegriff ist zwar selbständig, aber in enger Anlehnung an – den zT weitgehenderen – § 1 I AbfG zu bestimmen (BGH **37**, 24): Er erfaßt Stoffe, deren sich der Besitzer, weil er sie nicht weiter zu verwenden beabsichtigt, entledigen will („**gewillkürter Abfall**", *subjektiver Abfallbegriff*), sowie Stoffe, deren geordnete Entsorgung zur Wahrung des Gemeinwohls, insbesondere zum Schutze der Umwelt geboten ist („**Zwangsabfall**", *verwaltungsrechtsbezogener Abfallbegriff;* BGH **37**, 24; 334). Für die Zuordnung ist eine Gesamtbetrachtung aller Umstände unter Berücksichtigung des konkreten *und gegenwärtigen* Zustandes der Sache maßgebend. Ist sie ohne Entsorgung nach § 1 II AbfG objektiv ohne Gebrauchswert und umweltgefährdend, so

1838

Straftaten gegen die Umwelt § 326

liegt Zwangsabfall und kein Wirtschaftsgut vor; die Tatsache, daß der Besitzer den Stoff oder dessen Bestandteile nach Entsorgung wiederverwenden oder weiterverwerten will, steht dem Abfallbegriff nicht entgegen (BGH **37**, 334f.; m. Anm. Horn JZ **91**, 886 u. Sack JR **91**, 338; Rengier [2 vor § 324] 21; aM noch Düsseldorf MDR **89**, 931; LK 13), wie die Abfallverwertung iS des § 1 I S. 2 AbfG verdeutlicht (vgl. Rogall NStZ **92**, 364; Rengier [2 vor § 324] 24). Der Gesetzgeber hat aber entgegen des Vorschlags des BRats (RegE 33) von einer neuen Begriffsbestimmung im StGB abgesehen (Ber. 36; krit. Sack NJW **80**, 1426), da der von der Rspr. im wesentlichen geklärte (Bay **73**, 166; **74**, 77; Koblenz GA **76**, 83; Hamm ZfW **77**, 7; Karlsruhe Die Justiz **77**, 25; Köln NJW **86**, 1118; Sack JZ **78**, 17; Rogall JZ-GD **80**, 109; Laufhütte/Möhrenschlager ZStW **92**, 955ff. mwN) Begriff des AbfG auch für das StGB maßgebend sein soll (Bay MDR **86**, 341), wobei allerdings die Anwendungsbeschränkungen des § 1 III AbfG im StGB nicht gelten (BGH **37**, 23; Oldenburg NJW **88**, 2392; Franzheim ZfW **85**, 150 u. JR **88**, 320); so daß auch Abwässer dem § 326 unterfallen (BGH aaO [krit. Lamberg NJW **91**, 1996]; Koblenz OLGSt. § 324 Nr. 2 [m. Anm. Möhrenschlager]; zu Autowracks vgl. Karlsruhe NStZ **90**, 129; vgl. die ausführliche Kasuistik LK 21 ff.), was zur Folge hat, daß § 326 bisherige Ordnungswidrigkeiten nach dem TierKBG, FlHG, TierSG, PflSchG, AtG und AltölG in Straftaten umgewandelt hat (krit. Hamm 57. DJT L 67). Chemikalien kommt die Abfalleigenschaft nur zu, soweit sie als *bewegliche* Sachen in das Erdreich oder in Gewässer eingebracht worden sind. Verseuchte Erde ist als unbewegliche Sache nicht Gegenstand des Abfallrechts, es sei denn, sie würde durch Aushebung oder „Auskofferung" zu einer beweglichen Sache (NJW **92**, 123). Die Vorschrift bezieht sich in I nur auf bestimmte **gefährliche Abfälle**, die besonders geeignet sind, schädliche Umwelteinwirkungen iS des § 2 I AbfG hervorzurufen (RegE 17; krit. Bottke JuS **80**, 541), aber auch auf solche Abfälle, die erst durch ihre Menge umweltgefährdend sind (unten 5). Dies sind **a)** nach **3 Nr. 1** Abfälle, die **Gifte oder Erreger gemeingefährlicher** und übertragbarer **Krankheiten** bei Menschen oder Tieren **enthalten** oder hervorbringen können. Die Übertragbarkeit ist nicht kumulatives, sondern – wie inzwischen RegE/2. UKG (10 vor § 324) klarstellt – alternatives Tatbestandsmerkmal (aM LK 27). Gemeingefährlich ist eine Krankheit (zB Krebs), wenn zu der erheblichen Gesundheitsgefahr eine Gefährdung weiterer Bevölkerungskreise hinzukommt. Gifte bedeutet dasselbe wie in 2, 4 zu § 229 und 4 zu § 319; RegE 26; Ber. 34; zT abw. Ohm aaO [1 zu § 319], 42. Im übrigen sind Abfälle mit Erregern von Krankheiten iS des Art. 74 Nr. 19 GG, des BSeuchG (zB Krankenhausabfälle), GeschlKrG und des TierSG gemeint (LK 27; Rogall JZ-GD **80**, 109), hierzu gehört auch Hundekot (Düsseldorf NStZ **91**, 335; LG Düsseldorf NStE Nr. 19; AG Düsseldorf NStZ **89**, 532; Sack 80; zw.; krit. Hecker NStZ **90**, 326; aM Celle NJW **79**, 227 m. abl. Anm. Sack NJW **79**, 937). Der Wortlaut verdeutlicht, daß nicht nur Abfälle erfaßt sind, die solche Schadstoffe bereits enthalten, sondern erst später durch chemische oder andere Veränderungen erzeugen (Ber. 29). **b)** nach **Nr. 2** Abfälle, die **explosionsgefährlich** (§ 3 I SprengG), **4 selbstentzündlich** (deshalb besonders brennbar und daher feuergefährlich, weil sie ihrer Natur entsprechend ohne besondere Zündung sich erhitzen und schließlich entzünden können: § 1 I Nr. 3a ArbStoffV) **oder nicht nur**

1839

§ 326

geringfügig radioaktiv sind. Radioaktive (§ 2 I AtG) Abfälle sind solche, die kernbrennstoffhaltig (vgl. § 3 I StrlSchV) sind oder sonst spontan ionisierende Strahlen aussenden (vgl. Anl. I z. StrlSchV; zit. bei Winters AtR S. 260 ff.); uU auch radioaktiver Klärschlamm (vgl. Heine/Martin NuR **88**, 333). Nach Celle NJW **87**, 1281 sind radioaktive Abfälle (§ 9a I AtG) solche radioaktive Stoffe, deren schadlose Verwertung nach dem jeweiligen Stand von Wissenschaft und Technik nicht möglich, wirtschaftlich nicht vertretbar oder mit den Schutzzwecken des § 1 Nr. 2 bis 4 AtG nicht zu vereinbaren ist. Ein „Füllstandmesser" fällt daher nicht darunter, Celle aaO. Die geringfügigen radioaktiven Abfälle (vgl. § 9a II S. 2 AtG; § 4 IV Nr. 2, §§ 45, 46 StrlSchV) scheiden mangels Gefährlichkeit aus dem Tatbestand aus.

5   c) nach **Nr. 3** Abfälle (sog. Sonderabfälle), die **nach Art** (generell), **Beschaffenheit** (wegen des Gehalts an Schadstoffen) **oder** allein wegen ihrer **Menge geeignet** sind, **nachhaltig ein Gewässer** (2 zu § 324), **die Luft oder den Boden zu verunreinigen oder sonst nachteilig zu verändern.** Diese eingrenzende Umschreibung wollte durch die Anlehnung an § 2 II AbfG (vgl. Köln NJW **86**, 1118; JR **91**, 523; Bay JR **91**, 216 m. Anm. Schmoller) und an § 19g V WHG deutlich machen, daß nur die schwerwiegend umweltgefährlichen Stoffe und die wirklich gefährlichen Fälle unzulässiger Abfallbeseitigung erfaßt sind, idR also *nicht Pferdemist* (Zweibrücken NStZ **91**, 336 m. Anm. Meinberg JR **91**, 437 u. krit. Sack NStZ **91**, 337) oder der normale *Hausmüll*, auch soweit er umweltschädliche Stoffe enthält (Ber. 29; Laufhütte/Möhrenschlager ZStW **92**, 958; vgl. Hoyer 188). Der geforderte besondere Gefährlichkeitsgrad kann sich aber *auch* aus der *Menge* an sich unschädlicher Abfälle ergeben, zB bei dem auf einer Deponie unbefugt abgelagerten Hausmüllgemisch angesichts des hohen Anteils organischer Stoffe im Abbauprozeß (BGH **34**, 212 [m. zust. Anm. Sack NJW **87**, 1248; Rudolphi NStZ **87**, 325; Schmoller JR **87**, 473; Hallwaß NJW **88**, 880; Breuer NJW **88**, 2083]) bei hausmüllähnlichen Stoffen (Zweibrücken NJW **88**, 3029), bei Fäkalschlamm (Bay NStZ **88**, 27), bei Klärschlamm (Stuttgart NStZ **91**, 590 m. Anm. Franzheim JR **92**, 481) oder beim Ablassen von über 100 000 l Rindergülle an einem Tag *und* an derselben Stelle (Bay NJW **89**, 1290 Nr. 17). Die in der Anlage zur AbfBestV (vgl. BGH **37**, 23) und, soweit das Meer (vgl. § 330d Nr. 1) betroffen ist, in den Anlagen I und II zu den Übereinkommen 1972 [1 zu § 324] bezeichneten Abfälle sind stets solche iS der Nr. 3, die aber umfassender zu verstehen ist und sich nicht auf die in den genannten Anlagen aufgeführten Abfälle beschränkt (Möhrenschlager ZRP **79**, 100). Unter einer nachhaltigen Verunreinigung oder sonstigen nachhaltigen nachteiligen Veränderung ist bei Gewässern (§ 330d Nr. 1) dasselbe zu verstehen wie bei § 324 (dort 5, 6; aM LK 34), bei der Luft dasselbe wie bei § 325 I Nr. 1 (dort 5, 11) und beim Boden gilt hinsichtlich der Intensität der Beeinträchtigung Entsprechendes, so genügen nach AG Lübeck NJW **91**, 1126 hierfür 8 l Altöl-Wassergemisch. Solche nachteiligen Veränderungen brauchen durch die Abfälle noch nicht eingetreten oder konkret ermittelt zu sein; auch die noch zu erwartenden negativen Auswirkungen sind zu berücksichtigen 31. 10. 1986, 2 StR 33/86 (in BGH **34**, 211 nicht abgedruckt); vgl. 11 zu § 325. Nach Zweibrücken NStZ **86**, 411 (m. Anm. Sack) genügt es, daß der Abfall wenigstens noch vor Beendigung der Tathandlung die tatbestandsmäßig geforderte Gefähr-

lichkeit erlangt hat, jedoch ist nach AG Hamburg NStZ **88**, 365 (m. krit. Anm. Meinberg) das Abbrennen eines Kfz. nicht geeignet, nachhaltig die Luft zu verunreinigen. Was wassergefährdend ist, bestimmt sich im übrigen nach § 19g V WHG (hierzu Steindorf z, Giesecke 16, Sieder/Zeitler 32ff., alle zu § 19g WHG). Die Nr. 3 erfaßt daher auch wassergefährdende Gifte, die die übrigen Voraussetzungen der Nr. 1 (oben 3) nicht erfüllen. Das Gesetz spricht in Nr. 3 von Gewässer (2 zu § 324) und nicht wie § 19g V WHG von Wasser. Es genügt also bereits, wenn Abfälle das Ufer oder das Gewässerbett zu gefährden geeignet sind, was freilich schon durch die Erwähnung des Bodens gewährleistet ist, der gleichermaßen umfassend geschützt ist. Umgekehrt werden Abfälle oft nicht allein den Boden, sondern auch anliegende Gewässer und die Luft gefährden. Stets muß der Abfall aber dort, wo er hingelangt ist, eines der drei Schutzgüter (und damit zusammenhängende Schutzobjekte wie Tiere und Pflanzen) oder den Menschen gefährden können (insoweit abw. Lackner 6). Wird ein nur wassergefährdender Abfall in der Landschaft in einer Weise gelagert, daß er Grund- oder Binnengewässer oder etwa Menschen nicht gefährden kann, greift der Tatbestand nicht ein (RegE 18; LK 39; Lackner 6; Sack 111; **aM** Bay NJW **89**, 1290 Nr. 18; SchSch 8; SK 9; Schittenhelm GA **83**, 320; Hoyer 189; Rengier [2 vor § 324] 27). Vgl. auch V, unten 14. **d)** Nicht gefaßte **gasförmige Stoffe** sind keine Abfälle iS dieser Vorschrift. Einen entsprechenden Hinweis im RegE (§ 326 I S. 2) hat der Gesetzgeber als selbstverständlich (krit. Tiedemann Prot. I/51, 37) mit dem Bemerken gestrichen, daß dies auch gelte, wenn der gasförmige Stoff feste Partikel enthalte, die zB Gifte iS der Nr. 1 sind (Ber. 29; Laufhütte/Möhrenschlager ZStW **92**, 946).

3) Tathandlung der Abfallbeseitigung nach I ist das **Beseitigen**, namentlich **a)** das **Behandeln.** Hierzu gehören nur Verhaltensweisen, die nicht der wirtschaftlichen Verwertung, sondern der Abfallentsorgung dienen, wie das Aufbereiten, Zerkleinern, Kompostieren, Entgiften oder Verbrennen (RegE 18), ebenso das Vermischen von verschmutztem Erdreich mit nicht verunreinigtem Material (BGH **37**, 28). **b)** das **Lagern,** womit im Zusammenhang des § 326, weniger weitgehend als in § 329 II Nr. 1 (dort 7), im wesentlichen die Fälle der Zwischenlagerung vor der endgültigen Beseitigung gemeint sind (BGH **36**, 258; 4 zu § 327), also auch dann, wenn die Abfälle nach Entsorgung ganz oder zT dem Wirtschaftskreislauf wieder zugeführt werden (BGH **37**, 337 m. Anm. Sack JR **91**, 340); nach Köln JR **91**, 523 (m. Anm. Sack) das *Umlagern* nur dann, wenn eine zusätzliche Gefährdung eintritt; **c)** das **Ablagern** mit dem Ziele, sich der Abfälle endgültig zu entledigen (vgl. § 4 I AbfG; Steindorf B 4 bis 6 zu § 1 AbfG; hierunter fällt auch, wer einen Hund auf einer Spielwiese abkoten läßt und den Kot nicht beseitigt (AG Düsseldorf NStZ **89**, 532; LG Düsseldorf NStE Nr. 19; Sack 80; zw.; krit. Hecker NStZ **90**, 326); zur Unterscheidung zwischen Lagern und „Bereitstellen zur Abholung", Düsseldorf 16. 3. 1982, 5 Ss 93/82 **d)** das **Ablassen.** Der dem internationalen Übereinkommen zur Verhütung der Ölverschmutzung der See (1 zu § 324) entnommene Begriff bezieht sich auf Flüssigkeiten und umfaßt jegliches Ausfließen ohne Rücksicht auf seine Ursache, zB das Ablassen von Altöl in das Meer oder in ein sonstiges Gewässer; sowie **e) alle übrigen Handlungen,**

§ 326

mit denen der Täter Abfall auf unzulässige oder unkontrollierbare Weise beiseite schafft, etwa wenn er Abfall mit bestimmten Einwirkungseigenschaften in die Luft oder in ein Gewässer einbringt, die dort, ggf unter bestimmten Bedingungen chemische oder chemisch-physikalische Veränderungen bewirken (RegE 18) oder wenn ein Unternehmer cyanidhaltige Abfälle im Meer versenkt. „Sonst-Beseitigen" ist bei § 326 tatbestandsbezogen und nicht etwa nur iS bloßer Ortsveränderung wie in §§ 134, 145 II Nr. 2, § 315 I Nr. 1 (dort 8), § 315 b I Nr. 1 b, §§ 316 b, 317, aber auch nicht wie in § 1 II AbfG, wo das Einsammeln und Befördern mitumfaßt ist (Steindorf B 1, 2 zu § 1 AbfG; Laufhütte/Möhrenschlager ZStW **92**, 959), auszulegen, sondern als eine Handlung, die unmittelbar zur endgültigen Beseitigung des Abfalls führt (aaO; Köln NJW **86**, 1119; vgl. auch Sack NJW **80**, 1426). Zur Frage der strafrechtlichen Haftung wegen Umweltgefahren aus Abfall-Ablagerungen von Voreigentümern Franzheim ZfW **87**, 14. **f)** Ob und in welchem Umfang Grundstückseigentümer die Tat **durch Unterlassen** dadurch begehen können, daß sie, etwa als „Zustandsstörer" von Dritten abgelagerten „wilden Müll" nicht beseitigen oder weitere unbefugte Müllablagerungen nicht verhindern, beurteilt sich danach, ob sie insoweit eine Garantenstellung haben (5 zu § 13, 6 b vor § 324), bejahend für einen Ortsbürgermeister LG Koblenz NStZ **87**, 281; zu weitgehend auch Iburg NJW **88**, 2338, gegen ihn Hohmann NJW **89**, 1254; zusf. Hekker NJW **92**, 873; vgl. auch Dahs/Redeker DVBl. **88**, 811.

8 4) **Einschränkende Voraussetzung** ist, daß das Beseitigen (7) entweder **a) außerhalb einer dafür zugelassenen Anlage** (2 zu § 325) geschieht, da es sonst „befugt" (unten 10) wäre und Abfälle gerade in den hierfür bestimmten und zugelassenen Anlagen beseitigt werden sollen. Es braucht sich hierbei nicht um spezielle Abfallentsorgungsanlagen iS der §§ 4, 5, 7 AbfG zu handeln, sondern es können auch Anlagen nach § 3 TierKBG oder nach § 9a AtG sein. Entscheidend ist, ob die in 7 bezeichneten Handlungen typisches Merkmal der Anlage sind (Bay **81**, 198), daher kann auch eine „wilde" Müllkippe darunter fallen (LG Koblenz NStZ **87**, 282; vgl. Iburg NJW **88**, 2338). *Zugelassen* ist eine Anlage dann, wenn **aa)** für sie eine Planfeststellung oder eine Genehmigung vorliegt (§§ 7, 7a AbfG), **bb)** sie im Falle einer Altanlage der zuständigen Behörde angezeigt ist (§ 9 AbfG) oder **cc)** sich aus anderen Rechtsvorschriften (zB § 38 BBahnG; vgl. ferner Hösel/v. Lersner AbfG 1972, 9 zu § 4 AbfG) eine Zulassung ergibt (RegE 19; zur Frage grenzüberschreitender Umweltbeeinträchtigungen Martin
9 ZRP **92**, 19); **oder b) unter wesentlicher Abweichung von einem vorgeschriebenen oder zugelassenen Verfahren** geschieht, zB wenn die Abfallbeseitigung zwar außerhalb einer Anlage nach 8 geschehen darf (zB nach § 5 II TierKBG, § 3 I StrlSchV), der Täter aber hierbei nach einem durch allgemeine oder spezielle Rechtsnormen umschriebenen und zugelassenen Verfahren vorgehen müßte und in umweltgefährdender Weise hiervon abgewichen ist (vgl. Rogall JZ-GD **80**, 110; LK 52; krit. Sack 135 u. NJW **80**, 1427). Umstr. ist, ob I auch die Abweichung von einem zugelassenen oder vorgeschriebenen Verfahren *innerhalb* einer zugelassenen Anlage erfaßt (zutr. bejahend Karlsruhe NStZ **90**, 128; SchSch 12; SK 14; verneinend LK
9a 52; M-Schroeder § 58, 52). **c)** Auch wenn für die Beseitigung einer bestimmten Abfallart, zB für das Ablassen von Silagesaft, weder zugelassene

Straftaten gegen die Umwelt § 326

Anlagen bestehen, noch besondere Verfahren vorgeschrieben oder zugelassen sind, bleibt jede Form ungenehmigter (vgl. § 19 II WHG) Beseitigung der Abfälle tatbestandsmäßig (Bay NJW **89**, 1290 Nr. 17; Oldenburg NJW **88**, 2391; Celle MDR **89**, 842 unter Aufgabe von NJW **86**, 2336; SchSch 12; Lackner 8; Sack 132; Breuer NJW **88**, 2083; Lamberg NJW **87**, 421 u. **89**, 575; vgl. auch BGH wistra **88**, 354).

5) Unbefugt bedeutet dasselbe wie in § 324 (dort 7; 4e vor § 324), jedoch 10
wird befugtes Handeln, wenn oben 8, 9 vorliegen, nur ganz ausnahmsweise, etwa unter den Voraussetzungen des § 34, in Betracht kommen können.

6) II enthält für **radioaktive Abfälle** (dh solche radioaktiven Reststoffe 11
sowie ausgebaute oder abgebaute Anlageteile, die aus Strahlenschutzgründen geordnet beseitigt werden müssen; Anl. I StrlSchV) eine Sondervorschrift (echtes Unterlassungsdelikt), die § 45 II Nr. 3 fF AtG ersetzt und wegen der größeren Gefährlichkeit solcher Abfälle bereits die verbotswidrige (§§ 5 III, 9a II AtG) Nichtablieferung mit Strafe bedroht. Hierunter fällt auch die nicht rechtzeitige Ablieferung insoweit, als schon hierdurch Umweltgefahren entstehen können (RegE 19). Eine nähere Bestimmung des Ablieferungszeitpunkts fehlt jedoch (Ber. 29; Laufhütte/Möhrenschlager ZStW **92**, 960). Soweit eine Ablieferungspflicht (§ 9a II AtG iVm § 47 StrlSchV) nicht besteht (§ 47 StrlSchV iVm §§ 6, 7, 9 AtG, § 3 I StrlSchV), kann I Nr. 2, falls die obigen Voraussetzungen gegeben sind, eingreifen, sofern es sich nicht um geringfügige radioaktive Abfälle handelt. Für radioaktiven Klärschlamm kann eine Ablieferungspflicht dann entfallen, wenn die Landessammelstellen zur Abnahme nicht in der Lage sind (vgl. hierzu Heine/Martin NuR **88**, 328, 332). Die Ablieferungspflicht regeln (mit Wirkung vom 1. 11. 1989) die §§ 81 bis 86 StrlSchV. II ist (anders als I, vgl. oben 6) auch auf solche gasförmige radioaktive Abfälle anwendbar, die bei einem Produktionsprogramm anfallen und unter Verstoß gegen § 46 StrlSchV abgeleitet werden (RegE 19). Da die Ablieferungspflicht nach § 9a II S. 1 AtG an den Besitz geknüpft ist, ist mit der Eröffnung des Konkursverfahrens der (Vertreter des) Gemeinschuldner(s) nicht mehr Ablieferungsverpflichteter iS des II, Celle NJW **87**, 1281. Auch kann eine Strafbarkeit entfallen, wenn dem Pflichtigen eine Ablieferung aus tatsächlichen Gründen nicht möglich ist, vgl. den bei Geulen ZRP **88**, 324 Fn. 18 mitgeteilten Fall der StA Braunschweig.

7) Vollendet ist die Tat, wenn die Beseitigungshandlung (oben 7) zu- 12
mindest hinsichtlich eines Teils der Abfälle abgeschlossen ist (LK 65; Sack 195). Der Taterfolg liegt in der eingetretenen Gefährdung, nicht in der daraus erwachsenen Verletzung (BGH **36**, 257). Die Tat kann in der Begehungsform des Ablagerns (oben 7c), die sich auf die Vornahme der Tathandlung beschränkt, nicht als Dauerdelikt angesehen werden, denn es erwächst dem Täter keine strafbewehrte Verpflichtung, den geschaffenen gefährlichen Zustand wieder zu beseitigen (BGH **36**, 257 m. Anm. Laubenthal JR **90**, 514). Der **Versuch** ist nur in den Fällen des I strafbar (**III**), zB wenn der Täter im Begriff ist, Abfälle aus einem Transportfahrzeug zu entladen (RegE 19). Zu Fragen der **Tatbeendigung** und **Täterschaft und Teilnahme** Schittenhelm GA **83**, 320, 322.

1843

§ 326

13 8) Die **Strafdrohung** ist, da es sich bei § 326 um Vorfeldtatbestände handelt, milder als bei §§ 324, 325, in II auch milder als in § 45 II Nr. 3 fF AtG, im übrigen aber für Vorsatz- (I, II) und Fahrlässigkeitstaten (IV) abgestuft. Gefährlichkeit (I Nr. 1, 2) und Schädigungseignung (I Nr. 3) müssen ebenso wie der Pflichtverstoß vom Vorsatz umfaßt sein, jedoch genügt bei I und II auch bedingter Vorsatz (zur Frage des Irrtums über Tatbestandsalternativen im Rahmen von I, vgl. Schittenhelm GA **83**, 313; 11 zu § 16; SchSch 14), tritt in diesen Fällen eine konkrete Gefährdung iS von § 330 I (vgl. dort 6) ein, so sind die Strafrahmen des § 330 (dort 11) und falls der Täter sich bereichern wollte, § 41 (dort 3) maßgebend.

14 9) Einen **sachlichen Strafausschließungsgrund** (Ber. 29; SchSch 17 und 10 vor § 324) enthält **V**, der im Gesetzgebungsverfahren umstritten war, im RegE/ 2. UKG (10 vor § 324) nicht mehr vorgesehen ist, und in den Fällen I Nr. 1, 3 wohl nur ganz ausnahmsweise Bedeutung gewinnen wird (vgl. Tiedemann, UmweltstrafR 37; Sack NStZ **86**, 412), für die Fälle der Beseitigung kleiner Abfallmengen (sog. *„Minima-Klausel"*), damit das abstrakte Gefährdungsdelikt dann zu keiner Strafbarkeit führt, wenn die Tat zu keinen schädlichen Einwirkungen auf die Umwelt (was nicht in jeder Hinsicht dasselbe bedeutet, wie die „schädlichen Umwelteinwirkungen" nach § 3 I BImSchG; vgl. hierzu RegE 30/ 31, 34; Ber. 8, 30; ferner Landmann-Rohmer GewO III 3 ff. zu § 3 I BImSchG; Laufhütte/Möhrenschlager ZStW **92**, 916; Schittenhelm GA **83**, 319) führen kann; Prot. I 39 nennt Abfälle aus der Kamillenteeherstellung oder Baldrianabfälle als Beispiele, verkennt aber hierbei, daß solche Fälle schon nach I Nr. 3 gar nicht unter den Tatbestand fallen können. Der Wortlaut verdeutlicht, daß die Voraussetzungen des V positiv feststehen müssen, bei Zweifeln es also bei I bis IV verbleibt (RegE 19; Rogall JZ-GD **80**, 111; LK 68; SchSch-Cramer 19 und 3 vor § 306; SK-Horn 30; Heinz NStZ **81**, 256; ebenso Sack NJW **80**, 1427 und Lackner 12, wo berechtigte Einwände gegen V erhoben werden, positiver Meurer NJW **88**, 2068).

15 10) **Konkurrenzen.** Tateinheit ist möglich zwischen I, II, IV und §§ 324, 325 I Nr. 1, § 327 II Nr. 2, § 330a, sowie zwischen II und §§ 327 I, 328 II, 329 III (2. Alt.), LK 76, jedoch tritt § 326 I Nr. 3 gegenüber § 324 dann zurück, wenn eine nachhaltige Gewässerverunreinigung durch die Beseitigung von Abwässern herbeigeführt wird (BGH **38**, 338). In vielen Fällen des § 9 AbfKlärV, sowie des § 87 II Nr. 4 iVm §§ 81 bis 84 StrlSchV wird § 326, der dann vorgeht, eingreifen. Vgl. ergänzend § 7 III Nr. 2, §§ 13 bis 15 StrVG und § 12 VerpackV.

16 11) **Sonstige Vorschriften.** Einziehung § 330e; Berufsverbot § 70, dort 4.

Unerlaubtes Betreiben von Anlagen

327 ^I Wer ohne die erforderliche Genehmigung oder entgegen einer vollziehbaren Untersagung eine kerntechnische Anlage betreibt, eine betriebsbereite oder stillgelegte kerntechnische Anlage innehat oder ganz oder teilweise abbaut oder eine solche Anlage oder ihren Betrieb wesentlich ändert, wird mit Freiheitsstrafe bis zu fünf Jahren oder mit Geldstrafe bestraft.

^{II} Mit Freiheitsstrafe bis zu zwei Jahren oder mit Geldstrafe wird bestraft, wer

1. eine genehmigungsbedürftige Anlage im Sinne des Bundes-Immissionsschutzgesetzes oder

2. eine Abfallentsorgungsanlage im Sinne des Abfallgesetzes

Straftaten gegen die Umwelt **§ 327**

ohne die nach dem jeweiligen Gesetz erforderliche Genehmigung oder Planfeststellung oder entgegen einer auf dem jeweiligen Gesetz beruhenden vollziehbaren Untersagung betreibt.

III **Handelt der Täter fahrlässig, so ist die Strafe**

1. in den Fällen des Absatzes 1 Freiheitsstrafe bis zu zwei Jahren oder Geldstrafe,

2. in den Fällen des Absatzes 2 Freiheitsstrafe bis zu einem Jahr oder Geldstrafe.

1) Die **Vorschrift** idF des Art. 1 Nr. 18 des 18. StÄG (1 vor § 324; zum **E/2.** **UKG** vgl. 10 vor § 324), zu II Nr. 2 idF des AbfallG v. 27. 8. 1986 (BGBl. I 1410) ersetzt, teilweise unter Verschärfung der Sanktion, die sachlich im wesentlichen übereinstimmenden früheren Vorschriften im AtG, BImSchG, AbfG und schafft für diese Fälle verbotswidrigen Betreibens besonders umweltgefährdender Anlagen einen einheitlichen abstrakten Gefährdungstatbestand (13 a vor § 13; allgM), der sachlich eng mit den entsprechenden vw-rechtlichen Vorschriften korrespondiert. Zum geschützten **Rechtsgut** vgl. zunächst 3 vor § 324. Der eigentliche Zweck der Vorschrift liegt darin, im Bereich gefährlicher Anlagen die Dispositions- und Entscheidungsbefugnis der zuständigen Genehmigungsbehörden zu schützen, und zwar bereits gegen bloßen Verwaltungsungehorsam (Horn NuR **88**, 64; Dolde NJW **88**, 2334), was im Hinblick auf die Gefahren, die der Allgemeinheit durch vorschriftswidrigen Umgang mit Kernbrennstoffen drohen können, gerechtfertigt erscheint (Tiedemann/Kindhäuser NStZ **88**, 343; Rengier NJW **90**, 2513). § 327 II Nr. 1 ist mit dem GG vereinbar (BVerfGE **75**, 329, 340 [zust. Breuer NJW **88**, 2083] mit Vorlage AG Nördlingen NStZ **86**, 315 m. Anm. Meinberg ergangen; Bay NStE Nr. 5; ebenso § 327 II Nr. 2, Bay MDR **86**, 604; **88**, 252; NStZ **88**, 27).

2) Nach I ist **A. Tatgegenstand** eine **kerntechnische Anlage**, d. i. eine Anlage zur Erzeugung oder zur Bearbeitung oder Verarbeitung oder zur Spaltung von Kernbrennstoffen oder zur Aufbereitung bestrahlter Kernbrennstoffe (§ **330 d Nr. 2**; vgl. hierzu ferner § 7 I, V AtG; Rupp DVBl. 89, 345); **B. Tathandlung a)** das Betreiben einer solchen Anlage und **b) hinsichtlich einer betriebsbereiten oder stillgelegten** (nicht jedoch hinsichtlich einer nichtbetriebsbereiten oder nie betriebenen) **kerntechnischen Anlage aa)** das **Innehaben**, **bb)** das **ganz oder teilweise Abbauen** oder **cc)** das **wesentliche** (Winkelbauer JuS **88**, 695) **Verändern**, falls diese Handlungen a bis b **ohne die** (wegen der abstrakten Gefährlichkeit) **erforderliche Genehmigung** (§ 7 AtG; Dolde NJW **88**, 2330) aber auch, was gleich schwer wiegt (aber bisher lediglich als Ordnungswidrigkeit galt, § 46 I Nr. 2 AtG), **entgegen einer vollziehbaren** (3 a zu § 325) **Untersagung** (§ 19 III AtG; 3 zu § 325) begangen wurden. Vom Tatbestand *nicht* umfaßt ist das ungenehmigte Errichten oder Innehaben einer nicht betriebsbereiten oder nie betriebenen kerntechnischen Anlage, da hiervon Strahlungsrisiken nicht ausgehen, vgl. aber § 46 I Nr. 2 AtG; LK-Steindorf 9. Genehmigungslosigkeit liegt auch vor bei Fristablauf einer befristeten Genehmigung, Nichterfüllen einer Bedingung, Verstoß gegen wesentliche Genehmigungsvoraussetzungen oder wesentlicher Änderung der Anlage, selbst wenn diese zu einer Verbesserung der Umweltsituation führt (LG Bremen NStZ **82**, 163; LK 22). Bei einem *gestuften atomrechtlichen Genehmigungsverfahren* greift § 327 nur ein, wenn die kerntechnische Anlage betrie-

ben wird, ohne daß überhaupt eine rechtswirksame Teilgenehmigung erteilt worden ist oder wenn beim Betrieb über die Stufen der jeweils vorhandenen Einzelgenehmigungen hinausgegangen wird (StA Stuttgart NStE Nr. 9). *Keine* „erforderliche Genehmigung" iS des § 7 AtG sind hingegen sog. *„Vorabzustimmungen",* wie sie zB einer Betreiberfirma (*Alkem*-Verfahren: LG Hanau NJW 88, 571 u. NStZ 88, 179 m. Anm. Bickel; hierzu R. Keller, Rebmann-FS 243; Wüterich NStZ 90, 316; Michalke 150) hinsichtlich Anlagen erteilt wurden, die nach altem Recht (AtG fF) genehmigt waren und nach Maßgabe wesentlicher (durch die „Vorabzustimmungen" gedeckter) Änderungen für eine Übergangszeit erlaubtermaßen weiter betrieben wurden, ohne daß es zur endgültigen Genehmigung nach § 7 AtG gekommen war. Solche „Vorabzustimmungen" rechtfertigen aber die Anlagenbetreiber (4b vor § 324); zu Unrecht geht LG Hanau (aaO) von deren vw-rechtlicher Rechtswidrigkeit aus (Dolde NJW 88, 2332, Winkelbauer JuS 88, 696, jew. unter Hinweis auf § 19 III AtG; ferner Breuer NJW 88, 2083; Palme JuS 89, 944; vgl. hierzu 4c aE vor § 324). Zur Frage der bloßen materiellen *Genehmigungs- und Erlaubnisfähigkeit* oben 4d vor § 324.

4   3) Nach II sind **A. Tatgegenstand a)** in **Nr. 1 genehmigungsbedürftige Anlagen iS des BImSchG,** wie sie im Anhang der 4. BImSchV aufgeführt sind (vgl. Stuttgart NStE Nr. 10), **b)** in **Nr. 2 Abfallentsorgungsanlagen** iS der §§ 4, 5, 7 AbfG (2 zu § 325, 8 zu § 326); hierzu gehören auch Anlagen (vgl. Köln NStZ 87, 462; Stuttgart wistra 87, 307) zur – nicht nur vorübergehenden (Bay MDR 91, 77) – Lagerung oder Behandlung von Autowracks (Bay NStZ 86, 319; NJW 87, 2757 L; Stuttgart wistra 87, 306), Autoverschrottungsbetrieb (Köln NStE Nr. 11), die Erstellung eines Beckens zur Aufnahme von Fäkalschlamm (Bay NStZ 88, 27), auch schon jede bloße Grundstücksfläche reicht aus, selbst wenn sie auch noch anderen Zwecken als der Abfallentsorgung dient, soweit sie hierfür für einen nicht unerheblichen Zeitraum bestimmt wird (Stuttgart NStZ 91, 590); nicht aber im Falle einer vorübergehenden Ausnahmesituation (Bay NJW 92, 925 m. Anm. Sack JR 92, Heft 12; Horn/Hoyer JZ 91, 708), *nicht aber* Anlagen, die ausschließlich zum Einsammeln und Befördern von Abfällen dienen (Köln NStZ 87, 462), es sei denn, es handelt sich um Umschlagstationen zur Zwischenlagerung (Köln aaO; 7 zu § 326); ein Verstoß gegen eine Auflage eines Genehmigungsbescheides fällt nur dann unter II Nr. 2, wenn es sich hierbei um einen Verstoß gegen eine wesentliche Genehmigungsvoraussetzung handelt (Bay MDR 88, 252); **B. Tathandlungen** das

5   **Betreiben** (d. i. die bestimmungsgemäße Nutzung: Bay VRS 67, 229) solcher Anlagen **a) ohne die die nach dem jeweiligen Gesetz erforderliche Genehmigung** (oben 3) **oder Planfeststellung** oder **b) entgegen einer auf dem jeweiligen Gesetz beruhenden vollziehbaren** (3a zu § 325) **Untersagung.** Durch diese Fassung wird, der Anregung des BRats (RegE 31) folgend, auf die (inländischen) vw-rechtlichen Zulassungsbesonderheiten in den Bezugsgesetzen (§§ 4, 15, 17, 20 BImSchG; §§ 7, 7a II, 8, 9 AbfG) Bedacht genommen. Die Vorschrift bezieht sich – entsprechend der herrschenden Auslegung (vgl. Steindorf 12 zu § 16 AbfG aF) – auf alle Fälle unerlaubten Betreibens einer Anlage ohne Vorliegen der zur Errichtung, zum Betrieb oder der zu einer wesentlichen Änderung der Lage, Beschaffenheit oder des Betriebs erforderlichen Genehmigung (Ber. 30/31); sie

Straftaten gegen die Umwelt § 327

wertet § 18 I Nr. 4 fF AbfG (Betrieb der Anlage entgegen einer vollziehbaren Untersagung) zum Vergehen auf, neben dem § 18 I Nr. 3 AbfG als Bußgeldtatbestand erhalten bleibt. Unter II Nr. 2 fällt auch der Inhaber einer stillgelegten Abfallbeseitigungsanlage, der wilde Müllablagerungen durch Dritte nicht unterbindet (Stuttgart OLGSt. Nr. 1, zw.; Iburg NJW **88**, 2342, gegen ihn Geidies NJW **89**, 821), sowie der ehrenamtliche Ortsbürgermeister, der gegen die Weiterbenützung einer stillgelegten gemeindeeigenen Müllkippe nicht einschreitet (LG Koblenz NStZ **87**, 281; AG Cochem NStZ **85**, 505; vgl. hierzu U. Weber [6 vor § 324] 24).

4) Die **Strafdrohung** ist, da die Umweltgefahren aus ungenehmigten Anlagen nach I und nach II unterschiedlich stark sind, insoweit, aber auch nach der Schuldform abgestuft. In den Fällen von I und II gelten, wenn es zu einer in § 330 I umschriebenen konkreten Gefährdung kommt, die Strafdrohungen des § 330 (dort 6, 11); wollte sich der Täter bereichern, ist § 41 (dort 3) zu beachten. **6**

5) Die **Fahrlässigkeitsstrafdrohung (III)** entspricht der früheren Regelung im AtG, BImSchG und AbfG. Fahrlässiges Handeln kann darin bestehen, daß der Täter in zurechenbarer Weise Inhalt oder Umfang der ihm auferlegten vwrechtlichen Pflichten verkennt (Lackner 15 zu § 325). **7**

6) **Konkurrenzen:** Tateinheit ist möglich zwischen I und § 328; zwischen II Nr. 1 und §§ 324, 325, 329 sowie zwischen II Nr. 2 und §§ 324 bis 326; vgl. LK 33. **8**

7) **Sonstige Vorschriften.** Einziehung § 330 c. **9**

Unerlaubter Umgang mit Kernbrennstoffen

328 ^I Wer ohne die erforderliche Genehmigung oder entgegen einer vollziehbaren Untersagung

1. Kernbrennstoffe außerhalb einer kerntechnischen Anlage bearbeitet, verarbeitet oder sonst verwendet oder von dem in einer Genehmigung festgelegten Verfahren für die Bearbeitung, Verarbeitung oder sonstige Verwendung wesentlich abweicht oder die in der Genehmigung bezeichnete Betriebsstätte oder deren Lage wesentlich ändert,

2. Kernbrennstoffe
   a) außerhalb der staatlichen Verwahrung aufbewahrt,
   b) befördert oder
   c) einführt, ausführt oder sonst in den Geltungsbereich oder aus dem Geltungsbereich dieses Gesetzes verbringt,

wird mit Freiheitsstrafe bis zu fünf Jahren oder mit Geldstrafe bestraft.

^{II} Ebenso wird bestraft, wer

1. Kernbrennstoffe, zu deren Ablieferung er auf Grund des Atomgesetzes verpflichtet ist, nicht unverzüglich abliefert,

2. Kernbrennstoffe an Unberechtigte herausgibt.

^{III} Handelt der Täter fahrlässig, so ist die Strafe Freiheitsstrafe bis zu zwei Jahren oder Geldstrafe.

1) Die **Vorschrift** idF des Art. 1 Nr. 18 des 18. StÄG (1 vor § 324) ist als abstrakter Gefährdungstatbestand § 45 I Nr. 1 bis 3, 5, II Nr. 1, 2 fF AtG sachlich im wesentlichen übereinstimmend nachgebildet. Er gehört eigentlich zu den §§ 310b, 311a ff. (Rogall JZ-GD **80**, 103). Zur Anwendungserweiterung durch **1**

§ 328

Gleichstellung einer Genehmigung oder Untersagung einer ausländischen VwBehörde vgl. 2a zu § 3 und Art. 2 Ges. v. 24. 4. 1990 (5 zu § 126). Zum geschützten **Rechtsgut** vgl. 3 vor § 324, zum E/2. UKG vgl. 10 vor § 324.

2 2) Tatgegenstand sind **Kernbrennstoffe**, d. i. nach dem maßgeblichen (RegE 20) § 2 I Nr. 1 AtG spaltbares Material. Für eine Atomwaffe ist Kernbrennstoff ohne Rücksicht auf die gelieferte Menge und auf den im einzelnen verfolgten militärischen Verwendungszweck eine „wesentliche" Substanz iS des § 1 I KriegswaffG iVm Teil A I Nr. 2 der Kriegswaffenliste (BGH **38**, 207; vgl. auch Karlsruhe NJW **92**, 1057).

3 3) I umschreibt als **Tathandlungen** verschiedene Formen des Umgangs mit Kernbrennstoffen, die stets verboten sind, falls sie **ohne die** (nach dem AtG) **erforderliche Genehmigung** oder – wie seit dem 18. StÄG klargestellt ist – **entgegen einer vollziehbaren Untersagung** (hierzu 3 zu § 327)
4 geschehen sind, und zwar **A**. in **Nr. 1** (entsprechend § 9 I AtG), wenn der Täter **a)** Kernbrennstoffe (oben 2) **außerhalb einer kerntechnischen Anlage** (§ 330 d Nr. 2; vgl. 2 zu § 327) **bearbeitet, verarbeitet** oder **sonst verwendet; b) von dem** in einer Genehmigung **festgelegten Verfahren** für die Bearbeitung, Verarbeitung oder sonstige Verwendung von Kernbrennstoffen **wesentlich abweicht** oder **c) die** in der Genehmigung bezeichnete Betriebsstätte für Kernbrennstoffe **oder deren Lage wesentlich ändert;**
5 **B**. in **Nr. 2**, wenn der Täter Kernbrennstoffe **a) außerhalb der staatlichen Verwahrung aufbewahrt** (§ 5 I AtG), **b) befördert** (hierzu 5 zu § 330), und zwar außerhalb eines abgeschlossenen Geländes, auf dem sie staatlich verwahrt werden (§ 4 I AtG) oder **c) einführt, ausführt** oder **sonst in den Geltungsbereich** oder **aus dem Geltungsbereich** dieses Gesetzes (2 vor § 80) **verbringt** (§ 3 I, V AtG).

6 4) II erfaßt 2 weitere **Tathandlungen**. Strafbar ist nach **Nr. 1**, wer nach § 5 III, IV AtG ablieferungspflichtige Kernbrennstoffe **nicht abliefert**; die Nichtablieferung radioaktiver Abfälle regelt § 326 II (dort 11); nach **Nr. 2**, wer Kernbrennstoffe an **Unberechtigte herausgibt**, das sind alle Personen, die nicht zur Entgegennahme oder zum Besitz von Kernbrennstoffen berechtigt sind (§ 5 V AtG).

7 5) Die **Strafdrohung** ist nach der Schuldform abgestuft, kommt es bei Vorsatztaten (I, II) zu der in § 330 I umschriebenen konkreten Gefährdung, so gelten die Strafdrohungen des § 330 (dort 6, 11), ggf ist § 41 (dort 3) zu beachten.

8 6) **Fahrlässiges Handeln (III)** ist, entsprechend § 45 IV fF AtG, bei allen Tathandlungen strafbar (vgl. 6 zu § 327).

9 7) **Konkurrenzen**. Tateinheit ist möglich mit § 327 I und § 326 II; ferner mit §§ 311 b, 311 d, 311 e, ebenso mit §§ 310 b, 311 a (LK-Steindorf 25; insoweit aM SchSch 19; Sack 33 zu § 310 b).

10 8) **Sonstige Vorschriften**. Einziehung § 330 c.

Gefährdung schutzbedürftiger Gebiete

329 ¹ Wer entgegen einer auf Grund des Bundes-Immissionsschutzgesetzes erlassenen Rechtsverordnung über ein Gebiet, das eines besonderen Schutzes vor schädlichen Umwelteinwirkungen durch Luftverunreinigungen oder Geräusche bedarf oder in dem während austauscharmer Wetterlagen ein starkes Anwachsen schädlicher Umwelt-

Straftaten gegen die Umwelt **§ 329**

einwirkungen durch Luftverunreinigungen zu befürchten ist, Anlagen innerhalb des Gebiets betreibt, wird mit Freiheitsstrafe bis zu zwei Jahren oder mit Geldstrafe bestraft. Ebenso wird bestraft, wer innerhalb eines solchen Gebiets Anlagen entgegen einer vollziehbaren Anordnung betreibt, die auf Grund einer in Satz 1 bezeichneten Rechtsverordnung ergangen ist. Die Sätze 1 und 2 gelten nicht für Kraftfahrzeuge, Schienen-, Luft- oder Wasserfahrzeuge.

II Wer innerhalb eines Wasser- oder Heilquellenschutzgebiets entgegen einer zu deren Schutz erlassenen Rechtsvorschrift

1. betriebliche Anlagen zum Lagern, Abfüllen oder Umschlagen wassergefährdender Stoffe betreibt,

2. Rohrleitungsanlagen zum Befördern wassergefährdender Stoffe betreibt oder

3. im Rahmen eines Gewerbebetriebs Kies, Sand, Ton oder andere feste Stoffe abbaut,

wird mit Freiheitsstrafe bis zu zwei Jahren oder mit Geldstrafe bestraft.

III Ebenso wird bestraft, wer innerhalb eines Naturschutzgebiets oder eines Nationalparks oder innerhalb einer als Naturschutzgebiet einstweilig sichergestellten Fläche entgegen einer zu deren Schutz erlassenen Rechtsvorschrift oder vollziehbaren Untersagung

1. Bodenschätze oder andere Bodenbestandteile abbaut oder gewinnt,

2. Abgrabungen oder Aufschüttungen vornimmt,

3. Gewässer schafft, verändert oder beseitigt,

4. Moore, Sümpfe, Brüche oder sonstige Feuchtgebiete entwässert oder

5. Wald rodet

und dadurch wesentliche Bestandteile eines solchen Gebiets beeinträchtigt.

IV Handelt der Täter fahrlässig, so ist die Strafe Freiheitsstrafe bis zu einem Jahr oder Geldstrafe.

1) Die **Vorschrift** idF des Art. 1 Nr. 18 des 18. StÄG (1 vor § 324; zum E/2. UKG vgl. 10 vor § 324) dient dem besonderen **Schutz solcher Gebiete, die gegenüber** schädlichen **Umwelteinwirkungen** besonders **empfindlich** sind. Geschützt werden sollen (3 vor § 324) dadurch die Unversehrtheit von Menschen, Tieren und Pflanzen sowie das Eigentum an Sachen (vgl. § 1 BImSchG). § 329 ersetzt § 63 I Nr. 3, II fF BImSchG unter besonderer Anführung des Inhalts der betreffenden Bezugsnorm, vereinheitlicht die Strafbewehrung der landesrechtlichen SmogVOen und Naturschutzvorschriften (Ber. 32). § 329 ergänzt ferner die §§ 324, 325, in dem er den strafrechtlichen Schutz der bezeichneten Gebiete durch Schaffung von abstrakten Gefährdungstatbeständen (I, II) oder dadurch vorverlegt, daß er an Stelle konkreter Gefährdungen bestimmte ökologische Beeinträchtigungen genügen läßt (III).

2) Gemeinsame Voraussetzung aller Tatbestände ist, daß **gegen diejenigen** speziellen inländischen **Rechtsvorschriften verstoßen** oder vollziehbaren Untersagungen (3 zu § 325) zuwidergehandelt wird, die jeweils **zum Schutze des** betreffenden **Gebiets erlassen** sind. An einer solchen Verbots-

§ 329 BT Achtundzwanzigster Abschnitt

widrigkeit fehlt es, wenn zB bei III der betreffende Eingriff aufgrund einer behördlichen Bewilligung, Erlaubnis oder Planfeststellung etwa nach dem FStrG oder WaStrG rechtlich erlaubt war.

3 **3) Nach I sind A. Schutzgegenstand a) Gebiete nach § 49 I BImSchG,** die nach (noch ausstehenden) landesrechtlichen Vorschriften eines besonderen Schutzes vor schädlichen Umwelteinwirkungen durch Luftverunreinigungen oder Geräusche (vgl. § 325) bedürfen (§ 49 I BImSchG), zB Kur-, Erholungs- oder Klinikgebiet (vgl. Landmann-Rohmer GewO III, 11 zu § 49 BImSchG), oder in dem **b) sog. Smog-Gebiete,** dh Gebiete, in denen während austauscharmer Wetterlagen ein starkes Anwachsen schädlicher Umwelteinwirkungen durch Luftverunreinigungen zu befürchten ist (§ 49 II S. 1 BImSchG), die also ohnehin stark umweltbelastet sind und innerhalb derer – etwa bei Inversionswetterlagen – auch bei geringfügiger Erhöhung der Immissionen nicht hinnehmbare Umweltbeeinträchtigungen eintreten, denen durch Erlaß von sog. Smog-VOen der Länder entgegengewirkt werden soll; vgl. zB BW VO v. 27. 6. 1988 (GBl. 214); Bln VO v. 30. 10. 1990 (GVBl. 2236); Hmb VO v. 22. 12. 1987 (GVBl. 247), ÄndVO v. 21. 3. 1989 (GVBl. 51); Hess VO v. 22. 8. 1988 (GVBl. I 319; II 310–61), letzte ÄndVO v. 13. 2. 1991 (GVBl. I 33); RhPf VO v. 1. 9. 1988 (GVBl. 201); NW VO v. 29. 10. 1974 (GVNW 1432; SGVNW 7129); letzte ÄndVO v. 23. 8. 1988 (GVBl. 357); Göhler 154 Ca; Landmann-Rohmer aaO 40 ff. zu § 49 BImSchG;

4 **B. Tathandlung** das **verbotswidrige** (also – nach Satz 1 – entgegen einer aufgrund der Ermächtigung in § 49 I Nr. 1, 3, 4, II Nr. 1, 2 BImSchG erlassenen Rechtsverordnung oder – nach Satz 2 – entgegen einer vollziehbaren Anordnung, oben 2) **Betreiben einer Anlage** iS von § 3 V Nr. 12 (2 zu § 325) und Nr. 3 BImSchG, also nicht nur „genehmigungsbedürftiger Anlagen" iS der 4. BImSchV (4 zu § 327; LK-Steindorf 9). Für das Betreiben ist das Ingangsetzen oder Inganghalten der Anlage entgegen einer vollziehbaren Verbotsanordnung oder Betriebsbeschränkung erforderlich, aber, da eine Schädigungswirkung nicht einzutreten braucht, auch ausreichend. Das bloße verbotswidrige Errichten einer Anlage wird vom Tatbestand ebenso wie in § 327 (dort 3) nicht erfaßt (vgl. aber § 62 I Nr. 8 BImSchG). **Nicht** unter das Betreiben von Anlagen iS der Sätze 1 und 2 fallen nach **Satz 3** (wie in § 325 I S. 2 und § 330 I S. 2) **Verkehrsfahrzeuge** (hierzu 7 vor § 324), obwohl § 40 BImSchG auch eine Ermächtigungsgrundlage dafür geschaffen hat, den Kraftfahrzeugverkehr bei Smog-Gefahr zu beschränken oder zu verbieten. Wer verbotswidrig in einem Smog-Gebiet mit einem Kraftfahrzeug fährt, begeht lediglich eine Ordnungswidrigkeit (§ 6 I Nr. 5 a, § 24 StVG iVm §§ 41, 49 III Nr. 4 StVO; RegE 21).

5 **4) Nach II sind A. Schutzgegenstand Wasser- und Heilquellenschutzgebiete.** Sie bestimmen sich nach § 19 WHG, sowie nach landesrechtlichen Regelungen (zB § 26 LWG NW, §§ 38 ff. BW WG; Nachw. bei Giesecke 8 zu § 19 WHG) und sind wegen ihrer Immissionsempfindlichkeit besonders schutzbedürftig. Nicht aufgenommen in den Katalog des II ist eine Vorschrift, die das Befördern wassergefährdender Stoffe durch die Schutzgebiete (oben 3) unter Strafe stellt. Insoweit bleibt es bei der bloßen Ordnungswidrigkeit nach § 6 I Nr. 5 a, § 24 StVG iVm § 41 II Nr. 6, § 49 III Nr. 4 (Zeichen 269) StVO;

6 **B. Tathandlungen** wegen der größeren Gefährlichkeit jeweils nur Handlungen, die mit dem (gesetz- oder verbotswidrigen, oben 2) **Betrei-**

Straftaten gegen die Umwelt **§ 329**

ben einer Anlage zusammenhängen. Das bloße (verbotene) Errichten einer solchen erfüllt den Tatbestand nicht, jedoch bleibt eine Ahndbarkeit als Ordnungswidrigkeit (vgl. § 41 I Nr. 2 iVm § 19 II Nr. 1 WHG) unberührt. Andererseits erfaßt II auch Taten, bezüglich deren landesrechtliche Vorschriften nur das Errichten und nicht zugleich auch das Betreiben der genannten Anlagen oder das Befördern wassergefährdender Stoffe verbieten, denn das Verbot des Errichtens schließt das des Betreibens und Beförderns mit ein (RegE 21). Strafbar sind nach II folgende verbotswidrigen (2) Handlungen innerhalb des Gebiets (5): **a)** nach **Nr. 1** das Betreiben (6) 7 **betrieblicher Anlagen** (§ 3 V BImSchG; Landmann-Rohmer GewO III, 23 ff. zu § 3 BImSchG; vgl. 2 zu § 325) zum Lagern, Abfüllen oder Umschlagen wassergefährdender Stoffe (§ 19g WHG). Anlagen für den Privatgebrauch sind nicht „betrieblich", hingegen stellt **§ 330d Nr. 3** (entsprechend § 264 VI S. 2) klar, daß Anlagen **in einem öffentlichen Unternehmen** (hierzu 11 zu § 264, RegE 27) mitumfaßt sind. „Betrieblich" geht weiter als „gewerblich" (Czychowski ZfW **80**, 209; Sack 52; zw. Rogall JZ-GD **80**, 109). Unter **Lagern** ist in diesem Zusammenhang (weitergehend als bei § 326 I, dort 7) insbesondere das Aufbewahren zur späteren Verwendung oder Wiederverwendung zu verstehen (RegE 21; Gieseke 4c zu § 26 WHG; Sieder/Zeitler 53 ff. zu § 19g WHG). Isolier-, Kühl- oder Schmiermittel und andere Stoffe, die in Maschinen und Geräten der Funktionsfähigkeit dienen, werden nicht gelagert (Czychowski ZfW **77**, 84; Sieder/Zeitler 57 zu § 19g WHG). **Abfüllen** ist vor allem das (meist mit besonderen Risiken für das Übergangsstadium verbundene) Überleiten des Stoffes, zB das Befüllen von Anlagen, die nicht mit einem Transport in Verbindung stehen, oder in Einrichtungen, Geräte und Fahrzeuge, um den Stoff dort als Betriebsmittel zu verwenden (Sieder/Zeitler 59 f. zu § 19g WHG; abw. offenbar RegE 21). Der Begriff **Umschlagen** wurde ursprünglich iVm mit dem Laden und Löschen von Schiffen verwendet, ist aber auch auf andere Beförderungseinrichtungen zu erstrecken (Warenumschlag), erfaßt also allgemein Vorgänge des Beladens oder Beschickens von Stoffen in Transportanlagen oder in feste Anlagen, die dem Bereitstellen oder Aufbewahren zum Zwecke des späteren Transports dienen, und umgekehrt das Entladen der Transporteinrichtung; jedoch fallen Stoffe zum Betreiben des aufnehmenden Fahrzeugs nicht darunter (RegE 21; Gieseke 8 zu § 19g; LK 19). **Wassergefährdende Stoffe** sind nach § 19g V WHG (iVm den LagerVOen der Länder, Göhler 904 D; vgl. zB Bay VAwSF; vgl. Katalog idF v. 1. 3. 1985, GMBl. 175; ber. 369; 1. Fortschreibung Bek. v. 26. 4. 1987, GMBl. 294) solche, die geeignet sind, nachhaltig (was Umfang und zeitliche Dauer betrifft) die physikalische, chemische oder biologische Beschaffenheit des Wassers zu ändern (vgl. auch 6 zu § 324; Gieseke 16, Sieder/Zeitler 32 ff., beide zu § 19g WHG); **b)** nach **Nr. 2** das Betreiben 8 von **Rohrleitungen** (iS der Richtlinie zu § 19a WHG, RRwS v. 4. 3. 1987, GBl. 110) zum Befördern wassergefährdender Stoffe, insbesondere auch die Pump-, Abzweig-, Übergabe- sowie Absperr- und Entlastungsstationen. Wassergefährdende Stoffe sind die in § 19a II Nr. 1 WHG (iVm der WasGefStBefV v. 19. 12. 1973, BGBl. I 1946; III 753-1-2, ÄndVO v. 5. 4. 1976, BGBl. I 915) genannten flüssigen und gasförmigen Stoffe. Der Begriff ist also in Nr. 2 von dem nach Nr. 1 (oben 7) vor allem deshalb verschieden, weil dort zusätzlich eine Langzeitwirkung auf das Wasser

§ 329

9 (nachhaltig) vorausgesetzt wird; **c)** nach **Nr. 3** den Abbau von **Kies, Sand, Ton oder anderen festen Stoffen**, zB Humus, Schlamm (LK 32; SchSch-Eser 31), und zwar **im Rahmen eines Gewerbebetriebs** und nicht privat, da nur bei einem erheblichen Abbau für das Grundwasser oder für geschützte Quellen Beeinträchtigungen drohen (RegE 21/22; Czychowski ZfW **80**, 210; Michalke 181).

10 5) Nach III sind A. **Schutzgegenstand Naturschutzgebiete** (§ 13 BNatSchG) und **Nationalparke** (§ 14 BNatSchG), ferner auch – entgegen dem RegE nach einem Vorschlag des BRats (RegE 32; 35) – die **als Naturschutzgebiet einstweilig sichergestellten Flächen** (§ 12 III Nr. 2 BNatSchG; hierzu Lorz in Erbs 4 b zu § 12 BNatSchG), da gerade in dem Zeitraum zwischen dem Bekanntwerden einer beabsichtigten Unterschutzstellung und deren Verwirklichung auf solchen Gebieten nicht wiedergutzumachende Schäden verursacht werden können (Ber. 32). Landschaftsschutzgebiete, Naturparke und geschützte Landschaftsbestandteile iS der §§ 15, 16, 18 BNatSchG sind nach III nicht geschützt;

11 B. **Tathandlungen** nur solche, die typischerweise die Schutzgebiete (10) gefährden und in ihrer schutzwürdigen Eigenart besonders beeinträchtigen können. Hierbei geht die Vorschrift über die Regelungen der Naturschutz- oder Landschaftspflegegesetze der Länder (Göhler 552) hinaus, die sich auch bei schwerwiegenderen Eingriffen mit Bußgelddrohungen begnügen. III schafft demgegenüber eine einheitliche Regelung, die aber nur eingreift, wenn der Täter **wesentliche Bestandteile des Schutzgebiets** (10) **beeinträchtigt**. Die einschränkende Klausel soll verdeutlichen, daß nicht jeder unbefugte Eingriff, sondern nur schwerwiegende Fälle mit kriminellem Unrechtsgehalt erfaßt werden, insbesondere solche Handlungen, die in den LPflegeG als „Eingriffe in die Landschaft" qualifiziert sind und die gerade die Teile treffen, deretwegen das betroffene Gebiet unter Naturschutz gestellt wurde und die (überwiegend) die materielle Voraussetzung für die Erklärung zum Naturschutzgebiet (10) erfüllen. Nach dem RegE (22) sind es „nicht nur vorübergehende Störungen von einer gewissen Intensität", die das „Eintreten konkreter Gefahren" für diese Teile wahrscheinlich machen (Laufhütte/Möhrenschlager ZStW **92**, 950; krit. Rogall JZ-GD **80**, 112; M-Schroeder § 58, 62; aM LK 47). Fehlt es an einer solchen Beeinträchtigung, so können gleichwohl die landesrechtlichen Vorschriften (Göhler 552) eingreifen. Im einzelnen ist nach III strafbar, wer verbotswidrig, dh entgegen einer zum Schutze eines Gebiets (10) erlassenen Rechts-
12 vorschrift oder vollziehbaren Untersagung **a) (Nr. 1) Bodenschätze** oder andere **Bodenbestandteile abbaut oder gewinnt** (vgl. § 13 I Nr. 1 BWNatSchG, §§ 15, 16 HE NatG, § 9 I Nr. 2 SchlHLPflegeG, § 2 Nr. 5 Nds NatSchG), hierzu gehört auch der unerlaubte Kies- oder Sandabbau;
13 b) **(Nr. 2) Abgrabungen oder Aufschüttungen vornimmt** (vgl. § 13 I Nr. 2 BWNatSchG, § 5 Nr. 1 HE NatG, § 4 I Nr. 2 RhPf LPflG), hierzu gehören – der Gesetzgeber hielt eine Klarstellung nicht für geboten – auch
14 Auf- oder Abspülungen (RegE 35); **c) (Nr. 3) Gewässer** (2 zu § 324) **schafft, verändert oder beseitigt**, so zB, wenn oberirdische Binnengewässer von natürlichen Wasserläufen abgeleitet, künstliche Teiche oder Seen angelegt oder natürliche ganz oder teilweise eingeschüttet werden, aber auch wenn in Küstengewässern, etwa im Wattbereich, unzulässige Eindei-

Straftaten gegen die Umwelt **§ 329**

chungen vorgenommen werden oder wenn – weitergehend als in § 10 I Nr. 4 BWNatSchG, § 5 I Nr. 5 HE NatG – der Grundwasserspiegel verändert wird. Der nach § 330d Nr. 1 auch das Meer (4 zu § 324) umfassende Begriff des Gewässers (2 ff. zu § 324) soll nach dem RegE (22) in § 329 gegenüber § 324 einengend ausgelegt werden und nur den naturschutzrechtlich relevanten Teilbereich der nationalen Meeresgewässer, nicht aber die Hohe See oder fremde Küstengewässer erfassen (SchSch 41); **d) (Nr. 4)** 15 **Moore, Sümpfe, Brüche oder sonstige Feuchtgebiete entwässert** (vgl. § 10 I Nr. 5, § 16 I Nr. 1 BWNatSchG, § 7 Nr. 8 SchlHLPflegeG), wer in solchen Gebieten großflächige Auffüllungen, Abtorfungen oder Trockenlegungen vornimmt (RegE 22); **e) (Nr. 5) Wald rodet** (vgl. § 84 WaldG BW, 16 Art. 40 I Nr. 2 BayWaldG, § 8 HessForstG); hierbei sind im Hinblick auf die Voraussetzungen zu 10 nur Rodungen erheblichen Umfangs (vgl. § 2 BWaldG) zu verstehen (SchSch 44).

6) Der **Vorsatz**, den I bis III voraussetzen (bedingter genügt), bezieht sich 17 auf die Merkmale der eigentlichen Tathandlungen (oben 6 ff.). Soweit in der Vorschrift Bezugsnormen genannt sind, gegen die der Täter verstoßen muß, und deren Schutzrichtung näher bezeichnet wird (oben 3), braucht sich der Vorsatz nicht darauf zu beziehen, daß der Täter die verletzte Norm und deren gesetzgeberischen Grund im einzelnen kennt (Winkelbauer aaO [2 vor § 324] 16; LK 50). Es reicht aus, wenn er allgemein weiß, daß er gegen eine formal wirksame Rechtsvorschrift verstößt. Zur **Fahrlässigkeit (IV)** vgl. 7 zu § 327.

7) Die **Strafdrohung** ist nach der Schuldform abgestuft. Kommt es bei 18 vorsätzlicher Begehung (I bis III) zu einer in § 330 I umschriebenen konkreten Gefährdung, so sind die Strafdrohungen des § 330 (dort 11) und, falls der Täter sich bereichern wollte, § 41 (dort 3) maßgebend. Eine sog. „Minima-Klausel" entsprechend § 326 V (dort 14) hat der Gesetzgeber hier auch für die Fälle des abstrakten Gefährdungsdelikts (I, II) ausdrücklich abgelehnt (Ber. 31), daher scheidet eine analoge Anwendung des § 326 V auch dann aus (Rogall JZ-GD **80**, 110), wenn es offensichtlich ist, daß die Tat nach I, II zu einer konkreten Gefährdung nicht geführt haben konnte, etwa wenn ein Unternehmer seine Anlage nach Besserung der Wetterlage aber vor formeller, aber zu erwartender Aufhebung des Smog-Alarms wieder in Betrieb nahm. Eine Anwendung der §§ 153 ff. StPO ist freilich in geeigneten Fällen möglich.

8) Konkurrenzen. Tateinheit ist möglich zwischen I und §§ 325, 327 II Nr. 1, 19 zwischen II und §§ 324, 326 I, 327 II, zwischen III und §§ 324, 327 II; LK 53.

Schwere Umweltgefährdung

330 I Mit Freiheitsstrafe von drei Monaten bis zu fünf Jahren wird bestraft, wer

1. eine Tat nach § 324 Abs. 1, § 326 Abs. 1 oder 2, § 327 Abs. 1 oder 2, § 328 Abs. 1 oder 2 oder nach § 329 Abs. 1 bis 3 begeht,
2. beim Betrieb einer Anlage, insbesondere einer Betriebsstätte oder Maschine, gegen eine Rechtsvorschrift, vollziehbare Untersagung, Anordnung oder Auflage verstößt, die dem Schutz vor Luftverunreinigungen, Lärm, Erschütterungen, Strahlen oder sonstigen schädlichen Umwelteinwirkungen oder anderen Gefahren für die Allgemeinheit oder die Nachbarschaft dient,

§ 330

3. eine Rohrleitungsanlage zum Befördern wassergefährdender Stoffe oder eine betriebliche Anlage zum Lagern, Abfüllen oder Umschlagen wassergefährdender Stoffe ohne die erforderliche Genehmigung, Eignungsfeststellung oder Bauartzulassung oder entgegen einer vollziehbaren Untersagung, Anordnung oder Auflage, die dem Schutz vor schädlichen Einwirkungen auf die Umwelt dient, oder unter grob pflichtwidrigem Verstoß gegen die allgemein anerkannten Regeln der Technik betreibt oder

4. Kernbrennstoffe, sonstige radioaktive Stoffe, explosionsgefährliche Stoffe oder sonstige gefährliche Güter als Führer eines Fahrzeugs oder als sonst für die Sicherheit oder die Beförderung Verantwortlicher ohne die erforderliche Genehmigung oder Erlaubnis oder entgegen einer vollziehbaren Untersagung, Anordnung oder Auflage, die dem Schutz vor schädlichen Einwirkungen auf die Umwelt dient, oder unter grob pflichtwidrigem Verstoß gegen Rechtsvorschriften zur Sicherung vor den von diesen Gütern ausgehenden Gefahren befördert, versendet, verpackt oder auspackt, verlädt oder entlädt, entgegennimmt oder anderen überläßt oder Kennzeichnungen unterläßt

und dadurch Leib oder Leben eines anderen, fremde Sachen von bedeutendem Wert, die öffentliche Wasserversorgung oder eine staatlich anerkannte Heilquelle gefährdet. Satz 1 Nr. 2 gilt nicht für Kraftfahrzeuge, Schienen-, Luft- oder Wasserfahrzeuge.

II Ebenso wird bestraft, wer durch eine der in Absatz 1 Satz 1 Nr. 1 bis 4 bezeichneten Handlungen

1. die Eigenschaften eines Gewässers oder eines landwirtschaftlich, forstwirtschaftlich oder gärtnerisch genutzten Bodens derart beeinträchtigt, daß das Gewässer oder der Boden auf längere Zeit nicht mehr wie bisher genutzt werden kann oder

2. Bestandteile des Naturhaushalts von erheblicher ökologischer Bedeutung derart beeinträchtigt, daß die Beeinträchtigung nicht, nur mit unverhältnismäßigen Schwierigkeiten oder erst nach längerer Zeit wieder beseitigt werden kann.

Absatz 1 Satz 2 gilt entsprechend.

III Der Versuch ist strafbar.

IV In besonders schweren Fällen ist die Strafe Freiheitsstrafe von sechs Monaten bis zu zehn Jahren. Ein besonders schwerer Fall liegt in der Regel vor, wenn der Täter durch die Tat

1. Leib oder Leben einer großen Zahl von Menschen gefährdet oder

2. den Tod oder eine schwere Körperverletzung (§ 224) eines Menschen leichtfertig verursacht.

V Wer in den Fällen des Absatzes 1 oder 2 die Gefahr oder die Beeinträchtigung fahrlässig verursacht, wird mit Freiheitsstrafe bis zu fünf Jahren oder mit Geldstrafe bestraft.

VI Wer in den Fällen des Absatzes 1 oder 2 fahrlässig handelt und die Gefahr oder die Beeinträchtigung fahrlässig verursacht, wird mit Freiheitsstrafe bis zu drei Jahren oder mit Geldstrafe bestraft.

Straftaten gegen die Umwelt **§ 330**

1) Die Vorschrift idF des Art. 1 Nr. 18 des 18. StÄG (1 vor § 324) faßt in **1** einer monströsen (Sack NJW **80**, 1428; Schroeder ZStW Beih. 1982, 18) und durch § 330a ergänzten Vorschrift in der Form eines **konkreten Gefährdungstatbestandes** (13 vor § 13; jedoch ist II S. 1 Erfolgsdelikt, Düsseldorf NJW **89**, 537) Umweltdelikte, die zu schweren Gefährdungen geführt haben, zusammen, gibt ihnen eine einheitliche Strafbewehrung, die für besonders schwere Fälle (IV) und Fälle geringerer Schuldform (V, VI) entsprechend den Regelungen der §§ 315 bis 315c abgestuft ist. Geschützte Rechtsgüter (3 vor § 324) sind die in I, II genannten Schutzobjekte (unten 6, 8, 9). Die Vorschrift tritt an die Stelle der durch Art. 7, 10 ff. des 18. StÄG aufgehobenen Vorschriften, geht aber über diese hinaus. Sie enthält in *I Nr. 1* Qualifikationen zu den Grundtatbeständen der §§ 324 I, 326 I, II, 327 I, II, 328 I, II, 329 I bis III mit einer Strafdrohung von Freiheitsstrafe von 3 Monaten bis zu 5 Jahren, wobei sich freilich in den Fällen der §§ 324, 325, 327 und 328 die Qualifikation nur in der Erhöhung der Mindeststrafe auswirkt. Dieselbe Strafe wird in den Fällen der *I Nr. 2 bis 4 und II* für besonders gefahrenträchtige Verhaltensweisen angedroht, falls diese zu der bezeichneten konkreten Gefährdung führen. Zu den Reformbemühungen des **E/2. UKG** vgl. 10 vor § 324.

2) Nach Absatz I sind **Tathandlungen A.** in **Nr. 1** jeweils diejenigen der **2** dort bezeichneten Bezugsnormen; vgl. 5 zu § 324, 7 zu § 326, 4 zu § 327, 3 bis 6 zu § 328, 4 6 bis 9, 11 bis 16 zu § 329; daher scheiden bloße Versuchstaten nach §§ 324 II, 326 II aus (Koblenz OLGSt. § 324 Nr. 2 m. Anm. Möhrenschlager aaO u. NStZ **82**, 469; LK-Steindorf 2); **B.** in **Nr. 2**, die **3** ihre Fassung abweichend von RegE 5, 23 erst in den Ausschußberatungen erhielt (Ber. 10, 34) und in § 315a I Nr. 2 (dort 7) ihr Vorbild hat, der (entgegen § 325 IV nicht notwendig grob pflichtwidrige, SchSch-Cramer 6) **Verstoß gegen** bestimmte **Rechtsvorschriften,** vollziehbare Untersagungen (3 zu § 325), Anordnungen oder Auflagen, **die dem Schutz vor schädlichen Umwelteinwirkungen dienen.** Das Gesetz beschränkt sich hier nicht auf den Schutz **vor Luftverunreinigung und Lärm** wie § 325 und wie § 330 I Nr. 2 RegE, sondern bezieht auch die Rechtsvorschriften usw. zum Schutze vor allen sonstigen schädlichen Umwelteinwirkungen iS von § 3 BImSchG, nämlich auch **vor Erschütterungen und Strahlen** (zB ionisierende Strahlen, Radarstrahlen, Laserlicht, elektromagnetische Wellen), aber auch zum Schutze **vor anderen Gefahren für die Allgemeinheit oder die Nachbarschaft** (vgl. § 5 Nr. 1 BImSchG; ferner der GewO und des ChemG) mit ein. Der Sache nach handelt es sich ebenso wie bisher bei § 64 BImSchG, den sie ersetzt, um eine Blankettnorm (8 zu § 2; 10 zu § 16; vgl. Laufhütte/Möhrenschlager ZStW **92**, 946), die eine umweltschutzbezogene Rechtsvorschrift usw. als Bezugsnorm voraussetzt (insoweit abw. RegE 23) und hierdurch jeweils ihre Konkretisierung und ferner eine weitere Eingrenzung dadurch erfährt, daß die Tat – in teilweiser Abweichung vom RegE – stets **beim Betrieb einer Anlage, insbesondere einer Betriebsstätte oder Maschine** (2 zu § 325) begangen sein muß. Falls zB von einer nicht genehmigungsbedürftigen Anlage konkret schädigende Immissionen ausgehen, greift der Tatbestand immer erst ein, wenn der Täter einer vollziehbaren behördlichen Anordnung oder Untersagung iS von §§ 24, 25 BImSchG zuwiderhandelt. **Ausgenommen** sind von Nr. 2 ebenso wie in § 325 I S. 2 (dort 12) und nachfolgend auch in **II S. 2** Taten, die beim Führen von **Verkehrsfahrzeugen** begangen sind (**Satz 2**); vgl. 7 vor § 324.

1855

§ 330

4 C. in **Nr. 3** das unerlaubte **a) Betreiben** (4 zu § 329) **einer Rohrleitungsanlage zum Befördern wassergefährdender Stoffe** (8 zu § 329) oder **einer betrieblichen Anlage zum Lagern, Abfüllen oder Umschlagen wassergefährdender Stoffe** (§ 330d Nr. 3; 7 zu § 329). **b) Unerlaubt sind diese Handlungen, wenn der Täter aa)** die Rohrleitungsanlage ohne die erforderliche Genehmigung (§ 19a WHG) oder **bb)** die betriebliche Anlage (§ 19g WHG) **ohne die Eignungsfeststellung oder Bauartzulassung** (§ 19h WHG; vgl. Czychowski ZfW 77, 88f.) oder solche Anlagen **cc) entgegen einer vollziehbaren Untersagung, Anordnung oder Auflage,** die zum Schutz vor schädlichen Umwelteinwirkungen ergangen sind (oben 3), **oder dd) unter grob pflichtwidrigem** (7 zu § 315a) **Verstoß gegen die allgemein anerkannten Regeln der Technik** (10 zu § 323) betreibt. Soweit die Tathandlung nicht iS von aa bis cc unerlaubt ist, setzt die Vorschrift, abweichend von § 323, deswegen einen grob pflichtwidrigen Verstoß voraus, weil anders als im Baurecht im Wasserrecht allgemein anerkannte Regeln erst in Teilbereichen entwickelt sind (RegE 24; vgl. Rogall JZ-GD 80, 112).

5 D. in **Nr. 4** das unerlaubte Befördern von **gefährlichen Gütern** (iS des GBG und der in 4 zu § 330d genannten VOen), zB von Kernbrennstoffen (2 zu § 328), sonstigen radioaktiven Stoffen (§ 2 I AtG; 4 zu § 326), oder explosionsgefährlichen Stoffen (§ 3 SprengG; 4 zu § 326), Koblenz MDR **86**, 162 (Thionylchlorid). Unter **Befördern** (5 zu § 328) sind nach § 2 II GBG nicht nur die Ortsveränderung selbst, sondern auch die Übernahme und die Ablieferung des Gutes sowie zeitweilige Aufenthalte im Verlauf der Beförderung, Vorbereitungs- und Abschlußhandlungen (Verpacken und Auspacken der Güter, Be- und Entladen), auch soweit diese nicht vom Beförderer ausgeführt werden, gemeint (RegE 24). Das Gesetz verdeutlicht dies einmal dadurch, daß es diese *Handlungsformen* ausdrücklich nennt **(versendet, verpackt oder auspackt, verlädt oder entlädt, entgegennimmt oder anderen überläßt oder Kennzeichnungen unterläßt** (hierzu LK 27ff.) und zum anderen dadurch, daß es die als Täter in Betracht kommenden Personen (es handelt sich insoweit um ein Sonderdelikt, vgl. 35 vor § 13; LK 24; SchSch 14) bezeichnet: **Führer des Kraftfahrzeugs, für die Sicherheit oder die Beförderung Verantwortlicher.** Ferner ist die Tat nach Nr. 4 nur strafbar, wenn sie gegen eine spezielle Verbots- oder Gebotsvorschrift verstößt, sei es, daß der Täter **aa)** ohne die erforderliche Genehmigung oder Erlaubnis, **bb)** entgegen einer vollziehbaren Untersagung, Anordnung oder Auflage, die dem Schutz vor schädlichen Einwirkungen auf die Umwelt dienen (oben 3 und 8 zu § 326), womit der objektive Sachsinn der Vorschrift und nicht der subjektive Wille dessen zu verstehen ist, der die Rechtsverordnung erlassen hat (Ber. 34), **oder cc) unter grob pflichtwidrigem** (7 zu § 315a) **Verstoß gegen Rechtsvorschriften** zur Sicherung vor den von diesen Gütern ausgehenden Gefahren handelt, zB auch gegen die StVO (AG Offenbach NStE Nr. 1; hierzu Rengier [2 vor § 324] 34). Das gesetzliche Erfordernis eines erhöhten Pflichtverstoßes (schwere Pflichtverletzung oder Verletzung einer besonders gewichtigen Pflicht) berücksichtigt den großen Umfang einschlägiger Rechtsvorschriften, die für den Umweltschutz nicht gleichermaßen von Bedeutung sind (RegE 24).

Straftaten gegen die Umwelt § 330

E. Eine **konkrete Gefahr** (14 ff. zu § 315) muß als Folge der Tathandlung 6
(2 bis 5) nachweisbar eintreten (NJW **90**, 195), und zwar **a)** für **Leib oder
Leben** (3, 4 zu § 35) **eines anderen.** Gegenüber der Fassung „Leben oder
Gesundheit eines anderen" in § 16 fF AbfG, § 64 fF BImSchG, § 39 fF
WHG liegt kein sachlicher Unterschied (RegE 23), **b)** für **fremde Sachen
von bedeutendem Wert** (16 zu § 315; also nicht Fische in öffentlichen
Gewässern, AG Öhringen NJW **90**, 2481; Czychowski ZfW **80**, 210; LK 4;
Wessels BT 1 § 24 IV 1; Möhrenschlager NStZ **82**, 469; Rengier, Spendel-
FS 568; aM Richter WiStR § 44, 28; und nur für Rechtsgüter außerhalb des
zur Anlage gehörenden Bereichs, StA Stuttgart wistra **87**, 305; LK 15;
SchSch 22; aM SK 14; Sack 99 a), **c)** für die **öffentliche Wasserversorgung,**
d. i. die ständige Versorgung anderer mit Trink- und Brauchwasser in
einem bestimmten Versorgungsgebiet, zB wenn Teile der Wasserspeicher
verseucht sind und das Trinkwasser rationiert werden muß. Die private
oder betriebliche Eigenversorgung mit Trinkwasser, die heute nur noch
eine geringe Rolle spielt, die aber vom Schutz des § 319 mitumfaßt ist,
glaubte der Gesetzgeber im Gegensatz zur Brauchwasserversorgung, die
gesamtwirtschaftlich große Bedeutung hat, im Zusammenhang des § 330 I
ausnehmen zu können (RegE 23; LK 5; SchSch 20), **oder d)** für eine **staatlich anerkannte Heilquelle** (hierzu Wernicke NJW **77**, 1667; Czychowski
ZfW **80**, 210 und die Wassergesetze der Länder).

3) II stellt den in I S. 1 Nr. 1 bis 4 bezeichneten Gefährdungsobjekten 7
weitere umweltempfindliche Schutzobjekte gleich, setzt aber voraus, daß,
abweichend von I, nicht nur eine konkrete Gefahr, sondern durch die in I
Nr. 1 bis 4 bezeichneten Handlungen (oben 2 bis 5) bestimmte **Beeinträchtigungen** (11 zu § 329) für das Schutzobjekt eintreten (Erfolgsdelikt, Rogall JZ-GD **80**, 113; Möhrenschlager JR **91**, 343). Geschützt sind in **Nr. 1
a)** in Anlehnung an § 39 I Nr. 2 fF WHG die **Eigenschaften eines Gewäs-** 8
sers (2 zu § 324) und **b)** die Eigenschaften **eines landwirtschaftlich, forstwirtschaftlich oder gärtnerisch genutzten Bodens;** bei a und b muß die
Beeinträchtigung – enger als bei § 39 I Nr. 2 fF WHG – einen Grad erreicht
haben, daß Gewässer oder Boden auf **längere Zeit** nicht mehr wie bisher
genutzt werden kann (vgl. Gieseke 8 zu § 39 fF WHG); **c)** in **Nr. 2 Be-** 9
standteile des Naturhaushalts von erheblicher ökologischer Bedeutung.
Gegen diese Merkmale werden verfassungsrechtliche Bedenken erhoben
(zB Tiedemann, UmweltstrafR 39 f.; Genzer Prot. I 87 f.; vgl. auch Triffterer 232; Sack NJW **80**, 1429; Sander DB **80**, 1251; Heinz NStZ **81**, 255; LK
40; SchSch 28 ff.; Lackner 12; aM Ber. 33; Laufhütte/Möhrenschlager
ZStW **92**, 951 f. aufgrund engerer Auslegung). Das gesetzgeberische Anliegen (die Erhaltung des Artenreichtums im Interesse des biologischen
Gleichgewichts der Naturgüter; Rogall aaO) wird in einer Art. 103 II GG
gerecht werdenden Umschreibung schwer zu fassen sein. Schon die zu den
Bestandteilen des Naturhaushalts gehörenden Öko-Systeme (hierzu Engelhardt Prot. II 51) sind in funktioneller und in räumlicher Hinsicht offen und
insoweit einer Abgrenzung nicht zugänglich (vgl. Reichholf Prot. I 42).
Den Begriff „Naturhaushalt", der vielfach im BNatSchG (§ 1 Nr. 1, § 2 II
Nr. 2, 5, §§ 8 I, 18 I Nr. 1, §§ 20 I, 24 I Nr. 2; Lorz in Erbs 2 a zu § 1
BNatSchG; H. Hofmann JZ **88**, 276) verwendet wird und der das ökologische Gleichgewicht der Naturgüter verdeutlichen soll (Ruppert RA 77/35),

§ 330

definiert der RegE 25 nicht, sondern zitiert lediglich eine Gerichtsentscheidung (BayVGH BayVBl. **77**, 603) und sucht eine Eingrenzung lediglich in dem zusätzlichen quantitativen Merkmal der „erheblichen ökologischen Bedeutung". Der RegE hält sie „bei der Beeinträchtigung von Naturgütern, deren Vorhandensein für ein funktionsfähiges Wirkungsgefüge im Naturhaushalt notwendig ist" für gegeben, zB „wenn die Erhaltung eines bestehenden oder die Förderung der Entwicklung eines neuen biologischen Gleichgewichts in bestimmten Naturbereichen – etwa in oder an einem Binnengewässer oder in einem Waldgebiet – Voraussetzung für den Fortbestand dieses Naturbereichs ist". Entgegen Ber. 33 (und Emons RA 77/31) verstärken sich die Bedenken wegen der Unbestimmtheit des Merkmals, wenn man als Beispiele für solche Beeinträchtigungen des Naturhaushalts von erheblicher ökologischer Bedeutung bereits die übermäßige *Zufuhr von Fremdenergie* in ein Öko-System (Eutrophierung), die *Übernutzung* (Überweidung und übermäßiges Bejagen) oder eine *einseitige* und übermäßige *Förderung bestimmter Arten* unter nachhaltiger negativer Beeinflussung der übrigen Artgefüges anerkennt (so von sachverständiger Seite Engelhardt Prot. II 51 ff.; auch Ber. 33). Die Strafbarkeitsvoraussetzung, daß die **Beeinträchtigung nicht, nur mit unverhältnismäßigen Schwierigkeiten oder erst nach längerer Zeit wieder beseitigt werden kann** (zB bei sog. Biotopzerstörung, Erosion als Folge von Überweiden oder Abholzen, starke Bestandrückgänge bei übermäßiger Bejagung), beseitigt jedenfalls die Unbestimmtheit des Grundbegriffs nicht, und kann überdies für die Auslegung weitere Unwägbarkeiten schaffen (vgl. auch Rogall JZ-GD **80**, 113; SchSch 31; Lackner 12).

10   **4) Vollendet** ist die Tat mit dem Eintritt der Gefahr (I) oder der Beeinträchtigung (II). Vgl. 17 zu § 315. Auch der **Versuch** ist strafbar (**III**). Er beginnt mit dem unmittelbaren Ansetzen zur Tathandlung (11 zu § 22). Das Gesetz dehnt die Versuchsstrafbarkeit entgegen § 39 II fF WHG auf *alle* Fälle schwerer Umweltgefährdung aus. Soweit § 330 einen Qualifikationstatbestand enthält, ist zumindest die Gesetzestechnik des I Nr. 1 bedenklich, da die Bezugsnormen selbst eine Versuchsbestrafung zT nicht vorsehen (§§ 326 II, 327 I, II, 328 I, II, 329 I bis III). Das hat bereits im alten Recht (§ 39 II iVm § 38 I WHG aF) zur str. Frage geführt, ob der Versuch des Qualifikationstatbestandes zunächst eine vollendete Tat nach § 38 I WHG aF voraussetzt (so Wernicke NJW **77**, 1668; Gieseke WHG 12 zu § 39) oder ob schon ein Ansetzen (§ 22) zum Grundtatbestand, wobei bereits alle Qualifikationsmerkmale vom Vorsatz umfaßt sein müssen, genügt (Steindorf in Erbs 8 zu § 39 WHG). Da III iVm I Nr. 1 nur einheitlich ausgelegt werden kann, verdient für § 330 wohl die letztere Auffassung den Vorzug (iErg. ebenso LK 48; SchSch 40; SK-Horn 3; Lackner 14). Freilich wird III iVm I Nr. 1 dort, wo es an der Versuchsstrafbarkeit des Grundtatbestandes fehlt, kaum praktische Bedeutung bekommen, weil gegenüber einem Täter, dessen äußeres Ansetzen zu einer Tat eine Strafbarkeit noch nicht begründet, kaum einmal der Nachweis gelingen wird, daß er diese Tat in der bestimmten Vorstellung begonnen hat, damit die Schädigung von Menschen und bestimmten Sachwerten wahrscheinlich zu machen. Da eine vergleichbare Regelung in den Massefällen des Verkehrsstrafrechts (§§ 315 a II, 315 c II iVm § 316) ohne jede Bedeutung geblieben ist (LK-

Straftaten gegen die Umwelt **§ 330**

Rüth 69, Cramer 96, Jagusch/Hentschel 18, alle zu § 315 c), hätte der Verzicht auf die Versuchsstrafbarkeit in diesen Fällen nahegelegen.

5) Die Strafe ist nach Schuldform und Schuldumfang mehrfach abgestuft: 11
Für **Vorsatztaten** gilt in I und II die (gegenüber den Grundtatbeständen der §§ 324 I, 327 I, 328 II nur in der Mindeststrafe abgestufte) Regelstrafdrohung und in **IV** die Strafdrohung für **besonders schwere Fälle** (11 zu § 12), wobei als Regelfälle (43 ff. zu § 46) genannt werden, daß durch die Tat **a)** Leib oder 12 Leben einer großen Zahl von Menschen gefährdet wird (Nr. 1), dieser Regelfall ist aus § 64 II BImSchG aF und § 16 IV S. 2 AbfG aF übernommen (vgl. EzSt § 95 AMG Nr. 1 zum ähnlichen Begriff in § 95 III Nr. 1 AMG). Der Begriff der „großen Zahl" mag bei 50 beginnen (vgl. Stich 8 zu § 64 BImSchG in Schmatz/Nöthlichs, Sicherheitstechnik), hingegen der „Menschenmenge" (2 zu § 124) und der „vielen Personen" in §§ 283 a Nr. 2 (dort 3), 283 d III Nr. 2 auch schon früher, während der der „unübersehbaren Zahl" in § 311 a II (dort 3) uU über den der großen Zahl hinausgeht (LK 50); oder **b)** der Tod oder eine 13 schwere Körperverletzung (§ 224) eines Menschen leichtfertig (20 zu § 15) oder gar vorsätzlich (16 zu § 218) verursacht wird (Nr. 2). Im übrigen unterscheidet die Vorschrift in der Strafdrohung die als Vorsatztaten im Rechtssinne (§ 11 II, dort 38) zu beurteilenden Fälle, in denen der Täter zwar die Tathandlung vorsätzlich begeht, die konkrete **Gefahr** (I) oder **Beeinträchtigung** (II) aber nur **fahrlässig** verursacht (**V**) und in **VI** die Fälle, in denen der Täter alle Merkmale der Tat fahrlässig erfüllt (hierzu 23 f. zu § 315). Auch die Fälle V und VI setzen eine konkrete Gefährdung (oben 6) voraus, verkannt von LG München NStZ **82**, 470. Soweit die Tathandlung grob pflichtwidrige (7 zu § 315 a) Verstöße voraussetzt (I Nr. 3, 4), wirkt sich dies insbesondere auf die Auslegung des Fahrlässigkeitsbegriffs dergestalt aus, daß nicht jede Form einer Pflichtwidrigkeit (16 zu § 15) genügt (LK 53).

6) Konkurrenzen. Die Vorschrift verdrängt die in I Nr. 1 bezeichneten 14 Tatbestände (Düsseldorf NJW **89**, 537); Tateinheit ist möglich mit §§ 325, 330 a, den Körperverletzungs- und Tötungsdelikten, ferner mit §§ 303, 319, LK 54. Vgl. ergänzend zu I Nr. 2 § 7 III Nr. 2, §§ 13 bis 15 StrVG.

7) Sonstige Vorschriften. Tätige Reue (§ 330 b). 15

Schwere Gefährdung durch Freisetzen von Giften

330 a ^I **Wer Gifte in der Luft, in einem Gewässer, im Boden oder sonst verbreitet oder freisetzt und dadurch einen anderen in die Gefahr des Todes oder einer schweren Körperverletzung (§ 224) bringt, wird mit Freiheitsstrafe von sechs Monaten bis zu zehn Jahren bestraft.**

^{II} **Wer die Gefahr fahrlässig verursacht, wird mit Freiheitsstrafe bis zu fünf Jahren oder mit Geldstrafe bestraft.**

1) Die Vorschrift idF des Art. 1 Nr. 18 des 18. StÄG (1 vor § 324) schafft 1 einen konkreten Lebensgefährdungstatbestand, beschränkt ihn aber (entgegen § 243 E 1927/30) auf Lebensgefährdungen, die durch das Freisetzen von Giftstoffen verursacht werden (vgl. auch § 327 E 1962). Sie ergänzt § 326 I Nr. 1 und § 330 I Nr. 2, setzt aber nicht, wie diese Tatbestände, einen Verstoß gegen besondere verwaltungsrechtliche Vorschriften voraus und ist unabhängig von solchen Vorschriften anzuwenden; denn auch eine behördliche Erlaubnis zur Verursachung von Immissionen rechtfertigt die Herbeiführung schwerster Gefahren für die menschliche Gesundheit nicht (MDR/D **75**, 723; Rogall JZ-GD

§ 330a

80, 114; Bloy ZStW **100**, 501; LK-Steindorf 2; SchSch-Cramer 1). Zur Umgestaltung durch den **E/2. UKG** vgl. 10 vor § 324.

2 2) **Tatmittel** sind lediglich **Gifte** (2, 4 zu § 229; 3 zu § 326), wobei ein einziger Giftstoff genügt (SchSch 3). Strahlen sind nicht mitumfaßt, Gefährdungen durch sie sind unter den Voraussetzungen des § 330 I Nr. 2 (dort 3) und Schädigungen unter denen des § 311a mit Strafe bedroht.

3 3) Die **Tathandlung** wird durch das untereinander nicht abgrenzbare (ebenso SchSch 4) Begriffspaar des **Verbreitens** (hier in einem anderen Sinne als zB bei § 74d oder § 184 II verwendet, LK 5) und **Freisetzens** umschrieben, wodurch deutlich wird, daß nicht nur zielgerichtetes und kalkuliertes Gelangenlassen von Giften in die Umwelt erfaßt wird, sondern gerade auch unkontrolliertes oder nicht mehr kontrollierbares Geschehenlassen in dem Sinne, daß sich solche Gifte innerhalb des Schutzbereichs umweltgefährdend ausdehnen können (LG Frankfurt NStZ **90**, 892), zB durch sachwidriges Lagern, durch bloßes Liegenlassen (Lackner 3) oder durch unerlaubte Giftmüllbeseitigung (vgl. § 326). Die Reichweite des Tatbestandes tritt aber insbesondere dadurch hervor, daß das Schutzobjekt der Vorschrift im Laufe der gesetzgeberischen Beratungen auf sämtliche umweltrelevanten Medien ausgedehnt wurde. Erfaßt ist nicht nur wie im RegE 6, 25 die Giftfreisetzung **in der Luft** und **in einem Gewässer** (§ 330d Nr. 1), sondern auch die **im Boden** (wodurch die Ebenbürtigkeit dieses Schutzguts zum Ausdruck kommen soll, Ber. 35), **„oder sonst"**, womit Fälle erfaßt sind, in denen Gifte sonstwie, zB auf die Pflanzen- oder Tierwelt (Ber. 35) übertragen und damit verbreitet werden. Durch die Umstellung des Wortes „sonst" im Gesetzestext (RegE: „oder sonst freisetzt") sind vom Tatbestand nicht nur – wie in § 327 E 1962 – das Versprühen flüssiger, gas- oder staubförmiger Stoffe gemeint, sondern jegliches Verhalten, durch das sich Gift *unkontrollierbar* und umweltgefährdend ausdehnen und verbreiten kann, sei dies durch Ablassen giftiger Dämpfe in die Außenluft, Einleiten giftiger Stoffe in ein Gewässer oder in die Kanalisation (LK 6) oder unsachgemäßes Ausstreuen von Insektiziden oder Herbiziden in den Boden oder dessen anderweitige Vergiftung (Rogall JZ-GD **80**, 114; LK 7), zB Vergraben von Giftfässern (SchSch 4). Das Auslegen von festen Stoffen (zB von Rattengift), ist, soweit es eine unkontrollierbare Wirkung nicht auslöst, vom Tatbestand nicht erfaßt (RegE 26).

4 4) Als **Folge** der Tat ist vorausgesetzt, daß der Täter einen andern in die **Gefahr** (3 zu § 34) **des Todes** oder einer **schweren Körperverletzung** (§ 224) bringt (vgl. dazu 29 zu § 113; 7 zu § 250).

5 5) II betrifft den Fall, daß der Täter die Tathandlung zwar vorsätzlich begeht, die **Gefahr** (oben 4) aber **fahrlässig** verursacht, und droht hierfür eine mildere Strafe an. Die Tat bleibt Vorsatztat im Rechtssinne (§ 11 II), so daß Teilnahme möglich ist (38 zu § 11; LK 19). Die Strafbarkeit des Versuchs sieht das Gesetz ebensowenig vor wie die einer fahrlässig begangenen Tathandlung, da dies den Lebensgefährdungstatbestand unabsehbar ausweiten würde (RegE 26; Bedenken hiergegen bei Rogall aaO).

6 6) **Konkurrenzen.** Tateinheit ist möglich mit §§ 211ff., 223ff., 229, 324ff., 330 I Nr. 1, 2, IV, hinsichtlich II auch mit den fahrlässigen Tötungs- und Körperverletzungstatbeständen, LK 22.

7 7) **Sonstige Vorschriften.** Tätige Reue (§ 330b).

Straftaten gegen die Umwelt § 330 b

Tätige Reue

330 b ^I Das Gericht kann in den Fällen des § 330 Abs. 1 und 5 in Verbindung mit Absatz 1 und des § 330a die Strafe nach seinem Ermessen mildern (§ 49 Abs. 2) oder von einer Bestrafung nach diesen Vorschriften absehen, wenn der Täter freiwillig die Gefahr abwendet, bevor ein erheblicher Schaden entsteht. Unter denselben Voraussetzungen wird der Täter nicht nach § 330 Abs. 6 in Verbindung mit Absatz 1 bestraft.

^{II} Wird ohne Zutun des Täters die Gefahr abgewendet, so genügt sein freiwilliges und ernsthaftes Bemühen, dieses Ziel zu erreichen.

1) Die **Vorschrift** idF des Art. 1 Nr. 18 des 18. StÄG (1 vor § 324), die im RegE fehlte, sieht für die konkreten Gefährdungsdelikte des Abschnitts (1, 11 zu § 330, 1 zu § 330a) und nur für diese (krit. zu dieser Einschränkung Rogall JZ-GD 80, 114; zum Reformvorschlag die E/2. UKG vgl. 10 vor § 324) die Kann-Bestimmung über die Straffreiheit bei tätiger Reue vor. Bei den übrigen Tatbeständen kann tätige Reue nur im Rahmen der Strafzumessung berücksichtigt werden (SchSch-Cramer 1), ggf kann nach §§ 153, 153a StPO verfahren werden (Ber. 35).

2) **Tätige Reue** ist nur für die Qualifikationstatbestände der §§ 330 I, V iVm I, VI und für 330a vorgesehen. Sie hat darin zu bestehen, daß der Täter **a)** freiwillig (6 zu § 24) die Gefahr abwendet, bevor ein erheblicher Schaden entsteht (vgl. hierzu 3 zu § 311c; Rogall aaO; LK-Steindorf 2), oder **b)**, falls die Gefahr auf andere Weise abgewendet wird, daß er sich freiwillig und ernsthaft bemüht, dieses Ziel zu erreichen (4 zu § 311c). In den Fällen des § 330 I ist vor Vollendung der Tat § 24 anwendbar, vgl. jedoch 10 zu § 330.

3) **Folge** der tätigen Reue ist, daß der Richter **a)** in den Fällen der §§ 330 I, V iVm I innerhalb eines verhältnismäßig weiten Ermessensspielraums (hierzu Ber. 35 f.) die Möglichkeit hat, entweder die Vergünstigung nicht eingreifen zu lassen, oder die Strafe nach seinem Ermessen zu mildern (§ 49 II, dort 6 ff.) oder von Strafe abzusehen (7 zu § 23), aber nur die nach diesen Vorschriften, so daß eine Verurteilung nach anderen Tatbeständen, die etwa in Tateinheit zusammentreffen, aber bei § 330 I auch nach den Grundtatbeständen der §§ 324ff., ebenso möglich bleibt wie eine Ahndung als Ordnungswidrigkeit (Ber. 36); **b)** in den Fällen des § 330 VI iVm I nicht nach diesen Vorschriften bestraft (persönlicher Strafaufhebungsgrund). **c)** Bei mehreren Tatbeteiligten gilt 15 ff. zu § 24 entsprechend. **d)** Wegen der **Einziehung (§ 330c)** vgl. 8 zu § 311c.

Einziehung

330 c Ist eine Straftat nach § 326 Abs. 1 oder 2, § 327 Abs. 1 oder § 328 Abs. 1 oder 2 begangen worden, so können

1. **Gegenstände, die durch die Tat hervorgebracht oder zu ihrer Begehung oder Vorbereitung gebraucht worden oder bestimmt gewesen sind, und**

2. **Gegenstände, auf die sich die Tat bezieht,**

eingezogen werden.

1) Die **Vorschrift** idF des Art. 1 Nr. 18 des 18. StÄG (1 vor § 324) ersetzt § 18a fF AbfG und § 48 fF AtG, soweit die dort genannten Tatbestände ins StGB

§ 330 c

eingestellt wurden, übernimmt aber die erweiterte Einziehungsmöglichkeit des § 18a II fF AbfG nicht (RegE 26; zum Reformvorschlag des **E/2. UKG** vgl. 10 vor § 324).

2 2) Für die Vorsatztaten der §§ 326 I, II, 327 I, 328 I, II wiederholt **Nr. 1** nur, was schon nach § 74 I gilt; **Nr. 2** erweitert die Einziehungsmöglichkeit auf **Beziehungsgegenstände** (10 zu § 74), zB auf Abfälle (§ 326) und Kernbrennstoffe (§ 328). Die Einziehung täterfremden Eigentums (§ 74a; § 18a AbfG) sieht die Vorschrift mangels eines kriminalpolitischen Bedürfnisses (RegE 26, hierfür aber BerAK 109) nicht vor.

Begriffsbestimmungen

330 d Im Sinne dieses Abschnitts ist

1. **ein Gewässer:**
   ein oberirdisches Gewässer und das Grundwasser im räumlichen Geltungsbereich dieses Gesetzes und das Meer;

2. **eine kerntechnische Anlage:**
   eine Anlage zur Erzeugung oder zur Bearbeitung oder Verarbeitung oder zur Spaltung von Kernbrennstoffen oder zur Aufarbeitung bestrahlter Kernbrennstoffe;

3. **eine betriebliche Anlage zum Lagern, Abfüllen oder Umschlagen wassergefährdender Stoffe:**
   auch eine Anlage in einem öffentlichen Unternehmen;

4. **ein gefährliches Gut:**
   ein Gut im Sinne des Gesetzes über die Beförderung gefährlicher Güter und einer darauf beruhenden Rechtsverordnung und im Sinne der Rechtsvorschriften über die internationale Beförderung gefährlicher Güter im jeweiligen Anwendungsbereich.

Fassung: Art. 1 Nr. 18 des 18. StÄG (1 vor § 324 und zur Änderung durch den **E/2. UKG** vgl. 10 vor § 324).

1 1) zu **Nr. 1** (Gewässer) vgl. 2 ff. zu § 324.

2 2) Zu **Nr. 2** (kerntechnische Anlage) vgl. 2 zu § 327.

3 3) zu **Nr. 3** (betriebliche Anlage zum Lagern, Abfüllen oder Umschlagen wassergefährdender Stoffe) vgl. 7 zu § 329.

4 4) **Nr. 4** grenzt für § 330 I Nr. 4 die Weite des Begriffs des **gefährlichen Gutes** ein. Es ist **a) ein Gut iS des GBG.** Das sind nach dessen § 2 I „Stoffe und Gegenstände, von denen aufgrund ihrer Natur, ihrer Eigenschaften oder ihres Zustandes im Zusammenhang mit der Beförderung (5 zu § 330) Gefahren für die öffentliche Sicherheit oder Ordnung, insbesondere für die Allgemeinheit, für wichtige Gemeingüter, für Leben und Gesundheit von Menschen sowie für Tiere und Sachen ausgehen können". Für den **jeweiligen Anwendungsbereich** wird der Begriff weiter eingegrenzt und verdeutlicht durch die ausfüllenden Vorschriften zum GBG (Göhler 318 C), insbesondere die **Gefahrengut-VOen** (GGVS, GGVBinSch, GGVSee und GGVE) nebst Anlagen und AusnahmeVOen (Göhler 318 C). Dort sind besonders genannt bestimmte explosive Stoffe, Zündwaren, Feuerwerkskörper, bestimmte Gase, Stoffe, die in Berührung mit Wasser entzündliche Gase entwickeln, selbstentzündliche, entzündba-

Straftaten im Amt § 330d, Vor § 331

re, entzündend wirkende, giftige, radioaktive, ätzende sowie ekelerregende oder ansteckungsgefährliche Stoffe, organische Peroxide. Ähnliche Umschreibungen finden sich in **internationalen Rechtsvorschriften.** Vgl. zB Anlagen A und B zum EuADRÜbk und der Anlage I zum Anh. B (CIM des COTIF-Übk. v. 9. 5. 1980; Göhler 318 B; Zuck MDR **88**, 544). Zur GefahrgutbeauftragtenVO v. 12. 12. 1989 (BGBl. I 2185), hierzu Vierhaus NStZ **91**, 466.

Neunundzwanzigster Abschnitt
Straftaten im Amt

Vorbemerkungen

1) Ihrem Wesen nach stellen die Amtsdelikte einen die Rechte Dritter, das Treueverhältnis zum Staat und das Vertrauen der Allgemeinheit in die Sauberkeit der Amtsführung verletzenden Mißbrauch der Amtsgewalt durch deren Träger dar; str.; vgl. LK-Jescheck 8; SK-Rudolphi 6 f.; Schleswig SchlHA **76**, 169. Zum Ganzen Wagner, Amtsverbrechen, 1975. **1**

A. Der Begriff des Amtsträgers und der des **für den öffentlichen Dienst besonders Verpflichteten** wird (für das Strafrecht) durch § 11 I Nr. 2, 4 (dort 11 bis 32) festgelegt; vgl. auch § 48 WStG. Doch handelt der Abschnitt nicht nur von Amtsdelikten, sondern des Zusammenhangs wegen auch von Delikten anderer, so zB bei der Vorteilsgewährung und Bestechung (§§ 333, 334); bei Delikten von Rechtsanwälten und Rechtsbeiständen (§§ 352, 356) und bei der Verletzung der Verschwiegenheitspflicht (§§ 353b, 353d). **2**

B. Unter Amt ist nur ein deutsches Amt zu verstehen; der Täter kann auch ein Ausländer sein (vgl. § 5 Nr. 12). Taten von Amtsträgern und für den öffentlichen Dienst besonders Verpflichteten können auch strafbar sein, wenn sie im Ausland begangen werden (§ 5 Nr. 12, 13). **3**

2) Als Arten der Amtsdelikte unterscheidet man die **eigentlichen** (echten) und die **uneigentlichen** (unechten) Amtsdelikte. Jene können nur von einem Amtsträger oder von dem Verwalter eines Amtes begangen werden (vgl. zB §§ 331, 332). Die uneigentlichen Amtsdelikte sind solche schon an sich strafbaren Delikte, welche mit höherer Strafe bedroht werden, wenn sie von einem Amtsträger begangen werden (vgl. § 340). Es handelt sich also um Strafschärfungstatbestände; vgl. RG **65**, 105. **4**

A. Für die Teilnahme ist die Unterscheidung zwischen eigentlichen und uneigentlichen Amtsdelikten von Wichtigkeit. Bei diesen ist § 28 II anzuwenden, so daß die Strafe des Teilnehmers, der nicht Amtsträger ist oder sich nicht in der vom Gesetz geforderten Stellung befindet, einem anderen, milderen Strafrahmen zu entnehmen ist als die Strafe des Täters (9 zu § 28). Bei den eigentlichen Amtsdelikten, bei denen der Außenstehende nur Anstifter oder Gehilfe, aber weder Mittäter noch mittelbarer Täter sein kann (BGH **14**, 126), ist zwar die Strafe des außenstehenden Teilnehmers demselben Rahmen zu entnehmen wie die des Amtsträgers (RG **71**, 332), ist aber nach § 28 I zu mildern (7 zu § 28). Zum Ganzen Bell MDR **79**, 719. **5**

B. Allgemeine und besondere Amtsdelikte unterscheidet man ferner. Jene kann jeder Amtsträger begehen (vgl. §§ 331, 332), die besonderen nur ein Amtsträger in der vom Gesetz vorausgesetzten Stellung (vgl. zB § 354). **6**

Vor § 331   BT Neunundzwanzigster Abschnitt

7 3) **Zur Zeit der Tat** muß der Täter das Amt innehaben; sein späteres Ausscheiden macht ihn nicht straffrei, RG **41**, 4; LK 5. Gewisse Amtsdelikte sind jedoch auch nach dem Ausscheiden aus dem Amt noch strafbar (zB §§ 353 b, 354, 355).

8 4) **Das EGStGB** (Einl. 9, 10) hat den Abschnitt erheblich umgestaltet. Uneigentliche Amtsdelikte (so die §§ 341, 342, 346, 347, 348 II, 350, 351 aF) sind weitestgehend entfernt worden (vgl. aber jetzt §§ 120 II, 133 III, 203 II, 258 a). Reformiert wurde die Gruppe der Bestechungsdelikte, die §§ 343 bis 345 und in der Gruppe der Geheimnisverletzungen (durch das 17. StÄG neu gefaßte) § 353 b und die §§ 353 d, 354 und 355 aF. Neu eingestellt in diese Gruppe wurden die §§ 353 d und 355 nF. Art. 1 Nr. 19 des 18. StÄG (1 vor § 324), das einen neuen (28.) Abschnitt einfügte, benannte diesen in 29. Abschnitt um.

Vorteilsannahme

331 ᴵ Ein Amtsträger oder ein für den öffentlichen Dienst besonders Verpflichteter, der einen Vorteil als Gegenleistung dafür fordert, sich versprechen läßt oder annimmt, daß er eine Diensthandlung vorgenommen hat oder künftig vornehme, wird mit Freiheitsstrafe bis zu zwei Jahren oder mit Geldstrafe bestraft.

ᴵᴵ Ein Richter oder Schiedsrichter, der einen Vorteil als Gegenleistung dafür fordert, sich versprechen läßt oder annimmt, daß er eine richterliche Handlung vorgenommen hat oder künftig vornehme, wird mit Freiheitsstrafe bis zu drei Jahren oder mit Geldstrafe bestraft. Der Versuch ist strafbar.

ᴵᴵᴵ Die Tat ist nicht nach Absatz 1 strafbar, wenn der Täter einen nicht von ihm geforderten Vorteil sich versprechen läßt oder annimmt und die zuständige Behörde im Rahmen ihrer Befugnisse entweder die Annahme vorher genehmigt hat oder der Täter unverzüglich bei ihr Anzeige erstattet und sie die Annahme genehmigt.

1 1) **Die Vorschrift** leitet die **Bestechungstatbestände** (§§ 331 bis 335 a) ein, die Art. 19 Nr. 187 EGStGB in Anpassung an die §§ 460 ff. E 1962 (Begr. 648; Ndschr. **5**, 287; **9**, 568; **10**, 344, 480; **12**, 17, 451, 640) neu gestaltet hat. Vgl. E EGStGB (= RegE) 269; BT-Drs. 7/1261 (= Ber.), 21 und Prot. 7/600. Einbezogen wurden unter Aufhebung der BestechVO (Art. 287 Nr. 3 EGStGB) und Einführung der VerpflG (Art. 42 EGStGB; Anh. 19) die für den öffentlichen Dienst besonders Verpflichteten sowie generell die Richter. Die **Soldaten** sind nur in §§ 333, 334 genannt, weil die Spezialvorschrift des § 48 WStG (Anh. 16) die §§ 332, 335 für alle Soldaten, § 331 aber nur für Offiziere und Unteroffiziere anwendbar macht.

2 2) **Schrifttum:** *Bank* NJW **62**, 85; *Baumann* BB **60**, 1251; **61**, 1057; *Blei* JA **74**, 309, 377, 457; *Bockelmann* ZStW **72**, 251; *Bohne* JZ **57**, 718; *Creifelds* GA **62**, 23; *Dahs* NJW **62**, 177; *Dedes*, Lackner-FS 787; *Dölling* JuS **81**, 572; *Dornseifer* JZ **73**, 267 (krit. zum RegE); *Ebert* GA **79**, 361; *Fuhr* in *Poerting* (Hrsg.) Wirtschaftskriminalität II, BKA 1985 S. 115 ff.; *E. Fuhrmann* JR **60**, 454; *H. Fuhrmann* GA **59**, 97; **60**, 105; ZStW **72**, 534; *Geerds*, Über den Unrechtsgehalt der Bestechungsdelikte usw., 1961 und HWiStR „Bestechung"; *Geppert* Jura **81**, 42; *Henkel* JZ **60**, 507; *Jung* JuS-Schriftenreihe, Heft 30, 125; *Kaiser* NJW **81**, 321; *Arth. Kaufmann* JZ **59**, 377; *Kirschbaum/Schmitz* GA **60**, 321; *Klug* JZ **60**, 724; *Krönig* NJW **60**, 2083; *Loos*, Welzel-FS 879; *Maiwald* NJW **81**, 2777; *Pfister* NJW **63**, 2137; *Rudolphi* NJW **82**, 1417; *Scheu* NJW **81**, 1195; *Eb. Schmidt*, Die Bestechungstatbestän-

Straftaten im Amt **§ 331**

de in der höchstrichterlichen Rechtsprechung von 1879 bis 1959 (grundlegende Monographie), 1960; NJW **60**, 802; *Schmidt-Leichner* NJW **60**, 846; *R. Schmitt* ZStW **73**, 414; *Schröder* GA **61**, 289; *Stein* NJW **61**, 433; *Schönherr*, Vorteilsgewährung und Bestechung als Wirtschaftsstraftaten. Eine Untersuchung über die Zuweisung dieser Delikte zur Wirtschaftskriminalität durch die Staatsanwaltschaften, 1985, zur *Parteispendenproblematik* 13a zu § 2.

3) Das komplexe **Rechtsgut** der §§ 331 bis 335a allein im Schutz vor der **3** Verfälschung des Staatswillens sehen zu wollen (so Eb. Schmidt, Baumann, Bockelmann, Henkel, Dölling aaO), wäre zu eng und könnte nicht erklären, wieso die nachträgliche Annahme einer Belohnung für eine pflichtgemäße Diensthandlung strafbar ist (§ 331 I). Vielmehr ist als Rechtsgut die Lauterkeit des öffentlichen Dienstes (BGH **10**, 241; **15**, 96; **30**, 48) und das Vertrauen der Allgemeinheit in diese Lauterkeit anzusehen (NStZ **85**, 499; NJW **87**, 1342 [m. Anm. Letzgus NStZ **87**, 309]; Koblenz wistra **85**, 83; LK-Jescheck 4 vor § 331; SchSch-Cramer 5; vgl. § 332 III Nr. 2; ähnlich schon zur aF die hM; vgl. E 1962, 648; zurückhaltender RegE 269; Prot. 7/609f.; Sturm JZ **75**, 13; Blei aaO 311; Loos aaO; Maiwald JuS **77**, 354; Ebert GA **79**, 370) und *nicht* das Vermögensinteresse der Anstellungskörperschaft (BGH **30**, 48).

4) Täter des **Sonderdelikts** nach § 331 können nur sein:

A. Amtsträger (§ 11 I Nr. 2; auch § 48 I WStG); **B. für den öffentlichen** **4** **Dienst besonders Verpflichtete** (§ 11 I Nr. 4; dort 32); und damit auch die nicht im, aber für den öffentlichen Dienst zugezogenen privaten Sachverständigen, soweit sie nach § 1 I Nr. 3 VerpflG (Anh. 19) verpflichtet sind (vgl. § 36 GewO); **C. Richter** (§ 11 I Nr. 3) und **Schiedsrichter** (§§ 1025 ff. ZPO; §§ 101–110 ArbGG).

5) A. Nach I bezieht sich die Tat auf **eine Diensthandlung**, dh auf Hand- **5** lungen, durch die ein **Amtsträger** oder **Verpflichteter** im öffentlichen Dienst die ihm übertragenen Aufgaben wahrnimmt (RG **68**, 70). Der Aufgabenkreis (vgl. RG **41**, 1) wird durch Gesetz und Dienstvorschrift festgelegt, nicht aber durch rein willkürliche Übertragungen seitens des Vorgesetzten; auch innerbehördliche Vorschriften über die Geschäftsverteilung spielen eine Rolle (differenzierend RG **56**, 401). Gleichgültig ist auch, ob der Täter die Handlung ablehnen durfte, also zu ihr nicht verpflichtet war (RG **16**, 300). Diensthandlung kann auch eine bloß vorbereitende Tätigkeit sein (vgl. BGH **3**, 148; **15**, 185; NJW **57**, 1079). Es genügt, wenn der Täter abstrakt zuständig ist; konkret braucht er es nicht zu sein (Hamm NJW **73**, 716; LK 11; M-Maiwald § 78, 20). Das RG hielt es für ausreichend, daß die Handlung „ihrer Natur nach mit dem Amt oder dem Dienst des Beamten in einer nicht nur äußerlich losen Beziehung steht" (RG **68**, 255). Auch der Mißbrauch der Amtsstellung, um eine durch die Dienstvorschriften verbotene Handlung vorzunehmen, die ihm gerade seine amtliche Stellung ermöglicht, ist eine Diensthandlung (RG **69**, 394). Diese Rspr. hat der BGH fortgeführt (BGH **3**, 145; **4**, 293; **11**, 127; **14**, 123; **16**, 37; dagegen krit. Eb. Schmidt, aaO 22 ff.; gegen ihn Kirschbaum/Schmitz aaO; enger auch LK 11; krit. und zusf. Ebert GA **79**, 361). Jedenfalls ist eine Handlung, die zu den dienstlichen Obliegenheiten gehört und in amtlicher Eigenschaft vorgenommen wird, Diensthandlung (BGH **31**, 279 [m. Anm. Geerds JR **83**, 465]; **35**, 132 [m. Anm. Tenckhoff JR **89**, 33; Kuhlen NStZ **88**, 433; Geppert JK 3 zu § 332]). Hingegen wird eine Privathandlung nicht dadurch zur Diensthandlung, daß der Täter auch dienstlich hätte mit ihr betraut

§ 331

werden können, BGH **18**, 59; vgl. aber auch Hamm NJW **73**, 716 (hierzu Eser III 18; LK 12); oder wenn er sie während der Dienststunden vornimmt (GA **66**, 377); andererseits bleiben Ermittlungen, die ein Polizeibeamter in seiner Freizeit durchführt, Diensthandlungen im Rechtssinne (Zweibrücken NStZ **82**, 204, insoweit abw. Geerds JR **82**, 384; Wagner JZ **87**, 602). So reicht auch Nebentätigkeit außerhalb des Amtes unter Ausnutzung der dort erworbenen Kenntnisse nicht aus, selbst wenn die Nebentätigkeit verboten ist (BGH **11**, 125; **18**, 263; GA **62**, 214; Hohmann JuS **87**, 474). Auch ein Meineid über dienstliche Vorgänge scheidet aus (str.; aM Celle NdsRpfl. **49**, 159). Gewährt ein Notar einem Bankdirektor Gebührenanteile dafür, daß dieser ihm Mandanten zuführt, so ist das keine Amtshandlung (Stuttgart GA **69**, 157). Im Falle der Mittäterschaft genügt es, wenn die Diensthandlung bei jedem Beteiligten mindestens teilweise eine dienstliche ist (BGH **14**, 123). Unter § 331 (und nicht unter § 332) fällt es auch, wenn der Täter eine zulässige Diensthandlung nach seinem Belieben ausführen oder einem anderen überlassen kann. Pflichtwidrig ist dann seine Handlung nicht (BGH **3**, 143). Für einen **Verpflichteten,** der nicht im, sondern nur für den öffentlichen Dienst tätig ist (oben 4) umfaßt der Begriff der Diensthandlung den Bereich seiner Verpflichtung, beim Sachverständigen also alles, was Be-
6 standteil seiner gutachtlichen Tätigkeit ist (vgl. RegE 270). **B.** Nach II bezieht sich die Tat auf eine **richterliche Handlung.** Beim **Richter** (26 zu § 11) ist das jede durch die richterliche Unabhängigkeit gedeckte (Sturm JZ **75**, 13; aM SchSch 13) und Rechtsgrundsätzen unterliegende Handlung, gleichgültig ob sie in Sachen unter Beteiligung mehrerer mit widerstreitenden Interessen oder in einseitigen Rechtsangelegenheiten ergeht (RegE 271). Eine Entscheidung braucht sie nicht zu sein. Es sind also nicht nur Zivil- und Strafsachen (vgl. BGH **12**, 191) erfaßt, so zB die Aussetzung nach §§ 56, 57 oder Strafvollstreckungsentscheidungen nach § 453 StPO, sondern auch Angelegenheiten der freiwilligen Gerichtsbarkeit. Justizverwaltungstätigkeit scheidet aus (dann aber I möglich). Beim **Schiedsrichter** ist das jede in seinen Tätigkeitsbereich, zB nach den §§ 1025 ff. ZPO fallende, die Förderung des Verfahrens oder die Sachentscheidung betreffende Handlung ge-
7 meint. **C.** Der Handlung steht, wie § 335 klarstellt, auch das **Unterlassen** einer Diensthandlung oder richterlichen Handlung gleich. Daß das Unterlassen insofern konkretisiert sein muß und sich auf eine sonst zu erwartende oder wenigstens mögliche Vornahme einer bestimmten Handlung bezieht,
8 ergibt sich aus der Tathandlungsbeschreibung (unten 12 ff., 17). **D.** § 331 betrifft nur **nicht pflichtwidrige** Handlungen; sonst greift § 332 ein, es sei denn, daß sich der Täter nicht bewußt ist, daß seine Handlung pflichtwidrig ist und deshalb (§ 16) § 332 auf ihn nicht anwendbar ist (BGH **3**, 143; str.; vgl. wistra **85**, 22). Ob die Geschenkannahme als solche (etwa wegen Verletzung beamtenrechtlicher Annahmeverbote wie des § 70 BBG) pflichtwidrig ist, ist für die Pflichtwidrigkeit der Diensthandlung ohne Bedeutung (BGH **3**, 147; **15**, 88).

9   **E. Zeitlich** kann die Handlung, wie I, II ergeben, schon vorgenommen sein (RG **63**, 369; Celle SJZ **48**, 685), gleichzeitig mit der Tat vorgenommen werden oder noch bevorstehen (R **4**, 555); ob sie in diesem Fall später noch vorgenommen wird, ist für die Vollendung des Tatbestandes ohne Bedeutung (BGH **31**, 282; NJW **87**, 1341; RegE 271; SchSch 16).

Straftaten im Amt **§ 331**

6) Tathandlungen nach I, II sind, daß der Täter einen Vorteil als Gegenleistung für eine Handlung oder deren Unterlassung (§ 335) fordert, sich versprechen läßt oder annimmt. **10**

A. Vorteil ist jede Leistung des Zuwendenden, auf die der Amtsträger keinen gesetzlich begründeten Anspruch hat (vgl. Prot. 7/611) und die ihn materiell oder auch immateriell (NStZ **85**, 499 m. Anm. Marcelli; Wagner JZ **87**, 603; ferner Sturm JZ **75**, 13; vgl. Hamm HESt. **1**, 292) in seiner wirtschaftlichen, rechtlichen oder auch nur persönlichen Lage objektiv besser stellt (BGH **31**, 279 [m. Anm. Geerds JR **83**, 465; Dingeldey NStZ **84**, 505; Wagner JZ **87**, 604]; **33**, 339 [m. Anm. Geerds JR **86**, 253; Dölling NStZ **87**, 69; Wagner JZ **87**, 604]; **35**, 133 mwN [m. Anm. Tenckhoff JR **89**, 33; Kuhlen NStZ **88**, 434]; wistra **91**, 221; Frankfurt NJW **90**, 2074) vor allem Geschenke, auch wenn sie nach Art und Maß noch nicht fest bestimmt sind (RG **23**, 141), aber auch zB unentgeltliche Gewährung des Beischlafs (RG **9**, 166; **64**, 291; BGH 1. 3. 1978, 2 StR 484/77), sexuelle Handlungen (Koblenz OLGSt. 8 zu § 174, nicht aber einmalige flüchtige Zärtlichkeiten (NJW **59**, 1834); auch nicht die bloße Gelegenheit zu sexuellen Kontakten (NJW **89**, 915 m. Anm. Bottke JR **89**, 432; Geppert JK 4 zu § 332), während die bloße Befriedigung des Ehrgeizes mangels objektiver Meßbarkeit nicht genügt (Bay **20**, 84; aM BGH **14**, 123; Zweibrücken NStZ **82**, 205; wohl auch Prot. 7/611; zum Streitstand Baumann, BB **61**, 1057; Stein NJW **61**, 437; LK 9; SchSch 21). Das Vermögen des Vorteilgebers braucht nicht vermindert zu sein (NJW **87**, 1341 m. Anm. Letzgus NStZ **87**, 311). Eine Einladung zum Essen oder zum Trinken genügt *nicht*, wenn die Annahme der Einladung der Höflichkeit entspricht, BGH **31**, 279 (hierzu Dingeldey NStZ **84**, 505). Vorteil ist auch die Vermeidung eines angedrohten Übels, falls dadurch zugleich dem Täter ein Vorteil erwächst (RG **64**, 374); die Stundung einer Schuld (BGH **16**, 40); die Gewährung eines Darlehens (BGH **13**, 328; **16**, 41; GA **59**, 176); die Überlassung eines Leihwagens (RG **64**, 335); die Vermittlung einer bezahlten Nebenbeschäftigung (RG **77**, 78), oder der Abschluß eines Vertrages (BGH **31**, 279; hierbei ist im Wege eines Gesamtvergleichs zu ermitteln, wieviel der Amtsträger infolge der Unrechtsvereinbarung erspart hat (6. 11. 1990, 1 StR 726/89). Beide Teile müssen darüber einig sein, daß der Amtsträger kein Anrecht auf den Vorteil hat (RG **31**, 389; **65**, 53); und daß er Gegenleistung (unten 17) für eine Amtshandlung ist (RG **65**, 53). Die Gegenleistung für einen privaten Verzicht genügt nicht (BGH **8**, 215). Kein Vorteil ist die aufgrund eines Werkvertrags erbrachte Leistung, soweit der Empfänger nur das erhält, worauf er nach dem entgeltlichen Vertrag einen Anspruch hat, wohl aber im Falle der Vereinbarung einer niedrigeren Vergütung (3. 7. 1991, 2 StR 132/91). Auch fehlt es an einem Vorteil, wenn der an der Diensthandlung Interessierte dem Beamten lediglich das für die Amtstätigkeit erforderliche Benzin zur Verfügung stellt (Zweibrücken NStZ **82**, 204 m. Anm. Geerds JR **82**, 384; hierzu Wagner JZ **87**, 603; Kuhlen NStZ **88**, 439). Denn von jeher hat die Rspr. (Nachw. bei Rudolphi NJW **82**, 1419) **11**

für den Vorteilsbegriff **eigennütziges Handeln** des Amtsträgers (vgl. hierzu BGH **28**, 309; GA **81**, 572; 3. 9. 1985, 5 StR 550/85 jew. zum „Handeltreiben" iS des BtMG) vorausgesetzt, BGH **35**, 134 (m. Anm. Tenckhoff JR **89**, 33; Geppert JK 3 zu § 332). Daran hat auch § 331 ausdrücklich (RegE **11a**

271) festgehalten. Ob eine Abrede mit einem Amtsträger, eine ihm als Entgelt für eine Amtshandlung zugedachte Zuwendung an einen anderen weiterzugeben, vom Begriff des Vorteils umfaßt ist, hängt davon ab, ob der Amtsträger zunächst eine Verfügungsmöglichkeit erhält, die den Einfluß des Gebers auf die weitere Verwendung des Gegebenen ausschließt. Erhält der Amtsträger die zur **Weitergabe an Dritte** bestimmte Zuwendung zunächst zur eigenen Disposition, dh mit der Möglichkeit, sie abredewidrig zu verwenden, ohne daß der Geber dies hindern kann, so ist die Zuwendung vom Vorteilsbegriff erfaßt (BGH **35**, 135, hierzu Kuhlen NStZ **88**, 436; Sonnen JA **88**, 232). Ein Vorteil ist aber auch dann gegeben, wenn die Dritten (zB Angehörige eines Vereins, einer Partei) zugedachte Zuwendung der Amtsperson in irgendeiner Hinsicht mittelbaren Nutzen bringen *(mittelbare Bestechung)*, BGH **14**, 128; **15**, 286; **33**, 339 [m. Anm. Geerds JR **86**, 253; Dölling NStZ **87**, 69]; **35**, 134; NJW **59**, 346; Düsseldorf NJW **87**, 1214 m. Anm. Geerds JR **87**, 170; SchSch 22. Wann bei Mitgliedern einer Personenvereinigung ein mittelbarer Nutzen gegeben ist, ist Tatfrage. Das gilt auch wenn ein Amtsträger **Parteispenden** (Schrifttumsnachweise 13, 13c zu § 2) zur Weiterleitung an seine Partei erhält. Soweit einer Amtsperson eine solche Spende nicht erkennbar eine persönliche Besserstellung einbringt, wird in diesen Fällen ein *eigener* (objektiv meßbarer) Nutzen nicht ohne weiteres nachweisbar sein (Kaiser NJW **81**, 322; Geerds Fn 27 bei Anm. [zu BGH **33**, 336] JR **86**, 253; aM Scheu NJW **81**, 1196, der zu Unrecht ein „eigenes wirtschaftliches Interesse" an der Spende bereits aus der aktiven Parteimitgliedschaft folgert; offen gelassen BGH **35**, 135 (hierzu Kuhlen NStZ **88**, 437; vgl. auch Otto BT § 99 II 1a). Bei einem Wahlbeamten kann es aber in seinem Interesse liegen, wenn er bei Ratsmitgliedern, die über seine Wahl oder Abwahl zu befinden haben, als Geldbeschaffer auftreten kann, BGH **35**, 135 (m. Anm. Tenckhoff JR **89**, 34; Kuhlen aaO; Geppert JK 3 zu § 332).

B. Der Täter muß den Vorteil entweder

12 **a) fordern,** dh ausdrücklich oder versteckt, aber schlüssig (zB durch entsprechende Gesten) erkennen lassen, daß er einen Vorteil für seine Handlung (RG **77**, 76) begehrt; die Tat ist mit dem Zugang der Forderung beim Aufgeforderten vollendet (BGH **10**, 243; **15**, 242; EzSt § 73 Nr. 4). Dabei genügt es, wenn der Fordernde den mindestens bedingten Willen hat, der Partner solle sich des Zusammenhangs zwischen Vorteil und Dienstleistung (unten 18 ff.) bewußt werden; ob dem Partner der Zusammenhang bewußt wird oder werden kann, ist ohne Bedeutung (vgl. BGH **10**, 241; **15**, 88; vgl. LK 4). Ebenso ist bedeutungslos, ob der Partner auf die Forderung eingeht. Nimmt sich der Amtsträger einen nicht geforderten Vorteil mit Gewalt, so scheidet § 331 aus (11. 12. 1962, 1 StR 466/62).

13 **b) sich versprechen lassen,** dh das entsprechende Angebot einer künftigen Leistung ausdrücklich oder schlüssig annehmen. Das ist auch bedingt möglich (RG **57**, 28). Ob es zur Leistung kommt, ist ohne Bedeutung. Doch muß der Täter den Vorteil auch annehmen wollen (NJW **89**, 916 [m. Anm. Bottke JR **89**, 432; Geppert JK 4 zu § 332]; Hamm MDR **73**, 68; Maiwald JuS **77**, 355); was auch für das Fordern gilt. Hält der Amtsträger irrig ein Angebot für gegeben und gibt eine Annahmeerklärung ab,

Straftaten im Amt **§ 331**

so ist keine Unrechtsvereinbarung (unten 15) zustandegekommen (LK 5); doch kommt Fordern in Betracht. Oder

c) **annehmen,** dh das tatsächliche Empfangen eines geforderten oder **14** angebotenen Vorteils, wobei der Täter den Willen haben muß, den Vorteil zu genießen, zu behalten oder über ihn als eigenen zu verfügen (BGH **14,** 123). Das ist auch durch Weitergabe an Dritte möglich (MDR **61,** 431). Daß sich der Täter des Vorteils bei Eintritt gewisser Bedingungen wieder entledigen will, ist ohne Bedeutung (GA **63,** 147); will er aber den Vorteil nur unter bestimmten Voraussetzungen für sich verwerten, so ist noch keine Annahme gegeben (aM BGH **14,** 127; SK-Rudolphi 26), wohl aber, wenn ein Mittäter den ihm zugerechneten Vorteil nicht selbst angenommen hat, sondern er in eine gemeinsame Kasse eingebracht worden ist (MDR/H **83,** 986), oder er ihn über einen Mittelsmann erhält (NJW **87,** 1341). Annahme zum Schein genügt jedenfalls nicht (BGH **15,** 97). Erfährt der Amtsträger erst nachträglich, daß er einen Vorteil erlangt hat, liegt uU in der Nichtrückgabe strafbares Unterlassen (RG **58,** 267; Köln MDR **60,** 156).

d) **Kern** der Tathandlung ist bei 12 bis 14 die sog. **Unrechtsvereinba- 15 rung** (BGH **15,** 249; RegE 273; LK 17 vor § 331), dh die Übereinstimmung zwischen Täter und Zuwender über das Gewähren eines Vorteils als Gegenleistung an den Täter, die bei 12 angestrebt (das Fordern also auf die Herbeiführung einer Unrechtsvereinbarung angelegt sein muß (27. 3. 1984, 1 StR 77/84; vgl. Frankfurt NJW **89,** 847), auf die bei 13 geschlossen und die bei 14 realisiert wird.

e) **Vollendet** wird die Tat mit einer der Handlung zu 12 bis 14, wobei 12 **16** und 13 in 14 aufgehen, wenn es zu 14 kommt. Beendet (auch iS der Verjährung; § 78a S. 1) wird die Tat mit dem Annehmen des letzten Vorteils (BGH **11,** 347; 13. 5. 1992, 2 StR 74/92), bei Zusicherung eines Darlehens mit dessen Annahme (BGH **16,** 207), spätestens beim Ausscheiden des Täters aus dem Amt (BGH **11,** 345).

C. Als **Gegenleistung** für seine Handlung (wenn auch nicht als vollwer- **17** tige) muß der Täter den Vorteil fordern usw.; dh ein *Zusammenhang iS eines „do ut des"* (RegE 271), ein sog. **Äquivalenzverhältnis** (LK 13; krit. Kuhlen NStZ **88,** 438: *„asymmetrische Äquivalenz-Beziehung"*) zwischen Amtshandlung und Vorteil muß, beiden Teilen bewußt, bestehen (BGH **4,** 297; **10,** 241; wistra **86,** 219; Düsseldorf NJW **87,** 1214 m. Anm. Geerds JR **87,** 170). Damit wird die mindestens angestrebte Vereinbarung zur Unrechtsvereinbarung (oben 15). Daher muß die *Diensthandlung* des Täters *bestimmt* sein, wenn auch nicht in den Einzelheiten, aber doch so, daß sich ersehen läßt, ob sie pflichtwidrig ist oder nicht (BGH **15,** 185; 222; 286; 473; **32,** 290; NStZ **84,** 24; 6. 11. 1990, 1 StR 718/89; aM SK 29); es genügt, wenn der Amtsträger einvernehmlich innerhalb eines bestimmten Aufgabenbereichs oder Kreises von Lebensbeziehungen nach einer gewissen Richtung hin tätig werden soll, wobei die Diensthandlung nach ihrem sachlichen Gehalt zumindest in groben Umrissen erkennbar und festgelegt sein muß (BGH **32,** 291; EzSt § 73 Nr. 4; Frankfurt NJW **90,** 2075). Zu weit geht es, wenn NJW **60,** 830 es bereits genügen lassen will, daß sich die beiderseitigen Vorstellungen auf einen bestimmten Lebens- und Pflichtenbereich beziehen (so aber SchSch 31; wie hier RegE 271; LK 13). Daher genügt für die

1869

Unrechtsvereinbarung (15) die allgemeine Feststellung noch nicht, daß sich der Amtsträger gegenüber dem Vorteilgeber „gefällig" zeigen solle, es sei denn, daß schon der Zuständigkeitsbereich des Amtsträgers und die Berufs- oder Geschäftstätigkeit des Vorteilsgebers Sachbeziehungen oder Berührungspunkte hervortreten lassen, die Rückschlüsse auf die Art der zu erkaufenden Diensthandlung gestatten (BGH **32**, 292; vgl. auch Wagner JZ **87**, 600). Den Vorteilsgeber braucht der Täter bei der Tat noch nicht zu kennen; es genügt, wenn er ihn später erfahren soll (BGH **15**, 88). Nicht erforderlich ist, daß im Falle des Forderns der Zusammenhang zwischen Vorteil und Amtshandlung vom Aufgeforderten erkannt wird (BGH **10**, 241), die Amtsperson muß aber den – zumindest bedingten – Vorsatz haben, daß der andere den Sinn des Angebots versteht (wistra **86**, 219). Der *Zusammenhang fehlt,* wenn die *Hingabe* nur *bei Gelegenheit* der Handlung, nicht für sie erfolgt (BGH **15**, 251; **16**, 41); so bei Trinkgeldhingabe *für ein privates Tun* des Amtsträgers (oder die Annahme einer Verköstigung aus Höflichkeit), RG **19**, 19; vgl. auch unten 22; ferner, wenn der Vorteilsgeber sich lediglich das *allgemeine* Wohlwollen oder die Geneigtheit des Amtsträgers sichern will (BGH **15**, 91; 185; 222; 250; 286; 355; GA **59**, 374, NStZ **84**, 24; Düsseldorf NJW **87**, 1214), was bei kleineren Aufmerksamkeiten idR zutreffen wird (vgl. BGH **15**, 286). Anderseits genügt es, daß der Zweck des Geschenks aus den Umständen ersichtlich ist (RG **11**, 219). Unerheblich ist bei allen Begehungsformen, ob die Diensthandlung vorgenommen worden ist oder vorgenommen wird (Otto BT § 99 II 2c) oder ob der Amtsträger sich insgeheim vorbehält, die Diensthandlung nicht zu begehen, es kommt allein auf die auf die Unrechtsvereinbarung (oben 15) abzielende Erklärung an (BGH **15**, 97). Aus diesem Grunde ist § 331 (oder § 332) auch gegeben, falls der Amtsträger lediglich **vorspiegelt,** die Diensthandlung erbracht zu haben (oder zu erbringen), für die er einen Vorteil fordert, sich versprechen läßt oder annimmt (**aM** BGH **29**, 300, zust. Dölling JuS **81**, 570; abl. Anm. Geerds JR **81**, 301; hierzu auch Kuhlen NStZ **88**, 435), denn entgegen BGH aaO wird der Unrechtsgehalt einer solchen Tat durch § 263 nicht ausgeschöpft (selbst § 263 ablehnend, Maiwald NJW **81**, 2780), sondern zugleich auch der Eindruck der Käuflichkeit erweckt und (sogar in verstärktem Maße) das Vertrauen in die Reinheit der Amtsführung erschüttert (ebenso LK 14; SchSch 30; SK 17; Lackner 11; Otto BT § 99 II 1c; Geppert Jura **81**, 48 und JK 1; Wagner JZ **87**, 599; aM Gülzow MDR **82**, 802; Wessels BT 1 § 25 II 1; Arzt/Weber LH **5**, 449; M-Maiwald § 78, 18; vgl. ferner RegE 270f.).

18 7) **Nach III** ist die Tat **gerechtfertigt,** wenn sie generell oder für den konkreten Fall wirksam **genehmigt** ist (Jutzi NStZ **91**, 105). Diese Genehmigung ist ausgeschlossen, wenn die Tat richterliche Handlungen nach II, vom Täter geforderte Vorteile (oben 12) oder pflichtwidrige Handlungen nach § 332 betrifft (LK 17). Sie ist unwirksam, wenn sie erschlichen ist.

19 a) Im übrigen richtet sich die **Genehmigungsfähigkeit,** da III insoweit keine selbständige Rechtsgrundlage liefert (RegE 272), nach dem öffentlichen Recht, insbesondere dem der Beamten (zB § 70 BBG; § 43 BRRG). Die Genehmigung hat die (örtlich wie sachlich) **zuständige Behörde** (Jutzi NStZ **91**, 106) zu erteilen, die dabei im Rahmen ihrer Befugnisse zu bleiben hat, dh zur Genehmigung im Einzelfall befugt sein muß. Bei Beamten ist

Straftaten im Amt **§ 331**

dies die vorgesetzte Dienstbehörde, bei Angestellten und Arbeitern des öffentlichen Diensts der öffentliche Arbeitgeber und bei privatrechtlich organisierten Unternehmern der staatlichen Daseinsvorsorge der Arbeitgeber (Jutzi aaO 107). Der Strafrichter hat nur die Einhaltung der Grenzen der Genehmigungsbefugnis nachzuprüfen, nicht aber, ob das verwaltungsmäßige Ermessen innerhalb dieser Grenzen pflichtgemäß ausgeübt worden ist (Sturm JZ **75**, 13). **b)** Die **vor Annahme** erteilte Genehmigung (**1. Alt.**) 20 ist (RegE 272 läßt die Rechtsnatur offen) kein bloßer Strafausschließungsgrund (Ber. 21), schließt aber nicht schon den Tatbestand (der Täter handelt ja gerade tatbestandsmäßig) und auch nicht erst die Schuld aus (denn der Täter „darf" ja annehmen); es ist vielmehr ein Rechtfertigungsgrund (so auch E 1962, 652; 655; Göhler Prot. 7/617; LK 16; SK 40). Das gilt auch dann, wenn die Genehmigung einem vorausgegangenen Sichversprechenlassen nachfolgt oder der Täter nichts von der Genehmigung weiß (28 zu § 16). **c)** III 2. Alt. sieht Straflosigkeit aber auch dann vor, wenn der Täter 21 unverzüglich (dh ohne schuldhaftes Zögern) **nach der Annahme** des Vorteils der zuständigen Behörde davon schriftlich oder mündlich Anzeige erstattet und sie die Annahme genehmigt. Hier ist zu unterscheiden: In den Fällen, in denen der Amtsträger den Vorteil noch verfügbar hat, wird keine Annahme gegeben sein (unklar RegE 272; aM Maiwald JuS **77**, 356), wenn sich der Amtsträger den Gegenstand nur unter dem Vorbehalt der Genehmigung hat geben lassen (oben 14; LK 6). Schwierigkeiten machen die Fälle, in denen der Vorteil nicht aufbewahrt werden kann (Einladung zum Essen, Theaterbesuch usw.). Hat der Amtsträger ihn sich versprechen lassen oder angenommen, weil er mit Genehmigung rechnen konnte und rechnete, und wird sie erteilt, so ist er gerechtfertigt. Hat er mit der Genehmigung nach den Umständen rechnen dürfen und gerechnet, wird sie aber trotzdem nicht erteilt, so ist er in einem nicht vorwerfbaren Verbotsirrtum und damit entschuldigt (anders SK 49; Eser III 18 A 50); anders beim vorwerfbaren Irrtum. In dem seltenen Fall, daß er nicht mit Genehmigung rechnete, diese aber dann doch erteilt wird, ist ein Strafausschließungsgrund anzunehmen (SchSch 52). Rechnete er nicht damit, weil er seine Diensthandlung irrig für pflichtwidrig hielt, so ist untauglicher Versuch nach § 332 gegeben und eine Genehmigung wäre unwirksam. Vgl. zu dem sehr problematischen Fragenkomplex die unterschiedlichen Meinungen E 1962, 652; RegE 272; Ber. 21; Prot. 7/613, 617, 619, 620; Lackner 14 ff.; Blei aaO 379; Maiwald JuS **77**, 356 f.; M-Maiwald § 78, 23 ff.; Blei JA **77**, 418; Geppert Jura **81**, 50.

8) Sozialadäquat, also vom Tatbestand ausgeschlossen (12 vor § 32), ist 22 das Gewähren geringfügiger Vorteile, die, soweit sie überhaupt als Gegenleistungen (17) angesehen werden können, als der Verkehrssitte entsprechende Höflichkeit oder Gefälligkeit zT auch gewohnheitsrechtlich anerkannt sind, zB die Neujahrsgabe an einen Schutzmann, Müllwerker oder Postboten, selbst wenn solche Gaben schlüssig gefordert werden (vgl. JW **34**, 2469; LM Nr. 1 zu § 332 aF; SchSch 55; SK 23; Lackner 10; M-Maiwald § 78, 23; unklar Ber. 21; zur Frage der Werbegeschenke Fuhrmann GA **59**, 161; Creifelds GA **62**, 23). Den Bereich noch sozialadäquaten Verhaltens zieht BGH **31**, 279 bei Vorstandsmitgliedern von öffentlichen Sparkassen (22 zu § 11) verhältnismäßig weit, denn hiernach können solche Personen

§ 331 BT Neunundzwanzigster Abschnitt

im Verkehr mit Kunden, die Kredite wünschen, uU auch Gastfreundschaften wahrnehmen und Einladungen annehmen (krit. Geerds JR 83, 465; Otto, K. Meyer-GedS 594; Jutzi NStZ 91, 108).

23 9) **Der Versuch** ist nur bei II strafbar. Er beginnt beim Fordern und Sichversprechenlassen zB mit der Absendung eines entsprechenden Briefes; bei der Annahme mit dem vereinbarten Betreten der Wohnung des Zuwenders (vgl. LK 25 f.).

24 10) Für die **Teilnahme** an Bestechungsdelikten ist zu berücksichtigen, daß die Strafbarkeit der Vorteilempfänger nach §§ 331, 332 und die der Vorteilsgeber nach §§ 333, 334 selbständig *und abschließend* geregelt ist, diese also nicht im Rechtssinne Teilnehmer an den Taten nach §§ 331, 332 und jene nicht an solchen nach §§ 333, 334 sein können. Es kommt daher auch für die Beurteilung der Strafbarkeit *außenstehender* Beteiligter darauf an, ob ihre Teilnahme dem Empfänger oder dem Vorteilsgeber gilt. Eine beachtliche Meinung im Schrifttum (Bell MDR 79, 719; LK 12 zu § 333; SchSch 12 zu § 334; SK 17, 18 zu § 333; M-Maiwald § 78, 19; Otto BT § 99 I 3 c u. JK 3; Krey Bd. 1, 673; Schmidhäuser StuB 24/10), schließt hieraus, daß der außenstehende Teilnehmer über die Teilnahmevorschriften in keinem Falle strenger behandelt werden darf als der Vorteilgeber, für den die §§ 333, 334 maßgebend sind. Nach BGH 37, 213 ist jedenfalls der Außenstehende, der *in erster Linie* Beihilfe zu §§ 333, 334 leisten will, nicht deswegen nach §§ 27, 331, 332 zu bestrafen, weil er weiß (und will), daß seine Beihilfe mittelbar auch die Tat des Vorteilsempfängers fördert. Die Frage, ob dann etwas anderes gilt, wenn der Gehilfe von vornherein in *gleicher* Weise Geber *und* Empfänger unterstützen will, ließ der BGH offen. Eine solche doppelseitige Teilnahme ist aber möglich, jedoch müssen bei der Strafzumessung Wertungswidersprüche, die sich aus der Struktur der Bestechungstatbestände ergeben, vermieden werden (Lackner 19).

25 11) **Der Vorsatz** muß sich als mindestens bedingter auf die Umstände zu erstrecken, die den Täter zum Amtsträger usw. machen; daß er Amtsträger ist, braucht er nicht zu wissen (25 zu § 11). Der Vorsatz muß sich ferner darauf beziehen, daß es um einen ungesetzlichen Vorteil als Gegenleistung für eine Diensthandlung geht. Nimmt der Täter irrig Umstände an, die seine Tat als sozialadäquat erscheinen ließen (oben 18), oder nimmt er irrig eine vor der Tat erteilte wirksame Genehmigung nach III an, so ist das ein Irrtum über einen Rechtfertigungsgrund (E 1962, 652; vgl. BGH 31, 286 m. Anm. Geerds JR 83, 465; Dingeldey NStZ 84, 5; 23 ff. zu § 16). Zieht er die Grenzen der Sozialadäquanz falsch, so ist das ein Verbotsirrtum (LK 24; aM Neustadt NJW 63, 1633). Erkennt der Täter die Bestechungsabsicht des Gebers erst nach Erhalt des Vorteils, so genügt es, wenn er diesen behält (BGH 15, 88).

26 12) **Tateinheit** ist möglich mit Betrug (§ 263; RG JR 25, Nr. 541; jedoch keine Wahlfeststellung, BGH 15, 100), ebenso mit Erpressung (§ 253), BGH 9, 245; SchSch 56; str. Fortsetzungszusammenhang mit § 332 ist möglich (NStZ 84, 24; Frankfurt NJW 90, 2075; vgl. 1 zu § 332), bezieht sich der Vorteil sowohl auf pflichtwidrige wie auf nichtpflichtwidrige Diensthandlungen, so greift nur § 332 ein (SchSch 7, 56; SK 5; aM LK 30; offen gelassen wistra 85, 22), jedoch liegt Tateinheit zwischen I und II vor, wenn sich die Tat sowohl auf richterliche wie nichtrichterliche Handlungen bezieht.

Straftaten im Amt § 331

13) **Verfall** des Empfangenen oder des Wertersatzes nach §§ 73 ff. Zur **Verjährung**, LK 32.

Bestechlichkeit

332 ᴵ Ein Amtsträger oder ein für den öffentlichen Dienst besonders Verpflichteter, der einen Vorteil als Gegenleistung dafür fordert, sich versprechen läßt oder annimmt, daß er eine Diensthandlung vorgenommen hat oder künftig vornehme und dadurch seine Dienstpflichten verletzt hat oder verletzen würde, wird mit Freiheitsstrafe von sechs Monaten bis zu fünf Jahren, in minder schweren Fällen mit Freiheitsstrafe bis zu drei Jahren oder mit Geldstrafe bestraft. Der Versuch ist strafbar.

ᴵᴵ Ein Richter oder Schiedsrichter, der einen Vorteil als Gegenleistung dafür fordert, sich versprechen läßt oder annimmt, daß er eine richterliche Handlung vorgenommen hat oder künftig vornehme und dadurch seine richterlichen Pflichten verletzt hat oder verletzen würde, wird mit Freiheitsstrafe von einem Jahr bis zu zehn Jahren, in minder schweren Fällen mit Freiheitsstrafe von sechs Monaten bis zu fünf Jahren bestraft.

ᴵᴵᴵ Falls der Täter den Vorteil als Gegenleistung für eine künftige Handlung fordert, sich versprechen läßt oder annimmt, so sind die Absätze 1 und 2 schon dann anzuwenden, wenn er sich dem anderen gegenüber bereit gezeigt hat,

1. bei der Handlung seine Pflichten zu verletzen oder,
2. soweit die Handlung in seinem Ermessen steht, sich bei Ausübung des Ermessens durch den Vorteil beeinflussen zu lassen.

1) Die Vorschrift (vgl. zunächst 1 bis 3 zu § 331) erfaßt den durch das Merkmal der Pflichtwidrigkeit qualifizierten Fall des § 331, dessen Tatbestand im übrigen voll erfüllt sein muß (NStZ **84**, 24). II liegt im Vorfeld von § 336.

2) Zum Täterkreis, zu den Begriffen von **Diensthandlung, Vorteil** und **Gegenleistung** sowie zur **Unrechtsvereinbarung** gelten zunächst 4 bis 17 zu § 331 entsprechend, außerdem aber auch § 48 II WStG. § 332 ist ein mehraktiges Delikt.

3) Die Tathandlung (10 zu § 331) muß sich – anders als bei § 331 – auf eine **Diensthandlung** (bzw. richterliche Handlung) beziehen, durch die der Täter seine **Dienstpflichten** (bzw. richterlichen Pflichten) **verletzt** hat oder verletzen würde. Sie braucht nicht bestimmt zu sein, es genügt, daß sich die Beteiligten einen Kreis von Beziehungen vorstellen, innerhalb dessen es zu einer solchen pflichtwidrigen Handlung kommen soll (1. 3. 1978, 2 StR 484/77). **A.** Wann eine pflichtwidrige Diensthandlung gegeben ist, bestimmt sich nach Gesetz (so allein für den Richter), Dienstvorschriften und Anordnungen der Vorgesetzten (RegE 273; Fuhrmann GA **60**, 108). Eine solche Handlung ist auch gegeben, wenn der Täter seine amtliche Stellung mißbraucht, um eine vorschriftswidrige (oder gar eine strafbare) Handlung vorzunehmen (NJW **83**, 462; **87**, 1341 m. Anm. Letzgus NStZ **87**, 309; Otto JK 2; hierzu die Kontroverse zwischen Amelung/Weidemann und Herzberg JuS **84**, 595; 937; krit. auch Wagner JZ **87**, 598) oder wenn er in privater Sache die amtliche Pflicht zu Dienstverschwiegenheit verletzt

(BGH **4**, 293; **14**, 123; aM Ebert GA **79**, 369, der mit beachtlicher Begründung § 353b für einschlägig hält); denn zum Kreis seiner Diensthandlungen gehört die ständige Wahrung der Amtsverschwiegenheit; so bei einem Buch- und Betriebsprüfer des Finanzamts, der Steuerhinterziehung bewußt fördert (RG **72**, 72). Ein Amtsträger handelt auch dann pflichtwidrig, wenn er einem noch nicht eingeweihten Dritten ein Dienstgeheimnis verrät, das er selbst nur durch den Geheimnisverrat eines anderen Amtsträgers erfahren hat (BGH **14**, 123). Ist eine Handlung pflichtgemäß geboten, so ist ihr Unterlassen eine rechtswidrige Diensthandlung; so Annahme von Bestechungsgeldern dafür, daß der Amtsträger die erforderliche Genehmigung für seine Privatbeschäftigung nicht einholt (RG **16**, 42). Ob die Diensthandlung schon vorgenommen worden ist oder noch bevorsteht, ist auch hier ohne Bedeutung (Hamburg HESt. **2**, 346; vgl. 9 zu § 331). Die Handlung, auf die sich der Vorteil bezieht, muß pflichtwidrig sein; daß Annehmen, Fordern oder Versprechen pflichtwidrig sind, reicht nicht aus (BGH **3**, 143; **15**, 239; **16**, 39; RegE 274). Die bevorzugte schnellere Bearbeitung einer Sache ist eine Pflichtwidrigkeit nur dann, wenn andere dadurch beeinträchtigt werden (BGH **15**, 350; **16**, 37). Wird die Tat begangen, nachdem der Täter die Diensthandlung bereits vorgenommen hat, so muß er die seine Dienstpflicht verletzt haben (16. 5. 1961, 1 StR 162/61), jedoch greift § 332 nicht ein, wenn der Amtsträger aufgrund eines früher angenommenen Vorteils, bezüglich dessen eine Unrechtsvereinbarung nicht bestand, eine Dienstpflichtverletzung begeht (MDR **84**, 598; Wagner JZ **87**, 600). Die Erledigung eines Dienstgeschäftes, für das ein anderer Beamter zuständig ist, ist nicht ohne weiteres eine Pflichtverletzung (BGH **16**, 37).

5   B. **Pflichtwidrig** ist eine Diensthandlung immer, wenn dem Täter durch Rechtssatz, Dienstvorschrift oder Anordnung die Entschließung über Vornahme oder Unterlassung (§ 335) einer Diensthandlung und über die Art der Vornahme vorgeschrieben ist (sog. **„gebundener Beamter"**); das gilt auch für den Richter, wenn er zwingendes Recht verletzt. Schwierigkeiten entstehen, wenn der Täter nach pflichtgemäßem Ermessen innerhalb eines Spielraums möglicher Entscheidungen zu wählen hat (sog. **„Ermessensbeamter"**; vgl. BGH **15**, 115; GA **59**, 374; **60**, 147; Hamburg HESt. **2**, 337; ein Begriff, der nicht verwaltungsrechtlich, sondern strafrechtlich zu verstehen ist, 4. 3. 1966, 1 StR 385/65, auch die Anwendung unbestimmter Rechtsbegriffe umfaßt, und nicht den Täter als solchen, sondern nur in einer konkreten Entscheidungslage bezeichnet), das setzt das Vorhandensein mindestens zweier rechtmäßiger sachlicher – und nicht nur zeitlicher – Handlungsalternativen voraus (Frankfurt NJW **90**, 2075); das gilt auch für Ermessensentscheidungen des Richters, zB bei der Strafzumessung (str.). Bezieht sich die Tat auf eine *zurückliegende* Handlung, so kann ihre Pflichtwidrigkeit nur unabhängig von der späteren Tathandlung beurteilt werden. Bei Ermessensentscheidungen wird Pflichtwidrigkeit dann nur bei Ermessensüberschreitungen in Betracht kommen. Folgt die Diensthandlung jedoch der Tathandlung *zeitlich nach*, so handelt der nach Ermessen Entscheidende nicht nur dann pflichtwidrig, wenn er sachwidrig entscheidet, zB einen Auftrag an den Vorteilsgeber erteilt, obwohl dieser ein ungünstigeres Angebot gemacht hat als sein Konkurrent, oder wenn er

Straftaten im Amt § 332

einen gebotenen Wettbewerb ausschaltet (Hamm NJW 73, 716), sondern schon dann, wenn er sich bei seiner Entscheidung von dem Vorteil beeinflussen läßt, selbst wenn sie innerhalb seines Ermessensspielraums liegt (vgl. 20. 2. 1981, 2 StR 644/80: freihändige Auftragsvergabe). Es genügt, wenn der Täter den Vorteil auf die Waagschale seiner Entscheidung legt (RG **26**, 194), ohne daß er den Ausschlag zu geben braucht. Doch ist der Charakter der späteren Diensthandlung nur ein Indiz für die Auslegung der

C. Unrechtsvereinbarung, die der Täter angeboten (gefordert), abge- **6** schlossen (sich hat versprechen lassen) oder realisiert (angenommen) hat. Mit ihr ist, wie III nur bestätigt, die Tat vollendet. **a)** Es kommt daher **7** entscheidend auf den Charakter der dabei in *Aussicht genommenen Diensthandlung* an, an deren Bestimmtheit keine überspannten Anforderungen gestellt werden dürfen (wistra **85**, 22; NStZ **89**, 74 [hierzu Otto JK 5]; 6. 11. 1990, 1 StR 718/89; 18. 9. 1990, 5 StR 500/90), zumal in den Fällen, in denen es zu der Handlung später nicht kommt oder die spätere Handlung, für sich gesehen, Pflichtwidrigkeit nicht erkennen läßt. Hier gilt folgendes: Bietet der Täter eine Diensthandlung an, von der er weiß, daß sie pflichtwidrig ist, oder vereinbart er sie, so ist der Tatbestand verwirklicht, auch wenn der Partner die Pflichtwidrigkeit nicht erkennt (vgl. BGH **15**, 355; für ihn gilt dann § 333, nicht § 334) oder falsch beurteilt (BGH **2**, 169; vgl. LK-Jescheck 13). Dabei genügt es, wenn der Täter *vorspiegelt,* Diensthandlungen der erwarteten Art vornehmen zu können (31. 10. 1961, 5 StR 432/61; wistra **85**, 22), oder sich in dem Sinne käuflich zeigt, daß er beim Vorteilgeber den *unzutreffenden Eindruck erweckt,* er verletze seine Dienstpflichten (insoweit **aM** NStZ **84**, 24; krit. Geppert JK 2; vgl. zu diesen Fällen auch 17 aE zu § 331). Darüber hinaus bestimmt **III Nr. 1,** daß es schon genügt, wenn der Täter sich seinem Partner gegenüber ausdrücklich oder schlüssig zu einer Pflichtwidrigkeit bereit zeigt. Daraus ergibt sich, daß es nur auf die Unrechtsvereinbarung ankommt und es ohne Bedeutung ist, ob der Täter sich insgeheim vorbehält, nicht pflichtwidrig zu handeln (vgl. BGH **15**, 88; Schröder GA **61**, 297). Anderseits ist nur § 331 gegeben, wenn die Unrechtsvereinbarung sich nur auf eine nicht pflichtwidrige Handlung bezieht (vgl. Wegscheider Jura **85**, 329), der Täter dann aber unter dem Einfluß des schon erhaltenen Vorteils eine Pflichtwidrigkeit begeht (aM wohl RegE 274). **b)** Für den Fall der **Ermessensentscheidung** **8** grundlegend BGH **15**, 239; vgl. auch Frankfurt NJW **90**, 2075. Im Anschluß an diese Rspr. bestimmt **III Nr. 2,** daß der Tatbestand schon dann erfüllt ist, wenn der Täter sich seinem Partner gegenüber bereit zeigt, sich bei Ausübung seines Ermessens durch den Vorteil beeinflussen zu lassen, dh ihm mit auf die Waagschale seiner Entscheidung zu legen (hierzu Geppert Jura **81**, 50), ob er sich insgeheim vorbehält, anders zu handeln, oder ob er später anders oder gar nicht handelt (BGH **11**, 130; RegE 274), ist für den Tatbestand ohne Bedeutung (Sturm JZ **75**, 14; so schon zu § 332 aF NJW **53**, 1401; BGH **15**, 88; 356; Krönig NJW **60**, 2083; Stein NJW **61**, 437; Schröder GA **61**, 289; aM Eb. Schmidt aaO; Henkel JZ **60**, 507; Klug JZ **60**, 724). Rechtfertigung durch Sozialadäquanz oder Genehmigung (18 ff. zu § 331) scheidet bei § 332 aus.

4) Zum Vorteil gilt außer 11 zu § 331: Vorteile, die sich unmittelbar und **9** notwendig erst aus der pflichtwidrigen Handlung ergeben oder die sich der

§ 332

Täter erst aus dieser Handlung verschaffen soll, sind keine Gegenleistung für sie (BGH **1**, 182), anders wenn der Vorteil aus der Straftat eines anderen stammt, an der der Täter durch die pflichtwidrige Handlung mitwirkt (BGH **20**, 1; MDR/H **79**, 107; NJW **87**, 1342 [m. Anm. Letzgus NStZ **87**, 309; Otto JK 2]; wistra **90**, 306).

10 5) Zum **Vorsatz** gilt zunächst 25 zu § 331. Hinzu kommen muß, daß der Täter (nicht auch sein Partner; oben 7) die objektive Pflichtwidrigkeit der Diensthandlung kennt (NStZ **84**, 24, hierbei genügt bedingter Vorsatz, vgl. BGH **3**, 143; Hamm NJW **73**, 719) oder er sich auch nur in diesem Sinne käuflich zeigt (insoweit **aM** NStZ **84**, 24) und daß der Vorteilgeber weiß, daß er es mit einem Amtsträger zu tun hat (24. 10. 1980, 2 StR 391/80). Glaubt dieser, daß er nicht pflichtwidrig handle, so ist er nur nach § 331 strafbar (vgl. Haffke JuS **73**, 406). Nimmt er irrig Pflichtwidrigkeit an, so ist strafbarer Versuch nach I S. 2 oder II gegeben (LK 12; Letzgus NStZ **87**, 311; vgl. BGH **2**, 173). Kenntnis der Pflichtwidrigkeit heißt (in der Laiensphäre verstanden) *Bedeutungs*kenntnis, nicht bloße Kenntnis der Tatumstände, die die Diensthandlung als pflichtwidrige kennzeichnen (LK 13; vgl. 5). Verbotsirrtum ist es, wenn der Täter glaubt, eine Genehmigung könne ihn auch hier rechtfertigen. Im Fall der künftigen Handlung genügt es, wenn der Täter sich bewußt iS von III Nr. 1 oder 2 bereit zeigt. Das Bewußtsein, daß der andere von ihm erwartet, er möge sachfremden Erwägungen Raum geben (so BGH **15**, 352), genügt nicht.

11 6) Zum **Versuch** gilt 23 zu § 331; zur **Teilnahme** 24 dort. **Mittäterschaft** ist hier nicht nur in der Weise möglich, daß jeder Qualifizierte pflichtwidrig handelt (RG **69**, 395), sondern auch so, daß nur einer die Pflichtwidrigkeit erkennt, während der andere nur nach § 331 bestraft wird. Auf fehlenden Willen zur Tatherrschaft (2 vor § 25) kann sich nicht berufen, wer die Bestechungsleistung erbringt, um Vorteile aus der Tat des Amtsträgers zu gewinnen (6. 11. 1990, 1 StR 726/89), auch scheitert Mittäterschaft nicht daran, daß vor dem Hinzutreten eines weiteren Tatbeteiligten die Unrechtsvereinbarung schon getroffen war (6. 11. 1990, 1 StR 726/89). Die Unterstützung der pflichtwidrigen Handlung ist nur dann Beihilfe, wenn sie auch die Tat nach § 332 fördert (BGH **18**, 263). Der Vorteilsgeber und seine Teilnehmer fallen nur unter § 334 oder § 333 (str.; vgl. aber 24 zu § 331).

12 7) **Die Strafe** ist in I und II, wo es sich um ein Verbrechen handelt, abgestuft, wobei minder schwere Fälle in Betracht kommen, wenn es sich um eine geringfügige Pflichtwidrigkeit und einen geringfügigen Vorteil handelt. Von Bedeutung für die Strafzumessung ist es, ob es zu einer künftigen pflichtwidrigen Diensthandlung wirklich gekommen ist (GA **59**, 176) oder ob die Tat eine schon zurückliegende Handlung betraf (vgl. § 334 II). Unzulänglichkeiten der Dienstaufsicht entlasten den Beamten, da sich seine Pflichten von selbst verstehen, idR nicht (NJW **89**, 1938 m. Anm. Molketin wistra **90**, 356). Verfall des Erhaltenen oder des Wertersatzes nach §§ 73ff. Amtsverlust bei II nach § 45 I; Aberkennung der Fähigkeiten nach §§ 358, 45 II, III.

13 8) **Tateinheit** ist mit §§ 174, 174a, 174b, 180 III, 180a I (NJW **87**, 199); § 263 möglich (BGH **20**, 1; vgl. auch **29**, 300), ebenso mit Erpressung (BGH **9**, 245; EzSt § 73 Nr. 4; str.), sowie mit Untreue, die die Delikte der §§ 332 und 263 zu einer Tat verklammern kann (MDR/H **85**, 627). Hingegen hält der BGH **Tat-**

Straftaten im Amt **§ 332**

mehrheit zwischen § 332 und der pflichtwidrigen Handlung idR für gegeben, falls diese selbst eine strafbare Handlung ist (BGH **4**, 169; **7**, 152; GA **59**, 177; NJW **73**, 475; NJW **87**, 1341; 6. 11. 1990 StR 718/89), für Tateinheit Letzgus NStZ **87**, 311). Der BGH geht aber zutr. davon aus, daß die Unrechtsvereinbarung nicht zur Tathandlung (10 zu § 331) gehört, die sich auf das Fordern usw. (12 bis 14 zu § 331) beschränkt. Für § 52 kommt es aber auf die Tathandlung, nicht auf die Vorstellungen über den Charakter der Diensthandlung bei der Unrechtsvereinbarung an (Fuhrmann ZStW **72**, 534f.). Zum Verhältnis zu § 331 vgl. dort 26.

Vorteilsgewährung

333 ^I Wer einem Amtsträger, einem für den öffentlichen Dienst besonders Verpflichteten oder einem Soldaten der Bundeswehr als Gegenleistung dafür, daß er eine in seinem Ermessen stehende Diensthandlung künftig vornehme, einen Vorteil anbietet, verspricht oder gewährt, wird mit Freiheitsstrafe bis zu zwei Jahren oder mit Geldstrafe bestraft.

^II Wer einem Richter oder Schiedsrichter als Gegenleistung dafür, daß er eine richterliche Handlung künftig vornehme, einen Vorteil anbietet, verspricht oder gewährt, wird mit Freiheitsstrafe bis zu drei Jahren oder mit Geldstrafe bestraft.

^III Die Tat ist nicht nach Absatz 1 strafbar, wenn die zuständige Behörde im Rahmen ihrer Befugnisse entweder die Annahme des Vorteils durch den Empfänger vorher genehmigt hat oder sie auf unverzügliche Anzeige des Empfängers genehmigt.

1) Die Vorschrift (vgl. zunächst 1 bis 3 zu § 331) korrespondiert dem § 331 **1** als allerdings eingeschränktes Spiegelbild; dieser betrifft den Vorteilsnehmer, § 333 hingegen den Vorteilsgeber. Beide Tatbestände sind voneinander unabhängig. § 333 bezieht sich nur auf eine **künftige** Handlung des Vorteilsnehmers, bei der I überdies eine **Ermessenshandlung** sein muß (dazu RegE 274).

2) Täter kann auch **jedermann** sein (zB auch der Geschäftsführer zugunsten des **2** Unternehmers, 1. 3. 1978, 2 StR 484/77), **Begünstigter** als notwendig Beteiligter wie bei § 331 ein **Amtsträger, für den öffentlichen Dienst besonders Verpflichteter, Richter** oder **Schiedsrichter** (4 zu § 331), außerdem anders als bei § 331 jeder **Soldat der Bundeswehr;** obwohl sich § 331 iVm § 48 I WStG nur auf Offiziere und Unteroffiziere bezieht (1 zu § 331); bei anderen Soldaten ist also zwar der Vorteilsgeber (Soldat oder nicht) nach § 333 strafbar, der Nehmer aber nur disziplinarisch zu erfassen (RegE 275). Vgl. für die NATO-Truppen Art. 7 II Nr. 10 des 4. StÄG (Anh. 14).

3) Tathandlung ist, daß der Täter dem anderen **als Gegenleistung** (17 zu **3** § 331) für eine künftige nicht pflichtwidrige (sonst § 334) bestimmte **Diensthandlung** (5 zu § 331), die **in seinem Ermessen** (5 zu § 332) steht (I) oder für eine künftige nicht pflichtwidrige bestimmte **richterliche Handlung** (II; 6 zu § 331), gleichgültig, ob sie eine gebundene (5 zu § 332) oder in seinem Ermessen stehende ist, einen **Vorteil** (11 zu § 331).

A. a) anbietet (Offerte), **b) verspricht** (Zusicherung), was beides durch **4** einseitiges schlüssiges (RG **26**, 424; **47**, 68; Hamm OLGSt. 1 zu § 333 aF) Verhalten geschehen kann, das auf eine Unrechtsvereinbarung gerichtet ist (vgl. BGH **15**, 88; 102; **16**, 46); oder **c) gewährt,** dh Annahme durch den

1877

anderen (vgl. RG **29**, 143). Ob der andere versteht, daß der Täter eine Unrechtsvereinbarung will, ist ohne Bedeutung (BGH **15**, 88; vgl. auch **16**, 40), und zwar auch im Fall des Gewährens (BGH **15**, 184), das ein Anbieten mindestens in sich schließt (LK-Jescheck 4); str. Die Anregung zu den Tathandlungen kann von dem anderen ausgehen (RG **37**, 172). Das Ansinnen einer bestimmten Diensthandlung kann der Tathandlung nachfolgen (RG **47**, 68). Auch über einen Mittelsmann kann der Täter an den Amtsträger herantreten, dessen Person er dann nicht zu kennen braucht (LK 5); will er aber nur dem Mittelsmann einen Vorteil zuwenden, damit dieser bei dem Amtsträger Fürsprache einlege, so scheidet § 333 aus (RG **13**, 396).

5 **B. Noch bevorstehen** muß die Handlung des anderen (vgl. RG **19**, 208; **52**, 234; **62**, 98), wofür Gleichzeitigkeit von Tat- und Diensthandlung genügt. Es genügt auch, daß der Täter annimmt, die (schon begangene) Handlung stehe noch bevor (RG **62**, 98; **19**, 206; SchSch-Cramer 14). Unerheblich ist, ob der Amtsträger zu der betr. Handlung schon entschlossen war und der Bestechende dies wußte (MDR **55**, 529).

6 **C. Der Vorteil** muß vom Täter herrühren; daß ihn sich der Täter selbst durch eigene Tätigkeit beschaffen soll, genügt nicht (vgl. BGH **1**, 182).

7 **D. Vollendet** ist die Tat mit der Tathandlung selbst; ob der andere die erwartete Handlung ausführen will oder kann oder zwar will, aber später nicht ausführt, ist bedeutungslos (vgl. RG **4**, 101; **26**, 424; **74**, 255). Es ist daher auch gleichgültig, ob sich der andere nach § 331 oder § 332 strafbar macht; es genügt, wenn er beim etwaigen Eingehen auf das Ansinnen des Täters den Tatbestand mindestens des § 331 erfüllte (vgl. BGH **15**, 184). **Der Versuch** ist bei § 333 straflos.

8 **4) Teilnahme** des Vorteilnehmers ist nicht möglich; für ihn gelten §§ 331, 332, die selbständig zu prüfen sind (LK 11). § 332 kann gegeben sein, wenn der Täter meint, die erwartete Handlung sei nicht pflichtwidrig, während sie das, wie der Amtsträger weiß, ist. Strafbare Teilnahme eines Außenstehenden ist möglich (vgl. 24 zu § 331).

9 **5) Gerechtfertigt** ist die Tat nach III in den Fällen von I dann, wenn eine wirksame Genehmigung (19 ff. zu § 331) vor Annahme des Vorteils durch den Amtsträger erteilt wird (E 1962, 655), auch dann, wenn der Vorteil vor der Genehmigung angeboten oder versprochen war. Hat der Täter den Vorteil vor der Genehmigung angeboten, versprochen oder gewährt und wird die Annahme, wie er erwartet hat und erwarten durfte, erteilt, so ist er gerechtfertigt (E 1962, 655; persönlicher Strafausschließungsgrund). Bleibt die Genehmigung oder die unverzügliche Anzeige des Amtsträgers trotzdem aus, so ist er bei nicht vorwerfbarem Verbotsirrtum entschuldigt (aM SchSch 22); ist sein Irrtum vorwerfbar, so ist er strafbar. Rechnete er nicht mit Anzeige oder Genehmigung (etwa deshalb, weil er die erwartete Diensthandlung für pflichtwidrig hielt; unten 10), kommt es aber zu beiden, so ist ein persönlicher Strafausschließungsgrund gegeben. Für die Fälle der **Sozialadäquanz** vgl. 22 zu § 331.

10 **6) Der Vorsatz** muß als mindestens bedingter (RG **77**, 78) die Umstände umfassen, die den Partner zum Amtsträger usw. machen (RG **23**, 376). Nimmt er irrig an, die Diensthandlung sei schon geschehen, so ist der

Straftaten im Amt § 333

Vorsatz ausgeschlossen (vgl. MDR **55**, 529). Daß der Täter den anderen zu der Handlung bestimmen will, wird idR der Fall sein, ist aber nicht erforderlich (ebenso Dornseifer JZ **73**, 270; abw. § 333 aF; SchSch 13; SK 11). Doch muß er wollen, daß der andere den Sinn des Vorteils als Gegenleistung verstehe; ob er ihn versteht, ist gleichgültig (oben 4). Nimmt der Täter irrig an, die erwartete Handlung sei pflichtwidrig, so ist dieser untaugliche straflose Versuch nach § 334 I als vollendete Tat nach § 333 strafbar, dessen Tatbestand keine pflichtgemäße Handlung voraussetzt. Zum Fall, daß der Täter mit der Möglichkeit rechnet, der Amtsträger werde sich bei Ausübung seines Ermessens durch den Vorteil beeinflussen lassen, vgl. 7 ff. zu § 334. Im übrigen gilt 25 zu § 331 entsprechend.

7) Konkurrenzen. Tateinheit ist zwischen I und II (26 zu § 331), ferner mit **11** § 175 sowie mit § 185 möglich. Hinter § 334 tritt § 333 zurück; doch sind auch Fälle von Tateinheit und Fortsetzungszusammenhang möglich (26 zu § 331). Ein einheitliches Angebot an mehrere Amtsträger ist nur eine einzige Tat (vgl. RG **70**, 26). Richtet der Täter mehrere Angebote nacheinander an verschiedene Amtsträger, so kommt nach RG **72**, 174; Hamburg NJW **51**, 813 nur Tatmehrheit, nicht Fortsetzungszusammenhang in Frage (zw.).

8) Die Strafe ist bei II strenger als bei I. Vgl. auch 12 zu § 332. Der Verfall **12** des Gewährten ist nur gegenüber dem Amtsträger nach §§ 331, 332 iVm §§ 73 ff. möglich. Einziehung des gegen den Willen des Amtsträgers Gewährten (14 zu § 331) ist jedoch möglich, 8 zu § 74.

9) Zuständigkeit in Wirtschaftsstrafsachen § 74 c I Nr. 6, § 74 e Nr. 2 GVG; **13** § 103 II JGG.

Bestechung

334 I Wer einem Amtsträger, einem für den öffentlichen Dienst besonders Verpflichteten oder einem Soldaten der Bundeswehr einen Vorteil als Gegenleistung dafür anbietet, verspricht oder gewährt, daß er eine Diensthandlung vorgenommen hat oder künftig vornehme und dadurch seine Dienstpflichten verletzt hat oder verletzen würde, wird mit Freiheitsstrafe von drei Monaten bis zu fünf Jahren, in minder schweren Fällen mit Freiheitsstrafe bis zu zwei Jahren oder mit Geldstrafe bestraft.

II Wer einem Richter oder Schiedsrichter einen Vorteil als Gegenleistung dafür anbietet, verspricht oder gewährt, daß er eine richterliche Handlung

1. vorgenommen und dadurch seine richterlichen Pflichten verletzt hat oder

2. künftig vornehme und dadurch seine richterlichen Pflichten verletzen würde,

wird in den Fällen der Nummer 1 mit Freiheitsstrafe von drei Monaten bis zu fünf Jahren, in den Fällen der Nummer 2 mit Freiheitsstrafe von sechs Monaten bis zu fünf Jahren bestraft. Der Versuch ist strafbar.

III Falls der Täter den Vorteil als Gegenleistung für eine künftige Handlung anbietet, verspricht oder gewährt, so sind die Absätze 1 und 2 schon dann anzuwenden, wenn er den anderen zu bestimmen versucht, daß dieser

§ 334

1. bei der Handlung seine Pflichten verletzt oder,

2. soweit die Handlung in seinem Ermessen steht, sich bei der Ausübung des Ermessens durch den Vorteil beeinflussen läßt.

1   **1) Die Vorschrift** (vgl. zunächst 1 bis 3 zu § 331) stellt das Spiegelbild zu § 332 dar, der den Vorteilsnehmer betrifft, während sich § 334 auf den Vorteilsgeber bezieht. Doch ist der selbständige § 334 ein qualifizierter Fall des § 333 (vgl. 1 zu § 332).

2   **2) Täter** kann jedermann sein (kein Sonderdelikt). Als Begünstigte kommen die auch in § 333 Genannten in Betracht (2 zu § 333).

3   **3) Die Tathandlungen** sind dieselben wie bei § 333; es gilt dort 3 ff. Doch erfaßt § 334 nicht nur Fälle künftiger, sondern auch in der Vergangenheit liegende dienstliche oder richterliche Handlungen. Außerdem bezieht sich nicht nur II, sondern im Gegensatz zu § 333 auch I nicht nur auf Handlungen, die im Ermessen des Amtsträgers stehen, sondern auch auf solche, bei denen er gebunden ist.

4   **4) Auf eine pflichtwidrige dienstliche oder richterliche Handlung** des Begünstigten muß sich die Tathandlung hier beziehen; dazu gilt 3 ff. zu § 332 sinngemäß. Will der Vorteilsgeber, daß der Amtsträger nur seine Dienstpflicht erfüllt, zB einen Gefangenen gerecht behandelt (vgl. R **8**, 361; RG LZ **26**, 1014; BGH 7. 2. 1961, 5 StR 505/60), so kommt nur § 333 in Betracht. Kommt es dem Vorteilsgeber nur auf beschleunigte Erledigung einer Sache an, so kommt § 334 nur dann in Frage, wenn der Amtsträger andere Gesuchsteller benachteiligen oder sich über Dienstvorschriften hinwegsetzen soll (vgl. BGH **15**, 351; **16**, 37).

5   **5) Der Versuch** ist nur bei II strafbar. Er setzt ein, wenn der Täter an den Richter herantritt; zB einen Brief absendet oder einem Mittelsmann die Bestechungssumme aushändigt.

6   **6) Teilnahme** vgl. 8 zu § 333. Erkennt der Teilnehmer anders als der Täter nicht, daß es um eine pflichtwidrige Diensthandlung geht, so kommt für ihn nur § 333 in Betracht (§ 28 II); er ist also straflos, wenn nur eine vergangene Handlung oder eine nicht im Ermessen des Amtsträgers stehende Handlung in Betracht kommt.

7   **7) Vorsatz** ist erforderlich. **A.** Wie bei § 333 muß er sich auf die Umstände beziehen, die den Begünstigten zum Amtsträger machen, sowie darauf, daß dieser den Sinn des Vorteils als Gegenleistung verstehe; daß der Täter ihn zu der noch bevorstehenden Handlung selbst bestimmen will, ist auch hier nicht erforderlich (10 zu § 333). Doch muß der Täter das Bewußtsein haben, daß die erwartete Handlung des Begünstigten eine pflichtwidrige war oder sein würde (vgl. RG **28**, 427); doch reicht insoweit bedingter Vorsatz aus (vgl. RG **77**, 78).

8   **B. III** bringt (entsprechend dem § 332 III) eine Klarstellung für die Fälle, in denen sich der Vorteil auf künftige Dienst- (oder richterliche) Handlungen bezieht, und grenzt die Bestechung von der bloßen Vorteilsgewährung ab. Mit der Tathandlung (4 zu § 333) muß der Täter anstreben, daß in den Fällen des sog. „gebundenen Beamten" dieser durch die Dienst- (richterli-
9   che) Handlung seine Pflichten verletzt **(Nr. 1)** und in denen des sog. „Er-
10 messensbeamten" dieser sich durch den Vorteil beeinflussen läßt **(Nr. 2)**. In

Straftaten im Amt § 334

beiden Fällen genügt der bedingte Vorsatz (LK-Jescheck 7; Lackner 3; SK-Rudolphi 9). Für die Vollendung genügt bereits, daß der Täter den Amtsträger zu Pflichtverletzungen zu bestimmen versucht (9 zu § 30). Nicht erforderlich ist, daß der Vorteil in die Hand des Amtsträgers gelangt, daß die Dienst- (oder richterliche) Handlung wirklich vorgenommen wird und daß sie in einem solchen Fall pflichtwidrig wäre und daß der Amtsträger den Sinn der Tathandlung überhaupt erkannt hat (RegE 276; LK 6; SchSch-Cramer 5; Wegscheider Jura **85**, 330).

8) Die Strafe ist nach I in minder schweren Fällen (40 zu § 46) niedriger, da **11** Fälle von geringerem Gewicht denkbar sind (RegE 275: ein Soldat bietet dem Stubenältesten Bier dafür an, daß er ihn nicht zum Stubendienst einteilt). II differenziert mit Rücksicht auf den verschiedenen Unrechtsgehalt danach, ob sich die Tat auf eine vergangene oder künftige richterliche Handlung bezieht.

9) Konkurrenzen. Ist die vom Amtsträger erwartete und ausgeführte Hand- **12** lung zugleich eine Straftat, so konkurriert die Anstiftung dazu ideell mit § 334 (RG **13**, 182; **55**, 182). Zu §§ 332, 30 steht § 334 nicht in Tateinheit, sondern in Gesetzeseinheit (RG **61**, 269), hingegen ist Tateinheit gegeben, wenn der Täter den Amtsträger mit der Bestechung gleichzeitig zu einem Verbrechen anzustiften sucht, das nicht eine Tat nach § 332 ist (aaO; BGH **6**, 311). Tateinheit besteht ferner mit § 12 UWG (9. 11. 1990, 1 StR 718/89). Vgl. im übrigen 11 zu § 333; zur Zuständigkeit 13 zu § 333.

Unterlassen der Diensthandlung

335 Der Vornahme einer Diensthandlung oder einer richterlichen Handlung im Sinne der §§ 331 bis 334 steht das Unterlassen der Handlung gleich.

Die Vorschrift (1 zu § 331; RegE 276) entspricht der hM; vgl. BGH **9**, 245; LK-Jescheck 5; Maiwald JuS **77**, 357. Für die Bestimmtheit der unterlassenen Handlung gelten 7, 17 zu § 331.

Schiedsrichtervergütung

335a Die Vergütung eines Schiedsrichters ist nur dann ein Vorteil im Sinne der §§ 331 bis 334, wenn der Schiedsrichter sie von einer Partei hinter dem Rücken der anderen fordert, sich versprechen läßt oder annimmt oder wenn sie ihm eine Partei hinter dem Rücken der anderen anbietet, verspricht oder gewährt.

Die Vorschrift (1 zu § 331) stellt klar, daß einerseits der nicht in der ZPO geregelte Vergütungsanspruch des Schiedsrichters, der auf den §§ 612, 614 BGB beruht und sich **gegen beide Parteien** als Gesamtschuldner richtet (RGZ **94**, 212), nicht als Vorteil iS der §§ 331 bis 334 anzusehen ist. Das hat auch für den Anspruch des Schiedsrichters auf Vergütungsvorschuß (vgl. RG HRR **29**, 1399; JW **28**, 737) und Auslagenersatz zu gelten (§§ 669, 670 BGB). Ob der Schiedsvertrag zivilrechtlich gültig ist, ist dabei ohne Bedeutung (vgl. NJW **53**, 303). Anderseits bestimmt § 335a, daß eine Vergütung, die nur von der einen Partei **hinter dem Rücken** der anderen kommt oder kommen soll, dh ohne deren Wissen und mit dem Willen, sie zu hintergehen, ein unrechtmäßiger Vorteil iS der §§ 331 bis 334 ist.

§ 336

Rechtsbeugung

336 Ein Richter, ein anderer Amtsträger oder ein Schiedsrichter, welcher sich bei der Leitung oder Entscheidung einer Rechtssache zugunsten oder zum Nachteil einer Partei einer Beugung des Rechts schuldig macht, wird mit Freiheitsstrafe von einem Jahr bis zu fünf Jahren bestraft.

1 1) **Die Vorschrift** idF des EGStGB läßt bedingten Vorsatz (unten 6) bei der Tat ausreichen (E EGStGB 277; BT-Drs. 7/1261 (= Ber.) 22; Prot. 7/1062, 1153). Sie **schützt die Rechtspflege,** insbesondere die Geltung der Rechtsordnung bei der Leitung und Entscheidung von Rechtssachen, gegen Angriffe von innen (LK-Spendel 8; Lackner 1; SK-Rudolphi 2; Schmidt-Speicher aaO, unten 3a, 67), erfaßt also den Rechts*bruch* (BGH **34,** 149) und nicht etwa jede unrichtige Rechtsanwendung (BGH **32,** 363; Fezer NStZ **86,** 29; Spendel JR **85,** 485; Behrendt JuS **89,** 946).

2 **Schrifttum: A. Zur Rechtsbeugung in totalitären Regimen** vgl. *für die nationalsozialistische Zeit: Radbruch, Coing, v. Hodenberg, Wimmer* SJZ **46,** 105; **47,** 61; 113; *Schultz* MDR **52,** 695; *Ewers* DRiZ **55,** 187; OGH NJW **50,** 272; *Schlösser* NJW **60,** 943; *Arndt* NJW **60,** 1140; *Kaiser* NJW **60,** 1328; *Bemmann,* Recht und Politik **69,** Heft 3; *Spendel,* Jescheck-FS 179, Rechtsbeugung durch Rechtsprechung, 1984 (hierzu Kempner StV **84,** 489) u. JuS **88,** 856; *Rüping* GA **84,** 297. *Für die DDR:* BGH **14,** 147; GA **58,** 241; *Maurach* ROW **58,** 177; *Gribbohm*
3 NJW **88,** 2845; *Wassermann* DRiZ **92,** 161 u. Spendel-FS 648. **B. Zu § 336 aF:** *Bauer, Bemmann,* Radbruch-GedS 306; 308; *Beckenkamp* ZRP **69,** 168; *Bemmann* GA **69,** 66; JZ **73,** 547; *Begemann* NJW **68,** 1361; *Dellian* ZRP **69,** 51; *Heinitz,* Probleme der Rechtsbeugung, 1963; *Hirsch* ZStW **32,** 427; *Marx* JZ **70,** 248; *Mohrbotter* JZ **69,** 491; *Rasehorn* NJW **69,** 457; *Rudolphi* ZStW **82,** 610; *Sarstedt,* Heinitz-FS 427; *Seebode,* Das Verbrechen der Rechtsbeugung, 1969; JuS **69,** 204; ZRP **73,** 239; *Spendel,* Radbruch-GedS 312; Heinitz-FS 445; NJW **71,** 537; Peters-FS 163; Klug-FS II 375, jeweils neu abgedruckt in *Spendel,* Rechtsbeugung
3a durch Rechtsprechung 1984. **C. zu § 336 nF:** ausführlich LK-*Spendel;* ferner *Schmidt-Speicher,* Hauptprobleme der Rechtsbeugung, 1982; *I. Müller* NJW **80,** 2390; *Geppert* Jura **81,** 78; *Wagner* JZ **87,** 658 (Rspr. Übers.); *Behrendt* JuS **89,**
3b 945. **D.** *Rechtsgeschichte:* Holzhauer HRG III 271.

4 2) **Täter** sein können nur (Sonderdelikt und eigenhändiges Delikt, Roxin, TuT, 428, 574; für außenstehende Teilnehmer gilt § 28 I; vgl. aber LK 114, 118) **Richter** (26 zu § 11), also auch ehrenamtliche Richter wie die Schöffen, **andere Amtsträger** (11 zu § 11) oder **Schiedsrichter** (4 zu § 331; nicht aber die Schiedsmänner nach den Schiedsmannsordnungen des Landesrechts und die Schiedsmänner bei der Arbitrage), die eine **Rechtssache** (5 zu § 356; LK 27 ff.; SchSch-Cramer 3; zB auch Entscheidungen nach §§ 56, 57 oder § 453 StPO, an denen auch die StA beteiligt ist) wie ein Richter (BGH **34,** 148; **35,** 230) zu **leiten** (Herr des Verfahrens) oder zu **entscheiden** haben (LK 32 ff.). Ob das der Fall ist, ist nach der Natur des gesamten Verfahrens und seinem Endziel zu beurteilen (BGH **12,** 191). Jedoch ist § 336 nicht schon ohne weiteres gegeben, wenn ein Richter in einer Bußgeldsache unter Ermessensüberschreitung das Verfahren nach § 47 II OWiG einstellt (wistra **87,** 339). Der StA leitet eine Strafsache, solange sie in seinen Händen liegt (BGH **12,** 193; LK 19; SchSch 9; Schmidt-Speicher aaO 87), ein StA kann zB bei seinen Entscheidungen nach §§ 153 I, 170 II StPO, § 45 JGG Rechtsbeugung begehen (Bremen

NStZ **86**, 120 [hierzu Otto JK 2; Wagner JZ **87**, 659]; Spendel JR **85**, 486; LK 19). Ob es sich um verfassungsrechtlich unabhängige Richter (BGH **14**, 147) oder um weisungsgebundene Amtsträger handelt, ist nicht entscheidend (aaO; LK 15; aM Wassermann DRiZ **92**, 161). Es kommen auch *Verwaltungsangehörige* in Betracht (RG **69**, 213), so der Vorsitzende eines Ausgleichsausschusses nach dem LAG (NJW **60**, 253), oder solche die nach §§ 35 ff. OWiG über eine Geldbuße (BGH **14**, 148; Hamm NJW **79**, 2114f.; Schleswig SchlHA **83**, 86; LK 20) oder nach §§ 31 ff. HochschulrahmenG über die Vergabe eines Studienplatzes zu entscheiden haben (Deumeland, HochschulrahmenG Erl. zu § 31), ferner der nach § 9 RPflG *selbständig entscheidende Rechtspfleger* (BGH **35**, 231 [Nachlaßrechtspfleger] m. Anm. Otto JZ **88**, 884) oder in Kostenfestsetzungssachen zuständige *Urkundsbeamte der Geschäftsstelle* (LK 17, 18), soweit sie nicht auf richterliche Anweisung (Düsseldorf MDR **87**, 604) oder, wie etwa nach dem Beratungshilfegesetz, im Verwaltungsbereich tätig sind (Koblenz MDR **87**, 604; offen gelassen für disziplinarrechtliche Vorermittlungen 25. 3. 1986, 5 StR 517/85), *nicht* jedoch ein Anstaltsleiter bei der Gewährung von Vollzugslockerungen nach § 11 StVollzG (Laubenthal JuS **89**, 831), ein Polizeibeamter, der pflichtwidrig ein Verwarnungsgeld nach § 56 OWiG nicht erhebt (Hamm NJW **79**, 2114), ein Sachbearbeiter bei der Stadtverwaltung (BGH **34**, 147), ebensowenig ein Steuerbeamter, der Steuern bewußt falsch festsetzt (BGH **24**, 326; Celle NStZ **86**, 513; zust. Bemmann JZ **72**, 599; Köln OLGSt. 14 zu § 348; ebenso SK-Rudolphi 7; Geppert Jura **81**, 79; Wagner JZ **87**, 658; vgl. LK 23), oder der für das atomrechtliche (aM aber abwegig LG Hanau NStZ **88**, 179 m. Anm. Bickel) oder wasserrechtliche Bewilligungsverfahren zuständige Beamte (Seier JA **85**, 25; Frankfurt NJW **87**, 2753; vgl. auch Schünemann wistra **86**, 246).

3) Tathandlung ist die vorsätzliche Rechtsbeugung, dh nach diesem 5 finalen Begriff die bewußte Verletzung des Rechts (nicht nur des positiven Gesetzesrechts, Schreiber GA **72**, 200; hierzu LK 48 ff.) zugunsten oder zum Nachteil einer Seite. Eine unbewußte Rechtsverletzung ist keine objektiv tatbestandsmäßige Handlung (str.; aM LK 41; SchSch 5a; vgl. Schreiber aaO). Die Tat kann begangen werden durch Anwendung ungültiger Gesetze, durch falsche Rechtsanwendung, Vornahme oder Verfügen einer gesetzlich nicht vorgesehenen Maßnahme (BGH **32**, 359 m. Anm. Fezer NStZ **86**, 29; Spendel JR **85**, 486; Wagner JZ **87**, 661: Körperliche Züchtigung durch einen JugStA), durch Verfälschung des Sachverhalts, auf den das Recht angewendet werden soll (NJW **60**, 253; OGHSt. **2**, 29), auch durch Verletzung des Grundsatzes *in dubio pro reo* (NJW **71**, 571), bewußten Verstoß gegen die Aufklärungspflicht (LK 56), oder bei Ausübung der richterlichen Ermessens (BGH **10**, 300; GA **58**, 241), insbesondere bei der Strafzumessung (OGHSt. **2**, 29; LK 63; vgl. hierzu Schmidt-Speicher [oben § 3a] 59); desgl. bei Erlaß eines Haftbefehls. Auch die Verletzung prozessualer Normen kann genügen (LK 58). Denn schon in der Leitung des Verfahrens kann die Rechtsstellung einer Partei verbessert oder verschlechtert werden; dadurch ist die Tat vollendet (RG **57**, 31; Schleswig SchlHA **83**, 86). Auch durch Unterlassen (Schaffstein, Dreher-FS 155), zB von Fragen (RG **57**, 31), kann die Tat begangen werden; auch durch das Vorenthalten notwendiger Verteidigung (BGH **10**, 298), das Unterlassen

§ 336 BT Neunundzwanzigster Abschnitt

der gesetzlich vorgeschriebenen Ladung des Verteidigers (28. 11. 1978, 1 StR 250/78), nicht aber durch Unterlassen der Mitteilung in einem Rechtshilfeersuchen ins Ausland, daß gegen den Täter auch wegen anderer Delikte ermittelt wird (Köln GA **75**, 341). Bei alledem geht § 336 von folgenden Grundsätzen aus (Prot. 7/1153): Richtige Anwendung von Beweisregeln wie *in dubio pro reo* ist schon objektiv keine Rechtsbeugung, auch wenn der Richter in Kauf nehmen muß, daß der wirkliche Sachverhalt ein anderer war (vgl. Sarstedt, [oben 3] 430); eine fehlerhafte Rechtsanwendung ist objektiv nur dann Rechtsbeugung, wenn die Auffassung des Richters nicht einmal vertretbar erscheint (KG NStZ **88**, 557; vgl. Bemmann JZ **73**, 549; Spendel, Heinitz-FS 450, 452; str.; anders die „Pflichtverletzungstheorie" SK 13; Geppert Jura **81**, 80; zu den Rechtsbeugungstheorien im übrigen LK 36 ff.; Schmidt-Speicher [oben 3a] 60 ff.; Behrendt JuS **89**, 946). Kommt Rechtsbeugung durch Entscheidung eines Kollegialgerichts in Betracht, so muß festgestellt werden, daß der Täter für die Entscheidung gestimmt hat (GA **58**, 241; hierzu LK 109).

6 4) **Vorsatz** ist erforderlich, nämlich das Bewußtsein, das Recht zugunsten oder zuungunsten einer Partei zu verletzen; einer besonderen Absicht bedarf es nicht (RG **25**, 276; BGH 28. 11. 1978, 1 StR 250/78), wo eine bewußte Benachteiligung freilich in einem Fall verneint wurde, in dem eine gesetzlich vorgeschriebene Ladung des Verteidigers absichtlich unterblieb. Jedoch steht die Vorstellung „das Richtige zu tun" bei schwerwiegender Entfernung vom Gesetz dem direkten Vorsatz nicht entgegen (BGH **32**, 360; Fezer NStZ **86**, 29; Spendel JR **85**, 485). Seit dem EGStGB (oben 1) genügt bedingter Vorsatz (Maiwald JuS **77**, 357; LK 77; SchSch 7; offen gelassen MDR/H **78**, 626; Düsseldorf NJW **90**, 1375 [hierzu Otto JK 3]; Gribbohm NJW **88**, 2848; hierzu im einzelnen Behrendt JuS **89**, 950), jedoch ist der Begriff des bedingten Vorsatzes (9 ff. zu § 15), der für § 336 genügt (KG NStZ **88**, 557), hier tatbestandsbezogen auszulegen, dh nicht schon dann zu bejahen, wenn der Täter sich trotz des Zweifels an der Richtigkeit seiner Auffassung entscheidet, die *Möglichkeit* der Tatbestandsverwirklichung dabei also erkennt (so zB Bemmann JZ **73**, 548), sondern mit Ber. 22 erst dann, wenn der Richter die Möglichkeit der Fehlerhaftigkeit der Rechtsansicht *billigend* verinnerlicht (ebenso Preisendanz 7; Geppert Jura **81**, 81; Lackner 8; hM); aM SchSch 7, der eine Sonderbewertung des dolus eventualis für unzulässig, seine notwendige Eingrenzung somit für unerreichbar hält (nachdenkenswerte Hinweise auch bei I. Müller NJW **80**, 2393; aM LK 78). Auch eine aufsehenerregende und unrichtige Entscheidung (vgl. etwa den Fall des AG Stuttgart NJW **79**, 2047, hierzu Lüke, Waldner NJW **80**, 217 und BVerfG NJW **80**, 1093, sowie den Fall des AG Saarbrücken NStZ **84**, 76 m. Anm. Horn, Geppert JK 1 zu § 56 II u. Krey ZStW **101**, 868) darf den Richter noch nicht in den Verbrechensverdacht bringen (anders aber LK 61; Schmidt-Speicher [oben 3a] 91 ff.). Kommt der Richter zu einem objektiv richtigen Ergebnis, meint er aber irrig, durch eine falsche Rechtsanwendung dazu zu gelangen, so ist mindestens strafbarer untauglicher Versuch gegeben (Sarstedt, [oben 3] 435). Auch für ein mit § 336 in Tateinheit stehendes Delikt (zB §§ 221, 239) wird man entgegen BGH **10**, 294 bedingten Vorsatz genügen lassen müssen. Zu den subjektiven Voraussetzungen der Rechtsbeugung im Falle einer Verfahrens-

Straftaten im Amt § 336

einstellung, in deren Zusammenhang – entgegen § 47 III OWiG – eine Geldzahlung an eine gemeinnützige Einrichtung zugesagt worden ist (NStZ **88**, 218 m. Anm. Doller).

5) Dem § 336 kommt zum Schutz der Unabhängigkeit der Rechtspflege eine Sperrwirkung in dem Sinne zu, daß eine Verurteilung wegen einer Tätigkeit bei der Leitung einer Rechtssache nach anderen Vorschriften (zB §§ 343ff.) nur möglich ist, wenn die Voraussetzungen des § 336 gegeben sind (BGH **10**, 294; NJW **71**, 574). Das gilt auch seit der Neufassung durch das EGStGB (BGH **32**, 364; Düsseldorf NJW **90**, 1375 [hierzu Otto JK 3]; SK 22; Lackner 11; aM SchSch 7; Schmidt-Speicher [oben 3a] 90). 7

6) Konkurrenzen. Tatmehrheit mit § 332 II (dort 13), Tateinheit mit §§ 343, 344, 345, aber auch mit anderen Taten (oben 6) möglich; and. SchSch 11; hierzu LK 122ff. 8

7) Amtsverlust nach § 45 I, aber auch nach §§ 358, 45 II, III möglich. 9

8) Auf dem **Gebiet der früheren DDR** ist die Strafvorschrift des **§ 238 StGB-DDR** idF des 6. StÄG-DDR über die **Beeinträchtigung richterlicher Unabhängigkeit** in Kraft geblieben (Anl. II C I Nr. 1 EV; vgl. hierzu Schroeder JZ **90**, 481; M-Maiwald § 75, 8). Die Vorschrift hat folgenden Wortlaut: 10

^I Wer auf einen Richter, einen Schöffen oder ein Mitglied eines gesellschaftlichen Gerichtes Einfluß nimmt, um sie zu einer ihre Rechtspflichten verletzenden gerichtlichen Entscheidung zu veranlassen, wird mit Freiheitsstrafe bis zu zwei Jahren, Verurteilung auf Bewährung oder mit Geldstrafe bestraft.

^{II} Ebenso wird bestraft, wer einen Richter, einen Schöffen oder ein Mitglied eines gesellschaftlichen Gerichtes wegen einer von ihm getroffenen gerichtlichen Entscheidung beleidigt, verleumdet oder bedroht.

^{III} Wer die Tat nach Absatz 1 unter Mißbrauch seiner staatlichen Befugnisse, unter Anwendung von Gewalt oder Androhung von Gewalt oder eines anderen erheblichen Nachteils begeht, wird mit Freiheitsstrafe bis zu fünf Jahren bestraft.

^{IV} Der Versuch nach den Absätzen 1 und 3 ist strafbar.

§§ 337 bis 339 [weggefallen]

Körperverletzung im Amt

340 Ein Amtsträger, der während der Ausübung seines Dienstes oder in Beziehung auf seinen Dienst eine Körperverletzung begeht oder begehen läßt, wird mit Freiheitsstrafe von drei Monaten bis zu fünf Jahren bestraft. In minder schweren Fällen ist die Strafe Freiheitsstrafe bis zu drei Jahren oder Geldstrafe.

^{II} Bei schwerer Körperverletzung (§ 224) ist die Strafe Freiheitsstrafe nicht unter zwei Jahren, in minder schweren Fällen Freiheitsstrafe von drei Monaten bis zu fünf Jahren.

1) Die Vorschrift idF des EGStGB (RegE 277) erhebt zwei Fälle der Körperverletzung (wobei I dem § 223, II dem § 224 entspricht) zum **Sonderdelikt** (Täter kann nur ein Amtsträger [11 zu § 11] oder ein Offizier oder Unteroffizier der BWehr, § 48 I WStG, sein) und **uneigentlichen Amtsdelikt** (für außenstehende Teilnehmer gelten nach § 28 II die §§ 223ff.), das zunächst alle Tatbestandsmerkmale der Körperverletzung umfaßt (RG **6**, 436; LK-H. J. Hirsch 1). 1

1885

§ 340

Die §§ 232 und 233 (RG **12**, 226) sind unanwendbar. § 226 a scheidet aus, weil die Einwilligung des Verletzten die öffentlich-rechtlichen Pflichten des Täters nicht aufheben kann (BGH **12**, 70; NJW **83**, 463; zust. Wagner JZ **87**, 662; hiergegen SK-Horn 7; ferner die Kontroverse Amelung/Weidemann und Herzberg JuS **84**, 595; 937; vgl. BGH **32**, 359; zum Ganzen Amelung, Dünnebier-FS 487, 510).

2 2) **Tathandlung** ist eine **Körperverletzung**, die der Amtsträger **während der Ausübung seines Dienstes**, also in einer Zeit, in der er befugt als Amtsträger tätig ist (Schleswig SchlHA **76**, 169; zB nach § 127 II StPO oder bei einer Diensthandlung iS von § 113), und zwar dann auch ohne dienstlichen Zusammenhang (wie hier Wagner ZRP **75**, 273; abw. LK 4; SK 4; Blei JA **72**, 121; vgl. auch Schölz 2 zu § 7 WStG) oder außerhalb einer solchen Zeit, aber in **Beziehung auf seinen Dienst** (dh in einem vielleicht nicht örtlichen oder zeitlichen, aber sachlichen Zusammenhang mit seinem Dienst; vgl. HRR **36**, 1471) entweder selbst begeht (so der als Amtsträger anzusehende Straßenbahnschaffner, der einen ungehorsamen Fahrgast in voller Fahrt aus dem Wagen wirft, RG **75**, 355; vgl. LK 5) oder begehen läßt. Darunter ist nach hM sowohl die Anstiftung als auch die Beihilfe zu verstehen, so daß der Gehilfe gleich dem Täter bestraft wird (RG **66**, 60), auch Nichteingreifen genügt, wenn der Amtsträger einer bestehenden Amtspflicht zuwider nicht eingreift (OGH NJW **50**, 196; 436; für Beschränkung des Begehenlassens auf die Fälle der mittelbaren Täterschaft durch ein qualifikationsloses Werkzeug, LK 9; vgl. BGHR Amtspfl. 1). Doch darf die Tat nicht durch Gesetz, Dienstrechte (zB militärisch gebotene Tiefflugeinsätze, Stuttgart NZWehr **86**, 215) oder sonstige Gründe gerechtfertigt sein (vgl. RG **44**, 374; LK 13; 6 vor § 32). Eine Heilbehandlung ist auch dann keine dienstliche Tätigkeit iS des § 340, wenn der Täter als Chefarzt eines öffentlichen Krankenhauses Amtsträger (22 zu § 11) ist (Karlsruhe NJW **83**, 352; krit. Wagner JZ **87**, 596). Wegen des Züchtigungsrechts des Lehrers vgl. 13 zu § 223, zu den Irrtumsfragen 17 zu § 223.

3 3) **Der Strafrahmen** ist mehrfach abgestuft. § 18 ist zu beachten. Minder schwere Fälle können bei I zB in Betracht kommen, wenn aufsässige Schüler durch ihren Lehrer oder sonst fremde Kinder maßvoll, wenn auch unerlaubt (13, 15 a zu § 223), gezüchtigt werden (LK 22).

4 4) **Konkurrenzen.** § 223 wird von I, § 224 von II verdrängt (RG **12**, 224; str.). Auch § 357 I tritt hinter § 340 zurück. Tateinheit ist möglich mit §§ 223 II, 223a, 223b (RG **75**, 355), 255 (RG **12**, 223; LK 20), 226 (BGH **4**, 117); 343 (MDR/H **80**, 630); 344.

5 5) **Amtsverlust** nach §§ 358, 45 II, III; bei II auch nach § 45 I möglich.

§§ 341, 342 [Aufgehoben durch Art. 19 Nr. 190 EGStGB]

Aussageerpressung

343 ¹ Wer als Amtsträger, der zur Mitwirkung an

1. **einem Strafverfahren, einem Verfahren zur Anordnung einer behördlichen Verwahrung,**
2. **einem Bußgeldverfahren oder**
3. **einem Disziplinarverfahren oder einem ehrengerichtlichen oder berufsgerichtlichen Verfahren**

Straftaten im Amt **§ 343**

berufen ist, einen anderen körperlich mißhandelt, gegen ihn sonst Gewalt anwendet, ihm Gewalt androht oder ihn seelisch quält, um ihn zu nötigen, in dem Verfahren etwas auszusagen oder zu erklären oder dies zu unterlassen, wird mit Freiheitsstrafe von einem Jahr bis zu zehn Jahren bestraft.

II In minder schweren Fällen ist die Strafe Freiheitsstrafe von sechs Monaten bis zu fünf Jahren.

1) Die Vorschrift idF des EGStGB (vgl. E 1962, 641, Ndschr. 10, 495; **13,** 1 305, 322; E EGStGB 278) schützt in erster Linie die Rechtspflege, in zweiter auch den Tatbetroffenen (LK-Jescheck 1). Die Tat ist ein eigentliches Amtsdelikt und Sonderdelikt (Geppert Jura **81,** 81; hM, zw.; aM SchSch-Cramer 1; Maiwald JuS **77,** 358, für außenstehende Teilnehmer gilt § 28 I); denn Täter kann nur sein

2) ein Amtsträger (11 zu § 11) oder ein Offizier oder Unteroffizier der 2 BWehr (§ 48 I WStG), der zur **Mitwirkung** an einem Verfahren bestimmter Art **berufen** ist (vgl. 2 ff. zu § 258 a). Damit ist nicht nur die Zuständigkeit zur Einleitung und Beteiligung im konkreten Fall gemeint; vielmehr genügt es, wenn der Täter nach seinem dienstlichen Aufgabenbereich allgemein an Verfahren der betreffenden Art auf der Seite der Verfahrensführung (nicht etwa zB als Verteidiger, Sachverständiger oder Zeuge) mitwirken kann. **A. Die Verfahrensarten** sind nach I Nr. 1: Strafverfahren (2 zu 3 § 258 a), eingeschlossen Steuerstrafverfahren, Jugendstrafverfahren, Verfahren zur Anordnung einer Maßnahme (§ 11 I Nr. 8; §§ 413 ff.; 430 ff. StPO), Verfahren über Aussetzung eines Strafrestes oder einer Maßregel; Wiederaufnahmeverfahren; Verfahren zur **Anordnung** einer **behördlichen Verwahrung** außerhalb eines Strafverfahrens, insbesondere Verfahren nach den UnterbringungsG der Länder (9 vor § 61), so daß auch Ärzte in Frage kommen (2 zu § 174 b; vgl. BGH **2,** 148); **Nr. 2:** Bußgeldverfahren 4 nach dem OWiG (Polizeibeamte, Angehörige der Bußgeldbehörde, Richter und Staatsanwälte); **Nr. 3: Disziplinarverfahren** (zB nach der BDO; 5 WDO; § 63 DRiG); **ehrengerichtlichen Verfahren** (zB §§ 116 ff. BRAO; §§ 95 ff. BNotO); **berufsgerichtliche Verfahren** (zB §§ 89 ff. StBerG).

B. Nicht unter § 343 fallen zB Nachforschungen eines Polizisten zur Beseitigung eines polizeiwidrigen Zustandes (BGH **6,** 144).

3) Tathandlungen sind, daß der Täter im Rahmen des Verfahrens, vor 6 allem bei einer Vernehmung, oder im Zusammenhang mit dem Verfahren einen **anderen,** vor allem den Beschuldigten oder sonst Betroffenen, aber auch Zeugen, Auskunftspersonen, Gutachter und andere, deren Erklärungen im Verfahren eine Rolle spielen können, **A. körperlich mißhandelt** 7 (3 ff. zu § 223), wobei körperliche Berührung nicht erforderlich ist (zB längere Vernehmungen bei grellem Licht; Unterbringung in Dunkel- oder Stehzellen; Entziehung von Schlaf), LK 8; **B.** sonst **Gewalt** (5 f. zu § 240) 8 **anwendet** (wozu auch Anwendung betäubender oder berauschender Mittel und von Hypnose gegen den Willen des anderen gehört; kaum aber die des Lügendetektors als solche (vgl. BGH **5,** 332; LK 9), die Mitwirkung des anderen voraussetzt) oder ihm **Gewalt androht** (20 zu § 113); oder **C.** ihn 9 **seelisch quält,** womit nicht alle mit dem Verfahren verbundenen psychischen Belastungen gemeint sind, sondern nur seelische Peinigungen, welche die geistigen und seelischen Widerstandskräfte des anderen zu zer-

§ 343

mürben geeignet sind (vgl. E EGStGB 279). Dazu kann ausreichen, daß einem Beschuldigten mitgeteilt wird, daß nahe Angehörige Mißhandlungen und Verfolgungen ausgesetzt sind, wenn er nicht gesteht, daß ihm Schreckensnachrichten übermittelt werden oder er lange Zeit von der Außenwelt abgeschnitten wird (vgl. E 1962, 642; entgegen Maiwald JuS 77, 358; jedoch problematisch BGH **15**, 187, vgl. LK 11). Die Tat kann auch durch **Unterlassen** begangen werden (Vorenthalten von Essen und Trinken). Der Charakter der Tat als Verbrechen zeigt, daß der Tatbestand nicht zu weit ausgelegt werden darf. Ermüdende oder nächtliche Vernehmungen reichen als solche nicht aus (vgl. BGH **1**, 376). Zulässige Maßnahmen wie zB möglicherweise ein Rauchverbot oder der Hinweis auf eine zulässige vorläufige Festnahme oder Versagung der Haftentlassung (vgl. NJW **53**, 1481; GA **55**, 246; MDR/D **56**, 527; 21. 10. 1960, 2 StR 456/60) scheiden aus; ebenso nach § 136a StPO verbotene Maßnahmen, die wie das Versprechen gesetzlich nicht vorgesehener Vorteile nicht in § 343 erwähnt werden (vgl. Maiwald JuS 77, 358). Die Einwilligung des Betroffenen kann möglicherweise den Tatbestand ausschließen (so beim Gewaltbegriff; oben 8; aM SK-Horn 7), aber die Tat nicht rechtfertigen (ebenso Amelung, Dünnebier-FS 514).

10   4) **Vorsatz** ist erforderlich, der auch als bedingter genügt (LK 12). Dazu muß die Absicht treten, den Betroffenen zu nötigen (vgl. RG **71**, 375), dh durch die Tathandlung gegen seinen Willen dazu zu bringen (1 ff. zu § 240), in dem Verfahren etwas auszusagen oder zu erklären, dh eine innerhalb des Verfahrens zur möglichen Auswertung dienende Bekundung abzugeben, so vor allem ein Geständnis, eine Zeugenaussage oder ein Gutachten; oder aber eine solche Bekundung zu unterlassen. Dazu ist nicht erforderlich, daß der Betroffene im Augenblick der Tat versteht, worauf es dem Täter ankommt. Ob der Täter sein Ziel erreicht, ist nur für die Strafzumessung wesentlich. § 240 II ist unanwendbar. Hält der Täter das von ihm eingesetzte Mittel für erlaubt, so ist das ein Verbotsirrtum (Maiwald JuS 77, 358; LK 14; SchSch 15).

11   5) **Der Versuch** des Verbrechens ist strafbar. Zur **Teilnahme** oben 1.

12   6) **Konkurrenzen.** § 240 tritt gegenüber § 343 zurück (LK 16; aM SK 16). Tateinheit ist mit §§ 223a; 224 bis 226; 336 (aM SchSch 20), 340 (dort 4), 344, 345 möglich. Taten gegen mehrere, die keine natürliche Handlungseinheit darstellen, können, da die Tat auch höchstpersönliche Rechtsgüter verletzt, nicht in Fortsetzungszusammenhang stehen (NJW **53**, 1034; str.).

13   7) **Amtsverlust** nach § 45 I, aber auch nach § 358 möglich.

Verfolgung Unschuldiger

344 ¹ Wer als Amtsträger, der zur Mitwirkung an einem Strafverfahren, abgesehen von dem Verfahren zur Anordnung einer nicht freiheitsentziehenden Maßnahme (§ 11 Abs. 1 Nr. 8), berufen ist, absichtlich oder wissentlich einen Unschuldigen oder jemanden, der sonst nach dem Gesetz nicht strafrechtlich verfolgt werden darf, strafrechtlich verfolgt oder auf eine solche Verfolgung hinwirkt, wird mit Freiheitsstrafe von einem Jahr bis zu zehn Jahren, in minder schweren Fällen mit Freiheitsstrafe von drei Monaten bis zu fünf Jahren bestraft.

Straftaten im Amt **§ 344**

Satz 1 gilt sinngemäß für einen Amtsträger, der zur Mitwirkung an einem Verfahren zur Anordnung einer behördlichen Verwahrung berufen ist.

II Wer als Amtsträger, der zur Mitwirkung an einem Verfahren zur Anordnung einer nicht freiheitsentziehenden Maßnahme (§ 11 Abs. 1 Nr. 8) berufen ist, absichtlich oder wissentlich jemanden, der nach dem Gesetz nicht strafrechtlich verfolgt werden darf, strafrechtlich verfolgt oder auf eine solche Verfolgung hinwirkt, wird mit Freiheitsstrafe von drei Monaten bis zu fünf Jahren bestraft. Satz 1 gilt sinngemäß für einen Amtsträger, der zur Mitwirkung an

1. einem Bußgeldverfahren oder
2. einem Disziplinarverfahren oder einem ehrengerichtlichen oder berufsgerichtlichen Verfahren

berufen ist. Der Versuch ist strafbar.

1) Die Vorschrift idF des EGStGB (vgl. E 1962, 644; Ndschr. **10**, 495; **13**, 1 321, 695; E EGStGB 279), schützt dieselben Rechtsgüter wie § 343; wie dort handelt es sich um ein eigentliches Amtsdelikt und ein Sonderdelikt (1 zu § 343). *Schrifttum:* Geerds, Spendel-FS 503.

2) Der Kreis der Täter entspricht dem des § 343 (dort 2ff.) mit der Maß- 2 gabe, daß I und II nach der Verfahrensart im Strafrahmen so differenzieren, daß die Tat nach I ein Verbrechen ist. Gegenüber Disziplinarvorgesetzten in der BWehr gilt ausschließlich § 39 WStG. Täter sind, wie die Ausdrücke „zur Mitwirkung" und „auf eine ... Verfolgung hinwirkt" zeigen, nicht nur diejenigen, die Herren des Verfahrens sind, sondern auch deren Hilfsorgane wie Polizeibeamte (vgl. BGH **1**, 255 zu § 344 aF; E EGStGB 279); aber nicht Sachverständige (Maiwald JuS **77**, 358; LK-Jescheck 2; Geerds aaO 507; zw.; abw. E EGStGB 280; SchSch-Cramer 8; SK-Horn 11; Geppert Jura **81**, 82, die § 344 auf Amtsärzte anwenden wollen, falls sie zur Mitwirkung, vgl. §§ 83 III, 91 StPO, berufen sind), Zeugen oder Verteidiger. Zum StA als Täter vgl. Less JR **51**, 193. Der Täter muß in Ausübung seines Dienstes handeln (16. 9. 1969, 5 StR 359/69).

3) Tathandlung ist, daß der Täter jemanden (der wie in den Fällen von II 3 S. 1 iVm § 76a keine bestimmte Person zu sein braucht, E EGStGB 280; aM SchSch 12) verfolgt oder auf eine Verfolgung hinwirkt, dh einen dienstlichen Akt (von der Einleitung bis zum rechtskräftigen Abschluß des Verfahrens; später ev. § 345) vornimmt (oder einen gebotenen wie Freilassung des Betroffenen unterläßt), der auf einen positiven Ausgang des Verfahrens (Bestrafung, Anordnung der Maßnahme, Verhängung von Bußgeld oder einer Disziplinarmaßnahme) abzielt oder nur getroffen werden dürfte, wenn ein solcher Ausgang in Betracht käme (Festnahme usw.; krit. Geerds aaO 509). Wer handelt, um die Unschuld des Verfolgten aufzudecken oder eine pflichtgemäße polizeiliche Ermittlung durchzuführen (München NStZ **85**, 550, hierzu Herzberg JR **86**, 6; Geppert JK 1; Wagner JZ **87**, 662), handelt nicht tatbestandsmäßig (Geerds aaO 511), wohl aber, wer als zuständiger Amtsträger im Ordnungswidrigkeitsverfahren den Anhörungsbogen einem Nichtbetroffenen übersendet, um ihn auf diese Weise zur Nennung des Tatverantwortlichen zu veranlassen (LG Hechingen NJW **86**, 1823; hierzu Wagner JZ **87**, 663). Ferner handelt tatbestandsmäßig ein Polizeibeamter, der in einem dienstlichen Bericht wahrheitswidrig die Be-

§ 344

gehung einer Straftat durch einen andern behauptet; er bleibt in diesem Fall auch dann Täter (oben 2), wenn er (angeblich) selbst durch die Tat geschädigt ist und daher mit der Bearbeitung der Sache nicht mehr befaßt sein wird (Oldenburg MDR **90**, 1135). Der Akt muß sich entweder gegen einen

4 **4) Unschuldigen** richten, dh jemanden, der der rechtswidrigen Tat, der Ordnungswidrigkeit oder der disziplinaren Verfehlung, deretwegen er verfolgt wird, nicht schuldig ist; dh der sie entweder nicht begangen hat oder dem ein Rechtfertigungs- oder Schuldausschließungsgrund zur Seite steht. Erfaßt wird dabei auch der Fall, daß jemand mit dem Ziel einer nicht verdienten schwereren Reaktion verfolgt wird, zB wegen Raubes statt wegen des begangenen Diebstahl (vgl. MDR/D **71**, 896) oder wegen einer Straftat statt der begangenen Ordnungswidrigkeit. Weiter erfaßt § 344 die Fälle, daß der Verfolgte zwar nicht unschuldig ist, aber aus anderen Gründen nach dem Gesetz **nicht verfolgt werden darf,** so weil ein persönlicher Strafausschließungs- oder Aufhebungsgrund oder ein Verfahrenshindernis gegeben ist wie Verjährung, Amnestie usw. (zu § 344 aF Krause SchlHA **69**, 77; Geerds aaO 512; aM LG Memmingen NJW **61**, 571 mit abl. Anm. Rutkowsky) oder weil für die Anordnung einer Maßnahme Voraussetzungen fehlen, die zur Tatbegehung hinzutreten müssen.

5 **5) Vorsatz** ist als mindestens bedingter insoweit erforderlich, als sich der Täter seiner Stellung als Verfolgungsorgan bewußt sein muß (LK 10; Geerds aaO 514). Darüber hinaus muß er entweder **wissen,** daß er mit seinem dienstlichen Akt jemanden verfolgt, der nicht verfolgt werden darf (Ausschluß des bedingten Vorsatzes; vgl. zu § 344 aF Mohrbotter JZ **69**, 491; so auch, wenn ein Polizeibeamter die Unschuld des Festgenommenen kennt, um dessen Festnahme der StA gutgläubig ersucht hatte, Düsseldorf NJW **87**, 2453, hierzu Langer JR **89**, 95; E EGStGB 279; vgl. Blei JA **74**, 745) oder es muß ihm darauf ankommen **(absichtlich),** einen in diesem Sinne Unschuldigen zu verfolgen, auch wenn er keine sichere Kenntnis von dessen Unschuld hat (E EGStGB 279; vgl. hierzu Herzberg JR **86**, 8). Nimmt der Täter die Unschuld des Verfolgten irrig als sicher an, so ist untauglicher **Versuch** gegeben, der nach I (Verbrechen) und II S. 3 strafbar ist (Geerds aaO 515). Wenn der StA der Überzeugung ist, daß der Beschuldigte aus Rechtsgründen nicht verfolgt werden darf, so macht er sich mindestens des Versuchs schuldig, wenn er einer abw. Meinung der Rspr. oder seines Vorgesetzten folgt, die er für unvertretbar hält.

6 **6) Die Strafe** ist zwischen I und II abgestuft, der sich auf die dort genannten weniger gravierenden Verfahrensarten bezieht. Für minder schwere Fälle nach I gilt ein niedrigerer Strafrahmen, zB wenn die Tat eines Amtsträgers in untergeordneter Stellung keinen ins Gewicht fallenden Schaden verursacht hat (E EGStGB 279). Amtsverlust nach § 358, bei I auch nach § 45 I.

7 **7) Tateinheit** mit §§ 336, 343 möglich (Geppert Jura **81**, 83; aM LK 13; SchSch 22; SK 15: § 344 *lex spec.*; vgl. Schroeder GA **85**, 487; aM Geerds aaO 516), während mit § 332 Tatmehrheit gegeben ist. Hinter § 39 WStG tritt § 344 zurück, während § 164, falls die Tat durch einen wahrheitswidrigen Bericht begangen wird, hinter § 344 zurücktritt (Oldenburg MDR **90**, 1135).

Straftaten im Amt § 345

Vollstreckung gegen Unschuldige

345 I Wer als Amtsträger, der zur Mitwirkung bei der Vollstreckung einer Freiheitsstrafe, einer freiheitsentziehenden Maßregel der Besserung und Sicherung oder einer behördlichen Verwahrung berufen ist, eine solche Strafe, Maßregel oder Verwahrung vollstreckt, obwohl sie nach dem Gesetz nicht vollstreckt werden darf, wird mit Freiheitsstrafe von einem Jahr bis zu zehn Jahren, in minder schweren Fällen mit Freiheitsstrafe von drei Monaten bis zu fünf Jahren bestraft.

II Handelt der Täter leichtfertig, so ist die Strafe Freiheitsstrafe bis zu einem Jahr oder Geldstrafe.

III Wer, abgesehen von den Fällen des Absatzes 1, als Amtsträger, der zur Mitwirkung bei der Vollstreckung einer Strafe oder einer Maßnahme (§ 11 Abs. 1 Nr. 8) berufen ist, eine Strafe oder Maßnahme vollstreckt, obwohl sie nach dem Gesetz nicht vollstreckt werden darf, wird mit Freiheitsstrafe von drei Monaten bis zu fünf Jahren bestraft. Ebenso wird bestraft, wer als Amtsträger, der zur Mitwirkung bei der Vollstreckung

1. eines Jugendarrestes,
2. einer Geldbuße oder Nebenfolge nach dem Ordnungswidrigkeitenrecht,
3. eines Ordnungsgeldes oder einer Ordnungshaft oder
4. einer Disziplinarmaßnahme oder einer ehrengerichtlichen oder berufsgerichtlichen Maßnahme

berufen ist, eine solche Rechtsfolge vollstreckt, obwohl sie nach dem Gesetz nicht vollstreckt werden darf. Der Versuch ist strafbar.

1) Die Vorschrift idF des EGStGB (E 1962, 645; Ndschr. **10**, 495; **13**, 324, 695; E EGStGB 280; BT-Drs. 7/1261, 23; Prot. 7/1063) schützt die persönliche Freiheit gegen Willkür und Leichtfertigkeit von Amtsträgern (vgl. BGH **20**, 67; aM LK-Jescheck 1; Bockelmann BT/3 § 11 II). Zu § 345 aF Stratenwerth JZ **65**, 325; zur nF Reiß Rpfleger **76**, 201. Die Tat ist ein eigentliches Amtsdelikt und auch bei I nicht nur ein qualifizierter Fall des § 239; außerdem ein Sonderdelikt (für außenstehende Teilnehmer gilt § 28 I). 1

2) Täter kann nur ein **Amtsträger** (11 zu § 11) sein, der zur **Mitwirkung bei der Vollstreckung** von Strafen usw. nach Gesetz und Verwaltungsanordnung **berufen** ist (2ff. zu § 343); bei der BWehr Offiziere und Unteroffiziere (§ 48 I WStG); andere Amtsträger scheiden aus, so zB ein Richter ohne Vollstreckungsfunktion, der das Urteil absetzt (BGH **20**, 64; aM München Rpfleger **64**, 370). § 345 unterscheidet in Strafmaß und Schuldform zwischen Vollstreckung **A.** (I, II) von Freiheitsstrafen (einschließlich Jugendstrafe, Strafarrest, Ersatzfreiheitsstrafe), freiheitsentziehenden Maßregeln der Besserung und Sicherung (§ 61 Nr. 1 bis 3) und einer behördlichen Verwahrung anderer Art (2 zu § 174b); **B.** (III) von anderen Strafen und Maßnahmen (§ 11 I Nr. 8), dh hier von nicht freiheitsentziehenden Maßregeln (§ 61 Nr. 4 bis 6), Verfall, Einziehung (auch des Wertersatzes) und Unbrauchbarmachung, Jugendarrest (§ 16 JGG), Geldbußen und Nebenfolgen nach dem OWiG (Göhler OWiG 8 zu § 66), von Ordnungsgeld oder -haft (zB §§ 51, 70, 77 StPO), Disziplinarmaßnahmen (zB Disziplinararrest nach der WDO; Schölz NZWehr **75**, 46) oder ehrengerichtlichen oder berufsgerichtlichen Maßnahmen (zB Geldbuße nach § 204 III BRAO). 2

3

4

1891

§ 345

5 **3) Tathandlung** ist das Vollstrecken (unten 6) einer der (oben 3, 4) genannten Rechtsfolgen **zum Nachteil** des Betroffenen (für den begünstigenden Fall, vgl. § 258a), **A. obwohl sie** nach dem Gesetz **nicht vollstreckt werden darf,** zB weil sie **a)** überhaupt nicht verhängt ist (Schein-Strafen oder Strafen aus einem Nichturteil (vgl. RG **40**, 273), **b)** verhängt ist, aber noch nicht vollstreckt werden darf (vgl. § 449 StPO; andererseits § 178 GVG), zB bei Strafaussetzung zur Bewährung (vgl. RG **57**, 392) oder bei Vollstreckung der Ersatzfreiheitsstrafe ohne Feststellung der Uneinbringlichkeit (RG **19**, 342), **c)** nicht mehr vollstreckt werden darf (Amnestie; Gnade; bereits vollstreckte Strafen), **d)** nicht in dieser Art (Freiheitsstrafe statt Strafarrest; nicht hingegen umgekehrt, da dann kein Nachteil für den Betroffenen) vollstreckt werden darf oder **e)** nicht in diesem Maß (über die Dauer der Strafe hinaus, RG **5**, 332; zB unter Verstoß gegen § 460 StPO, § 66 JGG) vollstreckt werden darf. Ein Abweichen von der Regel des § 43 StVollstrO ist keine ungesetzliche, sondern nur eine dem Vollzugsziel des § 12 StVollstrO abträgliche Vollstreckung, das auch iS des § 57 nicht nachteilig ist (vgl. 5a zu § 57a). Ebenfalls nicht hierher gehört eine zu Unrecht festgesetzte Strafe, deren Rechtmäßigkeit die Strafvollstreckungsbehörde nicht nachprüfen darf (RG **16**, 221; **63**, 168; vgl. hierzu Maiwald JuS **77**, 359). Hingegen ist Strafe iS des § 345 auch eine nicht schon formell in den Strafvollzug übergeleitete UHaft, die für den Verurteilten nach § 450 StPO auf die Strafzeit anzurechnen ist (Pohlmann Rpfleger **64**, 371; zw.; **aM** BGH **20**, 64; LK 5; SchSch-Cramer 3; Stratenwerth aaO), im übrigen kommt beim rechtswidrigen Vollzug von UHaft (neben §§ 239, 336) lediglich § 344 in Betracht (SK-Horn 3; aM Franzheim GA **77**, 69; M-Maiwald § 76, 33; Geppert Jura **81**, 83). Zum Fall eines zeitlichen Intervalls zwischen Straf- und anschließendem Maßregelvollzug vgl. Hamburg GA **64**, 247; vgl. SK 6; ferner auch Amelung, Dünnebier-FS 515.

6 **B. Vollstrecken** ist die Vollziehung der rechtlich nicht vollzugsfähigen Strafe oder Maßnahme in den Formen der zulässigen Vollstreckung (BGH **20**, 64). Bloßes Verursachen unzulässiger Vollstreckung ist noch kein Vollstrecken (BGH aaO; München aaO [oben 2]). Zur Vollstreckung gehört die Gesamtheit der zur Erledigung von Vollstreckung und Vollzug erforderlichen Maßnahmen; also nicht nur ihre zum Vollzug führende Anordnung, sondern auch ihre Durchführung und Überwachung (RG **5**, 332), zB die Führung des Vollstreckungskalenders durch einen Anstaltsbeamten (RG **30**, 135; Kassel HESt. **2**, 180), nicht schon die Erteilung der mit der Bescheinigung der Vollstreckbarkeit versehenen beglaubigten Abschrift der Urteilsformel durch den Urkundsbeamten der Geschäftsstelle. Auch die bloße Mitwirkung bei der Vollstreckung kann Täterschaft sein (RG **19**, 342, str.); so das Entwerfen eines falschen Vollstreckungsersuchens durch einen Geschäftsstellenbeamten (RG **63**, 175). Die Tat kann auch durch Unterlassen begangen werden, wenn der Täter Garantenstellung hat wie der Strafanstaltsvorsteher, der nicht für die Entlassung des Gefangenen nach Ablauf der Strafzeit sorgt (RG **30**, 135). Der **Versuch** ist bei I strafbar, zB bei einer Anordnung der Vollstreckung, die unausgeführt bleibt (vgl. RG **5**, 332).

8 **4) Vorsatz** ist als mindestens bedingter vor allem hinsichtlich der Unzulässigkeit der Vollstreckung erforderlich (hierzu Maiwald JuS **77**, 359). In den Fällen von I genügt nach II Leichtfertigkeit (20 zu § 15), nicht hingegen

Straftaten im Amt **§ 345**

schon jeder vermeidbare, fahrlässige Irrtum über das Vorliegen von Vollstreckungsvoraussetzungen (Köln MDR **77**, 66; Hamm NStZ **83**, 459 m. Anm. Müller/Dietz; Wagner JZ **87**, 664; LK 7).

5) Der Strafrahmen ist mehrfach abgestuft. Minder schwere Fälle kommen bei I in Betracht, wenn nur ein geringer Nachteil eintritt (eine die Freilassung anordnende Verfügung wird einen Tag zu spät ausgeführt). Amtsverlust bei I nach § 45 I, bei I und III auch nach § 358. **9**

6) Tateinheit mit § 336 möglich. § 239 tritt zurück; LK 8. **10**

§§ 346, 347 [Aufgehoben durch Art. 19 Nr. 192 EGStGB]

Falschbeurkundung im Amt

348 ^I Ein Amtsträger, der, zur Aufnahme öffentlicher Urkunden befugt, innerhalb seiner Zuständigkeit eine rechtlich erhebliche Tatsache falsch beurkundet oder in öffentliche Register, Bücher oder Dateien falsch einträgt oder eingibt, wird mit Freiheitsstrafe bis zu fünf Jahren oder mit Geldstrafe bestraft.

^{II} Der Versuch ist strafbar.

1) Die Vorschrift ist durch das EGStGB neu gefaßt (RegE 281) und durch das 2. WiKG (2 vor § 263) zur Vermeidung von Strafbarkeitslücken durch die Aufnahme der „Dateien" (13 zu § 271) ergänzt worden. Die früheren II (jetzt einerseits § 133 III, andererseits § 267) und IV (schwere Fälle) sind weggefallen. Die Tat entspricht dem § 271 und betrifft echte Urkunden, doch mit falschem Inhalt, andererseits nur öffentliche Urkunden und Register. Sinn des § 348 ist ein umfassender Schutz des allgemeinen Vertrauens in die Wahrheitspflicht der mit der Aufnahme öffentlicher Urkunden betrauten Amtspersonen (BGH **37**, 209). Die Tat ist ein **eigentliches Amtsdelikt** (LK-Tröndle 2; SchSch-Cramer 1), so daß auf außenstehende Teilnehmer § 28 I anzuwenden ist. **1**

2) Täter sein **kann nur ein Amtsträger**; und nur ein solcher, der zur Aufnahme öffentlicher Urkunden befugt ist (BGH **12**, 86). Bei der BWehr nicht nur der Offizier und Unteroffizier, § 48 I WStG, sondern nach § 48 II WStG auch Mannschaften. Der Amtsträger muß sachlich und örtlich zuständig sein (BGH **12**, 86; SchSch 5; SK-Samson 5; Lackner 3; vgl. Arzt/Weber LH **4**, 454). Amtsträger iS von § 348 sind nicht nur die eigentlichen Urkundsbeamten (so die Notare, vgl. BeurkG; Standesbeamten, Fleischbeschauer, LM Nr. 2), sondern jeder Amtsträger, der für den gegebenen Fall zur Aufnahme von öffentlichen Urkunden berufen ist; so zB auch der Postbeamte. Hat von solchen Amtsträgern der eine die Urkunde (Paß!) zu unterschreiben, der andere zu unterstempeln, so können sie Mittäter sein (RG **60**, 152). Andere Personen, die nicht befugte Urkundsbeamte sind, können nur Anstifter oder Gehilfen sein, mittelbare Täterschaft ist für sie ausgeschlossen. **Aufnehmen** ist der Akt, durch den der Amtsträger eine vor ihm von einem andern abgegebene Erklärung oder von ihm bzw. durch ihn vollzogene Tatsache oder von ihm als Amtsträger gemachte Wahrnehmungen zum Zwecke des Beweises feststellt (RG **22**, 144; LK 4). Dagegen faßt das Schrifttum überwiegend (vgl. SchSch 4) die Aufnahme weiter, nämlich allgemein iS von „Ausstellen" (zweifelnd RG **71**, 226). In der rechtmäßigen Amtsausübung braucht sich der beurkundende zuständige Amtsträger bei der konkreten Beurkundung nicht befunden zu haben (RG **32**, 359). Auch in eigener Sache kann der Urkundsbeamte eine wissentliche Falschbeurkundung vornehmen (RG **72**, 179). **2**

§ 348

3 3) **Die Tathandlung** ist **die Falschbeurkundung im Amt,** nämlich die Herstellung einer echten öffentlichen Urkunde mit unwahrem Inhalt durch einen zuständigen Amtsträger.

4 A. **Eine öffentliche Urkunde** muß das Falsifikat sein. Deren Voraussetzungen müssen allenthalben gegeben sein (LK 9). Auch die öffentlichen Register, Bücher oder Dateien, die I besonders erwähnt, sind öffentliche Urkunden (dazu 3 ff., 12 f. zu § 271).

5 B. **Eine falsche Tatsache** muß beurkundet werden, die rechtlich erheblich ist (vgl. 9 ff. zu § 271; RG **30**, 373 (und zwar im Rahmen der amtlichen Befugnisse und Verpflichtungen des Täters, BGH **26**, 11; andernfalls kann
6 Urkundenfälschung vorliegen, RG **69**, 29). a) **Nur Tatsachen,** die in öffentlicher Urkunde mit Beweiswirkung für und gegen jedermann beurkundet werden (BGH **37**, 209), kommen in Frage; die Niederschrift über eine Gemeinderatssitzung also nur insoweit, als sie den in § 38 GO-BW festgelegten notwendigen Inhalt zum Gegenstand hat (Stuttgart NStE Nr. 4), also *nicht* Urkunden mit rechtlichen Verfügungen, zB Anweisungen an die Kasse (R **1**, 142), noch bloße Werturteile, wie Leumundszeugnisse, auch wenn sie bewußt falsch sind (LK 10), so auch *nicht* das der Untersuchung widersprechende Erteilen einer Prüfplakette durch den Prüfer des TÜV (Hamm MDR **74**, 857), innerdienstliche Vermerke über das Vorliegen der Voraussetzungen für die Umschreibung eines Führerscheins (BGH **33**, 193 [m. Anm. Marcelli NStZ **85**, 500; Geppert JK 2]; vgl. 24. 10. 1990, 3 StR 196/90 [in BGH **37**, 207 nicht mitabgedruck]), das Erteilen einer Aufenthaltserlaubnis an Ausländer ohne jede Sachprüfung (Köln JR **79**, 255 m. Anm. Puppe) oder sonstige (rechtlich unerhebliche) Tatsachen, die in der Urkunde nicht angegeben zu werden brauchen (BGH **22**, 35), etwa der Vermerk, der Grundbuchinhalt sei erörtert worden (27. 11. 1990, 5 StR 158/90), oder in einem Räumungsprotokoll des Gerichtsvollziehers dessen etwaige Erklärung, bei der Entfernung der dem Schuldner gehörenden Gegenstände ununterbrochen zugegen gewesen zu sein (Bay NJW **92**,
7 1842). b) **Falsch** sein muß die beurkundete (oder eingetragene oder in die Datei eingegebene) Tatsache, so daß ihr Inhalt der Wirklichkeit nicht entspricht (Bay NJW **90**, 655); so, wenn der Amtsträger wahrheitswidrig bezeugt, einem Termin beigewohnt zu haben (RG GA Bd. **40**, 34), im Notar (entgegen § 13 I S. 2 BeurkG) bei der Protokollverlesung zugegen gewesen zu sein (BGH **26**, 47), oder wenn ein Notar eine echte Unterschrift, die entgegen § 40 I BeurkG nicht *vor* dem Notar vollzogen oder anerkannt wurde, dennoch mit der in § 40 III S. 2 BeurkG vorgeschriebenen Angabe beglaubigt (Köln JR **79**, 255 m. Anm. Puppe; Frankfurt NStZ **86**, 121 m. Anm. Pikart; Celle NdsRpfl. **86**, 199; aM noch BGH **22**, 32, die sich noch auf § 183 I ff FGG stützt, hiergegen schon krit. Heinitz JR **68**, 306; Tröndle GA **73**, 338; LK 14; Blei JA **75**, 432; vgl. 10. 5. 1983, 5 StR 31/83; aM jedoch auch für § 40 BeurkG Röhmel JA **78**, 202; SchSch 11); oder der Standesbeamte, selbst einen standesamtlichen Akt aufgenommen zu haben (RG **13**, 116), oder der Gerichtsvollzieher eine gar nicht vorgenommene Pfändung beurkundet (17. 5. 1960, 1 StR 116/60), der Amtsträger der Durchschrift einen anderen Inhalt gibt als der Urschrift, obwohl gerade die Durchschrift die Übereinstimmung beider dartun soll (RG **64**, 249), oder der Urkundsbeamte eine gar nicht vorhandene Urkunde ausfertigt

Straftaten im Amt § 348

(RG **71**, 224). Falsch ist hingegen die Umschreibung eines ausländischen Führerscheins in einen deutschen nicht schon deswegen, weil die Voraussetzungen des § 15 StVZO nicht vorliegen (BGH **37**, 209, hierzu Otto JK 5). Auch die Unterlassung der Beurkundung einer Teiltatsache kann zu einer Falschbeurkundung führen.

C. Vollendet ist die Tat, sobald die falsche Tatsache eingetragen oder in die Datei eingegeben ist; ein Gebrauchmachen ist nicht nötig (RG **9**, 214; HRR **40**, 334). Doch muß sich der Täter der Urkunde entäußern, sie zB an die Geschäftsstelle abgeben (NJW **52**, 1064; aM Arzt/Weber LH **4**, 455). Ein Schaden braucht allerdings nicht zu entstehen. Mit dem Beginn der Entäußerung ist strafbarer Versuch, vorher nur Vorbereitung gegeben (RG **19**, 243; **64**, 137; Röhmel JA **78**, 199; str.). Ist die Urkunde schon in den Verkehr gelangt, so ist ihre Änderung nicht mehr Falschbeurkundung, sondern Urkundenfälschung (RG **69**, 28; hM). **8**

4) Der Vorsatz, der auch als bedingter ausreicht (RG **46**, 295), erfordert Kenntnis der Tatsachen, aus denen sich ergibt, daß der Täter Amtsträger ist (vgl. 25 zu § 331), daß er sachlich und örtlich zuständig ist (BGH **12**, 86), sowie daß die von ihm anzufertigende Urkunde eine öffentliche ist (RG **64**, 334), und zwar mit unrichtigem Inhalt (RG **13**, 123; Bay NJW **90**, 654), über eine rechtserhebliche Tatsache (RG **39**, 370; Celle NdsRpfl. **86**, 200; LK 22). Für diese Voraussetzung genügt das Wissen des Täters, daß die Beurkundung der Tatsache durch Gesetz oder Anweisung angeordnet ist (RG **6**, 361). Auch muß der Täter wissen, daß er zur richtigen Beurkundung bzw. Eintragung oder Eingabe in die Datei verpflichtet ist (RG **11**, 77). Nimmt er an, es handle sich um eine Urkunde zum Innenverkehr, so ist das ein Tatbestandsirrtum (Bay **78**, 141; LK 23). Beurteilt er hingegen nur die Erheblichkeit falsch, so ist das nur ein Subsumtionsirrtum (BGH **26**, 47). Eine rechtswidrige Absicht wird nicht gefordert (RG **13**, 123; vgl. auch 5 vor § 32). **9**

5) Konkurrenzen. Mit § 271 ist Gesetzeseinheit gegeben, §§ 26, 348 gehen vor, ebenso § 348 mit § 28 Nr. 4 FlHG (RG **74**, 30; LM Nr. 2). Mit § 267 besteht hingegen wegen der unterschiedlichen Tatbestandsmerkmale keine Gesetzeskonkurrenz (LK 25; SchSch 15; SK 12). **10**

6) Amtsverlust nach §§ 358, 45 II, III möglich. **11**

§§ 349 bis 351 [weggefallen; §§ 350, 351 durch Art. 19 Nr. 194 EGStGB]

Gebührenüberhebung

352 ^I **Ein Amtsträger, Anwalt oder sonstiger Rechtsbeistand, welcher Gebühren oder andere Vergütungen für amtliche Verrichtungen zu seinem Vorteil zu erheben hat, wird, wenn er Gebühren oder Vergütungen erhebt, von denen er weiß, daß der Zahlende sie überhaupt nicht oder nur in geringerem Betrag schuldet, mit Freiheitsstrafe bis zu einem Jahr oder mit Geldstrafe bestraft.**

^{II} **Der Versuch ist strafbar.**

1) Täter ist ein Amtsträger, ein Rechtsanwalt oder sonstiger Rechtsbeistand, welcher Gebühren oder andere Vergütungen für amtliche Verrichtungen zu seinem Vorteile zu erheben hat. Hierher gehören auch die Notare (RG **30**, 249), **1**

§ 352

Gerichtsvollzieher (RG **40**, 378; Köln NJW **88**, 503) und beamteten Tierärzte (RG **24**, 334), die Patentanwälte gehören zu den Anwälten (zu denen aus den EG- Staaten 16 zu § 203). Auch die Prozeßagenten (§ 157 III ZPO) und Rechtsbeistände iS des RBerG sind (anders als in § 356, dort 2) einzubeziehen, nachdem ihnen nach Art. IX KostÄndG v. 26. 7. 1957 (BGBl. I 861, 931; III 369–1) idF Art. 2 Ges. v. 18. 8. 1980 (BGBl. I 1503), Gebühren in Anlehnung an die Rechtsanwaltsgebührenordnung zustehen (SchSch-Cramer 3, Bay NJW **64**, 2433; aM Frankfurt NJW **64**, 2318), ferner Bezirksschornsteinfeger, öffentlich bestellte Vermessungsingenieure (LK-Träger 3); *nicht* jedoch Vorstandsmitglieder oder Pfleger, die keine gesetzliche oder sonst von vornherein festgelegte Gebühren oder Vergütungen zu beanspruchen haben (Bay NJW **89**, 2902).

2   **A. Die Vergütung** ist ein Entgelt für amtliche Mühewaltung. **Auslagen** als Ersatz für wirklich gehabte Auslagen gehören nicht hierher, sondern können unter § 263 fallen (RG **40**, 382; MDR **55**, 651), desgl. die vom Vormundschaftsgericht im Einzelfall nach der geleisteten Arbeit des Vormunds gemäß § 1836 BGB festzusetzende Vergütung des Vormunds (BGH **4**, 233), anders aber bei tarifmäßig bestimmten Auslagen (RG **19**, 62); desgl. bei Tagesgeldern, weil sie pauschaliert sind. Die **Gebühr** ist eine in Geld bestehende Unterart der Vergütung. **Entlohnungen** für bestimmte Tätigkeiten, zB als Pfleger (BGH **4**, 233), fallen nicht unter § 352.

3   **B. Für amtliche Verrichtungen** zu seinem Vorteil muß der Täter die Vergütung erheben, gleichgültig, ob sie ihm mittelbar oder unmittelbar zufließt
4   (RG **40**, 378; LK 5). a) Doch muß der Täter ein **eigenes Recht** geltend machen; hieran fehlt es, falls der obsiegende RA vom Gegner für seine Partei zu hohe Gebühren einfordert (RG **40**, 382); hier kann § 263 zutreffen. Unter § 352 fällt aber die Beanspruchung der Gebühr vom eigenen Mandanten unter Verschwei-
5   gung der Bestellung als Armenanwalt (RG **4**, 227; DR **43**, 758). b) **Trotz vorläufiger Amtsenthebung** von einem Notar vorgenommene Amtshandlungen sind gültig und daher gebührenpflichtig; doch hat der Notar gegen § 132 verstoßen (RG **76**, 25).

6   **C. § 352 ist eigentliches Amtsdelikt**, § 28 I ist anzuwenden.

7   **2) Die Handlung besteht** in der Erhebung von Vergütungen, von denen der Täter weiß, daß der Zahlende sie überhaupt nicht oder nur in geringerem Betrage schuldet (LK 13), d. i. rein kostenrechtlich zu verstehen: hierher gehört daher auch jede unzulässige Honorarvereinbarung (zB Erfolgshonorar), selbst wenn der Anstoß hierfür vom Mandanten ausging (Bay NJW **89**, 2902), nach Köln NJW **88**, 503 (m. Anm. R. Keller JR **89**, 77) werden Gerichtsvollzieherkosten, die bei richtiger Sachbehandlung nicht entstanden wären, nicht „geschuldet". Stets gehört zu § 352 das ungeschriebene Tatbestandsmerkmal der Täuschung (Bay NJW **90**, 1001). Eine Gebührenüberhebung begeht ferner, wer ein Honorar abredewidrig geltend macht (wistra **82**, 67). Erst mit der Leistung wird die Tat vollendet (RG **14**, 372; 29. 4. 1992, 2 StR 136/92), das Anfordern ist nur Versuch (R **8**, 771). Es muß eine **Vergütung** (LK 8 ff.) betreffen und nicht ein Geschenk, da dann §§ 331 ff. zutreffen; desgl. darf der Gebende nicht schenken wollen (RG **18**, 269). Erheben ist auch im Wege der Aufrechnung möglich (LM Nr. 3; RG **53**, 112).

8   **3) Der Vorsatz** erfordert das Bewußtsein, daß übermäßige Gebühren erhoben werden (Bay **62**, 79), bedingter Vorsatz genügt (RG **16**, 363; LK 21; str.; aM SchSch 10; SK-Samson 12).

Straftaten im Amt **§ 352**

4) Tateinheit ist mit Untreue (NJW **57**, 596; 29. 11. 1985, 3 StR 362/85) **9** möglich, mit Betrug nur, falls zur Gebührenüberhebung noch eine sonstige Täuschung tritt, BGH **2**, 36; **4**, 236; LK 24; SchSch 14); im übrigen geht § 352 als lex specialis dem § 263 vor (Düsseldorf NJW **89**, 2901; Karlsruhe NStZ **91**, 239).

5) Amtsverlust nach § 358. **10**

Abgabenüberhebung; Leistungskürzung

353 ⁱ Ein Amtsträger, der Steuern, Gebühren oder andere Abgaben für eine öffentliche Kasse zu erheben hat, wird, wenn er Abgaben, von denen er weiß, daß der Zahlende sie überhaupt nicht oder nur in geringerem Betrag schuldet, erhebt und das rechtswidrig Erhobene ganz oder zum Teil nicht zur Kasse bringt, mit Freiheitsstrafe von drei Monaten bis zu fünf Jahren bestraft.

ⁱⁱ Ebenso wird bestraft, wer als Amtsträger bei amtlichen Ausgaben an Geld oder Naturalien dem Empfänger rechtswidrig Abzüge macht und die Ausgaben als vollständig geleistet in Rechnung stellt.

1) Abs. I erfaßt Abgabenüberhebungen, dh Abgaben öffentlich-rechtlicher **1** Art (RG GA Bd. **59**, 472), einschließlich der Vorschüsse (RG **41**, 91), dies gilt auch für die Gebühren. Sie müssen für eine öffentliche Kasse erhoben werden, nicht, wie nach § 352, persönlich für den Amtsträger. Die Steuern stellen im Gegensatz zu den Gebühren nicht eine Gegenleistung für eine besondere Leistung dar, vgl. § 3 I AO. Gebühren sind u. a. Schreibgebühren für Abschriften (RG **65**, 54), das Porto (RG **3**, 87), die Fracht und die Fahrpreise der Eisenbahn (RG **52**, 163; str.). Öffentlich-rechtlich können auch die Beträge für die öffentlichen Feuersozietäten sein (RG **23**, 263).

A. Täter sein können nur Amtsträger, denen die Erhebung von Abgaben **2** obliegt. Doch brauchen sie nicht zur Erhebung gerade einer solchen Abgabe berufen zu sein (RG **41**, 91). Es genügt, wenn sie für die Kasse, um die es geht, Abgaben in irgendeiner Richtung erheben dürfen (10. 5. 1960, 5 StR 51/59). Bloße Übung reicht nicht aus (LM Nr. 2). Der Empfang von Gebühren muß ihnen kraft Dienstvorschrift obliegen, nicht kraft bloßer Übung (NJW **57**, 638). Es handelt sich bei § 353 um ein eigentliches Amtsdelikt (vgl. 4 ff. vor § 331).

B. Die Handlung erfordert ein Doppeltes: **a)** Die **Erhebung von Abga- 3 ben** (vgl. 7 zu § 352; LK-Träger 14), von denen der Täter weiß, daß sie der Zahlende überhaupt nicht oder nur in geringerem Betrage schuldet. Die Abgabe muß als solche überhaupt existieren, so daß wenigstens für andere eine Abgabenpflicht besteht, andernfalls gilt § 263 (RG **65**, 54). § 353 scheidet auch nicht aus, wenn der andere weiß, daß er den Betrag nicht schuldet und aus anderen Gründen zahlt (RG **65**, 52; LK 17; aM BGH **2**, 37). **b)** Das **4 Nichtzurkassebringen** des rechtswidrig Erhobenen muß hinzukommen (RG **17**, 326). Zur Kasse gebracht ist es, wenn es nicht bloß dem Betrage nach zur Kasse gelangt und dort verbucht wird (RG **26**, 259; Köln NJW **66**, 1373; vgl. LK 18). Soll ein Ausgleich für künftige Kassendefekte geschaffen werden, so ist § 353 verletzt, aber nicht § 246; denn eine Zueignung des Geldes gehört nicht zum Tatbestand. Für § 353 genügt auch das vorübergehende Einlegen des Geldes ohne Buchung, um es unauffällig wieder zu entfernen (NJW **61**, 1171). Ist der abzuliefernde Betrag verlorengegangen, so wird die Ablieferung durch eine rechtzeitige Anzeige ersetzt.

§ 353

5 2) **Nach II** ist ein Amtsträger strafbar, der bei amtlicher Ausgabe von Geld oder Naturalien dem Empfänger vorsätzlich und rechtswidrig Abzüge macht und außerdem die Ausgabe als vollständig geleistet in Rechnung stellt (RG **66**, 246; **52**, 165). Es muß sich also um eine amtliche Ausgabe handeln. Der Amtsträger muß amtlich Geld oder Naturalien auszugeben haben. Der nicht vollständigen steht die völlig unterlassene Ausgabe gleich. Auch hier wird eine rechtswidrige Aneignung nicht vorausgesetzt (vgl. zu 3 f.).

6 3) **Tateinheit** ist möglich mit Unterschlagung, ev. aber auch Realkonkurrenz (vgl. BGH **2**, 37). Nach NJW **61**, 1171 soll jedoch nach den Grundsätzen von GrSenBGH **14**, 38 Unterschlagung ausscheiden, wenn sich der Täter gerade das von dem Zahlenden gegebene Geldstück zueignet (vgl. auch Köln NJW **66**, 1373; LK 25). Zum Verhältnis von I zu § 263 vgl. dort 47; LK 23 f.

4) **Amtsverlust** nach § 358.

Vertrauensbruch im auswärtigen Dienst RiStBV 212

353 a ^{I} Wer bei der Vertretung der Bundesrepublik Deutschland gegenüber einer fremden Regierung, einer Staatengemeinschaft oder einer zwischenstaatlichen Einrichtung einer amtlichen Anweisung zuwiderhandelt oder in der Absicht, die Bundesregierung irrezuleiten, unwahre Berichte tatsächlicher Art erstattet, wird mit Freiheitsstrafe bis zu fünf Jahren oder mit Geldstrafe bestraft.

^{II} Die Tat wird nur mit Ermächtigung der Bundesregierung verfolgt.

1 1) **Täter** ist ein diplomatischer Vertreter der BRep. gegenüber einer fremden Regierung, einer Staatengemeinschaft oder einer zwischenstaatlichen Einrichtung. Er braucht nicht Beamter zu sein, sondern kann auch Vertreter für den Einzelfall sein (LK-Träger 3).

2 2) **Die Handlung** kann doppelter Art sein, entweder amtlicher **Ungehorsam** oder sog. diplomatischer **Falschbericht**. In diesem Fall muß es sich um **Tatsachenberichte** handeln, nicht um eigene Urteile des Täters. Absicht bedeutet, daß es dem Täter auf die Irreführung ankommen muß.

3 3) **Nur mit Ermächtigung** der BReg. darf die Tat verfolgt werden (II; vgl. Anm. zu § 77 e und 5 zu § 97).

4 4) **Amtsverlust** nach § 358.

Verletzung des Dienstgeheimnisses und einer besonderen Geheimhaltungspflicht RiStBV 212, 213

353 b ^{I} Wer ein Geheimnis, das ihm als

1. Amtsträger,
2. für den öffentlichen Dienst besonders Verpflichteten oder
3. Person, die Aufgaben oder Befugnisse nach dem Personalvertretungsrecht wahrnimmt,

anvertraut worden oder sonst bekanntgeworden ist, unbefugt offenbart und dadurch wichtige öffentliche Interessen gefährdet, wird mit Freiheitsstrafe bis zu fünf Jahren oder mit Geldstrafe bestraft. Hat der Täter

Straftaten im Amt **§ 353 b**

durch die Tat fahrlässig wichtige öffentliche Interessen gefährdet, so wird er mit Freiheitsstrafe bis zu einem Jahr oder mit Geldstrafe bestraft.

II Wer, abgesehen von den Fällen des Absatzes 1, unbefugt einen Gegenstand oder eine Nachricht, zu deren Geheimhaltung er

1. auf Grund des Beschlusses eines Gesetzgebungsorgans des Bundes oder eines Landes oder eines seiner Ausschüsse verpflichtet ist oder
2. von einer anderen amtlichen Stelle unter Hinweis auf die Strafbarkeit der Verletzung der Geheimhaltungspflicht förmlich verpflichtet worden ist,

an einen anderen gelangen läßt oder öffentlich bekanntmacht und dadurch wichtige öffentliche Interessen gefährdet, wird mit Freiheitsstrafe bis zu drei Jahren oder mit Geldstrafe bestraft.

III Der Versuch ist strafbar.

IV Die Tat wird nur mit Ermächtigung verfolgt. Die Ermächtigung wird erteilt

1. von dem Präsidenten des Gesetzgebungsorgans
   a) in den Fällen des Absatzes 1, wenn dem Täter das Geheimnis während seiner Tätigkeit bei einem oder für ein Gesetzgebungsorgan des Bundes oder eines Landes bekanntgeworden ist,
   b) in den Fällen des Absatzes 2 Nr. 1;
2. von der obersten Bundesbehörde
   a) in den Fällen des Absatzes 1, wenn dem Täter das Geheimnis während seiner Tätigkeit sonst bei einer oder für eine Behörde oder bei einer anderen amtlichen Stelle des Bundes oder für eine solche Stelle bekanntgeworden ist,
   b) in den Fällen des Absatzes 2 Nr. 2, wenn der Täter von einer amtlichen Stelle des Bundes verpflichtet worden ist;
3. von der obersten Landesbehörde in allen übrigen Fällen der Absätze 1 und 2 Nr. 2.

1) **Die Vorschrift** idF des 17. StÄG (Materialien: RegE: BT-Drs. 8/3067; **1** Ber.: BT-Drs. 8/3313; BTag 8/13698, 14611; BRat 472., 481. Sitz.) faßt § 353b aF (jetzt I) und § 353c aF (jetzt II) zusammen. § 353c aF I war rechtspolitisch umstritten, vor allem weil die Strafbarkeit hier von der formellen Sekretur und nicht von der materiellen Geheimhaltungsbedürftigkeit abhing (vgl. Stree in Mißlingt die Strafrechtsreform, 1969, 171; Lüttger JZ **69**, 578; GA **70**, 129; Laufhütte GA **74**, 52; Mallmann JZ **75**, 386; Löffler NJW **75**, 1767; Möhrenschlager JZ **80**, 161; Rogall NJW **80**, 752 mwN); seine Aufhebung geht auf die Änderungsanträge der Fraktion der CDU/CSU (BT-Drs. 7/1804; 8/2282; BTag 8/9719; DRiZ **79**, 58) zurück. Vgl. ergänzend WStGÄndG v. 21. 12. 1979 (BGBl. I 2326) und § 471 E 1962, Art. 2 Nr. 12 des 8. StÄG (vor § 80), Art. 19 Nr. 198 EGStGB (RegE 282); Möhrenschlager aaO und NZWehrr **80**, 81; Denkschrift BMJ v. 20. 12. 1951; zur Verfassungsmäßigkeit des I vgl. BVerfGE **28**, 191; zust. Blei JA **70**, 185; krit. R. Schmid JZ **70**, 686. **Rechtsgut** sind nicht nur die geschützten Geheimnisse, geheimen Gegenstände und Nachrichten, sondern ist auch das Vertrauen der Allgemeinheit in die Verschwiegenheit amtlicher und anderer Stellen (str.; vgl. LK-Träger 2; aM SK-Samson 2; SchSch-Lenckner 1; M-Maiwald § 80, 3; Lackner 1, die als geschütztes Rechtsgut die in I und II genannten wichtigen öffentlichen Interessen ansehen). Wegen der Gleich-

§ 353 b

stellung ausländischer Rechtsgüter vgl. die in 2a zu § 3 genannten Abkommen. Die Tat ist nur soweit der Täter Amtsträger ist ein eigentliches Amtsdelikt, aber in allen Fällen echtes **Sonderdelikt** [für außenstehende Teilnehmer gilt § 28 I] (ebenso Lackner 2; SK 17; aM SchSch 23).

2 **2) Täter** können nur sein, die zZ der Kenntniserlangung (nicht notwendig auch noch zZ der Tat) folgendem Personenkreis angehörten:

3 **A. Nach I a) Amtsträger** (11 zu § 11), und zwar auch solche bei einem Gesetzgebungsorgan des Bundes oder eines Landes; auch Minister (E EGStGB 209), aber nicht Abgeordnete; wohl aber infolge der Gleichstellungsklausel in § 48 I, II WStG **Soldaten** (Offiziere, Unteroffiziere und Mannschaften), und zwar auch aus dem Wehrdienst inzwischen entlassene Soldaten (Möhrenschlager NZWehrr **80**, 81). Die Gesetzeslücke, die bis zum 1. 1. 1980 insofern bestand, als das WStG und damit auch die in § 48 WStG für anwendbar erklärten Geheimnisschutzvorschriften nach § 1 I WStG nur anzuwenden waren, wenn der Täter zZ der Tat Soldat war, ist durch § 1 III WStG (oben 1) geschlossen worden. Offenbarte der Täter das Geheimnis nach seinem Ausscheiden aus dem Wehrdienst, so konnte er früher nicht nach § 48 WStG bestraft werden
4 (Schölz 17 zu § 48; DRiZ **75**, 340); **b)** für den **öffentlichen Dienst besonders Verpflichtete** (29 zu § 11), wozu auch Angehörige des BND und V-Leute gehören (vgl. MDR **64**, 68; NJW **80**, 846; hierzu Steinke KR **80**, 490), soweit sie nicht schon unter 2 fallen, aber auch Gutachter oder für einen Abwehrdienst tätige Personen, die besonders verpflichtet
5 sind (andernfalls möglicherweise II 1. Alt.); **c) Personen**, die Aufgaben oder Befugnisse nach dem **Personalvertretungsrecht** wahrnehmen (vgl. § 203 II Nr. 3 mit Anm.), wozu auch behördenfremde Personen wie Beauftragte von Gewerkschaften oder Arbeitgebervereinigungen gehören können, da bei der Tätigkeit bei oder für eine Behörde (IV Nr. 2 Buchst. a) ein Beschäftigungsverhältnis nicht zu bestehen braucht (E EGStGB 282; Maiwald JuS **77**, 360).

6 **B. Nach II** Personen (zB Sachverständige, Unternehmer), die zur Geheimhaltung in concreto verpflichtet sind entweder nach Nr. 1 (vgl. zB § 69 VII iVm Anl. 3 § 3 GeschO BTag, wobei sich der an den Beschluß gebundene Personenkreis nach Parlamentsrecht bestimmt) oder nach Nr. 2 auf Grund förmlicher (idR der Schriftform bedürftiger, vgl. hierzu 21 zu § 265 b) **Verpflichtung** durch eine andere amtliche Stelle (2 zu § 95), nicht auch durch einen militärischen Befehl (vgl. aber § 19 WStG). Aufnahme in das mitzuzeichnende Protokoll nach dem Muster der VS-Anweisungen oder Mitunterzeichnung der Niederschrift in den Fällen des § 174 III GVG wird genügen (vgl. LK 50; weitergehend Möhrenschlager JZ **80**, 165; vgl. oben 32 zu § 11). Nr. 2, die nur in Betracht kommt, soweit I nicht greift, verlangt eine spezielle Verpflichtung; § 1 VerpflG reicht nur für I Nr. 2. Die Verpflichtung ist ein belastender Hoheitsakt, der nur auf Grund eines Ges. oder mit Einwilligung des Betroffenen ergehen kann (Lüttger JZ **69**, 582; Rogall NJW **80**, 752; LK 48). Bloße Veranlassung der von einer Privatperson vorgenommenen Verpflichtung durch eine amtliche Stelle genügt hier also nicht. Gegenstände und Nachrichten (auch künftige) können bei der Verpflichtung unter einer Sammelbezeichnung zusammengefaßt werden (Lüttger aaO).

Straftaten im Amt § 353 b

3) Tathandlung ist **A. in den Fällen des I** das unbefugte Offenbaren 7
eines Geheimnisses. **a) Geheimnis** ist hier eine Sache, Erkenntnis oder
Tatsache, deren Kenntnis nicht über einen begrenzten Personenkreis hinausgeht (BGH **10**, 108; Köln NJW **88**, 2490; vgl. 2 bis 4 zu § 93; LK 10ff.),
wobei auch hier noch als unbekannt anzusehen ist, was noch der Bestätigung bedarf (RG **74**, 111; 14 zu § 93). Die Angelegenheit kann aus dienstlichem, aber auch aus privatem Bereich stammen, wenn sie iS von 8 anvertraut oder bekanntgeworden ist. Sie muß weiter geheimhaltungsbedürftig
sein. Das ist der Fall, **aa)** wenn der Täter durch generelle Rechtsnormen, so
für Beamte durch § 61 I BBG (vgl. Köln GA **73**, 57), § 39 I BRRG, oder
durch besondere Anordnung (zB ausdrückliche Anordnung des Gerichtsvorsitzenden), bei besonders Verpflichteten im Umfang der Verschwiegenheitsverpflichtung zum Schweigen verpflichtet ist; **bb)** bei einem der
Dienststelle oder dem Täter anvertrauten oder bekanntgewordenen primär
privaten Geheimnis, wenn der primäre Geheimnisträger seinen Geheimhaltungswillen zu erkennen gegeben hat; **cc)** wenn die Geheimhaltungsbedürftigkeit sich (zB beim Haftbefehl) aus der Natur der Sache ergibt (RG
74, 111). Insbesondere kommen Geheimnisse von der in 6 zu § 99 genannten Art in Betracht, aber auch Staatsgeheimnisse (dann aber Tateinheit mit
§§ 94ff.; vgl. unten 20). **Beispiele** aus der Rspr.: Eigenschaften, Fähigkeiten und Leistungen von Beamten (BGH **10**, 108); Ermittlungsverfahren
(BGH **10**, 276), Haftbefehlerlaß (Oldenburg NdsRpfl. **80**, 226, hierzu
Wagner JZ **87**, 664); Strafliste, erkennungsdienstliche Behandlung (Düsseldorf NJW **82**, 2883), uU Themen von Prüfungsarbeiten (einerseits RG **74**,
110; andererseits BGH **11**, 401); das richterliche Beratungsgeheimnis (LK
11, 15; Wagner JZ **87**, 665; aM Düsseldorf NStZ **81**, 25). Zum illegalen
Geheimnis vgl. BGH **20**, 342; BVerfG NJW **70**, 1498. **b) In seiner Eigen-** 8
schaft als Amtsträger, besonders Verpflichteten usw., dh im Bereich seiner
Tätigkeit muß dem Täter das Geheimnis anvertraut oder bekannt geworden sein (6ff. zu § 203; LK 13), wobei er es von einem anderen Amtsträger
oder einem Privatmann, rechtmäßig oder unrechtmäßig (RG **32**, 265; **33**,
354; **74**, 113; Düsseldorf NJW **82**, 2884) erfahren haben kann. Das Ausscheiden aus der Stellung ändert an der Verschwiegenheitspflicht nichts
(LK 5). **c) Offenbaren** ist das öffentliche Bekanntmachen (3 zu § 94) oder 9
die Mitteilung an einen Unbefugten (15 zu § 93; LK 17). Die sachgemäße
Mitteilung innerhalb von Behörden oder im Verkehr mit Behörden ist
schon tatbestandsmäßig kein Bruch der Verschwiegenheitspflicht (offengelassen in E 1962, 662); vgl. Köln GA **73**, 57. Das mißbräuchliche Verwerten des Geheimnisses ohne Offenbaren ist nicht nach I, sondern nur nach
§ 204 strafbar (LK 22).

B. in den Fällen des II das Gelangenlassen (3 zu § 94) von Gegenständen 10
oder Nachrichten an einen Unbefugten (15 zu § 93) oder das öffentliche
Bekanntmachen (3 zu § 94). **Geschützt sind a)** Gegenstände, dh körperliche Sachen, namentlich Schriften, Zeichnungen und Modelle (2 zu § 93).
Mit dem Verzicht auf die in § 353c I aF angeführten Beispiele hat der
Gesetzgeber keine inhaltliche Änderung der Vorschrift beabsichtigt
(RegE 5); **b)** Nachrichten (vgl. BGH **30**, 16), also mündliche Mitteilungen. 11
Allerdings muß der Täter zur Geheimhaltung der Gegenstände und Nachrichten verpflichtet (oben 6) sein. Ob materiell ein Geheimnis vorliegt, ist
dabei ohne Bedeutung. Macht der Verpflichtete einem Nichtverpflichteten

§ 353 b

Mitteilung, so kann dieser, auch wenn er bösgläubig ist, straflos weitergeben (LK 56).

12 **C. Unbefugt,** dh ohne Rechtfertigung (§§ 27 ff. zu § 203; die Offenbarung zur Wahrung entgegenstehender berechtigter Interessen ist hier keine befugte, ebenso SchSch 21) muß der Täter in den Fällen des I und II handeln. Die Befugnis kann sich zB aus dem Gesetz (vgl. § 61 IV BBG), bei Schweigepflicht auf Grund besonderer Anordnung aus der Erlaubnis des Vorgesetzten (zB § 61 II BBG; aM SchSch 21) oder der des primären Geheimnisträgers ergeben (vgl. Amelung, Dünnebier-FS 513). Zur Aussagegenehmigung von Personen des öffentlichen Dienstes vgl. § 61 II BBG, § 39 II BRRG, § 14 II SoldG, § 54 ZPO, § 376 ZPO, § 28 II BVerfGG; vgl. LK 31. Will der Täter verfassungswidrige Zustände rügen, so darf er sie erst offenbaren, wenn schonendere Mittel (Dienstweg; Petition) scheitern (BGH 20, 342; BVerfGE 28, 191 mit krit. Anm. R. Schmid JZ 70, 686). Im übrigen kann rechtfertigender Notstand, aber auch ein übergesetzlicher Rechtfertigungsgrund iS von 17 ff. zu § 93 in Betracht kommen. Unbefugt handelt ein Amtsträger, der einen vertraulich zu behandelnden Haftbefehl eigenmächtig an die Polizei weitergibt (Oldenburg NdsRpfl. 80, 226).

13 **D) Wichtige öffentliche Interessen** muß der Täter durch seine Handlung gefährden; darin liegt der entscheidende Unterschied zu § 203 II. Es muß die konkrete Gefahr (BGH 20, 348; Köln GA 73, 57) eines Nachteils für öffentliche Interessen *von Rang* (BGH 11, 402; Düsseldorf NJW 82, 2884; NJW 89, 1872; dazu krit. SchSch 6) die Folge sein, das kann uU auch dadurch geschehen, daß die Tatsache des Geheimnisbruchs bekannt und so das Vertrauen in die Tätigkeit der Behörden erschüttert wird (Düsseldorf NJW 89, 1872 m. Anm. Krüger NStZ 90, 283; LK 26). In Betracht kommt zB die Zusammenarbeit zwischen (inländischen und ausländischen) Nachrichtendiensten, BGH 20, 381; das staatliche Interesse am ungestörten Wettbewerb zwischen Anbietern gegenüber dem Fiskus (13. 2. 1974, 2 StR 513/73), die Sicherung der Hauptverhandlung in einer wichtigen Strafsache durch Erlaß und Vollstreckung des Haftbefehls (Oldenburg NdsRpfl. 80, 226). Die Preisgabe des Codeworts für Halterabfragen beim Kraftfahrbundesamt und den Zulassungsstellen (Zweibrücken NStZ 90, 495 m. Anm. R. Keller JR 91, 293). Nicht mit der Offenbarung, sondern der Gefährdung beginnt der Lauf der Verjährungsfrist (§ 78 II), so daß die Tat auch lange nach der Entpflichtung, theoretisch bis zum Tode des Verpflichteten, begangen werden kann. Die Gefahr kann unmittelbar durch das Bekanntwerden des Geheimnisses, aber auch mittelbar dadurch entstehen, daß das Vertrauen der Bevölkerung in die Unparteilichkeit der Verwaltung erschüttert wird (BGH 11, 404; Köln NJW 88, 2490; LK 28; aM SchSch 9; SK 12). Daß sich ein Amtsträger als unzuverlässig erweist, zB das Vertrauen in die Amtsverschwiegenheit enttäuscht (vgl. Köln NJW 88, 2491; Düsseldorf [5. StS] NJW 82, 2884; aM [2. StS] NStZ 85, 169 m. krit. Anm. Schumann; auch Wagner JZ 87, 666), reicht allein nicht aus (Köln GA 73, 59; DStR 38, 321). Nach BGH 10, 276 genügt es aber, wenn fremde Einwirkungen auf den Gang eines strafrechtlichen Ermittlungsverfahrens ermöglicht werden (zw.). Daß wichtige öffentliche Interessen gefährdet sind, ist durch die Erteilung der Ermächtigung (unten 16) noch

Straftaten im Amt **§ 353 b**

nicht bewiesen; denn diese kann uU nur erteilt worden sein, weil sich andernfalls Nachteile für das Ansehen der ermächtigenden Stelle ergeben hätten.

4) Der Versuch ist nach **III** in den Fällen des I und II strafbar. Dies gilt auch für den Fall nur fahrlässiger Gefährdung (I S. 2), da die Tathandlung als solche finaler Natur ist (Maiwald JuS 77, 360; Oldenburg NdsRpfl. **80**, 226; Wagner JZ **87**, 665; vgl. 5 zu § 18, 38 zu § 11; aM Krey-Schneider NJW **70**, 644). **Teilnehmer** können in den Fällen des I auch Außenstehende sein (oben 1 a E), zB ein Journalist, der ein Ermittlungsgeheimnis veröffentlicht. Dies gilt sowohl für das Stadium zwischen Versuch und Vollendung der Haupttat als auch danach, nämlich zwischen Vollendung (Eintritt der konkreten Gefahr) und Beendigung (Erhöhung der Gefahr oder Eintritt des Schadens; vgl. Grünwald KritJustiz **79**, 301; eingeschränkter Möhrenschlager JZ **80**, 166). **Voraussetzungen:** Nichtbeendigung der Tat des Amtsträgers und vorsätzliche Hilfeleistung des extraneus zur vorsätzlichen Tat des Amtsträgers (vgl. Rogall NJW **80**, 752; vgl. LK 40).

5) Vorsatz ist für die Tathandlung erforderlich; bedingter genügt (BGH **11**, 404). Für den Irrtum über die Befugnis gilt 34 zu § 203. Irrtum zB über Erlaubnis des Vorgesetzten oder primären Geheimnisträgers (oben 12) wirkt wie ein Tatbestandsirrtum. Hinsichtlich der Gefährdung ist in den Fällen des I S. 1 und des II Vorsatz erforderlich; in den Fällen des I S. 2 kommt Fahrlässigkeit in Betracht, wobei der Strafrahmen entsprechend abgestuft ist.

6) Nur mit Ermächtigung (IV; Anm. zu § 77e) wird die Tat verfolgt. Nicht strafwürdige Fälle können dadurch ausgeschieden und (entsprechend § 153c II, III, § 153d StPO) die durch die Einleitung eines Verfahrens mögliche Gefahr weiterer Nachteile beseitigt werden. Die Ermächtigungsregelung des IV ist gegenüber §§ 353b III, 353c IV aF neu gegliedert, lehnt sich aber weitgehend an das bisherige Recht an. Die StA hat zu klären, ob die Ermächtigung erteilt wird, KG JR **60**, 192. Zu erteilen hat sie **a)** der **Präsident desjenigen Gesetzgebungsorgans** (Nr. 1), bei dem der Täter (oben 2 bis 5) von dem Geheimnis Kenntnis erlangt hat oder von dem der Täter (oben 6) nach II Nr. 1 verpflichtet worden ist. Die Zuständigkeit bleibt erhalten, und zwar nicht nur, wenn der Täter nach Kenntniserlangung oder Verpflichtung aus seiner Position ausgeschieden, sondern auch, wenn er zZ der Tat oder bei Erteilung der Ermächtigung bei einer anderen Stelle tätig, zB vom BTag zum Landtag oder zu einer anderen Behörde versetzt worden ist. Damit hat sich der Gesetzgeber weder für eine dem § 77a oder § 355 III entsprechende Konstruktion (Dienstvorgesetzter zZ der Tat) noch für die Regelung des § 353b III aF, sondern für die an § 353c IV aF (1. Alt.) angelehnte Lösung entschieden; **b)** diejenige **oberste Bundesbehörde** (Nr. 2), der dem Täter (oben 2 bis 5), der Behörde (35 zu § 11) oder anderen amtlichen Stelle (2 zu § 93), für die er bei Kenntniserlangung von dem Geheimnis tätig war, übergeordnet ist oder von der der Täter (oben 6) nach II Nr. 2 verpflichtet worden ist. Auch in den Fällen der Nr. 2, 3 bleibt die Zuständigkeit beim Ausscheiden oder Behördenwechsel entsprechend dem oben zu 17 Gesagten erhalten. Oberste Bundesbehörden sind der Chef des BKanzleramtes, die Bundesminister, der Chef des BPräsidialamtes, der Chef des Presse- und Informationsamtes der BReg, der Präsident des BRechnungshofs und des BVerfG sowie die Deutsche Bundesbank (Die Direktoren des BTags und des BRats scheiden infolge der Subsidiarität der Nr. 2, 3 gegenüber

14

15

16

17

18

1903

§ 353 b

Nr. 1 aus). IV Nr. 2 weicht insofern (wie schon § 353b III aF) von § 97 III, §§ 104a, 353a II (und § 353c IV aF) ab, da dort jeweils die Ermächtigung der BReg gefordert wird. Gleichwohl ist auch dort nach bisheriger Auslegung und Praxis (RegE 6) unter BReg nicht das Kabinett, sondern der jeweils zuständige BMin zu verstehen (5 zu § 97). Die Zuständigkeit der obersten Bundesbehörde ist in den Fällen des II Nr. 2 nur gegeben, wenn die Verpflichtung von einer amtlichen Stelle des **Bundes** vorgenommen worden ist (anders § 353c IV aF);

19 c) die **oberste Landesbehörde** (Landes- oder Staatsregierung, Ministerpräsident, Landes- oder Staatsminister, Landesrechnungshof, in Hessen auch das Landespersonalamt) in allen übrigen Fällen des I und II Nr. 2. Das oben zu 18 Gesagte gilt entsprechend.

20 7) **Tateinheit** ist möglich in den Fällen des I mit den §§ 94 bis 99 und 203, in den Fällen des II mit den §§ 99 und 203, 353d (insbes. I Nr. 2; Möhrenschlager JZ **80**, 166); während die §§ 94 bis 98 (bei § 98 aM Lackner 14: Tateinheit) den II verdrängen (aM LK 58). Wie die Fassung des II ergibt, geht auch I dem II vor (LK 58).

21 **Auf Amtsverlust** nach § 45 II kann in den Fällen des I erkannt werden (§ 358).

§ 353c (Aufgehoben durch Art. 1 Nr. 3 des 17. StÄG).

Verbotene Mitteilungen über Gerichtsverhandlungen

353 d
Mit Freiheitsstrafe bis zu einem Jahr oder mit Geldstrafe wird bestraft, wer

1. entgegen einem gesetzlichen Verbot über eine Gerichtsverhandlung, bei der die Öffentlichkeit ausgeschlossen war, oder über den Inhalt eines die Sache betreffenden amtlichen Schriftstücks öffentlich eine Mitteilung macht,

2. entgegen einer vom Gericht auf Grund eines Gesetzes auferlegten Schweigepflicht Tatsachen unbefugt offenbart, die durch eine nichtöffentliche Gerichtsverhandlung oder durch ein die Sache betreffendes amtliches Schriftstück zu seiner Kenntnis gelangt sind, oder

3. die Anklageschrift oder andere amtliche Schriftstücke eines Strafverfahrens, eines Bußgeldverfahrens oder eines Disziplinarverfahrens, ganz oder in wesentlichen Teilen, im Wortlaut öffentlich mitteilt, bevor sie in öffentlicher Verhandlung erörtert worden sind oder das Verfahren abgeschlossen ist.

1 1) **Die Vorschrift** idF des Art. 19 Nr. 199 EGStGB (E EGStGB = RegE 282; Ber. BT-Drs. 7/1261, 23) faßt in Anlehnung an § 453 E 1962 (Begr. 639; Ndschr. **10**, 494; **13**, 299) frühere Verbotsvorschriften (zu Nr. 1: § 184b aF; Art. III Ges.v. 5. 4. 1888; zu Nr. 3: in den Pressegesetzen der Länder) im Zusammenhang mit §§ 172, 174 nF GVG zu einer einheitlichen Bestimmung zusammen (vgl. hierzu auch BT-Drs. 9/786 DRiZ **81**, 471). Die Vorschrift will dem Schutz der Rechtspflege dienen, RegE 282; Lackner 1, und enthält ein Presseinhaltsdelikt (8 zu § 78; Többens GA **83**, 102); sie dient aber im Grunde unterschiedlichen Schutzzwecken (Hamm NJW **77**, 967; SchSch-Lenckner 1): Rechtsgut sind bei Nr. 1 die Staatssicherheit (LK-Träger 2), bei Nr. 2 die durch die Nichtöffentlichkeit der Verhandlung jeweils geschützten Güter, bei Nr. 3 die Unbefangenheit von Verfahrensbeteiligten, namentlich von Laienrichtern und Zeugen (RegE 282), aber auch der Schutz vor Bloßstellungen der Beteiligten (Ber. 23; BVerfGE **71**, 216; Köln JR **80**, 473 [m. Anm. Bottke]; Hamburg NStZ **90**, 283; LK 39; vgl. Waldner MDR **83**, 425; aM SchSch-Lenckner 40; SK-Samson 16), den sie freilich nur sehr unvollkommen erreicht (unten 6). Neueres **Schrifttum:** *Többens* GA **83**, 97; *Hassemer,* Vorverurteilung durch die Medien? NJW **85**, 1921; *Kohl* (Bericht) NJW **85**, 1945; *Eser/Meyer,* Öffentliche Vorverurteilung und faires Strafverfahren. Eine rechtsvergleichende Untersuchung im Auftrage des BMJ 1986; *Rinsche,* Strafjustiz und öffentlicher Pranger, ZRP **87**, 384.

2) Nr. 1 ist trotz ihrer abstrakten Fassung (Blankettgesetz) auf solche 2 Gerichtsverhandlungen beschränkt, bei denen die Öffentlichkeit wegen Gefährdung der Staatssicherheit ausgeschlossen war (§ 172 Nr. 1 GVG); denn nur insoweit besteht zZ in § 174 II GVG ein gesetzliches Veröffentlichungsverbot (RegE 283). Tathandlung ist hier, da dem Verbot nach § 174 II GVG zuwidergehandelt werden muß (was dasselbe bedeutet wie „unbefugt" in den bei 27 zu § 203 aufgeführten Fällen), nur die Veröffentlichung eines Berichts durch Presse (Tageszeitungen, Zeitschriften und sonstige Periodica, aber wohl nur, wenn der Abstand des Erscheinens nicht mehr als 6 Monate beträgt; aM M-Maiwald § 75, 2), Bild- oder Hörfunk (Rundfunk und Fernsehen) über

A. eine **Gerichtsverhandlung** (in Zivil-, Straf- und anderen Sachen), bei 3 der die Öffentlichkeit nach §§ 172 Nr. 1, 174 II GVG ausgeschlossen war (also nicht über eine, zB nach § 48 JGG, §§ 170, 171 II GVG ohnehin nicht öffentliche Verhandlung, RegE 283, selbst wenn dort Staatsgeheimnisse erörtert wurden; LK 7), wobei nach dem Sinn der Vorschrift nur Berichte über Vorgänge während des Teils der Verhandlung gemeint sind, die sich nach Ausschluß und vor Wiederherstellung der Öffentlichkeit abgespielt haben (vgl. §§ 173, 174 I GVG), gleichgültig aber, ob es sich um geheimhaltungsbedürftige Tatsachen handelt (LK 13, 37; aM M-Maiwald § 75, 2);

B. den **Inhalt** (dh mindestens einen Teil des sachlichen Gehalts ohne 4 Rücksicht auf wörtliche Wiedergabe, RegE 283) eines **die Sache betreffenden amtlichen Schriftstücks,** dh eines den Prozeß, und zwar dessen sachlichen Gehalt (nicht zB Ladungen, Zustellungsurkunden u. dgl., E 1962, 640) betreffenden amtlich aufgenommenen Schriftstücks wie zB der Anklageschrift, des Urteils, Strafbefehls, Vernehmungsprotokolls, aber auch Urkunden privater Verfasser, die für Zwecke des Strafverfahrens beschlagnahmt worden sind (Hamburg NStZ **90**, 283; aM AG Hamburg NStZ **88**, 412 m. Anm. Strate; Lackner 4), *nicht* aber von Schriftsätzen der Verteidigung oder nichtamtlichen Sachverständigengutachten. Die öffentliche Mitteilung muß der Verhandlung nachfolgen. Öffentliche oder nichtöffentliche Mitteilung auf anderen Wegen (zB in Versammlungen, Broschüren, Anschlägen usw.) ist tatbestandslos (LK 17). In extremen Fällen kann die Tat nach § 34 oder iS von 18 zu § 93 gerechtfertigt sein.

3) Bei **Nr. 2** ist Tathandlung die unbefugte **Offenbarung** (26 ff. zu § 203) 5 einer **Tatsache** (1 ff. zu § 186; 1 ff. zu § 263), deren **Geheimhaltung** auf Grund eines Gesetzes (auch Nr. 2 ist eine Blankettvorschrift), nämlich zZ nur des § 174 III GVG, durch Gerichtsbeschluß den Personen **zur Pflicht** gemacht ist, die in einer Gerichtsverhandlung anwesend waren, bei der die Öffentlichkeit wegen Gefährdung der Staatssicherheit, nach § 172 Nr. 2

§ 353 d

GVG (Zursprachekommen von Umständen aus dem persönlichen Lebensbereich eines Prozeßbeteiligten oder Zeugen oder eines wichtigen Geschäfts-, Betriebs-, Erfindungs- oder Steuergeheimnisses unter bestimmten Voraussetzungen) oder § 172 Nr. 3 GVG (Erörterung eines Privatgeheimnisses, dessen unbefugte Offenbarung durch den Zeugen oder Sachverständigen mit Strafe bedroht ist, vor allem in § 203) ausgeschlossen war. Auf Verhandlungen, die ohnehin nichtöffentlich sind (oben 3), bezieht sich § 174 III GVG und damit auch Nr. 2 nicht, so daß dort erörterte Geheimnisse usw. unverständlicherweise nicht geschützt sind (irrig Preisendanz 2a). Die Tatsachen müssen in dem Gerichtsbeschluß so bestimmt bezeichnet sein, daß die Tatbestandsbestimmtheit der Nr. 2 gewahrt wird (Kleinknecht/Meyer 14; KK-Mayr 6, beide zu § 174 GVG). Die Tatsachen müssen dem Täter **durch die nichtöffentliche Verhandlung** oder durch ein die Sache betreffendes **amtliches Schriftstück** (oben 4) unmittelbar zur Kenntnis gekommen sein (LK 29). Er muß also entweder der Verhandlung beigewohnt oder das Schriftstück gelesen haben. Weitererzählen von Berichten anderer reicht nicht aus. Nur die unbefugte Offenbarung ist nach Nr. 2 strafbar; Rechtfertigungsgründe wie zB eine Aussagepflicht (RegE 283) können die Rechtswidrigkeit entfallen lassen (dazu 29 zu § 203; LK 36).

6   **4) Bei Nr. 3** (zur Verfassungsmäßigkeit vgl. BVerfGE **71**, 206; Hamburg StV **90**, 409) ist Tathandlung das **öffentliche Mitteilen** (dh in einer Weise, daß unbestimmt viele und unbestimmt welche Personen Kenntnis nehmen können, vgl. 5 zu § 111; nicht öffentlich ist die vertrauliche Mitteilung durch eine Justizpressestelle in einer geschlossenen Pressekonferenz, Ber. 23; vgl. ferner Hamm NJW **77**, 967) von **amtlichen Schriftstücken** (oben 4, darunter fallen auch die für das Strafverfahren beschlagnahmten Schriftstücke privater Verfasser, Hamburg StV **90**, 410 m. Anm. Senff) **a)** eines **Strafverfahrens** (3 zu § 343; vor allem der Anklageschrift), **b)** eines **Bußgeldverfahrens** nach dem OWiG oder **c)** eines **Disziplinarverfahrens** (7 zu § 343), und zwar nicht nur des ganzen Schriftstücks, sondern auch wesentlicher (dh für die Sache oder einen Beteiligten wichtige Umstände wiedergebender) Teile. Doch muß das Schriftstück „ganz oder in wesentlichen Teilen im Wortlaut" öffentlich mitgeteilt werden (so auf Empfehlung des Rechtsausschusses des BRats, BR-Drs. 1/1/72), da auch die öffentliche Mitteilung wesentlicher Teile der in Nr. 3 genannten Schriftstücke strafwürdig ist. Diese Begründung hat sich auch der BRat zu eigen gemacht (Drs. VI/3250, 456), sie trägt auch nur die Erweiterung des Anwendungsbereichs, nicht jedoch die Einschränkung, die in den Worten **„im Wortlaut"** liegt. Die Begründung der BReg., die dem Vorschlag des Rats zugestimmt (aaO 480) und ihn bei der erneuten Einbringung des E/EGStGB übernommen hat (Drs. 7/550, 34, 284), beweist, daß ein Bruch mit der Rspr. (vgl. insbesondere RG **28**, 416) nicht beabsichtigt war („stellt klar"). In den parlamentarischen Beratungen ist die Frage nicht weiter untersucht worden. Der Gesetzgeber konnte sich aber für eine so erhebliche Einschränkung nicht auf die Rspr. des RG (zu § 17 RPresseG) und auf die hM (zu den Folgevorschriften der LPresseG) berufen; diese waren im Gegenteil davon ausgegangen, strafbar sei nicht nur die wortgetreue, sondern auch die inhaltliche Mitteilung, wenn das Schriftstück als solches, dh in seiner

§ 353 d

Eigenschaft als schriftliche Urkunde erkennbar, Gegenstand der öffentlichen Mitteilung ist. Hinter den einschränkenden Worten „als solches" stand lediglich das Bemühen, die übliche Berichterstattung nicht zu beschränken. Nur eine solche Berichterstattung über den Inhalt eines amtlichen Schriftstücks sollte tatbestandsmäßig sein, die in Wirklichkeit eine Veröffentlichung des Schriftstücks selbst darstellt. Wer dagegen über Einzelheiten (zB den Gegenstand von Straftaten, die Benennung von Zeugen, RG **26**, 79), die ihm aus dem amtlichen Schriftstück bekanntgeworden sind, Mitteilung macht, sollte noch nicht strafbar sein, da er das Schriftstück als solches noch nicht veröffentlicht (vgl. E 1962, 640; Tröndle Ndschr. **13**, 301). Nr. 3 ist jedoch durch die Einfügung der Worte „im Wortlaut", wenn auch ungewollt, zu einem Schlag ins Wasser geworden; denn die inhaltliche Wiedergabe mit anderen Worten unterfällt der Vorschrift nicht mehr (zum Ganzen Schomburg ZRP **82**, 142, der für eine Streichung des § 353 d Nr. 3 eintritt, ebenso GesAntrag der SPD-Fraktion, BT-Drs. 9/2089; hiergegen mit Recht Többens GA **83**, 109). Jedoch stehen kleine Änderungen des Wortlauts einer Anwendung nicht entgegen, was sich schon aus der Zulässigkeit der Beschränkung auf wesentliche Teile ergibt (Hamburg StV **90**, 410; LK 58; aM SchSch 49). Hingegen erfährt Nr. 3 durch Art. 5 GG keine Einschränkung (irrig LG Lüneburg NJW **78**, 118, auch ist Nr. 3 unbeschadet seiner inhaltlichen Unvollkommenheit verfassungsrechtlich nicht zu beanstanden, BVerfGE **71**, 213 [m. zust. Anm. Hoffmann-Riem JZ **86**, 494 u. Bottke NStZ **87**, 314] auf die Vorlage AG Hamburg NStZ **84**, 265 m. Anm. Rogall; Schomburg StV **84**, 337 zu Unrecht zweifelnd Kübler JZ **84**, 547). Ganz oder in wesentlichen Teilen muß das Schriftstück veröffentlicht werden. Eine etwaige Einwilligung des Angeklagten ist bedeutungslos, AG Nürnberg MDR **83**, 424 m. Anm. Waldner. Da der sog. Anklagesatz (§ 200 I S. 1 StPO) der wesentlichste Teil der Anklageschrift ist (Kleinknecht/Meyer 5 zu § 200 StPO), kann der Auffassung des OLG Hamm (NJW **77**, 967) nicht gefolgt werden (LK 59; aM SchSch 48), ebensowenig Köln JR **80**, 473, das sich für den Strafbefehlsantrag (weil der StA daraus nach Einspruch das vorträgt, was im Anklagesatz stehen soll) Hamm aaO angeschlossen hat. Geschütztes Rechtsgut ist bei Nr. 3 auch die Unbefangenheit von Verfahrensbeteiligten (BVerfG [oben 1]; Hamm aaO; Hassemer NJW **85**, 1923). Daher ist die Begründung, die Verfahrensbeteiligten erhielten durch die Verlesung des Anklagesatzes nach § 243 III StPO ohnehin schon vor der Beweisaufnahme von den Vorwürfen Kenntnis, nicht überzeugend. Eine öffentliche Mitteilung des Anklagesatzes vor der Hauptverhandlung kann die Unbefangenheit von Verfahrensbeteiligten sehr wohl beeinträchtigen, insbesondere wenn die Mitteilung darauf abzielt (BVerfG JZ **86**, 492 m. zust. Anm. Hoffmann-Riem; vgl. Többens GA **83**, 106). Daher ist eine Mitteilung nur dann nicht mehr tatbestandsmäßig, wenn sie in der Erörterung des Schriftstücks in einer **öffentlichen** Verhandlung (nicht unbedingt im selben Verfahren) gemacht wird oder wenn sie dem rechtskräftigen Abschluß des betreffenden Verfahrens nachfolgt (Köln JR **80**, 473 m. Anm. Bottke; vgl. LK 53; SchSch 60). Eine andere frühere öffentliche Mitteilung steht dem Verbot der Nr. 3 nicht entgegen (Hamburg StV **90**, 411 m. Anm. Senff). Es richtet sich wegen der erforderlichen Chancengleichheit im Verhältnis Justiz – Beschuldigter sowohl an diesen wie auch an die Justizorgane (LK 61; Többens GA **83**, 100); doch ist ihr dienstliches Vorgehen nicht

1907

§ 353 d

nur in den Fällen ausdrücklicher Vorschrift (zB beim Steckbrief, § 131 StPO; oder bei öffentlicher Zustellung, § 40 StPO; RegE 284) als gerechtfertigt anzusehen, sondern auch dann, wenn ein überwiegendes Interesse der Rechtspflege besteht, zB wenn ein wichtiger Zeuge gesucht werden soll (vgl. § 453 Nr. 3 E 1962 „ohne Genehmigung der zuständigen Behörde"; Begr. 641), wie überhaupt das Mitteilungsrecht der Staatsorgane durch die Vorschrift nur geringfügig eingeschränkt ist, Hamm aaO.

7 5) **Vorsatz** ist als mindestens bedingter hinsichtlich aller Tatbestandsmerkmale erforderlich, insbesondere hinsichtlich des gesetzlichen Verbots in Nr. 1 und der Schweigepflicht in Nr. 2. Falsche Beurteilung der Begriffe „wesentlich" und „erörtert" in Nr. 3 ist Subsumtionsirrtum. Irrige Annahme, zur Tat befugt zu sein, ist Verbotsirrtum; doch ist der Irrtum über Voraussetzungen eines Rechtfertigungsgrundes (oben 2 bis 6) ein Erlaubnistatbestandsirrtum (27 zu § 16).

8 6) Der **Versuch** ist straflos; **Teilnahme** nach §§ 25 ff. zu beurteilen.

9 7) **Konkurrenzen.** Tateinheit zB mit §§ 94 ff.; 185 ff.; § 203; zu Nr. 2 mit § 353 b II möglich (Möhrenschlager JZ **80**, 165 Anm. 36; LK 50 zu § 353 b).

Verletzung des Post- und Fernmeldegeheimnisses

354 ^{I} Wer unbefugt einem anderen eine Mitteilung über Tatsachen macht, die dem Post- und Fernmeldegeheimnis unterliegen und die ihm als Bediensteten der Post bekanntgeworden sind, wird mit Freiheitsstrafe bis zu fünf Jahren oder mit Geldstrafe bestraft.

^{II} Ebenso wird bestraft, wer als Bediensteter der Post unbefugt

1. eine Sendung, die der Post zur Übermittlung auf dem Post- oder Fernmeldeweg anvertraut worden und verschlossen ist, öffnet oder sich von ihrem Inhalt ohne Öffnung des Verschlusses unter Anwendung technischer Mittel Kenntnis verschafft,

2. eine der Post zur Übermittlung auf dem Post- oder Fernmeldeweg anvertraute Sendung unterdrückt oder

3. eine der in Absatz 1 oder in den Nummern 1 oder 2 bezeichneten Handlungen gestattet oder fördert.

^{III} Die Absätze 1 und 2 gelten entsprechend für andere Personen, die

1. von der Post oder mit deren Ermächtigung mit postdienstlichen Verrichtungen betraut sind oder

2. eine für den öffentlichen Verkehr bestimmte Fernmeldeanlage betreiben, beaufsichtigen, bedienen oder bei ihrem Betrieb tätig sind.

Absatz 1 gilt entsprechend auch für Personen, die mit der Herstellung von Einrichtungen der Post oder einer nicht der Post gehörenden, öffentlichen Verkehr dienenden Fernmeldeanlage oder mit Arbeiten daran betraut sind.

^{IV} Wer unbefugt einem anderen eine Mitteilung über Tatsachen macht, die ihm als außerhalb des Postbereichs tätigem Amtsträger auf Grund eines befugten Eingriffs in das Post- und Fernmeldegeheimnis bekanntgeworden sind, wird mit Freiheitsstrafe bis zu zwei Jahren oder mit Geldstrafe bestraft.

Straftaten im Amt **§ 354**

ᵛ **Dem Post- und Fernmeldegeheimnis im Sinne der Absätze 1 und 4 unterliegen der Post- und Fernmeldeverkehr bestimmter Personen sowie der Inhalt von Postsendungen und Telegrammen und von solchen Gesprächen und Fernschreiben, die über dem öffentlichen Verkehr dienende Fernmeldeanlagen abgewickelt werden.**

1) **Die Vorschrift**, in Anlehnung an § 472 E 1962 (Begr. 663; Ndschr. **9**, 570; **12**, 642; **13**, 371, 389) durch das EGStGB (RegE 284; BT-Drs. 7/1261, 23) neu gefaßt und in seinem III S. 1 durch PostStruktG (in Kraft getreten 1. 7. 1989) geändert, faßt die früheren §§ 354, 355 (zum Teil auch § 353d II aF) unter Präzisierung und Erweiterung des Täterkreises zusammen. **Rechtsgut** ist das Post- und Fernmeldegeheimnis (Art. 10 GG; § 5 PostG), das öffentliche Interesse an der Sicherheit und Zuverlässigkeit des Postverkehrs (vgl. RG **72**, 197; JW **36**, 514; LK-Schäfer 4). § 354 enthält mit unterschiedlichem Täterkreis 4 Grundtatbestände (I, II Nr. 1, 2, IV) sowie in II Nr. 3 einen zur selbständigen Tat erhobenen Teilnahmetatbestand. Es handelt sich durchweg um Sonderdelikte, aber nicht immer um Amtsdelikte (so in vielen Fällen von III) und im übrigen, soweit für außenstehende Beteiligte andere Vorschriften erfüllt sind (unten 19), um uneigentliche (vgl. RG **28**, 102), sonst um eigentliche Amtsdelikte. *Schrifttum: Krekeler* HWiStR „Postgeheimnis". 1

2) **Täter** können nur sein **A. in den Fällen von I, II a) Bedienstete der Post**, und zwar nicht nur Amtsträger, sondern auch Angestellte und Arbeiter, gleichgültig, welche Aufgaben sie erfüllen, LK 6; **b) Nichtpostbedienstete (III Nr. 1)**, die von der Post selbst oder mit deren Ermächtigung durch andere Dienststellen oder Personen **mit postdienstlichen Verrichtungen** (auch nichthoheitlicher Art) **betraut** sind, so Angehörige der Posthalter (die selbst unter a fallen; LK 39), die diese gelegentlich vertreten oder sie unterstützen, oder auch Bundesbahnbedienstete, die mit der Beförderung verschlossener Postsäcke betraut sind; **c) Nichtpostbedienstete (III Nr. 2)**, die (Amtsträger oder nicht) **eine für den öffentlichen Verkehr bestimmte Fernmeldeanlage** (dazu gehören nicht Nebenstellenanlagen, Schleswig OLGSts. 3; vgl. ferner 1, 2 zu § 317) betreiben, beaufsichtigen, bedienen oder bei ihrem Betrieb tätig sind (LK 40); so im Falle bundesbahneigener Telegraphenanlagen, über die auch Telegramme von Reisenden vermittelt werden, oder bei Seefunkstellen von Schiffen auf hoher See (§ 10 II FAG). **B. in den Fällen von I außerdem (III S. 2)** Personen jeder Art, die mit der **Herstellung** von **posteigenen Einrichtungen** (zB Telefonanschlüssen; vgl. § 4 II TKO; zum Begriff der Einrichtung, BGH **31**, 1) oder **Fernmeldeanlagen** iS von 2 (c) oder mit sonstigen Arbeiten daran betraut sind, und zwar von der Post selbst oder anderen Stellen, so vor allem Inhaber, Angestellte und Arbeiter von Privatfirmen, die Post- und Fernmeldeanlagen herstellen oder instandsetzen; LK 41. **C. In den Fällen von IV Amtsträger** irgendwelcher Art (11 ff. zu § 11), die nicht im Postbereich tätig sind (sonst I), zB Polizei- oder Zollbeamte; vgl. LK 44 ff. Den Amtsträgern stellt § 48 I WStG Offiziere und Unteroffiziere der BWehr (auch frühere, § 1 III WStG; 3 zu § 353b) gleich. **D.** In den Fällen von II und II iVm III Nr. 1, 2 muß der Täter die unter 2 genannte Stellung oder Funktion zur Tatzeit innehaben; in den Fällen von I und I iVm III und in den Fällen von IV genügt es, wenn ihm die später mitgeteilte Tatsache bekannt wurde, als er die unter 2 bis 4 genannte Stellung innehatte; bei der Mitteilung kann er bereits ausgeschieden sein. 2 3 4 5

Tathandlungen sind, daß der Täter

3) **in den Fällen von I** einem beliebigen anderen (zB auch einem anderen Postbediensteten; vgl. RG **49**, 215) **A.** eine (mündliche, schriftliche oder 6 7

1909

§ 354

sonstige) **Mitteilung** über **Tatsachen** (1 ff. zu § 186; 1 ff. zu § 263) **macht** (dh Mitteilungen tatsächlicher Art, die keine Geheimnisse iS von § 203 zu betreffen brauchen), die dem **Post- und Fernmeldegeheimnis** (LK 11 ff.) **unterliegen.** Sie müssen nach der Legaldefinition in V dem Postverkehr (einschließlich Postschreib- und Postsparkassenverkehr wie zB Zahlkarten, Zahlungsanweisungen und sonstigen Mitteilungen; während der Stand eines Postscheck- oder Postsparguthabens nach E EGStGB 286 nicht dazu gehört, sondern wie ein Gegenstand des Bankgeheimnisses zu behandeln ist) oder Fernmeldeverkehr (auch über die unter 2 (c) genannten Anlagen) **bestimmter** natürlicher oder juristischer **Personen,** Behörden oder sonstiger Stellen (allgemeine Mitteilungen zB über den gesamten Postverkehr einer Stadt oder statistische Daten scheiden aus) entstammen, insbesondere Postsendungen, Telegrammen, Fernschreiben (vgl. Bay NJW **53,** 1074) und Gesprächen, die über dem öffentlichen Verkehr dienende Fernmeldeanlagen der Post oder anderer Stellen [oben 2 (c)] abgewickelt werden. Dabei wird nicht nur der Inhalt von Sendungen oder Gesprächen erfaßt, sondern auch die Tatsache, wer mit wem, wo wo und wohin im Verkehr steht (vgl. E EGStGB 287). Zur prozessualen Behandlung von „Raumgesprächen", die dadurch wahrgenommen werden, daß der Hörer nicht
8 aufgelegt wird (BGH **31,** 297 m. Anm. Amelung JR **84,** 256). **B.** Die Tatsache muß dem **Täter als** Postbediensteten usw., dh in oder im Zusammenhang mit einer unter 2 ff. genannten Stellung auf irgendeine Weise, befugt oder unbefugt (etwa durch eine Tat nach II Nr. 1) unmittelbar oder durch einen Mittelsmann irgendwann einmal bekanntgeworden sein. Es darf sich also nicht um Dinge handeln, die er schon vorher ebenso gewußt hat. Ob der Täter dienstlich mit der Sendung usw. befaßt war, ist ohne Bedeutung. Es genügt, wenn ihm ein Kollege die Tatsache zulässig oder unzulässig, aber in dienstlichem Zusammenhang erzählt hat.
9 **C. Unbefugt** muß der Täter handeln. Dabei handelt es sich um ein allgemeines Rechtswidrigkeitsmerkmal (27 ff. zu § 203). Neben allgemeinen Rechtfertigungsgründen kommt hier § 5 II PostG in Betracht, wonach Öffnung vorgesehen ist, wenn sie zur betriebsbedingten Abwicklung des Postdienstes erforderlich ist, also zB, um den nicht bekannten Absender zu ermitteln (§ 61 III S. 2 PostO; vgl. auch Köln NJW **87,** 2597). Nach § 5 III S. 1 PostG gilt im Falle betrügerischen Versands von Nachnahmesendungen das Mitteilungsverbot (§ 5 II Nr. 2 PostG) für Postbedienstete nicht. Solche Sendungen sind beschlagnahmefähig (LG Stuttgart wistra **89,** 319, hierzu ausführlich Spannowsky wistra **89,** 287). Als Rechtfertigungsgründe kommen weiter in Betracht §§ 99, 100, 100a, 100b, 101 StPO (vgl. NJW **70,** 2071; BGH **28,** 122; **31,** 297; Welp, Die strafprozessuale Überwachung des Post- und Fernmeldeverkehrs, 1974); § 3 VerbrVerbG (6 vor § 80); § 12 FAG; § 121 KO; Art. 1 § 1 G 10 (mit DurchführungsG der Länder; vgl. 8 zu § 201). Das G 10 verletzt nicht die MRK (EGMR NJW **79,** 1755). Eine **Fangschaltung,** durch die die Post feststellt, wann und von welchem Anschluß aus gesprochen wird, verletzt grundsätzlich das Fernsprechgeheimnis (Köln NJW **70,** 1857; nicht jedoch, wenn der eine Gesprächspartner die Aufklärung wünscht; vgl. Bay JZ **74,** 393); zur Zulässigkeit von Fangschaltungen und *Zählervergleichseinrichtungen* (hierzu BGH **35,** 33) Amelung/Pauli MDR **80,** 801 u. Amelung RPol-FS 13, die hierfür besondere gesetzliche Eingriffsnormen für erforderlich halten (ähnlich

Straftaten im Amt § 354

SchSch-Lenckner 12ff.; ausführlich und zutr. hiergegen LK 57ff., 79). Öffnung eines Briefes, in dem der Täter eine gegen ihn gerichtete Beleidigung vermutet, ist jedoch nicht durch Notwehr gerechtfertigt (RG JW **28**, 662).

4) **in den Fällen von IV** einem anderen eine Mitteilung über Tatsachen **10** macht (oben 7), die ihm als (oben 8) außerhalb des Postbereichs tätigen Amtsträger (Offiziere oder Unteroffizier der BWehr, insbesondere in deren Amt für Sicherheit, Art. 1 § 1 G 10; oben 4) **auf Grund** (Kausalzusammenhang) eines **befugten Eingriffs** (womit Fälle gesetzlicher Eingriffsbefugnis iS von oben 9 gemeint sind, die aber nicht solche von Postbediensteten zu sein brauchen) in das Post- und Fernmeldegeheimnis (oben 7; ferner LK 46) bekanntgeworden sind (oben 8). Der Täter braucht sich die Kenntnis nicht selbst durch den Eingriff verschafft zu haben. Es genügt, wenn ihm die Tatsache im dienstlichen Bereich als Folge des Eingriffs bekannt geworden ist. Hierher gehören zB gewisse Fälle, die § 353d II aF abdeckte, so die mißbräuchliche Verwendung von Kenntnissen, die aus der erlaubten Aufnahme des Telefongesprächs eines Mordverdächtigen nach § 100a StPO stammen (vgl. Schleswig OLGSt. 6). War schon der Eingriff ein unbefugter, so soll nach E EGStGB 286 Strafbarkeit bereits nach §§ 201 oder 202 gegeben sein; das trifft jedoch für die Fälle nicht zu, in denen der Mitteilende den Eingriff nicht selbst vorgenommen hat, sondern seine Kenntnis erst von dem Eingreifer oder einem weiteren Mittelsmann herleitet (3 ff. zu § 201; 11 zu § 202). Diese Gesetzeslücke kann nicht durch einen Schluß a maiore ad minus geschlossen werden (LK 48). Auch in den Fällen von IV muß der Täter unbefugt handeln (dazu oben 9); befugt ist die Mitteilung auch hier, wenn sie im Wege ordnungsgemäßer dienstlicher Behandlung der Sache erforderlich ist (anders aber zB, wenn eine Maßnahme nach § 100a StPO zu Kenntnissen führt, die den Verdacht einer nicht im Katalog des § 100a aufgeführten Tat begründen; vgl. LK 52f.; Kleinknecht/Meyer 5 zu § 100a).

5) in den Fällen von II

A. (Nr. 1) eine beliebige **Sendung,** die der Post (nicht auch dem Täter **11** selbst, RG **37**, 40; **54**, 228) zur Übermittlung an einen beliebigen Adressaten auf dem Post- oder Fernmeldeweg (Telegramme) anvertraut worden und verschlossen ist, **öffnet** oder sich ohne Öffnung des Verschlusses unter Anwendung technischer Mittel vom Inhalt **Kenntnis verschafft. a) Anver- 12 traut** ist eine der Post ordnungsgemäß zugeleitete Sendung. Das Anvertrautsein dauert vom Briefkasteneinwurf (RG **28**, 100), bis zur Ablieferung an den Empfänger (RG **54**, 228; LK 23). Auch ein wegen unrichtiger Bestellung dem bestellenden Postboten zurückgegebener Brief ist der Post anvertraut (RG **36**, 267), ferner bei Nachnahmesendungen auch der Empfängerabschnitt über den eingezogenen Geldbetrag (Hamm NJW **80**, 2320; LK 22), ebenso eigene Sendungen der Post; so an eine andere Poststelle (RG **51**, 113), Gebührenmahnungen (RG DRW **39**, 924), sowie die zwecks Entlarvung des Täters ihm mitgegebenen sog. **Fangbriefe** (RG **65**, 145; **69**, 271). Dagegen sind solche Pakete und Briefe der Post nicht anvertraut, die dem Postboten vom Absender zur Aufgabe bei der Post übergeben sind, es sei denn, daß der Postbote zur Annahme dienstlich beauftragt und befugt ist (RG **51**, 115). **b) Verschlossen** muß die Sendung sein (5 f. zu § 202), **13**

§ 354

wobei wie beim Telegramm oder Wiederverschluß einer beschädigten Sen-
14 dung Verschließen auch durch einen Postbediensteten genügt. **c)** Zum **Öffnen** und **Sichkenntnisverschaffen** durch technische Mittel (sowohl physikalische wie chemische; BT-Drs. 7/1261, 23) vgl. 9 zu § 202; LK 26; jedoch geht § 354 II weiter: er erfaßt Sendungen jeder Art, nicht nur Schriftstücke wie § 202. Die Tat kann sich daher auch auf das äußerliche Wahrnehmen des Inhalts solcher Pakete und Päckchen beziehen, denen eine schriftliche Mitteilung fehlt (Maiwald JuS 77, 360f.).

15 **B. (Nr. 2)** eine der Post iS von Nr. 1 (oben 11, 12) **anvertraute** Sendung jeder Art, hier also auch offene wie Postkarten, Drucksachen, Streifbandsendungen, Empfängerabschnitt der Zahlkarte einer Nachnahmesendung (Hamm NJW 80, 2321) **unterdrückt,** dh dem ordnungsgemäßen Postverkehrsgang entzieht (RG 72, 197). Hierfür genügt bereits ein „Zurückhalten", eine Veränderung der räumlichen Lage; ein Verbergen der Poststücke oder deren Verheimlichen ist nicht erforderlich (Köln NJW 87, 2596), auch eine nur vorübergehende Entziehung kann genügen (RG 52, 248; JW 36, 2236; Celle NJW 57, 1290; LK 31), auch eine bewußte Fehlsortierung (Hamburg NJW 89, 1372), selbst eine solche ohne Verzögerung der Briefzustellung (RG JW 35, 2970; aM SchSch 22). So auch bei Aushändigung einer Nachnahmesendung ohne Bezahlung (RG 71, 330; str. und zw.); aber nicht die Aushändigung der Sendung an den rechtmäßigen Adressaten unter bloßer Verletzung von Ordnungsvorschriften (RG 73, 236). Wird einem Paket nur ein Teil seines Inhalts entnommen, so ist dadurch das Paket noch nicht unterdrückt (RG 57, 8; vgl. LK 33; SchSch 22).

16 **C.** eine der **in I oder II Nr. 1, 2 bezeichneten Handlungen** eines anderen **a) gestattet,** dh in einer Lage, in der er eingreifen könnte, zB selbst eine tatsächliche Herrschaft über eine Sendung hat, die Tat des anderen ausdrücklich erlaubt (ev. als Vorgesetzter; dann nur § 357), passiv duldet oder zu ihr anstiftet (LK 34 ff. vgl. SchSch 26; SK-Samson 28) oder **b) fördert,** dh auf andere Weise als zu a eine zur Tat erhobene Beihilfe leistet. Ist der andere auch Postbediensteter, so werden beide nach § 354 bestraft; sonst der Täter nach Nr. 3 nur aus § 354 (vgl. RG DRZ **31**, 608), der andere zB nach §§ 133, 201 bis 203, 242, 246, 289; die Beteiligung des Täters an diesen Taten ist durch die Tat nach Nr. 3 abgegolten; str.

17 **D. Unbefugt** muß der Täter auch hier handeln. Es gilt oben 9.

18 **6) Vorsatz** ist als mindestens bedingter erforderlich, und zwar auch hinsichtlich der Umstände, welche die besondere Position des Täters (oben 2 ff.) begründen. Hält sich der Täter irrig für befugt, so ist das ein Verbotsirrtum; nimmt er allerdings irrig Umstände an, die seine Handlung zur befugten machen würden, so ist das ein Erlaubnistatbestandsirrtum (27 zu § 16).

19 **7) Der Versuch** ist straflos, die Tat ist aber vollendet, sobald der Beamte die Sendung unterdrückt (oben 15) hat (Köln NJW **87**, 2597); die **Teilnahme** folgt allgemeinen Regeln; beteiligt sich jedoch ein Außenstehender, so ist er, wenn er den Tatbestand einer milderen Vorschrift verwirklicht, so zB § 133 I, II, §§ 201 ff., nur danach zu bestrafen (§ 28 II); fehlt eine solche Vorschrift, so gilt § 28 I (ebenso Maiwald JuS **77**, 361; str.; aM SchSch 2, 41; Arzt/Weber LH **5**, 521).

Straftaten im Amt § 354

8) Der Strafrahmen ist bei IV niedriger als bei I bis III. Zusätzliche Geldstrafe neben Freiheitsstrafe möglich (§ 41); Amtsverlust nach § 358. 20

9) Konkurrenzen. Tateinheit ist möglich mit §§ 133 III (jedoch nur soweit 21 Zerstörung und Unbrauchbarmachen in Betracht kommen (RG **54**, 123; **58**, 334); im übrigen ist § 354 II Nr. 2 gegenüber § 133 III Sondervorschrift (KG JR **77**, 426; LK 82); 201 I Nr. 2; 203 II (mit § 354 I, IV; aM SchSch 76 zu § 203; M-Maiwald § 80, 21); 242; 243 I Nr. 3; 246; 274 I Nr. 1. § 202 wird hingegen von § 354 verdrängt, ebenso § 357 von § 354 II Nr. 3 (SchSch 25). Eignet sich der Täter den Inhalt einer geöffneten Sendung erst auf Grund eines später gefaßten Entschlusses zu, so ist Tatmehrheit mit §§ 242, 246 gegeben (Bay **18**, 52).

Verletzung des Steuergeheimnisses

355   I Wer unbefugt

1. Verhältnisse eines anderen, die ihm als Amtsträger
   a) in einem Verwaltungsverfahren oder einem gerichtlichen Verfahren in Steuersachen,
   b) in einem Strafverfahren wegen einer Steuerstraftat oder in einem Bußgeldverfahren wegen einer Steuerordnungswidrigkeit,
   c) aus anderem Anlaß durch Mitteilung einer Finanzbehörde oder durch die gesetzlich vorgeschriebene Vorlage eines Steuerbescheids oder einer Bescheinigung über die bei der Besteuerung getroffenen Feststellungen

   bekanntgeworden sind, oder

2. ein fremdes Betriebs- oder Geschäftsgeheimnis, das ihm als Amtsträger in einem der in Nummer 1 genannten Verfahren bekanntgeworden ist,

offenbart oder verwertet, wird mit Freiheitsstrafe bis zu zwei Jahren oder mit Geldstrafe bestraft.

II Den Amtsträgern im Sinne des Absatzes 1 stehen gleich

1. die für den öffentlichen Dienst besonders Verpflichteten,

2. amtlich zugezogene Sachverständige und

3. die Träger vom Ämtern der Kirchen und anderen Religionsgesellschaften des öffentlichen Rechts.

III Die Tat wird nur auf Antrag des Dienstvorgesetzten oder des Verletzten verfolgt. Bei Taten amtlich zugezogener Sachverständiger ist der Leiter der Behörde, deren Verfahren betroffen ist, neben dem Verletzten antragsberechtigt.

1) Die Vorschrift, eingefügt durch Art. 19 Nr. 201 EGStGB (RegE 287; 1 BT-Drs. 7/1261, 23), überführt nach dem Vorbild von § 473 E 1962 (Begr. 666; Ndschr. **9**, 570; **13**, 384) den § 400 iVm § 22 II, III aF AbgO in präziser und erweiterter Fassung in das StGB. § 30 I bis III AO 1977 (hierzu LK-Schäfer 28 ff.) ist dem § 355 angepaßt worden. **Rechtsgut** ist, wie auch III zeigt, sowohl das Geheimhaltungsinteresse des Steuerpflichtigen als auch das Interesse an der Erzielung wahrheitsgemäßer Steuererklärungen (RG **65**, 45; LK 2). Die Tat ist Sonderdelikt und (in erweitertem Sinn) eigentliches Amtsdelikt (aM SchSch-

1913

§ 355

Lenckner 2), so daß für außenstehende Beteiligte § 28 I gilt. Die Tat ist keine Steuerstraftat iS von § 369 AO. **Schrifttum:** *Franzen/Gast/Samson*, Steuerstrafrecht, 3. Aufl. 1985; *Hartung*, Steuerstrafrecht, 2. Aufl. 1962; *Koch/Wolters*, Das Steuergeheimnis, 1958; *Blesinger*, Steuergeheimnis im Strafverfahren wistra **91**, 239, 294.

2 2) **Täter** sein können **A. (I) Amtsträger** (§ 11 I Nr. 2, § 7 AO, § 9 BArchG), in erster Linie solche der Bundes- und Landesfinanzbehörden (§§ 1, 2 FVG, § 6 AO), aber auch der Gemeinden (§ 7 AO) sowie die an einem Steuergerichtsverfahren, Steuerbußgeld- oder -strafverfahren beteiligten Amtsträger einschließlich der Staatsanwälte, Berufsrichter und ehrenamtlichen Richter (§ 11 I Nr. 2a iVm Nr. 3), auch der ehrenamtlichen Finanzrichter (§§ 16 ff.
3 FGO) und die Mitglieder des Bewertungsbeirats (§ 64 IV BewG); **B. (II Nr. 1) für den öffentlichen Dienst besonders Verpflichtete** (§ 11 I Nr. 4), soweit
4 sie an Verfahren der in I 1 genannten Art dienstlich beteiligt sind. **C. (II Nr. 2) amtlich,** dh von den Finanzämtern (nach § 96 AO) oder den Strafverfolgungsbehörden, vor allem den Gerichten (nach §§ 72 ff. StPO) **zugezogene Sachverständige,** ohne Rücksicht auf eine förmliche Verpflichtung (E EGStGB 287; LK 20), aber nicht die von dem Steuerpflichtigen oder seinem Verteidiger beauf-
5 tragten; **D. (II Nr. 3)** die **Träger** von **Ämtern** der **Kirchen** und anderen **Religionsgesellschaften des öffentlichen Rechts** (13 zu § 132a), soweit sie als solche an Verfahren der in I Nr. 1 genannten Art mitwirken (vgl. § 30 III Nr. 3 AO); hierzu LK 22. **E.** Der Täter kann die Tat auch noch begehen, wenn er aus der unter 2 bis 5 genannten Stellung ausgeschieden ist; es kommt nur darauf an, daß er das, was er offenbart oder verwertet, als Inhaber seiner Stellung erfahren hat.

6 3) **Tathandlungen** sind, daß der Täter **offenbart** (26 ff. zu § 203) oder **verwertet** (§ 204 mit Anm.; Maiwald JuS **77**, 362; NStZ **84**, 170, der entgegen Bay NStZ **84**, 169 für das Verwerten voraussetzt, daß es unter Beeinträchtigung der Geheimhaltungsinteressen des Geheimnisträgers geschieht; ebenso Wagner JZ **87**, 668).

7 **A. Verhältnisse** eines beliebigen **anderen** (also nicht nur des Steuerpflichtigen wie nach § 22 II Nr. 1 AO und auch einer juristischen Person), gegen den sich auch das Verfahren nach I Nr. 1a, b nicht zu richten braucht. Verhältnisse sind nicht nur Einkommens- und Vermögensverhältnisse, sondern auch persönliche Verhältnisse wie zB Gesundheit, Leistungsfähigkeit, Vorstrafen, Ergebnisse früherer Bußgeldverfahren; wobei es nicht darauf ankommt, ob das, was dem Amtsträger bekanntgeworden ist, sich nachträglich als falsch erweist (RG **65**, 46; Hamm NJW **81**, 358; Wagner JZ **87**, 667; LK 6). Um Geheimnisse iS von § 203 kann es sich, braucht es sich aber nicht zu handeln. Doch scheiden Tatsachen aus, an denen offensichtlich kein Diskretionsinteresse bestehen kann (Maiwald JuS **77**, 362), zB nicht der Name des Anzeigeerstatters in einem Steuerstrafverfahren (KG NJW **85**, 1971; hierzu Wagner JZ **87**, 667). Wenn I Nr. 2 ein
8 **fremdes Betriebs-** oder **Geschäftsgeheimnis** (dazu 3 zu § 203; LK 16) ausdrücklich nennt, so ist das nur eine klarstellende Heraushebung (hierzu LK 17). Denn sie gehören ohnehin zu den Verhältnissen.

9 **B. Bekanntgeworden** sein müssen die Verhältnisse dem Täter **als Amts-**
10 **träger** oder in seiner Funktion nach **II** (vgl. 8 zu § 354; LK 18), allerdings aus bestimmten Quellen, nämlich **a)** in einem **Verwaltungsverfahren** in **Steuersachen,** nämlich im Besteuerungsverfahren nach §§ 78 ff. AO, im

Straftaten im Amt **§ 355**

Festsetzungs- und Feststellungsverfahren nach §§ 155, 179ff. AO, im Außenprüfungsverfahren nach §§ 193ff. AO, Erhebungsverfahren nach §§ 218ff. AO; im Verfahren zur Einheitsbewertung nach §§ 19ff. BewG; Rechtsbehelfsverfahren nach §§ 347ff. AO und Vollstreckungsverfahren nach §§ 249ff. AO; LK 12; oder einem **Verfahren** vor den **Finanzgerichten** (§§ 33ff. FGO); b) in einem **Strafverfahren wegen einer Steuerstraftat** 11 (§§ 208ff., 385ff. AO) oder in einem **Steuerbußgeldverfahren** (§§ 409ff. AO); oder c) aus anderem Anlaß durch **Mitteilung** einer **Finanzbehörde**, 12 zB an eine andere Behörde oder eine Gemeinde nach § 31 AO, an das Registergericht nach § 125a II FGG sowie durch die **gesetzlich vorgeschriebene Vorlage** eines **Steuerbescheides** oder einer **Bescheinigung** über die bei der Besteuerung getroffenen Feststellungen (zB über die Nichtveranlagung; Feststellungen in einer Lohnsteuerkarte).

Nicht iS von 10 bis 12 bekanntgeworden sind solche Tatsachen, die dem 13 Amtsträger schon anderweit bekannt waren oder die offenkundig sind. Nicht von I erfaßt werden nach dem Sinn der Vorschrift Tatsachen, die in einer öffentlichen Verhandlung erörtert worden sind (anders bei nicht öffentlicher Verhandlung, insbesondere bei Ausschluß der Öffentlichkeit nach § 172 Nr. 2, 3 GVG, gleichgültig, ob Verschwiegenheitspflicht nach § 174 III GVG auferlegt ist).

C. Unbefugt muß der Täter handeln (27ff. zu § 203). § 30 IV AO enthält 14 dazu einen eingehenden Katalog, wonach die **Offenbarung** befugt ist (hierzu ausführlich LK 32 bis 74; ferner SchSch 23ff.; Goll NJW 79, 90), soweit a) sie der Durchführung eines Verfahrens nach I Nr. 1a, b dient (Schomberg NJW 79, 526; krit. Winter MDR 76, 977); b) durch Gesetz ausdrücklich zugelassen ist (so nach §§ 7 PaßG, 10 II AuslG, 125a II FGG, 143 II AFG); c) der Betroffene, dh der Geheimnisgeschützte (5 zu § 203) zustimmt; d) sie der Durchführung eines Strafverfahrens wegen einer anderen Straftat als eines Steuerdelikts dient und die Kenntnisse in bestimmter Weise erlangt sind (§ 30 IV Nr. 4 AO); e) ein zwingendes öffentliches Interesse daran besteht, was bei bestimmten Verbrechen, schweren Vergehen und Wirtschaftsdelikten sowie zur Richtigstellung von in der Öffentlichkeit verbreiteten unwahren Tatsachenbehauptungen in Betracht kommt; die Voraussetzungen im einzelnen ergeben sich aus § 30 IV Nr. 5 AO. Vorsätzlich falsche Angaben des Betroffenen dürfen den Strafverfolgungsbehörden stets offenbart werden (§ 30 V AO). Obwohl § 30 IV, V AO den Charakter eines Abschlußkatalogs hat, sind in Ausnahmefällen auch allgemeine Rechtfertigungsgründe wie zB § 34 nicht ganz auszuschließen; auch Pflichtenkollision kommt in Betracht (Maiwald JuS 77, 363; Goll NJW 79, 93; vgl. Weißenborn NJW 57, 249). Für Mitteilungen an andere Behörden und Stellen gilt § 31 AO; für Mitteilungen innerhalb derselben Behörde 32 zu § 203 entsprechend (vgl. auch Hübschmann/Hepp/Spitaler, AO, 12 zu § 400 aF; Klein/Orlopp, AO, 4. Aufl. 1989, zu § 30 AO). Im Fall des **Verwertens** kann nur die Einwilligung des Betroffenen rechtfertigen.

4) Zum **Vorsatz** gilt 18 zu § 354; zur **Teilnahme** 19 zu § 354 entspre- 15 chend (Maiwald JuS 77, 362; vgl. auch oben 1). Der **Versuch** ist straflos. **Amtsverlust** ist nach § 358 möglich.

5) **Strafantrag** ist nach III Prozeßvoraussetzung. Antragsberechtigt ist der 16 Verletzte, dh der, dessen Verhältnisse oder Geheimnisse offenbart oder verwer-

§ 355

tet worden sind, sowie der Dienstvorgesetzte des Täters in den Fällen von I, II Nr. 1, 3 (§ 77a); in den Fällen von II Nr. 2 der Leiter der Behörde, dessen Verfahren betroffen ist (LK 79).

17 **6) Konkurrenzen.** § 355 ist *lex specialis* gegenüber §§ 203, 204, Tateinheit ist möglich mit §§ 353b und 353d (LK 77). Mit § 332 wird regelmäßig Tatmehrheit bestehen, während zwischen § 334 und Anstiftung zu § 355 Tateinheit möglich ist (vgl. RG **71**, 74).

Parteiverrat

356 [I] Ein Anwalt oder ein anderer Rechtsbeistand, welcher bei den ihm in dieser Eigenschaft anvertrauten Angelegenheiten in derselben Rechtssache beiden Parteien durch Rat oder Beistand pflichtwidrig dient, wird mit Freiheitsstrafe von drei Monaten bis zu fünf Jahren bestraft.

[II] Handelt derselbe im Einverständnis mit der Gegenpartei zum Nachteil seiner Partei, so tritt Freiheitsstrafe von einem Jahr bis zu fünf Jahren ein.

1   **1) Täter** kann sein ein Rechtsanwalt (zu Anwälten in den EG-Staaten, vgl. 16 zu § 203), Patentanwalt (RG JW **35**, 2640) oder ein anderer Rechtsbeistand, dem in dieser Eigenschaft, dh in seiner Eigenschaft als Organ der Rechtspflege (BGH **24**, 191) Angelegenheiten anvertraut sind. Die Vorschrift dient nicht nur dem Schutz der Mandanten, sondern auch dem des Ansehens der Anwaltschaft als wichtiges Organs der Rechtspflege (BGH **4**, 82; **12**, 98; **15**, 336; GA **61**, 205; Bay NJW **59**, 2224; **81**, 832 [m. krit. Anm. Hübner JR **81**, 430, sowie Baumann/Pfohl JuS **83**, 24]; Bay NJW **89**, 2903 m. Anm. Ranft JR **91**, 164). Die Tat ist ein Gefährdungsdelikt (Bay aaO), ein Berufsvergehen (LK-Hübner 3, 43) und als
1a solches ein Sonderdelikt. **Schrifttum:** *O. Geppert,* Der strafrechtliche Parteiverrat, 1961; NJW **58**, 1959; **60**, 1043; *K. Geppert* Jura **81**, 85; *Dahs,* Handbuch des Strafverteidigers, 5. Aufl. 1983, 67ff. u. NStZ **91**, 561; *Isele* BRAO, 1976, 563, 848ff.; vgl. ferner LK vor 1 zu § 356.

2   **A. Andere Rechtsbeistände** (LK 24ff.) sind zB die Justizbeamten und Rechtskundigen, die dem Beschuldigten gemäß § 142 II StPO als Verteidiger bestellt oder einer Partei als Armenvertreter nach § 116 ZPO beigeordnet sind (RG **51**, 222, str). *Nicht* hierher gehören (anders als bei § 352, dort 1) die Rechtsberater (RBerG, Bremen NJW **67**, 2418); ebensowenig die Prozeßagenten, selbst wenn sie gemäß § 157 ZPO von der Justizverwaltung zugelassen sind (RG **51**, 220; **73**, 126; Saarbrücken NJW **60**, 306; str.; aM LK 26; SchSch-Cramer 7; vgl. 1ff. zu § 352), da § 352 nur auf das Gebührenerhebungsrecht abstellt, § 356 hingegen weitere Rechte und Pflichten voraussetzt (unten 6). Nach BGH **13**, 231 scheidet auch der Konkursverwalter aus, selbst wenn er Rechtsanwalt ist (zw.; vgl. H. Schäfer wistra **85**, 212); nach Stuttgart NJW **68**, 1975 auch der Syndikusanwalt, soweit er für seinen Arbeitgeber tätig wird (abw. LK 15); ferner der Justitiar (vgl. EGH **16**, 206); Generalbevollmächtigte (EGH **30**, 181); Makler (EGH **14**, 103); Testamentsvollstrecker (vgl. EGH **14**, 93) oder Vormund, gleichgültig ob er Rechtsanwalt ist (BGH **24**, 191).

3   **B. In seiner Eigenschaft als Anwalt** usw. (oben 1) müssen dem Täter Angelegenheiten anvertraut sein, wenn auch nur von *einer* Partei (BGH **20**, 41). Tritt der Anwalt in eigener Sache oder beruflich auf, so scheidet § 356 aus (BGH **12**, 98). Zum Begriff des Anvertrauens vgl. RG **71**, 234; BGH **18**, 12. Im Gegensatz zu 7 zu § 203 reicht die Übertragung der Interessenwahrnehmung

Straftaten im Amt **§ 356**

aus; um ein Geheimnis braucht es sich nicht zu handeln; denn es genügt der Zweck des Wahrens eigener Interessen (RG **49**, 342; vgl. LK 110). Als Anwalt (vgl. RG **62**, 291; **72**, 139) tritt er zB auf, wenn er in seiner Kanzlei aufgesucht und von ihm nach Schilderung der Sache sein Rat eingeholt wird, selbst ein solcher aus Gefälligkeit; ein Antrag zur Klage braucht noch nicht erteilt zu sein (RG **62**, 291; str). Hält der Täter diese Tätigkeit nicht für ein Anvertrauen, so ist das nur ein Subsumtionsirrtum, vgl. 11 zu § 16. Private Beratung scheidet hingegen aus (vgl. BGH **20**, 43; str).

2) **Die Handlung** besteht darin, daß der Täter in derselben Rechtssache 4 jeweils in Ausübung seines Berufes als Rechtsbeistand (BGH **20**, 41; str.) beiden Parteien durch Rat oder Beistand pflichtwidrig dient.

A. Dieselbe Rechtssache. Es kann dies jede rechtliche Angelegenheit 5 (LK 109) sein, die zwischen mehreren Beteiligten (Parteien; dh natürlichen oder juristischen Personen, Bay **72**, 66) mit, mindestens möglicherweise, entgegenstehenden rechtlichen Interessen nach Rechtsgrundsätzen behandelt und erledigt werden soll (vgl. BGH **5**, 304; **12**, 192; **18**, 193; **23**, 64; vgl. § 455 E 1962); so zwischen Nebentäter einer fahrlässigen Körperverletzung, wenn gegen sie einheitlich ermittelt wird und sie unabhängig voneinander gehandelt haben (Oldenburg NStZ **89**, 533; hierzu auch Geppert NStZ **90**, 543; vgl. 7), ferner zwischen Gläubiger und Gemeinschuldner im Konkurs (BGH **7**, 18). Sie brauchen sich nicht als Parteien im Prozeß gegenüber zu stehen (AnwBl. **62**, 321) oder nicht schon im Stadium des Prozesses zu befinden (RG **71**, 115; **62**, 291; problematisch RG **66**, 319; vgl. hierzu LK 67). Zwischen Teilnehmern an derselben strafbaren Handlung bestehen keine vom Recht geschützten Beziehungen, die Gegenstand eines rechtlichen Verfahrens *unter ihnen* als Parteien sein könnten (so BGH NStZ **82**, 465, str.; krit. Geppert NStZ **90**, 544; hierzu auch Dahs NStZ **91**, 562). Nach Koblenz NJW **85**, 1177 fehlt es an der Voraussetzung „derselben Rechtssache", wenn ein Strafverteidiger wegen einer anderen Sache Strafanzeige gegen einen Dritten erstattet und der Verteidiger auch den Dritten im angestrengten Strafverfahren verteidigt. Maßgebend für den Begriff „dieselbe Rechtssache" ist der sachlich-rechtliche Inhalt der anvertrauten (BGH **18**, 193) Interessen (RG **71**, 236; **62**, 294); also das anvertraute materielle Rechtsverhältnis, nicht bloß der einzelne Anspruch daraus (RG **60**, 300), auch wenn er Gegenstand verschiedener Verfahren ist (BGH **34**, 191 [m. Anm. Dahs JR **87**, 476]; NJW **53**, 431; NStZ **81**, 480; Hamm OLGSt. 6). So bei gegenseitigen Klagen des Wirts und des Altenteilers bezüglich des Altenteils (RG **62**, 157); desgl. der zweite Scheidungsprozeß zwischen beiden Ehegatten im Verhältnis zum ersten (BGH **9**, 341; **17**, 305); die Klage aus § 323 IV ZPO gegen den Prozeßvergleich, geschlossen im früheren Unterhaltsprozeß (RG **60**, 298). Wer Auftraggeber ist, ist nicht immer entscheidend (RG **71**, 117; 235). Auch Disziplinarverfahren (RG **69**, 213) und Strafsachen zählen zu den Rechtssachen (BGH **10**, 294; **12**, 191), wobei zB der Angeklagte und der Verletzte (vgl. § 403 StPO) Parteien sein können (RG **49**, 342; **66**, 320); evtl. das Wiederaufnahmeverfahren eines Verurteilten und die Strafverfolgung eines damaligen Zeugen wegen Meineids (BGH **5**, 301); desgl. Vertretung des wegen einer Sexualstraftat Angeklagten und dann seiner Frau im Scheidungsprozeß (Hamm NJW **55**, 803; Düsseldorf NJW **59**, 1050); desgl. Sachen der freiwilligen Gerichtsbarkeit, falls sich dabei zwei Parteien gegenüberstehen (RG **23**, 65). Aber auch

1917

ein Zivilprozeß (Rente!) und ein Strafprozeß (Körperverletzung) können dieselbe Rechtssache betreffen. Zur Problematik, wenn in einem Verkehrsunfallhaftpflichtprozeß ein Anwalt im Auftrag der Versicherung den Schädiger vertritt und zwischen diesen beiden ein Interessengegensatz entsteht (Gerhardt NJW **70**, 313; Bauer aaO 1030; Otto Jura **86**, 222; LK 84). Die Frage, ob bei der Verteidigung mehrerer Beschuldigter durch einen gemeinschaftlichen Verteidiger dieselbe Rechtssache gegeben ist, kann nach der Neufassung von § 146 StPO durch das 1. StVRGErgG nicht mehr zweifelhaft sein. § 146 StPO gilt auch für Pflichtverteidiger, jedoch ist nach § 146 S. 2 StPO idF des StVÄG 1987 sukzessive Mehrfachverteidigung nicht mehr verboten. Ein Sozietätsverhältnis begründet aber noch nicht die Annahme einer gemeinschaftlichen Verteidigung iS des § 146 StPO (BVerfGE **43**, 80). Die bloße Annahme, es liege nicht dieselbe „Rechtssache" vor, ist ein Tatbestandsirrtum, wenn der Täter nicht erkennt, daß es sich um denselben Rechtsstoff handelt, hingegen Subsumtions- und damit Verbotsirrtum, wenn er den Rechtsbegriff derselben Rechtssache falsch auslegt (BGH **7**, 262; **18**, 192; NJW **64**, 2430).

6 **B. Pflichtwidriges Dienen** durch Rat oder Tat; dieses Dienen umfaßt alle materielle Tätigkeit gegenüber dem Mandanten (Ratserteilung; RG **37**, 323) oder nach außen zur Förderung der Rechtssache (BGH **5**, 305; **7**, 19; **9**, 341; **12**, 96; NStZ **81**, 480; **85**, 74), ohne Rücksicht auf den Erfolg (NJW **64**, 2430), es kommt nicht darauf an, ob die Interessen der jeweils vertretenen Partei tatsächlich beeinträchtigt sind oder nicht (Bay NJW **89**, 2903 m. krit. Anm. Ranft JR **91**, 164), ein Prozeß braucht nicht zu schweben. § 356 greift jedoch nicht ein, wenn ein mit dem Rechtsanwalt assoziierter anderer Anwalt für die andere Partei tätig war (Stuttgart NJW **86**, 948 m. Anm. Dahs JR **86**, 349). Der Täter kann auch als Geschäftsführer ohne Auftrag für die eine Partei handeln (RG **71**, 115). Die Pflichtwidrigkeit (§ 45 Nr. 2 BRAO) besteht in der Verletzung der Treuepflicht des Rechtsanwalts (RG **62**, 296). Diese Pflicht dauert für alle Zukunft bis zur Vollerledigung der Sache (RG **66**, 104), hört also nicht mit der Kündigung des Mandats auf (RG **45**, 307; **62**, 294; Hamburg OLGSt. 3 zu § 146 StPO nF). Ihr Erlöschen hängt vom jeweiligen Einzelfall ab (AnwBl. **54**, 191; vgl. BGH **5**, 306f.; **18**, 193; LK 119). Die Tat kann auch durch Unterlassen begangen werden (Bay NJW **59**, 2223; HRR **37**, 1281; LK 39; str). Der Rechtsanwalt hat den ihm anvertrauten Verfahrensstoff so auszuwerten, daß es dem Mandanten bei der Geltendmachung seiner Interessen oder der Abwehr fremder Ansprüche dienlich ist (BGH **34**, 192). Regelmäßig hat der Vertreter nur einseitig die Interessen seines Auftraggebers zu vertreten, es sei denn, daß ihm von beiden Seiten der billige Ausgleich beider Interessen aufgetragen wird (RG **62**, 292), oder er früher vor einen Vertrag für beide Parteien in die Schriftform gebracht hat (AnwBl. **55**, 69). Der Anwalt darf auch für einen Mandanten die gegen einen anderen Mandanten gerichtete Forderung pfänden, nicht jedoch nach der Pfändung den einen gegen den anderen in der Pfändungsangelegenheit vertreten (Bay **59**, 219; vgl. weiter AnwBl. **66**, 397). Zur Frage eines Parteiverrats in Nothilfe BGH **34**, 193 m. Anm. Dahs JR **87**, 476; hierzu Geppert JK 2. **Eigene Interessen** an derselben Rechtssache darf der Rechtsanwalt gegen seinen früheren Auftraggeber vertreten; doch nicht zugleich auch

Straftaten im Amt **§ 356**

Interessen eines Dritten, selbst wenn sie auf demselben Rechtsgrunde beruhen (BGH **12**, 96; LK 48).

a) Einen Interessengegensatz der beiden Parteien setzt § 356 voraus, wie 7 sich das für Rechtsanwälte ausdrücklich aus § 45 Nr. 2 BRAO ergibt. Dabei entscheidet die durch den Auftrag der Parteien abgegrenzte (BGH **5**, 301; **15**, 334), wirkliche Interessenlage, die aber ihrerseits vom Willen der Parteien gestaltet wird (vgl. RG **60**, 299; **62**, 292; **71**, 234f; JW **29**, 3168); eine abweichende Beurteilung dieser Lage durch die Parteien ist aber ebenso bedeutungslos wie ihre Einwilligung in ein pflichtwidriges Handeln des Vertreters (BGH **4**, 80; **5**, 284; 309; **7**, 21; **17**, 305; **18**, 192; str.), es sei denn, daß die Einwilligung Interessengegensatz und Pflichtwidrigkeit aufhebt (BGH **15**, 332). Im übrigen schließt ein Interessengegensatz nicht aus, daß Parteien gleichgerichtete Interessen haben, wodurch der Rechtsanwalt einen größeren Spielraum gewinnt (NStZ **83**, 332). Einen Interessenstreit zweier Parteien darf der Anwalt untereinander ausgleichen (BGH **4**, 82). BGH **17**, 305 nimmt entgegengesetztes Interesse auch bei einverständiger Scheidung an (ebenso wistra **91**, 221; zw.; vgl. auch BGH **18**, 192); das braucht seit dem 1. EheRG nicht stets der Fall zu sein (Bay NJW **81**, 833 m. krit. Anm. Hübner JR **81**, 430, sowie Baumann/Pfohl JuS **83**, 24; offen gelassen BGH NStZ **85**, 74), wohl aber, wenn es um einen Versorgungsausgleich geht, wobei das Maß der Pflichtwidrigkeit davon abhängt, ob und in welchem Umfange noch weitere Interessengegensätze bestehen (Bay aaO; vgl. Molketin AnwBl. **82**, 13). Zum Fall gleichzeitiger Tätigkeit als Unfallhelfer und für eine Bank, Knebel VersR **72**, 409. Glaubt der Vertreter irrig, ein Interessengegensatz fehle, so ist das ein **Irrtum** über die Pflichtwidrigkeit. Wie der Irrtum über dieselbe Rechtssache (5) kann er ein Verbotsirrtum sein oder ein Tatbestandsirrtum (BGH **3**, 400; **4**, 80; NJW **53**, 430, mit Kritiken von Schmidt-Leichner; vgl. ferner Geppert NStZ **90**, 544). Es ist Tatbestandsirrtum, wenn der Vertreter infolge unrichtiger Kenntnis des Sachverhalts den Interessengegensatz zwischen den Parteien nicht erkennt (BGH **3**, 400; **4**, 80; **5**, 284; 301; GA **61**, 203; NStZ **82**, 466), hingegen Subsumtions- und damit Verbotsirrtum, wenn der Vertreter den Sachverhalt kennt, der den Interessengegensatz begründet, sein Handeln aber nicht für pflichtwidrig hält (BGH **7**, 22; 264; **9**, 347); dieses zB, wenn er annimmt, die subjektive Auffassung seiner Partei über die Interessenlage und ihr Einverständnis seien maßgebend (BGH **5**, 284); oder er habe in einem der beiden Verfahren nur einen beschränkten Auftrag gehabt (Hamm OLGSt. 3). Wenn der BGH Tatbestandsirrtum auch dann annimmt, wenn der Täter trotz richtiger Kenntnis des Sachverhalts den Interessengegensatz infolge rechtsirriger Bewertung nicht erfaßt (BGH **7**, 263f., **15**, 338), so ist das nicht unbedenklich (vgl. LK 77). Ein Verbotsirrtum ist vorwerfbar, wenn der Anwalt bei Zweifeln den Rat eines erfahrenen Kollegen oder des Vorstandes der Anwaltskammer einzuholen versäumt hat (BGH **18**, 192; NJW **53**, 431; **62**, 1832); jedoch nur dann, wenn sein Irrtum dadurch auch ausgeräumt worden wäre.

b) Zur Zeit der Tat muß der Interessenwiderstreit bestehen (11. 3. 1958, 8 1 StR 47/58); darauf, ob er vorauszusehen war, solange das frühere Auftragsverhältnis bestand, kommt es nicht an (BGH **34**, 193 m. Anm. Dahs JR **87**, 476); die Möglichkeit erst späteren Streits scheidet aus (RG **71**, 236). **Zulässig** ist die Gesamtvertretung mehrerer Personen gegenüber einem

§ 356

Dritten unter Vorbehalt der Stellungnahme bei einem etwaigen Prozeß der Mandanten untereinander; doch müssen sie einen solchen Vorbehalt billigen (RG **71**, 235).

9 c) **Das Einverständnis des Betroffenen** mit der Vertretung des anderen Teils ist regelmäßig unbeachtlich (vgl. zu 7, aber auch zu 8, RG **72**, 140; **71**, 253); anders, wenn beide Parteien gemeinsam den Anwalt um einen Rat angehen (RG **14**, 379); ferner, falls er bei Vergleichsverhandlungen unter Duldung seines Auftraggebers um einen Interessenausgleich bemüht ist (RG **45**, 309).

10 C. **Beiden Parteien dienen.** Sie (und nicht ein Dritter) müssen in den beiden Sachen Partei und Gegenpartei sein (München NJW **50**, 239). Umstr. ist, ob dies auch bei Vertretung zweier Deliktsteilnehmer bei widerstreitenden Interessen der Fall ist (*verneinend:* NStZ **82**, 465; Frankfurt NJW **55**, 880; SK-Rudolphi 20; 45. Aufl.; mit Recht *bejahend* hingegen Stuttgart NStZ **90**, 542 m. klärender Anm. Geppert u. JK 3; LK 58; für Nebentäter einer Fahrlässigkeitstat Oldenburg NStZ **89**, 533; zum Ganzen eingehend Dahs NStZ **91**, 561).

11 3) **Der Vorsatz.** Der Täter muß die Tatumstände (BGH **7**, 22) kennen, aus denen sich ergibt, daß er beiden Parteien pflichtwidrig in derselben Rechtssache dient (RG **58**, 248); insbesondere den Interessengegensatz erkennen (BGH **3**, 402; **5**, 287; **7**, 261; GA **61**, 203; BGHR § 356 I, Pflichtw. 2; str). Das Kennenmüssen genügt nicht (RG **71**, 237). Bedingter Vorsatz genügt (BGH **3**, 401). Zum Irrtum über das „Anvertrautsein" vgl. 3; über „dieselbe Rechtssache" 5; über die Pflichtwidrigkeit 6. Zur gesamten Irrtumsproblematik vgl. LK 134ff.; Welzel JZ **54**, 276; O. Geppert MDR **60**, 623; Herdegen, BGH-FS 204; K. Geppert Jura **81**, 86 u. Dahs (NStZ **91**, 565), der darauf hinweist, daß die Gerichte in den Fällen des § 356 an die Vermeidbarkeit eines Verbotsirrtums hohe Anforderungen stellen.

12 4) **Qualifiziert ist der Fall** (nach **II**; Verbrechen), wenn der Täter **im Einverständnis** mit der Gegenpartei zum Nachteile seiner Partei handelt. Dies setzt ein gemeinsames Schädigungsbewußtsein voraus (NStZ **81**, 480; 25. 8. 1981, 1 StR 276/81). Im übrigen müssen die Voraussetzungen von I erfüllt sein, so daß II einen Qualifikationstatbestand und keinen selbständigen Tatbestand enthält (StV **88**, 388 L; LK 148; SchSch 3; offen gelassen in BGH **20**, 41). Nachteil ist jede Verschlechterung der Rechtsposition seiner Partei (vgl. Köln NStZ **82**, 382). Zum Nachteil seiner Partei bedeutet lediglich die bestimmte Willensrichtung, ohne daß ein Schaden zu entstehen braucht (LK 84; aM Frank IV, der den Eintritt eines Nachteils fordert; offen gelassen in BGH **20**, 41).

13 5) **Teilnahme.** Die Gegenpartei kann nicht wegen Teilnahme verfolgt werden, falls sie (bei I und II) lediglich die Dienste des Rechtsanwalts annimmt. Anders, wenn sie über diese notwendige Teilnahme hinausgeht, zB ein Sonderhonorar für die Treulosigkeit zusagt. Dann kommt Anstiftung oder Beihilfe in Frage (RG **71**, 116; es gilt § 28 I; LK 5).

14 6) **Tateinheit** möglich mit § 263 (RG HRR **36**, 580); § 266 (RG **69**, 336); § 203 (vgl. RG JW **26**, 1571); § 352 (RG **14**, 378).

Straftaten im Amt § 357

Verleitung eines Untergebenen zu einer Straftat

357 ⁱ **Ein Vorgesetzter, welcher seine Untergebenen zu einer rechtswidrigen Tat im Amt verleitet oder zu verleiten unternimmt oder eine solche rechtswidrige Tat seiner Untergebenen geschehen läßt, hat die für diese rechtswidrige Tat angedrohte Strafe verwirkt.**

ⁱⁱ **Dieselbe Bestimmung findet auf einen Amtsträger Anwendung, welchem eine Aufsicht oder Kontrolle über die Dienstgeschäfte eines anderen Amtsträgers übertragen ist, sofern die von diesem letzteren Amtsträger begangene rechtswidrige Tat die zur Aufsicht oder Kontrolle gehörenden Geschäfte betrifft.**

1) **Gewisse Teilnahmehandlungen des Vorgesetzten** an Delikten seines Untergebenen im Amt (gelungene und mißlungene Anstiftung sowie Beihilfe) bedroht § 357 (geändert durch Art. 19 Nr. 203 EGStGB) als selbständige Eigentat des Vorgesetzten (sog. **Konnivenz**), so daß insoweit die Teilnahmevorschriften der §§ 25 ff. ausscheiden (RG **68**, 90; OGH **2**, 30; hierzu Sommer JR **81**, 493). § 357 stellt, soweit es sich um Qualifikation gegenüber §§ 26, 30 handelt, ein uneigentliches (aM LK-Jescheck 1), sonst ein eigentliches Amtsdelikt dar (vgl. 4 ff. vor § 331). Die Vorschrift spielt bei natsoz. Gewaltverbrechen eine Rolle. Die Handlung des Untergebenen braucht keine schuldhafte, sondern nur eine rechtswidrige Tat (33 zu § 11; vgl. LK 5; SK-Rudolphi 5; U. Weber ZStW Beih. 1987, 11) und auch kein Amtsdelikt zu sein (BGH **3**, 349; NJW **59**, 585; Geppert Jura **81**, 84). **A. Zur fremden Tat des anderen Amtsträgers** 2 wird ein Beitrag geleistet. Der Vorgesetzte muß daher zur Verhinderung der Tat des Untergebenen verpflichtet und in der Lage sein (Bay JZ **51**, 25). Begeht aber der Vorgesetzte selbst die Tat, so ist er nur deren Täter, während § 357 ausscheidet (RG **67**, 177; OGH JR **50**, 561; Düsseldorf NStZ **81**, 25). **B. Täter** 3 ist nach I ein Dienstvorgesetzter, nach II ein Aufsichtsbeamter (vgl. RG **68**, 92; OGH **2**, 26; LK 4).

2) **Die Tathandlungen** sind **A. Vorsätzliches Verleiten und das Unter-** 4 **nehmen, zu verleiten;** im ersteren Fall begeht der andere die Tat (RG **5**, 127), so daß erfolgreiche Anstiftung vorliegt, bei der aber § 26 durch § 357 ersetzt wird; außerdem wird hier auch die erfolglose Anstiftung bestraft (RG **42**, 269; Geppert Jura **81**, 84). Hier sind die für § 30 geltenden Grundsätze anzuwenden. Die erfolglose Anstiftung ist auch bei II strafbar, obwohl dort von „begangener" Tat die Rede ist (LK 8). **B. Das Geschehenlassen** durch den Vorgesetzten. 5 Dieser muß in der Lage sein, die Tat zu verhindern. Hier wird die negative Beihilfe als Täterschaft bestraft; das gleiche muß auch von der positiven gelten (BGH **3**, 352).

3) **Vorsatz** ist erforderlich, bedingter genügt (RG HRR **37**, 773). Es reicht 6 aus, wenn sich der Täter die Tat des Untergebenen in ihren Hauptmerkmalen vorstellt (OGH **2**, 37; BGH **3**, 353; **34**, 66; vgl. dazu 4, 7 zu § 30).

4) **Konkurrenzen.** Bei Verstoß eines Vorgesetzten gegen § 357 durch die 7 Beteiligung an einer Unterschlagung mit der Absicht, an den unterschlagenen Sachen teilzuhaben, ist er bei Empfang des Beuteanteils aus der Hand des Untergebenen auch wegen Hehlerei strafbar. Wahlfeststellung zwischen § 357 und dem als Täter selbst begangenen Delikt im Amt ist zulässig (26. 1. 1971, 5 StR 631/70). § 354 II Nr. 3 wird von § 357 verdrängt (aM LK 12). Mit § 334 wird idR Tatmehrheit gegeben sein.

§ 358

Nebenfolgen

358 Neben einer Freiheitsstrafe von mindestens sechs Monaten wegen einer Straftat nach den §§ 332, 336, 340, 343, 344, 345 Abs. 1 und 3, §§ 348, 352 bis 353b Abs. 1, §§ 354, 355 und 357 kann das Gericht die Fähigkeit, öffentliche Ämter zu bekleiden (§ 45 Abs. 2), aberkennen.

Auf Verlust der Amtsfähigkeit kann als Nebenstrafe erkannt werden (§ 45 II), wenn wegen einer Straftat nach den genannten Vorschriften, und zwar auch wegen Versuchs, Teilnahme oder § 30 eine Freiheitsstrafe von mindestens 6 Monaten (Anrechnung von Freiheitsentziehung nach § 51 ist ohne Bedeutung; bei Gesamtstrafe gilt 6 zu § 45; differenzierend hingegen LK-Schäfer 5; aM SK-Rudolphi 2) verhängt wird, gleichgültig, ob der Verurteilte Amtsträger ist oder nicht. Das gilt jedoch nicht, wenn gegen den Nichtamtsträger als Teilnehmer die Strafe nach § 28 II einer anderen Vorschrift entnommen wird, die Verlust der Amtsfähigkeit nicht oder nur nach § 45 I vorsieht. Vgl. weiter §§ 45 ff. mit Anm.; Corves JZ **70**, 159; zur Nichtaufnahme von § 334 (§§ 333, 334 II aF) in den Katalog krit. LK 8 ff. Die redaktionelle Änderung der Fassung geht auf Art. 1 Nr. 4 des 17. StÄG (1 zu § 353b) zurück.

Anhang

Einführungsgesetz und Nebengesetze

1. Einführungsgesetz zum Strafgesetzbuch (EGStGB)

Vom 2. März 1974 (BGBl. I 469; 1975 I 1916; 1976 I 507; III 450–16), letztes ÄndG v. 15. 7. 1992 (BGBl. I 1302)

(Auszug)

Art. 1 Geltung des Allgemeinen Teils

I Die Vorschriften des Allgemeinen Teils des Strafgesetzbuches gelten für das bei seinem Inkrafttreten bestehende und das zukünftige Bundesrecht, soweit das Gesetz nichts anderes bestimmt.

II Die Vorschriften des Allgemeinen Teils des Strafgesetzbuches gelten auch für das bei seinem Inkrafttreten bestehende und das zukünftige Landesrecht. Sie gelten nicht, soweit das Bundesrecht besondere Vorschriften des Landesrechts zuläßt und das Landesrecht derartige Vorschriften enthält.

Art. 1a Anwendbarkeit der Vorschriften über die Sicherungsverwahrung[1]

I Die Vorschriften des Strafgesetzbuches über die Sicherungsverwahrung finden Anwendung, wenn der Täter

1. die die Verurteilung auslösende Tat an einem Ort begangen hat, an dem das Strafgesetzbuch bereits vor dem Wirksamwerden des Beitritts gegolten hat, oder
2. seine Lebensgrundlage an dem in Nummer 1 bezeichneten Ort hat.

Art. 1b Anwendbarkeit der Vorschriften des internationalen Strafrechts

Soweit das deutsche Strafrecht auf im Ausland begangene Taten Anwendung findet und unterschiedliches Strafrecht im Geltungsbereich dieses Gesetzes gilt, finden diejenigen Vorschriften Anwendung, die an dem Ort gelten, an welchem der Täter seine Lebensgrundlage hat.

Art. 2 Vorbehalte für das Landesrecht

Die Vorschriften des Allgemeinen Teils des Strafgesetzbuches lassen Vorschriften des Landesrechts unberührt, die bei einzelnen landesrechtlichen Straftatbeständen

1. den Geltungsbereich abweichend von den §§ 3 bis 7 des Strafgesetzbuches bestimmen oder
2. unter besonderen Voraussetzungen Straflosigkeit vorsehen.

---

[1] Art. 1a, 1b eingef. durch Anlage I des EinigVtr. v. 31. 8. 1990 iVm Art. 1 EinigVtrG v. 23. 9. 1990 (BGBl. II 885, 889, 954).

Anh. 1 EGStGB

Art. 3 Zulässige Rechtsfolgen bei Straftaten nach Landesrecht

I Vorschriften des Landesrechts dürfen bei Straftaten keine anderen Rechtsfolgen vorsehen als

1. Freiheitsstrafe bis zu zwei Jahren und wahlweise Geldstrafe bis zum gesetzlichen Höchstmaß (§ 40 Abs. 1 Satz 2, Abs. 2 Satz 3 des Strafgesetzbuches),
2. Einziehung von Gegenständen.

II Vorschriften des Landesrechts dürfen

1. weder Freiheitsstrafe noch Geldstrafe allein und
2. bei Freiheitsstrafe kein anderes Mindestmaß als das gesetzliche (§ 38 Abs. 2 des Strafgesetzbuches) und kein niedrigeres Höchstmaß als sechs Monate androhen.

Art. 4 Verhältnis des Besonderen Teils zum Bundes- und Landesrecht

I Die Vorschriften des Besonderen Teils des Strafgesetzbuches lassen die Strafvorschriften des Bundesrechts unberührt, soweit sie nicht durch dieses Gesetz aufgehoben oder geändert werden.

II Die Vorschriften des Besonderen Teils des Strafgesetzbuches lassen auch die Straf- und Bußgeldvorschriften des Landesrechts unberührt, soweit diese nicht eine Materie zum Gegenstand haben, die im Strafgesetzbuch abschließend geregelt ist.

III Die Vorschriften des Strafgesetzbuches über Betrug, Hehlerei und Begünstigung lassen die Vorschriften des Landesrechts unberührt, die bei Steuern oder anderen Abgaben

1. die Straf- und Bußgeldvorschriften der Abgabenordnung für anwendbar erklären oder
2. entsprechende Straf- und Bußgeldtatbestände wie die Abgabenordnung enthalten; Artikel 3 bleibt unberührt.

IV Die Vorschriften des Strafgesetzbuches über Diebstahl, Hehlerei und Begünstigung lassen die Vorschriften des Landesrechts zum Schutze von Feld und Forst unberührt, die bestimmen, daß eine Tat in bestimmten Fällen, die unbedeutend erscheinen, nicht strafbar ist oder nicht verfolgt wird.

V Die Vorschriften des Strafgesetzbuches über Hausfriedensbruch, Sachbeschädigung und Urkundenfälschung lassen die Vorschriften des Landesrechts zum Schutze von Feld und Forst unberührt, die

1. bestimmte Taten nur mit Geldbuße bedrohen oder
2. bestimmen, daß eine Tat in bestimmten Fällen,
   a) die unbedeutend erscheinen, nicht strafbar ist oder nicht verfolgt wird, oder
   b) die geringfügig erscheinen, nur auf Antrag oder nur dann verfolgt wird, wenn die Strafverfolgungsbehörde wegen des besonderen öffentlichen Interesses an der Strafverfolgung ein Einschreiten von Amts wegen für geboten hält.

Art. 293 Abwendung der Vollstreckung der Ersatzfreiheitsstrafe[1]

I Die Landesregierungen werden ermächtigt, durch Rechtsverordnung[2] Regelungen zu treffen, wonach die Vollstreckungsbehörde dem Verurteilten ge-

---

[1] Art. 293 idF des 23. StÄG v. 13. 4. 1986 (BGBl. I 393), geänd. durch Art. 6 OrgKG v. 15. 7. 1992 (BGBl. I 1302).
[2] Art. 293: Vgl. dazu die LandesVOen 8 zu § 43 StGB.

statten kann, die Vollstreckung einer Ersatzfreiheitsstrafe nach § 43 des Strafgesetzbuches durch freie Arbeit abzuwenden. Soweit der Verurteilte die freie Arbeit geleistet hat, ist die Ersatzfreiheitsstrafe erledigt. Die Arbeit muß unentgeltlich sein; sie darf nicht erwerbswirtschaftlichen Zwecken dienen. Die Landesregierungen können die Ermächtigung durch Rechtsverordnung auf die Landesjustizverwaltungen übertragen.

II Durch die freie Arbeit wird kein Arbeitsverhältnis im Sinne des Arbeitsrechts und kein Beschäftigungsverhältnis im Sinne der Sozialversicherung, einschließlich der Arbeitslosenversicherung, oder des Steuerrechts begründet. Die Vorschriften über den Arbeitsschutz finden sinngemäße Anwendung.

III Absatz 2 gilt entsprechend für freie Arbeit, die auf Grund einer Anordnung im Gnadenwege ausgeübt wird.

Art. 295 Aufsichtsstellen bei Führungsaufsicht

I Die Aufsichtsstellen (§ 68a des Strafgesetzbuches) gehören zum Geschäftsbereich der Landesjustizverwaltungen.

II Die Aufgaben der Aufsichtsstelle werden von Beamten des höheren Dienstes, von staatlich anerkannten Sozialarbeitern oder Sozialpädagogen oder von Beamten des gehobenen Dienstes wahrgenommen. Der Leiter der Aufsichtsstelle muß die Befähigung zum Richteramt besitzen oder ein Beamter des höheren Dienstes sein. Die Leitung der Aufsichtsstelle kann auch einem Richter übertragen werden.

Art. 297 Verbot der Prostitution[1]

I Die Landesregierung kann zum Schutz der Jugend oder des öffentlichen Anstandes
1. für das ganze Gebiet einer Gemeinde bis zu fünfzigtausend Einwohnern,
2. für Teile des Gebiets einer Gemeinde über zwanzigtausend Einwohner oder eines gemeindefreien Gebiets,
3. unabhängig von der Zahl der Einwohner für öffentliche Straßen, Wege, Plätze, Anlagen und für sonstige Orte, die von dort aus eingesehen werden können, im ganzen Gebiet oder in Teilen des Gebiets einer Gemeinde oder eines gemeindefreien Gebiets

durch Rechtsverordnung verbieten, der Prostitution nachzugehen. Sie kann das Verbot nach Satz 1 Nr. 3 auch auf bestimmte Tageszeiten beschränken.

II Die Landesregierung kann diese Ermächtigung durch Rechtsverordnung auf eine oberste Landesbehörde oder höhere Verwaltungsbehörde übertragen.

III Wohnungsbeschränkungen auf bestimmte Straßen oder Häuserblocks zum Zwecke der Ausübung der Prostitution (Kasernierungen) sind verboten.

Art. 315[2] Geltung des Strafrechts für in der Deutschen Demokratischen Republik begangene Taten

I Auf vor dem Wirksamwerden des Beitritts in der Deutschen Demokratischen Republik begangene Taten findet § 2 des Strafgesetzbuches mit der Maßgabe Anwendung, daß das Gericht von Strafe absieht, wenn nach dem zur Zeit der Tat geltenden Recht der deutschen Demokratischen Republik weder eine Freiheitsstrafe noch eine Verurteilung auf Bewährung noch eine Geldstrafe ver-

---
[1] Art. 297: Vgl. zB die bei 3 zu § 184a StGB genannten Verordnungen.
[2] Art. 315 eingef. durch Anlage I des EinigVtr. v. 31. 8. 1990 iVm Art. 1 EinigVtrG v. 23. 9. 1990 (BGBl. II 885, 889, 955).

Anh. 1 EGStGB

Anhang

wirkt gewesen wäre. Neben der Freiheitsstrafe werden die Unterbringung in der Sicherungsverwahrung sowie die Führungsaufsicht nach § 68 Abs. 1 des Strafgesetzbuches nicht angeordnet. Wegen einer Tat, die vor dem Wirksamwerden des Beitritts begangen worden ist, tritt Führungsaufsicht nach § 68f des Strafgesetzbuches nicht ein.

II Die Vorschriften des Strafgesetzbuches über die Geldstrafe (§§ 40 bis 43) gelten auch für die vor dem Wirksamwerden des Beitritts in der Deutschen Demokratischen Republik begangenen Taten, soweit nachfolgend nichts anderes bestimmt ist. Die Geldstrafe darf nach Zahl und Höhe der Tagessätze insgesamt das Höchstmaß der bisher angedrohten Geldstrafe nicht übersteigen. Es dürfen höchstens dreihundertsechzig Tagessätze verhängt werden.

III Die Vorschriften des Strafgesetzbuches über die Aussetzung eines Strafrestes sowie den Widerruf ausgesetzter Strafen finden auf Verurteilungen auf Bewährung (§ 33 des Strafgesetzbuches der Deutschen Demokratischen Republik) sowie auf Freiheitsstrafen Anwendung, die wegen vor dem Wirksamwerden des Beitritts in der Deutschen Demokratischen Republik begangener Taten verhängt worden sind, soweit sich nicht aus den Grundsätzen des § 2 Abs. 3 des Strafgesetzbuches etwas anderes ergibt.

IV Die Absätze 1 bis 3 finden keine Anwendung, soweit für die Tat das Strafrecht der Bundesrepublik Deutschland schon vor dem Wirksamwerden des Beitritts gegolten hat.

Art. 315a[1] Verfolgungs- und Vollstreckungsverjährung für in der Deutschen Demokratischen Republik verfolgte und abgeurteilte Taten

Soweit die Verjährung der Verfolgung oder der Vollstreckung nach dem Recht der Deutschen Demokratischen Republik bis zum Wirksamwerden des Beitritts nicht eingetreten war, bleibt es dabei. Die Verfolgungsverjährung gilt als am Tag des Wirksamwerdens des Beitritts unterbrochen; § 78c Abs. 3 des Strafgesetzbuches bleibt unberührt.

Art. 315b[1] Strafantrag bei in der Deutschen Demokratischen Republik begangenen Taten

Die Vorschriften des Strafgesetzbuches über den Strafantrag gelten auch für die vor dem Wirksamwerden des Beitritts in der Deutschen Demokratischen Republik begangenen Taten. War nach dem Recht der Deutschen Demokratischen Republik zur Verfolgung ein Antrag erforderlich, so bleibt es dabei. Ein vor dem Wirksamwerden des Beitritts gestellter Antrag bleibt wirksam. War am Tag des Wirksamwerdens des Beitritts das Recht, einen Strafantrag zu stellen, nach dem bisherigen Recht der Deutschen Demokratischen Republik bereits erloschen, so bleibt es dabei. Ist die Tat nach den Vorschriften der Bundesrepublik Deutschland nur auf Antrag verfolgbar, so endet die Antragsfrist frühestens am 31. Dezember 1990.

Art. 315c[1] Anpassung der Strafdrohungen

Soweit Straftatbestände der Deutschen Demokratischen Republik fortgelten, treten an die Stelle der bisherigen Strafdrohungen die im Strafgesetzbuch vorgesehenen Strafdrohungen der Freiheitsstrafe und der Geldstrafe. Die übrigen Strafdrohungen entfallen. § 10 Satz 2 des 6. Strafrechtsänderungsgesetzes der Deut-

---

[1] Art. 315a bis 315c eingef. durch Anlage I des EinigVtr. v. 31. 8. 1990 iVm Art. 1 EinigVtrG v. 23. 9. 1990 (BGBl. II 885, 889, 955).

Anhang **PAuswG Anh. 2**

schen Demokratischen Republik[1] bleibt jedoch unberührt. Die Geldstrafe darf nach Art und Höhe der Tagessätze insgesamt das Höchstmaß der bisher angedrohten Geldstrafe nicht übersteigen. Es dürfen höchstens dreihundertsechzig Tagessätze verhängt werden.

Art. 316[2] **Übergangsvorschrift zum Dreiundzwanzigsten Strafrechtsänderungsgesetz**

I § 67 Abs. 4 und § 67d Abs. 5 des Strafgesetzbuches finden keine Anwendung auf Unterbringungen, die vor dem 1. Mai 1986 angeordnet worden sind; für die Anrechnung der Zeit des Vollzugs der Maßregel auf die Strafe gilt das bisherige Recht.

II Ist jemand vor dem 1. Mai 1986 zu mehreren lebenslangen Freiheitsstrafen oder zu lebenslanger und zeitiger Freiheitsstrafe verurteilt worden, so ist § 460 der Strafprozeßordnung sinngemäß anzuwenden, wenn nach neuem Recht auf eine lebenslange Freiheitsstrafe als Gesamtstrafe erkannt worden wäre.

2. Gesetz über Personalausweise
idF v. 21. 4. 1986 (BGBl. I 548; III 210–1)[3]

(Auszug)

§ 1 Ausweispflicht

I Deutsche im Sinne des Artikels 116 Abs. 1 des Grundgesetzes, die das 16. Lebensjahr vollendet haben und nach den Vorschriften der Landesmeldegesetze[4] der allgemeinen Meldepflicht unterliegen, sind verpflichtet, einen Personalausweis zu besitzen und ihn auf Verlangen einer zur Prüfung der Personalien ermächtigten Behörde vorzulegen; dies gilt nicht für Personen, die einen gültigen Paß besitzen und sich durch diesen ausweisen können. Der Ausweispflicht

---

[1] § 10 Satz 2 des 6. StÄG-DDR lautet:
„Zusätzlich zu einer Verurteilung wegen verbrecherischen Vertrauensmißbrauchs ist unter den im Gesetz genannten Voraussetzungen der Ausspruch und die Verwirklichung einer Vermögenseinziehung gemäß § 57 StGB weiterhin zulässig."

[2] Art. 316 eingef. durch Art. 4 Nr. 2 des 23. StÄG v. 13. 4. 1986 (BGBl. I 393).

[3] Anh. 2: Das Ges. gilt im Gebiet der früheren DDR nach Maßgabe der Anl. I zum EinigVtr. v. 31. 8. 1990 (BGBl. II 889, 916). Ergänzende landesrechtliche Vorschriften: **Baden-Württemberg:** LPAuswG v. 16. 3. 1987 (GBl. 61), ÄndG v. 19. 11. 1991 (GBl. 681); **Bayern:** AGPersPaßG v. 7. 3. 1987 (GVBl. 72; BayRS 210–1–1), ÄndG v. 27. 12. 1991 (GVBl. 496); **Berlin:** LPAuswG v. 1. 11. 1990 (GVBl. 2214); **Bremen:** AusfG v. 24. 3. 1987 (GBl. 57), ÄndG v. 18. 2. 1992 (GBl. 31); **Nordrhein-Westfalen:** PAusw.G NW v. 19. 5. 1987 (GVNW 170; SGV NW 210), ÄndG v. 7. 2. 1990 (GVNW 46); **Rheinland-Pfalz:** LPAuswG v. 16. 2. 1987 (GVBl. 41); **Saarland:** SAG-PAuswG v. 6. 5. 1987 (ABl. 633; BS 210–2); **Schleswig-Holstein:** AG v. 17. 3. 1987 (GVOBl. 74; GS Schl.-H. II B 210–2); **Thüringen:** ThürPAuswG v. 7. 8. 1991 (GVBl. 325).

[4] Vgl. dazu die MeldeG der Länder: **Baden-Württemberg:** MG v. 11. 4. 1983 (GBl. 117), letztes ÄndG v. 19. 11. 1991 (GBl. 681); **Bayern:** MeldeG v. 24. 3. 1983 (GVBl. 90; BayRS 210–3–I), ÄndG v. 27. 12. 1991 (GVBl. 496); **Berlin:** MeldeG v. 26. 2. 1985 (GVBl. 502; BRV 210–1); **Brandenburg:** BbgMeldeG v. 25. 6. 1992 (GVBl. 236); **Bremen:** MeldeG idF v. 6. 5. 1986 1, 69, 120; 210a–1), letztes ÄndG v. 18. 2. 1992 (GBl. 31); **Hamburg:** HmbMG idF v. 6. 5. 1986 (GVBl. 81, 136; BL 210–3); **Hessen:** HMG v. 14. 6. 1982 (GVBl. I 126; II 311 – 7), ÄndG v. 20. 5. 1992 (GVBl I 170, 184); **Niedersachsen:** NMG v. 2. 7. 1985 (GVBl. 192), letztes ÄndG v. 17. 12. 1991 (GVBl. 367); **Nordrhein-Westfalen:** MGNW v. 13. 7. 1982 (GVNW 474; 1983, 188; SGV NW 210), letztes ÄndG v. 28. 11. 1989 (GVNW 640); **Rheinland-Pfalz:** MG v. 22. 12. 1982 (GVBl. 463; BS 210–1), letztes ÄndG v. 5. 10. 1990 (GVBl. 277); **Saarland:** MG v. 14. 12. 1982 (ABl. 1983, 25); **Schleswig-Holstein:** LMG v. 4. 6. 1985 (GVOBl. 158; GS SchlH II 210-3), letztes ÄndG v. 17. 12. 1991 (GVOBl. 693); zur Weitergeltung der MO-DDR v. 15. 7. 1965 (GBl. DDR II 761), letzte ÄndVO v. 29. 5. 1981 (GBl. DDR I 281) vgl. Anl. II zum EinigVtr. v. 31. 8. 1990 (BGBl. II 89, 1152); vgl. Göhler 535).

Anh. 3 PaßG

kann auch durch Vorlage eines vorläufigen Personalausweises genügt werden. Der Pflicht zum Besitz eines Personalausweises unterliegt nicht, wer einen zur Personenfeststellung bestimmten Ausweis der Deutschen Demokratischen Republik besitzt.

II–V (nicht abgedruckt)

§ 2 Gültigkeit

I Personalausweise werden für eine Gültigkeitsdauer von zehn Jahren ausgestellt. Bei Personen, die das 26. Lebensjahr noch nicht vollendet haben, beträgt die Gültigkeitsdauer der Personalausweise fünf Jahre. Vorläufige Personalausweise werden für eine Gültigkeitsdauer von höchstens drei Monaten ausgestellt. Eine Verlängerung der Gültigkeitsdauer ist nicht zulässig. Der neue Ausweis erhält eine neue Seriennummer.

II (nicht abgedruckt)

§ 5 Ordnungswidrigkeiten

I Ordnungswidrig handelt, wer

1. vorsätzlich oder leichtfertig es unterläßt, für sich oder als gesetzlicher Vertreter eines Minderjährigen für diesen einen Ausweis ausstellen zu lassen, obwohl er dazu verpflichtet ist,
2. es unterläßt, einen Ausweis auf Verlangen einer zuständigen Stelle vorzulegen, oder
3. gegen das Verbot
   a) der Verwendung der Seriennummern gemäß § 4 Abs. 2 oder
   b) der Verwendung des Personalausweises zum automatischen Abruf personenbezogener Daten gemäß § 4 Abs. 3 oder
   c) der Verwendung des Personalausweises zur automatischen Speicherung personenbezogener Daten gemäß § 4 Abs. 3

verstößt.

II Die Ordnungswidrigkeit kann mit einer Geldbuße geahndet werden.

§ 6 Berliner behelfsmäßige Personalausweise

Die Berliner behelfsmäßigen Personalausweise gelten bis auf weiteres als Personalausweise im Sinne des § 1.

§ 8 Übergangsvorschrift

Besitzt ein Ausweispflichtiger nur einen Paß, so hat er innerhalb eines Jahres nach Inkrafttreten dieses Gesetzes einen Personalausweis zu beantragen.

3. Paßgesetz (PaßG)[1]

Vom 19. 4. 1986 (BGBl. I 537; III 210–5), ÄndG v. 12. 9. 1990 (BGBl. I 2002)

(Auszug)

§ 1 Paßpflicht

I Deutsche im Sinne des Artikels 116 Abs. 1 des Grundgesetzes, die über eine Auslandsgrenze aus dem Geltungsbereich dieses Gesetzes ausreisen oder in ihn

---

[1] Anh. 3: Vgl. dazu VO v. 2. 1. 1988 (BGBl. I 2; 1989 I 935; III 210–5–1), DVPaßG v. 2. 1. 1988 (BGBl. I 13; III 210–5–2) und PaßVwV v. 2. 1. 1988 (GMBl. 1988, 3). Das PaßG gilt im Gebiet der früheren DDR nach Maßgabe der Anl. I zum EinigVtr. v. 31. 8. 1990 (BGBl. II 889, 916).

einreisen, sind verpflichtet, einen gültigen Paß mitzuführen und sich damit über ihre Person auszuweisen. Der Paßpflicht wird durch Vorlage eines Passes der Bundesrepublik Deutschland, in besonderen Fällen durch Vorlage eines vorläufigen Passes der Bundesrepublik Deutschland genügt. Der Paßpflicht unterliegt nicht, wer sich durch Vorlage eines zur Personenfeststellung bestimmten Ausweises der Deutschen Demokratischen Republik ausweisen kann.

II Niemand darf mehrere Pässe der Bundesrepublik Deutschland besitzen, sofern nicht ein berechtigtes Interesse an der Ausstellung mehrerer Pässe nachgewiesen wird.

III Der Paß darf nur Deutschen im Sinne des Artikels 116 Abs. 1 des Grundgesetzes ausgestellt werden; er bleibt Eigentum der Bundesrepublik Deutschland.

§ 2 Befreiung von der Paßpflicht

I Der Bundesminister des Innern kann durch Rechtsverordnung mit Zustimmung des Bundesrates

1. Deutsche zur Erleichterung des Grenzübertritts in besonderen Fällen sowie im Verkehr mit einzelnen ausländischen Staaten von der Paßpflicht befreien,
2. andere amtliche Ausweise als Paßersatz einführen oder zulassen.

II Die für die polizeiliche Kontrolle des grenzüberschreitenden Verkehrs zuständigen Behörden können in Einzelfällen, insbesondere aus humanitären Gründen, Ausnahmen von der Paßpflicht zulassen.

§ 3 Grenzübertritt

Das Überschreiten der Auslandsgrenze ist nur an zugelassenen Grenzübergangsstellen und innerhalb der festgesetzten Verkehrsstunden zulässig, sofern nicht auf Grund anderer Rechtsvorschriften oder zwischenstaatlicher Vereinbarungen Ausnahmen zugelassen sind.

§ 7 Paßversagung

I Der Paß ist zu versagen, wenn bestimmte Tatsachen die Annahme begründen, daß der Paßbewerber

1. die innere oder äußere Sicherheit oder sonstige erhebliche Belange der Bundesrepublik Deutschland gefährdet;
2. sich einer Strafverfolgung oder Strafvollstreckung oder der Anordnung oder der Vollstreckung einer mit Freiheitsentziehung verbundenen Maßregel der Besserung und Sicherung, die im Geltungsbereich dieses Gesetzes gegen ihn schweben, entziehen will;
3. einer Vorschrift des Betäubungsmittelgesetzes über die Einfuhr, Ausfuhr, Durchfuhr oder das Inverkehrbringen von Betäubungsmitteln zuwiderhandeln will;
4. sich seinen steuerlichen Verpflichtungen entziehen oder den Vorschriften des Zoll- und Monopolrechts oder des Außenwirtschaftsrechts zuwiderhandeln oder schwerwiegende Verstöße gegen Einfuhr-, Ausfuhr- oder Durchfuhrverbote oder -beschränkungen begehen will;
5. sich einer gesetzlichen Unterhaltspflicht entziehen will;
6. sich unbefugt zum Eintritt in fremde Streitkräfte verpflichten will;
7. als Wehrpflichtiger eines Geburtsjahrganges, dessen Erfassung begonnen hat, ohne die nach § 3 Abs. 2 des Wehrpflichtgesetzes erforderliche Genehmigung

des Kreiswehrersatzamtes den Geltungsbereich des Wehrpflichtgesetzes für länger als drei Monate verlassen will;
8. als Wehrpflichtiger ohne die nach § 48 Abs. 1 Nr. 5 Buchstabe b oder § 48 Abs. 2 des Wehrpflichtgesetzes erforderliche Genehmigung des Kreiswehrersatzamtes den Geltungsbereich des Wehrpflichtgesetzes verlassen will;
9. als anerkannter Kriegsdienstverweigerer ohne die nach § 23 Abs. 4 des Zivildienstgesetzes erforderliche Genehmigung des Bundesamtes für den Zivildienst den Geltungsbereich des Zivildienstgesetzes für länger als drei Monate verlassen will.

Die Nummern 6, 7, 8 und 9 gelten nicht im Land Berlin.

II Von der Paßversagung ist abzusehen, wenn sie unverhältnismäßig ist, insbesondere wenn es genügt, den Geltungsbereich oder die Gültigkeitsdauer des Passes zu beschränken. Die Beschränkung ist im Paß zu vermerken. Fallen die Voraussetzungen für die Beschränkung fort, wird auf Antrag ein neuer Paß ausgestellt.

III Die Absätze 1 und 2 gelten auch für die Versagung eines ausschließlich als Paßersatz bestimmten amtlichen Ausweises.

IV Ein Paß oder Paßersatz zur Einreise in den Geltungsbereich dieses Gesetzes darf nicht versagt werden.

V Ein Paß oder Paßersatz für Reisen von und nach dem Land Berlin sowie in die Deutsche Demokratische Republik und nach Berlin (Ost) darf nicht versagt werden.

§ 8 Paßentziehung

Ein Paß oder ein ausschließlich als Paßersatz bestimmter amtlicher Ausweis kann dem Inhaber entzogen werden, wenn Tatsachen bekanntwerden, die nach § 7 Abs. 1 die Paßversagung rechtfertigen würden.

§ 10 Untersagung der Ausreise

I Die für die polizeiliche Kontrolle des grenzüberschreitenden Verkehrs zuständigen Behörden haben einem Deutschen, dem nach § 7 Abs. 1 ein Paß versagt oder nach § 8 ein Paß entzogen worden ist oder gegen den eine Anordnung nach § 2 Abs. 2 des Gesetzes über Personalausweise ergangen ist, die Ausreise in das Ausland zu untersagen. Sie können einem Deutschen die Ausreise in das Ausland untersagen, wenn Tatsachen die Annahme rechtfertigen, daß bei ihm die Voraussetzungen nach § 7 Abs. 1 vorliegen oder wenn er keinen zum Grenzübertritt gültigen Paß oder Paßersatz mitführt. Sie können einem Deutschen die Ausreise in das Ausland auch untersagen, wenn Tatsachen die Annahme rechtfertigen, daß der Geltungsbereich oder die Gültigkeitsdauer seines Passes nach § 7 Abs. 2 Satz 1 zu beschränken ist.

II Die für die polizeiliche Kontrolle des grenzüberschreitenden Verkehrs zuständigen Behörden können einem Deutschen, dem gemäß Absatz 1 Satz 1 die Ausreise in das Ausland zu untersagen ist, in Ausnahmefällen die Ausreise gestatten, wenn er glaubhaft macht, daß er aus einem dringenden Grund in das Ausland reisen muß.

III Die Einreise in den Geltungsbereich dieses Gesetzes darf einem Deutschen nicht versagt werden.

Anhang **PaßG Anh. 3**

§ 11 Ungültigkeit
Ein Paß oder Paßersatz ist ungültig, wenn

1. er eine einwandfreie Feststellung der Identität des Paßinhabers nicht zuläßt oder verändert worden ist;
2. Eintragungen nach diesem Gesetz fehlen oder – mit Ausnahme der Angaben über den Wohnort – unzutreffend sind;
3. die Gültigkeitsdauer abgelaufen ist.

§ 12 Einziehung
^{I} Ein nach § 11 ungültiger Paß oder Paßersatz kann eingezogen werden.

^{II} Besitzt jemand unbefugt mehrere Pässe, so sind sie bis auf einen Paß einzuziehen.

^{III} Von der Einziehung kann abgesehen werden, wenn der Mangel, der sie rechtfertigt, geheilt oder fortgefallen ist.

§ 15 Pflichten des Inhabers
Der Inhaber eines Passes ist verpflichtet, der Paßbehörde unverzüglich

1. den Paß vorzulegen, wenn eine Eintragung unzutreffend ist;
2. auf Verlangen den alten Paß beim Empfang eines neuen Passes abzugeben;
3. den Verlust des Passes und sein Wiederauffinden anzuzeigen.

§ 18 Verwendung im nichtöffentlichen Bereich
^{I} Der Paß oder ein Paßersatz können auch im nichtöffentlichen Bereich als Ausweis- und Legitimationspapier benutzt werden.

^{II} Die Seriennummern dürfen nicht so verwendet werden, daß mit ihrer Hilfe ein Abruf personenbezogener Daten aus Dateien oder eine Verknüpfung von Dateien möglich ist.

^{III} Der Paß darf weder zum automatischen Abruf personenbezogener Daten noch zur automatischen Speicherung personenbezogener Daten verwendet werden.

§ 24 Straftaten
^{I} Mit Freiheitsstrafe bis zu einem Jahr oder mit Geldstrafe wird bestraft, wer als Deutscher im Sinne des Artikels 116 Abs. 1 des Grundgesetzes

1. aus dem Geltungsbereich dieses Gesetzes über eine Auslandsgrenze ausreist, obwohl ihm ein Paß versagt oder vollziehbar entzogen worden ist oder gegen ihn eine vollziehbare Anordnung nach § 2 Abs. 2 des Gesetzes über Personalausweise ergangen ist oder
2. aus dem Geltungsbereich dieses Gesetzes über eine Auslandsgrenze ausreist, obwohl ihm von einer für die polizeiliche Kontrolle des grenzüberschreitenden Verkehrs zuständigen Behörde nach § 10 Abs. 1 Satz 2 oder 3 die Ausreise untersagt worden ist.

^{II} Der Versuch ist strafbar.

§ 25 Ordnungswidrigkeiten
^{I} Ordnungswidrig handelt, wer fahrlässig eine der in § 24 Abs. 1 Nr. 1 bezeichneten Handlungen begeht.

Anh. 4 BtMG

^{II} Ordnungswidrig handelt auch, wer

1. durch unrichtige Angaben die Ausstellung eines weiteren Passes bewirkt,
2. sich der polizeilichen Kontrolle des grenzüberschreitenden Verkehrs über eine Auslandsgrenze entzieht,
3. entgegen § 15 Nr. 3 den Verlust des Passes oder sein Wiederauffinden nicht oder nicht rechtzeitig anzeigt oder
4. gegen ein Verbot der Verwendung
   a) der Seriennummer gemäß § 18 Abs. 2 oder
   b) des Passes zum automatischen Abruf oder zur automatischen Speicherung personenbezogener Daten gemäß § 18 Abs. 3

   verstößt.

^{III} Ordnungswidrig handelt auch, wer vorsätzlich oder fahrlässig

1. entgegen § 1 Abs. 1 keinen für den Grenzübertritt gültigen Paß oder durch eine Rechtsverordnung nach § 2 Abs. 1 Nr. 2 eingeführten oder zugelassenen Paßersatz mitführt oder
2. entgegen § 3 eine Auslandsgrenze außerhalb der zugelassenen Grenzübergangsstellen oder der festgesetzten Verkehrsstunden überschreitet.

^{IV} Die Ordnungswidrigkeit kann in den Fällen des Absatzes 1, des Absatzes 2 Nr. 1, 3 und 4 und des Absatzes 3 mit einer Geldbuße bis zu fünftausend Deutsche Mark, im Fall des Absatzes 2 Nr. 2 mit einer Geldbuße bis zu zehntausend Deutsche Mark geahndet werden.

^V In den Fällen der Absätze 2 und 3 kann der Versuch der Ordnungswidrigkeit geahndet werden.

^{VI} In den Fällen des Absatzes 2 Nr. 1 und 3 kann die Tat auch dann geahndet werden, wenn sie im Ausland begangen wird.

4. Gesetz über den Verkehr mit Betäubungsmitteln (Betäubungsmittelgesetz – BtMG) RiStBV 257

Vom 28. Juli 1981 (BGBl. I 681, 1187; III 2121–6–24), letztes ÄndG v. 9. 9. 1992 (BGBl. I 1593)[1]

(Auszug)

§ 29 Straftaten[2]

^I Mit Freiheitsstrafe bis zu fünf Jahren oder mit Geldstrafe wird bestraft, wer

1. Betäubungsmittel ohne Erlaubnis nach § 3 Abs. 1 Nr. 1 anbaut, herstellt, mit ihnen Handel treibt, sie, ohne Handel zu treiben, einführt, ausführt, veräußert, abgibt, sonst in den Verkehr bringt, erwirbt oder sich in sonstiger Weise verschafft,

---

[1] Anh. 4: Das BtMG gilt im Gebiet der früheren DDR nach Maßgabe der Anl. I zum EinigVtr. v. 31. 8. 1990 (BGBl. II 885, 1087) Anlagen I bis III zuletzt geänd. durch VO v. 23. 7. 1986 (BGBl. I 1099).

[2] § 29: Strafdrohung des I geänd., III S. 2 Nr. 3, 4 aufgeh. durch Art. 2 Nr. 2 OrgKG v. 15. 7. 1992 (BGBl. I 1302); I S. 2 eingef. durch Art. 1 Nr. 4 Ges. v. 9. 9. 1992 (BGBl. I 1593).

2. eine ausgenommene Zubereitung (§ 2 Abs. 1 Nr. 3) ohne Erlaubnis nach § 3 Abs. 1 Nr. 2 herstellt,

3. Betäubungsmittel besitzt, ohne sie auf Grund einer Erlaubnis nach § 3 Abs. 1 erlangt zu haben,

4. Geldmittel oder andere Vermögenswerte für einen anderen zum unerlaubten Handeltreiben mit Betäubungsmitteln oder zu deren unerlaubter Herstellung bereitstellt,

5. entgegen § 11 Abs. 1 Satz 3 Betäubungsmittel durchführt,

6. entgegen § 13 Abs. 1 Betäubungsmittel
   a) verschreibt,
   b) verabreicht oder zum unmittelbaren Verbrauch überläßt,

7. entgegen § 13 Abs. 2 Betäubungsmittel in einer Apotheke oder tierärztlichen Hausapotheke abgibt,

8. entgegen § 14 Abs. 5 für Betäubungsmittel wirbt,

9. unrichtige oder unvollständige Angaben macht, um für sich oder einen anderen oder für ein Tier die Verschreibung eines Betäubungsmittels zu erlangen,

10. eine Gelegenheit zum unbefugten Verbrauch, Erwerb oder zur unbefugten Abgabe von Betäubungsmitteln öffentlich oder eigennützig mitteilt, eine solche Gelegenheit einem anderen verschafft oder gewährt oder ihn zum unbefugten Verbrauch von Betäubungsmitteln verleitet oder

11. einer Rechtsverordnung[1] nach § 11 Abs. 2 Satz 2 Nr. 1 oder § 13 Abs. 3 Satz 2 Nr. 1 oder 3 zuwiderhandelt, soweit sie für einen bestimmten Tatbestand auf diese Strafvorschrift verweist.

Die Abgabe von sterilen Einmalspritzen an Betäubungsmittelabhängige stellt kein Verschaffen von Gelegenheit zum Verbrauch im Sinne von Satz 1 Nr. 10 dar.

[II] In den Fällen des Absatzes 1 Nr. 1, 2, 5 und 6 Buchstabe b ist der Versuch strafbar.

[III] In besonders schweren Fällen ist die Strafe Freiheitsstrafe nicht unter einem Jahr. Ein besonders schwerer Fall liegt in der Regel vor, wenn der Täter

1. in den Fällen des Absatzes 1 Nr. 1, 4, 5, 6 oder 10 gewerbsmäßig handelt,

2. durch eine der in Absatz 1 Nr. 1, 6 oder 7 bezeichneten Handlungen die Gesundheit mehrerer Menschen gefährdet.

[IV] Handelt der Täter in den Fällen des Absatzes 1 Nr. 1, 2, 5, 6 Buchstabe b oder Nr. 10 fahrlässig, so ist die Strafe Freiheitsstrafe bis zu einem Jahr oder Geldstrafe.

---

[1] **Ausfüllende Vorschriften** zu den Straf- und Bußgeldbestimmungen des § 29 I Nr. 11, § 32 I Nr. 6:
1. **Betäubungsmittel-AußenhandelsVO (BtMAHV)** v. 16. 12. 1981 (BGBl. I 1420; III 2121–6–24–2) – Bußgeldvorschrift: § 16 – GVBl. Berlin 1982, 189.
2. **Betäubungsmittel-BinnenhandelsVO (BtMBinHV)** v. 16. 12. 1981 (BGBl. I 1425; III 2121–6–24–1) – Bußgeldvorschrift: § 7 – GVBl. Berlin 1982, 193.
3. VO über das Verschreiben, die Abgabe und den Nachweis des Verbleibs von Betäubungsmitteln **(Betäubungsmittelverschreibungs VO – BtMVV)** v. 16. 12. 1981 (BGBl. I 1427; III 2121–6–24–3), letzte ÄndVO v. 23. 7. 1986 (BGBl. I 1099) – Straf- und Bußgeldvorschriften: §§ 10, 11 – GVBl. Berlin 1982, 195.

Anh. 4 BtMG

V Das Gericht kann von einer Bestrafung nach den Absätzen 1, 2 und 4 absehen, wenn der Täter die Betäubungsmittel lediglich zum Eigenverbrauch in geringer Menge anbaut, herstellt, einführt, ausführt, durchführt, erwirbt, sich in sonstiger Weise verschafft oder besitzt.

VI Die Vorschriften des Absatzes 1 Nr. 1 sind, soweit sie das Handeltreiben, Abgeben oder Veräußern betreffen, auch anzuwenden, wenn sich die Handlung auf Stoffe oder Zubereitungen bezieht, die nicht Betäubungsmittel sind, aber als solche ausgegeben werden.

§ 29a Straftaten[1]

I Mit Freiheitsstrafe nicht unter einem Jahr wird bestraft, wer

1. als Person über 21 Jahre
   a) Betäubungsmittel ohne Erlaubnis nach § 3 Abs. 1 Nr. 1 an eine Person unter 18 Jahren abgibt oder sie ihr entgegen § 13 Abs. 1 verabreicht oder zum unmittelbaren Verbrauch überläßt oder
   b) eine Person unter 18 Jahren bestimmt, mit Betäubungsmitteln ohne Erlaubnis nach § 3 Abs. 1 Nr. 1 Handel zu treiben, sie, ohne Handel zu treiben, einzuführen, auszuführen, zu veräußern, abzugeben oder sonst in den Verkehr zu bringen oder eine dieser Handlungen zu fördern, oder
2. mit Betäubungsmitteln in nicht geringer Menge ohne Erlaubnis nach § 3 Abs. 1 Nr. 1 Handel treibt, sie in nicht geringer Menge herstellt oder abgibt oder sie besitzt, ohne sie auf Grund einer Erlaubnis nach § 3 Abs. 1 erlangt zu haben.

II In minder schweren Fällen ist die Strafe Freiheitsstrafe von drei Monaten bis zu fünf Jahren.

§ 30 Straftaten[1]

I Mit Freiheitsstrafe nicht unter zwei Jahren wird bestraft, wer

1. Betäubungsmittel ohne Erlaubnis nach § 3 Abs. 1 Nr. 1 anbaut, herstellt oder mit ihnen Handel treibt (§ 29 Abs. 1 Nr. 1) und dabei als Mitglied einer Bande handelt, die sich zur fortgesetzten Begehung solcher Taten verbunden hat,
2. im Falle des § 29a Abs. 1 Nr. 1 gewerbsmäßig handelt,
3. Betäubungsmittel abgibt, einem anderen verabreicht oder zum unmittelbaren Verbrauch überläßt und dadurch leichtfertig dessen Tod verursacht oder
4. Betäubungsmittel in nicht geringer Menge ohne Erlaubnis nach § 3 Abs. 1 Nr. 1 einführt.

II In minder schweren Fällen ist die Strafe Freiheitsstrafe von drei Monaten bis zu fünf Jahren.

§ 30a Straftaten[1]

I Mit Freiheitsstrafe nicht unter fünf Jahren wird bestraft, wer Betäubungsmittel in nicht geringer Menge ohne Erlaubnis nach § 3 Abs. 1 Nr. 1 anbaut, herstellt, mit ihnen Handel treibt, sie ein- oder ausführt (§ 29 Abs. 1 Nr. 1) und dabei als Mitglied einer Bande handelt, die sich zur fortgesetzten Begehung solcher Taten verbunden hat.

---

[1] §§ 29a, 30a eingefügt, § 30 I Nr. 2 geänd. durch Art. 2 Nr. 3 bis 5 OrgKG v. 15. 7. 1992 (BGBl. I 1302).

II In minder schweren Fällen ist die Strafe Freiheitsstrafe von sechs Monaten bis zu fünf Jahren.

§ 30b Straftaten[1]

§ 129 des Strafgesetzbuches gilt auch dann, wenn eine Vereinigung, deren Zwecke oder deren Tätigkeit auf den unbefugten Vertrieb von Betäubungsmitteln im Sinne des § 6 Nr. 5 des Strafgesetzbuches gerichtet sind, nicht oder nicht nur im Inland besteht.

§ 30c Vermögensstrafe[1]

I In den Fällen des § 29 Abs. 1 Nr. 1, 4, 5, 6 und 10 ist § 43a des Strafgesetzbuches anzuwenden. Dies gilt nicht, soweit der Täter Betäubungsmittel, ohne mit ihnen Handel zu treiben, veräußert, abgibt, erwirbt oder sich in sonstiger Weise verschafft.

II In den Fällen der §§ 29a, 30, 30a und 30b ist § 43a des Strafgesetzbuches anzuwenden.

§ 31 Strafmilderung oder Absehen von Strafe[1]

Das Gericht kann die Strafe nach seinem Ermessen mildern (§ 49 Abs. 2 des Strafgesetzbuches) oder von einer Bestrafung nach § 29 Abs. 1, 2, 4 oder 6 absehen, wenn der Täter

1. durch freiwillige Offenbarung seines Wissens wesentlich dazu beigetragen hat, daß die Tat über seinen eigenen Tatbeitrag hinaus aufgedeckt werden konnte, oder
2. freiwillig sein Wissen so rechtzeitig einer Dienststelle offenbart, daß Straftaten nach § 29 Abs. 3, § 29a Abs. 1, § 30 Abs. 1, § 30a Abs. 1 von deren Planung er weiß, noch verhindert werden können.

§ 31a Absehen von der Verfolgung[2]

I Hat das Verfahren ein Vergehen nach § 29 Abs. 1, 2 oder 4 zum Gegenstand, so kann die Staatsanwaltschaft von der Verfolgung absehen, wenn die Schuld des Täters als gering anzusehen wäre, kein öffentliches Interesse an der Strafverfolgung besteht und der Täter die Betäubungsmittel lediglich zum Eigenverbrauch in geringer Menge anbaut, herstellt, einführt, ausführt, durchführt, erwirbt, sich in sonstiger Weise verschafft oder besitzt.

II Ist die Klage bereits erhoben, so kann das Gericht in jeder Lage des Verfahrens unter den Voraussetzungen des Absatzes 1 mit Zustimmung der Staatsanwaltschaft und des Angeschuldigten das Verfahren einstellen. Der Zustimmung des Angeschuldigten bedarf es nicht, wenn die Hauptverhandlung aus den in § 205 der Strafprozeßordnung angeführten Gründen nicht durchgeführt werden kann oder in den Fällen des § 231 Abs. 2 der Strafprozeßordnung und der §§ 232 und 233 der Strafprozeßordnung in seiner Abwesenheit durchgeführt wird. Die Entscheidung ergeht durch Beschluß. Der Beschluß ist nicht anfechtbar.

§ 32 Ordnungswidrigkeiten

I Ordnungswidrig handelt, wer vorsätzlich oder fahrlässig

1. entgegen § 4 Abs. 3 Satz 1 die Teilnahme am Betäubungsmittelverkehr nicht anzeigt,

---

[1] §§ 30b, 30c eingef., § 31 Nr. 2 geänd. durch Art. 2 Nr. 5, 6 OrgKG v. 15. 7. 1992 (BGBl. I 1302).
[2] § 31a eingef. durch Art. 1 Nr. 5 Ges. v. 9. 9. 1992 (BGBl. I 1593).

Anh. 4 BtMG

2. in einem Antrag nach § 7 unrichtige Angaben macht oder unrichtige Unterlagen beifügt,

3. entgegen § 8 Abs. 3 Satz 1 eine Änderung nicht richtig, nicht vollständig oder nicht unverzüglich mitteilt,

4. einer vollziehbaren Auflage nach § 9 Abs. 2 zuwiderhandelt,

5. entgegen § 11 Abs. 1 Satz 1 Betäubungsmittel ohne Genehmigung ein- oder ausführt,

6. einer Rechtsverordnung[1] nach § 11 Abs. 2 Satz 2 Nr. 2 bis 4, § 12 Abs. 4, § 13 Abs. 3 Satz 2 Nr. 2, § 20 Abs. 1 oder § 28 Abs. 2 zuwiderhandelt, soweit sie für einen bestimmten Tatbestand auf diese Bußgeldvorschrift verweist,

7. entgegen § 12 Abs. 1 Betäubungsmittel abgibt oder entgegen § 12 Abs. 2 die Abgabe oder den Erwerb nicht richtig, nicht vollständig oder nicht unverzüglich meldet oder den Empfang nicht bestätigt,

8. entgegen § 14 Abs. 1 bis 4 Betäubungsmittel nicht vorschriftsmäßig kennzeichnet,

9. einer vollziehbaren Anordnung nach § 15 Satz 2 zuwiderhandelt,

10. entgegen § 16 Abs. 1 Betäubungsmittel nicht vorschriftsmäßig vernichtet, eine Niederschrift nicht fertigt oder sie nicht aufbewahrt oder entgegen § 16 Abs. 2 Satz 1 Betäubungsmittel nicht zur Vernichtung einsendet, jeweils auch in Verbindung mit § 16 Abs. 3,

11. entgegen § 17 Abs. 1 oder 2 Aufzeichnungen nicht, nicht richtig oder nicht vollständig führt oder entgegen § 17 Abs. 3 Aufzeichnungen oder Rechnungsdurchschriften nicht aufbewahrt,

12. entgegen § 18 Abs. 1 bis 3 Meldungen nicht richtig, nicht vollständig oder nicht rechtzeitig erstattet,

13. entgegen § 24 Abs. 1 einer Duldungs- oder Mitwirkungspflicht nicht nachkommt oder

14. Betäubungsmittel in eine Postsendung[1] einlegt, obwohl diese Versendung durch den Weltpostvertrag oder ein Abkommen des Weltpostvereins verboten ist; das Postgeheimnis gemäß Artikel 10 Abs. 1 des Grundgesetzes wird insoweit für die Verfolgung und Ahndung der Ordnungswidrigkeit eingeschränkt.

II Die Ordnungswidrigkeit kann mit einer Geldbuße bis zu fünfzigtausend Deutsche Mark geahndet werden.

III Verwaltungsbehörde im Sinne des § 36 Abs. 1 Nr. 1 des Gesetzes über Ordnungswidrigkeiten ist das Bundesgesundheitsamt, soweit das Gesetz von ihm ausgeführt wird.

§ 33 Erweiterter Verfall und Einziehung[2]

I § 73 d des Strafgesetzbuches ist anzuwenden

1. in den Fällen des § 29 Abs. 1 Nr. 1, 4, 5, 6 und 10, sofern der Täter gewerbsmäßig handelt, und

2. in den Fällen der §§ 29a, 30 und 30a.

---

[1] § 32 I Nr. 14: Vgl. Art. 36 Nr. 4 Buchst. b Weltpostvertrag v. 27. 7. 1984 (BGBl. 1986 II 236) und Art. 19 Buchst. a Nr. 2 Postpaketabkommen v. 27. 7. 1984 (BGBl. 1986 II 293). Dazu Ges. v. 28. 1. 1986 (BGBl. II 201; III 901–5–1); VO v. 28. 1. 1986 (BGBl. II 396).
[2] § 33 geänd. durch Art. 2 Nr. 7 OrgKG v. 15. 7. 1992 (BGBl. I 1302).

BtMG Anh. 4

^{II} Gegenstände, auf die sich eine Straftat nach den §§ 29 bis 30a oder eine Ordnungswidrigkeit nach § 32 bezieht, können eingezogen werden. § 74a des Strafgesetzbuches und § 23 des Gesetzes über Ordnungswidrigkeiten sind anzuwenden.

§ 34 Führungsaufsicht[1]

In den Fällen des § 29 Abs. 3, der §§ 29a, 30 und 30a kann das Gericht Führungsaufsicht anordnen (§ 68 Abs. 1 des Strafgesetzbuches).

§ 35 Zurückstellung der Strafvollstreckung[2,3]

^I Ist jemand wegen einer Straftat zu einer Freiheitsstrafe von nicht mehr als zwei Jahren verurteilt worden und ergibt sich aus den Urteilsgründen oder steht sonst fest, daß er die Tat auf Grund einer Betäubungsmittelabhängigkeit begangen hat, so kann die Vollstreckungsbehörde mit Zustimmung des Gerichts des ersten Rechtszuges die Vollstreckung der Strafe, eines Strafrestes oder der Maßregel der Unterbringung in einer Entziehungsanstalt für längstens zwei Jahre zurückstellen, wenn der Verurteilte sich wegen seiner Abhängigkeit in einer seiner Rehabilitation dienenden Behandlung befindet oder zusagt, sich einer solchen zu unterziehen, und deren Beginn gewährleistet ist. Als Behandlung gilt auch der Aufenthalt in einer staatlich anerkannten Einrichtung, die dazu dient, die Abhängigkeit zu beheben oder einer erneuten Abhängigkeit entgegenzuwirken.

^{II} Gegen die Verweigerung der Zustimmung durch das Gericht des ersten Rechtszuges steht der Vollstreckungsbehörde die Beschwerde nach dem Zweiten Abschnitt des Dritten Buches der Strafprozeßordnung zu. Der Verurteilte kann die Verweigerung dieser Zustimmung nur zusammen mit der Ablehnung der Zurückstellung durch die Vollstreckungsbehörde nach den §§ 23 bis 30 des Einführungsgesetzes zum Gerichtsverfassungsgesetz anfechten. Das Oberlandesgericht entscheidet in diesem Falle auch über die Verweigerung der Zurückstellung; es kann die Zustimmung selbst erteilen.

^{III} Absatz 1 gilt entsprechend, wenn

1. auf eine Gesamtfreiheitsstrafe von nicht mehr als zwei Jahren erkannt worden ist oder
2. auf eine Freiheitsstrafe oder Gesamtfreiheitsstrafe von mehr als zwei Jahren erkannt worden ist und ein zu vollstreckender Rest der Freiheitsstrafe oder der Gesamtfreiheitsstrafe zwei Jahre nicht übersteigt.

und im übrigen die Voraussetzungen des Absatzes 1 für den ihrer Bedeutung nach überwiegenden Teil der abgeurteilten Straftaten erfüllt sind.

^{IV} Der Verurteilte ist verpflichtet, zu Zeitpunkten, die die Vollstreckungsbehörde festsetzt, den Nachweis über die Aufnahme und über die Fortführung der Behandlung zu erbringen; die behandelnden Personen oder Einrichtungen teilen der Vollstreckungsbehörde einen Abbruch der Behandlung mit.

^V Die Vollstreckungsbehörde widerruft die Zurückstellung der Vollstreckung, wenn die Behandlung nicht begonnen oder nicht fortgeführt wird und nicht zu erwarten ist, daß der Verurteilte eine Behandlung derselben Art alsbald beginnt oder wieder aufnimmt, oder wenn der Verurteilte den nach Absatz 4

---

[1] § 34: Geändert durch Art. 5 Ges. v. 13. 4. 1986 (BGBl. I 393).
[2] §§ 35 ff.: Vgl. 10 ff. vor § 56 StGB.
[3] § 35 II eingef., bish. II bis VI jetzt III bis VII, V S. 1 geänd. durch Art. 1 Nr. 6 Ges. v. 9. 9. 1992 (BGBl. I 1593).

geforderten Nachweis nicht erbringt. Von dem Widerruf kann abgesehen werden, wenn der Verurteilte nachträglich nachweist, daß er sich in Behandlung befindet. Ein Widerruf nach Satz 1 steht einer erneuten Zurückstellung der Vollstreckung nicht entgegen.

[VI] Die Zurückstellung der Vollstreckung wird auch widerrufen, wenn
1. bei nachträglicher Bildung einer Gesamtstrafe nicht auch deren Vollstreckung nach Absatz 1 in Verbindung mit Absatz 2 zurückgestellt wird oder
2. eine weitere gegen den Verurteilten erkannte Freiheitsstrafe oder freiheitsentziehende Maßregel der Besserung und Sicherung zu vollstrecken ist.

[VII] Hat die Vollstreckungsbehörde die Zurückstellung widerrufen, so ist sie befugt, zur Vollstreckung der Freiheitsstrafe oder der Unterbringung in einer Entziehungsanstalt einen Haftbefehl zu erlassen. Gegen den Widerruf kann die Entscheidung des Gerichts des ersten Rechtszuges herbeigeführt werden. Der Fortgang der Vollstreckung wird durch die Anrufung des Gerichts nicht gehemmt. § 462 der Strafprozeßordnung gilt entsprechend.

§ 36 Anrechnung und Strafaussetzung zur Bewährung[1]

[I] Ist die Vollstreckung zurückgestellt worden und hat sich der Verurteilte in einer staatlich anerkannten Einrichtung behandeln lassen, so wird die vom Verurteilten nachgewiesene Zeit seines Aufenthalts in dieser Einrichtung auf die Strafe angerechnet, bis infolge der Anrechnung zwei Drittel der Strafe erledigt sind. Die Entscheidung über die Anrechnungsfähigkeit trifft das Gericht zugleich mit der Zustimmung nach § 35 Abs. 1. Sind durch die Anrechnung zwei Drittel der Strafe erledigt oder ist eine Behandlung in der Einrichtung zu einem früheren Zeitpunkt nicht mehr erforderlich, so setzt das Gericht die Vollstreckung des Restes der Strafe zur Bewährung aus, sobald verantwortet werden kann zu erproben, ob der Verurteilte keine Straftaten mehr begehen wird.

[II] Ist die Vollstreckung zurückgestellt worden und hat sich der Verurteilte einer anderen als der in Absatz 1 bezeichneten Behandlung seiner Abhängigkeit unterzogen, so setzt das Gericht die Vollstreckung der Freiheitsstrafe oder des Strafrestes zur Bewährung aus, sobald verantwortet werden kann zu erproben, ob er keine Straftaten mehr begehen wird.

[III] Hat sich der Verurteilte nach der Tat einer Behandlung seiner Abhängigkeit unterzogen, so kann das Gericht, wenn die Voraussetzungen des Absatzes 1 Satz 1 nicht vorliegen, anordnen, daß die Zeit der Behandlung ganz oder zum Teil auf die Strafe angerechnet wird, wenn dies unter Berücksichtigung der Anforderungen, welche die Behandlung an den Verurteilten gestellt hat, angezeigt ist.

[IV] Die §§ 56a bis 56g des Strafgesetzbuches gelten entsprechend.

[V] Die Entscheidungen nach den Absätzen 1 bis 3 trifft das Gericht des ersten Rechtszuges ohne mündliche Verhandlung durch Beschluß. Die Vollstreckungsbehörde, der Verurteilte und die behandelnden Personen oder Einrichtungen sind zu hören. Gegen die Entscheidungen ist sofortige Beschwerde möglich. Für die Entscheidungen nach Absatz 1 Satz 3 und nach Absatz 2 gilt § 454 Abs. 3 der Strafprozeßordnung entsprechend; die Belehrung über die Aussetzung des Strafrestes erteilt das Gericht.

---

[1] § 36 I S. 1 geänd. durch Art. 1 Nr. 7 Ges. v. 9. 9. 1992 (BGBl. I 1593).

Anhang BtMG Anh. 4

§ 37 Absehen von der Verfolgung[1]

[I] Steht ein Beschuldigter in Verdacht, eine Straftat auf Grund einer Betäubungsmittelabhängigkeit begangen zu haben, und ist keine höhere Strafe als eine Freiheitsstrafe bis zu zwei Jahren zu erwarten, so kann die Staatsanwaltschaft mit Zustimmung des für die Eröffnung des Hauptverfahrens zuständigen Gerichts vorläufig von der Erhebung der öffentlichen Klage absehen, wenn der Beschuldigte nachweist, daß er sich wegen seiner Abhängigkeit der in § 35 Abs. 1 bezeichneten Behandlung unterzieht, und seine Resozialisierung zu erwarten ist. Die Staatsanwaltschaft setzt Zeitpunkte fest, zu denen der Beschuldigte der Fortdauer der Behandlung nachzuweisen hat. Das Verfahren wird fortgesetzt, wenn

1. die Behandlung nicht bis zu ihrem vorgesehenen Abschluß fortgeführt wird,
2. der Beschuldigte den nach Satz 2 geforderten Nachweis nicht führt,
3. der Beschuldigte eine Straftat begeht und dadurch zeigt, daß die Erwartung, die dem Absehen von der Erhebung der öffentlichen Klage zugrunde lag, sich nicht erfüllt hat, oder
4. auf Grund neuer Tatsachen oder Beweismittel eine Freiheitsstrafe von mehr als zwei Jahren zu erwarten ist.

In den Fällen des Satzes 3 Nr. 1, 2 kann von der Fortsetzung des Verfahrens abgesehen werden, wenn der Beschuldigte nachträglich nachweist, daß er sich weiter in Behandlung befindet. Die Tat kann nicht mehr verfolgt werden, wenn das Verfahren nicht innerhalb von zwei Jahren fortgesetzt wird.

[II] Ist die Klage bereits erhoben, so kann das Gericht mit Zustimmung der Staatsanwaltschaft das Verfahren bis zum Ende der Hauptverhandlung, in der die tatsächlichen Feststellungen letztmals geprüft werden können, voläufig einstellen. Die Entscheidung ergeht durch unanfechtbaren Beschluß. Absatz 1 Satz 1 bis 5 gilt entsprechend. Unanfechtbar ist auch eine Feststellung, daß das Verfahren nicht fortgesetzt wird (Absatz 1 Satz 5).

[III] Die in § 172 Abs. 2 Satz 3, § 396 Abs. 3 und § 467 Abs. 5 der Strafprozeßordnung zu § 153a der Strafprozeßordnung getroffenen Regelungen gelten entsprechend.

§ 38 Jugendliche und Heranwachsende

[I] Bei Verurteilung zu Jugendstrafe gelten die §§ 35 und 36 sinngemäß. Bei Verurteilung zu Jugendstrafe von unbestimmter Dauer richtet sich die Anwendung der §§ 35 und 36 nach dem erkannten Höchstmaß der Strafe. Neben der Zusage des Jugendlichen nach § 35 Abs. 1 Satz 1 bedarf es auch der Einwilligung des Erziehungsberechtigten und des gesetzlichen Vertreters. Im Falle des § 35 Abs. 6 Satz 2 findet § 83 Abs. 2 Nr. 1, Abs. 3 Satz 2 des Jugendgerichtsgesetzes sinngemäß Anwendung. Abweichend von § 36 Abs. 4 gelten die §§ 22 bis 26a des Jugendgerichtsgesetzes entsprechend. Für die Entscheidungen nach § 36 Abs. 1 Satz 3 und Abs. 4 sind neben § 454 Abs. 3 der Strafprozeßordnung die §§ 58, 59 Abs. 2 bis 4 und § 60 des Jugendgerichtsgesetzes ergänzend anzuwenden.

[II] § 37 gilt sinngemäß auch für Jugendliche und Heranwachsende.

---

[1] § 37: I S. 1 und 5 geänd. durch Art. 1 Nr. 8 Ges. v. 9. 9. 1992 (BGBl. I 1593); II S. 4 angef. durch Art. 8 Ges. v. 27. 1. 1987 (BGBl. I 475); III geänd. durch Art. 6 Ges. v. 18. 12. 1986 (BGBl. I 2496).

5. Gesetz über den Verkehr mit Arzneimitteln (Arzneimittelgesetz)

Vom 24. August 1976 (BGBl. I 2445; III 2121-51-1-2), letztes ÄndG
v. 20. 7. 1988 (BGBl. I 1050)

(noch abgedruckt in der 43. Aufl.)

6. Gesetz über die berufsmäßige Ausübung der Heilkunde ohne Bestallung (Heilpraktikergesetz)

Vom 17. Februar 1939 (RGBl. I 251; BGBl. III 2122-2), ÄndG v. 2. 3. 1974
(BGBl. I 469, 550)

(noch abgedruckt in der 43. Aufl.)

7. Gesetz zur Bekämpfung der Geschlechtskrankheiten

Vom 23. Juli 1953 (BGBl. I 700; III 2126-4), letztes ÄndG
vom 19. 12. 1986 (BGBl. I 2555)

(noch abgedruckt in der 43. Aufl.)

8. Gesetz über die Verbreitung jugendgefährdender Schriften[1] RiStBV 223 bis 228

idF v. 12. 7. 1985 (BGBl. I 1502; III 2161-1)

(Auszug)

§ 1 [Aufnahme in die Liste]

[I] Schriften, die geeignet sind, Kinder oder Jugendliche sittlich zu gefährden, sind in eine Liste aufzunehmen. Dazu zählen vor allem unsittliche, verrohend wirkende, zu Gewalttätigkeit, Verbrechen oder Rassenhaß anreizende sowie den Krieg verherrlichende Schriften. Die Aufnahme ist bekanntzumachen.

[II] Eine Schrift darf nicht in die Liste aufgenommen werden

1. allein wegen ihres politischen, sozialen, religiösen oder weltanschaulichen Inhalts;

2. wenn sie der Kunst oder der Wissenschaft, der Forschung oder der Lehre dient;

3. wenn sie im öffentlichen Interesse liegt, es sei denn, daß die Art der Darstellung zu beanstanden ist.

---

[1] Anh. 8: Dazu DVO idF v. 23. 8. 1962 (BGBl. I 596; III 2161-1-1), letzte ÄndVO v. 5. 5. 1978 (BGBl. I 607).

Anhang **GjS Anh. 8**

III Den Schriften stehen Ton- und Bildträger, Abbildungen und andere Darstellungen gleich.

IV Kind im Sinne des Gesetzes ist, wer noch nicht vierzehn, Jugendlicher, wer vierzehn, aber noch nicht achtzehn Jahre alt ist.

§ 2 [Ausnahmen]

In Fällen von geringer Bedeutung kann davon abgesehen werden, die Schrift in die Liste aufzunehmen.

§ 3 [Vertrieb an Jugendliche]

I Eine Schrift, deren Aufnahme in die Liste bekanntgemacht ist, darf nicht
1. einem Kind oder Jugendlichen angeboten, überlassen oder zugänglich gemacht werden,
2. an einem Ort, der Kindern oder Jugendlichen zugänglich ist oder von ihnen eingesehen werden kann, ausgestellt, angeschlagen, vorgeführt oder sonst zugänglich gemacht werden,
3. im Wege gewerblicher Vermietung oder vergleichbarer gewerblicher Gewährung des Gebrauchs, ausgenommen in Ladengeschäften, die Kindern und Jugendlichen nicht zugänglich sind und von ihnen nicht eingesehen werden können, einem anderen angeboten oder überlassen werden.

II Absatz 1 Nr. 3 gilt nicht, wenn die Handlungen im Geschäftsverkehr mit gewerblichen Entleihern erfolgt.

§ 4 [Weitere Vertriebsverbote]

I Eine Schrift, deren Aufnahme in die Liste bekanntgemacht ist, darf nicht
1. im Einzelhandel außerhalb von Geschäftsräumen,
2. in Kiosken oder anderen Verkaufsstellen, die der Kunde nicht zu betreten pflegt,
3. im Versandhandel oder
4. in gewerblichen Leihbüchereien oder Lesezirkeln

vertrieben, verbreitet oder verliehen oder zu diesen Zwecken vorrätig gehalten werden.

II Verleger und Zwischenhändler dürfen eine solche Schrift nicht an Personen liefern, soweit diese einen Handel nach Absatz 1 Nr. 1 betreiben oder Inhaber von Betrieben der in Absatz 1 Nr. 2 bis 4 bezeichneten Art sind. Soweit die Lieferung erfolgen darf, haben Verleger, Zwischenhändler und Personen, die Schriften in den räumlichen Geltungsbereich dieses Gesetzes einführen, ihre Abnehmer auf die Vertriebsbeschränkungen hinzuweisen.

III Eine Schrift, deren Aufnahme in die Liste bekanntgemacht ist, darf nicht im Wege des Versandhandels in den räumlichen Geltungsbereich dieses Gesetzes eingeführt werden.

§ 5 [Werbungsbeschränkungen]

I Bei geschäftlicher Werbung darf nicht darauf hingewiesen werden, daß ein Verfahren zur Aufnahme einer Schrift in die Liste anhängig ist oder gewesen ist.

II Eine Schrift, deren Aufnahme in die Liste bekanntgemacht ist, darf nicht öffentlich oder durch Verbreiten von Schriften angeboten, angekündigt oder angepriesen werden.

Anh. 8 GjS

III Absatz 2 gilt nicht für den Geschäftsverkehr mit dem einschlägigen Handel sowie für Handlungen an Orten, die Kindern oder Jugendlichen nicht zugänglich sind und von ihnen nicht eingesehen werden können.

§ 6 [Schwer gefährdende Schriften]

Den Beschränkungen der §§ 3 bis 5 unterliegen, ohne daß es einer Aufnahme in die Liste und einer Bekanntmachung bedarf,

1. Schriften, die zum Rassenhaß aufstacheln oder die grausame oder sonst unmenschliche Gewalttätigkeiten gegen Menschen in einer Art schildern, die eine Verherrlichung oder Verharmlosung solcher Gewalttätigkeiten ausdrückt oder die das Grausame oder Unmenschliche des Vorganges in einer die Menschenwürde verletzenden Weise darstellt (§ 131 des Strafgesetzbuches),
2. pornographische Schriften (§ 184 des Strafgesetzbuches),
3. sonstige Schriften, die offensichtlich geeignet sind, Kinder oder Jugendliche sittlich schwer zu gefährden.

§ 7 [Periodische Druckschriften]

Eine periodische Druckschrift kann auf die Dauer von drei bis zwölf Monaten in die Liste aufgenommen werden, wenn innerhalb von zwölf Monaten mehr als zwei ihrer Nummern in die Liste aufgenommen worden sind. Dies gilt nicht für Tageszeitungen und politische Zeitschriften.

§ 21 [Strafen und Maßnahmen]

I Wer eine Schrift, deren Aufnahme in die Liste bekanntgemacht ist, oder eine der in § 6 bezeichneten Schriften

1. entgegen § 3 Abs. 1 Nr. 1 einem Kind oder Jugendlichen anbietet, überläßt oder zugänglich macht,
2. entgegen § 3 Abs. 1 Nr. 2 an den dort bezeichneten Orten ausstellt, anschlägt, vorführt oder sonst zugänglich macht,
3. entgegen § 3 Abs. 1 Nr. 3 im Wege gewerblicher Vermietung oder vergleichbarer gewerblicher Gewährung des Gebrauchs einem anderen anbietet oder überläßt,
4. entgegen § 4 Abs. 1 in den dort bezeichneten Fällen vertreibt, verbreitet, verleiht oder vorrätig hält,
5. entgegen § 4 Abs. 2 Satz 1 an die dort bezeichneten Personen liefert,
6. entgegen § 4 Abs. 3 einzuführen unternimmt oder
7. entgegen § 5 Abs. 2 anbietet, ankündigt oder anpreist,

wird mit Freiheitsstrafe bis zu einem Jahr oder mit Geldstrafe bestraft.

II Ebenso wird bestraft, wer

1. entgegen § 5 Abs. 1 geschäftlich wirbt oder
2. die Liste zum Zwecke der geschäftlichen Werbung abdruckt oder veröffentlicht.

III Handelt der Täter fahrlässig, so ist die Strafe Freiheitsstrafe bis zu sechs Monaten oder Geldstrafe bis zu einhundertachtzig Tagessätzen.

IV Die Absätze 1 bis 3 sind nicht anzuwenden, wenn der zur Sorge für die Person Berechtigte die Schrift einem Kind oder Jugendlichen anbietet, überläßt oder zugänglich macht.

Anhang **JÖSchG Anh. 9**

ᵛ Das Gericht kann von einer Bestrafung nach den Absätzen 1 bis 3 absehen, wenn der Täter, der die Schrift einem Kind oder Jugendlichen angeboten, überlassen oder zugänglich gemacht hat, ein Jugendlicher oder ein Angehöriger im Sinne des § 11 Abs. 1 Nr. 1 des Strafgesetzbuches ist.

ⱽᴵ Hat ein Kind oder Jugendlicher die Schrift einem anderen Kind oder Jugendlichen angeboten, überlassen oder zugänglich gemacht, so leitet das Jugendamt die auf Grund bestehender Vorschriften zulässigen Maßnahmen ein. Der Vormundschaftsrichter kann auf Antrag des Jugendamtes oder von Amts wegen Weisungen erteilen.

§ 21a [Ordnungswidrigkeiten]

ᴵ Ordnungswidrig handelt, wer vorsätzlich oder fahrlässig entgegen § 4 Abs. 2 Satz 2 einen Abnehmer nicht auf die Vertriebsbeschränkungen hinweist.

ᴵᴵ Die Ordnungswidrigkeit kann mit einer Geldbuße bis zu dreißigtausend Deutsche Mark geahndet werden.

9. Gesetz zum Schutze der Jugend in der Öffentlichkeit (Jugendschutzgesetz – JÖSchG)

Vom 25. 2. 1985 (BGBl. I 425; III 2161-5, ÄndG v. 28. 6. 1990 (BGBl. I 1221)

§ 1 [Orte der Gefährdung]

Halten sich Kinder oder Jugendliche an Orten auf, an denen ihnen eine unmittelbare Gefahr für ihr körperliches, geistiges oder seelisches Wohl droht, so haben die zuständigen Behörden oder Stellen die zur Abwendung der Gefahr erforderlichen Maßnahmen zu treffen. Wenn nötig, haben sie die Kinder oder Jugendlichen

1. zum Verlassen des Ortes anzuhalten,
2. einem Erziehungsberechtigten zuzuführen oder, wenn kein Erziehungsberechtigter erreichbar ist, in die Obhut des Jugendamtes zu bringen.

In schwierigen Fällen haben die zuständigen Behörden oder Stellen das Jugendamt über den jugendgefährdenden Ort zu unterrichten.

§ 2 [Begriffsbestimmungen]

ᴵ Kind im Sinne dieses Gesetzes ist, wer noch nicht vierzehn, Jugendlicher, wer vierzehn, aber noch nicht achtzehn Jahre alt ist.

ᴵᴵ Erziehungsberechtigter im Sinne dieses Gesetzes ist

1. jede Person, der allein oder gemeinsam mit einer anderen Person nach den Vorschriften des Bürgerlichen Gesetzbuches die Personensorge zusteht,
2. jede sonstige Person über achtzehn Jahre, soweit sie auf Grund einer Vereinbarung mit dem Personensorgeberechtigten Aufgaben der Personensorge wahrnimmt oder soweit sie das Kind oder den Jugendlichen im Rahmen der Ausbildung oder mit Zustimmung des Personensorgeberechtigten im Rahmen der Jugendhilfe betreut.

Anh. 9 JÖSchG

[III] Soweit es nach diesem Gesetz auf die Begleitung durch einen Erziehungsberechtigten ankommt, haben die in Absatz 2 Nr. 2 genannten Personen ihre Berechtigung auf Verlangen darzulegen. Veranstalter und Gewerbetreibende haben in Zweifelsfällen die Berechtigung zu überprüfen.

[IV] Soweit nach diesem Gesetz Altersgrenzen zu beachten sind, haben Kinder und Jugendliche ihr Lebensalter auf Verlangen in geeigneter Weise nachzuweisen. Veranstalter und Gewerbetreibende haben in Zweifelsfällen das Lebensalter zu überprüfen.

[V] Dieses Gesetz gilt nicht für verheiratete Jugendliche.

§ 3 [Gaststättenbesuch]

[I] Der Aufenthalt in Gaststätten darf Kindern und Jugendlichen unter sechzehn Jahren nur gestattet werden, wenn ein Erziehungsberechtigter sie begleitet. Dies gilt nicht, wenn Kinder oder Jugendliche

1. an einer Veranstaltung eines anerkannten Trägers der Jugendhilfe teilnehmen,
2. sich auf Reisen befinden oder
3. eine Mahlzeit oder ein Getränk einnehmen.

[II] Jugendlichen ab sechzehn Jahren ist der Aufenthalt in Gaststätten ohne Begleitung eines Erziehungsberechtigten bis 24 Uhr gestattet.

[III] Der Aufenthalt in Gaststätten, die als Nachtbar oder Nachtclub geführt werden, und in vergleichbaren Vergnügungsbetrieben darf Kindern und Jugendlichen nicht gestattet werden.

§ 4 [Alkoholische Getränke]

[I] In Gaststätten, Verkaufsstellen oder sonst in der Öffentlichkeit dürfen

1. Branntwein, branntweinhaltige Getränke oder Lebensmittel, die Branntwein in nicht nur geringfügiger Menge enthalten, an Kinder und Jugendliche,
2. andere alkoholische Getränke an Kinder und Jugendliche unter sechzehn Jahren

weder abgegeben noch darf ihnen der Verzehr gestattet werden.

[II] Absatz 1 Nr. 2 gilt nicht, wenn Jugendliche von einem Personensorgeberechtigten (§ 2 Abs. 2 Nr. 1) begleitet werden.

[III] In der Öffentlichkeit dürfen alkoholische Getränke nicht in Automaten angeboten werden. Dies gilt nicht, wenn ein Automat in einem gewerblich genutzten Raum aufgestellt und durch Vorrichtungen oder durch ständige Aufsicht sichergestellt ist, daß Kinder und Jugendliche unter sechzehn Jahren alkoholische Getränke nicht aus dem Automaten entnehmen können. § 20 Nr. 1 des Gaststättengesetzes bleibt unberührt.

§ 5 [Öffentliche Tanzveranstaltungen]

[I] Die Anwesenheit bei öffentlichen Tanzveranstaltungen ohne Begleitung eines Erziehungsberechtigten darf Kindern und Jugendlichen unter sechzehn Jahren nicht und Jugendlichen ab sechzehn Jahren längstens bis 24 Uhr gestattet werden.

[II] Abweichend von Absatz 1 darf die Anwesenheit Kindern bis 22 Uhr und Jugendlichen unter sechzehn Jahren bis 24 Uhr gestattet werden, wenn die Tanzveranstaltung von einem anerkannten Träger der Jugendhilfe durchgeführt wird oder der künstlerischen Betätigung oder der Brauchtumspflege dient.

Anhang

JÖSchG Anh. 9

III Ausnahmen von Absatz 1 können auf Vorschlag des Jugendamtes zugelassen werden.

§ 6 [Öffentliche Filmveranstaltungen]

I Die Anwesenheit bei öffentlichen Filmveranstaltungen darf Kindern und Jugendlichen nur gestattet werden, wenn die Filme von der obersten Landesbehörde zur Vorführung vor ihnen freigegeben worden sind. Kindern unter sechs Jahren darf die Anwesenheit nur gestattet werden, wenn sie von einem Erziehungsberechtigten begleitet sind.

II Filme, die geeignet sind, das körperliche, geistige oder seelische Wohl von Kindern und Jugendlichen zu beeinträchtigen, dürfen nicht zur Vorführung vor ihnen freigegeben werden.

III Die oberste Landesbehörde kennzeichnet die Filme mit

1. ,,Freigegeben ohne Altersbeschränkung",
2. ,,Freigegeben ab sechs Jahren",
3. ,,Freigegeben ab zwölf Jahren"
4. ,,Freigegeben ab sechzehn Jahren",
5. ,,Nicht freigegeben unter achtzehn Jahren".

Kommt in Betracht, daß ein nach Satz 1 Nr. 5 gekennzeichneter Film den Tatbestand des § 131 oder des § 184 des Strafgesetzbuches erfüllt, ist dies der zuständigen Strafverfolgungsbehörde mitzuteilen.

IV Im Rahmen der Absätze 1 und 3 Satz 1 darf die Anwesenheit bei öffentlichen Filmveranstaltungen ohne Begleitung eines Erziehungsberechtigten nur gestattet werden

1. Kindern, wenn die Vorführung bis 20 Uhr,
2. Jugendlichen unter sechzehn Jahren, wenn die Vorführung bis 22 Uhr,
3. Jugendlichen über sechzehn Jahre, wenn die Vorführung bis 24 Uhr

beendet ist.

V Die Absätze 1 bis 4 gelten für die öffentliche Vorführung von Filmen unabhängig von der Art der Aufzeichnung und Wiedergabe. Sie gelten auch für Werbevorspanne und Beiprogramme.

VI Die Absätze 1 bis 5 gelten nicht für Filme, die zu nichtgewerblichen Zwecken hergestellt werden, solange die Filme nicht gewerblich genutzt werden.

VII Auf Filme, die von der obersten Landesbehörde nach Absatz 3 Satz 1 gekennzeichnet worden sind, finden die §§ 1 und 11 des Gesetzes über die Verbreitung jugendgefährdender Schriften keine Anwendung.

§ 7 [Bespielte Bildträger]

I Bespielte Videokassetten, Bildplatten und vergleichbare Bildträger dürfen Kindern und Jugendlichen in der Öffentlichkeit nur zugänglich gemacht werden, wenn die Programme von der obersten Landesbehörde für ihre Altersstufe freigegeben und gekennzeichnet worden sind.

II Für die Freigabe und Kennzeichnung findet § 6 Abs. 2 und 3 Satz 1 und Abs. 6 entsprechende Anwendung. Auf die Alterseinstufung ist mit einem fälschungssicheren Zeichen hinzuweisen. Das Zeichen ist vom Inhaber der Nutzungsrechte auf dem Bildträger und auf der Hülle in einer deutlich sichtbaren Form anzubringen, bevor der Bildträger an den Handel geliefert oder in sonstiger Weise gewerblich verwertet wird.

Anh. 9 JÖSchG

^{III} Bildträger, die von der obersten Landesbehörde nicht oder mit ,,Nicht freigeben unter achtzehn Jahren" gekennzeichnet worden sind, dürfen
1. einem Kind oder Jugendlichen nicht angeboten, überlassen oder sonst zugänglich gemacht werden,
2. nicht im Einzelhandel außerhalb von Geschäftsräumen, in Kiosken oder anderen Verkaufsstellen, die der Kunde nicht zu betreten pflegt oder im Versandhandel angeboten oder überlassen werden.

^{IV} In der Öffentlichkeit dürfen bespielte Bildträger nicht in Automaten angeboten werden.

^V Auf Bildträger, die von der obersten Landesbehörde nach Absatz 2 in Verbindung mit § 6 Abs. 3 Satz 1 Nr. 1 bis 4 gekennzeichnet worden sind, finden die §§ 1 und 11 des Gesetzes über die Verbreitung jugendgefährdender Schriften keine Anwendung.

^{VI} § 6 Abs. 3 Satz 2 findet entsprechende Anwendung.

§ 8 [Glücks- und Unterhaltungsspiele]

^I Die Anwesenheit in öffentlichen Spielhallen oder ähnlichen vorwiegend dem Spielbetrieb dienenden Räumen darf Kindern und Jugendlichen nicht gestattet werden.

^{II} Die Teilnahme an Spielen mit Gewinnmöglichkeit in der Öffentlichkeit darf Kindern und Jugendlichen nur auf Volksfesten, Schützenfesten, Jahrmärkten, Spezialmärkten oder ähnlichen Veranstaltungen gestattet werden, wenn der Gewinn in Waren von geringem Wert besteht.

^{III} Elektronische Bildschirm-Unterhaltungsspielgeräte ohne Gewinnmöglichkeit dürfen zur entgeltlichen Benutzung
1. auf Kindern und Jugendlichen zugänglichen öffentlichen Verkehrsflächen,
2. außerhalb von gewerblich oder in sonstiger Weise beruflich oder geschäftsmäßig genutzten Räumen oder
3. in deren unbeaufsichtigten Zugängen, Vorräumen oder Fluren
nicht aufgestellt werden.

^{IV} Das Spielen an elektronischen Bildschirm-Unterhaltungsspielgeräten ohne Gewinnmöglichkeit, die zur entgeltlichen Benutzung öffentlich aufgestellt sind, darf Kindern und Jugendlichen unter sechzehn Jahren ohne Begleitung eines Erziehungsberechtigten nicht gestattet werden.

^V Unterhaltungsspielgeräte, mit denen sexuelle Handlungen oder Gewalttätigkeiten gegen Menschen oder Tiere dargestellt werden oder die eine Verherrlichung oder Verharmlosung des Krieges zum Gegenstand haben, dürfen in der Öffentlichkeit an Kindern und Jugendlichen zugänglichen Orten nicht aufgestellt werden.

§ 9 [Rauchen in der Öffentlichkeit]

Das Rauchen in der Öffentlichkeit darf Kindern und Jugendlichen unter sechzehn Jahren nicht gestattet werden.

§ 10 [Sonstige Jugendgefährdungen]

Geht von einer öffentlichen Veranstaltung oder einem Gewerbebetrieb eine Gefährdung im Sinne des § 1 Satz 1 aus, die durch Anwendung der §§ 3 bis 8 nicht ausgeschlossen oder wesentlich gemindert werden kann, so kann die zuständige Behörde anordnen, daß der Veranstalter oder Gewerbetreibende Kindern und Jugendlichen die Anwesenheit nicht gestatten darf. Die Anordnung kann Alters- oder Zeitbegrenzungen enthalten, wenn dadurch die Gefährdung ausgeschlossen oder wesentlich gemindert wird.

§ 11 [Pflichten der Veranstalter und Gewerbetreibenden][1]

Veranstalter und Gewerbetreibende haben die nach den §§ 3 bis 10 für ihre Betriebseinrichtungen und Veranstaltungen geltenden Vorschriften sowie die Alterseinstufung von Filmen durch deutlich sichtbaren und gut lesbaren Aushang bekanntzumachen. Zur Bekanntmachung der Alterseinstufung von Filmen und Bildträgern dürfen sie nur die Kennzeichnungen des § 6 Abs. 3 Satz 1 verwenden. Wer einen Film für öffentliche Filmveranstaltungen weitergibt, ist verpflichtet, den Veranstalter auf die Alterseinstufung hinzuweisen. Für Filme und Bildträger, die von der obersten Landesbehörde nach § 6 Abs. 3 gekennzeichnet worden sind, darf bei der Ankündigung und bei der Werbung weder auf jugendgefährdende Inhalte hingewiesen werden noch darf die Ankündigung oder die Werbung in jugendgefährdender Weise erfolgen.

§ 12 [Ordnungswidrigkeiten; Strafvorschrift][2]

[1] Ordnungswidrig handelt, wer als Veranstalter oder Gewerbetreibender vorsätzlich oder fahrlässig

1. entgegen § 3 einem Kind oder einem Jugendlichen den Aufenthalt in einer Gaststätte gestattet,
2. entgegen § 4 Abs. 1 ein alkoholisches Getränk oder Lebensmittel an ein Kind oder einen Jugendlichen abgibt oder ihm den Verzehr gestattet,
3. entgegen § 4 Abs. 3 Satz 1 ein alkoholisches Getränk in einem Automaten anbietet,
4. entgegen § 5 Abs. 1 einem Kind oder einem Jugendlichen die Anwesenheit bei einer öffentlichen Tanzveranstaltung gestattet,
5. entgegen § 6 Abs. 1 oder 4 einem Kind oder einem Jugendlichen die Anwesenheit bei einer öffentlichen Filmveranstaltung gestattet,
6. entgegen § 7 Abs. 1 einem Kind oder einem Jugendlichen einen bespielten Bildträger, der nicht für seine Altersstufe freigegeben ist, zugänglich macht,
7. entgegen § 7 Abs. 2 Satz 2 und 3 ein Zeichen nicht, nicht in der dort bezeichneten Form oder in einer der Alterseinstufung durch die oberste Landesbehörde nicht entsprechenden Weise anbringt,
8. entgegen § 7 Abs. 3 Nr. 2 einen nicht freigegebenen Bildträger anbietet oder überläßt,
9. entgegen § 7 Abs. 4 einen bespielten Bildträger in einem Automaten anbietet,
10. entgegen § 8 Abs. 1 einem Kind oder einem Jugendlichen die Anwesenheit in einer öffentlichen Spielhalle oder einem dort bezeichneten Raum gestattet,
11. entgegen § 8 Abs. 2 einem Kind oder einem Jugendlichen die Teilnahme an einem Spiel mit Gewinnmöglichkeiten gestattet,
12. entgegen § 8 Abs. 3 oder 5 ein Unterhaltungsspielgerät aufstellt,

---

[1] § 11 S. 2 eingef. durch Art. 21 Ges. v. 28. 6. 1990 (BGBl. I 1221).
[2] § 12 Abs. 1 Nr. 4, 18, Abs. IV Nr. 2 geänd., Abs. 1 Nr. 17a eingef. durch Art. 21 Nr. 2 Ges. v. 28. 6. 1990 (BGBl. I 1221).

Anh. 10 VereinsG

13. entgegen § 8 Abs. 4 einem Kind oder einem Jugendlichen unter sechzehn Jahren die Benutzung eines Unterhaltungsspielgeräts gestattet,
14. entgegen § 9 einem Kind oder einem Jugendlichen unter sechzehn Jahren das Rauchen in der Öffentlichkeit gestattet oder
15. einer vollziehbaren Anordnung nach § 10 zuwiderhandelt,
16. entgegen § 11 Satz 1 die für seine Betriebseinrichtung oder Veranstaltung geltenden Vorschriften nicht durch den dort bezeichneten Aushang bekanntmacht,
17. entgegen § 11 Satz 2 nicht die Kennzeichnungen des § 6 Abs. 3 Satz 1 verwendet,
17a. entgegen § 11 Satz 3 einen Film für eine öffentliche Filmveranstaltung weitergibt, ohne den Veranstalter auf die Alterseinstufung hinzuweisen,
18. entgegen § 11 Satz 4 bei der Ankündigung oder bei der Werbung auf jugendgefährdende Inhalte hinweist oder in jugendgefährdender Weise ankündigt oder wirbt.

II Ordnungswidrig handelt auch, wer als Person über achtzehn Jahre ein Verhalten eines Kindes oder eines Jugendlichen herbeiführt oder fördert, das durch ein in Absatz 1 Nr. 1 bis 14 bezeichnetes oder in § 7 Abs. 3 Nr. 1 enthaltenes Verbot oder durch eine vollziehbare Anordnung nach § 10 verhindert werden soll. Hinsichtlich des Verbots in § 7 Abs. 3 Nr. 1 gilt dies nicht für den Personensorgeberechtigten.

III Die Ordnungswidrigkeit kann mit einer Geldbuße bis zu dreißigtausend Deutsche Mark geahndet werden.

IV Mit Freiheitsstrafe bis zu einem Jahr oder mit Geldstrafe wird bestraft, wer als Veranstalter oder Gewerbetreibender

1. eine in Absatz 1 bezeichnete vorsätzliche Zuwiderhandlung begeht und dadurch wenigstens leichtfertig ein Kind oder einen Jugendlichen in seiner körperlichen, geistigen oder sittlichen Entwicklung schwer gefährdet oder
2. eine in Absatz 1 bezeichnete vorsätzliche Zuwiderhandlung aus Gewinnsucht begeht oder beharrlich wiederholt.

10. Gesetz zur Regelung des öffentlichen Vereinsrechts (Vereinsgesetz)

Vom 5. August 1964 (BGBl. I 593; III 2180–1), letztes ÄndG vom 28. 6. 1990 (BGBl. I 1221).

(noch abgedruckt in der 44. Aufl.)

11. Gesetz über Versammlungen und Aufzüge (Versammlungsgesetz)

idF v. 15. 11. 1978 (BGBl. I 1789; III 2180–4), letztes ÄndG v. 9. 6. 1989 (BGBl. I 1059)

Abschnitt I. Allgemeines

§ 1 [Versammlungsrecht]

I Jedermann hat das Recht, öffentliche Versammlungen und Aufzüge zu veranstalten und an solchen Veranstaltungen teilzunehmen.

II Dieses Recht hat nicht,

1. wer das Grundrecht der Versammlungsfreiheit gemäß Artikel 18 des Grundgesetzes verwirkt hat,
2. wer mit der Durchführung oder Teilnahme an einer solchen Veranstaltung die Ziele einer nach Artikel 21 Abs. 2 des Grundgesetzes durch das Bundesverfassungsgericht für verfassungswidrig erklärten Partei oder Teil- oder Ersatzorganisation einer Partei fördern will,
3. eine Partei, die nach Artikel 21 Abs. 2 des Grundgesetzes durch das Bundesverfassungsgericht für verfassungswidrig erklärt worden ist, oder
4. eine Vereinigung, die nach Artikel 9 Abs. 2 des Grundgesetzes verboten ist.

§ 2 [Namensangabe des Veranstalters; Störungs- und Waffentragungsverbot]

I Wer zu einer öffentlichen Versammlung oder zu einem Aufzug öffentlich einlädt, muß als Veranstalter in der Einladung seinen Namen angeben.

II Bei öffentlichen Versammlungen und Aufzügen hat jedermann Störungen zu unterlassen, die bezwecken, die ordnungsmäßige Durchführung zu verhindern.

III Niemand darf bei öffentlichen Versammlungen oder Aufzügen Waffen oder sonstige Gegenstände, die ihrer Art nach zur Verletzung von Personen oder zur Beschädigung von Sachen geeignet und bestimmt sind, mit sich führen, ohne dazu behördlich ermächtigt zu sein. Ebenso ist es verboten, ohne behördliche Ermächtigung Waffen oder die in Satz 1 genannten Gegenstände auf dem Weg zu öffentlichen Versammlungen oder Aufzügen mit sich zu führen, zu derartigen Veranstaltungen hinzuschaffen oder sie zur Verwendung bei derartigen Veranstaltungen bereitzuhalten oder zu verteilen.

§ 3 [Uniformverbot]

I Es ist verboten, öffentlich oder in einer Versammlung Uniformen, Uniformteile oder gleichartige Kleidungsstücke als Ausdruck einer gemeinsamen politischen Gesinnung zu tragen.

II Jugendverbänden, die sich vorwiegend der Jugendpflege widmen, ist auf Antrag für ihre Mitglieder eine Ausnahmegenehmigung von dem Verbot des Absatzes 1 zu erteilen. Zuständig ist bei Jugendverbänden, deren erkennbare Organisation oder Tätigkeit sich über das Gebiet eines Landes hinaus erstreckt, der Bundesminister des Innern, sonst die oberste Landesbehörde. Die Entscheidung des Bundesministers des Innern ist im Bundesanzeiger und im Gemeinsa-

Anh. 11 VersammlG

men Ministerialblatt, die der obersten Landesbehörden in ihren amtlichen Mitteilungsblättern bekanntzumachen.

§ 4 (weggefallen)

Abschnitt II. Öffentliche Versammlungen in geschlossenen Räumen

§ 5 [Verbot einer Versammlung in geschlossenen Räumen]

Die Abhaltung einer Versammlung kann nur im Einzelfall und nur dann verboten werden, wenn

1. der Veranstalter unter die Vorschriften des § 1 Abs. 2 Nr. 1 bis 4 fällt, und im Falle der Nummer 4 das Verbot durch die zuständige Verwaltungsbehörde festgestellt worden ist,
2. der Veranstalter oder Leiter der Versammlung Teilnehmern Zutritt gewährt, die Waffen oder sonstige Gegenstände im Sinne von § 2 Abs. 3 mit sich führen,
3. Tatsachen festgestellt sind, aus denen sich ergibt, daß der Veranstalter oder sein Anhang einen gewalttätigen oder aufrührerischen Verlauf der Versammlung anstreben,
4. Tatsachen festgestellt sind, aus denen sich ergibt, daß der Veranstalter oder sein Anhang Ansichten vertreten oder Äußerungen dulden werden, die ein Verbrechen oder ein von Amts wegen zu verfolgendes Vergehen zum Gegenstand haben.

§ 6 [Ausschlußrecht bestimmter Personen]

^I Bestimmte Personen oder Personenkreise können in der Einladung von der Teilnahme an einer Versammlung ausgeschlossen werden.

^{II} Pressevertreter können nicht ausgeschlossen werden; sie haben sich dem Leiter der Versammlung gegenüber durch ihren Presseausweis ordnungsgemäß auszuweisen.

§ 7 [Versammlungsleiter]

^I Jede öffentliche Versammlung muß einen Leiter haben.

^{II} Leiter der Versammlung ist der Veranstalter. Wird die Versammlung von einer Vereinigung veranstaltet, so ist ihr Vorsitzender der Leiter.

^{III} Der Veranstalter kann die Leitung einer anderen Person übertragen.

^{IV} Der Leiter übt das Hausrecht aus.

§ 8 [Aufgaben des Versammlungsleiters]

Der Leiter bestimmt den Ablauf der Versammlung. Er hat während der Versammlung für Ordnung zu sorgen. Er kann die Versammlung jederzeit unterbrechen oder schließen. Er bestimmt, wann eine unterbrochene Versammlung fortgesetzt wird.

§ 9 [Ordner]

^I Der Leiter kann sich bei der Durchführung seiner Rechte aus § 8 der Hilfe einer angemessenen Zahl ehrenamtlicher Ordner bedienen. Diese dürfen keine Waffen oder sonstigen Gegenstände im Sinne von § 2 Abs. 3 mit sich führen, müssen volljährig und ausschließlich durch weiße Armbinden, die nur die Bezeichnung „Ordner" tragen dürfen, kenntlich sein.

II Der Leiter ist verpflichtet, die Zahl der von ihm bestellten Ordner der Polizei auf Anfordern mitzuteilen. Die Polizei kann die Zahl der Ordner angemessen beschränken.

§ 10 [Folgepflicht der Versammlungsteilnehmer]

Alle Versammlungsteilnehmer sind verpflichtet, die zur Aufrechterhaltung der Ordnung getroffenen Anweisungen des Leiters oder der von ihm bestellten Ordner zu befolgen.

§ 11 [Ausschluß gröblicher Störer]

I Der Leiter kann Teilnehmer, welche die Ordnung gröblich stören, von der Versammlung ausschließen.

II Wer aus der Versammlung ausgeschlossen wird, hat sie sofort zu verlassen.

§ 12 [Polizeibeamte]

Werden Polizeibeamte in eine öffentliche Versammlung entsandt, so haben sie sich dem Leiter zu erkennen zu geben. Es muß ihnen ein angemessener Platz eingeräumt werden.

§ 12a [Bild- und Tonaufnahmen][1]

I Die Polizei darf Bild- und Tonaufnahmen von Teilnehmern bei oder im Zusammenhang mit öffentlichen Versammlungen nur anfertigen, wenn tatsächlich Anhaltspunkte die Annahme rechtfertigen, daß von ihnen erhebliche Gefahren für die öffentliche Sicherheit oder Ordnung ausgehen. Die Maßnahmen dürfen auch durchgeführt werden, wenn Dritte unvermeidbar betroffen werden.

II Die Unterlagen sind nach Beendigung der öffentlichen Versammlung oder zeitlich und sachlich damit unmittelbar im Zusammenhang stehender Ereignisse unverzüglich zu vernichten, soweit sie nicht benötigt werden

1. für die Verfolgung von Straftaten von Teilnehmern oder
2. im Einzelfall zur Gefahrenabwehr, weil die betroffene Person verdächtig ist, Straftaten bei oder im Zusammenhang mit der öffentlichen Versammlung vorbereitet oder begangen zu haben, und deshalb zu besorgen ist, daß von ihr erhebliche Gefahren für künftige öffentliche Versammlungen oder Aufzüge ausgehen.

Unterlagen, die aus den in Satz 1 Nr. 2 aufgeführten Gründen nicht vernichtet wurden, sind in jedem Fall spätestens nach Ablauf von drei Jahren seit ihrer Entstehung zu vernichten, es sei denn, sie würden inzwischen zu dem in Satz 1 Nr. 1 aufgeführten Zweck benötigt.

III Die Befugnisse zur Erhebung personenbezogener Informationen nach Maßgabe der Strafprozeßordnung und des Gesetzes über Ordnungswidrigkeiten bleiben unberührt.

§ 13 [Polizeiliche Auflösung von Versammlungen]

I Die Polizei (§ 12) kann die Versammlung nur dann und unter Angabe des Grundes auflösen, wenn

1. der Veranstalter unter die Vorschriften des § 1 Abs. 2 Nr. 1 bis 4 fällt, und im Falle der Nummer 4 das Verbot durch die zuständige Verwaltungsbehörde festgestellt worden ist,

---

[1] § 12a idF Art. 3 Nr. 1 Ges. v. 9. 6. 1989 (BGBl. I 1059).

2. die Versammlung einen gewalttätigen oder aufrührerischen Verlauf nimmt oder unmittelbare Gefahr für Leben und Gesundheit der Teilnehmer besteht,
3. der Leiter Personen, die Waffen oder sonstige Gegenstände im Sinne von § 2 Abs. 3 mit sich führen, nicht sofort ausschließt und für die Durchführung des Ausschlusses sorgt,
4. durch den Verlauf der Versammlung gegen Strafgesetze verstoßen wird, die ein Verbrechen oder von Amts wegen zu verfolgendes Vergehen zum Gegenstand haben, oder wenn in der Versammlung zu solchen Straftaten aufgefordert oder angereizt wird und der Leiter dies nicht unverzüglich unterbindet.

In den Fällen der Nummern 2 bis 4 ist die Auflösung nur zulässig, wenn andere polizeiliche Maßnahmen, insbesondere eine Unterbrechung nicht ausreichen.

II Sobald eine Versammlung für aufgelöst erklärt ist, haben alle Teilnehmer sich sofort zu entfernen.

Abschnitt III. Öffentliche Versammlungen unter freiem Himmel und Aufzüge

§ 14 [Anmeldungspflicht]

I Wer die Absicht hat, eine öffentliche Versammlung unter freiem Himmel oder einen Aufzug zu veranstalten, hat dies spätestens 48 Stunden vor der Bekanntgabe der zuständigen Behörde unter Angabe des Gegenstandes der Versammlung oder des Aufzuges anzumelden.

II In der Anmeldung ist anzugeben, welche Person für die Leitung der Versammlung oder des Aufzuges verantwortlich sein soll.

§ 15 [Verbot; Erhebung von Auflagen; Auflösung]

I Die zuständige Behörde kann die Versammlung oder den Aufzug verbieten oder von bestimmten Auflagen abhängig machen, wenn nach den zur Zeit des Erlasses der Verfügung erkennbaren Umständen die öffentliche Sicherheit oder Ordnung bei Durchführung der Versammlung oder des Aufzuges unmittelbar gefährdet ist.

II Sie kann eine Versammlung oder einen Aufzug auflösen, wenn sie nicht angemeldet sind, wenn von den Angaben der Anmeldung abgewichen oder den Auflagen zuwidergehandelt wird oder wenn die Voraussetzungen zu einem Verbot nach Absatz 1 gegeben sind.

III Eine verbotene Veranstaltung ist aufzulösen.

§ 16 [Bannkreise][1]

I Öffentliche Versammlungen unter freiem Himmel und Aufzüge sind innerhalb des befriedeten Bannkreises der Gesetzgebungsorgane des Bundes oder der Länder sowie des Bundesverfassungsgerichts verboten.

II Die befriedeten Bannkreise für die Gesetzgebungsorgane des Bundes und für das Bundesverfassungsgericht werden durch Bundesgesetz, die befriedeten Bannkreise für die Gesetzgebungsorgane der Länder durch Landesgesetze bestimmt.

III Das Weitere regeln die Bannmeilengesetze des Bundes und der Länder.

---

[1] § 16: Vgl. Bannmeilengesetz v. 6. 8. 1955 (BGBl. I 504; III 2180-5), ÄndG v. 28. 5. 1969 (BGBl. I 449), und wegen der Ländergesetze 1 zu § 106a StGB und Göhler 866 Cb.

§ 17 [Ausnahmen für religiöse Feiern und Volksfeste]

Die §§ 14 bis 16 gelten nicht für Gottesdienste unter freiem Himmel, kirchliche Prozessionen, Bittgänge und Wallfahrten, gewöhnliche Leichenbegängnisse, Züge von Hochzeitsgesellschaften und hergebrachte Volksfeste.

§ 17a [Passive Bewaffnung; Vermummung][1]

[I] Es ist verboten, bei öffentlichen Versammlungen unter freiem Himmel, Aufzügen oder sonstigen öffentlichen Veranstaltungen unter freiem Himmel oder auf dem Weg dorthin Schutzwaffen oder Gegenstände, die als Schutzwaffen geeignet und den Umständen nach dazu bestimmt sind, Vollstreckungsmaßnahmen eines Trägers von Hoheitsbefugnissen abzuwehren, mit sich zu führen.

[II] Es ist auch verboten,

1. an derartigen Veranstaltungen in einer Aufmachung, die geeignet und den Umständen nach darauf gerichtet ist, die Feststellung der Identität zu verhindern, teilzunehmen oder den Weg zu derartigen Veranstaltungen in einer solchen Aufmachung zurückzulegen,
2. bei derartigen Veranstaltungen oder auf dem Weg dorthin Gegenstände mit sich zu führen, die geeignet und den Umständen nach dazu bestimmt sind, die Feststellung der Identität zu verhindern.

[III] Die Absätze 1 und 2 gelten nicht, wenn es sich um Veranstaltungen im Sinne des § 17 handelt. Die zuständige Behörde kann weitere Ausnahmen von den Verboten der Absätze 1 und 2 zulassen, wenn eine Gefährdung der öffentlichen Sicherheit oder Ordnung nicht zu besorgen ist.

[IV] Die zuständige Behörde kann zur Durchsetzung der Verbote der Absätze 1 und 2 Anordnungen treffen. Sie kann insbesondere Personen, die diesen Verboten zuwiderhandeln, von der Veranstaltung ausschließen.

§ 18 [Entsprechende Anwendung des II. Abschnitt]

[I] Für Versammlungen unter freiem Himmel sind § 7 Abs. 1, §§ 8, 9 Abs. 1, §§ 10, 11 Abs. 2, §§ 12 und 13 Abs. 2 entsprechend anzuwenden.

[II] Die Verwendung von Ordnern bedarf polizeilicher Genehmigung. Sie ist bei der Anmeldung zu beantragen.

[III] Die Polizei kann Teilnehmer, welche die Ordnung gröblich stören, von der Versammlung ausschließen.

§ 19 [Ordnungsvorschriften]

[I] Der Leiter des Aufzuges hat für den ordnungsmäßigen Ablauf zu sorgen. Er kann sich der Hilfe ehrenamtlicher Ordner bedienen, für welche § 9 Abs. 1 und § 18 gelten.

[II] Die Teilnehmer sind verpflichtet, die zur Aufrechterhaltung der Ordnung getroffenen Anordnungen des Leiters oder der von ihm bestellten Ordner zu befolgen.

[III] Vermag der Leiter sich nicht durchzusetzen, so ist er verpflichtet, den Aufzug für beendet zu erklären.

[IV] Die Polizei kann Teilnehmer, welche die Ordnung gröblich stören, von dem Aufzug ausschließen.

---

[1] § 17a IdF Art. 3 I Nr. 2 Ges. v. 9. 6. 1989 (BGBl. I 1059).

Anh. 11 VersammlG

§ 19a [Bild- und Tonaufnahmen][1]

Für Bild- und Tonaufnahmen durch die Polizei bei Versammlungen unter freiem Himmel und Aufzügen gilt § 12a.

§ 20 [Einschränkung des Grundrechts]

Das Grundrecht des Artikels 8 des Grundgesetzes wird durch die Bestimmungen dieses Abschnitts eingeschränkt.

Abschnitt IV. Straf- und Bußgeldvorschriften

§ 21 [Störung von Versammlungen]

Wer in der Absicht, nichtverbotene Versammlungen oder Aufzüge zu verhindern oder zu sprengen oder sonst ihre Durchführung zu vereiteln, Gewalttätigkeiten vornimmt oder androht oder grobe Störungen verursacht, wird mit Freiheitsstrafe bis zu drei Jahren oder mit Geldstrafe bestraft.

§ 22 [Beeinträchtigung und Bedrohung der Versammlungsleitung]

Wer bei einer öffentlichen Versammlung oder einem Aufzug dem Leiter oder einem Ordner in der rechtmäßigen Ausübung seiner Ordnungsbefugnisse mit Gewalt oder Drohung mit Gewalt Widerstand leistet oder ihn während der rechtmäßigen Ausübung seiner Ordnungsbefugnisse tätlich angreift, wird mit Freiheitsstrafe bis zu einem Jahr oder mit Geldstrafe bestraft.

§ 23 [Aufforderung zur Teilnahme][1]

Wer öffentlich, in einer Versammlung oder durch Verbreiten von Schriften, Ton- oder Bildträgern, Abbildungen oder anderen Darstellungen zur Teilnahme an einer öffentlichen Versammlung oder einem Aufzug auffordert, nachdem die Durchführung durch ein vollziehbares Verbot untersagt oder die Auflösung angeordnet worden ist, wird mit Freiheitsstrafe bis zu einem Jahr oder mit Geldstrafe bestraft.

§ 24 [Verwendung bewaffneter Ordner]

Wer als Leiter einer öffentlichen Versammlung oder eines Aufzuges Ordner verwendet, die Waffen oder sonstige Gegenstände, die ihrer Art nach zur Verletzung von Personen oder Beschädigung von Sachen geeignet und bestimmt sind, mit sich führen, wird mit Freiheitsstrafe bis zu einem Jahr oder mit Geldstrafe bestraft.

§ 25 [Abweichende Durchführung von Versammlungen und Aufzügen]

Wer als Leiter einer öffentlichen Versammlung unter freiem Himmel oder eines Aufzuges

1. die Versammlung oder den Aufzug wesentlich anders durchführt als die Veranstalter bei der Anmeldung angegeben haben, oder
2. Auflagen nach § 15 Abs. 1 nicht nachkommt,

wird mit Freiheitsstrafe bis zu sechs Monaten oder mit Geldstrafe bis zu einhundertachtzig Tagessätzen bestraft.

---

[1] § 19a idF Art. 3 I Nr. 3 Ges. v. 9. 6. 1989 (BGBl. I 1059).

§ 26 [Verbotene und nichtangemeldete Veranstaltungen]

I Wer als Veranstalter oder Leiter

1. eine öffentliche Versammlung oder einen Aufzug trotz vollziehbaren Verbots durchführt oder trotz Auflösung oder Unterbrechung durch die Polizei fortsetzt oder
2. eine öffentliche Versammlung unter freiem Himmel oder einen Aufzug ohne Anmeldung (§ 14) durchführt,

wird mit Freiheitsstrafe bis zu einem Jahr oder mit Geldstrafe bestraft.

§ 27 [Führung von Waffen und Schutzwaffen][1]

I Wer bei öffentlichen Versammlungen oder Aufzügen Waffen oder sonstige Gegenstände, die ihrer Art nach zur Verletzung von Personen oder Beschädigung von Sachen geeignet und bestimmt sind, mit sich führt, ohne dazu behördlich ermächtigt zu sein, wird mit Freiheitsstrafe bis zu einem Jahr oder mit Geldstrafe bestraft. Ebenso wird bestraft, wer ohne behördliche Ermächtigung Waffen oder sonstige Gegenstände im Sinne des Satzes 1 auf dem Weg zu öffentlichen Versammlungen oder Aufzügen mit sich führt, zu derartigen Veranstaltungen hinschafft oder sie zur Verwendung bei derartigen Veranstaltungen bereithält oder verteilt.

II Wer

1. entgegen § 17a Abs. 1 bei öffentlichen Versammlungen unter freiem Himmel, Aufzügen oder sonstigen öffentlichen Veranstaltungen unter freiem Himmel oder auf dem Weg dorthin Schutzwaffen oder Gegenstände, die als Schutzwaffen geeignet und den Umständen nach dazu bestimmt sind, Vollstreckungsmaßnahmen eines Trägers von Hoheitsbefugnissen abzuwehren, mit sich führt,
2. entgegen § 17a Abs. 2 Nr. 1 an derartigen Veranstaltungen in einer Aufmachung, die geeignet und den Umständen nach darauf gerichtet ist, die Feststellung der Identität zu verhindern, teilnimmt oder den Weg zu derartigen Veranstaltungen in einer solchen Aufmachung zurücklegt oder
3. sich im Anschluß an oder sonst im Zusammenhang mit derartigen Veranstaltungen mit anderen zusammenrottet und dabei
   a) Waffen oder sonstige Gegenstände, die ihrer Art nach zur Verletzung von Personen oder Beschädigung von Sachen geeignet und bestimmt sind, mit sich führt,
   b) Schutzwaffen oder sonstige in Nummer 1 bezeichnete Gegenstände mit sich führt oder
   c) in der in Nummer 2 bezeichneten Weise aufgemacht ist,

wird mit Freiheitsstrafe bis zu einem Jahr oder mit Geldstrafe bestraft.

§ 28 [Verstoß gegen das Uniformverbot]

Wer der Vorschrift des § 3 zuwiderhandelt, wird mit Freiheitsstrafe bis zu zwei Jahren oder mit Geldstrafe bestraft.

§ 29 [Verstöße gegen Versammlungsvorschriften][2]

I Ordnungswidrig handelt, wer

1. an einer öffentlichen Versammlung oder einem Aufzug teilnimmt, deren Durchführung durch vollziehbares Verbot untersagt ist,

---

[1] § 27 geänd. durch Art. 3 I Nr. 5 Ges. v. 9. 6. 1989 (BGBl. I 1059).
[2] § 29: I Nr. 1a idF Art. 3 I Nr. 6 Ges. v. 9. 6. 1989 (BGBl. I 1059).

Anh. 12 AuslG

1a. entgegen § 17a Abs. 2 Nr. 2 bei einer öffentlichen Versammlung unter freiem Himmel, einem Aufzug oder einer sonstigen öffentlichen Veranstaltung unter freiem Himmel oder auf dem Weg dorthin Gegenstände, die geeignet und den Umständen nach dazu bestimmt sind, die Feststellung der Identität zu verhindern, mit sich führt,
2. sich trotz Auflösung einer öffentlichen Versammlung oder eines Aufzuges durch die zuständige Behörde nicht unverzüglich entfernt,
3. als Teilnehmer einer öffentlichen Versammlung unter freiem Himmel oder eines Aufzuges einer vollziehbaren Auflage nach § 15 Abs. 1 nicht nachkommt,
4. trotz wiederholter Zurechtweisung durch den Leiter oder einen Ordner fortfährt, den Ablauf einer öffentlichen Versammlung oder eines Aufzuges zu stören,
5. sich nicht unverzüglich nach seiner Ausschließung aus einer öffentlichen Versammlung oder einem Aufzug entfernt,
6. der Aufforderung der Polizei, die Zahl der von ihm bestellten Ordner mitzuteilen, nicht nachkommt oder eine unrichtige Zahl mitteilt (§ 9 Abs. 2),
7. als Leiter oder Veranstalter einer öffentlichen Versammlung oder eines Aufzuges eine größere Zahl von Ordnern verwendet, als die Polizei zugelassen oder genehmigt hat (§ 9 Abs. 2, § 18 Abs. 2), oder Ordner verwendet, die anders gekennzeichnet sind, als es nach § 9 Abs. 1 zulässig ist, oder
8. als Leiter den in eine öffentliche Versammlung entsandten Polizeibeamten die Anwesenheit verweigert oder ihnen keinen angemessenen Platz einräumt.

^{II} Die Ordnungswidrigkeit kann in den Fällen des Absatzes 1 Nr. 1 bis 5 mit einer Geldbuße bis tausend Deutsche Mark und in den Fällen des Absatzes 1 Nr. 6 bis 8 mit einer Geldbuße bis zu fünftausend Deutsche Mark geahndet werden.

§ 30 [Einziehung][1]

Gegenstände, auf die sich eine Straftat nach § 27 oder § 28 oder eine Ordnungswidrigkeit nach § 29 Abs. 1 Nr. 1a oder 3 bezieht, können eingezogen werden. § 74a des Strafgesetzbuches und § 23 des Gesetzes über Ordnungswidrigkeiten sind anzuwenden.

12. Gesetz über die Einreise und den Aufenthalt von Ausländern im Bundesgebiet (Ausländergesetz – AuslG)[2]

Vom 9. Juli 1990 (BGBl. I 1354; III 26–1), ÄndG v. 26. 6. 1992 (BGBl. I 1126)

(Auszug)

§ 3 Erfordernis der Aufenthaltsgenehmigung[3]

^I Ausländer bedürfen für die Einreise und den Aufenthalt im Bundesgebiet einer Aufenthaltsgenehmigung. Der Bundesminister des Innern sieht zur Erleichterung des Aufenthalts von Ausländern durch Rechtsverordnung mit Zu-

---
[1] § 30 idF Art. 3 I Nr. 7 Ges. v. 9. 6. 1989 (BGBl. I 1059).
[2] Anh. 12: Vgl. auch DVO v. 18. 12. 1990 (BGBl. I 2983; III 26–1-8), letzte ÄndVO v. 9. 4. 1992 (BGBl. I 865); AufenthaltsG/EWG idF v. 31. 1. 1980 (BGBl. I 116), letztes ÄndG v. 9. 7. 1990 (BGBl. I 1354, 1379).
[3] § 3 IV, V idF Art. 2 Ges. v. 26. 6. 1992 (BGBl. I 1126).

Anhang **AuslG Anh. 12**

stimmung des Bundesrates Befreiungen vom Erfordernis der Aufenthaltsgenehmigung vor.

II Einer Aufenthaltsgenehmigung bedürfen auch Auländer, die als Besatzungsmitglieder eines Seeschiffes tätig sind, das berechtigt ist, die Bundesflagge zu führen.

III, IV ...

V Einem Ausländer, dessen Asylantrag unanfechtbar abgelehnt worden ist oder der seinen Asylantrag zurückgenommen hat, darf eine Aufenthaltsbefugnis nur nach Maßgabe der Absätze 3 und 4 erteilt werden.

§ 4 Paßpflicht

I Ausländer, die in das Bundesgebiet einreisen oder sich darin aufhalten wollen, müssen einen gültigen Paß besitzen.

II Der Bundesminister des Innern kann durch Rechtsverordnung mit Zustimmung des Bundesrates

1. Ausländer, deren Rückübernahme gesichert ist, von der Paßpflicht befreien,
2. andere amtliche Ausweise als Paßersatz einführen oder zulassen.

§ 8 Besondere Versagungsgründe

I ...

II Ein Ausländer, der ausgewiesen oder abgeschoben worden ist, darf nicht erneut ins Bundesgebiet einreisen und sich darin aufhalten; ihm wird auch bei Vorliegen der Voraussetzungen eines Anspruches nach diesem Gesetz keine Aufenthaltsgenehmigung erteilt. Diese Wirkungen werden auf Antrag in der Regel befristet. Die Frist beginnt mit der Ausreise.

§ 14 Bedingungen und Auflagen

I ...

II Die Aufenthaltsgenehmigung kann, auch nachträglich, mit Auflagen verbunden werden. Insbesondere können das Verbot oder Beschränkungen der Aufnahme einer Erwerbstätigkeit angeordnet werden. ...

§ 37 Verbot und Beschränkung der politischen Betätigung

I Ausländer dürfen sich im Rahmen der allgemeinen Rechtsvorschriften politisch betätigen. Die politische Betätigung eines Ausländers kann beschränkt oder untersagt werden, soweit sie

1. die politische Willensbildung in der Bundesrepublik Deutschland oder das friedliche Zusammenleben von Deutschen und Ausländern oder von verschiedenen Ausländergruppen im Bundesgebiet, die öffentliche Sicherheit und Ordnung oder sonstige erhebliche Interessen der Bundesrepublik Deutschland beeinträchtigt oder gefährdet,
2. den außenpolitischen Interessen oder den völkerrechtlichen Verpflichtungen der Bundesrepublik Deutschland zuwiderlaufen kann,
3. gegen die Rechtsordnung der Bundesrepublik Deutschland, insbesondere unter Anwendung von Gewalt, verstößt oder
4. bestimmt ist, Parteien, andere Vereinigungen, Einrichtungen oder Bestrebungen außerhalb des Bundesgebiets zu fördern, deren Ziele oder Mittel mit den Grundwerten einer die Würde des Menschen achtenden staatlichen Ordnung unvereinbar sind.

Anh. 12 AuslG

^{II} Die politische Betätigung eines Ausländers wird untersagt, soweit sie
1. die freiheitliche demokratische Grundordnung oder die Sicherheit der Bundesrepublik Deutschland gefährdet oder den kodifizierten Normen des Völkerrechts widerspricht,
2. Gewaltanwendung als Mittel zur Durchsetzung politischer, religiöser oder sonstiger Belange öffentlich unterstützt, befürwortet oder hervorzurufen bezweckt oder geeignet ist oder
3. Vereinigungen, politische Bewegungen oder Gruppen innerhalb oder außerhalb des Bundesgebiets unterstützt, die im Bundesgebiet Anschläge gegen Personen oder Sachen oder außerhalb des Bundesgebiets Anschläge gegen Deutsche oder deutsche Einrichtungen veranlaßt, befürwortet oder angedroht haben.

§ 38 Aufenthaltsanzeige

Der Bundesminister des Innern kann zur Wahrung von Interessen der Bundesrepublik Deutschland durch Rechtsverordnung mit Zustimmung des Bundesrates bestimmen, daß Ausländer, die vom Erfordernis der Aufenthaltsgenehmigung befreit sind, und Ausländer, die mit einem Visum einreisen, nach der Einreise der Ausländerbehörde oder einer anderen Behörde zur Unterrichtung der Ausländerbehörde den Aufenthalt anzuzeigen haben.

§ 39 Ausweisersatz

^I Ein Ausländer, der einen Paß weder besitzt noch in zumutbarer Weise erlangen kann, genügt der Ausweispflicht im Bundesgebiet mit der Bescheinigung über die Aufenthaltsgenehmigung oder Duldung, wenn sie mit den Angaben zur Person und einem Lichtbild versehen ist (Ausweisersatz).

^{II} Der Bundesminister des Innern kann durch Rechtsverordnung mit Zustimmung des Bundesrates bestimmen, daß Ausländern, die einen Paß oder Paßersatz weder besitzen noch in zumutbarer Weise erlangen können ein Reisedokument als Paßersatz ausgestellt, die Berechtigung zur Rückkehr in das Bundesgebiet bescheinigt und für den Grenzübertritt eine Ausnahme von der Paßpflicht erteilt werden kann.

§ 40 Ausweisrechtliche Pflichten

^I Ein Ausländer ist verpflichtet, seinen Paß, seinen Paßersatz oder seinen Ausweisersatz und seine Aufenthaltsgenehmigung oder Duldung auf Verlangen den mit der Ausführung dieses Gesetzes betrauten Behörden vorzulegen, auszuhändigen und vorübergehend zu überlassen, soweit dies zur Durchführung oder Sicherung von Maßnahmen nach diesem Gesetz erforderlich ist.

^{II} Der Bundesminister des Innern regelt durch Rechtsverordnung mit Zustimmung des Bundesrates die ausweisrechtlichen Pflichten von Ausländern, die sich im Bundesgebiet aufhalten, hinsichtlich der Ausstellung und Verlängerung, des Verlustes und des Wiederauffindens sowie der Vorlage und der Abgabe eines Passes, Paßersatzes und Ausweisersatzes.

§ 41 Identitätsfeststellung

^I Bestehen Zweifel über die Person oder die Staatsangehörigkeit des Ausländers, sind die zur Feststellung seiner Identität oder Staatsangehörigkeit erforderlichen Maßnahmen zu treffen, wenn
1. dem Ausländer die Einreise erlaubt oder eine Aufenthaltsgenehmigung oder Duldung erteilt werden soll oder

2. es zur Durchführung anderer Maßnahmen nach diesem Gesetz erforderlich ist.

II Zur Feststellung der Identität können die in § 81b der Strafprozeßordnung bezeichneten erkennungsdienstlichen Maßnahmen durchgeführt werden, wenn die Identität in anderer Weise, insbesondere durch Anfragen bei anderen Behörden nicht oder nicht rechtzeitig oder nur unter erheblichen Schwierigkeiten festgestellt werden kann.

III Auch wenn die Voraussetzungen der Absätze 1 und 2 nicht vorliegen, können erkennungsdienstliche Maßnahmen durchgeführt werden, wenn der Ausländer mit einem gefälschten oder verfälschten Paß oder Paßersatz einreisen will oder eingereist ist oder wenn sonstige Anhaltspunkte den Verdacht begründen, daß der Ausländer nach einer Zurückweisung oder Beendigung des Aufenthalts erneut unerlaubt ins Bundesgebiet einreisen will.

IV Der Ausländer hat die erkennungsdienstlichen Maßnahmen zu dulden.

§ 44 Beendigung der Rechtmäßigkeit des Aufenthalts; Fortgeltung von Beschränkungen

I bis V ...

VI Räumliche und sonstige Beschränkungen und Auflagen nach diesem und nach anderen Gesetzen bleiben auch nach Wegfall der Aufenthaltsgenehmigung oder Duldung in Kraft, bis sie aufgehoben werden oder der Ausländer seiner Ausreisepflicht nach § 42 Abs. 1 bis 4 nachgekommen ist.

§ 55 Duldungsgründe

I Die Abschiebung eines Ausländers kann nur nach Maßgabe der Absätze 2 bis 4 zeitweise ausgesetzt werden (Duldung).

II bis IV ...

§ 56 Duldung

I, II ...

III Die Duldung ist räumlich auf das Gebiet des Landes beschränkt. Weitere Bedingungen und Auflagen können angeordnet werden. Insbesondere können das Verbot oder Beschränkungen der Aufnahme einer Erwerbstätigkeit angeordnet werden.

IV bis VI ...

§ 58 Unerlaubte Einreise; Ausnahme-Visum

I Die Einreise eines Ausländers in das Bundesgebiet ist unerlaubt, wenn er
1. eine erforderliche Aufenthaltsgenehmigung nicht besitzt,
2. einen erforderlichen Paß nicht besitzt oder
3. nach § 8 Abs. 2 nicht einreisen darf, es sei denn, er besitzt eine Betretenserlaubnis (§ 9 Abs. 3) oder ihm ist nach Maßgabe der Rechtsverordnung nach § 9 Abs. 4 die Einreise erlaubt worden.

II ...

§ 59 Grenzübertritt

I Soweit nicht auf Grund anderer Rechtsvorschriften oder zwischenstaatlicher Vereinbarungen Ausnahmen zugelassen sind, sind die Einreise in das Bundesgebiet und die Ausreise aus dem Bundesgebiet nur an den zugelassenen Grenzübergangsstellen und innerhalb der festgesetzten Verkehrsstunden zulässig und

Anh. 12 AuslG

Ausländer verpflichtet, bei der Einreise und der Ausreise einen gültigen Paß oder Paßersatz mitzuführen, sich damit über ihre Person auszuweisen und sich der polizeilichen Kontrolle des grenzüberschreitenden Verkehrs zu unterziehen.

^{II} An einer zugelassenen Grenzübergangsstelle ist ein Ausländer erst eingereist, wenn er die Grenze überschritten und die Grenzübergangsstelle passiert hat. Im übrigen ist ein Ausländer eingereist, wenn er die Grenze überschritten hat.

§ 62 Ausreise

^{I} Ausländer können aus dem Bundesgebiet frei ausreisen.

^{II} Einem Ausländer kann die Ausreise in entsprechender Anwendung des § 10 Abs. 1 und 2 des Paßgesetzes vom 19. April 1986 (BGBl. I S. 537) untersagt werden. Im übrigen kann einem Ausländer die Ausreise aus dem Bundesgebiet nur untersagt werden, wenn er in einen anderen Staat einreisen will, ohne im Besitz der dafür erforderlichen Dokumente und Erlaubnisse zu sein.

^{III} ...

§ 68 Handlungsfähigkeit Minderjähriger[1]

^{I} bis ^{III}

^{IV} Die gesetzlichen Vertreter eines Ausländers, der das 16. Lebensjahr noch nicht vollendet hat, und sonstige Personen, die an Stelle der gesetzlichen Vertreter den Ausländer im Bundesgebiet betreuen, sind verpflichtet, für den Ausländer die erforderlichen Anträge auf Erteilung und Verlängerung der Aufenthaltsgenehmigung und auf Erteilung und Verlängerung des Passes, des Paßersatzes und des Ausweisersatzes zu stellen.

§ 74 Sonstige Pflichten der Beförderungsunternehmer

^{I} Ein Beförderungsunternehmer darf Ausländer auf dem Luft- oder Seeweg nur in das Bundesgebiet befördern, wenn sie im Besitz eines erforderlichen Passes und eines erforderlichen Visums sind, das sie auf Grund ihrer Staatsangehörigkeit benötigen. Der Bundesminister des Innern oder die von ihm bestimmte Stelle kann im Einvernehmen mit dem Bundesminister für Verkehr einem Beförderungsunternehmer untersagen, Ausländer auf einem sonstigen Wege in das Bundesgebiet zu befördern, wenn sie nicht im Besitz eines erforderlichen Passes und eines Visums sind, das sie auf Grund ihrer Staatsangehörigkeit benötigen.

^{II} Der Bundesminister des Innern oder die von ihm bestimmte Stelle kann im Einvernehmen mit dem Bundesminister für Verkehr einem Beförderungsunternehmer

1. aufgeben, Ausländer nicht dem Absatz 1 Satz 1 zuwider in das Bundesgebiet zu befördern, und
2. für den Fall der Zuwiderhandlung gegen diese Verfügung oder gegen das nach Absatz 1 Satz 2 angeordnete Beförderungsverbot das Zwangsgeld nach Satz 2 androhen.

Der Beförderungsunternehmer hat für jeden Ausländer, den er einer Verfügung nach Satz 1 Nr. 1 oder Absatz 1 Satz 2 zuwider befördert, einen Betrag von mindestens fünfhundert Deutsche Mark und höchstens fünftausend Deutsche

---

[1] § 68 I idF Art. 2 Nr. 13 Ges. v. 26. 6. 1992 (BGBl. I 1126).

Mark, im Falle der Beförderung auf dem Luft- oder Seeweg jedoch nicht unter zweitausend Deutsche Mark zu entrichten.

III ...

§ 92 Strafvorschriften[1]

I Mit Freiheitsstrafe bis zu einem Jahr oder mit Geldstrafe wird bestraft, wer

1. entgegen § 3 Abs. 1 Satz 1 sich ohne Aufenthaltsgenehmigung im Bundesgebiet aufhält und keine Duldung nach § 55 Abs. 1 besitzt,
2. entgegen § 4 Abs. 1 in Verbindung mit § 39 Abs. 1 sich ohne Paß und ohne Ausweisersatz im Bundesgebiet aufhält,
3. einer vollziehbaren Auflage nach § 14 Abs. 2 Satz 2 oder § 56 Abs. 3 Satz 3, jeweils auch in Verbindung mit § 44 Abs. 6, oder einer vollziehbaren Anordnung nach § 62 Abs. 2 zuwiderhandelt,
4. wiederholt einer vollziehbaren Anordnung nach § 37 zuwiderhandelt,
5. entgegen § 41 Abs. 4 eine erkennungsdienstliche Maßnahme nicht duldet,
6. entgegen § 58 Abs. 1 in das Bundesgebiet einreist,
7. unrichtige oder unvollständige Angaben macht oder benutzt, um für sich oder einen anderen eine Aufenthaltsgenehmigung oder Duldung zu beschaffen, oder eine so beschaffte Urkunde wissentlich zur Täuschung im Rechtsverkehr gebraucht oder
8. im Bundesgebiet einer überwiegend aus Ausländern bestehenden Vereinigung oder Gruppe angehört, deren Bestehen, Zielsetzung oder Tätigkeit vor den Behörden geheimgehalten wird, um ihr Verbot abzuwenden.

II Mit Freiheitsstrafe bis zu drei Jahren oder mit Geldstrafe wird bestraft, wer einen Ausländer zu einer der in Absatz 1 Nr. 1 oder 6 bezeichneten Handlungen anstiftet oder ihm dabei Beihilfe leistet und

1. dafür einen Vermögensvorteil erhält oder sich versprechen läßt oder
2. dabei wiederholt oder zugunsten von mehr als fünf Ausländern handelt.

In besonders schweren Fällen ist die Strafe Freiheitsstrafe von sechs Monaten bis zu fünf Jahren; ein besonders schwerer Fall liegt in der Regel vor, wenn der Täter gewerbsmäßig oder aus grobem Eigennutz handelt.

III In den Fällen des Absatzes 2 ist der Versuch strafbar.

IV Gegenstände, auf die sich eine Straftat nach Absatz 1 Nr. 7 bezieht, können eingezogen werden.

V Artikel 31 Abs. 1 des Abkommens über die Rechtsstellung der Flüchtlinge bleibt unberührt.

§ 93 Bußgeldvorschriften

I Ordnungswidrig handelt, wer in den Fällen des § 92 Abs. 1 Nr. 1 bis 3 fahrlässig handelt.

II Ordnungswidrig handelt, wer

1. entgegen § 40 Abs. 1 eine dort genannte Urkunde nicht vorlegt, aushändigt oder überläßt oder
2. entgegen § 59 Abs. 1 sich der polizeilichen Kontrolle des grenzüberschreitenden Verkehrs entzieht.

---

[1] § 92 II S. 2 angef. durch Art. 2 Nr. 15 Ges. v. 26. 6. 1992 (BGBl. I 1126).

> # Anh. 13 UWG

III Ordnungswidrig handelt, wer vorsätzlich oder fahrlässig

1. einer vollziehbaren Auflage nach § 3 Abs. 5, § 14 Abs. 2 Satz 1, Abs. 3 oder § 56 Abs. 3 Satz 2, jeweils auch in Verbindung mit § 44 Abs. 6, zuwiderhandelt,
2. einer vollziehbaren Anordnung nach
   a) § 37 oder
   b) § 74 Abs. 1 Satz 2 oder Abs. 2 Satz 1 Nr. 1 zuwiderhandelt,
3. einer Rechtsverordnung nach § 38 oder § 40 Abs. 2 zuwiderhandelt, soweit sie für einen bestimmten Tatbestand auf diese Bußgeldvorschrift verweist,
4. entgegen § 59 Abs. 1 außerhalb einer zugelassenen Grenzübergangsstelle oder außerhalb der festgesetzten Verkehrsstunden einreist oder ausreist oder einen gültigen Paß oder Paßersatz nicht mitführt oder
5. entgegen § 68 Abs. 4 einen der dort genannten Anträge nicht stellt.

IV In den Fällen des Absatzes 2 Nr. 2 und des Absatzes 3 Nr. 4 kann der Versuch der Ordnungswidrigkeit geahndet werden.

V Die Ordnungswidrigkeit kann in den Fällen der Absätze 1 und 2 Nr. 1 und des Absatzes 3 Nr. 2 Buchstabe a, Nr. 4 mit einer Geldbuße bis zu 5000 Deutsche Mark, in den Fällen des Absatzes 2 Nr. 2 mit einer Geldbuße bis zu 10000 Deutsche Mark, in den Fällen des Absatzes 3 Nr. 1, 3 und 5 mit einer Geldbuße bis zu 1000 Deutsche Mark und in den Fällen des Absatzes 3 Nr. 2 Buchstabe b mit einer Geldbuße bis zu 20000 Deutsche Mark geahndet werden.

VI Artikel 31 Abs. 1 des Abkommens über die Rechtsstellung der Flüchtlinge bleibt unberührt.

13. Gesetz gegen den unlauteren Wettbewerb RiStBV 260

Vom 7. Juni 1909 (RGBl. 499; BGBl. III 43–1), letztes ÄndG v. 17. 12. 1990 (BGBl. I 2840)[1]

(Auszug)

§ 4 [Strafbare Werbung][2]

I Wer in der Absicht, den Anschein eines besonders günstigen Angebots hervorzurufen, in öffentlichen Bekanntmachungen oder in Mitteilungen, die für einen größeren Kreis von Personen bestimmt sind, über geschäftliche Verhältnisse, insbesondere über die Beschaffenheit, den Ursprung, die Herstellungsart oder die Preisbemessung von Waren oder gewerblichen Leistungen, über die Art des Bezugs oder die Bezugsquelle von Waren, über den Besitz von Auszeichnungen, über den Anlaß oder den Zweck des Verkaufs oder über die Menge der Vorräte wissentlich unwahre und zur Irreführung geeignete Angaben macht, wird mit Freiheitsstrafe bis zu zwei Jahren oder mit Geldstrafe bestraft.

II Werden die im Abs. 1 bezeichneten unrichtigen Angaben in einem geschäftlichen Betriebe von einem Angestellten oder Beauftragten gemacht, so ist der Inhaber oder Leiter des Betriebs neben dem Angestellten oder Beauftragten strafbar, wenn die Handlung mit seinem Wissen geschah.

---

[1] Anh. 13: Schönfelder Nr. 73.
[2] § 4 I geänd. durch Art. 139 Nr. 1 EGStGB und Art. 8 PrPG v. 7. 3. 1990 (BGBl. I 422).

§ 6c [Progressive Kundenwerbung][1]

Wer es im geschäftlichen Verkehr selbst oder durch andere unternimmt, Nichtkaufleute zur Abnahme von Waren, gewerblichen Leistungen oder Rechten durch das Versprechen zu veranlassen, ihnen besondere Vorteile für den Fall zu gewähren, daß sie andere zum Abschluß gleichartiger Geschäfte veranlassen, denen ihrerseits nach der Art dieser Werbung derartige Vorteile für eine entsprechende Werbung weiterer Abnehmer gewährt werden sollen, wird mit Freiheitsstrafe bis zu zwei Jahren oder mit Geldstrafe bestraft. Nichtkaufleuten im Sinne des Satzes 1 stehen Personen gleich, deren Gewerbebetrieb nach Art oder Umfang einen in kaufmännischer Weise eingerichteten Geschäftsbetrieb nicht erfordern.

§ 12 [Angestelltenbestechung][2]

I Wer im geschäftlichen Verkehr zu Zwecken des Wettbewerbs einem Angestellten oder Beauftragten eines geschäftlichen Betriebes einen Vorteil als Gegenleistung dafür anbietet, verspricht oder gewährt, daß er ihn oder einen Dritten bei dem Bezug von Waren oder gewerblichen Leistungen in unlauterer Weise bevorzuge, wird mit Freiheitsstrafe bis zu einem Jahr oder mit Geldstrafe bestraft.

II Ebenso wird ein Angestellter oder Beauftragter eines geschäftlichen Betriebes bestraft, der im geschäftlichen Verkehr einen Vorteil als Gegenleistung dafür fordert, sich versprechen läßt oder annimmt, daß er einen anderen bei dem Bezug von Waren oder gewerblichen Leistungen im Wettbewerb in unlauterer Weise bevorzuge.

§ 15 [Verleumdung][3]

I Wer wider besseres Wissen über das Erwerbsgeschäft eines anderen, über die Person des Inhabers oder Leiters des Geschäfts, über die Waren oder gewerblichen Leistungen eines anderen Tatsachen der Wahrheit zuwider behauptet oder verbreitet, die geeignet sind, den Betrieb des Geschäfts zu schädigen, wird mit Freiheitsstrafe bis zu einem Jahre oder mit Geldstrafe bestraft.

II Werden die in Absatz 1 bezeichneten Tatsachen in einem geschäftlichen Betriebe von einem Angestellten oder Beauftragten behauptet oder verbreitet, so ist der Inhaber des Betriebes neben dem Angestellten oder Beauftragten strafbar, wenn die Handlung mit seinem Wissen geschah.

§ 17 [Verrat von Geschäfts- oder Betriebsgeheimnissen][4]

I Mit Freiheitsstrafe bis zu drei Jahren oder mit Geldstrafe wird bestraft, wer als Angestellter, Arbeiter oder Lehrling eines Geschäftsbetriebs ein Geschäfts- oder Betriebsgeheimnis, das ihm vermöge des Dienstverhältnisses anvertraut worden oder zugänglich geworden ist, während der Geltungsdauer des Dienstverhältnisses unbefugt an jemand zu Zwecken des Wettbewerbs aus Eigennutz zugunsten eines Dritten oder in der Absicht, dem Inhaber des Geschäftsbetriebs Schaden zuzufügen, mitteilt.

---

[1] § 6c eingef. durch Art. 4 Nr. 1 Ges. v. 15. 5. 1986 (BGBl. I 721).
[2] § 12 idF des Art. 139 Nr. 6 EGStGB.
[3] § 15 I geänd. durch Art. 139 Nr. 7 EGStGB.
[4] § 17 idF der VO v. 9. 3. 1932 (RGBl. I 121), geänd. durch Art. 139 Nr. 8 EGStGB und Art. 4 Nr. 3 2. WiKG v. 15. 5. 1986 (BGBl. I 721).

Anh. 13 UWG

II Ebenso wird bestraft, wer zu Zwecken des Wettbewerbs, aus Eigennutz, zugunsten eines Dritten oder in der Absicht, dem Inhaber des Geschäftsbetriebs Schaden zuzufügen,

1. sich ein Geschäfts- oder Betriebsgeheimnis durch
   a) Anwendung technischer Mittel,
   b) Herstellung einer verköprten Wiedergabe des Geheimnisses oder
   c) Wegnahme einer Sache, in der das Geheimnis verkörpert ist,
   unbefugt verschafft oder sichert oder
2. ein Geschäfts- oder Betriebsgeheimnis, das er durch eine der in Absatz 1 bezeichneten Mitteilungen oder durch eine eigene oder fremde Handlung nach Nummer 1 erlangt oder sich sonst unbefugt verschafft oder gesichert hat, unbefugt verwertet oder jemandem mitteilt.

III Der Versuch ist strafbar.

IV In besonders schweren Fällen ist die Strafe Freiheitsstrafe bis zu fünf Jahren oder Geldstrafe. Ein besonders schwerer Fall liegt in der Regel vor, wenn der Täter bei der Mitteilung weiß, daß das Geheimnis im Ausland verwertet werden soll, oder wenn er es selbst im Ausland verwertet.

§ 18 [Verwertung von Vorlagen][1]

Mit Freiheitsstrafe bis zu zwei Jahren oder mit Geldstrafe wird bestraft, wer die ihm im geschäftlichen Verkehr anvertrauten Vorlagen oder Vorschriften technischer Art, insbesondere Zeichnungen, Modelle, Schablonen, Schnitte, Rezepte, zu Zwecken des Wettbewerbes oder aus Eigennutz unbefugt verwertet oder an jemand mitteilt.

§ 20 [Strafbare Vorbereitungshandlungen][2]

I Wer zu Zwecken des Wettbewerbes oder aus Eigennutz jemanden zu einem Vergehen gegen die §§ 17 oder 18 zu verleiten sucht oder das Erbieten eines anderen zu einem solchen Vergehen annimmt, wird mit Freiheitsstrafe bis zu zwei Jahren oder mit Geldstrafe bestraft.

II Ebenso wird bestraft, wer zu Zwecken des Wettbewerbes oder aus Eigennutz sich zu einem Vergehen gegen die §§ 17 oder 18 erbietet oder sich auf das Ansinnen eines anderen zu einem solchen Vergehen bereit erklärt.

III § 31 des Strafgesetzbuches gilt entsprechend.

§ 20a [Weltrechtsgrundsatz][3]

Bei Straftaten nach den §§ 17, 18 und 20 gilt § 5 Nr. 7 des Strafgesetzbuches entsprechend.

§ 22 [Antragsdelikte][4]

I Die Tat wird, mit Ausnahme der in den §§ 4 und 6c bezeichneten Fälle, nur auf Antrag verfolgt. Dies gilt in den Fällen der §§ 17, 18 und 20 nicht, wenn die Strafverfolgungsbehörde wegen des besonderen öffentlichen Interesses an der

---

[1] § 18 neugefaßt durch VO v. 9. 3. 1932 (RGBl. I 121), geänd. durch Art. 139 Nr. 9 EGStGB und Art. 4 Nr. 4 2. WiKG v. 15. 5. 1986 (BGBl. I 721).
[2] § 20 idF der VO v. 9. 3. 1932 (RGBl. I 121), III angef. durch Art. 4 Nr. 5 2. WiKG v. 15. 5. 1986 (BGBl. I 721).
[3] § 20a idF des Art. 139 Nr. 10 EGStGB.
[4] § 22 idF des Ges. v. 21. 3. 1925 (RGBl. II 115), geänd. durch Art. 139 Nr. 11 EGStGB, Art. 4 Nr. 6 2. WiKG v. 15. 5. 1986 (BGBl. I 721) und § 17 Ges. v. 22. 10. 1987 (BGBl. I 2294).

Anhang **4. StÄG Anh. 14**

Strafverfolgung ein Einschreiten von Amts wegen für geboten hält. In den Fällen des § 12 hat das Recht, den Strafantrag zu stellen, jeder der im § 13 Abs. 2 Nr. 1, 2 und 4 bezeichneten Gewerbetreibenden, Verbände und Kammern.

II Wegen einer Straftat nach § 4 ist ebenso wie bei einer nur auf Antrag verfolgbaren Straftat nach § 12 neben dem Verletzten (§ 374 Abs. 1 Nr. 7 der Strafprozeßordnung) jeder der im § 13 Abs. 2 Nr. 1, 2 und 4 bezeichneten Gewerbetreibenden, Verbände und Kammern zur Privatklage berechtigt.

§ 23 [Urteilsbekanntmachung][1]

I Wird in den Fällen des § 15 auf Strafe erkannt, so ist auf Antrag des Verletzten anzuordnen, daß die Verurteilung auf Verlangen öffentlich bekanntgemacht wird.

II Ist auf Grund einer der Vorschriften dieses Gesetzes auf Unterlassung Klage erhoben, so kann in dem Urteile der obsiegenden Partei die Befugnis zugesprochen werden, den verfügenden Teil des Urteils innerhalb bestimmter Frist auf Kosten der unterliegenden Partei öffentlich bekanntzumachen.

III Die Art der Bekanntmachung ist im Urteil zu bestimmen.

14. Viertes Strafrechtsänderungsgesetz[2]
Vom 11. Juni 1957 (BGBl. I 597; III 450–5), letztes ÄndG v. 19. 12. 1986 (BGBl. I 2566)

Auszug

Artikel 7[3] Anwendung von Strafvorschriften zum Schutz der Vertragsstaaten des Nordatlantikpaktes

I Zum Schutz der nichtdeutschen Vertragsstaaten des Nordatlantikpaktes, ihrer in der Bundesrepublik Deutschland stationierten Truppen und der im Land Berlin anwesenden Truppen einer der Drei Mächte gelten die §§ 93 bis 97 und 98 bis 100 in Verbindung mit den §§ 101 und 101a des Strafgesetzbuches mit folgender Maßgabe:

1. Den Staatsgeheimnissen im Sinne des § 93 des Strafgesetzbuches entsprechen militärische Geheimnisse der Vertragsstaaten. Militärische Geheimnisse im Sinne dieser Vorschrift sind Tatsachen, Gegenstände oder Erkenntnisse, welche die Verteidigung betreffen und von einer im räumlichen Geltungsbereich dieses Gesetzes oder im Land Berlin befindlichen Dienststelle eines Vertragsstaates mit Rücksicht auf dessen Sicherheit, die Sicherheit seiner in der Bundesrepublik Deutschland stationierten Truppen oder die Sicherheit der im Land Berlin anwesenden Truppen einer der Drei Mächte geheimgehalten werden. Ausgenommen sind Gegenstände, über deren Geheimhaltung zu bestimmen Angelegenheit der Bundesrepublik Deutschland ist, sowie Nachrichten darüber.

---

[1] § 23 idF Art. 55 1. StrRG iVm Art. 139 Nr. 12 EGStGB.
[2] Anh. 14: Wegen der Anwendung der Vorschriften des GVG und der StPO vgl. Art. 8, 9 des 4. StÄG. Vgl. weiter 4 vor § 80 StGB, 21 zu § 93 StGB, 3 vor § 109 StGB, 3 vor § 110 und 8 zu § 194 StGB.
[3] Art. 7 idF des Art. 5 Ges. v. 25. 6. 1968 (BGBl. I 741, 750); II geänd. durch Art. 4 des 3. StRG, Art. 6 Nr. 1 des 4. StRG, Art. 147 Nr. 1 EGStGB und Art. 3 Ges. v. 19. 12. 1986 (BGBl. I 2566).

2. In den Fällen des § 94 Abs. 1 Nr. 2 des Strafgesetzbuches tritt an die Stelle der Absicht, die Bundesrepublik Deutschland zu benachteiligen, die Absicht, den betroffenen Vertragsstaat, seine in der Bundesrepublik Deutschland stationierten Truppen oder die im Land Berlin anwesenden Truppen einer der Drei Mächte zu benachteiligen.

3. In den Fällen der §§ 94 bis 97 des Strafgesetzbuches tritt an die Stelle der Gefahr eines schweren Nachteils für die äußere Sicherheit der Bundesrepublik Deutschland die Gefahr eines schweren Nachteils für die Sicherheit des betroffenen Vertragsstaates, seiner in der Bundesrepublik Deutschland stationierten Truppen oder der im Land Berlin anwesenden Truppen einer der Drei Mächte.

4. In den Fällen des § 99 des Strafgesetzbuches tritt an die Stelle der gegen die Bundesrepublik Deutschland ausgeübten geheimdienstlichen Tätigkeit eine gegen den betroffenen Vertragsstaat, seine in der Bundesrepublik Deutschland stationierten Truppen oder die im Land Berlin anwesenden Truppen einer der Drei Mächte ausgeübte geheimdienstliche Tätigkeit.

5. In den Fällen des § 100 des Strafgesetzbuches tritt an die Stelle der Bundesrepublik Deutschland der betroffene Vertragsstaat.

6. In den Fällen der §§ 94 bis 97 des Strafgesetzbuches ist die Strafverfolgung nur zulässig, wenn die oberste militärische Dienststelle der in der Bundesrepublik Deutschland stationierten Truppen des betroffenen Vertragsstaates oder der im Land Berlin anwesenden Truppen der Betroffenen Macht oder der Leiter ihrer diplomatischen Vertretung erklärt, daß die Wahrung des Geheimnisses für die Sicherheit des Vertragsstaates, seiner in der Bundesrepublik Deutschland stationierten Truppen oder der im Land Berlin anwesenden Truppen der betroffenen Macht zur Zeit der Tat erforderlich war.

7. An die Stelle der Ermächtigung der Bundesregierung nach § 97 Abs. 3 des Strafgesetzbuches tritt das Strafverlangen der obersten militärischen Dienststelle der in der Bundesrepublik Deutschland stationierten Truppen des betroffenen Vertragsstaates oder der im Land Berlin anwesenden Truppen der betroffenen Macht oder des Leiters ihrer diplomatischen Vertretung.

^{II} Zum Schutz der in der Bundesrepublik Deutschland stationierter Truppen der nichtdeutschen Vertragsstaaten des Nordatlantikpaktes, die sich zur Zeit der Tat im räumlichen Geltungsbereich dieses Gesetzes aufhalten, und der im Land Berlin anwesenden Truppen einer der Drei Mächte sind folgende Vorschriften des Strafgesetzbuches mit den in den Nummern 1 bis 10 bestimmten Besonderheiten anzuwenden:

1. § 87 in Verbindung mit den §§ 92a, 92b auf Taten, durch die sich der Täter wissentlich für Bestrebungen einsetzt, die gegen die Sicherheit des betroffenen Vertragsstaates oder die Sicherheit dieser Truppen gerichtet sind;

2. § 89 in Verbindung mit den §§ 92a, 92b auf Taten, die der Täter in der Absicht begeht, die pflichtmäßige Bereitschaft von Soldaten, Beamten oder Bediensteten dieser Truppen zum Dienst für die Verteidigung zu untergraben, und durch die er sich absichtlich für Bestrebungen einsetzt, die gegen die Sicherheit des betroffenen Vertragsstaates oder die Sicherheit dieser Truppen gerichtet sind;

3. § 90a Abs. 1 Nr. 2 und Abs. 2 in Verbindung mit den §§ 92a, 92b auf Taten gegen die nationalen Symbole dieser Truppen;

4. die §§ 109d bis 109g in Verbindung mit den §§ 109i, 109k auf Taten gegen diese Truppen, deren Soldaten, Wehrmittel, Einrichtungen, Anlagen oder

militärische Vorgänge mit der Maßgabe, daß an die Stelle der Bundesrepublik Deutschland der betroffene Vertragsstaat, an die Stelle der Bundeswehr diese Truppen und an die Stelle der Landesverteidigung die Verteidigung der Vertragsstaaten treten;

5. die §§ 113, 114 Abs. 2, §§ 125 und 125a auf Straftaten gegen Soldaten oder Beamte dieser Truppen;
6. § 120 auf Taten gegen den Gewahrsam an Gefangenen dieser Truppen oder an Personen, die auf ihre Anordnung in einer Anstalt untergebracht sind;
7. die §§ 123 und 124 auf Taten gegen den Hausfrieden von Räumen, die zum öffentlichen Dienst oder Verkehr dieser Truppen bestimmt sind;
8. § 132 auf die Anmaßung dienstlicher Befugnisse von Soldaten oder Beamten dieser Truppen;
9. § 194 Abs. 3 auf Beleidigungen gegen eine Dienststelle, einen Soldaten oder einen Beamten dieser Truppen;
9a. § 305a auf Straftaten der Zerstörung von Kraftfahrzeugen dieser Truppen;
10. § 333 Abs. 1, 3, § 334 Abs. 1, 3 auf die Vorteilsgewährung an und die Bestechung von Soldaten, Beamten dieser Truppen oder solche die auf Grund einer allgemeinen oder besonderen Anweisung einer Höheren Dienststelle der Truppen zur gewissenhaften Erfüllung ihrer Obliegenheiten förmlich verpflichtet worden sind.

III Zum Schutz der in der Bundesrepublik Deutschland stationierten Truppen der nichtdeutschen Vertragsstaaten des Nordatlantikpaktes, die sich zur Zeit der Tat im räumlichen Geltungsbereich dieses Gesetzes aufhalten, und der im Land Berlin anwesenden Truppen einer der Drei Mächte sind ferner die §§ 16, 19 des Wehrstrafgesetzes und, in Verbindung mit diesen Vorschriften, § 111 des Strafgesetzbuches auf Taten gegen diese Truppen mit folgenden Besonderheiten anzuwenden:

1. In den §§ 16, 19 des Wehrstrafgesetzes treten an die Stelle der Bundesrepublik Deutschland der betroffene Vertragsstaat und an die Stelle der Bundeswehr und ihrer Soldaten diese Truppen und deren Soldaten;
2. strafbar ist nur, wer einen Soldaten dieser Truppen zu einer vorsätzlichen rechtswidrigen Tat nach § 16 oder § 19 des Wehrstrafgesetzes bestimmt oder zu bestimmen versucht oder ihm dazu Hilfe leistet oder wer nach § 111 des Strafgesetzbuchs zu einer solchen Tat auffordert.

IV Die Absätze 1 bis 3 gelten nur für Straftaten, die im räumlichen Geltungsbereich dieses Gesetzes begangen werden.

15. Jugendgerichtsgesetz (JGG)

idF v. 11. Dezember 1974 (BGBl. I 3427; III 451–1), letztes ÄndG v. 30. 8. 1990 (BGBl. I 1853)

(noch abgedruckt in der 44. Aufl.)

16. Wehrstrafgesetz (WStG)

idF v. 24. Mai 1974 (BGBl. I 1213; III 452–2), ÄndG v. 21. 12. 1979 (BGBl. I 2326)

Erster Teil. Allgemeine Bestimmungen

§ 1 Geltungsbereich[1]

^I Dieses Gesetz gilt für Straftaten, die Soldaten der Bundeswehr begehen.

^{II} Es gilt auch für Straftaten, durch die militärische Vorgesetzte, die nicht Soldaten sind, ihre Pflichten verletzen (§§ 30 bis 41).

^{III} Wegen Verletzung von Privatgeheimnissen (§ 203 Abs. 2, 4, 5, §§ 204, 205 des Strafgesetzbuches), wegen Verletzung des Dienstgeheimnisses (§ 353 b Abs. 1 des Strafgesetzbuches) und wegen Verletzung des Post- und Fernmeldegeheimnisses (§ 354 Abs. 4 des Strafgesetzbuches) sind nach Maßgabe des § 48 auch frühere Soldaten strafbar, soweit ihnen diese Geheimnisse während des Wehrdienstes anvertraut worden oder sonst bekanntgeworden sind.

^{IV} Wegen Anstiftung und Beihilfe zu militärischen Straftaten sowie wegen Versuchs der Beteiligung an solchen Straftaten ist nach diesem Gesetz auch strafbar, wer nicht Soldat ist.

§ 1a Auslandstaten

^I Das deutsche Strafrecht gilt, unabhängig vom Recht des Tatorts, für Taten, die nach diesem Gesetz mit Strafe bedroht sind und im Ausland begangen werden, wenn der Täter

1. Soldat ist oder zu den in § 1 Abs. 2 bezeichneten Personen gehört oder
2. Deutscher ist und seine Lebensgrundlage im räumlichen Geltungsbereich dieses Gesetzes hat.

^{II} Das deutsche Strafrecht gilt, unabhängig vom Recht des Tatorts, auch für Taten, die ein Soldat während eines dienstlichen Aufenthalts oder in Beziehung auf den Dienst im Ausland begeht.

§ 2 Begriffsbestimmungen

Im Sinne dieses Gesetzes ist

1. eine militärische Straftat eine Handlung, die der Zweite Teil dieses Gesetzes mit Strafe bedroht;
2. ein Befehl eine Anweisung zu einem bestimmten Verhalten, die ein militärischer Vorgesetzter (§ 1 Abs. 4 des Soldatengesetzes) einem Untergebenen schriftlich, mündlich oder in anderer Weise, allgemein oder für den Einzelfall und mit dem Anspruch auf Gehorsam erteilt;
3. eine schwerwiegende Folge eine Gefahr für die Sicherheit der Bundesrepublik Deutschland, die Schlagkraft der Truppe, Leib oder Leben eines Menschen oder Sachen von bedeutendem Wert, die dem Täter nicht gehören.

§ 3 Anwendung des allgemeinen Strafrechts

^I Das allgemeine Strafrecht ist anzuwenden, soweit dieses Gesetz nichts anderes bestimmt.

---

[1] § 1 III eingefügt durch Ges. v. 21. 12. 1979 (BGBl. I 2326).

II Für Straftaten von Soldaten, die Jugendliche oder Heranwachsende sind, gelten besondere Vorschriften des Jugendgerichtsgesetzes.

§ 4 Militärische Straftaten gegen verbündete Streitkräfte
I Die Vorschriften dieses Gesetzes sind auch dann anzuwenden, wenn ein Soldat der Bundeswehr eine militärische Straftat gegen Streitkräfte eines verbündeten Staates oder eines ihrer Mitglieder begeht.

II Das Gericht kann von Strafe absehen, wenn die Wahrung der Disziplin in der Bundeswehr eine Bestrafung nicht erfordert.

§ 5 Handeln auf Befehl
I Begeht ein Untergebener eine rechtswidrige Tat, die den Tatbestand eines Strafgesetzes verwirklicht, auf Befehl, so trifft ihn eine Schuld nur, wenn er erkennt, daß es sich um eine rechtswidrige Tat handelt oder dies nach den ihm bekannten Umständen offensichtlich ist.

II Ist die Schuld des Untergebenen mit Rücksicht auf die besondere Lage, in der er sich bei der Ausführung des Befehls befand, gering, so kann das Gericht die Strafe nach § 49 Abs. 1 des Strafgesetzbuches mildern, bei Vergehen auch von Strafe absehen.

§ 6 Furcht vor persönlicher Gefahr
Furcht vor persönlicher Gefahr entschuldigt eine Tat nicht, wenn die soldatische Pflicht verlangt, die Gefahr zu bestehen.

§ 7 Selbstverschuldete Trunkenheit
I Selbstverschuldete Trunkenheit führt nicht zu einer Milderung der angedrohten Strafe, wenn die Tat eine militärische Straftat ist, gegen das Kriegsvölkerrecht verstößt oder in Ausübung des Dienstes begangen wird.

II Der Trunkenheit steht ein Rausch anderer Art gleich.

§ 8 (weggefallen)

§ 9 Strafarrest
I Das Höchstmaß des Strafarrestes ist sechs Monate, das Mindestmaß zwei Wochen.

II Der Strafarrest besteht in Freiheitsentziehung. Im Vollzug[1] soll der Soldat, soweit tunlich, in seiner Ausbildung gefördert werden.

III Die Vollstreckung des Strafarrestes verjährt in zwei Jahren.

§ 10 Geldstrafe bei Straftaten von Soldaten
Bei Straftaten von Soldaten darf Geldstrafe nicht verhängt werden, wenn besondere Umstände, die in der Tat oder der Persönlichkeit des Täters liegen, die Verhängung von Freiheitsstrafe zur Wahrung der Disziplin gebieten.

§ 11 Ersatzfreiheitsstrafe
Ist wegen einer Tat, die ein Soldat während der Ausübung des Dienstes oder in Beziehung auf den Dienst begangen hat, eine Geldstrafe bis zu einhundertachtzig Tagessätzen verhängt, so ist die Ersatzfreiheitsstrafe Strafarrest. Einem Tagessatz entspricht ein Tag Strafarrest.

---

[1] § 9: Vgl. dazu Bundeswehrvollzugsordnung v. 29. 11. 1972 (BGBl. I 2205; III 452–3), ÄndG v. 16. 3. 1976 (BGBl. I 581, 605).

Anh. 16 WStG

§ 12 Strafarrest statt Freiheitsstrafe

Darf auf Geldstrafe nach § 10 nicht erkannt werden oder ist bei Straftaten von Soldaten die Verhängung einer Freiheitsstrafe, die nach § 47 des Strafgesetzbuches unerläßlich ist, auch zur Wahrung der Disziplin geboten, so ist, wenn eine Freiheitsstrafe von mehr als sechs Monaten nicht in Betracht kommt, auf Strafarrest zu erkennen.

§ 13 Zusammentreffen mehrerer Straftaten

^{I} Wäre nach den Vorschriften des Strafgesetzbuches eine Gesamtstrafe von mehr als sechs Monaten Strafarrest zu bilden, so wird statt auf Strafarrest auf Freiheitsstrafe erkannt. Die Gesamtstrafe darf zwei Jahre nicht übersteigen.

^{II} Trifft zeitige Freiheitsstrafe mit Strafarrest zusammen, so ist die Gesamtstrafe durch Erhöhung der Freiheitsstrafe zu bilden. Jedoch ist auf Freiheitsstrafe und Strafarrest gesondert zu erkennen, wenn die Voraussetzungen für die Aussetzung der Vollstreckung des Strafarrestes nicht vorliegen, die Vollstreckung der Gesamtstrafe aber zur Bewährung ausgesetzt werden müßte. In diesem Fall sind beide Strafen so zu kürzen, daß ihre Summe die Dauer der sonst zu bildenden Gesamtstrafe nicht überschreitet.

^{III} Die Absätze 1 und 2 sind auch anzuwenden wenn nach den allgemeinen Vorschriften eine Gesamtstrafe nachträglich zu bilden ist.

§ 14 Strafaussetzung zur Bewährung bei Freiheitsstrafe

^{I} Bei der Verurteilung zu Freiheitsstrafe von mindestens sechs Monaten wird die Vollstreckung nicht ausgesetzt, wenn die Wahrung der Disziplin sie gebietet.

^{II} Bewährungsauflagen und Weisungen (§§ 56b bis 56d des Strafgesetzbuches) sollen die Besonderheiten des Wehrdienstes berücksichtigen.

^{III} Für die Dauer des Wehrdienstverhältnisses kann ein Soldat als ehrenamtlicher Bewährungshelfer (§ 56d des Strafgesetzbuches) bestellt werden. Er untersteht bei der Überwachung des Verurteilten nicht den Anweisungen des Gerichts.

^{IV} Von der Überwachung durch einen Bewährungshelfer, der nicht Soldat ist, sind für die Dauer des Wehrdienstverhältnisses Angelegenheiten ausgeschlossen, für welche die militärischen Vorgesetzten des Verurteilten zu sorgen haben. Maßnahmen des Disziplinarvorgesetzten haben den Vorrang.

§ 14a Strafaussetzung zur Bewährung bei Strafarrest

^{I} Das Gericht setzt die Vollstreckung des Strafarrestes unter den Voraussetzungen des § 56 Abs. 1 Satz 1 des Strafgesetzbuches zur Bewährung aus, wenn nicht die Wahrung der Disziplin die Vollstreckung gebietet. § 56 Abs. 1 Satz 2, Abs. 4, die §§ 56a bis 56c, 56e bis 56g und 58 des Strafgesetzbuches gelten entsprechend.

^{II} Das Gericht kann die Vollstreckung des Restes eines Strafarrestes unter den Voraussetzungen des § 57 Abs. 1 Satz 1 des Strafgesetzbuches zur Bewährung aussetzen. § 57 Abs. 1 Satz 2, Abs. 4 und die §§ 56a bis 56c, 56e bis 56g des Strafgesetzbuches gelten entsprechend.

^{III} Bewährungsauflagen und Weisungen (§ 56b und 56c des Strafgesetzbuches) sollen die Besonderheiten des Wehrdienstes berücksichtigen.

Zweiter Teil. Militärische Straftaten

Erster Abschnitt.
Straftaten gegen die Pflicht zur militärischen Dienstleistung

§ 15 Eigenmächtige Abwesenheit

I Wer eigenmächtig seine Truppe oder Dienststelle verläßt oder ihr fernbleibt und vorsätzlich oder fahrlässig länger als drei volle Kalendertage abwesend ist, wird mit Freiheitsstrafe bis zu drei Jahren bestraft.

II Ebenso wird bestraft, wer außerhalb des räumlichen Geltungsbereichs dieses Gesetzes von seiner Truppe oder Dienststelle abgekommen ist und es vorsätzlich oder fahrlässig unterläßt, sich bei ihr, einer anderen Truppe oder Dienststelle der Bundeswehr oder einer Behörde der Bundesrepublik Deutschland innerhalb von drei vollen Kalenderjahren zu melden.

§ 16 Fahnenflucht

I Wer eigenmächtig seine Truppe oder Dienststelle verläßt oder ihr fernbleibt, um sich der Verpflichtung zum Wehrdienst dauernd oder für die Zeit eines bewaffneten Einsatzes zu entziehen oder die Beendigung des Wehrdienstverhältnisses zu erreichen, wird mit Freiheitsstrafe bis zu fünf Jahren bestraft.

II Der Versuch ist strafbar.

III Stellt sich der Täter innerhalb eines Monats und ist er bereit der Verpflichtung zum Wehrdienst nachzukommen, so ist die Strafe Freiheitsstrafe bis zu drei Jahren.

IV Die Vorschriften über den Versuch der Beteiligung nach § 30 Abs. 1 des Strafgesetzbuches gelten für Straftaten nach Absatz 1 entsprechend.

§ 17 Selbstverstümmelung

I Wer sich oder einen anderen Soldaten mit dessen Einwilligung durch Verstümmelung oder auf andere Weise zum Wehrdienst untauglich macht oder machen läßt, wird mit Freiheitsstrafe bis zu fünf Jahren bestraft. Dies gilt auch dann, wenn der Täter die Untauglichkeit nur für eine gewisse Zeit oder teilweise herbeiführt.

II Der Versuch ist strafbar.

§ 18 Dienstentziehung durch Täuschung

I Wer sich oder einen anderen Soldaten durch arglistige, auf Täuschung berechnete Machenschaften dem Wehrdienst dauernd oder für eine gewisse Zeit, ganz oder teilweise entzieht, wird mit Freiheitsstrafe bis zu fünf Jahren bestraft.

II Der Versuch ist strafbar.

Zweiter Abschnitt.
Straftaten gegen die Pflichten der Untergebenen

§ 19 Ungehorsam

I Wer einen Befehl nicht befolgt und dadurch wenigstens fahrlässig eine schwerwiegende Folge (§ 2 Nr. 3) verursacht, wird mit Freiheitsstrafe bis zu drei Jahren bestraft.

Anh. 16 WStG

^{II} Der Versuch ist strafbar.

^{III} In besonders schweren Fällen ist die Strafe Freiheitsstrafe von sechs Monaten bis zu fünf Jahren. Ein besonders schwerer Fall liegt in der Regel vor, wenn der Täter durch die Tat
1. wenigstens fahrlässig die Gefahr eines schweren Nachteils für die Sicherheit der Bundesrepublik Deutschland oder die Schlagkraft der Truppe oder
2. fahrlässig den Tod oder eine schwere Körperverletzung eines anderen (§ 224 des Strafgesetzbuches)

verursacht.

^{IV} Die Vorschriften über den Versuch der Beteiligung nach § 30 Abs. 1 des Strafgesetzbuches gelten für Straftaten nach Absatz 1 entsprechend.

§ 20 Gehorsamsverweigerung

^I Mit Freiheitsstrafe bis zu drei Jahren wird bestraft,
1. wer die Befolgung eines Befehls dadurch verweigert, daß er sich mit Wort oder Tat gegen ihn auflehnt, oder
2. wer darauf beharrt, einen Befehl nicht zu befolgen, nachdem dieser wiederholt worden ist.

^{II} Verweigert der Täter in den Fällen des Absatzes 1 Nr. 1 den Gehorsam gegenüber einem Befehl, der nicht sofort auszuführen ist, befolgt er ihn aber rechtzeitig und freiwillig, so kann das Gericht von Strafe absehen.

§ 21 Leichtfertiges Nichtbefolgen eines Befehls

Wer leichtfertig einen Befehl nicht befolgt und dadurch wenigstens fahrlässig eine schwerwiegende Folge (§ 2 Nr. 3) verursacht, wird mit Freiheitsstrafe bis zu zwei Jahren bestraft.

§ 22 Verbindlichkeit des Befehls; Irrtum

^I In den Fällen der §§ 19 bis 21 handelt der Untergebene nicht rechtswidrig, wenn der Befehl nicht verbindlich ist, insbesondere wenn er nicht zu dienstlichen Zwecken erteilt ist oder die Menschenwürde verletzt oder wenn durch das Befolgen eine Straftat begangen würde. Dies gilt auch, wenn der Untergebene irrig annimmt, der Befehl sei verbindlich.

^{II} Befolgt ein Untergebener einen Befehl nicht, weil er irrig annimmt, daß durch die Ausführung eine Straftat begangen würde, so ist er nach den §§ 19 bis 21 nicht strafbar, wenn er den Irrtum nicht vermeiden konnte.

^{III} Nimmt ein Untergebener irrig an, daß ein Befehl aus anderen Gründen nicht verbindlich ist, und befolgt er ihn deshalb nicht, so ist er nach den §§ 19 bis 21 nicht strafbar, wenn er den Irrtum nicht vermeiden konnte und ihm nach den ihm bekannten Umständen auch nicht zusammen war, sich mit Rechtsbehelfen gegen den vermeintlich nicht verbindlichen Befehl zu wehren; war ihm dies zuzumuten, so kann das Gericht von einer Bestrafung nach den §§ 19 bis 21 absehen.

§ 23 Bedrohung eines Vorgesetzten

Wer im Dienst oder in Beziehung auf eine Diensthandlung einen Vorgesetzten mit der Begehung einer Straftat bedroht, wird mit Freiheitsstrafe bis zu drei Jahren bestraft.

§ 24 Nötigung eines Vorgesetzten

I Wer es unternimmt, durch Gewalt oder Drohung einen Vorgesetzten zu nötigen, eine Diensthandlung vorzunehmen oder zu unterlassen, wird mit Freiheitsstrafe von drei Monaten bis zu drei Jahren bestraft.

II Ebenso wird bestraft, wer die Tat gegen einen Soldaten begeht, der zur Unterstützung des Vorgesetzten zugezogen worden ist.

III In minder schweren Fällen ist die Strafe Freiheitsstrafe bis zu zwei Jahren.

IV In besonders schweren Fällen ist die Strafe Freiheitsstrafe von sechs Monaten bis zu fünf Jahren. Ein besonders schwerer Fall liegt in der Regel vor, wenn der Täter durch die Tat eine schwerwiegende Folge (§ 2 Nr. 3) herbeiführt.

§ 25 Tätlicher Angriff gegen einen Vorgesetzten

I Wer es unternimmt, gegen einen Vorgesetzten tätlich zu werden, wird mit Freiheitsstrafe von drei Monaten bis zu drei Jahren bestraft.

II In minder schweren Fällen ist die Strafe Freiheitsstrafe bis zu zwei Jahren.

III In besonders schweren Fällen ist die Strafe Freiheitsstrafe von sechs Monaten bis zu fünf Jahren. Ein besonders schwerer Fall liegt in der Regel vor, wenn der Täter durch die Tat eine schwerwiegende Folge (§ 2 Nr. 3) herbeiführt.

§ 26 (weggefallen)

§ 27 Meuterei

I Wenn Soldaten sich zusammenrotten und mit vereinten Kräften eine Gehorsamsverweigerung (§ 20), eine Bedrohung (§ 23), eine Nötigung (§ 24) oder einen tätlichen Angriff (§ 25) begehen, so wird jeder, der sich an der Zusammenrottung beteiligt, mit Freiheitsstrafe von sechs Monaten bis zu fünf Jahren bestraft.

II Der Versuch ist strafbar.

III In besonders schweren Fällen ist die Strafe Freiheitsstrafe von einem Jahr bis zu zehn Jahren. Ein besonders schwerer Fall liegt in der Regel vor, wenn der Täter Rädelsführer ist oder durch die Tat eine schwerwiegende Folge (§ 2 Nr. 3) herbeiführt.

IV Wer sich nur an der Zusammenrottung beteiligt, jedoch freiwillig zur Ordnung zurückkehrt, bevor eine der in Absatz 1 bezeichneten Taten begangen wird, wird mit Freiheitsstrafe bis zu drei Jahren bestraft.

§ 28 Verabredung zur Unbotmäßigkeit

I Verabreden Soldaten, gemeinschaftlich eine Gehorsamsverweigerung (§ 20), eine Bedrohung (§ 23), eine Nötigung (§ 24), einen tätlichen Angriff (§ 25) oder eine Meuterei (§ 27) zu begehen, so werden sie nach den Vorschriften bestraft, die für die Begehung der Tat gelten. In den Fällen des § 27 kann die Strafe nach § 49 Abs. 1 des Strafgesetzbuches gemildert werden.

II Nach Absatz 1 wird nicht bestraft, wer nach der Verabredung freiwillig die Tat verhindert. Unterbleibt sie ohne sein Zutun oder wird sie unabhängig von seinem früheren Verhalten begangen, so genügt zu seiner Straflosigkeit sein freiwilliges und ernsthaftes Bemühen, die Tat zu verhindern.

§ 29 Taten gegen Soldaten mit höherem Dienstgrad

I Die §§ 23 bis 28 gelten entsprechend, wenn die Tat gegen einen Soldaten begangen wird, der zur Zeit der Tat nicht Vorgesetzter des Täters, aber

1. Offizier oder Unteroffizier ist und einen höheren Dienstgrad als der Täter hat oder
2. im Dienst dessen Vorgesetzter ist,

und der Täter oder der andere zur Zeit der Tat im Dienst ist oder die Tat sich auf eine Diensthandlung bezieht.

^{II} In den Fällen des Absatzes 1 Nr. 1 ist § 4 nicht anzuwenden.

Dritter Abschnitt.
Straftaten gegen die Pflichten der Vorgesetzten

§ 30 Mißhandlung

^I Wer einen Untergebenen körperlich mißhandelt oder an der Gesundheit beschädigt, wird mit Freiheitsstrafe von drei Monaten bis zu fünf Jahren bestraft.

^{II} Ebenso wird bestraft, wer es fördert oder pflichtwidrig duldet, daß ein Untergebener die Tat gegen einen anderen Soldaten begeht.

^{III} In minder schweren Fällen ist die Strafe Freiheitsstrafe bis zu drei Jahren.

^{IV} In besonders schweren Fällen ist die Strafe Freiheitsstrafe von sechs Monaten bis zu fünf Jahren. Ein besonders schwerer Fall liegt in der Regel vor, wenn der Täter sein Verhalten beharrlich wiederholt.

§ 31 Entwürdigende Behandlung

^I Wer einen Untergebenen entwürdigend behandelt oder ihm böswillig den Dienst erschwert, wird mit Freiheitsstrafe bis zu fünf Jahren bestraft.

^{II} Ebenso wird bestraft, wer es fördert oder pflichtwidrig duldet, daß ein Untergebener die Tat gegen einen anderen Soldaten begeht.

^{III} In besonders schweren Fällen ist die Strafe Freiheitsstrafe von sechs Monaten bis zu fünf Jahren. Ein besonders schwerer Fall liegt in der Regel vor, wenn der Täter sein Verhalten beharrlich wiederholt.

§ 32 Mißbrauch der Befehlsbefugnis zu unzulässigen Zwecken

Wer seine Befehlsbefugnis oder Dienststellung gegenüber einem Untergebenen zu Befehlen, Forderungen oder Zumutungen mißbraucht, die nicht in Beziehung zum Dienst stehen oder dienstlichen Zwecken zuwiderlaufen, wird mit Freiheitsstrafe bis zu zwei Jahren bestraft, wenn die Tat nicht in anderen Vorschriften mit schwererer Strafe bedroht ist.

§ 33 Verleiten zu einer rechtswidrigen Tat

Wer durch Mißbrauch seiner Befehlsbefugnis oder Dienststellung einen Untergebenen zu einer von diesem begangenen rechtswidrigen Tat bestimmt hat, die den Tatbestand eines Strafgesetzes verwirklicht, wird nach den Vorschriften bestraft, die für die Begehung der Tat gelten. Die Strafe kann bis auf das Doppelte der sonst zulässigen Höchststrafe, jedoch nicht über das gesetzliche Höchstmaß der angedrohten Strafe hinaus erhöht werden.

§ 34 Erfolgloses Verleiten zu einer rechtswidrigen Tat

^I Wer durch Mißbrauch seiner Befehlsbefugnis oder Dienststellung einen Untergebenen zu bestimmen versucht, eine rechtswidrige Tat, die den Tatbestand eines Strafgesetzes verwirklicht, zu begehen oder zu ihr anzustiften, wird nach

den für die Begehung der Tat geltenden Vorschriften bestraft. Jedoch kann die Strafe nach § 49 Abs. 1 des Strafgesetzbuches gemildert werden.

II Nach Absatz 1 wird nicht bestraft, wer freiwillig den Versuch aufgibt, den Untergebenen zu bestimmen, und eine etwa bestehende Gefahr, daß der Untergebene die Tat begeht, abwendet: Unterbleibt die Tat ohne Zutun des Zurücktretenden oder wird sie unabhängig von seinem früheren Verhalten begangen, so genügt zu seiner Straflosigkeit sein freiwilliges und ernsthaftes Bemühen, die Tat zu verhindern.

§ 35 Unterdrücken von Beschwerden

I Wer einen Untergebenen durch Befehle, Drohungen, Versprechungen, Geschenke oder sonst auf pflichtwidrige Weise davon abhält, Eingaben, Meldungen oder Beschwerden bei der Volksvertretung der Bundesrepublik Deutschland oder eines ihrer Länder, bei dem Wehrbeauftragten des Bundestages, bei einer Dienststelle oder bei einem Vorgesetzten anzubringen, Anzeige zu erstatten oder von einem Rechtsbehelf Gebrauch zu machen, wird mit Freiheitsstrafe bis zu drei Jahren bestraft.

II Ebenso wird bestraft, wer eine solche Erklärung, zu deren Prüfung oder Weitergabe er dienstlich verpflichtet ist, unterdrückt.

III Der Versuch ist strafbar.

§ 36 Taten von Soldaten mit höherem Dienstgrad

I Die §§ 30 bis 35 gelten entsprechend für Taten eines Soldaten, der zur Zeit der Tat nicht Vorgesetzter des anderen, aber

1. Offizier oder Unteroffizier ist und einen höheren Dienstgrad als der andere hat oder
2. im Dienst dessen Vorgesetzter ist

und der bei der Tat seine Dienststellung mißbraucht.

II In den Fällen des Absatzes 1 Nr. 1 ist § 4 nicht anzuwenden.

§ 37 Beeinflussung der Rechtspflege

Wer es unternimmt, durch Mißbrauch seiner Befehlsbefugnis oder Dienststellung unzulässigen Einfluß auf Soldaten zu nehmen, die als Organe der Rechtspflege tätig sind, wird mit Freiheitsstrafe bis zu fünf Jahren bestraft, wenn die Tat nicht in anderen Vorschriften mit schwererer Strafe bedroht ist.

§ 38 Anmaßen von Befehlsbefugnissen

Wer sich Befehlsbefugnis oder Disziplinargewalt anmaßt oder seine Befehlsbefugnis oder Disziplinargewalt überschreitet, wird mit Freiheitsstrafe bis zu zwei Jahren bestraft, wenn die Tat nicht in § 39 mit Strafe bedroht ist.

§ 39 Mißbrauch der Disziplinargewalt

Ein Disziplinarvorgesetzter, der absichtlich oder wissentlich

1. einen Untergebenen, der nach dem Gesetz nicht disziplinarrechtlich verfolgt werden darf, disziplinarrechtlich verfolgt oder auf eine solche Verfolgung hinwirkt,
2. zum Nachteil des Untergebenen eine Disziplinarmaßnahme verhängt, die nach Art oder Höhe im Gesetz nicht vorgesehen ist oder die er nicht verhängen darf, oder
3. ein Dienstvergehen mit unerlaubten Maßnahmen ahndet,

wird mit Freiheitsstrafe bis zu fünf Jahren bestraft.

§ 40 Unterlassene Mitwirkung bei Strafverfahren

Wer es seiner Pflicht als Vorgesetzter zuwider unterläßt,

1. den Verdacht zu melden oder zu untersuchen, daß ein Untergebener eine rechtswidrige Tat begangen hat, die den Tatbestand eines Strafgesetzes verwirklicht, oder
2. eine solche Sache an die Strafverfolgungsbehörde abzugeben,

um den Untergebenen der im Gesetz vorgesehenen Strafe oder Maßnahme (§ 11 Abs. 1 Nr. 8 des Strafgesetzbuches) zu entziehen, wird mit Freiheitsstrafe bis zu drei Jahren bestraft.

§ 41 Mangelhafte Dienstaufsicht

^I Wer es unterläßt, Untergebene pflichtgemäß zu beaufsichtigen oder beaufsichtigen zu lassen, und dadurch wenigstens fahrlässig eine schwerwiegende Folge (§ 2 Nr. 3) verursacht, wird mit Freiheitsstrafe bis zu drei Jahren bestraft.

^{II} Der Versuch ist strafbar.

^{III} Wer die Aufsichtspflicht leichtfertig verletzt und dadurch wenigstens fahrlässig eine schwerwiegende Folge verursacht, wird mit Freiheitsstrafe bis zu sechs Monaten bestraft.

^{IV} Die Absätze 1 bis 3 sind nicht anzuwenden, wenn die Tat in anderen Vorschriften mit schwererer Strafe bedroht ist.

Vierter Abschnitt.
Straftaten gegen andere militärische Pflichten

§ 42 Unwahre dienstliche Meldung

^I Wer

1. in einer dienstlichen Meldung oder Erklärung unwahre Angaben über Tatsachen von dienstlicher Bedeutung macht,
2. eine solche Meldung weitergibt, ohne sie pflichtgemäß zu berichtigen, oder
3. eine dienstliche Meldung unrichtig übermittelt

und dadurch wenigstens fahrlässig eine schwerwiegende Folge (§ 2 Nr. 3) verursacht, wird mit Freiheitsstrafe bis zu drei Jahren bestraft.

^{II} Der Versuch ist strafbar.

^{III} Wer im Falle des Absatzes 1 leichtfertig handelt und die schwerwiegende Folge wenigstens fahrlässig verursacht, wird mit Freiheitsstrafe bis zu einem Jahr bestraft.

§ 43 Unterlassene Meldung

^I Wer von dem Vorhaben oder der Ausführung einer Meuterei (§ 27) oder einer Sabotage (§ 109e Abs. 1 des Strafgesetzbuches) zu einer Zeit, zu der die Ausführung oder der Erfolg noch abgewendet werden kann, glaubhaft erfährt und es unterläßt, unverzüglich Meldung zu machen, wird mit Freiheitsstrafe bis zu drei Jahren bestraft.

^{II} § 139 des Strafgesetzbuches gilt entsprechend.

§ 44 Wachverfehlung

^I Wer im Wachdienst

1. als Wachvorgesetzter es unterläßt, die Wache pflichtgemäß zu beaufsichtigen,

2. pflichtwidrig seinen Postenbereich oder Streifenweg verläßt oder
3. sich außerstande setzt, seinen Dienst zu versehen,

wird mit Freiheitsstrafe bis zu drei Jahren bestraft.

II Ebenso wird bestraft, wer im Wachdienst in anderen als den in Absatz 1 bezeichneten Fällen Befehle nicht befolgt, die für den Wachdienst gelten, und dadurch wenigstens fahrlässig eine schwerwiegende Folge (§ 2 Nr. 3) verursacht.

III Der Versuch ist strafbar.

IV In besonders schweren Fällen ist die Strafe Freiheitsstrafe von sechs Monaten bis zu fünf Jahren. § 19 Abs. 3 Satz 2 gilt entsprechend.

V Wer in den Fällen des Absatzes 1 oder 2 fahrlässig handelt und dadurch wenigstens fahrlässig eine schwerwiegende Folge verursacht (§ 2 Nr. 3) wird mit Freiheitsstrafe bis zu zwei Jahren bestraft.

VI Wird ein Befehl nicht befolgt (Absatz 2), so gelten § 22 sowie die Vorschriften über den Versuch der Beteiligung nach § 30 Abs. 1 des Strafgesetzbuches entsprechend.

§ 45 Pflichtverletzung bei Sonderaufträgen

Nach § 44 Abs. 1, 3 bis 6 wird auch bestraft, wer als Führer eines Kommandos oder einer Abteilung, der einen Sonderauftrag selbständig auszuführen hat und auf seine erhöhte Verantwortung hingewiesen worden ist,

1. sich außerstande setzt, den Auftrag pflichtgemäß zu erfüllen,
2. seinen Posten verläßt oder
3. Befehle nicht befolgt, die für die Ausführung des Auftrags gelten

und dadurch wenigstens fahrlässig eine schwerwiegende Folge (§ 2 Nr. 3) verursacht.

§ 46 Rechtswidriger Waffengebrauch

Wer von der Waffe einen rechtswidrigen Gebrauch macht, wird mit Freiheitsstrafe bis zu einem Jahr bestraft, wenn die Tat nicht in anderen Vorschriften mit schwererer Strafe bedroht ist.

§ 47 (weggefallen)

§ 48 Verletzung anderer Dienstpflichten[1]

I Für die Anwendung der Vorschriften des Strafgesetzbuches über

Gefangenenbefreiung (§ 120 Abs. 2),
Verletzung der Vertraulichkeit des Wortes (§ 201 Abs. 3),
Verletzung von Privatgeheimnissen (§ 203 Abs. 2, 4, 5, §§ 204, 205),
Vorteilsannahme und Bestechlichkeit (§§ 331, 332, 335),
Körperverletzung im Amt (§ 340),
Aussageerpressung (§ 343),
Vollstreckung gegen Unschuldige (§ 345),
Falschbeurkundung im Amt (§ 348),
Verletzung des Dienstgeheimnisses (§ 353b Abs. 1) und
Verletzung des Post- und Fernmeldegeheimnisses (§ 354 Abs. 4)

stehen Offiziere und Unteroffiziere den Amtsträgern und ihr Wehrdienst dem Amte gleich.

---

[1] § 48 geänd. durch Ges. v. 21. 12. 1979 (BGBl. I 2326).

Anh. 17 WiStG

II Für die Anwendung der Vorschriften des Strafgesetzbuches über Gefangenenbefreiung (§ 120 Abs. 2), Bestechlichkeit (§§ 332, 335), Falschbeurkundung im Amt (§ 348) und Verletzung des Dienstgeheimnisses (§ 353b Abs. 1) stehen auch Mannschaften den Amtsträgern und ihr Wehrdienst dem Amte gleich.

17. Gesetz zur weiteren Vereinfachung des Wirtschaftsstrafrechts (Wirtschaftsstrafgesetz 1954)

idF v. 3. Juni 1975 (BGBl. I 1313; III 453–11), letztes ÄndG v. 15. 7. 1992 (BGBl. I 1302)

(Auszug; die §§ 11 bis 23 sind abgedruckt in Göhler OWiG, Anh. A 12)

Erster Abschnitt.
Ahndung von Zuwiderhandlungen im Bereich des Wirtschaftsrechts

§ 1 Strafbare Verstöße gegen Sicherstellungsvorschriften

^I Wer eine Zuwiderhandlung nach

1. § 18 des Wirtschaftssicherstellungsgesetzes,
2. § 26 des Verkehrssicherstellungsgesetzes,
3. § 22 des Ernährungssicherstellungsgesetzes,
4. § 28 des Wassersicherstellungsgesetzes

begeht, wird mit Freiheitsstrafe bis zu fünf Jahren oder mit Geldstrafe bestraft.

^{II} Der Versuch ist strafbar.

^{III} In besonders schweren Fällen ist die Strafe Freiheitsstrafe nicht unter sechs Monaten. Ein besonders schwerer Fall liegt in der Regel vor, wenn

1. durch die Handlung

   a) die Versorgung, sei es auch nur auf einem bestimmten Gebiet in einem örtlichen Bereich, schwer gefährdet wird oder

   b) das Leben oder die Freiheit eines anderen gefährdet wird oder eine Maßnahme nicht rechtzeitig getroffen werden kann, die erforderlich ist, um eine gegenwärtige Gefahr für das Leben oder die Freiheit eines anderen abzuwenden,

oder

2. der Täter

   a) bei Begehung der Tat eine einflußreiche Stellung im Wirtschaftsleben oder in der Wirtschaftsverwaltung zur Erzielung von bedeutenden Vermögensvorteilen gröblich mißbraucht,

   b) eine außergewöhnliche Mangellage bei der Versorgung mit Sachen oder Leistungen des lebenswichtigen Bedarfs zur Erzielung von bedeutenden Vermögensvorteilen gewissenlos ausnutzt oder

   c) gewerbsmäßig zur Erzielung von hohen Gewinnen handelt.

^{IV} Handelt der Täter fahrlässig, so ist die Strafe Freiheitsstrafe bis zu zwei Jahren oder Geldstrafe.

§ 2 Ordnungswidrige Verstöße gegen Sicherstellungsvorschriften

[I] Ordnungswidrig handelt, wer vorsätzlich oder fahrlässig eine der in § 1 Abs. 1 bezeichneten Handlungen begeht, wenn die Tat ihrem Umfang und ihrer Auswirkung nach, namentlich nach Art und Menge der Sachen oder Leistungen, auf die sie sich bezieht, nicht geeignet ist,

1. die Versorgung, sei es auch nur auf einen bestimmten Gebiet in einem örtlichen Bereich, merkbar zu stören und

2. die Verwirklichung der sonstigen Ziele, denen die in § 1 Abs. 1 bezeichneten Rechtsvorschriften im allgemeinen oder im Einzelfall zu dienen bestimmt sind, merkbar zu beeinträchtigen.

[II] Absatz 1 ist nicht anzuwenden, wenn der Täter die Tat beharrlich wiederholt.

[III] Die Ordnungswidrigkeit und der Versuch einer Ordnungswidrigkeit können mit einer Geldbuße bis zu fünfzigtausend Deutsche Mark geahndet werden.

§ 3 Verstöße gegen die Preisregelung[1]

[I] Ordnungswidrig handelt, wer in anderen als den in den §§ 1, 2 bezeichneten Fällen vorsätzlich oder fahrlässig einer Rechtsvorschrift über

1. Preise, Preisspannen, Zuschläge oder Abschläge,

2. Preisangaben,

3. Zahlungs- oder Lieferbedingungen oder

4. andere der Preisbildung oder dem Preisschutz dienende Maßnahmen

oder einer auf Grund einer solchen Rechtsvorschrift ergangenen vollziehbaren Verfügung zuwiderhandelt, soweit die Rechtsvorschrift für einen bestimmten Tatbestand auf diese Vorschrift verweist. Die Verweisung ist nicht erforderlich, soweit § 16 dies bestimmt.

[II] Die Ordnungswidrigkeit kann mit einer Geldbuße bis zu fünfzigtausend Deutsche Mark geahndet werden.

§ 4 Preisüberhöhung in einem Beruf oder Gewerbe

[I] Ordnungswidrig handelt, wer vorsätzlich oder leichtfertig in befugter oder unbefugter Betätigung in einem Beruf oder Gewerbe für Gegenstände oder Leistungen des lebenswichtigen Bedarfs Entgelte fordert, verspricht, vereinbart, annimmt oder gewährt, die infolge einer Beschränkung des Wettbewerbs oder infolge der Ausnutzung einer wirtschaftlichen Machtstellung oder einer Mangellage unangemessen hoch sind.

[II] Die Ordnungswidrigkeit kann mit einer Geldbuße bis zu fünfzigtausend Deutsche Mark geahndet werden.

§ 5 Mietpreisüberhöhung[2]

[I] Ordnungswidrig handelt, wer vorsätzlich oder leichtfertig für die Vermietung von Räumen zum Wohnen oder damit verbundene Nebenleistungen unangemessen hohe Entgelte fordert, sich versprechen läßt oder annimmt. Unangemessen hoch sind Entgelte, die infolge der Ausnutzung eines geringen Angebots an vergleichbaren Räumen die üblichen Entgelte nicht unwesentlich übersteigen, die in der Gemeinde oder in vergleichbaren Gemeinden für die Vermietung von Räumen vergleichbarer Art, Größe, Ausstattung, Beschaffenheit und Lage

---

[1] § 3 I Nr. 2 geänd. durch Art. 2 Ges. v. 3. 12. 1984 (BGBl. I 1429).
[2] § 5 I S. 2, 3 idF Art. 3 Nr. 5 Ges. v. 20. 12. 1982 (BGBl. I 1912).

Anh. 17 WiStG

oder damit verbundene Nebenleistungen in den drei Jahren vereinbart oder, von Erhöhungen der Betriebskosten abgesehen, geändert worden sind. Nicht unangemessen hoch sind Entgelte, die zur Deckung der laufenden Aufwendungen des Vermieters erforderlich sind, sofern sie unter Zugrundelegung der nach Satz 2 maßgeblichen Entgelte nicht in einem auffälligen Mißverhältnis zu der Leistung des Vermieters stehen.

II Die Ordnungswidrigkeit kann mit einer Geldbuße bis zu fünfzigtausend Deutsche Mark geahndet werden.

§ 6 Preisüberhöhung bei der Wohnungsvermittlung

I Ordnungswidrig handelt, wer vorsätzlich oder leichtfertig für das Vermitteln einer Vermietung von Räumen zum Wohnen oder damit verbundene Nebenleistungen unangemessen hohe Entgelte fordert, sich versprechen läßt oder annimmt. Unangemessen hoch sind Entgelte, die infolge der Ausnutzung eines geringen Angebots an vergleichbaren Räumen die ortsüblichen Entgelte nicht unwesentlich übersteigen.

II Die Ordnungswidrigkeit kann mit einer Geldbuße bis zu fünfzigtausend Deutsche Mark geahndet werden.

Zweiter Abschnitt. Ergänzende Vorschriften

§ 7 Einziehung

Ist eine Zuwiderhandlung im Sinne der §§ 1 bis 4 begangen worden, so können

1. Gegenstände, auf die sich die Tat bezieht, und
2. Gegenstände, die zu ihrer Begehung oder Vorbereitung gebraucht worden oder bestimmt gewesen sind,

eingezogen werden.

§ 8 Abführung des Mehrerlöses[1]

I Hat der Täter durch eine Zuwiderhandlung im Sinne der §§ 1 bis 6 einen höheren als den zulässigen Preis erzielt, so ist anzuordnen, daß der Unterschiedsbetrag zwischen dem zulässigen und dem erzielten Preis (Mehrerlös) an das Land abführt, soweit er ihn nicht auf Grund einer rechtlichen Verpflichtung zurückerstattet hat. Die Abführung kann auch angeordnet werden, wenn eine rechtswidrige Tat nach den §§ 1 bis 6 vorliegt, der Täter jedoch nicht schuldhaft gehandelt hat oder die Tat aus anderen Gründen nicht geahndet werden kann.

II Wäre die Abführung des Mehrerlöses eine unbillige Härte, so kann die Anordnung auf einen angemessenen Betrag beschränkt werden oder ganz unterbleiben. Sie kann auch unterbleiben, wenn der Mehrerlös gering ist.

III Die Höhe des Mehrerlöses kann geschätzt werden. Der abzuführende Betrag ist zahlenmäßig zu bestimmen.

IV Die Abführung des Mehrerlöses tritt an die Stelle des Verfalls (§§ 73 bis 73e des Strafgesetzbuches, § 29a des Gesetzes über Ordnungswidrigkeiten). Bei Zuwiderhandlungen im Sinne des § 1 gelten die Vorschriften des Strafgesetzbuches über die Verjährung des Verfalls entsprechend.

---

[1] § 8 IV idF Art. 8 Nr. 5 2. WiKG v. 15. 5. 1986 (BGBl. I 721), geänd. durch Art. 7 OrgKG v. 15. 7. 1992 (BGBl. I 1302).

Anhang **VerpflG Anh. 19**

§ 9 Rückerstattung des Mehrerlöses

[I] Statt der Abführung kann auf Antrag des Geschädigten die Rückerstattung des Mehrerlöses an ihn angeordnet werden, wenn sein Rückforderungsanspruch gegen den Täter begründet erscheint.

[II] Legt der Täter oder der Geschädigte, nachdem die Abführung des Mehrerlöses angeordnet ist, eine rechtskräftige Entscheidung vor, in welcher der Rückforderungsanspruch gegen den Täter festgestellt ist, so ordnet die Vollstreckungsbehörde an, daß die Anordnung der Abführung des Mehrerlöses insoweit nicht mehr vollstreckt oder der Geschädigte aus dem bereits abgeführten Mehrerlös befriedigt wird.

[III] Die Vorschriften der Strafprozeßordnung über die Entschädigung des Verletzten (§§ 403 bis 406c) sind mit Ausnahme des § 405 Satz 1, § 406a Abs. 3 und § 406c Abs. 2 entsprechend anzuwenden.

§ 10 Selbständige Abführung des Mehrerlöses

[I] Kann ein Straf- oder Bußgeldverfahren nicht durchgeführt werden, so kann die Abführung oder Rückerstattung des Mehrerlöses selbständig angeordnet werden, wenn im übrigen die Voraussetzungen des § 8 oder § 9 vorliegen.

[II] Ist eine rechtswidrige Tat nach diesem Gesetz in einem Betrieb begangen worden, so kann die Abführung des Mehrerlöses gegen den Inhaber oder Leiter des Betriebes und, falls der Inhaber eine juristische Person oder eine Personengesellschaft des Handelsrechts ist, auch gegen diese selbständig angeordnet werden, wenn ihnen der Mehrerlös zugeflossen ist.

18. Gesetz über die freiwillige Kastration und andere Behandlungsmethoden

Vom 15. August 1969 (BGBl. I 1143; III 453–16), letztes ÄndG v. 12. 9. 1990 (BGBl. I 2002)

(noch abgedruckt in der 43. Aufl.)

19. Gesetz über die förmliche Verpflichtung nichtbeamteter Personen (Verpflichtungsgesetz)

Vom 2. März 1974 (BGBl. I 469, 545; III 453–17), ÄndG v. 15. 8. 1974 (BGBl. I 1942)

(Auszug)

§ 1 [Verpflichtung][1]

[I] Auf die gewissenhafte Erfüllung seiner Obliegenheiten soll verpflichtet werden, wer, ohne Amtsträger (§ 11 Abs. 1 Nr. 2 des Strafgesetzbuches) zu sein,

1. bei einer Behörde oder bei einer sonstigen Stelle, die Aufgaben der öffentlichen Verwaltung wahrnimmt, beschäftigt oder für sie tätig ist,

---

[1] § 1 III S. 2 ergänzt durch § 1 Ges. v. 15. 8. 1974 (BGBl. I 1942).

2. bei einem Verband oder sonstigen Zusammenschluß, einem Betrieb oder Unternehmen, die für eine Behörde oder sonstige Stelle Aufgaben der öffentlichen Verwaltung ausführen, beschäftigt oder für sie tätig ist oder
3. als Sachverständiger öffentlich bestellt ist.

^{II} Die Verpflichtung wird mündlich vorgenommen. Dabei ist auf die strafrechtlichen Folgen einer Pflichtverletzung hinzuweisen.

^{III} Über die Verpflichtung wird eine Niederschrift aufgenommen, die der Verpflichtete mit unterzeichnet. Er erhält eine Abschrift der Niederschrift; davon kann abgesehen werden, wenn dies im Interesse der inneren oder äußeren Sicherheit der Bundesrepublik Deutschland geboten ist.

^{IV} Welche Stelle für die Verpflichtung zuständig ist, bestimmt

1. in den Fällen des Absatzes 1 Nr. 1 und 2 bei Behörden oder sonstigen Stellen nach Bundesrecht die jeweils zuständige oberste Dienstaufsichtsbehörde oder, soweit eine Dienstaufsicht nicht besteht, die oberste Fachaufsichtsbehörde,
2. in allen übrigen Fällen diejenige Behörde, die von der Landesregierung durch Rechtsverordnung bestimmt wird.

§ 2 [Verpflichtung nach anderer Rechtsgrundlage]

^{I} Wer, ohne Amtsträger zu sein, auf Grund des § 1 der Verordnung gegen Bestechung und Geheimnisverrat nichtbeamteter Personen in der Fassung der Bekanntmachung vom 22. Mai 1943 (Reichsgesetzbl. I S. 351) förmlich verpflichtet worden ist, steht einem nach § 1 Verpflichteten gleich.

^{II} Wer, ohne Amtsträger zu sein,

1. als Arbeitnehmer des öffentlichen Dienstes nach einer tarifrechtlichen Regelung oder
2. auf Grund eines Gesetzes oder aus einem sonstigen Rechtsgrund

zur gewissenhaften Erfüllung seiner Obliegenheiten verpflichtet worden ist, steht einem nach § 1 Verpflichteten gleich, wenn die Voraussetzungen des § 1 Abs. 2 erfüllt sind.

20. Gesetz gegen mißbräuchliche Inanspruchnahme von Subventionen (Subventionsgesetz – SubvG)

Vom 29. Juli 1976 (BGBl. I 2037; III 453-18-1-2)[1]

(Auszug)

§ 1 Geltungsbereich

^{I} Dieses Gesetz gilt, soweit Absatz 2 nichts anderes bestimmt, für Leistungen, die Subventionen im Sinne des § 264 des Strafgesetzbuches sind.

---

[1] Landes-SubventionsG: Baden-Württemberg: Ges. v. 1. 3. 1977 (GBl. 42); Bayern: Ges. v. 23. 12. 1976 (GVBl. 586); Berlin: Ges. v. 20. 6. 1977 (GVBl. 1126); Bremen: Ges. v. 15. 11. 1976 (GBl. 267); Hamburg: Ges. v. 30. 11. 1976 (GVBl. 221); Hessen: Ges. v. 18. 5. 1977 (GVBl. I 199; II 50–24); Niedersachsen: Ges. v. 22. 6. 1977 (GVBl. 189); Nordrhein-Westfalen: Ges. v. 24. 3. 1977 (GVNW 136; SGVNW 74); Rheinland-Pfalz: Ges. v. 7. 6. 1977 (GVBl. 168); Saarland: Ges. v. 25. 5. 1977 (ABl. 598); Schleswig-Holstein: Ges. v. 11. 11. 1977 (GVOBl. 489).

Anhang **SubvG Anh. 20**

II Für Leistungen nach Landesrecht, die Subventionen im Sinne des § 264 des Strafgesetzbuches sind, gelten die §§ 2 bis 6 nur, soweit das Landesrecht dies bestimmt.

§ 2 Bezeichnung der subventionserheblichen Tatsachen

I Die für die Bewilligung einer Subvention zuständige Behörde oder andere in das Subventionsverfahren eingeschaltete Stelle oder Person (Subventionsgeber) hat vor der Bewilligung oder Gewährung einer Subvention demjenigen, der für sich oder einen anderen eine Subvention beantragt oder eine Subvention oder einen Subventionsvorteil in Anspruch nimmt (Subventionsnehmer), die Tatsachen als subventionserheblich im Sinne des § 264 des Strafgesetzbuches zu bezeichnen, die nach

1. dem Subventionszweck,
2. den Rechtsvorschriften, Verwaltungsvorschriften und Richtlinien über die Subventionsvergabe sowie
3. den sonstigen Vergabevoraussetzungen

für die Bewilligung, Gewährung, Rückforderung, Weitergewährung oder das Belassen einer Subvention oder eines Subventionsvorteils erheblich sind.

II Ergeben sich aus den im Subventionsverfahren gemachten Angaben oder aus sonstigen Umständen Zweifel, ob die beantragte oder in Anspruch genommene Subvention oder der in Anspruch genommene Subventionsvorteil mit dem Subventionszweck oder den Vergabevoraussetzungen nach Absatz 1 Nr. 2, 3 im Einklang steht, so hat der Subventionsgeber dem Subventionsnehmer die Tatsachen, deren Aufklärung zur Beseitigung der Zweifel notwendig erscheint, nachträglich als subventionserheblich im Sinne des § 264 des Strafgesetzbuches zu bezeichnen.

§ 3 Offenbarungpflicht bei der Inanspruchnahme von Subventionen

I Der Subventionsnehmer ist verpflichtet, dem Subventionsgeber unverzüglich alle Tatsachen mitzuteilen, die der Bewilligung, Gewährung, Weitergewährung, Inanspruchnahme oder dem Belassen der Subvention oder des Subventionsvorteils entgegenstehen oder für die Rückforderung der Subvention oder des Subventionsvorteils erheblich sind. Besonders bestehende Pflichten zur Offenbarung bleiben unberührt.

II Wer einen Gegenstand oder eine Geldleistung, deren Verwendung durch Gesetz oder durch den Subventionsgeber im Hinblick auf eine Subvention beschränkt ist, entgegen der Verwendungsbeschränkung verwenden will, hat dies rechtzeitig vorher dem Subventionsgeber anzuzeigen.

§ 4 Scheingeschäfte, Mißbrauch von Gestaltungsmöglichkeiten

I Scheingeschäfte und Scheinhandlungen sind für die Bewilligung, Gewährung, Rückforderung und Weitergewährung oder das Belassen einer Subvention oder eines Subventionsvorteils unerheblich. Wird durch ein Scheingeschäft oder eine Scheinhandlung ein anderer Sachverhalt verdeckt, so ist der verdeckte Sachverhalt für die Bewilligung, Gewährung, Rückforderung, Weitergewährung oder das Belassen der Subvention oder des Subventionsvorteils maßgebend.

II Die Bewilligung oder Gewährung einer Subvention oder eines Subventionsvorteils ist ausgeschlossen, wenn im Zusammenhang mit einer beantragten Subvention ein Rechtsgeschäft oder eine Handlung unter Mißbrauch von Gestaltungsmöglichkeiten vorgenommen wird. Ein Mißbrauch liegt vor, wenn jemand eine den gegebenen Tatsachen und Verhältnissen unangemessene Gestaltungsmöglichkeit benutzt, um eine Subvention oder einen Subventionsvorteil für sich oder einen anderen in Anspruch zu nehmen oder zu nutzen, obwohl dies dem Subventionszweck widerspricht. Dies ist namentlich dann anzunehmen, wenn die förmlichen Voraussetzungen einer Subvention oder eines Subventionsvorteils in einer dem Subventionszweck widersprechenden Weise künstlich geschaffen werden.

§ 5 Herausgabe von Subventionsvorteilen

I Wer einen Gegenstand oder eine Geldleistung, deren Verwendung durch Gesetz oder durch den Subventionsgeber im Hinblick auf eine Subvention beschränkt ist, entgegen der Verwendungsbeschränkung verwendet und dadurch einen Vorteil erlangt, hat diesen dem Subventionsgeber herauszugeben.

II Für den Umfang der Herausgabe gelten die Vorschriften des Bürgerlichen Gesetzbuches über die Herausgabe einer ungerechtfertigten Bereicherung entsprechend. Auf den Wegfall der Bereicherung kann sich die Herausgabepflichtige nicht berufen, soweit er die Verwendungsbeschränkung kannte oder infolge grober Fahrlässigkeit nicht kannte.

III Besonders bestehendt Verpflichtungen zur Herausgabe bleiben unberührt.

§ 6 Anzeige bei Verdacht eines Subventionsbetrugs

Gerichte und Behörden von Bund, Ländern und kommunalen Trägern der öffentlichen Verwaltung haben Tatsachen, die sie dienstlich erfahren und die den Verdacht eines Subventionsbetrugs begründen, den Strafverfolgungsbehörden mitzuteilen.

21. Gesetz über Ordnungswidrigkeiten (OWiG)

idF v. 19. 2. 1987 (BGBl. I 602; III 454–1), letztes ÄndG v. 15. 7. 1992 (BGBl. I 1302)[1]

(Auszug)

§ 21 Zusammentreffen von Straftat und Ordnungswidrigkeit

I Ist eine Handlung gleichzeitig Straftat und Ordnungswidrigkeit, so wird nur das Strafgesetz angewendet. Auf die in dem anderen Gesetz angedrohten Nebenfolgen kann erkannt werden.

II Im Falle des Absatzes 1 kann die Handlung jedoch als Ordnungswidrigkeit geahndet werden, wenn eine Strafe nicht verhängt wird.

§ 111 Falsche Namensangabe

I Ordnungswidrig handelt, wer einer zuständigen Behörde, einem zuständigen Amtsträger oder einem zuständigen Soldaten der Bundeswehr über seinen Vor-, Familien- oder Geburtsnamen, den Ort oder Tag seiner Geburt, seinen Familienstand, seinen Beruf, seinen Wohnort, seine Wohnung oder seine Staatsangehörigkeit eine unrichtige Angabe macht oder die Angabe verweigert.

---

[1] Anh. 21: Das OWiG gilt im Gebiet der früheren DDR nach Maßgabe des Art. 8 Anl. I Kap. III Sg C III Nr. 4 EinigVtr. v. 31. 8. 1990 (BGBl. II 885, 958).

Anhang **OWiG Anh. 21**

II Ordnungswidrig handelt auch der Täter, der fahrlässig nicht erkennt, daß die Behörde, der Amtsträger oder der Soldat zuständig ist.

III Die Ordnungswidrigkeit kann, wenn die Handlung nicht nach anderen Vorschriften geahndet werden kann, in den Fällen des Absatzes 1 mit einer Geldbuße bis zu tausend Deutsche Mark, in den Fällen des Absatzes 2 mit einer Geldbuße bis zu fünfhundert Deutsche Mark geahndet werden.

§ 112 Verletzung der Hausordnung eines Gesetzgebungsorgans

I Ordnungswidrig handelt, wer gegen Anordnungen verstößt, die ein Gesetzgebungsorgan des Bundes oder eines Landes oder sein Präsident über das Betreten des Gebäudes des Gesetzgebungsorgans oder des dazugehörigen Grundstücks oder über das Verweilen oder die Sicherheit und Ordnung im Gebäude oder auf dem Grundstück allgemein oder im Einzelfall erlassen hat.

II Die Ordnungswidrigkeit kann mit einer Geldbuße bis zu zehntausend Deutsche Mark geahndet werden.

III Die Absätze 1 und 2 gelten bei Anordnungen eines Gesetzgebungsorgans des Bundes oder seines Präsidenten weder für die Mitglieder des Bundestages noch für die Mitglieder des Bundesrates und der Bundesregierung sowie deren Beauftragte, bei Anordnungen eines Gesetzgebungsorgans eines Landes oder seines Präsidenten weder für die Mitglieder der Gesetzgebungsorgane dieses Landes noch für die Mitglieder der Landesregierung und deren Beauftragte.

§ 113 Unerlaubte Ansammlung

I Ordnungswidrig handelt, wer sich einer öffentlichen Ansammlung anschließt oder sich nicht aus ihr entfernt, obwohl ein Träger von Hoheitsbefugnissen die Menge dreimal rechtmäßig aufgefordert hat, auseinanderzugehen.

II Ordnungswidrig handelt auch der Täter, der fahrlässig nicht erkennt, daß die Aufforderung rechtmäßig ist.

III Die Ordnungswidrigkeit kann in den Fällen des Absatzes 1 mit einer Geldbuße bis zu tausend Deutsche Mark, in den Fällen des Absatzes 2 mit einer Geldbuße bis zu fünfhundert Deutsche Mark geahndet werden.

§ 114 Betreten militärischer Anlagen

I Ordnungswidrig handelt, wer vorsätzlich oder fahrlässig entgegen einem Verbot der zuständigen Dienststelle eine militärische Einrichtung oder Anlage oder eine Örtlichkeit betritt, die aus Sicherheitsgründen zur Erfüllung dienstlicher Aufgaben der Bundeswehr gesperrt ist.

II Die Ordnungswidrigkeit kann mit einer Geldbuße geahndet werden.

§ 115 Verkehr mit Gefangenen

I Ordnungswidrig handelt, wer unbefugt
1. einem Gefangenen Sachen oder Nachrichten übermittelt oder sich von ihm übermitteln läßt oder
2. sich mit einem Gefangenen, der sich innerhalb einer Vollzugsanstalt befindet, von außen durch Worte oder Zeichen verständigt.

II Gefangener ist, wer sich auf Grund strafgerichtlicher Entscheidung oder als vorläufig Festgenommener in behördlichem Gewahrsam befindet.

III Die Ordnungswidrigkeit und der Versuch einer Ordnungswidrigkeit können mit einer Geldbuße geahndet werden.

Anh. 21 OWiG

§ 116 Öffentliche Aufforderung zu Ordnungswidrigkeiten

^I Ordnungswidrig handelt, wer öffentlich, in einer Versammlung oder durch Verbreiten von Schriften, Ton- oder Bildträgern, Abbildungen oder Darstellungen zu einer mit Geldbuße bedrohten Handlung auffordert.

^{II} Die Ordnungswidrigkeit kann mit einer Geldbuße geahndet werden. Das Höchstmaß der Geldbuße bestimmt sich nach dem Höchstmaß der Geldbuße für die Handlung, zu der aufgefordert wird.

§ 117 Unzulässiger Lärm

^I Ordnungswidrig handelt, wer ohne berechtigten Anlaß oder in einem unzulässigen oder nach den Umständen vermeidbaren Ausmaß Lärm erregt, der geeignet ist, die Allgemeinheit oder die Nachbarschaft erheblich zu belästigen oder die Gesundheit eines anderen zu schädigen.

^{II} Die Ordnungswidrigkeit kann mit einer Geldbuße bis zu zehntausend Deutsche Mark geahndet werden, wenn die Handlung nicht nach anderen Vorschriften geahndet werden kann.

§ 118 Belästigung der Allgemeinheit

^I Ordnungswidrig handelt, wer eine grob ungehörige Handlung vornimmt, die geeignet ist, die Allgemeinheit zu belästigen oder zu gefährden und die öffentliche Ordnung zu beeinträchtigen.

^{II} Die Ordnungswidrigkeit kann mit einer Geldbuße geahndet werden, wenn die Handlung nicht nach anderen Vorschriften geahndet werden kann.

§ 119 Grob anstößige und belästigende Handlungen

^I Ordnungswidrig handelt, wer

1. öffentlich in einer Weise, die geeignet ist, andere zu belästigen, oder
2. in grob anstößiger Weise durch Verbreiten von Schriften, Ton- oder Bildträgern, Abbildungen oder Darstellungen

Gelegenheit zu sexuellen Handlungen anbietet, ankündigt, anpreist oder Erklärungen solchen Inhalts bekanntgibt.

^{II} Ordnungswidrig handelt auch, wer auf die in Absatz 1 bezeichnete Weise Mittel oder Gegenstände, die dem sexuellen Gebrauch dienen, anbietet, ankündigt, anpreist oder Erklärungen solchen Inhalts bekanntgibt.

^{III} Ordnungswidrig handelt ferner, wer öffentlich Schriften, Ton- oder Bildträger, Abbildungen oder Darstellungen sexuellen Inhalts an Orten ausstellt, anschlägt, vorführt oder sonst zugänglich macht, an denen dies grob anstößig wirkt.

^{IV} Die Ordnungswidrigkeit kann in den Fällen des Absatzes 1 Nr. 1 mit einer Geldbuße bis zu tausend Deutsche Mark, in den übrigen Fällen mit einer Geldbuße bis zu zehntausend Deutsche Mark geahndet werden.

§ 120 Verbotene Ausübung der Prostitution; Werbung für Prostitution

^I Ordnungswidrig handelt, wer

1. einem durch Rechtsverordnung erlassenen Verbot, der Prostitution an bestimmten Orten überhaupt oder zu bestimmten Tageszeiten nachzugehen, zuwiderhandelt oder
2. durch Verbreiten von Schriften, Ton- oder Bildträgern, Abbildungen oder Darstellungen Gelegenheit zu entgeltlichen sexuellen Handlungen anbietet, ankündigt, anpreist oder Erklärungen solchen Inhalts bekanntgibt; dem Ver-

breiten steht das öffentliche Ausstellen, Anschlagen, Vorführen oder das sonstige Zugänglichmachen gleich.

^{II} Die Ordnungswidrigkeit kann mit einer Geldbuße geahndet werden.

§ 121 Halten gefährlicher Tiere

^I Ordnungswidrig handelt, wer vorsätzlich oder fahrlässig

1. ein gefährliches Tier einer wildlebenden Art oder ein bösartiges Tier sich frei umherbewegen läßt oder
2. als Verantwortlicher für die Beaufsichtigung eines solchen Tieres es unterläßt, die nötigen Vorsichtsmaßnahmen zu treffen, um Schäden durch das Tier zu verhüten.

^{II} Die Ordnungswidrigkeit kann mit einer Geldbuße geahndet werden.

§ 122 Vollrausch

^I Wer sich vorsätzlich oder fahrlässig durch alkoholische Getränke oder andere berauschende Mittel in einen Rausch versetzt, handelt ordnungswidrig, wenn er in diesem Zustand eine mit Geldbuße bedrohte Handlung begeht und ihretwegen gegen ihn keine Geldbuße festgesetzt werden kann, weil er infolge des Rausches nicht vorwerfbar gehandelt hat oder weil dies nicht auszuschließen ist.

^{II} Die Ordnungswidrigkeit kann mit einer Geldbuße geahndet werden. Die Geldbuße darf nicht höher sein als die Geldbuße, die für die im Rausch begangene Handlung angedroht ist.

§ 123 Einziehung; Unbrauchbarmachung

^I Gegenstände, auf die sich eine Ordnungswidrigkeit nach § 119 oder § 120 Abs. 1 Nr. 2 bezieht, können eingezogen werden.

^{II} Bei der Einziehung von Schriften, Ton- und Bildträgern, Abbildungen und Darstellungen kann in den Fällen des § 119 Abs. 1 und 2 und des § 120 Abs. 1 Nr. 2 angeordnet werden, daß

1. sich die Einziehung auf alle Stücke erstreckt und
2. die zur Herstellung gebrauchten oder bestimmten Vorrichtungen, wie Platten, Formen, Drucksätze, Druckstöcke, Negative oder Matrizen, unbrauchbar gemacht werden,

soweit die Stücke und die in Nummer 2 bezeichneten Gegenstände sich im Besitz des Täters oder eines anderen befinden, für den der Täter gehandelt hat, oder von diesen Personen zur Verbreitung bestimmt sind. Eine solche Anordnung wird jedoch nur getroffen, soweit sie erforderlich ist, um Handlungen, die nach § 119 Abs. 1 oder 2 oder nach § 120 Abs. 1 Nr. 2 mit Geldbuße bedroht sind, zu verhindern. Für die Einziehung gilt § 27 Abs. 2, für die Unbrauchbarmachung gelten die §§ 27 und 28 entsprechend.

^{III} In den Fällen des § 119 Abs. 2 gelten die Absätze 1 und 2 nur für das Werbematerial und die zu seiner Herstellung gebrauchten oder bestimmten Vorrichtungen.

§ 124 Benutzung von Wappen oder Dienstflaggen

^I Ordnungswidrig handelt, wer unbefugt

1. das Wappen des Bundes oder eines Landes oder den Bundesadler oder den entsprechenden Teil eines Landeswappens oder
2. eine Dienstflagge des Bundes oder eines Landes

benutzt.

Anh. 21 OWiG

II Den in Absatz 1 genannten Wappen, Wappenteilen und Flaggen stehen solche gleich, die ihnen zum Verwechseln ähnlich sind.

III Die Ordnungswidrigkeit kann mit einer Geldbuße geahndet werden.

§ 125 Benutzen des Roten Kreuzes oder des Schweizer Wappens

I Ordnungswidrig handelt, wer unbefugt das Wahrzeichen des roten Kreuzes auf weißem Grund oder die Bezeichnung „Rotes Kreuz" oder „Genfer Kreuz" benutzt.

II Ordnungswidrig handelt auch, wer unbefugt das Wappen der Schweizerischen Eidgenossenschaft benutzt.

III Den in den Absätzen 1 und 2 genannten Wahrzeichen, Bezeichnungen und Wappen stehen solche gleich, die ihnen zum Verwechseln ähnlich sind.

IV Die Absätze 1 und 3 gelten für solche Wahrzeichen oder Bezeichnungen entsprechend, die nach Völkerrecht dem Wahrzeichen des roten Kreuzes auf weißem Grund oder der Bezeichnung „Rotes Kreuz" gleichstehen.

V Die Ordnungswidrigkeit kann mit einer Geldbuße geahndet werden.

§ 126 Mißbrauch von Berufstrachten oder Berufsabzeichen

I Ordnungswidrig handelt, wer unbefugt

1. eine Berufstracht oder ein Berufsabzeichen für eine Tätigkeit in der Kranken- oder Wohlfahrtspflege trägt, die im Inland staatlich anerkannt oder genehmigt sind, oder

2. eine Berufstracht oder ein Berufsabzeichen einer religiösen Vereinigung trägt, die von einer Kirche oder einer anderen Religionsgesellschaft des öffentlichen Rechts anerkannt ist.

II Den in Absatz 1 genannten Trachten und Abzeichen stehen solche gleich, die ihnen zum Verwechseln ähnlich sind.

III Die Ordnungswidrigkeit kann mit einer Geldbuße geahndet werden.

§ 127 Herstellen oder Verwenden von Sachen, die zur Geld- oder Urkundenfälschung benutzt werden können

I Ordnungswidrig handelt, wer ohne schriftliche Erlaubnis der zuständigen Stelle oder des sonst dazu Befugten

1. Platten, Formen, Drucksätze, Druckstöcke, Negative, Matrizen oder ähnliche Vorrichtungen, die ihrer Art nach geeignet sind zur Herstellung von

   a) Geld, diesem gleichstehenden Wertpapieren (§ 151 des Strafgesetzbuches), amtlichen Wertzeichen oder Vordrucken für Euroschecks oder Euroscheckkarten oder;
   b) öffentlichen Urkunden oder Beglaubigungszeichen,

2. Vordrucke für öffentliche Urkunden oder Beglaubigungszeichen oder

3. Papier, das einer solchen Papierart gleicht oder zum Verwechseln ähnlich ist, die zur Herstellung der in den Nummern 1 oder 2 bezeichneten Papiere bestimmt und gegen Nachahmung besonders gesichert ist,

herstellt, sich oder einem anderen verschafft, feilhält, verwahrt, einem anderen überläßt oder in den räumlichen Geltungsbereich dieses Gesetzes einführt.

II Ordnungswidrig handelt auch der Täter, der fahrlässig nicht erkennt, daß eine schriftliche Erlaubnis der zuständigen Stelle oder des sonst dazu Befugten nicht vorliegt.

Anhang OWiG Anh. 21

III Absatz 1 gilt auch für Geld, Wertpapiere, Wertzeichen, Urkunden, Beglaubigungszeichen und Vordrucke für Euroschecks und Euroscheckkarten eines fremden Währungsgebietes.

IV Die Ordnungswidrigkeit kann in den Fällen des Absatzes 1 mit einer Geldbuße bis zu zehntausend Deutsche Mark, in den Fällen des Absatzes 2 mit einer Geldbuße bis zu fünftausend Deutsche Mark geahndet werden.

§ 128 Herstellen oder Verbreiten von papiergeldähnlichen Drucksachen oder Abbildungen

I Ordnungswidrig handelt, wer

1. Drucksachen oder Abbildungen herstellt oder verbreitet, die ihrer Art nach geeignet sind,
   a) im Zahlungsverkehr mit Papiergeld oder diesem gleichstehenden Wertpapieren (§ 151 des Strafgesetzbuches) verwechselt zu werden oder
   b) dazu verwendet zu werden, solche verwechslungsfähigen Papiere herzustellen, oder
2. Platten, Formen, Drucksätze, Druckstöcke, Negative, Matrizen oder ähnliche Vorrichtungen, die ihrer Art nach zur Herstellung der in der Nummer 1 bezeichneten Drucksachen oder Abbildungen geeignet sind, herstellt, sich oder einem anderen verschafft, feilhält, verwahrt, einem anderen überläßt oder in den räumlichen Geltungsbereich dieses Gesetzes einführt.

II Ordnungswidrig handelt auch der Täter, der fahrlässig nicht erkennt, daß die Eignung zur Verwechslung oder Herstellung im Sinne von Absatz 1 Nr. 1 gegeben ist.

III Absatz 1 gilt auch für Papiergeld und Wertpapiere eines fremden Währungsgebietes.

IV Die Ordnungswidrigkeit kann in den Fällen des Absatzes 1 mit einer Geldbuße bis zu zehntausend Deutsche Mark, in den Fällen des Absatzes 2 mit einer Geldbuße bis zu fünftausend Deutsche Mark geahndet werden.

§ 129 Einziehung

Gegenstände, auf die sich eine Ordnungswidrigkeit nach den §§ 126 bis 128 bezieht, können eingezogen werden.

§ 130

I Wer als Inhaber eines Betriebes oder Unternehmens vorsätzlich oder fahrlässig die Aufsichtsmaßnahmen unterläßt, die erforderlich sind, um in dem Betrieb oder Unternehmen Zuwiderhandlungen gegen Pflichten zu verhindert, die den Inhaber als solchen treffen und deren Verletzung mit Strafe oder Geldbuße bedroht ist, handelt ordnungswidrig, wenn eine solche Zuwiderhandlung begangen wird, die durch gehörige Aufsicht hätte verhindert werden können. Zu den erforderlichen Aufsichtsmaßnahmen gehören auch die Bestellung, sorgfältige Auswahl und Überwachung von Aufsichtspersonen.

II Dem Inhaber eines Betriebes oder Unternehmens stehen gleich

1. sein gesetzlicher Vertreter,
2. die Mitglieder des zur gesetzlichen Vertretung berufenen Organs einer juristischen Person sowie die vertretungsberechtigten Gesellschafter einer Personenhandelsgesellschaft,

Anh. 21 OWiG

3. Personen, die beauftragt sind, den Betrieb oder das Unternehmen ganz oder zum Teil zu leiten, soweit es sich um Pflichten handelt, für deren Erfüllung sie verantwortlich sind.

III Betrieb oder Unternehmen im Sinne der Absätze 1 und 2 ist auch das öffentliche Unternehmen.

IV Die Ordnungswidrigkeit kann, wenn die Pflichtverletzung mit Strafe bedroht ist, mit einer Geldbuße bis zu einer Million Deutsche Mark geahndet werden. Ist die Pflichtverletzung mit Geldbuße bedroht, so bestimmt sich das Höchstmaß der Geldbuße wegen der Aufsichtspflichtverletzung nach dem für die Pflichtverletzung angedrohten Höchstmaß der Geldbuße.

§ 131

I Verwaltungsbehörde im Sinne des § 36 Abs. 1 Nr. 1 ist

1. bei Ordnungswidrigkeiten nach § 112, soweit es sich um Verstöße gegen Anordnungen

   a) des Bundestages oder seines Präsidenten handelt, der Direktor beim Deutschen Bundestag,

   b) des Bundesrates oder seines Präsidenten handelt, der Direktor des Bundesrates,

2. bei Ordnungswidrigkeiten nach § 114 die Wehrbereichsverwaltung,

3. bei Ordnungswidrigkeiten nach § 124, soweit es sich um ein Wappen oder eine Dienstflagge des Bundes handelt, der Bundesminister des Innern,

4. bei Ordnungswidrigkeiten nach den §§ 127 und 128, soweit es sich um

   a) Wertpapiere des Bundes oder seiner Sondervermögen handelt, die Bundesschuldenverwaltung,

   b) Geld oder Papier zur Herstellung von Geld handelt, die Deutsche Bundesbank,

   c) amtliche Wertzeichen handelt, der Bundesminister, zu dessen Geschäftsbereich die Herstellung oder Ausgabe der Wertzeichen gehört.

Satz 1 Nr. 4 Buchstaben a und c gilt auch bei Ordnungswidrigkeiten, die sich auf entsprechende Wertpapiere oder Wertzeichen eines fremden Währungsgebietes beziehen. In den Fällen des Satzes 1 Nr. 3 und 4 Buchstabe c gilt § 36 Abs. 3 entsprechende.

II In den Fällen der §§ 122 und 130 wird die Ordnungswidrigkeit nur auf Antrag oder mit Ermächtigung verfolgt, wenn die im Rausch begangene Handlung oder die Pflichtverletzung nur auf Antrag oder mit Ermächtigung verfolgt werden könnte.

III Für die Verfolgung von Ordnungswidrigkeiten nach den §§ 116, 122 und 130 gelten auch die Verfahrensvorschriften entsprechend, die bei der Verfolgung der Handlung, zu der aufgefordert worden ist, der im Rausch begangenen Handlung oder der Pflichtverletzung anzuwenden sind oder im Falle des § 130 dann anzuwenden wären, wenn die mit Strafe bedrohte Pflichtverletzung nur mit Geldbuße bedroht wäre.

22. Abgabenordnung (AO 1977)
RiStBV 266, 267

Vom 16. 3. 1976 (BGBl. I 613; 1977 I 269; III 610–1–3),
letztes ÄndG v. 25. 8. 1992 (BGBl. I 1548)[1]
(Auszug; §§ 337 bis 410 abgedruckt bei Göhler OWiG, Anh. A 10)

§ 30 Steuergeheimnis

^I Amtsträger haben das Steuergeheimnis zu wahren.

^{II} Ein Amtsträger verletzt das Steuergeheimnis, wenn er

1. Verhältnisse eines anderen, die ihm
   a) in einem Verwaltungsverfahren oder einem gerichtlichen Verfahren in Steuersachen,
   b) in einem Strafverfahren wegen einer Steuerstraftat oder einem Bußgeldverfahren wegen einer Steuerordnungswidrigkeit,
   c) aus anderem Anlaß durch Mitteilung einer Finanzbehörde oder durch die gesetzlich vorgeschriebene Vorlage eines Steuerbescheides oder einer Bescheinigung über die bei der Besteuerung getroffenen Feststellungen
   bekanntgeworden sind, oder

2. ein fremdes Betriebs- oder Geschäftsgeheimnis, das ihm in einem der in Nummer 1 genannten Verfahren bekanntgeworden ist,
unbefugt offenbart oder verwertet oder

3. nach Nummer 1 oder Nummer 2 geschützte Daten im automatisierten Verfahren unbefugt abruft, wenn sie für eines der in Nummer 1 genannten Verfahren in einer Datei gespeichert sind.[2]

^{III} Den Amtsträgern stehen gleich

1. die für den öffentlichen Dienst besonders Verpflichteten (§ 11 Abs. 1 Nr. 4 des Strafgesetzbuches),

2. amtlich zugezogene Sachverständige,

3. die Träger von Ämtern der Kirchen und anderen Religionsgemeinschaften, die Körperschaften des öffentlichen Rechts sind.

^{IV} Die Offenbarung der nach Absatz 2 erlangten Kenntnisse ist zulässig, soweit

1. sie der Durchführung eines Verfahrens im Sinne des Absatzes 2 Nr. 1 Buchstabe a und b dient,

2. sie durch Gesetz ausdrücklich zugelassen ist,

3. der Betroffene zustimmt,

---

[1] Anh. 22: Die Strafvorschriften der AO 1977 gelten nach landesrechtlichen Abgabengesetzen (vgl. Göhler Nr. 2 G) auch für kommunale Abgaben. Zum Anwendungsbereich vgl. im übrigen § 203 LAG idF v. 1. 10. 1969 (BGBl. I 1909; III 621–1), letztes ÄndG v. 24. 7. 1992 (BGBl. I 1389); § 2 AbschöpfungserhebungsG v. 25. 7. 1962 (BGBl. I 453; III 613–3), letztes ÄndG v. 12. 9. 1980 (BGBl. I 1695); §§ 12, 35 MOG idF v. 27. 8. 1986 (BGBl. I 1397; III 7847–11), ÄndG v. 29. 9. 1989 (BGBl. I 1742); § 14 AbwasserabgabenG idF v. 6. 11. 1990 (BGBl. I 2432); III 753–9); § 23 Rennwett- und LotterieG v. 8. 4. 1922 (RGBl. I 393; BGBl. III 611–14), letztes ÄndG v. 16. 12. 1986 (BGBl. I 2441); § 22, 26a UmsatzsteuerG 1991 idF v. 8. 2. 1992 (BGBl. I 350; III 611–10–14), letztes ÄndG v. 25. 8. 1992 (BGBl. I 1548).

[2] § 30 II Nr. 3 angefügt durch Art. 1 Nr. 3 Ges. v. 19. 12. 1985 (BGBl. I 2436).

Anh. 22 AO

4. sie der Durchführung eines Strafverfahrens wegen einer Tat dient, die keine Steuerstraftat ist, und die Kenntnisse

   a) in einem Verfahren wegen einer Steuerstraftat oder Steuerordnungswidrigkeit erlangt worden sind; dies gilt jedoch nicht für solche Tatsachen, die der Steuerpflichtige in Unkenntnis der Einleitung des Strafverfahrens oder des Bußgeldverfahrens offenbart hat oder die bereits vor Einleitung des Strafverfahrens oder des Bußgeldverfahrens im Besteuerungsverfahren bekanntgeworden sind, oder

   b) ohne Bestehen einer steuerlichen Verpflichtung oder unter Verzicht auf ein Auskunftsverweigerungsrecht erlangt worden sind,

5. für sie ein zwingendes öffentliches Interesse besteht; ein zwingendes öffentliches Interesse ist namentlich gegeben, wenn

   a) Verbrechen und vorsätzliche schwere Vergehen gegen Leib und Leben oder gegen den Staat und seine Einrichtungen verfolgt werden oder verfolgt werden sollen,

   b) Wirtschaftsstraftaten verfolgt werden oder verfolgt werden sollen, die nach ihrer Begehungsweise oder wegen des Umfangs des durch sie verursachten Schadens geeignet sind, die wirtschaftliche Ordnung erheblich zu stören oder das Vertrauen der Allgemeinheit auf die Redlichkeit des geschäftlichen Verkehrs oder auf die ordnungsgemäße Arbeit der Behörden und der öffentlichen Einrichtungen erheblich zu erschüttern, oder

   c) die Offenbarung erforderlich ist zur Richtigstellung in der Öffentlichkeit verbreiteter unwahrer Tatsachen, die geeignet sind, das Vertrauen in die Verwaltung erheblich zu erschüttern; die Entscheidung trifft die zuständige oberste Finanzbehörde im Einvernehmen mit dem Bundesminister der Finanzen; vor der Richtigstellung soll der Steuerpflichtige gehört werden.

^{V} Vorsätzlich falsche Angaben des Betroffenen dürfen den Strafverfolgungsbehörden gegenüber offenbart werden.

^{VI} Der automatisierte Abruf von Daten, die für eines der in Absatz 2 Nr. 1 genannten Verfahren in einer Datei gespeichert sind, ist nur zulässig, soweit er der Durchführung eines Verfahrens im Sinne des Absatzes 2 Nr. 1 Buchstaben a und b oder der zulässigen Weitergabe von Daten dient. Zur Wahrung des Steuergeheimnisses kann der Bundesminister der Finanzen durch Rechtsverordnung mit Zustimmung des Bundesrates bestimmen, welche technischen und organisatorischen Maßnahmen gegen den unbefugten Abruf von Daten zu treffen sind. Insbesondere kann er nähere Regelungen treffen über die Art der Daten, deren Abruf zulässig ist, sowie über den Kreis der Amtsträger, die zum Abruf solchen Daten berechtigt sind. Die Rechtsverordnungen bedürfen nicht der Zustimmung des Bundesrates, soweit sie Zölle und Verbrauchssteuern, mit Ausnahme der Biersteuer, betreffen.[1]

§ 369 Steuerstraftaten

^{I} Steuerstraftaten (Zollstraftaten) sind:

1. Taten, die nach den Steuergesetzen strafbar sind,
2. der Bannbruch,
3. die Wertzeichenfälschung und deren Vorbereitung, soweit die Tat Steuerzeichen betrifft,
4. die Begünstigung einer Person, die eine Tat nach den Nummern 1 bis 3 begangen hat.

---

[1] § 30 VI angefügt durch Art. 1 Nr. 3 Ges. v. 19. 12. 1985 (BGBl. I 2436).

Anhang AO Anh. 22

II Für Steuerstraftaten gelten die allgemeinen Gesetze über das Strafrecht, soweit die Strafvorschriften der Steuergesetze nichts anderes bestimmen.

§ 370 Steuerhinterziehung[1]

I Mit Freiheitsstrafe bis zu 5 Jahren oder mit Geldstrafe wird bestraft, wer
1. den Finanzbehörden oder anderen Behörden über steuerlich erhebliche Tatsachen unrichtige oder unvollständige Angaben macht,
2. die Finanzbehörden pflichtwidrig über steuerlich erhebliche Tatsachen in Unkenntnis läßt oder
3. pflichtwidrig die Verwendung von Steuerzeichen oder Steuerstemplern unterläßt

und dadurch Steuern verkürzt oder für sich oder einen anderen nicht gerechtfertigte Steuervorteile erlangt.

II Der Versuch ist strafbar.

III In besonders schweren Fällen ist die Strafe Freiheitsstrafe von sechs Monaten bis zu zehn Jahren. Ein besonders schwerer Fall liegt in der Regel vor, wenn der Täter
1. aus grobem Eigennutz in großem Ausmaß Steuern verkürzt oder nicht gerechtfertigte Steuervorteile erlangt,
2. seine Befugnisse oder seine Stellung als Amtsträger mißbraucht,
3. die Mithilfe eines Amtsträgers ausnutzt, der seine Befugnisse oder seine Stellung mißbraucht, oder
4. unter Verwendung nachgemachter oder verfälschter Belege fortgesetzt Steuern verkürzt oder nicht gerechtfertigte Steuervorteile erlangt.

IV Steuern sind namentlich dann verkürzt, wenn sie nicht, nicht in voller Höhe oder nicht rechtzeitig festgesetzt werden; dies gilt auch dann, wenn die Steuern vorläufig oder unter Vorbehalt der Nachprüfung festgesetzt wird oder eine Steueranmeldung einer Steuerfestsetzung unter Vorbehalt der Nachprüfung gleichsteht. Steuervorteile sind auch Steuervergütungen; nicht gerechtfertigte Steuervorteile sind erlangt, soweit sie zu Unrecht gewährt oder belassen werden. Die Voraussetzungen der Sätze 1 und 2 sind auch dann erfüllt, wenn die Steuer, auf die sich die Tat bezieht, aus anderen Gründen hätte ermäßigt oder der Steuervorteil aus anderen Gründen hätte beansprucht werden können.

V Die Tat kann auch hinsichtlich solcher Waren begangen werden, deren Einfuhr, Ausfuhr oder Durchfuhr verboten ist.

VI Die Absätze 1 bis 5 gelten auch dann, wenn sich die Tat auf Eingangsabgaben bezieht, die von einem anderen Mitgliedstaat der Europäischen Gemeinschaften verwaltet werden oder die einem Mitgliedstaat der Europäischen Freihandelsassoziation oder einem mit dieser assoziierten Staat zustehen. Das gleiche gilt, wenn sich die Tat auf Umsatzsteuern bezieht, die von einem anderen Mitgliedstaat der Europäischen Gemeinschaften verwaltet werden. Die in Satz 2 bezeichneten Taten werden nur verfolgt, wenn die Gegenseitigkeit zur Zeit der Tat verbürgt und dies in einer Rechtsverordnung nach Satz 4 festgestellt ist. Der Bundesminister der Finanzen wird ermächtigt, mit Zustimmung des Bundesrates in einer Rechtsverordnung festzustellen, im Hinblick auf welche Mitgliedstaaten der Europäischen Gemeinschaften Taten im Sinne des Satzes 2 wegen Verbürgung der Gegenseitigkeit zu verfolgen sind.

---

[1] § 370 VI S. 2 bis 4, VII idF des Art. 2 Nr. 2 Ges. v. 25. 8. 1992 (BGBl. I 1548).

Anh. 22 AO

^{VII} Die Absätze 1 bis 5 gelten unabhängig von dem Recht des Tatortes auch für Taten, die außerhalb des Geltungsbereiches dieses Gesetzes begangen werden.

§ 371 Selbstanzeige bei Steuerhinterziehung

^I Wer in den Fällen des § 370 unrichtige oder unvollständige Angaben bei der Finanzbehörde berichtigt oder ergänzt oder unterlassene Angaben nachholt, wird insoweit straffrei.

^{II} Straffreiheit tritt nicht ein, wenn

1. vor der Berichtigung, Ergänzung oder Nachholung
   a) ein Amtsträger der Finanzbehörde zur steuerlichen Prüfung oder zur Ermittlung einer Steuerstraftat oder einer Steuerordnungswidrigkeit erschienen ist oder
   b) dem Täter oder seinem Vertreter die Einleitung des Straf- oder Bußgeldverfahrens wegen der Tat bekanntgegeben worden ist oder
2. die Tat im Zeitpunkt der Berichtigung, Ergänzung oder Nachholung ganz oder zum Teil bereits entdeckt war und der Täter dies wußte oder bei verständiger Würdigung der Sachlage damit rechnen mußte.

^{III} Sind Steuerverkürzungen bereits eingetreten oder Steuervorteile erlangt, so tritt für einen an der Tat Beteiligten Straffreiheit nur ein, soweit er die zu seinen Gunsten hinterzogenen Steuern innerhalb der ihm bestimmten angemessenen Frist entrichtet.

^{IV} Wird die in § 153 vorgesehene Anzeige rechtzeitig und ordnungsmäßig erstattet, so wird ein Dritter, der die in § 153 bezeichneten Erklärungen abzugeben unterlassen oder unrichtig oder unvollständig abgegeben hat, strafrechtlich nicht verfolgt, es sei denn, daß ihm oder seinem Vertreter vorher die Einleitung eines Straf- oder Bußgeldverfahrens wegen der Tat bekanntgegeben worden ist. Hat der Dritte zum eigenen Vorteil gehandelt, so gilt Absatz 3 entsprechend.

§ 372 Bannbruch[1]

^I Bannbruch begeht, wer Gegenstände entgegen einem Verbot einführt, ausführt oder durchführt.

^{II} Der Täter wird nach § 370 Absatz 1, 2 bestraft, wenn die Tat nicht in anderen Vorschriften als Zuwiderhandlung gegen ein Einfuhr-, Ausfuhr- oder Durchfuhrverbot mit Strafe oder mit Geldbuße bedroht ist.

§ 373 Gewerbsmäßiger, gewaltsamer und bandenmäßiger Schmuggel

^I Wer gewerbsmäßig Eingangsabgaben hinterzieht oder gewerbsmäßig durch Zuwiderhandlungen gegen Monopolvorschriften Bannbruch begeht, wird mit Freiheitsstrafe von drei Monaten bis zu fünf Jahren bestraft.

^{II} Ebenso wird bestraft, wer

1. eine Hinterziehung von Eingangsabgaben oder einen Bannbruch begeht, bei denen er oder ein anderer Beteiligter eine Schußwaffe bei sich führt,
2. eine Hinterziehung von Eingangsabgaben oder einen Bannbruch begeht, bei denen er oder ein anderer Beteiligter eine Waffe oder sonst ein Werkzeug oder Mittel bei sich führt, um den Widerstand eines anderen durch Gewalt oder Drohung mit Gewalt zu verhindern oder zu überwinden, oder

---

[1] § 372 I geänd. durch Art. 2 Nr. 3 Ges. v. 25. 8. 1992 (BGBl. I 1548).

3. als Mitglied einer Bande, die sich zur fortgesetzten Begehung der Hinterziehung von Eingangsabgaben oder des Bannbruchs verbunden hat, unter Mitwirkung eines anderen Bandenmitglieds die Tat ausführt.

§ 374 Steuerhehlerei

¹ Wer Erzeugnisse oder Waren, hinsichtlich deren Verbrauchsteuern oder Zoll hinterzogen oder Bannbruch nach § 372 Abs. 2, § 373 begangen worden ist, ankauft oder sonst sich oder einem Dritten verschafft, sie absetzt oder abzusetzen hilft, um sich oder einen Dritten zu bereichern, wird nach § 370 Abs. 1 und 2, wenn er gewerbsmäßig handelt, nach § 373 bestraft.

² Absatz 1 gilt auch dann, wenn Eingangsabgaben hinterzogen worden sind, die von einem anderen Mitgliedstaat der Europäischen Gemeinschaft verwaltet werden oder die einem Mitgliedstaat der Europäischen Freihandelsassoziation oder einem mit dieser assoziierten Staat zustehen; § 370 Abs. 6 Satz 2 ist anzuwenden.

§ 375 Nebenfolgen

¹ Neben einer Freiheitsstrafe von mindestens einem Jahr wegen

1. Steuerhinterziehung,
2. Bannbruchs nach § 372 Abs. 2, § 373,
3. Steuerhehlerei oder
4. Begünstigung einer Person, die eine Tat nach den Nummern 1 bis 3 begangen hat,

kann das Gericht die Fähigkeit, öffentliche Ämter zu bekleiden, und die Fähigkeit, Rechte aus öffentlichen Wahlen zu erlangen, aberkennen (§ 45 Abs. 2 des Strafgesetzbuches).

² Ist eine Steuerhinterziehung, ein Bannbruch nach § 372 Abs. 2, § 373 oder eine Steuerhehlerei begangen worden, so können

1. die Erzeugnisse, Waren und andere Sachen, auf die sich die Hinterziehung von Verbrauchsteuer oder Zoll, der Bannbruch oder die Steuerhehlerei bezieht, und
2. die Beförderungsmittel, die zur Tat benutzt worden sind,

eingezogen werden. § 74a des Strafgesetzbuches ist anzuwenden.

§ 376 Unterbrechung der Verfolgungsverjährung

Die Verjährung der Verfolgung einer Steuerstraftat wird auch dadurch unterbrochen, daß dem Beschuldigten die Einleitung des Bußgeldverfahrens bekanntgegeben oder diese Bekanntgabe angeordnet wird.

23. Waffengesetz (WaffG) RiStBV 256

idF v. 8. März 1976 (BGBl. I 432; III 7133–3), letztes ÄndG v. 25. 9. 1990 (BGBl. I 2106)[1]

(Auszug)

§ 1 Waffenbegriffe

[I] Schußwaffen im Sinne dieses Gesetzes sind Geräte, die zum Angriff, zur Verteidigung, zum Sport, Spiel oder zur Jagd bestimmt sind und bei denen Geschosse durch einen Lauf getrieben werden.

[II] Tragbare Geräte, die zum Abschießen von Munition bestimmt sind, stehen den Schußwaffen gleich.

[III] Die Schußwaffeneigenschaft geht erst verloren, wenn alle wesentlichen Teile so verändert sind, daß sie mit allgemein gebräuchlichen Werkzeugen nicht wieder gebrauchsfähig gemacht werden können.

[IV] Handfeuerwaffen im Sinne dieses Gesetzes sind

1. Schußwaffen, bei denen zum Antrieb der Geschosse heiße Gase verwendet werden,
2. Geräte nach Absatz 2.

[V] Selbstladewaffen im Sinne dieses Gesetzes sind Schußwaffen, bei denen nach dem ersten Schuß lediglich durch Betätigen des Abzuges weitere Schüsse aus demselben Lauf abgegeben werden können.

[VI] Schußapparate im Sinne dieses Gesetzes sind tragbare Geräte, die für gewerbliche oder technische Zwecke bestimmt sind und bei denen zum Antrieb Munition verwendet wird.

[VII] Hieb- und Stoßwaffen im Sinne dieses Gesetzes sind Waffen, die ihrer Natur nach dazu bestimmt sind, unter unmittelbarer Ausnutzung der Muskelkraft durch Hieb, Stoß oder Stich Verletzungen beizubringen. Den Hieb- und Stoßwaffen stehen Geräte gleich, die ihrer Natur nach dazu bestimmt sind, unter Ausnutzung einer anderen als mechanischen Energie durch körperliche Berührung Verletzungen beizubringen.

§ 2 Munition und Geschosse

[I] Munition im Sinne dieses Gesetzes ist

1. Patronenmunition (Hülsen mit Ladungen, die das Geschoß enthalten),
2. Kartuschenmunition (Hülsen mit Ladungen, die ein Geschoß nicht enthalten),
3. pyrotechnische Munition (Patronenmunition, bei der das Geschoß einen pyrotechnischen Satz enthält),

die zum Verschießen aus Schußwaffen bestimmt ist. Der pyrotechnischen Munition nach Satz 1 Nummer 3 stehen gleich Raketen, die nach dem Abschuß durch die von ihnen mitgeführte Ladung angetrieben werden und Geschosse, die einen pyrotechnischen Satz enthalten.

---

[1] Vgl. ergänzend 1. WaffV idF v. 10. 3. 1987 (BGBl. I 777; III 7133–3–2–4), ÄndVO v. 18. 4. 1991 (BGBl. I 918); 2. WaffV v. 13. 12. 1976 (BGBl. I 3387; III 7133–3–2–7), 3. WaffV idF v. 2. 9. 1991 (BGBl. I 1872; III 7133–3–2–9); 4. WaffV idF v. 20. 4. 1990 (BGBl. I 780; III 7133–3–2–5); 5. WaffV v. 11. 6. 1976 (BGBl. I 2117; III 7133–3–2–6), ÄndVO v. 27. 2. 1992 (BGBl. I 386); 6. WaffV v. 18. 8. 1985 (BGBl. I 1150; III 7133–3–2–10) und WaffVwV idF v. 29. 11. 1979 (Beil. z. BAnz. Nr. 40/79).

Anhang

WaffG Anh. 23

^{II} Der Munition stehen nicht in Hülsen untergebrachte Treibladungen gleich, wenn die Treibladungen eine den Innenabmessungen einer Schußwaffe angepaßte Form haben und zum Antrieb von Geschossen bestimmt sind.

^{III} Geschosse im Sinne dieses Gesetzes sind
1. feste Körper oder
2. gasförmige, flüssige oder feste Stoffe in Umhüllungen.

§ 3 Wesentliche Teile von Schußwaffen, Schalldämpfer

^I Wesentliche Teile von Schußwaffen und Schalldämpfer stehen den Schußwaffen gleich. Dies gilt auch dann, wenn sie mit anderen Gegenständen verbunden sind und die Gebrauchsfähigkeit als Waffenteil nicht beeinträchtigt ist oder mit allgemein gebräuchlichen Werkzeugen wiederhergestellt werden kann.

^{II} Wesentliche Teile sind
1. der Lauf, der Verschluß sowie das Patronen- oder Kartuschenlager, wenn diese nicht bereits Bestandteil des Laufes sind,
2. bei Schußwaffen, bei denen zum Antrieb ein entzündbares flüssiges oder gasförmiges Gemisch verwendet wird, auch die Verbrennungskammer und die Einrichtung zur Erzeugung des Gemisches,
3. bei Schußwaffen mit anderem Antrieb auch die Antriebsvorrichtung, sofern sie fest mit der Schußwaffe verbunden ist,
4. bei Handfeuerwaffen mit einer Länge von nicht mehr als 60 cm auch das Griffstück oder sonstige Waffenteile, soweit sie für die Aufnahme des Auslösemechanismus bestimmt sind.

^{III} Als wesentliche Teile gelten auch vorgearbeitete wesentliche Teile von Schußwaffen, wenn sie mit allgemein gebräuchlichen Werkzeugen fertiggestellt werden können.

^{IV} Schalldämpfer sind Vorrichtungen, die der Dämpfung des Mündungsknalls dienen und für Schußwaffen bestimmt sind.

§ 4 Erwerben, Überlassen, Führen

^I Im Sinne dieses Gesetzes erwirbt einen Gegenstand, wer die tatsächliche Gewalt über ihn erlangt.

^{II} Im Sinne dieses Gesetzes überläßt einen Gegenstand, wer die tatsächliche Gewalt über ihn einem anderen einräumt.

^{III} Die tatsächliche Gewalt von Personen, die im Rahmen einer Erlaubnis nach § 7 tätig werden, ist dem Erlaubnisinhaber zuzurechnen.

^{IV} Im Sinne dieses Gesetzes führt eine Waffe, wer die tatsächliche Gewalt über sie außerhalb seiner Wohnung, Geschäftsräume oder seines befriedeten Besitztums ausübt.

§ 6 Anwendungsbereich, Ermächtigung[1]

^{I, II} ...

^{III} Auf Kriegswaffen im Sinne des Gesetzes über die Kontrolle von Kriegswaffen ist dieses Gesetz nicht anzuwenden; auf tragbare Schußwaffen und die dazugehörige Munition, die unter das Gesetz über die Kontrolle von Kriegswaffen fallen, sind jedoch § 4 Abs. 4, die §§ 35, 36, 37 Abs. 1 und 2 sowie die §§ 39, 42, 45 bis 52 und die Abschnitte IX und X anzuwenden.

---

[1] § 6 geänd. durch Art. 1 Nr. 2 Ges. v. 28. 5. 1978 (BGBl. I 641) und Art. 1 Nr. 1 Ges. v. 14. 7. 1980 (BGBl. I 956); KWKG idF v. 22. 11. 1990 (BGBl. I 2506; III 190–1), ÄndG v. 28. 2. 1992 (BGBl. I 376).

IV Der Bundesminister des Innern wird ermächtigt, durch Rechtsverordnung mit Zustimmung des Bundesrates

1. ...

2. die in § 37 Abs. 1 bezeichneten Tätigkeiten auch für Gegenstände zu verbieten, die wegen ihrer Gefährlichkeit, insbesondere ihrer Beschaffenheit, Handhabung, Wirkungsweise oder Zweckbestimmung den in § 37 Abs. 1 bezeichneten Gegenständen vergleichbar oder die geeignet sind, die Aufklärung einer mit den Gegenständen begangenen Straftat zu erschweren,

3.–5. ...

V ...

§ 7 Erlaubnis

I Wer gewerbsmäßig oder selbständig im Rahmen einer wirtschaftlichen Unternehmung Schußwaffen oder Munition

1. herstellen, bearbeiten oder instand setzen will (Waffenherstellung),
2. ankaufen, vertreiben (feilhalten, Bestellungen entgegennehmen oder aufsuchen), anderen überlassen oder den Erwerb, den Vertrieb oder das Überlassen solcher Gegenstände vermitteln will (Waffenhandel),

bedarf der Erlaubnis der zuständigen Behörde.

II Eine Schußwaffe wird insbesondere dann bearbeitet oder instand gesetzt, wenn sie verkürzt, in der Schußfolge verändert oder so geändert wird, daß andere Munition oder andere Geschosse aus ihr verschossen werden können, oder wenn wesentliche Teile ausgewechselt werden. Eine Schußwaffe wird weder bearbeitet noch instand gesetzt, wenn lediglich geringfügige Änderungen, insbesondere am Schaft oder an der Zieleinrichtung, vorgenommen werden. Als Herstellen von Munition gilt auch das Wiederladen von Hülsen.

III ...

§ 27 Einfuhr von Schußwaffen und Munition

I Wer Schußwaffen oder Munition, zu deren Erwerb es ihrer Art nach der Erlaubnis bedarf, einführen oder sonst in den Geltungsbereich dieses Gesetzes verbringen oder durch einen anderen einführen oder verbringen lassen will, hat seine Berechtigung zum Erwerb der Schußwaffen oder Munition oder zur Ausübung der tatsächlichen Gewalt über die Schußwaffen nachzuweisen. Ist der Nachweis nach Satz 1 durch eine Waffenbesitzkarte erbracht worden, so ist diese der zuständigen Behörde innerhalb eines Monats zur Eintragung des Erwerbs vorzulegen.

II–VI ...

§ 28 Waffenbesitzkarte

I Wer Schußwaffen erwerben und die tatsächliche Gewalt über sie ausüben will, bedarf der Erlaubnis der zuständigen Behörde. Die Erlaubnis wird durch eine Waffenbesitzkarte erteilt; sie ist auf eine bestimmte Art und Anzahl von Schußwaffen auszustellen. Die Erlaubnis zum Erwerb gilt für die Dauer eines Jahres. Die Erlaubnis zur Ausübung der tatsächlichen Gewalt wird unbefristet erteilt. Sie kann zur Abwehr von Gefahren für die öffentliche Sicherheit befristet und mit Auflagen, insbesondere hinsichtlich der Aufbewahrung der Schußwaffen, verbunden werden; nachträgliche Auflagen sind zulässig.

II, III ...

Anhang **WaffG Anh. 23**

^{IV} Einer Erlaubnis nach Absatz 1 bedarf nicht, wer eine Schußwaffe

1. von Todes wegen erwirbt,
2. durch Fund (§ 965 Abs. 1 des Bürgerlichen Gesetzbuches) erwirbt, sofern er die Waffe unverzüglich dem Verlierer, dem Eigentümer, einem sonstigen Erwerbsberechtigten oder der für die Entgegennahme der Fundanzeige zuständigen Stelle abliefert,
3. von einem Berechtigten vorübergehend zum Zwecke der sicheren Verwahrung oder der nichtgewerbsmäßigen Beförderung zu einem Berechtigten erwirbt,
4. von einem anderen wiedererwirbt, dem er sie vorübergehend überlassen hat, ohne daß es hierfür einer Eintragung in die Waffenbesitzkarte bedurfte,
5. von einem anderen oder für einen anderen Berechtigten erwirbt, wenn und solange er die Weisungen des anderen über die Ausübung der tatsächlichen Gewalt über die Schußwaffe auf Grund eines gerichtlichen oder behördlichen Auftrags oder eines Arbeitsverhältnisses oder als Beauftragter einer jagdlichen oder schießsportlichen Vereinigung oder einer Vereinigung, bei der es Brauch ist, aus besonderem Anlaß Schußwaffen zu tragen, zu befolgen hat,
6. auf einer Schießstätte (§ 44) lediglich vorübergehend zum Schießen auf der Schießstätte erwirbt,
7. als Inhaber eines Jahresjagdscheines, Tagesjagdscheines oder Jugendjagdscheines (§§ 15, 16 des Bundesjagdgesetzes) erwirbt, sofern es sich um eine Schußwaffe mit einer Länge von mehr als 60 cm handelt, ausgenommen Selbstladewaffen, deren Magazin mehr als zwei Patronen aufnehmen kann,
8. lediglich zur gewerbsmäßigen Beförderung oder gewerbsmäßigen Lagerung erwirbt; der gewerbsmäßigen Beförderung steht die Beförderung durch Eisenbahnen des öffentlichen Verkehrs oder durch die Post gleich,
9. nach dem Abhandenkommen wiedererwirbt,
10. als Gerichtsvollzieher oder Vollziehungsbeamter in einem Vollstreckungsverfahren erwirbt.

§ 29 Munitionserwerb

^I Wer Munition erwerben will, bedarf der Erlaubnis der zuständigen Behörde. Die Erlaubnis wird durch einen Munitionserwerbschein erteilt. Sie wird für eine bestimmte Munitionsart und für die Dauer von fünf Jahren erteilt, kann jedoch in begründeten Fällen für Munition jeder Art und unbefristet erteilt werden.

^{II} Einer Erlaubnis nach Absatz 1 bedarf nicht, wer

1. als Inhaber einer Waffenbesitzkarte, ausgenommen Waffenbesitzkarten für Waffensammler, oder einer Bescheinigung nach § 6 Abs. 2 Munition erwirbt, die für die in der Waffenbesitzkarte oder der Bescheinigung bezeichneten Schußwaffen bestimmt ist, oder als Inhaber eines Jagdscheines die für Waffen nach § 28 Abs. 4 Nr. 7 bestimmte Munition erwirbt,
2. unter den Voraussetzungen des § 28 Abs. 4 Nr. 1 bis 5 oder 8 bis 10 Munition erwirbt,
3. im Falle des § 28 Abs. 4 Nr. 6 Munition zum sofortigen Verbrauch auf einer Schießstätte erwirbt.

^{III, IV} . . .

Anh. 23 WaffG

§ 34 Überlassen von Waffen und Munition

¹ Schußwaffen und Munition, zu deren Erwerb es ihrer Art nach einer Erlaubnis bedarf, dürfen nur Personen überlassen werden, die nach diesem Gesetz oder nach einer Rechtsverordnung auf Grund des § 6 zum Erwerb berechtigt sind. Schußwaffen und Munition, zu deren Erwerb es ihrer Art nach keiner Erlaubnis bedarf, sowie Hieb- und Stoßwaffen dürfen nur an nach § 33 Berechtigte überlassen werden. Munition darf gewerbsmäßig nur in verschlossenen Packungen überlassen werden.

II–VIII ...

§ 35 Waffenschein

¹ Wer Schußwaffen führen will, bedarf der Erlaubnis der zuständigen Behörde. Die Erlaubnis wird durch einen Waffenschein erteilt. Sie wird für bestimmte Waffen auf höchstens drei Jahre erteilt. Die Geltungsdauer kann zweimal um höchstens je drei Jahre verlängert werden.

II–VI ...

§ 37 Verbotene Gegenstände

¹ Es ist verboten, folgende Gegenstände herzustellen, zu bearbeiten, instand zu setzen, zu erwerben, zu vertreiben, anderen zu überlassen, einzuführen, sonst in den Geltungsbereich dieses Gesetzes zu verbringen oder sonst die tatsächliche Gewalt über sie auszuüben:

1. Schußwaffen, die
    a) über den für Jagd- und Sportzwecke allgemein üblichen Umfang hinaus zusammengeklappt, zusammengeschoben, verkürzt oder schnell zerlegt werden können,
    b) eine Länge von mehr als 60 cm haben und zerlegbar sind, deren längster Waffenteil kürzer als 60 cm ist und die zum Verschießen von Randfeuerpatronen bestimmt sind,
    c) ihrer Form nach geeignet sind, einen anderen Gegenstand vorzutäuschen oder die mit Gegenständen des täglichen Gebrauchs verkleidet sind,
    d) vollautomatische Selbstladewaffen sind,
    e) ihrer äußeren Form nach den Anschein einer vollautomatischen Selbstladewaffe hervorrufen, die Kriegswaffe im Sinne des Gesetzes über die Kontrolle von Kriegswaffen ist;
2. Vorrichtungen, die zum Anleuchten oder Anstrahlen des Zieles oder der Beleuchtung der Zieleinrichtung dienen und für Schußwaffen bestimmt sind,
3. Nachtzielgeräte, die einen Bildwandler oder eine elektronische Verstärkung besitzen und für Schußwaffen bestimmt sind,
4. Hieb- oder Stoßwaffen, die ihrer Form nach geeignet sind, einen anderen Gegenstand vorzutäuschen oder die mit Gegenständen des täglichen Gebrauchs verkleidet sind,
5. Messer, deren Klingen auf Knopf- oder Hebeldruck hervorschnellen und hierdurch festgestellt werden können (Springmesser), ferner Messer, deren Klingen beim Lösen einer Sperrvorrichtung durch ihre Schwerkraft oder durch eine Schleuderbewegung aus dem Griff hervorschnellen und selbsttätig festgestellt werden (Fallmesser),
6. Stahlruten, Totschläger oder Schlagringe,
7. Geschosse, Wurfkörper oder sonstige Gegenstände, die Angriffs- oder Ver-

teidigungszwecken dienen und dazu bestimmt sind, leicht entflammbare Stoffe so zu verteilen und zu entzünden, daß schlagartig ein Brand entstehen kann,

8. Geschosse mit Betäubungsstoffen, die zu Angriffs- oder Verteidigungszwecken bestimmt sind,
9. Geschosse und sonstige Gegenstände mit Reizstoffen, die zu Angriffs- oder Verteidigungszwecken oder zur Jagd bestimmt sind, wenn sie bei bestimmungsgemäßer Verwendung den Anforderungen einer Rechtsverordnung nach § 6 Abs. 4 Nr. 4 nicht entsprechen,
10. Nachbildungen von Schußwaffen im Sinne der Nummer 1 Buchstabe e.
11. unbrauchbar gemachte vollautomatische Selbstladewaffen, die Kriegswaffen waren, und unbrauchbar gemachte Schußwaffen, die den Anschein vollautomatischer Kriegswaffen hervorrufen.

Satz 1 Nummer 1 Buchstabe b gilt nicht für Einsteckläufe und Austauschläufe; Satz 1 Nummer 5 gilt nicht für Springmesser und Fallmesser, die nach Größe sowie Länge und Schärfe der Spitze als Taschenmesser anzusehen sind. Es ist ferner verboten, zur Herstellung von Gegenständen der in Absatz 1 Nr. 7 bezeichneten Art anzuleiten oder Bestandteile zu vertreiben, die zur Herstellung dieser Gegenstände bestimmt sind.

II, III ...

IV Das Verbot nach Absatz 1 wird nicht wirksam, wenn

1. der Erbe den durch Erbfolge erworbenen Gegenstand unverzüglich unbrauchbar macht, einem Berechtigten überläßt oder einen Antrag nach Absatz 3 stellt;
2. der Finder den gefundenen Gegenstand unverzüglich einem Berechtigten überläßt.

V Solange keine Ausnahme nach Absatz 3 zugelassen ist, kann die zuständige Behörde den Gegenstand sicherstellen. Wird eine Ausnahme nach Absatz 3 nicht unverzüglich beantragt oder wird sie unanfechtbar versagt, so kann die zuständige Behörde den Gegenstand einziehen. Ein Erlös aus der Verwertung des Gegenstandes steht dem bisher Berechtigten zu.

§ 38 Handelsverbote

I Der Vertrieb und das Überlassen von Schußwaffen oder Munition sowie von Hieb- oder Stoßwaffen ist verboten

1. im Reisegewerbe, soweit eine Reisegewerbekarte erforderlich ist oder die Voraussetzungen des § 55a Abs. 1 Nr. 1 oder 3 der Gewerbeordnung vorliegen,
2. im Marktverkehr mit Ausnahme der Mustermessen,
3. auf Volksfesten, Schützenfesten oder ähnlichen Veranstaltungen, jedoch mit Ausnahme des Überlassens der benötigten Munition in einer Schießstätte (§ 44).

II ...

§ 39 Verbot des Führens von Waffen bei öffentlichen Veranstaltungen

I Wer an öffentlichen Veranstaltungen, insbesondere an Volksfesten und öffentlichen Vergnügungen teilnimmt, darf keine Schußwaffen, Hieb- oder Stoßwaffen führen.

II–VI ...

Anh. 23 WaffG

§ 40 Verbote für den Einzelfall

^I Die zuständige Behörde kann die Ausübung der tatsächlichen Gewalt über Schußwaffen und Munition untersagen, wenn Tatsachen, insbesondere das bisherige Verhalten oder körperliche oder geistige Mängel des Inhabers die Annahme rechtfertigen, daß diese Gegenstände mißbräuchlich verwendet werden.

^{II} ...

§ 41 Nichtgewerbsmäßige Waffenherstellung

^I Wer außerhalb des Anwendungsbereiches des § 7 Schußwaffen herstellen, bearbeiten oder instand setzen will, bedarf der Erlaubnis der zuständigen Behörde. § 7 Abs. 2 Satz 1 und 2 und § 30 Abs. 1 Satz 1 und Abs. 3 sind entsprechend anzuwenden.

^{II} ...

§ 52a Strafvorschriften

^I Mit Freiheitsstrafe von einem Jahr bis zu fünf Jahren wird bestraft, wer

1. entgegen § 37 Abs. 1 Satz 1 Nr. 1 Buchstabe d eine vollautomatische Selbstladewaffe oder
2. entgegen § 37 Abs. 1 Satz 1 Nr. 1 Buchstabe e eine dort bezeichnete halbautomatische Selbstladewaffe

herstellt, bearbeitet, instandsetzt, erwirbt, vertreibt, anderen überläßt oder sonst die tatsächliche Gewalt über sie ausübt, einführt oder sonst in den Geltungsbereich dieses Gesetzes verbringt.

^{II} In besonders schweren Fällen ist die Strafe Freiheitsstrafe von einem Jahr bis zu zehn Jahren. Ein besonders schwerer Fall liegt in der Regel vor, wenn der Täter gewerbsmäßig oder als Mitglied einer Bande, die sich zur fortgesetzten Begehung solcher Straftaten verbunden hat, unter Mitwirkung eines anderen Bandenmitgliedes handelt.

^{III} In minder schweren Fällen ist die Strafe Freiheitsstrafe bis zu drei Jahren oder Geldstrafe.

^{IV} Handelt der Täter fahrlässig, so ist die Strafe Freiheitsstrafe bis zu zwei Jahren oder Geldstrafe.

§ 53 Strafvorschriften

^I Mit Freiheitsstrafe von sechs Monaten bis zu fünf Jahren wird bestraft, wer
1. ohne die erforderliche Erlaubnis
   a) entgegen § 7 Abs. 1 Nr. 1 Schußwaffen oder Munition herstellt, bearbeitet oder instandsetzt,
   b) entgegen § 7 Abs. 1 Nr. 2 Schußwaffen oder Munition ankauft, vertreibt, anderen überläßt oder den Erwerb, den Vertrieb oder das Überlassen solcher Gegenstände vermittelt,
2. entgegen § 27 Abs. 1 Satz 1 Schußwaffen oder Munition, zu deren Erwerb es der Erlaubnis bedarf, einführt oder sonst in den Geltungsbereich dieses Gesetzes verbringt oder durch einen anderen einführen oder verbringen läßt, ohne seine Berechtigung zum Erwerb oder zur Ausübung der tatsächlichen Gewalt nachgewiesen zu haben,
3. entgegen § 28 Abs. 1 Satz 1 Schußwaffen oder entgegen § 29 Abs. 1 Satz 1 Munition ohne die erforderliche Erlaubnis erwirbt, um sie an Nichtberechtigte weiterzugeben,

3a. ohne die erforderliche Erlaubnis
  - a) entgegen § 28 Abs. 1 Satz 1 eine halbautomatische Selbstladewaffe mit einer Länge von nicht mehr als 60 cm erwirbt oder die tatsächliche Gewalt über sie ausübt oder
  - b) entgegen § 35 Abs. 1 Satz 1 eine halbautomatische Selbstladewaffe mit einer Länge von nicht mehr als 60 cm führt,
4. entgegen § 37 Abs. 1 Nr. 7 einen dort bezeichneten Gegenstand herstellt, bearbeitet, instand setzt, erwirbt, vertreibt, anderen überläßt oder sonst die tatsächliche Gewalt über ihn ausübt, einführt oder sonst in den Geltungsbereich dieses Gesetzes verbringt,
5. entgegen § 37 Abs. 1 Satz 3 zur Herstellung von in § 37 Abs. 1 Nr. 7 bezeichneten Gegenständen anleitet oder auffordert oder Bestandteile vertreibt oder überläßt, die zur Herstellung dieser Gegenstände bestimmt sind,
6. entgegen § 38 Abs. 1 Schußwaffen oder Munition, zu deren Erwerb es der Erlaubnis bedarf, im Reisegewerbe, im Marktverkehr, auf Volksfesten, Schützenfesten oder ähnlichen Veranstaltungen vertreibt oder anderen überläßt oder
7. die tatsächliche Gewalt über eine Schußwaffe,
  - a) die er ohne die nach diesem Gesetz oder nach dem Gesetz über die Kontrolle von Kriegswaffen erforderliche Erlaubnis erworben, eingeführt oder sonst in den Geltungsbereich dieses Gestzes verbracht hat oder
  - b) über die er sie nach § 59 Abs. 4 Satz 1 nicht mehr ausüben darf, sofern es sich um eine Schußwaffe handelt, zu deren Erwerb es nach bisherigem Recht der Erlaubnis bedurfte,

während der Betriebszeit in gewerblichen Räumen, die der Bewirtung von Gästen oder der Unterhaltung dienen, oder in Räumen ausübt, die der gemeinschaftlichen Unterbringung oder Verpflegung von Arbeitnehmern dienen.

In minder schweren Fällen ist die Strafe Freiheitsstrafe bis zu drei Jahren oder Geldstrafe.

II Der Versuch ist strafbar.

III Mit Freiheitsstrafe bis zu drei Jahren oder mit Geldstrafe wird bestraft, wer

1. ohne die erforderliche Erlaubnis
  - a) entgegen § 28 Abs. 1 Satz 1 eine Schußwaffe erwirbt oder die tatsächliche Gewalt über sie ausübt, wenn die Tat nicht in Absatz 1 Satz 1 Nr. 3a mit Strafe bedroht ist, oder entgegen § 29 Abs. 1 Satz 1 Munition erwirbt,
  - b) entgegen § 35 Abs. 1 Satz 1 eine Schußwaffe führt, wenn die Tat nicht in Absatz 1 Satz 1 Nr. 3a mit Strafe bedroht ist,
  - c) entgegen § 41 Abs. 1 Satz 1 eine Schußwaffe herstellt, bearbeitet oder instand setzt,
2. entgegen § 34 Abs. 1 Satz 1 eine Schußwaffe oder Munition, zu deren Erwerb es einer Erlaubnis bedarf, einem Nichtberechtigten überläßt,
3. entgegen § 37 Abs. 1 Nr. 1 bis 6 einen dort bezeichneten Gegenstand herstellt, bearbeitet, instand setzt, erwirbt, vertreibt, anderen überläßt oder sonst die tatsächliche Gewalt über ihn ausübt, ihn einführt oder sonst in den Geltungsbereich dieses Gesetzes verbringt, wenn die Tat nicht in § 52a Abs. 1 bis 3 mit Strafe bedroht ist, oder einer nach § 6 Abs. 4 Nr. 2 erlassenen Rechtsverordnung zuwiderhandelt, soweit sie sich auf Gegenstände bezieht,

die den in § 37 Abs. 1 Nr. 1 bis 7 bezeichneten vergleichbar sind, und für einen bestimmten Tatbestand auf diese Strafvorschrift verweist,

4. entgegen § 38 Abs. 1 Schußwaffen oder Munition, zu deren Erwerb es keiner Erlaubnis bedarf, oder Hieb- oder Stoßwaffen im Reisegewerbe, im Marktverkehr, auf Volksfesten, Schützenfesten oder ähnlichen Veranstaltungen vertreibt oder anderen überläßt,

5. entgegen § 39 Abs. 1 bei öffentlichen Veranstaltungen eine Schuß-, Hieb- oder Stoßwaffe führt,

6. entgegen einer vollziehbaren Anordnung nach § 40 Abs. 1 die tatsächliche Gewalt über einen dort bezeichneten Gegenstand ausübt oder

7. entgegen § 59 Abs. 4 Satz 1 in anderen als den in Absatz 1 Nr. 7 Buchstabe b bezeichneten Fällen nach Ablauf der Meldefrist die tatsächliche Gewalt über eine nicht angemeldete Schußwaffe ausübt.

^{IV} Handelt der Täter in den Fällen des Absatzes 1 Satz 1 Nr. 1, 2, 3a bis 7 oder des Absatzes 3 fahrlässig, so ist die Strafe bei Taten nach Absatz 1 Satz 1 Nr. 1, 2, 3a bis 7 Freiheitsstrafe bis zu zwei Jahren oder Geldstrafe, bei Taten nach Absatz 3 Freiheitsstrafe bis zu einem Jahr oder Geldstrafe.

§ 56 Einziehung

^{I} Ist eine Straftat nach § 52a Abs. 1 oder 2 oder § 53 Abs. 1 Nr. 1, 2, 3, 3a Buchstabe a, 4 oder 7 oder Absatz 3 Nr. 1 Buchstabe a, 3 oder 7 begangen worden, so werden Gegenstände,

1. auf die sich die Straftat bezieht oder

2. die zur Begehung oder Vorbereitung gebraucht worden oder bestimmt gewesen sind,

eingezogen.

^{II} Ist eine sonstige Straftat nach § 53 oder eine Ordnungswidrigkeit nach § 55 begangen worden, so können in Absatz 1 bezeichnete Gegenstände eingezogen werden.

^{III} § 74a des Strafgesetzbuches und § 23 des Gesetzes über Ordnungswidrigkeiten sind anzuwenden.

^{IV} Als Maßnahmen im Sinne des § 74b Abs. 2 Satz 2 des Strafgesetzbuches kommt auch die Anweisung in Betracht, binnen einer angemessenen Frist eine Entscheidung der zuständigen Behörde über die Erteilung einer Erlaubnis nach den §§ 28 oder 29 vorzulegen oder die Gegenstände einem Berechtigten zu überlassen.

§ 59 Anmeldepflicht für Schußwaffen.

^{I} Hat jemand am 1. März 1976 die tatsächliche Gewalt über Schußwaffen ausgeübt, für die es ihrer Art nach auf Grund dieses Gesetzes seiner Erlaubnis bedurfte, so hat er diese Schußwaffen bis zum 30. Juni 1976 der zuständigen Behörde schriftlich anzumelden und dabei seine Personalien, Art und Anzahl der Schußwaffen, deren Kaliber, Hersteller- oder Warenzeichen und, wenn die Schußwaffen eine Herstellungsnummer haben, auch diese anzugeben. Zur Anmeldung nach Satz 1 ist jedoch nicht verpflichtet, wer

1. die Schußwaffen der zuständigen Behörde nach dem 1. Januar 1973 mit den Angaben nach Satz 1 angemeldet hat,

2. die Schußwaffen vor dem Ablauf der Frist nach Satz 1 einem anderen überlassen hat.

Anhang **FAG Anh. 25**

II Hat jemand eine Schußwaffe nach Absatz 1 rechtzeitig angemeldet, so wird er nicht wegen unerlaubten Erwerbs, unerlaubter Ausübung der tatsächlichen Gewalt oder unerlaubter Einfuhr und der damit in Zusammenhang stehenden Abgabenverkürzung bestraft; verkürzte Eingangsabgaben für unerlaubt eingeführte Schußwaffen werden nicht nacherhoben.

III Zum Nachweis der Anmeldung stellt die Behörde eine Waffenbesitzkarte aus, sofern der Anmeldende die erforderliche Zuverlässigkeit besitzt. Die Waffenbesitzkarte nach Satz 1 berechtigt nicht zum Erwerb von Munition.

IV Nach Ablauf der Anmeldefrist darf die tatsächliche Gewalt über anmeldepflichtige, jedoch nicht angemeldete Waffen nicht mehr ausgeübt werden. Die zuständige Behörde kann anordnen, daß die Waffen binnen angemessener, von ihr zu bestimmender Frist unbrauchbar gemacht oder einem Berechtigten überlassen werden und dies der zuständigen Behörde nachgewiesen wird. § 37 Abs. 5 Satz 2 und 3 ist entsprechend anzuwenden.

24. Tierschutzgesetz

idF v. 18. 8. 1986 (BGBl. I 1319; III 7833-3), letztes ÄndG v. 20. 8. 1990 (BGBl. I 1762)

(noch abgedruckt in der 43. Aufl.)

25. Gesetz über Fernmeldeanlagen[1]

idF v. 3. 7. 1989 (BGBl. I 1455; III 9020–1) – Sartorius I Nr. 925 –[2]

(Auszug)

§ 15 [Strafrechtlicher Schutz der Fernmeldehoheit]

I Wer entgegen den Vorschriften dieses Gesetzes eine Fernmeldeanlage errichtet oder betreibt, wird mit Freiheitsstrafe bis zu fünf Jahren oder mit Geldstrafe bestraft. Der Versuch ist strafbar.

II Mit Freiheitsstrafe bis zu zwei Jahren oder mit Geldstrafe wird bestraft, wer

a) (weggefallen)
b) nach Fortfall der Verleihung die zur Beseitigung der Anlage getroffenen Anordnungen der Deutschen Bundespost TELEKOM innerhalb der von ihr bestimmten Frist nicht befolgt,
c) entgegen § 5a Abs. 1 ohne Befugnis die tatsächliche Gewalt über Sendeanlagen ausübt,
d) entgegen § 5d Abs. 1 Satz 1 eine Sendeanlage einem anderen überläßt oder

---

[1] Anh. 25: Das FAG gilt im Gebiet der früheren DDR nach Maßgabe der Anl. I des EinigVtr. v. 31. 8. 1990 (BGBl. 885, 889, 1121). Zur Anwendbarkeit des § 15 FAG beim sog. **Schwarzhören** vgl. 4 zu § 265a StGB.

[2] Vgl. dazu Ges. üb. den Amateurfunk v. 14. 3. 1949 (WiGBl. S. 20; BGBl. III 9022–1) mit DVO v. 13. 3. 1967 (BGBl. I 284; BGBl. III 9022–1-1), letzte ÄndVO v. 15. 4. 1985 (BGBl. I 637), u. Ges. üb. den Betrieb von Hochfrequenzgeräten v. 9. 8. 1949 (WiGBl. S. 235; BGBl. III 9022–6), letztes ÄndG v. 8. 6. 1989 (BGBl. I 1026); dazu Allgemeine Genehmigung v. 7. 9. 1969 (BAnz. Nr. 138; BGBl. III 9002–6–2); ferner Ges. zu dem Internationalen Fernmeldevertrag v. 25. 10. 1973 v. 9. 7. 1976 (BGBl. II 1089; III 9020–4), sowie Art. 2 Ges. z. d. Europ. Übereinkommen v. 22. 1. 1965 zur Verhütung v. Rundfunksendungen, die von Sendestellen außerhalb der staatlichen Hoheitsgebiete gesendet werden v. 26. 9. 1969 (BGBl. II 1939; III 9022–7), ÄndG v. 2. 3. 1974 (BGBl. I 469, 623). Vgl. auch 1 zu 201).

Anh. 25 FAG

e) entgegen § 5e Abs. 1 dort bezeichnete Sendeanlagen herstellt, vertreibt, einführt oder sonst in den Geltungsbereich dieses Gesetzes verbringt.

III Handelt der Täter fahrlässig, so ist die Strafe Freiheitsstrafe bis zu einem Jahr oder Geldstrafe. Die Tat wird nur auf Antrag des Bundesministers für Post und Telekommunikation oder der von ihm hierzu ermächtigten Behörden verfolgt.

§ 18 [Strafrechtlicher Geheimhaltungsschutz]

Wer entgegen der in § 11 bezeichneten Pflicht zur Geheimhaltung den Inhalt von Nachrichten oder die Tatsache ihres Empfangs einem anderen mitteilt, wird mit Freiheitsstrafe bis zu zwei Jahren oder mit Geldstrafe bestraft.

§ 19 [Strafvorschrift]

I Wer absichtlich den Betrieb einer öffentlichen Zwecken dienenden Funkanlage dadurch verhindert oder stört, daß er elektrische Energie verwendet, wird mit Freiheitsstrafe bis zu fünf Jahren oder mit Geldstrafe bestraft.

II Wer absichtlich den Betrieb einer sonstigen Funkanlage dadurch verhindert oder stört, daß er elektrische Energie verwendet oder für die Anlage bestimmte elektrische Energie entzieht, wird mit Freiheitsstrafe bis zu zwei Jahren oder mit Geldstrafe bestraft. Die Tat wird nur auf Antrag verfolgt.

§ 19a [Bußgeldvorschrift]

I Ordnungswidrig handelt, wer vorsätzlich oder fahrlässig

1. entgegen § 1a Abs. 1 Satz 1 oder § 26 eine Anzeige nicht, nicht richtig, nicht schriftlich oder nicht fristgerecht erstattet,
2. entgegen § 5c Abs. 1 öffentlich oder in Mitteilungen, die für einen größeren Personenkreis bestimmt sind, mit dem dort bzeichneten Hinweis wirbt oder entgegen § 5c Abs. 2 in Anzeigen oder Werbeschriften Sendeanlagen anbietet, ohne auf das Erfordernis der Verleihung hinzuweisen oder ohne Name und Anschrift des Anbieters anzugeben, oder
3. die Überwachung von Fernmeldeanlagen (§ 6) verhindert oder stört oder eine in Ausübung der Überwachung verlangte Auskunft nicht, nicht richtig oder nicht fristgerecht erteilt.

II Die Ordnungswidrigkeit kann mit einer Geldbuße bis zu zehntausend Deutsche Mark geahndet werden.

III Verwaltungsbehörde im Sinne des § 36 Abs. 1 Nr. 1 des Gesetzes über Ordnungswidrigkeiten ist der Bundesminister für Post und Telekommunikation. § 36 Abs. 3 des Gesetzes über Ordnungswidrigkeiten gilt entsprechend.

§ 20 [Einziehung]

Fernmeldeanlagen, auf die sich eine Straftat nach § 15 bezieht, können eingezogen werden.

26. Gesetz zum Schutz von Embryonen (Embryonenschutzgesetz – ESchG)
Vom 13. 12. 1990 (BGBl. I 2746; III 453–19)

§ 1 Mißbräuchliche Anwendung von Fortpflanzungstechniken

^I Mit Freiheitsstrafe bis zu drei Jahren oder mit Geldstrafe wird bestraft, wer
1. auf eine Frau eine fremde unbefruchtete Eizelle überträgt,
2. es unternimmt, eine Eizelle zu einem anderen Zweck künstlich zu befruchten, als eine Schwangerschaft der Frau herbeizuführen, von der die Eizelle stammt,
3. es unternimmt, innerhalb eines Zyklus mehr als drei Embryonen auf eine Frau zu übertragen,
4. es unternimmt, durch intratubaren Gametentransfer innerhalb eines Zyklus mehr als drei Eizellen zu befruchten,
5. es unternimmt, mehr Eizellen einer Frau zu befruchten, als ihr innerhalb eines Zyklus übertragen werden sollen,
6. einer Frau einen Embryo vor Abschluß seiner Einnistung in der Gebärmutter entnimmt, um diesen auf eine andere Frau zu übertragen oder ihn für einen nicht seiner Erhaltung dienenden Zweck zu verwenden, oder
7. es unternimmt, bei einer Frau, welche bereit ist, ihr Kind nach der Geburt Dritten auf Dauer zu überlassen (Ersatzmutter), eine künstliche Befruchtung durchzuführen oder auf sie einen menschlichen Embryo zu übertragen.

^{II} Ebenso wird bestraft, wer
1. künstlich bewirkt, daß eine menschliche Samenzelle in eine menschliche Eizelle eindringt, oder
2. eine menschliche Samenzelle in eine menschliche Eizelle künstlich verbringt,

ohne eine Schwangerschaft der Frau herbeiführen zu wollen, von der die Eizelle stammt.

^{III} Nicht bestraft werden
1. in den Fällen des Absatzes 1 Nr. 1, 2 und 6 die Frau, von der die Eizelle oder der Embryo stammt, sowie die Frau, auf die die Eizelle übertragen wird oder der Embryo übertragen werden soll, und
2. in den Fällen des Absatzes 1 Nr. 7 die Ersatzmutter sowie die Person, die das Kind auf Dauer bei sich aufnehmen will.

^{IV} In den Fällen des Absatzes 1 Nr. 6 und des Absatzes 2 ist der Versuch strafbar.

§ 2 Mißbräuchliche Verwendung menschlicher Embryonen

^I Wer einen extrakorporal erzeugten oder einer Frau vor Abschluß seiner Einnistung in der Gebärmutter entnommenen menschlichen Embryo veräußert oder zu einem nicht seiner Erhaltung dienenden Zweck abgibt, erwirbt oder verwendet, wird mit Freiheitsstrafe bis zu drei Jahren oder mit Geldstrafe bestraft.

^{II} Ebenso wird bestraft, wer zu einem anderen Zweck als der Herbeiführung einer Schwangerschaft bewirkt, daß sich ein menschliches Embryo extrakorporal weiterentwickelt.

^{III} Der Versuch ist strafbar.

Anh. 26 ESchG

§ 3 Verbotene Geschlechtswahl

Wer es unternimmt, eine menschliche Eizelle mit einer Samenzelle künstlich zu befruchten, die nach dem in ihr enthaltenen Geschlechtschromosom ausgewählt worden ist, wird mit Freiheitsstrafe bis zu einem Jahr oder mit Geldstrafe bestraft. Dies gilt nicht, wenn die Auswahl der Samenzelle durch einen Arzt dazu dient, das Kind vor der Erkrankung an einer Muskeldystrophie vom Typ Duchenne oder einer ähnlich schwerwiegenden geschlechtsgebundenen Erbkrankheit zu bewahren, und die dem Kind drohende Erkrankung von der nach Landesrecht zuständigen Stelle als entsprechend schwerwiegend anerkannt worden ist.

§ 4 Eigenmächtige Befruchtung, eigenmächtige Embryoübertragung und künstliche Befruchtung nach dem Tode

^{I} Mit Freiheitsstrafe bis zu drei Jahren oder mit Geldstrafe wird bestraft, wer

1. es unternimmt, eine Eizelle künstlich zu befruchten, ohne daß die Frau, deren Eizelle befruchtet wird, und der Mann, dessen Samenzelle für die Befruchtung verwendet wird, eingewilligt haben,
2. es unternimmt, auf eine Frau ohne deren Einwilligung einen Embryo zu übertragen, oder
3. wissentlich eine Eizelle mit dem Samen eines Mannes nach dessen Tode künstlich befruchtet.

^{II} Nicht bestraft wird im Fall des Absatzes 1 Nr. 3 die Frau, bei der die künstliche Befruchtung vorgenommen wird.

§ 5 Künstliche Veränderung menschlicher Keimbahnzellen

^{I} Wer die Erbinformation einer menschlichen Keimbahnzelle künstlich verändert, wird mit Freiheitsstrafe bis zu fünf Jahren oder mit Geldstrafe bestraft.

^{II} Ebenso wird bestraft, wer eine menschliche Keimzelle mit künstlich veränderter Erbinformation zur Befruchtung verwendet.

^{III} Der Versuch ist strafbar.

^{IV} Absatz 1 findet keine Anwendung auf

1. eine künstliche Veränderung der Erbinformation einer außerhalb des Körpers befindlichen Keimzelle, wenn ausgeschlossen ist, daß diese zur Befruchtung verwendet wird,
2. eine künstliche Veränderung der Erbinformation einer sonstigen körpereigenen Keimbahnzelle, die einer toten Leibesfrucht, einem Menschen oder einem Verstorbenen entnommen worden ist, wenn ausgeschlossen ist, daß
   a) diese auf einen Embryo, Foetus oder Menschen übertragen wird oder
   b) aus ihr eine Keimzelle entsteht,
   sowie
3. Impfungen, strahlen-, chemotherapeutische oder andere Behandlungen, mit denen eine Veränderung der Erbinformation von Keimbahnzellen nicht beabsichtigt ist.

§ 6 Klonen

^{I} Wer künstlich bewirkt, daß ein menschlicher Embryo mit der gleichen Erbinformation wie ein anderer Embryo, ein Foetus, ein Mensch oder ein Verstorbener entsteht, wird mit Freiheitsstrafe bis zu fünf Jahren oder mit Geldstrafe bestraft.

ᴵᴵ Ebenso wird bestraft, wer einen in Absatz 1 bezeichneten Embryo auf eine Frau überträgt.

ᴵᴵᴵ Der Versuch ist strafbar.

§ 7 Chimären- und Hybridbildung

ᴵ Wer es unternimmt,

1. Embryonen mit unterschiedlichen Erbinformationen unter Verwendung mindestens eines menschlichen Embryos zu einem Zellverband zu vereinigen,
2. mit einem menschlichen Embryo eine Zelle zu verbinden, die eine andere Erbinformation als die Zellen des Embryos enthält und sich mit diesem weiter zu differenzieren vermag, oder
3. durch Befruchtung einer menschlichen Eizelle mit dem Samen eines Tieres oder durch Befruchtung einer tierischen Eizelle mit dem Samen eines Menschen einen differenzierungsfähigen Embryo zu erzeugen,

wird mit Freiheitsstrafe bis zu fünf Jahren oder mit Geldstrafe bestraft.

ᴵᴵ Ebenso wird bestraft, wer es unternimmt,

1. einen durch eine Handlung nach Absatz 1 entstandenen Embryo auf
   a) eine Frau oder
   b) ein Tier
   zu übertragen, oder
2. einen menschlichen Embryo auf ein Tier zu übertragen.

§ 8 Begriffsbestimmung

ᴵ Als Embryo im Sinne dieses Gesetzes gilt bereits die befruchtete, entwicklungsfähige menschliche Eizelle vom Zeitpunkt der Kernverschmelzung an, ferner jede einem Embryo entnommene totipotente Zelle, die sich bei Vorliegen der dafür erforderlichen weiteren Voraussetzungen zu teilen und zu einem Individuum zu entwickeln vermag.

ᴵᴵ In den ersten vierundzwanzig Stunden nach der Kernverschmelzung gilt die befruchtete menschliche Eizelle als entwicklungsfähig, es sei denn, daß schon vor Ablauf dieses Zeitraums festgestellt wird, daß sich diese nicht über das Einzellstadium hinaus zu entwickeln vermag.

ᴵᴵᴵ Keimbahnzellen im Sinne dieses Gesetzes sind alle Zellen, die in einer Zell-Linie von der befruchteten Eizelle bis zu den Ei- und Samenzellen des aus ihr hervorgegangenen Menschen führen, ferner die Eizelle vom Einbringen oder Eindringen der Samenzelle an bis zu der mit der Kernverschmelzung abgeschlossenen Befruchtung.

§ 9 Arztvorbehalt

Nur ein Arzt darf vornehmen:

1. die künstliche Befruchtung,
2. die Übertragung eines menschlichen Embryos auf eine Frau,
3. die Konservierung eines menschlichen Embryos sowie einer menschlichen Eizelle, in die bereits eine menschliche Samenzelle eingedrungen oder künstlich eingebracht worden ist.

§ 10 Freiwillige Mitwirkung

Niemand ist verpflichtet, Maßnahmen der in § 9 bezeichneten Art vorzunehmen oder an ihnen mitzuwirken.

§ 11 Verstoß gegen den Arztvorbehalt

^I Wer, ohne Arzt zu sein,
1. entgegen § 9 Nr. 1 eine künstliche Befruchtung vornimmt oder
2. entgegen § 9 Nr. 2 einen menschlichen Embryo auf eine Frau überträgt,

wird mit Freiheitsstrafe bis zu einem Jahr oder mit Geldstrafe bestraft.

^{II} Nicht bestraft werden im Fall des § 9 Nr. 1 die Frau, die eine künstliche Insemination bei sich vornimmt, und der Mann, dessen Samen zu einer künstlichen Insemination verwendet wird.

§ 12 Bußgeldvorschriften

^I Ordnungswidrig handelt, wer, ohne Arzt zu sein, entgegen § 9 Nr. 3 einen menschlichen Embryo oder eine dort bezeichnete menschliche Eizelle konserviert.

^{II} Die Ordnungswidrigkeit kann mit einer Geldbuße bis zu fünftausend Deutsche Mark geahndet werden.

§ 13 Inkrafttreten

Dieses Gesetz tritt am 1. Januar 1991 in Kraft.

Sachverzeichnis

Fettgedruckte Zahlen verweisen auf die Paragraphen des StGB, magere Zahlen auf die Randziffern der Erläuterungen. Fette Zahlen nach der Abkürzung **Anh.** (= Anhang) verweisen auf die Nummern der Gesetze, die ihr nachfolgende magere Ziffer auf den Paragraphen. Römische Zahlen verweisen auf Absätze; es bedeuten „**vor**": Vorbemerkung, **Einl**: Einleitung.

A

Abartigkeit, seelische – **20** 12, **179 I Nr. 1**
Abbau, untertägiger – **3** 3, 5; – von Anlagen **327** 3; von Bodenbestandteilen **329** 9, 12
Abbauwert, stündlicher **20** 9e, 9g; **316** 8
Abbildungen, Begriff **11 III** 39; Einziehung **74d**, 109k; Verbreiten von – **80a**, 86, 86a, 90, 90a, 90b, 110, 111, 131, 166, 184, 186, 187, 187a, 200; – von Wehrmitteln **109g**, **109k**; pornographische – **6 Nr. 6**, **176 V Nr. 3**, **184**; beleidigende – **186e**., **200**; von Briefen usw. **202 III**; papiergeldähnliche **Anh. 21** 128, 129; jugendgefährdende **Anh. 8** 1 III
Abbremsen, absichtliches scharfes – **315b** 5a
Abbruch der begonnenen Tathandlung **24** 5; einer Heilbehandlung **56c** 10; eines Bauwerks **323 I**; der Schwangerschaft **5 Nr. 9**; **218ff.**; **218** 5
Abdruck der Beleidigung **200 II**; – der Handelskorrespondenz **283** 25
Abergläubischer Versuch 23 5; **22** 30
Aberkennen von Fähigkeiten und Rechten **45 II, V**; **92a**, **101**, **102 I**, **108c**, **109i**, **129a VI**, **264 V**, **358**
aberratio ictus 16 6
Abfall, umweltgefährdende –beseitigung **326** 7; Begriff **326** 2; gewillkürter **326** 2; subjektiver –begriff **326** 2; Zwangs- **326** 2; vwbezogener **326** 2; –beseitigungsG **326** 1; **327 II Nr. 2**; radioaktive **326** 11; explosionsgefährlicher **326** 4; –beseitigungsanlagen **326** 8; **327** 4; konkretgefährliche –beseitigung **330**
Abfinden mit der Erfolgsherbeiführung sich – **15** 11
Abfüllen 329 7; **330**; **330d Nr. 3**
Abgabe eidesgleicher Beteuerungen **155**; falscher Versicherungen an Eides Statt **156** 3; Bewirken der – bestimmter Erklärungen **271**; von Sachen unter ihrem Wert **283 I Nr. 3**
Abgabenordnung Anh. 22; **25** 6
Abgabenüberhebung 353
Abgelehnt, Auslieferungsersuchen **7 II Nr. 2**
Abgeordneten, keine Amtsträger **11** 18; Indemnität der – des Landtags **36**; Immunität **36**; –privileg **93** 19; Nötigung von – **106**; Bestechung von – **108d** 2
Abgeschlossen, -e Räume **123** 6; **124**; -es Verfahren **78b III**, **353d Nr. 3**; nicht -e Entladung **316c I**
Abgesehen von **147 I**, **344 I**, **345 III**, **353b II**; s. Absehen
Abgeurteilt 53 I; **66 III**; s. Verurteilung
Abgewendet s. Abwendbarkeit
Abgewiesen, Antrag auf Konkurseröffnung **283 VI**, **283d IV**
Abgrabungen 329 III Nr. 2
Abgrenzung von Tun und Unterlassen **vor 13** 12, 12a; **13** 3
Abhalten von der Tat **139 III**; von weiteren Taten **46** 3; **56d I**; – die Prostitution aufzugeben **181a I Nr. 2**; von der Rückkehr **234a I**
Abhängige 64 3; – Unternehmen **5 Nr. 7**; – Person **70 III**; berufliches oder wirtschaftliches Abhängigkeitsverhältnis **108**; sexuelle Handlungen an oder vor –n **174**, **174b**, **180 III**; Mißhandlungen von –n **223b**
Abhängigkeit 64 3; berufliches oder wirtschaftliches –sverhältnis **108**; persönliche oder wirtschaftliche **180a I Nr. 1**; gesetzliche – der Subvention **264 VII Nr. 2**
Abhilfe, Anrufung um – **97b**
Abholzen, übermäßiges **330** 8
Abhören 34 22; mit Abhörgeräten **201** 1, 6; s. Ausspähung
Abkommen, zwischenstaatliche **6 Nr. 9**
Abkömmlinge 173 III, leibliche **173 I**
Abkürzen der Dauer der Führungsaufsicht **68c I**

2011

Sachverz

Fette Zahlen = §§ des StGB

Ablagern 326 7
Ablaufhemmung 78b 11
Ablauf-Manipulationen 263a 3, 9
Ablassen 326 7
Ablation 242 14
Ablauf von Fristen **45a** III, **56a** II, **56g, 57** VI, **57a** IV, **58** II, **59b** II, **67d, 67e, 68e, 68g, 70b** V, **77** II, **77b, 78b, 79** I, **79b, 194** II, **283** I Nr. 6, **283b** I Nr. 2; der Wartefrist **142** II Nr. 1
Abzulegen 125 15, 17
Ableistung eines Eides **155**, eines falschen Eides pp. **160**
Ableugnen des Besitzes **246** 18; **283** 5; s. Verheimlichen
Abliefern von Fälschungsmitteln **149** II Nr. 2; Nicht-radioaktiver Abfälle **326** 11; von Kernbrennstoffen **328** 6
Ablösbarkeit der Regierung **92** I Nr. 4
Ablösen des Siegels **136**
Abmeldebescheinigung 271 10
Abnahme von Eiden **5** Nr. 10, **154**; einer Versicherung an Eides Statt **156** 3
Abreißen amtl. Anschläge **134**
Abrufen, unbefugtes – geschützter Daten **202a**
Absatzhilfe 259 19
Absaugung 218 5
Abschaffung der Todesstrafe **38** 2
Abschaltung des Beatmungsgeräts **vor 211** 17; des Aufzeichnungsgeräts **268** 13d
Abschieben von Falschgeld **147**
Abschiebung in die BRep **vor 32** 6; von Ausländern **Anh. 12** 8, **58** I Nr. 3, **92** I Nr. 6
Abschließend geregelte Materie **vor 1** 1; **34** 24
Abschluß des Verfahrens **77d** I, **78b** III, **353d** Nr. 3; -prüfung **203** I Nr. 2; der Einnistung des Eies **219d**; der Entladung **316c** I
Abschnittsbesteuerung 2 13c
Abschöpfung des Gewinns **73** 1; **vor 40** 3
Abschrecken 46 3; allgemeine **46** 6b
Abschreibungsgesellschaft 264a 5
Abschrift als Urkunde **267** 12a; – der Handelskorrespondenz **283** 25
Absehen von Strafe **23** 7, **60**; **83a**, **84** IV, V; **85** III; **86** IV; **86a** III; **87** III; **89** II; **98** II; **99** III; **113** IV; **129** V, VI; **129a** IV, **139** I, **157**, **158** I, **174** IV, **175** II, **182** III, **218** III, **218** 8d, **233**, **261** X, **266a** V, **311c**, **315** VI, **315b** VI, **316a** II, **323** V, **330b**; Anh. **4** 31; für DDR-Alttaten **vor 3** 58; von der Aussetzung **57** V; vom Widerruf **56f** II; vom Verfall **73a**; **76a** III; von der Verfolgung **Anh. 4** 31a
Absetzen 259 I 18; – hilft **259** 19
Absicht 15 6; **46** 31; –liches Sicheinsetzen **87** 13; **88, 89, 90** III, **90a** III, **90b**; Benachteiligungs– **94** 5; Verrats– **96** 3; **97b** I Nr. 2; sexueller Erregung **174** 10a; vgl. auch **100**, **100a**, **107c**, **124**, **125** 17, **142** III, **146**, **148**, **152a**, **164** 16; **167, 180b, 181** I Nr. 2, 3; **203** V, **219c** I, **220a**, **239a**, **239b**, **241a** IV, **242**, **248c**, **249**, **250** I Nr. 2, **257** I, **263** I, **265a**, **272**, **273**, **274** 6; **288** I, **289**, **307** Nr. 2, **311a** I, IV, **313** II, **315** III, **315b** 5ff.; **316c**, **353a**; –lich oder wissentlich **87** I, **145**, **167a**, **183a**, **258**, **344**; eine Straftat zu ermöglichen oder zu verdecken **211** 9, 14; **315** 21; der Zueignung **242** 22, **249**, zur Täuschung **267** 29; einen Vermögensvorteil zu erlangen **253** 14; **259** 22; **263** 43, **272** 2; betrügerische **265** 3; der Schadenszufügung **248c** 8; **272** 4; der Nachteilszufügung **274** 6; der Gläubigerbegünstigung **283c**; der Vereitelung **288** 12; rechtswidrige **289** 4
Absichtsbeweismittel 268 9
Absichtsdelikte 15 6, **9** 3
Absichtsprovokation 32 23
Absichtsurkunde 267 9
Absoluter Grenzwert für die Fahruntüchtigkeit **316** 6a; **315a** 6
Absorptionsprinzip 52 2
Abspielen von Tonträgern **176** V Nr. 3
Absprachen, Submissions– **263** 2b
Abstandnahme s. Rücktritt
Abstimmungen 36 4; **92** II Nr. 1; **108d**
Abstrakte Gefährdungsdelikte vor 13 13a; **9** 3; **84** 3; **86a** 1; **111** 1; **125** 9; **131** 1a; **145** 6, **145d** 3; **vor 153** 1; **176** 1; **180a** 3; **181a** 2, **186** 15; **219b** 1; **219c** 1; **227** 1; **264** 4; **264a** 3, **265b** 6; **vor 283** 4; **vor 306** 1; **323a** 1; **323b** 1; **vor 324** 5; **326 bis 329** I, II
Abstrakte Betrachtungsweise 12 8
Abtreibung, Reform der –svorschriften **vor 218**; – auf Krankenschein **vor 218** 9c, 9k
Abtreibungspille 218 4; **219c** 2
Abtrennung eines Gebietes **82** I Nr. 1; **92** I
Abtorfen 329 15
Abwägen widerstreitender Interessen **34** 9; von Strafzumessungstatsachen **46** 36

nach „Anh" = Gesetzesnummern

Sachverz

Abwasser 324 7
Abwasserabgaben, Hinterziehung von – **Anh. 22** 370
Abwehr drohender Gefahr **69a** I, **70** I; verfassungswidriger Bestrebungen **86** III; zur – von Vollstreckungsmaßnahmen **125** 11; s. Notwehr
Abwehrmittel 32 16d
Abwehrprovokation 32 16d, 24
Abweichend 74a
Abweichungen der Vorstellungen vom tatsächlichen Verlauf **16** 7; wesentliche – **326** 9; **328** 4
Abweisung des Eröffnungsantrags **vor 283** 15
Abwendbarkeit der Gefahr **31** I Nr. 1, **34** 5; **35** 8; **83a**, **93** I, **101a**, **149** II, III, **157** I, **218a** I Nr. 2, II Nr. 3, **218b** III, **311c**, **315** VI, **323** V; **330b**; des Erfolges **13** I, **139** III, IV, **316a** II, **316c** IV; eines Angriffs **32** II; der Ausführung **138** I, II; durch Anzeige **139** IV; s. Tätige Reue
Abwendung der Vollstreckung einer Ersatzfreiheitsstrafe **43** 8; **Anh. 1** 293; Verfahren zur – des Konkurses **283d** I Nr. 2
Abwesenheit, Einstellung wegen – **78c** I Nr. 10; **78b** 3; eigenmächtige **Anh. 16** 15
Abwickeln von Fernschreiben **354** V
Abwiegler 227 9
Abwurfstangen 292 4
Abzeichen, verfassungswidrige **86a** II; unbefugtes Tragen **132a**; **Anh. 21** 126; verbotener Vereine **Anh. 10** 20 I Nr. 5, III
Abzüge, rechtswidrige **353** II
Achtzehntes Lebensjahr, Straflosigkeit b. Blutschande **173** III; s. auch **131, 174, 175, 180, 180a, 184; 184b, 223b, 235, 236; Anh. 9** 2 I
Acquired Immune Deficiency 223 6b; s. AIDS
actio illicita in causa 32 24
actio libera in causa 20 18; vorsätzliche **20** 20; fahrlässige **20** 21; **21** 6; – bei Volltrunkenheit **323a** 5, 8
Adäquanztheorie vor 13 16, 16b
Additionsklausel 302a 27
ADH-Methode 316 8a
Adoption 11 9; **77** 8a; **173** 5; **174** 7; **218a** 27; **223** 11
Adoptionsvermittlung, Entwurf eines Änderungsgesetzes **vor 218** 6g
Adoptivkind s. angenommenes Kind
AE-Sterbehilfe vor 211 21; **216** 1

Affektzustand, hochgradiger **20** 10b; **15** 11; **33** 3; unverschuldeter – **20** 10c; bedingter Vorsatz **15** 11; affektive Einengungen **21** 4
Agententätigkeit 98, 99; 241a 1; zu Sabotagezwecken **87**
agent provocateur 26 8; **22** 2; **27** 2; **46** 35c; **111** 8
Ahndung der Tat **78** I
Ähnliche Zwecke **86** III **7a**; – Vorrichtungen **149** I Nr. 1, **152a** I Nr. 2a, **2b, 275** I Nr. 1; – Fälle **193**, zum Verwechseln – **132a** II; –, ebenso gefährliche Eingriffe **315** I Nr. 4; **315b** I Nr. 3
AIDS-Infektion vor 13 19; **13** 6; **15** 11; vor **32** 13; **34** 22; **46** 25; **175** 1; **203** 29; **218a** 15; **222** 8, 15b; **223** 6a, 6b, 9f, 9p, 9w; **223a** 5a, 6, 6b, 7a; **229** 2, 9
AIDS-Tests 223 9w
Akademische Grade, unbefugtes Führen **132a** I Nr. 1 7
Akten in dienstlicher Verwahrung **133**; weggelegte **133** 4; Datenschutz **203** 9a
Aktien 151 Nr. 2; Anlagebetrug **264a;** ausländische **264a** 2, 5
Aktive Duldung vor 324 4e
Aktive Sterbehilfe vor 211 14
Akzeptkredite 265b 10
Akzessorietät der Teilnahme **vor 25** 9; der Anstiftung **26** 9; limitierte – **29** 1; verwaltungsrechtliche **vor 324** 4, 6b; **3** 2a
Alcotest-Prüfröhrchen 316 8b
Alkoholbestimmung, Verfahren zur Blut– **20** 9; **316** 8
Alkoholisierte Täter **20** 23; bedingter Vorsatz **15** 11; **63** 2a; s. Betäubungsmittelabhängige
Alkoholische Getränke, Trunkenheit **20** 9; **63** 2; Aussetzungswürdigkeit bei Abhängigen **vor 56** 12; Unterbringung wegen einer Rauschtat **64**; Verkehrsgefährdung nach Genuß – **315a** I Nr. 1, **315c** 3b; Trunkenheit im Verkehr **316**; Vollrausch **323a; Anh. 2** 122; Gefährdung e. Entziehungskur **323b**; Abgabe an Jugendliche **170d** 5; **Anh. 9** 4
Alkoholtoleranz 20 9c
Allein 50, 132a IV; –täter **25** 6
Allgemein, –er Entschluß **vor 52** 26a; –er Feiertag **77b** I; in –er Wahl **92**; – erläßt **106b** I; **Anh. 21** 112; – zugänglich **219**; **243** I Nr. 5; – erkennen läßt **268**, anerkannte Regeln **323, 330** I Nr. 3

2013

Sachverz
Fette Zahlen = §§ des StGB

Allgemeindelikte vor 324 6
Allgemeine Begriffe 1 5
Allgemeinheit, für die – gefährlich 63 9; 66 I Nr. 3; die – gefährden 74 II Nr. 2; 330 I Nr. 2; die – belästigen Anh. 21 117, 118
Alternative Kausalität vor 13 18
Alternative Tatsachenfeststellung vor 1 39
Alternativität, Grundsatz der – 2 9
Alternativverhalten, rechtmäßiges vor 13 17c
Alternativvorsatz 15 11i
Altersabbau 20 8, 18; 21 4
Alsbald 78c 10
Altöl 315b 4b, 4c; 324 5; 326 5; Ablassen 326 7
Altölgesetz 326 2
Alttaten, in der ehem. DDR begangene – 2 12; vor 3 39ff., 52ff.; 3 4; vor 3 57; – und lebenslange Freiheitsstrafe 57a 8a; – für das MfS 99 1a
Alzheimer-Krankheit 20 8
Ambulante Heilbehandlung 59a III Nr. 2
Amnestiegesetze vor 3 27; 46 24a; 63 3
Amphetaminzubereitungen vor 52 25b; 64 3a
Amt, ausländisches –, Kirchen–, öffentliches – 45 2; Straftaten im –e 331ff.; vor 331 1; Anh. 16 48; kraft –es 97, 132; von –s wegen 183 II, 232 I, 248a; Träger von Ämtern 194 III, 232 II, 355 II Nr. 3; Strafvereitelung im – 258a; Körperverletzung im – 340; Falschbeurkundung im – 348; rechtswidrige Tat im –e 357; s. Aberkennung
Amtlich verwahrt 44 III, IV; in –er Eigenschaft 102, 103; – übergeben, –e Aufbewahrung 133; –e Bekanntmachung 134; –e Wertzeichen 148, 149; –e Versicherung 155 Nr. 3; –e Ausweise 275; –e Verrichtungen 352; –e Ausgaben 353 II; –e Anweisung 353a I; –es Schriftstück 353d; – zugezogener Sachverständiger 355; s. Dienstlich
Amtliche Stelle 95 2, 96, 97, 99 II, 353b II Nr. 2, IV Nr. 2
Amtsabzeichen, unbefugtes Tragen 132a I Nr. 4
Amtsanmaßung 132; Anh. 14 7 II Nr. 8
Amtsbezeichnung, unbefugtes Führen 132a 4, 13
Amtsdelikte 331ff.; vor 331; 353b 1

Anh. 16 48; Arten: vor 331 4; Nebenfolgen 358
Amtsfähigkeit, Verlust der 45; 92a, 101, 102 II, 109i, 129a VI, 264 V, 358; Anh. 22 375 I; Strafzumessung 46 5, 25b
Amtsgeheimnis 353b; Postgeheimnis 354; Steuergeheimnis 355
Amtshilfe 203 32
Amtsinhaber 132 2
Amtskleidung, unbefugtes Tragen 132a I Nr. 4
Amtsstellung, sexueller Mißbrauch unter Ausnutzung einer – 174b
Amtsträger, Begriff 11 I Nr. 2 11; Auslandstaten 5 Nr. 12 bis 14; –eigenschaft als Tatbestandsmerkmal 16 5; untauglicher Versuch 22 28; Strafantrag 77a, 194 III, 232 II; einem – anvertraut 133 III; Widerstand gegenüber –n 113, 114; Gefangenenmeuterei 121; falsche Verdächtigung gegenüber –n 164; strafrechtliche Verantwortlichkeit von –n vor 324 5a; Vorteilsgewährung 333; Bestechung 334; Straftaten von –n 97b II; 120 I; 174b; 201 III; 203 II Nr. 1, 204, Anh. 1 311; 258a, 264 II Nr. 2, 3; 331; 332; 336; 340; 343 bis 348; 352 bis 353a; 353b I Nr. 1; 354, 355; 357; Anh. 16 48
Amtsunterschlagung 246 18, 28
Amtsuntreue 266 1, 12
Amtsverhältnis, öffentlich-rechtliches 11 I Nr. 2b
Amtsverlust 45
Amtsverschwiegenheit, Verletzung der – 353b; Anh. 16 48
Amtsvorgesetzte 357
Analogiewirkung 46 45
Analogieverbot 1 10; 49 2; 59c 2; 64 7; 142 13; 240 6
Analphabeten 20 3
Anberaumen 78c I Nr. 8
Anbieten von Schriften usw. 131 I Nr. 3, 4, 184; zum Abbruch der Schwangerschaft 219b; von Vorteilen 108b I; 333, 334, 335a; von Gelegenheit zu sexuellen Handlungen Anh. 21 119 I, 120; von sexualbezogenen Gegenständen Anh. 21 119 II
An Bord nehmen 297
Andenken Verstorbener, Verunglimpfung 189, 194 II
Andere Straftat 211 9b
Änderung eines Gesetzes, Wirkung 2; für Unterbrechungshandlungen 78c V; nachträgliche – v. Entscheidungen

56e, 67 III; 67a III, 68d; von Gegenständen 74 II Nr. 2; – der verfassungsmäßigen Ordnung 81 7; 82 I Nr. 2; eingebauter Einrichtungen 323 II; wesentliche 327 3; 328 4; s. Veränderung
Androhung des Waffengebrauches 32 16e; von Straftaten 126, 4; des Übels 240 II, 253 II; von Gewalt 343
Aneignungsrecht 242 21; 292 2
Anencephalus 218 3
Anerbieten 56b III, 56d III, 56f III; Annahme des –s 30 12
Anerkannt, nach –em Brauch 104; –e Vertretung 104; staatlich – 203 I Nr. 2, 4, 5; 330 6; –e Beratungsstelle 203 I Nr. 4a, 218b II Nr. 1, 2, 219b II; –e Regeln der Heilkunst 223 9a, 9c; allgemein –e Regeln 323, 330 I Nr. 3
Anerkennung erdichteter Rechte 283 17
Anfertigung einer Lichtbildaufnahme 109g II
Anforderungen, unzumutbare 56b I, 56c I, 68b III; einer ordnungsgemäßen Wirtschaft 283 I Nr. 1, 2, 3, 8, 283d I
Angaben, unzureichende oder falsche 57 V 11; falsche 107b, 158 I, III, 163 II; zur Unfallbeteiligung 142 28; zum Personenstand 169 6; unbegründete 144; unrichtige oder unvollständige – 264, 265b; Täuschung durch unrichtige – **Anh. 12** 47 Nr. 6; **Anh. 16** 42
Angebracht, öffentlich –es Hoheitszeichen 90 II, 104 I; wenn dies – ist 41; –e Strafanzeige 78b IV
Angestrebter Zweck 240 23, 27, 253 II
Angehörige, Begriff 11 I Nr. 1, 2; Garantenstellung 13 6; vgl. auch 35 I, 77 II, 77b IV, 77d II, 139 III, 157 I, 165 I, 194 I, 205 II, 213, 232 I, 247, 258 VI (258a III), 259 II, 263 IV, 265a III, 266 III, 294; **Anh. 8** 21 V; Gefahr für – 35 7; –r einer Gruppe 194 3c; dem Hausstand – 223b; – der Bundeswehr 89; eines Heilberufs 203 I Nr. 1; eines Unternehmens 203 I Nr. 6; Zuwendungen an – 331 11
Angelegtes Siegel 136 II
Angelegenheiten, öffentliche 45 V, 92a, 101, 102, 108c, 109i; in persönlichen – 77 III; – der Landesverteidigung 109f; in derselben – 155; anvertraute – 356
Angemessen entschädigt 74f I; –e Leistungen 56b III; –es Mittel 34 12; 97b I Nr. 3; den Umständen – 142 31; –er Lebensunterhalt 283 4
Angenommenes Erbieten 31 7; – Kind 174 I Nr. 3
Angerechnet, –e Freiheitsentziehung 57 4a; 66 6; 67d 3; –e Leistungen 56f III S. 2; 56g II S. 3; 57 4c; –e Aufenthalts- oder Behandlungszeit 57 4a; **Anh. 4** 36 I, III
Angerichtet, schwerer Schaden – 66 I Nr. 3
Angeschlagen 134 2
Angeschuldigte 78c I Nr. 10, 11, 233
Angestellte s. besonders Verpflichtete
Angestrebter Zweck 240 23, 27; 253 II
Angezeigt 56d I, 59 I Nr. 2, 65 I, 67 III, V 4, 218a I Nr. 2, 218b III
Angriff bei Notwehr 32 II; 4; auf Leib oder Leben 102 5; 211 6b; gegen Vollstreckungsbeamte 113, 114; gegen Anstaltsbeamte 121 I Nr. 1; auf die Menschenwürde 130; bei Schlägerei 227; räuberischer auf Kraftfahrer 316a, 126 I Nr. 6, 129a I Nr. 3, 138 I Nr. 9; auf den Luft- und Seeverkehr 6 Nr. 3, 316c, 126 I Nr. 6, 138 I Nr. 9; 139 III Nr. 3; gegen milit. Vorgesetzte **Anh. 16** 25, 26
Angriffskrieg, Vorbereitung eines –es 80, 5 Nr. 1, 138 I Nr. 1; Aufstacheln zum – 80a
Anhalten zur Prostitution 180a II Nr. 2; – zum Verlassen des Ortes **Anh. 9** I Nr. 1; s. Halten
Anhängigkeit eines Verfahrens 5 Nr. 10; 164 19
Anhörung des Verurteilten 56f 9; 57 14; 57a 16; – des Bewährungshelfers 56d 5; 68a V
animus-Formel vor 25
Ankaufen 259 13
Anklagesatz 353d 6
Anklageschrift 353d Nr. 3
Ankündigen in Schriften usw. 184 22; 131 I Nr. 4; 219b; **Anh. 8** 5 II; von sexuellen Handlungen, Gegenständen **Anh. 21** 119, 120, 123
Anlagebetrug 264a
Anlagen 88 I, 109e I, 109g I, 248c I, 304, 305a 5, 310a I Nr. 1, 311e, 315 I Nr. 1, 315b 4; 316b I, 325 ff.; –begriff 325 2; 330d Nr. 3; unerlaubtes Betreiben von – vor 324 6; 327 3; 329 4, 6, 7, 330; Beschädigung wichtiger 318, 126 I Nr. 7; Fernmelde– 317, 126 I Nr. 7, 354; Betreten militärischer – **Anh. 21** 114; s. kerntechnische –

2015

Sachverz

Fette Zahlen = §§ des StGB

Anlaß zur Besorgnis **56f** 4a; aus – **51** I, **57a** II, **355** I Nr. 1
Anlegen von Siegeln **136**
Anlegerbetrug 264a
Anmaßung von Befehlsbefugnissen **Anh. 16** 38
Anmeldungspflicht öffentlicher Versammlungen und Aufzüge **Anh. 11** 14, 25, 26
Annahme des Anerbietens zu einem Verbrechen **30** 11; **31** 6; e. minder schweren Falles **50**; eines Vorteils **108b** II; **331** 14; **332, 333, 335a**; an Kindes Statt **11** I Nr. 1b; Grund zu der – **69a** VII, **70a** I, **218a** II Nr. 1, 2; irrige – **16** II, **97b**, **113** III, IV, **136** III; vorher genehmigte – **331** III 18; die – rechtfertigen **69a** II; **73d** 4, 6
Anomie 20 10a
Anordnung eines Gesetzgebungsorgans **106b**; **Anh. 21** 112; auf behördliche **44** IV, **45b** II, **65** IV, **66** 11a; **67c** II, **68c** II, **70** IV, **70a** II, **79a** III, **120** IV, **174a** I Nr. 2, **323b**; s. auch **113** 4; rechtswidrige **113** 15; selbständige – von Maßregeln **71, 76a**; **Anh. 1** 306; Verfahren zur – einer Maßregel od. behördlichen Verwahrung **174b, 343** I Nr. 1, **344** I, **258a** I; vollziehbare – **311d** IV, **325** IV, **329** I, **330** I
Anpassung der Geldstrafe **40** 15; von Strafvorschriften **Anh. 1** 10ff., 288ff.
Anpreisen in Schriften usw. **184** 22; **131** I Nr. 4, **219b, Anh. 8** 5 II; von Abtreibungsmitteln **219**; von Gelegenheit zu sexuellen Handlungen **Anh. 21** 119 I, 120; von sexualbezogenen Gegenständen **Anh. 21** 119 II
Anrechnung von bereits vollstreckter Strafe **51** II, III; – von Freiheitsentziehung **51** I, III; von (auf) Geldstrafe **51** IV; Strafaussetzung und – **56** IV, **57** IV; – der vorläufig. Entzieh. d. Fahrerlaubnis **51** V; **69a** 13; – von Leistungen **56f** III; **56g** II S. 3; des Maßregelvollzuges **67** IV, V, **67d** I S. 3; **Anh. 1** 302; bei Verfall **73** 4
Anreiz zu weiteren Straftaten **56c** II Nr. 3, 4; **68b** I Nr. 2, 3, 5
Anreizen Anh. 11 13 I Nr. 4
Anrichten von Schaden **66** I Nr. 3; **125a** Nr. 4
Anrufen um Abhilfe **97b**
Ansammlung 80a 2; einer öffentlichen – anschließen **125** 11; unerlaubte – **Anh. 21** 113

Anschein eines höheren Wertes **146** I Nr. 1, **148** I Nr. 1
Anschlag gegen ausl. Staatsmänner **102**
Anschlagen, öffentliches – von Schriften usw. **74d** IV 6; **131** I Nr. 2, **184**; **Anh. 21** 119; **120** I Nr. 2; Verletzung amtl. Anschläge **134**
Anschluß, im – **68f**; an bewaffneten Haufen **127** II; an öffentl. Ansammlung **Anh. 21** 113; –vollstreckung **57** 5, 9d; **57a** 11a; **57b** 2; **67** 2
Anschrift 142 III
Anschuldigung s. Verdächtigung
Ansehen 90a 2; des Staates **90b** I; als erbracht – **190**; als verwerflich – **240** II, **253** II
Ansetzen, unmittelbar **22** 9, 11
Ansichbringen 259 18
Anspruch des Verletzten **73** I, **73b**; **57** V; auf Eintragung in Wählerliste **107b** I Nr. 2; Übereignungs– **242** 21, 22; **249** 8; **263** 41; **283c** 4
Anstalt oder Stiftung des öffentl. Rechts **203** I Nr. 4, **218b** II Nr. 1, 2 Buchst. b
Anstalt für Kranke, sexueller Mißbrauch von Insassen einer – oder Hilfsbedürftige **174a** II
Anstaltsbeamte, Angriff auf **121**
Anstaltsleiter 323b; Garantenpflicht **13** 6
Anstaltsunterbringung 61ff.; Gefährdung der **323b**; als Weisung **56c** III; Anrechnung **51** 11; vor **56** 15; **57** 4a; s. auch **44** IV, **45b** II, **66** III, **67** I, **67c** II, **68c** II, **70** IV, **70a** II, **79a**, **120** IV
Anstellung des Beamten **11** 14
Anstellungsbetrug 263 34
Anstiftung 26 2; **28, 29; 357** 4; vor **52** 8; Versuch **30, 31, 159**; zur Begünstigung **257** IV; zu Straftaten gegen das AuslG **Anh. 12** 92 II; zu militärischen Straftaten **Anh. 16** 1 III; Sonderfall der – **111**
Anstößig, grob –e Weise **219b** I; grob –e Handlungen **Anh. 21** 119
Anteilscheine 151 Nr. 3, 4; **264a** 5
Antinomie der Strafzwecke **46** 9
Antiterrorismusgesetz 129a 1
Antrag des Verurteilten **57** VI, **57a** IV, **67e** III, **68e** II; der Aufsichtsstelle **68a** VI, **145a**; der Vollstreckungsbehörde **79b**; auf Urteilsbekanntgabe **103** II, **165, 200**; Kredit– **265b** I; s. Strafantrag
Anvertrauen von Sachen **246** 27; dienstlich **97b**; **133** 14; als Seelsorger **139** II; zur Erziehung, Ausbildung, zur Betreuung in der Lebensführung,

2016

174 2; 174 I Nr. 1, 2; 180 III; zur Erziehung, Ausbildung, Beaufsichtigung oder Betreuung **174a I, II**; v. Geheimnissen **203** 7; **353b**; Vermögenswerte – **283a Nr. 2, 283d III Nr. 2**; v. Postsendungen **354**; einem Anwalt **356**
Anwachsen, starkes **329** 3
Anwalt 132a 10; **203 I Nr. 3, 352, 356**
Anwaltschaft 45 2
Anwartschaft als Vermögenswert **263** 28; **283** 3
Anweisung 56c II, 56d IV, 68a V, 68b I, 74b II; Zuwiderhandl. gegen amtl. – **353a**; s. Weisungen
Anwendbare Gesetze 52 2
Anwenden technischer Mittel **202 I Nr. 2, 354 II Nr. 1;** von Gewalt **240 II, 253 II, 316c I Nr. 1, 343 I;** von Drohungen **249 I, 252, 255;** von Schlingen **292 II;** von Sprengstoffen **293**
Anwendungsbereich des Strafrechts **1 ff.;** beschränkter – v. Staatsschutzdelikten **91;** jeweiliger **330d IV**
Anwerben für nachrichtendienstliche Tätigkeiten **109f.;** für fremden Wehrdienst **109h;** gewerbsmäßiges – zur Prostitution **181** 4, 5; gewerbsmäßiges – **181** 5; zu sexuellen Handlungen in einem fremden Land **181 Nr. 2**
Anwesenheit, bloße – **125** 6; – am Unfallort **142** 7
Anzapfen von Datenübertragungssystemen **202a** 1
Anzeige, öffentl. angeschlagene **134;** gegen den Täter **158 II;** dienstliche **193;** falsche **164** 3; unterlassene **138, 139;** zur Entgegennahme zuständige Stelle **145d Nr. 1, 164 I;** von Fälschungsmitteln **149 II Nr. 2;** Berichtigung nach – **158 II;** Offenbarungsbefugnis bei – pflicht **203** 29; politische Verdächtigung durch – **241a;** unverzüglich – erstattet **331 III, 333 III;** bei Verdacht des Subventionsbetruges **Anh. 20** 6; des Vorgesetzten **258** 6; **Anh. 16** 40
Apotheker, Berufsbezeichnung **132a I Nr. 2;** Geheimnisverrat **203 I Nr. 1**
Apprehensionstheorie 242 14
Approbation 277 2, **278**
Äquivalenztheorie vor 13 16
Äquivalenzverhältnis von Gegenleistung und Handlung **331** 17
Arbeit, auf – bezügl. Weisungen **56c II Nr. 1, 68b II Nr. 1;** freie – zur Abwendung der Vollstreckung **43** 8; **Anh. 1** 293; mit –en betraut **354 II**

Arbeiter 318 I
Arbeitgeber 266a 5
Arbeitnehmerüberlassung, unerlaubte **263 13a**
Arbeitsamt 68b I Nr. 9
Arbeitsbuch 281 2
Arbeitsentgelt, Vorenthalten und Veruntreuen von – **266a**
Arbeitsgericht, Rechtsprechung der –e zu § 1 LohnFG **vor 218** 8e
Arbeitskraft 263 27; illegaler Verleih der – **263 13a**
Arbeitsmittel, fremdes technisches – **305a** 3, 4
Arbeitslager 51 3
Arbeitslosenversicherung Anh. 1 293 II
Arbeitsplatzwechsel 68b I Nr. 8
Arbeitsscheue 40 6; **56f** 5
Arbeitsunfähige, Geldstrafe bei –n **40** 6
Arbeitsverhältnis, durch – begründete Abhängigkeit **174 I Nr. 2; 180 III; 223b; Anh. 1 293**
Arbeitsvermittlung 68b I Nr. 9
Arbeitszwang Anh. 1 316
Architekt 132a 2; **323** 5
Ärgernis, Erregen öffentliches –ses **183a**
Arglist 109a
Arglosigkeit 211 6, **6a**
Arnimparagraph 353a
Art der Tat **7** 10; **70 I, 70a I;** des Gegenstands oder Mittels **23** 6; der Ausführung **46** 22; der Strafe **54;** der Gegenstände **74 II Nr. 2;** –en von Kfz **68b I Nr. 6, 69a II;** ihrer – nach **152a I Nr. 2a;** – und Umfang des Betriebs oder Unternehmens **265b III Nr. 1;** Darlehen aller – **265b III Nr. 2;** – der Sicherheit **283c;** nach – **326** 5
Artenreichtum 330 8
Arzneien, Diebstahl durch Süchtige **64** 5; Verkehr mit **Anh. 21**
Arzt, Begriff **277** 2; ärztlich geleitet **65 I;** Garantenstellung **13** 8, 9; Pflichtwidrigkeit **15** 16; Berufsverbot **70** 17; Nötigung **121** 5; Berufsbezeichnung **132a I Nr. 2** 10; Anzeigepflicht **139;** Sexualstraftaten **174** 4; **174a; 174b** 2; Geheimnisverletzung **203 I Nr. 1;** Abbruch der Schwangerschaft **218 III, 218a ff.;** ärztliche Erkenntnisse **218a I Nr. 2, II;** Beurteilungsspielraum des –es **218a** 13; ärztlich bedeutsame Gesichtspunkte **218b I Nr. 2;** ärztliche Feststellung der Indikation **219, 219a;** Werbemaßnahmen **219b;**

2017

Sachverz

Fette Zahlen = §§ des StGB

ärztlicher Eingriff **222** 10; Verantwortlichkeit für Assistenz– **222** 10; Aufklärungspflicht **223** 9f; Ausstellen von Gesundheitszeugnissen **277, 278**; Wucher **302a** 7; Hilfeleistungspflicht **323**c 6; Aussageerpressung **343** 3
Arzttitel 132a 10
Asche 168 2
Asperationsprinzip 54 3
Asthenische Affekte 33 3
Asylverfahrungsgesetz 2 13a
Aszendent 173 4
Atemalkoholtestgerät 316 8b
Atomgesetz 326 II, 328 II Nr. 1; s. Kernenergieverbrechen
Atomwaffen, Verbot von – **vor 306** 1; 6 2
Aufarbeitungsanlagen 330d Nr. 2
Aufbewahrung, amtliche **133**; von Handelsbüchern usw **283 I Nr. 6, 283b I Nr. 2**; öffentl. Sammlungen **304**; von Kernbrennstoffen **328** 5
Auf der Stelle erwidert **199, 233**; – zur Tat hingerissen **213**
Aufenthalt, gewöhnlicher **5 Nr. 6**; dienstlicher **5 Nr. 12**; Anrechnung der –szeit **vor 56** 15; **57** 4a; auf den – bezügliche Anordnungen **56c II Nr. 1, 2, 68b I Nr. 2**; Ermittlung des –s **78c I Nr. 10**; des Verurteilten **79b**; im Inland **102 I, 103 I**; Angabe des –s **142 III**; Gewähren von – **180a**; in einem fremden Land **181 Nr. 2**; zum – von Menschen dient **306 Nr. 3**
Aufenthaltsanzeige Anh. 12 38, 93 III Nr. 3
Aufenthaltsbeschränkungen 56c, 68b 3, 4
Aufenthaltsgenehmigung für Ausländer **Anh. 12** 3, 14, 38, 40, 41, 44, 58, 68, 92, 93
Auferlegung einer Schweigepflicht **353d Nr. 2**; besonderer Pflichten s. Auflagen, s. Weisungen
Auffahren, nötigendes **240** 28
Auffahrunfall 315b 5b
Auffällig, in –em Mißverhältnis **302a**, 22
Auffangtatbestand 1 14; **323a** 5
Aufforderung 111 2; zu Versammlungen **106a II**; öffentliche – zu Straftaten **111**; – sich zu entfernen, Gegenstände oder Aufmachungen abzulegen **125** 15; **Anh. 11** 17 IV, 23; zu Gewalt- und Willkürmaßnahmen **130 Nr. 2**; – des Berechtigten **123**; auseinanderzugehen **125** 11; **Anh. 21** 113; ohne – **184 I Nr. 6**
Aufgaben der öffentlichen Verwaltung **11 I Nr. 1c** 22, **Nr. 4a, b, 14 II** 15, **194 III, 203 II**; **Anh. 19** 1; – der Landesverteidigung **109d**; nach Personalvertretungsrecht **203 II Nr. 3, 353b I Nr. 3**
Aufgeben 24 I, 31 I Nr. 1, 2; 83a, 87 III, 98 II, 149 II Nr. 1, 181a I Nr. 2, 311c I, II, 316a II, 316c IV
Aufgewendeter Wille 46 20
Aufhalten 68b I Nr. 1, 2, 79b, 102 I, 103 I, 306 I Nr. 3
Aufheben einer Entscheidung **56e, 65 IV, 67 III, 67a III, 68d, 68e I, II**; der Sperre **69a VII**; des Vorbehalts **74b II**; der Freiheit **92 I**; der Ehe **238 II**
Aufklärung, staatsbürgerliche **86 III**; ärztliche –spflicht **223** 9f, gegenüber dem Sexualpartner **vor 13** 17ff; Unterlassen gebotener – **263** 11ff.; s. Beratung
Aufklärungsanzeige 164 1
Aufklärungshilfe nach § 31 BtMG **56** 6d, 9c
Aufklärungspflicht des Arztes **223** 9f; des Subventionsnehmers **264** 21
Auflagen bei Strafaussetzung **56b, 56d III, 56f I Nr. 3, 57 III, 57a III S. 2, 59a II**; **Anh. 15** 8 II, 13 II, 15, 23, 112a, 112d; bei Versammlungen **Anh. 11, 25 Nr. 2**; vollziehbare **311d IV, 325 V, 330 I**
Auflösung einer Ehe **77b II**
Aufmachung 125 13
Aufnahme, Lager zur – von Sabotagemitteln **87 I Nr. 4**; landesverräterischer Beziehungen **100**; von Luftfahrzeugen aus **109g, 109k**; – der Prostitution **180a IV**; **181 I Nr. 1, 3**; der Bekanntmachung **200 II**; auf Tonträger **201 I Nr. 1, 2** 3; Pflicht zur – **221**; zur – von Urkunden befugt **348**
Aufrechnung bei Beleidigungen **199**; bei Körperverletzungen **223**
Aufrechterhalten richterlicher Entscheidungen **55 II, 78c I Nr. 4, 5**; d. org. Zusammenhalts **84** 4; **85; 87 I Nr. 6**
Aufschub der Vollstreckung **79a Nr. 2 Buchst. a**; –möglichkeit u. Einwilligung **223** 9n
Aufschüttungen 329 III Nr. 2
Aufsicht des Bewährungshelfers **56d**

nach „Anh" = Gesetzesnummern

I, 56f 4a; **57 III, 67g I Nr. 3, 68g I, 70b I Nr. 3**; Organisation und Aufgaben der –stellen **vor 68** 6; – über Dienstgeschäfte **357 II**; – führende Behörde **194 III**; s. Beaufsichtigung; s. Beauftragt
Aufsichtsbeamter 357
Aufsichtsbehörde, staatliche **77a III**
Aufsichtspflicht in Betrieben und Unternehmen **Anh. 21** 130; **vor 13** 17e; **vor 283** 21; **283** 21
Aufsichtsstellen bei Führungsaufsicht **67g I Nr. 3, vor 68** 6; **68a**; **68b I Nr. 1, 7, 8; 68g I; 145a; Anh. 1** 295
Aufstacheln 130 5; zum Angriffskrieg **80a**; zum Haß gegen Teile der Bevölkerung **130 Nr. 1**; – zum Rassenhaß **131**
Aufsteigende Linie, Verwandte **173 II, 223 II**
Aufstellen für eine Wahl **107b Nr. 4**; – von Behauptungen **109d I, 164 II**; – unwahrer Behauptungen **241a IV**; – von Bilanzen **283 I Nr. 3, 283b I Nr. 3**; – in öffentlichen Sammlungen **304**; – von Spielgeräten **Anh. 9** 8, 12
Auftrag, im – der Verwaltung **11 I Nr. 2c**; Handeln auf Grund –s **14 II, III**; zu Sabotagehandlungen **87** 2; kraft –es **97 II**; behördlicher **266** 3, 10a; – s. Beauftragt
Auftraggeber 266a 7
Aufwand an Wille **46 II**
Aufweisen e. schweren Persönlichkeitsstörung **65 I Nr. 1**
Aufzählungszeichen 267 5
Aufzeichnung, technische **268, 274; 283** 22
Aufzüge 106a; Anh. 11 1, 14f., 17a, 21ff.
Aufzwingen von Gegengewalt **240** 6
Augen, Verletzung der **224**
Augenscheinsobjekt 267 3, 6
Ausbeutung im Hinblick auf die Prostitution **180a II Nr. 2; 181a I Nr. 1**; beim Wucher **302a** 15
Ausbildung, auf – bezügl. Weisungen **56c II Nr. 1, 3; 68b I Nr. 3, II**; zur – anvertraut **174 I Nr. 1, 2** 4; **174a I; 180 III**; –sverhältnis **174 I Nr. 2, 180 III; Anh. 9** 2 Nr. 2; in – Befindliche als Geheimnisträger **203 III**; staatlich geregelte **203 I Nr. 1**
Ausbruch von Gefangenen **121 I Nr. 2, 3**
Auschwitzlüge 194 1
Ausdrücken 131 6b

Ausdrücklich beauftragt **14 II Nr. 2**; – mit Strafe bedroht **15**; – bestimmt **23**; –es Verlangen **216**
Auseinandergehen Anh. 21 113
Ausfahren der Arbeiter **318 I**
Ausfertigung 267 12
Ausführbar, nicht – **7 II Nr. 2, 76**
Ausführung von Aufgaben d. öff. Verwaltung **11** 31; **14 II; Anh. 19** 1; Art der – der Tat **46** 22; der Tat **24 I, 83a, 138, 139, 149 II Nr. 1, 243, 311b, 311c**; von Rechten **193**; des Baues **323** 6
Ausfuhrverbot, Versuch **22** 17a; für Schriften usw. **184** 32, 40; **131 I Nr. 4; 328** 5; für Betäubungsmittel **Anh. 4** 29 I Nr. 1, II bis VI, 32 I Nr. 5
Ausfüllungsvollmacht, Mißbrauch der **267** 22
Ausgabe von Anteilscheinen **151**; unwirtschaftliche –n **283 I Nr. 2**; rechtsw. Abzüge bei –n **353 II**
Ausgehändigt, noch nicht – **74d II**
Ausgehende Gefahr 62, 311d IV, 330 I Nr. 4
Ausgelegt, öffentlich **74d II, 134** 2
Ausgerüstet, mit Schußwaffen **292 II**
Ausgleichsmaßnahme, konditionelle – **73** 1c
Aushängen der Fenster **240** 9
Auskundschaften 87 6; von Staatsgeheimnissen **96 II**
Ausland, Begriff **vor 3** 18; **7** 5; Unternehmen mit Sitz im – **5 Nr. 7**; Untersuchungshandlungen im – **78c I Nr. 12**; behördliche Verwahrung im – **79a Nr. 3**; Verbreitung im – **184 I Nr. 9**; – spezifische Hilflosigkeit **180b** 4, 5; **181** 4, 5
Ausländer, Begriff **7** 5; als Amtsträger **5 Nr. 13**; zur Zeit der Tat – war **7 II Nr. 2**; Fahrverbot **44 IV**; –eigenschaft, keine Strafschärfung **46** 25a; Maßregeln gegen – **vor 61** 4; Fahrausweise von –n **69b II**; –organisation **99** 5; Volksverhetzung **130** 4; Unterhaltspflicht **170b** 3; Wertvorstellungen von –n **211** 5; –vereine **85** 6
Ausländergesetz Anh. 12
Ausländische, –s Rechtsgut **vor 3** 5, 6; – Diplomaten **vor 3** 17; Fahrausweise **44 III, IV; 69b II**; – Strafe **51**; Straftaten gegen – Staaten **102ff.**; –s Staatsoberhaupt **102, 103**; – Regierung **102, 103, 104a**; Vertretung **102, 103**; Flaggen **104**; Macht **109h**; Amts- oder Dienstbezeichnung **132a I Nr. 1**;

2019

Sachverz

Fette Zahlen = §§ des StGB

Uniformen, Amtskleidungen **132a** I Nr. 4; Geld–, Wertzeichen u. Wertpapiere **152**; Euroschecks (–karten) **152a**
Auslandslösung vor 3 45
Auslandsstrafen, Anrechnung **51** 15
Auslandstaten Deutscher **vor 3** 38; gegen einen Deutschen **vor 3** 40; gegen inländische Rechtsgüter **5**; **Anh. 16** 1a; gegen international geschützte Rechtsgüter **6**; in anderen Fällen **7**; von Soldaten **Anh. 16** 1a; Teilnehmer an – **9 II**, Gegenstände aus – **261a**
Auslegung 1 10a; **211** 17
Auslieferung vor 3 21; **7 II** Nr. 2; Nicht– **7** 11; **vor 32** 6; **vor 61** 5; **79b**
Auslieferungsgesetz 7 10
Auslieferungshaft 51 3; **46** 35a
Ausmaß der Prostitutionsausübung **181a** I Nr. 2; großen –es **264 II** Nr. 1
Ausnahme, kurze Freiheitsstrafe nur in –fällen **47**; bestimmter Kfz-Arten **69a II**
Ausnahmesituation, geistig-seelische – **46** 20; s. Affektzustand
Ausnutzen der Abhängigkeit **174** 12; der Krankheit oder Hilfsbedürftigkeit **174a II**; einer Amtsstellung **174b**; der Widerstandsunfähigkeit **179**; der Hilflosigkeit **181** Nr. 2; der Arg– und Wehrlosigkeit **211** 6ff.; der hilflosen Lage **237** 6; – zur Erpressung **239a**; – zur Nötigung **239b**; – von Hilflosigkeit oder Bedrängnis **243** 33; eines Irrtums **263** 18; der Mithilfe eines Amtsträgers **264 II** Nr. 3; – der Zwangslage **302a**; der Brandstiftung **307** Nr. 2; – der Verhältnisse im Straßenverkehr **316a** 3
Auspacken 330 5
Ausreichende Fahrlässigkeit **11 II**; – Alternativen zum Widerruf **56f II**; – Entfernung **315c** I Nr. 2g; nicht – Höchstfrist **69a** I, **70 I**
Ausreise von Ausländern **Anh. 12** 62, **92** I Nr. 3, **93** I, II
Aussage, Begriff **vor 153** 3; falsche uneidliche **153**; Auslandstat **5** Nr. 10; falsche – unter Berufung auf e. eidesstattl. Versicherung **156**; -notstand **157**; Berichtigung **158**; versuchte Anstiftung **159**; Verleitung **160**; Nötigung zur – **343**; – verweigerung **46** 29b; Recht zur Verweigerung der – **vor 153** 11; **154** 15
Aussageerpressung 343; **Anh. 16** 48
Aussagegenehmigung 353b 12
Aussagenotstand 157

Aussageverweigerung 46 29b
Ausschließlich, nicht – gehört **274** I Nr. 1; nicht – verfügen darf **274** I Nr. 2
Ausschluß, Straf-merkmale **28 II**; kein – der Strafaussetzung durch Anrechnung **56 IV**; der Verwarnung **59**; der Schuldunfähigkeit **64, 69, 70, 323a**; der Aussetzung **67b** 4; der Entschädigung **75**; jeder Gewalt– oder Willkürherrschaft **92 II** Nr. 6; der Strafverfolgung **182 II**; des Wahrheitsbeweises **190**; eines besonders schweren Falles **243 II**; schädlicher Einwirkungen **326 V**; der Öffentlichkeit **353d** Nr. 1
Ausschreibungsbetrug vor 263 2; **263** 32b, 33
Ausschüsse 11 31; parlamentarische Äußerungen **36**, Berichte **37**; Nötigung v. Parlaments–n **105**, von Mitgliedern **106**; Geheimnisverletzung durch Mitglieder von –n **203 II** Nr. 4; **353b II** Nr. 1
Außenarbeit Anh. 1 316 II
Außenwirtschaftsgesetz Anh. 17 Anm.
Außerehelicher Beischlaf 177, 179 II
Außereheliche sexuelle Handlungen 178, 179, 236, 237
Außer Geltung setzen 92 13
Äußere Sicherheit 5 Nr. 4, **92 II** Nr. 3, **vor 93; 93** 7, **94, 95, 97, 97a, 100a, 101a, 138**
Äußerung, parlamentarische **36**; zur Wahrnehmung berechtigter Interessen **193**; Form der – **193**
Außer Kraft 2 IV; – Verhältnis **62, 74b** I; – Betracht **12 III, 65 IV, 66 III** S. 3; Tätigkeit gesetzt **88** I; Geltung setzen **92 III** Nr. 3
Außergewöhnliche Umstände 49 2; **211** 2c, 6b, 17
Außerhalb der Körperschaft **36**; des Strafvollzugs **57** I Nr. 2, des Maßregelvollzugs **67d** II; des räumlichen Geltungsbereichs **65** V, **66 III, 86** I Nr. 3, **87** I, **100** I, **109f** I, **234a** I; des Strafrechts **74f II** Nr. 3; von Geschäftsräumen **184** I Nr. 3; d. Geschäftsverkehrs **184** I Nr. 5; der Anlage **325** 10; **326** 8; **328** 4; staatlicher Verwahrung **328** 5; des Postbereichs **354 IV**
Ausgleich mit dem Verletzten **46** 27a, 29a
Aussetzung 221, 234; der Vollstreckung der Strafe s. Strafaussetzung; des

2020

Strafrestes 57, 67 V, 68 g, 45 a III, 58 II; lebenslanger Freiheitsstrafe Einl. 9; 57 a; 57 b; freiheitsentziehender Maßregeln 67 b, 67 c, 67 d II, 67 e, Widerruf 67 g; Führungsaufsicht und – 68 g; – des Berufsverbots 70 a, 70 b, 68 g; Ruhen der Verjährung 79 a; einer Gefahr 234 a, 241 a; e. ionisierenden Strahlung 311 a
Aussichtslos 64 7 a
Ausspähung von Staatsgeheimnissen 96; von Daten 202 a
Aussperrung 88 4, 9; 240 7
Ausspielung 284 8; 286
Ausstellen 74 d 6; 86 a 3; 107 b II; 131 I Nr. 2, 184 I Nr. 2, III Nr. 2; **Anh.** 21 119; 120 I Nr. 2; öffentlich ausgestellte Sachen 243 Nr. 5 32; – der Urkunde 267 7, 19 a, 21; – von Gesundheitszeugnissen 277, 278; – von Ausweispapieren 281
Aussteller von Scheck- oder Kreditkarten 266 b 3
Austauscharme Wetterlagen 329 3
Ausüben des Dienstes 5 Nr. 14, 194 III, 232 II, 340 I; haupt- oder ehrenamtlich – 56 d V; Ausübungsverbot für bestimmte Tätigkeiten 68 b I Nr. 4; – des Berufs, Berufszweiges 70; 145 c; des Antragsrechts 77 c, 77 d II; e. Tätigkeit 91, 98 I Nr. 1; 99; der Staatsgewalt 92 II Nr. 1; e. Opposition 92 II Nr. 3; des Wahlrechts 108; von Befugnissen 105, 106; Pressetätigkeit 109 f; e. öffentl. Amtes 132; der Prostitution 180 a, 181 a, 184 a; des Fischfangs 293 II, 294; e. Berufs oder Gewerbes 323 II; d. Ermessens 332 III Nr. 2, 334 III Nr. 2
Auswahl des Sachverständigen 20 25
Auswanderung, Verleitung z. – 144; Paßerteilung bei – **Anh.** 3 7; AuswandererschutzG 144 5
Auswärtig 234, 353 a
Ausweis, Fälschung von amtlichen –en 275
Ausweisersatz Anh. 12 39, 92 I Nr. 2, 93 I
Ausweispapiermißbrauch 281
Ausweispflicht Anh. 2 1, 3; **Anh.** 12 40, 93 II Nr. 1
Auswirkungen der Tat 46 23
Auto s. Kraftfahrzeug
Autobahn, Wenden, Rückwärtsfahren, Zu- und Abfahrten, Geisterfahrer 315 c 10; 315 b 5 d, 5 e
Autodiebstahl 243 17 ff.; 248 b

Autofallenraub 316 a
Autofriedhof 325 2
Automaten für Präservative 180 a 7; –betrug 263 18 a; –mißbrauch 265 a; Spiel– 284 2; alkoholische Getränke, Bildträger in – **Anh.** 9 4 III, 7 IV, 12 I Nr. 3, 9; Spiel - **Anh.** 9 8, 12
Autonome Motive beim Rücktritt 24 6
Autonomieprinzip bei Selbstgefährdung **vor** 13 19
Autostraßenraub 316 a
Avalkredite 266 25
Aversionsneurosen 20 14
Axiologischer Schuldbegriff vor 13 28

B

Bader 277 2
BAFöG-Leistungen 40 10
Bagatellbetrug 263 55; 66 14 b
Bagatelldelikte 248 a 1; 56 5; 66 14 b; **Anh.** 1 13
Bahngleise, nicht an – gebunden 248 b V
Bahnkörper, besonderer 315 d 2
Bahnübergänge, zu schnelles Fahren an –n 315 c I Nr. 2 d
Bahnverkehr, gefährliche Eingriffe 315, 126 I Nr. 6, 138 I Nr. 9; Gefährdung im – 315 a; Störung 316 b I Nr. 1
BAK, – Wert 20 9, 24; 316 6, 8; Tatzeit – 316 8 d; – Nachweismethoden 20 9 f; 316 8 a
Bande, Mitglied einer – 43 a 5, 11; 244 a 2; 129 3; Betäubungsmittelstraftaten **Anh.** 4 30 I Nr. 1
Bandenbildung 127
Bandendiebstahl 244 I Nr. 3
Bandenhehlerei 260 I Nr. 2; gewerbsmäßige 260 a
Bandenmäßige Begehung 43 a 5; 73 d 6; 150 I, 181 c, 244 III, 244 a, 245, 260, 260 a, 261 VII, 284 III Nr. 2, 285 b I; **Anh.** 4 30 a, 33 I Nr. 2
Bandenraub 250 I Nr. 4
Bandenschmuggel Anh. 22 373
Bank 11 22; in der – vorgefundenes Geld 285 b
Bankgeheimnis 40 26
Banknoten s. Geld
Bankomaten 242 18, 19; 263 a 8, 18; 265 a 3; 152 a 6
Bankrott 283; besonders schwerer Fall 283 a
Bannbruch 184 21 a; **Anh.** 22 372, 373

2021

Sachverz

Fette Zahlen = §§ des StGB

Bannkreis 106a; **Anh. 11** 16
Bannware, Versuch des Verbringens **22** 17a; Schiffsgefährdung durch – **297**
Barkautionen, Veruntreuung **266** 12
Bauartzulassung 330 I Nr. 3
Bauchhöhlenschwangerschaft 218 4
Bauen 305 2
Baugefährdung 323
Baugelände, Sorgfaltspflicht **222** 12
Baukostenzuschuß 266 13
Baumaterialien, Brandstiftung **308**
Bauten, Beschädigung v. Wasserbauten usw. **318, 320;** Baugefährdung **323**
Bauträger 264a 14
Bauwerk, Zerstörung **305;** Baugefährdung **323;** s. auch Gebäude
Beabsichtigt 225; s. Absicht
Beachten, Vorfahrt nicht – **315c I Nr. 2** Buchst. a
Beamter, Begriff **11 I Nr. 2a** 12ff.; Garantenstellung **13** 6; Nebenfolgen **45, 46** 5; des Polizeidienstes **78b II Nr. 1;** amtliche Versicherung eines – **155 Nr. 3;** üble Nachrede **187a** 2; Urteile seitens eines –n **193;** Ermessens– **332** 5; gebundener – **332** 5; s. Amtsträger
Beanspruchen 283c
Beantragen 77c; der Leistung **265b**
Bearbeiten von Kernbrennstoffen **328** 4; **330d Nr. 2**
Beaufsichtigung Dritter **13** 5c; von Gefangenen **121 I Nr. 1;** zur – anvertraut **174a I, II;** von Feuer **310a Nr. 2;** – der Fernmeldeanlage **354 III Nr. 2;** – gefährlicher Tiere **Anh. 21** 121
Beauftragt zum Handeln **14** 9; als Sachverständiger **78c I Nr. 3;** –e der Bundes- oder Landesregierung **106b II;** zur Beaufsichtigung – **121 I Nr. 1;** –er einer Beratungsstelle **203 I Nr. 4a**
Bedarf, es – **56c I, 69 I, 69b I, 329 I**
Bedarfsgegenstände, Vergiftung **319**
Bedeutung, zur – der Tat **62** 2; **74b I;** bedeutender Schaden **69** 13; **125a Nr. 4;** von untergeordneter – **84 IV, 129 II Nr. 2, V; 129a IV;** für die Beziehungen der BRep. von – **100a I;** ärztlich bedeutsame Gesichtspunkte **218b I Nr. 2;** von wesentlicher – **303b;** von bedeutendem Wert **305a** 4, **315** 16, 16a; **310b I, II, 311 I, 311a IV, 311d I, 311e I, 315 I, 315a I, 315b I, 315c I; 325 I Nr. 1, 330 5;** erhebliche ökologische **330** 8; von – für Wissenschaft **243 Nr. 5** 30
Bedeutungskenntnis 16 11; **332** 10

Bedienung von Fernmeldeanlagen **354 III Nr. 2**
Bediensteter der Post **354**
Bedingte Entlassung 57 1a
Bedingte Verurteilung vor **56** 2
Bedingter Vorsatz 15 9
Bedingung, Lehre von der gesetzmäßigen – vor **13** 16d; der Strafbarkeit, objektive – **16** 32; vor **32** 18; –en des Kredits **265b I**
Bedingungstheorie vor **13** 16
Bedrängnis, besondere – **218 III S. 3, 218** 8d; Ausnutzung von – **243** 33
Bedrohung mit e. Gewalttätigkeit **125** 2; mit e. Verbr. **241** 3; **Anh. 16** 23, 26; Anzeigepflicht **138 I;** s. auch Drohung
Beeinflussung e. Dritten bei Drohung **240** 5a; des Ergebnisses eines Datenverarbeitungsvorgangs **263a** 5; des Ergebnisses der Aufzeichnung **268 III;** durch den Vorteil **332 III Nr. 2, 334 III Nr. 2;** fälschliche – einer Datenverarbeitungsanlage vor **263;** der Rechtspflege **Anh. 16** 37
Beeinträchtigung des Interesses **34;** des Rechtes e. Dritten **74f I;** des Bestandes der BRep. **92** 2; **81 I Nr. 3, 83, 87–90b;** der äußeren oder inneren Sicherheit **92 III Nr. 2;** von Unfallverhütungs- u. Nothilfemitteln **145;** schwerwiegende – des Gesundheitszustandes **218a** 10; **325** 6; empfindliche – **234a, 241a;** der Brauchbarkeit **311a IV;** – der Verkehrssicherheit **315, 315b;** der Versorgung **316b III;** wesentlicher Bestandteile **329** 11; **330 7, 8;** der öffentlichen Ordnung **Anh. 21 118 I**
Beendigung des Versuchsstadiums **22** 4, 17a; Rücktritt nach – **24** 7; der Tat **II, III, 22** 6, **78a, 78c V;** der Führungsaufsicht **68e;** des letzten Wortes **77c**
Befaßt mit der Amtsausübung **132**
Befehl, militärischer – **Anh. 16** 2 **Nr. 2;** Handeln auf – **Anh. 16** 5; vor **32** 8; Nichtbefolgen eines – **Anh. 16** 19ff.; –smißbrauch **Anh. 16** 32ff.; bindender rechtswidriger – vor **32** 16; Anmaßung von –sbefugnissen **Anh. 16** 38
Befehligt, einen bewaffneten Haufen – **127**
Befinden, sich – **74d II, III Nr. 1, 133, 243 I Nr. 5, 307 Nr. 1, 310a I Nr. 1**
Befindlich, im Flug **316c I**
Befolgen von Anordnungen **56c II**

Nr. 1; von Anweisungen **74 b II**; – des Auftrags einer Regierung **87 I**
Befördern eines Irrtums **26** 4; Erschleichen der Beförderung **265 a**; von Kernbrennstoffen **328** 5; gefährlicher Güter **330** 5, **330 d** 4, wassergefährdender Stoffe **329 II Nr. 2, 330** 4; von Ausländern **Anh. 12** 74, 93 III Nr. 2 b
Beförderungsmittel 305 a 3; **315 Nr. 1**
Befreiung von Gefangenen **120**
Befriedeter Bannkreis 106 a
Befriedetes Besitztum 123 5, 5 a, **124**
Befriedigung, zur – des Geschlechtstriebs **211 II**; – gewähren **283 c**; Vereitelung der – des Gläubigers **288**
Befruchtetes Ei 219 d
Befugnis 14 105, 106, 123, 127, 203 II Nr. 3, **219 b** III, **264** II Nr. 2, 3, **266** 2; **348, 353 b, 353 d, 354, 355**; **Anh. 21** 115, 124, 125, 126, 127
Befürchten, zu – **329 I**
Befunden hat 66 I Nr. 2, **218** III
Begeben, sich – **234 a**
Begehen durch Unterlassen **13**; – mehrerer **25 II**; – lassen **340**
Begehung der Tat **2** II, 16, 17, 19, 20 3 a, 21, 35 II, 74, **92 b** Nr. 1, **101 a** Nr 1, **109 k** Nr. 1, **113** IV, **129** II Nr. 2, VI Nr. 1, **149** I Nr. 1, **275, 307** I Nr. **322, 330 c**; von Sabotagehandlungen **87** I Nr. 5; eines Verbrechens **241** I; von Raub **244** I Nr. 3, **250** I Nr. 4, **316 a** I
Begehungsdelikte vor **13** 12
Begehungsort 8 2; **9** 2
Beginn der Bewährungszeit **56 a II**; der Verjährung **78 a, 78 c, 78 I, 79 VI**; der Unterbringung **67 c, 67 d** I, **67 e**; von Fristen **67 e** IV, **77 b II**; der Führungsaufsicht **68 c II**; des Vollzugs **68 e III**; der Sperre **69 a** V; des Lebensrechts vor **218** 6 c; der Beladung **316 c**
Beglaubigte Abschrift 267 12 a
Beglaubigter Leiter einer diplom. Vertr. **102, 103**
Beglaubigungszeichen, unbefugte Herstellung **Anh. 21** 127, 129
Begleitstoffanalyse 316 8 b
Begnadigung, generelle **57** 16
Begrenzter Personenkreis 93 3
Begriffsbestimmungen 11; Verbrechen, Vergehen **12**; des Versuchs **22**; im Staatsschutzstrafrecht **92, 93**; Kinder, Jugendlicher **Anh. 9** 2 I; sexuelle Handlungen **184 c**; des Schwangerschaftsabbruchs **219 d**; zum Umweltschutz **330 d**

Begründete Angehörigeneigenschaft **11** I Nr. 1; Strafbarkeit **14** I II, **28** I; Vertretungsbefugnis **14** III; Annahme **50** I; – Erwartung **56** 5; Einziehung **74 f II Nr. 3, 75**; Abhängigkeit **174 b** I; Gefahr **218 b III**
Begründungszwang 46 52; **47** 11
Begünstigung 257; persönliche – **258**; Gläubiger– **283 c**; Schuldner– **283 d**; einer fremden Macht **94** I Nr. 2; bei Steuerstraftaten **Anh. 22** 369 I Nr. 4; Mord oder Raub unter – der Brandstiftung **307** Nr. 2; von Soldaten **Anh. 16** 40; **Anh. 1** 4 III, IV
Behältnisse, verschlossene **202** 6, 8, 10; Diebstahl aus – in **243** 22
Behandeln von Abfällen **326** 7
Behandlung, Anrechnung der –szeit vor **56** 15; **57** 4 a; als Weisung **56 c** I; in einem psychiatrischen Krankenhaus **65** III; lebensgefährdende **223 a**; – während der Freiheitsberaubung **239** II, III
Behandlungsfehler 223 9 c
Behandlungsmethoden, Aufklärung über **223** 9 k
Beharrlich 56 f 4, 5; **56 d III, 67 g** I Nr. 2, 3, **70 b** I Nr. 2, 3; – zuwiderhandeln **184 a** 5; **28** 12; **46** 47; **47** 9
Behauptung 186 6; vgl. **100 a I, 109 d** I, **164** II, **186, 187, 190, 192, 241 a**
Behebbar, nicht –e Schädigung **218 a II**
Beherbergen, Verbot **56 c II Nr. 3, 68 b I Nr. 3**
Behindern der Bundeswehr **109 d**; – anderer im Straßenverkehr **240** 28
Behörde, Begriff **11** 35; s. auch **11** I Nr. 2 c, Nr. 4 a, b, Nr. 7, **44** II, III, **69** III, **69 b** I, **78 b II** Nr. 1, **90 a** II, **138** I, III, **145 d**, **149** II Nr. 2, **156, 158, 164, 169, 194** III, **203** I Nr. 4, II, **218 b** II Nr. 1, 2 b, **264** I Nr. 1, **277** 4; **278, 279, 303 b, 331** III, **333** III, **353 b** IV Nr. 2, **355** III, **Anh. 19**
Behördenangestellte, s. Besonders Verpflichtete
Behördliche Anordnung **44** IV, **45 b** II, **65** IV, **66** 11 a; **67 c** II, **68 c** II, **70** IV, **70 a** II, **79 a** Nr. 3, **120** IV, **174 a** I Nr. 2; **323 b**; – Maßnahme **113** 11; **35** 13; –s Verfahren **164**; – Verwahrung **174 b**; **343, 345**; **Anh. 21** 115 II; Amtshilfe **203** 32 a; –n Auftrag **266** 10 a; – s Erlaubnis **284, 286**; – Duldung vor **324** 4 e
Beibringen 229 5
Beifahrer BAK bei –n **316** 6

2023

Sachverz

Fette Zahlen = §§ des StGB

Beihilfe 27 2; 46 42, 49; sukzessive 27 4; psychische, physische 27 7; erfolglose 30 8; durch Unterlassen bei Aussagedelikten 154 24; zum Selbstmord **vor** 211 5; durch vorher zugesagte Begünstigung 257 11; zu Straftaten gegen das AuslG **Anh.** 12 92 II; zur Fahnenflucht **Anh.** 16 1 III, 16; zur Selbstbefreiung 120 2
Beimischen 319
Beiräte 11 31
Beischlaf, Begriff 173 6; mit Verwandten 173; mit einem Kind 176 III Nr. 1; Nötigung einer Frau z. außerehelichen – 177; Mißbrauch einer widerstandsunfähigen Frau zum außerehelichen – 179 II; Verführen e. Mädchens zum – 182
Beiseiteschaffen 283 4; 283b I Nr. 2, 283d I, 288 I
Beisetzungsstätte, Zerstörung usw. 168
Beisichführen von Waffen 113 II Nr. 1; 125a Nr. 1, 2; 244 I Nr. 1, 2; 250 I Nr. 1; Anh 22 373 II Nr. 1, 2
Beistand, pflichtwidriger 356
Beiträge, Vorenthalten, Veruntreuen von –n 266a 9
Beitragen, dazu – 74a Nr. 1, 74f II Nr. 1, 142 IV
Beitragsbetrug 263 13a, 25; 266a 11
Beitreibung der Geldstrafe 43 3
Beitritt der ehem. DDR **vor** 3 28 ff.
Bekanntgabe der Einleitung des Ermittlungsverfahrens 78c I Nr. 1, 3; der Verurteilung 103 II; 165, 200; im Behördenverkehr 203 II; **Anh.** 13 23; von Erklärungen (Werbung) 219b I; grob anstößige **Anh.** 21 119, 120
Bekanntgeworden 76, 203, 353b, 354, 355
Bekanntmachung, öffentliche – eines Staatsgeheimnisses 94 I Nr. 2, 95 I, 97 I, 100a I, II; Verletzung amtlicher – 134; Urteils– 103 II, 165, 200; der Veranstaltungsvorschriften **Anh.** 9 10
Bekanntwerden von Geheimnissen 203 8; 353b IV
Bekenntnis, religiöses oder weltanschauliches 166 2
Bekleidung öffentlicher Ämter 45 I, III; 92a, 101, 102 II, 109i, 129a VI, 264 V, 358; **Anh.** 21 375 I
Bekräftigungen 155
Beladen eines Luftfahrzeugs 316c I
Belangloser Schaden 142 11

Belassen 264 VII Nr. 2, 265b I
Belastung 74c II, III, 74f I; außergewöhnliche 40 21
Belästigung durch Exhibitionisten 183 6; Lärm – **Anh.** 21 117; – der Allgemeinheit **Anh.** 21 118, 119
Belege, nachgemachte oder verfälschte 264 31; als Handelsbücher 283 22
Belegungsschwierigkeiten 64 7a; 67 3
Beleidigung 185 ff.; verleumderische 36, 90 III, 103, 187, 187a II; eines ausländischen Staatsoberhauptes 103; Begriff 185 1; von Personenmehrheiten 185 18; unter einer Kollektivbezeichnung 185 6, 22; Wahrheitsbeweis 190; formale 192, 193; trotz Wahrheitsbeweis 192; –sabsicht 185 23, 192 7, 193 22; Strafantrag 194; Antragsrecht der Vorgesetzten 194 III; **Anh.** 14 7 II Nr. 9; Ermächtigung 194 IV; Kompensation 199, 233; Bekanntmachungsbefugnis 200; schwere – als Milderungsgrund beim Totschlag 213 4; in Gefangenenbriefen 32 7
Belohnung von Straftaten 140
Bemächtigen, Sich– eines Menschen 234 2; 239a 5; 239b
Bemessung der Freiheitsstrafe 39; – eines Tagessatzes 40 III; des Wertersatzes 74c II
Bemühen, ernsthaftes 24 14; 31 7; 83a III, 84 V, 85 III, 129 VII, 139 III, IV, 149 VI, 239a III, 264 IV, 265b I, 266a 26; 311c IV, 315 VI, 316a II, 316c IV, 330b II; zur Schadenswiedergutmachung 46 II
Benachteiligen der BRep 94 I Nr. 2
Benannte besonders schwere Fälle 46 43b
Benützen, unbefugtes – von Wappen oder Flaggen **Anh.** 21 124, 125
Benzindiebstahl 242 12; 246 11; 263 7
Beobachten des Diebstahls 242 15
Beratung der Schwangeren 218b I Nr. 1, 2, 218 III, 219
Beratungsgesetz vor 218 3d
Beratungsstelle 203 I Nr. 4, 4a, 218b II Nr. 1, 2, 219b II
Beratungsziel vor 218 3d
Beraubung der Freiheit 239, 239a; Gefahr der – 234a, 241a
Berauschende Mittel 64 I 3a; 177 3; 323a, 315a 3b, 315c I Nr. 1a, 316; **Anh.** 21 122; Abgabe an Besserungsverwahrte 323b

2024

Berechenbarkeitsfunktion des Strafrechts **1** 1, 5
Berechnete, auf Täuschung – Mittel, Machenschaften **109a I, 144**
Berechnung der Blutalkoholkonzentration **20** 9; der Dauer d. Verlustes v. Fähigk. u. Rechten **45a**
Berechnungsdarstellung 46 23b
Berechnungsgesetz 1 11b
BerechnungsVO (2.) **302a** 23
Berechtigte, zur Flaggenführung **4**; Antrags– **77b, 77c, 77d, 200**; Aufforderung des –n **123**; Personensorge – **131 IV, 180 I, 184 IV**; –r **142 I Nr. 1, III**; Entfernung v. Unfallort **142 II Nr. 2; Anh. 8** 21 IV; Gewahrsam des –n **168 I**; Gebrauchs– **248b I**; ohne –n Anlaß **Anh. 21** 117
Berechtigte Interessen 193
Bereich des Festlandsockels **5 Nr. 11**; bestimmter – **68b I Nr. 1**; außerhalb der Anlage **325** 10; s. Geltungsbereich
Bereicherung 41 3; **203 V, 253** 14; **259 I**
Bereiten von Hindernissen 315 I Nr. 2, 315b I Nr. 2
Bereiterklären 30 II, 31 I Nr. 2, 98 5, **99 I Nr. 2**
Bereithalten 87 5
Bereitschaft, pflichtmäßige **89**; Fördern der – **125** 8; – Feststellungen zu treffen **142 I Nr. 2**; zum Schwangerschaftsabbruch **219b II**; zur Bestechlichkeit **332 III**
Bereitstellen von Einrichtungen **284**; – von Geldmitteln **Anh. 4** 29 I 4
Bergbahnunternehmen, Verkehrssicherungspflicht **222** 14
Bergwerk 308, 309, 318
Berichte über Parlamentsverhandlungen **37** 3, **185** 13; des Bewährungshelfers **56d III**; unwahre **353a**; s. Mitteilungen
Berichterstattung über geschichtliche Vorgänge **86 III; 131 III**
Berichtspflicht s. Meldepflicht
Berichtigung einer falschen Aussage **158**; beim fahrlässigen Falscheid **163** 10
Berichtsurkunden 267 9
Berlin, Bundesrecht in – **3** 10; **vor 80** 2; **vor 109** 1
Berücksichtigung der Verhältnisse d. Täters **40 II, 41**; erwarteter Strafwirkungen **46 I**; Nicht – von Umständen **46 III, 50**; erwarteter Aussetzungswirkungen **56 I, 57 I**; des Verkehrswertes **74f I**; des Verhaltens **174 IV**,

175 II Nr. 2; der Lebensverhältnisse **218a I Nr. 2**
Berühren, Fragen – **68a IV**
Beruf, Gefahrenhinnahme aus –spflicht **35** 12; Sorgfaltspflicht **222** 9; Vorbereitung auf den – **203 III**; –liches Abhängigkeitsverhältnis **108**; –liche Stellung **234a, 241a**; falsche Angabe **Anh. 21** 111
Berufsausübung 203 I Nr. 1; 145c; in – **323 II**; s. Berufsverbot
Berufsabzeichen, Mißbrauch **Anh. 21** 126
Berufsbezeichnung, Mißbrauch der **132a**; Führung der – **203 I Nr. 1**
Berufsgeheimnis, unbefugtes Offenbaren **203**
Berufsgerichtliches Verfahren 343 I Nr. 3; 344 II Nr. 2; 345 III Nr. 4
Berufsmäßig tätige Gehilfen **203** 11
Berufspsychologe 203 I Nr. 2
Berufsrichter 11 27; **77a II**
Berufstrachten, Mißbrauch **132a** 20; **Anh. 21** 126
Berufsverbot, Anordnung **61 Nr. 6, 70; Anh. 1** 305; Aussetzung **70a, 70b; 68g I, III**; selbständige Anordnung **71**; Verbindung mehrerer Maßregeln **72**; Verstoß gegen ein – **145c**
Berufszweig 70, 145c
Berufung auf den Eid **155, 156**; zur Vollstreckung **113**; zur Mitwirkung **174b, 258a** 2; **343** 2 2; **344; 345**
Berufungsverfahren, nachträgliche Gesamtstrafenbildung im – **55** 7c
Berührung, körperliche **vor 174** 12
Besatzungsmächte, frühere, Behörden der – **164** 8; Gerichte der – **56** 1; Urteile der – **51** 18ff.; Recht der – **78b** 6; Anwendbarkeit der Staatsschutzbestimmungen **vor 80** 4
Besatzungsmitglieder 316c I
Beschädigung 303 5; Ersatz für – **73 II**; zu Sabotagezwecken **87 II Nr. 2**; von Hoheitszeichen **90a II, 104**; von Wehrmitteln **109e**; amtl. aufbewahrter Gegenstände **133**; beschlagnahmter Sachen **136 I**; dienstl. Siegel **136 II**; einer Beisetzungsstätte **168**; der Gesundheit **223, 229**; des Vermögens anderer **263**; von Urkunden **274**; von Vermögensbestandteilen **283 I Nr. 1, 283d I**; in Handelsbüchern **283 I Nr. 6, 283b I Nr. 2**; dem Jagd- oder Fischereirecht unterliegender Sachen **292, 293**; einer Datenverarbeitungsanlage **302b I Nr. 2**; von Verkehrsein-

Sachverz

Fette Zahlen = §§ des StGB

richtungen 315 I Nr. I, 315 b I Nr. 1, 316 b, 317, von Sachen 303 ff.; wichtiger Anlagen 318, 126 I Nr. 6, 130a; eines Luftfahrz. oder seiner Ladung 316c I Nr. 2
Beschaffen auf Kredit 283 I Nr. 3, 283 a
Beschaffenheit 73a; 308 I; 326 5
Beschäftigen 11 I Nr. 4; 56c II Nr. 3; 68 b I Nr. 3; Anh. 19 1; Beschäftigungsverhältnis Anh. 1 293
Bescheinigung 264 I Nr. 3; 355 I Nr. 1c
Beschimpfender Unfug 90a 104; 167 11; 168 5
Beschimpfung 90a I Nr. 1, 3; von Teilen der Bevölkerung 130; d. Inhalts d. religiösen Bekenntn. 166 7
Beschlagnahme des Führerscheins 51 V, 69a VI; richterliche -anordnung 78c I Nr. 4; einer Sache 136 4; – des Schiffes 297
Beschleunigungsgebot 46 35; 54 6
Beschlüsse, Widerstand gegen d. Vollstreckung von Gerichts–n 113; eines Gesetzgebungsorgans 353b II Nr. 2
Beschmutzen einer Sache 303 6; der Straße 315 b 4b, 4c
Beschneidung 223 16a
Beschränkt, -es Fahrverbot 44 10; keine -e Strafaussetzung 56 IV; – dingliche Rechte 73 d 5; -e Einziehung 74b III; -e Jagdausübung 294
Beschreibung von Wehrmitteln 109 g, 109 k
Beschuldigter 78c I Nr. 1, 3
Beschützergarant 13 5b; vor 324 6b
Beschwerden, Unterdrückung von Anh. 16 35
Beschweren, am wenigsten 72 I
Beseitigen des Vermögensvorteils 73 I, 73 b; bestimmten Kennzeichen 74b II Nr. 2; als Sabotagehandlung 87 I; der Selbständigkeit der BRep. 92 I; – von Verfassungsgrundsätzen 92 13; – von Wehrmitteln usw. 109 e; amtl. Bekanntmachungen 134; Warn- oder Verbotszeichen 145 II Nr. 1; Rettungsgerät 145 II Nr. 2; Entwertungszeichen 148 II; von Verkehrseinrichtungen 87 II Nr. 2; 315 8; 315 b I Nr. 1, 316 b, 317; von Datenverarbeitungsanlagen, –trägern 303 b I Nr. 2; von Abfällen 326 7; von Gewässern 329 III Nr. 3; nicht mögliches – 330 II Nr. 2
Besitz von Betäubungsmitteln vor 52

2b; Verbot des -es bestimmter Gegenstände 56c II Nr. 4; 68b I Nr. 5; bei Unbrauchbarmachung 74d II; unterschlagener Sachen 246 9; des gestohlenen Gutes 252; vermögensbegrifflich 263 27; 259 22; s. Gewahrsam; s. Gehören
Besitzdiener 242 9
Besitztum, befriedetes 123 5, 124
Besondere Bedrängnis 218 III S. 3, 218 8d
Besondere Gesetze 78c III
Besondere gesetzliche Milderungsgründe 49
Besondere Organe 92 II Nr. 1
Besondere persönliche Merkmale 14 I, 28 I 3; vor 283 21
Besondere Pflichten s. Auflagen
Besonderer Teil 80 ff.; vor 1 1; Verhältnis zum Bundes- und Landesrecht vor 13 1; Anh. 1 4
Besondere Schwere der Schuld 57a 1, 7 ff., 11 b, 57 b
Besonderes öffentliches Interesse 183 II, 232 I, 248a
Besonderes Rechtsverhältnis 35 12
Besonderes Vertrauensverhältnis 13 10; 263 14
Besondere Tatfolge 18, 11 II
Besondere therapeutische Mittel 65 I, III
Besondere Umstände in der Tat oder der Persönlichkeit 47 2, 3; 56 II 9 ff.; 57 9 f.; 59 I Nr. 2 5; 67b 4; 67c II, 69a II; für den Jahresabschluß 283 30; s. besondere persönliche Merkmale
Besondere Verhältnisse des Straßenverkehrs 316a
Besondere Verwerflichkeit 211 2, 6c
Besondere Vorrichtungen 311b 6
Besonders gefährliche Gewalthandlungen, bedingter Vorsatz 15 11
Besonders gesichert 151; 149 I Nr. 2; 152a I Nr. 2b, 202 II; 202a 7; 243 22; 275 I Nr. 2
Besonders leichte Fälle 46 40
Besonders schwere Brandstiftung 307, 126 I Nr. 6, 129a I Nr. 3, 138, 139
Besonders schwere Fälle 12 11; 16 8; 22 21; 46 38, 43 ff.; Verneinung 46 44; Vorsatz 12 11; 243 42; s. auch 94 II; 95 III; 98 I; 99 II; 100 II; 100a IV; 102, 106 III, 107 I, 108, 109 e IV; 121 III, 125 a, 129 IV, 176 III, 212 II, 218 II, 223 b II, 235 II, 240 I, 241a IV, 243 I, 253 I, 261 IV, 263 III, 264 II, 266 II,

nach „Anh" = Gesetzesnummern

267 III, 268 V, 283a, 292 II, 293 II, 302a II, 310b III, 311 II, III, 311a III, 311e III; 316a I; 316b III; 330 IV; Anh. 13 17 IV
Besonders schwerer Nachteil 94 II Nr. 2; 100a IV
Besonders Verpflichtete, für den öffentlichen Dienst –, Begriff 11 I Nr. 4 29; Anh. 19 1; Auslandstaten 5 Nr. 12 bis 14; Strafantrag 77a, 194 III, 232 II; einem –n anvertraut 133 III; Vorteilsgewährung 333; Bestechung 334; Straftaten von –n 97b II; 120 II; 201 III; 203 II Nr. 2, 204; Anh. 1 311; 331; 332; 353b I Nr. 2; 354, 355 II Nr. 1; zur Geheimhaltung – 94 II, 99 II Nr. 1
Besorgnis, Anlaß zur 56f 4a
Besseres Wissen, wider – 15 7; 100a, 109d, 126 II, 145d II, 164, 187, 219a I, 241 II, 278
Besserungsmaßregeln s. Maßregeln
Bestand der BRep. 92 I, III Nr. 1, 81 I Nr. 1, 83, 87 bis 90b, 100 II
Bestandshochverrat 81 1; 82 2; Vorbereitung 83
Bestandteil des Vermögens 283 I Nr. 1, 283d, 288 6; wesentlicher – des Schutzgebiets 329 11; des Naturhaushalts 330 8
Bestattungsfeier, Störung 167a
Bestechlichkeit 332, 335, 335a; Anh. 16 48; von Wählern 108b II
Bestechung 334, 335, 335a; mittelbare 331 11a; Anh. 14 7 II Nr. 10; Wähler- 108b; Abgeordneten- 108d 2
Bestechungslohn 73 3b; 331 17
Bestehenbleibende Rechte 73d I, 74e II
Bestehende Gefahr 31 I Nr. 1, – Kirche 166 II, 167, 304
Bestellt 11 I Nr. 2c; 56d IV; 68a I; 203 II Nr. 5; Anh. 19 I Nr. 3; -e Felder 310a I Nr. 2
Bestellung des Sachverständigen 20 26
Besteuerung 355 I Nr. 1c
Bestimmen, einen anderen zu – 26 3; 30, 31; sexuelle Handlungen vorzunehmen od. vornehmen zu lassen 174 II Nr. 2; 176 II, V Nr. 2; 180 I, III; zur Prostitution 180b 3; 181 5; von Umständen der Prostitutionsausübung 181a I Nr. 2, 180b, 181 3; nicht für den Täter bestimmte Daten 202a; zu einer Falschaussage 258 6a; Anh. 21 120; Anh. 1 297; zur Tötung 216; zu Amtspflichtverletzung 334

Sachverz

III; für den öffentlichen Verkehr 354 III Nr. 2
Bestimmtheitsgrundsatz vor 13 6ff.; 43a 3; 142 8; 226a 1
Bestimmungsmensur vor 211 9
Bestrebungen, verfassungswidrige 86 I Nr. 4, III, 87 bis 90b; 92 13; 109f
Besuch, zum – bestimmt 184b Nr. 1
Betasten als sexuelle Handlung vor 174 8
Betätigung als Mitglied 84 5, 85 II
Betäubung, Geschosse mit Betäubungsstoffen Anh. 23, 37 I Nr. 9
Betäubungsmittel 6 5; Versuch der Einfuhr 22 17a; –gesetz Anh. 4; Einl. 9; vor 25 7; vor 56 10ff.; 56 2a, 6a; 67b 3; Tateinheit bei Erwerb u. Besitz vor 52 2b; Gesamtvorsatz vor 52 26c; Einziehung 74 1, 12; 74e 3; – als Gewalt 240 8; 249 4; Eigentumsfähigkeit 242 4; – GleichstellungsVO Anh. 4 1 Anm.; unbefugter Vertrieb 6 Nr. 5; 261 7; Anh. 4 30b iVm 129
261 7; Betäubungsmittelabhängige 20 8; 21 4, 6; 46 25, 27a; 56 3, 4a, 9; 56c 10ff.; 56f 3; 57 4a, 10; 63 2; 64 2ff; 67b 3; 67g 2; 211 5; 222 15a; 323a 3a
Beteiligung 25 ff.; Tatzeit bei – mehrerer 8 3; Tatort 9 5; Verschulden für den besonderen Erfolg 18 3; Rücktritt bei – mehrerer 24 15; Versuch der 30; Rücktritt vom Versuch der – 31; – am Angriffskrieg 80 3; an Gewalttätigkeiten 125; als Mitglied 129, 129a; an dem Unfall 142; an einer Straftat 77 II, 77b III, 77d II, 145d; Strafmilderung, Absehen v. Strafe 84 IV, 129 V, 175 II; unmittelbare – 196; an der Schlägerei 227; der Schwangeren 218 11; 218b 3; beim Diebstahl 244; beim Raub 250; an der Vortat 257 III; – am Glücksspiel 284a
Beteuerungen, eidesgleiche 155
Beteuerungsformel 155 Nr. 1
Betonmischer 325 2
Betrachtungsweise, abstrakte 12 8; konkrete 12 12; spezialisierende 12 8
Beträge, übermäßige 283 I Nr. 2
Betraut 218b II Nr. 2 Buchst. a, c; 354 III
Betreiben eines Nachrichtendienstes 109f I Nr. 2; unerlaubtes – von Anlagen vor 324 6; 327 3, 4; 329 4, 6; 325 IV; – von Fernmeldeanlagen 354 III Nr. 2; s. Betrieb
Betreten von Verkaufsstellen 184 17; Anh. 8 4 I Nr. 2; eines Luftfahrzeugs

Sachverz

Fette Zahlen = §§ des StGB

316c I; von Parlamentsgebäuden **Anh. 21** 112; militärischer Anlagen **Anh. 21** 114
Betreuer 247
Betreuung des Verurteilten **56d** III, **68a** II, IV; –sgesetz **77** 1; Gefangenen – **121** I Nr. 1; zur – in der Lebensführung anvertraut **174** 5; I Nr. 1, 2; **180** III; zur – anvertraut **174a** I, II; –sverhältnis **174** I Nr. 2, **180** III; von Vermögensinteressen **266** 10; mit postdienstlichen Verrichtungen **354** III Nr. 1
Betrieb 14 7; **11** 31; **264** 11; **265b** I, III, **Anh. 21** 130; **Anh. 19** 1; – einer Anlage **305a** 2; **311e**, **325** 2, **327**, **330 I** Nr. 2, **354** III; fremder – **303b**; –sstätte **325** 2; **330 I** Nr. 2; –liche Anlage **330d** Nr. 3; **329** 7; **330 I** Nr. 3; zur Ausübung der Prostitution **180a** I 3; –sbezogene Pflichtenstellung **vor 324** 6; feuergefährdete **310a**; –ssabotage **87** II, **316b**, **317**
Betriebsausgabe, Geldstrafe als **40** 7
Betriebsbeauftragter für den Gewässerschutz **vor 324** 6b
Betriebsbereite Anlagen 327 3; **330d** Nr. 3
Betriebsbesetzungen, Betriebsblockaden **240** 7
Betriebsgeheimnis 5 Nr. 7; **203** ff.; **355** I Nr. 2; **Anh. 13** 17 II
Betriebskredit 265b 8
Betriebsmittel, Diebstahl von –n **243** 39
Betriebsstätte 328 4, **325** I, **330 I** Nr. 2
Betroffen, im Inland – **7** 10
Betrug 263 (Anstellungs– **34**, Bagatell– **54**, Bettel– **19**, Eingehungs– **32**, **34**, Erfüllungs– **32**, Haus- und Familien– **53**, Provisionsvertreter– **39**, Prozeß– **20**, Renten– **47**, Scheckkarten– **19**, **20**, – durch Unterlassen **25**); Computer– **263a**; Kapitalanlage– **264a**; Kurs– **264a** 18, – und Landesrecht; **Anh. 1** 4 III; Auswanderungs– **144**; Subventions– **264**; Versicherungs– **265**; Eintrittserschleichung **265a**; Kredit– **265b**
Betrügerischer Bankrott 283a
Betrunkene s. Trunkenheit
Bettelbetrug 263 19
Beugung des Rechts **336**
Beurkunden s. Urkunde
Beurlaubung eines Untergebrachten **67d** 6b
Beurteilungsspielraum 34 24; beim Strafmaß **46** 53b; bei Indikationsfeststellungen **218a** 13
Beute, Verheimlichen der – **57** 6b, 11; **57a** 12a; Diebes– **252**
Bevölkerung, Versorgung der – **88** I Nr. 3, **316b** I Nr. 2, III; Teile der – **130** 4; **194** 3d
Bevollmächtigte 266 4
Bevorstehende Tatbestandsverwirklichung **126** II, **145d**, **241** II
Bewaffnete Haufen 127
Bewaffnetes Unternehmen 100 I
Bewaffnung, passive **125** 1, 10 ff.
Bewährung, der Rechtsordnung **32** 19; Nicht– **46** 24a; s. Strafaussetzung; Aussetzung des Strafrestes zur – **57**
Bewährungsauflagen 56b; **1** 4; **57** 2; **59a**; s. Auflagen
Bewährungshilfe 56d
Bewährungszeit 56a; Beginn **56a** II; **57** 10; **59a**; **57** III; **58** II; **68g**; **70a** III; s. auch **45a** III, **56c** I, **56d** I, **56f** 3a, **56f** II 8, **56g** I, II, **59b** II
Beweggründe 24 10; **46** 18; **187a**; niedrige **211** II 3 ff.; s. Absicht
Bewegliche Sache 242 3; **133** I, II; **246**, **249**, **286**, **289**
Beweis, Sicherung von –en **78c** I Nr. 10; **142** 45, 47; – der Wahrheit **190**, **192**
Beweisbestimmung 267 8; **268** 9
Beweiserhebliche Daten 269 3; **202a** 4; **274** 5a
Beweiserheblichkeit einer Urkunde **271** 9
Beweiserleichterungen beim Verfall **73** 1d, **73d** 4, 6
Beweisfälschung, landesverräterische **100b**
Beweiskraft öffentlicher Urkunden **271** 9
Beweislast 186 8; Umkehr der – **261** 3c
Beweisregel beim Wahrheitsbeweis **190**
Beweisurkunden 267 9
Beweiswirkung, erhöhte **271** 8
Beweiszeichen 267 4, **19c**
Bewerber für eine Wahl **107b** Nr. 4
Bewertungseinheit vor 52 2b
Bewertungsrichtung 46 7, 36
Bewilligung von Zahlungsfristen **42**; Zahlungserleichterungen **73c** II, **74c** IV; einer Subvention **264**; **Anh. 20** 2
Bewirken 88 3; **108a**, **136**, **268** II, **271** 15, **310**, **311d** I Nr. 2
Bewirtschaftungsvorschriften Anh. 17 1

2028

Bewohntes Gebäude, Raub 250 8; Brandstiftung 306 ff.
Bewußt den Erfolg hinnehmen 15 11; – ausnutzen 211 6c
Bewußte Fahrlässigkeit 15 9, 13
Bewußtlosigkeit 20 10; 211 6c
Bewußtsein der Rechtswidrigkeit **vor 13** 31; s. Kenntnis
Bewußtseinsstörung 20 10; 179 I Nr. 1
Bezeichnung, Schutz der Berufs- 132 a; als subventionserheblich 264 VII Nr. 1; Anh. 20 2; Grenz- 274 I Nr. 2; – als Arzt 277; – Rotes Kreuz **Anh. 21** 125
Beziehen 131 I Nr. 4, 184 25
Beziehungen, in – auf den Dienst 5 Nr. 12, 14; 194 III, 232 II, 340 I; verwandtschaftsbegründende – 11 I Nr. 1a; mit – auf 103; in – auf 186, 187; 340; – aufnehmen den unterhalten 100 3; der BRep. 100a, 104a; über den Einzelfall hinausgehende – 181 a I, II
Beziehungsgegenstände 74 10
Bezugnahmen in Urteilsgründen 46 53 a
Bezugsrechte 264 a 5
Bieten, Gelegenheit oder Anreiz – 56 c II Nr. 3, 4; 68 b I Nr. 2–5; Abhalten vom – **vor 284** 2
Bigamie 171
Bilanz 283 26; Eröffnungs- 283 27; Jahres- 283 28; 265 b I Nr. 1, 283 b I Nr. 3
Bildaufnahmen von Versammlungsteilnehmern **Anh. 11** 12 a
Bilden einer Gesamtstrafe 54, 55, 59 c II; – einer parlamentarischen Opposition 92 II Nr. 3; eines bewaffneten Haufens 127; krimineller Vereinigungen 129; terroristischer Vereinigungen 129 a, 138 II, 139 III
Bildplatten 11 41; **Anh. 9** 7, 12
Bildschirmtext-System 263 a 8
Bildschirm-Unterhaltungsspielgeräte Anh. 9 8, 12
Bildträger 11 39; Einziehung 74 d; Verbreiten usw. von –n 80 a, 86 II, 86 a I, 90 I, 90 a I, 90 b I, 111 I, 131 I, 166 I, II, 184, 186, 187 I, 187 a I, 200 I; **Anh. 8** 1 III; **Anh. 9** 7, 12 I Nr. 6 bis 9, Buchungsbelege –n 283 25
Billigung von Straftaten 140
Bindung an tatrichterliche Feststellungen 46 53; der Gesetzgebung 92 II Nr. 2; der vollziehenden Gewalt u. der Rechtsprechung 92 II Nr. 2; des Strafrichters an Zivilurteile **170 b** 3 a; s. Sperrwirkung
Binnengewässer s. Gewässer
Binnenschiffsverkehr, gefährliche Eingriffe in den – 315, Gefährdung im 315 a, –svorschriften 315 a 7
Biologische Waffen, Verbot von –n **vor 306** 1
Biologisch-psychologische Methode 20 4
Blankettfälschung 267 20; 275, 276
Blankettgesetz 1 5; 2 8, 13 b; 16 3; 17 11; 43 a 5; 73 d 6; 106 a; 107 c, 203 9; 304 8; 315 a I Nr. 2; **vor 324** 4; 325 1; 329 1; vgl. 145 a 3; 353 d 2
Blankounterschrift 263 24
Blinder Passagier 263 18, 37; 265 a
Blockieren 240 4 a, 10
Bloßes Gewähren 180 a I Nr. 2
Blut von Leichen 168 2
Blutalkoholwert 20 9; 316 6, 8; Tatzeit- 316 8 d; Nachweismethoden 316 8 a
Blutentnahme 20 9 f; fehlende 20 9 g; 316 8 f; 113 16; 168 2; 223 9 d
Bluter-Fall vor 13 18
Blutrache 211 5
Blutschande 173
Boden, Schutz des –s 324 ff; 330 7; Gifte im – 330 a 3
Bodenbestandteile 329 9, 12
Bodenschätze, Abbau von –n 329 12
Bodensee vor 3 11
Bord, an – 297, 316 c I Nr. 2
Bordellbesitzer 180 b 2
Bordelle 180 a 3; s. Prostitution
Borderline-Syndrom 20 14
Börsenspekulation 264 a 18
Bösartige Tiere Anh. 21 121
Bösgläubiger Erwerb falschen Geldes 147 3
Böswillig 90 a 5, 130 Nr. 3; 134 3; 223 b 12
Botmäßigkeit, Freiheit von fremder – 92 I
Boxveranstaltungen, jugendgefährdende – **Anh. 9** 8
Brandgefährdung 265, 310 a
Brandschutz, Hilfeleistungspflicht 323 c 11
Brandstiftung 306 ff., 126 I Nr. 6, 129 a I Nr. 3, 138, 139; schwere 306; besonders schwere 307; einfache 308; fahrlässige 309; tätige Reue 310; in betrügerischer Absicht 265; in Luftfahrzeugen 316 c I Nr. 2, III
Brandversicherungsbetrug 265 3, 5

Sachverz

Fette Zahlen = §§ des StGB

Brauch, nach anerkanntem – **104 I**
Brauchbar 149 II Nr. 2; –keit **311a IV**
Brauchtumspflege Anh. 9 5 II
Brennbar, –e Gase **310a I Nr. 1,** –e Gegenstände **310a I Nr. 2**
Brennmaterialien, Brandstiftung **308**
Briefgeheimnis 202; Verletzung durch Postbeamte **354**
Briefmarken s. Wertzeichen
Bruch, Entwässerung **329** 15
Brücke 3 4c; **305, 318**
Brunnen, vorsätzliche Vergiftung **319,** fahrlässige **320**
Bruttoprinzip beim Verfall **73** 3a
Btx-System 263a 8
Bücher, öffentliche **271, 348;** s. Unterlagen
Buchführungpflicht 283 21; Verletzung der **283 b**
Buchprüfer, Berufsbezeichnung **132a I Nr. 2;** Geheimnisverletzung **203 I Nr. 3**
Buchprüfungsgesellschaft 203 I Nr. 3
Bund, Hochverrat gegen den – **81;** hochverräterisches Unternehmen **83;** Verfassungsgericht des –es **90b, 105, 106;** Gesetzgebungsorgan des –es **105, 106, 106a, 106b, 194 IV, 353b,** Anh. 21 112; Wahlen in – und Ländern **108d;** amtliche Stelle des –es **353b IV;** s. Bundesrepublik
Bundesadler, Bek. betr. Bundeswappen u. – **90a** 6; **Anh. 21** 124
Bundesautobahn, Wenden, Rückwärtsfahren auf der – **315c I Nr. 2f**
Bundesbehörde, oberste **353b III**
Bundesflagge 4; 90a; Anh. 21 124
Bundesgebiet 92 4; **102, 103**
Bundes-Immissionsschutzgesetz 325 1ff.; **329** 3
Bundesminister 11 18
Bundespräsident, Verunglimpfung **90;** Nötigung **106**
Bundesrat, Verunglimpfung **90b;** Nötigung **105, 106;** Bannkreisverletzung **106a;** Hausordnung **106b;** Ermächtigung **194 IV**
Bundesrecht 264 VI
Bundesregierung, Mitglieder der –, Antragsrecht **77a IV;** Verunglimpfung **90b;** Nötigung **105 I Nr. 3, 106b II;** Irreleitung **353a,** Ermächtigung der – **97 III, 104a, 353a II**
Bundesrepublik, verbindliche Abkommen **6 Nr. 9;** Beteiligung am Angriffskrieg **80;** Land der – **82 I Nr. 1; 90a I;** Farben, Flagge, Hymne **90a I Nr. 2, II,** Beeinträchtigung des Bestandes **92, 81 I Nr. 1, 83, 87 bis 90b;** Beschimpfung **90a;** Grundgesetz der – **81 I Nr. 2;** Sicherheit der – **87 I, 88, 89, 92 III Nr. 2, 93 I, 94 I, II Nr. 2, 95 I, 97 I, II, 97a, 101a, 109e, 109f, 109g;** Nachteil für die – **93 I, 94, 95, 97, 97a, 99 II Nr. 2, 101a I;** Vertragspartner der – **93 II;** gegen die – gerichtete Tätigkeit **99** 5; s. auch **80, 100, 100a; 104a; 353a I;** s. Bund
Bundestag, Indemnität **36** 1, **37** 1; Ruhen d. Verjährung **78b II;** Anrufung eines Mitglieds des –es **97b I;** Nötigung **105, 106;** Bannkreisverletzung **106a;** Hausordnung **106b;** Wahldelikte **107ff.**
Bundestagsabgeordneter 36 2; s. Bundestag
Bundesstiftung „Mutter und Kind" **218a** 27
Bundesverfassungsgericht, Verstoß gegen Entscheidungen des –s **84;** Vereinigungsverbot des –s **86 I, 129 II Nr. 1;** Verunglimpfung **90b;** Nötigung **105, 106;** Bannmeilenschutz **106a; Anh. 11** 16
Bundesversammlung, parlamentarische Äußerungen auf –en **36;** Nötigung **105, 106**
Bundeswappen 90a 6; **Anh. 21** 124
Bundeswasserstraßen, gefährliche Güter auf **330d** 4
Bundeswehr, Einwirkungen auf – **89;** Störpropaganda gegen – **109d;** Kraftfahrzeuge der – **305a** 6; Soldat der – **5 Nr. 14; 77a I; 97b II, 109ff.; 113; 185** 19; **194 III; 232 II; 333 I; 334 I; Anh. 21** 114; **Anh. 16**
Bürgerlichrechtlicher Notstand vor 32 9
Bürgerliches Gesetzbuch 73d II
Bürgermeister, Garantenpflicht **vor 324 5a**
Bürgschaften, Übernahme von **265b III Nr. 2**
Bußgeldverfahren 343 I Nr. 2, 344 II Nr. 1, 355 I Nr. 1b; Schriftstücke eines –s **353d Nr. 3**
Bußgeldvorschriften Anh.: 2 3; **4** 13; **6** 5a; **9** 14; **11** 19; **12** 93; **17** 2ff; **21** 111ff.

C

Cannabisprodukte vor 52 25 b; **64** 3 a
Cassetten, Video– **11** 41
Catscherveranstaltungen, Besuch Jugendlicher **Anh. 9** 8 Anm.
Chromosomenanomalie 20 23
Celler Aktion 304 11
Charaktermängel 20 7; **21** 4; **46** 25 a
Chemikalien 326 2
Chemische Waffen, Verbot von –n **vor 306** 1
Chemischreinigungsanlagen 325 2
Chimärenbildung vor 218 6 f
CD-ROM-Methode 202a 3
CIM-System 202a 4
Code – Karten 242 18, 19; **263a** 5, 8ff.; **248a** 5 a; **265a** 3
COM-Microfilmdateien 202a 4
Community-Service-Order 43 8
Computerbetrug 263a
Computer-Hardware 303b 8
Computersabotage 303b
Computer-Software 303b 8
Computerkriminalität 202a; 203 9; **242** 2; **vor 263; 263** 18 a; **263a; 266** 22; **267** 3; **268** 2, 3, 13; **269, 270, 271, 273, 274 I Nr. 2, 303a, 303b, 303c, 316b** 5
Computerviren 303b 7
conditio-sine-qua-non-Formel vor 13 16
conjunctio membrorum 173 6
Container, Gewahrsam **242** 10
Croupier 284 9

D

Dabeisein, bloßes – **125** 6
Dachbesetzungen 240 9
Damm 305, 318
Dämpfe, Freisetzen von **325** 5
Darbietung im Rundfunk, Verbreitung gewaltverherrlichender – **131** 8; pornographischer **184** 33; Beleidigung durch – **194** 3 b
Darlegen, schriftlich **266a** 26
Darlehen 302a; 264a 5
Darstellungen 11 39; **268** 3; Einziehung **74d;** Verbreiten von – **80a, 86, 86a, 90, 90a, 90b, 111, 131, 166, 184, 186, 187, 187a, 200;** pornographische **184, 6 Nr. 6, 176 V Nr. 3; Anh. 9** 8 V; über den Vermögensstand **264a** 9; beleidigende **186 bis 187a, 200;** wirtschaftlicher Verhältnisse **265b I Nr. 2;** – von Daten, Meß- oder Rechenwerten **268 II,** jugendgefährdende – **Anh. 8** 1 III

Daseinsvorsorge 11 22
Dateien 271 13; **348**
Daten, beweiserhebliche **202a** 4; **269** 3; Darstellung von – **268** 4; **274** 5 a; Ausspähen von – **202a;** unrichtige **263a** 6, 7; – speichern, verändern **269** 4, 5; – löschen, unterdrücken, unbrauchbarmachen, verändern **274 I Nr. 2, 303a, 303b I Nr. 1, 303c;** s. Aufzeichnungen, Darstellungen, Computerkriminalität
Datendiebstahl 242 2
Datenschutz 203 9 a; Landesgesetze **203** 9 b; **Anh. 22** 30 II Nr. 3, VI
Datenspeicherung 271 13; Gebrauch einer falschen – **273**
Datenträger 303b I Nr. 2; s. Tonträger
Datenunterdrückung 274 I Nr. 2, 303a, 303b I Nr. 1, 303c
Datenveränderung 303a, 303b I Nr. 1, 303c
Datenverarbeitung 303b 3; –en von wesentlicher Bedeutung **4;** Täuschung im Rechtsverkehr bei – **270;** Stören einer – **303b** 5; **303c**
Datenverarbeitungsanlage, mißbräuchliche Verwendung einer – **263a;** Sabotage an einer **303b**
Datenverarbeitungsvorgang 263a 3; Beeinflussung des Ergebnisses eines –s **263a** 5
Datenverbundleitungen 317 2
Datexdienst, öffentlicher **317** 2
Dauer der Freiheitsstrafe **38;** – der Bewährungszeit **56a; 56c I, 56d I, 57 III, 59a I;** des Strafrestes **57 III;** – der Ersatzfreiheitsstrafe **43;** – des Amtsverlustes, der Wählbarkeit und der Stimmrechts **45, 45a;** – des Fahrverbots **44 I, 51 IV;** – der Führungsaufsicht **68c; 67g Nr. 1, II, III; 68a, 68b, 68e I, 68g II;** der Unterbringung **67d, 67a IV, 67g IV;** – des Berufsverbots **70 I, IV;** – der Sperre für die Erteilung einer Fahrerlaubnis **69a;** der Wartepflicht **142** 31
Dauerdelikt vor 52 41; **2** 3; **8** 3; **9** 2; **32** 10; **55** 4; **56f** 3; **77b** 2; **84** 7; **98** 2; **99** 6; **100** 3; **123** 1; **129** 4, 9, **129a** 4; **170b** 12; **180a** 3; **234** 3; **235** 6; **236** 5; **237** 8; **238** 2; **239** 2; **239a** 9; **315a** 6; **315c** 3; **316** 4; **323c**
Dauergefahr 34 4
Dauernd entzieht 74f II Nr. 3; 109a I
Dauernde Entstellung 224 8
Dazu bringen 180a III, 181 Nr. 1, 2
DDR, – Alttaten **2** 12; **vor 3** 39ff.; **52** ff.;

2031

Sachverz Fette Zahlen = §§ des StGB

3 4; **46** 35f; für das MfS **99** 1a; – StGB **vor 3** 28ff., 43; – Wahlfälschung **vor 3** 50; Strafantragsübergangsregelung **vor 3** 57; **7** 2, 3; –flucht **32** 16; **34** 22; – Verurteilungen **46** 35f; **51** 18; **56** 6b; **57** 9b; geheimdienstliche Agententätigkeit **46** 35f; **99** 1a; – Fristenregelung vor **218** 3d, 3e, 19
Deckung, kongruente **283**c 9
Defensiver Notstand vor **218** 9h
Degenerative Erkrankung des Zentralnervensystems **20** 8
Deiche 318
Delikte, Begriff **vor 13** 2; Arten **12**; Begehungs– **vor 13** 12; eigenhändige – **vor 1** 23; Erfolgs– **vor 13** 13, 15; erfolgsqualifizierte – **11** 38; **18** 2; **22** 20; Gefährdungs– **vor 13** 13; Sonder– **vor 13** 35; Tätigkeits– **vor 13** 13; Unterlassungs– **vor 13** 12; Zustands– **vor 52** 41; im Ausland begangene **5, 6, 7**; Distanz– **9** 2; **91** 3
Deliktsförderung, Fahrlässigkeitshaftung bei – **vor 13** 18ff.
Deliktsurkunde 267 9, 30
Demenz 20 8, 18; **21** 3
Demokratische Grundordnung, freiheitliche – **86** 3; **93** 10
Demokratischer Rechtsstaat, Gefährdung **5** Nr. **3; vor 80** 3; **84**ff.
Demonstrationen s. **113, 124, 125, 125a**; Organisation unfriedlicher – **240** 4, 4a, 10
Denkmäler 304
Denunziation 164; politische **241**a
Depression 20 8, 10
Deskriptive Tatbestandsmerkmale 16 4
Deszendent 173 4
Deutsch, –es Inland, (Gebiet im Gegensatz zum Ausland) **3** 3; –es Schiff, Luftfahrzeug **4**; –e Stelle **5** Nr. **10**; –er Festlandsockel **3** 4; **5** Nr. **11**; **vor 324** 8; **324** 4; –er Amtsträger **5** Nr. **12**; –es Recht **11** I Nr. **2, 3**; –e Behörde **44** II, III, **69** III, **69**b I; –e Mark **40** II; s. Bundesrepublik
Deutscher vor 3 19; **7** 2; **5** Nr. **3a, Nr. 5b,** Nr. **6,** Nr. **8,** Nr. **9; 100** I, **109**h I, **144**
Deutsches Strafrecht vor 3 3; **3**ff.; **9** II; **65** V, **66** III
Diagnoseaufklärung 223 9k
Dichotomie 12 2
Diebesfalle 242 17, 22
Diebeswerkzeug, Besitzverbot **56**c 8
Diebstahl 242 (bei Miteigentum **5**, 9,

2032

herrenloser Sachen **6,** wilder Tiere, Fische **7,** Feld- und Forst – **27, Anh. 1** **4** IV; verlorener Sachen **12,** versuchter – 16); besonders schwere Fälle **243** (Amts- 38, Ausnutzung von Hilflosigkeit 33, Auto– 17, Einbruchs– 6, 7, Einsteige- 6, 8, fortgesetzter – 37, gewerbsmäßiger – 26, Kirchen– 27, öffentl. Sachen 30, 39, Versuch 43); Zeit – **242** 2; **263a** 8; **266** 22; Banden– **244** 9; – mit Schußwaffen **244** 2; – mit Waffen **244** 6; Führungsaufsicht **245**; Haus- und Familien– **247**; – geringwertiger Sachen **248a**; **66** 14b; räuberischer – **252**; **316a**; Rücktritt **24** 6b
Dienst, in Beziehung auf den – **11** Nr. **12, 14**; s. Besonders Verpflichtete
Dienstaufsicht über Richter **77a** II; als Mitwirkung **258a**; mangelhafte **Anh. 27** 41
Dienstausübung 11 Nr. **14; 340** 2
Dienstbezeichnung 132a 5, 6
Dienste, fremde **219**b I Nr. **1**
Dienstflagge Anh. 21 124
Dienstgeheimnis 353b 7, Postgeheimnis **354**; Steuergeheimnis **355** 7
Dienstgeschäfte, Kontrolle über **357** II
Diensthandlung 113, 114 II, **136** III, **331** 5, 17; **332**ff.
Dienstleistung, Erbringen entgeltlicher –en **263** 27b; freier –sverkehr der Rechtsanwälte in d. EG **132a** 10; **203** 16
Dienstlich, während eines –en Aufenthalts **5** Nr. **12**; –e anvertraut **97b** II; –e Verwahrung **133** 3; der –en Verfügung entziehen **133** 11; –es Schriftstück **133** 2, **134**; – in Beschlag genommen **136** 3; – verschließen, – bezeichnen **136** 7; –e Anzeigen **193**
Dienstpflichtverletzung 332 3; **334**; der – verdächtigen **164**
Diensträume, Eindringen in **123; 124**; Einbruch, Einstieg **243** Nr. **1**
Dienstrechte, rechtfertigende Wirkung **vor 32** 6
Dienstsiegel, Erlaß über die – **90a** 6
Dienststelle 87 14; **68b** I Nr. **7, 77a** III, **88** I Nr. **4, 98** II, **109f, 109g, 129** VI Nr. **2; Anh. 21** 114
Dienststellung 97 II
Dienstverhältnis 174 I Nr. **2** 6; **180** III, **223b**
Dienstvorgesetzter 97b II; Strafantrag des –n **77a, 194** III, **232** II, **355** III
Dieselbe Rechtssache 356 5
Dieselbe Tat im prozessualen Sinne **vor 13** 2, **vor 52** 5b, 32a; **129** 9a

Sachverz

Dietriche 243 9
Differenzgeschäfte mit Waren oder Wertpapieren 283 9
Digitale Nachrichten 317 2
Diplomaten, Geschäfts- und Wohnräume ausländischer – 3 6a; Straftaten gegen – 102, 103; – schutzabkommen 6 9
Diplomatische Beziehungen zu Auslandsstaaten 104a
Diplomatischer Ungehorsam 353a
Diplomatisches Staatsgeheimnis 93 7
Direkter Vorsatz 15 5; 46 37
Dirigierende Zuhälterei 181a 2, 6 ff.
Direktrufnetz 317 2
Dirnenlohn 242 9; 263 29
Dirnenwohnhäuser 180a 5, 8
Diskontierung von Wechseln u. Schecks 265b 13
Diskussionsentwurf eines Embryonenschutzgesetzes vor 218 6
Distanzdelikte 3 10; 9 2; vor 80 5; 91 3
Disziplinararrest, Anrechnung 51 3
Disziplinargeldbuße 51 3
Disziplinarmaßnahmen 1 4; 21 7; 46 5, 345 III Nr. 4
Disziplinargewalt, Mißbrauch der – **Anh.** 16 39
Disziplinarverfahren 343 I Nr. 3; 344 II Nr. 2; Schriftstücke eines –s 353d Nr. 3
Disziplinarvorgesetzter 77a II; 97b II
Diversion vor 38 9
Doktortitel 132a I Nr. 1
Doloses Werkzeug 25 3
dolus alternativus 15 11i; 263a 13
dolus directus 1. Grades 15 6; 2. Grades 15 7
dolus eventualis (indirectus) 15 5
dolus generalis 16 7
dolus subsequenz 15 4
Doping 222 15a; 223 9d, 9m; 226a 7a
Doppelbestrafung, Verbot der – vor 52 39; 51 16
Doppelblindversuch 223 9
Doppelehe 171
Doppelrelevante Tatsachen 46 53a
Doppelselbstmord 216 2
Doppelvertrag 263 31
Doppelverwertung von Strafzumessungstatsachen **46** 37, 42; **54** 6; von Milderungsgründen **50** 2, 46 42, 213 2a; von Wertzeichen 148 II
Dreieckbetrug 263 24
Dreieckscomputerbetrug 263a 9a
Dreieckserpressung 253 11
Dreiecksnötigung 240 10
Dreimeilenzone 3 4

Dreistufiger Verbrechensbegriff vor 13 2
Dringende Gründe 218a II Nr. 1, 2
Dritteinziehung 74 13; 74a; Entschädigung 74f
Drittes StÄG vor 102 2
Drittgeheimnis 203 8
Drittsorge 239a I
Drogenabhängige s. Betäubungsmittelabhängige
Drohen der Gefahr **34**, 69a I, 70 I; der Zahlungsunfähigkeit 283, 283a, 283d; der Zwangsvollstreckung 288 4
Drohung (Bedrohung) 240 15, 29; – und vis compulsiva 240 13; – mit einem Unterlassen 240 18; 26 4; 113 20; 81, 82, 105, 106, 107, 108, 113, 177 I, 178 I, 181 I Nr. 1, 2, 234, 234a, 235, 237, 239b I, 240, 241, 244 I Nr. 2, 249, 250 I Nr. 2, 252, 253, 255; **Anh.** 27 23, 26; gegen Versammlungsleiter **Anh.** 11 22; Androhung **126**
Druck 151; wirtschaftlicher – 108
Drucker 74d 6
Drucklufthämmer 325 2
Drucksachen, papiergeldähnliche **Anh.** 21 128f.
Drucksätze 74d I, 149 I Nr. 1, 152a I Nr. 2a; 275 I Nr. 1; **Anh.** 21 123, 127, 128
Druckschriften s. Schriften
Druckstöcke 74d I, 149 I Nr. 1, 152a I Nr. 2a; 275 I Nr. 1
Duchesne-Paragraph 30
Duldung 178, 239b I, 240, 253 11; aktive – **vor 324** 4e; genehmigungsgleiche vor 324 4e; von Ausländern **Anh.** 12 55, 56, 92 I Nr. 1, 3, 93 I, III Nr. 1
Durchfuhr 86 9; 184 21
Durchschnittliche Milderungsgründe **46** 41, 43; **56** 9d, 9k; –s Nettoeinkommen **40** 13
Durchschriften 267 12
Durchsuchung 113 16b
Durchsuchungsanordnung 78c I Nr. 4; 113 13

E

Ebenso gefährlicher Eingriff 315 11; 315b 4b
Echtheit der Gegenstände **100a** I; des Geldes 146 ff.; des Wertzeichens **148**; von Euroschecks (-scheckkarten) **152a**; einer Urkunde 267 18; der technischen Aufzeichnung 268 11a; des Zeugnisses **277**

Sachverz

Fette Zahlen = §§ des StGB

ec-Karte s. Bankomaten
EDV-Anlagen 268 s. Computerkriminalität
EGStGB Anh. 1; Einl. 9, 10, 12
Ehe 11 3; Nichtigkeit, Auflösbarkeit **77b II, 238 II,** Doppel– **171**
Eheberater, Berufsgeheimnis **302 I Nr. 4**
Ehefrau als Hehler **259** 14; Beleidigung d. – **185** 3
Ehegatte 11 Ia, 3, 6; Garantenstellung **13** 6; Notwehr **32** 19; **77 II, 77d II;** Vergewaltigung unter –n **177** 1 b; Zuhälterei am –n **181a III;** Hehlerei **259** 17
Ehemann, Beleidigung des **185** 3
Eheschließung als auflösend bedingtes Verfolgungshindernis **238 II**
Ehe und Familie, Straftaten gegen **169 ff.**
Ehre 34; 32 16; **34;** Begriff **185** 2
Ehrenamtliche Tätigkeit **56d V;** – Richter **11** 28
Ehrengerichtliches Verfahren 343 I Nr. 3; 344 II Nr. 2; 345 III Nr. 4
Ehrenschutz, Verstärkung zugunsten von Politikern **187a; 193** 14
Ei, befruchtetes **219d**
Eid 5 Nr. 10; vor 153 9; un–liche Falschaussage **153, 157, 158, 159;** Partei– **154** 2; Offenbarungs– **154** 8; Vor- u. Nach– **154** 17; –esgleiche Beteuerungen **155;** Versicherungen an –es Statt **156, 157, 158, 163;** nicht –esmündige **157 II;** tätige Reue **158;** falscher **160;** fahrlässiger Falsch– **163**
Eidesgleiche Bekräftigungen 155
Eidesnotstand 157
Eidesstattliche Versicherung 156, 158 ff.; Erkundungspflicht **163** 7
Eigenaufwand 40 6
Eigene Dienste 219b I
Eigengewässer, nationale **vor 3** 9
Eigener Deliktstypus 12 7
Eigenhändige Delikte vor 13 23; **vor 25** 1 b, **25** 6; **26** 12; **vor 153** 13; **176** 2; **179** 2; **182** 2; **315a** 3; **315c** 2; **316** 3; **323a** 16
Eigenmächtige Abwesenheit von der Truppe **Anh. 16** 15, 16
Eigennutz, strafbarer **284 ff.;** Erfordernis eigennützigen Handelns **vor 52** 2b; **331** 11 a; grober **264 II Nr. 1; Anh. 13** 17 II; **Anh. 22** 370 III Nr. 1
Eigennützige Nötigung **240** 27
Eigenschaften, persönliche **14 I, II; 28; 16** 5; **28** 4; amtliche **102, 103;** berufliche **139 II, III, 271, 356;** eines Gewässers, Bodens **324 I, 330** 7
Eigensucht 211 5
Eigentum 34; 73d I; 74e I, 74f I; 289 I, 305, 308, 313, 314; „sozialistisches –" **vor 3** 51; Grundrecht auf – **43a** 3; **73d** 4; –s. Gehören
Eigenverantwortliche Selbstschädigung vor 13 17d, 19; **13** 11; **25** 3; **vor 211** 4; **216** 2; **222** 15a; **226a**
Eigenverantwortliches Handeln vor 13 17d, 19; **13** 11; **vor 32** 3; **vor 211** 6; **222** 15a
Eignungsfeststellung 330 I Nr. 3; 69 10 a
Einbehalten von Beiträgen **266a** 11; von Teilen des Arbeitsentgelts **266a** 14
Einbeziehung einer Geldstrafe **53** 3
Einbruch, Einsteigen **243** 7, 8
Einbußeprinzip 40 6
Eindringen, widerrechtl. **123** 10, **124; 243 I Nr. 1**
Einflüsse, schädliche **218a II Nr. 1**
Einflußnahme, intensive **180b** 3
Einführungsgesetz z. StGB **Anh. 1;** Einl. 9, 10, 12
Einfuhr 184 21; **86 I, 86a** 5, **87 I Nr. 3, 131 I Nr. 4, 184 I Nr. 4, 8, II Nr. 3** 21; **275; 328** 5; eingespieltes –system **vor 52** 26c; von Waffen **Anh. 21** 127, 128, **Anh. 23** 27; von Betäubungsmitteln **vor 52** 2b; **Anh. 4** 29 I Nr. 1, II bis VI, 32 I Nr. 5; jugendgef. Schriften **Anh. 8** 4 III; Vollendung, Beendigung, Vorbereitung der Einfuhr **22** 17a
Eingang, gewaltsam – verschaffen **250 I Nr. 4**
Eingebaute Einrichtungen 323 II
Eingeben in Dateien **348**
Eingehen unzulässiger Geschäfte **283 I Nr. 2**
Eingehungsbetrug 263 32
Eingeräumte Möglichkeit 266b 3
Eingerichtet, in kaufmännischer Weise – **265b III Nr. 1**
Eingeschaltete Stelle 264 I Nr. 1; Anh. 20 2
Eingesehen werden **184** 15, 20c, 22; **Anh. 8** 3 Nr. 2
Eingespieltes Verkaufssystem vor 52 26c
Eingetretene Zahlungsunfähigkeit **283, 283a**
Eingeweihte 268 I
Eingriffe, ärztliche **223** 9; **218b I Nr. 1;**

226a 6; ebenso gefährliche – 315, 315b; befugte – 354 IV
Eingriffsrechte, staatliche 34 24
Eingriffsverwaltung 11 22
Einheit, staatliche 92 3
Einheitliche Handlung (Idealkonk.) vor 52 2
Einheitlicher Vorsatz vor 52 26
Einheitstäter vor 25 1b; 125 6
Einheitstheorie 24 4b; – zur Tateinheit vor 52 4
Einheitsstrafe 38 1
Einheitsstrafenprinzip 53 1
Einigungsvertrag Einl. 9
Einkommen, Netto– 40 6 ff.; – sschwache 40 12; durchschnittliches 40 13; erzielbares 40 14; besonders hohes 40 12
Einleitung des Ermittlungsverfahrens 78c I Nr. 1; einer Untersuchung 158 II; von Schadstoffen 324 5
Einnistung des befruchteten Eies **vor 218** 6, 6a; **218** 4; **219d**
Einreise, Förderung, Unterstützung illegaler – **Anh. 12** 58, 59, 74, 92 I Nr. 6, II, 93 II Nr. 2, III Nr. 2
Einrichten 87 I Nr. 4
Einrichtungen 56b I Nr. 2; 74b II Nr. 2; 86 I Nr. 3 7; 87; 88 I Nr. 4; 100 I, 109 e I, 109 g I; 109h; 219b II; 248c I; 265a 2; 316b I Nr. 3; 353a; 354 III S. 2; Anh. 21 114; der Kirchen 166 5; zum Glücksspiel 284
Einsatzstrafe (bei Realkonkurrenz) 54 3; 55 8c
Einschlägiger Handel 184 22; Anh. 8 5 III
Einschleichen 243 12
Einschleusen von Ausländern Anh. 12 74, 92 II, 93 III Nr. 2b
Einschließung, Beseitigung 38 1
Einschneidende Maßnahmen 74b II
Einschreiten von Amts wegen 183 II, 232 I, 248a
Einsetzen, wissentliches – für 87 7; 88 I, 89 I, 90 III, 90a III, 90b
Einsichtsfähigkeit 20 5; 17 3; 46 29; verminderte 21 3
Einsperrung 239; 240 7
Einstehen für 13 I
Einsteigen 243 Nr. 1
Einstellen des Verfahrens 46 24c; **vor 59** 4; **76a** 11; **170b** 13; bei Verjährung **vor 78**; **78c I Nr. 11** 4; der Zahlungen 283 VI, 283d IV
Einstweilige Anordnung des BVerfG **vor 218** 3g
Einstweilige Unterbringung 51 5

Einstweilig sichergestellte Flächen 329 10
Einteilung der Straftaten 12
Eintragungen 107b; 348
Eintritt des Erfolges 8, 9; – und Berechnung des Amtsverlusts 45a; des befruchteten Eies 219d; der Folgen 225
Einverleiben von Landesgebiet 82 I Nr. 1
Einvernehmen 56d III, 68a III, 76a III
Einverständliche Fremdgefährdung **vor 13** 17d, 19; **vor 32** 3; **vor 211** 4; 216; 222 15a; 226a
Einverständnis 356 I; mit der Tatbestandsverwirklichung 15 11a; s. Befugnis, Berechtigte, Einwilligung, Erlaubnis, Zustimmung
Einwilligung der Betroffenen **vor 32** 3a; mutmaßliche **vor 32** 4; – bei Fremdverstümmelung 109 5; in falsche Anschuldigung 164 7; des zur Sorge für die Person Berechtigten 180 I; Anh. 8 21 IV; bei Beleidigung 185 14; bei Geheimnisverletzung 201 7; 202 12; 203 28; bei Tötung vor 211 12; 216 3; bei Schwangeren 218a I Nr. 1; **vor 218** 11 ff.; des Verletzten 223 9a, 9e; 226a; 340 1; des Erziehungsberechtigten 236; bei Entführung 237; bei Diebstahl 242 17; des Schuldners 283d; in Verkehrsgefährdung 315c 17; d. Verurteilten 56c III, 57 I Nr. 3; ohne – untergebracht 323b; s. Einverständnis
Einwilligungstheorien 15 10, 11b
Einwirken auf den Täter 47 4; Einwirkung des Strafvollzugs 56 I; auf Angehörige der BWehr 89 2; auf die Menschenmenge 125 8; auf ein Kind in sexueller Richtung 176 V Nr. 3; – zur Aufnahme od. Fortsetzung der Prostitution 180b 3, 4, 5; auf den Ablauf 263a 7, 9; störendes – auf d. Aufzeichnungsvorgang 268 13; auf Luftfahrzeugführung 316c I Nr. 1; schädliches – auf die Umwelt 326 V, 329, 330
Einzelakttheorie 24 4c
Einzelfall 106b I, 181a I, II, 218b II Nr. 2c; Anh. 21 112
Einzelhandel 184 16; Anh. 8 4 I Nr. 1; Anh. 9 7 III Nr. 2, 12 I Nr. 8
Einzelstrafen 54 5
Einziehung 74; 11 I Nr. 8; 46 53; erweiterte Voraussetzungen **74a**; Grundsatz der Verhältnismäßigkeit

2035

Sachverz

Fette Zahlen = §§ des StGB

74 b; – des Wertersatzes **74 c**; – von Schriften usw. **74 d**; Wirkung der – **74 e**; Entschädigung **74 f**; Sondervorschrift für Organe u. Vertreter **75**; nachträgliche Anordnung **76**; selbständige Anordnung **76 a**; Bestimmtheitsgebot **1** 4; zeitliche Geltung **2** V; neben Verwarnung **59** III; s. auch **92 b, 101 a, 109 k, 132 a** IV, **142** 55; **150, 152 a** V, **184** 42; **201** V, **219 c** III, **261** VII, **264** V, **282, 285 b, 295, 322, 330 c**; Lastschrift-sverfahren **263** 7; **266** 6 b – im Nebenrecht **Anh.: 4** 33; **11** 30; **12** 92 IV; **17** 7; **21** 122, 129; **22** 375 II; **23** 56; **25** 20; des Führerschein **69** III; drohende – des Schiffes **297**

Einzugsstelle 266 a 12

Eisenbahn, Begriff **250** 7; **315** 4; gefährliche Eingriffe in die Sicherheit des –verkehrs **315**, Gefährdung im –verkehr **315 a**; –verkehrsvorschriften **315 a** 7; Beschädigung, Zerstörung **305**; Betriebsstörungen **88, 316 b**

Ekelerregen 223 4

Elektrische Energie, Entziehung **248 c, 317**

Elektrizitätswerk, Betriebsstörung **88, 316 b**

Elektrische Sendeanlagen 201 1, 6

Elektronisch gespeichert oder übermittelt **202 a** 4, 5

Eltern 77 II, **77 d** II, **173, 174** I Nr. 3; **221** II, **223** II, **223 b, 235, 236**; Erziehungsrecht **175** 1; s. gesetzl. Vertreter, Erzieher, Angehörige

Embryo vor 211 3; **218** 2; **168** 2; –nenschutz **vor 218** 6 ff; –nenschädigung **vor 218** 6 f; mißbräuchliche Verwendung **vor 218** 6 f; eigenmächtiger –nentransfer **vor 218** 6 a; Tötung überzähliger –nen **vor 218** 6 e

Embryonenschutzgesetz Anh. 26

Empfänger von Schriften **74 d**; des Vorteils **333** III; dem – Abzüge macht **353** II

Empfängnis 218 III, **218 a** III

Empfängnisverhütende Mittel 176 2; **180 a** 5; **203** 29; **223** 6

Empfindlich beeinträchtigen 234 a, 241 a

Empfindliches Übel 240 17, 29; **106, 108, 181** I Nr. 1, 2, **253**

Encephalitis 20 8

Endogene Psychosen 20 8

Energie, Bestimmung für den Betrieb Bestimmter – **87** II Nr. 2, elektrischer **248 c**; –versorgungsbetrieb **88, 316 b**

Enkel 77 II, **77 d** II

Entartung der Persönlichkeit **20** 15

Entblößen als sexuelle Handlung **vor 174** 8

Entdeckt, Furcht – zu werden **24** 11; noch nicht **310**

Entfernen von Symbolen **90 a** 9; **104**; Nicht– **123**; unerlaubtes – vom Unfallort **142** 23, **69** II Nr. 3; –von Löschgerätschaften **307** Nr. 3; s. Beseitigen

Entfernung, ausreichende **315 c** I Nr. 2 Buchst. g

Entführung 181 Nr. 2; **234 ff.**; **236** 2; **237** 2; **238**; **239 a, 239 b**

Entgegen der Fahrtrichtung **315 c** 10

Entgegennahme von Anzeigen **145 d, 164**; gefährlicher Güter **330** 5

Entgegenwirken 97 b I Nr. 2

Entgelt, Begriff **11** I Nr. 9; **73** 3 a; **180** 16; **184** 24; **203** V, **265 a** I; –licher Erwerb **265 b** III Nr. 2; –liche sexuelle Handlungen **Anh. 21** 120

Enthalten 200 II, **326** I Nr. 1

Entladen 316 c I; **330** 5

Entlassung 57 15; **57 a** 18; des Untergebrachten **67 d** II; Führungsaufsicht mit – **67 d** V S. 2; **68 f** 2 a; Drohung mit – **240** 6

Entmaterialisierter Gewaltbegriff 240 11

Entnahme von Energie **248 c**

Entrichten, Nicht– des Entgelts **265 a** I

Entschädigung b. Einziehung u. Unbrauchbarmachung **74 f, 74 c** II, **74 e** II, **75**

Entscheidung, Änderung eines Gesetzes vor der – **2** III; **78 c** V; Angabe der Zahl u. Höhe d. Tagessätze **40** IV; frühere **55**; **58**; nachträgliche **56 e** 6; **68 d**; –sreife nach § 454 b StPO **57** 5; für die – erheblich **265 b** I; über die Konkurseröffnung **283 d** I Nr. 2; einer Rechtssache **336** 4; strafgerichtliche – **Anh. 21** 115 II

Entscheidungstheorie 15 11 f

Entschluß, einheitlicher **vor 52** 2, 2 b

Entschlußfreiheit 240, 316 a, 316 c I Nr. 1

Entschuldigender Notstand 35

Entschuldigungsgründe vor 32 14; **17** 2; **19, 20, 33, 35, 142** 40; s. Schuld

Entschuldigt entfernt 142 II Nr. 2

Entsorgung einer Anlage **305 a** 5

Entsozialisierung des Täters **46** 5

Entsprechen 13 17

Entstellung, b. Körperverletzung **224**;

– von Tatsachen **109d I, 164** 6, 263; in seinem Sinn **134, 145 II Nr. 1**
Entwässern von Feuchtgebieten **329** 15
Entweichen, Verleiten zum – von Gefangenen **120**
Entwertungszeichen 148 II
Entwicklung während des Strafvollzugs **57 II Nr. 2** 9g; körperliche oder psychische **170d**; für die technische – von Bedeutung **243 Nr. 5**
Entwürdigende Behandlung Untergebener **Anh. 16** 31
Entwürfe 267 11
Entziehen, beharrlich – **56f I Nr. 2; 67g I Nr. 3; 70b I Nr. 3;** – der für den Betrieb bestimmten Energie **87 II Nr. 2, 316b, 317;** den bestimmungsmäßigen Zwecken – **88;** der Wehrpflicht – **109a;** der dienstlichen Verfügung – **133** 11; beschlagnahmter Sachen **136;** durch Flucht – **142;** einer Unterhaltspflicht – **170b;** v. Minderjährigen **235;** – v. elektr. Energie **248c;** der Fahrerlaubnis s. dort
Entziehungsanstalt 61 Nr. 2, 64; 67a; 67b; 67d; 67e; 67f, 71, 79 IV
Entziehungskur 56c 10a; ambulante **59a III Nr. 2;** Aussichtslosigkeit **64 II** 7; Gefährdung der – **323b**
Epilepsie 20 8
Erben 205 II
Erbanlage 218a II Nr. 1
Erbieten, Annahme des –s **30** 11, **31** 6; **36b III;** s. Anerbieten
ErbgesundheitsG § 14, 226a 11
Erbringen gemeinnütziger Leistungen **56b II Nr. 3; 56f III; 67g VI, 70b IV;** des Wahrheitsbeweises **190;** einer Leistung **265b II**
Erdichtete Rechte 283 I Nr. 4
Erdsockel 3 5
Erfährt, glaubhaft – **138**
Erfaßt 203 11
Erfolg, Nichteintritt des –s **13;** beabsichtigter **15** 8; – verhindern **24** 7; s. auch **8, 9, 67a III, 78a, 111 II, 138, 139 III, IV, 239a III, 316a II, 316c IV;** schwerer **224** 1
Erfolglose Anstiftung 30 I, 159, 357; Anh. 16 34
Erfolgsdelikte vor 13 3, **13, 15**
Erfolgsort 9 4
Erfolgsqualifizierte Delikte 11 38; **18** 2; **22** 20
Erfolgsunwert 46 23
Erforderliche Verteidigung **32** 16; noch – Unterbringung **67c; 67g III;** 72 –s Berufsverbot **70a I;** – Einziehung **74e III Nr. 2, 101a, 109k;** – Hilfe **145 I Nr. 2;** – Ausbildung **203 I Nr. 1;** –r Geschäftsbetrieb **265b III Nr. 1;** – Vorrichtungen **311a;** – Kennzeichnung **315c I Nr. 2g;** – Hilfeleistung **323c**
Erfüllung, gewissenhafte **11** 32; **Anh. 19** 1; v. Auflagen usw. **56b III, 56d III, 56f III, 67g VI, 68a, 68b, 70b IV;** v. Voraussetzungen **90 II; 218a II;** d. Wehrpflicht **109, 109a,** v. Aufgaben der Landesverteidigung **109d;** dienstl. Aufgabe d. BWehr **Anh. 21** 114; –sfähigkeit **263** 7
Erfüllungsbetrug 263 33
Erfundene Anzeigen 145d, 164
Ergebnis der Gesamtwürdigung **57** 9g; der Entwicklung **57** 15; der Wahl **107, 107a;** der Aufzeichnung **268 III**
Erheben der öffentl. Klage **78c I Nr. 6;** von Gebühren **352,** von Abgaben **353**
Erheblich vermindert **21;** –e rechtswidrige Taten **63** 8; **64** 6; **65 I Nr. 1, 2; 70 I, 70a I;** –e Straftaten **66** 14ff; nicht un- verletzt **69 II Nr. 3;** – geschädigt **170d;** von einiger – Wert **174** 8, **175** 6; **184c;** – erschweren **187a I;** in –er Weise **224;** für die Entscheidung – **264** 12; **265 I;** von –keit **271** 2; – unter Wert **283 I Nr. 3;** – er Willensschwäche **302a;** –er Schaden **311c II Nr. 2, III Nr. 1; 315 VI; 316c IV; 330b;** – –e eigene Gefahr **323c;** –e ökologische Bedeutung **330** 8; rechtlich – **348 I ;** – belästigen **Anh. 21** 117
Erholungsgebiet 329 3
Erhöhtes Mindestmaß der Freiheitsstrafe **47 II**
Erhöhung der Strafe **54**
Erinnerungsfähigkeit 20 10b
Erkenntnisse 93 2, **99, 218a I Nr. 2, II**
Erkennungszeichen 267 5
Erklärung 108, 155 Nr. 1, 219b I, 271; Anh. 21 119 I, **120 I Nr. 2;** –stheorie **vor 32** 3
Erklärungswille 267 7
Erkundigungspflicht 17 9
Erlangen, etwas – **73** 3a; von Rechten **45, 108c;** mittels einer rechtsw. Tat **259**
Erlanger Baby 218 3, 6a
Erlangung von Staatsgeheimnissen **98** 4; **99;** der Herrschaft über ein Luftfahrz. **316c I Nr. 1**
Erlaß der Strafe **56g; 45a II, 55 I, 56g, 68g III;** – einer Entscheidung des

Sachverz

Fette Zahlen = §§ des StGB

BVerfG **84** III; – von Anordnungen **106**; Anh. 21 112
Erlaubnis, behördliche **vor 32** 5; **109g** IV, **284, 286**; der Aufsichtsstelle **68b** I Nr. 1; zum Führen von Kfz, Entziehung der – **61** Nr. 6; **69, 69b**; des Anstaltsleiters **323b**; konkludent erklärte – **vor 324** 4e; Erteilen einer fehlerhaften – **vor 324** 6a; Nichtrücknahme einer fehlerhaften – **vor 324** 6b; zur Geschenkannahme **331** 19ff.; **333** 9
Erlaubnisfähigkeit, strafausschließende Wirkung der – **vor 324** 4d
Erlaubnistatbestand, Irrtum über den – des Rechtfertigungsgrundes **16** 27
Erlaubtes Risiko vor 32 13
Erledigung der Maßregel **45a** III, **67** IV, V, **67c** II, **67d** III, **67f, 67g** V, **68g** III, **70b** V; der Strafe durch Anrechnung **51** II; **57** IV; **67** IV
Erlegen jagdbarer Tiere **292** 13
Erleiden 234a; **241a**; Anrechnung erlittener Freiheitsentziehung **51**
Erlöschen der Fahrerlaubnis **69** III; von Rechten **74c** II, **74e** II, **238** II; des Antragrechts **77c**, **238** II; der Verwandtschaft oder Schwägerschaft **11** I Nr. 1 Buchst. a, **77** II, **173** II
Ermächtigung 77e, 76a II, **78b** 9, **257** IV, **323a** III, Anh. 1 308; des Bundespräsidenten **90** IV; des Verfassungsorgans **90b** II; des Präs. d. Gesetzgebungsorgans **353b** IV Nr. 1; der obersten Bundes- und Landesbehörde **353b** IV Nr. 2, 3; der Bundesregierung **97** III, **104a**, **353a** II; der Körperschaft **194** IV; für postdienstl. Verrichtungen **354** III Nr. 1; Bestimmtheit der – **1** 2; der Landesregierung Anh. 1 293
Ermessen, tatrichterliches **46** 53; **50** 2; **51** IV, **76a** III, **56** 9c, 10; -reduzierung **vor 324** 6b; Strafmilderung nach – **49** II; **23** III; **83a** I, **84** IV, V, **87** III, **90** II, **98** II, **113** IV, **129** V, **129a** IV, V, **157** I, **II**, **158** I, **233, 311c** I, **315** VI, **316a** II, **316c** IV, **330b**; s. Tätige Reue
Ermessensbeamter 332 5; **333, 334** III Nr. 2; Fehlgriffe im Umweltbereich **vor 324** 5
Ermittlungsmaßnahmen 34 24
Ermittlungsverfahren, Einleitung des –s **78c** I Nr. 1, 3; Geheimnisverletzung **353b** 17, 13
Ermöglichen, eine Verwendung **131** I Nr. 4, **184** I Nr. 8, 9, III Nr. 3; – von Feststellungen **142**; – des Gebrauchs **152a** III; eine andere Straftat zu – **211** 9; **315** III Nr. 2
Ernährungswirtschaft 310a Nr. 1
Erneuerungsscheine, Fälschung **151** Nr. 4
Ernsthaft für möglich halten **15** 11b; –es Bemühen **24** 14; **31** 7; **83a** III, **84** V, **85** III, **129** VI, **139** III, IV, **149** III, **239a, 264** IV, **265b** II, **266a** V Nr. 2, **311c** II, **315** VI, **316a, 316c** IV, **330b** II, Anh. 21 44; Anh. 16 28 II
Ernstliches Verlangen 216
Ernstnehmen 15 11b
Eröffnung des Hauptverfahrens **78c** I Nr. 7, **219** II; des Konkursverfahrens **283** I Nr. 1, VI, **283d** I, IV
Eröffnungsbilanz 283 27
Erpresserischer Menschenraub 239a, 126 I Nr. 4, **138** I Nr. 7
Erpressung 253; räuberische **255, 126** I Nr. 5, **138** I Nr. 7, **139** III Nr. 3, **307** Nr. 2, **316a**; Führungsaufsicht **256**; v. Aussagen durch Beamte **343**; Notwehr gegen – **32** 16e
Erproben 57 I Nr. 2, **67d** II
Erregen, sexuell – **174** II, **176** V; öffentliches Ärgernis **183a**; – eines Irrtums **263** 18
Erreger, Abfälle mit Krankheits–n **326** 3
Errichtung einer Anlage **305a** 5
error in objecto (persona) 16 6; **22** 26; **185** 23
error in persona 20 21; **22** 28
Ersatz der Geldstrafe durch freie Arbeit **43** 8; Anh. 1 293
Ersatzdienstverweigerer 17 8; **46** 19a; **vor 52** 39a; **56b** 7; **57** 6
Ersatzdroge, Verschreibung von –n **222** 10; **223** 9c
Ersatzeinwilligung 226a 2, 13c
Ersatzfreiheitsstrafe 43; **43a** 12; **53** 3c; bei Soldaten Anh. 16 11; Anrechnung **51** 7; mehrere **55**; Aussetzung **56** 2; Aussetzung des Strafrestes **57** 2a; Abwendung der Vollstreckung **43** 8; Anh. 1 293
Ersatzgegenstand 73, 73a
Ersatzhehlerei 259 9, **261** 3a
Ersatzkasse, Mitglied einer **266a** 8
Ersatzmutterschaft vor 218 6f, g
Ersatzorganisation 84 3; **85, 86**
Erscheint aussichtslos **64** II; angezeigt **67** V
Erscheinungsbild des Täters **20** 9i; regelmäßiges – des Delikts **46** 16

nach „Anh" = Gesetzesnummern

Sachverz

Erschleichung von Leistung oder Zutritt **265a**; eines Passes **Anh. 12 47 I Nr. 6**
Erschöpfungszustände 20 10a
Erschütterungen 330 I Nr. 2
Erschweren 187a I, 283 I Nr. 1, 2, 3, 7, 283b I Nr. 1, 2, 3, 307 Nr. 3
Ersetzen 51 II
Erstatten, Nicht- erbrachter Leistungen **56 f. III; 67 g VI; 70 b IV;** – von Anzeigen **139 III, 158 II;** unwahrer Berichte **353a**
Erstmals verbüßt **57 9a, 9c**
Erstrebt, -er Zweck **72 I;** -e Leistung **239a III**
Erstrecken auf **73 II**
Erstverbüßer, Aussetzung der Strafrestvollstreckung **57 5a, 9a, 9c, 9d**
Ersuchen, richterliches **78 c I Nr. 12**
Erwachsener Anspruch **57 V; 73 I**
Erwartung 45 b I Nr. 2; 46 I S. 2; 56 5; 56 b III; 56 c IV; 56 f 3 c, 57 I, 59 I Nr. 1; 62 2; 63 7; 67 b; 67 c II; 67 g II; 68 e I, 68 f II, 69 a I, 70 I, 183 III
Erweislich wahr **186**
Erweiteter Gesamtvorsatz vor **52 26b**
Erweiterter Verfall 73d; 42 6; Verhältnis zum Verfall u. zur Vermögensstrafe **73 1d; 73d 4; 76; 150 I, 181c, 244 III, 244a III, 260 III, 260a III, 261 VII, 285b I, Anh. 4 33**
Erweiterte Voraussetzungen der Einziehung **74a**
Erwerb in verwerflicher Weise **74a Nr. 2;** gutgläubiger **263 27;** entgeltlicher – **265b III Nr. 2;** von Schußwaffen **Anh. 23 4, 53**
Erwerbslosigkeit, Meldepflicht als Weisung **68 b I Nr. 9**
Erwerbstätigkeit von Ausländern **Anh. 12 14 II, 56 III, 92 I Nr. 3, 93 I**
Erwiesene Schuldunfähigkeit **64 I, 69 I, 70 I**
Erwidern 199, 233
Erzeugnisse, landwirtschaftliche **308 I, 310a Nr. 1**
Erzieher, Privilegierung **180 11; 131 IV; 184 14; 223 11;** Züchtigungsrecht **223 12; Anh. 8 21 IV**
Erziehung, zur – anvertraut **174 3; I Nr. 1, 2; 174a I, 180 III;** entwürdigende -smaßnahmen **223 11**
Erziehungsbeistandschaft 174 3
Erziehungsberater, Berufsgeheimnis **203 I Nr. 4**
Erziehungsberechtigter Anh. 9 1 Nr. 2, 2 II

Erziehungsgedanke 46 8a, 52
Erziehungspflicht, gröbliche Verletzung **170d; 180 I; Anh. 8 21 IV;** s. Züchtigungsrecht
Erziehungsverhältnis 174 I Nr. 2, 180 III
Erzielen, einen übermäßigen Vermögensvorteil **302a 31**
Erzwingen des Überholens **240 11;** s. Nötigung
Etwas erlangen 73 3a
EURATOM/EAG 3 2a
Europa-Anleihen 264a 2
Europäische Gemeinschaften, Recht der – **264 VI**
Europäische Menschenrechtskonvention 32 21
Europäisches Parlament, Wahlen zum – **108d 1, 2**
Euroschecks (-karten), Fälschung von Vordrucken für – **6 6; 138 I Nr. 4; 152a;** Mißbrauch von -karten **266b**
Euthanasie vor **211 13;** s. Sterbehilfe; s. Früheuthanasie
Eventualbegründungen 46 53a
Eventualdolus 15 5
EWG, Freizügigkeitsgebot für Rechtsanwälte aus -Staaten **203 16**
exceptio plurium (b. Betrug) **263 13**
Exhibitionisten 20 15; 183 9
Exhibitionistische Handlungen 183
Exklusivitätslösung 251 6
Experimente in der Humanmedizin **223 9**
Explodierende Stoffe 293 II; vgl. **310a Nr. 1, 310b**
Explosion durch Kernenergie **310b, 311b, c, 6 Nr. 2, 126 I Nr. 6, 129a I Nr. 3, 138, 139;** Sprengstoff- **311, 311b, c, 316c I Nr. 2, III;** -sgefährliche Abfälle **326 4**
Exspektanz 263 28
Exterritorialität vor **3 20ff.; 3 1;** vor **32 17, 19**
Extrakorporale Befruchtung vor **218 6a ff.**
Extrauteringravidität 218 4
Exzeß d. Täters b. Anstiftung **26 16;** Mittäterschaft **25 8;** intensiver Notwehr- **33,** extensiver **32 27;** bei Einwilligung **226a 7**

F

Fachblätter, ärztliche oder pharmazeutische **219b III**
Factoring 266 11

2039

Sachverz

Fette Zahlen = §§ des StGB

Fähigkeit, Einsichts– **20** 5; **21**; **17** 3; Verlust von –en **45 ff.**; **92a**, **101**, **102 II**, **108c**, **109i**, **129a VI**, **264 V**, **358**
Fahnen 86a II
Fahnenflucht Anh. 16 16; **Anh. 14** 7 III
Fahrausweis 44 IV, **69b II**
Fahrbahnbenutzung 315c I Nr. 2e
Fähre 318
Fahren, falsches **315c I Nr. 2a–f**;
Fahrerflucht 69 II Nr. 3, 142
Fahrerlaubnis, amtl. Verwahrung b. Fahrverbot **44**; gerichtliche Entziehung **61 Nr. 5**; **69 bis 69b**; verwaltungsbehördliche **69** 19; – auf Probe **69** 19; ausländische – **44** 14; **69b**; Verwahrungsbruch **133** 2; Anrechnung d. vorl. Entz. d. – **51** 19; Fälschung **275** 2; Mißbrauch **281** 2
Fahrgeschwindigkeit 315c I Nr. 2d
Fahrlässigkeit, Begriff **15** 12; bewußte **15** 9; durch – verursachte Folge **11 II**; durch – herbeigeführter Erfolg **18**; bei Tötung oder Schädigung der Frucht **218** 7; fahrlässige Unkenntnis der Fahruntüchtigkeit **316** 9a; – im Umweltstrafrecht **vor 324** 6a, 6b; s. auch **16 I**; **97**, **109e V**, **163**, **222**, **230**, **232**, **233**, **283 IV, V**, **283b II**, **309**, **310a II**, **310b II, IV**, **311 IV, V**, **311d III**, **311e IV**, **314**, **315 IV, V**, **315a III**, **315b IV, V**, **315c III**, **316 II**, **317 III**, **320**, **323 III, IV**, **323a**, **324 III**, **325 III**, **326 IV**, **327 III**, **328 III**, **329 IV**, **330 V, VI**, **330a II**, **353b I**; **Anh. 4** 29 IV; **Anh. 8** 21 III; **Anh. 17** 1 IV; **Anh. 21** 111 II, 113 II, 114, 121, 122, 127 II, 128 II
Fahrlehrer 174 4; Sorgfaltspflicht **222** 12d
Fahrrad, Gebrauchsentwendung **248b**
Fahrtenschreiber 268 2, 3, 6, 13, 13c, 13f; **274** 2
Fahrtrichtung entgegen der – **315c** 10
Fahruntüchtigkeit, BAK-Wert **20** 9h; **222** 11, **315a** 6, **315c** 3a; relative – **315c** 3b; **316** 7; fahrlässige Unkenntnis **316** 9a
Fahrverbot, gerichtliches **44**; nach StVG **44** 1; Anrechnung auf das – **51 IV**
Fahrzeug 315b 4, **315a I**; Feststellung des –s **142**; Entführung mit – **237**; Gefährdung durch –e **315c**; –führen trotz Fahruntüchtigkeit **316**; s. Fahrrad, Kraftfahrzeug, Schienenbahn
Fahrzeugführer 315a 4, 6; **330 I Nr. 4**

Fahrzeuggebrauch, unbefugter **248b**
Fahrzeuginsassen 315c 15
Faires Verfahren, Grundsätze des –s **99** 1a
Faktisches Organ 14 1, 18
Fallwild 292 4
Falsch, uneidlich – aussagen **153**; **5 Nr. 10**; – schwören **154**, s. Meineid; –er Personenstand **169**; überholen, fahren **315c I Nr. 2**; –e Namensangabe **Anh. 21** 111; s. Fälschung
Falschaussage, uneidliche **153**, **157 ff.**; **5 Nr. 10**
Falschbericht 353a 2
Falschbeurkundung 271 ff., im Amt **348**; **Anh. 16** 48
Falsche Angaben 57 V 11
Falscheid, Verleitung **160**, fahrlässiger **163**
Falsche Namensangabe Anh. 21 111
Falsche Tatsachen, Vorspiegelung **144**, **263**
Falscher Schlüssel 243 9
Falsche Verdächtigung 164, **165**
Falsche Versicherung an Eides Statt 156 ff.
Falsche Vordrucke für Euroschecks (– karten) **152a**, **6 Nr. 7**, **138 I Nr. 4**
Falsche Zeichen oder Signale **315 I Nr. 3**, **315b** 4b
Falschgeld 146 7; **147**; Lieferungsangebot **22** 15
Fälschlich, Grenzstein – setzt **274 I Nr. 3**
Falschmünzerei 146 ff.; **146** 3
Fälschung, Gefährdung der BRep. durch –en **100a**; v. Wahlen **107a**, von Wahlunterlagen **107b**; Geld- und Wertzeichen– **146 ff.**; von Vordrucken für Euroschecks (und –karten) **6** 6; **138 I Nr. 4**; **152a**; von Urkunden **267**; – gespeicherter Daten **vor 263**; technischer Aufzeichnungen **268**; **263a** 17; Vorbereitung der – von amtl. Ausweisen **275**; von Gesundheitszeugnissen **277**
Fälschungsmittel 149 II Nr. 2, **150**, **282**
Familiäre Beziehung 13 5b
Familienberater 203 17
Familienname, Falschangabe, Angabeverweigerung **Anh. 21** 111
Familienehre 185 3
Familien- u. Hausdiebstahl 247
Familienstand Anh. 21 111
Familienverhältnisse 46 25
Fangbriefe 354 12; **242** 17, 22

nach „Anh" = Gesetzesnummern

Sachverz

Fangen 292, 293
Fangprämie 240 9; 253 14; 263 3
Fangschaltung 354 9
Farben, Verunglimpfung 90a 6
Fehlbuchung, Betrug bei – 263 7
Fehlen e. Vermeidewillens 15 11b; d. Unrechtseinsicht 17 6; 20, 21; – besonderer persönlicher Merkmale 28; eines Milderungs- oder Strafschärfungsgrundes 46 36; – des Strafantrags 76a II, 78b I
Fehlerhaft herstellen 109e II; 311e I
Fehlgeschlagener Versuch 24 7a
Fehlüberweisungen, Betrug durch – 263 7
Feiern v. Weltanschauungsvereinigung 167 4
Feiertage, Fristablauf 77b 2
Feindseligkeit 211 6b, 6c
Feilhalten usw. 319 6; 148, 149, 152a, 275 I
Felder 310a Nr. 2
Feldfrüchte 308
Feld- und Forsthüter, Widerstand gegen 114 2
Feld- u. ForstschutzG 242 27; Anh. 1 4 IV, V
Fensteraushängen 240 9
Fernbleiben von der Truppe Anh. 16 15
Fernmeldeanlagen, Ges. über Anh. 25; Betriebsgefährdung 88, 317; Abhören mit – 201 1, 6
Fernmeldegeheimnis 354 7
Fernmeldenetz, Erschleichen von Leistungen 265a
Fernmeldeverkehr 354 V
Fernmeldeweg 354 II
Fernschreiber 354 V
Fernsprechanlagen 248c 4; 265a 1; 354 II
Fernziel, Berücksichtigung bei der Verwerflichkeitsfrage 240 27
Festlandsockel vor 3 10; 5 12; vor 324 8; 324 4
Festnahmerecht vor 32 6, 7; 113 16; 240 21
Festsetzen von Fristen 57 VI, 57a IV, 67e III, 68e II
Feststellung, tatsächliche –en 55 I, 69a V, 70 IV; der besonderen Schwere der Schuld 57b 2; – des BVerfG 84, 85, 86; –sprinzip 84 1; 85 6; – des Wahlergebnisses 107; der Identität 125 13; Anh. 11 29 I Nr. 1b; – der Person 142 25; des Personenstandes 169 6; ärztliche – der Indikation 219, 219a, 355 I Nr. 1c

Festtage, Fristablauf 77b 2
Fetozid vor 218 6e
Feuchtgebiet, Entwässerung 329 15
Feuer 307, 308, 310a; s. Brandstiftung
Feuerlöschgerätschaften 307 Nr. 3, 145 II Nr. 2
Feuerungsanlagen 325 2
Feuergefahr 265 I
Feuerversicherungsbetrug 265
Feuerwehr, Sorgfaltspflicht 222 12d
Filme 74d 6; als Propagandamittel 86 5; Freigabe für Jugendl. Anh. 9 6; pornographische 184 23; Anh. 9 15
Filmveranstaltungen, Jugendliche in – Anh. 9 6, 12 I Nr. 5
Finale Handlungslehre vor 13 26; vor 25 10; Handlungsbegriff vor 13 3
Finaler Rettungsschuß vor 32 6
Finanzbehörde 355 I Nr. 1c
Finanzwechsel 263 7, 13, 31
Fischen, unberechtigtes 293 bis 295
Fischereiaufseher, Widerstand gegen 114 2
Fischereigerät 295 2
Fischereigesetz 293 1
Fischereischeingesetz 293 1
Fischwilderei 293ff.
Fläche, sichergestellte 329 III
Flachs 310a Nr. 1
Flagge, Bundes- 4; Verunglimpfung 90a 6; Entfernen, Zerstören usw. 90a II; ausländische 104
Flaggenprinzip vor 3 4; 4
Flaggenrechtsgesetz 4
Flammenwerfer Anh. 23 37 I Nr. 8, 53 III Nr. 3
Flankierende Maßnahmen vor 218 3a
Flucht, Notwehrrecht bei –hinderung 32 16; des Verurteilten 68c II; nach Verkehrsunfall vor 52 2; 69 II Nr. 3; 142; –hilfe 258 6; Hilfe zur – aus der DDR 302a 7; 51 16b; Schießbefehl 3 11i
Flüchtlinge 7 3
Flugblattaufruf zu Sitzblockaden 240 2a
Fluggäste 316c I
Fluglotsenstreik 240 7
Flugplatz 325 2
Fluguntüchtigkeit, absolute 315a 6
Flugzeug, Versuch der Einfuhr 22 17a; Begriff 109g 5; Entführung 316c; 239 2
Flüsse vor 3 12
Flüssigkeiten, brennbare 310a Nr. 1
Foetus 218 2
Folgen, schwere – der Tat 60 3; beson-

2041

Sachverz

Fette Zahlen = §§ des StGB

dere – der Tat **18**; s. auch **11 II, 224, 225, 227, 233, 241a IV**
Fördern erkennbarer Tatgeneigtheit **vor 13** 17; der Resozialisierung **67a I, III**; der Bereitschaft **125**; des Entweichens **120** 7; sexueller Handlungen Minderjähriger **180**; der Prostitution **180a**; **180b**; **181a**; **6** Nr. **4**; von Schwangerschaftsabbrüchen **219b I Nr. 1**; **219c I**; der Wirtschaft **264 VI Nr. 2, 264** 10; von Postdelikten **354 II Nr. 3**; der illegalen Einreise **Anh. 12** 74, **92 II, 93 III** Nr. 2b
Fordern 108b II; **331** 12; **332, 335a**
Forderungen 263 27; s. Rechte; s. Geld–
Form d. Äußerungen **192, 193** 23
Formalbeleidigung 192, 193
Formelhafte Begründung 56 10
Formblätter 267 11; Aufklärung in –n **223** 9h
Formelle Sekretur 93 5; **353b** 1
Formen 74d I, 149 I Nr. 1; 152a I Nr. 2a; 275 I Nr. 1; Anh. 21 123, 127, 128
Förmlich verpflichtet 11 I Nr. 4; 203 II Nr. 5; 353b II; Anh. 19 1
Forschung 86 III
Förster, Berufskleidung **132a I Nr. 4**
Forstdiebstahl 242 22; **Anh. 1** 4 IV
Forsthüter, Widerstand gegen **114** 2
Forstwiderstand 113, 114
Forstwirtschaft, –lich genützter Boden **330** 7
Fortbewegungsfreiheit 239 1; **32** 6
Fortdauernlassen behördlicher Maßnahmen **164**
Fortführen einer Vereinigung **84** 4; **86 I Nr. 4**
Fortgesetzte Begehung 244 Nr. 3 10, **250 I Nr. 4**
Fortgesetzte Handlung vor 52 6; **8** 3; **66** 4; **260** 3
Fortpflanzungstechnologie vor 218 6a, 9k; **222** 8; **223** 9d
Fortschaffung 221 I
Fortsetzung der Verfolgung **78b I**; der Vollstreckung **79a**; der Prostitution **180a IV**; **181 I Nr. 1, 3**; – der Schwangerschaft **218a II Nr. 1, 3**; **218b I Nr. 1**
Fortsetzungsvorsatz vor 52 27
Fortsetzungszusammenhang begründender Gesamtvorsatz **vor 52** 26a
Fotografieren als sexuelle Handlung **vor 174** 5, 8
Fotokopie 267 12b; **268** 7

Frachtlohn 265 I
Frank'sche Formel 22 11; **24** 6
Frauen, Vergewaltigung **177**; Mißbrauch einer widerstandsunfähigen – **179 II**; exhibitionistische **183 IV**; Schwangerschaftsabbruch **218 IV, 219c II**; Entführung **236, 237**
Frauenhandel s. Menschenhandel
Frei von Verantwortlichkeit **37**; Abwendung der Vollstreckung durch –e Arbeit **43** 8; **Anh. 1** 293; –e Wahl **92 II Nr. 1**; unter –em Himmel **106a**; – umherbewegen **Anh. 21** 121
Freigänger 120 4
Freihafen vor 3 13
Freiheit, Gefahr für – **35** 2; von fremder Botmäßigkeit **92 I**; Straftaten gegen die persönliche – **234 ff.**; **5** Nr. **6**; **126 I Nr. 4**; **129a I Nr. 2**; **138 I Nr. 7**; – der Willensentschließung und Willensbetätigung **240** 2; s. Meinungs-, Presse-, Informations-, Kunstfreiheit
Freiheitlich demokratische Grundordnung 86 3; **93** 10
Freiheitsberaubung 239; Gefahr der – **234a, 241a**; bei Kindern und Jugendlichen **239a**
Freiheitsentziehende Maßregeln 61 Nr. 1–4; 63 bis 67a; s. auch 45a II, 67d I, 68f I, 70a III, 72 III, 79 V, 157, 174b, 345; nicht – **Nr. 5–7; 68 bis 68g; 69 bis 69b; 70 bis 70b; 344**
Freiheitsentziehung 66 II, III S 1, 239 II, III; Anrechnung **51**; **56 IV, 57 IV, 57a II**; s. Freiheitsberaubung
Freiheitsstrafe 12 4; Begriff **38** 1a; Vollzug **38** 4; **57** 2a; Dauer der – **38**; Aussetzung der – **56 ff.**; Bemessung **39**; Geldstrafe neben – **41**; Ersatz– **43**; kurze – nur in Ausnahmefällen **47**
Freisetzen von Kernenergie **310b**; ionisierender Strahlen **311d I Nr. 1**; von Staub usw **325** 5; von Giften **330a** 3
Freisprechung 190; **vor 78** 4
Freiverantwortliche Selbstschädigung vor 13 19; **vor 211** 4, 6; **222** 15a; Hungerstreik **vor 211** 6b; Suizid **vor 211** 6
Freiwillig 24 6ff., 8; **31** 7; **57** 4a; s. Tätige Reue
Freizeit 56c II Nr. 1, 68b II
Fremdabbruch vor 218 16; **218** 8
Fremde, –s Land **180a III, 180b** 4; **181 Nr. 2**; – Dienste **219b I Nr. 1**; –s Kind **239a**; – elektrische Energie **248c**; –s Fischereirecht **293**; –s Geheimnis **203 ff., 355 I Nr. 2**; –s Ver-

2042

nach „Anh" = Gesetzesnummern

mögen 259 3; –r Betrieb, –s Unternehmen 303b; –s Eigentum 305, 308; –es technisches Arbeitsmittel 305a 4; – Gegenstände 308; – Regierung 353a
Fremde Macht 93 5; 94, 97a, 98, 99, 100a
Fremde Sachen 242 1, 4; 69 II Nr. 3; 125a Nr. 4; 246, 249, 289, 303; von bedeutendem Wert 310b, 311, 311a IV, 311d, 311e, 315 16, 315a I, 315b I, 315c I, 330
Franchisenehmer 286 9
Fremdes Währungsgebiet 152; Anh. 21 127
Fremdgefährdung, einverständliche vor 13 19; vor 32 3
Fremdtötungsverbot vor 211 14
Fremdverstümmelung 109 6
Frieden, Störung des öffentlichen –s 126 1; 130 2; 140; 166; s. auch 125
Friedensgefährdende Beziehungen 100
Friedensverrat vor 80 3; 80; 5 Nr. 1; 138
Frische Tat 252 5
Frist 45a, 45b II, 57 VI, 57a IV, 66 III, 67a IV, 67c II, 67d, 67e, 68e II, 69a, Antrags– 77b; Verjährungs– 78, 78c V, 79
Fristbewilligung bei Geldstrafen 42
Fristenlösung vor 218 3, 3e, 3f; verkappte – 218 8c; das –surteil vor 218 9a
Früchte 308 I
Früheuthanasie vor 211 20
Frühgeburt 218 6
Frühzeitige Entlassungsentscheidung 57 15; 57a 18
Führen eines Fahrzeuges 44 5; 69, 69a VII, 68b I Nr. 6; 69b; 315c 3; der Dienstaufsicht 77a II; 315a 4, 6; 315c, 316, 330 I Nr. 4; eines Luftfahrzeugs 316c I Nr. 1; Beisich– 68b I Nr. 5; 113 II Nr. 1; 125a Nr. 1, 2; 244 I Nr. 1, 2; 250 I Nr. 1, 2; Mitsich– 295; von Amtsbezeichnungen usw. 132a 15; von Personenstandsbüchern 169 6; einen kriminellen Lebenswandel – 170d; von Handelsbüchern 283 I Nr. 5, 283b I Nr. 1; von Schußwaffen usw. **Anh.** 23 4, 53
Führerschein 44, 51 V, 69 III, 69a VI, 69b I; s. Fahrerlaubnis
Führungsaufsicht vor 3 58; 61 Nr. 4; Eintritt mit Maßregelaussetzung 67b II, 67c, 67d II 6a; V 7; Straftaten während der – 67g I Nr. 1; Verjäh-

Sachverz

rungsfrist 79 IV; Voraussetzungen 68; Aufsichtsstelle 68a; Anh. 1 295; Bewährungshelfer 68a; Weisungen 68b; Dauer 68c; nachträgliche Entscheidungen 68d; Beendigung 68e; 68f 4a; – bei Nichtaussetzung des Strafrestes 68f; – und Aussetzung zur Bewährung 68g; Ruhen der Verjährung 79a 4a; Verstoß gegen Weisungen während der – 145a; s. auch 129a VII, 181b, 218 II, 228, 239c, 245, 256, 262, 263 V, 263a II, 321; **Anh.** 4 34
Führungsmann 87 10
Fundunterschlagung 246 17
Funkanlagen Anh. 25; – zum Abhören 201 1, 6
Funkberichterstattung 109f
Funktioneller Inlandsbegriff vor 3 8, 40
Furcht 33 3
Fürsorgeberechtigter 223b
Fürsorgepflicht 170d; 223b; staatliche – 13 6
furtum usus, Auto-, Fahrrad-Diebstahl 248b; 263a 18; Gebrauchsanmaßung 290 2
Fußballtoto 284 7
Fußgänger, Vertrauensgrundsatz 222 12b; BAK bei –n 316 6; – passagen 123 5, 8
Fußgängerüberweg, falsches Fahren an –en 315c I Nr. 2c
Futter 310a

G

Ganzheitsbetrachtung bei der Zumessung 46 7
Garantien, Übernahme von – 265b III Nr. 2; des Kreditinstituts 266b 3, 4, 5
Garantenpflicht 13 5; 16 12; 222 15a; vor 324 6b, c
Garantenstellung 13 5a; der Anstaltsleitung bei AIDS 13 6; 28 6; vor 211 6; 263 12; 323c 12
Gartenfrüchte, Entwendung 242 27
Gärtnerisch genützter Boden 330 7
Gaschromatographische Methode 316 8a, 8c
Gase, brennbare 310a Nr. 1; Freisetzen von –n 325 5; 326 6
Gaspistole 241 2, 3; 244 3
Gastarbeiter s. Ausländer
Gaststättenbesuch, Verbot für Jugendl. **Anh.** 9 3, 12 I Nr. 1
Gastwirt, Sorgfaltspflicht 13 11, 12; 222 12d, 14; 316 10; 323a 16

Sachverz

Fette Zahlen = §§ des StGB

GC-Verfahren 316 8a, 8c
Geändert, -e Strafdrohung **2 II**; –es Gesetz **2 III**; nachträglich -e Entscheidung **56e, 68d**
Gebärmutter, Eintritt des Eies **219d**
Gebäude, Begriff **243** 6; des Gesetzgebungsorgans **106a, 106b; Anh. 2** 112; Diebstahl **243 Nr. 1,** 4; Zerstörung **305**; Brandstiftung **306 ff.**
Gebiet d. Bundes oder Landes **92** 4; Luftaufnahmen von e. – **109g II**; außerhalb des räuml. Geltungsbereichs **234a**; s. auch **79b;** –sgrundsatz **3** 1; umweltschutzbedürftiges – **329** 3
Gebietsgrundsatz vor 3 4; **3 1**
Gebietshochverrat 81 5; **82** 1
Geboten 32 18; **56 III, 57a** 7e; **59 I Nr. 1, 183 II; 232 I, 248a**
Gebrauch, gewerbliches Gewähren des –s **184** 20b; von Tonaufnahmen **201** 4; von Urkunden **267** 23, **273, 277, 278, 279, 281** 2; von technischen Aufzeichnungen **268** 14; gespeicherter oder veränderter Daten **269** 5; von Pfändern **290**; von Gegenständen **74 I, 101a, 109k**; von Vorrichtungen **74d I**; von Beteuerungsformeln **155 Nr. 1**; der persönl. Freiheit **239**; in –nehmen **248b I, 290**; subventionsbetrügerischer – **264 I Nr. 3**; zum – anderer **319**
Gebräuche d. Kirchen usw. **166** 6
Gebrauchsabsicht 146; 152a III
Gebrauchsanmaßung des Pfandleihers **290**; von Auto u. Fahrrad **248b**
Gebrauchsgüter gesundheitsgefährliche – **319** 3, **320**
Gebrauchsrecht 289 1
Gebrechliche, Aussetzung **221**; Mißhandlung **223b**
Gebrechlichkeit 221 3
Gebührenüberhebung 352, 353
Gebührenüberhöhung 302a 7, 25
Gebunden, an Bahngleise – **248b V**; –er Beamter **332** 5
Geburt vor 211 2; **217; 218a II Nr. 1; 220a I Nr. 4;** –enbuch **271** 3 ff., 12; –sname, –sort **Anh. 21** 111; nichteheliche **11 I Nr. 1a**
Gedanke der Völkerverständigung **85 I Nr. 2, 86 II**
Gedankenäußerung 267 3
Gedankenübermittlung, zur – bestimmte Träger **202** 3
Gedrängt worden **98 II**
Geeignet 56c III Nr. 2, 72, 109d, 126 II, 130, 140 Nr. 2, 149 I Nr. 1, 152a I Nr. 2a, 164 II, 166 7; **186, 187, 187a,** **218b II Nr. 2c, 219b I Nr. 2, 219c I, 220a I Nr. 3, 229 I, 308, 311a, 311d I, 319, 325, 326** 6; **Anh. 21** 117, 118, 119, 127, 128

Gefahr, Begriff **34** 3; Abwendungspflicht **13** 4; Dauer- **34** 4; gegenwärtige **34** 4; **35; 177, 178, 249, 255**; nicht abwendbare **34** 5; **35**; für Leben **35** 3; für Leib **35** 4, Freiheit **35** 5; geringfügige **35** 14; vom Täter ausgehende **62** 2; vom Täter drohende **69a I**; der Begehung erheblicher rechtsw. Taten **64** 6; **65 I Nr. 1; 70 I; 70a I; 74 II Nr. 3;** der Begehung weiterer Taten **68**; – Hangtäter zu werden **65 II Nr. 3**; eines Krieges **80**; eines schweren Nachteils **93, 94, 95, 97, 97a, 99 II Nr. 2, 100a, 101a;** schwere **100 II**; des Todes **113 II Nr. 2, 125a Nr. 3, 218 II Nr. 2, 250 I Nr. 3, 330a;** für das Leben **218a I Nr. 2, 218b III**; für Leib oder Leben **177, 178, 249, 252, 255, 323**; tatbestandsspezifische **226** 2; Brand- **310a;** Abwendung der – **311c;** für Leben oder Gesundheit **318**; einer schweren Körperverletzung **330a;** einer schwerwiegenden Beeinträchtigung des Gesundheitszustandes **218a I Nr. 2**; einer Notlage **218a II Nr. 3**; gerichtlicher Bestrafung **157**; erheblicher Schädigung in d. körperlichen od. psychischen Entwicklung **170d; Anh. 9** 1, **12 IV;** der Verfolgung **234a, 241a**; wirtschaftlicher Not **283a Nr. 2, 283d III Nr. 2**; abstrakte und konkrete **vor 306** 1; **308** 3; gemeine **243** 36; **vor 306** 1, **312–314, 323c;** Gemeingefahr **vor 306** 1, **315** 14; für die Allgemeinheit oder die Nachbarschaft **330 I Nr. 2**; Furcht vor persönlicher – **Anh. 16** 6

Gefährdung d. Allgemeinheit **74 II Nr. 2; Anh. 21** 118; d. Maßregelzwecks **69a II, 145a;** d. demokr. Rechtsstaates **5 Nr. 3; vor 80** 3; **84ff.**; d. äußeren Sicherheit **4 III Nr. 2, 94ff., 138**; d. Ansehens d. Staates **90b**; der BRep. durch Fälschungen **100a;** d. Sicherheit d. BRep. **109e, 109g;** d. öffentl. Sicherheit **125** 4; d. öffentlichen Friedens **130**; des Lebensbedarfs **170b;** sittliche **184b;** des Kredits **187**; durch Behandlung **223a** 5; durch politische Verdächtigung **241a;** der Herkunftsermittlung **261** 12; des Fischbestandes **293**; von Schiffen oder Ladungen **297**; von Leib oder Leben

2044

oder fremde Sachen v. bedeut. Wert **310b** I, **311, 315, 315a, 315b, 315c**; von Fernmelde-Anlagen **317**; des Verkehrs **69** II **Nr. 1, 315ff.**; der Entziehungskur **323b**; schutzbedürftiger Gebiete **329**; von wichtigen öffentlichen Interessen **353b** 13; von Kindern od. Jugendl. **Anh. 9**
Gefährdungsdelikte, s. abstrakte –; konkrete –; potentielle –; Begehungsort **8** 2; **9** 2
Gefährdungsvorsatz 15 11h
Gefahrengemeinschaft 13 5b, 10
Gefahrenquelle 13 5
GefahrgutVO-Straße 330d 4; – Eisenbahn **330d** 4
Gefährlich für die Allgemeinheit **63** 7, 9; **66 I Nr. 3** 15
Gefährliche Eingriffe in den Verkehr **315, 315b, 126 I Nr. 6, 138 I Nr. 9**
Gefährliche Güter 297 10; **330** 5; **330d** 4
Gefährliche Körperverletzung 223a
Gefährliche Stoffe 324
Gefährliches Tier, Halten **Anh. 21** 121
Gefährliches Werkzeug 223a 2
Gefährlichkeit des Täters 66 15
Gefährlichkeitsprognose vor 61 1; **66** 15, 16; **vor 63** 1; **63** 5; **67c** 3
Gefälschte Gegenstände **100a**; –s Papier **149, 275**
Gefangene, Begriff **120 IV, 121 IV**; **Anh. 21** 115 II; AIDS-Infektion eines – **13** 6; Wahlrecht **45a** 3; Befreiung **120**; **Anh. 16** 48; **Anh. 14** Art. 7 II Nr. 6; Entweichenlassen **120** II; Meuterei **121**; beleidigende –briefe **32** 7a; sexueller Mißbrauch von –n **174a** I; Arg- und Wehrlosigkeit **211** 6c; Operationen an –n **226a** 3; unbefugter Verkehr mit –n **Anh. 21** 115
Gefängnisstrafe, Wegfall **38** 1
Gefühle s. Beweggründe
Gefühllosigkeit 46 19
Gegenangriff 32 13
Gegeneinander abwägen **46** II
Gegenleistung 11 I Nr. 9; 73 3a; **331** 17; **263** 33; **264** 9; **302a**; **332, 333, 334**
Gegenpartei 356
Gegenseitigkeit 104a 3
Gegenstand der Tat **23** III; d. Verfahrens **51** I; d. Landesverteidigung **109f I Nr. 2**; –slos **55** II; des Betriebs **265b** III Nr. 1; – der Aufzeichnung **268** 8
Gegenstände, verbotene **56c** II Nr. 4, **68b I Nr. 5**; Verbleib von –n **57** V; Verfall **73, 73a, 73d**; Einziehung

74ff.; Kennzeichen darstellende – **86a I Nr. 2**; als Geheimnisgeschützte **93** 2, 99; **353b** 11; gefälschte oder verfälschte – **100a** 2; als Schutzwaffen geeignete – **125** 11; zum Schwangerschaftsabbruch geeignete **219b, 219c**; die dem sexuellen Gebrauch dienen **Anh. 21** 119, 123; s. auch **88 I Nr. 4, 109g II, 290, 304, 308, 310a, 319**; s. Einziehung; s. Sachen
Gegenschlag, Recht zum – **193** 14
Gegenschlußwirkung 46 46
Gegenwärtige Gefahr **34** 4; **35**; **177** 4; **178, 249, 252, 255**
Gegenwärtige Lebensverhältnisse 218a I Nr. 2
Gegenwärtiger Angriff 32 II 8
Gehandelt hat 8 3; 9; **74d** III; **109g**
Geheimbereich, Verletzung des persönlichen Lebens und – **201ff.**
Geheimdienstliche Tätigkeit 99 2
Geheimdienst 99 1a, 3
Geheime Wahl 92 II Nr. 1
Geheimhaltungsbedürftig 353b 7; **203, 204**
Geheimnisbegriff, materieller **93** 5; **353b** 11; formeller **353b** 1; personell relativer **93** 3; richtungsmäßig relativer **93** 6; zeitlich relativer **93** 7; materiell-faktisch **95** 2
Geheimbereich vor 201
Geheimnisse, Staats– **93ff.**; illegales **93** 9, **99** 6, **97a, 97b**; Wahl– **107c**; Brief– **202, 354**; Privat– (zum persönlichen Lebensbereich gehörendes – oder Betriebs- oder Geschäfts–) **203** 2; **204**; **5 Nr. 7**; Dienst– **353b** 7; geheimhaltungsbedürftige Gegenstände **353b** 11; Post- und Fernmelde– **354**; Steuer– **355**; Nebenfolgen **358**
Geheimnisgeschützter 203 5
Geheiratet 182 II, **238** II
Gehilfe 27, 28, 46 42, 49; von Rechtsanwälten usw. **139** 7, **203** III 11
Gehirnentzündung 20 8, 23
Gehör, Verlust **224, 225**
Gehören 73 IV; **74** 12; **74a, 74c, 78a, 92 I, 106b I, 129 IV, 149, 274 I Nr. 1, 283 I Nr. 1, 283d I, 285b, 325 I Nr. 1, 354 III Nr. 2, 357 II**
Gehorsamspflicht vor **32** 8, 16; soldatische – **Anh. 16** 19ff.
Gehorsamsverweigerung Anh. 16 20
Geiselnahme 239b, 126 I Nr. 4, 138 I Nr. 7, 139 IV Nr. 3
Geisterfahrer 315c 10a
Geisteskrankheit 20 8, 15; Arglosigkeit

Sachverz

Fette Zahlen = §§ des StGB

bei – **211** 6c; – als Folge von Körperverletzung **224, 225**
Geistige Mängel 46 20; **315a** 3b; **315c** I Nr. 1b
Geistigkeitstheorie 267 2
Geistliche, Anzeigepflicht **139**; als Erzieher **174** 3; Ausbilder **174** 4; **174a** 2; Züchtigungsrecht **223** 15; s. auch Religionsdiener
Gelangenlassen 94 3, **95, 97, 100a, 109g, 184** 22; **353b** II
Geld (Metall, Papiergeld), nachgemachtes **146ff.;** Begriff **146** 2; –fälschung **146, 149; 6** Nr. 7; **138** I Nr. 4; Nachmachen **146** 3; Verfälschen **146** 4; Inverkehrbringen von Falsch- **147**; Einziehung **150**; dem – gleichgestellt **151**; Gattungssache **242** 21; **259** 9; –anlagebetrug **264a**; Abzüge an – **353** II; in – entschädigen **74f** I; Herstellen od. Verwenden von Sachen zur –fälschung **Anh. 21** 127ff.
Geldauflage 56b 7
Geldauszahlungsautomaten 242 19; **265a** 3
Geldautomaten 242 19a; **263a** 8; **265a** 3; **152a** 6
Geldbetrag 56b II Nr. 2; **73a, 74c** I
Geldbußen 1 4; **345** III Nr. 2; Aufforderung zu mit – bedrohten Handlungen **Anh. 21** 116; **Anh. 1** 4 V
Gelddarlehen 265b 9
Geldfälschung vor 3 49; **146; 6** Nr. 7; Vorbereitung **149**; **Anh. 2** 127ff.; Nichtanzeige **138** I Nr. 4
Geldforderung 265b III Nr. 2
Geldspielautomaten 284 3
Geldstrafe 40ff.; für DDR-Alttaten **vor 3** 58; Verhängung in Tagessätzen **40**; – neben Freiheitsstrafe **41**; **52** III; **56** 2; –nendsumme **40** 5; Zahlungserleichterungen **42**; **79a** Nr. 2c; Ersatzfreiheitsstrafe **43**; **Anh. 16** 11; Gebot zur Verhängung **47** II; statt Freiheitsstrafe **49** II; Anrechnung auf **51** 16; mehrere **53**; – und Vermögensstrafe **53** 3b; Einbeziehung der – **53** 3; nachträgliche Gesamt– **55** 8; Aussetzung der – **56** 2; Verwarnung mit Strafvorbehalt **59**; Verjährungsfrist **79** III Nr. 4, 5; Abwendung der Vollstreckung durch freie Arbeit **Anh. 1** 293; bei Straftaten von Soldaten **Anh. 16** 10; Zahlung der – für den Täter **258** 9; bei Verletzung der Unterhaltspflicht **170b** 13; bei Trunkenheitstätern **316** 11; bei Umweltstraftaten **vor 324** 2

Geldwäsche 261
Gelegenheit z. weiteren Straftaten **56c** II Nr. 3, 4; **68b** I Nr. 3, 5; z. sexuellen Handlungen **180**; **Anh. 21** 119
Gelegenheitstaten 56f 3
Geleistet, Hilfe – **27**; vgl. **155**; **353**
Gelöscht 310
Geltung, sachliche des StGB **Anh. 1** 1ff.; zeitliche – **2**; – für Inlandstaten **3**; für Taten auf deutschen Schiffen und Luftfahrzeugen **4**; für Auslandstaten **5ff.**
Geltungsbereich des Strafrechts, zeitlicher **2**, räumlicher **vor 3** 2; **3ff.**; dieses Gesetzes **vor 80** 2; **56g, 66** III, **80a, 84** bis **88, 91, 100, 109f, 109g** II, **131** I Nr. 4, **184** I Nr. 4, 8, III Nr. 3, **194** IV, **234a, 275, 311a; 328** 5; **330d** Nr. 1; Beschränkungen d. Anwendungsbereichs **91**; bei Wahlen **108d**; des StGB für Steuerstraftaten **Anh. 22** 369 II
Gemartert 251
Gemeinde, –verbände **108d**
Gemeinderäte 11 24
Gemeine Gefahr 243 Nr. 6 36; **145**; vor **306** 1, **312–314, 323c**
Gemeine Not 323c 5; **145**
Gemeingefahr vor 306 1; **315** 14
Gemeingefährdung, fahrlässige **320**
Gemeingefährlich 211 8; –e Vergiftung **319, 126** I Nr. 6, **138** I Nr. 9
Gemeingefährliche Krankheiten, Abfälle, die – hervorrufen **326** 3
Gemeingefährliche Mittel, Tötung mit –n **211** 8
Gemeingefährliche Straftaten 306ff.; Androhung **126**; terroristischer Vereinigungen **129a** I Nr. 3; Nichtanzeige **138** I Nr. 9
Gemeinnützige Einrichtungen 56b 7
Gemeinnützige Leistungen 56b 8
Gemeinsam ausüben **77d** II, **292** II
Gemeinschädliche Sachbeschädigung 304
Gemeinschaft, häusliche **247**; Garantenstellung **13** 6, 10; Europ. –en **264** VI
Gemeinschaftliche Ausführung 25 7; bei Körperverletzung **223a, 226** 5; bei Diebstahl **244** I Nr. 3; bei Raub **250** I Nr. 4; bei Wilderei **292** II
Gemeinschaftsfrieden s. Störung
Gemeinschaftsgüter, Schutz von –n **vor 3** 48
Gemeinschaftswidriger Gebrauch des Eigentums **73d** 4

Gemildert 13 II, 17, 21, 35 I
Gemindert, -e Gefahr 83a III
Gemischte Theorie vor 78 4
Gemischtgenutzt, -es Gebäude 306 4a
Genau bestimmen 68b I
Genehmigung, -sfähigkeit einer Umweltbeeinträchtigung **vor 324** 4d; fehlerhafte **vor 324** 6; Betreiben von Anlagen ohne – **325** 3; **327** 3, 4; **330 Nr. 3;** Umgang mit Kernbrennstoffen ohne – **328; 330 Nr. 4;** des Vorgesetzten bei einfacher Bestechlichkeit **331** 18ff.; **333** 9; nachträgliche **226a** 2
Generalklauseln 1 5
Generalprävention 46 3, 6a, 9
Generalstreik als Gewaltanwendung **81** 8; **240** 11
Generelle Kausalität vor 13 16
Genfer Abkommen 6 9
Genfer Kreuz, unbefugte Benutzung **Anh. 21** 125
Genforschung vor 218 6a; 222 8
Genocid 220a
Genomanalyse vor 218 6a
Genötigter 253
Gentherapie vor 218 6a; 223 1, 9
Gentransfer vor 218 6a
Genugtuung 56b III; 200 1
Genuß berauschender Mittel **315a, 315c, 316, 323a** 3a; **323b**
Geöffnet, Behältnis – 202 II
Geordnetes Verfahren 203 I Nr. 3
Gepfändete Sachen 136
Geplante Straftaten 138, 139
Geprüft, letztmals – 55 I, 69a V, 70 IV
Gerader Linie 11 I Nr. 1a
Gerät, technisches **268;** zum Abhören **201** 1, 6; -esicherungsgesetz **222** 8
Geräusche 329 3; s. Lärm
Gerechtfertigt 51 I; nicht -e Subvention **264** II Nr. 1
Geregelte Ausbildung 203 I Nr. 1
Gereizt 213
Gericht 11 I Nr. 7; 5 Nr. 10; Hausrecht im – 113 2; bei Eidesdelikten **153** 2; **154** 3; Mitteilungen über -sverhandlungen **353d** 3; -liches Verfahren über die Konkurseröffnung **283d** I Nr. 2; -liches Vergleichsverfahren **283d** I Nr. 2; -liches Verfahren in Steuersachen **355** 8
Gerichtet auf (gegen) **86, 98, 99, 109f, 125** 14; **129, 129a, 241, 259** I, **273, 313**
Gerichtsbeschlüsse, Widerstand gegen die Vollstreckung von –n 113
Gerichtshilfe 46 17aE; 56 4; 56f 2
Gerichtsverhandlungen 353d 3

Geringe Menge 326 V; nicht – **vor 52** 26; **Anh. 4** 29 III Nr. 4, 30 I Nr. 4
Geringe Schuld 84 IV, 86 IV, 86a III, 113 IV, 129 V, 129a IV
Geringes Unrecht der Tat 174 IV, 175 II Nr. 2
Geringfügig, -e Gefahr 35 14; – radioaktiv **326** I
Geringfügigkeitsprinzip 240 23, 28a
Geringwertige Sache 243 II; 244a IV; 248a 4, 5a; 265a III; 266 III; bei Verfall **73c**
Geruchstoffe, Freisetzen von 325 5
Gesammelte Mannschaft 127
Gesamtaufzeichnungen 268 10
Gesamtbetrachtungslehre 24 4b
Gesamtemission 151 Nr. 1
Gesamtgeldstrafe 53 3; 55 8
Gesamtsaldierung 263 30
Gesamtschuldner 231
Gesamtstrafe (Realkonkurrenz) **53;** Bildung der **54;** Grundsätze der **55** 1; **67f** 2; nachträgliche Bildung der – **55, 59c** II, **46** 38, **51** 13, **56f** 3a; **57** 9e; lebenslange Freiheitsstrafe als – **54** 1a; **57a** 11a; **57b;** – und Strafaussetzung **58; 56** 9m; – und Verwarnung **59c;** Sicherungsverwahrung bei **66** 4, 5; nach WStG **Anh. 16** 13; Sperrfrist bei – **69a** 10ff.
Gesamturkunden 267 13, 19b
Gesamtvergleich 2 12b
Gesamtvorsatz vor 52 26
Gesamtwillen 129 3
Gesamtwirtschaft 87 II Nr. 2
Gesamtwürdigung 13 20; 21 6; 23 3; 27 12; **34** 8; **46** 7, 41, 42, 43, 49; **47** 7; **49** 2; **54** 6; **56** 6, 9b; 9d; **57** 6a, 9g; **57a** 7e, 11b; **57b** 2; **59** 4; **63** 6; **66** 16; **69** 10a; **70** 6; **211** 2a, 5, 5b; **213** 2c, 9
Gesandte, Angriff **102;** Beleidigung 103
Geschädigt, schwer – es Opfer **66** I Nr. 3; Unfall-e 142 I Nr. 1; erheblich – 170d
Geschäft, zum – machen **144;** -liche Verhältnisse **283** I Nr. 8; Dienst- **357** II
Geschäftsbetrieb, in kaufmännischer Weise eingerichteter – **265b** III Nr. 1
Geschäftsführer, Pflichtenstellung, Generalverantwortung **13** 6; faktischer **14** 18; Veruntreuen von Gesellschaftsgeld **266** 4, 15; **vor 283** 19ff.; **283** 4; Ausschließung **vor 283** 23
Geschäftsführung ohne Auftrag, **vor 32** 4
Geschäftsgang 78c II

Sachverz

Fette Zahlen = §§ des StGB

Geschäfts- oder Betriebsgeheimnis 5 Nr. 7; 203 ff.; 355 I Nr. 2, Anh. 13 17 II

Geschäftsmäßigkeit vor 52 45; **144**

Geschäftsraum ausländischer Diplomaten **vor 3** 17; **123** 4; **124; 243 Nr. 1; 184** 16; **Anh. 8 4 I Nr. 1**

Geschäftsunfähige, Antragsmündigkeit **77 III**

Geschäftsverkehr 184 22; **Anh. 8 5 III**

Geschätzt, –es Einkommen **40 III**; –er Wert d. Gegenstandes **73 b, 74 c III**

Geschehenlassen 357 5

Geschehensabläufe 268 6

Geschenk 108 b; 331 11

Geschichte, Berichterstattung über Vorgänge der – **86 III; 131 III**; Sachen v. Bedeutung für – **243 Nr. 5**

Geschicklichkeit, besondere **20** 9; bei der Wegnahme **249** 4

Geschicklichkeitsspiel 284 5

Geschlechtskrankheiten, Gesetz zur Bekämpfung von **203** 29; **223** 6

Geschlechtsverkehr, ungeschützter **46** 37; bei HIV-Virusträgern **233** 6 b

Geschlechtstrieb 211; 65 I Nr. 2

Geschlossene Gesellschaften 284

Geschosse Anh. 23 2

Geschütztes Interesse 34

Geschütztes Rechtsgut 184 c

Geschwindigkeit im Straßenverkehr **315 c I Nr. 2 d**

Geschwister 11 I Nr. 1 a 8; **77 II; 77 d II;** Beischlaf **173 II, III**

Gesellschaft, Leben in der – **46 I;** geschlossene **284;** vertretungsberechtigter –er **14, 75 I Nr. 3; Anh. 21** 130

Gesetz, Anwendung d. – zZt. der Tat **2 I;** – bei Beendigung d. Tat **2 II;** mildestes **2 III;** Zeit– **2 IV;** – zZt. der Entscheidung **2 VI;** Erfolgsverhinderungspflicht durch – **13** 6; Vollstreckung von –en **113 I;** im materiellen Sinne **264** 16; durch – **266** 3, 10 a

Gesetzesänderung 2

Gesetzeseinheit vor 52 17

Gesetzesgeltung, zeitliche **2;** räumliche **3 ff.;** s. räumlicher Geltungsbereich

Gesetzeskonkurrenz vor 52 17

Gesetzgebungsorgane, Indemnität **36;** Parlamentsberichte **37;** Ruhen d. Verjährung **78 b II;** Verunglimpfung **90 b;** Ausübung d. Staatsgewalt durch **92 II Nr. 1;** Nötigung **105, 106;** Bannkreisverletzung **106 a;** Hausordnung **106 b;** Ermächtigung **194 IV, 353 b IV Nr. 1;** Beleidigung **194 IV;** Geheimnisse **203 II Nr. 4, 353 b;** Verletzung der Hausordnung **Anh. 21** 112

Gesetzlich bestimmt 1 2

Gesetzlichkeitsprinzip 1 1

Gesetzlich verpflichtet 283 I Nr. 5, 283 b I Nr. 1

Gesetzlicher Vertreter als Handelnder **14** 3; **266 a** 6; **vor 283** 21; **Anh. 21** 130; bei Strafantrag **77 III**

Gesetzliches Verbot 353 d

Gesetzlichkeitsprinzip 1 1

Gesetzmäßige Bedingung, Lehre von der – **vor 13** 16 d

Gesetzwidriges Verbreiten **74 d III Nr. 2;** Verhältnis **266** 9 a

Gesichert, besonders **149 I Nr. 2, 151, 152 a I Nr. 2 b, 202 II, 243 Nr. 2, 275 I**

Gesichtspunkt, ärztlich bedeutsamer **218 b I Nr. 2**

Gesinnung des Täters **46** 19; **56** 6 c; **240** 8, 10, 27; s. Absicht; s. Beweggründe

Gesinnungsmerkmale 16 19

Gesondert 52 III, 53 II, 77 b III

Gespeichert, –e Daten **202 a** 4

Gespräche im Fernmeldeverkehr **354 V**

Gesprochenes Wort 201

Geständnis 46 29 d; Erpressung des –ses **343**

Gestatten von Teilzahlungen **42;** – strafb. Handlungen **354 II Nr. 3**

Gestohlen, –es Gut **252;** –e Sache **259**

Gestorben 77 II, 194 II

Gestört 87 II Nr. 2

Gesundheit, –sbegriff der WHO **218 a** 10, strafrechtlicher –sbegriff **223** 6; schwere –sschädigung **218 b II Nr. 2; 218** 16; schwerwiegende Beeinträchtigung des körperlichen oder seelischen –szustandes **218 a I Nr. 2;** nicht behebbare Schädigung des –szustandes **218 a II Nr. 1;** Beschädigung **223** 6; Schädigung **223 b** 10, **311 a; Anh. 21** 117; Zerstörung **229, 319 ff.;** Gefahr für die – **218 b III, 318**

Gesundheitszeugnisse, Fälschung **277;** Ausstellung unrichtiger **278;** Gebrauch **279**

Getilgte Vorstrafen **46** 24 b

Getöteter 213, 216; 69 II Nr. 3

Getränke, alkoholische **64, 315 a I Nr. 1, 315 c I Nr. 1 a, 316, 323 a, 323 b; Anh. 21** 122

Getreide 310 a

Gewähren, Kenntnis **73 IV;** Nicht- einer Entschädigung **74 e II, 74 f II;** –

nach „Anh" = Gesetzesnummern

Sachverz

von Vorteilen 333 4; 108b I, 334, 335a; von Gelegenheit 180; von Wohnung, Unterkunft oder Aufenthalt 180a I Nr. 2; II Nr. 1, 2; gewerbliches – des Gebrauchs 184 20b; der Subvention 264 IV, VI, VII Nr. 2; des Kredits 265b I; 302a I Nr. 2; einer Sicherheit oder Befriedigung 283c; sich – lassen 302a
Gewährleistungen 265b III Nr. 2
Gewahrsam 168 3; 246; Begriff 242 9; **Anh.** 21 115 II; s. Verwahrung
Gewahrsamsvollzug 51 3
Gewährsübernahme 13 7
Gewalt, Begriff 240 5; Betäubungsmittel 240 8; entmaterialisierter –begriff 240 11; Sitzblockaden 240 12, 25; Unterlassen als –anwendung 240 14; Erscheinungsformen 240 13; Abgrenzung von der Drohung 240 4, 11; – gegen Dritte 240 10; – gegen Sachen 240 9; Mißbrauch der – 26 4; bei Hochverrat 81 8; 82; – oder Willkürherrschaft 92 II Nr. 6, 194 I 3c; samer Ausbruch 121; – oder Willkürmaßnahmen 130 6; –förderndes Klima 234a, 241a; Widerstand durch – 113 19; **Anh.** 22 373; –darstellung 131; Vergewaltigung 177; sexuelle Nötigung 178; schwerer Menschenhandel 181; – in der Familie vor 218 4f; der – überlassen 223b; Nötigung mit – 240 3, 105, 106, 107; bei Raub 249 4, 250 I Nr. 2, 251, 252; bei Erpressung 253 4; Anwendung von – 316c I Nr. 1; vgl. 234, 234a, 235, 237, 244 Nr. 2, 255; 343
Gewaltsam ausbrechen 121 8ff.; – überführen 220a I Nr. 5; –e Steuerhinterziehung **Anh.** 22 373
Gewalttätigkeit, bedingter Vorsatz 15 11; 113 29; 121 III Nr. 3; 124 7, 125 3; 125a Nr. 3; –en verherrlichende oder verharmlosende Schriften usw. 131 4; **Anh.** 9 8 V; – sexueller Art 184 34
Gewartet 142 31
Gewässer, Begriff 330d Nr. 1, 324 2, 3; –schutz 324ff.; Verunreinigung 324 5, 330 I Nr. 1; –schutzbeauftragter 324 9; nachteilige Veränderung 324 6, 330 I Nr. 1; Abfallbeseitigung 326 5, 330 I Nr. 1; in Wasser- und Heilquellenschutzgebieten 329 5, 330 I Nr. 1; Freisetzen von Gift in einem – 330a 3; Fischbestand eines –s 293 II
Gewerbe, –verbot 70ff., 145c; –anzeigen 203 9; Gegenstände des – 304; in Ausübung des –s 323 II; Abbau im Rahmen e. –betriebs 329 9
Gewerbegehilfe als Hehler 259 17
Gewerbetreibende Anh. 9 10 bis 12
Gewerbezweig 70, 145c
Gewerbliche Leihbüchereien, Lesezirkel, –r Pornofilmverleih 184 19ff.; Gebrauchsgewährung 184 20b; **Anh.** 8 4 I Nr. 4, 21 I Nr. 3, 4; Leistungen 193
Gewerbsmäßige Hehlerei 260 I Nr. 1
Gewerbsmäßige Bandenhehlerei 260a
Gewerbsmäßigkeit 12 7; 16 14; 28 6; 46 47; vor 52 42, 43; 73d 6; 150 I; 180a I, II Nr. 1, 181a II, 181c, 243 26; 260 2; 260a, 261 VII; 263 53; 284 III, 285b I; 292 III; 293 III; 302a II Nr. 2; **Anh.** 4 33 I Nr. 1; **Anh.** 22 373, 374
Gewidmet, dem Gottesdienst 167, 243 I Nr. 4, 304
Gewillkürter Abfall 326 2
Gewinn 73 3a
Gewinnabschöpfung 43a 3; 73 1c; 73d
Gewinnanteilscheine 151 Nr. 4
Gewinnaufspürung 261 3
Gewinnausschüttung, verdeckte 266 20
Gewinnen von Bodenbestandteilen 329 12
Gewinnmöglichkeiten s. Glücksspiel
Gewinn- und Verlustrechnungen 265b I Nr. 1; 283 25, 28
Gewinnstreben, ungewöhnlich gesteigertes 46 37; 266 31; tatbeherrschendes 211 4
Gewinnsucht 28 6; 41 3; 235 10; 283a Nr. 1, 283d III Nr. 1
Gewinnwäsche 261
Gewissenhafte Erfüllung 11 32; 203 II Nr. 5; Verpflichtung auf die – **Anh.** 19 1
Gewissensanspannung 17 8
Gewissensfreiheit 323c 7
Gewissenstäter 17 8; 46 19; vor 52 39; 56 6a
Gewohnheitsmäßigkeit 16 17; 46 47; vor 52 42, 44; 150; 243 26; 284 II; 292 III, 293 III; 302a 37
Gewohnheitsrecht 1 9; vor 3 33
Gewöhnlicher Aufenthalt 5 Nr. 6
Gewonnen (aus) 131 I Nr. 4, 184 I Nr. 8, 9, III Nr. 3, 310a
Gewürdigt 54 I
Gift 229 2; 319; –ige Abfälle 326 3, 5; Freisetzen von –en 330a

Sachverz Fette Zahlen = §§ des StGB

Glaubhaft erfahren **138** I, II
Gläubiger, Vereiteln von –ansprüchen **288**; im Konkursverfahren **283** c
Gläubigerbegünstigung 283 c
Gleichartigkeit d. Rechtsguts, **vor 52** 29; der Begehungsform **vor 52** 30; – der Tatmehrheit **53** 1a; Strafbemessung bei – der Taten **54** 6
Gleichbewertung jeglichen menschlichen Lebens **vor 218** 5, 6d, 8a, 9a
Gleichgültigkeit 15 11d; **56** 8
Gleichzeitig abgeurteilt **53** I; – mit der Maßregel verhängte Strafe **67** b
Glied 224 4
Glimmende Gegenstände **310** a
Glücksspiel 284 2, 3; **284** a, Begriff **284** 1; Einziehung **285** b; Vorspiegelung **263** 7; Zutritt von Jugendlichen **Anh. 9** 8, 12; organisiertes – **129** 3
Gnadenweg, im –e **45** a III; **57** 4b; **79** a Nr. 2b
Goldene Brücke 24 3
Gottesdienst, Störung, beschimpfender Unfug **167**; Diebstahl dem – gewidmeter Sachen **243** 28; Beschädigung **304**; Brandstiftung **306 Nr. 1**
Grab, Zerstörung oder Beschädigung **168, 304**
Grad der Gefahr **34** 11; der vom Täter ausgehenden Gefahr **62** 2; akademischer – **132** a 7
Grausam 211 7; das –e darstellen **131** 5
Grenzabfertigungsstellen 3 4a; **22** 17a
Grenzbezeichnung, Veränderung einer – **274 I Nr. 3**
Grenze 3 4, 6; – der Notwehr **33**; Verrückung **274 Nr. 3**
Grenzgewässer 3 4c; **324** 3
Grenzstein 274 I Nr. 3
Grenzüberschreitende Organisationen 85 6
Grenzübertritt Anh. 3 11, 12
Grenzverkehr, kleiner **Anh. 3** 5
Grenzwert, absoluter – für Fahruntüchtigkeit **316** 6a
Grenzzeichen 274 Nr. 3
Grob, –er Unverstand **23** 6; –e Verletzung der Pflichten **70** I, **70** b I Nr. 1; in –er Weise **167** I Nr. 1; –er Eigennutz **264** II Nr. 1; **Anh. 22** 370 III Nr. 1; in – widersprechender Weise **283 I Nr. 8**; – pflichtwidrig **311** d IV, **315** a 7; **325** IV; **330** I Nr. 3, 4; – verkehrswidrig **315** c; – ungehörig **Anh. 21** 118; – anstößig **219** b I; **Anh. 21** 119
Gröblich 56 f 4; **56** d III; **67** g I Nr. 2,

70 b I Nr. 2, **109** d; **170** d; **180** I; **Anh. 8** 21 IV
Großen Ausmaßes 264 II Nr. 1
Große Zahl von Menschen **330** 12; s. auch **124** 2; **283** a 3; **311** a 3
Großfeuerungsanlagen 325 2
Grundbuch 271 13, 14
Gründe in der Person **67** d V; dringende **218** a 16
Gründen krimineller Vereinigungen **129**; terroristischer Vereinigungen **129** a
Grundgesetz 1 1, 4; **36** 1; **37** 2; **80**; **84** III; **81** I Nr. 2; **Anh. 21** 132; s. verfassungsmäßige Ordnung
Grundkonsens, parlamentarischer **194** 1
Grundlagen d. Strafbarkeit **vor 13**; für die Bemessung eines Tagessatzes **40** III; für die Strafzumessung **46** I
Grundlagenvertrag 3 3, 11
Grundordnung, freiheitl. demokr. **86**, **93**
Grundsatz der Verhältnismäßigkeit 62; **74** b
Grundsätze der Strafzumessung **46**; rechtsstaatliche **234** a I, **241** a I
Grundstück, Parlaments– **106** b I; **Anh. 21** 112
Grundwasser 324 3, **330** d Nr. 1
Gruppe 56 c I Nr. 3; **68** b I Nr. 3; **88** 7; Angehöriger einer – **194** 3c; **220** a
Gruppenwillen 129 3
Großformen 86 a
Gültig, als – verwenden **148** II
Gut, gestohlenes **252**
Gutachten, Sachverständigen– **20** 23ff.; falsches eidliches **154** 16; Vorlage falscher – **265** b I Nr. 1
Gutachterstelle bei Kastration **226** a 12; bei Sterilisation **226** a 13; bei Schwangerschaftsabbruch s. Beratungsstelle
Güter, gefährliche **297** 10; **330** 5; **330** d 4; lebenswichtige – **316** b III; Ges. über die Beförderung **330** 4
Güter- u. Pflichtenabwägung 34 8ff.; **193** 8; **203** 32
Gutgläubiger Erwerb 261 15
Güterkraftverkehrsgesetz Anh. 17 1 Nr. 7
Gute Sitten 226 a

H

Habgier 211 4
Hacker 202 a 2
Haft, Wegfall **38** 1

nach „Anh" = Gesetzesnummern

Sachverz

Haftbefehl 78 c I Nr. 5; Sicherungs– **56 f** 9; **vor 56** 15
Haftung, zivilrechtliche – wegen mißlungener Abtreibung **vor 218** 8 d
HAK 316 8 b
Halbautomatisches Gewehr 243 I Nr. 7
Hälfte der Zeitdauer **45 b I Nr. 1;** der Bewährungszeit **56 f II;** – einer Freiheitsstrafe **57 II,** der Verjährungsfrist **79 b**
Halten von Glücksspielen **284** 9; von Fahrzeugen **68 b I Nr. 6;** von Tieren **Anh. 21** 121
Haltende Fahrzeuge, Sicherung **315 c I Nr. 2 g**
Handel, einschlägiger **184** 22; **219 b III; Anh. 8** 5 III; – treiben **22** 17 b; **vor 52** 2 b; Sorgfaltspflicht beim Heroin– **222** 15 a; **Anh. 4** 29 I Nr. 1, 30 I Nr. 1
Handeln auf Befehl vor 32 8
Handeln für einen anderen 14; s. Sonderdelikte
Handelsbücher 283 20; Unterlassen der Führung und Aufbewahrung **283 I Nr. 5, 6, 283 b I Nr. 1, 2**
Handelsrecht, nach – verpflichtet **283 I Nr. 6, 7, 283 b I Nr. 2, 3**
Handelswechsel 263 7, 13
Handeltreiben 22 5, 17 a, 17 b; **vor 52** 2 b
Handfeuerwaffen 243 I Nr. 7; Anh. 25 1 IV
Handlung, Begriff **vor 13** 3; vorbereitende **vor 13** 22; Tat– **8** 3; **11** 38; –sfähigkeit **20** 17; natürliche –seinheit **vor 52** 2; fortgesetzte **vor 52** 25; selbständige –en **53;** sexuelle –en **174 ff.; 236, 237;** Begriff **184 c;** exhibitionistische –en **183;** grob ungehörige – **Anh. 21** 118
Hanf 310 a
Hang zu strafbaren Handlungen **66** 13; zum Rauschmittelgenuß **64** 3
Hardware-Manipulation 263 a 3, 9
Harnalkoholkonzentration 316 8 b
Härteausgleich 46 35 f; **55** 7 b; **58** 4
Härteklausel 43 10
Härtevorschrift 73 c; 73 d 12; **74 f III**
Hartnäckigkeit krimineller Lebensführung **66** 14 b
Haschisch vor 52 25 b; **64** 3 a
Haß 130
Haufen, bewaffneter **127**
Hauptamtlich 56 d V
Hauptstrafe 12 4; **vor 38** 2

Haupttat, Verhältnis der Teilnahme zur – **vor 25** 9; **26** 9; **27** 3
Hauptverfahren 78 c I Nr. 7, 219 II
Hauptverhandlung 78 c I Nr. 8
Haus 184 b Nr. 2; zum Abbruch bestimmtes – **123** 5 a
Hausbesetzungen 123 5 a; **129** 3; **240** 13
Haus- und Familiendiebstahl 247; Betrug **263** 53
Hauseigentümer als Garant **13** 12; **222** 14
Hausgewerbetreibender 266 a 7
Hausfrauen, Nettoeinkommen **40** 9
Hausfriedensbruch 123; schwerer **124; Anh. 14** 7 II Nr. 7; **Anh. 1** 4 V
Häusliche Gemeinschaft 247 4; Garantenstellung **13** 6
Hausmüll 326 6
Hausordnung eines Gesetzgebungsorgans **Anh. 21** 112
Hausrecht 123 1; des Versammlungsleiters **Anh. 11** 7
Hausschlüssel, Eindringen mit falschem **243** 9
Hausstand 223 b
Hebammen 132 a 2; **203 I Nr. 1** 14; Sorgfaltspflicht **222** 10
Heeresdienst, Werbung für ausländischen **109 h;** Versagung des Passes **Anh. 3** 7 I e
Hehlerei 259 (Ersatz– 9); gewerbsmäßige **260;** Führungsaufsicht **262;** Steuer– **Anh. 22** 374; **Anh. 1** 4 III, IV
Heide, Brandgefahr **310 a Nr. 2**
Heilbeflissene 222 10
Heilbehandlung, gesetzliche Regelung der – **vor 211** 17, 21; **222** 10; **223** 9; **226 a;** als Weisung **56 c III, 59 a III Nr. 2;** an Exhibitionisten **183 III;** keine Diensthandlung **340** 2
Heilberufe, Berufsgeheimnis **203 I Nr. 1** 14; Gesetze **132 a** 2
Heileingriff, ärztlicher **223** 9 ff.
Heilquelle, staatlich anerkannte **330** 6
Heilquellenschutzgebiet 329 5; **330 I Nr. 1**
Heilversuche 222 10; **226 a** 2
Heilzwecke, Eingriffe zu **223** 9; **226 a** 6
Heimarbeiter 266 a 7; Auftraggeber eines –s **266 a** 7
Heimarbeitsausschuß 11 22
Heimaufenthalt als Weisung **56 c III;** Züchtigungsrecht **223** 12
Heimliche AIDS-Tests 223 9 w

2051

Sachverz

Heimtückisch 211 6
Heirat nach Verführung **182 II**; nach Entführung **238 II**; –sbuch **271** 3 ff., 12
Heizung, Zudrehen der – **240** 9
Helfend 56 d III, 68 a II
Hemmschwelle bei Tötungsdelikten **15** 11, **20** 9 d
Hemmungsvermögen 20 9; **21** 4
Herabgehen bis zum Mindestmaß **49 II**
Herabwürdigen 186 13; **187**
Heranwachsende 10; 38 2
Herausgabe 239 a; an Unberechtigte **328 II**; von Subventionsvorteilen **Anh. 20** 5
Herausgeber 74 d 8
Herbeiführen einer Gefahrenlage **13** 11; eines Irrtums **26** 4; einer Kriegsgefahr **80** 7; eines Krieges **100**; einer Gefahr **94, 95, 97 a, 100 a, 109 e, 109 g,** 318; eines unrichtigen Wahlergebnisses **107 a** 2; der Wehruntauglichkeit **109**; e. behördl. Verfahrens **164**; des Bankrotts **283 II**; Verfahren zur Herbeiführung, **283 d I Nr. 2**; e. Brandgefahr **310 a**; e. Explosion **310 b**, 311, **6 Nr. 2, 126 I Nr. 6, 129 a I Nr. 3, 138, 139**; e. Schadens **325** 11; s. auch **191, 220 a, 241 a, 312–315, 316 c I Nr. 2, III**
Herkunftsnachweis für Vermögen **43 a** 3
Heroin, –anteil **46** 23 a; **vor 52** 25 b; fahrl. Tötung durch Überlassen von – **222** 15 a
Herrenlose Sachen **242** 6; **246** 8; **292** 3
Herrschaftsverhältnis, tatsächliches **242** 9
Herrschaftswille 242 9; **316 c I**
Herrühren 261 5
Herstellen 74 d I, 86 I, 86 a 5, **87 I, 100 a II, 109 e II, 109 g II, 131 I Nr. 4,** 149, 152 a, **184 I Nr. 8, III Nr. 3** 27; **201 I Nr. 2**; **268 I Nr. 1**; **275 I, 283 I Nr. 3**; **310 a Nr. 1, 311 b I, 316 c III; Anh. 21** 127 ff.; betraut mit – **354 III S.** 2
Hersteller, Haftung des –s **222** 14
Hervorgebracht 92 b I Nr. 1, 101 a I Nr. 1, 109 k I Nr. 1
Hervorgehen 192, 193
Herzschrittmacher 168 2; **242** 2
Heterologe Insemination vor 218 6 a, 6 e; 169 6
Heteronome Rücktrittsmotive 24 6 b
Heu 310 a
Hieb- und Stoßwaffen Anh. 23 1 VII, **37 I Nr. 5, 53 III Nr. 3**

Hilfe, Zuziehen der – Dritter **32** 16; Weisungen als – **56 c I**; des Bewährungshelfers **68 a II, IV**; – leisten **27, 257** 6; vortäuschen, daß – erforderlich **145 I Nr. 2**; –leistung **145 II Nr. 2**; – anderer **170 b**; –n für Schwangere, Mütter und Kinder **218 b I Nr. 1 II Nr. 2 c**; beim Absetzen **259** 19; Verweigerung **323 c**
Hilflose, Aussetzung **221, 234**
Hilflose Lage 221 2; **234**; **237** 5
Hilflosigkeit, auslandsspezifische – **180 b** 4, 5; **181** 4, 5; **243** 33
Hilfsbeamte der Staatsanwaltschaft 114
Hilfsbedürftige, Anstalt für – **174 a II**
Hilfsbedürftigkeit, Ausnutzung der – **174 a II**
Hilfskraft 203 II Nr. 4
Hilfspflicht 142 38; **323 c** 6
Himmel, unter freiem – **106 a**
Hinarbeiten 92 III
Hinausgehen über **180 a I Nr. 2; 181 a I, II**
Hinblick, im – auf **51 I**; **59 I Nr. 2**; **180 a II Nr. 2, 181 a I, II, 184 c Nr. 1**
Hindernisse, Bereiten von – **315** 9; **315 b** 4 a
Hinderung der Vollstreckung durch eine SV **79 V**; der Tätigkeit e. Gesetzgebungsorgans **106 b**; des Verkehrs **315 ff.**; Wahl– **108**; der Weiterfahrt **240** 7; am Betreten **240** 7; s. Nötigung
Hineingezogen 227
Hingerissen 213
Hinnehmen der Gefahr **35 I**
Hinterhalt, Opfer in den – locken **211** 6
Hinterlassen eines Ehegatten od. Kindes **77 II**; **194 II**
Hinterlistiger Überfall 223 a 3
Hintermann 84 4, **85, 88, 129 IV, 129 a II**
Hinweis auf die Eignung zum Schwangerschaftsabbruch **219 b I Nr. 2**; auf die Strafbarkeit **353 b** 6
Hinweispflicht 1 16; **25** 12; **266** 1
Hinwirken auf eine Verfolgung **344** 3
Hinzunehmen, die Gefahr **35** 10
Hinzutreten weiterer Tatumstände **74 d III**
Hirnhautentzündung 20 8
Hirntod vor 211 3; der Schwangeren **218** 3, 6 a
Hirnverletzte 20 8, 9 c, 23; **69** 9
HIV-Infizierte, sexueller Umgang mit –n **222** 15 b
HIV-Virus 223 6 a; s. AIDS-Infektion

Hochöfen 325 2
Hochrechnung, Wahrscheinlichkeitsfeststellungen im Wege der – 46 23 b; vor 52 25 b
Höchstdauer der FAufsicht 68 c I
Höchstgeschwindigkeit s. Geschwindigkeit
Höchstmaß der zeitigen Freiheitsstrafe 38; 49; 78 III Nr. 2 bis 4; 183 IV; der Geldstrafe 40 I; 49; der Ersatzfreiheitsstrafe 43 5; der Gesamtstrafe 54 4; der Bewährungszeit 56 a I, 56 f II; der aussetzbaren Strafe 56 I, II, III, 57 II Nr. 1; der Sperrfrist 57 VI, 57 a IV; s. Dauer
Höchstmaßprinzip bei Einteilung der Strafen 12 3
Höchstpersönliche Rechtsgüter vor 52 2 c, 29
Höchststrafe 46 8
Höchstzahl der Tagessätze 49 I Nr. 2
Hochverrat 81 ff., 138 I Nr. 2; gegen den Bund 81; gegen ein Land 82; Vorbereitung eines –es 83; Tätige Reue 83 a; Begriffsbestimmungen 92; Nebenfolgen 92 a; Einziehung 92 b; Auslandstat 5 Nr. 2
Höhe eines Tagessatzes 40 II, IV; des Schadens 46 45; der Gesamtstrafe 58 I; des Anspruchs 73 b; des Wertersatzes 74 c; – der vorenthaltenen Beiträge 266 a 26
Hohe See 324 4
Hoheitsbefugnisse, Träger von –n 125 15; **Anh.** 21 113; rechtfertigender Notstand 34 24
Hoheitszeichen 90 a 8; Verletzung fremder 104
Hologrammspeicher 202 a 4
Holzdiebstahl Anh. 1 4 V
Homöopath 222 10
Homosexualität 20 15, 23
Homosexuelle Handlungen 175
Honecker, Fall – vor 3 52
Humanexperimente 223 9 d
Hunde, Einziehung 295; Garantenpflicht des –halters 13 12
Hungerstreik durch Häftlinge 129 4; vor 211 6 b; 240 29; 323 c 3
Hütte 306 Nr. 2; 3; 308
Hybridbildung vor 218 6 f
Hymne, Verunglimpfung 90 a I Nr. 2
Hypnose 20 10 a; als Gewalt 240 8
Hypothetischer Kausalverlauf vor 13 18, 20

I

Idealkonkurrenz (Tateinheit) 52; vor 52 3
Identische Norm 7 7
Identitätsfeststellung 113 16 a; 125 13; **Anh.** 11 17 a II, 27 II, 29 I Nr. 1 a; bei Ausländern **Anh.** 12 41, 92 I Nr. 5
Identitätszeichen 267 5
Identitätstäuschung 267 18, 20, 26
Ignorantia facti 263 18 a
Ihretwegen 165, 200, 323 a
Illation 242 14
Illegaler Arbeitskräfteverleih 263 13 a
Illegales Staatsgeheimnis 93 II 9; 99 6; Verrat 97 a; irrige Annahme eines –ses 97 b; 353 b 7
Immer, Sperre für – 69 a I; Berufsverbot für – 70 I
Immissionen 325 1; von Verkehrsfahrzeugen vor 324 7
Immissionsschutzgesetz, Bundes– 325 1 ff.
Immobilienfonds 264 a 14
Immunität vor 3 20; 36 1; 78 b II 2, 6
Impressum 193 16
Inanspruchnahme, mißbräuchliche – von Subventionen **Anh.** 20
Inbrandsetzen 265, 306 ff.
Indemnität 36 1; 37 1
Indikation zum Schwangerschaftsabbruch, Rechtsnatur vor 218 8 c, 21; 218 a, 219, 219 a
Indiskretionsdelikt vor 201
Individualschutzprinzip vor 3 4; 5 Nr. 6 bis 9, 14; 7 II
Individualwucher 302 a 3
Indiztheorie 46 16
Indizwirkung 20 9 a, 91; 46 48
in dubio pro reo 1 14; 13 3; 15 19; 17 5; 20 9 m, 23; 21 4; 24 4 b, 6 c; 46 17; vor 52 15, 28; 56 5; 56 f 6; 60 4; vor 61 3; 157 8; 158 3; 178 11; 182 9; 186 8; 213 7; 247 1; vor 283 17; 316 8 c; 323 a 5
Industrieobligationen 264 a 5
Industriespionage 93 7
Infizierter s. AIDS-Infektion
Informationelle Selbstbestimmung, Recht auf – 203 1 a
Informationsfreiheit 86 14; 92 b 1
Informationspflicht bei Beleidigung 193 16
Info-System 129 4
Ingenieur 132 a 2
Ingerenz 13 5 a, 5 c, 11; vor 324 6 b
Inhaber eines Betriebes 14 II; von Rechtsstellungen 45 IV

Sachverz

Fette Zahlen = §§ des StGB

Inhaberschuldverschreibungen 151 Nr. 1
Inhalt der Schrift 74 d 7; von Propagandamitteln 86 I Nr. 4, II; – der Erklärung 108 a; 219 b I; – des Bekenntnisses 166 I; eines Schriftstücks 202 9; Darbietung des –s 131 II; pornographischer – 176 V; Erklärungen solchen –s 219 b I; eines amtlichen Schriftstücks 353 d 4; der Postsendung 354
Inkassobevollmächtigter 263 7
Inkongruente Deckung 283 c 5, 8, 10
Inkubationszeit bei AIDS 223 6 b
Inkrafttreten 78 c V
Inland vor 3 8; 3 3 f.; 5 Nr. 6; 7 II Nr. 2; 9 II; 44 II, 69 b I, 79 a Nr. 3, 102 I, 103 I, 126 10; 132 a I Nr. 1, 4; 166 II, 167 I Nr. 1, II
Inländische Eurochecks (–karten) 152 a
Inländische Rechtsgüter vor 3 5; 5
Inlandslösung vor 3 46; 99 1 a
Innehaben von Rechtsstellungen 45 IV; von Anlagen 327 3
Innerdeutsch, –es Strafanwendungsrecht **vor 3** 28 ff., 44; –er Verkehr 69 b I
Innere Sicherheit 92 III Nr. 2
Innerstaatlich, –es Strafanwendungsrecht **vor 3** 2
Input-Manipulation 263 a 3; 268 13 a
Insassen einer Anstalt für Kranke od. Hilfsbedürftige 174 a II
Insemination, künstliche **vor 218** 6 a, 6 e; 223 4, 6; heterologe 169 6
Inserat 267 12 b
Insiderinformation 266 22
Insolvenzrecht, Reform des –s **vor 283** 2 a
instrumenta sceleris 74 6
Intellektuelle Urkundenfälschung 271 1
Intensiver Notwehrexzeß 33 2
Interessen, widerstreitende 34 7; der Landesverteidigung 109 k; berechtigte 193 8; öffentliche 183 II, 232 4; 248 a; Gefährdung öffentlicher – 353 b; –gegensatz 356 5
Interimsscheine s. 151
Interlokales Strafrecht vor 3 23, 33, 44
Internate, Züchtigungsrecht 223 12
International, –es Strafrecht **vor 3** 23, 33, 44; 3 ff.; Flüsse **vor 3** 12; – geschützte Rechtsgüter 6; –er Kfz-Verkehr 44 II, 69 b; –e Beförderung gefährlicher Güter 330 d 4

Internierungshaft 51 3
Intertemporales Strafrecht vor 3 43
Intimsphäre, Schutz der – **vor 201**
Intoxikationspsychosen 20 8, 9
Inventar 283 I Nr. 7 b 28, 283 b I Nr. 3 b
Inverkehrbringen von Falschgeld 146 5, 8; 147, 148; von Eurochecks 152 a; 6 Nr. 7, 138 I Nr. 4; von Mitteln zum Abbruch der Schwangerschaft 219 c; vergifteter Sachen 319, 320; von Gegenständen s. dort
Inversionswetterlagen 329 3
Investmentzertifikate 151 Nr. 3, 264 a 5
In-vitro-Fertilisation **vor 218** 6 a ff.; 9 k; 222 8, 223 9 d
Inzest 173
Ionisierende Strahlen, Mißbrauch 6 Nr. 2, 126 I Nr. 6, 129 a I Nr. 3, 138 I Nr. 9, 311 a, 311 c; freisetzen 311 d I Nr. 1; von Abfällen 326 4, 11
Irreführende Berichte 353 a
Irrtum über Tatumstände 16; Verbots– 17; umgekehrter – 16 9, 28; 17 10; über Strafzumessungsgründe 16 8; Subsumtions– 16 11; über Rechtfertigungsgründe 16 20; Vermeidbarkeit 17 7, 12; Unterscheidung zwischen Tatbestands- u. Verbots- 17 11; beim untauglichen Versuch 22 26; Herbeiführen oder Beförderung eines –s 26 4; bei Notwehr 32 27; beim rechtfertigenden Notstand 34 18; beim entschuldigenden Notstand 35 16; irrige Annahme eines illegalen Staatsgeheimnisses 97 b; bei Stimmabgabe 108 a 2; über die Rechtmäßigkeit 113 23; 136 11; über Indikationen **vor 218** 10; über Wegnahmebefugnis 242 22; 249 8; bei Betrug 263 18; über die Verbindlichkeit d. Befehls 109 b V; Anh. 16 22
Isolierung Kranker in einem Krankenhaus Anh. 20 37, 64 II Nr. 4

J

Jagd, unberechtigte 292 ff.
Jagdaufseher, Widerstand gegen 114 2
Jagdausübungsrecht 292 17; Widerstand 114 2
Jagdbeamte, Widerstand 113, 114
Jagdbeute, Einziehung 295 7
Jagdbezirk 292 6
Jagderlaubnis 292 14
Jagdgenossenschaft 292 8

nach „Anh" = Gesetzesnummern

Sachverz

Jagdgerät 295 2
Jagdhund, Einziehung **295**
Jagdrecht, Verletzung **292 ff.**; Inhalt u. Gegenstand **292** 10; dem – unterliegende Tierarten **242** 7, **292** 4; Ausübung **292** 10; Ruhen **292** 18; Widerrechtlichkeit **292** 19
Jagdschutz, Widerstand gegen –berechtigte **114** 2
Jagdwilderei 292; Einziehung **295;** Strafantrag **294**
Jahr s. Lebensjahr
Jahresabschluß 283 25, 28, 29
Jederzeit prüfen **67** e I
Journalisten, Berufsverbot **70** 5
Jude, Beleidigung durch Bezeichnung als – **186** 13; Beleidigungsfähigkeit der deutschen – als Gesamtheit **185** 22; **194** 3 c
Jugend, Ges. zum Schutz der – in der Öffentlichkeit **Anh. 9**
Jugendamt, Maßnahmen zum Schutze der Jugend in der Öffentlichkeit **Anh. 9** 1 Nr. 2; **Anh. 8** 21 IV
Jugendarbeitsschutzgesetz 109 h 8; **170 d** 9; **174** bis **184 b**; **223 b** 16
Jugendarrest, Anrechnung der UHaft **51** 8; Züchtigungsrecht **223** 12; unzulässige Vollstreckung **345** III Nr. 1
Jugendberater, Berufsgeheimnis **203** I Nr. 4
Jugendgefährdende Prostitution **184 b**
Jugendgefährdende Schriften 131 I Nr. 3, **184;** Ges. über **Anh. 8**
Jugendgerichtsgesetz 10
Jugendheime, Züchtigungsrecht **223** 12
Jugendlicher 10; **Anh. 9** 2 I; Gaststättenbesuch **Anh. 9** 3; Tanzveranstaltungen usw. **Anh. 9** 5, 6; Alkohol u. Rauchen **Anh. 9** 4, 9; sexuelle Handlungen an –n **174, 175, 180;** Gefährdung durch Prostitution **184 b;** Aussetzung **221;** Mißhandlung **223 b;** Spielverbot **Anh. 9** 8
Jugendrichter als Vollstreckungsleiter **57** 12
Jugendschutz 131 1 a; einheitliche –vorschrift **175** 1 a; **182** 2
Jugendschutzgesetz Anh. 9
Jugendsekten 235 2
Jugendstrafe vor **38** 7; **38** 1; 21 6; **46** 8 a, 40 a, 41, 52; Anrechnung der UHaft **51** 8; bei Tatmehrheit **53** 2
Juristische Personen, Strafbarkeit **vor 13** 34; vertretungsberechtigte Organe einer – als Handelnde **14** 1, 3; **266** 15; **vor 283** 21; Einziehung **75**

K

Kabarettveranstaltungen, Jugendliche in – **Anh. 9** 5, 12 ff.
Kaiserschnitt vor 211 2; **218 a** 11
Kampflage 32 16 c
Kapitalanlagebetrug 264 a
Kapitalanlagegesellschaften 151 Nr. 3
Kapitalgesellschaften, Bilanzierungsfrist bei – **283** 30
Karikatur, beleidigende **185** 8 a
Karteien 203 9
Kardiotokograph 222 10
Kasernen, Versperren von – **240** 4 a
Kasse, öffentliche **353**
Kassetten für privates Fernsehen **11** 41; **74 d** 2
Kastration 226 a 12; **63** 11; **66** 15 a; **67 b** 3; **67 d** 6; **223** 9 d; strafmildernde freiwillige – **46** 27 a; Ges. über die freiwillige – **226** 12
Katalogtaten 43 a 5; **73 d** 6
Kaufmann nach Handelsrecht **283** I Nr. 6
Kaufmännisch, in –er Weise **265 b** III Nr. 1
Kaufvertrag 246 15
Kausalität vor 13 15; –formel **vor 13** 16; generelle **vor 13** 16, 18; konkrete **vor 13** 16; Bedingungstheorie **vor 13** 16, 18 1, **15** 14; Adäquanztheorie **vor 13** 16 b; Relevanztheorie **vor 13** 16 c; gesetzmäßige Bedingung **vor 13** 16 d; objektive Zurechnung **vor 13** 17; Risikoerhöhungstheorie **vor 13** 17 e; alternative – **vor 13** 18; kumulative – **vor 13** 18; Unterbrechung **vor 13** 18 a; Regreßverbot **vor 13** 18 b; überholende – **vor 13** 18 c; bei Verkehrsunfällen **vor 13** 18 d; Pflichtwidrigkeitszusammenhang **vor 13** 17 c; Selbstverletzung, Selbstgefährdung **vor 13** 17 d, 19; bei Unterlassungsdelikten **vor 13** 20; Abweichung des Kausalablaufs vom Vorstellungsbild des Täters **16** 7, **222** 15; rechtlicher Kausalzusammenhang **vor 13** 16, 18 d, 19; hypothetische **vor 13** 20
Keimzellen vor 218 6 e
Kennkartenmißbrauch bei Geldauszahlungsautomaten **265 a** 3
Kenntlichmachung von Fahrzeugen **315 c** I Nr. 2 g
Kenntnis des Handelnden **15** 3; **16** 2; der

Sachverz

Fette Zahlen = §§ des StGB

Tatumstände 73 **IV**; von Tat und Täter **77 b II**; **78 b II Nr. 1**; der Umstände f. d. Zulässigkeit d. Einziehung **74a Nr. 2**, **74 d I, III, 74 f II Nr. 2**; der Wahlberechtigung **107b Nr. 3**; – verschaffen **107 c**; **202 I Nr. 2, II**; **354 II Nr. 1**; in – der Unwahrheit **109 d**; **187** 1; in – der Zwangslage **180 b** 3 – der Planung **87 III**, **129 VI**; außerdienstlich erlangte – **258a** 4; Nicht – der Zahlungsunfähigkeit **283 IV Nr. 1, V Nr. 1**; in – der Zahlungsunfähigkeit **283 c I, 283 d I Nr. 1**; s. auch **201, 202, 353 d Nr. 2**

Kennzeichen, Beseitigung v. – **74 b II Nr. 2**; verfassungswidriger Organisationen **86a** 2; als Urkunde **267** 5; Angabe des –s **142 III**; an Kraftfahrzeugen **242** 23; rotes – **267** 4, 13

Kennzeichnung, Unterlassen der – **330** 5; **Anh. 9** 11, 12 I Nr. 17

Kernbrennstoffe 311 b; in Abfällen **326** 4, 11; Anlagen **327** 2; unerlaubter Umgang mit –n **328, 330** 5; **330 d Nr. 2**

Kernenergieverbrechen 6 Nr. 2, 126 I Nr. 6, **310b**, **311a**, **311b**, **311c**; Nichtanzeige **138 Nr. 9**

Kernspaltungsvorgang, Bewirken eines –es **311 d I Nr. 2**; Wirkung eines –es **311e**

Kerntechnische Anlage 330 d Nr. 2; **328 I Nr. 1**; fehlerhafte Herstellung **311e**; unerlaubtes Betreiben **327 I** 2

Kettenanstiftung 26 3; **30** 8

Kettenbriefaktionen 73 3b; **284** 3; **286** 9

Kidnapping s. **239 a, 239 b**

Kies, Abbau von – **329** 9, 12

Kind als Schaden vor 218 8d

Kinder, Schuldunfähigkeit **19**; Antragsrecht **77 II, 77 d II**; Unterschiebung **169**; Verletzung der Fürsorge- oder Erziehungspflicht **170 d**; Inzest **173**; sexueller Mißbrauch von –n **174, 176**; **66** 14a; **184 III**; Förderung sexueller Handlungen **180, 180a**; Verführung **182**; jugendgefährdende Prostitution **184b**; Arglosigkeit von Klein –n **211** 6c; Tötung **217**; schwerwiegende Schädigung **218a II Nr. 1**; Hilfen für – **218 b II Nr. 1**; Völkermord **220a I Nr. 5**; mißgebildete Neugeborene **vor 211** 20; Aussetzung **221 II**; Vertrauensgrundsatz im – **222** 12a; Mißhandlung **223b**; Raub **235**; erpresserischer Raub **239a, 239b**; Schutz i. d.

Öffentlichkeit **Anh. 9**; angenommene **174 I Nr. 3**; Pflege– **11 I Nr. 1 Buchst. b**

Kinderhandel 6 9; **235** 1

Kinderkrankenschwester (–pfleger) **132a** 2

Kinderpornographie 184 3a, 36, 42

Kindesentziehung 235; s. auch **239a, 239b**

Kindestötung 217

Kindliche Indikation 218a II Nr. 1

Kingsley-Curent-Methode 316 8b

Kinobesuch durch Kinder u. Jugendliche **Anh. 9** 6, 12 ff.

Kioske, jugendgefährdende Schriften **184** 17; **Anh. 8** 4, 21

Kirchen, Amtsträger der – **11** 23, **194 III**, **232 II, 355 II Nr. 3**; Amtsbezeichnungen usw. der – **132a III**; Verwahrungsbruch **133 II**; Beschimpfung **166**; Störung des Gottesdienstes, beschimpfender Unfug **167**; Diebstahl aus **243 Nr. 4** 27 ff.; Sachbeschädigung **304**; Berufstracht, –abzeichen **Anh. 21** 126

Klageerhebung 78 c I Nr. 6

Klammerwirkung vor 52 5, 34, 41; von Organisationsdelikten **129** 9b; **129a** 9

Klärschlamm 326 5; – **VO 326** 15

Klassen der Bevölkerung **130** 4

Klassenkampf 130

Kleidungen, Amts– **132a I Nr. 4, II**

Kleinkriminalität s. Bagatelldelikte

Kleptomanie 20 16

Klinikgebiet 329 3

Klonen vor 218 6a ff.

Kokainhydrochlorid 46 23a; **vor 52** 25 b

Kokarde als Hoheitszeichen **90a** 8

Kollektivbezeichnung, Beleidigung unter einer – **185** 6; **194** 3a

Kollektivdelikt vor 52 42 ff.

Kommissionsverhältnis 266 6

Kommunalpolitiker 187a 2

Kompensation von Beleidigung u. Körperverletzung **199, 233**

Kompetenzverteilungsprinzip vor 3 4

Konfliktlage 46 18; besondere **56** 9

Kongruente Deckung 283 c 9; **288** 9

Kongruenzklausel 218a 1, 24, 26

Konkrete Betrachtungsweise 12 12

Konkrete Gefahr 315 15 ff.; **80** 7; **94** 4; **330** 6

Konkrete Gefährdungsdelikte vor 13 13a; **9** 3; Gefährdungsvorsatz **15** 11h;

2056

nach „Anh" = Gesetzesnummern

90 b 3; **94** 4; **109 e**; **221** 7; **261** 12; **vor 306** 1; **310 b**; **311**; **311 a**; **311 e**; **315**; **315 c** 2; **330**; **330 a**; **353 b** 13; **323 c**
Konkrete Kausalität vor 13 16
Konkurrenz 52 ff.; **46** 50; Ideal– **52**; vor **52** 3; Gesetzes– vor **52** 17; Real– **53**, **54**
Konkursstraftaten 283 ff.
Konkurseröffnung 283 I Nr. 1, VI, 283 d I, IV
Konkursmasse 283 I Nr. 1, 283 d I
Konkursverfahren, Eröffnung **283 VI, 283 b III, 283 c III, 283 d I Nr. 2, IV**
Konkursverwalter 266 3
Konnivenz 357 1
Konsolmanipulationen 263 a 3
Konsumtion von Gesetzen vor **52** 20
Kontakte, Weisung, – nicht zu unterhalten **56 c** 7
Kontaktsperre 34 24
Konterbande 297
Kontinuität des Unrechts vor **3** 42, 47
Kontogutschrift als Schaden **263** 31
Kontrazeptiva s. Empfängnisverhütende Mittel
Kontrektation 242 14
Kontrolle, zur – gehörende Geschäfte **357**
Kontrollzeichen 267 5
Konzentrationsprinzip 57 12
Konzern 5 Nr. 7
Konzernabschlüsse 283 25
Konzernlageberichte 283 25
Kopie 267 12
Körper, Glied des –s **224**; fehlende Sacheigenschaft des menschlichen –s **242** 2
Körperlich schwer geschädigt **66** 14 a; –e Entwicklung **170 d**; –er Gesundheitszustand **218 a I Nr. 2**; –e Krankheit **218 b III**; –e Schäden **220 a I Nr. 2**; –e Zerstörung **220 a I Nr. 3**; – mißhandelt **223** 3; **343**; –e Mängel **315 a** 3 b, **315 c I Nr. 1**; –es, geistiges oder seelisches Wohl **Anh. 9** 1, 6 II, 12 IV
Körperschaden 218 b III
Körperschaften, Beleidigung politischer **194 IV**; Gesetzgebungs– **36**, **37**; d. öffentl. Rechts **203 I Nr. 4, 218 b II Nr. 1, 2 b**
Körperverletzung 223 ff.; leichte **223**; gefährliche **223 a**; Jugendlicher, Gebrechlicher, Abhängiger **223 b**; schwere **224**, **113 II Nr. 2, 125 a Nr. 3, 220 a I Nr. 2, 221 III, 227 I, 229 II, 239 II, 239 b II, 250 I Nr. 3, 251, 318 II, 330 IV, 330 a, 340 II**; absichtliche **225**, **126 I Nr. 3**; mit Todesfolge **226**; mit Einwilligung **226 a**; Führungsaufsicht

Sachverz

228; fahrlässige **230**; Strafantrag **232**; wechselseitige **233**; bei Geiselnahme **239 b**; bei Raub **251**; im Amt **340**, **Anh. 16** 48; Züchtigungsrecht **223** 10; von Soldaten **Anh. 16** 48
Kosmetische Operationen 223 9 d
KPD, Verfassungswidrigkeit **84** 3
Kraft, Versorgung mit – **316 b I Nr. 2, III**
Kraftaufwand 249 4
Kräfte, nach –n **56 b II Nr. 1**; mit vereinten –n **121 I**; **124**; **125 I**
Kraftfahrer, Pflichten des –s **44** 7; Nötigung **240** 10 a; räuberischer Angriff auf **316 a**, **126 I Nr. 6, 138 I Nr. 9**
Kraftfahrstraßen, Wenden oder Rückwärtsfahren **315 c I Nr. 2 f**
Kraftfahrzeug, Begriff **248 b** 1; Straftaten bei oder im Zusammenhang mit dem Führen eines – **44** 4; **69** 3; Diebstahl in und von –en **243** 17 ff.; unbefugter Gebrauch **248 b**; als Jagdgerät **292** 17; räuberischer Angriff auf –fahrer **316 a**; Entziehung **69 bis 69 b**; Fahrverbot **44**; **68 b I Nr. 6**; – der Polizei und Bundeswehr **305 a** 6; umweltschädliche Beschaffenheit vor **324** 7; **325 I**, **329 I**, **330 I**
Kraftfahrzeugbrief 275 2
Kraftfahrzeugführer, Fahrverbot **44**; Entziehung der Fahrerlaubnis **69**; Flucht des –s **142**; Sorgfaltspflicht **222** 11; **330** 5; Angriff auf – **316 a**
Kraftfahrzeughalter 142 13
Kraftfahrzeugschein 271 10; **275** 2
Kraftfahrzeugverkehr, **44 II**, **69 b**
Krafträder, BAK bei Fahrern von –n **316** 6
Kranke, sexueller Mißbrauch von –n in Anstalten **174 a II**; Aussetzung **221**; Mißhandlung **223 b**; Wegnahme der Hilfsmittel für – **240** 9
Krankenhaus, psychiatrisches **61 Nr. 1**; **63**; **67 a I**, **67 b I**, **67 e II**, **71 I**; zum Schwangerschaftsabbruch bereites **219 b II**; –abfälle **326** 3
Krankenpflege, Berufsgeheimnis **203 I Nr. 1, III**; Schutz der Berufsbezeichnung **132 a**; Berufstracht, Berufsabzeichen **Anh. 21** 126
Krankenversicherung, Abtreibung auf Krankenschein vor **218** 9 c, 9 k; Betrug gegenüber der – **263** 13 a; Vorenthalten von –sbeiträgen **266 a** 9
Krankenversicherungskarte 271 10
Krankhaft 20 7; **63** 2 a; **179 I Nr. 1**
Krankheit, Ausnutzung der – **174 a II**;

Sachverz

Fette Zahlen = §§ des StGB

Abwendung der – von der Schwangeren **218 b III**; Schwangerschaft keine – **vor 218** 9 k; wegen – hilflose Person **221** 3; wegen – Wehrlose **223 b**; Abfälle mit –serregern **326** 3
Kredit, Begriff **265 b** 8; Bedingungen **265 b I**; Warenbestellung auf – **263** 7; Verwendung von –karten **263** 39; **266** 6 a, 6 b; –nehmer **265 b I Nr. 1**; –geber **265 b II**; auf – beschaffen **283 I Nr. 3**; –gewähren **302 a I Nr. 2**
Kreditbetrug 265 b; **263** 7, 31
Kreditgefährdung 187 2; **Anh. 13**
Kreditkartenmißbrauch 266 b; **266** 6 a
Kreditwucher 302 a I Nr. 2 6, 24
Kredithilfen 264 9
Kreuzungen, Verhalten an – **222** 12
Krieg, Herbeiführung **100**; Angriffs– **80** 2; Verharmlosung oder Verherrlichung **Anh. 9** 8 V
Kriegsbedürfnisse 127
Kriegsdienste, Verbringung in auswärtige **234**
Kriegsdienstverweigerer 17 8; **46** 19 a; **vor 52** 39 a; **109** 2
Kriegsgefahr, Herbeiführung einer – **80** 7; **87 II Nr. 2**, **109 e I**
Kriegsverbrechen 51 18 a
Kriegsvölkerrecht Anh. 16 7
Kriegswaffen 243 I Nr. 7; **244** 3; **Anh. 23** 6 III
Kriegswaffenkontrollgesetz 243 I Nr. 7; 6 2
Kriminelle Intensität 46 19
Krimineller Lebenswandel 170 d
Kriminelle Vereinigungen 129; **vor 52** 26, **261** 8
Kriminologischer Tätertyp vor 13 36
Krise, Bankrotthandlungen während der **vor 283** 8
Kronzeugen 46 29 d; **129 a** 12 a; **239 a** 3
Krügerrand 146 12
Kryokonservierung vor 218 6 g
Kunde 184 17; **Anh. 8** 4 I Nr. 2; progressive –nwerbung **286** 9; **Anh. 13** 6 c
Kundenkarte 266 b 5; **263** 7
Kundgabe von Mißachtung 185 10; **192** 2
Künftige Lebensführung **56 c IV**; s. auch **45 b I Nr. 2**; **46 I**, **56 I**, **59 I Nr. 1**
Kunst, Freiheit der – **131** 10; **86** 11; **86 a** 7; **90 a** 6; **166** 8; **184** 11; **185** 8 a; **193** 14
Kunstfehler, ärztliche **222** 10; **223** 9 c
Kunstgegenstände 243 I Nr. 5; **304**
Künstlerische Leistungen, tadelnde Urteile über **193**

Künstlerische Schriften 90 a 6; **184** 11; **131** 10; **166** 8; **Anh. 8** 1 II Nr. 2
Künstliche Insemination 223 4, 6; **218** 3
Künstliche Körperteile 168 2; **242** 6
Kuppelei 180 1
Kupplerische Zuhälterei 181 a 2, 3
Kurgebiet 329 3
Kurpfuscher 222 10
Kursbetrug 264 a 18
Kurze Freiheitsstrafe nur in Ausnahmefällen **47**
Küstengewässer vor 3 9, **324** 4; Jagdrecht in –n **292** 5
Küstenmeere vor 3 9

L

Ladendiebstahl 242 15; **248 a** 3, 10
Ladengeschäfte 184 20 c
Ladung der Schiffe **265**, **297**; eines Luftfahrzeugs **316 c I Nr. 2**; s. Gefährliche Güter
Lage, Erleichterung der – von Mutter u. Kind **218 b I Nr. 1**; hilflose **221**, **234**, **237**; ausnützen der – **239 a**, **239 b**; des Unternehmens **283** 24; nicht in der – **315 a I Nr. 1**, **315 c I Nr. 1**, **316**; nach Beschaffenheit und – **308 I**; der Betriebsstätte **328** 4
Lageberichte 283 25, 28
Lager für Sabotagemittel **87** 8, 10
Lagerbuchpflicht von Apotheken **Anh. 4** 32 I Nr. 11
Lagern von Warenvorräten **308**, **310 a**; von Abfällen **326** 7; wassergefährdender Stoffe **329** 7, **330 I Nr. 3**; von Giften **330 a**; betriebliche Anlagen zum – **330 d Nr. 3**
Lagerverordnungen 329 7
Lähmung 224 11
Laienrichter 11 28
Land, Gesetzgebungsorgan eines –es **36**, **37**, **78 b II**, **105**, **106**, **106 a**, **106 b**, **194 IV**, **203 II Nr. 4**, **353 b**; **Anh. 21** 112; Gebiet eines –es **82 I Nr. 1**; Verfassung eines –es **82 I Nr. 2**; Hochverrat gegen ein **82**, **83**; Verunglimpfung **90 a**, von Verfassungsorganen **90 b**; Abstimmungen **108 d**; fremdes – **180 a III**, **180 b** 4; **181 Nr. 2**
Landesamnestiegesetze vor 3 27
Landesbeamte, mittelbare **11** 17; s. Amtsträger
Landesbehörde, oberste **353 b** 19
Landesgesetze, Anpassung der **Anh. 1** 288 ff.; Verhältnis zum Bundesrecht

nach „Anh" = Gesetzesnummern

vor 1 1; **Anh.** 1 4 III–V; gegen Schwarzhören **Anh.** 25 15; über Meldewesen **Anh.** 2
Landesrecht, nach – 264 VI
Landesregierung, Antragsrecht 77a IV; Mitglieder der – 106 b II
Landesverrat und Gefährdung der äußeren Sicherheit 93 ff.; 5 Nr. 4; 138; s. Staatsgeheimnis
Landesverräterische Ausspähung und Auskundschaftung 96; Agententätigkeit 98; Beziehungen 100; Fälschung 100 a
Landesverteidigung, Straftaten gegen die 109 ff.; 5 Nr. 5; Aufgaben der – 109 d; Anlagen oder Einrichtungen 109 e; Angelegenheiten der – 109 f.; Interesse der – 109 k; f. d. – wichtiges Unternehmen 87 II Nr. 2
Landeswappen 90 a I Nr. 2; **Anh.** 21 124
Landeverbot 240 4
Landfriedensbruch 125; besonders schwere Fälle 125 a; Androhung des –s 126 I Nr. 1
Landkraftfahrzeuge 248 b IV
Landtag, Indemnität 36; Parlamentsberichte 37; Nötigung 105, 106; Bannkreis 106 a; Hausordnung 106 b; –swahl 108 d
Landwirtschaftliche Erzeugnisse, Brandstiftung 308; Brandgefahr 310 a
Landwirtschaftlich genützter Boden 330 7
Landzwang 126
Lärm 325 9; 330 I Nr. 2; **Anh.** 21 117; im Straßenverkehr vor 324 7
Last, zur – fallen 18
Lastkraftwagen 69 a 3
Lastschrift- Einzugsverfahren 263 6 b
Latenzphase bei AIDS 223 6 b
Laufzeitgeldstrafe vor 40 1; 42 3
Leasing, betrügerisches 263 19; Untreue des –nehmers 266 6
Leben, Straftaten gegen das 211 ff.; Wirkungen für d. künftige – 46 I; im öffentl. – 187 a; – Verstorbener 189; Gefahr für – oder Gesundheit 218 b III, 318; s. Leib oder –
Lebende Frucht im weibl. Schoß 2183
Lebensalter, Nachweis des –s **Anh.** 9 2 IV
Lebensbedarf, Gefährdung 170 b
Lebensbedingungen 220 a I Nr. 3
Lebensbereich, persönlicher 203 3; 205 II

Lebenserfahrung, allgemeine vor 13 16 b
Lebensführung 46 24 e; 56 c I, IV, 56 d III, 68 b III; zur Betreuung in der – anvertraut 174 5; I Nr. 1, 2; 180 III; s. auch 45 b I Nr. 2, 46 I, 56 I, 59 I Nr. 1
Lebensführungsschuld 46 4, 18
Lebensgefährdung 35 3; 177 I, 178 I; 218 a 9; 221, 223 a 5; 234 a; 241 a; 249, 252, 255, 310 b, 311, 312, 314, 315–315 c, 318, 323; s. auch 126, 129 a, 138
Lebensgemeinschaft 13, 5 a, 5 b, 10; Pflicht z. Unterhalt 222 4
Lebensgrundlage 5 Nr. 3 a, 5 b, 8, 9 4; 100 I
Lebensjahr, 14. – 19, 176 I; 16. – 170 d, 174, 180, 182; 18. – 77 III, 131 I Nr. 3, 173 III, 174, 175, 180, 180 a, 184, 184 b, 223 b, 235, 236; 27. – 56 d II
Lebenskreis 239 a 12
Lebenslange Freiheitsstrafe 38 I; 49 I Nr. 1; 78 III Nr. 1; 79 II; – und Vermögensstrafe 53 3 c; als Gesamtstrafe 54 1 a; Aussetzung des Strafrestes 57 a; Unterbrechung der Vollstreckung 57 5; 57 b; allein 211 9 a; 212 II, 220 a I, 316 a; – oder zeitige 80, 81, 94 II, 97 a, 97 b, 100 II, 229 II, 239 a II, 251, 252, 255, 307, 310 b III, 311 a III, 312, 316 c II, 319
Lebensmittel, Vergiftung 319
Lebensrecht des Ungeborenen vor 218 8 a; 34 10
Lebensverhältnisse 56 6 e; 46 25; 57 I, 218 a I Nr. 2
Lebensversicherung 203 I Nr. 6
Lebenswandel, krimineller 170 d
Lebenswichtig 88 I Nr. 3, 316 b I Nr. 2, III
Lebenszuschnitt 40 8
Lederspray-Fall 13 11; 15 16
Leerstehende Wohnungen 123 5 a
lege artis durchgeführter Heileingriff 223 9 a, 9 c
Legitimationspapiere 263 16; Mißbrauch 281
Lehre 86 III
Lehrer, Sexualstraftaten 174 3; 174 a; Sorgfaltspflicht 222 14; Züchtigungsrecht 223 13
Lehrherr, Sexualstraftaten 174 4; Züchtigungsrecht 223 12
Leib oder Leben 35 4, 5; 34; 102 5; 177, 178, 234 a 9; 241 a; 249, 252,

2059

Sachverz

255, 310b, 311, 311d, 311e, 315 bis 315c; 316a, 323, 330
Leibeigenschaft 234
Leibesfrucht vor 211 2; 218 2
Leibliche Abkömmlinge 173 I; Geschwister 173 II, Verwandte 173 II; –s Kind 174 I Nr. 3
Leiche, Begriff **168** 2; Wegnahme 168; Verunglimpfung **189**; Diebstahl **242** 6a; Beschädigung **303** 1
Leichenteile, Wegnahme **168** 2; Sacheigenschaft **242** 6b
Leichte Körperverletzung 223; Strafantrag **232**; Aufrechnung **233**
Leichter erreicht **67** II
Leichtfertigkeit 15 20; **18** 6; **74a**; **74f** II Nr. 1; **97** II, **109g** IV, **138** III; **176** IV, **177** III, **178** III, **193** 8; **218** II Nr. 2, **239a** II; **239b** II; **251**; **261** V; **264** III, **283** IV, V, **310b** III; **311** III; **311a** III; **311e** III; **316c** II; **330** IV Nr. 2; **345** II
Leichtsinn, Ausbeutung **302a** 14
Leiden, an einer nicht behebbaren Schädigung des Gesundheitszustandes – **218a** II Nr. 1; dem Tier – zufügen **Anh. 26** 2, 17, **18** II
Leihbüchereien, jugendgefährdende Schriften in **184** 19; **Anh. 8** 4 I Nr. 4
Leihmutter vor **218** 6a ff.
Leistungen, gemeinnützige **56b** II Nr. 3; angemessene **56b** III; erbrachte **56f** III, **57** IV, **67g** VI, **70b** IV; wissenschaftliche, künstlerische **193**; nach §§ 200f, 200g RVO vor **218** 8i; erstrebte – **239a** III; **239b** II; – eines Automaten oder Fernmeldenetzes **265a**; Kredit– **265b** II; Mißverhältnis zur – **302a** 4; –, die Subventionen sind **Anh. 20** 1, **264** VI, 7
Leistungsautomat 265a 1
Leistungskürzung (der Beamten) **353** II
Leistungsverhalten 20 9d, 9i
Leistungswucher 302a 4, 7, 25
Leiter für elektrische Energie **248c**
Leitung des Betriebs **14** II Nr. 1; zur Ausübung der Prostitution **180a** I; des Bewährungshelfers **56d**, **56f** Nr. 3, **57** III, **67g** I Nr. 3, **70b** I Nr. 3; der Dienststelle **77a** III; diplomatische – **102**, **103**; des Baues **323** 3; einer Rechtssache **336** 4; der Behörde **194** III, **355** III
Lesbische Liebe 175 1; **180** 1; **184a** 3
Lesezirkel 184 20; **Anh. 8** I Nr. 4
Leugnen 46 29c; **51** 1; **56** 4

Fette Zahlen = §§ des StGB

Letztmals geprüft **55** I, **69a** V, **70** IV
lex fori vor **3** 33
lex mitior 2 5
Licht, Versorgung mit – **88** I Nr. 3, **316b** I Nr. 2, III; Verwendung offenen –s **310a**
Lichtbildaufnahme 109g II
Liebesparagraph 323c
Lieder 86a 2a
Lieferantenbetrug 263 18a
Liefern 99 II, **109e** II, **131** I Nr. 4, **184** I Nr. 8, III Nr. 3 25; **311e** I
Lieferung von Tatsachen **99** I Nr. 1; von Wertpapieren **151**
Liegenbleiben von Fahrzeugen **315c** I Nr. 2 Buchst. g
Life-Darbietung 184 33
Limitierte Akzessorietät vor **25** 9; **29**
List 181 1; **234** 3, **181** Nr. 1, 2, **234a**, **235**, **237**
Liste jugendgefährdender Schriften Anh. 8 1, 3ff.; Veröffentlichungsverbot **Anh. 8** 21
Liquidationsbetrug 263 13
Lockspitzel 22 2; **26** 8; **27** 2; **46** 18, 35c; **56** 10
Lohnpfändungsfreigrenze 40 6
Lohnwucher 302a 7
Löschen beweiserheblicher Daten **274** 5c; **303** 5; **303a** 5; **303b** I Nr. 1
Löschgeräte, Entfernung, Unbrauchbarmachung **307**
Lösegeld 57 6b, 11; **239a**
Lotterie 284 8; **286** (Begriff 3; Ausspielung 7; Schneeballsystem 9; Spielplan 4); ausländische **286** 1
L-Polamidon, Einzelsubstitution mit – **56f** 8; **57** 6; **223** 9c
LSD s. Berauschende Mittel
Luftaufnahmen von militärischen Objekten **109g** II
Luftfahrzeug, Taten auf –en vor **3** 15; 4; Begriff **109g** 5; Führen e. –es **315a**; Angriff auf ein – **316c**; 6 Nr. 3
Luftgewehr 244 3
Luftpiraterie 316c; 6 Nr. 3; **239** 2; **240** 9
Luftraum vor **3** 14
Luftverkehr, gefährliche Eingriffe in den – **315**, **126** I Nr. 6, **129a** I Nr. 3, **138** I Nr. 9; Gefährdung im – **315a**, –vorschriften **315a** 7; Angriffe auf den **6** Nr. 3; **316c** 15, **126** I Nr. 6, **129a** I Nr. 3, **138** I Nr. 9, **139** III Nr. 3

nach „Anh" = Gesetzesnummern

Sachverz

Luftverunreinigung 325 5; durch Abfälle 326 5; Smog 329 3; 330 I Nr. 2; durch Gifte 330a 3
Lüge 109a 3; schriftliche 267 18, 271, 278
Lügendetektor, Anwendung des 343 8
Lügenpropaganda gegen die Bundeswehr 109d 1; Zersetzung 89

M

Machenschaften, auf Täuschung berechnete 109a 3; 316c I Nr. 1
Macht, fremde 93 I, 94 I, 97a, 98, 99, 100a, ausländische 109h
Machtstellung, Mißbrauch 266 2
Mädchen, Verführung 182
Mädchenhandel s. Menschenhandel
Magazine 308
Magnetisch gespeichert oder übermittelt 202a 3 ff.
Mahnverfahren 263 22
Maklervergütung 263 27b, 31
Mangel an Urteilsvermögen 302a 12, -s Masse 283 VI, 283 c IV
Mängel, geistige u. körperliche 69 9; 315c 3b; 315a I Nr. 1
Mann 175, 183
Mannschaft 127 2
Marihuana vor 52 25b
Marktmäßige Gegenleistung 264 VI Nr. 1
Maschinen, Diebstahl von – 243 39; –kraft 248b; Luftverunreinigung und Lärm 325 2; 330 I Nr. 2
Maschinengewehr 243 I Nr. 7
Maschinenpistole 243 I Nr. 7; 244 3
Maschinenzeitdiebstahl 242 2
Maskierung 125 13
Maß der Schuld 46 4; der Pflichtwidrigkeit 46 21
Masse, mangels – 283 VI, 283d IV
Massenstreik als Gewaltanwendung 81 8; 240 11
Massenverbrechen vor 52 47
Massenverwalter 266 3
Maßgebend 8, 58 I, 78c II
Maßnahme, Begriff 11 I Nr. 8; bei Tateinheit 52 IV; bei Gesamtstrafe 55 II; besonderer Art 73 1c; Verhältnismäßigkeit 74b II, 74d III Nr. 2; selbständige Anordnung 76a; Verjährung 78, 79; außerstrafrechtliche vor 63 2; 63 11; vollziehbare 84 III; behördliche 164 I, II; Förderung der Prostitutionsausübung durch –n 180a I Nr. 2; –n des Zuhälters 181a I Nr. 2; flankie-
rende – vor 218 3a; Vereiteln von –n 258, 258a; Verfolgung u. Vollstreckung gegen Unschuldige 344, 345
Maßregel 220a I Nr. 4
Maßregeln der Besserung und Sicherung 61 ff.; 1 4; vor 38 4; kein Rückwirkungsverbot 2 VI, 15; Dauer des Verlustes v. Fähigkeiten u. Rechten 45a II, III; gegen Ausländer vor 61 2; unzulässige UHaftanrechnung 51 11; keine Verwarnung neben – 59 III; Vollstreckung vor der Strafe 67; Überweisungsmöglichkeit von Anstalt zu Anstalt 67a; Aussetzung 67b; späterer Beginn der Unterbringung 67c; Dauer der Unterbringung 67f; mehrfache Anordnung 67d; Widerruf der Aussetzung 67g; Führungsaufsicht 68 ff.; Entziehung d. Fahrerlaubnis 69 ff.; Berufsverbot 70 ff.; Verbindung von – 72; Verfall und Einziehung 73 ff.; Verjährung 78 I; 79 I, IV, V; bei Gesamtstrafenbildung 55 II; Verhältnismäßigkeitsgrundsatz 62; Befreiung Untergebrachter 120 IV; Meuterei 121 IV; Weisungsverstoß 145a; Verstoß gegen d. Berufsverbot 145c; Aussagenotstand 157; sexueller Mißbrauch 174b; Vereitelung von – 258; Gefährdung d. Entziehungskur 323b; Verfolgung Unschuldiger 344; Vollstreckung gegen Unschuldige 345; s. Maßnahmen
Maßregelvollzug vor 61 6
Maßregelzweck 67 3; 67b; 67c, 67g; 68b 1; 70b 5; 72 2; 145a 4
Maßstab der Anrechnung 51 IV 17
Materielles Recht, Analogieverbot 1 10; Rückwirkungsverbot 1 11b; 2 7; Bestimmtheitsgebot 1 3
Materiellrechtliche Theorie vor 78 4
Mathematisierung 46 53b
Matrizen 74d I, 152a I Nr. 2a, 275 I; Anh. 21 123, 127, 128
Mauscheln 284 6
Mechanische Leistungen 266 12a
MedaillenVO 146 2, 12
Medienprivileg 203 1a
Medikamente 20 9c, 23; 64 3a; 323a 3
Medizinalperson 277, 278
Medizinische Indikation 218a I Nr. 2
Meer 324 4, 330d Nr. 1; –esbuchten 3 4
Mehrere Tatbeteiligte, Strafzumessung 46 17
Mehrerlös, Abführung 11 36; 52 6; Anh. 17 8 ff.
Mehrfache und lebenslange Freiheits-

2061

strafe **57a** 11; Anordnung der gleichen Maßregel **67f**
Mehrheitstheorie zur Tateinheit **vor 52** 4
Mehrlinge, Reduktion von –n **vor 218** 6e
Meineid 154; Partei– **154** 2; Zeugen– u. Sachverständigen– **154** 13ff.; eidesgleiche Bekräftigungen **155**; Eidesnotstand **157**; Berichtigung **158**; Verleitung zum **159** 1; Auslandstat **5 Nr. 10**
Meinung, öffentliche **186, 187**
Meinungsäußerung 193 1
Meinungsfreiheit 74d 14a; **93** 19; **193** 14
Meldegeheimnis 203 32a
Melden zu bestimmten Zeiten **56c II Nr. 2**; **68b I Nr. 7**; des Wohnortswechsels **68b I Nr. 8**; zur Arbeitsvermittlung **68b I Nr. 9**
Meldegesetze Anh. 2 1
Meldepflicht vor 56 15; – des Arztes bei AIDS **203** 29
Meldung, unwahre **Anh. 16** 42; Unterdrücken einer – **Anh. 16** 35; Unterlassen einer – **Anh. 16** 40, 43
Memminger Prozeß vor 218 3d
Menge 326 5; **Anh. 21** 113; nicht geringe – **Anh. 4** 29 III Nr. 4, 30 I Nr. 4; **46** 43b; **vor 52** 2b, 6; 25a; Menschen– **124** 2; s. auch **283a** 3; **311a** 3; **330** 12
Meningitis 20 8
Mensch vor 211 2; Bedrohung, Gewalttätigkeit **125, 131**; unübersehbare Zahl von –en **311a II**; s. auch **184 III, 211, 212, 222, 227, 234, 239, 278, 306, 307, 309, 310b III, 311, 311a, 311e, 312, 314, 316c, 318, 319, 320, 326, 330**
Menschenansammlung 125 15
Menschenhandel 180b; schwerer – **181**; **6 Nr. 4**; **138 I Nr. 5**; **181c**
Menschenleben 109e I; s. Leib oder Leben
Menschenmenge 124 2; **125** 3; s. auch **283a** 3; **311a** 3; **330** 12
Menschenraub 234, 126 I Nr. 4, 138 I Nr. 7; erpresserischer **239a, 126 I Nr. 4, 138 I Nr. 7, 139 III Nr. 3**
Menschenrechte vor 3 52; nur individuelle **34** 10; **vor 218** 6c
Menschenrechtskonvention, Europäische **32** 21
Menschenwürde 130 8; **vor 218** 3a, 6a; eine die – verletzende Weise **131** 6c; **Anh. 8** 6 I; **Anh. 16** 22, 31

Menschliche Gesundheit 319
Mensur vor 211 7
Merkmal, besondere persönliche –e **14 I**; **28 I** 3; –e des gesetzl. Tatbestandes **46** 37; – zur Grenzbezeichnung **274 I Nr. 3**
Merkzeichen 267 5
Messer, Körperverletzung mittels – **223a**; verbotene **Anh. 23** 37 I Nr. 6, 53 III Nr. 3
Meßwerte 268 5
Metallgeld 146ff.
Metallhandelsbuch 267 19
Methadon 223 9c; –therapie **56** 6a
Meuchelmord 211 6c
Meuterei Gefangener **121**; von Soldaten **Anh. 16** 27
MfS, Mitarbeiter des – **99** 1a; **129** 3; **1** 11c
Mietkaution 266 12
Mietpreisüberhöhung Anh. 17 5
Mietwagen 248b 4
Mietwucher 302a I Nr. 1 5, 23
Mikroabhörgeräte 201 1, 6
Mikrofiches 268 7
Mildernde Umstände s. besondere Umstände
Milderung der Strafe **49**; vorgeschriebene **49** 3; zugelassene **49** 4; nach Ermessen **49** 6; Zusammentreffen von –gründen **50**; **46** 38a; **213** 2a; bei Deliktseinteilung **12** 8; bei Versuch **23 II**; **21**; bei Beihilfe **27 I**; bei Fehlen besonderer pers. Merkmale **28 I**; bei Versuch der Beteiligung **30 I**; beim entschuldigenden Notstand **35**; bei Tateinheit **52 II**; durchschnittliche –gründe **56** 9, 9e, 9g; Verjährungsfrist bei **78 IV**; – für Heranwachsende **38** 2; in sonstigen Fällen **84 IV, 85 III, 86 IV, 86a III, 89 III, 90 II, 111 II, 113 IV, 129 V, 129a IV, 157, 158, 233**; s. Tätige Reue
Mildestes Gesetz 2 12a; **16 II**
Militärische Einrichtung, –r Vorgang **109g, 109h**; –r Vorgesetzter **164 I**; Betreten –r Anlagen **Anh. 21** 114
Militärgerichtsbarkeit 3 8
Minderjähriger, Strafantragsbefugnis **77 III**; Förderung sexueller Handlungen – **180**; Einwilligung **223** 9e; Entziehung – **235**; – Ausländer **Anh. 12** 68 IV, **93 III Nr. 5**; s. Jugendlicher; s. Kinder
Minder schwere Fälle 12 11; **16 8**; **21** 7; **46** 42; **50** 2; **78** 5; des Totschlags **213** 2; s. auch **81 II, 82 II, 83 I, 90 II, 100 III,**

105 II, 146 II, 152a II, 154 II, 176 I, 177 II, 178 II, 179 II, 181, 213, 217 II, 220a II, 223b II, 224 II, 225 II, 226 II, 234a II, 239 II, III, 239a II, 239b II, 249 II, 250 II, 258a I, 265 II, 272, 308 II, 311 II, 311a I, 311b II, 315 III, 315b III, 316a II, 316c I, 332 I, II, 334 I, 340 I, II, 343 II, 344 I, 345 I

Minderung des Vermögensvorteils 73 I, 73b; der Gefahr 83a

Mindestmaß der Freiheitsstrafe 38 II, 12; der Geldstrafe 40 I, 47 II; der Ersatzfreiheitsstrafe 43 5; erhöhtes – 49 I Nr. 3, II; der Bewährungszeit 56a, 58 II; der Verbüßungszeit 57 I Nr. 1, II Nr. 1, 57a I Nr. 1, 67d V; der Sperre 69a III; der Verbotsfrist 70 II; des Strafarrestes **Anh.** 16 9 I

Mindeststrafe 46 8, 14

Mindestzahl der Einzelakte **vor 52** 25b

Minima-Klausel 326 14

Minispione 201 1

Minister 11 18

Mischtatbestand 28 12; 184b 5

Mißachtung u. Nichtachtung 185 7; 192

Mißbrauch bestimmter Tätigkeiten zu Straftaten 68b I Nr. 4; von Kraftfahrzeugen 68b I Nr. 6; des Berufs oder Gewerbes 70 3, 70b I; des Ansehens oder der Gewalt 26 4; der verantwortlichen Stellung 94 II Nr. 1, 99 II Nr. 1; des wirtschaftlichen Abhängigkeitsverhältnisses 108; von Titeln, Berufsbezeichnungen und Abzeichen 132a; von Notrufen 145; der Abhängigkeit 174 12; 174 I Nr. 2, 174b, 180 III; der Stellung gegenüber Gefangenen usw. 174a I; – unter Ausnutzung der Krankheit oder Hilfsbedürftigkeit 174a II; Widerstandsunfähiger 179, 218a II Nr. 2; sexueller – von Kindern 176, 184 III, 218a II Nr. 2; sexueller – von Kindern in Pornographie 184 36; von Abhörgeräten 201 1, 6; der Amtsträgereigenschaft 264 II Nr. 2, 3; fremder Codekarten 242 19a; 263a 8; – von Scheck- und Kreditkarten 266b; der Machtstellung 266 2; von Ausweispapieren 281; ionisierender Strahlen 311a, 6 Nr. 2, 126 I Nr. 6, 129a I Nr. 3, 138 I Nr. 9, 311a; staatlicher oder staatlich geschützter Zeichen **Anh.** 21 124ff.; von Subventionen **Anh.** 20; von Gestaltungsmöglichkeiten **Anh.** 20 4; der Disziplinargewalt **Anh.** 16 39; der Befehlsbefugnis **Anh.** 16 32 ff.

Mißbrauchstatbestand bei Untreue 266 1

Mißgebildete Neugeborene **vor 211** 20

Mißhandlung 213 4; 223 3; 343; schwere körperliche – von Kindern 176 III Nr. 2; Abhängiger 223b 8; Untergebener **Anh.** 16 30; von Tieren **Anh.** 26 1, 9

Mißverhältnis zwischen Anlaß und Erfolg 211 5; in auffälligem – 302a 22

Mitbestrafte Vor- oder Nachtat **vor 52** 48ff.; 242 26; 267 35b

Mitbewußtsein, sachgedankliches 15 3

Mitfahrer 316a

Mitgewahrsam 242 10; 246 10

Mitglieder eines Organs 14 I, 75; **Anh.** 21 130; eines Gesetzgebungsorgans 36, 37, 90b, 106, 106b II; 203 II Nr. 4; des Bundestages 78b II; 97b I; der Regierung 11 18; 77a IV; 90b, 102, 103, 106b; von Parteien oder Vereinigungen 84 5, 85 II; 129, 129a; einer Religionsgesellschaft 155; einer bewaffneten Macht 196, 333; einer anerkannten Beratungsstelle 203 I Nr. 4a, 218b II Nr. 2; einer Gruppe 220a; einer Bande 43a 5; 244 I Nr. 3 12; 250 I; **Anh.** 4 30a; einer Ersatzkasse 266a 8; der Besatzung 316c I; ausländischer Streitkräfte **Anh.** 14

Mithilfe, Ausnutzen der – 264 II Nr. 3

Mithöreinrichtungen 201 6

Mitläuferklausel 84 14; 85 III, 86 IV, 86a III, 89 III, 129 V, 129a IV

Mitmarschieren in unfriedlicher Menge 125 6

Mitsichführen 125 12; 295

Mittäterschaft vor 25 2; 9 2; 25 II, 46 17; **vor 52** 37; **vor 324** 6, 6a; sukzessive 25 9

Mitteilungen von Staatsgeheimnissen 94 2, 97a, 98, 99; der Unfallbeteiligung 142 49; verfolgungsgefährdende 241a II; Pflicht, – zu machen 264 26; 265b I Nr. 2; 266a 26; geheimhaltungsbedürftiger Sachen 353b II, 354; verbotene – über Gerichtsverhandlungen 353d; einer Finanzbehörde 355 I Nr. 1c

Mittel der Tat 23 III; 74a Nr. 1, 74f II Nr. 1; angemessenes 34; 97b I Nr. 3 5; auf Täuschung berechnete – 144; technische – 202 9, 354 II Nr. 1; zum

Sachverz

Fette Zahlen = §§ des StGB

Abbruch der Schwangerschaft **219b, 219c**; zum Raube **250 I Nr. 2**; zur Erpressung **253 4**; gemeingefährliche **211 II**; zur Widerstandsüberwindung **244 I Nr. 2**; berauschende **64, 315a I Nr. 1, 315c I Nr. 1, 316 I, 323a; 323b; Anh. 21** 122; öffentliche – **264** 7
Mittelbare Beamteneigenschaft **11** 17
Mittelbare Bestechung **331** 11a
Mittelbare Falschbeurkundung **271** 1
Mittelbare Einwirkung **240** 4
Mittelbare Täterschaft **vor 25** 2; **25** 3; **8** 3; **22** 16; **vor 324** 6a, 6b
Mittelbar Erlangtes **73** 9
Mittelbarer Schaden **263** 39
Mittelsmänner **94 I Nr. 1** 2; **97a, 98, 99 I Nr. 2; 100 I, 109f**
Mittelwert bei BAK-Feststellung **316** 8c
Mittel-Zweck-Relation **240** 22, 24
Mit vereinten Kräften **121** 4
Mitverschulden des Verletzten **46** 34
Mitwirken nach der Tat **vor 25** 13; **27** 4; Beteiligter von untergeordneter Bedeutung **84 IV, 85 III, 86 IV, 86a III, 89 III, 129 V, 129a IV**; zur Mitwirkung an einem Verfahren berufen **174b; 258a** 2; **343** 2; **344, 345 III**; – an einem Selbstmord **vor 211** 4; mehrerer bei schwerem Diebstahl **244 I Nr. 3; 244a**; bei Raub **250 I Nr. 4**; bei Wucher **302a**; unterlassenes – bei Strafverfahren **Anh. 16** 40
Modelle **93** 2, **353b** 11
Mofas, BAK bei Fahrern von –s **316** 6
Möglichkeit, eingeräumte **266b** 3
Möglichkeitstheorie **15** 11e
Monopolhehlerei **259** 29
Moor, Entwässerung **329** 15
Moorflächen **310a Nr. 2**
Mopeds, BAK bei Fahrern von – **316** 6
Mord **211**; Unverjährbarkeit **1** 11; **78**; Anzeigepflicht **138, 139 III**; Androhung **126 I Nr. 2**; durch terroristische Vereinigung **129a**; Völker– **220a** Brandstiftung in Mordabsicht **307** 4; –merkmale **211** 2ff.; –lust **211** 3
Mordmerkmale **211** 2ff.
Morning-after-pill **218** 4
Morphinhydrochlorid **46** 23a
Morphinzubereitungen, nicht geringe Menge **46** 23a; **vor 52** 25b
Mosaiktheorie **93** 4
Motive s. Beweggründe
Motivbündel **211** 5f
Müllverbrennungsanlagen **325** 2
Mündliche Verpflichtung **Anh. 19** 1 II

Munition **Anh. 23** 2; –serwerbschein **Anh. 23** 29, 53 I Nr. 2
Münzsammler (–zähler) **265a** 1
Münzverbrechen s. Geldfälschung
Mutmaßliche Einwilligung **vor 32** 4; **223** 9a
Mutter, Kindestötung **217**; Hilfen für – und Kind **218b I Nr. 1**
Mutterunternehmen **vor 283** 21

N

Nachahmung, gegen – gesichert **149** 4; **151, 152a I Nr. 2b, 275 I Nr. 2**
Nachbarschaft, Umweltgefahr für die – **330 I Nr. 2**; Lärmbelästigung **Anh. 21** 117
Nachgehen, der Prostitution – **180a** 5; **170d, 181, 181a, 184a, 184b; Anh. 21** 120
Nachgemachte Belege **264 II Nr. 1**
Nachhaltig **326** 6
Nacheile **252** 7
Nachlaß **203** III
Nachmachen von Geld **146** 3
Nachtatverhalten **46** 28
Nachträgliche Entscheidungen **56e; 56a II, 57 III, 67 III, 67a, 68d, 74b II, 76**; Verurteilung **55, 59c II**; Ermöglichung **142 II**; Genehmigung **77** 21; **226a** 2
Nachrede, üble **186**; Tatsachen und Werturteile **186** 2; gegen Politiker **187a**; gegen Verstorbene **189**; Wahrheitsbeweis **189** 2, **192** 6; berechtigte Interessen **193**; Strafantrag **194**
Nachrichten über gefälschte oder verfälschte Gegenstände **100a** 2; militärische **109f**; geheimzuhaltende – **353b II**; –übermittlung an Gefangene **Anh. 21** 115
Nachrichtendienst, landesverräterischer **99** 3; –e der ehem. DDR **99** 1a; militärischer **109f**
Nachschlüssel **242** 16; **243 Nr. 1** 9, 18
Nachschulung **56** 6d; **56c** 5; **69** 10a, 10b, 19; **69a** 15b; **40** 4; **46** 27a
Nachstellen **292** 12
Nachtat, mitbestrafte (straflose) **vor 52** 48ff.; bei Diebstahl **242** 26; bei Unterschlagung **246** 11, 22; bei Betrug **263** 45; bei Urkundenfälschung **267** 34
Nachtbar, Aufenthalt Jugendlicher in –s oder Nachtclubs **Anh. 9** 3, **12 I Nr. 1**
Nachteil **274** 6; für die äußere Sicherheit **93** 5; s. auch **94 I, II Nr. 2, 95 I, 97 I, II, 97a, 99 II Nr. 2, 100a IV, 101a,**

nach „Anh" = Gesetzesnummern

Sachverz

158 II, **188** I, **253**, **266** 16; **274**, **336**, **356** II; s. Schaden
Nachteilige Veränderung 324 6; **326** 5
Nachträgliche Entscheidungen 56 e, **56 a** II, **57** III, **59 c** II, **67** III, **67 a**, **67 d** V, **68 d**, **74 b** II, **76**
Nachträgliche Feststellungen 142 II, III
Nachträgliche Gesamtstrafenbildung 55, **51** 13
Nachträgliche Veränderungen (Wertminderung, -erhöhung, Schädenbeseitigung) **263** 36
Nachtrunk 142 29; **316** 8 e
Nachtzeit, Jagen **292** 28; Fischen **293** 8
Nachtzielgeräte Anh. 23 33 I Nr. 3, **53** III Nr. 3
Nachwucher 302 a 2
Nacktbaden 183 a 3
Nähe 184 b
Nahe gelegen 142 48
Nahestehende Person 35 7; **241**
Nahrungsmittel, Vergiftung **319**
Nahrungsverweigerung in Justizvollzugsanstalten s. Hungerstreik
Namen 277; des Veranstalters **Anh. 11** 2
Namensangabe, falsche **Anh. 21** 111
Namenstäuschung 267 21
Narkose als Gewaltmittel **249** 4
Nasciturus vor **211** 2; vor **218** 9 a, 9 b; **218** 2; **222** 1
Nationale Gruppe 194 3 c; **220 a**
Nationaler Rauschgiftbekämpfungsplan 73 1; **73 d** 2
Nationalpark 329 10
Nationalsozialistische Propagandamittel **86** 5; Kennzeichen **86 a** 4
Nationalsozialistische Mordtaten vor **52** 2; **211** 5; Verjährung **1** 11 b; vor **3** 56; **78 b** 7, 8
Nationalsozialistische Organisationen 86 8
NATO-Truppenstatut vor **3** 22
NATO-Vertragsstaaten 3 8; **51** 3; vor **80** 4; **93** 21; **99** 3, 11; vor **109** 3; vor **110** 3; **194** 13; **Anh. 14**; **93** 21
Naturalien 353 II
Naturdenkmäler 304
Naturhaushalt vor **324** 3; Bestandteile des -s **330** 9
Natürliche Handlungseinheit vor **52** 2; – Zusammensetzung **325**
Natürlicher Vorsatz 63 2
Naturschutzgebiet 329 10; **330** I Nr. 1
Nebenamt 11 15
Nebeneinander von Maßregeln **72** II

Nebenfolgen der Freiheitsstrafe **45 ff.**; **1** 4; **2** I; von Maßregeln **61** 3; Verfolgungsverjährung **79** 6; bei mehreren Gesetzesverletzungen **52** IV, **53** III, **55** II; bei Steuerstraftaten **Anh. 22** 375; s. auch **92 a**, **101**, **102** II, **108 c**, **109 i**, **129 a** VI, **165**, **200**, **264** V, **358**
Nebenleistungen der Wohnungsgewährung **180 a** I Nr. 2 5; – d. Vermietung **302 a** I Nr. 1
Nebenstrafen vor **38** 2; Fahrverbot **44**; Amtsverlust, Verlust der Wählbarkeit und des Wahlrechts **45 ff.**; **92 a**, **101**, **102** II, **108 c**, **109 i**, **129 a** VI, **264** V, **358**; Einziehung **74** 2; Bekanntgabe der Verurteilung **165**, **200**; **Anh. 13** 23; bei Einteilung der Straftaten **12** 4; Verjährung von – **79** 6; bei mehreren Gesetzesverletzungen **52** IV, **53** III, **55** II
Nebenstrafrecht vor **1** 1; **22** 17; vor **324** 4
Nebentäterschaft 25 11
Nebentätigkeit 331 5
ne bis in idem 51 16 a; vor **52** 39; **76 a** 9
Negative 74 d I, **149** I, **152 a** I Nr. 2 a, **275** I; **Anh. 21** 123, 127, 128
Negative Gefährlichkeitsprognose vor **61** 3; **66** 15
Negative Tatbestandsmerkmale, Lehre von den –n **16** 25
Negative Typenkorrektur 211 2 a
negotorium gestio (Züchtigung fremder Kinder) **223** 11
Nettoeinkommen 40 7; -sprinzip **40** 6
Nettolohnabrede 22 17; **266 a** 11
Nettoprinzip beim Verfall **73** 3 a
Neubestellung subventionierter Waren **264** 20
Neubürger 7 3
Neulandoperationen 223 9
Neurosen 20 14
Nichtabführen von Arbeitsentgelt **266 a** 15
Nichtablieferung radioaktiver Abfälle **326** 11
Nichtachtung 185 7
Nichtanzeige von Verbrechen **138**, **139**; eines Fundes **246** 17
Nichtaussetzung des Strafrestes **68 f**
Nichtbeachtung der Vorfahrt **315 c** 5
Nichtbeamtete Personen, Verpflichtung **Anh. 19** 1; s. Besonders Verpflichtete
Nicht behebbare Gesundheitsschädigung **218 a** II Nr. 1
Nichtbestehen der Ehe **11** I Nr. 1 a

2065

Sachverz

Fette Zahlen = §§ des StGB

Nichteheliches Kind 11 I Nr. 1a; Tötung 217
Nicht geringe Menge 46 43b; vor 52 2b, 6, 25b; Anh. 4 29 III Nr. 4, 30 I Nr. 4
Nichtige Ehe 77b II; 238 II
Nichteinschreiten gegen Umweltbeeinträchtigungen vor 324 6c
Nichtgesamtstrafenfähige Verurteilungen 57a 11
Nichthinderung der Selbsttötung vor 211 21
Nichtöffentlich gesprochenes Wort 201 2; –e Gerichtsverhandlung 353c
Nichtrücknahme der Erlaubnis vor 324 6b
Nichtzumutbarkeit vor 13 30; 323c
Nidation vor 218 5, 7; 218 4; 219d
Niedrige Beweggründe 211 4ff.
Normativer Schuldbegriff vor 13 28
Normative Merkmale 16 4
Normative Rücktrittslehre 24 6d
Normenkontrollanträge vor 218 3d, 3g, 21
Normzweckzusammenhang vor 13 17d, 18d
Not, Handeln ohne – 46 36; 145 I Nr. 2; gemeine 323c 5; wirtschaftliche 283a Nr. 2, 283d III Nr. 2, 302a II Nr. 1
Notar 11 18, 19, 22; 203 I Nr. 3
Nothilfe 32 7; 34 18; Aufklärungsumfang 223 9n; Unterlassung von 323c 1
Nothilfemittel, Beeinträchtigung von –n 145
Nötigung 240 3; –smittel 240 4; des Bundespräsidenten 106 I Nr. 1; von Verfassungsorganen 105, deren Mitgliedern 106; bei Wahlen 108; –sabsicht, Ausnützen zur – bei Geiselnahme 239b; von Amtsträgern 240 16; von Vollstreckungsbeamten 113 1; von Anstaltsbeamten 121 I Nr. 1; – einer Frau zum außerehelichen Beischlaf 177; sexuelle – 178, 218a II Nr. 2; bei Erpressung 253; eines milit. Vorgesetzten Anh. 16 24, 26
Nötigungsnotstand 35 6
Notlage, schwerwiegende – 218a II Nr. 3; –nindikation 218a 24
Notrechte vor 32 9
Notrufe, Mißbrauch von –n 145 2
Notstand, rechtfertigender 34; 168 4; entschuldigender 35; übergesetzlicher entschuldigender vor 32 15; bürgerlichrechtlicher vor 32 9
Notwehr 32; Exzeß 33; Putativ 32 27; gegenüber DDR-Grenzorganen 3 12; –ähnliche Lage 32 9

Notwehrexzeß, intensiver 33; extensiver 32 27
Notwendige Teilnahme vor 25 6; 120 9; 145c 2; 174 1; 175 3; 180 25; 181a 4; 235 2; 236 1; 356 13
Notwendige Verteidigung 63 16
Notzeichen, Mißbrauch 145 2
nulla poena sine lege 1 1
nullum crimen sine lege vor 13 7; 1 1
Nutzen, d. öffentlichen 304; Beeinträchtigung 330 7; Über– 330 8
Nutznießer 289 1
Nutznießungstheorie 259 1a
Nutzpflanzen 326 V
Nutzungen, gezogene 73 9; 73d 8

O

Oberirdische Gewässer 324 2; 330d Nr. 1
Oberste Bundesbehörde 353b 18
Oberste Landesbehörde 353b 19
Obhut 174 2ff.; 221 4; 223b
Obhutspflicht 13 5b; Verletzung 221, 223b
Objektive Bedingungen der Strafbarkeit 16 32; vor 32 18; 104a 1; 186 12; 227 5; vor 283 12; 323a 9
Objektives Verfahren, Einziehung im – 76a
Objektive Theorie b. Versuch 22 25; bei der Teilnahme vor 25 1; bei Falschaussage vor 153 5
Objektive Vorwerbarkeit 240 23
Objektive Zurechnung des Erfolges vor 13 16, 17
Objektsicherungsdienste, Nothilfe durch private 32 7
Obligationen 264a 2
Obliegenheiten 11 I Nr. 4, 203 II Nr. 5; Anh. 19 1
Observation 34 24
Offenbaren von Staatsgeheimnissen 95, 96 II; von Privatgeheimnissen 203 26; Rechtspflicht zum – 263 13; 205; von Dienstgeheimnissen 353b 9; von Tatsachen aus nichtöffentl. Gerichtsverhandlung 353d; von Steuergeheimnissen 355; sich der Dienststelle – 87 III, 98 II, 99 III, 129 VI Nr. 2, 129a V
Offenbarungseid 154 8
Offenbarungspflicht 263 11; bei Inanspruchnahme von Subventionen Anh. 20 3
Offene Feindschaft 211 6b
Offene See 250 7

2066

nach „Anh" = Gesetzesnummern

Sachverz

Offenes Feuer (Licht) 310a
Offene Tatbestände vor 13 8
Offensichtlich 60 4; – verfehlt 326 V
Öffentlich 111 5; ausgelegte Schriften 74d II; – zugänglich machen (zB durch Ausstellen, Anschlagen, Vorführen) 74d IV 6; 184 39; 131 I Nr. 2, 184 III Nr. 2; 194 3b; Anh. 21 120 I Nr. 2; Verwenden 86a 2; – gezeigte Flagge 104; – bestellter Sachverständiger 132a I Nr. 3, 203 II Nr. 5; Anh. 19 1 I Nr. 3; – angeschlagen 134; – wider besseres Wissen 164; – anbietet, ankündigt, anpreist 219b; Anh. 21 119; – ausgestellt 243 Nr. 5; – veranstaltet 284, 286; – beteiligt 284a; – aufgestellt 304; – mitteilt 353d; – zugänglich ist 184 I Nr. 5
Öffentliche Aufstachelung zum Angriffskrieg 80a 2; Verwendung von Kennzeichen 86a 4; –m Verkehr, –n Zwecken, –r Versorgung, –r Sicherheit dienend 88, 265a, 354 III Nr. 2; – Sicherheitsorgane 89 2; Verunglimpfung 90ff.; Versammlung 106a; Aufforderung 111 5; Anh. 21 116; Zusammenrottung 124 4; zum –n Dienst oder Verkehr bestimmt 123 8, 124; – Billigung 140; –s Beschimpfen 166; –s Ärgernis 183a; Beleidigung u. Verleumdung 186 19, 187a, 200 2; 103 II; – und private Hilfen 218b I Nr. 1; – Mittel 264 VI; – Verhandlung 353d 6
Öffentliche Ämter 145 2; Unfähigkeit zur Bekleidung 45ff., 92a, 101, 102, 108c, 109i, 129a VI, 264 V, 358; Anmaßung 132 1
Öffentliche Angelegenheit 108d 2; 45 V
Öffentliche Ansammlung, Anschluß, Nichtentfernung 125 11; Anh. 21 113
Öffentliche Bekanntmachung von Staatsgeheimnissen 94 3, 95, 97, 100a; bei falscher Anschuldigung 165; bei Beleidigung 200, 103 II; bei unlauterem Wettbewerb Anh. 13 23; geheimhaltungsbedürftiger Sachen 353b II
Öffentliche Filmvorführungen, Pornographie in – 184 24; Anh. 9 15
Öffentliche Klage 78c I Nr. 6
Öffentliche Meinung 186 14
Öffentlichen Rechts, Religionsgesellschaften des – 132a III; 133 II; 194 III; 232 II; 355 II Nr. 3; Anh. 21 126; Anstalten usw des – 203 I Nr. 4; 218b II Nr. 1, 2b

Öffentliche Ordnung Anh. 21 118 I
Öffentliche Pfandleiher 290
Öffentliche Dienst s. Besonders Verpflichtete
Öffentlicher Frieden 126 2; 130 2; 140 I Nr. 2; 166 3
Öffentlicher Nutzen 243 40; 304 11
Öffentlicher Verkehr, für den – bestimmte Fernmeldeanlage 354 III Nr. 2
Öffentliches Denkmal 304 8
Öffentliche Sicherheit 125 2, 4
Öffentliches Interesse an der Strafverfolgung 183 II, 232 4; 248a; wichtige –n 353b 13
Öffentliches Sicherheitsorgan 89
Öffentliches Wirken 187a
Öffentliches Zugänglichmachen 74d 6; 194 3b
Öffentliche Register 271 13
Öffentliche Unternehmen 264 VI; 329 7; 330d Nr. 3; Aufsichtspflicht Anh. 21 130
Öffentliche Urkunden 267 16; 271 3, 14; 348; Anh. 21 127, 129
Öffentliche Verwaltung, Aufgaben der – 11 I Nr. 4; 18 I; Anh. 19 1
Öffentliche Wahlen 45 3, 5; 92a, 101, 102 I, 108c, 109i, 129a VI, 264 V
Öffentliche Wasserversorgung 330 6
Öffentliche Wege, Straßen u. Plätze 304
Öffentliche Würden 132a 9
Öffentlichkeit, Begriff 111 5; 183a 4; 186 19; 200 2; 90, 90a, 90b; 109f; Ausschluß der – 353d; Jugendschutz in der – Anh. 9
Öffentlich-rechtliches Amtsverhältnis 11 I Nr. 2b 18
Offizialdelikte vor 77 2; 194 1
Öffnen, unbefugtes 202 8; 354 II Nr. 1
Öffnung, zur – bestimmte Werkzeuge 243 Nr. 1; ohne – Kenntnis verschaffen 202 9; 354 II Nr. 1
Ökologisch, –er Rechtsgüterbegriff 324 1; –er Zusammenhang vor 324 3; –e Bedeutung 330 8; s. Umwelt
Öl, Verunreinigung von Gewässern 324 5; 326 7
Oligophrenie 21 4
Omnibusse 69a 3
Onanieren vor 174 8
One-line-Verkehr 202a 5
Opfer 66 I Nr. 3, 179 I, 239a I, III; Tod des –s 178, 178 III, 239a II, 239b I; – einer Gewalt- oder Willkürherrschaft 194 II

2067

Sachverz

Fette Zahlen = §§ des StGB

Opfergleichheit, Grundsatz der – vor **40** 2
OpferschutzG 46 1, 27; **73** 1d
Opposition, parlamentarische **92** II Nr. 3
Optionshandel 263 13, 32 a
Orden 132 a 2
Ordensgeistliche, Nettoeinkommen **40** 11 a, 14
Orderschuldverschreibungen 151 Nr. 1
Ordner in Versammlungen **Anh. 11** 9, 22, 24, 29
Ordnung der wirtschaftlichen Verhältnisse **56** c II Nr. 1, **68** b II; verfassungsmäßige **81** 6; **82** I Nr. 2, **85** I Nr. 2, **86** I Nr. 2, **89** I, **90** a I Nr. 1, **92** II Nr. 2; Straftaten gegen die öffentliche **123** ff.; **88** I Nr. 4; **316** b I Nr. 3; Sicherheit und – **106** b I; **Anh. 21** 112; –smäßig **243** Nr. 1, **248** c I
Ordnungsgeld, -haft, unzulässige Vollstreckung **345** III Nr. 3
Ordnungsgemäße Wirtschaft **283** I Nr. 1, 2, 3, 8, **283** d I; –r Aufzeichnungsvorgang **268** 1, 11
Ordnungsmäßige Öffnung **243** I Nr. 1; – Entnahme **248** c I
Ordnungswidrigkeiten Gesetz über – **Anh. 21;** –recht **345** III Nr. 2; einzelne – **Anh.: 2** 3; **3** 12; **4** 32; **9** 12; **11** 29; **12** 93; **17** 2 ff.; **21** 111 ff.
ordre public 3 11
Organe einer juristischen Person **14;** – und Vertreter **75;** – ausländischer Staaten **102; 103;** – einer Gesellschaft **203** I Nr. 3
Organhandel 226 a 10
Organisationsdelikte 84–87, 129, 129 a
Organisatorischer Zusammenhalt 84 4, 6; **85**
Organisierte Kriminalität, Gesetz zur Bekämpfung der – **43** a 1, 2; Straftaten der – **146, 148** I, **149** I, **152** a, **181, 181** a I Nr. 2, **244** I Nr. 3, **244** a, **260, 260** a, **261, 284** III; **Anh. 4** 29 I Nr. 1, 4, 5, 6, 10; 29 a, 30, 30 a, 30 b
Organisiertes Glücksspiel 129 3
Organübertragung s. Transplantation
Ort, verbotene –e **56** c II Nr. 1; **68** b I Nr. 2; zur amtl. Aufbewahrung bestimmter – **133;** dem Gottesdienst gewidmeter **167** I Nr. 2; der Prostitutionsausübung **181** a I Nr. 2; **184** a; **Anh. 21** 120; **Anh. 1** 297; Kindern zugänglicher – **184** 15; **Anh. 8** 3 Nr. 2; Örtlichkeit **184** b; **Anh. 21** 114; an einen anderen – **237; 294**

Ort der Tat 9
Ossietzky, Fall – **93** 9
Österreicher 7 3
Ostverträge 7 3
OTC-Markt 263 32 a
Output-Manipulationen 263 a 3

P

Päderastie 175
Paket, Öffnung oder Unterdrückung **354**
Panik 24 6 b
Papier zur Geldfälschung **149** I Nr. 2; **Anh. 21** 127 ff.; – zur Vordruckfälschung **152** a I Nr. 2 b; Ausweis– **275** I Nr. 2
Papierart 149 I, **151, 152** a I Nr. 2 b, **275** I
Parallelwertung in der Laiensphäre **16** 11; **332** 10
Parkhaus 315 b 2
Parklücken, Streit um –n **240** 28 a
Parkrecht, vorrangiges **240** 28 a
Parlament, Europäisches **108** d
Parlamentarische Äußerungen 36
Parlamentarische Berichte 37; 185 13
Parlamentarische Hausordnung, Verletzung **106** b
Parlamentarische Opposition 92 II Nr. 3
Parlamentsbannmeile 106 a
Parlamentsmitglieder, Indemnität **36;** Nötigung **106**
Parlamentsnötigung 105
Parolen 86 a II
Parteien, politische **84** 3; **85, 86, 86** a, **109** f, **129** 2, 3; **Anh. 11** 1; Schiedsrichtervergütung **335** a; im Prozeß **336** 4, **356** 4; **155** Nr. 2
Parteienfinanzierung 2 13 c; **331** 11 b
Parteiengesetz 84 III, **85** I
Parteienprivileg 81 9; **84** 2, 3; **89** 2; **90** a 2; **90** b 4; **129** II Nr. 1; **129** a 5
Parteimeineid 154 2
Parteispenden 2 13 c; **40** 7; **46** 6, 23 b; vor **52** 2 b, 26; **129** 3; **331** 11 a; **332** 5
Parteiverrat 356
Partiererei (Sachhehlerei) **259;** fahrlässige bei Edelmetallen u. unedlen Metallen **259** 31
Partikuläres Strafrecht vor **3** 23, 29, 33, 44
Paß 267 36; **275** 2; **281** 2
Passiva bei der Tatdurchführung **73** 3 a
Passive Bewaffnung 125 1, 10 ff; **Anh. 11** 17 a, 29

nach „Anh" = Gesetzesnummern

Sachverz

Passives Personalitätsprinzip vor 3 4; **5 Nr. 6 bis 9, 14; 7 II**
Paßpflicht Anh. 12 4, 92 I Nr. 2, 93 I
Paßverordnung Anh. 3 3
Paßwesen, Ges. über **Anh.** 3; Paßpflicht 1, 4, 11 I Nr. 1; **Anh. 12** 3, 47, 48
Patentanwalt, Berufsbezeichnung **132a I Nr. 2;** Berufsgeheimnis 203 I Nr. 3; Gebührenüberhebung 352 1
Patienten, Einwilligung **223** 9 ff.
Patientendaten 203 28a
Patiententestament vor 211 18; **223** 9
Perforation 34 21
Perpetuierungstheorie 259 1
Person, Irrtum über die – **16** 5; nahestehende – **35** 7; 241; – des Täters **54 I S. 3**; – des Untergebrachten **67d V**; unter 14 Jahren **176**; s. auch Kind; – unter 16 Jahren **170d, 174, 180, 182**; unter 18 Jahren **131 I Nr. 3, 173 III, 174 I Nr. 2, 3, II, 175, 180 II, III, IV, 180a II, 184b, 223b I, 235; 236**; viele –en **283a Nr. 2, 283d III Nr. 2**; Feststellung der – **142 I Nr. 1**; s. auch Jugendlicher; – über 18 Jahre **175**; – unter 21 Jahren **175 II Nr. 1, 180a IV, 182 III**; s. Juristische –; s. Persönlichkeit
Personalausweise, Ges. über **Anh. 2**
Personalien, Feststellung der **113** 16
Personalitätsprinzip, aktives **vor 3** 4; passives **vor 3** 4; **5 Nr. 6 bis 9, 14; 7 II**
Personalpapiere 281
Personalvertretung, Geheimnisverletzung **203 II Nr. 3, 353b I Nr. 3**
Personen, viele **283a** 3; s. auch **124** 2; **311a** 3; **330** 12
Personenbegriff 11 I Nr. 1 bis 4
Personengemeinschaften, Beleidigungsfähigkeit **185** 18; s. juristische Personen
Personenhandelsgesellschaft, vertretungsberechtigte Gesellschafter einer – als Handelnde **14** 3; **Anh. 21** 130; Einziehung **75**
Personenkreis 93 I
Personenschaden, belangloser **142** 11
Personensorge 77 III; 180 I; Anh. 8 21 IV; **Anh. 9** 2 II Nr. 2; **235** 1; **239a**
Personenstand 169 (Begriff 2; falsch angeben 6; Unterdrückung 7)
Personenstandsregister, Beweiskraft **271** 3, 12
Persönliche Abhängigkeit 180a I Nr. 1 6
Persönliche Begünstigung 258

Persönliche Eigenschaften, Verhältnisse oder Umstände **14 I; 28** 3
Persönliche Freiheit, Straftaten gegen die **234 ff; 5 Nr. 6; 126 I Nr. 4; 129a I Nr. 2; 138 I Nr. 7**
Persönliche Lebens- und Geheimbereich, Verletzung des –s **201 ff.; 203** 3; **205 II**
Persönliche Merkmale, besondere **28**; strafbegründende **14**
Persönliche Selbstbegünstigung 258 13
Persönliche Strafaufhebungsgründe 16 31; **24** 3, 18; **vor 32** 17; Strafausschließungsgründe **vor 32** 17; **173** 8; **218 III, IV, 218** 8a; **218b I S. 2, 219 I S. 2, 219a II, 219c II**
Persönliche Verhältnisse 14 I, 28; 46 II 25; s. Verhältnisse
Persönlichkeit des Täters 47 I 2; **59** 5; **66** 17; des Verurteilten **56 I, II**, 6, 9b, 9g; **57 I S. 2, II Nr. 2**
Persönlichkeitsentartung 20 15
Persönlichkeitsgüter vor 52 17
Persönlichkeitstest, projektiver **vor 61** 3
Pfand, zum –nehmen als Hehlerei **259** 11; unbefugte Ingebrauchnahme **290**
Pfandkehr 289 (Begriff 2); Strafantrag **289 III**
Pfandleiher 290 1
Pfandsache, unbefugter Gebrauch einer – **290**
Pfändung 136 5
Pferde, Rennwetten **284** 3
Pflanzen, Schädigung **325** 7; Giftübertragung auf – **330a** 3
Pflanzenschutzgesetz vor 324 3
Pflegeeltern 11 I Nr. 1b 10; Sexualstraftaten **174** 3; Fürsorgepflichtverletzung **223b** 4
Pflegekinder 11 I Nr. 1 Buchst. b
Pfleger, Antragsrecht **77** 14; Kinderraub **235**; Entführung **236**; Untreue **266** 3
Pflichtdelikte vor 25 1b
Pflichten 14 I Nr. 2; eines Kfz-Führers **44, 69**; grobe Verletzung von Berufs- **70** 4; **70b**; eines Polizeibeamten **114**; Fürsorge- **223b**; – zur Betreuung **266** 10; verwaltungsrechtliche **311d IV, 325 IV**; s. Auflagen; Verletzung militärischer **Anh. 16** 1ff.
Pflichtenkollision vor 32 11; schuldausschließungsgrund **vor 32** 15; **203** 29; **323c** 7
Pflichtmäßige Bereitschaft 89 I

Sachverz Fette Zahlen = §§ des StGB

Pflichttheorie vor 153 7
Pflichtwidrigkeit 15 16; **46 II; 222** 7; bei Untreue **266** 8, 14; grobe – **311d IV; 315a** 7; **325 IV; 330 I Nr. 3, 4;** der Diensthandlung **332** 2; **334 II;** des Anwalts **356** 6
Pflichtwidrigkeitszusammenhang, Fehlen des –s **vor 13** 17c, 18d
Pharmazeutische Fachblätter 219b III
Pietätsgefühl 168 1; **189** 1
Piratensender 9 3
Placebo 223 9
Plakate 74d 6; **303** 6a
Planfeststellung 327 4
Planmäßig 89 4; –es Handeln **20** 5, 9d; nicht – verlassen **316c I**
Planung 87 II; 129 VI Nr. 2; 323 I
Platten 74d I; 149 I Nr. 1; 152a I Nr. 2a; 275 I Nr. 1; Anh. 21 123 II Nr. 2, 127 I Nr. 1, 128 I Nr. 2
Platz, öffentlicher **304, 308**
Plünderung 125a Nr. 4
Politische Betätigung von Ausländern **Anh. 12** 37, **92 I** Nr. 4
Politische Gründe 234a 8; Attentat aus –n **211** 5
Politische Gruppen 194 3c
Politische Körperschaft 194 15
Politischer Meinungskampf 193 14b
Politisches Leben, üble Nachrede, Verleumdung **187a; 193** 14b
Politische Parteien 84 3; **85, 86, 86a, 109f, 129 II Nr. 1; Anh. 11** 1
Politische Tat 7 10
Politische Verdächtigung vor 3 40, 41; **241a; 5 Nr. 6**
Polizeiaufgaben 34 24
Polizeiaufsicht 61 1; **vor 68** 2
Polizeibeamte 113 16; **114; 78b II Nr. 1;** als Lockspitzel **22** 2, **26** 8, **27** 2; Diebstahl mit Waffen **244** 4; bei öffentl. Versammlungen **Anh. 11** 12, 13, 18 III, 19 IV
Polizeibehörde 158 III
Polizeidienststelle 142 III
Polizeifahrzeuge 305a 6
Polizeiflucht vor 52 2a; **69 II Nr. 3; 315b** 5c
Polizeifunk, Abhören des –s **Anh. 25** 15 II a; **201** 2; **242** 28
Polizeihaft, Anrechnung **51** 3
Polizeinotruf, Anruf bei der –nummer **145** 2
Pornographische Schriften, Verbreitung **184; 6 Nr. 6;** Begriff **184** 6; **176 V Nr. 3; Anh. 8** 6 Nr. 2, 21 I; gewerbliche Vermietung von Pornographika (Print-Video) **184** 20a ff.
Positive Typenkorrektur 211 2a
Post, Störung des Betriebes **88, 316b;** Versendung von Betäubungsmitteln **Anh. 4** 13 I Nr. 6; –dienstliche Verrichtungen **354 III Nr. 1**
Postbeamte 354
Postgeheimnis 354 7
Postpaketabkommen Anh. 4 32 Anm. 2
Postpendenzfeststellungen, Wahlfeststellung **1** 19a; **259** 26
Postweg 354
Postwertzeichen s. Wertzeichen
Potentielles Einkommen 40 14
Potentielle Gefährdungsdelikte vor 13 13; **126** 7; **130** 2; **160, 223a; 229** 3; **vor 283** 4, **vor 306** 1; **308** 3, **311d** 1; **vor 324** 5; **325**
Pränatale Einwirkungen auf die Leibesfrucht **vor 211** 2
Präpendenzfeststellung 1 19a
Präsident eines Gesetzgebungsorgans **106b II, 353b IV Nr. 1; Anh. 21** 112
Prävarikation 356
Prävention 46 3
Präventives Verbot mit Erlaubnisvorbehalt **vor 324** 4b
Preisangaben 267 10, **Anh. 17** 3 I Nr. 3
Preisgabe von Staatsgeheimnissen 97
Preisverstöße Anh. 17 3 ff.
Presse, Staatsgeheimnisse und –freiheit **93** 19; Berichterstattung **109f** 3; Wahrnehmung berechtigter Interessen **193** 16; Verjährung bei –vergehen **78** 8; **86** 9; bei Versammlungen **Anh. 11** 6 II
Pressefreiheit 74d 14a; **86** 14; **93** 19; **193** 14
Presseinhaltsdelikte vor 52 9; **78** 2; **184** 41c
Presseprivileg 109f 5
Printmedienverleih 184 20a ff.
Private Kranken-, Unfall-, Lebensversicherung, privatärztl. Verrechnungsstelle **203 I Nr. 6;** – Hilfen **218b I Nr. 1**
Privatgeheimnisse, Verletzung **203;** Verwertung **204;** Auslandstaten **5 Nr. 7**
Privatklagedelikte vor 77 2
Privatleben des Täters **46** 24c
Privatrecht, Eintrittsbefugnisse nach – **123** 14
Privilegierungstatbestände 12 7; Irrtum **16** 8

Sachverz

probation vor 56 4; vor 59 3
Probe, Fahrerlaubnis auf – 69 19
Producta sceleris 74 5
Produkt, Herstellerhaftung für das – 222 14
Produkthaftung vor 13 18; 13 6, 11; vor 32 13; vor 324 6b
Produktpiraterie vor 263 4; 263 49; 267 36
Prognose 56 3; 57 6; 45b 3; 59 3; vor 56 12; vor 61 3; 63 5; 64 6; 66 15, 16; 67b 2; 67c II; 67d 6; 68 I; 68e 8; 69 9; 69a VII; 70 7; objektiv nachträgliche – vor 13 16b
Programme, Ausspähen von –n 202a 6; Manipulation von –n 263a 3, 6
Progressive Kundenwerbung 286 9; Anh. 13 6c
Projektiver Persönlichkeitstest vor 61 3
Propaganda, zersetzenden 109d
Propagandamittel verfassungswidriger Organisationen 86 2
Prospekte 264a 9
Prospektbetrug 264a 3
Prostitution 6 Nr. 4; 180a 3; 170d, 180b, 181, 181a, 184a, 184b; 263 29; Verbot der – Anh. 21 120, 123; Anh. 1 297
Protrahierter Affekt 20 10c
Provisionsvertreter, Betrug durch – 263 39
Provokation durch V-Mann 26 8a; 46 35c; der Abwehrsituation 32 23; 35 11; durch d. Getöteten 213 2ff.
Prozeßagent, Gebührenüberhebung 352 1
Prozeßbetrug 263 21, 44
Prozeßhindernisse 19 2; vor 32 19
Prozessuale Theorie vor 78 4
Prozessualer Tatbegriff vor 13 2, 38; vor 52 5; 129 9b
Prozeßverhalten 46 29
Prozeßvoraussetzungen vor 32 19; vor 77 2; vor 78 4
Prüfung durch das Gericht 67c I, 67e I; – der Berichtigung 158 III; –sthemen als Geheimnis 353b 7
Psychiater 20 25
Psychiatrisches Krankenhaus, Unterbringung in einem vor 61 9; 61 Nr. 1; 63, 67a, 67b, 67e, 71
Psychische Ausnahmesituation 46 20; s. Affektzustand
Psychische Beihilfe 27 7; 125 6
Psychische Entwicklung 170d 5
Psychischer Zwang 240 5

Psychische Störungen 179 5
Psychodiagnostische Kriterien 20 9a, 9d, 9c, 9k
Psychologe 20 25
Psychologischer Handlungsbegriff vor 13 4
Psychologischer Schuldbegriff vor 13 28
Psychologisierende Betrachtungsweise 24 6a
Psychopathien 20 13; 21 4; 63 2a
Psychopathologische Kriterien 20 9i
Psychosen 20 8, 23
Psychotherapeutische Behandlung 63 11; 67b 3
Publikationsbefugnis 165, 200, 103 II (Fassung der Formel 200 4); Anh. 13 23
Publizistischer Verrat von Staatsgeheimnissen 95 1
Pulver s. Sprengstoffe
Punktstrafe 46 11
Putativdelikt 22 31
Putativnotstand 35 16
Putativnotwehr 32 27

Q

Quälen, boshaftes – jugendlicher, gebrechlicher oder kranker Personen 223b; seelisch 343 I
Qualifikationstatbestände 12 7; 181 1; 244a 1; 260 1; 260a 1
Qualifizierte Erfolgsdelikte 18
Qualifizierter Versuch 24 18
Quasi – konditionelle Ausgleichsmaßnahme 73 1c

R

Rabatt, Abzweigen des –s 266 17
Radarkontrollgeräte 265a 4; 268 7
Rädelsführer 16 18; 84 4, 85, 88, 129 IV, 129a II; Anh. 16 27 II
Radfahrer, Vertrauensgrundsatz 222 12b
Radioaktive Abfälle 326 4, 11
Radioaktive Stoffe, Herstellung usw. 311b; Befördern 330 5
Rahmen, im – 67e III; 109f I; 174 I Nr. 2; 180 III
Randomisation 223 9k
Rangfolge des Antragsrechts 77 II, 77d II
Rasenmäherlärm 8. BImSchV 325 2
Rassenhaß, Schriften usw., die zum – aufstacheln 131 3; Anh. 8 6 Nr. 1

Sachverz

Fette Zahlen = §§ des StGB

Rat, Beihilfe durch **27** 7; Parteiverrat **356**
Ratenzahlung der Geldstrafe **40** 23; **42**
Raub 249; schwerer **250;** mit Todesfolge **251;** Androhung **126** I Nr. 5; Nichtanzeige **138** I Nr. 8; räuberischer Diebstahl **252;** räuberische Erpressung **255;** von Minderjährigen **235;** erpresserischer Kindesraub **239a;** räuberische Bande **244** I Nr. 3; Personenhehlerei bei – **258** I Nr. 2; nach Brandstiftung **307** Nr. 2; räuberischer Angriff auf Kraftfahrer **316a, 126** I Nr. 6, **138** I Nr. 9
Raubkopien 259 6
Rauch 325 5
Rauchen von Kindern u. Jugendlichen **Anh. 9** 9, **12** I Nr. 14; in der Natur **310a** Nr. 2
Raufhandel 227
Raum, umschlossener **243** 6; Eindringen **123, 124;** Vermietung **302a** I Nr. 1
Räumliche Geltungsbereich des StGB **3** ff.; „dieses Gesetzes" **vor 3** 8, 40; **3** 4; **vor 80** 2; beschränkte Anwendbarkeit **91;** s. auch **5** Nr. 3, 5, 7; **56g** II, **66** III, **80a, 84** I, **86** I, **86a** I, **87** I, **88, 91, 100, 109f, 109g** II, **131** I Nr. 4, **184** I Nr. 4, 8, III Nr. 3, **234a, vor 324** 3; **330d** Nr. 1; **Anh. 8** 4 II, **21** 127, 128
Räumlichkeit, zum Aufenthalt von Menschen dienende **306** Nr. 3, **307** Nr. 1, **308**
Rausch 20 9; verschuldeter **323a** 4; **Anh. 21** 122; –gifte **64** 3
Rauschgiftkriminalität 64 2
Rauschmittelabgabe an Untergebrachte **323b**
Rauschmittelhandel vor 52 26
Rauschmittelsucht 63 2b; **64** 4; **20** 8; **46** 25; **57** 10
Rauschtat 323a 1
Realkonkurrenz, vor 52 10; **53**ff.
Reanimator, Abschalten des –s **vor 211** 17
Rechenwerte 268 5
Rechnungen, fingierte – **267** 18; in Rechnung stellen **353** II
Recht, deutsches **11** I Nr. 2, 3; nach neuem – **78c** V; öffentliches – **132a** III, **133** II, **194** III, **203** I Nr. 4, **218b** II Nr. 2, **232** II, **355** II Nr. 3; – zum Gegenschlag **193** 14; – auf Leben des Ungeborenen **vor 218** 8a, 9g; Bundes- oder Landes– **264** VI; – der EG **264** VI

Recht des Tatorts vor 3 24, 34; **4, 5, 6, 9** II
Rechte Seite 315c I Nr. 2c
Rechte, Fähigkeiten und – **45**ff., **92a, 101, 102** II, **108c, 109i, 129a** VI, **264** V; erlangte – **73** II, **73d, 74c** II, **74e** II, **74f;** – der Polizeibeamten **114;** Verteidigung von –n **193;** für – erhebliche Tatsachen **271;** Vortäuschen von –n, erdichtete – **283** I Nr. 4
Rechtfertigen, Erwartung – **67b, 67c** II; Annahme – **69a** II; **73d** 4, 6
Rechtfertigender Notstand 34; 223 9a; **vor 324** 6c
Rechtfertigungselemente, subjektive **32** 14
Rechtfertigungsgründe vor 13 27; **vor 32** 2; **142** 37ff.; **240** 20, 21; **331** 18; **333** 9; Notwehr **32** 2; rechtfertigender Notstand **34** 19; Einwilligung **vor 32** 3 (mutmaßliche 4); **226a** 1; behördliche Erlaubnis **vor 32** 5; Dienstvorschriften **vor 32** 6; Festnahmerecht **vor 32** 7; Handeln auf Befehl **vor 32** 8; Widerstandsrecht **vor 32** 10; Pflichtenkollision **vor 32** 11; soziale Adäquanz **vor 32** 12; **86** 11b; Schutz berechtigter Interessen **193** 1; Indikationen als – **vor 218** 9; Irrtum über – **16** 20
Rechtfertigungsthese (zu § 218a) **vor 218** 8a bis 9a
Rechtlich dafür eintreten **13;** – erheblich **268** II, **348** I; aus –en Gründen **76a** II
Rechtliche Handlungseinheit vor 52 25
Rechtliches Gehör beim Widerruf **56f** 9; bei Strafrestaussetzung **57** 14; **57a** 16; s. Anhörung
Rechtmäßigkeit d. Amtsausübung **113** 10; **136** 11; – der Aufforderung **Anh. 21** 113 II
Rechtsanalogie 1 10
Rechtsanwalt, Verbotsirrtum **17** 9; Berufsbezeichnung **132a** I Nr. 2; Anzeigepflicht **139** 7; Geheimnisverletzung **203** I Nr. 1; ausländischer **203** 16; Strafvereitelung **258** 7; Untreue **266** 6; Gebührenüberhebung **352;** Parteiverrat **356**
Rechtsanwendungsrecht 3ff., **vor 3** 60
Rechtsbehelfe 113 IV
Rechtsbeistand, Gebührenüberhebung **352;** Parteiverrat **356**
Rechtsbeugung 336

Rechtsextremismus 194 1
Rechtsfähiger Verein 75
Rechtsfahren an unübersichtlichen Stellen 315 c I Nr. 2 e
Rechtsfeindliche Einstellung 46 29
Rechtsfolgen der Tat 38 ff.; Vollstrekung gegen Unschuldige 345; zulässige nach Landesrecht **vor 13** 1; **Anh. 1** 3
Rechtsfortbildung, richterliche **1** 10a; 211 17
Rechtsfreier Raum vor 32 11; **vor 218** 9
Rechtsfrieden 241 1
Rechtsgeschäft 266 11
Rechtsgut 32 6; als Tatbestandsmerkmal **vor 13** 23a; höchstpersönliches – **vor 52** 2c, 29; ausländisches **3** 2a; inländisches **5**; international geschütztes **6**; Interessenkollision 34; geschütztes – bei Sexualdelikten 184 c; **vor 174** 3; 184 44; ungeborenes Leben als – **vor 218** 5; bei Umweltdelikten **vor 324** 3
Rechtshandlung 14 III
Rechtshilfeübereinkommen 3 2b
Rechtshilfe in Strafsachen, Ges. über internationale – **3** 1; 78 c 12; 120 2
Rechtsirrtum 16 7
Rechtskraft 44 III, 45a I, 51 II, 55 I, 56a II, 56f 3a, 9; 56g II, 57 11, 67c II, 68c II, 69 III, 69a V, 70 IV, 73d I, II, 74e I, III, 74f I, 77b II, 77d I, 78b III, 79 I, VI, 190, 219 II
Rechtsordnung, Verteidigung der – 47 I, 56 III, 59 I Nr. 3
Rechtspflege, Angriffsobjekt **vor 3** 49; 145d 1; **vor 153** 1; 164 2; **vor 257** 2; 336 1; –personen 203 I Nr. 3; Beeinflussung der – **Anh. 16** 37; vgl. auch 258, 343 1, 344 1, 356
Rechtspfleger 336 4
Rechtspflicht zur Erfolgsabwendung 16 12; s. verwaltungsrechtliche Pflichten 311 d IV, 325 IV
Rechtsprechung, Organe der – 92 II Nr. 1; Bindung der – an Gesetze 92 II Nr. 2
Rechtssache 336 4, 356 5
Rechtsstaat, Gefährdung **5 Nr. 3**; **vor 84**
Rechtsstaatliche Grundsätze 234a 9; 241a
Rechtsstellungen 45 III, IV; 45a I
Rechtsüberholen auf Bundesautobahn 222 11
Rechtsverhältnisse 271; besondere 35 12

Rechtsverkehr, Täuschung im – 152a III, 269 7; 267, 268, 281
Rechtsverordnung 1 2; 113 I; 184a; 329 2; 330d Nr. 4; **Anh. 21** 120; 1 297
Rechtsvorschriften 74f II Nr. 3, 104 I, 264 I Nr. 2, 311d IV, 315a I Nr. 1, 329 II, 330 I Nr. 2, 4; 330d Nr. 4
Rechtswidrige Tat 11 I Nr. 5 33; 12 I, II; **vor 25** 5; 26, 27; 35; 63 I, 64 I, 67d II, 67g I Nr. 1, II, 69 I, II, 70 I, 70a I, 73 I, 74 II, III; 74d I, 111 4; 126 II, 138 III, 140, 145d, 164, 218a II Nr. 2, 219 II, 219c I, 240, 253, 258 I, 357
Rechtswidrigkeit vor 13 24; 303 12; 305a 8; Straf- und Strafunrechtsausschluß **vor 13** 27; Bewußtsein der – **vor 13** 31; der fahrlässigen Handlung 15 15; des Befehls **vor 32** 16; des Angriffs 32 11; der Notstandshandlung 34; Strafzumessung 46 40; der Diensthandlung 113 IV; trotz Einwilligung 226a; der Nötigung 105, 106, 108, 240 20; 253; der Wegnahme 242 17; der Zueignung 242 21, 246, 248c; der Vortat 257 2; – der Absicht 289; des Vermögensvorteils 263 41; der Rauschtat 323a; der Sachbeschädigung 303, 304, 305; Abgabenüberhebung 353
Rechtswidrigkeitsprüfung bei Nötigungen 240 2b, 20 ff.
Rechtszug 77c, 78b IV
Rechtzeitig 138 8; 42; 87 III, 129 VI Nr. 2, 158 I, 163 II; – aufklären 223 9i
Reden, Einwirken auf Kinder durch pornographische – 176 V Nr. 3
Reduktionsfaktor 20 9g; 316 8a
Reduktion von Mehrlingen vor 218 6e
Reeder 297
Reflexreaktionen vor 13 3
reformatio in peius s. Verschlechterungsverbot
Regelunterhalts-VO 40 17; 170b 4
Regelbeispiele für besonders schwere Fälle 46 43 ff.; Doppelrelevanz der Merkmale von –n 46 54; – und Versuch 46 48; vgl. auch 94 II, 95 III, 98 I, 99 II, 100 II, 100a IV; 113 II, 121 III, 125a, 129 IV, 176 III, 218 II, 235 II, 241a IV, 243, 264 II, 283a, 283d III, 292 II, 293 II, 302a II, 310b III; 311 III, 311a III; 330 IV; **Anh. 13** 17 IV
Regeln, der ärztlichen Kunst 223 9c; allgemein anerkannte – 323 10; 330 4

Sachverz Fette Zahlen = §§ des StGB

Regelsatz 40 12
Regelwirkung 46 44
Regierung 86 I Nr. 3; 87 I, 92 II Nr. 4, 100; Verunglimpfung **90 b**; ausländische **102, 103, 104 a, 353 a**; Ermächtigung **90 b II, 104 a, 353 a II**; Nötigung **105, 106**
Regierungsmitglieder 90 b, 106, ausländische **102, 103**
Register, Vernichtung **133**; Fälschung **271–273, 348**
Regreßverbot vor 13 18 b; **vor 32** 13
Reichsbehörden, ihre Nachfolger die Landesbehörden **194** 16
Reichsnaturschutzgesetz, jetzt Landesrecht **242** 27
Reichsverweisung 62 1
Reifestörungen 20 16; **46** 25
Reihenfolge der Vortaten **66** 5 a; der Vollstreckung **57** 5; **57 a** 11 a; **67; 72 III**
Reisebüros, Untreue gegenüber **266** 13
Reisegewerbe, Vertriebsverbot für Waffen im – **Anh. 23** 38, **53 I Nr. 5**
Reisender 297
Reiseschecks, Fälschung **151 Nr. 5**
Reizbarkeit 21 4
Reizen zum Zorn 213
Reklame 263 19
Relative Fahruntüchtigkeit 315 c 3 b; **316** 7
Relevanztheorie vor 13 16 c
Religionsausübung, Störung der **167**; der – dienende Gebäude **243 I Nr. 4**
Religionsbeschimpfung 166
Religionsgesellschaften, Titel, Würden usw. **132 a III**; Verwahrungsbruch **133 II**; Schutz der – u. ihrer Einrichtungen **166**; Störung d. Gottesdienstes, beschimpfender Unfug **167**; Antragsrecht **194 III, 232 II**; Gegenstände der Verehrung **243 Nr. 4; 304**; Steuergeheimnis **355 II Nr. 3**; Berufstracht, –abzeichen **Anh. 21** 126
Religiöse Gruppe 194 3 c; **220 a**; Vereinigung **Anh. 21** 126
Religiöses Bekenntnis 166 2
Rennfahrer, Rennleiter, Sorgfaltspflicht **222** 12, 14
Rennwetten 284 7; **263** 7
Rentenversicherung, Beiträge zur – **266 a** 9
Rentner, Nettoeinkommen **40** 12
reparatio damni 263 36
Repressives Verbot mit Befreiungsvorbehalt **vor 324** 4 b
Resozialisierung 46 3; **67 a I** 4

Resorptionsdefizit 20 9 g
Resorptionsphase 316 7 b
Restalkohol 316 8 a, 9
Rest der Strafe 57, 57 a
Retortenbaby vor 218 6 a
Rettungsgerät 145 II Nr. 2
Rettungsschuß vor 32 6
Reue 46 29; s. Tätige –
Rezeptfälschung 267 12 b
Rheinschiffahrtsakte 51 16
Richter, Begriff **11 I Nr. 3**, 26; Dienstaufsicht über – **77 a II**; – Bestechung **331 ff.**; Rechtsbeugung **336**; richterl. Vernehmung **78 c I Nr. 2**, Sachverständigen-Beauftragung **78 c I Nr. 3**, Beschlagnahmeanordnung **78 c I Nr. 4**, Entscheidungen **78 c Nr. 5, 79 a Nr. 2 b**, Ersuchen **78 c I Nr. 12**; Handlung **331** 6; **332 II, 333 II, 334 II, 335**; Straffreierklärung **199**
Richtigkeitskontrolle der Strafzumessung **46** 53 b
Ringkampfveranstaltungen, jugendgefährdende **Anh. 9** 8
Risiko, erlaubtes – **vor 32** 13; Verringerung des –s **vor 13** 17 b; Fehlen des –zusammenhangs **vor 13** 17 d; Einwilligung **223** 9 k; des Handelns **15** 14
Risikoerhöhungstheorie vor 13 15 a, 17 e; **15** 14
Risikogeschäfte 266 25
Roden von Wald **329** 16
Roheit 223 b 9
Rohrleitungen 329 8; **330** 4
Rohrpostanlagen, Gefährdung **316 b**
Rohstoffoptionen 263 30, 32 a
Rotes Kreuz, unbefugte Benutzung **Anh. 21** 125
RU 486 (Mifipriston) **218** 4; **219 c** 2
Rücken, hinter dem – **335 a**
Rückfall 46 24 a; **47; 57** 5; Unerläßigkeit der Freiheitsstrafe bei – **47** 9; Tatbestandsverschiebung **28** 12; **184 a** 5; **Anh. 17** 2 II; Strafaussetzung bei – **56** 8 b; –prognose **56** 3; **66** 15; **vor 61** 3
Rückfallverjährung 66 11
Rückforderung der Subvention **264 VII Nr. 2**
Rückkauf von Diebesgut **257** 9
Rückkehr zum Unfallort **142** 46
Rücknahme des Strafantrags **77 d**
Rückrechnung, Blutalkoholfeststellung durch – **20** 9 f; **316** 8 d; 9 g
Rückrufpflicht bei gesundheitsgefährdenden Artikeln **13** 11; **223** 6
Rücksichtslos 315 c 12; besonders –e Gesinnung **46** 37

nach „Anh" = Gesetzesnummern

Sachverz

Rücktritt vom Versuch **24**; vom Versuch der Beteiligung **31**; s. auch Tätige Reue
Rücktrittshorizont 24 4a
Rücküberweisungsmöglichkeit 64 7
Rückwärtsfahren 315b 10; **315**c 5e
Rückwirkungsgebot 2 4
Rückwirkungsverbot 1 11ff.; **99** 1a
Rückzahlungsforderung 242 21, 22; **249** 8
Ruf, guter – **185** 2
Rügen von Vorgesetzten **193** 18
Ruhen der Verjährung **vor 3** 54ff.; **78**b 2; **79**a; der Führungsaufsicht **68**g II
Rundfunk, Verbreiten gewaltverherrlichender Darbietungen im – **131** II; pornographischer Darbietungen **184** 33; Bekanntmachung durch Veröffentlichung in – **200** II, **165** III
Rundfunkanlage, Gefährdung **317**; Schwarzhören **Anh. 25** 15
Rundfunkinhaltsdelikte 3 9, 10; **78** 3
Ruß 325 5
Rüstungsbeschränkungen 93 11

S

Saarland 7 3; **vor 80** 2
Sabotage, Vorbereitung von –handlungen **87**; verfassungsfeindliche **88**; –objekte **87** 6; –mittel **87** 7; an Wehrmitteln **109**e; an Datenverarbeitungsanlagen **303**b; an Betrieben **316**b; an Luftfahrzeugen **316c** I Nr. 2; an Fernmeldeanlagen **317**
Sabotageprogramme 303b 7
Sachbegriffe 11 I Nr. 5 bis **9**, III; **12**
Sachbeschädigung 303 (Beschädigung **5**, Ausbessern **7**; bei zusammengesetzten Sachen, Zerstörung 10); gemeinschädliche – **304**; von Bauwerken **305**; als Sabotage **87** II Nr. 2; **Anh. 1** 4 V
Sache, fremde **242** 1; **303** 1; **69** II Nr. 3, **125**a Nr. 4, **246, 249, 289, 330**d I; bewegliche – **133, 286**; geringwertige – **248**a; Gewalt gegen oder an – **240** 4b; – von bedeutendem Wert **315** 16, **310**b, **311, 311**a IV, **315**a, **315**b, **315**c; **325** 8; s. auch **73**d I, **74**a I Nr. 1, **74**e I, **74**f I, II Nr. 1, **87** II Nr. 2, **124, 125, 133** III, **136, 145** II Nr. 2, **243, 247, 259, 265, 283** I Nr. 3, **292, 293, 304, 316**b, **317, 319**; **Anh. 21** 115 I Nr. 1; die – betr. Schriftstück **353**d Nr. 1, 2; s. Gegenstände
Sachengefährdende Überschwemmung 313
Sachentscheidung des BVerfG **84** III

Sachgedankliches Mitbewußtsein 15 3
Sachhehlerei 259
Sachherrschaft 242 9; Garantenstellung aus – **13** 12
Sachliche Begünstigung 258
Sachlicher Strafausschließungsgrund vor 218 9; **326** 14
Sachschaden 142 11
Sachverständiger 20 23ff.; **63** 16; **64** 7; **66** 18; **78**c I Nr. 3; falsche Aussage **153, 154** 13, **155** Nr. 2, **157**; fahrlässiger Falscheid **163** 6; öffentlich bestellter **132**a I Nr. 3, **203** II Nr. 5; **Anh. 19** 1 I Nr. 3; amtlich zugezogener **355** II Nr. 2
Sachwert, bedeutender **315** 16, 16a
Sachwerttheorie beim Diebstahl **242** 18
Sachwucher 302a 7
Sachzueignungsbegriff 242 18, 18a
Samenübertragung, künstliche **223** 4, 6
Sammeln von Nachrichten **109**f I Nr. 1
Sammelstraftat vor 52 42ff.
Sammlungen, allgemein zugängliche **243** Nr. 5 31; Beschädigung öffentlicher **304**
Sand, Abbau **329** 9, 12
Satire 185 8a
Schädelverletzungen 20 8
Schaden 272 4; **326** 2; Kind als – **vor 218** 8c; Vermögens– **263** 26; schwerer wirtschaftlicher **66** 14b; bedeutender **69** II Nr. 3 13; **315** 16, 16a; **125**a Nr. 4; völlig belangloser **142** 11; erheblicher **311**b I, **315** VI, **316**c IV, **323** V, **330**b; körperlicher oder seelischer **66** 14a; **220**a I Nr. 2; an der Gesundheit **218**a 15; **223**b; an Leib oder Leben **234**a, **241**a; s. auch **56**b II Nr. 1, **170**a, **248**c III, **272, 273, 310, 311**a, **320**; –szufügung bei Tieren **Anh. 21** 121
Schadenssubventionen 264 9
Schadenswiedergutmachung 46 27a, 29a; als Auflage **56**b 6; Nichtaussetzung bei Weigerung **57** 6; reparatio damni **263** 36
Schädigen durch Scheck- oder Kreditkartenmißbrauch **266**b 7; geeignet zu – **311**d
Schädigungsabsicht 274 6; **203** 36; **272** 4
Schädliche Einflüsse 218a II Nr. 1
Schädliche Stoffe 293 II; s. Verunreinigung
Schädliche Umwelteinwirkungen vor 324 3; **325** 3; **326** V; **329** 1
Schallaufnahmen Anh. 8 1 III; s. Tonträger

Sachverz Fette Zahlen = §§ des StGB

Schalldämpfer Anh. 23 3
Schändung, schwere **179 II**
Schärfungen d. Strafe **28 II**; bei Deliktseinteilung **12** 8; bei Verjährungsfrist **78 IV**
Schätzung des Einkommens **40** 26; des Wertes **73 b**; **73 d** 10
Schaublattscheibe 267 18
Scheck, Diebstahl von −formularen und −mißbrauch **242** 28; Hingabe eines − **263** 7, 27; Diskontierung von −s **265 b III Nr. 2**; −reiterei **vor 52** 26a
Scheckkartenmißbrauch 266 b; 266 6a
Schein eines höheren Wertes **146 I Nr. 1**
Scheingeschäfte u. Scheinhandlungen **Anh. 20** 4; **264** 20, 21, 31; **283** 4
Scheinwaffe 241 3, **244** 3, 8; **249** 5; **250** 5; **46** 20
Scherz, beleidigender **185** 8a
Scheunen 306 5; **308** 5
Schiedsrichter 331 4, 7; **332 II**; **333 II**; **334 II**; −vergütung **335a**; Rechtsbeugung **336**
Schienenbahn 315 4, gefährliche Eingriffe **315,** Gefährdung im −verkehr **315a**; −verkehrsvorschriften **315a** 7; − im Straßenverkehr **315 d**; Betriebssabotage **88 I Nr. 1**, **316 b**
Schienenfahrzeuge 325, 329, 330
Schießbefehl vor 3 40, 52
Schießpulver s. Sprengstoff
Schiff, deutsches Inland **vor 3** 15; **4**; Sinken oder Stranden **265**; Konterbande **297**; Schiffsmann **297** 1, 3; Zerstörung **305** 3; Brandstiftung **306 ff.**; Angriff auf den −sverkehr **316c**; gefährliche Eingriffe in den −sverkehr **315, 126 I Nr. 6, 138 I Nr. 9**; Gefährdung im −sverkehr **315a**
Schiffer 297
Schiffsdienste, auswärtige **234**
Schildern, in unmenschlicher Weise **131 6**
Schizophrenie 20 8
Schizotype Persönlichkeitsstörung 20 12
Schlafende, Arglosigkeit **211** 6c
Schlafmittel 64 3
Schlaftrunkenheit 20 10a
Schlägerei 227
Schlagkraft der Truppe 109e, 109f, 109g
Schlagring Anh. 23 37 I Nr. 7, **53 III Nr. 3**
Schlechterstellung s. Verschlechterungsverbot
Schlepperunwesen 180 b 2; **Anh. 12** 74, **92 II, 93 III Nr. 2b**

Schleusen 318, 320, 321
Schlingen, Jagen mit − **292 II**
Schlüssel, falsche **243 Nr. 1** 9
Schlüssiges Vorspiegeln 263 7
Schmähkritik 193 23b
Schmerzen 223 3, 4
Schmerzensgeld 46 5
Schmuggel Anh. 22 397; **Anh. 4** 29 I Nr. 1, **30 I Nr. 4; 46** 38
Schneeballsystem 286 9; vgl. **Anh. 13** 6c
Schnell, zu −es Fahren **315c I Nr. 2d**
Schnelligkeit der Wegnahme **249** 4
Schnittentbindungen vor 211 2; **218a** 11
Schockeinwirkung beim Versuch **24** 6b
Schöffen 11 28
Schonzeit 292 II; **293 II**
Schrecken 24 6b; **33** 3
Schreckschüsse 32 16; als Gewalt **240** 11; **249** 4
Schreckschußpistole 244 3
Schriften, Begriff **11 III** 39; **93** 2; Einziehung von − und Unbrauchbarmachung von Herstellungsvorrichtungen **74d**; vorkonstitutionelle **86** 5; Verbreiten von − **80a**; **86, 86a, 90, 90a, 90b, 103 II, 111, 131, 140 Nr. 2, 165, 166, 184, 186, 187, 187a; 200, 219b I**; pornographische **184; 6 Nr. 6; Anh. 21** 116, 119, 120, 123; **Anh. 8** 6 Nr. 2; beleidigende **186, 187, 187a, 200**; geheimhaltungspflichtige **353b** 11; jugendgefährdende **Anh. 8**; gewaltverherrlichende **131; Anh. 8** 6 Nr. 1
Schriftlich 219, 219a, 265b; −e Lüge **267** 18; **269** 5; **271, 278**
Schriftstück 78c II, 133, 134, 202; amtliches − **353d** 4
Schuld, Begriff **vor 13**; **46** 4; −maßprinzip **46** 3, 12, 40; − − Sühneprinzip **46** 3; Lebensführungs- **46** 4; als Grundlage für Strafzumessung **46** 9; Schwere der − **47** 6; Feststellungen zum Umfang **vor 52** 25a; besondere Schwere der − **57a I Nr. 2** 1, 7 ff., 11b; **57b;** der Tatbeteiligten **29**; bei besonderen Tatfolgen **18**; handelt ohne − **17; 20; 35; 74 III, 101a, 109k**; ohne eigene **213** 5; geringe **84 IV, 85 III, 86 IV, 86a III, 89 III, 113 IV, 129 V, 129a IV**
Schuldangemessene Strafe 46 12
Schuldausgleich, gerechter **vor 13** 28; **46** 3, 5, 12, 53b

2076

Schuldausschließungsgründe 16 29; 17 2; **19**; **20**; 21 2; 29 3; **vor 32** 14; **33**; **35** 9
Schuldig, sich – machen 157, **336**; übermäßige Beträge – werden **283 I Nr. 2**
Schulden, Erdichten von – **283 I Nr. 4**
Schuldfähigkeit vor 13 32; **16** 16; **20**, **21**; **63** 2b
Schuldmaßprinzip 46 3, 9; **43a** 3, 6
Schuldminderungsgrund 21 2; 29 4
Schuldnerbegünstigung 283d
Schuldschwere 47 6; besondere – **57a** 1, 7a, 11b; **57b**
Schuldspruch, Verwarnung neben dem – **59**
Schuldtheorie vor 13 31; **16** 24 (strenge), 26 (eingeschränkte)
Schuldumfang 46 23a; **vor 52** 25b; **57a** 7e, 8
Schuldunfähigkeit des Kindes **19**; wegen seelischer Störungen **20**; Unterbringung **63** 2b; **64**, **71**; Fahrerlaubnisentzug **69**; Berufsverbot **70**, infolge Rausches **323a**
Schuldverschreibungen 151 Nr. 1, 4; **264a** 5
Schulen, Züchtigungsrecht in **223** 13; Prostitutionsausübung in Nähe von – **184b Nr. 1**
Schulgesetze und –ordnungen **223** 13
Schulung 87 9
Schußapparate Anh. 23 1 VI
Schußwaffen, Begriff **Anh. 23** 1, 3; –gebrauch an der innerdeutschen Grenze **vor 3** 40, 52; Gefangenenmeuterei mit – **121 III Nr. 1**; Landfriedensbruch mit – **125a Nr. 1**; Diebstahl mit – **244 Nr. 1**; Raub mit – **250 I Nr. 1**; Jagdfrevel mit – **292 II**; –gebrauch zur Luftpiraterie **316c I Nr. 2** (Vorbereitungshandlung **316c III**); s. Waffen
Schutz der Allgemeinheit 46 3; **vor 174** 3; der Zivilbevölkerung **87 II Nr. 2**; **109e**; der Sicherheit der BRep. **89**; des Wahlgeheimnisses **107c**; von Hilfspersonen **114 II**; des Eigentums **313**; des Straßenverkehrs **315d**; vor schädlichen Umwelteinwirkungen **311d IV**, **325 IV**, **329**, **330**
Schutzaufgabe des Staates **34** 24; **46** 6
Schutzbedürftige Gebiete, Gefährdung **328** 3; **329** 1 ff.; **330**
Schutzbefohlene 170d, **174**, **223b**
Schutzbereich des deutschen Strafrechts **vor 3** 5
Schutz der Jugend, Ges. zum **Anh. 9**

Schutzgelderpressung 46 6; **253** 1a; **255** 3
Schutzgrundsatz vor 3 4; **5 Nr. 1, 2, 3b, 4, 5a, 10, 12**; **7 II**
Schutzpflichten 13 12
Schutzvorrichtung z. Unfallverhütung **145 II Nr. 2**; gegen Diebstahl **243** 22
Schutzwaffen 125 10, 11, 6; **Anh. 11** 17a, 27 II, 29
Schutzwehr als Notwehrhandlung **32** 13
Schutzwehre 318
Schutzzwecktheorie vor 13 17a
Schutzzweckzusammenhang vor 13 17d, 18d
Schwäche, sonstige – **302a** 9
Schwachsinn 20 11; **179 I Nr. 1**
Schwägerschaft 11 I Nr. 1 Buchst. a
Schwangere 218ff.; Garantenstellung **13** 6; Strafbemessung **46** 25; Tötung **211** 16
Schwangeren- und Familienhilfegesetz vor 218 3f, 20
Schwangerschaftsabbruch 5 Nr. 9; SUG-DDR **vor 3** 30; **218ff.**; Tateinheit und Mord **211** 16; kein Heileingriff **223** 9d
Schwarze Kassen 266 16, 22
Schwarzhören 265a 4; **Anh. 25** 15
Schwarzsenden Anh. 25 15
Schwebebahnverkehr, gefährliche Eingriffe in den – **315**, Gefährdung im – **315a**
Schweigepflicht 203; bei AIDS **203** 29; **353b**, **353d**
Schweizer Wappen, unbefugte Benutzung **Anh. 21** 125
Schwere Beleidigung 213
Schwere Brandstiftung 306, **126 I Nr. 6**, **129a I Nr. 3**, **138**, **139**
Schwere der Schuld, besondere **57a** 1, 7, 11b; **57b**
Schwere Fälle s. Besonders –
Schwere Folge 60 3; **224** 1; **225**
Schwere Gefahr 100 II
Schwere Gesundheitsschädigung 218 II Nr. 2, **218** 16
Schwere körperliche Mißhandlung 176 III Nr. 2
Schwere Körperverletzung 224; **113 II Nr. 2**, **125a Nr. 3**, **220a I Nr. 2**, **221 III**, **227 I**, **229 II**, **239 II**, **250 I Nr. 3**, **251**, **318**, **330a**, **340 II**
Schwerer Bandendiebstahl 244a
Schwerer Menschenhandel 181
Schwerer Nachteil 93 8; **94**ff., **99 II Nr. 2**, **100a**, **101a**

Sachverz

Fette Zahlen = §§ des StGB

Schwerer wirtschaftlicher Schaden 66 14b
Schwere seelische Abartigkeit 20 12; 179 I Nr. 1
Schwere Umweltgefährdung 330
Schwer geschädigt 66 14a
Schwerwiegende Beeinträchtigung des Gesundheitszustandes 218a I Nr. 2, II Nr. 1
Schwerwiegende Folge nach WStG **Anh. 16** 2 Nr. 3
Schwerwiegende Notlage 218a II Nr. 3
Schwierigkeiten 330 II
Schwören s. Meineid
Sechzehntes s. Lebensjahr
Seehäfen 3 4
Seelisch quält 343 9; –e Abartigkeit 20 12; 179 I Nr. 1; –er Gesundheitszustand 218a I Nr. 2; –e schäden 66 14a; 220a I Nr. 2; –e Störung 20 7; 179 I Nr. 1
Seelsorger 139 II
Seemannsgesetz 297 1
Seerechtliche Vorschriften 265; 297; 315a 7
Seerechtskonferenz Dritte 3 4a
Seeschiffsverkehr s. Schiff
Seeverkehr, Angriff auf den – 316c; 6 Nr. 3
Seeversicherungsbetrug 265 3, 6
Sehvermögen, Verlust 224
Sekretur, formelle 353b 1
Sektion, klinische 168 3
Selbständige Anordnung der Unterbringung 71; des Verfalls oder der Einziehung 76a; 78c I S. 2
Selbständiges Antragsrecht 77 IV
Selbständige Strafbarkeit des Beteiligten 29
Selbständige Tatbestände 12 7
Selbstanzeige vor 52 40; 145d 5; 164 7; **Anh. 22** 371
Selbstbedienungsläden, Diebstahl im – 242 15
Selbstbefreiung, Förderung der –, Verleiten zur – 120
Selbstbegünstigung 257 7; persönliche 258 13; 145d 6
Selbstbestimmung, sexuelle 5 Nr. 8; vor 174 3; Recht auf informationelle – 203 1a; –srecht des Patienten vor 211 6, 17, 19; 223 9t; –saufklärung 223 9k
Selbstbezichtigung 145d, 164 7
Selbstentmachtung des Gesetzgebers vor 324 4a
Selbstentzündliche Abfälle 326 4
Selbstgefährdung, freiverantwortliche vor 13 17d, 19; 13 11; vor 32 3; 211 6, 6b; 222 15a
Selbsthilfe vor 32 9; 32 11
Selbstladewaffen Anh. 23 IV, 37 I Nr. 1d, 53 III Nr. 3
Selbstmord s. Selbsttötung
Selbstschädigung freiverantwortliche vor 13 17d, 19; 13 11; 25 3; vor 211 4; 216 2; 222 15a
Selbsttätig bewirkte Darstellung 268 II
Selbsttötung vor 211 4ff.; 222 12; 323c 3; kein Recht auf – vor 211 4; Mitwirkung an fremder – vor 211 4; freiverantwortliche – vor 211 6; Nichthinderung der – vor 211 21; mißglückter Doppelsuizid 213 2b; bewußtloser Suizident 222 15a
Selbstverstümmelung Anh. 16 17; 109
SelbstverwaltungsG 266 36
Sendeeinrichtungen zum Abhören 201 1, 6
Sendung, Post– 354 II
Senile Demenz 20 8
Sensorkontrolle in Warenhäusern 193 15
Sexualstrafrecht 174 ff.; 5 Nr. 8; **Anh. 21** 118, 119, 120, 123
Sexualverfassung vor 174 3
Sexuelle Abhängigkeit, tiefgreifende 20 12
Sexuelle Handlung vor 174 4; 180b; 181 I Nr. 2; 184c; **Anh. 21** 119, 120
Sexuelle Nötigung 178
Sexueller Mißbrauch 174a, 174b, 176, 179
Sichabfinden 15 11b
Sichbemächtigen 234 2; 239a 5; 239b
Sichbereiterklären 30 10; 31 5; 98 5, 99 I Nr. 2
Sichbeteiligen als Mitglied 84 5; 129 4, 9; 129a
Sichentfernen 125 15, 17; 142
Sichergestellt, –e Fläche 329 III
Sicherheit, Anordnungen über – und Ordnung 106b; **Anh. 21** 112; Gefährdung der äußeren – 5 Nr. 4, 93ff., 138 I Nr. 3; der öffentlichen – 125; des Rechtsverkehrs 268 2; Gewähren einer – 283c I; der öffentlichen – dienende Einrichtung oder Anlage 316b I Nr. 3; sonst für die – Verantwortlicher 315a I Nr. 2; 330 5; – bei der Fahrzeugführung 222 12d; 315a I Nr. 1, 315c I Nr. 1, 316
Sicherheit der Bundesrepublik 87, 88, 89, 92 III Nr. 2, 109e, 109f;

2078

109 g; äußere 93 7, 94 ff.; 5 Nr. 4, 138 I Nr. 3
Sicherheit des Verkehrs, Beeinträchtigung der – 315 13; 315 b 2
Sicherheitseinrichtungen 316 b
Sicherheitsgefährdend, –es Abbilden 109 g; –er Nachrichtendienst 109 f
Sicherheitsgründe, aus –n Anh. 21 114
Sicherheitsorgan, öffentliches 89 2
Sicherheitstechnische Regeln 222 8
Sicherheitszuschlag 316 6 a 8 c
Sicherstellung des Führerscheins, Berechnung der Sperre 69 a VI; Anrechnung auf Fahrverbot 51 V
Sicherstellungsgesetze Anh. 17 1, 2
Sicherung von Beweisen 78 c I Nr. 10; der Daten 202 a 7; Vorteile der Tat **257**; des Verkehrs 315 a, 315 c; haltender oder liegengebliebener Fahrzeuge **315 c** I Nr. 2 g; s. Maßregeln; s. Schutz
Sicherungsaufklärung 223 9 k
Sicherungsbetrug 263 50
Sicherungseinziehung 74 2, 13
Sicherungsetikett an Kleidung 243 23
Sicherungshaftbefehl 56 f 9
Sicherungsmaßnahmen 56 f 9
Sicherungsmaßregeln s. Maßregeln
Sicherungspflichten 13 5 c
Sicherungsübereignung 154 8; 246 15; 263 31; 266 13
Sicherungsverfahren 63 14, 15; 78 c I S. 2
Sicherungsverwahrung vor 3 34, 58; **61 Nr. 3**; 66; Dauer 67 d; Überprüfung 67 e; Beendigung der Führungsaufsicht durch – 68 e III; nachträgliche Überweisung 67 a II; bei Gesamtstrafe 55 8; Prognose und – 56 6 f; keine Vollstreckungsverjährung 79 IV, V; Befreiung 120 IV; Meuterei 121 IV; Vereitelung 258, 258 a
Sichgewährenlassen 302 a 19
Sichhinsetzen, absichtsvolles 240 12
Sichverborgenhalten 243 12
Sichverschaffen 146 7; 152 a; 202 a; 259 14; 261 13, 14; 311 b; s. Verschaffen
Sichversprechenlassen 108 b II; 302 a 18; 331 13; 332
Siechtum 224
Siegel 136 7
Siegelbruch 136 II
Signale, falsche Zeichen oder – 315 I Nr. 3, 315 b 4
Sinken machen 265
Sinnentstellung 134; 145 II Nr. 1
Sinnlose Trunkenheit 20 9

Sinn und Zweck der Strafe 46 3; 67 6
Sit-in 113 19; 240 4 a, 10
Sitten, Verstoß gegen die guten – **226 a** 3, 9; 266 5, 9 a
Sittenwidrigkeit der Einwilligung 226 a 9
Sittlich gefährden 184 b
Situationstat, plötzliche 211 5 b
Sitz des Unternehmens 5 Nr. 4
Sitzblockaden 240 2 a, 2 b, 12, 25, 26, 28, 32
Sitzungen, öffentliche Parlaments– 37
Sitzungspolizei 113 2
Skifahrer, Unfallflucht 142 10; Sorgfaltspflicht 222 14
Skiliftbetreiber, Verkehrssicherungspflicht 222 14
Sklavenraub 234; –gesetz 234 5
Sklaverei 234
Smog –VOen 329 3
Sodomitische Handlungen in pornographischen Schriften 184 35
Softwarepiraterie 259 6
Soldat der Bundeswehr, Ausländertaten gegen 5 Nr. 14; Notstandsschutz 34 13; Nettoeinkommen 40 11; Antragsrecht **77 a** I; Einwirken auf 89; bei Landesverrat 97 b II; Straftaten gegen die Landesverteidigung 109 ff.; Widerstand 113; als Beleidigter 194 5; – als „potentieller Mörder" beleidigt 193 14 c; Körperverletzung gegen – 232 II; Diebstahl mit Waffen 244 4; Vorteilsgewährung **333**; Bestechung **334**; Verletzung von Dienstgeheimnissen 353 b 3; falsche Namensangabe gegenüber – Anh. 21 111; Sondervorschriften des WStG Anh. 16
Sonderabfälle 326 6
Sonderdelikte vor 13 35; 12 7; 14 1 a; 25 6; 27 10; 121 1; 133 III; 142 6, 13, 44; 145 a 1; 145 c 3; **vor 153** 13; 174 1; **174 a 1; 174 b 1; 175** 3; 180 a 3; 203 1, 10; 204 1; 219 a 2, 258 a 1; 264 21; 265 1; 265 b 26; 266 15; 266 a 4; **266 b** 3; 278 1; **vor 324** 6; negatives 184 14; 202 7; **vor 283** 18 ff.; **283** c 3; 315 a 3; 323 2; 330 5; 353 b 1; 356 1
Sondervorschriften für Jugendl., Heranwachsende 10; für Organe u. Vertreter 14; 75
Sonstige Leistung 302 a I Nr. 3
Sonstige Stelle 11 30; 14 II, 194 III, 203 II; Anh. 19 1
Sonnabend 77 b I
Sonntage, Fristablauf 77 b
Sorge, zur – für die Person berechtigt 77

Sachverz

Fette Zahlen = §§ des StGB

III; 77b II; 180 12; **131 IV; 184** 14; **Anh. 8** 21 IV; – des Opfers um sein Wohl oder – eines Dritten um das Wohl des Opfers **239a**; s. Personensorge
Sorgepflicht, Vernachlässigung **170d, 221, 223b**
Sorgfalt 15 13, 14; **222** 7, 12d
Sozialadäquanz vor 32 12; **86** 11, 11a, 11b; **86a** 7; **201** 7; **331** 22
Sozialarbeiter, Berufsgeheimnis **203 I Nr. 5**
Sozialbehörde 218b II Nr. 2 Buchst. c
Sozialdaten 203 32a
Soziale Hilfen s. Hilfe
Sozialer Handlungsbegriff vor 13 4
Sozialgeheimnis 203 32a
Sozialgericht, Rechtsprechung des –s zu § 200f. RVO **vor 218** 8f.
Sozialpädagoge, Berufsgeheimnis **203 I Nr. 5**
Sozialprognose, günstige **56** 3; **57** 6; **59** 3
Sozialsubventionen 264 11
Sozialtherapeutische Anstalt 61 1; **vor 63** 1; **67a** 2
Sozialversicherung, Urwahlen in der – **107b II, 108d**; Betrug gegenüber der – **263** 13a; Vorenthalten von Beiträgen zur – **266a** 9; Beschäftigungsverhältnis iS der – **Anh. 1** 293 II
Sozialwidrigkeit des Handelns **240** 23
Sozialwucher 302a 3
Spaltung v. Kernbrennstoffen **330d Nr. 2**
Sparkassenbuch, Diebstahl **242** 19; Betrug **263** 16; **271** 13
Späterer Beginn der Unterbringung **67c**
Speicherung von Daten **202a** 4; **269** 4, 5
Spekulationsgeschäfte 283 8; s. Optionshandel
Spendenbetrug 263 19
Sperre über die Erteilung d. Fahrerlaubnis **69a, 69b, 55** 8; bei Strafrestaussetzung **57** 16
Sperrbezirke für Prostituierte **184a; Anh. 1** 297
Sperrfrist 57 VI 16; **57a IV, 67e III, S. 2, 68e II**
Sperrwirkung des Art. 72 I GG **vor 1** 1; – besatzungsgerichtlicher Urteile **51** 18a; beim Berufsverbot **70** 17
Spezialisierende Betrachtungsweise 12 8
Spezialität (Sondergesetz) **vor 52** 18;

Grundsatz der – als Verfolgungshindernis **vor 3** 21; **56f** 3c
Spezialprävention 46 5
Spezifikation e. fremden Sache **246** 14, **259** 7
Spiel, übermäßiger Verbrauch durch – **283** 13; s. Glücksspiel
Spielbanken 284 10
Spieleinrichtungen, Einziehung **285b**
Spielhallen, Jugendl. in – **Anh. 9** 8, 12 I Nr. 10 bis 13
Spielplan 286 4
Spielraumtheorie 46 9
Spielstraßen 222 12a
Spielsucht 20 12
Spieltisch 285b
Spießrutenlaufen 240 7
Spionage s. Staatsgeheimnisse; s. Daten; s. Geheimnisse
Spontantat 211 5b
Sportkämpfe 226a 4ff.; Beeinflussen von –n **266** 14
Sportmotorboot 316 6
Sportwetten 284 7
Sprache, Verlust **224**
Sprachgebrauch 11, 12
Sprayer von Zürich **303** 6a
Sprengstoff, Begriff **311** 3, **293** 9; – enthaltende Kriegswaffen **243 I Nr. 7**; Diebstahl **243 I Nr. 7**; Fischen mit –en **293 I Nr. 7**; Explosion durch – **311**; Vorbereitung e. Explosionsverbrechens **311b**; **311c**
Sprengstoffverbrechen 6 Nr. 2, 126 I Nr. 6, 129a I Nr. 3, 311; 311b; 311c; 316c III; Nichtanzeige **138 Nr. 9**
Sprengung von Versammlungen Anh. 11 21
Springmesser Anh. 23 37 I Nr. 5, 53 III Nr. 3
Spurenbeseitigung 46 28
Staat, rechtfertigender Notstand **34** 24; Eigentumsübergang auf den – **73d, 74e**; Ansehen des –es **90b I**; Verunglimpfung des –es **90a, 90b**; Handlungen gegen ausländische –en **102ff.**; Dienststelle des –es **145d**; im – bestehende Religionsgesellschaft **304**
Staatenlose 7 5
Staatengemeinschaft 353a
Staatlich anerkannt **203 I Nr. 2, 4, 5; 330** 6; **vor 56** 14; –e Verwahrung **328 I Nr. 2a**; –e Aufsichtsbehörde **77a III**; –e Einheit **92 I**; – geregelte Ausbildung **203 I Nr. 1**
Staatsangehörigkeit vor 3 19, 20; **7** 3ff.; unrichtige Angabe **Anh. 21** 111

Staatsangehörigkeitsfragen, Gesetz zur Lösung von – **7 2**
Staatsangehörigkeitsgrundsatz vor 3 4; **5 Nr. 3a, 5b, 8, 9, 12, 13**
Staatsangehörigkeitszeichen 4
Staatsanwalt, Ermessen des –s **76a III**; Kenntnis **78b II Nr. 1**; Beauftragung durch – **78 I Nr. 3**; Anordnung des –s **78c I Nr. 10, 11**; Antragsrecht **103 II**; Berichtigung beim – **158 III**; Hilfsbeamte der –schaft **114**
Staatsbürgerliche Aufklärung 86 III
Staatsgebiet (Bundes- u. Ländergebiet) **3 3, 92 4**
Staatsgefährdung vor 80 3
Staatsgeheimnisse, Begriff **93**; **95 2**; **96 2**; Verrat **94**; Offenbaren **95**; Ausspähung und Auskundschaftung **96**; Preisgabe **97**; Verrat illegaler **93 3, 97a**; irrige Annahme eines illegalen **97b**; landesverräterischer Vorbereitungstätigkeit **98**; publizistischer Verrat von – **95 1**; Einziehung **101a**
Staatsgewalt, Ausübung der – **92 II Nr. 1**; Widerstand gegen **110ff.**; rechtfertigender Notstand **34 24**
Staatskasse 56b II Nr. 2; **74f I**
Staatsnotwehr 34 24
Staatsmann, ausländischer **102, 103**
Staatsoberhaupt, ausländisches **102, 103**
Staatsrechtlicher Inlandsbegriff vor 3 8, 40
Staatsschutzdelikte vor 3 47; 80ff.; Zuständigkeit **vor 80 5**
Staatsschutzgrundsatz s. Schutzgrundsatz
Staatszugehörigkeitszeichen 4
Ställe 306 5
Stand der Technik 325 11
Standesbeamte, Beihilfe zur Bigamie **171 6**
Standort, Angabe des –s **142 III**
Starkes Anwachsen 329 I
Statistik vor 40 1; 56 1; 56d 1; 57 1; vor 59 2; 60 1; 63 1; 64 1; 66 2; vor 68 2; vor 218 18
Statusfolgen s. Nebenfolgen, Nebenstrafen
Statusprozeß 169 6
Statusurteil 170b 3
Staub 325 I Nr. 1
Stehlen s. Diebstahl
Stelle, sonstige – **11 30; 14 II, 194 III, 203 II; Anh. 19 1**; amtliche **95 I, 96 II, 97, 99 II, 353b**; auf der – **199, 213, 233**; unübersichtliche **315c I Nr. 2**; s.

auch **56c II Nr. 2, 87 I Nr. 1, 6, 145d, 153, 154, 158 III, 164 II, 219 II, 264 I Nr. 1**
Stellenwerttheorie 46 5
Stellung, Mißbrauch einer verantwortlichen – **94 II Nr. 1, 99 II Nr. 1; 174a I**; berufliche oder wirtschaftliche **234a, 241a**; Mißbrauch der – als Amtsträger **264 II Nr. 2, 3**; s. auch **103, 187a**
Stellvertretende Strafrechtspflege, Prinzip der – **vor 3 4; 7 1**
Stellvertretung bei Strafantrag **77 III, 77a III**; bei Eigentumserwerb **246 4, 5**
Stempel 148 2
Sterbehilfe vor 211 13; aktive – **vor 211 14**; gebotene – **vor 211 15, 17, 19; 216 2**; indirekte – **vor 211 15, 21**; passive – **vor 211 16, 21**; – und Heilbehandlung **223 9b**
Sterben 77 II, 77d II, 165 I, 194 I, 205 II, 232 I
Stereotaktische Operation 226a 12
Sterilisation 226a 13; 223 9d; 224 7
Steuer, Überhebung **353 I**; Bescheinigung über –, –bescheid **355 I Nr. 1c**; Steuerstraftaten **46** 23b; **Anh. 22** 369ff.; Zeitgesetz **2** 13b; Steuerhinterziehung **22** 370, 371; Bannbruch **Anh. 22** 372, 373; –hehlerei **vor 52** 2b; **Anh. 22** 374; –geheimnis, Verletzung des **355**; ausländische **3** 2a; Irrtum über die –schuld **17** 11, –recht **Anh. 1** 293 II
Steuerberater, Berufsverbot **70** 5; Berufsbezeichnung **132a I Nr. 2**; Berufsgeheimnis **203 I Nr. 3**
Steuerbevollmächtigter 132a I Nr. 2; 203 I Nr. 3
Steuergeheimnis 355; 40 26; 203 32; Anh. 22 30
Steuergesetze als Zeitgesetze **2 13b**
Steuerhinterziehung vor 3 49; 22 17; 25 3, 6, 7; vor 52 6, 25b, 26c; 78a 3; Anh. 22 370, 371
Steuerungsfähigkeit 20 5, 6, 9; 21 4
StGB-DDR vor 3 43
Sthenische Affekte 33 3
Stiefeltern 11 5; Sexualstraftaten **174 5**; Züchtigungsrecht **223 11**
Stiftung des öffentl. Rechts **203 I Nr. 4, 218b II Nr. 1, 2b**
Stillgelegte Anlagen 327 3
Stillhalteagent 87 5
Stimmabgabe, Täuschung bei **108a**
Stimmenkauf 108b
Stimmrecht, Aberkennung des –s **45 V; 92a, 101, 102 II, 108c, 109i**

2081

Sachverz

Fette Zahlen = §§ des StGB

Stimmzettel 108
Stinkbomben 240 4
Stoffe, gesundheitszerstörerische 6 5; 229 3; **319;** schädliche 293 II; explosive 310a I Nr. 1; 316c III; radioaktive 311b, 311e; wassergefährdende 329 7; 330 4; 330d Nr. 3; leicht entflammbare **Anh. 23** 37 I Nr. 8, 53 III Nr. 3; – zur Herbeiführung einer Explosion oder eines Brandes 316c III
Stoffgleichheit 253 1; 259 22; 263 39; 263a 13
Störanrufe 34 22; 223 6; 265a 1a
Störende Einwirkung 268 13
Störhandlungen 88
Störpropaganda 109d
Störung, krankhafte seelische – 20, 21, 179 I Nr. 1; der Tätigkeit eines Gesetzgebungsorgans 106b; Bewußtseins- 20, 179 I Nr. 1; einer Wahl 107; der BWehrtätigkeit 109d; des öffentl. Friedens 126, 130, 140, 166; d. Gottesdienstes 167; einer Bestattungsfeier 167a; der Totenruhe 168; öffentlicher Betriebe 88, 316b, 126 I Nr. 7; – einer Datenverarbeitung 303b; von Fernmeldeanlagen 317, 126 I Nr. 7; von Versammlungen **Anh. 11** 2 II, 29
Strafandrohung, allgemeine (abstrakte) 12 3; 78 IV
Strafanstalt Anh. 1 316
Strafantrag 77ff.; Rückwirkung 1 11; Übergangsregelung für DDR-Alttaten **vor 3** 57; Antragsberechtigte **77 I,** 200 I; 194 I; Übergang des Antragsrechts 77 II, 165 I, 194 I, 205 II, 232 I; Stellung durch Vertreter **77 III;** mehrere Antragsberechtigte **77 IV;** des Dienstvorgesetzten **77a,** 194 III, 232 II, 355 III; Antragsfrist **77b;** bei wechselseitig begangenen Taten **77c;** Zurücknahme **77d;** Verjährung bei fehlendem **78b** I S. 2 9; **76a** 9; – als Verfolgungsvoraussetzung **76a** II, 123 II, 145a S. 2, 182 II, 183 II, 194, 205, 232, 238, 247, 248a, 248b III, 248c III S. 2, 257 IV, 259 II, 263 IV, 263a, 265a III, 266 III, 266b II, 288 II, 289 III, 294, 303c, 323a III, 355; s. Ermächtigung; s. Strafverlangen
Strafanwendungsrecht 3ff.; innerstattliches **vor 3** 2
Strafanzeige 78b II Nr. 2; Drohen mit – 240 6
Strafarrest Anh. 16 9; als Ersatzfreiheitsstrafe **Anh. 16** 11; statt Freiheitsstrafe **Anh. 16** 12; Gesamtstrafe **Anh. 16** 12
Strafarten 38 1; nach d. WStG **Anh. 16** 8
Strafaufhebungsgründe 16 31; 24 3, 18; **vor 32** 17; 28 12; 139 6
Strafausschließungsgründe 28 12; **vor 32** 17; **36,** 1; 26 8a; Irrtum 16 31; 173 7; sachliche – **vor 218** 9; 326 14
Strafaussetzung z. Bewährung vor 56; 56ff.; bei DDR-Alttaten **vor 3** 58; bei Geldstrafe und Ersatzfreiheitsstrafe 56 2; Bewährungszeit 56a; Auflagen 56b; Weisungen 56c; Bewährungshilfe 56d; nachträgliche Entscheidungen 56e; Widerruf 56f; Straferlaß 56g; Aussetzung des Strafrestes **57, 57a, 57b, 67 V, 68g;** Fristberechnung bei – für die Dauer des Verlustes von Statusfolgen 45a III; Gesamtstrafe und – 58; Ruhen der Verjährung **79a Nr. 2b;** bei Exhibitionisten **183 III;** – bei Strafarrest **Anh. 16** 14a; Sondervorschriften f. Soldaten **Anh. 16** 14
Strafbare Handlung vor 13 2
Strafbare Nachtat 257 10
Strafbarkeit, Grundlagen der 13ff.; Bedingung der – **vor 13** 6; **vor 32** 18; gesetzlich bestimmte 1 4; – des Versuchs 23; selbständige – der Beteiligten 29; juristischer Personen **vor 13** 34; – begründende Merkmale **14, 28 I;** s. auch **140, 353b**
Strafbegründende persönliche Merkmale 28 7
Strafbefehl 78c I Nr. 9; 55 1; 353d 6
Strafbemessung 46ff.; – gleichartiger Taten 54 6; –sregel für die nichtqualifizierten Teilnehmer 28 7; – bei mehreren Gesetzesverletzungen **vor 52, 52ff.**
Strafdrohung Anh. 1 11, 12; Bestimmtheit **1** 6; 46 8; Änderung **2** II; für den Gehilfen **27** II; Verjährungsfrist **78** IV
Strafe 38ff.; Sinn und Zweck der – 46 3; schwerere – bei besonderen Tatfolgen **38** 2; im Ausland vollzogene **51** 15; Todes– **38** 2; Einheits– **38** 1; Bemessung **39;** Geld– **40;** Geld– neben Freiheits– **41;** Ersatzfreiheits– **43;** Neben– **44, 45;** Anrechnung **51;** schwerste **52** 3; Gesamt– **54, 55;** Aussetzung **56ff.;** vorbehaltene **59ff.;** Absehen von – **60;** Teil der – **67 II, IV;** Verjährung **79ff.;** unzulässige Vollstreckung **345;** bei milit. Straftaten **Anh. 16** 10

Strafempfindlichkeit 46 5, 26
Strafentziehung s. Strafvereitelung
Straferlaß 56 g; 45 a
Strafermäßigung b. Meineid 157, 158
Straffrei 139 III, IV; –erklärung 199; 258 VI; 266a V S. 2; bei Selbstanzeige **Anh.** 22 371; s. Straflosigkeit; s. Absehen
Strafgerichtlich 145 c
Strafgesetz 11 I Nr. 5, 13 I, 52 I, II, 74 d I; 258 I
Strafgewalt 7 8; innerstaatliche – vor 3 2
Strafhöhe 46 53 b; –nbemessung 50 2 c
Strafklageverbrauch 51 18 c; vor 52 5 b, 39; 129 9
Straflosigkeit 36, 37; 46 24; 264 IV, 265 b II; des Versuchs 24, 31 II; 139, 163 II; s. Absehen; s. Straffrei
Strafmilderung bei Versuch 23 3; bei Tatprovokation durch V-Mann 26 8 a, 46 34, 35 c; bei Beihilfe 27 12; beim Fehlen persönlicher Merkmale 28 10; bei Notstand 35; minder schwere Fälle 46 42; vorgeschriebene 49 3; zugelassene 49 4; nach Ermessen 49 6; Zusammentreffen von –sgründen 50; bei BtM-Delikten **Anh.** 4 31; 46 27 a; 49 6
Strafpraxis anderer Gerichte 46 36 b
Strafprozeßordnung 51 V, 69 a IV, VI, 70 II, 78 b II
Strafrahmenverschiebung 21 5, 6; 46 41; 49 2; keine – 43 a 6; 53 3 c
Strafrecht, deutsches vor 3 3; 4 bis 7, 9 II, 66 III; –lich verfolgt 344; Rechtsvorschriften außerhalb des –s 74 f II Nr. 3
Strafrechtsänderungsgesetze (StÄG) Einl. 4, 5, 8; 1. StÄG 106 a 1, vor 80 1 ff; 129 1; 2. StÄG 109 h 1; 3. StÄG vor 102 2; 4. StÄG vor 109 1; Anh. 35; 5. StÄG 184 a 1; 6. StÄG 130 1; 7. StÄG 311 1; 8. StÄG vor 80 1; 9. StÄG 78 4; 1 1 11 b; 10. StÄG 184 1; 11. StÄG 316 c 1; 12. StÄG 239 a 1; 13. StÄG 142 1; 14. StÄG 86 1; 15. StÄG vor 218 3 b; 16. StÄG 78 4; 1 11 b; 17. StÄG 353 b 1; 18 StÄG vor 324 1; 19. StÄG 130 a 1 a; 20. StÄG 57 a 1; 21. StÄG 194 1; 22. StÄG 303 1 a; 23. StÄG vor 56 9; StGBuaÄndG 129 a 1; ÄndGStGB/VersG 125 1; 1. WiKG 264 1; 2. WiKG vor 263 2; OpferschutzG 46 1; TerrorBG 130 a 1; 24. StÄG 168 1; StVÄG 1987 77 b 1; PoststrukturG 354 1; StÄG 1989 239 a 3; ÜbkG v. 24. 4. 90 126 1; ÜbkG v. 13. 6. 90 316 c 1; KJHG 203 17; 25. StÄG 201 1; BtG 77 1;

AWG/StGBuaÄndG 73 1 d; 26. StÄG 180 b 1; OrgKG 43 a 1, 2
Strafrechtsreform, große – Einl. 5; –gesetze: 1., 2. StrRG Einl. 7, 8, 12; 3. StrRG vor 110; 4. StrRG vor 174 1, 2; 5. StrRG vor 218 1 ff.
Strafrest, Aussetzung des –es 57, 57 a, 45 a III, 54 a III, 58 II, 67 V, 68 f, 68 g
Strafschärfung 46 43; bei besonderen persönlichen Merkmalen 28 9; bei kumulativer Geldstrafe 41 4; keine – 43 a 6
Straftat, Begriff vor 13 2; Versuch 22; Täterschaft 25; in der Bewährungszeit 56 f 3 b; öffentl. Aufforderung zu –en 111; Androhung von –en 126; Nichtanzeige einer – 138, 139; Belohnung und Billigung 140; Vortäuschen einer – 145 d; Ermöglichung oder Verdeckung einer – 211 9; 315 III Nr. 2, 315 b III; militärische 28 7; **Anh.** 16 2 Nr. 1
Strafunmündige 19
Strafunrechtsausschließungsgründe vor 13 27; vor 218 9
Strafurteile, Bekanntmachung 103 II, 165, 200; Wahrheitsbeweis durch – 190
Strafverbüßung 68 f I
Strafvereitelung 258; – im Amte 258 a
Strafverfahren, Mitwirkung bei einem – 174 b; 71 I; 77 d I; 258 a; 343; 344; Schriftstücke eines – 353 d Nr. 3; wegen Steuerstraftaten 355
Strafverfolgung, Voraussetzungen der – 104 a; besonderes öffentl. Interesse an der – 183 II, 232, 248 a; der – widersprechen 194 3 e; Vereitelung 258, 258 a; s. Ermächtigung; s. Strafantrag
Strafverfolgungsbehörde 183 II, 232 4, 248 a
Strafverfolgungsbeschränkungen vor 3 21
Strafverfolgungsverjährung vor 3 39, 53; 78 ff.; s. Verfolgungsverjährung
Strafverlangen 77 e; 76 a II; 78 b 9; 104 a, 257 IV, 323 a III; des Auslandsstaates 104 a
Strafvollstreckung, unzulässige 345; **Anh.** 16 48
Strafvollstreckungskammern 41 4; 43 10; 57 12 a ; 57 a 17; 67 1; 67 a 3; 67 c 3; 67 g 1; vor 68 6
Strafvollstreckungsverjährung vor 3 39, 53; 79 ff.
Strafvollzug 38 5; **Anh.** 1 316; besonders harter DDR– 46 35 f; Einwirkung des –s 56; außerhalb des –s 57 I Nr. 2; Verhalten im – 57 I; Entwicklung

Sachverz

Fette Zahlen = §§ des StGB

während des –s **57 II Nr. 2** 9g; Prüfung vor Ende des –s **67c**; Führungsaufsicht nach – **68f**
Strafvorbehalt, Verwarnung unter – **vor 56** 3; **59 bis 59c**
Strafwürdigkeitsvoraussetzungen vor 218 9
Strafzumessung, Grundsätze der **46** 7 bis 14; Irrtum über –sgründe **16** 8; bei mehreren Tatbeteiligten **46** 17; unterschiedliche –spraxis **46** 36b
Strafzumessungsakt 46 7
Strafzumessungstatsachen 46 15 ff.
Strafzweck 46 3; Antinomie der –e **46** 9
Strahlung, ionisierende **311d I Nr. 1**; – eines radioaktiven Stoffes **311e**; Schutz vor – **330 I Nr. 2**; in der Medizin **222** 8; –sverbrechen **310b, 311a, b, c**; **6 Nr. 2**; **126 I Nr. 6**; **129a I Nr. 3, 138 Nr. 9**
Stranden 265
Straße, Zerstörung **305**; Autofalle **316a**
Straßenbahn, s. Schienenbahn
Straßenblockaden 240 2a, 12, 24, 25, 27, 28
Straßenkreuzungen u. –einmündungen, zu schnelles Fahren **315c I Nr. 2d**
Straßenraub 66 14b; **249** 4
Straßensperren 315b 4a
Straßenstrich 184a 3
Straßenverkehr 44 11; Begriff **315b** 2; **142** 10; gefährliche Eingriffe **315b, 126 I Nr. 6, 138 I Nr. 9**; nötigende Behinderung **240** 28; Gefährdung im – **315c, 69 II Nr. 1**; Schienenbahn im – **315d**; besondere Verhältnisse des –s **316a**; Sorgfaltspflicht im – **222** 11; s. Fahrerlaubnis; s. Fahrverbot
Streik 81 8; **88** 4, 9; **105** 3; **253** 10; **316b** 7
Streikposten als Mittel der Gewalt **240** 7
Streitkräfte, Schutz inländischer **109ff.**; der NATO–Vertragsstaaten **Anh. 14**; s. Bundeswehr
Streumittel 310a Nr. 1
Stroh 310a
Ströme 3 6
Stromentwendung 248c
Stromzufuhr, Sperren der – **240** 9
Studenten, Nettoeinkommen **40** 10
Stufenaufklärung 223 9h
Stummblindheit 20 11
Stundung v. Geldstrafen **42**; einer Geldforderung **265b III Nr. 2**
Stützpunkte für Sabotageakte **87** 8
Subjektive Rechtfertigungselemente 32 14

Subjektive Theorie beim Versuch **22** 24; bei der Teilnahme **vor 25** 1
Subjektive Unrechtselemente vor 13 26; **16** 13
Submissionsabsprachen 263 32b
Submissionsbetrug 263 32b
Submissionsabsprachen, betrügerische **263** 33
Subsidiarität v. Gesetzen, **vor 52** 19; allgemeine **107b, 109e V, 109f, 125, 140; 263a** 15; **Anh.** 22 372 II; spezielle **95, 98, 109g II, 125 III, 145 II, 145d, 183a, 202 I, 218b I, 219 I, 219a I; 316**; der Rechtsfolge **62** 2
Substanzgleichheit 253 1; **259** 22; **263** 39
Substanztheorie beim Diebstahl **242** 18
Substitutsbehandlung 223 9c
Subsumtionsirrtum 16 11
Subvention, Begriff **264** 6; –sverfahren **264** 13; –sgeber **264** 14; –snehmer **264** 15; –serhebliche Tatsache **264** 16
Subventionsbetrug 264, 6 Nr. 8
Subventionsgesetz Anh. 20
Subventionsverfahren 264 13
Suchtfragen, Berater für – **203 I Nr. 4**
Suchtkranke s. Betäubungsmittelabhängige
SUG–DDR vor 3 30; **vor 218** 3d, 3e, 19
Sühne 46 3
Suizid s. Selbsttötung
Sukzessive Mittäterschaft 25 9
Summe der Einzelstrafen **54 II, III**
Sümpfe, Entwässerung **329** 15
sursis vor **56** 2
Surrogate 73 10; **73d** 8
Symbole, Verunglimpfung **90a** 6
Symptomtat 66 16, 17

T

Tachographenscheibe 267 18
Tachometer 268 3
Tadelnde Urteile 193
Tagessätze, Verhängung der Geldstrafe in –n **40**; Höhe der – **40 II, III**; Ersatzfreiheitsstrafe **43**; Mindestmaß **47** II; Höchstzahl bei Milderung **49 I Nr. 2**; bei Anrechnung **51 IV**; bei Gesamtstrafe **54 II, III**; bei Verwarnung mit Strafvorbehalt **59 I**; Verjährung **79 III Nr. 5**; s. auch **106a I, 107b I, 160 I, 184a, 284a**
Tagessatzsystem vor 40; Unanwendbarkeit des –s **43a** 6
Tageszeiten, bestimmte **184a; Anh. 21** 120

nach „Anh" = Gesetzesnummern

Sachverz

TALuft 325 11
Talweg 3 6
Tanken, Nichtzahlen nach – 242 12; 246 11; 263 7
Tanzveranstaltungen, Jugendl. und – **Anh.** 9 5, 12 I Nr. 4
Tat im prozessualen Sinne **vor** 13 2; **vor** 52 5 b, 32 a; **129** 9 a; für die – oder aus ihr **73** 3; als konkretes Handeln **vor** 13 9; Zeit der – 8; Ort der – 9; von Jugendlichen, Heranwachsenden **10;** rechtswidrige **11** 33; konkrete – **20** 3; Bewertung der – **46** 9; erhebliche **63** 8
Tatbeitrag 24 II
Tatbestand vor 13 5; äußerer, innerer **vor** 13 9; gesetzlicher **vor** 13 10, 16; **46** III; der unechten Unterlassungsdelikte **vor** 13 27; Bestimmtheitsgebot **1** 5; **142** 8; zum – gehörender Erfolg **9, 13;** –verwirklichung **11** I Nr. 5, II; **78** IV, **78 a, 87** II; selbständiger – **12** 7; Qualifikations– **12** 7; Privilegierungs– **12** 7 – eines Strafgesetzes **74 d** I
Tatbestandsirrtum 16
Tatbestandsmerkmale vor 13 10; **16** 3; negative **vor** 13 27; **16** 25; **46** 37; **325** 2
Tatbestandsverwirklichung 15 4; **vor** 25 2; **25** 2; **46** 16
Tatbezogen, –e Umstände **56** 9 b; Mordmerkmale **211** 14
Tateinheit vor 52 3; **52; 46** 42
Täter vor 13 33; **25** 2; – und Teilnehmer **8; vor** 25 1 a; mittelbarer **vor** 25 3; **25** 3; Schuld, Vorleben, persönliche und wirtschaftliche Verhältnisse des –s **46;** Persönlichkeit des –s **47 I;** Gesamtwürdigung des –s **66** I Nr. 3; Person des –s **54 I**
Täter/Opfer-Ausgleich 46 27
Täterbegriff, extensiver, restriktiver **vor** 25 1
Täterbewertungsmerkmale 16 15 ff.
Täterbezogen, –e Umstände **56** 9 b; –e Mordmerkmale **211** 14
Täterschaft 25; und Teilnahme **25** ff.; mittelbare **vor** 25 3; **25** 3; s. auch Täter; s. Teilnahme
Tätertyp vor 13 36
Täterverhalten, Bedeutung für die Sozialprognose **56** 5
Tatfolgen, besondere **18; 56** 9
Tathandlung ausführen 8 3
Tatherrschaft vor 25 1 b; –swechsel **vor** 211 6
Tätige Reue 24 7; Kann – Milderung **46** 35 b; s. auch **31, 83 a** 4, **84** V, **85** III; **87** III, **98** II, **99** III; **129** VI, **129 a** V, **139** IV, **149** II, III, **152 a** IV, **158, 163, 234 a** 16; **239 a** III, **239 b** II, **261** 22; **264** IV, **264 a** III, **265 b** II, **275** II, **310, 311 c, 315** VI, **315 b** VI, **316 a, 316 c** IV; **323** V; **330 b; Anh.** 4 31; **Anh. 16** 16 III, 20 II, 27 IV, 28 II, 34
Tätigkeit 91 3; **11** I Nr. **4, 56 d, 68 a, 68 b, 77 a;** ausüben **98** I Nr. 1, **99** I Nr. 1; bereit erklären zu einer – **98** I Nr. 2; **99** I Nr. 2; außer – setzen **88;** – e. Gesetzgebungsorgans **106** f; – der BWehr **109** d; der Vereinigung **129, 129 a;** berufsmäßige **300** II; Aufgabe der – **316 a** II; s. auch **109** f, **129, 353 b** III; **354** III Nr. 2; in der Krankenpflege **Anh.** 21 126
Tätigkeitsort 9 2; 91
Tätigkeitsdelikte vor 13 13
Tätliche Beleidigung 185
Tätlicher Angriff 113 21; **121** I Nr. 1
Tätlichkeiten 185 12
Tatmehrheit vor 52 10; **53** ff.; gesetzlich fingierte **129 a** 9
Tatmittel 74 6, 7
Tatortrecht vor 3 24, 34 f.; mehrere Tatorte **vor** 3 25, 36; **7** 7, 8; **9;** Anwendbarkeitsbeschränkung hinsichtlich des –s **91;** – bei Teilnahme **91** 5
Tatplan, festumrissener – 24 4 a
Tatprovokation durch V-Mann **26** 8 a; **46** 34, 35 c; s. Verleitung; s. Lockspitzel
Tatsachen, –alternativität **1** 16; **211** 16; –behauptung **186** 2; **190, 192;** Täuschung über – **263** (Begriff 1; innere 3; Werturteile 4; Vorspiegelung falscher 6); **144;** Einstellung oder Unterdrückung wahrer **263** 10, 11; als Staatsgeheimnisse **93, 99, 100 a** I; subventionserhebliche – **264, Anh.** 20 2; für Recht u. Rechtsverhältnisse erhebliche **267** 4, 7; **268** 9, **271; 348** 5; Mitteilung über – **353 d, 354**
Tatsachenbehauptung 186 1, 6; s. auch **100 a, 109 d, 187, 187 a, 190, 192, 263, Anh. 13** 15
Tatsachenirrtum 16 10
Tatsächlich, Behauptungen –er Art **100 a;** I, **109 d, 164;** rein –e Möglichkeit **266** 9 a; unwahre Berichte –er Art **353 a;** –e Feststellungen **55** I, **69 a** V, **70** IV; aus –en Gründen **76 a** I
Tatschuldangemessen s. Schuldmaßprinzip
Tatumstände 16 3; **73** IV, **74 d** III
Tatvollendung, Hinderung der – s. Rücktritt

2085

Sachverz

Fette Zahlen = §§ des StGB

Tatzeit s. Zeit der Tat; – BAK **316** 8 d
Taubblindheit 20 11
Tauben 242 7
Taubstummer, Schuldunfähigkeit **20** 11; **63** 2 a
Tauglichkeit des Objekts **22** 26; – des Mittels **22** 27; des Subjekts **22** 28
Täuschung einer fremden Macht **100** a II; – bei der Stimmabgabe **108** a; Dienstentziehung durch **109** a; bei Verleitung zur Auswanderung **144**; einer Dienststelle über die Tatbeteiligten **145** d 4; zur – im Rechtsverkehr **152** a III; **269** 7; bei Betrug **263**, **264** a; bei Urkundenfälschung **267** 26, 29, 30; durch techn. Aufzeichn. **268** 13 a; **273**; bei Fälschung von Gesundheitszeugnissen **277**; über den Gesundheitszustand **279**; durch Ausweispapiermißbrauch **281**
Technik, Regeln der – **323** 10; **330** I Nr. 3; Stand der – **325** 11
Technische Aufzeichnung 267 6; Fälschung **268** 3; **267** 3, 7; Unterdrückung **274**
Technische Einrichtungen 323 II
Technische Entwicklung 243 I Nr. 5
Technisches Arbeitsmittel, fremdes – **305** a 3, 4
Technisches Gerät 268 7
Technische Mittel, Anwendung **202** 9; **354** II Nr. 1
Teil der Bewährungszeit **56** d 1; **57** III S. 2; – der Strafe **67** II, IV; – der Maßregel **67** IV
Teilaufklärung 223 9 p
Teilbeträge 42; **55** 8 d
Teile der Bevölkerung 194 3 d
Teilnahme, Täterschaft und – **25** ff., vor **13** 23; vor **25**; Zeit der Begehung **8** 5; Ort der Begehung **9** 5; **91** 5; schwerere Strafe bei – **18**; notwendige – vor **25** 6; Akzessorietät der – vor **25** 9; **28** 2; bei Sonderdelikten **25** 3; Selbständige vor **25** 11; – am Unterlassungsdelikt **13** 19; Anstiftung **26**; Beihilfe **27**; besondere persönliche Merkmale **28** 14; Rücktritt **31**; in besonders schweren Fällen **46** 49; Tateinheit vor **52** 7, 37; Verfall **73**; Einziehung **74**, **74** b, **74** c, **74** d; an Versammlungen oder Aufzügen **106** a; an der Zusammenrottung bei schwerem Hausfriedensbruch **124** 8; bei Landfriedensbruch **125** 5; an Untergrundvereinen **129**; der Frau **219** c II; am

Straßenverkehr **315** d; s. auch **257** IV, **285** b, **295**; Aufforderung zur – an untersagten Versammlungen **Anh. 11** 23
Teilrechtskraft (Teilanfechtung) **46** 53 b; **53** 6
Teilzahlung von Geldstrafen 42
Telefonanrufe, Abwehr krimineller **201** 7
Telefonüberwachung 201 6
Telefonverkäufer 264 a 13
Telegramme, Fälschung von –n **267** 27; Öffnung **354** V
Telegraphenbetrieb, Gefährdung **88**; **317**; s. auch **Anh. 25**
Telegraphengeheimnis 354
Telekommunikationsdienste 317 2
Telexdienst, öffentlicher **317** 2
Territorialitätsprinzip vor **3** 4; **3** 1
Terrorismus 83 2; Europ. Übereinkommen zur Bekämpfung **129** 1; Mord und – **211** 5
Terroristische Vereinigungen, Bildung **129** a, **138** II, **139** III; **129** 6
Testkäufer 123 11
Tetragynon 218 4; **219** c 2
THC-Gehalt vor **52** 25 b; **46** 23 a
Therapeutisches Privileg 223 9 p, 9 w
Therapiebereitschaft 46 5, 25, 27; **64** 7 a; fehlende – **64** 7 a; **67** d 3, 7
Tiefgreifende Bewußtseinsstörung 20 10; **179** I Nr. 1
Tiefgreifende sexuelle Abhängigkeit 20 12
Tierärzte, Schutz der Berufsbezeichnung **132** a 10; Geheimnisverletzung **203** I Nr. 1
Tiere, Diebstahl **242** 7; Sexuelle Handlungen mit –n in Pornographie **184** 37; Wilderei **292** ff.; Schädigung **325** 7; –n gefährliche Abfälle **326** 3; Giftübertragung auf – **330** a; Halten gefährlicher **Anh. 21** 121
Tierhaltung Anh. 21 121; Garantenpflicht bei – **13** 12
TierkörperbeseitigungsG 326 2
Tilgung der Verurteilungseintragung **66** 11; – uneinbringlicher Geldstrafen **43** 8; **Anh. 1** 293
Titel, unbefugtes Führen **132** a 8
Tod, Begriff des – es vor **211** 3; billigende Inkaufnahme des –es **15** 13; Strafantrag **77** II, **77** b IV, **77** d II, **205** II; Verunglimpfung Verstorbener **189**; Gefahr des –es **113** II Nr. 2, **125** a Nr. 3, **218** II Nr. 2, **250** I Nr. 3, **330** a; s. Leib oder Leben;

Drohung mit dem – **239 b**; – des Geheimnisträgers **203 IV**; des Verletzten **232 I**
Todeserklärung 171 3
Todesfolge 226 2; **176 IV, 177 III, 178 III, 221 III, 227 I, 229 II, 239 III, 239a II, 239b II, 251, 307** Nr. 1, **309, 310b II, 311 III, 311a III, 312, 314, 316c II, 318 II, 319, 320**
Todesschuß, gezielter **vor 3** 40, 52; **vor 32** 6
Todesstrafe, Abschaffung **38** 2; keine Vollstreckung ausländischer **3** 8
Todeszeitpunkt vor 211 3
Ton, Abbau von – **329** 9, 12
Tonaufnahmen von Versammlungsteilnehmern **Anh. 11** 12a
Tonbänder 267 2, 3; **268** 7; **274** 3; Löschen von **303** 5
Tonträger, Begriff **11** 41; Einziehung **74d, 201 V**; Aufnahmenmißbrauch **201**; **32** 16e; **34** 22; Geheimnisverletzung **202 III**; Verbreiten von –n **80a, 86, 86a, 90, 90a, 90b, 131, 166, 184, 186, 187, 187a, 200**; Diebstahl von – **242** 2; – pornographischen Inhalts **176 V** Nr. 3, **184**; **Anh. 8** 1 III, 6 Nr. 2; Buchungsbelege auf –n **283** 25
Torfmoore, Brandstiftung **308**; Brandgefahr **310a**
Totalverweigerer 17 8; **46** 19 a; **vor 52** 39a; **56** 6a
Totenruhe, Schutz der **168**
Toto 284 3
Tototippgemeinschaft, Untreue **266** 13
Totschlag 212; mildernde Umstände **213**; Anzeigepflicht **138, 139**; Androhung **126** I Nr. **2**; durch terroristische Vereinigung **129a**
Totschläger 212, 213; **Anh. 23** 37 I Nr. 7, 53 III Nr. 3
Tötung 211 ff.; –sbewegungsgrund **211** 2ff.; –vorsatz **46** 37; auf Verlangen **vor 211** 21; **216**; eines nichtehelichen Kindes **217**; der Leibesfrucht **218** 2; eines lebensfähigen Kindes **218a** 11; von Mitgliedern einer Gruppe **220a I** Nr. **1**; fahrlässige **222**; im Wehrdienst **Anh. 16** 47
Trachten, Mißbrauch von Berufs– **Anh. 21** 126
Tragemutterschaft vor 218 6d
Tragen von Uniformen usw. **132a** 16
Träger von Bestrebungen **92 III** Nr. **1–3**; – von Hoheitsbefugnissen **125** 15; **Anh. 21** 113; s. Tonträger; – von Ämtern d. Kirchen **194 III, 232 II, 355 II** Nr. **3**; von Hoheitsbefugnissen **Anh. 21** 113
Transitbereich e. Flughafens **3** 4a
Transitstraftaten 9 2
Transplantation 168 2, 4; **vor 211** 3; **223** 9d; **34** 1a; Organhandel **226a** 10
Transportgefährdung 315 ff.
Transsexuelle 175 3; **169** 6; **173** 6; **177** 1; **183** 4; **237** 2
Trauma 20 9c
Treubruch 266 1, 6a, 8, 13
Treuhänder 264a 14
Treueverhältnis 266 9
Trichotomie 12 2
Triebstörungen 20 15, 23
Trinker 63 2; **64** 4; **323a, 323b**
Trinkmengenangabe 20 9g, 23
Trinkwasser s. Wasserversorgung
Trunkenheit 20 9; Arglosigkeit bei – **211** 6c; im Verkehr **316**; **69 II** Nr. **2**; **315a** I Nr. **1**; **315c** I Nr. **1a**; selbstverschuldete – **323a, 64** 4; **Anh. 16** 7
Trunksucht 63 2; **64** 2; **20** 9
Truppe, Schlagkraft der – **109e–109g**; Verlassen der – **Anh. 16** 15, 16
Trutzwehr als Notwehrhandlung **32** 13
Tun, Abgrenzung von – und Unterlassen **vor 13** 12, 12a; **13**
Tür-zu-Tür-Verkauf 264a 13

U

Übel, empfindliches **240** 17, 29; **253** 7; **106, 108, 181** Nr. **1**
Überbrückungsgeld 43 7
Übereignungsanspruch 242 21, 22; **249** 8; **283c** 4
Überfall, hinterlistiger **223a**
Übergang des Antragsrechts **77** 4; **77b** 6
Übergangsregelung vor 3 57; **Anh. 1** 315 ff.
Übergesetzlich, –er Rechtfertigungsgrund **32** 2; –er entschuldigender Notstand **vor 32** 15
Überhebung von Gebühren **352, 353**
Überholen, Erzwingen des –s **240** 11; Verhindern des –s **240** 28, falsches **315c** I Nr. **2b**
Überholende Kausalität vor 13 18c
Überkleben 303 6
Überlanges Verfahren 46 35; **56** 9; **vor 78** 4
Überlassen von Sabotagemitteln **87 I** Nr. **3**; **316c III**; falscher Druckrucke **152a**; von Schriften **184** 13, 16; 20a; **Anh. 8** 3, 21; von Heroin **222** 15a;

Sachverz

Fette Zahlen = §§ des StGB

von Personen 223 b; – einer Scheck- oder Kreditkarte 266 b 3; von Ausweisfälschungsmitteln 275 I; von Ausweispapieren 281 I; von Sprengstoffen 311 b; berauschender Mittel 323 b; gefährlicher Güter 330 5
Überlegenes Wissen vor 13 19
Überlegung 211 14
Überleitungsgesetz (6.) Einl. 9; 3 3; vor 80 2
Überleitungsvertrag 51 18 a
Überlinger See 3 4 b
Übermaß, im 64 4; übermäßiger Vermögensvorteil 302 a
Übermaßverbots. Verhältnismäßigkeit
Übermitteln von Daten 202 a 5; – von Mitteilungen 241 a II; von Postsendungen 354 II Nr. 2; von Nachrichten an Gefangene Anh. 21 115
Übermüdung, schwere 20 10 a
Übernahme der Gewähr 13 7; von Bürgschaften usw. 265 b III Nr. 2
Übernutzung 330 8
Überprüfen im Maßregelvollzug 67 a IV, 67 c I, 67 e; der Verhandlungsfähigkeit 78 c I Nr. 11; von Lagern usw. 87 I Nr. 4
Überschreiten der Notwehr 33; s. auch 56 a, 59 a
Überschuldung 283
Überschwemmung 312, 313; fahrlässige 314; 126 I Nr. 6, 129 a I Nr. 3, 138 I Nr. 9
Übersicht (Maßregelkatalog) 61; über das Vermögen 264 a 9; 265 b 20; 283 I Nr. 5, 6, 7, 283 b I Nr. 1, 2, 3
Überstellung 79 b
Übertragbare Krankheiten, Abfälle, die – hervorrufen 326 3
Übertreibungen 193 23 a
Überwachung, Ges. zur – strafrechtlicher und anderer Verbringungsverbote vor 80 6; 86 12; 90 2; durch Bewährungshelfer 56 d III; – bei der Prostitutionsausübung 181 a I Nr. 2; der Einfuhr von Pornographie 184 21; des Diebstahls 242 15; s. Aufsicht bis Aufsichtsstellen
Überwachungsbedürftige Anlagen 222 8
Überwachungsgarant 13 5 c; vor 324 6 b
Überweiden 330 8
Überweisung und Rück– von Anstalt zu Anstalt 67 a
Überwertige Idee 20 6
Überwiegend 184 24; –es Interesse 34 8

Überwinden, den Widerstand zu – 244 I Nr. 2, 250 I Nr. 2
Überzeugungstäter 17 3, 8; 46 19 a; vor 52 39; 56 6 a
Ubiquitätstheorie 9 1
Üble Nachrede 186; gegen ausl. Staatsmänner 103; gegen Politiker 187 a
Üblicherweise 180 I Nr. 2 5
Ufer 324 2; 326 5
ultima-ratio-Charakter des Strafrechts vor 218 8 i; vor 324 4
ultima-ratio-Klausel 47
U-matic-Bänder 74 d 17
Umfang des Erlangten 73 b; der Aufklärung 223 9 m; des Betriebs oder Unternehmens 265 b III Nr. 1; in beschränktem – 294
Umgang mit Kernbrennstoffen 328
Umgekehrter Irrtum 16 9, 28
Umherbewegen, frei Anh. 21 121
Umrechnungsmaßstab 43 a 3, 6, 12
Umschlagen 329 7; 330 I Nr. 3, 330 d Nr. 3
Umschlossener Raum 243 Nr. 1 6
Umstände des gesetzlichen Tatbestandes 16 3; Irrtum über – 35 17; für und gegen den Täter sprechende 46 18; 56 6 c; als Milderungsgrund 50; schuldsteigernde 57 a 7 c; besondere – 14 I, 28 3; 47 2ff.; 56 9ff.; 57 9; 59 5; 67 4; 67 b I, 67 c I, 69 a II; zum Widerruf führende 67 g 3; 68 b I Nr. 4, 6; 69 a II, 70 b II, 74 II Nr. 2, 74 a Nr. 2, 74 f I Nr. 3, II; 97 b I Nr. 3, 113 IV, 192, 193, 323 c; die Annahme rechtfertigende – 73 d 4, 6; den – nach 125 14; den –n angemessen 142 31; der Prostitutionsausübung 181 a I Nr. 2; außergewöhnliche 49 2; 211 2 c, 6 b, 17; erhebliche 264 a 12
Umwandlung von legalen in kriminelle Vereinigungen 129 4; von Straftaten in Ordnungswidrigkeiten Anh. 1 13
Umwelt, Straftaten gegen die – 5 12; 324 ff.; Begriff vor 324 3; schädliche –einwirkungen vor 324 3; 325 3; 329 1; schwere –gefährdung 330; aus einer Altlast stammende –gefahren 13 12
Umweltkriminalität vor 324; Zweites Gesetz zur Bekämpfung der – vor 324 10
Unabhängigkeit vom Tatortrecht vor 3 35; der Gerichte 92 II Nr. 5; s. auch 265 III Nr. 1
Unanfechtbar verboten 85 I Nr. 2, 86 I Nr. 2; – festgestellt 85 I Nr. 1, 86 I Nr. 1

Unantastbare Freiheitsrechte 34 16
Unaufgefordert, pornographische Schriften – übersenden 184 23
Unbeendeter Versuch 22 4; Rücktritt vom 24 5, 6
Unbefugt als Tatbestandsmerkmal 132 4; vgl. 107a, 109e, 132a, 290; als Rechtswidrigkeitsmerkmal 203 27; vgl. 123 11, 13; 127, 168, 201, 202, 202a, 204, 263a 7ff; 324, 326, 353b, 353d, 354, 355; Anh. 21 115, 124, 125, 126
Unbefugter 93 15; 94 I 3, 95; 97; – Fahrzeuggebrauch 248b
Unbegründete Angaben 144
Unbenannte besonders schwere Fälle 46 43a
Unberechtigt 202a 7; 277; –e 328 II Nr. 2
Unbescholtenheit 182 4
Unbestimmte Begriffe 1 5
Unbewegliche Sachen 286 II
Unbillige Härte 73c I, 74f
Unbrauchbarmachung 74b II Nr. 1; von Herstellungsvorrichtungen 74d, 11 I Nr. 8; selbständige Anordnung 76a; Entschädigung 74f; Verjährung 79 I, V; Bestimmtheitsgebot 1 4; zeitliche Geltung 2 V; neben Verwarnung 59 III; von Flaggen und Hoheitszeichen 90a II; von Wehrmitteln usw 87 II Nr. 2, 109e; dienstlich verwahrter Sachen 133; in Beschlag genommener Sachen 136 I; von Unfallverhütungs- u. Nothilfemitteln 145 II Nr. 2; von Fälschungsmitteln 149 II Nr. 2, 275 II; beweiserheblicher Daten 274 I Nr. 2; 303a 7; 303b I Nr. 1; einer Datenverarbeitungsanlage 303b I Nr. 2; von Vermögensbestandteilen 283 I Nr. 1, 283d I; von Löschgerätschaften 307 Nr. 3; von einer dem Betrieb dienenden Sache 316b 7; 87 II Nr. 2, 317; Anh. 21 123; s. Zerstörung
Undercover agents 26 8a
Undurchführbar 71
Unecht, Herstellen einer –en Urkunde 267 20; einer –en Aufzeichnung 268 11a; –es Geld 146ff.
Unechte Unterlassungsdelikte vor 13 12, 15, 20; 13
Uneidliche Aussage, falsche 153, 157ff., 5 Nr. 10; 160
Uneinbringliche Geldstrafe 43
Unentgeltliche Leistung 331 11; **Anh. 1** 293
Unerfahrenheit 302a 11

Unerheblich, nicht – 69 II Nr. 3
Unerläßlichkeit der Freiheitsstrafe 47 7, 9
Unerlaubt Entfernen vom Unfallort 142; 69 II Nr. 3; –e Veranstaltung eines Glücksspiels, einer Lotterie 284, 284a, 286; –es Betreiben e. Anlage 327 3; –er Umgang mit Kernbrennstoffen 328; –e Ansammlung **Anh. 21** 113
Unfähigkeit, Unrechtseinsichts– 20 5; Steuerungs– 20 6; zur Bekleidung öffentl. Ämter 45ff.; zum Widerstand – 179; s. Schuld–
Unfall 142 9
Unfallbeteiligter 142 13
Unfallflucht 142; 69 II Nr. 3
Unfallort 142 22; 69 II Nr. 3
Unfallverhütungsvorrichtungen 145 4
Unfallverhütungsvorschriften 222 8
Unfallversicherung 203 I Nr. 6
Unfreiwilliger Rücktritt 24 6b
Unfriedliche Menge 125 5
Unfruchtbarmachung 226a 11
Unfug, beschimpfender 90a 9; 104; 167 11; 168 5
Ungeborenes menschliches Leben **vor** 218 5
Ungeeignet zum Führen eines Kfz. 69 8; 69a VII
Ungehörig, grob –e Handlung **Anh. 21** 118
Ungehorsam, ziviler **vor** 32 10a; militärischer **Anh. 16** 19; **Anh. 14** 7 III; diplomatischer 353a
Ungenügende Beaufsichtigung von Feuer 310a II
Ungleichartige Tatmehrheit 53 1a
Ungleichartige Wahlfeststellung 1 17
Unglücksfälle, Mittel zur Verhütung von –n 145 II; Ausnutzen von –n 243 Nr. 6 35; absichtliche Herbeiführung 315 III Nr. 1, 315b III); Hilfeleistung 323c 3
Ungültig wählt 108a
Uniformen, Amtskleidungen, Amtsabzeichen 132a I Nr. 4; verbotener Vereinigungen 86a; Verbot politischer **Anh. 11** 3, 28
Universalprinzip vor 3 4; 6
Unkenntlichmachen 90a II, 104 I; 134, 136 II, 145 II Nr. 1; 274 I Nr. 3
Unkenntnis, in – lassen 264 I Nr. 2; fahrlässig nicht kennen 283 IV, V
Unkosten bei der Tatdurchführung 73 3a

Sachverz

Fette Zahlen = §§ des StGB

Unlauterer Wettbewerb, Gesetz **Anh. 13**
Unmenschlich, in –er Weise **131** 5
Unmittelbar ansetzt 22 11
Unmittelbare Beamte **11** 16; – Wahl **92 II Nr. 1;** – Beteiligte **196**
Unmittelbar erlangt 73 3 b
Unmittelbarer Zwang vor 32 6, 8; **113** 6
Unmittelbarkeitserfordernis 226 2
Unrecht, Genugtuung für das begangene **56** b I, III; zu – bereichern **253** I; – der Tat **174** IV, **175** II Nr. 2; –sausschließungsgründe **vor 218** 9; s. Rechtfertigungsgründe
Unrechtsbewußtsein vor 13 31; **17** 3
Unrechtseinsichtsfähigkeit 20 5 a; **21** 3
Unrechtselemente, subjektive **vor 13** 26
Unrechtskontinuität vor 3 47
Unrechtsvereinbarung 331 15, 17; **332** 6; **108 b** 4
Unreife 20 16; **46** 25
Unrichtige Wahlergebnisse **107 a;** ärztliche Feststellung **219 a;** – Daten **263 a** 6, 7; – Gestaltung des Programms **263 a** 6; – vorteilhafte Angaben **264 a** 10; **265 b** 21; Bewirken einer – Beurkundung **271** 15; –s Zeugnis **278, 279;** – Angaben **Anh. 21** 111
Unschuldsvermutung 43 a 3, 6; **56 f** 3 b; **57** 6 b; **73 d** 4
Unschuldige, Verfolgung **344;** Vollstreckung gegen – **345**
Unsittliche Rechtsgeschäfte **263** 29
Untauglicher Versuch 22 23
Untauglichkeit des Objekts, Mittels oder Subjekts **22** 26
Untauglichmachen zum Wehrdienst **109; Anh. 16** 17
Unterbrechung des Kausalverlaufs **vor 13** 18 a; der Verjährung **78** c; **Anh. 22** 376; der Vollstreckung **57** 5 ff.; **57 a** 11 a; **79 a Nr. 2 a**
Unterbringung bei freiheitsentziehenden Maßregeln **63** ff.; in e. psychiatrischen Krankenhaus **63;** in e. Entziehungsanstalt **64;** in Sicherungsverwahrung **66, 68 e** III, **121** IV; Reihenfolge **67;** nachträgliche Überweisung **67 a;** Aussetzung **67 b;** späterer Beginn **67 c;** Dauer der **67 d;** Überprüfung **67 e;** mehrfache Anordnung **67 f;** Widerruf der Aussetzung **67 g;** selbständige Anordnung **71;** Verbindung mehrerer **72;** Verjährung **78, 79** IV; zu einer Entziehungskur **323 b;** Sorgepflicht für die – **221;** –sgesetze der Länder **vor 61** 9; **51** 3; **63** 10; **64** 12; **120** 3; **323 b** 2
Unterbringungsbefehl vor 56 15; **78 c I Nr. 5**
Unterbringungsgesetze vor 61 9
Unterdrückung des Personenstandes **169** 7; wahrer Tatsachen **263** 11; von Urkunden u. techn. Aufzeichn. und Daten **274** 5 c; **303 a** 6; **303 b I Nr. 1;** von Postsendungen **354** II Nr. 2; von Beschwerden **Anh. 16** 35
Unterirdisches Wasser 324 3
Untergebene, Rügen gegen – **193;** Verleitung **357;** Soldat **Anh. 16** 2, 5, 22, 30 ff.
Untergeordnet, von -er Bedeutung **84** IV, **129** V, **129 a** IV; im Rahmen eines Dienst- oder Arbeitsverhältnisses – **174** I Nr. 2; **180** III
Untergraben der Einsatzbereitschaft **89;** eines Verfassungsgrundsatzes **92** 13
Untergrundvereine 129
Unterhalten von Lagern usw. **87** I Nr. 4; – von Beziehungen **100** 3; **181 a** I, II; diplomatischer Beziehungen **104 a;** eines Betriebes zur Ausübung der Prostitution **180 a** I; eines Irrtums **263** 18 b
Unterhaltsberechtigter 170 b
Unterhaltspflicht, Verletzung **170 b;** Versagung des Passes **Anh. 3** 7 I d; Berücksichtigung beim Nettoeinkommen **40** 16; Weisung zur Erfüllung von –en **56 c** 9; **59 a** III Nr. 1; **68 b** II
Unterhaltsvorschußgesetz 170 b 4
Unterhaltungsspiel 284 4; –geräte **Anh. 9** 8, 12
Unterkunft gewähren **180 a I Nr. 2, II Nr. 1** 5
Unterlagen 265 b I, **283 I Nr. 6, 283 b I Nr. 2**
Unterlassen vor 13 20; **8** 4; Abgrenzung von Tun und – **vor 13** 12; 12 a; **13** 3; fahrlässiges – **15** 13; Begehen durch – **13; 91** 4; **125** 17; **142** 45; **257** 6; Anstiftung durch – **26** 4; Beihilfe durch – **27** 7; – der Antragstellung **77 b** I; der Rückehrpflicht **221** 6; Voraussehbarkeit des Erfolges **222** 15; – als Gewaltanwendung **240** 14; Nötigen zum – **239 b, 240** 18; **253, 343;** der Anzeige **138, 139; Anh. 16** 40, 43; – gebotener Aufklärung **263** 12; der Beitragszahlungen **266 a** 12; der Un-

nach „Anh" = Gesetzesnummern

Sachverz

terrichtung **266a** 16; Datenveränderung durch – **303a** 8; der Entstörung **268** 13e; der Führung, Aufbewahrung v. Handelsbüchern **283 I Nr. 5, 6, 283b I Nr. 1, 2**; Bilanzen aufzustellen **283 I Nr. 7b, 283b I Nr. 3b**; Verkehrsgefährdung durch – **315** 12; **315b** 4c; der Kennzeichnung **330** 5; der Diensthandlung **335**; – der Erfolgsabwendung **324** 9; von Vorsichtsmaßnahmen **Anh. 21** 121

Unterlassene Hilfeleistung 323c

Unterlassungsdelikte, echte **vor 13** 12; **8** 4; **9** 4; **142** 14, 44; **218** 6a; **264** 21; **265b** 26; **326** 11; **328** 6; **330** 5; **Anh. 21** 121; Irrtum **16** 12; unechte **vor 13** 12, 15, 20; **13**; **8** 3; **9** 4; **16** 12; **78a** 8; Kausalität bei –n **vor 13** 20

Unterlassungstäter vor 324 6b; **326** 7

Unterliegen, der Strafgewalt **7**; dem Verfall – **57** V; dem Jagdrecht **292**; dem Fischereirecht **293**; dem Post- und Fernmeldegeheimnis **354**

Unternehmen einer Tat, Begriff **11 I Nr. 6**; **22** 7; **Anh. 19** 1; tätige Reue bei –sdelikten **11** 34; s. auch **81, 82, 83, 83a, 131 I Nr. 4, 184 I Nr. 4, 8, 9, III Nr. 3**; **303b**, **305a** 5; **310b**, **311a**, **311b, 316a, 316c I Nr. 2, 357**; Sitz des –s **5** 8; Betrieb oder – **14, 5 Nr. 7, 264 VI, 265b I, III**; **Anh. 21** 130; Beauftragter eines –s **14** 7; für die Gesamtwirtschaft wichtiges – **87 II Nr. 2**; bewaffnetes – **100**; Verkehrs- oder Versorgungs- **88 I, 316b**; **Anh. 8** 21 I Nr. 5; der privaten Krankenversicherung **203 I Nr. 6**); öffentliches **264** 11; **329** 7; **330d Nr. 3**; Lage des –s **283** 24

Unternehmensdelikt 11 34

Unterrichtung der BHelfers **56d** 6, **56f** 9, **68a VI**; der Öffentlichkeit **109f**; – über zur Verfügung stehende Hilfen **218b II Nr. 2c**; über die Bereitschaft zum Schwangerschaftsabbruch **219b II**; unterlassene – **266a** 16; s. Lehrer

Untersagung der Berufsausübung **70ff.**; Berufsausübung trotz – **145c**; ärztlicher Feststellungstätigkeit **219 II**; vollziehbare **311d IV, 325** 3; **327 II, 328, 329 III, 330 I**; Nicht– **203 II**

Unterscheidungszeichen 267 5

Unterschiebung eines Kindes **169**

Unterschlagung 246ff.; Fund– **246** 17; gegen Angehörige usw. **247**; geringwertiger Sachen **248a**

Unterschreiben eines Wahlvorschlages, – für ein Volksbegehren **108d**

Unterschrift 108d 1; **267** 7; –sbefugnis **267** 18

Unterstehen einer Aufsichtsstelle **68a**; der Fürsorge oder Obhut **223b**

Unterstellen, einem Bewährungshelfer – **56d I, 56f II, 57 III**; einem Dienstvorgesetzten **77a I**

Unterstellungszeit, Verlängerung der **56f** 8

Unterstützen der Aufsichtsstelle **68a III**; des org. Zusammenhalts verbotener Vereinigungen **84** 6; **85 II**; krimineller Vereinigungen **129** 4; terroristischer Vereinigungen **129a I**; nachrichtendienstl. Tätigkeiten **109f I Nr. 3**; bei Diensthandlungen **114 II**; – illegaler Einreise **Anh. 12** 74, 92 II, 93 III Nr. 2b

Untersuchung 158 7; **121 I Nr. 1**; –sausschuß **203 II Nr. 4**; –shandlung **78c I Nr. 12**

Untersuchungshaft, Anrechnung **51**; s. auch **56 IV; 57 IV, 45** 10, **66 III S. 1**; keine Anrechnung auf vorbehaltene Strafe **59** 2

Unterziehen, sich einer Heilbehandlung – **56c III Nr. 1**

Untreue 266

Unübersehbare Zahl 311a 3; s. auch **124** 2; **283a** 3; **330** 12

Unübersichtliche Stellen 315c I Nr. 2 Buchst. d, e

Unverehelicht 236

Unverhältnismäßige Schwierigkeiten **330 II Nr. 2**; s. Verhältnismäßigkeit

Unvermeidbarkeit des Irrtums **17** 7, 12; **113** 23

Unverschuldete Gefahr **34** 6

Unverstand, grober **23 III**

Unvertretbare Härten 46 35f

Unverzüglich melden **68b I Nr. 8**; offenbaren **98 II**; – Anzeige machen **138 II, 331 III, 333 III**; Feststellungen ermöglichen **142** 45ff.; – abliefern **328 II Nr. 1**

Unvollständige Daten **263a** 7; Angaben **264 I Nr. 1, 3, 265b I Nr. 1b**; – Unterlagen **265b I Nr. 1a**

Unwahre Behauptung **100a** 2; **109d**; **186** 1; **187** 1; **241a IV**; – Berichte **353a**

Unwirksame Rechtshandlung **14 III**

Unwirksammachen 136 8

Unwirtschaftliche Ausgaben **283** 12

Unzüchtige Handlung **vor 174** 4

Unzulässiger Antrag **57 VI, 57a IV, 67e III, 68e II**; – Lärm **Anh. 21** 117

Unzumutbare, keine – Abwehr **32** 16,

2091

Sachverz
Fette Zahlen = §§ des StGB

23; Anforderungen **56 b** 5; **56 c** I, **68 b** III; Handlungspflicht **142** 41
Unzurechnungsfähigkeit s. Schuldunfähigkeit
Unzureichende Angaben **57** V 11; – Anordnung **76 IV**
Urintest 56 c 1
Urkunde, Begriff **267** 2; als Sache **242** 2; öffentliche **267** 16; zusammengesetzte – **267** 13, 19 c; **271** 3, 14; **348;** Verwahrungsbruch **133;** Fälschung **267; Anh. 1** 4 V; Vorbereitung der Fälschung von Ausweisen **275;** Fälschung von Gesundheitszeugnissen **277;** mittelbare Falschbeurkundung **271, 272;** Gebrauch unrichtiger – **273;** Unterdrückung **274;** Ausstellen und Gebrauch unrichtiger Gesundheitszeugnisse **278, 279;** Mißbrauch von Ausweispapieren **281;** Eröffnung **202;** Falschbeurkundung im Amt **348**
Urkundsbeamte 336 4
Ursachenzusammenhang, rechtlicher **vor 13** 15, 16, 18 d, 19; s. auch **222** 2; bei Unterlassungsdelikten **vor 13** 19; bei Umweltschädigung **vor 324** 6 a
Urolognie vor 174 8
Ursprungszeugnisse 267 9
Urteil, Tenorierung **46** 52; bei Entziehung der Fahrerlaubnis **69 a** 2; bei Einziehung **74** 21, **74 d** 15; bei Wahlfeststellung **vor 1** 45; des 1. Rechtszuges **78 b** III; dem – entsprechend **78 c** I Nr. 9; Widerstand gegen Vollstreckung von –en **113;** öffentl. Bekanntgabe **103** II; **165; 200; Anh. 13** 23; tadelnde **193;** Rechtskraft des –s **44** III, **45 a** I, **69** III, **69 a** V, **70** IV; Ausspruch im **67 a** IV, **69** III; **69 a,** 51 20; **108 b** III; im früheren Verfahren **55** I; s. Entscheidung; Verurteilung
Urteilsvermögen, Mangel an **302 a** 12
Urwahlen in der Sozialversicherung **107 b** II, **108 d**

V

Varieteveranstaltungen, Jugendl. in – **Anh. 9** 5, 12 ff.
Vater, Unterhaltspflicht des nichtehelichen –s **170 b** 3; Beleidigung des –s **185** 5
Verabredung eines Verbrechens **30** 12; **31** 6; von Soldaten zur Unbotmäßigkeit **Anh. 16** 28
Verächtlichmachung 90 a 3; von Teilen der Bevölkerung **130** Nr. 3; anderer **186, 187;** Verstorbener **189**

Veränderung einer dem Betrieb dienenden Sache **87** II Nr. 2, **316 b, 317;** – von Wehrmitteln, Einrichtungen oder Anlagen **109 e;** von Unfallverhütungs- u. Nothilfemitteln **145** II Nr. 2; echten Geldes **146;** der Kreditbedingungen **265 b** I; von Daten **269** 4, 5; **274** I Nr. 2; **303 a** 8; **303 b** I Nr. 1; von Datenverarbeitungsanlagen, Datenträgern **303 b** I Nr. 2; einer Grenzbezeichnung **274;** von Handelsbüchern **283** I Nr. 5, **283 b** I Nr. 1; nachteilige – **324** 6; **326** 5; von Gewässern **329** III Nr. 3; der natürlichen Zusammensetzung der Luft **325** 5; nachhaltig **326** 6
Veranlassung, auf – einer amtl. Stelle **95** I, **96** II, **97, 99** II, – eines anderen **180 a** III, **234 a;** – zu einer Zahlung **266 b** 3; – der Beschlagnahme **297**
Veranstalten von Glücksspielen **284** 11; von Lotterien **286**
Veranstalter, Pflichten der – **Anh. 9** 11, **12** I
Veranstaltungen, Zutritt **265 a** 2; jugendgefährdende **Anh. 9;** passive Bewaffnung, Vermummung bei – **Anh. 11** 17 a 29; **125** 1, 13, 14
Verantwortlichkeit der Abgeordneten **36, 37;** des Beauftragten **14** II; **266 a** 6; bei Aussetzung **57** I Nr. 2, **57 a** I Nr. 3, **67 d** II; strafrechtliche **Anh. 15** 1 III, 3; – gegenüber der Volksvertretung **92** II Nr. 4; Mißbrauch der – **94** II Nr. 1, **99** II Nr. 1; – für die Sicherheit **315 a** I Nr. 2; **330** 5; für die Tierbeaufsichtigung **Anh. 21** 121
Verantwortung, in eigener **14** II; zur gezogen **36**
Verarbeiten von Kernbrennstoffen **328; 330 d** Nr. 2
Veräußerung von BtM **vor 52** 2 b; des Gegenstandes **73** II, **73 d** Nr. 2, **74 c** I; von Waren, Wertpapieren **283** I Nr. 3; von Vermögensbestandteilen **288** 7;
Veräußerungsverbot 73 d II
Verbale Einwirkungen als Gewalt **177** 3
Verband 11 31; **Anh. 19** 1
Verbarrikadierungen 240 7, 25, 28
Verbergen 261 10
Verbindlichkeit des Abkommens **6** Nr. 9; des Befehls **Anh. 16** 22
Verbindung von Maßregeln **72;** in – mit **97 a, 99** I, **132 a** IV, **174** IV, **283** V Nr. 2, **330 b**

2092

Verbindungen zu Sabotageagenten 87 I Nr. 6; kriminelle 129; zu Raub oder Diebstahl 244 I Nr. 3, 250 I Nr. 4
Verbleib von Gegenständen 57 V
Verborgenhalten 68 c 3; 243 12
Verbot, Kfz. zu führen 44, 69 b; Berufs– 70, 70 a, 70 b; Verstoß gegen das Berufs– 145 c; –enes Verhalten 68 b I; Veräußerungs– 73 d; –ene Mitteilungen über Gerichtsverhandlungen 353 d; der Prostitutionsausübung 184 a; Anh. 21 120; Anh. 1 297; –ene Vereinigungen 84, 85, 86, 86 a, 109 f; gesetzliches 353 d
Verbotsirrtum 17; vor 13 31
Verbotszeichen, Beeinträchtigung von – 145 II Nr. 1
Verbrauch der Strafklage 51 18 c; vor 52 5, 39; 129 9; des Einziehungsgegenstandes 74 c I; – übermäßiger Beträge 283 I Nr. 2; zum – bestimmte Gegenstände 319 3; 320
Verbrauchende Forschung vor 218 6 a
Verbrechen, Begriff 12 I; dreistufiger –begriff vor 13 2; Strafe 38 ff.; Versuch 23 ff., 30, 31; Nebenfolgen 45 I; Bedrohung mit 241; Verjährung 78, 79; Androhung gemeingefährlicher 126; gegen die Menschlichkeit 51 18 a; s. Straftaten
Verbreiten von Schriften usw. 6 Nr. 6, 74 d 4, 6; 184 38; 80 a, 86 a 3; 90 bis 90 b, 103 II, 111, 131 I Nr. 1, 140 Nr. 2, 165, 166, 186, 187, 187 a, 194, 200, 219 b I; Anh. 21 116, 119, 120, 123; von Propagandamitteln 86; durch Rundfunk 131 II; 184; von Kennzeichen 86 a 2; von Störpropaganda 109 d 2; gewaltverherrlichender Schriften 131 I Nr. 1; Anh. 8 6 Nr. 1, 21; pornographischer Schriften 184; 6 Nr. 6, Anh. 8 6 Nr. 2, 21; von Tatsachen 186 7; 187, 190, 192; von Giften 330 a 4; von geldähnlichen Drucksachen Anh. 21 120 I Nr. 2; 128; Verjährung 78 8; s. Inverkehrbringen
Verbringen, Versuch des –s 22 17 a; 234 a; 328 5
Verbringungsverbote, Ges. z. Überwach. strafrechtl. u. anderer – 86 12; 90 2
Verbunden mit Aufenthalt 181 I Nr. 2; zum Diebstahl 244 I Nr. 3; zum Raub 250 I Nr. 4; damit –e Nebenleistungen 302 a I Nr. 1

Verbürgung der Gegenseitigkeit 104 a
Verbüßung der Strafe 45 a; 57 4; 57 a I Nr. 1, II 11; 66, 67 b
Verdacht des rechtswidrigen Schwangerschaftsabbruchs 219 II; des Subventionsbetruges Anh. 20 6
Verdächtigen, falsche 164, 165; politische vor 3 40, 41; 241 a; 5 Nr. 6
Verdeckte Gewinnausschüttung 266 20
Verdeckte Parteispenden 2 13 c; 46 23 b; vor 52 26 c; 129 3
Verdeckter Einsatz technischer Mittel 34 24 a
Verdeckter Ermittler 26 8; 22 2; 27 2; 46 35 c; 111 8
Verdeckung einer anderen Straftat 211 9, 6 c; 315 III Nr. 2
Verdunkeln des Tatbestandes durch Verteidiger 258 7
Verehrung, Gegenstände der 243 28; 304 5
Vereidigter Sachverständiger 155 Nr. 2; 132 a I Nr. 3; – Buchprüfer 132 a I Nr. 2; 203 I Nr. 3
Vereidigungsverzicht bei Zeugen 153 1
Verein, nicht rechtsfähiger 75 Nr. 2; Glücksspiel in –en 284 II
Vereinigung 11 19; verbotene 85 2; verfassungswidrige 84; Propagandamittel einer – 86; Sabotageauftrag 87; kriminelle 129 3; terroristische 129 a, 138 II, 139 III; religiöse 132 a; s. auch 100, 109 f.; Weltanschauungs– 166 II 6; 167 II; Anh. 11 1
Vereinigungstheorie 15 11 d; 46 3; 242 18
Vereinsgesetz 129 1
Vereinsverbot 85 2; 129 3
Vereint, mit –en Kräften 121 4; 124, 125
Vereitelung der Einziehung 74 c; der Feststellungen 142; der Vollstreckung von Maßregeln 258, 258 a; der Herkunftsermittlung 261 12; der Zwangsvollstreckung 288
Verfahren, Rückwirkung von –gesetzen 1 11 b; Verzögerung des –s 46 35; vor 78 4; Prinzip der –sidentität 51 5; behördliches – 164; – zur Anordnung einer Maßregel oder behördlichen Verwahrung 174 b; 258 a; 343; 344; zum Schwangerschaftsabbruch 219 b I Nr. 2; Verschleppung des 258 7; Abfallbeseitigungs– 326 9; Bearbeitungs– 328 4; Besteuerungs– 355 10;

Sachverz

Fette Zahlen = §§ des StGB

Anh. 22; s. auch **5** Nr. 10, **51**, **55 I**, **76a III**, **78b III**, **78c**
Verfahrenshindernis 26 8a; **52** 2; **55** 4; s. Strafantrag, Verfolgungsverjährung, Amnestiegesetze
Verfall 73ff.; Rechtsnatur des –s **73** 1c; **73d** 3; Verhältnis zur Vermögensstrafe u. zum Erweitertem Verfall **73** 1d; – des Wertersatzes **73a**; Schätzung **73b**; Härtevorschrift **73c**; Erweiterter – **73d**; **76**; **150** I; **181c**, **244** III, **244a** III, **260** III, **260a** III, **261** VII, **285b** I; **Anh. 4** 33; Wirkung **73e**; nachträgliche Anordnung **76**; selbständige Anordnung **76a**; bisherige Vorschriften **Anh. 1** 15; Bestimmtheitsgebot **1** 14; zeitliche Geltung **2** V; neben Verwarnung **59** III; als Maßnahme **11** I Nr. 8; Verjährung **79** I, V, **79a** Nr. 2c; Vereitelung des –s **57** V
Verfallen, in Siechtum usw. – **224** 9
Verfälschung, die BRep. gefährdende **100a**; – des Wahlergebnisses **107a**; von Geld **146ff.**; von Belegen **264** I Nr. 1; einer Urkunde **267** 19; technischer Aufzeichnungen **268** 12; von Ausweisen **275**; von Gesundheitszeugnissen **277**
Verfallsklausel 42 5
Verfassungsänderung, legale **92** 12; Rückwirkung **1** 11
Verfassungsfeindliche Sabotage **88**; – Einwirkung auf BWehr und öffentl. Sicherheitsorgane **89**; Verunglimpfung von Verfassungsorganen **90b**
Verfassungsgerichte, Verunglimpfung **90b**; Entscheidungen des Bundes–s **84**; Vereinigungsverbote **86** I, **129** II Nr. 1; Nötigung **105**, **106**; Bannmeilenschutz **106a**; **Anh. 11** 16
Verfassungsgrundsätze 92 II; **87** bis **90b**
Verfassungshochverrat 81 I Nr. 2; **82** I Nr. 2; **83**
Verfassungskonforme Auslegung 1 10; **vor 218** 8e; **240** 2a
Verfassungsmäßige Ordnung 81 6; **82** I Nr. 2, **85** I Nr. 2, **88** I Nr. 2, **89** I, **90a** I Nr. 1, **92** I Nr. 2
Verfassungsorgane, Verunglimpfung **90b**; Nötigung **105**; Nötigung der Mitglieder von –n **106**; s. Gesetzgebungsorgane, Regierung, Verfassungsgericht
Verfassungswidrige Bestrebungen **92** 13; **86** III, **86a**; **87**–**90b**; – Partei **84** I Nr. 1, **86** I Nr. 1, **129** II Nr. 1

Verfehlt, offensichtlich – **60**
Verfolgung, Spezialität als –shindernis **3** 2; von Auslandstaten **6** Nr. 8; Nicht– aus tatsächlichen oder rechtlichen Gründen **76a**; **78a** 4; – aus politischen Gründen **194** 3c; **234a**, **241**; Unschuldiger **344**; **Anh. 16** 48; Vereitelung der – **258**, **258a**; s. Strafantrag
Verfolgungsverjährung 78ff.; Rückwirkungsverbot **1** 11b; in den Nebengesetzen **78** 7; von Presseinhaltsdelikten **78** 8; **184** 41c; Frist **78**; **176** 21; Beginn **78a**; Ruhen **78b**; Unterbrechung **78c**; von Abgabedelikten **Anh. 22** 376
Verfügung über Gegenstände **73d** II, **74b**; dienstlicher – entziehen **133**; zur – halten **142** III; zur – stehen **218b** I, II; über das Vermögen **263** 23; –sgewalt **259** 21; Befugnis zur Vermögens– **266**; Vollstreckung von –en **113** I; Daten –sbefugnis **274** I Nr. 2
Verführung 182 4; s. Verleiten
Vergehen, Begriff **12** II; **69** II; s. Straftat
Vergeltung 46 3
Vergewaltigung 177, **218a** II Nr. 1; als Unglücksfall **323c** 3; bei HIV-Trägern **223** 6b; Rücktritt vom –sversuch **24** 6a, 6b
Vergiftung 229; Androhung **126** I Nr. 3; gemeingefährliche **319**, **126** I Nr. 6, **129a** I Nr. 3, **138** I Nr. 9; fahrlässige **320**
Vergleichbarkeit 1 19; **2** 12b
Vergleichsverfahren, gerichtliches **283d** I Nr. 2
Vergünstigung bei Geldstrafe **42**
Vergütung 352 2
Verhaftung zur Vollstreckung **56f** 9
Verhalten des Zurücktretenden **31** II; nach der Tat **46** 27ff.; **51** 12; **56** 6d; im Vollzug **57** 6a; Überwachen des –s **68a** III; Weisungen **68b** I; freiwillige Aufgabe des – **87** III, **98** II; durch – Feststellungen vereiteln **142** III; – als Unfallverursachung **142** IV; des Tatopfers **174** IV, **175** II Nr. 2; grob pflichtwidriges – **315a** I Nr. 2
Verhältnis des BT zum Landesrecht **Anh. 1** 4 III-V, **292**
Verhältnismäßigkeit, Grundsatz der – **62**; **43a** 3; **46** 3, 8; **73** 1c; **203** 32; **211** 2b, 9a; bei der Einziehung **74b**; zwischen Angriff u. Abwehr **32** 17
Verhältnisse, persönliche und wirtschaftliche **40** 4; **41** 4; **42**; **46 II** 25, 26;

Schätzung der Vermögens- **40** 14; Ordnung der wirtschaftlichen **56 c II Nr. 1, 68 b** II; – in der Person des Täters **14**; besondere **28** 5; persönliche – zur verkuppelten Person **181 a III**; persönl. oder sachl. – **203 II**; wirtschaftliche **265 b I Nr. 1, 2**; geschäftliche – **283 I Nr. 8**; besondere – des Straßenverkehrs **316 a I**; – eines anderen **355** 7

Verhandlungen, Erklärungen in – **271**; öffentliche **353 d Nr. 3**; Falschbeurkundung von – **271**

Verhandlungsunfähigkeit 71, 78 c I Nr. 11; 78 b 3

Verharmlosung von Gewalttätigkeiten **131** 6 b; **Anh. 9 V**

Verheimlichen 259 11; **283** 5; **283 b I Nr. 2, 283 d I; vor 56** 11; der Beute **57** 6 b, 11; **57 a** 12 a

Verheiratet, Eheschließung mit –en **171**; – Jugendliche **Anh. 9** 2 V

Verherrlichung von Gewalt **131** 6 a; **Anh. 9** 8 V

Verhinderung, Pflicht zur – des Erfolgs **13** 4; der Tatvollendung **24** 7, 16; der Tat **31** 7; gesetzwidriger Verbreitung v. Schriften **74 d III Nr. 2**; der Wahl **107, 107 b Nr. 3**; des Entweichens **120** II; von Geburten **220 a I Nr. 4**; des Widerstandes **244 I Nr. 2, 250 I**; von Löscharbeiten **307 Nr. 3**; öffentlicher Betriebe **316 b, 317**; des Überholens **240** 10; s. Nötigung; s. Tätige Reue

Verhütung von Unglücksfällen **145 II Nr. 1, 2**

Verjährung 2 12 b; **vor 3** 26, 39, 53, 55; **Anh. 1** 315 a; Ruhen der – **vor 3** 54 f.; von NS-Gewalttaten **vor 3** 56; bei Sicherungsverwahrung **66** 11; Verfall trotz – **73 d** 6; selbständige Maßnahmen bei – **76 a** 8; **78 c I S. 2**; – als Auslieferungshindernis **78 c** 7; Ruhen **79 a**; Verlängerung **79 b**; s. Verfolgungsverjährung; s. Vollstreckungsverjährung

Verkannt 23 III

Verkauf, Vergiftung zum – bestimmter Gegenstände **319**; eingespieltes –ssystem **vor 52** 26 c

Verkaufsstellen 184 17; **Anh. 8** 4 I Nr. 2

Verkehr, Vermittlung sexuellen –s **181 a II**; Beeinträchtigung der –ssicherheit **315 ff.**; –svorschriften **44** 15; **69 b; 142; 315 a** 7; **315 bis 316**; in – bringen **146** 8, **147, 148, 219 c, 319** 6; Urkunden- **281 II**; Trunkenheit im – **316; 69 II Nr. 2**; innerdeutscher – **69 b I**; öffentlicher – **88 I Nr. 1, 123, 316 b I Nr. 1, 354 III, V**; Sicherung des –s **315 c I Nr. 2 Buchst. g**; – mit bestimmten Personen **56 c I Nr. 3**; unbefugter – mit Gefangenen **Anh. 21** 115

Verkehrsauffassung 284 4
Verkehrsblockade 240 7, 25, 28
Verkehrsfeindlicher Eingriff 315 b 5
Verkehrsflucht 69 II Nr. 3, 142
Verkehrshindernisse 315 b
Verkehrslärm vor 324 7; **325** 12; **329** 4
Verkehrsmittel, Erschleichung der Beförderung **265 a**
Verkehrssicherungspflicht 13 5 c; **222** 14
Verkehrsstraftaten 44 4 ff.; Deutscher im Ausland **vor 3** 7, 37
Verkehrsunfall 142 9; Kausalitätsprobleme **vor 13** 18 d
Verkehrsunfallflucht 142, 69 13
Verkehrsunternehmen, Betriebsstörung **88 I Nr. 1, 316 b**
Verkehrswert 74 f I
Verkehrswidrig, grob – **315 c I Nr. 2**
Verkehrszeichen 145 4
Verkündung, unrichtige – des Wahlergebnisses **107 a II**; – des Urteils **69 a V, 70 IV**
Verkürzung, nachträgliche – der Bewährungszeit **56 a II, 57 III, 58 II**; der Sperre **69 a IV**; der Berufsverbotsfrist **70 II**

Verladen 330 5

Verlangen, genaue Bestimmung des –s **68 b I**; auf – des Beleidigten **188 I**; Bekanntmachung auf – **165, 200**; des Verletzten **231 I**; Tötung auf – **216**; – der Fortsetzung der Schwangerschaft **218 a II Nr. 1, 3**; Entgelt – **184** 24; s. Straf-

Verlängerung der Bewährungszeit **56 a II; 56 f II; 70 a III**; der Unterbringung **67 d I**; der Vollstreckungsverjährung **79 b**

Verlassen des Wohn- oder Aufenthaltsorts **68 b I Nr. 1**; in hilfloser Lage **221**; noch nicht – **316 c I Nr. 2**; eigenmächtiges – **Anh. 16** 15, 16; **221** 6

Verleitung zum Entweichen **120** 6; zur Auswanderung **144**; zum Falscheid **160**; zur Börsenspekulation **264 a** 18; zum Genuß berauschender Mittel **323 b**; Untergebener zu Straftaten

Sachverz

Fette Zahlen = §§ des StGB

357, Anh. 16 33, 34; – zur illegalen Einreise **Anh. 12** 74, 92 II, 93 III Nr. 2c; s. Bestimmen; s. Verführung
Verletzende Weise, die Menschenwürde – **131** 6c
Verletzter 57 V; **73** 5; **77** 2; **247** 5
Verletzung v. Betriebs- oder Geschäftsgeheimnisse **5** Nr. 7; **203**; mehrerer Strafgesetze **52**; nicht unerhebliche – **69 II**; der Kfz-Führerpflichten **44, 69 I**; grobe – **70 I, 70 b I Nr. 1**; von ausländischen Flaggen und Hoheitszeichen **104**; von Vorschriften über den Bannkreis **106a**; des Wahlgeheimnisses **107c**; der Menschenwürde **Anh. 16** 22 I; amtl. Bekanntmachungen **134**; der Vertraulichkeit des Wortes **201**; **Anh. 16** 48; des Briefgeheimnisses **202**; des Verfügungsrechts über Daten **202a**; von Privatgeheimnissen **203**; **Anh. 16** 48; der Aufsichtspflicht **223b**; der Unterhaltspflicht **170b**; der Fürsorge- oder Erziehungspflicht **170d**; **180 I**; **Anh. 8** 21 IV; der Buchführungspflicht **283b**; fremden Jagd- und Fischereirechts **292, 293**; verwaltungsrechtlicher Pflichten **311d IV, 325** 2; wichtiger Pflichten **323c**; der Dienstpflicht **332, 334**; Verdächtigung **164** I; des Dienstgeheimnisses **353b**; **Anh. 16** 48; einer besonderen Geheimhaltungspflicht **353b II**; des Post- und Fernmeldegeheimnisses **354**; **Anh. 16** 48; des Steuergeheimnisses **355**; der Aufsichtspflicht in Betrieben u. Unternehmen **Anh. 21** 130; s. Körperverletzung
Verletzungsdelikte vor 13 13
Verleumdung 187; **36**; **130** 7; des BPräs. **90** III; von Vertretern ausl. Staaten **103**; Kreditgefährdung **187** 2; Verstorbener **189**; durch Abgeordnete **36** 2; gegen Politiker **187a**; geschäftsschädigende **Anh. 13** 15
V-Leute s. V-Mann
Verlobte 11 I Nr. 1a 7
Verlorene Sache 242 12
Verlust der Amtsfähigkeit, der Wählbarkeit und des Stimmrechts **45**; Eintritt und Berechnung des –s **45a**; Wiederverleihung **45b**; s. auch Nebenstrafen, Nebenfolgen; – eines wichtigen Gliedes, des Sehvermögens usw. **224**; anvertrauter Vermögenswerte **283a** Nr. 2, **283d III Nr. 2**
Verlustgeschäfte eingehen **283 I Nr. 2, 7**

Verlustrechnung 265b I Nr. 1
Vermeidbarkeit des Irrtums **17** 7, 12; **35** 18; **113** 24; des Lärms **Anh. 21** 117
Vermeidbarkeitstheorie vor 13 18d
Vermeintlich 97b I Nr. 2; 113 IV
Vermengung, Vermischung **246** 14
Vermerken 44 III; **69b** II
Vermietung, Wucher **302a I Nr. 1**
Verminderte Schuldfähigkeit 21; 63 2b; **46** 42
Vermischung von Sachen **246** 14; mit gefährlichen Stoffen **319**
Vermittlung der verwandtschaftl. Beziehung **11 I Nr. 1a**; durch – Vorschub leisten **180 I, II** 7; – sexuellen Verkehrs **181a II**; von Leistungen **302a I Nr. 4**; von Nachrichten **354 II**; von Wohnungen **Anh. 17** 6
Vermittlungswucher 302a 8, 26
Vermögen 40 22; **73c**; **253** 2; **259** 5; **263** 27, 40; **266** 16; **272** 2; **283 VI, 283d IV, 288** 6
Vermögensanlagebetrug 264a
Vermögensbestandteile 283 I Nr. 1, 283d I, 288 6
Vermögensfürsorgepflicht 266 10
Vermögensgefährdung 263 31; **266** 16
Vermögensinteressen, fremde **266**
Vermögenslehren 263 27
Vermögensnachteil 253 2; **266** 16
Vermögensrechte 263 27
Vermögensschaden 263 26; **263a** 11; **266b** 7
Vermögensstand 283 I Nr. 5, 6, 7, 8, 283b I Nr. 1, 2, 3; Einschleusen eines –es **261**
Vermögensstrafe 43a; 38 3; **vor 40** 3, 6; **43** 8; **52** 7; **53** 3a, 3b, 3c; **54** 3, 4; **55** 9; **73** 1d; **150, 181c, 244** III, **244a** III, **260** III, **260a** III, **261** VII, **285b I, Anh. 4, 30c**
Vermögensübersichten 265b I Nr. 1
Vermögensverfügung 263 23; **283c** 7
Vermögensvorteil 263 42; **11 I Nr. 9**; **43a** 9; **73** 1d; **73 I, III, IV, 73b**; **272** 2; **180b**; **219b I; 273**; **302a**
Vermögenswerte 283a Nr. 2, 283d III Nr. 2
Vermummung 125 1, 6, 13, 14; **Anh. 11** 17a, 29
Vernachlässigung der Sorgepflicht **223b**
Vernehmung, erste **78c** 8; Anordnung der **78c** 10; jede richterliche **78c II**; **201** 2, 7; zuständig zur eidlichen **153**
Vernichtung, bei Verwahrungsbruch **133** 7; von Fälschungsmitteln **149** II

nach „Anh" = Gesetzesnummern

Sachverz

Nr. 2; von Urkunden 274 Nr. 1 3; von Grenzsteinen 274 Nr. 3, 280
Veröffentlichung der Verurteilung 165, 200; in Fachblättern 219b III
Verordnungen, zur Vollstreckung von – berufen 113; Beschädigung angeschlagener 134
Verpacken 330 5
Verpfändung 246 5
Verpflichtete Anh. 19 1; zur Geheimhaltung – 97b II, 353b 6; für den öffentl. Dienst besonders – s. Besonders –
Verpflichtung, Gesetz über die förmliche – nichtbeamteter Personen 353b 6; **Anh. 19;** 5 Nr. 14, 77a I, III, 97b 6; 133 13; 194 III, 201 11; 203 11; 204, 232 II, 331 4; 332 bis 335; 353b 6; 355 II Nr. 1; besondere – zur Geheimhaltung 94 II, 99 II Nr. 1; zum Wehrdienst **Anh. 16** 16; zur Anzeige 138, 139; Feststellungen zu ermöglichen 142; gesetzliche, rechtliche 264 21; 266 2; 283 I Nr. 5, 6, 283b I Nr. 1, 2; 326 II, 328 II Nr. 1
Verrat von Staatsgeheimnissen 93 ff.; illegaler Geheimnisse 97a, 97b; militärischer Geheimnisse der NATO-Vertragsstaaten **Anh. 14** 7
Verrechnungsstelle, privatärztliche 203 I Nr. 6
Verrichtungen, amtliche 352; postdienstliche 354 III Nr. 1
Verringern des Vermögensstandes 283 I Nr. 8
Verrücken von Grenzsteinen etc. 274 Nr. 3
Verrufenes Geld 146 2
Versagung, zur – der Aussetzung 67g III, 70b II; der Entschädigung 74f III
Versammlung 80a 2; 90 bis 90b, 103 II, 106a; 111 I; 140 Nr. 2, 187, 187a I, 194, 219b I; **Anh. 21** 116; gesetzgebende 36 1, 105 ff.; verbotene Teilnahme u. Aufforderung 106a 2; gottesdienstliche **306** Nr. 1; –sgesetz **Anh. 11;** Recht zur **Anh. 11** 1; Leiter der – **Anh. 11** 7; passive Bewaffnung, Vermummung **Anh. 11** 17a; 125 1, 13, 14; Verhinderung, Sprengung **Anh. 11** 21; Beschränkung u. Verbot bei Epidemien **Anh. 20** 43, 65, 66; s. Ansammlung
Versandhandel mit jugendgef. Schriften 184 18, 21; **Anh. 8** 4 I Nr. 3
Verschaffen von Sabotagemitteln 87 7; von Staatsgeheimnissen 96 2; gefälschter Gegenstände 100a II; Kenntnis – 107c, 152a, 202 I Nr. 2, II, 202a, 354 II Nr. 1; Sich– 146 7; 148 I Nr. 2, 149 I, 202; 261 13, 14; von Gelegenheit 180 I Nr. 2; Sich– einer Sache 259 14; 275 I; einen Vermögensvorteil – 263 11; 272, 273; Sich– von Schußwaffen, Sprengstoffen u. a. 311b, 316c III; alkoholischer Getränke 323b
Verschiedenheit der Gesetze 2
Verschlechterung wirtschaftlicher Verhältnisse 265b I Nr. 2
Verschlechterungsverbot 2 12b 40 28; 44 17; 54 5; 55 7a; 56 10; 56b 10; 56e 1; 56f 10; 63 17; 69a 2
Verschleiern 283 I Nr. 8; – der Herkunft 261 11
Verschleppung vor 3 40, 41; **234a,** 5 Nr. 6, 126 I Nr. 4, 138 I Nr. 7; des Verfahrens 258 7
Verschleuderung von Waren oder Wertpapieren 283 16
Verschlossen, –es Behältnis 202 6, 8, 10; 243 Nr. 2; –er Brief, –es Schriftstück 202 5; –e Postsendung 354 II Nr. 1
Verschluß, dienstlicher 136; ohne Öffnung des –es 202 9; 354 II Nr. 1
Verschonen von der Verurteilung 59
Verschönerung öffentl. Wege usw. 304 12
Verschulden der Folgen der Tat 18 2; 46 II; nicht ohne – 227 I
Verschwägerte 11 I Nr. 1a 5
Verschweigen 263 12; gefährlicher Eigenschaften 319
Verschwiegenheit s. Geheimnis
Versandhandel 184 18
Versehen, mit Waffen 123 II, 127
Versenden, Verbreiten durch – 74d II 4; 330 5
Versetzen, in einen Rausch – 323a
Versicherte Sache, Ladung, Frachtlohn 265
Versicherung an Eides Statt 156 ff.; 5 Nr. 10; fahrläss. 163
Versicherungsbeiträge, Vorenthalten von – 266a 9
Versicherungsbetrug 265
Versicherungsgesellschaften, Täuschung v. 277 ff.
Versicherungskennzeichen 267 4
Versorgung, öffentliche 88 I Nr. 3; 316b I Nr. 2, III
Verspätete Berichtigung 158 II
Versperren des Weges 240 7

2097

Sachverz

Fette Zahlen = §§ des StGB

Versprechen von Geschenken oder anderen Vorteilen **108b I; 333; 334;** Zahlungs– **151 Nr. 1**
Versprechenlassen 108b II; 302a; 331 13; **332; 335a**
Verständigung bei der Sachverständigenbestellung **20** 26; durch Worte oder Zeichen **Anh. 21** 115 I Nr. 2
Versteigerung, Betrug bei –en **263** 7
Verstorbene, Verunglimpfung des Andenkens **189, 194 II;** Leichenteile, Asche eines –n **168;** Geheimnis eines –n **203 IV**
Verstöße gegen Verkehrsvorschriften **44 II, 69b;** – gegen Auflagen und Weisungen **56d, 56f I Nr. 3, 67g I Nr. 2; 70b Nr. 2;** Rechts– **93 II, 97a, 97b;** – gegen Anordnungen eines Gesetzgebungsorgans **106b;** gegen Weisungen b. Führungsaufsicht **145a;** gegen das Berufsverbot **145c;** gegen die guten Sitten **226a;** s. auch **311d IV, 315a I Nr. 2, 323, 325 IV, 330 I Nr. 2, 4**
Verstrickung, Entziehung **136** 1
Verstümmelung 109; Anh. 16 17
Versuch 22 ff.; 22 2; **vor 13** 22; eines Unternehmens **11 I Nr. 6;** eines unechten Unterlassungsdelikts **13** 18; des erfolgsqualifizierten Delikts **18** 4; in besonders schweren Fällen **46** 48; Tathandlung **8** 3; Abgrenzung zwischen – und Vorbereitung **22** 8; untauglicher **22** 23; abergläubischer **23** 5; – aus grobem Unverstand **23** 6; Strafbarkeit des –s **23;** fehlgeschlagener **24** 7; Rücktritt vom – **24** (beim unbeendeten 5); – der Beteiligung **30; Anh. 16** 1 III, 16 IV, 19 IV; Nichtanzeige **139 I;** der Anstiftung zur Falschaussage **159;** Rücktritt vom – der Beteiligung **31;** – und Regelbeispiele **46** 48; – eines Vergehens **84 I, 85 I, 88 II, 89 II, 90a II, 95 II, 96 II, 100a III, 104 II, 106 III, 107 II, 107a III, 108 II, 108a II, 109 III, 109a II, 109d II, 109e II, 109f II, 109g III, 109h II, 120 III; 121 II; 129 III, 129a III, 140, 142 II, 147 II, 148 III, 160 II, 168 II, 169 II, 174 III, 174a III, 174b II, 176 VI, 180 IV, 180a V, 180b III, 186a V, 201 IV, 216 II, 218 IV, 223a II, 240 III, 241a III, 242 II, 244 II, 246 II, 248b II, 248c II, 253 III, 258 IV, 258a II, 259 III, 260 II, 261 III, 263 II, 263a II, 265a II, 267 II, 268 IV, 269 II, 271 II, 272 I, 274 II, 281 I, 283 III, 283c**

II, 283d II, 289 II, 303 II, 303a II, 303b II, 304 II, 305 II, 305a II, 311a IV, 311d II, 311e II, 315 II, 315a II, 315b II, 315c I Nr. 2f, 316b II, 317 II, 324 II, 325 II, 326 III, 330 III, 331 II, 332 I, 334 II, III, 344 II, 345 III, 348 II, 352 II, 353b III, verselbständigtes –sdelikt **264** 4; am Menschen **223** 9
Verteidiger, Anzeigepflicht **139;** Strafvereitelung **258** 6a, 7; Verletzung von Privatgeheimnissen **203 I Nr. 3**
Verteidigung der Rechtsordnung **46** 6; **47** 5; **46** 8; **56 III; 59** 4; in Notwehr **32** 13; Grenzen der zulässigen **46** 29; **258** 7; Unterstützen der Vereinigung **129** 4b; von Rechten **193;** notwendige **63** 16
Verteidigungsmittel, Sabotagehandlungen an – **109e**
Verteidigungsverhalten 46 29c
Verteidigungswille 32 14
Vertragsabschluß über eine fremde Sache **246** 13
Vertragspartner der BRep. **93 II**
Vertrauen auf glücklichen Ausgang **15** 11
Vertrauensbruch als Merkmal der Heimtücke **211** 6c; im auswärtigen Dienst **353a**
Vertrauensgrundsatz 222 11
Vertrauensschutz 2 13c; **99** 1a
Vertrauensverhältnis, besonderes **13** 10; **263** 14
Vertraulichkeit des Wortes, Verletzung der – **201,** durch Beamte **201 III, 354 IV**
Vertreiben jugendgef. Schriften **Anh. 8** 3 ff.; s. auch Verbreiten
Vertreibungslüge 194 1
Vertreter, gesetzlicher **14 Nr. 3, 75, 77 III, 77b; Anh. 21** 130
Vertretung, –sberechtigtes Organ, –sberechtigter Gesellschafter **14, 75;** Leiter einer ausl. dipl. – **102, 103;** anerkannte Auslands– **104;** – der BRep. **353a;** Mißbrauch der –sbefugnis **266** 2
Vertrieb, unbefugter – von Betäubungsmitteln **6 Nr. 5; Anh. 4;** – jugendgefährdender Schriften **Anh. 8;** –sbeschränkungen **Anh. 8** 3 ff; von Wertpapieren **264a** 5; von Rechten **264a** 6
Verübung beschimpfenden Unfugs **90a II; 104; 167 I Nr. 2; 168;** – von Gewalt **251, 252**
Verunglimpfung des Bundespräsiden-

ten **90** 2; des Staates u. seiner Symbole **90a**; von Verfassungsorganen **90b**; Verstorbener **189, 194 II**

Verunreinigung von Gewässern **324** 5; **326** 5; sachbeschädigende **303** 6

Verunstalten amtlicher Bekanntmachungen **134**

Veruntreuung 246 27; von Arbeitsentgelt **266a**

Verursachung des Erfolges **vor 13** 15; **11 II, 18; 176 IV, 177 III, 178 III, 221 III, 218 II Nr. 2, 222, 226, 227, 229 II, 230, 233, 239 II, III, 239a II, 239b II, 251, 283 IV, V, 307, 309, 311, 312, 314, 316c II, 318 II, 319, 320**; von Luftverunreinigungen **325** 4; – der Gefahr **35** 11; **83a II; 97**; des Schadens **56b II Nr. 1**; mögliche – des Unfalls **142**; – durch Fahrlässigkeit **232, 310b IV, 311 IV, 315 IV, 315a III, 315b III, IV, 315c III, 323 III, IV, 330 V, VI, 330a II**; leichtfertige **178 III, 239a II, 239b II, 310b III, 311a III, 311e III, 316c II, 330 IV**

Verurteilung, frühere **55**; Vorbehalt der – **59**; – zu der vorbehaltenen Strafe **59b**; Bekanntgabe der – **103 II, 165, 200**; rechtskräftige – **55 I, 56g II, 219 II**; s. Rechtskraft

Verwahrung in einer Anstalt **44 IV, 45b II, 66 III, 67c II, 68c II, 70 IV, 70a II; 79a Nr. 3; 120 IV; 174a I Nr. 2**; in dienstlicher – **133** 3; behördliche – **174b; 343; 345**; des Führerscheins **44 III, 51 V, 69a VI**; –sverbot als Weisung **56c II Nr. 4; 68b I Nr. 5**; – von Sabotagemitteln **87 I Nr. 3**; von Fälschungsmitteln **149 I, 152a, 275 I**; – von Sprengstoffen usw. **311b, 316c III**

Verwahrungsbruch 133

Verwaltung, Aufgabe d. öffentl. – **14 II, 11 I Nr. 2c, Nr. 4, 194 III, 203 II; Anh. 19** 1; **Anh. 21** 130; fiskalische **11** 22; Eingriffs– **11** 22

Verwaltungsakt, fehlerhaft belastender **vor 324** 4b; begünstigender **vor 324** 4b; vollziehbarer **vor 324** 6c; **325** 3; **311d IV, 327, 328, 329, 330**

Verwaltungsaktakzessorietät vor 324 4a

Verwaltungsakzessorietät vor 324 4b, 6b

Verwaltungsbehörde (Bußgeldbehörde) **69a** 16; **Anh. 21** 131

Verwaltungshandeln, strafrechtliche Verantwortung **vor 324** 5

Verwaltungsrechtliche Pflichten, Verletzung **311d IV, vor 324** 6; **325 IV**

Verwaltungsungehorsam vor 324 4b

Verwaltungsverfahren 156 5; **355** 10

Verwandte 11 I Nr. 1a 4, 8; Beischlaf mit –n **173**; Körperverletzung gegen – **223 II**; s. Angehörige

Verwandtschaftsverhältnis, erloschenes **11 I Nr. 1 Buchst. a, 77 II, 173 II**

Verwarnung vor 38 3

Verwarnung mit Strafvorbehalt 59ff.; Voraussetzungen der – **59**; Bewährungszeit und Auflagen **59a**; Verurteilung **59b**; Gesamtstrafe und – **59c**; und Fahrverbot **44** 17

Verwechseln, zum – ähnlich **132a II; 149 I, 152a I Nr. 2b, 275 I; Anh. 21** 124 II, 125 III, 126 II, 128 I; eines Kindes **169**

Verweigerung von Personalangaben **Anh. 21** 111

Verweilen ohne Befugnis **123** 12; **Anh. 21** 112

Verweisungen 11 II, 49 II, 74a; in Urteilsgründen **46** 53a

Verwendung von Kennzeichen **86a** 3; Art der – des Wehrpflichtigen **109, 109a**; Absicht der – von Waffen **113 II Nr. 1, 121 III, 125a Nr. 2**; falscher Vordrucke **152a**; von Schriften usw. **131 Nr. 4, 184 I Nr. 8, 9, III Nr. 3** 25; Wieder– von Wertzeichen **148**; für sich oder Dritte **261** 14; unrichtiger, unvollständiger Daten **263a** 7, 8; von Belegen **264** 31; – im Verkehr als Ausweis **281 II**; – von Tatwerkzeugen u. Tatmitteln **201 V, 295**, von offenem Feuer oder Licht **310a Nr. 2**; von Kernbrennstoffen **328** 4

Verwerflich, in –er Weise **74a Nr. 2, 74f II Nr. 2**; –keit des Beweggrundes **211** 3, 12; –keit des deliktischen Ziels der Tötung **211** 9; bei Nötigung **240** 2b, 20, 22, 23, 30; **253 II**

Verwerten von Einziehungsgegenständen **74c**; der Berichtigung **158 II**; fremder Geheimnisse **204; 355**

Verwertungsverbot getilgter Eintragungen **46** 24

Verwirkt 53 I, 54, 60; 59; 66, 68 I, 357 I

Verwirklichung des gesetzlichen Tatbestandes **11 I Nr. 5, II, 13 I, 16, 22, 74a I, III, 78 IV, 87 II Nr. 1, 126 II, 145d I Nr. 2, 241 II**

Verwirkung des Strafanspruchs **26** 8a; s. Verjährung, Verfahrenshindernis

Sachverz   Fette Zahlen = §§ des StGB

Verwirrung 33 3
Verzicht auf die erstrebte Leistung **239a** 12; **239b** 6; auf den Strafantrag **77** 30
Verzögern der Vertragserfüllung **266** 16
Videobänder, **184** 20e; **Anh 9** 7, 12; –kassetten **11** 41; **78** 8; s. Bildträger
Videotheken 184 20c, d, e
Viele Personen **283a Nr. 2, 283 d III Nr. 2**
Vierzehntes s. Lebensjahr
Vikariierendes System vor **63** 3, 16; **67, 67a**
vis absoluta, compulsiva 240 13
vis haud ingrata 177 7
V-Mann der Polizei **22** 2; **26** 8a; **27** 2; **34** 22; **35** 9; **46** 18, 34, 35c, 44; **258a** 4
volenti non fit injuria s. Einwilligung
Volk, Recht des –es **92 II Nr. 1;** im politischen Leben des –es **187a**
Völkermord, Bestrafung des **220a;** **6 Nr. 1;** Nichtanzeige **138 I Nr. 6, 139;** Verjährung **78 II, 79 II;** Androhung **126 I Nr. 2;** durch terroristische Vereinigung **129a**
Völkerrecht 5 4; **6** 9; nach – **vor 32** 6; **51** 16a; **99** 1a; **Anh. 21** 125 IV
Völkerrechtlicher Inlandsbegriff vor **3** 8, 40
Völkerverständigung 85 4; **86** 4
Volksbegehren, Volksentscheid, Volksbefragung **108d** 1
Volkstum 220a
Volksverhetzung 130
Volksvertretung 92 II Nr. 1, 4; 108d
Volkszählungsfragebogen 303 2
Vollautomatisches Gewehr 243 I Nr 7
Vollendung der Tat **11 I Nr. 6** (Beendigung des Versuchs) **22** 4; **23; 24; 83a; 149 II, III;** s. Lebensjahr
Volljährigkeit 77 19
Vollkaufmann 283 26
Vollmacht 263 7; **266** 4
Vollrausch 69 II Nr. 4; 323a; Anh. 21 122
Vollständig vollstreckt **68f;** geleistet **353 II**
Vollstreckung der Geld– oder Ersatzfreiheitsstrafe **42** 5; **43** 8; **43** 6; Abwendung der – **43** 8; Aussetzung der – s. Strafaussetzung; Anrechnung nach – **51 II, III;** Gesamtstrafenbildung vor – **55;** –srechtliche Sonderregelung **vor 56** 10; Unterbrechung der – **57** 5; Reihenfolge der – **57** 5; **57a** 11a; **67, 72**

III; zur – berufen **113, 345;** –shandlungen **vor 32** 6; **113** 9; **114;** Vereitelung der – **258 II, 258a;** der Zwangs– **288;** –sentscheidung **336** 4; gegen Unschuldige **345; Anh. 16** 48; passive Bewaffnung, Vermummung **Anh. 11** 17a
Vollstreckungsbeamte 113, 114
Vollstreckungsbehörde 79b; 43 7; **Anh. 1** 293
Vollstreckungslösung vor 56 10
Vollstreckungsunterbrechung 57 5
Vollstreckungsverjährung, 79ff.; Frist **79;** Ruhen **79a;** Verlängerung **79b;** Übergangsregelung **Anh. 1** 309; nachträgliche Gesamtstrafe **55**
Vollziehbare Maßnahme **84 III;** Untersagung, Anordnung oder Auflage **311d IV, 325 IV** 3; **327, 328, 329, 330**
Vollziehen, Beischlaf – **173, 176 III Nr. 1; 182**
Vollziehende Gewalt 92
Vollzug, Aufgaben des –s **46** 3; Wirkungen des –s **46** 5, 8a; – der Freiheitsstrafe und der freiheitsentziehenden Maßregeln **vor 38** 5; **38** 4; **Anh. 1** 316; Verhalten im – **57 I;** Maßregel– **67ff., 72 III;** offener – **120** 4; s. Strafvollzug
Vollzugsanstalt Anh. 21 115 I Nr. 2
Vollzugslockerungen 57 6b; **120** 4, 5, 7; **258a** 5
Vorabzustimmung vor 324 4c; **327** 3
Vorangegangenes Tun, Haftung für **13** 11
Voraussehbarkeit 15 17
Voraussetzungen der Verwarnung mit Strafvorbehalt **59;** der Führungsaufsicht **68;** des Verfalls **73;** der Einziehung **74, 74a;** zum Schwangerschaftsabbruch **218a, 219, 219a;** der Verfolgung **238**
Vorbedingungen, Rückgriff auf die – **vor 13** 17
Vorbehalte für das Landesrecht **Anh. 1** 2; –ne Strafe **59ff.;** –ne Einziehung **74b, 74 e**
Vorbehaltsklage 129 9b
Vorbeifahren, Verhinderung **240** 3
Vorbereitende Handlungen vor 13 22; **22** 3, 8; **86a** 5; **152a I Nr. 2**
Vorbereitung 22 3, 8; der Entlassung **57** 15; **57a** 18; eines Angriffskrieges **80, 138 I Nr. 1;** eines hochverräterischen Unternehmens **83;** des Verbreitens **86** 9; von Sabotagehandlungen **87;** der Geld– und Wertzeichenfäl–

2100

nach „Anh" = Gesetzesnummern

Sachverz

schung 149; der Herstellung falscher Vordrucke 152a; einer Verschleppung 234a III; der Ausweisfälschung 275; eines Explosions- oder Strahlungsverbrechens 311b, 311c; Gegenstände zur – der Tat 74, 74a, 74f, 74d II Nr. 1, 92b, 101a, 109k, 322, 330c; zur – auf den Beruf 203 III; des Schwangerschaftsabbruchs durch die Frau 219c II

Vordrucke, Fälschung von –n für Euroschecks (und –karten) 6 6; 138 I Nr. 4; 152a

Vorenthalten von Arbeitsentgelt 266a 10

Vorfahrt, Nichtbeachtung 315c I Nr. 2a

Vorführung 74d 6, 86a 3; 131 I Nr. 2, 184 I Nr. 2; Anh. 21 119; 120 I Nr. 2; Film– 184 24; Anh. 9 15; –sbefehl 78c I Nr. 5

Vorgänge, militärische 109g I; des Zeitgeschehens oder d. Geschichte 86 III, 131 III; sexuelle – wahrnehmen 184c

Vorgeschobene Grenzabfertigung 3 4a; 22 17a

Vorgesetzter, bindender Dienstbefehl eines **vor** 32 8; Ungehorsam gegen – Anh. 16 19 ff.; militärischer – 164; Rügen 193; Strafantrag 77 194 III, 232 II; Verleitung von Untergebenen 357; Straftaten militärischer – Anh. 16 30 ff.

Vorgeschriebene Zeit 283 I Nr. 7b, 283b I Nr. 3b; – Vorlage 355 I Nr. 1c; –s Verfahren 326 9

Vorgetäuschter Betrieb 265b I

Vorhaben 31 I Nr. 2; 83a II, 138 I–III, 316c IV, 323 II

Vorhaltungen der Vorgesetzten 193

Vorhersehbarkeit der Tatbestandsverwirklichung 15 14, 17; 222 15

Vorkonstitutionelle Schriften 86 5

Vorlage ärztlicher Feststellungen 219, 219a; falscher Gutachten und Unterlagen 265b I Nr. 1, 2; eines Steuerbescheids 355 I Nr. 1c

Vorläufiges Absehen von Auflagen 56b III; von Weisungen 56c IV

Vorläufige Einstellung 78c I Nr. 10, 11

Vorläufige Entziehung der Fahrerlaubnis 69 17; 69a IV; Anrechnung auf das Fahrverbot 44 12; 51 V 19

Vorläufig Festgenommener Anh. 21 115 II

Vorläufige Festnahme 113 16

Vorläufiges Berufsverbot 70 II, 70a II

Vorläufige Untersagung ärztlicher Feststellungstätigkeit 219 II

Vorleben des Täters 46 24, 24e; 56 6b; 57 I

Vormund, Strafantrag 77 III, 77b II; Sexualstraftaten 174 3; Entziehung 235; Entführung 236; Diebstahl oder Unterschlagung gegen – 247; Betrug 263 IV; Automatenmißbrauch 265a III; Untreue 266 3

Vornamen, unrichtige Angaben, Angabeverweigerung Anh. 21 111

Vornehmen (–lassen) sexueller Handlungen 174 ff.

Vornidatives Leben vor 218 6a

Vorräte 308

Vorrätighalten 86 I, 86a 5; 131 I Nr. 4, 184 I Nr. 8, III Nr. 3 30

Vorrichtungen zur Herstellung v. Schriften usw. 74d I, 149 I Nr. 1; 152a I Nr. 2a; 275 I Nr. 1; zur Ausführung von Sprengstoffdelikten 311b, 316c III; zur Wasserhaltung 318; zur Geldherstellung Anh. 21 127

Vorsatz vor 13 9; 15 2; direkter 15 5 ff.; bedingter 15 9; Gefährdungs– 15 11h; natürlicher 63 2; Gesamtvorsatz u. Fortsetzungsvorsatz **vor** 52 26; im besonders schweren Fall 12 11; 243 42; Tötungs– 211 11 ff.

Vorsätzliches Handeln 15

Vorsätzliche Taten, Begriff 11 II 38

Vorsatztheorie 16 22; 17 2

Vorschubleisten, durch Vermittlung – 180 I, II 6; durch Gewähren oder Verschaffen von Gelegenheit – 180 I

Vorsichtsmaßnahmen Anh. 21 121

Vorsitzender des Staatsrats der DDR, Immunität 32 17

Vorspiegelung falscher Tatsachen 144, 263 6; schlüssiges – 263 7; der Amtsausübung 331 17

Vorstand 75 Nr. 2

Vorstandsmitglied, Untreue des –s einer AG 266 11

Vorstellung des Täters 9 I, II; 22 9; 24 4a

Vorstellungspflicht 142 28

Vorstellungstheorie 15 2

Vorstrafen 46 24 ff.; 56 6b

Vortat, mitbestrafte (straflose) **vor** 52 48 ff. bei Begünstigung 257 2; bei Strafvereitelung 258 2; Wegnahme als – 252 3; Betrug als – 263 45

2101

Sachverz

Fette Zahlen = §§ des StGB

Vortäuschen der Echtheit oder Wahrheit **100a**; des Bevorstehens einer Störung d. öffentl. Friedens **126** 8; – der Notwendigkeit fremder Hilfe **145 I Nr. 2**; einer Straftat **145 d**; des Bevorstehens einer Tat **241 II**; – von Rechten anderer **283 I Nr. 4**
Vorteil, Geschenke oder andere –e **108b** 4; **331** 11; **332** 9; **333, 334, 335a**; –e der Tat **257**; zu seinem – **352**; s. Vermögens-
Vorteilhaft 264 I Nr. 1, 265b I
Vorteilsabsicht 263 43
Vorteilsannahme 331; Anh. 16 48
Vorteilsausgleichsverbot Anh. 22 370 IV S. 3; **46** 23
Vorteilsgewährung 333; Anh. 14 7 II Nr. 10
Vorteilssicherung 257 9
Vorverhalten 32 23 ff.
Vorverschulden 21 6
Vorverurteilung 46 35a, 45a; **66** 5; **353d** 1
Vorwegvollzug der Maßregel **67 I** 2; – der Strafe **67 II**; **46** 35d
Vorwerfbarkeit vor 13 28; **74b**; bei Notwehrlage **32** 24; des Irrtums **97b I Nr. 1**; Anh. **21** 122
Vorwiegend 109e
Vorwissen, ohne – **297**
Vorzeigen pornographischer Abbildungen usw. **176 V Nr. 3**
Vorzeitig aufheben **69a VII**
Vorzug geben **72 I**

W

Waagen, automatische **268** 5
Wachverfehlung Anh. 16 44
Waffen, Zerstörung usw. militärischer **109e**; Beisichführen **113** 28; **121 III Nr. 1, 2, 125a Nr. 1, 2; 243 I Nr. 7; 244 I Nr. 1, 2; 250 I Nr. 1, 2; vor 52** 2b, 3; Hausfriedensbruch mit **123 II**; Versehen mit **127**; Körperverletzung mittels – **223a**; Diebstahl mit **244 Nr. 1, 2**; Raub mit – **250 I Nr. 1, 2**; Jagdwilderei mit – **292 II**; bei öffentl. Versammlungen Anh. **11** 2 III 24, 27; rechtswidriger Gebrauch Anh. **16** 46
Waffenbesitzkarte Anh. **23** 53, 59 IV
Waffengesetz Anh. **23**; **222** 16; **244** 3
Waffengebrauchsrecht vor 32 6; **32** 16d
Waffenschein 243 I Nr. 7; Anh. **23** 35, 53 III Nr. 1b
Wägt ab 46 II

Wahl, Behinderung der – **107**; Fälschung **107a, 107b**; Verletzung des –geheimnisses **107c**; Wählernötigung **108**; Wählerbestechung **108b**; Wählertäuschung **108a**; Nebenfolgen **108c**; s. Wählbarkeit, s. Stimmrecht; Geltungsbereich (der §§ **107 bis 108c**) **108d**; Ausübung der Staatsgewalt in –en **92 II Nr. 1**
Wahlandrohungen Anh. **16** 11; Einteilung der Strafen **12** 5
Wahlausweis 107b II
Wählbarkeit, Verlust der **45**; **92a**; **101**; **102 II**; **108c**; **109i**, **129a VI, 264 V**
Wahlbehinderung 107
Wählerbefragung 107c 4
Wählerbestechung 108b
Wählernötigung 108
Wählerliste (Wahlkartei) **107b**
Wählertäuschung 108a
Wahlfälschung 107a; – in der ehem. DDR **vor 3** 50; **107a** 7
Wahlfeststellung 1 12; **30** 15; **46** 51; s. auch **97a** 1; **138** 12; **163** 9; **242** 30; **258** 13a; **259** 28; **267** 17; **274** 3; **323a** 10
Wahlgeheimnis 107c 1
Wahlkampf, Ehrenschutz **193** 14b
Wahlkartei 107b I
Wahlmöglichkeit 50 2
Wahlrecht als Verfassungsgrundsatz **92 II Nr. 1, 108**; s. Stimmrecht
Wahndelikt 22 31; **258** 14
Wahr, erweislich – **186**; –e Tatsachen **263**
Wahrheit von Behauptungen tatsächlicher Art **100a, 190, 192**
Wahrheitsbeweis bei Beleidigung **190–192; 186** 3, 10; **190** 1
Wahrheitsgetreue Berichte 37
Wahrheitsschutz von Aufzeichnungen **268** 13, 14
Wahrnehmung v. Aufgaben d. öffentl. Verwaltung **11** 22; **14 II;** Anh. **19** 1; **194 III, 203 II**; von Vorgängen **184c Nr. 2**; berecht. Interessen **193** 8; durch Presse, Rundfunk u. Film **193** 12, 16; bei falscher Anschuldigung **164** 17; nicht unmittelbar wahrnehmbar **202a** 6; bei der Offenbarung von Geheimnissen **203** 31; fremder Vermögensinteressen **266**
Wahrscheinlich 34 3; **63** 7
Wahrscheinlichkeitstheorie 15 11c
Währungsgebiet, fremdes **152**; Anh. **21** 127
Wahrung von Geheimnissen, zur – verpflichtet **94 II Nr. 1, 99 II Nr. 1, 203 III**; s. Geheimnis

nach „Anh" = Gesetzesnummern

Sachverz

Wahrzeichen Anh. 21 125 IV
Wald, Brandstiftung **308;** Brandgefahr **310a;** Roden **329** 16
Wappen, –teile, –tiere, Verunglimpfung **90a** 6; unbefugte Benutzung **263** 7; **Anh. 21** 124, 125
Waren, Differenzgeschäfte mit – **283 I Nr. 2;** – auf Kredit **283 I Nr. 3**
Warenautomat 265a 1
Warenterminoptionen 263 30, 32a
Warenvorräte, in Brand setzen **308, 309**
Warenzeichen 267 4
Wärmeversorgung, Unternehmen, die der – dienen **88 I Nr. 3; 316b I Nr. 2, III**
Warnblinkanlagen 222 12e
Warnung, zur – dienen lassen **56 I;** Abgrenzung von der Drohung **240** 16
Warnschüsse 240 11
Warnzeichen, Beeinträchtigung von – **145 II**
Wartefrist 142 I Nr. 2, II Nr. 1
Wartepflicht bei Unfällen **142** 30
Waschen von Gewinnen 261
Waschmittelgesetz 319 9
Wasser 316b I Nr. 2, III; 324 2, 3; Sperren der –zufuhr **240** 9; s. Gewässer
Wasserbauten, Beschädigung **318, 320**
Wasserbehälter, Vergiftung **319,** fahrlässige **320**
Wassergefährdende Stoffe 329 7, 8; **330** 4, **330d Nr. 3**
WasserhaushaltsG 319 2
Wasserleitungen, Beschädigung **318, 320**
Wasserschutzgebiet 329 5; **330 I Nr. 1**
Wasserstandszeichen, Vernichtung usw. **274** 12
Wasserversorgung, öffentliche **330** 6; Unternehmen, die der – dienen **88 I Nr. 3; 316b I Nr. 2**
Wechsel des Wohnortes **68b I Nr. 8;** Diskontierung von –n **263** 7, 13; **265b III Nr. 2;** wucherliche Vermögensvorteile durch – **302a II Nr. 3;** –reiterei **vor 52** 26
Wechselseitig begangene Taten **77c;** Beleidigungen **199;** Körperverletzungen **233**
Wege, öffentliche **304;** gemeingefährliche Beschädigung **318**
Wegnahme 242 13; von Leichen usw. **168** 3; gegen – besonders gesichert **243 Nr. 2;** Raub **249;** eines Grenzsteins usw. **274 Nr. 3;** Pfandkehr **289;** –befugnis **242** 21, 22; **249** 8

Wegwerfen brennender oder glimmender Gegenstände **310a Nr. 2**
Wehrbeauftragter 11 18
Wehrdienst, Anwerbung zum fremden – **109h;** –entziehung durch Fahnenflucht **Anh. 16** 16; durch Täuschung **Anh. 16** 18; Untauglich machen zum – **Anh. 16** 17
Wehre, Beschädigung **318, 320**
Wehren, sich – **113 IV**
Wehrlose, Mißhandlung **223b**
Wehrlosigkeit, Ausnutzung der Argund – **211** 6a; Mißhandlung **223b**
Wehrmittel, Sabotage **109e** 2; **Anh. 14** 7 I; gefährdende Abbildungen **109g; Anh. 14** 7 II **Nr. 3**
Wehrpflicht 109 2; Entziehung durch Verstümmelung **109;** durch Täuschung **109a**
Wehrstrafgesetz Anh. 16
Wehruntauglichkeit 109 3
Weidmännisch 292 II
Weiße-Kragen-Kriminalität 264 1
Weisungen für d. Dauer der Bewährungszeit **56c, 56b** 2ff.; **56d; 57a III** S. 2; **59a** 3a; **70b;** weitere – **56f II;** keine – bei Verwarnung **59b;** Verstöße gegen – **56d III, 56f I Nr. 2; 70b I Nr. 2; 145a;** bei Führungsaufsicht **68b, 67g I Nr. 2; 68a III, 68g;** von – abhängige Person **70 III;** Agent aus – **87 I Nr. 1;** Ausübung der –sbefugnis **258a** 2
Weiterarbeiten lassen e. defekten Geräts **268** 11b
Weitergabe von Patientendaten **203** 28a; geheimer Sachen **353b II**
Weitergewährung 264 VII Nr. 2
Weltanschauliches Bekenntnis 166 2
Weltanschauungsvereinigung 166 4; **167**
Weltpostvertrag 152 1; **Anh. 4** 32 Anm. 2
Weltrechtspflegeprinzip vor 3 4; 6; **180a** 1; **181** 1
Wenden auf Autobahnen **315b** 5e; **315c** 10
Werbegeschenke 331 22
Werber für fremden Wehrdienst **109h**
Werbung für Vereinigungen **129 I, 129a I;** für pornographische Schriften usw. **184** 22; **Anh. 8** 5 II; für den Abbruch der Schwangerschaft **219b;** für Mittel zur Heilung v. Geschlechtskrankheiten, für Prostitution **Anh. 21** 120, 123; Beschränkung der – **Anh. 9** 6 V, 11, **12 I Nr. 18**

Sachverz   Fette Zahlen = §§ des StGB

Werkgelände, Sorgfaltspflicht auf dem – **222** 12
Werkstoffe, Sabotage **109e** 4, 6
Werktag 87b I
Werkzeug 243 Nr. 1; 244 Nr. 2; 250 I **Nr. 2; 305a** 3; gefährl. **223a;** absichtsloses doloses – **25** 3; **vor 211** 5
Wert des Erlangten **73** 3a; **73a, 73b, 73c;** des Gegenstandes **74c** I, III; – der Belastung des Gegenstandes **74c** II, III; – des Entgeltes **108b** III; Schein eines höheren –es **146, 148** I **Nr. 1;** objektiver – **248a** 5; wirtschaftlicher **263** 30; der Sache **283** I **Nr. 3;** Sachen von bedeutendem – **305a** 4; **310b, 311, 311a** IV, **311d** I, **311e** I, **315** I, **315a** I, **315b** I, **315c** I
Wertausfüllende Begriffe 1 5
Wertersatz, Verfall des – **73a; 73d** 10; Einziehung **74c, 75, 76, 76a; Anh. 1** 15
Wertgruppen der besonders schweren u. minder schweren Fälle **12** 8
Wertpapiere, papiergeldgleiche **151, 152; 6 Nr. 7; Anh. 21** 127ff.; Nichtanzeige e. –fälschung **138** I **Nr. 4;** Vertrieb von –n **264a** 5; Differenzgeschäfte mit –n **283** I **Nr. 2;** – auf Kredit **283** I **Nr. 3**
Wertungsfehler 46 4, 37
Werturteil 186 2; **263** 3
Wertzeichen 267 6; Fälschung **148**ff.; **148** 2; **Anh. 21** 127ff.; Steuerzeichen betreffende **Anh. 22 369** I **Nr. 3**
Wesentlich überwiegt **34;** – geminderte Gefahr **83a** II, III; von –er Bedeutung **303b; 305a** 5; –e Abweichung **326** 9; **328** 4; Änderung **327** 3; **328** 4; –er Bestandteil **329** 11; in –en Teilen **353d Nr. 3**
Wettbewerb, Ausschaltung des –s **263** 33; –spreis **263** 32b; Gesetz gegen den unlauteren – **Anh. 13**
Wette 284 6; übermäßiger Verbrauch durch – **283** I **Nr. 2**
Wetterführung, Vorrichtungen zur – **318**
Wetterlagen, austauscharme **329** 3
Wichtige Anlagen 318
Wichtige öffentliche Interessen 353b 13
Wichtige Pflichten 323c
Wichtiges Glied, Verlust **224** 4
Wichtiges Unternehmen, für die Gesamtwirtschaft – **87** II **Nr. 2**
Wider besseres Wissen 15 7; **100a, 109d, 126** II, **145d** II, **164, 187, 219a, 241, 278**

Widerrechtlich eindringen **123** 11; **124;** Freiheitsentziehung **239** 6
Widerruf einer falschen Aussage **163** II; der Strafaussetzung **56f;** Anhörung des BHelfers **56d** 6; des Straferlasses **56g** II; **57a** III S. 2; der Aussetzung d. Unterbringung **67g;** der Aussetzung des Berufsverbots **70b;** vgl. auch Berichtigung
Widersprechen der Strafverfolgung **194** 3e
Widersprechend 283 I **Nr. 1, 2, 3, 8, 283d** I
Widerspruch in Sachverständigengutachten **20** 27; zum Willen des Verstorbenen **77** II; im – zu rechtsstaatlichen Grundsätzen **234a, 241a;** im – zur ordnungsgemäßen Wirtschaft **283** I **Nr. 1, 2, 3, 8, 283d** I
Widerspruchslösung der ehem. DDR **168** 4
Widerstand gegen die Staatsgewalt **111**ff.; gegen Vollstreckungsbeamte **113, 114; 125** 18; gegen Gefängnisbeamte **121;** bei Vergewaltigung **177** 7; zum – unfähig **179;** bei Verführung **182** 4; Mittel zur Überwindung des –s **244** I **Nr. 2, 250** I **Nr. 2;** gegen Versammlungsleiter oder Ordner **Anh. 11** 22
Widerstandskämpfer vor 32 10; Bezeichnung als Landesverräter **186** 2
Widmark-Analysen 20 9g, **316** 8a, 8c
Widerstreitende Interessen 34
Wiedereingliederung 46 3, 8a; **67a** 4
Wiedergutmachung des Schadens **46** 27a, 29a; **56b** II **Nr. 1** 6
Wiederholung, beharrliche **28** 12; **46** 47; **47** 9; **54** 6; abgelehnter Anträge s. Sperrfrist; s. Rückfall
Wiederverleihung von Fähigkeiten und Rechten **45b**
Wiederverwendung von Wertzeichen **148** II
Wild, dem Jagdrecht unterliegendes **292** 4; Überfahren **142** 11
Wilderei, Jagd– **292;** Fisch– **293;** schwere – **292** II, **293** II; gewerbs- oder gewohnheitsmäßige **292** III, **293** III; Strafantrag **294;** Einziehung **295**
Wildererwaffen 295
Wilde Tiere 242 7; **Anh. 21** 121
Wildwechsel 222 11
Wille, Bei der Tat aufgewendeter – **46** II; des Verletzten **77** II; Schwangerschaftsabbruch gegen den –n **218** II **Nr. 1;** –nsmängel bei der Einwilli-

gung 223 9e; Entführung mit –n 236; Entführung wider –n 237; gegen den –n 108a, 181 I Nr. 2; 248b; wider –n 181 Nr. 2
Willensbetätigungsfreiheit 35 5
Willensfreiheit vor 13 28a; 20 5; 223 9e
Willensschwäche, erhebliche 302a 13
Willenstheorie 15 2
Willkürherrschaft 92 II Nr. 6, 189 III, 194 II 3c
Willkürmaßnahmen 130 6; 234a; 241a
Wirken, öffentliches 187a I; Zusammen– 302a I
Wirklich 283 I Nr. 8
Wirkstoffgehalt 46 23a; vor 52 25a
Wirkungen auf den Täter 46 5, 8a; 56 6f.; 57 I; des Verbots 69b; des Verfalls 73d; der Einziehung 74e; Eintreten der – 219d; der Unterbrechung 78c IV; eines Kernenergievorgangs 311e I
Wirtschaft, Förderung der – 264 VI Nr. 2; ordnungsgemäße 283 I Nr. 1, 2, 3, 8, 283d I
Wirtschaftlich, persönliche und –e Verhältnisse 40 4; 41 4; 46 25, 26; –e Verhältnisse 56c II Nr. 1, 265b I Nr. 1, 2; –e Geheimnisse 93 7; –es Abhängigkeitsverhältnis, in sonstigem –en Druck 108; –e Abhängigkeit 180a I Nr. 1 4; Beeinträchtigung der –en Stellung 234a; in –e Not bringen 283a Nr. 2, 283d III Nr. 2, 302a II Nr. 1 36
Wirtschaftsberater 203 16
Wirtschaftskriminalität, 1. WiKG vor 263 1; 264 1; 2. WiKG vor 263 2; Deutscher Schutzverband gegen – 77 2
Wirtschaftsspionage 93 7
Wirtschaftsprüfer, Berufsbezeichnung 132a I Nr. 2; Berufsgeheimnis 203 I Nr. 3
Wirtschaftsstrafgesetz Anh. 17
Wirtschaftsstrafsachen, Zuständigkeit 242 31; 246 29; 259 34; 263 57; 264 40; 265b 32; 266 37; vor 283 23; 302a 42
Wissen 15 7; sein – offenbaren 88 III, 98 II, 129 VI Nr. 2; wider besseres – 100a, 109d, 126 II, 145d II, 164, 187, 241 II, 278; vgl. 69 II Nr. 3, 107b Nr. 2, 127, 352, 353
Wissenschaftliche Propagandamittel 86 III; Kritik 166 8; pornographische pseudo– Werke 184 10; Urteile über – Leistungen 193; Versuche 223 9; von –r Bedeutung 243 Nr. 5; – Gegenstände 304
Wissentlich 15 7; 87 12; 109e, 109g; 134, 144, 145, 167a, 183a, 258 12; 283a Nr. 2, 283c I, 283d III Nr. 2, 311e, 323b, 344
Wochen 39
Wohl, Gefährdung des körperlichen, geistigen oder seelischen –s des Kindes 170d; Anh. 9 1; Sorge um das – des Opfers 239a
Wohlfahrtspflege 132a I Nr. 3; Anh. 21 126
Wohnort 68b I Nr. 1, 8; –prinzip vor 3 35; Falschangaben Anh. 21 111; s. Lebensgrundlage
Wohnsitz 5 Nr. 6
Wohnung, Begriff 123 3; Eindringen 123, 124; –en ausländischer Diplomaten vor 3 17; Schutzpflichten des –sinhabers 13 12; leerstehende –en 123 5a; Ausräumen der – 240 9; Einbruchsdiebstahl 243 Nr. 1; Gewähren einer – 180a 5; wucherliche Vermietung 302a I Nr. 1; Brandstiftung 306 3; –sbeschränkungen Anh. 1 297 III; Falschangaben Anh. 21 111; –svermittlung Anh. 17 6
Wort, nicht öffentlich gesprochenes – 201 I Nr. 1; im –laut 353d Nr. 3
Wucher 302a
Würden, unbefugtes Führen 132a 9
Würdigen, zusammenfassend 54 I S. 3; s. Gesamtwürdigung

Z

Zahlenlotto 284 7
Zählervergleichseinrichtungen 354 9
Zahlung, zu einer – veranlassen 266b 3
Zahlungseinstellung 283 VI, 283b III, 283c III, 283d IV
Zahlungserleichterungen 42; 59b 1; 73c II; 73d 12; 74c, 79a
Zahlungsfrist 42
Zahlungsmittel 146 1
Zahlungsunfähigkeit 283, 283a, 283c, 283d; Täuschung über – 263 2, 3
Zahlungsverkehr, Sicherheit des –s vor 146 2; 152a 2
Zahme Tiere (gezähmte) 242 7
Zahnarzt, Berufsbezeichnung 132a 10; Geheimnisverletzung 203 I Nr. 1
Zahnprothesen 168 2
Zäsurwirkung einer früheren Gesamtstrafe 55 5, 5a
Zechgemeinschaft 13 10
Zechprellerei 263 7
Zeichen, falsche – oder Signale 315 I Nr. 3, 315b 4b

Sachverz

Fette Zahlen = §§ des StGB

Zeichnungen 93 2; 353 b 11
Zeit zwischen Entscheidung und Rechtskraft 56 f. **I** S. 2, auf gewisse 109, 109 a; angemessene – 142 **I** Nr. 2; zumutbare 142 **III**; der Prostitutionsausübung 181 a **I** Nr. 2; der Sicherheitsgewährung 283 c
Zeit der Entscheidung 2 12
Zeit der Tat 8; 2 **I**; 3 3b; 5 Nr. 8, 9; 7 **II** Nr. 1, 2; 55 4; vor 56 13; 74c **I**; 173 **III**; 175 **II** Nr. 1; 307 Nr. 1; strafbar zur – 1 7
Zeitdiebstahl 242 2; 263a 8; 266 22
Zeitgeschehen, Vorgänge des –s 86 **III**, 131 **III**
Zeitgesetze 2 V 13
Zeitige Freiheitsstrafe 38, 49 **I** Nr. 2, 51, 54 **II**, 57, 65 **I** Nr. 1, 2, **II**; 66, 68
Zeitliche Geltung 2
Zeitungen, Einfuhr von – 86 16; Beleidigung in – 200 **II**
Zeitschriften, Einfuhr von – 86 16; Beleidigungen in – 200; –werbung 263 35
Zeitweise 306
Zersetzung 89; gegen Truppen der NATO-Vertragsstaaten **Anh.** 14 7 **II** Nr. 1
Zerstörung, Ersatz für 73 **II**; dem Betrieb dienende Sachen 87 **II**; von Flaggen usw. 90a **II**, 104; von Wehrmitteln 109 e; dienstlich verwahrter Sachen 133; amtl. Bekanntmachungen 134; gepfändeter Sachen 136; von Beisetzungsstätten 168; rassischer oder religiöser Gruppen 220a; der Gesundheit 229 7; 319, 324; von Vermögensbestandteilen 283 **I** Nr. 1, 283d **I**; von Handelsbüchern 283 **I** Nr. 6, 283b **I** Nr. 6; einer Sache 303 10; 292, 293; – einer Datenverarbeitungsanlage 303 b **I** Nr. 2; gemeinschädliche 304; von Bauwerken 305; – wichtiger Arbeitsmittel 305a; von Anlagen oder Beförderungsmitteln 315 **I** Nr. 1, 315b **I** Nr. 1; eines Luftfahrzeugs oder seiner Ladung 316c **I** Nr. 2; von öffentlichen Einrichtungen 87 **II**, 316b, 317; wichtiger Bauten 318, 320
Zertifikate 151 Nr. 4
Zeugen, unwahre Aussage 153, Eidesverletzung 154 13; 155 Nr. 2, 157; fahrlässiger Falscheid 163 3, 4; Aussageverweigerungsrecht **vor** 153 11; 154 15
Zeugen Jehovas vor 52 39a; 46 19a; 47 9; 56 6a; 56f 3c

Zeugnisse 281 **II**; Gesundheitszeugnis 277 ff.
Zeugnisverweigerungsrecht 203 30
Zeugungsfähigkeit, Verlust durch Körperverletzung 224
Ziele des Täters 46 18; s. auch 83a **II**, 84 V, 129 VI, 149 **III**, 311c **IV**, 315 **VI**, 330b **II**
Zielstrebiges Handeln 20 5, 9d
Zinsscheine 151 Nr. 4
Zivilbevölkerung, Schutz der – 87 **II**, 109 e
Zivildienstgesetz 11 30; 16 29; 17 1; vor 32 16; 45 2; 47 1; 56b 8; 56c 4; 61 3; 113 16; 142 40; 203 22
Zivildienstverweigerer vor 52 39a; 46 19a; 47 9; 56 6a; 56f 3c; 57 6
Ziviler Luftverkehr 316c **I** Nr. 1a
Ziviler Seeverkehr 316c **I** Nr. 1b
Ziviler Ungehorsam vor 32 10a; 240 2a
Zollabfertigungsstellen vor 3 16; 22 6
Zollbeamte, Recht zur Öffnung von Postsendungen 86 12; 184 21a; 202 12; Widerstand gegen – 113 2
Zollvergehen, Versuch 22 17a; s. Steuern
Zonengrenze, Überschreitung **Anh.** 3 12; **Anh.** 12 48 **I** Nr. 1
Zorn, Reizung zum 213
Zuchthausstrafe, Wegfall 38 1
Züchtigungsrecht 223 10; Irrtum 223 17
Zueignung 242 18, 18a; 246 13ff.; 292 13; 293; ohne Gewahrsamsbruch 246 10
Zueignungsabsicht 242 23; 246 21; 248c, 249 8
Zufallsbeweismittel 268 9
Zufallsurkunde 267 9
Zufügung schweren Schadens 220a **I** Nr. 2; einer Mißhandlung 213; e. empfindlichen Übels 240 19; Absicht der Schadens– 248c **III**, 272, 273; – eines Nachteils 253, 274
Zuführen, dem fremden Wehrdienst 109h 3; – der Prostitutionsausübung 180a **IV**
Zugabewesen 286 5
Zugang, unberechtigter 202a 7
Zugänglich, einem Dritten 201 5; öffentlich – machen 74d 6, 131 **I** Nr. 2, 184 **I** Nr. 2, **III** Nr. 2, 13, 15, 22; 194 3b; **Anh.** 2 119; – sein 93 **I**, 97 **II**, 97b **II**; 133 15; allgemein –e Sammlung 243 Nr. 5
Zugezogene, zur Unterstützung – Per-

nach „Anh" = Gesetzesnummern

Sachverz

sonen **114** II; Sachverständige **355** II, III
Zugrundeliegen, -de Feststellungen **55** I, **69a, 70** IV, -de Erwartung **56f** I Nr. 3
Zug um Zug 263 32
Zugunsten 56b II Nr. 2, **109h, 142** I Nr. 1, **258** VI; **283d; 289** I; **336**
Zuhälterei 180b 2; **181a**
Zukünftige Lebensverhältnisse 218a I Nr. 2
Zulassung, Erschleichung der – **263** 28
Zumessung der Strafe **46**
Zumutbarkeit vor 13 30; **13** 16; **34** 13; **35** 10; **42; 56b** 4; **56c** 2; **113** IV; **142** III; **218a** I Nr. 2, II Nr. 3, **323c** 7
Zunächst bestimmt, -e Bewährungszeit **56f** II S. 2
Zurechnung, objektive **vor 13** 16, 17
Zurechnungsfähigkeit s. Schuldfähigkeit
Zurückbehaltungsrecht 289 1
Zurückgehen, auf seinen Hang **64**
Zurückgelangenlassen 239a 12
Zurückkehren aus der Gefahrenzone **234a**
Zurücknahme d. Strafantrags **77d;** Anh. 1 16
Zurücktretender 24, 31
Zusagen für die künftige Lebensführung **56c** IV; **56d** III, **56f** III; **70b** IV; einer Falschaussage **258** 6a
Zusammenfassende Würdigung **54** 6; **57a** 11b; **57b** 2; s. Gesamtwürdigung
Zusammengesetzte Urkunden 267 13, 19c
Zusammenhalt, organisatorischer **84, 85**
Zusammenhang, im – **44** I, **69, 77c; 189** III, **219** II, **264a** 8; **265b** I; **331** 17
Zusammenrottung von Gefangenen **121** 3; öffentliche **124** 3
Zusammenschluß 11 I Nr. 4b; Anh. **19** 1
Zusammensetzung, natürliche **325** 5
Zusammentreffen von Milderungsgründen **50; 59** 9l; von Freiheitsstrafe und Geldstrafe **53;** mehrerer Gesetzesverletzungen **52ff.; 78** 6
Zustand Schuldunfähiger **63** 7; **323a** 4; Anh. **21** 122; des Verurteilten **67g** 4; willenloser, bewußtloser – **177;** Darstellung von Zuständen **268** 5
Zuständige Behörde (Stelle, -r Amtsträger) **5** Nr. **10; 86b** I Nr. 9; **109g** IV, **145d** I, **164, 169** I, **219** II, **264** I Nr. 1, **331** 19, **348;** bei Aussagedelik-

ten **153** 1; **154** 3, 18; **156** 5; Anh. **21** 111, 114, 127; Anh. **20** 2
Zuständigkeit bei politischen Strafsachen **vor 80** 11
Zustandsdelikt vor 52 41; **8** 3; **171** 4; **223** 7
Zustehen 73, 73d, 74, 74a, 74c, 77 III, **271, 277, 289** I
Zustimmung zur bedingten Entlassung **57** I Nr. 3; zur Beschäftigung außerhalb d. Anstalt Anh. **1** 316 II; zur Strafverfolgung **77** 21; zur Vollstreckungszurückstellung **vor 56** 11; s. Ermächtigung; s. Einwilligung
Zutritt, Erschleichung **265a**
Zutun, ohne – **24, 31, 83a** III, **139** IV, **149** III, **239a, 264** IV, **265b** II, **311c** IV, **315** VI, **316a** II, **316c** IV, **330b** II
Zuwendung von Geldauflagen, Verfahren bei der – **56b** 7
Zuwiderhandeln 84 III, **107c, 184a, 353a**
Zwang, Recht auf – **240** 7; unmittelbarer – **vor 32** 6, 8; **113** 6
Zwangsabfall 326 2
Zwangsernährung Gefangener **vor 211** 6b
Zwangsgeld, -haft **1** 4
Zwangslage, in Kenntnis der – **180b** 3; Ausbeutung der – **302a** 10
Zwangsmittel, Anwendung bei einer Untersuchung **343;** gegen Kranke u. Krankheitsverdächtige Anh. **20** 37 II, **64** I Nr. 4
Zwangsvollstreckung, Vereitelung **288**
Zwangswirkung beim Tatopfer **240** 6
Zweck der Strafe **46** 3; der Maßregel **67** 3a; **67b, 67c, 67d** V, **67g, 69a, 70b, 72; 145a;** der Berufsverbots **70b;** der Parteien **86;** öffentlichen -en **88** I Nr. 2, 317; bestimmungsgemäßen -en **88** I, **265a, 354;** zum -e der Verbreitung **109d;** -e der Vereinigung **129** II, **129a** I; zu dem angestrebten – **240** II, **253** II; zum (für) -e **86** I Nr. 3, **86** III, **97b** IV Nr. 3, **273**
Zweckbindung, Treuepflicht begründende – **266** 13
Zweckerreichung, leichtere **67** 3a
Zwecktheorie 34 12
Zweckverfehlungslehre 264 3
Zweiaktige Delikte 9 2; **177** 2; **178** 1; **277** 1
Zweifel am Erfolg **15** 11a
Zweifelssatz s. in dubio pro reo
Zweikampf vor 211 7

Sachverz

Fette Zahlen = §§ des StGB

Zweispurigkeit vor 61 1; **73** 1c
Zweitbestrafung s. Doppelbestrafung
Zweiteilung der Straftaten **12** 2
Zwischenbehördliche Information **203** 32

Zwischenmeister 266a 7
Zwischenstaatliche Abkommen **6** Nr. 8; – Rüstungsbeschränkungen **93** II; – Einrichtungen **353a**

Buchanzeigen

NStZ

Neue Zeitschrift für Strafrecht

In Zusammenarbeit mit der Neuen Entscheidungssammlung für Strafrecht und der Neuen Juristischen Wochenschrift

Herausgegeben von Prof. Dr. Hans Dahs, Prof. Dr. Gerhard Hammerstein, Prof. Dr. Karl Heinz Kunert, Dr. Klaus Letzgus, Dr. Klaus Miebach, Prof. Dr. Gerd Pfeiffer, Prof. Dr. Kurt Rebmann, Prof. Dr. Peter Rieß, Dr. Karl Peter Rotthaus, Prof. Dr. Claus Roxin, Prof. Dr. Hans-Ludwig Schreiber, Dr. Gunter Widmaier

13. Jahrgang 1993. 12 Hefte jährlich. Die Bezugspreise betragen: Halbjährlich DM 116,–; Vorzugspreis für NJW-Bezieher, Studenten und Referendare (gegen Nachweis) halbjährlich DM 104,–. Das Einzelheft kostet DM 21,–

Bezugspreise jeweils zuzüglich Vertriebsgebühren.

Probeheft auf Anforderung kostenlos.

Die NStZ informiert umfassend über den Bereich des gesamten Strafrechts und deckt – zusammen mit dem Strafrechtsteil der NJW – den Informationsbedarf des praktisch tätigen Juristen ab.

Die NStZ berücksichtigt auch die Rechtsgebiete, die in anderen Zeitschriften vernachlässigt werden, insbesondere Fragen des Nebenstraf- und Ordnungswidrigkeitenrechts sowie des Strafvollstreckungs- und Vollzugsrechts, die für den Praktiker ebenso wichtig sind wie Fragen des Strafgesetzbuches und des Prozeßrechts.

Die NStZ veröffentlicht auch Entscheidungen, deren Abdruck in den Amtlichen Sammlungen nicht vorgesehen ist; sie macht in stärkerem Maße auf die Rechtsprechung der Oberlandesgerichte und auf – auch nicht rechtskräftige – Entscheidungen der Instanzgerichte aufmerksam. Sie informiert vorab gesondert über wichtige Entscheidungen. Die NStZ bringt zu allen wichtigen Entscheidungen **Anmerkungen** von Praktikern und Wissenschaftlern.

Die NStZ hat kompetente Mitarbeiter, die wissenschaftliche und praktische Erfahrung auf dem von ihnen bearbeiteten Rechtsgebiet besitzen.

Die NStZ unterrichtet in einem ausgewogenen Verhältnis von praxisbezogenen Aufsätzen und laufender Rechtsprechung.

Benutzer der NStZ: Strafverteidiger, Strafrichter und Staatsanwälte sowie sonstige Interessenten in Wissenschaft und Praxis.

Verlag C. H. Beck München

Kleinknecht/Meyer
Strafprozeßordnung

Gerichtsverfassungsgesetz, Nebengesetze und ergänzende Bestimmungen

Erläutert von Dr. Theodor Kleinknecht, Generalstaatsanwalt a.D., Professor an der Universität Erlangen-Nürnberg (22.–35. Auflage), und Karlheinz Meyer†, Vors. Richter am Kammergericht a.D. (36.–39. Auflage). fortgeführt von Dr. Lutz Meyer-Goßner, Richter am Bundesgerichtshof

40., neubearbeitete Auflage. 1991
des von Otto Schwarz begründeten Werkes
LVII, 2145 Seiten. In Leinen DM 98.–
ISBN 3-406-35318-5

Die 40. Auflage

berücksichtigt insbesondere die Wiederherstellung der staatlichen Einheit Deutschlands. Die im **Einigungsvertrag zur StPO und zum GVG** vereinbarten, teilweise recht komplizierten Maßgaben für die neuen Bundesländer waren ebenso einzuarbeiten wie der Wegfall besonderer Vorschriften für West-Berlin. In diesem Zusammenhang wurden u.a. folgende Gesetze **in den Anhang** aufgenommen:

- Rehabilitierungsgesetz
- Gesetz über Schiedsstellen
- weiterbestehende Gesetze und Verordnungen der ehem. DDR zum Richterrecht

Aufgenommen und kommentiert ist ferner das Gesetz zur Einführung einer **Kronzeugenregelung** bei terroristischen Straftaten.

Rechtsprechung und Schrifttum wurden umfassend ausgewertet. Damit bleibt der »Kleinknecht/Meyer« wie bisher der aktuelle, zuverlässige und bewährte Helfer in allen Fragen des Strafverfahrens.

Die Benutzer:

Strafverteidiger, Strafrichter und Staatsanwälte finden in diesem Kommentar die Antwort auf ihre Fragen. Darüber hinaus ist er auch für **Referendare und Studenten** eine wichtige Hilfe während des Studiums und zur Examensvorbereitung.

Verlag C.H.Beck München